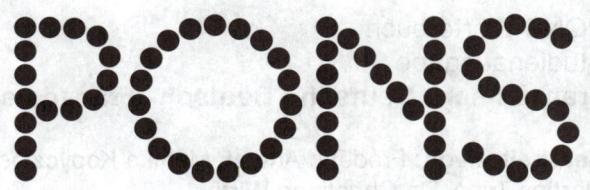

Wörterbuch
Studienausgabe

Französisch – Deutsch
Deutsch – Französisch

Spra 463 PON

PONS GmbH
Stuttgart

PONS Wörterbuch
Studienausgabe
Französisch–Deutsch / Deutsch–Französisch

Bearbeitet von: Frédéric Auvrai, Monika Kopyczinski, Martina Tripp, Dr. Christiane Wirth

Entwickelt auf der Basis des Wörterbuchs für Schule und Studium 2008
Französisch–Deutsch ISBN 978-3-12-517531-0
und Deutsch–Französisch ISBN 978-3-12-517532-7

Warenzeichen, Marken und gewerbliche Schutzrechte
Wörter, die unseres Wissens eingetragene Warenzeichen oder Marken oder sonstige gewerbliche Schutzrechte darstellen, sind als solche – soweit bekannt – gekennzeichnet. Die jeweiligen Berechtigten sind und bleiben Eigentümer dieser Rechte. Es ist jedoch zu beachten, dass weder das Vorhandensein noch das Fehlen derartiger Kennzeichnungen die Rechtslage hinsichtlich dieser gewerblichen Schutzrechte berührt.

1. Auflage 2009 (1,03 – 2010)

© PONS GmbH, Stuttgart 2009
Alle Rechte vorbehalten

PONS Produktinfos und Shop: www.pons.de
E-Mail: info@pons.de
PONS Sprachenportal: www.pons.eu

Projektleitung: Barbara Krüger, Majka Dischler
Sprachdatenverarbeitung: Andreas Lang, conTEXT AG für Informatik und Kommunikation, Zürich
Einbandentwurf: Tanja Haller, Petra Hazer, Stuttgart
Logoentwurf: Erwin Poell, Heidelberg
Logoüberarbeitung: Sabine Redlin, Ludwigsburg
Satz: Dörr + Schiller GmbH, Stuttgart
Druck: Druckerei C.H. Beck, Nördlingen
Printed in Germany

ISBN 978-3-12-517533-4

Inhaltsverzeichnis

Seiten	
4	Übersicht über die Infokästen
7	Benutzerhinweise
18	Verwendete Lautschriftzeichen
20	Zeichen und Abkürzungen
23	**Wörterbuch Französisch-Deutsch**
891	**Wörterbuch Deutsch-Französisch**
1659	**Anhang**
1661	Französische Kurzgrammatik
1691	Französische Verben
1702	Französische unregelmäßige Verben
1712	Deutsche Kurzgrammatik
1730	Deutsche unregelmäßige Verben
1735	Die französische Silbentrennung
1736	Die französische Zeichensetzung
1737	Die deutsche Silbentrennung
1738	Die deutsche Zeichensetzung
1739	Französische Musterbriefe
1741	Deutsche Musterbriefe
1743	Bewerbungsschreiben, Lebenslauf
1751	Die Zahlwörter
1754	Maße und Gewichte
1756	Frankreich – Regionen (und Regierungsstädte)
1757	Belgien
1757	Quebec
1758	Deutschland – Länder (und Hauptstädte)
1758	Österreich – Bundesländer (und Hauptstädte)
1759	Die Schweiz – Kantone (und Hauptorte)
1760	Frankreich – Departements und Hauptstädte
1761	Überseedepartements
1762	Das Buchstabieralphabet

Table des matières

Pages	
4	Aperçu des encadrés
7	Notes explicatives
18	Signes utilisés pour la transcription phonétique
20	Symboles et abréviations
23	**Dictionnaire français-allemand**
891	**Dictionnaire allemand-français**
1659	**Appendice**
1661	Précis de grammaire française
1691	Verbes français
1702	Verbes français irréguliers
1712	Précis de grammaire allemande
1730	Verbes allemands irréguliers
1735	La coupe syllabique en français
1736	La ponctuation française
1737	La coupe syllabique en allemand
1738	La ponctuation allemande
1739	Modèles de lettres en français
1741	Modèles de lettres en allemand
1743	Lettres de candidature, curriculum vitæ
1751	Les nombres
1754	Poids et mesures
1756	La France – régions (et préfectures)
1757	La Belgique
1757	Le Québec
1758	L'Allemagne – Länder (et capitales)
1758	L'Autriche – provinces (et capitales)
1759	La Suisse – cantons (et chefs-lieux)
1760	La France – départements et chefs-lieux
1761	Départements d'outre-mer
1762	L'alphabet télégraphique

Übersicht über die Infokästen *Land und Leute* im französisch-deutschen Wörterbuchteil

Aperçu des encadrés *Land und Leute* dans la partie français-allemand

Académie Française
agrégation
A.N.P.E.
AOC
Arc de Triomphe de l'Étoile
argot
arrondissements
ASSEDIC
Assemblée nationale
autoroute
baccalauréat
banlieue
bars-tabac
Bastille
B.D.
beaux-arts
beur
bise
bleus
border le lit
bouquinistes
brasserie
bureau de tabac
café
C.A.P.
C.A.P.E.S.
catéchisme
chanson française
cidre
cinéma
code postal
cohabitation
collège
Comédie-Française
comité d'entreprise
concierge
concours
conduite accompagnée
coq gaulois
C.R.S.
C.V.
département
D.O.M.
études
fédéral
festival de Cannes
fêtes
films d'art et d'essai
francophonie
galette des Rois
gendarmerie

grâce
grandes écoles
Guignol
heures de fermeture
Hexagone
H.L.M.
impôts
laïcité
langues officielles
Légion d'honneur
Libération
licence
lycée
mademoiselle
Maghreb
maîtrise
Marseillaise
métro
Premier ministre
minitel
muguet
fête de la Musique
Noël
Nouvel an
Pâques
partis politiques
péage
pétanque
pied-noir
plaque minéralogique
préfecture
président de la République
presse
prix littéraires
Québec
raï
rentrée
République
rugby
Sénat
service militaire
S.M.I.C.
S.N.C.F.
syndicat
T.G.V.
T.O.M.
Toussaint
vacances scolaires
vendanges
vitesse maximale

Übersicht über die Infokästen mit Formulierungshilfen im französisch-deutschen Wörterbuchteil

Aperçu des encadrés pour aider à formuler dans la partie français-allemand

accord
s'assurer
compétence
comprendre
prendre congé
critiquer
croire
demander
détermination/hésitation

doute
ennui/dégoût/antipathie
estime
s'excuser
exiger
exprimer son ignorance
information
insatisfaction/irritation
intention

interdire
interrompre
inviter
joie/enthousiasme
lettre
objecter/contredire
opinion
permettre
peur/souci

précision
proposer
remercier
refuser de répondre
réprimander
demander le silence
soulagement/sérénité
tristesse/déception/consternation

Aperçu des encadrés *Land und Leute* im deutsch-französischen Wörterbuchteil

Übersicht über die Infokästen *Land und Leute* dans la partie allemand-français

Abendbrot
Abgassonderuntersuchung
Abiball
Abitur
Advent
Adventskranz
Autobahngebühr
Beamte
Begrüßung
Berlinale
Berufsschule
Bescherung
Bettbezug
Biergarten
Bierzelt
schwarzes Brett
Brezel
Brot
Bundeskanzler
Bundesländer
Bundespräsident
Bundesrat
Bundestag
Damen
Dialekt
Einladung
evangelisch
Fachhochschulen
Fahrgemeinschaft
Fastnacht
Fensterbank
Fräulein
Frühstück
Führerschein
Gartenzwerg
Geburtstag
Glühwein
Grundschule
Gymnasium
Hansestädte
Hauptschule
hitzefrei
ICE
Imbissstube
Jugendzentrum
Jugendherberge
Kaffee
Kaffeehaus
Kantone
Kirchensteuer

Ladenschlussgesetz
Landtag
Magister
1. Mai
Maibaum
Mineralwasser
Ministerpräsident
Mittagspause
Mülltrennung
Musik (Notennamen)
Muttertag
Nikolaus
Norddeutschland
Noten
Numerus clausus
Nummernschild
3. Oktober
Osterhase
Ozonalarm
Polterabend
Postleitzahl
Realschule
Religionsunterricht
Schorle
Schulferien
Schullandheim
Sie
Silvester
Sonderschule
Sperrmüll
Staatsexamen
Stammtisch
Strandkörbe
Süddeutschland
Tagesschau
Tageszeitungen
Tee
Telefon
Tempolimit
akademischer Titel
TÜV
Volksfest
Volkshochschule
volljährig
Wehrpflicht
Weihnachten
Weihnachtsmarkt
Wiedervereinigung
Wohngemeinschaft
Zivildienst

Aperçu des encadrés pour aider à formuler im deutsch-französischen Wörterbuchteil

Übersicht über die Infokästen mit Formulierungshilfen dans la partie allemand-français

Abneigung ausdrücken
Absicht ausdrücken
anbieten
Angst/Sorge ausdrücken
Antwort verweigern
Ärger ausdrücken
auffordern
beruhigen
bitten
Briefe
Dank ausdrücken/sich bedanken
einladen
einwilligen
sich entscheiden
sich entschuldigen
erlauben
Erleichterung ausdrücken
Geringschätzung ausdrücken
glauben
Informationen erfragen

Kritik äußern
loben
Meinungen äußern
rückfragen
um Ruhe bitten
Traurigkeit/Enttäuschung/
 Bestürzung ausdrücken
unterbrechen
sich verabschieden
verbieten
sich vergewissern
verstehen
vorschlagen
widersprechen, einwenden
nicht wissen
zögern
zurechtweisen
Zuständigkeit
zustimmen
zweifeln

Notes explicatives

1. Les entrées

Les lettres, les abréviations et sigles, les mots tronqués, les expressions composées de plusieurs mots ou les noms propres constituent également des entrées.

```
G, g [ge:] <-, -> nt ❶ G m/g m
  ❷ MUS sol m
   ▸ G wie Gustav g comme Gaston
Gebr. Abk von Gebrüder: ~ Lang Lang frères mpl
Demo ['de:mo] <-, -s> f fam Abk von Demonstration manif f
  (fam)
Fata Morgana ['fa:tamɔr'ga:na] <- -, - Morganen o -s> f
  mirage m
Trier [tri:ɐ] <-s> nt Trèves
```

```
A, a [ɑ] m inv A nt/a nt; ...
ABS [abɛɛs] m abr de Anti-lock Brake System ABS nt
accro [akʀo] fam I. adj ❶ (dépendant d'une drogue) süchtig; ...
adorateur, -trice [adɔʀatœʀ, -tʀis] m, f ...
   ◆ ~(-trice) du Soleil Sonnenanbeter(in) m(f)
Abel [abɛl] m Abel m
```

2. Le classement par ordre alphabétique des entrées

Étant donné qu'il n'existe pas de normes concernant l'ordre alphabétique (les dictionnaires, annuaires téléphoniques et catalogues de bibliothèques étant classés différemment), il est nécessaire d'indiquer les principes régissant ce dernier dans ce dictionnaire.

Si deux mots se distinguent l'un de l'autre par l'écriture minuscule ou majuscule, alors le mot commençant par une minuscule apparaît avant celui commençant par une majuscule.

```
vermögen tr V unreg geh [es] ~ etw zu tun être à même de faire
   qc (soutenu); viel/wenig ~ Vertrauen, Glaube: agir beaucoup/peu
Vermögen [fɛɐ'møːɡən] <-s, -> nt ❶ fortune f, biens mpl
   ❷ kein Pl geh sein ~ [ etw zu tun] sa capacité [à faire qc]
```

```
charlot [ʃaʀlo] m fam Clown m, Kasper m
Charlot [ʃaʀlo] m Charlie Chaplin
```

Les voyelles infléchies ä, ö et ü sont considérées comme des variantes des voyelles a, o et u et de ce fait se suivent. Les voyelles simples, sans tréma, apparaissent avant celles avec tréma.

```
bar [baːɐ] I. Adj ❶ en liquide; ~es Geld de l'argent liquide;
   gegen ~ [au] comptant; in ~ en espèces
   ❷ (rein) Zufall, Unsinn pur(e); das ist doch ~er Unsinn! c'est de
   la pure sottise!
   ❸ geh (ohne) ~ jeder Grundlage (Gen) dépourvu(e) de tout fondement
   II. Adv ~ zahlen payer en espèces
Bär [bɛːɐ] <-en, -en> m ❶ ours m
   ❷ ASTRON der Große/Kleine ~ la Grande/Petite Ourse
   ▸ stark wie ein ~ sein fam être fort(e) comme un bœuf; ...
```

```
mais [mɛ] ...
maïs [mais] ...
ne [nə] ...
né(e) [ne] ...
```

La lettre ß est traitée comme ss et se situe après le double s.

```
floss^RR [flɔs], floß^ALT Imp von fließen
Floß [floːs, Pl: 'fløːsə] <-es, Flöße> nt radeau m
```

Benutzerhinweise

1. Die Stichwörter

Das Wörterbuch führt nicht nur Wörter, sondern auch einzelne Buchstaben und Abkürzungen als Stichwörter auf, ebenso Kurzwörter, Mehrwortausdrücke und Eigennamen.

2. Die alphabetische Anordnung

Da es kein einheitliches Alphabetisierungsprinzip gibt – Wörterbücher, Telefonbücher und Bibliothekskataloge sind alphabetisch unterschiedlich angeordnet –, ist es notwendig, das in diesem Wörterbuch gültige Alphabetisierungsprinzip zu erläutern:

Unterscheiden sich zwei Wörter nur durch Klein- und Großschreibung, so steht das kleingeschriebene Wort vor dem großgeschriebenen.

Die Umlaute ä, ö und ü werden wie Varianten der Vokale a, o und u behandelt und stehen bei diesen. Der einfache Vokal (ohne Trema) steht jeweils vor demjenigen mit Trema.

Der Buchstabe ß wird wie ss behandelt und steht nach dem Doppel-ss.

Les traits d'union, points, virgules et espaces ne sont pas considérés comme des lettres. Ils sont ignorés dans le classement alphabétique.

Bindestriche, Punkte, Kommas und Wortzwischenräume zählen nicht als Buchstaben; sie werden bei der alphabetischen Einordnung ignoriert.

> **dreibändig** *Adj* en trois volumes
>
> **koscher** ['kɔ:ʃɐ] I. *Adj* ❶ REL casher *inv* ...
> **K.-o.-Schlag** [ka:'ʔo:-] *m* coup *m* décisif *(provoquant un K.-O.)*
> **Koseform** *f* diminutif *m*
>
> **Rückzieher** <-s, -> *m fam* **einen ~ machen** faire machine arrière *(fam)*
> **ruck, zuck** *Adv fam* en moins de deux *(fam)*
> **Rückzug** *m* MIL retraite *f*; **geordneter/ungeordneter ~** retraite en ordre/en ordre dispersé; **den ~ antreten** battre en retraite
>
> **inopportun** *Adj geh* inopportun(e); ...
> **in petto** [ɪn 'pɛto] ▶ **etw ~ haben** *fam* avoir qc en réserve
> **in puncto** [ɪn 'pʊŋkto] *Adv fam* question; **~ Sicherheit/Sauberkeit** question sécurité/propreté *(fam)*
> **Input** ['ɪnpʊt] <-s, -s> *m* INFORM input *m*
>
> **basket** [baskɛt] *f* ...
> **basket[-ball]** [baskɛt(-bɔl)] *m* ...
> **basketteur, -euse** [baskɛtœʀ, -øz] *m, f* ...

Les lettres entre crochets sont prises en compte dans le classement alphabétique. Les crochets indiquent que le mot existe également dans une variante sans la lettre concernée.

Eingeklammerte Buchstaben werden bei der alphabetischen Einordnung berücksichtigt. Die Klammern zeigen an, dass das Wort auch in einer Variante ohne den betreffenden Buchstaben existiert.

> **Essen[s]ausgabe** *f* ❶ *(Schalter)* guichet *m* de distribution ❷ *kein Pl (Verteilung)* distribution *f* de la nourriture **Essen[s]marke** *f* ticket *m* [de] repas **Essenszeit** *f* heure *f* du repas
>
> **chêne** [ʃɛn] *m* ❶ *(arbre)* Eiche *f*; **~ vert** Steineiche ❷ *(bois)* Eiche[nholz *nt*] *f*
> **chen[e]au** [ʃ(ə)no] <x> *m* CH Dachrinne *f*, Dachkännel *m* (CH)
> **chéneau** [ʃeno] <x> *m* Dachrinne *f*, Regenrinne

Bon nombre de substantifs qui désignent des activités ou dans un sens plus large des manières d'être ou de se comporter, existent sous les formes masculine et féminine. Il en est de même pour les nationalités. En règle générale, les deux formes apparaissent et sont traduites sous la même entrée. Dans certains cas, la forme féminine n'apparaît pas toujours dans le bon ordre alphabétique

Viele Substantive, die Tätigkeiten oder – im weitesten Sinne – Verhaltensweisen bezeichnen, existieren in männlicher und weiblicher Form; dasselbe gilt für Berufsbezeichnungen. In der Regel werden beide Formen in einem gemeinsamen Eintrag aufgeführt und übersetzt. Hierbei steht die weibliche Form mitunter nicht an ihrer alphabetisch korrekten Stelle.

> **Fach** [fax, *Pl:* 'fɛçɐ] <-[e]s, Fächer> *nt* ❶ *einer Tasche, Brieftasche* compartiment *m*; *eines Schranks, Regals* rayon *m* ...
> **Facharbeiter(in)** *m(f)* ouvrier *m* qualifié/ouvrière *f* qualifiée
> **Facharbeiterbrief** *m* brevet *m* d'ouvrier(-ière) qualifié(e) ...
>
> **sec, sèche** [sɛk, sɛʃ] ...
> **sécante** [sekɑ̃t] ...
> **sécateur** [sekatœʀ] ...

Les mots composés commençant par un même élément, et qui se suivent alphabétiquement, sont regroupés au sein d'un même bloc.

Zusammengesetzte Stichwörter, deren erster Wortteil gleich ist und die alphabetisch aufeinanderfolgen, werden in Gruppen zusammengefasst.

> **Kabelkanal** *m* chaîne *f* câblée ... **Kabelnetz** *nt* réseau *m* câblé **Kabelrolle** *f* enrouleur *m* ... **Kabeltrommel** *f* enrouleur *m* de câble
>
> **porte-à-faux** [pɔʀtafo] ▶ **en ~** *mur, roche* surplombant; *fig personne* in einer heiklen Lage **porte-à-porte** [pɔʀtapɔʀt] *m inv* Hausieren *nt*, Haus-zu-Haus-Verkauf *m (Fachspr.)*; ... **porte--avions** [pɔʀtavjɔ̃] *m inv* Flugzeugträger *m* **porte-bagages** [pɔʀtbagaʒ] *m inv* ... **porte-bébé** [pɔʀtbebe] <porte-bébés> *m (porté sur le dos)* Babytraggestell *nt*; ... **porte-bonheur** [pɔʀtbɔnœʀ] *m inv* Glücksbringer *m* ...

Les différentes orthographes d'un mot sont données l'une après l'autre si elles se suivent directement dans l'alphabet.

Verschiedene Schreibweisen eines Wortes werden nur dann gemeinsam angegeben, wenn kein anderes Stichwort zwischen den beiden Varianten kommt.

> **minutiös** [minu'tsiø:s], **minuziös** *geh* I. *Adj* minutieux(-euse) ...
>
> **arôme, arome** [aʀom] ...

Sinon, la variante moins fréquente a été munie d'un renvoi qui mène les utilisateurs à la variante plus usitée.

Andernfalls wird von der selteneren Variante auf die frequentere verwiesen.

> **bayerisch** [ˈbaɪərɪʃ] *Adj* bavarois(e)
> **Bayern** [ˈbaɪɛn] <-s> *nt* la Bavière
> **bayrisch** [ˈbaɪrɪʃ] *s.* **bayerisch**
>
> **clé** [kle] …
> **clean** [klin] …
> **clébard** [klebaʀ] *m*, **clebs** [klɛps] …
> **clef** [kle] *f v.* **clé**

3. Des signes particuliers dans les entrées

3.1. La réforme de l'orthographe

Ce dictionnaire prend en compte la nouvelle réglementation de la réforme de l'orthographe allemande qui date de 2006.

En raison de la réforme orthographique, l'ancienne et la nouvelle orthographe allemande vont coexister dans les prochaines années. Les maisons d'édition vont devoir s'adapter plus ou moins rapidement à cette nouvelle réglementation. Pour cette raison, le dictionnaire présente aussi bien les nouvelles que les anciennes orthographes des mots concernés par la réforme. L'utilisateur a ainsi la possibilité de se reporter à la forme appropriée.

Afin d'éviter toute surcharge dans la présentation des deux orthographes, un système de renvoi a été mis au point. Il conduit l'utilisateur de l'ancienne à la nouvelle orthographe d'un mot (dans la mesure où les deux orthographes ne se suivent pas directement dans l'alphabet). La traduction recherchée se trouve alors sous l'entrée nouvellement orthographiée.

L'ancienne orthographe est munie de la marque ᴬᴸᵀ, la nouvelle par le signe ᴿᴿ (Rechtschreibreform = réforme de l'orthographe).

3. Besondere Zeichen in und an den Stichwörtern

3.1. Die Rechtschreibreform

Dieses Wörterbuch berücksichtigt die deutsche Rechtschreibreform in ihrer Fassung von 2006.

In den nächsten Jahren werden die alten und die neuen Schreibungen nebeneinander existieren, denn die Buch- und Zeitungsverlage werden sich unterschiedlich schnell umstellen. Aus diesem Grund führt das Wörterbuch die von der Rechtschreibreform betroffenen Wörter sowohl in der alten als auch in der neuen Schreibung auf. Die Benutzer haben somit die Möglichkeit, die ihnen jeweils vorliegende Form eines Worts nachzuschlagen.

Um zu vermeiden, dass sich das Wörterbuch durch diese notwendigen doppelten Nennungen zu sehr aufbläht, wurde ein umfassendes Verweissystem eingearbeitet, das die Benutzer von der alten zur neuen Schreibung führt (sofern alt und neu alphabetisch nicht unmittelbar aufeinander folgen). Bei der neuen Schreibung finden sie dann die gesuchte Übersetzung.

Die alte Schreibung wird durch ein hochgestelltes ᴬᴸᵀ kenntlich gemacht, die neue durch das hochgestellte Zeichen ᴿᴿ für Rechtschreibreform.

> **Stengel**ᴬᴸᵀ *s.* **Stängel**
> **Stängel**ᴿᴿ <-s, -> *m* tige *f* …

Seuls les mots simples de l'ancienne orthographe seront marqués. Les mots composés n'ont aucune marque de reconnaissance.

Si les utilisateurs ont des difficultés à trouver un mot composé dans sa nouvelle orthographe, ils peuvent se reporter au mot de base dans son ancienne orthographe, et ainsi trouver l'indication de renvoi à la nouvelle orthographe.

Ce ne sont que les cas d'orthographe nouvelle obligatoire qui seront marqués des signes ᴬᴸᵀ et ᴿᴿ, le nombre des nouvelles **variétés** orthographiques étant trop grand.

L'une des modifications les plus importantes que la réforme apporte à ce dictionnaire concerne la décomposition des mots jusqu'alors composés. Dans de nombreux cas, une entrée devient une courte expression qui apparaît sous l'entrée d'un des éléments qui la composaient. Afin de faciliter la recherche, l'utilisateur trouvera sous l'ancienne entrée une indication exacte de renvoi à la locution nouvellement orthographiée.

Alte Schreibungen werden nur bei einfachen, nicht bei zusammengesetzten Wörtern (Komposita) gekennzeichnet.

Wenn die Benutzer Schwierigkeiten haben, ein zusammengesetztes Wort in seiner neuen Schreibung aufzufinden, können sie auf das Grundwort in seiner alten Schreibung zurückgehen; dort finden sie den Verweis auf die neue Schreibung.

Die Kennzeichnungen ᴬᴸᵀ und ᴿᴿ werden nur bei den zwingend neuen Schreibungen verwendet, die alte Schreibungen ablösen. Die große Zahl neuer Schreib**varianten** wurde nicht markiert.

Eine der wichtigsten Veränderungen, die die Rechtschreibreform bringt, betrifft die Zusammen- und Getrenntschreibung. In zahlreichen Fällen wird aus einem Stichwort, das einen Wörterbucheintrag einleitet, eine Fügung zu mehreren Wörtern, die *in* dem Eintrag steht. Das Auffinden solch einer Fügung wird dadurch erleichtert, dass bei dem Stichwort alter Schreibung ein präziser Verweis die genaue Position der Fügung angibt.

> **allgemeinbildend** *s.* **allgemein** II. ❶
> **allgemein** [ˈalgəˌmaɪn] I. *Adj* ❶ *(nicht speziell, nicht detailliert)* général(e); …
> II. *Adv* ❶ *(nicht speziell, nicht detailliert) formulieren* de façon générale; ~ **bildend** *Schule* d'enseignement général; *Unterricht* général(e)…

Inversement, du fait de la réforme de l'orthographe, les anciennes locutions – c'est-à-dire les expressions composées de mots séparés – deviennent des entrées. Il s'agit donc ici d'une fusion. L'ancienne expression ne sera pas marquée du signe ᴬᴸᵀ, car comme nous l'avons vu plus haut, cette signalisation n'apparaît que dans les entrées mêmes.

Umgekehrt werden durch die Rechtschreibreform bisherige Syntagmen, also getrennt geschriebene Fügungen, in neue Stichwörter umgewandelt. Hier findet eine Verschmelzung statt. Die „alte" Fügung wird nicht durch ᴬᴸᵀ gekennzeichnet, weil diese Markierung, wie bereits gesagt, nur auf der Ebene der Stichwörter verwendet wird.

> **leid|tun**ᴿᴿ *itr V unreg* ❶ *(als Ausdruck des Bedauerns)* **etw tut jdm leid** qn regrette qc; **es tut jdm leid, dass** qn regrette que + *subj*; …

3.2 Signes d'accentuation

Le trait signale une diphtongue (voyelle double accentuée: ai, ei, eu, au, äu) ou une voyelle longue (voyelle simple), le point signale une voyelle brève.

3.2 Betonungszeichen

Der tiefgestellte Strich kennzeichnet einen Diphthong (Zwielaut: ai, ei, eu, au, äu) oder einen langen Vokal (Selbstlaut), der tiefgestellte Punkt einen kurzen Vokal.

> **verknautschen*** *tr V fam* chiffonner *Mantel*
> **Fassade** [faˈsaːdə] <-, -n> *f a. fig* façade *f*; …
> **verknüpfen*** *tr V* ❶ *(verknoten)* nouer, attacher; [**miteinander**] ~ nouer, attacher …

Différentes possibilités d'accentuation sont signalées l'une après l'autre.

Verschiedene Betonungsmöglichkeiten werden hintereinander angegeben.

> **durchaus** *Adv*, **durchaus** *Adv* ❶ *(unbedingt)* absolument
> ❷ *(völlig, sehr wohl)* zufrieden, akzeptabel, vernünftig tout à fait; …

3.3 Signes grammaticaux

Le trait fin indique la particule séparable pour les verbes.

3.3 Grammatische Zeichen

Der feine Strich kennzeichnet die abtrennbare Vorsilbe bei unfest zusammengesetzten Verben.

> **durch|drehen** I. *itr V* ❶ + *haben Räder:* tourner dans le vide
> ❷ + *haben o sein fam (die Nerven verlieren)* disjoncter *(fam)*;
> **durchgedreht sein** *fam* avoir pété les plombs *(fam)* …

L'astérisque signale qu'un verbe ne forme pas son participe passé avec *ge-*.

Das hochgestellte Sternchen zeigt an, dass das Partizip Perfekt des Verbs ohne *ge-* gebildet wird.

> **verkraften*** *tr V Person:* faire face à; *Stromnetz, Straße:* supporter;
> *etw* ~ *Person:* faire face à qc; …

Les exposants en chiffre arabe indiquent qu'il s'agit de mots identiques avec différents sens (homographes).

Hochgestellte arabische Ziffern machen gleich geschriebene Wörter mit unterschiedlichen Bedeutungen (Homographen) kenntlich.

> **Flur**[1] [fluːɐ] <-[e]s, -e> *m (Korridor)* couloir *m*; *(Diele)* vestibule *m*
> **Flur**[2] <-, -en> *f geh (freies Land)* campagne *f*
> ▶ **allein auf weiter** ~ **sein** [*o* **stehen**] …
> **vermessen***[1] *unreg* I. *tr V* mesurer *Gelände, Platz*
> II. *r V* **sich** ~ se tromper en mesurant [*o* dans ses mesures]
> **vermessen**[2] *Adj geh* présomptueux(-euse) *(soutenu)*; **es ist ~, das zu sagen** il est présomptueux de dire cela *(soutenu)*
> **serre**[1] [sɛʀ] *f* AGR Gewächshaus *nt*; …
> **serre**[2] [sɛʀ] *f surtout pl (griffe)* Fänge *Pl*

4. Composition des articles

4.1 Chiffres romains

Les chiffres romains subdivisent l'entrée en différentes catégories grammaticales. Ils signalent les différentes fonctions grammaticales de l'entrée.

Grâce aux chiffres romains, on distingue par exemple la préposition de la conjonction.

4. Aufbau der Einträge

4.1 Römische Ziffern

Mit Hilfe der römischen Ziffern wird ein Eintrag unter grammatischen Gesichtspunkten gegliedert. Die Ziffern zeigen also verschiedene grammatische Funktionen des Stichworts an:

Unterschiedliche Wortarten wie z. B. Präposition und Konjunktion werden mit römischen Ziffern voneinander unterschieden.

> **während** ['vɛːrənt] **I.** *Präp + Gen* pendant; ~ **des Urlaubs** pendant les congés
> **II.** *Konj* ❶ *(wohingegen)* alors que *+ indic*
> ❷ *(in der Zeit als)* pendant que *+ indic*

> **volontaire** [vɔlɔ̃tɛʀ] **I.** *adj* ❶ *(voulu)* gewollt, beabsichtigt; **incendie** ~ Brandstiftung *f*
> ❷ *(non contraint)* freiwillig; **engagé** ~ Freiwillige(r) *f(m)*
> ❸ *(décidé)* energisch; *péj enfant, adulte* eigensinnig
> **II.** *mf* ❶ Freiwillige(r) *f(m)*
> ❷ *péj (personne têtue)* Starrkopf *m (péj)*

Pour les verbes, on différencie l'usage transitif, intransitif et pronominal. Si besoin est, on indique également l'auxiliaire.

Bei Verben wird zwischen transitiv, intransitiv und reflexiv unterschieden. Sofern notwendig, wird auch das Hilfsverb angegeben.

> **verschleißen** [fɛɐ̯ˈʃlaɪsən] <verschliss, verschlissen> **I.** *itr V + sein Material, Maschine:* s'user
> **II.** *tr V + haben* user
> **III.** *r V + haben* **sich** ~ *Person:* s'user

> **voter** [vɔte] <1> **I.** *vi* wählen; ~ **contre/pour qn/qc** gegen/für jdn/etw stimmen; ~ **sur qc** über etw *(Akk)* abstimmen; ~ **à main levée** durch Handzeichen abstimmen; ~ **blanc/nul** einen leeren/ungültigen Stimmzettel abgeben
> **II.** *vt* stimmen für; bewilligen *crédits;* verabschieden *loi*

Pour les adjectifs, on signale l'emploi adverbial.

Bei den Adjektiven wird der adverbiale Gebrauch kenntlich gemacht.

> **großzügig** [ˈgroːstsyːgɪç] **I.** *Adj* ❶ *(freigebig)* généreux(-euse); *(nachsichtig)* large d'esprit
> ❷ *(in großem Stil) Plan, Planung* de grande envergure; *Wohnung* vaste
> **II.** *Adv* ❶ *(freigebig)* généreusement; *(nachsichtig) behandeln* avec largesse d'esprit ...

> **bas(se)** [bɑ, bɑs] **I.** *adj* ❶ *(de peu de hauteur)* niedrig; *stature* klein ...
> **II.** *adv* ❶ *(à faible hauteur) voler* tief; ...

4.2 Chiffres arabes

Les chiffres arabes signalent les différents sens d'une entrée au sein d'une même catégorie grammaticale. Les indications en italique entre crochets ou les abréviations indiquant le domaine renseignent l'utilisateur sur le sens de la traduction donnée.

4.2 Arabische Ziffern

Die arabischen Ziffern kennzeichnen die unterschiedlichen Bedeutungen des Stichworts innerhalb einer Wortart. Die eingeklammerten Angaben in kursiver Schrift (oder – in anderen Fällen – die abgekürzten Sachgebietshinweise) erläutern, welche Bedeutung jeweils vorliegt.

> **Gabe** [ˈgaːbə] <-, -n> *f* ❶ *geh (Geschenk)* présent *m (soutenu); (Schenkung)* don *m*
> ❷ *(Spende)* **eine milde** ~ une aumône; **um eine milde ~ bitten** demander l'aumône
> ❸ *(Begabung)* don *m;* **die ~ haben etw zu tun** avoir le don de faire qc; *iron* avoir le chic pour faire qc *(iron)*
> ❹ *kein Pl (das Verabreichen)* administration *f*

4.3 Bloc phraséologique

Un triangle gris introduit le bloc des expressions figées. Il s'agit en règle générale de locutions et tournures idiomatiques dont le sens n'a que peu ou aucun rapport avec le sens premier (ou les sens premiers) de l'entrée. Les mots soulignés permettent une meilleure orientation dans le bloc. Ces mots d'ordre mettent en évidence le classement des locutions qui est le suivant:

entrée + substantif
entrée + adjectif/adverbe
entrée + verbe
entrée + préposition
reste

4.3 Phraseologischer Block

Ein graues Dreieck leitet den Block der festen Wendungen ein. Dies sind in der Regel bildhafte Redewendungen, die sich nur schwer oder gar nicht auf die Grundbedeutung (oder -bedeutungen) des Stichworts zurückführen lassen. Die Unterstreichung dient der besseren Orientierung im Wendungsblock. Sie hebt die sogenannten Ordnungswörter hervor, die nach einem bestimmten System angeordnet sind:

Stichwort + Substantiv
Stichwort + Adjektiv/Adverb
Stichwort + Verb
Stichwort + Präposition
Rest

Knie [kniː, Pl.: 'kniːə] <-s, -> nt ❶ genou m; **vor jdm auf die ~ fallen** tomber à genoux devant qn; **sich vor jdm auf die ~ werfen** se mettre à genoux devant qn; **ihm zittern die ~** il [en] a les jambes qui flageolent
❷ (Krümmung) eines Wasserlaufs, Rohrs coude m
▶ <u>weiche</u> ~ **bekommen** fam avoir les genoux qui flageolent; **eine Entscheidung übers ~ brechen** fam prendre une décision à la va-vite; **Gott/jdm auf [den] ~n danken** louer Dieu/remercier vivement qn; ...

chien [ʃjɛ̃] ...
▶ **s'entendre** [o vivre] **comme ~ et <u>chat</u> avec qn** mit jdm wie Hund und Katze leben; **garder** [o réserver] **à qn un ~ de sa <u>chienne</u>** es jdm heimzahlen werden; **entre ~ et <u>loup</u>** in der Abenddämmerung; **arriver comme un ~ dans un jeu de <u>quilles</u>** völlig ungelegen kommen; **bon ~ chasse de <u>race</u>** prov der Apfel fällt nicht weit vom Stamm (prov); **ne pas attacher son ~ avec des <u>saucisses</u>** fam jede Mark [o jeden Pfennig] zehn [o zig] Mal umdrehen; **faire le ~ <u>couchant</u>** kriechen, dienern; **~s <u>écrasés</u>** unbedeutende Nachrichten, Füller Pl; **rubrique des ~s écrasés** vermischte [Lokal]nachrichten; **faire le ~ <u>fou</u>** [o le <u>jeune</u> ~] verrückt spielen (fam); **traiter qn comme un ~ <u>galeux</u>** jdn wie einen räudigen Hund behandeln; **avoir du ~** [so] ein gewisses Etwas haben; **c'est une femme qui a du ~** fam (c'est une belle femme) sie ist ein Rasseweib (fam); **qui <u>aboie</u> ne mord pas** prov Hunde, die bellen, beißen nicht (prov); **<u>rompre</u> les ~s** littér eine Unterredung abbrechen; **comme un ~** wie ein Hund; **tuer qn comme un ~** jdn wie einen Hund abknallen (fam); **vie <u>de</u> ~** Hundeleben nt (fam); **temps <u>de</u> ~** Sauwetter nt (fam); **métier <u>de</u> ~** Saujob m (fam); **avoir un caractère <u>de</u> ~** ein schwieriger Mensch sein; **il a un mal <u>de</u> ~ pour finir son travail** ihn kostet es wahnsinnige Mühe, seine Arbeit zu beenden

---

4.4 Bloc des expressions composées de plusieurs mots

Le signe ♦ introduit le bloc des expressions constituées de plusieurs mots. Dans ces expressions, l'entrée est remplacée par un tilde et est reliée au deuxième mot le plus souvent par une préposition. Ces expressions sont classées par ordre alphabétique. Le bloc se trouve à la fin de l'article.

4.4 Block der Mehrwortausdrücke

Das Zeichen ♦ steht zu Beginn des Blocks der häufig gebrauchten französischen Mehrwortausdrücke, die neben dem durch die Tilde vertretenen Stichwort aus mindestens einem weiteren, meist durch eine Präposition angeschlossenen Wort bestehen. Diese zusammengesetzten Ausdrücke werden am Ende des Eintrags in alphabetischer Ordnung zusammengefasst.

---

chien [ʃjɛ̃] ...
♦ ~ **d'appartement** Haushund m; ~ **d'arrêt** Vorstehhund m, Hühnerhund; ~ **d'avalanche** Lawinensuchhund m; ~ **d'aveugle** Blindenhund m; ~ **de berger** Hütehund m, Schäferhund m; ~ **de chasse** Jagdhund m; ~ **de compagnie** Schoßhund m; ~ **de fusil** Hahn m, Schlaghebel m ▶ **être couché(e)/dormir en ~ de fusil** mit angezogenen Beinen daliegen/schlafen; ~ **de garde** Wachhund m; ~ **de mer** Hundshai m; ~ **de race** Rassehund m; ~ **de traîneau** Schlittenhund m, Eskimohund

5. Formes féminines

La forme masculine est systématiquement suivie de la forme féminine, dès que cette dernière existe. Lorsqu'il suffit d'accoler la marque du féminin à la forme masculine pour obtenir la forme féminine, la terminaison féminine est indiquée entre parenthèses immédiatement après l'entrée.

> **doué(e)** [dwe] *adj* ...
> **douillet(te)** [dujɛ, jɛt] ...

Lorsque la forme féminine implique un changement partiel de la terminaison masculine, la marque du féminin est indiquée après une virgule et introduite par un tiret.

> **douloureux, -euse** [duluʀø, -øz] ...

Si la forme féminine est très différente de la forme masculine, la forme féminine apparaît en entier après la virgule.

> **fier, fière** [fjɛʀ] ...

5. Femininformen

Nach der Maskulinform wird, wo immer vorhanden, die Femininform aufgeführt. Wenn die Femininendung direkt an die Maskulinform angehängt wird, steht die Femininendung in Klammern dahinter.

Wird die Maskulinendung durch eine Femininendung ersetzt, steht nach dem Komma die Femininform mit einem Bindestrich.

Weicht die Femininform stark von der Maskulinform ab, so steht nach dem Komma die vollständige Femininform.

6. Balises de différenciation sémantique guidant l'utilisateur à la bonne traduction

Les traductions séparées par des virgules sont synonymes et donc interchangeables.

> **Kürbis** [ˈkʏrbɪs] <-ses, -se> *m* ❶ potiron *m*, citrouille *f*
> ❷ *fam (Kopf)* citrouille *f (fam)*
>
> **Cambodge** [kɑ̃bɔdʒ] *m* **le ~** Kambodscha *nt*, Kamputschea *nt*

6.1 Indications de domaines

Les indications de domaines signalent de quelles spécialités relèvent les différentes acceptions de l'entrée et leurs traductions.

> **Kolumne** [koˈlʊmnə] <-, -n> *f* ❶ PRESSE chronique *f*
> ❷ TYP colonne *f*
>
> **claquage** [klakaʒ] *m* ❶ MED Muskel|faser|riss *m*
> ❷ ELEC, PHYS Durchschlag *m*

6.2 Indications sémantiques

Les indications sémantiques sont indispensables dans les articles des entrées à plusieurs sens dont chacun nécessite une traduction différente. Elles figurent entre parenthèses pour signaler l'acception donnée de l'entrée sur laquelle porte la traduction.

> **n̰ärrisch** [ˈnɛrɪʃ] *Adj* ❶ *(karnevalistisch)* de Carnaval
> ❷ *veraltet (verrückt)* Person, Idee fou(folle)
> ❸ *fam (versessen)* **ganz ~ auf jdn/etw sein** être [raide] dingue de qn/qc *(fam)*
> ▶ **wie** ~ *(geh)* comme un fou/une folle
>
> **compter** [kɔ̃te] <1> **I.** *vt* ❶ *(dénombrer)* zählen; *(totaliser)* zusammenzählen; [aus]zählen *voix, suffrages*
> ❷ *(donner avec parcimonie)* ~ **son argent** mit seinem Geld geizen; **être compté(e)** *congés:* rar sein
> ❸ *(facturer, pénaliser)* berechnen; in Rechnung stellen *heure supplémentaire;* SCOL anrechnen *faute;* ~ **une taxe à qn** jdm eine Gebühr berechnen; ~ **cent euros à qn pour le dépannage** jdm hundert Euro für die Reparatur berechnen
> ❹ *(s'impatienter)* zählen *heures, jours*
> ❺ *(avoir duré)* ~ **deux ans d'existence** seit zwei Jahren bestehen ...

6.1 Sachgebietsangaben

Sachgebietsangaben zeigen an, auf welchen Wissensbereich sich die vorliegende Wortbedeutung und ihre Übersetzung beziehen.

6. Wegweiser zur richtigen Übersetzung

Übersetzungen, die nur durch Kommas getrennt, nebeneinanderstehen, sind gleichbedeutend und somit austauschbar.

6.2 Bedeutungshinweise

Bedeutungshinweise sind notwendig bei Stichwörtern, die mehrere Bedeutungen – mit jeweils unterschiedlichen Übersetzungen – haben. Die Hinweise stehen hinter den arabischen Ziffern in runden Klammern. Sie geben an, für welche Bedeutung des Stichworts die Übersetzung gilt.

6.3 Indicateurs en italique

Parfois, il n'est pas possible de donner une seule traduction générale pour une entrée parce que la traduction varie selon le contexte. Dans ce cas, on trouvera à proximité des traductions contextuelles des mots en italique signalisant le contexte auquel elles sont liées. Ces mots en italique qui ne sont pas traduits sont appelés collocateurs; on entend par cela – en termes simples – des mots qui s'associent fréquemment à l'entrée et qui sont souvent utilisés avec elle.

6.3 Kursive Angaben

Mitunter ist es nicht möglich, für das Stichwort eine einzige, allgemein gültige Übersetzung anzugeben, weil es je nach Kontext anders übersetzt werden muss. In diesem Fall werden die verschiedenen Übersetzungen des Stichworts aufgeführt, wobei kursive Wörter den jeweiligen Kontext angeben, von dem die einzelne Übersetzung abhängt. Diese kursiven, nicht übersetzten Wörter nennt man Kollokatoren; darunter versteht man – vereinfacht gesagt – Wörter, die mit dem Stichwort eine enge, typische Verbindung eingehen, also oft mit ihm zusammen vorkommen.

6.3.1 Sujets typiques du verbe ou d'une locution verbale

Les sujets typiques du verbe sont placés *avant* la traduction et sont suivis de deux points.

6.3.1 Typische Subjekte des Verbs oder der verbalen Ausdrücke

Die typischen Subjekte des Verbs oder des verbalen Ausdrucks stehen *vor* der Übersetzung und enden mit einem Doppelpunkt.

> **gabeln** ['ga:bəln] *r V* **sich** ~ *Straße:* bifurquer; *Ast, Stamm:* se ramifier
> **flüssig** ['flʏsɪç] I. *Adj* ❶ *(opp: fest) Honig, Lack* liquide; *Glas, Metall, Wachs, Fett* fondu(e); ~ **werden** *Honig, Soße:* devenir liquide; *Wachs, Metall, Stickstoff:* se liquéfier; …
>
> **piaffer** [pjafe] <1> *vi* ❶ *cheval:* [ungeduldig mit den Vorderhufen] stampfen …

6.3.2 Compléments d'objet direct typiques du verbe

Les compléments d'objet direct typiques sont placés *après* la traduction.

6.3.2 Typische direkte Objekte des Verbs

Die typischen direkten Objekte des Stichworts stehen *hinter* der Übersetzung.

> **fegen** ['fe:gən] I. *tr V + haben* ❶ balayer *Straße, Hof;* ramoner *Schornstein;* **die Scherben von der Straße** ~ balayer les débris de la chaussée …
>
> **piéger** [pjeʒe] <2a, 5> *vt* ❶ *(attraper)* mit der Falle fangen *animal* ❷ *(tromper)* in die Falle locken *personne;* …

6.3.3 Substantifs typiques de l'adjectif

Les substantifs typiques fréquemment associés à l'adjectif sont placés avant la traduction.

6.3.3 Typische Substantive beim Adjektiv

Die typischen Substantive, die sich mit einem Adjektiv verbinden können, stehen vor der Übersetzung.

> **ehrlich** I. *Adj* ❶ *(aufrichtig)* sincère; *Absicht, Angebot* honnête; **es ~ mit jdm meinen** être sincère avec qn
> ❷ *(verlässlich) Mitarbeiter, Finder* honnête
> ▶ ~ **währt am längsten** *Spr.* l'honnêteté finit toujours par être récompensée …
>
> **ambiant(e)** [ãbjã, jãt] *adj* ❶ *atmosphère* ~**e** Raumklima *nt;* **température** ~**e** Zimmertemperatur *f,* Raumlufttemperatur, Umgebungstemperatur; **ce vin se boit à [la] température** ~**e** dieser Wein wird bei Zimmertemperatur getrunken; **à l'air** ~ an der [frischen] Luft
> ❷ *fig idées, atmosphère* herrschend; *enthousiasme* allgemein

6.3.4 Adjectifs et verbes typiques de l'adverbe

6.3.4 Typische Adjektive und Verben beim Adverb

> **richtig** ['rɪçtɪç] I. *Adj* ❶ *(korrekt) Antwort, Lösung, Haus* bon(ne) antéposé; **das ist** ~ c'est juste …
> II. *Adv* ❶ *(korrekt)* antworten, lösen, schreiben correctement; verstehen bien; kalkulieren, raten, rechnen juste; ~ **gehen** *Uhr:* donner l'heure exacte; …
> ❷ *(angebracht)* entscheiden, handeln, vorgehen judicieusement; **sehr ~!** très juste!
> ❸ *(am richtigen Ort)* hängen, stehen à la bonne place
> ❹ *(wirklich)* passen, sitzen, können bien
> ❺ *fam (regelrecht)* gemütlich, wütend, betrügen vraiment
>
> **très** [tʀɛ] *adv* sehr; *dangereux, aimable* höchst, sehr; *nécessaire* dringend; …
> **amèrement** [amɛʀmɑ̃] *adv* bitter; *critiquer* scharf

6.3.5 Compléments du nom typiques des substantifs

Pour les substantifs, il s'agit de compléments du nom typiques.

6.3.5 Typische Genitivanschlüsse bei Substantiven

Bei Substantiven sind es typische Genitivanschlüssse (Genitivattribute).

> **Größe** ['grø:sə] <-, -n> *f* ❶ *einer Fläche* superficie *f*; *eines Raums* taille *f*; *einer Zahl, Menge* importance *f* ...
>
> **trésorier, -ière** [trezɔrje, -jɛr] *m*, *f* Kassenführer(in) *m(f)*; *d'une association, d'un club* Kassenwart *m*, Kassierer(in) *m(f)*, Vereinskassierer(in) (A, CH, SDEUTSCH); *d'un parti, syndicat* Schatzmeister(in) *m(f)*

7. Éléments descriptifs de la langue source et de la langue cible

7.1 Indications du niveau de langue

Le dictionnaire signale systématiquement si un mot ou une expression s'éloigne du niveau de langue neutre. Ces indications sont effectuées tant dans la langue source que dans la langue cible. Les niveaux de langue indiqués en tête d'article ou de catégorie s'appliquent à l'ensemble des significations et des emplois de ce même article ou de cette même catégorie (c.-à-d. d'un paragraphe muni d'un chiffre romain ou arabe).

7. Beschreibende Angaben zu Quell- und Zielsprache

7.1 Stilangaben

Weicht ein Stichwort von der neutralen Standardsprache ab, so wird dies grundsätzlich angegeben. Die Angaben erfolgen sowohl in der Quell- als auch in der Zielsprache. Stilangaben zu Beginn eines Eintrags oder einer Kategorie (d. h. eines römisch oder arabisch bezifferten Absatzes) beziehen sich auf den gesamten Eintrag oder auf den gesamten Absatz.

> **verknallen*** *r V fam* **sich ~** s'amouracher *(fam)*; **sich in jdn ~** s'amouracher de qn; **in jdn verknallt sein** être toqué(e) de qn *(fam)*
>
> **godasse** [gɔdas] *f fam* Schuh *m*, Treter *m (fam)*

poet	désigne un langage poétique, utilisé seulement en poésie.	poét	bezeichnet einen poetischen Sprachgebrauch, wie er nur in der Lyrik vorkommt.
liter	désigne un langage littéraire, utilisé seulement en littérature.	littér	bezeichnet einen literarischen Sprachgebrauch, wie er nur in Romanen zu finden ist.
geh	désigne un langage soutenu, tel qu'il est utilisé, tant dans la langue écrite que dans la langue parlée, par les personnes s'exprimant en termes choisis.	soutenu	bezeichnet einen gehobenen Sprachgebrauch, sowohl in der gesprochenen wie in der geschriebenen Sprache, wie er gepflegt wird, wenn Menschen sich gewählt ausdrücken.
form	désigne un langage administratif, utilisé seulement dans la correspondance administrative, sur des formulaires ou lors d'allocutions officielles.	form	bezeichnet einen förmlichen Sprachgebrauch, wie er im amtlichen Schriftverkehr, auf Formularen oder in formellen Ansprachen verwendet wird.
fam	désigne un langage familier, utilisé seulement entre membres d'une même famille et entre amis au cours d'une conversation détendue et dans une correspondance privée. Dans les situations plus strictes et dans la correspondance formelle, ce style serait déplacé.	fam	bezeichnet umgangssprachlichen Sprachgebrauch, wie er zwischen Familienmitgliedern und Freunden in zwangloser Unterhaltung und in privaten Briefen verwendet wird. In formelleren Situationen und förmlichem Schriftverkehr wäre dieser Stil unangebracht.
	désigne un français populaire, utilisé uniquement par des personnes ayant l'habitude de se parler sur un ton très familier.	pop	bezeichnet ein sehr umgangssprachliches Französisch, das nur unter Menschen verwendet wird, die einen familiären Umgangston miteinander pflegen.
sl	désigne un langage très familier, employé seulement entre locuteurs généralement jeunes. Ce style peut paraître cavalier et donc choquer.	arg	bezeichnet einen sehr saloppen Sprachgebrauch, der nur von meist jüngeren Sprechern untereinander verwendet wird. Dieser Stil wirkt leicht flapsig und kann daher Anstoß erregen.
vulg	désigne des termes considérés généralement comme vulgaires et donc tabous. Leur emploi choque généralement.	vulg	bezeichnet Wörter, die allgemein als vulgär gelten und daher tabu sind. Ihr Gebrauch erregt meist Anstoß.

7.2 Délimitation de l'emploi dans le temps

Le dictionnaire signale systématiquement dans les deux langues si un mot ou une expression ne s'utilisent plus dans le langage actuel.

7.2 Altersangaben

Es wird in beiden Sprachen grundsätzlich angegeben, wenn ein Wort oder Ausdruck nicht mehr dem heutigen Sprachgebrauch entspricht.

> **echauffieren*** [eʃɔ'fi:rən] *r V veraltet* **sich ~** s'échauffer *(vieilli)*; **sich über jdn/etw ~** s'échauffer au sujet de qn/qc
>
> **lavandière** [lavɑ̃djɛr] *f vieilli* Waschfrau *f*

veraltet	désigne un mot ou une expression qui ne s'emploient plus de nos jours, mais qui sont encore compréhensibles.	vieilli	bezeichnet ein Wort oder einen Ausdruck, der heutzutage nicht benutzt aber durchaus noch verstanden wird.

7.3 Indications rhétoriques

Il est souvent possible d'attribuer à un mot ou une expression une connotation rhétorique qui les éloigne de leur sens premier. Si ce type de connotation existe, elle sera signalée dans la langue source par une marque correspondante. Au cas où le terme français reflète la même intention rhétorique, celle-ci sera également signalée.

> **gaffen** ['gafən] *itr V pej* **nach jdm/etw** ~ reluquer qn/qc *(fam)*

> **niquer** [nike] <1> *vt vulg* ficken *(vulg)*

euph	désigne un emploi euphémique destiné à remplacer un terme plus cru.
fig	désigne un emploi figuré. Ce mot ou cette expression permettent de s'exprimer de façon imagée.
hum	désigne un emploi humoristique.
iron	désigne un emploi ironique. Le locuteur pense et veut laisser entendre le contraire de ce qu'il dit.
pej	désigne un emploi péjoratif. Le locuteur exprime ainsi son mépris.

7.4 Autres indications

Le dictionnaire précise également pour les deux langues si l'emploi d'un mot est restreint à une certaine région, un certain groupe d'âge, un certain type d'expression orale ou une certaine époque.

A	terme utilisé uniquement en Autriche.
CH	expression allemande ou française utilisée en Suisse.
NDEUTSCH	expression employée dans le nord de l'Allemagne
SDEUTSCH	expression employée dans le sud de l'Allemagne.
BELG	terme français utilisé uniquement en Belgique.
CAN	terme français utilisé uniquement au Canada.
MIDI	expression employée dans le sud de la France.
NORD	expression employée dans le nord de la France.
DIAL	expression dont l'emploi est restreint à une région précise
NS	terme du langage national-socialiste
Fachspr.	désigne un terme de spécialiste qui n'est pas employé par le profane.
Kinderspr.	désigne une expression issue du langage des jeunes enfants que des adultes peuvent également employer en s'adressant à eux.

7.3 Rhetorische Angaben

Viele Wörter und Wendungen können in einer bestimmten Sprechabsicht verwendet werden. In diesen Fällen wird bei der Quellsprache ein entsprechender Vermerk gemacht. Wenn die Übersetzung dieselbe rhetorische Absicht widerspiegelt, wird dies ebenfalls kenntlich gemacht.

euph	bezeichnet einen verhüllenden Sprachgebrauch; statt des eigentlichen Worts wird stellvertretend dieser beschönigende Ausdruck gebraucht.
fig	bezeichnet einen übertragenen Sprachgebrauch. Das Wort oder die Wendung dient (in einem übertragenen Sinn) als Bild für das, was man ausdrücken will.
hum	bezeichnet einen scherzhaften Sprachgebrauch.
iron	bezeichnet einen ironischen Sprachgebrauch. Der Sprecher meint eigentlich das Gegenteil dessen, was er sagt.
péj	bezeichnet einen abwertenden Sprachgebrauch. Der Sprecher drückt damit seine abschätzige Haltung aus.

7.4 Sonstige Angaben

Weitere Angaben werden zu beiden Sprachen gemacht, wenn der Gebrauch eines Wortes auf eine bestimmte Region, Altersgruppe, Sprechsituation oder Zeit beschränkt ist

A	nur in Österreich gebrauchter Ausdruck.
CH	deutscher bzw. französischer Ausdruck, der in der Schweiz gebraucht wird.
	im Norden Deutschlands gebrauchter Ausdruck.
	im Süden Deutschlands gebrauchter Ausdruck.
BELG	nur in Belgien üblicher französischer Ausdruck.
CAN	nur in Kanada üblicher französischer Ausdruck.
MIDI	im Süden Frankreichs gebrauchter Ausdruck.
NORD	im Norden Frankreichs gebrauchter Ausdruck.
DIAL	regional begrenzt gebrauchter Ausdruck.
	nationalsozialistisches Sprachgut
spéc	bezeichnet einen von Laien nicht benutzten Fachausdruck.
enfantin	bezeichnet einen Ausdruck, der nur im Gespräch mit kleinen Kindern benutzt wird.

8. Prononciation allemande

8.1 Accentuation

L'accentuation a été indiquée pour toutes les entrées allemandes. La voyelle accentuée est signalée par un point, lorsqu'elle est brève.

Elle est signalée par un trait, lorsqu'elle est longue ou lorsqu'il s'agit d'une diphtongue/voyelle double accentuée.

8.2 Phonétique

Une transcription phonétique est indiquée pour presque tous les mots allemands. Elle apparaît après l'entrée, entre crochets et en alphabet phonétique international (API).

Sont également munis d'une transcription phonétique les sigles et abréviations.

> **DDR** [deːdeːˈʔɛr] <-> *f Abk von* **Deutsche Demokratische Republik** HIST R.D.A. *f*; **die** ~ la R.D.A.; **die ehemalige** ~ l'ex-R.D.A.

Le symbole ['] est placé devant la syllabe accentuée de tous les entrées dont on a indiqué la phonétique.

> **Gameshow** [ˈgeːmʃoʊ] <-, -s> *f* jeu *m* télévisé

8.3 Particularités

Pour les mots étrangers qui ne sont pas empruntés à une langue vivante, les règles de prononciation sont les suivantes:

-tion se prononce [tsio:n]

Emotion [emo'tsio:n]
Ration [ra'tsio:n]
Auktion [auk'tsio:n]

Il en va de même des dérivés:
emotional [emotsio'na:l]
rationell [ratsio'nɛl]
Aktionär [aktsio'nɛ:ɐ]

-tio, -tia- se prononcent [tsio] et [tsia]

Ratio ['ra:tsio]
Differential [dɪfərɛn'tsia:l]
Existentialismus [ɛksɪstɛntsia'lɪsmʊs]

-tius se prononce [tsiʊs]
-tient se prononce [tsient]

Pontius ['pɔntsiʊs]
Patient [pa'tsiɛnt]
Quotient [kvo'tsiɛnt]

ph se prononce [f]

Phon [fo:n]
Euphorie [ɔɪfo'ri:]
Apostroph [apo'stro:f]

qu se prononce [kv]

Quelle ['kvɛlə]

lorsque ce n'est pas le cas, la phonétique est indiquée.
th se prononce [t]

Thema ['te:ma]
synthetisch [zyn'te:tɪʃ]
System [zʏs'te:m]
Synagoge [zyna'go:gə]

y se prononce [y] ou [y]

aa, ee, oo Les voyelles doubles se prononcent comme une voyelle longue

Haar [ha:ɐ]
Meer [me:ɐ]
Boot [bo:t].

8.4 Difficultés

Pour les lettres ou combinaisons de lettres dont la prononciation n'est pas toujours identique, il convient d'appliquer les règles suivantes:

c se prononce [k]

Cafeteria [kafetə'ri:a]
Calcium ['kaltsiʊm]

Lorsque ce n'est pas le cas, une indication correspondante sera donnée
ch se prononce [ç] après ä-, e-, i-, ö-, ü-, y-, ai-, ei-, äu- et eu-, ainsi qu'après une consonne
ch se prononce [x] après a-, o- et u-

mich [mɪç]
Kelch [kɛlç]
machen ['maxən]
kochen ['kɔxən]
Kuchen ['ku:xən]

Tous les mots commençant par **Ch** sont assortis d'une indication de prononciation.

Dachs [daks]
Wechsel ['vɛksl]

chs se prononce [ks] en fin de mot
Lorsque cette suite de lettres se prononce [ks-] à l'intérieur d'un mot, la prononciation est indiquée
-ng se prononce [ŋ]

singen ['zɪŋən]
angenehm ['angəne:m]
Eingabe ['aɪngabə]

Lorsque le premier élément d'un mot composé se termine par un „n" et que le deuxième commence par un „g", il conviendra de prononcer [ng]

-sp, st se prononcent [sp] et [st] à l'intérieur ou à la fin d'un mot

Test [tɛst]
beste ['bɛstə]
Wespe ['vɛstə]

Au début d'un mot ou du deuxième élément d'un composé, ils se prononceront [ʃp] et [ʃt]
Toute exception à cette règle fait l'objet d'une indication correspondante

Sporn [ʃpɔrn]
Ansporn ['anʃpɔrn]
stylen ['staɪlən]

v se prononce généralement [f]

Vater ['fa:tɐ]
Naivling [na'i:flɪŋ]

Toutes les fois où le **v** se prononce [v], on trouvera une indication correspondante
Lorsqu'un mot se termine en **-iv**, on prononce [-i:f] dans le cas de la forme non déclinée. Dans le cas de la forme déclinée, le [f] se transforme en [v]

Vase ['va:zə]
Advent [-'vɛnt]
negativ ['ne:gatif]
die Negative ['ne:gati:və]

-ig en fin de mot, se prononce [ç]
Lorsqu'on accole à ce mot une terminaison commençant par une voyelle, le [ç] se transforme en [g]

ständig ['ʃtɛndɪç]
Königin ['kø:nɪgɪn]

-ie se prononce [i:] dans une syllabe accentuée et est alors soulignée
-ie se prononce [-iə] dans une syllabe non accentuée

lieben ['li:bən]
Mumie ['mu:miə]

Verwendete Lautschriftzeichen
Signes utilisés pour la transcription phonétique

Alphabet phonétique français
Lautschriftzeichen für Französisch

Vokale – Voyelles

[a]	bac	[bak]		[ɔ]	obtenir	[ɔptəniʀ]
[ɑ]	classe	[klɑs]		[o]	autodidacte	[otodidakt]
[e]	école	[ekɔl]		[ø]	européen	[øʀɔpeɛ̃]
[ɛ]	caisse	[kɛs]		[œ]	profondeur	[pʀɔfɔ̃dœʀ]
[ə]	renard	[ʀənaʀ]		[u]	ouvert	[uvɛʀ]
[i]	diplôme	[diplom]		[y]	maturité	[matyʀite]

Halbvokale – Semi-voyelles

[j]	pièce	[pjɛs]
[w]	boîte	[bwat]
[ɥ]	produit	[pʀɔdɥi]

Nasale – Nasales

[ɑ̃]	grand	[gʀɑ̃]
[ɛ̃]	point	[pwɛ̃]
[œ̃]	parfum	[paʀfœ̃]
[ɔ̃]	monde	[mɔ̃d]

Konsonanten – Consonnes

[b]	bébé	[bebe]		[n]	digne	[diɲ]
[d]	vide	[vid]		[ŋ]	marketing	[maʀketiŋ]
[dʒ]	adjectif	[adʒɛktif]		[p]	papa	[papa]
[f]	fana	[fana]		[ʀ]	règle	[ʀɛgl]
	photo	[fɔto]				
[g]	gaga	[gaga]		[s]	soleil	[sɔlɛj]
[ʒ]	jeune	[ʒœn]		[ʃ]	charge	[ʃaʀʒ]
	génial	[ʒenjal]				
[k]	caduque	[kadyk]		[v]	vitre	[vitʀ]
[l]	la	[la]		[z]	zèbre	[zɛbʀ]
					rose	[ʀoz]
[m]	maman	[mamɑ̃]		[ˈ]	le héros	[lə ˈeʀo]
[n]	nana	[nana]		behauchtes h		
				h aspiré		

Lautschriftzeichen für Deutsch
Alphabet phonétique allemand

Voyelles – Vokale

[a]	matt	[mat]	Tat	[taː t]	
[ɐ]	Hafer	[ˈhaːfɐ]			
[ʌ]	Publicity	[pʌˈblɪsɪtɪ]			
[æ]	Chat	[tʃæt]			
[ɛ]	Bett	[bɛt]	Zähne	[ˈtsɛːnə]	
	Mensch	[mɛnʃ]			
[e]	Etappe	[eˈtapə]	Seele	[ˈzeːlə]	
[ə]	Suppe	[ˈzʊpə]			
	fahren	[ˈfaːrən]			
[ɪ]	bitte	[ˈbɪtə]			
[i]	privat	[priˈvaːt]	Biene	[ˈbiːnə]	
[ɔ]	Gott	[gɔt]	Callboy	[ˈkɔːlbɔɪ]	
[o]	Produkt	[proˈdʊkt]	Hose	[ˈhoːzə]	
[œ]	öffnen	[ˈœfnən]			
[ø]			Öl	[øːl]	
[ʊ]	zum	[tsʊm]			
	Mutter	[ˈmʊtɐ]			
[u]			zumute	[tsʊmuːtə]	
[ʏ]	Trümmer	[ˈtrʏmɐ]			
[y]	Büro	[byˈroː]	Düse	[ˈdyːzə]	
			Zypern	[ˈtsyːpɐn]	

Nasales – Nasale

[ã]	Arrangement	[arãʒəˈmãː]
[ɛ̃]	Interieur	[ɛ̃teˈrjøːɐ]
	Bassin	[baˈsɛ̃ː]
[õ]	Bonbon	[bõˈbõː]

Consonnes – Konsonanten

[b]	Bombe	[ˈbɔmbə]		[ts]	Zimmer	[ˈtsɪmɐ]
[ç]	echt	[ɛçt]			Blitz	[blɪts]
[d]	da	[da]		[θ]	Thriller	[ˈθrɪlɐ]
[dʒ]	Jeans	[dʒiːns]		[v]	Vase	[ˈvaːzə]
	Budget	[bʏˈdʒeː]			wann	[van]
[f]	Fisch	[fɪʃ]		[w]	Workaholic	[wəːkəˈhɔlɪk]
	viel	[fiːl]		[x]	hoch	[hoːx]
[g]	gegen	[ˈgeːgən]			Bach	[bax]
[ʒ]	Genie	[ʒeˈniː]		[z]	Sonne	[ˈzɔnə]
[h]	Hut	[huːt]			Rose	[ˈroːzə]
	aha	[aˈhaː]				
[j]	Jahr	[jaːɐ]				
[k]	Charakter	[kaˈraktɐ]				
[l]	Lümmel	[ˈlʏməl]				
[m]	Mama	[ˈmama]				
[n]	nennen	[ˈnɛnən]				
[ŋ]	lang	[laŋ]				
	Finger	[ˈfɪŋɐ]				
[p]	Papa	[ˈpapa]				
[r]	rühren	[ˈryːrən]				
[s]	das	[das]				
	Masse	[ˈmasə]				
[ʃ]	Schaf	[ʃaːf]				
	stur	[ʃtuːɐ]				
[t]	Tüte	[ˈtyːtə]				

Signes – Zeichen

[ˈ] Accent Betonung		bereit	[bəˈraɪt]
[ː] Longueur Länge		Bohne	[ˈboːnə]
[ʔ] Coup de glotte Knacklaut		USA DDR	[uːʔɛsˈʔaː] [deːdeːˈʔɛr]

Zeichen und Abkürzungen
Symboles et abréviations

alte Schreibung	**ALT**	ancienne orthographe
phraseologischer Block	▶	bloc phraséologique
zusammengesetztes, trennbares Verb	|	verbe composé séparable
Kontraktion	=	contraction
Partizip ohne ge-	*	pas de ge- au participe passé
entspricht etwa	≈	correspond
Sprecherwechsel in einem Dialog	–	changement d'interlocuteur
Warenzeichen	®	marque déposée
reformierte Schreibung	**RR**	nouvelle orthographe
auch	*a.*	aussi
österreichisch	A	autrichien
Abkürzung	*Abk, abr*	abréviation
Adjektiv	*Adj, adj*	adjectif
Verwaltung	ADMIN	administration
Adverb	*Adv, adv*	adverbe
Landwirtschaft	AGR	agriculture
Akkusativ	*Akk*	accusatif
Alpinismus	ALPIN	alpinisme
Anatomie	ANAT	anatomie
Apposition	*app*	apposition
Archäologie	ARCHÄOL, ARCHEOL	archéologie
Architektur	ARCHIT	architecture
französischer Argot	*arg*	argotique
Artikel	*Art, art*	article
Kunst	KUNST	beaux-arts
Astrologie	ASTROL	astrologie
Astronomie	ASTRON	astronomie
attributiv	*attr*	épithète
audiovisuelle Medien	AUDIOV	audiovisuel
Auto	AUT	automobile
Luftfahrt	AVIAT	aviation
belgisch	BELG	belge
besonders	*bes.*	surtout
biblisch	BIBL	biblique
Biologie	BIO	biologie
Börse	BÖRSE	Bourse
Botanik	BOT	botanique
Boxen	BOXEN, BOXE	boxe
kanadisch	CAN	canadien
schweizerisch	CH	suisse
Chemie	CHEM, CHIM	chimie
Film, Kino	CINE	cinéma
Handel	COM	commerce
Konditional	*cond*	conditionnel
Bauwesen	CONSTR	construction
Kosmetik	COSMET	cosmétique
Mode	COUT	couture
Dativ	*Dat*	datif
bestimmt	*def, déf*	défini
dekliniert	*dekl*	décliné
demonstrativ	*dem, dém*	démonstratif
dialektal	DIAL	dialecte
Verkleinerungsform	*Dim, dim*	diminutif
kirchlich	ECCL	ecclésiastique
Eisenbahn	EISENBAHN	chemin de fer
Elektrizität	ELEC	électricité
Kindersprache	*enfantin*	langage enfantin
etwas	*etw*	quelque chose
verhüllend	*euph*	euphémisme
Femininum	*f*	féminin
Fachsprache	*Fachspr.*	langage technique
umgangssprachlich	*fam*	familier
Fußball	FBALL	football
bildlich	*fig*	figuré
Finanzen	FIN	finances
Steuern	FISC	fiscalité
förmlicher Sprachgebrauch	*form*	langage formel
Futur	*fut*	futur
Gastronomie	GASTR	gastronomie
gehobener Sprachgebrauch	*geh*	soutenu
Genitiv	*Gen*	génitif
meist	*gén*	généralement
Geographie	GEOG	géographie
Geologie	GEOL	géologie
Geometrie	GEOM	géométrie
Grammatik	GRAM	grammaire
Hilfsverb	*Hilfsv*	auxiliaire
Geschichte	HIST	histoire
Gartenbau	HORT	horticulture
scherzhaft	*hum*	humoristique
Imperfekt	*Imp, imparf*	imparfait
Industrie	IND	industrie
unbestimmt	*indef, indéf*	indéfini
Indikativ	*indic*	indicatif
Infinitiv	*Infin, infin*	infinitif
Informatik	INFORM	informatique
Interjektion	*Interj, interj*	interjection
fragend	*interrog*	interrogatif
unveränderlich	*inv*	invariable
ironisch	*iron*	ironique
unregelmäßig	*irr*	irrégulier
unregelmäßiges, unvollständiges Verb	*irr, déf*	irrégulier, défectif
intransitives Verb	*itr V*	verbe intransitif
Jagd	JAGD	chasse
jemand	*jd*	quelqu'un (nominatif)
jemandem	*jdm*	≈ à quelqu'un (datif)
jemanden	*jdn*	quelqu'un (accusatif)
jemandes	*jds*	≈ de quelqu'un (génitif)
Jura, Recht	JUR	juridique
Kartenspiele	KARTEN	jeux de cartes
Kindersprache	*Kinderspr.*	langage enfantin
Komparativ	*Komp*	comparatif
Konjunktion	*Konj*	conjonction

Linguistik	LING	linguistique		Pronomen	*Pron, pron*	pronom
literarisch	*liter, littér*	littéraire		Psychologie	PSYCH	psychologie
Literatur	LITER, LITTER	littérature		etwas	qc	quelque chose
Maskulinum	*m*	masculin		jemand	qn	quelqu'un
Mathematik	MATH	mathématiques		Rundfunk	RADIO	radio
Kfz-Technik	MECANAUT	mécanique automobile		selten	*rare*	rare
				Raumfahrt	RAUM	espace
Medizin	MED	médecine		reflexiv	*refl*	réfléchi
Medien	MEDIA	médias		regelmäßig	*reg*	régulier
Hüttenwesen	METAL	métallurgie		relativ	*rel*	relatif
Meteorologie	METEO	météorologie		Religion	REL	religion
südfranzösisch	MIDI	du Midi		reflexives Verb	*r V*	verbe réfléchi
Militär	MIL	militaire		siehe	*s.*	voir
Bergbau	MIN	industrie minière		Sache	*S.*	chose
Mineralogie	MINER	minéralogie		Schach	SCHACH	échecs
Musik	MUS	musique		Naturwissenschaften	SCI	sciences naturelles
Mythologie	MYTH	mythologie		Schulwesen	SCHULE, SCOL	école
Seefahrt	NAUT	navigation		süddeutsch	SDEUTSCH	allemand du Sud
norddeutsch	NDEUTSCH	allemand du Nord		selten	*selten*	rare
Nominativ	*Nom, Nomin*	nominatif		Singular	*Sing, sing*	singulier
nordfranzösisch	NORD	du Nord		Skifahren	SKI	ski
national-sozialistisch	NS	national-socialiste		salopp	*sl*	argot allemand
Neutrum	*nt*	neutre		gehoben	*soutenu*	soutenu
Zahlwort	*Num, num*	numéral		Soziologie	SOZIOL, SOCIOL	sociologie
oder	*o*	ou		Fachsprache	*spéc*	langage technique
Ökologie	ÖKOL	écologie		Spiele	SPIEL	jeux
Wirtschaft	ÖKON	économie		Sport	SPORT	sport
Gegenteil von:	*opp:*	opposé de, antonyme de:		Sprichwort	*Spr.*	proverbe
				Statistik	STATIST	statistique
Optik	OPT	optique		Konjunktiv	*subj*	subjonctif
Vogelkunde	ORN	ornithologie		Superlativ	*Superl, superl*	superlatif
parlamentarisch	PARL	parlementaire		Technik	TECH	technique
abwertend	*pej, péj*	péjoratif		Nachrichtentechnik	TELEC	télécommunications
personal	*Pers, pers*	personnel		Tennis	TENNIS	tennis
Person	*Pers, pers*	personne		Textilien	TEXTIL	textile
Pharmazie	PHARM	pharmacie		Theater	THEAT	théâtre
Philosophie	PHILOS	philosophie		Tourismus	TOURISMUS, TOURISME	tourisme
Phonetik	PHON	phonétique				
Fotografie	PHOT	photographie		Transport und Verkehr	TRANSP	moyens de transport
Physik	PHYS	physique				
Physiologie	PHYSIOL	physiologie		transitives Verb	*tr V*	verbe transitif
Plural	*Pl, pl*	pluriel		Fernsehen	TV	télévision
Poesie	POES	poésie		Buchdruck	TYP	typographie
poetisch	*poet, poét*	poétique		Universität	UNIV	université
Politik	POL	politique		unpersönlich	*unpers*	impersonnel
sehr umgangssprachlich	*pop*	populaire		unregelmäßig	*unreg*	irrégulier
possessiv	*poss*	possessif		unveränderlich	*unv*	invariable
Post	POST	poste		veraltet	*veraltet*	vieilli
Partizip Perfekt	*PP*	participe passé		veraltet	*vieilli*	vieilli
Präposition	*Präp, prép*	préposition		vulgär	*vulg*	vulgaire
Präsens	*Präs, prés*	présent		Zoologie	ZOOL	zoologie
Presse	PRESSE	presse				

Aa

A, **a** [ɑ] *m inv* A *nt*/a *nt;* **a accent circonflexe/grave** A Accent circonflexe/grave, A Zirkumflex/Gravis; **a commercial** INFORM at-Zeichen *nt*
▸ **prouver** [*o* **démontrer**] **qc par A + B** etw unwiderlegbar [*o* klipp und klar *fam*] beweisen; **de A jusqu'à** [*o* **Z**] **Z** von A bis Z *(fam)*

à [a] ‹à + le = au, à + les = aux› *prép* ① *(introduit un complément de temps)* **à huit/dix heures** um acht/zehn [Uhr]; **à Noël/Pâques/au Nouvel An/à la Toussaint** an [*o* zu] Weihnachten/Ostern/Neujahr/Allerheiligen; **à l'arrivée** bei der Ankunft; **à quelle heure?** um wieviel Uhr?; **le cinq juin au matin/soir** am fünften Juni morgens/abends
② *(indique une époque)* in *(+ Dat)*; **au printemps** im Frühling; **aux premiers beaux jours** an den ersten schönen Tagen
③ *(indique une date ultérieure)* in *(+ Dat)*; **on se verra aux prochaines vacances/au printemps prochain** wir sehen uns in den nächsten Ferien/im nächsten Frühjahr; **à mon retour** bei meiner Rückkehr; **reporter la réunion au lendemain** die Versammlung auf den folgenden Tag verlegen; **j'ai hâte d'être à lundi** ich wollte, es wäre schon Montag
④ *(pour prendre date)* bis; **à demain/lundi!** bis morgen/Montag!
⑤ *(jusque) (temps)* bis; *(mesure)* bis an *(+ Akk)*, bis zu; **de 2 à 8 heures** von 2 bis 8 Uhr
⑥ *(introduit un complément de lieu) (pour indiquer une direction)* in *(+ Akk)*; **aller à l'école/la piscine** in die Schule/ins Schwimmbad gehen; **aller à la poste** auf die [*o* zur] Post gehen; **aller à Paris/Londres** nach Paris/London fahren; **aller à la mer/montagne** ans Meer/ins Gebirge fahren; **aller au Japon/aux États-Unis** nach Japan/in die Vereinigten Staaten fliegen; **aller chercher de l'eau au puits/à la rivière/source** am [*o* vom] Brunnen/aus dem Fluss/an der Quelle Wasser holen; **s'asseoir à son bureau** sich an seinen Schreibtisch setzen; **se mettre à l'ombre** sich in den Schatten setzen
⑦ *(indique le lieu où l'on est)* in *(+ Dat)*; **être à l'école/la piscine** in der Schule/im Schwimmbad sein; **être à la poste** auf [*o* bei] der Post sein; **habiter à Paris/Londres** in Paris/London leben; **habiter à la montagne** im Gebirge leben; **habiter aux États-Unis/au Japon** in den Vereinigten Staaten/in Japan leben; **habiter au troisième étage** im dritten Stock wohnen; **être assis(e) à son bureau** an seinem Schreibtisch sitzen; **être assis(e) à l'ombre** im Schatten sitzen; **au coin de la rue/au carrefour** an der Straßenecke/an der Kreuzung; **à la page 36** auf Seite 36; **à cinq minutes/trois kilomètres d'ici** fünf Minuten/drei Kilometer von hier [entfernt]; **à la télévision/radio/au cinéma** im Fernsehen/Radio/Kino; **avoir mal à la tête/au dos/ventre** Kopf-/Rücken-/Bauchschmerzen haben; **avoir froid aux pieds/mains** kalte Füße/Hände haben; **à l'épaule/au genou** an der Schulter/am Knie; **le sourire aux lèvres** mit einem Lächeln auf den Lippen; **les larmes aux yeux** mit Tränen in den Augen
⑧ *(indique le nombre de personnes)* **à deux/trois/douze** zu zweit/dritt/zwölft; **on peut tenir à 50 dans cette salle** dieser Saal fasst bis zu 50 Personen
⑨ *(par)* **à l'heure/la minute/seconde** in der [*o* pro] Stunde/Minute/Sekunde; **à la journée** am [*o* pro] Tag; **six litres aux cent** [**kilomètres**] sechs Liter auf hundert Kilometer; **acheter au poids/à la douzaine** nach Gewicht/im Dutzend [ein]kaufen; **vendre au mètre** meterweise verkaufen
⑩ *(cause)* bei; **à cette nouvelle, ...** bei dieser Nachricht ...
⑪ *(conséquence)* zu; **à ma plus grande surprise** zu meiner größten Überraschung
⑫ *(d'après)* **à la demande de qn** auf jds Wunsch *(Akk)*
⑬ *(indique une appartenance)* **c'est à moi/lui** das [*o* es] gehört mir/ihm; **un ami à eux** ein Freund von ihnen; **avoir une maison à soi** ein eigenes Haus haben; **votre devoir à tous** euer aller Aufgabe
⑭ *(indique le moyen)* **coudre/écrire qc à la machine** etw auf [*o* mit] der Maschine nähen/schreiben; **se chauffer au gaz/charbon/à l'électricité** mit Gas/Kohle/Strom heizen; **cuisiner au beurre** mit Butter kochen; **à la loupe/au microscope** durch die Lupe/unter dem Mikroskop; **boire au verre/à la bouteille** aus dem Glas/der Flasche trinken
⑮ *(introduit un superlatif)* **elle est au plus mal** es geht ihr sehr schlecht; **venir au plus tôt** möglichst bald kommen
⑯ *(au point de)* **s'ennuyer à mourir** sich zu Tode langweilen; **c'est à rendre fou/mourir de rire** das ist zum Verrücktwerden/Totlachen
⑰ *(complément indirect)* **donner qc à qn** jdm etw geben; **jouer aux cartes** Karten spielen; **jouer au tennis/basket** Tennis/Basketball spielen; **penser à qn/qc** an jdn/etw denken; **parler/téléphoner à qn** mit jdm sprechen/jdn anrufen; **participer à qc** an etw *(Dat)* teilnehmen
⑱ *(locution verbale)* **elle prend plaisir à faire qc** es macht ihr Spaß etw zu tun; **il se met à pleuvoir** es fängt an zu regnen; **c'est facile à faire** das ist leicht [zu machen]; **rien à faire!** nichts zu machen!; **aptitude à faire qc** Fähigkeit etw zu tun; **maison à vendre** Haus zu verkaufen

abaissable [abɛsabl] *adj* in der Höhe verstellbar

abaissant(e) [abɛsɑ̃, ɑ̃t] *adj punition, situation* erniedrigend, demütigend; *rôle, tâche, travail* entwürdigend

abaisse [abɛs] *f* GASTR [ausgerollter] Teig

abaisse-langue [abɛslɑ̃g] ‹abaisse-langue[s]› *m* Spatel *m*

abaissement [abɛsmɑ̃] *m* ① *(action de faire descendre) d'une vitre, persienne, d'un volet* Herunterlassen *nt; d'un niveau, siège* Niedrigerstellen *nt; d'une manette* Herunterdrücken *nt*
② *(action de diminuer) de l'âge de la retraite* Herabsetzen *nt; des charges, impôts, prix* Senkung *f; des dommages-intérêts* Herabsetzung *f;* **~ du taux d'escompte** FIN Diskontsenkung; **~ du taux d'intérêt directeur** FIN Leitzinssenkung
③ *(baisse) des températures, du niveau d'eau* Sinken *nt*
④ *(humiliation)* Erniedrigung *f*

abaisser [abese] ‹1› **I.** *vt* ① *(faire descendre)* herunterlassen *vitre, volet, rideau;* niedriger stellen *niveau, siège;* herunterdrücken *manette*
② *(faire diminuer)* senken *température, charges, impôts, prix, nombre;* herabsetzen *âge de la retraite;* **la sécheresse a abaissé le niveau d'eau** wegen der Trockenheit ist der Wasserstand gesunken
③ *(avilir)* erniedrigen; herabsetzen *collègue;* **ça l'abaisserait de faire le premier pas** es wäre unter seiner/ihrer Würde den ersten Schritt zu tun
II. *vpr* **s'~** ① *(descendre) vitre, rideau:* sich senken; *rideau de théâtre:* fallen
② *(s'humilier)* sich erniedrigen; **s'~ à qc/à faire qc** sich zu etw herablassen/sich dazu herablassen etw zu tun

abandon [abɑ̃dɔ̃] *m* ① *(désertion) d'une maison, d'un village* Verlassen *nt; d'un lieu* Aufgabe *f*
② *(délaissement) d'une personne* Verlassen *nt; d'un nouveau-né, animal* Aussetzen *nt; d'un véhicule* Stehenlassen *nt;* **laisser qc à l'~** etw verkommen lassen; **maison/jardin à l'~** verkommenes Haus/verwilderter Garten
③ *(dépôt) de déchets, d'un objet* Zurücklassen *nt,* Liegenlassen *nt*
④ *(fait de renoncer à) des études, de la lutte, d'une piste* Aufgabe *f; des recherches* Einstellung *f,* Abbruch *m;* **d'une méthode/d'un procédé** Verzicht *m* auf eine Methode/ein Verfahren
⑤ *a.* JUR *(renonciation) de ses biens, de sa fortune* Abtretung *f,* Dereliktion *f (Fachspr.);* **~ du pouvoir/d'une fonction** Verzicht *m* auf die Macht/ein Amt
⑥ SPORT Aufgabe *f;* **vainqueur par ~** Sieger *m* durch Aufgabe [des Gegners]; **il y a eu de nombreux ~s** zahlreiche Teilnehmer haben aufgegeben
◆ **~ d'enfant** Kindesaussetzung *f;* **~ de famille** Vernachlässigung *f* der Unterhaltspflicht; **~ de la possession** JUR Besitzaufgabe *f*

abandonné(e) [abɑ̃dɔne] *adj maison, village, coin, femme, mari* verlassen; *enfant* ausgesetzt; *chat, chien* herrenlos

abandonner [abɑ̃dɔne] ‹1› **I.** *vt* ① *(déserter)* verlassen *maison, village, poste;* aufgeben, verlassen *lieu stratégique*
② *(quitter)* verlassen, im Stich lassen *femme, mari, famille, enfant;* aussetzen *nouveau-né, animal;* stehen lassen *véhicule;* leer stehen lassen *maison;* **~ son enfant à l'adoption** sein Kind zur Adoption freigeben; **je vous abandonne quelques instants** ich muss Sie/euch einen Augenblick allein lassen; **ses amis l'ont abandonné** seine Freunde haben ihn im Stich gelassen; **se sentir abandonné(e)** sich allein gelassen fühlen
③ *(laisser derrière soi)* zurücklassen, liegen lassen *déchets*
④ *(renoncer à)* aufgeben *combat, études, partie;* aufgeben, fallen lassen *hypothèse;* abkommen von, aufgeben *(+ Akk) méthode, procédé;* verzichten auf *(+ Akk) pouvoir, fonction;* nicht mehr [weiter] verfolgen *piste;* abtreten *biens, fortune;* **~ sa fortune à qn** jdm sein Vermögen überlassen [*o* abtreten]; **~ les recherches** die Suche aufgeben
⑤ *(laisser)* **~ qn à ses pensées/son sort** jdn seinen Gedanken/seinem Schicksal überlassen
⑥ *(faire défaut) forces, énergie, volonté, courage:* verlassen
II. *vi* aufgeben; **j'abandonne!** ich geb[']s auf!
III. *vpr* ① *(se détendre)* **s'~** sich gehen lassen; *(couché)* entspannt [*o* gelöst] daliegen

❷ *(se laisser aller à)* **s'~ aux larmes** seinen Tränen freien Lauf lassen; **s'~ au désespoir** sich der Verzweiflung hingeben; **s'~ à la paresse** dem [süßen] Nichtstun frönen; **s'~ aux confidences** sein Herz ausschütten
abaque [abak] *m (boulier)* Abakus *m*
abasourdi(e) [abazuʀdi] **I.** *part passé de* **abasourdir**
 II. *adj* ❶ *(étonné)* verblüfft
 ❷ *(par un grand bruit)* betäubt
abasourdir [abazuʀdiʀ] <8> *vt* ❶ *(stupéfier)* sprachlos machen; **être abasourdi(e)** verblüfft [*o* sprachlos] sein
 ❷ *(consterner)* bestürzen; **être abasourdi(e) par la mauvaise nouvelle** von der schlechten Nachricht [sehr] betroffen sein
 ❸ *(assourdir)* benommen machen
abasourdissant(e) [abazuʀdisɑ̃, ɑ̃t] *adj bruit, ovation, vacarme* ohrenbetäubend; *nouvelle* bestürzend
abasourdissement [abazuʀdismɑ̃, abasuʀdismɑ̃] *m* ❶ *(stupéfaction)* Verblüffung *f*
 ❷ *(consternation)* Bestürzung *f*
abâtardir [abɑtaʀdiʀ] <8> **I.** *vt* ❶ BIO **~ une race** zur Degeneration einer Rasse führen
 ❷ *(altérer)* entarten, unterminieren
 II. *vpr* **s'~** *race:* degenerieren
abâtardissement [abɑtaʀdismɑ̃] *m d'une race* Degeneration *f*
abatis *v.* **abattis**
abat-jour [abaʒuʀ] *m inv* ❶ Lampenschirm *m*
 ❷ ARCHIT Lichtöffnung *f*
abats [aba] *mpl* Innereien *Pl*
abattage [abataʒ] *m* ❶ *d'un mur, d'une maison* Abreißen *nt; d'une cloison* Einreißen *nt; d'un arbre* Fällen *nt*
 ❷ *(action de tuer un animal de boucherie)* Schlachten *nt*, Schlachtung *f;* **~ clandestin/forcé** Schwarz-/Notschlachtung
 ❸ *(action de tuer un animal à la chasse)* Erlegung *f*
 ▶ **avoir de l'~** *fam* Feuer haben
abattant [abatɑ̃] *m* Klappe *f; d'un secrétaire* Schreibklappe; **~ d'un W.-C.** Klosettdeckel *m*
abattement [abatmɑ̃] *m* ❶ *(lassitude)* Mattigkeit *f*
 ❷ *(découragement)* Niedergeschlagenheit *f*
 ❸ *(rabais)* Ermäßigung *f*
 ❹ FISC Freibetrag *m;* **~ fiscal sur les aides sociales** Versorgungsfreibetrag
abattis [abati] *m* ❶ GASTR *pl* Klein *nt; d'une poule* Hühnerklein *nt; d'une oie* Gänseklein
 ❷ *pl fam (bras et jambes)* Extremitäten *Pl*
 ❸ CAN *(terrain déboisé)* abgeholztes Gelände *nt*
 ▶ **pouvoir numéroter ses ~** *fam* sich *(Dat)* die Knochen nummerieren lassen können *(fam)*
abattoir [abatwaʀ] *m* Schlachthof *m*
abattre [abatʀ] <*irr*> **I.** *vt* ❶ *(faire tomber)* abreißen *mur, maison;* einreißen *cloison;* fällen *arbre;* abholzen *forêt;* abschießen *avion;* umwerfen *quille*
 ❷ *a. fig* **~ son jeu** seine Karten auf den Tisch legen
 ❸ *(tuer)* schlachten *animal de boucherie;* töten *animal blessé;* schießen, erlegen *gibier*
 ❹ *(assassiner)* ermorden
 ❺ *(affaiblir) fièvre, maladie:* schwächen; *temps:* matt machen
 ❻ *(décourager) souci:* erdrücken; *tâche, travail:* verzagen lassen; **ne pas se laisser ~** sich nicht unterkriegen lassen *(fam)*; **ne te laisse pas ~!** *fam (à table)* lass es dir trotzdem schmecken!; **eh bien! Tu ne te laisses pas ~!** *fam* du haust ja ganz schön rein! *(fam)*
 ❼ *(travailler vite et beaucoup)* **~ de la besogne** viel Arbeit flott erledigen; **~ le travail de deux jours en un seul** die Arbeit von zwei Tagen an einem einzigen erledigen; **~ seul le travail de deux personnes** für zwei arbeiten
 ❽ *(rabattre) vent, tornade:* niederfegen
 II. *vpr* ❶ *(tomber)* **s'~** *arbre, statue:* umstürzen; **s'~ sur le sol** zu Boden fallen
 ❷ *(tomber brutalement)* **s'~** *pluie:* niederprasseln; *éclair:* niederfahren; *vagues:* branden, sich brechen; *rafales de vent:* fegen
 ❸ *(fondre sur)* **s'~ sur qc** *aigle, buse, personne:* sich auf etw *(Akk)* stürzen; *criquets, fourmis:* über etw *(Akk)* herfallen
 ❹ *fig* **s'~ sur qn/qc** *injures:* auf jdn/etw niederprasseln; *malheur:* über jdn/etw hereinbrechen
abattu(e) [abaty] **I.** *part passé de* **abattre**
 II. *adj* ❶ *(physiquement)* geschwächt, matt
 ❷ *(moralement)* niedergeschlagen
abbatial(e) [abasjal, jo] <-aux> *adj église* Abtei-; *(de l'abbé)* Abts-; *(de l'abbesse)* Äbtissinnen-; *ville* **~e** zu einer Abtei gehörende Stadt
abbatiale [abasjal] *f* Abteikirche *f*
abbaye [abei] *f* Abtei *f*
abbé [abe] *m* ❶ *(prêtre)* Priester *m*
 ❷ *(supérieur d'une abbaye)* Abt *m*
abbesse [abɛs] *f* Äbtissin *f*

a b c [abese] *m inv* Abc *nt,* Einmaleins *nt;* **l'~ de la pédagogie** das Einmaleins der Pädagogik; **l'~ du métier** die Grundlagen *Pl* des Berufs[stands]
abcès [apsɛ] *m* Abszess *m*
 ▶ **crever** [*o* **vider**] **l'~** *(prendre des mesures énergiques)* energisch durchgreifen; *(dire ce que l'on pense)* Fraktur [*o* Tacheles *fam*] reden
abdication [abdikasjɔ̃] *f* Abdankung *f*
abdiquer [abdike] <1> *vi* ❶ *roi, souverain:* abdanken
 ❷ *(renoncer)* aufgeben, kapitulieren
abdomen [abdɔmɛn] *m* ❶ ANAT Bauch *m*
 ❷ ZOOL Hinterleib *m*
abdominal(e) [abdɔminal, o] <-aux> *adj muscle* Bauch-, abdominal *(Fachspr.);* **douleurs ~es** Leibschmerzen *Pl;* **avoir des douleurs ~es** Leibschmerzen haben; **maladie ~e** [*o* **du bas-ventre**] Unterleibserkrankung *f,* Unterleibskrankheit *f*
abdominaux [abdɔmino] *mpl* Bauchmuskeln *Pl;* **faire des ~** die Bauchmuskulatur trainieren
abducteur [abdyktœʀ] *m* MED Abduktor *m (Fachspr.)*
abduction [abdyksjɔ̃] *f* MED Abduktion *f (Fachspr.)*
abécédaire [abesedɛʀ] *m (livre)* Fibel *f; (tableau)* gemaltes Alphabet
abeille [abɛj] *f* Biene *f*
Abel [abɛl] *m* Abel *m*
aber [abɛʀ] *m (en Bretagne) starke Flutbewegung, die auf Flussmündungen wirkt*
aberrant(e) [abeʀɑ̃, ɑ̃t] *adj* widersinnig; *idée* abwegig, abseitig; *prix* irrsinnig; **c'est complètement ~ de faire ça!** es ist doch völlig unsinnig so etwas zu tun!
aberration [abeʀasjɔ̃] *f* Widersinnigkeit *f;* **c'est une ~!** das ist absurd!
abêtir [abetiʀ] <8> **I.** *vt* ❶ *(rendre bête)* verdummen
 ❷ *(abrutir)* stumpfsinnig machen
 II. *vpr* **s'~** dumm werden
abêtissant(e) [abetisɑ̃, ɑ̃t] *adj travail, activité* stumpfsinnig; *émission* verdummend
abêtissement [abetismɑ̃] *m* Verdummung *f*
abhorrer [abɔʀe] <1> *vt littér* verabscheuen
abîme [abim] *m* ❶ *soutenu (gouffre)* Abgrund *m*
 ❷ *(divergence)* Abgrund *m,* [tiefe] Kluft; **un ~ se creuse** eine [tiefe] Kluft tut sich auf; **un ~ nous sépare** uns trennen Welten
abîmer [abime] <1> **I.** *vt (détériorer)* beschädigen, ruinieren; ablatschen *(fam) chaussures;* **la pollution abîme les édifices** durch die Umweltverschmutzung werden die Gebäude zerfressen; **cheveux abîmés** strapazierte Haare
 II. *vpr* ❶ *(se détériorer)* **s'~** sich abnutzen, kaputt gehen; *fruits, légumes:* verderben
 ❷ *(détériorer)* **s'~ les yeux** [*o* **la vue**] sich *(Dat)* die Augen verderben; **s'~ la santé** seine Gesundheit ruinieren; **elle s'est abîmé les mains à travailler** seine Hände sind vom Arbeiten [ganz] lädiert
 ❸ *littér (tomber, sombrer)* **s'~** *avion:* abstürzen; *bateau:* sinken
abiotique [abjɔtik] *adj lac* [biologisch] tot
abject(e) [abʒɛkt] *adj* niederträchtig, gemein, frech; *goût* widerlich; **avoir un comportement ~ envers qn** sich jdm gegenüber niederträchtig [*o* gemein] verhalten
abjection [abʒɛksjɔ̃] *f* ❶ *sans pl (avilissement)* Schmach *f*
 ❷ *(acte méprisable)* Schandtat *f*
abjuration [abʒyʀasjɔ̃] *f* Abschwören *nt; d'une doctrine* Widerruf *m*
abjurer [abʒyʀe] <1> **I.** *vi* abschwören
 II. *vt* **~ qc** einer S. *(Dat)* abschwören, etw widerrufen
ablatif [ablatif] *m* Ablativ *m*
ablation [ablasjɔ̃] *f* MED Ablation *f (Fachspr.); d'une tumeur* operative Entfernung; *d'un membre* Amputation *f;* **~ totale** Radikaloperation *f*
ablette [ablɛt] *f* Ukelei *m*
ablution [ablysjɔ̃] *f* REL [rituelle] Waschung
 ▶ **faire ses ~s** sich waschen
abnégation [abnegasjɔ̃] *f* Selbstverleugnung *f;* **esprit d'~** Opfergeist *m*
aboiement [abwamɑ̃] *m* Bellen *nt,* Gebell *nt;* **des ~s** das Bellen, das Gebell
abois [abwa] *mpl* ▶ **être aux ~** in Bedrängnis [*o* in einer verzweifelten Lage] sein; *animal:* von der Meute gestellt sein
abolir [abɔliʀ] <8> *vt* abschaffen *esclavage, loi;* aufheben *frontières*
abolition [abɔlisjɔ̃] *f de l'esclavage, d'une loi* Abschaffung *f; des frontières* Aufhebung *f*
abolitionnisme [abɔlisjɔnism] *m (contre l'esclavage)* Bewegung *f* der Gegner der Sklaverei, Abolitionismus *m (Fachspr.); (contre la peine de mort)* Bewegung zur Abschaffung der Todesstrafe
abolitionniste [abɔlisjɔnist] **I.** *adj* ❶ *(contre l'esclavage)* gegen die Sklaverei, abolitionistisch *(Fachspr.)*

② *(contre la peine de mort)* gegen die Todesstrafe
II. *mf* ❶ *(contre l'esclavage)* Gegner(in) *m(f)* der Sklaverei, Abolitionist(in) *m(f)* (Fachspr.)
② *(contre la peine de mort)* Gegner(in) *m(f)* der Todesstrafe
abominable [abɔminabl] *adj* ❶ *(horrible)* abscheulich, grauenvoll; *action* grässlich; **acte ~** Gräueltat *f*
② *(très mauvais) odeur, goût, nourriture* scheußlich, widerlich; *temps* scheußlich, grässlich *(fam)*
③ *(insupportable) enfant, personne* scheußlich, grässlich *(fam)*; **avoir un mari ~** ein Ekel zum Mann haben
abominablement [abɔminabləmã] *adv* ❶ *(très mal)* miserabel, schauderhaft
② *(très)* grässlich *(fam)*; **être ~ jaloux(-ouse)** entsetzlich eifersüchtig sein
abomination [abɔminasjɔ̃] *f* ❶ *(dégoût)* Abscheu *m o f*; **avoir qn/qc en ~** jdn/etw verabscheuen
② *(fait horrible)* abscheuliche Tat, Schandtat *f*; *(acte particulièrement répugnant)* Gräuel *m*, Gräueltat *f*
abondamment [abɔ̃damã] *adv* reichlich, **il en a parlé ~** er hat sich lang und breit darüber ausgelassen
abondance [abɔ̃dɑ̃s] *f (profusion)* Fülle *f*, Überfluss *m*; **une ~ de qc** eine Fülle von etw; **vivre dans l'~** im Überfluss leben
▶ **nager dans l'~** im Geld schwimmen; **parler d'~** *littér* aus dem Stegreif sprechen; **en ~** in Hülle und Fülle; **nous en avons en ~** wir haben reichlich davon; **les fleurs poussent/il y a des fruits en ~** die Blumen sprießen/es gibt Obst in Hülle und Fülle
abondant(e) [abɔ̃dɑ̃, ɑ̃t] *adj nourriture* reichhaltig; *erreurs* zahlreich; **des pluies ~es** ergiebige Regenfälle *Pl*; **d'~es chutes de neige** starke Schneefälle *Pl*; **l'écoulement de sang est ~** der Blutverlust ist beträchtlich
abonder [abɔ̃de] <1> *vi* ❶ *(exister en grande quantité)* reichlich vorhanden sein; **le gibier abonde en Sologne** die Sologne ist reich an Wild; **le poisson abonde dans cette rivière** dieser Fluss ist sehr fischreich; **les fruits abondent cette année** dieses Jahr gibt es reichlich Obst; **~ en fruits** voller Obst sein; **les erreurs abondent dans ce texte** dieser Text ist voller Fehler; **ce texte abonde en erreurs/citations** in dem Text wimmelt es von Fehlern/Zitaten
② *(être de même avis)* **~ dans le sens de qn** mit jdm [völlig] übereinstimmen
abonné(e) [abɔne] I. *adj* ❶ *(qui a un abonnement)* **lecteur ~** Abonnent *m*; **spectateur ~** [Theater]abonnent; **être ~ à un journal** eine Zeitung abonniert haben [*o* beziehen], auf eine Zeitung abonniert werden (CH); **être ~ à un club** Mitglied *nt* eines Klubs sein
② *fam (coutumier)* **être ~(e) aux mauvaises notes** auf schlechte Noten abonniert sein
II. *m(f) d'un théâtre* Abonnent(in) *m(f); d'un club* Mitglied *nt;* **~(e) au/à un journal** Zeitungsabonnent(in); **~(e) au** [*o* **du**] **téléphone** Fernsprechteilnehmer(in) *m(f),* Telefonkunde *m/*-kundin *f,* Telefonabonnent(in) *m(f)* (CH)
▶ **il est aux ~s absents** *fam* man kann ihn lang[e] suchen, er ist auf Tauchstation *(fam)*
abonnement [abɔnmã] *m (à un journal, une revue)* Abonnement *nt,* Abo *nt (fam); (au téléphone)* Anschluss *m; (à un club)* Mitgliedschaft *f; (pour des concerts)* Konzertabonnement *nt;* **~ hebdomadaire/mensuel/annuel** Wochen-/Monats-/Jahreskarte *f;* **prendre** [*o* **souscrire**] **un ~ à un journal** eine Zeitung abonnieren; **prendre** [*o* **souscrire**] **un ~ au théâtre** ein Theaterabonnement unterschreiben; **renouveler son ~** sein Abonnement verlängern; **résilier son ~** *(au journal, magazine)* sein Abonnement kündigen; *(au téléphone)* seinen Telefonanschluss [*o* sein Telefon] abmelden
abonner [abɔne] <1> I. *vpr* **s'~ à un journal/au théâtre** eine Zeitung/einen Theaterplatz abonnieren; **s'~ à un club** einem Klub beitreten; **s'~ au téléphone** sich (*Dat*) einen Telefonanschluss legen lassen
II. *vt* **~ qn à un journal** jdn für ein Zeitungsabonnement werben; **~ qn à un club** jdn als neues Mitglied werben
abord [abɔʀ] *m* ❶ *(alentours)* **les ~s d'une ville/forêt** die unmittelbare Umgebung einer Stadt/eines Waldes; **aux ~s de la maison** in unmittelbarer Nähe des Hauses
② *(attitude)* **être d'un ~ facile/difficile** umgänglich [*o* zugänglich]/schwer zugänglich sein; **être d'un ~ agréable/froid** warmherzig/kühl wirken; **son ~ froid** seine/ihre abweisend-kühle Haltung; **sous des ~s sévères, il est très gentil** er wirkt streng, ist aber in Wirklichkeit sehr nett
▶ **au premier ~, de prime ~** *littér (dès la première rencontre)* gleich zu Beginn [schon]; *(à première vue)* auf den ersten Blick; JUR beim ersten Anschein; **j'ai senti de prime ~ qu'il était d'accord** ich habe gleich zu Beginn gespürt, dass er einverstanden war; **tout d'~** *(temporel)* zuallererst; *(avant tout)* in allererster Linie; **d'~ tu n'avais qu'à le lui dire, toi!** *fam* also, du hättest es ihm/ihr ein-

fach nur sagen müssen!; **et d'~, qui est-ce qui t'a dit ça?** *fam* und überhaupt, wer hat dir das gesagt?
abordable [abɔʀdabl] *adj* ❶ *(bon marché)* erschwinglich; **pas ~** unerschwinglich
② *littér (affable)* zugänglich; **ton père n'est pas ~ aujourd'hui** dein Vater ist heute nicht ansprechbar
abordage [abɔʀdaʒ] *m* ❶ *(assaut)* Entern *nt,* Enterung *f*
② *(collision)* [Schiffs]kollision *f*
▶ **à l'~!** entert das Schiff!
aborder [abɔʀde] <1> I. *vt* ❶ *(accoster)* ansprechen, anreden; **se faire ~ par qn** von jdm angesprochen werden
② *(évoquer)* ansprechen, zur Sprache bringen *sujet, problème;* anschneiden *question*
③ *(appréhender)* herangehen an (+ *Akk) vie, auteur, texte;* anpacken *épreuve;* **~ la solitude** der Einsamkeit (*Dat*) entgegensehen
④ *(amorcer)* **~ un carrefour** sich einer Kreuzung nähern; *automobiliste, voiture:* auf eine Kreuzung zufahren; **~ un virage** in eine Kurve einbiegen; **~ un carrefour dangereux** in eine gefährliche Kreuzung einfahren; **~ une montagne** einen Berg besteigen
⑤ *(approcher)* **~ la trentaine/quarantaine** auf die Dreißig/Vierzig zugehen
⑥ NAUT *(donner l'assaut) pirates:* entern; *navire:* festmachen an (+ *Dat), (heurter)* kollidieren mit
II. *vi* anlegen
III. *vpr* **s'~** ❶ *(se rencontrer) personnes:* aufeinander zugehen
② NAUT *(heurter)* kollidieren
aborigène [abɔʀiʒɛn] I. *adj peuple* eingeboren; *plante* einheimisch
II. *mf* Eingeborene(r) *f(m),* Urenwohner(in) *m(f),* Urbewohner(in) *m(f)*
abortif, -ive [abɔʀtif, -iv] *adj* Abtreibungs-; **pilule abortive** Abtreibungspille *f;* **risque ~** Risiko, das zu einer Fehlgeburt führen kann
aboucher [abuʃe] <1> I. *vt* ineinanderstecken
II. *vpr littér* **s'~ avec qn** sich mit jdm zusammentun
abouler [abule] <1> *vt arg* rausrücken *(fam);* **allez, aboule le fric!** los, rück die Kohle raus! *(sl),* los, her mit der Kohle! *(sl)*
aboulie [abuli] *f* krankhafte Entschlussunfähigkeit *f*
about [abu] *m* Endstück *nt*
abouter [abute] <1> *vt* miteinander verbinden; an den Enden miteinander verbinden *baguettes*
abouti(e) [abuti] *adj projet* erfolgreich abgeschlossen [*o* zu Ende geführt]; *expérience, tentative* gelungen
aboutir [abutiʀ] <8> *vi* ❶ *(réussir)* Erfolg haben; *projet:* erfolgreich abgeschlossen [*o* zu Ende geführt] werden; **ne pas ~** erfolglos [geblieben] sein
② *(conduire à)* **~ à/dans qc** *rue, galerie, escalier:* zu etw führen; **cette rue aboutit dans une autre rue** diese Straße mündet in eine andere Straße
③ *(se terminer par) démarche, enquête, demande:* führen zu
aboutissants *v.* **tenant**
aboutissement [abutismã] *m* Ergebnis *nt,* Erfolg *m*
aboyer [abwaje] <6> *vi* ❶ *chien:* bellen
② *fam (crier) personne:* brüllen
abracadabra [abʀakadabʀa] *m* Abrakadabra *nt*
abracadabrant(e) [abʀakadabʀɑ̃, ɑ̃t] *adj* ❶ *(extravagant)* ungewöhnlich
② *(invraisemblable)* unglaublich
abraser [abʀaze] <1> *vt* abschleifen
abrasif [abʀazif] *m* Schleifmittel *nt*
abrasif, -ive [abʀazif, -iv] *adj produit, matière, papier* Schleif-; **avoir des propriétés abrasives** sich zum [Ab]schleifen eignen
abrasion [abʀazjɔ̃] *f* ❶ [Ab]schleifen *nt;* **le détartrage des dents par ~** das Entfernen von Zahnstein durch Polieren
② TECH *(usure)* Abrieb *m*
abrégé [abʀeʒe] *m* ❶ *(texte réduit)* gekürzte Fassung, Kurzfassung *f;* **en ~** *texte* gekürzt; **mot en ~** abgekürztes Wort, Abkürzung *f;* **écrire/prendre en ~** in gekürzter Form schreiben/in gekürzter Fassung aufschreiben
② *(ouvrage)* Abriss *m*
abrègement, abrégement [abʀɛʒmã] *m d'un mot* Abkürzung *f; d'une entrevue, rencontre* Verkürzung *f; d'un texte, travail* Kürzung *f*
abréger [abʀeʒe] <2a, 5> I. *vt* verkürzen *études, visites, souffrances;* abkürzen *rencontre, repas, conférence, mot;* kürzen *texte*
II. *vpr* **s'~** abgekürzt werden
abreuver [abʀœve] <1> I. *vt* ❶ *(donner à boire)* tränken *animal*
② *(couvrir de)* **~ qn de compliments/reproches** jdn mit Komplimenten/Vorhaltungen überhäufen [*o* überschütten]; **~ qn de conseils** jdn mit [guten] Ratschlägen eindecken *(fam)*
II. *vpr* ❶ *(boire)* **s'~** *animal:* trinken
② *(se nourrir)* **s'~ de romans/littérature** in Romanen/Literatur schwelgen; **s'~ d'air pur** frische Luft tanken *(fam)*
abreuvoir [abʀœvwaʀ] *m* ❶ *(lieu)* Tränke *f*
② *(auge)* Wassertrog *m*
③ *(dans l'étable, le poulailler)* Tränkrinne *f*

④ *(dans une cage)* [kleiner] Trinknapf *m*
abréviatif, -ive [abʀevjatif, -iv] *adj formule* Kurz-; **signe ~** Kürzel *nt*
abréviation [abʀevjasjɔ̃] *f* ① *(mot abrégé)* Abkürzung *f*
② *(action d'abréger)* Abkürzung *f,* Abkürzen *nt*
abri [abʀi] *m* ① *(protection naturelle)* Schutz *m; (pour personnes)* Unterschlupf *m;* **mettre un vélo à l'~** ein Fahrrad unterstellen; **se mettre à l'~ de la pluie** sich [vor dem Regen] unterstellen; **se mettre à l'~ du vent/du froid** sich gegen den Wind/die Kälte schützen; **être à l'~** *personne:* in Sicherheit sein; *vélo, voiture:* untergestellt sein; **sous ~** an windgeschützter Stelle; **températures sous ~** Temperaturen, die an Wetterstationen gemessen wurden; **être à l'~ de la pluie/du vent/des gelées** vor dem Regen/dem Wind/dem Frost sicher [*o* geschützt] sein
② *fig* **à l'~ de la critique/des regards** vor Kritik/Blicken sicher; **à l'~ de tout soupçon** über jeden Verdacht erhaben *(geh);* **à l'~ de difficultés matérielles/financières** materiell/finanziell abgesichert; **à l'~ de l'inflation/de la récession** inflations-/rezessionssicher; **être à l'~ du besoin** keine finanziellen Sorgen [mehr] haben, ausgesorgt haben *(fam);* **ne pas être à l'~ d'un accident/du chômage** vor einem Unfall/der Arbeitslosigkeit nicht sicher sein, gegen einen Unfall/die Arbeitslosigkeit nicht gefeit sein; **mettre les documents à l'~** die Dokumente in Sicherheit bringen; **conserver qc à l'~ du feu** etw feuersicher aufbewahren; **se mettre à l'~ de la critique/des regards** sich vor Kritik/Blicken schützen
③ MIL *(souterrain)* Unterstand *m;* **~ antiaérien** Luftschutzraum *m; (cave)* Luftschutzkeller *m; (fortification souterraine)* Luftschutzbunker *m;* **~ antiatomique** *(individuel)* Atomschutzbunker *m; (collectif)* Atomschutzbunker *m;* **se mettre à l'~ des balles** in Deckung gehen
④ *(lieu aménagé)* Hütte *f; (en montagne)* Schutzhütte *f; (pour le bétail)* Unterstand *m;* **~ météorologique** Wetter[beobachtungs]station *f;* **~ de jardin** *(débarras)* [Geräte]schuppen *m;* **petit ~ de jardin** Gartenhäuschen *nt*
♦ **~ de plage** Strandkorb *m*
abribus [abʀibys] *m* Wartehäuschen *nt,* überdachte Bushaltestelle
abricot [abʀiko] **I.** *m* Aprikose *f,* Marille *f* (A); **confiture d'~s** Aprikosenmarmelade *f,* Marillenmarmelade (A)
II. *adj inv* aprikosenfarben
abricotier [abʀikɔtje] *m* Aprikosenbaum *m*
abrité(e) [abʀite] *adj* windgeschützt
abriter [abʀite] <1> **I.** *vt* ① *(protéger)* schützen vor (+ *Dat),* Schutz bieten vor (+ *Dat)*
② *(héberger)* beherbergen *personnes;* **cette maison abrite le consulat** in diesem Gebäude ist das Konsulat untergebracht
II. *vpr* ① **s'~** *(se protéger du danger)* in Deckung gehen; *population:* Schutz suchen; *(se protéger des intempéries)* sich unterstellen; **s'~ de la pluie/du vent** sich vor dem Regen/Wind schützen; **s'~ sous un arbre** sich unter einen Baum stellen
② *(se protéger des critiques, reproches)* **s'~ derrière qn/qc** sich hinter jdm/etw verstecken [*o* verschanzen]
abrogatif, -ive [abʀɔgatif, -iv] *adj* JUR aufhebend
abrogation [abʀɔgasjɔ̃] *f* JUR *d'une loi* Aufhebung *f,* Außerkraftsetzung *f;* **~ partielle** Derogation *f (Fachspr.)*
abrogatoire *v.* abrogatif
abroger [abʀɔʒe] <2a> *vt* aufheben, außer Kraft setzen
abrupt [abʀypt] *m* Steilwand *f*
abrupt(e) [abʀypt] *adj* ① *pente, versant* steil
② *fig manières, ton, réponse* schroff
abruti(e) [abʀyti] **I.** *adj* ① **être ~(e) de travail/bruit** von der Arbeit/vom Lärm [ganz] benommen sein
② *fam (idiot)* blöd *(fam)*
II. *m(f) fam* Idiot(in) *m(f);* **espèce d'~(e)!** du Trottel! *(fam)*
abrutir [abʀytiʀ] <8> **I.** *vt (étourdir) bruit, soleil, travail:* [ganz] benommen machen; **~ qn de travail** jdn mit Arbeit überhäufen
II. *vpr (s'étourdir)* **s'~ de qc** von etw stumpfsinnig [*o* benommen] werden; **s'~ de bruit/travail** sich mit Lärm/Arbeit betäuben
② *(s'abêtir)* [durch etw] verdummen
abrutissant(e) [abʀytisɑ̃, ɑ̃t] *adj travail* stumpfsinnig; *bruit, musique* [ohren]betäubend; **le soleil est ~** die Sonne macht ganz benommen
abrutissement [abʀytismɑ̃] *m* ① *(extrême fatigue)* Benommenheit *f;* **travailler jusqu'à l'~** arbeiten, bis man nicht mehr klar denken kann
② *(abêtissement)* Verdummung *f;* **l'~ des masses** Massenverdummung
ABS [abɛɛs] *m abr de* Anti-lock Brake System ABS *nt*
abscisse [apsis] *f* Abszisse *f*
abscons(e) [apskɔ̃, ɔ̃s] *adj littér* schwer verständlich
absence [apsɑ̃s] *f* ① *(opp: présence)* Abwesenheit *f; d'un participant, élève* Fehlen *nt,* Fernbleiben *nt;* **en l'~ de qn** in [*o* während] jds Abwesenheit; **~ non excusée d'un/du cours** unentschuldigtes Fernbleiben vom Unterricht; **les ~s de cet élève sont rares/nombreuses** dieser Schüler fehlt selten/oft; **nous regrettons son ~ à notre réunion** wir bedauern, dass er/sie bei unserer Versammlung fehlt; **ton ~ me pèse** es bedrückt mich, dass du nicht da bist
② *(manque)* Fehlen *nt;* **~ de bruit** Geräuschlosigkeit *f;* **~ de courtoisie** Unhöflichkeit *f;* **~ d'humour/de volonté** Humor-/Willenlosigkeit; **~ d'envergure** Profillosigkeit; **en l'~ de règles** mangels Regeln *(Gen);* **en l'~ de preuves** aus Mangel [*o* wegen Mangels] an Beweisen; **~ de qualité pour agir** JUR mangelnde Aktivlegitimation *(Fachspr.)*
③ *(inattention)* Geistesabwesenheit *f,* Zerstreutheit *f;* **avoir une ~** geistesabwesend [*o* zerstreut] sein; **avoir des ~s** zeitweilig geistesabwesend sein
▶ **briller par son ~** *iron* durch Abwesenheit glänzen *(iron)*
absent(e) [apsɑ̃, ɑ̃t] **I.** *adj* ① *(opp: présent)* abwesend; **les élèves ~s** die fehlenden Schüler; **être ~(e) à une réunion/au cours** bei einer Besprechung/im Unterricht fehlen; **être ~(e) de Paris/de chez soi/du bureau** nicht in Paris/zu Hause/im Büro sein
② *(qui manque)* **être ~(e) de qc** bei etw fehlen
③ *(distrait) air, regard* [geistes]abwesend; **être ~(e)** geistesabwesend sein
II. *m(f)* Abwesende(r) *f(m);* **il y a des ~s?** fehlt jemand?
▶ **les ~s ont toujours tort** *prov* die Abwesenden haben immer Unrecht
absentéisme [apsɑ̃teism] *m d'un élève* häufiges Fernbleiben vom Unterricht; *d'un ouvrier, employé* häufiges Fernbleiben von der Arbeit; **~ scolaire** Fernbleiben vom Unterricht; **taux d'~** Abwesenheitsquote *f*
absentéiste [apsɑ̃teist] *mf* Arbeitnehmer, der/Arbeitnehmerin, die oft fehlt [*o* krankfeiert *fam*]
absenter [apsɑ̃te] <1> *vpr* **s'~** weggehen; **je ne me suis absenté(e) que deux minutes** ich war nur zwei Minuten abwesend [*o* nicht da]
abside [apsid] *f* Apsis *f*
absinthe [apsɛ̃t] *f* ① *(alcool)* Absinth *m*
② BOT Wermut *m*
absolu [apsɔly] *m* **l'~** das Absolute; **dans l'~** [rein] theoretisch
absolu(e) [apsɔly] *adj* ① *(total) silence, nécessité* absolut; *confiance* uneingeschränkt; *amour* bedingungslos
② *(sans concession) jugement, ton* kategorisch; **un caractère ~, une nature ~e** ein Mensch mit einem kompromisslosen Charakter
③ *monarque, pouvoir* absolut
④ GRAM absolut
absolument [apsɔlymɑ̃] *adv* ① *remarquable, fantastique* ganz; *nécessaire* unbedingt; *vrai* vollkommen; **~ faux(fausse)** völlig falsch, absolut falsch, grundfalsch; **~ rien** absolut [*o* überhaupt] nichts; **~ tout** alles, aber auch alles; **~!** genau!; **mais ~!** aber sicher!
② *(à tout prix)* unbedingt
absolution [apsɔlysjɔ̃] *f* REL Absolution *f;* **donner l'~ à qn** jdm [die] Absolution erteilen
absolutisme [apsɔlytism] *m* Absolutismus *m*
absolutiste [apsɔlytist] **I.** *adj* absolutistisch
II. *mf* Absolutist(in) *m(f),* Anhänger(in) *m(f)* des Absolutismus
absorbable [apsɔʀbabl] *adj* ① *(qui peut pénétrer)* **être ~ par qc** *liquide:* von etw aufgesaugt werden können
② *(consommable) médicament:* [von etw] aufgenommen [*o* absorbiert] werden können
absorbant(e) [apsɔʀbɑ̃, ɑ̃t] *adj* ① *papier, tissu, éponge* saugfähig
② *(prenant)* **un travail ~/une activité ~e** eine Arbeit/eine Tätigkeit, die einen sehr in Anspruch nimmt; **une lecture ~e** eine Lektüre, die einen gefangennimmt
absorber [apsɔʀbe] <1> **I.** *vt* ① *(consommer)* zu sich nehmen *boisson, nourriture;* einnehmen *médicament*
② *(s'imbiber)* aufsaugen, aufnehmen; absorbieren *odeur, fumée*
③ *(faire disparaître)* aufbrauchen *économies;* absorbieren *rayonnements, lumière*
④ ECON übernehmen *concurrent, petit commerce*
⑤ *(accaparer)* **~ qn** *travail, activité:* jdn in Anspruch nehmen; *contemplation, observation:* jdn gefangennehmen; **être absorbé(e) par une lecture** in eine Lektüre völlig vertieft sein
II. *vpr* **s'~ dans une lecture/la contemplation** sich in eine Lektüre/die Betrachtung vertiefen; **s'~ dans un travail** in einer Arbeit aufgehen
absorption [apsɔʀpsjɔ̃] *f* ① *(action de boire)* Trinken *nt; (action de manger)* Verzehr *m; d'un médicament* Einnahme *f;* **l'~ d'alcool** das Trinken von Alkohol, der Alkoholgenuss; **l'~ de toute nourriture est déconseillée** von jeglicher Nahrungsaufnahme wird abgeraten
② *(pénétration)* Absorption *f;* **de l'eau** Aufsaugen *nt*
③ ECON *d'une société* Übernahme *f;* **du marché** Absorption *f*

(Fachspr.); ~ **des bénéfices** Gewinnabschöpfung *f*
absoudre [apsudʀ] <*irr*> *vt* ❶ REL ~ **qn** jdm [die] Absolution erteilen
❷ JUR ~ **qn** jdn von der Anklage freisprechen
abstenir [apstəniʀ] <9> *vpr* ❶ **s'~ de qc** auf etw *(Akk)* verzichten; **s'~ d'alcool/de café** keinen Alkohol/Kaffee trinken; **s'~ de tabac/viande** nicht rauchen/kein Fleisch essen; **s'~ de faire qc** darauf verzichten etw zu tun; **s'~ de tout** [*o* **du moindre**] **commentaire** sich jedes [*o* jeden] Kommentars enthalten
❷ *(ne pas voter)* **s'~** sich der Stimme *(Gen)* enthalten
abstention [apstɑ̃sjɔ̃] *f* [Stimm]enthaltung *f*; **elle a été élue par sept voix contre deux ~s** sie wurde mit sieben Ja-Stimmen bei zwei Enthaltungen gewählt
abstentionnisme [apstɑ̃sjɔnism] *m* Wahlmüdigkeit *f*
abstentionniste [apstɑ̃sjɔnist] I. *adj électoral* wahlmüde; **tendance ~** Tendenz *f* zum Nichtwählen
II. *mf* Nichtwähler(in) *m(f)*
abstinence [apstinɑ̃s] *f* ❶ *(chasteté)* Enthaltsamkeit *f*
❷ *(sobriété)* Abstinenz *f*; **pratiquer l'~** abstinent leben
❸ MED Karenz *f*
abstinent(e) [apstinɑ̃, ɑ̃t] I. *adj* abstinent
II. *m(f)* Abstinenzler(in) *m(f)*
abstraction [apstʀaksjɔ̃] *f* ❶ *(action d'abstraire)* Abstraktion *f*, Abstrahieren *nt*; **faire ~ de qc** etw außer Acht lassen; **~ faite de qc** wenn man von etw absieht
❷ *(idée)* abstrakte Vorstellung
abstraire [apstʀɛʀ] <*irr*> I. *vt* ❶ *(schématiser)* abstrahieren
❷ *(isoler par la pensée)* absehen von *(+ Dat)*, außer Acht lassen
II. **s'~** sich in sich *(Akk)* selbst zurückziehen [*o* versenken]
abstrait [apstʀɛ] *m* ❶ **l'~** das Abstrakte; **dans l'~** abstrakt; **c'est intéressant dans l'~, mais ...** rein abstrakt betrachtet ist das interessant, aber ...; **parler dans l'~** sich immer abstrakt ausdrücken
❷ ART abstrakte Kunst
❸ *(peintre)* abstrakter Maler, Abstrakte(r) *f(m)*
abstrait(e) [apstʀɛ, ɛt] *adj* abstrakt; **une idée ~e** eine abstrakte Vorstellung
abstraitement [apstʀɛtmɑ̃] *adv* abstrakt
absurde [apsyʀd] I. *adj* absurd, widersinnig; **allons, ne sois pas ~!** *(en actes)* komm schon, mach keinen Unsinn!; *(en paroles)* komm schon, erzähl keinen Unsinn!; **tu es ~!** das ist [doch] Unsinn!
II. *m* **l'~** das Absurde; **démonstration/raisonnement par l'~** Beweisführung durch die Umkehrung; **démontrer qc par l'~** etw durch die Umkehrung beweisen
absurdité [apsyʀdite] *f* ❶ *(caractère absurde)* Absurdität *f*, Widersinnigkeit *f*
❷ *(bêtise)* Unsinn *m kein Pl*; **dire/écrire des ~s** Unsinn reden/schreiben
abus [aby] *m* ❶ *(consommation excessive)* übermäßiger Genuss; **~ d'alcool/de tabac** übermäßiger Alkohol-/Tabakgenuss; **"~ dangereux; fumer provoque des maladies graves"** „übermäßiger Tabakgenuss ist gefährlich; Rauchen verursacht schwere Krankheiten"
❷ *(usage abusif)* Missbrauch *m*, Abusus *m (Fachspr.)*; **~ d'alcool/de nicotine/de tabac** Alkohol-/Nikotin-/Tabakmissbrauch; **~ de drogues** Drogenmissbrauch; **~ de médicaments** Medikamentenmissbrauch; **~ des plaisirs** Genusssucht *f*; **~ sexuel sur un enfant** sexueller Missbrauch eines Kindes; **~ lié au conseil juridique** JUR Rechtsberatungsmissbrauch *(Fachspr.)*; **~ de fixation des prix et dans la stipulation des conditions contractuelles** JUR Preis- und Konditionenmissbrauch *(Fachspr.)*
▶ **alors là, il y a de l'~** *fam* also wirklich, was zu viel ist, ist zu viel
♦ **~ d'autorité** Überschreitung *f* der Machtbefugnis; *(par un fonctionnaire)* Amtsmissbrauch *m*; **~ de biens sociaux** Unterschlagung *f*, Veruntreuung *f*; **~ de blanc-seing** JUR Blankettmissbrauch *m*; **~ de conditions** JUR Konditionenmissbrauch *m*; **~ de confiance** Vertrauensmissbrauch *m*; **~ de droit** Rechtsmissbrauch *m*; **~ de langage** falscher Sprachgebrauch; **~ de monopole** Monopolmissbrauch *m*; **~ de pavillon** Flaggenmissbrauch *m*; **~ de pouvoir** *(par un fonctionnaire)* Amtsmissbrauch *m*, Kompetenzüberschreitung *f*; *(par un tyran)* Missbrauch *m* der Machtbefugnisse; **~ du pouvoir discrétionnaire** JUR Ermessensmissbrauch *m*
abuser [abyze] <1> I. *vi* ❶ *(consommer avec excès)* übertreiben; **~ de l'alcool/du tabac** zu viel trinken/rauchen; **~ des plaisirs** genusssüchtig sein; **~ des plaisirs de la table** (viel] zu viel essen; **il en use et en abuse** er verbraucht Unmengen davon
❷ *(faire un usage excessif)* **~ de son pouvoir/autorité** seine Macht/Autorität missbrauchen; **je ne veux pas ~ de votre temps** ich will Sie nicht länger aufhalten
❸ *(exploiter)* **~ de la gentillesse/confiance de qn** jds Freundlichkeit/Vertrauen ausnutzen [*o* missbrauchen]
❹ *(violer)* missbrauchen *(geh)*
II. *vt littér* täuschen

III. *vpr* **s'~** sich irren; **si je ne m'abuse** wenn ich [mich] nicht irre
abusif, -ive [abyzif, -iv] *adj* ❶ *(exagéré)* übermäßig; **consommation abusive d'alcool** Alkoholmissbrauch *m*
❷ *(incorrect) emploi d'un mot* falsch
❸ *(injuste) licenciement* ungerechtfertigt
abusivement [abyzivmɑ̃] *adv* ❶ *(incorrectement) employer* falsch
❷ *(exagérément)* übermäßig; **consommer ~ des tranquillisants** Beruhigungsmittel missbrauchen
abyssal(e) [abisal, o] <-aux> *adj faune* Tiefsee-; *profondeurs* Meeres-
abysse [abis] *m* Tiefseegraben *m*
abyssin(e) [abisɛ̃, in] *adj* abessinisch
Abyssinie [abisini] *f* HIST **l'~** Abessinien *nt*
acabit [akabi] *m* ▶ **de cet ~** *péj* **des gens de cet ~** Leute *Pl* dieses Schlags; **de** [*o* **du**] **même ~** *péj* vom gleichen Schlag; **il n'est pas du même ~ que les autres** er ist nicht aus dem gleichen Holz geschnitzt wie die anderen; **~ de tout** *péj* jeglicher Couleur *(Gen)*
acacia [akasja] *m* Akazie *f*; **faux ~** falsche Akazie, Robinie *f*
académicien(ne) [akademisjɛ̃, jɛn] *m(f)* Mitglied *nt* der Académie française; **la première [femme] ~ne** das erste weibliche Mitglied der Académie française
académie [akademi] *f* ❶ *(société savante)* Akademie *f*
❷ *(école)* **~ des arts plastiques** Kunsthochschule *f*, Hochschule für bildende Kunst; **~ de danse/de dessin** Tanz-/Kunstschule
❸ SCOL, UNIV *(circonscription)* ≈ Schulaufsichtsbezirk *m (mehrere Départements umfassende regionale Verwaltungseinheit für Schulen und Universitäten)*; **~ de Marseille** Schulaufsichtsbezirk Marseille
❹ *(service administratif d'une académie)* ≈ Oberschulamt *nt (Schulbehörde einer Académie)*
Académie [akademi] *f* Akademie *f*; **~ de médecine/d'architecture** Akademie für Medizin/Architektur; **~ des sciences/des beaux-arts** Akademie der Wissenschaften/der Künste; **l'~ française** die Académie française

---

Land und Leute

Die **Académie française** in Paris ist mit der Pflege der französischen Sprache betraut. Die vierzig Mitglieder sind auf Lebenszeit gewählt, ebenso wie der *Secrétaire perpétuel*, der die *Académie* leitet. Die Sprachpflege besteht vor allem in der Erarbeitung eines Wörterbuchs, das für die französische Sprache maßgeblich sein soll. Darüber hinaus vergibt die **Académie française** begehrte Literaturpreise.

---

académique [akademik] *adj* ❶ *(d'une société savante)* Akademie-; **une culture ~** eine akademische Kultur
❷ *(de l'Académie française)* der Académie française; **fauteuil ~** Sitz *m* in der Académie française; **costume ~** Gewand *nt* der Mitglieder der Académie française
❸ SCOL, UNIV der Schulaufsichtsbehörde[n], ≈ des Kultusministeriums; **année ~** BELG, CAN, CH 1206*(année universitaire)* akademisches Jahr
❹ *péj (conventionnel)* akademisch, nicht originell
académisme [akademism] *m* Akademismus *m*
Acadie [akadi] *f* HIST **l'~** Akadien *nt*
acajou [akaʒu] I. *m* ❶ *(bois)* Mahagoni *nt*
❷ *(arbre)* Mahagonibaum *m*
II. *adj inv* mahagonifarben, mahagonirot
acanthe [akɑ̃t] *f* BOT Akanthus *m*, Bärenklau *f o m*
a cap[p]ella [akapela, akapɛlla] *adv* a cappella
acariâtre [akaʀjatʀ] *adj* mürrisch, griesgrämig
acarien [akaʀjɛ̃] *m* Milbe *f*
acariens [akaʀjɛ̃] *mpl* Milben *Pl*
accablant(e) [akɑblɑ̃, ɑ̃t] *adj* ❶ *(physiquement pénible) chaleur* drückend; *douleur* unerträglich
❷ *(psychiquement pénible) nouvelle* deprimierend; *reproche* sehr schwer; *travail* erschöpfend
❸ *(accusateur) témoignage* belastend; *preuve, indice* belastend, erdrückend; **les témoignages sont ~s pour le suspect** die Zeugenaussagen belasten den Tatverdächtigen schwer
accablement [akɑbləmɑ̃] *m* ❶ *(abattement physique)* Erschöpfung *f*
❷ *(abattement moral)* Niedergeschlagenheit *f*
accabler [akɑble] <1> *vt* ❶ *(abattre) douleur, nouvelle:* deprimieren; *dettes:* lasten auf *(+ Dat)*; *reproches:* bedrücken; *travail:* an den Rand der Erschöpfung bringen; **être accablé(e) de travail** mit Arbeit überhäuft [*o* eingedeckt] sein; **être accablé(e) de fatigue** todmüde sein *(fam)*; **être accablé(e) d'ennui** sich zu Tode langweilen *(fam)*; **la chaleur l'accable** die Hitze macht ihm/ihr sehr zu schaffen
❷ *(imposer)* **~ qn de travail** jdn mit Arbeit überhäufen [*o* eindecken]; **~ qn de reproches/d'injures** jdn mit Vorwürfen/Beleidigungen überschütten; **~ le peuple d'impôts** dem Volk [viel zu] ho-

he Steuern aufbürden
❸ *(confondre) témoignage, preuve, indice:* belasten
accalmie [akalmi] *f* ❶ METEO *de la pluie* [vorübergehendes] Nachlassen; *du vent* [kurze] Abschwächung; **la tempête a fait rage, il n'y a pas eu d'~** der Sturm hat getobt und einfach nicht nachgelassen
❷ *(trêve)* etwas ruhigere Phase; **en ce moment, nous traversons une ~** zurzeit ist wieder etwas Ruhe eingekehrt; **le marché boursier traverse une période d'~** am Aktienmarkt herrscht Flaute
accaparant(e) [akapaʀɑ̃, ɑ̃t] *adj travail, enfant* anstrengend
accaparement [akapaʀmɑ̃] *m* ❶ *(monopolisation)* Ansichreißen *nt*
❷ *(excès d'occupation)* übermäßige Inanspruchnahme
❸ JUR, ECON Aufkauf *m*
accaparer [akapaʀe] <1> *vt* ❶ **~ qn** *personne:* jdn [völlig] in Beschlag nehmen, jds ganze Aufmerksamkeit auf sich *(Akk)* ziehen; *travail, recherches:* jdn [völlig] in Anspruch nehmen; **les soucis l'accaparent** er/sie hat den Kopf voller Sorgen
❷ *(monopoliser)* für sich allein beanspruchen *pouvoir;* an sich *(Akk)* reißen *conversation;* mit Beschlag belegen *poste-clé;* auf sich *(Akk)* ziehen *attention*
accapareur [akapaʀœʀ] *m* Aufkäufer(in) *m(f)*
accédant(e) [aksedɑ̃, ɑ̃t] *m(f)* **~(e) à la propriété** Erwerber(in) *m(f)* von [Wohnungs]eigentum
accéder [aksede] <5> *vi* ❶ *(parvenir à)* **~ à qc** zu etw gelangen; **par ce chemin on accède à la forêt** auf diesem Weg gelangt man zum Wald
❷ *(atteindre)* **~ à un poste** eine Stelle erlangen; **à la tête d'une entreprise** an die Unternehmensspitze gelangen; **~ en finale** ins Finale kommen; **~ à la propriété** Wohnungseigentümer werden
❸ *(mener à)* **à la ville** in die Stadt führen
❹ *(consentir à)* bewilligen; **~ à un désir** einen Wunsch erfüllen
accélérateur [akseleʀatœʀ] *m* ❶ Gaspedal *nt;* **appuyer sur l'~** beschleunigen; **lâcher l'~** vom Gaspedal [*o* Gas *fam*] [herunter]gehen; **lever le pied de l'~** den Fuß vom Gaspedal [*o* Gas *fam*] nehmen
❷ CHIM, PHYS Beschleuniger *m*
▶ **donner un coup d'~** *chauffeur:* aufs Gaspedal [*o* Gas *fam*] treten; *fig* rasch beschleunigen
◆ **~ de bronzage** Bräunungsbeschleuniger *m;* **~ de particules** Teilchenbeschleuniger *m*
accélération [akseleʀasjɔ̃] *f a.* INFORM Beschleunigung *f;* **en pleine ~** beim Beschleunigen; **l'~ du pouls/de la respiration** die Beschleunigung des Pulses/der Atmung; **voiture à l'~ foudroyante** spurtstarkes Auto
accéléré [akseleʀe] *m* Zeitraffer *m;* **en ~** im Zeitraffer
accélérer [akseleʀe] <5> I. *vi* beschleunigen, schneller werden; **vas-y, accélère!** mach schon, gib Gas!
II. *vt* beschleunigen; **le pas** beschleunigen, seinen Schritt [*o* seine Schritte] beschleunigen; **~ l'allure/la cadence/le mouvement** das Tempo beschleunigen; **~ [le cours de] l'histoire** den Ablauf der geschichtlichen Ereignisse beschleunigen
III. *vpr* **s'~** *pouls, respiration:* sich beschleunigen; *travaux:* schneller gehen; **les événements s'accélèrent** die Ereignisse überstürzen [*o* überschlagen] sich
accent [aksɑ̃] *m* ❶ *(signe pour le français)* Accent *m;* **~ aigu/grave/circonflexe** Accent *m* aigu/grave/circonflexe
❷ *(signe pour les autres langues)* Akzent *m;* **~ aigu/grave/circonflexe** Akut *m*/Gravis *m*/Zirkumflex *m*
❸ *(manière de prononcer)* Akzent *m*, Tonfall *m;* **~ pointu** Art der Aussprache, die Südfranzosen der Bevölkerung von Paris nachsagen; **avoir un ~** einen Akzent haben; **avoir l'~ du Midi** einen südfranzösischen Tonfall haben; **il a perdu son ~** er hat seinen Akzent nicht mehr; **parler avec un fort ~** mit einem starken Akzent sprechen
❹ PHON *(accentuation)* Akzent *m*, Betonung *f;* **tonique** Betonung *f*
❺ *(intonation expressive)* Ton *m;* *(plus faible)* Unterton *m;* **prendre un ~ pathétique** einen pathetischen Ton anschlagen; **avoir un ~ de sincérité** aufrichtig klingen
▶ **mettre l'~ sur qc** etw [besonders] hervorheben [*o* betonen]
accentuation [aksɑ̃tɥasjɔ̃] *f* ❶ *(augmentation)* du chômage, froid, de la délinquance Zunahme *f; des symptômes* Verschlimmerung *f*
❷ GRAM Setzung *f* [*o* Setzen *nt*] der Akzente; **l'~ française** die Setzung [*o* das Setzen] der französischen Akzente
❸ PHON Betonung *f*
accentué(e) [aksɑ̃tɥe] *adj* ❶ *syllabe, voyelle* betont, akzentuiert
❷ *sourcils, traits, menton* markant
accentuer [aksɑ̃tɥe] <1> I. *vt* ❶ *(tracer un accent) (en écrivant)* einen Akzent setzen auf (+ *Akk*)
❷ *(prononcer un accent)* betonen, akzentuieren
❸ *(intensifier)* betonen *aspect, effet;* verstärken *aide, efforts;* vorantreiben *action;* unterstreichen *force, ressemblance;* verstärken *impression, chaleur;* erhöhen *risque*
II. *vpr* **s'~** sich verstärken; *froid:* sich verschärfen; *risque:* sich erhö-

hen
acceptable [akseptabl] *adj* akzeptabel, annehmbar
acceptant(e) [akseptɑ̃, ɑ̃t] *m(f)* JUR Annehmende(r) *f(m) (Fachspr.)*
acceptation [akseptasjɔ̃] *f* ❶ *(le fait d'accepter)* d'un traité, d'une offre Annahme *f;* **~ du contrat/de la commande/de l'offre** Vertrags-/Auftrags-/Angebotsannahme; **~ d'un effet** FIN Wechselannahme; **après ~ de votre dossier** nach Annahme Ihres Antrags
❷ *(approbation)* d'une proposition Akzeptieren *nt*
❸ *(consentement)* Zustimmung *f*
❹ JUR **~ de la succession** Erbantritt *m;* **~ du risque/des risques** Gefahrübernahme *f;* **~ de juger la chose en Cour de cassation** Annahmerevision *f (Fachspr.)*
❺ FIN Akzept *nt (Fachspr.),* Akzepthergabe *f (Fachspr.);* **~ commerciale** Handelsakzept, Kundenakzept
◆ **~ en blanc** Blankoakzept *nt (Fachspr.);* **~ de crédit documentaire** FIN Rembourszusage *f;* **~ d'encaissement** Inkassoakzept *nt (Fachspr.);* **~ de marchandises** FIN Warenakzept *nt (Fachspr.);* **~ de retraite** ECON Pensionszusage *f*
accepter [aksepte] <1> I. *vt* ❶ *(prendre)* annehmen *cadeau, poste, commande;* annehmen, akzeptieren *excuses;* übernehmen *responsabilité, cautionnement;* **~ la garantie de bonne fin** die Ausfallbürgschaft übernehmen *(Fachspr.)*
❷ *a.* FIN *(accueillir favorablement)* akzeptieren; **~ une thèse/théorie** eine These *(Dat)*/Theorie zustimmen
❸ *(se soumettre à)* akzeptieren, annehmen *échec, épreuve;* eingehen *risque;* annehmen, hinnehmen *destin*
❹ *(supporter)* akzeptieren; dulden *contradiction;* **~ qn sous son toit** jdn in seinem Haus dulden
II. *vi (être d'accord)* akzeptieren; **~ de faire qc** damit einverstanden sein etw zu tun; **j'accepte de t'aider** ich sage dir meine Hilfe zu
❷ *(tolérer)* dulden
❸ *(permettre)* zulassen
accepteur [akseptœʀ] *m* FIN *d'un effet* Annehmer *m*, Akzeptant *m (Fachspr.)*
acception [aksepsjɔ̃] *f* Bedeutung *f;* **dans toute l'~ du terme** im wahrsten Sinne des Wortes
accès [aksɛ] *m* ❶ *(entrée)* Eingang *m;* *(pour piétons)* Zugang *m;* *(pour véhicules)* Zufahrt *f;* **~ interdit** kein Zutritt, Zutritt verboten; **l'~ à ce village est difficile** dieses Dorf ist schwer zu erreichen [*o* schwer zugänglich]; **avoir ~ à qc** Zugang zu etw haben; **de la cuisine, on a ~ au jardin** von der Küche aus gelangt man in den Garten; **la trappe/le couloir donne ~ à qc** die Klapptür/der Flur führt zu etw
❷ *(action d'accéder à une position)* **~ à un poste** Zugang *m* zu einer Stelle; **à une école** Zulassung *f* zu einer Schule; **cette filière/ce diplôme donne ~ à qc** diese Laufbahn/dieses Diplom eröffnet den Zugang zu etw
❸ *(crise)* Anfall *m;* **~ de tristesse** Anwandlung *f* von Traurigkeit; **~ d'humeur** Launenhaftigkeit *f;* **~ de colère** Zorn[es]ausbruch *m*
❹ *(abord)* **être d'un ~ facile/difficile** leicht zugänglich/unnahbar sein
❺ INFORM Zugang *m*, Zugriff *m;* **direct** Direktzugriff; **donner à qn l'~ à qc** jdm den Zugriff auf *(Akk)* etw ermöglichen
◆ **~ [à] Internet** Internetzugang *m*
accessibilité [aksesibilite] *f* Erreichbarkeit *f;* *(à un emploi, une profession)* Zugänglichkeit *f*
accessible [aksesibl] *adj* ❶ *(où l'on peut accéder)* zugänglich; **ne pas être ~ à qn** für jdn nicht erreichbar sein
❷ *(compréhensible)* verständlich; **un livre ~ à un enfant de cet âge** ein Buch, das ein Kind in diesem Alter verstehen kann
❸ *(abordable) prix* erschwinglich
accession [aksesjɔ̃] *f* ❶ *à un rang* Erlangen *nt* [*o* Erlangung *f*] einer S. *(Gen);* **~ au trône** Thronbesteigung *f;* **l'~ à l'indépendance** die Erlangung der Unabhängigkeit
◆ **~ à la propriété** Erwerb *m* von Eigentum; *(en parlant d'un bien immobilier)* Erwerb von Wohnungseigentum
accessit [aksesit] *m* ❶ *(à un élève)* Belobigung *f*
❷ *(à un écrivain)* ehrende [*o* ehrenvolle] Erwähnung *f*
accessoire [akseswaʀ] I. *adj* ❶ nebensächlich; *avantage* zusätzlich; **frais ~s** Nebenkosten *Pl*
❷ FIN, MED akzessorisch
II. *m* ❶ *(pièce complémentaire)* Zubehörteil *nt;* **les ~s** das Zubehör; **~s de camping** Campingzubehör; **~s automobiles** [*o* **pour véhicules automobiles**] [Kraft]fahrzeugzubehör
❷ COUT Accessoire *nt*
❸ THEAT, CINE Requisit *nt;* **magasin des ~s** Requisite *f,* Requisitenkammer *f*
❹ *(opp: l'essentiel)* **l'~** das Unwesentliche
accessoirement [akseswaʀmɑ̃] *adv* nebenbei; **il est ~ acteur** er ist [erst] in zweiter Linie Schauspieler; **le bureau sert ~ de chambre d'amis** das Arbeitszimmer dient zusätzlich als Gästezimmer

accessoiriste [akseswaʀist] *mf* Requisiteur(in) *m(f)*
accident [aksidɑ̃] *m* ❶ *(événement grave entraînant des dégâts)* Unfall *m*, Unglück *nt*; ~ **domestique** Unfall im Haushalt; ~ **d'avion** Flugunfall; ~ **de camion** [*o* **de poids lourd**] Lkw-Unfall, LKW-Unfall; ~ **maritime** Schiffsunglück; **avoir un** ~ verunglücken; **avis/risque d'**~ Unfallwarnung *f*/-gefahr/-ursache *f*; **cause d'**~ Unfallursache *f*
❷ MED ~ **cérébral** Gehirninfarkt *m*
❸ *(événement fâcheux, contretemps)* **un petit** ~ ein kleines Missgeschick [*o* Malheur *fam*]
▶ **par** ~ *littér* zufällig
◆ ~ **de parcours** Missgeschick *nt*; ~ **de terrain** Unebenheit *f* [des Geländes]; ~ **du travail** Arbeitsunfall *m*; JUR Dienstunfall
accidenté(e) [aksidɑ̃te] **I.** *adj* ❶ *(inégal) terrain* uneben; *région, endroits* hügelig; *relief* zerklüftet
❷ *(qui a eu un accident)* verunglückt; *véhicule, voiture* Unfall-
II. *m(f)* Verunglückte(r) *f(m)*; ~**(e) de la circulation** Opfer *nt* eines Verkehrsunfalls; ~**(e) du travail** Opfer *nt* eines Arbeitsunfalls
accidentel(le) [aksidɑ̃tɛl] *adj* ❶ *(dû à un accident)* Unfall-; **mort** ~ **le** Unfalltod *m*
❷ *(dû au hasard)* zufällig
accidentellement [aksidɑ̃tɛlmɑ̃] *adv* ❶ *(dans un accident)* **mourir** ~ tödlich verunglücken, bei einem Unfall ums Leben kommen
❷ *(par hasard)* zufällig
acclamation [aklamasjɔ̃] *f* Jubel *m kein Pl*, Beifall *m kein Pl*, Beifallskundgebung *f*; **les** ~**s du public** die Beifall[s]rufe [*o* Jubelrufe] des Publikums; **par** ~ durch Zuruf, durch [*o* per] Akklamation *(Fachspr.)*
acclamer [aklame] <1> *vt* ~ **qn** jdm zujubeln, jdn beklatschen; **une pianiste très acclamée** eine viel umjubelte Pianistin
acclimatation [aklimatasjɔ̃] *f* ❶ Akklimatisation *f*, Akklimatisierung *f*; ~ **à nos climats** Akklimatisation, Anpassung *f* an unser Klima; ~ **à la campagne** Einleben *nt* [*o* Heimischwerden *nt*] auf dem Land
❷ MED Akklimatisation *f (Fachspr.)*
acclimater [aklimate] <1> **I.** *vt* heimisch machen *plante*; ~ **un animal dans une région/un zoo** ein Tier in einem Gebiet/Zoo eingewöhnen
II. *vpr* ❶ **s'**~ sich eingewöhnen; *plante*: heimisch werden
❷ *(s'habituer)* **s'**~ **à une maison** sich in einem Haus eingewöhnen; **s'**~ **à la campagne** sich auf dem Land einleben
accointances [akwɛ̃tɑ̃s] *fpl* **avoir des** ~ **avec des voyous/dans le Milieu** Beziehungen zu Gaunern/zur Unterwelt haben
accolade¹ [akɔlad] *f* feierliche Umarmung, Akkolade *f*; **donner l'**~ **à qn** jdn feierlich umarmen
accolade² [akɔlad] *f* TYP geschweifte Klammer, Akkolade *f (Fachspr.)*; **entre** ~**s** in geschweifte/geschweiften Klammern, in Akkoladen
accoler [akɔle] <1> *vt* ❶ *(mettre à côté)* anhängen; ~ **une particule à son nom** an seinen Namen ein „von" [an]hängen
❷ *(joindre, fixer)* aneinanderreihen *bâtiments, lignes, mots*; aneinanderhängen *bateaux*; **les maisons sont accolées le long de la route** die Häuser stehen längs der Straße aufgereiht
accommodant(e) [akɔmɔdɑ̃, ɑ̃t] *adj camarade* umgänglich; *patron, directeur* entgegenkommend
accommodation [akɔmɔdasjɔ̃] *f* ❶ *(adaptation)* ~ **aux circonstances/à une nouvelle vie** Anpassung *f* an die Gegebenheiten/ein neues Leben; **capacité d'**~ Anpassungsfähigkeit *f*; **phase d'**~ Eingewöhnungszeit *f*
❷ MED *de l'œil* Akkommodation *f (Fachspr.)*
❸ GASTR [Art *f* der] Zubereitung *f*; ~ **des restes** Resteverwertung *f*
accommodement [akɔmɔdmɑ̃] *m* gütliche Einigung
accommoder [akɔmɔde] <1> **I.** *vt* GASTR zubereiten; verwerten *restes*
II. *vpr* ❶ *littér (s'adapter à)* **s'**~ **aux circonstances** sich den Gegebenheiten anpassen, sich auf die Gegebenheiten einstellen
❷ *(s'arranger)* **s'**~ **avec qn** mit jdm auskommen; **ils ne peuvent pas s'**~ sie können nicht miteinander auskommen
❸ *(se contenter de)* **s'**~ **de qc** mit etw zufrieden sein, mit etw zurechtkommen
❹ *(supporter)* **s'**~ **de qc** sich mit etw abfinden; **je sais m'**~ **d'un repas simple** ich kann mich mit einer einfachen Mahlzeit begnügen
accompagnateur, -trice [akɔ̃paɲatœʀ, -tʀis] *m, f* ❶ *(guide)* Begleiter(in) *m(f)*, Begleitperson *f*
❷ MUS Begleiter(in) *m(f)*
accompagnement [akɔ̃paɲmɑ̃] *m* ❶ GASTR Beilage *f*; *(légumes)* Gemüsebeilage
❷ MUS Begleitung *f*; ~ **à la flûte** Flötenbegleitung; **à l'**~, **le grand orchestre de Radio France** es begleitet das große Orchester von Radio France
❸ *(encadrement) d'un groupe* Begleitung *f*; **personnel d'**~ Begleitpersonal *nt*, Begleitpersonen *Pl*; ~ **des personnes en fin de vie**, ~ **aux mourants** Sterbebegleitung

accompagner [akɔ̃paɲe] <1> **I.** *vt* ❶ begleiten; ~ **qn à l'école/au cinéma/dans ses voyages** jdn zur Schule/ins Kino/auf seinen Reisen begleiten
❷ MUS begleiten; ~ **qn à la guitare** jdn auf der Gitarre begleiten
❸ *(être joint à) notice explicative:* beiliegen; *accessoires, enveloppe:* dabei sein
❹ GASTR ~ **une viande** *légumes:* als Beilage zum Fleisch gereicht werden; ~ **un plat** *vin:* zu einem Gericht getrunken werden; **ce vin accompagne merveilleusement le gibier** dieser Wein passt wunderbar zu[m] Wild
❺ *(survenir en même temps)* einhergehen mit; **le tonnerre accompagne la foudre** der Blitz wird vom Donner begleitet
II. *vpr* ❶ MUS **s'**~ **à la guitare/au piano** sich auf der Gitarre/dem Klavier begleiten
❷ *(aller avec)* **s'**~ **de qc** mit etw einhergehen
accompli [akɔ̃pli] *m* LING **l'**~ das vollendete [*o* abgeschlossene] Geschehen; **un temps de l'**~ ein Tempus, mit dem ein Geschehen als vollendet [*o* abgeschlossen] dargestellt wird
accompli(e) [akɔ̃pli] *adj* perfekt, vollendet
accomplir [akɔ̃pliʀ] <8> **I.** *vt* ❶ *(s'acquitter de)* erledigen *travail*; erfüllen *tâche*; tun *devoir*
❷ *(exécuter)* ausführen *ordre, commandement*; vollbringen *miracle, prodiges*
❸ *(réaliser)* erfüllen *vœu*; erfüllen, einlösen *promesse*; ausführen *dessein, projet*
II. *vpr* ❶ *(s'épanouir)* **s'**~ **dans qc** in etw *(Dat)* Erfüllung finden
❷ *(se produire)* **s'**~ *prédiction, prophétie:* sich erfüllen; *miracle:* geschehen
accomplissement [akɔ̃plismɑ̃] *m* ❶ *(réalisation) d'un travail, d'une tâche* Erledigung *f*; *d'un projet* Ausführung *f*; *d'un miracle* Vollbringung *f*; *d'une prédiction, de rêves* Erfüllung *f*
❷ *(épanouissement)* Erfüllung *f*
❸ JUR Leistung *f*; ~ **avant l'échéance** Leistung vor Fälligkeit; ~ **caractéristique** charakteristische Leistung; ~ **caractéristique de la profession** berufstypische Leistung
◆ ~ **de tâches** JUR Aufgabenerfüllung *f*
accord [akɔʀ] *m* ❶ *(consentement)* Einverständnis *nt*, Okay *nt (fam)*; ~ **écrit** schriftliche Zustimmung; **donner son** ~ **à qn** jdm seine Zustimmung geben; **faire qc d'un commun** ~ etw einmütig tun
❷ ECON, POL *(convention)* Vereinbarung *f*, Übereinkunft *f*; *(contrat)* Vertrag *m*, Abkommen *nt*; **passer** [*o* **conclure**] **un** ~ **avec qn** mit jdm eine Vereinbarung treffen; **ils ont passé un** ~ **pour fusionner** sie haben eine Fusion vereinbart; ~ **au sein de la/d'une coalition** Koalitionsabsprache *f*; ~ **communautaire** Gemeinschaftsübereinkommen; ~ **complémentaire/général** Zusatz-/Globalabkommen; ~ **concessionnaire/contractuel** Konzessions-/Vertragsvereinbarung; ~ **financier/économique/monétaire** Finanz-/Wirtschafts-/Währungsabkommen; ~ **fondamental/de protection territoriale** Grundlagen-/Gebietsschutzabkommen; ~ **frontalier** Grenzvertrag; ~ **intérimaire** Interimsabkommen; ~ **moratoire** Aufschubvereinbarung; ~ **partiel** Teilabkommen; ~ **préliminaire/principal** Vor-/Hauptvertrag; ~ **provisoire** Zwischenvereinbarung; ~ **salarial**, ~**s salariaux** Tarifvereinbarung, Lohnabschluss *m*; ~ **tacite** stillschweigendes Übereinkommen, stillschweigende Vereinbarung, geheime Absprache, Geheimabkommen; ~ **tarifaire** [*o* **sur les conventions collectives**] Tarifabkommen; ~ **transactionnel** Vergleichsvertrag; ~ **sur le désarmement** Abrüstungsabkommen; ~ **sur la distribution** Vertriebsvereinbarung; ~ **sur opérations jumelées** Kopplungsvereinbarung; ~ **sur paiement comptant** Barzahlungsvereinbarung; ~ **sur les prestations de services** Dienstleistungsabkommen; ~ **sur les prix** Preisvereinbarung, Preisabsprache *f*; ~ **express/tacite sur les prix** ausdrückliche/stillschweigende Preisvereinbarung; ~ **sur les prix et les prestations** Preis- und Leistungsvereinbarung; ~ **de** [*o* **sur**] **prix ferme** Festpreisabrede *f*, Festpreisvereinbarung; ~ **sur la protection de la clientèle** Kundenschutzvereinbarung; ~ **sur les quotas** Quotenabsprache *f*; ~ **sur la répartition des bénéfices** Gewinnverteilungsabrede; ~ **sur les tarifs douaniers** Zollabkommen; **Accord général sur les tarifs douaniers et le commerce** Allgemeines Zoll- und Handelsabkommen; ~ **de complaisance/garantie** Gefälligkeits-/Garantievereinbarung; ~ **de complaisance sans volonté juridique d'obligation de respecter le droit** JUR Gefälligkeitsvereinbarung ohne Rechtsbindungswillen *(Fachspr.)*; ~ **de coopération entre États-membres** Kooperationsabkommen zwischen Mitgliedsstaaten; ~ **de délimitation** Demarkationsabrede *(Fachspr.)*; ~ **d'échange réciproque** Austauschabkommen; ~ **concernant le versement d'une indemnité** Abfindungsvereinbarung; ~ **entre soumissionnaires** Bietungsabkommen *(Fachspr.)*; **contrairement aux** ~**s antérieurs** entgegen den früheren Vereinbarungen
❸ *(harmonie, bonne intelligence)* [gutes] Einvernehmen *nt*; **faire qc**

accord

être d'accord, approuver	zustimmen, beipflichten
Oui, je le pense aussi.	Ja, das denke ich auch.
Je suis tout à fait de ton avis.	Da bin ich ganz deiner Meinung.
Je suis d'accord.	Dem schließe ich mich an.
Je suis totalement de votre avis.	Ich stimme Ihnen voll und ganz zu.
Oui, je le vois (tout à fait) comme ça.	Ja, das sehe ich (ganz) genauso.
Je ne le vois pas autrement.	Ich sehe das nicht anders.
Vous avez absolument raison.	Ich gebe Ihnen da vollkommen Recht.
Je ne peux que vous donner raison.	Da kann ich Ihnen nur Recht geben.
C'est ce que j'ai dit (aussi).	(Das) habe ich ja (auch) gesagt.
Je trouve aussi.	Finde ich auch. *(fam)*
Exact !/C'est juste !	Genau!/Stimmt! *(fam)*
donner son accord	**einwilligen**
D'accord!/O.k. !/Marché conclu !	Einverstanden!/Okay!/Abgemacht!
Pas de problème !	Kein Problem!
D'accord!/Ça marche !	Geht in Ordnung!
Ce sera fait !/Je le fais !	Wird gemacht!/Mach ich!

en ~ /en parfait ~ avec qn etw im Einvernehmen/im besten Einvernehmen mit jdm tun; **entre eux c'est l'~ parfait** zwischen ihnen herrscht völlige Übereinstimmung; **être en ~ avec qc** mit etw übereinstimmen

❹ JUR Einigung *f*; ~ **extrajudiciaire** außergerichtliche Einigung; ~ **à l'amiable** gütliche Einigung; ~ **à l'amiable entre les parties** Parteivereinbarung *f*; **conclure un ~ à l'amiable** sich gütlich einigen; ~ **dans l'appréciation d'un litige** Entscheidungseinklang *m (Fachspr.)*

❺ MUS *(association de plusieurs sons)* Akkord *m*; *(sur une guitare)* Griff *m*; ~ **final** Schlussakkord; ~ **parfait** Dreiklang *m*

❻ GRAM, LING Kongruenz *f (Fachspr.)*; **faute d'~** Kongruenzfehler *m*
▶ **bon pour ~** zur Unterschrift; **être d'~** einverstanden sein; **être d'~ avec qn** [sich *(Dat)*] mit jdm einig sein, mit jdm einiggehen; **être d'~ avec qn sur qc** [sich *(Dat)*] mit jdm über etw *(Akk)* einig sein, mit jdm in etw *(Dat)* einiggehen; **je suis d'~ avec toi pour dire que c'est triste** ich finde genau wie du, dass es traurig ist; **être en ~ avec soi-même** mit sich selbst im Einklang sein; **se mettre d'~ avec qn** sich mit jdm einigen; **ils sont toujours d'~** sie sind sich immer einig; **tomber d'~ avec qn** sich mit jdm einigen; **tomber d'~ sur qc** sich auf etw *(Akk)* einigen; **[c'est] d'~ !** gut!, einverstanden!, in Ordnung!, okay! *(fam)*

♦~ **d'achat** JUR Kaufabrede *f*; ~ **de cartel** Kartellabsprache *f*; *(contrat)* Kartellvertrag *m*; ~ **de clearing** [*o* **de compensation**] Clearingabkommen *nt*, Kompensationsabkommen; ~ **de conciliation** Verständigungsvereinbarung *f*; *(contrat)* Schlichtungsvertrag *m*; ~ **de contrôle** ECON Beherrschungsvertrag *m*; ~ **de coopération** Kooperationsabkommen *nt*, Kooperationsvertrag *m*; ~ **des créanciers** Gläubigervertrag *m*; ~ **de distribution exclusive** JUR Alleinvertriebsabkommen *nt*; ~ **de fusion** Fusionsvereinbarung *f*; ~ **de licence** Lizenzvereinbarung *f*; ~ **de licence de brevet** JUR Patentlizenzvereinbarung *f*; ~ **de neutralité** Neutralitätsabkommen *nt*; ~ **de non-belligérance** Gewaltverzichtsabkommen *nt*; ~ **de principe** Grundsatzvereinbarung *nt*; ~ **de protection** Schutzabkommen *nt*; ~ **de réciprocité** Gegenseitigkeitsabkommen *nt*; ~ **de vente** Verkaufsabkommen *nt*

accord-cadre [akɔʀkadʀ] <accords-cadres> *m* Rahmenabkommen *nt*, Rahmenvereinbarung *f*

accordéon [akɔʀdeɔ̃] *m* Akkordeon *nt*, Schifferklavier *nt*
▶ **en ~** chaussettes, pantalon Ziehharmonika-

accordéoniste [akɔʀdeɔnist] *mf* Akkordeonspieler(in) *m(f)*, Schifferklavierspieler(in) *m(f)*

accorder [akɔʀde] <1> I. *vt* ❶ *(donner)* gewähren *réduction, crédit, remise*; gewähren, bewilligen *délai*; bewilligen *montant*; erteilen *autorisation, permission*; einräumen *privilège*; erweisen *faveur*; zubilligen *circonstances atténuantes*; schenken *confiance*; ~ **une commission à qn** jdm Provision gewähren; ~ **une concession à qc** ECON etw konzessionieren; ~ **une amnistie à qn** jdn begnadigen; ~ **la main de sa fille à qn** jdm seine Tochter zur Frau geben; **voulez-vous m'~ cette danse?** darf ich Sie um diesen Tanz bitten?
❷ *(attribuer)* ~ **de la valeur à qc** einer S. *(Dat)* Wert beimessen; ~ **de l'importance à qc** einer S. *(Dat)* Gewicht beilegen, etw wichtig nehmen
❸ *(admettre)* **je t'accorde que tu as raison** ich gestehe dir zu, dass du Recht hast
❹ MUS stimmen
❺ GRAM ~ **le verbe avec qc** das Verb an etw *(Akk)* angleichen
II. *vpr* ❶ *(se mettre d'accord)* **s'~ avec qn sur une solution** sich mit jdm über eine Lösung einig werden
❷ *(s'entendre)* **s'~ avec qn** sich [gut] mit jdm verstehen; **ils ne s'accordent pas** sie vertragen sich nicht
❸ *(s'octroyer)* **s'~ une pause/un café** sich *(Dat)* eine Pause/einen Kaffee gönnen
❹ GRAM **s'~ avec qc** *verbe, adjectif*: sich nach etw richten; **ne pas s'~** *mot*: nicht angeglichen werden

accordeur [akɔʀdœʀ] *m* Stimmer(in) *m(f)*; ~ **de piano** Klavierstimmer(in) *m(f)*

accostage [akɔstaʒ] *m* ❶ NAUT *(au quai)* Anlegen *nt*, Landung *f*
❷ ESPACE Andocken *nt*

accoster [akɔste] <1> I. *vi* anlegen, landen
II. *vt* ❶ *(aborder)* ansprechen; **se faire ~ dans la rue par qn** auf der Straße von jdm angesprochen werden; **un inconnu cherchait à m'~** ein Unbekannter versuchte mich anzuquatschen *(fam)*
❷ NAUT anlegen an (+ *Dat*) *quai*; ~ **un bateau** an einem Boot längsseits gehen [*o* anlegen]
❸ ESPACE andocken an (+ *Dat*)

accotement [akɔtmɑ̃] *m* ❶ *d'une route* Bankett *nt*, Bankette *f*, Randstreifen *m*; ~**s non stabilisés** Seitenstreifen [*o* Bankette] nicht befahrbar
❷ CHEMDFER Seitenweg *m*, Parallelweg *m*

accouchée [akuʃe] *f* Wöchnerin *f*

accouchement [akuʃmɑ̃] *m* ❶ MED Entbindung *f*, Geburt *f*; ~ **sans douleur** schmerzlose Geburt
❷ *(élaboration difficile)* hartes Stück Arbeit, schwere Geburt *(fam)*

accoucher [akuʃe] <1> I. *vi* ❶ MED entbinden; ~ **d'une fille/d'un garçon** ein Mädchen/einen Jungen zur Welt bringen, von einem Mädchen/Jungen entbunden werden; ~ **prématurément** eine Frühgeburt haben
❷ *fam (parler)* mit der Sprache herausrücken *(fam)*; **allez, accouche!** los, raus damit! *(fam)*
II. *vt* ~ **qn** jdn entbinden, bei jdm Geburtshilfe leisten

accoucheur, -euse [akuʃœʀ, -øz] I. *m, f* Geburtshelfer(in) *m(f)*, Hebamme *f*
II. *app* **médecin/gynécologue ~** Arzt *m*/Gynäkologe *m* und Geburtshelfer *m*

accouder [akude] <1> *vpr* **s'~ à** [*o* **sur**] **qc** sich mit den Ellbogen auf etw *(Akk)* stützen

accoudoir [akudwaʀ] *m* Armlehne *f*; *d'un fauteuil* [Sessel]lehne;

accouplement [akupləmɑ̃] m ❶ ZOOL Paarung f, Begattung f ❷ péj (sexe) Nummer f (fam) ❸ TECH (fait d'accoupler) Ankuppeln nt ❹ (dispositif) Kupplung f

accoupler [akuple] <1> I. vpr ❶ ZOOL s'~ sich paaren ❷ péj s'~ personnes: es miteinander treiben (fam) II. vt ❶ ZOOL paaren mit, miteinander paaren ❷ (mettre par deux) paarweise anspannen chevaux; ~ **les chevaux à la charrue/l'avant de la diligence** die Pferde paarweise vor den Pflug/die Postkutsche spannen ❸ TECH koppeln générateurs, vaisseaux spatiaux; kuppeln locomotives, tracteurs, wagons

accourir [akuʀiʀ] <irr> vi + avoir o être personne: herbeieilen; animal: angelaufen [o angerannt] kommen

accoutrement [akutʀəmɑ̃] m Aufmachung f, Aufzug m (pej)

accoutrer [akutʀe] <1> I. vpr s'~ sich ausstaffieren; s'~ **bizarrement/d'une drôle de façon** sich merkwürdig/komisch kleiden, in einer merkwürdigen/komischen Aufmachung herumlaufen II. vt ausstaffieren

accoutumance [akutymɑ̃s] f Gewöhnung f

accoutumé(e) [akutyme] adj gewohnt; **ma place** ~ **e** mein gewohnter Platz, mein Stammplatz; **être** ~ **(e) à qc/faire qc** an etw (Akk) gewöhnt sein/daran gewöhnt sein etw zu tun ▸ **comme à l'**~ **e** wie gewöhnlich [o üblich]

accoutumer [akutyme] <1> I. vt ❶ ~ **son enfant à qc/à faire qc** (habituer) sein Kind an etw (Akk) gewöhnen/daran gewöhnen etw zu tun ❷ (rassurer peu à peu) ~ **sa femme à qc/à faire qc** seine Frau mit etw vertraut machen/damit vertraut machen etw zu tun II. vpr s'~ **à qc/à faire qc** sich an etw (Akk) gewöhnen/daran gewöhnen etw zu tun

accréditation [akʀeditasjɔ̃] f d'une diplomate, d'un journaliste Akkreditierung f

accréditer [akʀedite] <1> I. vt ❶ (rendre crédible) glaubwürdig erscheinen lassen, bestätigen thèse, soupçon, rumeur ❷ (conférer une autorité) akkreditieren ambassadeur, journaliste; bevollmächtigen médiateur, négociateur II. vpr s'~ bruit, rumeur, soupçons: sich verstärken; thèse: immer glaubwürdiger erscheinen

accréditif [akʀeditif] m ECON, FIN Kreditbrief m, Akkreditiv nt (Fachspr.); ~ **pour l'export** Exportakkreditiv; ~ **documentaire/partiel** Dokumenten-/Teilakkreditiv; ~ **irrévocable/révocable** unwiderrufliches/widerrufliches Akkreditiv; **établir/révoquer un** ~ ein Akkreditiv eröffnen/zurückziehen

accro [akʀo] fam I. adj ❶ (dépendant d'une drogue) süchtig; ~ **à la cocaïne** kokainsüchtig ❷ (passionné) ~ **de jazz** [ganz] verrückt auf Jazz (Akk) (fam); ~ **de télé** fernsehsüchtig; ~ **à l'ordinateur/aux jeux** computer-/spielsüchtig; **être** ~ **à la techno** ein Technofreak sein; **maintenant, je suis** ~ jetzt bin ich ganz verrückt darauf (fam) II. mf ❶ (drogué) [Rauschgift]süchtige(r) f(m), Junkie m (sl) ❷ (passionné) Fan m (fam), Freak m, Fex m (SDEUTSCH, A fam); ~ **du footing/vélo** Jogging-/Radfreak (fam); ~ **du jeu/des jeux** Spielsüchtige(r) f(m); ~ **de la montagne** Bergfex (fam); ~ **du boulot** Workaholic m (fam); **les** ~ **s de musique classique/de sensations fortes** die Fans der klassischen Musik/des Nervenkitzels (fam)

accroc [akʀo] m ❶ (déchirure) Riss m; **faire un** ~ **à sa chemise** sich (Dat) ein Loch ins Hemd reißen ❷ (incident) [unangenehmer/ärgerlicher] Zwischenfall; (querelle) Reiberei f ▸ **faire un [petit]** ~ **à la réputation de qn** jds Ruf (Dat) schaden; **sans** ~ reibungslos; **l'opération s'est déroulée sans** ~ die Operation ist glatt [o ohne Komplikationen] verlaufen

accrochage [akʀɔʃaʒ] m ❶ (action d'accrocher) d'un tableau, lustre Aufhängen nt; d'un wagon Ankoppeln nt ❷ (collision) [leichter] Zusammenstoß ❸ (altercation) Auseinandersetzung f; **ils ont eu un** ~ sie sind aneinandergeraten ❹ MIL Zusammenstoß m

accroche [akʀɔʃ] f MEDIA Blickfang m

accroché v. accro

accroche-cœur [akʀɔʃkœʀ] <accroche-cœurs> m Schmachtlocke f (fam)

accroche-nappe [akʀɔʃnap] <accroche-nappes> m Tischtuchklammer f

accrocher [akʀɔʃe] <1> I. vt ❶ (suspendre) aufhängen; ~ **un mobile au-dessus du lit** ein Mobile über das Bett hängen [o über dem Bett aufhängen]; ~ **son manteau dans une penderie** seinen Mantel an die Garderobe hängen; ~ **une caravane derrière une voiture** einen Wohnwagen an ein Auto hängen; **où est-ce que je dois** ~ **le tableau?** wo soll ich das Bild hinhängen? (fam) ❷ (déchirer) hängen bleiben mit pantalon, bas; **être accroché(e) au barbelé/aux épines** am Stacheldraht/an den Dornen festhängen ❸ (entrer en collision) streifen ❹ (attirer) auf sich ziehen regards; anziehen client ❺ (aborder) ansprechen ❻ (intéresser) film: fesseln II. vpr ❶ (se retenir) s'~ **à qc** sich an etw (Dat) festklammern; plantes grimpantes, chardon: sich in etw (Dat) festhaken; s'~ **au mur/au rocher** an der Hauswand/dem Felsen festwachsen ❷ (se faire un accroc) s'~ **à qc** an etw (Dat) hängen bleiben ❸ (persévérer) s'~ durchhalten; **parfois, il faut s'**~ manchmal braucht man viel Stehvermögen ❹ fam (mettre ses espoirs dans) s'~ **à qc** sich an etw (Akk) klammern ❺ fam (se disputer) s'~ **avec qn** sich mit jdm in die Haare kriegen (fam) ▸ **tu peux te l'**~ **!** pop den/die/das kannst du dir abschminken! (sl); **accroche-toi!** fam na, gute Nacht! III. vi ❶ fam (bien établir le contact) daran Interesse finden; ~ **avec qn** mit jdm warm werden (fam); **je n'accroche pas avec ce livre** dieses Buch sagt mir einfach nichts; ~ **en maths** sich mit Mathe anfreunden können; **j'accroche sur ce thème** auf dieses Thema steh ich (fam) ❷ (plaire) [gut] ankommen; livre, nom, titre: sich reden machen; emballage, présentation: Aufmerksamkeit erregen ❸ (achopper) pourparlers, négociations: sich festfahren

accrocheur, -euse [akʀɔʃœʀ, -øz] adj titre ~ **/publicité accrocheuse** Titel, der/Werbung, die Aufmerksamkeit erregt; **il faut qu'une publicité soit accrocheuse** Werbung muss Aufmerksamkeit erregen

accroire [akʀwaʀ] <irr, déf> vt, vi littér faire [o laisser] ~ **qc à un voisin** einen Nachbarn etw glauben machen; **en faire** ~ **à qn** jdn hinters Licht führen; **s'en laisser** ~ sich hinters Licht führen lassen

accroissement [akʀwasmɑ̃] m du chômage, des charges Anstieg m; du chiffre d'affaires Steigerung f; ~ **de la capacité** Kapazitätssteigerung; ~ **de la population** Bevölkerungszunahme f; ~ **de la fortune/productivité** Vermögens-/Produktivitätszuwachs m; ~ **du patrimoine** Vermögenszuwachs; ~ **faible** leichte Zunahme ◆ ~ **du capital** ECON Kapitalzuwachs m; ~ **de la demande** COM Nachfrageerhöhung f; ~ **de valeur** ECON Wertzuwachs m

accroître [akʀwatʀ] <irr> I. vt erhöhen; vermehren patrimoine; verstärken pouvoir, impression; vergrößern chances; ~ **le mécontentement** die Unzufriedenheit anwachsen lassen II. vpr s'~ chômage, mécontentement: zunehmen; risque: größer werden; chances de succès: steigen

accroupir [akʀupiʀ] <8> vpr s'~ in die Hocke gehen, sich kauern; **être accroupi(e)** (auf dem Boden) hocken, kauern

accroupissement [akʀupismɑ̃] m Hockstellung f, Kauern nt

accru(e) [akʀy] adj höher

accu [aky] m souvent pl fam abr de **accumulateur** Akku m (fam) ▸ **recharger ses** ~ **s** fam wieder auftanken (fam)

accueil [akœj] m ❶ (fait de recevoir) Empfang m; **faire bon/mauvais** ~ **à qn** jdn freundlich/unfreundlich empfangen; **réserver un bon** ~ **à qn** jdn gut aufnehmen; **réserver un** ~ **froid/chaleureux à qn** jdm einen ziemlich kühlen/einen herzlichen Empfang bereiten; **réserver un** ~ **mitigé à une proposition** einen Vorschlag mit mäßiger Begeisterung aufnehmen; ~ **en musique** Begrüßungsständchen nt ❷ (lieu) Rezeption f, Empfang m

accueillant(e) [akœjɑ̃, ɑ̃t] adj personne freundlich; salle, pièce gastlich; jardin einladend

accueillir [akœjiʀ] <irr> vt ❶ (recevoir) empfangen; ~ **qn avec un sourire/froidement** jdn lächelnd/kühl empfangen ❷ (héberger) hôte, centre, école: aufnehmen; **la salle des fêtes peut** ~ **mille personnes** die Festhalle kann tausend Besucher aufnehmen ❸ (réagir à) aufnehmen nouvelle, information; reagieren auf (+ Akk) idée, projet; begrüßen projet; **il a bien/mal accueilli mes idées** er hat zustimmend/ablehnend auf meine Einfälle reagiert; **ils ont accueilli la proposition avec une grande méfiance/circonspection** sie haben sehr misstrauisch/vorsichtig auf den Vorschlag reagiert

acculer [akyle] <1> vt ❶ (coincer) drängen ❷ (contraindre) ~ **qn à la faillite/au suicide** jdn in den Konkurs/Selbstmord [o zum Selbstmord] treiben; ~ **qn aux aveux** jdn in die Enge treiben um ein Geständnis zu erzwingen

acculturation [akyltyʀasjɔ̃] f SOCIOL Akkulturation f

accumulateur [akymylatœʀ] m ❶ Akku m, Akkumulator m (form); **charger/recharger les** ~ **s** die Akkus aufladen/wieder aufladen; **les** ~ **s sont à plat** die Akkus sind leer ❷ MECA NAUT Batterie f

accumulation [akymylasjɔ̃] f ❶ Anhäufung f, Akkumulation f

(form); *de marchandises, provisions* Horten *nt*; *de preuves* Sammeln *nt*; *d'énergie* Speicherung *f*; **chauffage par ~** Nachtspeicherheizung *f*
② MED Akkumulation *f (Fachspr.)*
◆ **~ d'argent** ECON Geldakkumulation *f*; **~ du capital** ECON Kapitalakkumulation *f*
accumuler [akymyle] <1> I. *vt* anhäufen; sammeln *preuves, pièces rares*; horten *marchandises, provisions*; speichern *énergie*; **~ des erreurs/des sottises** einen Fehler nach dem anderen begehen/eine Dummheit nach der anderen machen; **les intérêts accumulés pendant cinq ans** die in fünf Jahren aufgelaufenen Zinsen
II. *vpr* **s'~** ① sich sammeln; *difficultés:* sich häufen; *vaisselle:* sich stapeln; *déchets:* sich auftürmen; **les charges s'accumulent contre l'accusé** die Beweise gegen den Angeklagten häufen sich
② ECON *coûts:* auflaufen, sich akkumulieren *(Fachspr.)*
accusateur, -trice [akyzatœʀ, -tʀis] I. *adj regard, doigt* anklagend; *document, preuve* belastend; **traces accusatrices** belastende Hinweise
II. *m, f* Ankläger(in) *m(f)*
accusatif [akyzatif] *m* GRAM Akkusativ *m*; **être à l'~** *mot:* im Akkusativ stehen; **mettre un mot à l'~** ein Wort in den Akkusativ setzen
accusation [akyzasjɔ̃] *f* ① *(reproche)* Anschuldigung *f*, Beschuldigung *f*, Vorwurf *m*; **lancer** [*o* **porter**] **des ~s** Beschuldigungen erheben
② JUR Klage *f*, Anklage *f*; **mise en ~** Anklageerhebung *f*; **abandonner** [*o* **renoncer à**] **l'~** die Anklage fallen lassen; **mettre qn en ~** Anklage gegen jdn erheben; **rejeter/retirer une ~** eine Anklage zurückweisen/zurückziehen
accusé [akyze] *m* ① Angeklagte(r) *m*; **~, levez-vous!** Angeklagter, erheben Sie sich!
② *(document)* **~ de réception** Empfangsbestätigung *f*, Empfangsbescheinigung *f*; **~ de réception à quai net** reiner Kai-Empfangsschein
accusé(e) [akyze] *adj visage, traits* markant; **avoir les traits ~s par la maladie** von Krankheit gezeichnet sein
accusée [akyze] *f* Angeklagte *f*
accuser [akyze] <1> I. *vt* ① JUR *(déclarer coupable)* **~ qn d'un crime/d'avoir violé qn** jdn beschuldigen [*o* bezichtigen], ein Verbrechen begangen/jdn vergewaltigt zu haben; **~ qn d'un vol** jdn des Diebstahls beschuldigen [*o* bezichtigen]
② *(rendre responsable)* **~ qn d'une catastrophe/d'être à l'origine de l'accident** jdm für eine Katastrophe/einen Unfall der Schuld geben; **son silence l'accuse** sein/ihr Schweigen klagt ihn/sie an
③ *(souligner)* unterstreichen, betonen
④ *(montrer)* **son visage accuse un âge avancé** sein/ihr Gesicht lässt sein/ihr vorgeschrittenes Alter erkennen; **elle accuse la fatigue des jours passés** man sieht ihr die Anstrengung der vergangenen Tage an
⑤ *(supporter)* erleiden *pertes*
▶ **~ le coup** es sich *(Dat)* anmerken lassen; **~ réception de qc** den Empfang einer S. *(Gen)* bestätigen
II. *vpr* ① *(se déclarer coupable)* **s'~ de qc** sich einer S. *(Gen)* bezichtigen
② *(se rendre responsable de)* **s'~ de qc** sich *(Dat)* die Schuld an etw *(Dat)* geben, sich *(Dat)* wegen etw Vorwürfe machen
▶ **qui s'excuse s'accuse** wer sich verteidigt, klagt sich an *(prov)*
ace [ɛs] *m* TENNIS Ass *nt*
acéphale [asefal] *adj* kopflos; *fig* führungslos; **une entreprise ~** ein Unternehmen ohne Führung
acerbe [asɛʀb] *adj ton, paroles* scharf, hart, verletzend; *critique, écrits* derb, bissig
acéré(e) [aseʀe] *adj griffes, couteau* scharf; *piques* spitz
acétate [asetat] *m* CHIM Acetat *nt*; **~ d'alumine** essigsaure Tonerde
acétique [asetik] *adj* **acide ~** Essigsäure *f*
acétone [asetɔn] *f* CHIM Aceton *nt*
acétylène [asetilɛn] *m* CHIM Acetylen *nt*
achalandé(e) [aʃalɑ̃de] *adj* **être bien ~(e)** *magasin:* eine große Auswahl haben, ein reichhaltiges Warenangebot haben
acharné(e) [aʃaʀne] *adj* fanatisch; *travailleur, combattant* verbissen, angestachelt; *joueur* leidenschaftlich; *combat, résistance* erbittert, hartnäckig; **au prix d'un effort ~** durch unermüdliche Anstrengung; **être ~(e)** hartnäckig sein, nicht lockerlassen; **~(e) à faire qc** von der Idee besessen etw zu tun; **être ~(e) contre qn/qc** verbissen gegen jdn/etw kämpfen
acharnement [aʃaʀnəmɑ̃] *m* Hartnäckigkeit *f*; *d'un combattant* Verbissenheit *f*; *d'un joueur* Leidenschaft *f*; *d'un plaideur* Engagement *nt*; **travailler avec ~** verbissen [*o* unermüdlich] arbeiten; **se battre avec ~** erbittert kämpfen; **son ~ à défendre la nature de la Hartnäckigkeit, mit der er sich für die Umwelt einsetzt; dans son cas, il s'agit vraiment d'~ thérapeutique** man versucht wirk-

lich, sein/ihr Leben mit allen Mitteln künstlich zu erhalten
acharner [aʃaʀne] <1> *vpr* ① *(persévérer)* **s'~** sich abmühen
② *(s'obstiner à résoudre, à comprendre)* **s'~ sur un texte/un devoir** sich an einem Text/einer Aufgabe festbeißen; **s'~ à faire qc** sich darauf versteifen, etw zu tun
③ *(ne pas lâcher prise)* **s'~ sur une victime** sich auf ein Opfer stürzen, von einem Opfer nicht ablassen
④ *(combattre)* **s'~ contre le terrorisme/l'intolérance** einen erbitterten Kampf gegen den Terrorismus/die Intoleranz führen
⑤ *(poursuivre)* **s'~ contre** [*o* **sur**] [*o* **après**] **qn** *sort, destin:* jdn verfolgen; **la malchance s'acharne contre lui** er wird vom Pech verfolgt
⑥ *(détruire)* **s'~ sur un objet/un meuble** einen Gegenstand/ein Möbelstück blindwütig zerstören
achat [aʃa] *m* ① *(action)* Kauf *m*; *de biens durables* Kauf, Anschaffung *f*; **faire des ~s** einkaufen, Einkäufe machen [*o* erledigen]; **faire l'~ d'une voiture/d'un appareil** [sich *(Dat)*] ein Auto/Gerät kaufen; **ça me paraît cher à l'~** das scheint mir teuer zu sein; **nouvel ~** Neukauf, Neuanschaffung *f*; **~ d'impulsion** Spontankauf *m*
② *(chose achetée)* [Ein]kauf *m*; **bon ~** guter Kauf; **mauvais ~** Fehlkauf
③ ECON, JUR Kauf *m*; **~ à date fixe** Fixkauf *m*; **~** [**à titre**] **de couverture** Deckungskauf; **~ avec droit de restitution** [**de la marchandise**] Kauf mit Rückgaberecht; **~ d'actions** Aktienkauf; **~ d'actions avec dividende** Aktienkauf mit Dividende; **~ d'une entreprise/d'un terrain** Unternehmens-/Grundstückskauf; **~ d'une chose certaine/fongible** Spezies-/Gattungskauf *(Fachspr.)*; **~ en grandes quantités** Aufkauf; **~ pour son propre compte** Kauf auf eigene Rechnung; **~ selon spécification** Spezifikationskauf; **~ sur échantillon** Kauf nach Muster; **~s étrangers** [*o* **à l'étranger**] Auslandskäufe; **~ fictif** Scheinkauf; **~ journalier** Tageskauf
◆ **~ à condition** ECON Konditionsgeschäft *nt*; **~ à crédit** Abzahlungsgeschäft *nt*, Abzahlungskauf *m*, Kauf *m* auf Kredit [*o* auf Raten]; **~ à l'essai** COM Kauf *m* auf Probe, Probekauf; **~ à livraison différée** Kauf *m* auf Abruf; **~ à tempérament** Teilzahlungskauf *m*, Abzahlungskauf; **~ à tempérament simple** einfacher Abzahlungskauf; **~ à tempérament avec clause de réserve de propriété** JUR Abzahlungskauf unter Eigentumsvorbehalt *(Fachspr.)*; **~ à terme** COM Terminkauf *m*, Zeitkauf, Zielkauf, Kauf auf Ziel
◆ **~ de droits successifs** JUR Erbschaftskauf *m*; **~s de garantie** FIN Sicherungskäufe *Pl*; **~ de remplacement** JUR Ersatzbeschaffung *f*; **~ de soutien** [**du cours**] FIN [Kurs]stützungskauf *m*; **~ de soutien** [**du cours**] **du dollar** Interventionskauf zur Stützung des Dollars
acheminement [aʃ(ə)minmɑ̃] *m* ① *(transport) des marchandises, troupes* Transport *m*; *des réfugiés* Transport *m*, Weiterleitung *f*; *du courrier, des voyageurs* Beförderung *f*; **~ du courrier par avion** Luftpostbeförderung
② *(avancement)* Voranschreiten *nt*
acheminer [aʃ(ə)mine] <1> *vt* ① *(transporter)* befördern *courrier, voyageurs*; befördern, transportieren *marchandises*; weiterleiten, transportieren, bringen *réfugiés*
② *(conduire)* umleiten *convoi, caravane, train*; **~ un train sur une autre ville** einen Zug [*o* eine Zugverbindung] über eine andere Stadt leiten; **~ des troupes sur** [*o* **vers**] **le front** die Truppen an die Front beordern
II. *vpr* ① *(aller en direction de)* **s'~ vers le bois** auf den Wald zugehen; **s'~ vers Paris/le centre-ville** *personne:* sich auf den Weg nach Paris/in die Innenstadt machen; *train, voiture, convoi:* sich in Richtung Paris/Stadtzentrum bewegen
② *(aller vers un résultat)* **s'~ vers une conclusion/une solution** sich *(Akk)* einem Ergebnis/einer Lösung nähern [*o* annähern]; **s'~ vers la ruine/la catastrophe** auf den Ruin/die Katastrophe zusteuern; **nous nous acheminons vers la fin de ce stage** wir nähern uns dem Ende unseres Praktikums, unser Praktikum geht dem Ende zu
acheter [aʃ(ə)te] <4> I. *vt* ① *(acquérir)* kaufen; **achetez français!** kaufen Sie [nur] französische Waren!; **~ qc à** [*o* **pour**] **qn** jdm etw kaufen, etw für jdn kaufen; **~ qc chez qn** etw bei jdm kaufen; **~ qc au supermarché/au marché** etw im Supermarkt/auf dem Markt kaufen; **~ qc au comptant/à crédit** etw gegen bar/auf Raten kaufen; **~ qc sans examen préalable** etw unbesehen kaufen; **~ qc à livraison** etw auf Lieferung kaufen; **~ durant la baisse** während der Baisse kaufen; **~ qc à prix fort** etw zu feste Rechnung kaufen; **~ qc à terme** FIN etw auf Zeit [*o* Ziel] kaufen; **la lessive la plus achetée** das meistgekaufte Waschmittel
② *péj* kaufen, bestechen *personne*; kaufen *votes*; sich *(Dat)* erkaufen *silence, complicité*
II. *vpr* **s'~ qc** sich *(Dat)* etw kaufen; **s'~ des biens durables/un animal** sich *(Dat)* etwas Dauerhaftes/ein Tier anschaffen
acheteur, -euse [aʃtœʀ, -øz] *m, f* ① *(particulier)* Käufer(in) *m(f)*; *(entreprise)* Abnehmer(in) *m(f)*; **~ direct/acheteuse directe** Direktabnehmer(in); **~ éventuel/acheteuse éventuelle** Kaufinter-

essent(in) *m(f)*; **gros** ~ Großabnehmer; ~ **en gros** En-gros-Abnehmer *(Fachspr.)*; **être ~(-euse)** [am Kauf] interessiert sein; ~ **en seconde main** COM Käufer aus zweiter Hand *(Fachspr.)*
② *(de profession)* Einkäufer(in) *m(f)*
♦ **~(-euse) à terme** BOURSE Terminkäufer(in) *m(f)*
achèvement [aʃɛvmã] *m* ① *(fin)* d'un immeuble Fertigstellung *f*; d'une œuvre Fertigstellung, Vollendung *f*; des travaux Beenden *nt*, Abschluss *m*
② *(perfection)* Vollendung *f*
achever [aʃ(ə)ve] <4> *vt* ① *(accomplir)* beenden, abschließen, beschließen *discours*; fertigstellen, vollenden *œuvre*; austrinken *bouteille*; aufbrauchen *provisions*; beschließen *ses jours, sa vie*; **~ son repas/son assiette** zu Ende essen; **~ la lecture d'un livre** ein Buch auslesen [*o* zu Ende lesen]; **~ de faire qc** etw zu Ende tun
② *(tuer)* töten; **~ un animal** ein Tier töten, einem Tier den Gnadenstoß geben
③ *(épuiser)* **ça m'a achevé(e)!** das hat mir den Rest gegeben! *(fam)*, das hat mich völlig fertiggemacht! *(fam)*
Achille [aʃil] *m* ① Achill[es] *m*
② HIST Achill[es] *m*
achoppement *v.* **pierre**
achopper [aʃɔpe] <1> I. *vi littér* **~ à un problème/sur une difficulté** auf ein Problem/eine Schwierigkeit stoßen
II. *vpr* **s'~ à qc** *fig littér* auf etw stoßen *(fig)*
achromatique [akʀɔmatik] *adj* OPT achromatisch
acide [asid] I. *adj* ① *fruit, saveur* sauer; *critique* scharf; *remarque* bissig
② CHIM *solution, milieu* sauer, säurehaltig
II. *m* ① BIO, CHIM Säure *f*; **~ arachidonique** Arachidonsäure; **~ ascorbique** Ascorbinsäure; **~ carbonique** Kohlensäure; **~ désoxyribonucléique** Desoxyribonukleinsäure; **~ folique** Folsäure; **~ gras** Fettsäure; **~ gras saturé/non saturé** gesättigte/ungesättigte Fettsäure; **~ lactique** Milchsäure; **~ phosphorique** Phosphorsäure; **~ urique** Harnsäure
② *arg (drogue)* LSD *nt*
acidifier [asidifje] <1a> *vpr* **s'~** versauern
acidité [asidite] *f* ① d'un fruit saurer Geschmack; d'une critique, remarque Schärfe *f*
② CHIM Säuregehalt *m*; **~ gastrique** Magensäure *f*
acidulé(e) [asidyle] *adj goût, bonbon* säuerlich, leicht sauer; *coloris, ton* grell; **un emballage vert** ~ eine giftgrüne Verpackung
acier [asje] *m* ① *(métal)* Stahl *m*; **~ brut** Rohstahl; **~ doux/trempé** weicher/gehärteter Stahl; **~ chromé** verchromter Stahl; **~ forgé** Schmiedestahl; **~ inoxydable** rostfreier [*o* nicht rostender] Stahl; **~ casserole en ~ inoxydable** Topf *m* aus rostfreiem [*o* nicht rostendem] Stahl; **~ spécial** Edelstahl; **~ à ressorts** Federstahl; **être en ~** aus Stahl sein; **un pont en ~** eine stählerne Brücke; **une monture d'~** eine Stahlfassung
② *(industrie)* l'~ die Stahlindustrie
▶ **d'~** *(dur) regard* hart; *muscles* stählern; *nerfs* aus Stahl; **avoir un moral d'~** unerschütterlich sein
aciérie [asjeʀi] *f* Stahlwerk *nt*, Stahlhütte *f*
acmé [akme] *m o f* ① MED d'une maladie, fièvre Akme *f*
② *(zénith)* d'une ère, d'un mouvement Hochzeit *f*, Höhepunkt *m*
③ *fig* Gipfel *m*
acné [akne] *f* Akne *f*; **~ juvénile** pubertäre Akne
acolyte [akɔlit] *m péj* Komplize *m*
acompte [akɔ̃t] *m* ① *(engagement d'achat)* Anzahlung *f*; **payer** [*o* **verser**] **un ~** eine Anzahlung leisten
② *(avance)* Vorschuss *m*; **~ sur salaire** Lohnvorschuss; **~ sur dividende** Abschlagsdividende *f*; **~ provisionnel** Steuervorauszahlung *f*; **~ provisionnel sur intérêts de placement de capitaux** FIN Zinsabschlag *m*
③ *fam (avant-goût)* Vorgeschmack *m*
aconit [akɔnit] *m* BOT Eisenhut *m*
acoquiner [akɔkine] <1> *vpr péj* **s'~ avec qn** sich mit jdm einlassen
Açores [asɔʀ] *fpl* **les ~** die Azoren
à-côté [akote] <à-côtés> *m* ① *(détail)* Nebensächlichkeit *f*, nebensächlicher Punkt
② *(gain occasionnel)* Zubrot *nt kein Pl*; **avoir** [*o* **se faire**] **des à-côtés** sich *(Dat)* ein Zubrot verdienen
à-coup [aku] <à-coups> *m* ① d'un moteur, d'une machine Ruck *m*, Stoß *m*; **avoir des à-coups** *moteur* stottern; **par à-coups** stoßweise, etappenweise, schubartig
② ECON *(fluctuation)* Schwankung *f*; **subir quelques à-coups** Rückschläge erleiden; **après quelques à-coups, l'industrie replonge dans la crise** nach einem kurzen Aufschwung befindet sich die Industrie wieder in einer Krise
acouphène [akufɛn] *m* MED Tinnitus *m*; **souffrir d'~s** an Tinnitus *(Dat)* leiden
acousticien(ne) [akustisjɛ̃, jɛn] *m(f)* Akustiker(in) *m(f)*
acoustique [akustik] I. *adj a.* INFORM *entrée, édition, effet* akustisch;

nerf ~ Gehörnerv *m*; **isolation ~** Schalldämmung *f*; **ondes ~s** Schallwellen *Pl*
II. *f sans pl* ① *(science)* Akustik *f*, Lehre *f* vom Schall, Schalllehre
② *(qualité) d'une salle* Akustik *f*; **~ architecturale** Raumakustik
acquéreur, acquéresse [akeʀœʀ, akeʀɛs] *m, f* Käufer(in) *m(f)*, Erwerber(in) *m(f)*; **trouver** [**un**] **~ pour qc** einen Käufer [*o* Abnehmer] für etw finden; **se porter** [*o* **se rendre**] **~ de qc** etw kaufen wollen
acquérir [akeʀiʀ] <*irr*> I. *vt* ① *(devenir propriétaire)* erwerben; **~ la majorité du capital d'une entreprise** die Kapitalmehrheit eines Unternehmens erwerben; **~ qc d'un particulier** etw aus Privathand erwerben; **~ qc par possession** [*o* **prescription**] JUR etw ersitzen *(Fachspr.)*
② *(obtenir)* sich *(Dat)* aneignen *méthode, compétence*; erlangen *célébrité, faveur*; erwerben *habileté*; sammeln *expérience*; **~ une avance sur le plan** einen Planvorsprung erarbeiten; **il a acquis l'habitude de se lever tôt** es ist ihm zur Gewohnheit geworden früh aufzustehen
③ *(gagner)* **~ de l'importance/la valeur** an Wichtigkeit/Wert gewinnen
II. *vpr (s'obtenir)* **cette qualité peut s'~** diese Eigenschaft kann man sich *(Dat)* aneignen; **les connaissances s'acquièrent peu à peu** das Know-how bekommt man nach und nach; **les richesses ne s'acquièrent pas sans rien faire** zu Reichtum gelangt man nicht ohne etwas zu tun; **la sagesse s'acquiert avec l'âge** Weisheit kommt mit dem Alter
acquêt [akɛ] *m* JUR Erwerb *m*, Gewinn *m*; **communauté réduite aux ~s** Zugewinngemeinschaft *f*
acquiescement [akjɛsmã] *m* Zustimmung *f*, Einwilligung *f*, Einverständnis *nt*; **donner son ~ à qc** einer S. *(Dat)* zustimmen, seine Zustimmung zu einer S. geben, etw billigen [*o* genehmigen]; **refuser son ~ à qc** einer S. *(Dat)* seine Zustimmung verweigern; **en signe d'~** als Zeichen der Zustimmung, zustimmend
acquiescer [akjese] <2> *vi* zustimmen, beistimmen; **~ d'un sourire/d'un signe de tête** zustimmend [*o* beipflichtend] lächeln/nicken
acquis [aki] *m* ① *vieilli (savoir)* umfangreiches Wissen; *(expérience)* reicher Erfahrungsschatz
② *pl (avantages sociaux)* Errungenschaften *Pl*; **~ sociaux emportés de haute lutte** hart erkämpfte soziale Errungenschaften
acquis(e) [aki, iz] I. *part passé de* **acquérir**
II. *adj* ① *(obtenu) fortune, aptitude* erworben; *droit* wohlerworben; *habitude* angenommen; *célébrité, richesse* erlangt; *expériences* gewonnen, gesammelt; *avantages* erkämpft
② *(reconnu)* gesichert, feststehend, unbestritten; **c'est un fait ~** das steht fest; **considérer qc comme ~** etw als gesichert betrachten; **tenir qc pour ~(e)** etw für erwiesen halten
③ *(accordé)* **notre aide lui est ~e** unsere Hilfe ist ihm sicher
acquisition [akizisjɔ̃] *f* ① *a.* ECON, JUR *(action d'acheter)* Erwerb *m*; **faire l'~ de qc** etw erwerben; **~ de bonne foi** gutgläubiger Erwerb, Gutglaubenserwerb *(Fachspr.)*; **~ loyale** redlicher Erwerb; **~ de parts/de participation** Anteils-/Beteiligungserwerb; **~ de la propriété** Eigentumserwerb; **~ de la propriété de l'héritier** Erbanfall *m (Fachspr.)*; **~ de la propriété avec pacte de réserve de propriété** Eigentumsvorbehaltskauf *m (Fachspr.)*; **~ de remplacement** Ersatzbeschaffung *f*; **~ d'un terrain** Grundstückserwerb
② *fig de connaissances* Erwerb *m*; d'une langue Erlernen *nt*
③ *(objet acquis)* Anschaffung *f*, Errungenschaft *f*; **nouvelle ~** Neuanschaffung *f*; **sa nouvelle ~** seine/ihre neueste Errungenschaft; **~ intellectuelle** JUR geistige Errungenschaft *(Fachspr.)*
♦ **~ de devises** Devisenwirtschaftung *f*; **~ d'un droit de gage** JUR Pfandrechtserwerb *m*; **~ de patrimoine** Vermögenserwerb *m*
acquit [aki] *m* COM Quittung *f*; **pour ~** Betrag [dankend] erhalten
▶ **par ~ de conscience** um ganz sicherzugehen
♦ **~ d'entrée** Zolleinfuhrschein *m*
acquit-à-caution [akitakosjɔ̃] <acquits-à-caution> *m* Zollbegleitschein *m*
acquittement [akitmã] *m* ① d'un accusé Freispruch *m*
② *(règlement)* d'une facture, note Bezahlung *f*, Begleichung *f*, Erlegung *f* (A); d'une taxe Entrichtung *f*; d'une dette [Be]zahlung, Begleichung, Tilgung *f*; **~ de dettes** Schuldentilgung, Schuldenbegleichung
③ *(exécution)* d'une promesse Einlösung *f*, Erfüllung *f*; d'une tâche Erfüllung, Ausführung; d'une fonction Ausübung *f*; d'une mission Ausführung *f*
acquitter [akite] <1> I. *vt* ① freisprechen *personne*
② *(payer)* bezahlen, begleichen *dette, facture*; bezahlen, entrichten *taxe*; **~ les cotisations sociales** die Beiträge an die Sozialversicherung entrichten; **~ des droits de douane sur qc** Zoll auf etw *(Akk)* entrichten
③ *(signer)* quittieren *livraison*
II. *vpr* **s'~ d'une dette** eine Schuld begleichen [*o* tilgen]; **s'~ d'une dette morale** eine moralische Verpflichtung erfüllen; **s'~ d'une promesse** ein Versprechen halten; **s'~ d'une obligation/**

de ses obligations einer Verpflichtung/seinen Verpflichtungen *(Dat)* nachkommen; **s'~ d'une fonction** eine Funktion ausüben
acre [akʀ] *m* HIST Morgen *m*, Acre *m*
âcre [ɑkʀ] *adj* ❶ *vin, saveur* herb; *fumée* beißend; *odeur* streng; **il y a un goût ~ dedans** das schmeckt etwas herb
❷ *fig* bitter, herb; **l'~ sentiment de la rebuffade** das bittere Gefühl der Zurückweisung
âcreté [ɑkʀəte] *f d'une odeur* Schärfe *f; d'une saveur* Herbheit *f; de la fumée* beißender Geruch; *d'un parfum* strenger Geruch
acrimonie [akʀimɔni] *f* Groll *m;* **~ à l'égard de l'État** Staatsverdrossenheit *f*
acrobate [akʀɔbat] *mf* Akrobat(in) *m(f)*
acrobatie [akʀɔbasi] *f* ❶ *(art de l'acrobate)* Akrobatik *f; (tour)* Akrobatenstück *nt;* **~ aérienne** *(discipline)* Kunstfliegen *nt; (figure)* Kunstflug *m*
❷ *pl (prouesses)* akrobatische Kunststücke *Pl;* **faire des ~s** Kunststücke vollführen
❸ *(ruse)* Akrobatik *f;* **~ intellectuelle** Gedankenakrobatik *f,* geistige Klimmzüge *Pl (fam);* **il rétablit le budget par quelques ~s** er besserte das Budget mit einigen Kunstgriffen [*o* Tricks] auf
acrobatique [akʀɔbatik] *adj* akrobatisch
acronyme [akʀɔnim] *m* Akronym *nt*
acropole [akʀɔpɔl] *f* HIST Akropolis *f*
acrostiche [akʀɔstiʃ] *m* POES Akrostichon *nt*
acrylique [akʀilik] CHIM **I.** *adj* acrylhaltig; **fibre ~** Acrylfaser *f;* **peinture ~** Acrylfarbe *f*
II. *m* Acryl *nt*
acte [akt] *m* ❶ *(action)* Tat *f,* Handlung *f;* **~ d'agression** aggressiver Akt; **~ d'autorité** autoritative Handlung; **~ de bravoure** mutige Tat; **~ de charité** Akt der Nächstenliebe; **~ de concurrence déloyale** unlautere Wettbewerbshandlung *(Fachspr.);* **~ compulsif** PSYCH Zwangshandlung; **~ de cruauté** grausame Tat, Gräueltat; **~ de désespoir** Verzweiflungstat, Verzweiflungsakt *m;* **~ d'hostilité** feindliches Vorgehen; **~ de malade** *fam* Irrsinnstat *(fam);* **~ de terrorisme** Terrorakt; **~ de vandalisme** Akt *m* blinder Zerstörungswut; **~ administratif/constitutif** Verwaltungs-/Gründungsakt; **~ désespéré/héroïque** Verzweiflungs-/Heldentat; **~ frauduleux** Täuschungshandlung; **~ gratuit** unmotivierte Handlung; **~ illégal/prémédité** rechtswidrige/vorsätzliche Handlung; **~ médical** ärztlicher Eingriff; **~ sexuel** Geschlechtsakt; **faire ~ de bonne volonté** guten Willen zeigen; **faire ~ d'autorité** durchgreifen; *(en paroles)* ein Machtwort sprechen; **faire ~ de candidature à qc** für etw kandidieren; **faire ~ de présence** sich kurz blicken lassen; **passer à l'~** zur Tat schreiten; **traduire qc en ~** etw in die Tat umsetzen; **assez parlé, des ~s!** genug geredet, lasst Taten sprechen!
❷ *(document)* Urkunde *f,* Schriftstück *nt,* Dokument *nt; (communiquant une décision)* Bescheid *m; (contrat)* Vertrag *m;* **~ authentique** beglaubigte Urkunde; **~ constitutif** Gründungsurkunde; *(contrat)* Gründungsvertrag; **~ notarié** notariell beglaubigte Urkunde, Notariatsakt *m;* **Acte Unique Européen** Einheitliche Europäische Akte; **~ de disposition réglementaire** Regelungsverfügung *f;* **~ de disposition relatif à une pension alimentaire/une prohibition** Unterhalts-/Untersagungsverfügung; **~ de disposition relatif à une saisie** Pfändungsverfügung; **signer un ~ devant notaire** einen Vertrag vor dem Notar unterzeichnen; **demander ~ à qn de qc** jdn bitten etw zu Protokoll zu nehmen; **donner ~ à qn de qc** jdm etw bestätigen; **prendre ~ de qc** *(écrire)* etw zu Protokoll nehmen; *(prendre connaissance de)* etw zur Kenntnis nehmen
❸ JUR *(manifestation de volonté)* **~ juridique** Rechtsakt *m,* Rechtsgeschäft *nt (Fachspr.);* **~ courant de la pratique juridique** ≈ Verkehrsgeschäft; **~ fiduciaire** Treuhandgeschäft *(Fachspr.);* **~ juridique unilatéral/nul** einseitiges/unwirksames Rechtsgeschäft; **~ mixte** einseitiges Handelsgeschäft
❹ THEAT Akt *m;* **~ final** *a. fig* Schlussakt
◆ **~ d'accusation** [An]klageschrift *f;* **~ d'adhésion** Beitrittsakt *m;* **~ de baptême** Taufschein *m;* **~ de cautionnement** JUR Bürgschaftsurkunde *f;* **~ de cession** JUR Abtretungsurkunde *f,* Übereignungsurkunde, Übertragungsurkunde; **~ de commerce** JUR Handelsgeschäft *nt (Fachspr.);* **~ de constitution** ECON Gründungsurkunde *f;* **~ de décès** Sterbeurkunde *f,* Totenschein *m;* **~ de l'état civil** standesamtliche Urkunde; **~ de foi** Glaubensakt *m;* **~ de foi manqué** Fehlleistung *f;* **~ de mandat** Berechtigungsurkunde *f;* **~ de mariage** Heiratsurkunde *f,* Trauschein *m;* **~ de mise en demeure** Abmahnungsschreiben *nt;* **~ de mise en pension d'effets** FIN Pensionsgeschäft *nt;* **~ de naissance** Geburtsurkunde *f;* **~ de notification** Zustellungsurkunde *f,* Zustellungsvermerk *m;* **~ d'origine** CH Heimatschein *m* (CH); **~ de propriété foncière** Grundeigentumsurkunde *f;* **~ de protêt** FIN Protesturkunde *f;* **~ dresser un ~ de protêt** Wechselprotest *m* einlegen; **~ de récusation** JUR Ablehnungsantrag *m;* **~ de représailles** Vergeltungsaktion *f;* **~ de révocation** JUR Abberufungs-

schreiben *nt;* **~ de succession** Erbvertrag *m;* **~ de transmission d'un terrain** Grundstücksübertragungsurkunde *f;* **~ de vente** Kaufvertrag *m*
acteur, -trice [aktœʀ, -tʀis] *m, f* ❶ THEAT, CINE Schauspieler(in) *m(f);* **~ amateur/actrice amatrice,** **~ non professionnel/ actrice non professionnelle** Laienspieler(in)
❷ *(auteur)* Akteur(in) *m(f); d'un événement* Täter *m*
◆ **~ (-trice) de théâtre** Bühnendarsteller(in) *m(f)*
actif [aktif] *m* ❶ ECON, JUR Aktivvermögen *nt,* Aktiva *Pl,* Aktivseite *f;* **~s bancaires** Bankaktiva; **~ circulant** [Netto]umlaufvermögen; **~ immobilisé à sa valeur d'acquisition** Anlagevermögen zum Anschaffungswert; **~ immobilisé à sa valeur comptable nette** Anlagevermögen zum Nettobuchwert; **~s incorporels** immaterielle Anlagewerte *Pl;* **~ net** Nettovermögen, Reinvermögen; **~ réalisable immédiatement** sofort realisierbare Aktiva; **~ social** Gesellschaftsvermögen; **~ transitoire** transitorische Aktiva; **~ de liquidation** Liquidationsguthaben *nt;* **~ d'ouverture/final** Eröffnungs-/Endbestand *m;* **~ du patrimoine initial** Abwicklungsanfangsvermögen; **~ d'une succession** Nachlassvermögen; **ils ont inscrit cette somme à l'~ de mon compte** sie haben mir diese Summe gutgeschrieben
❷ LING Aktiv *nt,* Tätigkeitsform *f;* **à l'~** aktivisch, im Aktiv; **être à l'~** *verbe:* im Aktiv stehen
❸ *(travailleur)* Erwerbstätige(r) *m*
❹ *(responsabilité, mérite)* **il a le compte à son ~** das Verbrechen geht auf sein Konto; **elle a une victoire à son ~** sie kann einen Sieg für sich verbuchen; **il faut mettre** [*o* **porter**] **à l'~ des étudiants les changements politiques** die politischen Veränderungen sind den Studenten zuzuschreiben
actif, -ive [aktif, -iv] *adj* ❶ *(dynamique)* aktiv; *vie* aktiv, ereignisreich; **méthode active** interaktiver Unterricht
❷ BOURSE *marché* lebhaft; **devenir ~** sich beleben
❸ ECON *population* erwerbstätig; **vie active** Erwerbsleben *nt;* **il/ elle est depuis longtemps dans la vie active** er/sie steht schon seit Jahren im Geschäftsleben
❹ *(efficace) produit, médicament* wirksam; *poison* schnell wirkend; **poison très ~** hochwirksames [*o* sehr schnell wirkendes] Gift
❺ PHYS aktiv
❻ LING aktivisch; **la voix** [*o* **forme**] **active** das Aktiv; **ce verbe est à la voix active** dieses Verb steht im Aktiv; **conjuguer un verbe à la voix active** ein Verb im Aktiv konjugieren
❼ MIL *service* aktiv
❽ INFORM *fenêtre* aktiv
action [aksjɔ̃] *f* ❶ *(acte)* Tat *f;* **accomplir** [*o* **faire**] **une bonne ~** eine gute Tat vollbringen
❷ *sans pl (fait d'agir)* Handeln *nt,* Handlung *f;* **~ juridique** Rechtshandlung *(Fachspr.);* **un homme d'~** ein Mann der Tat; **aimer l'~** es gernhaben, wenn viel los ist; **entrer/être en ~** in Aktion treten/sein; **mettre un projet en ~** ein Projekt in die Tat umsetzen; **passer à l'~** etwas unternehmen, zur Tat schreiten *(geh);* **assez de paroles, de l'~!** genug geredet, jetzt muss gehandelt werden!
❸ *sans pl (démarche)* Vorgehen *nt,* Aktion *f; du gouvernement* Maßnahme *f;* **grande ~** Großaktion; **lancer une grande ~** eine Großaktion starten; **~ publicitaire** Werbemaßnahme; **~ menée dans le conflit du travail** Arbeitskampfmaßnahme
❹ *(effet)* Wirkung *f; d'une loi* Auswirkung *f; (intervention) du gouvernement, ministre* Eingreifen *nt;* **~ en profondeur** Tiefenwirkung; **sous l'~ de l'humidité/du soleil** durch die Feuchtigkeit/die Sonneneinstrahlung
❺ *(péripéties) d'une pièce, d'un film* Handlung *f; (multitude de péripéties)* Action *f (fam);* **~ principale/secondaire** Haupt-/Nebenhandlung; **l'~ du film/de la pièce se passe en Espagne** der Film/das Stück spielt in Spanien; **pauvre en ~** *pièce de théâtre, roman* handlungsarm; **manquer d'~** *pièce de théâtre, roman:* handlungsarm sein; **ce film manque d'~** in diesem Film passiert nicht viel, dieser Film hat wenig Action *(fam);* **il y a de l'~ dans ce film** in diesem Film passiert viel, dieser Film hat Action *(fam)*
❻ *(lutte sociale)* Kampf *m; (mesure ponctuelle)* Aktion *f;* **~ syndicale** Kampf der Gewerkschaft/der Gewerkschaften; **engager l'~** den Kampf aufnehmen
❼ JUR Handlung *f; (plainte, demande)* Klage *f; (procédure)* Verfahren *nt;* **intenter** [*o* **introduire**] **une ~ contre qn** Klage gegen jdn erheben, eine Klage gegen jdn anstrengen *(geh);* **entraver l'~ de la justice** das Gerichtsverfahren behindern; **la partie menant l'~ du procès** die prozessführende Partei; **~ alimentaire/civile** Alimenten-/Zivilklage; **~ civile jointe** Adhäsionsverfahren *(Fachspr.);* **~ constitutive de licence** Lizenzgestaltungsklage *(Fachspr.);* **~ directe** *(contre l'assureur)* Direktanspruch *m;* **~ hypothécaire/immobilière** Hypotheken-/Immobilienklage; **~ judiciaire** [*o* **en justice**] Gerichtsverfahren; **~ judiciaire tendant à faire modifier une situation juridique** Gestaltungsklage *(Fachspr.);* **~ paulienne** Gläubigeranfechtung *f (Fachspr.);* **~ pétitoire** Eigentumsklage, Vindikationsklage *(Fachspr.);* **~ posses-

soire/**principale** Besitz-/Hauptklage; **~ relative à une obligation de ne pas faire** Unterlassungsklage; **~ d'interrompre** [*o* de **suspendre**] Unterbrechungshandlung *(Fachspr.)*; **~ de la partie civile accompagnant l'action publique** Nebenklage; **~ en justice d'un groupement** [*o* **d'une association**] Verbandsklage; **~ en justice intentée par un consommateur/plusieurs consommateurs** Verbraucherklage; **~ en justice relative à une diffamation/exécution** Verleumdungs-/Vollstreckungsklage; **~ en justice relative à une violation** Verletzungsklage; **~ en justice relative à la violation d'un brevet** JUR Patentverletzungsprozess *m*; **~ en paiement d'un effet** Wechselklage *(Fachspr.)*; **~ en protection de la clientèle** Kundenschutzklage; **~ en protection contre le licenciement** Kündigungsschutzklage; **~ en réparation d'un vice** Mängelklage; **~ en résiliation du bail pour besoins propres** Eigenbedarfsklage; **~ en revendication successorale** Erbschaftsklage; **~ en revendication de la propriété** Eigentumsherausgabeanspruch *m (Fachspr.)*; **~ contre une entente** Kartellklage; **~ devant une juridiction** Verwaltungsklage; **~ en vue d'obtenir un paiement** Zahlungsklage; **~ pour cause d'enrichissement** Bereicherungsanspruch *m (Fachspr.)*

❻ FIN, BOURSE Aktie *f*; **émettre des ~s** Aktien ausgeben; **société par ~s** Aktiengesellschaft *f*, AG *f*; **~ cotée en Bourse** an der Börse notierte Aktie; **~ différée/globale/intéressante** Nachzugs-/Sammel-/Spitzenaktie; **~ gratuite** Gratisaktie; **~ gratuite** [*o* **de bonus**] **donnée en prime** Berichtigungsaktie; **~ nominative** Namensaktie; **~ nouvelle** Bezugsaktie, junge [*o* neue] Aktie; **~ privilégiée/provisoire** Vorrechts-/Interimsaktie; **~ de compagnie d'assurances** Versicherungsaktie; **~ de garantie** [**d'administrateur**] Pflichtaktie; **~ de société industrielle** Industrieaktie; **~ avec/sans droit de vote** stimmberechtigte/stimmrechtlose Aktie, Aktie mit/ohne Stimmrecht; **~** [**de valeur**] **nominale** Nennwertaktie; **~ de faible valeur nominale** Kleinaktie; **~ sans valeur nominale** Aktie ohne Nennwert

❾ ECON **~ concertée** konzertierte Aktion; **~ commune menée temporairement** Gelegenheitsgeschäft *nt (Fachspr.)*
▶ **les ~s de qn baissent** [*o* **sont en baisse**]/**montent** [*o* **sont en hausse**] *fam* jds Aktien fallen/steigen *(fam)*, jd sinkt/steigt im Kurs *(fam)*

◆ **~ d'administration** Vorstandsaktie *f*; **~ d'apport** Einbringungsaktie *f*, Gründeraktie; **~ de cessation** JUR Beendigungsklage *f*; **~ de dividende** FIN Dividendenaktie *f*; **~ d'éclat** Glanzleistung *f*; **~ de groupe** JUR Gruppenklage *f*; **~ au porteur** Inhaberaktie *f*; **~ d'utilisation préalable** Vorbenutzungshandlung *f (Fachspr.)*
◆ **~ en annulation** JUR Aufhebungsklage *f*; **~ en annulation d'un/du contrat** Vertragsaufhebungsklage; **~ en carence** JUR Untätigkeitsklage *f*; **~ en constatation de droit** Feststellungsklage *f (Fachspr.)*; **~ en diffamation** Beleidigungsklage *f*; **~ en dissolution** JUR Auflösungsklage *f*; **~ en divorce** Ehescheidungsklage *f*; **~ en dommages-intérêts** Schadenersatzklage *f*, Entschädigungsklage; **intenter une ~ en dommages-intérêts contre qn** jdn auf Schadenersatz verklagen; **~ en exclusion** JUR Ausschließungsklage *f*; **~ en garantie** JUR Gewährleistungsklage *f*; **~ en modification** JUR Abänderungsklage *f*; **~ en nullité** JUR Anfechtungsklage *f*; **~ en paiement** Erfüllungsklage *f (Fachspr.)*; **~ en radiation** Löschungsklage *f*; **~ en rédhibition** Wandlungsklage *f*; **~ en restitution** JUR Herausgabeklage *f*; **~ en retour au propriétaire** JUR Heimfallsklage *f*; **~ en révision** JUR Restitutionsklage *f*

actionnaire [aksjɔnɛʀ] *mf* Aktionär(in) *m(f)*, Anteilseigner(in) *m(f)*; **~ apporteur** *de capital* Anbieter(in) *m(f)*; **~ externe** außenstehender Anteilseigner/außenstehende Anteilseignerin; **~ individuel(le)** Einzelaktionär(in); **~ majoritaire** Mehrheitsaktionär(in), beherrschender Anteilseigner/beherrschende Anteilseignerin; **~ minoritaire** Minderheitsaktionär(in); **~ ordinaire/unique** Stamm-/Alleinaktionär(in); **~ de société en commandite par actions** Kommanditaktionär(in); **les petits/gros ~s** die Klein-/Großaktionäre; **l'assemblée des ~s** die Aktionärsversammlung

actionnariat [aksjɔnaʀja] *m* ❶ *(le fait d'être actionnaire)* Aktienbesitz *m*
❷ *(l'ensemble des actionnaires)* Aktionäre *Pl*; **l'~ de Volkswagen s'est réuni** die Volkswagen-Aktionäre haben sich versammelt

actionnement [aksjɔnmɑ̃] *m d'un levier* Betätigen *nt*; *d'un moteur, d'une machine* Ingangsetzen *nt*

actionner [aksjɔne] <1> *vt* ❶ *(mettre en mouvement)* betätigen *levier, manivelle*; in Gang setzen *moteur, machine*
❷ JUR verklagen, gerichtlich belangen *personne*
❸ *fam (faire agir)* in Aktion bringen *personne*

activation [aktivasjɔ̃] *f* Aktivierung *f*

active [aktiv] *f (travailleuse)* Erwerbstätige *f*

activement [aktivmɑ̃] *adv* aktiv, intensiv; *rechercher qn* eifrig; *participer à qc* tatkräftig

activer [aktive] <1> I. *vt* ❶ *(accélérer)* anregen *circulation sanguine*; anfachen, schüren *feu*; beschleunigen *processus*; vorantreiben *travaux*; **prière de faire ~ ce dossier** diese Akte sollte schnellstmöglich bearbeitet werden
❷ CHIM, INFORM aktivieren
II. *vi fam* ein bisschen schneller [*o* voran *fam*] machen; **faire ~ qn** jdn antreiben; **allez, les enfants, activons, activons!** auf, meine Lieben, los, los!
III. *vpr* **s'~** ❶ *(s'affairer)* geschäftig hin und her sausen; **s'~ à faire qc** eifrig dabei sein etw zu tun
❷ *fam (se dépêcher)* sich beeilen, voranmachen *(fam)*
❸ *(bouger)* sich körperlich etwas bewegen, sich bewegen

activisme [aktivism] *m* PHILOS, POL Aktivismus *m*

activiste [aktivist] I. *adj* aktivistisch
II. *mf* Aktivist(in) *m(f)*

activité [aktivite] *f* ❶ *sans pl (fait d'être actif)* Aktivität *f*; *d'un volcan* Tätigkeit *f*; **déployer une ~ fébrile** eine fieberhafte Aktivität entfalten; **ne plus avoir la même ~ qu'avant** nicht mehr so aktiv wie vorher sein; **entrer en ~** in Betrieb genommen werden; *volcan*: ausbrechen; **en ~** *machine, mine* in Betrieb; *volcan* tätig; **en pleine ~** florierend; *affaires* gut gehend; **hors d'~** *machine* außer Betrieb; *mine* stillgelegt; *volcan* untätig, erloschen; **~ de l'entreprise** Unternehmenstätigkeit *f*; **~ de l'université** Universitätsbetrieb *m*; **~s commerciales** Geschäftstätigkeiten *f*; **~ commerciale ordinaire** normale Geschäftstätigkeit; **~ économique** Wirtschaftstätigkeit *f*; **~ économique freinée/retenue** gedämpfte/verhaltene Konjunktur; **faible ~ économique** schwache Konjunktur; **l'~ économique ralentit** der Konjunkturverlauf schwächt sich ab; **relancer l'~ économique** die Wirtschaft ankurbeln; **avoir des ~s industrielles/commerciales** produzieren/Handel treiben; **~ saisonnière** Saisonbetrieb, Saisongeschäft *nt*; **~ peu soutenue dans le bâtiment** schwache Bautätigkeit; **~ spéculative** Spekulationstätigkeit *f*; **suite à l'~ des investissements en baisse** infolge der nachlassenden Investitionstätigkeit; **cesser toutes ses ~s** sämtliche Geschäftstätigkeiten einstellen
❷ *(agitation dans un lieu, un milieu social)* Betriebsamkeit *f*, geschäftiges Treiben; **~ culturelle** Kulturbetrieb *m*
❸ *(dynamisme d'une personne)* Tätigkeitsdrang *m*
❹ *(animation physique, intellectuelle)* Betätigung *f*
❺ *(occupation)* Betätigung *f*, Aktivität *f*; **~ dirigée** ≈ [Schul]aufgabe *f*/[Schul]übung *f* nach genauen Vorgaben; **physique/intellectuelle** körperliche/geistige Betätigung; **~ scolaire** *(excursion, rencontre sportive)* Schulveranstaltung *f*; **pratiquer une ~ sportive** eine Sportart ausüben, Sport treiben [*o* machen *fam*]; **~ de plein air** Tätigkeit [*o* Betätigung] im Freien
❻ *(profession)* Tätigkeit *f*; **~ administrative** Verwaltungstätigkeit; **son ~ actuelle** seine/ihre bisherige Tätigkeit; **~ indépendante** freiberufliche Tätigkeit; **~ libérale/manuelle** selbstständige/handwerkliche Tätigkeit; **~ professionnelle** berufliche/geschäftliche Tätigkeit; **~ rémunérée** Erwerbstätigkeit; **~ salariée** nichtselb[st]ständige Tätigkeit, Tätigkeit als Angestellte(r); **~ non salariée** selb[st]ständige Erwerbstätigkeit; **~ de ministre/de professeur** Minister-/Lehrertätigkeit; **~ d'espion** Spionagetätigkeit; **femme en ~** berufstätige Frau; **exercer une ~ commerciale** *(être commerçant)* ein Handelsgewerbe betreiben; *(travailler dans une société)* eine kaufmännische Tätigkeit ausüben; **avoir plusieurs ~s** verschiedenen Beschäftigungen nachgehen; **ne pas avoir d'~ régulière** keiner geregelten Tätigkeit *(Dat)* nachgehen
❼ *sans pl (ensemble d'actes)* Tätigkeit *f*; **intense ~ diplomatique** rege diplomatische Bemühungen; **se lancer dans l'~ de l'invention** erfinderisch tätig werden; **~ politique** politische Aktivität; **~ syndicale** Aktivitäten der Gewerkschaft[en], gewerkschaftliche Aktivitäten
❽ *(secteur)* Gewerbe *nt*; **~ commerciale** Handelsgewerbe *nt*; **~ industrielle** produzierendes Gewerbe *nt (Fachspr.)*; **~ secondaire** Nebengewerbe; **~ de commission de transport** Speditionsgewerbe

◆ **~ de base** Kerngeschäft *nt*; **~ de la consommation** Konsumaktivität *f*; **~ du crédit** Kreditwirtschaft *f*; **~ d'éveil** ≈ kreatives Arbeiten und Spielen *(im Kindergarten und in der Vorschule)*; **~ d'exportation** Exportgeschäft *nt*

actrice *v.* **acteur**

actu [akty] *f fam abr de* **actualité** News *Pl*; **toute l'~ sportive**, **toutes les ~s sportives** sämtliche News vom Sport

actuaire [aktɥɛʀ] *mf* Versicherungsmathematiker(in) *m(f)*

actualisation [aktyalizasjɔ̃] *f* ❶ *a.* INFORM Aktualisierung *f*
❷ JUR Angleichung *f*; **~ de l'impôt** Steuerangleichung; **~ de la législation fiscale** Steuerrechtsangleichung

actualiser [aktyalize] <1> *vt (mettre à jour)* aktualisieren, auf den neuesten Stand bringen

actualité [aktyalite] *f* ❶ *sans pl (modernité) d'un sujet, livre* Aktualität *f*; **être d'~** aktuell sein; **un livre d'~** ein topaktuelles Buch *(fam)*; **être d'une ~ brûlante** brandaktuell sein *(fam)*
❷ *sans pl (événements)* Zeitgeschehen *nt*; **l'~ économique/médicale** das Neueste aus der Wirtschaft/aus dem Bereich der Medizin; **l'~ politique/sociale** das politische Tagesgeschehen/

gesellschaftliche Zeitgeschehen [*o* Zeitgeschehen]; **l'~ quotidienne** das Tagesgeschehen, die Tagesereignisse; **l'~ sportive** die Sportnachrichten

❸ *pl* TV, RADIO Nachrichten *Pl;* CINE Wochenschau *f;* **~s régionales/culturelles** Regional-/Kulturnachrichten

actuariel(le) [aktɥarjɛl] *adj* versicherungsmathematisch; **taux ~** Rendite *f*, Effektivverzinsung *f;* **taux ~ brut** Bruttozinssatz *m*

actuel(le) [aktɥɛl] *adj* ❶ *(présent) régime* herrschend; *directeur* derzeitig, jetzig; *monde* von heute; *état* gegenwärtig; *circonstances* gegenwärtig, augenblicklich

❷ *(d'actualité)* aktuell

❸ INFORM *lecteur* aktuell

actuellement [aktɥɛlmɑ̃] *adv* im Moment, zurzeit, gegenwärtig

acuité [akɥite] *f* ❶ *(intensité) de la douleur* Heftigkeit *f; du son, du bruit* Intensität *f;* **l'~ du froid était telle que qn a fait qc** es war so kalt, dass jd etw getan hat

❷ *(sensibilité)* Schärfe *f;* **une grande ~ de l'ouïe** ein gutes Hörvermögen; **~ de l'odorat** Geruchssinn *m;* **~ visuelle** Sehschärfe *f;* **avoir une grande ~ visuelle** gute Augen haben; **test d'~ visuelle** Sehtest *m;* **subir un test d'~ visuelle** sich einem Sehtest unterziehen

❸ *(gravité) d'une crise, situation* Ernst *m;* **l'~ de la crise économique est telle que** die Wirtschaftskrise ist so ernst [*o* hat sich so zugespitzt], dass

❹ *(finesse intellectuelle)* Schärfe *f;* **~ d'esprit** *pour raisonner* Scharfsinn *m; pour juger* Urteilsfähigkeit *f*

acuponcteur, -trice [akypɔ̃ktœʀ, -tʀis] *m, f* Akupunkteur *m/* Akupunkteuse *f*

acuponcture [akypɔ̃ktyʀ] *f* Akupunktur *f;* **~ électrique** Elektroakupunktur *f*

acupuncteur, -trice *v.* acuponcteur
acupuncture *v.* acuponcture
acyclique [asiklik] *adj* BOT, CHIM azyklisch
adage [adaʒ] *m* ❶ geflügeltes Wort, Lebensweisheit *f*
❷ Bewegungsablauf zu einem langsamen Rhythmus
adagio [ada(d)ʒjo] MUS I. *m* Adagio *nt*
II. *adv* adagio
Adam [adɑ̃] *n* Adam
adamantoblaste [adamɑ̃toblast] *m* MED Adamantoblast *m (Fachspr.)*

adaptable [adaptabl] *adj* passend; **être ~ à qc** sich für etw eignen, zu etw passen

adaptateur [adaptatœʀ] I. *m* ❶ CINE, THEAT Bearbeiter *m*
❷ ELEC Zwischenstecker *m*, Adapter *m*
❸ INFORM Adapter *m;* **~ graphique** Grafikadapter; **~ de graphique couleur** Farbgrafikadapter; **~ réseau** Netzwerkadapter
II. *app* **câble ~** Adapterkabel *nt*

adaptation [adaptasjɔ̃] *f* ❶ *sans pl (action d'adapter, de s'adapter)* Anpassung *f*, Adaptation *f*, Adaption *f;* **faire un effort d'~** versuchen sich anzupassen; **il lui faut un certain temps d'~ à la lumière** er/sie braucht eine gewisse Zeit, um sich wieder an das Licht zu gewöhnen; **~ fiscale** Steueranpassung *f;* **~ de l'assortiment** FIN Sortimentsanpassung

❷ CINE, THEAT Bearbeitung *f*, Adaptation *f*, Adaption *f;* **~ théâtrale** Bühnenbearbeitung

❸ MED *de l'œil* Adaptation *f;* **~ scotopique** [*o* **à l'obscurité**] Dunkeladap[ta]tion

❹ INFORM *d'un système* Anpassung *f;* **~ du programme** Programmanpassung; **effectuer l'~ d'un programme** eine Programmanpassung vornehmen

adaptatrice [adaptatʀis] *f* CINE, THEAT Bearbeiterin *f*

adapter [adapte] <1> I. *vt* ❶ *(ajuster)* anbringen *embout, pièce, tuyau;* **~ une pièce à une autre** ein Stück an einem anderen anbringen [*o* mit einem anderen verbinden]

❷ *(accorder)* anpassen; **~ son comportement à la situation** sein Verhalten an die Situation anpassen, sich der Situation *(Dat)* gemäß verhalten; **adapté(e) aux enfants** kindgemäß, kindgerecht; **cours adapté à son/leur/... âge** altersgemäßer Unterricht

❸ *(faire l'adaptation de)* bearbeiten, adaptieren *pièce, roman;* **~ une pièce pour le piano** ein Stück für das Klavier adaptieren; **~ un roman à l'écran/au cinéma** *(modifier l'histoire)* das Drehbuch zu einem Roman schreiben; *(réaliser un film)* einen Roman [fürs Fernsehen/fürs Kino] verfilmen

❹ INFORM *programme, système anpassen*

II. *vpr* ❶ *(s'habituer à)* **s'~ à qn/qc** sich jdm/einer S. anpassen; **s'~ à un nouveau travail** sich an eine neue Arbeit gewöhnen; **s'~ à un nouveau pays** sich in einem Land einleben; **c'est un type qui s'adapte partout** er ist ein Allerweltskerl *(fam)*

❷ *(s'ajuster à)* **s'~ à qc** *tuyau:* auf etw *(Akk)* passen; *clé:* in etw *(Akk)* passen

adaptomètre [adaptɔmɛtʀ] *m* MED Adaptometer *nt (Fachspr.)*
addenda[s] [adɛ̃da] *mpl* Addenda *Pl*
additif [aditif] *m* ❶ *(supplément)* Zusatz *m*, Nachtrag *m;* *(demande)* Zusatzantrag *m;* **déposer une demande d'~** einen Zusatzantrag stellen

❷ CHIM Zusatzstoff *m*, Zusatz *m*, Additiv *nt (Fachspr.);* **~ alimentaire** Lebensmittelzusatz

◆ **~ au budget** Nachtragshaushalt *m*

additif, -ive [aditif, -iv] *adj* additiv

addition [adisjɔ̃] *f* ❶ *(action)* Addition *f*, Addieren *nt*, Zusammenzählen *nt;* FISC, JUR [Hin]zurechnung *f*

❷ *fig de problèmes* Anhäufung *f*

❸ *(résultat, somme)* Addition *f*

❹ *(facture)* Rechnung *f;* **garçon, l'~, s'il vous plaît!** Herr Ober, bitte zahlen [*o* bitte die Rechnung]!

❺ *(ajout) d'un produit, ingrédient* Hinzufügen *nt*, Beimischung *f;* *d'une terminaison* Anhängen *nt*

additionnel(le) [adisjɔnɛl] *adj* Zusatz-, zusätzlich

additionner [adisjɔne] <1> I. *vt* ❶ *a.* INFORM *(faire l'addition de)* addieren, zusammenzählen, zusammenrechnen

❷ *(ajouter)* **~ qc à qc** einer S. *(Dat)* etw zusetzen [*o* beimengen] [*o* hinzufügen]; **jus de pomme additionné de sucre** Apfelsaft mit Zuckerzusatz

II. *vpr* **s'~** *complications, erreurs:* sich summieren; *chiffres:* sich im Kopf addieren lassen; *difficultés, problèmes:* hinzukommen

adducteur [adyktœʀ] *m* ❶ ANAT, MED Adduktor *m (Fachspr.)*
❷ *(canal)* Zuflusskanal *m*

adduction [adyksjɔ̃] *f* ❶ TECH Zuleitung *f*, Zufuhr *f*, Zuführung *f;* **~ d'eau** Wasserversorgung *f*
❷ MED Adduktion *f (Fachspr.)*

adénine [adenin] *f* BIO, CHIM Adenin *nt (Fachspr.)*
adénocarcinome [adenokaʀsinom] *m* MED Adenokarzinom *nt (Fachspr.)*
adénofibrome [adenofibʀom] *m* MED Adenofibrom *nt (Fachspr.)*
adénome [adenom] *m* MED Adenom *nt (Fachspr.);* **~ autonome de la glande thyroïde** autonomes Adenom der Schilddrüse *(Fachspr.)*
adénomyome [adenomjom] *m* MED Adenomyom *nt (Fachspr.)*
adénosine [adenozin] *f* BIO, CHIM Adenosin *nt (Fachspr.)*
adepte [adɛpt] *mf d'une religion, secte* Anhänger(in) *m(f); d'un sport* Fan *m;* **faire des ~s** Anhänger gewinnen
adéquat(e) [adekwa, at] *adj* passend; *tenue, réponse* angemessen; *endroit* geeignet
adéquation [adekwasjɔ̃] *f* JUR *des indemnités, dépenses* Angemessenheit *f*
adhérence [adeʀɑ̃s] *f* Haftung *f; d'une colle* Klebekraft *f; d'une voiture* Bodenhaftung *f*, Straßenlage *f; d'une semelle* Halt *m;* **avoir une bonne ~** *colle:* gut kleben
adhérent(e) [adeʀɑ̃, ɑ̃t] I. *adj* **être ~(e) à qc** auf etw *(Dat)* haften; **ce pneu est ~ à la route** dieser Reifen hat eine gute Bodenhaftung
II. *m(f)* Mitglied *nt;* **carte d'~** Mitgliedskarte *f*
adhérer [adeʀe] <5> *vi* ❶ *(coller)* **~ à qc** an etw *(Dat)* festkleben [*o* haften]; *pneu:* auf etw *(Dat)* haften; **bien ~ dans les virages** *voiture:* gut in der Kurve liegen; **avec cette poêle, rien n'adhère** in dieser Pfanne klebt nichts fest

❷ *(approuver)* **~ à une proposition/idée** einem Vorschlag/einer Idee zustimmen [*o* beipflichten]; **~ à un point de vue** einer Sichtweise zustimmen, eine Meinung teilen

❸ *(reconnaître)* **~ à un idéal/une idéologie** Anhänger(in) *m(f)* eines Ideals/einer Ideologie sein, einem Ideal/einer Ideologie anhängen

❹ *(devenir membre de)* **~ à un parti/une association** in eine Partei/Vereinigung eintreten, einer Partei/Vereinigung beitreten, Mitglied [in/bei] einer Partei/Vereinigung werden

adhésif [adezif] *m (substance)* Klebstoff *m; (pansement)* Heftpflaster *nt; (ruban ou papier collant)* Klebeband *nt*

adhésif, -ive [adezif, -iv] *adj* haftend, selbstklebend; **ruban ~** Klebestreifen *m*, Klebeband *nt*

adhésion [adezjɔ̃] *f* ❶ *(approbation)* **~ à qc** Zustimmung *f* zu etw; *(approbation publique) d'un homme politique, parti* Bekenntnis *nt* zu etw; **~ à l'économie de marché** Bekenntnis zur Marktwirtschaft

❷ *(inscription)* **~ à un parti/à l'Union européenne** Beitritt *m* [*o* Eintritt *m*] in eine Partei/in die Europäische Union; **bulletin d'~** Beitrittserklärung *f;* **critère/négociations d'~** Beitrittskriterium *nt*/-verhandlungen *Pl;* **formule d'~** Beitrittsmodalitäten *Pl;* **campagne d'~** Mitgliederwerbeaktion *f;* **~ au rapport contractuel** JUR Eintritt in Vertragsverhältnisse *(Fachspr.)*

❸ *(fait d'être membre)* Mitgliedschaft *f*

❹ MED Adhäsion *f (Fachspr.)*

ad hoc [adɔk] *adv* ad hoc

adieu [adjø] <x> I. *m* ❶ *(prise de congé)* **~ à qn/qc** Abschied *m* von jdm/etw; **lettre/baiser d'~** Abschiedsbrief *m*/Abschiedskuss *m;* **repas/cadeau d'~** Abschiedsessen *nt*/-geschenk *nt;* **dire ~ à qn** sich von jdm verabschieden; **faire ses ~x à qn** von jdm Abschied nehmen

② *pl (séparation)* Abschied *m*, Lebewohl *nt*
▶ **dire** ~ **à qc** etw vergessen [*o* verabschieden *fam*], sich *(Dat)* etw abschminken *(fam)*
II. *interj* lebe wohl!/leben Sie wohl!; ~, **la belle vie/les beaux jours** ade, du schönes Leben/du schöne Zeit; ~, **la tranquillité** jetzt ist die Ruhe dahin, vorbei ist's mit der Ruh' *(poet)*
à-Dieu-va[t] [adjøva(t)] *interj* ① *(advienne que pourra)* auf gut Glück; ~! komme, was wolle!
② NAUT *vieilli* ~! ree!
adipeux, -euse [adipø, -øz] *adj* ① fettig
② BIO das Fett betreffend; **tissu** ~ Fettgewebe *nt*
adiposité [adipozite] *f* MED Fettpolster *nt*, Fettablagerung *f*, Adipositas *f (Fachspr.)*
adjacent(e) [adʒasɑ̃, ɑ̃t] *adj maison, pays* benachbart; *rue* nebenan gelegen; **être** ~ **(e) à qc** an etw *(Akk)* angrenzen
adjectif [adʒɛktif] *m* Adjektiv *nt*; ~ **épithète** Attribut *nt*; ~ **numéral** Zahladjektiv; ~ **substantivé/verbal** substantiviertes Adjektiv/Verbaladjektiv; ~ **démonstratif/possessif** Demonstrativ-/Possessivpronomen *nt*
adjectival(e) [adʒɛktival, o] <-aux> *adj* adjektivisch
adjectivé(e) [adʒɛktive] *adj* adjektiviert, als Adjektiv gebraucht
adjoindre [adʒwɛ̃dʀ] <*irr*> **I.** *vt* ① *(ajouter)* ~ **qc à une chose** etw zu einer S. hinzufügen, einer S. *(Dat)* etw hinzufügen; ~ **une aile à un bâtiment** einen Flügel an ein Gebäude anbauen; ~ **un s à un substantif** ein s an ein Substantiv anhängen
② *(associer)* ~ **une personne à qn** jdm eine Person zuteilen [*o* zuweisen] [*o* zur Seite stellen]
II. *vpr* **s'**~ **un collaborateur** sich *(Dat)* jdn zur Seite nehmen [*o* zu Hilfe holen]
adjoint(e) [adʒwɛ̃, wɛ̃t] **I.** *adj* stellvertretend
II. *m(f)* Assistent(in) *m(f)*, Gehilfe *m*/Gehilfin *f*; *(remplaçant)* Stellvertreter(in) *m(f)*; ~ **(e) à la direction** Direktionsassistent(in) *m(f)*
◆ ~ **(e) d'enseignement** Lehrer(in) mit Aufsichtspflicht
adjonction [adʒɔ̃ksjɔ̃] *f* ① TECH **l'** ~ **à qc** *(à l'extérieur)* das Anbringen an etw; *(à l'intérieur)* der Einbau in etw; **l'** ~ **d'une aile à un bâtiment** der Anbau eines Flügels an ein Gebäude
② CHIM **l'** ~ **de sucre/d'un colorant à un produit** der Zusatz von Zucker/Farbstoff zu einem Produkt; **sans** ~ **de sucre** ohne Zuckerzusatz
③ PRESSE *(mot, passage ajouté)* Zusatz *m*, Ergänzung *f*; **l'** ~ **d'un article/d'un chapitre à un texte** das Hinzufügen eines Artikels/Kapitels zu einem Text
adjudant [adʒydɑ̃] *m* ① MIL Oberfeldwebel *m*
② *fig, péj* Feldwebel *m*; **à vos ordres, mon** ~! zu Befehl, Herr Feldwebel!
adjudant-chef [adʒydɑ̃ʃɛf] <adjudants-chefs> *m* MIL Stabsfeldwebel *m*, Hauptfeldwebel
adjudicataire [adʒydikatɛʀ] *mf (pendant une vente aux enchères)* Käufer(in) *m(f)*; Ersteigerer *m*/Ersteigerin *f*
adjudication [adʒydikasjɔ̃] *f* ① *(vente aux enchères)* Versteigerung *f*; ~ **forcée** Zwangsversteigerung *f*
② *(appel d'offres, attribution)* [öffentliche] Ausschreibung; ~ **administrative** öffentliche Ausschreibung; **par voie d'**~ durch [öffentliche] Ausschreibung
③ *(attribution)* Zuschlag *m*, Zuerkennung *f*; *d'un contrat, de travaux* Vergabe *f*, Verdingen *nt (Fachspr.)*; ~ **des commandes** Auftragsvergabe *f*
adjuger [adʒyʒe] <2a> **I.** *vt* ① *(attribuer aux enchères)* ~ **un objet d'art/un meuble à qn** jdm einen Kunstgegenstand/ein Möbelstück zusprechen [*o* zuschlagen]; **une fois, deux fois, trois fois, adjugé!** zum Ersten, zum Zweiten, zum Dritten!
② *(décerner)* ~ **une prime à qn** jdm eine Prämie zusagen; *fam* jdm eine Prämie geben; **le prix a été adjugé à un chercheur français** der Preis ging an einen französischen Forscher
③ *(confier à)* ~ **un contrat/un marché à une entreprise** einen Vertrag/ein Geschäft an eine Firma vergeben
II. *vpr* ① *(obtenir)* **s'**~ **un contrat/des parts de marché** sich *(Dat)* einen Vertrag/Marktanteile sichern
② *(s'approprier)* **s'**~ **qc** sich *(Dat)* etw aneignen [*o* nehmen]
adjuration [adʒyʀasjɔ̃] *f* Beschwörung *f*
adjurer [adʒyʀe] <1> *vt littér* ~ **qn de faire qc** jdn beschwören etw zu tun, jdn inständig [*o* flehentlich *geh*] bitten etw zu tun
adjuvant [adʒyvɑ̃] *m* ① *(médicament)* unterstützendes Mittel, Adjuvans *nt (Fachspr.)*
② *(additif)* Zusatz *m*; ~ **hydrofuge** Dichtungsmittel *nt*
ad libitum [adlibitɔm] nach Belieben
admettre [admɛtʀ] <*irr*> *vt* ① *(laisser entrer)* hineinlassen *personne, animal*; erlauben *visites*; **les mineurs ne sont pas admis** Minderjährige haben keinen Zutritt; **les visites ne sont admises que le matin** Besucher sind nur morgens zugelassen, nur morgens ist Besuchszeit; **on admet les chiens sur cette plage/dans ce café** auf diesen Strand/in dieses Café darf man Hunde mitnehmen;

les Noirs n'étaient pas admis dans certains lieux publics Schwarze hatten zu bestimmten öffentlichen Orten keinen Zutritt, Schwarzen wurde der Zutritt zu bestimmten öffentlichen Orten verwehrt
② *(recevoir)* empfangen
③ *(accueillir)* aufnehmen; *salle:* fassen; ~ **qn parmi ses amis** jdn in seinen Freundeskreis aufnehmen
④ *(inscrire, sélectionner)* **être admis(e) en doctorat/en classe supérieure** zur Doktorprüfung zugelassen/in die nächsthöhere Klasse versetzt worden sein; **être admis(e) quatrième à un examen** eine Prüfung als Viertbeste(r) bestanden haben; **être admis(e) quatrième à un concours** bei einem Wettbewerb als Viertbeste(r) abgeschnitten [*o* Platz vier erreicht] haben; **être admis(e) à l'oral** zur mündlichen Prüfung zugelassen sein; **être admis(e) aux Beaux-Arts** an der Kunstakademie aufgenommen werden
⑤ *(reconnaître)* zugeben, einräumen; **j'admets que c'est difficile** ich gebe zu, dass es schwierig ist; **il est admis que** es ist bekannt, dass
⑥ *(permettre)* akzeptieren; zulassen *interprétation*; **j'admets que tu te fasses pousser les cheveux** ich akzeptiere, dass du dir die Haare wachsen lässt; **cette affaire n'admet aucun retard** bei dieser Sache darf es zu keiner Verzögerung kommen
⑦ *(accepter)* dulden; gelten lassen *excuse, raison*; ~ **qc à la preuve** etw als Beweis zulassen
⑧ *(supposer)* ~ **que** + *subj* annehmen, dass; **admettons que** angenommen, dass; nehmen wir einmal an, dass; **en admettant que** angenommen [*o* vorausgesetzt], dass
administrateur, -trice [administʀatœʀ, -tʀis] *m, f* ① *(gestionnaire)* Verwalter(in) *m(f)*
② *(gérant)* Geschäftsführer(in) *m(f)*; *d'un théâtre* [General]intendant(in) *m(f)*
③ *(administrateur légal)* Nachlassverwalter(in) *m(f)*; ~ **(-trice) des biens de la succession** Erbschaftsverwalter(in) *m(f)*; ~ **(-trice) fiduciaire** Vertragstreuhänder(in) *m(f)*; ~ **(-trice) judiciaire** Konkursverwalter(in)
④ *(membre d'un conseil d'administration)* Mitglied *nt* des Verwaltungsrats
◆ ~ **(-trice) de banque de données** INFORM Datenbankadministrator(in) *m(f)*; ~ **(-trice) de base de données** INFORM Datenbankadministrator(in) *m(f)*; ~ **(-trice) de biens** Vermögensverwalter(in) *m(f)*; ~ **(-trice) des finances** Finanzverwalter(in) *m(f)*; ~ **(-trice) de site** INFORM Webmaster *m*; ~ **(-trice) de société** Mitglied *nt* des Verwaltungsrats
administratif, -ive [administʀatif, -iv] *adj disposition, démarche* behördlich, administrativ; *fonction* administrativ, verwaltungstechnisch; *bâtiment, directive, organe* Verwaltungs-; **capitale administrative** Sitz *m* der Behörden; **cité administrative** Behördenviertel *nt*; **services** ~**s** Verwaltung *f*; **activité administrative** Verwaltungstätigkeit *f*; **lenteur administrative** Langsamkeit *f [o* Trägheit *f]* der Behörden
administration [administʀasjɔ̃] *f* ① *sans pl (gestion)* Verwaltung *f*; *d'une entreprise* Leitung *f*, Führung *f*; **mauvaise** ~ Missverwaltung; ~ **de biens** Vermögensverwaltung; ~ **de la communauté** JUR Gesamtgutsverwaltung *(Fachspr.)*; ~ **de l'église/d'une église** Kirchenverwaltung; ~ **de la faillite** Konkursverwaltung; ~ **d'un patrimoine** Vermögensverwaltung; **publique/privée** öffentliche Verwaltung/privater Träger; ~ **universitaire** Universitätsverwaltung; **être placé(e) sous** ~ **judiciaire** unter gerichtliche Zwangsverwaltung gestellt werden; ~ **en cas de vacance** JUR Notgeschäftsführung *f*
② *(ensemble du secteur, du domaine)* Behördenwesen *nt*
③ *sans pl (service public)* **l'Administration** die Verwaltung; **entrer dans l'Administration** in den Verwaltungsdienst [*o* die Verwaltung] gehen; **être dans l'Administration** im Verwaltungsdienst [*o* in der Verwaltung] tätig sein
④ *(secteur du service public)* [Verwaltungs]behörde *f*; ~ **des douanes** Zollbehörde, Zollamt *nt*; ~ **des domaines** Liegenschaftsverwaltung *f*; ~ **des impôts** Steuerbehörde; ~ **collective/judiciaire** Gesamt-/Gerichtsverwaltung; ~ **départementale** Verwaltung des Departements; ~ **ecclésiastique** Kirchenamt; ~ **locale** Gemeindeverwaltung; ~ **militaire** Militärverwaltung; ~ **pénitentiaire** Gefängnisverwaltung
⑤ *sans pl (action de donner) d'un médicament* Verabreichung *f*, Applikation *f (Fachspr.)*; *d'un sacrement* Erteilen *nt*
⑥ *sans pl* JUR *des preuves* Aufnahme *f*
⑦ *(dirigeants de l'entreprise)* Unternehmensführung *f*
administration-séquestre [administʀasjɔ̃sekɛstʀ] <administrations-séquestres> *f* JUR Zwangsverwaltung *f*
administrativement [administʀativmɑ̃] *adv* ① *(vu sous un angle administratif)* verwaltungstechnisch gesehen
② *(par la voie administrative)* auf dem Verwaltungsweg; *(sur un chemin prescrit)* auf dem Dienstweg

administré(e) [administʀe] *m(f)* **chers ~ s!** liebe Mitbürger!
administrer [administʀe] <1> *vt* ❶ *(gérer)* verwalten; führen *affaires;* führen, leiten *entreprise;* regieren *pays;* **administré(e) judiciairement** JUR zwangsverwaltet
❷ *(fournir)* liefern, erbringen *preuve;* sprechen *justice*
❸ *(donner)* verabreichen, verabfolgen *(veraltet) médicament, piqûre;* **~ le sacrement du baptême à qn** jdm das Sakrament der Taufe erteilen [*o* zuteilwerden lassen]; **~ une gifle à qn** *fam* jdm eine Ohrfeige verpassen *(fam);* **~ un coup à qn** jdm einen Schlag versetzen, jdm eins [*o* eine] verpassen *(fam)*
admirable [admiʀabl] *adj* bewundernswert, bewundernswürdig; *(étonnant)* staunenswert *(geh)*
admirablement [admiʀabləmɑ̃] *adv* bewundernswert, ausgesprochen gut; *se conduire* vorbildlich; *parler* sehr gut; *conserver* erstaunlich gut
admirateur, -trice [admiʀatœʀ, -tʀis] *m, f* Bewunderer *m/* Bewund[r]erin *f; d'une vedette* Verehrer(in) *m(f)*
admiratif, -ive [admiʀatif, -iv] *adj regard* bewundernd; *murmure* der Bewunderung; **rester ~ (-ive) devant qc** voller Bewunderung vor etw *(Dat)* stehen bleiben
admiration [admiʀasjɔ̃] *f sans pl* Bewunderung *f;* **avec ~** voller Bewunderung; **être/rester/tomber en ~ devant qc** etw andächtig bewundern, etw voller Bewunderung betrachten; **être/rester/tomber en ~ devant qn** jdn sehr bewundern, tiefe Bewunderung für jdn empfinden *(geh);* **exciter** [*o* **soulever**] **l'~ de qn** jds Bewunderung erregen; **faire l'~ de qn** bei jdm Bewunderung auslösen; **porter une vive ~/une ~ sincère à qn** jdm lebhafte/aufrichtige Bewunderung entgegenbringen; **pousser un cri d'~** einen Ausruf der Bewunderung [*o* des Erstaunens] ausstoßen; **remplir qn d'~** jdn mit Bewunderung erfüllen *(geh)*
admirer [admiʀe] <1> *vt* ❶ bewundern; **~ qn pour son courage** jdn wegen seines Mutes bewundern
❷ *iron soutenu (s'étonner de)* erstaunt sein; **j'admire que tu sois si patient** ich bin erstaunt [*o* ich bewundere [es]], wie geduldig du bist
admissibilité [admisibilite] *f (à un concours, examen)* Zulassungsanspruch *m*
admissible [admisibl] **I.** *adj* ❶ *(tolérable)* akzeptabel, annehmbar; *à un examen, concours* zugelassen
❷ *(concevable)* vorstellbar, denkbar
II. *mf* [zur Abschlussprüfung] zugelassener Kandidat/zugelassene Kandidatin
admission [admisjɔ̃] *f* ❶ *sans pl* **~ dans un club/à l'Union européenne** Aufnahme *f* in einen Klub/die Europäische Union; **~ dans une discothèque/conférence** Zutritt *m* zu einer Diskothek/Konferenz; **ton ~ à l'examen** deine Zulassung zur Prüfung; **son ~ en classe de sixième** seine/ihre Aufnahme [*o* Versetzung *f*] in die fünfte Klasse; **~ au barreau** Anwaltszulassung *f;* **~ à la Bourse** Börsenzulassung *f;* **~ en tant qu'associé** Aufnahme als Gesellschafter
❷ MEC|ANAUT Einsaugen *nt; d'un gaz, de la vapeur* Einlass *m*
admonestation [admɔnɛstasjɔ̃] *f* JUR Verwarnung *f*
admonester [admɔnɛste] <1> *vt* JUR verwarnen
ADN [adeɛn], **A.D.N.** *m abr de* **acide désoxyribonucléique** MED, BIO DNA *f,* DNS *f*
ado [ado] *mf abr de* **adolescent** *fam* Heranwachsende(r) *f(m),* Jugendliche(r) *f(m)*
adolescence [adɔlesɑ̃s] *f* Jugend *f;* MED Adoleszenz *f (Fachspr.);* **ses années d'~** seine/ihre Jugendzeit
adolescent(e) [adɔlesɑ̃, ɑ̃t] **I.** *adj* jugendlich; **être ~ (-e)** jung sein
II. *m(f)* Jugendliche(r) *f(m),* Heranwachsende(r) *f(m)*
Adonis [adɔnis] *m* Adonis *m*
adonner [adɔne] <1> *vpr* **s'~ à une passion/à la prière** sich einer Leidenschaft/dem Gebet hingeben; **s'~ à un vice** einem Laster hingeben, einem Laster frönen; **s'~ à ses études/à un sport** sich seinem Studium/einem Sport widmen; **s'~ à la boisson/au jeu** dem Alkohol/dem Spiel verfallen
adopter [adɔpte] <1> *vt* ❶ adoptieren; *(accepter)* annehmen, akzeptieren
❷ *(s'approprier)* annehmen *coutumes, nom;* einnehmen *point de vue;* ergreifen *mesure;* einführen *procédé, norme;* sich einsetzen für *cause;* sich entscheiden für *projet;* **j'ai adopté ce produit** dieses Produkt kaufe ich immer
❸ POL annehmen *motion;* verabschieden *loi*
▶ **l'essayer c'est l'~** *prov* einmal probiert – für immer verführt
adoptif, -ive [adɔptif, -iv] *adj* **enfants/parents ~s** Adoptivkinder/-eltern *Pl;* **fils ~/fille adoptive** Adoptivsohn *m/*-tochter *f;* **elle est ma sœur adoptive** sie ist meine Adoptivschwester
adoption [adɔpsjɔ̃] *f* ❶ *d'un enfant* Adoption *f*
❷ *(approbation) d'un projet, d'une motion* Annahme *f; d'une religion, d'un nom* Annehmen *nt; d'une loi* Annahme, Verabschiedung *f; d'une cause* Verfechtung *f; d'une mesure* Ergreifen *nt; d'un procédé, d'une norme* Einführung *f*

adorable [adɔʀabl] *adj* ❶ *(joli) enfant* goldig *(fam),* süß; *personne* äußerst hübsch; *endroit, objet* wunderbar
❷ *(gentil) enfant* [sehr] lieb; *personne* sehr nett; *sourire, geste* reizend
❸ *(impressionnant)* **personne** [absolument] **~** anbetungswürdiger Mensch
adorablement [adɔʀabləmɑ̃] *adv* wundervoll, erstklassig
adorateur, -trice [adɔʀatœʀ, -tʀis] *m, f d'une divinité* Anbeter(in) *m(f),* Verehrer(in) *m(f); d'une femme* Verehrer(in); *d'un objet* Liebhaber(in) *m(f);* **~ (-trice) des timbres chinois** Liebhaber(in) chinesischer Briefmarken
◆ **~ (-trice) du Soleil** Sonnenanbeter(in) *m(f)*
adoration [adɔʀasjɔ̃] *f sans pl* Verehrung *f,* Vergötterung *f;* REL Anbetung *f;* **l'Adoration des Mages** die Huldigung der Heiligen Drei Könige; **~ d'un enfant pour sa mère** [abgöttische] Liebe eines Kindes zu seiner Mutter; **être en ~ devant qn** jdn anbeten [*o* vergöttern]; **elle est en ~ devant son époux** sie liebt ihren [Ehe]mann abgöttisch; **vouer une ~ excessive à qn** jdn vergöttern
adorer [adɔʀe] <1> *vt* ❶ *(aimer)* sehr mögen; sehr gernhaben *personne;* schrecklich [*o* furchtbar] gern essen *(fam) plat, sucrerie;* schwärmen für *musique, chanteur;* **~ le cinéma/le théâtre** Kino/Theater lieben, sehr gern ins Kino/Theater gehen; **~ les enfants** Kinder sehr gernhaben; *(plus que tout)* ein Kindernarr/eine Kindernärrin sein; **~ faire du ski** sehr gern Ski fahren
❷ REL anbeten, verehren
adosser [adose] <1> **I.** *vt* **~ qc à** [*o* **contre**] **un mur** etw an [*o* gegen] eine Wand stellen; **~ une échelle au** [*o* **contre le**] **mur** eine Leiter an [*o* gegen] die Wand lehnen; **être adossé(e) au mur** *meuble:* an der Wand stehen; *échelle:* gegen die Wand lehnen, an der Wand angelehnt sein
II. *vpr* **s'~ à qc** *personne:* sich [mit dem Rücken] an etw *(Akk)* lehnen; *bâtiment:* an etw *(Akk)* gebaut sein, sich an etw *(Akk)* schmiegen *(liter)*
adoubement [adubmɑ̃] *m* Ritterschlag *m,* Aufnahme *f* in den Ritterstand
adouber [adube] <1> **I.** *vt* zum Ritter schlagen, in den Ritterstand erheben
II. *vi* ECHECS zurechtrücken *pièce;* **j'adoube** j'adoube *(Fachspr.)*
adoucir [adusiʀ] <8> **I.** *vt* mildern *saveur, dureté;* weich machen *linge;* enthärten *eau;* weich [*o* geschmeidig] machen *peau;* dämpfen *voix;* abschwächen *contraste;* glätten *aspérités, surface;* lindern *chagrin, peine;* erleichtern *épreuve;* versüßen *vie;* besänftigen *personne;* **le soleil adoucit les températures** durch die Sonne ist es [*o* sind die Temperaturen] milder geworden; **~ ses manières** umgänglicher [*o* freundlicher] werden
II. *vpr* **s'~** *personne, saveur:* milder werden; *voix:* sanfter werden; *couleur:* gedämpfter werden; *peau:* weich [*o* geschmeidig] werden; *pente:* abnehmen, geringer werden; **son caractère s'est adouci** er/sie ist umgänglicher geworden; **la température s'est adoucie** es ist milder [*o* wärmer] geworden
adoucissant [adusisɑ̃] *m* Weichspüler *m*
adoucissement [adusismɑ̃] *m d'une saveur, acidité* Mildern *nt; de la peau* Weichermachen *nt; de la voix* Dämpfen *nt; des couleurs, d'un contraste* Abschwächung *f; d'une surface, des aspérités* Glätten *nt; d'une consonne* Abschwächung; *d'une peine* Milderung *f; du linge* Weichmachen *nt;* **~ de l'eau** Wasserenthärtung *f*
◆ **~ de la peine** Strafmilderung *f*
adoucisseur [adusisœʀ] *m (appareil)* **~** [**d'eau**] *(pour cuisiner)* Wasserfilter *m; (pour la cuisine, la salle de bains)* Enthärter *m; (dispositif d'une installation)* Wasserenthärtungsanlage *f*
ad patres [adpatʀɛs] ▶ **envoyer qn ~** *fam* jdn in die ewigen Jagdgründe [*o* zur Hölle] schicken *(fam)*
adrénaline [adʀenalin] *f* Adrenalin *nt*
adressable [adʀesabl] *adj* INFORM *fichier, programme* adressierbar
adressage [adʀesaʒ] *m a.* INFORM Adressierung *f*
adresse[1] [adʀɛs] *f* ❶ *(domicile)* Adresse *f,* Anschrift *f;* **~ habituelle** Heimatadresse *f;* **~ de vacances** Urlaubsadresse *f;* **changer d'~** umziehen; **partir sans laisser d'~** spurlos verschwinden *(fam);* **~ d'une** [*o* **de l'**]**entreprise** Firmenadresse *f;* **~ d'une société** [*o* **boîte aux lettres**] Briefkastenadresse *f;* **~ de premier choix** Topadresse *f*
❷ INFORM Adresse *f;* **~ électronique** E-Mail-Adresse *f,* **~ alias** Aliasadresse *(Fachspr.);* **~ Internet** Internetadresse
▶ **se tromper d'~** an die falsche Adresse geraten *(fam);* **à l'~ de qn** an jdn gerichtet
◆ **~ de messagerie** INFORM E-Mail-Adresse *f;* **~ de notification** Zustellungsanschrift *f*
adresse[2] [adʀɛs] *f sans pl* ❶ *(habileté)* Geschick *nt,* Geschicklichkeit *f;* **jeu d'~** Geschicklichkeitsspiel *nt*
❷ *(tact)* Feingefühl *nt*
adresser [adʀese] <1> **I.** *vt* ❶ *(envoyer)* **~ qc à qn** etw an jdn schicken, jdm etw schicken [*o* senden]
❷ *(émettre)* **~ un compliment/un reproche à qn** jdm ein Kom-

pliment/einen Vorwurf machen; **~ un regard à qn** jdm einen Blick zuwerfen; **~ un sourire à qn** jdm zulächeln; **~ la parole à qn** das Wort an jdn richten, jdn ansprechen; **~ une remarque à qn** jdm gegenüber eine Bemerkung machen

❸ *(diriger)* **~ qn à un spécialiste** jdn zu einem Spezialisten schicken [*o* an einen Spezialisten überweisen *form*]

II. *vpr* ❶ **s'- à qn** *(demander, parler à qn)* sich an jdn wenden, jdn ansprechen; *(aller chercher qn)* sich an jdn wenden, jdn aufsuchen

❷ *(être destiné à)* **s'- à qn** *remarque:* jdm gelten, für jdn bestimmt sein; *publicité:* sich an jdn richten; *littérature, musique:* für jdn bestimmt sein

Adriatique [adrijatik] *f* **l'~** die Adria, das Adriatische Meer

Adrien [adrijɛ̃] *m* ❶ Adrian *m*

❷ HIST Hadrian *m*

adroit(e) [adrwa, wat] *adj* ❶ *(habile)* geschickt, gewandt

❷ *(subtil)* geschickt

adroitement [adrwatmɑ̃] *adv* geschickt

ADSL [odeɛsɛl] *m abr de* **Asymmetric Digital Subscriber Line** INFORM ADSL *nt*

adsorbant [adsɔrbɑ̃] *m* MED Adsorbens *nt (Fachspr.)*

adsorption [atsɔrpsjɔ̃] *f* CHIM, PHYS, MED Adsorption *f*

adulateur, -trice [adylatœr, -tris] *m, f* Lobhudler(in) *m(f) (pej)*

adulation [adylasjɔ̃] *f littér* Vergötterung *f*

aduler [adyle] <1> *vt* ❶ *(flatter servilement)* lobhudeln

❷ *fig vieilli* beweihräuchern

adulte [adylt] I. *adj personne* erwachsen; *animal* ausgewachsen; **âge ~** Erwachsenenalter *nt;* **arriver à l'âge ~** erwachsen sein

II. *mf* Erwachsene(r) *f(m);* **réservé(e) aux ~s** nur für Erwachsene; **c'est un film réservé aux ~s** dieser Film ist erst ab 18 [freigegeben]; **un club réservé aux ~s** ein Club, zu dem Minderjährige keinen Zutritt haben

adultère [adyltɛr] I. *adj* ehebrecherisch; **femme ~** Ehebrecherin *f;* **relation ~** außereheliche Beziehung

II. *m* Ehebruch *m;* **commettre un ~** Ehebruch begehen *(form),* fremdgehen *(fam)*

adultérin(e) [adyltɛrɛ̃, in] *adj* **enfant ~** außereheliches [*o* uneheliches] Kind *nt*

advenir [advənir] <9> I. *vi* geschehen; **les événements/incidents advenus ces derniers jours** die Ereignisse/Vorfälle der letzten Tage; **advienne que pourra** komme, was wolle; mag kommen, was kommen mag

II. *vi impers* ❶ *soutenu (arriver)* **il advint qu'elle fit une prière** es geschah, dass sie betete; **quoi qu'il advienne** was auch geschehen mag

❷ *(devenir, résulter de)* **que va-t-il ~ de moi?** was wird aus mir?

adventice [advɑ̃tis] *adj* ❶ BOT **plante ~** Adventivpflanze *f*

❷ *fig* Zusatz-

adventiste [advɑ̃tist] *mf* REL Adventist(in) *m(f)*

adverbe [advɛrb] *m* Adverb *nt*

adverbial(e) [advɛrbjal, jo] <-aux> *adj* adverbial

adversaire [advɛrsɛr] *mf* ❶ *a.* POL Gegner(in) *m(f); (adversaire personnel)* Widersacher(in) *m(f),* Gegner(in); *(contradicteur)* Opponent(in) *m(f),* Kontrahent(in) *m(f);* **~ de l'alcool** Alkoholgegner(in)

❷ SPORT Gegner(in) *m(f);* **~ en finale** Endspielgegner(in), Finalgegner(in); **~ souhaité(e)** Wunschgegner(in); **redouté(e)** Angstgegner(in)

adverse [advɛrs] *adj forces, camp* feindlich; *parti* oppositionell; *blocs, équipe* gegnerisch; **partie ~** Gegenpartei *f*

adversité [advɛrsite] *f sans pl* ❶ *littér (fatalité)* Schicksal *nt;* **faire face à l'~** dem Schicksal die Stirn bieten

❷ *soutenu (détresse)* Unglück *nt,* Not *f;* **dans l'~** im Unglück

ad vitam æternam [advitamɛtɛrnam] *fam* bis in alle Ewigkeit, endlos

aérateur [aeratœr] *m* Lüftungsanlage *f*

aération [aerasjɔ̃] *f sans pl* ❶ *d'une literie, pièce* Lüften *nt;* **de la terre** Belüftung *f,* Belüften *nt*

❷ *(circulation d'air)* Belüftung *f,* Ventilation *f;* **manquer d'~** schlecht gelüftet sein

aéré(e) [aere] *adj pièce, appartement* gelüftet; *(clair)* luftig; *v. a.* **centre**

aérer [aere] <5> I. *vt* ❶ [aus]lüften *literie;* [durch]lüften *pièce;* belüften *terre;* **~ un peu** etwas frische Luft reinlassen *(fam)*

❷ *(alléger)* auflockern *texte, démonstration*

II. *vpr* **s'~** *(prendre l'air)* frische Luft schnappen [*o* tanken] *(fam); (changer d'air)* einen Tapetenwechsel vornehmen

aérien(ne) [aerjɛ̃, ɛn] *adj* ❶ Luft-, Flug-; **ligne ~ne** Luftverkehrsweg *m,* Fluglinie *f;* **compagnie ~ne** Luftverkehrsgesellschaft *f,* Fluggesellschaft, Fluglinie; **transport ~** Lufttransport *m,* Flugtransport; **attaque ~ne** Luftangriff *m,* Fliegerangriff *m;* **photographie ~ne** Luftbild *nt*

❷ BOT **racine ~ne** Luftwurzel *f*

❸ METEO **agitations ~nes** Luftbewegungen *Pl,* Bewegung *f* von Luftmassen

❹ *(en surface)* in der Luft; **ligne téléphonique/électrique ~ne** oberirdische Telefon-/Stromleitung; **métro ~** Hochbahn *f*

aérium [aerjɔm] *m* Sanatorium *nt*

aérobic [aerɔbik] *f* Aerobic *nt kein Art*

aérobie [aerɔbi] I. *adj* BIO, MED **glycolyse** aerob

II. *m* BIO Aerobier *m*

aéro-club, aéroclub [aerɔklœb] <aéro-clubs> *m* Aeroklub *m*

aérodrome [aerodrom] *m* Flugplatz *m;* **~ militaire** Militärflugplatz *m*

aérodynamique [aerodinamik] I. *adj véhicule, carrosserie* aerodynamisch, stromlinienförmig; **ligne ~** Stromlinienform *f*

II. *f* Aerodynamik *f*

aérodynamisme [aerodinamism] *m* Aerodynamik *f,* aerodynamische Form

aérofrein [aerofrɛ̃] *m* TECH Druckluftbremse *f*

aérogare [aerogar] *f (ensemble de bâtiments d'un aéroport)* Flughafen[gebäude *nt*] *m,* Abfertigungsgebäude [für Fluggäste]; *(terminal)* Terminal *nt o m*

aérogène [aerɔʒɛn] *adj* MED aerogen

aéroglisseur [aeroglisœr] *m* Luftkissenfahrzeug *nt,* Hovercraft *nt*

aérogramme [aerogram] *m* Aerogramm *nt*

aérolithe [aerolit] *m* Aerolith *m*

aéromécanique [aeromekanik] *f* Flugmechanik *f*

aéromodélisme [aeromɔdelism] *m* Modellflugzeugbau *m*

aéronaute [aeronot] *mf* Ballonfahrer(in) *m(f),* Luftschiffer(in) *m(f),* Aeronaut(in) *m(f) (Fachspr.)*

aéronautique [aeronotik] I. *adj* **secteur** Luftfahrt-, Flugzeug-; **industrie ~** Luftfahrtindustrie *f,* Flugzeugindustrie, Flugzeugbau *m;* **exposition ~** Luftfahrtausstellung *f (form)*

II. *f sans pl* Luftfahrt *f*

aéronaval(e) [aeronaval] <s> *adj* zur Marine und zur Luftfahrt zugehörig; **forces ~es** Marineluftwaffe *f kein Pl*

Aéronavale [aeronaval] *f* Luftwaffe der französischen Marine

aéronef [aeronɛf] *m vieilli* Luftschiff *nt*

aérophagie [aerofaʒi] *f* MED [krankhaftes] Luftschlucken; **avoir** [*o* **faire**] **de l'~** Luft schlucken, aufstoßen

aéroplane [aeroplan] *m vieilli* Flugzeug *nt*

aéroport [aerɔpɔr] *m* Flughafen *m;* **~ central** Zentralflughafen; **grand ~, ~ international** Großflughafen

❸ **~ de départ** Abflugort *m;* **~ de destination** Bestimmungsflughafen *m;* **~ d'embarquement** Ausgangsflughafen *m*

aéroporté(e) [aerɔpɔrte] *adj* MIL auf dem Luftweg befördert

aéropostal(e) [aerɔpɔstal, o] <-aux> *adj* [von] der Luftpost

Aéropostale [aerɔpɔstal] *f abr de* **Compagnie générale aéropostale** *ehemalige französische Luftpostgesellschaft (1927-1933)*

aérosol [aerɔsɔl] *m* ❶ Spray *nt o m;* **[bombe] ~** Sprühdose *f,* Spraydose *f;* **déodorant/laque en ~** Deospray *nt/*Sprühlack *m*

❷ MED *(appareil)* Inhalationsapparat *m; (suspension)* Aerosol *nt (Fachspr.)*

aérospatial(e) [aerospasjal, jo] <-aux> *adj* **compagnie, groupe, projet, technologie** Raumfahrt-; **recherche ~e** [Welt]raumforschung *f;* **industrie ~e** Luft- und Raumfahrtindustrie *f;* **techniques ~es** Raketentechnik *f;* **véhicules aérospatiaux** Raumfahrzeuge *Pl,* Raumflugkörper *Pl*

aérospatiale [aerospasjal] *f* Luft- und Raumfahrtindustrie *f;* **ingénieur de l'~** Raumfahrtingenieur(in) *m(f)*

aérostat [aerɔsta] *m* AVIAT *(ballon)* Heißluftballon *m; (dirigeable)* Luftschiff *nt*

aérotechnique [aerotɛknik] I. *adj* flugtechnisch

II. *f* Flugtechnik *f*

aérotrain [aerotrɛ̃] *m* Schwebebahn *f*

affabilité [afabilite] *f* Freundlichkeit *f,* Liebenswürdigkeit *f*

affable [afabl] *adj* freundlich, liebenswürdig

affabulation [afabylasjɔ̃] *f* Fabel *f,* erfundene Geschichte; **tout n'est que mensonges et ~s** das ist Lüge und reine Erfindung

affabuler [afabyle] <1> I. *vt* erdichten

II. *vi* träumen, spinnen *(fam)*

affacturage [afaktyraʒ] *m* ECON, JUR Factoring *nt;* **~ avec garantie de bonne fin** echtes Factoring; **~ masqué** verdecktes Factoring; **contrat d'~** Factoring-Vertrag *m*

affadir [afadir] <8> I. *vt a. fig* [den Geschmack] entkräften

II. *vpr* **s'~** [an Würze] nachlassen

affaiblir [afeblir] <8> I. *vt* ❶ POL, MIL schwächen, entkräften; **être affaibli(e)** geschwächt sein

❷ *(diminuer l'intensité)* dämpfen *bruit*

II. *vpr* **s'~** nachlassen; *vent, personne:* schwächer werden; *sens d'un mot:* verblassen, sich abschwächen; *autorité, pouvoir:* schwinden; *économie:* geschwächt werden; *monnaie:* fallen; **ma vue/le bruit s'est affaibli(e)** meine Sehstärke/der Lärm hat abgenommen [*o* ist schwächer geworden]

affaiblissement [afeblismɑ̃] *m* ❶ *(perte de force, d'intesité) d'un malade* Schwächung *f,* Entkräftung *f; d'un bruit* Abnahme *f; d'une* monnaie, *d'un cours* Abschwächung *f*; *de la conjoncture* Rückgang *m*, Abschwung *m*; *de l'autorité* Schwund *m*; *de l'intérêt* Nachlassen *nt*; *des valeurs morales* Verfall *m*; *des sens* Verblassen *nt*; **~ du marché** Marktschwäche *f*; **l'~ de la vue/l'ouïe** das Nachlassen der Sehstärke/des Hörvermögens

② TECH **indice d'~ acoustique** Schallschutzwert *m*

affaire [afɛʀ] *f* ① *(préoccupation)* Sache *f*, Angelegenheit *f*; **c'est mon/ton ~** das ist meine/deine Sache [*o* Angelegenheit]; **ce n'est pas mon/ton ~** das geht mich/dich nichts an; **cela n'apporte rien à l'~** das tut nichts zur Sache, das spielt keine Rolle; **faire son ~ de qc** sich um etw kümmern; **se mêler [*o* s'occuper] des ~s d'autrui** sich in fremde Angelegenheiten mischen; **mêle-toi [*o* occupe-toi] de tes ~s** kümmere dich um deine eigenen Angelegenheiten; **~ confidentielle** Geheimsache *f*; **~ d'argent** Geldsache; **~ de famille** Familienangelegenheit; **c'est une ~ pure ~ de famille** das ist eine reine Familienangelegenheit; **c'est une ~ de femmes/d'hommes** das ist Frauen-/Männersache; **faire de qc une ~ de chef** etw zur Chefsache machen; **~ concernant l'entreprise** Firmenangelegenheit; **c'est une ~ qui concerne uniquement l'entreprise** dies ist eine reine Firmenangelegenheit

② *sans pl (problème)* Sache *f*, Angelegenheit *f*; **embarquer qn dans une ~** jdn in eine Angelegenheit [*o* Sache] verwickeln [*o* hineinziehen]; **se tirer [*o* se sortir] d'~** sich aus der Affäre ziehen; **tirer [*o* sortir] qn d'~** jdm aus der Klemme helfen *(fam)*; **~ de la société** Betriebsangelegenheit; **une ~ de conscience** eine Gewissensfrage; **une ~ d'honneur/de mode** eine Ehrensache/Frage der Mode; **~ d'ordre professionnel** geschäftliche Sache [*o* Angelegenheit]

③ *(scandale)* Affäre *f*, Sache *f*; **sale ~** schmutzige Sache; **~ de pots-de-vin** Schmiergeldaffäre, Bestechungsaffäre; **étouffer une ~** eine Angelegenheit vertuschen; **tremper dans une ~** in eine Sache verwickelt sein

④ JUR Fall *m*, Sache *f*; **~ litigieuse** Streitsache; **ténébreuse ~** undurchsichtiger Fall, undurchsichtige Sache; **~ en cours** schwebender Fall; **~ de meurtre** Mordsache; **classer une ~** eine Sache ad acta [*o* zu den Akten] legen; **démêler une ~ [*o* tirer une ~ au clair]** Licht in eine Angelegenheit bringen; **plaider une ~** eine Sache vor Gericht vertreten; **résoudre une ~** einen Fall lösen

⑤ COM *(transaction)* Geschäft *nt*; **[bonne] ~** guter Kauf; **mauvaise ~** schlechter Kauf; **~ bancaire** Bankgeschäft; **~ consécutive** Folgegeschäft; **~ forfaitaire** Forfaitierungsgeschäft *(Fachspr.)*; **~ frauduleuse** Schwindelgeschäft; **~ pour compte propre** Nostrogeschäft *(Fachspr.)*; **~ en or** sehr einträgliches [*o* vorteilhaftes] Geschäft, Bombengeschäft; **conclure une ~** ein Geschäft abschließen; **faire de grosses ~s** große [*o* gute] Geschäfte machen; **faire ~ avec qn** mit jdm im Geschäft sein [*o* ins Geschäft kommen]

⑥ *sans pl* COM *(entreprise)* Geschäft *nt*, Betrieb *m*, Unternehmen *nt*; **~ prospère** gut gehendes Geschäft; **renflouer/reprendre l'~ familiale** den Familienbetrieb [*o* das Familienunternehmen] sanieren/übernehmen; **mon ~ marche bien** mein Geschäft geht [*o* läuft] gut

⑦ *pl* COM *(commerce)* Geschäft *nt*, Geschäfte *Pl*; **augmentation des ~s** Absatzsteigerung *f*; **diminution/accroissement des ~s** Geschäftsflaute *f*/Geschäftszunahme *f*; **~s courantes** laufender Geschäftsbetrieb, Tagesgeschäft *nt*; **être dans les ~s** Geschäftsmann/-frau sein; **parler ~s** über das Geschäftliche reden; **se retirer des ~s** aus dem Geschäft aussteigen; **repas/relations d'~s** Geschäftsessen *nt*/-beziehungen *Pl*; **rendez-vous/réunion d'~s** geschäftliche Verabredung/geschäftliches Treffen

⑧ *pl* POL Staatsgeschäfte *Pl*; **diriger les ~s du pays** die Staatsgeschäfte führen; **~s culturelles** kulturelle Angelegenheiten; **les Affaires étrangères** die auswärtigen Angelegenheiten, *(ministère)* das Außenministerium; **s'immiscer [*o* s'ingérer] dans les ~s intérieures d'un pays** sich in die inneren Angelegenheiten eines Landes einmischen; **~s sociales** soziale Angelegenheiten, *(domaine, secteur)* Sozialwesen *nt*

⑨ *pl (objets, effets personnels)* Sachen *Pl*; **ranger ses ~s** seine Sachen aufräumen; **~s de bain/de sport** Bade-/Turnsachen; **~s d'enfant** Kindersachen

▶ **~ d'État** *a. iron* Staatsangelegenheit *f*, Staatsaktion *f*; **faire de qc une ~ d'État** aus etw eine Staatsaktion machen; **l'~ est dans la poche [*o* dans le sac]** *fam* die Sache ist geritzt [*o* unter Dach und Fach] *(fam)*; **la belle ~!** was soll's! *(fam)*; **~ classée!** *fam* vergessen wir die Sache!, die Sache ist vergessen [*o* gegessen *fam*]; **ce n'est pas une petite [*o* mince] ~** das ist keine Kleinigkeit [*o* keine einfache Sache]; **c'est toute une ~ que de faire cela** das zu tun ist ein Riesenakt [*o* eine Staatsaktion] *(fam)*; **en faire toute une ~** *fam* daraus eine Staatsaffäre [*o* Staatsaktion] machen; **avoir ~ à qn/qc** es mit jdm/etw zu tun haben; **tu auras ~ à moi!** du bekommst [*o* kriegst *fam*] es mit mir zu tun!; **c'est l'~ de quelques minutes/d'un instant** das ist eine Sache von wenigen Minuten/einem Augenblick, das dauert nur wenige Minuten/einen Augenblick; **c'est l'~ d'un ou de deux coups de marteau**

das sind nur ein oder zwei Schläge mit dem Hammer; **faire l'~ quelque chose:** es tun *(fam)*; *personne:* der/die Richtige [*o* geeignet] sein; **faire [*o* régler] son ~ à qn** *pop* mit jdm abrechnen; **les ~s sont les ~s** *prov* Geschäft ist Geschäft; **une ~ à suivre** eine Sache, die es weiter zu verfolgen gilt [*o* die weiter zu verfolgen bleibt]; **en voilà une ~!** *fam* das ist doch kein Weltuntergang! *(fam)*, was für ein Theater!; **hors d'~** außer Gefahr

◆ **~ en cassation** JUR Revisionsfall *m*; **~ de circulation** JUR Verkehrssache *f (Fachspr.)*; **~ de cœur** Herzensangelegenheit *f*; *(liaison)* Liebschaft *f*; **~ au comptant** Cashgeschäft *nt*, Lokogeschäft *(Fachspr.)*; **~s de consommateur** JUR Verbrauchersachen *Pl (Fachspr.)*; **~ en contrepartie** JUR Gegengeschäft *nt*; **~ de mœurs** *(scandale)* Sittenskandal *m*; *(délit)* Sittlichkeitsverbrechen *nt*; **~ en retour** ECON Gegen[seitigkeits]geschäft *nt*; **~ de service** Dienstsache *f*; **~ de transport** Frachtgeschäft *nt*

affairé(e) [afeʀe] *adj* sehr beschäftigt

affairement [afɛʀmɑ̃] *m* Geschäftigkeit *f*, geschäftiges Treiben; **d'un départ** Hektik *f*; **~ exagéré** Aktivismus *m*

affairer [afeʀe] <1> *vpr* **s'~** geschäftig hin und her eilen; **s'~ auprès [*o* autour] de qn** sich um jdn bemühen, um jdn bemüht sein; **s'~ à faire qc** Bereitstellung *f* einer Sache sein [*o* dabei sein] etw zu tun

affairisme [afeʀism] *m* Geschäftemacherei *f*

affairiste [afeʀist] *mf péj* [gewissenloser] Geschäftemacher/-[gewissenlose] Geschäftemacherin

affaissement [afɛsmɑ̃] *m* Senkung *f*, Absacken *nt*; **un ~ du sol [*o* de terrain]** eine Bodensenkung

affaisser [afese] <1> *vpr* ① *(baisser de niveau)* **s'~** *immeuble:* sich senken; *route, sol:* sich senken, absacken; *poutre:* durchhängen, durchsacken; *plancher:* sich senken, nachgeben; *colonne vertébrale:* krumm werden; **sa tête s'affaissa sur sa poitrine** sein Kopf sank auf die Brust herunter

② *(s'écrouler)* **s'~** *personne:* zusammenbrechen

affaler [afale] <1> *vpr* **s'~ dans un fauteuil/sur une chaise** sich in einen Sessel/auf einen Stuhl fallen lassen; **être affalé(e) dans un fauteuil** in einem Sessel zusammengesunken sein

affamé(e) [afame] *adj* hungrig, ausgehungert; *population* hungernd; **être ~(e) de gloire** süchtig nach Ruhm sein, nach Ruhm dürsten

affamer [afame] <1> *vt* ① hungern lassen, MIL aushungern *ville, population*

② *(donner faim)* hungrig machen; **cette marche m'a affamé(e)** diese Wanderung hat mich hungrig gemacht

affect [afɛkt] *m* Affekt *m*

affectation [afɛktasjɔ̃] *f* ① *sans pl (mise à disposition)* **~ d'un bâtiment à l'enseignement scolaire** Bestimmung *f* eines Gebäudes für den Schulunterricht [*o* zum Zweck des Schulunterrichts]; **~ d'une somme à qc** Bereitstellung *f* einer Summe für etw; **~ des réserves** Rücklagenzuweisung *f*; **~ à réserve des résultats** ECON Gewinnrücklage *f (Fachspr.)*

② ADMIN *(nomination)* Einstellungsbescheid *m*; MIL Einberufungsbescheid; **l'~ de qn à un poste** *(en parlant d'un fonctionnaire)* jds Einsetzen *nt* in eine Stellung [*o* Position]; *(en parlant d'un militaire)* jds Abkommandierung *f* auf eine Stellung, *(en parlant d'un professeur d'université)* jds Berufung *f* auf eine Stelle [*o* einen Lehrstuhl]; **l'~ de qn dans une région/un pays** *(en parlant d'un fonctionnaire)* jds Versetzung *f* in eine Gegend/ein Land; *(en parlant d'un militaire)* jds Abkommandierung *f* in eine Gegend/ein Land; **demander son ~ dans une autre ville/à Toulouse** *professeur:* seine Versetzung in eine andere Stadt/nach Toulouse beantragen

③ INFORM Zuordnung *f*

④ *(manque de naturel)* Affektiertheit *f*, Unnatürlichkeit *f*; **avec/sans ~** affektiert/ganz natürlich; **parler avec ~** affektiert [*o* geziert] reden

affecté(e) [afɛkte] *adj* ① *(feint) sentiment* geheuchelt, unecht, unaufrichtig; *attitude* geheuchelt, vorgetäuscht

② *(maniéré) personne* affektiert; *expression, style* affektiert, geschraubt *(fam)*; *comportement* unnatürlich, geziert, gekünstelt; **parler d'un ton ~** affektiert [*o* gekünstelt] sprechen

affecter [afɛkte] <1> *vt* ① *(feindre)* vortäuschen, heucheln *sentiment, attitude*; **~ de grands airs** sehr vornehm tun; **~ de faire qc** so tun, als ob man etw tun würde [*o* als würde man etw tun], sich *(Dat)* den Anschein geben etw zu tun

② ADMIN *(nommer)* **~ qn à un poste** *(en parlant d'un fonctionnaire)* jdm einen Posten zuweisen; *(en parlant d'un professeur d'université)* jdn auf eine Stelle berufen; *(en parlant d'un militaire)* jdm eine Stelle [*o* Stellung] zuteilen; **~ qn dans une région/un pays** jdn in eine Gegend/ein Land versetzen

③ *(émouvoir)* **~ qn** jdm nahegehen, jdn betroffen machen

④ *(concerner)* treffen; *épidémie:* befallen; *résultat, économie, climat:* sich auswirken auf (+ *Akk*); **affecté(e) par la récession** *branche économique, secteur* rezessionsgeschädigt

⑤ *(mettre à disposition)* **~ une somme/un bâtiment à qc** eine

Summe/ein Gebäude einer S. *(Dat)* zuweisen; ~ **une somme au paiement** einen Betrag zur Zahlung anweisen
❻ INFORM zuordnen; **nous avons affecté à chacun de nos collaborateurs une partition personnelle sur le serveur** wir haben jedem Mitarbeiter eine bestimmte Partition auf dem Server zugeordnet

affectif, -ive [afɛktif, -iv] *adj* emotional; *réaction* gefühlsbetont; *valeur, connotation* affektiv; **vie affective** Gefühlsleben *nt;* **état** ~ Gemütszustand *m;* **traumatisme** ~ seelischer Schock, psychisches Trauma; **sur le plan** ~ gefühlsmäßig, was die Gefühle angeht; **faire un blocage** ~ sich gegen seine Gefühle sperren

affection [afɛksjɔ̃] *f* ❶ *(tendresse)* Zuneigung *f;* **gagner l'~ de qn** jds Zuneigung gewinnen; **prendre qn en ~** jdn lieb gewinnen
❷ MED Erkrankung *f;* ~ **cardiaque** Herzleiden *nt*
❸ PSYCH Gemütsbewegung *f,* Gefühlsregung *f*

affectionné(e) [afɛksjɔne] *adj* wohlgewogen; *(formule de politesse dans une lettre)* ergebene(r); **votre ami ~** ihr ergebener Freund

affectionner [afɛksjɔne] <1> *vt* ❶ *(préférer)* bevorzugen, eine Vorliebe haben für
❷ *vieilli (aimer)* sehr [gern] mögen, eine große Zuneigung haben zu

affectivité [afɛktivite] *f sans pl* Emotionalität *f,* Gefühle *Pl,* Affektivität *f (Fachspr.)*

affectueusement [afɛktuøzmɑ̃] *adv* liebevoll, zärtlich; **je vous embrasse ~** liebe Grüße [und Küsse]

affectueux, -euse [afɛktuø, -øz] *adj* liebevoll, zärtlich; **je vous adresse mes affectueuses pensées** herzliche Grüße

afférent(e) [aferɑ̃, ɑ̃t] *adj* ❶ ADMIN *form* zusammenhängend, verbunden; **y ~** dazugehörig, diesbezüglich *(form);* **~(e) à une affaire** eine Sache betreffend, betreffs einer Sache *(form);* **~(e) à des frais** mit Kosten *[o* Gebühren] verbunden
❷ JUR **~(e) à qn** auf jdn entfallend *[o* zukommend]

affermage [afɛrmaʒ] *m* JUR, FIN Verpachtung *f;* **~ d'entreprise** Betriebsverpachtung, Betriebspacht *f*

affermir [afɛrmir] <8> I. *vt* ❶ *(consolider)* festigen, stärken; sichern *paix;* ausbauen *pouvoir;* **~ son autorité** seiner Autorität Nachdruck verleihen; **~ qn dans son opinion/sa résolution** jdn in seiner Meinung/seinem Entschluss bestärken
❷ *(poser)* **~ la voix** seiner Stimme einen festen Klang geben, seiner Stimme Festigkeit verleihen
❸ *(rendre plus ferme)* festigen, stärken *chairs;* kräftigen *muscles;* straffen *peau*
II. *vpr* **s'~** *santé:* sich stabilisieren; *autorité:* sich festigen, wachsen

affermissement [afɛrmismɑ̃] *m* Festigung *f,* Stärkung *f;* **de l'État** Erstarken *nt*

afféterie [afɛtri] *f littér* Affektiertheit *f*

affichable [afiʃabl] *adj (sur écran)* darstellbar

affichage [afiʃaʒ] *m* ❶ *sans pl (action de poser des affiches)* Plakatieren *nt;* **~ sauvage** unerlaubtes Plakatieren; **~ électoral** Kleben *nt* von Wahlplakaten; **l'~ est interdit sur les murs** das Ankleben von Plakaten auf den Mauern ist verboten
❷ *(ensemble des affiches)* Plakate *Pl;* **~ électoral** Wahlplakate; **~ publicitaire** Plakatwerbung *f*
❸ *(moyen de renseigner)* Bekanntgabe *f [o* Bekanntmachung *f]* durch Aushang; **l'~ des résultats est fixé à jeudi** die Ergebnisse werden am Donnerstag ausgehängt *[o* durch Aushang bekannt gegeben]; **~ des prix** Preisauszeichnung *f*
❹ *(dispositif)* Anzeige *f,* Anzeigetafel *f;* **~ électronique** elektronische Anzeigetafel; **~ des départs** *(pour les trains)* Anzeigetafel der [Zug]abfahrtszeiten, Abfahrtsanzeige; *(pour les avions)* Anzeigetafel für die Abflüge, Abflugtafel; **~ de la température** Temperaturanzeige; **~ de l'heure** Zeitanzeige
❺ INFORM Anzeige *f; (sur écran)* Darstellung *f;* **l'écran d'~** Monitoranzeige; **~ numérique** Digitalanzeige; **montre à ~ numérique** Digitaluhr *f;* **~ plein écran** Vollbildmodus *m,* Vollbildanzeige; **~ positif** TYP Positivdarstellung; **~ tridimensionnel** Drei-D-Darstellung; **~ en couleur** Farbdarstellung, Darstellung in Farbe; **~ TrueColor** Echtfarbendarstellung
❻ ECON *du capital* Ausweis *m*
♦ **~ à cristaux liquides** Flüssigkristallanzeige *f,* LCD-Anzeige *f*

affiche [afiʃ] *f* ❶ Plakat *nt; (poster)* Poster *nt;* ADMIN Aushang *m,* Anschlag *m; (avis officiel)* [amtliche] Bekanntmachung *f;* **~ électorale** Wahlplakat; **~ publicitaire** Werbeplakat, Reklameplakat; **~ de cinéma** *[o* **cinématographique]** Kinoplakat; **colleur d'~s** Plakatkleber *m*
❷ *sans pl (programme théâtral)* [Theater]programm *nt; (distribution)* Besetzung *f;* **être à l'~** aufgeführt werden, auf dem Spielplan stehen; **être en tête d'~** eine Hauptrolle bekommen; **mettre qc à l'~** etw ankündigen; THEAT etw auf den Spielplan setzen; **retirer qc de l'~** etw absetzen

afficher [afiʃe] <1> I. *vt* ❶ aufhängen, anbringen, aushängen, durch Aushang bekannt geben *avis, résultat d'un examen;* **être affiché(e)** *avis officiel:* aushängen; *poster, affiche:* hängen, kleben,

affectif – affirmer

défense d'~! Plakate ankleben verboten!
❷ THEAT spielen, aufführen, geben
❸ INFORM, TECH anzeigen; *(sur écran)* darstellen; **être affiché(e) électroniquement** angezeigt werden, auf der Anzeigetafel zu sehen sein; **être affiché(e) sur l'écran** auf dem Bildschirm angezeigt werden *[o* zu sehen sein]
❹ *(montrer publiquement)* bekanntgeben *opinions politiques, idées*
❺ INFORM ausweisen *excédent*
II. *vpr* ❶ **s'~** *personne:* sich zur Schau stellen; **s'~ avec qn** sich in aller Öffentlichkeit mit jdm zeigen
❷ INFORM **s'~** *données:* sich darstellen

affichette [afiʃɛt] *f* kleines Plakat *nt*

afficheur [afiʃœr] *m* ❶ *(colleur d'affiches)* Plakatkleber *m*
❷ *(société d'affichage)* Firma *f* für Außenwerbung
❸ INFORM Anzeigeinstrument *nt; (indiquant le coût de l'appel)* Gebührenanzeiger *m*

affichiste [afiʃist] *mf* Plakatmaler(in) *m(f); (graphiste)* Werbegrafiker(in) *m(f)*

affidavit [afidavit] *m* FIN Affidavit *nt (Fachspr.)*

affilé(e) [afile] *adj esprit* scharf

affilée [afile] ❶ **d'~** *(sans interruption)* ununterbrochen, ohne Pause, ohne Unterbrechung; *(l'un après l'autre)* hintereinander, pausenlos

affiler [afile] <1> *vt* schärfen, schleifen *couteau*
▸ **avoir la langue affilée** redselig sein

affiliation [afiljasjɔ̃] *f* ❶ *(adhésion)* **~ à un parti/un club** Eintritt *m* in eine Partei/einen Klub; **~ à une fédération** Beitritt *m* zu einer Föderation
❷ *(admission)* **~ à un parti/club** Aufnahme *f* in einer Partei/einem Klub; **~ à une fédération** Anschluss *m [o* Angliederung *f]* an eine Föderation
❸ *(fait d'être membre)* Mitgliedschaft *f,* Zugehörigkeit *f;* **~ à qc** Mitgliedschaft in etw *(Dat),* Zugehörigkeit zu etw; **~ obligatoire** Zwangsmitgliedschaft

affilié(e) [afilje] I. *adj* **être ~(e) à un syndicat** Mitglied *nt* in einer Vereinigung sein; **être ~(e) à un parti** einer Partei *(Dat)* angehören; **être ~(e) à la Sécurité sociale** in der Sécurité sociale sein
II. *m(f)* Mitglied *nt*

affilier [afilje] <1a> I. *vt* **~ qn à une association** jdn als Mitglied in einer Vereinigung aufnehmen
II. *vpr* **s'~ à un club/un syndicat** Mitglied in einem Klub/einer Vereinigung werden, in einen Klub/eine Vereinigung eintreten; **s'~ à la Sécurité sociale** sich bei der Sécurité sociale versichern, sich sozialversichern

affinage [afinaʒ] *m* ❶ *d'un métal* Raffination *f,* Reinigung *f; du verre* Läuterung *f*
❷ *(achèvement de maturation) d'un fromage* Reife[prozess *m*] *f*

affinement [afinmɑ̃] *m d'un fromage* Reifen *nt*

affiner [afine] <1> I. *vt* ❶ reinigen, raffinieren *métal;* läutern *verre*
❷ *(achever la maturation)* reifen lassen *fromage*
❸ *(rendre plus fin)* ausbilden *odorat, ouïe;* verfeinern *style*
II. *vpr* **s'~** *style, goût:* sich verfeinern; *odorat, ouïe:* sich ausbilden

affinité [afinite] *f* Gemeinsamkeit *f,* Affinität *f;* **~s électives** Wahlverwandtschaften *Pl;* **~ intellectuelle** geistige Verwandtschaft, Geistesverwandtschaft *f;* **il y a entre eux des ~s de goût** ihr Geschmack ist ähnlich

affirmatif, -ive [afirmatif, -iv] I. *adj* ❶ *réponse* positiv; *geste, sourire* zustimmend; *ton* entschieden, bestimmt; **être ~(-ive)** sich sicher sein; **être ~(-ive) à qc** etw bejahen
❷ LING *proposition* affirmativ
II. *interj fam* ja[wohl], jawoll *(hum);* TELEC positiv

affirmation [afirmasjɔ̃] *f* ❶ *(déclaration)* Behauptung *f;* **~ gratuite** bloße Behauptung; **avancer une ~** eine Behauptung aufstellen; **en dépit de vos ~s** trotz Ihrer Beteuerungen
❷ Bejahung, bejahende Aussage; GRAM affirmativer [Aussage *f*]satz
❸ *sans pl (manifestation)* **~ de qc** Bekräftigung *f [o* Bestätigung *f]* einer S.

affirmative [afirmativ] *f sans pl* **répondre par l'~** mit ja antworten; **dans l'~ ...** wenn ja ..., im Falle einer positiven Antwort ...

affirmativement [afirmativmɑ̃] *adv* mit ja, positiv

affirmer [afirme] <1> I. *vt* ❶ *(soutenir)* behaupten; **j'affirme que c'est vrai** ich behaupte, dass es wahr ist; *(solennellement)* ich beteuere, dass es wahr ist; **~ sur l'honneur que** bei seiner/ihrer Ehre [be]schwören, dass; **pouvez-vous l'~?** sind Sie sich *(Dat)* Ihrer Sache sicher?; **on ne peut rien ~ de sûr** *(enquête de police)* wir können noch nichts Genaues sagen; *(spéculation philosophique)* es gibt nichts, dessen man sich sicher sein kann
❷ *(manifester)* unter Beweis stellen, beweisen *originalité, autorité;* festigen *position;* **avoir une personnalité affirmée** eine starke Persönlichkeit haben
❸ *soutenu (proclamer)* betonen
II. *vpr* **s'~** *autorité, personnalité:* sich festigen; *originalité, talent:* [deutlich] erkennbar werden

affixe [afiks] m LING Affix nt
affleurement [aflœRmɑ̃] m ARCHIT d'un sol Abgleichen nt
affleurer [aflœRe] <1> vi. fig zum Vorschein kommen; récif, roche: zum Vorschein kommen, herausschauen, hervorragen; filon, couche: zum Vorschein kommen, zutage treten [o zu Tage treten]; sentiment: zum Vorschein kommen, sich offenbaren
affliction [afliksjɔ̃] f Betrübnis f
affligé(e) [afliʒe] adj (triste, peiné) être ~(e) de qn/qc unter jdm/einer S. leiden
affligeant(e) [afliʒɑ̃, ɑ̃t] adj ❶ (désespérant) traurig, betrüblich
❷ (lamentable) erbärmlich, miserabel
affliger [afliʒe] <2a> I. vt littér (désoler) nouvelle, événement: betrüben, bekümmern, traurig machen [o stimmen geh]; ~ qn jdm das Herz schwer machen, jdm Kummer bereiten
II. vpr littér je m'afflige de faire cela es betrübt [o bekümmert] mich, das zu tun
affluence [aflyɑ̃s] f sans pl Andrang m, Ansturm m; de lettres Flut f; ~ des clients/visiteurs Kunden-/Besucherandrang; ~ record de visiteurs Besucherrekord m; ~ de dons Spendenfluss m, Zulauf m von Spenden
affluent [aflyɑ̃] m Zufluss m, Nebenfluss m
affluer [aflye] <1> vi ❶ (arriver en grand nombre) [zusammen]strömen, ~ de toutes parts von überall her strömen
❷ (couler en abondance) sang: strömen; faire ~ le sang au visage colère: das Blut ins Gesicht treiben
❸ (apparaître en abondance) argent: fließen; les dons affluaient de toutes les régions eine Flut von Spenden ging von überall her ein
afflux [afly] m sans pl ❶ (arrivée massive) de clients Ansturm m, Andrang m; de produits étrangers Zufuhr f; de capitaux Zustrom m, Zufluss m; ~ de réfugiés Flüchtlingsstrom m, Flüchtlingswelle f; ~ de visiteurs Besucherstrom; ~ de fonds Mittelzufluss
❷ ELEC Stromfluss m, Strom m
❸ BIO du sang Fluss m
affolant(e) [afɔlɑ̃, ɑ̃t] adj ❶ (effrayant) beängstigend, erschreckend; fam (incroyable) verrückt; des nouvelles ~ es Schreckensnachrichten Pl; c'est ~! das ist zum Verrücktwerden!
❷ littér (troublant) beängstigend, beunruhigend
affolé(e) [afɔle] adj ❶ (paniqué) personne, foule von panischer Angst ergriffen; animal zu Tode erschrocken; être ~(e) in Panik sein (fam)
❷ (qui subit des variations) la boussole/l'aiguille du mesureur est ~e der Kompass/die Messnadel schlägt wild aus [o schwankt hin und her]
affolement [afɔlmɑ̃] m sans pl Panik f; pas d'~! nur keine Panik!
affoler [afɔle] <1> I. vt (effrayer) ~ qn nouvelle: jdn sehr erschrecken [o in großen Schrecken versetzen]; cris, bruit: jdm Angst einjagen [o machen]; (inquiéter) jdn beunruhigen, jdm Angst machen; la peur des attentats affolait la population die Angst vor den Attentaten versetzte die Bevölkerung in Panik
II. vpr s'~ in Panik geraten; ne nous affolons pas [o on ne s'affole pas]! nur keine Panik!, bloß nicht durchdrehen! (fam)
affranchi(e) [afRɑ̃ʃi] I. adj esclave, serf freigelassen; attitude freizügig
II. m(f) (esclave libéré) Freigelassene(r) f(m)
affranchir [afRɑ̃ʃiR] <8> I. vt ❶ POST (avec des timbres) freimachen, frankieren
❷ (libérer) ~ qn de ses angoisses/de sa timidité jdn von seinen Ängsten/seiner Schüchternheit befreien
❸ HIST freilassen esclave
❹ fam (mettre au courant) ins Bild setzen
II. vpr s'~ de ses angoisses seine Ängste loswerden; s'~ de la tradition/famille sich von der Tradition/Familie frei machen [o losmachen]; s'~ des lois sich über das Gesetz hinwegsetzen
affranchissement [afRɑ̃ʃismɑ̃] m ❶ POST (action) Frankieren nt; (frais de port) Porto nt; tarifs d'~ Postgebühren Pl
❷ (libération) d'un pays Befreiung f; d'un esclave Freilassung f
affres [afR] fpl Qualen Pl
affrètement [afRɛtmɑ̃] m ❶ (mise en location) Vermietung f, Verleih m
❷ (prise en location) Mieten nt; d'un bateau, avion Chartern nt, Mieten nt; ~ maritime Schiffsbefrachtung f
❸ COM (contrat) Seefrachtvertrag m; convention d'~ à temps Zeitcharter m
affréter [afRete] <5> vt ❶ (donner en location) vermieten, verleihen
❷ (prendre en location) mieten, leihen; mieten, chartern bateau, avion
affréteur [afRetœR] m ECON Charterer(in) m, Befrachter m (Fachspr.), Verfrachter m (Fachspr.); ~ maritime Schiffsbefrachter
affreusement [afRøzmɑ̃] adv ❶ (horriblement) furchtbar, schrecklich, entsetzlich; blessé sehr
❷ (extrêmement) furchtbar; vexé zutiefst; inquiet äußerst

affreux, -euse [afRø, -øz] adj ❶ (laid) furchtbar hässlich
❷ (horrible) cauchemar schrecklich, furchtbar; mort grauenvoll, grauenhaft
❸ (désagréable) furchtbar, fürchterlich; temps furchtbar, scheußlich, abscheulich
affriolant(e) [afRijolɑ̃, ɑ̃t] adj ❶ robe erregend
❷ occupation verlockend
affrioler [afRijole] <1> vt rare verlocken
affront [afRɔ̃] m soutenu Beleidigung f, Kränkung f, Affront m (geh); faire [o infliger] un ~ à qn jdn beleidigen [o kränken]; essuyer [o subir] un ~ beleidigt werden, einen Affront erleben (geh); il m'a fait l'~ de ne pas venir er hat mich gekränkt, indem er nicht gekommen ist; son absence était un affront contre moi (geh)
affrontement [afRɔ̃tmɑ̃] m ❶ MIL Zusammenstoß m, Auseinandersetzung f
❷ POL Konfrontation f
affronter [afRɔ̃te] <1> I. vt ❶ a. SPORT (combattre) ~ qn jdm gegenübertreten
❷ (faire face à) konfrontiert werden mit, stehen vor situation difficile; gerüstet sein für hiver; ~ un danger einer Gefahr (Dat) trotzen
II. vpr s'~ aufeinandertreffen, sich (Dat) gegenüberstehen
affubler [afyble] <1> I. vt ❶ péj (habiller) ~ qn de qc jdn mit etw ausstaffieren [o herausputzen]
❷ péj (surnommer) ~ qn d'un surnom jdm einen Beinamen verpassen (pej fam)
II. vpr péj s'~ de qc sich mit etw herausputzen
affût [afy] m ❶ CHASSE (endroit) Hochsitz m, Ansitz m, Anstand m (Fachspr.); chasser à l'~ ansitzen, auf den Hochsitz [o Ansitz] gehen
❷ (attente) Warten nt; CHASSE Ansitz (Fachspr.)
❸ (bâti) d'un canon Lafette f
▶ être à l'~ de qc einer S. (Dat) auflauern, auf der Lauer [nach etw] liegen; être à l'~ d'un scoop hinter einer heißen Story hersein; être à l'~ d'idées nouvelles auf neue Ideen aus sein (fam); être à l'~ de la moindre erreur dem geringsten Fehler nachspüren/auf den geringsten Fehler lauern
affûtage [afytaʒ] m d'un couteau Schleifen nt
affûter [afyte] <1> vt schärfen, schleifen; anspitzen crayon
affûtiaux [afytjo] mpl fam Tand m
afghan [afgɑ̃] m l'~ Afghanisch nt, das Afghanische; v. a. allemand
afghan(e) [afgɑ̃, aːn] adj afghanisch
Afghan(e) [afgɑ̃, aːn] m(f) Afghane m/Afghanin f
Afghanistan [afganistɑ̃] m l'~ Afghanistan nt
aficionado [afisjɔnado] m eines Sports, eines Autors Fan m
afin [afɛ̃] prép ~ de maigrir um abzunehmen; ~ de gagner la course um das Rennen zu gewinnen; ~ qu'on puisse vous prévenir damit wir Ihnen Bescheid geben können
aflatoxine [aflatɔksin] f BIO, CHIM Aflatoxin nt (Fachspr.)
AFNOR [afnɔR] f abr de Association Française de Normalisation private französische Normierungsinstitution
a fortiori [afɔRsjɔRi] adv soutenu umso mehr, erst recht; il n'aura jamais terminé, ~ si vous ... er wird nie zum Ende kommen, vor allem [o und erst recht nicht], wenn Sie ...
AFP [aɛfpe] f abr de Agence France Presse französische Nachrichtenagentur
africain(e) [afRikɛ̃, ɛn] adj afrikanisch
Africain(e) [afRikɛ̃, ɛn] m(f) Afrikaner(in) m(f); ~(e) du Nord/de l'Est Nord-/Ostafrikaner(in)
africanisation [afRikanizasjɔ̃] f Afrikanisierung f
afrikaans v. afrikans
Afrikan[d]er [afRikanɛR, afRikɑ̃dɛR] mf Afrik[a]ander(in) m(f)
afrikans [afRikɑ̃s] m l'~ Afrikans nt; v. a. allemand
Afrique [afRik] f l'~ Afrika nt; l'~ noire Schwarzafrika; l'~ du Nord/du Sud Nord-/Südafrika; ville de l'~ [o d'~] du Nord nordafrikanische Stadt; l'~ orientale Ostafrika nt; pays d'~ orientale ostafrikanisches Land
afro [afRo] adj Afro-
afro-américain(e) [afRoamerikɛ̃, ɛn] <afro-américains> adj afroamerikanisch **Afro-Américain(e)** [afRoamerikɛ̃, ɛn] <afro-américains> m(f) Afroamerikaner(in) m(f) **afro-asiatique** [afRoazjatik] <afro-asiatiques> adj afroasiatisch **Afro-Asiatique** [afRoazjatik] <afro-asiatiques> mf Afroasiat(in) m(f)
after [aftɛR] m o f inv, **after-party** [aftɛRpaRti] f fam After-Show-Party f; aller en ~ auf After-Show-Party gehen
after-shave [aftœRʃɛv] m inv After[-]shave nt
AG [aʒe] f fam abr de assemblée générale Hauptversammlung f, Generalversammlung
aga v. agha
agaçant(e) [agasɑ̃, ɑ̃t] adj äußerst ärgerlich
agacement [agasmɑ̃] m Ärger m; un soupir d'~ ein gereiztes Stöhnen; éprouver une sorte d'~ verärgert sein, sich ärgern; pro-

voquer l'~ de qn jdn verärgern
agacer [agase] <2> vt ❶ *(énerver)* ~ qn jdm auf die Nerven gehen [*o* den Nerv töten] *(fam)*
❷ *(taquiner)* ärgern
agaceries [agasʀi] *fpl* Avancen *Pl*
agape [agap] *f* ❶ HIST, ECCL *(repas)* Agape *f*
❷ Festschmaus *m*
agar [agaʀ] *m* MED Agar *m o nt*
agate [agat] *f* ❶ *(minéral)* Achat *m*
❷ *(verre)* achatähnlich marmoriertes Glas
agave [agav] *m* BOT Agave *f;* ~ **du Mexique** Sisalagave
âge [ɑʒ] *m* ❶ *d'une personne, chose* Alter *nt;* ~ **de petit garçon** Knabenalter *(geh);* ~ **adulte** Erwachsenenalter; **parvenir** [*o* **arriver**] **à l'~ adulte** erwachsen werden; ~ **bête/ingrat** Flegeljahre *Pl;* ~ **critique** kritisches Alter; **grand** ~ hohes Alter; ~ **mental** PSYCH Intelligenzalter *(Fachspr.);* geistige Reife; ~ **mûr** reifes Alter; **une femme d'~ mûr** eine reife Frau; ~ **requis pour ...** erforderliches Mindestalter für ...; ~ **scolaire** schulpflichtiges Alter; ~ **viril** Mannesalter; ~ **de voter** Wahlalter; **être d'un ~ avancé** im vorgerücktem Alter sein, betagt sein; **être en bas** ~ ein Baby [*o* im Babyalter] sein; **être d'un ~ certain** wirklich nicht mehr der/die Jüngste sein; **être d'un certain ~** nicht mehr ganz jung sein, schon etwas älter sein; **être du même ~** gleichaltrig sein; **être vieux avant l'~** frühzeitig gealtert sein; **être en ~ de faire qc** alt genug sein etw zu tun; **être en ~ de se marier** im heiratsfähigen Alter sein; **elle est sans ~** [*o* n'a pas d'~] ihr Alter ist schwer zu schätzen; **faire plus vieux/plus jeune que son ~** älter/jünger aussehen (*o* wirken], als sein wirkliches Alter ist; **il fait** [*o* **paraît**] | ~ **porte**| **bien**| **son** ~ man sieht ihm sein Alter an; er sieht so alt aus, wie er ist; **il ne fait** [*o* **paraît**] [*o* **porte**] **pas son** ~ man sieht ihm sein Alter nicht an; **elle a passé l'~ de voyager/partir en vacances** sie ist zu alt zum [Ver]reisen/dazu, in Urlaub zu fahren; **prendre de l'~** älter werden; **à l'~ de 8 ans** im Alter von 8 Jahren; **d'~ moyen** in den mittleren Jahren, mittleren Alters; **il/elle est d'un ~ moyen** er/sie ist mittelalt; **dans son jeune ~** in seinen/ihren jungen Jahren, als er/sie jung war; **des gens de tout ~** Menschen jeden Alters [*o* aller Altersstufen]; **entre deux ~s** mittleren Alters; **pour son ~** für sein/ihr Alter; **quel ~ as-tu/a-t-il?** wie alt bist du/ist er?; **quel ~ tu me donnes?** für wie alt hältst du mich?, wie alt schätzt du mich?; **on ne te donnerait pas ton ~** man würde dich für jünger halten; **amusez-vous, c'est de votre ~!** amüsiert euch nur, das gehört sich so [*o* das ist richtig so] in eurem Alter!; **l'~ ne fait rien à l'affaire** das Alter tut nichts zur Sache; **20 ans, c'est le bel ~** 20, das ist ein schönes Alter
❷ *(ère)* Zeitalter *nt,* Äon *m (liter);* **à l'~ de l'ordinateur** im Computerzeitalter; **d'un autre ~** vorsintflutlich *(fam);* **être d'un autre ~** seiner Zeit hinterher sein, nicht ganz auf dem Laufenden sein
▸ **le quatrième ~** das hohe Alter; **l'~ tendre** die Kindheit [und frühe Jugend]; **le troisième ~** *(la vieillesse)* das Pensionsalter; *(les personnes)* die Senioren; **un club du troisième ~** ein Seniorenklub
◆ ~ **du bronze** Bronzezeit *f;* ~ **du fer** Eisenzeit *f;* ~ **d'or** goldenes Zeitalter, Blütezeit *f;* ~ **de pierre** Steinzeit *f;* ~ **de raison** Alter *nt* der Vernunft; Alter, in dem man vernünftig wird; ~ **de la retraite** Pensionsalter *nt*

âgé(e) [ɑʒe] *adj* alt, älter; **les personnes ~es** die alten Menschen [*o* Leute], die Alten, die Senioren; **être ~(e)** alt sein; **être ~(e) de dix ans** zehn Jahre alt sein; **avoir trois enfants ~s de dix, sept et deux ans** drei Kinder im Alter von zehn, sieben und zwei Jahren haben

agence [aʒɑ̃s] *f* ❶ *(succursale bancaire)* [Bank]niederlassung *f,* Filiale *f,* Zweigstelle *f;* ~ **générale** ECON Leitfiliale
❷ *(représentation commerciale)* [Handels]vertretung *f; (pour les services)* Geschäftsstelle *f;* ~ **commerciale** Handelsagentur *f;* ~ **immobiliaire** Maklerbüro *nt,* Immobilienbüro *f;* ~ **maritime** Schiffsagentur *f;* ~ **matrimoniale** Heiratsinstitut *f,* Eheanbahnungsinstitut *f;* ~ **de renseignements commerciaux** Handelsauskunftei *f*
❸ *(bureau de placement)* Vermittlungsbüro *nt; (pour les photos, voyages)* Agentur *f;* ~ **pour l'emploi,** ~ **de placement** [de la main d'œuvre] Arbeitsvermittlungsagentur *f*
❹ *(organisme administratif)* **Agence nationale pour l'emploi** staatliche Arbeitsvermittlungsanstalt; *(en Allemagne)* ≈ Bundesanstalt *f* für Arbeit; **Agence internationale pour l'énergie atomique** Internationale Atomenergiebehörde; **pour la protection de l'environnement** Umweltagentur *f;* ~ **européenne pour l'environnement** Europäische Umweltagentur
◆ ~ **d'artistes** Künstleragentur *f;* ~ **d'assurances** Versicherungsagentur *f;* ~ **de courtage** Vermittlungsagentur *f;* ~ **d'intérim** Zeitarbeitsfirma *f;* ~ **de location** THEAT Vorverkaufsstelle *f,* Vorverkaufskasse *f;* ~ **de mannequins,** ~ **de modèles** Modelagentur *f;* ~ **de placement** Arbeitsvermittlungsstelle *f,* Stellenvermittlungsbüro *nt;* ~ **de presse** Presseagentur *f,* Nachrichtenagentur *f;* ~ **de publicité** Werbeagentur *f;* ~ **de recouvrement de créances** FIN Inkassobüro *nt;* ~ **de relations publiques** PR-Agentur *f;* ~ **de théâtre** Theateragentur *f;* ~ **de tourisme,** ~ **de voyages** Reisebüro *nt*

agencement [aʒɑ̃smɑ̃] *m* ❶ *(ordonnancement)* d'éléments Zusammenfügen *nt,* Zusammensetzen *nt; (enchaînement) de faits* Aneinanderreihung *f,* Aneinanderfügen *nt*
❷ LITTER, ART *(structure, composition)* d'un roman, d'une phrase Aufbau *m; (ordre) des mots* Stellung *f;* **des couleurs** Zusammenstellung *f,* Komposition *f*
❸ *(aménagement)* d'un appartement, magasin [Raum]aufteilung *f*
❹ *(équipement)* d'une cuisine Einrichtung *f*

agencer [aʒɑ̃se] <2> I. vt ❶ *(ordonner)* zusammensetzen, zusammenfügen *éléments*
❷ *(structurer, combiner)* [auf]bauen, konstruieren *phrase;* aufbauen *roman;* aneinanderreihen *mots;* [aufeinander] abstimmen *couleurs*
❸ *(aménager)* aufteilen, einrichten *local, appartement;* **être bien agencé(e)** gut angelegt sein
❹ *(équiper)* einrichten *cuisine*
II. vpr **s'~** *pièces d'un puzzle:* zusammenpassen, sich zusammenfügen; *mots:* sich zusammensetzen; **s'~ en un ensemble harmonieux** ein harmonisches Ganzes ergeben, sich zu einem harmonischen Ganzen zusammenfügen

agenda [aʒɛ̃da] I. *m* [Taschen]kalender *m;* ~ **de bureau** Terminkalender; ~ **électronique** Organizer *m,* elektronischer [Termin]kalender
II. *app* INFORM **programme/gestion ~** Kalenderprogramm *nt/-*verwaltung *f*

agenouillement [aʒ(ə)nujmɑ̃] *m* Niederknien *nt*
agenouiller [aʒ(ə)nuje] <1> vpr **s'~** sich hinknien; *(pour prier)* niederknien; **être agenouillé(e) sur qc** auf etw *(Dat)* knien
agenouilloir [aʒ(ə)nujwaʀ] *m* ECCL Kniebank *f*

agent [aʒɑ̃] *m* ❶ *(policier)* ~ |**de police**| Polizist(in) *m(f);* ~ **de la circulation** Verkehrspolizist(in); ~ **de la force publique** Polizeibeamte(r) *m/-*beamtin *f;* ~ **de sécurité** Sicherheitsbeamte(r)/-beamtin
❷ ECON, JUR *(représentant)* Vertreter(in) *m(f);* ~ **commercial** Handelsvertreter(in), Handelsmakler(in) *m(f) (Fachspr.);* ~ **commissionnaire** Kommissionsagent(in) *m(f) (Fachspr.);* ~ **comptable** Buchhalter(in) *m(f),* Buchhaltungsangestellte(r) *f(m);* ~ **ducroire** Delkredereagent(in) *(Fachspr.);* ~ **général d'assurance** Kompositversicherer *m (Fachspr.);* ~ **immobilier** Immobilienhändler(in) *m(f),* [Immobilien]makler(in); ~ **négociateur** FIN Vermittlungsagent(in), ~ **technique** Techniker(in) *m(f),* technische(r) Angestellte(r) *f(m),* technische Fachkraft; ~ **technico-commercial** Industriekaufmann *m/-*kauffrau *f*
❸ POL *(représentant)* Vertreter(in) *m(f);* ~ **consulaire** konsularischer Vertreter/konsularische Vertreterin, Konsularagent(in) *m(f);* ~ **s diplomatiques** diplomatische Vertreter
❹ ART, LITTER ~ **artistique** Agent(in) *m(f);* ~ **littéraire** Literaturagent(in) *m(f)*
❺ *(espion)* Agent(in) *m(f),* Spitzel *m;* ~ **double** Doppelagent(in) *m(f);* ~ **secret** Geheimagent(in), Geheimdienstler(in) *m(f) (fam);* **super-~ secret** Topagent(in); ~ **de l'Est** Ostagent(in)
❻ ADMIN Bedienstete(r) *f(m),* Angestellte(r) *f(m);* ~ **administratif** Verwaltungsangestellte(r); *(fonctionnaire)* Verwaltungsbeamte(r) *m/-*beamtin *f;* ~ **du fisc** Finanzbeamte(r)
❼ MED, CHIM [Wirk]stoff *m,* Substanz *f,* Agens *nt (Fachspr.);* ~ **s de fermentation** Gärstoffe *Pl,* Gärmittel *Pl;* ~ **de protection** Schutzmittel *nt;* ~ **infectieux/pathogène** Krankheits-/Infektionserreger *m;* ~ **réactionnel** Reizkörper *m*
❽ SCI ~ **s naturels** Naturkräfte *Pl,* Naturgewalten *Pl*
◆ ~ **d'affaires** *(administrateur)* Vertreter(in) *m(f); (intermédiaire)* Vermittler(in) *m(f)* [in geschäftlichen Angelegenheiten]; ~ **d'assurances** Versicherungsagent(in) *m(f),* Versicherungsvertreter(in) *m(f);* ~ **de change** vieilli Kursmakler(in) *m(f),* Geldhändler(in) *m(f); (négociant de titres)* Wertpapierhändler(in); ~ **de change assermenté(e)** FIN vereidigter Börsenmakler/vereidigte Börsenmaklerin; ~ **de change sur le marché hors cote** Wertpapierhändler(in) im Freiverkehr; ~ **de conduite** Fahrer(in) *m(f);* ~ **de distribution** JUR Absatzmittler(in) *m(f);* ~ **de liaison** Verbindungsmann *m/-*frau *f;* ~ **de maîtrise** Angestellte(r) *f(m)* im mittleren Tarifgruppenbereich; *(qui encadre des techniciens)* leitende(r) technische(r) Angestellte(r) *f(m);* ~ **de production** Arbeiter(in) *m(f);* ~ **de publicité** Werbeagent(in) *m(f);* ~ **de recouvrement de créances** FIN Inkassobeauftragte(r) *f(m);* ~ **de renseignements** Geheimagent(in) *m(f);* ~ **de service** Amtsgehilfe *m/-*gehilfin *f;* ~ **du service d'ordre** Saalordner *m;* ~ **de transmission** Meldefahrer(in) *m(f)*

agente [aʒɑ̃t] *f* Agentin *f,* Spionin *f*
agglo *abr de* **aggloméré**
aggloméré [aglɔmeʀa] *m* ❶ Ansammlung *f*
❷ GEOL Agglomerat *nt*

agglomération [aglɔmeʀasjɔ̃] f ❶ *(localité)* Ortschaft f, [An]siedlung f; **~ rurale** ländliche Ansiedlung; **vitesse en ~** innerörtliche Geschwindigkeit
❷ *(zone urbaine)* Ballungsraum m, Agglomeration f (CH)
❸ *(ville et banlieue)* Großraum m; **dans l'~ lyonnaise** im Großraum Lyon
❹ *(assemblage)* de matériaux Agglomeration f, Zusammenpressen nt, Verdichten nt

aggloméré [aglɔmeʀe] m CONSTR Pressstoff m, Pressmasse f; *(bois)* Pressholz nt; *(briquette)* Pressling m, Brikett nt; **~ de béton** Betonformstein m

agglomérer [aglɔmeʀe] <5> I. vt ❶ *(amonceler)* anhäufen, zusammenwehen *neige, sable*
❷ TECH pressen, verdichten *bois;* pressen, brikettieren *charbon;* **bois aggloméré** Pressholz nt
II. vpr ❶ *(s'amonceler) neige, terre:* sich ansammeln, sich anhäufen
❷ TECH agglomerieren

agglutinant(e) [aglytinɑ̃, ɑ̃t] adj *cellule, bactérie, langue* agglutinierend

agglutination [aglytinasjɔ̃] f MED, LING Agglutination f; **des cellules, hématies** Verklumpung f

agglutiner [aglytine] <1> I. vt ❶ *(agglomérer)* zusammenkleben, verkleben *matériaux*
❷ *(rassembler)* **des gens sont agglutinés sur la place/devant l'église** auf dem Platz/vor der Kirche haben sich Leute angesammelt [o drängen sich Leute]
II. vpr ❶ *(s'agglomérer)* **s'~** *globules, molécules:* verklumpen, agglutinieren *(Fachspr.)*
❷ *(se rassembler)* **s'~ sur une place** sich auf einem Platz sammeln [o drängen]

aggravant(e) [agʀavɑ̃, ɑ̃t] adj erschwerend

aggravation [agʀavasjɔ̃] f d'une crise Zuspitzung f; d'un conflit, de tensions Verschärfung f; d'une situation Verschlechterung f; d'un mal, d'une maladie Verschlimmerung f; des intempéries Zunahme f; du chômage Zunahme, Anstieg m
♦ **~ des risques** JUR Gefahrerhöhung f

aggraver [agʀave] <1> I. vt ❶ *(faire empirer)* verschlimmern, schlimmer machen; erschweren *situation;* verschärfen *crise, tensions;* vergrößern *difficultés;* ansteigen lassen, anwachsen lassen *chômage*
❷ *(renforcer)* vergrößern *peine,* **cela aggrave ma colère** das steigert meine Wut, das macht mich [nur] noch wütender; **cela aggrave le mécontentement** das steigert [o dadurch steigt] die Unzufriedenheit
II. vpr **s'~** schlimmer werden; *mal, maladie:* schlimmer werden, sich verschlimmern; *état:* schlimmer werden, sich verschlechtern, schlechter [o ernster] werden; *situation:* schlimmer werden, sich zuspitzen, sich verschärfen; *pollution:* zunehmen; *conflit, crise:* sich zuspitzen; *conditions sociales:* schlechter werden, sich verschlechtern; *difficultés:* größer werden, *chômage:* ansteigen, zunehmen

agha [aga] m früherer Titel höherer, dann auch niederer Offiziere und Zivilbeamter in der Türkei; **Agha Khan** Aga Khan m

agile [aʒil] adj geste geschickt, flink; doigts geschickt, gelenkig, beweglich; personne geschickt, gewandt, agil; **avoir un esprit ~** geistig rege sein

agilement [aʒilmɑ̃] adv agil

agilité [aʒilite] f sans pl ❶ d'une personne Fitness f, Beweglichkeit f, Gelenkigkeit f; des doigts Gelenkigkeit, Beweglichkeit, Flinkheit f
❷ de l'esprit Regheit f; **conserver une grande ~ d'esprit** geistig sehr rege [o fit fam] geblieben sein

agio [aʒjo] m ❶ FIN *(commission)* Bankspesen Pl, Überziehungszinsen Pl
❷ BOURSE Aufgeld nt
♦ **~s d'escompte** Diskontspesen Pl

à giorno [adʒɔʀno, aʒjɔʀno] taghell; **le couloir est éclairé ~** der Flur ist taghell erleuchtet

agir [aʒiʀ] <8> I. vi ❶ *(faire, être actif)* handeln; **~ bien/mal** sich gut/schlecht verhalten; **~ de son plein gré** [o **en toute liberté**] aus freien Stücken handeln; **~ en excédant/en respectant ses pouvoirs légaux** außerhalb/innerhalb der rechtlichen Befugnisse handeln; **~ dans l'intention de frauder** in Betrugsabsicht handeln; **~ dans une intention malveillante** JUR bösgläubig handeln
❷ *(exercer une influence)* **~ sur qn/qc** Einfluss auf jdn/etw ausüben, jdn/etw beeinflussen, auf jdn/etw einwirken
❸ *(opérer) médicament, poison:* wirken; **laissez ~ la nature** lassen Sie der Natur ihren Lauf
II. vpr impers ❶ *(il est question de)* **il s'agit de qn/qc** es geht um jdn/etw, es handelt [o dreht fam] sich um jdn/etw; **de quoi s'agit-il?** worum geht es?, worum handelt es sich?; **il ne s'agit pas de ça!** darum geht es [ja gar] nicht!
❷ *(il faut)* **il s'agit de faire qc** es geht darum etw zu tun; **quand il s'agit de travailler, il n'y a plus personne** wenn es ans [o ums] Arbeiten geht, drücken sich alle

âgisme [aʒism] m Diskriminierung älterer Menschen

agissant(e) [aʒisɑ̃, ɑ̃t] adj personne aktiv; foi tätig; médicament wirksam

agissements [aʒismɑ̃] mpl péj ❶ *(machinations)* Machenschaften Pl
❷ *(menées)* Umtriebe Pl; **surveiller ses ~s** genau beobachten, was er/sie Verdächtiges treibt *(pej)*

agitateur, -trice [aʒitatœʀ, -tʀis] m, f Agitator(in) m(f), Aufwiegler(in) m(f) *(pej)*

agitation [aʒitasjɔ̃] f ❶ *(animation)* geschäftiges Treiben; **~ de la/d'une grande ville** Großstadtgetriebe nt
❷ *(excitation)* Aufregung f
❸ *(troubles)* Unruhe f
❹ *(mécontentement)* Unzufriedenheit f; **l'~ populaire augmente** im Volk gärt es immer mehr
♦ **~ d'esprit** innere Unruhe

agité(e) [aʒite] adj ❶ *(animé de mouvements) mer* bewegt, unruhig; **être ~(e) de soubresauts** zucken
❷ *(nerveux)* unruhig
❸ *(excité)* aufgeregt, erregt
❹ *(troublé) situation* unsicher; *vie, époque* bewegt, unruhig

agiter [aʒite] <1> I. vt ❶ *(secouer)* schwenken *drapeau, bras;* schütteln *bouteille, liquide;* **~ son mouchoir** mit dem Taschentuch winken; **~ la main** winken; **bien ~ avant l'emploi!** vor Gebrauch gut schütteln!; **le vent agite les feuilles** der Wind bewegt die Blätter hin und her; **les vagues agitent le bateau** die Wellen werfen das Boot hin und her
❷ fig **~ la menace d'une punition** mit einer Strafe drohen
❸ littér *(émouvoir)* **~ qn** *sentiment:* jdn bewegen; *désir:* jdn umtreiben
❹ *(discuter)* erörtern *question*
II. vpr **s'~** ❶ *(bouger)* sich bewegen
❷ *(s'exciter)* sich aufregen
❸ *(s'énerver)* unruhig sein/werden; **le peuple s'agite** im Volk gärt es
❹ *(s'affairer)* [geschäftig] hin und her eilen; **arrête de t'~ comme ça!** hör auf so herumzurennen!

agneau, agnelle [aɲo, aɲɛl] <x> m, f ❶ ZOOL Lamm nt
❷ GASTR Lamm[fleisch nt] nt; **côtelette/gigot d'~** Lammkotelett nt/-keule f
❸ *(fourrure)* Lamm[fell nt] nt; **veste en ~** Lammfelljacke f
❹ *(personne)* Lamm nt; **mes ~x!** iron meine Lieben! *(iron)*
▶ **l'Agneau de Dieu** das Lamm Gottes; **être doux(douce) comme un ~** sanft wie ein Lamm [o lammfromm] sein
♦ **~ de lait** Milchlamm nt

agnelage [aɲ(ə)laʒ] m ❶ *(mise bas)* Lammen nt
❷ *(période)* Lammzeit f

agneler [aɲ(ə)le] <3> vi lammen

agnelet [aɲ(ə)lɛ] m Lämmchen nt

agnosticisme [agnɔstisism] m Agnostizismus m

agnostique [agnɔstik] I. adj agnostizistisch
II. mf Agnostiker(in) m(f)

agonie [agɔni] f ❶ Todeskampf m, Agonie f *(Fachspr.);* **être à l'~** im Sterben liegen
❷ fig **l'~ d'un régime** der Untergang eines Regimes

agonir [agɔniʀ] <8> vt rare beschimpfen

agonisant(e) [agɔnizɑ̃, ɑ̃t] adj ❶ sterbend; **être ~(e)** im Sterben liegen
❷ fig régime dem Untergang geweiht *(geh)*

agoniser [agɔnize] <1> vi ❶ im Sterben liegen
❷ fig empire: untergehen; économie: da[r]niederliegen *(geh)*

agoraphobie [agɔʀafɔbi] f Platzangst f, Agoraphobie f *(Fachspr.)*

agrafage [agʀafaʒ] m ❶ de feuilles Zusammenheften nt
❷ MED Klammern nt

agrafe [agʀaf] f ❶ COUT Haken m; **fermer qc par une ~** etw zuhaken
❷ *(pour papiers)* Heftklammer f
❸ MED Klammer f

agrafer [agʀafe] <1> vt ❶ zusammenheften *feuilles;* **~ qc à qc** etw an etw (Akk) tackern
❷ *(fermer)* **~ une jupe** einen Rock zuhaken
❸ fam *(arrêter)* **se faire ~** geschnappt werden *(fam)*

agrafeuse [agʀaføz] f ❶ Tacker m
❷ *(pour papiers)* Heftgerät nt

agraire [agʀɛʀ] adj Agrar-; **politique ~** Agrarpolitik f; **réforme ~** Bodenreform f; **mesures ~s** Feldmaße Pl

agrandir [agʀɑ̃diʀ] <8> I. vt ❶ *(rendre plus grand)* vergrößern, größer machen
❷ *(rendre plus large)* erweitern
❸ *(développer)* vergrößern *entreprise*
❹ PHOT, INFORM vergrößern; **~ une fenêtre** ein [Bildschirm]fenster vergrößern; **~ qc à 150 %** etw anderthalbfach vergrößern
II. vpr **s'~** ❶ *(se creuser, s'élargir)* größer werden; *passage:* breiter

werden; *écart:* sich vergrößern

② *(se développer) entreprise:* sich vergrößern; *ville:* sich ausdehnen

③ *(devenir plus nombreux) famille:* Zuwachs bekommen; **s'~ d'un fils/d'une fille** einen Sohn/eine Tochter dazubekommen

④ *fam (se loger plus spacieusement)* sich vergrößern *(fam)*

agrandissement [agʀɑ̃dismɑ̃] *m* ① *(action)* Vergrößerung *f; d'un passage* Vergrößerung, Verbreiterung *f;* **faire des travaux d'~ dans une maison** an ein Haus anbauen

② PHOT *(action d'agrandir)* Vergrößern *nt*

③ PHOT *(résultat)* Vergrößerung *f*

agrandisseur [agʀɑ̃disœʀ] *m* Vergrößerungsapparat *m*

agréable [agʀeabl] *adj* ① *personne* sympathisch; **être ~ à regarder** ein angenehmes Äußere[s] haben; **il est ~ à vivre** er ist umgänglich

② *(qui plaît, agrée)* angenehm; *situation* erfreulich; *sourire* gewinnend; **une parole ~** ein freundliches Wort; **par une ~ journée d'été** eines schönen Sommertags; **être ~ à l'oreille/à l'œil** eine Wohltat für das Ohr/Auge sein; **être ~ à sentir** angenehm riechen; **être ~ à toucher** sich angenehm anfühlen; **voilà qui est ~ à entendre/à voir!** so etwas hört/sieht man gerne!; **il est ~ à qn de faire qc** es tut jdm gut etw zu tun

agréablement [agʀeabləmɑ̃] *adv* angenehm

agréé(e) [agʀee] *adj expert* zugelassen; **garage ~** Vertragswerkstatt *f;* **médecin ~** Kassenarzt *m*

agréer [agʀee] <1> *vt soutenu remerciements;* **~ une demande** einer Bitte stattgeben *(form);* **veuillez ~, Madame/ Monsieur, mes salutations distinguées** ≈ mit freundlichen Grüßen

agrég *abr de* **agrégation**

agrégat [agʀega] *m* ① GEOL Aggregat *nt*

② CONSTR Zuschlagstoffe *Pl*

③ ECON **~s monétaires** Geldmengenaggregate *Pl (Fachspr.)*

agrégatif, -ive [agʀegatif, -iv] *m, f* Kandidat(in), der/die den „Concours d'agrégation" vorbereitet

agrégation [agʀegasjɔ̃] *f* Staatsprüfung *f* für Gymnasiallehrer

Land und Leute

Die *agrégation* ist eine Staatsprüfung für Gymnasiallehrer, die in Form eines *concours* stattfindet. Wer sie besteht, erwirbt gleichzeitig die Erlaubnis, an bestimmten Hochschulen zu lehren, und außerdem das Anrecht, verbeamtet zu werden.

agrégé(e) [agʀeʒe] I. *adj* **être [professeur] ~(e)** die „Agrégation" haben

II. *m(f)* ① *(au lycée)* Gymnasiallehrer(in) *m(f)* mit „Agrégation"

② *(à l'université)* Dozent(in) *m(f)* mit „Agrégation"

agréger [agʀeʒe] <2a> *vt* ① MINER sich verfestigen

② *(admettre dans un corps [d'Etat])* aufnehmen *Person*

agrément [agʀemɑ̃] *m* ① *(approbation)* Zustimmung *f;* **officiel** amtliche Genehmigung; **donner son ~** offiziell seine Zustimmung geben

② *(plaisir)* Vergnügen *nt;* **jardin d'~** Ziergarten *m;* **voyage d'~** Vergnügungsreise *f*

③ *(attrait)* Reiz *m,* Charme *m;* **l'~ de sa conversation** seine/ihre charmante Art Konversation zu machen; **dépourvu(e) de tout ~** vollkommen ohne Reiz; **les ~s de la vie** die Annehmlichkeiten des Lebens

agrémenter [agʀemɑ̃te] <1> *vt* verschönern *pièce;* **~ une robe de perles** ein Kleid mit Perlen verzieren; **un discours agrémenté d'anecdotes** eine mit Anekdoten ausgeschmückte Rede

agrès [agʀɛ] *mpl* SPORT [Turn]geräte *Pl;* **les exercices aux ~** das Geräteturnen

agresser [agʀese] <1> I. *vt* ① *(attaquer)* überfallen; **se faire ~** überfallen werden

② *(insulter)* angreifen

③ PSYCH *(irriter)* belästigen

④ PSYCH *(menacer)* bedrohen

II. *vi couleur, son:* aggressiv sein/wirken; *jeu d'un acteur, style:* provozieren

agresseur [agʀesœʀ] I. *m* ① *(personne)* Angreifer(in) *m(f);* **son ~ était une femme** er/sie wurde von einer Frau angegriffen

② *(État)* Aggressor *m*

II. *app* **État/pays ~** Aggressor *m*

agressif, -ive [agʀesif, -iv] *adj personne, remarque, comportement* aggressiv; *couleur* grell

agression [agʀesjɔ̃] *f* ① *(attaque, coups)* Überfall *m;* **être victime d'une ~** überfallen werden; **~ verbale** Beleidigung *f,* verbaler Angriff

② *(nuisance)* **~ sonore** Lärmbelästigung *f*

③ MIL **acte d'~** Aggression *f,* Angriff *m,* Überfall *m;* **~ contre un pays** Angriff [*o* Überfall] auf ein Land

agressivité [agʀesivite] *f* Aggressivität *f*

agricole [agʀikɔl] *adj* landwirtschaftlich; **produits ~s** landwirtschaftliche Produkte *Pl;* **ouvrier ~** Landarbeiter *m;* **machine ~** Landmaschine *f;* **région ~** Agrarregion *f;* **travaux ~s** Feldarbeit *f;* **ingénieur ~** Diplomlandwirt(in) *m(f)*

agriculteur, -trice [agʀikyltœʀ, -tʀis] *m, f* Landwirt(in) *m(f),* Bauer *m*/Bäuerin *f;* **jeune ~(-trice)** Jungbauer/-bäuerin

agriculture [agʀikyltyʀ] *f* Landwirtschaft *f;* **ministre de l'Agriculture** Landwirtschaftsminister(in) *m(f);* **produits de l'~** landwirtschaftliche Erzeugnisse

agripper [agʀipe] <1> I. *vt* ① *packen;* **il m'a agrippé le bras/par le bras** er hat meinen Arm/mich am Arm gepackt

II. *vpr* **s'~ à qn/qc** sich an jdm/etw festklammern, sich an jdn/ etw klammern

agrisylviculture [agʀisilvikyltyʀ] *f* Land- und Forstwirtschaft *f*

agroalimentaire [agʀoalimɑ̃tɛʀ] I. *adj* **société/usine ~** Nahrungsmittelfirma *f/*-betrieb *m;* **industrie ~** Nahrungsgüterindustrie *f*

II. *m* Lebensmittelsektor *m*

agronome [agʀɔnɔm] *adj* **ingénieur ~** Diplomlandwirt(in) *m(f)*

agronomie [agʀɔnɔmi] *f* Agrarwissenschaft *f,* Landwirtschaftswissenschaft *f*

agrotourisme [agʀotuʀism] *m* Agrotourismus *m*

agrume [agʀym] *m* Zitrusfrucht *f*

aguerrir [ageʀiʀ] <8> I. *vt* ① *(endurcir)* **~ au** [*o* **contre le**] **froid** gegen Kälte abhärten

② *(habituer à la guerre)* für den Kampfeinsatz trainieren *troupes, soldats;* **être aguerri(e)** kampferprobt sein

II. *vpr* **s'~ au** [*o* **contre le**] **froid** sich gegen Kälte abhärten

aguets [agɛ] *mpl* **être aux ~** auf der Lauer liegen

aguichant(e) [agiʃɑ̃, ɑ̃t] *adj* aufreizend, keck

aguicher [agiʃe] <1> *vt* aufreizen, anmachen *(fam)*

aguicheur, -euse [agiʃœʀ, -øz] *m, f* Verführer(in) *m(f)*

ah [ˈɑ] *interj* ① *(de joie, d'admiration)* **~!** ah!, oh!

② *(de sympathie, de déception)* **~!** ach!

③ *iron* **~ ~!** ach ja?

④ *(rire)* **~ ~!** haha!

⑤ *interrog (étonnement)* **~?** ach ja?, so?

▶ **~ bon** *(résignation)* na ja; *(polémique)* aha, soso; *(étonnement)* ach ja, wirklich; **~ non** ach nein; **~ non alors!** o nein!; **~ oui** *(confirmation)* doch, doch; *(polémique)* soso

ahistorique [aistɔʀik] *adj* geschichtslos

ahuri(e) [ayʀi] *adj* ① *(stupéfait)* verblüfft, sprachlos

② *(stupide)* begriffsstutzig

II. *m(f) péj fam* Blödmann *m (fam),* blöder Kerl/blöde Kuh *(fam)*

ahurir [ayʀiʀ] <8> *vt* verblüffen

ahurissant(e) [ayʀisɑ̃, ɑ̃t] *adj* ① *(stupéfiant)* verblüffend; **~(e) de vérité** verblüffend wahrheitsgetreu

② *(scandaleux)* unverschämt

ahurissement [ayʀismɑ̃] *m* Verblüffung *f*

aï [ai] *m* ZOOL Ai *nt*

aide¹ [ɛd] *m* ♦ **~ de camp** Adjutant *m*

aide² [ɛd] *f* ① *(assistance)* Hilfe *f;* **à l'~!** [zu] Hilfe!; **appeler** [*o* **crier**] **à l'~** um Hilfe rufen [*o* schreien]; **appeler qn à l'~** jdn zu Hilfe rufen; **demander de l'~** um Hilfe bitten; **apporter son ~ à qn** jdm Hilfe leisten; **venir en ~ à qn** jdm zu Hilfe kommen; **~ médicale** medizinische Versorgung; **~ médicale essentielle** medizinische Grundversorgung; **~ juridique** Rechtshilfe; **apporter une ~ juridique** Rechtshilfe leisten; **~ technique au travail** technische Arbeitshilfe ② *(moyen)* **à l'~ d'un couteau** mit Hilfe eines Messers ③ *(secours financier)* Beihilfe *f,* [finanzielle] Unterstützung; **~s familiales** Familienunterstützung *f;* **~ financière** FIN Finanzhilfe, Liquiditätshilfe *(Fachspr.); (prêt)* Kredithilfe; **~ financière à taux bonifié** zinsgünstige Kredithilfe; **~ financière de l'État** staatliche Förderung; **~ judiciaire** Prozesskostenhilfe; **~ sociale** Sozialhilfe; **~ à l'accession à la propriété** Eigentumsförderung *f;* **~ à la création d'entreprise** Existenzgründungshilfe; **~ à la construction de logements** Wohnungsbauförderung *f;* **~ à l'entreprise** Unternehmensbeihilfe; **~ à l'exportation** Exportförderung; **venir en ~ à qn** jdn finanziell unterstützen ④ *(personne)* Aushilfe *f,* Aushilfskraft *f;* **~ familiale** Haushaltshilfe, Familienhelferin *f;* **~ maternelle** Tagesmutter *f;* **~ de cuisine** Küchenhilfe; **~ à la famille** Familienhilfe *f*

aide-comptable [ɛdkɔ̃tabl] <aides-comptables> *mf* Buchhaltungsgehilfe *m/*-gehilfin *f* **aide-mémoire** [ɛdmemwaʀ] *m inv* ① *(memento)* kurzer Abriss ② *(feuille)* Merkzettel *m* **aide-ménagère** [ɛdmenaʒɛʀ] <aides-ménagères> *f* Haushaltshilfe *f*

aider [ede] <1> I. *vt* ① **~ qn** jdm helfen [*o* behilflich sein]; **~ qn à mettre son manteau** jdm in den Mantel hineinhelfen; **~ qn à monter dans le bus** jdm in den Bus hineinhelfen; **tu m'aiderais bien si tu ...** es wäre mir eine große Hilfe [*o* es würde mir sehr helfen], wenn du ...

② *(donner de l'argent)* **~ qn** jdn [finanziell] unterstützen

③ *(prêter assistance)* **~ qn** jdm beistehen; **que Dieu vous aide!** Gott stehe Ihnen/euch bei!

❹ *(favoriser)* ~ la chance dem Glück ein wenig nachhelfen
II. *vi* ❶ *personne:* [mit]helfen; *conseil, manuel, outil:* hilfreich sein; travailler avec un dictionnaire, ça aide! ein Wörterbuch erleichtert die Arbeit erheblich!
❷ *(contribuer)* ~ à qc etw fördern, zu etw beitragen; l'alcool/la fatigue aidant, il s'endormit der Alkohol/die Müdigkeit trug dazu bei, dass er einschlief; le temps aidant mit der Zeit
III. *vpr* ❶ *(utiliser)* s'~ de qc etw zu Hilfe nehmen
❷ *(s'entraider)* s'~ sich *(Dat)* [gegenseitig] helfen
aide-soignant(e) [ɛdswaɲɑ̃, ɑ̃t] <aides-soignants> *m(f)* Pflegehelfer(in) *m(f)*
aïe [aj] *interj* ❶ *(douleur)* ~! au!, aua! autsch! *(fam)*
❷ *(problème, imprévu)* ~! ach [herr]je!, oje!
▶ ~ ~ ~! *fam* auwei[a]! *(fam)*
aïeul(e) [ajœl] *m(f)* Ahn *m*/Ahne *f*, Urahn/Urahne
aïeux [ajø] *mpl littér* Ahnen *Pl (geh)*, Urelltern *Pl (veraltet)*
aigle [ɛgl] I. *mf* ZOOL Adler *m*/Adlerweibchen *nt*
▶ ce n'est pas un ~ *fam* er/sie ist keine große Leuchte *(fam)*
II. *f* MIL Adler *m*; l'~ impériale der napoleonische Adler
aiglefin [ɛglǝfɛ̃] *m* ZOOL Schellfisch *m*
aiglon(ne) [ɛglɔ̃, ɔn] *m(f)* ❶ ZOOL Adlerjunge(s) *nt*
❷ HIST l'Aiglon *Beiname Napoleons II.*
aigre [ɛgʀ] *adj* ❶ *(acide)* sauer; *odeur* säuerlich; un peu ~ säuerlich
❷ *(devenu acide)* lait sauer; le vin est devenu ~ der Wein ist [o umgekippt *fam*] sauer geworden
❸ *(criard et perçant)* voix, son schrill
❹ *(acerbe)* critique scharf, *ton* scharf, bissig, schneidend; des paroles ~s harte Worte
❺ *(vif)* froid, vent schneidend
aigre-doux, aigre-douce [ɛgʀǝdu, ɛgʀǝdus] <aigres-doux> *adj* süß-sauer
aigrefin [ɛgʀǝfɛ̃] *m* Betrüger *m*, Gauner *m*
aigrelet(te) [ɛgʀǝlɛ, ɛt] *adj* ❶ *(un peu acide)* säuerlich
❷ *(aigu et fluet)* piepsig
aigrement [ɛgʀǝmɑ̃] *adv* bissig
aigrette [ɛgʀɛt] *f* ❶ *(oiseau)* Silberreiher *m*
❷ *(plumes)* Federbusch *m*
aigreur [ɛgʀœʀ] *f* ❶ *(acidité)* Säure *f*
❷ *(saveur aigre)* saurer Geschmack
❸ *(animosité)* d'une remarque Bissigkeit *f*
❹ MED avoir des ~s [d'estomac] Sodbrennen *nt* haben
aigri(e) [ɛgʀi] *adj* verbittert
aigrir [ɛgʀiʀ] <8> I. *vt* ~ le caractère de qn jdn verbittern
II. *vpr* s'~ ❶ *(devenir acide)* lait: sauer werden, *vin:* sauer werden, umkippen *(fam)*
❷ *(devenir amer)* personne: verbittern; son caractère s'aigrit de jour en jour er/sie wird immer verbittert immer mehr
aigu, aiguë [egy] I. *adj* ❶ *(pointu)* spitz; *pointe* scharf
❷ *(coupant)* scharf
❸ *(strident)* voix schrill; *note, ton* hoch
❹ *(vif)* intelligence, perception scharf
❺ *(violent)* douleur heftig; *(pénétrant)* stechend; avoir un sens ~ de qc einen ausgeprägten Sinn für etw haben
❻ *(à son paroxysme)* crise akut
II. *mpl* ~s hohe Töne *Pl*, Höhen *Pl*
aigue-marine [ɛgmaʀin] <aigues-marines> *f* Aquamarin *m*
aiguière [ɛgjɛʀ] *f* HIST Wasserkanne *f*
aiguillage [egɥijaʒ] *m* ❶ CHEMDFER *(dispositif)* Weiche *f*; *(manœuvre)* Weichenstellen *nt*; *(résultat)* Weichenstellung *f*; erreur d'~ Fehler *m* bei der Weichenstellung
❷ *(orientation)* Weiterleitung *f*
aiguille [egɥij] *f* ❶ COUT Nadel *f*
❷ *(petite tige pointue)* d'une montre Zeiger *m*; d'une boussole Nadel *f*; ~ aimantée Magnetnadel *f*; ~ du compteur de vitesse Tachometernadel *f*, Tachonadel *(fam)*
❸ MED d'une seringue [Injektions]nadel *f*; de l'acupuncture Nadel *f*
❹ GEOG [spitzer Berg]gipfel, Felsnadel *f*
❺ ARCHIT [Turm]spitze *f*
❻ CHEMDFER *(aiguillage)* Weiche *f*
▶ chercher une ~ dans une meule de foin eine Stecknadel in einem Heuhaufen suchen
◆ ~ à broder Sticknadel *f*; ~ à coudre Nähnadel *f*; ~ à ponction MED Punktionsnadel *f*; ~ à repriser Stopfnadel *f*; ~ à tricoter Stricknadel *f*
◆ ~ de pin Kiefernnadel *f*; ~ de sapin Tannennadel *f*
aiguillée [egɥije] *f* Nähfaden *m*
aiguiller [egɥije] <1> *vt* ❶ CHEMDFER umsetzen; ~ un train die Fahrstraße für einen Zug einstellen
❷ *(orienter)* mal ~ qn jdn in die falsche Richtung schicken; ~ qn vers/sur qc qn zu etw hinführen
❸ *fig* mal ~ qn dans la vie/dans ses études jds Lebensplanung/Studium in falsche Bahnen lenken; ~ la conversation sur qc das Gespräch auf etw *(Akk)* bringen [o lenken]

aiguillette [egɥijɛt] *f* GASTR de canard Filet *nt*
aiguilleur [egɥijœʀ] *m* ❶ Weichensteller(in) *m(f)*, Weichenwärter(in) *m(f)*, Stellwerksleiter(in) *m(f)*
◆ ~ du ciel Fluglotse *m*/-lotsin *f*
aiguillon [egɥijɔ̃] *m* ❶ d'une abeille, guêpe Stachel *m*
❷ *(baguette)* Treibstock *m*
aiguillonner [egɥijɔne] <1> *vt* ❶ *(piquer avec un aiguillon)* [mit dem Treibstock] antreiben
❷ *(stimuler)* anstacheln
aiguiser [egize] <1> *vt* ❶ *(affiler)* schärfen *outil;* wetzen, schleifen *couteau;* l'oiseau aiguise son bec der Vogel wetzt seinen Schnabel; le chat aiguise ses griffes die Katze schärft ihre Krallen
❷ *(stimuler)* anregen *appétit, sens;* verstärken *désir, sentiment;* schärfen *ouïe, toucher*
❸ *(affiner)* schärfen *intelligence;* ~ son style seinem Stil Schliff geben
aïkido [aikido] *m* Aikido *nt*
ail [aj] *m* Knoblauch *m*
◆ ~ des ours Bärlauch *m*
aile [ɛl] *f* ❶ Flügel *m*; agiter les ~s mit den Flügeln schlagen; ~ antérieure Vorderflügel
❷ *(partie latérale)* d'une armée Flügel *m*; d'un bâtiment [Seiten]flügel; d'un véhicule Kotflügel; d'un avion, aéronef Tragfläche *f*; ~ delta Deltagleiter *m*; ~ est d'un bâtiment, d'une armée Ostflügel
▶ voler de ses propres ~s auf eigenen Füßen stehen; battre de l'~ *entreprise:* angeschlagen sein; se brûler les ~s sich *(Dat)* die Finger verbrennen; donner des ~s à qn *joie:* jdm Flügel verleihen; *peur:* jds Schritte beschleunigen; prendre qn sous son ~ [protectrice] jdn unter seine Fittiche nehmen
◆ ~s du nez Nasenflügel *Pl*
ailé(e) [ele] *adj* geflügelt *(fig)*; démarche ~e leichter Gang
aileron [ɛlʀɔ̃] *m* ❶ ANAT de l'oiseau Flügelspitze *f*; du requin [Rücken]flosse *f*
❷ GASTR de dinde Flügelstück *nt*; de requin Flosse *f*
❸ d'un avion Querruder *nt*, Seitenleitwerk *nt*; d'un aéronef Querruder
❹ *(partie de la carrosserie)* Heckflosse *f*
❺ NAUT Hilfsruder *nt*
ailette [ɛlɛt] *f* ❶ *(empennage)* d'un missile [Stabilisierungs]flosse *f*; d'une fléchette Steuerfeder *f (am Wurfpfeil)*
❷ *(aube)* d'une turbine Schaufel *f*; d'un ventilateur Blatt *nt*
ailier [elje] *m* Flügelstürmer(in) *m(f)*; ~ droit/gauche Rechts-/Linksaußen *m*
ailler [aje] <1> *vt* mit Knoblauch einreiben
ailleurs [ajœʀ] *adv* ❶ woanders; chercher ~ woanders suchen; regarder ~ woandershin schauen; venir d'~ von woanders herkommen; nulle part ~ nirgendwo anders; partout ~ überall sonst
❷ en loc adv d'~, ... übrigens, im Übrigen; lui non plus d'~ er übrigens auch nicht; cette explication, d'~ excellente, ... diese Erklärung, die übrigens ausgezeichnet ist, ...; par ~ *(sinon)* sonst; *(en outre)* außerdem
▶ être ~ geistesabwesend sein; va te faire pendre ~! *fam* scher dich doch zum Teufel! *(fam);* va voir ~ si j'y suis *fam* du kannst mich mal *(fam)*
ailloli [ajɔli] *m* Knoblauchmayonnaise *f*, Knoblauchmajonäse *f*
aimable [ɛmabl] *adj* ❶ *(attentionné)* zuvorkommend, aufmerksam; c'est bien ~ à lui d'être venu es ist sehr freundlich von ihm, dass er gekommen ist; trop ~! *iron* tausend Dank! *(fam)*
❷ *(agréable, souriant)* nett, freundlich
aimablement [ɛmabləmɑ̃] *adv* ❶ *(avec politesse)* höflich
❷ *(avec cordialité)* freundlich
aimant [emɑ̃] *m* Magnet *m*
▶ attirer qn comme un ~ auf jdn wie ein Magnet wirken, jdn magnetisch anziehen
aimantation [emɑ̃tasjɔ̃] *f* ❶ *(dans un champ magnétique)* Anziehungskraft *f*
❷ d'un morceau en fer, d'une aiguille de compas Magnetisierung *f*
aimanter [emɑ̃te] <1> *vt* magnetisieren, magnetisch machen; un corps aimanté ein Magnet; une aiguille aimantée eine Magnetnadel
aimer [eme] <1> I. *vi (apprécier)* tu aimes? gefällt es dir?; moi, j'aime mir gefällt's
II. *vt* ❶ *(éprouver de l'amour)* lieben; je t'aime ich liebe dich
❷ *(éprouver de l'affection)* [gern] mögen
❸ *(apprécier)* mögen, gernhaben; j'aime que le travail aille vite ich habe es gern [o es gefällt mir], wenn die Arbeit schnell geht
❹ *(prendre plaisir à)* lieben *art, nature, risque;* bien ~ [o ~ assez] qc etw mögen; bien ~ [o ~ assez] faire qc etw gern tun; ~ le sport/les romans gern Sport treiben/Romane lesen; ~ la lecture/les voyages gern lesen/reisen; ~ chanter/danser gern singen/tanzen
❺ *(trouver bon)* mögen; gern essen *nourriture;* gern trinken *boisson;* j'aime le café ich mag Kaffee, ich trinke gern Kaffee

⑥ *(avoir besoin de)* **certaines plantes aiment l'ombre** manche Pflanzen lieben den Schatten
⑦ *(désirer, souhaiter)* **j'aimerais faire qc** ich würde gern etw tun; **il aimerait tant que tu le comprennes** er wünscht sich *(Dat)* so sehr, dass du ihn verstehst; **elle aimerait bien [o assez] que son projet aboutisse** sie möchte gern, dass ihr Projekt Erfolg hat
⑧ *(préférer)* ~ **autant** [o **mieux**] **qc** etw lieber mögen; **j'aime autant mardi** mir ist der Dienstag lieber; **j'aimerais mieux du fromage** ich hätte lieber [etwas] Käse; **ah bon! J'aime autant cela!** aha! [das ist *o* gefällt mir]] schon besser!; **j'aime mieux le football que le tennis** mir gefällt Fußball besser als Tennis; **j'aime autant m'en aller** ich gehe lieber weg; **j'aimerais autant** [o **mieux**] **que tu viennes** mir wäre es lieber, wenn du kämest [o kommen würdest]
▶ **qui m'aime me suive!** *prov* mir nach!
III. *vpr* ① *(d'amour)* **s'~** sich lieben
② *(d'amitié)* **s'~** sich mögen
③ *(se plaire)* **s'~ dans une robe/un rôle** sich *(Dat)* in einem Kleid/einer Rolle gefallen

aine [ɛn] *f* ANAT Leiste *f*, Leistenbeuge *f*; **des douleurs à l'~** Schmerzen in der Leistengegend

aîné(e) [ene] **I.** *adj* ① *(plus âgé de deux)* ältere(r, s)
② *(plus âgé de plusieurs)* älteste(r, s)
③ *(premier-né)* älteste(r, s)
II. *m(f)* ① *(plus âgé de deux)* Ältere(r, s)
② *(plus âgé parmi plusieurs)* Älteste(r, s); **elle est mon ~e de 3 ans** sie ist 3 Jahre älter als ich; **il est mon ~** er ist der Ältere von uns beiden
③ *(premier-né)* Älteste(r) *f(m)*; **son ~/~e** sein Ältester/seine Älteste
III. *mpl* ① *littér* **nos ~s** unsere Ahnen *(geh)*
② CAN **les ~s** *(le troisième âge)* die Senioren *Pl*

ainsi [ɛ̃si] *adv* ① *(de cette manière)* so; **c'est ~** so ist das [nun einmal]; **c'est mieux ~** so ist es besser; **s'il en est ~, ...** wenn es so ist, ...; **il en sera ~, et pas autrement** das wird so und nicht anders werden; **c'est ~ qu'il faut procéder: ...** so muss man das machen: ...; **et ~ de suite** und so weiter; **pour ~ dire** sozusagen
② ECCL ~ **soit-il!** amen!
③ *(par exemple)* so [zum Beispiel]; ~ **son frère** so zum Beispiel sein Bruder; ~ **il écrit: ...** so schreibt er [zum Beispiel]: ...
▶ ~ **donc** dann ... also; ~ **donc, c'est décidé?** dann ist es also entschieden?; ~ **que** *(comparaison)* [so] wie; *(énumeration)* und [auch], sowie

aïoli *v.* **ailloli**

air¹ [ɛʀ] *m* ① *sans pl (gaz)* Luft *f*; ~ **de la campagne/de la mer** Land-/Seeluft; ~ **de la montagne** Bergluft, Gebirgsluft; ~ **de la nuit** Nachtluft; **le grand ~, l'~ frais** die frische Luft; **se mettre au soleil les fesses/les seins à l'~** sich im Adamskostüm/Evaskostüm in die Sonne legen *(hum fam)*; **au grand ~** an der frischen Luft; **en plein ~, l'~** im Freien; **festival/concert en plein ~** Open-Air-Festival *nt*/-Konzert *nt*; **prendre l'~** ein wenig frische Luft schnappen; ~ **conditionné** Klimaanlage *f*; ~ **liquide** flüssige Luft
② *sans pl (brise)* Lüftchen *nt*; **il n'y a pas un souffle d'~** es regt sich kein Lüftchen; **il fait** [o **il y a**] **de l'~** es gibt ein leiser Wind [o ein Lüftchen]
③ *pl (ciel)* **les ~s** die Luft, die Lüfte *Pl (geh)*; **s'élever dans les ~s** sich in die Luft/in die Lüfte erheben
④ AVIAT Luft *f*; **par la voie des ~s** auf dem Luftwege; **armée de l'~** Luftwaffe *f*
⑤ *(haut)* **les mains en l'~!** Hände hoch!; **lancer/tirer en l'~** in die Luft werfen/schießen; **sauter en l'~** einen Luftsprung machen *(a. fig)*
⑥ *(atmosphère, ambiance)* **être dans l'~** in der Luft liegen; **avoir besoin de changer d'~** einen Klimawechsel brauchen
▶ **vivre de l'~ du temps** von der Luft [o von Luft und Liebe] leben; **être libre comme l'~** frei wie ein Vogel in der Luft sein; **ne pas manquer d'~** *fam* ganz schön dreist sein *(fam)*; **pomper l'~ à qn** *fam* jdm auf die Nerven [o auf den Geist *fam*] gehen; **parler en l'~** einfach drauflos reden; **des paroles/promesses en l'~** leere Worte/Versprechungen; **dire qc en l'~** etw nur so dahinsagen; **c'est comme si je crachais en l'~** *fam* das ist alles in den Wind geredet *(fam)*; **s'envoyer en l'~** *vulg* mit jdm schlafen [o ins Bett gehen] *(fam)*; **ficher** [o **foutre**] **en l'~** *fam* wegschmeißen *(fam)*; **tout ficher** [o **foutre**] **en l'~** *fam* alles hinschmeißen *(fam)*; **mettre en l'~** *fam* das Unterste zuoberst kehren *(fam)*; **se ficher** [o **foutre**] **en l'~** *fam* (*avoir un accident*) einen Unfall bauen *(fam)*; *(se suicider)* Schluss machen *(fam)*

air² [ɛʀ] *m* ① *(allure)* Aussehen *nt*; **avoir l'~ distingué/d'une reine** vornehm/wie eine Königin aussehen
② *(ressemblance)* ~ **de famille** [Familien]ähnlichkeit *f*; **il y a comme un ~ de famille entre Paul et lui** Paul hat eine gewisse Ähnlichkeit mit ihm, Paul sieht ihm ein bisschen ähnlich; **un faux ~ de qn** eine entfernte Ähnlichkeit mit jdm
③ *(expression)* Miene *f*, Gesichtsausdruck *m*; **d'un ~ décidé** mit Entschiedenheit; **prendre un ~ grave** eine ernste Miene aufsetzen, ein ernstes Gesicht machen; **avoir l'~ fin** eine komische Figur abgeben; **avoir l'~ idiot** ein dummes Gesicht machen; **prendre des ~s à la con** *pop* scheißvornehm tun *(sl)*; **pourquoi prends-tu cet ~ triste?** warum machst du so ein trauriges Gesicht?
④ *(apparence)* **avoir l'~** [**d'être**] **triste** traurig aussehen, einen traurigen Eindruck machen; **le gâteau a l'~ délicieux** der Kuchen sieht appetitlich [o lecker] aus; **cette proposition m'a l'~ idiote** dieser Vorschlag kommt mir dumm vor; **ça m'en a tout l'~** es sieht mir ganz danach aus; **il a tout l'~ d'être le directeur** er scheint der Direktor zu sein; **le restaurant a tout l'~** [**d'être**] **fermé** das Restaurant scheint geschlossen zu sein; **avoir tout l'~ d'être un meurtre** ganz nach einem Mord aussehen; **il a l'~ de faire froid** es scheint kalt zu werden; **tu as l'~ de ne pas me croire** du glaubst mir wohl nicht
▶ **n'avoir l'~ de rien** *personne:* harmlos aussehen; *chose:* nach nichts aussehen; *performance:* kinderleicht aussehen; **sans en avoir l'~, sans avoir l'~ de rien** [o **d'y toucher**] obwohl man es [gar] nicht vermuten würde, obwohl es gar nicht so den Anschein hat; **lui, avec son ~ de ne pas y toucher!** er, der [immer] so harmlos tut!, er, der [immer] so tut, als könnte er kein Wässerchen trüben! *(fam)*; **prendre** [o **se donner**] **des** [o **de grands**] **~s** sich aufspielen, sich aufblasen *(fam)*; **de quoi ai-je/aurais-je l'~?** wie stehe/stünde ich denn da?

air³ [ɛʀ] *m* ① *(mélodie)* Melodie *f*; ~ **d'opéra/d'opérette/de variété** Opern-/Operetten-/Schlagermelodie; ~ **populaire** Volksweise *f*
② *(aria)* Arie *f*; ~ **d'opéra/de concert** Opern-/Konzertarie *f*
③ *péj (discours)* Leier *f (fam)*; **c'est toujours le même ~!** das ist immer dieselbe Leier! *(fam)*
▶ **l'~ ne fait pas la chanson** der Schein trügt

airain [ɛʀɛ̃] *m vieilli littér* Bronze *f*

airbag [ɛʀbag] *m a. fig pop* Airbag *m*; ~ **latéral** Seiten-Airbag

airbus® [ɛʀbys] *m* Airbus *m*

aire [ɛʀ] *f* ① *(emplacement)* Platz *m*; ~ **de jeu/de stationnement** Spiel-/Parkplatz; ~ **de repos** [o **de pique-nique**] Rastplatz; ~ **de service** [Autobahn]raststätte *f* mit Tankstelle; ~ **d'atterrissage** Landestelle *f*, Landeplatz *m*; ~ **de lancement d'une fusée** Raketenabschussbasis *f*
② *(domaine)* ~ **d'influence/d'activité** Einfluss-/Tätigkeitsbereich *m*
③ ANAT Bereich *m*
④ MATH Flächeninhalt *m*
⑤ *(nid)* Horst *m*

airelle [ɛʀɛl] *f* BOT ① *(à baies noires)* Heidelbeere *f*, Blaubeere *f*
② *(à baies rouges)* Preiselbeere *f*; **confiture d'~s** Preiselbeermarmelade *f*

aisance [ɛzɑ̃s] *f* ① *(richesse)* Wohlstand *m*
② *(facilité, naturel)* Leichtigkeit *f*, Geschicktheit *f*; **avec ~** gewandt, geschickt, mit Leichtigkeit

aise [ɛz] *f* ① **être** [o **se sentir**] **à l'~** [o **à son ~**] sich wohl fühlen; **être** [o **se sentir**] **mal à l'~** sich nicht wohl fühlen; **se mettre à l'~** *(s'installer confortablement)* es sich *(Dat)* bequem machen; *(enlever sa veste)* ablegen; **mettez-vous à l'~!** legen Sie doch ab!; **en parler à son ~** gut reden haben; **en prendre à son ~ avec qn/qc** keine Rücksicht auf jdn/etw nehmen; **vivre à l'~** ein sorgenfreies Leben haben; **à ton/votre ~** bitte [schön], wie du willst/wie Sie wollen
② *pl* Bequemlichkeit *f*; **aimer ses ~s** seine Bequemlichkeit lieben, es sich *(Dat)* gern gemütlich machen; **prendre ses ~s** ganz ungeniert sein; *iron* sich ganz wie zu Hause fühlen
③ *littér (contentement)* **combler/remplir qn d'~** jdn mit Freude erfüllen *(geh)*
▶ **à l'~** [, **Blaise**] *fam* nichts leichter als das *(fam)*, mit links *(fam)*

aisé(e) [eze] *adj* ① *soutenu* einfach, leicht; **un dictionnaire ~ à consulter** ein leicht zu benutzendes Wörterbuch; **il est ~ de critiquer qc** es ist leicht etw zu kritisieren
② *(fortuné)* wohlhabend
③ *(naturel) style* flüssig; *ton* ungezwungen

aisément [ezemɑ̃] *adv (sans peine)* ohne Weiteres, mühelos

aisselle [ɛsɛl] *f* Achselhöhle *f*

Aix-la-Chapelle [ɛkslaʃapɛl] Aachen *nt*

ajonc [aʒɔ̃] *m* Stechginster *m*

ajouré(e) [aʒuʀe] *adj* durchbrochen

ajournement [aʒuʀnəmɑ̃] *m* **d'un examen, d'une élection, réunion** Verschiebung *f*; **d'un débat, procès, d'une séance** Vertagung *f*; **d'un litige** Zurückstellung *f*; **d'un paiement, remboursement** Aufschub *m*, Stundung *f*; ~ **de la date d'audience** JUR Aussetzung *f* [o Aussetzen *nt*] des Anhörungstermins
② *(renvoi) d'un candidat, conscrit* Zurückstellung *f*

ajourner [aʒuʀne] <1> *vt* ① *(reporter)* verschieben *voyage, rendez-*

ajout [aʒu] *m* Zusatz *m*, ergänzende Anmerkung
ajouter [aʒute] <1> **I.** *vt* ❶ *(mettre en plus)* hinzufügen; **on y ajoute maintenant une pincée de sel** jetzt kommt noch etwas Salz rein *(fam)*; **ajoute deux assiettes!** stell noch zwei Teller auf den Tisch!; **~ une note de gaieté à qc** einer S. *(Dat)* eine heitere Note geben
❷ *(additionner)* **~ qc à qc** etw zu etw dazurechnen [*o* addieren]
❸ *(dire en plus)* hinzufügen; **sans ~ un mot** ohne ein weiteres Wort; **~ que qn va faire qc** hinzufügen, dass jd etw tun wird; **ajoutez à cela que qn a bien fait qc** hinzu kommt noch, dass jd etw wirklich gemacht hat; **je n'ai rien à ~** dem habe ich nichts hinzuzufügen; **avez-vous qc à ~?** haben Sie noch etw zu ergänzen [*o* hinzuzufügen]
II. *vpr* **s'~** [*o* **venir s'~**] **à qc** zu etw [noch] hinzukommen
ajustage [aʒystaʒ] *m* Justierung *f*
ajustement [aʒystəmɑ̃] *m* ❶ *(retouche) d'un texte* [Ab]änderung *f*; *d'une jupe* Änderung *f*
❷ TECH Passung *f*
❸ ECON Anpassung *f*; **~ du cours** Kursanpassung; **~ des prix** Preisanpassung, Preiskorrektur; **~ des salaires** Lohnanpassung; **~ aménagé des salaires** gleitende Lohnanpassung; **~ de la valeur partielle** Teilwertberichtigung *f*
❹ STATIST Ausgleichen *nt*
ajuster [aʒyste] <1> **I.** *vt* ❶ *(régler, adapter)* passend machen; TECH anpassen; richtig einstellen *ceinture de sécurité, étrier*; passend machen, anpassen *vêtement*; **être ajusté(e)** *vêtement:* auf Taille gearbeitet [*o* tailliert] sein
❷ *(viser)* zielen auf *(+ Akk)*, aufs Korn nehmen
❸ *(équilibrer)* angleichen *salaires*
II. *vpr* ❶ *(s'emboîter)* **s'~ sur qc** auf [*o* in] etw *(Akk)* passen; **les pièces du puzzle s'ajustent entre elles** die Teile des Puzzles passen zusammen [*o* zueinander]
❷ *(s'adapter)* **s'~ à qc** für etw passend sein; **la robe ne s'ajuste pas à sa taille** das Kleid passt [*o* sitzt] [bei ihr] nicht in der Taille
ajusteur, -euse [aʒystœʀ, -øz] *m, f* Einrichter(in) *m(f)*
alaise *v.* **alèse**
alambic [alɑ̃bik] *m* Destillierkolben *m*, Retorte *f*
alambiqué(e) [alɑ̃bike] *adj discours* kompliziert; *style* geschraubt
alangui(e) [alɑ̃gi] **I.** *part passé de* **alanguir**
II. *adj pose* ermattet; *attitude, air* träge
alanguir [alɑ̃giʀ] <8> **I.** *vt soutenu* ❶ *(affaiblir)* ermatten *(geh)*
❷ *(amollir)* träge werden lassen
II. *vpr* **s'~** *(moralement)* träge werden; *(physiquement)* schwach [*o* kraftlos] werden
alarmant(e) [alaʀmɑ̃, ɑ̃t] *adj* alarmierend, besorgniserregend
alarme [alaʀm] *f* ❶ *(signal)* Alarm *m*, Alarmsignal *nt*; **donner** [*o* **sonner**] **l'~** Alarm auslösen [*o* schlagen *a. fig*]; **c'est une fausse ~** das ist blinder Alarm
❷ *(dispositif)* Alarmanlage *f*; **déclencher l'~** die Alarmanlage auslösen; **~ lumineuse** Warnleuchte *f*
❸ *(trouble, agitation)* Alarm *m*, Aufregung *f*; **jeter l'~ dans la région** eine Region in Unruhe [*o* Aufregung] versetzen
alarmer [alaʀme] <1> **I.** *vt* beunruhigen, alarmieren
II. *vpr* **s'~ de** [*o* **pour**] **qc** sich wegen etw ängstigen [*o* beunruhigen]
alarmiste [alaʀmist] *adj* dramatisierend
albanais [albanɛ] *m* **l'~** Albanisch *nt*, das Albanische *v. a.* **allemand**
albanais(e) [albanɛ, ɛz] *adj* albanisch
Albanais(e) [albanɛ, ɛz] *m(f)* Albaner(in) *m(f)*
Albanie [albani] *f* **l'~** Albanien *nt*
albâtre [albɑtʀ] *m* ❶ *(matière)* Alabaster *m*; **d'~, en ~** aus Alabaster
❷ *fig poét* **d'~** alabastern *(fig poet)*
albatros [albatʀos] *m* ZOOL Albatros *m*
albigeois(e) [albiʒwa, waz] **I.** *adj* aus Albi
II. *m(f)* HIST **les ~** die Albingenser *Pl*
albinisme [albinism] *m* MED Albinismus *m*
albinos [albinos] **I.** *adj* **lapin ~** Albinokaninchen *nt*
II. *mf* Albino *m*
album [albɔm] *m* ❶ *(cahier)* Album *nt*; **~ de photos/de timbres** Foto-/Briefmarkenalbum; **~ de famille** Familienalbum
❷ *(volume illustré)* Bildband *m*
❸ *(illustré pour enfants)* Bilderbuch *nt*
❹ *(bande dessinée)* Comicband *m*, Comicheft *nt*
❺ *(disque)* Album *nt*
❻ INFORM Album *nt;* **~ électronique** elektronisches Album
albumen [albymɛn] *m* Eiklar *nt*, Albumen *nt (Fachspr.)*; **l'~ de l'œuf** das Eiweiß
albumine [albymin] *f* Albumin *nt (Fachspr.)*; **avoir de l'~** Eiweiß

im Urin haben
alcali [alkali] *m* CHIM Alkali *nt*
alcalin(e) [alkalɛ̃, in] *adj* alkalisch; **métal ~** Alkalimetall *nt*
alcalinoterreux, -euse [alkalinoterø, øz] *adj* CHIM **métal ~** Erdalkalimetall *nt*
alcaloïde [alkaloid] *m* CHIM Alkaloid *nt*
alchimie [alʃimi] *f* Goldmacherei *f*, Alchimie *f*
alchimiste [alʃimist] *mf* Alchimist(in) *m(f)*
alcool [alkɔl] *m* ❶ CHIM Alkohol *m*; **~ à 90°** 90-prozentiger [*o* 90%iger] Alkohol; **teneur en ~** Alkoholgehalt *m*
❷ *(spiritueux)* Spirituose *f meist Pl*; **fort ~** hochprozentiges Getränk; **~ de poire/framboise** Birnen-/Himbeergeist *m*; **ne pas boire d'~** keinen Alkohol trinken; **offrir un** [**petit**] **~** einen Schnaps anbieten; **supporter** [*o* **tenir**] **l'~** trinkfest sein; **ne pas supporter** [*o* **tenir**] **l'~** keinen Alkohol vertragen
◆ **~ à brûler** [Brenn]spiritus *m;* **~ de menthe** Minztinktur *f*
alcoolémie [alkɔlemi] *f* Blutalkohol[spiegel *m*] *m*
alcoolique [alkɔlik] **I.** *adj boisson* alkoholisch, alkoholhaltig; *personne* alkoholabhängig
II. *mf* Alkoholiker(in) *m(f)*, Alkoholsüchtige(r) *f(m)*; **être un ~** Alkoholiker sein
alcoolisé(e) [alkɔlize] *adj* alkoholisch, alkoholhaltig; **être ~(e)** Alkohol enthalten
alcooliser [alkɔlize] <1> **I.** *vt* ❶ *(convertir en alcool)* in Alkohol verwandeln
❷ *(additionner d'alcool)* mit Alkohol versetzen; *vin* alkoholisieren
II. *vpr* **s'~** sich betrinken
alcoolisme [alkɔlism] *m* Alkoholismus *m;* **~ chez les jeunes** Jugendalkoholismus
alcoolo [alkɔlo] *mf fam* Alki *mf (fam)*
alcootest® [alkɔtɛst] *m* ❶ *(appareil)* [Alkoholtest]röhrchen *nt*, Alkoholtestgerät *nt*
❷ *(test)* Alkoholtest *m;* **subir un ~** sich einem Alkoholtest unterziehen [müssen]
alcôve [alkov] *f* Alkoven *m;* **histoires/secrets d'~** Bettgeschichten *Pl/*-geheimnisse *Pl*
aldéhyd [aldeid] *m* CHIM Aldehyd *nt*
al dente [aldɛnte] *adj inv* al dente
aléa [alea] *m souvent pl* [unangenehme] Zufälle *Pl;* **les ~s du métier** die beruflichen Risiken
aléas [alea] *mpl* Zufälligkeiten *Pl*, Zufälle *Pl;* **les ~ du métier** das Berufsrisiko
aléatoire [aleatwaʀ] *adj* ❶ *(incertain)* [rein] zufällig, zufallsbedingt
❷ MATH, INFORM Zufalls-; **variable ~** Zufallsvariable *f*; **grandeur ~** Zufallsgröße *f*; **essai ~** Zufallsversuch *m*
alémanique [alemanik] **I.** *adj* alemannisch; **la Suisse ~** die deutschsprachige Schweiz
II. *m* **l'~** Alemannisch *nt*, das Alemannische; *v. a.* **allemand**
alentour [alɑ̃tuʀ] *adv* ringsumher; **les fermes d'~** die umliegenden Gehöfte
alentours [alɑ̃tuʀ] *mpl* ❶ Umgebung *f*; **dans les ~** in der Umgebung; **aux ~ de Cassel** in der Umgebung von Kassel
❷ *fig* **aux ~ de minuit** gegen [*o* ungefähr um] Mitternacht; **aux ~ de 500 gens** ungefähr [*o* um die] 500 Leute
alerte [alɛʀt] **I.** *adj* schwungvoll; *vieillard* rüstig; *style* lebendig; **avoir l'esprit ~** geistig rege sein
II. *f* ❶ *(alarme)* Alarm *m;* **~ aérienne** Luftalarm, Fliegeralarm; **~ au gaz** Gasalarm; **~ à la pollution** Umweltalarm; **~ à la pollution due aux hydrocarbures** Ölalarm; **~ aux UV** UV-Alarm; **fausse ~** falscher Alarm, Fehlalarm; **exercice d'~** Probealarm, Alarmübung *f*; **donner l'~** Alarm geben [*o* auslösen]; **être en ~** [*o* **en état d'~**] in Alarmbereitschaft sein; **mettre un bateau en ~** [*o* **en état d'~**] ein Schiff gefechtsklar machen
❷ *(signes inquiétants)* Alarmsignal *nt*, Anzeichen *nt* von Gefahr; **la première** [*o* **moindre**] **~** beim ersten [*o* geringsten] Anzeichen von Gefahr
◆ **~ à la bombe** Bombenalarm *m;* **~ aux virus** Virenalarm *m*
alerter [alɛʀte] <1> *vt* ❶ *(donner l'alarme)* alarmieren
❷ *(informer)* in Kenntnis setzen
❸ *(attirer l'attention)* **c'est ce qui m'a alerté(e)** genau dies hat mich aufmerksam gemacht
alèse, alaise [alɛz] *f (pour le lit)* Matratzenschoner *m*, Bettunterlage *f*
aléser [aleze] <5> *vt* ausbohren
alevin [alvɛ̃] *m* PECHE Setzling *m*, Brütling *m*
aleviner [alvine] <1> *vt* mit Jungfischen [*o* Setzlingen] besetzen
Alexandre [alɛksɑ̃dʀ] *m* Alexander *m*
❷ HIST **~ le Grand** Alexander der Große
alexandrin [alɛksɑ̃dʀɛ̃] *m* Alexandriner *m*
Alexis [alɛksi] *m* ❶ Alexis *m*
❷ REL Alexius *m*
❸ HIST Alexios *m*
alezan [alzɑ̃] *m (cheval)* [Rot]fuchs *m*

alezan(e) [alzã, an] *adj* fuchsrot, rotbraun
alfa [alfa] *m (plante)* Espertogras *nt*, Alfagras *m*
algarade [algaʀad] *f fig* Auseinandersetzung *f*, Disput *m*
algèbre [alʒɛbʀ] *f* Algebra *f*
algébrique [alʒebʀik] *adj* algebraisch
Alger [alʒe] Algier *nt*
Algérie [alʒeʀi] *f* l'~ Algerien *nt*
algérien(ne) [alʒeʀjɛ̃, jɛn] *adj* algerisch
Algérien(ne) [alʒeʀjɛ̃, jɛn] *m(f)* Algerier(in) *m(f)*
algérois(e) [alʒeʀwa, waz] *adj* aus Algier [stammend]
Algérois(e) [alʒeʀwa, waz] *m(f)* Einwohner(in) *m(f)* von Algier
algol [algɔl] *m* INFORM ALGOL *nt*
algorithme [algɔʀitm] *m* Algorithmus *m*
algue [alg] *f* Alge *f*; **être envahi(e) par les ~s** *étang:* verkrauten *(Fachspr.)*
alias¹ [aljas] *adv* alias
alias² [aljas] *m* INFORM Alias *m*
alibi [alibi] *m* ❶ JUR Alibi *nt*; **fournir un ~** ein Alibi beibringen
  ❷ *(prétexte)* Alibi *nt*, Ausrede *f*
alicament [alikamã] *m mit gesundheitsfördernden Stoffen angereichertes Lebensmittel*
aliénable [aljenabl] *adj* JUR *patrimoine, droit* veräußerbar, veräußerlich
aliénant(e) [aljenã, ãt] *adj* entfremdend
aliénateur, -trice [aljenatœʀ, -tʀis] *m, f* JUR Veräußerer *m*/Veräußerin *f*
aliénation [aljenasjɔ̃] *f* ❶ PHILOS Entfremdung *f*
  ❷ *(perte)* Preisgabe *f*, Verlust *m;* **l'~ de la liberté/d'un droit** die Preisgabe [*o* der Verlust] der Freiheit/eines Rechts
  ❸ JUR Übertragung *f; de valeurs de capital* Veräußerung *f*
  ❹ MED **~ mentale** Geistesgestörtheit *f*
aliéné(e) [aljene] *m(f)* Geistesgestörte(r) *f(m)*, Geisteskranke(r) *f(m)*
aliéner [aljene] <5> I. *vt* ❶ *littér* preisgeben *(geh);* **~ sa liberté/un droit** seine Freiheit/ein Recht preisgeben
  ❷ JUR *(donner)* übertragen
  ❸ JUR *(vendre)* veräußern
  II. *vpr* **s'~ ses amis** sich seinen Freunden entfremden, seine Freunde gegen sich einnehmen; **s'~ la sympathie du public** sich *(Dat)* die Sympathien der Öffentlichkeit verscherzen
aligné(e) [aliɲe] *adj (disposé en ligne droite)* gerade; **être ~(e) in einer Reihe stehen**
alignement [aliɲ(ə)mã] *m* ❶ *(action d'aligner)* Aufstellen *nt* [*o* Anordnen *nt*] in einer Reihe
  ❷ *(rangée)* [schnurgerade] Reihe; **sortir de l'~** aus der Reihe ausscheren
  ❸ ARCHIT Flucht[linie *f*] *f;* **plan d'~** Fluchtlinienplan *m;* **~ d'une rue/de maisons** Straßen-/Häuserflucht *f;* **des maisons à l'~** Häuser, die in einer Flucht stehen
  ❹ *(mise en conformité)* **~ sur les normes européennes** Anpassung *f* an die europäischen Normen; **~ monétaire** Währungsangleichung *f*, Wechselkursangleichung *f;* **~ d'un pays sur une grande puissance** die Unterwerfung eines Landes unter eine Großmacht
aligner [aliɲe] <1> I. *vt* ❶ *(mettre en ligne)* in einer Reihe aufstellen; aufreihen *objets;* in Reih und Glied antreten lassen *soldats, troupes;* **~ des chiffres** Kolonnen von Zahlen schreiben; **~ un texte à gauche** einen Text linksbündig schreiben; TYP einen Text linksbündig setzen; **aligné(e) à gauche/à droite** TYP links-/rechtsbündig
  ❷ *péj (énoncer mécaniquement)* aneinanderreihen, herunterleiern *(pej fam)* mots, phrases, arguments
  ❸ *(rendre conforme)* **~ une monnaie sur qc** eine Währung an etw *(Akk)* angleichen; **~ une politique sur qc** eine Politik an etw *(Akk)* anpassen
  II. *vpr* ❶ *(se mettre en ligne)* **s'~** sich [in einer Reihe] aufstellen; **soldats, alignez-vous!** Soldaten, richt' euch!
  ❷ *(être en ligne)* in einer Reihe [*o* aufgereiht] stehen
  ❸ *(se conformer)* **s'~ sur qn/qc** sich nach jdm/etw richten
  ❹ POL **s'~ sur qn/qc** sich jdm/etw anpassen
  ▶ **tu peux toujours t'~** *fam* du kannst es ja versuchen, aber das kann leicht ins Auge gehen *(fam)*
aliment [alimã] *m* ❶ *(pour une personne)* Lebensmittel *nt*, Nahrungsmittel; **les ~s** *(ensemble des aliments)* die Nahrung, die Nahrung; **~s premier âge** Kindernahrung *f;* **~ liquide/solide** flüssige/feste Nahrung; **~s pour bébés** Babynahrung; **~s pour le barbecue** Grillgut *nt;* **~ riche en vitamines** Vitaminspender *m*
  ❷ *(pour un animal)* Futtermittel *nt; pl (ensemble des aliments)* Futter *nt;* **~ pour chiens/chats** Hunde-/Katzenfutter; **~s pour volaille[s]** Hühnerfutter
alimentaire [alimãtɛʀ] *adj* industrie ~ Nahrungsmittelindustrie *f;* régime ~ Diät *f;* denrées ~s Lebensmittel *Pl;* besoins ~s Nahrungsmittelbedarf *m*
alimentation [alimãtasjɔ̃] *f* ❶ *(action) d'une personne* Ernährung *f; d'un animal* Fütterung *f;* **~ équilibrée** ausgewogene Ernährung; **~ artificielle** MED künstliche Ernährung; **être sous ~ artificielle** künstliche Ernährung bekommen; **changer d'~** seine Ernährungsweise ändern; **avoir une bonne ~** *bétail:* gut im Futter stehen
  ❷ *(produits pour une personne)* Nahrung *f;* **~ pour bébés** Babykost *f;* **~ biologique** Bionahrung, Biokost
  ❸ *(produits pour un animal)* Futter *nt*
  ❹ *(commerce)* Lebensmittelhandel *m;* **magasin d'~** Lebensmittelgeschäft *nt;* **rayon ~** Lebensmittelabteilung *f;* **~ générale** *(magasin)* Lebensmittelgeschäft *nt; (enseigne)* Lebensmittel *Pl;* **~ animale** Futtermittelhandel *m*
  ❺ *(industrie)* Nahrungsmittelindustrie *f;* **~ animale** Futtermittelindustrie *f*
  ❻ *(approvisionnement) d'une ville, usine, machine* Versorgung *f;* **l'~ de l'usine en charbon** die Versorgung der Fabrik mit Kohle; **l'~ de la ville en eau/en électricité** die Wasser-/Stromversorgung der Stadt; **~ électrique** Stromversorgung; **~ papier** Papierzufuhr *f;* **~ en oxygène** Sauerstoffversorgung
alimenter [alimãte] <1> I. *vt* ❶ *(nourrir)* ernähren *personne;* füttern *animal;* **~ qn de force** [*o* **contre sa volonté**] jdn zwangsernähren
  ❷ *(approvisionner)* versorgen; **~ un moteur en essence** einen Motor mit Benzin versorgen; **~ une ville en eau/en électricité** eine Stadt mit Wasser/mit Strom versorgen
  ❸ *(entretenir)* **~ la haine de qn** jds Hass [neue] Nahrung geben; **~ la conversation** *personne:* das Gespräch in Gang halten; *événement:* für Gesprächsstoff sorgen
  II. *vpr* **s'~** *personne, animal:* Nahrung zu sich nehmen, sich ernähren
alinéa [alinea] *m* ❶ *(renfoncement)* Einzug *m;* **faire un ~** einrücken
  ❷ *(paragraphe)* Absatz *m*
aliter [alite] <1> I. *vt* **être alité(e)** das Bett hüten müssen; **devoir rester alité(e)** im Bett bleiben müssen
  II. *vpr* **s'~** sich ins Bett legen
alizé [alize] *m* Passat[wind *m*] *m*
Allah [a(l)la] *m* Allah *m*
allaitement [alɛtmã] *m* ❶ *(pour un bébé)* **~ maternel** Stillen *nt;* **~ artificiel** Flaschennahrung *f;* **~ mixte** Zwiemilchernährung *f;* **~ au biberon** Füttern *nt* mit der Flasche
  ❷ *(pour un animal)* **~ maternel** Säugen *nt;* **~ artificiel** Aufzucht *f* mit der Flasche
allaiter [alete] <1> I. *vi* stillen
  II. *vt* **la femme allaite son bébé** die Frau stillt ihr Baby; **la femelle allaite ses petits** das Weibchen säugt seine Jungen
allant [alã] *m* Schwung *m*, Tatendrang *m;* **avec ~** mit Elan; **être plein(e) d'~** voller Schwung [*o* Tatendrang] sein
alléchant(e) [aleʃã, ãt] *adj odeur, plat* verlockend; *proposition, promesse* verlockend, reizvoll
allécher [aleʃe] <5> *vt* ❶ *(mettre en appétit)* anlocken
  ❷ *(tenter en faisant miroiter qc)* ködern *personne*
allée [ale] *f* ❶ *(chemin dans une forêt, un jardin)* Weg *m*
  ❷ *(chemin bordé d'arbres)* Allee *f;* **~ de marronniers** Kastanienallee; **habiter au 3, ~ des acacias** in der Akazienallee 3 wohnen
  ❸ *(passage)* **~ centrale** [Mittel]gang *m*
  ❹ CH *(couloir d'entrée d'un immeuble)* Hauseingang *m*
  ▶ **faire des ~s et venues** hin und her gehen/fahren; **perdre son temps en ~s et venues** seine Zeit mit [unnötigen] Laufereien [*o* Fahrereien] vergeuden *(fam);* **c'était une ~ et venue continuelle** es herrschte ein ständiges Kommen und Gehen
allégation [a(l)legasjɔ̃] *f* ❶ *(affirmation)* Angabe *f*
  ❷ *(assertion douteuse)* Behauptung *f;* **des ~s mensongères** Unterstellungen *Pl*
allégé(e) [aleʒe] *adj* fettreduziert, fettarm; **produits ~s** Light-Produkte *Pl*
allégeance¹ [aleʒãs] *f vieilli* Erleichterung *f*
allégeance² [aleʒãs] *f* HIST **serment d'~** Treueeid *m*
allégement, allègement [alɛʒmã] *m des charges* Verringerung *f,* Entlastung *f;* **~ fiscal** [*o* **des impôts**] steuerliche Entlastung, Steuerbegünstigung *f;* **~s fiscaux** Steuererleichterungen *Pl;* **~ des coûts** ECON Kostenentlastung, **~ des programmes scolaires** Entlastung der Lehrpläne
alléger [aleʒe] <5> *vt* ❶ *(rendre moins lourd)* leichter machen; **~ un véhicule** ein Fahrzeug leichter machen, das Gewicht eines Fahrzeugs verringern; **~ sa valise de dix kilos** seinen Koffer um zehn Kilo leichter machen
  ❷ *(réduire)* senken *impôts;* entlasten *programmes scolaires*
allégorie [al(l)egɔʀi] *f* Allegorie *f*
allégorique [a(l)legɔʀik] *adj* allegorisch
allègre [a(l)lɛgʀ] *adj* munter, fröhlich; *musique, démarche* beschwingt
allégrement, allègrement [a(l)lɛgʀəmã] *adv* ❶ *(avec entrain)*

beschwingt; *marcher* flott
❷ *péj (avec légèreté ou inconscience)* frisch-fröhlich, ungeniert
allégresse [a(l)legʀɛs] *f* ausgelassene Freude; **~ générale** allgemeiner Jubel
allegro [al(l)egʀo] **I.** *adj, adv* allegro
II. *m* Allegro *nt*
alléguer [a(l)lege] <5> *vt* ❶ *(prétexter)* vorschützen; **~ un problème de santé** ein gesundheitliches Problem vorschützen
❷ *(prétendre)* **~ que qn va faire qc** behaupten, dass jd etw tun wird; **un ouvrage qui allègue que** ein Werk, in dem behauptet wird, dass
❸ *(invoquer)* anführen *témoignage, texte;* sich berufen auf (+ Akk) *auteur, autorité;* **~ un précédent jurisprudenciel** einen Präzedenzfall anführen
alléluia [a(l)leluja] **I.** *m* Halleluja *nt*
II. *interj* halleluja
Allemagne [almaɲ] *f* l'**~** Deutschland *nt;* l'**~ de l'Est/de l'Ouest** Ost-/Westdeutschland; l'**~ fédérale** die Bundesrepublik Deutschland; **la réunification des deux ~s** die [Wieder]vereinigung Deutschlands [*o* der beiden deutschen Staaten]; **dialecte de l'Est de l'~ centrale** ostmitteldeutscher Dialekt
allemand [almɑ̃] *m* l'**~** Deutsch *nt,* das Deutsche; **parler** [l']**~** Deutsch sprechen; **parler couramment** [l']**~** fließend Deutsch sprechen; **écrire en ~** auf Deutsch schreiben; **traduire en ~** ins Deutsche übersetzen; **le bas/haut ~** Nieder-/Hochdeutsch, das Nieder-/Hochdeutsche; **le moyen haut ~** Mittelhochdeutsch, das Mittelhochdeutsche; **forme du moyen haut ~** mittelhochdeutsche Form; **mot de l'~ moderne** neudeutsches Wort
allemand(e) [almɑ̃, ɑ̃d] *adj* ❶ *langue, mot, expression* deutsch; LING *(usité uniquement en Allemagne)* binnendeutsch *(Fachspr.);* **typiquement ~** urdeutsch
❷ *(produit en Allemagne)* **ces légumes sont ~s** dieses Gemüse kommt aus Deutschland
Allemand(e) [almɑ̃, ɑ̃d] *m(f)* Deutsche(r) *f(m);* **~(e) du Nord** Norddeutsche(r); **~(e)** [**en résidence**] **à l'étranger** Auslandsdeutsche(r)
aller¹ [ale] <*irr*> **I.** *vi + être* ❶ *(se déplacer à pied)* [zu Fuß] gehen; **on a sonné, peux-tu y ~?** es hat geklingelt; kannst du mal hingehen?; **y ~ en courant/en nageant** hinlaufen/hinschwimmen; **~ et venir** hin und her laufen
❷ *(se déplacer à cheval)* reiten
❸ *(pour faire quelque chose)* **~ à la boulangerie/au travail/à une exposition** zum Bäcker/zur Arbeit/zu einer Ausstellung gehen; **~ se coucher/se promener** schlafen gehen/spazieren gehen; **~ voir qn** jdn besuchen gehen; **je vais voir ce qui se passe** ich gehe [mal] nachsehen, was los ist; **~ au pain** *fam* Brot holen gehen *(fam);* **~ aux myrtilles** in die Blaubeeren gehen *(fam);* **~ chercher les enfants à l'école** die Kinder in [*o* von] [*o* aus] der Schule abholen gehen
❹ *(couvrir une distance) train:* fahren; *avion:* fliegen; **~ à Varsovie via Berlin** über Berlin nach Warschau fahren/fliegen
❺ *(faire un voyage)* reisen; **~ en Irlande** nach Irland reisen
❻ *(être acheminé)* **~ à Paris** *marchandise:* nach Paris geliefert werden; *courrier:* nach Paris gehen
❼ *(mener)* führen, gehen; **~ à Nancy** *route:* nach Nancy führen [*o* gehen]; **~ du village à la forêt/jusqu'à la mer** *chemin:* vom Dorf in den Wald/ans Meer führen [*o* gehen]
❽ *(s'étendre, atteindre)* **~ de ... à ...** *étendue:* von ... bis ... gehen, sich von ... bis ... erstrecken; *vacances:* von ... bis ... gehen [*o* dauern]; *texte:* von ... bis ... gehen; **~ jusqu'à la mer/au plafond** bis ans Meer/an die Decke reichen [*o* gehen]; **son souci d'économie va jusqu'à l'avarice** seine Sparsamkeit grenzt an Geiz
❾ *(avoir sa place quelque part)* **~ à la poubelle/lessive/cave** in den Müll[eimer]/die Wäsche/den Keller kommen; **son héritage va directement aux petits enfants** sein Erbe geht direkt an die Enkel
❿ *(être conçu pour)* **ce plat ne va pas au lave-vaisselle/micro-ondes** diese Schüssel ist nicht spülmaschinen-/mikrowellenfest
⓫ *(oser)* **~ jusqu'à faire qc** so weit gehen [*o* es wagen] etw zu tun; **je vais/j'irais jusqu'à voler** ich würde sogar [so weit gehen zu] stehlen; **~ jusqu'à qn pour obtenir justice** bis zu jdm gehen um zu seinem Recht zu kommen
⓬ *(progresser)* **~ vite** *personne:* schnell vorankommen; *chose:* schnell vorangehen; *nouvelles:* sich schnell herumsprechen; **les choses vont bon train** es [*o* die Sache] geht zügig voran
⓭ *(se porter)* **il va bien/mal/mieux** ihm geht es gut/schlecht/besser; **comment ça va/vas-tu/allez-vous?** wie geht's?/wie geht es dir?/Ihnen?; **comment va la santé?** was macht die Gesundheit?; **on fait ~!** *fam* es geht [halt] so! *(fam),* es muss eben gehen! *(fam);* **ça va pas, la tête?** du hast sie wohl nicht alle beisammen! *(fam),* sonst geht's dir noch gut! *(fam)*
⓮ *(fonctionner, évoluer)* gehen, laufen; **ça va les études?** was macht [*o* wie läuft] das Studium?; **comment vont les affaires?** was machen [*o* wie laufen] die Geschäfte?; **tout va bien à l'atelier?** geht in der Werkstatt alles klar? *(fam);* **tout va bien/mal** alles geht gut/schief; **ça va ~ mal** [*o* **mal ~**] **si tu ...** es wird Ärger geben, wenn du ...
⓯ *(connaître bientôt)* **~ au-devant de difficultés** sich auf Schwierigkeiten gefasst machen müssen
⓰ *(prévenir)* **~ au-devant des désirs de qn** jdm jeden Wunsch von den Augen ablesen
⓱ *(pour donner un âge approximatif)* **~ sur ses trois ans** bald drei [Jahre alt] sein
⓲ *(convenir à qn)* **ça va** das ist gut [*o* in Ordnung]; **ça ira** das passt schon, das ist okay *(fam);* **ça peut ~** es geht schon; **~ à qn** jdm zusagen [*o* recht sein]; **ça te va?** bist du damit einverstanden?; **ça me va!** einverstanden!, okay! *(fam);* **ça lui va bien de critiquer les autres!** ausgerechnet er/sie muss die anderen kritisieren!
⓳ *(être seyant)* **~ bien/mal à qn** jdm gut/nicht stehen [*o* passen]
⓴ *(être coordonné, assorti)* **~ avec qc** zu etw gehören; **~ ensemble** zusammengehören; **~ bien/mal avec qc** gut/schlecht zu etw passen; **ces personnes vont bien ensemble** diese Personen passen gut zusammen
㉑ *(convenir, être adapté à)* **cet outil va en toute circonstance** dieses Werkzeug eignet sich für jeden Zweck; **cette clé ne va pas sur cette serrure** der Schlüssel passt nicht in dieses Schloss
㉒ *(se dérouler)* **ne pas ~ sans difficulté** nicht ohne Schwierigkeiten ablaufen; **laisser ~** die Zügel schleifen lassen; **laisser ~ les affaires** die Sache laufen lassen *(fam)*
㉓ *(exagérer)* **comme tu y vas/vous y allez!** sonst noch was! *(fam),* **du bist/Sie sind [wirklich] gut!** *(fam)*
㉔ *(pour commencer, démarrer)* **on y va?** packen wir's an?, auf geht's! *(fam)*
㉕ *(produire)* **y ~ de sa petite chanson/de sa petite larme** wieder die alte Leier anfangen/zu weinen anfangen *(pej fam)*
㉖ *impers* **il y va de notre vie/ton avenir** es geht um unser Leben/deine Zukunft
㉗ *(ne rien faire)* **se laisser ~** *(se négliger)* sich gehen lassen, *(abandonner)* aufgeben, die Flinte ins Korn werfen; *(se décontracter)* sich entspannen; **se laisser ~ contre/dans qc** sich gegen etw/in etw *(Akk)* sinken lassen
㉘ *(être)* **il en va de la solitude comme du reste** mit der Einsamkeit verhält es sich genauso wie mit allem anderen; **il en va de même pour toi** dasselbe gilt auch für dich
▶ **cela/il va sans dire que qn a bien fait qc** das/es versteht sich von selbst, dass jd etw wirklich gemacht hat; **cela va de soi** [das ist doch] selbstverständlich; **ça va** [**comme ça**]**!** *fam* das reicht! *(fam);* **où allons-nous?** wo soll/wird das [noch] enden?; **rien ne va plus!** *(au casino)* rien ne va plus!, nichts geht mehr!
II. *aux + être* ❶ *(pour exprimer le futur proche)* **~ faire qc** gleich etw tun; **il va faire qc** er wird gleich etw tun; **le train va partir** der Zug fährt gleich ab; **il va pleuvoir d'un moment à l'autre** es wird jeden Moment zu regnen anfangen; **il va être midi** es ist fast Mittag; **elle allait faire qc** sie wollte gerade etw tun; **nous allions partir sans toi** wir wollten schon ohne dich losgehen/losfahren
❷ *(pour exprimer la crainte)* **et s'il allait tout raconter?** und wenn er nun alles erzählt?; **ne va pas croire/imaginer que qn a fait qc** glaub bloß [*o* nur] nicht, dass jd etw getan hat *(fam)*
III. *vpr + être* **s'en ~** ❶ *(partir à pied)* [weg]gehen, [fort]gehen; *(en voiture, à vélo, en bateau)* [weg]fahren, [fort]fahren; *(à cheval)* [weg]reiten, [fort]reiten; *(en avion)* [weg]fliegen, [fort]fliegen; **s'en ~ en vacances/à l'étranger** in Urlaub fahren/ins Ausland gehen
❷ *(disparaître) années:* verrinnen; *héritage:* zerrinnen; *fatigue:* verschwinden; *tache:* herausgehen; *croûte, cicatrice:* weggehen, abheilen
IV. *interj* ❶ **vas-y/allons-y/allez-y!** *(en route!)* los geht's! *(fam); (au travail!)* na dann wollen wir mal! *(fam);* **vas-y/allez-y!** *(pour encourager)* los!, mach/macht schon! *(fam); (à table)* nimm dir/nehmt euch nur!; **allons!** Kopf hoch! *(fam),* nur Mut!; **allons debout!** auf geht's! *(fam);* **allez, presse-toi un peu!** komm, beeil dich ein bisschen!; **allez, allez, circulez!** los, weitergehen/weiterfahren!; **allez, au revoir!** also dann, auf Wiedersehen!; **allons/allez donc!** *iron fam (c'est évident!)* natürlich!; *(vraiment?)* ach komm/kommen Sie! *(fam);* **et allez donc, ne vous gênez pas nur weiter so!** *(iron)*
❷ *(voyons!)* **un peu de calme, allons!** etwas Ruhe, bitte!; **allons, allons!** jetzt [mach/macht] mal langsam!
❸ *(pour exprimer la résignation, la conciliation)* **je le sais bien, va!** schon gut, ich weiß es ja! *(fam);* **allez, allez, ça ne sera rien!** schon gut, es wird schon werden! *(fam);* **allez savoir!** *(fam);* **allez donc lui faire comprendre ça!** bringen Sie ihr/ihm das mal bei!; **allez y comprendre quelque chose!** wie soll man daraus klug werden!
❹ *(non!?)* **allez!** *fam* [ach] komm! *(fam)*
❺ *(d'accord!)* **alors, va pour le ciné!** also gut, dann gehen wir eben ins Kino!

aller² [ale] *m* ❶ *(trajet à pied)* Hinweg *m* ❷ *(trajet en voiture, train)* Hinfahrt *f* ❸ *(trajet en avion)* Hinflug *m* ❹ *(voyage)* Hinreise *f*; **à l'~** hinwärts ❺ *(billet)* **~ simple** einfache Fahrkarte; **un ~ pour Grenoble, s'il vous plaît** bitte einmal Grenoble einfach; **~ retour** [Hin- und] Rückfahrkarte *f*
◆ **~** [et] **retour** *(voyage)* Hin- und Rückfahrt *f*; **n'avoir que le temps de faire l'~ retour** nur schnell hin- und zurückfahren können; **après deux ~s et retours** nach zweimaligem Hin- und Zurückfahren ▸ **flanquer un ~** [et] **retour à qn** *fam* jdm ein paar hinter die Löffel geben *(fam)*
allergène [alɛʀʒɛn] MED **I.** *adj* allergieauslösend
II. *m* Allergieauslöser *m*, **allergénique** [alɛʀʒenik] *adj* allergieauslösend
allergie [alɛʀʒi] *f* ❶ Allergie *f*; **~ alimentaire** Lebensmittelallergie; **~ médicamenteuse** [*o* **aux médicaments**] Arzneimittelallergie; **~ à la lumière/à la penicilline** Licht-/Penizillinallergie; **~ au latex/au nickel** Latex-/Nickelallergie; **~ au gluten** Glutenallergie; **faire une ~ aux poils de chat/aux pollens** eine Katzenhaar-/Pollenallergie haben, an einer Katzenhaar-/Pollenallergie leiden
❷ *fig* **faire une ~ au travail/à la bêtise** gegen Arbeit/Dummheit allergisch sein
allergique [alɛʀʒik] *adj* ❶ allergisch; **être ~ à la craie/aux pollens** gegen Kreide/Pollen allergisch sein
❷ *fig* **être ~ au travail/à la bêtise** gegen Arbeit/Dummheit allergisch sein
allergologie [alɛʀgoloʒi] *f* MED Allergologie *f (Fachspr.)*
allergologiste [alɛʀgɔlɔʒist], **allergologue** [alɛʀgɔlɔg] *mf* Allergologe *m*/Allergologin *f*
alliage [aljaʒ] *m* Legierung *f*; **~ léger** Leichtmetalllegierung; **~ d'or** Goldlegierung; **~ à base de cuivre** Kupferlegierung
alliance [aljɑ̃s] *f* ❶ *(engagement mutuel)* Bündnis *nt*, Allianz *f*; **conclure une ~** ein Bündnis schließen; **faire ~ avec qn** mit jdm ein Bündnis schließen; **une ~ entre partis politiques** eine Allianz [*o* ein Bündnis] zwischen politischen Parteien; **~ juridique** JUR Rechtsallianz
❷ *(union)* **~ entre deux personnes/familles** Verbindung *f* zwischen zwei Personen/Familien; **par ~** angeheiratet; **être** [des] **parents par ~** verschwägert sein
❸ *(combinaison)* Verbindung *f*
❹ *(anneau)* Ehering *m*, Trauring *m*
❺ REL Bund *m*
allié(e) [alje] **I.** *adj* ❶ POL verbündet, alliiert; **être ~**(e) **à qn** mit jdm verbündet sein
❷ JUR **être ~**(e) **à qn** mit jdm verschwägert sein
II. *m(f)* ❶ POL Bündnispartner(in) *m(f)*, Verbündete(r) *f(m)*
❷ *(ami)* Verbündete(r) *f(m)*; **trouver un ~/une ~ e en qn** in jdm einen Verbündeten/eine Verbündete finden
❸ *pl* HIST **les Alliés** die Alliierten
allier [alje] <1a> **I.** *vt* ❶ *(associer)* **~ la grâce à** [*o* **et**] **la force** Anmut mit Kraft verbinden [*o* vereinen *geh*]; **~ la bêtise à** [*o* **et**] **l'orgueil** dumm und überheblich zugleich sein
❷ CHIM **~ l'or à** [*o* **et**] **l'argent** Gold mit [*o* und] Silber legieren
II. *vpr* ❶ POL **s'~ à qn** sich mit jdm verbünden
❷ POL *(conclure une alliance avec)* **s'~ à qn** ein Bündnis mit jdm schließen
❸ *(s'associer)* **la grâce s'allie à** [*o* **avec**] **la force** die Anmut verbindet sich mit Kraft; **sa modestie s'allie à** [*o* **avec**] **son courage** seine/ihre Bescheidenheit verbindet sich mit seinem/ihrem Mut, er/sie vereint Bescheidenheit und Mut
❹ JUR **s'~ à une famille** in eine Familie einheiraten
alligator [aligatɔʀ] *m* Alligator *m*
allitération [a(l)liteʀasjɔ̃] *f* LITTER Alliteration *f*
allô [alo] *interj* hallo
allocataire [alɔkatɛʀ] *mf (titulaire)* Beihilfeberechtigte(r) *f(m)*, Leistungsberechtigte(r) *f(m)*; *(prestataire)* Beihilfeempfänger(in) *m(f)*
allocation [alɔkasjɔ̃] *f (somme)* Beihilfe *f*, Unterstützung *f*; ECON Geldleistung *f*; **~ chômage** Arbeitslosengeld *nt*; **~ logement** Wohngeld, Mietzuschuss *m*; **~ vieillesse** Altersbeihilfe; **~s familiales** Kindergeld *nt*, Familienbeihilfe (A); **~ parentale d'éducation** Ausbildungsbeihilfe für Eltern; **~ transitoire de retraite** Altersübergangsgeld
◆ **~ de fin de service** ≈ Übergangsbeihilfe *f*; **~ de fonds** Bereitstellung *f* von Kapital; **~ d'indemnité** Entschädigungsprämie *f*
allocution [alɔkysjɔ̃] *f* Ansprache *f*; **prononcer une ~** eine Ansprache halten; **~ radiophonique/télévisée** Radio-/Fernsehansprache
allogène [alɔʒɛn] *adj population humaine* zugewandert
allonge [alɔ̃ʒ] *f* ❶ ELEC Verlängerungskabel *nt*
❷ BOXE Reichweite *f*
allongement [alɔ̃ʒmɑ̃] *m* ❶ *(fait de s'allonger)* Verlängerung *f*; *d'un muscle* Streckung *f*; *des métaux* [Längs]dehnung *f*; *d'une voyelle* Längung *f*; **~ de la durée de la vie** zunehmende Lebensdauer *f*
❷ *(action d'allonger)* Verlängerung *f*; *d'un réseau de transport* Ausbau *m*
allonger [alɔ̃ʒe] <2a> **I.** *vi (devenir plus long)* **les jours allongent à partir du 21 décembre** ab dem 21. Dezember werden die Tage [wieder] länger
II. *vt* ❶ *(rendre plus long)* verlängern, länger machen; **cette robe allonge sa silhouette** dieses Kleid macht sie größer
❷ *(étendre)* recken *cou*; [aus]strecken *jambe, bras*; **~ le pas** schneller gehen
❸ *(coucher)* [ausgestreckt] hinlegen *blessé, enfant, malade*; **être allumé(e)** [ausgestreckt] liegen
❹ *(diluer)* strecken, verlängern *sauce*
III. *vpr* **s'~** ❶ *(devenir plus long) personne:* in die Höhe schießen; *ombres, taille:* länger werden; *métaux:* sich dehnen
❷ *(se prolonger) jours:* [wieder] länger werden; *durée moyenne de la vie:* zunehmen
❸ *(s'éterniser)* sich in die Länge ziehen
❹ *(s'étendre) route:* sich [dahin]ziehen
❺ *(se coucher)* sich hinlegen
allopathie [alɔpati] *f* Allopathie *f*
allouer [alwe] <1> *vt* ❶ *(attribuer)* gewähren, bewilligen, einräumen *crédit*; gewähren *indemnité, gratification*
❷ *(octroyer)* **le temps qui m'a été alloué est écoulé** die Zeit, die mir vorgegeben war, ist abgelaufen
allumage [alymaʒ] *m* ❶ *du feu* Anzünden *nt*, Entfachen *nt (geh)*; *du poêle* Anheizen *nt*; *d'un appareil de chauffage* Anstellen *nt*
❷ MECANAUT *(action)* Zündung *f*; *(dispositif)* Zündanlage *f*; **régler l'~** die Zündung einstellen; **~ électronique** Transistorzündung
allumé(e) [alyme] *adj* ❶ *(en feu) bougie, allumette* angezündet
❷ *(en marche) lampe, écran* angemacht
❸ *fig fam* abgefahren *(sl)*
allume-cigare [alymsigaʀ] <allume-cigares> *m* Zigarettenanzünder *m* **allume-feu** [alymfø] <allume-feux *o* allume-feu> *m* Kohlen-/Grillkohlenanzünder *m* **allume-gaz** [alymgaz] *m inv* Gasanzünder *m*
allumer [alyme] <1> **I.** *vt* ❶ *(faire brûler)* anzünden, entfachen *(geh) feu*; anzünden *cigarette, pipe*; **être allumé(e)** *feu, cigarette, pipe:* brennen
❷ *(mettre en marche)* anmachen *briquet, gaz*; einschalten *four*; anheizen *poêle*
❸ *(faire de la lumière)* anzünden *bougie*; anmachen, einschalten *lampe, lumière*; einschalten *projecteur*; **~ le couloir/la cave** im Flur/Keller [das] Licht [an]machen; **la cuisine/le bureau est allumé(e)** in der Küche/im Büro brennt [das] Licht
II. *vi* das Licht anmachen, Licht machen; **pourriez-vous ~ ?** würden Sie bitte das Licht anmachen [*o* Licht machen]?
III. *vpr* **s'~** ❶ *(s'enflammer) bûche, bois, papier:* [an]brennen, sich entzünden; *briquet:* zünden
❷ *(devenir lumineux) lumière, lampe, projecteur:* angehen; *yeux:* aufleuchten; *regard:* sich aufhellen; **sa fenêtre s'allume** in seinem/ihrem Fenster geht das Licht an
❸ *(se mettre en marche automatiquement) appareil:* sich einschalten, angehen
❹ *(être mis en marche) moteur, chauffage, appareil:* eingeschaltet [*o* angemacht] werden *(fam)*
❺ *(prendre naissance) sentiment, haine:* aufflammen, auflodern; *querelle:* sich entzünden
allumette [alymɛt] *f* ❶ Streichholz *nt*, Zündholz *nt*; **~ suédoise** Sicherheitszündholz *nt*; **frotter** [*o* **gratter**] **une ~** ein Streichholz anzünden
❷ GASTR [kleine] Blätterteigstange; **~ au fromage** [kleine] Käsestange, Käsegebäck *nt kein Pl*
allumeur [alymœʀ] *m* ❶ MECANAUT [Zünd]verteiler *m*
❷ TECH Zünder *m*, Zündvorrichtung *f*
allumeuse [alymøz] *f péj fam* Vamp *m*
allure [alyʀ] *f* ❶ *sans pl (vitesse)* Geschwindigkeit *f*, Tempo *nt*; **à cette ~** bei diesem Tempo; **ralentir l'~** das Tempo reduzieren [*o* herabsetzen]; **soutenir l'~** das Tempo halten; **à toute ~** mit voller Geschwindigkeit, in vollem Tempo; **à une ~ modérée** mit mäßiger Geschwindigkeit; **à vive ~** schnell; **à l'~ où vont les choses, ...** *fam* bei dem Tempo, in dem sich die Dinge entwickeln ...
❷ *sans pl (apparence)* Aussehen *nt*; **avoir belle ~** eine elegante Erscheinung sein; **avoir fière ~** sehr elegant [*o* vornehm] aussehen; **avoir de l'~** *personne:* Stil haben; *chose:* elegant wirken; **avoir l'~ d'un paysan** wie ein Bauer aussehen; **avoir une drôle d'~** seltsam aussehen [*o* wirken]; **prendre une drôle d'~** *chose:* eine merkwürdige Entwicklung nehmen
❸ *pl (airs)* Gebaren *nt*, Verhalten *nt*; **avoir des ~s de conspirateur** sich wie ein Verschwörer benehmen [*o* verhalten]
allusif, -ive [a(l)lyzif, -iv] *adj* vielsagend, voller Anspielungen; **parole/phrase allusive** Anspielung *f*; **être toujours ~** dauernd

Anspielungen machen
allusion [a(l)yzjɔ̃] f (sous-entendu) Anspielung f; **faire ~ à qn/qc** eine Anspielung auf jdn/etw machen, auf jdn/etw anspielen
alluvial(e) [a(l)lyvjal, jo] <-aux> adj angeschwemmt, alluvial (Fachspr.); **terrains alluviaux** Schwemmland nt
alluvions [a(l)lyvjɔ̃] fpl Schwemmland Pl
almanach [almana] m Kalender m
aloès [alɔɛs] m BOT Aloe f; **~ vera** Aloe Vera
aloi [alwa] ▶ **de bon ~** gut; **succès de bon ~** verdienter Erfolg; **gaieté de bon ~** echte Fröhlichkeit; **de mauvais ~** schlecht; **succès de mauvais ~** unverdienter Erfolg; **gaieté de mauvais ~** falsche Fröhlichkeit
alors [alɔʀ] I. adv ❶ (à ce moment-là) damals; **jusqu'~** bis dahin, bis zu diesem Zeitpunkt
❷ (par conséquent) da; **ma voiture était en panne, ~ j'ai pris l'autobus** mein Auto war kaputt, da habe ich den Bus genommen
❸ (dans ce cas) ja dann; **~, je comprends!** ja dann verstehe ich das!; **~, qu'est-ce qu'on fait?** ja, was machen wir denn da?; **mais ~, vous aviez raison!** dann hatten Sie ja doch Recht!
❹ fam (impatience, indignation) **~, tu viens?** also [o na], kommst du jetzt [endlich]? (fam); **~, c'est comme ça qu'on parle à son père?** ja, sag mal [o na, hör mal]! Redet man so mit seinem Vater? (fam)
▶ **et ~?** (la belle affaire!) na und? (fam); (suspense) und dann?; (perplexité) [du lieber Gott,] und jetzt [o was nun?] (fam); **~ là!** ja, dann!; **~ là, qu'est-ce qu'il a pris!** also, da hat er vielleicht was zu hören gekriegt! (fam); **non, mais ~!** nein, also wirklich! (fam)
II. conj **~ que** + indic ❶ (pendant que) während
❷ (tandis que) wohingegen, während
❸ (bien que) obwohl
alouette [alwɛt] f Lerche f
▶ **il/elle attend que les ~s lui tombent toutes rôties** [dans le bec] er/sie erwartet, dass ihm/ihr die gebratenen Tauben in den Mund fliegen
alourdir [aluʀdiʀ] <8> I. vt ❶ (rendre plus lourd) schwer[er] machen; **les livres alourdissent le sac** die Bücher machen die Tasche schwer[er]; **l'armure alourdit le chevalier** die schwere Rüstung belastet den Ritter [zusätzlich]
❷ (rendre pesant) schwerfällig machen pas, démarche; schwer machen paupières, tête; **l'humidité/la chaleur étouffante alourdit l'atmosphère** die Feuchtigkeit/die brütende Hitze drückt auf die Stimmung; **elle alourdit toujours ses phrases** sie formuliert ihre Sätze immer so schwerfällig; **trop de subordonnées alourdissent une phrase** zu viele Nebensätze machen einen Satz schwerfällig
❸ (augmenter) erhöhen impôts, charges
II. vpr **s'~** paupières: schwer werden; démarche: schwer[fällig] werden; **sa silhouette s'alourdit** er/sie wird fülliger
alourdissement [aluʀdismɑ̃] m ❶ (action) Schwererwerden nt; **d'impôts, de charges** Erhöhung f
❷ (lourdeur) Schwere f; **une sensation d'~** ein Gefühl der Schwere
aloyau [alwajo] m Rinderlende f, Rindslende (A, SDEUTSCH)
alpaga [alpaga] m ❶ (animal) Alpaka nt
❷ (tissu) Alpaka m
alpage [alpaʒ] m Alm f
alpaguer [alpage] <1> vt fam policier: schnappen
alpe [alp] f Alm f; **se trouver dans l'~** auf der Alm sein
Alpes [alp] fpl **les ~** die Alpen; **paysage des ~** Alpenlandschaft f
alpestre [alpɛstʀ] adj alpin
alpha [alfa] m Alpha m
alphabet [alfabɛ] m Alphabet nt, Abc nt; **réciter l'~** das Alphabet [o Abc] aufsagen; **~ phonétique** Buchstabieralphabet; **~ phonétique international** phonetische Lautschrift
alphabétique [alfabetik] adj alphabetisch; **par ordre ~** in alphabetischer Reihenfolge; **écriture ~** Buchstabenschrift f
alphabétisation [alfabetizasjɔ̃] f Alphabetisierung f
alphabétiser [alfabetize] <1> vt alphabetisieren, lesen und schreiben lehren personne, groupe social
alphanumérique [alfanymeʀik] adj alphanumerisch
alphapage [alfapaʒ] m Organizer m
alpin(e) [alpɛ̃, in] adj ❶ GEOG **chaîne ~e** Alpenkette f
❷ (relatif à la montagne) **plante ~e** [Hoch]gebirgspflanze f; **chalet ~** Chalet m
❸ (relatif à l'alpinisme) **club ~** Alpenverein m
alpinisme [alpinism] m Bergsteigen nt; **pratiquer l'~** Bergsteiger(in) m(f) sein
alpiniste [alpinist] mf Bergsteiger(in) m(f)
Alsace [alzas] f **l'~** das Elsass; **vin d'~** Wein m aus dem Elsass, Elsässer m
alsacien [alzasjɛ̃] m **l'~** Elsässisch nt, das Elsässische; v. a. **allemand**
alsacien(ne) [alzasjɛ̃, jɛn] adj elsässisch; **ville ~ne** elsässische

Stadt, Stadt f im Elsass
Alsacien(ne) [alzasjɛ̃, jɛn] m(f) Elsässer(in) m(f)
altération [alteʀasjɔ̃] f ❶ (détérioration) **d'un aliment** Verderben nt; **de la qualité** Minderung f; **~ due à l'entreposage** Lagerschaden m; **s'étonner de l'~ du caractère de qn** sich wundern, wie [sehr] sich jd zu seinem Nachteil verändert hat
❷ MED Alteration f (Fachspr.); **~ de la santé** Verschlechterung f des Gesundheitszustandes
❸ (décomposition) **des traits** Entstellung f; **l'~ de sa voix** seine/ihre seltsam veränderte Stimme
❹ (falsification) **d'un texte** Verstümmelung f, Entstellung f; **d'un fait, de la vérité** Verfälschung f, Verdrehung f; **~ de la concurrence** JUR Wettbewerbsbeeinträchtigung f
❺ MUS Versetzungszeichen nt
altercation [altɛʀkasjɔ̃] f [heftiger] Wortwechsel, Auseinandersetzung f
alter ego [altɛʀego] m inv Alter Ego nt
altérer [alteʀe] <5> I. vt ❶ (détériorer) beeinträchtigen amitié, relation, santé, sentiment; verändern couleur, métal; mindern qualité; verfälschen goût; **le caractère** den Charakter nachteilig verändern; **ce sont des données altérées** dies sind fehlerhafte Daten
❷ (décomposer) entstellen visage, traits; seltsam verändern voix
❸ (falsifier) entstellen sens; entstellen, verstümmeln texte; verfälschen (fam) fait, vérité
II. vpr **s'~** ❶ (se détériorer) qualité: beeinträchtigt [o gemindert] werden; aliment: verderben; vin: sauer werden, umkippen fam; relations: sich verschlechtern; caractère: sich zu seinem Nachteil verändern; couleur, matière: sich verändern; sentiment: erkalten
❷ (se décomposer) visage, traits: sich verzerren; voix: seltsam verändert klingen
altermondialo [altɛʀmɔ̃djalo] mf fam, **altermondialiste** [altɛʀmɔ̃djalist] mf Globalisierungsgegner(in) m(f)
alternance [altɛʀnɑ̃s] f ❶ (succession) Abfolge f, Aufeinanderfolge f; **~ des cultures** Fruchtwechsel m; **en ~ avec** im Wechsel mit
❷ POL [Macht]wechsel m, Regierungswechsel m
alternant(e) [altɛʀnɑ̃, ɑ̃t] adj abwechselnd, alternierend (geh)
alternateur [altɛʀnatœʀ] m TECH Wechselstromgenerator m; **d'une voiture** Lichtmaschine f; **~ triphasé** Drehstromgenerator m
alternatif, -ive [altɛʀnatif, -iv] adj ❶ TECH **mouvement ~** (dans le sens vertical) Auf-und-Abbewegung f; (dans le sens horizontal) Hin-und-Herbewegung f
❷ ELEC **courant ~** Wechselstrom m
❸ (qui offre un choix) **solution alternative** alternativ; **donner deux propositions alternatives** zwei mögliche Vorschläge zur Wahl stellen
❹ POL **mouvement ~** Alternativbewegung f
alternative [altɛʀnativ] f Alternative f; **~ résultant de la comparaison des frais** JUR Kostenvergleichsalternative (Fachspr.)
alternativement [altɛʀnativmɑ̃] adv abwechselnd
alterné(e) [altɛʀne] adj wechselnd, alternierend (geh); **rimes ~es** Kreuzreim m
alterner [altɛʀne] <1> I. vi abwechseln; **le week-end, l'équipe du matin alterne avec celle de l'après-midi** jedes Wochenende wechselt die Vormittagsschicht mit der Nachmittagsschicht; **de brusques tempêtes alternent avec des périodes de beau temps** plötzlich hereinbrechende Unwetter und Schönwetterperioden wechseln einander ab
II. vt AGR **la betterave et le blé** Rüben und Weizen im Wechsel anbauen; **~ les cultures** Fruchtwechsel durchführen
Altesse [altɛs] f Hoheit f; **Son Altesse Royale** form Seine/Ihre Königliche Hoheit; **Votre Altesse** form [Eure] Hoheit (form)
altier, -ière [altje, jɛʀ] adj hochmütig, stolz
altimètre [altimɛtʀ] m Höhenmesser m
altiport [altipɔʀ] m Landefläche im Hochgebirge
altiste [altist] mf Bratschist(in) m(f)
altitude [altityd] f ❶ GEOG, AVIAT (quantité mesurable) Höhe f; **l'~ de ce mont est de 400 m** dieser Berg ist 400 m hoch; **être [o se trouver] à 400 m d'~** sich in 400 m Höhe befinden; **village: en 400 m Höhe liegen; avoir une faible ~** ville: niedrig liegen; **voler à basse [o faible]/à haute ~** in geringer/großer Höhe fliegen; **être en ~** avion: sich in großer Höhe befinden; **perdre/prendre de l'~** an Höhe verlieren/gewinnen; **s'élever en ~** aufsteigen; **une ~ de vol de 9.000 m** eine Flughöhe von 9.000 m
❷ (situation) Hochlage f, Höhenlage f; **en ~** (en montagne) im Gebirge; METEO in höheren Lagen; **l'air en ~** die Höhenluft f; **une jolie petite ville en ~** ein hübsches Städtchen in Höhenlage
alto [alto] I. m ❶ (instrument) Bratsche f
❷ (musicien) Bratschist(in) m(f)
II. f (voix, partie) Altstimme f, Alt m
III. app inv **flûte/saxophone ~** Altflöte f/Altsaxophon nt
altruisme [altʀɥism] m Altruismus m
altruiste [altʀɥist] I. adj altruistisch
II. mf Altruist(in) m(f)

alu [aly] *m fam abr de* **aluminium** Alu *nt (fam)*
alumine [alymin] *f* Tonerde *f;* **acétate d'~** essigsaure Tonerde
aluminium [alyminjɔm] *m* Aluminium *nt;* **papier d'~** Aluminiumfolie *f*
alun [alœ] *m* CHIM Alaun *m*
alunir [alyniʀ] <8> *vi* auf dem Mond landen
alunissage [alynisaʒ] *m* Mondlandung *f;* **l'~ de la fusée** die Landung der Rakete auf dem Mond
alvéolaire [alveɔlɛʀ] *adj (ayant la forme d'une alvéole)* alveolär *f; (ayant un rapport à l'alvéole)* alveolar; PHON *consonne* alveolar *(Fachspr.)*
alvéole [alveɔl] *f* ❶ *(cellule de cire)* Wabe[nzelle *f*] *f*
❷ *(cavité)* **en forme d'~** wabenförmig; **des emballages en ~** Luftpolsterfolie *f;* **texture en ~** Porenstruktur *f*
❸ ANAT, MED Alveole *f (Fachspr.);* **~ dentaire/pulmonaire** Zahnfach *nt/*Lungenbläschen *nt*
❹ *(dépression d'une roche)* Aushöhlung *f*
alvéolé(e) [alveɔle] *adj* **texture ~e** Porenstruktur *f;* **carton ~** Wellpappe *f*
alzheimer [alzajmɛʀ] *m* Alzheimer *m*
amabilité [amabilite] *f* ❶ *(gentillesse)* Liebenswürdigkeit *f;* **être d'une ~ extrême** äußerst liebenswürdig [*o* zuvorkommend] sein; **faire un effort d'~** sich bemühen so freundlich wie möglich zu sein; **être surpris(e) de l'~ de l'accueil de qn** von jds Freundlichkeit beim Empfang überrascht sein; **être plein(e) d'~ envers qn** jdm gegenüber besonders liebenswürdig [*o* zuvorkommend] sein; **ayez l'~ de m'apporter un café** wären Sie so freundlich mir einen Kaffee zu bringen
❷ *pl (politesses)* Höflichkeiten *Pl;* **faire des ~s à qn** jdm Komplimente machen
amadou [amadu] *m* Zunder *m*
amadouer [amadwe] <1> *vt* ❶ *(gagner à ses fins)* umstimmen; **~ qn pour qu'il fasse qc** jdn dazu bringen etw zu tun; **ne pas être facile à ~** nicht so leicht zu erweichen sein
❷ *(apaiser)* besänftigen
❸ *(apprivoiser)* zähmen
amaigrir [amegʀiʀ] <8> *vt* **qc amaigrit qn** jd magert durch etw ab; **être amaigri(e) par qc** durch etw abgemagert sein; *joues:* durch etw eingefallen sein
amaigrissant(e) [amegʀisɑ̃, ɑ̃t] *adj* gewichtsreduzierend; **médicament/régime ~** Schlankheitsmittel *nt/*-kur *f*
amaigrissement [amegʀismɑ̃] *m d'une personne* Gewichtsverlust *m; du visage* Abmagern *nt; v. a.* **cure**
amalgame [amalgam] *m* ❶ **a.** MED *(alliage de métaux)* Amalgam *nt; (matière obturatrice)* Amalgamfüllung *f*
❷ *(mélange) de matériaux* Gemisch *nt; de gens, de choses* Mischung *f; d'idées* Amalgam *nt*
❸ POL **pratiquer l'~** alle über einen Kamm scheren *(bezogen auf Parteien unterschiedlicher Ausrichtung, mit der Absicht sie zu diskreditieren)*
amalgamer [amalgame] <1> I. *vt* amalgamieren *métal;* vermischen *éléments;* verbinden *programmes;* **~ du beurre et/à de la farine** Butter und/mit Mehl vermischen
II. *vpr (se mélanger)* **s'~ avec/à qc** sich mit etw vermischen
amande [amɑ̃d] I. *f* ❶ Mandel *f;* **~ amère/douce/pralinée** bittere/süße/gebrannte Mandel; **~ salée** Salzmandel; **en ~** mandelförmig
❷ *(graine)* Kern *m*
II. *app inv* **vert ~** lindgrün
amandier [amɑ̃dje] *m* Mandelbaum *m*
amanite [amanit] *f* BIO Wulstling *m;* **~ phalloïde** [grüner] Knollenblätterpilz; **~ tue-mouche[s]** Fliegenpilz *m*
amant(e) [amɑ̃, ɑ̃t] *m(f)* Liebhaber(in) *m(f); (seulement extraconjugal)* Geliebte(r) *f(m);* **les ~s** die Liebenden; **prendre un ~** sich *(Dat)* einen Liebhaber zulegen
amarante [amaʀɑ̃t] *f* Fuchsschwanz *m,* Amarant *m*
amarrage [amaʀaʒ] *m d'un navire* Ankern *nt*
amarre [amaʀ] *f d'une barque* Halteleine *f; d'un ballon* Seil *nt; d'un cerf-volant* Schnur *f;* **fixer l'~ d'une barque** ein Boot festmachen; **larguez les ~s!** Leinen los!
amarrer [amaʀe] <1> *vt* ❶ vertäuen *bateau;* belegen *cordage*
❷ *(fixer)* festmachen; *(avec une corde, une sangle)* festbinden; *(avec une chaîne)* festketten
amaryllis [amaʀilis] *f* Amaryllis *f*
amas [amɑ] *m de pierres* Haufen *m; de papiers* Berg *m; de souvenirs* Flut *f;* **tout un ~ de vêtements** ein ganzer Haufen Kleider *(fam)*
amasser [amɑse] <1> I. *vt* anhäufen *objets, fortune;* horten *nourriture, argent;* sammeln *preuves, documents*
II. *vi* ❶ *(thésauriser)* [Geld] horten
❷ *(accumuler)* ansammeln
III. *vpr* **s'~** *personnes, foule:* sich drängen; *problèmes, preuves:* sich häufen; *nuages:* sich zusammenballen
amateur, -trice [amatœʀ, -tʀis] I. *m, f* ❶ *(opp: professionnel)* Amateur(in) *m(f);* **en ~** als Amateur [*o* Hobby]
❷ *sans art (connaisseur)* **~ d'art/de musique** Kunst-/Musikliebhaber(in) *m(f);* **~ de jardins/d'opéra** Garten-/Opernfreund(in) *m(f);* **être ~ de belle musique** schöne Musik lieben; **être ~ de films/de bons vins** gerne Filme sehen/gute Weine trinken; **faire qc en ~** etw aus Liebhaberei tun
❸ *péj (dilettante)* Stümper(in) *m(f) (péj);* **faire du travail d'~, travailler en ~** stümperhaft arbeiten *(péj)*
❹ *(acheteur)* Interessent(in) *m(f);* **ne pas être ~** *fam* nicht interessiert sein; **trouver ~** *objet:* einen Liebhaber finden
II. *adj pas de forme féminine* **équipe ~** Amateurmannschaft *f;* **peintre ~** Hobbymaler(in) *m(f)*
amateurisme [amatœʀism] *m* ❶ SPORT Amateursport *m*
❷ *péj (en art)* Dilettantismus *m (péj); (dans le travail)* Stümperei *f (péj)*
amazone [amazon] *f (cavalière)* Reiterin *f; (guerrière)* Amazone *f;* **en ~** im Damensitz
ambages [ɑ̃baʒ] *fpl* ▶ **sans ~** ohne Umschweife *Pl*
ambassade [ɑ̃basad] *f* ❶ *(institution, bâtiment)* Botschaft *f; (personnel)* Botschaftspersonal *nt;* **l'~ de France** die französische Botschaft; **quartier des ~s** Diplomatenviertel *nt*
❷ *(mission)* **en ~ auprès de qn** als Unterhändler bei jdm; **envoyer qn en ~ auprès de qn** jdn als Unterhändler zu jdm entsenden
❸ *(députation)* Delegation *f*
ambassadeur [ɑ̃basadœʀ] *m* ❶ *(diplomate)* Botschafter *m;* **l'~ d'Allemagne** der deutsche Botschafter; **~ extraordinaire** Sonderbotschafter
❷ *(représentant)* Vertreter *m*
ambassadrice [ɑ̃basadʀis] *f* ❶ *(femme diplomate)* Botschafterin *f*
❷ *(représentante)* Vertreterin *f*
❸ *vieilli (femme d'ambassadeur)* Frau *f* eines/des Botschafters
ambiance [ɑ̃bjɑ̃s] *f* ❶ *(climat)* Atmosphäre *f; (entre personnes)* Stimmung *f;* **~ de travail** Arbeitsklima *nt,* Betriebsklima; **bonne ~ de travail** gutes Betriebsklima; **d'~** *lumière, musique* gedämpft; **l'~ est à l'orage** *fam* es herrscht dicke Luft *(fam);* **évoluer dans une ~ calme** in einem ruhigen Umfeld leben
❷ *(gaieté)* Stimmung *f;* **il y a de l'~** *fam* es herrscht [eine tolle] Stimmung; **mettre de l'~** für Stimmung sorgen; **mettre qn dans l'~** jdn einstimmen; **~ du tonnerre** *fam* Mordsstimmung *(fam)*
ambiant(e) [ɑ̃bjɑ̃, jɑ̃t] *adj* ❶ **atmosphère ~e** Raumklima *nt;* **température ~e** Zimmertemperatur *f,* Raumlufttemperatur, Umgebungstemperatur; **ce vin se boit à [la] température ~e** dieser Wein wird bei Zimmertemperatur getrunken; **à l'air ~** an der [frischen] Luft
❷ *fig idées, atmosphère* herrschend; *enthousiasme* allgemein
ambidextre [ɑ̃bidɛkstʀ] *adj* **être ~** beidhändig sein
ambigu, ambiguë [ɑ̃bigy] *adj* ❶ *(à double sens)* zweideutig; *(permettant plusieurs interprétations)* mehrdeutig; *(contradictoire)* widersprüchlich
❷ *(louche) personnage* undurchsichtig
ambiguïté [ɑ̃biguite] *f (double sens)* Zweideutigkeit *f; (permettant plusieurs interprétations)* Mehrdeutigkeit *f,* Doppelbödigkeit *f; (contradiction)* Widersprüchlichkeit *f;* **être plein(e) d'~s** *phrase:* zweideutig/mehrdeutig sein; **sans ~** *comportement, répondre, parler* unmissverständlich; **il n'y a pas d'~** es ist alles klar
ambitieux, -euse [ɑ̃bisjø, -jøz] I. *adj* ehrgeizig
II. *m, f* ehrgeiziger Mensch
ambition [ɑ̃bisjɔ̃] *f* ❶ *(désir de réussite)* Ehrgeiz *m; (prétention)* Ambition *f (geh);* **avoir de l'~/manquer d'~** Ehrgeiz/keinen Ehrgeiz haben; **avoir des ~s d'écrivain** schriftstellerische Ambitionen haben; **mettre toute son ~ à faire qc** alles daransetzen etw zu tun; **avoir l'~ de faire qc** die Absicht haben etw zu tun
❷ *euph (désir)* Wunsch *m*
ambitionner [ɑ̃bisjɔne] <1> *vt* ❶ *(convoiter)* anstreben *poste, prix, titre;* trachten nach *(geh) couronne*
❷ *(souhaiter)* **~ de faire qc** etw unbedingt tun wollen
ambivalence [ɑ̃bivalɑ̃s] *f* ❶ *(deux aspects cumulatifs)* Ambivalenz *f,* Mehrdeutigkeit *f*
❷ *(deux aspects contradictoires) des sentiments* Zwiespältigkeit *f*
ambivalent(e) [ɑ̃bivalɑ̃, ɑ̃t] *adj* ambivalent
amble [ɑ̃bl] *m d'un cheval, d'un chameau* Passgang *m*
ambre [ɑ̃bʀ] *m* ❶ *(résine)* [jaune] Bernstein *m;* **avoir une couleur d'~** bernsteinfarben sein
❷ *(substance parfumée)* **~ gris** Amber *m,* Ambra *f*
ambré(e) [ɑ̃bʀe] *adj* ❶ *(jaune, doré)* bernsteinfarben; *teint* gebräunt
❷ *(parfumé)* nach Ambra duftend
Ambroise [ɑ̃bʀwaz] *m* ❶ Ambrosius *m*
❷ HIST **~ de Milan** Ambrosius von Mailand
ambroisie [ɑ̃bʀwazi] *f* MYTH Ambrosia *f*
ambulance [ɑ̃bylɑ̃s] *f* Krankenwagen *m*
ambulancier, -ière [ɑ̃bylɑ̃sje, -jɛʀ] *m, f (conducteur)* Kranken-

wagenfahrer(in) *m(f)*
ambulant(e) [ãbylã, ãt] *adj marchand* fliegend; **cirque** ~ Wanderzirkus *m*; **troupe théâtrale** ~**e** Wanderbühne *f*; **musicien** ~ Straßenmusikant *m*; HIST fahrender Sänger; **bibliothèque** ~**e** Bücherbus *m*
ambulatoire [ãbylatwaʀ] *adj* ambulant; *malade* nicht bettlägerig; **service** ~ Ambulanz *f*; **opérer en service** ~ ambulant operieren
âme [ɑm] *f* ❶ Seele *f*; **prier pour le repos de l'**~ **de qn** für jds Seelenheil beten; **recommander son** ~ **à Dieu** Gott seine Seele befehlen
❷ *(qualité morale)* Wesen *nt*
❸ *(sensibilité)* Seele *f*, Herz *nt*; ~ **populaire** Volksseele; **de toute son** ~ aus tiefster Seele; *aimer* von ganzem Herzen; *chanter* inbrünstig; **mettre toute son** ~ **à faire qc** sein ganzes Herz daran hängen etw zu tun; **blesser qn jusqu'au plus profond de son** ~ jdn bis ins Mark treffen
❹ PSYCH *(esprit, conscience)* Seele *f*, Psyche *f*
❺ *(personne)* Seele *f*; **une bonne** ~ eine gute Seele; **un village de cent** ~**s** ein hundert Seelen Dorf; **il n'y a pas** ~ **qui vive** es ist keine Menschenseele da
❻ TECH *d'un conducteur électrique* Seele *f*; *d'un violon* Stimmstock *m*, Seele
▸ **en mon/son** ~ **et conscience** nach bestem Wissen und Gewissen; **vendre son** ~ **au diable** dem Teufel seine Seele verkaufen; **errer comme une** ~ **en peine** wie eine verlorene Seele umherirren; **être l'**~ **damnée de qn** *fam* für jdn durchs Feuer gehen; **avoir une** ~ **de chef** der geborene Chef/die geborene Chefin sein; **être l'**~ **de qc** die Seele einer S. *(Gen)* sein; **être violoniste dans l'**~ mit Leib und Seele Geiger sein; **fendre l'**~ **à qn** jdm das Herz zerreißen; **un cri à fendre l'**~ ein herzzerreißender Schrei; **rendre l'**~ *soutenu* seine Seele aushauchen *(geh)*; *iron fam machine*: den Geist aufgeben *(iron fam)*
♦ ~ **sœur** verwandte Seele
améliorable [ameljɔʀabl] *adj proposition* ausbauwürdig, verbesserungswürdig
amélioration [ameljɔʀasjɔ̃] *f* ❶ *pl* CONSTR *(travaux)* Verbesserung[smaßnahm]en *Pl*; *(pour embellir)* Verschönerung[sarbeit]en *Pl*; **faire des** ~**s dans une maison** (z.B. ein Haus innen) umbauen
❷ *(progrès)* Verbesserung *f*; METEO [Wetter]besserung; ~ **de la santé** Besserung; ~ **sur le marché de l'emploi** Besserung auf dem Arbeitsmarkt; **apporter une** ~ **à qc** eine Verbesserung an etw *(Dat)* vornehmen; **nécessiter une** ~ verbesserungsbedürftig sein; **il y a une** ~/**des** ~**s dans qc** etw [ver]bessert sich; **sa santé est en nette** ~ sie/er befindet sich eindeutig auf dem Wege der Besserung
♦ ~ **du résultat** ECON Ergebnisverbesserung *f*
améliorer [ameljɔʀe] <1> I. *vt* ❶ CONSTR sanieren; *(embellir)* verschönern; **son immeuble en y installant le chauffage central** sein Haus durch den Einbau einer Zentralheizung aufwerten; **maison qui mérite/mériterait d'être améliorée** ausbauwürdiges Haus
❷ *(rendre meilleur)* verbessern *conditions de travail, vie*; steigern *qualité, production*; aufbessern *budget*
II. *vpr* **s'**~ besser werden; *(dans son comportement)* sich bessern; *santé, situation, temps*: sich bessern; **tu ne t'améliores pas!** *hum* du wirst auch nicht besser!
amen [amɛn] *interj* amen
▸ **dire** ~ **à tout** zu allem ja und amen sagen *(fam)*
aménagement [amenaʒmã] *m* ❶ *(équipement)* Einrichtung *f*; ~ **intérieur** Inneneinrichtung *f*
❷ CONSTR *(modification)* Umbau *m*; *(extension)* Ausbau *m*; **l'**~ **du grenier en atelier** der Umbau/Ausbau des Dachbodens in ein/zu einem Atelier
❸ *(création, organisation) d'un quartier, d'une usine* Errichtung *f*; *d'un jardin, espace vert* Anlegen *nt*, Gestaltung *f*; ~ **de/du jardin** Gartengestaltung; ~ **de façade** Fassadengestaltung; ~ **d'un/du poste de travail** Arbeitsplatzgestaltung; ~ **d'un/du cours** Unterrichtsgestaltung
❹ *(adaptation)* Anpassung *f*
❺ *(réorganisation)* Umstellung *f*; ~**s fiscaux** Steuererleichterungen *Pl*
❻ ADMIN Planung *f*; ~ **rural** landwirtschaftliche Raumordnung; ~ **d'un quartier à urbaniser** Urbanisierung *f* eines Stadtviertels
❼ POL *d'un texte de loi, décret* [Ab]änderung *f*
♦ ~ **du paysage** Landschaftsplanung *f*; ~ **du temps** [*o* **des horaires**] **de travail** Arbeitszeitregelung *f*; ~ **du territoire** *(administration)* Raumordnung *f*; *(politique)* Raumordnungspolitik *f*
aménager [amenaʒe] <2a> *vt* ❶ *(équiper)* einrichten *pièce*; anbringen *étagère*; einbauen *placard*; ~ **la chambre avec des rideaux** das Zimmer mit Vorhängen ausstatten
❷ *(modifier par des travaux)* umbauen; ~ **un grenier en atelier** einen Dachboden zu einem Atelier umbauen; ~ **une chambre en bureau** ein Zimmer als Büro einrichten

❸ *(créer)* anlegen *jardin, parc*; errichten *quartier*
❹ *(adapter)* anpassen *finances*; umstellen *horaire*
❺ ADMIN ~ **une ville/le territoire** Stadtplanungs-/Raumordnungsmaßnahmen durchführen
❻ POL [ab]ändern *texte de loi, décret*
amendable [amãdabl] *adj* POL [ab]änderbar; **être** ~ [ab]geändert werden können
amende [amãd] *f (peine pécuniaire)* Geldstrafe *f*; *(pour sanctionner une contravention)* Geldbuße *f*; *(p.-v.)* gebührenpflichtige Verwarnung; *(somme)* Bußgeld *nt*; **avoir mille euros d'**~ tausend Euro Strafe zahlen müssen
▸ **faire** ~ **honorable** Abbitte leisten
amendement [amãdmã] *m* ❶ POL *d'une loi* [Ab]änderungsantrag *m*; JUR Novellierung *f*
❷ AGR *(amélioration)* [Boden]verbesserung *f*, Melioration *f (Fachspr.)*; *(substance)* Bodenverbesserer *m*
amender [amãde] <1> I. *vt* ❶ POL [ab]ändern
❷ AGR verbessern, meliorieren *(Fachspr.)*
❸ CH *(infliger une amende)* büßen (CH)
II. *vpr (se corriger)* **s'**~ sich bessern
amenée [am(ə)ne] *f (action)* Zufuhr *f*; *(dispositif)* Zuführung *f*
amener [am(ə)ne] <4> I. *vt* ❶ *fam (apporter)* mitbringen; ~ **qc à qn** jdm etw [mit]bringen
❷ *(mener)* ~ **qn à/chez qn** jdn zu jdm bringen; **qu'est-ce qui t'amène ici?** was führt dich hierher?
❸ *(acheminer)* bringen, befördern; leiten *gaz, liquide*; **être amené(e) d'Algérie** aus Algerien kommen
❹ *(provoquer)* ~ **qn à** etw verursachen, zu etw führen; **le vent a amené la pluie** der Wind hat Regen [mit]gebracht; **elle ne vous amènera que des ennuis** sie wird Sie/euch nur in Schwierigkeiten bringen
❺ *(entraîner à)* ~ **qn à faire qc** jdn dazu bringen etw zu tun; *circonstance*: jdn veranlassen etw zu tun
❻ *(introduire)* bringen *thème*; anbringen *citation, plaisanterie*; **conclusion bien amenée** sehr schlüssige Folgerung
❼ *(diriger)* ~ **la conversation sur un sujet** das Gespräch auf ein Thema bringen
II. *vpr fam (se rappliquer)* **s'**~ auftauchen; **amène-toi!** komm [schon] her! *(fam)*
aménité [amenite] *f d'un lieu* Annehmlichkeit *f*; *d'une personne* Liebenswürdigkeit *f*
aménorrhée [amenɔʀe] *f* MED Amenorrhö[e] *f (Fachspr.)*
amenuisement [amənɥizmã] *m* Schwinden *nt (geh)*; *des chances* Verringerung *f*; *des forces* Nachlassen *nt*; *des ressources* Abnahme *f*
amenuiser [amənɥize] <1> I. *vt* ❶ *(affaiblir)* schwächen
❷ *(réduire)* verringern *chances, espoir*
II. *vpr* **s'**~ *espoir*: schwinden *(geh)*; *forces*: nachlassen; *provisions, ressources*: abnehmen; *valeur*: sich verringern; *son*: ersterben *(geh)*
amer, -ère [amɛʀ] *adj* ❶ *(aigre)* bitter; **substance amère** Bitterstoff *m*; **avoir la bouche amère** einen bitteren Geschmack im Mund haben
❷ *parole, sourire, ironie* bitter; *déception, critique* herb; *souvenir* schmerzlich; **ses paroles étaient amères** er/sie klang verbittert
amèrement [amɛʀmã] *adv* bitter; *critiquer* scharf
américain [ameʀikɛ̃] *m* **l'**~ das amerikanische Englisch; *v. a.* **allemand**
américain(e) [ameʀikɛ̃, ɛn] *adj* amerikanisch
▸ **à l'**~**e** GASTR [auf] amerikanisch[e Art]
Américain(e) [ameʀikɛ̃, ɛn] *m(f)* Amerikaner(in) *m(f)*; ~ **du Nord/Sud** Nord-/Südamerikaner(in)
américanisation [ameʀikanizasjɔ̃] *f (action, résultat)* Amerikanisierung *f*
américaniser [ameʀikanize] <1> I. *vt* amerikanisieren
II. *vpr* **s'**~ zunehmend amerikanisch geprägt sein; *mode de vie*: sich amerikanischen Verhältnissen angleichen
américanisme [ameʀikanism] *m (idiotisme, emprunt)* Amerikanismus *m*; *(études)* Amerikanistik *f*
amérindien(ne) [ameʀɛ̃djɛ̃, jɛn] *adj* indianisch; **langue** ~**ne** Indianersprache *f*
Amérindien(ne) [ameʀɛ̃djɛ̃, jɛn] *m(f)* Indianer(in) *m(f)* [aus Nordamerika]
Amérique [ameʀik] *f* **l'**~ Amerika *nt*; **l'**~ **du Nord/du Sud** Nord-/Südamerika; **région de l'**~ [*o* **d'**~] **du Nord** nordamerikanische Gegend; **l'**~ **centrale** Zentralamerika, Mittelamerika; **l'**~ **latine** Lateinamerika; **région d'**~ **centrale** mittelamerikanische [*o* zentralamerikanische] Region
Amerloque [amɛʀlɔk] *m péj fam* Ami *m (pej fam)*
amerrir [ameʀiʀ] <8> *vi* wassern
amerrissage [ameʀisaʒ] *m* Wasserung *f*, Wassern *nt*, Wasserlandung *f*; ~ **forcé** Notwasserung
amertume [amɛʀtym] *f* ❶ *(tristesse)* Bitterkeit *f*; **être plein(e) d'**~ [ganz] verbittert sein; **des reproches pleins d'**~ bittere Vorwürfe

❷ *(goût amer)* Bitterkeit *f*, bitterer Geschmack
améthyste [ametist] **I.** *f* Amethyst *m*
II. app inv amethystfarben
amétropie [ametʀɔpi] *f* MED Fehlsichtigkeit *f*
ameublement [amœbləmã] *m (meubles)* Möblierung *f*; *(avec tapis, rideaux)* Einrichtung *f*; **les articles d'~** die Möbel; *(avec tapis, rideaux)* die Einrichtungsgegenstände; **magasin d'~** Einrichtungshaus *nt*; **rayon ~** Möbelabteilung *f*; **tissu d'~** Deko|rations|stoff *m*; **l'~ de son salon est de style Louis XVI** sein/ihr Wohnzimmer ist im Louis-seize-Stil eingerichtet
ameublir [amœbliʀ] <8> *vt* ❶ JUR zum Mobiliarvermögen rechnen
❷ auflockern *sol*
ameuter [amøte] <1> *vt* ❶ *(alerter)* alarmieren; **tais-toi, tu vas ~ toute la rue** sei still, sonst läuft die ganze Straße zusammen
❷ *(soulever)* **~ la foule contre qn** die Menge gegen jdn aufhetzen; **~ la foule contre qc** die Menge gegen etw aufwiegeln
ami(e) [ami] **I.** *m(f)* ❶ Freund(in) *m(f)*; **~ d'enfance** Jugendfreund(in) *m(f)*; **~ de la famille** Freund der Familie; **~(e) des arts** Kunstliebhaber(in) *m(f)*; **~(e) des bêtes/de la nature** Tier-/Naturfreund(in) *m(f)*; **mon cher ~/ma chère amie** mein Lieber/meine Liebe; *iron* mein lieber Freund/meine Liebe; **mon pauvre ~!** du Ärmster!; **se faire des ~s** Freunde finden; **en ~** als Freund(in)
❷ *(amant(e))* Freund(in) *m(f)*; **petit ~/petite ~e** [fester] Freund/[feste] Freundin
▶ **faux ~** Faux ami *m* *(Wort einer Fremdsprache, das in Schrift- und/oder Lautbild einem [Fremd]wort der Muttersprache ähnelt, aber eine andere Bedeutung hat)*
II. adj *regard, parole* freundschaftlich; *pays* befreundet; **être très ~(e) avec qn** mit jdm eng *[o* sehr gut*]* befreundet sein
amiable [amjabl] *adj décision, constat* einvernehmlich; *liquidation* gütlich; **divorcer/s'arranger à l'~** sich gütlich trennen/einigen
amiante [amjãt] *m* Asbest *m*; **combinaison en ~** Asbestanzug *m*; **fil d'~** Asbestfaser *f*; **sans ~** *édifice, ciment* asbestfrei
amibe [amib] *f* Amöbe *f*
amibiase [amibjaz] *f* MED Amöbenruhr *f*
amibien(ne) [amibjɛ̃, jɛn] *adj* amöbisch
amibiens [amibjɛ̃] *mpl* Amöben *Pl*
amical(e) [amikal, o] <-aux> *adj* ❶ *rencontre, relation, conseil* freundschaftlich; *attitude* freundlich; *sourire* herzlich; **être très ~(e) avec qn** sehr freundlich zu jdm sein
❷ SPORT **match ~** Freundschaftsspiel
amicale [amikal] *f (association)* Vereinigung *f*; **~ sportive** Sportvereinigung *f*; **~ des anciens élèves** Freundeskreis *m* der ehemaligen Schüler
amicalement [amikalmã] *adv* ❶ freundschaftlich; *recevoir* herzlich
❷ *(formule de fin de lettre)* herzliche Grüße; **bien ~** herzlichst
amidon [amidɔ̃] *m* ❶ Stärke *f*; **teneur en ~** Stärkegehalt *m*; **~ de riz** Reisstärke
❷ *(pour le linge)* [Wäsche]stärke *f*
amidonner [amidɔne] <1> *vt* stärken
amincir [amɛ̃siʀ] <8> **I.** *vt* schlank[er] machen; schlanker erscheinen lassen *hanches, taille*
II. vi fam abnehmen
III. vpr s'~ *personne:* schlanker werden; *tissu, couche:* dünner werden
amincissant(e) [amɛ̃sisã, ãt] *adj* ❶ *(qui fait paraître plus mince)* **être ~(e)** *robe:* schlank machen
❷ *(qui fait mincir)* **crème ~e** Schlankheitscreme *f*
amincissement [amɛ̃sismã] *m du corps* Schlank[er]werden *nt*; **d'une couche de glace** Dünnerwerden *nt*
aminé(e) [amine] *adj* **acide ~** Aminosäure *f*
amine [amin] *f* BIO, CHIM Amin *nt (Fachspr.)*
amiral [amiʀal, o] <-aux> **I.** *m* ❶ Admiral *m*
❷ HIST *(titre honorifique)* Großadmiral *m*
II. app vaisseau ~ Flaggschiff *nt*
amirale [amiʀal] *f vieilli (épouse d'un amiral)* Frau *f* eines Admirals
amirauté [amiʀote] *f* Admiralität *f*
amitié [amitje] *f* ❶ *(affection)* Freundschaft *f*; *(sympathie)* Zuneigung *f*; **par ~ pour qn** aus Freundschaft zu jdm; **se lier d'~ avec qn** sich mit jdm anfreunden; **prendre qn en ~** jdn ins Herz schließen; **se prendre d'~ pour qn** Zuneigung zu jdm fassen; **avoir de l'~ pour qn** jdn mögen
❷ *(entente entre pays)* Freundschaft *f*
❸ *pl (formule de fin de lettre)* **~s de Bernadette** alles Liebe, Bernadette; **faire toutes ses ~s à qn** jdn herzlich grüßen lassen; **présente toutes mes ~s à tes parents** grüß deine Eltern herzlich von mir
❹ *(plaisir)* **nous ferez-vous l'~ de venir chez nous ce soir?** würden Sie uns die Freude machen heute abend zu uns zu kommen?

▶ **~s particulières** *vieilli* gleichgeschlechtliche Beziehungen
ammoniac [amɔnjak] *m* CHIM Ammoniak *nt*
ammoniac, ammoniaque [amɔnjak] *adj* **gomme ammoniaque** Ammoniakgummi *nt*
ammoniacal(e) [amɔnjakal, o] <-aux> *adj* **puanteur ~e** Ammoniakgestank *m*; **sels ammoniacaux** Ammoniumsalze *Pl*
ammoniaque [amɔnjak] *f (liquide)* Salmiakgeist *m*
amnésie [amnezi] *f* MED Amnesie *f (Fachspr.)*, Gedächtnisschwund *m*; **souffrir d'~** an Amnesie *(Dat)* leiden
amnésique [amnezik] **I. adj** an Gedächtnisschwund *(Dat)* leidend, amnestisch *(Fachspr.)*
II. mf an Gedächtnisschwund *(Dat)* Leidende(r) *f(m)*
amniocentèse [amnjosɛ̃tɛz] *f* Fruchtwasseruntersuchung *f*
amniotique [amnjɔtik] *adj* amniotisch *(Fachspr.)*; **cavité ~** Amnionhöhle *f (Fachspr.)*; **liquide ~** Fruchtwasser *nt*
amnistie [amnisti] *f* Amnestie *f*; **accorder l'~ à qn** jdm Amnestie gewähren
amnistier [amnistje] <1a> *vt* amnestieren
amocher [amɔʃe] <1> **I.** *vt fam* ❶ *(abîmer)* ramponieren *(fam)*
❷ *(blesser)* [übel] zurichten
II. vpr pop il s'est bien amoché *(il s'est blessé)* es hat ihn schwer erwischt *(fam)*
amoindrir [amwɛ̃dʀiʀ] <8> **I.** *vt* schwächen *autorité, confiance, forces*; schmälern *mérite*
II. vpr *forces, facultés:* abnehmen; *fortune:* sich verringern
amoindrissement [amwɛ̃dʀismã] *m* **~ de la responsabilité** JUR Haftungsminderung *f (Fachspr.)*
amollissant(e) [amɔlisã, ãt] *adj* erschlaffend
amollir [amɔliʀ] <8> **I.** *vt* ❶ *(rendre mou)* weich machen; schmelzen lassen *cire, beurre*; aufweichen *asphalte*
❷ *(rendre moins énergique) (physiquement)* träge *[o* matt*]* machen; *(moralement)* verweichlichen; schwächen *volonté*; ins Wanken bringen *résolution*
II. vpr s'~ ❶ *(devenir mou)* weich werden; *beurre, cire:* schmelzen
❷ *(faiblir) personne:* [ganz] träge werden; *énergie:* nachlassen; **ses jambes s'amollissent** er/sie bekommt weiche Knie
amonceler [amɔ̃s(ə)le] <3> **I.** *vt* ❶ *(entasser)* aufhäufen, auftürmen; **~ des feuilles mortes** trockenes Laub zu einem Haufen zusammenfegen
❷ *(accumuler)* anhäufen *richesses*; zusammentragen *documents, preuves*
II. vpr s'~ *neige:* sich türmen; *courrier:* sich anhäufen; *nuages:* sich auftürmen, sich zusammenballen; *preuves, demandes:* sich häufen
amoncellement [amɔ̃sɛlmã] *m* Haufen *m*; **~ de lettres** Stapel *m*
amont [amɔ̃] *m* ❶ *d'un cours d'eau* Oberlauf *m*; **aller vers l'~** flussaufwärts gehen/fahren; **en ~** flussaufwärts; **en ~ de Valence** flussaufwärts von Valence; **se trouver en ~ de Valence** *ville:* flussaufwärts von Valence liegen
❷ *(côté au-dessus du skieur, randonneur)* Berghang *m*; **en ~** bergwärts; **ski ~** Bergski *m*, Bergschi *m*
❸ *(ce qui vient avant)* **l'industrie en ~** die zuvor *[o* zunächst*]* beteiligten Industriebetriebe, die vorgeschalteten Industriebetriebe
amoral(e) [amɔʀal, o] <-aux> *adj* amoralisch
amorçage [amɔʀsaʒ] *m* ❶ *(action) d'un explosif* Scharfmachen *nt*; PECHE Vorfüttern *nt (Fachspr.)*; *d'une ligne de pêche* Beködern *nt*
❷ *(dispositif)* Zünder *m*
amorce [amɔʀs] *f* ❶ *d'une cartouche* Zündhütchen *nt*; *d'un obus, d'une mine* Zünder *m*; *d'un pistolet d'enfant* Zündblättchen *nt*; **pistolet à ~s** Knallpistole *f*
❷ *(appât)* Köder *m*; PECHE Köder, Lockfutter *nt*; **~ en particules** Partikelköder *m (Fachspr.)*; **montage de l'~** Beködern *f (Fachspr.)*; **d'une couche de glace** Dünnerwerden *nt*
❸ *(début) d'une route, voie ferrée* erstes Teilstück; *d'une pellicule* [Film]anfang *m*; **faire l'~ d'un trou** ein Loch vorbohren
❹ *(phase initiale) d'une négociation, d'un projet* Beginn *m*; *d'une idée* Keim *m*; **d'une réforme** Reformansatz *m*; **~ d'un/du contrat** Vertragsvorlauf *m*
❺ INFORM Ladeprogramm *nt*
amorcer [amɔʀse] <2> **I.** *vt* ❶ scharf machen *explosif*
❷ PECHE beködern *hameçon*; **~ l'hameçon avec un ver** einen Wurm anködern
❸ *(mettre en état de fonctionner)* betriebsbereit machen *syphon*; **~ une pompe** ansaugen lassen
❹ *(commencer à percer)* vorbohren *trou*; **~ une route/un tunnel** mit dem Bau einer Straße/eines Tunnels beginnen
❺ *(ébaucher un mouvement)* **~ un virage** in eine Kurve gehen
❻ *(engager)* aufnehmen *négociation, conversation*; einleiten *réforme, changement*
II. vi PECHE anfüttern, vorfüttern
III. vpr s'~ *dialogue:* in Gang kommen; *détente, baisse:* sich abzeichnen
amorçoir [amɔʀswaʀ] *m* PECHE Futterkorb *m*
amorphe [amɔʀf] *adj* ❶ *(sans énergie) personne* energielos; *esprit* träge

❷ *(sans réaction) personne, foule* teilnahmslos

amorti [amɔʀti] *m* FBALL Stoppen *nt;* TENNIS Stoppschlag *m*

amortir [amɔʀtiʀ] <8> *vt* ❶ dämpfen *bruit, choc;* bremsen *chute*
❷ *(rembourser)* tilgen *dette*
❸ *(rentabiliser)* amortisieren; *(inscrire au bilan)* abschreiben; **~ des capitaux** Kapital *nt* abschreiben; **partiellement amorti(e)** *investissement, somme* teilabgeschrieben

amortissable [amɔʀtisabl] *adj prêt, obligation* tilgbar; *immobilisations* abschreibungsfähig; **non ~** *(qui ne peut pas être remboursé)* nicht tilgbar, untilgbar *(geh); (qui ne doit pas être remboursé)* tilgungsfrei

amortissement [amɔʀtismɑ̃] *m* ❶ *d'un choc, bruit* Dämpfung *f; d'une chute* Abbremsen *nt;* **~ de la rigueur sociale** soziale Abfederung
❷ ÉCON, JUR *(paiement) d'une dette, hypothèque* Tilgung *f; (rentabilisation) d'un équipement* Amortisation *f; (inscription au bilan)* Abschreibung *f;* **~s de bons du Trésor** Schatzwechseltilgungen; **~ d'un/du crédit** Kreditabbau *m;* **~ des installations/prestations** Anlage-/Leistungsabschreibung; **~ des propriétés foncières** Grundstücksabschreibung; **~ de la valeur résiduelle** Restwertabschreibung; **~ des valeurs portées au bilan** bilanzielle Abschreibung; **l'~ des machines se fera en trois ans** die Maschinen werden über drei Jahre abgeschrieben; **~ dont l'annuité augmente/diminue** Abschreibung mit steigender/sinkender Jahresquote; **~ dont l'annuité est constante** Abschreibung mit konstanten Jahresbeträgen; **~ pour usure** [*o* **dépréciation**] Absetzung *f* für Abnutzung; **~ annuel** steuerlich zulässige Jahresabschreibung; **~ dégressif/linéaire/progressif** degressive/lineare/progressive Abschreibung; **~ direct/indirect/exceptionnel/fiscal** direkte/indirekte/außerordentliche/steuerliche Abschreibung; **~ économique** Abschreibung aufgrund von technischem Verschleiß; **~s exceptionnels** erhöhte Absetzungen; **~ extraordinaire/individuel** Sonder-/Einzelabschreibung; **~ immédiat/initial** Sofortabschreibung; **~ partiel** Teilwertabschreibung; **~ par anticipation** vorweggenommene Abschreibung; **durée de l'~** Abschreibungszeitraum *m*

◆ **~ de [la] dette** Schuldentilgung *f,* Schuldenabtragung *f;* **~ de l'hypothèque** Hypothekentilgung *f;* **~ des pertes** Verlusttilgung *f*

amortisseur [amɔʀtisœʀ] *m* ❶ MECA NAUT Stoßdämpfer *m;* **~ télescopique à gaz** Gasdruckstoßdämpfer
❷ TECH **~ télescopique** Federbein *nt*
◆ **~ de selle** Sattelkissen *nt*

amour [amuʀ] *m* ❶ *(sentiment)* Liebe *f;* **l'~ qu'elle a pour lui** ihre Liebe zu ihm; **faire un mariage d'~** aus Liebe heiraten; **c'était l'~ fou entre eux** sie liebten sich leidenschaftlich; **aimer qn d'un ~ platonique** jdn platonisch lieben; **avoir la maladie d'~** liebeskrank sein; **homme qui est malade d'~** liebeskranker Mann
❷ *(acte)* Liebe *f;* **~ libre** freie Liebe; **pendant l'~** während des Geschlechtsverkehrs; **ils font l'~** sie schlafen miteinander; **faites l'~, pas la guerre** make love, not war
❸ *(personne)* Liebe *f;* **~ de jeunesse** Jugendliebe; **~ de vacances** Urlaubsflirt *m*
❹ *(attachement, altruisme)* **~ du prochain/de l'humanité/de la justice** Nächsten-/Menschen-/Gerechtigkeitsliebe; **cuisiner avec ~** mit Liebe kochen; **faire qc pour l'~ de qn** etw jdm zuliebe tun; **par ~ pour vous** uns euretwillen; **faire qc pour l'~ de qc** etw um einer S. *(Gen)* willen tun
❺ *(goût pour)* **~ de la nature** Liebe *f* zur Natur; **~ du sport** Sportbegeisterung *f;* **~ des voyages** Reiselust *f*
❻ *(terme d'affection)* **mon ~** [mein] Liebling [*o* Schatz]; **être un ~ fam** ein [richtiger] Schatz sein *(fam);* **un ~ d'enfant/de mari** ein süßes Kind/ein Traum von einem Ehemann; **quel ~ de robe!** *fam* was für ein traumhaftes Kleid!
❼ *pl (féminin si poétique)* Liebschaften *Pl;* **comment vont tes ~s?** was macht die Liebe?; **ne pas avoir de chance dans ses ~s** kein Glück in der Liebe haben
▶ **pour l'~ de Dieu** um Gottes willen; **vivre d'~ et d'eau fraîche** von Luft und Liebe leben; **filer le parfait ~** im siebten Himmel schweben; **à tes/vos ~s!** *hum* Gesundheit!

amouracher [amuʀaʃe] <1> *vpr péj* **s'~ de qn** sich in jdn vernarren

amourette [amuʀɛt] *f* ❶ BOT Zittergras *nt*
❷ *vieilli (amour passager)* Liebelei *f*

amoureusement [amuʀøzmɑ̃] *adv (avec amour, soin)* liebevoll

amoureux, -euse [amuʀø, -øz] I. *adj* ❶ *personne, regard* verliebt; **la vie amoureuse de qn** jds Liebesleben *nt;* **être ~ de qn** in jdn verliebt sein; **tomber ~ de qn** sich in jdn verlieben
❷ *(passionné)* **~ de l'art** kunstliebend; **être ~ de la nature** die Natur lieben; **être ~ de la gloire** ruhmsüchtig sein
II. *m, f* ❶ *(soupirant)* Verehrer(in) *m(f);* **des ~** Verliebte *Pl; (sentiment plus profond)* Liebende *Pl;* **~ transi** *hum* schmachtender Verehrer; **en ~** in trauter Zweisamkeit

❷ *(passionné)* **~(-euse) de la musique** Musikliebhaber(in) *m(f);* **~(-euse) de la nature** Naturliebhaber(in), Naturfreund(in) *m(f),* Naturmensch *m*

amour-propre [amuʀpʀɔpʀ] <amours-propres> *m* Selbstachtung *f,* Selbstwertgefühl *nt;* **n'avoir aucun ~** überhaupt keinen Stolz haben; **on a quand même son ~** man hat doch [schließlich] seinen Stolz

amovibilité [amɔvibilite] *f* INFORM *d'un lecteur de disquettes* Austauschbarkeit *f*

amovible [amɔvibl] *adj* ❶ *housse* abnehmbar; *doublure* herausnehmbar; *courroie, bretelles* aushakbar; *roue* demontierbar
❷ *(qui se déboutonne) col, capuche* abknöpfbar
❸ INFORM *lecteur de disquettes* austauschbar; **disque ~** Wechselplatte *f*
❹ *(qui peut être déplacé) fonctionnaire, magistrat* versetzbar; *(qui peut être révoqué)* absetzbar; *fonction* auf Widerruf

ampère [ɑ̃pɛʀ] *m* Ampere *nt*

amphétamine [ɑ̃fetamin] *f* Amphetamin *nt*

amphi [ɑ̃fi] *m* UNIV *fam abr de* **amphithéâtre** Hörsaal *m;* **le grand ~** das Audimax

amphibie [ɑ̃fibi] ZOOL I. *adj* ❶ amphibisch
❷ *(utilisable sur terre ou dans l'eau)* **voiture ~** Amphibienfahrzeug *nt*
II. *m* Amphibie *f*

amphibiens [ɑ̃fibjɛ̃] *mpl* Amphibien *Pl*

amphithéâtre [ɑ̃fiteɑtʀ] *m* ❶ ARCHIT Amphitheater *nt*
❷ UNIV Hörsaal *m;* **le grand ~** das Auditorium maximum
❸ THEAT Rang *m*
❹ GEOL **~ morainique** halbkreisförmige Ansammlung von Endmoränen; **s'élever en ~** halbkreisförmig ansteigen

Amphitryon [ɑ̃fitʀijɔ̃] *m* MYTH Amphitryon *m*

Amphitryon(ne) [ɑ̃fitʀijɔ̃, ɔn] *m(f) littér* Gastgeber(in) *m(f)*

amphore [ɑ̃fɔʀ] *f* Amphora *f,* Amphore *f*

ample [ɑ̃pl] *adj* ❶ *(large) vêtement* weit
❷ *(d'une grande amplitude) mouvement* weit ausholend; *voix* weithin hörbar
❸ *(opp: restreint) projet, sujet* umfangreich; *récit, information* ausführlich; **de plus ~s informations** nähere Informationen

amplement [ɑ̃pləmɑ̃] *adv* ausführlich; **être ~ suffisant** völlig ausreichen; **il a ~ fait ce qu'on attendait de lui** er hat mehr getan, als man von ihm verlangt hat

ampleur [ɑ̃plœʀ] *f* ❶ *d'un vêtement* Weite *f; d'une voix* Reichweite *f;* **l'~ de ses gestes** seine/ihre ausladenden Gesten
❷ *(étendue) d'un récit* Ausführlichkeit *f; d'un sujet, projet* Umfang *m; d'une protestation* Vielstimmigkeit *f; d'une catastrophe* Ausmaß *nt;* **prendre de l'~** *événement:* an Bedeutung gewinnen; *manifestation:* sich ausweiten

ampli [ɑ̃pli] *m fam abr de* **amplificateur** Verstärker *m*

amplificateur [ɑ̃plifikatœʀ] *m* ❶ PHYS, RADIO Verstärker *m;* **~ pour guitare** Gitarrenverstärker; **~ de 30 watts** 30-Watt-Verstärker; **~ basse/haute fréquence** Nieder-/Hochfrequenzverstärker
❷ PHOT Vergrößerungsapparat *m*

amplification [ɑ̃plifikasjɔ̃] *f* ❶ *(action) d'un mouvement* Ausweitung *f; d'un son* Verstärken *nt; d'une image* Vergrößern *nt*
❷ *(résultat) d'un son* Verstärkung *f; d'une image* Vergrößerung *f; d'un texte, discours* Weitschweifigkeit *f*
❸ *(développement) d'une idée, d'un thème* Weiterentwicklung *f*
❹ *(exagération)* **l'~ médiatique d'un scandale** das Aufbauschen eines Skandals durch die Medien

amplifier [ɑ̃plifje] <1a> I. *vt* ❶ verstärken *son, courant;* vergrößern *image*
❷ *(développer)* verstärken *échanges, coopération, tendance;* verbreiten *idée;* erweitern *texte, thème;* **ceci a amplifié le mouvement écologique** dadurch hat sich die Umweltschutzbewegung ausgeweitet
❸ *(exagérer)* aufblähen *texte, thème;* aufbauschen *incident*
II. *vpr* **s'~** *bruit:* anschwellen; *échange:* sich intensivieren; *mouvement, scandale:* sich ausweiten; *tendance:* zunehmen; *idée:* sich ausbreiten

amplitude [ɑ̃plityd] *f* ❶ PHYS, GEOM Amplitude *f,* Scheitelwert *m;* **~ thermique** Temperaturamplitude *f;* **~ d'un arc** Spannweite *f* eines Bogens
❷ *(ampleur)* Ausmaß *nt*

ampoule [ɑ̃pul] *f* ❶ ELEC [Glüh]birne *f;* **~ électrique de 40 watts** 40-Watt-Birne *f;* **~ de flash** Blitzlichtbirne *f;* **~ à baïonnette** [Glüh]birne mit Bajonettfassung
❷ PHARM Ampulle *f;* **~ buvable autocassable** Trinkampulle mit Sollbruchstelle; **~ de poison** Giftampulle
❸ *(cloque)* Blase *f*

ampoulé(e) [ɑ̃pule] *adj style* aufgeblasen

amputation [ɑ̃pytasjɔ̃] *f* ❶ ANAT Amputation *f;* **procéder à l'~ d'une jambe** eine Beinamputation vornehmen
❷ *(diminution) d'un texte, roman* Kürzung *f; (mutilation)* Verstüm-

melung *f; d'un budget* Kürzung *f; d'un capital* Minderung *f; du territoire national* Verkleinerung *f*
► ~ **du capital** FIN Kapitalschnitt *m (Fachspr.)*
amputé(e) [ɑ̃pyte] *m(f)* Amputierte(r) *f(m);* ~ **(e) de la jambe/du bras** Bein-/Armamputierte(r)
amputer [ɑ̃pyte] <1> *vt* ❶ ANAT amputieren; ~ **qn de sa jambe** jdm das Bein amputieren *[o* abnehmen]; **être amputé(e) d'un bras** armamputiert sein
❷ *fig* ~ **un texte d'une partie** einen Text um einen Teil kürzen; ~ **une fortune** ein Vermögen verringern
amuïr [amɥiʀ] <8> *vpr* PHON **s'**~ *voyelle, consonne, syllabe:* verstummen
amulette [amylɛt] *f* Amulett *nt*
amusant(e) [amyzɑ̃, ɑ̃t] *adj* ❶ *(divertissant) jeu* unterhaltsam; *travail, vacances* abwechslungsreich
❷ *(drôle)* amüsant, lustig; **l'~, c'est que** das Amüsante *[o* Witzige] [an der Sache] ist, dass; **l'~, c'est de faire qc** der Spaß besteht darin etw zu tun; **cela n'a rien d'** ~ das ist alles andere als lustig; **il n'est pas très** ~ er ist nicht besonders lustig; *(il est difficile à vivre)* er ist nicht sehr umgänglich
❸ *(curieux)* witzig *(fam)*
amuse-bouche [amyzbuʃ] <amuse-bouche[s]> *m* Appetithäppchen *nt* **amuse-gueule** [amyzɡœl] <amuse-gueule[s]> *m fam* Knabberzeug *nt (fam),* Knabbereien *Pl; (petit sandwich)* Appetithäppchen *nt*
amusement [amyzmɑ̃] *m* ❶ *(divertissement)* Zeitvertreib *m,* Vergnügen *nt;* **servir à l'~ des enfants** den Kindern zum Zeitvertreib dienen
❷ *(plaisir)* Vergnügen *nt,* Spaß *m;* **faire qc par ~ /pour son ~ personnel** etw zum/zu seinem eigenen Vergnügen tun
❸ *(moquerie)* Belustigung *f,* Erheiterung *f;* **écouter qn avec** ~ jdm amüsiert zuhören
amuser [amyze] <1> I. *vt* ❶ *(divertir)* unterhalten; *activité:* Spaß [*o* Vergnügen] machen
❷ *(faire rire)* zum Lachen bringen, amüsieren; **cette remarque l'amuse** er/sie findet diese Bemerkung lustig; **ça ne m'amuse pas du tout** ich finde das gar nicht witzig
❸ *(détourner l'attention)* ablenken
II. *vpr* **s'~** ❶ *(jouer)* spielen, sich vergnügen; **s'~ avec qn/qc mit** jdm/etw spielen; **s'~ d'un rien** verspielt sein
❷ *(se divertir)* **bien s'~** sich gut amüsieren; *(en soirée)* sich gut unterhalten; **amuse-toi/amusez-vous bien!** viel Spaß!; **si ça t'amuse** wenn's dir Spaß macht; **s'~ à qc** etw zum Spaß tun; **qn s'amuse à faire qc** es macht jdm Spaß etw zu tun
❸ *(batifoler)* spielen
❹ *(traîner)* [herum]trödeln *(fam)*
amusette [amyzɛt] *f* BELG *fam (personne frivole)* Luftikus *m (hum)*
amuseur, -euse [amyzœʀ, -øz] *m, f* ~ **public/amuseuse publique** Alleinunterhalter(in) *m(f); (à la télé)* Entertainer(in) *m(f)*
amygdale [amidal] *f* Mandel *f;* ~ **palatine** Gaumenmandel
amylase [amilaz] *f* BIO, CHIM Amylase *f (Fachspr.)*
an [ɑ̃] *m* ❶ *(durée)* Jahr *nt;* **six ~ s de travail** sechs Jahre Arbeit; **amitié de vingt ~ s** zwanzigjährige Freundschaft; **après cinq ~ s de vie commune** nach fünfjährigem Zusammenleben
❷ *(âge)* Jahr *nt;* **avoir cinq ~ s** fünf [Jahre alt] sein; **à quarante ~ s** mit vierzig [Jahren]; **homme de cinquante ~ s** fünfzigjähriger Mann; **fêter ses vingt ~ s** seinen/ihren zwanzigsten Geburtstag feiern; **ne plus avoir vingt ~ s** keine zwanzig mehr sein *(fam)*
❸ *(point du temps)* Jahr *nt;* **l'~ dernier/prochain** letztes/nächstes Jahr; **tous les ~ s** jedes Jahr; **par** ~ im [*o* pro] Jahr, jährlich; **en l'~ 200 avant Jésus-Christ** [im Jahr] 200 vor Christus; **le nouvel** ~, **le premier de l'** ~ Neujahr *nt,* der Neujahrstag; **au nouvel** ~ [*o* zu] Neujahr; **avant/après le nouvel** ~ vor/nach Jahresanfang
► **bon** ~, **mal** ~ alles in allem; **qn se moque de qc comme de l'~ quarante** etw lässt jdn [völlig] kalt *(fam);* **durer/attendre cent sept ~ s** eine Ewigkeit dauern/warten
anabaptiste [anabatist] *mf* REL Anabaptist *m*
anabolisant [anabolizɑ̃] *m* MED Anabolikum *nt meist Pl*
anachorète [anakɔʀɛt] *m* HIST, ECCL Anachoret *m*
anachronique [anakʀɔnik] *adj* anachronistisch *(geh)*
anachronisme [anakʀɔnism] *m* Anachronismus *m (geh);* **il y a un ~ dans qc** etw ist anachronistisch *(geh)*
anacoluthe [anakɔlyt] *f* Anakoluth, nt *o* m
anaconda [anakɔda] *m* ZOOL Anakonda *f*
anaérobie [anaeʀɔbi] *adj* BIO *organisme, bactérie* anaerob *(Fachspr.),* ohne Sauerstoff lebend
anagramme [anaɡʀam] *f* Anagramm *nt;* **faire une ~ ein Ana**gramm bilden
anal(e) [anal, o] <-aux> *adj* ❶ anal; **stade** ~ PSYCH anale Phase
❷ ZOOL **nageoire ~ e** Afterflosse *f*
analeptique [analɛptik] I. *adj* MED stärkend
II. *m* PHARM Analeptikum *nt (Fachspr.)*
analgésie [analʒezi] *f* MED Analgesie *f (Fachspr.)*

analgésique [analʒezik] I. *adj* schmerzstillend
II. *m* PHARM Schmerzmittel *nt,* Analgetikum *nt (Fachspr.)*
analogie [analɔʒi] *f* Analogie *f;* **il y a une ~ entre deux choses** zwei Dinge weisen eine Analogie auf; **il y a une ~ dans la conjugaison de ces verbes** diese Verben werden analog konjugiert; **il y a une ~ de caractères chez ces deux enfants** die beiden Kinder sind sich vom Charakter her ähnlich; **par** ~ analog; **penser par** ~ in Analogien denken; **raisonner par** ~ einen Analogieschluss ziehen
analogique [analɔʒik] *adj* INFORM *signal, données* analog
analogue [analɔɡ] I. *adj* analog, ähnlich, vergleichbar; **les propriétés de ces deux médicaments sont ~ s** diese beiden Medikamente haben vergleichbare Eigenschaften; **il a eu une idée ~ à la mienne** er hatte eine ähnliche Idee wie ich
II. *m* Entsprechung *f;* **sans** ~ einzigartig
analphabète [analfabɛt] I. *adj* des Lesens und Schreibens unkundig; **être** ~ nicht lesen und schreiben können
II. *mf* Analphabet(in) *m(f)*
analphabétisme [analfabetism] *m (état de l'analphabète)* Analphabetismus *m; (état des analphabètes d'un pays)* Analphabetentum *nt*
analysable [analizabl] *adj* analysierbar, [genauer] bestimmbar; **être ~** sich bestimmen [*o* analysieren] lassen
analyse [analiz] *f* ❶ Analyse *f;* **faire l'~ de qc** etw analysieren; **avoir l'esprit d'~** analytisch vorgehen [*o* denken] können; ~ **scientifique sur place** Feldforschung *f;* **mener des ~ s scientifiques sur place** Feldforschung betreiben
❷ INFORM Auswertung *f;* ~ **de/des données** Datenauswertung
❸ MED, ECOL Untersuchung *f,* Analyse *f;* CHIM, PHYS Analyse; ~ **de l'A.D.N.** DNA-Analyse; ~ **de l'eau** Gewässeranalyse; ~ **des polluants** Schadstoffanalyse; ~ **de/du sang** Blutuntersuchung, Bluttest *m;* ~ **de/du sperme** Spermauntersuchung; ~ **d'urine/des urines** Urinuntersuchung, Urintest; ~ **génétique** Genanalyse; ~ **séquentielle** Sequenzanalyse; ~ **spectrale par rayons X** PHYS Röntgenspektralanalyse; **laboratoire d'~ s** [Untersuchungs]labor *nt;* **se faire faire des ~ s** Laboruntersuchungen machen lassen
❹ PSYCH [Psycho]analyse *f;* **faire une ~** eine Analyse machen; **être en ~ /en cours d'~**] in psychoanalytischer Behandlung sein
❺ MATH Analysis *f*
❻ LING, LOGIQUE Analyse *f;* ~ **grammaticale/logique** grammatische/logische Analyse; ~ **de la/d'une phrase** Satzanalyse
❼ ECON Analyse *f;* ~ **brute/globale** Roh-/Gesamtanalyse; ~ **professionnelle/de l'entreprise** Berufs-/Betriebsanalyse; ~ **du bilan** Bilanzauswertung *f;* ~ **du chiffre d'affaires** Umsatzanalyse; ~ **de la conjoncture** Konjunkturforschung *f;* ~ **de longue durée** Langzeitstudie *f;* ~ **de marché/du travail** Markt-/Arbeitsanalyse; ~ **de régression fiscale** Steuerregression *f;* ~ **de rentabilité** Rentabilitätsprüfung *f;* ~ **des recettes fiscales** Aufkommensanalyse; ~ **de site** Standortanalyse; ~ **valeur d'usage–coûts** Gebrauchswert-Kosten-Analyse; ~ **input–output** Input-Output-Analyse, Einsatz-Ausstoß-Analyse *f (Fachspr.)*
analyser [analize] <1> *vt* ❶ analysieren; analysieren, ventilieren *(geh) problème*
❷ MATH, MED untersuchen
❸ INFORM auswerten *données*
❹ GRAM bestimmen *mot*
❺ MATH, MED untersuchen
❻ PSYCH **se faire** ~ eine Analyse machen
analyste [analist] I. *mf* ❶ Analytiker(in) *m(f);* ~ **financier(-ière)** Bilanzanalytiker(in), Analyst(in) *m(f);* ~ **du marché** Marktbeobachter(in) *m(f)*
❷ PSYCH [Psycho]analytiker(in) *m(f)*
II. *app* MATH, CHIM **mathématicien** ~ Analysisexperte *m;* **chimiste** ~ Experte *m* für chemische Analysen
analyste-programmeur, -euse [analist(ə)pʀɔɡʀamœʀ, -øz] <analystes-programmeurs> *m, f* Systemanalytiker(in) *m(f)*
analytique [analitik] *adj* analytisch; **avoir l'esprit** ~ analytisch vorgehen [*o* denken] können; **table** ~ Inhaltsübersicht *f (ausführlicher als ein Inhaltsverzeichnis)*
anamnèse [anamnɛz] *f* MED Anamnese *f*
ananas [anana(s)] *m* Ananas *f*
anaphore [anafɔʀ] *f* Anapher *f*
anaphylactique [anafilaktik] *adj* MED anaphylaktisch *(Fachspr.);* **choc** ~ anaphylaktischer Schock
anar *abr de* **anarchiste**
anarchie [anaʀʃi] *f* ❶ POL Anarchie *f;* **c'est l'~** es herrscht Anarchie; **être dans l'~** in Anarchie versinken
❷ *(pagaïe)* Chaos *nt*
❸ POL, PHILOS *(anarchisme)* Anarchismus *m*
anarchique [anaʀʃik] *adj* chaotisch, anarchisch
anarchisme [anaʀʃism] *m* ❶ *(anarchie)* Anarchie *f*
❷ PHILOS, POL *(doctrine, refus de toute règle)* Anarchismus *m*
anarchiste [anaʀʃist] I. *adj* anarchistisch; **être** ~ *personne:* ein

Anarchist/eine Anarchistin sein
II. *mf* Anarchist(in) *m(f)*
anastomose [anastɔmoz] *f* ANAT, BOT Anastomose *f*
anathème [anatɛm] **I.** *m* Exkommunikation *f*, Anathem[a] *nt (Fachspr.);* HIST Kirchenbann *m;* **prononcer l'~ contre qn** jdn exkommunizieren; HIST jdn mit dem Kirchenbann belegen; **jeter l'~ sur qn/qc** *fig* jdn/etw [in Grund und Boden] verdammen
II. *mf (excommunié)* Exkommunizierte(r) *f(m);* HIST mit dem Kirchenbann Belegte(r) *f(m)*
Anatolie [anatɔli] *f* l'~ Anatolien *nt*
anatomie [anatɔmi] *f* ❶ Anatomie *f;* **~ humaine/animale** menschliche Anatomie/Anatomie der Tiere
  ❷ *fam (corps)* Körperbau *m;* **avoir une belle ~** gut gebaut sein
anatomique [anatɔmik] *adj* anatomisch
anatomiste [anatɔmist] *mf* Anatom(in) *m(f)*
ancestral(e) [ɑ̃sɛstʀal, o] <-aux> *adj* ❶ *(qu'on tient des ancêtres)* alt[überliefert]; **mœurs ~es** Sitten *Pl* der Vorfahren
  ❷ *(qui remonte très loin dans le temps)* **peur ~e** PSYCH Urangst *f*
ancêtre [ɑ̃sɛtʀ] *mf* ❶ *(aïeul)* Vorfahr(in) *m(f);* *(à l'origine d'une famille)* Urahn *m*/Urahnin *f* [*o* Urahne] *f;* *(à l'origine de l'humanité)* Stammvater *m*/-mutter *f*, Urvater/-mutter *f;* **les ~s** die Vorfahren, die Urelterm *(veraltet);* BIBL die Urelterm
  ❷ *(précurseur) d'un genre artistique, objet* Vorläufer(in) *m(f)*
  ❸ *fam (vieillard)* alter Mann/alte Frau; **les ~s** die Alten
anche [ɑ̃ʃ] *f* MUS Rohrblatt *nt;* **instrument de la famille des ~s** Rohrblattinstrument *nt*
anchois [ɑ̃ʃwa] *m* Sardelle *f*, Anschovis *f (Fachspr.)*
ancien [ɑ̃sjɛ̃] *m* ❶ *(objets)* l'~ **et le moderne** Antikes und Modernes
  ❷ *(personnes)* **les ~s** die Alten; HIST *(peuples/écrivains)* die Völker/Schriftsteller des Altertums; **il faut respecter les ~s** man muss das Alter ehren
  ❸ *(collaborateur)* Altgediente(r) *m;* **être un ~ dans l'entreprise** schon lange zum Unternehmen gehören
ancien(ne) [ɑ̃sjɛ̃, jɛn] *adj* ❶ *(vieux) bâtiment, coutume* alt; *objet d'art* antik; *livre* antiquarisch
  ❷ *antéposé (ex-)* ehemalig, früher; **~ne élève** Ehemalige *f;* **~ président de la République fédérale** Altbundespräsident *m*
  ❸ *(antique) culture, peuple* antik; **dans des temps très ~s** in grauer Vorzeit
  ❹ *(qui a de l'ancienneté)* **être ~ dans le métier** schon lange im Beruf sein; **il est plus ~ que moi** er ist [schon] länger dabei als ich
ancienne [ɑ̃sjɛn] *f* ❶ *(personne)* **les ~s** die Alten; *(collaboratrices)* die Altgedienten; **être une ~ dans l'entreprise** schon lange zum Unternehmen gehören
  ❷ GASTR **à l'~** nach altem Rezept
anciennement [ɑ̃sjɛnmɑ̃] *adv (autrefois)* früher; *(dans les temps anciens)* einst *(geh)*
ancienneté [ɑ̃sjɛnte] *f (dans la fonction publique)* Dienstalter *nt;* *(dans une entreprise)* Betriebszugehörigkeit *f;* **avoir dix ans d'~ dans la maison** seit zehn Jahren zur Firma gehören; **à l'~** dem Dienstalter/der Betriebszugehörigkeit nach
ancillaire [ɑ̃silɛʀ] *adj hum* **des amours ~s** Liebschaften mit Dienstmädchen
ancolie [ɑ̃kɔli] *f* BOT Akelei *f*
ancrage [ɑ̃kʀaʒ] *m* ❶ NAUT Ankerplatz *m*
  ❷ *(action, manière d'ancrer)* Verankerung *f*
ancre [ɑ̃kʀ] *f* Anker *m;* **être à l'~** vor Anker liegen; **~ de salut** Notanker; **~ de secours** Reserveanker
  ▶ **jeter l'~** vor Anker gehen; *fig* vor Anker gehen *(fam),* sich niederlassen; **lever l'~** den Anker lichten; *fig fam* aufbrechen
ancrer [ɑ̃kʀe] <1> **I.** *vt* ❶ verankern; **être ancré(e) dans la rade** auf der Reede liegen
  ❷ *(enraciner)* **être ancré(e) dans qc** in etw *(Dat)* [fest] verankert sein; **il a cette idée ancrée dans la tête** diese Idee hat sich in seinem Kopf festgesetzt
II. *vpr* ❶ **s'~** ankern
  ❷ *(s'enraciner)* **s'~ dans qc** sich in etw *(Dat)* festsetzen
andalou(se) [ɑ̃dalu, uz] *adj* andalusisch
Andalousie [ɑ̃daluzi] *f* l'~ Andalusien *nt*
andante [ɑ̃dɑ̃t, andɑ̃te] MUS **I.** *adv (indication de tempo)* andante
II. *m (morceau)* Andante *nt*
Andes [ɑ̃d] *fpl* **les ~** die Anden *Pl*
andin [ɑ̃dɛ̃, in] *adj* andin
andorran(e) [ɑ̃dɔʀɑ̃, an] *adj* andorranisch
Andorre [ɑ̃dɔʀ] *f* l'~ Andorra *nt*
andouille [ɑ̃duj] *f* ❶ Wurst aus Innereien von Schwein oder Kalb
  ❷ *fam (imbécile)* Hirni *m (pej fam),* Blödmann *m (fam),* Dödel *m (fam),* Eumel *m (fam);* **une triple ~** ein ausgemachtes Rindvieh *(fam);* **il fait l'~** er macht den Hanswurst *(fam); (feint l'ignorance)* er stellt sich [noch] dümmer an, als er schon ist *(pej)*
andouiller [ɑ̃duje] *m des bois* [Geweih]Ende *nt*
andouillette [ɑ̃dujɛt] *f Würstchen aus Innereien*

androgène [ɑ̃dʀɔʒɛn] BIO **I.** *adj* androgen
II. *m* Androgen *nt*
androgyne [ɑ̃dʀɔʒin] BIO **I.** *adj* androgyn
II. *mf* Zwitter *m*
Andromaque [ɑ̃dʀɔmak] *f* Andromache *f*
Andromède [ɑ̃dʀɔmɛd] *f* Andromeda *f*
âne [ɑn] *m* ❶ ZOOL Esel *m*
  ❷ *(imbécile)* **quel ~!** so ein Esel!
  ▶ **être têtu(e) comme un ~** störrisch wie ein Esel sein
anéantir [aneɑ̃tiʀ] <8> **I.** *vt* ❶ *(détruire)* vernichten *ennemi;* aufreiben *armée;* dem Erdboden gleichmachen *ville;* zunichtemachen *effort, espoir;* niederkämpfen *fatigue, colère*
  ❷ *(déprimer, accabler)* niederdrücken; **la mauvaise nouvelle l'a anéanti** die schlechte Nachricht hat ihn niedergeschmettert; **la chaleur/le chagrin l'anéantit** er/sie vergeht [fast] vor Hitze/vor Kummer
II. *vpr* **s'~** schwinden *(geh); volonté:* ins Wanken geraten
anéantissement [aneɑ̃tismɑ̃] *m* ❶ Vernichtung *f,* Zerstörung *f*
  ❷ *(fatigue)* Erschöpfung *f; (abattement)* Niedergeschlagenheit *f;* **être dans un état d'~ complet** völlig am Boden zerstört sein
anecdote [anɛkdɔt] *f* Anekdote *f;* **pour l'~** als Anekdote
anecdotique [anɛkdɔtik] *adj* ❶ anekdotisch
  ❷ *péj (peu important)* belanglos; **peinture/portrait ~** Genremalerei *f*/-bild *nt*
anémie [anemi] *f* ❶ MED Blutarmut *f,* Blutmangel *m,* Anämie *f (Fachspr.);* **~ par carence en fer** [*o* **ferriprive** *spéc*] Eisenmangelanämie *f;* **être atteint(e) d'~** an Blutarmut [*o* Blutmangel] *(Dat)* leiden
  ❷ *(crise)* Flaute *f,* Depression *f;* **~ de la production** Produktionsrückgang *m*
anémié(e) [anemje] *adj* **être ~(e)** geschwächt sein
anémier [anemje] <1a> *vt a. fig* schwächen
anémique [anemik] *adj* anämisch
anémomètre [anemɔmɛtʀ] *m* Anemometer *nt*
anémone [anemɔn] *f* Anemone *f*
  ◆ **~ de mer** ZOOL Seeanemone *f*
ânerie [ɑnʀi] *f* Dummheit *f,* Eselei *f (fam);* **ne dire que des ~s** nur Unsinn reden *(fam);* **faire des ~s** Dummheiten machen; *(ne pas savoir se conduire)* sich danebenbenehmen *(fam)*
ânesse [ɑnɛs] *f* Eselin *f;* **lait d'~** Eselsmilch *f*
anesthésiant [anɛstezjɑ̃] *m* PHARM Anästhetikum *nt;* **~ local** Lokalanästhetikum
anesthésie [anɛstezi] *f* Narkose *f,* Anästhesie *f (Fachspr.);* **à l'~** in der Narkose; **sous ~** unter Narkose; **être encore sous ~** *personne:* noch in [der] Narkose liegen; *dent, membre:* noch betäubt sein; **~ générale** Vollnarkose; **~ locale** örtliche Betäubung; **~ par le masque** Maskennarkose; **~ lombaire** Lumbalanästhesie *(Fachspr.);* **pratiquer une ~ locale de qc** etw örtlich betäuben; **~ péridurale** Periduralanästhesie *f;* **on lui a fait une ~ péridurale** sie hat eine Periduralanästhesie bekommen; **appareil d'~** Narkoseapparat *m*
anesthésier [anɛstezje] <1a> *vt* betäuben, anästhesieren *(Fachspr.);* **avoir peur d'être anesthésié(e)** Angst vor der Narkose haben; **on l'a anesthésié à 8 heures** um 8 Uhr hat er seine Narkose bekommen
anesthésiologie [anɛstezjɔlɔʒi] *f* MED Anästhesiologie *f (Fachspr.)*
anesthésique [anɛstezik] MED **I.** *adj* anästhetisch
II. *m* PHARM Anästhetikum *nt (Fachspr.)*
anesthésiste [anɛstezist] **I.** *mf* Narkosearzt *m*/-ärztin *f,* Anästhesist(in) *m(f)*
II. *app* **médecin ~** Narkosearzt *m*/-ärztin *f,* Anästhesist(in) *m(f) (Fachspr.);* **infirmier(-ière) ~** Anästhesiepfleger *m*/-schwester *f;* **assistant ~** Anästhesieassistent *m*
aneth [anɛt] *m* BOT Dill *m*
anévrisme [anevʀism] *m* MED Aneurysma *nt (Fachspr.)*
anfractuosité [ɑ̃fʀaktɥozite] *f* Vertiefung *f*
ange [ɑ̃ʒ] *m* ❶ Engel *m*
  ❷ *(personne)* Engel *m;* **mon ~** mein Engel; **être un ~ de bonté/de patience** von engelhafter Güte sein/eine Engelsgeduld haben; **être le bon/le mauvais ~ de qn** jds guter/böser Geist sein
  ▶ **~ gardien** Schutzengel *m; (garde du corps)* Leibwächter *m;* **être aux ~s** im siebten Himmel sein; **dormir comme un ~** wie ein Engel schlafen; **un ~ passe** ein Engel fliegt/geht durchs Zimmer
angélique¹ [ɑ̃ʒelik] *adj (opp: diabolique)* engelhaft
angélique² [ɑ̃ʒelik] *f* ❶ BOT Engelwurz *f,* Angelika *f*
  ❷ GASTR kandierte Engelwurz
angelot [ɑ̃ʒ(ə)lo] *m* Putte *f,* Engelchen *nt*
angélus [ɑ̃ʒelys] *m* Angelusläuten *nt*
angine [ɑ̃ʒin] *f* Angina *f;* **~ rouge/blanche** Halsentzündung *f/* eitrige Angina
  ◆ **~ de poitrine** Angina *f* pectoris
angiographie [ɑ̃ʒjɔgʀafi] *f* MED Angiographie *f (Fachspr.)*

angiome [ãʒjom] *m* MED Angiom *nt*
angiopathie [ãʒjɔpati] *f* MED Angiopathie *f (Fachspr.)*
angiospermes [ãʒjɔspɛRm] *fpl* BOT Angiospermien *Pl*
anglais [ãglɛ] *m* l'~ Englisch *nt*, das Englische; **dire qc en** ~ etw auf Englisch sagen; **cours d'**~ Englischunterricht *m; (heure de cours)* Englischstunde *f;* **connaissances en** ~ Englischkenntnisse *Pl;* **l'**~ **scolaire** Schulenglisch *nt;* **le moyen** ~ Mittelenglisch *nt,* das Mittelenglische; **en moyen** ~ auf Mittelenglisch; **forme du moyen** ~ mittelenglische Form; *v. a.* **allemand**
anglais(e) [ãglɛ, ɛz] *adj* englisch; **à l'**~**e** GASTR [auf] englisch[e Art]; ART *ameublement* im englischen Stil
▸ **filer à l'**~**e** sich [auf] französisch verabschieden
Anglais(e) [ãglɛ, ɛz] *m(f)* Engländer(in) *m(f)*
anglaise [ãglɛz] *f* Korkenzieherlocke *f,* Korkzieherlocke (DIAL)
angle [ãgl] *m* ❶ *(coin)* Ecke *f;* ~ **de table** Tischecke; **la maison qui fait l'**~ das Eckhaus; **aller à l'**~ **de la rue Napoléon** bis zur Ecke Napoleonstraße gehen
❷ GEOM, PHOT, OPT Winkel *m;* ~ **droit/aigu/obtus/plat** rechter/spitzer/stumpfer/gestreckter Winkel; ~ **mort** toter Winkel; **objectif à grand** ~ Weitwinkelobjektiv *nt*
❸ *(point de vue)* Blickwinkel *m,* Aspekt *m;* **vu(e) sous cet** ~ unter diesem Gesichtspunkt betrachtet; **vu(e) sous un certain** ~ in gewisser Hinsicht
▸ **arrondir les** ~**s** für einen Ausgleich sorgen, ausgleichend wirken
◆ ~ **d'attaque** MECANAUT Rampenwinkel *m;* ~ **de braquage** [maximaler] Einschlagwinkel; ~ **de coupe** Gehrungswinkel *m;* ~ **de réfraction** Brechungswinkel *m*
Angleterre [ãglətɛR] *f* l'~ England *nt;* **comté du sud de l'**~ südenglische Grafschaft
anglican [ãglikã] *adj* anglikanisch
anglicanisme [ãglikanism] *m* Anglikanismus *m*
Angliche [ãgliʃ] *fam* I. *adj* englisch
II. *mf* Engländer(in) *m(f)*
angliciser [ãglicize] <1> *vt* anglisieren
anglicisme [ãglisism] *m (emprunt)* Anglizismus *m*
angliciste [ãglisist] *mf* Anglist(in) *m(f); (étudiant)* Anglistikstudent(in) *m(f)*
anglo-américain [ãgloameRikɛ̃] *adj* l'~ amerikanisches Englisch, das amerikanische Englisch; *v. a.* **allemand anglo-américain(e)** [ãgloameRikɛ̃] <anglo-américains> *adj* angloamerikanisch **anglo-canadien(ne)** [ãglokanadjɛ̃, jɛn] <anglo-canadiens> *adj* anglokanadisch **Anglo-Canadien(ne)** [ãglokanadjɛ̃, jɛn] <Anglo-Canadiens> *m(f)* Anglokanadier(in) *m(f)*
anglomanie [ãglɔmani] *f* Anglomanie *f*
anglo-normand [ãglɔnɔRmã] *m* l'~ *(dialecte)* Anglonormannisch *nt,* das Anglonormannische, Anglofrösisch *nt,* das Anglofranzösische; *v. a.* **allemand, Anglo-normand(e)** [ãglɔnɔRmã, ãd] <anglo-normands> *adj* ❶ GEOG **îles Anglo-Normandes** Kanalinseln *Pl,* Normannische Inseln ❷ ZOOL anglonormannisch
anglophile [ãglɔfil] I. *adj* anglophil; *politique* proenglisch
II. *mf* Anglophile(r) *f(m); c'est une* ~ sie ist anglophil
anglophobe [ãglɔfɔb] I. *adj* anglophob; *politique* antienglisch
II. *mf* Englandgegner(in) *m(f);* **être un** ~ antienglisch eingestellt sein
anglophone [ãglɔfɔn] I. *adj* englischsprechend; *(dont l'anglais est la langue maternelle)* anglophon *(geh),* englischsprachig
II. *mf* Englischsprechende(r) *f(m); (dont l'anglais est la langue maternelle)* Englischsprachige(r) *f(m);* ~ **d'Afrique** anglophoner Afrikaner
anglo-saxon(ne) [ãglosaksɔ̃, ɔn] <anglo-saxons> *adj* angelsächsisch **Anglo-Saxon(ne)** [ãglosaksɔ̃, ɔn] <Anglo-Saxons> *m(f)* Angelsachse *m/*-sächsin *f*
angoissant(e) [ãgwasã, ãt] *adj* beängstigend; *moment, jour* der Angst
angoisse [ãgwas] *f* ❶ *(peur)* Angst *f; (malaise)* Angstzustand *m;* **être pris(e) d'**~ Angstzustände bekommen; **sentir monter l'**~ **de Angst in sich** *(Dat)* aufsteigen fühlen; **vivre dans l'**~ in ständiger Angst leben; **vivre des moments d'**~ bange Minuten ausstehen; **avoir l'**~ **de qc** [panische] Angst vor etw *(Dat)* haben
❷ PSYCH, PHILOS Angst *f;* ~ **métaphysique** metaphysische [*o* existenzielle] Angst; ~ **existentielle** Lebensangst; ~ **de la mort** Todesangst; ~ **de perte de l'objet** Verlustangst; ~ **de séparation** Trennungsangst
angoissé(e) [ãgwase] I. *adj visage, voix, regard* angsterfüllt; *geste* angstvoll; *(craintif)* ängstlich; *personne* verängstigt; **cri** ~ Angstschrei *m*
II. *m(f)* ängstlicher Mensch
angoisser [ãgwase] <1> *vt (inquiéter)* ~ **qn** jdm Angst einjagen [*o* machen]; *situation, nouvelle, regard, silence:* jdn ängstigen; **cette nouvelle m'angoisse beaucoup** diese Nachricht versetzt mich in Angst und Schrecken
Angola [ãgɔla] *m* l'~ Angola *nt*

angora [ãgɔRa] I. *adj* **laine/chèvre** ~ Angorawolle *f/*-ziege *f*
II. *m (chat)* Angorakatze *f; (lapin)* Angorahase *m; (laine)* Angorawolle *f;* **pull en** ~ Angorapulli *m*
anguille [ãgij] *f* Aal *m;* ~ **fumée** Räucheraal
▸ **il y a** ~ **sous roche** da steckt [doch] etwas dahinter *(fam),* **se faufiler comme une** ~ sich durchwinden wie ein Aal
angulaire [ãgylɛR] *adj forme* eckig; **distance** ~ Winkelabstand *m*
anguleux, -euse [ãgylø, -øz] *adj menton* eckig; *visage* kantig; *coude* spitz
anhydride [anidRid] *m* CHIM Anhydrid *nt*
anhydrobiose [anidRɔbjɔz] *f* ZOOL Trockenstarre *f*
anicroche [anikRɔʃ] *f* [kleiner] Zwischenfall; **se dérouler** [*o* **se passer**] **sans** ~ ohne Zwischenfälle [*o* reibungslos] verlaufen
aniline [anilin] *f* CHIM Anilin *nt*
animal [animal, o] <-aux> *m* ❶ Tier *nt;* ~ **domestique** Haustier; ~ **marin** Meerestier; **animaux sauvages** wilde Tiere
❷ *(être humain)* [Lebe]wesen *nt;* **l'homme est un** ~ **sociable** der Mensch ist ein soziales Wesen
❸ *(personne stupide)* Rindvieh *nt (fam); (personne brutale)* Rohling *m*
animal(e) [animal, o] <-aux> *adj* ❶ *matières* tierisch; *fonctions* animalisch; **règne** ~ Tierreich *nt*
❷ *(rapporté à l'homme) instinct, comportement* tierhaft; *confiance* instinktiv
❸ *péj (bestial)* animalisch
animalerie [animalRi] *f (magasin)* Tierhandlung *f,* Zoohandlung
animalier, -ière [animalje, -jɛR] I. *adj parc* ~ Tierpark *m;* **documentaire** ~ Tierfilm *m;* **peintre** ~ Tiermaler(in) *m(f);* **sculpteur** ~ Tierbildhauer(in) *m(f)*
II. *m* ❶ *(peintre)* Tiermaler(in) *m(f); (sculpteur)* Tierbildhauer(in) *m(f)*
❷ *(dans un laboratoire)* [Versuchs]tierpfleger(in) *m(f)*
animalité [animalite] *f* ❶ *(le règne animal)* Tierreich *nt*
❷ *(de l'homme)* das tierische Wesen
animateur, -trice [animatœR, -tRis] *m, f* ❶ *(spécialiste de l'animation) d'un groupe* Betreuer(in) *m(f); d'un club de vacances* Animateur(in) *m(f); d'un club de danse, de sport* Leiter(in) *m(f);* ~ **socioculturel/animatrice socioculturelle** Freizeitbetreuer(in)
❷ *(présentateur) d'un débat, jeu* Leiter(in) *m(f);* RADIO, TV Moderator(in) *m(f);* ~ (-**trice**) [**de**] **radio** Radiosprecher(in) *m(f)*
❸ *(personne dynamique) d'un projet* Motor *m*
❹ CINE Animator(in) *m(f)*
animation [animasjɔ̃] *f* ❶ *(grande activité) d'un bureau* [rege] Betriebsamkeit; *d'un quartier* lebhaftes Treiben; **il y a beaucoup d'**~ **dans cette rue** diese Straße ist sehr belebt
❷ *(vivacité) d'une discussion* Lebhaftigkeit *f;* **l'**~ **de son visage** ihr/sein lebhafter Gesichtsausdruck; **avoir de l'**~ **dans le regard** einen wachen Blick haben; **avec** ~ lebhaft; **mettre de l'**~ für Stimmung sorgen; **mettre de l'**~ **dans qc** Leben in etw *(Akk)* bringen
❸ *(excitation)* Aufregung *f*
❹ *(conduite de groupe)* Leitung *f;* ~ **culturelle** Organisation *f* kultureller Veranstaltungen
❺ CINE, INFORM Animation *f;* ~ **informatique,** ~ **par** [*o* **sur**] **ordinateur** [Computer]animation; **un jeu sur ordinateur avec des** ~**s** ein Computerspiel mit bewegten Bildern
animé(e) [anime] *adj* ❶ *visage, discussion, bourse* lebhaft; *rue* belebt; **dessin** ~ Zeichentrickfilm *m;* **être** ~ Lebewesen *nt*
❷ INFORM bewegt
❸ ECON *marché* munter, schwungvoll; **le marché des obligations est très** ~ Schuldverschreibungen werden lebhaft gehandelt
animer [anime] <1> I. *vt* ❶ *(mener)* leiten *entreprise, débat;* betreuen *groupe;* führen durch *spectacle, émission*
❷ *(mouvoir)* bewegen; **être animé(e) d'un mouvement ascendant** *fusée:* nach oben steigen; **être animé(e) d'un mouvement régulier** *balancier:* gleichmäßig hin und her schwingen
❸ *(égayer)* beleben *regard, conversation;* beleben, mit Leben erfüllen *quartier;* Stimmung bringen in (+ *Akk) soirée*
II. *vpr* s'~ *rue, yeux, traits:* sich beleben; *conversation:* lebhaft werden; *statue:* lebendig werden; **la foule s'anime** in die Menge kommt Leben
animisme [animism] *m* Animismus *m*
animiste [animist] *adj* animistisch
animosité [animozite] *f* Feindseligkeit *f,* Animosität *f;* **avec** ~ feindselig; **avoir** [*o* **éprouver**] **de l'**~ **contre qn/qc** Abneigung gegen jdn/etw empfinden
anion [anjɔ̃] *m* PHYS Anion *nt*
anis [anis] *m* ❶ BOT Anis *m*
❷ GASTR Anis *m;* **à l'**~ mit Anisgeschmack; **parfumé à l'**~ mit Anisaroma; **des** [**bonbons à l'**] ~ Anisbonbons *Pl*
❸ *(boisson)* **liqueur d'**]~ Anislikör *m*
aniser [anize] <1> *vt* mit Anis aromatisieren
anisette [anizɛt] *f* Anisette *f*
ankylose [ãkiloz] *f* Gelenkversteifung *f,* Ankylose *f (Fachspr.)*

ankyloser [ãkiloze] <1> I. vt a. fig steif werden lassen; **jambe ankylosée/bras ankylosé** steifes Bein/steifer Arm; **j'ai les jambes ankylosées** meine Beine sind ganz steif; **l'arthrite/le manque d'activité l'a ankylosé** durch die Arthritis/den Mangel an Bewegung ist er ganz steif geworden
II. vpr **s'~** ❶ *(devenir raide)* steif werden; *personne:* [völlig] ungelenkig werden
❷ *(devenir inactif)* einrosten *(fam)*

annales [anal] *fpl* ❶ *(chronique)* Annalen *Pl;* **faire les ~ de la Révolution** in die Annalen der Revolution schreiben
❷ *(histoire)* **rester dans les ~** in die Annalen eingehen *(geh)*
❸ *(titre de périodiques)* Annalen *Pl*, Jahrbücher *Pl*

anneau [ano] <x> *m* ❶ *(cercle, boucle)* Ring *m;* **~ pour clés** Schlüsselring; **~x de rideaux** Vorhangringe
❷ *(bague)* Ring *m;* **~ de mariage en or** goldener Ehering [*o* Trauring]; **~ dans le nez** Nasenring
❸ *(maillon)* Glied *nt*
❹ ZOOL *d'un ver* Segment *nt*
❺ *pl* SPORT Ringe *Pl*
❻ ASTRON Ring *m;* **~x de Saturne/Jupiter** Saturn-/Jupiterringe
❼ GEOM **~ sphérique** Kugelzone *f*

année [ane] *f* ❶ *(durée)* Jahr *nt;* **~ civile/bissextile/budgétaire** Kalender-/Schalt-/Haushaltsjahr; **~ budgétaire** Etatjahr, Budgetjahr; **~ fiscale** Steuerjahr; **deux ~s de perdues** zwei verlorene Jahre; **une ~ de réserves** Vorräte für ein Jahr; **une ~ de travail** ein Jahr Arbeit; **au cours des dernières ~s** in den letzten Jahren; **bien des ~s après** Jahre später; **dans les ~s à venir** in den kommenden Jahren; **pour de longues ~s** auf Jahre hinaus; **tout au long de l'~** das ganze Jahr [lang *o* über]; **cela fait des ~s que ...** ... [schon] seit Jahren; es ist schon Jahre her, dass ..., vor Jahren ...
❷ *(âge)* Lebensjahr *nt*
❸ *(période d'activité)* Jahr *nt;* **~ sabbatique** Sabbatjahr, *(à l'université)* Sabbatjahr, einjähriger Forschungsurlaub; **~ scolaire** Schuljahr; **~ universitaire** akademisches Jahr; **~ théâtrale** Spielzeit *f;* **~ d'études** Studienjahr; **~ de service** [*o* **d'ancienneté**] Dienstjahr; **~ de stage préparatoire** Berufsvorbereitungsjahr; **elle a cinq ~s de service chez un médecin** sie hat fünf Jahre bei einem Arzt/einer Ärztin gearbeitet
❹ *(date)* Jahr *nt;* **l'~ prochaine/dernière/passée** nächstes/letztes/vergangenes Jahr; **en début/en fin d'~** [am] Anfang/Ende des Jahres; **d'une ~ à l'autre** von einem Jahr zum anderen; **elle est née l'~ après la guerre** sie ist im ersten Nachkriegsjahr geboren; **l'~ 1789** [das Jahr] 1789; **les ~s trente** die dreißiger Jahre; **1985, c'est une bonne ~ pour le Bordeaux** 1985 ist beim Bordeaux ein guter Jahrgang; **bonne ~!** ein gutes Jahr!; **bonne ~, bonne santé!** ein gesundes neues Jahr!; **souhaiter la bonne ~ à qn** jdm ein gutes neues Jahr wünschen
▶ **les ~s de plomb** *die vom Terrorismus geprägten Jahre 1970–1980;* **les ~s folles** die goldenen zwanziger Jahre
◆ **~ de base** ECON Basisjahr *nt;* **~ d'imposition** Veranlagungsjahr *nt;* **~ de naissance** Geburtsjahr *nt;* **~ de référence** FIN, JUR Bezugsjahr *nt*, Vergleichsjahr; **~ de validité du brevet** JUR Patentjahr *nt;* **~ de vie** Altersjahr *nt* (CH)

année-lumière [anelymjɛʀ] <années-lumière> *f* Lichtjahr *nt*
annelé(e) [an(ə)le] *adj* geringelt
annélides [anelid] *mpl* ZOOL Ringelwürmer *Pl*, Anneliden *Pl (Fachspr.)*

annexe [anɛks] I. *adj* ❶ *(secondaire)* **considération** zweitrangig; *remarque* beiläufig; **frais/dépenses ~s** Nebenkosten/-ausgaben *Pl*
❷ *(attaché à)* document beigefügt; **bâtiment ~** Nebengebäude *nt;* **pièce ~ d'un dossier** Anlage *f* eines Dossiers; **habiter dans un logement ~** in einer Wohnung nebenan wohnen
II. *f* ❶ CONSTR Nebengebäude *nt*
❷ *(document additif)* Anhang *m;* **~ d'un contrat/d'un traité** Zusatz *m* [*o* Anhang] zu einem Vertrag; **fichier ~** INFORM Dateianhang; **nous joignons en ~ de la présente ...** als Anlage [zum vorliegenden Brief] fügen wir ... bei

annexer [anɛkse] <1> vt ❶ *(s'approprier)* annektieren *territoire, pays;* **~ un territoire à son État** seinem Staatsgebiet ein Gebiet einverleiben
❷ *(ajouter)* **~ un document à un dossier** den Akten ein Dokument beifügen

annexion [anɛksjɔ̃] *f d'un pays, territoire* Annexion *f*, Annektierung *f*
annihilation [aniilasjɔ̃] *f* ❶ *(anéantissement) des projets* Zunichtemachung *f*
❷ PHYS Annihilation *f*

annihiler [aniile] <1> vt zunichtemachen *efforts, espoir;* zerstören *vie;* brechen *volonté;* **le chagrin l'a complètement annihilé** der Kummer hat ihn ganz zermürbt

anniversaire [anivɛʀsɛʀ] I. *adj* **jour ~** Jahrestag *m*, Gedenktag *m;* **cérémonie ~** Gedenkfeier *f; d'une association, entreprise* Jubiläumsfeier *f;* **fête ~** Jubiläum *nt;* **les invités à la/une fête ~ de**

Jubiläumsgäste; **le jour ~ de leurs 50 ans de mariage** ihr fünfzigster Hochzeitstag; **la cérémonie ~ de l'armistice** die Feier[lichkeiten] zum Jahrestag des Waffenstillstands
II. *m* ❶ *d'une personne* Geburtstag *m;* **cadeau/carte/fête d'~** Geburtstagsgeschenk *nt/*-karte *f/*-feier *f;* **bon ~!** alles Gute zum Geburtstag!
❷ *d'un événement* Jahrestag; *de la fondation d'une association ou entreprise* Jubiläum *nt;* **~ de mariage/de la mort** Hochzeits-/Todestag; **~ d'une/de l'entreprise** Geschäftsjubiläum; **édition spéciale ~** Jubiläumsausgabe *f;* **exposition ~** Jubiläumsausstellung *f*

annonce [anɔ̃s] *f* ❶ *d'un événement imminent* Ankündigung *f*
❷ *(action d'informer)* Bekanntgabe *f*
❸ *(information officielle)* Mitteilung *f; (transmise par les médias)* Meldung *f;* **~s judiciaires** gerichtliche Bekanntmachungen *Pl;* **l'~ de son licenciement nous a surpris** die Nachricht von seiner/ihrer Entlassung hat uns überrascht
❹ *(texte)* Anzeige *f*, Inserat *nt;* **~ chiffrée** Chiffreanzeige; **petite ~** [dans un journal] Zeitungsinserat; **les petites ~s** *(rubrique)* die Kleinanzeigen, der Anzeigenteil; **~ publicitaire** *(dans la presse)* Anzeige; *(à la radio, télé)* Werbung *f*, Reklame *f;* **~ et opportunité d'affaires** Geschäftsanzeige; **mettre** [*o* **passer**] **une ~ dans un journal** [in einer Zeitung] inserieren, eine Annonce [in einer Zeitung] aufgeben; **faire une ~ publicitaire par affiches** Plakatwerbung machen
❺ *(sur un répondeur, à l'aéroport)* Ansage *f*
❻ *(présage)* Vorbote *m; (indice)* Anzeichen *nt*
❼ CARTES Ansage *f*
◆ **~ de décès** Traueranzeige *f;* **~ de mariage** Hochzeitsanzeige *f*

annoncer [anɔ̃se] <2> I. vt ❶ *(communiquer)* bekanntgeben, mitteilen *fait, décision;* (à la radio, la TV) melden *fait, décision;* ankündigen *événement imminent*
❷ *(signaler l'arrivée de qn)* **~ qn** jdn melden
❸ *(prédire)* ankündigen; **on annonce du soleil pour demain** für morgen ist Sonne[nschein] vorhergesagt
❹ *(être le signe de)* Vorbote sein für *printemps; signal:* verkünden; **cela n'annonce rien de bon** das verheißt nichts Gutes; **ambiance qui annonce Noël** vorweihnachtliche Stimmung
❺ CARTES ansagen
II. vpr ❶ *(arriver)* **s'~** sich ankündigen, sich abzeichnen; *été:* vor der Tür stehen
❷ *(se présenter)* **ça ne s'annonce pas facile** das scheint nicht einfach zu werden; **bien/mal s'~** gut/schlecht anfangen; **ça s'annonce bien** es sieht gut [*o* viel versprechend] aus

annonceur, -euse [anɔ̃sœʀ, -øz] *m, f* ❶ *(speaker)* Sprecher(in) *m(f);* **être ~(-euse) à la radio/télévision** Rundfunksprecher(in)/Fernsehansager(in) *m(f)* sein
❷ *(qui passe une petite annonce)* Inserent(in) *m(f);* **être ~(-euse) pour la vente de sa voiture** sein Auto [zum Verkauf] inseriert haben
❸ *(bénéficiaire d'une publicité)* Werbetreibende(r) *f(m)*
❹ PRESSE Anzeigenkunde *m/-*kundin *f*
❺ *(sponsor)* Sponsor(in) *m(f);* **avoir besoin d'~s** *radio privée:* Werbeaufträge brauchen

annonciateur, -trice [anɔ̃sjatœʀ, -tʀis] *adj* **signe ~ de qc** Vorzeichen *nt* für etw; **être ~(-trice) de qc** [ein] [Vor]zeichen für etw sein, etw ankündigen; **des nuages ~s de pluie** Regenwolken *Pl*

Annonciation [anɔ̃sjasjɔ̃] *f* **l'~** Mariä Verkündigung *f*
annotation [anɔtasjɔ̃] *f (note critique ou explicative et note personnelle)* Anmerkung *f;* **~ en marge d'un texte** Randbemerkungen *Pl;* **~ des services postaux** Postvermerk *m*
annoter [anɔte] <1> vt mit Anmerkungen versehen
annuaire [anɥɛʀ] *m* Jahrbuch *nt;* **~ téléphonique** [*o* **des abonnés du téléphone**] Telefonbuch, Telefonverzeichnis *nt;* **~ électronique** *(minitel)* elektronisches Telefonbuch
annuel(le) [anɥɛl] *adj* ❶ jährlich; *abonnement, dépenses, moyenne* Jahres-; **congé ~** Jahresurlaub *m;* **rente ~le** Jahresrente *f;* **visite ~le chez le dentiste** jährlicher Zahnarztbesuch
❷ *(qui dure un an)* einjährig

annuellement [anɥɛlmɑ̃] *adv* jährlich
annuité [anɥite] *f* ❶ *d'une dette* Jahresrate *f*
❷ *(paiement annuel)* jährliche Zahlung *f;* **payer à qn une ~ de mille euros** jdm jährlich tausend Euro zahlen
❸ *(année de service) d'une pension, retraite* Beitragsjahr *nt;* **avoir toutes ses ~s** seine Wartezeit erfüllt haben; **être pris(e) en compte dans le calcul des ~s** auf die Wartezeit [*o* Beitragszeit] angerechnet werden
❹ FIN, ECON Annuität *f (Fachspr.);* **~ de l'amortissement** Abschreibungsquote *f*
◆ **~ à vie** Rente *f* auf Lebenszeit

annulable [anylabl] *adj* JUR *mariage* annullierbar; *contrat, jugement* anfechtbar
annulaire [anylɛʀ] I. *m* Ringfinger *m*
II. *adj* ringförmig

annulation [anylasjɔ̃] f ❶ *d'un voyage, d'une commande* Stornierung f; *d'un rendez-vous* Absage f; *d'un examen, résultat* Annullierung f
❷ JUR *d'un contrat, jugement* Aufhebung f, Rückgängigmachung f; ~ **du contrat/de la faillite** Vertrags-/Konkursaufhebung
❸ INFORM *d'une connexion, application, d'un programme* Abbruch m
annuler [anyle] <1> I. vt ❶ *(supprimer)* rückgängig machen; bereinigen *dette;* stornieren, canceln *voyage, vol, réservation, commande;* stornieren *facture;* absagen *rendez-vous*
❷ JUR aufheben *jugement, sentence arbitrale;* annullieren *mariage*
❸ INFORM abbrechen, canceln; löschen *tâche d'impression;* **être annulé(e)** *connexion, traitement:* abbrechen
II. *vpr* **s'**~ sich [gegenseitig] aufheben
anoblir [anɔblir] <8> vt adeln
anode [anɔd] f Anode f
anodin(e) [anɔdɛ̃, in] adj *personne, détail* unbedeutend; *critique, propos, blessure, remède* harmlos
anomalie [anɔmali] f ❶ GRAM Unregelmäßigkeit f
❷ *(singularité)* Anomalie f
❸ *(caractère inhabituel) d'un comportement* Ungewöhnliche(s) nt; *(caractère déviant)* Abnormität f; **les ~s dans leur comportement** ihr ungewöhnliches/abnormes Verhalten
❹ BIO, MED Anomalie f; ~ **chromosomique** Chromosomenanomalie; ~ **dentaire/posturale** Gebiss-/Haltungsanomalie; **il y a une ~ dans qc** bei etw tritt eine Anomalie auf
❺ TECH Defekt m
ânon [anɔ̃] m *(très jeune âne)* Eselsfohlen nt; *(petit âne)* Eselchen nt
ânonnement [anɔnmɛ̃] m Stottern nt
ânonner [anɔne] <1> I. vi stockend sprechen; **il ânonne quand on l'interroge** er gerät ins Stocken, wenn man ihn fragt
II. vt stockend sprechen; *(en lisant)* stockend lesen; stockend aufsagen *poésie, leçon*
anonymat [anɔnima] m Anonymität f; **rester dans l'~** anonym bleiben; **garder l'~** seine Anonymität wahren; **sous le couvert de l'~** anonym
anonyme [anɔnim] adj anonym; *décor, vêtement* nichts sagend; **son mobilier est plutôt ~** seine/ihre Einrichtung hat keine persönliche Note
anophèle [anɔfɛl] m ZOOL Anopheles f, Fiebermücke f
anorak [anɔʀak] m Anorak m; ~ **de ski** Skianorak
anorexie [anɔʀɛksi] f ❶ *(perte d'appétit)* Appetitlosigkeit f
❷ *(refus de s'alimenter)* ~ **mentale** Magersucht f; **faire de l'~** magersüchtig sein
anorexigène [anɔʀɛksiʒɛn] adj MED appetithemmend
anorexique [anɔʀɛksik] I. adj *personne* magersüchtig; **troubles ~s** magersuchtartige Essstörungen
II. *mf* Magersüchtige(r) f(m)
anormal(e) [anɔʀmal, o] <-aux> I. adj ❶ *(inhabituel)* ungewöhnlich; **quelque chose d'~** etwas Ungewöhnliches; **être d'une pâleur ~e** ungewöhnlich blass sein
❷ *(non conforme à la règle)* anormal; *comportement* seltsam; **l'évolution de sa maladie est ~e** seine/ihre Krankheit verläuft nicht normal
❸ *(injuste)* nicht normal
II. m(f) ❶ *(déséquilibré)* [psychisch] Gestörte(r) f(m); **c'est un ~** der ist [psychisch] gestört
❷ *(enfant arriéré)* entwicklungsgestörtes Kind
anormalement [anɔʀmalmɑ̃] adv ungewöhnlich; **agir** [*o se conduire*] **~** sich nicht normal verhalten
A.N.P.E. [aɛnpeə] f *abr de* **Agence nationale pour l'emploi** *(organisme national)* nationale Arbeitsvermittlung *(entspricht der Bundesanstalt für Arbeit);* *(agence locale)* Arbeitsamt nt

---

Land und Leute

Die **A.N.P.E.**, das staatliche Arbeitsamt, existiert in dieser Form seit 1967. Diese Behörde ist ausschließlich für die Stellenvermittlung zuständig.
Das Arbeitslosengeld – *l'allocation chômage* – wird nicht hier, sondern bei der *ASSEDIC* ausbezahlt.

---

anse [ɑ̃s] f Henkel m
◆ ~ **[de panier]** ARCHIT Korbbogen m
ANSI [ansi] m *abr de* **American National Standards Institute** INFORM ANSI nt; **jeu de caractères ~** ANSI-Zeichensatz m
antagonique [ɑ̃tagɔnik] adj gegensätzlich, antagonistisch
antagonisme [ɑ̃tagɔnism] m ❶ Gegensatz m, Antagonismus m *(geh)*
❷ MED Antagonismus m *(Fachspr.)*
antagoniste [ɑ̃tagɔnist] I. adj antagonistisch; *désirs, propositions* gegensätzlich; *force, parti* gegnerisch; **les muscles ~s** die Antagonisten
II. *mf* Gegner(in) m(f), Widersacher(in) m(f); *(seulement d'une personne)* Antagonist(in) m(f)
antalgique [ɑ̃talʒik] I. adj MED schmerzstillend
II. m PHARM Analgetikum nt *(Fachspr.)*
antan [ɑ̃tɑ̃] adj **d'~** früher, vergangen
antarctique [ɑ̃taʀktik] I. adj antarktisch
II. m **l'Antarctique** die Antarktis
antécédent [ɑ̃tesedɑ̃] m ❶ GRAM Bezugswort nt
❷ PHILOS Ursache f, Antezedens nt *(Fachspr.);* **la cause est l'~ d'un fait** die Ursache geht einem Faktum voraus
❸ *pl* MED Vorgeschichte f
❹ *pl (actes du passé) d'une personne* Vorleben nt; *d'une affaire* Vorgeschichte f; **avoir de bons/mauvais ~s** ein untadeliges/übles Vorleben haben
antécédent(e) [ɑ̃tesedɑ̃, ɑ̃t] adj **~ à qc** einer S. *(Dat)* vorausgehend; **les faits ~s à qc** die Vorgeschichte einer S. *(Gen)*
Antéchrist [ɑ̃tekʀist] m Antichrist m
antédiluvien(ne) [ɑ̃tedilyvjɛ̃, jɛn] adj *fig* vorsintflutlich *(fam)*
antémémoire [ɑ̃tememwaʀ] f Cache m, Cachespeicher m
antenne [ɑ̃tɛn] f ❶ Antenne f; *(installation, système)* Antennenanlage f; ~ **radio/radar** Rundfunk-/Radarantenne f; **débrancher l'~ radio** den Antennenstecker des Radios herausziehen; ~ **collective/directionnelle** Gemeinschafts-/Richtantenne; ~ **parabolique/télescopique** Parabol-/Teleskopantenne; ~ **FM** UKW-Antenne; ~ **satellite** Satellitenantenne
❷ RADIO, TV Sender m; **une heure d'~** eine Stunde Sendezeit; **garder l'~** auf Sendung bleiben; **passer l'~ à qn** jdm [um]schalten; **à l'~** am Mikrofon; **invité:** im Studio; *correspondant:* auf Sendung; **hors ~** außerhalb der Sendung, inoffiziell; **sur notre ~/vos ~s** auf unserem/Ihrem Sender; **sur l'~ de RTL** bei RTL
❸ ZOOL Fühler m
❹ MIL *(poste avancé)* Vorposten m; ~ **chirurgicale** vorgeschobene Sanitätseinheit
▶ **avoir des ~s** einen [*o* den] sechsten Sinn haben; **avoir des ~s au ministère de l'Intérieur** seine Informationsquellen im Innenministerium haben
antépénultième [ɑ̃tepenyltjɛm] adj vorvorletzte(r, s)
antéposé(e) [ɑ̃tepoze] adj vorangestellt
antérieur(e) [ɑ̃teʀjœʀ] adj ❶ frühere(r, s); **être ~ à qc** vor etw *(Dat)* liegen; **être ~(e) à 1900** *œuvre:* vor 1900 entstanden sein; **l'époque ~e à qc** die Zeit vor etw *(Dat)*
❷ ANAT **patte ~e** Vorderpfote f; **pied/membre ~** Vorderfuß m/-bein nt
❸ PHON vordere(r, s)
antérieurement [ɑ̃teʀjœʀmɑ̃] adv früher; **~ à qc** vor etw *(Dat)*
antérieurs [ɑ̃teʀjœʀ] mpl Vorderbeine pl
antériorité [ɑ̃teʀjɔʀite] f ❶ [zeitlich] früheres Vorhandensein, Priorität f; **il y a ~ dans ce cas** in diesem Fall gibt es klare Prioritäten; **l'~ d'un droit par rapport à l'autre** die Priorität eines Rechts vor einem anderen; **l'~ de cette découverte est prouvée** es ist bewiesen, dass diese Entdeckung älter ist
❷ GRAM Vorzeitigkeit f
anthère [ɑ̃tɛʀ] f BOT Staubbeutel m, Anthere f *(Fachspr.)*
anthologie [ɑ̃tɔlɔʒi] f Anthologie f
anthracite [ɑ̃tʀasit] I. m Anthrazit m
II. *app inv* [gris] ~ anthrazitfarben
anthracose [ɑ̃tʀakoz] f MED Kohlenstaublunge f
anthrax [ɑ̃tʀaks] m Milzbrand m
anthropocentrique [ɑ̃tʀɔposɑ̃tʀik] adj anthropozentrisch
anthropoïde [ɑ̃tʀɔpɔid] m ZOOL Anthropoid[e] m, Menschenaffe m
anthropologie [ɑ̃tʀɔpɔlɔʒi] f Anthropologie f
anthropologue [ɑ̃tʀɔpɔlɔg] mf Anthropologe m/Anthropologin f
anthropomorphisme [ɑ̃tʀɔpɔmɔʀfism] m Anthropomorphismus m
anthropophage [ɑ̃tʀɔpɔfaʒ] I. adj kannibalisch; **tribu ~** Kannibalenstamm m; **être ~** Kannibale sein
II. *mf* Kannibale m/Kannibalin f
antiabrasif, -ive [ɑ̃tiabʀazif, -iv] adj abriebfest
antiadhésif, -ive [ɑ̃tiadezif, -iv] adj antihaftbeschichtet
antiaérien(ne) [ɑ̃tiaeʀjɛ̃, jɛn] adj **canon/missile ~** Flugabwehrkanone f/-rakete f; **abri ~** Luftschutzraum m; **avion ~** Abfangjäger m; **défense ~** Flugabwehr f
anti-âge [ɑ̃tiaʒ] adj *inv* **crème ~** Anti-Aging-Creme f
antialcoolique [ɑ̃tialkɔlik] adj **personne ~** Alkoholgegner(in) m(f); **être ~** Alkohogegner(in) sein; **campagne ~** Antialkoholkampagne f
antiallergique [ɑ̃tialɛʀʒik] PHARM I. adj *médicament* antiallergisch
II. m Antiallergikum nt
antiaméricanisme [ɑ̃tiameʀikanism] m Antiamerikanismus m
antiatomique [ɑ̃tiatɔmik] adj *installation, bunker* atombombensicher; **abri ~** Strahlenschutzbunker m, Atombunker m; **protection ~** Strahlenschutz m
antiautoritaire [ɑ̃tiɔtɔʀitɛʀ] adj antiautoritär
antibactérien(ne) [ɑ̃tibakteʀjɛ̃, jɛn] adj antibakteriell

antibiotique [ɑ̃tibjɔtik] **I.** *adj* antibiotisch
II. *m* Antibiotikum *nt*
antiblocage [ɑ̃tiblɔkaʒ] *adj inv* Antiblockier-
antibrouillard [ɑ̃tibʀujaʀ] **I.** *adj* Nebel-
II. *m* Nebelscheinwerfer *m*
antibruit [ɑ̃tibʀɥi] *adj inv mesure* Lärmschutz-; **campagne** ~ Anti-Lärm-Kampagne *f*, Lärmbekämpfungskampagne; **mur** ~ Schallschutzmauer *f*
antibuée [ɑ̃tibɥe] *adj inv* um ein Beschlagen zu verhindern
anticalcaire [ɑ̃tikalkɛʀ] *adj inv* Enthärter *m*
anticancéreux, -euse [ɑ̃tikɑ̃seʀø, -øz] *adj* **centre** ~ Krebszentrum *nt*
anti-cartel [ɑ̃tikaʀtɛl] *adj inv* kartellfeindlich
antichambre [ɑ̃tiʃɑ̃bʀ] *f* Vorzimmer *nt*
▶ **faire** ~ [im Vorzimmer] warten
antichar [ɑ̃tiʃaʀ] *adj* panzerbrechend
antichoc [ɑ̃tiʃɔk] *adj* stoßfest, stoßsicher, schlagfest
anticipation [ɑ̃tisipasjɔ̃] *f* ❶ *(prévision)* [gedankliche] Vorwegnahme
❷ LITTER, CINE Science-Fiction *f*
❸ FIN **de paiement** Vorauszahlung *f*; **par** ~ im Voraus
anticiper [ɑ̃tisipe] <1> **I.** *vi* ❶ *(devancer les faits)* vorgreifen; **n'anticipons pas!** wir wollen nicht vorgreifen!
❷ *(se représenter à l'avance)* sich in die Zukunft versetzen; *(prévoir)* gedanklich vorwegnehmen; ~ **sur le résultat de l'examen** dem Untersuchungsergebnis vorgreifen; ~ **sur une passe** einen Pass abschätzen
II. *vt* ❶ *(prévoir)* vorhersehen *avenir, événement;* SPORT abschätzen *trajectoire*
❷ *(faire par avance)* **adresser des remerciements anticipés** sich im Voraus bedanken
❸ FIN im Voraus [*o* vor Fälligkeit] leisten
anticlérical(e) [ɑ̃tiklerikal, o] <-aux> **I.** *adj politicien, mot, opinion, climat* kirchenfeindlich, antiklerikal
II. *m(f)* Kirchenfeind(in) *m(f)*, Antiklerikale(r) *f(m)*
anticléricalisme [ɑ̃tiklerikalism] *m* Antiklerikalismus *m*, Kirchenfeindlichkeit *f*
anticoagulant [ɑ̃tikɔagylɑ̃] *m* Mittel *nt* gegen die Blutgerinnung
anticoagulant(e) [ɑ̃tikɔagylɑ̃, ɑ̃t] MED *adj* gegen die Blutgerinnung; *sérum* gerinnungshemmend
anticolonialisme [ɑ̃tikɔlɔnjalism] *m* Antikolonialismus *m*
anticolonialiste [ɑ̃tikɔlɔnjalist] **I.** *adj* antikolonialistisch
II. *mf* Gegner(in) *m(f)* des Kolonialismus
anticommunisme [ɑ̃tikɔmynism] *m* Antikommunismus *m*
anticommuniste [ɑ̃tikɔmynist] **I.** *adj* antikommunistisch
II. *mf* Antikommunist(in) *m(f)*
anticonceptionnel(le) [ɑ̃tikɔ̃sɛpsjɔnɛl] *adj produit* empfängnisverhütend; *information zur* Empfängnisverhütung; **moyen** ~ Verhütungsmittel *nt;* **pilule ~le** Antibabypille *f*
anticonformisme [ɑ̃tikɔ̃fɔʀmism] *m* Antikonformismus *f*
anticonformiste [ɑ̃tikɔ̃fɔʀmist] **I.** *adj* nonkonformistisch
II. *mf* Nonkonformist(in) *m(f)*
anticonjoncturel(le) [ɑ̃tikɔ̃ʒɔ̃ktyʀɛl] *adj* ECON *mesure* antizyklisch
anticonstitutionnel(le) [ɑ̃tikɔ̃stitysjɔnɛl] *adj* verfassungswidrig
anticonstitutionnellement [ɑ̃tikɔ̃stitysjɔnɛlmɑ̃] *adv* verfassungswidrig
anticorps [ɑ̃tikɔʀ] *m* MED Antikörper *m;* ~ **anti-H.I.V.** Aidsantikörper
anticorrosion [ɑ̃tikɔʀozjɔ̃] *adj inv produit, garantie* Rostschutz-, Korrosionsschutz-; **traitement** ~ Rostschutzbehandlung *f;* **traitement** ~ **intégral** Hohlraumkonservierung *f,* Hohlraumversiegelung *f*
anticyclique [ɑ̃tisiklik] *adj* ECON antizyklisch
anticyclone [ɑ̃tisiklon] *m* METEO *(phénomène)* Hoch *nt;* *(zone)* Hochdruckgebiet *nt;* ~ **de courte durée** Zwischenhoch; ~ **des Açores** Azorenhoch
antidater [ɑ̃tidate] <1> *vt* zurückdatieren
antidémocratique [ɑ̃tidemɔkratik] *adj* ❶ *(peu démocratique)* undemokratisch
❷ *(opposé à la démocratie)* antidemokratisch, demokratiefeindlich
antidépresseur [ɑ̃tidepʀesœʀ] **I.** *adj* gegen Depressionen
II. *m* Antidepressivum *nt*
antidérapant(e) [ɑ̃tiderapɑ̃, ɑ̃t] *adj semelle* rutschfest; *pneu* rutschsicher; **chaîne ~e** Schneekette *f*
antidiabétique [ɑ̃tidjabetik] *m* PHARM Antidiabetikum *nt*
antidiphtérique [ɑ̃tidifteʀik] *adj* MED gegen Diphterie
antidopage [ɑ̃tidɔpaʒ] *adj,* **antidoping** [ɑ̃tidɔpiŋ] *m lutte* gegen das Doping; **contrôle** ~ Dopingkontrolle *f*
antidote [ɑ̃tidɔt] *m* ❶ MED Gegenmittel *nt,* Antidot *nt (Fachspr.)*
❷ *(remède)* **un** ~ **à** [*o* **contre**] **qc** ein Mittel gegen etw
antidouleur [ɑ̃tidulœʀ] *adj inv* schmerzstillend
antiécologique [ɑ̃tiekɔlɔʒik] *adj* umweltfeindlich

antienne [ɑ̃tjɛn] *f* ❶ MUS Antiphon *f,* Wechselgesang *m*
❷ *fig vieilli* Refrain *m*
antiépileptique [ɑ̃tiepilɛptik] *m* PHARM Antiepileptikum *nt (Fachspr.)*
antifasciste [ɑ̃tifaʃist, ɑ̃tifasist] **I.** *adj* antifaschistisch
II. *mf* Antifaschist(in) *m(f)*
anti-feu [ɑ̃tifø] *adj inv porte* ~ Feuertür *f,* Feuerschutztür
antigang [ɑ̃tigɑ̃g] **I.** *adj* Bandenkriminalität bekämpfend
II. *m* Polizist einer Einheit gegen Bandenkriminalität
antigel [ɑ̃tiʒɛl] *m* Frostschutzmittel *nt,* Kälteschutzmittel
Antigone [ɑ̃tigɔn] *f* Antigone *f*
antigouvernemental(e) [ɑ̃tiguvɛʀnəmɑ̃tal, o] <-aux> *adj remarque, courant, presse, mot, article* regierungsfeindlich **anti-grève** [ɑ̃tigʀɛv] *adj* Anti-Streik-; **mesures ~s** Anti-Streik-Maßnahmen *Pl*
antihéros [ɑ̃tieʀo] *m* Antiheld *m*
antihistaminique [ɑ̃tiistaminik] *m* PHARM Antihistaminikum *nt (Fachspr.)*
anti-inflammatoire [ɑ̃tiɛ̃flamatwaʀ] <anti-inflammatoires> *adj* entzündungshemmend **anti-inflationiste** [ɑ̃tiɛ̃flasjɔnist] *adj* antiinflationistisch
antillais(e) [ɑ̃tijɛ, jɛz] *adj* antillisch, der Antillen
Antillais(e) [ɑ̃tijɛ, ɛz] *m(f)* Bewohner(in) *m(f)* der Antillen
Antilles [ɑ̃tij] *fpl* **les** ~ die Antillen
antilope [ɑ̃tilɔp] *f* Antilope *f;* ~ **des marais** Wasserbock *m*
antimatière [ɑ̃timatjɛʀ] *f* Antimaterie *f*
antimilitarisme [ɑ̃timilitaʀism] *m* Antimilitarismus *m*
antimilitariste [ɑ̃timilitaʀist] **I.** *adj* antimilitaristisch
II. *mf* Antimilitarist(in) *m(f)*
antimissile [ɑ̃timisil] *adj* **défense** ~ Raketenabwehr *f;* **bouclier de défense** ~ Raketenabwehrschirm *m*
antimite [ɑ̃timit] **I.** *adj* gegen Motten; **poudre** ~ Mottenpulver *nt;* **vêtement traité** ~ mottenechtes Kleidungsstück
II. *m* Mottenschutzmittel *nt*
antimoine [ɑ̃timwan] *m* CHIM Antimon *nt*
antimonarchique [ɑ̃timɔnaʀʃik] *adj* monarchiefeindlich
antimonarchiste [ɑ̃timɔnaʀʃist] **I.** *adj* monarchiefeindlich
II. *mf* Gegner(in) *m(f)* der Monarchie
antinomie [ɑ̃tinɔmi] *f* Antinomie *f*
antinucléaire [ɑ̃tinykleɛʀ] **I.** *adj* Anti-Atomkraft-
II. *mf* Atomkraftgegner(in) *m(f),* Kernkraftwerk[s]gegner(in), Kernkraftgegner(in)
antioxydant [ɑ̃tiɔksidɑ̃] *m* CHIM Antioxidans *nt*
antipaludéen(ne) [ɑ̃tipalydeɛ̃, ɛn] *adj* MED **prophylaxie ~ne** Malariaprophylaxe *f*
antipape [ɑ̃tipap] *m* HIST Gegenpapst *m*
antiparasite [ɑ̃tipaʀazit] **I.** *adj* zur Entstörung
II. *m* Entstörungssystem *nt*
antipathie [ɑ̃tipati] *f* ~ **pour qn/qc** Abneigung *f* [*o* Antipathie *f*] gegen jdn/etw
antipathique [ɑ̃tipatik] *adj* unsympathisch; *comportement* unfreundlich; **être ~ à qn** jdm unsympathisch sein; *discours:* jdm unangenehm sein
antipatinage [ɑ̃tipatinaʒ] *m* MECANAUT ~ **électronique** Anfahrschlupfregelung *f (Fachspr.),* Antriebsschlupfregelung *(Fachspr.)*
antipatriotique [ɑ̃tipatʀijɔtik] *adj* unpatriotisch; *acte, parole, discours* vaterlandsfeindlich, gegen das Vaterland
antipelliculaire [ɑ̃tipelikylɛʀ] *adj inv* gegen Schuppen
antiphrase [ɑ̃tifʀaz] *f* Antiphrase *f (Fachspr.);* **par** ~ ironisch
antipode [ɑ̃tipɔd] *m* GEOG Ort *m* auf der anderen Seite der Erdkugel; **être à l'** ~ [*o* **aux ~s**] **de qc** einer S. *(Dat)* auf der Erdkugel diametral gegenüberliegen; **aux ~s** am anderen Ende der Welt
▶ **être à l'** ~ [*o* **aux ~s**] **de qn/qc** *(être différent)* das genaue Gegenteil von jdm/etw sein
antipoison [ɑ̃tipwazɔ̃] *adj inv* **centre** ~ Spezialklinik für Vergiftungen
antipolio [ɑ̃tipɔljo] *adj inv abr de* **antipoliomyélitique** gegen Kinderlähmung **antipollution** [ɑ̃tipɔlysjɔ̃] *adj inv* **campagne** ~ Umweltschutzkampagne *f*
anti-poussière [ɑ̃tipusjɛʀ] *adj inv* staubdicht
antipub [ɑ̃tipyb] *mf* militante(r) Werbegegner(in) *m(f)*
antiquaille [ɑ̃tikaj] *f péj* alter Kram *(pej)*
antiquaire [ɑ̃tikɛʀ] *mf* Antiquitätenhändler(in) *m(f)*
antique [ɑ̃tik] *adj* ❶ *(de l'Antiquité)* antik; *lieu* der Antike
❷ *a. iron (très ancien)* uralt
antiquité [ɑ̃tikite] *f* ❶ HIST **l'Antiquité** *(ancienne civilisation)* das Altertum; *(civilisation gréco-romaine)* die Antike
❷ *(période très reculée)* Vorzeit *f*
❸ *souvent pl (œuvre d'art antique)* Antike *f (Fachspr.);* **plusieurs ~s précieuses** mehrere wertvolle Antiken [*o* Altertümer *Pl*]
❹ *souvent pl (objet, meuble ancien)* Antiquität *f*
▶ **être presque une** ~ fast schon Museumswert haben
antirabique [ɑ̃tiʀabik] *adj* Anti-Tollwut-, gegen die Tollwut

antiraciste [ɑ̃tiʀasist] *adj* antirassistisch
antiradiation [ɑ̃tiʀadiasjɔ̃] *adj* Strahlenschutz-; **bunker, couche protectrice** strahlensicher; **mur** ~ Strahlenschutzwand *f;* **mettre qc dans un emballage** ~ etw strahlensicher verpacken
antireflet [ɑ̃tiʀəflɛ] *adj* TECH *couche* Antireflex-; *vitre, verre* entspiegelt; **traitement** ~ Entspiegelung *f;* **appliquer un traitement** ~ **à un écran** einen Bildschirm entspiegeln
antireine *v.* antiroi
antirhumatismal [ɑ̃tiʀymastimal, o] <-aux> *m* PHARM Antirheumatikum *nt*
antirides [ɑ̃tiʀid] *adj inv* Antifalten-, gegen Falten; **crème/soin** ~ Antifaltencreme *f/-*mittel *nt*
antiroi, antireine [ɑ̃tiʀwa, ɑ̃tiʀɛn] *m, f* HIST Gegenkönig(in) *m(f)*
antirouille [ɑ̃tiʀuj] **I.** *adj inv* Rostschutz-
II. *m (pour protéger)* Rostschutzmittel *nt; (pour enlever)* Rostentferner *m,* Rostumwandler *m*
antisalissure [ɑ̃tisalisyʀ] *adj inv* Schmutz abweisend
antisèche [ɑ̃tisɛʃ] *f fam* Spickzettel *m (fam)*
antisémite [ɑ̃tisemit] **I.** *adj politicien, mot, opinion, climat* antisemitisch, judenfeindlich
II. *mf* Antisemit(in) *m(f)*
antisémitisme [ɑ̃tisemitism] *m* Antisemitismus *m*
antisepsie [ɑ̃tisɛpsi] *f* MED Antisepsis *f (Fachspr.)*
antiseptique [ɑ̃tisɛptik] **I.** *adj* antiseptisch
II. *m* Antiseptikum *nt*
antisérum [ɑ̃tiseʀɔm] *m* PHARM, MED Antiserum *nt*
antisida [ɑ̃tisida] *adj inv* **thérapie/traitement** ~ Aidstherapie *f/-*behandlung *f;* **chargé(e) de la commission** ~ Aidsbeauftragte(r) *f(m)*
antisismique [ɑ̃tisismik] *adj* erdbebenfest, erdbebensicher
antisocial(e) [ɑ̃tisɔsjal, jo] <-aux> *adj* unsozial
antispasmodique [ɑ̃tispasmɔdik] **I.** *adj* krampflösend
II. *m* krampflösendes Mittel
antisportif, -ive [ɑ̃tispɔʀtif, -iv] *adj personne, esprit* unsportlich
antistatique [ɑ̃tistatik] *adj* antistatisch; **bombe/chiffon** ~ Antistatikspray *nt/-*tuch *nt;* **couche** ~ Antistatikbeschichtung *f*
anti-subversif, -ive [ɑ̃tisybvɛʀsif, -iv] <anti-subversifs> *adj* gegen subversive Kräfte
antitabac [ɑ̃titaba] *adj inv* Antiraucher-, gegen das Rauchen; **propagande** ~ Propaganda gegen das Rauchen
antitache[s] [ɑ̃titaʃ] *adj* schmutzabweisend
antiterroriste [ɑ̃titɛʀɔʀist] *adj* antiterroristisch
antitétanique [ɑ̃titetanik] *adj* gegen Tetanus
antithèse [ɑ̃titɛz] *f* ❶ PHILOS Antithese *f*
❷ *(l'opposé)* Gegensatz *m*
❸ *(opposant, adversaire)* Gegenpol *m;* **être l'~ de qn** jds Gegenpol sein, der Gegenpol zu jdm sein
antithétique [ɑ̃titetik] *adj* gegensätzlich, antithetisch
anti-transpirant(e) [ɑ̃titʀɑ̃spiʀɑ̃, ɑ̃t] *adj produit, effet* schweißhemmend; **avoir un effet** ~ schweißhemmend wirken
antitrust [ɑ̃titʀœst] *adj* gegen die Monopolisierung
antituberculeux, -euse [ɑ̃titybɛʀkylø, -øz] *adj* gegen Tuberkulose
anti-tumoral(e) [ɑ̃titymɔʀal, o] <-aux> *adj* MED *thérapie* Tumor-
antitussif [ɑ̃titysif] *m* Hustenmittel *nt*
antitussif, -ive [ɑ̃titysif, -iv] MED *adj* gegen Husten; *propriétés* hustenstillend
anti-U.V. [ɑ̃tiyve] *m inv* UV-Blocker *m,* UV-Hemmer *m*
antivariolique [ɑ̃tivaʀjɔlik] *adj* **vaccination** ~ [Schutz]Impfung gegen Pocken
antiviral(e) [ɑ̃tiviʀal, o] <-aux> *adj* Antivirus-, gegen Viren gerichtet
anti-virus [ɑ̃tiviʀys] *inv* INFORM **I.** *adj* Antiviren-
II. *m* Antivirenprogramm *nt*
antivol [ɑ̃tivɔl] **I.** *adj inv* gegen Diebstahl; **alarme** [*o* **sirène**] ~ Alarmanlage *f;* **autoradio doté d'un système** ~ diebstahlsicheres Autoradio
II. *m d'une voiture* Lenkradschloss *nt; d'un vélo* [Fahrrad]schloss
Antoine [ɑ̃twan] *m* ❶ Anton *m*
❷ HIST, REL Antonius *m*
antonyme [ɑ̃tɔnim] *m* LING Gegensatzwort *nt,* Gegenwort, Antonym *nt (Fachspr.)*
antre [ɑ̃tʀ] *m* ❶ *d'un animal* Höhle *f*
❷ *fig d'une personne, d'un écrivain* Refugium *nt; d'un sorcier* Höhle *f,* Schlupfwinkel *m*
▶ **l'~ du lion** die Höhle des Löwen
anus [anys] *m* After *m,* Anus *m (Fachspr.);* ~ **artificiel** Anus praeter *(Fachspr.)*
Anvers [ɑ̃vɛʀ] Antwerpen *nt*
anxiété [ɑ̃ksjete] *f a.* MED, PSYCH Angst *f; (trait de caractère)* Ängstlichkeit *f;* **être dans l'~** in großer Sorge sein; **regarder qn avec** ~ jdn angsterfüllt ansehen

anxieusement [ɑ̃ksjøzmɑ̃] *adv* ängstlich
anxieux, -euse [ɑ̃ksjø, -jøz] **I.** *adj* ängstlich; *attente* bang; **état** ~ Angstzustand *m;* **être** ~(**-euse**) **de connaître/voir qc** voller Angst darauf warten etw zu erfahren/sehen
II. *m, f* ängstlicher Mensch
anxiolytique [ɑ̃ksjɔlitik] **I.** *m* Beruhigungsmittel *nt,* angstlösendes Mittel
II. *adj* Beruhigungs-, angstlösend
AOC [aose] *abr de* **appellation d'origine contrôlée** Qualitätsmerkmal für Wein oder Käse aus einem bestimmten Herkunftsgebiet

---

Land und Leute

AOC-Weine sind Weine mit kontrollierter Herkunftsbezeichnung. Die Rebsorte und das Herstellungsverfahren sind vorgeschrieben. In Frankreich gibt es ca. 390 Weine mit dem angesehenen AOC-Prädikat. Auf 40 % der gesamten Weinanbaufläche Frankreichs werden **AOC-Weine** verarbeitet.

---

aorte [aɔʀt] *f* Aorta *f,* Hauptschlagader *f*
août [u(t)] *m* ❶ August *m;* [**le mois d'**]~ **a 31 jours** der August hat 31 Tage; ~ **est un mois d'été** der August ist ein Sommermonat
❷ *(pour indiquer la date, un laps de temps)* **en** ~, **au mois d'**~ im August; **début/fin** ~ Anfang/Ende August; **pendant tout le mois d'**~ den ganzen August über; **à partir du premier** ~ ab [dem] ersten August; **il est né le 31** ~ **1973** er ist am 31. August 1973 geboren; **son anniversaire est le 3** ~ er/sie hat am 3. August Geburtstag; **Toulouse, le 16** ~ Toulouse, den 16. August; **vendredi, 8** ~ **2003** Freitag, den 8. August 2003; **le 15** ~**, c'est l'Assomption** am 15. August ist Mariä Himmelfahrt
aoûtien(ne) [ausjɛ̃, jɛn] *m(f)* Augusturlauber(in) *m(f)*
apache [apaʃ] *mf* Apatsche *m/*Apatschin *f*
apaisant(e) [apɛzɑ̃, ɑ̃t] *adj* ❶ *(qui calme)* beruhigend
❷ *(qui ramène la paix)* beschwichtigend
apaisement [apɛzmɑ̃] *m* Beruhigung *f; de la douleur* Linderung *f; du vent, de la passion* Nachlassen *nt; d'une querelle, d'un conflit* Beruhigung *f*
apaiser [apeze] <1> **I.** *vt* beruhigen; lindern *douleur;* stillen *faim, désir, soif, curiosité;* zum Erliegen bringen *protestations;* dämpfen *colère;* zerstreuen *scrupules, craintes;* versöhnlich stimmen *dieux*
II. *vpr* **s'**~ *personne:* sich beruhigen; *douleur:* nachlassen; *colère, tempête, querelle, craintes, scrupules:* sich legen
apanage [apanaʒ] *m* Vorrecht *nt,* Privileg *nt;* **qn a l'~ de qc** etw ist jdm vorbehalten; **ne pas avoir l'~ du cœur/de l'intelligence** die Menschlichkeit/Weisheit nicht für sich gepachtet haben *(fam)*
aparté [apaʀte] *m* ❶ *(entretien)* vertrauliches Gespräch
❷ THEAT, MUS beiseite gesprochener Text; *(entre deux scènes)* Zwischentext *m;* **en** ~ beiseite
apartheid [apaʀtɛd] *m* Apartheid *f*
apathie [apati] *f* Energielosigkeit *f,* Apathie *f*
apathique [apatik] *adj* apathisch
apatride [apatʀid] *mf* Staatenlose(r) *f(m)*
Apennin [apenɛ̃] *m* **l'~** der Apennin; **les ~s** die Apenninen
apercevoir [apɛʀsəvwaʀ] <12> **I.** *vt* ❶ *(entrevoir)* flüchtig wahrnehmen [*o* sehen]
❷ *(remarquer)* bemerken
❸ *(distinguer)* erkennen; ~ **la terre** *marin:* Land sichten
II. *vpr* ❶ *(se voir)* **s'**~ sich sehen
❷ *(se rendre compte)* **s'**~ **d'une erreur/des manigances de qn** einen Fehler bemerken/jds Machenschaften durchschauen; **s'**~ **de la présence de qn** jds Anwesenheit bemerken; **sans s'en** ~ ohne es zu merken; **s'**~ **que qn a fait qc** erkennen, dass jd etw getan hat
aperçu [apɛʀsy] *m* ❶ kurzer Überblick; **donner un** ~ **de la situation** einen kurzen Überblick über die Lage geben
❷ INFORM ~ [**avant impression**] Seitenansicht *f; (dans un logiciel graphique)* Layoutkontrolle *f*
❸ FIN ~ **financier** Finanzübersicht *f*
apéritif [apeʀitif] *m* Aperitif *m*
apéro [apeʀo] *m fam abr de* **apéritif** Aperitif *m*
aperture [apɛʀtyʀ] *f* PHON Öffnung *f*
apesanteur [apəzɑ̃tœʀ] *f* Schwerelosigkeit *f*
à-peu-près [apøpʀɛ] *m inv* ❶ *(approximation)* vage Angabe; **c'est de l'**~ das ist alles nur so ungefähr
❷ *(travail peu soigné)* **c'est de l'**~ das ist Pfusch *(fam)*
apeuré(e) [apœʀe] *adj* verängstigt; *regard* ängstlich
aphasie [afazi] *f* MED Aphasie *f*
aphone [afɔn, afon] *adj* ohne Stimme; **complètement** ~ stockheiser *(fam)*
aphorisme [afɔʀism] *m* ❶ *(maxime)* Aphorismus *m,* Gedankensplitter *m*
❷ *péj (formule prétentieuse)* dumme Phrase
aphrodisiaque [afʀɔdizjak] **I.** *adj* aphrodisisch
II. *m* Aphrodisiakum *nt*

Aphrodite [afʀɔdit] f Aphrodite f
aphte [aft] m MED Aphthe f
à-pic [apik] <à-pics> m Steilhang m, Steilwand f; (en bord de mer) Kliff nt
apical(e) [apikal, o] <-aux> adj BOT, PHON apikal
apiculteur, -trice [apikyltœʀ, -tʀis] m, f Imker(in) m(f), Bienenzüchter(in) m(f)
apiculture [apikyltyʀ] f Bienenzucht f
apitoiement [apitwamā] m ~ sur qn Mitleid nt [o Mitgefühl nt] mit jdm; ~ sur soi-même Selbstmitleid nt
apitoyer [apitwaje] <6> I. vt ~ qn jds Mitleid erregen; ~ qn sur qc jds Mitgefühl für etw erwecken
II. vpr s'~ sur qn/qc jdn/etw bemitleiden, Mitleid [o Erbarmen] mit jdm/etw haben
aplanir [aplaniʀ] <8> I. vt ① (niveler) einebnen, planieren
② (faire disparaître) aus dem Weg[e] räumen, beseitigen obstacles, difficultés
II. vpr s'~ sich regeln
aplati(e) [aplati] adj platt [gedrückt]; être ~(e) sur le dessus oben abgeflacht sein
aplatir [aplatiʀ] <8> I. vt platt drücken; abflachen voute; glatt streichen pli
II. vpr ① (se plaquer) s'~ sur la table/à terre sich flach auf den Tisch/Boden legen; s'~ contre le mur sich gegen [o an] die Wand drücken
② (devenir plat) s'~ flach werden
③ (être rendu plat) s'~ flach gedrückt werden
④ (s'écraser) s'~ contre qc gegen etw prallen
▶ s'~ devant qn fam vor jdm kriechen (sl)
aplatissement [aplatismā] m (action d'aplatir) Abflachung f
aplomb [aplɔ̃] m ① (équilibre) Gleichgewicht nt; (verticalité) Lot nt, Senkrechte f; à l'~ im Lot; d'~ senkrecht
② (assurance) Selbstsicherheit f
③ (effronterie) Frechheit f, Unverfrorenheit f; avoir de l'~ ganz schön frech sein
④ (équilibre physique/moral) être d'~ auf der Höhe/im Gleichgewicht sein; remettre qn d'~ jdn wieder auf die Beine/ins Gleichgewicht bringen
apnée [apne] f MED Atemstillstand m, Apnoe f (Fachspr.); SPORT Tauchen nt ohne Sauerstoffgerät; en ~ ohne Sauerstoffgerät
apocalypse [apɔkalips] f ① REL l'Apocalypse die Apokalypse; les cavaliers de l'Apocalypse die Apokalyptischen Reiter
② (désastre) Apokalypse f
apocalyptique [apɔkaliptik] adj apokalyptisch
apocope [apɔkɔp] f Apokope f
apocryphe [apɔkʀif] adj apokryph
apogée [apɔʒe] m Höhepunkt m; être à son ~ seinen Höhepunkt erreicht haben; être à l'~ de qc auf dem Höhepunkt einer S. (Gen) angelangt sein
apolitique [apɔlitik] adj unpolitisch
Apollon [apɔlɔ̃] m ① Apollo m
② POES Apoll m
apologétique [apɔlɔʒetik] I. m Apologetik f
II. adj apologetisch
apologie [apɔlɔʒi] f (éloge) Verherrlichung f; (justification) Verteidigung f, Apologie f (geh); faire l'~ de qn/qc (faire l'éloge) jdn/etw verherrlichen; (justifier) jdn/etw verteidigen; ~ de la violence Gewaltverherrlichung f; un film qui fait l'~ de la violence ein Gewalt verherrlichender Film
apologiste [apɔlɔʒist] m, f Apologet(in) m(f)
apophyse [apɔfiz] f ANAT Apophyse f; ~ épineuse Dornfortsatz m
apoplectique [apɔplɛktik] adj apoplektisch
apoplexie [apɔplɛksi] f MED Gehirnschlag m, Apoplexie f (Fachspr.); crise d'~ Schlaganfall m; ~ cérébrale Gehirnschlag m
apoptose [apɔptoz] f MED Zelltod m
apostasie [apɔstazi] f REL Lossagung f, Apostasie f (geh)
apostat [apɔsta] m Abtrünniger m
a posteriori [a pɔsteʀjɔʀi] I. adv ① (après coup) im Nachhinein, nachträglich
② PHILOS a posteriori, aus Erfahrung
II. adj inv auf Erfahrung gründend, aposteriorisch (Fachspr.)
apostolat [apɔstɔla] m ① (mission) Berufung f
② (propagation de la foi) Verkündung f
③ (ministère d'apôtre) Apostolat nt
apostolique [apɔstɔlik] adj apostolisch
apostrophe [apɔstʀɔf] f ① (signe) Apostroph m, Auslassungszeichen nt
② (interpellation) barscher Zuruf
③ (figure de style) Anrede f, Apostrophe f; en ~ als Anrede
apostropher [apɔstʀɔfe] <1> vt anfahren, anherrschen
apothéose [apɔteoz] f ① (consécration) Krönung f; (sommet) Höhepunkt m, Apotheose f (geh)
② (partie finale) krönender Abschluss, großes Finale; THEAT Apothe-

ose f (geh)
apothicaire [apɔtikɛʀ] m vieilli Apotheker m
apôtre [apotʀ] m ① REL, HIST Jünger m, Apostel m
② iron (propagateur d'une idée) Verfechter(in) m(f); ~ de la paix Friedensapostel m (iron fam); se faire l'~ de qc sich zum Verfechter/zur Verfechterin einer S. (Gen) machen
▶ faire [o jouer] le bon ~ fam scheinheilig tun (fam)
apparaître [apaʀɛtʀ] <irr> I. vi + être ① (se montrer) erscheinen; maison, silhouette, animal: auftauchen; acteur: auftreten; ~ à qn jdm erscheinen
② (surgir) idée: aufkommen; signe, difficulté, fièvre: auftreten; obstacle: auftauchen; vérité: zutage treten [o zu Tage treten], ans Licht kommen
③ (se révéler) ~ à qn vérité: jdm bewusst werden; laisser ~ erkennen lassen
④ (sembler) ~ grand/difficile/bon à qn jdm groß/schwierig/gut scheinen
⑤ (se présenter) ~ comme qc à qn jdm wie etw erscheinen
II. vi impers + être ① (surgir) il apparaît qn/qc jd/etw taucht auf
② (devenir évident) il apparaît que qn a fait qc es zeigt sich, dass jd etw getan hat
apparat [apaʀa] m Pomp m, Prunk m; d'~ prunkvoll
apparatchik [apaʀatʃik] m Apparatschik m
appareil [apaʀɛj] m ① (machine, instrument, radio, télévision) Gerät nt, Apparat m; ~s ménagers Haushaltsgeräte; ~ photographique Fotoapparat m; ~ photo polaroïd® Polaroidkamera® f, Polaroid® f; ~ stéréoscopique Stereokamera f; ~ à fonctions multiples Kombinationsgerät
② (téléphone) ~ [téléphonique] Telefonapparat m, Telefon nt; à l'~ am Apparat
③ (avion) Maschine f
④ (prothèse) Prothese f; (dentaire) Zahnspange f, Zahnklammer f; (dentier) Gebiss nt; (attelle) Schiene f; ~ auditif Hörgerät nt
⑤ (ensemble complexe) Apparat m; ~ digestif Verdauungsapparat m, Verdauungstrakt m; ~ circulatoire Kreislaufsystem nt; ~ locomoteur Bewegungsapparat m; ~ respiratoire Atmungsorgane Pl; ~ administratif/gouvernemental Behörden-/Regierungsapparat; ~ de la fonction publique Beamtenapparat; ~ policier Polizeiapparat m; ~ de production Produktionsapparat
⑥ pl SPORT Geräte Pl
▶ être dans le plus simple ~ im Adams-/Evakostüm sein
◆ ~ à sous Spielautomat m
◆ ~ de démonstration Vorführgerät nt; ~ d'écoute Abhörgerät nt; ~ de Golgi BIO, MED Golgi-Apparat m; ~ de levage Hebemaschine f; ~ de mesure Messgerät nt; ~ de mesure de précision Feinmessgerät nt; ~ de projection Vorführgerät nt, Projektor m; ~ de radiographie Röntgengerät nt, Röntgenapparat m; ~ de sauvetage Rettungsgerät nt
appareillage [apaʀɛjaʒ] m ① NAUT Auslaufen nt, Ablegen nt
② ELEC Apparatur f
appareiller [apaʀeje] <1> I. vi auslaufen, ablegen
II. vt ① NAUT klarmachen
② (assortir) passend zusammenstellen
appareil photo [apaʀɛjfoto] <appareils photo> m Fotoapparat m; ~ numérique Digitalkamera f, digitale Kamera
apparemment [apaʀamā] adv anscheinend; (vraisemblablement) offenbar, offensichtlich
apparence [apaʀās] f ① (aspect) Anblick m; ~ physique äußeres Erscheinungsbild; un homme de belle ~ ein gut aussehender Mann
② (ce qui semble être) [An]schein m; selon toute ~ allem Anschein nach; contre toute ~ allem Anschein zum Trotz; en ~ scheinbar, nach außen hin; toutes les ~s sont contre moi alle äußeren Anzeichen sprechen gegen mich; juger qn/qc sur les ~s jdn/etw nach dem Äußeren beurteilen; sous ces ~s hinter dieser Fassade
③ JUR ~ d'un droit Rechtsschein m (Fachspr.)
▶ les ~s sont trompeuses der Schein trügt; garder [o sauver] les ~s den Schein wahren; sacrifier les ~s nichts auf das Gerede der Leute geben
apparent(e) [apaʀā, āt] adj ① (visible) sichtbar; être ~(e) zu erkennen [o sehen] sein
② (évident, manifeste) offensichtlich; ruse plump; COM, JUR vice offen
③ (supposé, trompeur) scheinbar
④ MED symptomes apparent (Fachspr.)
apparenté(e) [apaʀāte] adj ① (ressemblant) ~(e) à qc einer S. (Dat) ähnlich
② (parent) verwandt; ~(e) à qn/qc mit jdm/etw verwandt
③ POL ~(e) socialiste den Sozialisten nahestehend
apparentement [apaʀātmā] m Wahlbündnis nt, Listenverbindung f
apparenter [apaʀāte] <1> vpr s'~ à qc ① (ressembler) einer S.

(Dat) ähneln
② (se lier par mariage) in etw (Akk) einheiraten
③ POL sich mit etw verbünden
apparier [aparje] <1a> vt paaren animaux; paarweise ordnen objets
appariteur [aparitœr] m (huissier) Gerichtsvollzieher m; (huissier de faculté) Pedell m
apparition [aparisjɔ̃] f **①** (action de paraître) Erscheinen nt; **ne faire qu'une courte ~** sich nur kurz sehen [o blicken] lassen; **faire son ~** auftauchen, sich blicken lassen
② CINE, THEAT d'un acteur Auftritt m; **brève ~** Kurzauftritt
③ sans pl (fait de devenir visible) d'un phénomène, des hommes sur la Terre Auftreten nt; d'une étoile Erscheinen nt
④ (manifestation) d'un être surnaturel Erscheinung f; **avoir des ~s** Erscheinungen haben; (déraisonner) Gespenster sehen
⑤ (fantôme) Gespenst nt, Geist m
apparoir [aparwar] vi impers hervorgehen; **il appert de ...** JUR es geht aus ... hervor
appart [apart] m fam abr de **appartement** Wohnung f
appartement [apartəmɑ̃] m **①** (habitation) Wohnung f; **~ dans une résidence pour personnes âgées** Seniorenwohnung
② (dans un hôtel) Suite f, Appartement nt
◆ **~ de fonction** Dienstwohnung f
appartenance [apartənɑ̃s] f **①** ~ **à une famille** Zugehörigkeit f zu einer Familie; ~ **à une association** Mitgliedschaft f in einem Verein, Vereinsmitgliedschaft; ~ **à un parti** Mitgliedschaft einer Partei, Parteimitgliedschaft; ~ **à un/au syndicat** Mitgliedschaft in einer/der Gewerkschaft, Gewerkschaftsmitgliedschaft; ~ **à une chambre** JUR Kammerzugehörigkeit
② MATH ~ **à qc** Enthaltensein nt in etw (Dat)
appartenir [apartənir] <9> I. vi **①** (être la propriété de) ~ **à qn** jdm gehören
② (faire partie de) ~ **à qc** einer S. (Dat) angehören
③ MATH ~ **à qc** in etw (Dat) enthalten sein
II. vi impers **il appartient à qn de faire qc** es ist jds Sache [o Aufgabe], etw zu tun
appas [apa] mpl d'une femme Reize Pl
appât [apa] m Köder m; **mordre à l'~** a. fig anbeißen; **l'~ du gain** die Verlockung des Geldes
appâter [apate] <1> vt **①** CHASSE, PECHE anlocken oiseau, gibier; ködern, anfüttern poisson; **cet hameçon sert à ~** dieser Haken ist zum Anködern; **qu'est-ce que vous utilisez pour ~ le poisson?** was benutzen Sie zum Anfüttern?
② (allécher) locken, ködern (fam) personne
appauvrir [apovrir] <8> I. vt arm machen personne; verarmen lassen langue, pays; verkümmern lassen intelligence; auslaugen terre
II. vpr **s'~ ①** verarmen; intelligence: verkümmern; terre: ausgelaugt werden
appauvrissement [apovrismɑ̃] m Verarmung f; de l'intelligence, l'esprit Verkümmern nt; de la terre Auslaugung f
appeau [apo] m (instrument) Vogelpfeife f; (oiseau) Lockvogel m
▶ **se laisser prendre à l'~** sich hereinlegen lassen
appel [apɛl] m **①** (cri) Ruf m
② (signal) Zeichen nt
③ (demande) Appell m; **faire ~ à qn/qc** an jdn/etw appellieren; **faire ~ à son courage** seinen Mut zusammennehmen; **faire ~ à ses souvenirs** sich zu erinnern versuchen; **faire ~ à l'armée/aux pompiers** die Armee/Feuerwehr rufen [o alarmieren]
④ (exhortation) ~ **à qc** Aufforderung f [o Aufruf m] zu etw; **lancer un ~ à qn** einen Aufruf an jdn richten
⑤ (vérification de présence) namentlicher Aufruf; MIL Appell m; **faire l'~** die Namen aufrufen; MIL den Appell abhalten
⑥ TELEC ~ **téléphonique** Telefonanruf m; **faire un ~ à la charge du destinataire** ein R-Gespräch führen; **centre d'~s** Call-Center nt
⑦ SPORT (élan) Absprung m; **prendre [son] ~ sur le pied droit/gauche** mit dem rechten/linken Fuß abspringen
⑧ INFORM Aufruf m; **faire ~ à un programme** ein Programm aufrufen
⑨ JUR (pourvoi) Berufung f, Berufungsklage f; ~ **incident** Anschlussberufung (Fachspr.); **faire ~ incident** Anschlussberufung einlegen (Fachspr.); ~ **principal** Hauptberufung (Fachspr.)
⑩ ECON ~ **d'offres [public]** Ausschreibung f, Submission f (Fachspr.); ~ **d'offres hebdomadaire** wöchentliche Submission; **émettre un ~ à projet** ein Projekt ausschreiben; **lancer un ~ d'offre à qn** jdn zu einem Angebot auffordern
▶ **avoir un ~ du pied à qn** fam (du moins un) Wink mit dem Zaunpfahl geben (fam); **devancer l'~** MIL sich vorzeitig melden; **faire** [o **interjeter**] ~, **se pourvoir en** ~ Berufung einlegen; **sans ~** endgültig, unwiderruflich; juger gnadenlos
◆ ~ **à l'aide** Hilfsappell m; ~ **d'air** Luftzufuhr f; ~ **aux armes** Ruf m zu den Waffen; ~ **de boycottage** Boykottaufruf m; ~ **des créanciers** JUR Aufgebot nt der Gläubiger; ~ **de fonds** Zahlungsaufforderung f; ~ **au peuple** Volksaufruf m; ~ **de phares** Lichthupe f
appelant(e) [apəlɑ̃, ɑ̃t] m(f) JUR Berufungskläger(in) m(f)
appelé(e) [aple] m(f) **①** MIL Einberufene(r) m
② REL Berufene(r) f(m)
▶ **il y a beaucoup d'~s, mais peu d'élus** viele sind berufen, aber wenige sind auserwählt
appeler [aple] I. vt **①** (interpeller) rufen; aufrufen nom
② (faire venir) [herbei]rufen; **faire ~ qn** jdn rufen lassen; (faire sortir) jdn herausrufen
③ (téléphoner à) anrufen
④ (nommer) ~ **qn Pierre/par son prénom** jdn Pierre nennen/mit seinem Vornamen anreden; **c'est ce que j'appelle vivre** das nenne ich leben
⑤ (réclamer) situation, conduite: erforderlich [o notwendig] machen; affaires, devoir: rufen; ~ **l'attention de qn sur qc** jdn auf etw (Akk) aufmerksam machen
⑥ (désigner) ~ **qn à une charge** jdm einen Auftrag erteilen; ~ **qn à un poste** jdm eine Stelle zuteilen; ~ **qn à une fonction** jdn in ein Amt berufen; ~ **qn à faire qc** personne: jdn dazu auffordern etw zu tun; chose: jdn dazu berufen etw zu tun
⑦ (se référer à) **en ~ à qc** an etw (Akk) appellieren
⑧ (entraîner) **une chose en appelle une autre** eine S. zieht eine andere nach sich
⑨ INFORM aufrufen
II. vi (héler) rufen; (téléphoner) anrufen
III. vpr **①** (porter comme nom) **s'~** heißen; **comment t'appelles-tu/s'appelle cette plante?** wie heißt du/diese Pflanze?
② (être équivalent à) **cela** [o **voilà ce qui**] **s'appelle faire qc** fam das nennt man etw tun
appellation [apelasjɔ̃, apɛllasjɔ̃] f Bezeichnung f; ~ **[d'origine] contrôlée** aus kontrolliertem Anbau
◆ ~ **d'origine** Herkunftsbezeichnung f, Ursprungsbezeichnung f
appendice [apɛ̃dis] m **①** (texte annexe) Anhang m
② ANAT Blinddarm m
③ ZOOL Schwanz m
appendicite [apɛ̃disit] f MED Blinddarmentzündung f, Appendizitis f (Fachspr.); **avoir l'~/une crise d'~** eine Blinddarmentzündung/akute Blinddarmentzündung haben
appentis [apɑ̃ti] m (toit) Pultdach nt; (bâtiment) angebauter Schuppen m
appesantir [apəzɑ̃tir] <8> I. vt schwerer machen, schwerer werden lassen; **être appesanti(e) par qc** durch etw schwer werden; geste, démarche: durch etw schwerfällig werden
II. vpr **s'~ ①** (devenir lourd) tête: schwerer werden; esprit: träge werden; geste, pas: schwerfällig werden
② (trop insister) **s'~ sur qc** zu lange bei etw verweilen
③ (accabler) **s'~ sur qn** schwer auf jdm/etw lasten
appesantissement [apəzɑ̃tismɑ̃] m Schwere f; d'une personne Trägheit f, Schwerfälligkeit f
appétence [apetɑ̃s] f littér (désir) Verlangen nt, Begierde f; ~ **de qc** Verlangen nach etw (Dat), Begierde nach etw (Dat)
② PECHE **période d'~** Beißzeit f
appétissant(e) [apetisɑ̃, ɑ̃t] adj **①** (alléchant) appetitanregend; nom verlockend
② fam (attirant) knackig (fam)
appétit [apeti] m **①** Appetit m; **avoir de l'~/bon ~** Appetit/einen guten Appetit haben; **bon ~!** guten Appetit!; **donner de/couper l'~ à qn** jdm Appetit machen/den Appetit verderben; **manger de bon ~** kräftig zulangen (fam); **mettre qn en ~** jdm Appetit machen; **ouvrir l'~** den Appetit anregen
② (désir de nourriture) Esslust f
③ fig ~ **de richesses/de vengeance** Geld-/Rachgier f; ~ **de gloire** Ruhmsucht f; ~ **de pouvoir** Machtgelüste Pl; ~ **de savoir** Wissensdurst m
▶ **avoir un ~ de loup** [o **d'ogre**] fam einen Bärenhunger [o Riesennappetit] haben (fam); **avoir un ~ d'oiseau** fam wie ein Spatz essen (fam); **mettre qn en ~** jdn auf den Geschmack bringen; **l'~ vient en mangeant** prov der Appetit kommt beim Essen
applaudimètre [aplodimɛtr] m Applausmesser m
applaudir [aplodir] <8> I. vi [Beifall] klatschen, applaudieren; ~ **à tout rompre** tosenden Beifall spenden
II. vt ~ **qn** jdm applaudieren; ~ **qc** einer S. (Dat) Beifall spenden
applaudissements [aplodismɑ̃] mpl Beifall m, Applaus m; ~ **intermédiaires** Zwischenapplaus m
applicable [aplikabl] adj ~ **à qn/qc** théorie, loi anwendbar auf jdn/etw; découverte brauchbar für jdn/etw
applicateur [aplikatœr] I. adj zum Auftragen
II. m Instrument nt zum Auftragen
application [aplikasjɔ̃] f **①** (pose) d'un vernis, enduit, d'une peinture Auftragen nt; d'un tampon Aufdrücken nt; d'un papier peint Ankleben nt, Anbringen nt
② (utilisation) d'une théorie, méthode, d'un traitement, remède An-

wendung *f*; *d'une découverte* Verwendung *f*
❸ *(mise en pratique) d'une idée* Umsetzung *f*; *d'une décision* Ausführung *f*; *d'une règle* Anwendung *f*; *d'une mesure* Ergreifung *f*; **~ de la loi** Anwendung des Gesetzes, Gesetzesanwendung; **~ nationale du droit européen** nationaler Vollzug des Europarechts; **~ du droit étranger** JUR Anwendung fremden Rechts *(Fachspr.)*; **~ de mesures coercitives** Verhängung *f* von Zwangsmaßnahmen; **entrer en ~** in Kraft treten; **mettre qc en ~** etw praktisch anwenden, etw in die Praxis umsetzen
❹ *(zèle)* **~ à qc** Eifer *m* [*o* Fleiß *m*] bei etw
❺ INFORM Anwendung *f*, Applikation *f (Fachspr.)*; **~ standard** Standardanwendung; **lancer une ~** eine Anwendung starten
❻ MED Applikation *f (Fachspr.)*
◆ **~s de bureautique** INFORM Büroanwendungen *Pl*; **~ du droit** JUR Rechtsanwendung *f*; **~ unifiée/extraterritoriale du droit** einheitliche/extraterritoriale Rechtsanwendung
applique [aplik] *f* Wandleuchte *f*
appliqué(e) [aplike] *adj* ❶ *(attentif et studieux)* fleißig, eifrig
❷ *(soigné)* sorgfältig, akkurat
❸ *(mis en pratique)* angewandt
❹ *(assené)* **bien ~** gut gezielt
appliquer [aplike] <1> I. *vt* ❶ *(poser)* **~ de la peinture/du vernis sur qc** Farbe/Lack auf etw *(Akk)* auftragen; **~ un revêtement sur qc** eine Auskleidung an etw *(Dat)* anbringen; **~ un pansement sur qc** ein Pflaster an etw *(Dat)* anlegen; **~ un baiser sur qc** einen Kuss auf etw *(Akk)* drücken; **~ son oreille sur qc** sein Ohr an etw *(Akk)* halten; **~ une échelle contre le mur** eine Leiter an [*o* gegen] die Wand lehnen
❷ *(mettre en pratique)* [praktisch] anwenden; verabreichen *remède*; ausführen *décision*; befolgen *mode d'emploi, règlement*; **~ qc à qn/qc** etw auf jdn/etw anwenden
❸ *(attribuer)* **~ une peine à qn** jdn zu einer Strafe verurteilen; **~ un qualificatif à qc** einer S. *(Dat)* ein Prädikat zusprechen
II. *vpr* ❶ *(se poser)* **s'~ sur qc** sich auf etw *(Akk)* auftragen lassen
❷ *(correspondre à)* **s'~ à qn/qc** *remarque:* für jdn/etw gelten; *nom, titre:* zu jdm/etw passen
❸ *(s'efforcer)* **s'~ à qc** sich *(Dat)* bei etw Mühe geben, sich [bei etw] bemühen; **s'~ à faire qc** sich *(Dat)* Mühe geben [*o* sich bemühen] etw zu tun
appoint [apwɛ̃] *m (complément)* Zubrot *nt*; *(aide)* Unterstützung *f*; **d'~** zusätzlich
▶ **avoir l'~** es passend haben; **faire l'~ à qn** jdm eine Geldsumme passend geben
appointements [apwɛ̃tmɑ̃] *mpl* Gehalt *nt*, Bezüge *Pl*
appointer [apwɛte] <1> *vt* ❶ *(donner des appointements)* Gehalt [*o* Bezüge] auszahlen
❷ *(tailler en pointe)* zuspitzen *instrument, outil*; anspitzen *crayon*
appontage [apɔ̃taʒ] *m* Landung *f (auf einem Flugzeugträger)*
appontement [apɔ̃tmɑ̃] *m* Landungsbrücke *f*, Pier *m o f*
apponter [apɔ̃te] <1> *vi* auf dem Flugdeck [eines Flugzeugträgers] landen
apport [apɔʀ] *m* ❶ *(contribution)* **~ à qc** Beitrag *m* zu etw; **être d'un ~ considérable à qn** jdm eine große Hilfe sein
❷ *(source)* **~ de** [*o* **en**] **vitamines/chaleur** Vitamin-/Wärmezufuhr *f*
❸ *(capitaux apportés)* Einlage *f*; **~ initial/minimal** Gründungs-/Mindesteinlage; **~ social** Einlage in eine Gesellschaft; *d'une S.A.* Nominalkapital *nt*; **~s spéciaux** Sondereinlagen; **~ de capitaux en numéraire/en nature** Kapital-/Bar-/Sacheinlage *f*; **~ du commanditaire** Kommanditeinlage; **~ en devises** Deviseneinfuhr *f*; **~ en espèces** [*o* **en numéraire**] Bareinlage; **~ net de prêts** Nettokreditaufnahme *f*
❹ *(action d'apporter)* Einbringung *f*; **~ de capitaux propres** Einbringung von Eigenkapital
◆ **~s en communauté** in die Ehe eingebrachtes Gut; **~ d'une entreprise** FIN Betriebseinbringung *f*; **~ de fonds initial** ECON Stammeinlage *f*; **~ de main-d'œuvre** JUR Einbringung *f* der/von Arbeitskraft; **~ de responsabilité** JUR Hafteinlage *f*; **~ de responsabilité de rang inférieur** nachrangige Hafteinlage *f*; **~ en société** [Gesellschafter]einlage *f*; *(en cas d'une S.A.R.L.)* Stammeinlage
apporter [apɔʀte] <1> *vt* ❶ *(porter)* bringen
❷ *(porter avec soi en un lieu) personne:* mitbringen; *vent, automne, vieillesse:* bringen; **être apporté(e) par le vent** *sons, feuilles:* herüberwehen; **le vent a apporté les feuilles jusqu'à** [chez] **nous** der Wind hat das Laub zu uns herübergeweht
❸ *(fournir)* **~ une preuve/solution à qc** einen Beweis/eine Lösung für etw liefern; **~ une réponse à une question** eine Antwort auf eine Frage geben; **~ son concours/sa contribution à qc** bei etw mitwirken/seinen Beitrag leisten zu etw; **ne rien ~ de nouveau** nichts Neues bringen
❹ *(procurer)* geben; spenden *consolation*; bereiten *ennuis*; bringen, verschaffen *soulagement*
❺ *(produire)* **~ une modification/un changement à qc** eine Veränderung an etw *(Dat)* vornehmen/für etw mit sich bringen; **~ un progrès à qc** einen Fortschritt für etw ringen
❻ *(mettre)* **~ du soin/beaucoup de précaution à qc** bei etw Sorgfalt/große Vorsicht walten lassen; **~ de l'énergie/de la passion à qc** in etw *(Akk)* Energie stecken/Liebe legen *(fam)*; **~ de l'attention à qc** einer S. *(Dat)* Aufmerksamkeit schenken; **~ beaucoup de soin à faire qc** etw mit großer Sorgfalt tun
❼ *(profiter à)* **~ beaucoup à qn/qc** *chose:* jdm/einer S. viel geben; *personne:* jdm viel geben
apposer [apoze] <1> *vt* ❶ *(appliquer)* **~ un timbre sur qc** eine Briefmarke auf etw *(Akk)* kleben; **~ sa signature** eigenhändig unterschreiben; **~ une signature sur qc** eine Unterschrift unter etw *(Akk)* setzen
❷ JUR **~ une clause à qc** eine Klausel in etw *(Akk)* einfügen; **~ une condition à qc** eine Bedingung an etw *(Akk)* knüpfen
apposition [apozisjɔ̃] *f* ❶ GRAM Apposition *f*, Beifügung *f*
❷ *(application)* Anbringen *nt*; *d'un timbre* Aufkleben *nt*; **~ d'une signature sur un document** Unterzeichnen *nt* [*o* Unterschreiben *nt*] eines Dokumentes; **~ des scellés** gerichtliche [*o* amtliche] Versiegelung
appréciable [apresjabl] *adj* beachtlich; *changement* spürbar
appréciation [apresjasjɔ̃] *f* ❶ *sans pl (évaluation) d'une distance* Abschätzen *nt*, Abschätzung *f*; *d'une situation* Beurteilung *f*, Einschätzung *f*; *d'un objet de valeur* Schätzung *f*; **~ sur qc** Einschätzung [*o* Beurteilung] einer S. *(Gen)*; **question d'~** Ermessensfrage *f*
❷ *(commentaire)* Bemerkung *f*
❸ *(jugement)* Beurteilung *f*; **porter une ~ sur qn/qc** ein Urteil über jdn/etw abgeben; **~ du mérite** Leistungsbeurteilung
◆ **~ de prétentions** Bewertung *f* von Ansprüchen; **~ des preuves** JUR Beweiswürdigung *f*
apprécier [apresje] <1a> I. *vt* ❶ *(évaluer)* abschätzen *distance, vitesse*; schätzen *grandeur, objet, valeur*; einschätzen *importance*
❷ *(aimer)* schätzen; **il sait ~ un bon repas** er weiß ein gutes Essen zu schätzen; **ne pas ~ que qn fasse qc** es nicht sehr schätzen, dass jd etw tut
❸ *(juger)* **laisser qn ~ qc** jdn etw beurteilen lassen
II. *vi fam* **il n'a pas apprécié!** das hat ihm gar nicht gefallen!; **je vous laisse ~** ich lasse Sie selbst urteilen; **se faire ~ de qn** sich bei jdm durchsetzen
III. *vpr* **s'~** sich schätzen
appréhender [apreɑ̃de] <1> *vt* ❶ *(redouter)* **~ qc** Angst vor etw *(Dat)* haben; **~ de faire qc** Angst haben etw zu tun; **~ que qn n'ait pas fait qc** befürchten, dass jd etw nicht getan hat
❷ *(arrêter)* fassen
appréhension [apreɑ̃sjɔ̃] *f* Befürchtung *f*; **éprouver une certaine ~** gewisse Befürchtungen haben; **l'~ de qc/de faire qc** die Angst vor etw *(Dat)*/etw zu tun; **avec ~** ängstlich
apprendre [apʀɑ̃dʀ] <13> I. *vt* ❶ *(être informé de)* erfahren; erfahren von *événement*; **~ que qn a fait qc** erfahren, dass jd etw getan hat
❷ *(annoncer)* **qn/qc apprend une chose à qn** jd teilt jdm eine S. mit/jd erfährt durch etw von einer S.; **qn/qc apprend à qn que qc est arrivé** jd teilt jdm mit, dass/jd erfährt durch etw, dass sich etw ereignet hat; **~ à l'instant que qn a fait qc** gerade erfahren, dass jd etw getan hat
❸ *(étudier)* lernen *leçon, texte, langue*; erlernen *science, art, métier, technique*
❹ *(devenir capable de)* **~ à faire qc** lernen etw zu tun
❺ *(enseigner)* **~ qc à qn** jdn etw lehren, jdm etw beibringen; **ce livre ne m'a rien appris de nouveau** durch dieses Buch habe ich nichts Neues erfahren; **~ à qn à faire qc** jdn lehren etw zu tun; **il leur apprend à lire et à écrire** er bringt ihnen Lesen und Schreiben bei; **je vais t'~ à te moquer de moi!** *iron* ich werde dir helfen, dich über mich lustig zu machen!; **~ à qn que qc est vrai** jdn lehren, dass etw wahr ist
▶ **~ à vivre à qn** *personne:* jdm Manieren beibringen; *accident, expérience:* jdm eine Lehre sein
II. *vi* lernen; **écolier désireux** [*o* **qui a envie**] **d'~** lernwilliger Schüler
III. *vpr* **s'~** sich erlernen lassen, zu erlernen sein
apprenti(e) [apʀɑ̃ti] *m(f)* ❶ *(élève)* Auszubildende(r) *f(m)*, Lehrling *m (veraltet)*, Lehrjunge *m*/-mädchen *nt (veraltet)*; **~ boulanger/-e boulangère** Auszubildende(r) im Bäckerhandwerk *f(m)*, Bäckerlehrling *m (veraltet)*; **elle est ~e couturière** sie macht eine Schneiderlehre
❷ *(débutant)* Anfänger(in) *m(f)*
▶ **l'~ sorcier** der Zauberlehrling
apprentissage [apʀɑ̃tisaʒ] *m* ❶ *(formation)* Lehre *f*, Ausbildung *f*; **entrer en ~ chez qn** bei jdm eine Lehre antreten [*o* beginnen]; **être en ~ chez qn** bei jdm in die Lehre gehen; **sortir d'~, terminer son ~** die [*o* seine] Lehre beenden; **faire un ~ commercial** eine kaufmännische Lehre machen; **il fait son ~ de menuisier** er macht eine Tischlerlehre; **~ sur le lieu de travail** Ausbildung am

Arbeitsplatz
② *(état d'apprenti)* Ausbildungsverhältnis *nt;* **être en ~** im Ausbildungsverhältnis stehen *[o sein]*
③ *(acquisition)* Erlernen *nt;* **faire l'~ de la tolérance** lernen tolerant zu sein
apprêt [apʀɛ] *m* ① TECH Appretur *f*
② *(peinture)* Grundierfarbe *f; (opération)* Grundieren *nt*
▶ **sans ~** *(naturellement)* natürlich, ungekünstelt
apprêté(e) [apʀete] *adj* affektiert, gekünstelt
apprêter [apʀete] <1> **I.** *vt* ① **~ qc pour l'expédition** etw zum Versand fertig machen
② TECH appretieren
II. *vpr* **s'~ à faire qc** *(se préparer)* Vorbereitungen treffen um etw zu tun; *(être sur le point de)* im Begriff sein etw zu tun
apprivoisable [apʀivwazabl] *adj* zähmbar
apprivoiser [apʀivwaze] <1> **I.** *vt* ① *(dresser)* zähmen *animal*
② *(rendre plus doux)* zähmen, umgänglicher machen, domestizieren *personne*
③ *(vaincre)* bezwingen
II. *vpr* **s'~** *personne:* zugänglich[er] werden; *enfant:* zutraulich[er] werden; *animal:* zahm[er] werden
approbateur, -trice [apʀɔbatœʀ, -tʀis] *adj* zustimmend, beifällig
approbation [apʀɔbasjɔ̃] *f* ① *(accord)* Zustimmung *f*
② *(jugement favorable)* Anerkennung *f; du public* Beifall *m*
approche [apʀɔʃ] *f* ① *(arrivée) d'une personne, d'un véhicule* Näherkommen *nt;* **à l'~ du passant** wenn der Passant näher kommt; *(dans le passé)* als der Passant näher kam; **à l'~ de la ville** wenn man sich der Stadt nähert; *(dans le passé)* als man sich der Stadt näherte
② *(proximité) d'un événement, danger, d'une période* [Heran]nahen *nt,* Näherrücken *nt;* **à l'~ d'un danger** wenn eine Gefahr im Anzug ist; *(dans le passé)* als eine Gefahr im Anzug war; **à l'~ du printemps/de Noël** wenn der Frühling/Weihnachten naht; *(dans le passé)* als der Frühling/Weihnachten nahte; **à l'~ de la cinquantaine** wenn er/sie auf die fünfzig zugeht; *(dans le passé)* als er/sie auf die fünfzig zuging
③ *(manière d'aborder un sujet)* Vorgehensweise *f,* Herangehensweise; **l'~ du problème** der Problemansatz
④ *pl (parages)* Umgebung *f;* **aux ~s de la ville/Paris** in der Nähe der Stadt/von Paris; **aux ~s de Noël** kurz vor Weihnachten
approcher [apʀɔʃe] <1> **I.** *vi* näher kommen; *moment, date, jour:* näher rücken; *saison:* nahen; *nuit:* hereinbrechen; *orage:* [her]aufziehen; **laisser qn ~** jdn näher treten lassen; **~ de la gare/ d'un but/résultat** sich dem Bahnhof/einem Ziel/Ergebnis nähern; **~ de la soixantaine** auf die sechzig zugehen; **il approche du moment où ...** er steuert auf den Augenblick zu, wo ...
II. *vt* ① *(mettre plus près)* **– une chose de qn/qc** eine S. an jdn/ etw näher heranschieben [o heranrücken]; **il approche le verre de ses lèvres** er führt das Glas an die Lippen; **elle approche son visage du sien** sie nähert ihr Gesicht dem seinen/ihren
② *(venir plus près)* **~ qn** sich jdm nähern; **ne m'approche pas!** komm mir nicht zu nahe!
III. *vpr* **s'~ de qn/qc** sich jdm/einer S. nähern, an jdn/etw näher herantreten; **s'~ en rampant** *animal, personne:* herankriechen; **s'~ à plat ventre** *animal, personne:* heranrobben; **s'~ de qn/qc furtivement** [sich] an jdn/etw ranschleichen [o ranpirschen *fam*]; **oser s'~ de qn/qc** sich an jdn/etw rantrauen *(fam);* **vous pouvez** *[o* **vous avez le droit de] vous ~ des vitrines** Sie dürfen/ihr dürft näher an die Schaukästen heran *(fam);* **tu n'as pas le droit de t'~ de la machine** du darfst nicht an die Maschine heran *(fam);* **il faut que tu t'approches un peu!** du musst näher ran!
approfondi(e) [apʀɔfɔ̃di] *adj* gründlich; *connaissance* fundiert
approfondir [apʀɔfɔ̃diʀ] <8> *vt* ① *(creuser)* vertiefen
② *(étudier)* sich näher beschäftigen mit; erweitern *connaissances;* **sans ~** nur oberflächlich
approfondissement [apʀɔfɔ̃disma] *m* ① *(creusement)* Vertiefen *nt*
② *(étude)* nähere Betrachtung
appropriation[1] [apʀɔpʀijasjɔ̃] *f* JUR Aneignung *f; ~* **illégale** widerrechtliche Aneignung *[o Besitzergreifung]*
appropriation[2] [apʀɔpʀijasjɔ̃] *f* BELG *(nettoyage)* Reinigen *nt,* Reinigung *f*
approprié(e) [apʀɔpʀije] *adj ~* **(e) à qc** für etw geeignet; *réponse, style* zu etw passend
approprier[1] [apʀɔpʀije] <1a> **I.** *vt ~* **à qc** einer S. *(Dat)* anpassen
II. *vpr* **s'~ un bien** sich *(Dat)* einen Besitz aneignen; **s'~ un héritage** sich *(Dat)* eine Erbschaft erschleichen; **s'~ un droit** sich *(Dat)* ein Recht anmaßen; **s'~ le pouvoir** die Macht an sich *(Akk)* reißen; **s'~ une pensée/idée** sich *(Dat)* einen Gedanken/eine Idee zu eigen machen
approprier[2] [apʀɔpʀije] <1> *vt* BELG *(nettoyer)* reinigen
approuver [apʀuve] <1> *vt* ① **~ qn** jdm zustimmen *[o* beipflichten]; **~ qc** etw gutheißen; **~ que qn fasse qc** es begrüßen, dass jd etw tut
② JUR gegenzeichnen *contrat;* annehmen *projet de loi;* bestätigen *nomination;* genehmigen *procès-verbal*
approvisionnement [apʀɔvizjɔnmɑ̃] *m* ① *(ravitaillement)* Versorgung *f; ~* **en électricité/en pétrole** Strom-/Ölversorgung; **~ en gaz naturel** Versorgung mit Erdgas, Erdgasversorgung; **~ en marchandises** Warenbeschaffung *f; ~* **en matières premières** Rohstoffversorgung; **~ du marché** ECON Marktbeschickung *f; ~* **abondant du marché** großzügige Marktbeschickung; **assurer l'~ de base de la population en nourriture/en médicaments** die Grundversorgung der Bevölkerung mit Lebensmitteln/Medikamenten sicherstellen
② *(réserve) ~* **en qc** Vorrat *m* an etw *(Dat)*
approvisionner [apʀɔvizjɔne] <1> **I.** *vt ~* **une ville/armée en qc** eine Stadt/Armee mit etw versorgen; **~ un magasin en qc** ein Geschäft mit etw beliefern; **~ un compte en qc** ein Konto mit etw auffüllen; **mon compte est approvisionné** mein Konto ist gedeckt; **le magasin est bien approvisionné en qc** das Geschäft verfügt über ein gutes Angebot an etw *(Dat)*
II. *vpr* **s'~ en qc** sich mit etw versorgen
approximatif, -ive [apʀɔksimatif, -iv] *adj* ungefähr; *valeur* annähernd; *calcul* grob; *terme* vage; MATH Näherungs-
approximation [apʀɔksimasjɔ̃] *f* [ungefähre] Schätzung *f;* MATH Näherungswert *m*
approximativement [apʀɔksimativmɑ̃] *adv* ungefähr, etwa
appui [apɥi] *m* ① *(support)* Stütze *f,* Halt *m;* **perdre ~** den Halt verlieren; **prendre ~ sur qc** *personne:* sich auf etw *(Akk)* stützen; *chose:* auf etw *(Dat)* ruhen
② *(aide)* Unterstützung *f*
③ ARCHIT *(élément à hauteur du coude)* Brüstung *f; ~* **de fenêtre** Fensterbrüstung, Fensterbank *f*
④ *(justification)* **à l'~ de qc** zum *[o* als] Beweis einer S. *(Gen)*
appuie-tête [apɥitɛt] <appuie-tête[s]> *m* Kopfstütze *f*
appuyé(e) [apɥije] *adj* betont; *regard* eindringlich; *plaisanterie* dick aufgetragen
appuyer [apɥije] <6> **I.** *vi* ① *(presser)* drücken; **~ sur** *(avec la main/le pied)* drücken/treten auf *(+ Akk)*
② *(insister sur) ~* **sur qc** *(prononciation)* etw betonen; *(argumentation)* etw hervorheben
II. *vt* ① *(poser) ~* **contre/sur qc** gegen etw lehnen/auf etw *(Akk)* stützen; auf etw *(Akk)* setzen *revolver*
② *(presser) ~* **sa main/son pied sur qc** mit der Hand auf etw *(Akk)* drücken/mit dem Fuß auf etw *(Akk)* treten
③ *(soutenir)* unterstützen
III. *vpr* ① *(prendre appui)* **s'~ contre qn/qc** sich an jdn/etw [an]lehnen, sich gegen jdn/etw lehnen; **s'~ sur qn/sur** *[o* **à] qc** sich auf jdn/etw stützen
② *(compter sur)* **s'~ sur qn/qc** sich auf jdn/etw verlassen
③ *(se fonder sur)* **s'~ sur qc** *preuves, documentation:* sich auf etw *(Akk)* stützen
âpre [apʀ] *adj* ① *(qui racle la gorge)* herb
② *(désagréablement rude) froid* bitter; *vent, voix* rau; *hiver* streng, hart; *ton* barsch, schroff
③ *(dur) discussion, critique* heftig; *lutte, concurrence, vie* hart; *détermination, résolution* eisern
âprement [apʀəmɑ̃] *adv défendre* bitter; *lutter* hart; *reprocher* heftig
après [apʀɛ] **I.** *prép* ① *(perspective temporelle)* nach *(+ Dat);* **peu ~ ...** kurz nach ...; **~ s'être bien reposé** nachdem er sich ausgeruht hatte
② *(plus loin que)* nach *(+ Dat); (derrière)* hinter *(+ Dat);* **courir ~ l'autobus** dem Bus hinterherrennen; **~ toi/vous!** [bitte] nach dir/ nach Ihnen!
③ *(dans un classement)* nach *(+ Dat);* **sa famille passe ~ sa carrière** seine Familie kommt nach seiner Karriere
④ *fam (contre)* **crier/aboyer ~ qn** mit jdm schimpfen/jdn anbellen; **être furieux/en avoir ~ qn** auf jdn wütend sein/sich mit jdm anlegen
⑤ *(chaque)* **semaine ~ semaine, jour ~ jour** Woche für Woche, Tag für Tag; **page ~ page** Seite für Seite
⑥ *(selon)* **d'~ qn/qc nach/etw; d'~ moi** meiner Meinung nach; **comprendre d'~ un regard que** mit einem Blick erkennen, dass
II. *adv* ① *(plus tard, ensuite)* danach, darauf, später; *(par la suite)* nachher; **pas maintenant, mais ~** jetzt nicht, aber nachher; **aussitôt ~** gleich danach; **longtemps ~** viel später, lange [Zeit] danach; **peu ~** bald *[o* nicht] darauf
② *(plus loin, derrière)* dahinter
③ *(dans un classement)* danach; **le reste vient ~** der Rest kommt danach
④ *(à part ça)* ansonsten
⑤ *fam (à la suite de)* hinterher
⑥ *(qui suit)* **d'~** danach, darauf; **la page d'~** die Seite danach, die

nächste Seite; **prendre le train d'~** den Zug danach [o den nächsten Zug] nehmen; **le jour/la semaine d'~** am Tag/in der Woche darauf [o danach], am nächsten Tag/in der nächsten Woche
▶ **et ~?** *fam* [na] und? *(fam)*, was ist schon dabei? *(fam)*; **~ tout** schließlich
III. *conj* **~ que qn a** [o **ait**] **fait qc** nachdem jd etw getan hat
après-Bourse [apʀɛbuʀs] *f* FIN Nachbörse *f*   **après-demain** [apʀɛdmɛ̃] *adv* übermorgen   **après-guerre** [apʀɛɡɛʀ] <**après- -guerres**> *m* Nachkriegszeit *f*; **les années d'~** die Nachkriegsjahre
après-midi [apʀɛmidi] I. *m o f inv* Nachmittag *m*; **cet** [o **cette**] **~** heute Nachmittag; [**dans**] **l'~** am Nachmittag; **en fin d'~** am Spätnachmittag; **à quatre heures de l'~** um vier Uhr nachmittags; **programme de l'~** Nachmittagsprogramm *nt*
II. *adv* **mardi ~** [am] Dienstagnachmittag; **hier/demain ~** gestern/ morgen Nachmittag; **tous les lundis ~** jeden Montagnachmittag, montagnachmittags   **après-mur** [apʀɛmyʀ] *m inv* **l'~** [de Berlin] die Zeit nach der Wende, die Nach-Wende-Zeit   **après-rasage** [apʀɛʀazaʒ] I. *m inv* Rasierwasser *nt*, Aftershave *nt* II. *adj inv* **lotion** Aftershave-   **après-shampo[o]ing** [apʀɛʃɑ̃pwɛ̃] <**après-shampo[o]ings**> I. *m (action, soin)* Haarspülung *f*, Pflegespülung *f*; **se faire un ~** sich *(Dat)* eine Haarspülung machen; **~ traitant** Kurpackung *f*   II. *app* **crème ~** Cremespülung *f*   **après-ski** [apʀɛski] *m inv* Schneestiefel *m*, Moonboot *m*   **après-vente** [apʀɛvɑ̃t] *adj inv* **service ~** Kundendienstabteilung *f*, Kundendienst *m*; **employé(e) du service ~** Kundendienstmitarbeiter(in) *m(f)*; **installateur(-trice) du service ~** Kundendienstmonteur(in) *m(f)*
âpreté [ɑpʀəte] *f* ❶ *(goût qui râcle le gorge) d'un fruit, vin* Herbheit *f*
❷ *(rudesse désagréable) du froid* Strenge *f*; *du vent, paysage, d'une voix* Rauheit *f*; *de l'hiver* Härte *f*; *d'un caractère* Schroffheit *f*
❸ *(dureté) d'une discussion, critique, d'un reproche* Heftigkeit *f*; *d'une lutte, concurrence, vie* Härte *f*; **avec ~** verbissen
a priori [apʀijɔʀi] I. *adv (au premier abord)* von vornherein; *(en principe)* a priori
II. *m inv* Apriori *nt*
III. *adj inv* apriorisch, a priori
apr. J.-C. *abr de* **après Jésus-Christ** n. Chr.
à-propos [apʀɔpo] *m* **esprit d'~** *(en parlant)* Schlagfertigkeit *f*; *(en agissant)* Geistesgegenwart *f*; **avec ~** *(au bon moment)* zum angemessenen Zeitpunkt, zur rechten Zeit
apte [apt] *adj* ❶ *(capable)* fähig; *(qui a les qualités requises)* geeignet; **être ~ au travail en équipe** zur Teamarbeit fähig sein; **être ~ à une fonction** für eine Aufgabe geeignet sein; **être ~ à faire qc** *personne:* fähig sein, etw zu tun; **~ à voler** flugtüchtig
❷ MIL **être ~ au service** wehrdiensttauglich sein
aptitude [aptityd] *f* Eignung *f*, Fähigkeit *f*; **~ à** [o **pour**] **qc/à faire qc** *(talent)* Begabung *f* für etw/etw zu tun; **~ au vol** [o **à voler**] Flugtauglichkeit *f*, Flugtüchtigkeit *f*; **~ à la navigation** [o **à naviguer**] Seetüchtigkeit; **~ à supporter les conditions tropicales** MED Tropentauglichkeit; **avoir des ~s pour la musique** musikalisch begabt sein; **avoir de grandes ~s** sehr begabt sein
apurement [apyʀmɑ̃] *m* FIN Entschuldung *f*; **~ du bilan** Bilanzbereinigung *f*; **~ du passif** Bereinigung der Passiva; **~ des positions** Positionsbereinigung
apurer [apyʀe] <1> *vt* abschließen *compte;* prüfen *Rechnung*
aquabonisme [akwabɔnism] *m fam* Wurstigkeit *f (fam)*
aquaculture [akwakyltyʀ] *f* Aquakultur *f*
aquagym [akwaʒim] *f* Aquagymnastik *f*
aquaplanage [akwaplanaʒ] *m*, **aquaplaning** [akwaplaniŋ] *m* Aquaplaning *nt*
aquarelle [akwaʀɛl] *f* ❶ *sans pl (technique)* Aquarellmalerei *f*, Wasserfarbenmalerei *f*; **faire de l'~** Aquarell malen
❷ *(tableau)* Aquarell *nt*
aquarelliste [akwaʀelist] *mf* Aquarellmaler(in) *m(f)*
aquarium [akwaʀjɔm] *m* Aquarium *nt*; **~ à eau chaude** Warmwasseraquarium
aquatique [akwatik] *adj* Wasser-
aqueduc [akdyk] *m* Aquädukt *m o nt*
aqueux, -euse [akø, -øz] *adj* ❶ *(qui est de la nature de l'eau) solution* wässrig
❷ *(qui contient de l'eau)* wasserhaltig; **tissu ~** BOT Wassergewebe *nt*
aquilin [akilɛ̃] *adj* **un nez ~** eine Adlernase
aquilon [akilɔ̃] *m poét* Nordwind *m*
Aquitaine [akitɛn] *f* **l'~** Aquitanien *nt*
A.R. *abr de* **Altesse Royale** Kgl. Hoheit
ara [aʀa] *m* Ara *m*
arabe [aʀab] I. *adj* arabisch; **chiffre ~** arabische Ziffer
II. *m (langue)* **l'~** Arabisch *nt*, das Arabische; *v. a.* **allemand**
Arabe [aʀab] *mf* Araber(in) *m(f)*
arabesque [aʀabɛsk] *f* ❶ *(ligne sinueuse)* Arabeske *f*, Schnörkel *m*
❷ ART, ARCHIT Arabeske *f*

❸ *(en danse)* Arabesque *f*
Arabie [aʀabi] *f* **l'~** Arabien *nt*; **l'~ Saoudite** Saudi-Arabien
arabique [aʀabik] *adj* arabisch; **gomme ~** Gummiarabikum *nt*
arabisant(e) [aʀabisɑ̃, ɑ̃t] *m(f)* Arabist(in) *m(f)*
arabisme [aʀabism] *m* Arabismus *m*
arable [aʀabl] *adj terre* Acker-
arabophone [aʀabɔfɔn] *adj* arabischsprachig; **être ~** Arabisch als Muttersprache haben
arac *v.* **arak**
arachide [aʀaʃid] *f* ❶ *(plante)* Erdnuss *f*
❷ *(fruit)* **huile d'~** Erdnussöl *nt*; **des ~s salées** CAN gesalzene Erdnüsse *Pl*
arachnéen(ne) [aʀaknɛɛ̃, ɛn] *adj* ❶ *(de la nature des araignées)* spinnenartig
❷ *fig* hauchdünn [wie ein Spinnennetz]
Aragon [aʀaɡɔ̃] *m* **l'~** Aragonien *nt*
araignée [aʀeɲe] *f* Spinne *f*; **~ d'eau** Wasserspinne; **~ venimeuse** Giftspinne
▶ **avoir une ~ dans le** [o **au**] **plafond** *fam* einen Vogel haben *(fam)*
arak [aʀak] *m* Arrak *m*
araméen(ne) [aʀameɛ̃, ɛn] *adj* aramäisch
araser [aʀaze] <1> *vt* abgleichen *mur;* ausgleichen *fondement*
aratoire [aʀatwaʀ] *adj* Acker-; **instruments ~s** landwirtschaftliche Geräte
araucaria [aʀokaʀja] *m* BOT Araukarie *f*
arbalète [aʀbalɛt] *f* Armbrust *f*
arbalétrier [aʀbaletʀije] *m* ❶ *vieilli (soldat)* Armbrustschütze *m*
❷ *(poutre)* [Binder]Sparren *m*
arbitrable [aʀbitʀabl] *adj* BOURSE arbitragefähig
arbitrage [aʀbitʀaʒ] *m* ❶ SPORT *(fonction)* Schiedsrichteramt *nt*; *(acte)* Ausübung *f* des Schiedsrichteramtes
❷ *(juridiction)* Schiedsgerichtsbarkeit *f*; *(médiation)* Schlichtung *f*; **bureau d'~** Schiedsstelle *f*
❸ *(sentence)* Schiedsspruch *m*
❹ FIN, BOURSE Arbitrage *f*
◆ **~ de devises** FIN intervalutarischer Devisenhandel
arbitragiste [aʀbitʀaʒist] *mf* BOURSE Arbitrageur *m*
arbitraire [aʀbitʀɛʀ] *adj* ❶ *(non motivé)* willkürlich; **valeur** beliebig; **mesure ~** Willkürmaßnahme *f*
❷ *(tyrannique)* willkürlich; *autorité, pouvoir* auf Willkür beruhend
arbitrairement [aʀbitʀɛʀmɑ̃] *adv* willkürlich
arbitral(e) [aʀbitʀal] <-**aux**> *adj jugement, négociation* schiedsgerichtlich; **soumettre un jugement/une décision à une juridiction ~e** ein Urteil/eine Entscheidung schiedsgerichtlich herbeiführen
arbitre¹ [aʀbitʀ] *mf* ❶ SPORT Schiedsrichter(in) *m(f)*; BOXE Ringrichter(in)
❷ *(conciliateur)* Schlichter(in) *m(f)*, Vermittler(in) *m(f)*; **prendre qn pour ~** jdn als Schiedsrichter anrufen
❸ JUR Schiedsmann *m*/-frau *f*
arbitre² [aʀbitʀ] *m* PHILOS **libre ~** freier Wille, Willensfreiheit *f*
arbitrer [aʀbitʀe] <1> *vt* ❶ *(servir de conciliateur)* **~ qc** bei etw schlichten [o vermitteln]
❷ SPORT **~ qc** bei etw Schiedsrichter(in) sein
arboré(e) [aʀbɔʀe] *adj* BELG *(planté d'arbres) jardin* mit Bäumen bestanden
arborer [aʀbɔʀe] <1> *vt* ❶ *(hisser)* hissen *drapeau;* aufstellen *bannière, pancarte*
❷ *(montrer)* zur Schau tragen, protzen mit; aufsetzen *air, sourire*
❸ PRESSE bringen *gros titre, manchette*
arborescence [aʀbɔʀesɑ̃s] *f* INFORM Baumstruktur *f*; **~ de menus** Menübaum *m*
arborescent(e) [aʀbɔʀesɑ̃, ɑ̃t] *adj (qui prend la forme d'un arbre)* baumförmig; *(qui rappelle la forme d'un arbre)* baumartig
arboriculteur, -trice [aʀbɔʀikyltœʀ, -tʀis] *m, f* Baumpfleger(in) *m(f)*
arboriculture [aʀbɔʀikyltyʀ] *f* Baumzucht *f*
arborisation [aʀbɔʀizasjɔ̃] *f baum- bzw. pflanzenförmiges Muster auf Steinen*
arbre [aʀbʀ] *m* ❶ Baum *m;* **~ fruitier** Obstbaum; **~ nain** Zwergbaum
❷ *(figure)* **~ généalogique** Stammbaum
❸ TECH Welle *f*; MECANAUT Achswelle; **~ de transmission à cardan** Kardanwelle; **~ moteur** Antriebswelle *f*
▶ **entre l'~ et l'écorce il ne faut pas mettre le doigt** *prov* man soll sich nicht in fremde Angelegenheiten mischen; **les ~s lui cachent** [o **masquent**] **la forêt** er/sie sieht den Wald vor lauter Bäumen nicht; **c'est au fruit qu'on connaît l'~** *littér* an den Früchten sollt ihr sie erkennen
◆ **~ à cames** Nockenwelle *f*; **~ d'entraînement** Antriebswelle *f*; **~ à feuilles persistantes** immergrüner Baum; **~ de Noël** Weihnachtsbaum *m*; **~ à pain** Brot[frucht]baum *m*; **~ de transmission**

Übertragungswelle *f*; **~ de vie** Lebensbaum *m*
arbrisseau [aʀbʀiso] <x> *m* Busch *m*
arbuste [aʀbyst] *m* Strauch *m*, Busch *m*; **~ nain** Zwergstrauch
arc [aʀk] *m* ❶ *(arme)* Bogen *m*; **tirer à l'~** mit dem Bogen schießen
❷ GEOM, ARCHIT Bogen *m*; **mesure d'~** Bogenmaß *nt*; **~ en plein cintre** Rundbogen, romanischer Bogen
▶ **~ électrique** [*o* **voltaïque**] Lichtbogen *m*
◆ **~ de cercle** Kreisbogen *m*; **en ~ de cercle** halbkreisförmig; **s'asseoir** im Halbkreis; **~ de fenêtre** Fensterbogen *m*; **~ en ogive** Spitzbogen *m*; **~ de triomphe** Triumphbogen *m*

Land und Leute
Der **Arc de triomphe de l'Étoile** wurde 1806–1836 auf Veranlassung Napoleons I. erbaut. Er steht auf der „Place Charles de Gaulle", die früher „Place de l'Étoile" hieß, und gehört zu den berühmtesten Sehenswürdigkeiten von Paris.

arcade [aʀkad] *f* ❶ ARCHIT Arkade *f*
❷ ANAT **~ sourcilière** Augenbrauenbogen *m*; **s'ouvrir l'~ sourilière** sich die Augenbraue aufschlagen
arcane [aʀkan] *m* ❶ *(dans l'alchimie)* Arkanum *nt (geh)*
❷ *fig* **les ~s** die Geheimnisse *Pl*
arc-boutant [aʀkbutɑ̃] <arcs-boutants> *m* ARCHIT Strebebogen *m*
arc-bouter [aʀkbute] <1> *vpr* **s'~ contre** [*o* **à**] *qc* sich gegen etw stemmen; **s'~ sur qc** sich auf etw *(Akk)* stützen
arceau [aʀso] <x> *m* kleiner Bogen; *(au croquet)* Tor *nt*
◆ **~ de protection** MECAN AUT Sturzbügel *m*; **~ de sécurité** MECAN AUT Überrollbügel *m*
arc-en-ciel [aʀkɑ̃sjɛl] <arcs-en-ciel> *m* Regenbogen *m*; **les couleurs voyantes de l'~** die leuchtenden Regenbogenfarben
archaïque [aʀkaik] *adj* archaisch; *mot, tournure* veraltet; **caractère ~** Urtümlichkeit *f*
archaïsant(e) [aʀkaizɑ̃, ɑ̃t] *adj style, langue* archaisierend
archaïsme [aʀkaism] *m* ❶ *(caractère désuet)* Veraltetsein *nt*
❷ LING Archaismus *m*
archange [aʀkɑ̃ʒ] *m* Erzengel *m*; **l'~ Gabriel** der Erzengel Gabriel
arche [aʀʃ] *f* Bogen *m*
◆ **~ d'alliance** Bundeslade *f*; **~ de Noé** Arche *f* Noah
archelle [aʀʃɛl] *f* BELG *(étagère de salle à manger)* Esszimmerregal *nt*
archéologie [aʀkeɔlɔʒi] *f* Archäologie *f*
archéologique [aʀkeɔlɔʒik] *adj* archäologisch
archéologue [aʀkeɔlɔg] *mf* Archäologe *m*/Archäologin *f*
archéoptéryx [aʀkeɔpteʀiks] *m* Archäopterix *m*
archer, -ère [aʀʃe, -ɛʀ] *m*, *f* Bogenschütze *m*/-schützin *f*
archet [aʀʃɛ] *m* Bogen *m*; **coup d'~** Bogenführung *f*
archétype [aʀketip] *m a.* PHILOS, BIO Archetyp *m*, Archetypus *m*, Urtyp, Urtypus
archevêché [aʀʃəveʃe] *m* ❶ *(territoire)* Erzbistum *nt*, Erzdiözese *f*
❷ *(charge)* Amt *nt* des Erzbischofs
❸ *(palais)* erzbischöfliches Palais
archevêque [aʀʃəvɛk] *m* Erzbischof *m*
archi *abr de* **architecture**
archibondé(e) [aʀʃibɔ̃de] *adj* brechend voll
archicomble [aʀʃikɔ̃bl] *adj* brechend voll
archiconnu(e) [aʀʃikɔny] *adj* überall bekannt
archidiacre [aʀʃidjakʀ] *m* Archidiakon *m*
archidifficile [aʀʃidifisil] *adj* äußerst schwierig
archiduc, archiduchesse [aʀʃidyk, aʀʃidyʃɛs] *m*, *f* Erzherzog(in) *m(f)*; **palais de l'~** erzherzoglicher Palast
archiduché [aʀʃidyʃe] *m* Erzherzogtum *nt*
archifaux, archifausse [aʀʃifo, aʀʃifos] *adj* grundfalsch
archimandrite [aʀʃimɑ̃dʀit] *m* ECCL Archimandrit *m*
Archimède [aʀʃimed] *m* Archimedes *m*
archimillionnaire [aʀʃimiljɔnɛʀ] *adj* steinreich
archipel [aʀʃipɛl] *m* Archipel *m*, Inselgruppe *f*
archiplein(e) [aʀʃiplɛ̃, ɛn] *adj fam* brechend voll
archiprêtre [aʀʃipʀɛtʀ] *m* ECCL Erzpriester *m*
architecte [aʀʃitɛkt] *mf* ❶ ARCHIT Architekt(in) *m(f)*
❷ *(créateur)* Schöpfer *m*
◆ **~ d'intérieur** Innenarchitekt(in) *m(f)*, Raumgestalter(in) *m(f)*
architectonique [aʀʃitɛktɔnik] I. *adj* architektonisch
II. *f* Architektonik *f*
architectural(e) [aʀʃitɛktyʀal, o] <-aux> *adj* architektonisch
architecture [aʀʃitɛktyʀ] *f* ❶ ARCHIT Architektur *f*, Baukunst *f*; *(style)* Architektur *f*, Baustil *m*; **bureau d'~** Architekturbüro *nt*
❷ *d'un texte* Aufbau *m*
❸ INFORM Struktur *f*, Bauweise *f*; *d'un réseau informatique* Architektur *f*; *d'une unité de système* Aufbau *m*; **~ de/du processeur** Prozessorarchitektur *f*; **~ DIB** DIB-Architektur *(Fachspr.)*
◆ **~ de paysage** Landschaftsgestaltung *f*
architrave [aʀʃitʀav] *f* ARCHIT Architrav *m*
archivage [aʀʃivaʒ] *m* Archivierung *f*; INFORM Archivierung, elektronische Ablage
archive [aʀʃiv] *f* INFORM Archiv *nt*
archiver [aʀʃive] <1> *vt a.* INFORM archivieren
archives [aʀʃiv] *fpl* ❶ *(ensemble des documents)* Archiv *nt*; **~ personnelles** Privatarchiv; **science des ~** Archivwesen *nt*
❷ INFORM Archiv *nt*
❸ *(lieu)* Archiv *nt*; **Les Archives nationales** das Nationalarchiv
archiviste [aʀʃivist] *mf* Archivar(in) *m(f)*
archivistique [aʀʃivistik] *f* Archivwesen *nt*
arçon [aʀsɔ̃] *m* Sattelbogen *m*; **être** [*o* **rester**] **ferme sur ses ~s** fest im Sattel sitzen; **vider les ~s** aus dem Sattel fallen
arctique [aʀktik] I. *adj* arktisch; *pôle* Nord-; *expédition* Nordpol-; *front* Polar-
II. *m* **l'Arctique** die Arktis
ardemment [aʀdamɑ̃] *adv* sehnlichst
Ardennes [aʀdɛn] *fpl* **les ~** die Ardennen *Pl*
ardent(e) [aʀdɑ̃, ɑ̃t] *adj* ❶ *(brûlant)* glühend; *soleil* stechend; *feu* lodernd; *fièvre* heftig; *soif* brennend; *roux* flammend, feurig; **un regard ~ de colère/désir** hasserfüllter/feuriger Blick
❷ *(violent) curiosité, désir, passion* brennend; *amour, lutte* heiß; *haine* wild; *vœu* sehnlichst; *imagination* lebhaft; *discours* flammend, feurig; *piété, foi, conviction* tief; **une prière ~e** *(demande)* eine inständige Bitte; *(oraison)* ein inbrünstiges Gebet
❸ *(bouillant) nature, partisan* leidenschaftlich; *jeunesse* ungestüm; *cheval, amant, tempérament* feurig
ardeur [aʀdœʀ] *f* ❶ *(chaleur)* glühende Hitze
❷ *(force vive)* Heftigkeit *f*; *de la foi, conviction, piété* Inbrunst *f*; *de la jeunesse, d'une passion, d'un amour, discours* Feuer *nt*; **l'~ d'une prière** *(demande)* die Inständigkeit einer Bitte; REL die Inbrunst eines Gebetes
❸ *(zèle)* Begeisterung *f*, Leidenschaftlichkeit *f*; **à qc/à faire qc** Eifer *m* bei etw/, etw zu tun; **plein(e) d'~** voller Schwung [*o* Elan]; *cheval* feurig; **l'~ au travail** der Arbeitseifer; **dans l'~ du combat** im Eifer des Gefechts; **avec l'~ du désespoir** mit dem Mut der Verzweiflung
ardillon [aʀdijɔ̃] *m* ❶ *d'une boucle de ceinture* Dorn *m*
❷ PECHE *d'un hameçon* Widerhaken *m*; **hameçon sans ~** Schonhaken *(Fachspr.)*
ardoise [aʀdwaz] I. *f* ❶ *sans pl* GEOL Schiefer *m*
❷ *(plaques d'ardoise)* Schieferplatte *f*; **toit d'~** [**s**] Schieferdach *nt*
❸ *(pour écrire)* [Schiefer]tafel *f*
❹ INFORM **~ électronique** Stiftcomputer *m*
▶ **avoir une ~** *(être endetté)* in der Kreide stehen *(fam)*
II. *adj inv (couleur)* schieferfarben; **bleu/gris ~** schieferblau/-grau
ardoisier [aʀdwazje] *m* BELG *(couvreur)* Dachdecker(in) *m(f)*
ardu(e) [aʀdy] *adj* ❶ *problème, question* schwierig; *épreuve* schwer; *travail* mühselig
❷ *chemin* steil
are [aʀ] *m* Ar *nt*
arène [aʀɛn] *f* ❶ *(piste)* Arena *f*
❷ *pl (lieu de corrida)* Stierkampfarena *f*; *(amphithéâtre romain)* Amphitheater *nt*; **les ~s d'Arles** das Amphitheater von Arles
❸ GEOL Sand *m*; **l'~ granitique** der Quarzsand
▶ **l'~ politique** die politische Arena [*o* Bühne]; **descendre dans l'~** den Kampf aufnehmen, die Herausforderung annehmen
aréole [aʀeɔl] *f* ANAT Warzenhof *m*
aréopage [aʀeɔpaʒ] *m* Areopag *m*
arête [aʀɛt] *f* ❶ ZOOL *d'un poisson* Gräte *f*
❷ *(bord saillant) d'un objet, ski, d'une pierre* Kante *f*; *d'un toit* First *m*; *d'une montagne* Grat *m*; *du nez* Rücken *m*
argent [aʀʒɑ̃] I. *m* ❶ Geld *nt*; **payer en ~ comptant** bar [*o* mit Bargeld] bezahlen; **contre ~ comptant** gegen bares Geld; **~ pour le voyage** Reisegeld; **frais neues Kapital**; **~ liquide** Bargeld; **~ non rentré** ausstehende Gelder *Pl*; **contre ~ comptant** COM gegen Kassa *(Fachspr.)*; **c'est une simple question d'~** das ist eine reine Geldfrage; **faire qc pour des raisons d'~** etw aus Geldgründen tun; **ne faire qc que pour des raisons d'~** etw nur aus Geldgründen tun; **mettre beaucoup d'~** [**dans qc**] Geld [in etw *(Akk)*] reinbuttern *(fam)*; **payer en ~ et en nature** mit Geld und in Naturalien bezahlen; **en vouloir/avoir pour son ~** etwas für sein Geld haben wollen/bekommen
❷ *(métal)* Silber *nt*; **d'~, en ~** Silber-, aus Silber, silbern; *(couleur)* silb[e]rig; **couverts/pièces/bijoux d'~** Silberbesteck *nt*/-münzen *Pl*/-schmuck *m*
▶ **l'~ ne fait pas le bonheur** *prov* Geld macht nicht glücklich *(prov)*; **l'~ brûle les doigts de qn** [*o* **fond dans les mains de qn**] jdm rinnt das Geld durch die Finger; **jeter l'~ par les fenêtres** Geld zum Fenster hinauswerfen; **l'~ n'a pas d'odeur** *prov* Geld stinkt nicht *(prov)*; **prendre qc pour ~ comptant** etw für bare Münze nehmen
◆ **~ au jour le jour** FIN Tagesgeld *nt*, tägliches Geld, Callgeld *(Fachspr.)*; **se procurer de l'~ au jour le jour** Tagesgeld aufneh-

men; **~ de poche** Taschengeld *nt*
argenté(e) [aʀʒɑ̃te] *adj* ❶ silberfarben; *couleur, barbe, reflets* silbern, silbrig; *cheveux* silbergrau
❷ *(recouvert d'argent)* versilbert
❸ *fam (riche)* **ne pas être très ~(e)** nicht gut bei Kasse sein *(fam)*
argenter [aʀʒɑ̃te] <1> *vt* ❶ *(couvrir d'argent)* versilbern
❷ *fig* silbrig schimmern lassen
argenterie [aʀʒɑ̃tʀi] *f sans pl* Silberwaren *Pl*, Tafelsilber *nt*; *(vaisselle)* Silbergeschirr *nt*; *(couverts)* Silberbesteck *nt*
argentier [aʀʒɑ̃tje] *m* ❶ HIST **le grand ~** Schatzmeister *m*; *hum* Finanzminister *m*
❷ *(meuble)* Silberschrank *m*
argentifère [aʀʒɑ̃tifɛʀ] *adj* **mine/minerai ~** Silbermine *f*/Silbererz *nt*
Argentin [aʀʒɑ̃tɛ̃] *m* Argentinier *m*
argentin(e) [aʀʒɑ̃tɛ̃, in] *adj* argentinisch
Argentine [aʀʒɑ̃tin] *f* ❶ *(pays)* **l'~** Argentinien *nt*
❷ *(personne)* Argentinierin *f*
argentite [aʀʒɑ̃tit] *f* MINER Silberglanz *m*, Argentit *m*
argile [aʀʒil] *f* Ton *m*; **statue d'~** Tonfigur *f*; **~ réfractaire** Schamotte *f*, Schamott *m* (A *fam*)
argileux, -euse [aʀʒilø, -øz] *adj* tonig, tonhaltig, tonhältig (A)
argon [aʀɡɔ̃] *m* CHIM Argon *nt*
argot [aʀɡo] *m* ❶ *sans pl* Argot *m o nt*
❷ *(langage particulier)* Jargon *m*; **l'~ du milieu** die Milieusprache, der Milieujargon

Land und Leute

Der **argot** ist einerseits eine Art französische Umgangssprache. Wer ihn benutzt, drückt sich salopper aus, als es mit einem Ausdruck aus der gemäßigten Umgangssprache, dem *français familier*, der Fall wäre.
Andererseits versteht man unter **argot** auch die leicht saloppe Ausdrucksweise einer bestimmten Personengruppe, also einen Jargon. Tatsächlich geht der Argot auf eine sehr spezielle Gruppensprache zurück: Er war ursprünglich die Geheimsprache der Gauner.
T'as zieuté les poulagas ? As-tu vu les policiers ? – Hast du die Polizisten gesehen?

argotique [aʀɡɔtik] *adj* **expression ~** Argotausdruck *m*
Argovie [aʀɡɔvi] *f* **l'~** der Aargau
arguer [aʀɡɥe] <1> *vt littér* **~ que qn a fait qc** geltend machen, dass jd etw getan hat; **faire qc en arguant que c'est correct** etw tun mit dem Argument, dass es richtig ist
argument [aʀɡymɑ̃] *m* ❶ *a.* INFORM *(raisonnement, preuve)* Argument *nt*; **~ a priori** A-priori-Argument *(geh)*; **~ a posteriori** A-posteriori-Argument *(geh)*
❷ THEAT, LITTER Plot *m o nt*
◆ **~ de vente** Verkaufsargument *nt*
argumentaire [aʀɡymɑ̃tɛʀ] *m* Argumentationshilfe *f*
argumentation [aʀɡymɑ̃tasjɔ̃] *f* Argumentation *f*
argumenter [aʀɡymɑ̃te] <1> *vi* **~ contre qn/qc** gegen jdn/etw argumentieren; **un article bien argumenté** ein argumentativ gut fundierter Artikel
Argus [aʀɡys] *m* AUT Zeitwerttabelle *f*, ≈ Schwackeliste *f*; **ma voiture est cotée deux mille euros à l'~** mein Auto hat [noch] einen Zeitwert von zweitausend Euro
arguties [aʀɡysi] *fpl* Haarspaltereien *Pl*, Spitzfindigkeiten *Pl*
argyronète [aʀʒiʀɔnɛt] *f* ZOOL Wasserspinne *f*
argyrose [aʀʒiʀɔz] *f* MINER Silberglanz *m*
aria [aʀja] *f* Arie *f*; **~ d'opéra** Opernarie
Ariane [aʀjan] *f* MYTH Ariadne *f*
aride [aʀid] *adj* ❶ trocken, arid *(Fachspr.)*
❷ *fig sujet, matière* trocken; *travail* öde
aridité [aʀidite] *f sans pl* ❶ Trockenheit *f*, Wasserarmut *f*, Aridität *f (Fachspr.)*
❷ *fig d'un sujet, d'une matière* Trockenheit *f*; *d'un travail* Stumpfsinn *m*
ariette [aʀjɛt] *f* Arietta *f*, Ariette *f*
aristo [aʀisto] *mf fam abr de* **aristocrate** Blaublütige(r) *f(m)*
aristocrate [aʀistɔkʀat] *mf* Aristokrat(in) *m(f)*
aristocratie [aʀistɔkʀasi] *f* ❶ *(caste)* Aristokratie *f*; **~ de la finance** Finanzaristokratie
❷ *(régime)* Aristokratie *f*, Adelsherrschaft *f*
aristocratique [aʀistɔkʀatik] *adj* aristokratisch
Aristote [aʀistɔt] *m* Aristoteles *m*
aristotélicien(ne) [aʀistɔtelisjɛ̃, jɛn] *adj* aristotelisch
arithmétique [aʀitmetik] I. *f* ❶ SCOL Rechnen *nt*; **exercice d'~** Rechenaufgabe *f*; **cours d'~** Rechenunterricht *m*
❷ *(science)* Arithmetik *f*; **les quatre opérations élémentaires de l'~** die vier Grundrechenarten
II. *adj* arithmetisch; **par un simple calcul ~** durch ein einfaches

Rechenexempel; **qc est juste du point de vue ~** etw ist rechnerisch richtig
arithmomanie [aʀitmɔmani] *f* PSYCH Zählzwang *m*; **souffrir d'~** unter Zählzwang *(Dat)* leiden
arlequin [aʀləkɛ̃] *m* Harlekin *m*
arlequinade [aʀləkinad] *f (pièce de théâtre)* Harlekinade *f*
armada [aʀmada] *f* Heer *nt*; **une ~ de touristes** ein [ganzes] Heer von Touristen
▶ **l'Invincible Armada** HIST die unüberwindliche Armada
armagnac [aʀmaɲak] *m* Armagnac *m*
armateur [aʀmatœʀ] *m* ❶ Reeder(in) *m(f)*
❷ ECON Verfrachter *m (Fachspr.)*
armature [aʀmatyʀ] *f (charpente)* Gerüst *nt*; *d'une tente* Gestänge *nt*; *d'un abat-jour, parapluie* Gestell *nt*; *du béton armé* Armierung *f*; *d'un soutien-gorge* Bügel *Pl*
arme [aʀm] *f* ❶ Waffe *f*; **~ blanche** Hieb-, Stich- oder Stoßwaffe; **~ défensive** [*o* **de défense**] Verteidigungswaffe; **~ de chasse** Jagdwaffe; **~ du crime** Tatwaffe; **~ laser** Laserwaffe; **aux ~s!** zu den Waffen!; **en ~s** bewaffnet; **régler un différend par les ~s** einen Streit mit Waffen austragen; **prendre le pouvoir par les ~s** mit Waffengewalt an die Macht gelangen
❷ *(corps de l'armée)* Waffengattung *f*
❸ *pl* MIL *littér* **la carrière des ~s** die militärische Laufbahn; **le métier des ~s** der Soldatenberuf; **compagnon d'~s** Waffengefährte *m*
▶ **avec ~s et bagages** *fam* mit Sack und Pack; **passer l'~ à gauche** ins Gras beißen *(fam)*; **à ~s égales** mit gleichen Waffen; **faire ses premières ~s dans qc** seine ersten Erfahrungen in etw *(Dat)* [*o* bei etw] sammeln; **être appelé(e) sous les ~s** zu den Waffen gerufen werden; **déposer les ~s** die Waffen niederlegen; **passer qn par les ~s** jdn standrechtlich erschießen; **prendre les ~s contre qn** die Waffen gegen jdn erheben; **rendre les ~s** *(capituler)* die Waffen strecken; *(céder)* sich geschlagen geben
◆ **~ à feu** Feuerwaffe *f*
◆ **~s de destruction massive** Massenvernichtungswaffen *Pl*; **~ de poing** Faustfeuerwaffe *f*; **~s de précision** Präzisionswaffen *Pl*
armé(e) [aʀme] *adj* ❶ **~ d'un couteau/revolver** mit einem Messer/Revolver bewaffnet
❷ *fig* **~ d'un dictionnaire** mit einem Wörterbuch ausgerüstet [*o* bewaffnet *hum*]; **être bien ~ pour/contre qc** für/gegen etw gut gewappnet sein
armée [aʀme] *f* ❶ **l'~** die Armee; **être à l'~** seinen Militärdienst absolvieren; **être dans l'~** bei der Armee sein; **la Grande Armée** Bezeichnung der napoleonischen Armee; **l'Armée rouge** die Rote Armee
❷ *(troupes)* Armee *f*, Heer *nt*; **~ active** aktive Truppe; **~ régulière** stehendes Heer; **les ~s alliées** die alliierten Streitkräfte
❸ *(foule)* Heer *nt*; **~ innombrable** Millionenheer *nt*
◆ **~ de l'air** Luftwaffe *f*; **~ de libération** Befreiungstruppen *Pl*, Befreiungsarmee *f*; **~ de mercenaires** Söldnerheer *nt*; **~ d'occupation** Besatzungsmacht *f*; **~ de réserve** Reserveheer *nt*, Reservearmee *f*; **~ du Salut** Heilsarmee *f*; **~ de terre** Heer *nt*
armement [aʀməmɑ̃] *m* ❶ *sans pl (action) d'un pays, d'une armée* Aufrüstung *f*; *d'un soldat* Bewaffnung *f*; *d'un navire* Ausrüstung *f*; *d'un fusil* Laden *nt*; *d'un appareil photo* Spannen *nt*; **l'~ d'un navire de guerre** die Bestückung eines Kriegsschiffs mit Waffen
❷ *(armes) d'un soldat, d'une troupe* Bewaffnung *f*; *d'un pays* Rüstung *f*, Rüstungsgüter *Pl*; *d'un avion, bateau* Bordwaffen *Pl*
Arménie [aʀmeni] *f* **l'~** Armenien *nt*
arménien [aʀmenjɛ̃] *m* **l'~** Armenisch *nt*, das Armenische; *v. a.* **allemand**
arménien(ne) [aʀmenjɛ̃, jɛn] *adj* armenisch
Arménien(ne) [aʀmenjɛ̃, jɛn] *m(f)* Armenier(in) *m(f)*
armer [aʀme] <1> I. *vt* ❶ *(munir d'armes)* bewaffnen *soldat, pays*
❷ *(équiper)* ausrüsten *soldat, pays*; bestücken *bateau, forteresse*
❸ *(aguerrir)* **~ qn contre qc** jdn gegen etw wappnen
❹ *(charger)* laden *fusil*; spannen *appareil photo*
❺ *(renforcer)* armieren *béton*
II. *vpr* ❶ **s'~ contre qn/qc** *soldat:* sich gegen jdn/etw bewaffnen; *pays, peuple:* gegen jdn/etw aufrüsten
❷ *(se munir de)* **s'~ d'un dictionnaire** sich mit einem Wörterbuch bewaffnen *(hum)*; **s'~ de patience** sich mit Geduld wappnen; **s'~ contre la froid** sich gegen die kalte Wetter rüsten
armistice [aʀmistis] *m* Waffenstillstand *m*; **l'Armistice** französischer Feiertag am 11. November anlässlich des Waffenstillstands 1918
armoire [aʀmwaʀ] *f* Schrank *m*, Kasten *m* (A, CH); **~ de bureau** Büroschrank; **~ frigorifique** Kühlregal *nt*
◆ **~ à chaussures** Schuhschrank *m*; **~ à clés** Schlüsselschränkchen *nt*; **~ à glace** *(meuble)* Spiegelschrank *m*; *fam (costaud)* [Kleider]schrank *m (fam)*; **~ à linge** Wäscheschrank *m*; **~ à pharmacie** Medikamentenschrank *m*; *(klein)* Medikamentenschränkchen *nt*,

♦ ~ **d'entrée** Dielenschrank *m;* ~ **de toilette** Toilettenschrank *m*
armoiries [aʀmwaʀi] *fpl* Wappen *nt;* ~ **nationales** d'un État, Land Landeswappen
armoricain(e) [aʀmɔʀikɛ̃, kɛn] *adj* armorikanisch
armorier [aʀmɔʀje] <1a> *vt* mit Wappen[zeichnungen] schmücken
Armorique [aʀmɔʀik] *f* l'~ Armorika *nt (keltischer Name für die Bretagne)*
armure [aʀmyʀ] *f* ❶ MIL Rüstung *f*
❷ *fig* Panzer *m*
armurerie [aʀmyʀʀi] *f (commerce)* Waffenhandlung *f,* Waffengeschäft *nt*
armurier [aʀmyʀje] *m* ❶ *(marchand)* Waffenhändler(in) *m(f)*
❷ *(fabricant)* Waffenhersteller(in) *m(f);* HIST Waffenschmied(in) *m(f); (autrefois: fabricant de fusils)* Büchsenmacher *m*
❸ MIL Waffenmeister *m*
ARN [aɛʀɛn] *m* BIO, CHIM *abr de* **acide ribonucléique** RNA *f,* RNS *f*
arnaque [aʀnak] *f fam* Nepp *m (fam); (escroquerie impudente)* Abzockerei *f (fam);* **c'est de l'~!** das ist Nepp! *(fam)*
arnaquer [aʀnake] <1> *vt fam (escroquer)* übers Ohr hauen *(fam);* **se faire ~** übers Ohr gehauen werden; *(lié à un espoir déçu)* reinrasseln *(fam)*
arnaqueur, -euse [aʀnakœʀ, -øz] *m, f fam* Betrüger(in) *m(f)*
arnica [aʀnika] *f* Arnika *f*
arobas [aʀɔbas] *m,* **arobase** [aʀɔbaz] *f* INFORM at *nt*
aromacologie [aʀɔmakɔlɔʒi] *f* Aromaforschung *f*
aromate [aʀɔmat] *m* Gewürzkraut *nt*
aromathérapie [aʀɔmateʀapi] *f* Aromatherapie *f*
aromatique [aʀɔmatik] *adj huile* aromatisch; *saveur, goût* würzig, kräftig; **plante ~** Gewürzpflanze
aromatisant [aʀɔmatizɑ̃] *m* Geschmacksstoff *m*
aromatiser [aʀɔmatize] <1> *vt* würzen *aliment;* parfümieren *savon, produit cosmétique;* **yaourt aromatisé à la vanille** Joghurt mit Vanillegeschmack
arôme, arome [aʀom] *m* ❶ *du café* Aroma *nt,* Duft *m; d'un vin* Bouquet *nt*
❷ *(additif alimentaire)* Aroma *nt;* ~ **artificiel** *(pour pâtisseries)* Backaroma; ~ **de fraise** Erdbeeraroma
arpège [aʀpɛʒ] *m* MUS Arpeggio *nt*
arpent [aʀpɑ̃] *m* ❶ *ehemaliges Flächenmaß, das zwischen 20 und 50 Ar betrug;* **ils se sont disputés pour quelques ~s de terre** ≈ sie haben sich um ein paar Quadratmeter Land gestritten
❷ CAN *(mesure de longueur)* Längenmaß von 58,47 m; *(mesure de superficie)* Flächenmaß von 34,20 Ar
arpentage [aʀpɑ̃taʒ] *m* Vermessung *f*
arpenter [aʀpɑ̃te] <1> *vt* ❶ *(parcourir)* durchmessen *pièce*
❷ *(mesurer)* vermessen
arpenteur [aʀpɑ̃tœʀ] *m* Vermesser(in) *m(f)*
arpète [aʀpɛt] *m fam* Stift *m (fam),* Lehrling *m (veraltet),* Lehrmädchen *nt (veraltet)*
arpion [aʀpjɔ̃] *m pop (pied)* Flosse *f (fam)*
arqué(e) [aʀke] *adj sourcils* geschwungen; *dos* gebeugt, gekrümmt; **jambes ~es** krumme Beine; **avoir les jambes ~es** O-Beine haben *(fam)*
arquebuse [aʀkəbyz] *f* HIST Hakenbüchse *f,* Arkebuse *f*
arquer [aʀke] <1> *I. vt* biegen, krümmen; **avoir les jambes arquées** krumme Beine haben
II. vpr **s'~** krumm werden, sich krümmen
arrachage [aʀaʃaʒ] *m* Herausreißen *nt; des mauvaises herbes* Jäten *nt; d'un arbre* Entwurzeln *nt; des carottes, pommes de terre* Hacken *nt,* Erntearbeit *f; d'un clou* Herausziehen *nt; d'une dent* Ziehen *nt*
arrache-clou [aʀaʃklu] <arrache-clous> *m* BOT Geißfuß *m,* Nagelklaue *f*
arrachement [aʀaʃmɑ̃] *m* ❶ *rare d'un arbre* Herausreißen *nt*
❷ *(douleur)* Abschiedsschmerz *m*
arrache-pied [aʀaʃpje] *adv* **d'~** *lutter, travailler* unermüdlich
arracher [aʀaʃe] <1> *I. vt* ❶ herausreißen *page, herbes, poil;* entwurzeln *arbre;* herausmachen *légumes;* herausziehen *clou;* ziehen *dent;* abreißen *affiche;* ~ **un bras à qn** *personne:* jdm einen Arm ausreißen; *chien:* jdm einen Arm abbeißen; *grenade:* jdm einen Arm abreißen; ~ **la chemise à qn** jdm das Hemd vom Leib reißen; ~ **une plume à un oiseau** einem Vogel eine Feder ausreißen
❷ *(prendre)* ~ **qn à qn** jdm jdn wegreißen; ~ **qn des mains/de l'emprise de qn** jdn jds Händen entreißen/jds Einfluss entziehen; ~ **son arme à qn** jdm die Waffe entreißen; ~ **qc des mains de qn** jdm etw aus den Händen reißen; *(par un effort soutenu)* jdm etw entwinden
❸ *(obtenir)* ~ **de l'argent/une décision à qn** jdm Geld/einen Entschluss abringen; ~ **un secret/une larme à qn** jdm ein Geheimnis/eine Träne entlocken
❹ *(soustraire)* ~ **qn à son travail** jdn aus seiner Arbeit herausreißen; ~ **qn à la mort** jdn vor dem sicheren Tod bewahren
II. vpr ❶ **s'~ les cheveux** sich *(Dat)* die Haare ausreißen
❷ *(se disputer)* **s'~ qn/qc** sich um jdn/etw reißen; **on se l'arrache** *(en parlant d'une personne)* man reißt sich um ihn/sie; *(en parlant d'une chose)* man reißt sich darum
❸ *(se soustraire)* **s'~ à un souvenir** sich *(Akk)* von einer Erinnerung losreißen; **s'~ à son sommeil** die Müdigkeit von sich abschütteln
❹ *fam (partir)* **s'~** abhauen *(fam)*
arracheur [aʀaʃœʀ] *m* Erntearbeiter *m;* ~ **de carottes** Karottenernter *m;* ~ **de pommes de terre** Kartoffelernter *m*
▶ ~ **de <u>dents</u>** *péj, hum fam* Zahnklempner *m (pej fam);* **mentir comme un ~ de <u>dents</u>** lügen, dass sich die Balken biegen *(fam)*
arracheuse [aʀaʃøz] *f* ❶ *(personne) de carottes, de pommes de terre* Erntearbeiterin *f*
❷ *(outil, machine)* ~ **de pommes de terre** Kartoffelhacke *f*
arracheuse-chargeuse [aʀaʃøzʃaʀʒøz] <arracheuses-chargeuses> *f* ~ **de pommes de terre** Kartoffelerntemaschine *f*
arraisonnement [aʀɛzɔnmɑ̃] *m* NAUT *d'un navire* Durchsuchung *f; (contrôle)* Überprüfung *f*
arraisonner [aʀɛzɔne] <1> *vt (perquisitionner)* durchsuchen *navire; (contrôler)* überprüfen *navire*
arrangeant(e) [aʀɑ̃ʒɑ̃, ʒɑ̃t] *adj* umgänglich, entgegenkommend; *(dans une négociation)* kulant
arrangement [aʀɑ̃ʒmɑ̃] *m* ❶ *(agencement) de fleurs* Arrangement *nt (geh); du mobilier, de vêtements* Zusammenstellung *f; d'une pièce* Einrichtung *f; d'une maison* Aufteilung *f*
❷ *(action) de fleurs* Zusammenstellen *nt; d'une coiffure* Zurechtmachen *nt; d'une entrevue* Organisation *f*
❸ *(accord)* Einigung *f;* **parvenir à un ~** zu einer Übereinkunft gelangen
❹ MUS Arrangement *nt*
arranger [aʀɑ̃ʒe] <2a> *I. vt* ❶ *(disposer)* ordnen; arrangieren *fleurs;* einrichten *pièce, appartement;* zurechtmachen *coiffure;* in Ordnung bringen *vêtement;* herrichten *table;* **il a arrangé l'histoire à sa façon** er hat die Geschichte so hingebogen *fam,* wie es ihm gelegen kam
❷ *(organiser)* organisieren *voyage, réunion;* arrangieren *rencontre;* regeln *affaires*
❸ *(régler)* regeln; **tout est arrangé** alles ist geregelt
❹ *(contenter)* ~ **qn** jdm gelegen kommen; **ça m'arrange vraiment!** das kommt mir sehr gelegen!; **si ça vous arrange** wenn es Ihnen recht ist; **ça l'arrange de faire qc** es passt ihm/ihr etw zu tun; **ça l'arrange que qn fasse qc** es passt ihm/ihr gut, dass jd etw tut
❺ *(réparer)* in Ordnung bringen
❻ *fam (malmener)* übel zurichten; **se faire ~ le portrait par qn** von jdm übel zugerichtet werden; **te voilà bien arrangé(e)!** wie siehst du denn aus! *(fam); (tu es sale)* na, du bist vielleicht verdreckt! *(fam); (tu es blessé)* du siehst ja übel [zugerichtet] aus! *(fam)*
❼ INFORM anordnen; ~ **tous les symboles sur le côté gauche de l'écran** alle Symbole links auf dem Bildschirm anordnen
II. vpr ❶ *(se mettre d'accord)* **s'~ avec qn pour faire qc** sich mit jdm einigen etw zu tun; **ils se sont arrangés entre eux** sie haben sich untereinander geeinigt; **s'~ à l'amiable** sich gütlich einigen; **arrange-toi avec elle!** einige dich mit ihr!
❷ *(s'améliorer)* **s'~** *problème:* sich regeln; *situation, état de santé:* sich bessern; *temps:* besser werden; *querelle:* beigelegt werden; **leur dispute s'est arrangée** sie haben ihren Streit beigelegt; **tout s'arrange** das gibt sich alles; **tout va s'~** es wird sich alles finden; **les choses s'arrangent d'elles-mêmes** die Dinge regeln sich von selbst
❸ *(se débrouiller)* **s'~ pour que qn fasse qc** es sich *(Dat)* so einrichten, dass jd etw tut; **arrangez-vous comme vous voudrez, mais ...** machen Sie das, wie Sie wollen, aber ...; **arrange-toi pour être à l'heure** richte es [so] ein, dass du pünktlich bist; **je ne sais pas comment il s'arrange, mais ...** ich weiß nicht, wie er es anstellt, aber ...
❹ *(ajuster sa toilette)* **s'~** sich zurechtmachen; **savoir s'~** es verstehen, sich zurechtzumachen *(fam);* **s'~ les cheveux/le maquillage** sich *(Dat)* die Frisur wieder herrichten/das Make-up erneuern
▶ **il ne s'est pas arrangé** *fam (physiquement)* er hat sich nicht zu seinem Vorteil verändert; *(moralement)* er hat sich nicht gebessert
arrangeur, -euse [aʀɑ̃ʒœʀ, -øz] *m, f* MUS Arrangeur(in) *m(f)*
arrérages [aʀeʀaʒ] *mpl* fällige Rente *f*
arrestation [aʀɛstasjɔ̃] *f* ❶ *(action)* Verhaftung *f,* Festnahme *f;* ~ **arbitraire/illégale** willkürliche/widerrechtliche Verhaftung; ~ **provisoire** vorläufige Festnahme
❷ *(état)* Haft *f;* ~ **préventive** Vorbeugehaft *f;* **vous êtes en état d'~!** Sie sind verhaftet!
arrêt [aʀɛ] *m* ❶ *(action d'arrêter) d'une machine, d'un moteur* Abstellen *nt; d'un ordinateur, d'une imprimante* Ausschalten *nt,* Abschalten;

d'un réacteur, d'une centrale Abschalten *nt; d'un véhicule* Anhalten *nt; des relations* Unterbrechung *f; des négociations, hostilités* Einstellen *nt; de la production* Einstellung *f; du compte à rebours* Abbrechen *nt;* **bouton d'** *d'une machine* Abstellknopf *m;* **~ du programme** INFORM Programmstopp *m;* **~ du système** INFORM Systemabschaltung *f;* **~ des essais nucléaires** Atomteststopp, Teststopp; **~ des importations** Importstopp; **décréter l'~ des importations des céréales** einen Importstopp für Getreide verhängen

❷ *(action de s'arrêter) de la croissance* Stillstand *m; d'une hémorragie, du cœur* Stillstand *m;* **~ cardiaque** Herzstillstand, Herzversagen *nt;* **mourir d'un ~ cardiaque** an akutem Herzversagen sterben; **sans ~** *(sans interruption)* unaufhörlich, ununterbrochen; *(fréquemment)* ständig

❸ *(halte) d'un train, automobiliste* Halt *m;* **dix minutes d'~ à Nancy** zehn Minuten Aufenthalt in Nancy; **le train est sans ~ de Paris à Lyon** der Zug fährt von Paris nach Lyon durch; **faire quelques ~s au cours du voyage [en voiture]** auf der Fahrt ein paarmal anhalten; **être à l'~** *véhicule, chauffeur:* stehen; **rester [**o **tomber] en ~** stehenbleiben; **chien de chasse:** vorstehen

❹ *(station)* Haltestelle *f;* **~ d'autobus/de bus** Bus-/Omnibushaltestelle; **~ de car** [Auto]bushaltestelle

❺ JUR *(jugement)* Entscheid *m,* Gerichtsurteil *nt*

❻ *pl* MIL *(sanction)* Arrest *m;* **mettre qn aux ~s** jdn unter Arrest stellen; **être aux ~s** unter Arrest stehen

❼ ECON *(intervalle d'arrêt)* Stillstandszeit *f;* **~ dû à un problème technique** störungsbedingte Stillstandszeit

▸ **~ d'annulation** JUR Nichtigkeitsurteil *nt;* **~ de cassation** JUR Revisionsurteil *nt;* **~ de l'exploitation** Betriebseinstellung *f;* **~ de jeu** SPORT [Spiel]unterbrechung *f;* **~ de maladie** *(congé)* Beurlaubung *f* wegen Krankheit; *(certificat)* Arbeitsunfähigkeitsbescheinigung *f;* **être en ~ de maladie** krank geschrieben sein; **prescrire un ~ de maladie de quinze jours à qn** jdn für zwei Wochen krank schreiben; **~ de mise en accusation** JUR Eröffnungsbeschluss *m;* **~ de mort** Todesurteil *nt* ▸ **signer son ~ de mort** sein [eigenes] Todesurteil unterzeichnen; **qc signe l'~ de mort de qn/qc** etw bedeutet das Todesurteil für jdn/etw; **~ pipi** *fam* Pinkelpause *f (fam);* **~ de travail** Beurlaubung *f* wegen Krankheit; *(certificat)* Arbeitsunfähigkeitsbescheinigung *f;* **être en ~ de travail** krankgeschrieben sein

arrêté [aʀete] *m* Erlass *m,* Anordnung *f;* **~ municipal** städtische Verordnung; **par ~ préfectoral** durch Erlass [o auf Anordnung] des Präfekten

▸ **~ de compte [**o **des comptes]** Abschluss *m* der Geschäftsbücher, Buchabschluss, Kontenabschluss; **~ des comptes journalier/intermédiaire** Tages-/Zwischenabschluss; **~ d'expropriation** Enteignungsbeschluss *m,* Enteignungsverfügung *f;* **~ d'expulsion** *d'un étranger* Ausweisungsverfügung *f; d'un locataire* Räumungsbefehl *m;* **~ de réquisition** JUR Beschlagnahmeverfügung *f*

arrêté(e) [aʀete] *adj décision, volonté, idée* fest; *(empreint) de qc* festgefahren; **sa décision n'est pas encore ~e** seine/ihre Entscheidung steht noch nicht fest

arrêter [aʀete] <1> I. *vi* ❶ aufhören; **~ de faire qc** aufhören etw zu tun; **ne pas ~ de grandir** nicht aufhören zu wachsen; **cette rengaine n'arrête pas de me tourner dans la tête** dieser Schlager geht mir nicht mehr aus dem Kopf; **son souvenir n'arrête pas de me hanter** ich werde die Erinnerung an ihn/sie nicht los; **arrête, je ne te crois pas!** hör auf, ich glaub dir nicht!

❷ *(s'interrompre)* **~ de parler/de lire** aufhören zu reden/zu lesen

II. *vt* ❶ *(stopper)* anhalten; abstellen *moteur, machine, chauffage;* ausmachen *télé, radio;* abschalten, ausschalten *imprimante;* abschalten, ausschalten, herunterfahren *ordinateur;* **la porte avec le pied** mit dem Fuß die Tür aufhalten; **~ l'exécution d'un programme** INFORM die Ausführung eines Programms stoppen; **être arrêté(e)** *production:* stillstehen; **le trafic est arrêté sur les lignes 8 et 10** die Linien 8 und 10 haben den Verkehr eingestellt; **au voleur, arrêtez-le!** haltet den Dieb!

❷ *(déposer)* absetzen; **~ qn à la gare** jdn am Bahnhof absetzen

❸ *(terminer)* aufhören mit; beenden *cours, travail*

❹ *(interrompre)* unterbrechen *orateur, réunion;* **~ le travail** die Arbeit unterbrechen; *(faire grève)* die Arbeit niederlegen; **il n'y a pas moyen de l'~!** unmöglich ihn zu bremsen!

❺ *(bloquer)* aufhalten *personne, foule;* stoppen *ennemi, troupe;* zum Stillstand bringen *hémorragie;* bremsen *ambition;* **~ qn** *timidité:* jdn zurückhalten

❻ *(abandonner)* aufhören mit; einstellen *exploitation, fabrication, projet;* absetzen *pilule;* **~ la cigarette** mit dem Rauchen aufhören; **~ le foot** mit dem Fußballspielen aufhören

❼ *(faire prisonnier)* verhaften

❽ *(fixer)* festlegen *détails, date*

❾ FIN, ECON *(déterminer, calculer)* ziehen, feststellen *solde;* **~ les comptes** die Ergebnisse vorlegen

III. *vpr* ❶ *(s'immobiliser)* **s'~** *personne, moteur, montre:* stehen bleiben; *véhicule, chauffeur:* [an]halten

❷ *(séjourner)* **s'~** Station machen; **s'~ dans une auberge** in einem Gasthaus einkehren [o zukehren (A)]

❸ *(s'interrompre)* **s'~ de faire qc** aufhören etw zu tun

❹ *(cesser)* **s'~** aufhören; *épidémie, inflation:* zum Stillstand kommen; *pluie, hémorragie, bruit, travail, production:* zum Erliegen kommen; **s'~ de fumer** aufhören zu rauchen, mit dem Rauchen aufhören; **à quelle page du roman t'es-tu arrêté(e)?** bis zu welcher Seite des Romans bist du gekommen?

arrêt-maladie [aʀɛmaladi] <arrêts-maladie> *m (congé)* Beurlaubung *f* wegen Krankheit; *(certificat)* Arbeitsunfähigkeitsbescheinigung *f;* **être en ~** krank geschrieben sein

arrhes [aʀ] *fpl* ❶ Anzahlung *f;* **verser des ~** eine Anzahlung leisten

❷ JUR Abstandsgeld *nt,* Reugeld *(Fachspr.)*

❸ FIN Angeld *nt (Fachspr.)*

arriération [aʀjeʀasjɔ̃] *f* PSYCH Zurückgebliebensein *nt*

arrière [aʀjɛʀ] I. *m* ❶ *sans pl (queue) d'un train* hinteres Teil; *d'une voiture, d'un bateau, avion* Heck *nt;* **à l'~ de la voiture** auf dem Rücksitz des Wagens

❷ *(pour une indication spatiale, temporelle)* **être en ~ de qn/qc** hinter jdm/etw sein; **se pencher en ~** sich zurückbeugen; **regarder en ~** *(derrière soi/vers le passé)* nach hinten sehen/zurückblicken; **rester en ~** hinten bleiben, zurückbleiben; **aller en ~** rückwärtsgehen; **en ~, tout le monde!** alle zurück[treten]!

❸ SPORT Verteidiger(in) *m(f);* RUGBY Schluss[spieler *m*] *m;* **jouer ~ centre/droit** als Vorstopper/rechter Verteidiger spielen

❹ MIL **l'~** das Hinterland

▸ **protéger [**o **assurer] ses ~s** MIL die Nachhut sichern; *(éviter les risques)* sich absichern

II. *adj inv* **roue ~** Hinterrad *nt;* **siège ~** Rücksitz *m;* **la partie/la façade ~ du bâtiment** der hintere Teil/die Rückfront des Gebäudes

arriéré [aʀjeʀe] *m* ❶ FIN Rückstand *m;* **régler l'~ de sa dette** seine Außenstände begleichen; **~ de salaire/d'intérêts** Lohn-/Zinsrückstand; **~s d'impôt** rückständige Steuern

❷ PSYCH [geistig] Zurückgebliebene(r) *m*

arriéré(e) [aʀjeʀe] *adj* ❶ *(demeuré) personne* zurückgeblieben

❷ *(en retard) région* zurückständig

❸ *péj (rétrograde) méthode, personne* rückständig

arrière-arrière-grands-parents [aʀjɛʀaʀjɛʀgʀɑ̃paʀɑ̃] *mpl* Ururgroßeltern *Pl*

arrière-ban [aʀjɛʀbɑ̃] <arrière-bans> *m* HIST Heerbann *m*

arrière-bouche [aʀjɛʀbuʃ] <arrière-bouches> *f* Schlund *m,* Rachen *m*

arrière-boutique [aʀjɛʀbutik] <arrière-boutiques> *f* Hinterzimmer *nt*

arrière-caution [aʀjɛʀkosjɔ̃] <arrière-cautions> *f* JUR *(garantie)* Gegenbürgschaft *f*

arrière-cour [aʀjɛʀkuʀ] <arrière-cours> *f* Hinterhof *m*

arrière-fille [aʀjɛʀ] *f* PSYCH [geistig] Zurückgebliebene *f*

arrière-garde [aʀjɛʀgaʀd] <arrière-gardes> *f* Nachhut *f*

arrière-goût [aʀjɛʀgu] <arrière-goûts> *m* Nachgeschmack *m*

arrière-grand-mère [aʀjɛʀgʀɑ̃mɛʀ] <arrière-grands-mères> *f* Urgroßmutter *f;* **la maison de mon/son/...** **~** das urgroßmütterliche Haus

arrière-grand-père [aʀjɛʀgʀɑ̃pɛʀ] <arrière-grands-pères> *m* Urgroßvater *m;* **l'héritage de mon/son/...** **~** das urgroßväterliche Erbe

arrière-grands-parents [aʀjɛʀgʀɑ̃paʀɑ̃] *mpl* Urgroßeltern *Pl*

arrière-pays [aʀjɛʀpei] *m inv* Hinterland *nt*

arrière-pensée [aʀjɛʀpɑ̃se] <arrière-pensées> *f* Hintergedanke *m;* **sans ~** ohne Hintergedanken; **accepter** rückhaltlos, ohne Vorbehalt

arrière-petite-fille [aʀjɛʀpətitfij] <arrière-petites-filles> *f* Urenkelin *f*

arrière-petit-fils [aʀjɛʀpətifis] <arrière-petits-fils> *m* Urenkel *m*

arrière-petits-enfants [aʀjɛʀpətizɑ̃fɑ̃] *mpl* Urenkel *Pl*

arrière-plan [aʀjɛʀplɑ̃] <arrière-plans> *m a. fig* Hintergrund *m;* **être à l'~** im Hintergrund stehen; **passer à l'~** in den Hintergrund rücken; **être relégué(e) à l'~** zurückgestellt werden; **en ~** im Hintergrund

arrière-saison [aʀjɛʀsɛzɔ̃] <arrière-saisons> *f* Nachsaison *f*

arrière-salle [aʀjɛʀsal] <arrière-salles> *f* Hinterzimmer *nt*

arrière-train [aʀjɛʀtʀɛ̃] <arrière-trains> *m* ❶ Hinterteil *nt* ❷ *(fesses)* Hintern *m (fam)*

arrimage [aʀimaʒ] *m* NAUT Verstauen *nt*

arrimer [aʀime] <1> I. *vt* ❶ *(fixer)* festzurren *colis;* **être solidement arrimé(e)** *chargement:* gut befestigt sein

❷ NAUT verstauen *cargaison;* **la cargaison est bien arrimée** die Ladung ist seefest *(Fachspr.)*

II. *vpr* ESPACE **s'~ à qc** an etw *(Akk o Dat)* andocken

arrivage [aʀivaʒ] *m* ❶ *(arrivée) de marchandises* [eintreffende] Lieferung *f*

❷ *(marchandises)* [frische] Lieferung *f*

arrivant(e) [aʀivɑ̃, ɑ̃t] *m(f)* Ankommende(r) *f(m);* **le nouvel ~/la nouvelle ~e** der Neuankömmling; **les premiers ~s ont/avaient le choix** wer zuerst ankommt, hat die Wahl/ankam, hatte die Wahl

arrivée [aʀive] *f* ❶ *(action)* Ankunft *f; d'un sportif* Einlauf *m* [ins

arriver–article

Ziel|; **~ du courrier** Eintreffen *nt* der Post, Posteingang *m;* **jour d'~** Ankunftstag *m,* Anreisetag *m;* **à Paris** bei meiner Ankunft in Paris; **avec l'~ du printemps, on voit revenir les rhumes des foins** mit dem Frühling kommt auch wieder der Heuschnupfen
❷ *(endroit) d'une course* Ziel *nt;* **~ d'une/de l'étape** Etappenziel; **figurer à l'~** ins Ziel kommen
❸ *(halle) d'une gare, d'un aéroport* Ankunftshalle *f*
❹ *pl (horaires)* Ankunftszeiten *Pl;* **les ~s et les départs** die Ankunfts- und Abfahrtszeiten
❺ TECH *(robinet)* Anschluss *m; (processus)* Zufuhr *f;* **~ d'eau** Wasseranschluss/-zufuhr; **système d'~ d'eau chaude** Warmwasserbereitung *f*

arriver [aʀive] <1> I. *vi + être* ❶ ankommen; **~ chez qn/à destination** bei jdm/am Zielort ankommen; **~ à Rennes/de Bavière** in Rennes ankommen/aus Bayern [an]kommen; **~ en voiture/en train** mit dem Auto/Zug [an]kommen; **~ en smoking** im Smoking kommen; **~ sur le marché** *produit:* auf den Markt kommen; **comment arrive-t-on chez eux?** wie kommt man zu ihnen?
❷ *(approcher)* kommen; *nuit:* hereinbrechen; **~ en courant** angelaufen kommen; **~ sans se presser** ganz gemächlich daherkommen; **j'arrive!** ich komme!
❸ *(être acheminé)* **~ par un tuyau** durch ein Rohr kommen
❹ *(terminer une compétition)* **~ [le] premier/dernier** als erster/letzter ankommen; **~ en tête** als erster ankommen; **~ en bonne place** einen der vorderen Plätze belegen; **~ avant/après** [*o* **devant/derrière**] **qn** vor/nach jdm ins Ziel kommen; **~ en tête du hit-parade** auf den ersten Platz der Hitparade kommen
❺ *(aller jusque)* **~ aux mollets** *robe:* bis an die Waden gehen; **~ jusqu'à la maison** *conduite, câble:* bis zum Haus gehen; **il m'arrive à l'épaule** er reicht mir bis zur Schulter; **l'eau m'arrive jusqu'au cou** das Wasser geht mir bis zum Hals; **~ jusqu'à qn** [*o* **aux oreilles de qn**] *bruit, nouvelle:* bis zu jdm dringen
❻ *(atteindre)* **~ à qc** *personne:* etw erreichen; **~ au terme de son existence** am Ende seines Lebens anlangen; **~ au résultat/à la conclusion que qn a dit la vérité** zu dem Ergebnis/der Schlussfolgerung kommen, dass jd die Wahrheit gesagt hat
❼ *(réussir)* **qn arrive à faire qc** es gelingt jdm etw zu tun
❽ *(réussir socialement)* **vouloir ~** es zu etwas bringen wollen; **être arrivé(e)** es zu etwas gebracht haben; **il n'arrivera jamais à rien** er wird es nie zu etwas bringen
❾ *(survenir)* **~ à qn** jdm passieren; **qu'est-ce qui est arrivé?** was ist passiert?; **ça devait lui ~!** das musste ihm/ihr ja passieren!
❿ *(aboutir)* **en ~ à faire qc** schließlich etw tun
▶ **il faudra bien en ~ là** das wird wohl sein müssen; **comment peut-on en ~ là?** wie kann man es nur so weit kommen lassen?
II. *vi impers + être* ❶ *(survenir)* **il arrive qc à qn** jdm passiert etw; **s'il arrive un ennui, ...** wenn es Schwierigkeiten gibt, ...; **il lui arrivera des ennuis s'il ...** er wird Ärger bekommen, wenn er ...; **qu'est-ce qu'il t'est arrivé?** was ist dir denn passiert?
❷ *(se produire de temps en temps)* **il m'arrive de faire qc** es kommt vor, dass ich etw tue; **il arrive que qn fasse qc** es kommt vor, dass jd etw tut

arrivisme [aʀivism] *m* Strebertum *nt*
arriviste [aʀivist] I. *mf* Karrierist(in) *m(f)*
II. *adj personne, comportement* karrieregeil *(pej fam)*
arrobas [aʀɔbas] *m,* **arrobase** [aʀɔbaz] *f* INFORM at *nt*
arrogance [aʀɔgɑ̃s] *f* Arroganz *f*
▶ **suer l'~ par tous les pores** vor Arroganz [nur so] strotzen
arrogant(e) [aʀɔgɑ̃, ɑ̃t] *adj* arrogant
arroger [aʀɔʒe] <2a> *vpr* **s'~ un droit** sich *(Dat)* ein Recht anmaßen; **s'~ le droit de faire qc** sich *(Dat)* anmaßen etw zu tun; **s'~ un titre** sich *(Dat)* einen Titel widerrechtlich zulegen
arrondir [aʀɔ̃diʀ] <8> I. *vt* ❶ *(rendre rond)* rund machen; *(avec un tour)* drehen; runden *bord;* abrunden *angle;* runden *lèvres;* **~ le dos** einen runden Rücken machen; **des formes arrondies** runde Formen *Pl*
❷ *(accroître)* aufbessern *fortune*
❸ *(simplifier)* **~ qc à qc** *(vers le haut/le bas)* etw auf etw *(Akk)* auf-/abrunden/abrunden
II. *vpr* **s'~** ❶ *(grossir)* [immer] runder werden
❷ *(devenir moins anguleux) relief:* sanfter werden; *paysage:* lieblicher werden
❸ *(augmenter) fortune:* sich vermehren
arrondissement [aʀɔ̃dismɑ̃] *m* Arrondissement *nt (Stadtbezirk einer Großstadt, Verwaltungsbezirk eines Departements)*

Land und Leute

In Paris, Lyon und Marseille heißen die Stadtbezirke **arrondissements**. Aber auch die Verwaltungsbezirke eines Departemente werden so genannt.
Paris ist in zwanzig Arrondissements unterteilt. Diejenigen mit den niedrigen Nummern befinden sich im Zentrum. Am Ende der Postleitzahl kann man das Arrondissement ablesen: 75020 Paris steht für „Paris vingtième", also für das zwanzigste Arrondissement.

arrosage [aʀozaʒ] *m (au jet) des rues, d'un jardin* Sprengen *nt;* **(à l'arrosoir)** Gießen *nt*
arroser [aʀoze] <1> *vt* ❶ *(à l'arrosoir)* gießen
❷ *(au jet)* sprengen
❸ *(au tourniquet)* beregnen *champ*
❹ *(avec un produit)* besprühen; **~ qc d'essence** etw mit Benzin übergießen
❺ *(mouiller) pluie:* nass machen; **se faire bien ~** *fam* ganz schön nass werden *(fam);* **un pays très arrosé** ein sehr regenreiches Land
❻ *(couler à travers) fleuve:* fließen durch; **une région bien arrosée** eine flussreiche Gegend
❼ GASTR begießen *rôti, gâteau*
❽ *fam (fêter)* begießen; **ça s'arrose!** *fam* das müssen wir begießen! *(fam);* **on va ~ ça!** darauf müssen wir anstoßen!
❾ *(accompagner d'alcool)* **un repas d'un bon vin** zum Essen einen guten Wein trinken; **ça a été un repas bien arrosé** bei diesem Essen wurde reichlich getrunken
arroseur [aʀozœʀ] *m (appareil)* Rasensprenger *m,* Regner *m*
arrosoir [aʀozwaʀ] *m* Gießkanne *f;* **en cuivre** Kupferkanne
arsenal [aʀsənal, o] <-aux> *m* ❶ Waffenlager *nt,* Waffenarsenal *nt*
❷ *(matériel)* Arsenal *nt*
arsenic [aʀsənik] *m* Arsen *nt*
arsouille [aʀsuj] *m, f* Gauner *m*
art [aʀ] *m* ❶ Kunst *f;* **~ du chant** Gesangskunst *f;* **~s décoratifs** Kunsthandwerk *nt,* angewandte Kunst; **s'intéresser à l'~** kunstinteressiert sein; **personne qui s'intéresse à l'~** kunstinteressierter Mensch; **l'~ de Rembrandt** die Kunst [*o* der Stil] Rembrandts
❷ *sans pl (technique, style)* Kunst *f;* **~ de l'aquarelle** Aquarellarbeit *f;* **nouveau ~** Jugendstil *m;* **bâtiment [de style] ~ nouveau** Jugendstilgebäude *nt,* Jugendstilbau *m;* **façade/lampe/vase [de style] ~ nouveau** Jugendstilfassade *f*/-lampe *f*/-vase *f*
❸ *sans pl fig (talent, savoir-faire)* Kunst *f;* **~ de la chasse** Jagdkunde *f;* **~ du cirque** Zirkuskunst; **~ de la stratégie militaire** Feldherrnkunst; **~ de vivre** Lebenskunst *f;* **c'est du grand ~!** das ist eine Kunst!; **c'est tout un ~ [que] de faire cela** es ist eine Kunst, das zu tun; **posséder l'~ de faire qc** die Kunst beherrschen etw zu tun; **avoir l'~ du compromis** es meisterhaft verstehen Kompromisse zu schließen
▶ **le septième ~** die Filmkunst
◆ **Art déco** Art déco *nt o m*
artère [aʀtɛʀ] *f* ❶ ANAT Arterie *f*
❷ *(voie de communication)* **~ routière** Hauptverkehrsader *f;* **grande ~** Durchfahrtsstraße *f;* **~ commerçante** Hauptgeschäftsstraße
artériel(le) [aʀteʀjɛl] *adj* arteriell
artériosclérose [aʀteʀjoskleʀoz] *f* MED Arteriosklerose *f*
artérite [aʀteʀit] *f* Arterienentzündung *f*
artésien(ne) [aʀtezjɛ̃, jɛn] *adj* aus dem Artois
arthrite [aʀtʀit] *f* MED Arthritis *f*
arthropathie [aʀtʀɔpati] *f* MED Gelenkerkrankung *f*
arthropodes [aʀtʀɔpɔd] *mpl* ZOOL Gliederfüß[l]er *Pl,* Arthropoden *Pl (Fachspr.)*
arthroscopie [aʀtʀɔskɔpi] *f* MED Arthroskopie *f*
arthrose [aʀtʀoz] *f* MED Arthrose *f;* **~ de la hanche** Hüftgelenkarthrose, Hüftarthrose
Arthur [aʀtyʀ] *m* ❶ Art[h]ur *m*
❷ MYTH **le roi ~** König Artus
artichaut [aʀtiʃo] *m* Artischocke *f*
article [aʀtikl] *m* ❶ *(marchandise)* Artikel *m;* **~ pour hommes** Herrenartikel; **~ concurrent** [*o* **de la concurrence**] Konkurrenzartikel; **~ publicitaire** Reklameartikel; **~ saisonnier/standard** Saison-/Standardartikel; **~ d'appel** Lockartikel; **~ de consommation courante** Gebrauchsartikel, Verbrauchsartikel; **~ de marque** Markenware *f;* **~ de série** Fabrikware, Serienartikel; **~s de grande série** Massengüter *Pl;* **~ de stockage** Stapelartikel; **~ de vente** Verkaufsartikel; **~ passé en fraude** Schmuggelgut *nt;* **~ vendu à perte** Verlustartikel; **~ à succès** Verkaufserfolg *m,* Verkaufshit *m (fam);* **magasin d'~s de sport** Sportgeschäft *nt;* **c'est un pur ~** [*o* **ce sont de purs ~s**] **de série** das ist reine Fabrikware
❷ *(écrit)* Artikel *m; d'un dictionnaire* Eintrag *m;* **~ de journal** [*o* **de presse**] Zeitungsartikel, Zeitungsbericht *m;* **~ de fond** Hintergrundbericht; **~ qui fait la une** Titelgeschichte *f*
❸ JUR Paragraph *m*
❹ GRAM Artikel *m;* **~ défini/indéfini** bestimmter/unbestimmter Artikel; **~ partitif** Teilungsartikel
❺ *(subdivision budgétaire)* Posten *m;* **~ de compte** Rechnungsposten; **~ d'un compte de régularisation** Ausgleichsposten
▶ **être à l'~ de la mort** im Sterben liegen; **sur** [*o* **pour**] **cet ~** in diesem Punkt

articulaire [aʀtikylɛʀ] *adj* Gelenk-; **affection** ~ Gelenkentzündung *f*
articulation [aʀtikylasjɔ̃] *f* ❶ ANAT, TECH Gelenk *nt*; ~ **du coude** Ell[en]bogengelenk; ~ **du doigt** Fingergelenk; **faire craquer les ~s de ses doigts** mit den Fingergelenken knacken [*o* krachen]; **avoir mal aux ~s** Schmerzen in den Gelenken haben
❷ *(enchaînement)* logischer Übergang
❸ *(combinaison)* Zusammenspiel *nt*
❹ *(prononciation)* Artikulieren *nt*
articulatoire [aʀtikylatwaʀ] *adj* artikulatorisch, Artikulations-
articulé(e) [aʀtikyle] *adj* ❶ **une poupée ~e** eine Gliederpuppe; **un bus ~** ein Gelenkbus; **être ~(e) sur qc** beweglich mit etw verbunden sein, beweglich auf etw *(Dat)* angebracht sein
❷ *(opp inarticulé) langage* artikuliert
articuler [aʀtikyle] <1> I. *vt (prononcer)* artikulieren *son;* hervorbringen *mot, phrase;* **bien/mal ~** deutlich/undeutlich sprechen; **articule, s'il te plaît!** bitte, sprich deutlich!
II. *vpr* ❶ ANAT, TECH **s'~ sur qc** beweglich auf etw *(Dat)* sitzen, durch ein Gelenk mit etw verbunden sein; **s'~ à** [*o* **avec**] **qc** *os:* durch ein Gelenk mit etw verbunden sein
❷ *(s'organiser)* **bien s'~** *parties d'un texte:* gut gegliedert sein; **s'~ autour de qc** *discours:* sich um etw herum bauen
artifice [aʀtifis] *m* ❶ *(moyen ingénieux)* Trick *m*, Film-/Bühnentrick; ~ **de style** stilistischer Kunstgriff
❷ *souvent pl (tromperie)* List *f*
artificiel(le) [aʀtifisjɛl] *adj* ❶ *(fabriqué)* künstlich; *diamant* unecht; *parfum* synthetisch; **soie ~le** Kunstseide *f*; **pierre ~le** Similistein *m*
❷ *(factice)* künstlich; *sourire, style* gekünstelt; *enthousiasme, gaieté* gespielt; *raisonnement* willkürlich
artificiellement [aʀtifisjɛlmɑ̃] *adv* künstlich; *se comporter* naturwidrig
artificier [aʀtifisje] *m* ❶ *(fabricant, organisateur)* Feuerwerker(in) *m(f)*
❷ *(spécialiste du désamorçage)* [Bomben]entschärfer(in) *m(f)*
artillerie [aʀtijʀi] *f* Artillerie *f*; **légère/lourde** leichte/schwere Artillerie; ~ **de campagne** Feldartillerie
▶ **la grosse ~** schwere Geschütze *Pl*
artilleur [aʀtijœʀ] *m* Artillerist *m*
artimon [aʀtimɔ̃] *m* ❶ *(mât)* Besanmast *m*
❷ *(voile)* Besan[segel *nt*] *m*
artisan(e) [aʀtizɑ̃, an] *m(f)* Handwerker(in) *m(f)*; ~ **boulanger/maçon** Bäcker-/Maurermeister(in) *m(f)*; ~ **d'art** Kunsthandwerker(in); ~ **en arts décoratifs** Kunstgewerbler(in) *m(f)*
artisanal(e) [aʀtizanal, o] <-aux> *adj* handwerklich; *produit* handgearbeitet; *méthode de production* auf Handarbeit beruhend; **métier ~/entreprise ~e** Handwerksberuf *m*/-unternehmen *nt*; **être encore très ~(e)** *usine:* noch sehr handwerklich arbeiten
artisanat [aʀtizana] *m* ❶ *(métier)* Handwerk *nt*; ~ **d'art** Kunsthandwerk
❷ *(les artisans)* Handwerker *Pl*
artiste [aʀtist] I. *mf* ❶ Künstler(in) *m(f)*; ~ **peintre** Kunstmaler(in) *m(f)*
❷ CINE, THEAT, MUS *(interprète)* Künstler(in) *m(f); (au cirque)* Artist(in) *m(f)*, Künstler(in); ~ **de cirque** Zirkusartist(in), Zirkuskünstler(in); ~ **de la scène/de variétés** Bühnen-/Unterhaltungskünstler(in)
❸ *(personne non-conformiste)* Lebenskünstler(in) *m(f)*
▶ **salut, l'~!** *fam (à un fantaisiste)* na, du Luftikus!; *(adieu respectueux)* Hut ab [vor dem Künstler]!
II. *adj* **milieu ~** Künstlermilieu *nt;* **elle est née ~** sie wurde zur Künstlerin geboren
artistement [aʀtistəmɑ̃] *adv* kunstvoll, geschmackvoll
artistique [aʀtistik] *adj* künstlerisch; *arrangement* kunstvoll
arum [aʀɔm] *m* BOT Calla *f*
aryen(ne) [aʀjɛ̃, jɛn] *adj* arisch
Aryen(ne) [aʀjɛ̃, jɛn] *m(f)* Arier(in) *m(f)*
arythmie [aʀitmi] *f* MED Arrhythmie *f*
as [ɑs] *m* ❶ CARTES Ass *nt; (aux autres jeux)* Eins *f;* ~ **de cœur/de pique** Herz-/Pikass
❷ *(champion)* Ass *nt;* ~ **du sport** Sportskanone *f (fam);* ~ **de la vente** Verkaufstalent *nt;* ~ **du volant/en calcul mental** Ass am Steuer/im Kopfrechnen; **l'~ des** ~ das Spitzenass
▶ **plein(e) aux ~** *fam* stinkreich *(fam);* **être plein(e) aux ~** *fam* stinkreich sein *(fam),* Geld wie Heu haben *(fam);* **passer à l'~** *fam (tomber à l'eau)* ins Wasser fallen *(fam), (être escamoté)* unter den Tisch fallen *(fam);* **passer qc à l'~** etw unter den Tisch fallen lassen
AS [aɛs] *f abr de association sportive* = SV *m*
ASA [aza] *m inv abr de* **American standards association** ASA *f*
asbeste [asbɛst] *m spéc* Asbest *m*
asbestose [asbɛstoz] *f* MED Asbestose *f*
ascaride [askaʀid] *m* Spulwurm *m*
ascendance [asɑ̃dɑ̃s] *f sans pl* ❶ *(origine)* Abstammung *f;* **être d'~ bretonne** bretonischer Abstammung sein; **mon ~ maternelle/paternelle** meine Vorfahren mütterlicherseits/väterlicherseits
❷ ASTRON Aufgang *m;* METEO Aufwind *m*
ascendant [asɑ̃dɑ̃] *m* ❶ *sans pl (influence)* ~ **sur qn/qc** [starker] Einfluss auf jdn/etw; **avoir/exercer de l'~ sur qn** auf jdn starken Einfluss haben/ausüben; **subir l'~ de qn** jds Beeinflussung *(Dat)* ausgesetzt sein
❷ *sans pl* ASTROL Aszendent *m*
❸ *pl* JUR *(parents)* Vorfahren *Pl*
ascendant(e) [asɑ̃dɑ̃, ɑ̃t] *adj air chaud* aufsteigend; *mélodie* ansteigend; **vent ~** Aufwind *m;* **mouvement ~** Aufwärtsbewegung *f; du soleil* Aufgehen *nt; d'un oiseau, avion* Aufsteigen *nt;* **marche ~e vers le pouvoir** Weg *m* nach oben an die Macht; **tendance ~e de l'activité économique** Aufwärtstrend *m* der Wirtschaft
ascenseur [asɑ̃sœʀ] *m* ❶ Aufzug *m;* **prendre l'~** mit dem Aufzug fahren; **monter/descendre par l'~** mit dem Aufzug hoch-/runterfahren; **appelle l'~!** hol [mal] den Aufzug! *(fam)*
❷ INFORM Bildlauffeld *nt*
▶ **renvoyer l'~ à qn** *fam* sich bei jdm für eine Gefälligkeit revanchieren
ascension [asɑ̃sjɔ̃] *f* ❶ *(montée) d'un ballon* Aufsteigen *nt; d'une montgolfière* Aufstieg *m; d'une fusée* Aufsteigen *nt; d'une monnaie* Anstieg *m; d'un homme politique* Aufstieg; ~ **sociale** sozialer Aufstieg
❷ ALPIN Aufstieg *m; (en téléphérique)* Bergfahrt *f;* ~ **d'une/de la montagne** Bergbesteigung *f;* **faire l'~ d'une montagne** einen Berg besteigen; *(marcher vers l'amont)* bergwärts wandern
❸ *sans pl* REL **l'Ascension** Christi Himmelfahrt
ascensionnel(le) [asɑ̃sjɔnɛl] *adj* ❶ aufsteigend, Steig-
❷ *(ayant tendance à faire monter dans les airs)* emporsteigend; **force ~le** Auftrieb *m*
ascensionner [asɑ̃sjɔne] <1> *vt* ~ **une/la montagne** bergwärts wandern
ascèse [asɛz] *f* Askese *f*
ascète [asɛt] *mf* Asket(in) *m(f);* **mener une vie d'~** ein asketisches Leben führen
ascétique [asetik] *adj* asketisch
ASCII [aski] I. *m* INFORM *abr de* **American Standard Code for Information Interchange** ASCII
II. *app* **caractère ~** ASCII-Zeichen *nt;* **clavier ~** ASCII-Tastaturtabelle *f;* **fichier ~** ASCII-Datei *f*
ascorbique [askɔʀbik] *adj* Ascorbin-; **acide ~** Ascorbinsäure *f*
asepsie [asɛpsi] *f* MED Keimfreiheit *f,* Asepsis *f (Fachspr.)*
aseptique [asɛptik] *adj* aseptisch, keimfrei
aseptisé(e) [asɛptize] *adj* ❶ *instrument* sterilisiert; *pansement* keimfrei; *chambre, plaie* desinfiziert
❷ *fig* steril
aseptiser [asɛptize] <1> *vt* sterilisieren *instrument;* keimfrei machen *pansement;* desinfizieren *chambre, plaie*
asexué(e) [asɛksɥe] *adj* ❶ BIO ungeschlechtlich
❷ *fig* geschlechtslos, geschlechtsneutral
ashkénase [aʃkenaz] *adj* askenasisch
asiatique [azjatik] *adj* asiatisch
Asiatique [azjatik] *mf* Asiat(in) *m(f);* ~ **oriental(e)** Ostasiat(in)
Asie [azi] *f* **l'~** Asien *nt;* **l'~ du Sud-Est** Südostasien; **l'~ centrale/occidentale** Zentral-/Vorderasien; **pays d'~ centrale/occidentale** zentral-/vorderasiatisches Land; **l'~ Mineure** Kleinasien; **État d'~ Mineure** kleinasiatischer Staat; **pays de l'~ de l'Est** [*o* **orientale**] ostasiatisches Land
asile [azil] *m* ❶ REL, JUR, POL Asyl *nt;* **demander ~ à qn/qc** jdn/etw um Asyl bitten, bei jdm/etw um Asyl nachsuchen *(form);* **demander l'~ politique à qn** jdn um politisches Asyl bitten; **donner** [*o* **accorder**] **l'~ à qn** jdm Asyl gewähren
❷ *(refuge)* Zufluchtsort *m,* Unterschlupf *m;* **offrir un ~ à qn** jdm Unterschlupf gewähren; **trouver un ~ provisoire** vorübergehend Unterschlupf finden
❸ *vieilli (maison de retraite)* Altersheim *nt; (clinique psychiatrique)* Irrenanstalt *f (fam)*
▶ **être bon(ne) pour l'~** *fam* reif für die Irrenanstalt sein *(fam)*
♦ ~ **de nuit** Nachtasyl *nt*
asocial(e) [asɔsjal, jo] <-aux> I. *adj personne, comportement* unsozial; *enfant* verhaltensgestört
II. *m(f)* Asoziale(r) *f(m)*
asparagus [aspaʀagys] *m* Asparagus *m*
aspartam[e] [aspaʀtam] *m* Süßstoff *m*
aspect [aspɛ] *m* ❶ *sans pl d'une personne* Aussehen *nt; d'un objet, paysage* Anblick *m;* **peu engageant** wenig ansprechendes Äußeres; **offrir un ~ misérable** einen elenden Anblick bieten; **avoir un ~ sauvage** *paysage:* wildromantisch aussehen; **au premier ~** vom ersten Eindruck her
❷ *(trait de caractère)* Seite *f;* **apparaître sous un ~ nouveau** sich von einer neuen Seite zeigen
❸ *(point de vue)* Aspekt *m;* ~ **partiel** Teilaspekt; **vu(e) sous cet ~**

unter diesem Aspekt/aus diesem Blickwinkel betrachtet; **envisager une question sous tous ses ~s** alle Aspekte einer Frage betrachten
asperge [aspɛrʒ] f ❶ Spargel m; **elle aime les ~s** sie isst gern Spargel
❷ fam (personne) Bohnenstange f (hum)
asperger [aspɛrʒe] <2a> I. vt ~ **qn/qc d'eau** jdn/etw mit Wasser bespritzen; **se faire ~ par une voiture** von einem Auto bespritzt [o vollgespritzt] werden
II. vpr **s'~ de parfum/d'eau** sich mit Parfüm besprühen/mit Wasser bespritzen; **s'~ le visage d'eau froide** sich (Dat) kaltes Wasser ins Gesicht spritzen
aspérité [aspeʀite] f ❶ gén pl Unebenheit f; **les ~s du sol** die Unebenheiten im Boden
❷ (rugosité) Rauigkeit f, raue Beschaffenheit
aspersion [aspɛʀsjɔ̃] f ❶ AGR Besprengen nt, Besprühen nt; **installation d'~ d'eau** Beregnungsanlage f
❷ ECCL Besprühen nt [mit Weihwasser]
asphaltage [asfaltaʒ] m Asphaltierung nt
asphalte [asfalt] m Asphalt m
asphalter [asfalte] <1> vt asphaltieren; **route asphaltée** Asphaltstraße f
asphyxiant(e) [asfiksjɑ̃, jɑ̃t] adj ❶ air, fumée erstickend; chaleur drückend
❷ fig ambiance erdrückend; mesures lähmend
asphyxie [asfiksi] f sans pl ❶ Ersticken nt; **mourir par ~** ersticken; **risque d'~** Erstickungsgefahr f; **mort par ~** Erstickungstod m
❷ fig Lähmung f
asphyxier [asfiksje] <1a> I. vt ❶ ersticken; **il est mort asphyxié** er ist erstickt
❷ fig ersticken démocratie; lähmen industrie
II. vpr ❶ **s'~** ersticken; (ne plus pouvoir respirer) keine Luft mehr bekommen
❷ (se suicider) **s'~ au gaz** den Gashahn öffnen (fam)
❸ (être paralysé) **s'~** vie politique: erlahmen; industrie: lahmgelegt werden
aspic [aspik] m ❶ GASTR Sülze f, Sulz f (A); **~ de volaille** Geflügel nt in Aspik
❷ ZOOL Viper f
aspirant [aspirɑ̃] m MIL Offiziersanwärter(in) m(f)
aspirant(e) [aspirɑ̃, ɑ̃t] adj saugend
aspirateur [aspiratœʀ] m Staubsauger m; **passer l'~** [o **un coup d'~**] staubsaugen [o Staub saugen]; **passer un tapis à l'~** einen Teppich saugen; **~ de voiture** Autostaubsauger m; **~ balai** Handstaubsauger
aspirateur-balai [aspiratœʀbalɛ] <aspirateurs-balais> m Handstaubsauger m
aspiration [aspirasjɔ̃] f ❶ sans pl (inspiration) Einatmen nt
❷ TECH Saugen nt, Ansaugen; d'un liquide, gaz, de poussières Absaugen nt
❸ (avec la bouche) Saugen nt, Ziehen nt
❹ PHON Aspiration f
❺ MED Absaugen nt
❻ sans pl (élan) Streben nt; **~ à la liberté** Streben nt nach Freiheit
❼ pl (désirs) Sehnsüchte Pl, [sehnsüchtiges] Verlangen; **avoir de nobles ~s** hehre Ideale haben
aspiré(e) [aspire] adj PHON aspiriert
aspirée [aspire] f PHON aspirierter Konsonant
aspirer [aspire] <1> I. vt ❶ (inspirer) einatmen; **~ à pleins poumons** tief durchatmen
❷ (inhaler) einatmen air, gaz; einsaugen odeur
❸ (avec la bouche) [ein]saugen
❹ PHON aspirieren
❺ TECH, MED absaugen; **~ la graisse des cuisses** das Fett aus den Oberschenkeln absaugen
II. vi ❶ (désirer) **~ à qc** sich nach etw sehnen
❷ (chercher à obtenir) **~ à qc** nach etw streben; **~ à faire qc** danach streben etw zu tun; **~ à se venger** nach Rache trachten (geh)
aspirine [aspirin] f Aspirin® nt; **prendre de l'~/un cachet d'~** Aspirin/ein Aspirin nehmen
assagir [asaʒir] <8> I. vt ruhiger machen personne; zähmen passions
II. vpr **s'~** personne: ruhiger werden; passion: sich legen
assaillant(e) [asajɑ̃, jɑ̃t] m(f) Angreifer(in) m(f)
assaillir [asajir] <irr> vt ❶ (attaquer) angreifen
❷ (se ruer sur) sich stürzen auf (+ Akk); **~ qn de questions** jdn mit Fragen bestürmen
❸ (tourmenter) bedrängen
assainir [asenir] <8> vt CONSTR, ECON sanieren; trockenlegen marécage; verbessern eau, air, climat social; stützen monnaie; bereinigen situation
assainissement [asenismɑ̃] m CONSTR, ECON Sanierung f; d'un marécage Trockenlegung f; de l'eau, de l'air, du climat social Verbesserung f; d'une monnaie Stützung f; d'une situation Bereinigung f; **~ du village** Dorfsanierung f; **~** [o **redressement**] **financier d'une/de l'entreprise** Unternehmenssanierung f; **mesure d'~** Sanierungsmaßnahme f
◆ **~ du stock** Bestandssanierung f
assainisseur [asenisœʀ] m Luftreiniger m
assaisonnement [asɛzɔnmɑ̃] m ❶ sans pl (action, résultat) Würzen nt; d'une salade Anmachen nt; **l'~ de cette salade est excellent** dieser Salat ist hervorragend angemacht; **l'~ de ce plat est excellent** dieses Gericht ist hervorragend zubereitet
❷ (ingrédient) Würze f; **manquer d'~** nicht genug gewürzt sein
assaisonner [asɛzɔne] <1> vt ❶ (épicer) **~ qc à** [o **avec**] **qc** etw mit etw würzen; **être trop assaisonné(e)** zu stark gewürzt sein; **~ la salade** den Salat anmachen
❷ (relever) schmackhaft machen
❸ (agrémenter) **~ qc de qc** etw mit etw würzen
assassin [asasɛ̃] m Mörder(in) m(f); **cette femme est un ~** diese Frau ist eine Mörderin
assassin(e) [asasɛ̃, in] adj ❶ (séducteur) regard unwiderstehlich
❷ (qui tue) main mörderisch; regard vernichtend
assassinat [asasina] m ❶ (action) Ermordung f
❷ (résultat) Mord m
assassiner [asasine] <1> vt ermorden
assaut [aso] m ❶ MIL **~ d'une forteresse** Erstürmung f einer Festung, Sturm m auf eine Festung; **~ final** Sturmangriff m; **prendre une ville/une forteresse d'~** eine Stadt/eine Festung erstürmen; **aller** [o **monter**] **à l'~ de qc** zum Sturm auf etw (Akk) ansetzen; **à l'~!** Attacke!
❷ fig Stürmen nt; **prendre un bus/magasin d'~** einen Bus/ein Geschäft stürmen
❸ (ruée) Ansturm m; **subir l'~ des journalistes** von Journalisten bestürmt werden
▶ **faire ~ d'élégance** sich [gegenseitig] in etw (Dat) zu übertreffen suchen
assèchement [asɛʃmɑ̃] m Trockenlegung f; d'un canal Entwässerung f
assécher [aseʃe] <5> vt ❶ (mettre à sec) trockenlegen marécage
❷ (vider) leerlaufen lassen réservoir; entleeren citerne
ASSEDIC [asedik] fpl abr de **Association pour l'emploi dans l'industrie et le commerce** ❶ (organisme) für die Zahlung der Arbeitslosenversicherung in Frankreich zuständige Organisation
❷ (régime d'assurance) ≈ Arbeitslosenversicherung f
❸ (cotisation) ≈ Beitrag m für die Arbeitslosenversicherung
❹ (indemnités) ≈ Arbeitslosengeld nt; **toucher les ~** Arbeitslosengeld bekommen [o beziehen]

Land und Leute

Die für die Arbeitslosenversicherung zuständige Organisation UNEDIC unterhält in den einzelnen Departements und Regionen Niederlassungen oder Kassen, die **ASSEDIC** heißen.
Diese Abkürzung steht auch für die finanzielle Unterstützung, auf die die Versicherten im Falle von Arbeitslosigkeit Anspruch haben.

assemblage [asɑ̃blaʒ] m ❶ MECANICUT, CINE (action) Montage f; COUT Zusammennähen nt; d'une charpente Aufbau m; de pièces mécaniques Zusammenbauen nt; de pièces de bois Zusammenfügen nt; de feuilles Zusammenheften nt; **~ fini** Fertigmontage f
❷ (résultat) de couleurs, formes Zusammenstellung f; de charpente Verbindung f; (en menuiserie) Steckverbindung f; **~ de poutres** Balkenwerk nt
assemblée [asɑ̃ble] f ❶ a. JUR, ECON Versammlung f; **annuelle** Jahresversammlung; **~ constitutive** Gründungsversammlung; **~ générale** [d'une société] Gesellschaftsversammlung; **~ générale annuelle** Jahreshauptversammlung f, Jahresbesammlung f (CH), Jahresbot[t] nt (CH); **~ législative/constituante/délibérante** gesetzgebende/verfassunggebende/beratende Versammlung; **décider en ~ plénière** cour: in Vollsitzung entscheiden; **~ des associés** [o **sociétaires**] Gesellschafterversammlung; **~ des créanciers** Gläubigerversammlung; **être à une ~** auf [o in] einer Versammlung sein; **tenir une ~** eine Versammlung abhalten
❷ POL Versammlung f; **l'Assemblée nationale** die Nationalversammlung; **l'Assemblée fédérale** CH Rat m (CH); **~ générale de l'O.N.U.** UN-Vollversammlung

Land und Leute

Die **Assemblée nationale** ist die erste Kammer des französischen Parlaments. Sie setzt sich aus 577 Abgeordneten zusammen – 555 für das Mutterland Frankreich, 22 für die Überseegebiete –, die nach dem Mehrheitswahlrecht für fünf Jahre gewählt werden.

assembler [asɑ̃ble] <1> I. vt ❶ zusammensetzen pièces d'une machine, d'un puzzle; zusammenbauen meuble, moteur; zusammenstellen couleurs; zusammennähen vêtement, pièces d'étoffe; zusam-

menheften *feuilles volantes*
❷ *(rassembler)* sammeln *pièces;* zusammentragen *idées, données*
II. *vpr* **s'~** sich versammeln
assembleur [asɑ̃blœʀ] I. *m* INFORM Assembler *m (Fachspr.)*
II. *app* **langage ~** Assemblersprache *f (Fachspr.),* Interpretersprache *f (Fachspr.)*
assener <4> *vt,* **asséner** [asene] <5> *vt* verabreichen; versetzen *coup, gifle;* von sich geben *vérités, conceptions;* **~ une réplique** mit aller Schärfe erwidern; **~ des injures à qn** jdm beleidigen; **être assené(e)** [*o* **asséné(e)**] **par qn/qc** *propagande, vérités:* von jdm/etw verbreitet werden
assentiment [asɑ̃timɑ̃] *m* Zustimmung *f*; **en signe d'~** als Zeichen der Zustimmung; **l'~ de à qc** jds Zustimmung zu etw
asseoir [aswaʀ] <*irr*> I. *vt* **~ qn sur/dans/contre qc** jdn auf/in/an etw *(Akk)* setzen; **faire ~ qn** jdn bitten sich zu setzen; **fais-le ~ !** lass ihn sich setzen!; **être assis(e)** sitzen; **rester assis(e)** sitzen bleiben; **assis!** *(à une personne)* hingesetzt!; *(à un chien)* sitz!; **on est bien/mal assis sur ces chaises** man sitzt gut/schlecht auf diesen Stühlen
II. *vpr* **s'~** sich [hin]setzen; **asseyez-vous!** setzt euch!/setzen Sie sich!; **il n'y a rien pour s'~** man kann sich nirgends [hin]setzen
assermenté(e) [asɛʀmɑ̃te] *adj* vereidigt; **être ~ (e)** unter Eid stehen
assertion [asɛʀsjɔ̃] *f* Behauptung *f*
asservir [asɛʀviʀ] <8> *vt* unterwerfen; unterdrücken *peuple, presse;* **l'homme asservi par le système** der dem System unterworfene Mensch
asservissement [asɛʀvismɑ̃] *m* Knechtung *f (geh);* **tenir qn dans l'~** jdn knechten *(liter)*
assesseur [asesœʀ] *m* Beisitzer(in) *m(f);* **~ expert** sachverständiger Beisitzer/sachverständige Beisitzerin
assez [ase] *adv* ❶ genug; **avoir ~ travaillé** genug gearbeitet haben; **elle gagne ~ pour qu'ils ne manquent de rien** sie verdient so viel, dass es ihnen an nichts fehlt; **~ de beurre/de timbres** genug [*o* genügend] Butter/Briefmarken; **il y a ~ de place** es ist genug Platz da; **être ~ riche/grand(e)** reich/groß genug sein; **tu es ~ riche comme ça** du bist schon reich genug; **faire qc ~ souvent pour être correct(e)** etw oft so tun, dass es richtig ist; etw oft genug tun um richtig zu sein; **~ parlé!** genug der Worte!
❷ *(plutôt)* ziemlich; **être ~ grand(e)** ziemlich groß; **aimer ~ les films de Truffaut** die Filme von Truffaut ganz gerne sehen; **il pleut ~ souvent** es regnet ziemlich oft
❸ *(quantité suffisante)* **c'est/ce n'est pas ~** das reicht/reicht nicht; **cinq euros, c'est ~ ?** fünf Euro, reicht das?
❹ *(de préférence, dans l'ensemble)* **être ~ content(e) de soi** [eigentlich] ganz zufrieden mit sich sein; **je suis ~ pour ce projet** ich bin schon [eher] für das Projekt *(fam)*
❺ SCOL **~ bien ~** befriedigend
❻ *(exprimant la lassitude)* **~ !** genug!; **c'est ~ !, c'en est ~ !** genug jetzt!, jetzt reicht's!; **en voilà ~ !** jetzt ist es aber genug!; **j'en ai ~ !** jetzt hab' ich aber genug!; **~ de toutes ces histoires!** genug jetzt von all diesen Geschichten!; **en avoir ~ de qn/qc** von jdm/etw genug haben; **j'en ai ~ de toi/de tes bêtises!** jetzt reicht's mir aber mit dir/mit deinen Dummheiten!; **en avoir plus qu'~ de qn/qc** von jdm/etw endgültig genug haben
assidu(e) [asidy] *adj* ❶ *(régulier)* **présence** regelmäßig; **élève, employé** immer anwesend; **lecteur** eifrig; **travail, soins** ständig; **être ~ (e) aux cours** regelmäßig am Unterricht teilnehmen; **être ~ (e) à sa tâche** seine Arbeit beharrlich machen
❷ *(empressé)* **amoureux** eifrig
assiduité [asidyite] *f* ❶ *sans pl d'un élève* regelmäßige Anwesenheit; *d'un employé* regelmäßiges Erscheinen; **son ~ dans le travail** seine/ihre Beharrlichkeit bei der Arbeit; **son ~ au travail** sein/ihr regelmäßiges Erscheinen bei der Arbeit; **fréquenter qc avec ~** ein eifriger Besucher einer S. *(Gen)* sein; **fréquenter qn avec ~** jdm beharrlich Besuche abstatten
❷ *pl (empressement)* **poursuivre qn de ses ~ s** jdn beharrlich umwerben, um jdn eifrig bemüht sein
assidûment [asidymɑ̃] *adv* **fréquenter** regelmäßig, eifrig; **travailler, s'entraîner** beharrlich; **accomplir sa tâche** gewissenhaft; **fréquenter ~ les musées** ein eifriger Museumsbesucher sein; **fréquenter qn ~** jdm beharrlich Besuche abstatten
assiéger [asjeʒe] <2a, 5> *vt* ❶ MIL belagern *place, population;* einschließen *armée*
❷ *(prendre d'assaut)* belagern *guichet;* umlagern *personne, hôtel*
assiette [asjɛt] *f* ❶ Teller *m;* **~ plate/creuse** flacher/tiefer Teller; **~ profonde** BELG tiefer Teller; **~ à dessert** Obstteller, Dessertteller; **~ à fromage/à soupe** Käse-/Suppenteller; **~ de soupe/de crudités** Teller Suppe/Rohkost; **~ en étain/en carton** Zinn-/Pappteller; **~ anglaise** gemischte Platte mit Schinken und kaltem Braten; **finis ton ~ !** iss deinen Teller leer!
❷ FISC *(base de calcul)* Bemessungsgrundlage *f; (action de calculer)* Veranlagung *f;* **~ d'imposition** [*o* **de l'impôt**] Steuer|bemessungs|grundlage, Besteuerungsgrundlage; **~ de l'impôt foncier** Grundsteuerveranlagung; **~ de l'impôt sur le revenu** Veranlagung der Einkommen[s]steuer
▸ **qn n'est pas dans son ~** *fam* jd ist nicht auf dem Damm *(fam); (a mal au cœur)* jdm ist schlecht
assiettée [asjete] *f* **une ~ de soupe** ein Teller [voll] Suppe
assignat [asiɲa] *m* HIST **~ s** Assignaten *Pl*
assignation [asiɲasjɔ̃] *f* **~ [à comparaître en justice]** Vorladung *f,* gerichtliche Ladung; **~ comme témoin** Zeugenvorladung; **~ sous peine comminatoire** Ladung unter Strafandrohung
♦ **~ en justice** Vorladung *f,* gerichtliche Ladung; **~ à résidence** gerichtliche Anweisung des Aufenthaltsortes
assigner [asiɲe] <1> *vt* ❶ *(attribuer)* zuteilen, zuordnen; **~ un rôle/une part à qn** jdm eine Rolle/einen Teil zuweisen
❷ *(fixer)* beimessen; **~ une cause à qc** einer S. *(Dat)* eine Ursache zuschreiben; **~ une limite à qc** eine Grenze für etw festsetzen
❸ JUR **~ qn à résidence** jdm einen Aufenthaltsort zuweisen; **~ qn en justice** jdn vor Gericht zitieren; **~ un témoin à comparaître** einen Zeugen vorladen
assimilable [asimilabl] *adj* ❶ *(comparable)* **~ à qn/qc** vergleichbar mit jdm/etw
❷ *(qui peut être digéré)* **nourriture** verwertbar; *fig* **connaissances** erwerbbar
❸ *(qui peut s'intégrer)* **personne** eingliederungsfähig
assimilation [asimilasjɔ̃] *f* ❶ *(comparaison)* Vergleich *m* mit etw; *(amalgame)* Gleichsetzung *f* mit etw
❷ BIO *des aliments* Umwandlung *f,* Assimilation *f*
❸ *fig de connaissances* Aneignen *nt*
❹ *(intégration)* **~ à qc** Eingliederung *f* in etw *(Akk);* **politique d'~** Eingliederungspolitik *f*
assimilé [asimile] *m* **les fonctionnaires et les ~s** die Beamten und die ihnen gleichgestellten Personen
assimiler [asimile] <1> I. *vt* ❶ *(confondre)* **~ qn/qc à qn/qc** jdn/etw mit jdm/etw gleichsetzen; **~ qn à qc** jdn mit etw vergleichen
❷ BIO assimilieren
❸ *(apprendre)* **~ qc** etw aufnehmen, sich *(Dat)* etw aneignen; **elle assimile très bien** sie ist sehr aufnahmefähig
❹ *(intégrer)* eingliedern, assimilieren *(Fachspr.);* **des étrangers assimilés depuis longtemps** schon seit langem integrierte Ausländer
❺ POL **période assimilée** Ersatzzeit *f*
II. *vpr* ❶ *(s'identifier)* **s'~ à qn** sich mit jdm identifizieren
❷ *(être absorbé)* **s'~ facilement** *aliment:* leicht/gut verdaulich sein
❸ *(s'apprendre)* **cela s'assimile** das kann man sich *(Dat)* aneignen
❹ *(s'intégrer)* **s'~ à qc** sich in etw *(Akk)* integrieren, sich an etw *(Akk)* anpassen
assis(e) [asi, iz] I. *part passé de* **asseoir**
II. *adj* ❶ sitzend; **être/rester ~ (e)** sitzen/sitzen bleiben
❷ *(affermi)* **être bien** [*o* **solidement**] **~ (e)** *personne:* sich gut etabliert haben; *régime politique, autorité:* gefestigt sein; *bases:* solid[e] [*o* gefestigt] sein; *positions, raisonnement:* wohlbegründet sein; **avoir une situation bien** [*o* **solidement**] **~ e** eine gesicherte Position [*o* Stellung] haben
assise [asiz] *f* ❶ CONSTR *(rangée)* Schicht *f*
❷ *souvent pl (fondement)* **d'une doctrine, société** Grundlage *f; d'un monument* Fundament *nt*
❸ *pl* GEOL *(strates)* Schicht *f,* Platte *f*
assises [asiz] *fpl* ❶ JUR *(cour)* Schwurgericht *nt,* Geschworenengericht *nt;* **être envoyé(e) aux ~** vor das Schwurgericht [*o* Geschworenengericht] gestellt werden
❷ JUR *(séance)* Schwurgerichtssitzung *f*
❸ *(réunion)* Tagung *f; d'un parti politique* Parteitag *m;* **tenir ses ~** eine Tagung abhalten; **parti politique:** einen Parteitag abhalten
assistanat [asistana] *m* ❶ UNIV, SCOL Assistenz *f*
❷ *(prise en charge)* Unterstützung *f;* **tomber dans l'~** in wirtschaftliche Abhängigkeit geraten
assistance [asistɑ̃s] *f* ❶ *(public)* Publikum *nt; d'une conférence, d'un concert* Zuhörer *Pl,* Publikum; *d'un match* Zuschauer *Pl,* Publikum
❷ *(secours)* Hilfe *f,* Beistand *m (geh);* **demander ~ à qn,** **demander à qn son ~** jdn um Hilfe [*o* Beistand *geh*] bitten; **donner** [*o* **prêter**] **~ à qn** jdm Hilfe leisten, jdm Hilfe [*o* Beistand *geh*] leisten; **prêter ~ à un naufragé** einem Schiffbrüchigen zu Hilfe kommen
❸ *(dons)* **donner** [*o* **prêter**] **~ à qn** jdm helfen; *mécène:* jdn fördern
❹ *(aide organisée)* **~ médicale** medizinische Betreuung; **~ technique** Entwicklungshilfe *f;* **~ judiciaire gratuite** Armenrecht *nt*
❺ *(type d'assurance)* [Versicherungs]schutz *m;* **pour le conjoint et les enfants à charge** Hinterbliebenenversorgung *f;* **demander ~ à la société d'assurance** die Versicherung in Anspruch nehmen

◆ ~ **freinage** Bremskraftverstärker *m*
assistant(e) [asistã, ãt] *m(f)* ❶ SCOL, UNIV, AUDIOV Assistent(in) *m(f)*; MED [Arzt]helfer(in) *m(f)*, Sprechstundenhilfe *f*; ~ **social/~e sociale** Sozialarbeiter(in) *m(f)*; ~(**e**) **de la/de rédaction** Redaktionsassistent(in)
❷ *(public)* **les ~s** die Anwesenden *Pl*
❸ INFORM ~ **personnel** Organizer *m*
❹ *(Excel)* ~ **graphique** Diagramm-Assistent *m*
◆ ~(**e**) **du metteur en scène** [*o* **du réalisateur**] Regieassistent(in) *m(f)*; ~(**e**) **de prise de son** Tonassistent(in) *m(f)*; ~ (**e**) **de production** Produktionsassistent(in) *m(f)*
assisté(e) [asiste] I. *adj* ❶ **personne** ~**e** Sozialhilfeempfänger(in) *m(f)*; **famille** ~**e** Familie, die Sozialhilfe bekommt [*o* von der Sozialhilfe lebt]; **pays** ~ Land, das Wirtschaftshilfe bekommt
❷ MECANAUT **direction** ~**e** Servolenkung *f*
❸ INFORM ~ **par ordinateur** computerunterstützt; **traduction** ~**e par ordinateur** computergestützte Übersetzung; **dessin** ~ **par ordinateur** Computer Aided Design *nt*
II. *m(f) péj* ❶ Fürsorgeempfänger(in) *m(f) (veraltet)*; **mentalité d'~** Anspruchsdenken *nt*
❷ *(entreprise)* Subventionsempfänger(in) *m(f)*
assister [asiste] <1> I. *vi* ❶ *(être présent)* ~ **à qc** bei etw anwesend [*o* zugegen *geh*] sein, einer S. *(Dat)* beiwohnen *(geh)*
❷ *(regarder)* ~ **à qc** sich *(Dat)* etw ansehen
❸ *(être témoin de)* ~ **à qc** etw miterleben
❹ *(participer)* ~ **à qc** an etw *(Dat)* teilnehmen
II. *vt* ❶ *(aider)* ~ **qn dans qc** jdm bei etw helfen, jdn in etw *(Dat)* unterstützen
❷ *(en chirurgie)* ~ **qn dans qc** jdm bei etw assistieren
❸ *(être aux côtés de)* ~ **un mourant** einem Sterbenden beistehen; **assisté(e) de qn** im Beisein von jdm; **être assisté(e) de qn** sich von jdm helfen lassen
❹ JUR *curateur:* rechtlich vertreten; ~ **qn d'office** jds Pflichtverteidigung übernehmen
associatif, -ive [asɔsjatif, -iv] *adj* ❶ *mémoire* assoziativ
❷ MATH assoziativ
❸ *(relatif à une association)* Vereins-; **vie associative** Vereinsleben *nt*; **travail** ~ Vereinstätigkeit *f*
association [asɔsjasjɔ̃] *f* ❶ *(action d'associer)* Vereinigung *f*; ~ **d'entreprises** Unternehmensvereinigung, Firmenzusammenschluss *m*
❷ *(action de s'associer)* Zusammenschluss *m*; **en ~ avec un ami** gemeinsam mit einem Freund
❸ *(action de participer, de faire participer)* Beteiligung *f*; **l'~ des salariés aux bénéfices de l'entreprise** die Beteiligung der Beschäftigten am Unternehmensgewinn
❹ *(groupement)* Organisation *f*, Verband *m*, Verein *m*, Vereinigung *f*; ~ **commerciale** Handelsverband; ~ **déclarée/reconnue d'utilité publique** eingetragener/gemeinnütziger Verein; ~ **économique** Wirtschaftsverband; ~ **sportive** Sportverband; *(club)* Sportverein; **Association internationale pour le développement** ECON International Development Association *f*, IDA *f*; ~ **politique/religieuse** politischer/kirchlicher Verein, politische/kirchliche Vereinigung; ~ **professionnelle** Berufsverband, Fachverband, Berufsvereinigung; ~ **pour la protection de l'environnement** Umweltverband; ~ **d'art** Kunstverein; ~ **des caisses d'épargne** Sparkassenverband; ~ **de chasse** Jagdgenossenschaft *f*; ~ **des contribuables** Steuerzahlerbund *m*; ~ **de grossistes** Großhandelsverband; ~ **de personnes âgées** Seniorenbund, Seniorenschutzbund; **les ~s** *(ensemble des institutions, de leurs activités)* das Vereinswesen; **affaire interne à l'~** vereinsinterne Angelegenheit; **régler qc à l'intérieur de l'~** etw vereinsintern lösen
❺ JUR *(opp: société)* Verein *m*
❻ *(assemblage de couleurs, de mots)* Verbindung *f*
◆ ~ **à but non lucratif**, ~ **loi de 1901** nichtwirtschaftlicher Verein, Idealverein *m (Fachspr.)*; ~ **de chambre** JUR Kammervereinigung *f*; ~ **de consommateurs** Verbraucherorganisation *f*, Verbraucherverband *m*; ~ **d'écrivains** Schriftstellerverband *m*; ~ **d'idées** PSYCH Assoziation *f*; ~ **de journalistes** Journalistenverband *m*; ~ **de malfaiteurs** kriminelle Vereinigung; ~ **de parents d'élèves** ~ Elterninitiative *f*; ~ **en participation** Teilhaberschaft *f*; **créer/dissoudre une ~ en participation** eine Teilhaberschaft begründen/auflösen; **prendre part à une ~ en participation** einer Teilhaberschaft unterhalten; ~ **de pêcheurs** Fischereiverband *m*; ~ **de personnes** JUR Personenvereinigung *f*; ~ **de protection** Schutzgemeinschaft *f*, Schutzverband *m*
associativité [asɔsjativite] *f* MATH Assoziativität *f*
associé(e) [asɔsje] JUR, ECON I. *adj gérant:* teilhabend; *membre* assoziiert
II. *m(f)* Gesellschafter(in) *m(f)*, Partner(in) *m(f)*; **prendre qn pour ~(e)** jdn zum Teilhaber machen; **entrer en qualité d'~(e)** als Teilhaber(in) eintreten; ~(**e**) **au sein d'un consortium** Konsortialpartner(in); ~(**e**) **de société en nom collectif** OHG-Gesellschafter(in); ~ **détenteur/~e détentrice d'un droit de vote** Stimmrechtsträger(in) *m(f)*; ~ **dominant/~e dominante** beherrschender Gesellschafter/beherrschende Gesellschafterin; ~ **fictif/~e fictive** Scheingesellschafter(in); ~(**e**) **majoritaire** Mehrheitsgesellschafter(in); ~(**e**) **occulte** stiller Teilhaber/stille Teilhaberin; ~ **principal/~e principale** Hauptteilhaber(in) *m(f)*; ~(**e**) **responsable et solidaire** Vollhafter(in) *m(f)*; ~(**e**) **à responsabilité limitée** beschränkt Haftende(r) *f(m)*, beschränkt haftender Teilhaber/haftende Teilhaberin; ~(**e**) **à responsabilité illimitée** unbeschränkt Haftende(r) *f(m)*, unbeschränkt haftender Teilhaber/haftende Teilhaberin; ~(**e**) **responsable personnellement** persönlich haftender Gesellschafter/unbeschränkt haftende Gesellschafterin; ~**s ayant une part sociale** Gesamthänder *Pl (Fachspr.)*
associé-gérant, associée-gérante [asɔsjeʒerã, ãt] <associés-gérants> *m*, *f* geschäftsführender Teilhaber [*o* Gesellschafter]/geschäftsführende Teilhaberin [*o* Gesellschafterin]
associer [asɔsje] <1a> I. *vt* ❶ *(faire participer)* ~ **qn à sa joie** jdn an seiner Freude teilhaben lassen; ~ **qn à un travail** jdn an einer Arbeit beteiligen, jdn mitarbeiten lassen; ~ **les travailleurs aux bénéfices** die Arbeitnehmer am Gewinn beteiligen
❷ *(unir, lier)* [miteinander] verbinden *choses, personnes;* miteinander kombinieren *couleurs;* ~ **qc à** [*o* **avec**] **qc** etw mit etw verbinden
II. *vpr* ❶ *(s'allier)* **s'~** *personnes, pays:* sich zusammenschließen; **s'~ à** [*o* **avec**] **qn** sich mit jdm zusammentun *(fam)*
❷ *(s'adjoindre)* **s'~ un collaborateur** einen Mitarbeiter hinzuziehen
❸ *(s'accorder)* **s'~** *choses:* sich zusammenfügen; **l'élégance et la beauté s'associent** Eleganz ist mit Schönheit gepaart *(geh)*, Eleganz und Schönheit gehen Hand in Hand; **qc s'associe à qc** etw gesellt sich zu etw
❹ *(participer à)* **s'~ à la joie de qn** jds Freude teilen; **s'~ au projet de qn** sich an jds Vorhaben beteiligen
assoiffé(e) [aswafe] I. *adj* ❶ [sehr] durstig
❷ *(avide)* ~(**e**) **de pouvoir/d'amour/de lectures** macht-/liebes-/lesehungrig; ~(**e**) **de gloire/plaisirs/de vengeance** ruhm-/vergnügungs-/rachsüchtig; ~(**e**) **de sang** *littér* blutdurstig *(geh)*, blutrünstig
II. *m(f)* ❶ *hum* Verdurstende(r) *f(m)*
❷ *(personne avide)* ~(**e**) **de culture** Bildungshungrige(r) *f(m)*; ~(**e**) **d'aventure** Abenteuerlustige(r) *f(m)*
assolement [asɔlmã] *m* ❶ AGR Fruchtfolge *f*, Fruchtwechsel *m*, Fruchtwechselwirtschaft *f*; ~ **avec fourrage** Feldgraswirtschaft
❷ ECON Koppelwirtschaft *f*
assombri(e) [asɔ̃bʀi] *adj* ❶ dunkel; *lieu, ciel* finster, dunkel; *campagne* in Dunkelheit *(Akk)* gehüllt *(geh)*
❷ *(triste, grave) regard* finster; *front* umwölkt *(liter)*; *futur, avenir* düster; *jours* dunkel
assombrir [asɔ̃bʀiʀ] <8> I. *vt* ❶ verdunkeln *ciel, horizon, pièce*
❷ *(rembrunir, peser sur)* trübsinnig machen *personne;* verschlechtern *situation*
II. *vi* INFORM abblenden
III. *vpr* **s'~** sich verdunkeln; *couloir:* dunkel werden; *ciel:* sich verdunkeln; *horizon, visage:* sich verfinstern; *personne:* trübsinnig werden; *front:* sich umwölken *(liter)*, *situation:* sich verschlechtern
assombrissement [asɔ̃bʀismã] *m* ❶ *(fait d'assombrir)* **d'une pièce** Verdunk[e]lung *f*; **du ciel** Verfinsterung *f*, Verdunk[e]lung *f*
❷ *(fait de s'assombrir) des prunelles* Verfinstern *nt*; *d'une personne* Trübsinnigwerden *nt*; *de l'humeur, d'une situation* Verschlechterung *f*
assommant(e) [asɔmã, ãt] *adj fam personne* nervtötend *(fam)*; *blague* todlangweilig *(fam)*
assommer [asɔme] <1> I. *vt* ❶ *(étourdir)* bewusstlos schlagen; betäuben *animal*
❷ *(abasourdir)* **cet orateur/cette nouvelle m'a assommé(e)** dieser Redner/diese Nachricht hat mich sprachlos gemacht
❸ *(abrutir)* **le soleil/le bruit m'a assommé(e)** die Sonne/der Lärm machte mich benommen
❹ *fam (ennuyer)* zu Tode [*o* tödlich] langweilen, anöden *(sl)*
II. *vpr* **s'~** ❶ *(se cogner)* sich *(Dat)* eine Gehirnerschütterung holen
❷ *fam (se battre)* sich halb totschlagen *(fam)*
Assomption [asɔ̃psjɔ̃] *f* Mariä Himmelfahrt *f*
assonance [asɔnɑ̃s] *f* POES Assonanz *f*
assorti(e) [asɔʀti] *adj* ❶ *couleurs, vêtements* passend; **être ~(e) aux rideaux** zum Vorhang passen; **être bien/mal ~(e)s** *personnes, choses:* gut/schlecht zusammenpassen
❷ *(achalandé)* **être bien/mal ~(e)** *magasin:* eine große Auswahl/wenig Auswahl haben, ein reichhaltiges/begrenztes Angebot haben
❸ *pl (variés)* **chocolats ~s** verschiedene [*o* diverse] Schokoladensorten
assortiment [asɔʀtimã] *m* ❶ *(mélange)* Sortiment *nt*; ~ **de charcuterie** Wurstplatte *f*; ~ **de fromages** Käseauswahl *f*; ~ **de**

gâteaux Gebäckmischung f; **tout un ~ de crayons** ein ganzes Sortiment Bleistifte [o an Bleistiften]; **acheter un ~ de couleurs** eine Farbenpalette f kaufen
❷ COM (stock) Bestand m; **renouveler l'~** die Bestände auffüllen; **~ standard** Standardsortiment nt
❸ (arrangement) **~ de couleurs** Farbkombination f

assortir [asɔʀtiʀ] <8> I. vt ❶ zusammenstellen couleurs, fleurs; **~ les rideaux au tapis** die Vorhänge auf den Teppich abstimmen
❷ (réunir) zusammenbringen personnes
❸ a. FIN (accompagner) **~ son exposé d'anecdotes** seinem Bericht Anekdoten hinzufügen; **assorti(e) d'une prime** prämienbegünstigt
❹ COM **~ un magasin d'articles variés** ein Geschäft mit verschiedenen Waren ausstatten
II. vpr ❶ **s'~** zueinander passen
❷ (s'accompagner) **s'~ d'enluminures** mit Buchminiaturen versehen sein; **s'~ d'allusions à l'actualité** Anspielungen auf das Tagesgeschehen enthalten

assoupi(e) [asupi] adj ❶ dösend; **être ~(e) par la chaleur** ganz benommen von der Hitze sein
❷ (affaibli) passion abgekühlt; douleur gelindert

assoupir [asupiʀ] <8> I. vt ❶ schläfrig machen
❷ (affaiblir) trüben, schwächen sens, sensualité; lindern douleur; abbauen haine; **~ les remords de qn** jds Gewissen beruhigen
II. vpr **s'~** ❶ dösen, einschlafen
❷ littér (s'apaiser) nachlassen, douleur, haine: schwinden (geh), nachlassen; pensée: schwinden (geh); mer: sich beruhigen; volcan: erlöschen

assoupissement [asupismɑ̃] m ❶ Schläfrigkeit f; **court ~** vorübergehende Müdigkeit; **~ profond** starke Benommenheit [o Müdigkeit]
❷ littér (apaisement) d'une passion, sensation, haine Nachlassen nt; d'une douleur Linderung f

assouplir [asupliʀ] <8> I. vt ❶ geschmeidig machen cheveux, cuir; weich machen linge; lockern muscles; **membres assouplis** biegsame [o gelenkige] Glieder
❷ (rendre moins rigoureux) lockern règlement; **~ le caractère de qn** jdn umgänglicher [o nachgiebiger] machen
II. vpr **s'~** ❶ chaussures: weicher werden; cuir: geschmeidiger [o weicher] werden; personne: gelenkig[er] werden
❷ (devenir moins rigide) umgänglicher [o nachgiebiger] werden

assouplissant [asuplisɑ̃] m Weichspüler m, Weichspülmittel nt
assouplissant(e) [asuplisɑ̃, ɑ̃t] adj produit **~** Weichspüler m; **avoir une action ~e sur les cheveux** die Haare geschmeidig[er] machen

assouplissement [asuplismɑ̃] m ❶ du linge Weichmachen nt; du cuir Geschmeidigmachen nt; d'une articulation Lockerung f; **exercices d'~** Lockerungsübungen pl
❷ (action de rendre moins rigide) d'une loi, d'un système Lockerung f; d'un caractère Nachgiebig[er]machen nt, Gefügig[er]machen nt

assourdir [asuʀdiʀ] <8> I. vt ❶ (abasourdir) betäuben
❷ (abrutir) benommen machen
❸ (rendre moins sonore) dämpfen bruit, pas
❹ PHON stimmlos machen sonore
II. vpr **s'~** ❶ bruit: schwächer werden
❷ PHON sonore: stimmlos werden

assourdissant(e) [asuʀdisɑ̃, ɑ̃t] adj [ohren]betäubend
assourdissement [asuʀdismɑ̃] m ❶ (surdité passagère) vorübergehende Taubheit
❷ (état de surdité) Taubheit f; **risque d'~** Gefahr f eines Hörschadens
❸ (amortissement) d'un pas Dämpfen nt
❹ PHON Entsonorisierung f

assouvir [asuviʀ] <8> I. vt stillen faim, vengeance, passion; befriedigen curiosité, gourmandise, instinct; erfüllen désir
II. vpr **s'~** faim: gestillt werden; passion, curiosité: befriedigt werden

assujetti(e) [asyʒeti] I. adj **être ~(e) à qn** jdm unterworfen sein; **être ~(e) à sa pensée** auf sein Denkvermögen angewiesen sein; **être ~(e) à certaines conditions** bestimmten Konditionen unterliegen; **être ~(e) à une peine d'emprisonnement** mit Arrest belegt sein; **être ~(e) au jugement légal** an die rechtliche Beurteilung gebunden sein; **~(e) à l'assurance sociale obligatoire** activité, revenu sozialversicherungspflichtig; **~(e) à l'impôt** steuerpflichtig, veranlagungspflichtig; **être ~(e) à l'impôt** steuerpflichtig sein, der Steuer [o Besteuerung] (Dat) unterliegen; **~(e) à l'impôt sur le chiffre d'affaires** umsatzsteuerpflichtig; **~(e) à l'impôt sur les salaires** lohnsteuerpflichtig; **~(e) à la concession** konzessionspflichtig; **~(e) au commissionnement** kommissionspflichtig; **~(e) au prélèvement fiscal** umlagepflichtig; **~(e) aux prestations** leistungspflichtig; **~(e) à la sécurité sociale** sozialversicherungspflichtig; **~(e) aux taxes municipales** kommunalabgabenpflichtig
II. m(f) ❶ (en parlant de l'impôt) Steuerpflichtige(r) f(m); (en parlant de la sécurité sociale) Beitragspflichtige(r) f(m); **~(e) à l'impôt sur les donations** FISC Schenkungssteuersubjekt nt (Fachspr.)
❷ JUR **~(e) à une indemnisation** Entschädigungsverpflichtete(r) f(m)

assujettir [asyʒetiʀ] <8> I. vt ❶ (astreindre) **~ qn à l'impôt** jdm eine Steuer auferlegen; **son métier l'assujettit à une présence constante** sein Beruf verpflichtet ihn zu ständiger Anwesenheit
❷ littér (conquérir) unterwerfen
❸ (fixer) befestigen; verkeilen poutre; schließen porte; sichern volet
II. vpr soutenu ❶ (se plier) **s'~ à des règles** sich Regeln unterwerfen; **s'~ à un régime alimentaire** sich einer Diät (Dat) unterziehen (geh)
❷ (conquérir) **s'~ un peuple** ein Volk unterwerfen

assujettissement [asyʒetismɑ̃] m soutenu ❶ (état de servitude) Unterwerfung f; **maintenir le peuple dans l'~** das Volk unterdrücken
❷ (état de soumission) Anpassung f; **~ à la mode** Modezwang m; **~ à l'impôt** Steuerpflicht f; **~ à l'impôt foncier** Grundsteuerpflicht; **~ à l'impôt sur les sociétés** Körperschaftsteuerpflicht; **~ à la taxe professionnelle** Gewerbesteuerpflicht

assumer [asyme] <1> I. vt ❶ (exercer, supporter) auf sich (Akk) nehmen risque; übernehmen tâche, responsabilité; bekleiden fonction; ausfüllen poste; ertragen douleur
❷ (accepter) akzeptieren condition; stehen zu instincts
❸ PSYCH verarbeiten choc; **il faut longtemps pour ~ un choc** die Verarbeitung eines Schocks dauert lange
II. vpr ❶ **s'~** sich akzeptieren
❷ (se supporter) **une amputation s'assume difficilement** mit einer Amputation wird man schwer fertig
III. vi fam dazu stehen

assurable [asyʀabl] adj JUR versicherbar; JUR versicherungsfähig (Fachspr.)

assurance [asyʀɑ̃s] f ❶ sans pl (aplomb) Selbstbewusstsein nt, [Selbst]sicherheit f; **avec ~** selbstsicher; **avoir beaucoup d'~** sehr selbstsicher [o selbstbewusst] sein; **perdre son ~** sein Selbstbewusstsein verlieren, unsicher werden
❷ (garantie) Zusicherung f, Versprechen nt; d'un témoin Versicherung f; **donner l'~ de faire qc/que qn fera qc** versprechen etw zu tun/dass jd etw tun wird; **donner des ~s à qn** jdm Zusicherungen machen, jdm etw zusichern [o versprechen]; **~ à titre de serment** JUR ≈ Versicherung an Eides Statt; **"veuillez agréer, Monsieur, l'~ de ma considération distinguée/mes sentiments distingués"** „mit freundlichen Grüßen", „hochachtungsvoll" (form)
❸ (contrat) Versicherung f; **~ complémentaire** Nachversicherung; **~ complémentaire pour risques additionnels** Nachversicherung gegen zusätzliche Risiken; **prendre une ~ complémentaire** sich nachversichern; **~ insuffisante** Unterversicherung; **~ maritime** See[transport]versicherung; **~ sociale** Sozialversicherung; **prendre [o souscrire] une ~ contre qc** eine Versicherung gegen etw abschließen; **~ à l'étranger** Auslandsversicherung; **~ au tiers** [Auto]haftpflichtversicherung; **~ contre le vol/le bris** Diebstahl-/Bruchschadenversicherung; **~ contre le dommage de construction** Bauschadenversicherung; **~ responsabilité civile chef d'entreprise [o exploitation]** JUR Betriebshaftpflichtversicherung; **~ responsabilité professionnelle** d'un avocat Berufshaftpflichtversicherung; **~ de risques** Risikoversicherung
❹ (société) Versicherungsgesellschaft f, Versicherung f; ECON Assekuranz f (Fachspr.); **les ~s** (ensemble des sociétés, de leurs activités) das Versicherungswesen
❺ ALPIN Sicherung f
◆ **~ accident** Unfallversicherung f; **~ accident collective** Kollektivunfallversicherung f; **~ auto[mobile]** Kraftfahrzeugversicherung f, Kfz-Versicherung f; **~ aviation** Flugzeugversicherung f; **~ bagages** Reisegepäckversicherung f; **~ chômage** Arbeitslosenversicherung f; **~ décès** Versicherung auf den Todesfall; (en tant que placement) Kapitallebensversicherung f; **~ dommages** Schadensversicherung f; **~ incendie** Feuerversicherung f, Brandversicherung; **~ des intérêts** Interessenversicherung f; **~ invalidité-vieillesse** Berufsunfähigkeitszusatzversicherung mit Rentenzahlung f; **~ de location** Mietversicherung f; **~ maladie** Krankenversicherung f; **~ marchandises** Frachtversicherung f; **~ multirisques** Kombinationsversicherung f; **~ rapatriement** Rückführungsversicherung f; **~ responsabilité civile** [Privat]haftpflichtversicherung f; **~ responsabilité civile auto** Kfz-Haftpflichtversicherung f; **~ tierce collision** Teilkaskoversicherung f, Teilkasko f (fam); **~ tous risques** Vollkaskoversicherung f; **~ transport** Transportversicherung f; **~ sur la vie** Versicherung f auf den Erlebensfall; **~ vieillesse** Rentenversicherung f; **~ voyage** Reiseversicherung f

assurance-dépendance [asyʀɑ̃sdepɑ̃dɑ̃s] <assurances-dépendance> f Pflegeversicherung f **assurance-vie** [asyʀɑ̃svi] <assurances-vie> f Lebensversicherung f

s'assurer	
s'assurer	**sich vergewissern**
Tout va bien ?	Alles in Ordnung?
Est-ce que je l'ai bien fait ?	Habe ich das so richtig gemacht?
Est-ce que c'était bon ?	Hat es Ihnen geschmeckt?
Est-ce que c'est le bus pour Francfort ?	Ist das der Bus nach Frankfurt?
(au téléphone) Je suis bien à l'office de protection de la jeunesse ?	*(am Telefon)* Bin ich hier richtig beim Jugendamt?
C'est bien le film que tu as tant adoré ?	Ist das der Film, von dem du so geschwärmt hast?
Es-tu sûr(e) que c'est le bon numéro ?	Bist du dir sicher, dass die Hausnummer stimmt?
assurer, affirmer quelque chose à quelqu'un	**jemandem etwas versichern, etwas beteuern**
Le train avait **vraiment** eu du retard.	Der Zug hatte **wirklich** Verspätung gehabt.
Vraiment ! Je n'en savais rien.	**Wirklich!** Ich habe nichts davon gewusst.
Que tu le croies ou non, ils se sont **vraiment** séparés.	Ob du es nun glaubst oder nicht, sie haben sich **tatsächlich** getrennt.
Je peux vous assurer que cette voiture roulera encore quelques années.	Ich kann Ihnen versichern, dass das Auto noch einige Jahre fahren wird.
Crois-moi, ce concert aura un grand succès.	Glaub mir, das Konzert wird ein Riesenerfolg.
Tu peux être sûr(e) qu'il n'a rien remarqué.	Du kannst ganz sicher sein, er hat nichts gemerkt.
Je vous garantis que la majorité votera contre.	Ich garantiere Ihnen, dass die Mehrheit dagegen stimmen wird.
Les recettes ont été déclarées en bonne et due forme, **j'en mets ma main au feu.**	Die Einnahmen sind ordnungsgemäß versteuert, **dafür lege ich meine Hand ins Feuer.**

assuré(e) [asyʀe] **I.** *adj* ❶ *(opp: hésitant)* démarche sicher; regard fest; **avoir un air** ~ selbstsicher wirken
❷ *(garanti)* sicher; **tenir qc pour** ~ **(e)** *littér* etw für sicher halten **II.** *m(f)* Versicherte(r) *f(m)*, Versicherungsnehmer(in) *m(f)*; ECON Assekurat *m (Fachspr.)*; ~ **social/** ~ **e sociale** Sozialversicherte(r) *f(m)*

assurément [asyʀemɑ̃] *adv soutenu* gewiss *(geh)*

assurer [asyʀe] <1> **I.** *vt* ❶ *(affirmer)* ~ **à qn que qn fera qc** jdm versichern, dass jd etw tun wird; **si, si, je t'assure!** doch, doch, das kannst du mir glauben!
❷ *(garantir)* ~ **qn de son soutien** jdn seiner Unterstützung *(Gen)* versichern *(geh)*; **mon témoignage va** ~ **le jury de son innocence** meine Aussage wird die Jury von seiner Unschuld überzeugen
❸ *(par un contrat d'assurance)* versichern; ~ **qn/qc à la compagnie X contre le vol** jdn/etw bei der Versicherungsgesellschaft X gegen Diebstahl versichern
❹ *(se charger de)* gewährleisten *protection, service après-vente*
❺ *(rendre sûr)* sichern *avenir, fortune, position*
❻ *(accorder)* ~ **une retraite à qn** jdm eine Rente zusichern; ~ **la priorité à qn** jdm Priorität einräumen
❼ ALPIN sichern
II. *vpr* ❶ *(contracter une assurance)* **s'** ~ **à** [*o* **auprès de**] **la compagnie X contre qc** sich bei der Gesellschaft X gegen etw versichern
❷ *(vérifier)* **s'** ~ **de qc** sich von etw überzeugen; **s'** ~ **que qn a bien fait qc** sich überzeugen, dass jd etw wirklich getan hat
❸ *(gagner)* **s'** ~ **l'appui de qn** sich jds Unterstützung *(Gen)* versichern, sich *(Dat)* jds Unterstützung sichern
III. *vi fam* wissen, wo's langgeht *(fam)*

assureur [asyʀœʀ] *m* Versicherer *m*, Versicherungsträger *m*; ECON Assekurat *m (Fachspr.)*; ~ **direct** Direktversicherer

assureur-conseil [asyʀœʀkɔ̃sɛj] <assureurs-conseil> *m* Versicherungsberater(in) *m(f)*

Assyrie [asiʀi] *f* HIST **l'** ~ Assyrien *nt*

assyrien(ne) [asiʀjɛ̃, jɛn] *adj* HIST assyrisch

aster [astɛʀ] *m* BOT Aster *f*

astérisque [asteʀisk] *m* Sternchen *nt*

astéroïde [asteʀɔid] *m* Asteroid *m*

asthénie [asteni] *f* MED Kraftlosigkeit *f*, Asthenie *f*

asthénique [astenik] MED **I.** *adj* asthenisch *(Fachspr.)*
II. *mf* Astheniker(in) *m(f) (Fachspr.)*

asthmatique [asmatik] **I.** *adj* asthmatisch
II. *mf* Asthmatiker(in) *m(f)*

asthme [asm] *m* Asthma *nt*; **souffrir d'** ~ an Asthma *(Dat)* leiden

asticot [astiko] *m fam (ver)* Made *f*

asticoter [astikɔte] <1> *vt fam* nerven *(fam)*

astigmate [astigmat] **I.** *adj* astigmatisch
II. *mf* an Astigmatismus Leidende(r) *f(m)*

astigmatisme [astigmatism] *m* OPT, MED Astigmatismus *m*

astiquer [astike] <1> *vt* putzen *chaussures*; polieren *meubles, pomme*; auf Hochglanz bringen *maison, voiture*

astragale [astʀagal] *m* ❶ *(os)* Sprungbein *nt*
❷ *(partie d'une colonne)* Rundstab *m*, Astragal *m*

astrakan [astʀakɑ̃] *m* Persianer *m*

astral(e) [astʀal, o] <-aux> *adj* **corps** ~ Astralleib *m*; **influence** ~ **e** Einfluss *m* der Sterne; **signe** ~ Sternzeichen *nt*

astre [astʀ] *m* ❶ ASTRON Gestirn *nt*; ~ **central** Zentralgestirn
❷ ASTROL Stern *m*; **consulter les** ~ **s** die Sterne befragen; **lire dans les** ~ **s** in den Sternen lesen
◆ ~ **du jour** *poét* Tagesgestirn *nt (liter)*; ~ **de la nuit** *poét* Nachtgestirn *nt (liter)*

astreignant(e) [astʀɛɲɑ̃, ɑ̃t] *adj travail, emploi* anstrengend; *horaire, règle* wenig Freiraum lassend

astreindre [astʀɛ̃dʀ] <*irr*> **I.** *vt* ~ **qn à un travail** jdn zu einer Arbeit zwingen; ~ **qn à un régime sévère** *médecin:* jdm eine strenge Diät verordnen; ~ **qn à faire qc** jdn nötigen [*o* zwingen] etw zu tun
II. *vpr* **s'** ~ **à qc/à faire qc** sich zu etw zwingen/sich zwingen etw zu tun

astreinte [astʀɛ̃t] *f* ❶ Zwang *m*; **quelle** ~ **!** wie lästig!
❷ JUR ~ [**administrative**] Zwangsgeld *nt*
❸ ECON ~ **conventionnelle** Vertragsstrafe *f*

astringent [astʀɛ̃ʒɑ̃] *m* MED adstringierendes Mittel, Adstringens *nt*

astringent(e) [astʀɛ̃ʒɑ̃, ʒɑ̃t] *adj* adstringierend, zusammenziehend; **avoir un effet** ~ adstringierend wirken

astrologie [astʀɔlɔʒi] *f* Astrologie *f*

astrologique [astʀɔlɔʒik] *adj* astrologisch

astrologue [astʀɔlɔg] *mf* Astrologe *m*/Astrologin *f*

astromobile [astʀɔmɔbil] *m* ~ **de Mars** Marsmobil *nt*

astronaute [astʀonot] *mf* Astronaut(in) *m(f)*

astronautique [astʀonotik] *f* Raumfahrt *f*

astronef [astʀonɛf] *m* Raumschiff *nt*

astronome [astʀɔnɔm] *mf* Astronom(in) *m(f)*

astronomie [astʀɔnɔmi] *f* Astronomie *f*

astronomique [astʀɔnɔmik] *adj* ❶ ASTRON astronomisch
❷ *(faramineux) nombre, prix* astronomisch [hoch] *(fam)*

astrophysique [astʀofizik] *f* Astrophysik *f*

astuce [astys] *f* ❶ *sans pl (qualité)* Schlauheit *f*; Raffiniertheit *f*
❷ *souvent pl (truc)* Trick *m*; **il y a une ~** da ist doch ein Trick dabei *(fam)*
❸ *gén pl fam (plaisanterie)* Witz *m*
◆ **~s du métier connaître toutes les ~s du métier** sein Handwerk verstehen
astucieusement [astysjøzmã] *adv éviter, défendre* geschickt; *répondre* klug; *procéder, agir* listenreich *(geh)*
astucieux, -euse [astysjø, -jøz] *adj personne, comportement* schlau, raffiniert, listenreich *(geh)*; *réponse, raisonnement, idée* schlau; *imagination* einfallsreich
Asturies [astyʀi] *fpl* **les ~** Asturien *nt*
asymétrie [asimetʀi] *f* Asymmetrie *f*
asymétrique [asimetʀik] *adj* asymmetrisch; *jambes* ungleich
asymptomatique [asɛ̃ptɔmatik] *adj* MED *troubles* asymptomatisch
asynchrone [asɛ̃kʀɔn] *adj* ❶ asynchron, ungleichzeitig
❷ INFORM asynchron
atavique [atawik] *adj* atavistisch
atavisme [atawism] *m* Atavismus *m*
atchoum [atʃum] *interj* hatschi
atelier [atəlje] *m* ❶ *(lieu de travail)* Werkstatt *f*; *d'un artiste* Atelier *nt*; **~ de carrosserie** Karosseriewerkstatt *f*; **~ de cordonnier** Schuhmacherwerkstatt; **~ de couture** Schneiderwerkstatt; **~ d'horlogerie** Uhrmacherei *f*, Uhrmacherwerkstatt; **~ de sculpteur** Bildhaueratelier; **~ de serrurerie** Schlosserwerkstatt
❷ IND *d'une usine* Produktionsanlage *f*; **~ de fabrication** Produktionsstätte *f*; **~ de montage** Montagehalle *f*; **~ d'entretien des voies** CHEMDFER Bahnmeisterei *f*
❸ *(ensemble des ouvriers)* Belegschaft *f*
❹ *(groupe de réflexion)* Arbeitsgruppe *f*; **~ de théâtre** Theaterwerkstatt *f*; **travailler par** [o **en**] **~s** in Arbeitsgruppen arbeiten
atelier-dépôt [atəljedepo] <ateliers-dépôts> *m* **~ des bus** Omnibushof *m*
atermoiement [atɛʀmwamã] *m* ❶ *gén pl* **des ~s** Ausflüchte; **après bien des ~s** nach langem Zögern
❷ JUR [Zahlungs]aufschub *m*
atermoyer [atɛʀmwaje] <6> *vt* ❶ JUR *vieilli* aufschieben, stunden *paiement, engagements*
❷ *(remettre à plus tard)* hinauszögern, Zeit zu gewinnen suchen
athée [ate] **I.** *adj* atheistisch
II. *mf* Atheist(in) *m(f)*
athéisme [ateism] *m* Atheismus *m*, Gottlosigkeit *f*
athénée [atene] *m* BELG *(établissement secondaire d'enseignement public)* ≈ Gymnasium *nt*
Athènes [atɛn] Athen *nt*
athénien(ne) [atenjɛ̃, jɛn] *adj* athenisch
Athénien(ne) [atenjɛ̃, jɛn] *m(f)* Athener(in) *m(f)*
athlète [atlɛt] *mf* ❶ Leichtathlet(in) *m(f)*; **~ de très haut niveau** Topathlet(in); **~ de renom** Vorzeigeathlet(in)
❷ *(dans une compétition)* Wettkämpfer(in) *m(f)*
❸ *(dans l'Antiquité)* Athlet(in) *m(f)*
❹ *(personne musclée)* Kraftmensch *m*, Athlet *m*; **~ modèle** Modellathlet; **corps d'~** athletischer Körper
athlétique [atletik] *adj* ❶ *corps, musculature* athletisch; *personne* athletisch gebaut
❷ SPORT *discipline* leichtathletisch; **jeux ~s** Leichtathletikwettkämpfe *Pl*; **sports ~s** Leichtathletiksportarten; *(dans l'Antiquité)* Sportspiele *Pl*
athlétisme [atletism] *m* Leichtathletik *f*; **championnat d'~** Leichtathletikmeisterschaft *f*
atlantique [atlɑ̃tik] *adj* atlantisch; **côte ~** Atlantikküste *f*
Atlantique [atlɑ̃tik] *m* ❶ GEOG **l'~** der Atlantik, der Atlantische Ozean
❷ POL **Pacte de l'~ Nord** Nordatlantikpakt *m*
atlantisme [atlɑ̃tism] *m* amerika- und natofreundliche Politik
atlas [atlɑs] *m* GEOG, ANAT Atlas *m*; **~ scolaire** Schulatlas; **~ des pistes de ski** Skiatlas
Atlas [atlɑs] *m* **l'~** der Atlas *m*
atmosphère [atmɔsfɛʀ] *f* ❶ *(couche de gaz)* Atmosphäre *f*
❷ METEO, PHYS, GEOL Atmosphäre *f*; **degré d'humidité de l'~** Luftfeuchtigkeitsgrad *m*; **~ primitive** GEOL Uratmosphäre
❸ *(air)* Luft *f*
❹ *(ambiance)* Atmosphäre *f*, Stimmung *f*; **~ de vacances** Ferienstimmung *f*; **~ de travail** Arbeitsatmosphäre *f*; **détendre l'~** die Spannung lösen; **devoir changer d'~** *fam* einen Tapetenwechsel brauchen *(fam)*
▶ **l'~ devient irrespirable** *(vicié)* die Luft ist stickig; *(invivable)* die Atmosphäre ist unerträglich, es herrscht dicke Luft *(fam)*
atmosphérique [atmɔsfeʀik] *adj* atmosphärisch; *phénomène* meteorologisch; **pression ~** Luftdruck *m*; **conditions ~s** Wetterlage *f*, Witterungsverhältnisse *Pl*; **enveloppe ~** Lufthülle *f*
atoll [atɔl] *m* Atoll *nt*
atome [atom] *m* PHYS Atom *nt*; **~ de fer** Eisenatom

▶ **ne pas avoir un ~ de bon sens** nicht einen Funken gesunden Menschenverstand haben *(fam)*; **~ crochus** Affinitäten *Pl*
atomique [atɔmik] *adj* ❶ PHYS atomar; **énergie ~** Kernenergie *f*, Atomenergie *f*; **bombe ~** Atombombe *f*; **résidus ~s** Atommüll *m*
❷ CHIM atomisch; **structure ~** Struktur *f* eines Atoms; **numéro ~** Ordnungszahl *f*
atomisation [atɔmizasjɔ̃] *f* Aufsplitterung *f*, Atomisierung *f*
atomisé(e) [atɔmize] **I.** *adj (survivant)* strahlengeschädigt
II. *m(f)* ❶ Opfer *nt* einer Nuklearkatastrophe
❷ *(survivant)* Strahlengeschädigte(r) *f(m)*
atomiser [atɔmize] <1> **I.** *vt* ❶ *(pulvériser)* zerstäuben
❷ *(détruire)* zunichtemachen *œuvre, décret*; vernichten *adversaire, œuvre d'art*
II. *vpr* **s'~** ❶ *responsabilité:* sich aufteilen; *classe ouvrière:* sich aufsplittern, sich auflösen
atomiseur [atɔmizœʀ] *m* Zerstäuber *m*; **~ de poche** Taschenzerstäuber
atomiste [atɔmist] **I.** *adj* **physicien(ne) ~** Atomphysiker(in) *m(f)*
II. *mf* Atomwissenschaftler(in) *m(f)*
atonal(e) [atɔnal, o] <-aux> *adj* atonal
atone [aton] *adj* ❶ *regard, œil* ausdruckslos; *personne* kraftlos; *assemblée* träge; *vie* eintönig, langweilig
❷ MED *intestin* träge
❸ PHON unbetont
atonie [atɔni] *f* ❶ MED Atonie *f*; **~ gastrique** gastrische Atonie
❷ *fig* Schlaffheit *f*, Erschlaffung *f*
atours [atuʀ] *mpl* **se parer de ses plus beaux ~** *hum* seinen Sonntagsstaat anziehen
atout [atu] *m* ❶ CARTES Trumpf *m*; **~ maître** höchster Trumpf; **jouer ~** Trumpf spielen
❷ *(avantage)* Trumpf *m*; **avoir des ~s** Trümpfe haben; **avoir/mettre tous les ~s dans son jeu** [o **de son côté**] alle Trümpfe in der Hand haben; **jouer ses ~s** seine Trümpfe ausspielen
❸ *(qualité)* Pluspunkt *m*
atoxique [atɔksik] *adj* ungiftig
A.T.P. [atepe] *f* TENNIS *abr de* **Association of Tennis Professionals** A.T.P. *f*
âtre [ɑtʀ] *m* ❶ *(foyer)* Feuerstelle *f*
❷ *(cheminée)* Kamin *m*
atrium [atʀijɔm] *m* HIST Atrium *nt*
atroce [atʀɔs] *adj* ❶ *(horrible) crime, image* grauenhaft; *vengeance, peur* furchtbar; *souffrance* unsagbar
❷ *fam (affreux) musique, film, vêtement* fürchterlich; *temps, repas, boisson* scheußlich; *personne* schrecklich; **être d'une bêtise/laideur ~** furchtbar [o entsetzlich] dumm/hässlich sein; **ton café est ~** dein Kaffee schmeckt grässlich
atrocement [atʀɔsmã] *adv* ❶ *(horriblement) faire mal, souffrir* unsagbar, furchtbar; **avoir ~ mal aux dents** furchtbare Zahnschmerzen haben
❷ *fam (affreusement)* fürchterlich, furchtbar
atrocité [atʀɔsite] *f* ❶ *(cruauté) d'une action* Scheußlichkeit *f*, Abscheulichkeit *f*; *d'un crime* Grauenhaftigkeit *f*
❷ *pl (actions)* Gräuel *Pl*, Gräueltaten *Pl*, Schandtaten; **~s de [la] guerre** Kriegsgräuel
❸ *(calomnie)* **dire des ~s** Gräuelmärchen erzählen
atrophie [atʀɔfi] *f* ❶ MED Rückbildung *f*, Atrophie *f* *(Fachspr.)*; **~ musculaire** Muskelschwund *m*, Muskelatrophie *(Fachspr.)*; **~ d'un/de l'organe** Organschwund
❷ *littér (régression) d'un sentiment* Schwinden *nt (geh)*; **~ intellectuelle** geistiger Verfall
atrophié(e) [atʀɔfje] *adj* verkümmert
atrophier [atʀɔfje] <1a> **I.** *vpr* **s'~** ❶ *(diminuer)* verkümmern; *membre, organe:* sich zurückbilden, verkümmern
❷ *littér (s'étioler)* verkümmern
II. *vt* ❶ *(faire dépérir)* verkümmern lassen *muscle*
❷ *littér (détruire)* verkümmern lassen *qualité, esprit*; auslöschen, ersticken *volonté*
attabler [atable] <1> **I.** *vpr* **s'~** sich zu Tisch setzen
II. *vi* **être attablé(e)s autour d'une bouteille de vin** bei einer Flasche Wein zusammensitzen
attachant(e) [ataʃɑ̃, ɑ̃t] *adj personne, personnalité* fesselnd; *enfant* reizend; *animal* possierlich *(geh)*; *film, roman* spannend; *région* reizvoll
attache [ataʃ] *f* ❶ Befestigung *f*, Halterung *f*
❷ *(pour attacher des animaux)* Kette *f*; **tenir un chien à l'~** einen Hund an der Leine führen
❸ *(pour attacher des plantes, des arbres)* Schnur *f*
❹ *(pour attacher un cadre)* Aufhänger *m*
❺ *gén pl (relations)* Verbindungen *Pl*, Beziehungen *Pl*; **libre et sans ~s** frei und ungebunden; **rompre ses ~s** alle Beziehungen [o jede Verbindung] abbrechen; **je n'ai pas d'~** *(en parlant d'un lieu, d'une région)* ich bin nicht ortsgebunden
❻ BOT Ranke *f*

⑦ ANAT Handgelenk *nt; d'un pied* Fußgelenk *nt*
◆ **~ de sécurité** POST Musterbeutelklammer *f;* SKI Fangriemen *m*
attaché(e) [ataʃe] **I.** *adj* **①** *(ligoté)* **être ~(e) à qc** an etw *(Akk)* gefesselt sein
② *(lié par l'affection, l'habitude)* **être ~(e) à qn/qc** an jdm/etw hängen; **~ à la nation** nationalbewusst; **être ~(e) à une coutume** an einem Brauch festhalten
③ *(associé)* **être ~(e) à qc** *avantage, rétribution:* mit etw verbunden [*o* verknüpft] sein; *bonheur:* von etw abhängig sein, an etw *(Akk)* gebunden sein
II. *m(f)* Attaché *m;* **~ commercial/~e commerciale** Handelsvertreter(in) *m(f);* **~ culturel/~e culturelle** Kulturattaché; **~ militaire** Militärattaché
◆ **~(e) d'ambassade** Botschaftsrat *m/-rätin f;* **~(e) de direction** Direktionsmitarbeiter(in) *m(f);* **~(e) de presse** Pressesprecher(in) *m(f)*
attaché-case [ataʃekɛz] <attachés-cases> *m* Aktenkoffer *m,* Bordcase *m o nt*
attachement [ataʃmɑ̃] *m* **①** *(affection)* Anhänglichkeit *f;* **avoir de l'~ pour qn/qc** an jdm/etw hängen
② CONSTR *[tägliche]* Aufstellung der ausgeführten Bauarbeiten und entstandenen Kosten
③ INFORM *(pièce jointe)* Attachment *nt,* Anlage *f*
attacher [ataʃe] <1> **I.** *vt* **①** *(fixer)* **~ qn/qc à [o sur] qc** jdn/etw an etw *(Dat)* festmachen, etw an etw *(Dat)* befestigen; **~ une caravane à [o derrière] qc** einen Wohnwagen an etw *(Akk)* anhängen
② *(fixer avec une corde, ficelle)* **~ qn/qc à qc** jdn/etw an etw *(Akk)* anbinden; **~ sur qc** jdn an etw *(Akk)* fesseln; **~ un animal à qc** ein Tier an etw *(Dat)* festbinden
③ *(fixer avec des clous)* **~ qn sur qc** jdn an etw *(Akk)* nageln
④ INFORM *(joindre)* anhängen *fichier;* **fichier attaché** Dateianhang *m*
⑤ *(mettre ensemble)* zusammenbringen; heften *feuilles de papier;* **~ les mains à qn** jdm die Hände [zusammen]binden
⑥ *(fermer)* binden *lacets, tablier;* zumachen *montre, collier, ceinture;* **~ sa ceinture de sécurité** sich anschnallen
⑦ *(faire tenir)* **~ ses cheveux avec un élastique** seine Haare mit einem Gummiband zusammenbinden; **~ un paquet avec de la ficelle/du ruban adhésif** ein Paket mit einer Kordel zubinden/mit Klebeband zukleben
⑧ *(maintenir)* **des pinces à linge attachent les dessins à la ficelle** die Zeichnungen werden mit Wäscheklammern an der Schnur befestigt
⑨ *(lier affectivement)* **~ qn à qn/qc** jdn mit jdm/etw verbinden
⑩ *(enchaîner)* **~ qn à qn/qc** jdn an jdn/etw binden
⑪ *(attribuer)* **~ de l'importance à qc** einer S. *(Dat)* Bedeutung beimessen; **~ du prix [o de la valeur] à qc** Wert auf etw *(Akk)* legen; **quel sens attaches-tu à ce mot?** was verbindest du mit diesem Wort?
II. *vi fam aliment, gâteau:* anbrennen; **cette poêle attache** in der Pfanne brennt alles an
III. *vpr* **①** *(mettre sa ceinture de sécurité)* **s'~** sich anschnallen
② *(être attaché)* **s'~ à qc** *muscles:* mit etw [fest] verbunden sein; *lierre:* sich an etw *(Dat)* fest ranken
③ *(s'encorder)* **s'~ à une corde** sich anseilen; **s'~ à un guide** sich an einem Bergführer anseilen
④ *(se fermer)* **s'~ avec/par qc** mit etw zugemacht werden; **s'~ par derrière** *ceinture:* hinten zugemacht werden; *tablier:* hinten gebunden werden
⑤ *(être lié d'affection)* **s'~ à qn** jdn lieb gewinnen, zu jdm Zuneigung fassen; **peur de s'~** Bindungsangst *f;* **s'~ à un objet** an einem Gegenstand hängen
⑥ *(prendre en compte)* **s'~ à qc** sich mit etw befassen [*o* beschäftigen]
⑦ *(s'appliquer)* **s'~ à faire qc** sich bemühen etw zu tun
attaquable [atakabl] *adj* **①** MIL angreifbar
② JUR *jugement, testament* anfechtbar
attaquant(e) [atakɑ̃, ɑ̃t] *m(f)* **①** *(agresseur)* Angreifer(in) *m(f)*
② SPORT Offensivspieler(in) *m(f)*
attaque [atak] *f* **①** MIL Angriff *m;* **~ aérienne** Luftangriff; **~ blindée** Panzerangriff; **grande ~** Großangriff; **lancer une grande ~** einen Großangriff starten; **~ terroriste** Terrorangriff; **~ par les gaz [de combat]** Gasangriff; **l'~ de la forteresse** der Sturm auf die Festung; **l'~ de la Bastille** der Sturm auf die Bastille; **à l'~ !** zum Angriff!
② *(acte de violence)* **~ de qc** Überfall *m* auf etw *(Akk)*
③ *(critique acerbe)* **~ contre qn/qc** Angriff *m* auf jdn/etw
④ MED *(crise)* Anfall *m;* **~ cérébrale** Gehirninfarkt *m,* Schlaganfall; **avoir une ~ cardiaque/d'épilepsie** einen Herzanfall/epileptischen Anfall bekommen [*o* haben]
⑤ SPORT Angriff *m;* *(joueurs)* Sturm *m;* **l'équipe joue en ~** die Mannschaft greift an; **le joueur joue en ~** der Spieler ist Stürmer
⑥ MUS Einsetzen *nt;* *(en parlant du jazz)* Attacke *f*

⑦ PHON Ansatz *m*
▶ **être** [*o* **se sentir**] **d'~** *fam* in Form [*o* fit] sein
◆ **~ à main armée** bewaffneter Überfall
attaquer [atake] <1> **I.** *vt* **①** angreifen
② *(pour voler)* überfallen *personne, banque*
③ SPORT angreifen
④ *(critiquer)* angreifen; **~ qn sur qc** jdn wegen etw angreifen
⑤ JUR anfechten *jugement, testament, décision;* **~ qn en justice** jdn gerichtlich belangen [*o* zur Verantwortung ziehen], jdn verklagen; **~ une loi** sich gegen ein Gesetz wenden; **~ la vigueur d'un dispositif de jugement** die Gültigkeit eines Urteilsspruchs anfechten
⑥ *(ronger)* angreifen *organe, fer;* auswaschen *falaise;* **l'épidémie de choléra a attaqué toute la ville** die ganze Stadt ist von der Choleraepidemie befallen
⑦ *(commencer)* beginnen; anschneiden *sujet;* beginnen, in Angriff nehmen *travail*
⑧ MUS **~ un morceau** beginnen, ein Stück zu spielen
⑨ *fam (commencer à manger)* **~ un plat** über ein Essen herfallen, sich über ein Essen hermachen *(fam)*
⑩ *(chercher à surmonter)* angehen, anpacken *difficulté;* **~ le mal à sa racine** das Übel an der Wurzel packen
II. *vpr* **①** *(affronter)* **s'~ à qn/qc** jdn/etw angreifen; **s'~ à plus fort que soi** sich mit Stärkeren anlegen
② *(chercher à résoudre)* **s'~ à une difficulté** ein Problem angehen [*o* anpacken]
③ *(commencer)* **s'~ à qc** etw in Angriff nehmen; **oser s'~ à qc** *fam* sich an etw *(Akk)* rantrauen *(fam);* **vouloir s'~ à qc** *fam* an etw *(Akk)* ranwollen *(fam)*
attardé(e) [ataʀde] **I.** *adj* **①** *(en retard)* verspätet
② PSYCH [geistig] zurückgeblieben
II. *m(f) péj* [geistig] Zurückgebliebene(r) *f(m)*
attarder [ataʀde] <1> **I.** *vt* aufhalten
II. *vpr* **①** **s'~** sich verspäten; **ne t'attarde pas en route!** halte dich unterwegs nicht zu lange auf!
② *(continuer de faire qc)* **s'~ à un détail** sich an einem Detail aufhalten
atteindre [atɛ̃dʀ] <*irr*> **I.** *vt* **①** *(toucher)* treffen *personne, cible;* **~ qn à la jambe** jdn am Bein treffen
② *(parvenir à toucher)* erreichen; **~ difficilement un livre** an ein Buch schwer herankommen
③ *(gagner)* erreichen *terre, sommet*
④ *(parvenir à)* erreichen *objectif;* **~ le cœur du problème** auf den Kern des Problems stoßen
⑤ *(s'élever à)* erreichen *niveau;* **ne pas ~** unterschreiten *taux œ droits de douane*
⑥ *(joindre par téléphone)* erreichen
⑦ *(rattraper)* einholen; **~ le peloton** zum Hauptfeld aufschließen
⑧ *(avoir un effet nuisible sur)* **la gelée a atteint les plantes** der Frost hat die Pflanzen angegriffen; **la maladie a atteint les plantes** die Krankheit hat die Pflanzen befallen
⑨ *(blesser moralement)* treffen; **~ qn dans son amour-propre** jdn in seinem Selbstwertgefühl treffen
⑩ *(troubler intellectuellement)* irritieren; **~ qn dans ses convictions** jdn in seinen Überzeugungen verunsichern
⑪ *(émouvoir)* berühren; **ça ne m'atteint pas!** das rührt [*o* trifft] mich nicht!
II. *vi littér* **~ à la perfection** Perfektion *f* erreichen; **~ au sublime** zur Vollkommenheit *f* gelangen *(liter)*
atteint(e) [atɛ̃, ɛ̃t] *adj* **①** *(touché par la maladie)* **être très ~(e)** *personne:* schwer krank sein; *organe:* stark angegriffen sein; **je vois que tu es bien ~(e)** ich sehe, es hat dich ganz schön erwischt *(fam);* **le malade ~ du cancer** der Krebspatient *m;* **être ~(e) du sida** an Aids *(Dat)* erkrankt sein
② *fam (fou)* übergeschnappt *(fam)*
atteinte [atɛ̃t] *f* **①** *(dommage causé)* **c'est une ~ à ma réputation** das schadet meinem Ansehen; **porter ~ à l'autorité des parents** die Autorität der Eltern untergraben [*o* beeinträchtigen]; **~ à un droit/à l'indépendance** Einschränkung *f* eines Rechts/der Unabhängigkeit; **porter ~ aux droits attachés à un brevet** ein Patent verletzen
② *pl (effet pénible) de l'âge* Spuren *Pl; du froid* Beeinträchtigung *f; du mal* Folgeerscheinung *f;* **~s du temps** Witterungsschäden *P*
③ *(portée)* **réputation hors d'~** unantastbares Ansehen; **être hors d'~ des balles** außer Schussweite sein; **se mettre hors d'~** sich in Sicherheit bringen
④ JUR **~ à la liberté individuelle** Beeinträchtigung *f* der persönlichen Freiheit; **~ à la liberté de concurrence** Wettbewerbsverstoß *m;* **~ issue du non-paiement d'une/de la pension alimentaire** Unterhaltsverletzung *f;* **~ à la vie privée/aux droits d'auteur** Verletzung der Privatsphäre/des Urheberrechts
◆ **~ aux bonnes mœurs** Verstoß *m* gegen die guten Sitten; **~ au commerce** Handelsbeeinträchtigung *f;* **~ à l'environnement** Umweltschädigung *f;* **~ à la constitution** Verfassungsbruch *m,* **~ à**

la personnalité JUR Persönlichkeitsverletzung *f*; **~ à la sûreté de l'État** Gefährdung *f* der Staatssicherheit, Staatsgefährdung, Hochverrat *m*

attelage [at(ə)laʒ] *m* ① *(dispositif) de chevaux, chiens* Geschirr *nt*; *d'un véhicule de chemin de fer* Kupplung *f*; **~ de bœufs** Ochsengespann *nt*; **~ à quatre [chevaux]** Viergespann; **aller en ~ à quatre [chevaux]** vierspännig fahren
② *(action) d'un cheval* Anspannen *nt*; *d'un bœuf* Einspannen *nt*; *d'un wagon* Anhängen *nt*

atteler [at(ə)le] <3> I. *vt* ① *(attacher)* anspannen *voiture, animal*; einspannen *bœuf*; **~ le cheval à la charrette** das Pferd vor den Karren spannen; **attelé(e) de quatre chevaux** vierspännig
② *fig* **~ qn à un travail** jdn zu einer Arbeit heranziehen, jdn einspannen *(fam)*
II. *vpr* **s'~ à un travail/au rangement de qc** sich an eine Arbeit machen *fam*/sich daranmachen etw aufzuräumen

attelle [atɛl] *f* Schiene *f*

attenant(e) [at(ə)nɑ̃, ɑ̃t] *adj* angrenzend; **~ à qc** angrenzend an etw *(Akk)*; **être ~ à qc** an etw *(Akk)* grenzen

attendre [atɑ̃dʀ] <14> I. *vt* ① **~ qn/qc** auf jdn/etw warten; **~ l'ouverture du magasin** warten, bis das Geschäft öffnet
② *(ne rien faire avant de)* abwarten *moment favorable*; **~ qn/qc pour faire qc** auf jdn/etw warten um etw zu tun; **j'attends d'avoir mon bac** ich warte [ab], bis ich mein Abitur habe; **~ que ça passe** einfach abwarten; **j'attends de voir pour y croire!** das glaube ich erst, wenn ich es sehe!
③ *(compter sur)* erwarten; **~ un enfant** ein Kind erwarten; **~ une chose/n'~ qu'une chose** auf eins/nur auf eins warten; **n'~ que ça** nur darauf warten; **en attendant mieux** in Erwartung eines Besseren
④ *(être préparé)* **~ qn** *voiture, surprise*: auf jdn warten; *sort, déception:* jdm bevorstehen
⑤ *fam (se montrer impatient avec)* **~ après qn** auf jdn warten
⑥ *fam (avoir besoin de)* **~ après qc** auf etw *(Akk)* warten
⑦ *(jusqu'à)* **mais en attendant** doch bis dahin [*o* bis es so weit ist]; **elle travaille au noir en attendant de trouver un emploi** sie arbeitet [so lange] schwarz, bis sie eine Stelle gefunden hat; **en attendant que qn fasse qc** [so lange] bis jd etw macht
⑧ *(toujours est-il)* **en attendant** immerhin
II. *vi* ① warten; **faire ~ qn** jdn warten lassen; **se faire ~** auf sich *(Akk)* warten lassen
② *(patienter)* **les impôts, ça peut ~!** die Steuern, die können [noch] warten!; **tu peux toujours ~!** da kannst du lange warten!
③ *(immédiatement)* **sans ~** sofort, unverzüglich
④ *(interjection)* **attends!** *(pour interroger, pour réfléchir)* warte mal!, [einen] Augenblick [mal]!; *(pour menacer)* na, warte!
III. *vpr* **s'~ à qc** etw erwarten, mit etw rechnen; **s'~ à ce que qn fasse qc** erwarten [*o* damit rechnen], dass jd etw tut; *(en cas de chose désagréable)* auf etw *(Akk)* gefasst sein; **s'~ à ce que qn fasse qc** erwarten [*o* damit rechnen], dass jd etw tut; *(en cas de chose désagréable)* darauf gefasst sein, dass jd etw tut; **il faut s'~ à ce que qn fasse qc** es ist zu erwarten, dass jd etw tut; **comme il fallait s'y ~** wie zu erwarten war

attendri(e) [atɑ̃dʀi] *adj* gerührt; **regarder qn d'un air ~** jdn liebevoll ansehen; **regarder qc d'un air ~** etw gerührt ansehen

attendrir [atɑ̃dʀiʀ] <8> I. *vt* ① *(émouvoir)* rühren
② *(apitoyer)* Mitleid erregen; erweichen *cœur*
③ GASTR weich machen; **pour ~ la viande** damit das Fleisch zart wird
II. *vpr* ① *(s'émouvoir)* **se laisser ~** sich erweichen lassen; **il s'~ sur [le sort de] sa voisine** das Schicksal seiner Nachbarin rührt ihn
② *(s'apitoyer)* **s'~ sur soi-même** sich selbst bemitleiden; **il s'attendrit sur sa voisine** er hat [*o* empfindet] Mitleid mit seiner Nachbarin

attendrissant(e) [atɑ̃dʀisɑ̃, ɑ̃t] *adj* rührend

attendrissement [atɑ̃dʀismɑ̃] *m* Rührung *f*

attendrisseur [atɑ̃dʀisœʀ] *m* Fleischklopfer *m*

attendu(e) [atɑ̃dy] I. *part passé de* **attendre**
II. *adj* ① *(espéré)* erwartet; **le jour tant ~** der lang ersehnte Tag
② JUR **~ que qn a fait qc** angesichts der Tatsache, dass jd etw getan hat
III. *mpl* JUR Urteilsbegründung *f*

attentat [atɑ̃ta] *m* Attentat *nt*, Anschlag *m*; **~ contre qn/qc** Attentat [*o* Anschlag] auf jdn/etw; **~ à la bombe** Bombenattentat, Bombenanschlag; **~ au plastic** Sprengstoffanschlag; **~ à la voiture piégée** Autobombenanschlag; **~ suicide** Selbstmordattentat; **auteur d'un/d'~ suicide** Selbstmordattentäter(in) *m(f)*; **~ à la liberté** JUR Freiheitsberaubung *f*; **~ à la pudeur** JUR Sittlichkeitsdelikt *nt*

attente [atɑ̃t] *f* ① **l'~ de qn/qc** das Warten auf jdn/etw; **solution d'~** vorübergehende Lösung; **salle d'~** Wartesaal *m*; **les voyageurs en ~ du vol ...** die Passagiere des Fluges ...; **laisser qc en ~** etw liegen lassen

② *(espoir)* **contre toute ~** wider Erwarten; **décevoir l'~ de qn** jds Erwartungen enttäuschen; **répondre [*o* correspondre] à l'~ de qn** jds Erwartungen *(Dat)* entsprechen; **dans l'~ de qc** in Erwartung einer S. *(Gen)*

attenter [atɑ̃te] <1> *vi* **~ à sa vie** [*o* **à ses jours**] Selbstmord verüben; **~ à la vie de qn** jdm nach dem Leben trachten *(geh)*; **~ à la vie du Président** einen Anschlag auf das Leben des Präsidenten verüben; **~ à la dignité de qn** jds Würde *f* antasten; **~ à la sûreté de l'État** die Staatssicherheit gefährden

attentif, -ive [atɑ̃tif, -iv] *adj* ① *(vigilant)* aufmerksam
② *(veillant soigneusement)* **être ~ (-ive) aux différences** auf Unterschiede achten; **~(-ive) à faire qc** darauf bedacht etw zu tun
③ *(prévenant)* aufmerksam; *soins* sorgfältig, aufmerksam

attention [atɑ̃sjɔ̃] *f* ① *(concentration)* Aufmerksamkeit *f*; **avec ~** aufmerksam; **fixer son ~ sur qn/qc** sich auf jdn/etw konzentrieren
② *(capacité de se concentrer)* Aufnahmefähigkeit *f*
③ *(intérêt)* Aufmerksamkeit *f*; **~ de qn** jds Händen; **attirer [*o* éveiller] l'~ de qn** jds Aufmerksamkeit erregen; **attirer l'~ de qn sur qc** jds Aufmerksamkeit auf etw *(Akk)* lenken; **attirer l'~ de qn sur le fait que qn a fait qc** jdn darauf aufmerksam machen, dass jd etw getan hat; **mériter toute l'~ de qn** jds ganze Aufmerksamkeit verdienen; **prêter ~ à qn/qc** jdm/einer S. Aufmerksamkeit [*o* Beachtung *f*] schenken, von jdm/etw Notiz nehmen *(fam)*
④ *souvent pl (prévenance)* Aufmerksamkeit *f*; **avoir des ~s pour qn** jdm Aufmerksamkeiten erweisen
⑤ *(soin)* **faire ~ à qn/qc** auf jdn/etw Acht geben [*o* aufpassen]; **faire ~ à ce que qn a fait quelquechose**, was jd getan hat; **faire ~ [à ce] que qn fasse bien qc** aufpassen, dass jd etw wirklich macht; **fais ~!** pass [doch] auf!
⑥ *(avertissement)* **~!** Vorsicht!, Achtung!; **~ à la marche!** Vorsicht Stufe!; **mais ~! vous en êtes responsable(s)!** aber ich warne Sie/euch! Sie sind/Ihr seid dafür verantwortlich!; **alors là, ~ [les yeux]!** *fam* aber hallo! *(fam)*

attentionné(e) [atɑ̃sjɔne] *adj* **~(e) envers [*o* pour] qn** aufmerksam [*o* zuvorkommend] jdm gegenüber

attentisme [atɑ̃tism] *m* POL Attentismus *m*

attentiste [atɑ̃tist] I. *adj personne* eine abwartende Haltung einnehmend, sich abwartend verhaltend; *position* abwartend
II. *mf* Mann, der/Frau, die sich abwartend verhält

attentivement [atɑ̃tivmɑ̃] *adv* aufmerksam

atténuant(e) [atenɥɑ̃, ɑ̃t] *adj* mildernd; **circonstances ~es** mildernde Umstände

atténuation [atenɥasjɔ̃] *f littér* ① *(fait de s'atténuer) d'une douleur, d'un sentiment* Nachlassen *nt*
② *(action d'atténuer) d'un sentiment* Milderung *f*; *d'une souffrance, douleur* Linderung *f*; *d'une discipline* Lockerung *f*
◆ **~ de peine** JUR Strafmilderung *f*

atténuer [atenɥe] <1> I. *vt* lindern *douleur*; dämpfen *passion, bruit*; abschwächen *amertume, termes, couleur*; abschwächen, verharmlosen *faute*
II. *vpr* **s'~** sich mildern; *bruit, douleur*: nachlassen; *amertume*: sich abschwächen, sich mildern; *secousse sismique*: schwächer werden

atterrant(e) [aterɑ̃, ɑ̃t] *adj* bestürzend

atterré(e) [atere] *adj* erschüttert, [aufs höchste] bestürzt

atterrer [atere] <1> *vt nouvelle:* sehr betroffen machen

atterrir [ateriʀ] <8> *vi* ① AVIAT, NAUT *avion, passager d'un avion:* landen; *bateau:* anlegen; *passager d'un bateau:* an Land gehen
② *fam (se retrouver)* landen *(fam)*; **~ à Rennes/dans la corbeille à papier** in Rennes/im Papierkorb landen *(fam)*
③ *fam (revenir sur terre)* **atterris!** wach auf!; **j'atterris** bei mir dämmert's *(fam)*

atterrissage [aterisaʒ] *m* ① *d'un avion* Landen *nt*, Landung *f*; *(moment du contact avec la piste)* Aufsetzen *nt* auf die Landebahn; **système d'~ aux instruments** Anflughilfe *f*; **~ sur Mars** Marslandung; **~ sur le ventre** Bauchlandung; **~ en catastrophe** Bruchlandung
② *d'un bateau* Anlegen *nt*

attestation [atɛstasjɔ̃] *f* ① Bescheinigung *f*, Nachweis *m*; **notée** Leistungsnachweis; **~ d'assurance automobile** Deckungskarte *f*
② ECON *(action d'attester)* Belegung *f*
③ JUR Testat *nt (Fachspr.)*; **~ négative** Negativattest *nt*
◆ **~ d'activité salariée** [*o* **d'employeur**] Arbeitsbescheinigung *f*; **~ d'assurance** Versicherungsnachweis *m*; **~ de domicile** Wohnungsnachweis *m*, Wohnsitzbescheinigung *f*; **~ de fortune** Vermögensausweis *m*; **~ d'origine** Ursprungszeugnis *nt*; **~ de paiement** Zahlungsempfangsbestätigung *f*; **~ de participation** Teilnahmebescheinigung *f*; **~ de salaire** Lohnbescheinigung *f*

attester [atɛste] <1> *vt* ① *(certifier)* **~ qc/que qn a fait qc** etw bestätigen/bestätigen, dass jd etw getan hat
② *(certifier par écrit)* **~ qc/que qn a fait qc** etw bescheinigen/bescheinigen, dass jd etw getan hat
③ *(être la preuve)* **~ qc/que qn a fait qc** ein Beweis für etw sein/

dafür sein, dass jd etw getan hat
④ LING **être attesté(e) dans/par un texte** durch einen Text belegt sein
attiédir [atjediʀ] <8> I. *vt* ❶ *(rendre tiède en refroidissant)* abkühlen
❷ *(rendre tiède en réchauffant)* erwärmen
❸ *(rendre moins vif)* abkühlen *sentiment;* dämpfen *zèle*
II. *vpr* **s'~** ❶ *(devenir tiède en se refroidissant)* abkühlen
❷ *(devenir tiède en se réchauffant)* sich erwärmen
❸ *(devenir moins vif)* abkühlen, nachlassen
attiédissement [atjedismã] *m du zèle, de la foi* Nachlassen *nt; d'un sentiment* Erkalten *nt*
attifé(e) [atife] *adj fam* herausgeputzt *(fam);* **mal ~(e)** furchtbar angezogen
attifer [atife] <1> I. *vt fam* herausputzen *(fam),* ausstaffieren
II. *vpr fam* **s'~** sich herausputzen *(fam),* sich ausstaffieren; **ne pas savoir s'~** keinen Geschmack für Klamotten haben *(fam)*
Attila [at(t)ila] *m* Attila *m,* Etzel *m*
attique [atik] I. *adj* attisch
II. *m* ARCHIT [aufgesetztes] Dachgeschoss *nt*
attirail [atiʀaj] *m fam (barda, fourbi)* Kram *m (fam),* Zeug *nt (fam);* **~ de pêche** Angelausrüstung *f;* **~ de maquillage** Schminkzeug *nt*
attirance [atiʀɑ̃s] *f* Anziehungskraft *f;* **éprouver une certaine/ de l'~ pour** [*o* **envers**] **qn** sich zu jdm hingezogen [*o* sich von jdm angezogen] fühlen; **l'~ pour les littératures étrangères** der Reiz, der von der ausländischen Literatur ausgeht
attirant(e) [atiʀɑ̃, ɑ̃t] *adj personne, physionomie* anziehend; *proposition* verlockend; *publicité* ansprechend
attirer [atiʀe] <1> I. *vt* ❶ PHYS anziehen
❷ *(tirer à soi)* zu sich [her]ziehen; **~ qn dans un coin** jdn in eine [stille] Ecke ziehen; **~ qn dans ses bras** jdn in seine Arme schließen
❸ *(faire venir)* anziehen *personne;* anlocken *animal;* **~ qn/un animal dans un piège** jdn/ein Tier in eine Falle locken
❹ *(allécher)* ködern, locken
❺ *(intéresser) projet, pays:* ansprechen
❻ *(retenir)* **le regard/les foules** den Blick/die Aufmerksamkeit der Menge auf sich *(Akk)* lenken; **~ le regard/l'attention** Aufsehen/Aufmerksamkeit erregen
❼ *(procurer)* **~ des amis à qn** jdm Freunde verschaffen; **~ des ennuis à qn** jdn in Schwierigkeiten bringen
❽ *(susciter)* **~ sur soi** [*o* **sur sa tête**] **la colère de toute la ville** sich *(Dat)* den Zorn der ganzen Stadt zuziehen
❾ *(faire monter)* **la colère attire le sang à la tête** die Wut lässt das Blut in den Kopf steigen
II. *vpr* ❶ PHYS **s'~** sich anziehen
❷ *(se plaire)* **s'~** sich anziehen
❸ *(obtenir, susciter)* **s'~ qn** jdn gewinnen; **s'~ de nombreux ennemis/amis** sich *(Dat)* viele Feinde/Freunde schaffen; **s'~ un compliment** ein Kompliment bekommen; **s'~ de nombreuses inimitiés** sich *(Dat)* viel Hass zuziehen; **l'élève s'est attiré un blâme** der Schüler hat sich *(Dat)* einen Verweis eingehandelt
attiser [atize] <1> *vt a. fig* schüren, anfachen
attitré(e) [atitʀe] *adj promoteur* beauftragt; **médecin ~** Hausarzt *m*
attitude [atityd] *f* ❶ *(du corps)* Haltung *f;* **~ de base** Grundhaltung *f*
❷ *(disposition)* [innere] Haltung; **~ de l'esprit** Geisteshaltung *f;* **~ à l'égard de** [*o* **envers**] **qn/qc** Haltung gegenüber jdm/etw
❸ *souvent pl péj (affectation)* Getu(e) *nt (pej fam);* **prendre** [*o* **se donner**] **des ~s** posieren
attouchement [atuʃmɑ̃] *m* ❶ *(toucher)* Berührung *f*
❷ *(caresse légère)* Streicheln *nt*
❸ *souvent pl euph (caresse sexuelle)* unsittliche Berührung
attractif, -ive [atʀaktif, -iv] *adj* ❶ *(séduisant)* ansprechend; *plat* verlockend, ansprechend; *épargne, prix, programme* interessant; **centre ~** [Haupt]anziehungspunkt *m*
❷ PHYS **force attractive** Anziehungskraft *f*
attraction [atʀaksjɔ̃] *f* ❶ *(séduction)* Anziehungskraft *f;* **exercer une ~ sur qn** eine Anziehungskraft auf jdn ausüben, jdn anziehen
❷ *(divertissement)* Attraktion *f;* **principale** Hauptattraktion
❸ *souvent pl (show) d'une boîte de nuit* Darbietungen *Pl*
❹ CHIM, PHYS Anziehungskraft *f;* **~ magnétique** magnetische Anziehung; **~ moléculaire** Molekularkraft *f;* **~ universelle** Gravitation *f;* **loi de l'~** Gravitationsgesetz *nt*
❺ GRAM Angleichung *f*
attrait [atʀɛ] *m* Reiz *m;* **faire tout l'~ de qc** den ganzen Reiz einer S. *(Gen)* ausmachen; **avoir de l'~** [*o* **beaucoup d'~**[s]] **pour qn** *paysage:* sehr reizvoll für jdn sein; *proposition:* sehr verlockend für jdn sein; **éprouver un ~/de l'~ pour qn/qc** sich von jdm/etw angezogen fühlen, sich zu jdm/etw hingezogen fühlen
attrape [atʀap] *f* Scherzartikel *m*
attrape-mouche [atʀapmuʃ] <attrape-mouches> *m* Fliegenfänger *m* **attrape-nigaud** [atʀapnigo] <attrape-nigauds> *m* Bauernfängerei *f,* Schwindel *m;* **des attrape-nigauds** Betrügereien *Pl,* faule Tricks *Pl (fam)*
attraper [atʀape] <1> I. *vt* ❶ *(capturer, saisir)* fangen *animal, personne;* **~ qn/un animal par qc** jdn/ein Tier an etw *(Dat)* packen; **au voleur! attrapez-le!** Hilfe, ein Dieb! haltet ihn!
❷ *(saisir au vol)* [auf]fangen; **attrape!** fang!
❸ *(atteindre)* **~ qc** an etw *(Akk)* herankommen
❹ *(prendre sur le fait)* **~ qn à faire qc** jdn dabei ertappen [*o* erwischen], wie er etw tut *(fam)*
❺ *(tromper)* an der Nase herumführen, reinlegen *(fam);* **être bien attrapé(e)** schön hereingefallen [*o* reingefallen *fam*] sein
❻ *fam (gronder)* **~ un enfant** einem Kind eine Standpauke halten *(fam);* **~ un employé** einem Angestellten einen Rüffel geben *(fam)*
❼ *(prendre à temps)* erreichen, erwischen *(fam) bus, train, avion*
❽ *(comprendre)* verstehen, mitbekommen *(fam) blagues, paroles*
❾ *(savoir reproduire)* sich *(Dat)* zu Eigen machen *comportement, style;* annehmen *accent*
❿ *(avoir)* bekommen, sich *(Dat)* holen *maladie, coup de soleil*
⓫ *(recevoir)* bekommen *punition, amende*
II. *vpr* **s'~** ❶ *(se transmettre) maladie contagieuse:* sich übertragen; **l'anorexie, ça ne s'attrape pas** Magersucht ist nicht ansteckend; **un coup de soleil s'attrape facilement** einen Sonnenbrand holt man sich leicht
❷ *(s'assimiler)* **l'accent anglais, ça ne s'attrape qu'en Angleterre!** den englischen Akzent erlernt man nur in England!
❸ *fam (se disputer)* sich streiten, sich anschnauzen *(fam)*
attrayant(e) [atʀɛjɑ̃, jɑ̃t] *adj paysage* reizvoll; *travail* interessant; *personne* anziehend, attraktiv
attribuable [atʀibɥabl] *adj* zuzuschreiben; **être ~ à qn/à qch** jdm/einer S. *(Dat)* zuzuschreiben sein
attribuer [atʀibɥe] <1> I. *vt* ❶ *(donner)* **~ un prix à qn** jdm einen Preis verleihen; **~ une bourse d'études à qn** jdm ein Stipendium geben [*o* gewähren]; **~ un logement/travail à qn** jdm eine Wohnung/Arbeit zuweisen [*o* zuteilen]
❷ *(considérer comme propre à)* **~ une œuvre/un mérite à qn** jdm ein Werk/ein Verdienst zuschreiben *(geh);* **~ une faculté à qn** jdm eine Fähigkeit zutrauen; **~ des arrière-pensées à qn** jdm Hintergedanken unterstellen; **~ la culpabilité à qn** jdm die Schuld zuschieben; **~ de l'importance à qc** einer S. *(Dat)* Bedeutung beimessen; **~ un échec à qc** einen Misserfolg auf etw *(Akk)* zurückführen
II. *vpr* ❶ *(s'approprier)* **s'~ qc** sich *(Dat)* etw nehmen
❷ *(s'adjuger, revendiquer)* **s'~ qc** sich *(Dat)* etw zuschreiben, etw für sich in Anspruch nehmen; **s'~ la responsabilité de qc** die Verantwortung für etwas übernehmen
attribut [atʀiby] I. *adj* LING **adjectif** prädikativ; **nom ~** Substantiv *nt* als Prädikatsnomen
II. *m* ❶ *(propriété, symbole)* Attribut *nt,* Eigenschaft *f*
❷ LING prädikative Ergänzung
❸ INFORM Attribut *nt;* **~ de/d'un fichier** INFORM Dateiattribut
◆ **~ d'affichage** INFORM Darstellungsgröße *f;* **~ du sujet** prädikative Ergänzung zum Subjekt
attribution [atʀibysjɔ̃] *f* ❶ *(action) d'un appartement* Zuweisung *f,* Vergabe *f; d'une indemnité* Gewährung *f; d'un prix* Verleihung *f; de la procuration commerciale* Erteilung *f;* **~ d'un brevet pour un procédé** Patentierung *f* eines Verfahrens; **~ de l'adjudication** ECON Angebotsannahme *f*
❷ *pl (compétences)* Zuständigkeitsbereich *m,* Zuständigkeit *f,* Kompetenzbereich; **faire partie des ~s de qn** in jds Zuständigkeit[sbereich] *(Akk)* fallen; **empiéter sur les ~s de qn** in jds Kompetenz[bereich] *(Akk)* eingreifen; **agir hors du cadre de ses ~s** außerhalb seiner Befugnisse handeln; **cela dépasse le cadre de ses ~s** das ist [*o* liegt] außerhalb seiner/ihrer Kompetenzen
◆ **~ de devises** Devisenzuteilung *f;* **~ de juridiction** [*o* **de compétence**] JUR Gerichtsstandvereinbarung *f;* **~ du marché** ECON Submission *f (Fachspr.)*
attristant(e) [atʀistɑ̃, ɑ̃t] *adj* ❶ *(affligeant, désolant) perspectives* schlecht
❷ *(pénible, triste) spectacle, nouvelle* traurig
❸ *(déplorable) bêtise* beklagenswert
attrister [atʀiste] <1> I. *vt* traurig machen, betrüben
II. *vpr* **s'~ devant qc** angesichts einer S. *(Gen)* traurig [*o* betrübt] sein; **s'~ de constater que qn a fait qc** betrübt [*o* bekümmert] feststellen, dass jd etw getan hat *(geh)*
attroupement [atʀupmɑ̃] *m* Menschenauflauf *m,* Menschenansammlung *f*
attrouper [atʀupe] <1> *vpr* **s'~ sur la place** auf dem Platz zusammenströmen
atypique [atipik] *adj* atypisch
au [o] = **à le** *v.* **à**
aubade [obad] *f* Morgenständchen *nt*
aubaine [obɛn] *f* ❶ *(chance)* Geschenk *nt* des Himmels; **profiter de l'~** [*o* **la bonne ~**] die/die günstige Gelegenheit nutzen; **tu**

parles d'une ~! *iron* Schöne Bescherung! *(iron)*; c'est une ~! das ist eine einmalige Gelegenheit!

❷ CAN *(vente à prix réduit)* Sonderangebot *nt*

aube[1] [ob] *f* ❶ *(point du jour)* Morgengrauen *nt*, Morgendämmerung *f*, Tagesanbruch *m*; à [*o* dès] l'~ bei Tagesanbruch, im Morgengrauen

❷ *littér* l'~ du XXe siècle der Anbeginn des 20. Jahrhunderts *(geh)*; être à l'~ de qc am Anfang einer S. *(Gen)* stehen

aube[2] [ob] *f* TECH Schaufel *f*; **bateau** [*o* **navire**] **à ~s** Raddampfer *m*

aubépine [obepin] *f* [eingriffeliger] Weißdorn

auberge [obɛrʒ] *f* [Land]gasthof *m*, [Land]gasthaus *nt*; **~ de/du village** Dorfgasthof

▶ **on n'est pas sorti de l'~** *fam* uns steht noch allerhand bevor *(fam)*; **c'est l'~ espagnole** *(roman)* das ist ein Sammelsurium *nt (fam)*

♦ ~ **de jeunesse** Jugendherberge *f*; **carte des ~s de jeunesse** Jugendherbergsausweis *m*

aubergine [obɛrʒin] I. *f* ❶ *(légume)* Aubergine *f*, Melanzani *f* (A)

❷ *vieilli fam (contractuelle)* Politesse *f*

II. *adj inv* auberginefarben

aubergiste [obɛrʒist] *mf* [Gast]wirt(in) *m(f)*

aubette [obɛt] *f* ❶ *(abribus)* Wartehäuschen *nt*, überdachte Bushaltestelle

❷ BELG *(kiosque à journaux)* Zeitungskiosk *m*

aubier [obje] *m* Splint[holz *nt*] *m*

auburn [obœrn] *adj inv* kastanienbraun

aucun(e) [okœ̃, okyn] I. *adj antéposé* ❶ ~ ... ne ..., ne ... ~ ... kein(e); ~ **humain n'échappera à la mort** kein Mensch entgeht dem Tod; **n'avoir ~e preuve** gar [*o* überhaupt] keinen Beweis haben; **en ~e façon** keineswegs, in keiner Weise; **sans faire ~ bruit** ohne einen [*o* den geringsten] Laut

❷ *littér (quelque)* jede(r, s); **lire plus qu'~ autre enfant** mehr lesen als jedes andere Kind

❸ *(dans une question)* irgendein(e); **croyez-vous qu'~ auditeur vous écoute?** glauben Sie, irgendein Zuhörer hört Ihnen zu?

II. *pron* ❶ ~ **ne ..., ne ... ~** keine(r, s), kein einziger/keine einzige/kein einziges; ~ **d'entre nous** keine(r) von uns; **je n'aime ~ de ces romans** ich mag keinen dieser Romane

❷ *littér (quiconque)* jede(r, s)

❸ *littér (dans une question)* irgendeine(r, s); **pensez-vous qu'~ ait compris vos explications?** glauben Sie, irgendjemand hätte Ihre Erklärungen verstanden?

❹ *littér (certains)* **d'~s** einige

aucunement [okynmɑ̃] *adv* keineswegs, in keiner Weise, gar nicht; **n'avoir ~ envie** überhaupt [*o* gar] keine Lust haben; **êtes-vous d'accord? – Aucunement!** sind Sie einverstanden? – Nie und nimmer!

audace [odas] *f* ❶ *(témérité)* Kühnheit *f*; **avoir de l'~** kühn sein

❷ *(effronterie)* Dreistigkeit *f*, Unverschämtheit *f*; **avoir l'~ de faire qc** die Dreistigkeit [*o* Unverfrorenheit] besitzen etw zu tun; **ne pas manquer d'~** reichlich frech sein

❸ *gén pl (innovation)* **~s de style** gewagter Stil; **les ~s de la mode** die Extravaganzen der Mode

audacieux, -euse [odasjø, -jøz] I. *adj* ❶ kühn

❷ *(effronté)* dreist, frech

❸ *(risqué, hardi) projet, mode* gewagt

II. *m, f* Kühne(r) *f(m)*; *vieilli* Wagemutige(r) *f(m)*; **c'est un ~!** er ist waghalsig!

au-dedans [odədɑ̃] I. *adv (intérieurement)* drinnen, im Inner[e]n; **être bouleversé(e) ~** innerlich aufgewühlt sein II. *prép* ❶ *(à l'intérieur de, sans mouvement)* ~ **de qc** innerhalb [*o* im Innern] einer S. *(Gen)* ❷ *(à l'intérieur de, avec mouvement)* ~ **de qc** ins Innere einer S. *(Gen)*, in etw *(Akk)* [hinein] **au-dehors** [odəɔr] I. *adv* ❶ *(à l'extérieur)* laisser, faire beau, vivre draußen; *sortir, se répandre* nach [dr]außen ❷ *(dans l'apparence extérieure)* äußerlich II. *prép* ❶ *(à l'extérieur de, sans mouvement)* ~ **de qc** außerhalb einer S. *(Gen)* ❷ *(à l'extérieur de, avec mouvement)* ~ **de qc** aus etw [heraus] **au-delà** [od(ə)la] I. *adv (plus loin) être* weiter [hinten]; *aller, voir* weiter [nach hinten] II. *prép* ❶ *(de l'autre côté de, sans mouvement)* ~ **de qc** jenseits /*o* auf der anderen Seite einer S. *(Gen)*; ~ **de la mort** nach dem Tod[e] ❷ *(de l'autre côté de, avec mouvement)* ~ **de qc** auf die andere Seite einer S. *(Gen)* ❸ *(dépassant)* ~ **de qc** über etw *(Akk)* hinaus; **être ~ des espérances de qn** *succès:* jds Erwartungen übertreffen; **être ~ de toute vraisemblance** *roman:* unwahrscheinlich [*o* unrealistisch] sein III. *m* Jenseits *nt*; **la vie dans l'~** das jenseitige Leben **au-dessous** [od(ə)su] I. *adv* darunter II. *prép* ❶ *(sans mouvement)* ~ **de qn/qc** unter jdm/etw ❷ *(au sud de)* ~ **de Lyon** unterhalb von Lyon ❸ *(inférieur, subordonné)* **être ~ de qn** unter jdm stehen; **être ~ de tout** *personne:* ein Nichtsnutz sein; *concert:* das Letzte sein **au-dessus** [od(ə)sy] I. *adv* ❶ darüber ❷ *(mieux)* **il n'y a rien ~** das ist das Beste II. *prép* ❶ *(sans mouvement)* ~ **de qn/qc** über jdm/etw ❷ *(avec mouvement)* ~ **de qn/qc** über jdn/etw ❸ *(au nord de)* ~ **de Lyon** oberhalb von Lyon ❹ *(supérieur)* **être ~ de qn** über jdm stehen, jdm überlegen sein; **être ~ de qc** über etw *(Dat)* stehen [*o* schweben] **au-devant** [od(ə)vɑ̃] *prép* **aller ~ des souhaits de qn** jds Wünschen entgegenkommen

audible [odibl] *adj* ❶ *(qu'on peut entendre)* hörbar

❷ *(agréable à entendre)* **trouver qc ~** finden, dass sich etw gut anhört

audience [odjɑ̃s] *f* ❶ *(entretien)* Audienz *f*; **être reçu(e) en ~** in Audienz empfangen werden; **tenir ~** eine Sitzung abhalten; **demander [une] ~ à qn** jdn um eine Audienz bitten; **donner [une] ~ à qn** jdm eine Audienz geben

❷ JUR ~ **[du tribunal]** Gerichtssitzung *f*, Gerichtsverhandlung *f*; **tenir ~** tagen; **début de l'~** Verhandlungsbeginn *m*; ~ **publique/à huis clos** öffentliche/nicht öffentliche Verhandlung; **jour d'~** Verhandlungstag *m*, Gerichtstag

❸ *littér (attention)* Anklang *m (geh)*, Beachtung *f*; **avoir l'~ de qn** von jdm beachtet werden; **mériter plus d'~** mehr Beachtung verdienen

❹ *(indice d'écoute)* Einschaltquote *f*

❺ *vieilli (auditoire)* Publikum *nt*, Zuhörerschaft *f*

audimat® [odimat] *m* ❶ *(appareil)* Messgerät *nt* für die Einschaltquote

❷ *(taux d'écoute)* Einschaltquote *f*; **champion(ne) de l'~** *fam* Quotenbringer(in) *m(f) (fam)*; **faire grimper l'~** *personne:* ein Quotenbringer sein

audimètre [odimɛtʀ] *m* Messgerät *nt* für die Einschaltquote

audio [odjo] *adj inv* Audio-, Hör-; **cassette ~** Audiokassette *f*

audiomètre [odjɔmɛtʀ] *m* Audiometer *nt*

audionumérique [odjonymeʀik] *adj* digital

audiophile [odjofil] *mf* Hi-Fi-Liebhaber(in) *m(f)*

audioprothésiste [odjopʀɔtezist] *mf* Hörgeräteakustiker(in) *m(f)*

audiotex [odjotɛks] *m* telefonisches Nachrichtensystem

audiovisuel [odjovisɥɛl] *m* ❶ Audio-Video-Technik *f*, audiovisuelle Arbeitsmittel

❷ *(chaînes de télévision)* audiovisuelle Medien *Pl*

audiovisuel(le) [odjovisɥɛl] *adj moyens de communication, méthode* audiovisuell; **le paysage ~ français** die französische Fernsehlandschaft

audit [odit] *m* ❶ *(procédure)* Revision *f*

❷ *(contrôle de la comptabilité)* Rechnungsprüfung *f*, Buchprüfung *f*, Controlling *nt*; ~ **interne** betriebliche Rechnungsprüfung, interne Revision

❸ *(personne)* Wirtschaftsprüfer(in) *m(f)*

auditeur, -trice [oditœʀ, -tʀis] *m, f* ❶ Zuhörer(in) *m(f)*; *d'une radio* Hörer(in) *m(f)*; *d'une télévision* Zuschauer(in) *m(f)*

❷ ECON *(métier)* Rechnungsprüfer(in) *m(f)*, Buchprüfer(in), Betriebsprüfer(in)

❸ UNIV ~ **(-trice) libre** Gasthörer(in) *m(f)*

♦ ~ **(-trice) au Conseil d'État** untere Charge im französischen Staatsrat; ~ **(-trice) à la Cour des Comptes** Kommissar(in) am französischen Rechnungshof

auditif, -ive [oditif, -iv] I. *adj mémoire* auditiv; **appareil ~** Hörgerät *nt*

II. *m, f* auditiver Typ

audition [odisjɔ̃] *f* ❶ *(sens)* Hören *nt*; **test d'~** Hörtest *m*; **déficience de l'~** Hörschwäche *f*

❷ *(écoute)* Hören *nt*; **après plusieurs ~s** nach mehrmaligem Hören

❸ a. JUR *d'un témoin* Anhörung *f*, Vernehmung *f*; **avant l'~ du témoin** vor der Zeugenvernehmung; **après ~ des parties** nach Anhörung der Parteien; ~ **d'experts** Expertenhearing *nt*

❹ THEAT, CINE *d'un acteur* Vorsprechen *nt*; *d'un chanteur* Vorsingen *nt*; *d'un musicien* Vorspielen *nt*; *d'un artiste de cirque* Probevorstellung *f*

❺ *(concert)* Konzert *nt*

♦ ~ **d'appel** Berufungsverhandlung *f*

auditionner [odisjɔne] <1> I. *vt* vorsprechen lassen *acteur;* vorspielen lassen *musicien;* vorsingen lassen *chanteur*

II. *vi acteur:* vorsprechen; *musicien:* vorspielen; *chanteur:* vorsingen

auditoire [oditwaʀ] *m* ❶ *(public)* Publikum *nt*, Zuhörerschaft *f*

❷ UNIV BELG, CH *(amphithéâtre)* Hörsaal *m*

auditorium [oditɔʀjɔm] *m* ❶ RADIO, TV Sendesaal *m*

❷ *(salle de concert)* Konzertsaal *m*

auge [oʒ] *f* ❶ *(abreuvoir)* Tränke *f*; ~ **d'eau** Wassertrog *m*

❷ *(mangeoire) des porcs* Futtertrog *m*; *des bêtes du parc* Futterkrippe *f*

❸ *pop (assiette)* Teller *m*

❹ CONSTR ~ **à mortier** Mörtelkübel *m*

❺ *(godet d'une roue)* **roue à ~s** Mühlrad *nt*, Wasserrad

augmentation [ɔgmɑ̃tasjɔ̃] *f* ❶ *(action de faire augmenter)* **de la vitesse** Erhöhung *f*; **du pouls cardiaque** Beschleunigung *f*; **de la résistance** Stärkung *f*; **de la production** Steigerung *f*; **des stocks** Aufstockung *f;* **~ des bénéfices** Gewinnerhöhung; **~ du cautionnement** *[o du montant de la responsabilité]* JUR Haftsummenerhöhung *(Fachspr.);* **~ de la contribution** *[o de la cotisation]* Beitragserhöhung; **~ des coûts** Kostensteigerung; **~ des effectifs** Personalaufstockung *f;* **~ de l'impôt sur le chiffre d'affaires** Umsatzsteuererhöhung; **~ de l'impôt sur les sociétés** Körperschaftssteuererhöhung; **~ de la masse monétaire** Geldmengenausweitung *f,* Geldvermehrung *f;* **~ de** [**la pension de**] **retraite** Rentenerhöhung *f;* **~ de prix** Preiserhöhung, Preissteigerung; **~ de la productivité** Produktivitätssteigerung; **~ de/du salaire** *(en parlant des ouvriers)* Lohnerhöhung *f,* Lohnanhebung *f,* Lohnsteigerung *f,* Lohnvorrückung *f* (A); *(en parlant des employés)* Gehaltserhöhung, Gehaltsanhebung, Gehaltssteigerung, Gehaltsvorrückung (A); **~ du taux de perception** FISC Hebesatzerhöhung; **~ exceptionnelle** JUR Ausnahmesteigerung *(Fachspr.);* **~ du total du bilan** Bilanzverlängerung *f*

❷ *(processus) du coût de la vie* Anstieg *m; du chômage, de l'inflation* Zunahme *f;* **~ du prix** Preisanstieg; **~ du chiffre d'affaires** Umsatzanstieg, Umsatzzunahme; *(montant excédentaire)* Mehrumsatz *m;* **~ des coûts** Kostenanstieg; **~ soudaine des emprunts** plötzlicher Anstieg der Kreditaufnahme; **~ démesurée des prix** übersteigertes Anziehen der Preise; **~ saisonnière** saisonübliche Zunahme; **~ des ventes** Absatzplus *nt*

❸ *(au tricot)* Zunehmen *nt;* **faire une ~** eine Masche zunehmen
◆ **~ de capital** Kapitalvermehrung *f,* Kapitalerhöhung *f;* **~ des réserves** ECON Vorrätemehrung *f*

augmenter [ɔɡmɑ̃te] <1> I. *vt* ❶ *(accroître)* erhöhen *salaires, force, quantité, prix, impôts, production;* aufbessern *revenus;* vergrößern, erhöhen *nombre;* verstärken *intensité de la lumière;* vergrößern *misère;* **~ la hauteur de qc** etw erhöhen

❷ *(accroître le salaire)* **~ qn de qc** jds Gehalt/Lohn um etw erhöhen [*o* aufbessern]

II. *vi* ❶ *(s'accroître)* wachsen; *production, population:* zunehmen, wachsen; *difficulté, inquiétude, quantité:* größer werden, wachsen; *nombre:* sich erhöhen, steigen; *salaire:* steigen; *douleur:* stärker werden, zunehmen

❷ *(devenir plus cher)* erhöht werden; *prix, loyer:* [an]steigen, erhöht werden; *marchandise, vie:* teurer werden

III. *vpr* **ma collection s'est augmentée d'un volume** meine Sammlung ist um einen Band erweitert worden

augure¹ [ogyʀ] *m* **être de bon/mauvais ~** Gutes/nichts Gutes verheißen, ein gutes/schlechtes Vorzeichen sein

augure² [ogyʀ] *m* ❶ HIST *(prêtre antique)* Augur *m*

❷ *(devin)* Augur *m (geh),* Prophet *m;* **consulter les ~s** sich *(Dat)* wahrsagen lassen

augurer [ogyʀe] <1> *vt* **~ qc d'un signe** etw aus einem Zeichen schließen; **~ de qc que qn va faire qc** aus etw schließen, dass jd etw tun wird; **laisser ~ qc** auf etw *(Akk)* schließen lassen

auguste [ogyst(ə)] *m* dummer August *m*

Auguste [ogyst(ə)] *m* ❶ August *m*

❷ HIST **l'empereur ~** Kaiser Augustus

Augustin [ogystɛ̃] *m* ❶ Augustin *m*

❷ REL **Saint ~** Augustinus *m*

aujourd'hui [oʒuʀdɥi] *adv* ❶ *(opp: hier, demain)* heute; **quel jour sommes-nous ~?** den Wievielten haben wir heute?, der Wievielte ist heute?; **pain d'~** Brot von heute; **exercice d'~** heutige Übung; **à compter/dater/partir d'~** ab heute, von heute an; **dès ~** gleich heute; **il y a ~ huit jours/un an que qn a fait qc** heute vor acht Tagen/einem Jahr hat jd etw getan; **~ en huit** heute in acht Tagen

❷ *(actuellement)* heute; **les jeunes d'~** die jungen Leute von heute, die heutige Jugend; **au jour d'~** *fam (actuellement)* heutzutage; *(jusqu'à maintenant)* bis heute

▶ **c'est pour ~ ou demain?** *fam* wird's bald? *(fam);* **ça ne date pas d'~** das ist nicht neu, das gibt's nicht erst seit heute *(fam);* **ce n'est pas d'~ que je le sais** das weiß ich schon lange [*o* nicht erst seit heute]

aula [ola] *f* CH ❶ UNIV *(amphithéâtre)* Hörsaal *m*

❷ *(grande salle) d'un établissement scolaire* Aula *f*

aulne [o(l)n] *m* Erle *f;* **bois d'~** Erlenholz *nt*

aumône [omon] *f* ❶ *(don)* Almosen *nt;* **demander l'~** um [ein] Almosen bitten, betteln; **faire** [*o* **accorder**] **l'~ à qn** jdm ein Almosen geben

❷ *(faveur)* **faire l'~ d'un regard à qn** jdn eines Blickes würdigen

aumônerie [omonʀi] *f* Seelsorge *f; (lieu)* Andachtsraum *m;* **~ militaire** Militärseelsorge

aumônier [omonje] *m* **~ militaire** [*o* **d'un régiment**] Militärpfarrer *m,* Feldgeistliche(r) *m (veraltet);* **~ d'un lycée** Religionsunterricht erteilender Geistlicher; **~ d'un hôpital/d'une prison** Krankenhaus-/Gefängnispfarrer

aune¹ *v.* aulne

aune² [on] *f* **juger** [*o* **mesurer**] **une personne/une chose à l'~ de qn/qc** *littér* jdn/etw zum Maßstab für einen Menschen/eine S.

nehmen

auparavant [opaʀavɑ̃] *adv* vorher, zuvor; **une heure/un mois ~** eine Stunde/einen Monat vorher [*o* zuvor]

auprès [opʀɛ] *prép* **~ de** ❶ *a. fig (tout près, à côté de)* bei; **être ~ de qn** bei jdm sein; **viens ~ de moi** komm zu mir; **viens t'asseoir ~ de moi!** komm, setz dich zu mir!; **l'enfant se réfugia ~ de sa mère** das Kind suchte bei seiner Mutter Zuflucht; **~ de qc** *littér* neben etw *(Dat o Akk),* in der Nähe einer S. *(Gen)*

❷ *(en comparaison de)* **~ de qn/qc** im Vergleich zu jdm/etw

❸ *(aux yeux de)* bei; **~ de qn** bei jdm; **il est fort bien vu ~ de ses chefs** er ist bei seinen Vorgesetzten recht gut angesehen

❹ ADMIN **~ du ministre/du gouvernement** beim Minister/bei der Regierung

auquel [okɛl] = **à lequel** *v.* lequel

aura [ɔʀa] *f* Aura *f (geh)*

auréole [ɔʀeɔl] *f* ❶ *(tache)* Rand *m*

❷ *(halo) d'un astre* Hof *m*

❸ *(cercle doré) d'un saint* Heiligenschein *m*

❹ *fig littér (éclat)* Nimbus *m (liter);* **~ de gloire** Glorienschein *m (geh);* **~ du martyre** Märtyrerkrone *f;* **être entouré(e)** [*o* **paré(e)**] **d'une ~** von einem Nimbus umgeben sein *(liter)*

auréoler [ɔʀeɔle] <1> I. *vt* ❶ *(parer de)* **~ qn de gloire** jdn mit einem Glorienschein umgeben

❷ *(entourer)* einrahmen; **être auréolé(e) de soleil** von Sonnenstrahlen umgeben *(liter);* **être auréolé(e) de boucles** von Locken umkränzt sein *(liter)*

❸ *(glorifier)* **la légende auréole son courage** die Legende glorifiziert seinen Mut

II. *vpr* **s'~ de toutes les vertus** sich mit dem Nimbus aller Tugenden *(Gen)* umgeben *(liter)*

auriculaire [ɔʀikylɛʀ] I. *m* kleiner Finger

II. *adj* **pavillon ~** Ohrmuschel *f*

aurifère [ɔʀifɛʀ] *adj* goldhaltig

aurochs [ɔʀɔk] *m* Auerochse *m*

aurore [ɔʀɔʀ] *f* ❶ *(aube)* Morgenrot *nt,* Morgenröte *f; (heure du jour)* Tagesanbruch *m,* Morgengrauen *nt;* **se lever aux ~s** *hum* in aller Herrgottsfrühe aufstehen *(fam)*

❷ *littér (début)* Anbeginn *m (geh)*

❸ ASTRON **~ australe/boréale/polaire** Süd-/Nord-/Polarlicht *nt*

auscultation [ɔskyltasjɔ̃] *f* Abhorchen *nt,* Abhören *nt,* Auskultation *f (Fachspr.)*

ausculter [ɔskylte] <1> *vt* abhorchen, abhören

auspices [ɔspis] *mpl* ❶ *(augure)* **sous de bons** [*o* **d'heureux**]/**de mauvais** [*o* **fâcheux**] **~** unter guten/schlechten Vorzeichen

❷ *(appui)* **sous les ~ de qn** unter jds Schutz *(Dat);* **sous les ~ de la municipalité** unter der Schirmherrschaft der Stadt

aussi [osi] I. *adv* ❶ *(élément de comparaison)* **~ ... que** so ... wie; **elle est ~ grande que moi** sie ist [genau]so [*o* ebenso] groß wie ich; **il est ~ grand qu'il est bête** [*o* **que bête**] er ist so dumm wie er lang ist *(fam);* **~ loin qu'il nous voit, il nous salue** sobald er uns in der Ferne sieht, grüßt er uns

❷ *(également)* auch; **c'est ~ mon avis** das ist auch [*o* ebenfalls] meine Meinung; **bon appétit! – Merci, vous ~!** guten Appetit! – Danke, gleichfalls!; **ça peut tout ~ bien être faux!** das kann genauso [*o* ebenso] gut falsch sein!

❸ *(en plus)* auch noch, außerdem [noch]; **non seulement ..., mais ~** nicht nur ..., sondern auch

❹ *fam (non plus)* **moi ~, je ne suis pas d'accord** ich bin auch nicht einverstanden

❺ *(bien que)* **~ riche soit-il** so reich er auch sein mag

❻ *(autant* [*que*]) **Paul ~ bien que son frère** Paul [eben]so wie sein Bruder

❼ *(d'ailleurs)* **mais ~** aber auch ...?; **mais ~, qu'allait-il faire dans cette galère!** wie konnte er sich auch darauf einlassen?, was hatte er [aber] auch da zu suchen? *(fam)*

II. *conj* **~** [**bien**] daher, deshalb

aussitôt [osito] I. *adv* ❶ *(tout de suite)* sofort, gleich; **~ après** gleich danach

❷ *(sitôt)* gleich nach[dem]; **~ arrivé, il s'allongea** gleich nachdem er angekommen war, legte er sich hin

▶ **~ dit, ~ fait** gesagt, getan

II. *conj* **~ que qn a fait qc** sobald [*o* sowie] jd etw getan hat

austère [ɔstɛʀ] *adj* streng; *style, monument* schmucklos, streng; *vie* enthaltsam, asketisch

austérité [ɔsteʀite] *f* ❶ *(caractère) d'une personne, éducation* Strenge *f; d'un style, monument* Schmucklosigkeit *f,* Strenge *f;* **~ des mœurs** Sittenstrenge *f*

❷ *pl* REL *littér* Kasteiungen *Pl*

❸ *(rigueur)* **mesure d'~** Sparmaßnahmen *Pl;* **période d'~** harte Zeiten *Pl;* **politique d'~** Sparpolitik *f*

austral(e) [ɔstʀal] <s> *adj hémisphère* südlich; **pôle ~** Südpol *m*

Australie [ɔstʀali] *f* **l'~** Australien *nt;* **Sydney est une ville d'~** Sydney ist eine Stadt in Australien

australien(ne) [ɔstʀaljɛ̃, jɛn] *adj* australisch
Australien(ne) [ɔstʀaljɛ̃, jɛn] *m(f)* Australier(in) *m(f)*
austro-hongrois(e) [ɔstʀoɔ̃gʀwa, waz] *adj* österreichisch-ungarisch; **monarchie ~e** österreichisch-ungarische Monarchie
autant [otɑ̃] *adv* ❶ *(tant)* so viel; **comment peut-il dormir ~?** wie kann er nur so viel schlafen?; **~ d'argent** so viel Geld
❷ *(relation d'égalité)* **~ que** *surprendre, valoir, aimer* ebenso [*o* genauso] [sehr] wie; *donner, travailler* ebenso [*o* genauso] viel wie; **il peut crier ~ qu'il veut** er kann so viel schreien, wie er will; **il travaille ~ qu'il peut** er arbeitet, so viel er kann; **tu ne peux pas en dire ~!** das kannst du von dir nicht sagen!; **en faire ~** dasselbe tun, es genauso [*o* ebenso] machen; **d'~** ebenso viel, in gleichem Maße; **la Bible ~ que le Coran** die Bibel ebenso wie der Koran; **son aisance le surprenait ~ que sa beauté** seine/ihre Gewandtheit überraschte ihn ebenso sehr wie seine/ihre Schönheit; **~ de beurre que de farine** genauso [*o* ebenso] viel Butter wie Mehl; **ils ont ~ de talents l'un que l'autre** der eine ist ebenso begabt wie der andere; **il n'y a pas ~ de neige que l'année dernière** es liegt nicht so viel Schnee wie im letzten Jahr
❸ *(cela revient à)* ebenso [*o* genauso] gut; **~ parler à un sourd!** ebenso gut könnte man zu einem Tauben sprechen!; **~ dire** so gut wie, praktisch, im Grunde; **~ dire que qn a bien fait qc** das heißt so viel wie, dass jd etw gut getan hat
❹ *(sans exception)* **ces personnes sont ~ de chômeurs** diese Menschen sind alle arbeitslos; **tous ~ que vous êtes** alle, die ihr da seid
❺ *(pour comparer)* **~ j'aime la mer, ~ je déteste la montagne** so sehr ich das Meer liebe, so sehr hasse ich die Berge; **il est gentil avec elle, ~ il est désagréable avec nous** so nett er zu ihr ist, so unfreundlich ist er zu uns
❻ *(dans la mesure où)* [**pour**] **~ que qn fasse qc** vorausgesetzt, dass [*o* sofern] jd etw tut; [**pour**] **~ que je sache** soviel ich weiß, meines Wissens; **~ que possible** [*o* **qu'il est possible**] [*o* **que faire se peut**] so weit wie [*o* als] möglich; **cela n'a d'intérêt qu'~ qu'on en profite** das ist nur insofern [*o* insoweit] von Interesse, als man davon profitieren kann; **n'être qc qu'~ que** etw [in]soweit sein, als
❼ *(encore plus, moins* [*pour la raison que*]) **d'~ moins ... que qn a fait qc** umso weniger ... als jd etw getan hat; **d'~** [**plus**] **que qn a fait qc** zumal jd etw getan hat; **d'~ mieux/moins/plus** umso besser/weniger/mehr
▶ **c'est ~ de gagné/pris** das ist immerhin [*o* wenigstens] etwas, besser als nichts; **c'est ~ de fait** was weg ist, ist weg; **pour ~** trotzdem; **il va mieux; il n'est pas remis pour ~** es geht ihm besser; deswegen ist er aber noch lange nicht wieder gesund; **~ pour moi!** *fam* das war mein Fehler!, ich habe mich geirrt!
autarcie [otaʀsi] *f* Autarkie *f*, wirtschaftliche Unabhängigkeit; **vivre en ~** autark sein
autarcique [otaʀsik] *adj régime, vie* autark, wirtschaftlich unabhängig; *politique* autarkisch
autel [otɛl] *m* Altar *m;* HIST Opfertisch *m*, Altar
▶ **conduire/suivre qn à l'~** *soutenu* jdn zum Traualtar führen/ mit jdm vor den Traualtar treten *(geh)*
auteur [otœʀ] *m* ❶ *d'un manuscrit, poème, article* Verfasser(in) *m(f); d'une chanson* Textschreiber(in) *m(f); (écrivain)* Autor(in) *m(f);* **~ dramatique** Theaterautor(in)
❷ *(créateur)* Schöpfer(in) *m(f);* **~ de la découverte** Entdecker(in) *m(f)*
❸ *(responsable)* Verursacher(in) *m(f);* **~ du crime** Täter(in) *m(f);* **~ de l'attentat** Attentäter(in) *m(f);* **qui est l'~ de cette blague?** wer hat sich diesen Scherz ausgedacht?
auteur-compositeur [otœʀkɔ̃pozitœʀ] <auteurs-compositeurs> *m* Texter(in) *m(f)* und Komponist(in) *m(f)* **auteur--compositeur-interprète** [otœʀkɔ̃pozitœʀɛ̃tɛʀpʀɛt] <auteurs--compositeurs-interprètes> *m* Chansonsänger(in) *m(f),* ≈ Liedermacher(in) *m(f)*
authenticité [otɑ̃tisite] *f* ❶ *d'un document, d'une œuvre* Echtheit *f*, Authentizität *f (geh)*
❷ *(sincérité) d'un comédien, d'une interprétation* Glaubwürdigkeit *f*
authentification [otɑ̃tifikasjɔ̃] *f* ❶ Beurkundung *f;* **~ d'un acte** notarielle Beurkundung; **~ judiciaire/officielle** gerichtliche/öffentliche Beurkundung
❷ INFORM Authentifizierung *f*
authentifier [otɑ̃tifje] <1a> *vt* ❶ beglaubigen *document, signature;* für echt befinden [*o* erklären] *tableau*
❷ INFORM authentifizieren
authentique [otɑ̃tik] *adj* ❶ authentisch *(geh); tableau* echt; *acte* beglaubigt; *quittance* rechtsgültig; **le tableau ~** das Original
❷ *(sincère) personne* unverfälscht; *émotion* echt
▶ **~! ja wirklich!**
authentiquement [otɑ̃tikmɑ̃] *adv* wirklich
autisme [otism] *m* Autismus *m*
autiste [otist] **I.** *adj* autistisch

II. *mf* Autist(in) *m(f)*
autistique [otistik] *adj* autistisch
auto [oto] *f abr de* **automobile** Auto *nt;* **~ tamponneuse** Autoskooter *m*
auto-accusation [otoakyzasjɔ̃] *f* Selbstbeschuldigung *f*, Selbstbezichtigung *f*
autoadhésif, -ive [otoadezif, -iv] *adj* selbstklebend, selbsthaftend; **film ~** Selbstklebefolie *f*
autoallumage [otoalymaʒ] *m* Selbstzündung *f*
autoamnistier [otoamnistje] <1> *vpr* **s'~** sich selbst amnestieren
autoanticorps [otoɑ̃tikɔʀ] *m* MED Autoantikörper *nt*
autobiographie [otobjɔgʀafi] *f* Autobiografie *f*
autobiographique [otobjɔgʀafik] *adj* autobiografisch
autobloquant(e) [otoblɔkɑ̃, ɑ̃t] *adj porte* mit automatischer Verriegelung
autobronzant [otobʀɔ̃zɑ̃] *m* Selbstbräuner *m*
autobronzant(e) [otobʀɔ̃zɑ̃, ɑ̃t] *adj* Selbstbräunungs-; **crème ~e** Selbstbräunungscreme *f;* **lait ~** Selbstbräunungsmilch *f*
autobus [otobys] *m* [Auto]bus *m;* **prendre l'~** mit dem [Auto]bus fahren, den [Auto]bus nehmen; **~ électrique** Elektrobus *m*
◆ **~ à impériale** Doppelstockbus *m*, Doppeldecker *m (fam)*
autocar [otokaʀ] *m* Reisebus *m;* **~ de ligne régulière** Überlandbus
◆ **~ pullman** Pullmanreisebus *m;* **~ de tourisme** Reisebus *m*, Reisecar *m* (CH)
autocensure [otosɑ̃syʀ] *f* Selbstzensur *f*
autochenille [otoʃ(ə)nij] *f* Raupenfahrzeug *nt*
autochtone [otokton] **I.** *adj* einheimisch; *(indigène)* eingeboren
II. *mf* Einheimische(r) *f(m)*, Eingeborene(r) *f(m)*, Urbewohner(in) *m(f)*
autoclave [otoklav] *adj* selbst schließend; **marmite ~** Schnellkochtopf *m*
autocollant [otokɔlɑ̃] *m* Aufkleber *m;* **~ à bagages** Gepäckaufkleber
autocollant(e) [otokɔlɑ̃, ɑ̃t] *adj* selbstklebend, selbsthaftend
autocontrôle [otokɔ̃tʀol] *m* INFORM [automatische] Selbstprüfung *f;* **système d'~** selbstprüfendes System
auto-couchettes, autocouchettes [otokuʃɛt] *adj inv* **train ~** Autoreisezug *m*
autocrate [otokʀat] *mf* Autokrat(in) *m(f) (geh)*, Alleinherrscher(in) *m(f)*
▶ **en ~ se comporter, régner** wie ein Alleinherrscher, selbstherrlich
autocritique [otokʀitik] *f* Selbstkritik *f;* **faire son ~** Selbstkritik üben
autocuiseur [otokɥizœʀ] *m* Schnellkochtopf *m*
autodafé [otodafe] *m* Autodafé *nt (geh)*, [öffentliche] Verbrennung; **~ de livres** Bücherverbrennung *f*
autodéfense [otodefɑ̃s] *f* Selbstverteidigung *f; (prévention)* Selbstschutz *m*
autodérision [otodeʀizjɔ̃] *f* Selbstironie *f*
autodestruction [otodestʀyksjɔ̃] *f (physique)* Selbstzerstörung *f; (morale)* Selbstzerfleischung *f*
autodétermination [otodetɛʀminasjɔ̃] *f* Selbstbestimmung *f*
autodétruire [otodetʀɥiʀ] <*irr*> *vpr* **s'~** *machine, cassette:* sich selbst vernichten; *personne:* sich [selbst] zugrunde richten
autodidacte [otodidakt] **I.** *adj* autodidaktisch
II. *mf* Autodidakt(in) *m(f)*
autodiscipline [otodisiplin] *f* Selbstdisziplin *f*
autodrome [otodʀom] *m* Autorennbahn *f*, Rennstrecke *f*
autoécole, auto-école [otoekɔl] <auto-écoles> *f* Fahrschule *f*
autoévaluation [otoevalɥasjɔ̃] *f* Selbsteinschätzung *f*
autofinancement [otofinɑ̃smɑ̃] *m* Eigenfinanzierung *f*, Selbstfinanzierung *f*
autofinancer [otofinɑ̃se] <2> **I.** *vt* selbst finanzieren
II. *vpr* **s'~** sich selbst finanzieren
autofocus [otofɔkys] **I.** *adj* mit Autofokus
II. *m* Automatikkamera *f*
autogène [otoʒɛn] *adj* PSYCH autogen; **training ~** autogenes Training
autogéré(e) [otoʒeʀe] *adj* selbstverwaltet; **une entreprise ~e** ein selbstverwaltetes Unternehmen
autogérer [otoʒeʀe] <5> *vpr* **s'~** sich selbst verwalten
autogestion [otoʒɛstjɔ̃] *f* Selbstverwaltung *f*
autographe [otogʀaf] *m* Autogramm *nt*
autoguérison [otogeʀizɔ̃] *f* Selbstheilung *f*
autoguidage [otogidaʒ] *m* TECH Selbststeuerung *f*
autoguidé(e) [otogide] *adj* selbst gesteuert, selbst gelenkt
auto-immun(e) [otoi(m)mœ̃, yn] *adj* MED Autoimmun- *(Fachspr.);* **maladie ~e** Autoimmunkrankheit *f*
autoimmunisation [otoimynizasjɔ̃] *f* MED Autoimmunisierung *f*
auto-imposition [otoɛ̃pozisjɔ̃] <auto-impositions> *f* FISC Selbstveranlagung *f*
auto-intoxication [otoɛ̃tɔksikasjɔ̃] <auto-intoxications> *f*

Selbstvergiftung *f*, Autointoxikation *f (Fachspr.)*
autojustification [otoʒystifikasjɔ̃] *f* Selbstgerechtigkeit *f*
autolimitation [otolimitasjɔ̃] *f* ECON Selbstbeschränkung *f*
automate [otomat] *m* Automat *m*
automatique [otomatik] I. *adj* ❶ TECH automatisch
❷ *(machinal) geste, réaction* automatisch
❸ *(régulier) augmentation, reconduction* automatisch; **avancement** ~ Regelbeförderung *f*
❹ INFORM *traitement* maschinell
▸ **c'est** ~! *fam* das ist ganz klar! *(fam)*
II. *m* ❶ TELEC Selbstwählverkehr *m*
❷ *(pistolet)* Selbstladepistole *f*, Automatik *f (fam)*
III. *f (voiture)* Auto *nt* mit Automatik[getriebe]
automatiquement [otomatikmɑ̃] *adv* ❶ automatisch
❷ *fam (forcément)* automatisch, unweigerlich
automatisation [otomatizasjɔ̃] *f* ❶ Automatisierung *f*; ~ **partielle** Teilautomatisierung
❷ *(résultat)* Automation *f*
automatiser [otomatize] <1> *vt* automatisieren
automatisme [otomatism] *m* ❶ *a.* MED Automatismus *m*; **acquérir/créer un** ~/**des** ~**s** Automatismen erwerben/entwickeln
❷ TECH Automatik *f*, Automatismus *m*
automédication [otomedikasjɔ̃] *f* Selbstmedikation *f*
automitrailleuse [otomitʀɑjøz] *f* Radpanzer[fahrzeug *nt*] *m*
automnal(e) [otɔnal, o] <-aux> *adj* herbstlich; *brume, fleurs* Herbst-; *couleur* herbstlich-
automne [otɔn] *m* Herbst *m*; **cet** ~ diesen [*o* in diesem] Herbst; **en** ~ im Herbst; **nous étions en** ~, **c'était l'**~ es war Herbst; **l'**~, ... im Herbst ...; **l'** ~ **dernier** [im] letzten Herbst; **journée/feuillage/soleil d'**~ Herbsttag *m*/-laub *nt*/-sonne *f*
▸ **l'** ~ **de la vie** *vieilli littér* der Herbst des Lebens *(poet)*
automobile [otomɔbil] I. *adj* ❶ TECH **canot** ~ Motorboot *nt*; **voiture/véhicule** ~ Kraftwagen *m*/Kraftfahrzeug *nt*
❷ *(relatif à la voiture) circuit, circulation, course* Auto-; *industrie, salon* Automobil-; *assurance* Kraftfahrzeug-; **coureur** ~ Rennfahrer *m*; **sport** ~ Motorsport *m*
II. *f* ❶ Auto *nt*, Automobil *nt (veraltet)*
❷ *(sport)* Motorsport *m*
❸ *(industrie)* Auto[mobil]industrie *f*
automobilisme [ɔtɔmɔbilism, otomɔbilism] *m (sport)* Autosport *m*
automobiliste [otomɔbilist] *mf* Autofahrer(in) *m(f)*, Kraftfahrer(in) *m(f) (form)*; **se comporter en** ~ **dangereux** sich verkehrsgefährdend verhalten
automoteur [otomɔtœʀ] *m* motorisierter Lastkahn
automoteur, -trice [otomɔtœʀ, -tʀis] *adj* motorgetrieben
automotrice [otomɔtʀis] *f* Triebwagen *m*
automutilation [otomytilasjɔ̃] *f* Selbstverstümmelung *f*
autoneige [otonɛʒ] *f (véhicule)* Schneeraupe *f*
autonettoyant(e) [otonetwajɑ̃, ɑ̃t] *adj four* selbstreinigend; **cassette** ~ Reinigungskassette *f*
autonome [otonom] *adj* ❶ unabhängig; *état, province* autonom; *république* unabhängig, autonom; *gestion* selbständig; *port* mit Selbstverwaltung; *travailleur* ~ CAN *(free-lance)* Freiberufler *m*
❷ *(responsable) vie* eigenständig; *personne* selbstständig; *existence* eigen
❸ INFORM **être** ~ offline sein
autonomie [otonomi] *f* ❶ Autonomie *f*; *(sur le plan financier)* Unabhängigkeit *f*; *d'une personne* finanzielle Unabhängigkeit; ~ **administrative** Selbstverwaltung *f*; ~ **douanière** Zollautonomie, Zollhoheit *f*; ~ **financière** *d'une administration* Finanzhoheit *f*, Finanzautonomie; *d'une entreprise* finanzielle Selbstständigkeit; ~ **des partenaires sociaux** Tarifhoheit *f*; ~ **d'une partie/des parties** JUR Parteiautonomie *f (Fachspr.)*
❷ TECH *d'un moyen de transport* Aktionsradius *m*, Reichweite *f*; *d'une machine, pile* Betriebsdauer *f*
◆ ~ **de route** *d'un véhicule* Fahrbereich *m*, Aktionsradius *m*; ~ **de vol** Flugbereich *m*, Aktionsradius *m*, Reichweite *f*
autonomisme [ɔtɔnɔmism, otonomism] *m* Autonomiebestrebungen *Pl*
autonomiste [otonomist] I. *adj personne, province* nach Autonomie strebend; *mouvement* Autonomie-
II. *mf* Anhänger(in) *m(f)* einer Autonomiebewegung
autopompe [otopɔ̃p] *f* [Feuer]löschfahrzeug *nt*
autoporteur, -euse [otopɔʀtœʀ, -øz] *adj* TECH *carrosserie, construction* selbsttragend
autoportrait [otopɔʀtʀɛ] *m* Selbstporträt *nt*, Selbstbildnis *nt*; **faire son** ~ ein Selbstbildnis zeichnen; *(se décrire)* eine Selbstdarstellung liefern [*o* geben]
autopropulsé(e) [otopʀopylse] *adj* mit Eigenantrieb
autopropulsion [otopʀopylsjɔ̃] *f* Eigenantrieb *m*
autopsie [otɔpsi] *f* MED Autopsie *f*, Leichenöffnung *f*; *(ordonnée par un tribunal)* Obduktion *f*

autopsier [otɔpsje] <1a> *vt* ~ **qn** *médecin:* jds Leiche öffnen; *médecin légiste:* jdn obduzieren
autopunition [otopynisjɔ̃] *f* Selbstbestrafung *f*
autoradio [otoʀadjo] *m* Autoradio *nt*
autorail [otoʀaj] *m* Schienenbus *m*, Triebwagen *m*
autorégulation [otoʀegylasjɔ̃] *f* ECON Selbstregulierung *f*
autoreverse [otoʀivœʀs] *adj inv* mit Autoreverse
autorisation [otoʀizasjɔ̃] *f* ❶ Erlaubnis *f*; **faire qc avec une/sans** ~ *a.* JUR etw erlaubterweise/unerlaubterweise tun
❷ *(de caractère officiel)* Genehmigung *f*; JUR Ermächtigung *f (form)*; **demander/solliciter/recevoir une** ~ eine Genehmigung beantragen/einholen/erhalten; **sans** ~ ohne Erlaubnis/Genehmigung; ~ **de chasser** Jagderlaubnis *f*; ~ **de pêcher** Fischereirecht *nt*; ~ **de participation** Teilnahmeberechtigung *f*; ~ **collective** Sammelgenehmigung; ~ **communautaire** JUR Gemeinschaftsgenehmigung *(Fachspr.)*; ~ **forfaitaire** Pauschallizenz *f*; ~ **globale/unique** JUR Globalgenehmigung *(Fachspr.)*, Einzelermächtigung, Einzelbefugnis *f (Fachspr.)*; ~ **de remboursement** Remboursermächtigung *f*
❸ *(permis, document)* schriftliche Genehmigung; ECON Berechtigungspapier *nt*; ~ **supplémentaire** Nachgenehmigung *f*; ~ **d'exercer une activité commerciale** Gewerbeberechtigung *f* (A)
◆ ~ **d'accès** INFORM Zugriffsberechtigung *f*; ~ **de blanc-seing** JUR Blankettausfüllungsbefugnis *f*; ~ **de cartellisation** Kartellerlaubnis *f*; ~ **de conseil** Beratungsbefugnis *f*; ~ **de contracter** Vertragsbefugnis *f*; ~ **de demande** JUR Nachfrageermächtigung *f*; ~ **d'intervenir** JUR Eingriffsermächtigung *f*; ~ **de paiement** Zahlungsermächtigung *f*; ~ **de prélèvement** *d'un tiers* Abbuchungsermächtigung *f*; *(en cas d'une opération en espèces)* Abhebungsbefugnis *f*; ~ **de radiation** Löschungsbewilligung *f*; ~ **de réceptionner** JUR Empfangsermächtigung *f*; ~ **de retrait** Abhebungsbefugnis *f*; ~ **de séjourner** Aufenthaltsrecht *nt*; ~ **de séjour illimitée** uneingeschränktes Aufenthaltsrecht *nt*; ~ **de sortie** Ausgangserlaubnis *f*; ~ **de sortie du territoire** Ausreisegenehmigung *f (für Minderjährige)*; ~ **de souscription** COM Zeichnungsbefugnis *f*; ~ **de transfert** Transfergenehmigung *f*; ~ **de transit** Durchfuhrerlaubnis *f*; ~ **de vente** Verkaufsgenehmigung *f*
autorisé(e) [otoʀize] *adj* ❶ *milieux, source, avis* maßgeblich
❷ *(ayant pouvoir) service, personne* befugt; ~ **à participer** teilnahmeberechtigt; **personne** ~**e à participer** Teilnahmeberechtigte(r) *f(m)*
❸ *(permis) stationnement* erlaubt; *tournure* zulässig; ~(**e**) **par la loi** gesetzlich erlaubt
autoriser [otoʀize] <1> *vt* ❶ *(permettre)* erlauben, gestatten; ~ **qn à faire qc** jdm erlauben [*o* gestatten], etw zu tun; *(habiliter) titre, décret:* jdn berechtigen [*o* jdm das Recht geben], etw zu tun; *personne:* jdn ermächtigen [*o* autorisieren *geh*], etw zu tun; **être autorisé(e) à entrer dans un bâtiment** in ein Gebäude hineingehen dürfen [*o* hineindürfen *fam*]
❷ *(rendre licite)* zulassen, erlauben *stationnement;* genehmigen *manifestation, sortie*
❸ *(donner lieu à)* erlauben *abus, excès;* Anlass geben zu *espoir;* **tout nous autorise à penser que** alle Anzeichen berechtigen uns zu der Annahme, dass
autoritaire [otoʀitɛʀ] *adj* autoritär; *personne, ton* herrisch, autoritär
autoritarisme [otoʀitaʀism] *m d'un gouvernement* Autoritarismus *m*; *d'une personne* autoritäre [*o* herrische] Art
autorité [otoʀite] *f* ❶ Autorität *f*, Macht *f*; **agir avec** ~ bestimmt [*o* souverän] handeln; **faire preuve [o acte] d'** ~ ein Machtwort sprechen; ~ **de la loi** Gesetzesgewalt *f*, gesetzliche Gewalt; ~ **parentale/des parents** elterliche Gewalt; **avoir de l'** ~ **sur qn** Gewalt [*o* Macht] über jdn haben; **être sous** [*o* **être soumis à**] **l'** ~ **de qn** *employé:* jdm unterstehen; *enfant:* unter jds Aufsicht *(Dat)* stehen
❷ *(capacité de se faire obéir)* Autorität *f*; **avoir de l'** ~ Autorität besitzen; **perdre de son** ~ an Autorität verlieren
❸ *(influence, considération)* Ansehen *nt*; **jouir d'une grande** ~ großes Ansehen genießen; **faire** ~ *ouvrage:* als maßgebend gelten; *personne:* als Autorität gelten
❹ *(personne influente)* Autorität *f*, Kapazität *f*
❺ *souvent pl (organisme)* Behörde *f*; ~ **législative** gesetzgebendes Organ; ~**s monétaires** Währungsbehörde; ~ **suprême** oberste Gewalt; **l'** ~ **politique** [*o* **les** ~**s politiques**] die politischen Organe; **l'** ~ **religieuse** [*o* **les** ~**s religieuses**] die geistliche Obrigkeit; ~ **chargée de la saisie-exécution** Vollstreckungsbehörde; ~ **compétente pour décider** JUR Entscheidungsbehörde
❻ JUR *(force obligatoire, exécutoire)* Maßgeblichkeit *f*; ~ **de l'acte administratif** Bestandskraft *f (Fachspr.)*; **d'** ~ **de l'acte administratif** bestandskräftig *(Fachspr.)*
▸ **de ma/sa propre** ~ eigenmächtig; **d'** ~ eigenmächtig, von sich aus; **sous l'** ~ **de qn** *travailler* unter jds Regie *(Dat)*
◆ ~ **de contrôle** Aufsichtsbehörde *f*; ~ **de contrôle administratif**

JUR Fachaufsichtsbehörde f; **~s de police** Polizeibehörden Pl; **~ de tutelle** Aufsichtsbehörde f
autoroute [otoʀut] f Autobahn f; **~ urbaine** Stadtautobahn
◆ **~ de contournement**, **~ de dégagement** Ringautobahn f; **~ de l'information** Datenautobahn f; **~ de liaison** Verbindungsautobahn f; **~ à péage** gebührenpflichtige Autobahn; **~ du Soleil** Autobahn Paris–Marseille

Land und Leute
Die französischen Autobahnen sind gebührenpflichtig. Wer sie nur gelegentlich benutzt, kann die Gebühr – *le péage* – in bar an den Zahlstellen entrichten; wer sie häufig benutzt, kann eine Abonnementkarte kaufen.
Auf den **autoroutes** gilt das Tempolimit von 130 km/h.

autoroutier, -ière [otoʀutje, -jɛʀ] adj Autobahn-
autosatisfaction [otosatisfaksjɔ̃] f Selbstzufriedenheit f, Selbstgefälligkeit f (pej); **sourire avec une mine d'~** selbstzufrieden lächeln
autosatisfait(e) [otosatisfɛ, ɛt] adj selbstzufrieden; **avoir un sourire ~** selbstzufrieden lächeln
autosome [otozom] m MED Autosom nt
autostop, auto-stop [otostɔp] m sans pl Autostop[p] m, Trampen nt; **faire de l'~** per Anhalter fahren, trampen; **prendre qn en ~** jdn [als Anhalter/Anhalterin] mitnehmen; **en ~** per Anhalter
autostoppeur, -euse, auto-stoppeur, -euse [otostɔpœʀ, -øz] <auto-stoppeurs> m, f Anhalter(in) m(f), Tramper(in) m(f)
autosuggestion [otosygʒɛstjɔ̃] f Autosuggestion f; **c'est de l'~** das ist Einbildung
autour [otuʀ] I. adv darum [herum]; **tout ~** rundherum, ringsum; **une maison avec une clôture ~** ein Haus, das von einem Zaun umgeben ist
II. prép ❶ **~ de qn/qc** um jdn/etw herum; **tout ~ de qn/qc** ringsherum um jdn/etw
❷ (à proximité de) **~ de qn/qc** in der Umgebung von jdm/etw
❸ (environ) **~ des mille euros** um die tausend Euro [herum]; **~ des 15 heures** [so] gegen 15 Uhr
autovaccin [otovaksɛ̃] m MED Autovakzine f (Fachspr.), Autovakzin nt (Fachspr.)
autre [otʀ] I. adj antéposé ❶ andere(r, s); **un ~ livre/disque** ein anderes Buch/eine andere Kassette; **~ chose** etwas anderes; **d'une ~ manière** anders, auf eine andere Art; **son avis est tout ~** er/sie ist völlig anderer Meinung
❷ (supplémentaire) weitere(r, s); **une ~ information/d'~s informations** eine weitere Information/weitere Informationen
❸ (second des deux) **l'~ ...** der/die/das andere ...; **l'~ rive** das jenseitige Ufer
▶ **nous ~s ...**, **vous ~s ...** wir ..., ihr [dagegen] ...
II. pron indéf ❶ andere(r); **un ~/une ~ que** ein anderer/eine andere als; **tout ~ ... que** ein ganz anderer/eine ganz andere ... als; **quelqu'un d'~** jemand anders, irgendjemand anders; **qui d'~?** wer sonst?
❷ (chose différente) andere(r, s); **un ~/une ~** ein anderer/eine andere/ein anderes; **d'~s** andere; **quelques ~s** ein paar andere; **quelque chose d'~** etwas anderes; **rien d'~** nichts anderes; **quoi d'~?** was sonst?
❸ (personne supplémentaire) weitere(r, s); **tu es une menteuse! – J'en connais une ~!** du bist eine Lügnerin! – Du ebenfalls!
❹ (chose supplémentaire) weitere(r, s); **j'en aimerais un ~** ich hätte gern[e] noch einen/eine/eins; **j'en aimerais d'~s** ich hätte gern[e] noch welche
❺ (opp: l'un) **l'un l'~/l'une l'~/les uns les ~s** einander, sich gegenseitig
▶ **à d'~s!** wer's glaubt[, wird selig]! (fam); **entre ~s** unter anderem; **sans ~** CH (bien entendu) selbstverständlich; **une ~!** Zugabe!
autrefois [otʀəfwa] adv früher, einst (geh); **la vie d'~** das Leben in früheren Zeiten
autrement [otʀəmɑ̃] adv ❶ anders; **tout ~** ganz anders; **faire ~** es anders machen; **on ne peut pas faire ~** es geht nicht anders; **je ne pouvais pas faire ~** mir blieb nichts anderes übrig; **il ne peut en être ~** alles andere ist unwahrscheinlich
❷ (sinon, sans quoi) sonst, andernfalls
❸ (à part cela) sonst, ansonsten (fam)
▶ **~ dit** mit anderen Worten; **~ plus facile/difficile** fam viel leichter/schwieriger
autrice v. auteur ❶
Autriche [otʀiʃ] f l'~ Österreich nt
autrichien(ne) [otʀiʃjɛ̃, jɛn] adj österreichisch
Autrichien(ne) [otʀiʃjɛ̃, jɛn] m(f) Österreicher(in) m(f)
autruche [otʀyʃ] f ORN Strauß m
▶ **faire l'~** den Kopf in den Sand stecken
autrui [otʀɥi] pron inv (quelqu'un d'autre) ein anderer/eine andere; (les autres) andere; **amour d'~** Nächstenliebe f; **pour le compte d'~** auf fremde Rechnung; **le bien d'~** fremdes [Hab und] Gut
auvent [ovɑ̃] m ❶ Vordach nt; **toit en ~** [abgestütztes] Vordach
❷ (partie d'une tente) Vorzelt nt
auvergnat(e) [ovɛʀɲa, at] adj aus der Auvergne
Auvergnat(e) [ovɛʀɲa, at] m(f) Bewohner(in) m(f) der Auvergne; **c'est un ~** er stammt aus der Auvergne
Auvergne [ovɛʀɲ] f l'~ die Auvergne
aux [o] = à les v. à
auxiliaire [ɔksiljɛʀ] I. adj ❶ Hilfs-; **troupe** Hilfs-, Ersatz-; **verbe, moteur** Hilfs-; **armée, service** Ersatz-
❷ (non titulaire) Hilfs-; **personnel ~** Hilfspersonal nt; (temporaire) Aushilfspersonal nt; **infirmière ~** Schwesternhelferin f
II. mf Hilfskraft f; **être un ~ précieux pour qn** eine wertvolle Hilfe für jdn sein
III. m GRAM Hilfsverb nt
◆ **~ de justice** Rechtspfleger(in) m(f); (avocat) Rechtsvertreter(in) m(f); **~ de mode** Modalverb nt; **~ de vie** Heimhilfe f (eines Pflegedienstes)
av abr de **avenue**
avachi(e) [avaʃi] adj ❶ personne schlaff, energielos; attitude lasch; air lustlos
❷ (déformé) chaussures ausgetreten; sac, vêtement ausgebeult
avachir [avaʃiʀ] <8> vpr ❶ **s'~** muscles, traits, visage: erschlaffen, schlaff werden; silhouette: zusammenfallen; chaussures: ausleiern
❷ fam (devenir amorphe) träge [o schlaff] werden
avachissement [avaʃismɑ̃] m ❶ (action) d'une personne Erlahmen nt; des muscles Erschlaffen nt, Erschlaffung f; **éviter l'~ des pullovers** verhindern, dass die Pullover die Fasson verlieren
❷ (état) d'une personne Schlaffheit f, Energielosigkeit f; des muscles Schlaffheit f
aval [aval] m ❶ d'un cours d'eau Unterlauf m; **aller vers l'~** flussabwärts gehen/fahren; **en ~** flussabwärts; **en ~ de Valence** flussabwärts von Valence; **se trouver en ~ de Valence** ville: flussabwärts von Valence liegen
❷ FIN Aval m (Fachspr.), Avalakzept nt (Fachspr.), Wechselbürgschaft f (Fachspr.); **d'un chèque** Scheckbürgschaft; **donner son ~ à qc** etw avalieren (Fachspr.); **se porter garant par des ~s** Avale übernehmen; **activité en ~** Downstream-Geschäft nt (Fachspr.)
❸ (soutien) Unterstützung f; **donner son ~ à qn/qc** jdn/etw unterstützen; **avec/sans votre ~** mit eurer/ohne eure Unterstützung
❹ SKI (côté au-dessous du skieur) Talhang m; **ski ~** Talski m, Talschi m
❺ (ce qui vient après) **l'industrie en ~** die später [o anschließend] beteiligten Industriebetriebe, die nachgeschalteten Industriebetriebe
avalanche [avalɑ̃ʃ] f ❶ Lawine f; **~ de boue** Schlammlawine
❷ (accumulation) **une ~ de coups/d'injures** ein Hagel von Schlägen/Schimpfwörtern; **une ~ de dossiers/de lettres** ein Berg von Akten/Briefen
avaler [avale] <1> I. vt ❶ [hinunter|schlucken, runterschlucken (fam); einschmeißen (fam) comprimé, stupéfiant; (par accident) verschlucken; **arriver à ~ qc** etw hinunterbekommen, etw runterkriegen (fam)
❷ (manger) zu sich nehmen, in den Bauch kriegen (fam)
❸ (dévorer) hinunterstürzen repas; hinunterstürzen liquide
❹ fig verschlingen roman, livre; herunterreißen (fam) kilomètre, route; auffressen (fam) personne; **le distributeur a avalé ma carte** der Automat hat meine Karte geschluckt
❺ (encaisser) einstecken, hinnehmen affront, injure; hinnehmen, schlucken (fam) remarque
❻ (croire) **on peut lui faire ~ n'importe quoi** er kauft [o nimmt] einem alles ab (fam); **tu ne me feras pas ~ cette histoire** diese Geschichte nehme ich dir nicht ab (fam)
II. vi schlucken
avaleur [avalœʀ] m ◆ **~ de sabres** Schwertschlucker m
avaliser [avalize] <1> vt FIN eine Bürgschaft leisten für, avalieren (Fachspr.) effet
avaliste [avalist] mf FIN Avalist m (Fachspr.)
avance [avɑ̃s] f ❶ (mouvement) Vormarsch m, Vorrücken nt; **~ rapide** [o **accélérée**] Schnellvorlauf m; **~ papier** Papiervorschub m; **appareil photo avec ~ automatique du film** Fotoapparat m mit automatischem Filmtransport
❷ SPORT Zeitvorsprung f
❸ (opp: retard) **être en ~** personne, train: zu früh da sein; **arriver en ~ de cinq minutes** fünf Minuten früher [o zu früh] ankommen; **avoir de l'~** [o **être en ~**] **sur l'horaire** train, car: früher [als geplant] kommen; **être en ~ dans son programme** weiter in seinem Programm sein als vorgesehen
❹ (précocité) **être en ~ pour son âge** seinem Alter voraus sein; **être en ~ sur qn** jdm voraus sein
❺ (distance) **avoir de l'~ sur qn/qc** einen Vorsprung vor jdm/

etw haben; **prendre de l'~ sur qn/qc** einen Vorsprung vor jdm/etw gewinnen; **avec une minute d'~** mit einer Minute Vorsprung; **~ par rapport au plan** Planvorsprung

⑥ *(sur un achat)* Anzahlung *f;* **~ sur salaire** [Gehalts]vorschuss *m;* **~ sur frais** Kostenvorschuss; **faire une ~ sur le loyer** einen Teil der Miete im Voraus bezahlen; **~ sur indemnités de déplacement** Reisekostenvorschuss; **~ sur frais de procédure** Prozesskostenvorschuss

⑦ *pl (approche amoureuse)* Annäherungsversuche *Pl;* **faire des ~s à qn** bei jdm Annäherungsversuche machen

▶ **à l'~**, **d'~** [*o* **par ~**] *littér* im Voraus, vorher; **il n'y a pas d'~ à faire qc** *(cela n'avance à rien de faire qc)* es [*o* das] bringt gar nichts [ein], etw zu tun

◆ **~ sur effet** FIN Wechsellombard *m;* **~ sur marchandises** ECON Warenlombard *m*

avancé(e) [avɑ̃se] *adj* ① *(en avant dans l'espace)* vorspringend; **poste ~** MIL vorgeschobener Posten

② *(en avance dans le temps)* vorgeschritten; *travail, végétation, nuit* fortgeschritten; *âge* fortgeschritten, vorgerückt; *civilisation, technique* hoch entwickelt; *idées, opinions, technologie* fortschrittlich; **un enfant ~ pour son âge** ein für sein Alter weit entwickeltes Kind; **être ~ (e) dans son travail** in seiner Arbeit vorangekommen sein; **à une heure ~e de la nuit** zu vorgerückter Stunde

▶ **ne pas être plus ~(e)** nicht viel weiter als vorher sein; **me/le voilà bien** [*o* **drôlement**] **~(e)!** jetzt bin ich/ist er genauso weit wie vorher!

avancée [avɑ̃se] *f* ① Vorsprung *m*

② *(progression)* **de l'ennemi** Vormarsch *m; des salaires* Anhebung *f;* **faire une ~** *criminalité, drogue:* auf dem Vormarsch sein

avancement [avɑ̃smɑ̃] *m* ① *des travaux, des négociations* Fortgang *m,* Vorankommen *nt; des sciences, technologies* Fortschreiten *nt;* **si l'~ des travaux le permet** wenn die Arbeiten weiterhin so gut vorangehen

② *(promotion)* Aufstieg *m,* Beförderung *f;* (*en ce qui concerne le barème)* Höherstufung *f;* **avoir** [*o* **obtenir**] **de l'~** aufsteigen, befördert werden

③ *a.* INFORM Vorschub *m;* **~ d'un interligne** Zeilenvorschub; **~ automatique d'un interligne** automatischer Zeilenvorschub

◆ **~ à l'ancienneté** Beförderung *f* nach dem Dienstalter; *(dans une entreprise)* Beförderung *f* nach der Betriebszugehörigkeit; **~ au choix** Beförderung *f* nach dem Leistungsprinzip; **~ d'hoirie** JUR testamentarische Zuwendungen *Pl*

avancer [avɑ̃se] <2> I. *vt* ① vorstellen *montre;* vorverlegen *rendez-vous, départ;* **la date du départ d'un jour** den Abreisetermin um einen Tag vorverlegen

② *(pousser en avant)* vorrücken [*o* vorschieben] *chaise, table;* vorfahren *voiture*

③ *(affirmer)* behaupten; vorbringen *idée, thèse*

④ *(faire progresser)* vorantreiben *travail*

⑤ *(payer par avance)* im Voraus zahlen *argent;* (*prêter)* vorstrecken *argent*

▶ **ça t'avance/nous avance à quoi?** [und] was hast du/haben wir davon?, [und] was bringt dir/uns das [ein]?; **ça ne t'avance/nous avance à rien!** das bringt dir/uns gar nichts [ein]!

II. *vi* ① *conducteur, voiture:* [weiter] vorfahren; *personne:* vorwärtskommen; **avance vers moi!** komm näher her [*o* zu mir]!

② MIL *ennemi, armée:* vorrücken, vorstoßen; **~ sur Paris/la frontière** in Richtung Paris/Grenze vorrücken; **~ en force** vorpreschen

③ *(être en avance)* **~ de cinq minutes** *montre:* fünf Minuten vorgehen; **j'avance de cinq minutes** meine Uhr geht fünf Minuten vor

④ *(former une avancée, une saillie) rocher, balcon:* vorspringen, hinausragen

⑤ *(progresser)* **faire ~ qc** etw vorantreiben; *personne:* vorankommen; *travail:* vorangehen; *nuit, jour:* voranschreiten; **~ en âge/en sagesse** älter/weiser werden; **à mesure que l'on avance en âge** mit zunehmendem Alter; **~ en grade** befördert werden

III. *vpr* ① **s'~** *(pour sortir d'un rang)* vortreten, vorkommen; *(pour continuer sa route)* weitergehen; *(en s'approchant)* näher kommen; **s'~ vers qn/qc** auf jdn/etw zugehen

② *(prendre de l'avance)* **s'~ dans son travail** mit der Arbeit vorankommen

③ *(se risquer, anticiper)* **trop s'~** sich zu weit vorwagen, vorpreschen; **là, tu t'avances trop!** da bist du etwas zu voreilig!

avançon [avɑ̃sɔ̃] *m* PÊCHE Mundschnur *f (Fachspr.)*

avanie [avani] *f vieilli* Schmach *f (geh);* **faire subir des ~s à qn** jdm [eine] Schmach antun

avant [avɑ̃] I. *prép* ① *(temporel)* vor (+ *Dat);* **bien ~ qc** lange vor etw (*Dat);* **peu ~ qc** kurz [*o* unmittelbar] vor etw (*Dat);* **~ de faire qc** bevor jd etw tut

② *(devant)* vor (+ *Dat);* **en ~ de qn/qc** vor jdm/etw

③ *(exprimant la priorité)* vor (+ *Dat);* **passer ~ qc** vor etw kommen; **~ tout** vor allem

II. *adv* ① vorher, davor; **passer ~** vorgehen, Vorrang haben; **en ~** *se pencher* nach vorne, vornüber; **regarder en ~** nach vorn[e] schauen, vorwärtsblicken

② *(plus tôt) après compl* vorher, zuvor; **plus ~** weiter vor, weiter nach vorn[e]; **trop ~** zu weit vor, zu weit nach vorn[e]; **le jour/l'année d'~** am Tag/das Jahr davor

▶ **en ~** [**marche**]! nun los!; MIL vorwärts [marsch]!; **mettre qc en ~** *(prétexter)* etw vorbringen, etw anführen; **se mettre en ~** sich gerne in den Vordergrund schieben

III. *conj* **qu'elle ne parte** bevor sie abreist; **bien** [*o* **longtemps**]/**juste** [*o* **peu**] **~ qu'il ait terminé** lange/kurz bevor er fertig war

IV. *m* ① Vorderteil *nt o m;* **à l'~** vorn[e]; **à l'~ du train** im vorderen Teil des Zugs; **à l'~ du bateau** auf dem Vorschiff; **à l'~ du peloton** im vorderen Feld; **vers l'~** nach vorn, vornhin

② SPORT *(joueur)* Stürmer(in) *m(f)*

▶ **aller de l'~** *(avancer)* vorwärtskommen; *(s'engager résolument)* sich vorwagen; **jouer à l'~** SPORT im Sturm spielen

V. *adj inv (opp: arrière)* Vorder-; **traction ~** Frontantrieb *m,* Vorderradantrieb; **le clignotant ~ droit** der Blinker vorne rechts

avantage [avɑ̃taʒ] *m* ① *(profit)* Vorteil *m,* Nutzen *m;* **à son ~** zu seinem/ihrem Vorteil; **tirer ~ de qc** Vorteil [*o* Nutzen] aus etw ziehen; **tourner à l'~ de qn** sich zu jds Gunsten wenden; **qn a ~ à faire qc** es ist für jdn von Vorteil [*o* es ist besser für jdn], etw zu tun; **tu as ~ à prendre l'autoroute** du nimmst besser die Autobahn; **avoir** [*o* **présenter**] **l'~ de faire qc** den Vorteil haben [*o* bieten], etw zu tun; **~ de l'utilisateur** Anwendernutzen; **~ tiré de l'automatisation** Automatisierungsnutzen

② *souvent pl (gain)* Vorteil *m,* Vergünstigung *f;* **~s fiscaux** Steuervorteile, Steuervergünstigungen, steuerliche Vergünstigungen; **placer son argent de manière à bénéficier d'~s fiscaux** sein Geld steuergünstig anlegen; **~s sociaux** soziale Vergünstigungen; **~ en matière d'amortissement** Abschreibungsvergünstigung

③ *(supériorité)* Vorteil *m,* Überlegenheit *f;* **avoir l'~** jdm gegenüber im Vorteil sein; **avoir l'~ du nombre sur qn** jdm zahlenmäßig überlegen sein, jdm gegenüber zahlenmäßig im Vorteil sein; **avoir l'~ de la naissance** durch die Herkunft begünstigt sein; **avoir l'~ de l'intelligence/de l'expérience sur qn** jdm an Intelligenz/Erfahrung überlegen sein; **changer à son ~** sich zu seinem Vorteil verändern; **être à son ~** vorteilhaft aussehen

④ SPORT Vorteil *m;* **avoir l'~** führen; **~ service/dehors** TENNIS Vorteil Aufschläger/Rückschläger; **prendre/perdre l'~ sur son adversaire** *boxeur:* die Oberhand über seinen Gegner gewinnen/verlieren; **avec l'~ du terrain, Nancy devrait gagner** mit Heimvorteil [*o* Platzvorteil] müsste Nancy gewinnen

⑤ *soutenu (plaisir)* Vergnügen *nt,* Ehre *f;* **je n'ai pas eu l'~ de la connaître** ich hatte noch nicht das Vergnügen, seine Bekanntschaft zu machen; **qu'est-ce qui me vaut l'~ de votre visite?** was verschafft mir die Ehre Ihres Besuchs?

◆ **~ en nature** Sachleistung *f,* Sachvergütung *f; pl* Sachbezüge *Pl;* **~ d'usage** JUR Gebrauchsvorteil *m (Fachspr.)*

avantager [avɑ̃taʒe] <2a> *vt* ① begünstigen; **~ qn par rapport à qn/au détriment de qn** jdn jdm gegenüber/zu jds Nachteil begünstigen; **la nature l'a avantagé** die Natur hat ihn reich bedacht

② *(mettre en valeur)* **~** *vêtement, coiffure:* für jdn vorteilhaft sein, jdm gut stehen

avantageusement [avɑ̃taʒøzmɑ̃] *adv* günstig, vorteilhaft; *vendre* günstig; **remplacer ~ qn/qc** ein guter Ersatz für jdn/etw sein

avantageux, -euse [avɑ̃taʒø, -ʒøz] *adj* ① *occasion, situation* günstig; *prix, conditions* günstig, vorteilhaft; *(en parlant de devises)* devisengünstig

② *(favorable) portrait* vorteilhaft; *termes* schmeichelhaft; *opinion, idée* positiv; **présenter qc sous un jour ~** etw in rosigem Licht hinstellen

avant-bras [avɑ̃bʀa] <avant-bras> *m* Unterarm *m* **avant-centre** [avɑ̃sɑ̃tʀ] <avants-centres> *m* Mittelstürmer(in) *m(f)* **avant-coureur** [avɑ̃kuʀœʀ] <avant-coureurs> *adj bruit* vorauseilend; **signe ~ de qc** Anzeichen *nt* für etw, Vorbote *m* einer S. *(Gen)* **avant-dernier, -ière** [avɑ̃dɛʀnje, -jɛʀ] <avant-derniers> I. *adj* vorletzte(r, s), zweitletzte(r, s); *(lors d'une compétition)* zweitschlechteste(r, s) II. *m, f* Vorletzte(r) *f(m)* **avant-garde** [avɑ̃gaʀd] <avant-gardes> *f* ART, LITTER Avantgarde *f;* **à l'~ de qc** an der Spitze einer S. *(Gen);* **d'~** avantgardistisch **avant-gardisme** [avɑ̃gaʀdism] *m* Avantgardismus *m* **avant-gardiste** [avɑ̃gaʀdist] *mf* Avantgardist(in) *m(f)* **avant-goût** [avɑ̃gu] <avant-goûts> *m* **~ de qc** Vorgeschmack *m* von etw **avant-guerre** [avɑ̃gɛʀ] <avant-guerres> *f* Vorkriegszeit *f;* **conditions** [*o* **situation**] **d'~** Vorkriegsverhältnisse *Pl;* **marchandise d'~** Vorkriegsware *f* **avant-hier** [avɑ̃tjɛʀ] *adv* vorgestern **avant-mains** [avɑ̃mɛ̃] <avant-mains> *f* **avant-midi** [avɑ̃midi] *m o f* BELG, CAN *masc en Belgique et fém au Québec, inv (matinée)* Vormittag *m* **avant-poste** [avɑ̃pɔst] <avant-postes> *m* Vorposten *m;* **aux avant-postes** an vorderster [*o* der

avant-première [avɑ̃pʀəmjɛʀ] ‹avant-premières› f Voraufführung f; **en ~** als Vorauführung **avant-programme** [avɑ̃pʀɔgʀam] m Vorprogramm nt **avant-projet** [avɑ̃pʀɔʒɛ] ‹avant-projets› m Vorentwurf m **avant-propos** [avɑ̃pʀɔpo] ‹avant-propos› m Vorwort nt **avant-scène** [avɑ̃sɛn] ‹avant-scènes› f ① (loge) Proszeniumsloge f ② (partie de la scène) Vorderbühne f, Proszenium nt **avant-veille** [avɑ̃vɛj] ‹avant-veilles› f zwei Tage zuvor; **l'~ de la réunion** zwei Tage vor dem Treffen

avare [avaʀ] **I.** adj geizig; **être ~ de qc** mit etw geizen [o geizig sein]; **être ~ de paroles** wortkarg sein; **il n'est vraiment pas ~ d'efforts** ihm ist wirklich nichts zu viel
II. mf Geizhals m, Geizkragen m (fam); **"L'Avare" de Molière** „Der Geizige" von Molière

avarice [avaʀis] f Geiz m

avarie [avaʀi] f [See]schaden m, Havarie f (Fachspr.); **~ particulière/commune** besondere/große Havarie

avarié(e) [avaʀje] adj ① bateau beschädigt, havariert (Fachspr.) ② (pourri) nourriture verdorben

avarier [avaʀje] ‹1a› vpr **s'~** verderben, schlecht werden

avatar [avataʀ] m ① gén pl Unannehmlichkeit f; (plus fort) Unglück nt kein Pl
② (transformation) Veränderung f

ave [ave] m Ave nt

avec [avɛk] **I.** prép ① mit; **j'emporte trois valises ~ moi** ich nehme drei Koffer mit
② (contre) se battre, être fâché mit
③ (à cause de) durch, wegen (+ Dat o Gen); **~ la pluie, les routes sont glissantes** bei dem Regen sind die Straßen rutschig; **~ toutes ces histoires, j'ai oublié de faire les courses** wegen all dieser Geschichten habe ich vergessen einzukaufen
④ (au moyen de, grâce à) mit; **~ le temps, tout s'oublie** mit der Zeit vergisst man alles
⑤ (manière) mit; **agir ~ précaution** vorsichtig handeln
⑥ (envers, à l'égard de) mit, zu; **être gentil(le)/poli(e) ~ qn** nett/höflich zu jdm sein; **avoir de la patience** [o **être patient] ~ qn** geduldig mit jdm sein
⑦ (en ce qui concerne) mit; **moi, vous pouvez avoir confiance** auf mich können Sie vertrauen, zu mir können Sie Vertrauen haben; **~ ces gens on n'est jamais sûr de rien** bei diesen Leuten ist man nie sicher
⑧ (d'après) **~ ma sœur, il faudrait ...** nach dem, was meine Schwester sagt, müsste man ...
⑨ (en même temps que) bei, mit; **arriver ~ la nuit** bei Nacht ankommen; **se lever ~ le jour/soleil** bei Tagesanbruch/mit der Sonne aufstehen
⑩ (malgré) trotz (+ Dat o Gen); **~ la meilleure bonne volonté du monde ...** beim besten Willen ...
⑪ (qui possède) mit; **chambre ~ vue sur la mer** Zimmer mit Blick aufs Meer [o mit Meeresblick]
▶ **et ~ ça ...** fam **il est insolent et ~ ça paresseux** er ist frech und dazu noch faul [o und noch faul dazu]; **~ tout ça** fam bei all[e]dem; **et ~ cela** [o **ça**] [**Madame/Monsieur**]? sonst noch etwas?, darf's sonst noch etwas sein?
II. adv fam damit; **prends mes lunettes, je ne veux pas me baigner ~** nimm meine Brille, ich möchte nicht damit baden; **tu viens ~?** BELG kommst du mit?
▶ **il faut faire ~** damit muss man sich [eben] abfinden; (en quantité) es muss eben reichen; **tant pis, on fera ~!** was soll's, wir werden schon zurechtkommen!

aven [avɛn] m GEOL Karsthöhle f

avenant [av(ə)nɑ̃] m JUR Änderungsvertrag m

avenant(e) [av(ə)nɑ̃, ɑ̃t] adj ansprechend, gefällig

avènement [avɛnmɑ̃] m ① d'un roi Thronbesteigung f; d'un régime Machtergreifung f
② (percée, instauration) d'une politique, idée Durchbruch m; d'une époque, ère Anbruch m (geh)
③ REL du Messie Ankunft f, Kommen nt

avenir [av(ə)niʀ] m ① Zukunft f; **dans un proche ~** [o **~ proche**] in naher Zukunft; **dans un ~ lointain** in ferner Zukunft, in der Ferne; **à l'~** in Zukunft, zukünftig
② (situation future, perspective) d'une personne Zukunft f; d'une chose Zukunft, zukünftige Entwicklung; **avoir un bel ~ devant soi** schöne Zukunftsaussichten haben, eine schöne Zukunft vor sich (Dat) haben; **croire en l'~** zukunftsgläubig sein; **se préparer un bel ~** iron sich (Dat) seine ganze Zukunft verscherzen, eine schöne Zukunft vor sich (Dat) haben (fam); **qn/qc est promis(e) à un bel ~** jd hat sehr gute Zukunftsaussichten/die Zukunftsaussichten für etw sind sehr gut; **avoir de l'~/n'avoir aucun ~** Zukunft/keine Zukunft haben; **engager l'~ du projet** Auswirkungen auf die zukünftige Entwicklung des Projekts haben; **prédire l'~** die Zukunft vorhersagen; **d'~** mit Zukunft, mit sehr guten Aussichten; **technologie d'~** [o **orienté(e) vers l'~**] zukunft[s]weisende Technologie; **chance d'~** Zukunftsfähigkeit f; **plein(e) d'~** zukunftsfähig; **sans ~** ohne Zukunft

avent [avɑ̃] m Advent m, Adventszeit f

aventure [avɑ̃tyʀ] f ① Abenteuer nt; **~ de voyage** Reiseabenteuer; **il m'est arrivé une ~** mir ist etwas Unerwartetes [o Abenteuerliches] passiert; **j'ai eu une drôle d'~/une fâcheuse ~** mir ist [da] etwas Merkwürdiges/Ärgerliches passiert; **esprit d'~** Abenteuerlust f; **avoir l'esprit d'~, aimer l'~** abenteuerlustig sein; **personne qui aime l'~** abenteuerlustiger Mensch; **chercher [l']~** auf Abenteuer aus sein; **courir l'~** auf der Jagd nach Abenteuern sein; **tenter l'~** das Wagnis eingehen
② (liaison) [Liebes]abenteuer nt; **~ sans lendemain** [o **d'un soir**] One-Night-Stand m; **avoir une ~ avec qn** ein Liebesabenteuer mit jdm haben
▶ **dire la bonne ~ à qn** jdm die Zukunft voraussagen [o wahrsagen]; **à l'~** aufs Geratewohl; **partir à l'~** ins Blaue [hinein] fahren (fam); **si d'~ littér** sollte es der Zufall wollen, dass; **si d'~ je commets une erreur** sollte ich einmal einen Fehler machen

aventurer [avɑ̃tyʀe] ‹1› **I.** vt aufs Spiel setzen, riskieren argent, réputation
II. vpr **s'~ sur la route/dans un quartier** sich auf die Straße/in ein Viertel wagen; **s'~ dans une affaire risquée** sich auf eine riskante Sache einlassen; **s'~ sur un terrain glissant** fig sich auf schwankenden [o unsicheren] Boden begeben

aventureusement [avɑ̃tyʀøzmɑ̃] adv in waghalsiger [o abenteuerlicher] Weise, auf waghalsige [o abenteuerliche] Weise

aventureux, -euse [avɑ̃tyʀø, -øz] adj ① personne abenteuerlustig; vie abenteuerlich; voyage, semaine erlebnisreich; **esprit ~** Wagemut m
② (qui comporte des risques) entreprise, projet abenteuerlich, waghalsig

aventurier, -ière [avɑ̃tyʀje, -jɛʀ] m, f ① Abenteurer(in) m(f); **âme d'~** Abenteurernatur f
② (intrigant) skrupellose [o rücksichtslose] Person

aventurisme [avɑ̃tyʀism] m Abenteuertum nt

avenu(e) [av(ə)ny] adj ① vieilli existent
② JUR **nul et non ~** null und nichtig; **déclarer qc nul et non ~** etwas für null und nichtig erklären

avenue [av(ə)ny] f Avenue f, Damm m (DIAL)

avéré(e) [aveʀe] adj erwiesen; **il est ~ que ...** es ist erwiesen, dass ...; **c'est un fait ~** das ist einwandfrei erwiesen, das ist eine [allgemein] anerkannte Tatsache

avérer [aveʀe] ‹5› vpr **s'~ être qn/qc** sich als jd/etw erweisen [o herausstellen]; **s'~ exact/faux** sich als richtig/falsch erweisen [o herausstellen]; **il s'avère que ...** es erweist sich [o es stellt sich heraus], dass ...

avers [avɛʀ] m d'une médaille, d'une monnaie Vorderseite f, Avers m (Fachspr.)

averse [avɛʀs] f ① [Regen]schauer m, Regenguss m; **~ de grêle** Hagelschauer m; **~ orageuse** Gewitterschauer m; **essuyer** [o **recevoir**] **une ~** einen Regenguss abbekommen; **être pris(e) sous une ~** in einen [Regen]schauer geraten; **temps d'~s** Schauerwetter nt
② fig **~ d'injures/de reproches** Flut f von Beschimpfungen/Vorwürfen
▶ **ne pas être né(e)** [o **tombé(e)**] **de la dernière ~** fam nicht auf den Kopf gefallen sein (fam)

aversion [avɛʀsjɔ̃] f Abneigung f, Widerwille m; **éprouver de l'~ pour qn/qc** Abneigung [o Widerwille] gegen jdn/etw empfinden; **prendre qn/qc en ~** eine Abneigung gegen jdn/etw bekommen; **inspirer l'~ la plus profonde à qn** jdn zutiefst anwidern

averti(e) [avɛʀti] adj kompetent, gut informiert; public sachverständig; **être ~(e) de qc** über etw gut informiert sein [o Bescheid wissen]; **public ~** sachkundiges Publikum
▶ **un homme ~ en vaut deux** prov Gefahr erkannt, Gefahr gebannt (prov)

avertir [avɛʀtiʀ] ‹8› vt ① **~ qn** jdn benachrichtigen, jdm Bescheid sagen; **~ qn de qc** jdn von etw in Kenntnis setzen, jdn über etw (Akk) [o von etw] unterrichten; **je l'ai averti(e) que je viendrai** ich habe ihm/ihr mitgeteilt, dass ich komme
② (mettre en garde) warnen; **je t'avertis que ça va aller mal** ich warne dich, da kommt nichts Gutes dabei heraus

avertissement [avɛʀtismɑ̃] m ① Warnung f; JUR, ADMIN Verwarnung f; **~ d'une action** Klageandrohung f; **~ taxable** gebührenpflichtige Verwarnung; **prononcer un ~** eine Verwarnung aussprechen
② (signal) Warnsignal nt, Warnung f
③ SPORT (sanction) Verwarnung f; SCOL Verwarnung, Mahnung f; **au deuxième ~** bei der zweiten Verwarnung; **au bout de deux ~s** nach zwei Verwarnungen; **dernier ~** letzte Mahnung
④ (préface) **~ au lecteur** Hinweis m für den Leser, kurzes Vorwort
▶ **~ sans frais** gut gemeinte Warnung

avertisseur [avɛʀtisœʀ] m Hupe f; **~ sonore** Alarmsignal nt

◆ ~ **d'incendie** Feueralarm *m*
aveu [avø] <x> *m* ❶ Geständnis *nt,* Eingeständnis *nt;* **faire l'~ de qc à qn** jdm etw [ein]gestehen; **faire un ~ à qn** jdm ein Geständnis machen

❷ JUR *souvent pl* Geständnis *nt;* **arracher** [*o* **extorquer**] **des ~x à qn** jdm ein Geständnis abnötigen, von jdm ein Geständnis erpressen; **faire des ~x complets/spontanés/tardifs** ein volles/freiwilliges/spätes Geständnis ablegen; **passer aux ~x** geständig werden, ein Schuldgeständnis ablegen
▶ **de l'~ de qn** *(selon)* nach jds [eigenen] Aussagen; **de son propre ~** nach eigenem Bekunden
◆ ~ **d'impuissance** Eingeständnis *nt* der eigenen Schwäche
aveuglant(e) [avœglɑ̃, ɑ̃t] *adj* ❶ *lumière, soleil* grell; **être ~(e) lumière:** blenden

❷ *(évident)* in die Augen springend; **être ~(e)** *vérité:* auf der Hand liegen
aveugle [avœgl] **I.** *adj* ❶ blind; **être ~ d'un œil/des deux yeux** auf einem Auge/beiden Augen blind sein; **~ de naissance** blind geboren, von Geburt an blind

❷ *(privé de discernement, de raison) confiance, obéissance, passion* blind; *personne* verblendet; *attentat* ungezielt

❸ ARCHIT *fenêtre* blind; *arcade* blind, Blend-; *façade, mur* ohne Fenster, fensterlos
II. *mf* Blinde(r) *f(m);* **~ de naissance** Blindgebor[e]ne(r) *f(m);* **~ de guerre** Kriegsblinde(r) *f(m)*
▶ **en ~** unüberlegt, blindlings *(fam)*
aveuglement [avœgləmɑ̃] *m* Blindheit *f,* Verblendung *f;* **comment peut-on pousser l'~ à ce point!** wie kann man nur so blind sein!
aveuglément [avœgḷemɑ̃] *adv* ❶ blind[lings]

❷ *(sans discernement)* unüberlegt, unbesonnen
aveugler [avœgle] <1> **I.** *vt* ❶ blenden

❷ *(priver de discernement)* blind machen, verblenden
II. *vpr* **s'~ sur qc** vor etw *(Dat)* die Augen verschließen
aveuglette [avœglɛt] ▶ **à l'~** *(à tâtons)* wie im Blinder [tastend]; *(au hasard)* aufs Geratewohl; **aller à l'~** im Dunkeln tappen; **prendre une décision à l'~** eine Entscheidung ohne jede Überlegung [*o* aufs Geratewohl] treffen
aviaire [avjɛʀ] *adj spéc* Vogel-; **peste ~** Geflügelpest *f*
aviateur, -trice [avjatœʀ, -tʀis] *m, f* Flieger(in) *m(f)*
aviation [avjasjɔ̃] *f* ❶ Luftfahrt *f,* Flugwesen *nt; (sport)* Flugsport *m;* **compagnie d'~** Fluggesellschaft *f;* **~ civile** zivile Luftfahrt, Zivilluftfahrt *f; (autorité, service)* Luftfahrtbehörde *f;* **~ commerciale** Handelsluftfahrt, Verkehrsluftfahrt; **~ militaire** Militärluftfahrt; **~ privée** private Luftfahrt

❷ MIL Luftwaffe *f*
◆ ~ **de bombardement** Bomberflotte *f;* **~ de chasse** Jagdflotte *f;* **~ de combat** Kampfflotte *f*
avicole [avikɔl] *adj* ❶ *(relatif à l'élevage d'oiseaux)* Vogel-, Vogelzucht-

❷ *(relatif à l'élevage de volailles)* Geflügel-, Geflügelzucht-; **ferme/exposition ~** Geflügelfarm *f*/-ausstellung *f*
aviculteur, -trice [avikyltœʀ, -tʀis] *m, f (éleveur de volailles)* Geflügelzüchter(in) *m(f); (éleveur d'oiseaux)* Vogelzüchter(in)
aviculture [avikyltyʀ] *f (élevage de volailles)* Geflügelzucht *f; (élevage d'oiseaux)* Vogelzucht *f*
avide [avid] *adj personne, regard, yeux* gierig, begierig; *curiosité* brennend; *lèvres* sinnlich; **écouter qn d'une oreille ~** jdm neugierig lauschen; **être ~ de qc** gierig nach etw *(Dat)* [*o* auf etw *(Akk)*] sein; **~ d'argent** geldgierig; **~ de connaissances** [*o* **savoir**] wissbegierig; **~ de lectures** lesehungrig; **~ de sensations** *personne, presse* sensationshungrig, sensationsgeil *(pej fam);* **~ de sexe** sexhungrig *(fam);* **être ~ de nourriture** begierig wünschen, etw zu essen; **être ~ de faire qc** begierig danach [*o* darauf] sein, etw zu tun; **être ~ d'apprendre** lernbegierig [*o* bildungshungrig] sein
avidement [avidmɑ̃] *adv (avec une avidité physique)* gierig; *(avec une avidité intellectuelle)* begierig
avidité [avidite] *f (désir physique)* Gier *f,* Begierde *f; (cupidité)* Geldgier *f;* **~ de qc** Gier [*o* Begierde] nach etw; **~ de savoir** [*o* **connaissances**] Wissensdurst *m,* Wissbegierde *f;* **~ de lectures** Lesehunger *m;* **~ de plaisirs** Vergnügungssucht *f;* **~ d'honneurs** Ehrsucht *f;* **avec ~** gierig [*o* voller Gier]/begierig [*o* voll Begierde]
avilir [aviliʀ] <8> **I.** *vt* erniedrigen, entwürdigen

II. *vpr* **s'~** sich erniedrigen, sich entwürdigen
avilissant(e) [avilisɑ̃, ɑ̃t] *adj* entwürdigend, erniedrigend
aviné(e) [avine] *adj personne* betrunken; *voix* Säufer-, versoffen *(fam);* **haleine ~e** Weinfahne *f*
avion [avjɔ̃] *m* Flugzeug *nt,* Maschine *f; (pour le transport de passagers)* Passagiermaschine *f;* **~ du soir** Abendmaschine *f;* **~ civil** Zivilflugzeug; **~ commercial** Verkehrsflugzeug, Verkehrsmaschine; **~ militaire** Militärflugzeug, Militärmaschine; **~ furtif** Tarnkappenbomber *m;* **petit ~** Kleinflugzeug; **~ postal** Postflugzeug, Flugzeug für Luftposttransporte; **~ privé** Privatflugzeug; **~ reni-**

fleur Aufklärungsflugzeug; **~ sanitaire** Lazarettflugzeug, Flugzeug für Krankentransporte; **~ spécial** Sondermaschine; **~ supersonique** Überschallflugzeug; **~ ravitailleur** Versorgungsflugzeug; **aller** [*o* **voyager**] **en ~** fliegen, mit dem Flugzeug reisen; **survoler qc en ~** mit dem Flugzeug über etw *(Akk)* fliegen; **voyage en ~** Flugreise *f;* **il est malade en ~** ihm wird beim Fliegen übel; **par ~** POST per [*o* mit] Luftpost; **colis par ~** Luftpostpäckchen *nt;* **tarif express par ~** Luftexpresstarif; **expédier qc par ~** etw per Luftfracht senden *m*
◆ ~ **charter** Chartermaschine *f,* Charterflugzeug *nt;* **~ de chasse** Jagdflugzeug *nt;* **~ de combat** Kampfflugzeug *nt;* **~ à décollage vertical** Senkrechtstarter *m;* **~ gros-porteur** Großflugzeug *nt;* **~ à hélice** Propellermaschine *f,* Propellerflugzeug *nt;* **~ de ligne** Linienflugzeug *nt,* Verkehrsflugzeug, Linienmaschine *f;* **~ porteur** Huckepackflugzeug *nt;* **~ à réaction** Düsenmaschine *f,* Düsenflugzeug *nt;* **~ de reconnaissance** Aufklärungsflugzeug *nt,* Aufklärer *m;* **~ de sauvetage** Rettungsflugzeug *nt;* **~ de tourisme** Privatflugzeug *nt;* **~ de transport** Transportflugzeug *nt,* Transportmaschine *f;* **~ à turbopropulseur** Turbo-Prop-Flugzeug *nt,* Turbo-Prop-Maschine *f*
avion-cargo [avjɔ̃kaʀgo] <avions-cargos> *m* Frachtflugzeug *nt*
avion-citerne [avjɔ̃sitɛʀn] <avions-citernes> *m* Tankflugzeug *nt* **avion-espion** [avjɔ̃ɛspjɔ̃] <avions-espions> *m* Spionageflugzeug *nt*
avionnerie [avjɔnʀi] *f* CAN *(usine de constructions aéronautiques)* Flugzeugfabrik *f*
avionneur [avjɔnœʀ] *m* Flugzeugbauer *m,* Flugzeugkonstrukteur *m* **avion-suicide** [avjɔ̃sɥisid] <avions-suicides> *m* Kamikazeflugzeug *nt*
avion-taxi [avjɔ̃taksi] <avions-taxis> *m* Flugtaxi *nt,* Lufttaxi
aviron [aviʀɔ̃] *m* ❶ Ruder *nt,* Riemen *m (Fachspr.)*

❷ *(sport)* Rudern *nt,* Rudersport *m;* **course d'~** Ruderregatta *f;* **faire de** [*o* **pratiquer**] **l'~** rudern, Rudersport treiben; **championnat du monde d'~** Weltmeisterschaft *f* im Rudern
avis [avi] *m* ❶ Ansicht *f,* Auffassung *f,* Meinung *f;* **donner son ~** seine Meinung abgeben; **donne-moi ton ~** sag mir deine Meinung; **dire son ~ sur qc** seine Ansicht [*o* Meinung] über etw *(Akk)* äußern; **changer d'~** seine Meinung ändern; *(se raviser)* es sich *(Dat)* anders überlegen; **être d'~ de faire qc** es für gut halten, etw zu tun; **je suis d'~ qu'il vienne** ich bin dafür, dass er kommt; **être d'~ contraire** die Gegenansicht vertreten; **être de l'~ de qn** jds Meinung sein; **se ranger à l'~ de qn** sich jds Meinung [*o* Auffassung] anschließen; **si tu veux mon ~** wenn du mich fragst; **à mon/son humble ~** meiner/seiner/ihrer bescheidenen Meinung nach; **de l'~ de qn** nach jds Meinung [*o* Auffassung] [*o* Ansicht]; **de l'~ de tous** nach allgemeiner Auffassung [*o* Ansicht]; **de l'~ de tous il est très compétent** er gilt allgemein als sehr kompetent

❷ *(notification)* Mitteilung *f,* Bescheid *m;* **~ au lecteur** Hinweis *m* für den Leser; **~ affiche officielle)** Bekanntmachung *f;* **~ comminatoire** JUR Strafandrohung *f;* **~ officiel** JUR Amtsbescheid; **~ à la population** [*o* **au public**] *(titre d'une affiche)* öffentliche Bekanntmachung; *(au haut-parleur)* allgemeine Durchsage; **sans ~ préalable** ohne vorherige Benachrichtigung; **sauf ~ contraire** sofern keine gegenteilige Mitteilung ergeht *(form),* sofern nichts anderes entschieden wird

❸ COM, FIN Avis *m o nt (Fachspr.);* **~ bancaire** Bankavis; **selon l'~** laut Avis; **~ de prise en charge à quai** Kai-Empfangsschein *m;* **~ de retrait d'un crédit** Kreditkündigung *f*
▶ ~ **aux amateurs!** falls es jemanden interessiert; **changer d'~ comme de chemise** seine Meinung[en] wechseln wie sein [*o* das] Hemd; **deux ~ valent mieux qu'un** es kann nicht schaden, eine zweite Meinung dazu zu hören
◆ ~ **d'autorisation** JUR, FIN Bewilligungsbescheid *m;* **~ de crédit** Gutschriftsanzeige *f;* **~ de débit** Lastschrift *f;* COM Belastungsanzeige *f;* **~ de décès** Todesanzeige *f;* **~ des défauts** Mängelanzeige *f;* **~ d'écriture** FIN Buchungsanzeige *f;* **~ d'émission** FIN Emissionsanzeige *f;* **~ d'expédition** Versandanzeige *f;* **~ d'expert[s]** Expertenauffassung *f; (action d'évaluer)* sachverständige Begutachtung; **~ d'havarie** Andienung *f;* **~ de livraison** Lieferschein *m;* **~ de mariage** Heiratsanzeige *f,* Hochzeitsanzeige; **~ de non-imposition** Freistellungsbescheid *m;* **~ de notification** Zustellungsvermerk *m;* **~ d'octroi** JUR, FIN Bewilligungsbescheid *m;* **~ de paiement** Zahlungsmitteilung *f,* Zahlungsanzeige *f; (formulaire)* Auszahlungsformular *nt;* **~ de partage** Zerlegungsbescheid *m;* **~ de réception** Empfangsbestätigung *f; (en parlant de la correspondance commerciale)* Eingangsvermerk *m,* Empfangsbestätigung; **~ de recherche** *(écrit)* Suchanzeige *f; (radiodiffusé, télédiffusé)* Suchmeldung *f;* **~ de renseignement** JUR Offenlegungsschrift *f;* **~ de résiliation de bail pour besoins propres** JUR Eigenbedarfskündigung *f;* **~ de responsabilité** JUR Haftungsbescheid *m;* **~ de sinistre** Schadensanzeige *f;* **~ de traite** ECON Trattenankündigung *f,* Trattenavis *m o nt;* **~ de versement** [*o* **de virement**] Gutschriftsanzeige *f*

avisé(e) [avize] *adj* klug, gescheit; **être bien/mal ~(e) de faire qc** gut/schlecht beraten sein, etw zu tun

aviser [avize] I. *vt* ❶ benachrichtigen, in Kenntnis setzen *(form)*; **~ qn de qc** jdm etw mitteilen, jdn von etw benachrichtigen ❷ *littér (remarquer)* erblicken
II. *vpr* **s'~ de faire qc** sich unterstehen, etw zu tun; **ne t'avise pas de tout dépenser!** untersteh dich [nicht], alles auszugeben!
III. *vi* sich etwas einfallen lassen; **nous aviserons plus tard** das werden wir später sehen; **il sera toujours temps d'~** das können wir immer noch sehen

aviso [avizo] *m* Geleitschiff *nt*

avitailleur, -euse [avitajœʀ, øz] *m* NAUT Schiffsausrüster(in) *m(f)*

avitaminose [avitaminoz] *f* MED Vitaminmangel *m*, Avitaminose *f (Fachspr.)*

aviver [avive] <1> *vt* auffrischen *couleurs, teint;* aufleben lassen *souvenir;* aufreißen *plaie;* verstärken *douleur, regrets;* wieder anfachen *feu, querelle*

av. J.-C. *abr de* **avant Jésus-Christ** v. Chr.

avocaillon [avɔkajɔ̃] *m péj fam* Rechtsverdreher(in) *m(f) (hum sl)*

avocasserie [avɔkasʀi] *f péj* Rabulistik *f (pej geh)*

avocat [avɔka] *m* Avocado *f*; **huile d'~** Avocadoöl *nt*

avocat(e) [avɔka, at] *m(f)* ❶ [Rechts]anwalt *m/-*anwältin *f*, Advokat(in) *m(f)* (A, CH); **~(e) de la partie adverse** Anwalt/Anwältin der Gegenpartei; **~ général** [Ober]staatsanwalt/-anwältin; **~(e) commis d'office** Armenanwalt/-anwältin, Zwangsverteidiger(in) *m(f)*; **~(e) stagiaire** Anwaltsassessor(in) *m(f)*; **~(e) en matière de transmission de la propriété foncière** Anwalt/Anwältin für Eigentums- und Grundstücksübertragungen; **~ lié/~e liée à une entreprise** Syndikusanwalt/-anwältin; **~ marron** *péj* Winkeladvokat(in) *m(f) (pej)*
❷ *fig* Anwalt *m*/Anwältin *f*, Fürsprecher(in) *m(f)*; **se faire l'~ de qc** sich zum Anwalt [o Fürsprecher] einer S. *(Gen)* machen
▶ **se faire l'~ du diable** den Advocatus Diaboli spielen
◆ **~(e) de la défense** Anwalt *m*/Anwältin *f* der Verteidigung; **~(e) de la partie civile** Zivilverteidiger(in) *m(f)*

avocat-conseil [avɔkakɔ̃sɛj] <avocats-conseil> *m* JUR juristischer Beirat

avoine [avwan] *f* Hafer *m*

avoir¹ [avwaʀ] <*irr*> I. *vt* ❶ haben; **~ qc à faire, ~ à faire qc** etw zu tun haben, etw tun müssen; **j'ai des cachets à prendre** ich muss Tabletten [ein]nehmen; **ne pas ~ à faire qc** *(ne pas devoir)* etw nicht tun sollen, etw nicht zu tun haben; *(ne pas avoir besoin)* etw nicht zu machen brauchen; **tu n'as pas à t'occuper de ça** darum hast du dich nicht zu kümmern; **tu n'auras pas à prendre le taxi, je viendrai te chercher** du brauchst kein Taxi zu nehmen, ich hole dich ab
❷ *(obtenir, attraper)* bekommen, kriegen *(fam) renseignement, prix, train;* bestehen *examen;* besitzen *subventions, logement, aide;* **pouvez-vous m'~ ce livre?** können Sie mir dieses Buch besorgen?
❸ *(souffrir de)* haben *crise, fièvre, maladie;* **j'ai eu des vertiges** mir wurde ganz schwindlig; **une syncope** ohnmächtig werden/sein
❹ *(porter sur ou avec soi)* haben *canne, pipe;* aufhaben *chapeau;* anhaben *vêtement*
❺ *(être doté de)* haben; haben, besitzen *courage, ambition;* **quel âge as-tu?** wie alt bist du?; **~ douze ans** zwölf Jahre alt sein; **~ deux mètres de haut/large** zwei Meter hoch/breit sein; **la maison a quatre étages** das Haus hat [o besitzt] vier Stockwerke
❻ *(éprouver)* haben *faim, soif, peur;* **~ quelque chose contre qn/qc** etwas gegen jdn/etw haben; **qu'est-ce que tu as à toujours rouspéter?** *fam* warum meckerst du eigentlich immer?
❼ *(recevoir) [chez soi]* **ces amis/le plombier chez soi** Freunde/den Klempner bei sich haben; **~ de la visite** Besuch haben
❽ *(assister, participer à)* **~ cours/sport/français** Unterricht/Sport/Französisch haben
❾ *fam (rouler)* **vous m'avez bien eu(e)!** Sie haben mich ganz schön reingelegt [o drangekriegt]! *(fam)*
❿ *fam (attraper, vaincre)* **on les aura!** wir kriegen sie schon noch! *(fam)*
▶ **n'~ que faire de qn/qc** mit jdm/etw nichts anfangen können; **en ~ après** *fam* [*o* **à**] [*o* **contre**] **qn** etwas gegen jdn haben *(fam)*, es auf jdn abgesehen haben; **en ~ jusque-là de qc** *fam* die Nase voll von etw haben *(fam)*; **j'en ai jusque-là** es steht mir bis da *(fam)*; **en ~ pour deux minutes** zwei Minuten brauchen; **j'en ai eu pour cent euros** es hat mich hundert Euro gekostet; **j'l'ai!** JEUX es kann losgehen!; SPORT lasst mich spielen!; **qu'est-ce qu'il/elle a?** was hat er/sie denn?, was ist denn mit ihm/ihr?
II. *aux* **il n'a rien dit** er hat nichts gesagt; **elle a couru/marché deux heures** sie ist zwei Stunden gelaufen/gegangen; **la soirée a été agréable** der Abend ist angenehm gewesen; **l'Italie a été battue par le Brésil** Italien wurde von Brasilien geschlagen, Italien ist von Brasilien geschlagen worden
III. *vt impers* ❶ **il y a ...** es gibt ..., es ist/sind ...; **en France, il y a 57 millions d'habitants** Frankreich hat 57 Millionen Einwohner; **il y a une plume à son chapeau** an seinem Hut steckt eine Feder; **il y a des jours où ...** es gibt Tage, an denen ...; **il y a 300 km de Nancy à Paris** von Nancy nach Paris sind es 300 km; **il y a champagne et champagne** Champagner ist nicht gleich Champagner; **il n'y a pas que l'argent dans la vie** Geld ist nicht alles im Leben; **qu'y a-t-il** [*o* **qu'est-ce qu'il y a**]**? – il y a que j'ai faim!** was ist [denn] los? [*o* was ist denn?] – Na was denn wohl, ich habe Hunger!; **il y a sûrement quelque chose à faire** es gibt sicher etwas zu tun; **il y a la vaisselle à faire** das Geschirr muss gespült werden; **il n'y a rien à faire** es gibt nichts zu tun; *(il est trop tard)* man kann nichts mehr tun; **il n'y a pas à discuter** jetzt wird nicht diskutiert; **il n'y a qu'à partir plus tôt** wir müssen/ihr müsst nur früher losfahren; **il n'y a que toi pour faire cela!** das bringst nur du fertig!
❷ *(temporel)* **il y a trois jours/quatre ans** vor drei Tagen/vier Jahren; *(durée)* [schon] seit drei Tagen/vier Jahren
▶ **il n'y a pas à dire** *fam* da gibt's nichts *(fam)*, da gibt es nichts zu rütteln *(fam)*; **il n'y a plus rien à faire** da ist nichts mehr zu machen; **il n'y en a que pour lui/elle** alles dreht sich [*o* es geht] nur [noch] um ihn/sie; **il y en a qui ...** *péj* Leute gibt es, die ...; **il n'y a pas de quoi!** keine Ursache!, nichts zu danken!

avoir² [avwaʀ] *m* ❶ Guthaben *m*, *-* fiscal Steuernachlass *m*, Steuervergünstigung *f*; *(en Allemagne)* Steuergutschrift *f*, Steuerguthaben; **avant ~ fiscal** vor Steuergutschrift; **~ net** Reinvermögen *nt*; **~ à l'étranger** Auslandsguthaben; **~s à l'étranger** Auslandsvermögen; **~ en dollars** Dollarguthaben
❷ *(bon d'achat)* Gutschein *m*, Gutschrift *f*

avoisinant(e) [avwazinɑ̃, ɑ̃t] *adj* benachbart; **rue** Nachbar-; **village** benachbart, Nachbar-

avoisiner [avwazine] <1> *vt a. fig* **~ qc** an etw *(Akk)* grenzen

avortement [avɔʀtəmɑ̃] *m* Schwangerschaftsabbruch *m*; *(provoqué)* Abtreibung *f*; *(spontané)* Fehlgeburt *f*, Abort *m (Fachspr.)*; **~ thérapeutique** indizierter Schwangerschaftsabbruch

avorter [avɔʀte] <1> I. *vi* ❶ *(de façon volontaire)* abtreiben; *(de façon spontanée)* eine Fehlgeburt haben; **se faire ~** abtreiben [lassen]
❷ *(échouer)* fehlschlagen; **faire ~ qc** etw zu Fall bringen
II. *vt* **~ qn** eine Abtreibung bei jdm vornehmen

avorteur, -euse [avɔʀtœʀ, -øz] *m, f péj* Engelmacher(in) *m(f)*

avorton [avɔʀtɔ̃] *m péj* Gnom *m*; **espèce d'~!** elende Missgeburt!

avouable [avwabl] *adj* redlich

avoué [avwe] *m* [nichtplädierender] [Rechts]anwalt

avoué(e) [avwe] *adj* erklärt; **bénéfice, revenu** eingestanden, zugestanden

avouer [avwe] <1> I. *vt* gestehen; gestehen, zugeben *crime;* eingestehen *erreur, méprise, faiblesse;* **~ faire qc** zugeben, etw zu tun; **je dois vous ~ que** ich muss Ihnen gestehen, dass; **il faut bien ~ que c'est beau** man muss schon zugeben, dass es schön ist
II. *vi* ❶ gestehen
❷ *(admettre)* zugeben
III. *vpr* **s'~ coupable** sich schuldig bekennen; **s'~ vaincu(e)** sich geschlagen geben; **je dois m'~ déçu(e)** ich muss [Ihnen] meine Enttäuschung gestehen

avril [avʀil] *m* April *m*
▶ **en ~ ne te découvre pas d'un fil, en mai, fais ce qu'il te plaît!** *prov* im April sollte man sich nicht zu leicht anziehen, im Mai kann man machen, was man will; **poisson d'~** Aprilscherz *m*; **poisson d'~!** April, April!; *v. a.* **août**

axe [aks] *m* ❶ Achse *f*; **dans l'~ de qc** auf der Verlängerungsachse [*o* in der gedachten Verlängerung] einer S. *(Gen)*; **~ de rotation** [*o* **révolution**] Drehachse, Rotationsachse
❷ *(tige, pièce) d'une roue, pédale* Achse *f*; *d'un engrenage, d'une aiguille* Welle *f*; *de ciseaux* Bolzen *m*; **~ central** zentrale Achse, Hauptachse
❸ *(ligne directrice) d'un discours, d'une pensée, politique* allgemeine Richtung [*o* Linie]; **grands ~s d'un ouvrage** *(grandes tendances)* Grundtendenzen *Pl* eines Werkes; **être dans l'~ du parti** auf der Parteilinie liegen
❹ *(voie de circulation)* [Verkehrs]achse *f*; **~ ferroviaire** Hauptverkehrsstrecke *f (der Bahn)*; **grand ~** Hauptverkehrsachse, Hauptverkehrsstrecke; **~ routier** Verkehrsader *f*
◆ **~ de communication** Verbindungsweg *m*; **~ de roue** Radachse *f*; **~ de symétrie** Symmetrieachse *f*

axel [aksɛl] *m* SPORT Axel *m*

axer [akse] <1> *vt* **~ qc sur qc** etw auf etw *(Akk)* ausrichten; **axé(e) sur la qualité** qualitätsbewusst; **axé(e) sur la réussite** erfolgsorientiert; **axé(e) sur un résultat/des résultats** ergebnisorientiert; **axé(e) sur la stabilité** *politique* stabilitätsorientiert; **axé(e) sur les applications** *programme* anwendungsspezifisch

axial(e) [aksjal, o] <-aux> *adj* axial, Achsen-

axiomatique [aksjɔmatik] I. *adj* axiomatisch, unanzweifelbar
II. *f* MATH Axiomatik *f*

axiome [aksjom] *m* ❶ Grundsatz *m*, allgemein gültige Wahrheit

❷ PHILOS, MATH Axiom *nt*, Lehrsatz *m*
ayant cause [ɛjãkoz] <ayants cause> *m* JUR Anspruchsberechtigte(r) *f(m)*; ~ **à titre universel** Gesamtrechtsnachfolger(in) *m(f)* *(Fachspr.)*
ayant droit [ɛjãdʀwa] <ayants droit> *mf* JUR [Anspruchs]berechtigte(r) *f(m)*, Begünstigte(r) *f(m)*; *(en parlant du droit de jouissance)* Nutzungsberechtigte(r) *f(m)*; ~ **à l'allocation logement** Wohngeldberechtigte(r); ~ **à** [**la**] **réparation du dommage** Entschädigungsberechtigte(r); **votre** ~ Ihr(e) anspruchsberechtigte(r) Angehörige(r)
◆ ~ **à l'indemnité** Entschädigungsberechtigte(r) *f(m)*; ~ **à l'opposition** Einspruchsberechtigte(r) *f(m)*; ~ **à une pension** Rentenberechtigte(r) *f(m)*; ~ **à la réception** Empfangsbevollmächtigte(r) *f(m)*; ~ **au recours** Beschwerdeberechtigte(r) *f(m)*; ~ **à restitution** JUR Restitutionsberechtigte(r) *f(m)*
ayatollah [ajatɔla] *m* Ajatollah *m*

azalée [azale] *f* BOT Azalee *f*
azimut [azimyt] *m* ASTRON Azimut *m* o *nt*
▶ **campagne tous** ~**s** umfassende Kampagne; **défense tous** ~**s** Rundumverteidigung *f*; **offensive tous** ~**s de l'automobile japonaise** weltweite Offensive der japanischen Automobilindustrie
azote [azɔt] *m* Stickstoff *m*
azoté(e) [azɔte] *adj* stickstoffhaltig, Stickstoff-
A.Z.T® [azɛdte] *m abr de* **azidothymidine** MED AZT *nt*
aztèque [astɛk] *adj* aztekisch; **art** ~ Kunst *f* der Azteken
Aztèque [astɛk] *mf* Azteke *m*/Aztekin *f*
azur [azyʀ] *m* ❶ **ciel d'**~ azurblauer Himmel
❷ *littér (ciel)* Azur *m (poet)*
azuré(e) [azyʀe] *adj* Azur-; **bleu** ~ azurblau
azuréen(ne) [azyʀeɛ̃, ɛn] *adj* von der Côte d'Azur
azyme [azim] *adj pain* ungesäuert

Bb

B, b [be] *m inv* B *nt*/b *nt*
B.A. [bea] *f sans pl abr de* **bonne action** gute Tat
BA [biɛj] *m abr de* **Bachelor of Arts** B.A. *m*
baba¹ [baba] *m* GASTR ≈ Savarin *m (mit Rum und Sirup übergossener Hefekuchen)*
◆ ~ **au rhum** ≈ Rum-Savarin *m*
baba² [baba] **I.** *m* ▶ **l'avoir dans le** ~ *fam (être bien roulé)* der/die Gelackmeierte sein *(fam)*; *(s'être trompé)* sich gewaltig verhauen haben *(fam)*
II. *adj fam* baff *(fam)*; **en être** [*o* **rester**] ~ baff sein *(fam)*
B.A.-BA [beaba] *m sans pl* Einmaleins *nt*, Grundkenntnisse *Pl*
baba [**cool**] [baba(kul)] <babas [cool]> *m fam* Alternativler(in) *m(f) (fam)*
babeurre [babœʀ] *m* Buttermilch *f*
babil [babil] *m* ZOOL Plappern *nt*
babillage [babijaʒ] *m* ❶ *d'un bébé* Plappern *nt*
❷ *(bavardage incessant)* Geplapper *nt (pej fam)*
babiller [babije] <1> *vi bébé, enfant*: plappern; *adulte*: plappern, quasseln *(fam)*
babines [babin] *fpl d'un animal* Lefzen *Pl*
▶ **qn s'en lèche les** ~**s** jdm läuft das Wasser im Mund zusammen
babiole [babjɔl] *f* ❶ *(objet)* Kleinigkeit *f*, Nippes *Pl*
❷ *(vétille)* Kleinigkeit *f*, Bagatelle *f*
bâbord [babɔʀ] *m* NAUT Backbord *nt*, Backbordseite *f*; **à** ~ *(indiquant la position)* backbord[s]; *(indiquant la direction)* nach Backbord
babouche [babuʃ] *f* Schnabelschuh *m*
babouin [babwɛ̃] *m* ZOOL Pavian *m*
baby-boom [bebibum] *m* Babyboom *m*; **enfant du** ~ Babyboomer *m* **baby-foot®** [babifut] *m inv* Tischfußball[spiel *nt*] *m*
Babylone [babilɔn] Babylon *m*
Babylonie [babilɔni] *f* HIST **la** ~ Babylonien *f*
babylonien(ne) [babilɔnjɛ̃, jɛn] *adj* babylonisch
babyphone [babifɔn] *m* Babyfon *nt*
baby-sitter [babisitœʀ] <baby-sitters> *mf* Babysitter *m*
baby-sitting [bebisitiŋ, babisitiŋ] *m sans pl* Babysitting *nt*; **faire du** ~ babysitten, Babysitting machen
bac¹ [bak] *m* ❶ *(récipient)* Behälter *m*; *d'un évier* [Spül]becken *nt*; ~ **à laver** Waschtrog *m*
❷ *(bateau)* Fähre *f*, Fährboot *nt*; *(pour passagers)* Personenfähre *f*; ~ **tiré par des câbles** Seilfähre
◆ ~ **à douche** Duschwanne *f*; ~ **à eau** Wasserbehälter *m*; ~ **à fleurs** Blumenkübel *m*; ~ **à glace** Eiswürfelbehälter *m*, Eiswürfelschale *f*; ~ **à légumes** Gemüsefach *nt*; ~ **à plantes** Pflanztrog *m*; ~ **à poissons** PECHE Hälter *m*; ~ **à sable** Sandkasten *m*
bac² [bak] *m fam abr de* **baccalauréat** Abi *nt (fam)*; **passer/avoir le** ~ das Abi machen/haben *(fam)*

Land und Leute
Das **baccalauréat** ist die Abschlussprüfung des *lycée;* es berechtigt zum Hochschulstudium. Termin und Inhalt der Abiturprüfung werden in Frankreich vom Staat einheitlich für das ganze Land festgelegt.

baccalauréat [bakalɔʀea] *m* ❶ Abitur *nt*; ~ **technique** ≈ Fachabitur
❷ CAN *(études universitaires de premier cycle)* Grundstudium *nt*,

Bachelor-Studiengang *m*; *(diplôme)* Bachelor *m*; ~ **ès sciences** Bachelor der Naturwissenschaften
baccara [bakaʀa] *m (jeu)* Bakkarat *nt*
baccarat [bakaʀat] *m* Kristallglas aus der Manufaktur von Baccarat
bacchanale [bakanal] *f* Bacchanal *nt*
bacchantes [bakɑ̃t] *fpl fam* Schnurrbart *m*
Bacchus [bakys] *m* Bacchus *m*
bâche [baʃ] *f* Plane *f*; *(protection contre la pluie)* Regenplane; ~ **en toile** Segeltuchplane
bachelier, -ière [baʃəlje, -jɛʀ] *m, f* Abiturient(in) *m(f)*
bachelor [baʃlɔʀ] *m* Bachelor *m*
bâcher [baʃe] <1> *vt* [mit einer Plane] abdecken
bachique [baʃik] *adj* bacchantisch *(geh)*
bachot¹ [baʃo] *m (barque)* Fährkahn *m*
bachot² [baʃo] *m vieilli fam (bac)* Abi *nt (fam)*
bachotage [baʃɔtaʒ] *m* Paukerei *f (fam)*
bachoter [baʃɔte] <1> *vi* pauken *(fam)*
bacillaire [basilɛʀ] **I.** *adj maladie* von Bazillen übertragen
II. *mf* Bazillenträger *m*
bacille [basil] *m* MED, BIO Bazillus *m*; ~ **s lactiques** Milchsäurebakterien *Pl*
backchich *v.* **bakchich**
backgammon [bakgamɔn] *m* Backgammon *nt*
background [bakgʀaund] *m* Background *m*
bâcler [bakle] <1> *vt fam* hinschludern *(fam) devoir, travail*; **c'est du travail bâclé!** das ist Pfusch! *(fam)*
bacon [bekɔn] *m* ❶ *(jambon)* Lachsschinken *m*, Bacon *m*
❷ *(filet de porc)* [zartes] Schweinefilet
bactéricide [bakteʀisid] **I.** *adj* bakterizid
II. *nt* Bakterizid *m*
bactérie [bakteʀi] *f* MED Bakterie *f*, Bakterium *nt (veraltet)*; ~**s intestinales** Darmbakterien *Pl*; ~ **putride** Fäulnisbakterie
bactériologique [bakteʀjɔlɔʒik] *adj* bakteriologisch
bactériophage [bakteʀjɔfaʒ] *m* MED Bakteriophage *m (Fachspr.)*
bactériostatique [bakteʀjɔstatik] *adj* MED, PHARM bakteriostatisch
badaboum [badabum] *interj* bums *(fam)*
badaud(e) [bado, od] *m(f)* Schaulustige(r) *f(m)*, Gaffer(in) *m(f)*
Bade [bad] *m* **le** ~ Baden *nt*
baderne [badɛʀn] *f fam* **vieille** ~ alte(r) Trottel *m (fam)*, alte(r) Knacker *m (fam)*
Bade-Wurtemberg [badvyʀtɑ̃bɛʀg] *m* **le** ~ Baden-Württemberg *Pl*
badge [badʒ] *m* Button *m*
badiane [badjan] *f* BOT Sternanis *m*
badigeon [badiʒɔ̃] *m* Tünche *f*
badigeonnage [badiʒɔnaʒ] *m (action de badigeonner)* Tünchen *nt*
badigeonner [badiʒɔne] <1> *vt* ❶ *(mettre du badigeon)* tünchen
❷ *(peindre)* [an]streichen
❸ MED einpinseln
badin(e) [badɛ̃, in] *adj* scherzhaft
badinage [badinaʒ] *m* Scherzen *nt*
badiner [badine] <1> *vi* scherzen; **ne pas** ~ **avec qc** bei etw [o im puncto einer S.] keinen Spaß verstehen; **il ne faut pas** ~ **avec qc** mit etw ist nicht zu spaßen
badminton [badmintɔn] *m* Badminton *nt*

badois(e) [badwa, waz] *adj* badisch
Badois(e) [badwa, waz] *m,f* Badener(in) *m(f)*, Badenser(in) *m(f)*
baffe [baf] *f fam* Ohrfeige *f;* **donner une ~ à qn** jdm eine kleben *(fam)*
baffle [bafl] *m* Lautsprecherbox *f*
bafouer [bafwe] <1> *vt* verhöhnen, lächerlich machen; ins Lächerliche ziehen *règlement*
bafouillage [bafujaζ] *m fam* ❶ *(bredouillage)* Gestammel *nt* ❷ *(propos incohérents)* Gefasel *nt (fam)*
bafouille [bafuj] *f fam (lettre)* Schrieb *m (fam)*
bafouiller [bafuje] <1> *vt, vi fam* stammeln
bâfrer [bafʀe] <1> I. *vt fam* verschlingen
II. *vi fam (être glouton)* fressen *(sl)*
bagage [bagaζ] *m* ❶ *pl* Gepäck *nt;* **faire/défaire ses ~s** seine Koffer packen/auspacken; **~s accompagnés** Passagiergut *nt* ❷ *(connaissances)* Kenntnisse *Pl; (pour assumer une tâche)* Rüstzeug *nt;* **le ~ musical de cet enfant** das musikalische Können dieses Kindes
▸ **plier ~** *(faire ses valises)* die Koffer packen; *(partir)* aufbrechen
◆ **~s à main** Handgepäck *nt*
bagagiste [bagaζist] *mf* Kofferträger(in) *m(f)*
bagarre [bagaʀ] *f* ❶ Schlägerei *f;* **chercher la ~** Streit suchen ❷ *(lutte)* Streit *m*, Auseinandersetzung *f; (compétition)* Konkurrenzkampf *m*
bagarrer [bagaʀe] <1> I. *vi fam* kämpfen
II. *vpr fam* ❶ **se ~ avec qn** sich mit jdm prügeln; *enfant:* mit jdm raufen; *(se quereller)* sich mit jdm streiten
❷ *(s'opposer)* **se ~ contre qn/qc** sich jdm/einer S. widersetzen [*o* entgegenstellen]
bagarreur, -euse [bagaʀœʀ, -øz] I. *adj fam* **être ~(-euse)** sich gern prügeln; *enfant:* gern raufen; *(être combatif)* eine Kämpfernatur sein
II. *m, f fam* ❶ *(querelleur)* Raufbold *m*
❷ *(battant)* Kämpfernatur *f*
bagatelle [bagatɛl] *f* ❶ *(somme)* Kleinigkeit *f (iron),* **la ~ de mille euros** die Kleinigkeit von tausend Euro *(fam),* **pour une ~** für 'nen Appel und 'n Ei *(fam)*
❷ *(vétille)* Bagatelle *f,* Lappalie *f;* **pour une ~** wegen einer Lappalie
baggy [bagi] *m* Baggy *f*
bagnard [baɲaʀ] *m* Sträfling *m*
bagne [baɲ] *m* ❶ HIST Bagno *m (Straflager)*
❷ *fig* **quel ~!** *(travail/lieu horrible)* die reinste Sklavenarbeit/Hölle!
bagnole [baɲɔl] *f fam* Schlitten *m (fam),* Karre *f (fam);* **~ de luxe** Luxusschlitten *(fam)*
bagou[t] [bagu] *m fam* Zungenfertigkeit *f,* Mundwerk *nt (fam);* **avoir du ~** ein großes Mundwerk haben *(fam)*
bague [bag] *f* ❶ Ring *m; d'un oiseau* [Fuß]ring; *d'un cigare* Bauchbinde *f;* **~ avec un/des rubis** Rubinring
❷ TECH Ring *m;* **~ de pied de bielle** Pleuelfußlager *nt*
▸ **mettre** [*o* **passer**] **la ~ au doigt de qn** *fam* jdn heiraten
◆ **~ de fiançailles** Verlobungsring *m*
baguenauder [bagnode] <1> *vi* ❶ *vieilli (s'amuser)* Unfug treiben
❷ *(se promener)* bummeln, [umher]schlendern
baguer [bage] <1> *vt* beringen *animal*
baguette [bagɛt] *f* ❶ *(pain)* Baguette *f o nt*
❷ *(bâton)* Stab *m; d'un tambour* Schlegel *m; d'un chef d'orchestre* Taktstock *m;* **~ de** [*o* **en**] **bois** Holzstab
❸ *(couvert chinois)* [Ess]stäbchen *nt*
❹ TECH *(Profil]*leiste *f,* [Zier]leiste
❺ ARCHIT **~ ornementale** Zierstab *m*
▸ **marcher à la ~** aufs Wort gehorchen; **mener** [*o* **faire marcher**] **qn à la ~** jdn an der Kandare haben
◆ **~ de fée** Zauberstab *m*
bah [ba] *interj* pah
bahut [bay] *m* ❶ *(buffet)* Anrichte *f*
❷ *(coffre)* Truhe *f*
❸ *fam (lycée)* Penne *f (fam)*
❹ *fam (camion)* Brummi *m (fam)*
bai(e) [bɛ] *adj cheval* [rot]braun
baie [bɛ] *f* ❶ GEOG Bucht *f*
❷ *(fenêtre)* **~ vitrée** großes Glasfenster
❸ BOT Beere *f*
baignade [bɛɲad] *f* ❶ *(action)* Baden *nt;* **~ interdite!** Baden verboten!
❷ *(lieu)* Badeplatz *m*
baigner [bɛɲe] <1> I. *vt* ❶ baden
❷ *(entourer) mer:* umspülen *(geh)*
❸ *(tremper)* **baigné(e) de sang/de sueur** *chemise* blutgetränkt/schweißnass; **baigné(e) de larmes/de sueur** *visage* tränen-/schweißüberströmt
❹ *fig* **baigné(e) de soleil** *pièce, bâtiment* sonnendurchflutet

II. *vi* **~ dans qc** in etw *(Dat)* schwimmen
▸ **ça** [*o* **tout**] **baigne** [**dans l'huile**] *fam* alles ist in Butter *(fam)*
III. *vpr* **se ~** baden; *(dans une piscine)* schwimmen
baigneur [bɛɲœʀ] *m* ❶ *(personne qui se baigne)* Badende(r) *m; (à la piscine)* Schwimmbadbesucher *m*
❷ *(poupée)* Babypuppe *f*
baigneuse [bɛɲøz] *f (personne qui se baigne)* Badende *f; (à la piscine)* Schwimmbadbesucherin *f*
baignoire [bɛɲwaʀ] *f* ❶ Badewanne *f;* **~ sabot** Sitzbadewanne
❷ THEAT Parterreloge *f*
bail [baj, bo] <baux> *m* ❶ *(contrat) d'un local commercial* Pachtvertrag *m; d'une maison* Mietvertrag; **conclure** [*o* **passer**] **un ~** einen Pacht-/Mietvertrag abschließen; **signer/résilier un ~** einen Pacht-/Mietvertrag abschließen/aufkündigen; **~ résiliable annuel** jährlich kündbarer Pacht-/Mietvertrag; **~ à ferme d'une entreprise** Unternehmenspachtvertrag; **à ~** pachtweise
❷ JUR *(autorisation)* **~ à vie** Dauerwohnrecht *nt*
▸ **ça fait un ~ que qn a fait qc** *fam* es ist eine Ewigkeit her, dass jd etw getan hat
◆ **~ à ferme** Pachtverhältnis *nt; (contrat)* Pachtabkommen *nt;* **~ de location** Mietverhältnis *nt;* **résilier un ~ de location** ein Mietverhältnis beenden
bâillement [bajmɑ̃] *m* Gähnen *nt*
bâiller [baje] <1> *vi* ❶ *personne:* gähnen
❷ *(être entrouvert) porte:* offen stehen; *col:* abstehen
bailleur, bailleresse [bajœʀ, bajœʀɛs] *m, f (à ferme)* Verpächter(in) *m(f); (à loyer)* Vermieter(in) *m(f)*
◆ **~/bailleresse de fonds** Geldgeber(in) *m(f),* stiller Teilhaber/stille Teilhaberin
bailli [baji] *m* HIST Vogt *m*
bâillon [bajɔ̃] *m* Knebel *m;* **mettre un ~ à qn** jdn knebeln
bâillonnement [bajɔnmɑ̃] *m* ❶ *d'une personne* Knebeln *nt*
❷ *d'une liberté* Ersticken *nt;* **~ de la liberté d'expression** Unterdrückung der Meinungsfreiheit
bâillonner [bajɔne] <1> *vt* ❶ knebeln
❷ *fig* mundtot machen *opposition, presse*
bain [bɛ̃] *m* ❶ *(action)* Bad *nt;* **~ oculaire** Augenbad; **prendre un ~** ein Bad nehmen, baden
❷ *(eau)* [Bade]wasser *nt*
❸ *(baignoire)* [Bade]wanne *f;* **sortir du ~** aus der Wanne steigen
❹ *(préparation)* Bad *nt;* **~ aux huiles essentielles** Ölbad; **~ d'acide** Säurebad
❺ *(établissement)* Bad *nt;* **~s municipaux** städtisches Bad
❻ *(bassin)* **grand/petit ~** Schwimmer-/Nichtschwimmerbecken *nt*
▸ **on est tous dans le même ~** wir sitzen alle im selben Boot; **être dans le ~** *(être au courant)* auf dem Laufenden sein; *(être compromis)* in die Sache verwickelt sein; **mettre qn dans le ~** *(informer)* jdn ins Bild setzen; *(compromettre)* jdn in eine Sache mit hineinziehen; **se remettre dans le ~** sich wieder einarbeiten
◆ **~ de bouche** Mundspülung *f;* **~ de boue** Moorbad *nt;* **~ de fixage** PHOT Fixierbad *nt;* **~ de foule** Bad *nt* in der Menge; **~ de lumière** MED Lichtbad *nt;* **~ de pieds** Fußbad *nt;* **~ de sang** Blutbad *nt;* **~ de soleil** Sonnenbad *nt;* **~ de vapeur** Dampfbad *nt*
bain-marie [bɛ̃maʀi] <bains-marie> *m* Wasserbad *nt;* **faire cuire au ~** im Wasserbad erhitzen
baïonnette [bajɔnɛt] *f* Bajonett *nt*
baise [bɛz] *f* ❶ Bumsen *nt (sl)*
❷ BELG *(bise)* Kuss *m*
baisemain [bɛzmɛ̃] *m* Handkuss *m;* **faire le ~ à qn** jdm die Hand küssen
baiser[1] [beze] *m* ❶ Kuss *m;* **donner à qn un ~ sur la joue** jdn auf die Wange küssen; **envoyer un ~ à qn** jdm eine Kusshand zuwerfen
❷ *(en formule)* **bons ~s** liebe Grüße
◆ **~ de Judas** Judaskuss *m*
baiser[2] [beze] <1> I. *vt* ❶ küssen; **la main de qn** jdm die Hand küssen
❷ *fam (coucher avec)* bumsen *(vulg)*
❸ *fam (tromper)* [he]reinlegen *(fam)*
II. *vi fam* bumsen *(vulg)*
baisodrome [bezodʀom] *m hum fam* Liebesnest *nt*
baisse [bɛs] *f* ❶ *des prix, de température* Rückgang *m,* Sinken *nt; des taux d'intérêt* Sinken *nt; de pouvoir, d'influence* Schwinden *nt; de popularité* Einbuße *f;* **~ du chiffre d'affaires** Umsatzrückgang; **~ de la contribution** [*o* **de la cotisation**] Beitragsmäßigung *f;* **~ générale du niveau de vie** allgemeine Einbußen im Lebensstandard; **en cas de ~ des prix** bei sinkenden Preisen; **en ~** *cours du dollar, production* sinkend; **être en ~** *cours de la bourse, baromètre:* fallen; *thermomètre:* sinken; *température:* zurückgehen, sinken
❷ BOURSE Baisse *f;* **mouvement de ~** Abwärtsbewegung *f;* **~ du cours** Kursrückgang *m,* abwärts gerichtete Kursbewegung; **subir une ~ du cours** einen Kursrückgang erleiden

◆ ~ **des cours** Kursrückgang *m;* ~ **des effectifs** Absinken *nt* der Belegschaftsziffern; ~ **des exportations** Ausfuhrrückgang *m;* ~ **de pression** Druckabfall *m;* ~ **des prix** Preissenkung *f,* Preisrückgang *m;* ~ **de température** Temperaturrückgang *m;* ~ **de tension** ELEC Spannungsabfall *m;* MED Blutdruckabfall, Blutdrucksenkung *f;* ~ **des ventes** Verkaufsrückgang *m*

baisser [bese] <1> I. *vt* ❶ *(faire descendre)* herunterlassen *store, rideau;* herunterkurbeln *vitre de voiture;* herunterschlagen *col*
❷ *(fixer plus bas)* tiefer hängen
❸ *(orienter vers le bas)* senken *tête;* niederschlagen *yeux*
❹ *(rendre moins fort)* leiser machen *son;* abblenden *phare;* senken *(geh) voix;* **baisse le ton!** nicht so laut!
❺ *(réviser à la baisse)* senken, herabsetzen *prix, taux*
II. *vi* ❶ *(diminuer de niveau, d'intensité) forces, mémoire, vue:* nachlassen; *vent:* abflauen, sich legen; *niveau, rivière:* sinken; *baromètre:* fallen; *température:* zurückgehen; *jour:* sich neigen *(geh);* **les jours baissent** die Tage werden kürzer; **la mer baisse** das Wasser geht zurück; ~ **dans l'estime de qn** in jds Achtung sinken
❷ ECON, BOURSE fallen; *prix:* nachgeben, sinken; **faire ~ le cours den Kurs drücken**
❸ *(s'affaiblir) personne:* nachlassen
III. *vpr* **se ~** sich bücken; *(pour esquiver)* sich ducken
▶ **il n'y a qu'à** *[o* **on n'a qu'à] se ~ pour le/la/les ramasser** *fam* ≈ das/die gibt es dort wie Sand am Meer

baissier [besje] *m* BOURSE Baissespekulant(in) *m(f),* Fixer(in) *m(f) (fam)*

baissier, -ière [besje, -jɛʀ] *adj* BOURSE Baisse-; **stratégie baissière** Baissestrategie *f*

bajoue [baʒu] *f d'une personne* Hängebacke *f; d'un animal* Backe *f*

bakchich [bakʃiʃ] *m* Bakschisch *nt,* Trinkgeld *nt*

bakélite [bakelit] *f* Bakelit *nt*

bal [bal] <s> *m* ❶ *(réunion populaire, d'apparat)* Ball *m;* **aller au ~ zum Ball gehen, tanzen gehen;** ~ **costumé/masqué/de la Saint-Sylvestre** Kostüm-/Masken-/Sylvesterball *m*
❷ *(lieu)* Tanzlokal *nt*

balade [balad] *f fam* ❶ *(promenade) (à pied)* Spaziergang *m; (en voiture)* Spazierfahrt *f; (à cheval)* Ausritt *m*
❷ *(excursion)* Ausflug *m*

balader [balade] <1> I. *vt fam* spazieren führen *animal;* spazieren gehen mit *personne;* ~ **qc partout** etw überallhin mitschleppen *(fam)*
▶ **envoyer ~ qn** *fam* jdn zum Teufel jagen *(fam)*
II. *vpr* **se ~** *fam* ❶ *(se promener) (à pied)* spazieren gehen; *(en voiture)* spazieren fahren; *(à cheval)* ausreiten
❷ *(traîner)* herumliegen

baladeur [baladœʀ] *m* Walkman® *m*

baladeuse [baladøz] *f* Handlampe *f*

baladin(e) [baladɛ̃, in] *m(f)* ❶ *vieilli (danseur, danseuse)* [Ballett]tänzer(in) *m(f)*
❷ *(bouffon)* Gaukler(in) *m(f)*

balafon [balafɔ̃] *m* MUS Marimba *f*

balafre [balafʀ] *f* ❶ *(blessure)* Schmiss *m;* (en se rasant) Schnittwunde *f*
❷ *(cicatrice)* Schmiss *m*

balafré(e) [balafʀe] *adj* mit einem Schmiss, mit Schmissen

balafrer [balafʀe] *vt* mit Hiebwunden verletzen; *(dans une association d'étudiants)* einen Schmiss beibringen

balai [balɛ] *m* ❶ Besen *m;* **passer le ~** *[mal schnell]* fegen
❷ ELEC *d'une dynamo* Bürste *f*
❸ *(accessoire de musique)* Jazzbesen *m*
▶ **con**(**ne**) **comme un ~** *fam* total bescheuert *(fam);* **raide comme un ~** *fam* stocksteif *(fam)*
◆ ~ **d'essuie-glace** Scheibenwischerblatt *nt;* ~ **de WC** Toilettenbürste *f,* WC-Bürste

balai-brosse [balɛbʀɔs] <balais-brosses> *m* Schrubber *m*

balalaïka [balalaika] *f* Balalaika *f*

balan [balɑ̃] *m* CH **je suis sur le ~** ich schwanke, *(incertain)* ich bin unsicher

balance [balɑ̃s] *f* ❶ *(instrument)* Waage *f;* ~ **de précision** Präzisionswaage *f*
❷ *(bilan)* ~ **commerciale** Bilanz *f* des Warenhandels, Handelsbilanz; ~ **commerciale en dollars** Dollarbilanz; ~ **commerciale en dollars excédentaire** aktive Dollarbilanz; ~ **des comptes déséquilibrée** unausgeglichene Zahlungsbilanz; ~ **touristique** Reise[verkehrs]bilanz; ~ **du commerce extérieur** Ertragsbilanz, Außenhandelsbilanz; ~ **des opérations en capital** Kapitalbilanz; ~ **des paiements** [**excédentaire**] Zahlungsbilanz; ~ **des paiements courants** ≈ Kapitalertragsbilanz; ~ **des paiements déséquilibrée** unausgeglichene Zahlungsbilanz
▶ **jeter** *[o* **mettre**] **qc dans la ~** etw in die Waagschale werfen; **maintenir** *[o* **tenir**] **la ~ égale entre deux partis** eine unparteiische Haltung zwischen zwei Parteien *(Dat)* einnehmen; **qn/qc fait pencher la ~ en faveur de qn/qc** jd/etw gibt den Ausschlag für jdn/etw; **peser dans la ~** ins Gewicht fallen
◆ ~ **de caisse** FIN Kassenbilanz *f;* ~ **des forces** Gleichgewicht *nt* der Kräfte; ~ **de ménage** Küchenwaage *f;* ~ **des mutations** ECON Bewegungsbilanz *f;* ~ **de précision** Präzisionswaage *f;* ~ **des services** Dienstleistungsbilanz *f;* ~ **des soldes** FIN Saldenbilanz *f;* ~ **des transferts** Übertragungsbilanz *f*

Balance [balɑ̃s] *f* ASTROL Waage *f;* **être** [**du signe de la**] ~ [eine] Waage sein, im Zeichen der Waage geboren sein

balancé(e) [balɑ̃se] *adj* ❶ *(équilibré)* ausgewogen
❷ *fam (joli)* **bien ~** [**e**] gut gebaut *(fam)*

balancelle [balɑ̃sɛl] *f* Hollywoodschaukel *f,* Gartenschaukel

balancement [balɑ̃smɑ̃] *m* ❶ Hin- und Herschwanken *nt; d'un pendule* Hin- und Herschwingen *nt;* des hanches Wiegen *nt*
❷ *(rythme) d'une phrase* Ebenmaß *nt*

balancer [balɑ̃se] <2> I. *vt* ❶ schaukeln *personne;* ~ **les bras/ses jambes** mit den Armen schlenkern/den Beinen baumeln
❷ *(tenir en agitant)* schwenken *sac, encensoire*
❸ *(ballotter)* schaukeln *bateau;* hin und her bewegen *branche, lustre*
❹ *fam (envoyer)* schmeißen *(fam) objet;* ~ **qc par la fenêtre** etw zum Fenster hinausschmeißen *(fam)*
❺ *fam (se débarrasser)* wegschmeißen *(fam) objet;* rausschmeißen *(fam),* feuern *(fam) employé;* (dénoncer) verpfeifen *(fam) complice;* **elle a envie de tout ~** sie würde am liebsten alles hinschmeißen *(fam)*
II. *vi fig littér* schwanken
III. *vpr* **se ~** ❶ *bateau:* [hin und her] schaukeln; *branches:* sich hin und her bewegen; *corde:* hin und her schwingen; **se ~ sur ses jambes/d'un pied sur l'autre** von einem Bein auf das andere/von einem Fuß auf den anderen treten
❷ *(sur une balançoire)* schaukeln; *(sur une bascule)* wippen
▶ **qn s'en balance** *fam* das ist jdm piepegal *(fam)*

balancier [balɑ̃sje] *m d'une horloge* Pendel *nt; d'un funambule* Balancierstange *f*

balançoire [balɑ̃swaʀ] *f (escarpolette)* Schaukel *f; (bascule)* Wippe *f;* **faire de la ~** schaukeln/wippen

balayage [balɛjaʒ] *m* ❶ Kehren *nt,* Fegen *nt*
❷ INFORM Scannen *nt*

balayer [balɛje] <7> *vt* ❶ *(ramasser)* zusammenfegen
❷ *(nettoyer)* fegen
❸ *(passer sur)* ~ **qc** *faisceau lumineux:* über etw *(Akk)* hingleiten; *vent:* über etw *(Akk)* [hinweg]fegen; *vague:* etw überspülen
❹ INFORM scannen
❺ *(chasser) vague:* hinwegspülen; *vent:* vor sich *(Dat)* hertreiben *feuilles;* aus dem Weg räumen *obstacle;* vom Tisch wischen *(fam) objection, argument;* ausräumen *doute*

balayette [balɛjɛt] *f* Handfeger *m,* Bartwisch *m* (A)

balayeur [balɛjœʀ] *m* Straßenfeger *m*

balayeuse [balɛjøz] *f* ❶ Straßenfegerin *f*
❷ *(machine)* [Straßen]kehrmaschine *f*

balayures [balɛjyʀ] *fpl* Kehricht *m*

balbutiement [balbysimɑ̃] *m* ❶ *(action)* Stammeln *nt; d'un bébé* Brabbeln *nt*
❷ *pl (débuts)* Anfänge *Pl;* **en être à ses premiers ~s** in den Kinderschuhen stecken

balbutier [balbysje] <1> I. *vi* ❶ *(bredouiller)* stammeln; *bébé:* brabbeln
❷ *(marmotter)* nuscheln *(fam)*
II. *vt* ❶ *(bredouiller)* stammeln *excuses; bébé:* brabbeln *mots*
❷ *(marmotter)* [vor sich hin] murmeln *prière*

balbuzard [balbyzaʀ] *m* ORN Fischadler *m*

balcon [balkɔ̃] *m* ❶ ARCHIT Balkon *m; (balustrade)* [Balkon]brüstung *f*
❷ THEAT Balkon *m,* Rang *m*

balconnet [balkɔnɛ] *m* ❶ *(soutien-gorge)* Formbügel-BH *m*
❷ *d'un réfrigérateur* Türfach *nt*

baldaquin [baldakɛ̃] *m* Baldachin *m*

Bâle [bal] Basel *nt*

Baléares [baleaʀ] *fpl* **les** [**îles**] ~ die Balearen

baleine [balɛn] *f* ❶ ZOOL Wal *m;* **pêche à la ~** Walfang *m*
❷ *(renfort) d'un soutien-gorge* [Form]bügel *m;* ~ **de corset** Korsettstange

baleinier [balenje] *m* Walfänger *m*

baleinière [balenjɛʀ] *f* Beiboot *nt,* Walfangboot *nt*

balèze [balɛz] *fam* I. *adj* ❶ *(musclé)* kräftig, stämmig; **être drôlement ~** ganz schöne Muckis haben *(fam)*
❷ *(doué)* beschlagen; **être ~ en maths** es in Mathe drauf haben *(fam)*
II. *m* [Kleider]schrank *m (fam)*

Bali [bali] *m* Bali *nt;* **à ~** auf Bali

balinais(e) [balinɛ, ɛz] *adj* balinesisch

Balinais(e) [balinɛ, ɛz] *m(f)* Balinese *m*/Balinesin *f*

balisage [balizaʒ] *m* ❶ *(action) d'un chemin* Markieren *nt,* Markierung *f; d'une piste de ski (à l'aide de piquets)* Markieren, Markie-

rung; *(à l'aide de fanions)* Ausflaggen *nt; d'une piste d'atterrissage* Befeuern *nt*
❷ *(signaux) d'un chemin, d'une piste de ski* Markierung *f; d'une route* Leitpfosten *Pl;* ~ **de la/d'une côte** Küstenbefeuerung *f*
balise [baliz] *f* ❶ NAUT Boje *f,* Bake *f;* AVIAT Bake; *(signal lumineux)* Leuchtfeuer *nt;* ~ **de signalement** Rettungsboje
❷ *(sur une route)* Leitpfosten *m*
❸ INFORM Tag *m*
baliser [balize] <1> I. *vt* ❶ *(signaliser)* markieren; ~ **une piste de slalom** *(à l'aide de piquets)* eine Slalompiste markieren; *(à l'aide de fanions)* eine Slalompiste ausflaggen
❷ AVIAT, NAUT mit Baken markieren; *(avec des signaux lumineux)* befeuern
❸ INFORM markieren, taggen *texte*
II. *vi fam (avoir peur)* Bammel haben *(fam)*
balistique [balistik] I. *adj* ballistisch
II. *f* Ballistik *f*
baliverne [balivɛʀn] *f* Unsinn *m kein Pl;* **raconter des ~s** Unsinn [*o* dummes Zeug *fam*] erzählen; **~s que tout cela!** so ein Unsinn!
balkanique [balkanik] *adj* Balkan-
balkanisation [balkanizasjɔ̃] *f* Balkanisierung *f,* Kleinstaaterei *f*
balkaniser [balkanize] *vt* balkanisieren
balkanologie [balkanɔlɔʒi] *f* Balkanologie *f*
Balkans [balkɑ̃] *mpl* **les** ~ der Balkan; **dans les** ~ auf dem Balkan; **États des** ~ Balkanstaaten *Pl;* **spécialiste des** ~ Balkanologe *m/* Balkanologin *f*
ballade [balad] *f* Ballade *f;* **poème qui ressemble à une** ~ balladeskes Gedicht
ballant(e) [balɑ̃, ɑ̃t] *adj jambes* baumelnd; *bras* schlenkernd
ballast [balast] *m* CHEMDFER Eisenbahnunterbau *m,* Gleisbett *nt,* Schotterbett, Schotter *m*
balle [bal] *f* ❶ JEUX, SPORT Ball *m;* **jouer à la** ~ Ball spielen; **faire des** [*o* **quelques**] **~s** ein paar Bälle schlagen
❷ *(projectile)* Kugel *f;* ~ **de fusil/de pistolet/de revolver** Gewehr-/Pistolen-/Revolverkugel; ~ **blindée** [*o* **chemisée**] Mantelgeschoss *nt*
❸ *(ballot)* Ballen *m*
❹ *pl* HIST *fam (francs)* **cent ~s** hundert Franc
▸ **saisir la** ~ **au bond** die Gelegenheit beim Schopf ergreifen; **la** ~ **est dans le camp de qn** jd ist am Zug; **renvoyer la** ~ **à qn** jdm keine Antwort schuldig bleiben; **se renvoyer la** ~ sich gegenseitig die Verantwortung [*o* den schwarzen Peter *fam*] zuschieben
◆ ~ **de golf** Golfball *m;* ~ **de match** Matchball *m;* ~ **de tennis** Tennisball *m*
ballerine [balʀin] *f* ❶ *(danseuse)* Ballerina *f*
❷ *(chaussure)* Ballerinaschuh *m*
ballet [balɛ] *m* Ballett *nt;* ~ **d'enfants** Kinderballett; ~ **de ski artistique** Skiballett
ballon [balɔ̃] *m* ❶ JEUX, SPORT Ball *m;* **jeux de** ~ Ballspiele *Pl;* **jouer au** ~ Ball spielen; ~ **en caoutchouc** Gummiball
❷ *(baudruche)* Luftballon *m*
❸ *(aérostat)* Ballon *m,* Freiballon *m;* ~ **à air chaud** Heißluftballon *m;* ~ **à gaz** Gasballon *m;* ~ **dirigeable** Luftschiff *nt,* Zeppelin *m;* **monter en** ~ mit einem Ballon aufsteigen
❹ GEOG Belchen *m*
❺ *(verre)* bauchiges Weinglas; *(contenu)* Glas *nt;* CH [*kleines*] Weinglas *nt (mit 0,1 l Inhalt)*
◆ ~ **de basket** Basketball *m;* ~ **d'eau chaude** [Warmwasser]boiler *m;* ~ **d'essai** Versuchsballon *m;* ~ **de football** Fußball *m;* ~ **de gymnastique** Gymnastikball *m;* ~ **d'oxygène** Sauerstoffflasche *f;* ~ **de plage** Wasserball *m;* ~ **de rugby** Rugbyball *m;* ~ **de signalement** NAUT Signalball *m*
ballonnement [balɔnmɑ̃] *m du ventre* Aufgeblähtsein *nt;* **donner des ~s à qn** jm Blähungen führen
ballonner [balɔne] <1> *vt* aufblähen *ventre, estomac*
ballon-sonde [balɔ̃sɔ̃d] <ballons-sondes> *m* Wetterballon *m*
ballot [balo] *m* ❶ *(paquet)* [*kleiner*] Ballen; *de livres* Packen *m*
❷ *fam (imbécile)* Dummkopf *m (fam)*
ballottage [balɔtaʒ] *m* **il y a** ~ die Wahl ist unentschieden; **être en** ~ in die Stichwahl kommen
ballottement [balɔtmɑ̃] *m d'un corps* Schütteln *nt*
ballotter [balɔte] <1> I. *vi* hin- und herrutschen; *bouteille:* hin- und herrollen
II. *vt voiture:* durchschütteln; **être ballotté(e) entre qc/qn et qc/qn** hin- und hergerissen sein zwischen etw/jdm und etw/jdm
ball-trap [baltʀap] <ball-traps> *m* ❶ *(sport)* Tontaubenschießen *nt*
❷ *(lieu)* Tontaubenschießanlage *f*
balluchon [balyʃɔ̃] *m* Bündel *nt;* **faire son** ~ sein Bündel schnüren
balnéaire [balneɛʀ] *adj* **station** ~ Seebad *nt*
balnéologie [balneɔlɔʒi] *f* Balneologie *f*
balnéothérapie [balneoteʀapi] *f* Balneotherapie *f,* Bäderkur *f*
balourd [baluʀ] *m* ❶ *(personne maladroite)* Tollpatsch *m;* *(personne peu dynamique)* Tranfunzel *f (pej fam);* *(personne sans délicatesse)* Raubauz *m (fam)*
❷ TECH Unwucht *f*
balourd(e) [baluʀ, uʀd] *adj* unbeholfen, ungeschickt, raubauzig *(fam)*
balourdise [baluʀdiz] *f* ❶ *(caractère)* Unbeholfenheit *f,* Ungeschicklichkeit *f*
❷ *(acte ou propos)* Dummheit *f,* Schnitzer *m (fam)*
balsa [balza] *m* Balsaholz *nt*
balsamique [balsamik] *adj* balsamisch; **vinaigre** ~ Balsamessig *m,* Balsamicoessig *m*
balte [balt] *adj* **les États ~s** die Baltischen Staaten
Balte [balt] *mf* Balte *m*/Baltin *f*
Balthazar [baltazaʀ] *m* BIBL *(Roi mage)* Balthasar *m;* *(dernier roi de Babylone)* Belsazar *m*
baltique [baltik] *adj langues* baltisch
Baltique [baltik] *f* **la** [**mer**] ~ die Ostsee; **station balnéaire/île/port de la** ~ Ostseebad *nt/*-insel *f/*-hafen *m;* **pêche dans la** ~ Ostseefischerei *f*
baluchon *v.* **balluchon**
balustrade [balystʀad] *f (en bois, métal)* Geländer *nt; (en maçonnerie)* Brüstung *f*
balustre [balystʀ] *m* ARCHIT Baluster *m,* Stützsäule *f* [in einem Geländer]
bambin(e) [bɑ̃bɛ̃] *m(f)* kleiner Junge/kleines Mädchen
bambocher [bɑ̃bɔʃe] *vi* prassen
bambou [bɑ̃bu] *m* Bambus *m*
bamboula [bɑ̃bula] *f fam* Fete *f (fam)*
▸ **faire la** ~ auf die Pauke hauen *(fam)*
ban [bɑ̃] *m* ❶ *pl* **de mariage** Aufgebot *nt;* **publier les ~s** [**de mariage**] das Aufgebot aushängen
❷ *fam (applaudissements)* rhythmischer Beifall; **faire un** ~ **pour qn** *fam* jdn hochleben lassen; **un** ~ **pour X!** *fam* ein Hoch auf X! *(fam)*
❸ JUR CH **mettre à** ~ *(interdire l'accès de)* den Zutritt untersagen *(per gerichtlicher Verfügung)*
▸ **mettre qn au** ~ **de l'Église** jdn mit dem Kirchenbann belegen; **mettre un pays au** ~ **des nations** ein Land aus dem Kreis der Nationen ausschließen; **mettre qn au** ~ **de la société** jdn ächten
banal(e) [banal] <s> *adj* banal; *choses, idée, affaire* alltäglich, gewöhnlich; *propos* abgedroschen; *personne* durchschnittlich; **c'est pas** ~ *fam* das ist wirklich 'n Ding *(fam)*
banalement [banalmɑ̃] *adv* einfach
banalisation [banalizasjɔ̃] *f* Banalisierung *f*
banaliser [banalize] <1> *vt* banalisieren; **voiture banalisée** [als Privatwagen] getarntes Polizeiauto
banalité [banalite] *f* ❶ Banalität *f; de la vie* Stumpfsinnigkeit *f; d'un propos* Abgedroschenheit *f*
❷ *(propos)* Gemeinplatz *m*
banana split [bananasplit] *m inv* Bananensplit *nt*
banane [banan] *f* ❶ Banane *f*
❷ *(pochette)* Gürteltasche *f*
bananeraie [bananʀɛ] *f* Bananenplantage *f*
bananier [bananje] *m* ❶ *(plante)* Bananenstaude *f*
❷ *(bateau)* Bananendampfer *m*
banc [bɑ̃] *m* ❶ Bank *f;* ~ **public** Parkbank; ~ **de cuisine/de jardin** Küchen-/Gartenbank; ~ **en bois/en marbre** Holz-/Marmorbank; ~ **de brasserie** Bierbank
❷ GEOL Schicht *f*
❸ *(colonie) de poissons* Schwarm *m;* **arriver par ~s** *poissons:* schwarmweise auftreten
▸ **nous nous sommes connus sur les ~s de l'école** wir haben gemeinsam die Schulbank gedrückt
◆ ~ **des accusés** Anklagebank *f;* ~ **d'essai** [Leistungs]prüfstand *m; fig* Prüfstein *m;* ~ **d'huîtres** Austernbank *f;* ~ **de menuisier** Werkbank *f;* ~ **de moules** Muschelbank *f;* ~ **des remplaçants** Ersatzbank *f;* ~ **de sable** Sandbank *f*
bancable [bɑ̃kabl] *adj* FIN *chèque, effet* [zentral]bankfähig
bancaire [bɑ̃kɛʀ] *adj* Bank-
bancal(e) [bɑ̃kal] <s> *adj* ❶ *(instable) meuble* wack[e]lig; *personne* hinkend, krummbeinig; **être ~(e)** *personne:* hinken; *table:* wackeln
❷ *fig raisonnement* nicht stichhaltig; **idée ~e** Schnapsidee *f (fam)*
bancassurance [bɑ̃kasyʀɑ̃s] *f* Verkauf von Versicherungsleistungen über Bankfilialen
banco [bɑ̃ko] I. *adj* FIN *vieilli* banco
II. *m* JEUX **faire** ~ allein gegen die Bank spielen
bandage [bɑ̃daʒ] *m* ❶ *(action)* Verbinden *nt*
❷ *(bande)* Verband *m;* ~ **adhésif** Tape-Verband; ~ **de soutien** Stützbandage *f;* ~ **compressif** [*o* **de compression**] Druckverband *m,* Kompressionsverband
bandagiste [bɑ̃daʒist] *mf* Bandagist(in) *m(f)*
bandant(e) [bɑ̃dɑ̃, ɑ̃t] *adj fam (excitant)* aufregend; *(sexuellement excitant)* anmachend *(fam)*

bande¹ [bɑ̃d] *f* ❶ Streifen *m*; *de métal* Band *nt*; *de tissu* Streifen; *d'un magnétophone* [Ton]band; CINE Film[streifen]; ~ **sonore** Tonspur *f*; ~ **d'épilation** Wachsstreifen
❷ MED Binde *f*; ~ **de gaze** Mullbinde; ~ **Velpeau**® elastische Binde; ~ **ombilicale** Nabelbinde
❸ *(partie étroite et allongée)* Streifen *m*; ~ **frontalière** [*o* **frontière**] Grenzstreifen
❹ *(rayure)* Streifen *m*; *(grosse rayure)* Blockstreifen; **tissu à ~s** gestreifter Stoff
❺ INFORM, PHYS ~ [**magnétique**] Band *nt*; ~ **passante** Bandbreite *f*
▶ ~ **dessinée** Comic *m*, Comicstrip *m*; **par la ~** hintenherum
♦ ~ **annonce** Voranzeige *f*, Trailer *m*; ~ **d'arrêt d'urgence** Standspur *f*; ~ **de fréquence** Frequenzband *nt*; ~ **de roulement** Lauffläche *f*; ~ **de stationnement** Parkstreifen *m*; ~ **de terrain** [*o* **de terre**] Streifen *m* Land
bande² [bɑ̃d] *f* ❶ *de personnes* Gruppe *f*; *de loups, chiens* Rudel *nt*; *d'oiseaux* Schar *f*; ~ **d'enfants** Kinderschar *f*; **arriver en ~ loups**: rudelweise auftreten
❷ *(groupe constitué)* Bande *f*; ~ **de gamins/d'adolescents** Kinder-/Jugendbande *f*; ~ **rebelle** Aufrührerbande *f*; ~ **d'amis** Clique *f*; ~ **d'incapables** *fam* Chaostruppe *f (fam)*, Gurkentruppe *(pej fam)*
▶ **faire** ~ **à part** sich absondern
bandé(e) [bɑ̃de] *adj écu* mit Bändern verziert
bande-annonce [bɑ̃dɑ̃nɔ̃s] <bandes-annonces> *f* Trailer *m*, Vorschau *f*
bandeau [bɑ̃do] <x> *m* ❶ *(dans les cheveux)* [Haar]band *nt*
❷ *(serre-tête)* Stirnband *nt*
❸ *(sur les yeux)* Binde *f*; **avec un ~ sur les yeux** mit verbundenen Augen; **mettre à qn un ~ sur les yeux** jdm die Augen verbinden
▶ **avoir un ~ sur les yeux** mit Blindheit geschlagen sein; **arracher le ~ des yeux de qn** jdm die Augen öffnen
bandelette [bɑ̃dlɛt] *f* ❶ *(petite bande de tissu)* schmaler Stoffstreifen
❷ CHIM ~ **de test** Teststreifen *m*
bander [bɑ̃de] <1> **I.** *vt* ❶ *(panser)* verbinden
❷ *(tendre)* spannen
II. *vi fam* einen Ständer kriegen/haben *(fam)*
banderille [bɑ̃dʀij] *f* Banderilla *f*
banderole [bɑ̃dʀɔl] *f* ❶ *(petite bannière)* Wimpel *m*
❷ *(bande avec inscription)* Spruchband *nt*, Transparent *nt*
bande-son [bɑ̃dsɔ̃] <bandes-son> *f* ❶ *(sur la pellicule)* Tonspur *f*
❷ *(son)* Ton *m* **bande-vidéo** [bɑ̃dvideo] <bandes-vidéos> *f* Videoband *nt*
bandit [bɑ̃di] *m* ❶ *(malfaiteur)* Bandit *m*, Verbrecher *m*; ~ **de grand chemin** Straßenräuber *m*
❷ *(personne malhonnête)* Gauner *m*
❸ *fam (affectif)* Schlingel *m (fam)*
banditisme [bɑ̃ditism] *m* Verbrechertum *nt*, Bandenwesen *nt*
bandonéon [bɑ̃dɔneɔ̃] *m* MUS Bandonion *nt*, Bandoneon *nt*
bandoulière [bɑ̃duljɛʀ] *f* Schulterriemen *m*, Umhängegurt *m*; **porter qc en ~** etw umgehängt [*o* über die Schulter gehängt] tragen; **le fusil en ~** mit umgehängtem Gewehr
bang [bɑ̃g] **I.** *interj* peng!
II. *m inv* Knall *m*; **le big** [*o* **grand**] ~ ASTRON der Urknall
bangladais(e) [bɑ̃gladɛ, ɛz] *adj* bangladeschisch
Bangladais(e) [bɑ̃gladɛ, ɛz] *m(f)* Bangladeschi(n) *m(f)*
Bangladesh [bɑ̃gladɛʃ, bɑ̃gladɛʃ] *m* Banglades[c]h *nt*
banjo [bɑ̃(d)ʒo] *m* Banjo *nt*
banlieue [bɑ̃ljø] *f d'une ville* Vorstädte *Pl*, Vororte *Pl*; **habiter en** [*o* **dans la**] ~ in einem Vorort wohnen; **train de ~** Nahverkehrszug *m*, Vorortzug, Pendlerzug; **cinéma de ~** Vorstadtkino *nt*

Land und Leute

Die Verlagerung von Wohnraum für sozial Schwächere in die Vorstädte begann in den Sechzigerjahren und führte zu riesigen Problemen. Die **banlieues** sind heute oft soziale Brennpunkte, gekennzeichnet von hoher Jugendarbeitslosigkeit und Kriminalitätsrate sowie niedrigem Bildungsstand.

---

banlieusard(e) [bɑ̃ljøzaʀ, aʀd] *m(f)* Vorstädter(in) *m(f)*; *(qui fait la navette)* Pendler(in) *m(f)*
banni(e) [bani] **I.** *adj* ❶ **personne** verbannt
❷ *fig sujet, mot* tabu
II. *m(f)* ❶ *(exilé)* Verbannte(r) *f(m)*
❷ *(exclu)* Ausgestoßene(r) *f(m)*
bannière [banjɛʀ] *f* Banner *nt*; REL Prozessionsfahne *f*
▶ **se ranger** [*o* **se mettre**] **sous la ~ de qn** sich jdm anschließen
bannir [baniʀ] <8> *vt* ❶ *(mettre au ban)* ~ **qn d'un pays** jdn aus einem Land verbannen
❷ *(supprimer)* ächten; ~ **qc de qc** etw aus etw verbannen
bannissement [banismɑ̃] *m* Verbannung *f*
banquable *v.* **bancable**

banque [bɑ̃k] *f* ❶ FIN, JEUX Bank *f*; **avoir de l'argent en ~** Geld auf der Bank haben; **employé(e) de ~** Bankangestellte(r) *f(m)*; ~ **affiliée** Filialbank; ~ **habituelle** Hausbank; **Banque centrale** Zentral[noten]bank; **Banque centrale allemande** Bundesnotenbank; **Banque centrale nationale indépendante** unabhängige nationale Zentralbank; **Banque centrale européenne** Europäische Zentralbank; **Banque européenne d'investissement** Europäische Investitionsbank; ~**s intérieures** Inlandsbanken; ~ **municipale** Kommunalbank; ~ **notificatrice** avisierende Bank *(Fachspr.)*; ~ **de dépôt spécialisée dans les avances sur titres** Lombardbank; ~ **appartenant à un pool bancaire** Konsortialbank
❷ *pl (ensemble du domaine)* **les ~s** das Bankwesen
♦ ~ **d'affaires** Geschäftsbank *f*; ~ **de commerce** Handelsbank *f*; ~ **de compensation** Clearingbank *f*; ~ **de confirmation** bestätigende Bank; ~ **de crédit** Kreditbank *f*, Finanzierungsbank *f*; ~ **de crédit foncier** Bodenkreditbank *f*; ~ **de crédit hypothécaire** Pfandbriefanstalt *f*; ~ **de dépôts** Einlagenbank *f*; ~ **de données** Datenbank *f*; **administrateur de ~ de données** Datenbankadministrator *m*; ~ **d'émission** Notenbank *f*, Emissionsbank; **Banque de France** Bank von Frankreich; ~ **d'informations génétiques** Genbank *f*; ~ **d'investissement** Investmentbank *f*; ~ **d'organes** Organbank *f*; **Banque pour les règlements internationaux** Bank *f* für Internationalen Zahlungsausgleich; ~ **de remboursement** FIN Remboursbank *f*; ~ **du sang** Blutbank *f*; ~ **du sperme** Samenbank *f*; ~ **de tissus** Gewebebank *f*
banquer [bɑ̃ke] <1> *vi fam* blechen *(fam)*
banqueroute [bɑ̃kʀut] *f* Bankrott *m*; **faire ~** Bankrott machen, bankrottgehen; ~ **frauduleuse** betrügerischer Bankrott [*o* Konkurs]
banquet [bɑ̃kɛ] *m* [Fest]essen *nt*, Gastmahl *nt (geh)*, Festmahl *(geh)*, Bankett *nt (geh)*; **donner un ~** ein [Fest]essen geben, ein Bankett geben *(geh)*
banquette [bɑ̃kɛt] *f* ❶ [Sitz]bank *f*; ~ **arrière** Rückbank *f*; ~ **convertible** Schlafcouch *f*
❷ ARCHIT [Fenster]bank *f*
❸ *(chemin)* schmaler Gehweg; *d'une voie* Bankette *f*, Bankett *nt*
❹ *(muret) d'un manège* Bande *f*
♦ ~ **d'angle** [*o* **de coin**] Eckbank *f*; ~ **de piano** Klavierbank *f*
banquier, -ière [bɑ̃kje, -jɛʀ] *m*, *f* ❶ Bankier *m*, Banker(in) *m(f)*
❷ JEUX Bankhalter(in) *m(f)*
banquise [bɑ̃kiz] *f* Packeis *nt*
bantou(e) [bɑ̃tu] *adj* Bantu-; **langue ~e** Bantusprache *f*
baobab [baɔbab] *m* BOT Affenbrotbaum *m*
baptême [batɛm] *m* Taufe *f*; ~ **d'un/de l'enfant** Kindtaufe *f*, Kindstaufe (SDEUTSCH, A, CH); **administrer** [*o* **donner**] **le ~ à qn** jdn taufen; **recevoir le ~** die Taufe empfangen; ~ **d'urgence** Nottaufe
♦ ~ **de l'air** Jungfernflug *m*; ~ **du feu** Feuertaufe *f*; ~ **de la ligne** [*o* **du tropique**] Äquatortaufe *f*
baptiser [batize] <1> *vt* ❶ ~ **qn Pierre** jdn auf den Namen Pierre taufen; **être baptisé(e) d'urgence** die Nottaufe bekommen
❷ *(surnommer)* ~ **qn "L'asperge"** jdm den Spitznamen „Bohnenstange" geben
baptismal(e) [batismal, o] <-aux> *adj* Tauf-; *v. a.* **fonts**
baptisme [batism] *m* REL Baptismus *m*
baptistère [batistɛʀ] *m* Taufkapelle *f*, Baptisterium *nt (Fachspr.)*
baquet [bakɛ] *m* Bottich *m*; ~ **d'eau** Wasserschaff *nt* (A)
bar¹ [baʀ] *m (café, comptoir, meuble)* Bar *f*; ~ **de pédés** *fam* Schwulenbar *(fam)*; ~ **à putes** *fam* Rotlichtkneipe *f (fam)*
♦ ~ **de nuit** Nachtbar *f*
bar² [baʀ] *m* ZOOL Seebarsch *m*
bar³ [baʀ] *m* PHYS Bar *nt*
baragouin [baʀagwɛ̃] *m fam* Kauderwelsch *nt*
baragouinage [baʀagwinaʒ] *m fam* Kauderwelsch *nt*
baragouiner [baʀagwine] <1> **I.** *vt fam* ❶ *(parler mal)* radebrechen *langue*; ~ **un peu le français** ein paar Brocken Französisch können
❷ *(marmonner)* [vor sich hin] murmeln
II. *vi fam* Kauderwelsch reden
baraka [baʀaka] *f inv fam* Glück *nt*; **avoir la ~** Schwein haben *(fam)*
baraque [baʀak] *f* ❶ *(cabane)* [Holz]baracke *f*; *(pour les outils de jardinage)* Schuppen *m*; ~ **foraine** Jahrmarktsbude *f*
❷ *fam (maison)* Bude *f (fam)*; *(maison délabrée)* Bruchbude *f (fam)*; *(maison somptueuse)* Nobelhütte *f (fam)*
❸ CAN Hütte, in der Ahornzucker und -sirup hergestellt werden
▶ **casser la ~** *fam* einen Riesenerfolg haben *(fam)*; *film, livre*: ein Bombenerfolg sein *(fam)*
♦ ~ **de chantier** Baubude *f*
baraqué(e) [baʀake] *adj fam* breitschultrig, kräftig
baraquement [baʀakmɑ̃] *m* Barackenlager *nt*
baratin [baʀatɛ̃] *m fam* Geschwätz *nt (fam)*; **faire du** [*o* **son**] ~ **à qn** jdn bequatschen *(fam)*; *(draguer)* jdn anmachen *(fam)*
baratiner [baʀatine] <1> **I.** *vt fam* ❶ *(bonimenter)* ~ **qn** auf jdn einreden *(fam)*

② *(essayer de persuader)* bequatschen *(fam)*
③ *(draguer)* anmachen *(fam)*
II. *vi fam* dummes Zeug reden *(fam)*
baratineur, -euse [baratinœʀ, -øz] *fam* **I.** *adj* geschwätzig; **il est ~** er ist ein Schwätzer *(fam)*; **elle est baratineuse** sie ist eine Quasselstrippe *(fam)*
II. *m, f* Schwätzer(in) *m(f)*, Dummschwätzer(in) *(pej fam)*; *(flatteur)* Süßholzraspler(in) *m(f) (fam)*; *(qui débite de beaux propos vides)* Phrasendrescher(in) *m(f) (pej fam)*
baratte [baʀat] *f* HIST Butterfass *nt*
barbacane [baʀbakan] *f* ❶ HIST Schießscharte *f*
❷ *(ouverture pour l'écoulement de l'eau)* Entwässerungsschlitz *m*
barbant(e) [baʀbɑ̃, ɑ̃t] *adj fam* öde *(fam)*
barbaque [baʀbak] *f fam* [mieses] Fleisch *(fam)*
barbare [baʀbaʀ] **I.** *adj* ❶ *(cruel)* barbarisch, unmenschlich
❷ *(grossier)* unkultiviert
II. ❶ *(brute)* Barbar *m*, Unmensch *m*
❷ *(inculte)* [Kultur]banause *m*
barbaresque [baʀbaʀɛsk] *adj* HIST *vieilli* Berber-, Mahgreb-
barbarie [baʀbaʀi] *f* ❶ *(opp: civilisation)* Barbarei *f*
❷ *(cruauté)* Barbarei *f*, Unmenschlichkeit *f*
❸ *(grossièreté)* Geschmacklosigkeit *f*; *de propos, d'idées* Derbheit *f*
barbarisme [baʀbaʀism] *m* Barbarismus *m*
barbe [baʀb] *f* ❶ Bart *m*; **~ fleurie** weißer Bart; **~ naissante** Flaum *m*; **~ de trois jours** Dreitagebart; **porter la ~** einen Bart tragen [*o* haben], Bartträger sein; **homme qui porte la ~** Bartträger *m*; **faire** [*o* **tailler**] **la ~ à qn** jdm den Bart stutzen
❷ ZOOL Bart *m*; **~ d'un chat** Schnurrhaare *Pl*
❸ BOT Granne *f*
❹ *pl* TECH Widerhaken *Pl*, Zacken *Pl*
▶ **suivre ~** *péj* alter Griesgram *(fam)*; **rire dans sa ~** heimlich [*o* versteckt] lachen; **à la ~ de qn** vor jds Augen; **la ~!** *fam* jetzt reicht's! *(fam)*; **quelle ~!** *fam* so'n Mist! *(fam)*
◆ **~ à papa** Zuckerwatte *f*; **~ en pointe** Spitzbart *m*
barbeau [baʀbo] <x> *m* ❶ ZOOL Barbe *f*
❷ BOT Kornblume *f*
Barbe-Bleue [baʀbəblø] *m* Blaubart *m*
barbecue [baʀbəkju] *m* ❶ *(gril)* Holzkohlengrill *m*
❷ *(repas)* Barbecue *nt*; **faire un** [*o* **du**] **~** grillen
❸ *(fête)* Grillparty *f*, Grillfest *nt*
barbe-de-capucin [baʀbədəkapysɛ̃] <barbes-de-capucin> *f* BOT Wilde Zichorie *f*, Wegwarte *f*
barbelé [baʀbəle] *m* Stacheldraht *m*; [réseaux de] **~s** Stacheldrahtverhau *m*
barbelé(e) [baʀbəle] *adj* **fil de fer ~** Stacheldraht *m*
barber [baʀbe] <1> **I.** *vt fam* anöden *(fam)*
II. *vpr* **se ~** sich langweilen
Barberousse [baʀbəʀus(ə)] *m* Barbarossa *m*
barbet [baʀbɛ] *m* Wasserspaniel *m*
▶ **suivre qn comme un ~** jdm auf Schritt und Tritt [*o* wie ein Schatten] folgen
barbiche [baʀbiʃ] *f* Spitzbart *m*
barbichette [baʀbiʃɛt] *f fam* Spitzbärtchen *nt*
barbier [baʀbje] *m* Barbier *m*; CAN Herrenfriseur *m*
barbillon [baʀbijɔ̃] *m souvent pl d'un poisson* Bartel *f*
barbiturique [baʀbityʀik] *m* PHARM Barbiturat *nt*
barbon [baʀbɔ̃] *m hum* Graubart *m (fam)*; **vieux ~** alter Knacker *(fam)*
barbotage [baʀbɔtaʒ] *m des canards* Plätschern *nt*
barboter [baʀbɔte] <1> **I.** *vi* **~ dans qc** in etw *(Dat)* [herum]planschen
II. *vt fam* klauen *(fam)*
barboteuse [baʀbɔtøz] *f (pour bébés)* Strampelhöschen *nt*, Strampler *m*; *(pour enfants)* Spielhöschen
barbouillage [baʀbujaʒ] *m* ❶ *(peinture)* Geschmier[e] *nt*, Gekleckse *nt*
❷ *(écriture)* Gekritzel *nt*
barbouiller [baʀbuje] <1> **I.** *vt* ❶ *(enduire)* **~ qn/qc de qc** jdn/etw mit etw beschmieren; **des mains barbouillées de boue/chocolat** dreck-/schokoladenverschmierte Hände
❷ *(peindre)* bepinseln *(fam) mur;* beklecksen, voll schmieren *(fam) toile*
❸ *péj (écrire)* vollkritzeln *papier, page;* hinschmieren *(fam) article*
❹ *fam (donner la nausée)* **~ l'estomac à qn** jdm auf den Magen schlagen; **avoir l'estomac barbouillé** einen verdorbenen Magen haben
II. *vpr* **se ~ de mousse à raser** sich mit Rasierschaum einseifen; **se ~ le visage de confiture** sich *(Dat)* das Gesicht mit Marmelade voll schmieren
barbouilleur, -euse [baʀbujœʀ, -øz] *fam m, f* Schmierfink *m (fam)*
◆ **~ de papier** *fig* Schreiberling *nt*
barbouze [baʀbuz] *f fam* Geheimagent *m*

barbu [baʀby] *m* Bärtige(r) *m*, Mann *m* mit Bart, Bartträger *m*
barbu(e) [baʀby] *adj* bärtig; **être ~** einen Bart tragen
barbue [baʀby] *f* ZOOL Glattbutt *m*
barcarolle [baʀkaʀɔl] *f* MUS Barkarole *f*
barcasse [baʀkas] *f* NAUT Barkasse *f*
barda [baʀda] *m* ❶ *arg (paquetage)* [Marsch]gepäck *nt*
❷ *fam (affaires)* Kram *m (fam)*
bardane [baʀdan] *f* BOT Klette *f*
barde¹ [baʀd] *f* Speckscheibe *f*
barde² [baʀd] *m* Barde *m*
bardeau [baʀdo] <x> *m* Dachschindel *f*
barder [baʀde] <1> **I.** *vt* ❶ GASTR mit Speck[scheiben] umwickeln
❷ *(garnir)* **~ qn de décorations** jdn mit Orden dekorieren
II. *vi fam* ▶ **ça barde** es ist dicke Luft *(fam)*; **ça va ~** es wird was setzen *(fam)*
bardot [baʀdo] *m* Maulesel *m*
barème [baʀɛm] *m* Tarifordnung *f*, Tarife *Pl*; SCOL Notenmaßstab *m*; **~ des prix** Preisliste *f*; **appliquer un ~** *artisan:* sich nach den allgemein gültigen Tarifen richten; *professeur:* einen Bewertungsmaßstab anlegen; **fixer/adapter/baisser le ~** den Tarif festsetzen/angleichen/senken; **selon ~** laut Tarif
◆ **~ de convention** JUR Konventionssatz *m (Fachspr.)*; **~ des salaires** Lohnsatz *m*
barge¹ [baʀʒ] *f* ORN Uferschnepfe *f*
barge² [baʀʒ] *f* NAUT Jolle *f*
barigoule [baʀigul] *f* **artichauts à la ~** gefüllte und in Olivenöl gekochte Artischocken
baril [baʀil] *m* ❶ *(récipient)* Fass *nt*
❷ *(unité de mesure)* Barrel *nt*
◆ **~ de lessive** Waschmitteltonne *f*; **~ de pétrole** Barrel *nt* [Roh]öl; **~ de poudre** Pulverfass *nt* ▶ **être assis(e) sur un ~ de poudre** auf einem Pulverfass sitzen
barillet [baʀijɛ] *m d'une montre* Federgehäuse *nt*; *d'un objectif* Tubus *m*; *d'un revolver* Trommel *f*
bariolé(e) [baʀjɔle] *adj* bunt[scheckig], bunt bemalt
barioler [baʀjɔle] <1> *vt* bunt bemalen
barjo [baʀʒo] *adj inv fam* total verrückt *(fam)*
barmaid [baʀmɛd] *f* Bardame *f*
barman [baʀman, -mɛn] <s *o* -men> *m* Barkeeper *m*
barnache *v.* **bernache**
baromètre [baʀɔmɛtʀ] *m* ❶ Barometer *nt*; **~ à liquide** Flüssigkeitsbarometer; **le ~ descend/monte** das Barometer fällt/steigt; **le ~ est au beau [fixe]/à la pluie** das Barometer steht auf schön/auf Regen
❷ *fig* **~ de l'inflation** Inflationsbarometer *nt*; **~ de l'activité économique** Konjunkturbarometer, Wirtschaftsbarometer; **~ de la popularité des hommes politiques** Politbarometer
barométrique [baʀɔmetʀik] *adj* Barometer-; **échelle ~** Barometerskala *f*; **hauteur ~** Barometerstand *m*
baron [baʀɔ̃] *m* ❶ Baron *m*
❷ *fig* **~ de l'industrie/de la presse** Industrie-/Pressebaron *m*
◆ **~ d'agneau** Lammbraten *m (Keulen mit Lendenstück)*
baronne [baʀɔn] *f* ❶ Baronin *f*
❷ *fig* **~ de l'industrie/de la presse** Industrie-/Pressebaronin *f*
baroque [baʀɔk] **I.** *adj* ❶ barock, Barock-; **église/musique/ville ~** Barockkirche *f*/-musik *f*/-stadt *f*; **style ~** Barock *m o nt*, Barockstil *m*
❷ *(bizarre)* eigenartig, verschroben
II. *m* Barock *m o nt*
baroudeur [baʀudœʀ] *m fam* Haudegen *m*
barouf [baʀuf] *m fam* Heidenlärm *m (fam)*; **faire du ~** einen Höllenlärm machen *(fam)*
barque [baʀk] *f* Boot *nt*, Kahn *m*; **~ de pêcheur** Fischerboot *nt*
▶ **mener la ~** den Ton angeben, den Laden schmeißen *(fam)*; **bien mener sa ~** sein Geschäft verstehen
barquette [baʀkɛt] *f* ❶ *(tartelette)* kleines Gebäck in Form eines Schiffchens
❷ *(récipient)* Schale *f*, Schälchen *nt*
barracuda [baʀakyda, baʀakuda] *m* ZOOL Pfeilhecht *m*, Barrakuda *m*
barrage [baʀaʒ] *m* ❶ *(barrière)* Sperre *f*; *(sur la route)* Straßensperre; **faire ~ à qn** *police:* jdm den Weg versperren; *fig* jdm Steine in den Weg legen
❷ ELEC [Stau]damm *m*
❸ FBALL **match de ~** Ausscheidungsspiel *nt*
◆ **~ de police** Polizeisperre *f*; **~ de régulation** [Stau]wehr *nt*; **~ de vallée** Talsperre *f*
barre [baʀ] *f* ❶ *(pièce)* Stange *f*; **~ de bois/de fer** Holz-/Eisenstange
❷ *(trait)* Strich *m*; **~ oblique** Schrägstrich; **~ de liaison** Verbindungsstrich
❸ SPORT *(pour la danse)* Stange *f*; *(en athlétisme)* [Sprung]latte *f*; **~ fixe** Reck *nt*; **~s parallèles** Barren *m*; **~s asymétriques** Stufen-

barren; ~ **transversale** Torlatte
④ NAUT [Ruder]pinne f
⑤ (vague) Brandung f
⑥ (douleur) [schmerzender] Druck; **avoir une ~ sur l'estomac** Magendrücken haben
▸ **avoir ~ sur qn** jdm gegenüber im Vorteil sein; **mettre la ~ trop haut** den Bogen überspannen
◆ ~ **de céréales** Müsliriegel m; ~ **de chocolat** Schokoladenriegel m; ~ **de défilement** INFORM Bildlaufleiste f; ~ **de défilement horizontal/vertical** INFORM horizontale/vertikale Bildlaufleiste; ~ **d'espacement** Leertaste f; INFORM Blank-Taste; ~ **d'état** INFORM Statuszeile f; ~ **de fraction** Bruchstrich m; ~ **de menus** INFORM Menüleiste f; ~ **de mercure** Quecksilbersäule f; **la ~ de mercure est vite montée à 39 °C** die Quecksilbersäule ist rasch auf 39 °C gestiegen; ~ **de mesure** Taktstrich m; ~ **de protection** Sicherheitsbügel m; ~ **de sélection** INFORM Auswahlmenü nt; ~ **des tâches** INFORM Taskleiste f; ~ **des témoins** Zeugenstand m; ~ **de titre** INFORM Titelleiste f
barré [baʀe] m MUS Barré nt
barré(e) [baʀe] adj rue gesperrt; porte verriegelt
▸ **qn/qc est mal ~** fam für jdn/etw sieht es schlecht aus (fam)
barreau [baʀo] <x> m ① d'une échelle Sprosse f; d'une grille [Gitter]stab m; ~ **x de fenêtre** Fenstergitter nt
② JUR Anwaltschaft f, Anwaltsstand m; **être inscrit(e) au ~** in die Anwaltskammer aufgenommen sein
▸ **être derrière les ~ x** hinter Gittern sitzen; **mettre qn derrière les ~ x** jdn hinter Gitter bringen
barrer [baʀe] <1> I. vt ① versperren chemin; sperren route; verriegeln porte; ~ **le chemin/la vue à qn** jdm den Weg/die Aussicht versperren
② (biffer) durchstreichen
③ NAUT steuern
④ CAN (fermer à clé) abschließen, zuschließen
II. vi steuern
III. vpr fam **se ~** abhauen (fam)
barrette [baʀɛt] f ① (pince) [Haar]spange f
② (bijou) Anstecknadel f
③ (décoration) Ordensspange f
barreur, -euse [baʀœʀ, -øz] m, f Steuermann m/-frau f
barricade [baʀikad] f Barrikade f
▸ **monter sur les ~ s** auf die Barrikaden gehen
barricader [baʀikade] <1> I. vt verbarrikadieren porte; versperren rue
II. vpr **se ~** ① sich verbarrikadieren
② (s'enfermer) sich einschließen
barrière [baʀjɛʀ] f ① (fermeture) Absperrung f; d'une clôture Gatter nt
② CHEMDFER [Bahn]schranke f, [Eisenbahn]schranke f
③ (clôture) Zaun m
④ SPORT Hindernis nt
⑤ (séparation) Barriere f; ~ **s douanières** Zollschranken Pl; ~ **linguistique** Sprachbarriere; ~ **psychologique** [seelische] Hemmung; ~ **entre les races** Rassenschranke f
⑥ (protection) ~ **contre l'inflation** Inflationsschutz m
⑦ MED ~ **sang–cerveau** Blut-Hirn-Schranke f
▸ **être de l'autre côté de la ~** auf der anderen Seite stehen
◆ ~ **de dégel** Sperrung der Straße [für schwere Fahrzeuge] wegen Frostaufbruch; ~ **de passage à niveau** Bahnschranke f; ~ **de sécurité** (pour bébés, enfants) Türschutzgitter nt
barrique [baʀik] f Fass nt
▸ **être plein(e) comme une ~** fam total blau sein (fam)
barrir [baʀiʀ] <8> vi éléphant: trompeten
barrissement [baʀismɑ̃] m de l'éléphant Trompeten nt
bar-tabac [baʀtaba] <bars-tabac> m Bistro mit Tabakwarenverkauf

---
Land und Leute

Die **bars-tabac** sind Cafés, in denen auch Tabakwaren verkauft werden. Sie sind – ebenso wie die bureaux de tabac – an einem großen roten Zeichen zu erkennen, das im Volksmund carotte genannt wird.

---

baryton [baʀitɔ̃] m Bariton m
baryum [baʀjɔm] m CHIM Barium nt
bas¹ [bɑ] m ① unterer Teil, untere Hälfte; d'une maison Erdgeschoss nt; **de ~ en haut** von unten nach oben; **de ~ jusqu'en haut** (des pieds à la tête) von Kopf bis Fuß; ~ **du dos** Kreuzgegend f; ~ **de page** Seitenende nt; **placer qc en ~ de page** etw an das Seitenende stellen
② PECHE (ligne) Vorfach nt (Fachspr.); ~ **de ligne en acier** Stahlvorfach (Fachspr.)
③ (trivial) **le ~** das Niedrige, das Gemeine
◆ ~ **de gamme** untere Preisklasse, Produkte Pl der unteren Preisklasse; **produit ~ de gamme** Billigprodukt nt; **voiture ~ de gamme** Auto nt der unteren Preisklasse
bas² [bɑ] m Strumpf m; (pour dames) Damenstrumpf; ~ **de laine/de soie** Woll-/Seidenstrumpf; ~ **en nylon®** Perlonstrumpf; ~ **à varices** Stützstrumpf
◆ ~ **de laine** fig Sparstrumpf m; **le ~ de laine des Français** die Ersparnisse der Franzosen
bas(se) [bɑ, bɑs] I. adj ① (de peu de hauteur) niedrig; stature klein
② (à faible hauteur) branche, ciel tief hängend; nuage regenschwer; plafond niedrig; **être ~(se)** soleil: tief stehen
③ antéposé (inférieur) niedrig; ~ **ses eaux** Niedrigwasser nt; **être ~(se)** fleuve: wenig Wasser führen; **le ~ Rhin** der Niederrhein; **la ~ se Seine** der Unterlauf der Seine
④ (opp: aigu) tief
⑤ (peu intense) leise
⑥ antéposé (dans une échelle) niedrig; **salaire** Niedriglohn m
⑦ (dans la hiérarchie sociale) niedrig; peuple einfach
⑧ (au moral) niedrig; sentiment erbärmlich; attaques niederträchtig; besogne schmutzig
II. adv ① (à faible hauteur) voler tief; **tomber très ~** thermomètre: stark fallen
② (au-dessous) **en ~** loger unten, im Erdgeschoss
③ (ci-dessous) **voir plus ~** siehe unten
④ (au pied de) **en ~ de la colline** am Fuße des Hügels
⑤ (opp: aigu) tief
⑥ (doucement) leise
▸ **qn est bien ~** um jdn steht es ziemlich schlecht; (démoralisé) jd ist ziemlich niedergeschlagen; **mettre ~ les armes** die Waffen niederlegen; **mettre une maison à ~** ein Haus abreißen; **mettre une statue à ~** eine Statue vom Sockel stürzen; **être tombé(e) bien ~** sehr tief gesunken sein; **voler ~** unter die Gürtellinie gehen; **à ~ qn/la dictature!** nieder mit jdm/der Diktatur!
basal(e) [bazal, o] <-aux> adj d'un organe, d'un os basal; **métabolisme ~** Grundumsatz m
basalte [bazalt] m GEOL Basalt m
basaltique [bazaltik] adj basaltisch, aus Basalt
basane [bazan] f Schafleder nt
basané(e) [bazane] I. adj ① (bronzé) braun gebrannt, [sonnen]gebräunt
② (de couleur) dunkel[häutig]
II. m(f) péj Ausländer(in) m(f)
bas-bleu [bɑblø] <bas-bleus> m péj Blaustrumpf m (veraltet)
bas-côté [bɑkote] <bas-côtés> m ① d'une route [Straßen]rand m; d'une autoroute Seitenstreifen m
② d'une église Seitenschiff nt
bascule [baskyl] f ① (balançoire) Wippe f
② (balance) Waage f
basculer [baskyle] <1> I. vi ① (tomber) umkippen; ~ **dans qc** hintenüber/vornüber in etw (Akk) kippen
② fig ~ **dans qc** (sombrer) in etw (Akk) abgleiten
II. vt ① (faire pivoter) [um]kippen
② (faire tomber) ~ **qc dans qc** etw in etw (Akk) kippen
③ ELEC umlegen
basculeur [baskylœʀ] m ① TECH Kippvorrichtung f
② ELEC Kippschalter m
base [bɑz] f ① (pied) d'une montagne Fuß m; d'une statue Sockel m; d'un monument Fundament nt; ~ **d'une/de la colonne** Säulenfuß
② fig Basis f; ~ **du/d'un parti** Parteibasis f
③ (principe, repère) Grundlage f, Basis f; ~ **de l'impôt** Steuergrundlage; ~ **du crédit** Kreditbasis; ~ **de formation/salaire de ~** Grundausbildung f/-lohn m; **ouvrage de ~** Standardwerk nt; **jeter** [o **poser**] **les ~ s de qc** die Grundlagen für etw schaffen; ~ **légale de la responsabilité** JUR Haftungsgrundlage f; **agir sur la ~ d'un faux droit** JUR unter falschem Recht handeln (Fachspr.); **être calculé(e) sur la ~ d'une seconde/d'une minute** im Sekunden-/Minutentakt berechnet werden
④ (connaissances élémentaires) Grundlagen Pl; **les ~ s** die Grundlagen
⑤ (composant principal) Basis f; ~ **[de maquillage]** [Teint]grundierung f, Grundierungscreme f; ~ **à la farine** auf Mehlbasis
⑥ MIL [Militär]basis f; ~ **aérienne/navale** Luftwaffen-/Flottenstützpunkt m; ~ **des opérations** Operationsbasis f
⑦ MATH, GEOM, PHILOS Basis f
⑧ LING [Wort]stamm m
⑨ CHIM Base f, Lauge f
⑩ (pour rideaux) ~ **plombée** Bleiband nt
◆ ~ **de calcul** Kalkulationsgrundlage f; ~ **de données** INFORM Datenbank f; ~ **de données en ligne** Online-Datenbank; ~ **de données orientée objets** objektorientierte Datenbank; ~ **de données relationnelles** relationale Datenbank; ~ **d'entendement** Gesprächsbasis f, Gesprächsgrundlage f; ~ **d'évaluation** Bewertungsgrundlage f, Bewertungsgrundsatz m; ~ **d'imposition** Besteuerungsgrundlage f, Steuerbemessungsgrundlage, Veranlagungs-

grundlage; **~ de lancement** Raketenstützpunkt *m;* **~ de loisirs** Freizeitanlage *f;* **~ de ravitaillement** Versorgungsbasis *f;* **~ de référence** Bezugsbasis *f,* Vergleichsgrundlage *f;* **~ de registres** INFORM Registerdatenbank *f,* Registrierdatenbank
base-ball [bɛzbol] *m* Baseball *m*
baser [baze] <1> I. *vt* ❶ **~ qc sur qc** etw auf etw *(Akk)* stützen; **être basé(e) sur qc** sich auf etw *(Akk)* stützen; *roman:* auf etw *(Dat)* basieren
❷ MIL **être basé(e) à Strasbourg** in Straßburg stationiert sein
II. *vpr* **se ~ sur qc** sich auf etw *(Akk)* stützen
bas-fond [bɑfɔ̃] <bas-fonds> *m* ❶ *(endroit)* Untiefe *f*
❷ *pl d'une ville* Elendsviertel *Pl; d'une société* Abschaum *m (pej)*
basic, BASIC [bazik] *m* INFORM *abr de* **Beginner's All-Purpose Symbolic Instruction Code** BASIC *nt,* Basic
basicité [bazisite] *f* CHIM Basizität *f (Fachspr.)*
basilic [bazilik] *m* Basilikum *nt*
basilique [bazilik] *f* Basilika *f;* **~ à colonnes** Säulenbasilika
basique [bazik] *adj* CHIM basisch, alkalisch
basket [baskɛt] *m f* Basketballschuh *m*
▶ **lâche-moi les ~s!** *fam* lass mich in Ruhe! *(fam),* **à l'aise** [*o* **bien**] **dans ses ~s** *fam* rundherum zufrieden
basket[-ball] [baskɛt(-bol)] *m* Basketball *m*
basketteur, -euse [baskɛtœʀ, -øz] *m, f* Basketballspieler(in) *m(f)*
basmati [basmati] *m* Basmatireis *m*
basoche [bazɔʃ] *f péj fam* Juristen *Pl*
Basquaise [baskɛz] *f* Baskin *f*
basque[1] [bask] *adj* baskisch; **Pays ~** Baskenland *nt*
basque[2] [bask] *f* [Rock]schoß *m*
▶ **être pendu(e) aux ~s de qn** *fam* an jds Rockschößen hängen
Basque [bask] *mf* Baske *m*/Baskin *f*
bas-relief [baʀəljɛf] <bas-reliefs> *m* Basrelief *nt*
Bas-Rhin [bɑʀɛ̃] *m* **le ~** Niederrhein *m*
basse [bɑs] *f* MUS ❶ *(voix)* Bass *m;* **~ continue** Basso continuo *m*
❷ *(chanteur)* Bass *m,* Bassist *m*
▶ **doucement les ~s** *fam* sachte, sachte *(fam)*
Basse-Autriche [bɑsotʀiʃ] *f* **la ~** Niederösterreich *nt*
Basse-Bavière [bɑsbavjɛʀ] *f* **la ~** Niederbayern *nt*
basse-cour [bɑskuʀ] <basses-cours> *f* ❶ *(lieu)* Hühnerhof *m*
❷ *(animaux)* Kleinvieh *nt*
bassement [bɑsmɑ̃] *adv* **se venger** niederträchtig; **penser** auf gemeine Weise
Basse-Saxe [bɑssaks] *f* **la ~** Niedersachsen *nt*
bassesse [bɑsɛs] *f* Niederträchtigkeit *f; d'un sentiment* Erbärmlichkeit *f*
basset [bɑsɛ] *m (chien)* Basset *m,* Dachshund *m*
bassin [bɑsɛ̃] *m* ❶ *(récipient)* Becken *nt*
❷ *(pièce d'eau) d'une fontaine, piscine* Becken *nt; d'un jardin* [Garten]teich *m;* **grand**/**petit ~** Schwimmer-/Nichtschwimmerbecken
❸ *(dans un port)* Hafenbecken *nt*
❹ GEOG **~ d'un fleuve** Flussbecken *nt*
❺ ANAT, GEOL, MIN Becken *nt;* **~ houiller**/**minier** [Stein]kohlen-/Erzbecken
◆ **~ de décantation** Klärbecken *nt;* **~ d'emploi** Potenzial *nt* an Arbeitsplätzen/-kräften; **~ à flots** Dock *nt;* **~ d'inondation** Flutungsbecken *nt;* **~ de radoub** Trockendock *nt;* **~ de rétention** Speicherbecken *nt*
bassinant(e) [bɑsinɑ̃, ɑ̃t] *adj fam* anödend *(fam),* stinklangweilig *(fam)*
bassine [basin] *f* Wanne *f*
◆ **~ à confiture** Einmachtopf *m*
bassiner [basine] <1> *vt* ❶ *(humecter)* besprühen *plante*
❷ *(chauffer)* [mit dem Bettwärmer] vorwärmen
❸ *fam (ennuyer)* **~ qn** jdm auf den Wecker gehen *(fam)*
bassinoire [basinwaʀ] *f* HIST Bettwärmer *m*
bassiste [basist] *mf* Bassist(in) *m(f)*
basson [bɑsɔ̃] *m* ❶ *(instrument)* Fagott *nt*
❷ *(musicien)* Fagottist(in) *m(f)*
baster [baste] <1> *vi* CH *(céder, s'incliner)* nachgeben
bastide [bastid] *f* ❶ HIST *(ouvrage de fortification)* Festungsanlage *f*
❷ *(maison de campagne en Provence)* Landhaus *nt*
bastille [bastij] *f (château-fort)* Zwingburg *f*

Land und Leute

Die im 14. Jahrhundert in Paris erbaute **Bastille** war ein berüchtigtes Staatsgefängnis. Bei dem berühmten „Sturm auf die Bastille" am 14. Juli 1789 wurden die Gefangenen befreit und das Gebäude zerstört. Dieser Tag markierte den Beginn der Französischen Revolution. Er ist heute Nationalfeiertag in Frankreich.

bastingage [bastɛ̃ɡaʒ] *m* Reling *f*
bastion [bastjɔ̃] *m* ❶ *(fortification)* Bastion *f*
❷ *(haut lieu)* Bastion *f,* Bollwerk *nt; d'un parti politique* Hochburg *f*
baston [bastɔ̃] *m o f arg* Prügelei *f (fam)*

bastonnade [bastɔnad] *f* Bastonnade *f,* Stockschläge *Pl;* **la peine de la ~** die Prügelstrafe
bastringue [bastʀɛ̃ɡ] *m fam* ❶ *(attirail)* Krempel *m (fam)*
❷ *(vacarme)* Getöse *nt (fam)*
❸ *(bal)* einfaches Tanzlokal
bas-ventre [bavɑ̃tʀ] <bas-ventres> *m* Unterleib *m;* **ennuis de** [*o* **au**] **~** Unterleibsbeschwerden *Pl*
bât [bɑ] *m* Packsattel *m*
▶ **c'est là que** [*o* **où**] **le ~ blesse** da drückt der Schuh
bataclan [bataklɑ̃] *m fam* Krempel *m (fam)*
▶ **et tout le ~** und was sonst noch so dazugehört; *(pour abréger)* und so weiter und so fort
bataille [bataj] *f* ❶ MIL Schlacht *f;* **~ aérienne**/**navale** Luft-/Seeschlacht; **~ d'encerclement** Kesselschlacht; **~ de chars** Panzerschlacht; **livrer ~** eine Schlacht liefern
❷ *(épreuve de force)* Kampf *m;* **~ électorale** Wahlschlacht *f;* **~ juridique** Rechtsstreit *m;* **~ des prix** Preiskampf, Preisschlacht
❸ *(bagarre)* Schlägerei *f*
❹ CARTES Kartenspiel, bei dem der gewinnt, der zuletzt alle Karten hat
❺ *(jeu)* "**~ navale**" „Schiffe versenken"
▶ **arriver après la ~** zu spät kommen; **avoir les cheveux en ~** zerzauste Haare haben
◆ **~ de boules de neige** Schneeballschlacht *f;* **~ de polochons** Kissenschlacht *f;* **~ de rue** Straßenschlacht *f*
batailler [bataje] <1> *vi* ❶ *(se battre)* **~ pour qc** um etw kämpfen
❷ *(argumenter)* streiten
❸ *fam (faire des efforts)* sich abmühen; **~ avec qn**/**qc** sich mit jdm/etw herumschlagen *(fam)*
batailleur, -euse [batajœʀ, -jøz] I. *adj* **être ~**(**-euse**) ein Raufbold sein
II. *m, f* Kämpfer(in) *m(f),* Kämpfernatur *f*
bataillon [batajɔ̃] *m* ❶ MIL Bataillon *nt;* **~ d'infanterie** Infanteriebataillon
❷ *(grand nombre) de touristes* Heer *nt*
▶ **inconnu**(**e**) **au ~** *fam* völlig unbekannt
bâtard [batɑʀ] *m* ❶ *(pain)* Stangenbrot *nt (250 g schwer)*
❷ *(enfant)* uneheliches Kind, Bastard *m (pej)*
❸ *(chien)* Promenadenmischung *f*
bâtard(**e**) [batɑʀ, aʀd] *adj* ❶ *enfant* unehelich; *chien* nicht reinrassig; **solution ~e** Kompromisslösung *f*
❷ *(de fantaisie)* **pain ~** Stangenbrot *nt (250 g schwer)*
bâtarde [batɑʀd] *f* ❶ *(enfant)* uneheliches Kind, Bastard *m (pej)*
❷ *(chien)* Promenadenmischung *f*
bâtarder [batɑʀde] <1> *vt fam* denunzieren
batave [batav] *adj vieilli o hum* holländisch
batavia [batavja] *f* Batavia *m*
bateau [bato] <x> I. *app fam* abgedroschen, abgenutzt
II. *m* ❶ *(embarcation)* Schiff *nt; (plus petit)* Boot *nt;* **~ côtier** Küstenschiff; **~ gonflable** Schlauchboot; **prendre le ~** mit dem Schiff fahren; **par ~** per Schiff
❷ *(sortie de garage)* Ausfahrt *f*
▶ **on est tous dans le même ~** wir sitzen alle in einem Boot *(fam);* **mener qn en ~, monter un ~ à qn** *fam* jdn auf den Arm nehmen *(fam)*
◆ **~ pirate** Seeräuberschiff *nt;* **~ trailer** Trailerschiff *nt*
◆ **~ à moteur** Motorboot *nt,* Motorschiff *nt;* **~ à vapeur** Dampfschiff *nt; (qui navigue en rivière)* Flussdampfer *m;* **~ à voiles** Segelboot *nt*
◆ **~ de ligne** Linienschiff *nt;* **~ de pêche** Fischereifahrzeug *nt;* **~ de plaisance** Jacht *f,* Motorjacht; *(voilier)* Segeljacht; **~ de sauvetage** Rettungsboot *nt;* **~ de tramping** Trampschiff *nt*
bateau-citerne [batositɛʀn] <bateaux-citernes> *m* Tanker *m*
bateau-mouche [batomuʃ] <bateaux-mouches> *m* kleines Vergnügungsschiff auf der Seine **bateau-pilote** [batopilɔt] <bateaux-pilotes> *m* Lotsenboot *nt* **bateau-pompe** [batopɔ̃p] <bateaux-pompes> *m* Feuerlöschboot *nt*
bateleur, -euse [batlœʀ, -øz] *m, f vieilli* Gaukler(in) *m(f)*
batelier, -ière [batəlje, -jɛʀ] *m, f* [Fluss]schiffer(in) *m(f); (passeur)* Fährmann *m*
batellerie [batɛlʀi] *f* Binnenschifffahrt *f*
bâter [bate] *vt (mettre un bât à)* einen Packsattel aufsetzen
bathyscaphe [batiskaf] *m* Bathyskaph *m*
bâti [bati] *m* ❶ COUT Heftstiche *Pl*
❷ TECH Gestell *nt,* Rahmen *m*
bâti(**e**) [bati] *adj terrain* bebaut; **non ~** unbebaut
▶ **être bien**/**mal ~** gut/schlecht gebaut sein, eine gute/schlechte Figur haben
batifoler [batifɔle] <1> *vi fam* herumtollen
batik [batik] *m* Batik *m o f*
bâtiment [batimɑ̃] *m* ❶ *(édifice)* Gebäude *nt,* Bau *m;* **~ de devant** Vordergebäude; **~ d'entreprise**/**du gouvernement** Betriebs-/Regierungsgebäude; **~ à usage de bureaux** Bürogebäu-

de; ~ **industriel** Industriebau; ~ **des pompiers** Feuerwehrhaus *nt*
❷ *(secteur économique)* Baugewerbe *nt*, Bauhandwerk *nt*; **entreprise/ouvrier du** ~ Bauunternehmen *nt*/-handwerker *m*; **être dans le** ~ im Baugeschäft sein
❸ NAUT [großes] Schiff
bâtir [batiʀ] <8> *vt* ❶ bauen
❷ *(fonder)* ~ **une théorie sur qc** eine Theorie auf etw *(Akk)* stützen; ~ **sa fortune sur qc** seinen Reichtum auf etw *(Dat)* begründen
❸ COUT heften
bâtisse [batis] *f* Kasten *m (fam)*
bâtisseur, -euse [batisœʀ, -øz] *m, f* Erbauer(in) *m(f)*; *fig* Gründer(in) *m(f)*
batiste [batist] *f* TEXTIL Batist *m*
bâton [batɔ̃] *m* ❶ *(canne)* Stock *m*, Stab *m*
❷ *(bâtonnet)* Stiel *m*
❸ *(stick)* Stift *m*
❹ *(trait vertical)* [senkrechter] Strich
❺ *fam (10 000 euros)* zehn Riesen *(fam)*
▶ **mettre à qn des ~s dans les roues** jdm Knüppel zwischen die Beine werfen; *(nuire à qn)* jdm eine [*o* eins] reinwürgen *(fam)*; **parler à ~s rompus** über dieses und jenes reden
◆ ~ **de berger** Hirtenstab *m*; ~ **de colle** Klebestift *m*; ~ **de craie** [Stück *nt*] Kreide *f*; ~ **de rouge à lèvres** Lippenstift *m*; ~ **de ski** Skistock *m*
bâtonnet [batɔnɛ] *m* ❶ Stöckchen *nt*, Stäbchen *nt*; *(pour examiner la gorge)* Spatel *m*; ~ **d'encens** Räucherstäbchen; ~ **de poisson** Fischstäbchen; ~ **apéritif au fromage** Käsestange *f*
❷ *pl* ANAT Stäbchen *Pl*
bâtonnier [batɔnje] *m* Präsident(in) *m(f)* der Anwaltskammer
batracien [batʀasjɛ̃] *m* ZOOL Amphibie *f*, Lurch *m*
battage [bataʒ] *m* ❶ *(action) des céréales* Dreschen *nt*; *d'un tapis* Klopfen *nt*
❷ *(publicité)* Rummel *m (fam)*; ~ **médiatique** Medienrummel *m*
battant [batɑ̃] *m* ❶ Kämpfernatur *f*
❷ *d'une cloche* Klöppel *m*
❸ *d'une fenêtre, porte* Flügel *m*; **porte à deux ~s** Flügeltür *f*
battant(e) [batɑ̃, ɑ̃t] *adj personne* einsatzfreudig
battante [batɑ̃t] *f* Kämpfernatur *f*
batte [bat] *f* Schläger *m*; ~ **de base-ball** Baseballschläger *m*
battement [batmɑ̃] *m* ❶ *(bruit)* Schlagen *nt*; *de la pluie* Prasseln *nt*; ~[**s**] **de mains/de pieds** Klatschen *nt*/Trampeln *nt*
❷ *(mouvement)* ~ **de jambes/d'ailes** Bein-/Flügelschlag *m*
❸ *(rythme) du pouls, cœur* Schlagen *nt*; *d'une horloge* Ticken *nt*; **les ~s de son cœur** sein/ihr Herzschlag *m*; *(par excitation)* sein/ihr Herzklopfen *nt*
❹ *(intervalle de temps)* [verfügbare] Zeit; *(entre deux cours)* Pause *f*
▶ ~ **de cils** [*o* **de paupière**] Lidschlag *m*; *(dû à un éblouissement)* Blinzeln *nt*; *(flirt)* Klimpern *nt* mit den Wimpern
batterie [batʀi] *f* ❶ MECA NAUT, MIL Batterie *f*
❷ MUS Schlagzeug *nt*
❸ *(groupe)* ~ **de tests** Testreihe *f*; **élevage en** ~ *(de poules)* Batteriehaltung *f*; *(de veaux)* Massenaufzucht *f*, Massentierhaltung *f*
▶ **recharger ses ~s** *fam* auftanken *(fam)*
◆ ~ **de cuisine** Topf- und Pfannenset *nt (einschließlich Keile, Schaumlöffel etc.)*
batteur [batœʀ] *m* ❶ *(robot ménager)* [Hand]rührgerät *nt*, [Hand]mixer *m*
❷ *(pièce d'un robot ménager)* Knethaken *m*
❸ MUS Schlagzeuger(in) *m(f)*
batteur-mixeur [batœʀmiksœʀ] <batteurs-mixeurs> *m* Handrührgerät *nt*
batteuse [batøz] *f* Dreschmaschine *f*
battoir [batwaʀ] *m* ❶ *(instrument qui sert à battre)* Schlegel *m*
❷ *fam (main)* Pranke *f (fam)*, Flosse *f (fam)*
battre [batʀ] <*irr*> I. *vt* ❶ schlagen, [ver]prügeln; ~ **la table des poings** mit den Fäusten auf den Tisch hämmern
❷ *(vaincre)* schlagen, besiegen; toppen *(fam)* record
❸ *(travailler en tapant)* dreschen *blé*; schmieden *fer*; [aus]klopfen *tapis, matelas*
❹ *(mélanger, mixer)* schlagen *blanc d'œuf, crème*; verquirlen *œuf entier*
❺ *(frapper) vent, tempête*: peitschen; ~ **la fenêtre** *pluie*: gegen [*o* an] das Fenster trommeln; ~ **la falaise** *mer*: gegen [*o* an] die Steilküste branden
❻ *(parcourir en cherchant)* durchkämmen *campagne, région*
❼ MUS schlagen *mesure, tambour*
II. *vi* ❶ schlagen; *porte, volet*: klappern
❷ *(frapper)* ~ **contre qc** gegen etw schlagen; *pluie*: gegen [*o* an] etw *(Akk)* trommeln; *der soleil*: gegen [*o* an] etw *(Akk)* branden
❸ *(agiter)* ~ **des ailes** mit den Flügeln schlagen; ~ **des cils** blinzeln, zwinkern; ~ **des mains** [in die Hände] klatschen
III. *vpr* ❶ **se** ~ kämpfen; **se** ~ **avec qn** sich mit jdm schlagen; **se** ~

contre qn mit jdm [*o* gegen jdn] kämpfen; **se** ~ **à l'épée/au pistolet** sich mit dem Schwert/mit der Pistole duellieren; **il s'est bien battu** er hat sich gut geschlagen
❷ *(se disputer)* **se** ~ **avec qn pour qc** sich mit jdm um etw streiten
❸ *(militer)* **se** ~ **pour qc** für etw streiten *(geh)*
❹ *(avoir des difficultés)* **se** ~ **avec un problème** sich mit einem Problem herumschlagen
battu(e) [baty] I. *part passé de* **battre**
II. *adj (vaincu)* geschlagen, besiegt
battue [baty] *f* Suchaktion *f*; CHASSE Treibjagd *f*
batture [batyʀ] *f* CAN *(estran)* Watt *nt*
baud [bo] *m* INFORM Baud *nt*
baudet [bodɛ] *m fam* Esel *m*, Grautier *nt (fam)*
▶ **être chargé(e) comme un** ~ wie ein Packesel beladen sein
baudrier [bodʀije] *m* Wehrgehänge *nt*
baudroie [bodʀwa] *f* ZOOL Seeteufel *m*
baudruche [bodʀyʃ] *f* ❶ **ballon de** ~ Luftballon *m*
❷ *(personne sans caractère)* Waschlappen *m*
bauge [boʒ] *f* Schweinekoben *m*; *(taudis)* Schweinestall *m*
baume [bom] *m* Balsam *m*; ~ **pour les lèvres** Lippenbalsam *m*
▶ **qc m'a/lui a mis du** ~ **au cœur** etw ist Balsam für meine/ihre/seine Seele
bauxite [boksit] *f* Bauxit *m*
bavard(e) [bavaʀ, aʀd] I. *adj* ❶ redselig
❷ *(indiscret)* geschwätzig *(pej)*
II. *m(f)* ❶ Schwätzer(in) *m(f)*
❷ *(indiscret)* Klatschbase *f (fam)*
bavardage [bavaʀdaʒ] *m* ❶ Plauderei *f*, Schwatz *m (fam)*
❷ *(propos vides)* Geschwätz *nt (fam)*, Rederei *f*
❸ *(commérages)* Klatsch *m (fam)*, Gerede *nt (fam)*
bavarder [bavaʀde] <1> *vi* ❶ ~ **avec qn** mit jdm plaudern; *élève*: mit jdm schwatzen *(fam)*; **passer l'après-midi à** ~ den Nachmittag verplaudern
❷ *(sur Internet)* chatten
❸ *(divulguer un secret)* plaudern, nicht dicht halten *(fam)*
bavarois [bavaʀwa] *m* ❶ *(dialecte)* **le** ~ Bairisch *nt*, das Bairische; *v. a.* **allemand**
❷ GASTR Bayerische Creme
bavarois(e) [bavaʀwa, waz] *adj* bay[e]risch, bajuwarisch; *dialecte* bay[e]risch, bairisch
Bavarois(e) [bavaʀwa, waz] *m(f)* Bayer(in) *m(f)*
bavasser [bavase] <1> *vi péj fam (bavarder)* quatschen *(fam)*; *(dire des médisances)* tratschen *(fam)*
bave [bav] *f* ❶ Speichel *m*; *d'un animal enragé* Geifer *m*, Schaum *m*
❷ *(liquide gluant) des gastéropodes* Schleim *m*
❸ *(calomnie)* Geifer *m*; **étaler sa** ~ **sur qn/qc** seinen Geifer über jdn/etw ausgießen
baver [bave] <1> *vi* ❶ speicheln, geifern; *escargot, limace*: Schleim absondern
❷ *(couler) stylo, porte-plume*: auslaufen; *pinceau*: tropfen
❸ *(médire)* ~ **sur qn/qc** gegen jdn/etw geifern
❹ *(être ahuri de)* **en** ~ **d'envie** Stielaugen machen *(fam)*; **en** ~ **de jalousie** vor Neid vergehen; **il en bave d'admiration** ihm bleibt vor Bewunderung der Mund offen stehen
▶ **en faire** ~ **à qn** *fam* jdm das Leben schwer machen *(fam)*; **en** ~ **avec qn/qc** *fam* sich mit jdm/etw abmühen; **j'en ai bavé** das war ganz schön happig *(fam)*
bavette [bavɛt] *f* ❶ Lätzchen *nt*; *d'un vêtement* Latz *m*
❷ *(viande)* Steakfleisch aus dem oberen Teil des Bauchlappens
baveux, -euse [bavø, -øz] *adj* ❶ *personne, animal* speichelnd, sabbernd *(fam)*; *escargot, limace* schleimig
❷ GASTR **omelette baveuse** nicht ganz gares Omelett
Bavière [bavjɛʀ] *f* **la** ~ Bayern *nt*
bavoir [bavwaʀ] *m* Latz *m*, Lätzchen *nt*
bavure [bavyʀ] *f* ❶ Klecks *m*
❷ *(erreur)* Irrtum *m*; *d'un policier, gendarme* Fehlreaktion *f*; ~ **policière** polizeilicher Übergriff
▶ [**net(te) et**] **sans** ~[**s**] *fam* einwandfrei
bayer [baje] <7> *vi* ▶ ~ **aux corneilles** Maulaffen feilhaben *(fam)*
bazar [bazaʀ] *m* ❶ Kaufhalle *f*
❷ *(souk)* Basar *m*
❸ *fam (effets personnels)* Siebensachen *Pl (fam)*
❹ *fam (désordre)* Durcheinander *nt*, Kuddelmuddel *nt (fam)*; *(amas d'objets hétéroclites)* Sammelsurium *nt (fam)*
bazarder [bazaʀde] <1> *vt fam* wegschmeißen *(fam)*; *(vendre)* verscherbeln *(fam)*
bazooka [bazuka] *m* Panzerfaust *f*
B.C.B.G. [besebeʒe] *adj abr de* **bon chic bon genre** super adrett *(fam)*, schnieke *(fam)*
BCE [beseø] *f abr de* **Banque centrale européenne** EZB *f*
B.C.G. [beseʒe] *m abr de* **bacille Bilié de Calmette et Guérin** *(vaccin)* BCG-Impfstoff *m*; *(vaccination)* BCG-[Schutz]impfung *f*

bd *abr de* **boulevard**
B.D. [bede] *f fam abr de* **bande dessinée** Comic *m*

Land und Leute
Von der gezeichneten Bildergeschichte für Kinder hat sich die **B.D.** längst zu einem eigenen Genre entwickelt, das auch Erwachsene lieben.
Berühmte *bandes dessinées* sind die Asterixbücher von Goscinny und Uderzo (1959) sowie die von belgischen Autoren stammenden „Lucky Luke" (1946) und „Tin-tin" (1929). Aktueller Beliebtheit erfreuen sich u. a. die Comics von André Franquin.

beach-volley [bitʃvɔlɛ] *m inv* Beachvolleyball *m o nt*
béant(e) [beã, ãt] *adj yeux* [weit] aufgerissen; *blessure* klaffend; *gouffre, trou* gähnend; **bouche ~ e** mit offenem Mund
béarnais(e) [beaʀnɛ, ɛz] *adj* aus dem Béarn; **sauce ~ e** Béarner Soße
Béarnais(e) [beaʀnɛ, ɛz] *m(f)* Bewohner(in) *m(f)* des Béarn
béarnaise [beaʀnɛz] I. *f* Sauce *f* béarnaise
II. *app* mit Sauce béarnaise
béat(e) [bea, at] *adj* ❶ *(heureux) air, sourire* [glück]selig; **qn est ~ d'admiration devant ...** jdm verschlägt es vor Bewunderung die Sprache angesichts ... (+ *Gen*)
❷ *(content de soi)* selbstgefällig
❸ *(niais)* dümmlich; *admiration, optimisme* naiv
béatement [beatmã] *adv (heureux)* [glücks]selig; *(content de soi)* selbstgefällig; *(niaisement)* dümmlich
béatification [beatifikasjɔ̃] *f* Seligsprechung *f*
béatifier [beatifje] <1> *vt* seligsprechen
béatitude [beatityd] *f* Glücksgefühl *nt*, [Glück]seligkeit *f*
beatnik [bitnik] *mf* Aussteiger(in) *m(f)*
beau [bo] *m* ❶ **le ~** das Schöne; **le culte du ~** der Schönheitskult
❷ METEO **le temps se met au ~** das Wetter wird schön
▶ **être au ~ fixe** *baromètre:* auf Schön stehen; *temps:* beständig [schön] sein; *relations:* ungetrübt sein
beau, bel, belle [bo, bɛl] <x> *adj antéposé* ❶ schön; *homme* schön, gut aussehend; *femme* schön, hübsch; *voiture* schön, edel
❷ *(qui plaît à l'esprit)* schön; *travail* schön, gut; *discours* wohlgesetzt
❸ *(agréable)* schön; *voyage* schön, angenehm; **la mer est belle** das Meer [o die See] ist ruhig
❹ *(intensif)* schön, ordentlich; *appétit* gesund; **une belle prise** ein kapitaler Fang; **une belle gifle** eine saftige Ohrfeige *(fam)*; **une belle somme** ein hübsches Sümmchen; **tu nous as fait une belle peur** du hast uns ganz schön Angst eingejagt
❺ *(sacré)* schön; **c'est un ~ gâchis!** das ist ja eine schöne Bescherung! *(fam)*
▶ **bel et bien** tatsächlich; **on a ~ dire et ~ faire** sosehr man es sich auch sagt und sosehr man sich auch bemüht, man kann es sich noch so oft sagen und sich noch so sehr bemühen; **il a ~ faire des efforts** mag er sich noch so anstrengen; **j'ai ~ chercher** sosehr ich auch suche; **il aura ~ faire** egal, was er tut; **on a ~ dire** alles Reden nützt nichts; **l'avoir belle** es sich leicht machen; **l'échapper belle** gerade noch mal Glück haben; **c'est ~** CAN *(c'est bon)* das ist gut so, das reicht; **il fait ~** es ist schön[es Wetter]; **se faire ~(belle)** sich fein machen; *femme:* sich fein [*o* schön] machen; **de plus belle** umso schlimmer
beauceron(ne) [bosʀɔ̃, ɔn] *adj* aus der Beauce [stammend]
beaucoup [boku] *adv* ❶ *(en grande quantité)* **boire ~** viel trinken
❷ *(intensément)* **ce film m'a ~ plu** der Film hat mir sehr gut gefallen; **je l'aime ~** ich habe ihn/sie sehr lieb, ich habe ihn/sie bannig lieb (NDEUTSCH)
❸ *(fréquemment)* **aller ~ au cinéma** [sehr] oft ins Kino gehen
❹ *(plein de)* **~ de neige** viel Schnee
❺ *(de nombreux)* **~ de voitures** viele Autos
❻ *(beaucoup de personnes, de choses)* **~ pensent la même chose** viele glauben dasselbe; **il y a encore ~ à faire** es gibt noch viel zu tun
❼ *avec un comparatif* **~ plus rapide/petit(e)** viel schneller/kleiner
❽ *avec un adverbe* **c'est ~ trop** das ist viel zu viel
▶ **c'est ~ dire** das ist zu viel gesagt; **être** [*o* **compter**] **pour ~ dans qc** eine große Rolle für etw spielen, viel zu etw beitragen; **il s'en faut de ~ que le stade soit plein** das Stadion ist bei weitem [noch] nicht voll; **de ~** mit Abstand
beauf[1] [bɔf] *m fam* ❶ *(beau-frère)* Schwager *m*
❷ *(personne aux idées étroites)* blöder Spießer *(fam)*; *(personne peu intelligente)* Blödmann *m (fam)*, Dumpfbacke *f (sl)*
beauf[2] [bɔf] *f fam (personne aux idées étroites)* blöde Spießerin *(fam)*; *(personne peu intelligente)* Dumpfbacke *f (sl)*
beau-fils [bofis] <beaux-fils> *m* ❶ Schwiegersohn *m* ❷ *(fils du conjoint)* Stiefsohn *m* **beau-frère** [bofʀɛʀ] <beaux-frères> *m* Schwager *m*

beaujolais [boʒɔlɛ] *m (vin)* Beaujolais *m*
beau-papa [bopapa] <beaux-papas> *m* Schwiegerpapa *m*
beau-père [bopɛʀ] <beaux-pères> *m* ❶ Schwiegervater *m*
❷ *(conjoint de la mère)* Stiefvater *m*
beaupré [bopʀe] *m* NAUT Bugspriet *nt o m*
beauté [bote] *f* ❶ *(caractère, personne)* Schönheit *f*
❷ *pl* **~s naturelles** Naturschönheiten *Pl*
▶ **~ de catalogue** Reklameschönheit *f*; **être de toute ~** wunderschön sein; **c'est une femme de toute ~** sie ist eine bildschöne Frau; **se refaire une ~** *fam* sich noch etwas zurechtmachen; **être en ~** besonders schön sein; **finir qc en ~** etw erfolgreich [*o* mit Erfolg] beenden; **perdre en ~** *iron* mit Glanz und Gloria verlieren
beaux-arts [bozaʀ] *mpl* **les ~** die schönen Künste

Land und Leute
An der **École des beaux-arts** werden alle Fachbereiche der schönen Künste gelehrt, vor allem aber Architektur, Bildhauerei und Malerei.

beaux-enfants [bozɑ̃fɑ̃] *mpl* Stiefkinder *Pl* **beaux-parents** [bopaʀɑ̃] *mpl* Schwiegereltern *Pl*
bébé [bebe] *m* Baby *nt*; **affaires pour/de ~** Babysachen *Pl*; **~ animal** Tierkind *nt*; **~ phoque** Robbenbaby
bébé-éprouvette [bebeepʀuvɛt] <bébés-éprouvettes> *m* Retortenbaby *nt*
bébête [bebɛt] I. *adj fam* bisschen doof *(fam)*
II. *f enfantin fam* Tierchen *nt*
be-bop [bibɔp] *m vieilli* ❶ *sans pl (style de jazz)* Bebop *m*
❷ *(danse)* Bebop *m*
bec [bɛk] *m* ❶ *d'un oiseau* Schnabel *m*
❷ *fam (bouche)* Schnabel *m (fam)*; **ouvrir/fermer le ~** *fam* den Schnabel aufmachen/halten
❸ *(gourmet)* **~ fin** *fam* Feinschmecker(in) *m(f)*
❹ *(extrémité pointue)* **~ verseur** *d'une casserole, d'un pot* Ausgießer *m*; *d'une cafetière, théière* Tülle *f*; *d'une plume* Spitze *f*; *d'une clarinette, flûte* Mundstück *nt*
▶ **clouer** [*o* **fermer**] **le ~ à qn** *fam* jdm das Maul stopfen *(fam)*; *remarque, réponse:* jdm die Sprache verschlagen; **donner un ~ à qn** BELG *fam* jdm ein Küsschen geben; **tomber sur un ~** *fam* auf eine harte Nuss treffen
◆ **~ Bunsen** Bunsenbrenner *m*; **~ de gaz** Gaslaterne *f*
bécane [bekan] *f fam* ❶ *(bicyclette)* [Fahr]rad *nt*, Drahtesel *m (fam)*
❷ *(moto)* Maschine *f (fam)*
❸ *(machine, ordinateur)* Kiste *f (fam)*
bécarre [bekaʀ] *m* MUS Auflösungszeichen *nt*
bécasse [bekas] *f* ❶ ORN [Wald]schnepfe *f*
❷ *fam (sotte)* dumme [*o* blöde] Gans, Dumpfbacke *f (sl)*
bécasseau [bekaso] <x> *m* ORN Strandläufer *m*, Wasserläufer *m*
bécassine [bekasin] *f* ❶ ORN Sumpfschnepfe *f*, Bekassine *f (Fachspr.)*
❷ *fam (fille)* Gänschen *nt*
bec-de-cane [bɛkdəkan] <becs-de-cane> *m* [Tür]klinke *f*; *(bouton)* Türknauf *m* **bec-de-lièvre** [bɛkdəljɛvʀ] <becs-de-lièvre> *m* Hasenscharte *f*
bêchage [bɛʃaʒ] *m* AGR [Um]graben *nt*
béchamel [beʃamɛl] *f* Béchamelsoße *f*
bêche [bɛʃ] *f* Spaten *m*
bêcher [beʃe] <1> I. *vt* AGR umgraben
II. *vi* ❶ umgraben
❷ *fam (être fier)* hochnäsig sein *(fam)*
bêcheur, -euse [bɛʃœʀ, -øz] *m, f péj (homme)* eingebildeter Schnösel *(fam)*; *(femme)* eingebildete [*o* hochnäsige] Pute *(fam)*; **être ~(-euse) avec qn** jdn von oben herab behandeln
bécot [beko] *m vieilli fam* Schmatz *m (fam)*, Küsschen *nt*
bécoter [bekɔte] <1> I. *vt fam* abknutschen *(fam)*
II. *vpr fam* **se ~** knutschen *(fam)*
becquée [beke] *f* **donner la ~ à qn** jdn füttern
becquerel [bɛkʀɛl] *m* Becquerel *nt*
becquet [bɛkɛ] *m* d'une voiture Spoiler *m*
bec[que]tance [bɛktɑ̃s] *f fam* Fressalien *Pl (hum fam)*
becqueter [bɛkte] <3> I. *vt* ORN aufpicken
II. *vi* ❶ ORN picken
❷ *fam (bouffer) personne:* futtern *(fam)*
becter [bɛkte] <1> *vt fam* futtern *(fam)*
bedaine [bədɛn] *f fam* Wampe *f (fam)*; **d'un enfant** Bäuchlein *nt*
bédé [bede] *f fam* Comic *m*
bedeau [bədo] <x> *m* Kirchendiener *m*, Küster(in) *m(f)*
bédéiste [bedeist] *mf fam* Comicautor(in) *m(f)*
bédéphile [bedefil] *fam* I. *adj enfant* auf Comics versessen; **être ~** Comics lieben
II. *mf* Comicfan *m (fam)*
bedon [bədɔ̃] *m fam* Schmerbauch *m (fam)*, Wampe *f (fam)*

bedonnant(e) [bədɔnã, ãt] *adj fam* dick[bäuchig]
bedonner [bədɔne] <1> *vi* einen Bauch ansetzen
bédouin(e) [bedwɛ̃, in] *adj* Beduinen-; **tente ~e** Beduinenzelt *nt*
Bédouin(e) [bedwɛ̃, in] *m(f)* Beduine *m*/Beduinin *f*
bée *v.* bouche
beefsteak *v.* biftek
béer [bee] <1> *vi* ❶ *rare (être grand ouvert)* weit geöffnet sein, weit offen stehen
  ❷ *littér* ~ **d'étonnenement** vor Staunen den Mund nicht zukommen *(fam)*
beffroi [befʀwa] *m* ❶ Wach[t]turm *m*
  ❷ NORD, BELG *(campanile)* Glockenturm *m*, Beffroi *m*
bégaiement [begɛmã] *m* ❶ Stottern *nt*
  ❷ *(balbutiement) d'un bébé* **les premiers ~s** die ersten Sprechversuche
  ❸ *pl (débuts)* **les premiers ~s d'une nouvelle technologie** die ersten Gehversuche einer neuen Technik
bégayant(e) [begɛjã, ãt] *adj* ❶ *(qui bégaie)* stotternd
  ❷ *fig (qui s'exprime avec hésitation)* zögerlich
bégayer [begeje] <7> **I.** *vi* stottern
  II. *vt* stammeln
bégonia [begɔnja] *m* Begonie *f*
bègue [bɛg] **I.** *adj* stotternd; **être ~** stottern
  II. *mf* Stotterer *m*/Stotterin *f*
bégueule [begœl] *adj* prüde
béguin [begɛ̃] *m* Haube *f*; *d'un enfant* Häubchen *nt*
  ▶ **avoir le ~ pour qn** *fam* in jdn verknallt sein *(fam)*; **avoir le ~ pour une maison** sich auf den ersten Blick in ein Haus verlieben
béguinage [begina3] *m (maison)* Beginenhof *m*; *(communauté)* Beginengemeinschaft *f*
béguine [begin] *f* REL Begine *f*
behaviorisme [bievjɔʀism, beavjɔʀism] *m* Behaviorismus *m*
beige [bɛ3] **I.** *adj* beige
  II. *m* Beige *nt*
beigne [bɛɲ] *f* ❶ *fam (claque)* Ohrfeige *f*; **donner une ~ à qn** jdm eine langen *(fam)*
  ❷ CAN *v.* beignet
beignet [bɛɲɛ] *m* Krapfen *m*, Buchtel *f* (A); **~ aux pommes** Apfelkrapfen *m*, Apfelküchle *nt* (SDEUTSCH)
Belarus [belaʀys] *m* **le ~** Weißrussland *nt*
Belarusse [belaʀys] *mf* Weißrusse *m*/Weißrussin *f*
bel canto [bɛlkãto] *m* Belcanto *m*, Belkanto *m*
bêlement [bɛlmã] *m* ❶ *(cri des moutons)* Blöken *nt*
  ❷ *fig (plainte niaise)* Plärren *nt*
bêler [bele] <1> *vi* ❶ *mouton:* blöken; *chèvre:* meckern
  ❷ *fig fam* jammern *(fam)*
belette [bəlɛt] *f* ❶ ZOOL Wiesel *nt*
  ❷ *fam (fille considérée comme facile)* Flittchen *nt (pej fam)*
belge [bɛl3] *adj* belgisch
Belge [bɛl3] *mf* Belgier(in) *m(f)*
belgicisme [bɛl3isism] *m* belgischer Ausdruck
Belgique [bɛl3ik] *f* **la ~** Belgien *nt*
Belgrade [bɛlgʀad] Belgrad *nt*
bélier [belje] *m* ❶ ZOOL Widder *m*
  ❷ MIL Rammbock *m*
  ❸ TECH **~ hydraulique** Stoßheber *m*, hydraulischer Widder
Bélier [belje] *m* ASTROL Widder *m*; **être [du signe du] ~ [ein]** Widder sein, im Zeichen des Widders geboren sein
belladone [bɛladɔn] *f* Tollkirsche *f*
bellâtre [bɛlɑtʀ] *m* Beau *m (pej)*, Schönling *m (pej)*
belle [bɛl] **I.** *adj v.* beau
  II. *f* ❶ *(belle fille, belle femme)* Schöne *f*; **~ du village** Dorfschönheit *f*
  ❷ *(petite amie)* Freundin *f*
  ❸ SPORT Entscheidungsspiel *nt*
  ▶ **la Belle et la Bête** die Schöne und das Biest; **la Belle au bois dormant** Dornröschen *nt*
belle-de-jour [bɛldə3uʀ] <belles-de-jour> *f* ❶ BOT Winde *f*
  ❷ *(prostituée)* Straßenmädchen *nt* **belle-doche** [bɛldɔʃ] <belles-doches> *f péj fam (mère du conjoint)* Schwiegermutter *f*; *(nouvelle épouse du père)* Stiefmutter *f* **belle-famille** [bɛlfamij] <belles-familles> *f* angeheiratete Familie *f* **belle-fille** [bɛlfij] <belles-filles> *f* ❶ Schwiegertochter *f* ❷ *(fille du conjoint)* Stieftochter *f* **belle-mère** [bɛlmɛʀ] <belles-mères> *f* ❶ Schwiegermutter *f* ❷ *(conjointe du père)* Stiefmutter *f* **belle-sœur** [bɛlsœʀ] <belles-sœurs> *f* Schwägerin *f*
bellicisme [bɛlisism, bɛllisism] *m* kriegerische Gesinnung *f*
belliciste [bɛlisist, bɛllisist] *adj* kriegstreiberisch, kriegslüstern
belligérance [beli3eʀãs, belli3eʀãs] *f* Status *m* einer kriegsführenden Macht
belligérant(e) [beli3eʀã, ãt] **I.** *adj* Krieg führend
  II. *mpl* Krieg führende Mächte *Pl*
belliqueux, -euse [belikø, -øz] *adj* ❶ kriegerisch; *discours* kriegerisch, aggressiv; *peuple* kriegerisch, kriegslustig
  ❷ *(querelleur)* streitlustig; *tempérament* streitlustig, hitzig; *personne* streitlustig, streitsüchtig
belon [bəlɔ̃] *f* Austernart mit braunem Fleisch
belote [bəlɔt] *f* dem Schafkopf ähnliches französisches Kartenspiel; **faire une ~** [eine Partie [o Runde]] Belote spielen
bélouga [beluga] *m* ZOOL ❶ *(baleine)* Weißwal *m*, Beluga *f*
  ❷ *(poisson)* Hausen *m*, Beluga *f*
belvédère [bɛlvedɛʀ] *m* ❶ *(édifice)* Belvedere *nt*
  ❷ *(point de vue)* Aussichtspunkt *m*
bémol [bemɔl] *m* MUS ♭ *nt*, Erniedrigungszeichen *nt*; **do/ré ~ majeur** Ces-/Des-Dur *nt*; **do/ré ~ mineur** Ces-/Des-Moll *nt*; **un ~ à la clé** ein vorgezeichnetes ♭
  ▶ **mettre un ~** *fam (parler moins fort)* leiser sprechen; *(être moins arrogant)* halbpang machen *(fam)*
bémoliser [bemɔlize] <1> *vi fig fam (adoucir le ton)* einen sanfteren Ton anschlagen *(fig)*; *(atténuer les propos)* sachte machen *(fig fam)*
ben [bɛ̃] *adv fam* **eh ~!** Mensch Meier! *(fam)*; **~ ça alors!** na, so was!; **ah ~ dis donc!** sag bloß *(fam)*; **~ non** nö *(fam)*; **~, mon vieux!** Junge, Junge! *(fam)*
bénédicité [benedisite] *m* Tischgebet *nt*
bénédictin [benediktɛ̃] *m* Benediktiner *m*
bénédictin(e) [benediktɛ̃, in] *adj* Benediktiner-
bénédictine [benediktin] *f* ❶ Benediktinerin *f*
  ❷ *(liqueur)* Bénédictine milder Kräuterlikör
bénédiction [benediksjɔ̃] *f* ❶ Segen *m*; **une terre de ~** ein gelobtes Land
  ❷ *(action) d'un(e) fidèle* Segnung *f*; *d'une cloche, d'un navire* Weihe *f*; **~ de l'eau** Wasserweihe; **~ nuptiale** kirchliche Trauung; **donner la ~ à qn** jdn segnen
  ❸ *(assentiment)* Segen *m*
bénef [benɛf] *m fam abr de* **bénéfice** Profit *m*, Gewinn *m*; **c'est tout ~** das bringt's *(fam)*
bénéfice [benefis] *m* ❶ COM Profit *m*, Gewinn *m*; **faire des ~s** Gewinne erzielen; **rapporter des ~s** Gewinn abwerfen; **réaliser des ~s** mit Gewinn arbeiten; **~ annuel** Jahresgewinn; **~ apparent** Scheingewinn; **~ brut** Bruttogewinn, Rohgewinn; **~ commercial/comptable** Handels-/Buchgewinn; **~s complémentaires** Zusatzgewinn; **~ distribué** ausgeschütteter Gewinn; **~s escomptés** Gewinnerwartungen *Pl*; **~ hebdomadaire** Wochengewinn; **~ industriel** Gewerbeertrag *m*; **~ inscrit au bilan** Bilanzgewinn; **~ journalier** Tagesgewinn; **~ maximal** Höchstgewinn; **~ net** Nettogewinn, Reingewinn, reiner Gewinn; **~ net disponible** verfügbarer Reingewinn; **~ non affiché** [o **déclaré**] nicht ausgewiesener Gewinn; **~ précalculé** kalkulierter Gewinn; **~s réalisés** anfallender Gewinn; **réaliser un ~ record** einen Rekordgewinn erzielen; **~ réel** [o **effectif**] Ist-Gewinn; **~ spéculatif** Spekulationsgewinn; **~ supplémentaire** Mehrgewinn; **~ thésaurisé** thesaurierter Gewinn; **~ total** Gesamtgewinn, Totalgewinn; **~ établi par le bilan** Bilanzgewinn; **~ résultat du bilan** Sanierungsgewinn; **~ d'une/de la cession** Veräußerungsgewinn; **~ d'une/de la reprise** Übernahmegewinn; **~ en capital** Kapitalgewinn; **~ avant/après impôts** Gewinn vor/nach Steuern; **~ sur le change** [o **les cours**] Kursgewinn; **~ sur disagio** Disagiogewinn; **~s sur immobilisations corporelles** Gewinn aus Sachanlagen; **pourcentage de ~ brut sur le prix de revient** Kalkulationszuschlag *m*
  ❷ *(avantage)* Vorteil *m*, Nutzen *m*; **tirer ~ de qc** Nutzen aus etw ziehen
  ❸ JUR **~ au profit d'un tiers** Drittbegünstigung *f (Fachspr.)*; **~ des circonstances atténuantes** Zubilligung *f* mildernder Umstände; **~ de discussion** Vorausklage *f (Fachspr.)*
  ▶ **au ~ de qn/qc** zugunsten jds/einer S.; **au ~ du doute** aus Mangel an Beweisen
  ◆ **~ du bilan** Bilanzierungsvorteil *m*; **~ d'entrepreneur** Unternehmergewinn *m*; **~ de l'entreprise** Unternehmensgewinn *m*; **~ d'exploitation** Geschäftsgewinn *m*, Betriebsgewinn; **~ sur TVA déductible** FISC Vorsteuergewinn *m*
bénéficiaire [benefisjɛʀ] **I.** *adj* ❶ *entreprise* mit Gewinn arbeitend; *opération* einträglich; **marge ~** Gewinnspanne *f*; **être ~** mit Gewinn arbeiten
  ❷ JUR, ECON anspruchsberechtigt; **les étudiants ~s d'une bourse** die Studierenden, die eine Studienbeihilfe beziehen; **~ de dividendes/de parts** dividenden-/anteilsberechtigt; **~ de la retraite** pensionsfähig; **~ d'un allégement fiscal** steuerbegünstigt
  II. *mf* ❶ Empfänger(in) *m(f)*; CH *d'une retraite* Bezieher(in) *m(f)*, Bezüger(in) *f* (CH); **~ de l'allocation logement** Wohngeldempfänger(in); **~ d'une bourse** Bezieher(in) einer Studienbeihilfe; **~ de la/d'une pension** [o **retraite**] Versorgungsempfänger(in) *(form)*; **~ du chèque/de la garantie** Scheck-/Garantieempfänger(in); **~ d'une/de l'offre** ECON Angebotsempfänger(in); **~ d'un/du paiement** Zahlungsempfänger(in)
  ❷ FIN Remittent(in) *m(f)*; **~ d'un effet** Wechselnehmer(in) *m(f)*

bénéficier–besogne

(Fachspr.)
❸ JUR Begünstigte(r) *f(m)*; *d'une mesure, réforme* Nutznießer(in) *m(f)*; **être le ~ de qc** [der] Nutznießer einer S. *(Gen)* sein, von etw profitieren; **~ d'une/de l'indemnité** Entschädigungsträger(in) *m(f) (Fachspr.)*; **~ de l'indemnité compensatrice** Ausgleichsempfänger(in) *m(f)*
bénéficier [benefisje] <1a> *vi* **- de qc** von etw profitieren; **~ d'un avantage fiscal** in den Genuss einer Steuervergünstigung kommen; **~ de circonstances atténuantes** mildernde Umstände [zugebilligt] bekommen; **il bénéficie d'un non-lieu** das Verfahren gegen ihn wird eingestellt
bénéfique [benefik] *adj* günstig, vorteilhaft; **être ~ à qn/qc** sich günstig auf jdn/etw auswirken
Benelux [benelyks] *m* **le ~** die Benelux[staaten]
benêt [bəne] *m* Dummkopf *m*
bénévolat [benevɔla] *m* Freiwilligkeit *f*; *d'une fonction* Ehrenamtlichkeit *f*; *(activité)* ehrenamtliche Tätigkeit
bénévole [benevɔl] **I.** *adj* ❶ freiwillig; **être ~ pour faire qc** etw freiwillig [*o* aus freien Stücken] tun
❷ *(gratuit)* kostenlos, unentgeltlich; *fonction* ehrenamtlich; **qn reçoit une aide ~** jdm wird kostenlos geholfen
II. *mf* Freiwillige(r) *f(m)*; *(dans une fonction)* Ehrenamtliche(r) *f(m)*
bénévolement [benevɔlmɑ̃] *adv* freiwillig; *(gratuitement)* unentgeltlich; *(dans une fonction)* ehrenamtlich
bengalais(e) [bɛ̃ɡalɛ, ɛz] *adj* bengalesisch
Bengale [bɛ̃ɡal] *m* **le ~** Bengalen *nt*
bengali [bɛ̃ɡali] *m* ORN Prachtfink *m*
Bangladesh *v.* **Bangladesh**
bénignité [beniɲite] *f* ❶ *d'une maladie* Gutartigkeit *f*, Harmlosigkeit *f*
❷ *vieilli (qualité d'une personne)* Güte *f*
bénin, bénigne [benɛ̃, beniɲ] *adj* harmlos; *tumeur* gutartig; *punition* mild[e]
Bénin [benɛ̃] *m* **le ~** Benin *nt*
béninois(e) [beninwa, waz] *adj* beninisch
Béninois(e) [beninwa, waz] *m(f)* Beniner(in) *m(f)*
béni-oui-oui [beniwiwi] *m inv fam* Jasager(in) *m(f)*, Leisetreter(in) *m(f) (pej)*
bénir [benir] <8> *vt* ❶ REL segnen; weihen *cloche*; **~ le mariage de qn** jdn trauen; **être béni(e)** gesegnet sein
❷ *(remercier)* **~ qn/qc** jdn/etw preisen, jdm/für etwas ewig dankbar sein
❸ *fig* **être béni(e)** *(favorisé par le sort)* *époque, temps* glücklich sein
bénit(e) [beni, it] *adj* geweiht; **eau ~e** Weihwasser *nt*
bénitier [benitje] *m* Weihwasserbecken *nt*
benjamin(e) [bɛ̃ʒamɛ̃, in] *m(f)* ❶ Jüngste(r) *f(m)*, jüngstes Kind
❷ SPORT **les ~s** die D-Jugend
benji [bɛ̃ʒi] *m* Bungee-Jumping *nt*
benjoin [bɛ̃ʒwɛ̃] *m* Benzoe *f*
benne [bɛn] *f* ❶ TECH *de charbon, minerai* Lore *f*; **~ basculante** Kipplore
❷ *(container)* Großbehälter *m*; *d'un camion* Ladefläche *f*, Mulde *f*; **camion à ~** Kipper *m*; **~ à béton** Betonkübel
❸ *(cabine) d'un téléphérique* Kabine *f*
◆ **~ à ordures** Müll[abfuhr]wagen *m*
Benoît [bənwa] *m* Benedikt *m*
benzène [bɛ̃zɛn] *m* CHIM [Rein]Benzol *nt*
benzine [bɛ̃zin] *f* Reinigungsbenzin *nt*
benzodiazépine [bɛ̃zodjazepin] *f* PHARM Benzodiazepin *nt*
benzol [bɛ̃zɔl] *m* Benzol *nt*
béotien(ne) [beɔsjɛ̃, jɛn] *m(f)* [Kultur]banause *m*; *(profane)* Laie *m*
B.E.P. [beəpe] *m abr de* **brevet d'études professionnelles** ≈ Berufsschulabschluss *m*
B.E.P.C. [beəpese] *m abr de* **brevet d'études du premier cycle** Abgangszeugnis *nt*, ≈ mittlere Reife
béquée *v.* **becquée**
béquet *v.* **becquet**
béqueter *v.* **becqueter**
béquille [bekij] *f* ❶ Krücke *f*; **marcher avec des ~s** an Krücken gehen
❷ *(support) d'une moto, d'un vélo* Ständer *m*; *d'une remorque* [Deichsel]stütze *f*; *d'un bateau* Stützbalken *m*
❸ *(bec-de-cane)* Klinke *f*
béquiller [bekije] *vi* an Krücken gehen
berbère [bɛrbɛr] **I.** *adj* berberisch
II. *m* **le ~** die Berbersprache[n]
Berbère [bɛrbɛr] *mf* Berber(in) *m(f)*
bercail [bɛrkaj] *m* **rentrer** [*o* **revenir**] **au ~** *hum* in den Schoß der Familie zurückkehren; REL in den Schoß der Kirche zurückkehren
berçant(e) [bɛrsɑ̃, sɑ̃t] *adj* CAN **chaise ~e** *(rocking-chair)* Schaukelstuhl *m*

berce [bɛrs] *f* BELG *(berceau d'enfant)* Wiege *f*
berceau [bɛrso] <x> *m* ❶ Wiege *f*; *(à roues)* Stubenwagen *m*
❷ *(lieu d'origine) d'une idée, technique* Geburtsstätte *f*, Wiege *f*; *d'une personne* Heimat *f*, Geburtsstätte
❸ ARCHIT Rundbogen *m*
❹ HORT Laubendach *nt*, Pergola *f*
▶ **dès le ~** von klein auf, von Kindesbeinen an
bercement [bɛrsəmɑ̃] *m* Wiegen *nt*
bercer [bɛrse] <2> **I.** *vt* wiegen *personne*; [hin und her] wiegen *canot, navire*
II. *vpr* **se ~ d'illusions sur le compte de qn/qc** sich in Illusionen über jdn/etw wiegen; **se ~ de promesses** sich von Versprechungen einlullen lassen *(fam)*
berceuse [bɛrsøz] *f* ❶ Wiegenlied *nt*, Schlummerlied *(geh)*
❷ *(fauteuil)* Schaukelstuhl *m*
béret [bɛrɛ] *m* **~ basque** Baskenmütze *f*
◆ **~ de marin** Matrosenmütze *f*
bérézina [berezina] *f fam* **la ~** der Wahnsinn; **c'est la ~!** das ist echt eine Katastrophe! *(fam)*
bergamote [bɛrɡamɔt] *f* BOT Bergamotte *f*
berge [bɛrʒ] *f* ❶ Ufer *nt*; **voie express sur ~** Uferschnellstraße *f*
❷ *pl fam (années)* Jahre *Pl*; **avoir 40 ~s** 40 sein
berger [bɛrʒe] *m* ❶ Hirte *m*; *(gardien de moutons)* Schäfer *m*, Schafhirte; *(gardien de chèvres)* Ziegenhirt *m*
❷ *(chien)* Hirtenhund *m*; **~ allemand** Deutscher Schäferhund
◆ **~ des Pyrénées** Pyrenäen-Schäferhund *m*
bergère [bɛrʒɛr] *f* ❶ Hirtin *f*; *(gardienne de moutons)* Schäferin *f*, Schafhirtin; *(gardienne de chèvres)* Ziegenhirtin *f*
❷ *(fauteuil)* Ohrensessel *m*
bergerie [bɛrʒəri] *f* Schafstall *m*
bergeronnette [bɛrʒərɔnɛt] *f* ORN Bachstelze *f*
béribéri [beriberi] *m* MED Beriberi *f*
berk [bɛrk] *interj fam* bäh *(fam)*
berkélium [bɛrkeljɔm] *m* Berkelium *nt*
Berlin [bɛrlɛ̃] Berlin *nt*; **le mur de ~** die Berliner Mauer
berline [bɛrlin] *f* ❶ *(voiture)* Limousine *f*
❷ MIN Lore *f*
Berlin-Est [bɛrlɛ̃ɛst] Ostberlin *nt*; **quartier de ~** Ostberliner Stadtteil; **habitant(e) de ~** Ostberliner(in) *m(f)*
berlingot [bɛrlɛ̃ɡo] *m* ❶ tetraederförmiges Frucht- oder Gewürzbonbon mit weißen Streifen
❷ *(emballage)* Tetrapak® *m*
berlinois [bɛrlinwa] *m* **le ~** Berlinerisch *nt*, das Berlinerische; **parler [le] ~** berlinerisch sprechen, berlinern
berlinois(e) [bɛrlinwa, az] *adj* aus Berlin, Berliner
Berlinois(e) [bɛrlinwa, az] *m(f)* Berliner(in) *m(f)*; **~ de l'Est** Ostberliner(in); **être ~** (e) Berliner(in) sein, aus Berlin sein
Berlin-Ouest [bɛrlɛ̃wɛst] Westberlin *nt*; **quartier de ~** Westberliner Stadtteil; **habitant(e) de ~** Westberliner(in) *m(f)*
berlue [bɛrly] *f fam* **dis donc, j'ai la ~!** ich seh wohl nicht richtig! *(fam)*; **si je n'ai pas la ~** wenn mich nicht alles täuscht
berme [bɛrm] *f (chemin au bord d'un canal)* Uferweg *m*; *(dans une fortification)* schmaler Weg zwischen Mauern und Festungsgraben
bermuda [bɛrmyda] *m* Bermudashorts *Pl*
Bermudes [bɛrmyd] *fpl* **les [îles] ~** die Bermudainseln *Pl*, die Bermudas *Pl*
bernache [bɛrnaʃ] *f* ORN Wildgans *f*
bernacle *v.* **bernache**
bernard-l'[h]ermite [bɛrnarlɛrmit] *m inv* Einsiedlerkrebs *m*
berne [bɛrn] ▶ **être en ~** auf halbmast [gesetzt] sein; **mettre son pavillon en ~** seine Flagge auf halbmast setzen
Berne [bɛrn] Bern *nt*
berner [bɛrne] <1> *vt* an der Nase herumführen, zum Narren halten
bernicle [bɛrnikl] *f* Entenmuschel *f*
bernique *v.* **bernicle**
berrichon(e) [beriʃɔ̃, ɔn] *adj* aus dem Berry
Berrichon(e) [beriʃɔ̃, ɔn] *m(f)* Bewohner(in) *m(f)* des Berry
béryl [beril] *m* MINER Beryll *m*; **~ vert** Smaragd *m*
béryllium [beriljɔm] *m* Beryllium *nt*
berzingue [bɛrzɛ̃ɡ] *fam* ▶ **à toute ~** mit vollem Karacho *(fam)*; *(niveau sonore)* mit voller Lautstärke
besace [bəzas] *f* Umhängetasche *f*
bésef [bezɛf] *fam* ▶ **ça fait** [*o* **y en a**] [*o* **c'est**] **pas ~** das ist lausig wenig *(fam)*; **y avait pas ~ de monde** es waren lausig wenig Leute da *(fam)*
bésicles [bezikl] *fpl hum* Brille *f*
besogne [bəzɔɲ] *f* Aufgabe *f*, Pflicht *f*; *(travail)* Arbeit *f*; **abattre de la ~** fein [*o* tüchtig] arbeiten; **se mettre à la ~** sich an die Arbeit machen
▶ **aller vite en ~** nicht lange fackeln *(fam)*; **aller un peu vite en ~** ein bisschen voreilig sein

besogneux, -euse [bəzɔnø, -øz] *adj* ❶ bedürftig
❷ *(affecté à de petits travaux)* bescheiden, klein; **un employé de bureau ~** ein kleiner Büroangestellter

besoin [bəzwɛ̃] *m* ❶ *(exigence)* Bedarf *m*; **~s nutritifs** Nahrungsbedarf; **~ de sommeil** *(constant)* Bedarf an Schlaf *(Dat)*; *(momentané)* Bedürfnis *nt* nach Schlaf; **~ de dialogue** Gesprächsbedarf; **avoir ~ de qc** etw brauchen; **nous avons ~ de nous reposer** wir brauchen Erholung, wir müssen uns erholen; **n'avez-vous ~ de rien?** haben Sie alles, was Sie brauchen?
❷ *(envie, désir)* Drang *m*; **~ de comprendre** [*o* **de savoir**] Erkenntnisdrang; **~ de rire/de bouger** Drang zu lachen/sich zu bewegen; **~ d'activité** Betätigungsdrang; **~ de mouvement** Bewegungsdrang
❸ *euph (nécessité d'uriner)* **~ naturel** Notdurft *f (geh)*, Geschäft *nt (fam)*; **faire ses ~s** sein Geschäft verrichten; **le chien fait ses ~s dans le jardin** der Hund macht in den Garten [*o* verrichtet sein Geschäft im Garten]
❹ *gén pl (nécessités)* **~s financiers** finanzielle Bedürfnisse *Pl*; **avoir de petits/grands** [*o* **gros**] **~s d'argent** wenig/viel Geld brauchen; **subvenir aux ~s de qn** für jds Unterhalt aufkommen; **~s énergétiques** Energiebedarf *m*; **~s en eau** d'une personne, plante, d'un animal Wasserbedarf; **les ~s du corps en vitamines** der Vitaminbedarf des Körpers
❺ ECON, JUR Bedarf *m*, Bedürfnis *nt*; **~s de crédit/en capitaux** Kredit-/Kapitalbedarf; **~s de crédit des pouvoirs publics** Kreditbedarf der öffentlichen Hand; **~ en capitaux propres/argent** Eigenkapital-/Geldbedarf; **~ en eau/en électricité** Wasser-/Strombedarf; **~ en importations** Einfuhrbedarf, Importbedarf; **~[s] en matières premières** Rohstoffbedarf; **~ de protection juridique** Rechtsschutzbedürfnis *(Fachspr.)*; **~ en ressources** Ressourcenbedarf; **~ annuel/journalier** Jahres-/Tagesbedarf; **~s budgétaires/élémentaires** Budget-/Grundbedarf; **~ maximal** Höchstbedarf, Spitzenbedarf; **~s modérés** gedämpfter Bedarf; **~s nationaux** Inlandsbedarf; **~ propre** Selbstgebrauch *m*; **~ réel/urgent** wirklicher/akuter Bedarf; **~s secondaires** Folgebedarf; **~ de masse** Massenbedarf; **~s de la société** gesamtgesellschaftliche Bedürfnisse; **créer un ~** einen Bedarf schaffen
▸ **pour les ~s de la cause** notgedrungen; **au ~** bei Bedarf, wenn nötig; **dans le ~** Not leidend, bedürftig; **être** [*o* **vivre**] **dans le ~** in Armut leben, Not leiden *(geh)*
◆ **~ de subvention** [*o* **de supplément**] Zuschussbedarf *m*

bestiaire [bɛstjɛʀ] *m* ❶ *(recueil)* Bestiarium *nt*
❷ *(gladiateur)* Tierkämpfer *m*

bestial(e) [bɛstjal, jo] <-aux> *adj* brutal; *instinct, avidité* tierisch
bestialement [bɛstjalmã] *adv* brutal; *copuler* wie ein Tier; *manger* wie ein Schwein
bestialité [bɛstjalite] *f* Bestialität *f*; *avec* **~** bestialisch
bestiaux [bɛstjo] *mpl* Vieh *nt*; **la foire aux ~** der Viehmarkt
bestiole [bɛstjɔl] *f fam* Tier[chen] *nt*
best of [bɛstɔf] *m inv* Sampler *m*
best-seller [bɛstselœʀ] <best-sellers> *m* Bestseller *m*
bêta [beta] *app* INFORM **version ~** Betaversion *f*
bêta, bêtasse [beta, betɑs] *fam* I. *adj* dumm, dämlich *(fam)*
II. *m, f* Dussel *m (fam)*, Dummkopf *m*; **ne fais pas le ~/la bêtasse** benimm dich nicht so doof *(fam)*
bêtabloquant [betablɔkã] *m* Beta[rezeptoren]blocker *m*
bêtacarotène [betakaʀɔtɛn] *m* Betacarotin *nt*
bétail [betaj] *m sans pl* Vieh *nt*; **une vingtaine de têtes de ~** etwa zwanzig Stück Vieh; **gros/petit ~** Groß-/Kleinvieh
◆ **~ d'embouche** Mastvieh *nt*
bétaillère [betajɛʀ] *f* Viehtransporter *m*
bête [bɛt] I. *adj personne, histoire, question* dumm, blöd[e] *(fam)*; **prendre l'air** [*o* **un air**] **~** sich dumm stellen
▸ **c'est tout ~** es ist ganz einfach
II. *f* ❶ Tier *nt*; **les ~s** *(bétail)* Vieh *nt*; **~ sauvage** wildes Tier
❷ *(insecte)* Viech *nt (pej)*; *(vermine)* Ungeziefer *nt*; **~ nuisible** Schädling *m*
❸ *(être humain)* Bestie *f*
❹ *(animalité)* **la ~** das Animalische
▸ **~ noire** *(personne)* Reizfigur *f*; **être la ~ noire de qn** für jdn ein rotes Tuch sein; **chercher la petite ~** ein Haar in der Suppe suchen *(fam)*; **sale ~!** *fam (personne)* gemeines [*o* fieses] Stück! *(fam)*; *(animal)* Mistvieh!; **être malade comme une ~** sich hundeelend fühlen; **travailler comme une ~** [**de somme**] wie ein Pferd arbeiten
◆ **~ à bon Dieu** *fam* Marienkäfer *m*, Glückskäfer *m*; **~ à cornes** Horntier *nt*; *pl* Hornvieh *nt*; **~ de somme** Lasttier *nt*; **~ de trait** Zugtier *nt*
bétel [betɛl] *m (masticatoire)* Betel *m*; *(poivrier)* Betelpfeffer *m*
bêtement [bɛtmã] *adv* ❶ dumm, blöd *(fam)*
❷ *(malencontreusement)* dummerweise
▸ **tout ~** ganz einfach
bêtifiant(e) [betifjã, jãt] *adj* geisttötend

bêtifier [betifje] <1a> I. *vi* **~** [**avec qn**] [mit jdm] albern tun [*o* herumblödeln] *(fam)*
II. *vpr* **se ~** verblöden
bêtise [betiz] *f* ❶ *(caractère, acte)* Dummheit *f*; **faire une grosse ~** eine große Riesendummheit machen; **c'était une ~ de ma part** das war dumm von mir
❷ *(parole)* Unsinn *m kein Pl*, dummes Zeug *kein Pl (fam)*; **dire une ~** etwas Dummes sagen
❸ *(peccadille)* Lappalie *f*
bêtisier [betizje] *m* Stilblütensammlung *f*
béton [betɔ̃] *m* Beton *m*; **~ armé** Stahlbeton; **~ prêt à l'emploi** Fertigbeton; **pilier en ~** Betonpfeiler *m*
▸ **en ~** *fam excuse, alibi* wasserdicht *(fam)*
bétonnage [betɔnaʒ] *m* ❶ *(action de bétonner)* Betonieren *nt*, Betonierung *f*
❷ *(couche en béton)* Betonierung *f*
bétonner [betɔne] <1> I. *vt* ❶ betonieren
❷ *(défigurer)* zubetonieren *paysage*
II. *vi* SPORT mauern
bétonnière [betɔnjɛʀ] *f* ❶ Betonmischmaschine *f*
❷ *(camion)* Transportmischer *m*
bette [bɛt] *f* Mangold *m*
betterave [bɛtʀav] *f* Rübe *f*; **~ rouge** rote Be[e]te, rote Rübe
◆ **~ à sucre** Zuckerrübe *f*
beuglante [bøglãt] *f fam* gegrölte(s) Lied *nt*
beuglement [bøgləmã] *m* ❶ *de la vache, du veau* Muhen *nt*; *du taureau, bœuf* Brüllen *nt*
❷ *fig d'un chanteur* Gegröle *nt (fam)*; *de la radio, télé* Dröhnen *nt*
beugler [bøgle] <1> *vi* ❶ *vache, veau:* muhen; *taureau, bœuf:* brüllen
❷ *fig chanteur:* grölen *(fam)*; *radio, télé:* dröhnen; **faire ~ sa télé/radio** *fam* seinen Fernseher/sein Radio voll aufdrehen
❸ *fam (crier)* herumbrüllen *(fam)*, rumbrüllen *(fam)*
beur(e) [*o* **beurette**] [bœʀ, bœʀɛt] *m(f) fam* in Frankreich geborenes Kind maghrebinischer Einwanderer

---

Land und Leute

Mit **beur** und den weiblichen Formen **beure** oder **beurette** werden die Kinder der Einwanderer aus den ehemaligen französischen Kolonien Tunesien, Algerien und Marokko bezeichnet. Die Betroffenen selbst verwenden diese Bezeichnungen auch und empfinden sie nicht als abwertend. Die Jugendkultur – besonders Musik, Film und Theater – wird von diesen französischen Staatsbürgerinnen und -bürgern arabischer Herkunft stark beeinflusst, wie man zum Beispiel am *raï* sehen kann, einer sehr populären Musikrichtung nordafrikanischen Ursprungs.

---

beurk *v.* **berk**
beurre [bœʀ] *m* Butter *f*; **~ demi-sel** leicht gesalzene Butter; **~ doux** Süßrahmbutter; **pur ~** mit reiner Butter [gebacken]
▸ **mettre du ~ dans les épinards** *fam personne:* sich *(Dat)* ein nettes Zubrot verdienen; *héritage, boulot:* ein nettes Zubrot sein; **faire son ~** *fam* seine Schäfchen ins Trockene bringen *(fam)*
◆ **~ d'anchois** Sardellenbutter *f*; **~ de cacao** Kakaobutter *f*; **~ de coco** Kokosbutter *f*, Kokosfett *nt*; **~ d'écrevisses** Krabbenbutter *f*; **~ d'escargot** Schneckenbutter *f*; **~ de palme** Palmfett *nt*
beurré(e) [bœʀe] *adj fam* blau *(fam)*; **complètement ~(e)** sternhagelvoll *(fam)*
beurrer [bœʀe] <1> *vt* mit Butter bestreichen *tartine, toast;* [mit Butter] einfetten *moule;* **tartine beurrée** Butterbrot *nt*
beurrier [bœʀje] *m* Butterdose *f*
beurrier, -ière [bœʀje, -jɛʀ] *adj* Butter-; *industrie* Butter-, buttererzeugend
beuverie [bœvʀi] *f* Trinkgelage *nt*
bévue [bevy] *f* Fehler *m*, Schnitzer *m (fam)*
bézef *v.* **bésef**
bi [bi] *fam abr de* **bisexuel(le)** I. *mf* Bisexuelle(r) *(f)m*
II. *adj inv* **être ~** bi sein *(fam)*
biafrais(e) [bjafʀɛ, ɛz] *adj* aus Biafra [stammend]
biais [bjɛ] *m* ❶ Umweg *m*; *(échappatoire)* Ausweg *m*; **par des ~** auf Umwegen; **chercher un ~** einen Ausweg suchen
▸ **de** [*o* **en**] **~** schräg; **par le ~ de qn/qc** über jdn/etw
biaiser [bjeze] <1> *vi* ❶ ausweichen
❷ *littér (obliquer)* **~ vers la forêt** in Richtung auf den Wald abbiegen
biathlète [biatlɛt] *mf* Biathlet(in) *m(f)*
biathlon [biatlɔ̃] *m* Biathlon *nt*
bibelot [biblo] *m* Nippfigur *f*; **des ~s** Nippes *Pl*
bibendum [bibɛ̃dɔm] *m* ❶ *(homme corpulent)* Dicke(r) *m*
❷ *fam (employé de Michelin)* Beschäftigte(r) *m* bei Michelin
biberon [bibʀɔ̃] *m* Flasche *f*, [Babyfläschchen *nt*; **élever un enfant/un animal au ~** ein Kind/ein Tier mit der Flasche großzie-

B

hen
biberonner [bibʁɔne] <1> vi fam picheln (fam)
bibi [bibi] pron pers fam ich, meine Wenigkeit (fam); **ce parapluie est à ~** fam dieser Regenschirm gehört mir
bibine [bibin] f fam übles Gesöff (fam)
bible [bibl] f Bibel f; **la [Sainte] Bible** die Bibel; **~ pour enfant** Kinderbibel
biblio abr de **bibliothèque**
bibliobus [biblijɔbys] m Bücherbus m
bibliographie [biblijɔgʁafi] f Bibliographie f
bibliographique [biblijɔgʁafik] adj bibliographisch
bibliophile [biblijɔfil] mf Bücherliebhaber(in) m(f)
bibliothécaire [biblijɔtekɛʁ] mf Bibliothekar(in) m(f)
bibliothèque [biblijɔtɛk] f ❶ a. INFORM Bibliothek f; (bibliothèque publique) Stadtbücherei; **~ de l'école** Schulbibliothek; **~ municipale** Stadtbücherei; **Bibliothèque nationale** Nationalbibliothek; **~ pour les jeunes** Jugendbücherei; **~ du système** INFORM Systembibliothek
  ❷ pl (domaine, secteur) **les ~s** das Bibliothekswesen
  ❸ (meuble) (étagère) Bücherregal nt; (armoire) Bücherschrank m
  ❹ (kiosque) Bücherstand m
  ❺ (collection) Büchersammlung f, Bibliothek f
  ◆ **~ de prêt** Leihbücherei f; **~ de programmes** INFORM Programmbibliothek f
biblique [biblik] adj biblisch; personnage biblisch, der Bibel
bic® [bik] m fam (stylo à bille) ≈ Kuli m
bicaméralisme [bikameʁalism] m POL Zweikammersystem nt
bicarbonate [bikaʁbɔnat] m Hydrogenkarbonat nt, Bikarbonat nt (veraltet); **~ de soude** Natron nt
bicentenaire [bisãtnɛʁ] m zweihundertster Jahrestag; (festivités) Zweihundertjahrfeier f
bicéphale [bisefal] adj zweiköpfig, doppelköpfig; **aigle ~** Doppeladler m
biceps [bisɛps] m Bizeps m
  ▶ avoir des **~** Muskeln haben, stark sein
biche [biʃ] f Hirschkuh f; **aux yeux de ~** rehäugig
  ▶ ma **~** mein Schatz
bicher [biʃe] <1> vi fam (se réjouir) happy sein (fam)
bichette [biʃɛt] f ma **~** mein Schätzchen
bichon(ne) [biʃɔ̃, ɔn] m(f) (chien) Malteser(in) m(f)
bichonner [biʃɔne] <1> I. vt herausputzen, fein machen; (prendre bien soin de) [ver]hätscheln; **~ sa voiture** sein Auto auf Hochglanz bringen
  II. vpr **se ~** sich fein machen
bichromate [bikʁɔmat] I. adj zweifarbig, bichrom (Fachspr.)
  II. m Bichromat nt
bicolore [bikɔlɔʁ] adj zweifarbig
biconcave [bikɔ̃kav] adj bikonkav
biconvexe [bikɔ̃vɛks] adj bikonvex
bicoque [bikɔk] f péj fam (maison) Bruchbude f (fam)
bicorne [bikɔʁn] m Zweispitz m
bicot [biko] m péj vieilli Schimpfwort für nordafrikanische Männer
bicross [bikʁɔs] m ❶ BMX[-Rad] nt; (V.T.T.) Mountainbike nt
  ❷ (sport) Mountainbiking nt
bicyclette [bisiklɛt] f [Fahr]rad nt, Bike nt; **~ d'homme/femme** Herren-/Damen[fahr]rad; **~ de course** Renn[sport]rad; **~ de cyclotourisme** Tourenrad; **faire de la ~** Rad fahren, biken; **aller à l'école à ~** mit dem Fahrrad zur Schule fahren, zur Schule radeln; **~ ergométrique** MED Fahrradergometer nt
bidasse [bidas] m fam [einfacher] Soldat
bide [bid] m fam ❶ (ventre) Wampe f (fam)
  ❷ (échec) Flop m (fam); **faire un ~ complet** ein totaler Flop sein (fam)
bidet [bidɛ] m ❶ Bidet nt
  ❷ fam (cheval) Pferdchen nt
bidoche [bidɔʃ] f fam Fleisch nt
bidon [bidɔ̃] I. adj inv fam attentat, attaque Schein-; élections manipuliert; **manifestation ~** Alibiveranstaltung f
  II. m ❶ Kanister m; **de lait** Kanne f; (gourde) [Trink]flasche f; MIL Feldflasche; **~ à eau** Trinkwasserkanister; **vendre qc en ~** etw kannenweise verkaufen
  ❷ fam (ventre) Bäuchlein nt, Wampe f (fam)
  ▶ c'est du **~** fam [das ist] alles nur Schwindel (fam)
  ◆ **~ d'eau** Wasserkanister m; **~ de lait** Milchkanne f; **~ d'huile** Ölkanister m
bidonnage [bidɔnaʒ] m fam Fälschung f
bidonnant(e) [bidɔnɑ̃, ɑ̃t] adj fam spaßig, drollig
bidonner [bidɔne] <1> vpr fam **se ~** sich schieflachen (fam)
bidonville [bidɔ̃vil] m Slum[siedlung f] m, Elendsviertel nt
bidouiller [biduje] <1> vt fam **~ qc** an etw (Dat) herumbasteln
bidouilleur, -euse [bidujœʁ, -øz] m, f fam Bastler(in) m(f)
bidule [bidyl] m fam ❶ Dings[bums] nt (fam), Ding[sda] nt (fam)
  ❷ (matraque) [Gummi]knüppel m

bief [bjɛf] m ❶ (portion d'un cours d'eau) Abschnitt m; (entre deux écluses) Staustufe f
  ❷ (canal) d'un moulin Mühlbach m
bielle [bjɛl] f d'une voiture Pleuel m, Pleuelstange f; d'une locomotive Pleuelgestänge nt; **tête/pied de ~** Pleuelkopf m/-fuß m
biélorusse [bjeloʁys] adj weißrussisch
Biélorussie [bjeloʁysi] f **la ~** Weißrussland nt
bien [bjɛ̃] I. adv ❶ (beaucoup) **~ des gens/problèmes/années** viele Leute/Probleme/Jahre; **~ du souci/de la chance** viele Sorgen/viel Glück; **il a ~ du mal à faire qc** ihm fällt es sehr schwer, etw zu tun
  ❷ (très) sehr; **~ souvent** sehr oft; (trop) jeune, fatigué [noch] recht
  ❸ (au moins) gut, mindestens
  ❹ (plus) **c'est ~ mieux/trop large** das ist viel besser/zu groß; **~ assez** mehr als genug
  ❺ (de manière satisfaisante) gut; **tu as ~ fait** das war richtig [o gut] so; **j'ai cru ~ faire** ich habe es gut gemeint; **tu ferais ~ de me le dire** du sagst es mir besser wohl besser
  ❻ (comme il se doit) agir, se conduire, se tenir richtig; **s'asseoir** richtig, anständig
  ❼ (vraiment) sehr; vouloir gerne; rire viel; boire eine Menge, ganz schön (fam); imaginer, voir gut; avoir l'intention sehr wohl; compter sur ganz bestimmt, sicher; **aimer ~ qn/qc** jdn/etw gernhaben; **je veux ~, merci!** gern, danke!; **j'y compte ~** ich nehme es an
  ❽ (à la rigueur) schon; **moi, je veux ~, mais ...** meinetwegen [schon], aber ...; **il a ~ voulu nous recevoir** er war so nett [o freundlich], uns zu empfangen; **je vous prie de ~ vouloir faire qc** ich bitte Sie, etw zu tun; **j'espère ~!** das will ich hoffen!
  ❾ (pourtant) doch; **il pouvait ~ penser que ...** er konnte sich doch [gleich] denken, dass ...
  ❿ (en effet) ja; **il faut ~ s'occuper** irgendetwas muss man ja tun; **je viendrais ~ à ta boum mais ...** ich würde ja gern zu deiner Fete kommen, aber ...
  ⓫ (aussi) [doch] auch; **tu l'as ~ fait, toi!** du hast es doch auch gemacht!
  ⓬ (effectivement) wirklich; **es-tu ~ certain(e) que ...?** bist du wirklich sicher, dass ...?
  ⓭ (sans le moindre doute) [sehr] wohl; **elle était ~ dans son bureau** sie war sehr wohl in ihrem Arbeitszimmer
  ⓮ (typiquement) **c'est ~ toi** das ist typisch für dich, das sieht dir ähnlich
  ⓯ (probablement) wohl, [wohl] schon; (sûrement) bestimmt; **il te prêtera ~ son vélo** er wird dir wohl schon/bestimmt sein Fahrrad leihen
  ▶ **qn a ~ eu qn** fam jd hat jdn ganz schön reingelegt (fam); **entendre ~ faire qc** die feste Absicht haben, etw zu tun; **j'entends ~ ne pas le faire** ich habe nicht die geringste Absicht, das zu tun; **~ faire et laisser dire** sich nicht beirren lassen; **pour ~ faire, il faudrait faire qc** das Beste wäre, etw zu tun; **ça fait ~** das macht sich gut; **iron** das macht sich gut, das passt; **c'est ~ fait pour lui/elle!** das geschieht ihm/ihr [ganz] recht!; **il faut ~!** was sein muss, muss sein!; **ça tombe ~!** das trifft sich gut!; **tomber ~** gerade recht kommen; **qn va ~** jdm geht es gut; **comment allez-vous? – Bien merci** wie geht es Ihnen? – Gut, danke [o Danke, gut]; **eh ~!** na!; (menace) na warte! (fam); (surprise) [na fam] so was!; (accord) na gut!; (incitation) na [los]!; **eh ~, qu'est-ce que tu attends?** na [los], worauf wartest du denn?; **ou ~** oder [lieber]; **~ plus** schlimmer noch; **~ que tu sois trop jeune** obwohl du zu jung bist; **tant et si ~ que je suis arrivé(e) en retard** sodass [o so dass] ich letztlich zu spät eingetroffen bin; **tant ~ que mal** mehr schlecht als recht
  II. adj inv **être ~** gut sein
  ❷ (en forme) **qn est ~** jdm geht es gut; **se sentir ~** sich wohl fühlen
  ❸ (à l'aise) **être ~** es bequem haben; **être ~ avec qn** sich gut mit jdm verstehen
  ❹ (joli) schön; femme schön, hübsch; homme schön, gut aussehend; **il est ~ pour son âge** er sieht [noch] gut aus für sein Alter
  ❺ (sympathique) nett, in Ordnung
  ❻ (comme il faut) anständig; **ils ont l'air ~** sie scheinen anständige Leute zu sein
  ❼ (présentable) vornehm, fein
  III. m ❶ (avantage, intérêt) **~ général** [All]gemeinwohl nt
  ❷ (capital matériel) Gut nt, Habe f, pl Hab nt und Gut; **avoir du ~** Vermögen haben, vermögend sein
  ❸ (qualité morale) **le ~ et le mal** das Gute und das Böse; **un homme de ~** ein guter [o edler] Mensch
  ❹ gén pl JUR Sache f, Gut nt; pl Vermögensgegenstände Pl; **~s de l'Église** Kirchenvermögen nt; **~ amorti** Abschreibungsobjekt nt; **~ assuré** Versicherungssache f; **~s collectifs** Kollektivgüter; **~s communs** Gesamtgut; **~s corporels** Sachvermögen nt, Realvermögen; **~ économique** Wirtschaftsgut f; **~ foncier** Grundbesitz m; **sans ~ foncier** grundbesitzlos; **~s immatériels** immaterielle Vermögenswerte; **~ immobilier** unbewegliche Sache; **~ immobilier**

productif Renditeobjekt *nt;* **~s immobiliers** [*o* **immeubles**] unbewegliches Vermögen, Immobilien *Pl,* unbewegliche Habe, unbewegliche Sachen; **~s incorporels** Immaterialgüter, immaterielle Vermögensgegenstände; **~ juridique** Rechtsgut; **~s matériels** materielle Vermögenswerte; **~s mixtes** gemischtes Eigentum; **~ meuble** bewegliche Sache; **~s meubles** [*o* **mobiliers**] bewegliche Güter [*o* Sachen], bewegliches Eigentum, Mobilien *Pl;* **~s patrimoniaux** Vermögenswerte *Pl;* **~s personnels** persönliche Habe; **~s propres** ECON Sondervermögen *nt;* **~s successibles** vererbliche Gegenstände; **~ donné en gage** Pfandsache; **~ servant à la satisfaction des besoins quotidiens** Bedarfsgegenstände *Pl;* **~ de remplacement** Ersatzerzeugnis *nt;* **~s de la succession** Erbschaftssachen

⑤ *gén pl (produit, marchandise)* Gut *nt;* **~s facilement périssables** leicht verderbliche Güter; **~s non durables** kurzlebige Güter

▶ **dire grand ~ de qn/qc** jdn/etw in den höchsten Tönen loben; **~ mal acquis ne profite jamais** *prov* unrecht Gut gedeiht nicht; **dire du ~ de qn/qc** jdm/einer S. Gutes nachsagen; **on m'a dit beaucoup de ~ de toi** ich habe viel Gutes über dich gehört; **c'est pour le ~ de qn** es ist [nur] zu jds Besten; **faire du ~ à qn** jdm gut tun; **mener à ~** zu einem guten Ende bringen; **parler en ~ de qn/qc** nur Gutes über jdn/etw erzählen; **penser du ~ de qn/qc** viel von jdm/etw halten, eine gute Meinung von jdm/einer S. haben; **vouloir du ~ à qn** es gut mit jdm meinen; **je ne veux que ton ~** ich will [doch] nur dein Bestes

◆ **~s d'approvisionnement** *(eau, gaz, électricité)* Versorgungsgüter *Pl;* **~s de consommation** Konsumgüter *Pl,* Verbrauchsgüter, Gebrauchsgüter; **~s de consommation durables/non durables** langlebige/kurzlebige Konsumgüter [*o* Verbrauchsgüter]; **~s d'équipement** Ausrüstungsgüter *Pl,* FIN Kapitalgüter; **~s de famille** Familienbesitz *m;* **~s d'investissement** Investitionsgüter *Pl;* **~s de production** Produktionsgüter *Pl;* **~s de la succession** JUR Nachlasssachen *Pl*

bien-aimé(e) [bjɛ̃neme] <bien-aimés> I. *adj* geliebt II. *m(f)* Geliebte(r) *f(m),* [Herzaller]liebste(r) *f(m);* **Louis XV, dit le Bien-aimé** Ludwig XV., genannt der Vielgeliebte **bien-être** [bjɛ̃nɛtʀ] *m sans pl* ① Wohlbefinden *nt;* **une sensation de ~** ein wohliges Gefühl ② *(confort)* Wohlstand *m*
bienfaisance [bjɛ̃fəzɑ̃s] *f* Wohltätigkeit *f;* **association de ~** Wohlfahrtsverband *m,* karitative Einrichtung; **au profit d'une œuvre de ~** für wohltätige [*o* karitative] Zwecke
bienfaisant(e) [bjɛ̃fəzɑ̃, ɑ̃t] *adj personne* wohltätig; *climat, pluie* wohltuend; **être ~ à qn** für jdn wohltuend [*o* eine Wohltat] sein
bienfait [bjɛ̃fɛ] *m* ① Wohltat *f; du ciel, des dieux* Wohltat, Geschenk *nt*

② *pl (effet) de la science, civilisation* Errungenschaften *Pl; d'un traitement, de la paix* wohltuende Wirkung, Wohltat *f*
bienfaiteur, -trice [bjɛ̃fɛtœʀ, -tʀis] *m, f* ① Wohltäter(in) *m(f)*
② *(mécène)* Gönner(in) *m(f)*
bien-fondé [bjɛ̃fɔ̃de] <bien-fondés> *m* Richtigkeit *f;* JUR *d'un droit* Begründetheit *f; d'une réclamation, revendication* Berechtigung *f; d'un argument* Stichhaltigkeit *f* **bien-fonds** [bjɛ̃fɔ̃] <biens-fonds> *m* JUR Grundbesitz *m;* **les biens-fonds** Liegenschaften *Pl*
bienheureux, -euse [bjɛ̃nœʀø, -øz] I. *adj littér* glücklich; *nouvelle* glücklich, sehr gut; REL *personne* selig
II. *m, f* Selige(r) *f(m)*
biennal(e) [bjɛnal, o] <-aux> *adj* zweijährlich; *(qui dure deux ans)* zweijährig; **être ~(e)** *événement:* alle zwei Jahre stattfinden; *publication:* alle zwei Jahre erscheinen
biennale [bjɛnal] *f* Biennale *f*
bien-pensant(e) [bjɛ̃pɑ̃sɑ̃, ɑ̃t] <bien-pensants> I. *adj* konformistisch
II. *m(f)* Konformist(in) *m(f)*
bienséance [bjɛ̃seɑ̃s] *f* Anstand *m;* **les règles de la ~** die Regeln des Anstands; THEAT die Regeln der Bienseance
bienséant(e) [bjɛ̃seɑ̃, ɑ̃t] *adj vieilli* [ge]ziemend *(veraltet)*
bientôt [bjɛ̃to] *adv* ① bald, demnächst; **c'est pour ~** es ist bald so weit; **à ~!** bis bald!
② *(rapidement)* bald, in Kürze
bienveillance [bjɛ̃vɛjɑ̃s] *f* Wohlwollen *nt;* **avec ~** wohlwollend
bienveillant(e) [bjɛ̃vɛjɑ̃, jɑ̃t] *adj* wohlwollend; *comportement* wohlwollend, entgegenkommend; **se montrer ~(e) envers qn** jdm mit Wohlwollen begegnen; **~(e) quant aux P.M.E.** *politique, décision, partie* mittelstandsfreundlich
bienvenu [bjɛ̃vny] *m* **être le ~ pour qn/qc** jdm/einer S. gelegen kommen [*o* willkommen sein]
▶ **sois/soyez le ~** [sei/seien Sie] [herzlich] willkommen
bienvenu(e) [bjɛ̃v(ə)ny] *adj* willkommen; **être ~(e)** willkommen sein; *(arriver à point nommé)* gelegen kommen
bienvenue [bjɛ̃v(ə)ny] I. *f* ① **être la ~ pour qn/qc** jdm/einer S. gelegen kommen [*o* willkommen sein]

② *(salutation d'accueil)* **souhaiter la ~ à qn** jdn [herzlich] willkommen heißen
▶ **sois/soyez la ~** [sei/seien Sie] [herzlich] willkommen
II. *interj* CAN *fam* **~ !** *(je vous en prie)* gern geschehen!, keine Ursache!
bière¹ [bjɛʀ] *f* Bier *nt;* **~ blonde/brune** helles/dunkles Bier
◆ **~ [à la] pression** Bier vom Fass *nt,* Fassbier *nt*
bière² [bjɛʀ] *f* Sarg *m;* **mettre qn en ~** jdn in den Sarg legen
biffer [bife] <1> *vt* [aus]streichen, durchstreichen
bifidus [bifidys] *m* Bifidusbakterium *nt (zur Milchfermentierung benützt)*
bifocal(e) [bifɔkal, o] <-aux> *adj* Bifokal-; **lunettes ~es** Bifokalbrille *f*
bifteck [biftɛk] *m* [Beef]steak *nt;* **~ de veau** Kalbssteak
▶ **gagner son ~** *fam* sich seine Brötchen verdienen *(fam)*
bifurcation [bifyʀkasjɔ̃] *f* ① Gabelung *f,* Abzweigung *f; d'une voie ferrée* Abzweigstelle *f*

② BOT, ANAT Gabelung *f; d'une tige* Gabelung, Verzweigung *f; d'une artère* Gabelung, Bifurkation *f (Fachspr.)*
bifurquer [bifyʀke] <1> *vi* ① sich gabeln, sich teilen
② *(changer de direction)* abbiegen; **~ vers la droite/la gauche** nach rechts/links abbiegen
③ *(changer d'occupation)* **~ vers qc** auf etw *(Akk)* umsatteln
bigame [bigam] I. *adj* bigamistisch
II. *m* Bigamist(in) *m(f)*
bigamie [bigami] *f* Bigamie *f*
bigarade [bigaʀad] *f* Pomeranze *f,* Bitter-Orange *f*
bigarré(e) [bigaʀe] *adj tissu* bunt[gemustert]; *foule, langue, société* bunt gemischt
bigarreau [bigaʀo] <x> *m* BOT Knorpelkirsche *f*
bigarrure [bigaʀyʀ] *f d'un tissu* Musterung *f*
big-bang [bigbɑ̃g] *m* Urknall *m*
bigler [bigle] <1> *vi fam (loucher)* schielen
bigleux, -euse [biglø, -øz] *adj fam* **être ~(-euse)** *(loucher)* schielen; *(voir mal)* schlecht sehen
bigophone [bigɔfɔn] *m fam* Telefon *m;* **passer un coup de ~ à qn** jdn anklingeln *(fam)*
bigorneau [bigɔʀno] <x> *m* ZOOL Strandschnecke *f*
bigot(e) [bigo, ɔt] I. *adj* bigott
II. *m(f)* Frömmler(in) *m(f)*
bigoterie [bigɔtʀi] *f* Bigotterie *f*
bigoudi [bigudi] *m* Lockenwickler *m;* **être en ~s** Lockenwickler im Haar haben
bigre [bigʀ] I. *m fam* Kerl *m;* **ce ~ de fainéant!** so ein Faulpelz! *(fam)*
II. *interj* **~ !** Donnerwetter!
bigrement [bigʀəmɑ̃] *adv fam* verdammt *(fam)*
bihebdomadaire [biɛbdɔmadɛʀ] *adj* **être ~** *journal, revue:* zweimal wöchentlich erscheinen; *émission:* zweimal wöchentlich gesendet werden; *cours, réunion:* zweimal wöchentlich stattfinden
bijou [biʒu] <x> *m* ① Schmuckstück *nt;* **~x en argent** Silberschmuck *m;* **~x de famille** Familienschmuck *m;* **~x fantaisie** Modeschmuck; **~ intime** Intimschmuck

② *(chef-d'œuvre)* Juwel *nt,* Kleinod *nt*
bijouterie [biʒutʀi] *f* ① Juweliergeschäft *nt*
② *(art)* Goldschmiedekunst *f*
③ *(commerce)* Schmuckgeschäft *nt*
④ *(objets)* Schmuck[waren *Pl*] *m*
bijoutier, -ière [biʒutje, -jɛʀ] *m, f* Juwelier(in) *m(f)*
bikini® [bikini] *m* Bikini *m*
bilame [bilam] *m* TECH Bimetall *nt,* Bimetallstreifen *m*
bilan [bilɑ̃] *m* ① [Geschäfts]bilanz *f;* **dresser** [*o* **établir**] **le ~** die Bilanz erstellen; **déposer le ~** Konkurs anmelden; **~ brut** Rohbilanz, Summenbilanz; **~ comptable** Jahresbilanz; **~ consolidé** Gesamtbilanz, konsolidierte Bilanz; **~ consolidé d'un grand groupe** Konzernbilanz, Konzernabschluss *m;* **~ déficitaire** Verlustabschluss; **~ environnemental** Ökobilanz; **~ falsifié** verschleierte Bilanz; **~ final/fiscal/général** End-/Steuer-/Hauptbilanz; **~ fiscal de l'impôt sur les bénéfices** Ertragssteuerbilanz; **~ individuel/interbranches** Einzel-/Verflechtungsbilanz; **~ potentiel** Als-ob-Bilanz *(Fachspr.);* **~ provisoire** Probebilanz, Vorbilanz; **~ réel** [*o* **effectif**] Ist-Bilanz; **~ social** [*o* **de la société**] Gesellschaftsbilanz; **~ spécifique** Sonderbilanz; **~ d'exercice général** Gesamtbilanz; **~ des postes courants** Bilanz der laufenden Posten; **prévoyance en matière de ~** bilanzielle Vorsorge

② *(résultat)* Bilanz *f;* **faire le ~ d'une situation** die Bilanz aus einer Situation ziehen
③ MED *(examen)* Untersuchung *f; (résultat)* Befund *m;* **~ radiologique** Röntgenuntersuchung/-befund; **~ sanguin** Blutuntersuchung/-befund

◆ **~ des apports** JUR Einbringungsbilanz *m;* **~ des associés** Gesellschafterbilanz *f;* **~ de clôture** Abschlussbilanz *f,* Schlussbilanz *f;* **~ des entrées** Eingangsbilanz *f;* **~ de l'exercice** Jahresbilanz *f;*

~ **de la faillite** Konkursbilanz f; ~ **de fusion** Fusionsbilanz f; ~ **de liquidation** Liquiditätsbilanz f; ~ **d'ouverture** Eröffnungsbilanz f, Gründungsbilanz; ~ **de redressement** Sanierungsbilanz f; ~ **de référence** Vergleichsbilanz f; ~ **de santé** Check-up m, [allgemeine] Vorsorgeuntersuchung; ~ **de transformation** d'une société Umwandlungsbilanz f
bilatéral(e) [bilateʀal, o] <-aux> adj ❶ (des deux côtés) beidseitig; stationnement auf beiden Seiten
❷ MED doppelseitig
❸ JUR, POL, ECON accord zweiseitig, bilateral; **compensations ~es** zweiseitige Verrechnungen
bilboquet [bilbɔkɛ] m Fangbecherspiel nt
bile [bil] f ❶ ANAT Galle f, Gallenflüssigkeit f
❷ (amertume) Verbitterung f
▸ **se faire de la ~ pour qc** sich (Dat) Sorgen wegen etw machen
biler [bile] <1> vpr fam **se ~** sich beunruhigen, sich Sorgen machen; **ne pas se ~** sich nicht aufregen
bileux, -euse [bilø, -øz] adj fam besorgt
bilharziose [bilaʀzjoz] f MED Bilharziose f
biliaire [biljɛʀ] adj Gallen-, biliär (Fachspr.); **calculs ~s** Gallensteine Pl; **troubles ~s** Gallenleiden nt; **sels ~s** Gallensäure f
bilingue [bilɛ̃g] **I.** adj zweisprachig
II. mf Zweisprachige(r) f(m)
bilinguisme [bilɛ̃gɥism] m Zweisprachigkeit f
billard [bijaʀ] m ❶ Billard[spiel nt] nt; ~ **électrique** Flipper[automat m] m; **faire un ~** [eine Partie] Billard spielen
❷ (lieu) Billardzimmer nt; (table) Billardtisch m
▸ **passer sur le ~** fam unters Messer kommen (fam)
bille¹ [bij] f ❶ Murmel f; **jouer aux ~s** [mit] Murmeln spielen
❷ (au billard) [Billard]kugel f
❸ TECH crayon [o **stylo**] **à ~** Kugelschreiber m; **roulement à ~s** Kugellager nt; **déodorant à ~** Deoroller m
❹ pl fam (yeux) Glotzer Pl (fam); **rouler des ~s** große Augen machen (fam)
❺ fam (figure) Visage f (sl)
◆ ~ **de billard** fam (crâne) Glatzkopf m (fam)
bille² [bij] f [Holz]klotz m
billet [bijɛ] m ❶ Eintrittskarte f, Billett nt (CH); ~ **de cinéma** Kinokarte, Kinobillet (CH); ~ **de théâtre** Theaterkarte, Theaterbillett (CH)
❷ (titre de transport) Fahrschein m, Fahrkarte f; (pour l'avion) Flugschein; ~ **aller** einfache Fahrkarte, Einzelfahrkarte f; ~ **aller-retour** Rückfahrkarte
❸ (numéro) Los nt; ~ **de loterie** [Lotterie]los, Lotterieschein m
❹ (argent) [Geld]schein m, [Bank]note f; **faux ~** falsche Banknote, Blüte f (fam); ~ **vert** [amerikanischer] Dollar; **en ~s de cent euros** in Hundert-Euro-Scheinen
❺ (message) Zettel m, Briefchen nt; **un ~ d'absence/d'excuse** eine Entschuldigung
▸ **doux** Liebesbrief m
◆ ~ **d'autobus** [Bus]fahrkarte f, [Bus]fahrschein m; ~ **d'avion** [Flug]ticket nt, Flugschein m; ~ **de banque** Banknote f; ~ **de chemin de fer** [Bahn]fahrkarte f; ~ **d'entrée** Eintrittskarte f; ~**s** [en] **euro** Euro-Banknoten Pl, Euro-Scheine Pl; **à ordre** FIN Eigenwechsel m, eigener Wechsel, Solawechsel (Fachspr.); ~ **au porteur** FIN an den Inhaber zahlbarer Wechsel
billetterie [bijɛtʀi] f ❶ Kasse f
❷ (distributeur de billets) Geldautomat m, Bankomat m; ~ **automatique** Fahrkartenautomat m
billion [biljɔ̃] m ❶ (million de millions) Billion f
❷ vieilli (mille millions) Milliarde f
billot [bijo] m ❶ (tronçon de bois) Holzblock m; (pour couper du bois) Hackblock m; (pour une décapitation) Richtblock m
❷ TECH Unterlage f
bimbo [bimbo] f fam Modepüppchen nt (fam), Modetussi f (sl)
bimensuel(le) [bimɑ̃sɥɛl] adj être ~(le) journal, revue: zweimal im Monat erscheinen; émission: zweimal im Monat ausgestrahlt werden [o gesendet]; cours, réunion: zweimal im Monat stattfinden
bimestriel(le) [bimɛstʀijɛl] adj être ~(le) journal, revue: alle zwei Monate erscheinen; émission: alle zwei Monate ausgestrahlt werden; cours, réunion: alle zwei Monate stattfinden
bimétallisme [bimetalism] m HIST Bimetallismus m
bimillénaire [bimi(l)lenɛʀ] **I.** adj zweitausendjährig
II. m zweitausendster Jahrestag m
bimoteur [bimɔtœʀ] **I.** adj inv avion, bateau zweimotorig
II. m (avion) zweimotoriges Flugzeug
binage [binaʒ] m AGR [Um]hacken nt
binaire [binɛʀ] **I.** adj ❶ MATH, INFORM binär; **nombre ~** Binärzahl f; **numération ~** Binärsystem nt, Dualsystem; **données ~s** Binärdaten Pl
❷ CHEM.DFER zweiwertig
II. m INFORM Binärdatei f
biner [bine] <1> vt [durch]hacken; harken allée, chemin

binette [binɛt] f ❶ Hacke f
❷ fam (visage) Gesicht nt; **se casser la ~** [o **la gueule**] **dans l'escalier** fam die Treppe herunterfliegen (fam); **t'en fais une sacrée ~** du machst ja vielleicht ein komisches Gesicht
bineuse [binøz] f AGR Hackmaschine f
bing [biŋ] interj peng
bingo [biŋgo] **I.** interj fam bingo (fam)
II. m (jeu) Bingo nt
biniou [binju] m [bretonischer] Dudelsack
binocle [binɔkl] m ❶ vieilli (télescope double) Binokel nt (veraltet)
❷ (lunettes sans branches) Kneifer m, Zwicker m (veraltet); **mes ~s** fam meine Brille
binoculaire [binɔkylɛʀ] adj binokular; **vision ~** binokulares Sehen
binôme [binom] m MATH Binom nt
bin's, binz [bins] m fam (désordre) Chaos nt; (affaire compliquée) Zirkus m (fam); **c'est tout un ~ pour aller chez elle** das ist vielleicht ein Zirkus, bis man zu ihr kommt (fam)
bio [bjo] adj abr de **biologique: pain ~** Biobrot m
biocarburant [bjokaʀbyʀɑ̃] m Biokraftstoff m, Biotreibstoff m
biocatalyseur [bjokatalizœʀ] m MED Biokatalysator m
biochimie [bjoʃimi] f Biochemie f
biochimiste [bjoʃimist] mf Biochemiker(in) m(f)
biocompatibilité [bjokɔ̃patibilite] f biologische Verträglichkeit f
biocompatible [bjokɔ̃patibl] adj biologisch verträglich
biodégradable [bjodegradabl] adj détergents biologisch abbaubar; sachet, matière plastique kompostierbar; **déchets ~s** Biomüll m
biodégrader [bjodegrade] <1> vpr **se ~** sich biologisch abbauen
biodiversité [bjodivɛʀsite] f BIO Artenvielfalt f
bioénergétique [bjoenɛʀʒetik] f PHYS Bioenergetik f
bioénergie [bjoenɛʀʒi] f PSYCH Bioenergetik f
bioéthanol [bjoetanɔl] m Bio-Ethanol m
bioéthique [bjoetik] f Bioethik f
biogaz [bjogaz] m Biogas nt; **utilisation du ~** Biogasverwertung f; **réservoir de ~** Biogasspeicher m
biographie [bjɔgʀafi] f Biografie f
biographique [bjɔgʀafik] adj biografisch
bio-industrie [bjoɛ̃dystʀi] f Bioindustrie f
biologie [bjɔlɔʒi] f Biologie f
biologique [bjɔlɔʒik] adj ❶ (relatif à la biologie) biologisch; **sciences ~s** Biologie f
❷ (naturel, écologique) agriculture biologisch, Bio-; **aliments ~s** Biokost f; **ferme ~** Biobauernhof m; **paysan(ne) ~** Biobauer/-bäuerin m/f
❸ (utilisant des organismes vivants) biologisch; **arme ~** biologische Waffe, Biowaffe f; **terrorisme ~** Bioterrorismus m
biologiser [bjɔlɔʒize] <1> vt fam streng biologisch deuten/erklären
biologiste [bjɔlɔʒist] mf Biologe m/Biologin f; ~ **moléculaire** Molekularbiologe/-biologin
biomasse [bjomas] f Biomasse f
biométrie [bjɔmetʀi] f BIO, MED Biometrie f
bionique [bjɔnik] f Bionik f
biophysique [bjofizik] f Biophysik f
biopsie [bjɔpsi] f Gewebeentnahme f, Biopsie f
biorisque [bjoʀisk] m Biogefährdung f
biorythme [bjoʀitm] m Biorhythmus m
biosphère [bjosfɛʀ] f Biosphäre f
biosynthèse [bjosɛ̃tɛz] f Biosynthese f
biotechnique [bjotɛknik] f Biotechnik f
biotechnologie [bjotɛknɔlɔʒi] f Biotechnologie f
bioterrorisme [bjoteʀɔʀism] m Bioterrorismus m
biotique [bjɔtik] adj BIO, MED biotisch (Fachspr.)
biotope [bjɔtɔp] m Biotop nt
bioxyde [bijɔksid] m Dioxid nt, Dioxyd nt
bip [bip] m ❶ (signal) Tonzeichen nt; ~ **sonore** d'un fax Pfeifton m; d'un répondeur, ordinateur Piepton; **émettre un ~** ordinateur: piepen
❷ fam (appareil) Piepser m (fam)
biparti(e) [bipaʀti] adj gouvernement, système Zweiparteien-; accord bilateral; comité aus Vertretern beider Seiten [zusammengesetzt]; portillon zweiteilig
bipartisme [bipaʀtism] m POL Zweiparteiensystem nt
bipartite v. **biparti**
bipartition [bipaʀtisjɔ̃] f Zweiteilung f
bipède [bipɛd] **I.** adj zweifüßig
II. m Zweifüßer m; hum (homme) Zweibeiner m
biper [bipe] <1> vt fam anpiepsen (fam)
biphasé(e) [bifaze] adj zweiphasig
biplace [biplas] **I.** adj zweisitzig
II. m Zweisitzer m
biplan [biplɑ̃] m Doppeldecker m
bipolaire [bipɔlɛʀ] adj PHYS a. fig bipolar

bique [bik] *f fam* Ziege *f*
▸ **vieille** ~ *péj* alte [Zimt]ziege [*o* [Zimt]zicke] *(fam)*
biquet(te) [bikɛ, ɛt] *m(f) fam* ▸ **mon** ~/**ma** ~ **te** mein Schätzchen
birbe [biʀb] *m fam* **vieux** ~ alter Knacker *(pej fam)*
biréacteur [biʀeaktœʀ] *m* zweistrahliges Flugzeug
biréfringence [biʀefʀɛ̃ʒɑ̃s] *f* PHYS Doppelbrechung *f*
birman(e) [biʀmɑ̃, an] *adj* birmanisch
Birman(e) [biʀmɑ̃, an] *m(f)* Birmane *m*/Birmanin *f*
Birmanie [biʀmani] *f* HIST **la** ~ Birma
bis [bis] **I.** *adv* MUS da capo; **c'est marqué** ~ hier steht ein Wiederholungszeichen
▸ ~! Zugabe!
II. *m* Dakapo *nt*
III. *app* n° **12** ~ Nr. 12a
bis(e) [bi, biz] *adj* graubraun; **pain** ~ Mischbrot *nt*, Graubrot *nt*
bisaïeul(e) [bizajœl] *m(f)* Urgroßvater *m*/-mutter *f*; **les** ~ **s** die Urgroßeltern
bisannuel(le) [bizanɥɛl] *adj plante* zweijährig; *(biennal)* zweijährlich
bisbille [bizbij] *f fam* Zwist *m*, Kabbelei *f (fam)*
biscornu(e) [biskɔʀny] *adj forme* bizarr, absonderlich; *idée, esprit* verschroben, verrückt
biscoteau [biskɔto] <x> *m*, **biscoto** [biskɔto] *m fam* Bizeps *m*
biscotte [biskɔt] *f* Zwieback *m*
biscuit [biskɥi] *m* ❶ Keks *m*; ~ **à la cuiller** Löffelbiskuit *m*, Biskotte *f* (A); ~ **fourré à la vanille** mit Vanillecreme gefüllter Keks; ~ **s salés** Salzgebäck *nt*
❷ *(pâtisserie)* Biskuit *m*; ~ **roulé** Biskuitrolle *f*; ~ **roulé au citron** Zitronenrolle *f*
❸ *(céramique)* Biskuitporzellan *nt*
▸ ~ **de chien** Hundekuchen *m*
biscuiterie [biskɥitʀi] *f (fabrication)* Keksherstellung *f*; *(entreprise)* Keksfabrik *f*
bise[1] [biz] *f (vent du Nord)* kalter Nordwind
bise[2] [biz] *f fam* Küsschen *nt*, Bussi *nt (fam)*; ~ **pour dire bonjour** Begrüßungskuss *m*; **faire la** ~ **à qn** jdm ein Küsschen geben; **se faire la** ~ sich *(Dat)* Küsschen geben; **grosses** ~ **s!** viele Grüße und Küsse!

Land und Leute

Das Küsschen auf die Wange gehört in Frankreich zur Begrüßung und Verabschiedung dazu – vorausgesetzt, man ist bekannt miteinander, kennt sich vom Sehen oder über Dritte. Unter Verwandten ist es selbstverständlich. Auch Männer begrüßen sich mitunter mit einer **bise**, verbunden mit einer Umarmung; in der Regel geben sie sich aber die Hand.

biseau [bizo] <x> *m* [abgeschrägte] Kante; **être taillé(e) en** ~ abgeschrägt sein; *miroir, glace:* facettiert sein
biseauter [bizote] <1> *vt* ❶ TECH abschrägen; facettieren *miroir, diamant*
❷ CARTES zinken
bisexualité [bisɛksɥalite] *f* ❶ BOT, ZOOL Zweigeschlechtigkeit *f*
❷ PSYCH *d'une personne* Bisexualität *f*
bisexuel(le) [bisɛksɥɛl] *adj* bisexuell
bismuth [bismyt] *m* Wismut *nt*
bison [bizɔ̃] *m* Bison *m*; *(d'Europe)* Wisent *m*
▸ **Bison futé** Informationen zum Vermeiden/Umfahren von Staus
bisou [bizu] *m fam* Bussi *nt (fam)*, Küsschen *nt*
bisque [bisk] *f* ~ **de homard/d'écrevisses** feine Hummer-/Krebssuppe
bisquer [biske] <1> *vi* sich ärgern, fuchsig werden *(fam)*; **faire** ~ **qn** jdn auf die Palme bringen *(fam)*
bissectrice [bisɛktʀis] *f* MATH Winkelhalbierende *f*
bisser [bise] <1> *vt* wiederholen *vers, chanson*; ~ **un acteur/musicien** eine Zugabe von einem Schauspieler/einem Musiker fordern
bissextile [bisɛkstil] *adj* **année** ~ Schaltjahr *nt*
bistable [bistabl] *adj* INFORM circuit bistabil
bistouri [bisturi] *m* ❶ MED Skalpell *nt*; ~ **laser** Laserskalpell *nt*; ~ **électrique** Operationselektrode *f*
❷ COSMET Milienmesser *nt (Fachspr.)*
bistre [bistʀ] *m (couleur)* Schwarzbraun *nt*; *(matière)* Bister *m*
bistro[t] [bistʀo] *m fam* Kneipe *f (fam)*, Bistro *nt*
▸ ~ **de banlieue** Vorstadtkneipe *f*
bistrotier, -ière [bistʀɔtje, -jɛʀ] *m, f* Bistrobetreiber(in) *m(f)*
bit [bit] *m (binary digit* INFORM Bit *nt*; ~ **-Breite** *f*; ~ **s par pouce** bpi *Pl*, bits *Pl* per inch; ~ **s par pixel** bpp *Pl*, bits *Pl* per pixel; ~ **s par seconde** bps *Pl*, bits *Pl* per second
▸ ~ **d'arrêt** Stoppbit *nt*; ~ **de contrôle** Kontrollbit *nt*, Prüfbit *nt*; ~ **de départ** Startbit *nt*; ~ **de parité** Paritätsbit *nt*
B.I.T. [beite] *m abr de* **bureau international du travail** IAO *f*
bite [bit] *f fam* Schwanz *m (sl)*

bitte [bit] *f* ❶ NAUT Poller *m*
❷ *fam (pénis)* v. **bite**
▸ ~ **d'amarrage** Poller *m (am Kai)*; ~ **d'enroulement** Poller *m (auf dem Schiff)*
bitter lemon [bitœʀlemɔn] *m* Bitterlemon *nt*
bitume [bitym] *m* ❶ Asphalt *m*
❷ *fam (trottoir)* Trottoir *m*
bitumer [bityme] <1> *vt* asphaltieren
bitumineux, -euse [bityminø, -øz] *adj* bituminös; **schiste** ~ Ölschiefer *m*
biture [bityʀ] *f fam* ▸ **prendre une** ~ sich besaufen *(vulg)*
biturer [bityʀe] <1> *vpr fam* **se** ~ sich besaufen *(vulg)*
bivalent(e) [bivalɑ̃, ɑ̃t] *adj* CHIM zweiwertig, bivalent *(Fachspr.)*
bivouac [bivwak] *m* Biwak *nt*
bivouaquer [bivwake] <1> *vi* biwakieren
biz, bizz [biz] *m fam abr de* **business**
bizarre [bizaʀ] **I.** *adj* seltsam, merkwürdig, eigenartig
II. *m* Bizarre(s) *nt*; **le** ~ **de la situation** das Seltsame [*o* Merkwürdige] [*o* Eigenartige] an der Situation
bizarrement [bizaʀmɑ̃] *adv* seltsam, merkwürdig, eigenartig
bizarrerie [bizaʀʀi] *f d'une personne* seltsame [*o* merkwürdige] Art; *d'une idée, initiative* Eigenartigkeit *f*; **la** ~ **de cet accoutrement** diese seltsame Aufmachung
bizarroïde [bizaʀɔid] *adj fam* komisch, höchst merkwürdig, seltsam
bizness *v.* **business**
bizutage [bizytaʒ] *m arg* Brauch an den Grandes Écoles, die Neulinge zu schikanieren
bizuter [bizyte] <1> *vt arg* schikanieren
bizut[h] [bizy(t)] *m arg* Student(in) *im ersten Studienjahr einer Grande École*
blablabla [blablabla] *m fam* Blabla *nt (fam)*, Gelaber *nt (fam)*
blablater [blablate] <1> *vi péj fam* labern *(pej fam)*
black [blak] *fam* **I.** *adj musique, mode* schwarz
II. *m, f* Schwarze(r) *f(m)*
blackbouler [blakbule] <1> *vt* ❶ POL **se faire** ~ eine Niederlage erleiden
❷ *fam* durchfallen lassen *candidat*
black-out [blakaut] *m inv* ❶ MIL Verdunkelung *f*
❷ *fig* Nachrichtensperre *f*, Informationssperre *f*; **faire le** ~ eine Nachrichtensperre [*o* Informationssperre] verhängen; **faire le** ~ **sur qc** nichts über etw *(Akk)* durchdringen lassen, etw totschweigen
blafard(e) [blafaʀ, aʀd] *adj teint, visage* bleich; *lumière, aube, lueur* fahl *(geh)*
blague [blag] *f fam* ❶ Witz *m*
❷ *(farce)* Streich *m*; **faire une bonne/sale** ~ **à qn** jdm einen gelungenen/üblen Streich spielen
❸ *(tabatière)* ~ **|à tabac|** Tabak[s]beutel *m*
▸ ~ **à part** Scherz [*o* Spaß] beiseite; **sans** ~ **!** im Ernst!; **ne me raconte pas de** ~ **s!** erzähl mir nichts! *(fam)*
blaguer [blage] <1> *vi* Witze machen
blagueur, -euse [blagœʀ, -øz] **I.** *adj sourire, air* spöttisch; **être** ~ **(-euse)** immer Witze [*o* Scherze] machen
II. *m, f* Witzbold *m (fam)*, Spaßvogel *m*
blair [blɛʀ] *m arg* Riechkolben *m (fam)*, Zinken *m (fam)*
blaireau [blɛʀo] <x> *m* ❶ Dachs *m*
❷ *(pour la barbe)* Rasierpinsel *m*
❸ *fam* dummer Spießer *m (pej fam)*
blairer [blɛʀe] <1> *vt fam* riechen *(fam)*; **je ne peux pas le** ~ **!** ich kann ihn nicht ausstehen!
blâmable [blɑmabl] *adj* tadelnswert
blâme [blɑm] *m* ❶ Tadel *m*, Rüge *f*; **s'attirer** [*o* **encourir**] **le** ~ **de qn** *(Dat)* jds Tadel [*o* Missbilligung] *(Akk)* zuziehen
❷ *(sanction)* Verweis *m*; **adresser** [*o* **infliger**] **un** ~ **à un élève/fonctionnaire** einem Schüler einen Verweis/einem Beamten eine Verwarnung erteilen
blâmer [blɑme] <1> *vt* ❶ tadeln, rügen *personne*; verurteilen *attitude, conduite*
❷ *(condamner moralement)* ~ **qn** jdm die Schuld geben; ~ **qn de faire qc** jdm vorwerfen, etw zu tun
❸ *(sanctionner)* ~ **un élève/fonctionnaire** einem Schüler einen Verweis/einem Beamten eine Verwarnung erteilen
blanc [blɑ̃] *m* ❶ *(personne, vin)* Weiße(r) *m*
❷ *(couleur)* Weiß *nt*; **se marier en** ~ in Weiß heiraten; ~ **cassé** gebrochenes Weiß; **d'un** ~ **éclatant** *draps* blütenweiß; **chauffé(e) à** ~ weißglühend; **chauffer au** ~ *fer* anheizen
❸ TYP, INFORM Leerstelle *f*, Blank *nt (Fachspr.)*
❹ *(espace vide) (dans une traduction, un devoir)* Lücke *f*; *(sur une cassette)* unbespielte Stelle *f*, Pause *f*
❺ *(linge)* Weißwäsche *f*; **quinzaine du** ~ weiße Woche
❻ *(fard blanc)* weiße Schminke
❼ GASTR ~ **d'œuf** Eiweiß *nt*; **battre** [*o* **monter**] **les** ~ **s en neige**

Eiweiß zu Schnee schlagen; **~ de poulet** Hähnchenbrust *f*
⑧ ANAT **le ~ de l'œil** das Weiße im Auge
⑨ TYP Tipp-Ex® *nt*, Korrekturflüssigkeit *f*
⑩ BOT *(maladie)* Mehltau *m*
▶ **regarder qn dans le ~ des yeux** jdm gerade [*o* fest] in die Augen sehen; **des cartouches à ~** Platzpatronen *Pl*; **tirer à ~** mit Platzpatronen schießen; **saigner un animal à ~** ein Tier völlig ausbluten lassen; **chèque en ~** Blankoscheck *m*; **laisser la marge en ~** den Rand frei lassen
◆ **~ de baleine** Walrat *m o nt*; **~ de ~[s]** Blanc de Blanc[s] *m (Champagner oder Weißwein aus weißen Trauben)*; **~ de césure** Bleichcreme *f*; **~ de chaux** Kalkfarbe *f*
blanc, blanche [blɑ̃, blɑ̃ʃ] I. *adj* ① weiß; *(non écrit) bulletin de vote* leer; *feuille* unbeschrieben, leer; *(propre) draps* sauber; **une peinture ~ cassé** eine gebrochen weiße Farbe
② *(pâle, non bronzé) personne* weiß, blass; *peau* weiß, hell; **être ~(blanche) de colère/peur** weiß [*o* leichenblass] vor Zorn/Angst sein
③ *(innocent)* unschuldig; **être ~(blanche)** eine weiße [*o* reine] Weste haben
④ *(fictif)* **mariage ~** Scheinheirat *f*, Scheinehe *f*; **examen ~** Probeklausur *f*
II. *adv* **laver plus ~** weißer waschen; **voter ~** einen leeren Stimmzettel abgeben
▶ **dire tantôt ~, tantôt noir** mal so, mal so sagen
Blanc, Blanche [blɑ̃, blɑ̃ʃ] *m, f* Weiße(r) *f(m)*
blanc-bec [blɑ̃bɛk] <blancs-becs> *m fam* Grünschnabel *m (fam)*
blanchâtre [blɑ̃ʃɑtʀ] *adj* weißlich
blanche [blɑ̃ʃ] I. *adj v.* blanc
II. *f* ① *(boule de billard)* Weiße *f*
② MUS halbe Note
③ *arg (cocaïne)* Schnee *m (fam)*
Blanche-Neige [blɑ̃ʃnɛʒ] *f* Schneewittchen *nt*
blancheur [blɑ̃ʃœʀ] *f* Weiß *nt*, Weiße *f*; *du visage, teint* Blässe *f*
blanchiment [blɑ̃ʃimɑ̃] *m d'un mur, d'une façade* Weißen *nt*; **~ de l'argent** Geldwäsche *f*
blanchir [blɑ̃ʃiʀ] <8> I. *vt* ① weiß machen; weißen *mur*; bleichen *linge, draps*; weiß werden lassen *cheveux*; **~ à la chaux** kalken
② *(nettoyer)* waschen *linge*; **donner son linge à ~ à qn** jdm seine Wäsche zum Waschen geben, seine Wäsche bei jdm waschen lassen; **être nourri(e), logé(e) et blanchi(e)** Unterkunft, Verpflegung und Wäsche frei haben
③ *(disculper)* **~ qn** jdn reinwaschen; **~ qn d'un soupçon** jdn von einem Verdacht befreien
④ *(légaliser)* waschen *argent*
⑥ GASTR blanchieren *légumes*
II. *vi* weiß werden, weiße Haare bekommen; *cheveux:* weiß werden; *horizon:* hell werden; **~ sous l'effet de la lumière/au lavage** im [*o* durch das] Licht/durch das Waschen [aus]bleichen
III. *vpr* **se ~** sich reinwaschen
blanchissage [blɑ̃ʃisaʒ] *m du linge* Waschen *nt; (avec un produit blanchissant)* Bleichen *nt*; **donner son linge au ~** seine Wäsche zum Waschen [in die Wäscherei] geben
blanchissant(e) [blɑ̃ʃisɑ̃, ɑ̃t] *adj (qui rend blanc)* Bleich-; **crème ~e** Bleichcreme *f*
blanchissement [blɑ̃ʃismɑ̃] *m des cheveux* Weißerwerden *nt*
blanchisserie [blɑ̃ʃisʀi] *f* Wäscherei *f*
blanchisseur, -euse [blɑ̃ʃisœʀ, -øz] *m, f* Wäscher(in) *m(f)*
blanc-seing [blɑ̃sɛ̃] <blancs-seings> *m* Blankounterschrift *f*; **donner un ~ à qn** jdm [eine] Blankovollmacht geben [*o* erteilen]
blanquette [blɑ̃kɛt] *f* ① Frikassee *nt*
② *(vin)* **~ de Limoux** Schaumwein nach dem Champagnerverfahren aus dem Languedoc
blasé(e) [blɑze] I. *adj* blasiert
II. *m(f)* blasierter Mensch; **faire le ~ /la ~e** einen auf blasiert machen *(fam)*; **fais pas le ~ /la ~e!** spiel dich bloß nicht so auf! *(fam)*
blaser [blɑze] <1> I. *vt* **la vie m'a blasé(e)** das Leben hat mich abgestumpft; **le luxe l'a blasée** Luxus ist für sie nichts Besonderes mehr; **être blasé(e)** gelangweilt sein
II. *vpr* **se ~ de qc** einer S. *(Gen)* überdrüssig werden
blason [blɑzɔ̃] *m* Wappen *nt*
▶ **redorer son ~** seine Finanzen aufpolieren *(fam)*, wieder zu Geld kommen; *(se refaire une image de marque)* sein Image aufwerten
blasphématoire [blasfematwaʀ] *adj (fam); (en religion)* blasphemisch, gotteslästerlich
blasphème [blasfɛm] *m* Blasphemie *f*; *(en religion)* Blasphemie, Gotteslästerung *f*
blasphémer [blasfeme] <5> I. *vi* Gott lästern; **~ contre le Ciel** den Himmel verfluchen; **c'est ~ que de critiquer une telle œuvre** es grenzt schon an Blasphemie, ein solches Werk zu kritisieren
II. *vt* verfluchen; *soutenu (porter préjudice à)* höhnen *(geh)*
blatte [blat] *f* Schabe *f*

blazer [blazɛʀ, blazœʀ] *m* Blazer *m*
blé [ble] *m* ① Weizen *m; (grain)* Getreide *nt*, Korn *nt*; **~ dur** Hartweizen; **~ noir** Buchweizen; **~ empoisonné** Giftweizen
② *arg (argent)* Knete *f (fam)*, Schotter *m (sl)*
▶ **manger son ~ en herbe** sein Geld [*o* sein Vermögen] vorzeitig aufbrauchen[, statt es zinsbringend anzulegen]
bled [blɛd] *m péj fam* Kaff *nt (pej fam)*, Provinznest *nt (pej fam)*
blême [blɛm] *m fam* Trouble *m (fam)*
blême [blɛm] *adj visage* bleich, grau; *lumière* fahl *(geh)*
blêmir [blemiʀ] <8> *vi personne:* bleich werden; *horizon:* hell werden; **~ de peur/d'épouvante** vor Angst/Schrecken [kreide]bleich werden; **~ de rage** vor Zorn ganz weiß im Gesicht werden; **son visage blêmit** er/sie wurde [kreide]bleich [im Gesicht]
blende [blɛ̃d] *f* CHIM [Zink]blende *f*
blennorragie [blenɔʀaʒi] *f* MED Gonorrhö[e] *f*, Tripper *m*
blessant(e) [blesɑ̃, ɑ̃t] *adj* verletzend, kränkend
blessé(e) [blese] I. *adj* ① verletzt; *soldat* verwundet; **~(e) à la tête/à la jambe** am Kopf/am Bein verletzt [*o* verwundet]
② *(offensé)* verletzt, gekränkt; **être ~(e) dans son orgueil/amour-propre** in seinem Stolz/Selbstwertgefühl verletzt [*o* gekränkt] sein
II. *m(f)* Verletzte(r) *f(m)*; MIL Verwundete(r) *f(m)*; **grand ~, ~ grave** Schwerverletzte(r) *f(m)*; MIL Schwerverwundete(r) *f(m)*; **~ léger** Leichtverletzte(r) *f(m)*, MIL Leichtverwundete(r) *f(m)*
◆ **~(e) de guerre** Kriegsversehrte(r) *f(m)*
blesser [blese] <1> I. *vt* ① verletzen; MIL verwunden
② *(meurtrir) chaussures:* drücken, reiben; *courroies:* wund reiben, wundscheuern
③ *(offenser)* verletzen, kränken, beleidigen *oreille, vue*; **~ qn dans son orgueil** jdn in seinem Stolz verletzen; **un rien la blesse** sie ist leicht gekränkt
II. *vpr* **se ~** sich verletzen
blessure [blesyʀ] *f* ① Verletzung *f*; MIL Verwundung *f*, Verletzung; *(plaie)* Wunde *f*; **~ articulaire** Gelenkverletzung; **~ à la tête** Kopfwunde; **~ par arme de taille** Hiebwunde; **se faire une ~ à la main/au pied** sich *(Dat)* eine Verletzung an der Hand/am Fuß zuziehen, sich an der Hand/am Fuß verletzen; **recevoir une ~** verletzt [*o* verwundet] werden, eine Verletzung davontragen; **succomber à ses ~s** seinen Verletzungen erliegen
② *soutenu (offense)* Wunde *f*; **~ d'amour-propre** verletzte Eitelkeit *kein Pl*; **~ oubliée** alte Wunde; **rouvrir** [*o* **raviver**] **une ~** eine alte Wunde [wieder] aufreißen
blet(te) [blɛ, blɛt] *adj poire, nèfle* überreif
blette [blɛt] *f* Mangold *m*
bleu [blø] *m* ① Blau *nt*; **~ acier** Stahlblau; **~ ciel** [*o* **horizon**] Himmelblau; **~ clair/foncé** Hell-/Dunkelblau; **~ marine** Marineblau; **~ roi** Königsblau; **~ vert** Blaugrün *nt*; **truite au ~** Forelle blau
② *(marque)* blauer Fleck; **se faire un ~** sich *(Dat)* einen blauen Fleck holen *(fam)*; **être couvert de ~s** überall blaue Flecken haben
③ *(vêtement)* blauer Arbeitsanzug, Blaumann *m (fam)*
④ *(fromage)* Blauschimmelkäse *m*
⑤ *(nouveau venu)* Neuling *m; (nouveau membre)* Neuling, Frischling *m*
⑥ *pl* SPORT **les ~s** die französische Nationalmannschaft
◆ **~ de méthylène** Methylenblau *nt*; **~ de travail** Blaumann *m (fam)*

Land und Leute

Les bleus, der Spitzname für die französische Fußballnationalmannschaft, leitet sich von den blauen Trikots der Spieler ab. Die Fans rufen zur Unterstützung ihrer Mannschaft: „Allez les bleus !"

bleu(e) [blø] *adj* ① blau; **~ flashant** *inv fam* knallblau *(fam)*; **~ prune** *inv* pflaumenblau; **~ tendre** *inv* zartblau; **une robe ~ tendre** ein zartblaues Kleid; **~ translucide** *inv* wasserblau
② *fig* **~ de froid** blau vor Kälte, blau gefroren
③ GASTR *steak* sehr blutig, englisch
bleuâtre [bløɑtʀ] *adj* bläulich
bleue [blø] *f* **la grande ~** das Mittelmeer
bleuet [bløɛ] *m* Kornblume *f*
bleuir [bløiʀ] <8> I. *vt* **le froid lui bleuit le visage** sein/ihr Gesicht ist von der Kälte ganz blau; **avoir les mains/les lèvres toutes bleuies par le froid** von der Kälte ganz blaue Hände/Lippen haben, ganz blau gefrorene Hände/Lippen haben; **avoir les bras et les jambes bleuis par des coups** ganz blau geschlagene Arme und Beine haben
II. *vi* blau werden; *visage:* blau anlaufen
bleuté(e) [bløte] *adj* bläulich; **des verres ~s** blau getönte Gläser; **les verres sont ~s** die Gläser sind blau getönt
bleu-vert [bløvɛʀ] *adj inv* grünblau
blindage [blɛ̃daʒ] *m* ① Panzerung *f*
② INFORM *d'une liaison radio* Abschirmung *f*

blindé [blɛ̃de] *m* Panzer *m,* Panzerfahrzeug *nt,* Panzerwagen *m*
blindé(e) [blɛ̃de] *adj* ❶ *porte, voiture* gepanzert; **division/colonne ~e** Panzerdivision *f*/-kolonne *f*
❷ *fam (endurci)* **être ~(e) contre qc** gegen etw abgehärtet sein, ein dickes Fell haben *(fam)*
blinder [blɛ̃de] <1> *vt* ❶ *véhicule, porte*
❷ *fam (endurcir)* **~ qn contre qc** jdn gegen etw abhärten
❸ INFORM abschirmen *liaison radio*
blinis [blini] *m inv* GASTR *russischer Pfannkuchen, besonders aus Buchweizenmehl*
blister [blistɛʀ] *m* Blisterpackung *f*
blizzard [blizaʀ] *m* Blizzard *m*
bloc [blɔk] *m* ❶ Block *m;* **~ de marbre/de glace** Marmor-/Eisblock; **~ de pierre/de roche** Stein-/Felsblock; **être fait(e) d'un seul ~** aus einem Stück sein
❷ *(cahier, carnet)* Block *m;* **~ de correspondance** [*o* **de papier à lettres**] Block Briefpapier; **~ de sténo** Steno[gramm]block
❸ *(ensemble)* Gruppe *f; (pâté de maisons)* [Häuser]block *m; (immeuble)* [Wohn]block *m*
❹ *(union)* Block *m;* **~ commercial/monétaire** Handels-/Währungsblock; **~ de l'Est** HIST Ostblock; **~ des gauches** Block der Linken; **~ sterling** Sterlingblock; **pays du ~ communiste** Blockstaaten *Pl*
❺ *fam (prison)* Bau *m (fam)*
❻ INFORM *(sur le clavier)* [Tasten]block *m*
▸ **~ électrique** Stromanlage *f;* **~ opératoire** Operationstrakt *m;* **~ sanitaire** Sanitäranlage *f;* **faire ~ avec qn** sich mit jdm zusammenschließen; **faire ~ contre qc** einen Block [*o* eine geschlossene Front] gegen etw bilden; **visser/fermer/serrer/tourner à ~** ganz fest anschrauben/schließen/zuschrauben/zudrehen; **appuyer ~ sur la pédale** das Pedal durchtreten; **freiner à ~** eine Vollbremsung machen; **être gonflé(e) à ~** *fam* voller Energie [*o* Tatendrang] sein; **se retourner d'un** [seul] **~** [*o* **tout d'un ~**] sich mit einem Ruck umdrehen *(fam);* **en ~** en bloc, im Ganzen; **considérer en ~** als Ganzes betrachten; **ils vont arriver en ~** sie weden alle auf einmal ankommen
◆ **~ d'alimentation** Netzteil *nt;* **~ de culasse** Zylinderblock *m*
blocage [blɔkaʒ] *m* ❶ *(action de bloquer) des roues, freins* Blockieren *nt; d'une pièce mobile, d'un boulon* Feststellen *nt; d'un écrou* Anziehen *nt; d'une vis* Festdrehen *nt; de la porte* Versperren *nt; (avec une cale)* Verkeilen *nt*
❷ ECON *d'un crédit, des commandes* Sperrung *f;* **~ du crédit/des fournisseurs** Kredit-/Lieferantensperre *f;* **~ des prix** Preisstopp *m*
❸ TECH *(dispositif)* Sperre *f;* **~ de l'accélérateur** Gashebelsperre; **~ de/du différentiel** Differenzialsperre
❹ PSYCH innerer Widerstand; **faire un véritable ~** innerlich wie blockiert sein
◆ **~ des exportations** Exportsperre *f;* **~ des investissements** Investitionsstau *m;* **~ du programme** Programmabsturz *m;* **~ du système** INFORM Systemabsturz *m;* **~ des salaires** Lohnstopp *m*
bloc-cuisine [blɔkkɥizin] <blocs-cuisines> *m* Küchenzeile *f*
bloc-cylindres [blɔksilɛ̃dʀ] <blocs-cylindres> *m* Zylinderblock *m* **bloc-évier** [blɔkevje] <blocs-éviers> *m* Spülzeile *f*
blockhaus [blɔkos] *m* Bunker *m*
bloc-moteur [blɔkmɔtœʀ] <blocs-moteurs> *m* TECH Motorgetriebeblock *m; de l'aspirateur* Motoraggregat *nt; de la voiture* Motorblock *m* **bloc-notes** [blɔknɔt] <blocs-notes> *m* Notizblock *m*
blocus [blɔkys] *m* Blockade *f;* **faire le ~ de qc** eine Blockade über etw *(Akk)* verhängen; **forcer/lever le ~** die Blockade brechen/aufheben; **~ économique** Wirtschaftsblockade, Handelsblockade, Handelssperre *f*
▸ **~ continental** Kontinentalsperre *f*
blog, blogue [blɔg] *m* INFORM Blog *nt o m*
bloguer [blɔge] *vi* INFORM bloggen
blogueur, -euse [blɔgœʀ, -øz] *m, f* INFORM Blogger(in) *m(f)*
blond [blɔ̃] I. *m* ❶ *(personne)* Blonde(r) *m,* Blondhaarige(r) *m*
❷ *(couleur)* Blond *nt;* **~ cendré** Aschblond; **~ doré** Goldblond; **~ foncé** Dunkelblond; **~ roux** Rotblond
II. *app inv* **cheveux ~ doré** goldblonde Haare
blond(e) [blɔ̃] *adj blond; tabac, bière, cigarettes* hell
blondasse [blɔ̃das] *adj péj* strohblond
blonde [blɔ̃d] *f* ❶ *(personne)* Blondhaarige *f,* Blonde *f,* Blondine *f*
❷ *(bière)* helles Bier, Helles *nt*
❸ *(cigarette)* Zigarette *f* aus hellem Tabak
❹ CAN **sa ~** *(sa maîtresse)* seine Freundin, *(sa fiancée)* seine Verlobte
blondeur [blɔ̃dœʀ] *f d'une personne* Blondheit *f*
blondin(e) [blɔ̃dɛ̃, in] *m(f)* Blondschopf *m*
blondinet(te) [blɔ̃dinɛ, ɛt] *m(f)* Blondschopf *m*
blondir [blɔ̃diʀ] <8> *vi cheveux:* blond [*o* hell] werden
bloquer [blɔke] <1> I. *vt* ❶ blockieren; versperren, blockieren *passage, route, porte;* festdrehen *vis;* fest anziehen *écrou;* feststellen *pièce mobile, boulon;* **~ les roues/la porte avec une cale** einen Keil unter die Räder/die Tür schieben; **~ qn contre un mur** jdn an [*o* gegen] eine Wand drücken; **~ les freins** die Bremse durchtreten; **~ un train en gare** einen Zug im Bahnhof aufhalten; **~ un avion au sol** ein Flugzeug am Start hindern; **être bloqué(e) au sol** nicht starten können; **être bloqué(e) dans un tunnel/l'ascenseur** in einem Tunnel/im Fahrstuhl festsitzen; **rester bloqué(e) à l'aéroport/dans un village** auf dem Flughafen/in einem Dorf festhängen *(fam);* **être bloqué(e) par la neige/un accident** wegen des Schnee[fall]s/eines Unfalls gesperrt [*o* blockiert] sein
❷ ECON sperren; einfrieren, sperren *crédits;* zum Stocken bringen *négociations*
❸ *(regrouper)* zusammenlegen *jours de congés;* zusammenfassen *paragraphes;* **~ ses cours en début de semaine** alle seine Kurse auf den Wochenanfang legen
❹ SPORT stoppen *balle*
❺ BELG *fam (bûcher)* pauken *(fam)*
❻ CAN *(échouer à)* **~ un examen** eine Prüfung nicht bestehen
II. *vpr* ❶ **se ~** klemmen, sich verklemmen; *roues, freins:* blockieren; **se ~ dans la serrure** *clé:* im Schloss festsitzen
❷ PSYCH **se ~** sich innerlich sperren
❸ INFORM **se ~** *ordinateur, serveur, programme:* abstürzen *(fam);* **mon ordinateur s'est bloqué** mein Computer ist abgestürzt
III. *vi* PSYCH *fam* blockieren *(fam),* abblocken *(fam)*
blottir [blɔtiʀ] <8> *vpr* **se ~ contre qn** sich an jdn kuscheln [*o* schmiegen]; *enfant effrayé:* sich an jdn drücken; **se ~ les un(e)s contre les autres** sich aneinanderkuscheln; **se ~ sous une couverture** sich in eine Decke kuscheln; **se ~ dans un coin** sich in eine Ecke kauern
blouse [bluz] *f* ❶ [Arbeits]kittel *m*
❷ *(corsage)* Bluse *f*
blouser [bluze] <1> I. *vi vêtement, tissu* sich bauschen
II. *vt fam (tromper)* hereinlegen *(fam)*
blouson [bluzɔ̃] *m* Blouson *m o nt;* **~ de** [*o* **en**] **cuir** Lederjacke *f;* **~ d'aviateur** Bomberjacke *f*
▸ **~ noir** Rocker *m,* Halbstarke(r) *f(m)*
blue chip [blutʃip] *f* FIN Blue Chip *m*
blue-jean [bludʒin] <blue-jeans> *m* [Blue]jeans *f*
blues [bluz] *m* Blues *m*
bluet *v.* bleuet
bluff [blœf] *m* Bluff *m*
bluffer [blœfe] <1> *vt, vi* bluffen
bluffeur, -euse [blœfœʀ, -øz] *m, f* Bluffer(in) *m(f)*
blush [blœʃ] *m* Rouge *nt*
bluter [blyte] <1> *vt* sieben *farine*
boa [bɔa] *m* ❶ Boa *f*
❷ *(écharpe)* [Feder]boa *f*
boat people [botpipœl] *m inv* Boatpeople *Pl*
bob [bɔb] *m* ❶ Bob *m;* **piste de ~** Bobbahn *f*
❷ *(chapeau)* Stoffhut *m (gegen Sonne und Regen)*
bobard [bɔbaʀ] *m fam* [Lügen]märchen *nt*
bobeur [bɔbœʀ] *m* Bobfahrer *m*
bobinage [bɔbinaʒ] *m* Wicklung *f*
bobine [bɔbin] *f* ❶ Spule *f; de fil* Spule, Rolle *f*
❷ *fam (mine)* Flunsch *m (fam);* **tu/t'en fais une de ces ~s!** du machst vielleicht ein Gesicht! *(fam);* **avoir une sale ~** eine [dreckige] Visage haben
◆ **~ d'allumage** Zündspule *f;* **~ d'induction** Induktionsspule *f;* **~ de pellicule** Filmspule *f*
bobiner [bɔbine] <1> *vt* **~ qc sur qc** etw auf etw *(Akk)* spulen
bobo [bobo] *m* ❶ *enfantin* Aua *nt (fam)*
❷ *fam* Wehwehchen *nt (fam)*
bobonne [bɔbɔn] *f pop (épouse)* Ehehälfte *f (hum fam)*
bobsleigh *v.* bob
bocage [bɔkaʒ] *m* Bocage *m (Landschaftstyp im Westen Frankreichs)*
bocager, -ère [bɔkaʒe, -ɛʀ] *adj* mit Hecken durchzogen
bocal [bɔkal, o] <-aux> *m* Glas *nt;* **mettre en bocaux** einmachen
boche [bɔʃ] *adj péj fam* **les avions ~s** die Flugzeuge der Boches *(fam)*
Boche [bɔʃ] *mf péj fam* abwertende Bezeichnung für Deutsche aus dem 2. Weltkrieg
bock [bɔk] *m (verre d'1/8 litre)* Bierglas *nt; (contenu)* Glas *nt* Bier
body [bɔdi] *m* Body *m*
bodybuilding [bɔdibildiŋ] *m* Bodybuilding *nt*
bœuf [bœf, bø] I. *m* ❶ ZOOL Rind *nt*
❷ *(opp: taureau, vache)* Ochse *m*
❸ GASTR Rindfleisch *nt;* **~ bourguignon** Bœuf Bourguignon *nt;* **~ braisé** Rinderschmorbraten *m;* **~ mode** *Rinderschmorbraten in Rotweinsauce*
❹ MUS *arg* Jamsession *f*
▸ **être fort comme un ~** stark wie ein Bulle sein, bärenstark sein *(fam),* Riesenkräfte besitzen *(fam);* **saigner comme un ~** wie ein

Schwein bluten (sl); **souffler comme un** ~ wie ein Gaul [o eine Lokomotive] schnaufen (fam); **travailler comme un** ~ wie ein Pferd arbeiten (fam), [wie ein Pferd] schuften (fam)
II. *app inv* ❶ *(très grand, étonnant)* **effet** ~ Bombeneffekt *m (fam)*, Bombenwirkung *f (fam)*; **faire un effet** ~ einen Riesendruck machen *(fam)*; **succès** ~ Bombenerfolg *m (fam)*

❷ CH *fam* **c'est** ~ *(c'est bête)* das ist echt blöd *(fam)*, das ist ärgerlich
bof [bɔf] *fam* I. *interj* na ja
II. *adj inv* **la génération** ~ , **la** ~ **génération** die Null-Bock-Generation *(sl)*
bogue [bɔg] *m* o *f* INFORM Programmfehler *m*, bug *m*; ~ **de l'an 2000** Jahr-2000-Problem *nt*
bohème [bɔɛm] I. *adj* unkonventionell, unbürgerlich; **avoir l'esprit un peu** ~ ein kleiner Bohemien sein
II. *mf* Bohemien *m*; **vivre en** ~ ein Bohemeleben führen
III. *f* Boheme *f*
Bohême [bɔɛm] *f* **la** ~ Böhmen *nt*
bohémien(ne) [bɔemjɛ̃, jɛn] *m(f)* Zigeuner(in) *m(f)*
boille [bɔj] *f* CH *(récipient à lait)* Milchkanne *f*
boire [bwaʀ] <*irr*> I. *vt* ❶ trinken; *animal:* trinken, saufen; *(finir de boire)* austrinken; ~ **à la bouteille/dans un bol** aus der Flasche/ aus einer Schale trinken; **personne qui aime [bien]** ~ **un petit verre** trinklustiger Mensch
❷ *(s'imprégner de)* aufsaugen
II. *vi* ❶ trinken; *animal:* trinken, saufen; ~ **au succès de qn/à la santé de qn** auf jds Erfolg/Gesundheit [o Wohl] trinken; **faire** ~ **qn** jdm zu trinken geben; **faire** ~ **un animal** einem Tier zu trinken geben, ein Tier tränken
❷ *(être alcoolique)* trinken
▶ **qui a bu boira** *prov* die Katze lässt das Mausen nicht; **il y a à** ~ **et à manger là-dedans** *(vérités et mensonges)* das ist mit Vorsicht zu genießen; *(du bon et du moins bon)* das ist sehr gemischt
III. *vpr* **se** ~ sich trinken lassen; **se** ~ **à l'apéritif/au dessert** als Aperitif/zum Nachtisch getrunken werden; **ce vin se boit chambré** dieser Wein sollte Zimmertemperatur haben
bois [bwa] I. *m* ❶ *(kleiner)* Wald; **se promener dans les** ~ im Wald spazieren gehen
❷ *(matériau)* Holz *nt*; ~ **de sapin** Tannenholz; **être en** ~ aus Holz sein; **table en** ~ Holztisch *m*; **table en** ~ **brut** rohgezimmerter Tisch; **se chauffer au** ~ mit Holz heizen; ~ **blanc** helles Holz; ~ **dur/tendre** Hart-/Weichholz; ~ **exotique** Tropenholz; ~ **long** Langholz; ~ **mort** dürres Holz; **du petit** ~ Reisig *nt*; *(petites bûches)* Kleinholz; ~ **vert** grünes Holz
❸ *(gravure)* Holzschnitt *m*
▶ **être du** ~ **dont on fait les flûtes** aus weichem Holz geschnitzt sein; **ne pas être du** ~ **dont on fait les flûtes** nicht alles mit sich machen lassen; **je vais lui montrer de quel** ~ **je me chauffe!** ich werde ihm/ihr zeigen, mit wem er/sie es zu tun hat!, der/die soll mich [noch] kennen lernen!; **ne pas être de** ~ nicht aus Holz sein; **toucher du** ~ *(dreimal)* auf Holz klopfen
II. *mpl* ❶ Holzblasinstrumente *Pl*
❷ *(cornes) des cervidés* Geweih *nt*
◆ ~ **de chauffage** Brennholz *nt*; ~ **de construction** Bauholz *nt*; ~ **de lit** Bettgestell *nt*; ~ **de rose** Rosenholz *nt*
boisé(e) [bwaze] *adj* bewaldet; **région** ~**e** Waldgebiet *nt*
boiser [bwaze] <1> *vt* aufforsten, bewalden *région*
boiserie [bwazʀi] *f* [Holz]täfelung *f*, Paneel *nt*
boisseau [bwaso] <x> *m (mesure de capacité)* Scheffel *m*
boisson [bwasɔ̃] *f* ❶ Getränk *nt*; ~**s chaudes/fraîches** heiße/ kalte Getränke; ~ **nationale** Nationalgetränk; ~ **préférée** [o **favorite**] Lieblingsgetränk; **distributeur [automatique] de** ~**s** Getränkeautomat *m*
❷ *(alcoolisme)* Alkoholismus *m*; **s'adonner à la** ~ trinken
boîte [bwat] *f* ❶ Schachtel *f*; *(en carton)* Karton *m*, Schachtel; *(en bois)* Kiste *f*; ~ **pliante** Faltschachtel; **grosse** ~ **de médicaments** Kurpackung *f*; ~ **en plastique** Plastikdose *f*; ~ **hermétique** Frischhaltedose; ~ **à disquettes** Diskettenbox *f*
❷ *(conserve)* Dose *f*, Büchse *f*; **une** ~ **de petits pois** eine Dose Erbsen; **en** ~ aus [o in] der Dose; **poisson/soupe/viande en** ~ Dosenfisch *m*/-suppe *f*/-fleisch *nt*; **pâté en** ~ ≈ Dosenwurst *f*; **mettre en** ~ eindosen
❸ *fam (discothèque)* Disko *f (fam)*
❹ *fam (entreprise)* Laden *m (fam)*; *(école)* Laden, Kasten *m (fam)*; **travailler dans une grosse** ~ in einem großen Schuppen arbeiten *(fam)*; **très grosse** ~ *fam* Riesenbetrieb *m (fam)*
❺ MED ~ **crânienne** Schädelhöhle *f*
❻ AVIAT ~ **noire** Flugschreiber *m*
❼ *a.* INFORM *(casier)* ~ **postale** Postfach *nt*; ~ **d'envoi/de réception** *d'une messagerie* Postausgang/-ausgang *m*
▶ **mettre qn en** ~ *fam* jdn auf die Schippe nehmen *(fam)*
◆ ~ **à chaussures** Schuhkarton *m*, Schuhschachtel *f*; ~ **à couture** Nähkästchen *nt*; ~ **à fusibles** Sicherungskasten *m*; ~ **à gants** Handschuhfach *nt*; ~ **à idées** Kummerkasten *m (fam)*; ~ **à** [o **aux**] **lettres** Briefkasten *m* ▶ **servir de** ~ **à lettres** als Mittelsmann fungieren; ~ **aux lettres [électronique]** Mailbox *f*, elektronischer Briefkasten; **relever sa** ~ **aux lettres [électronique]** seine Mailbox leeren; ~ **à lunch** CAN Lunchbehälter *m*; ~ **à malice** Trickkiste *f*; ~ **à musique** Spieluhr *f*; ~ **à outils** Werkzeugkasten *m*, Werkzeugkiste *f*; ~ **à sardines** Sardinenbüchse *f*; ~ **à savon** Seifendose *f*
◆ ~ **d'allumettes** Streichholzschachtel *f*; ~ **de chocolats** Schachtel *f* Pralinen; ~ **de conserves** Konservendose *f*; ~ **de couleurs** Malkasten *m*, Farbkasten; ~ **de dérivation** Verteilerdose *f*; ~ **de dialogue** INFORM Dialogfeld *nt*, Dialogbox *f*; ~ **de direction** Lenkgetriebe *nt*; ~ **d'engrenage** MECANAUT Getriebegehäuse *nt*; ~ **de nuit** Nachtklub *m*; ~ **de réception** INFORM Posteingang *m*; ~ **de vitesses** [Schalt]getriebe *nt*; ~ **de vitesses automatique/synchronisée** Automatik-/Synchrongetriebe
boitement [bwatmɑ̃] *m* Humpeln *nt*
boiter [bwate] <1> *vi* ❶ hinken; *(temporairement)* humpeln; ~ **de la jambe droite** auf dem rechten Bein hinken, das rechte Bein nachziehen
❷ *fig raisonnement:* nicht stichhaltig sein, auf schwachen Beinen stehen; *comparaison:* hinken
boiteux, -euse [bwatø, -øz] *adj* ❶ *meuble* wack[e]lig; *personne* hinkend; *(temporairement)* humpelnd; **être** ~ **(-euse) de naissance** von Geburt an hinken
❷ *fig explication* schwach, wenig überzeugend; *raisonnement* wenig überzeugend; *paix* unsicher
boîtier [bwatje] *m* Gehäuse *nt*; *(pour des instruments)* Kasten *m*; *(pour des cassettes)* Plastikkassette *f*; ~ **de montre** Uhrgehäuse
◆ ~ **d'allumage** Zündsteuergerät *nt*; ~ **de distribution** ELEC Verteilerkasten *m*; ~ **de mixage** kleines Mischpult; ~ **de platine** Platinengehäuse *nt*; ~ **de télécommande** Fernbedienung *f*; ~ **RNIS** ISDN-Box *f*
boitiller [bwatije] <1> *vi* leicht hinken; *(temporairement)* leicht humpeln
boiton [bwatɔ̃] *m* CH *(porcherie)* Schweinestall *m*
boit-sans-soif [bwasɑ̃swaf] *m, f inv fam* **des** ~ Trunkenbolde *Pl (fam)*
bol [bɔl] *m* ❶ *(récipient)* Schale *f*, kleine Schüssel; ~ **à mu[e]sli** Müslischale; ~ **de riz/à riz** kleine Reisschüssel
❷ *(contenu)* **un** ~ **de lait/de soupe** eine Schale [voll] Milch/[voll] Suppe
❸ *fam (chance)* Schwein *nt (fam)*; **avoir du** ~ Schwein haben *(fam)*; **c'est une question de** ~ das ist reine Glückssache
❹ CAN *(cuvette)* ~ **de toilette** Toilettenschüssel *f*
▶ **prendre un** ~ **d'air** frische Luft schnappen [o tanken] *(fam)*; **en avoir ras le** ~ *fam* die Schnauze [o Nase] voll haben *(fam)*
bolchevik [bɔlʃəvik, bɔlʃevik] *m f* Bolschewik(in) *m(f)*
bolduc [bɔldyk] *m* [ruban] ~ Geschenkband *nt*
boléro [bɔleʀo] *m (danse, gilet)* Bolero *m*
bolet [bɔlɛ] *m* BOT Röhrling *m*; ~ **Satan** Satanspilz *m*
bolide [bɔlid] *m* Rennwagen *m*
▶ **filer comme un** ~ *voiture:* mit Höchstgeschwindigkeit [o rasend schnell] fahren; *personne:* [schnell] wie der Blitz rennen *(fam)*
Bolivie [bɔlivi] *f* **la** ~ Bolivien *nt*
bolivien(ne) [bɔlivjɛ̃, jɛn] *adj* bolivianisch, bolivisch
Bolivien(ne) [bɔlivjɛ̃, jɛn] *m(f)* Bolivianer(in) *m(f)*, Bolivier(in) *m(f)*
bombance [bɔ̃bɑ̃s] *f* **faire** ~ *fam* ein großes Ess- und Trinkgelage machen
bombardement [bɔ̃baʀdəma] *m* ❶ ~ **de qc** Bombardierung *f* einer S. *(Gen)*, Bombenangriff *m* auf etw *(Akk)*; *(par obus)* Granatfeuer *nt* auf etw *(Akk)*; ~ **aérien** Luftangriff; ~ **atomique** Atomangriff
❷ *fig* **cela s'est terminé par un** ~ **de projectiles** es flogen Wurfgeschosse durch die Gegend
❸ PHYS Beschuss *m* [des Atomkerns mit Elementarteilchen]
bombarder [bɔ̃baʀde] <1> *vt* ❶ bombardieren; ~ **qn de tomates** jdn mit Tomaten bewerfen; ~ **qn de questions** jdn mit Fragen bestürmen; ~ **qn de lettres** jdn mit Briefen überhäufen
❷ PHYS ~ **qc de qc** etw mit etw beschießen
❸ *fam (nommer à un poste)* ~ **qn directeur** jdn auf den Posten des Direktors katapultieren
bombardier [bɔ̃baʀdje] *m* ❶ *(avion)* Bomber *m*, Bombenflugzeug *nt*
❷ *(aviateur)* Bomberpilot *m*
❸ *(blouson)* Bomberjacke *f*
bombe [bɔ̃b] *f* ❶ Bombe *f*; ~ **atomique** Atombombe; ~ **incendiaire** Brandbombe; ~ **lacrymogène** Tränengas *nt*; ~ **thermonucléaire** Wasserstoffbombe; **attentat à la** ~ Bombenanschlag *m*
❷ *(atomiseur)* Spraydose *f*; ~ **aérosol** Spraydose *m*; ~ **antigel** Enteiserspray *m o nt*; ~ **déodorante** Deodorantspray; ~ **désodorisante** Spray zum Desodorieren; ~ **insecticide** Insektenspray

❸ *(casquette)* Reitkappe *f*
❹ GASTR ~ **glacée** Eisbombe *f*
▸ **éclater comme une** ~ *nouvelle:* wie eine Bombe einschlagen; **faire la** ~ *fam* ordentlich einen draufmachen *(fam)*
◆ ~ **A au cobalt** Kobaltbombe *f; (fam);* ~ **à hydrogène,** ~ **H** Wasserstoffbombe *f,* H-Bombe *f;* ~ **de laque** Haarspraydose *f;* ~ **de peinture** [Farb]sprühdose *f;* ~ **à retardement** Bombe *f* mit Zeitzünder
bombé(e) [bɔ̃be] *adj* gewölbt
bombement [bɔ̃bmã] *m d'un mur* Wölbung *f* [nach außen]
bomber[1] [bɔ̃be] <1> **I.** *vt* ❶ [he]rausstrecken *(fam) poitrine, torse:* blähen, bauschen *voiles, rideau*
❷ *fam (peindre)* besprayen; ~ **qc sur qc** etw an [*o* auf] etw *(Akk)* sprühen
❸ *(passer un insecticide)* versprühen
❹ TECH bombieren *métal*
II. *vi* ❶ *bois:* sich verziehen, sich werfen; *mur, planche:* sich wölben; **l'humidité fait** ~ **le parquet** durch die Feuchtigkeit verzieht sich das Parkett
❷ *fam (foncer)* rasen *(fam)*
bomber[2] [bɔ̃mbœʀ] *m* PECHE Bleibombe *f*
bombonne *v.* bonbonne
bôme [bom] *f* NAUT Rah[e] *f*
bon [bɔ̃] **I.** *adv* **sentir** ~ duften
▸ **il fait** ~ es ist mild [*o* schön warm]; **il ne fait pas** ~ **faire qc** man sollte etw lieber nicht tun; **tenir** ~ standhaft bleiben, nicht nachgeben; *(dans un effort)* durchhalten; **il fait** ~ **vivre** das Leben ist schön
II. *m* ❶ *(coupon d'échange)* Gutschein *m,* Bon *m; (formulaire)* Schein *m,* Zettel *m;* ~ **de réception des marchandises** Warenempfangsbestätigung *f*
❷ Gute(s) *nt*
❸ *(personne)* Gute(r) *m*
▸ **avoir du** ~ seine Vorzüge haben, etwas für sich haben; **ça a du** ~ das hat etwas Gutes [*o* für sich]; **il y a du** ~ **et du mauvais/et du moins** ~ **dans qc** etw hat gute und schlechte/weniger gute Seiten
◆ ~ **s à prime** FIN Prämienbonds *Pl*
◆ ~ **d'achat** Gutschein *m;* JUR Kaufschein *m;* ~ **de caisse** Kassenzettel *m,* Kassenbon *m;* ~ **de chargement** Lagerschein *m;* ~ **de commande** Bestellschein *m;* ~ **d'embarquement** Verladeschein *m;* ~ **d'expédition** Verladungsschein *m;* ~ **de garantie** Garantieschein *m;* ~ **de livraison** Lieferschein *m;* ~ **d'option** Optionsschein *f;* ~ **de réduction** Ermäßigungsschein *m;* ~ **du Trésor** Schatzanweisung *f,* Schatzwechsel *m (Fachspr.)*
bon(ne) [bɔ̃, bɔn] <meilleur> *adj antéposé* ❶ **être** ~(**ne**) **en latin/maths** gut in Latein/Mathe sein; **être** ~(**ne**) **avec les autres** gut zu anderen sein; **faire de la** ~ **ne cuisine** gut kochen
❷ *(adéquat, correct)* richtig; *moment* passend, richtig; *remède, conseil* gut; *solution* richtig, gut; **tous les moyens sont** ~**s** alle Mittel sind recht; **être** ~(**ne**) **pour qc** *(sain)* gut für etw sein
❸ *(valable) billet, ticket* gültig; **mes pneus sont encore** ~**s** meine Reifen sind noch gut [genug]
❹ *(agréable)* gut; *soirée, surprise* schön, nett; *moment, vacances, week-end* schön; *eau* sehr angenehm, toll *(fam)*
❺ *(délicieux)* gut; *(comestible)* gut; **avoir** ~ **goût** gut schmecken; **être très** ~(**ne**) sehr gut schmecken; **ne pas être** ~(**ne**) **à manger** *fruit:* noch nicht reif sein; **l'eau de la fontaine est** ~**ne** das Wasser aus dem Brunnen kann man trinken; **ces champignons sont** ~**s** diese Pilze kann man essen, diese Pilze sind essbar
❻ *(intensif de quantité)* gut; *(intensif de qualité)* ordentlich *(fam),* anständig *(fam);* **un** ~ **kilo** ein gutes Kilo; **une** ~**ne moitié de la population** gut die Hälfte der Bevölkerung; **une** ~**ne pincée de sel** eine ordentliche Prise Salz *(fam);* **avoir besoin d'une** ~**ne couche de peinture** mal ordentlich gestrichen werden müssen *(fam);* **tenir une** ~**ne cuite** ganz schön einen sitzen haben *(fam);* **une** ~**ne paire de gifles** ein paar ordentliche Ohrfeigen *(fam),* ein Satz heiße Ohren *(fam)*
❼ *(être fait pour)* **être** ~(**ne**) **à jeter** nur noch für den Mülleimer taugen *(fam);* **cette vieille valise est** ~**ne à jeter** diesen alten Koffer kann man wegwerfen; **c'est tout juste** ~ **à nous créer des ennuis** das wird uns nur Ärger einbringen; **tout n'est pas** ~ **à dire** einige Dinge sollten besser ungesagt bleiben; **c'est toujours** ~ **à prendre** das ist immer noch besser als gar nichts; **c'est** ~ **à savoir** das ist gut zu wissen; **le vin est** ~ **à tirer** der Wein kann abgefüllt werden; **ce texte est** ~ **à être imprimé** der Text ist druckreif; **être** ~(**ne**) **à marier** sich für die Ehe eignen
❽ *(destiné à)* ~(**ne**) **à être expédié(e)** versandfähig; **être** ~(**ne**) **pour qc** reif für etw sein *(fam);* **être** ~(**ne**) **pour la casse** *fam* auf den Schrott [*o* Schrottplatz] gehören
❾ *(moralement)* gut; **il n'a pas de** ~**nes lectures/fréquentations** er liest nichts Anständiges/er hat keine anständigen Freunde
▸ **il m'a à la** ~**ne** *fam* ich bin bei ihm gut angeschrieben; **allons** ~! was ist denn nun schon wieder! *(fam);* **en avoir de** ~**nes** *fam* vielleicht gut sein *(fam),* Witze machen *(fam);* **croire** ~ **de faire qc** meinen, es sei richtig, etw zu tun; **t'es** ~(**ne**)**, toi!** *fam* du bist vielleicht gut!; **c'est** ~ *(a bon goût)* das ist [*o* schmeckt] gut; *(fait du bien)* das tut gut; *(ça ira comme ça)* das reicht, das ist o.k. so *(fam); (tant pis)* egal *(fam),* macht nichts; **c'est** ~ **de faire qc** *(agréable)* es tut gut, etw zu tun; *(sain)* es ist gesund, etw zu tun; **il est** ~ **de faire qc** es ist angebracht, etw zu tun; **elle est bien** ~**ne, celle-là!** *fam* der ist gut!, das ist vielleicht ein guter Witz!; [**cette fois], on est** ~(**ne**)**s!** *fam* jetzt sind wir dran! *(fam),* jetzt haben sie uns erwischt! *(fam);* **n'être** ~(**ne**) **à rien** zu nichts zu gebrauchen sein; **être bien** [*o* **trop**] ~(**ne**) schön dumm sein *(fam);* **juger** [*o* **trouver**] ~ **de faire qc** es für gut [*o* richtig] halten, etw zu tun; **il serait** ~ **de faire qc** es wäre ratsam [*o* angebracht], etw zu tun; **il serait** ~ **que qn fasse qc** es wäre ratsam [*o* angebracht], wenn jd etw tun würde; **comme/quand/si** ~ **vous semble** wie/wann/wenn Sie es für richtig halten [*o* Sie meinen]; **en tenir une** ~**ne** *(être ivre)* ganz schön einen sitzen haben *(fam),* anständig einen getankt haben *(fam); (être stupide)* ganz schön dämlich sein *(fam);* **à quoi** ~? wozu [eigentlich]?; **pour de** ~? wirklich?, im Ernst?; **faire qc pour de** ~ etw wirklich tun; **jouer pour de** ~ um Punkte spielen; **c'est pour de** ~**, on compte** jetzt gilt es, wir zählen; **se mettre en colère pour de** ~ sich ernsthaft aufregen; **ah** ~? ach ja [*o* was] ?, wirklich?; ~! gut!, schön!; ~**, il faut commencer** so, dann wollen wir mal anfangen; ~**, ça va, je n'insiste pas** ist ja schon gut, ich hör ja schon auf
bonapartiste [bɔnapaʀtist] **I.** *adj* bonapartistisch
II. *mf* Bonapartist(in) *m(f)*
bonasse [bɔnas] *adj* [all]zu gutmütig
bonbon [bɔ̃bɔ̃] *m* ❶ *(friandise)* Bonbon *nt o m;* ~ **acidulé** saurer Drops, saures [*o* saurer] Bonbon; ~ **à la menthe** Pfefferminzbonbon; ~ **au chocolat** Schokoladenbonbon; *(crotte de chocolat)* Praline *f;* ~ **à sucer** Lutschbonbon
❷ BELG *(biscuit)* Keks *m*
bonbonne [bɔ̃bɔn] *f* [bauchige] Korbflasche
bonbonnière [bɔ̃bɔnjɛʀ] *f* Bonbonniere *f*
bond [bɔ̃] *m* ❶ *d'une personne, d'un animal* Sprung *m,* Satz *m;* SPORT Sprung *m;* **d'un** ~ mit einem Satz; **franchir qc d'un** ~ einen Satz über etw *(Akk)* machen; **se lever d'un** ~ aufspringen, in die Höhe fahren; **faire des** ~**s de joie** Freudensprünge machen; ~ **en avant** ECON [großer] Sprung nach vorn
❷ *(rebond)* **faire plusieurs** ~**s** mehrmals hochspringen; **la voiture a fait un** ~ **de plusieurs mètres** das Auto wurde mehrere Meter hoch in die Luft geschleudert
▸ **faire faux** ~ **à qn** jdn versetzen *(fam);* **faire un** ~ in die Höhe schnellen; *prix, monnaie:* in die Höhe schnellen, sprunghaft steigen; **progresser par** ~**s** *rééducation, rétablissement:* in Schüben vorangehen; *intelligence:* sich schubweise [*o* in Phasen] entwickeln; **saisir une occasion au** ~ eine Gelegenheit beim Schopfe packen; **saisir une affaire au** ~ sich *(Dat)* ein Geschäft nicht entgehen lassen; **saisir un propos au** ~ einen Vorschlag sofort verstehen
bonde [bɔ̃d] *f* ❶ *du tonneau* Spundloch *nt; de l'évier, de la baignoire* Abflussloch *nt*
❷ *(bouchon) du tonneau* Spund *m; de l'évier, de la baignoire* Stöpsel *m*
bondé(e) [bɔ̃de] *adj* überfüllt, rammelvoll *(fam),* proppenvoll *(fam)*
bondelle [bɔ̃dɛl] *f* ZOOL CH *(poisson du genre corégone)* Edelmaräne *f*
bondieuserie [bɔ̃djøzʀi] *f* religiöser Schnickschnack *(fam)*
bondir [bɔ̃diʀ] <8> *vi* ❶ [hoch]springen; ~ **hors du lit/de la voiture** aus dem Bett/dem Auto springen; ~ **à la porte/au téléphone** an die Tür/zum Telefon stürzen; ~ **sur qn/qc** sich auf jdn/etw stürzen; ~ **vers qn/qc** jdm entgegenstürzen/zu etw [hin]stürzen
❷ *(sursauter)* empört [*o* geschockt] sein *(fam);* ~ **de colère** vor Wut *(Dat)* kochen *(fam);* ~ **de joie** Freudensprünge machen *(fam);* **faire** ~ **qn** jdn rasend [*o* wütend *fam*] machen; **comment ne pas** ~**!** wie soll man da ruhig bleiben! *(fam)*
bondissement [bɔ̃dismã] *m d'un animal* [Auf]springen *nt*
bonheur [bɔnœʀ] *m* ❶ Glück *nt;* **troubler le** ~ **de qn** jds Glück trüben
❷ *(chance)* Glück *nt;* **le** ~ **d'aimer** das Glück zu lieben; **le** ~ **de vivre** die Lebensfreude; **avoir le** ~ **de faire qc** das [große] Glück haben, etw zu tun; *(joie)* die [große] Freude haben, etw zu tun; **porter** ~ **à qn** jdm Glück bringen
▸ **au petit** ~ [**la chance**] *fam* auf gut Glück, aufs Geratewohl; **ne pas connaître son** ~ nicht wissen, wie gut man es hat; **faire le** ~ **de qn** jdn glücklich machen; **si ce stylo peut faire ton** ~**!** wenn dieser Kuli dir Freude macht[, dann nimm ihn]!; **chacun fait son** ~ **soi-même** jeder ist seines Glückes Schmied *(prov);* **avec** ~ auf glückliche Weise; **ce roman allie avec** ~ **humour et tendresse** dieser Roman ist eine gelungene Mischung aus Humor und Zärtlichkeit; **par** ~ zum Glück, glücklicherweise, angenehmer-

weise
bonheur-du-jour [bɔnœʀdyʒuʀ] <bonheurs-du-jour> *m* Möbelstück aus dem 18. Jahrhundert, das einem Sekretär ähnelt
bonhomie [bɔnɔmi] *f* selbstverständliche Freundlichkeit, Herzlichkeit *f*
bonhomme [bɔnɔm, bɔzɔm] <bonshommes> *m* ❶ *fam (homme)* Mann *m; (plutôt négatif)* Kerl *m*, Typ *m (fam);* **un sacré ~** ein toller Kerl; **un drôle de ~** ein komischer Kerl
❷ *(petit garçon)* petit ~ kleiner Mann; **quel âge a votre petit ~?** wie alt ist Ihr Junge [*o* der kleine Mann]?; **un adorable petit ~ de deux ans** ein süßer kleiner Knirps von zwei Jahren
❸ *(dessin)* Männchen *nt*
▶ **aller son petit ~ de chemin** unbeirrt seinen Weg gehen [*o* sein Ziel verfolgen]
◆ **~ de neige** Schneemann *m*
boni [bɔni] *m* Gewinn *m*, Einnahmen *Pl*
boniche [bɔniʃ] *f péj fam* Dienstmädchen *nt*
bonification [bɔnifikasjɔ̃] *f* ❶ *d'un vin* Verbesserung *f; des terres* Verbesserung, Amelioration *f (Fachspr.)*
❷ *(bonus)* Bonus *m*, Pluspunkt *m;* SPORT Zeitgutschrift *f*, Punktegutschrift *f*
❸ FISC **~ fiscale** Steuervergütung *f*
❹ COM Bonifikation *f (Fachspr.)*
bonifier [bɔnifje] <1a> **I.** *vt* verbessern, ameliorieren *(Fachspr.) terres*
II. *vpr* **se ~** sich machen *(fam); vin:* besser werden
boniment [bɔnimɑ̃] *m* ❶ *d'un vendeur, camelot* Anpreisen *nt* der Ware, Marktschreierei *f*
❷ *(mensonges)* Lügengeschichte *f*, Humbug *m (fam),* **raconter des ~s** Märchen auftischen, Lügengeschichten erzählen
bonimenteur, -euse [bɔnimɑ̃tœʀ, -øz] *m, f vieilli* Lügner(in) *m(f)*
bonjour [bɔ̃ʒuʀ] **I.** *interj* ❶ guten Tag/Morgen; **dire ~ à qn** jdm guten Tag sagen
❷ CAN *(bonne journée)* einen schönen Tag noch
II. *m* **donner bien le ~ à qn de la part de qn** jdm einen schönen Gruß von jdm bestellen [*o* ausrichten]
▶ **c'est ~ bonsoir** man grüßt sich [nur]; **être facile** [*o* **simple**] **comme ~** ganz einfach sein, kinderleicht sein *(fam)*
bonnasse [bɔnas] *f arg* hammermäßige Frau *f (fam)*
bonne [bɔn] *f* Dienstmädchen *nt*
◆ **~ d'enfants** Kindermädchen *nt;* **~ à tout faire** Mädchen *nt* für alles
bonne-maman [bɔnmamɑ̃] <bonnes-mamans> *f* Großmama *f*, Großmutti *f*
bonnement [bɔnmɑ̃] *adv* ▶ **tout ~** ganz einfach
bonnet [bɔnɛ] *m* ❶ Mütze *f; du nourrisson* Häubchen *nt; du bébé* Mützchen *nt; (de laine, coton)* Strickmütze *f;* **~ phrygien** phrygische Mütze, Jakobinermütze
❷ *(poche) du soutien-gorge* Körbchen *nt*
❸ ZOOL Netzmagen *m*
▶ **être ~ blanc et blanc ~** Jacke wie Hose sein *(fam);* **gros ~ fam** *de l'industrie, de la politique* hohes Tier *(fam);* **les gros ~s de la drogue/finance** die Drogenbosse/Finanzhaie *(fam);* **opiner du ~** Ja und Amen [*o* ja und amen] sagen; **prendre qc sous son ~** etw auf seine Kappe nehmen *(fam)*
◆ **~ d'âne** Papierhut, den man früher dem schlechtesten Schüler aufsetzte; **~ de bain** Badekappe *f;* **~ de douche** Duschhaube *f;* **~ de laine** Wollmützchen *nt;* **~ de nuit** ❶ Nachtmütze *f; (pour les femmes)* Nachthaube *f* ❷ *(personne ennuyeuse)* Miesmacher(in) *m(f) (fam);* **~ de police** Feldmütze *f*, Schiffchen *nt (fam);* **~ de ski** Skimütze *f*
bonneterie [bɔnɛtʀi, bɔn(ə)tʀi] *f (articles)* Wirk- und Strickwaren *Pl; (fabrication)* Wirk- und Strickwarenindustrie *f; (commerce)* Wirk- und Strickwarenhandel *m; (usine)* Wirk- und Strickwarenfabrik *f; (magasin)* Wirk- und Strickwarengeschäft *nt*
bonnetier, -ière [bɔntje, -jɛʀ] *m, f (fabricant)* Strickwarenhersteller(in) *m(f)*, Trikotagenhersteller(in) *m(f); (vendeur)* Strickwarenhändler(in) *m(f)*, Trikotagenhändler(in) *m(f)*
bonniche *v.* **boniche**
bon-papa [bɔ̃papa] <bons-papas> *m* Großpapa *m*, Großpapi *m*
bonsaï [bɔ̃(d)zaj] *m* Bonsai *m*
bonsoir [bɔ̃swaʀ] *interj (en arrivant)* guten Abend; *(en partant)* auf Wiedersehen; *(avant le coucher)* gute Nacht
bonté [bɔ̃te] *f* Güte *f;* **avec ~/avec une grande ~** gütig [*o* mit Güte]/mit großer Güte; **avoir la ~ de faire qc** die Güte haben [*o* so gütig sein], etw zu tun; **être d'une grande ~** sehr gütig sein; **faire qc par pure ~ d'âme** etw aus reiner [*o* purer] Menschenliebe tun
▶ **~ divine!** gütiger Himmel!
bonus [bɔnys] *m* Bonus *m* für unfallfreies Fahren, Schadenfreiheitsrabatt *m*
bonze [bɔ̃z] *m* ❶ Bonze *m*

❷ *péj fam (personnage en vue)* Bonze *m (pej);* **~ du/d'un parti** Parteibonze *(pej)*
boogie-woogie [bugiwugi] <boogie-woogies> *m* MUS Boogie-woogie *m*
bookmaker [bukmɛkœʀ] *m* Buchmacher *m*
boom [bum] *m* Boom *m;* **~ économique** wirtschaftlicher Aufschwung; **~ démographique** Bevölkerungsexplosion *f;* **~ des commandes** Auftragsboom *m;* **~ des investissements** Investitionshochkonjunktur *f;* **connaître un ~** einen Boom erleben; **être en plein ~** *(avoir beaucoup de travail)* alle Hände voll zu tun haben; *(être en plein essor)* boomen
boomerang [bumʀɑ̃g] *m* Bumerang *m;* **effet de ~** Bumerangeffekt *m;* **faire ~** sich als Bumerang erweisen
boot [but] *m* INFORM Booten *nt*
booter [bute] <1> *vi* INFORM [hoch]booten
boots [buts] *fpl* Boots *Pl*
borax [bɔʀaks] *m* CHIM Borax *m*
borborygme [bɔʀbɔʀigm] *m souvent pl* MED Magenknurren *nt*, Darmgeräusche *Pl*
bord [bɔʀ] *m* ❶ *(contour, limite)* Rand *m; d'une table, d'un trottoir* Kante *f;* **être rempli jusqu'au ~** randvoll sein, bis zum Rand voll sein; **~ extérieur/supérieur** Außen-/Oberkante *f;* **~ avant** Vorderkante; **~ du bassin** Beckenrand *m;* **~ du quai** Bahnsteigkante *f;* **~ de table** Tischkante *f;* **se cogner au ~ de table** sich an der Tischkante stoßen
❷ *(partie d'un chapeau)* Krempe *f;* **chapeau à larges ~s** Hut *m* mit breiter Krempe, breitkrempiger Hut
❸ *(rivage, plage) d'un lac, d'une rivière* Ufer *nt;* **au ~ du lac** am Seeufer; **au ~ de [la] mer** am Meer, an der See; **terrain au ~ de l'eau** Wassergrundstück *m*
❹ *(en parlant d'un navire, véhicule, avion)* **monter à ~ d'un navire/d'un avion** an Bord eines Schiffes/Flugzeugs gehen; **prendre qn à [son] ~** *(sur le bateau)* jdn an Bord nehmen; *(dans la voiture)* jdn einsteigen lassen; **les quatre personnes à ~ de la voiture** die vier Personen in dem Wagen, die vier Insassen des Wagens; **système de ~** bordeigenes Computersystem; **jeter qn/qc par-dessus ~** jdn/etw über Bord werfen; **passer par-dessus ~** über Bord gehen
▶ **être au ~ du désespoir** am Rande der Verzweiflung stehen; **être au ~ des larmes** den Tränen nahe sein; **remplir qc à ras ~** etw randvoll machen, etw bis zum Rand voll machen; **être du ~ de qn** auf jds Seite *(Dat)* stehen; **être du même ~ que qn** die gleichen Anschauungen wie jd haben [*o* vertreten]; *(en politique)* im gleichen Lager wie jd stehen; **virer de ~** wenden; *fig* umschwenken; **~ à ~** Seite an Seite; **sur les ~s** *fam* so ein bisschen, leicht
bordages [bɔʀdaʒ] *mpl* NAUT [Schiffs]planken *Pl*
bordeaux [bɔʀdo] **I.** *m* Bordeauxwein *m*, Bordeaux *m*
II. *adj inv* weinrot, bordeaux[rot]
bordée [bɔʀde] *f* ❶ Breitseite *f*, [Geschütz]salve *f*
❷ *fig fam* **~ d'injures** Schwall *m* von Flüchen; **~ d'applaudissements** Beifallssturm *m*
bordel [bɔʀdɛl] **I.** *m* ❶ *vulg* Bordell *nt*, Puff *m (fam)*
❷ *fam (désordre)* Chaos *nt*, Saustall *m (fam);* **mettre le ~ dans qc** *fam* ein wüstes Durcheinander [*o* ein furchtbares Chaos] in etw *(Dat)* anrichten *(fam);* **mettre le ~ dans les affaires de qn** jds Sachen völlig durcheinanderbringen
❸ *fam (tapage)* Radau *m;* **faire le** [*o* **du**] **~** *fam* einen Riesenradau machen *(fam)*
▶ **et tout le ~** *fam* und der ganze Mist *(fam);* **ça va être le ~ pour faire qc** *fam* das wird nicht ohne sein, etw zu tun *(fam)*
II. *interj* Scheiße *vulg;* verdammt noch mal! *(fam)*
bordelais(e) [bɔʀd(ə)lɛ, ɛz] *adj* aus Bordeaux
bordélique [bɔʀdelik] *adj fam* chaotisch; *personne* chaotisch, schlampig *(fam)*
border [bɔʀde] <1> *vt* ❶ säumen *(geh) rivière, route;* **être bordé(e) de qc** *route, rivière:* mit [*o* von] etw gesäumt sein *(geh); place:* von etw eingesäumt sein *(geh); terrasse:* von etw umgeben sein
❷ COUT **~ qc de fourrure** etw mit Pelz verbrämen; **~ un mouchoir de dentelle** ein Taschentuch mit Spitze besetzen [*o* einfassen]
❸ *(couvrir)* zudecken *enfant, malade;* **machen** *lit (indem man das Betttuch und die Zudecke unter der Matratze feststeckt)*
❹ NAUT einholen *voile*

Land und Leute

Bei der französischen Art, die Betten zu machen, werden das Betttuch und die Zudecke an drei Seiten des Betts unter die Matratze gesteckt, sodass sie glatt und straff aufliegen. Beim Zubettgehen werden sie nur wenig gelockert. Zu einem liebevollen Gutenachtgruß für Kinder und Kranke gehört oft, dass man ihnen das Betttuch und die Decke wieder möglichst fest unter die Matratze steckt.

bordereau [bɔrdəro] <x> m *(formulaire)* Zettel m, Schein m; *(liste)* Liste f; *(facture)* Rechnung f
◆ ~ **d'achat** [Kauf]beleg m; ~ **de chargement** Ladeliste f; ~ **de compte** Kontoauszug m; ~ **d'envoi** Begleitschein m; ~ **d'expédition** Versandschein m; ~ **de livraison** Lieferschein m; ~ **de salaires** Lohnliste f
bordier [bɔrdje] m CH *(riverain)* Anlieger m, Anstößer m (CH)
bordure [bɔrdyR] f ❶ Rand m; *d'un quai, trottoir* Kante f; ~ **de papiers peints** Tapetenleiste f; ~ **du/d'un champ** Feldrand; ~ **de la/de forêt** Waldrand; ~ **du/d'un chapeau** Hutkrempe f; **en** ~ **d'une voie de chemin de fer** an einer Eisenbahnlinie/an einer Eisenbahnlinie entlang; **en** ~ **d'une rivière** am Ufer eines Flusses/an einem Fluss entlang; **en** ~ **de forêt** am Waldrand; **en** ~ **de mer** an der Küste
❷ *(empiècement)* Bordüre f; ~ **de** [o **en**] **fourrure** Pelzbesatz m; ~ **brodée** Stickereisaum m
❸ *(rangée)* Reihe f; ~ **de rosiers** Rosenstockreihe f
❹ *(rangée de pavés)* Einfassung f, Umrandung f; ~ **d'allée** Wegeinfassung
◆ ~ **de fleurs** Blumenrabatte f; ~ **de trottoir** Bordstein m
bore [bɔr] m CHIM Bor nt
boréal(e) [bɔreal, o] <s o -aux> adj nördlich
borgne [bɔrɲ] adj *personne* einäugig, auf einem Auge blind
❷ ARCHIT *pièce* ohne Fenster; *fenêtre* ohne Ausblick
❸ *(mal famé) hôtel, rue* verrufen, anrüchig
borique [bɔrik] adj Bor-; **acide** ~ Borsäure f
bornage [bɔrnaʒ] m ❶ JUR *d'une propriété* Grenzscheidung f
❷ NAUT Küstenschifffahrt f
borne [bɔrn] f ❶ Grenzstein m; ~ **hectométrique** Hundertmeter[markierungs]stein; ~ **kilométrique** Kilometerstein
❷ *(protection)* Steinpfosten m
❸ pl *(limite)* Grenzen Pl; **avoir des** ~**s** Grenzen haben; **dépasser** [o **franchir**] [o **passer**] **les** ~**s** *personne*: zu weit gehen, übertreiben; *ignorance, bêtise*: grenzenlos sein, keine Grenzen kennen; *punition*: zu weit gehen; **cela dépasse les** ~**s** das geht zu weit; **dépasser les** ~**s de la raison/l'entendement** gegen alle [Regeln der] Vernunft gehen/völlig unbegreiflich sein; ~ **frontière** ECON Grenzzeichen nt *(Fachspr.)*; **sans** ~[**s**] grenzenlos
❹ *fam (distance de 1 km)* Kilometer m
❺ ELEC ~ [**électrique**] [Anschluss]klemme f; ~ **électrique positive** positive Klemme
❻ *(pour voitures électriques)* ~ **électrique** Stromtankstelle f, Elektrotankstelle
▶ **rester planté(e) comme une** ~ Maulaffen feilhalten
◆ ~ **d'incendie** [Überflur]hydrant m
borné(e) [bɔrne] adj beschränkt; *intelligence* beschränkt, begrenzt; *personne* borniert, engstirnig, bräsig (NDEUTSCH); **politique** ~ **e/enseignement** ~ Schmalspurpolitik f/-unterricht m *(fam)*; **avoir un esprit** ~ engstirnig sein
borner [bɔrne] <1> I. vt ❶ begrenzen, die Grenze bilden zu *terrain*
❷ *fig* ~ **son ambition à qc/à faire qc** seinen Ehrgeiz auf etw/darauf beschränken, etw zu tun
II. vpr **se** ~ **à qc/à faire qc** *(se limiter à)* sich auf etw *(Akk)* beschränken/sich darauf beschränken, etw zu tun; *(se contenter de)* sich mit etw begnügen/sich damit begnügen, etw zu tun
borréliose [bɔreljoz] f MED Borreliose f
bortsch [bɔrtʃ] m GASTR Borschtsch m
bosniaque [bɔsnjak] adj bosnisch
Bosniaque [bɔsnjak] mf Bosnier(in) m(f)
Bosnie [bɔsni] f **la** ~ Bosnien nt
Bosnie-Herzégovine [bɔsniɛrzegɔvin] f **la** ~ Bosnien-Herzegovina nt
bosquet [bɔskɛ] m Baumgruppe f, Wäldchen nt
boss [bɔs] m fam Boss m *(fam)*; ~ **de la mafia** Mafiaboss *(fam)*
bossage [bɔsaʒ] m ARCHIT Bosse f
bossa-nova [bɔsanɔva] <bossas-novas> m MUS Bossa Nova m
bosse [bɔs] f ❶ Beule f; **se faire une** ~ **au front/à la tête** sich *(Dat)* an der Stirn/am Kopf eine Beule holen
❷ *(protubérance) du chameau* Höcker m
❸ *(difformité)* Buckel m
❹ *(accident de terrain)* [leichte] Erhebung, Buckel m *(fam)*
❺ *(don)* **avoir la** ~ **des maths/de la musique** fam in Mathe was draufhaben/ein kleines Musikgenie sein *(fam)*; **avoir la** ~ **du commerce** ein Händchen fürs Geschäft haben *(fam)*
▶ **rouler sa** ~ fam herumkommen *(fam)*
bosselage [bɔslaʒ] m *(en orfèvrerie)* Treibarbeit f
bosseler [bɔsle] <3> vt ❶ *(déformer par une bosse)* einbeulen, verbeulen; *(cabosser)* verbeulen
❷ *(en orfèvrerie)* treiben; **être en argent/or bosselé** aus getriebenem Silber/Gold sein
bosser [bɔse] <1> I. vi fam arbeiten; *(travailler dur)* schuften *(fam)*; *(bûcher)* büffeln *(fam)*
II. vt fam büffeln *(fam) matière*; ~ **un examen** für eine Prüfung büffeln *(fam)*

bosseur, -euse [bɔsœr, -øz] m, f fam Arbeitstier nt *(fam)*
bossu(e) [bɔsy] I. adj buck[e]lig; *(voûté)* krumm
II. m(f) Buck[e]lig(e)r(f)m)
▶ **rire comme un** ~ sich schieflachen *(fam)*
bot(e) [bo, bɔt] adj *pied, main* verwachsen; **pied** ~ Klumpfuß m
botanique [bɔtanik] I. adj botanisch; **géographie** ~ Geobotanik f
II. f Botanik f
botaniste [bɔtanist] mf Botaniker(in) m(f)
bothriocéphale [bɔtriosefal] m ZOOL, MED Fischbandwurm m
botte¹ [bɔt] f Stiefel m; ~ **en** [o **de**] **cuir** Lederstiefel; ~ **fourrée** Pelzstiefel; ~ **vernie** Lackstiefel
▶ **en avoir plein les** ~**s** fam es satthaben *(fam)*; **en avoir plein les** ~**s de qc** etw satthaben; **j'en ai plein les** ~**s** fam ich hab's satt *(fam)*, das steht mir bis [zur] Oberkante Unterlippe *(sl)*; **lécher les** ~**s à qn** fam vor jdm kriechen; *(flatter)* jdm schöntun; **être à la** ~ **de qn** jdm ergeben sein; **être sous la** ~ **de qn** unter jds Gewaltherrschaft *(Dat)* sein
◆ ~ **de caoutchouc** Gummistiefel m; ~ **s culotte** PECHE Wathose f; ~ **d'équitation** Reitstiefel m; ~ **s de sept lieues** Siebenmeilenstiefel Pl
botte² [bɔt] f ❶ *(bouquet) de légumes, fleurs* Bund nt
❷ *(gerbe) de foin, paille* Bündel nt; *(au carré)* Ballen m
❸ *(en escrime)* Stoß m
▶ ~ **secrète** Geheimrezept nt; **sortir sa** ~ **secrète** [tief] in die Trickkiste greifen *(fam)*
botté(e) [bɔte] adj gestiefelt
botter [bɔte] <1> vt ❶ ~ **le derrière/les fesses à qn** jdn in den Hintern treten *(sl)*
❷ fam *(plaire)* **ça me botte** das macht mich an *(fam)*; **ça [ne] me botte pas** das sagt mir nichts *(fam)*, das macht mich nicht an *(fam)*; **ça me botterait, mais ...** ich hätte schon Lust, aber ...
bottier [bɔtje] m Maßschuhmacher(in) m(f)
bottillon [bɔtijɔ̃] m Halbstiefel m
bottin® [bɔtɛ̃] m Telefonbuch nt
bottine [bɔtin] f Damenhalbstiefel m, Stiefelette f
boubou [bubu] m Tunika f in Schwarzafrika
bouc [buk] m ❶ Ziegenbock m
❷ *(barbe)* Spitzbart m, Ziegenbart m *(fam)*
▶ ~ **émissaire** Sündenbock m; **ça pue le** ~ hier stinkt's [o mieft's] [ganz schön] *(fam)*
boucan [bukɑ̃] m fam Radau m *(fam)*; **faire du** ~ Radau machen *(fam)*; *(protester)* Krach schlagen *(fam)*, Rabatz machen *(fam)*
boucaner [bukane] <1> vt räuchern *poisson, viande*
bouchage [buʃaʒ] m *(action de boucher)* Verschließen nt; *(manière de boucher)* Verschluss m
bouche [buʃ] f ❶ Mund m; *d'un animal* Maul nt; **parler la** ~ **pleine** mit vollem Mund sprechen
❷ *(ouverture) d'un volcan* Kraterloch nt; *d'un tuyau* Öffnung f; *d'un canon* Mündung f; **la** ~ **du fusil/du pistolet** die Gewehr-/Pistolenmündung
❸ pl GEOG **les** ~**s du Rhône/de l'Escaut** die Mündung der Rhone/Schelde
▶ **la** ~ **en cul de poule** fam mit spitzem Mund; **en cul de poule, elle me demanda ...** mit spitzen Lippen fragte sie mich ...; ~ **bée** bass erstaunt; **regarder** [o **être**] ~ **bée** Bauklötze staunen *(fam)*, Mund und Augen aufreißen *(fam)*; **qn reste** ~ **bée devant qc** jdm bleibt bei etw der Mund [vor Staunen] offen stehen; **j'en suis resté(e)** ~ **bée!** ich war ganz platt! *(fam)*; **pour la bonne** ~ als krönender Abschluss; **garder qc pour la bonne** ~ etw für den Schluss aufheben; [**motus et**] ~ **cousue!** kein Sterbenswörtchen darüber!, nichts verraten!; **être une fine** ~ ein Feinschmecker sein; **faire la fine** ~ wählerisch sein; ~ **inutile** unnützer Esser; **avoir la** ~ **pâteuse** einen pappigen Geschmack im Mund haben *(fam)*; **en avoir plein la** ~ **de qn/qc** immer wieder auf jdn/etw zu sprechen kommen; *(en être pénétré)* ganz in etw *(Dat)* aufgehen, ganz von etw überzeugt sein; **mordre à pleine** ~ kräftvoll zubeißen; **s'embrasser à pleine** ~ sich einen Zungenkuss/Zungenküsse geben; **avoir la** ~ **sèche** einen trockenen Mund haben; **n'avoir que qc à la** ~ ständig [o nur noch] von etw sprechen [o reden]; **l'argent, il n'a que ce mot à la** ~**!** er redet immer nur von Geld; **être dans** [o **sur**] **toutes les** ~**s** in aller Munde sein; **avoir cinq/huit** ~**s à nourrir** fünf/acht hungrige Mäuler zu stopfen haben *(fam)*; **un mot qui revient souvent dans la** ~ **de qn** ein Wort, das jd häufig in den Mund nimmt; **ce mot choque dans sa** ~ dieses Wort klingt schockierend aus seinem Munde; **de** ~ **en** ~ von Mund zu Mund; **passer de** ~ **en** ~ sich herumsprechen
◆ ~ **d'aération** Lüftungsöffnung f, Öffnung f des Belüftungsschachts; ~ **de chaleur** [Warm]luftschacht m; ~ **d'égout** Gully m; ~ **d'incendie** [Unterflur]hydrant m; ~ **de métro** Metroeingang m, U-Bahn-Schacht m; ~ **à oreille** m Mund-zu-Mund-Propaganda f
bouché(e) [buʃe] adj ❶ *temps* trüb[e]; *ciel* verhangen
❷ *(sans avenir)* ohne Zukunft; **être** ~ **(e)** *branche*: keine Aussichten

bouche-à-bouche [buʃabuʃ] *m sans pl* Mund-zu-Mund-Beatmung *f* **bouche-à-nez** [buʃane] *m inv* MED Mund-zu-Nase-Beatmung *f*
bouchée [buʃe] *f* ❶ Bissen *m; (ce qui est dans la bouche)* Mundvoll *m*
❷ GASTR ~ **au chocolat** Praline *f;* ~ **à la liqueur** Weinbrandbohne *f* ▸ **pour une ~ de pain** für ein Butterbrot *(fam),* für'n Appel und 'n Ei *(fam);* **mettre les ~s doubles** einen Zahn zulegen *(fam);* **ne faire qu'une ~ de qc** etw in Windeseile verdrücken *(fam);* **ne faire qu'une ~ de qn** mit jdm kurzen Prozess machen *(fam)*
♦ ~ **à la reine** Königinpastetchen *nt,* Königinpastete *f*
boucher[1] [buʃe] <1> I. *vt* zukorken, zustöpseln *bouteille;* zumachen, zustopfen *trou;* zustöpseln *baignoire;* zuschütten *trous de la route;* zumachen, zuschmieren *fente;* verstopfen *toilettes, évier;* **être bouché(e) par qc** mit etw verstopft sein; *bouteille:* mit etw verschlossen sein; *rue:* von etw blockiert sein; **avoir le nez bouché** eine verstopfte Nase haben
II. *vpr se ~ évier:* verstopfen; **se ~ les oreilles/le nez** sich *(Dat)* die Ohren/die Nase zuhalten; **se ~ les yeux** *fig* die Augen verschließen; **le temps se bouche** es zieht sich zu
boucher[2] [buʃe] *m* ❶ Fleischer *m,* Schlachter *m* (NDEUTSCH), Metzger *m* (SDEUTSCH); [**hippophagique**] Pferdeschlachter, Pferdeschlächter *m* (NDEUTSCH), Pferdemetzger *m* (SDEUTSCH)
❷ *péj (chirurgien)* Metzger *m*
bouchère [buʃɛʀ] *f* ❶ Fleischerin *f,* Metzgerin *f* (SDEUTSCH), Schlachterin *f* (NDEUTSCH)
❷ *(femme du boucher)* Fleischersfrau *f,* Metzgersfrau *f* (SDEUTSCH)
boucherie [buʃʀi] *f* ❶ Fleischerei *f,* Schlachterei *f* (NDEUTSCH), Metzgerei *f* (SDEUTSCH); ~ **charcuterie** Fleisch- und Wurstwarengeschäft *nt;* ~ **chevaline** [*o* **hippophagique**] Pferdeschlächterei, Pferdeschlachterei *f* (NDEUTSCH), Pferdemetzgerei *f* (SDEUTSCH)
❷ *(métier)* Metzgerhandwerk *nt,* Fleischerhandwerk *nt;* **syndicat de la ~** Fleischerinnung *f;* **animaux de ~** Schlachtvieh *nt*
❸ *(massacre)* Gemetzel *nt*
❹ CH, CAN Schlachten *nt;* **faire ~** *(tuer le cochon)* das Schwein schlachten
bouche-trou [buʃtʀu] <bouche-trous> *m* ❶ *(personne)* Lückenbüßer(in) *m(f)*
❷ *(article de journal)* [Lücken]füller *m*
bouchon [buʃɔ̃] *m* ❶ *d'une bouteille* Korken *m; d'une carafe, d'un évier* Stöpsel *m; d'un bidon, tube, radiateur* Verschluss *m; d'un réservoir* Deckel *m;* ~ **de champagne** Sektkorken *m;* ~ **en plastique** Plastikkorken, Plastikverschluss *m;* **faire sauter les ~s de champagne** die Sektkorken knallen lassen; ~ **antivol** verschließbarer Tankdeckel; ~ **doseur** Verschlusskappe *f* zum Dosieren; **sentir le ~** *vin:* nach Korken schmecken
❷ PECHE Schwimmer *m,* Pose *f (Fachspr.)*
❸ *(embouteillage)* [Verkehrs]stau *m;* **un ~ de 2 km s'est formé** es hat sich ein 2 km langer Stau gebildet
▸ **c'est plus fort que de jouer au ~** *fam* das ist schon ein starkes Stück *(fam);* **pousser le ~ un peu trop loin** ein bisschen zu weit gehen
♦ ~ **de liège** [echter] Korken; ~ **de paille** Strohwisch *m;* ~ **de radiateur** Kühlerverschluss *m;* ~ **de réservoir** Tankdeckel *m;* ~ **de vidange** MECANAUT Ablassstopfen *m*
bouchonné(e) [buʃɔne] *adj* **un vin ~** ein Wein, der nach Korken schmeckt [*o* der Kork[en] hat]
bouchonner [buʃɔne] <1> I. *vt* [mit einem Strohwisch] abreiben
II. *vi fam* stauen; **ça bouchonne** es staut
bouchot [buʃo] *m* für Zuchtmuscheln künstlich angelegte Muschelbank
bouclage [buklaʒ] *m* ❶ *fam (action d'enfermer)* Einschließen *nt*
❷ POL, MIL *d'un quartier* Abriegelung *f*
❸ PRESSE *d'un journal* Redaktionsschluss *m*
boucle [bukl] *f* ❶ *(anneau) d'un soulier, harnais, d'une ceinture* Schnalle *f;* ~ **de ceinture de sécurité** Gurtschloss *nt;* **chaussure/fermeture à ~** Schnallenschuh *m/-*verschluss *m*
❷ *(forme géométrique)* Schleife *f; d'une rivière* Windung *f*
❸ *(partie d'un nœud)* Schlaufe *f,* Schluppe *f* (NDEUTSCH)
❹ INFORM Schleife *f*
❺ AVIAT Looping *m o nt;* SPORT *(en voiture, à pied)* Rundstrecke *f; (en patinage) (figure imposée)* Schlinge *f; (saut)* Rittberger *m*
▸ **boucler la ~** sich wieder am Ausgangspunkt befinden
♦ ~ **de cheveux** Haarlocke *f;* ~ **d'oreille** Ohrring *m,* Flinserl *m* (A); ~ **de rappel** Abseilschlinge *f*
bouclé(e) [bukle] *adj cheveux, poils* lockig; **tête ~e** Lockenkopf *m*
boucler [bukle] <1> I. *vt* ❶ *(attacher)* zumachen *ceinture;* ~ **la ceinture de sécurité** den Sicherheitsgurt anlegen
❷ *fam (fermer)* schließen *magasin, porte, bagages;* ~ **ses valises** [*o* **malles**] *fig* sich reisefertig machen

❸ *(terminer)* beenden *affaire, enquête;* abschließen *recherches, dossier;* fertig stellen *travail;* ~ **un journal/une revue** die Redaktion einer Zeitung/einer Zeitschrift abschließen
❹ *(équilibrer)* ausgleichen *budget;* ~ **le mois/ses comptes** mit seinem Geld auskommen, über die Runden kommen *(fam)*
❺ POL, MIL *(encercler)* abriegeln *quartier*
❻ *fam (enfermer)* einsperren
❼ *(friser, onduler)* ~ **ses cheveux** sich *(Dat)* Locken in die Haare machen
▸ **la ~** *fam* den Mund halten *(fam)*
II. *vi* ❶ **ses cheveux ~ent naturellement** er/sie hat Naturlocken
❷ INFORM eine Schleife machen
III. *vpr* ❶ *(se faire des boucles)* **se ~** sich *(Dat)* die Haare eindrehen
❷ *(s'enfermer)* **se ~ dans sa chambre** sich in seinem Zimmer einschließen
bouclette [buklɛt] *f* [Ringel]löckchen *nt*
bouclier [buklije] *m* ❶ *(arme défensive)* Schild *m*
❷ *(protection)* Schutzschild *m,* Schutz *m;* ~ **thermique** Hitzeschild; ~ **humain** menschlicher Schutzschild
Bouddha [buda] *m* Buddha *m*
bouddhisme [budism] *m* Buddhismus *m*
bouddhiste [budist] I. *adj* buddhistisch
II. *mf* Buddhist
bouder [bude] <1> I. *vi* schmollen
II. *vt* ❶ *(montrer du mécontentement à qn)* ~ **qn** jdm schmollend begegnen
❷ *(ne plus rechercher qc)* ~ **un film/une pièce** einem Film/Theaterstück fernbleiben; ~ **un produit** ein Produkt unbeachtet lassen
bouderie [budʀi] *f* Schmollen *nt*
boudeur, -euse [budœʀ, -øz] I. *adj* beleidigt, eingeschnappt *(fam);* **être très ~(-euse)** immer gleich eingeschnappt sein *(fam)*
II. *m, f* Junge, der/Mädchen, das [oft] schmollt; **je n'aime pas les ~s** ich mag keine beleidigten Leberwürste *(fam)*
boudin [budɛ̃] *m* ❶ ~ **noir** ≈ Blutwurst *f,* ≈ Blunze[n] *f* (A); ~ **blanc** aus Geflügelfleisch, Milch, Ei und Brotkrume hergestellte Wurst
❷ *fam (fille grosse et disgracieuse)* Pummel *m (fam)*
❸ NORD, BELG *(traversin)* [lange] Nackenrolle *f*
boudiné(e) [budine] *adj* ❶ *(en forme de boudin)* **doigt ~** Wurstfinger *(fam)*
❷ *(serré dans un vêtement étriqué)* beengt; **être ~(e) dans une veste** in eine Jacke [*o* ein Jackett] eingezwängt sein
boudiner [budine] <1> I. *vt fam* ~ **qn** *vêtement:* jdn beengen
II. *vpr fam* **se ~ dans un vêtement** sich in ein Kleidungsstück zwängen
boudoir [budwaʀ] *m* ❶ Boudoir *nt (veraltet)*
❷ *(gâteau)* Löffelbiskuit *m*
boue [bu] *f* Schlamm *m,* Matsch *m,* Gatsch *m* (A); **couche/torrent de ~** Schlammschicht *f/-*lawine *f;* ~ **s digérées** Faulschlamm; ~ **s industrielles** Industrieschlamm; ~ **primitive** Urschlamm; ~ **thermale** Heilschlamm; **des chaussures pleines de ~** völlig schmutzige Schuhe
▸ **couvrir qn de ~** jdn mit Schmutz bewerfen; **traîner qn dans la ~** jdn durch [*o* in] den Schmutz ziehen; **se vautrer dans la ~** sich dem völligen Verfall hingeben
bouée [bwe] *f* ❶ *(balise)* Boje *f;* ~ **lumineuse/sonore** Leucht-/Heulboje
❷ *(protection gonflable)* Schwimmreifen *m*
♦ ~ **de sauvetage** Rettungsring *m; fig* Rettungsanker *m*
boueux, -euse [bwø, -øz] *adj chaussures, chemin, eau* schlammig; **des coulées boueuses** Schlammströme *Pl*
bouffant(e) [bufɑ̃, ɑ̃t] *adj* **des manches ~es** Puffärmel *Pl;* **pantalon ~** Pluderhose *f*
bouffarde [bufaʀd] *f fam* Stummelpfeife *f*
bouffe[1] *v.* **opéra**
bouffe[2] [buf] *f fam* Essen *nt,* Fressen *nt (vulg);* **ne penser qu'à la ~** nur ans Futtern denken *(fam);* **se faire une bonne [petite] ~** sich *(Dat)* was Ordentliches zu essen machen *(fam);* **à la ~!** *fam* essen kommen! *(fam);* ~ **merdique** *pop* Schlangenfraß *m (pej sl)*
bouffée [bufe] *f* ❶ *(souffle)* ~ **de vent** Windstoß *m;* **il respirait par ~s** er atmete stoßweise; **tirer des ~s de sa pipe** seine Pfeife paffen *(fam);* ~ **d'air frais/chaud** frischer Luftzug [*o* frische Brise]/Schwall *m* heißer Luft
❷ *(haleine)* **des ~s de vin** Fahne, die nach Wein riecht; **des ~s d'ail** Knoblauchfahne *f*
❸ *(poussée)* ~ **de fièvre** Fieberanfall *m;* ~ **de chaleur** [Hitze]wallung *f,* Flush *m (Fachspr.);* ~ **de colère** Wutanfall *m;* ~ **d'orgueil** Anwandlung *f* von Stolz
bouffer [bufe] <1> I. *vi* ❶ *fam* essen, fressen *(fam)*
❷ *(se gonfler)* sich bauschen
II. *vt fam* ❶ essen, futtern *(fam),* fressen *(vulg);* **je n'ai rien à ~ à la maison** ich habe nichts Essbares im Haus
❷ *(consommer)* schlucken *(fam) essence, huile;* fressen *(fam) kilomètres*

❸ *pop (manifester sa colère)* ~ **qn** jdn gefressen haben *(fam)*; **je vais** [*o* **pourrais**] **le ~!** ich könnte ihm den Hals/Kragen umdrehen! *(fam)*
bouffetance [buftɑ̃s] *f fam* Fressalien *Pl (fam)*
bouffi(e) [bufi] *adj* ❶ *visage* aufgedunsen; *yeux* verquollen; *paupières* geschwollen; *mains* angeschwollen; **visage ~ de graisses** feistes Gesicht
❷ *péj* être ~(e) **d'orgueil** [*o* **de vanité**] aufgeblasen sein *(pej fam)*
bouffir [bufiʀ] <8> I. *vt* aufquellen [*o* anschwellen] lassen *visage*
II. *vi personne:* [krankhaft] zunehmen; *corps:* sich aufblähen; *yeux:* aufquellen
bouffon(ne) [bufɔ̃, ɔn] I. *adj* spaßig
II. *m(f)* Narr *m*, Kasper *m;* **faire le ~** den Clown spielen
◆ **~ de cour, ~ du roi** Hofnarr *m*
bouffonnerie [bufɔnʀi] *f* ❶ Drolligkeit *f; d'une scène, pièce* [derbe] Komik; *souvent pl (propos, comportement)* Blödelei *f;* **arrête tes ~s!** hör auf mit dem Blödsinn! *(fam)*
bougainvillée [bugɛ̃vile] *f,* **bougainvillier** [bugɛ̃vilje] *m* BOT Bougainvillea *f*
bouge [buʒ] *m* ❶ *(bar mal famé)* Spelunke *f (pej)*
❷ *(taudis)* Loch *nt (pej sl)*
bougeoir [buʒwaʀ] *m* Kerzenleuchter *m (mit Griff)*
bougeotte [buʒɔt] *f* **avoir la ~** *fam (ne pas tenir en place)* kein Sitzfleisch haben *(fam); enfant:* ein Zappelphilipp sein *(fam); (voyager sans cesse)* von der Reiselust gepackt sein
bouger [buʒe] <2a> I. *vi* ❶ sich bewegen; **être incapable de ~** unfähig sein, sich zu rühren
❷ POL *(protester)* ~ **devant qn/qc** gegen jdn/etw aufbegehren
❸ *fam (changer, s'altérer)* sich verändern; *couleur:* ausgehen; *tissu:* einlaufen; **ne pas ~** *prix, taux:* unverändert bleiben; **faire ~ qc** etw ins Rollen bringen *(fam)*
❹ *(se déplacer, voyager)* **je ne bouge pas d'ici!** ich rühre mich nicht vom Fleck!; **faire ~ qn** jdm Beine machen *(fam)*
▸ **ça bouge** [**pas mal**]! *fam* da ist ganz schön was los [*o* geht's ganz schön ab]! *(fam)*
II. *vt* ❶ *(déplacer)* umstellen *meuble, objet*
❷ *(remuer)* bewegen *bras, doigt, tête*
III. *vpr fam* **se ~** ❶ sich bewegen; **bouge-toi de là!** geh' da mal weg! *(fam)*
❷ *(faire un effort)* sich anstrengen
bougie [buʒi] *f* ❶ Kerze *f;* **s'éclairer à la ~** bei Kerzenlicht leben; **souffler dix ~s** zehn Jahre alt werden
❷ *d'un véhicule* Zündkerze *f;* **~ de préchauffage** Glühkerze
bougnoul[e] [buɲul] *m péj fam* ❶ Kameltreiber(in) *m(f)*
❷ *(Maghrébin)* Nordafrikaner *m,* Araber *m (rassistische Beleidigung)*
bougon(ne) [bugɔ̃, ɔn] I. *adj* mürrisch, griesgrämig
II. *m(f)* Miesepeter *m (fam)*
bougonner [bugɔne] <1> *vi* **~ contre qn/qc** über jdn/etw murren
bougre, bougresse [bugʀ, bugʀɛs] *m, f* ❶ *fam* Kerl *m (fam);* **c'est un pauvre ~** er ist ein armer Teufel; **c'est vraiment un bon ~** *iron* er ist wirklich ein gutmütiger Kerl *(fam)*
❷ *péj (espèce)* **~ d'idiot!** du Idiot!; **ce ~ d'enfant** dieses verflixte [*o* verdammte] Kind *(pej)*
bougrement [bugʀəmɑ̃] *adv vieilli fam* unheimlich *(fam),* verdammt *(fam)*
boui-boui [bwibwi] <bouis-bouis> *m péj fam* Spelunke *f (pej)*
bouillabaisse [bujabɛs] *f* GASTR Bouillabaisse *f*
bouillant(e) [bujɑ̃, jɑ̃t] *adj* ❶ *(qui bout)* kochend
❷ *(très chaud) boisson* kochend heiß
❸ *(fougueux)* ungestüm, hitzig; **être ~(e) de colère/rage** vor Wut kochen; **être ~(e) d'impatience** vor Ungeduld brennen
bouille [buj] *f fam* Gesicht *nt;* **avoir une bonne ~** nett [*o* lieb] aussehen *(fam)*
bouillette [bujɛt] *f* PECHE Boilie *nt (Fachspr.);* **peigne de stops ~** Hechel *f (Fachspr.)*
bouilleur [bujœʀ] *m (personne)* Destillateur *m;* **~ de cru** Person, die Obstwasser für den Eigenbedarf brennt
bouilli(e) [buji] I. *part passé de* **bouillir**
II. *adj légumes, viande, poisson* gekocht; *eau* abgekocht; *lait* aufgekocht
bouillie [buji] *f* Brei *m;* **mettre** [*o* **réduire**] **en ~** pürieren
▸ **mettre** [*o* **réduire**] **qn en ~** *fam* aus jdm Kleinholz [*o* Hackfleisch *fam*] machen; **avoir le visage/la jambe en ~** ein völlig zerquetschtes Gesicht/Bein haben
bouillir [bujiʀ] <irr> I. *vi* ❶ kochen
❷ *(porter à ébullition)* zum Kochen bringen; **faire ~ du lait** Milch aufkochen lassen
❸ *(laver à l'eau bouillante, stériliser)* [aus]kochen
❹ *(s'emporter)* **~ de colère/de rage** vor Wut kochen; **~ d'impatience** vor Ungeduld brennen
II. *vt* ❶ *(porter à ébullition)* zum Kochen bringen *lait, eau;* [aus]kochen *linge;* **de l'eau bouillie** abgekochtes Wasser
❷ *(cuire à l'eau)* kochen *viande, légumes*
❸ TECH härten *cuir*
bouilloire [bujwaʀ] *f* [Wasser]kessel *m;* **~** [**électrique**] [elektrischer] Wasserkocher
bouillon [bujɔ̃] *m* ❶ Brühe *f,* Bouillon *f*
❷ *(bouillonnement)* Aufkochen *nt;* **à gros ~s** stark; **bouillir/ cuire à gros ~s** brodeln
▸ **boire un ~** *(avaler de l'eau en nageant)* [Wasser] schlucken; *(essuyer un échec financier)* auf die Nase fallen *(fam)*
◆ **~ de culture** BIO Nährbrühe *f; fig* Nährboden *m;* **~ de légumes** Gemüsebrühe *f;* **~ d'onze heures** *fam* Gifttrank *m*
bouillon-cube [bujɔ̃kyb] <bouillon-cubes> *m* Brühwürfel *m*
bouillonnant(e) [bujɔnɑ̃, ɑ̃t] *adj* ❶ sprudelnd; **des bains ~s** ein Whirlpool
❷ *(imaginatif)* überschäumend; *imagination* blühend
bouillonnement [bujɔnmɑ̃] *m* ❶ Sprudeln *nt*
❷ *fig des désirs* Aufwallen *nt (geh);* **des idées** Überschäumen *nt*
bouillonner [bujɔne] <1> *vi* ❶ brodeln
❷ *(être énervé)* **~ de rage/colère** vor Wut schäumen *(geh)*
❸ *(être imaginatif)* **~ d'idées** vor Ideen überschäumen
bouillotte [bujɔt] *f* Wärmflasche *f*
boulange [bulɑ̃ʒ] *f fam abr de* **boulangerie** Bäckerei *f; (métier)* Bäckerhandwerk *nt*
boulanger [bulɑ̃ʒe] I. *m* Bäcker *m*
II. *app* Bäcker-; **patron/garçon** [*o* **apprenti**] **~** Bäckermeister *m*/ Bäckerlehrling *m*
boulangère [bulɑ̃ʒɛʀ] *f* ❶ Bäckerin *f*
❷ *(femme d'un boulanger)* Bäckersfrau *f*
boulangerie [bulɑ̃ʒʀi] *f* ❶ *(magasin)* Bäckerei *f*
❷ *(usine)* **~ industrielle** Brotfabrik *f*
❸ *(secteur économique, métier)* Bäckerhandwerk *nt;* **être** [*o* **travailler**] **dans la ~** Bäcker sein
boulangerie-pâtisserie [bulɑ̃ʒʀipatisʀi] <boulangeries-pâtisseries> *f* Bäckerei-Konditorei *f*
boulanger-pâtissier [bulɑ̃ʒepatisje] <boulangers-pâtissiers> *m* Bäcker *m* und Konditor/Bäckerin *f* und Konditorin, Feinbäcker(in) *m(f)*
boule [bul] *f* ❶ Kugel *f;* **~ de verre/d'acier** Glas-/Stahlkugel; **~ de métal** Metallkugel
❷ *(objet de forme ronde)* **~ de glace** Eiskugel; **~ de laine** Wollknäuel *m;* **~ de coton** Wattebausch *m;* **~ de feu** Feuerball *m;* **mettre qc en ~** etw zusammenballen
❸ *pl (testicules)* Eier *Pl (fam)*
❹ *pl* JEUX **jeu de ~s** Boule[spiel] *nt;* **jouer aux ~s** Boule spielen
❺ *(tête)* **avoir la ~ à zéro** *fam* eine Glatze haben; **perdre la ~** *fam (devenir fou)* überschnappen *(fam); (s'affoler)* durchdrehen *(fam)*
❻ BELG *(bonbon)* Bonbon *m o nt*
▸ **avoir une ~ dans la gorge** *fam* einen Kloß im Hals haben *(fam);* **avoir ~s** *fam (avoir peur)* Muffe haben *(fam); (être frustré)* frustriert sein; *(être déprimé)* mies [*o* schlecht] drauf sein *(fam);* **(être en colère)** verärgert sein; *(avoir honte)* peinlich berührt sein; **être** [*o* **se mettre**] **en ~** *fam* in die Luft gehen *(fam);* **mettre qn en ~** *fam* jdn auf die Palme bringen *(fam)*
◆ **~ de billard** ❶ Billardkugel *f* ❷ *fig* Glatzkopf *m;* **~ de commande** Trackball *m;* **~ de cristal** Kristallkugel *f;* **~ de gomme** [Husten]pastille *f;* **~ de neige** Schneeball *m* ▸ **effet ~ de neige** Kettenreaktion *f;* **faire ~ de neige** *capitaux:* sich ständig vermehren, stetig zunehmen; *mouvement, grève:* einen Schneeballeffekt haben; **~ de pain** Brotlaib *m;* **~ de pointage** INFORM Rollkugel *f;* **~s Quiès**® Ohropax® *nt kein Pl;* **~ à thé** Tee-Ei *nt*
bouleau [bulo] <x> *m* BOT Birke *f;* **bois de ~** Birkenholz *nt*
bouledogue [buldɔg] *m* ZOOL Bulldogge *f*
bouler [bule] <1> *vi* **envoyer qn/qc ~** *fam* jdn/etw rausschmeißen *(fam)*
boulet [bulɛ] *m* ❶ *(boule de métal pour charger les canons)* [Kanonen]kugel *f; (boule de métal attachée aux pieds des condamnés)* [Eisen]kugel *f*
❷ *(fardeau)* Last *f*
❸ *(charbon)* Eierbrikett *nt*
▸ **s'attacher un ~ aux pieds** sich *(Dat)* etw aufhalsen; **tirer à ~s rouges sur qn** jdn schonungslos angreifen; **c'est un ~ à traîner!** *(personne)* der/die ist ein Klotz am Bein! *(fam);* **quel ~!** was für eine Last [*o* ein Klotz am Bein] ! *(fam)*
◆ **~ de canon** Kanonenkugel *f* ▸ **arriver comme un ~ de canon** angeschossen kommen *(fam)*
boulette [bulɛt] *f* ❶ Kügelchen *nt;* **~ de papier** Papierkugel *f*
❷ GASTR Frikadelle *f,* Bulette *f* (DIAL); **~ de poisson** Fischfrikadelle, Fischbulette (DIAL)
❸ *fig fam (gaffe)* **faire une ~** ins Fettnäpfchen treten *(fam); (faire une erreur professionnelle)* einen Fehler [*o* Schnitzer *fam*] machen
boulevard [bulvaʀ] *m* Boulevard *m,* Damm *m* (DIAL); **les ~s extérieurs** der äußere Ring; **les Grands Boulevards** die großen Bou-

levards *(zwischen Place de la Madeleine und Place de la République in Paris)*
bouleversant(e) [bulvɛʀsɑ̃, ɑ̃t] *adj spectacle, récit* erschütternd; *acteur, rôle* überwältigend
bouleversement [bulvɛʀsəmɑ̃] *m* grundlegende [*o* tiefgreifende] Veränderung; *(dans la vie d'une personne)* Erschütterung *f*; ~ **politique/économique** politische/wirtschaftliche Umwälzung
bouleverser [bulvɛʀse] <1> *vt* ❶ *(causer une émotion violente)* [zutiefst] erschüttern *personne*; **elle a le visage bouleversé par l'angoisse** die Angst steht ihr im Gesicht geschrieben
❷ *(apporter des changements brutaux)* völlig verändern *carrière, vie*; umstoßen *emploi du temps, programme*; **la société est bouleversée** die Gesellschaft befindet sich im Umbruch
❸ *(mettre sens dessus dessous)* völlig durcheinanderbringen, auf den Kopf stellen *(fam) maison, pièce*
boulier [bulje] *m* Rechenmaschine *f*
boulimie [bulimi] *f* ❶ MED Bulimie *f*, Esssucht *f*, Fresssucht
❷ *(désir intense)* **avoir une ~ de voyage/lecture** große Reiselust/großen Lesehunger haben [*o* verspüren]
boulimique [bulimik] **I.** *adj* MED ❶ *(atteint de boulimie)* bulimiekrank
❷ *(relatif à la boulimie)* **appétit ~** [anfallartiger] Heißhunger *m*
II. *mf* Bulimiekranke(r) *f(m)*, an Bulimie Leidende(r) *f(m)*
bouliste [bulist] *mf* Boulespieler(in) *m(f)*
boulodrome [bulodʀom] *m* Bouleplatz *m*
boulon [bulɔ̃] *m* TECH Schraubenbolzen *m* [mit Mutter]; **~ à tête ronde** Hutmutter *f*
▶ [res]**serrer les ~s** die Zügel straffer anziehen
boulonnage [bulɔnaʒ] *m* TECH Verschraubung *f*
boulonner [bulɔne] <1> **I.** *vt* zusammenschrauben, verbolzen
II. *vi fam (travailler)* schuften *(fam)*; *(pour un examen)* büffeln, pauken *(fam)*
boulot [bulo] *m fam* ❶ *(travail)* Arbeit *f*; **donner un sacré ~ à qn** jdn rankriegen *(fam)*; **faire du sale ~** schlechte [*o* miese *fam*] Arbeit leisten; **~ monstre** Mordsarbeit *(fam)*; **~ de merde** [*o* **de merde**] *pop* Scheißarbeit *f (sl)*; **allez, au ~!** los, an die Arbeit!; **quel ~!** was für eine Heidenarbeit! *(fam)*
❷ *(emploi)* Job *m (fam)*, Arbeit *f*; **petit ~** Gelegenheitsjob *(fam)*; **avoir un petit ~** jobben *(fam)*; **~ merdique** [*o* **de merde**] *pop* Scheißjob *m (sl)*
boulot(te) [bulo, ɔt] *adj fam* pummelig *(fam)*
boulotte [bulɔt] *f (femme rondelette)* Pummel *m (fam)*
boulotter [bulɔte] <1> *vi fam* futtern *(fam)*; **qu'est-ce qu'il boulotte!** was der reinfuttert! *(fam)*
boum¹ [bum] **I.** *interj* bum[s], plumps
II. *m* ❶ *(bruit sonore)* Bums *m (fam)*
❷ *(succès retentissant)* Knüller *m (fam)*
❸ *(croissance rapide)* **~ démographique/économique** Bevölkerungs-/Wirtschaftsboom *m*; **être en plein ~** alle Hände voll zu tun haben *(fam)*
boum² [bum] *f fam* Fete *f (fam)*
boumer [bume] <1> *vi pop* **alors, ça boume?** na, alles klar? *(fam)*
bouquet [bukɛ] *m* ❶ *de fleurs* Strauß *m*; **~ de roses** Rosenstrauß *m*
❷ *(botte) de persil, thym* Bund *nt*; **~ garni** GASTR Bund Kräuter *(Thymian, Petersilie und Lorbeerblätter)*
❸ *fig d'un feu d'artifice* krönende Schlussgarbe
❹ *(parfum) d'un vin* Blume *f*, Bukett *nt*
❺ *(grosse crevette)* Riesengarnele *f*, Hummerkrabbe *f*
▶ **c'est le ~!** *fam* das ist [ja] die Höhe [*o* der Gipfel]!
◆ **~ de mariée** Brautstrauß *m*
bouquetin [buktɛ̃] *m* ZOOL Steinbock *m*
bouquin [bukɛ̃] *m fam* Schmöker *m (fam)*
bouquiner [bukine] <1> **I.** *vt fam* **un roman** in einem Roman schmökern *(fam)*
II. *vi fam* schmökern *(fam)*
bouquiniste [bukinist] *mf* Bouquinist(in) *m(f)*, Antiquar(in) *m(f)*

Land und Leute

Die **bouquinistes** sind Antiquare und Straßenbuchhändler. Man findet sie an den Seineufern in Paris ebenso wie an den Ufern der Saône in Lyon.

bourbe [buʀb] *f* Morast *m*, Schlamm *m*
bourbeux, -euse [buʀbø, -øz] *adj* morastig, schlammig
bourbier [buʀbje] *m* Schlammloch *nt*
▶ **se** mettre [*o* tomber] **dans un** [sale] **~** in eine schwierige Lage geraten; **se** tirer d'un **~** sich aus einer schwierigen Lage befreien
bourbon [buʀbɔ̃] *m* Bourbon *m*
bourbonien(ne) [buʀbɔnjɛ̃, jɛn] *adj* bourbonisch; **nez ~** für die Bourbonen typische [Haken]nase
Bourbons [buʀbɔ̃] *mpl* HIST **les ~** die Burbonen *Pl*
bourde [buʀd] *f fam* ❶ *(bévue)* Schnitzer *m (fam)*; **faire une ~** einen Bock schießen *(fam)*

❷ *(mensonge)* Lüge *f*; **arrête de me raconter des ~s!** hör auf, mir etwas vorzuschwindeln! *(fam)*
bourdon [buʀdɔ̃] *m* ❶ ZOOL Hummel *f*
❷ MUS große *Glocke, die dunkel klingt*; *d'un orgue* Bordun *m*
▶ **avoir le ~** *pop* deprimiert [*o* down *fam*] sein
bourdonnant(e) [buʀdɔnɑ̃, ɑ̃t] *adj insecte* summend; *moteur* brummend
bourdonnement [buʀdɔnmɑ̃] *m d'un insecte* Summen *nt*; *d'un moteur* Brummen *nt*; *des voix* Gemurmel *nt*; **des ~s d'oreilles** Ohrensausen *nt*
bourdonner [buʀdɔne] <1> *vi moteur:* brummen; *insecte:* summen; *hélice:* surren
bourg [buʀ] *m* Marktflecken *m*
bourgade [buʀɡad] *f* kleiner Marktflecken
bourgeois [buʀʒwa] *m* ❶ Bürgerliche(r) *m*
❷ *péj* Spießbürger *m (péj)*; **petit ~** Kleinbürger *m*; *péj* Spießbürger *(péj)*
❸ HIST *(citoyen)* Bürger *m*
❹ CH *(personne possédant la bourgeoisie)* Bürger *m*
bourgeois(e) [buʀʒwa, waz] *adj* ❶ bürgerlich; **une maison ~e** ein Bürgerhaus *nt*; **faire un mariage ~** einen Bürgerlichen heiraten; **classe ~e** Bürgertum *nt*
❷ *péj (étroitement conservateur)* spießbürgerlich *(péj)*
bourgeoise [buʀʒwaz] *f* ❶ Bürgerliche *f*
❷ *péj* Spießbürgerin *f (péj)*; **petite ~** Kleinbürgerin *f*; *péj* Spießbürgerin *(péj)*
❸ HIST *(citoyenne)* Bürgerin *f*
❹ *pop (femme)* **ma/ta ~** meine/deine Alte *(fam)*
bourgeoisement [buʀʒwazmɑ̃] *adv* bürgerlich; *péj* spießbürgerlich *(péj)*
bourgeoisie [buʀʒwazi] *f* ❶ Bürgertum *nt*; **haute** [*o* **grande**]/**moyenne/petite ~** Großbürgertum *nt*/gehobener Mittelstand/Kleinbürgertum *nt*
❷ HIST Bourgeoisie *f*
❸ CH *(droit de cité)* Bürgerrecht *nt*
bourgeon [buʀʒɔ̃] *m d'un arbre, d'une plante* Knospe *f*
◆ **~ de sapin** Tannenspitze *f*
bourgeonnement [buʀʒɔnmɑ̃] *m* ❶ *des arbres* Knospung *f*
❷ *d'une plaie* Granulom *nt*
bourgeonner [buʀʒɔne] <1> *vi* ❶ *arbre:* Knospen treiben [*o* ansetzen]
❷ *fig* **son visage bourgeonne** er/sie bekommt Pickel im Gesicht
bourgmestre [buʀɡmɛstʀ] *m* BELG Bürgermeister *m*
bourgogne [buʀɡɔɲ] *m* Burgunder[wein] *m*
Bourgogne [buʀɡɔɲ] *f* **la ~** Burgund *nt*
bourguignon(ne) [buʀɡiɲɔ̃, ɔn] *adj* burgundisch; GASTR Burgunder-
Bourguignon(ne) [buʀɡiɲɔ̃, ɔn] *m(f)* Burgunder(in) *m(f)*
bourlinguer [buʀlɛ̃ɡe] <1> *vi fig fam* [viel] herumreisen *(fam)*
bourlingueur, -euse [buʀlɛ̃ɡœʀ, -øz] **I.** *m, f* Globetrotter *m*
II. *adj* Globetrotter-
bourrache [buʀaʃ] *f* BOT Borretsch *m*, Gurkenkraut *nt*
bourrade [buʀad] *f* Stoß *m*; **donner une ~ amicale à qn** jdn [*o* jdm] freundschaftlich in die Rippen puffen; **recevoir une ~ dans les côtes** einen Rippenstoß bekommen
bourrage [buʀaʒ] *m d'un coussin, matelas* Füllen *nt*; *d'une pipe* Stopfen *nt*
◆ **~ de crâne** *fam (endoctrinement)* Indoktrination *f*; *(gavage intellectuel)* stures [Ein]pauken *(péj fam)*; **~ de papier** Papierstau *m*
bourrasque [buʀask] *f* ❶ *de vent* Bö *f*; *de neige* Gestöber *nt*; **le vent souffle en ~s** es weht ein böiger Wind; **essuyer une violente ~** in eine Sturmbö geraten; **des ~s de pluie** peitschender Regen
❷ *fig d'injures, de mots, paroles* Hagel *m*
▶ **rentrer dans la pièce comme une ~** ins Zimmer [herein]stürmen
bourratif, -ive [buʀatif, -iv] *adj fam aliment* sättigend; **c'est ~** das stopft *(fam)*
bourre [buʀ] *f* ❶ *(matière de remplissage)* Füllung *f*
❷ *(duvet des bourgeons)* Flaum *m*
❸ *d'une arme, cartouche* Pfropfen *m*
▶ **être à la ~** *fam* sich beeilen müssen
bourré(e) [buʀe] *adj* ❶ randvoll; *portefeuille* prall; **être ~(e) de meubles** mit Möbeln voll gestellt sein *(fam)*; **être ~(e) de fautes/préjugés/complexes** voller Fehler/Vorurteile/Komplexe sein; **être ~(e) de fric** *fam* im Geld schwimmen sein *(fam)*
❷ *(serré)* **être ~(e) dans qc** *personnes:* in etw *(Dat)* zusammengepfercht sein
❸ *fam (ivre)* besoffen *(fam)*; **~ à mort** knallvoll *(fam)*
bourreau [buʀo] <x> *m* ❶ Henker *m*
❷ *(tortionnaire)* Peiniger *m*
◆ **~ des cœurs** *iron* Herzensbrecher *m*; **~ d'enfants** Kinder-

schänder *m*; ~ **de travail** Arbeitstier *nt*
bourrée [buʀe] *f* Bourrée *f alter franz. Volkstanz*
bourreler [buʀ(ə)le] <3> *vt* quälen, peinigen; **bourrelé(e) de remords** von Vorwürfen gepeinigt
bourrelet [buʀlɛ] *m* ❶ *(pour isoler)* Abdichtung *f*
  ❷ *de chair* Wulst *m o f*; *de graisse* Wulst, Pölsterchen *nt*
bourrelier, -ière [buʀəlje, -jɛʀ] *m, f* Sattler(in) *m(f)*
bourrer [buʀe] <1> **I.** *vt* ❶ vollstopfen; stopfen *pipe*
  ❷ *(gaver)* ~ **qn de nourriture** jdn mit Essen vollstopfen; **ses parents l'ont bourrée de complexes** wegen ihrer Eltern steckt sie voller Komplexe; ~ **le crâne à qn** *(endoctriner)* jdn indoktrinieren; *(gaver de connaissances)* jdn mit Wissen vollstopfen
  II. *vpr* **se** ~ **de qc** sich mit etw vollstopfen
  III. *vi* sättigen, stopfen *(fam)*
bourrette [buʀɛt] *f* TEXTIL Rohseide *f*
bourriche [buʀiʃ] *f (panier, contenu)* Korb *m (ohne Henkel, mit Deckel)*; **manger une** ~ **d'huîtres** einen [ganzen] Korb Austern essen
bourrichon [buʀiʃɔ̃] *m fam* **monter le** ~ **à qn** jdn aufhetzen; **se monter le** ~ sich *(Akk)* Illusionen machen; *personnes:* sich gegenseitig aufstacheln
bourricot [buʀiko] *m fam* Esel *m*
bourrin [buʀɛ̃] *m pop* Gaul *m (fam)*
bourrique [buʀik] *f fam* Esel(in) *m(f)*
  ▸ **être têtu(e) comme une** ~ störrisch wie ein Esel sein *(fam)*; **faire tourner qn en** ~ jdn verrückt [*o* wahnsinnig] machen; **quelle** ~ **!** so ein sturer Bock!
bourru(e) [buʀy] *adj* ❶ *(peu aimable)* mürrisch, rau
  ❷ *(qui vient d'être tiré) lait* kuhwarm
bourse¹ [buʀs] *f* ❶ *(porte-monnaie)* Geldbeutel *m*; **avoir la** ~ **bien garnie/plate** gut/schlecht [*o* knapp] bei Kasse sein *(fam)*
  ❷ ANAT ~ **séreuse** Schleimbeutel *m*; **les** ~**s** der Hodensack
  ▸ **la** ~ **ou la vie!** Geld oder Leben!; **sans** ~ **délier** ohne einen Pfennig auszugeben [*o* zu zahlen]
  ◆ ~ **d'études** Stipendium *nt*
bourse² [buʀs] *f* ~ **aux vêtements** Kleidermarkt *m*
  ◆ ~ **du travail** Gewerkschaftshaus *nt*
Bourse [buʀs] *f* ❶ *(lieu, ensemble des cours)* Börse *f*; **jouer à la** [*o* **en**] ~ [an der Börse] spekulieren
  ❷ *(ensemble des opérations)* Börsenhandel *m*; ~ **en repli** rückläufiger Börsenhandel; ~ **en stagnation** stagnierende Börse
  ❸ *(domaine, secteur)* [**le monde de**] **la** ~ das Börsenwesen
  ◆ ~ **des actions** Aktienbörse *f*; ~ **des céréales** Getreidebörse *f*; ~ **de commerce** [*o* **de marchandises**] Warenbörse *f*, Handelsbörse; ~ **des devises** Devisenbörse *f*; ~ **des produits** ECON Produktenbörse *f*; ~ **des valeurs** Wertpapierbörse *f*, Effektenhaus *nt*; ~ **des valeurs industrielles** Industriebörse *f*
boursiconaute [buʀsikɔnot] *mf* [Online|börsenspekulant(in) *m(f)*
boursicoter [buʀsikɔte] <1> *vi fam* kleine Börsengeschäfte machen
boursier, -ière¹ [buʀsje, -jɛʀ] **I.** *adj* **étudiant** ~ **/étudiante boursière** Stipendiat(in) *m(f)*
  II. *m, f* Stipendiat(in) *m(f)*
boursier, -ière² [buʀsje, -jɛʀ] **I.** *adj (relatif à la Bourse)* Börsen-; **journal/tuyau** ~ Börsenzeitung *f*/-tipp *m*; **crise boursière** Börsenkrise *f*
  II. *m, f (professionnel de la Bourse)* Börsenmakler(in) *m(f)*, Börsenjobber(in) *m(f) (fam)*
boursouflé(e) [buʀsufle] *adj* ❶ *peau, main* [an]geschwollen; *visage* aufgedunsen
  ❷ *(emphatique) style, discours* schwülstig, geschwollen *(pej)*
boursoufler [buʀsufle] <1> **I.** *vt* anschwellen
  II. *vpr* **se** ~ *peinture, surface:* Blasen bilden
boursouflure [buʀsuflyʀ] *f de la peau, du visage* Schwellung *f*; *d'une surface, peinture* Blase *f*
bouscueil [buskœj] *m* CAN *(mouvement des glaces)* Eisgang *m*
bousculade [buskylad] *f* ❶ *(remous de foule)* Gedränge *nt*
  ❷ *(précipitation)* Eile *f*; **dans la** ~ **du départ** in der Hektik des Aufbruchs; **c'est la** ~ es/alles geht drunter und drüber *(fam)*
bousculer [buskyle] <1> *vt* ❶ *(heurter)* anstoßen *personne*; umwerfen *livres, chaises*
  ❷ *(mettre sens dessus dessous)* völlig durcheinanderbringen, auf den Kopf stellen *(fam)*
  ❸ *(modifier brutalement)* von Grund auf ändern *conception, traditions*; umstoßen *projet*
  ❹ *(exercer une pression sur)* drängen; **être bousculé(e)** viel um die Ohren haben *(fam)*
  ❺ *fam (dérouter)* ins Schleudern bringen *(fam)*
  II. *vpr* ❶ *(se pousser mutuellement)* **se** ~ sich drängeln; **les spectateurs se bousculent vers la sortie** die Zuschauer drängen zum Ausgang hin
  ❷ *(être en confusion) sentiments:* hin und her gerissen sein; **les idées se bousculaient dans sa tête** die Gedanken schwirrten ihm/ihr durch den Kopf
bouse [buz] *f* Kuhfladen *m*
bouseux [buzø] *m péj* Bauer *m (pej fam)*
bousillage [buzijaʒ] *m fam* ❶ *(travail mal fait)* Pfusch *m (pej fam)*
  ❷ *(mise hors d'usage)* Kaputtmachen *nt*
bousiller [buzije] <1> *vt fam* ❶ *(mettre hors d'usage)* kaputt machen
  ❷ *(mal faire)* verpfuschen, vermurksen *(fam) travail*
boussole [busɔl] *f* [Magnet]kompass *m*
  ▸ **perdre la** ~ *fam* durchdrehen *(fam)*
boustifaille [bustifaj] *f pop* Fressen *nt (pej vulg)*
bout [bu] *m* ❶ *du doigt, nez* Spitze *f*; *d'un objet* Ende *nt*; **au** ~ **de la table** am Tischende; **avoir un poisson au** ~ **de sa ligne** einen Fisch an der Angel haben; **de** ~ **en** ~ [*o* **d'un** ~ **à l'autre**] ganz; ~ **à** ~ aneinander; **jusqu'au** ~ bis zum Schluss [*o* Ende]; **tenir jusqu'au** ~ durchhalten
  ❷ *(limite)* Ende *nt*; **au** ~ **du chemin/couloir** am Ende des Weges/Ganges; **au** ~ **du fil** am anderen Ende [der Leitung]; **tout au** ~ ganz hinten
  ❸ *(morceau)* Stück[chen *nt*] *nt*
  ❹ *(terme)* **au** ~ **d'un moment/d'une année** nach einer Weile/einem Jahr
  ▸ **à** ~ **de bras** mit gestreckten Armen; **à tout** ~ **de champ** alle nas[e]lang *(fam)*; **faire un bon** ~ **de chemin** *fam* sich ganz schön gemacht haben *(fam)*, ein gutes Stück vorangekommen sein *(fam)*; **au** ~ **du compte** letzten Endes; **être concentré(e)/motivé(e) jusqu'au** ~ **des dents** bis in die Haarspitzen konzentriert/motiviert sein; **savoir qc sur le** ~ **des doigts** etw im Schlaf können [*o* beherrschen]; **petit** ~ **de femme** *fam* zierliches Persönchen *nt*; **être à** ~ **de forces/de nerfs** mit seinen Kräften/Nerven am Ende sein *(fam)*; **qn a un mot/un nom sur le** ~ **de la langue** jdm liegt ein Wort/Name auf der Zunge; **faire qc du** ~ **des lèvres** etw [nur] sehr ungern [*o* widerwillig] tun; **au** ~ **du monde** am Ende der Welt; **ce n'est pas le** ~ **du monde** das ist [doch] nicht die Welt; **montrer le** ~ **de son nez** sich kurz blicken lassen; **ne pas voir plus loin que le** ~ **de son nez** nicht über den eigenen [*o* seinen] Tellerrand hinausehen; **se laver seulement le** ~ **du nez** nur Katzenwäsche machen *(fam)*; **mener qn par le** ~ **du nez** jdn gängeln *(pej)*; **jusqu'au** ~ **des ongles** *posséder* in höchstem Maße; *être soigné* äußerst; *connaître, savoir, vivre à und auswendig (pej)*; **comédien(ne) jusqu'au** ~ **des ongles** Vollblutschauspieler(in) *m(f)*; **journaliste jusqu'au** ~ **des ongles** Vollblutjournalist(in) *m(f)*; **montrer le** ~ **de l'oreille** sich verraten; **être à** ~ **de souffle** außer Atem sein; **un** ~ **de temps** eine Zeit lang; **voir le** ~ **du tunnel** Licht am Ende des Tunnels sehen; **en connaître un bon** ~ *fam* sich da recht gut auskennen *(fam)*; **tenir le bon** ~ es bald geschafft haben; **joindre les deux** ~**s** mit seinem Geld auskommen; **tirer à** ~ **portant** aus nächster Nähe schießen; **manger un** ~ eine Kleinigkeit essen; **mettre les** ~**s** *fam* sich aus dem Staub machen *(fam)*; **mettre** [*o* **pousser**] **qn à** ~ jdm zusetzen; **venir à** ~ **de qc/qn** mit etw/jdm fertig werden
  ◆ ~ **d'essai** CINE Probeaufnahmen *Pl*; ~ **filtre** Filter *m*; **cigarette à** ~ **filtre** Filterzigarette *f*
boutade [butad] *f* Bonmot *nt*
boute-en-train [butɑ̃tʀɛ̃] *m inv* Stimmungskanone *f (fam)*
boutefas [butfa] *m* CH *(saucisson de porc)* geräucherte Wurst aus Schweinefleisch
bouteille [butɛj] *f* ❶ Flasche *f*; ~ **d'eau/de lait/d'huile** Wasser-/Milch-/Ölflasche; ~ **de bière/de vin** Bier-/Weinflasche; ~ **consignée/non consignée** Pfand-/Einwegflasche; ~ **en plastique** Plastikflasche; **mettre le vin en** ~**s** den Wein [in Flaschen] abfüllen; **boire à la** ~ aus der Flasche trinken; ~ **en** [*o* **de**] **verre** Glasflasche
  ❷ *(contenu)* Flasche *f*; ~ **de vin/de lait** Flasche Wein/Milch; **une bonne** ~ ein guter Tropfen
  ▸ **aimer la** ~ *fam* gerne einen trinken *(fam)*; **prendre de la** ~ *(mûrir)* reifer [*o* erfahrener] werden; *(vieillir)* älter werden
bouter [bute] <1> *vt vieilli* aus dem Land vertreiben *ennemi*
bouteur [butœʀ] *m rare* Bulldozer *m*
boutique [butik] *f* ❶ Laden *m*, Geschäft *nt*; ~ **du boulanger/de l'épicier** Bäckerladen/Lebensmittelgeschäft; ~ **de fruits/de légumes/d'antiquités** Obst-/Gemüse-/Antiquitätengeschäft
  ❷ *(magasin de prêt-à-porter)* [Mode]boutique *f*; ~ **de mode pour enfants** Kinderboutique
  ❸ *fam (entreprise)* Geschäft *nt*, Arbeit *f*
  ▸ **ouvrir/fermer** ~ einen Laden [*o* ein Geschäft] eröffnen/dicht machen *fam*; **fermer/plier** ~ aufhören, verzichten; **vendre toute la** ~ *fam* den ganzen Laden hinschmeißen *(fam)*
boutique-cadeaux [butikado] <boutiques-cadeaux> *f* Geschenkboutique *f*
boutiquier, -ière [butikje, -jɛʀ] *m, f* Ladenbesitzer(in) *m(f)*, Ladeninhaber(in) *m(f)*

boutoir v. coup

bouton [butɔ̃] m ❶ Knopf m; ~ de/du pantalon Hosenknopf; ~ de bois/de nacre Holz-/Perlmuttknopf

❷ (commande d'un mécanisme) de la radio, télé, sonnette Knopf m; de porte Knauf m; d'un interrupteur Schalter m; **faire qc en appuyant sur un ~** etw per Knopfdruck tun

❸ MED ~ **de fièvre** Fieberbläschen nt, Fieberblase f; ~ **de rougeole** Masernbläschen; ~ **d'acné** Aknepustel f

❹ BOT Knospe f; ~ **de rose** Rosenknospe; ~**s à feuilles/fleurs** Blatt-/Blütenknospen Pl

❺ INFORM (sur l'écran) Schaltfläche f; ~ **Démarrer** Schaltfläche Start; ~ **de la/de souris** Maustaste f; ~ **droit/gauche de la souris** rechte/linke Maustaste

◆ ~ **de col** Kragenklammer f; ~ **de manchettes** Manschettenknopf m

bouton-d'or [butɔ̃dɔʀ] <boutons-d'or> m BOT Butterblume f, Hahnenfuß m

boutonnage [butɔnaʒ] m Knöpfen m

boutonné(e) [butɔne] adj zugeknöpft; **robe ~e derrière** hinten geknöpftes Kleid

boutonner [butɔne] <1> I. vt zuknöpfen

II. vi pick[e]lig werden; **avoir le nez qui boutonne** Pickel auf der Nase bekommen

III. vpr **se ~** vêtement: zugeknöpft werden; personne: seine Knöpfe zumachen; **une robe boutonnée** [o **qui se boutonne**] **de haut en bas** ein durchgeknöpftes Kleid

boutonneux, -euse [butɔnø, -øz] adj pick[e]lig

boutonnière [butɔnjɛʀ] f Knopfloch nt; **à la ~** im Knopfloch

bouton-poussoir [butɔ̃puswaʀ] <boutons-poussoirs> m Druckschalter m **bouton-pression** [butɔ̃pʀesjɔ̃] <boutons-pression> m Druckknopf m

bouturage [butyʀaʒ] m HORT Vermehrung f durch Stecklinge

bouture [butyʀ] f Steckling m

bouturer [butyʀe] <1> vt ~ **les géraniums** Geranienstecklinge setzen

bouvet [buvɛ] m TECH Falzhobel m

bouvier, -ière [buvje, -jɛʀ] m, f Rinderhirt(in) m(f)

bouvreuil [buvʀœj] m ORN Dompfaff m, Gimpel m

bovidés [bɔvide] mpl wiederkäuende Paarhufer Pl

bovin(e) [bɔvɛ̃, in] I. adj (qui concerne le bœuf) Rinder-

II. mpl Rinder Pl

bowling [bulin] m ❶ (jeu) Bowling nt

❷ (lieu) Bowlingcenter nt, Bowlingbahn f; **piste de ~** Bowlingbahn

box [bɔks] <es> m ❶ (dans une écurie) Box f; (dans un garage) Stellplatz m; (dans un hôtel, un dortoir) abgeteilter Raum

◆ ~ **des accusés** Anklagebank f

boxe [bɔks] f Boxen nt, Boxsport m; ~ **professionnelle** Profiboxsport; **match** [o **combat**] **de ~** Boxkampf m; **faire de la ~** boxen

boxer[1] [bɔkse] <1> I. vi boxen; ~ **contre qn** gegen jdn boxen

II. vt fam ~ **qn** jdn boxen; **se faire ~** eins auf die Nase kriegen (fam)

boxer[2] [bɔksœʀ] m, **boxer-short** [bɔksœʀʃɔʀt] <boxers-shorts> m Boxershorts Pl

boxeur, -euse [bɔksœʀ, -øz] m, f Boxer(in) m(f); ~(-euse) **amateur** Amateurboxer(in); ~ **professionnel/boxeuse professionnelle** Berufsboxer(in), Profiboxer(in), Boxprofi m

box-office [bɔksɔfis] <box-offices> m Kassenschlager m (fam), Publikumserfolg m

▶ **être** [o **arriver**] **en tête du ~** acteur, film: großen Erfolg haben

boxon [bɔksɔ̃] m fam Durcheinander nt

boy [bɔj] m Boy m

boyau [bwajo] <x> m ❶ ANAT Darm m; **les ~s** das Gedärm

❷ (tranchée) Verbindungsgraben m

❸ (chambre à air) Schlauch m

❹ (corde) d'une raquette, d'un violon [Darm]saite f

◆ ~ **de sauvetage** Rettungsschlauch m

boycott [bɔjkɔt] m, **boycottage** [bɔjkɔtaʒ] m Boykott m; ~ **des livraisons** Lieferboykott; **faire le ~ de qc** etw boykottieren

boycotter [bɔjkɔte] <1> vt boykottieren

boys band [bɔjzbɑ̃d] <boys band[s]> m Boygroup f

boy-scout [bɔjskut] <boys-scouts> m Pfadfinder m

B.P. abr de **boîte postale**

brabançon(ne) [bʀabɑ̃sɔ̃, ɔn] adj aus Brabant

Brabançonne [bʀabɑ̃sɔn] f **la ~** die belgische Nationalhymne

Brabant [bʀabɑ̃] m **le ~** Brabant

bracelet [bʀaslɛ] m ❶ (petite chaîne) Armband nt; ~ **serti de rubis** Rubinarmband; ~ **de montre** Uhrarmband, Uhrband

❷ (anneau) Armreif m

◆ ~ **de cheville** Fußkettchen nt; ~ **de force** Gelenkstütze f; ~ **d'identité** Identitätsband nt

bracelet-montre [bʀaslɛmɔ̃tʀ] <bracelets-montres> m Armbanduhr f

brachycéphale [bʀakisefal] adj personne kurzköpfig, brachyzephal (Fachspr.)

braconnage [bʀakɔnaʒ] m CHASSE Wilderei f; PECHE Angeln nt ohne Angelschein

braconner [bʀakɔne] <1> vi CHASSE wildern; PECHE ohne Angelschein angeln

braconnier, -ière [bʀakɔnje, -jɛʀ] m, f CHASSE Wilderer m; PECHE Angler(in) m(f) ohne Angelschein

bractée [bʀakte] f BOT, BIO Deckblatt nt

brader [bʀade] <1> vt ❶ COM verschleudern, zum Schleuderpreis verkaufen

❷ (se débarrasser de) verscherbeln (fam); herschenken territoire, colonie

braderie [bʀadʀi] f (foire) Trödelmarkt m; (liquidation) [Straßen]verkauf m zu Spottpreisen [o Schleuderpreisen]; (soldes) Ausverkauf m

bradycardie [bʀadikaʀdi] f MED Bradykardie f

braguette [bʀagɛt] f Hosenschlitz m, Hosenstall m (hum fam)

brahmane [bʀaman] m Brahmane m

brahmanisme [bʀamanism] m Brahmanismus m

braillard(e) [bʀajaʀ, -jaʀd] fam I. adj bébé, enfant plärrend (fam); ivrogne, foule grölend

II. m(f) Schreihals m (fam)

braille [bʀaj] m Blindenschrift f

braillement [bʀajmɑ̃] m (cri) Brüllen nt

brailler [bʀaje] <1> I. vi brüllen, schreien, belfern (pej fam)

II. vt brüllen; ivrogne, foule: grölen

braiment [bʀɛmɑ̃] m de l'âne Iahen nt

brainstorming [bʀɛnstɔʀmin] m Brainstorming nt

brain-trust [bʀɛntʀœst] m Braintrust m

braire [bʀɛʀ] <irr> vt ❶ âne: iahen; fam (brailler) brüllen

❷ fam (suer) **faire ~ qn** jmd tierisch auf die Nerven gehen (fam)

braise [bʀɛz] f Glut f

▶ **être sur la ~** [wie] auf [glühenden] Kohlen sitzen

braisé(e) [bʀeze] adj GASTR gedämpft; **poisson ~** gedämpfter Fisch

braiser [bʀeze] <1> vt schmoren; **être braisé(e)** poisson gedämpft sein

brame [bʀam] m, **bramement** [bʀamɑ̃] m Röhren nt; **la saison du ~** die Brunftzeit

bramer [bʀame] <1> vi ❶ cerf, daim: röhren

❷ (se plaindre) jammern

brancard [bʀɑ̃kaʀ] m ❶ (civière) Tragbahre f

❷ (bras d'une civière, d'une brouette) Holm m

❸ (pour attacher un cheval) Deichselstange f

▶ **ruer dans les ~s** rebellisch werden

brancardier, -ière [bʀɑ̃kaʀdje, -jɛʀ] m, f Träger(in) m(f)

branchage [bʀɑ̃ʃaʒ] m Geäst nt

branche [bʀɑ̃ʃ] f ❶ d'un arbre Ast m, Zweig m; ~ **de sapin** Tannenzweig; ~ **de pin** Kiefernzweig; **des ~s mortes** dürre Äste [o Zweige]

❷ (tige) d'une paire de lunettes Bügel m; d'un chandelier Arm m; de ciseaux Schneide f; d'un compas Nadel f; **chandelier à deux/trois ~s** zweiarmiger/dreiarmiger Leuchter

❸ (famille) Linie f

❹ (domaine) d'enseignement, d'une science Zweig m; de l'économie, de profession Branche f; ~ **d'activité professionnelle** Erwerbszweig; ~ **alimentaire** Lebensmittelbranche; ~ **commerciale/parallèle** Geschäfts-/Nebenzweig; **dans toute la ~** branchenweit; **commun(e) à la ~** branchenweit; **propre à la/une ~** branchentypisch, branchenbedingt; **résoudre un problème de manière adaptée à la ~** ein Problem branchenspezifisch lösen; ~ **dure d'un parti** harter Flügel einer Partei

❺ ANAT ~ **du/d'un nerf** Nervenstrang m

▶ **vieille ~** fam altes Haus (fam); **se rattraper aux ~s** gerade noch einmal davongekommen sein (fam); **scier la ~ sur laquelle on est assis** den Ast absägen, auf dem man sitzt

◆ ~ **d'importation** Einfuhrsparte f; ~ **de production** Produktionssparte f

branché(e) [bʀɑ̃ʃe] adj fam up to date (fam), angesagt (fam); **être ~(e) cinéma/moto** (adorer) auf Kino/Motorräder abfahren (sl); (s'y connaître) sich mit Kino/Motorrädern auskennen

branchement [bʀɑ̃ʃmɑ̃] m ❶ (action) Verbindung f

❷ (circuit) Anschluss m; ~ **électrique/téléphonique** Strom-/Telefonanschluss; ~ **Internet** Internetanschluss

brancher [bʀɑ̃ʃe] <1> I. vt ❶ einstecken prise; ~ **la fiche dans la prise** den Stecker in die Steckdose stecken; ~ **le téléphone sur le réseau** das Telefon an das Netz anschließen; **la télé n'est pas branchée** der Fernseher ist nicht angeschlossen

❷ (faire parler) ~ **la conversation sur un autre sujet** die Unterhaltung auf ein anderes Thema bringen [o lenken]

❸ fam (draguer) anmachen (fam); (aborder) anquatschen (fam)

❹ fam (intéresser) **ça me branche** dazu habe ich Lust; **ta proposition me branche** deinen Vorschlag finde ich super (fam)

II. vpr **se ~ sur qc** etw einschalten

branchial(e) [bʀɑ̃ʃjal, -jo] <-aux> *adj* ZOOL Kiemen-; **arc ~** Kiemenbogen *m*; **fente/respiration ~e** Kiemenspalte *f*/-atmung *f*
branchies [bʀɑ̃ʃi] *fpl* Kiemen *Pl*
brandade [bʀɑ̃dad] *f* GASTR *de morue* provenzalisches Gericht aus zerkleinertem Stockfisch, Knoblauch, Olivenöl und Sahne
Brandebourg [bʀɑ̃dbuʀ] *m* **le ~** Brandenburg *nt*
brandebourgeois(e) [bʀɑ̃dbuʀʒwa, waz] *adj* brandenburgisch
Brandebourgeois(e) [bʀɑ̃dbuʀʒwa, waz] *m(f)* Brandenburger(in) *m(f)*
brandir [bʀɑ̃diʀ] <8> *vt* drohend schwingen *arme*; schwenken *drapeau*; **en brandissant son épée** mit erhobenem Schwert
brandon [bʀɑ̃dɔ̃] *m (intentionnel)* Brandfackel *f*
brandy [bʀɑ̃di] *m* Brandy *m*
branlant(e) [bʀɑ̃lɑ̃, ɑ̃t] *adj* wack[e]lig
branle [bʀɑ̃l] *m* Schwingen *nt*
▶ **mettre qc en ~** *cloches* in Schwingung versetzen; **se mettre en ~** sich in Bewegung setzen
branle-bas [bʀɑ̃lbɑ] *m inv fig* Trubel *m*, Durcheinander *nt*
◆ **~ de combat** MIL *(manœuvre)* Klarmachen *nt* zum Gefecht; *(ordre)* [Schiff] klar zum Gefecht!
branler [bʀɑ̃le] <1> I. *vi* wackeln
▶ **ne pas en ~** [**une**] **lourd** *arg* keinen Finger krumm machen *(fam)*
II. *vpr vulg* **se ~** sich *(Dat)* einen runterholen *(vulg)*
▶ **s'en ~** *pop* scheißegal sein *(sl)*
branlette [bʀɑ̃lɛt] *f fam* **se faire une ~** wichsen *(vulg)*, sich *(Dat)* einen runterholen *(vulg)*
branleur, -euse [bʀɑ̃lœʀ, -øz] *m fam* ❶ Wichser *m (vulg)*
❷ *(paresseux)* Faulpelz *m*
brante [bʀɑ̃t] *f* CH *(hotte pour la vendange)* Butte *f*, Hotte *f* (SDEUTSCH)
braquage [bʀakaʒ] *m* ❶ *des roues* Einschlagen *nt*
❷ *arg (attaque)* bewaffneter Überfall *m*
braque [bʀak] I. *adj fam* ein bisschen verrückt *(fig)*
II. *m* Bracke *m o f*
braquer [bʀake] <1> I. *vt* ❶ **~ le volant à droite/à gauche** *conducteur:* [das Lenkrad] nach rechts/links einschlagen
❷ *(diriger)* **~ le regard/l'arme sur qn** den Blick/die Waffe auf jdn richten; **~ son attention sur qn** jdm seine Aufmerksamkeit widmen
❸ *pop (attaquer)* überfallen *banque, magasin*
❹ *(provoquer l'hostilité)* **le collègue contre le chef/projet** den Kollegen gegen den Chef/das Projekt aufbringen
II. *vi* **bien/mal** *voiture:* einen kleinen/großen Wendekreis haben
III. *vpr* **se ~** auf stur schalten *(fam)*; **se ~ contre qn/qc** sich gegen jdn/etw sperren
braquet [bʀakɛ] *m* CYCLISME Übersetzung *f*; **changer de ~** einen anderen Gang nehmen
braqueur, -euse [bʀakœʀ, -øz] *m, f arg* Räuber(in) *m(f) (bei einem bewaffneten Überfall)*
bras [bʀɑ] *m* ❶ Arm *m*; *personne qui a des/les* **~ courts** kurzarmiger Mensch; **avoir les ~ courts** kurzarmig sein; **il entra, sa sacoche sous le ~** er kam herein mit seiner Mappe unter dem Arm; **se mettre en ~ de chemise** sein Jackett/seinen Pullover ausziehen; **se donner le ~** sich unterhaken
❷ *(main-d'œuvre)* Arbeitskraft *f*
❸ *a.* TECH *d'un chandelier, levier* Arm *m*; *d'un fauteuil* Armlehne *f*; *d'un brancard* Holm *m*; *d'un électrophone* Tonarm *m*; **chandelier à plusieurs ~** vielarmiger [Kerzen]leuchter
❹ GEOG Arm *m*; **~ mort du Danube** toter Arm der Donau; **~ de mer** Meeresarm
▶ **avoir des ~ d'acier** *fam femme:* Riesenkräfte besitzen *(fam)*; **lever les ~ au ciel** die Hände über dem Kopf zusammenschlagen; **le ~ de la justice** der Arm des Gesetzes; **rester le ~ ballants** [*o* **croisés**] untätig herumsitzen/-stehen; **~ dessus ~ dessous** Arm in Arm, untergehakt; **être le ~ droit de qn** *fam* jds rechte Hand sein; **gros ~** Muskelpaket *nt*; **jouer les gros ~** den starken Mann markieren [*o* miemen]; **avoir le ~ long** Beziehungen [*o* Connections] haben; **à ~ raccourcis** mit voller Wucht; **baisser les ~** das Handtuch werfen; **les ~ m'en tombent** ich kann es kaum fassen, ich bin sprachlos [*o* baff *fam*]
◆ **~ de fer** Armdrücken *nt*; *fig* Tauziehen *nt*; **~ de suspension** MECANAUT Querlenker *m*
brasage [bʀazaʒ] *m* TECH Löten *nt*
brasero [bʀazeʀo] *m* Kohlenbecken *nt*
brasier [bʀazje] *m* Flammenmeer *nt (geh)*; *fig* Inferno *nt*
bras-le-corps [bʀalǝkɔʀ] ▶ **prendre** [*o* **saisir**] **à ~** in die Arme schließen *enfant*; anpacken *problème*
brassage [bʀasaʒ] *m* ❶ *de la bière* Brauen *nt*; *de l'eau* Umwälzen *nt*
❷ *(mélange)* [Ver]mischung *f*; **~ des peuples** *fig* Völkergemisch *nt*
brassard [bʀasaʀ] *m* Armbinde *f*
brasse [bʀas] *f* Brustschwimmen *nt*; **~ papillon** Delphinschwimmen *nt*; **nager la ~** brustschwimmen

brassée [bʀase] *f* einen Arm voll[er]; **des ~s de fleurs** Arme voll[er] Blumen
brasser [bʀase] <1> *vt* ❶ *(mélanger)* mischen; durchkneten *pâte*
❷ *fig* **~ de l'argent/des affaires** mit großen Summen umgehen/ große Geschäfte machen
❸ *(fabriquer)* brauen *bière*
brasserie [bʀasʀi] *f* ❶ *(restaurant)* Café-Restaurant
❷ *(industrie)* Braugewerbe *nt*; *(entreprise)* Brauerei *f*
❸ *(domaine, secteur)* Brauwesen *nt*

Land und Leute

Eine **brasserie** ist ein Speiselokal, in dem vorwiegend Bier und deftige Speisen angeboten werden. Typisch sind die oft im Jugendstil gehaltenen großen Speisesäle mit ihrem volkstümlichen Ambiente. Es gibt **brasseries**, die sich mittlerweile als echte Feinschmeckerlokale einen Namen gemacht haben.

brasseur, -euse [bʀasœʀ] *m* [Bier]brauer(in) *m(f)*
brassière [bʀasjɛʀ] *f* ❶ *(sous-vêtement)* Hemdchen *nt*
❷ *(chandail)* [Baby]jäckchen *nt*
❸ CAN *fam (soutien-gorge)* BH *m (fam)*
◆ **~ de sauvetage** NAUT Schwimmweste *f*, Rettungsweste
bravache [bʀavaʃ] *m péj* Großmaul *nt (pej fam)*
bravade [bʀavad] *f* ❶ *(ostentation de bravoure)* Imponiergehabe *nt*; **par ~** aus reinem Imponiergehabe
❷ *(attitude de défi insolent)* dreiste Herausforderung
brave [bʀav] *adj* ❶ *(courageux)* mutig; *soldat* tapfer
❷ *antéposé (honnête)* anständig
❸ *(naïf)* [lieb und] gut; **mon ~** [**homme**]/**ma ~** [**dame**] *vieilli* mein Guter/meine Gute
bravement [bʀavmɑ̃] *adv* ❶ *(avec bravoure)* tapfer, mutig
❷ *(résolument)* beherzt, wacker
braver [bʀave] <1> *vt* ❶ *(défier)* **~ un adversaire/une autorité** einem Gegner/einer Autorität die Stirn bieten; **~ le danger/la mort** der Gefahr/dem Tod ins Auge sehen; **~ le froid/les intempéries** der Kälte/dem schlechten Wetter trotzen
❷ *(ne pas respecter)* sich hinwegsetzen über *(+ Akk) convenances, loi*
bravo [bʀavo] I. *interj* bravo
II. *m* Bravoruf *m*, Bravo *nt*
bravoure [bʀavuʀ] *f* Mut *m*; **faire preuve de ~** Mut beweisen; **morceau de ~** Bravourstück *nt*, Glanzstück
break [bʀɛk] *m* ❶ *(voiture)* Kombiwagen *m*, Kombi *m*
❷ TENNIS Break *m o nt*; **faire le ~** seinem [*o* dem] Gegner den Aufschlag abnehmen
❸ *fam (pause)* Pause *f*
brebis [bʀǝbi] *f* [Mutter]schaf *nt*
▶ **~ égarée** verlorenes Schaf; **~ galeuse** schwarzes Schaf
brèche [bʀɛʃ] *f (dans une clôture, une haie, un mur)* Öffnung *f*; *(dans une coque)* Loch *nt*; *(sur une lame)* Scharte *f*; MIL *(sur le front)* Bresche *f*; **colmater une ~** ein Loch schließen
▶ **battre qn en ~** *(ruiner)* jdn ruinieren; *(attaquer)* jdn angreifen; **battre qc en ~** *(ruiner)* etw zunichtemachen; *(attaquer)* etw angreifen; MIL eine Bresche in etw *(Akk)* schlagen; **être sur la ~** immer im Einsatz sein
bredouillage [bʀǝdujaʒ] *m* Gebrabbel *nt (fam)*
bredouille [bʀǝduj] *adj* **rentrer ~** *(sans succès)* unverrichteter Dinge zurückkehren; *chasseur:* ohne Beute zurückkehren; *pêcheur:* ohne einen einzigen Fang zurückkehren
bredouillement *v.* **bredouillage**
bredouiller [bʀǝduje] <1> I. *vi* stottern; *(parler confusément)* wirres Zeug brabbeln *(fam)*; **~ d'émotion/de colère** sich vor Aufregung/Wut verhaspeln *(fam)*
II. *vt* murmeln; **~ qc entre ses dents** etw in seinen Bart murmeln *(fam)*
bref [bʀɛf] *m* Briefing *nt*
bref, brève [bʀɛf, bʀɛv] I. *adj* kurz; *(concis)* knapp; **soyez ~ (brève)!** fassen Sie sich kurz!; **d'un** [*o* **sur un**] **ton ~** in scharfem Ton; **à ~ délai** in Kürze; **dans les plus ~s délais** in kürzester Zeit; **pour être ~ (brève)** um es kurz zu machen
II. *adv* **en ~** kurz; **enfin ~** kurz und gut
breitschwanz [bʀɛtʃvɑ̃ts] *m* ZOOL Breitschwanz *m*
brelan [bʀǝlɑ̃] *m* Dreier *m*; **~ d'as/de rois** Dreier mit Assen/ Königen
breloque [bʀǝlɔk] *f* [Armband]anhänger *m*
brème [bʀɛm] *f* ZOOL Brasse *f*, Brassen *m*
Brême [bʀɛm] Bremen
Brésil [bʀezil] *m* **le ~** Brasilien
brésilien(ne) [bʀeziljɛ̃, -jɛn] *adj* brasilianisch
Brésilien(ne) [bʀeziljɛ̃, -jɛn] *m(f)* Brasilianer(in) *m(f)*
Bretagne [bʀǝtaɲ] *f* **la ~** die Bretagne
bretelle [bʀǝtɛl] *f* ❶ *de pantalon* Hosenträger *m*; *de soutien-gorge* Träger *m*; *de sac* Trageriemen *m*; **~ tour de cou** Nackenträger;

~ **spaghetti** Spaghettiträger
❷ *(bifurcation d'autoroute)* Auffahrt *f*/Abfahrt *f*
◆ ~ **d'accès** Auffahrt *f*; ~ **de contournement** Umgehung *f*; ~ **de raccordement** Zubringer *m*; ~ **de sortie** Ausfahrt *f*
breton [bʀətɔ̃] *m (langue)* **le** ~ Bretonisch *nt*, das Bretonische; *v. a.* **allemand**
breton(ne) [bʀətɔ̃, ɔn] *adj* bretonisch
Breton(ne) [bʀətɔ̃, -ɔn] *m(f)* Bretone *m*/Bretonin *f*
bretzel [bʀɛtzɛl] *m* Brezel *f*
breuvage [bʀœvaʒ] *m* ❶ *poét (boisson d'une composition spéciale)* Trank *m (geh)*; *péj* Gebräu *nt*
❷ CAN *(boisson non alcoolisée)* nichtalkoholisches Getränk, Getränk *nt*; **que voulez-vous comme ~ ?** was möchten Sie trinken?
brève *v.* bref
brevet [bʀəvɛ] *m* ❶ *(diplôme)* Diplom *nt*
❷ *(certificat)* [Abschluss]zeugnis *nt*; MIL, NAUT, AVIAT Schein *m*; ~ **de capitaine** Kapitänspatent *nt*; ~ **de pilote d'avion** Pilotenschein
❸ JUR ~ [**d'invention**] Patent *nt*, Erfindungspatent *(Fachspr.)*; ~ **communautaire** Gemeinschaftspatent *nt*; ~ **mondial/national** Welt-/Inlandspatent *nt*; ~ **principal** Hauptpatent *nt*; **bureau des** ~ **s** Patentabteilung *f*; **durée d'un** ~ Dauer *f* eines Patents
◆ ~ **d'apprentissage** Lehrbrief *m*; ~ **de barrage** Sperrpatent *nt*; ~ **de base** JUR Basispatent *nt*; ~ **de capacité** Diplom *nt*; ~ **des collèges** ≈ mittlere Reife; ~ **d'exclusivité** JUR Ausschließlichkeitspatent *nt*; ~ **de perfectionnement** Verbesserungspatent *nt*; ~ **de réserve** Vorratspatent *nt*; ~ **de secourisme** Erste-Hilfe-Schein *m*; ~ **de technicien supérieur** Diplom *nt*
brevetabilité [bʀəv(ə)tabilite] *f sans pl* JUR Patentierbarkeit *f*, Patentfähigkeit *f*
brevetable [bʀəv(ə)tabl] *adj* JUR patentfähig
breveté(e) [bʀəv(ə)te] *adj* ❶ gesetzlich geschützt; *invention* patentiert
❷ *(diplômé) ingénieur, interprète* Diplom-
breveter [bʀəv(ə)te] <3> *vt* patentieren; **faire ~ qc** etw patentieren lassen, etw zum Patent anmelden
bréviaire [bʀevjɛʀ] *m* Brevier *nt*
brévité [bʀevite] *f* PHON *d'une syllabe, d'une voyelle* Kürze *f*
bribe [bʀib] *f souvent pl* ❶ *vieilli* Bruchstück *nt*
❷ *fig de conversation* Wortfetzen *m*; *d'une langue* Brocken *m*; *d'une fortune, d'un héritage* kümmerlicher Rest; ~ **s de phrases** Satzfetzen *m*; **faire qc par ~ s** etw stückweise [*o* nach und nach] tun
bric-à-brac [bʀikabʀak] *m inv* ❶ Durcheinander *nt*; *d'un antiquaire* Trödel *m (fam)*
❷ *(magasin de brocanteur)* Trödelladen [*o* Trödler-] *m (fam)*
bricelet [bʀislɛ] *m* CH *(gaufre)* dünne, knusprige Waffel
bric et de broc [bʀikedəbʀɔk] **de ~** von da und dort; **s'être meublé(e) de ~** seine Möbel von überall [her] zusammengetragen haben
brick¹ [bʀik] *m (voilier)* Brigg *f*
brick² [bʀik] *m* GASTR tunesiches Gebäck aus einem feinen salzigen Teig und einem Ei
brick³ *v.* brique ❷, ❸
bricolage [bʀikɔlaʒ] *m* ❶ Heimwerken *nt*; *(travail manuel)* Basteln *nt*; **des articles de** ~ Heimwerkerartikel *Pl*; **le rayon "~"** die Heimwerkerabteilung; **faire du** ~ sich als Heimwerker betätigen; *(faire de petits travaux)* basteln; **passionné(e) de** ~ Tüftler(in) *m(f)*
❷ *(mauvais travail)* Pfusch *m (pej fam)*
bricole [bʀikɔl] *f* ❶ *(objet de peu de valeur)* Plunder *m (pej fam)*
❷ *(petit événement)* Lappalie *f (fam)*
❸ *(ennui, problème)* Ärger *m*
bricoler [bʀikɔle] <1> **I.** *vi* ❶ basteln; **savoir** ~ [handwerklich] geschickt sein
❷ *péj (faire du mauvais travail)* pfuschen *(pej fam)*
❸ *(ne pas avoir de travail fixe)* Gelegenheitsarbeiten verrichten
II. *vt* ❶ *(construire, installer)* [zusammen]basteln
❷ *(réparer tant bien que mal)* herumbasteln an *(+ Dat)*
❸ *(trafiquer) tuner moteur*
❹ *péj fam (bâcler)* hinschustern *(pej fam)*
bricoleur, -euse [bʀikɔlœʀ, -øz] **I.** *adj* [handwerklich] geschickt; **être très ~(-euse)** *(aimer bricoler)* gern basteln; *(savoir bricoler)* sehr geschickt sein
II. *m, f* Bastler(in) *m(f)*, Heimwerker(in) *m(f)*
bride [bʀid] *f* ❶ *(lien)* Zaum *m*, Zaumzeug *nt*; **tenir son cheval par la ~** sein Pferd am Zaum führen; **tenir la ~ haute à un cheval** ein Pferd fest im Zaum halten
❷ *(lien) d'un bonnet, d'une cape* Band *nt*; *d'une chaussure* Riemen *m*; **chaussure avec ~ arrière réglable** Schuh mit verstellbarem Fersenriemen
❸ TECH Flansch *m*
▶ **avoir la ~ sur le cou** völlige Freiheit genießen; **à ~ abattue** mit vollem Karacho *(fam)*; **tenir la ~ haute à qn** jdn kurz halten; **courir à toutes ~ s** rasen; **rendre/lâcher la ~ à qn** bei jdm die Zügel schleifen lassen; **serrer la ~ à qn** bei jdm die Zügel straffer anziehen
bridé(e) [bʀide] *adj* **des yeux ~ s** Schlitzaugen *Pl*
brider [bʀide] <1> *vt* ❶ *(mettre la bride)* [auf]zäumen *cheval*
❷ *(réprimer)* zügeln; bremsen *passion, enthousiasme*; kurz halten *personne*
❸ TECH flanschen *tuyau*
bridge [bʀidʒ] *m* ❶ *(jeu de cartes)* Bridge *nt*; **jouer au** ~ Bridge spielen; **faire un** ~ eine Partie Bridge spielen
❷ *(prothèse dentaire)* Brücke *f*
brie [bʀi] *m* Brie[käse *m*] *m*
briefer [bʀife] <1> *vt* instruieren
briefing [bʀifiŋ] *m* Instruktion *f*, Information *f*; **faire un ~ à qn** jdn instruieren
brièvement [bʀijɛvmã] *adv (de manière succincte)* kurz und bündig; *(pour peu de temps)* kurz
brièveté [bʀijɛvte] *f (courte longueur)* Kürze *f*; *(courte durée)* kurze Dauer *f*
brigade [bʀigad] *f* ❶ MIL Brigade *f*; ~ **de gendarmerie** ≈ Brigade *(kleinste Einheit der Gendarmerie nationale, mit vier bis zehn Mann)*; ~ **antidrogue** Abteilung *f* zur Drogenbekämpfung; ~ **criminelle** Kriminalpolizei *f*; ~ **volante** mobiles Einsatzkommando
❷ *(équipe)* ~ **du matin** Frühschicht *f*; **toute une ~ de supporters** ein ganzer Trupp *m* Schlachtenbummler
❸ POL **les ~ s rouges** die Roten Brigaden
◆ ~ **des mineurs** Abteilung *f* zum Schutz[e] der Jugend; ~ **des mœurs** Sittendezernat *nt*; ~ **des recherches** Fahndungsdezernat *nt*; ~ **des stupéfiants** Rauschgiftdezernat *nt*
brigadier [bʀigadje] *m de gendarmerie* Brigadeführer *m*; *d'artillerie, de cavalerie* Gefreite(r) *m*
brigadier-chef [bʀigadjeʃɛf] <brigadiers-chefs> *m* Obergefreite(r) *m*
brigand [bʀigã] *m* ❶ *vieilli* [Straßen]räuber *m*
❷ *péj* Betrüger *m*; **mon ~ de fils** *iron* mein Sohn, dieser Schlingel *m*
brigandage [bʀigãdaʒ] *m* schwerer Raub *m*
briguer [bʀige] <1> *vt* ❶ *(solliciter)* sich bemühen um *emploi*
❷ *littér (s'efforcer de conquérir)* sich bemühen um *amitié*; werben um *suffrages, main*
brillamment [bʀijamã] *adv* brillant, glänzend
brillance [bʀijãs] *f* Glanz *m*
brillant [bʀijã] *m* ❶ *(diamant)* Brillant *m*; **bague sertie d'un ~ / de ~ s** Brillantring *m*
❷ *(aspect brillant) d'un objet* Glanz *m*; *d'un propos, du langage* Brillanz *f*; ~ **nacré** *d'un rouge à lèvres* Perlglanz
◆ ~ **à lèvres** Lippenglanzstift *m*
brillant(e) [bʀijã, jãt] *adj* ❶ *meubles, yeux* glänzend; *couleurs* leuchtend; *plan d'eau* glitzernd; ~ **comme de l'or** goldglänzend; **des yeux ~ s de fièvre** fieberglänzende Augen
❷ *(qui a de l'allure)* glänzend; *discours, candidat* brillant; *élève* glänzend; *cérémonie, représentation* glanzvoll; *victoire* glorreich
▶ **ce n'est pas ~ !** das ist nicht gerade überragend!
brillantine [bʀijãtin] *f* Brillantine *f*
briller [bʀije] <1> *vi* ❶ *soleil, étoile*: scheinen; *diamant*: funkeln; *éclair*: leuchten; *yeux, visage*: leuchten, strahlen; *chaussures, cheveux*: glänzen; ~ **de joie** *yeux*: vor Freude strahlen; **faire ~ qc** etw auf Hochglanz polieren
❷ *(se mettre en valeur)* glänzen; ~ **par qc** durch etw glänzen
❸ *(vanter)* **faire ~ un voyage à qn** jdm eine Reise in den leuchtendsten Farben ausmalen
brimade [bʀimad] *f* Schikane *f*; **infliger** [*o* **faire subir**] **une ~ à qn** jdn schikanieren
brimer [bʀime] <1> *vt (faire subir des vexations)* schikanieren; *(désavantager)* benachteiligen
brin [bʀɛ̃] *m* ❶ *(mince tige)* Stiel *m*; ~ **de paille** Strohhalm *m*; ~ **d'herbe** Grashalm *m*; ~ **de muguet** Maiglöckchen *nt*
❷ *(filament)* ~ **de chanvre/lin** Hanf-/Leinenfaser *f*; ~ **de laine** [kurzer] Wollfaden *m*
❸ *(petite quantité)* **un ~ d'espoir** ein Funke *m* Hoffnung; **un ~ de chance** etwas [*o* ein wenig] Glück; **faire un ~ de causette** *fam* ein kleines Schwätzchen halten *(fam)*; **faire un ~ de toilette** sich schnell frisch machen
▶ **un beau ~ de fille** ein hübsches Ding *(fam)*; **être un ~ soûl(e)** ganz schön voll sein *(fam)*
brindezingue [bʀɛ̃dzɛ̃g] *adj vieilli fam (ivre)* beduselt *(hum)*
brindille [bʀɛ̃dij] *f* Reis *nt (geh) (kleiner, dünner Zweig)*; **feu de ~ s** Reisigfeuer *nt*
bringue¹ [bʀɛ̃g] *f péj fam (grande fille)* **grande ~** Bohnenstange *f (fam)*
bringue² [bʀɛ̃g] *f* ❶ *fam (fête)* Fete *f*, Gelage *nt*; **faire la ~** *fam (en ville)* einen draufmachen *(fam)*; *(chez soi)* eine Fete machen *(fam)*
❷ CH *(querelle)* Streit *m*; *(rengaine)* alte Leier *f*
bringuebalant(e) [bʀɛ̃g(ə)balã, ãt] *adj* klapprig

bringuebaler, brinquebaler [bʀɛ̃g(ə)bale] <1> **I.** *vi fam* hin- und herwanken, hin- und herschwanken *(fam)*; **sa bagnole est toute brinquebalante** seine/ihre Kiste ist ganz klapprig *(fam)* **II.** *vt fam* mitschleppen; **être bringuebalé(e)[o brinquebalé(e)] de droite à gauche** hin- und hergeschoben werden
brio [bʀijo] *m* Bravour *f*; **avec ~** brillant
brioche [bʀijɔʃ] *f* Brioche *f in kleinen, runden Formen gebackenes Hefegebäck*
  ▸ **avoir/prendre de la ~** *iron* ein Bäuchlein [*o* einen Bauch] haben/bekommen *(fam)*
brioché(e) [bʀijɔʃe] *adj* pâte, pain Hefe-
brique [bʀik] **I.** *f* ① *(matériau)* Ziegelstein *m*, Ziegel *m*, Backstein; **maison de** [*o* **en**] **~** Backsteinhaus *nt*; **~ de verre** Glasziegel
  ② *(matière ayant cette forme)* **~ de savon** Stück *nt* Seife; **~ de tourbe** Torfballen *m*
  ③ *(emballage)* Tetra Pak® *m*
  ④ *fam (dix mille euros)* zehntausend Euro, zehn Riesen *(fam)*
  ⑤ CH *(fragment, éclat)* Splitter *m*; **mettre en ~s** *(casser)* in Stücke schlagen, zertrümmern; **pas une ~ de** *(pas du tout de)* überhaupt kein
  ▸ [ne] **pas casser des** [*o* les] **~s** *fam* nicht besonders sein *(fam)*, nicht gerade der Hit sein *(fam)*
  II. *app inv (couleur)* ziegelrot
briquer [bʀike] <1> *vt* [auf Hochglanz] polieren; schrubben pont d'un navire
briquet [bʀikɛ] *m* Feuerzeug *nt*; **~ à gaz/essence** Gas-/Benzinfeuerzeug; **~ jetable** Einwegfeuerzeug; **~ de table** Tischfeuerzeug
briqueterie [bʀik(ə)tʀi, bʀikɛtʀi] *f* Ziegel[brenner]ei *f*
briquette [bʀikɛt] *f* Brikett *nt*; **~ [de charbon] pour barbecue** Grillbrikett
bris [bʀi] *m* Bruch *m*; **assurance contre le ~ de glaces** Glasbruchversicherung *f*; **~ de scellés** JUR Siegelbruch
brisant [bʀizɑ̃] *m* ① *(rocher)* [Felsen]klippe *f*
  ② *(écume)* Gischt *m o f*
brise [bʀiz] *f* Brise *f*; **~ de mer** [*o* **du large**]/**de terre** [leichter] See-/Landwind; **la ~ se lève** eine Brise kommt auf
brisées [bʀize] *fpl* ▸ **aller** [*o* **marcher**] **sur les ~ de qn** jdm ins Gehege [*o* in die Quere] kommen
brise-fer [bʀizfɛʀ] *m, f inv fam* Tolpatsch *m*, Tölpel *m* **brise-glace** [bʀizglas] *m inv* Eisbrecher *m* **brise-jet** [bʀizʒɛ] *m inv* Wasserstrahlregler *m* **brise-lames** [bʀizlam] *m inv* Wellenbrecher *m* **brise-mottes** [bʀizmɔt] *m inv* Schollenbrecher *m*
briser [bʀize] <1> **I.** *vt* ① *(casser)* zerbrechen vaisselle, vase; zerreißen collier, chaîne; einschlagen vitre, carreau
  ② *(mater)* brechen grève, révolte, blocus
  ③ *(anéantir)* zerstören espoir, illusions, amitié; brechen forces, volonté, silence; **~ le cœur à qn** jdm das Herz brechen; **le chagrin l'a brisée** sie ist an ihrem Kummer zerbrochen; **d'une voix brisée par l'émotion/le chagrin/la peur** mit vor Rührung/Kummer/Angst gebrochener Stimme
  ④ *(fatiguer)* voyage: ermüden; **être brisé(e) de fatigue** wie gerädert [*o* ganz erschlagen] sein *(fam)*
  ⑤ *(interrompre)* durchbrechen monotonie, ennui; unterbrechen conversation; brechen silence
  ▸ **être brisé(e)** CAN *(être en panne)* defekt sein
  II. *vpr* ① **se ~** vitre, porcelaine: zerbrechen; **mon cœur se brise** mir bricht das Herz
  ② *(échouer)* **se ~ contre/sur qn/qc** résistance, assauts: an jdm/etw scheitern; mer: gegen/an etw *(Akk)* branden; vagues: sich an etw *(Dat)* brechen
brise-tout [bʀiztu] *m inv* Tollpatsch *m*
briseur, -euse [bʀizœʀ, -øz] *m, f* ▸ **(-euse) de grève** Streikbrecher(in) *m(f)*
brise-vent [bʀizvɑ̃] <brise-vent[s]> *m* Windschutz *m*
bristol [bʀistɔl] **I.** *m* ① weißer Zeichenkarton, Bristolkarton *m*
  ② *(carte de visite)* [Visiten]karte *f*
  II. *app inv* **du carton ~** Bristolkarton *m*
brisure [bʀizyʀ] *f (cassure)* Bruch *m*, Bruchstelle *f*
britannique [bʀitanik] *adj* britisch; **les îles ~s** die Britischen Inseln
Britannique [bʀitanik] *mf* Brite *m*/Britin *f*
brize [bʀiz] *f* BOT Zittergras *nt*
broc [bʀo] *m* Krug *m*, Kanne *f*; **~ d'eau/de vin** *(récipient)* Wasser-/Weinkrug; *(contenu)* Krug [voll] Wasser/Wein
brocante [bʀɔkɑ̃t] *f (boutique)* Trödelladen [*o* Trödler-] *m (fam)*; *(foire)* Trödelmarkt *m*
brocanteur, -euse [bʀɔkɑ̃tœʀ, -øz] *m, f* Trödler(in) *m(f)*
brocarder [bʀɔkaʀde] <1> *vt* verspotten, spotten über *(+ Akk)* personne
brocart [bʀɔkaʀ] *m* TEXTIL Brokat *nt*
brochage [bʀɔʃaʒ] *m* ① *des feuilles* Broschierung *f*
  ② *du brocart* Weben *nt*
broche [bʀɔʃ] *f* ① *(bijou)* Brosche *f*, Anstecknadel *f*

② GASTR [Brat]spieß *m*; **~ tournante** Drehspieß; **faire cuire qc à la ~** etw am Spieß braten
  ③ MED Stift *m*, Nagel *m*; **~ en métal** Metallstift
broché [bʀɔʃe] *m* TEXTIL Broché *m*
brocher [bʀɔʃe] <1> *vt* broschieren livre; **édition brochée** broschierte Ausgabe; **livre broché** Broschur *f*
brochet [bʀɔʃɛ] *m* Hecht *m*; **~ au bleu** GASTR Hecht blau; **~ de l'année** PECHE Grashecht *(Fachspr.)*
brochette [bʀɔʃɛt] *f* ① *(ustensile de cuisine)* Spieß *m*; **~ [de/au barbecue]** Grillspieß
  ② *(morceaux embrochés)* Fleischspieß *m*, Schaschlik *m o nt*; **~ de bœuf/d'agneau** Rindfleisch-/Lammspieß
  ③ *iron (groupe de personnes)* Schwung *m (fam)*; **une belle ~ de personnalités** ein ganzer Schwung Honoratioren
  ④ *(petite broche)* Spange *f*; **~ de décorations** Ordensspange
brochure [bʀɔʃyʀ] *f* Broschüre *f*; **~ de propagande** Propagandaschrift *f*; **~ publicitaire** Werbebroschüre, Reklamebroschüre
brocoli [bʀɔkɔli] *m* Broccoli *m o Pl*, Brokkoli *m o Pl*
brodequin [bʀɔd(ə)kɛ̃] *m* Bergschuh *m*
broder [bʀɔde] <1> **I.** *vt* besticken étoffe; sticken motif; **du linge brodé** bestickte Wäsche; **brodé(e) de perles** perlenbestickt
  II. *vi* ① COUT sticken
  ② *(affabuler)* fabulieren; **~ sur qc** etw ausschmücken
broderie [bʀɔdʀi] *f* ① *(art)* Stickerei *f*, Sticken *nt*; **faire de la ~** sticken
  ② *(pièce brodée)* Stickerei *f*, Stickarbeit *f*
brodeur [bʀɔdœʀ] *m* Sticker *m*
brodeuse [bʀɔdøz] *f* ① Stickerin *f*
  ② *(machine)* Stickmaschine *f*
brome [bʀom] *m* CHIM Brom *nt*
bromure [bʀɔmyʀ] *m* CHIM Bromid *nt*; **~ d'argent** Bromsilber *nt*
bronche [bʀɔ̃ʃ] *f* ANAT Bronchie *f*; **les ~s** die Bronchien
broncher [bʀɔ̃ʃe] <1> *vi* aufmucken *(fam)*
bronchiole [bʀɔ̃ʃjɔl, bʀɔ̃kjɔl] *f* ANAT spéc Bronchiole *f (Fachspr.)*
bronchiolite [bʀɔ̃ʃkjɔlit] *f* MED Bronchiolitis *f*
bronchite [bʀɔ̃ʃit] *f* MED Bronchitis *f*
bronchitique [bʀɔ̃ʃitik] *adj* MED **être ~** an chronischer Bronchitis leiden
bronchopneumonie [bʀɔ̃kɔpnømɔni] *f* MED Bronchopneumonie *f*
bronchoscopie [bʀɔ̃kɔskɔpi] *f* MED Bronchoskopie *f*
bronzage [bʀɔ̃zaʒ] *m (action)* Bräunung *f*; *(résultat)* [Sonnen]bräune *f*; **~ naturel/artificiel** natürliche/künstliche Bräunung
bronzant(e) [bʀɔ̃zɑ̃, ɑ̃t] *adj* bräunend, [Selbst]bräunungs-; **crème ~e** [Selbst]bräunungscreme *f*; **lotion ~e** [Selbst]bräunungslotion *f*
bronze [bʀɔ̃z] *m* Bronze *f*; **de** [*o* **en**] **~** Bronze-, bronzen
bronzé(e) [bʀɔ̃ze] *adj* [sonnen]gebräunt, braun[gebrannt]
bronzer [bʀɔ̃ze] <1> **I.** *vt* ART, TECH bronzieren, mit Bronze überziehen
  II. *vi* bräunen; **~ facilement** peau, personne: leicht bräunen [*o* braun werden]; **produit pour ~** Bräunungsmittel *nt*
  III. *vpr* **se ~** sich bräunen
bronzette [bʀɔ̃zɛt] *f* ▸ **faire ~** *fam* sich sonnen
brossage [bʀɔsaʒ] *m* des cheveux Bürsten *nt*; des vêtements Abbürsten [*o* Aus-]; **~ des dents** Zähneputzen *nt*; **un ~ régulier et correct des dents aide à se protéger contre les caries dentaires** regelmäßiges und gründliches Zähneputzen hilft gegen Karies
brosse [bʀɔs] *f* ① *(ustensile)* Bürste *f*; *(petite)* Bürstchen *nt*; **~ métallique** Drahtbürste; **~ ronde** Lockenbürste, Rundbürste; **~ pour le mascara** Mascarabürstchen; **donner un coup de ~ à qc** etw kurz abbürsten; **se donner un coup de ~** sich kurz bürsten
  ② *(pinceau)* Quast *m*
  ③ *(coupe de cheveux)* Bürsten[haar]schnitt *m*, Igelschnitt *(hum fam)*, Igelfrisur *f (hum fam)*; **cheveux [coupés] en ~** Bürstenfrisur
  ▸ **manier** [*o* **passer**] **la ~ à reluire à qn** jdm um den Bart gehen/streichen
  ◆ **~ à cheveux** Haarbürste *f*; **~ à dents** Zahnbürste *f*; **~ à ongles** Nagelbürste *f*; **~ à tapis** Teppichbürste *f*; **~ à W.-C.** Toilettenbürste *f*, WC-Bürste, Klosettbürste
brosser [bʀɔse] <1> **I.** *vt* ① abbürsten
  ② *(esquisser)* schildern situation; zeichnen portrait; **~ le/un tableau inquiétant de qc** etw als beunruhigend schildern
  ③ SPORT *(donner de l'effet)* **~ la balle/le ballon** dem Ball einen Drall geben, den Ball anschneiden
  ④ BELG *fam (sécher)* schwänzen *(fam)* cours
  II. *vpr* se **~** sich abbürsten; **se ~ les cheveux** sich *(Dat)* die Haare bürsten; **se ~ les dents** sich *(Dat)* die Zähne putzen
  ▸ **tu peux te ~ !** pop das kannst du vergessen [*o* dir abschminken]! *(fam)*
brosserie [bʀɔsʀi] *f (fabrication)* Bürstenherstellung *f*; *(usine)* Bürstenfabrik *f*

brossette [bʀɔsɛt] f Zahnzwischenraumbürste f, Interdentalbürste
brou [bʀu] m de la noix, de l'amande grüne Außenschale
◆ ~ **de noix** Nussschalenbeize f
brouet [bʀuɛ] m Schleimsuppe f
brouette [bʀuɛt] f Schubkarre f, Schubkarren m
brouettée [bʀuete] f Schubkarrenladung f; ~ **de sable** [Schub]karre f voll Sand, Schubkarrenladung Sand
brouetter [bʀuete] <1> vt karren, mit einem Schubkarren [o einer Schubkarre] befördern
brouhaha [bʀuaa] m Lärm m; **immense** ~ gewaltiges Getöse; ~ **des voix/des conversations** [lautes] Stimmengewirr
brouillage [bʀujaʒ] m Störung f; ~ **sonore/visuel** Ton-/Bildstörung
brouillard [bʀujaʀ] m (épais) Nebel m; (léger) Dunst m; ~ **épais** dichter Nebel; **un** ~ **à couper au couteau** sehr dichter Nebel, eine [echte] Waschküche/Suppe (fam); **des nappes de** ~ Nebelfelder Pl; **il y a beaucoup de** ~ es ist sehr neb[e]lig
▶ **avoir un** ~ **devant les yeux** einen Schleier vor den Augen haben; **être dans le** ~ im Dunkeln tappen; **foncer dans le** ~ sich ins Ungewisse stürzen
brouille [bʀuj] f Streit m; **légère** [o **petite**] ~ kleine Meinungsverschiedenheit f; **petite** ~ **familiale** kleiner Familienzwist m; **les** ~**s entre voisins sont fréquentes** unter Nachbarn kommt es oft zu Streitigkeiten
brouillé(e) [bʀuje] adj ❶ (fâché) **être** ~(**e**) **avec qn** mit jdm zerstritten sein
❷ fam (nul) **être** ~(**e**) **avec les chiffres/la grammaire** mit Zahlen/Grammatik auf Kriegsfuß stehen (hum)
❸ (atteint) **avoir le teint** ~ mitgenommen aussehen; **avoir les idées** ~**es** keine klaren Gedanken fassen können
brouiller [bʀuje] <1> I. vt ❶ (rendre trouble) trüben; **la buée sur ses lunettes lui brouillait la vue** wegen seiner beschlagenen Brille sah er alles [nur] undeutlich [o verschwommen]
❷ (embrouiller) ~ **les idées/l'esprit à qn** jdn verwirren [o durcheinanderbringen]
❸ (mettre en désordre) durcheinanderbringen dossiers, papiers; mischen cartes; verwischen pistes
❹ (rendre inintelligible) stören émission, émetteur; verstellen combinaison d'un coffre
❺ (fâcher) **des querelles d'héritage ont brouillé les deux frères** Streitereien um das Erbe haben die beiden Brüder entzweit
II. vpr ❶ **se** ~ **avec qn** sich mit jdm zerstreiten [o entzweien]
❷ (se troubler) **ma vue se brouille** ich sehe alles [nur noch] ganz verschwommen; **mes idées se brouillent** ich kann keine klaren Gedanken fassen
❸ (se couvrir) **se** ~ **ciel:** sich bedecken, sich bewölken
brouilleur [bʀujœʀ] m Störsender m
brouillon [bʀujɔ̃] m [erster] Entwurf, Skizze f; (pour une lettre, un discours) Konzept nt; **papier** [de] ~ Konzeptpapier nt, Schmierpapier nt (fam)
brouillon(ne) [bʀujɔ̃, jɔn] adj ❶ élève schlampig (pej fam)
❷ (peu clair) wirr; **avoir l'esprit** ~ ein Wirrkopf sein (pej)
broum [bʀum] interj (imitation d'un moteur) brumm
broussaille [bʀusaj] f Gestrüpp nt
▶ **en** ~ cheveux zerzaust, strubbelig; barbe struppig; sourcils buschig
broussailleux, -euse [bʀusajø, -jøz] adj ❶ voller Gestrüpp; jardin verwildert; **sous-bois** ~ dichtes Unterholz
❷ cheveux strubbelig, struppig; barbe struppig; sourcils buschig
brousse [bʀus] f ❶ (contrée tropicale) Busch m
❷ fam (région isolée) Pampa f (sl); **habiter en pleine** ~ ganz weit draußen [o mitten in der Pampa sl] wohnen
brouter [bʀute] <1> I. vt abweiden; cervidés: abäsen
II. vi weiden, grasen; cervidé: äsen
broutille [bʀutij] f fig Lappalie f; **ce n'est qu'une** ~ ! das ist doch belanglos [o läppisch pej]!
browning [bʀoniŋ] m (pistolet) Browning m
broyer [bʀwaje] <6> vt ❶ (écraser) zerkleinern aliments; [zer]mahlen céréales
❷ (détruire) zerkleinern ordures; zerquetschen main, voiture
broyeur [bʀwajœʀ] m Zerkleinerungsmaschine f
broyeur, -euse [bʀwajœʀ, -jøz] adj insecte, mandibules beißend-kauend
brrr [bʀ] interj brr, huch
bru [bʀy] f vieilli Schwiegertochter f
brucellose [bʀyseloz] f MED Maltafieber nt
Bruges [bʀyʒ] Brügge
brugnon [bʀyɲɔ̃] m Nektarine f
bruine [bʀɥin] f Nieselregen [o Sprüh-] m
bruiner [bʀɥine] <1> vi impers nieseln; **il bruine** es nieselt
bruire [bʀɥiʀ] <irr, déf> vi vent, feuilles: säuseln; ruisseau: plätschern; insectes: summen; papier, tissu: rascheln
bruissement [bʀɥismɑ̃] m des feuilles, du vent Säuseln nt; (plus fort) Rauschen nt; d'un ruisseau [leises] Plätschern nt; du tissu

papier Rascheln nt; des insectes Summen nt
bruit [bʀɥi] m ❶ (son) Geräusch nt; de vaisselle Klappern nt; de ferraille Scheppern nt; des feuilles, du vent Rauschen nt; ~**s des/d'enfants** Kinderlärm; ~ **de fond** Geräusch im Hintergrund; **à faible** ~ **de fond** rauscharm; ~ **de la mer** Rauschen des Meeres, Meeresrauschen; ~ **sourd/suspect** dumpfes/verdächtiges Geräusch; **entendre un** ~ **de pas/des** ~**s de voix** Schritte/Stimmen hören
❷ (vacarme) Lärm m, Krach m; ~ **de machine[s]** Maschinenlärm; **faire du** ~ Krach [o Lärm] machen; **sortir sans faire de** ~ hinausschleichen; **monter l'escalier sans faire de** ~ die Treppe hochschleichen; **il y a trop de** ~ **ici** hier ist es zu laut
❸ (bruit lié au fonctionnement normal) d'un véhicule automobile Fahrgeräusch nt; d'un amplificateur Rauschen nt; **amplificateur de faible** ~ rauscharmer Verstärker
❹ (rumeur) Gerücht nt; **faux** ~ Falschmeldung f; **répandre/émettre des faux** ~**s** ein Gerücht verbreiten/in Umlauf bringen; **faire courir le** ~ **que** das Gerücht verbreiten, dass; **le** ~ **court que** es geht das Gerücht um, dass
▶ **ce chien fait plus de** ~ **que de mal** Hunde, die bellen, beißen nicht (prov); **faire du** ~ Lärm machen; fig Aufsehen erregen; **faire grand** [o **du**] ~ großes Aufsehen erregen; **faire grand** [o **beaucoup de**] ~ **autour de qc** viel Aufhebens von etw machen (geh); **faire beaucoup de** ~ **pour rien** viel Lärm um nichts machen
◆ ~ **de couloir** Gerücht nt
bruitage [bʀɥitaʒ] m Geräuschkulisse f; ~ **des films** akustische Untermalung von Filmen
bruiteur, -euse [bʀɥitœʀ, -øz] m, f Geräuschtechniker(in) m(f)
brûlage [bʀylaʒ] m des herbes Verbrennen nt, Abbrennen nt
brûlant(e) [bʀylɑ̃, ɑ̃t] adj ❶ glühend heiß; plat, liquide kochend heiß; **être** ~(**e**) **de fièvre** vor Fieber glühen
❷ (passionné) leidenschaftlich; regard feurig
❸ (délicat) sujet, question heiß
brûlé [bʀyle] m ❶ Verbrannte(s) nt; GASTR Angebrannte(s) nt
❷ (blessé) **grand** ~ Verletzte(r) m mit schweren Verbrennungen
▶ **sentir le** ~ verbrannt/angebrannt riechen; (devenir dangereux) brenzlig werden (fam)
brûlé(e) [bʀyle] adj verbrannt; plat angebrannt
brûlée [bʀyle] f (blessée) **grande** ~ Verletzte f mit schweren Verbrennungen
brûle-gueule [bʀylgœl] m inv Stummelpfeife f **brûle-parfum** [bʀylpaʀfœ̃] m inv Räuchergefäß nt **brûle-pourpoint** [bʀylpuʀpwɛ̃] ▶ **à** ~ ohne Umschweife; **demander qc à** ~ etw freiheraus fordern; **refuser qc à** ~ etw kurzerhand ablehnen
brûler [bʀyle] <1> I. vi ❶ (se consumer) brennen
❷ GASTR anbrennen
❸ (être très chaud) heiß sein
❹ (être irrité) bouche, yeux, gorge: brennen; **l'estomac me brûle** ich habe Sodbrennen
❺ (être dévoré) **d'impatience/de soif** vor Ungeduld vergehen/vor Durst umkommen; ~ [**d'envie**] **de faire qc** darauf brennen, etw zu tun
❻ (être proche du but) **tu brûles!** [ganz] heiß!, du bist ganz nah dran!
II. vt ❶ (détruire par le feu) verbrennen; niederbrennen forêt, maison
❷ (pour chauffer, éclairer) verfeuern bois, charbon; abbrennen allumette; verbrauchen électricité; **laisser/faire** ~ **la lumière** das Licht brennen lassen
❸ (endommager) bougie, cigarette, fer à repasser: ansengen; liquide bouillant: verbrühen; gel: erfrieren lassen; soleil: verbrennen; acide: angreifen
❹ (irriter) ~ **le gosier/les yeux** in der Kehle/den Augen brennen; **le sable brûle les pieds** man verbrennt sich die Füße im heißen Sand
❺ (ne pas respecter) überfahren stop, signal; überspringen étape; ~ **un feu rouge** bei Rot über die Ampel fahren; ~ **un arrêt/une gare** an einer Haltestelle/einem Bahnhof nicht halten
❻ (consommer) verbrauchen calories
❼ GASTR anbrennen lassen
III. vpr **se** ~ sich verbrennen; **se** ~ **qc** sich (Dat) etw verbrennen; **se** ~ **la main** (au feu, à l'eau bouillante) sich (Dat) die Hand verbrennen; (à l'acide) sich (Dat) die Hand verätzen
brûlerie [bʀylʀi] f Kaffeerösterei f
brûleur [bʀylœʀ] m Brenner m
brûlis [bʀyli] m Brandrodung f
brûlot [bʀylo] m ❶ HIST Brandschiff nt
❷ ZOOL CAN eine Stechmückenart
brûlure [bʀylyʀ] f ❶ (blessure) Verbrennung f; (plaie) Brandwunde f; ~ **du premier degré** Verbrennung ersten Grades; **une sensation de** ~ **sur la peau** ein [leichtes] Brennen auf der Haut; **se faire une** ~ sich (Dat) eine Brandwunde zuziehen
❷ (tache) Brandfleck m; (trou) Brandloch nt
◆ ~**s d'estomac** Sodbrennen nt

brumaire [bʀymɛʀ] *m zweiter Monat des Kalenders, der nach der französischen Revolution eingeführt wurde (22. Oktober bis 21. November)*
brume [bʀym] *f* ❶ *(brouillard)* [leichter] Nebel, Dunst *m;* **des nappes de ~** Nebelschwaden *Pl;* **chargé(e) de ~s** dunstig, diesig
❷ *(en mer)* Nebel *m;* **signal de ~** Nebelsignal *nt*
❸ *pl fig* **les ~s de l'alcool** der Alkoholnebel
brumeux, -euse [bʀymø, -øz] *adj* ❶ dunstig, diesig; **temps ~** Nebelwetter *nt*
❷ *(confus)* unklar, verschwommen; **Pierre a l'esprit ~** Pierre ist konfus
brumisateur® [bʀymizatœʀ] *m* Zerstäuber *m*
brun [bʀœ̃] *m* ❶ Dunkelhaarige(r) *m*
❷ *(couleur)* Braun *nt*
brun(e) [bʀœ̃, bʀyn] *adj* ❶ braun; *cheveux, peau, tabac, bière* dunkel; **cheveux ~ clair** hellbraunes Haar, hellbraune Haare; **cheveux ~ foncé** dunkelbraunes Haar, dunkelbraune Haare; **cheveux ~ cuivré** kupferbraunes Haar, kupferbraune Haare; **il est ~** er ist dunkelhaarig
❷ *(bronzé)* braun[gebrannt]
brunante [bʀynɑ̃t] *f* CAN *(crépuscule)* Abenddämmerung *f;* **à la ~** in der [Abend]dämmerung, bei Einbruch der Dunkelheit
brunâtre [bʀynɑtʀ] *adj* bräunlich
brunch [bʀœ̃nʃ] <[e]s> *m* Brunch *m*
brune [bʀyn] *f* ❶ Dunkelhaarige *f*
❷ *(cigarette)* Zigarette *f* aus dunklem Tabak
❸ *(bière)* Dunkle(s) *nt,* dunkles Bier
brunir [bʀyniʀ] <8> I. *vi* braun werden; *cheveux:* dunkler werden, nachdunkeln
II. *vt* bräunen; dunkel beizen *boiserie*
brunissage [bʀynisaʒ] *m* TECH Polieren *nt*
Brunswick [bʀœsvik] Braunschweig *nt*
brushing [bʀœʃiŋ] *m* Föhnfrisur *f,* Föhnwelle *f*
brusque [bʀysk] *adj* ❶ *(soudain)* plötzlich
❷ *(sec) personne, ton* barsch, schroff; *manières* ungehobelt, grob; *geste* heftig
brusquement [bʀyskəmɑ̃] *adv* plötzlich
brusquer [bʀyske] <1> *vt* ❶ *(précipiter)* überstürzen; voreilig angehen *affaire;* **cet incident brusqua sa décision** der Vorfall führte bei ihm/ihr zu einer vorschnellen Entscheidung
❷ *(bousculer)* brüsk behandeln; *(parler durement)* anfahren, anherrschen
brusquerie [bʀyskəʀi] *f* Barschheit *f,* Schroffheit *f*
brut(e) [bʀyt] I. *adj* ❶ Roh-; *champagne* brut; *diamant* ungeschliffen; *toile* ungebleicht
❷ *fig fait* nackt; *idée* unausgereift
❸ ECON Brutto-
II. *adv* brutto
brutal(e) [bʀytal, o] <-aux> *adj* ❶ *(violent)* brutal, gewalttätig; *manières* ungehobelt, grob; *instinct* tierisch; **avec une force ~e** mit roher Gewalt
❷ *(qui choque) langage, réponse* unverblümt; *franchise, réalisme* brutal, schonungslos; *vérité* ungeschminkt, nackt
❸ *(soudain) choc* schwer; *coup* hart; *mort* plötzlich; *décision* [unerwartet] streng
brutalement [bʀytalmɑ̃] *adv* ❶ *(violemment)* brutal
❷ *(sans ménagement)* unverblümt
❸ *(soudainement)* [ur]plötzlich
brutaliser [bʀytalize] <1> *vt* brutal behandeln
brutalité [bʀytalite] *f* ❶ *sans pl (violence)* Brutalität *f; de paroles, d'un jeu* Härte *f;* **avec/sans ~** brutal/sanft; **dire la vérité avec ~** die Wahrheit unverblümt aussprechen
❷ *pl (actes violents)* **les ~s policières** das harte [*o* brutale] Vorgehen der Polizei; **être victime de ~s** ein Opfer der Gewalt sein
❸ *sans pl (soudaineté)* Plötzlichkeit *f*
brute [bʀyt] *f* ❶ *(violent)* brutaler Kerl, Rohling *m;* **sale ~!** *(homme)* gemeiner Kerl!; *(femme)* gemeines Biest!
❷ *(rustre)* Rüpel *m*
▶ **~ épaisse** *fam* Trampel *m (fam)*
Brutus [bʀytys] *m* Brutus *m*
Bruxelles [bʀy(k)sɛl] Brüssel *nt*
bruxellois(e) [bʀyksɛlwa, waz] *adj* aus Brüssel
bruyamment [bʀyjamɑ̃, bʀɥijamɑ̃] *adv* ❶ laut
❷ *(avec insistance)* lautstark
bruyant(e) [bʀyjɑ̃, bʀɥijɑ̃, jɑ̃t] *adj* laut; *réunion, foule* lärmend; **avec une joie ~e** mit Freudengeschrei; **machine très ~e** lärmintensive Maschine
bruyère [bʀyjɛʀ, bʀɥijɛʀ] *f* ❶ *(plante)* Heidekraut *nt,* Erika *f*
❷ *(bois)* Bruyèreholz *nt*
B.T.S. [betɛɛs] *m abr de* **brevet de technicien supérieur** Ingenieurdiplom *nt*
buanderie [bɥɑ̃dʀi] *f* ❶ *(pièce)* Waschküche *f*; *(utilisé pour sécher le linge)* Trockenraum *m*
❷ CAN *(blanchisserie)* Wäscherei *f*
buandier, -ière [bɥɑ̃dje, -jɛʀ] *m* CAN *(blanchisseur)* Wäscher(in) *m(f)*
bubon [bybɔ̃] *m* MED Drüsenschwellung *f*
Bucarest [bykaʀɛst] Bukarest *nt*
buccal(e) [bykal, o] <-aux> *adj* Mund-
buccodentaire [bykodɑ̃tɛʀ] *adj hygiène* Mund- und Zahn-
buccogénital(e) [bykoʒenital, o] <-aux> *adj* **caresses ~es** *(cunnilingus)* Cunnilingus *m;* *(fellation)* Fellatio *f*
bûche [byʃ] *f* Holzscheit *nt,* Scheit; *(tas de bûches)* Scheitholz *nt*
▶ **dormir comme une ~** wie ein Stein schlafen; [se] **prendre** [*o* **ramasser**] **une ~** *fam* hinfliegen *(fam)*
◆ **~ de Noël** mit Crème gefüllte Biskuitrolle, die traditionell an Weihnachten gegessen wird
bûcher¹ [byʃe] *m* ❶ Scheiterhaufen *m;* **condamner au ~** zum [Tod auf dem] Scheiterhaufen verurteilen; **faire un ~ de qc** etw verbrennen
❷ *(local)* Holzschuppen *m*
bûcher² [byʃe] <1> I. *vi fam* büffeln *(fam)*
II. *vt fam* pauken *(fam)*
bûcheron(ne) [byʃʀɔ̃, ɔn] *m(f)* Holzfäller(in) *m(f)*
bûchette [byʃɛt] *f* ❶ *(petite bûche)* kleines Holzscheit
❷ *(bâtonnet)* Holzstäbchen *nt*
bûcheur, -euse [byʃœʀ, -øz] *fam* I. *adj* fleißig
II. *m, f* Arbeitstier *nt (fam)*
bucolique [bykɔlik] *adj* bukolisch; *existence* naturverbunden; *paysage* idyllisch
Budapest [bydapɛst] Budapest *nt*
budget [bydʒɛ] *m* ❶ POL Budget *nt,* Etat *m,* Haushalt *m; (exposé prévisionnel)* Haushaltsplan *m;* **~ de** [*o* **pour**] **la Défense** Verteidigungshaushalt, Verteidigungsetat; **~ annuel** Jahresetat; **~ bisannuel** Doppelhaushalt; **~ communal/public** kommunaler/öffentlicher Haushalt; **~ déficitaire** Defizithaushalt; **~ dévolu à l'armement** Rüstungsetat, Rüstungsbudget *nt;* **~ financier** Finanzhaushalt; **~ intérimaire** Interimshaushalt; **~ supplémentaire** Haushaltsnachtrag *m;* **voter le ~** den Haushalt verabschieden; **mettre son ~ en équilibre** das Budget ausgleichen; **décision concernant le ~** haushaltspolitische Entscheidung; **une question importante du point de vue du ~** eine haushaltspolitisch wichtige Frage
❷ ECON Budget *nt,* Etat *m;* **~ publicitaire** Werbeetat; **~ de l'entreprise** Betriebsbudget; **~ relatif aux coûts salariaux** Personalkostenbudget; **~ pour la recherche** Forschungsbudget
❸ *fig d'une famille, d'un particulier* finanzielle Mittel *Pl,* Budget *nt;* **~ familial** Familienbudget; **se faire un ~ pour le mois** einen Haushaltsplan für den Monat aufstellen; **pour les petits ~s** für den kleinen Geldbeutel
▶ **boucler son ~** mit seinem Geld auskommen
◆ **~ de coûts** ECON Kostenbudget *nt;* **~ de report** Ergänzungshaushalt *m,* Nachtragshaushalt *m;* **~ de voyage** Reisekasse *f*
budgétaire [bydʒetɛʀ] *adj* budgetär, etatmäßig, Haushalts-; *réforme, décision, mesure* haushaltspolitisch; **système ~** Haushaltswesen *nt*
budgétisation [bydʒetizasjɔ̃] *f* Budgetierung *f,* Veranschlagung *f* im Haushalt [*o* Etat]; **~ des liquidités** FIN Liquiditätsplanung *f*
budgétiser [bydʒetize] <1> *vt* budgetieren, im Haushalt [*o* Etat] veranschlagen
buée [bɥe] *f* **se couvrir de ~** beschlagen; **faire de la ~ sur qc** etw anhauchen; **des vitres couvertes de ~** beschlagene Fensterscheiben
buffet [byfɛ] *m* Büfett *nt;* **~ froid** kaltes Büfett
▶ **danser devant le ~** *fam* nichts zu essen [*o* beißen *fam*] haben
◆ **~ de cuisine** Küchenbüfett *nt,* Küchenanrichte *f;* **~ de la gare** Bahnhofsgaststätte *f,* Bahnhofsrestaurant *nt;* **~ d'orgue** Orgelgehäuse *nt*
buffle [byfl] *m* Büffel *m*
bug [bœg] *m* INFORM Programmfehler *m*
buggy [bygi] *m* Buggy *m*
bugle [bygl] *m* MUS *d'une trompette, d'un clairon* Bügelhorn *nt*
building [b(y)ildiŋ] *m* Hochhaus *nt*
buis [bɥi] *m* BOT Buchs *m; (arbuste)* Buchs[baum] *m*
buisson [bɥisɔ̃] *m* Busch *m,* Strauch *m*
▶ **~ ardent** brennender Dornbusch
buissonneux, -euse [bɥisɔnø, -øz] *adj* mit Büschen [*o* Sträuchern] bewachsen
buissonnière *v.* école
bulbe [bylb] *m* ❶ BOT Zwiebel *f;* **~ de tulipe** Tulpenzwiebel
❷ ARCHIT Zwiebel *f;* **clocher à ~** Zwiebelturm *m*
❸ ANAT **~ pileux/rachidien** Haarzwiebel *f*/verlängertes Rückenmark
bulbeux, -euse [bylbø, -øz] *adj* Zwiebel-, zwiebelförmig
bulgare [bylgaʀ] I. *adj* bulgarisch
II. *m* **le ~** Bulgarisch *nt,* das Bulgarische; *v. a.* allemand

Bulgare [bylgaʀ] *mf* Bulgare *m*/Bulgarin *f*
Bulgarie [bylgaʀi] *f* la ~ Bulgarien *nt*
bulgomme® [bylgɔm] *m* Tischschoner *m*
bulldozer [byldɔzɛʀ, buldozœʀ] *m* Planierraupe *f*, Bulldozer *m*
bulle [byl] *f* ❶ Blase *f*; ~ **d'air**/**de savon** Luft-/Seifenblase *f*
❷ *(dans une bande dessinée)* Sprechblase *f*
❸ *(décret)* Bulle *f*; **une ~ du pape** eine päpstliche Bulle
▸ coincer la ~ *fam* auf der faulen Haut liegen *(fam)*
buller [byle] <1> *vi fam* faulenzen
bulletin [byltɛ̃] *m* ❶ *(communiqué)* Bericht *m*, Bulletin *nt*; ~ **officiel** amtlicher [*o* offizieller] Bericht; ~ **d'enneigement** Schneebericht; ~ **d'annonces légales obligatoires** ECON ≈ Börsenpflichtblatt *nt*
❷ PRESSE *(journal)* Bulletin *nt*; *(rubrique)* Bericht *m*; ~ **de l'étranger** Auslandsbericht; ~ **météorologique** Wetterbericht
❸ POL ~ **blanc**/**nul** leerer/ungültiger Stimmzettel
❹ SCOL ~ **scolaire** Schulzeugnis *nt*
❺ *(certificat)* Schein *m*; ~ **de garantie**/**consigne** Garantie-/Gepäckschein
▸ à ~s secrets geheim
◆ ~ **d'abonnement** Bestellformular *nt* für ein Abonnement; ~ **des cours du change** Devisenkurszettel *m*; ~ **de dépôt** JUR Hinterlegungsbeleg *m* *(Fachspr.)*; ~ **d'information** Nachrichten *Pl*; ~ **des lois** Gesetzessammlung *f*; ~ **de notes** [Schul]zeugnis *nt*, Giftzettel *m* (DIAL *fam*); ~ **de paye** [o **de salaire**] *d'un ouvrier* Lohnzettel *m*, Lohnabrechnung *f*; *d'un employé* Gehaltszettel *m*; ~ **de santé** ärztliches Bulletin; ~ **de souscription** FIN Zeichnungsschein *m*; ~ **de versement** CH Zahlkarte *f*, Einzahlungsschein *m* (CH); ~ **de vote** Stimmzettel *m*, Wahlzettel *m*; ~ **de vote par correspondance** Briefwahlunterlagen *Pl*
bulletin-réponse [byltɛ̃ʀepɔ̃s] <bulletins-réponses> *m* Teilnahmekarte *f*, Teilnahmeschein *m*
bull-terrier [bultɛʀje] <bull-terriers> *m* Bullterrier *m*
bungalow [bœ̃galo] *m* Bungalow *m*
bunker [bunkœʀ] *m* Bunker *m*
buraliste [byʀalist] *mf* Tabak[waren]händler(in) *m(f)*
bure [byʀ] *f* TEXTIL grober, brauner Stoff aus Wolle
bureau [byʀo] <x> *m* ❶ *(meuble)* Schreibtisch *m*
❷ *(pièce)* Büro *nt*, Arbeitszimmer *nt*; *(pièce de représentation)* Geschäftszimmer *nt*
❸ *(lieu de travail)* Büro *nt*; **aller au** [*o* **à son**] ~ ins Büro gehen; **à la fermeture des ~x** nach Dienstschluss; **employé(e) de** ~ Büroangestellte(r) *f(m)*; **immeuble de ~x** Bürogebäude *nt*
❹ *(service)* Büro *nt*, Abteilung *f*; ~ **des expéditions** Versandabteilung; ~ **des informations** Informationsbüro; ~ **de tri** Sortierstelle *f*; ~ **de douane** Zollamt *nt*; ~ **de location** Vorverkaufsstelle; ~ **d'enregistrement des bagages** Gepäckabfertigungsstelle, Gepäckabfertigung *f*; ~ **de renseignements** Auskunftsbüro, Auskunftsstelle; ~ **des objets trouvés** Fundbüro
❺ *(comité)* ~ [**politique**] Präsidium *nt*, Vorstand *m*; ~ **exécutif** Exekutivausschuss *m*; **réunion**/**membre du** ~ Vorstandssitzung *f*/-mitglied *nt*
❻ MIL Abteilung *f*
❼ INFORM *(sur l'écran)* Arbeitsoberfläche *f*, Desktop *m*
▸ Deuxième Bureau *vieilli* militärischer Geheimdienst
◆ ~ **d'aide sociale** Sozialamt *nt*; ~ **de change** Wechselstube *f*; ~ **de conciliation** Schlichtungsstelle *f*; ~ **d'études** technisches Planungsbüro; *(indépendant)* Ingenieurbüro *nt*; ~ **de placement** Stellenvermittlung *f*; ~ **des pleurs** *fam* Anlaufstelle *f* für Beschwerden; ~ **de poste** Postamt *nt*; *d'une entreprise* Poststelle *f*; ~ **de tabac** ≈ Tabak[waren]laden *m*, ≈ Tabakgeschäft *nt*; ~ **de vote** Wahllokal *nt*

Land und Leute

Zigaretten und andere Tabakwaren werden in Frankreich ausschließlich in den **bureaux de tabac** sowie in speziellen *bars-tabac* verkauft. Diese Verkaufsstellen sind an einem großen roten Zeichen zu erkennen, der sogenannten *carotte*. Sie stellt ein gerolltes Tabakblatt dar.

bureaucrate [byʀokʀat] *mf* Bürokrat(in) *m(f)*
bureaucratie [byʀokʀasi] *f* Bürokratie *f*
bureaucratique [byʀokʀatik] *adj* bürokratisch
bureautique® [byʀotik] *f* Bürokommunikation *f*, Büroautomation *f*
burette [byʀɛt] *f* ❶ TECH ~ [**d'huile**] Ölkanne *f*; ~ [**de graissage**] Ölkännchen *nt*
❷ CHIM Bürette *f*
❸ REL Messkännchen *nt*
❹ *pl pop (testicules)* Hoden *Pl*, Eier *Pl (vulg)*
burgrave [byʀgʀav] *m* HIST Burggraf *m*
burin [byʀɛ̃] *m* ❶ *(outil pour graver)* [Gravier]nadel *f*, Gravierstichel *m*; **gravé au** ~ gestochen
❷ *(gravure)* [Stahl]stich *m*

❸ *(ciseau)* Meißel *m*
buriné(e) [byʀine] *adj visage* zerfurcht; *traits* scharf
Burkina-Faso [byʀkinafaso] *m* **le** ~ Burkina Faso *nt*
burlesque [byʀlɛsk] **I.** *adj* ❶ THEAT, CINE burlesk; **une farce** ~ eine Burleske
❷ *(extravagant)* grotesk
II. *m* Burleske *nt*; CINE Slapstick *m*
burlingue [byʀlɛ̃g] *m arg* [kleines] Büro *nt*
burnous [byʀnu(s)] *m* Burnus *m*
▸ faire suer le ~ *fam* rassistisch ausbeuten
bursite [byʀsit] *f* MED Schleimbeutelentzündung *f*
bus¹ [bys] *m* Bus *m*; ~ **électrique** Elektrobus; ~ **de tourisme** Reisebus *m*, Reisecar *m* (CH)
bus² [bys] *m* INFORM Bus *m*; ~ **AT** AT-Bus; ~ **d'adresses**/**de données**/**de processeur** Adress-/Daten-/Prozessorbus; ~ **de commande**/**d'extension** Steuer-/Erweiterungsbus; ~ **système** Systembus
busard [byzaʀ] *m* ORN Weihe *f*
buse¹ [byz] *f* ORN Bussard *m*
▸ triple ~ *hum fam* Vollidiot *m* *(fam)*
buse² [byz] *f* TECH Düse *f*; ~ **d'aération** Lüftungsschacht *m*; ~ **d'injection** Einspritzdüse *f*
business [biznɛs] *m* ❶ *(affaires)* Geschäft *nt*; **elle est dans le** ~ sie ist Geschäftsfrau
❷ *fam (affaire louche)* Deal *m (fam)*
businessman [biznɛsman, -mɛn] <s *o* -men> *m* Geschäftsmann *m*
busqué(e) [byske] *adj nez* Haken-
buste [byst] *m* ❶ *(torse)* Oberkörper *m*
❷ *(poitrine de femme)* Brust *f*
❸ *(sculpture)* Büste *f*; ~ **en plâtre** Gipsbüste *f*
bustier [bystje] *m* ❶ *(sous-vêtement)* Bustier *nt*
❷ *(vêtement)* Korsage *f*
but [by(t)] *m* ❶ *(destination)* Ziel *nt*
❷ *(objectif)* Ziel *nt*; *(intention)* Absicht *f*; ~ **final**/**dans la vie** End-/Lebensziel; ~ **professionnel** Berufsziel; **se donner**/**avoir pour ~ de faire qc** sich *(Dat)* zum Ziel setzen/darauf abzielen, etw zu tun; **toucher au** ~ nahe am Ziel sein; **dans un ~ criminel**/**bien précis**/**déterminé** in verbrecherischer Absicht/aus einem ganz bestimmten Grund/absichtlich; **dans le ~ exclusif de faire qc** nur um etw zu tun; **dans ce ~** zu diesem Zweck; **à ~ lucratif** zu kommerziellen Zwecken, in Gewinnerzielungsabsicht; **à ~ non lucratif** gemeinnützig; ~ **d'une**/**de l'entreprise** Unternehmensziel
❸ SPORT *(point)* Tor *nt*, Treffer *m*, Torerfolg *m*; ~ **adverse** Gegentor; ~ **égalisateur** Ausgleichstor, Ausgleichstreffer; ~ **marqué par hasard** Zufallstor, Zufallstreffer; ~ **en or** Golden Goal *nt*; **le score est de un ~ à zéro** es steht eins zu null; **gagner par trois ~s à deux** mit drei zu zwei [Toren] gewinnen; **occasion de** ~ Torchance *f*, Torgelegenheit *f*, Tormöglichkeit *f*; **différence de ~s** Tordifferenz *f*; **match sans aucun** ~ torloses Spiel; **le match se termina sans aucun** ~ das Spiel endete torlos
❹ *pl* SPORT *(cage)* Tor *nt*
▸ **de** ~ **en blanc** ohne Umschweife; **aller droit au** ~ sofort [*o* gleich] zur Sache kommen
◆ ~ **d'exploitation** ECON Betriebszweck *m*
butane [bytan] *m* Butan[gas *nt*] *nt*
buté(e) [byte] *adj* trotzig; *personne* verstockt, trotzig; **d'un air** ~ trotzig
butée [byte] *f* TECH Anschlag *m*
buter [byte] <1> **I.** *vi* ❶ *(heurter)* ~ **contre qc** gegen etw stoßen
❷ *(faire face à une difficulté)* ~ **contre** [*o* **sur**] **qc** über etw *(Akk)* stolpern
II. *vt* verärgern
❷ *fam (tuer)* umlegen *(fam)*
III. *vpr* **se** ~ **sur qc** sich auf etw *(Akk)* versteifen
buteur, -euse [bytœʀ, øz] *m* Torjäger *m*; **meilleur** ~/**meilleure buteuse** Torschützenkönig(in) *m(f)*
butin [bytɛ̃] *m* Beute *f*; *d'une fouille* Fund *m*
◆ ~ **de guerre** Kriegsbeute *f*
butiner [bytine] <1> *vi abeille:* Nektar und Blütenstaub sammeln
butoir [bytwaʀ] *m* ❶ CHEMDFER Prellbock *m*
❷ TECH Anschlag *m*; ~ **de porte** Türpuffer *m*
butor [bytɔʀ] *m* ❶ *péj (rustre)* Flegel *m*, Rüpel *m*
❷ ORN Rohrdommel *f*
buttage [bytaʒ] *m* HORT Häufeln *nt*
butte [byt] *f* ❶ *(Erd]hügel *m*; *(colline)* [An]höhe *f*
▸ être en ~ à qc die Zielscheibe von etw sein, einer S. *(Dat)* ausgesetzt sein
butter [byte] <1> *vt* AGR [an]häufeln
butyrique [bytiʀik] *adj* CHIM *acide* Butter-; *fermentation* Buttersäure-; **matière grasse** ~ Milchfett *nt*
buvable [byvabl] *adj* trinkbar

▶ **ne pas être** ~ *boisson:* ungenießbar sein; *fig fam* entsetzlich sein
buvard [byvaʀ] *m* ❶ *(papier)* Löschblatt *nt*, Löschpapier *nt*
❷ *(sous-main)* Schreibunterlage *f*
buvette [byvɛt] *f* ❶ *(local)* Bar *f*; *(en plein air)* Getränkekiosk *m*
❷ *(thermale)* Trinkhalle *f*
buveur, -euse [byvœʀ, -øz] *m, f* ❶ *(alcoolique)* Trinker(in) *m(f)*, Säufer(in) *m(f) (pej)*; **être un [bon] ~/une [bonne] buveuse** trinklustig sein
❷ *(consommateur) d'un restaurant* Gast *m*; ~ **de bière**/**café** Bier-/Kaffeetrinker *m*
buy-out [bajaut] *m* ECON Buy-out *m*
by-pass [bajpas] *inv m* MED Bypass *m*
byte [bajt] *m* INFORM Byte *nt*
Byzance [bisɑ̃s] *f* Byzanz *nt*
byzantin(e) [bizɑ̃tɛ̃, in] *adj* byzantinisch
byzantinisme [bizɑ̃tinism] *m* Haarspaltereien *Pl*

C c

C, c [se] *m inv* C *nt*/c *nt*; **c cédille** C-Cedille *nt*
ça¹ [sa] *m* PSYCH Es *nt*
ça² [sa] *pron dém* ❶ *fam (pour désigner)* das; **pour** ~ deshalb, deswegen; **après** ~ danach; **qu'est-ce que c'est que** ~ ? was ist denn das?; **ah** ~ **non!** das auf gar keinen Fall!; ~ **oui, pour être furieux, je suis furieux!** o ja, ich bin wirklich wütend!; ~ **fait dix jours/longtemps que j'attends** es ist jetzt zehn Tage/schon lange her, dass ich warte
❷ *fam (répétitif)* **les haricots? Si, j'aime** ~ Bohnen? Doch, die esse ich gern; **le fer,** ~ **rouille** Eisen rostet nun eben mal
❸ *péj (personne)* **et** ~ **vote/conduit!** und so etwas wählt/fährt Auto! *(fam)*
❹ *(pour renforcer)* **qui** ~ ? wer/wen?; **quand/comment** ~ ? wann/wie?; **où** ~ ? wo/wohin?; **il est parti?! Comment** ~, **parti?!** er ist abgefahren?! Was heißt das, abgefahren?!
▶ ~ **par exemple!,** ~ **alors!** na, so was!; **c'est toujours** ~ immerhin etwas; **c'est** ~ [ganz] genau; **c'est comme** ~ so ist es nun [ein]mal; **si ce n'est que** ~ wenn's weiter nichts ist; ~ **va?** – **C'est pas** ~ wie geht's? – Nicht gerade toll; **et avec** ~ ? darf's noch was sein?, und außerdem?; **et modeste/menteur avec** ~ und noch dazu bescheiden/ein Lügner, und bescheiden/ein Lügner obendrein; **dire comme** ~ nur so sagen; **pas de** ~ **!** ausgeschlossen!; **pour** ~ **oui/non** das kann man wohl sagen/das kann man wirklich nicht behaupten; **sans** ~ sonst, ansonsten
çà [sa] *adv* ~ **et là** hier und da; **courir** ~ **et là** hierhin und dorthin laufen; **écouter** ~ **et là** sich umhören
cabale [kabal] *f* Intrige *f*, Komplott *nt*; **former une** ~ **contre qn** gegen jdn intrigieren [*o* eine Intrige spinnen]
cabalistique [kabalistik] *adj* kabbalistisch
caban [kabɑ̃] *m* Caban *m (modischer kurzer Herrenmantel)*
cabane [kaban] *f* ❶ Hütte *f*; *péj (Bruch)*bude *f*; *(pour animaux)* Verschlag *m*; *(remise)* Schuppen *m*; CH *(refuge de haute montagne)* Berghütte *f*; *(dans un arbre)* Baumhaus *nt*; ~ **avec barbecue** Grillhütte
❷ *fam (prison)* Kittchen *nt (fam)*, Knast *m (fam)*; **être en** ~ im Knast [*o* Kittchen] sitzen
▶ ~ **à lapins** Kaninchenstall *m*; *péj (H.L.M.)* Hasenstall *(fam)*
cabanon [kabanɔ̃] *m (remise)* Schuppen *m*
cabaret [kabaʀɛ] *m* ❶ Nachtlokal *nt*
❷ CAN *(plateau)* Tablett *nt*
cabaretier, -ière [kabaʀ(ə)tje, -jɛʀ] *m, f vieilli* Schankwirt(in) *m(f)*
cabas [kaba] *m* Einkaufstasche *f*
cabernet [kabɛʀnɛ] *m* rote Rebsorte, die im Loiretal und in der Gironde angebaut wird
cabestan [kabɛstɑ̃] *m* Winde *f*; NAUT Spill *nt*
cabillaud [kabijo] *m* Kabeljau *m*
cabine [kabin] *f* ❶ *(poste de commande) d'un camion* Fahrerhaus *nt*; *d'un train* Führerhaus; *d'un bac* Fährhaus; *d'une grue* Führerkabine *f*; *d'un avion, véhicule spatial* Cockpit *nt*; ~ **spatiale** Raumkapsel *f*
❷ *(petit local) d'une piscine* Kabine *f*; *d'un navire (pour le personnel)* Kajüte *f*; *(pour les passagers)* Kabine; ~ **individuelle/double** Einzel-/Doppelkabine; ~ **de luxe** Luxuskabine; ~ **téléphonique** Telefonzelle *f*; ~ **des passagers** *d'un avion* Fluggastraum *m*
▶ ~ **d'ascenseur** Fahrstuhlkabine *f*; ~ **de bain** Badekabine *f*; Umkleidekabine *f*; ~ **de douche** Duschkabine *f*; ~ **d'enregistrement** Aufnahmekabine *f*; ~ **d'essayage** Umkleidekabine *f*; ~ **de pilotage** Cockpit *nt*; ~ **de projection** Vorführraum *m*, Vorführkabine *f*; ~ **de téléphérique** [Seilbahn]kabine *f*
cabinet [kabinɛ] *m* ❶ *pl (toilettes)* Toilette *f*; **être aux ~s** auf der Toilette sein; **as-tu envie d'aller aux ~s?** musst du auf die Toilette?
❷ *(local professionnel) d'un médecin, dentiste* Praxis *f*; *d'un avocat, notaire* Kanzlei *f*; ~ **collectif** Bürogemeinschaft *f*
❸ POL Kabinett *nt*
❹ *(endroit isolé)* ~ **particulier** [kleines] Nebenzimmer
▶ ~ **d'affaires** Büro *nt*; *(cabinet d'un courtier)* Maklerbüro; ~ **de consultation** Sprechzimmer *nt*; ~ **de radiologie** Röntgeninstitut *nt*; ~ **de toilette** [kleiner] Waschraum; ~ **de travail** Arbeitszimmer *nt*
cabinet-conseil [kabinɛkɔ̃sɛj] <cabinets-conseils> *m* Beratungsbüro *nt*
câblage [kɑblaʒ] *m* ❶ TV Verkabelung *f*
❷ ELEC Verdrahtung *f*, Verkabelung *f*
❸ *(fabrication d'un câble)* Kabelherstellung *f*
❹ *(envoi d'une dépêche)* Kabeln *nt*
câble [kɑbl] *m* ❶ Kabel *nt*; **poser un** ~ ein Kabel legen; ~ **[d'alimentation] électrique** Stromkabel; **les ~s électriques** die elektrischen Leitungen; ~ **de clavier/d'imprimante** Tastatur-/Druckerkabel; ~ **téléphonique** [*o* **du téléphone**] Telefonkabel *nt*, Telefonleitung *f*; ~ **[à] haute tension** Hochspannungskabel; ~ **à large bande** Breitbandkabel; ~ **de transmission** Übertragungsleitung; ~ **sous gaine** TECH Bowdenzug *m*; ~ **sous-marin** Unterwasserkabel; **sans** ~ kabellos
❷ TV Kabelfernsehen *nt*; **avoir le** ~ verkabelt sein, [einen] Kabelanschluss haben
❸ *(fil) d'un frein* Seilzug *m*; ~ **métallique** Drahtseil *nt*; ~ **de transmission** Treibseil
▶ ~ **d'alimentation** Anschlusskabel *nt*; ~ **d'amarrage** Halteleine *f*; ~ **de connexion** Verbindungskabel *nt*; ~ **de démarrage** Starthilfekabel *nt*; ~ **en fibre optique** Glasfaserkabel *nt*; ~ **de frein** Bremsseil *nt*; ~ **de remorquage** Abschleppseil *nt*
câblé(e) [kɑble] *adj fil* gezwirnt; *ville, maison* verkabelt
câbler [kɑble] <1> *vt* ❶ *(transmettre)* kabeln
❷ TV verkabeln
❸ ELEC verdrahten
câble-ruban [kɑbləʀybɑ̃] <câbles-rubans> *m* INFORM Flachbandkabel *nt*
câblier [kɑblije] *m* ❶ *(navire)* Kabelleger *m*
❷ *(fabricant)* Kabelhersteller(in) *m(f)*
câblodistribution [kɑblodistʀibysjɔ̃] *f* Kabelfernsehen *nt*
cabochard(e) [kabɔʃaʀ, aʀd] *fam* **I.** *adj* eigensinnig, dickköpfig *(fam)*
II. *m(f)* Dickkopf *m (fam)*
caboche [kabɔʃ] *f fam* Kopf *m*, Schädel *m (fam)*; **il a une sacrée** ~ **!** das ist vielleicht ein Dickkopf! *(fam)*; **ne rien avoir dans la** ~ nichts im Kopf haben; **se mettre qc dans la** ~ sich *(Dat)* etw in den Kopf setzen; **mets-toi ça dans la** ~ **!** schreib dir das hinter die Ohren! *(fam)*
cabochon [kabɔʃɔ̃] *m* Cabochon *m (polierter, noch ungeschliffener Edelstein)*
cabosser [kabɔse] <1> *vt* verbeulen; **être cabossé(e)** *voiture:* verbeult sein
cabot [kabo] *m fam* ❶ *péj (chien)* Köter *m (fam)*, Kläffer *m (fam)*
❷ *(cabotin)* Wichtigtuer *m (fam)*
cabotage [kabɔtaʒ] *m* Küstenschifffahrt *f*
caboteur [kabɔtœʀ] *m* Küstenschiff *nt*, Küstendampfer *m*
cabotin(e) [kabɔtɛ̃, in] *fam* **I.** *adj* wichtigtuerisch *(fam)*
II. *m(f)* ❶ Wichtigtuer *m (fam)*
❷ THEAT, CINE Schmierenkomödiant(in) *m(f)*
cabotinage [kabɔtinaʒ] *m* Schmierentheater *nt (pej)*
caboulot [kabulo] *m vieilli fam* Spelunke *f*
cabrer [kabʀe] <1> **I.** *vt* steigen lassen *cheval*; hochziehen *avion*; ~ **qn contre qn/qc** jdn gegen jdn/etw aufwiegeln
II. *vpr* ❶ **se** ~ *cheval:* sich [auf]bäumen, steigen; *avion:* steigen
❷ *(se révolter)* **se** ~ **devant qc** sich gen etw sträuben; **il** [*o* **sa volonté**] **se cabre à l'idée qu'il est trop jeune** er sträubt sich bei dem Gedanken, dass er zu jung ist
cabri [kabʀi] *m* Zicklein *nt*

▶ **sauter comme un** ~ Luftsprünge machen
cabriole [kabʀijɔl] *f* Luftsprung *m; d'un danseur, cheval* Kapriole *f; d'un chevreau* Bocksprung *m*
cabrioler [kabʀijɔle] <1> *vi* Luftsprünge machen; *cheval:* Kapriolen machen; *chevreau:* Bocksprünge machen
cabriolet [kabʀijɔlɛ] *m* ❶ *(automobile)* Cabrio[let] *nt*, Kabrio[lett] *nt* ❷ *(voiture à cheval)* Kabriolett *nt*
caca [kaka] **I.** *m enfantin fam* **faire** ~ Aa machen *(fam)* **II.** *adj adj inv enfantin* **baba** *(Kinderspr.),* **bäbä** *(Kinderspr.);* ~ **d'oie** gelbgrün
cacahouète, cacahuète [kakawɛt] *f* Erdnuss *f*
cacao [kakao] *m* Kakao *m*
cacaoté(e) [kakaɔte] *adj* kakaohaltig
cacatoès [kakatɔɛs] *m* Kakadu *m*
cacatois [kakatwa] *m* NAUT Royalsegel *nt*
cachalot [kaʃalo] *m* Pottwal *m*
▶ **souffler comme un** ~ wie ein Walross schnaufen *(fam)*
cache[1] [kaʃ] *m* ❶ PHOT, CINE Maske *f;* **mettre un** ~ **sur qc** etw abdecken
❷ INFORM Cachespeicher *m*, Cache *m*
cache[2] [kaʃ] *f* Versteck *nt*
caché(e) [kaʃe] *adj* ❶ *lieu, refuge* abgeschieden, abgelegen; *charmes, sens* verborgen; *sentiments* unausgesprochen
❷ COM, JUR, INFORM *vice, texte* verborgen
cache-cache [kaʃkaʃ] *m inv* Verstecken *nt*, Versteckspiel *nt*
▶ **jouer à** [*o* **faire**] **une partie de**] ~ Versteck[en] spielen **cache-cœur** [kaʃkœʀ] <cache-cœurs> *m (chemisier)* Wickelbluse *f;* (*pour bébé)* Wickelhemdchen *nt* **cache-col** [kaʃkɔl] *m inv* Halstuch *nt*, Schal *m*
cachemire [kaʃmiʀ] *m* Kaschmir *m;* **écharpe en** ~ Kaschmirschal *m*
cache-misère [kaʃmizɛʀ] *m inv* Übermantel *m (zum Verdecken schlechter Kleider)* **cache-nez** [kaʃne] *m inv* Schal *m* **cache-pot** [kaʃpo] <cache-pots> *m* Übertopf *m;* (en papier) [Blumentopf]manschette *f* **cache-prise** [kaʃpʀiz] <cache-prise[s]> *m* Kindersicherung *f* [für Steckdosen], Steckdosenschutz *m*
cacher[1] [kaʃe] <1> **I.** *vt* ❶ *(dissimuler)* verstecken
❷ *(masquer)* verdecken; abdecken *impuretés de la peau, cernes*
❸ *(ne pas laisser voir)* verbergen
❹ *(garder secret)* ~ **qc à qn** jdm etw verheimlichen, etw vor jdm geheim halten; ~ **ses sentiments à qn** seine Gefühle vor jdm verbergen; ~ **à qn qu'il est déjà là** jdm verschweigen, dass er schon da ist
II. *vpr* ❶ *(se dissimuler)* **se** ~ sich verstecken; *chose:* sich verbergen; **va te** ~ **!** scher dich fort!, verschwinde!
❷ *(être introuvable)* **mais où se cache le directeur?** wo steckt denn der Direktor?; **mais où peut bien se** ~ **cette facture?** wo ist denn bloß diese Rechnung hingekommen?
❸ *(tenir secret)* **ne pas se** ~ **de qc** keinen Hehl aus etw machen
cacher[2] *v.* **casher**
cache-radiateur [kaʃʀadjatœʀ] <cache-radiateurs> *m* Heizkörperverkleidung *f* **cache-sexe** [kaʃsɛks] <cache-sexe[s]> *m* Minislip *m*
cachet [kaʃɛ] *m* ❶ PHARM Tablette *f*
❷ *(tampon)* Stempel *m;* ~ **officiel** Dienstsiegel *nt*, Amtssiegel; ~ **d'authentification** Beglaubigungsstempel; ~ **de vérification** Kontrollsiegel; ~ **d'une/de l'entreprise** Firmensiegel
❸ *(rétribution)* Honorar *nt; d'un acteur* Gage *f;* **courir le** ~ sich um ein Engagement bemühen
▶ **être blanc**(**blanche**) **comme un** ~ **d'aspirine** kreideblass sein; **avoir du** ~ eine besondere Note haben; **donner du** ~ **à qc** einer S. *(Dat)* eine besondere Note verleihen
cachetage [kaʃta3] *m (action)* Versiegeln *nt; (résultat)* Versiegelung *f*
cache-tampon [kaʃtɑ̃pɔ̃] *m inv* Versteckspiel *nt (bei dem ein Gegenstand versteckt wird)*
cacheter [kaʃte] <3> *vt* versiegeln; zukleben *enveloppe*
cachette [kaʃɛt] *f* Versteck *nt*
▶ **en** ~ heimlich; **en** ~ **de qn** ohne jds Wissen; *(en cas d'une action répréhensible)* hinter jds Rücken *(Dat)*
cachexie [kaʃɛksi] *f* MED *vieilli* Auszehrung *f*, Kachexie *f (Fachspr.)*
cachot [kaʃo] *m* ❶ *(cellule)* Kerker *m*
❷ *(punition)* Einzelhaft *f;* **mettre qn au** ~ jdn in Einzelhaft stecken
cachotterie [kaʃɔtʀi] *f gén pl* Geheimnistuerei *f*, Heimlichtuerei *f;* **faire des** ~**s à qn** jdm gegenüber heimlichtun
cachottier, -ière [kaʃɔtje, -jɛʀ] **I.** *adj* heimlichtuerisch; **être très** ~(**-ière**) sehr geheimnisvoll tun
II. *m, f* Heimlichtuer(in) *m(f)*, Geheimniskrämer(in) *m(f)*
cachou [kaʃu] *m* Cachou[bonbon] *nt o m*
cacique [kasik] *m* Schüler(in) *m(f)* mit dem besten Ergebnis in der Zulassungsprüfung der Ecole normale supérieure
cacochyme [kakɔʃim] *adj hum vieilli vieillard, constitution* schwächlich

cacophonie [kakɔfɔni] *f* Missklang *m*, Kakophonie *f*
cactus [kaktys] *m* Kaktus *m;* ~ **cierge** Säulenkaktus
c.-à-d. *abr de* **c'est-à-dire** d.h.
cadastral(e) [kadastʀal, o] <-aux> *adj* Kataster-
cadastre [kadastʀ] *m* ❶ *(registre)* Kataster *m o nt*, Flurbuch *m* ❷ *(service)* Katasteramt *nt*
cadavéreux, -euse [kadaveʀø, -øz] *adj littér teint* leichenblass
cadavérique [kadaveʀik] *adj* ❶ MED *odeur* Leichen-; *tache* Toten-, Leichen-; **rigidité** ~ Leichenstarre *f*, Totenstarre *f*
❷ *(rappellant un cadavre) teint* [leichen]blass; **être d'une pâleur** ~ leichenblass [*o* kreideweiß] sein
cadavre [kadavʀ] *m* ❶ *d'une personne* Leiche *f,* Leichnam *m* *(geh); d'un animal* Kadaver *m;* ~ **animal** [*o* **d'un animal**] Tierkadaver
❷ *fam (bouteille vide)* leere Flasche
▶ **être pâle comme un** ~ leichenblass sein; **être un** ~ **ambulant** *fam* aussehen wie der Tod *(fam)*
caddie®[1] [kadi] *m (chariot)* Einkaufswagen *m*
caddie[2] [kadi] *m* SPORT Caddie *m*
cadeau [kado] <x> *m* ~ **de Noël/de fiançailles/d'anniversaire** Weihnachts-/Verlobungs-/Geburtstagsgeschenk *nt;* **faire** ~ **de qc à qn** jdm etw schenken; **en** ~ als Zugabe; **ton frère/cette maison, ce n'est pas un** ~ deinen Bruder/dieses Haus möchte ich nicht einmal geschenkt haben
▶ **les petits** ~**x entretiennent l'amitié** *prov* kleine Geschenke erhalten die Freundschaft *(prov)*
cadenas [kadnɑ] *m* Vorhängeschloss *nt;* **fermer au** ~ mit einem Vorhängeschloss
cadenasser [kadnɑse] <1> *vt* mit einem Vorhängeschloss verschließen; **être cadenassé**(**e**) *porte:* mit einem Vorhängeschloss versehen sein
cadence [kadɑ̃s] *f* ❶ *(rythme)* Rhythmus *m;* **marquer la** ~ den Takt schlagen [*o* angeben]; **en** ~ im Takt
❷ *(vitesse)* Tempo *nt*, Geschwindigkeit *f;* **forcer** [*o* **augmenter**] **la** ~ das Tempo beschleunigen; **à une bonne** ~ schnell; **à une** ~ **accélérée** schneller
❸ *(rythme de travail) (à la chaîne)* Takt *m;* **les** ~**s** die Arbeitsnorm; ~**s imposées par la technique** technisch begründete Arbeitsnorm
◆ ~ **d'images** INFORM Bildfolge *f;* ~ **de production** Produktionsrhythmus *m;* ~ **de tir** Schussfolge *f*, Feuergeschwindigkeit *f*
cadencé(e) [kadɑ̃se] *adj* rhythmisch; **au pas** ~ im Gleichschritt
cadencer [kadɑ̃se] <2> *vt* ❶ rhythmisch gestalten, rhythmisieren; ~ **son pas** Schritt halten
❷ TECH, INFORM takten; ~ **un processeur à une fréquence plus rapide** einen Prozessor schneller takten; **à combien ce processeur est-il cadencé/la puce est-elle** ~ **e?** wie ist dieser Prozessor/der Chip getaktet?
cadet(te) [kadɛ, ɛt] **I.** *adj* ❶ *(le plus jeune)* jüngste(r, s)
❷ *(le plus jeune de deux)* jüngere(r, s)
❸ *plus jeune que qn) (jüngere(r, s);* **l'une de mes sœurs** ~**tes** eine meiner jüngeren Schwestern
II. *m(f)* ❶ *(dernier-né)* Jüngste(r) *f(m);* **le** ~ **des garçons** der jüngste Junge; **la** ~ **te des filles** das jüngste Mädchen, die jüngste Tochter
❷ *(plus jeune que qn)* Jüngere(r) *f(m);* **c'est ma** ~ **te** das ist meine jüngere Schwester; **elle est ma** ~ **te de trois mois** sie ist drei Monate jünger als ich
❸ SPORT Nachwuchsspieler(in) *m(f)*
❹ MIL, HIST Kadett *m*
▶ **c'est le** ~ **de mes soucis** das ist meine geringste Sorge
cadmium [kadmjɔm] *m* Kadmium *nt*, Cadmium *nt*
cadrage [kadʀa3] *m* ❶ PHOT, CINE Bildeinstellung *f*, Kameraeinstellung
❷ INFORM Ausrichtung *f*
cadran [kadʀɑ̃] *m d'une montre* Zifferblatt *nt; d'un baromètre, compteur* Skala *f; d'un téléphone* Wählscheibe *f;* ~ **lumineux d'une montre** Leuchtzifferblatt; ~ **analogique** Analoganzeige *f;* ~ **solaire** Sonnenuhr *f*
▶ **CAN** *fam (réveil)* Wecker *m*
cadre [kadʀ] *m* ❶ *(encadrement)* Rahmen *m;* **mettre un tableau dans un** ~ ein Gemälde [ein]rahmen; ~ **en métal** Metallrahmen
❷ *(charpente) d'un vélo, d'une voiture* Rahmen *m; d'un lit* [Bett]gestell *nt;* ~ **tubulaire** Rohrrahmen
❸ *(place) d'un formulaire* Feld *nt*
❹ *(environnement)* Umgebung *f;* (décor) Rahmen *m;* **dans un** ~ **de verdure** im Grünen
❺ *(limites)* Rahmen *m;* ~ **financier** Finanzrahmen *m;* **cela entre bien dans le** ~ **de ses fonctions** das fällt genau in seinen Aufgabenbereich
❻ *(responsable hiérarchique)* Führungskraft *f*, leitender Angestellter/leitende Angestellte; **jeune** ~ Jungmanager(in) *m(f);* ~ **s dirigeants** Topmanagement *nt;* ~ **moyen** mittlere Führungskraft, Lei-

tende(r) *f(m)* im mittleren Management; ~ **supérieur** obere Führungskraft, Leitende(r) in Führungsposition
❼ MIL Offizier *m;* **les ~s d'un régiment** der [Führungs]stab eines Regiments; **être rayé(e) des ~s** entlassen werden; **officier hors ~** Offizier *m* in Reservebereitschaft
❽ POL ~ **du parti** Parteifunktionär(in) *m(f);* *(ensemble)* Parteikader *m;* ~ **supérieur** *d'un parti* Spitzenfunktionär(in)
❾ *(contexte)* **dans le ~ de ce festival** im Rahmen dieser Festspiele
◆ ~ **de vie** Umgebung *f*
cadrer [kɑdʀe] <1> **I.** *vi* ~ **avec qc** mit etw übereinstimmen, sich mit etw decken; **être mal cadré(e)** schlecht aufeinander abgestimmt sein
II. *vt* ❶ *(placer au milieu)* zentrieren
❷ INFORM ausrichten *texte;* ~ **le texte sur une page** den Text auf einer Seite ausrichten
cadreur [kɑdʀœʀ] *m* Kameramann *m*/Kamerafrau *f*
cagne *v.* **khâgne**
caduc, caduque [kadyk] *adj* ❶ *(périmé)* veraltet, überholt; **devenir ~** *loi:* seine Gültigkeit verlieren; *acte:* seine Verbindlichkeit verlieren; *accord, convention:* unwirksam werden
❷ BOT, ZOOL abwerfbar; **à feuilles caduques** im Winter die Blätter verlierend
caducée [kadyse] *m* Äskulapstab *m*
caducité [kadysite] *f* ❶ *vieilli littér d'une personne* Verfall *m*
❷ *d'une institution* Veraltetsein *nt*
cæcum [sekɔm] *m* ANAT Blinddarm *m*
cæsium *v.* **césium**
cafard [kafaʀ] *m* ❶ *(insecte)* [Küchen]schabe *f,* Kakerlak *m*
❷ *(spleen)* Depressionen *Pl,* trübe Stimmung; **avoir le ~** trübsinnig sein; **j'aurais le ~** ich würde trübsinnig werden; **donner le ~ à qn** jdn trübsinnig machen
cafardage [kafaʀdaʒ] *m* [Ver]petzen *nt*
cafarder [kafaʀde] <1> *fam* **I.** *vi* ❶ *(dénoncer)* petzen
❷ *(être déprimé)* down sein *(fam),* durchhängen *(fam)*
II. *vt* verpetzen
cafardeur, -euse [kafaʀdœʀ, -øz] *m, f* Petze *f (fam)*
cafardeux, -euse [kafaʀdø, -øz] *adj* schwermütig
café [kafe] *m* ❶ *(boisson)* Kaffee *m;* ~ **crème/filtre** Milch-/Filterkaffee; **liégeois** Eiskaffee; ~ **décaféiné/serré** koffeinfrei/starker Kaffee; ~ **express** Espresso *m;* ~ **frappé** Kaffee frappé
❷ *(établissement)* Bar *f,* Kneipe *f (fam);* ~ **avec terrasse** Straßencafé *nt;* ~ **habituel** Stammcafé *nt;* ~ **électronique** Internet-Café
❸ *(plante)* Kaffee *m;* ~ **non torréfié** Rohkaffee; **les différents ~s** die verschiedenen Kaffeesorten
❹ *(arôme)* **au ~** Mokka-
❺ *(moment du repas)* **au ~** beim Kaffee
❻ CH *(dîner)* **complet** leichtes Nachtessen (CH)
▶ **c'est un peu fort de ~** das ist ja ein starkes Stück
◆ ~ **au lait** ❶ *m* Milchkaffee *m* ❷ *adj inv (couleur)* hellbraun; *peau* kaffeebraun
◆ ~ **en grains** ungemahlener Kaffee

> **Land und Leute**
> Der französische **café** ist ähnlich stark wie ein Espresso und wird in kleinen Tassen serviert. Ein **café crème** ist ein Milchkaffee. Er wird mit aufgeschäumter Milch in einer größeren Tasse serviert. Ein **café au lait** ist die einfache Variante eines Milchkaffees, wie man ihn sich privat zubereitet: mit Milch, die nicht unbedingt aufgeschäumt oder erwärmt ist, und in dem Mischungsverhältnis zwischen Kaffee und Milch, wie man es bevorzugt. (In der Gastronomie wird der Begriff **café au lait** kaum verwendet.)

café-bar [kafebaʀ] <cafés-bars> *m* kleine Bar, kleines Lokal
café-concert [kafekɔ̃sɛʀ] <cafés-concerts> *m* Bar *f* mit Varietee-Darbietungen
caféier [kafeje] *m* BOT Kaffeepflanze *f*
caféine [kafein] *f* Koffein *nt,* Coffein *nt*
café-restaurant [kafeʀɛstɔʀɑ̃] <cafés-restaurants> *m* Bar *f* mit Restaurationsbetrieb; ~ **avec terrasse** Gartenlokal *nt,* Gartenwirtschaft *f,* Gastgarten *m* (A) **café-tabac** [kafetaba] <cafés-tabacs> *m* Bar *f* mit Tabakladen
cafetan [kaftɑ̃] *m (vêtement oriental)* Kaftan *m*
cafeter *v.* **cafter**
cafétéria [kafeteʀja] *f* Cafeteria *f*
café-théâtre [kafeteatʀ] <cafés-théâtres> *m* Kleinkunstbühne *f*
cafetière [kaftjɛʀ] *f* Kaffeekanne *f;* ~ **électrique** Kaffeemaschine *f*
cafouillage [kafujaʒ] *m fam* totales Chaos *(fam)*
cafouiller [kafuje] <1> *vi fam* ❶ *(agir avec confusion)* Murks machen *(fam)*
❷ *(s'embrouiller) discussion, organisation:* chaotisch werden; ~ **dans qc** *personne:* mit etw durcheinanderkommen
❸ *(mal fonctionner) moteur:* stottern; *appareil:* ungleichmäßig laufen
cafouillis *v.* **cafouillage**

caftan *v.* **cafetan**
cafter [kafte] *vt fam* ~ **qn** jdn verpetzen *(fam)*
cage [kaʒ] *f* ❶ *(pour enfermer)* Käfig *m; d'un ours, lion* Zwinger *m;* ~ **aux fauves** [*o* **aux lions**] Raubtierkäfig
❷ SPORT *(buts)* Tor *nt*
❸ ANAT ~ **thoracique** Brustkorb *m*
◆ ~ **d'ascenseur** Aufzugschacht *m,* Fahrstuhlschacht *m;* ~ **d'escalier** Treppenhaus *nt;* ~ **d'extraction** Förderkorb *m;* ~ **à lapin** Kaninchenstall *m (fam pej* (H.L.M.) Hasenstall *m (fam),* Wohnung *f* in einem Wohnsilo; ~ **à poules** Hühnerstall *m*
cageot [kaʒo] *m* ❶ *(emballage)* [Obst]kiste *f;* ~ **à fruits** Obstkiste; **un ~ de pêches** eine Kiste Pfirsiche
❷ *fam (fille laide)* hässliches Entlein
cagette [kaʒɛt] *f* [Obst]kiste *f*
cagibi [kaʒibi] *m* Abstellkammer *f*
cagne *v.* **khâgne**
cagneux, -euse [kaɲø, -øz] **I.** *adj genoux* nach innen gerichtet; *personne* x-beinig; *cheval* mit nach innen gerichteten Vorderbeinen; **jambes cagneuses** x-Beine *Pl*
II. *m, f v.* **khâgneux**
cagnotte [kaɲɔt] *f* ❶ *(caisse)* gemeinsame Kasse
❷ *fam (économies)* Notgroschen *m*
▶ **remporter la ~** den Jackpot knacken *(fam)*
cagoule [kagul] *f* ❶ *(couvre-chef)* Kapuzenmütze *f*
❷ *(masque)* Maske *f*
❸ *(capuchon)* Kapuze *f*
cagoulé(e) [kagule] *adj* maskiert; *(encagoulé)* vermummt
cahier [kaje] *m* ❶ Heft *nt;* SCOL [Schreib]heft, Schulheft, ~ **de brouillon** Schmierheft; ~ **de dictées/d'exercices** Rechen-/Diktat-/Übungsheft; ~ **de rédaction/de textes** Aufsatz-/Aufgabenheft; ~ **de factures** Rechnungsblock *m*
❷ TYP Heft *nt,* [Druck]bogen *m*
❸ *pl (publication)* Heft *nt,* Zeitschrift *f;* ~ **spécial** Sonderheft
❹ JUR Verzeichnis *nt;* ~ **des charges** Leistungsverzeichnis *(Fachspr.);* ~ **de prescription pour les marchés publics** Verdingungsordnung *f (Fachspr.)*
cahin-caha [kaɛ̃kaa] *adv fam* so lala *(fam);* **se déplacer ~** sich recht und schlecht vorwärtsbewegen
cahot [kao] *m* Stoß *m*
cahotant(e) [kaotɑ̃, ɑ̃t] *adj route* holp[e]rig; *véhicule* holpernd
cahoter [kaote] <1> **I.** *vi* holpern
II. *vt* durchrütteln, durchschütteln *voyageurs;* hin und her werfen *véhicule;* **la famille fut cahotée de ville en ville** es hat die Familie immer wieder in eine andere Stadt verschlagen
cahoteux, -euse [kaotø, -øz] *adj chemin* uneben, holprig
cahute [kayt] *f* Hütte *f*
caïd [kaid] *m* ❶ *(malfaiteur)* [Gangster]boss *m*
❷ *fam (meneur)* Anführer(in) *m(f)*
❸ *fam (ponte)* hohes Tier *(fam)*
caillasse [kajas] *f fam (cailloux)* Kies *m*
caille [kaj] *f* Wachtel *f*
▶ **gras(se)** [*o* **rond(e)**] **comme une ~** *fam* rund wie ein Hefekloß *(fam);* **ma petite ~** *fam* mein Herzchen *(fam)*
caillé(e) [kaje] *adj sang* geronnen; *lait* sauer
cailler [kaje] <1> **I.** *vi* ❶ *sang:* gerinnen; *lait:* sauer werden
❷ *fam (avoir froid)* sich *(Dat)* einen abfrieren *(fam);* **ça** [*o* **on**] **caille ici** es ist verdammt kalt hier *(fam)*
II. *vt* zum Gerinnen bringen, gerinnen lassen; sauer werden lassen *lait*
III. *vpr* ❶ **se ~** *sang:* gerinnen; *lait:* sauer werden
❷ *fam (avoir froid)* **se ~** *personne:* sich *(Dat)* einen abfrieren *(fam)*
caillera [kajəʀa] *f péj fam* Pack *nt (pej fam)*
caillette [kajɛt] *f* ZOOL *des ruminants* Labmagen *m*
caillot [kajo] *m de sang* Gerinnsel *nt*
caillou [kaju] <x> *m* ❶ *(pierre)* Kieselstein *m,* Kiesel *m; (dans un champ)* Feldstein *m;* ~**x d'empierrement** Schotter *m*
❷ *fam (pierre précieuse)* Klunker *m (fam)*
❸ *fam (crâne)* Birne *f (fam); (sans cheveux)* Platte *f (fam)*
caillouter [kajute] <1> *vt* mit Schotter bedecken *chemin*
caillouteux, -euse [kajutø, -øz] *adj* steinig
cailloutis [kajuti] *m* Schotter *m*
caïman [kaimɑ̃] *m* ZOOL Kaiman *m*
Caïn [kaɛ̃] *m* Kain *m*
Caire [kɛʀ] *m* **le ~** Kairo *nt*
caisse [kɛs] *f* ❶ *(boîte)* Kiste *f,* Kasten *m;* ~ **à claire-voie** [Obst]kiste; ~ **d'oranges/de vin** Kiste Apfelsinen/Wein; ~ **d'eau minérale** Wasserkasten *f*
❷ *(dépôt d'argent, guichet)* Kasse *f; (au cinéma)* [Kino]kasse; *(au théâtre)* [Theater]kasse; ~ **enregistreuse** Registrierkasse; ~ **portable** [Geld]kassette *f;* ~ **noire** Geheimfonds *m; d'une entreprise* Reptilienfonds; ~ **de l'association** Vereinskasse; **à la ~** an der Kasse; **faire la** [*o* **sa**] ~ Kassensturz [*o* Kasse] machen; **tenir la ~** die Kasse führen

❸ *(organisme de gestion)* Kasse *f;* ~ **auxiliaire** Nebenkasse
❹ *(boîtier) d'une horloge* Gehäuse *nt; d'un tambour* Resonanzkörper *m; d'une voiture* [Roh]karosserie *f;* **grosse** ~ große Trommel
❺ *fam (voiture)* Kiste *f (fam)*
❻ CH **avoir une** ~ *(être ivre)* betrunken sein, blau sein *(fam);* **prendre une** ~ *(s'enivrer)* sich betrinken, sich volllaufen lassen *(fam)*
▶ **à fond la** ~ *fam* mit vollem Karacho *(fam);* **passer à la** ~ *(payer)* zur Kasse gehen; *(être renvoyé)* [fristlos] entlassen sein
◆ ~ **à charbon** Kohlenkasten *m;* ~ **à outils** Werkzeugkasten *m;* ~ **à savon** *fam* Kasten *m (fam);* ~ **d'allocations familiales** Familienausgleichskasse *f;* ~ **d'assurance maladie** Krankenkasse *f;* ~ **de compensation** CH Ausgleichskasse *f* (CH); ~ **de dépôts** Depositenkasse *f;* ~ **d'épargne** Sparkasse *f,* Ersparniskasse (CH); ~**s de l'État** Staatskasse *f,* Staatssäckel *m (hum);* ~ **de prévoyance** Vorsorgekasse *f;* ~ **de résonance** *d'un piano* Resonanzboden *m; d'un tambour* Resonanzkörper *m;* **faire** ~ **de résonance** wie ein Resonanzkörper wirken; ~ **de retraite** Rentenkasse *f;* ~ **de secours** JUR Hilfskasse *f;* ~ **du tympan** ANAT Paukenhöhle *f*
caisse-palette [kɛspalɛt] <caisses-palettes> *f* Gitterboxpalette *f*
caissette [kɛsɛt] *f* Kistchen *nt,* Kästchen *nt*
caissier, -ière [kesje, -jɛʀ] *m(f); d'un club, d'une association* Vereinskassierer(in) (A, CH, SDEUTSCH)
caisson [kɛsɔ̃] *m* ❶ Kiste *f*
❷ TECH Caisson *m,* Senkkasten *m;* **maladie des** ~**s** MED Caissonkrankheit *f*
◆ ~ **à roulettes** Rollcontainer *m*
cajoler [kaʒɔle] <1> *vt* herzen, liebkosen; *(pour obtenir qc)* umschmeicheln
cajolerie [kaʒɔlʀi] *f gén pl* Zärtlichkeiten *Pl*
cajoleur, -euse [kaʒɔlœʀ, -øz] *adj* zärtlich; *voix* sanft
cajou [kaʒu] *m* Cashewnuss *f*
cake [kɛk] *m* englischer [Tee]kuchen
cal [kal] *m* Schwiele *f*
calamar [kalamaʀ] *m* ❶ ZOOL Tintenfisch *m*
❷ GASTR ~ **frit** Calamares *Pl*
calamine [kalamin] *f* Ablagerung *f*
calaminer [kalamine] <1> *vpr* **se** ~ verrußen
calamité [kalamite] *f* Katastrophe *f*
calancher [kalɑ̃ʃe] <1> *vi pop* ins Gras beißen *(sl)*
calandre [kalɑ̃dʀ] *f* ❶ *d'une voiture* Kühlergrill *m*
❷ TECH Kalander *m*
calanque [kalɑ̃k] *f* [kleine] Felsbucht
calcaire [kalkɛʀ] I. *adj* kalkhaltig; *dépôt, roche, plateau, pierre* Kalk-; *relief* Kalkstein-
II. *m* Kalkstein *m,* Kalk *m;* **teneur en** ~ Kalkgehalt *m*
calcanéum [kalkaneɔm] *m* ANAT Fersenbein *nt,* Calcaneus *m (Fachspr.)*
calcédoine [kalsedwan] *f* MINER Chalcedon *m*
calcification [kalsifikasjɔ̃] *f* Verkalkung *f;* ~ **des os** Knochenverkalkung
calcifié(e) [kalsifje] *adj* verkalkt
calciné(e) [kalsine] *adj* verkohlt
calciner [kalsine] <1> *vt* CHIM kalzinieren
calcium [kalsjɔm] *m* Kalzium *nt,* Calcium *nt (Fachspr.);* **teneur en** ~ Kalziumgehalt *m,* Kalkgehalt *m;* **oxyde de** ~ Calciumoxid *nt;* **manquer de** ~ an Kalziummangel *(Dat)* leiden
calcul[1] [kalkyl] *m* ❶ *(opération)* Berechnung *f;* **faire le** ~ **de qc** etw berechnen; **faire une erreur de** ~ [*o* **un mauvais** ~] sich verrechnen; **sauf erreur de** ~ **de ma part** ... wenn ich mich nicht verrechnet habe ...; ~ **mental** Kopfrechnen *nt;* **elle fit un rapide** ~ **mental** sie rechnete ganz schnell im Kopf; **je préfère faire encore un** ~ **de vérification** ich rechne lieber noch einmal gegen
❷ *(arithmétique)* ~ **algébrique** algebraisches Rechnen; ~ **différentiel/intégral** Differenzial-/Integralrechnung *f*
❸ ECON, JUR, FISC [Be]rechnung *f; du prix, coût d'un produit* Kalkulation *f;* ~ **approximatif** Grobberechnung *f;* **faire le** ~ **comparatif des frais de gestion** den Verwaltungsaufwand gegenrechnen; ~ **détaillé du prix de revient** Einzelkalkulation *f;* ~ **financier** Finanzkalkül *nt;* **nouveau** ~ Neuberechnung *f;* ~ **prévisionnel du prix de revient d'un produit** Erzeugnisvorkalkulation *f;* ~ **spécifique** Sonderberechnung *f;* ~ **des bénéfices/du chiffre d'affaires** Gewinn-/Umsatzermittlung *f;* ~ **du bilan** Bilanzrechnung *f;* ~ **des coûts** Kostenberechnung *f;* ~ **du coût** [*o* **des coûts**] **de revient** Selbstkostenberechnung *f;* ~ **des coûts standards** [**préétablis**] Normalkostenberechnung *f;* **mauvais** ~ **des coûts** Fehlkalkulation *f;* ~ **des dépenses** Kosten[be]rechnung *f;* ~ **des frais d'exploitation** *f;* ~ **de l'impôt** Steuerberechnung *f;* ~ **de la main-d'œuvre** Arbeitskräfteberechnung *f;* ~ **du montant de l'impôt** Steuerfestsetzung *f;* ~ **des prix** Preisermittlung *f,* Preiskalkulation *f;* ~ **du prix de revient au plus juste** knappe Kalkulation *f;* ~ **de rentabilité** Rentabilitätsberechnung *f;* ~ **du revenu imposable** Einkommensermittlung *f;* ~ **du surplus** Überschussrechnung *f;* ~ **de la valeur** JUR

Wertberechnung; ~ **de valeur acquise** FIN Aufzinsung *f;* ~ **fob** Fob-Kalkulation *(Fachspr.)*
❹ *pl (estimation)* Berechnung *f;* **d'après mes** ~**s** nach meiner Schätzung; **faire rentrer qc dans ses** ~**s** etw [mit] einkalkulieren
❺ *(manigance)* Berechnung *f;* **faire qc par** ~ etw aus Berechnung tun
◆ ~ **des probabilités** Wahrscheinlichkeitsrechnung *f;* ~ **de puissance** JUR Leistungsrechnung *f;* ~ **des stocks** ECON Bestandsrechnung *f*
calcul[2] [kalkyl] *m* MED Stein *m;* ~ **biliaire/rénal** Gallen-/Nierenstein
calculable [kalkylabl] *adj* berechenbar
calculateur [kalkylatœʀ] *m* ❶ *(ordinateur)* Rechner *m;* ~ **analogique/numérique** Analog-/Digitalrechner
❷ *(personne)* Rechner *m*
calculateur, -trice [kalkylatœʀ, -tʀis] *adj* berechnend
calculatrice [kalkylatʀis] *f* ❶ *(machine)* Rechenmaschine *f,* Rechnungsmaschine (CH)
❷ *(calculette)* ~ [**de poche**] Taschenrechner *m*
❸ *(personne)* Rechnerin *f*
calculer [kalkyle] <1> I. *vi* ❶ rechnen; ~ **de tête** kopfrechnen, im Kopf rechnen
❷ *(compter ses sous)* mit dem Geld rechnen; ~ **au plus juste** sehr knapp kalkulieren
II. *vt* ❶ *(déterminer par le calcul)* ausrechnen; kalkulieren *prix;* berechnen *coût d'un projet, trajectoire d'une fusée;* **un prix calculé au plus juste** ein scharf kalkulierter Preis
❷ *(évaluer, prévoir)* einkalkulieren *risque;* bedenken *conséquences;* gegeneinander abwägen *avantages, inconvénients;* ~ **ses chances** seine Chancen ausrechnen; ~ **que ça suffit** schätzen [*o* rechnen], dass es reicht; ~ **large** großzügig kalkulieren; **tout bien calculé** alles in allem
❸ *(étudier)* genau durchdenken *attitude;* wohl überlegen *geste;* genau berechnen *effet;* sorgfältig wählen *termes;* **calculé(e)** *(intéressé)* kalkuliert, berechnet; **il faut encore que je calcule comment je vais arranger les meubles** *fam* ich muss erst noch ausklamüsern, wie ich die Möbel umstellen kann *(fam)*
calculette [kalkylɛt] *f* Taschenrechner *m*
cale[1] [kal] *f* NAUT Laderaum *m,* Frachtraum, Schiffsraum; ~ **vide/disponible** leerer/verfügbarer Schiffsraum; **être/mettre en** ~ **sèche** im Trockendock liegen/ins Trockendock bringen
◆ ~ **de chargement** Verladerampe *f*
cale[2] [kal] *f (coin)* Keil *m;* *(derrière une roue)* Bremskeil
calé(e) [kale] *adj fam* ❶ *(fort)* beschlagen; **être** ~(**e**) **en qc** in etw *(Dat)* etwas draufhaben *(fam)*
❷ *(difficile)* schwierig
calebasse [kalbas] *f* ❶ BOT Flaschenkürbis *m*
❷ *(récipient)* Kalebasse *f*
calèche [kalɛʃ] *f* Kalesche *f*
caleçon [kalsɔ̃] *m (pour homme)* Unterhose *f;* *(pour femme)* Leggings *Pl;* **des** ~**s longs** lange Unterhosen *Pl*
◆ ~ **de bain** Badehose *f*
caléidoscope [kaleidɔskɔp] *m* Kaleidoskop *nt*
calembour [kalɑ̃buʀ] *m* Kalauer *m,* Wortspiel *nt;* **faire un** ~ kalauern
calembredaine [kalɑ̃bʀədɛn] *f souvent pl (plaisanterie)* alberner Spaß *m*
calendes [kalɑ̃d] *fpl* Kalenden *Pl (erster Tag des altrömischen Monats)*
▶ **renvoyer** [*o* **remettre**] **qc aux** ~ **grecques** etw auf den [Sankt]--Nimmerleinstag verschieben *(fam)*
calendos [kalɑ̃dos] *m fam* Camembert *m*
calendrier [kalɑ̃dʀije] *m* ❶ Kalender *m;* **consulter le** ~ im Kalender nachsehen; ~ **avec des animaux** Tierkalender; ~ **représentant des œuvres d'art** Kunstkalender; ~ **perpétuel** immer währender Kalender; ~ **républicain** Revolutionskalender
❷ *(programme)* Zeitplan *m,* Programm *nt;* ~ **d'amortissement** Abschreibungsplan *m;* **établir/respecter un** ~ einen Zeitplan aufstellen/einhalten
◆ ~ **de l'avent** Adventskalender *m;* ~ **des concerts** Konzertprogramm *nt;* ~ **des examens** Prüfungstermine *Pl;* ~ **des rencontres** Spielplan *m;* ~ **de travail** Arbeitsprogramm *nt*
cale-pied [kalpje] <cale-pieds> *m* Rennbügel *m*
calepin [kalpɛ̃] *m* ❶ *(carnet)* Notizbuch *nt*
❷ BELG *(cartable)* Schultasche *f*
caler [kale] <1> I. *vi* ❶ *moteur:* absterben
❷ *fam (être rassasié)* bis obenhin voll sein *(fam)*
II. *vt* ❶ *(fixer avec une cale)* mit einem Keil fixieren, verkeilen; aufbocken *véhicule;* ~ **un meuble** ein Möbelstück unterlegen
❷ *(à être maintenu)* ~ **un malade** einen Kranken stützen, einem Kranken Halt geben; ~ **qc contre qc** etw gegen etw lehnen
❸ *(arrêter)* abwürgen *moteur*
❹ TECH *(rendre fixe)* feststellen

⑤ NAUT niederholen, herunterlassen
III. *vpr* se ~ sich zurechtsetzen
caleter *v.* calter
calfater [kalfate] *vt* NAUT kalfatern *barque*
calfeutrage [kalføtʀaʒ] *m* Abdichten *nt*
calfeutrer [kalføtʀe] I. *vt* abdichten
II. *vpr* se ~ sich verkriechen; *(rester au chaud)* in der warmen Stube bleiben
calibrage [kalibʀaʒ] *m* ❶ *des œufs, des fruits* Sortierung *f* nach Größe
❷ TECH Kalibrieren *nt*
calibre [kalibʀ] *m* ❶ *(diamètre)* Durchmesser *m*; *d'une arme, d'un projectile* Kaliber *nt*; **petit** ~ Kleinkaliber; **un pistolet de gros/de petit** ~ eine groß-/kleinkalibrige Pistole
❷ *(taille) des fruits, œufs* Größe *f*
❸ TECH *(Schub)lehre *f*
❹ *(envergure) d'une personne* Format *nt*; **de gros** ~ groß, bedeutend; **un escroc de ce** ~ ein Betrüger seines Schlages; **être d'un autre** ~ aus anderem Holz geschnitzt sein; **ils ne sont pas du même** ~ sie sind nicht zu vergleichen
calibrer [kalibʀe] <1> *vt* ❶ *(mesurer)* kalibrieren; ~ **un tuyau/fusil** den Durchmesser eines Rohres/das Kaliber eines Gewehres bestimmen
❷ *(classer)* klassieren
❸ *(donner le calibre voulu)* kalibrieren
calice [kalis] *m* ❶ BOT *(Blüten)kelch *m*
❷ REL *(Abendmahls)kelch *m*
▶ **boire le** ~ **jusqu'à la lie** den Kelch bis zur Neige leeren
calicot [kaliko] *m* TEXTIL Kaliko *m*
calife [kalif] *m* Kalif *m*
Californie [kalifɔʀni] *f* **la** ~ Kalifornien *nt*
califourchon [kalifuʀʃɔ̃] **à** ~ rittlings
Caligula [kaligyla] *m* Caligula *m*
câlin [kalɛ̃] *m* ❶ Zärtlichkeit *f*; **faire un** ~ **à un enfant** *fam* mit einem Kind schmusen *(fam)*; **faire un** ~ **au chat** die Katze streicheln
❷ *(acte sexuel)* Bums *m (fam)*
câlin(e) [kalɛ̃, in] *adj* ❶ *(qui aime les caresses)* anschmiegsam
❷ *(caressant)* zärtlich, liebevoll
câliner [kaline] <1> *vt* ~ **qn** zu jdm zärtlich sein, jdn knuddeln (DIAL)
câlinerie [kalinʀi] *f* Zärtlichkeit *f*; **faire des** ~**s à qn** zu jdm zärtlich sein
calisson [kalisɔ̃] *m* kandierte Mandelspezialität aus der Provence
call [kol] *m* BOURSE ~ **of more** Nochgeschäft *nt* auf Nehmen *(Fachspr.)*
call by call [kɔlbajkɔl] *m* TELEC Call-by-Call *nt*
call center [kɔlsɛntœʀ] <call centers> *m* Callcenter *nt*, Call-Center *nt*
calleux, -euse [kalø, -øz] *adj* schwielig; **peau calleuse** Hornhaut *f*
call-girl [kolgœʀl] <call-girls> *f* Callgirl *nt*; **affaire de** ~ Callgirlaffäre *f*
calligramme [ka(l)ligʀam] *m* POES Gedicht, dessen Versanordnung eine Zeichnung formt
calligraphie [ka(l)ligʀafi] *f* ❶ *(technique)* Kalligraphie *f*
❷ *(écriture élégante)* Schönschrift *f*; **cours de** ~ Schönschreibunterricht *m*
calligraphier [ka(l)ligʀafje] <1> *vt* in Schönschrift schreiben
callosité [kalozite] *f* Hornhaut *f*; **être couvert(e) de** ~**s** voller Schwielen sein; **formation de** ~**s** Hornhautbildung *f*
calmant [kalmɑ̃] *m* Beruhigungsmittel *nt*, Tranquilizer *m*; *(antidouleur)* Schmerzmittel *nt*, schmerzstillendes Mittel
calmant(e) [kalmɑ̃, ɑ̃t] *adj* ❶ beruhigend
❷ PHARM beruhigend; *(antidouleur)* schmerzstillend; **tisane** ~ **e** Beruhigungstee *m*
calmar *v.* calamar
calme [kalm] I. *adj* ❶ ruhig; *temps* windstill; *lieu* still; *marché, bourse* ruhig, zurückhaltend
❷ *(réfléchi)* besonnen; *(opp: troublé)* gelassen
II. *m* ❶ *(sérénité)* Ruhe *f*, Gelassenheit *f*; ~ **intérieur/olympien** innere Ruhe/olympische Gelassenheit; **garder/perdre/retrouver son** ~ gelassen bleiben/seine Ruhe verlieren/sich wieder beruhigen; **ramener le** ~ die Gemüter beruhigen; **rester au** ~ sich nicht aufregen; **du** ~**!** Ruhe bewahren!
❷ *(tranquillité)* Ruhe *f*; **du** ~**!** Ruhe bitte!; **ramener le** ~ die Ruhe wiederherstellen
❸ *(accalmie)* [vorübergehende] Beruhigung
❹ METEO Windstille *f*; ~ **équatorial** äquatorialer Kalmengürtel
▶ **le** ~ **avant la tempête** die Ruhe vor dem Sturm; ~ **plat** Flaute *f*, völlige Windstille; *(sans conséquence)* absolutes Schweigen, Funkstille *f (fam)*; ECON [wirtschaftliche] Flaute
calmement [kalməmɑ̃] *adv* ruhig; **réfléchir** ~ in Ruhe überlegen

calmer [kalme] <1> I. *vt* ❶ *(apaiser)* beruhigen *personne, esprits*; entschärfen *discussion, polémique*; zur Ruhe bringen *soulèvement*
❷ *(soulager)* lindern, mildern; dämpfen *colère, enthousiasme*; senken *fièvre*; zügeln *impatience*; beruhigen *nerfs*; stillen *faim*; löschen *soif*
▶ **je vais te** ~, **moi** *fam* ich werde dich schon zur Vernunft bringen
II. *vpr* se ~ ❶ *(s'apaiser)* sich beruhigen; *polémique, discussion:* an Schärfe verlieren; *tempête:* nachlassen; *querelle:* sich legen
❷ *(diminuer)* nachlassen; *crainte:* sich verflüchtigen
calomniateur, -trice [kalɔmnjatœʀ, -tʀis] I. *adj* verleumderisch
II. *m, f* Verleumder(in) *m(f)*
calomnie [kalɔmni] *f* Verleumdung *f*
calomnier [kalɔmnje] <1a> *vt* verleumden
calomnieux, -euse [kalɔmnjø, -jøz] *adj* verleumderisch
calorie [kalɔʀi] *f* Kalorie *f*; **basses** ~**s** kalorienarm; **pauvre/riche en** ~**s** kalorienarm/kalorienreich
calorifère [kalɔʀifɛʀ] *adj tuyau* Wärme ausstrahlend
calorifique [kalɔʀifik] *adj* PHYS wärmeerzeugend; **capacité** ~ *d'un combustible* Brennwert *m*
calorifuge [kalɔʀifyʒ] I. *adj* wärmeisolierend, wärmedämmend
II. *m* Wärmeisolierstoff *m*, Wärmedämmstoff *m*
calorifuger [kalɔʀifyʒe] <2a> *vt* [gegen Wärmeverlust] dämmen [*o* isolieren]
calorimètre [kalɔʀimɛtʀ] *m* PHYS Kalorimeter *nt*
calorique [kalɔʀik] *adj* PHYSIOL Kalorien-; **valeur** ~ Kaloriengehalt *m*
calot [kalo] *m* ❶ *(coiffure)* Feldmütze *f*, Schiffchen *nt (fam)*
❷ *(bille)* große Murmel
calotin [kalɔtɛ̃] *m péj fam* Kleriker *m*, Schwarzrock *m (pej fam)*
calotte [kalɔt] *f* ❶ *(bonnet)* [Scheitel]käppchen *nt*
❷ REL *(coiffure)* Kalotte *f*
❸ *péj (clergé)* Pfaffen *Pl*
❹ ARCHIT Kalotte *f*
❺ *fam (gifle)* Ohrfeige *f*; **ficher une** ~ **à qn** jdm eine wischen [*o* langen] *(fam)*
❻ ANAT ~ **crânienne** Schädeldecke *f*, Schädeldach *nt*
❼ GEOG ~ **glaciaire** Eiskappe *f*
❽ GEOM ~ **sphérique** Kalotte *f*
calque [kalk] *m* ❶ *(copie)* Pause *f*; **prendre un** ~ **de qc** etw durchpausen [*o* durchzeichnen]
❷ *(papier)* Pauspapier *nt*
❸ *(imitation)* Nachahmung *f*; *(sosie)* Ebenbild *nt*
calquer [kalke] <1> *vt* durchpausen, durchzeichnen; *(imiter)* nachahmen; ~ **qc sur qc** etw auf etw *(Akk)* übertragen; **être calqué(e) de l'anglais** *expression:* eine wörtliche Übersetzung aus dem Englischen sein
calter [kalte] <1> *vi pop* abhauen *(fam)*
calumet [kalymɛ] *m* Kalumet *nt*
▶ **fumer le** ~ **de la paix** die Friedenspfeife rauchen
calva [kalva] *m abr de* **calvados** *fam* Calvados *m*
calvados [kalvados] *m* Calvados *m*
calvaire [kalvɛʀ] *m* ❶ *(épreuve)* Martyrium *nt*; **être un long** ~ ein einziges Martyrium sein
❷ *(croix)* Bildstock *m*
❸ *(peinture)* Kreuzigungsgruppe *f*
Calvin [kalvɛ̃] *m* Calvin *m*
calvinisme [kalvinism] *m* Kalvinismus *m*
calviniste [kalvinist] I. *adj* kalvinistisch
II. *mf* Kalvinist(in) *m(f)*
calvitie [kalvisi] *f* Kahlköpfigkeit *f*; *(partielle)* Haarkranz *m*; ~ **précoce** frühzeitige Kahlköpfigkeit [*o* Glatze]; **un début de** ~ erste Ansätze einer Glatze
calypso [kalipso] *m (danse, musique)* Calypso *m*
camaïeu [kamajø] <x> *m* Farbschattierungen *Pl (der gleichen Grundfarbe)*; **en** ~ in unterschiedlichen Farbschattierungen; **un/en** ~ **de bleu** verschiedene/in unterschiedlichen Blautöne
camarade [kamaʀad] *mf* ❶ *(ami, compagnon)* Kamerad(in) *m(f)*, Gefährte *m*/Gefährtin *f*; ~ **de/du club** Klubkamerad(in), Vereinskamerad(in); ~ **d'école** Schulkamerad(in); ~ **d'études** Studienkollege *m*/-kollegin *f*, Kommilitone *m*/Kommilitonin *f*; ~ **de jeu** Spielkamerad(in), Spielgefährte *m*/-gefährtin *f*; ~ **de sport** Sportkamerad(in); ~ **de régiment** Kamerad aus der Militärzeit
❷ POL Genosse *m*/Genossin *f*
camaraderie [kamaʀadʀi] *f* Kameradschaft *f*
camard(e) [kamaʀ, aʀd] *adj* **avoir un nez** ~ eine Sattelnase haben
camarguais(e) [kamaʀgɛ, ɛz] *adj* aus der Camargue
Camargue [kamaʀg] *f* **la** ~ die Camargue; **en** ~ in der/die Camargue
camarilla [kamaʀija] *f péj* Kamarilla *f*
cambiste [kɑ̃bist] *mf* FIN Devisenhändler(in) *m(f)*; ~ **en eurodevises** Eurogeldhändler(in)
Cambodge [kɑ̃bɔdʒ] *m* **le** ~ Kambodscha *nt*, Kamputschea *nt*
cambouis [kɑ̃bwi] *m* [gebrauchtes] Schmieröl; **couvert de** ~

ölverschmiert; **des taches de** ~ Ölflecken *Pl*
cambré(e) [kɑ̃bʀe] *adj pied, chaussure* mit hohem Spann, gewölbt; **son dos est** ~, **sa taille est** ~**e** er/sie hat ein Hohlkreuz; **être très** ~ *personne:* ein starkes Hohlkreuz haben
cambrer [kɑ̃bʀe] <1> **I.** *vt* wölben *pied;* ~ **la taille** [*o* **les reins**] ein Hohlkreuz machen; ~ **fièrement la taille** sich stolz in die Brust werfen
II. *vpr* **se** ~ sich in die Brust werfen
cambrien(ne) [kɑ̃bʀijɛ̃, jɛn] *adj* GEOL kambrisch
cambriolage [kɑ̃bʀijɔlaʒ] *m* Einbruch *m*, Einbruchsdiebstahl *m*
cambrioler [kɑ̃bʀijɔle] <1> *vt* ~ **qc in etw** *(Akk)* einbrechen; **il s'est fait** ~ bei ihm ist eingebrochen worden
cambrioleur, -euse [kɑ̃bʀijɔlœʀ, -øz] *m, f* Einbrecher(in) *m(f);* *(spécialiste des coffres-forts)* Geldschrankknacker(in) *m(f) (fam)*
cambrousse [kɑ̃bʀus] *f fam* ländliche Gegend; **en pleine** ~ mitten in der Pampa *(fam)*, **débarquer de sa** ~ gerade aus seinem Kuhdorf kommen *(fam)*
cambrure [kɑ̃bʀyʀ] *f* ① ANAT ~ **de la taille** [*o* **des reins**] Hohlkreuz *nt;* ~ **du pied** Fußwölbung *f*
② *(forme arquée) d'une pièce de bois* Biegung *f; d'une poutre* Wölbung *f*
cambuse [kɑ̃byz] *f* ① NAUT *kleiner Lebensmittelstore an Bord größere Schiffe*
② *fam (logis)* Bude *f (fam)*
came[1] [kam] *f* TECH Nocken *m*
came[2] [kam] *f fam (drogue)* Stoff *m (fam)*
camé(e) [kame] *m(f) fam* Fixer(in) *m(f) (fam)*
camée [kame] *m (pierre fine sculptée)* Kamee *f*
caméléon [kamele ɔ̃] *m* ① ZOOL Chamäleon *nt*
② *(personne)* Chamäleon *nt;* POL Wendehals *m*
camélia [kamelja] *m* BOT Kamelie *f*
camelot [kamlo] *m* Straßenhändler *m*
camelote [kamlɔt] *f fam* Ramsch *m (fam)*, Plunder *m (fam)*
▶ **de la belle** [*o* **bonne**] ~ gute Ware
camembert [kamɑ̃bɛʀ] *m* ① *(fromage)* Camembert *m*
② *(graphique)* Tortengrafik *f*
camer [kame] <1> *vpr fam* **se** ~ fixen *(fam)*
caméra [kameʀa] *f* Kamera *f;* CINE [Film]kamera *f;* TV [Fernseh]kamera *f;* ~ **vidéo** Videokamera *f;* ~ **satellite** Satellitenkamera *f;* **regarder la** ~ in die Kamera schauen; ~ **de surveillance** Überwachungskamera
caméralistique [kameʀalistik] *f* JUR, FIN Kameralistik *f*
caméraman [kameʀaman, -mɛn] <*s o* **-men**> *m* Kameramann *m/*-frau *f*
caméraman-amateur, -trice [kameʀamanamatœʀ, -tʀis] <caméramans-amateurs> *m, f* Videoamateur(in) *m(f)*
camériste [kameʀist] *f* ① HIST Kammerfrau *f (einer italienischen oder spanischen Prinzessin)*
② *hum littér (femme de chambre)* Zimmermädchen *nt*
Cameroun [kamʀun] *m* **le** ~ Kamerun *nt*
caméscope [kameskɔp] *m* Videokamera *f,* Kamerarecorder *m,* Camcorder *m;* ~ **numérique** digitale Videokamera
camion [kamjɔ̃] *m* Lastwagen *m,* Lkw *m;* ~ **de dix tonnes** Zehntonner *m;* ~ **bâché** Planwagen *m*
◆ ~ **de déménagement** Möbelwagen *m;* ~ **à remorque** Lkw *m* mit Anhänger, Lastzug *m;* ~ **à semi-remorque** Sattelschlepper *m*
camion-citerne [kamjɔ̃sitɛʀn] <camions-citernes> *m* Tankwagen *m*
camionnage [kamjɔnaʒ] *m* ① *(transport par camion)* Lkw-Transport *m*
② *(coût de transport)* Transportkosten *Pl (bei einem Lkw-Transport)*
camionnette [kamjɔnɛt] *f* Lieferwagen *m,* Kleintransporter *m,* Kleinlaster *m*
camionneur [kamjɔnœʀ] *m* ① *(chauffeur)* Lastwagenfahrer *m m(f),* Lkw-Fahrer(in) *m(f)*
② *(entrepreneur)* Fuhrunternehmer(in) *m(f)*
camisard [kamizaʀ] *m* HIST Kamisarde *m (Hugenotte aus den Cevennen, der sich gegen die Verfolgungen durch die Aufhebung des Edikts von Nantes erhob)*
camisole [kamizɔl] *f* Mieder *nt*
◆ ~ **de force** Zwangsjacke *f;* **passer la** ~ **de force à qn** jdn in die Zwangsjacke stecken
camomille [kamɔmij] *f* ① *(plante)* Kamille *f;* **fleur de** ~ Kamillenblüte *f;* **extrait de** ~ Kamillenextrakt *m*
② *(tisane)* Kamillentee *m*
camorra [kamɔʀa] *f* Camorra *f*
camouflage [kamuflaʒ] *m* ① MIL *(technique)* Tarnen *nt,* Tarnung *f,* Camouflage *f (Fachspr.)*
② *(maquillage) d'une erreur* Vertuschung *f,* Verschleierung *f; d'un crime* Tarnung *f;* ~ **de bilan** JUR Bilanzverschleierung *(Fachspr.)*
③ *(dissimulation) de bénéfices* Veruntreuung *f*
camoufler [kamufle] <1> *vt* ① verheimlichen; vertuschen *erreur,*

faute; verbergen, verheimlichen *intentions, sentiment;* ~ **qc en qc** etw als etw tarnen
② MIL tarnen
camouflet [kamuflɛ] *m* Schmach *f;* **donner** [*o* **infliger**] **un** ~ **à qn** jdm [eine] Schmach antun; **essuyer un** ~ [eine] Schmach erleiden
camp [kɑ̃] *m* ① *(campement)* [Zelt]lager *nt;* ~ **d'ado[lescents]** Jugendlager; ~ **de tentes** Zeltstadt *f*
② MIL [Truppen]lager *nt;* ~ **retranché** befestigtes Lager; **lever le** ~ abziehen
③ SPORT Seite *f;* POL Lager *nt;* **se ranger dans le** ~ **de qn** sich auf jds Seite *(Akk)* schlagen; **changer de** ~ ins andere Lager überwechseln; *soldat:* sich auf die andere Seite schlagen; *joueur:* die Seiten wechseln; POL die Partei wechseln; ~ **patronal** Arbeitgeberlager; ~ **syndical** Gewerkschaftslager
④ CAN ~ **[d'été]** Wochenendhaus *nt*
▶ **ficher** [*o* **foutre**] **le** ~ *fam* verduften *(fam),* abhauen *(fam);* **fiche--moi le** ~ ! *fam* lass mich in Ruhe!
◆ ~ **de base** Basislager *nt;* ~ **de chasse** Jagdhaus *nt,* Jagdhütte *f;* ~ **de concentration** Konzentrationslager *nt;* ~ **d'extermination** Vernichtungslager *nt;* ~ **de la mort** Vernichtungslager *nt;* ~ **de nudistes** FKK-Anlage *f,* FKK-Gelände *nt;* ~ **de prisonniers** Gefangenenlager *nt;* ~ **de prisonniers de guerre** Kriegsgefangenenlager *nt;* ~ **de réfugiés** Flüchtlingslager *nt;* ~ **de transit** Durchgangslager *nt;* ~ **de travail** Arbeitslager *nt;* ~ **de vacances** Ferienlager *nt*
campagnard(e) [kɑ̃paɲaʀ, aʀd] **I.** *adj existence* ländlich; *manières* bäuerlich
II. *m(f)* Landbewohner(in) *m(f)*
campagne [kɑ̃paɲ] *f* ① *(opp: ville)* Land *nt;* **à la** ~ auf dem Land[e]; **en pleine** ~ weit draußen auf dem Land[e]; **la** ~ **les tentait** es zog sie aufs Land; **pour trouver la** ~ um aufs Land zu kommen
② *(paysage)* ländliche Gegend; **la** ~ **environnante** die ländliche Umgebung
③ *(opp: bocage)* **en rase** ~ auf freiem Feld
④ MIL Feldzug *m;* **la** ~ **de Russie** HIST der Russlandfeldzug; **entrer en** ~ ins Feld ziehen
⑤ *(action de communication)* Kampagne *f;* ~ **commerciale** Verkaufsaktion *f;* ~ **déloyale** Schmutzkampagne *f;* ~ **électorale** Wahlkampagne *f;* **en pleine** ~ **électorale** mitten im Wahlkampf; ~ **publicitaire** Werbekampagne, Werbefeldzug *m,* Reklamefeldzug; **lancer une grande** ~ **publicitaire** eine Großaktion starten; ~ **téléphonique** Telefonaktion *f;* **mener une** ~ **pour/contre qc** eine Kampagne [*o* einen Feldzug] für/gegen etw führen; **entrer** [*o* **se mettre**] **en** ~ seinen Wahlkampf starten; **faire** ~ **pour qn** Wahlwerbung für jdn machen [*o* betreiben]
▶ **battre la** ~ das Land durchstreifen; *(divaguer)* irrereden; *(rêver)* träumen
◆ ~ **de diffamation** Verleumdungskampagne *f;* ~ **de dépistage de la tuberculose** *(par radiographie)* Röntgenreihenuntersuchung *f;* ~ **de presse** Pressekampagne *f;* ~ **de relations publiques** Öffentlichkeitskampagne *f;* ~ **de sensibilisation** Aufklärungskampagne *f;* ~ **de vente** Absatzkampagne *f*
campanile [kɑ̃panil] *m* Kampanile *m*
campanule [kɑ̃panyl] *f* Glockenblume *f*
campé(e) [kɑ̃pe] *adj* breitbeinig dastehend
campement [kɑ̃pmɑ̃] *m* Lager *nt; (lieu)* Lagerplatz *m;* ~ **de gitans** Zigeunerlager; ~ **de nomades** Nomadenlager; **établir un** ~ ein Lager aufschlagen
camper [kɑ̃pe] <1> **I.** *vi* ① campen, zelten
② *(être installé provisoirement)* vorübergehend sein Lager aufschlagen, kampieren *(fam)*
II. *vt (décrire)* beschreiben; *(jouer)* spielen
III. *vpr* **se** ~ **devant qn/qc** sich vor jdn/etw aufstellen
campeur, -euse [kɑ̃pœʀ, -øz] *m, f* Camper *m*
camphre [kɑ̃fʀ] *m* Kampfer *m*
camphré(e) [kɑ̃fʀe] *adj* kampferhaltig; **alcool** ~ Kampfspiritus *m*
camphrier [kɑ̃fʀije] *m* BOT Kampferbaum *m*
camping [kɑ̃piŋ] *m* ① Zelten *nt,* Campen *nt;* **faire du** ~ zelten, campen
② *(lieu)* [**terrain de**] ~ Zeltplatz *m,* Campingplatz *m*
camping-car [kɑ̃piŋkaʀ] <camping-cars> *m* Wohnmobil *nt,* Campingbus *m* **camping-gaz**® [kɑ̃piŋɡaz] *m inv* Gaskocher *m*
campus [kɑ̃pys] *m* Unigelände *nt (fam),* Universitätsgelände, Campus *m*
camus(e) [kamy, yz] *adj péj nez* breit [und kurz]; *face, visage* platt gedrückt
canada [kanada] *f* CAN *(variété de pomme)* Name einer Renettensorte
Canada [kanada] *m* **le** ~ Kanada *nt*
canadair® [kanadɛʀ] *m* Löschflugzeug *nt*
canadianisme [kanadjanism] *m* Ausdruck *m* aus dem kanadischen Französisch

canadien(ne) [kanadjɛ̃, jɛn] *adj* kanadisch
Canadien(ne) [kanadjɛ̃, jɛn] *m(f)* Kanadier(in) *m(f)*
canadienne [kanadjɛn] *f* ❶ *(veste)* lammfellgefütterte Jacke *(aus Stoff oder Leder)*
❷ *(tente)* Einmannzelt *nt*
❸ *(bateau)* Kanadier *m*
canaille [kanɑj] I. *adj air, manière* pöbelhaft, ordinär
II. *f* ❶ *(fripon)* Halunke *m*, Schurke *m*, Bazi *m* (A, SDEUTSCH)
❷ *hum (enfant)* Schlingel *m*
canaillerie [kanɑjʀi] *f* ❶ *(action malhonnête)* Schurkenstreich *m*
❷ *(polissonnerie)* Derbheit *f*
canal [kanal, o] <-aux> *m* ❶ *(cours d'eau, conduite)* Kanal *m*; **~ maritime** Schifffahrtskanal; **~ d'irrigation/de jonction** Bewässerungs-/Verbindungskanal; **~ de Panama/de Suez** Panama-/Suezkanal
❷ RADIO, TV Kanal *m*
▶ **par le ~ de** qn/qc über jdn/etw
◆ **~ de distribution** COM Vertriebskanal *m*, Vertriebsschiene *f (fam)*, Absatzschiene *(fam)*; **~ de télévision** CAN Fernsehkanal *m*, Fernsehsender *m*
canalisation [kanalizasjɔ̃] *f* ❶ *(tuyauterie)* Rohrleitung *f*; *(égouts)* Kanalisation *f*; **~ d'eau/de gaz** Wasser-/Gasleitung *f*
❷ *(aménagement) d'un cours d'eau* Kanalisierung *f*
❸ *(contrôle) des informations* Kanalisieren *nt*; *de la circulation* Regulierung *f*; *de la foule* Lotsen *nt*, Dirigieren *nt*
canaliser [kanalize] <1> *vt* ❶ *(rendre navigable)* kanalisieren
❷ *(contrôler, diriger)* kanalisieren *énergie, information;* dirigieren, lotsen *foule;* regulieren *circulation*
canapé [kanape] *m* ❶ *(meuble)* Sofa *nt*, Couch *f*; **~ convertible** Bettcouch, Schlafcouch
❷ GASTR Häppchen *nt*; **~ au poisson** ≈ Fischbrötchen *nt*
canapé-lit [kanapeli] <canapés-lits> *m* Bettcouch *f*, Schlafcouch *f*
canaque [kanak] *adj* der Kanaken *(Gen)*
Canaque [kanak] *mf* Kanake *m*/Kanakin *f*
canard [kanaʀ] *m* ZOOL Ente *f*; *(opp: cane)* Erpel *m*, Enterich *m*; **~ sauvage** Wildente
❷ GASTR Ente[nfleisch *nt*] *f*
❸ *fam (journal)* Blatt *nt*; *péj* Käseblatt
❹ MUS falsche Note; **faire un ~** falsch [*o* eine falsche Note] spielen
▶ **~ boîteux** *fam (personne)* lahme Ente; *(entreprise)* marodes Unternehmen; **mon petit ~** mein Spatz
canarder [kanaʀde] <1> *vt fam* unter Beschuss nehmen; **ça canardait de tous les côtés** es ballerte von allen Seiten *(fam)*
canari [kanaʀi] I. *adj inv* **jaune ~** gelbgrün
II. *m* Kanarienvogel *m*
Canaries [kanaʀi] *fpl* **les [îles] ~** die Kanaren, die kanarischen Inseln
canasson [kanasɔ̃] *m péj* Gaul *m (pej)*, Klepper *m (pej)*
canasta [kanasta] *f* JEUX Canasta *nt*
cancan [kɑ̃kɑ̃] *m* ❶ *pl (racontars)* Klatsch *m kein Pl*, Tratsch *m kein Pl*, Altweibergeschwätz *nt kein Pl (fam)*
❷ *(danse)* **french ~** French-Cancan *m*
cancaner [kɑ̃kane] <1> *vi* klatschen *(fam)*, tratschen *(fam)*
cancanier, -ière [kɑ̃kanje, -jɛʀ] I. *adj* klatschhaft
II. *m, f* Klatschbase *f (fam)*
cancer [kɑ̃sɛʀ] *m* ❶ MED Krebs *m*; **~ du sang/du poumon** Blut-/Lungenkrebs; **~ du foie/de l'utérus/de la vessie** Leber-/Unterleibs-/Blasenkrebs; **~ généralisé** Krebs, der Metastasen gebildet hat; **avoir le ~** Krebs haben; **avoir un ~ de la gorge/du sein** Kehlkopf-/Brustkrebs haben
❷ *(ce qui ronge)* Übel *nt*
Cancer [kɑ̃sɛʀ] *m* ASTROL Krebs *m*; **être [du signe du] ~** [ein] Krebs sein, im Zeichen des Krebses geboren sein
cancéreux, -euse [kɑ̃seʀø, -øz] I. *adj* **tumeur cancéreuse** Krebsgeschwulst *f*; **la cavité abdominale est totalement cancéreuse** die ganze Bauchhöhle ist verkrebst *(fam)*
II. *m, f* Krebskranke(r) *f(m)*
cancérigène [kɑ̃seʀiʒɛn] *adj* Krebs erregend, kanzerogen *(Fachspr.)*
cancérisation [kɑ̃seʀizasjɔ̃] *f* MED Bildung *f* eines Krebstumors *(aus einem gutartigen Tumor)*
cancérogène *v.* **cancérigène**
cancérologie [kɑ̃seʀɔlɔʒi] *f* Krebsforschung *f*; **centre de ~** Krebsforschungszentrum *nt*
cancérologue [kɑ̃seʀɔlɔg] *mf* Krebsspezialist(in) *m(f)*
cancre [kɑ̃kʀ] *m fam* fauler Schüler/faule Schülerin
cancrelat [kɑ̃kʀəla] *m* Kakerlak *m*, Küchenschabe *f*
candélabre [kɑ̃delɑbʀ] *m* Kandelaber *m*, [mehrarmiger] Kerzenständer; **~ en [*o* de] cristal** Kristallleuchter *m*, Kristallluster *m* (A)
candeur [kɑ̃dœʀ] *f* ❶ *(ingénuité)* Arglosigkeit *f*, Unverdorbenheit *f*
❷ *péj (crédulité)* Naivität *f*, Gutgläubigkeit *f*
candi *v.* **sucre**
candidat(e) [kɑ̃dida, at] *m(f)* ❶ *(à un examen)* Kandidat(in) *m(f)*; *(au baccalauréat)* Abiturient(in) *m(f)*; **~ (e) à une inscription à l'université** Studienbewerber(in) *m(f)*
❷ *(aux élections)* Kandidat(in) *m(f)*; **~ à la députation** Kandidat bei der Parlamentswahl; **se porter [*o* être] ~(e) à des élections** bei einer Wahl kandidieren
❸ *(à un poste)* Bewerber(in) *m(f)*, Kandidat(in) *m(f)*; **se porter [*o* être] ~(e) à un poste** sich um eine Stelle bewerben; **~ idéal/~e idéale** Traumkandidat(in)
❹ *(à un jeu)* Kandidat(in) *m(f)*
❺ *fig* **~ au suicide** *fam* Selbstmordkandidat(in) *m(f) (fam)*
candidature [kɑ̃didatyʀ] *f* ❶ *(aux élections)* Kandidatur *f*; **annoncer sa ~ aux prochaines élections** seine Kandidatur für die kommenden Wahlen anmelden; **poser sa ~ aux élections** bei den Wahlen kandidieren
❷ *(à un poste)* Bewerbung *f*; **~ spontanée** Blindbewerbung; **poser sa ~ à un poste** sich um eine Stelle bewerben
❸ *(à un jeu)* Bewerbung *f*
candide [kɑ̃did] *adj* ❶ *(ingénu)* arglos, unverdorben; **question, regard** unschuldig
❷ *péj (crédule)* naiv, gutgläubig
cane [kan] *f* Ente *f*; *(opp: mâle)* Entenweibchen *nt*
caner [kane] <1> *vi* ❶ **+ avoir** *fam (flancher)* schlapp machen *(fam)*; *(psychiquement)* kneifen *(fam)*
❷ **+ être** *pop (mourir)* verrecken *(vulg)*, krepieren *(fam)*
caneton [kantɔ̃] *m* Entenküken *nt*
canette [kanɛt] *f* ❶ *(bouteille)* kleine Flasche; **~ de bière** [kleine] Bierflasche
❷ *(bobine)* Spule *f*, Rolle *f*
canevas [kanva] *m* ❶ COUT *(toile)* Kanevas *m*, Stramin *m*; *(ouvrage)* Stickerei *f*, gesticktes Bild
❷ *(plan, scénario)* Grundgerüst *nt*, [grober] Rahmen
caniche [kaniʃ] *m* Pudel *m*; **~ nain** Zwergpudel
▶ **suivre** qn **comme un ~** jdm nachlaufen wie ein Hund
caniculaire [kanikylɛʀ] *adj* brütend heiß; **chaleur** unerträglich
canicule [kanikyl] *f (période)* Hundstage *Pl*; *(chaleur)* Hitze *f*; **c'est la ~ ici!** hier ist es unerträglich heiß!
canidés [kanide] *mpl* ZOOL Familie *f* der Hunde, Canidae *Pl (Fachspr.)*
canif [kanif] *m* Taschenmesser *nt*, Feitel *m* (A)
canin(e) [kanɛ̃, in] *adj* **races ~es** Hunderassen *Pl*
canine [kanin] *f* Eckzahn *m*
caniveau [kanivo] <x> *m* Rinnstein *m*
cannabis [kanabis] *m* Cannabis *m*
cannage [kanaʒ] *m* ❶ *(action)* Flechten *nt* [eines Stuhls]
❷ *(objet)* Flechtwerk *nt* [bei einem Stuhl]
canne [kan] *f* ❶ *(bâton)* [Spazier]stock *m*; **marcher avec une ~** am Stock gehen; **~ blanche** [*o* **d'aveugle**] Blindenstock *m*
❷ PÊCHE Angel *f*; **~ à pêche** Angelrute *f*; **~ [à pêche] brute** Rutenblank *m*; **~ [à pêche] roubaisienne** Stipprute, Stippangel; **~ [à pêche] télescopique** Teleskoprute; **~ [à pêche] pour carpes** Karpfenrute; **~ pour la pêche au fond** Grundrute; **~ en fibre de carbone** Kohlefaserrute; **support de ~ à pêche** Rutenhalter *m*; **anneau de ~ à pêche** Rutenring *m*
◆ **~ à sucre** Zuckerrohr *nt*
canné(e) [kane] *adj* [rohr]geflochten; **siège ~** Rohrstuhl *m*
cannelé(e) [kanle] *adj* kanneliert
cannelier [kanəlje] *m* BOT Zimtbaum *m*
cannelle [kanɛl] *f* Zimt *m*
cannelloni[s] [kanelɔni] *mpl* Cannelloni *Pl*
cannelure [kanlyʀ] *f* ❶ *d'une colonne, d'un meuble* Kannelur *f*, Kannelüre *f*
❷ BOT Riefe *f*; **les ~s** die Riefelung
canner¹ [kane] <1> *vt* mit einem Rohrgeflecht versehen *siège*
canner² [kane] <1> *vt* CAN *fam (mettre en boîtes de conserve)* eindosen
cannette *v.* **canette**
cannibale [kanibal] I. *adj* ❶ *(anthropophage)* kannibalisch; **tribu ~** Kannibalenstamm *m*
❷ BELG **toast ~** *(steak tartare)* Tartarsteak auf geröstetem Toastbrot
II. *mf* Kannibale *m*/Kannibalin *f*
cannibalisme [kanibalism] *m* Kannibalismus *m*
canoë [kanɔe] *m* ❶ *(embarcation)* Kanu *nt*
❷ *(sport)* Kanufahren *nt*, Kanusport *m*
canoéiste [kanɔeist] *m, f* Kanufahrer(in) *m(f)*
canoë-kayak [kanɔekajak] <canoës-kayaks> *m* Kajak *m o nt*; **faire du ~** Kajak fahren
canon [kanɔ̃] I. *adj inv fam (mignon)* super *(fam)*
II. *m* ❶ *(arme)* Kanone *f*; **~ antiaérien/antichar** Flugabwehr-/Panzerabwehrkanone, Flak *f*/Pak *f*
❷ *(tube) d'un fusil* Lauf *m*; **~ de pistolet** Pistolenlauf; **fusil à deux ~s** Schrotflinte *f* mit Doppellauf, doppelläufige Schrotflinte
❸ *soutenu (norme)* Kanon *m kein Pl (geh)*

❹ MUS Kanon *m;* **chanter une chanson en** ~ ein Lied im Kanon singen
◆ **~ à eau** Wasserwerfer *m,* Wasserkanone *f;* **~ à neige** Schneekanone *f*
cañon [kaɲɔn] *m* Cañon *m;* **ces gorges sont semblables à un** ~ diese Schlucht ist cañonartig
canonique [kanɔnik] *adj* kanonisch
canonisation [kanɔnizasjɔ̃] *f* Heiligsprechung *f,* Kanonisierung *f*
canoniser [kanɔnize] <1> *vt* heiligsprechen, kanonisieren
canonnade [kanɔnad] *f* Kanonenfeuer *nt;* (bruit) Kanonendonner *m*
canot [kano] *m* ❶ *(embarcation légère)* Boot *nt;* ~ **pneumatique/à moteur/de sauvetage** Schlauch-/Motor-/Rettungsboot
❷ SPORT CAN Kanu *nt*
canotage [kanɔtaʒ] *m* Bootfahren *nt;* **faire du** ~ Boot fahren
canoter [kanɔte] <1> *vi* Boot fahren; CAN Kanusport betreiben, Kanu fahren
canotier [kanɔtje] *m* ❶ *(chapeau)* [flacher] Strohhut
❷ *(rameur)* Ruderer *m*
cantal [kɑ̃tal] <s> *m* Cantal *m (Schnittkäse aus Vollmilch)*
cantate [kɑ̃tat] *f* Kantate *f*
cantatrice [kɑ̃tatʀis] *f* [Opern]sängerin *f*
cantilène [kɑ̃tilɛn] *f* ❶ MUS Kantilene *f*
❷ LITTER Klagelied *nt*
cantine [kɑ̃tin] *f* Kantine *f;* **repas de** ~ Kantinenessen *nt*
cantinière [kɑ̃tinjɛʀ] *f* HIST Marketenderin *f*
cantique [kɑ̃tik] *m* ❶ *(chant religieux)* [Kirchen]lied *nt*
❷ *(chant d'action de grâce)* Loblied *nt;* **le** ~ **de Salomo** BIBL das Hohe Lied Salomos
canton [kɑ̃tɔ̃] *m* ❶ *(en France)* ≈ Landkreis *m,* ≈ Stadtkreis *m*
❷ *(en Suisse)* Kanton *m;* ~ **primitif** Urkanton
cantonade [kɑ̃tɔnad] *f* **crier qc à la** ~ etw in den Raum rufen; *(dehors)* etw in die Menge rufen
cantonal(e) [kɑ̃tɔnal, o] <-aux> I. *adj* ❶ *(en France)* **élections ~es** ≈ Kreiswahlen *Pl*
❷ *(en Suisse)* kantonal; **autorités ~es** Kantonsbehörden *Pl;* **gouvernement** ~ [o **du canton**] Kantonsregierung *f* (CH); **constitution ~ e** [o **du canton**] Kantonsverfassung *f* (CH)
II. *fpl* ≈ Kreiswahlen *Pl*
cantonnement [kɑ̃tɔnmɑ̃] *m* ❶ *(action)* Einquartierung *f*
❷ *(campement)* Quartier *m*
cantonner [kɑ̃tɔne] <1> I. *vt* ❶ MIL einquartieren
❷ *(reléguer)* ~ **qn dans qc** jdn auf etw *(Akk)* beschränken
II. *vi* ~ **dans une ferme** auf einem Hof Quartier beziehen
III. *vpr* ❶ *(s'isoler)* **se ~ chez soi** sich zu Hause verkriechen *(fam);* **se ~ dans le silence** sich in Schweigen hüllen
❷ *(se limiter)* **se ~ dans qc** sich auf etw *(Akk)* beschränken
cantonnier [kɑ̃tɔnje] *m* Straßenarbeiter *m;* CHEMDFER Streckenarbeiter *m*
cantonnière [kɑ̃tɔnjɛʀ] *f (lambrequin)* Schabracke *f*
cantor [kɑ̃tɔʀ] *m* Kantor *m*
canular [kanylaʀ] *m fam* Scherz *m,* Eulenspiegelei *f; (dans un journal)* [Zeitungs]ente *f*
canule [kanyl] *f* MED Kanüle *f,* Hohlnadel *f;* ~ **pour injections** Injektionskanüle
canut [kany] *m Arbeiter in den Seidenmanufakturen von Lyon*
canyon *v.* **cañon**
canyoning [kanjɔniŋ] *m* Canyoning *m*
C.A.O. [seɑo] *abr de* **conception assistée par ordinateur** CAD *nt*
caoua [kawa] *m fam* Käffchen *nt (fam)*
caoutchouc [kautʃu] *m* ❶ *(matière)* Gummi *m o nt,* Kautschuk *m;* ~ **brut** Rohkautschuk; ~ **naturel** natürlicher Kautschuk; ~ **synthétique** synthetischer Kautschuk, Kunstkautschuk; ~ **mousse** Schaumgummi *m;* **balle/poupée/animal en** ~ Gummiball *m/*-puppe *f/*-tier *nt*
❷ *(élastique)* Gummiring *m,* Gummi *nt*
❸ *(plante)* Gummibaum *m*
❹ *vieilli (chaussure)* Gummischuh *m*
caoutchouter [kautʃute] <1> *vt* kautschutieren, mit Kautschuk überziehen
caoutchouteux, -euse [kautʃutø, -øz] *adj matière, masse, substance* gummiartig, kautschukartig
cap [kap] *m* ❶ *(pointe de terre)* Kap *nt;* ~ **de Bonne-Espérance** Kap der Guten Hoffnung; **doubler un** ~ ein Kap umschiffen
❷ *(direction)* Kurs *m;* **mettre le ~ au large** in See stechen; **maintenir le** ~ Kurs halten; **mettre le ~ sur qc** Kurs auf etw *(Akk)* nehmen, etw ansteuern
▶ **changer de** ~ den Kurs ändern; [dé]**passer** [*o* **franchir**] **le ~ des trente ans/des 1000 km** das Alter von dreißig Jahren/die Grenze von 1000 km überschreiten
C.A.P. [seɑpe] *m abr de* **certificat d'aptitude professionnelle** *Zeugnis für eine abgeschlossene Berufsausbildung (z.B. Gesellenbrief)*

Land und Leute

Das *Certificat d'aptitude professionnelle* (**C.A.P.**) ist das Abschlusszeugnis über die berufliche Qualifikation. Nach einer erfolgreichen Lehre und einem Abschluss an einem *lycée professionnel,* einer Berufsschule, erhält man sein **C.A.P.**

capable [kapabl] *adj* ❶ *(compétent)* fähig
❷ *(susceptible)* **être ~ de faire qc** *personne:* fähig sein, etw zu tun; *chose:* etw tun können; ~ **de juger/de voyager** urteils-/reisefähig; **être ~ de générosité** großzügig sein können; **être ~ de tout** zu allem fähig sein; **marché ~ d'absorber** aufnahmefähiger Markt
❸ JUR **juridiquement** ~ rechtsfähig; ~ **d'exercer une fonction publique** amtsfähig; ~ **de commettre un délit** deliktfähig; ~ **de contracter** geschäftsfähig; ~ **de déposer** hinterlegungsfähig *(Fachspr.);* ~ **de disposer par testament** testierfähig *(Fachspr.);* **ne pas être ~ de disposer par testament** nicht testierfähig sein *(Fachspr.);* ~ **d'être imposé(e)** FISC veranlagungsfähig
capacité [kapasite] *f* ❶ *(contenance)* Inhalt *m,* Fassungsvermögen *nt; d'une machine à laver* Füllmenge *f;* ~ **de chargement** Ladekapazität *f*
❷ *(faculté)* Fähigkeit *f;* ~ **d'analyse** analytische Begabung; ~ **de concentration** Konzentrationsfähigkeit, Konzentrationsvermögen *nt;* ~ **de perception** Wahrnehmungsfähigkeit; ~ **de travail** Erwerbsfähigkeit; ~ **s intellectuelles/professionnelles** geistige/berufliche Fähigkeiten; ~ **à diriger** Führungseigenschaften *Pl;* ~ **à gouverner** Regierungsfähigkeit; ~ **à prendre le volant** Verkehrstauglichkeit *f;* ~ **à procréer** Zeugungskraft *f,* Zeugungsfähigkeit; ~ **à coaguler** MED Gerinnungsfähigkeit; **avoir la ~ de faire qc** die Fähigkeit haben, etw zu tun; **avoir des ~s en qc** für etw begabt sein; **posséder une grande ~ de travail** sehr leistungsfähig sein; **la ~ des hommes à s'adapter** die Anpassungsfähigkeit der Menschen
❸ INFORM Kapazität *f;* ~ **de/d'une mémoire** Speicherkapazität; ~ **du disque dur** Festplattenkapazität; ~ **du réseau** Netzwerkfähigkeit *f;* **augmenter la ~ d'un ordinateur** einen Computer hochrüsten
❹ TECH, PHYS *d'une installation de production, machine* Kapazität *f,* Leistungsfähigkeit *f; d'un moteur* Leistungsfähigkeit *f;* ~ **vibratoire du tympan** Schwingungsfähigkeit *f;* ~ **de charge** Tragkraft *f;* **degré de ~ d'utilisation** Auslastungsgrad *m;* ~ **de franchissement de pente** *d'un véhicule* Bergsteigefähigkeit *f (Fachspr.)*
❺ JUR Fähigkeit *f;* ~ **à disposer** Verfügungsberechtigung *f;* ~ **à être partie** Parteifähigkeit *f;* ~ **active/passive d'agir en justice** aktive/passive Prozessfähigkeit *f;* ~ **délictuelle/juridique** Delikt[s]-/Rechtsfähigkeit *f;* ~ **partielle d'exercice** Teilgeschäftsfähigkeit; **avoir la pleine** ~ *membre:* vollberechtigt sein; **ayant ~ limitée pour contracter** beschränkt geschäftsfähig; **n'ayant pas ~ pour contracter** geschäftsunfähig; ~ **à représenter un tiers en justice pour cause d'inaptitude ou d'empêchement de ce dernier** Prozessstandschaft *f (Fachspr.);* ~ **de traiter des lettres de change** Wechselfähigkeit *f (Fachspr.)*
❻ ECON Kapazität *f;* ~ **compensatoire/horaire** Ausgleichs-/Stundenkapazität; ~ **disponible** freie Kapazität; ~ **s utilisées à plein** voll ausgelastete Kapazitäten
◆ ~ **d'absorption** *du marché* Aufnahmefähigkeit *f;* ~ **d'accueil** *d'un hôtel* Aufnahmekapazität *f; d'une unité de formation* Ausbildungskapazität; ~ **de calcul** INFORM Rechenkapazität *f;* ~ **de chargement** Ladekapazität *f;* ~ **de comptabilisation au passif** ECON Passivierungsfähigkeit *f (Fachspr.);* ~ **de contribution** JUR Steuerrechtsfähigkeit *f (Fachspr.);* ~ **en droit** Abschlusszeugnis *eines vereinfachten Jurastudiums für Nichtabiturienten;* ~ **de droit privé** JUR Privatrechtsfähigkeit *f (Fachspr.);* ~ **d'encaissement** Inkassoberechtigung *f;* ~ **d'entreposage** Lagerkapazität *f;* ~ **d'importation** Importkapazität *f;* ~ **de livraison** Lieferfähigkeit *f;* ~ **de production** Produktionskapazität *f,* Produktionskraft *f,* Mengenleistung *f;* ~ **de responsabilité** JUR Haftungsfähigkeit *f;* ~ **de rotation** ECON Umschlagsvermögen *nt;* ~ **de vol** Flugleistung *f*
cape [kap] *f (vêtement)* Cape *nt,* Umhang *m;* ~ **de pluie** [*o* **imperméable**] Regencape, Regenumhang
▶ **rire sous** ~ sich *(Dat)* [eins] ins Fäustchen lachen
◆ ~ **de bain** Kapuzenbadetuch *nt*
capeline [kaplin] *f* Damenhut *m* mit breiter Krempe

Land und Leute

Das **C.A.P.E.S.** ist eine Staatsprüfung. Lehrer mit einem **C.A.P.E.S.** können an Sekundarschulen (*collèges*) unterrichten. Sie werden verbeamtet und haben eine Lehrverpflichtung von 18 Wochenstunden. Der Prüfung folgt eine einjährige Referendariatszeit.

C.A.P.E.S. [kapɛs] *m abr de* **certificat d'aptitude au professorat de l'enseignement secondaire** ≈ *Staatsexamen für das Lehramt an höheren Schulen*

capésien(ne) [kapesjɛ̃, jɛn] *m(f)* ❶ *(étudiant)* Student, der/Studentin, die sich auf das C.A.P.E.S. vorbereitet
❷ *(professeur)* Lehrer(in) mit C.A.P.E.S.

capétien(ne) [kapesjɛ̃, jɛn] *adj* der Kapetinger

Capétien(ne) [kapesjɛ̃, jɛn] *m(f)* Kapetinger(in) *m(f)*

capharnaüm [kafarnaɔm] *m fam (lieu)* Rumpelkammer *f (fam)*; *(désordre)* [heilloses] Durcheinander

capillaire [kapilɛʀ] I. *adj* ❶ *(concernant les cheveux)* lotion ~ Haarwasser *nt*
❷ ANAT **vaisseau** ~ Haargefäß *nt*, Kapillargefäß
II. *m* Haargefäß *nt*, Kapillargefäß; ~ **s tactiles** BOT Tasthaare *Pl*

capillarité [kapilarite] *f* PHYS Kapillarität *f*, Kapillarwirkung *f*

capilotade [kapilɔtad] *m fam* ▶ **avoir le dos en** ~ kreuzlahm sein *(fam)*; **être en** ~ gerädert sein *(fam)*

capitaine [kapitɛn] *m* ❶ MIL Hauptmann *m*; "**mon** ~" „Herr Hauptmann"; ~ **de gendarmerie** Hauptmann der Gendarmerie
❷ NAUT, AVIAT, SPORT Kapitän(in) *m(f)*; ~ **du/de bateau** Schiffskapitän(in); ~ **au long cours** Kapitän(in) auf großer Fahrt; ~ **de port** Hafenmeister(in) *m(f)*
◆ ~ **d'industrie** Industriekapitän *m*; ~ **des pompiers** Brandmeister *m*

capitainerie [kapitɛnʀi] *f* NAUT Büro *nt* des Hafenkapitäns

capital [kapital, o] <-aux> *m* ❶ Kapital *nt*; ~ **appelé/libéré** eingefordertes/eingezahltes Kapital; ~ **assuré/expatrié** Versicherungs-/Fluchtkapital; ~ **autorisé** genehmigtes Grundkapital; ~ **circulant** Umlaufkapital, Zirkulationskapital; ~ **disponible** flüssiges Vermögen; ~ **errant** vagabundierendes Kapital; ~ **initial** Anfangskapital, Ausgangskapital, Gründungskapital; ~ **nominal** d'une S.A.R.L. Nominalkapital; ~ **prêté** Leihkapital; **capitaux propres** Eigenkapital; ~ **réel** Kapitalstock *m*; ~ **résiduel** Restkapital; ~ **social** Gesellschaftskapital; JUR Grundvermögen *nt*; d'une S.A.R.L. Stammkapital; d'une S.A. Grundkapital; d'un commerce Geschäftskapital; ~ **social** [o **initial**] **souscrit** gezeichnetes Stammkapital; ~ **total** Gesamtkapital; **société anonyme au** ~ **de dix millions** Aktiengesellschaft mit zehn Millionen Grundkapital; ~ **d'une/de la fondation** Stiftungskapital, Stiftungsvermögen
❷ *pl* FIN [Geld]mittel *Pl*, Gelder *Pl*; **capitaux bloqués** blockierte Vermögenswerte; **capitaux empruntés** Fremdgeld *nt*; **capitaux extérieurs** fremde Gelder; **capitaux fugitifs** Fluchtgelder; **capitaux gelés** eingefrorene Vermögenswerte; **capitaux productifs** Gewinn bringendes Kapital; **capitaux contractés à long terme** langfristig hereingenommene Gelder; **capitaux investis à terme fixe** fest angelegtes Kapital; **bloquer** [*o* **immobiliser**]/**libérer**/**investir des capitaux** Kapital binden/freisetzen/anlegen
❸ *(possédants)* Kapital *nt*; **grand** ~ Großkapital
❹ *(richesse, fonds)* ~ **artistique** Kunstschatz *m*; ~ **intellectuel** geistiges Kapital; ~ **génétique** Erbgut *nt*; ~ **humain** menschliche Ressourcen *Pl*; ECON Humankapital *nt*, Arbeitsvermögen *nt*; ~ **humain de l'entreprise** betriebliches Arbeitsvermögen
◆ ~ **actions** Aktienkapital *nt*; ~ **de confiance** Vertrauensvorschuss *m*; ~ **décès** Sterbegeld *nt*; ~ **d'emprunt** Anleihekapital *nt*; ~ **d'épargne** Sparkapital *nt*; ~ **d'exploitation** Betriebsvermögen *nt*, finanzielle Betriebsmittel; ~ **de garantie** Garantiekapital *nt*; ~ **de lancement** Startkapital *nt*, Anfangskapital; ~ **marchandises** Warenkapital *nt*; ~ **de roulement** FIN Abzugskapital *nt (Fachspr.)*

capital(e) [kapital, o] <-aux> *adj* wesentlich; **œuvre** ~ **e** Hauptwerk *nt*; **vérité** ~ **e** Grundwahrheit *f*; **attacher une importance** ~ **e à qc** etw für überaus wichtig halten

capitale [kapital] *f* ❶ *(ville)* Hauptstadt *f*; ~ **administrative/économique** politische/wirtschaftliche Hauptstadt; ~ **culturelle** Kulturhauptstadt; ~ **culturelle d'Europe** europäische Kulturhauptstadt; ~ **régionale** ≈ Landeshauptstadt *f*; ~ **de la mode** Modezentrum *nt*
❷ *(lettre)* Großbuchstabe *m*; **en** ~ **s d'imprimerie** in großen Druckbuchstaben

capitalisable [kapitalizabl] *adj* ECON, FIN **intérêts** in Kapital umwandelbar, kapitalisierbar

capitalisation [kapitalizasjɔ̃] *f* FIN ~ **boursière** Börsenkapitalisierung *f*

capitaliser [kapitalize] <1> I. *vt* ❶ FIN kapitalisieren
❷ *(accumuler)* anhäufen
II. *vi* sparen

capitalisme [kapitalism] *m* Kapitalismus *m*; ~ **tardif** Spätkapitalismus

capitaliste [kapitalist] I. *adj* kapitalistisch
II. *mf* Kapitalist(in) *m(f)*; **gros** ~ Großkapitalist

capital-risque [kapitalʀisk] *m* ECON Risikokapital *nt*; **société de** ~ Risikokapitalgesellschaft *f*

capiteux, -euse [kapitø, -øz] *adj parfum, vin* berauschend; *beauté, femme, regard* betörend *(geh)*

Capitole [kapitɔl] *m* HIST **le** ~ das Kapitol

capitonnage [kapitɔnaʒ] *m* ❶ *(action)* Polstern *nt*
❷ *(résultat)* Polsterung *f*

capitonner [kapitɔne] <1> *vt* polstern; **être capitonné(e)** gepolstert sein; **porte capitonnée** Polstertür *f*; **fauteuil capitonné** Polstersessel *m*; **le nid était capitonné de plumes** das Nest war mit Federn ausgepolstert

capitulaire [kapitylɛʀ] *adj* ❶ REL Kapitel-; **salle** ~ Kapitelsaal *m*
❷ TYP **lettre** ~ Initiale *f*

capitulation [kapitylasjɔ̃] *f* Kapitulation *f*; *fig* Nachgeben *nt*

capitule [kapityl] *m* BOT Blütenköpfchen *nt*

capituler [kapityle] <1> *vi* ~ **devant qn/qc** vor jdm/etw kapitulieren

caporal [kapɔʀal, o] <-aux> *m* Obergefreite(r) *m*

caporal-chef [kapɔʀalʃɛf] <caporaux-chefs> *m* Hauptgefreite(r) *m*

caporalisme [kapɔʀalism] *m vieilli* militärisch regiertes System *nt*

capot [kapo] *m (protégeant le moteur)* Motorhaube *f*; *(protégeant le coffre)* Kofferraumdeckel *m*

capotage [kapɔtaʒ] *m* ❶ Überschlagen *nt*; **si tu ne freines pas à temps, c'est le** ~ **assuré** wenn du nicht rechtzeitig bremst, überschlägst du dich ganz sicher
❷ *fig fam* Scheitern *nt*

capote [kapɔt] *f* ❶ *d'une voiture* Verdeck *nt*
❷ *(manteau)* Kapuzenmantel *m*
❸ *fam (préservatif)* ~ |**anglaise**| Pariser *m (fam)*

capoter [kapɔte] <1> *vi fam* ❶ *(se retourner)* auto, avion: sich überschlagen
❷ *(échouer) projet, entreprise:* scheitern; **faire** ~ **qc** etw zum Scheitern bringen, etw kippen *(fam)*; **faire** ~ **un projet de loi** ein Gesetzesvorhaben kippen *(fam)*

cappuccino [kaputʃino] *m* Cappuccino *m*

câpre [kɑpʀ] *f* Kaper *f*

caprice [kapʀis] *m* ❶ *(fantaisie)* Laune *f*; **faire qc au gré de son** ~ etw je nach Lust und Laune tun; **avoir** |*o* **faire**| **des** ~ **s** launisch sein; **faire un** ~ *(se mettre en colère)* einen Wutanfall haben; *(avoir une envie)* einer Laune nachgeben; **passer à qn tous ses** ~ **s** jdm alles durchgehen lassen
❷ *(amourette)* Liebschaft *f*
❸ *pl (changement)* Launen *Pl*; **de la lumière, du vent** |launenhaftes| Spiel
❹ *(exigence d'un enfant)* Quengelei *f*; **arrête tes** ~ **s!** hör auf zu quengeln!

capricieux, -euse [kapʀisjø, -jøz] *adj* ❶ *(instable) personne* launisch
❷ *(changeant) chose* unzuverlässig; *humeur* wechselhaft; *mode, temps* unbeständig; *itinéraire, rivière* gewunden; *tracé* willkürlich

Capricorne [kapʀikɔʀn] *m* ASTROL Steinbock *m*; **être** |**du signe du**| ~ [ein] Steinbock sein, im Zeichen des Steinbocks geboren sein

câprier [kɑpʀije] *m* BOT Kapernstrauch *m*

caprin(e) [kapʀɛ̃, in] *adj race, espèce* Ziegen-

capsule [kapsyl] *f* ❶ *d'une bouteille* Kron[en]korken *m*
❷ *(enveloppe) d'un médicament* Kapsel *f*; ~ **de vitamines** Vitaminkapsel
❸ ESPACE ~ **spatiale** Raumkapsel *f*
❹ *(amorce)* Zündhütchen *nt*
❺ BOT ~ **de pavot** Mohnkapsel *f*
❻ ANAT ~ **articulaire** Gelenkkapsel *f*

capsuler [kapsyle] <1> *vt* verkapseln *bouteille*

captage [kaptaʒ] *m* ❶ *(action) d'une source* Fassen *nt*; *d'une émission* Empfang *m*; ~ **de l'eau potable/d'eau potable** Trinkwassergewinnung *f*
❷ *(résultat) d'une source* Fassung *f*

captation [kaptasjɔ̃] *f* JUR Erschleichen *nt*; ~ **d'héritage** Erbschleicherei *f*

capter [kapte] <1> *vt* ❶ *(canaliser)* fassen *source*; einfangen *énergie*; abnehmen *électricité*
❷ *(recevoir)* empfangen, reinkriegen *(fam) émission, station;* mitbekommen *(fam) message*
❸ *(chercher à obtenir)* gewinnen; ~ **l'attention de qn** jdn fesseln

capteur [kaptœʀ] *m* Sensor *m*; ~ **solaire** Sonnenkollektor *m*, Solarkollektor *m*

captieux, -euse [kapsjø, -øz] *adj littér* trügerisch; *raisonnement, discours, argument* fadenscheinig, Schein-

captif, -ive [kaptif, -iv] I. *adj personne, animal* gefangengehalten, gefangen
II. *m, f* Gefangene(r) *f(m)*

captivant(e) [kaptivɑ̃, ɑ̃t] *adj* fesselnd

captiver [kaptive] <1> *vt (fasciner)* fesseln; *charme, beauté, personne:* bezaubern

captivité [kaptivite] *f* Gefangenschaft *f*; **en** ~ **vivre** in Gefangenschaft; **être tenu(e) en** ~ *personne:* gefangengehalten werden; *animal:* in Gefangenschaft gehalten werden

capture [kaptyʀ] f ❶ *(action) d'un animal* [Ein]fangen *nt; d'un criminel* Festnahme *f,* Verhaftung *f; d'un navire* Kapern *nt,* Aufbringung *f;* ~ **d'animaux** Tierfang *m*
❷ *(proie)* Fang *m*
◆ ~ **d'écran** INFORM Bildschirmausdruck *m,* Screenshot *m (Fachspr.)*
capturer [kaptyʀe] <1> *vt* fassen *personne;* einfangen *animal;* kapern, aufbringen *navire*
capuche [kapyʃ] *f* Kapuze *f*
capuchon [kapyʃɔ̃] *m* ❶ *(capuche)* Kapuze *f*
❷ *(bouchon) d'un stylo, tube* [Verschluss]kappe *f*
❸ *(pèlerine)* Kapuzenmantel *m*
capucin [kapysɛ̃] *m* ❶ *(religieux)* Kapuziner[mönch] *m*
❷ *(singe)* Kapuziner[affe] *m*
capucine [kapysin] *f* ❶ *(religieuse)* Kapuzinernonne *f,* Kapuzinerin *f*
❷ BOT Kapuzinerkresse *f*
caque [kak] *f* Heringsfass *nt*
▶ **la ~ sent toujours le <u>hareng</u>** *prov* man kann seine eigene Herkunft nicht verbergen
caquelon [kaklɔ̃] *m* Fonduetopf *m*
caquet [kakɛ] *m (bavardage)* Geschwätz *nt*
▶ **rabattre** [*o* **rabaisser**] **le ~ à qn** *fam* jdm den Mund stopfen *(fam)*
caquetage [kaktaʒ] *m d'une poule* Gackern *nt; d'une personne* Geschwätz *nt,* Geplapper *nt*
caqueter [kakte] <3> *vi poule:* gackern; *personne:* schwatzen
car¹ [kaʀ] *m* Bus *m,* Überlandbus; ~ **de ramassage scolaire** Schulbus; ~ **de police** Mannschaftswagen *m;* ~ **de reportage** Fernseh-Übertragungswagen *m*
car² [kaʀ] *conj* denn; **il n'a pas pu venir ~ il était malade** er konnte nicht kommen, denn er war krank
carabe [kaʀab] *m* ZOOL Laufkäfer *m;* ~ **doré** Goldlaufkäfer *m,* Feuerstehler *m*
carabine [kaʀabin] *f* Karabiner *m;* ~ **à air comprimé** Luftgewehr *nt*
carabiné(e) [kaʀabine] *adj fam grippe, migraine* gewaltig *(fam); amende, engueulade* gesalzen *(fam)*
carabinier [kaʀabinje] *m (en Italie)* Karabiniere *m; (en Espagne)* Zollbeamter *m*
caraco [kaʀako] *m (sous-vêtement)* Unterhemd *nt* mit Spitzen, Trägerhemd
caracoler [kaʀakɔle] <1> *vi* ❶ *cheval:* tänzeln; *cavalier:* sein Pferd tänzeln lassen
❷ *(s'agiter) enfants:* herumtollen
❸ *(être largement en tête)* ~ **en tête de la course** weit vorn liegen
caractère [kaʀaktɛʀ] *m* ❶ *(tempérament)* Charakter *m,* Wesen *nt;* **avoir [un] bon/mauvais ~** einen guten/schlechten Charakter haben; ~ **national** Nationalcharakter *m;* **avoir un ~ de cochon** *fam (avoir mauvais caractère)* unausstehlich sein; *(être entêté)* einen Dickschädel haben *(fam);* **être jeune de ~** ein jugendliches Wesen haben; **avoir un sale ~** *fam* unausstehlich sein; **ce n'est pas dans son ~ de faire qc** es ist nicht seine/ihre Art, etw zu tun
❷ *(fermeté)* Charakterstärke *f,* Charakter *m;* **de ~ homme, femme** mit Charakter, charakterstark; **avoir du ~ /n'avoir aucun ~** [seinen eigenen] Charakter/keinerlei Charakter haben
❸ *(personne)* [starke] Persönlichkeit
❹ LITTER *(type)* Charakter *m*
❺ *(caractéristique, nature)* Charakter *m,* Eigenheit *f;* ~ **exemplaire** Mustergültigkeit *f;* ~ **officiel/privé** offizieller/privater Charakter; **avoir un ~ confidentiel** vertraulichen Charakter haben; **avoir** [*o* **présenter**] **tous les ~s de qc** alle Merkmale einer S. (Gen) aufweisen; *maladie:* alle Anzeichen [*o* Symptome] einer S. (Gen) aufweisen
❻ *(cachet)* **donner du ~ à qc** einer S. *(Dat)* eine besondere Note geben; **sans ~** ohne [eigenen] Charakter, farblos
❼ *(lettre, signe)* [Schrift]zeichen *nt*
❽ TYP *(type)* [Druck]type *f,* Druckbuchstabe *m;* ~**s d'imprimerie** Druckschrift *f;* ~**s chinois/cyrilliques/latins** chinesische/kyrillische/lateinische Schrift; **écrire en gros/petits ~s** mit großer/kleiner Schrift schreiben
❾ TYP, INFORM Zeichen *nt;* **taille des ~s** Schriftgröße *f;* **en ~s gras/italiques** fett/kursiv; ~ **du code** Codezeichen; ~ **d'effacement** Nullzeichen; ~ **de remplacement** Platzhalter *m*
❿ JUR ~ **juridique** Rechtscharakter *m;* ~ **non impératif de l'obligation de déclaration des vices** Abdingbarkeit *f* der Rügepflicht *(Fachspr.);* ~ **punissable** Strafbarkeit *f;* ~ **subsidiaire** Subsidiarität *f (Fachspr.)*
◆ ~ **de commande** INFORM Steuerzeichen *nt*
caractériel(le) [kaʀakteʀjɛl] I. *adj personne* verhaltensgestört; **trait ~** Charakterzug *m;* **des troubles ~s** Verhaltensstörungen *Pl*
II. *m(f)* Verhaltensgestörte(r) *f(m)*

caractérisation [kaʀakteʀizasjɔ̃] *f (fait de caractériser)* Charakterisierung *f; (manière dont une chose est caractérisée)* Charakteristik *f*
caractérisé(e) [kaʀakteʀize] *adj insolence, mensonge, erreur* eindeutig; *maladie* ausgeprägt; **la maladie n'était pas nettement ~e** die Symptome der Krankheit waren nicht sehr ausgeprägt
caractériser [kaʀakteʀize] <1> I. *vt* ❶ *(être typique de)* kennzeichnen; **avec la franchise qui le caractérise** mit der für ihn charakteristischen Offenheit; **la grippe est caractérisée par une forte fièvre** bei Grippe ist hohes Fieber symptomatisch
❷ *(définir)* charakterisieren, beschreiben *personnage, œuvre*
II. *vpr* **se ~ par qc** sich durch etw auszeichnen, durch etw gekennzeichnet sein
caractéristique [kaʀakteʀistik] I. *adj* charakteristisch; **être ~ de qn/qc** charakteristisch für jdn/etw sein; **faire qc de façon** [*o* **de manière**] ~ charakteristischerweise etw tun
II. *f* typisches Merkmal, Charakteristikum *nt (geh);* ~ **principale** Hauptmerkmal *nt;* ~**s techniques** technische Daten *Pl;* ~ **de l'équipement** INFORM Ausstattungsmerkmal *nt;* ~ **fondamentale de l'invention** JUR erfindungswesentliches Merkmal *(Fachspr.);* ~ **du rattachement** JUR Anknüpfungsmerkmal *nt (Fachspr.)*
caractérologie [kaʀakteʀɔlɔʒi] *f* Charakterologie *f*
carafe [kaʀaf] *f* ❶ *(récipient)* Karaffe *f*
❷ *pop (tête)* Birne *f (fam),* Rübe *f (fam);* **ne rien avoir dans la ~** nur Stroh im Kopf haben *(fam)*
carafon [kaʀafɔ̃] *m* kleine Karaffe, kleiner Krug
caraïbe [kaʀaib] *adj* karibisch
Caraïbes [kaʀaib] *fpl* **les ~** die Karibik
carambolage [kaʀɑ̃bɔlaʒ] *m* [Massen]karambolage *f,* Auffahrunfall *m*
carambole [kaʀɑ̃bɔl] *f* BOT Karambole *f,* Sternfrucht *f*
caramboler [kaʀɑ̃bɔle] <1> I. *vt* ~ **qc** mit etw zusammenstoßen [*o* zusammenprallen]
II. *vpr* **se ~** zusammenstoßen, aufeinanderprallen
carambouillage [kaʀɑ̃buja] *m* Betrug *m (Verkauf einer Ware, die dem Verkäufer nicht gehört)*
caramel [kaʀamɛl] *m* ❶ *(bonbon)* Karamellbonbon *m o nt;* ~ **dur/mou** harte/weiche Karamelle
❷ *(substance)* Karamell *m;* **flan au ~** ≈ Karamellpudding *m*
caraméliser [kaʀamelize] <1> I. *vt* karamellisieren; **être caramélisé(e)** *pomme:* karamellisiert; **sucre caramélisé** Karamellzucker *m,* karamellierter Zucker
II. *vi, vpr* [**se**] ~ karamellieren
carapace [kaʀapas] *f* ❶ *d'un crabe, d'une tortue* Panzer *m;* ~ **de chitine** Chitinpanzer
❷ *(couche)* ~ **de boue** Schlammkruste *f;* ~ **de glace** Eisdecke *f*
❸ *(protection morale)* [Schutz]panzer *m*
carapater [kaʀapate] <1> *vpr fam* **se ~** verduften *(fam),* abhauen *(fam)*
carat [kaʀa] *m* Karat *nt;* **or à huit ~s** achtkarätiges Gold; **pierre précieuse de cinq/dix ~s** fünf-/zehnkarätiger Edelstein, Fünf-/Zehnkaräter *m*
caravane [kaʀavan] *f* ❶ *de nomades* Karawane *f*
❷ *(véhicule)* Wohnwagen *m*
❸ *(groupe)* Kolonne *f;* ~ **publicitaire** Werbetross *m*
caravanier, -ière [kaʀavanje, -jɛʀ] I. *adj chemin* ~ Karawanenstraße *f;* **tourisme** ~ Wohnwagentourismus *m,* Caravaning *nt*
II. *m, f (touriste)* Wohnwagentourist(in) *m(f),* Caravaner(in) *m(f)*
caravaning [kaʀavaniŋ] *m* ❶ *(tourisme)* Caravaning *nt,* Wohnwagentourismus *m*
❷ *(lieu)* Campingplatz *m* für Wohnwagen
caravansérail [kaʀavɑ̃seʀaj] *m* HIST Karawanserei *f*
caravelle [kaʀavɛl] *f* Karavelle *f*
carbochimie [kaʀboʃimi] *f* Kohlechemie *f*
carbonade [kaʀbɔnad] *f* BELG *Rinderschmorbraten mit Zwiebeln*
carbonate [kaʀbɔnat] *m* Karbonat *nt;* ~ **de sodium** Natriumkarbonat
carbone [kaʀbɔn] *m* ❶ CHIM *(substance)* Kohlenstoff *m;* **composé du ~** Kohlenstoffverbindung *f;* **cycle du ~** Kohlenstoffring *m*
❷ *(papier)* Kohlepapier *nt,* Durchschlagpapier *nt; (copie)* Durchschlag *m*
carbonifère [kaʀbɔnifɛʀ] *adj terrain* kohlehaltig
carbonique [kaʀbɔnik] *adj* CHIM Kohlen-; **acide ~** Kohlensäure *f*
carbonisation [kaʀbɔnizasjɔ̃] *f* ❶ CHIM Karbonisierung *f*
❷ *des bois* Verkohlen *nt*
carbonisé(e) [kaʀbɔnize] *adj* verkohlt; **mourir ~(e)** verbrennen
carboniser [kaʀbɔnize] <1> *vt* ❶ *(réduire en charbon)* verkohlen
❷ *(détruire)* verbrennen
❸ *(trop cuire)* verkohlen lassen
carburant [kaʀbyʀɑ̃] *m* Treibstoff *m,* Kraftstoff *m;* ~ **pour avions** Flugzeugtreibstoff
carburateur [kaʀbyʀatœʀ] *m* Vergaser *m*
carburation [kaʀbyʀasjɔ̃] *f* Vergasung *f;* **chambre de ~** Misch-

kammer f, Mischraum m
carbure [kaʀbyʀ] m ~ **métallique** Karbid nt
carburer [kaʀbyʀe] <1> vi ❶ *(effectuer la carburation) moteur:* vergasen
❷ *fam (aller)* ça carbure es läuft *(fam)*
❸ *fam (travailler)* schuften *(fam)*; ça carbure es wird geschuftet *(fam)*
carcan [kaʀkɑ̃] m ❶ HIST *(collier)* Halseisen nt
❷ *(contrainte)* drückende Last, Joch nt *(geh)*
carcasse [kaʀkas] f ❶ *(squelette d'un animal)* Gerippe nt
❷ *fam (corps humain)* **ma vieille ~** meine alten Knochen *(fam)*
❸ *(armature) d'un bateau, avion* Gerippe nt; *d'un édifice* Skelett nt, Gerüst nt
carcéral(e) [kaʀseʀal, o] <-aux> adj univers ~ Gefängniswelt f
carcinogène [kaʀsinɔʒɛn] adj krebserregend, Krebs erregend, karzinogen *(Fachspr.)*
carcinome [kaʀsinom] m MED Karzinom nt; ~ **de l'utérus** Uteruskarzinom
cardage [kaʀdaʒ] m TEXTIL Karden nt
cardan [kaʀdɑ̃] m TECH *(articulation)* Kardangelenk nt
carder [kaʀde] <1> vt karden, glätten
cardiaque [kaʀdjak] I. adj **malaise ~** Herzanfall m; **être ~** herzkrank sein
II. mf Herzkranke(r) f(m); **être un grand/une grande ~** ein schweres Herzleiden haben
cardigan [kaʀdigɑ̃] m Strickjacke f
cardinal [kaʀdinal, o] <-aux> m Kardinal m
cardinal(e) [kaʀdinal, o] <-aux> adj ❶ MATH **nombre ~** Kardinalzahl f
❷ *littér (essentiel)* wesentlich; **autel ~** Hauptaltar m
cardinalice [kaʀdinalis] adj Kardinals-
cardiogramme [kaʀdjɔgʀam] m MED Kardiogramm nt
cardiologie [kaʀdjɔlɔʒi] f Kardiologie f
cardiologue [kaʀdjɔlɔg] mf Herzspezialist(in) m(f), Kardiologe m/Kardiologin f
cardio-tocographe [kaʀdjotokogʀaf] <cardio-tocographes> m MED Wehenschreiber m
cardiovasculaire [kaʀdjovaskylɛʀ] adj Herz und Gefäße betreffend, kardiovaskulär *(Fachspr.)*
cardite [kaʀdit] f MED Herzmuskelschwäche f
cardon [kaʀdɔ̃] m BOT Kardone f
carême [kaʀɛm] m *(jeûne)* Fasten nt; *(période)* Fastenzeit f; **dimanche de ~** Fastensonntag m; **faire ~** die Fastenzeit einhalten
carénage [kaʀenaʒ] m ❶ NAUT *(action)* Kielholen nt
❷ *(lieu)* Dock nt
❸ *(carrosserie)* stromlinienförmige Karosserie
carence [kaʀɑ̃s] f ❶ MED **Mangel** m; ~ **alimentaire** einseitige Ernährung; ~ **hormonale** Hormonmangel m; ~ **en fer/en protéines/ en calcium** Eisen-/Eiweiß-/Kalziummangel; ~ **en vitamine B** Vitamin-B-Mangel
❷ PSYCH ~ **affective** Affektionsmangel m, Gemütsarmut f, Deprivation f *(Fachspr.)*; **subir une grave ~ affective** eine schwere Deprivation erleben
❸ *(impuissance) du pouvoir* Versagen nt
carène [kaʀɛn] f ❶ *(partie de la coque [d'un navire])* [Schiffs]kiel m, [Schiffs]boden m
❷ *(carénage)* **mettre un navire en ~** ein Schiff kielholen
caréner [kaʀene] <5> vt kielholen *bateau;* ~ **une voiture** einem Auto Stromlinienform geben; **être très bien caréné(e)** *véhicule:* eine äußerst windschnittige Linienführung haben
caressant(e) [kaʀesɑ̃, ɑ̃t] adj *personne, animal* anschmiegsam; *regard, voix* zärtlich
caresse [kaʀɛs] f *(à un animal)* Streicheln nt; *(à une personne)* Liebkosung f *(geh);* **donner une ~ à un enfant** ein Kind streicheln [o liebkosen]; **faire des ~s à un animal** ein Tier streicheln
caresser [kaʀese] <1> vt ❶ *(donner des caresses)* streicheln *personne, animal;* ~ **qc** zärtlich über etw *(Akk)* streichen
❷ *(effleurer)* ~ **qc** *personne:* mit der Hand über etw *(Akk)* fahren; *vent, eau:* etw sanft berühren
❸ *(nourrir)* hegen, nähren *espoir;* ~ **un projet** mit einem Projekt liebäugeln
car-ferry [kaʀfeʀi] <car-ferrys o car-ferries> m Autofähre f
cargaison [kaʀgɛzɔ̃] f ❶ *(chargement)* Ladung f; **une ~ de viande/de légumes frais** eine Ladung Fleisch/frisches Gemüse; ~ **à expédier/en route** abgehende/unterwegs befindliche Ladung; ~ **flottante/encombrante** schwimmende/sperrige Ladung; ~ **sèche** Trockenfracht f
❷ *fam (grande quantité)* **une ~ de fruits** eine Wagenladung Obst *(fam);* **des ~s d'histoires drôles** Unmengen von lustigen Geschichten *(fam)*
cargo [kaʀgo] m Frachtschiff nt, Frachter m; ~ **de ligne** Linienfrachter; ~ **à vapeur** Frachtdampfer m
cariatide [kaʀjatid] f ARCHIT Karyatide f

caribou [kaʀibu] m ZOOL Karibu nt o m
caricatural(e) [kaʀikatyʀal, o] <-aux> adj grotesk, lächerlich; *(exagéré)* karikaturistisch
caricature [kaʀikatyʀ] f Karikatur f; **faire la ~ de qn/qc** jdn/etw karikieren
caricaturer [kaʀikatyʀe] <1> vt karikieren; verzerrt darstellen *faits, théorie;* verdrehen *propos, pensée*
caricaturiste [kaʀikatyʀist] mf Karikaturist(in) m(f)
carie [kaʀi] f ~ [**dentaire**] Karies f, Zahnfäule f; **avoir une ~** ein Loch im Zahn haben; **avoir des ~s** an Karies leiden
carié(e) [kaʀje] adj von Karies befallen, kariös; **avoir une dent ~ e** einen schlechten Zahn haben
carier [kaʀje] <1a> I. vt ~ **une dent** Karies auf einen Zahn übertragen
II. vpr **se ~** Kariesbefall haben, von Karies befallen sein
carillon [kaʀijɔ̃] m ❶ *d'une église* Glockenspiel nt
❷ *(sonnerie) d'une horloge* Läutwerk nt; *d'une porte d'entrée* Türglocke f; ~ **électrique** elektrischer Gong
❸ *(horloge)* Schlaguhr f
❹ *(air)* [Glocken]geläute nt
carillonner [kaʀijɔne] <1> I. vi ❶ *(résonner) cloche, horloge:* läuten, schlagen
❷ *(sonner)* ~ [**à la porte**] läuten
II. vt ~ **toutes les heures/tous les quarts** *horloge:* jede [volle] Stunde/jede Viertelstunde schlagen; **être carillonné(e)** *fête:* eingeläutet werden
carillonneur [kaʀijɔnœʀ] m Glöckner m
cariste [kaʀist] m Gabelstaplerfahrer(in) m(f)
caritatif, -ive [kaʀitatif, -iv] adj karitativ; **association caritative** Wohlfahrtsverband m
carlin [kaʀlɛ̃] m ZOOL Mops m
carlingue [kaʀlɛ̃g] f AVIAT [Piloten]kanzel f
carme [kaʀm] m ECCL Karmeliter m; ~ **de carme** Karmelitertracht f
carmélite [kaʀmelit] f Karmelit[er]in f; ~ **de carmélite** Karmelitertracht f
carmin [kaʀmɛ̃] I. adj inv karmin[rot], karmesin[rot]
II. m ❶ *(colorant)* Karm[es]in nt
❷ *(couleur)* Karm[es]inrot nt
carnage [kaʀnaʒ] m ❶ *(tuerie)* Blutbad nt, Gemetzel nt
❷ *fam (dévastation)* Verwüstung f
carnassier [kaʀnasje] m Fleischfresser m
carnassier, -ière [kaʀnasje, -jɛʀ] adj Fleisch fressend
carnation [kaʀnasjɔ̃] f ❶ *(teint)* Teint m
❷ ART Inkarnat nt, Karnation f
carnaval [kaʀnaval] <s> m ❶ *(fête)* Karneval m; **le ~ de Nice/Venise/Rio** der Karneval von Nizza/Venedig/Rio; **tenue de ~** Karnevalskostüm nt
❷ *(en Allemagne)* Karneval m, Fastnacht f, Fasching m (SDEUTSCH); *(jours gras)* Karnevalstage Pl; **fête de/du ~** Karnevalsfeier f; **chanson de ~** Karnevalsschlager m
carnavalesque [kaʀnavalɛsk] adj ❶ *(de carnaval)* **tenue ~** Karnevalskostüm nt
❷ *(grotesque)* närrisch
carne [kaʀn] f péj fam ❶ *(viande)* **c'est de la ~ !** das ist zäh wie Leder! *(fam)*
❷ *(cheval)* Gaul m, Klepper m
❸ *(personne méchante)* Ekel nt *(fam)*
carné(e) [kaʀne] adj **produits** Fleisch-; **régime ~** Fleischkost f
carnet [kaʀnɛ] m ❶ *(petit cahier)* Heft nt
❷ *(réunion)* ~ **de tickets** Fahrscheinheft nt, Fahrkartenheft, Fahrkartenblock m; ~ **de timbres** Briefmarkenheftchen nt
❸ ECON ~ **de commandes** Auftragsbuch nt, Bestellbuch, Orderbuch *(Fachspr.);* **les ~s de commandes sont pleins/vides** die Auftragsbücher sind voll/leer, die Auftragslage ist gut/schlecht; **avoir un ~ de commandes bien rempli** ein Auftragspolster haben; ~ **TIR** T.I.R.-Carnet nt, europäisches Zollbegleitscheinheft; **décharge du ~ TIR** Erledigung f des T.I.R.-Carnets
♦ ~ **d'adresses** Adressbuch n; ~ **de bord** Fahrtenbuch nt; *d'un avion, bateau* Bordbuch nt; ~ **de chèques** Scheckheft nt; ~ **d'entretien** *d'un véhicule* Kundendienst-Scheckheft nt; ~ **d'épargne** CH Sparbuch nt, Sparheft nt (CH); ~ **de notes** SCOL Zeugnisheft nt; **avoir un bon/mauvais ~ [de notes]** ein gutes/schlechtes Zeugnis haben; ~ **d'ordres** Kommissionsbuch nt; ~ **de radiographies** Röntgenpass m; ~ **de santé** Gesundheitspass m; ~ **à souches** Abreißblock m; ~ **de vol** Flugbuch nt
carnier [kaʀnje] m kleine Jagdtasche f
carnivore [kaʀnivɔʀ] I. adj Fleisch fressend; **animal ~** Fleischfresser m; **être ~** *fam personne:* [ein] Fleischesser sein
II. m Fleischfresser m
carnotset [kaʀnɔtsɛ] m CH Partykeller m
carolingien(ne) [kaʀɔlɛ̃ʒjɛ̃, jɛn] adj karolingisch
Carolingien(ne) [kaʀɔlɛ̃ʒjɛ̃, jɛn] m(f) Karolinger(in) m(f)
caroncule [kaʀɔ̃kyl] f ANAT Karunkel f, Fleischwarze f

carotène [kaʀɔtɛn] *m* Karotin *nt*, Carotin *nt*
carotide [kaʀɔtid] *f* Halsschlagader *f*
carotte [kaʀɔt] **I.** *f* ❶ *(plante)* Karotte *f*, Möhre *f*; **~ rouge** CH *(betterave rouge)* rote Rübe *f*, Rote Bete *f*
❷ *(échantillon)* Bohrprobe *f*
▸ **la ~ et le bâton** Zuckerbrot und Peitsche; **politique de la ~ et du bâton** Politik *f* mit Zuckerbrot und Peitsche; **les ~s sont cuites** *fam* es ist nichts mehr zu machen *(fam)*
II. *adj inv* **avoir les cheveux ~** fuchsrote Haare haben
carotter [kaʀɔte] <1> *vt fam* klauen *(fam)*, mopsen *(fam) objet, argent*; **~ qn de deux euros/de deux jours de vacances** jdn um zwei Euro/zwei Urlaubstage beschummeln
caroube [kaʀub] *f* Johannisbrot *nt*
caroubier [kaʀubje] *f* Johannisbrotbaum *m*
carpaccio [kaʀpatʃo] *m* GASTR Carpaccio *nt o m*
Carpates [kaʀpat] *fpl* **les ~** die Karpaten *Pl*
carpe [kaʀp] *f* ❶ ZOOL Karpfen *m*
❷ ANAT Handwurzelknochen *m*
▸ **muet(te) comme une ~** stumm wie ein Fisch; **bâiller comme une ~** ununterbrochen gähnen
carpette [kaʀpɛt] *f* ❶ *(tapis)* Läufer *m*; **~ de/des W.-C.** Klosettumrandung *f*
❷ *péj fam (personne)* Speichellecker(in) *m(f)*
▸ **s'aplatir comme une ~ devant qn** vor jdm katzbuckeln [*o* auf dem Boden kriechen]
carpien(ne) [kaʀpjɛ̃, jɛn] *adj* ANAT **os ~** Handwurzelknochen *m*
carpocapse [kaʀpokaps] *m* ZOOL Apfelwickler *m*
carquois [kaʀkwa] *m* [Pfeil]köcher *m*
carre [kaʀ] *f d'un ski* [Stahl]kante *f*
carré [kaʀe] *m* ❶ MATH, GEOM Quadrat *nt*; **élever un nombre au ~** eine Zahl ins Quadrat erheben; **quatre/six au ~** vier/sechs im Quadrat
❷ CARTES **un ~ de dix/rois/d'as** vier Zehner/Könige/Asse
❸ *(parcelle)* **~ de terre** Stück *nt* Land; **~ de salades** Salatbeet *nt*
❹ *(foulard)* Vierecktuch *nt*; **~ de tissu/de soie** Stück *nt* Stoff/Seide *f*
◆ **~ d'agneau** Rippenstück *nt* vom Lamm; **~ de porc** Rippenstück *nt* vom Schwein
carré(e) [kaʀe] *adj* ❶ *(en forme de quadrilatère)* quadratisch, viereckig
❷ *(robuste) épaules* breit; *(anguleux) menton* kantig
❸ MATH **mètre/kilomètre ~** Quadratmeter *m*/-kilometer *m*
❹ *(franc) personne* direkt; *réponse* klar, eindeutig
carreau [kaʀo] <x> *m* ❶ *(vitre)* [Fenster]scheibe *f*; **faire les ~x** die Fenster putzen
❷ *(carrelage)* Fliese *f*, Kachel *f*
❸ *(motif sur tissu)* Karo *nt*; *(sur papier)* Kästchen *nt*; **à grands/petits ~x** groß/klein kariert
❹ CARTES Karo *nt*; **huit de ~** Karoacht *f*; **as de ~** Karoass *nt*; **dame/roi de ~** Karodame *f*/-könig *m*
❺ *vieilli (petit coussin)* Paradekissen *nt (veraltet)*
▸ **laisser qn sur le ~** jdn außer Gefecht setzen, jdn zu Boden schlagen; **rester sur le ~** *(dans une bagarre)* am Boden bleiben; *fig* auf der Strecke bleiben; **se tenir à ~** vorsichtig sein
◆ **~ de mine** Zechenplatz *m*
carrefour [kaʀfuʀ] *m* ❶ *de routes* Kreuzung *f*
❷ *(point de rencontre)* Treffpunkt *m*; **Strasbourg, ~ de l'Europe** Straßburg, Drehscheibe *f* Europas; **discipline au ~ de plusieurs sciences** Disziplin an der Schnittstelle zwischen mehreren Wissenschaftszweigen
❸ *(situation décisive) d'une vie, carrière* Scheideweg *m*
❹ *(forum)* Forum *nt*
carrelage [kaʀlaʒ] *m* ❶ *(action)* Fliesen *nt*
❷ *(revêtement)* Fliesen *Pl*; **poser un ~** Fliesen [ver]legen
carreler [kaʀle] <3> *vt* fliesen *sol*; kacheln *mur, piscine*; **sol carrelé** Fliesenboden *m*, Steinboden
carrelet [kaʀlɛ] *m* Scholle *f*, Goldbutt *m*
carreleur, -euse [kaʀlœʀ, -øz] *m, f* Fliesenleger(in) *m(f)*
carrément [kaʀemɑ̃] *adv fam* ❶ *(franchement)* ohne Umschweife, geradeheraus; **tu n'as qu'à répondre ~ que ça ne te brauchst nur einfach zu sagen, dass jd etw getan hat
❷ *(sans hésiter)* **y aller ~** drauflosgehen *(fam)*
❸ *(fermement)* fest, ordentlich
❹ *(directement, tout de suite)* **il lui a ~ tiré dessus** er hat einfach [*o* glatt] auf ihn/sie geschossen *(fam)*; **cela nous fait gagner ~ deux heures** dadurch gewinnen wir glatt zwei Stunden *(fam)*
❺ *(complètement)* débile geradezu
carrer [kaʀe] <1> *vpr* **se ~ dans un fauteuil** sich [bequem] in einem Sessel zurechtsetzen
carrier [kaʀje] *m (entrepreneur)* Betreiber *m* eines Steinbruchs; *(travailleur)* Arbeiter *m* in einem Steinbruch
carrière[1] [kaʀjɛʀ] *f* ❶ Laufbahn *f*; **~ de professionnel(le)** [*o* **de pro**] Profilaufbahn; **~ d'officier** Offizierslaufbahn; **embrasser la ~ d'officier** die Offizierslaufbahn einschlagen; **les ~s de l'électronique/du tourisme** die Berufe im Bereich der Elektronik/des Fremdenverkehrs
❷ *(progression réussie)* Karriere *f*; **~ d'acteur/d'actrice** Schauspielkarriere; **faire ~** Karriere machen; **faire ~ dans la marine/la médecine** eine Laufbahn in der Marine/eine Arztlaufbahn einschlagen
carrière[2] [kaʀjɛʀ] *f* **~ de marbre** Marmorbruch *m*; **~ de pierres** Steinbruch; **~ de sable** Sandgrube *f*
carriérisme [kaʀjeʀism] *m péj* Karrierismus *m*
carriériste [kaʀjeʀist] *mf péj* Karrieremacher(in) *m(f)*, Karrierist(in) *m(f)*
carriole [kaʀjɔl] *f* ❶ *(petite charrette)* Karren *m*
❷ CAN *(voiture d'hiver hippomobile)* Pferdeschlitten *m*
carrossable [kaʀɔsabl] *adj* befahrbar; **chemin ~** Fahrweg *m*, befahrbarer Weg
carrosse [kaʀɔs] *m* ❶ Prunkkutsche *f*, Karosse *f*; *(pour un mariage)* Hochzeitskutsche
❷ *iron fam (voiture de luxe)* Luxusschlitten *m (hum fam)*
carrosser [kaʀɔse] <1> *vt (munir d'une carrosserie)* karossieren; *(dessiner)* die Karosserie entwerfen; **une voiture bien carrossée** ein Wagen mit formschöner Karosserie
carrosserie [kaʀɔsʀi] *f* ❶ *d'une voiture* Karosserie *f*; **entretien de la ~** Lackpflege *f*
❷ *(métier)* Karosseriebau *m*
carrossier [kaʀɔsje] *m* ❶ *(constructeur)* Karosseriebauer(in) *m(f)*; **aller chez le ~** *fam* zur Karosseriewerkstatt fahren
❷ *(dessinateur)* Karosserie-Designer(in) *m(f)*
carrousel [kaʀuzɛl] *m* ❶ TECH kreisförmiges Förderband; *(pour des bagages)* Gepäckausgabe *f*
❷ *(circulation intense)* Kreisverkehr *m*
▸ **~ ministériel** ständiger Ministerwechsel, Ministerkarussell *nt*
carroyage [kaʀwajaʒ] *m (pour un dessin)* Kartengitternetz *nt*
carrure [kaʀyʀ] *f* ❶ *(largeur du dos) d'une personne* Schulterbreite *f*; **d'athlète** athletische Schultern *Pl*; **être trop étroit(e)/large de ~** *veste*: an den Schultern zu eng/weit sein
❷ *(envergure)* Format *nt*
cartable [kaʀtabl] *m* ❶ Schultasche *f*
❷ CAN *(classeur à anneaux)* Ringordner *m*
carte [kaʀt] *f* ❶ GEOG [Land]karte *f*; **~ de France** Frankreichkarte *f*; **~ routière** Straßenkarte; **~ marine** Seekarte, Schiffskarte; **~ météorologique** Wetterkarte; **~ de navigation/de vol** Navigations-/Flugkarte; **~ administrative** Karte der Verwaltungsgliederung; **~ politique** politische Karte; **~ d'état major** Generalstabskarte; **~ au 25 000ᵉ** [*o* **au 1/25 000**] Karte im Maßstab 1:25 000
❷ JEUX **~ [à jouer]** Spielkarte *f*; **battre** [*o* **mélanger**] **les ~s** die Karten mischen; **couper les ~s** abheben; **jouer une ~** eine Karte ausspielen; **tirer les ~s à qn** jdm die Karten legen
❸ POST **~ postale** [Post]karte *f*; *(avec une photo touristique)* Ansichtskarte; **~ postale représentant une œuvre d'art** Kunstpostkarte; **~ d'anniversaire/de vœux** Geburtstags-/Neujahrskarte
❹ GASTR [Speise]karte *f*; **~ des vins** Weinkarte
❺ *(bristol)* **~ de visite** Visitenkarte *f*
❻ *(moyen de paiement)* Karte *f*; **~ à mémoire/à puce** Magnet-/Chipkarte; **~ bancaire** Kreditkarte; **~ eurochèque** Eurocheque-Karte
❼ INFORM Karte *f*; **~ accélérateur** [*o* **accélératrice**] Accelerator-Karte; **~ adaptateur** Adapterkarte; **~ coprocesseur** Coprozessor-Karte; **~ à puce** Chipkarte; **~ d'extension [mémoire]** [Speicher]erweiterungskarte; **~ de mémoire pour imprimante à bulles** Bubble-Jet-Karte; **~ enfichable/perforée** Steck-/Lochkarte; **~ graphique/vidéo** Grafik-/Videokarte
❽ *(document)* Karte *f*, Ausweis *m*; **~ d'adhérent/de membre** Mitgliedskarte, Mitgliedsausweis; **~ d'assurance-auto** Deckungskarte; **~ grise** Kraftfahrzeugschein *m*; **~ verte** grüne Versicherungskarte; **~ Vitale** computerlesbarer Krankenkassenausweis
❾ TRANSP **~ d'abonnement** Zeitkarte, Dauerkarte; **~ familiale** Familienausweis *m*; **~ jeune** ≈ Junior-Pass *m*; **~ orange** Netzkarte *(für die Pariser Verkehrsmittel)*
▸ **avoir plus d'une ~/toutes les ~s dans son jeu** mehrere Trümpfe/alle Trümpfe in der Hand haben; **jouer ~s sur table** mit offenen Karten spielen; **mettre ~s sur table** seine Karten aufdecken; **avoir ~ blanche** freie Hand haben; **donner [o laisser] ~ blanche à qn** jdm freie Hand lassen; **jouer sa dernière ~** seine letzte Karte [*o* seinen letzten Trumpf] ausspielen; **abattre/montrer ses ~s** seine Karten aufdecken; **brouiller les ~s** [bewusst] Verwirrung stiften; **jouer la ~ de qc** auf etw (Akk) setzen; **à la ~** GASTR à la carte; *horaire* gleitend; *programme* nach Wunsch
◆ **~ communication** INFORM Kommunikationskarte *f*; **~ Inter-rail** Interrail-Pass *m*; **~ mémoire** INFORM Speicherkarte *f*; **~ mère** INFORM Hauptplatine *f*, Motherboard *nt (Fachspr.)*; **~ modem** INFORM Modemkarte *f*; **~ programme** INFORM Programmkarte *f*; **~ réseau** INFORM Netz[werk]karte *f*; **~ son** INFORM Soundkarte *f*,

Audiokarte, Soundboard *nt (Fachspr.);* ~ **système** INFORM Systemplatine *f;* ~ **vermeil** Seniorenpass *m,* Seniorenkarte *f*
◆ ~ **de concert** Konzertkarte *f;* ~ **de crédit** Kreditkarte *f;* ~ **de curiste** Kurkarte *f;* ~ **de donneur d'organe** Organspenderausweis *m;* ~ **d'échantillons** Musterbuch *f;* ~ **d'électeur** Wahlschein *m;* ~ **d'étudiant** Studentenausweis *m;* ~ **de fidélité** Kundenrabattkarte *f;* ~ **[nationale] d'identité** Personalausweis *m;* ~ **de pêche** Angelschein *m;* ~ **de sécurité sociale** Sozialversicherungskarte *f;* ~ **de séjour** Aufenthaltserlaubnis *f;* ~ **de séjour temporaire** befristete Aufenthalts- und Arbeitserlaubnis; ~ **de téléphone** Telefonkarte *f;* ~ **de travail** Arbeitsgenehmigung *f*
carte-fax [kaʀtəfaks] <cartes-fax> *f* INFORM Faxkarte *f*
cartel [kaʀtɛl] *m* JUR Kartell *nt;* ~ **intérieur/régional** Inlands-/Gebietskartell; ~ **obligatoire** Zwangskartell; ~ **déclaré à l'office compétent pour la surveillance des cartels** Anme.dekartell; ~ **de calcul des prix** Kalkulationskartell; ~ **des prix fermes/du secteur professionnel** Festpreis-/Branchenkartell; ~ **pour la promotion des importations/exportations** Einfuhr-/Ausfuhrkartell; ~ **sur les autorisations, ~ qui accorde l'autorisation** Genehmigungskartell, Erlaubniskartell; **système des ~s** Kartellwesen *nt*
◆ ~ **d'achat** Einkaufskartell *m;* ~ **de conditions** Konditionskartell *nt;* ~ **de contingentement** JUR Quotenkartell *nt;* ~ **de coopération** Kooperationskartell *nt;* ~ **de crise** Krisenkartell *nt;* ~ **de crises conjoncturelles** Konjunkturkrisenkartell; ~ **d'exportation** JUR Exportkartell *nt;* ~ **de franchise** JUR Bagatellkartell *nt;* ~ **d'importation** Importkartell *nt;* ~ **de P.M.E.** Mittelstandskartell *nt;* ~ **de production** Produktionskartell *nt;* ~ **de rationalisation** Rationalisierungskartell *nt;* ~ **de spécialisation** Spezialisierungskartell *nt*
carte-lettre [kaʀtəlɛtʀ] <cartes-lettres> *f* Kartenbrief *m*
cartellisation [kaʀtelisasjɔ̃] *f* Kartellbildung *f*
carter [kaʀtɛʀ] *m* ❶ *(protection) d'une machine* Gehäuse *nt; d'un vélo* Kettenschutz *m*
❷ *(boîtier) d'une boîte de vitesse* Gehäuse *nt; d'un moteur* Wanne *f;* ~ **d'huile** Ölwanne; **bouchon du ~ d'huile** Ölablassschraube *f*
carte-réponse [kaʀt(ə)ʀepɔ̃s] <cartes-réponses> *f* Antwortkarte *f;* ~ **affranchie** frankierte [*o* freigemachte] Antwortkarte
carterie [kaʀtəʀi] *f* Kartengeschäft *nt*
cartésianisme [kaʀtezjanism] *m* PHILOS Cartesianismus *m*
cartésien(ne) [kaʀtezjɛ̃, jɛn] I. *adj* ❶ PHILOS *théorie, coordonnées* cartesianisch, cartesisch
❷ *(rationnel) esprit* rational; *personne* verstandesbetont
II. *m/f* PHILOS Cartesianer(in) *m(f)*
carte-vue [kaʀtvy] <cartes-vues> *f* BELG *(carte représentant une vue)* Ansichtskarte *f*
cartilage [kaʀtilaʒ] *m* ANAT Knorpel *m;* ~ **articulaire** Gelenkknorpel; ~ **thyroïde** ANAT Schildknorpel
cartilagineux, -euse [kaʀtilaʒinø, -øz] *adj viande* knorp[e]lig; *poisson/tissu* ~ Knorpelfisch *m/*-gewebe *nt*
cartographe [kaʀtɔgʀaf] *mf* Kartograph(in) *m(f),* Kartenzeichner(in) *m(f)*
cartographie [kaʀtɔgʀafi] *f* Kartographie *f*
cartographique [kaʀtɔgʀafik] *adj* kartographisch
cartomancien(ne) [kaʀtɔmɑ̃sjɛ̃, jɛn] *m(f)* Kartenleger(in) *m(f)*
carton [kaʀtɔ̃] *m* ❶ *(matière)* Pappe *f,* Karton *m;* **valise en/masque de** ~ Pappkoffer *m/*-maske *f,* Koffer/Maske aus Pappe
❷ *(boîte)* Karton *m;* ~ **pliant** Faltschachtel *f;* ~ **à chapeau** Hutschachtel; ~ **à chaussures** Schuhkarton, Schuhschachtel; ~ **à gâteaux** Tortenschachtel; **un ~ de lait** eine Packung Milch
▶ ~ **jaune/rouge** gelbe/rote Karte; **faire un ~** [am Schießstand] schießen; *(avoir du succès) chanteur:* einen Bombenerfolg haben; *équipe de foot:* haushoch gewinnen; **faire un ~ sur qc/qn** fam auf etw/jdn schießen; **rester dans les ~s** in der Schublade bleiben; **taper le ~** *fam* Karten spielen
◆ ~ **à dessin** Zeichenmappe *f*
cartonnage [kaʀtɔnaʒ] *m (emballage)* Verpackungsmaterial *nt,* Verpackung *f*
cartonné(e) [kaʀtɔne] *adj* kartoniert; **livre** ~ Buch *nt* mit kartoniertem Einband
cartonner [kaʀtɔne] <1> I. *vt* mit Pappe überziehen; kartonnieren *livre*
II. *vi fam (réussir)* ein Knüller [*o* Hit] sein *(fam)*
cartonnerie [kaʀtɔnʀi] *f* Kartonagenfabrik *f*
carton-pâte [kaʀtɔ̃pɑt] <cartons-pâtes> *m* Pappmaché *nt,* Pappmaschee *nt;* **personnage de ~** Wichtigtuer(in) *m(f)*
cartooniste [kaʀtunist] *mf* Cartoonist(in) *m(f)*
cartouche[1] [kaʀtuʃ] *f* ❶ *d'un fusil* Patrone *f;* ~ **à balle** scharfe Patrone; ~ **à plomb/à blanc** Schrot-/Platzpatrone; ~ **de gaz** Gaspatrone
❷ *(emballage)* ~ **de cigarettes** Stange *f* Zigaretten
❸ *(recharge) d'un stylo* Patrone *f; d'une photocopieuse, imprimante* Kartusche *f;* ~ **d'encre** Tintenpatrone; ~ **de toner** Tonerkartusche

▶ **brûler** [*o* tirer] **ses dernières ~s** seine letzte Munition verschießen
cartouche[2] [kaʀtuʃ] *m* ❶ *(ornement)* Kartusche *f*
❷ *(emplacement) d'un plan, d'une carte* Legende *f,* Legendenfeld *nt*
cartouchière [kaʀtuʃjɛʀ] *f* ❶ *(ceinture)* Patronengürtel *m,* Patronengurt *m*
❷ *(sac)* Patronentasche *f*
carvi [kaʀvi] *m* BOT Feldkümmel *m*
caryatide *v.* cariatide
cas [kɑ] *m* ❶ *(circonstance, situation)* Fall *m;* ~ **difficile** schwierige Angelegenheit; ~ **limite** Grenzfall; ~ **d'urgence** Notfall; **le ~ des jeunes au chômage est dramatique** die Lage der arbeitslosen Jugendlichen ist dramatisch; **si tel est le ~** wenn das der Fall ist; **c'est bien le ~** das ist tatsächlich der Fall; **auquel ~ ...** in welchem Fall ...; **dans ce ~, en ce ~** *soutenu* in diesem Fall; **dans le ~ contraire** andernfalls; **dans le ~ présent** im vorliegenden Fall; **dans les ~ d'extrême urgence** in dringenden Notfällen; **dans tous les ~** auf alle Fälle, auf jeden Fall; **dans tous les ~ où il a dit cela** jedes Mal wenn er das gesagt hat; **en pareil ~** in einem solchen Fall
❷ *(hypothèse, possibilité)* **au ~/dans le ~/pour le ~ où qn ferait qc** falls [*o* für den Fall, dass] jd etw täte; **au ~ où je serais empêché(e)** falls ich verhindert sein sollte, sollte ich verhindert sein; **en ~ d'absence** bei Abwesenheit; **en ~ de besoin** wenn nötig; **en ~ de doute** im Zweifelsfall; **en ~ d'empêchement** im Verhinderungsfalle *(form),* im Falle einer Verhinderung; **en ~ de pluie** falls es regnen sollte, bei Regen; **envisager/prévoir un ~** eine Möglichkeit in Betracht ziehen
❸ MED Fall *m;* ~ **grave/désespéré** schwerer/hoffnungsloser Fall; **c'est un ~ d'appendicite** es handelt sich um einen Fall von Blinddarmentzündung
❹ JUR Fall *m;* ~ **juridique** Rechtsfall; ~ **de divorce/de succession** Scheidungs-/Erbfall; ~ **de faillite frauduleuse** Fall von betrügerischem Konkurs; ~ **de légitime défense** *(en parlant d'une personne)* Fall von Notwehr; *(en parlant d'un État)* Verteidigungsfall; **en ~ de légitime défense** *(en parlant d'un État)* im Verteidigungsfall; **soumettre un ~ à un juge** einen Fall einem Richter vorführen
❺ LING Fall *m,* Kasus *m (Fachspr.)*
▶ **le ~ échéant** gegebenenfalls, wenn nötig; ~ **social** Sozialfall *m;* **aggraver son ~** seine Lage verschlimmern; **c'est le ~ de le dire** das kann man wohl sagen; **c'est un ~** *fam* das ist ein schwieriger Fall; **Pierre, c'est un ~!** Pierre ist [vielleicht] eine Nummer! *(fam);* **faire grand ~ de qc** großen Wert auf etw legen; **faire peu de ~ de qn/qc** jdm/einer S. wenig Beachtung schenken; **ne faire aucun ~ de qn/qc** jdm/einer S. keinerlei Beachtung schenken; **en aucun ~** keinesfalls, auf keinen Fall; **en tout ~** auf jeden Fall, jedenfalls; **au ~ par ~** fallweise
◆ ~ **de conscience** Gewissensfrage *f;* ~ **d'espèce** Sonderfall *m,* Einzelfall *m;* ~ **de figure** Möglichkeit *f;* ~ **de force majeure** Fall *m* höherer Gewalt; ~ **de sinistre** Schadensfall *m*
casanier, -ière [kazanje, -jɛʀ] *adj personne* häuslich; *vie* zurückgezogen; **personne casanière** Stubenhocker(in) *m(f) (pej);* **prendre des habitudes casanières** [recht] bequem werden
casaque [kazak] *f* ❶ Flügelhemd *nt*
❷ *d'un jockey* [Jockey]dress *m*
▶ **tourner ~** *fam (changer de parti, d'opinion)* umschwenken, seine Meinung ändern
casbah [kazba] *f* Kasba[h] *f*
cascade [kaskad] *f* ❶ *(chute d'eau)* Wasserfall *m*
❷ *(ce qui se produit par rebondissements)* ~ **d'applaudissements** Beifallssturm *m;* ~ **de chiffres** Zahlenflut *f;* ~ **d'événements** Abfolge *f* von Ereignissen; ~ **de paroles** Wortschwall *m;* ~ **de rires** Lachsalve *f;* **entraîner des démissions en ~** reihenweise Kündigungen nach sich ziehen
❸ CINE Stunt *m*
cascadeur, -euse [kaskadœʀ, -øz] *m, f* ❶ CINE Stuntman *m/* Stuntwoman *f*
❷ *(acrobate)* Kaskadeur(in) *m(f)*
case [kaz] *f* ❶ *d'un formulaire, tableau, damier* Feld *nt*
❷ *(casier)* Fach *nt*
❸ *(hutte)* Hütte *f*
❹ CH ~ **postale** *(boîte postale)* Postfach *nt*
▶ **il a une ~ vide** [*o* **en moins**]**, il lui manque une ~** *fam* bei ihm ist eine Schraube locker *(fam),* er hat nicht alle Tassen im Schrank *(fam)*
◆ ~ **départ** *d'un jeu de société* Start *m;* **revenir** [*o* retourner] **à la ~ départ** wieder von vorne anfangen müssen
caséine [kazein] *f* BIO, CHIM Kasein *nt,* Casein *nt*
casemate [kazmat] *f* Bunker *m*
caser [kɑze] <1> I. *vt* ❶ *(trouver une place, loger)* ~ **qn à une table/chez des amis/dans un emploi** jdn an einem Tisch/bei

Freunden unterbringen/jdm eine Stelle verschaffen; ~ **qc dans une valise** etw in einem Koffer unterbringen
② *(marier)* unter die Haube bringen
II. *vpr* **se** – ① *(trouver une place, un logement, un emploi)* unterkommen
② *(se marier)* heiraten, einen Mann/eine Frau finden
caserne [kazɛʀn] *f* MIL Kaserne *f*
casernement [kazɛʀnəmɑ̃] *m* ① *(action)* Kasernierung *f*
② *(bâtiment)* Kaserne *f*
cash [kaʃ] *adv fam* bar, cash *(sl)*; **payer** ~ cash bezahlen
casher [kaʃɛʀ] *adj inv* koscher
cash-flow [kaʃflo] <cash-flows> *m* Cash-flow *m*
cashmere *v.* **cachemire**
casier [kazje] *m* ① *(compartiment)* Fach *nt*, Staufach; *d'une imprimante, photocopieuse* Schacht *m*
② JUR – **judiciaire** Strafregister *nt*, Vorstrafenregister *nt*; **avoir un ~ judiciaire/judiciaire vierge** vorbestraft/nicht vorbestraft sein
③ PECHE Korb *m*; **poser des ~s** Körbe auslegen
◆ ~ **à bouteilles** Flaschenregal *nt*; ~ **à papier** Papierschacht *m*
casino [kazino] *m* [Spiel]kasino *nt*
casoar [kazɔaʀ] *m* ZOOL Kasuar *m*; ~ **à casque** Helmkasuar
casque [kask] *m* ① *(protection)* Helm *m*; *d'un soldat* [Stahl]helm; *d'un motocycliste* Sturzhelm; *d'un cycliste* [Fahrrad]helm; ~ **colonial** Tropenhelm; ~ **intégral** Integralhelm
② *(séchoir) d'un coiffeur* [Trocken]haube *f*
③ TECH, MUS ~ **à écouteurs** Kopfhörer *m*
▶ ~ **bleu** Blauhelm *m*
◆ ~ **audio,** ~ **d'écoute** AUDIOV, INFORM Headset *nt*; ~ **à pointe** Pickelhaube *f*
casqué(e) [kaske] *adj* behelmt, mit Helm
casquer [kaske] <1> *vi fam* blechen *(fam)*; **faire ~ qn** jdn rankriegen *(fam)*; **alors là,** [il] **faut ~/va falloir ~!** da heißt es Zahlemann und Söhne! *(hum fam)*
casquette [kaskɛt] *f* Kappe *f*, Schirmmütze *f*, Schildmütze; *(pour bébés, enfants)* Käppchen *nt*; ~ **gavroche** Schiebermütze; ~ **de jockey/de marin** Jockey-/Schiffermütze *f*
cassable [kasabl] *adj* zerbrechlich
Cassandre [kasɑ̃:dʀ(ə)] *f* Kassandra *f*
cassant(e) [kasɑ̃, ɑ̃t] *adj* ① *(fragile) métal, verre* bruchempfindlich; *cheveux* brüchig; **être ~ (e)** leicht brechen
② *(abrupt) ton* scharf; *manières, personne* schroff
cassate [kasat] *f (glace)* Cassata *f*
cassation [kasasjɔ̃] *f* JUR *d'un testament, acte* Ungültigkeitserklärung *f*, Nichtigkeitserklärung *f*; *(en cas d'un jugement)* Urteilsaufhebung *f*, Kassation *f (Fachspr.)*; **prononcer la ~ de qc** etw für ungültig [*o* nichtig] erklären
② MIL Degradierung *f*
casse [kas] **I.** *f* ① *(dégât)* Schaden *m*; *(pendant un transport)* Bruchschaden *m*; **payer la ~** für den Schaden aufkommen
② *(bagarre)* **il va y avoir de la ~** *fam* gleich gibt's eine Schlägerei
③ *(commerce du ferrailleur)* Schrottplatz *m*; **acheter qc à la ~** etw beim Schrotthändler kaufen; **mettre/vendre qc à la ~** etw zum Verschrotten geben/etw zum Schrottwert verkaufen; **être bon(ne) pour la ~** schrottreif sein
II. *m arg* Bruch *m (sl)*; **faire un ~** einen Bruch machen *(sl)*
cassé(e) [kase] *adj vieillard* gekrümmt; *voix* rau, heiser
casse-cou [kasku] *m inv fam* Draufgänger(in) *m(f)*; **être** [un] ~ ein Draufgänger sein, waghalsig sein **casse-croûte** [kaskʀut] *m inv* ① *fam (en-cas)* Imbiss *m*, Zwischenmahlzeit *f*, Jausenbrot *nt* (A); *d'un écolier ≈* Schulbrot *nt*; **manger un ~** eine Kleinigkeit essen
② CAN *(restaurant où l'on sert des repas rapides)* Schnellrestaurant *nt* **casse-dalle** [kasdal] <casse-dalle, casse-dalles> *m fam (repas)* Imbiss *m*; *(sandwich)* belegtes Brot *nt*, Stulle *f* (NDEUTSCH) **casse-graine** *v.* **casse-croûte casse-gueule** [kasgœl] *inv fam* **I.** *adj* gefährlich **II.** *m* **c'est un vrai ~!** *(endroit glissant)* das ist die reinste Rutschbahn! *(fam)*; *(entreprise périlleuse)* das ist ein Spiel mit dem Feuer!
cassement [kasmɑ̃] *m fam (cambriolage)* Bruch *m (fam)*
casse-noisettes [kasnwazɛt] *m inv* Nussknacker *m* **casse-noix** [kasnwa] *m inv* Nussknacker *m* **casse-pattes** [kaspat] *m inv vieilli fam* Fusel *m (fam)* **casse-pieds** [kaspje] *inv fam* **I.** *adj* ① *(importun)* lästig, nervig *(fam)*; **ce que tu peux être ~, bon sang!** Mensch, kannst du einen nerven! *(fam)* ② *(ennuyeux)* langweilig **II.** *mf* Nervensäge *f (fam)* **casse-pipe** [kaspip] *m sans pl fam* ▶ **c'est le ~ assuré!** das geht garantiert daneben! *(fam)*; **aller** [*o* **monter**] **au ~** Kopf und Kragen riskieren; MIL [dem Feind] ins Messer laufen; **envoyer qn au ~** jdn ans Messer liefern *(fam)*
casser [kase] <1> **I.** *vt* ① *(briser)* zerbrechen, kaputtmachen *objet*; kaputtmachen *appareil*; abbrechen, abknicken *branche*; [auf]knacken *noix*; ~ **un carreau** *(volontairement)* ein Fenster einschlagen; *(involontairement)* ein Fenster kaputtmachen; ~ **un bras/une jambe à qn** jdm einen Arm/ein Bein brechen; ~ **une dent à qn** jdm einen Zahn ausschlagen; **elle a un bras cassé** sie hat sich

(Dat) den Arm gebrochen; ~ **qc en deux** etw in zwei Teile brechen
② *(troubler)* stören *ambiance, rythme*; ~ **le moral à qn** jds Moral untergraben; ~ **de vieilles habitudes** mit alten Gewohnheiten brechen
③ ECON abrupt stoppen, zum Stillstand bringen *croissance, consommation*; ~ **les prix** *(baisser)* die Preise radikal senken, die Preise drücken; *(provoquer une chute des prix)* einen Preissturz verursachen
④ POL, SOCIOL brechen *grève*; zerschlagen *mouvement syndical*
⑤ ADMIN, JUR kassieren, aufheben *jugement*; aufheben *décision*; für ungültig [*o* nichtig] erklären *mariage*
⑥ MIL degradieren
⑦ *fam (insulter)* dissen *(sl)*
▶ **à tout ~** *(au maximum)* höchstens; *(extraordinaire)* fête, succès toll, fantastisch; **tu me les casses!** *fam* du fällst mir auf den Wecker! *(fam)*; **il/elle ne casse rien** er/sie ist nicht [besonders] umwerfend; **ça ne casse rien** das ist nichts besonderes
II. *vi objet:* kaputtgehen, zerbrechen; *branche:* abbrechen, abknicken; *corde, fil:* [ab]reißen
III. *vpr* ① *(se rompre)* **se ~** zerbrechen, kaputtgehen; *branche, aiguille:* abbrechen; **se ~ en mille morceaux** in tausend Stücke springen; **se ~ en deux** entzweibrechen
② *(être fragile)* **se ~/ne pas se ~** zerbrechlich/unzerbrechlich sein
③ *(se briser)* **se ~ un bras/une jambe** sich *(Dat)* einen Arm/ein Bein brechen; **se ~ une dent** sich *(Dat)* einen Zahn ausbrechen
④ *fam (se donner du mal)* **ne pas se ~** sich *(Dat)* keinen abbrechen *(fam)*; **ne pas se ~ la tête pour faire qc** *fam* sich nicht sonderlich bemühen, um etw zu tun
⑤ *fam (s'en aller)* abhauen *(fam)*
casserole [kasʀɔl] *f* ① *(ustensile)* [Stiel]kasserole *f*; *(pour chauffer le lait)* Milchtopf *m*; ~ **en cuivre** Kupfertopf
② *péj (piano)* Klimperkasten *m (fam)*
▶ **chanter comme une ~** *fam* total daneben singen *(fam)*; **passer à la ~** *volaille:* in den Kochtopf wandern *(fam)*
casse-tête [kastɛt] <casse-tête[s]> *m* ① *(problème)* knifflige Aufgabe; **être un vrai ~ pour qn** *exercice:* für jdn eine harte Nuss sein
② *(jeu)* Geduldsspiel *nt*, Knobelspiel *nt*; CAN Puzzle[spiel] *nt*
◆ ~ **de chiffres** Zahlenwerk *nt*
cassette [kasɛt] *f* ① *(support magnétique)* Kassette *f*; ~ **D.A.T** DAT-Kassette *f*; ~ **digitale** [*o* **numérique**] Digitalkassette *f*; ~ **vidéo** Videokassette *f*; ~ **de nettoyage** Reinigungskassette *f*
② *vieilli (coffret)* Schmuckkästchen *nt*, Schatulle *f*
③ *(trésor)* [Geld]kassette *f*; ~ **particulière** Privatschatulle *f*
◆ ~ **à papier** Papierkassette *f*
cassettothèque [kasɛtɔtɛk] *f* [Musik]kassettensammlung *f*
casseur, -euse [kasœʀ, -øz] *m, f* ① *(ferrailleur)* Schrotthändler(in) *m(f)*
② *(au cours d'une manifestation)* Randalierer(in) *m(f)*
◆ ~ **de pierres** Steinbrecher *m*
Cassiopée [kasjɔpe] *f* Kassiopeia *f*
cassis [kasis] *m* ① *(arbuste)* schwarzer Johannisbeerstrauch
② *(fruit)* schwarze Johannisbeere; **confiture de** ~ schwarze Johannisbeermarmelade
③ *(liqueur)* schwarzer Johannisbeerlikör
④ *(en travers d'une route)* Querrinne *f*
cassolette [kasɔlɛt] *f (réchaud)* Räucherpfanne *f*; *(récipient)* Pfännchen *nt*
cassonade [kasɔnad] *f* brauner Zucker *m*
cassoulet [kasulɛ] *m* weißer Bohneneintopf mit Würstchen und Fleisch aus Südwestfrankreich
cassure [kasyʀ] *f* ① *(brisure)* Bruch *m*, Bruchstelle *f*
② GEOL Verwerfung *f*, Verwurf *m*
③ *(rupture)* **provoquer une ~ dans une amitié** *malentendu:* zu einem Bruch in einer Freundschaft führen
castagne [kastaɲ] *f arg* Prügelei *f*
castagner [kastaɲe] <1> *arg* **I.** *vt* verdreschen *(fam)*
II. *vpr* **se ~** sich verprügeln
castagnettes [kastaɲɛt] *fpl* Kastagnetten *Pl*
caste [kast] *f* Kaste *f*
castel [kastɛl] *m* kleines Schloss *nt*
caster [kastœʀ] *m* PECHE Caster *m*
castillan [kastijɑ̃] *m* **le ~** Kastilisch *nt*, das Kastilische; *v. a.* **allemand**
castillan(e) [kastijɑ̃, an] *adj* aus Kastilien [stammend], kastilisch
casting [kastiŋ] *m* CINE, THEAT Casting *nt*, Rollenbesetzung *f*
castor [kastɔʀ] *m* ① *(animal)* Biber *m*
② *(fourrure)* Biberpelz *m*
Castor® [kastɔʀ] *m inv abr de* **Cask für Storage and Transport of Radioactive Material** Castor® *m*
castrat [kastʀa] *m* Kastrat *m*
castration [kastʀasjɔ̃] *f* Kastration *f*
castrer [kastʀe] <1> *vt* kastrieren

cataclysme [kataklism] *m* ❶ *(catastrophe naturelle)* [Natur]katastrophe *f*
❷ *(bouleversement)* Katastrophe *f*
catacombes [katakɔ̃b] *fpl* Katakomben *Pl*
catadioptre [katadjɔptʀ] *m* Rückstrahler *m*
catafalque [katafalk] *m* Katafalk *m*
catalan *m* **le ~** Katalanisch *nt*, das Katalanische; *v. a.* **allemand**
catalan(e) [katalɑ̃, an] *adj* aus Katalonien, katalanisch
catalogne [katalɔɲ] *f* CAN ❶ *(étoffe)* aus Stoffstreifen hergestellter Stoff
❷ *(tapis)* [bunter] Flickenteppich *m*
Catalogne [katalɔɲ] *f* **la ~** Katalonien *nt*
catalogue [katalɔg] *m* Katalog *m*; **~ central** *de plusieurs bibliothèques* Zentralkatalog; **~ général** Gesamtkatalog; **~ de maison d'édition** Verlagskatalog; **faire le ~ des œuvres d'un auteur** das Verzeichnis der Werke eines Autors erstellen; **faire le ~ des mérites de qn** jds Verdienste aufzählen
◆ **~ d'offres** JUR Leistungskatalog *m*
cataloguer [katalɔge] <1> *vt* ❶ *(classer)* in einen Katalɔg aufnehmen, katalogisieren
❷ *péj (porter un jugement)* abstempeln; **être catalogué(e)** abgestempelt sein
catalyse [kataliz] *f* Katalyse *f*
catalyser [katalize] <1> *vt* ❶ CHIM katalysieren
❷ *(déclencher)* wachrufen *antipathie, opposition;* auf sich *(Akk)* ziehen *attention, regards*
catalyseur [katalizœʀ] *m* CHIM Katalysator *m*
▶ **jouer un rôle de ~** als Katalysator wirken
catalytique [katalitik] *adj* ❶ katalytisch
❷ MECANAUT **pot ~** Katalysator *m*
catamaran [katamaʀɑ̃] *m* Katamaran *m*, Doppelrumpfboot *nt*
cataphote® [katafɔt] *m d'une bicyclette* Rückstrahler *m*
cataplasme [kataplasm] *m* MED Breiumschlag *m*
catapulte [katapylt] *f* ❶ AVIAT Katapult *nt*
❷ HIST Wurfmaschine *f*, Katapult *nt*
catapulter [katapylte] <1> *vt* ❶ AVIAT katapultieren
❷ *(projeter)* schleudern
❸ *(nommer)* **~ qn à un poste important** jdn in eine wichtige Stellung katapultieren
cataracte[1] [kataʀakt] *f d'une rivière* Katarakt *m*
▶ **il tombe des ~s** es regnet in Strömen
cataracte[2] [kataʀakt] *f* MED grauer Star, Hornhauttrübung *f*
catarrhe [kataʀ] *m* MED Katarr[h] *m*
catastrophe [katastʀɔf] *f* Katastrophe *f;* **~ aérienne/ferroviaire** schweres Flugzeug-/Eisenbahnunglück; **évitée de justesse** Beinahekatastrophe
▶ **courir à la ~** ins [*o* in sein] Verderben laufen; **en ~ atterrissage en ~** Notlandung *f;* **faire qc en ~** etw überstürzt tun; **atterrir/freiner en ~** notlanden/notbremsen; **~!** verdammt! *(fam)*
catastrophé(e) [katastʀɔfe] *adj fam* entsetzt, niedergeschmettert
catastropher [katastʀɔfe] <1> *vt fam* in Katastrophenstimmung [*o* in helle Aufregung] versetzen *(fam)*
catastrophique [katastʀɔfik] *adj* katastrophal
catch [katʃ] *m* Catchen *nt;* **faire du ~** catchen
catcheur, -euse [katʃœʀ, -øz] *m, f* Catcher(in) *m(f)*
catéchèse [kateʃɛz] *f* REL Katechese *f*
catéchiser [kateʃize] <1> *vt* ~ **qn** *(enseigner le catéchisme)* jdm Religionsunterricht erteilen; *(endoctriner)* auf jdn einpredigen; *(sermonner)* jdn tadeln
catéchisme [kateʃism] *m* ❶ *(enseignement)* Religionsunterricht *m*
❷ *(livre)* Katechismus *m*
❸ *(dogme)* Lehre *f*

Land und Leute
Es gibt in Frankreich an den staatlichen Schulen keinen Religionsunterricht. Die Unterweisung in christlicher Religionslehre, dem **catéchisme**, findet in kirchlichen Einrichtungen statt.

---

catéchiste [kateʃist] *mf* REL Katechet(in) *m(f)*
catégorie [kategɔʀi] *f* ❶ Kategorie *f;* **~ professionnelle** Berufsgruppe *f;* **~ sociale** Gesellschaftsschicht *f;* **~ socioprofessionnelle** Berufsstand *m*
❷ SPORT Klasse *f;* **~ d'âge** Altersklasse, Altersgruppe *f;* **~ des vétérans** Seniorenklasse
❸ *(qualité) d'un hôtel* Kategorie *f; d'un produit alimentaire* Güteklasse *f,* Handelsklasse; **hôtel de 1**[re] Hotel *nt* der ersten Kategorie [*o* Klasse]; **viande de 1**[re] Fleisch *nt* der Güteklasse [*o* Handelsklasse] 1; **~ inférieure** Zweitklassigkeit *f*
❹ ECON, FISC Lohngruppe *f,* Gehaltsgruppe; **~ fiscale** Einkommen[s]steuergruppe; **~ s de revenus provenant de bénéfices** Gewinneinkunftsarten *Pl (Fachspr.)*
❺ LING **~ grammaticale** Wortart *f,* Wortklasse *f*
❻ PHILOS Kategorie *f*

❼ JUR *d'un brevet* Klasse *f;* **~ se référant/sans référence à l'application** anwendungsbezogene/anwendungsfreie Klasse *(Fachspr.)*
◆ **~ d'acheteurs** Käuferschicht *f;* **~ de coûts** ECON Kostenart *f;* **~ de revenus** Einkommensstufe *f*
catégorique [kategɔʀik] *adj* kategorisch, entschieden; *ton* bestimmt, nachdrücklich; **être ~ sur qc** auf etw *(Dat)* bestehen
catégoriquement [kategɔʀikmɑ̃] *adv refuser* kategorisch, entschieden
catelle [katɛl] *f* CH *(carreau de faïence vernissée)* [glasierte] Kachel *f*
caténaire [katenɛʀ] *f* Oberleitung *f*
catering [kateʀiŋ] *m (à bord d'un avion, bateau)* Bordverpflegung *f*
cathédrale [katedʀal] *f* Kathedrale *f;* **la ~ de Strasbourg** das Straßburger Münster; **la ~ de Cologne** der Kölner Dom; **en tant que ville qui a une ~, Cologne est ...** als Domstadt ist Köln ...
Catherine [kat(ə)ʀin(ə)] *f* ❶ Katharina *f,* Kathrin *f*
❷ HIST **~ de Médicis** Katharina von Medici; **~ la Grande** Katharina die Große
catherinette [katʀinɛt] *f* junge Frau, die 25 Jahre alt und nicht verheiratet ist
cathéter [katetɛʀ] *m* MED Katheter *m;* **~ cardiaque** Herzkatheter *m;* **introduire à qn un ~ cardiaque** jdm einen Herzkatheter anlegen; **~ permanent** Dauerkatheter; **~ à ballon [autoremplisseur]/à ballonnet** Ballonkatheter
catho *abr de* **catholique**
cathode [katɔd] *f* PHYS Kathode *f*
cathodique [katɔdik] *adj* ❶ ELEC Kathoden-; *v. a.* **tube**
❷ *fig* **génération ~** Fernsehgeneration *f*
catholicisme [katɔlisism] *m* Katholizismus *m,* katholische Religion; **se convertir au ~** zum katholischen Glauben konvertieren
catholique [katɔlik] **I.** *adj* ❶ katholisch; **ville très ~** erzkatholische Stadt
❷ *fig fam* **ne pas être [très] ~** *personne:* etwas zwielichtig [*o* undurchsichtig] sein; *affaire, solution:* nicht ganz sauber sein *(fam)*
II. *mf* Katholik(in) *m(f);* **ville/famille de ~s purs et durs** *fam* stockkatholische Stadt/Familie *(fam);* **ma tante est une ~ pure et dure** *fam* meine Tante ist stockkatholisch *(fam)*
catimini [katimini] ▶ **en ~** [klamm]heimlich; **partir en ~** sich davonstehlen
catogan [katɔgɑ̃] *m (coiffure)* Frisur, bei der die Haare im Nacken zusammengebunden werden
catwalk [katwalk] *m* Catwalk *m*
caucasien(ne) [kokazjɛ̃, ɛn] *m(f)* aus der Sprache der Wissenschaft im angloamerikanischen Raum stammender Ausdruck für einen Menschen weißer Hautfarbe
cauchemar [koʃmaʀ] *m a. fig* Alptraum *m;* **faire un ~** einen Alptraum haben
cauchemardesque [koʃmaʀdɛsk] *adj* alptraumhaft; **une vision ~** eine Schreckensvision; **devenir ~** zum Alptraum werden
caudal(e) [kodal, o] <-aux> *adj* **appendice ~** Schwanz *m;* **plumes ~ es** Schwanzfedern *Pl*
causal(e) [kozal, o] <s *o* -aux> *adj* kausal, ursächlich; **proposition ~ e** Kausalsatz *m*
causalité [kozalite] *f* Kausalität *f;* **lien de ~** Kausalzusammenhang *m*
causant(e) [kozɑ̃, ɑ̃t] *adj* gesprächig; **ne pas être très ~(e)** nicht sehr gesprächig sein, wortkarg sein
cause [koz] *f* ❶ Ursache *f,* Grund *m;* **~ de licenciement** Entlassungsgrund; **la première ~ d'accidents** die häufigste Unfallursache; **à ~ de qc** wegen einer S. *(Gen);* **pour ~ de maladie** absence krankheitsbedingt; **fermé(e) pour ~ de maladie** wegen Krankheit geschlossen; **pour une ~ indéterminée** aus ungeklärter Ursache; **avoir [*o* trouver] sa ~ dans qc** seine Ursache in etw *(Dat)* haben, von etw kommen
❷ *(sujet d'argumentation)* Sache *f;* **gagner une ~** sich [mit seinen Argumenten] durchsetzen; **plaider sa ~** seine Sache vertreten; **obtenir gain de ~** sich erreichen, was man wollte
❸ *(ensemble d'intérêt)* Sache *f,* Angelegenheit *f;* **pour la bonne ~** für einen guten Zweck; **défendre une ~** sich für eine Sache einsetzen; **faire ~ commune avec qn** mit jdm gemeinsame Sache machen *(fam)*
❹ *(situation, fait)* [Sach]lage *f;* **pour les besoins de la ~** in Anbetracht der [Sach]lage; **en connaissance de ~** in Kenntnis der [Sach]lage; **en tout état de ~** in jedem [*o* auf jeden] Fall
❺ JUR Fall *m,* [Rechts]sache *f;* **~ civile/criminelle** Zivil-/Strafsache; **~ célèbre** berühmter Fall; **siéger une ~** einen Fall verhandeln; **plaider une ~** einen Fall [*o* eine Sache] vertreten
❻ PHILOS Ursache *f;* **~ première/finale** Causa *f* prima/finalis; **~ profonde** Urgrund *m*
▶ **être en ~** *personne:* unter Verdacht stehen; *chose:* in Frage stehen; **n'être nullement en ~** außer Frage stehen; **mettre qn en ~** *(accuser)* jdn beschuldigen; *(remettre les idées de qn en question)* jdn in Frage stellen; **mettre qc en ~** etw in Frage stellen; **la mise**

en ~ de qn die Anschuldigungen gegen jdn; **être hors de ~** außer Verdacht sein; **mettre qn hors de ~** jdn entlasten; **mettre qc hors de ~** etw aus dem Spiel lassen; **et pour ~!** und zwar aus gutem Grund [*o* guten Gründen]; **il n'a pas insisté, et pour ~!** er hat wohlweislich nicht darauf bestanden!
◆ **~ d'action** Klagegrund *m*; **~ de dissolution** JUR Auflösungsgrund *m*; **~ de nullité** JUR Nichtigkeitsgrund *m*, Anfechtungsgrund *(Fachspr.)*; **~ du rattachement** JUR Anknüpfungsgrund *m (Fachspr.)*
causer[1] [koze] <1> *vt (provoquer)* verursachen; **~ de la joie/peine à qn** jdm Freude/Leid bereiten; **~ des dégâts à qn** jdm Schaden zufügen; **~ un préjudice moral à qn** JUR jdn immateriell schädigen *(Fachspr.)*
causer[2] [koze] <1> *vt, vi* ❶ *(parler)* reden, sprechen; *(s'entretenir)* sich unterhalten; *(sans façon)* plaudern; **~ à** [*o* **avec**] **un professeur de l'enfant/la note** *fam* mit einem Lehrer über das Kind/die Note reden; **assez causé!** *fam* genug geredet! *(fam)*; **je te/vous cause!** ich rede mit dir/Ihnen!; **cause toujours!** *fam* red' du nur! *(fam)*
❷ *fam (médire)* **~ sur** [**le compte de**] **qn** über jdn reden [*o* lästern] *(pej fam)*; **faire ~** für Gerede [*o* Gesprächsstoff] sorgen; **on commence à ~** es wird schon getratscht *(pej fam)*; **~ politique/chiffons** über Politik/Mode reden
causerie [kozri] *f (conversation)* Unterhaltung *f*, Plauderei *f*; *(discours, conférence)* zwangloser Vortrag
causette [kozɛt] *f* **faire la** [*o* **un brin de**] **~** *fam* einen [kleinen] Schwatz halten *(fam)*
causeur, -euse [kozœr, -øz] *m, f* [sehr] gesprächige Person; **un brillant ~** ein brillanter Redner
causeuse [kozøz] *f (canapé)* kleines Sofa *nt* (für zwei Personen)
causse [kos] *m* GEOL Kalk[stein]plateau *nt*; *(montagne assez plate)* Tafelberg *m*; **les Causses** Kalkplateau südlich des Zentralmassivs
causticité [kostisite] *f* ❶ CHIM *d'un acide* Ätzkraft *f*
❷ *fig de propos* Bissigkeit *f*, Schärfe *f*; **être** [**empreint(e)**] **d'une forte ~** bissig [*o* sarkastisch] sein
caustique [kostik] *adj* ❶ CHIM ätzend, kaustisch *(Fachspr.)*; **soude ~** Ätznatron *nt*
❷ *fig* bissig, sarkastisch
cauteleux, -euse [kotlø, -øz] *adj manière* durchtrieben; *personne, air* abgefeimt, verschlagen
cautère [kotɛʀ] ▸ **c'est un ~ sur une jambe de bois** das ist ein sinnloses Unterfangen *nt*
cautérisation [koterizasjɔ̃] *f* MED Kauterisation *f (Fachspr.)*
cautériser [koterize] <1> *vt* MED kauterisieren *(Fachspr.)*; ausbrennen *blessure*
caution [kosjɔ̃] *f* ❶ *(garantie)* Bürgschaft *f*; **être libéré(e) sous ~** gegen Kaution freigelassen werden; **~ pour le déficit** Schadlosbürgschaft *(Fachspr.)*; **~ pour bonne exécution** JUR Erfüllungsbürgschaft *(Fachspr.)*; **~ bancaire** Kreditleihe *f*; **~ forfaitaire** JUR Pauschalsicherheit *f*; **~ solidaire** JUR selbstschuldnerische Bürgschaft
❷ *(personne qui se porte garant)* Bürge *m*/Bürgin *f*; JUR Bürgschaftsnehmer(in) *m(f)*; **se porter ~ pour qn** für jdn [eine] Bürgschaft leisten, für jdn bürgen; **~ solidaire** JUR Mitbürge/-bürgin *(Fachspr.)*; **deuxième ~, ~ supplémentaire** Nebenbürge/-bürgin; **~ pour le reste de la dette** JUR Ausfallbürge *(Fachspr.)*
❸ *(appui)* Rückhalt *m*, Rückendeckung *f*; **apporter sa ~ à qn/qc** jdm/einer S. Rückendeckung geben; **recevoir la ~ de qn/qc** jds Rückhalt/den Rückhalt einer S. haben, Rückendeckung von jdm/durch etw bekommen
▸ **être sujet(te) à ~** mit Vorsicht zu genießen sein; **sous ~** *(sans certitude)* unter Vorbehalt; *information* unbestätigt
◆ **~ de bonne fin** *(personne)* Ausfallbürge *m*; **~ d'exportation** JUR Ausfuhrbürgschaft *f*
cautionnement [kosjɔnmɑ̃] *m* ❶ *(garantie)* Sicherheit *f*; JUR Bürgschaft *f*; *(pour une location)* [hinterlegte] Kaution; **~ conjoint** Mitbürgschaft; **~ continu** fortlaufende Kreditbürgschaft; **~ général** Gesamtbürgschaft; **~ solidaire** Solidarbürgschaft; **~ d'un crédit** Kreditbürgschaft; **~ d'un crédit commercial** Warenkreditbürgschaft; **~ d'un groupe** Konzernbürgschaft; **~ d'une obligation à titre de débiteur solidaire** Schuldbeitritt *m (Fachspr.)*; **~ d'un/du paiement** Zahlungsbürgschaft; **~ de commerce extérieur** Außenhandelsbürgschaft; **~ par aval** Wechselbürgschaft; **~ pour le reste de la dette** Ausfallbürgschaft *(Fachspr.)*
❷ *(action de payer)* Sicherheitsleistung *f*; *(pour une location)* Kautionszahlung *f*
❸ *(acte)* Bürgschaftsurkunde *f*
❹ *(somme d'argent)* Kaution *f*; FIN, COM Haftsumme *f*; **~ électoral** Wahlkaution
❺ JUR *(fait de s'engager en tant que caution)* Bürgschaftsübernahme *f*, Verbürgung *f*
cautionner [kosjɔne] <1> *vt* ❶ JUR bürgen für *personne*
❷ *(approuver)* unterstützen; gutheißen *action, situation*

❸ FIN avalieren *(Fachspr.)*; **somme cautionnée** Bürgschaftssumme *f*
cavalcade [kavalkad] *f* ❶ *(défilé)* [Um]zug *m*; **~ du Carnaval de Nice** Karnevals[um]zug in Nizza
❷ *(course tumultueuse)* Rennerei *f*; *de personnes* [wilde] Horde
cavale [kaval] *f arg* [Gefängnis]ausbruch *m*
cavaler [kavale] <1> I. *vi* ❶ *fam (courir)* Gas geben *(fam)*
❷ *arg (courir le jupon)* **~ après une femme** einer Frau nachsteigen *(fam)*
II. *vt pop* anöden *(fam)*
III. *vpr pop* **se ~** türmen *(fam)*, abhauen *(fam)*
cavalerie [kavalri] *f* ❶ MIL *(ensemble de troupes à cheval)* Kavallerie *f*
❷ *(ensemble de chevaux) d'un cirque* Pferde *Pl*
cavaleur, -euse [kavalœr, -øz] *fam* I. *adj* **être ~(-euse)** *homme*: ein Schürzenjäger sein, hinter jedem Rock her sein *(fam)*; *femme*: hinter den Männern her sein *(fam)*, scharf auf Männer sein *(sl)*
II. *m, f (homme)* Schürzenjäger *m*; *(femme)* scharfe Frau *(fam)*
cavalier [kavalje] *m* ❶ SPORT Reiter *m*
❷ *(au bal)* Tanzpartner *m*
❸ MIL Kavallerist *m*
❹ ECHECS Springer *m*, Pferd *nt*
❺ *(titre de politesse)* Kavalier *m*
cavalier, -ière [kavalje, -jɛr] *adj* ❶ *péj (impertinent)* unverschämt
❷ *(réservé aux cavaliers)* **piste cavalière** Reitweg *m*
cavalière [kavaljɛr] *f* ❶ SPORT Reiterin *f*
❷ *(au bal)* Tanzpartnerin *f*
cavalièrement [kavaljɛrmɑ̃] *adv* unverschämt; **agir ~** kein Benehmen haben
cave[1] [kav] *f* ❶ *(local souterrain)* Keller *m*; **~ voûtée** Gewölbekeller; **~ à vin** Weinkeller; **~ à provisions** Vorratskeller; **clé** [*o* **clef**] **de la/de ~** Kellerschlüssel *m*
❷ *(provision de vins)* Weinkeller *m*; **avoir une bonne ~** einen guten Weinkeller haben
❸ *pl (propriété)* **~s viticoles** Weinkellerei *f*; **~s de** [**vins**] **mousseux** Sektkellerei
❹ *(cabaret)* Kellerkneipe *f*, Kellerbar *f*
▸ **de la ~ au grenier** in allen Ecken; **fouiller/nettoyer la maison de la ~ au grenier** das ganze Haus durchsuchen/putzen
cave[2] [kav] *adj (creux)* hohl
cave[3] [kav] *arg* I. *adj (étranger au milieu)* **ce qu'il/elle est ~!** er/sie weiß nicht, was [hier] abgeht! *(fam)*
II. *mf* ❶ *(étranger au groupe)* Nicht-Eingeweihte(r) *f(m)*
❷ *(niais)* Hohlkopf *m (fam)*
caveau [kavo] <x> *m* ❶ *(tombeau)* Gruft *f*, Grab *nt*; **~ de famille** [*o* **familial**] Familiengruft
❷ *(bar)* Kellerbar *f*; *(cabaret)* Kellertheater *nt*; *(à jazz)* Jazzkeller *m*
caverne [kavɛrn] *f* ❶ *(grotte)* Höhle *f*; **~ de brigands** Räuberhöhle
❷ MED Hohlraum *m*, Kaverne *f (Fachspr.)*
caverneux, -euse [kavɛrnø, -øz] *adj* ❶ ausgehöhlt
❷ *(grave)* **voix caverneuse** [sehr] tiefe Stimme, Grabesstimme *f*
❸ MED **poumon, rein** kavernös *(Fachspr.)*
caviar [kavjaʀ] *m* GASTR Kaviar *m*; **~ rouge** roter Kaviar, Lachskaviar
caviarder [kavjarde] <1> *vt* zensieren, [ein]schwärzen
caviste [kavist] *mf* Kellermeister(in) *m(f)*
cavité [kavite] *f* ❶ *(caverne)* Höhle *f*; *(excavation)* Grube *f*
❷ ANAT Höhle *f*; **~ buccale/nasale** Mund-/Nasenhöhle; **~ nasopharyngienne** Nasen-Rachen-Raum *m*
❸ MED Kaverne *f (Fachspr.)*; **~ dans une dent** Loch *nt* im Zahn
CB[1] [sebe] *f abr de* **Carte Bancaire** Bankkarte *f*; (en Allemagne) ≈ EC-Karte
C.B.[2] [sibi] *f abr de* **Citizen's band** CB-Funk *m*
C.C.P. [sesepe] *m abr de* **compte chèques postal** ≈ Postgirokonto *nt*
CD [sede] *m abr de* **compact disc** CD *f*; **lecteur de ~** CD-Player *m*; **~ audio** Musik-CD; **~ multisession** INFORM Multisession-CD; **~ photo** Foto-CD
C.D.D. [sedede] *m abr de* **contrat à durée déterminée** Zeitvertrag *m*
C.D.I. [sedei] *m abr de* **contrat à durée indéterminée** unbefristeter Vertrag
C.D.-I, CD-I [sedei] *m abr de* **compact disc interactive** INFORM CD-I *f*
CD-ROM [sederɔm] *m abr de* **compact disc read only memory** CD-ROM *f*; **introduire un ~ dans le lecteur** eine CD-ROM in das Laufwerk einlegen
ce[1] [sə] <*devant "en" et formes de "être"* c'; *devant "a"* ç> *adj dém* ❶ *(pour désigner un nom)* **c'est un beau garçon** das [*o* er] ist ein hübscher Junge; **c'est des** [*o* **~ sont de**] **bons souvenirs** das [*o* es] sind schöne Erinnerungen; **la rigueur, c'est la bonne gestion** Sparsamkeit[, das] ist die richtige Haushaltspolitik; **c'est beau, la vie** das Leben ist schön; **un hôtel pas cher, c'est difficile à trouver** ein preiswertes Hotel[, das] ist schwer zu finden; **es**

ist schwierig, ein preiswertes Hotel zu finden ❷ *(pour désigner un pronom)* **c'est moi/lui/nous** ich/er/wir; **qui est-ce? – C'est moi/elle** wer ist da? – Ich [bin es]/sie [ist es]; **qui a fait cela? – C'est** [*o* ~ **sont**] **eux/elles** wer war das? – [Das waren] sie; **à qui est ce livre ? – C'est à lui/à moi** wem gehört das Buch? – [Es gehört] ihm/mir ❸ *(dans une interrogation)* **qui est-ce?, c'est qui?** *fam* wer ist das?; *(en parlant d'un homme)* wer ist das?, wer ist er?; *(en parlant d'une femme)* wer ist das?, wer ist sie?; *(en parlant de plusieurs personnes)* wer ist das?, wer sind sie?; *(à la porte, au téléphone)* wer ist da?; *(à un tiers)* wer ist das?; **qui est-ce qui/que** wer/wen; **qu'est-ce quoi?** was ist das?; **qui est-ce qui/que** was; **c'est qui** [*o* **qui c'est**] **ce Monsieur?** *fam* wer ist dieser [*o* der] Mann?; **est-ce vous?, c'est vous?** *fam* sind Sie es?, sind Sie's? *(fam);* **à qui est cette montre? Est-ce que c'est à vous?** wem gehört diese Uhr? [Gehört sie] Ihnen?; **qu'est-ce que c'est?** was ist das? ❹ *(tournure emphatique)* **c'est plus d'un mois plus tard qu'elle y songe** erst mehr als einen Monat später fällt es ihr ein; **c'est maintenant qu'on en a besoin** gerade jetzt braucht man es; **c'est en tombant par terre que l'objet a explosé** [in dem Moment,] als es auf den Boden fiel, explodierte das Ding; **c'est elle qui s'occupe du jardin et non son mari** sie kümmert sich um den Garten, nicht ihr Mann; **c'est vous qui le dites!** das sagen Sie!; **c'est avec plaisir que nous acceptons cette invitation** wir nehmen die Einladung gerne an; **c'est un scandale de voir cela** es ist ein Skandal, das mit ansehen zu müssen; **c'est à elle/lui de faire qc** *(c'est à son tour)* er/sie ist dran, etw zu tun; *(c'est son rôle)* er/sie soll etw tun; **c'est à vous de prendre cette décision** diese Entscheidung müssen Sie selbst treffen; **c'est à mon tour de jouer** ich bin dran; **c'est à s'arracher les cheveux!** *fam* es ist zum Haareraufen!; **c'est à mourir de rire!** es ist zum Totlachen!; **c'est à se taper la tête contre les murs!** *fam* es ist zum an den Wänden hochgehen! *(fam)*; **c'est à se demander si ...** da fragt man sich doch *(o* muss man sich doch fragen), ob ... ❺ *(pour justifier, expliquer)* **c'est que ...** nämlich ...; *(dans une réponse)* eigentlich ...; *(pour préciser la cause, la raison)* das bedeutet ..., das heißt ... ❻ *(devant une proposition relative)* **voilà tout ~ que je sais** das ist alles, was ich weiß; **fais-moi la liste de ~ dont tu as besoin** schreib mir auf, was du brauchst; **~ qui ne m'étonne pas de ta part** was mich bei dir nicht überrascht; **~ dont on pouvait fort bien se douter** wie [nicht anders] zu erwarten [war]; **~ à quoi je ne m'attendais pas** worauf ich nicht gefasst war; **~ à quoi j'ai pensé** woran ich gedacht habe; **~ sur quoi je voudrais insister** was ich besonders betonen möchte; **~ que c'est idiot!** das ist vielleicht idiotisch! *(fam)*; **~ que c'est beau, c'est bruit!** *fam* was für ein nervtötender Lärm!; **~ que** [*o* **qu'est-ce que**] **ce paysage est beau!** was für eine schöne Landschaft!, ist das aber eine schöne Landschaft!; **qu'est-ce qu'on s'amuse!** *fam* so eine Gaudi!; **~ que tu es/~ qu'il est grand!** du bist aber/er ist aber groß!, wie groß du bist/er ist!; **~ qu'il parle bien** *fam* er spricht aber gut; [**voilà**] **~ que c'est que de faire ...** *(explicatif)* das kommt davon, wenn man ...
▶ **et ~** und zwar, und das; **à ~ qu'on dit, il/elle a posé sa candidature** wie es heißt, hat er/sie sich beworben; **sur ~** daraufhin; **et sur ~, je vous dis au revoir** und damit verabschiede ich mich
ce² [sə] *adj dém* ❶ *(pour désigner une personne ou chose proche)* diese(r, s); **~ classeur/vase/tableau/cet homme** dieser Ordner/diese Vase/dieses Bild/dieser Mann; **en ~ dernier dimanche de l'avent** an diesem [*o* dem diesjährigen] letzten Adventssonntag; **alors, ~ rhume, comment ça va?** na, wie geht's [mit] deinem/Ihrem Schnupfen? ❷ *(intensif, péjoratif)* **~ garçon-là** der Junge da; **aurait-il vraiment ~ courage?** sollte er wirklich den [*o* so viel] Mut haben?; **comment peut-il raconter ~ mensonge!** wie kann er nur so eine Lüge erzählen!; **~ fumier de Martin!** *fam* dieser Mistkerl von Martin! *(fam)* ❸ *(avec une nuance d'étonnement)* so ein(e), was für ein(e); **~ toupet!** was für eine Frechheit! ❹ *(formule de politesse)* der; **si ~ jeune homme veut bien s'asseoir!** wenn sich der junge Herr bitte setzen wollte! ❺ *(mise en opposition)* **~ livre-ci ... ~ livre-là** dieses Buch hier ... jenes Buch dort ❻ *(temporel)* **~ matin/midi/soir** heute Morgen/Mittag/Abend; **~ jour-là** jener [*o* der] Tag; **~ mois-ci/trimestre-ci** diesen/in diesem Monat/dieses/in diesem Trimester ❼ *(allusion à un sujet dont on a déjà parlé)* **et ~ journal, ça vient?** und die [*o* meine] Zeitung, wo bleibt die?, und wo bleibt die [*o* meine] Zeitung?
C.E. [seø] *f abr de* **Communauté européenne** EG *f*
CÉ *abr de* **courrier électronique**
CE1 [seøœ̃] *m abr de* **cours élémentaire un** zweite Grundschulklasse
CE2 [seødø] *m abr de* **cours élémentaire deux** dritte Grundschulklasse
C.E.A. [seøa] *m abr de* **Commissariat à l'énergie atomique** französische Atomenergiebehörde
C.E.C.A. [seka] *f abr de* **Communauté européenne du charbon et de l'acier** EGKS *f*
ceci [səsi] *pron dém* dieses [hier], dies [hier], das [hier]; **~ compense/explique cela** das eine [*o* eins] wiegt das andere auf/erklärt das andere; **il a ~ d'agréable qu'il est gai** das Sympathische an ihm ist, dass er [so] fröhlich ist; **à ~ près qu'il ment** abgesehen davon [*o* außer], dass er lügt
cécité [sesite] *f* ❶ Blindheit *f*; **être frappé(e)** [*o* **atteint(e)**] **de ~** blind sein, erblindet sein
❷ *fig* **~ pour qc** Blindheit *f* gegenüber
cédant(e) [sedɑ̃, ɑ̃t] *m(f)* JUR Abtretende(r) *f(m)*, Zedent(in) *m(f)* *(Fachspr.)*; **~ d'un brevet** Patentgewährer *m*
céder [sede] <5> I. *vt* ❶ *(abandonner au profit de qn)* **~ qc à qn** jdm etw abgeben [*o* überlassen]; **~ l'antenne à qn** zu jdm umschalten; **~ son tour à qn** jdm den Vorrang lassen, mit jdm tauschen
❷ *(vendre)* veräußern, übertragen, zedieren *(Fachspr.) droits;* übertragen, zedieren *(Fachspr.) créance;* **~ un brevet** ein Patent abtreten; **~ un bail à qn** an jdn verpachten [*o* vermieten]
II. *vi* ❶ *(renoncer)* nachgeben, einlenken; *(capituler)* aufgeben; *troupes:* zurückweichen
❷ *(succomber)* nachgeben; **~ à la tentation** der Versuchung *(Dat)* nachgeben [*o* erliegen]
❸ *(se rompre)* nachgeben; *chaise:* zusammenbrechen; *câble, corde:* reißen
cédérom *v.* **CD-ROM**
cédex, CEDEX [sedɛks] *m abr de* **courrier d'entreprise à distribution exceptionnelle** Sammelpostamt für gesondert zugestellte Firmen- und Behördenpost
cédille [sedij] *f* Cedille *f (kommaähnliches Häkchen unter einem c oder C)*
cèdre [sɛdʀ] *m* ❶ *(arbre)* Zeder *f*
❷ *(bois)* Zedernholz *nt*, Zeder *f*
C.E.E. [seøø] *f abr de* **Communauté économique européenne** HIST EWG *f*
cégétiste [seʒetist] I. *adj* in der [Gewerkschaft] C.G.T. organisiert
II. *mf* C.G.T.-Mitglied *nt*
C.E.I. [seøi] *f abr de* **Communauté des États indépendants** GUS *f*
ceindre [sɛ̃dʀ] <*irr*> *vt* ❶ *(entourer)* **~ une ville de murailles** eine Stadt mit einer Stadtmauer umgeben; **~ ses épaules d'un châle** ein Tuch um die Schultern legen
❷ *(revêtir)* umbinden *écharpe;* **~ l'écharpe municipale** *fig* Bürgermeister werden; **ceint(e) de l'écharpe tricolore** mit umgebundener Trikolore[schärpe]
ceinture [sɛ̃tyʀ] *f* ❶ *(pour la taille)* Gürtel *m*; **~ vernie** Lackgürtel *m*
❷ *(partie d'une jupe, d'un pantalon)* Bund *m*; *(partie d'une robe)* Taille *f*; **~ de la/de jupe** Rockbund *m*
❸ ANAT Taille *f*
❹ BOXE *a. fig* Gürtellinie *f*
❺ *(ceinture de sécurité)* [Sicherheits]gurt *m*; **attacher sa ~** den Sicherheitsgurt anlegen, sich anschnallen
❻ SPORT *(écharpe)* Gürtel *m*; *(personne)* Träger(in) *m(f)* eines Gürtels; **être ~ noire** Träger(in) des schwarzen Gürtels sein, den schwarzen Gürtel haben
❼ *(zone environnante)* Gürtel *m*; **~ verte** Grüngürtel *m*; **~ de protection** Sicherheitszone *f*
❽ *(route périphérique)* Ring *m*, Ringstraße *f*; **la petite/grande ~** der innere/äußere Ring
▶ **se serrer la ~** *fam* den Gürtel enger schnallen *(fam)*
♦ **~ de chasteté** HIST Keuschheitsgürtel *m*; **~ de flanelle** Nierenwärmer *m*; **~ de natation** Schwimmgürtel *m*; **~ de sauvetage** Rettungsring *m*; **~ de sécurité** Sicherheitsgurt *m*; **~ de sécurité à enrouleur automatique** Automatikgurt
ceinturer [sɛ̃tyʀe] <1> *vt* ❶ *(prendre à la taille)* umklammern *personne;* *(pour l'arrêter)* festhalten *personne*
❷ *(entourer) ville:* umgeben; *champ:* umzäunen
ceinturon [sɛ̃tyʀɔ̃] *m* MIL Koppel *nt*
cela [s(ə)la] *pron dém* ❶ *(pour désigner)* das; **~ te plaît?** gefällt dir das?; **pour ~, ...** deshalb ..., deswegen ...; **après ~** danach; **je ne pense qu'à ~** ich denke nur daran [*o* an nichts anderes]
❷ *(pour renforcer)* **qui ~?** wer/wen [sagst du/sagen Sie]?; **quand ~?** wann [sagst du/sagen Sie]?; **où ~?** wo/wohin [sagst du/sagen Sie]?; **comment ~?** was [sagst du/sagen Sie (da)]?, wie das?; **il travaille toujours? Et pourquoi ~?** er arbeitet immer noch? Und warum das?
❸ *(pour insister sur la durée)* **~ fait quinze jours que ...** es ist jetzt [schon] vierzehn Tage her, dass ...

▶ c'est ~ même ganz genau, genau so ist es; si ce n'est que ~ wenn es weiter nichts ist; à ~ près qu'il ment abgesehen davon [o außer], dass er lügt; et avec ~? was darf er sonst noch sein?; comme ~ dann also; sans ~ sonst, ansonsten

célébrant [selebʀɑ̃] *m* REL Zelebrant *m*

célébration [selebʀasjɔ̃] *f* ① *(fête)* Feierlichkeiten *Pl*, Feier *f*; ~ du mariage Trauung *f*; la ~ de notre mariage a eu lieu dans la plus stricte intimité wir haben unsere Hochzeit im engsten Kreis gefeiert; ~ du bicentenaire de la Révolution Zweihundertjahrfeier der Revolution
② REL *d'un office* Zelebration *f*; **pendant la ~ de la messe** während der Messe

célèbre [selɛbʀ] *adj* berühmt; ~ dans le monde entier weltberühmt; **rendre qn très ~** jdm zu großer Publizität verhelfen; **se rendre ~ par qc** durch etw berühmt werden

célébrer [selebʀe] <5> *vt* ① *(fêter)* feiern *fête, victoire;* rühmen, preisen *exploit*
② REL ~ **un office** eine Messe halten

célébrité [selebʀite] *f* ① *(renommée)* d'un site, événement Berühmtheit *f*; *d'une personne, œuvre* Berühmtheit, Ruhm *m*; **parvenir** [*o* accéder] à la ~ Berühmtheit erlangen
② *(personne)* Berühmtheit *f*, berühmte Persönlichkeit
▶ ~ **locale** *iron* lokale Größe

C.élec *abr de* **courrier électronique**

celer [səle, sele] <4> *vt littér* ~ **qc à qn** jdm etw verheimlichen [*o* verhehlen *geh*]

céleri [selʀi] *m* Sellerie *m o f*; ~ **en branches** Stangensellerie

céleri-rave [selʀiʀav] <céleris-raves> *m* Sellerie|knolle *f* | *m o f*, Knollensellerie, Wurzelsellerie

célérité [seleʀite] *f* Schnelligkeit *f*; **avec** ~ schnell, prompt

céleste [selɛst] *adj* ① *(relatif au ciel)* **corps** ~ Himmelskörper *m*; **les espaces ~s** das Weltall
② *(divin)* demeure, béatitude, Père himmlisch; *colère* göttlich
③ *(merveilleux)* himmlisch

célibat [seliba] *m* Ehelosigkeit *f*; d'un prêtre Zölibat *nt o m*

célibataire [selibatɛʀ] I. *adj* ledig, unverheiratet; *mère, père* allein erziehend
II. *mf* Junggeselle *m*/-gesellin *f*, Alleinstehende(r) *f(m)*, Single *m*; **club de ~s** Singleclub *m*

celle, celui [sɛl] <s> *pron dém* ① der[jenige]/die[jenige]/das[jenige]; **ma fleur/table/maison est plus jolie que ~ de Paul** meine Blume/mein Tisch/mein Haus ist schöner als die/der/das von Paul [*o* als Pauls]
② *avec pron rel* der/die/das; **c'est ~ que tu as vue dans le magazin** das ist der, den du im Laden gesehen hast; ~ **que tu as achetée est moins chère** die, die du gekauft hast, ist billiger; **mets donc ta robe rouge, c'est ~ qui te va le mieux** zieh doch dein rotes Kleid an, das steht dir am besten; **la marchandise importée est moins chère que ~ fabriquée en France** die importierte Ware ist preisgünstiger als die, die in Frankreich hergestellt wird [*o* als die in Frankreich hergestellte]

celle-ci, celui-ci [sɛlsi] <celles-ci> *pron dém* ① *(portant sur une personne)* diese(r) [hier]; *(portant sur une chose)* diese(r, s) [hier], der/die/das [hier] ② *(avec un geste démonstratif)* ~ **est meilleure** diese(r, s) [hier] ist besser, der/die/das [hier] ist besser ③ *(référence à un antécédent)* diese; **il écrivit à sa sœur** – ~ **ne répondit pas** er schrieb an seine Schwester – diese antwortete nicht ④ *(dans une opposition)* ~ **est moins chère que celle-là** diese(r, s) ist billiger als jene(r, s); *(avec un geste démonstratif)* diese(r, s) [*o* der/die/das] [hier] ist billiger als diese(r, s) [*o* der/die/das] [hier], **celle-là, celui-là** [sɛlla] <celles-là> *pron dém* ① *(portant sur une personne)* diese [da]; *(portant sur une chose)* diese(r, s) [da], der/die/das [da] ② *(avec un geste démonstratif)* ~ **est meilleure** diese(r, s) [da] ist besser, der/die/das [da] ist besser ③ *(référence à un antécédent)* **ah! Je la retiens ~ alors!** *fam* das werde ich mir merken!, das verzeihe ich ihr nie!; **elle est bien bonne ~!** das ist ein bisschen dick aufgetragen! ④ *(dans une opposition)* **celle-ci est moins chère que** ~ diese(r, s) ist billiger als jene(r, s); *(avec un geste démonstratif)* diese(r, s) [*o* der/die/das] hier ist billiger als diese(r, s) [*o* der/die/das] da

celles, ceux [sɛl] *pl pron dém* ① die[jenigen]; ~ **d'entre vous/nous** diejenigen von [*o* unter] Ihnen/uns
② *avec pron rel* ~ **qui ont fini peuvent sortir** die[jenigen], die fertig sind, können gehen; **les marchandises importées sont moins chères que ~ fabriquées en France** die importierten Waren sind preisgünstiger als die, die in Frankreich hergestellt werden [*o* als die in Frankreich hergestellten]

celles-ci, ceux-ci [sɛlsi] *pl pron dém* ① *(pour distinguer plusieurs personnes ou choses d'un groupe)* diese [hier], die [hier] ② *(référence à un antécédent)* diese; **il écrivit à ses Schwestern** – diese antworteten nicht ③ *(dans une opposition)* ~ **sont moins chères que celles-là** diese sind billiger als jene; *(avec un geste démonstratif)* diese [*o* die] hier sind billiger als diese [*o* die] da **celles-là, ceux-là** [sɛlla] *pl pron dém* ① *(avec un geste démonstratif)* diese [da], die [da]; ~ **sont les meilleures** die[se] da [*o* dort] sind die besten ② *(référence à un antécédent)* **ah! je les retiens ~ alors!** *fam* die werde ich mir merken!, das verzeihe ich ihnen nie! ③ *(dans une opposition)* **celles-ci sont moins chères que** ~ diese sind billiger als jene; *(avec un geste démonstratif)* diese [*o* die] hier sind billiger als diese [*o* die] da

cellier [selje] *m* Vorratsraum *m*; *(cave)* [Vorrats]keller *m*

cellophane® [selɔfan] *f* Zellophan *nt*, Cellophan *nt*; *(emballage alimentaire)* Frischhaltefolie *f*; **des feuilles de** ~ Zellophanpapier *nt*; **sous** ~ in [Frischhalte]folie verpackt

cellulaire [selylɛʀ] I. *adj* ① *(relatif à la cellule)* Zell-; **croissance** ~ Zellwachstum *nt*; **division** ~ Zellteilung *f*
② *(relatif à la prison)* **régime** ~ [Einzel]haft *f*; **fourgon** [*o* **voiture**] ~ Zellenwagen *m*, Gefangenentransporter *m*
II. *m* CAN *(téléphone portable)* Handy *nt*

cellular [selylaʀ] *m* TEXTIL **chemise en** ~ Netzhemd *nt*

cellule [selyl] *f* ① *(local)* Zelle *f*; ~ **monacale** Mönchszelle; ~ **de monastère/de couvent** Klosterzelle; ~ **d'isolement** Einzelzelle
② MED, BIO, PHYSIOL Zelle *f*; ~ **adipeuse** Fettzelle; ~ **basale** Basalzelle; ~ **mère diploïde** Urkeimzelle, Urgeschlechtszelle; ~ **primitive** Urzelle; ~**s cérébrales** [*o* **du cerveau**] [Ge]hirnzellen; ~**s nerveuses/reproductrices** Nerven-/Keimzellen; ~**s souches** Stammzellen; **recherche sur les** ~**s souches** Stammzellenforschung *f*; ~ **s vivantes** Frischzellen *Pl*; **traitement à base de** ~ **vivantes** Frischzellenbehandlung *f*, Frischzellentherapie *f*; ~ **naturelle tueuse** Killerzelle *f*
③ TECH Zelle *f*; ~ **photoélectrique** Fotozelle; ~ **électrochimique** Brennstoffzelle
④ *(division d'un tableau)* Zelle *f*
⑤ *(gâteau de cire)* Wabe *f*, Wabenzelle *f*
⑥ AVIAT Flugzeugzelle *f*
⑦ *(groupement politique)* Zelle *f*; ~ **de crise** Krisenstab *m*
▶ ~ **familiale** Familie als Keimzelle der Gesellschaft
◆ ~ **mémoire** INFORM Speicherzelle *f*
◆ ~ **de survie** Überlebenszelle *f*

cellulite [selylit] *f* MED Cellulite *f*, Zellulite *f*, Zellulitis *f*

celluloïd [selylɔid] *m* Zelluloid *nt*; **en** ~ aus Zelluloid

cellulose [selyloz] *f* Zellulose *f*, Cellulose *f*; **usine de** ~ Zellstofffabrik *f*

cellulosique [selylozik] *adj* **fibre** ~ Zellulosefaser *f*, Cellulosefaser *f*

celte [sɛlt] *adj* keltisch

Celte [sɛlt] *m, f* Kelte *m*/Keltin *f*

celtique [sɛltik] I. *adj* keltisch
II. *m* le ~ Keltisch *nt*, das Keltische; *v. a.* **allemand**

celui, celle [səlɥi] <ceux> *pron dém* ① *avec préposition* der[jenige]/die[jenige]/das[jenige]; **mon classeur/vase/tableau est plus joli que ~ de Paul** mein Ordner/meine Vase/mein Bild ist schöner als der/das von Paul [*o* als Pauls]
② *avec pron rel* der/die/das; **voilà l'ordinateur qui est encore mieux que ~ de Jules** das ist der Computer, der noch besser ist als der von Jules; **mets donc ton pantalon rouge, c'est ~ qui te va le mieux** zieh doch deine rote Hose an, die steht dir am besten; **ce tableau est moins cher que ~ que j'ai acheté** dieses Bild ist billiger als das, das ich gekauft habe
③ *avec adjectif ou participe* der/die/das; **le produit importé est moins cher que ~ fabriqué en France** die importierte Ware ist preisgünstiger als die, die in Frankreich hergestellt wird [*o* als die in Frankreich hergestellte]

celui-ci, celle-ci [səlɥisi] <ceux-ci> *pron dém* ① *(portant sur une personne)* diese(r) [hier]; *(portant sur une chose)* diese(r, s) [hier], der/die/das [hier] ② *(pour distinguer l'un de l'autre)* ~ **est meilleur** diese(r, s) [hier] ist besser, der/die/das [hier] ist besser ③ *(référence à un antécédent)* dieser; **il écrivit à son frère** – ~ **ne répondit pas** er schrieb an seinen Bruder – dieser antwortete nicht ④ *(dans une opposition)* ~ **est moins cher que celui-là** diese(r,s) ist billiger als jene(r, s); *(avec un geste démonstratif)* diese(r,s) [*o* der/die/das] hier ist billiger als diese(r, s) [*o* der/die/das] [hier], **celui-là, celle-là** [səlɥila] <ceux-là> *pron dém* ① *(portant sur une personne)* diese(r) [da]; *(portant sur une chose)* diese(r, s) [da], der/die/das [da] ② *(avec un geste démonstratif)* ~ **est meilleur** diese(r, s) [da/dort] ist besser ③ *(référence à un antécédent)* **ah! Je le retiens ~ alors!** *fam* das werde ich mir merken!, das verzeihe ich ihm nie!; **elle est bien bonne celle-là!** das ist ein bisschen dick aufgetragen! ④ *(dans une opposition)* **celui-ci est moins cher que** ~ diese(r, s) ist billiger als jene(r, s); *(avec un geste démonstratif)* diese(r,s) [*o* der/die/das] hier ist billiger als diese(r, s) [*o* der/die/das] da

cément [semɑ̃] *m* ANAT Zahnzement *m*

cénacle [senakl] *m* ① *d'artistes, d'hommes de lettres* [kleiner] Kreis *m*

② REL v. **Cène**
cendre [sɑ̃dʀ] f ❶ *(résidu de la combustion)* Asche f; ~ **de cigarette/de tabac** Zigaretten-/Tabakasche
② pl GEOL *(cendres volcaniques)* [Vulkan]asche f
❸ pl *(restes d'un mort)* Asche f; **paix à ses ~s!** Friede ihrer/seiner Asche!
cendré(e) [sɑ̃dʀe] adj *lumière* fahl; *cheveux* aschblond
cendrée [sɑ̃dʀe] f SPORT Aschenbahn f; **sur ~** auf einer Aschenbahn
cendrier [sɑ̃dʀije] m ❶ *d'un poêle* Asch[en]kasten m; *(pour vider le poêle)* Asch[en]eimer, m
② *(récipient pour la cendre de tabac)* Aschenbecher m
Cendrillon [sɑ̃dʀijɔ̃] f Aschenputtel nt, Aschenbrödel nt
Cène [sɛn] f REL **la ~** das letzte Abendmahl
cenellier [sənəlje] m CAN *(aubépine)* Weißdorn m
cénozoïque [senɔzɔik] m GEOL Erdneuzeit f
censé(e) [sɑ̃se] adj ❶ *(présumé en train de faire qc)* **être ~(e) faire qc** [eigentlich] etw tun wollen
② *(présumé capable de faire qc)* **je suis ~(e) connaître la réponse** ich bin der/die Einzige, der/die die Antwort kennt
❸ *(présumé devoir faire qc)* **je te le dis, mais tu n'es pas ~(e) le savoir** ich sage es dir, aber eigentlich darfst du es gar nicht wissen
censément [sɑ̃semɑ̃] adv *(apparement)* offensichtlich, anscheinend
censeur [sɑ̃sœʀ] m ❶ MEDIA *(critique)* Kritiker(in) m(f)
② POL Zensor(in) m(f)
❸ SCOL *vieilli* Beamter, der/Beamtin, die an Gymnasien für die Schulordnung zuständig war
censure [sɑ̃syʀ] f ❶ Zensur f; **~ politique** politische Zensur; **~ cinématographique** Filmzensur; **~ sur la presse** Pressezensur; **passer** [o **être soumis(e)] à la ~** der Zensur unterliegen, zensiert werden
② *(autorité)* **commission de ~** Zensurbehörde f; **service de la ~ cinématographique** Filmzensur f
❸ POL *(sanction prononcée par une assemblée)* Misstrauensvotum nt; **déposer une motion de ~** einen Misstrauensantrag stellen; **voter la [motion de] ~** ein Misstrauensvotum abgeben
censurer [sɑ̃syʀe] <1> vt ❶ zensieren; **être censuré(e) pendant des années** jahrelang von der Zensur verboten sein [o auf dem Index stehen]
② a. POL *(sanctionner)* **~ qn/qc** jdm das Misstrauen aussprechen/ Misstrauen gegenüber etw empfinden
cent[1] [sɑ̃] I. num ❶ [ein]hundert; **cinq ~s euros** fünfhundert Euro; **mille ~** [o **onze ~s] euros** [ein]tausendeinhundert [o elfhundert] Euro; **deux ~ mille** zweihunderttausend; **trois ~s millions** dreihundert Millionen; **~ un(e)** hundert[und]eins/-eine(r); **deux ~ deux jours** zweihundert[und]zwei Tage
② *(dans l'indication de l'âge, la durée)* **avoir ~ ans** hundert [Jahre alt] sein; **personne de ~ ans** Hundertjährige(r) f(m); **période de ~ ans** Zeitraum m von hundert Jahren
❸ inv *(dans l'indication de l'ordre)* **page deux ~** Seite zweihundert
❹ *antéposé (nombreux)* hundert; **vous avez ~ fois raison** Sie haben hundertprozentig [o völlig] Recht
II. m inv ❶ Hundert f
② *(numéro)* Nummer f hundert, Hundert f
▶ **pour ~** Prozent nt; **cinq/dix pour ~ des Français** fünf/zehn Prozent der Franzosen; **pour ~** hundertprozentig, völlig
III. f *(table, chambre ... numéro cent)* Hundert f; v. a. **cinq, cinquante**
cent[2] [sɛnt] m FIN Cent m
cent[3] [sɛn] f CAN Cent m
centaine [sɑ̃tɛn] f ❶ **une ~ de personnes/de pages** etwa [o ungefähr] hundert Personen/Seiten; **des ~s de personnes/de pages** Hunderte Pl von Personen/Seiten, zighundert Personen/ Seiten, Zighunderte von Personen/Seiten *(fam)*; **plusieurs ~s de manifestants** mehrere Hundert Demonstranten; **des/les ~s de milliers d'Allemands** Hunderttausend Deutsche/Hunderttausende von Deutschen; **par ~s** zu Hunderten
② *(cent unités)* Hunderter m; **dans 648, 6 est le chiffre des ~s in 648** steht 6 für die Hunderter
❸ COM Hundert nt; **à la ~** im Hundert[erpack]
centaure [sɑ̃tɔʀ] m MYTH Zentaur m, Kentaur m
centenaire [sɑ̃tnɛʀ] I. adj hundertjährig; **être ~** hundert Jahre alt sein
II. mf Hundertjährige(r) f(m)
III. m *d'une personne, chose* hundertster Geburtstag; *d'un événement* hundertster Jahrestag; *(cérémonie)* Hundertjahrfeier f
centésimal(e) [sɑ̃tezimal, o] <-aux> adj zentesimal *(Fachspr.)*, hundertteilig; **degré ~** Hundertstelgrad m; *(sur un thermomètre)* Grad m Celsius
centième [sɑ̃tjɛm] I. adj antéposé hundertste(r, s)
II. mf **le/la ~** der/die/das Hundertste
III. m *(fraction)* Hundertstel nt; **un ~ [de seconde]** ein Hundertstel, eine Hundertstelsekunde
IV. f THEAT hundertste Aufführung; v. a. **cinquième**
centigrade [sɑ̃tigʀad] adj vieilli **degré ~** Hundertstelgrad m; v. a. **centésimal**
centigramme [sɑ̃tigʀam] m Zentigramm nt; **peser qc au ~ près** etw auf [ein] hundertstel Gramm genau abwiegen
centilitre [sɑ̃tilitʀ] m Zentiliter m o nt; **25 ~s** ein viertel Liter [o Viertelliter], 0,25 Liter
centime [sɑ̃tim] m ❶ Centime m; **une pièce de 50 ~s** eine Fünfzigcentimemünze, fünfzig Centime
② fig **ne pas avoir un ~ sur soi** keinen Pfennig [bei sich] haben
centimètre [sɑ̃timɛtʀ] m ❶ *(unité)* Zentimeter m
② *(ruban)* Zentimetermaß nt
▶ **au ~ près** auf den Zentimeter genau, zentimetergenau
◆ **~ carré** Quadratzentimeter m; **~ cube** Kubikzentimeter m
centrafricain(e) [sɑ̃tʀafʀikɛ̃, ɛn] adj zentralafrikanisch
centrage [sɑ̃tʀaʒ] m TYP, INFORM *d'un texte, d'une illustration* Zentrierung f
central [sɑ̃tʀal, o] <-aux> m TELEC [Telefon]zentrale f
central(e) [sɑ̃tʀal, o] <-aux> adj ❶ *(situé au centre)* zentral; *quartier* zentral [gelegen]; **partie ~e** Mittelstück nt, mittlerer Teil; **l'Amérique/l'Asie ~e** Mittelamerika nt/Zentralasien nt
② *(important)* zentral; **être ~(e)** *passage:* von zentraler Bedeutung sein; **personnage ~** Hauptperson f, Hauptfigur f
❸ ADMIN **administration ~e** Zentralverwaltung f
centrale [sɑ̃tʀal] f ❶ ELEC *(usine)* Kraftwerk nt; **~ atomique** [o **nucléaire**] Atomkraftwerk, Kernkraftwerk; **~ électrique** Elektrizitätswerk; **~ éolienne** Windenergieanlage f; **~ thermique** Wärmekraftwerk; **~ d'énergie solaire** Sonnenkraftwerk; **~ de production d'énergie solaire** Solaranlage
② POL *(organisation ouvrière)* [gewerkschaftliche] Organisation, Arbeitnehmerorganisation f; **~ syndicale** Gewerkschaft f
❸ COM *(organisme centralisateur)* Zentrale f, Zentralstelle f; *(association centralisatrice)* Zentralverband m, Spitzenverband m
❹ *(prison)* Strafvollzugsanstalt f
❺ *(grande école)* **la Centrale** renommierte staatliche Hochschule für Ingenieure und Manager
◆ **~ d'accumulation** Speicherkraftwerk nt; **~ d'émission** Sendezentrale f; **~ d'informations** Nachrichtenzentrale f; **~ d'intervention** ECON Einsatzzentrale f
centralien(ne) [sɑ̃tʀaljɛ̃, jɛn] m(f) *[ehemaliger]* Schüler/[ehemalige] Schülerin der „Ecole centrale des arts et manufactures"
centralisateur, -trice [sɑ̃tʀalizatœʀ, -tʀis] adj zentralistisch
centralisation [sɑ̃tʀalizasjɔ̃] f ❶ *(action de centraliser)* de la politique, de l'économique Zentralisierung f, Zentralisation f; des dons, des secours zentrale Koordinierung; des renseignements zentrale Erfassung
② *(résultat)* Zentralisation f
centralisé(e) [sɑ̃tʀalize] adj zentralstaatlich; **dirigé(e) de manière ~e** zentralstaatlich gelenkt
centraliser [sɑ̃tʀalize] <1> vt zentralisieren *pouvoir, administration, économie;* [zentral] erfassen, [zentral] sammeln *informations;* koordinieren *dons, secours*
centralisme [sɑ̃tʀalism] m Zentralismus m; **~ de l'État** staatlicher Zentralismus
centre [sɑ̃tʀ] m ❶ *(milieu) d'un cercle, globe, d'une sphère* Mittelpunkt m; *d'une ville* Mitte f, Zentrum nt, Ortskern m; *d'une place* Mitte, Zentrum; **le ~ de la ville** die Stadtmitte, die Innenstadt
② *(région)* Kerngebiet nt; *d'un bâtiment* Kernbereich m
❸ POL Mitte f; **parti du ~** Partei f der Mitte; **~ gauche/droit** gemäßigte Linke/Rechte
❹ *(lieu d'activités)* Zentrum nt; **~ financier/industriel/commercial** Finanz-/Industrie-/Handelszentrum; **~ ferroviaire** Eisenbahnknotenpunkt m; **les grands ~s urbains** die großen Ballungszentren
❺ *(organisme, local)* Zentrum nt; **~ aéré** Ferien- und Freizeitzentrum; **~ commercial/culturel** Einkaufs-/Kulturzentrum; **~ éducatif** [Erziehungs]heim nt; **place dans un ~ éducatif** Heimplatz m; **~ du/d'un club de sport** Vereinsheim nt, Vereinshaus nt; **~ d'hébergement** Gästehaus nt; *(pour réfugiés)* Sammelunterkunft f; **~ d'hébergement transitoire** Übergangsheim; **~ spatial/nautique** Raumfahrt-/Wassersportzentrum; **~ d'activités industrielles et commerciales** Gewerbezentrum; **~ de contacts multimédia** Callcenter m; **~ de culturisme** Fitnesscenter, Fitnessklub m; **~ d'entraînement sportif** Leistungszentrum; **~ de [la] presse** Pressezentrum; **~ de recherches nucléaires** Kernforschungszentrum; **~ de transbordement des colis** Paketumschlagstelle f; **~ de vacances touristique** Urlaubszentrum
❻ *(hôpital)* Klinik f; **~ hospitalier régional/universitaire** Landes-/Universitätsklinik; **~ de la douleur** Schmerzklinik
❼ FBALL *(terrain)* Mittelfeld nt; *(joueur)* Mittelstürmer m; *(passe)* Flanke f
❽ *(point essentiel)* Mittelpunkt m; **être au ~ de qc** im Mittel-

punkt einer S. *(Gen)* sein; **être au ~ des préoccupations de qn** jds Hauptsorge sein
❾ INFORM **grand ~ informatique** Großanlage *f*
❿ MED **~ auditif** Hörzentrum *nt*
◆ **~ d'accueil** Beratungsstelle *f*; *(pour réfugiés)* Aufnahmelager *nt*; **~ d'achats** CAN *(centre commercial)* Einkaufszentrum *nt*; **~ des affaires** Geschäftszentrum *nt*; **~ d'art dramatique** Theaterwerkstatt *f*; **~ de communication** Kommunikationszentrum *nt*; **~ de contrôle** Kontrollzentrum *nt*; **~ de contrôle aérien** Flugüberwachung *f*; **~ de contrôle de la navigation aérienne** Flugverkehrsleitstelle *f*; **~ de cure** Kuranlage *f*; **~ de détention** Untersuchungsgefängnis *nt*; **~ de documentation** Dokumentationszentrum *nt*; **~ de formation** Bildungsstätte *f*; *(de formation professionnelle)* Ausbildungszentrum *nt*; **~ de gravité** PHYS Schwerpunkt *m*; **~ d'informatique** *d'un institut* Rechenanlage *f*; **~ d'intérêt** [Themen]schwerpunkt *m*; **~ de loisirs** Vergnügungszentrum *nt*; **~ d'organisation** Organisationszentrum *nt*; **~ de pèlerinage** Wallfahrtsort *m*; **~ de rééducation** MED Rehabilitationszentrum *nt*; **~ de reproduction** Zuchtstätte *f*; **~ de transfusion sanguine** Blutspendezentrum *nt*; **~ de tri** POST Sortierstelle *f*; **~ de vacances** Ferienlager *nt*, Ferienheim *nt*; **~ du vomissement** ANAT Brechzentrum *nt*

centre-avant [sɑ̃tʀavɑ̃] <centres-avants> *m* SPORT BELG *(avant-centre)* Mittelstürmer(in) *m(f)*

centrer [sɑ̃tʀe] <1> *vt* ❶ *a. fig (placer au centre)* zentrieren; **~ son discours sur un sujet** ein Thema in den Mittelpunkt seiner Rede stellen
❷ SPORT [zur Mitte] flanken

centre-ville, centre ville [sɑ̃tʀəvil] <centres-villes *o* centres villes> *m abusif* Stadtzentrum *nt*; *v.* **centre**

centrifuge [sɑ̃tʀifyʒ] *adj* zentrifugal; **force ~** Zentrifugalkraft *f*; **essoreuse ~** Schleuder *f*

centrifuger [sɑ̃tʀifyʒe] <2a> *vt* zentrifugieren

centrifugeuse [sɑ̃tʀifyʒøz] *f* Zentrifuge *f*; *(pour produire du jus)* Entsafter *m*

centripète [sɑ̃tʀipɛt] *adj* PHYS zentripetal; **la force ~** Zentripetalkraft *f*

centrisme [sɑ̃tʀism] *m* Politik *f* der Mitte

centriste [sɑ̃tʀist] **I.** *adj* député der Mitte; *convictions politiques* gemäßigt, in der politischen Mitte angesiedelt
II. *mf* Abgeordnete(r) *f(m)* der Mitte

centuple [sɑ̃typl] **I.** *adj* hundertfach; **mille est un nombre ~ de dix** tausend ist das Hundertfache von zehn
II. *m a. fig* Hundertfache(s) *nt*; **rendre une dette à qn au ~** jdm eine Schuld mit Zins und Zinseszins zurückzahlen

centupler [sɑ̃typle] <1> **I.** *vi* sich verhundertfachen
II. *vt* verhundertfachen

cep [sɛp] *m (pied de vigne)* Rebstock *m*, Weinstock *m*

cépage [sepaʒ] *m* Rebsorte *f*, Rebe *f*

cèpe [sɛp] *m* Steinpilz *m*, Herrenpilz (A)

cependant [s(ə)pɑ̃dɑ̃] *adv* ❶ doch, jedoch; **c'est incroyable et ~ vrai** es ist unglaublich, aber [dennoch] wahr; **~, en fin de journée** ... gegen Abend jedoch ...; **et ~** und doch; **il a raté son examen et ~ il avait travaillé** er ist durch die Prüfung gefallen, obwohl er doch gearbeitet hatte
❷ *littér* **~ que** während

céphalée [sefale] *f* MED Kopfschmerz *m*; **~ de tension** Spannungskopfschmerz

céphalique [sefalik] *adj* ANAT, MED Kopf-; **position ~** Kopflage *f*; **présentation ~** Schädellage

céphalorachidien(ne) [sefalɔʀaʃidjɛ̃, jɛn] *adj* MED **liquide ~** [Hirn- u.] Rückenmarksflüssigkeit *f*

céramique [seʀamik] **I.** *adj* keramisch; **production ~** Keramikproduktion *f*
II. *f* ❶ *(objet)* Keramik *f*; **en ~** aus Keramik
❷ *(art)* Töpferei *f*, Töpferkunst *f*
❸ MED **~ dentaire** Zahnkeramik *f*

céramiste [seʀamist] *mf* Keramiker(in) *m(f)*

Cerbère [sɛʀbɛ:ʀ(ə)] *m* Zerberus *m*

cerceau [sɛʀso] <x> *m* Reifen *m*; *d'un tonneau* Reif[en] *m*, Band *nt*; *d'une tonnelle* Bogen *m*

cerclage [sɛʀklaʒ] *m* ❶ TECH Bereifen *nt*
❷ MED Cerclage *f*

cercle [sɛʀkl] *m* ❶ *(forme géométrique)* Kreis *m*; **former un ~** einen Kreis bilden [*o* schließen]; **en ~** im Kreis
❷ *(étendue) de personnes* Kreis *m*; *de connaissances, recherches* Bereich *m*; **~ d'amis** Freundeskreis; **le ~ de mes relations** mein Bekanntenkreis; **le ~ de famille** der Kreis der Familie; **élargir le ~ de ses connaissances/clients** seinen Bekannten-/Kundenkreis erweitern; **~ des participants** Teilnehmerkreis
❸ *(club, groupe)* Kreis *m*, Zirkel *m*, Bund *m*; **~ littéraire** Literaturkreis; **~ politique** politischer Arbeitskreis; **~ militaire** militärischer Bund; **~ sportif** Sportklub *m*, Sportclub; **~ des officiers** Offizierskasino *nt*; **~ amical France-Allemagne** deutsch-französischer Freundeskreis; **~ d'études** Studienkreis
❹ GEOG Kreis *m*; **~ antarctique/arctique** südlicher/nördlicher Polarkreis
▶ **~ vicieux** Teufelskreis *m*
◆ **~ de qualité** ECON Qualitätszirkel *m*

cercler [sɛʀkle] <1> *vt (munir de cercles)* binden, bereifen; *(entourer)* einfassen, umranden; **des lunettes cerclées d'or** eine Brille mit Goldfassung; **lunettes cerclées d'écaille** Brille mit Hornfassung [*o* Schildpattfassung]

cercueil [sɛʀkœj] *m* Sarg *m*; **~ d'enfant** Kindersarg

céréale [seʀeal] *f* Getreide *nt*; **les ~s** das Getreide; *(au petit-déjeuner)* ≈ die Getreideflocken *Pl* fürs Frühstück; **espèces de ~s** Kornarten *Pl*; **prix des ~s** Getreidepreis *m*; **récolte des ~s** Kornernte *f*; **réserve de ~s** Getreidevorrat *m*

céréalier [seʀealje] *m (producteur de céréales)* Getreidebauer(in) *m(f)*

céréalier, -ière [seʀealje, -jɛʀ] *adj* **culture/plante céréalière** Getreideanbau *m*/-pflanze *f*; **produit ~** Getreideprodukt *nt*, Getreideerzeugnis *nt*; **pays ~** Getreideland *nt*

cérébral(e) [seʀebʀal, o] <-aux> **I.** *adj* ❶ ANAT Gehirn-, Hirn-; **activité ~e** Gehirntätigkeit *f*; **fonctions ~es** Gehirnfunktion *f*; **hémisphère ~** Gehirnhälfte *f*, Großhirnhälfte; **hémorragie ~e** [Ge]hirnblutung *f*; **lésion ~e** [Ge]hirnverletzung *f*; **congestion ~e** Schlaganfall *m*
❷ *(intellectuel)* geistig; **être plus manuel que ~(e)** mehr handwerkliche [*o* manuelle] als geistige [*o* intellektuelle] Fähigkeiten haben
II. *mf* **être un pur ~** ein reiner Verstandesmensch sein

cérébrospinal(e) [seʀebʀɔspinal, o] <-aux> *adj* MED Hirn und Rückenmark betreffend, zerebrospinal *(Fachspr.)*

cérémonial(e) [seʀemɔnjal] <s> *m(f)* Zeremoniell *nt*

cérémonie [seʀemɔni] *f* Zeremonie *f*, Feier *f*, Festveranstaltung *f*, Feierlichkeiten *Pl*; **~ religieuse** kirchliche Feier; **~ d'inauguration/d'ouverture** Gründungs-/Eröffnungsfeier; **~ du mariage** Hochzeitsfeier[lichkeiten]; **~ religieuse/civile du mariage** kirchliche/standesamtliche Trauung; **habit de ~** feierliche Kleidung, Gesellschaftskleidung *f*
▶ **sans plus de ~s** ohne weitere Umstände

cérémonieusement [seʀemɔnjøzmɑ̃] *adv souvent péj* feierlich, zeremoniell; *(sans cordialité)* förmlich, steif

cérémonieux, -euse [seʀemɔnjø, -jøz] *adj* zeremoniell; **salut, ton, accueil** feierlich; *(sans cordialité)* förmlich, steif; **prendre des airs ~** ganz förmlich werden

cerf [sɛʀ] *m* ZOOL Hirsch *m*; **~ [de] dix cors** Zehnender *m*; **grand vieux ~** Platzhirsch

cerfeuil [sɛʀfœj] *m* Kerbel *m*

cerf-volant [sɛʀvɔlɑ̃] <cerfs-volants> *m* ❶ *(jouet)* Drachen *m*; **faire voler un ~** einen Drachen steigen lassen
❷ ZOOL Hirschkäfer *m*

cerise [s(ə)ʀiz] **I.** *f* Kirsche *f*; **noyau de ~** Kirschkern *m*, Kirschstein *m*; **confiture/jus de ~s** Kirschmarmelade *f*/-saft *m*; **liqueur de ~s** Kirschlikör *m*; **variété de ~s** Kirschsorte *f*
II. *adj inv* |rouge| ~ kirschrot

cerisier [s(ə)ʀizje] *m* ❶ *(arbre)* Kirschbaum *m*; **~ du Japon** Zierkirsche *f*
❷ *(bois)* Kirschbaum, Kirsch[baum]holz *nt*, Kirsche *f*

cérium [seʀjɔm] *m* CHIM Cer *nt*

CERN [sɛʀn] *m abr de* **Conseil européen pour la recherche nucléaire** europäische Organisation für Kernforschung in Genf

cerne [sɛʀn] *m* ❶ *pl (sous les yeux)* Ringe *Pl* [*o* Schatten *Pl*] unter den Augen
❷ *(cercle coloré)* Ring *m*; *d'une tache* Rand *m*; **de la lune** Hof *m*
❸ *d'un arbre* Jahresring *m*

cerné(e) [sɛʀne] *adj* **avoir les yeux ~s** Ringe [*o* Schatten] *Pl* unter den Augen haben

cerneau [sɛʀno] <x> *m (noix verte)* grüne [*o* unreife] Nuss; *(chair)* Nusskern *m*

cerner [sɛʀne] <1> *vt* ❶ *(entourer)* umschließen, umgeben
❷ *a. fig (entourer d'un trait)* umreißen, skizzieren
❸ *(encercler)* umstellen, einkreisen *ennemi, ville*
❹ *(assaillir)* hereinbrechen über *personne*; **les soucis le cernent de toutes parts** die Sorgen wachsen ihm über den Kopf
❺ *fig* einkreisen; *(analyser)* erfassen *problème, situation*; einschätzen *difficulté*
❻ *fam (évaluer)* einordnen, einschätzen *personne*

certain(e) [sɛʀtɛ̃, ɛn] **I.** *adj* sicher; **qc est sûr et ~** etw ist hundertprozentig [*o* ganz] sicher; **tenir qc pour ~** etw für gesichert halten, von etw überzeugt sein; **j'en suis sûr(e) et ~(e)!** dessen bin ich mir ganz sicher!, davon bin ich überzeugt!
II. *adj indéf* ❶ *pl antéposé (quelques)* gewisse, bestimmte
❷ *(bien déterminé)* **un ~ endroit/une ~e époque** eine bestimmte Stelle/Epoche

III. *pron pl (personnes, choses)* manche, einige, gewisse *(pej)*; ~(e)s **d'entre vous** manche [*o* einige] unter Ihnen/euch; **aux yeux de ~**(e)s in den Augen einiger [*o* gewisser *pej*] Leute

certainement [sɛʀtɛnmɑ̃] *adv* ❶ *(selon toute apparence)* sicher[lich], bestimmt

❷ *(sans aucun doute)* [ganz] sicher, [ganz] bestimmt, zweifellos

certes [sɛʀt] *adv* ❶ *(pour exprimer une réserve) (en début de phrase)* zugegeben ..., gewiss ...; *(au milieu de la phrase)* sicher, zwar; *(dans une négation)* bestimmt, gewiss *(a.b.)*; **c'est le plus doué, ~! Mais ...** er ist sicher [*o* zwar] der Begabteste, aber ..., zugegeben [*o* gewiss *geh*], er ist der Begabteste, aber ...

❷ *littér (pour renforcer une affirmation)* gewiss *(geh)*

certificat [sɛʀtifika] *m* ❶ *(attestation)* Bescheinigung *f*; **~ médical** ärztliches Attest; *(fiche de maladie)* [ärztliche] Krankmeldung; **~ délivré par l'employeur** Beschäftigungsnachweis *m*; **~ de travail** *(certificat de travail)* Zwischenzeugnis *nt*, Interimszeugnis *nt*, ECON Zwischenschein *m*, Interimsschein *(Fachspr.)*; **~ d'actions nominatives** FIN Zertifikat *nt* für Namensaktien

❷ *(diplôme)* Zeugnis *nt*; *d'un domestique* Referenz *f*; *(des études universitaires)* Diplom *nt*; **délivrer** [*o* **fournir**] **un ~ à qn** jdm ein Zeugnis ausstellen

◆ **~ d'aptitude** Tauglichkeitszeugnis *nt*; **~ d'aptitude professionnelle** JUR beruflicher Befähigungsnachweis; **~ d'attestation de brevet** Patenturkunde *f*; **~ d'authenticité** Echtheitszeugnis *nt*; **~ de bonne conduite** [polizeiliches] Führungszeugnis *nt*; **~ de bonne moralité** Leumundszeugnis *nt*; **~ de chargement** Ladeschein *m*; **~ de circulation des marchandises** Warenverkehrsbescheinigung *f*; **~ de conformité** Bestätigung *f* der Echtheit; **~ de décès** Totenschein *m*; **~ de dépôt** FIN Einlagenzertifikat *nt*; JUR Hinterlegungsbeleg *m (Fachspr.)*, Hinterlegungsbescheinigung *f (Fachspr.)*; **~ d'épargne** FIN Sparzertifikat *nt*; **~ d'exportation** Ausfuhrlizenz *f*; **~ d'exposition** JUR Ausstellungsbescheinigung *f*; **~ de garantie** Garantieschein *m*; **~ d'hérédité** Erbschein *m*; **~ d'inscription** JUR Eintragungsbescheinigung *f*; **~ d'inventeur** JUR Erfinderschein *m*; **~ d'investissement** FIN Aktienzertifikat *nt*; **~ de mise en circulation** JUR Gebrauchsabnahmebescheinigung *f (Fachspr.)*; **~ de modèle déposé** JUR Gebrauchsmusterzertifikat *nt (Fachspr.)*; **~ de naissance** Geburtsurkunde *f*; **~ de non-retard de paiement** FISC Unbedenklichkeitsbescheinigung *f*; **~ d'origine** COM Ursprungszeugnis *nt*, Ursprungsnachweis *m*, Herkunftsbescheinigung *f*; **~ de réception** Abnahmebescheinigung *f*; **~ de résidence** [An]meldebestätigung *f*; **~ de scolarité** Schulbescheinigung *f*; **~ de souscription** FIN Aktienbezugsschein *m*; **~ de travail** Arbeitsbescheinigung *f*; **~ de vaccination** Impfschein *m*

certification [sɛʀtifikasjɔ̃] *f* ❶ JUR Gültigkeitsvermerk *m*

❷ FIN Zertifizierung *f*; **~ de solvabilité** Bonitätsbestätigung *f*

certifié(e) [sɛʀtifje] **I.** *adj (titulaire du C.A.P.E.S.)* **professeur ~** ≈ Lehrer(in) für das höhere Lehramt

II. *m(f) (titulaire du C.A.P.E.S.)* ≈ Lehrer(in) für das höhere Lehramt

certifier [sɛʀtifje] <1a> *vt* ❶ versichern; **il n'a pu ~ l'heure du décès** er konnte nicht mit Sicherheit sagen, wann der Tod eingetreten war

❷ JUR, ADMIN beglaubigen; **~ une copie conforme** eine Abschrift beglaubigen; **cette copie est certifiée conforme à l'original** diese Kopie ist beglaubigt; *(mention sur le tampon)* Kopie entspricht dem Original

certitude [sɛʀtityd] *f* Sicherheit *f*, Gewissheit *f*; **avec ~** sicher, mit Sicherheit; **c'est maintenant une ~ absolue** darüber besteht jetzt absolute Gewissheit [*o* Sicherheit]; **avoir la ~ de qc** sich *(Dat)* einer S. *(Gen)* sicher sein; **~ d'atteindre son but** Zielsicherheit *f*

cérumen [seʀymɛn] *m* Ohrenschmalz *nt*

cerveau [sɛʀvo] <x> *m* ❶ ANAT Gehirn *nt*

❷ *(ensemble des facultés mentales)* [Ge]hirn *nt*, Kopf *m*, Verstand *m*

❸ *(centre de direction) d'une entreprise, organisation* [Schalt]zentrale *f*

❹ *(personne)* intelligenter [*o* kluger] Kopf; *(célébrité)* großer Geist

❺ *(organisateur)* Kopf *m*

▶ **avoir le ~ dérangé** [*o* **fêlé**] *fam* nicht ganz richtig im Kopf sein *(fam)*, nicht ganz bei Verstand sein *(fam)*; **se creuser** [*o* **se fatiguer**] **le ~** sich *(Dat)* den Kopf zerbrechen, sich *(Dat)* das Hirn zermartern *(fam)*

cervelas [sɛʀvəla] *m* Zervelatwurst *f*

cervelet [sɛʀvəlɛ] *m* ANAT Kleinhirn *nt*

cervelle [sɛʀvɛl] *f* ❶ *fam (esprit)* Verstand *m*; **une tête sans ~** ein Hohlkopf [*o* Dummkopf] *m (fam)*; **ne rien avoir dans la ~** nichts im Kopf haben

❷ GASTR Hirn *nt*; **~ de veau** Hirn vom Kalb, Kalbshirn, zervikal *(Fachspr.)*; **les** [**vertèbres**] **~es** die Halswirbel; **douleurs ~es** Nackenschmerzen *Pl*

cervical(e) [sɛʀvikal, o] <-aux> *adj* ANAT Hals-, zervikal *(Fachspr.)*; **douleurs ~es** Nackenschmerzen *Pl*; **vertèbre ~e** Halswirbel *m*

cervicale [sɛʀvikal] *f* ANAT Halswirbel *m*; **fracture des ~s** Genickbruch *m*

cervidés [sɛʀvide] *m pl* ZOOL [die Familie der] Hirsche *Pl*

Cervin [sɛʀvɛ̃] *m* **le ~** das Matterhorn

cervix [sɛʀviks] *m* ANAT Zervix *f*, Cervix *f*

cervoise [sɛʀvwaz] *f* HIST Bier *nt (das bis ins Mittelalter verbreitet war und keinen Hopfen enthält)*

ces [se] *adj dém pl* ❶ *(pour désigner des personnes ou choses proches)* diese; **~ tableaux/fleurs** diese Bilder/Blumen; **en ~ derniers jours d'été** in diesen letzten Sommertagen

❷ *fam (intensif, péjoratif)* **il a de ~ idées!** er hat vielleicht Ideen! *(fam)*; **comment peut-il raconter ~ mensonges** wie kann er nur solche Lügen auftischen! *(fam)*

❸ *(avec une nuance d'étonnement)* diese, solche; **~ mensonges!** diese Lügen!

❹ *(formule de politesse)* die; **si ~ dames/messieurs veulent bien s'asseoir!** wenn sich die Damen/Herren bitte setzen wollten! *(veraltet)*

❺ *(mise en opposition)* diese, die; **~ gens-ci ... ~ gens-là** die Leute hier ... die Leute dort, diese Leute ... die anderen Leute

❻ *(temporel)* **~ nuits-ci, j'ai mal dormi** diese Nächte [*o* in diesen Nächten] habe ich schlecht geschlafen; **~ jours-ci** zurzeit; **un de ~ jours** irgendwann [mal]; **à un de ~ jours!** bis dann!; **dans ~ années-là** in jenen Jahren

❼ *(allusion à un sujet dont on a déjà parlé)* **et ~ projets de construction, ça marche?** und die [*o* deine/Ihre] Baupläne, was machen die?, und was machen die [*o* deine/Ihre] Baupläne?

C.E.S. [seøɛs] *m* ❶ *abr de* **collège d'enseignement secondaire** ≈ Schule der Sekundarstufe I

❷ *abr de* **contrat emploi-solidarité** *(emploi)* ≈ ABM-Stelle *f*

César [seza:ʀ] *m* HIST **Jules ~** Julius Cäsar

césarienne [sezaʀjɛn] *f* MED Kaiserschnitt *m*

césium [sezjɔm] *m* CHIM Cäsium *nt*

cessant(e) [sesɑ̃, ɑ̃t] *adj* ▶ **toute chose** [*o* **affaire**] **~e** vordringlich, besonders wichtig

cessation [sesasjɔ̃] *f* Einstellen *nt*; **~ du contrat de travail** Beendigung *f* des Arbeitsverhältnisses; **~ d'activité** Geschäftsaufgabe *f*, Geschäftsauflösung *f*; **~ d'une entreprise** ECON Betriebsbeendigung; **~ d'exploitation partielle** Teilbetriebsaufgabe; **~ du lien juridique résultant du contrat** Beendigung des Vertragsverhältnisses; **~ des livraisons** Lieferstopp *m*; **~ de la relation d'affaires** Aufhebung *f* der Geschäftsverbindung; **en état de ~ de paiements** zahlungsunfähig

cesse [sɛs] ▶ **n'avoir** [**pas**] **de ~** keine Ruhe geben; **sans ~** *(sans interruption)* ständig, unaufhörlich; *(de manière répétitive)* immer wieder

cesser [sese] <1> **I.** *vt* einstellen; beenden *discours*; **~ le travail** *(finir de travailler) personne:* seine Arbeit beenden, Feierabend machen *(fam)*; *entreprise:* Feierabend machen; *(se mettre en grève)* die Arbeit einstellen; **cessez ces cris!** hört mit dem Geschrei auf! *(fam)*; **faire ~ qc** etw beenden; **faire ~ le chaos** das Chaos beseitigen

II. *vi* aufhören; *combat, travail:* eingestellt werden; *conflit:* ein Ende finden; *fièvre:* fallen; **~ de fumer** das Rauchen aufgeben

cessez-le-feu [sesel(ə)fø] *m inv (arrêt prolongé)* Waffenruhe *f*; *(arrêt momentané)* Waffenpause *f*

cessibilité [sesibilite] *f* JUR Abtretbarkeit *f*

cessible [sesibl] *adj* JUR abtretbar

cession [sesjɔ̃] *f* JUR Übertragung *f*; **de biens** Überschreibung *f*; **de droits** Abtretung *f*, Zession *f (Fachspr.)*; **de créances** Übergang *m*, Zession; **de contrats** Überleitung, *f*; **(vente)** Veräußerung *f*; **~ légale** Legalzession *f (Fachspr.)*; **~ partielle** Teilabtretung *f*; **~ partielle d'entreprise** Teilbetriebsveräußerung; **~ d'une/de l'action en revendication d'un droit réel immobilier** Vindikationszession *(Fachspr.)*; **~ d'un bien-fonds** Grundabtretung *(Fachspr.)*; **~ de créances futures** Vorausabtretung *(Fachspr.)*; **~ d'un/du contrat** Vertragsübertragung; **~ d'une/de la dette** Schuldabtretung; **~ d'un fonds de commerce** Geschäftsveräußerung; **~ de la légitimation** Legitimationsübertragung; **~ d'un/de terrain** Grundstücksüberlassung; **~ du droit d'option** Kaufrechtsvermächtnis *nt (Fachspr.)*; **~ à titre de garantie** Sicherungsabtretung *(Fachspr.)*

◆ **~ de droit** JUR Anspruchsabtretung *f*; **~ de droits successifs** JUR Erbanteilsveräußerung *f*; **~ d'entreprise** JUR Betriebsübergang *m*; **~ de parts** JUR Anteilsveräußerung *f*; **~ de possession** [*o* **de propriété**] JUR Besitzabtretung *f*

cessionnaire [sesjɔnɛʀ] *mf* JUR Abtretungsempfänger(in) *m(f) (Fachspr.)*, Zessionar(in) *m(f) (Fachspr.)*; **~ d'exploitation** Betriebsübernehmer(in) *m(f)*

c'est-à-dire [sɛtadiʀ] *conj* ❶ *(à savoir)* das heißt [also], das bedeutet [also]

❷ *(justificatif d'une réticence)* eigentlich; die Sache ist die, dass; **viendras-tu dimanche? – ~ que je suis déjà invité(e)** kommst du am Sonntag? – eigentlich bin ich schon eingeladen

❸ *(en conséquence)* das heißt, das bedeutet

④ *(rectificatif d'une affirmation antérieure)* das heißt, besser gesagt; **j'ai égaré mes clés – C'est-à-dire que tu les as oubliées au bureau** ich habe meine Schlüssel verlegt – Das heißt [o besser gesagt], du hast sie im Büro vergessen
césure [sezyʀ] *f* POES *a. fig* Zäsur *f*
C.E.T. [seøte] *m abr de* **collège d'enseignement technique** ≈ Berufsfachschule *f*
cétacé [setase] *m* ZOOL Wal *m*
cétoine [setwan] *f* ZOOL ~ **dorée** Rosenkäfer *m*
cétone [setɔn] *f* CHIM Keton *nt*
cette [sɛt] *adj dém* ❶ *(pour désigner une personne ou chose proche)* diese(r, s); ~ **chaise/fleur/maison** dieser Stuhl/diese Blume/dieses Haus; **en ~ dernière semaine de l'avent** in dieser [o der diesjährigen] letzten Adventswoche; **alors, ~ grippe, comment ça va?** na, wie geht's [mit] deiner/Ihrer Grippe?
❷ *(intensif, péjoratif)* ~ **fille-là** das Mädchen da; **aurait-il vraiment ~ chance?** sollte er wirklich [o so viel] Glück haben?; **comment peut-il raconter ~ histoire!** wie kann er nur so eine Geschichte erzählen!
❸ *(avec une nuance d'étonnement)* so ein(e), was für ein(e); ~ **franchise/chance!** was für eine Offenheit/ein Glück!
❹ *(formule de politesse)* die; **si ~ demoiselle veut bien s'asseoir!** wenn sich die junge Dame bitte setzen wollte!
❺ *(mise en opposition)* ~ **version-ci ... ~ version-là** diese Fassung hier ... jene Fassung dort
❻ *(temporel)* ~ **nuit** heute Nacht; ~ **semaine-là, nous n'avions pas beaucoup de temps** in der [o jener] Woche hatten wir nicht viel Zeit; ~ **semaine, nous devons terminer le travail** diese Woche müssen wir die Arbeit beenden
❼ *(allusion à un sujet dont on a déjà parlé)* **et ~ bière, ça vient?** und wo bleibt das [o mein] Bier?
ceux, **celles** [sø] *pl pron dém* ❶ ~ **d'entre vous/nous** diejenigen von [o unter] Ihnen/uns
❷ *avec pron rel* ~ **qui ont fini peuvent sortir** die[jenigen], die fertig sind, können gehen
❸ *(dans une opposition)* **les produits importés sont moins chers que ~ fabriqués en France** die importierten Waren sind preisgünstiger als die, die in Frankreich hergestellt werden [o als die in Frankreich hergestellten]
ceux-ci, **celles-ci** [søsi] *pl pron dém* ❶ *(pour distinguer plusieurs personnes ou choses d'un groupe)* diese [hier], die [hier] ❷ *(référence à un antécédent)* diese; **elle écrivit à ses frères – ~ ne répondirent pas** sie schrieb an ihre Brüder – diese antworteten nicht ❸ *(dans une opposition)* ~ **sont moins chers que ceux-là** diese sind billiger als jene; *(avec un geste démonstratif)* diese [o die] hier sind billiger als diese [o die] da **ceux-là**, **celles-là** [søla] *pl pron dém* ❶ *(avec un geste démonstratif)* diese [da], die [da]; ~ **sont les meilleurs** diese [o die] da [o dort] sind die besten ❷ *(référence à un antécédent)* **ah! Je les retiens – alors!** *fam* die werde ich mir merken!, das verzeihe ich ihnen nie! ❸ *(dans une opposition)* **ceux-ci sont moins chers que ~** diese sind billiger als jene; *(avec un geste démonstratif)* diese [o die] hier sind billiger als diese [o die] da
Cévennes [sevɛn] *fpl* **les ~** die Cevennen
cévenol(e) [sev(ə)nɔl] *adj* aus den Cevennen
Ceylan [sɛlɑ̃] *f* HIST Ceylon *nt;* **thé de ~** Ceylontee *m*
cf., **Cf.** [kɔ̃fɛʀ] *abr de* **confer** vgl., s.
C.F.A. [seefa] *adj abr de* **communauté financière africaine:** **franc ~** CFA-Franc *m*
C.F.C. [seefse] *m abr de* **chlorofluorocarbone** FCKW *m*
C.F.D.T. [seefdete] *f abr de* **Confédération française et démocratique du travail** französische Gewerkschaft, die der sozialistischen Partei nahesteht
C.F.T.C. [seeftese] *f abr de* **Confédération française des travailleurs chrétiens** christliche französische Gewerkschaft
C.G.C. [seʒese] *f abr de* **Confédération générale des cadres** französische Gewerkschaft für leitende Angestellte
C.G.T. [seʒete] *f abr de* **Confédération générale du travail** kommunistische französische Gewerkschaft
ch [ʃəvo] *m abr de* **cheval-vapeur** PS *f*
chabraque [ʃabʀak] *f* ❶ *(tapis de selle)* Schabracke *f*
❷ *péj (juron)* Schabracke *f (fam)*
chacal [ʃakal] <s> *m* ZOOL Schakal *m*
cha-cha-cha [tʃatʃatʃa] *m inv* Cha-Cha-Cha *m*
chacun(e) [ʃakœ̃, ʃakyn] *pron* ❶ *(chose ou personne dans un ensemble défini)* jede(r, s) [Einzelne]; *(de deux personnes)* jede(r) von beiden; ~/~ **d'entre eux/elles** jede(r) [Einzelne] von ihnen; ~ **à sa façon** jeder auf seine Weise; ~ [**à**] **son tour** einer nach dem anderen, jeder der Reihe nach; **elle leur donna** [**à**] ~ **cent euros** [o **cent euros à ~**] sie gab jedem [von ihnen] hundert Euro
❷ *(toute personne)* jede(r)
chafouin(e) [ʃafwɛ̃, in] *adj* **mine, visage** hinterhältig, verschlagen, heimtückisch

chagrin[1] [ʃagʀɛ̃] *m (peine)* Kummer *m*, Leid *nt;* ~ **d'enfant** Kindersorgen *Pl;* ~ **d'amour** Liebeskummer; **avoir un ~ d'amour** Liebeskummer haben; **se soûler/se tuer à cause d'un ~ d'amour** sich aus Liebeskummer betrinken/umbringen; **avoir du/beaucoup de** [o **un gros**] ~ Kummer/viel [o großen] Kummer haben; **faire** [o **causer**] **du ~ à qn** jdm Kummer machen [o bereiten]
chagrin[2] [ʃagʀɛ̃] *m (cuir)* Chagrin[leder *nt*] *nt*
chagrin(e)[3] [ʃagʀɛ̃, in] *adj* bekümmert, betrübt; *enfant* bedrückt
chagriner [ʃagʀine] <1> *vt* ~ **qn** *(causer de la peine)* jdm Kummer machen [o bereiten]; *(contrarier)* jdn verärgern; **je ne voudrais ~ personne, mais ...** ich möchte niemandem zu nahe treten, aber ...
chah *v.* **schah**
chahut [ʃay] *m* Aufruhr *m;* (bruit) Krach *m;* **faire du ~** ein Spektakel machen [o veranstalten]
chahuter [ʃayte] <1> **I.** *vi* **élèves:** einen Spektakel machen [o veranstalten]; **enfants:** herumtoben, *(faire du bruit)* Krach [o Radau *fam*] machen; **assez chahuté comme ça!** macht nicht so einen Spektakel [o Krach]!, hört auf, so herumzutoben!; **ce professeur est toujours chahuté** bei diesem Lehrer ist es immer laut
II. *vt* ❶ *(bousculer par plaisir)* herumschubsen *(fam)*
❷ *(troubler par du chahut)* ~ **un professeur** den Unterricht eines Lehrers stören; **se faire ~ par le public** vom Publikum ausgebuht werden
chahuteur, -euse [ʃaytœʀ, -øz] **I.** *adj* aufsässig, undiszipliniert
II. *m, f (élève indiscipliné)* Unruhestifter(in) *m(f)*
chai [ʃɛ] *m* [Wein]lager *nt*
chaînage [ʃɛnaʒ] *m* ♦ ~ **de programmes** INFORM Programmverbindung *f*
chaîne [ʃɛn] *f* ❶ *(bijou)* ~ **de cou** Halskette *f;* ~ **de montre** Uhrkette; ~ **en or** Goldkette, goldene Kette; ~ **en argent** Silberkette, silberne Kette
❷ TECH Kette *f;* ~ **de bicyclette** [o **de vélo**] Fahrradkette; ~ **de sûreté** Sicherheitskette; ~ **sans fin** Endloskette; ~ **de distribution** MECANAUT Steuerkette
❸ *pl* MECANAUT Schneeketten *Pl*
❹ TEXTIL Kette *f;* **le fil de ~** der Kettfaden
❺ *(suite d'éléments, d'actions) de personnes* [Menschen]kette *f; d'événements* [Ab]folge *f;* **faire la ~** eine Kette bilden; ~ **d'îles** Inselkette; ~ **de caractères** INFORM Zeichenkette; ~ **de caractères alphanumériques** eine alphanumerische Zeichenkette; **la ~ d'un raisonnement** die Argumentationskette; **réaction en ~** Kettenreaktion *f;* ~ **alimentaire** Nahrungskette
❻ IND [Fließ]band *nt*
❼ *(émetteur)* Sender *m;* (programme) Programm *nt;* ~ **privée** Privatsender; ~ **câblée** Kabelkanal *m;* **sur la 3ᵉ ~** im dritten Programm
❽ *(appareil stéréo)* Anlage *f;* ~ **haute-fidélité** [o **hi-fi**] [o **stéréo**] Hi-Fi-Anlage, Stereoanlage; ~ [**hi-fi**] **compacte** Kompaktanlage
❾ COM *(groupement)* Kette *f;* ~ **d'hôtels/de magasins** Hotel-/Ladenkette; ~ **de supermarchés/de grands magasins** Supermarkt-/Kaufhauskette
▶ **briser** [o **secouer**] **ses ~s** seine Ketten [o Fesseln] sprengen [o abschütteln]
♦ ~ **d'arpenteur** Messkette *f;* ~ **de distribution** COM Handelskette *f;* ~ **de fabrication** [Fließ]band *nt;* ~ **de montage** [Montage]band *nt;* ~ **de montagnes** Gebirgskette *f;* ~ **de remorquage** TECH Chokerkette *f (Fachspr.);* ~ **du froid** Kühlkette *f*
chaînette [ʃɛnɛt] *f (petite chaîne)* Kettchen *nt*
chaînon [ʃɛnɔ̃] *m* ❶ *(maillon d'une chaîne)* [Ketten]glied *nt*
❷ *fig* [Verbindungs]glied *nt;* ~ **intermédiaire** Zwischenstufe *f;* ~ **du raisonnement** Glied in der Argumentationskette
❸ *(chaîne de montagnes secondaires)* Vorgebirge *nt*
chair [ʃɛʀ] **I.** *f* ❶ *(maillon d'une chaîne)* Fleisch *nt;* **de la ~ fraîche** rohes Fleisch; **de la ~ de bœuf/de poulet** Rind-/Hühnerfleisch, Fleisch vom Rind/Huhn; ~ **à pâté** [o **saucisse**] Hackepeter *m (fam);* ~ **de/du coquillage** Muschelfleisch
❷ *(pulpe des fruits)* [Frucht]fleisch *nt*
❸ REL, LITTER *(corps opposé à esprit)* Fleisch *nt*, Leib *m*
❹ *(instinct sexuel)* Fleisch[eslust *f*] *nt;* **les plaisirs de la ~** die sinnlichen Freuden, die fleischlichen Genüsse
II. *adj inv* **couleur ~** fleischfarben, hautfarben
chaire [ʃɛʀ] *f* ❶ *(tribune)* Rednerpult *nt; du prêtre, du prédicateur* Kanzel *f;* **monter en ~** auf die Kanzel steigen
❷ UNIV Lehrstuhl *m;* **être titulaire de la ~ d'histoire moderne** den Lehrstuhl für Neuere Geschichte innehaben
chaise [ʃɛz] *f* ❶ Stuhl *m;* ~ **s d'une** [o **de l'église** Kirchengestühl *nt;* ~ **pliante** Klappstuhl; ~ **de camping/de cuisine** Camping-/Küchenstuhl; ~ **électrique** elektrischer Stuhl; ~ **haute** Kinder[hoch]stuhl; ~ **longue** Liegestuhl; ~ **longue pliante** [o **de camping**] Campingliege *f;* ~ **roulante** Rollstuhl; ~ **percée** Nachtstuhl
▶ **politique de la ~ vide** Politik *f* der Verweigerung; **pratiquer la politique de la ~ vide** eine Verweigerungshaltung einnehmen;

être assis(e) [o **avoir le cul** *fam*] **entre deux ~s** zwischen zwei Stühlen sitzen
◆ **~ à bascule** Schaukelstuhl *m;* **~ à porteurs** HIST Sänfte *f;* **~ d'enfant** Kinderhochstuhl *m*
chakra [ʃakʀa] *m* Chakra *nt*
chaland [ʃalɑ̃] *m (péniche)* Lastkahn *m*, Frachtkahn *m*
chalcolithique [kalkɔlitik] *adj* époque ~ Kupferzeit *f*
chalcopyrite [kalkɔpiʀit] *f* MIN Kupferkies *m*
chalcosine [kalkozin] *f* MIN Kupferglanz *m*
châle [ʃal] *m* [Schulter]tuch *nt;* **~ à franges** Tuch mit Fransen
chalet [ʃalɛ] *m* ❶ Chalet *nt* (CH); **~ d'alpage** [o **alpin**] Chalet, Almhütte *f*
❷ CH *(habitation)* **~ d'habitation** Chalet *nt* (CH)
❸ *(abri)* Hütte *f*
❹ CAN *(maison de campagne)* Landhaus *nt*
chaleur [ʃalœʀ] *f* ❶ *(température élevée)* Wärme *f;* *(très élevée)* Hitze *f;* **conserver sa ~** warm/heiß bleiben; **sous l'effet de la ~** unter der Wärme-/Hitzeeinwirkung; **animal qui a besoin de ~** wärmebedürftiges Tier; **vague de ~** Hitzewelle *f;* **à crever** *fam* Mordshitze *f (fam);* **~ estivale** Sommerhitze; **il fait une ~ caniculaire** es herrscht [eine] hochsommerliche Hitze; **il fait une ~ accablante/lourde** es ist drückend heiß/schwül
❷ *(au four)* Hitze *f;* **~ supérieure/inférieure** Ober-/Unterhitze; **~ restante** Restwärme *f*
❸ PHYSIOL *(température du corps)* Körperwärme *f*
❹ *fig* Wärme *f; d'un accueil, sentiment* Herzlichkeit *f; d'une réunion* Gemütlichkeit *f; d'une discussion* Hitze *f*, Eifer *m;* **avec ~** voller Wärme, herzlich; **dégager beaucoup de ~ humaine** [menschliche] Wärme ausstrahlen; **manquer de ~** nicht besonders herzlich sein
chaleureusement [ʃalœʀøzmɑ̃] *adv* warm, herzlich
chaleureux, -euse [ʃalœʀø, -øz] *adj* warm; *accueil, félicitations* herzlich; *soirée* gemütlich; **parler de qn en termes ~** herzlich von jdm sprechen
châlit [ʃali] *m* Bettgestell *nt*
challenge [ʃalɑ̃ʒ, tʃalɛndʒ] *m* ❶ *(compétition sportive)* Pokalwettbewerb *m*, Titelkampf *m;* **~ d'escrime** Fechtturnier *nt*
❷ *(titre)* Pokal *m*, Titel *m*
❸ *(défi)* Herausforderung *f*
challenger [tʃalɛndʒœʀ] *m*, **challengeur** [ʃalɑ̃ʒœʀ] *m* Herausforderer *m;* **être le ~ de qn** SPORT jdn herausfordern; *a.* POL gegen jdn antreten
chaloupe [ʃalup] *f* Beiboot *nt;* CAN *(petit bateau à rames)* kleines Ruderboot *nt*
chaloupé(e) [ʃalupe] *adj danse, démarche* wiegend
chalumeau [ʃalymo] <x> *m* ❶ *(appareil) (pour souder)* Schweißbrenner *m; (pour découper)* Schneidbrenner *m*
❷ MUS Schalmei *f; (flûte champêtre)* Rohrflöte *f*
chalut [ʃaly] *m* PECHE [Grund]schleppnetz *nt;* **se pêcher au ~** *poissons, crevettes:* mit dem Schleppnetz gefischt werden
chalutier [ʃalytje] *m* ❶ *(bateau)* Fischkutter *m*, Trawler *m; (bâteau à vapeur)* Fischdampfer *m*
❷ *(pêcheur)* Trawlerfischer *m*
chamade [ʃamad] ▶ **qn a le cœur qui bat la ~** jds Herz schlägt bis zum Hals[e]
chamaille [ʃamaj] *f* Gezänk *nt*
chamailler [ʃamaje] <1> *vpr* **se ~** sich zanken
chamaillerie [ʃamajʀi] *f fam* Gezanke *nt (fam)*
chamailleur, -euse [ʃamajœʀ, -jøz] *adj* zänkisch
chaman, shaman [ʃaman] *m* Schaman *m;* **une femme ~** eine Schamanin
chamanisme [ʃamanism] *m* Schamanismus *m*
chamarré(e) [ʃamaʀe] *adj* geschmückt, überladen *(pej);* **~(e) de décorations** mit Orden bestückt [o behängt *pej*]; **~(e) de citations** mit Zitaten gespickt
chambard [ʃɑ̃baʀ] *m* Krawall *m;* **faire du ~** Krawall machen *(fam)*
chambardement [ʃɑ̃baʀdəmɑ̃] *m fam* Durcheinander *nt*, Tohuwabohu *nt (fam);* POL Umwälzung *f; des valeurs, des idées* Wandel *m*
chambarder [ʃɑ̃baʀde] <1> *vt fam* über den Haufen werfen *(fam) projets, habitudes;* auf den Kopf stellen *(fam) chambre, pièce*
chambellan [ʃɑ̃belɑ̃, ʃɑ̃bɛlɑ̃] *m* HIST Kammerherr *m*
chambouler [ʃɑ̃bule] <1> *vt* ❶ *fam* über den Haufen werfen *(fam) projets, programme*
❷ POL umstoßen
chambranle [ʃɑ̃bʀɑ̃l] *m d'une porte, fenêtre* Rahmen *m; d'une cheminée (au-dessus)* Sims *m; (autour)* Verkleidung *f*
chambre [ʃɑ̃bʀ] *f* ❶ *(pièce où l'on couche)* Schlafzimmer *nt;* **en ~ individuelle** im Einzelzimmer; **~ mansardée** Dachzimmer; **~ d'amis** Gästezimmer; **~ de fille** Mädchenzimmer; **~ pour une personne/deux personnes** Einzel-/Doppelzimmer
❷ *(pièce spéciale)* Raum *m;* **~ climatique** MED Klimakammer *f;* **~ forte** Tresorraum; **~ froide** [o **frigorifique**] Kühlraum
❸ POL *(assemblée)* Kammer *f;* **système à deux ~s** Zweikammersystem *nt;* **la Chambre basse/haute** [**britannique**] das [britische] Unter-/Oberhaus
❹ COM **~ syndicale** [o **patronale**] Arbeitgeberverband *m;* **Chambre syndicale des sociétés de Bourse** Börsenmaklerkammer *f*
❺ JUR *(subdivision d'un tribunal)* Kammer *f;* **~ civile/correctionnelle** [o **criminelle**] Zivil-/Strafkammer
❻ PHOT **~ noire** [o **obscure**] Camera *f* obscura
▶ **faire ~ commune** ein gemeinsames Schlafzimmer haben; **faire ~ à part** getrennte Schlafzimmer haben
◆ **~ à air** Schlauch *m*, Gummischlauch; **~ à combustion** Verbrennungsraum *m;* **~ à coucher** *(pièce)* Schlafzimmer *nt; (mobilier)* Schlafzimmermöbel *Pl*, Schlafzimmereinrichtung *f*, Schlafzimmer; **~ à gaz** Gaskammer *f;* **~ des agents en brevet** Patentanwaltschaft *f;* **Chambre d'agriculture** Landwirtschaftskammer *f;* **Chambre d'appel** JUR Beschwerdekammer *f;* **~ de bonne** Dienstbotenkammer *f; (sous les toits)* Dachkammer *f;* **~ de chauffe** NAUT Heizraum *m;* **~ de combustion** TECH Brennkammer *f;* **Chambre de commerce** Handelskammer *f;* **~ du commerce extérieur** FIN Außenhandelskammer *f;* **Chambre de commerce et d'industrie** Industrie- und Handelskammer *f;* **Chambre des communes** Unterhaus *nt;* **~ de compensation** Abrechnungsstelle *f,* FIN Girozentrale *f;* **~ de conseil** JUR Beschlusskammer *f;* **Chambre des députés** Abgeordnetenkammer *f*, Abgeordnetenhaus *nt;* **~ d'enfant** *(pièce)* Kinderzimmer *nt; (mobilier)* Kinderzimmermöbel *Pl,* Kinderzimmer; **~ d'étudiant** Studentenzimmer *m*, Studentenbude *f (fam);* **~ d'hôte** Fremdenzimmer *nt*, Pensionszimmer *nt;* **Chambre des lords** [o **des pairs**] Oberhaus *nt;* **~ des machines** NAUT Maschinenraum *m;* **~ de métiers** Handwerkerinnung *f;* **~ de recours** JUR Beschwerdesenat *m;* **Grande Chambre de recours** Große Beschwerdekammer
chambrée [ʃɑ̃bʀe] *f* ❶ MIL *(pièce)* Stube *f*
❷ *(occupants)* Zimmergenossen *Pl;* MIL Stubengemeinschaft *f*
chambrer [ʃɑ̃bʀe] <1> *vt* ❶ *(tempérer)* temperieren, auf Zimmertemperatur bringen
❷ *fam (se moquer de)* aufziehen *(fam)*
chambrette [ʃɑ̃bʀɛt] *f* Zimmerchen *nt*
chambrière [ʃɑ̃bʀijɛʀ] *f (fouet)* Dressurpeitsche *f*, lange Peitsche *f*
chameau [ʃamo] <x> *m* ❶ Kamel *nt;* **poil de ~** Kamelhaar *nt;* **couverture/manteau en poil de ~** Kamelhaardecke *f*/-mantel *m*
❷ *fam (homme méchant)* Schuft *m (fam); (femme méchante)* Biest *nt (fam)*
chamelier [ʃaməlje] *m* Kameltreiber(in) *m(f)*
chamelle [ʃamɛl] *f* Kamelstute *f*
chamois [ʃamwa] **I.** *m* ❶ ZOOL Gämse *f*
❷ *(cuir)* Gamsleder *nt*, Chamoisleder, Chamois *nt;* **manteau en** [o **de**] **~** Gamsledermantel *m*, Mantel aus Gamsleder; **peau de ~** Fensterleder, Ledertuch *nt*
II. *adj inv* **couleur ~** gelbbräunlich, chamois
chamoisine [ʃamwazin] *f* Sämischleder *nt*
chamotte [ʃamɔt] *f* Schamotte *f*, Schamott *m* (A *fam*); **[re]couvrir de ~** schamottieren
chamotter [ʃamɔte] *vt* schamottieren
champ [ʃɑ̃] *m* ❶ Feld *nt*, Acker *m;* **~ de seigle/de paille** Roggen-/Stoppelfeld; **~ de pommes de terre** Kartoffelacker, Kartoffelfeld; **travailler dans les** [o **aux**] **~s** auf dem Feld arbeiten
❷ *(campagne) pl* Land *nt;* **vie aux ~s** Landleben *nt;* **couper à travers ~s** querfeldein gehen; **vivre en pleins ~s** auf dem flachen [o platten] Land leben *(fam);* **fleurs des ~s** Wiesenblumen *Pl*
❸ *(domaine)* Feld *nt;* **~ expérimental** Experimentierfeld; **~ d'application** *d'une loi, d'un contrat* Anwendungsbereich *m;* **~ d'application d'une convention salariale** Tarifbereich; **~ de connaissances** Wissensgebiet *nt;* **agrandir le ~ de ses connaissances** seinen Kenntnisstand [o seine Kenntnisse] erweitern
❹ PHYS, ELEC **~ électrique/magnétique** elektrisches/magnetisches Feld [o Magnetfeld]
❺ CINE, PHOT, OPT Bildausschnitt *m*, Bild *nt; (secteur embrassé par le regard)* Blickfeld *nt;* **~ visuel** [o **de vision**] Blickfeld, Gesichtsfeld; **~ optique** *d'une caméra qui surveille* Erfassungsbereich *m;* **prendre qn dans le ~ de son objectif** jdn aufs Bild bekommen; **sortir du ~** nicht mehr im Bild sein
❻ TECH **~ opératoire** Operationsfeld *nt*
▶ **avoir le ~ libre** freie Bahn haben; **laisser du ~ libre à qn** jdm freie Hand lassen; **laisser le ~ libre à qn** jdm das Feld überlassen; **sur le ~** auf der Stelle, sofort
◆ **~ d'action** Tätigkeitsbereich *m*, Wirkungsfeld *nt; (effet)* Wirkungskreis *m;* **~ d'activité** COM Vertriebsgebiet *nt;* **~ d'aviation** Flugfeld *nt;* **~ de bataille** Schlachtfeld *nt;* **~ de courses** Rennbahn *f;* **~ de foire** Festplatz *m; (pour des foires commerciales)* Messegelände *nt;* **~ d'honneur** Feld *nt* der Ehre; **tomber** [o **mourir**] **au ~ d'honneur** auf dem Feld der Ehre fallen; **~ de manœuvre** MIL Truppenübungsplatz *m;* **Champ de Mars** Park am Fuß des Eiffelturms in Paris, früher ein Exerzier- und Paradeplatz; **~ de mines** Minenfeld *nt;* **~ pétrolifère** IND Ölfeld *nt;* **~ de tir**

Schießstand *m;* MIL Schießplatz *m*
champagne [ʃɑ̃paɲ] **I.** *m* Champagner *m;* **~ brut/sec/demi-sec** extra trockener/trockener/halbtrockener Champagner **II.** *adj inv* robe, écharpe champagnerfarben, champagnerfarbig; **cette veste est de couleur ~** diese Jacke ist champagner
Champagne [ʃɑ̃paɲ] *f* **la ~** die Champagne
champagniser [ʃɑ̃paɲize] <1> *vt* **~ un vin** einen Wein zu Champagner verarbeiten; **vin champagnisé** Sekt *m,* Schaumwein *m*
champenois(e) [ʃɑ̃pənwa, waz] *adj* der Champagne; (*originaire de la Champagne*) aus der Champagne; **méthode ~e** Champagnerverfahren *nt*
Champenois(e) [ʃɑ̃pənwa, waz] *m(f) (originaire)* jemand, der aus der Champagne kommt; (*habitant*) jemand, der in der Champagne wohnt
champêtre [ʃɑ̃pεtʀ] *adj* ländlich; **vie ~** Landleben *nt;* **fête ~** Dorffest *nt;* **les plaisirs ~s** die Freuden des Landlebens
champignon [ʃɑ̃piɲɔ̃] *m* ❶ BOT, GASTR, MED Pilz *m;* (*moisissure*) Schimmel[pilz] *m;* (*mycose*) Pilz[erkrankung *f*] *m;* **~s de couche** [*o* **de Paris**] [Zucht]champignons *Pl;* **~ comestibles** essbare Pilze; **~s vénéneux** giftige Pilze, Giftpilze; **plat aux ~s** Pilzgericht *nt;* **en forme de ~** pilzförmig
❷ *fam (accélérateur)* Gaspedal *nt;* **appuyer sur le ~** Gas geben, aufs Gas drücken *(fam)*
▶ **~ atomique** Atompilz *m;* **pousser comme des ~s** wie Pilze aus dem Boden schießen *schnell* [*an*]*wachsen*
◆ **~ de fumée** Rauchpilz *m*
champignonnière [ʃɑ̃piɲɔnjεʀ] *f* Pilzkultur *f,* Champignonkultur *f*
champion(ne) [ʃɑ̃pjɔ̃, -jɔn] **I.** *adj fam* **être ~ (ne)** [einsame] Spitze sein *(fam),* [große] Klasse sein *(fam),* super sein *(fam)* **II.** *m(f)* ❶ SPORT, *a. fig* Meister(in) *m(f),* Champion *m; (sportif éminent)* Ass *nt;* **grand ~** ECHECS Großmeister *m;* **~ national/~ ne nationale** Landesmeister(in); **~ de France/olympique de boxe** französischer Meister/Olympiasieger im Boxen; **~ du monde de boxe** Boxweltmeister; **ils sont ~s de la consommation d'alcool** sie sind Weltmeister im Trinken
❷ *(défenseur)* Vorkämpfer(in) *m(f),* Verfechter(in) *m(f);* **~(ne) de la liberté** Freiheitskämpfer(in) *m(f);* **se faire le ~ des droits de l'homme** sich für die Menschenrechte einsetzen [*o* starkmachen]
championnat [ʃɑ̃pjɔna] *m* Meisterschaft *f;* **~ de tennis** Tennismeisterschaft *f;* **~ d'Europe/du monde** Europa-/Weltmeisterschaft; **les ~s de France de parachutisme** die französischen Meisterschaften im Fallschirmspringen; **match de ~** Meisterschaftsspiel *nt*
chance [ʃɑ̃s] *f* ❶ *(bonne fortune)* Glück *nt;* **coup de ~** glücklicher Zufall, Glücksfall *m;* **avoir de la ~** Glück haben; **(toujours)** ein Glückskind sein; **porter ~ à qn** jdm Glück bringen; **avec un peu de ~** mit ein bisschen Glück; **par ~** *(heureusement)* zum Glück, glücklicherweise; **bonne ~!** viel Glück!; **pas de ~!** *fam* [so ein] Pech!; **quelle ~!** ein Glück!, zum Glück!
❷ *(hasard)* Glück *nt;* **par ~** zufälligerweise, [rein] zufällig; **quelle ~!** so ein Zufall!
❸ *(probabilité, possibilité de succès)* Chance *f;* **avoir beaucoup/peu de ~s de faire qc** gute/kaum Aussichten [*o* große/kaum Chancen] haben, etw zu tun; **il y a une ~ sur cent/mille pour que qn fasse qc** die Chancen stehen eins zu hundert/tausend, dass jd etw tut; **n'avoir plus aucune ~ de faire qc** keine Chance[n] [*o* Aussicht[en]] mehr haben, etw zu tun; **n'avoir plus aucune ~ de succès** keine Aussicht auf Erfolg mehr haben; **~ commerciale** Marktchance; **~s de réaliser un profit** Gewinnchancen; **courir** [*o* **tenter**] **sa ~** sein Glück versuchen; **évaluer** [*o* **peser**] **ses ~s** seine Chancen abschätzen [*o* abwägen]; **mettre toutes les ~s de son côté** nichts dem Zufall überlassen; **quelles sont mes/ses ~s?** wie stehen [*o* wie groß sind] meine/seine/ihre Chancen?, welche Chancen habe ich/hat er/sie?
chancelant(e) [ʃɑ̃slɑ̃, ɑ̃t] *adj a. fig* objet wack[e]lig; *pas, démarche* schwankend, taumelnd; *santé* angegriffen; *autorité* wack[e]lig; *foi* wankend; **devenir ~** *stabilité, paix, économie:* ins Wanken geraten; **marcher d'un pas ~** [beim Gehen] schwanken [*o* taumeln]; *ivrogne:* torkeln
chanceler [ʃɑ̃s(ə)le] <3> *vi* ❶ *(tituber)* schwanken, taumeln; *ivrogne:* torkeln; **faire ~ qc** etw zum Schwanken [*o* zum Wackeln] bringen
❷ *(faiblir) décision, autorité:* ins Wanken geraten; *courage:* schwinden; *santé:* sich verschlechtern
chancelier [ʃɑ̃səlje] *m* HIST [Reichs]kanzler *m*
chancelier, -ière [ʃɑ̃səlje, -jεʀ] *m, f* Kanzler(in) *m(f);* (*garde des Sceaux en France*) ≈ Justizminister(in) *m(f);* (*Premier ministre en Allemagne, Autriche*) [Bundes]kanzler(in) *m(f);* **~ de l'Échiquier** Schatzkanzler *(Finanzminister von Großbritannien);* **Grand ~ de la Légion d'honneur** Großkanzler der Ehrenlegion
chancellerie [ʃɑ̃sεlʀi] *f* Kanzlei *f;* (*ministère de la Justice en France*) Justizministerium *nt,* oberste Justizbehörde; (*service du* Premier ministre en Allemagne, Autriche) [Bundes]kanzleramt *nt*
chanceux, -euse [ʃɑ̃sø, -øz] *adj* **être ~ (-euse)** Glück haben, ein Glückspilz sein; **tu es plus ~ (-euse) que moi** du hast mehr Glück als ich; **les plus ~** die größten Glückspilze
chancre [ʃɑ̃kʀ] *m* MED Schanker *m*
▶ **bouffer comme un ~** *pop* wie ein Scheunendrescher essen *(sl)*
chandail [ʃɑ̃daj] *m* Pullover *m*
Chandeleur [ʃɑ̃d(ə)lœʀ] *f* REL **la ~** [Mariä] Lichtmess; **le jour de la ~** [an] Lichtmess
chandelier [ʃɑ̃dəlje] *m* Leuchter *m;* (*grand, élégant*) Tafelleuchter; (*bougeoir*) Kerzenständer *m;* **~ à sept branches** siebenarmiger Leuchter
chandelle [ʃɑ̃dεl] *f* ❶ *(bougie)* Kerze *f;* **dîner aux ~s** bei Kerzenlicht essen
❷ *fam (écoulement nasal)* Rotznase *f*
❸ SPORT **faire la ~** eine Kerze machen; **faire une ~** einen hohen Ball spielen; FBALL eine Kerze schießen; **monter en ~** AVIAT steil nach oben ziehen
▶ **brûler la ~ par les deux bouts** *(gaspiller son argent)* sein Geld zum Fenster rausschmeißen *(fam); (gaspiller sa santé)* mit seiner Gesundheit Raubbau treiben; **devoir une fière ~ à qn** jdm großen Dank schulden, jdm zu großem Dank verpflichtet sein *(form);* **voir trente-six ~s** Sterne [*o* Sternchen] sehen *(fam);* **tenir la ~ à qn** *hum* das fünfte Rad am Wagen sein
chanfrein [ʃɑ̃fʀε̃] *m* ❶ ARCHIT Fase *f,* Schrägkante *f*
❷ *(partie antérieure de la tête) d'un cheval* Gesicht *nt*
change [ʃɑ̃ʒ] *m* ❶ *(échange d'une monnaie)* [Geld]wechsel *m;* **bureau de ~** Wechselstube *f*
❷ *(taux du change)* [Wechsel]kurs *m*
❸ *(billet à ordre)* **lettre de ~** Wechsel *m*
❹ *(couche)* [wegwerfbares] Windelhöschen *nt*
▶ **donner le ~ à qn** jdn in die Irre [*o* hinters Licht] führen; **gagner/perdre au ~** einen guten/schlechten Tausch machen
changeant(e) [ʃɑ̃ʒɑ̃, ɑ̃t] *adj temps, humeur* wechselhaft; *personne* wankelmütig; *couleur, reflets* schillernd; *aspect, forme* wechselnd; **être d'humeur ~e** sehr launisch sein
changement [ʃɑ̃ʒmɑ̃] *m* ❶ *(transformation)* Veränderung *f;* **~ en bien/en mal** Veränderung zum Guten/zum Schlechten; **par rapport à l'année passée** Veränderung gegenüber dem Vorjahr; **~ de couleurs** Farbwechsel *m;* **le ~ de couleur du ciel** die Verfärbung des Himmels
❷ *(évolution)* Veränderung *f;* **~ de société** gesellschaftlicher Wandel
❸ *(substitution, remplacement)* Änderung *f,* Wechseln *nt,* Wechsel *m;* **~ de la boîte de vitesses** Getriebeaustausch *m;* **~ d'école/d'emploi** Schul-/Stellenwechsel *m;* **~ de club** FBALL Vereinswechsel; **~ d'idées** Meinungsänderung; **ses continuels ~s d'humeur** seine/ihre ständig wechselnden Launen; **un ~ d'attitude/de langage** [*o* **de ton**] eine veränderte Haltung/ein anderer Ton; **~ de statuts** Statutenwechsel; **il y a des ~s de personnel** das Personalkarussell dreht sich *(fam)*
❹ TRANSP **il n'y a aucun ~** man muss kein einziges Mal umsteigen
❺ *(à pied, vélo, en voiture)* **~ de file** Spurwechsel *m;* **~ de trottoir** [Über]wechseln *nt* auf die andere Straßenseite
❻ *(pour sortir de la routine)* **avoir besoin de ~** Abwechslung brauchen
❼ ADMIN Versetzung *f;* **obtenir son ~** wunschgemäß versetzt werden
❽ METEO [Ver]änderung *f;* **~ de température/climat** Temperaturänderung/Klimaveränderung; **des ~s de température** Temperaturschwankungen *Pl*
◆ **~ d'adresse** Adressenänderung *f;* **~ de cap** Kursänderung *f,* Kurswechsel *m (a. fig),* Kurskorrektur *f;* **~ du chef d'entreprise** Unternehmerwechsel *m;* **~ de cocontractant** Vertragspartnerwechsel *m;* **~ de compétence** Zuständigkeitswechsel *m;* **~ de direction** Richtungswechsel *m;* **~ de domicile** Wohnsitzverlegung *f;* **~ de gouvernement** Regierungswechsel *m;* **~ de jurisprudence** Rechtsprechungsänderung *f;* **~ de page** INFORM Seitenwechsel *m;* **~ de pavillon** ECON Flaggenwechsel *m;* **~ de programme** Programmänderung *f;* **~ de propriétaire** Besitzerwechsel *m;* **~ de temps** Wetteränderung *f;* **un brusque ~ de temps** ein Wetterumschlag *m;* **~ de trajectoire** Kurskorrektur *f;* **~ de vitesse** *(dispositif)* Gangschaltung *f, (mouvement)* Schalten *nt*
changer [ʃɑ̃ʒe] <2a> **I.** *vt* ❶ *(modifier)* verändern *personne, société, comportement;* ändern *projet, date;* verstellen *voix;* **cette nouvelle coiffure te change** mit der neuen Frisur siehst du verändert aus; **ne ~ en rien qc** an etw *(Dat)* nichts ändern; **ne rien ~ à ses habitudes** um nichts von ihren/seinen Gewohnheiten abweichen; **tu n'y changeras rien** du wirst daran nichts ändern [können]; **cela m'a changé les idées** das hat mich auf andere Gedanken gebracht
❷ *(déplacer)* **~ qc de place** etw umstellen; **~ qn de poste** jdn versetzen

❸ *(remplacer)* ersetzen *personne;* [aus]wechseln *chose, joueur de football;* ~ **les draps** die Betten frisch beziehen
❹ *(échanger)* austauschen; tauschen *place;* ~ **qc pour** [*o* **contre**] **qc** etw gegen etw austauschen/tauschen
❺ FIN *(convertir)* umtauschen, wechseln; ~ **qc contre qc** etw in etw *(Akk)* umtauschen [*o* wechseln]; ~ **des euros en dollars** Euro in Dollar umtauschen [*o* wechseln]
❻ *(changer la couche)* [frisch] wickeln, trockenlegen *bébé*
❼ *(transformer)* ~ **en qc** in etw *(Akk)* verwandeln
❽ *(divertir)* ~ **qn de qc** für jdn Abwechslung von etw sein; **un jeu, ça me change de la télé!** ein Spiel bringt mich mal vom [alltäglichen] Fernsehen ab; **pour** ~ zur Abwechslung
II. *vi* ❶ *(se transformer)* sich verändern; **il a beaucoup changé** er hat sich sehr verändert
❷ *(évoluer) temps, personne:* sich ändern; **les temps changent** die Zeiten ändern sich
❸ *(se modifier)* ~ **de qc** etw ändern; ~ **de ton** einer anderen Ton anschlagen; ~ **de forme** eine andere Form annehmen; ~ **de coiffure** eine neue Frisur haben; ~ **de caractère** seinen Charakter verändern; **la rivière a changé de cours** der Fluss hat seinen Lauf verändert
❹ *(substituer)* ~ **de chemise/de poste** das Hemd/den Arbeitsplatz wechseln; ~ **d'études/de métier** das Studienfach/den Beruf wechseln, umsatteln *(fam);* ~ **de chaîne** [*o* **programme**] das Programm wechseln; ~ **de pays** rübermachen (DIAL); ~ **de voiture** sich *(Dat)* einen neuen Wagen anschaffen; **un pays change de gouvernement** in einem Land wechselt die Regierung
❺ *(déménager)* ~ **d'adresse** umziehen; ~ **d'appartement/de ville/de quartier** [in eine andere Wohnung/Stadt/in ein anderes Viertel] umziehen
❻ *(en conduisant)* ~ **de vitesse** [um]schalten, einen anderen Gang einlegen
❼ *(faire un échange)* ~ **avec qn** mit jdm tauschen; ~ **de place avec qn** [den Platz] mit jdm tauschen
❽ TRANSP ~ **à Paris** in Paris umsteigen; ~ **de train/bus/d'avion à Berlin** in Berlin den Zug/Bus/das Flugzeug wechseln
❾ *(pour exprimer le franchissement)* ~ **de trottoir** auf die andere [Straßen]seite gehen [*o* [über]wechseln]; ~ **de file** [*o* **voie**] die [Fahr]spur wechseln, auf die andere [Fahr]spur [über]wechseln
▶ **pour** ~ **iron**, **pour pas** ~ *fam (comme d'habitude)* wie üblich
III. *vpr* **se** ~ sich umziehen
changeur [ʃɑ̃ʒœʀ] *m* ~ **de CD** CD-Wechsler *m*
◆ ~ **de monnaie** Wechselautomat *m*
changeur, -euse [ʃɑ̃ʒœʀ, -øz] *m, f (personne)* Wechsler(in) *m(f)*
chanoine [ʃanwan] *m* Domherr *m*, Kanoniker *m*
chanson [ʃɑ̃sɔ̃] *f* ❶ MUS Lied *nt;* ~ **populaire** [*o* **à la mode**] Schlager *m;* ~ **folklorique** Volkslied; **la** ~ **française** der französische Schlager; *(avec textes littéraires, poétiques)* das französische Chanson; ~ **contestataire** Protestsong *m;* ~ **satirique** Spottlied; ~ **du matin/du soir/du printemps** Morgen-/Abend-/Frühlingslied; ~ **pour enfants** Kinderlied; ~ **de chasse/de marche** Jagd-/Wanderlied; **composition à la manière d'une** ~ liedhafte Komposition; **faire des** ~**s sur qn/qc** Lieder über jdn/etw schreiben
❷ *(poème lyrique)* Lied *nt*
❸ *(poème épique)* Lied *nt,* Epos *nt;* **la Chanson de Roland** das Rolandslied
❹ *fam (rengaine)* Lied *nt,* Leier *f (fam)*
▶ **ça, c'est une autre** ~ **!** das steht auf einem anderen Blatt!; **c'est toujours la même** ~ **!** *fam* es ist immer das gleiche Lied [*o* die alte Leier *fam*]!; **y aller de sa petite** ~ *fam* wieder die alte Leier anfangen *(pej fam);* **connaître la** ~ *fam* das Lied [*o* die Leier] schon kennen *(fam);* **comme dit la** ~ wie es doch so schön [*o* richtig] heißt
◆ ~ **d'amour** Liebeslied *nt;* ~ **à boire** Trinklied *nt;* ~ **de geste** Heldenepos *nt,* Chanson *nt* de geste

Land und Leute

Das **chanson française** ist ein typisch französisches Musikgenre mit sozialkritischen, humoristischen bzw. poetischen Texten und Instrumentalbegleitung. Wichtige Vertreter sind u. a. George Brassens, Jacques Brel, Édith Piaf, Juliette Gréco und Gilbert Bécaud.

chansonnette [ʃɑ̃sɔnɛt] *f* Liedchen *nt;* **pousser la** ~ ein Lied trällern
chansonnier [ʃɑ̃sɔnje] *m* Kabarettist(in) *m(f)*
chant[1] [ʃɑ̃] *m* ❶ *(action de chanter, musique vocale)* Gesang *m;* ~ **choral** Chorgesang; **cours de** ~ Gesang[s]unterricht; **apprendre le** ~ Gesang[s]unterricht nehmen
❷ *(chanson)* Lied *nt;* ~ **grégorien** gregorianischer Choral; ~ **patriotique** patriotisches Lied; ~ **populaire** Volkslied; ~ **religieux** geistlicher Gesang; ~ **de combat/de guerre** Kampflied; ~ **de carnaval/de Noël** Karnevals-/Weihnachtslied; **le** ~ **sacré de Salomo** BIBL das Hohe Lied Salomos
❸ *(cri d'animaux) du coq* Krähen *nt; de la cigale, du grillon* Zirpen *nt,*

Gezirpe *nt;* **le** ~ **des oiseaux** das Zwitschern [*o* der Gesang] der Vögel; **le** ~ **du rossignol** der Gesang [*o* Schlag] der Nachtigall; **au** ~ **du coq** beim ersten Hahnenschrei
❹ *littér (sons harmonieux) du vent* Säuseln *nt; (plus fort)* Rauschen *nt*
❺ *(ligne mélodique) du violon, piano* Melodie *f;* **le** ~ **du violon** die Violinstimme
❻ *(poème lyrique ou épique)* Gesang *m*
◆ ~ **du cygne** Schwanengesang *m*
chant[2] [ʃɑ̃] *m d'une brique, pierre* Schmalseite *f;* **des briques posées de** [*o* **sur**] ~ hochkant stehende Ziegel
chantage [ʃɑ̃taʒ] *m* Erpressung *f;* ~ **à qc** Erpressung mit etw; **faire du** ~ erpressen; **faire du** ~ **à qc** etw als Erpressungsmittel benutzen; **exercer un** ~ **sur qn** jdn erpressen
chantant(e) [ʃɑ̃tɑ̃, ɑ̃t] *adj accent* singend; *voix, langue* melodisch; *air, musique* eingängig
chanter [ʃɑ̃te] <1> I. *vi* ❶ *(produire des sons)* singen; *oiseau:* singen, zwitschern; *rossignol:* singen, schlagen; *coq:* krähen; *poule:* gackern; *insecte:* zirpen; *littér rivière:* plätschern, murmeln; *vent:* säuseln; *(plus fort)* rauschen; *instrument de musique, violon:* klingen; **faire** ~ **son violon** seine Geige zum Klingen bringen
❷ *(menacer)* **faire** ~ erpressen
II. *vt* ❶ *(interpréter)* singen; ~ **à qn** jdm [vor]singen
❷ *(célébrer)* besingen *mérites, printemps, liberté*
❸ *(raconter, dire)* **qu'est-ce que tu me/nous chantes là?** was willst du mir/uns da weismachen?
▶ **comme ça te/vous chante** *fam* wie du lustig bist/Sie lustig sind/ihr lustig seid *(fam);* **si ça te/vous chante** wenn du Lust hast/Sie Lust haben/ihr Lust habt
chanterelle [ʃɑ̃tʀɛl] *f* ❶ *(champignon)* Pfifferling *m,* Eierschwamm *m* (A), Eierschwammerl *nt* (A)
❷ *(corde) d'un violon, alto* höchste Saite, E-Saite *f*
chanteur, -euse [ʃɑ̃tœʀ, -øz] I. *adj oiseau* Sing-
II. *m, f* Sänger(in) *m(f);* ~**(-euse) contestataire** Protestsänger(in)
◆ ~ **de charme** Schnulzensänger *m (pej fam);* ~**(-euse) de concert** Konzertsänger(in) *m(f);* ~**(-euse) d'opéra** Opernsänger(in) *m(f);* ~**(-euse) d'opérette** Operettensänger(in) *m(f);* ~**(-euse) de variétés** Schlagersänger(in) *m(f)*
chantier [ʃɑ̃tje] *m* ❶ *(site de construction)* Baustelle *f;* "~ **interdit [au public]**" „Betreten der Baustelle verboten"
❷ *(travaux de construction)* Bauarbeiten *Pl;* **être en** ~ *maison, immeuble, route:* im Bau sein; **pendant toute la durée du** ~ während der Bauarbeiten, für die Dauer der Bauarbeiten
❸ ~ **naval** [Schiffs]werft *f;* ~ **de démolition de bateaux** Abwrackwerft *f*
❹ *fam (désordre)* Durcheinander *nt;* **quel** ~ **!** *fam* was für ein Chaos!
❺ HIST CAN *(lieu d'exploitation forestière)* Holzfällerlager *nt; (habitation des bûcherons)* Holzfällerhütte *f*
▶ **avoir qc en** ~ in Arbeit haben; **être en** ~ *roman, enquête:* in Arbeit sein; **faire** ~ CAN Holz fällen; **mettre qc en** ~ in Angriff nehmen
◆ ~ **de chargement** Ladestelle *f;* ~ **de démolition** Abbruchstelle *f;* ~ **d'exploitation** Bergwerk *nt*
chantilly [ʃɑ̃tiji] *f (fouettée)* [Schlag]sahne *f,* Schlagobers *nt* (A)
chantonner [ʃɑ̃tɔne] <1> I. *vi (fredonner)* leise singen, summen
II. *vt* summen, leise singen; ~ **qc à qn** jdm etw [vor]summen [*o* leise [vor]singen]
chantourner [ʃɑ̃tuʀne] <1> *vt* TECH *(découper)* aussägen; *(évider)* ausbohren
chantre [ʃɑ̃tʀ] *m* ❶ REL Vorsänger(in) *m(f)*
❷ *(poète)* Sänger *m*
❸ *(défenseur)* **se faire le** ~ **de qc** sich für etw einsetzen
chanvre [ʃɑ̃vʀ] *m* ❶ *(plante)* Hanf *m,* Hanfpflanze *f*
❷ *(fibre)* Hanf *m*
chaos [kao] *m* Chaos *nt*
chaotique [kaɔtik] *adj* chaotisch
chaource [ʃauʀs] *m* GASTR *runder Rohmilchkäse aus der Champagne*
chapardage [ʃapaʀdaʒ] *m fam* [kleiner] Diebstahl
chaparder [ʃapaʀde] <1> *vt, vi fam* stibitzen *(fam),* klauen *(fam)*
chape [ʃap] *f* ❶ *(revêtement) (d'asphalte)* Asphaltdecke *f; d'un pneu* Lauffläche *f; d'une roue* Radmantel *m; d'une poulie* Gehäuse *nt;* ~ **de béton** Betonplatte *f*
❷ REL Rauchmantel *m,* Pluviale *f (Fachspr.)*
▶ **s'abattre comme une** ~ **de plomb sur qc** sich bleiern auf etw *(Akk)* legen; **peser comme une** ~ **de plomb sur qc** bleiern auf etw *(Dat)* liegen
chapeau [ʃapo] <x> *m* ❶ *(couvre-chef)* Hut *m;* **retirer son** ~ seinen [*o* den] Hut abnehmen; ~ **à plumes/à fleurs** Hut mit Federn/Blumen; ~ **de paille/de feutre** Stroh-/Filzhut; ~ **de soleil** Sonnenhut; ~ **claque** Chapeau claque *m;* ~ **haut-de-forme** Zylinder *m;* ~ **melon** Melone *f;* **collection de** ~**x** Hutmode *f*

chapeauté–charge

chapeau
❷ BOT *d'un champignon* Hut *m*
❸ TYP *d'un article* Vorspann *m*
❹ GASTR *d'une bouchée à la reine* Deckel *m*
▶ **~ bas!** Hut ab!; **porter le ~** *fam* seinen Kopf hinhalten [müssen]; **faire porter le ~ à qn** *fam* jdm den schwarzen Peter zuschieben; **tirer son ~ à qn** *fam* vor jdm den Hut ziehen; **travailler du ~** *fam* ausrasten *(fam)*; **~!** *fam* Hut ab!, alle Achtung!
◆ **~ de gendarme** Papierhut *m*; **~ de roue** Radkappe *f*; **partir** [*o* **démarrer**] **sur les ~x de roues** *fam (avec un véhicule)* mit quietschenden Reifen anfahren; *(se dépêcher)* losdüsen *(fam)*, mit Volldampf loslegen *(fam)*; **~ de sécurité** CAN *(casque)* Schutzhelm *m*

chapeauté(e) [ʃapote] *adj* mit Hut

chapeauter [ʃapote] <1> *vt fam* **~ qn** ADMIN jds Vorgesetzter sein; **~ un parti** einer Partei *(Dat)* vorstehen; **être chapeauté(e) par qn/qc** jdm/einer S. *(Dat)* unterstehen; *événement, manifestation:* unter jds Schirmherrschaft *(Dat)* stehen

chapelain [ʃaplɛ̃] *m* [Haus]kaplan *m*

chapelet [ʃaplɛ] *m* ❶ REL *(objet)* Rosenkranz *m*
❷ *(prières)* Rosenkranz[gebete *Pl*] *m*; **dire** [*o* **réciter**] [*o* **égrener**] **son ~** den Rosenkranz beten
❸ *(série)* **un ~ d'injures** ein Schwall *m* von Beschimpfungen; **des ~s de bombes** ein Bombenhagel *m*; **~ d'îles/de saucisses** Insel-/Wurstkette *f*
▶ **dévider** [*o* **défiler**] **son ~** *(se confier)* sein Herz ausschütten

chapelier, -ière [ʃapəlje, -jɛʀ] *m, f (fabricant)* Hutmacher(in) *m(f)*; *(vendeur)* Hutverkäufer(in) *m(f)*

chapelle [ʃapɛl] *f* ❶ *(lieu de culte)* Kapelle *f*; **~ du château** Schlosskapelle
❷ *(partie d'une église)* Seitenkapelle *f*
❸ *(clan)* Klüngel *m (pej)*, Clique *f*
❹ *(catafalque déposé)* **~ ardente** Leichenhalle *f*
▶ **prêcher pour sa ~** in eigener Sache reden

chapelure [ʃaplyʀ] *f* Semmelmehl *nt*, Paniermehl *nt*

chaperon [ʃapʀɔ̃] *m (personne)* Begleiter *m*, Anstandsdame *f*
▶ **le Petit Chaperon rouge** [das] Rotkäppchen

chaperonner [ʃapʀɔne] <1> *vt hum* **~ qn** für jdn den Anstandswauwau spielen *(hum fam)*

chapiteau [ʃapito] <x> *m* ❶ *(tente de cirque)* Zirkuszelt *nt*; **~ à quatre mâts** Viermastzelt; **sous le ~** unter der Zirkuskuppel
❷ *(tente pour une manifestation, un concert)* Festzelt *nt*
❸ *(le cirque)* Zirkus[welt *f*] *m*
❹ ARCHIT *(couronnement)* Kapitell *nt*

chapitre [ʃapitʀ] *m* ❶ *(section) d'un livre* Kapitel *nt*
❷ *fig de la vie* Kapitel, Abschnitt *m*
❸ *(sujet)* Kapitel *nt*; **sur le ~ de qc** was etw betrifft; **on pourrait dire beaucoup de choses sur ce ~** zu diesem Thema [*o* dazu] gäbe es viel zu sagen
❹ FIN Teil *m*
❺ *(assemblée de religieux)* Kapitel *nt*

chapitrer [ʃapitʀe] <1> *vt soutenu (réprimander)* **~ qn** jdm die Leviten lesen

chapon [ʃapɔ̃] *m* Kapaun *m*

chaque [ʃak] *adj inv* ❶ *(qui est pris séparément)* jede(r, s); **~ élève** jeder Schüler/jede Schülerin; **une place pour ~ chose** einen Platz für jedes einzelne Objekt
❷ *fam (chacun)* je[weils]; **un peu de ~** ein bisschen von allem; **je voudrais cent grammes de ~** ich möchte je[weils] hundert Gramm; **ces cravates coûtent cinquante euros ~** diese Krawatten kosten je fünfzig Euro [*o* hundert Franc pro Stück]
❸ *abusif (tous, toutes les)* alle; **~ dix minutes** alle zehn Minuten

char [ʃaʀ] *m* ❶ MIL Panzer *m*; **~ de combat** Kampfpanzer
❷ *(voiture décorée)* Wagen *m*
❸ *vieilli (voiture rurale)* Karren *m*
❹ HIST [Streit]wagen *m*
▶ **arrête ton ~!** *fam* nun mach aber mal einen Punkt! *(fam)*
◆ **à voile** Strandsegler *m*; *(sport)* Strandsegeln *nt*

charabia [ʃaʀabja] *m fam* Kauderwelsch *nt*

charade [ʃaʀad] *f* Scharade *f*

charançon [ʃaʀɑ̃sɔ̃] *m* Rüsselkäfer *m*; *(du blé)* Kornkäfer *m*; *(du riz)* Reiskäfer *m*

charbon [ʃaʀbɔ̃] *m* ❶ *(houille, combustible)* Kohle *f*; **~ actif** Aktivkohle; **être du vrai ~** völlig verkohlt sein; **entreprise de vente de ~** Kohlenhandlung *f*
❷ PHARM Kohle[tabletten *Pl*] *f*
❸ *(fusain)* [Zeichen]kohle *f*; **dessin au ~** Kohlezeichnung *f*
❹ MED *(maladie)* Milzbrand *m*
❺ ELEC Kohle *f*
▶ **être sur des ~s ardents** [wie] auf glühenden Kohlen sitzen; **au ~!** *fam* an die Arbeit!
◆ **~ de bois** Holzkohle *f*

charbonnage [ʃaʀbɔnaʒ] *m* ❶ *(exploitation de la houille)* Kohlenbergbau *m*
❷ *pl (mines de huille)* Kohlenbergwerke *Pl*, Kohlengruben *Pl*; *(région)* Kohlenrevier *nt*

charbonner [ʃaʀbɔne] <1> I. *vi* ❶ *(fumer) lampe, poêle:* rußen
❷ *(se calciner)* verkohlen
II. *vt (noircir)* schwärzen *mur, visage*

charbonneux, -euse [ʃaʀbɔnø, -øz] *adj* ❶ *(très noir) sourcils, visage* kohlrabenschwarz, pechschwarz; *yeux* kohlrabenschwarz [geschminkt]
❷ *(noirci par le charbon)* geschwärzt

charbonnier, -ière [ʃaʀbɔnje, -jɛʀ] I. *adj* Kohlen-; **industries charbonnières et sidérurgiques** Montanindustrie *f*
II. *m, f* Kohlenhändler(in) *m(f)*
▶ **~ est maître dans sa maison** [*o* **chez soi**] *prov* jeder soll nach seiner eigenen Fasson selig werden

charcuter [ʃaʀkyte] <1> *vt péj fam (mal opérer)* übel zurichten

charcuterie [ʃaʀkytʀi] *f* ❶ *(boutique)* Fleischerei *f*, Metzgerei *f* (SDEUTSCH) *(für Fleisch und Wurst vom Schwein)*
❷ *(spécialité à base de porc)* Wurstwaren *Pl*, Wurst *f*; **~ fumée** Räucherwurst; **~ maison** ≈ Hausmacherwurst
❸ *(industrie)* Fleisch- und Wurstwarenherstellung *f (vom Schwein)*
❹ *(activité)* Fleischerhandwerk *nt*, Metzgerhandwerk *nt*

charcutier [ʃaʀkytje] *m (personne)* Fleischer *m*, Metzger *m* (SDEUTSCH), Schlachter *m* (NDEUTSCH)

charcutière [ʃaʀkytjɛʀ] *f* ❶ *(personne)* Fleischerin *f*, Metzgerin *f* (SDEUTSCH), Schlachterin *f* (NDEUTSCH)
❷ *(femme du charcutier)* Fleischersfrau *f*, Metzgersfrau *f* (SDEUTSCH)

chardon [ʃaʀdɔ̃] *m* ❶ *(plante)* Distel *f*
❷ *(pointe de fer)* Eisenspitze *f*

chardonneret [ʃaʀdɔnʀɛ] *m* Distelfink *m*, Stieglitz *m*

charentais(e) [ʃaʀɑ̃tɛ, ɛz] *adj* der Charente; *produit* aus der Charente

Charentais(e) [ʃaʀɑ̃tɛ, ɛz] *m(f)* Bewohner(in) *m(f)* der Charente

charentaise [ʃaʀɑ̃tɛz] *f* Filzhausschuh *m*

Charentes [ʃaʀɑ̃t] *fpl* **les ~** *die Départements, die zur Region Poitou-Charentes gehören*

charge [ʃaʀʒ] *f* ❶ *(fardeau)* Last *f*; **d'un camion** Ladung *f*; **~ maximale** zulässiges Gesamtgewicht; *d'un camion* [Höchst]nutzlast; *d'un objet* Höchstbeanspruchung *f*, Höchstlast *f*; **~ minimale** Minimalbelastung *f*; **~ mobile/statique** bewegliche/ruhende Last; **~ totale** Gesamtlast; **~ utile** Nutzlast; **en ~** beladen
❷ ECON *de la capacité de production* Ausnutzung *f*, Auslastung *f*; **~ optimale** optimale Auslastung; **~ maximale** Spitzenauslastung; **~s maximales** völlig ausgelastete Kapazitäten
❸ *(responsabilité)* Belastung *f*, Bürde *f (geh)*; **~s multiples** Mehrfachbelastung; **avoir** [**pour**] **~ de faire qc** den Auftrag haben, etw zu tun; **avoir la ~ de faire qc** die Aufgabe haben, etw zu tun; **avoir la ~ de qn/qc** für jdn/ etw verantwortlich sein; **être à** [**la**] **~ de qn** jdm gegenüber unterhaltsberechtigt sein; **personnes à ~** unterhaltsberechtigte Angehörige; **prendre qn en ~** für jdn sorgen; **prendre qc en ~** etw übernehmen; INFORM etw unterstützen; **mon navigateur ne prend pas de frames en ~** mein Browser unterstützt keine Frames; **se prendre en ~** sich auf eigene [*o* die eigenen] Füße stellen; **à ~ pour qn de faire qc** mit der Verpflichtung [*o* Auflage] für jdn, etw zu tun
❹ *(fonction, poste)* Amt *nt*; **~ ecclésiastique** Kirchenamt; **occuper une ~** ein Amt bekleiden
❺ *(obligation)* Auflage *f*; **~ écologique** Umweltauflage
❻ *gén pl (obligations financières)* Kosten *Pl*; **~s locatives** *(dépenses globales)* Wohnkosten; *(dépenses qui viennent s'ajouter au loyer)* Mietnebenkosten; **loyer sans les ~** Miete *f* ohne Nebenkosten; **~s comprises** einschließlich Nebenkosten; **~s annexes aux salaires** Lohnnebenleistungen *Pl*; **~ budgétaire** Haushaltsbelastung *f*; **~s consécutives à la guerre** Kriegsfolgelasten *Pl*; **~ directe** unmittelbare Belastung; **~ financière** Kostenbelastung, Finanzlast *f*; **~[s] fiscale[s]** Steuerlast; **~s foncières** Grundstückslasten; **~ hypothicaire** Hypothekenbelastung; **~s payées d'avance** vorausbezahlte Aufwendungen; **~s salariales** Lohngemeinkosten, Personalaufwand *m*; **~s sociales** Sozialabgaben; **~ fiscale de la taxe professionnelle** Gewerbesteuerbelastung; **~ et montant des dépens** JUR Kostenfestsetzung *f*; **~ d'amortissement** Abschreibungsaufwand; **~s d'exploitation** betriebliche Aufwendungen, Betriebsaufwand, Betriebsausgaben *Pl*; **autres ~s de gestion courante** sonstige betriebliche Aufwendungen; **~s d'intérêts** Zinsverbindlichkeiten *Pl*; **~ de remboursement des intérêts** Zinsbelastung, Zinslast, Zinsaufwendungen *Pl*; **~s déductibles/en cours** abzugsfähige/laufende Aufwendungen; **~s exceptionnelles** einmalige [*o* außerordentliche] Ausgaben; **~s extérieures** Fremdaufwendungen; **~s financières multiples** Mehrfachbelastung *f*; **~s fixes** Fixbelastung; **à votre ~** auf Ihre Rechnung
❼ *(point d'accusation)* Anklagepunkt *m*; *pl* Belastungsmaterial *nt*; **de lourdes ~s pèsent sur lui** es liegen schwere Verdachtsmomente gegen ihn vor

⑧ MIL *(attaque)* Angriff *m*, Attacke *f*; **à la ~ !** Attacke!
⑨ *(cartouche) d'un fusil, d'une arme à feu* Ladung *f*; **~ de plastic/d'explosifs** Plastikbombe *f*/Sprengladung; **une ~ de dynamite** eine Ladung Dynamit
⑩ ELEC, PHYS, CHIM Ladung *f*; **~ atomique** Kernladung; **~ électrique élémentaire** Elementarladung
⑪ PSYCH **~ affective** Befrachtung *f* mit Emotionen; **avoir une ~ affective** mit Emotionen befrachtet sein
⑫ *(caricature)* Karikatur *f*
▶ **à ~ de revanche** unter der Bedingung, dass ich mich revanchieren kann; **revenir à la ~** in seinen Bemühungen nicht nachlassen
◆ **~ d'appui** Stützlast *f*; **~ de toit** Dachlast *f*; **~ de travail** Arbeitsanfall *m*

chargé(e) [ʃaʁʒe] *adj* **①** *(qui porte une charge)* ~(e) de qc *personne, animal, véhicule* mit etw beladen; **un voyageur très ~** ein Reisender mit schwerem Gepäck; **un navire trop ~ à l'avant/à l'arrière** ein vorderlastiges/hinterlastiges Schiff
② *(bien occupé) programme* voll; *journée, soirée* [gut] ausgefüllt; *classe* überfüllt
③ *(responsable)* **~(e) de qn/qc** verantwortlich [*o* zuständig] für jdn/etw; **~(e) d'une mission** mit einer Mission betraut; **~(e) de faire qc** damit beauftragt, etw zu tun; **être ~(e) du remplacement d'un/d'une collègue** mit der Vertretung eines Kollegen/einer Kollegin beauftragt sein
④ *(garni) fusil* geladen; *batterie* [auf]geladen; **mon appareil photo n'est pas ~** in meinem Fotoapparat ist kein Film
⑤ *(lourd) conscience* belastet; *passé* bewegt; *casier judiciaire* lang; **avoir une hérédité ~e** erblich [vor]belastet sein
⑥ PHYSIOL *estomac* [über]voll; *langue* belegt
⑦ *(rempli)* **~ de nuages** bewölkt; **le ciel restera ~** es bleibt bewölkt; **des nuages ~s de pluie** regenschwere Wolken
⑧ *(exagéré) style, art* überladen
⑨ *(riche)* **être ~(e) de qc** reich an etw *(Dat)* [*o* voller S.] sein; **~(e) d'histoire/de symboles** geschichts-/symbolträchtig; **des mots ~s de sens** bedeutungsvolle [*o* bedeutungsschwere] Worte
⑩ CHIM **non ~** *papier* chlorfrei
⑪ *fam (drogué, dopé)* voll gedröhnt [*o* gepumpt] *(sl)*
◆ **~(e) d'affaires** Geschäftsträger(in) *m(f)*; *(avocat)* Beauftragte(r) *f(m)*; **~(e) de cours** Dozent(in) *m(f)*, Lehrbeauftragte(r) *f(m)*; **~(e) de mission** ADMIN ≈ Referent(in) *m(f)*; **~(e) de mission gouvernemental(e)** Regierungsbeauftragte(r) *f(m)*; **~(e) de la protection de l'environnement** Umweltschutzbeauftragte(r) *f(m)*

chargement [ʃaʁʒəmɑ̃] *m* **①** *(action)* Beladen *nt*; *d'une arme* Laden *nt*; *d'un poêle* Füllen *nt*, *d'une marchandise* Einladen *nt*, Verladung *f*; *d'un film* Einlegen *nt*; **le ~ de qc se fait par le haut** etw wird von oben beladen/geladen/gefüllt/eingeladen/eingelegt; **être en ~** beladen werden
② *(marchandises)* Ladung *f*; **le ~ de fruits et de légumes** die Ladung Obst und Gemüse; **~ de marchandises diverses** Stückgutladung; **~ en vrac** Bulkladung; **~ mixte/partiel** Sammel-/Teilladung; **plan de ~** Ladeplan *m*; **quai de ~** Ladeplatz *m*
③ *(fret)* Fracht *f*; **~ de retour** Rückfracht
④ INFORM *d'un programme, fichier* Laden *nt*; **programme de ~** Ladeprogramm *nt*

charger [ʃaʁʒe] <2a> **I.** *vt* **①** *(faire porter une charge)* verladen *fardeau, marchandise*; **~ qn/qc de qc** jdn/etw mit etw beladen; **~ sur/dans qc** auf etw *(Akk)* [auf]laden/in etw *(Akk)* [ein]laden; **~ qc sur ses épaules/ses épaules** etw sich schultern; **~ qn sur son épaule/ses épaules** jdn auf die Schultern nehmen
② *fig* **~ la mémoire de qc** das Gedächtnis mit etw belasten; **~ le style de qc** den Stil mit etw überladen; **~ qn d'impôts** jdn mit Steuern belegen
③ *(attribuer une mission à)* **~ qn de qc** jdn mit etw beauftragen; **être chargé(e) de qc** für etw verantwortlich sein; **être ~ de faire qc** jdn [damit] beauftragen, etw zu tun; **il m'a chargé de vous saluer** er hat mir Grüße für Sie aufgetragen; **prendre la décision de ~ un avocat [de l'affaire]** sich zur Beauftragung eines Anwalts entschließen
④ *(accuser)* **~ qn de qc** jdn mit etw belasten; **~ qn d'une faute** jdn für einen Fehler verantwortlich machen
⑤ *a.* SPORT *(attaquer)* angreifen
⑥ TECH *(mettre des cartouches, piles)* laden *arme*; [auf]laden *batterie*; füllen *poêle*; **~ un appareil photo** einen Film in einen Fotoapparat einlegen
⑦ INFORM laden
⑧ *(exagérer)* übertrieben zeichnen *portrait*; **il a vraiment chargé le trait** er hat wirklich zu dick aufgetragen
⑨ *(prendre en taxi)* mitnehmen
II. *vi (attaquer)* zum Angriff übergehen
III. *vpr* **①** *(s'occuper de)* **se ~ de qn/qc** sich um jdn/etw kümmern; **se ~ de faire qc** es übernehmen, etw zu tun
② *(s'alourdir)* **se ~** viel Gepäck mitnehmen; **je ne veux pas trop me ~** ich möchte nicht so schwer tragen

chargeur [ʃaʁʒœʁ] *m* **①** *(docker)* Docker *m*, Schauermann *m*, Stauer *m*
② *d'une arme à feu* Magazin *nt*; *d'une pile, batterie* Ladegerät *nt*
③ PHOT Filmkassette *f*
④ COM Ablader *m*

chariot [ʃaʁjo] *m* **①** *(plate-forme tractée)* Wagen *m*
② AGR Fuhrwerk *nt*
③ *(petit engin de transport)* Wagen *m*
④ *(caddy à bagages)* Kofferkuli *m*
⑤ COM Einkaufswagen
⑥ GASTR Servierwagen
⑦ CINE Kamerawagen *m*
⑧ *(d'une machine à écrire)* Wagen *m*
⑨ ASTRON **Grand/Petit Chariot** Großer/Kleiner Wagen
◆ **~ élévateur** Gabelstapler *m*

charismatique [kaʁismatik] *adj* charismatisch

charisme [kaʁism] *m* Charisma *nt*

charitable [ʃaʁitabl] *adj personne* wohltätig, mildtätig; *âme* barmherzig; *geste, acte* mildtätig, barmherzig; *conseil* wohl gemeint; **une œuvre ~** eine karitative Einrichtung

charitablement [ʃaʁitabləmɑ̃] *adv* freundlicherweise

charité [ʃaʁite] *f* **①** *(amour du prochain)* Nächstenliebe *f*
② *(geste, action)* Mildtätigkeit *f*, Wohltätigkeit *f*; **demander la ~** um ein Almosen [*o* eine milde Gabe] bitten; **vivre de la ~ publique** von der Fürsorge leben
③ *(bienveillance, bonté)* **avoir la ~ de faire qc** die Güte [*o* Freundlichkeit] besitzen, etw zu tun
▶ **~ bien ordonnée commence par soi-même** *prov* jeder ist sich *(Dat)* selbst der Nächste

charivari [ʃaʁivaʁi] *m* Krach *m*, Tohuwabohu *nt (fam)*

charlatan [ʃaʁlatɑ̃] *m* **①** *(escroc)* Scharlatan *m*
② *(guérisseur)* Quacksalber *m*
③ *(mauvais médecin)* Kurpfuscher *m*

charlatanisme [ʃaʁlatanism] *m* Scharlatanerie *f*; *d'un guérisseur* Quacksalberei *f*; *d'un mauvais médecin* Kurpfuscherei *f*

Charlemagne [ʃaʁləmaɲ(ə)] *m* Karl der Große

Charles [ʃaʁl(ə)] *m* **①** Karl *m*
② HIST **~ X** Karl X., Karl der Zehnte; **~ Martel** Karl Martell; **~ le Téméraire** Karl der Kühne

Charles-Quint [ʃaʁləkɛ̃] *m* Karl V., Karl der Fünfte

charleston [ʃaʁlɛstɔn] *m* Charleston *m*

charlot [ʃaʁlo] *m fam* Clown *m*, Kasper *m*

Charlot [ʃaʁlo] *m* Charlie Chaplin

charlotte [ʃaʁlɔt] *f* **①** GASTR Charlotte *f*
② *(coiffure)* Damenhut mit Spitzenvolant
③ *(bonnet de plastique)* Duschhaube *f*

Charlotte-Élisabeth [ʃaʁlɔtelizabɛt] *f* **~ de Bavière** Liselotte von der Pfalz

charmant(e) [ʃaʁmɑ̃, ɑ̃t] *adj* **①** *(agréable, affable)* reizend; *personne, attitude* reizend, charmant; *lieu, cadre, objet* reizend, entzückend, bezaubernd; *séjour* zauberhaft; *humeur* strahlend
② *(ravissant) garçon* charmant; *jeune fille* charmant, bezaubernd; **le prince ~** der Märchenprinz
③ *antéposé iron (désagréable)* entzückend *(iron)*, reizend *(iron)*

charme¹ [ʃaʁm] *m* **①** *d'une personne* Charme *m*; *d'un lieu, paysage, livre* Charme, Zauber *m*, Reiz *m*; *de la nouveauté* Reiz; **avoir du/beaucoup de ~** [einen gewissen] Charme/viel Charme haben; **avoir son ~** auch seinen Reiz haben; *paysage:* [sehr] reizvoll sein; **faire du ~ à qn** jdn zu bezirzen versuchen
② *souvent pl (beauté)* Reize *Pl*; **elle vit de ses ~s** sie bietet ihren Körper *o* ihre weiblichen Reize feil
③ *(envoûtement)* Zauber *m*, Bann *m*; **être sous le ~ de qn/qc** jds Charme erliegen/unter dem Bann einer S. *(Gen)* stehen; **rompre le ~** den Zauber brechen; **le ~ est rompu** der Zauber ist verflogen; **tenir sous son ~** in seinen Bann ziehen
▶ **se porter comme un ~** vor [*o* von] Gesundheit strotzen

charme² [ʃaʁm] *m* **①** *(arbre)* Weißbuche *f*, Hainbuche, Hagebuche
② *(bois)* Weißbuche[nholz *nt*] *f*

charmé(e) [ʃaʁme] *adj* **être ~(e) de qc/faire qc** über etw *(Akk)* erfreut sein, etw zu tun; sich [sehr] über etw *(Akk)* freuen/sich [sehr] freuen, etw zu tun; **il est ~ de son séjour** ihm gefällt der Aufenthalt [sehr]

charmer [ʃaʁme] <1> *vt* **①** *(enchanter)* bezaubern, fesseln *public*; schmeicheln (+ *Dat*) *œil, oreille*; **~ l'oreille et le regard** zauberhaft anzuhören und anzuschauen sein
② *(envoûter)* verzaubern, in seinen Bann schlagen

charmeur, -euse [ʃaʁmœʁ, -øz] **I.** *adj sourire, manières* bezaubernd; *air* einschmeichelnd
II. *m, f* **①** *(séducteur)* Charmeur *m*/Circe *f*
② *(magicien)* Magier(in) *m(f)*
③ **~(-euse) de serpents** Schlangenbeschwörer(in) *m(f)*

charmille [ʃaʁmij] *f* **①** *(arbuste)* Weißbuche *f*, Hainbuche *f*, Hagebuche *f*

❷ *vieilli poét (allée d'arbres)* Laubengang *m*
charnel(le) [ʃaʀnɛl] *adj* ❶ *(corporel, matériel)* fleischlich; **un être ~** ein Wesen aus Fleisch und Blut
❷ *(relatif aux plaisirs de la chair)* körperlich; *amour* körperlich, sinnlich
charnier [ʃaʀnje] *m (fosse commune)* Massengrab *nt*
charnière [ʃaʀnjɛʀ] I. *f* ❶ *(pièce métallique)* Scharnier *nt*
❷ *(point de jonction)* Angelpunkt *m;* **à la ~ de deux choses** an der Nahtstelle zwischen zwei Dingen; **être ~ se situer**] **à la ~ de deux époques** sich am Übergang von einer Epoche zur anderen befinden
❸ *(personne)* Bindeglied *nt*
II. *adj* ❶ *(de transition)* Übergangs-
❷ *(décisif)* entscheidend; **date ~** bedeutendes Datum; **texte ~** Schlüsseltext *m*
charnu(e) [ʃaʀny] *adj lèvre* wulstig; *partie du corps* fleischig; *fruit, feuille* fleischig; **personne/bouche aux lèvres ~es** dicklippiger Mensch/Mund; **avoir les lèvres ~es** [*o* **épaisses**] *personne, bouche:* dicklippig sein
charognard [ʃaʀɔɲaʀ] *m* ❶ *(animal)* Aasfresser *m*
❷ *(vautour)* [Aas]geier *m*
❸ *(personne)* Aasgeier *m (fam)*
charogne [ʃaʀɔɲ] *f* ❶ *(cadavre)* Aas *nt*
❷ *péj fam (terme d'injure)* gemeines Aas *(fam)*, Mistkerl *m/*Miststück *nt (fam)*
charpente [ʃaʀpɑ̃t] *f* ❶ *(bâti)* Gerüst *nt; d'un bateau* Gerippe *nt; d'une maison* Balkenwerk *nt;* **~ métallique** Stahlgerüst; **la ~ du toit** der Dachstuhl
❷ LITTER *d'une pièce de théâtre, d'un roman* Struktur *f,* Aufbau *m*
❸ *(carrure) d'une personne* Körperbau *m*
charpenté(e) [ʃaʀpɑ̃te] *adj* ❶ *personne* kräftig [gebaut]
❷ *roman, poème* gut strukturiert
charpentier [ʃaʀpɑ̃tje] *m* Zimmermann *m*
charpie [ʃaʀpi] *f* ❶ **faire de la ~ avec qc** etw zerfetzen, etw in kleine Stücke [zer]reißen, etw [in kleine Fetzen] zerreißen
❷ *(battre)* **faire de la ~ avec qn** jdn kurz und klein schlagen
charretée [ʃaʀte] *f (contenu d'une charrette)* Wagenladung *f; de foin, paille* Fuhre *f.*
charretier [ʃaʀtje] *m* Fuhrmann *m*
▶ **jurer comme un ~** wie ein Landsknecht fluchen
charrette¹ [ʃaʀɛt] *f* [zweirädriger] Wagen, Karren *m; (tirée par un bœuf ou deux bœufs)* Ochsenkarren
charrette² [ʃaʀɛt] *f* CH *(coquin, canaille)* Kanaille *f,* Halunke *m*
charrier [ʃaʀje] <1> I. *vt* ❶ *(transporter)* fahren; *rivière:* mit sich führen; *vent:* vor sich (*Dat*) hertreiben *nuages;* **le ciel charrie de gros nuages noirs** am Himmel treiben dicke schwarze Wolken
❷ *(à la main, sur le dos)* schleppen
❸ *fam (se moquer de)* auf den Arm [*o* die Schippe] nehmen *(fam)*
II. *vi fam* übertreiben; **[il ne] faut pas ~!** *fam* das geht echt zu weit! *(fam)*
charrue [ʃaʀy] *f* Pflug *m*
▶ **mettre la ~ avant** [*o* **devant**] **les bœufs** das Pferd am [*o* beim] Schwanz aufzäumen
charte [ʃaʀt] *f* Charta *f,* Urkunde *f;* **passer une ~ avec qn** einen Vertrag mit jdm schließen
◆ **Charte de l'Atlantique** Atlantikcharta *f;* **Charte des Nations Unies** Charta *f* der Vereinten Nationen, UN-Charta *f*
charte-partie [ʃaʀt(ə)paʀti] *f* ECON Befrachtungsvertrag *m,* Chartepartie *f* (Fachspr.)
charter [ʃaʀtɛʀ] I. *m* ❶ *(vol)* Charter[flug *m*] *m*
❷ *(avion)* Chartermaschine *f*
II. *app inv* Charter-
chartiste [ʃaʀtist] *mf* FIN Chart-Analyst(in) *m(f)*
chartreuse [ʃaʀtʀøz] *f* ❶ Kartäuserin *f*
❷ *(couvent)* Kartäuserkloster *nt,* Kartause *f*
❸ *(liqueur)* Chartreuse® *m*
chartreux [ʃaʀtʀø] *m* Kartäuser *m,* Kartäusermönch *m*
Charybde [kaʀibd] *f* MYTH Charybdis *f*
▶ **tomber de ~ en Scylla** *prov* vom Regen in die Traufe kommen
chas [ʃa] *m* Öhr *m*
chasse¹ [ʃas] *f* ❶ *(action)* Jagd *f;* **~ au renard/au sanglier/au canard** Fuchs-/Wildschwein-/Entenjagd; **~ au chamois/aux papillons** Jagd auf Gämsen/auf Schmetterlinge; **aller à la ~** auf die Jagd gehen; **aller à la ~ au renard** auf Fuchsjagd (*Akk*) gehen; **~ aux souris/aux moustiques** Mäuse-/Mückenjagd; **faire la ~ aux souris/aux moustiques** Jagd auf Mäuse/Mücken machen; **~ sous-marine** Unterwasserjagd; **règles de la ~** Jagdrecht *nt;* **procédé selon les règles de la ~** jagdgerechtes Vorgehen; **faire qc dans les règles de la ~** etw jagdgerecht [*o* jagdgemäß] tun; **mauvaise ~** Jagdpech *nt;* **faire mauvaise ~** Jagdpech haben; **habit/équipement de ~** Jagdanzug *m/-*ausrüstung *f;* **propriétaire de la/d'une ~** Jagdherr(in) *m(f);* **locataire de la/d'une ~** Jagdpächter(in) *m(f);* **loi sur la ~** Jagdgesetz *nt*

❷ *(période)* Jagdsaison *f;* **la ~ est ouverte/fermée** die Jagdsaison ist eröffnet/beendet
❸ *(lieu)* Jagd *f,* Jagdrevier *nt;* **~ gardée** privates Jagdrevier
❹ *(toutes les activités et tous les événements ayant rapport à la chasse)* Jagdwesen *nt*
❺ *(poursuite)* Jagd *f;* **~ au criminel** Verbrecherjagd; **faire la ~ à un criminel** Jagd auf einen Verbrecher machen; **~ à l'homme/aux sorcières** Menschen-/Hexenjagd; **prendre le voleur en ~** die Verfolgung des Diebs aufnehmen
❻ *(quête)* Jagd *f;* **la ~ aux occasions** die Jagd nach günstigen Gelegenheiten; **la ~ à l'appartement** die Suche nach einer Wohnung
❼ MIL Jagdverbände *Pl;* **pilote de ~** Jagdflieger(in) *m(f);* **avion/escadrille de ~** Jagdflugzeug *nt/-*staffel *f*
▶ **qui va à la ~ perd sa place** *prov* weggegangen – Platz vergangen
◆ **~ à courre** Hetzjagd *f;* **au trésor** Geländespiel *nt,* ≈ Schnitzeljagd *f*
chasse² [ʃas] *f fam (chasse d'eau)* [Wasser]spülung *f;* **tirer la ~** spülen
◆ **~ d'eau** Wasserspülung *f,* Klosettspülung *f*
châsse [ʃɑs] *f* Reliquienschrein *m*
chassé-croisé [ʃasekʀwaze] <chassés-croisés> *m* Hin und Her *nt; des estivants* Kommen und Gehen *nt*
chasse-mouches [ʃasmuʃ] *m inv* Fliegenklatsche *f* **chasse-neige** [ʃasnɛʒ] *m inv* ❶ *(véhicule)* Schneeräumgerät *nt,* Schneepflug *m* ❷ SKI [Schnee]pflug *m;* **descendre en ~** [im] [Schnee]pflug hinunterfahren
chasser [ʃase] <1> I. *vi* ❶ *(aller à la chasse)* jagen, auf die Jagd gehen; **vous n'avez pas le droit de ~ ici** Sie haben hier kein Jagdrecht
❷ *(déraper) roue, véhicule:* wegrutschen
❸ *(passer rapidement)* **les nuages chassent dans le ciel** die Wolken jagen über den Himmel
❹ NAUT *ancre:* treiben; *bateau:* vor Anker treiben
II. *vt* ❶ *(aller à la chasse)* jagen; **il est interdit de ~ le cerf au printemps** für Hirsche besteht im Frühjahr Jagdverbot
❷ *(faire partir)* vertreiben, verjagen *personne, animal*
❸ *(faire sortir d'une pièce)* hinausweisen *personne*
❹ *fig* vertreiben *mauvais souvenir, idées noires*
❺ *(pousser)* treiben *troupeau, animaux;* **le vent chasse les nuages** der Wind treibt die Wolken über den Himmel
chasseur [ʃasœʀ] *m* ❶ *(personne qui va à la chasse)* Jäger *m;* **~ de phoques** Robbenjäger, Robbenfänger *m;* **~ de gros gibiers** Großwildjäger
❷ *fig* Jäger *m;* **~ d'autographes/d'images** Autogramm-/Motivjäger; **~ de bonnes affaires** Schnäppchenjäger *(fam);* **~ de têtes** Headhunter *m*
❸ *(soldat)* **~ alpin** Gebirgsjäger *m;* **le 3ᵉ ~s** das 3. Jägerregiment
❹ *(char)* **~ de chars** Jagdpanzer *m*
❺ *(avion)* Jagdflugzeug *nt,* Jäger *m*
❻ *(garçon d'hôtel)* Hotelboy *m,* Hotelpage *m*
chasseur-bombardier [ʃasœʀbɔ̃baʀdje] <chasseurs-bombardiers> *m* Jagdbomber *m*
chasseuse [ʃasøz] *f* ❶ *(personne qui va à la chasse)* Jägerin *f;* **~ de phoques** Robbenjägerin, Robbenfängerin *f;* **~ de gros gibiers** Großwildjägerin
❷ *fig* **~ d'autographes/d'images** Autogramm-/Motivjägerin *f;* **~ de bonnes affaires** Schnäppchenjägerin *(fam)*
chassieux, -euse [ʃasjø, -jøz] *adj yeux* verklebt
châssis [ʃɑsi] *m* ❶ TECH Chassis *nt*
❷ MECA NAUT Chassis *nt,* Fahrgestell *nt;* **support du ~** Rahmenträger *m*
❸ *(cadre) d'une fenêtre, porte* Rahmen *m; d'une toile, d'un tableau* Keilrahmen, Blendrahmen
❹ HORT Frühbeet *nt; (panneau)* Frühbeetfenster *nt*
chaste [ʃast] *adj a. antéposé* keusch; *personne* keusch, züchtig; *amour, baiser* keusch, unschuldig, zart; *pensées* keusch, rein
chasteté [ʃastəte] *f* Keuschheit *f*
chasuble [ʃazybl] *f* ❶ REL Messgewand *nt*
❷ *(robe)* [**robe**] **~** Chasuble *nt*
chat¹ [ʃa] *m* ❶ *(animal)* Katze *f; (mâle)* Kater *m;* **~ angora/siamois/sauvage** Angora-/Siam-/Wildkatze; **le Chat botté** der Gestiefelte Kater
❷ *(terme affectueux)* **mon** [**petit**] **~** mein kleiner Spatz; *(petite fille)* meine kleine Maus
▶ **~ échaudé craint l'eau froide** *prov* ein gebranntes Kind scheut das Feuer *(prov);* **avoir un ~ dans la gorge** einen Frosch im Hals haben; **retomber comme un ~ sur ses pattes** immer wieder auf die Füße fallen; **jouer au ~ et à la souris** Katz und Maus spielen; **quand le ~ n'est pas là, les souris dansent** *prov* wenn die Katze aus dem Haus ist, tanzen die Mäuse; **avoir d'autres ~s à fouetter** andere Sorgen haben; **jouer à ~ perché** Fangspiel, bei dem der Wolf die Katzen fangen muss, die durch Klettern zu entkommen versuchen; **il n'y a pas un ~ dans la rue** es ist keine Menschen-

seele auf der Straße; **appeler un ~ un ~** das Kind beim Namen nennen; **il n'y a pas de quoi fouetter un ~** da ist doch nichts dabei
◆ **~ de gouttière** gewöhnliche Katze; **~ de race** Rassekatze f
chat² [tʃat] m INFORM Chat m
chat(te) [ʃa, ʃat] *app air, manières* kokett
châtaigne [ʃatɛɲ] f ❶ *(fruit)* Esskastanie f, Edelkastanie f
❷ *fam (coup de poing)* Faustschlag m; **je lui ai flanqué une de ces ~ s!** ich hab ihm/ihr vielleicht eine verpasst! *(fam)*
châtaignier [ʃatɛɲe] m ❶ *(arbre)* Kastanie[nbaum m] f
❷ *(bois)* Kastanie[nholz nt] f
châtain [ʃatɛ̃] *adj pas de forme féminine cheveux* [kastanien]braun; **cheveux ~ clair/foncé** hell-/dunkelbraune Haare, hell-/dunkelbraune Haare; **cheveux ~ doré** goldbraunes Haar, goldbraune Haare; **elle est ~ clair/foncé** sie hat hell-/dunkelbraunes Haar
château [ʃato] <x> m ❶ *(palais)* Schloss nt; **~ [de la] Renaissance** Renaissanceschloss; **le ~ de Versailles** das Schloss von Versailles; **les ~ x de la Loire** die Loireschlösser; **un édifice qui ressemble [o fait penser] à un ~** ein schlossartiges Gebäude
❷ *(forteresse)* **~ [fort]**, **~ [féodal]** Burg f; **~ fort gonflable** Hüpfburg
❸ *(belle maison)* Herrensitz m, Landschlösschen nt
❹ *iron (hôtel luxueux, maison luxueuse)* Luxusherberge f *(hum fam)*
❺ NAUT Aufbau m
▶ **bâtir des ~ x en Espagne** Luftschlösser bauen
◆ **~ de cartes** Kartenhaus nt ▶ **s'écrouler comme un ~ de cartes** wie ein Kartenhaus in sich zusammenfallen; **~ d'eau** Wasserturm m; **~ du Graal** Gralsburg f; **~ de sable** Sandburg f; **construire un ~ de sable** eine Sandburg bauen
chateaubriand, **châteaubriant** [ʃatobʀijɑ̃] m Rinderfilet Chateaubriand nt
châtelain(e) [ʃat(ə)lɛ̃, ɛn] m(f) ❶ HIST Schlossherr(in) m(f)
❷ *(seigneur d'un château fortifié)* Burgherr(in) m(f), Burggraf m/-gräfin f
❸ *(propriétaire d'un manoir)* Gutsherr(in) m(f)
chat-huant [ʃayɑ̃] <chats-huants> m Waldkauz m
châtié(e) [ʃatje] *adj* gewählt, gepflegt; **s'exprimer dans un langage ~** sich sehr gewählt ausdrücken
châtier [ʃatje] <1> vt ❶ *soutenu (punir)* bestrafen
❷ REL **~ son corps [o sa chair]** sich kasteien
❸ *(soigner)* verfeinern *style, langage*
chatière [ʃatjɛʀ] f *(pour chat)* Katzenklappe f
châtiment [ʃatimɑ̃] m Strafe f; **~ corporel** Prügelstrafe; **faire subir un ~** bestrafen
chatoiement [ʃatwamɑ̃] m Schillern nt; *d'un diamant* Schillern, Funkeln m
chaton [ʃatɔ̃] m ❶ *(jeune chat)* Kätzchen nt
❷ BOT Kätzchen nt; **~ de noisetier/saule** Hasel-/Weidenkätzchen
❸ *en orfèvrerie d'une bague* Fassung f
chatouille [ʃatuj] f Kitzeln nt; **craindre la ~** kitz[e]lig sein; **faire des ~ s à qn** jdn kitzeln
chatouillement [ʃatujmɑ̃] m ❶ *(action de chatouiller,* Kitzeln nt
❷ *(picotement)* **un ~ dans la gorge** ein Kratzen nt im Hals; **des ~ s dans le nez** ein Kribbeln nt in der Nase
chatouiller [ʃatuje] <1> vt ❶ *(exciter par des chatouilles)* kitzeln; **elle lui chatouille le bras** sie kitzelt ihn am Arm
❷ *(flatter)* kitzeln; schmeicheln *(+ Dat) amour-propre;* reizen *curiosité;* **ça chatouille le palais** das ist ein Gaumenkitzel
❸ *(agacer)* reizen *personne;* rühren an *(+ Akk) amour-propre, fierté, orgueil;* **tu chatouilles ma fierté** du triffst mich in meinem Stolz
chatouilleux, -euse [ʃatujø, -jøz] *adj* ❶ *personne* kitz[e]lig, être ~ (-euse) **de qc** an etw *(Dat)* kitz[e]lig sein
❷ *(susceptible) caractère* empfindlich; **avoir l'amour-propre ~** ein empfindliches Selbstwertgefühl haben; **être ~ (-euse) sur qc** in Bezug auf etw *(Akk)* empfindlich sein
chatouillis [ʃatuji] m fam Kitzeln nt; **faire des ~ à qn** jdn kitzeln
chatoyant(e) [ʃatwajɑ̃, ɑ̃t] *adj* schillernd; *pierre précieuse* schillernd, funkelnd
chatoyer [ʃatwaje] <6> vi schillern; *bijou:* schillern, funkeln
châtrer [ʃatʀe] <1> vt kastrieren
chatte [ʃat] f ❶ *(femelle du chat)* Katze f
❷ *(terme affectueux)* **ma petite ~** mein kleiner Liebling
chatter [tʃate] <1> vi INFORM chatten
chatterie [ʃatʀi] f *gén pl (caresses)* Liebkosungen Pl; **faire des ~ s à qn** jdn streicheln
chatterton [ʃatɛʀtɔn] m Isolierband nt
chaud [ʃo] I. *adv* ❶ *(opp: froid)* warm; *(très chaud)* heiß; **manger ~** warm essen; **servir ~** heiß servieren
▶ **à ~ travailler qc à ~** *(après avoir chauffé)* etw bearbeiten, solange es heiß ist; **reportage à ~** *(sur le vif)* brandaktuelle Reportage;

faire un reportage à ~ eine brandaktuelle Reportage machen; **faire qc à ~** etw ohne Aufschub [o unverzüglich] tun
II. m Wärme f; *(chaleur extrême)* Hitze f; **il/elle a ~** ihm/ihr ist [es] warm/heiß; **il fait ~** es ist warm/heiß; **crever de ~** *fam* vor Hitze umkommen *(fam);* **au ~** im Warmen; **tenir ~ à qn** *vêtement, couverture:* jdn warm halten; **garder [o tenir] qc au ~** etw warm halten
▶ **il/elle a eu ~ aux fesses** *fam* er/sie hatte [ganz schön] Bammel *(fam);* **attraper un ~ et froid** sich erkälten; **il/elle souffle le ~ et le froid** er/sie kann schalten und walten wie er/sie will; **ne faire ni ~ ni froid à qn** jdn kaltlassen; **il/elle a eu ~** *fam* er/sie ist mit dem Schrecken davongekommen
chaud(e) [ʃo, ʃod] *adj* ❶ *(opp: froid)* warm; *(très chaud)* heiß; **un repas ~/des plats ~ s** warme Mahlzeit/warme Speisen; **cette tarte se mange ~ e** dieser Kuchen wird warm gegessen; **avoir le front ~** eine heiße Stirn haben; **vin ~** Glühwein m
❷ *(qui tient chaud) couverture, vêtement* warm
❸ *antéposé (pour exprimer l'intensité) bataille* heiß; *discussion* heiß, hitzig; *félicitations* herzlich; **avec les plus ~ es recommandations** mit den wärmsten Empfehlungen; **l'alerte a été ~ e** es wurde brenzlig *(fam)*
❹ *(sujet à des conflits)* heiß; **point ~** Krisenherd m; **l'automne sera ~** es wird ein heißer Herbst
❺ *(qui impressionne la vue, l'ouïe) couleur, ton, son* warm
❻ *(récent) information, nouvelle* brandaktuell
❼ *fam (sensuel) personne* heiß *(fam)*
❽ *(voué à la prostitution) quartier* Rotlicht- *(fam)*
❾ *(enthousiaste) partisan, admirateur* glühend; *défenseur* glühend, hitzig; **ne pas être très ~ (e) pour faire qc** nicht gerade begeistert davon sein etw zu tun
chaudement [ʃodmɑ̃] *adv* ❶ *(contre le froid) habiller, couvrir* warm
❷ *(vivement) féliciter* herzlich, von Herzen; *recommander* wärmstens; *appuyer* voll und ganz; *applaudir, acclamer* heftig, begeistert
chaud-froid [ʃofʀwa] <chauds-froids> m kalt serviertes Fleisch in Gelee oder mit Majonäse
chaudière [ʃodjɛʀ] f Kessel m; **~ d'un engin** Dampfkessel; **~ à gaz/mazout** Gas-/[Heiz]ölkessel; **~ du chauffage central** Heiz[ungs]kessel
chaudron [ʃodʀɔ̃] m [Koch]kessel m; **~ en cuivre** Kupferkessel
chaudronnerie [ʃodʀɔnʀi] f ❶ *(industrie, corporation)* Eisen-, Blech- und Metallwarenindustrie f; **~ industrielle** Kesselbau m
❷ *(usine)* Eisen-, Blech- und Metallwarenfabrik f
◆ **~ d'art** *(fabrique)* Kupferschmiede f; *(objets)* [kunstgewerbliche] Kupferwaren; *(artisanat)* Kupferschmiedekunst f
chaudronnier [ʃodʀɔnje] m ❶ *(artisan)* Kupferschmied m
❷ *(ouvrier)* Kesselbauer m
chauffage [ʃofaʒ] m ❶ *(installation)* Heizung f; **~ au bois/au charbon/au mazout/au gaz** Holz-/Kohle-/Öl-/Gasheizung; **~ à l'énergie solaire** Solarheizung; **~ central** Zentralheizung; **avec ~ central/urbain** zentralbeheizt, zentralgeheizt; **~ collectif** Sammelheizung, Gebäudezentralheizung; **~ individuel** eigene Heizanlage *(ohne Anschluss an Fernwärme); (dans un HLM)* Etagenheizung; **~ compris** einschließlich Heizkosten Pl
❷ *(action)* Heizen nt; *d'un métal* Erhitzen nt
◆ **~ d'appoint** [Zusatz]heizgerät nt
chauffagiste [ʃofaʒist] mf Heizungsmonteur(in) m(f)
chauffant(e) [ʃofɑ̃, ɑ̃t] *adj* Heiz-; **brosse ~ e** Lockenstab m
chauffard [ʃofaʀ] m Verkehrsrowdy m
chauffe [ʃof] f ❶ *(lieu)* Feuerraum m; *d'un navire* Maschinenraum m
❷ *(action)* Heizen nt; *d'un moteur* Warmlaufen m
chauffe-bain [ʃofbɛ̃] <chauffe-bains> m Boiler m **chauffe-biberon** [ʃofbibʀɔ̃] <chauffe-biberons> m Flaschenwärmer m, Fläschchenwärmer m **chauffe-briques** [ʃofbʀik] *inv* m Bierwärmer m **chauffe-eau** [ʃofo] m *inv* Durchlauferhitzer m; *(à accumulation)* Boiler m, Heißwasserbereiter m **chauffe-plat** [ʃofpla] <chauffe-plats> m Warmhalteplatte f
chauffer [ʃofe] <1> I. vi ❶ *(être sur le feu) aliment, eau:* warm werden, sich erwärmen; *(devenir très chaud)* heiß werden; **faire ~ la soupe** die Suppe [auf]wärmen, die Suppe warm machen; **faire ~ de l'eau** Wasser warm machen
❷ *(devenir chaud) appareil ménager, radiateur:* warm werden; *(très chaud)* heiß werden; *moteur:* warm laufen; **faire ~ le four** den Backofen vorheizen
❸ *(devenir trop chaud) freins, moteur, roue:* heißlaufen; *appareil:* überhitzen; *pneu:* heiß werden
❹ *(donner de la chaleur)* **bien/mal ~** *combustible, source de chaleur:* gut/schlecht heizen
❺ *(mettre du chauffage)* heizen; **~ au bois/au gaz** mit Holz/Gas heizen
❻ JEUX **tu chauffes!** warm!
▶ **ça va ~** *fam* es wird was setzen *(fam)*
II. vt ❶ *(rendre chaud)* erhitzen, heiß machen *eau;* warm machen

biberon; anwärmen *lit;* heizen *maison, pièce;* **le soleil me chauffe le dos** die Sonne wärmt mir den Rücken; **~ les voisins** für die Nachbarn heizen; **maison chauffée à l'énergie solaire** solarbeheiztes Haus

② TECH anheizen *chaudière;* erhitzen *liquide;* erhitzen, zum Glühen bringen *métal, verre;* **~ le fer à blanc** das Eisen weißglühen

③ *(mettre dans l'ambiance)* aufheizen *auditoire, salle*

④ *fam (stimuler, entraîner)* einstimmen, vorbereiten *élève, sportif*

III. *vpr* ① *(s'exposer à la chaleur)* **se ~ au soleil** sich in der Sonne [auf]wärmen; **se ~ le dos au soleil/les mains devant le feu** sich *(Dat)* den Rücken in der Sonne/die Hände am Feuer wärmen; **se ~ près du radiateur** sich am Heizkörper [auf]wärmen

② *(chauffer son logement)* **se ~ au gaz/charbon** mit Gas/Kohle heizen

chauffe-repas [ʃofʀəpa] *m inv* Babykostwärmer *m*
chaufferette [ʃofʀɛt] *f (boîte à couvercle)* Fußwärmer *m*
chaufferie [ʃofʀi] *f* Heiz[ungs]raum *m*
chauffeur [ʃofœʀ] *m* ① *(conducteur)* Fahrer(in) *m(f);* **~ routier** Fernfahrer(in) *m(f)*

② *(personnel)* Fahrer, Chauffeur *m*

③ *(automobiliste)* Autofahrer(in) *m(f)*

▸ **~ du dimanche** *fam* Sonntagsfahrer *m (pej)*

◆ **~ d'autobus** [*o* **de bus**] Busfahrer(in) *m(f);* **~ de taxi** Taxifahrer(in) *m(f)*

chauffeur-livreur [ʃofœʀlivʀœʀ] <chauffeurs-livreurs> *m* ~ **attaché commercial** Verkaufsfahrer(in) *m(f)*
chauffeuse [ʃoføz] *f* Sessel *m*
chauler [ʃole] <1> *vt* kalken
chaume [ʃom] *m* ① *(partie des tiges)* Stoppel *f,* Kornhalm *m*

② *pl (champ)* Stoppelfeld *nt*

③ *(paille)* Stroh *nt*

chaumière [ʃomjɛʀ] *f (masure)* strohgedeckte Hütte
chaussée [ʃose] *f* ① *(voie)* Fahrbahn *f;* **~ glissante** Straßenglätte *f;* "**~ déformée**" „Fahrbahnschäden"

② *(route, rue)* Fahrbahn *f,* [Auto]straße *f,* Fahrdamm *m* (DIAL)

③ *(digue)* Damm *m,* Deich *m*

chausse-pied [ʃospje] <chausse-pieds> *m* Schuhlöffel *m*
chausser [ʃose] <1> I. *vt* ① *(mettre)* anziehen *chaussures, bottes;* anschnallen *skis;* aufsetzen *lunettes;* **les étriers** die Füße in die Steigbügel setzen; **être chaussé(e) de bottes/baskets** Stiefel/ Turnschuhe tragen

② *(mettre une chaussure)* **~ un enfant** einem Kind Schuhe anziehen

③ *(fournir en chaussures)* **ce marchand nous chausse depuis dix ans** wir kaufen unsere Schuhe seit zehn Jahren in diesem Geschäft

④ *(aller)* **bien/mal ~** *chaussure:* gut/schlecht sitzen

⑤ *(équiper de pneus)* [neu] bereifen

II. *vi* **~ du 38/42** Schuhgröße 38/42 tragen [*o* haben]; **du combien chaussez-vous?** welche Schuhgröße haben Sie?

III. *vpr* **se ~** [sich *(Dat)*] Schuhe anziehen; **se ~ chez qn** seine Schuhe bei jdm kaufen

chausse-trap[p]e [ʃostʀap] <chausse-trap[p]es> *f* ① *(piège)* Fallgrube *f*

② *fig* Fußangel *f,* Fallstrick *m*

chaussette [ʃosɛt] *f* ① *(soquette)* Socke *f,* Socken *m* (SDEUTSCH); **en ~ s** in Socken

② *(mi-bas)* Kniestrumpf *m*

▸ **laisser tomber qn comme une vieille ~** jdn wie eine heiße Kartoffel fallen lassen

chausseur [ʃosœʀ] *m* ① *(marchand)* Schuh[waren]händler(in) *m(f)*

② *(fabricant)* Schuhfabrikant(in) *m(f),* Schuhhersteller(in) *m(f)*

chausson [ʃosɔ̃] *m* Hausschuh *m;* **~ pour bébé** [weicher] Babyschuh

◆ **~ de danse** Ballettschuh *m,* Spitzenschuh; **~ aux pommes** Apfeltasche *f*

chaussure [ʃosyʀ] *f* ① *(soulier)* Schuh *m;* **~ en** [*o* **de**] **cuir** Lederschuh; **~ de toile** Stoffschuh; **~ basse** Halbschuh; **~ basse pour hommes/dames** Herren-/Damenhalbschuh; **~s montantes** halbhohe Schuhe; **~ à bride/à lacets** Spangen-/Schnürschuh; **~ à plateforme** Plateauschuhe; **~s à talons** Schuhe mit hohen Absätzen; **~s à crampons** Spikes *Pl;* **~ à pointes** Rennschuh; **~ de sport/de ville/de marche** Sport-/Straßen-/Wanderschuh; **~ de ski/de golf** Ski-/Golfschuh; **~ de travail** Arbeitsschuh; **~ pour bébé** [festerer] Babyschuh; **~ fourrée** Fellschuh; **porter des ~s solides/de mauvaises ~s** festes/schlechtes Schuhwerk tragen; **collection de ~s** Schuhmode *f*

② *(industrie)* Schuhfabrikation *f*

③ *(commerce)* Schuhhandel *m*

▸ **trouver ~ à son pied** *(trouver un compagnon, une compagne)* den Richtigen/die Richtige finden

chauve [ʃov] I. *adj* kahl; *homme* kahl, kahlköpfig; **être ~** eine Glatze haben

II. *m* Mann *m* mit einer Glatze, Glatzkopf *m (fam)*

chauve-souris [ʃovsuʀi] <chauves-souris> *f* Fledermaus *f*
chauvin(e) [ʃovɛ̃, in] I. *adj (à propos de son pays)* chauvinistisch; *(à propos de sa région, ville)* lokalpatriotisch; **être ~(e)** [ein] Chauvinist/[eine] Chauvinistin sein

II. *m(f) (à propos de son pays)* Chauvinist(in) *m(f); (à propos de sa région, ville)* Lokalpatriot(in) *m(f)*

chauvinisme [ʃovinism] *m* ① *(patriotisme)* Chauvinismus *m*

② *(admiration exclusive de sa région, ville)* Lokalpatriotismus *m*

chaux [ʃo] *f* Kalk *m;* **blanchir** [*o* **passer**] **à la ~** kalken, [mit Kalk] weißen
chavirer [ʃaviʀe] <1> I. *vi* ① *(se retourner) bateau:* kentern; **faire ~** zum Kentern bringen; **ses yeux chaviraient** er/sie verdrehte die Augen

② *soutenu (se déstabiliser) valeurs morales:* ins Wanken geraten; *gouvernement, entreprise:* Schiffbruch erleiden

③ *(s'émouvoir)* **~ de bonheur/douleur** von Glück/Schmerz überwältigt sein

II. *vt* ① *(renverser)* umwerfen; zum Kentern bringen *bateau, navire*

② *(bouleverser)* erschüttern, aus der Fassung bringen; **être tout(e) chaviré(e)** ganz [*o* völlig] außer sich sein

chéchia [ʃeʃja] *f* Fez *m,* Fes *m*
check-list [(t)ʃɛklist] <check-lists> *f* Checklist[e] *f,* Prüfliste
check-up [(t)ʃɛkœp] *m inv* MED, TECH Checkup *m*
cheerleader [tʃiʀlidœʀ] *mf* Cheerleader(in) *m(f)*
cheeseburger [tʃizbœʀgœʀ] *m* Cheeseburger *m*
chef [ʃɛf] *m* ① *(responsable)* Chef(in) *m(f); d'un service* Leiter(in) *m(f); d'une tribu* Häuptling *m;* **~ d'atelier** Werkmeister(in) *m(f);* **~ de bureau** Bürovorsteher(in) *m(f);* **~ de chantier** Polier *m;* **~ de clinique** Klinikleiter(in); **~ d'expédition** Expeditionsleiter(in); **~ d'équipe** Vorarbeiter(in), Teamchef(in); **~ du personnel** Personalchef(in), Personaldirektor(in) *m(f);* **~ de production** Produktionsleiter(in); **~ de produit** Produktmanager(in) *m(f);* **~ de projet** Projektmanager(in) *m(f);* **~ de service** [*o* **de département**] Bereichsleiter(in); **~ de succursale** Geschäftsstellenleiter(in); **~ de rayon** Disponent(in) *m(f);* **~ suprême de l'Église** Kirchenoberhaupt *nt;* **ingénieur en ~** Chefingenieur(in) *m(f);* **rédacteur(-trice) en ~** Chefredakteur(in) *m(f),* Chefredaktor(in) (CH)

② *(supérieur)* Vorgesetzte(r) *f(m);* **la ~** *fam* die Chefin; **le grand ~** *fam* der Boss *(fam);* **jouer au petit ~** *fam* sich als Chef aufspielen

③ *(meneur)* [An]führer(in) *m(f)*

④ *fam (personne remarquable)* Ass *nt (fam);* **se débrouiller comme un ~** das [alles] fabelhaft machen *(fam),*

⑤ MIL *(sergent-chef)* Feldwebel *m;* **~ de patrouille/de train** Patrouillen-/Zugführer(in) *m(f);* **oui ~!** zu Befehl!

⑥ *(cuisinier)* Küchenchef(in) *m(f),* Chefkoch *m*/-köchin *f;* **~ boucher/pâtissier** Leiter(in) der Metzgerei/Konditorei

⑦ *vieilli (tête)* Haupt *nt (geh);* **opiner du ~** zustimmend nicken

▸ **au premier ~** in erster Linie; **de son propre ~** von selbst

◆ **~ d'accusation** Hauptanklagepunkt *m;* **~ de bord** Chefsteward *m*/-stewardess *f;* **~ de cabinet** persönlicher Referent/persönliche Referentin [eines Ministers]; **~ d'entreprise** Firmenchef(in) *m(f),* Unternehmensleiter(in) *m(f);* **~ d'État** Staatschef(in) *m(f),* Staatsoberhaupt *nt;* **~ d'état-major** Stabschef *m;* **~ de famille** Familienoberhaupt *nt;* ECON Haushaltsvorstand *m;* **~ de file** [führender] Kopf; *(homme qui domine, qui aime dominer)* Platzhirsch *m (pej);* **~ de file de l'opposition** Oppositionsführer(in) *m(f);* **~ de gare** Bahnhofsvorsteher(in) *m(f);* **~ d'orchestre** Dirigent(in) *m(f)*

chef-d'œuvre [ʃɛdœvʀ] <chefs-d'œuvre> *m* Meisterwerk *nt*
chef-lieu [ʃɛfljø] <chefs-lieux> *m* Hauptstadt *f;* **~ de département/canton** Hauptstadt des Departements/Kantonshauptstadt
cheftaine [ʃɛftɛn] *f* Führerin *f; iron* Chefin *f*
cheik [ʃɛk] *m* Scheich *m*
chelem [ʃlɛm] *m* Schlemm *m;* **grand ~** CARTES Großschlemm *m;* TENNIS Grandslam *m; (en rugby)* Sieg in allen Begegnungen des Fünf-Nationen-Turniers
chemin [ʃ(ə)mɛ̃] *m* ① *(voie)* Weg *m;* **~ creux** Hohlweg; **demander son ~ à qn** jdn nach dem Weg fragen; **passer son ~** seiner Wege gehen; **prendre le bon/mauvais ~** den richtigen/falschen Weg einschlagen; **prendre le ~ de la gare** in Richtung Bahnhof gehen; **rebrousser ~** umkehren; **se mettre en ~** sich auf den Weg machen; **~ faisant, en ~** unterwegs; **se tromper de ~** *(à pied)* sich verlaufen; *(en voiture)* sich verfahren

② *(distance à parcourir)* Strecke *f,* Wegstrecke, Weg *m;* **un bon bout de ~** eine ganz nette Strecke *(fam);* **deux heures de ~** zwei Wegstunden; *(en voiture)* zwei Stunden Fahrt, zwei Autostunden; **faire le ~ à pied/bicyclette/en voiture** die Strecke zu Fuß zurücklegen/mit dem Rad/Auto fahren

③ *(méthode, voie)* Weg[strecke *f*] *m;* **le ~ de la réussite [***o* **du succès]** der Weg zum Erfolg; **faire une partie du ~** einen Teil des Weges [*o* der Strecke] zurücklegen; **se mettre en travers du ~ de qn** sich jdm in den Weg stellen; **tracer le ~ à qn** jdm den Weg

ebnen
④ INFORM Pfad *m;* **entrer le ~** den Pfad eingeben
⑤ *(tapis)* Läufer *m;* **~ en |fibre de| coco** Kokosläufer
▶ **prendre le ~ des écoliers** herumtrödeln; **tous les ~s mènent à Rome** *prov* alle Wege führen nach Rom; **rester dans le droit ~** auf dem rechten Weg bleiben; **ne pas y aller par quatre ~s** *(en parlant)* keine Umschweife machen; *(en agissant)* nicht lange fackeln *(fam);* **aller son ~** sein Leben leben; **ne pas s'arrêter en si bon ~** nicht auf halbem Weg stehen bleiben; **faire son ~** *idée, projet:* an Boden gewinnen; **se mettre en travers du** [*o* **sur le**] **~ de qn** jdm in die Quere kommen; **en prendre/ne pas en prendre le ~** auf den besten Weg dahin sein/nichts dergleichen tun; **ça en prend/n'en prend pas le ~** es sieht ganz/nicht danach aus
◆ **~ de croix** Kreuzweg *m; fig* Leidensweg *m;* **~ de grande randonnée** Fernwanderweg *m;* **~ de ronde** Wehrgang *m;* **~ de table** Tischläufer *m;* **~ de traverse** Querfeldeinweg *m*
chemin de fer [ʃ(ə)mɛ̃dəfɛʀ] <chemins de fer> *m* ❶ *(moyen de transport)* Eisenbahn *f;* **~ local** Lokalbahn; **~ privé** Privatbahn; **~ industriel** Industriebahn; **~ de chantier** Feldbahn *(Fachspr.);* **~ à traction animale** HIST Pferdebahn
❷ *pl (société, entreprise)* **les chemins de fer** die Eisenbahngesellschaft, die Eisenbahn; **administration des chemins de fer** [Eisen]bahnverwaltung *f;* **employé(e) des chemins de fer** [Eisen]bahnangestellte(r) *f(m);* **ces installations appartiennent aux chemins de fer** diese Einrichtungen sind bahneigen; **la Société nationale des chemins de fer français** die staatliche französische Eisenbahngesellschaft
❸ *pl (domaine, secteur)* **les chemins de fer** das Eisenbahnwesen
cheminée [ʃ(ə)mine] *f* ❶ *(à l'extérieur) d'une maison* Schornstein *m,* Kamin *m* (SDEUTSCH); *d'une usine* Schornstein, Schlot *m,* Esse *f* (DIAL); *d'un paquebot, d'une locomotive* Schornstein; **~ d'usine** Fabrikschornstein, Fabriksschornstein (A)
❷ *(dans une pièce)* |offener| Kamin
❸ *(encadrement du foyer)* Kamin[einfassung *f*] *m;* **sur la ~** auf dem/den Kaminsims
④ *(conduit)* Kamin[schacht] *m*
⑤ GEOL *d'un volcan* Schlot *m*
cheminement [ʃ(ə)minmɑ̃] *m* ❶ *d'une personne* Dahindern *nt; de l'eau* Sickern *nt*
❷ *fig de la pensée, d'une idée* Entwicklung *f;* **le ~ de ta pensée** deine Gedankengänge *Pl*
cheminer [ʃ(ə)mine] <1> *vi* ❶ seines Weges ziehen; **~ vers la ville** auf dem Weg in die Stadt sein; **~ dans la montagne** *sentier:* im Gebirge verlaufen
❷ *(progresser lentement) pensée, idée:* sich entwickeln
cheminot(e) [ʃ(ə)mino, ɔt] *m(f)* Eisenbahner(in) *m(f); (ouvrier)* [Eisen]bahnarbeiter(in) *m(f)*
chemise [ʃ(ə)miz] *f* ❶ *(vêtement)* Hemd *nt;* **~ en coton/en velours** [côtelé] Baumwoll-/Cordhemd; **~ de** [*o* **en**] **soie** Seidenhemd; **~ américaine** Unterhemd, T-Shirt *nt;* **~ de corps** Spenzer *m (veraltet);* **~ à col boutonné** Button-down-Hemd; **~ pour homme** Herrenhemd
❷ *(dossier)* [Akten]mappe *f,* Aktendeckel *m;* **~ à courrier** Briefmappe; **~ à dessins** Kunstmappe
❸ MECANAUT Ummantelung *f*
▶ **les ~s brunes** HIST die Braunhemden; **laisser dans qc/y laisser jusqu'à sa dernière ~** bei etw sein letztes Hemd/[noch] sein letztes Hemd verlieren; **qn se soucie** [*o* **se fiche** *fam*] [*o* **se moque**] **de qc comme de sa première ~** etw kümmert jdn nicht im Geringsten; **changer de qn/qc comme de ~** jdn/etw wie das Hemd wechseln
◆ **~ de nuit** Nachthemd *nt*
chemiserie [ʃ(ə)mizʀi] *f* ❶ *(magasin)* Hemdengeschäft *nt*
❷ *(industrie)* Herrenwäscheindustrie *f*
chemisette [ʃ(ə)mizɛt] *f* kurzärmeliges Hemd
chemisier [ʃ(ə)mizje] *m* Bluse *f;* **~ en coton** Baumwollbluse; **~ de** [*o* **en**] **soie** Seidenbluse
chémorécepteur [ʃemoʀesɛptœʀ] *m* MED Chemorezeptor *m*
chenal [ʃənal, o] <-aux> *m (passage)* Fahrrinne *f; (pour les grands navires)* Großschifffahrtsweg *m*
chenapan [ʃ(ə)napɑ̃] *m* ❶ *hum (enfant)* Frechdachs *m*
❷ *(garçon)* Frechdachs, Lausbub *m,* Strolch *m*
❸ *vieilli (vaurien)* Strolch *m,* Taugenichts *m*
chêne [ʃɛn] *m* ❶ *(arbre)* Eiche *f;* **~ vert** Steineiche
❷ *(bois)* Eiche[nholz *nt*] *f*
chen[e]au [ʃ(ə)no] <x> *m* CH Dachrinne *f,* Dachkännel *m* (CH)
chéneau [ʃeno] <x> *m* Dachrinne *f,* Regenrinne
chêne-liège [ʃɛnljɛʒ] <chênes-lièges> *m* Korkeiche *f*
chenet [ʃ(ə)nɛ] *m* Kaminbock *m*
chenil [ʃ(ə)nil] *m* ❶ *(lieu d'élevage)* Zwinger *m*
❷ *(lieu de garde)* Tierheim *nt,* Hundeheim *nt*
❸ CH *(désordre)* Durcheinander *nt; (objets sans valeur)* Krempel *m*
chenille [ʃ(ə)nij] *f* ❶ ZOOL Raupe *f*

❷ *(attraction foraine)* Berg-und-Tal-Bahn *f*
❸ TECH *d'un engin de chantier* Raupe *f,* Raupenkette *f; d'un char* [Panzer]kette
④ TEXTIL Chenille *f*
chenillé(e) [ʃ(ə)nije] *adj char, engin* Raupen[ketten]-, Gleisketten-
chenu(e) [ʃəny] *adj littér* schlohweiß *(geh); personne* schlohweiß, weißhaarig
cheptel [ʃɛptɛl] *m* Viehbestand *m;* **~ bovin/ovin/porcin** Rinder-/Schaf-/Schweinebestand *m*
chèque [ʃɛk] *m* ❶ *(pièce bancaire)* Scheck *m;* **payer par ~** mit [*o* per] Scheck zahlen; **faire un ~ de mille euros à qn** jdm einen Scheck über tausend Euro ausstellen; **~ bancaire/postal/retourné** Bank-/Post-/Rückscheck; **~ sans provision** ungedeckter Scheck; **~ endossé** girierter Scheck; **~ frappé d'opposition** gesperrter Scheck
❷ *(bon)* Gutschein *m*
◆ **~ en blanc** Blankoscheck *m;* **~ en bois** *fam* ungedeckter Scheck; **~ au porteur** ECON Inhaberscheck *m,* Überbringerscheck, auf den Überbringer lautender Scheck; **~ de salaire** Gehaltsscheck *m;* **~ de virement** Überweisungsscheck *m;* **~ de voyage** Reisescheck *m*
chèque-repas [ʃɛkʀəpɑ] <chèques-repas> *m* [Essens]bon *m,* Essensgutschein *m* **chèque-restaurant** [ʃɛkʀɛstɔʀɑ̃] <chèques-restaurant> *m* Essensgutschein *m (für bestimmte Restaurants),* Restaurantscheck *m* **chèque-vacances** [ʃɛkvakɑ̃s] <chèques-vacances> *m* Berechtigungsgutschein für verbilligten Urlaub, zu dem der Arbeitgeber einen Zuschuss als freiwillige Sozialleistung zahlt
chéquier [ʃekje] *m* Scheckbuch *nt,* Scheckheft *nt;* **être interdit(e) de ~** vom Scheckverkehr ausgeschlossen sein
cher, chère [ʃɛʀ] **I.** *adj* ❶ *(coûteux)* teuer; *vie* teuer, kostspielig; **c'est moins ~ ici** hier ist es billiger; **être trop ~ (chère) pour ce que c'est** seinen Preis nicht wert sein
❷ *(aimé); ami* lieb, teuer *(geh);* **c'est mon plus ~ désir** das ist mein innigster Wunsch; **c'est ce qu'il a de plus ~** [**au monde**] das ist das Kostbarste, was er besitzt; **être ~ (chère) à qn** jdm lieb und teuer sein
❸ *antéposé (dans une formule de politesse)* liebe(r, s); **chère Élodie, ~ Gérard** liebe Élodie, lieber Gérard; **~ Monsieur** lieber Herr ...; **chère Madame** liebe Frau ...; **~s tous** Ihr Lieben
II. *m, f (appellatif)* **mon ~** /**ma chère** mein Lieber/meine Liebe
III. *adv* ❶ *(opp: bon marché)* teuer; **acheter qc trop ~** für etw zu viel bezahlen; **avoir pour pas ~** *fam* billig erstehen [*o* bekommen]; **coûter ~** teuer sein; **coûter ~ à qn** *études, gros investissement:* jdn teuer kommen *(geh);* **payer ~ qc** etw teuer bezahlen; **revenir ~ à qn** jdn viel kosten; **valoir ~** viel [Geld] wert sein; **c'est moins ~** es ist billiger
❷ *fig* **coûter ~ à qn** jdn teuer zu stehen kommen; **payer ~ qc** einen hohen Preis für etw zahlen, sich *(Dat)* etw teuer erkaufen; **payer** [*o* **donner**] **~ pour connaître la clef de l'énigme** viel dafür geben, des Rätsels Lösung zu kennen
▶ **ne pas donner ~ de qc** einer S. *(Dat)* keine großen Chancen geben; **faire payer ~ à qn** [**pour**] **qc** jdn etw teuer bezahlen lassen; **ne pas valoir ~** *personne:* nicht viel wert sein
chercher [ʃɛʀʃe] <1> **I.** *vt* ❶ suchen, suchen nach *personne, objet, compromis;* **~ le sommeil** versuchen, einzuschlafen; **~ qn des yeux** [*o* **du regard**] nach jdm Ausschau halten
❷ *(s'efforcer d'avoir, d'obtenir)* suchen *ami, travail;* **~ la gloire** nach Ruhm streben; **ne ~ que son avantage** [*o* **intérêt**] nur auf seinen Vorteil bedacht [*o* aus] sein
❸ *(provoquer)* **~ la bagarre/les ennuis** Streit/Ärger suchen; **~ qn** *fam* mit jdm Streit suchen; **tu cherches vraiment l'accident** du legst es wirklich auf einen Unfall an
④ *(ramener, rapporter)* **aller** [*o* **passer**] **~** [ab]holen, [ab]holen gehen; **venir ~** [ab]holen, [ab]holen kommen; **aller ~ qn/qc à l'école** jdn von der Schule/etw in der Schule abholen; **envoyer un enfant ~ qn/qc** ein Kind jdn/etw holen schicken; **va lui ~ le médecin!** hol ihm/ihr den Arzt!
▶ **qu'est-ce que tu vas ~** [**là**]! wie kommst du denn darauf!; **tu l'as** [**bien**] **cherché!** du hast es ja so gewollt!
II. *vi* ❶ **~ à faire qc** versuchen, etw zu tun; **~ à ce que qn fasse qc** bestrebt [*o* bemüht] sein, dass jd etw tut
❷ *(essayer de trouver)* **~ dans qc** in etw *(Dat)* suchen
❸ *(fouiller)* **~ dans qc** in etw *(Dat)* herumstöbern
④ *(réfléchir)* nachdenken
▶ **ça peut aller ~ loin!** *fam* das kann teuer werden! *(fam);* **cherchez et vous trouverez** *prov* suchet, so werdet ihr finden *(prov);* **ça va ~ dans les mille euros** das kommt so etwa auf tausend Euro *(fam),* das dürfte an die tausend Euro kosten *(fam)*
III. *vpr* **se ~** auf der Suche nach sich selbst sein
chercheur [ʃɛʀʃœʀ] *m* ❶ *(scientifique)* Forscher *m;* **~ en étude[s] comportementale[s]** Verhaltensforscher
❷ *(personne en quête)* **~ d'or** Goldsucher *m,* Goldgräber *m;* **~ de**

trésors Schatzsucher m
③ ASTRON ~ **de téléscope** Sucher m
chercheur, -euse [ʃɛʁʃœʁ, -øz] *adj esprit* ~ Forschergeist m
chercheuse [ʃɛʁʃøz] f ① *(scientifique)* Forscherin f; ~ **en étude[s] comportementale[s]** Verhaltensforscherin
② *(personne en quête)* ~ **d'or** Goldsucherin f, Goldgräberin f; ~ **de trésors** Schatzsucherin
chère [ʃɛʁ] f *soutenu* Speise f *(geh)*, Mahl nt *(geh)*
▸ **faire bonne** ~ *soutenu* gut speisen *(geh)*
chèrement [ʃɛʁmɑ̃] *adv payer, vendre* teuer; **une victoire ~ acquise** ein teuer erkaufter Sieg
chéri(e) [ʃeʁi] I. *adj* geliebt; **l'enfant ~ de qn** jds Liebling m
II. *m(f)* ① *(personne aimée)* Liebling m, Schatz m
② *péj (favori)* **le ~/la ~e de qn** jds Liebling m
chérir [ʃeʁiʁ] <8> *vt* ① *(aimer)* zärtlich lieben
② *littér (être attaché)* lieben [*mer, liberté*]; ~ **la mémoire** [*o* **le souvenir**] **de qn** jdm ein liebevolles Andenken bewahren
chérot [ʃeʁo] *adj fam* **c'est ~, ça fait un peu ~** das ist ganz schön happig
cherry [ʃeʁi] <s *o* cherries> m Cherrybrandy m, Kirschlikör m
cherté [ʃɛʁte] f *vieilli* hoher Preis; ~ **de la vie** hohe Lebenshaltungskosten
chérubin [ʃeʁybɛ̃] m ① REL Cherub m
② *(enfant)* Engel m
chétif, -ive [ʃetif, -iv] *adj* ① *animal, arbre* kümmerlich; *personne, corps* schwächlich, schmächtig
② *littér (minable) insecte* gemein; *récolte* mager
chevaine *v.* **chevesne**
cheval [ʃ(ə)val, o] <-aux> m ① *(animal)* Pferd nt; ~ **arabe** Araber m; ~ **sauvage** Wildpferd; **carrosse à deux/à six chevaux** Zwei-/Sechsspänner m; ~ **de labour/de selle/de trait** Arbeits-/Reit-/Zugpferd; ~ **de cirque/de concours/de course** Zirkus-/Turnier-/Rennpferd
② SPORT **faire du/monter à/aller à ~** reiten; **promenade à ~** Ausritt m
③ MECAN AUT *(puissance)* Pferdestärke f, PS f; **elle fait combien de chevaux, votre voiture?** wie viel PS hat Ihr Wagen?
④ FISC ~ **fiscal** Kfz-Steuereinheit
⑤ ECHECS Pferd nt, Springer m
⑥ *(personne infatigable)* Pferd nt *(fam)*, **Anatole, au boulot, c'est un vrai ~** Anatole arbeitet wie ein Pferd *(fam)*
⑦ *péj vieilli (rustre)* Bauer m *(fam)*
⑧ *péj fam (femme masculine)* Mannweib nt *(pej)*
▸ **miser sur le bon/mauvais ~** auf das richtige/falsche Pferd setzen; **changer son ~ borgne contre** [*o* **pour**] **un** [~] **aveugle** vom Regen in die Traufe kommen *(fam)*; **être à ~ sur la chaise/sur la branche** rittlings auf dem Stuhl/auf dem Ast sitzen; **être à ~ sur deux régions** genau [an der Grenze] zwischen zwei Regionen liegen; **être à ~ sur le règlement** es mit den Regeln peinlich genau nehmen; **être à ~ sur les principes** ein Prinzipienreiter sein; **le paiement de la facture est à ~ sur deux mois** die Zahlung der Rechnung erstreckt sich über zwei Monate
◆ ~ **à bascule** Schaukelpferd nt
◆ ~ **d'arçons** SPORT Pferd nt; ~ **de bataille** Schlachtross nt; *fig* Lieblingsthema nt, bevorzugtes Thema; **chevaux de bois** Pferdekarussell nt; ~ **de boucherie** Schlachtpferd nt; ~ **de frise** spanischer Reiter; ~ **de Przewalski** Urwildpferd nt, Urpferd; ~ **de race** Rassepferd nt; ~ **de retour** *fig* Rückfällige(r) f(m); ~ **de Troie** Trojanisches Pferd
chevalement [ʃ(ə)valmɑ̃] m ① *(madrier)* Verstrebung f
② MIN Förderturm m
chevaleresque [ʃ(ə)valʁɛsk] *adj* ① *(courtois)* ritterlich; *littérature* höfisch; **honneur** ~ Ritterehre f
② *(généreux)* ehrenhaft, edel
chevalerie [ʃ(ə)valʁi] f Rittertum nt; **ordre de** ~ Ritterorden m
chevalet [ʃ(ə)valɛ] m *de menuisier* Sägebock m; *de peintre* Staffelei f; *d'un violon* Steg m
chevalier [ʃ(ə)valje] m ① HIST Ritter m; **armer** [*o* **faire**] **qn** ~ jdn zum Ritter schlagen; **être nommé ~ par qn** von jdm zum Ritter ernannt werden
② ORN Strandläufer m
▸ ~ **errant** fahrender Ritter; **se faire ~ de qn/qc** sich für jdn/etw einsetzen
◆ ~ **du Graal** Gralsritter m; ~ **de la Légion d'honneur** Ritter m der Ehrenlegion; **faire** [*o* **nommer**] **qn ~ de la Légion d'honneur** jdn zum Ritter der Ehrenlegion ernennen; ~ **de l'ordre du Mérite** Ritter m des Ordens Pour le Mérite; ~ **de l'ordre teutonique** Deutschordensritter m; ~ **des palmes académiques** Träger der Auszeichnung für Verdienste um das Bildungswesen; ~ **du Saint Sépulcre** Ritter m vom Heiligen Grab; ~ **de la Table ronde** Ritter m der Tafelrunde
chevalière [ʃ(ə)valjɛʁ] f Siegelring m
chevalin(e) [ʃ(ə)valɛ̃, in] *adj race, boucherie, regard* Pferde-; *sourire*

pferdeähnlich
cheval-vapeur [ʃ(ə)valvapœʁ] <chevaux-vapeur> m Pferdestärke f, PS f
chevauchée [ʃ(ə)voʃe] f ① *(promenade)* Ausritt m
② *littér (groupe de cavaliers)* Kavalkade f
chevauchement [ʃ(ə)voʃmɑ̃] m Überschneidung f, Überlappung f
chevaucher [ʃ(ə)voʃe] <1> I. *vt* ~ **qc** auf etw *(Dat)* reiten
II. *vi, vpr* [**se**] ~ *dents:* übereinanderstehen; *emplois du temps:* sich überlappen, sich überschneiden; *domaines de compétence:* teilweise deckungsgleich sein
III. *vi littér* reiten
chevêche [ʃ(ə)vɛʃ] f ZOOL Steinkauz m
chevelu(e) [ʃəvly] I. *adj personne, tête* mit langen Haaren; *épis* buschig, zottig; *fruits* behaart
II. *m(f) péj* Langhaarige(r) f(m)
chevelure [ʃəvlyʁ] f ① Haare Pl, Haar nt; ~ **crépue** Naturkrause f; **avoir une abondante** ~ volles [*o* dichtes] Haar haben
② *(traînée lumineuse) d'une comète* Schweif m
chevesne [ʃ(ə)vɛn] m ZOOL Döbel m
chevet [ʃ(ə)vɛ] m ① *(tête de lit)* Kopfende nt; **être au ~ de qn** an jds Bett *(Dat)* sitzen/stehen, bei jdm am Bett sitzen/stehen
② *(petite table de chevet)* Nachtkonsole f
③ *fig* **appeler qn au ~ d'une économie malade** jdn rufen, um eine marode Wirtschaft zu retten
④ ARCHIT *d'une église* [Chor]apsis f
cheveu [ʃ(ə)vø] <x> m [Kopf]haar nt; ~x **crépus** krauses Haar; ~x **synthétiques** [*o* **artificiels**] Kunsthaar; ~x **au vent** mit flatternden [*o* wehenden] Haaren; **avoir les ~x courts/longs** kurze/lange Haare haben, kurzes/langes Haar haben; **n'avoir plus un ~ sur la tête** [*o* **sur le caillou** *fam*] vollständig kahl sein, eine Platte haben *(fam)*; **il perd ses ~x** ihm gehen die Haare aus
▸ **avoir un ~ sur la langue** lispeln; **arriver** [*o* **venir**] [*o* **tomber**] **comme un ~ sur la soupe** völlig ungelegen kommen; **faire dresser les ~x sur la tête à qn** jdm die Haare zu Berge stehen lassen; **les ~x blancs** das Alter; **fin[e] comme un ~** *fentre* haarfein; **s'arracher les ~x** sich *(Dat)* die Haare raufen; **couper les ~x en quatre** Haarspalterei betreiben; **il s'en est fallu d'un ~, c'était à un ~ près** es/das wäre um ein Haar danebengegangen *(fam)*; **prendre aux ~x** sich *(Dat)* in die Haare geraten, sich in die Haare kriegen *(fam)*; **être tiré(e) par les ~x** an den Haaren herbeigezogen [*o* weit hergeholt] sein
◆ ~x **d'ange** *(guirlande)* Engel[s]haar nt; *(vermicelles)* feine Fadennudeln
cheville [ʃ(ə)vij] f ① *(partie du corps)* Knöchel m
② *(tige pour assembler)* Zapfen m
③ *(tige pour boucher un trou)* Dübel m
④ MUS *d'un violon* Wirbel m
⑤ *(crochet)* Haken m
▸ ~ **ouvrière** treibende Kraft; **ne pas arriver à la ~ de qn** jdm nicht das Wasser reichen können *(fam)*
◆ ~ **à ailettes** TECH Spreizdübel m
cheviller [ʃ(ə)vije] <1> *vt* verzapfen
chèvre [ʃɛvʁ] I. f ① *(animal)* Ziege f
② *(femelle)* Geiß f
③ *(appareil de levage)* [Seil]aufzug m
④ *(chevalet)* Sägebock m, [Auflage]bock m
▸ **ménager la ~ et le chou** es allen recht machen wollen
II. m *(fromage)* Ziegenkäse m
chevreau [ʃəvʁo] <x> m ① *(animal)* Zicklein nt, Kitz nt
② *(peau)* Ziegenleder nt, Glacéleder nt
chèvrefeuille [ʃɛvʁəfœj] m Geißblatt nt, Jelängerjelieber nt
chevrette [ʃəvʁɛt] f ① *(petite chèvre)* Kitz nt, Zicklein nt, junge Ziege
② *(femelle du chevreuil)* Reh[geiß f] nt, Ricke f
③ *(peau)* Ziegenfell nt
chevreuil [ʃəvʁœj] m ① ZOOL Reh nt; *(mâle)* Rehbock m
② GASTR Reh[fleisch nt] nt
③ ZOOL CAN *(cerf de Virginie)* Virginiahirsch m, Weißwedelhirsch m
chevrier, -ière [ʃəvʁije, -jɛʁ] m, f Ziegenhirt(in) m(f)
chevron [ʃəvʁɔ̃] m ① *(poutre)* [Dach]sparren m
② MIL *(galon)* Chevron m, Winkel m
③ *(ornement)* Zackenornament nt, Zickzackornament nt
④ TYP Spitzklammer f
chevronné(e) [ʃəvʁɔne] *adj* erfahren, versiert, routiniert
chevrotant(e) [ʃəvʁɔtɑ̃, ɑ̃t] *adj* zitt[e]rig
chevrotement [ʃəvʁɔtmɑ̃] m Zittern nt
chevroter [ʃəvʁɔte] <1> *vi voix:* zittern, zittrig sein; *vieillard, chanteur:* eine zitternde Stimme haben; *chèvre:* meckern
chevrotine [ʃəvʁɔtin] f [Reh]posten m
chewing-gum [ʃwiŋgɔm] <chewing-gums> m Kaugummi m *o* nt
chez [ʃe] *prép* ① *(à la maison du sujet)* **je vais/rentre ~ moi** ich gehe nach Hause [*o* heim]; **tu es/restes ~ toi** du bist/bleibst zu Hause [*o* daheim]; **elle ne sort plus de ~** ~ sie geht nicht mehr

aus dem Haus[e]; **se réunir ~ soi** sich zu Hause treffen; **faites comme ~ vous!** fühlt euch/fühlen Sie sich wie Hause!; **~ lui, c'est petit** seine Wohnung ist klein; **à côté** [o **près**] **de ~ moi/nous** in meiner/unserer Nähe

② *(dans le pays du sujet)* **ils rentrent ~ eux, en Italie** sie kehren nach Italien zurück; **bien de ~ nous** *fam coutume, accent* ganz wie bei uns [in Frankreich]; **il est bien de ~ nous** er kommt aus unserer Gegend; **c'est comme ça qu'on dit par ~ nous** das sagt man bei uns [o in unserer Gegend] so

③ *(dans la maison, l'appartement de qn d'autre)* **~ qn** bei jdm [zu Hause], in jds Haus/Wohnung *(Dat)*; **je vais ~ toi** ich komme zu dir; **il veut renvoyer sa femme ~ ses parents** er will seine Frau zu ihren Eltern zurückschicken

④ *(dans le pays de qn d'autre)* **~ qn** bei jdm, in jds Land *(Dat)*
⑤ *(dans la famille)* **~ les Durand** in der Familie Durand
⑥ *(dans la boutique de qn)* **aller ~ le coiffeur** zum Frisör gehen; **acheter ~ le boulanger** beim Bäcker kaufen
⑦ *(dans un groupe, une personne)* **les ouvriers de ~ Renault** die Arbeiter bei Renault; **~ Corneille** bei Corneille; **c'est une habitude ~ lui** das ist eine Gewohnheit bei [o von] ihm

chez-moi [ʃemwa] *m inv* **mon ~** die [o meine] eigenen vier Wände
chez-soi [ʃeswa] *m inv* **son ~** die [o seine/ihre] eigenen vier Wände
chiadé(e) [ʃjade] *adj fam* problème verzwickt *(fam)*, kniff[e]lig *(fam)*
chiader [ʃjade] <1> *vt fam* **un exposé** sich mit einem Referat abrackern *(fam)*
chialer [ʃjale] <1> *vi fam* heulen *(fam)*
chialeur, -euse [ʃjalœʀ, -øz] *fam* **I.** *adj* **des gosses ~s** Heulsusen *Pl (fam)*
II. *m, f* Heulpeter *m*/Heulsuse *f (fam)*
chiant(e) [ʃjɑ̃, ʃjɑ̃t] *adj fam* stinklangweilig *(fam)*, nervtötend *(fam)*, beschissen *(sl)*
chiasse [ʃjas] *f vulg* Dünnpfiff *m (sl)*, Dünnschiss *m (sl)*
▶ **avoir la ~** *(avoir une colique)* Dünnschiss [o Dünnpfiff] haben *(sl)*; *(avoir peur)* Schiss [o Bammel] haben *(fam)*
chic [ʃik] **I.** *m sans pl* Schick *m*; **avec ~** schick; **avoir un ~ fou** unwahrscheinlich [o unheimlich] schick sein *(fam)*
▶ **bon ~ bon genre** *iron* geschniegelt und gebügelt; **quartier bon ~ bon genre** Schickimicki-Viertel *nt*; **avoir le ~ de/pour faire qc** ein Händchen für etw haben *fam*/die seltene Begabung [o das seltene Talent] haben, etw zu tun
II. *adj inv* ① *(élégant)* schick; *allure* vornehm; **ta façon de parler est plus ~ que la sienne** wenn du sprichst, hört es sich besser an als bei ihm/ihr
② *(sélect)* soirée, quartier vornehm; **un monsieur ~** ein vornehm [o elegant] aussehender Herr
③ *fam (gentil)* **un ~ type/une ~ fille** ein feiner [o prima o *Kerl*; **c'est ~/ce n'est pas très ~ de sa part** das ist nett [o freundlich]/nicht gerade nett [o freundlich] von ihm/ihr
④ *antéposé fam (beau)* voiture schick; voyage, soirée toll
III. *interj* **fam ~ [alors]!** prima! *(fam)*, klasse! *(fam)*, toll! *(fam)*
chicane [ʃikan] *f* ① *(obstacle)* Straßenhindernis *m* in Zickzackform
② *(querelle)* Streiterei *f*; **chercher ~ à qn** Streit mit jdm suchen
③ JUR **aimer la ~** ein Prozesshansel sein *(fam)*
chicaner [ʃikane] <1> **I.** *vi (ergoter)* **~ sur** [o **pour**] qc wegen etw streiten [o Streit vom Zaun brechen]
II. *vt* ① *fam (faire du souci à)* **~ qn** jdm schwer im Magen liegen
② *(chercher querelle à)* **~ qn sur** [o **au sujet de**] qc jdn wegen etw maßregeln
III. *vpr fam* **se ~** miteinander im Clinch liegen *(fam)*; *enfants:* sich kabbeln *(fam)*
chicanerie [ʃikanʀi] *f gén pl (querelle)* Streiterei *f*; **c'est pure ~!** das ist reine Schikane!
chicaneur, -euse [ʃikanœʀ, -øz] **I.** *adj personne* streitsüchtig; **je n'ai pas l'esprit ~** ich bin ein friedliebender Mensch
II. *m, f* Streithahn *m*, Zänker(in) *m(f)*, Rabulist(in) *m(f) (pej geh)*
chicanier, -ière [ʃikanje, -jɛʀ] *adj personne* streitsüchtig; *prescriptions, mesures, comportement* schikanös
chiche [ʃiʃ] **I.** *adj* ① *(avare)* être **~ d'explications/de paroles** mit Erklärungen/Worten geizen [o sehr sparsam umgehen]; être **~** geizig sein
② *(pas grand-chose)* **c'est un peu/plutôt ~** das ist kümmerlich
③ *(capable)* **t'es pas ~ de faire qc!** *fam* du traust dich doch nie, etw zu tun!
II. *interj fam* **~ que je le fais?** *(capable)* wetten, dass ich es tu?; **~!** *(pari accepté)* die Wette gilt!
chichement [ʃiʃmɑ̃] *adv* **vivre ~** kümmerlich [o kärglich] leben, ein kümmerliches Leben führen
chichi [ʃiʃi] *m gén pl* **en voilà un ~!** das ist vielleicht ein Getue!; **faire des ~s** [o **du ~**] *(en faire de trop)* einen Wirbel machen *(fam)*; *(être trop compliqué)* viele Umstände machen; **réception/soirée à ~** zeremonieller Empfang/zeremonielle Soiree

chichiteux, -euse [ʃiʃitø, -øz] *adj fam* geziert
chicon [ʃikɔ̃] *m* ① *(laitue)* Römersalat *m*, Romanasalat *m*
② BELG *(endive)* Chicorée *m o f*
chicorée [ʃikɔʀe] *f* ① *(plante)* Endivie *f*; [~] **frisée** Friseesalat *m*, Frisee *m*
② *(café)* Kaffee-Ersatz *m*, Zichorienkaffee *m*
chicot [ʃiko] *m* [Zahn]stumpf *m*
chicotin [ʃikɔtɛ̃] *m vieilli* bitterer Saft einer Aloesorte; **amer comme ~** gallenbitter
chié(e) [ʃje] *adj fam* ① *(super)* voiture, spectacle, fille super *(fam)*
② *(incroyable)* être **~(e)** unverschämt sein
chiée [ʃje] *f fam* **une ~** [o **des ~s**] **d'amis/de problèmes** ein Haufen *m* Freunde/ein Berg *m* Probleme
chien [ʃjɛ̃] **I.** *adj inv (avare)* geizig; **ne pas être ~ avec qn** jdm gegenüber nicht geizig sein
II. *m* ① *(animal)* Hund *m*; **~ bâtard** Promenadenmischung *f*; **~ courant** Hatzhund; **~ errant** streunender Hund; [**attention**] **~ méchant!** Vorsicht! Bissiger Hund!; **~ nain** Zwerghund; **~ policier** Polizeihund; **~ sauvage** Wildhund; **~ savant** abgerichteter Hund
② *(pièce coudée) d'un fusil* Hahn *m*, Schlaghebel *m*
▶ **s'entendre** [o **vivre**] **comme ~ et chat avec qn** mit jdm wie Hund und Katze leben; **garder** [o **réserver**] **à qn un ~ de sa chienne** es jdm heimzahlen werden; **entre ~ et loup** in der Abenddämmerung; **arriver comme un ~ dans un jeu de quilles** völlig ungelegen kommen; **bon ~ chasse de race** *prov* der Apfel fällt nicht weit vom Stamm *(prov)*; **ne pas attacher son ~ avec des saucisses** *fam* jede Mark [o jeden Pfennig] zehn [o zig] Mal umdrehen; **faire ~ couchant** kriechen, dienern; **~s écrasés** unbedeutende Nachrichten, Füller *Pl*; **rubrique des ~s écrasés** vermischte [Lokal]nachrichten; **faire le ~ fou** [o **le jeune ~**] verrückt spielen *(fam)*; **traiter qn comme un ~ galeux** jdn wie einen räudigen Hund behandeln; **avoir du ~** [so] ein gewisses Etwas haben; **c'est une femme qui a du ~** *fam (c'est une belle femme)* sie ist ein Rasseweib *(fam)*; **qui aboie ne mord pas** *prov* Hunde, die bellen, beißen nicht *(prov)*; **rompre les ~s** *littér* eine Unterredung abbrechen; **comme un ~** wie ein Hund; **tuer qn comme un ~** jdn wie einen Hund abknallen *(fam)*; **vie de ~** Hundeleben *nt (fam)*; **temps de ~** Sauwetter *nt (fam)*; **métier de ~** Saujob *m (fam)*; **avoir un caractère de ~** ein schwieriger Mensch sein; **il a un mal de ~ à finir son travail** ihn kostet es wahnsinnige Mühe, seine Arbeit zu beenden
◆ **~ d'appartement** Haushund *m*; **~ d'arrêt** Vorstehhund *m*, Hühnerhund; **~ d'avalanche** Lawinensuchhund *m*; **~ d'aveugle** Blindenhund *m*; **~ de berger** Hütehund *m*, Schäferhund *m*; **~ de chasse** Jagdhund *m*; **~ de compagnie** Schoßhund *m*; **~ de fusil** Hahn *m*, Schlaghebel *m* ▶ **être couché(e)/dormir en ~ de fusil** mit angezogenen Beinen daliegen/schlafen; **~ de garde** Wachhund *m*; **~ de mer** Hundshai *m*; **~ de race** Rassehund *m*; **~ de traîneau** Schlittenhund *m*, Eskimohund
chien-assis [ʃjɛ̃asi] <**chiens-assis**> *m* Dachgaube *f*, [Dach]gaupe *f* (DIAL) **chien-chien** [ʃjɛ̃ʃjɛ̃] <**chiens-chiens**> *m iron* Schoßhündchen *nt*
chiendent [ʃjɛ̃dɑ̃] *m* Quecke *f*
chienlit [ʃjɑ̃li] *f* Chaos *nt*
chien-loup [ʃjɛ̃lu] <**chiens-loups**> *m* Wolfshund *m*
chienne [ʃjɛn] *f (femelle du chien)* Hündin *f*
▶ **se comporter comme une ~ en chaleur** sich wie eine räudige Hündin verhalten; **~ de vie** Hundeleben *nt (fam)*
chier [ʃje] <1a> *vt, vi vulg* scheißen *(vulg)*, kacken *(vulg)*
▶ **y a pas à ~!** *fam* daran ist nicht [o da gibt es nichts] zu rütteln!; **faire ~ qn** *fam* jdm auf den Wecker [o Geist] gehen *(fam)*; **fais pas ~!** *fam* mach keine Zicken! *(fam)*; **se faire ~** *fam* total angeödet sein *(sl)*; **ça va ~** [**des bulles**]! *fam* das gibt Stunk! *(fam)*
chiffe [ʃif] *f* Waschlappen *m (fam)*, Flasche *f (fam)*; **c'est une ~ molle** er/sie ist eine Memme *(fam)*
chiffon [ʃifɔ̃] *m* ① *(tissu)* Lappen *m*, Fetzen *m*, Lumpen *m*; *(pour nettoyer le tableau noir)* Tafellappen *m*; **à ~ à usages multiples** Vielzwecktuch
② *(document sans valeur)* **ce devoir est un vrai ~** diese Hausaufgabe ist hingeschmiert *(fam)*
③ *(vêtement de femme)* **parler** [o **causer**] **~s** *fam* über Mode [o Klamotten *fam*] reden [o sprechen]
▶ **vêtements en ~** zerknitterte Kleidungsstücke
◆ **~ à chaussures**, Schuhputzlappen *m*, Schuhputztuch *nt*; **~ de papier** Fetzen *m* Papier; **à ~ à poussière** Staubtuch *nt*
chiffonnade [ʃifɔnad] *f* GASTR Zubereitung, bei der Salat fein geschnitten und in Butter gedünstet wird
chiffonné(e) [ʃifɔne] *adj* ① zerknittert; *papier* zerknüllt
② *fig* **avoir la mine ~e** angegriffen aussehen
chiffonner [ʃifɔne] <1> **I.** *vt* ① *(froisser)* zerknittern, zusammenknüllen; zerknüllen *papier*
② *(chagriner)* bedrücken
③ *(déranger)* stören
II. *vpr* **se ~** knittern

chiffonnier [ʃifɔnje] m ❶ Lumpensammler m ❷ *(meuble)* Nähschränkchen nt
▶ se battre [*o* se disputer] comme des ~s sich heftig schlagen [*o* prügeln]
◆ **Chiffoniers d'Emmaüs** *karitative Organisation, die Kleiderstuben unterhält*

chiffonnière [ʃifɔnjɛʀ] f Lumpensammlerin f

chiffrable [ʃifʀabl] *adj* être difficilement/ne pas être ~ sich nur schwer/überhaupt nicht in Zahlen ausdrücken lassen

chiffrage [ʃifʀaʒ] m Berechnung f, Berechnen nt, Ausrechnen nt; ~ d'un/du sinistre Schadenrechnung

chiffre [ʃifʀ] m ❶ Zahl f; *(un seul caractère)* Ziffer f; ~ arabe/romain arabische/römische Ziffer; à/de trois ~s dreistellig; des colonnes de ~s Zahlenkolonnen Pl; donner la date en ~s das Datum numerisch angeben
❷ *(montant) des dépenses, frais* Summe f, Betrag m; ~ brut/net Brutto-/Nettobetrag
❸ *(nombre) des naissances* [An]zahl f; ~ record *(en parlant du nombre de visiteurs)* Rekordhöhe f
❹ pl a. ECON *(statistiques, résultats)* Zahlen Pl; en ~s ronds in runden Zahlen; les ~s du chômage/de fréquentation die Arbeitslosen-/Besucherzahl; ~s budgétés/réels Soll-/Ist-Zahlen
❺ *(code) d'un coffre-fort* [Zahlen]kombination f; *d'un message* Kode m, Chiffreschrift f, Geheimschrift
❻ *(service d'un ministère)* Chiffrierabteilung f
❼ *(initiales)* Monogramm nt
❽ MUS Ziffer f
❾ *fam (chiffre d'affaires)* faire du ~ den Umsatz nach oben treiben
◆ ~ **des importations** Importziffer f; ~s **de vente** Absatzzahlen Pl, Verkaufszahlen

chiffre d'affaires [ʃifʀ(ə)dafɛʀ] <chiffres d'affaires> m Umsatz m, Umsatzergebnis nt, Geschäftsvolumen nt; ~ annuel Jahresumsatz, Umsatzergebnis; ~ brut/net Brutto-/Nettoumsatz; ~ budgété/consolidé Plan-/Konzernumsatz; ~ moyen/record Durchschnitts-/Spitzenumsatz; ~ principal Hauptgeschäft nt; ~ semestriel Halbjahresumsatz; ~ du commerce de détail Einzelhandelsumsatz; ~ de l'escompte Diskontumsatz; ~ avec l'extérieur Auslandsumsatz; ~ de la saison Saisongeschäft; exercice au faible ~ umsatzschwaches Geschäftsjahr

chiffrement [ʃifʀəmã] m *(codage)* Kodierung f

chiffrer [ʃifʀe] <1> I. vt ❶ *(numéroter)* beziffern, nummerieren
❷ *(évaluer)* beziffern; bilan chiffré zahlenmäßige Bilanz
❸ *(coder)* verschlüsseln, chiffrieren; message chiffré verschlüsselte [*o* chiffrierte] Nachricht
❹ *(marquer à son chiffre)* ~ qc à ses initiales etw mit seinem Monogramm versehen
❺ MUS beziffern
II. vi fam ça chiffre das läppert sich *(fam)*
III. vpr se ~ à qc sich auf etw (Akk) beziffern [*o* belaufen]; se ~ par millions/milliards in die Millionen/Milliarden gehen

chiffres-clés [ʃifʀekle] mpl ECON Schlüsseldaten Pl

chiffreur, -euse [ʃifʀœʀ, -øz] m, f Chiffrierer(in) m(f)

chigner [ʃiɲe] <1> vi fam quengeln *(fam)*

chignole [ʃiɲɔl] f ❶ *(perceuse)* Handbohrmaschine f, Bohrwinde f
❷ péj fam *(voiture)* [Klapper]kiste f *(fam)*, Mühle f *(fam)*

chignon [ʃiɲɔ̃] m Hochfrisur f; *(en boule)* [Haar]knoten m, Chignon m; les cheveux relevés en ~ die Haare zum Knoten gesteckt
▶ se crêper le ~ sich zanken; *(se battre)* sich raufen

chihuahua [ʃiwawa] m ZOOL Chihuahua m

chiite [ʃiit] adj schiitisch

Chiite [ʃiit] mf Schiite m/Schiitin f

Chili [ʃili] m le ~ Chile nt

chilien(ne) [ʃiljɛ̃, jɛn] adj chilenisch

Chilien(ne) [ʃiljɛ̃, jɛn] m(f) Chilene m/Chilenin f

chiller [ʃile] vi fam chillen *(fam)*

chill out [ʃilaut] m Chill-out-Room m

chimère [ʃimɛːʀ(ə)] f *(utopie)* Hirngespinst nt, Trugbild nt; poursuivre des ~s Hirngespinsten nachjagen; se repaître de ~s littér in einem Traumland leben

Chimère [ʃimɛːʀ(ə)] f MYTH Chimära f, Chimäre f

chimérique [ʃimerik] adj *imagination* überhitzt; *projet* utopisch; c'est un esprit ~ er/sie ist ein Fantast

chimie [ʃimi] f ❶ *(science)* Chemie f; des expériences de ~ chemische Versuche [*o* Experimente]; ~ appliquée angewandte Chemie; ~ biologique Biochemie; ~ minérale/organique anorganische/organische Chemie; ~ nucléaire Kernchemie; ~ textile Textilchemie
❷ *(élément)* la ~ de qc die chemische Zusammensetzung von etw

chimio abr de **chimiothérapie**

chimiorécepteur [ʃimjoʀesɛptœʀ] m MED Chemorezeptor m

chimiothérapie [ʃimjoteʀapi] f Chemotherapie f; suivre une ~ in chemotherapeutischer Behandlung sein

chimique [ʃimik] adj chemisch; produits ~s Chemikalien Pl; guerre ~ Krieg m mit chemischen Waffen

chimiquement [ʃimikmã] adv chemisch; *fabriquer* auf chemischem Wege

chimiquier [ʃimikje] m Chemietransportschiff nt

chimiste [ʃimist] mf Chemiker(in) m(f)

chimpanzé [ʃɛ̃pɑ̃ze] m Schimpanse m

chinchilla [ʃɛ̃ʃila] m ❶ *(animal)* Chinchilla f o nt
❷ *(fourrure)* Chinchilla[pelz m] nt

chine¹ [ʃin] m ❶ *(porcelaine)* chinesisches Porzellan
❷ *(papier)* Chinapapier nt

chine² [ʃin] f *(brocante)* Antiquitäten Pl

Chine [ʃin] f la ~ China nt; la République populaire de ~ die Volksrepublik China; la ~ nationaliste Nationalchina

chiné(e) [ʃine] adj *tissu, laine* meliert

chiner [ʃine] <1> I. vt ❶ TEXTIL ~ qc ein buntes Muster in etw *(Akk)* weben
❷ *(taquiner)* ~ qn jdn aufziehen [*o* foppen fam]
II. vi sich nach Trödelwaren umsehen

Chinetoque [ʃintɔk] mf péj fam Schlitzauge nt *(fam)*

chinois [ʃinwa] m ❶ *(langue)* le ~ Chinesisch nt, das Chinesische; v. a. allemand
❷ *(chose incompréhensible)* pour moi c'est du ~ das ist chinesisch für mich *(fam)*
❸ GASTR trichterförmiges Sieb

chinois(e) [ʃinwa, waz] adj ❶ chinesisch
❷ péj *(pinailleur)* penibel, pingelig *(fam)*

Chinois(e) [ʃinwa, waz] m(f) ❶ Chinese m/Chinesin f
❷ péj *(type bizarre)* Eigenbrötler m, komischer Kauz
❸ péj *(pinailleur)* Kleinigkeitskrämer(in) m(f)

chinoiser [ʃinwaze] <1> vi penibel [*o* pingelig fam] sein; ~ pour quelques euros sich wegen ein paar [lächerlicher] Euro anstellen *(fam)*

chinoiserie [ʃinwazʀi] f ❶ *(bibelot)* des ~s chinesische Kunstgegenstände
❷ pl *(complication)* Spitzfindigkeiten Pl

chintz [ʃints] m TEXTIL Chintz m

chiot [ʃjo] m Welpe m, junger Hund

chiotte [ʃjɔt] m o f fam ❶ pl Klo nt *(fam)*; cuvette des ~ Kloschüssel f *(fam)*, Klomuschel f (A *fam*)
❷ *(voiture)* Schlitten m *(fam)*
▶ aux ~s, l'arbitre! Schiedsrichter, raus!

chiper [ʃipe] <1> vt fam *(voler)* klauen *(sl)* *idée, portefeuille*; mausen *(fam)*, mopsen *(fam)*, stibitzen *(fam)* bonbons

chipie [ʃipi] f ❶ *(femme acariâtre)* zänkisches Weib, Drachen m *(fam)*; vieille ~ alter Drachen *(fam)*, alte Hexe *(fam)*
❷ *(petite fille espiègle)* Luder nt

chipotage [ʃipɔtaʒ] m ❶ *(action de manger sans appétit)* Herumstochern nt
❷ *(discussion mesquine)* Feilschen nt

chipoter [ʃipɔte] <1> I. vi ❶ *(ergoter)* ~ sur qc wegen etw nörgeln
❷ *(marchander)* ~ sur le prix herumfeilschen
❸ *(manger sans appétit)* ~ sur qc in etw *(Dat)* herumstochern
II. vpr fam *(se quereller)* se ~ avec qn sich mit jdm zanken [*o* streiten]

chips [ʃips] f gén pl [Kartoffel]chip m

chique [ʃik] f ❶ *(tabac)* Kautabak m, Priem m; mastiquer sa ~ seinen Priem kauen
❷ fam *(enflure)* geschwollene [*o* dicke fam] Backe
❸ BELG *(bonbon)* Bonbon m o nt
▶ avaler sa ~ fam ins Gras beißen *(fam)*; couper la ~ à qn fam jdm über den Mund fahren; ça te coupe la ~, hein! fam da kuckst du, was! *(fam)*

chiqué [ʃike] m fam ❶ *(affectation)* Getue nt *(fam)*, Affentheater nt *(fam)*; c'est du ~ das ist nur [*o* reine] Angabe; faire du ~ [*o* tout au ~] nur so tun, als ob
❷ *(bluff au catch)* Schau f, Mache f *(fam)*

chiquenaude [ʃiknod] f ❶ *(pichenette)* Schubs m
❷ *(petite impulsion)* Auslöser m; légère ~ geringer Anlass

chiquer [ʃike] <1> I. vi Tabak kauen, priemen
▶ y a pas à ~ fam da hilft alles nichts
II. vt kauen

chiromancie [kiʀɔmɑ̃si] f Chiromantie f, Handlesekunst f

chiromancien(ne) [kiʀɔmɑ̃sjɛ̃, jɛn] m(f) Chiromant(in) m(f), Handleser(in) m(f)

chiropracteur [kiʀɔpʀaktœʀ] m Chiropraktiker(in) m(f)

chiropractie [kiʀɔpʀakti] f Chiropraktik f; avoir une formation en ~ eine chiropraktische Ausbildung haben; traiter qn par la ~ jdn chiropraktisch behandeln; se faire soigner par la ~ sich chiropraktisch behandeln lassen

chiropraticien(ne) v. chiropracteur

chiropratique [kiʀɔpʀatik] adj *traitement* chiropraktisch

chiropraxie v. chiropractie

chirurgical(e) [ʃiʀyʀʒikal, o] <-aux> *adj* chirurgisch
chirurgie [ʃiʀyʀʒi] *f* Chirurgie *f*; **~ esthétique** Schönheitschirurgie, ästhetische Chirurgie; **~ dentaire** Zahnheilkunde *f*; **~ vasculaire** Gefäßchirurgie; **~ de la main** Handchirurgie; **~ du cœur/des poumons/des os** Herz-/Lungen-/Knochenchirurgie
chirurgien(ne) [ʃiʀyʀʒjɛ̃, jɛn] *m(f)* Chirurg(in) *m(f)*; **~(ne) vasculaire** Gefäßchirurg(in)
♦ **~ dentiste** Zahnarzt *m*/-ärztin *f*
chiure [ʃjyʀ] *f souvent pl* **~|s| de mouches** Fliegendreck *m*
chleuh [ʃlø] *adj péj fam* **les avions ~s** die Flugzeuge der Chleus *(fam)*
Chleuh [ʃlø] *mf péj fam* abwertende Bezeichnung für Deutsche aus dem 2. Weltkrieg
chlinguer *v.* **schlinguer**
chlorate [klɔʀat] *m* Chlorat *nt*; **~ de potassium** Kaliumchlorat
chlore [klɔʀ] *m* Chlor *nt*; **sans ~ eau** chlorfrei
chloré(e) [klɔʀe] *adj eau, solution* chlorhaltig; *(après ajout de chlore)* gechlort; **non ~ papier** chlorfrei
chlorhydrique [klɔʀidʀik] *adj* **acide ~** Salzsäure *f*
chlorofluorocarbone [klɔʀoflyɔʀokaʀbɔn] *m* Fluorchlorkohlenwasserstoff *m*
chloroforme [klɔʀɔfɔʀm] *m* Chloroform *nt*; **il a été endormi au ~** er wurde mit Chloroform betäubt
chloroformer [klɔʀɔfɔʀme] <1> *vt* mit Chloroform betäuben
chlorophylle [klɔʀɔfil] *f* Chlorophyll *nt*, Blattgrün *nt*
chlorotique [klɔʀɔtik] *adj* bleichsüchtig
chlorure [klɔʀyʀ] *m* Chlorid *nt*; **~ de chaux** Chlorkalk *m*; **~ de potassium** Kalisalz *nt*; **~ de sodium** Natriumchlorid, Kochsalz *nt*; **teneur en ~ de sodium** Kochsalzgehalt *m*
chnoque *v.* **schnock**
chnouf *v.* **schnouf**
choc [ʃɔk] I. *m* ❶ *a.* MED, PSYCH *(émotion brutale)* Schock *m*; **~ allergique/bactérien** allergischer/bakterieller Schock; **~ culturel** Kulturschock; **~ nerveux** Nervenschock; **~ thermique** Hitzestau *m*; **être en état de ~** unter Schock stehen; **subir un ~** einen Schock erleiden; **prise en charge d'un ~** Schockbehandlung *f*
❷ *(coup)* Stoß *m*; **ce matériau ne résiste pas aux ~s** dieses Material ist nicht stoßsicher [*o* stoßfest]
❸ *(heurt)* Aufprall *m*; **des idées** Aufeinanderprallen *nt*; **sous le ~** *(sous l'effet du choc)* durch den Aufprall; *(au moment du choc)* beim Aufprall
❹ *(collision) de véhicules* Zusammenstoß *m*; **~ frontal** Frontalzusammenstoß
❺ *(affrontement) de manifestants, troupes* Zusammenstoß *m*
❻ *(bruit d'impact) d'un marteau, de billes d'acier* Schlag *m*; *de verres* Klirren *nt*; *de gouttes, grêlons* Trommeln *nt*, Trommelschlag *m*
▶ **~ en retour** Gegenschlag *m*, Backlash *m (geh)*; **accuser le ~ fam** betroffen reagieren; **syndicalistes de ~** Gewerkschafter mit Biss *(fam)*; **professeur de ~** Vollblutlehrer *m*; **traitement de ~** Schocktherapie *f*
II. *app* **formule-~** treffender [*o* prägnanter] Ausdruck; **argument-~** treffendes [*o* stichhaltiges] Argument; **discours-~** sehr überzeugende Rede; **mesures-~** drastische Maßnahmen; **prix-~** Preisknüller *m*
chochotte [ʃɔʃɔt] *fam* I. *adj (snob)* **être ~** sich zieren *(pej)*
II. *f* ▶ **faire la** [*o* **sa**] **~** *(faire son petit mondain)* herumdrucksen *(fam)*
chocolat [ʃɔkɔla] I. *adj inv (couleur)* schokoladenfarben
▶ **être ~ fam** belämmert [*o* perplex] sein *(fam)*
II. *m* ❶ *(produit)* Schokolade *f*; **~ blanc/noir** weiße/schwarze Schokolade; **~ praliné** Nougatschokolade; **barre de ~** Schokoladenriegel *m*; **œuf en ~** Schokoladenei *nt*
❷ *(boisson)* Trinkschokolade *f*, Kakao *m*; **~ chaud** heiße Schokolade
❸ *(friandise)* Praline *f*; **~ praliné** Nougatpraline; **~ au cognac** Kognakbohne *f*
▶ **~ liégeois** Eisschokolade *f*
♦ **~ de couverture** Schokoladenglasur *f*; **à cuire** [*o* **de ménage**] Blockschokolade *f*; **au lait** Milchschokolade *f*; **aux noisettes** Nussschokolade *f*; **en poudre** Kakaopulver *nt*
chocolaté(e) [ʃɔkɔlate] *adj* **crème ~e** Schokoladencreme *f*
chocolaterie [ʃɔkɔlatʀi] *f* Schokoladenfabrik *f*
chocolatier, -ière [ʃɔkɔlatje, -jɛʀ] I. *adj* **industrie chocolatière** Schokoladenindustrie *f*
II. *m, f (producteur)* Schokoladenfabrikant(in) *m(f)*; *(commerçant)* Schokoladen[groß]händler(in) *m(f)*
chocottes [ʃɔkɔt] *fpl* **avoir les ~** Manschetten haben *(fam)*
chœur [kœʀ] *m* ❶ *(chanteurs)* Chor *m*; **~ d'enfants/de femmes/d'hommes** Kinder-/Frauen-/Männerchor; **~s de l'opéra** Opernchor; **~ mixte** gemischter Chor; **supplémentaire** Extrachor; **chanter en ~** im Chor singen
❷ MUS, LITTER, ARCHIT Chor *m*
❸ *(groupe)* Schar *f*; **s'écrier/protester en ~** gemeinsam [*o* im Chor] rufen/protestieren; **ils déclarèrent en ~** sie erklärten einstimmig
choir [ʃwaʀ] <*irr*> *vi* **laisser ~ qn fam** jdn stehen lassen *(fam)*
choisi(e) [ʃwazi] *adj* ❶ *morceau, œuvre, passage* ausgewählt
❷ *langage* gewählt; *société* exklusiv
choisir [ʃwaziʀ] <8> I. *vt* ❶ *(faire son choix)* **~ entre qn et qn/qc et qc** zwischen jdm und jdm/etw und etw wählen
❷ *(trancher)* sich entscheiden, eine Entscheidung treffen; **c'est la vie qui choisit pour nous** das Leben nimmt uns die Entscheidung ab
II. *vt* ❶ *(faire le choix de)* [aus]wählen, aussuchen, erwählen *(geh)*; wählen *métier*; **~ qn/qc pour faire qc** jdn/etw wählen, um etw zu tun; **~ qc plutôt qu'autre chose** etw einer S. *(Dat)* vorziehen; **de deux choses, ~ une chose** von zwei Dingen ein Ding auswählen; **~ qn entre deux personnes/parmi plusieurs personnes** sich zwischen zwei Menschen für jdn entscheiden/jdn unter mehreren Menschen auswählen
❷ *(se décider à)* **~ de faire qc** sich entscheiden, etw zu tun; **~ si/quand/où/comment** sich entscheiden, ob/wann/wo/wie
❸ *(élire)* wählen; *(désigner)* bestimmen; **~ qn comme député** jdn zum Abgeordneten wählen; **~ qn comme avocat/interprète** jdn als Anwalt/Übersetzer bestimmen; **~ qc comme point de départ** etw als Ausgangspunkt wählen
❹ *a.* INFORM *(sélectionner)* wählen; auswählen *programme*
III. *vpr* **se ~ qn/qc** für sich etw entscheiden
choix [ʃwa] *m* ❶ *(action de choisir) d'un ami, cadeau* Wahl *f*; **faire son ~** seine Wahl treffen; **faire un bon/mauvais ~** eine gute/schlechte Wahl treffen; **de mon/son ~** [nach] meiner/seiner/ihrer Wahl; **laisser le ~ à qn** jdm die Wahl lassen
❷ *(décision)* **c'est un ~ à faire** das ist eine Entscheidung, die getroffen werden muss; **arrêter** [*o* **fixer**] [*o* **porter**] **son ~ sur qc** sich für etw entscheiden
❸ *(variété) de marchandises* Auswahl *f*; **~ de papiers peints** Tapetenauswahl; **au ~** zur Auswahl
❹ *(sélection) de lettres* Auswahl *f*; **~ de poèmes** Gedichtauswahl
❺ *(qualité)* **de ~** erster Wahl, bester Qualität; **des spectacles de ~** erstklassige [*o* großartige] Aufführungen; **premier/second ~** erste/zweite Wahl
❻ *a.* JUR *(liberté de choisir)* **avoir/n'avoir pas le ~** die Wahl/keine [andere] Wahl haben; **à ton/leur ~** wie du willst/wie sie wollen; **un dessert au ~** ein Dessert nach Wahl; **libre ~ de la profession** Berufsfreiheit *f*; **libre ~ des activités économiques** wirtschaftliche Betätigungsfreiheit; **~ du droit applicable** JUR Rechtswahl *(Fachspr.)*
♦ **~ de couleur** INFORM Farbpalette *f*
cholédoque [kɔledɔk] *adj* ANAT **canal ~** Gallengang *m*
cholémie [kɔlemi] *f* MED Cholämie *f*
choléra [kɔleʀa] *m* Cholera *f*
cholestérol [kɔlɛsteʀɔl] *m* Cholesterin *nt*, Cholesterol *nt*; **taux de ~** Cholesterinspiegel *m*; **avoir** [*o* **faire**] **du ~** einen erhöhten Cholesterinspiegel haben
chômage [ʃomaʒ] *m* Arbeitslosigkeit *f*, Erwerbslosigkeit *f*; **~ flottant** Fluktuationsarbeitslosigkeit; **~ partiel** Kurzarbeit *f*; **~ technique** betriebsbedingte Kurzarbeit; **~ saisonnier** saisonbedingte] Arbeitslosigkeit; **être au** [*o* **en**] **~** arbeitslos sein; **s'inscrire au ~** sich arbeitslos melden; **réduire qn au ~** jdn arbeitslos machen; **toucher le ~ fam** Arbeitslosengeld kriegen *(fam)*
♦ **~ de longue durée** Langzeitarbeitslosigkeit *f*
chômé(e) [ʃome] *adj* **jour ~** arbeitsfreier Tag, Feiertag *m*
chômer [ʃome] <1> *vi* ❶ *(être sans travail)* arbeitslos sein; **l'usine chôme** die Arbeit in der Fabrik steht still [*o* ruht]
❷ *(ne pas travailler)* nicht arbeiten
chômeur, -euse [ʃomœʀ, -øz] *m, f* Arbeitslose(r) *f(m)*; **~(-euse) de longue durée** Langzeitarbeitslose(r); **~ en fin de droits** ≈ Empfänger *m* von Arbeitslosenhilfe
chope [ʃɔp] *f* ❶ *(récipient)* [Bier]humpen *m*; **~ de** [*o* **en**] **grès** Steinkrug; **en verre** [Bier]seidel *nt*
❷ *(contenu)* Humpen *m*/Seidel *nt* Bier
choper [ʃɔpe] <1> *vt fam* ❶ *(arrêter)* **~ qn en train de faire qc police:** jdn dabei schnappen [*o* erwischen], wie er etw tut *(fam)*
❷ *(attraper)* **~ une grippe/un bon rhume** sich *(Dat)* eine Grippe/eine schlimme Erkältung holen *(fam)*
❸ *(voler)* klauen *(fam)*
chopine [ʃɔpin] *f* ❶ *fam* Halbliterflasche *f* Wein
❷ CAN *(mesure de capacité)* ein Flüssigkeitsmaß (0,568 l)
choquant(e) [ʃɔkɑ̃, ɑ̃t] *adj manières, propos* schockierend; **contraste** schreiend
choquer [ʃɔke] <1> I. *vi* Aufsehen erregen
II. *vt* ❶ *(scandaliser)* schockieren, vor den Kopf stoßen; **être choqué(e) de voir/d'entendre que qn a fait qc** für jdn ein Schock sein, zu sehen/hören, dass jd etw getan hat
❷ *(offusquer)* verletzen *pudeur*; **~ le bon goût** gegen den guten Geschmack verstoßen; **ces couleurs criardes choquent la vue**

diese schreienden Farben tun den Augen weh ❸ *(commotionner)* ~ qn jdn zutiefst erschüttern III. *vpr* se ~ facilement leicht [*o* schnell] schockiert sein; **je ne me choque plus de rien** mich kann nichts mehr erschüttern [*o* schockieren]

choral [kɔʀal] <s> *m* Choral *m*

choral(e) [kɔʀal] <-aux *o* s> *adj* musique ~e Chormusik *f*; chants ~s Chorgesang *m*, mehrstimmiger Gesang

chorale [kɔʀal] *f* Chor *m*, Gesangverein *m*; ~ **de l'école** Schulchor; ~ **d'hommes** Männergesangverein, Männergesangsverein (A)

chorégraphe [kɔʀegʀaf] *mf* Choreograf(in) *m(f)*

chorégraphie [kɔʀegʀafi] *f* Choreografie *f*

chorégraphique [kɔʀegʀafik] *adj* choreografisch

choriste [kɔʀist] *mf* Chorsänger(in) *m(f)*, Chormitglied *nt*

choroïde [kɔʀɔid] *f* ANAT Aderhaut *f*

chorus [kɔʀys] *m* MUS Chorus *m*
▶ <u>faire</u> ~ **avec** qn jdm beipflichten [*o* beistimmen]; <u>faire</u> ~ einstimmen

chose [ʃoz] I. *f* ❶ *(objet abstrait)* Sache *f*; *(objet matériel)* Ding *nt*, Sache; **appeler les** ~s **par leur nom** die Dinge beim [rechten] Namen nennen; **ne pas faire les** ~s **à moitié** keine halben Sachen machen; **il a réalisé de grandes ~s dans sa vie** er hat in seinem Leben Großes geleistet; **une ~ peu banale** etwas Außergewöhnliches; **c'est une ~ admise que** qn **a fait** qc es ist eine anerkannte Tatsache, dass jd etw getan hat; **chaque ~ en son temps** alles zu seiner Zeit; **les meilleures ~s ont une fin** alles hat einmal ein Ende; **ce n'est pas ~ facile** [*o* aisée] das ist nicht einfach ❷ *pl (ensemble d'événements, de circonstances)* **les ~s** die Dinge; **comment les ~s se sont-elles passées?** wie haben sich die Dinge zugetragen?; **voyons où en sont les ~s!** lasst uns mal sehen, wie es [*o* die Sache] [so] steht [*o* wie die Dinge [so] stehen]; **les ~s étant ce qu'elles sont** [so] wie die Dinge [nun einmal] stehen [*o* liegen]; **au point où en sont les ~s**, **dans l'état actuel des ~s** [so], wie die Dinge im Moment liegen [*o* stehen]; **les ~s se gâtent** [*o* **vont mal**] [*o* **tournent mal**] die Sache läuft schief; **prendre les ~s comme elles viennent** die Dinge so nehmen, wie sie sind ❸ *(ce dont il s'agit)* Sache *f*; **la ~ parle d'elle-même** die Sache spricht für sich selbst; **comment a-t-il pris la ~?** wie hat er die Sache [*o* es] aufgenommen?; **encore une ~** eine Sache noch; **c'est ~ faite** das ist erledigt; **mettre les ~s au point** die Dinge auf den Punkt bringen; **c'est tout autre ~** das ist etwas ganz anderes ❹ *(paroles)* **j'ai deux/plusieurs ~s à vous dire** ich habe Ihnen Verschiedenes [*o* einiges] zu sagen; **vous lui direz bien des ~s de ma part** richten Sie ihm/ihr [bitte] viele Grüße von mir aus; **parler de ~s et d'autres** von diesem und jenem reden [*o* sprechen]; **passer à autre ~** zu etwas anderem [*o* zu einem anderen Thema] übergehen ❺ *péj (personne)* **il en a fait sa ~** er machte aus ihm/ihr ein willenloses Geschöpf ❻ JUR *(objet, bien)* Sache *f*; ~ **louée** Mietsache *(Fachspr.)*; ~ **immobilière** unbewegliche Sache
▶ **en mettant les ~s au** <u>mieux</u>/<u>pis</u> im besten/schlimmsten Fall, bestenfalls/schlimmstenfalls; **pousser les ~ au** <u>noir</u>, **voir les ~ en** <u>noir</u> alles schwarzsehen; **voilà** <u>autre</u> ~ ! *fam* auch das noch!; **voilà une bonne ~ de faite** das ist erledigt; **faire bien les ~s** großzügig sein, sich nicht lumpen lassen *(fam)*; **c'est ~ <u>commune</u>** das ist allgemein bekannt; ~ **<u>dite</u>**, ~ **<u>faite</u>** gesagt, getan; **drôle de ~** Merkwürdige(s) *nt*, Seltsame(s) *nt*; **quelle drôle de ~!** nein, so [et]was!; **toutes ~s égales d'ailleurs** bei gleich bleibenden Bedingungen; ~ **<u>jugée</u>** rechtskräftig entschiedene Sache; **c'est la <u>moindre</u> des ~s** das ist das wenigste; **à <u>peu</u> de ~s près** so ungefähr; ~ **<u>promise</u>**, ~ **due** *prov* was man versprochen hat, muss man auch halten; **la ~ <u>publique</u>** das Gemeinwesen; **c'est la ~ à ne pas dire!** das sagt man doch nicht laut!; **être porté(e) sur la ~** nur an das eine denken; **avant <u>toute</u> ~** vor allem II. *pron* **quelque ~** etwas, was *(fam)*; **quelque ~ de beau** etwas Schönes; **avoir quelque ~** etwas haben; **apprendre quelque ~ au sujet de** qc etwas über etw *(Akk)* erfahren; **il t'est arrivé quelque ~ ?** ist dir [irgend]etwas passiert?; **c'est déjà quelque ~!** das ist doch immerhin [*o* wenigstens] etwas
▶ **apporter/donner une <u>petit</u>e quelque ~ à** qn *fam* jdm eine Kleinigkeit mitbringen/schenken; **prendre un petit quelque ~** *fam (une collation)* eine Kleinigkeit [*o* einen Happen *fam*] essen; *(un petit verre)* einen Schluck trinken; **il a dû y <u>avoir</u> quelque ~ entre** qn **et** qn zwischen jdm und jdm muss [irgend]etwas vorgefallen sein; **se <u>croire</u>** [*o* **se prendre**] **pour quelque ~** sich für etwas [*o* was *fam*] Besonderes halten; **c'est quelque ~ ~ tout de même!** *fam* das ist doch allerhand!; **être quelque ~ ~ quelque part** irgendwo jd sein; **être pour quelque ~ ~ dans** qc etwas mit etw zu tun haben; **qc/ça <u>fait</u> quelque ~ à** qn etw/das trifft jdn; **quelque ~ ~ <u>comme</u>** etwa; **il y a quelque ~ ~ comme trois jours** vor etwa drei Tagen
III. *m fam (truc, machin)* Ding *nt (fam)*, Dingsda *nt (fam)*, Dingsbums *nt (fam)*; **monsieur/madame Chose** Herr/Frau Dings [*o* Dingsda] *(fam)*
IV. *adj inv fam* **avoir l'air tout(e) ~** [ganz] verwirrt aussehen; **être** [*o* **se sentir**] **tout ~** sich nicht ganz auf dem Damm [*o* dem Posten] fühlen *(fam)*

chou [ʃu] <x> *m (légume)* Kohl *m*; ~ **frisé** [*o* **de Milan**] Grünkohl; ~ **blanc** [*o* **Cabus**] Weißkohl; ~ **rouge** Rotkohl, Rotkraut *nt*, Blaukraut *nt*
▶ **être bête comme ~** ein Kinderspiel [*o* kinderleicht] sein *(fam)*; **faire ~ <u>blanc</u>** Pech haben; **faire ses ~x <u>gras</u> de** qc etw gut gebrauchen können; **aller planter ses ~x** sich aufs Land zurückziehen; **être dans les ~x** *candidat*: weg vom Fenster sein *(fam)*; *sportif*: aus dem Rennen sein; **rentrer dans le ~ à** qn über jdn herfallen
◆ ~ **de Bruxelles** Rosenkohl *m*, Kohlsprosse *f* (A); ~ **de Chine** Chinakohl *m*; ~ **à la crème** Windbeutel *m*

chou(te) [ʃu, ʃut] I. <x> *m(f)* Liebling *m*, Schatz *m*
II. *adj inv fam* ❶ *(ravissant)* goldig *(fam)*
❷ *(gentil)* lieb *(fam)*

chouan [ʃwɑ̃] *m königstreuer Republikgegner zur Zeit der Französischen Revolution*

choucas [ʃuka] *m* Dohle *f*

chouchou [ʃuʃu] *m* ❶ *(personne)* Herzchen *nt (fam)*; **le ~ du prof** der Liebling des Lehrers
❷ *(élastique pour cheveux, enveloppé d'un tissu)* Haargummi *nt*

chouchoute [ʃuʃut] *f fam* Herzchen *nt (fam)*; **la ~ du prof** der Liebling des Lehrers

chouchouter [ʃuʃute] <1> *vt fam* verhätscheln *(fam)* enfant

choucroute [ʃukʀut] *f* Sauerkraut *nt*; ~ **garnie** Sauerkraut mit Speck und Würsten
▶ **pédaler dans la ~** *fam* auf dem Schlauch stehen *(fam)*; *police, enquêteurs*: im Dunkeln tappen

chouette [ʃwɛt] I. *adj fam* klasse *(fam)*, super *(fam)*, toll *(fam)*; **allez, sois ~ ! Prête-moi cent euros!** komm, sei ein Schatz! Leih mir hundert Euro! *(fam)*
II. *f (oiseau)* Eule *f*
▶ **vieille ~** *péj* alte Hexe

chou-fleur [ʃuflœʀ] <choux-fleurs> *m* Blumenkohl *m*, Karfiol *m* (A)

chouïa [ʃuja] *m fam* **un ~** ein wenig [*o* bisschen]

chouille [ʃuj] *f fam* Party *f*; **faire la ~** Party machen

chou-navet [ʃunavɛ] <choux-navets> *m* Kohlrübe *f*, Steckrübe *f*

chouquette [ʃukɛt] *f* GASTR rundes, mit Zucker bestreutes Brandteiggebäck

chou-rave [ʃuʀav] <choux-raves> *m* Kohlrabi *m*

chouraver [ʃuʀave] <1> *vt*, **chourer** [ʃuʀe] <1> *vt fam* klauen *(fam)*

chouya *v.* **chouïa**

chow-chow [ʃoʃo] *m* Chow-Chow *m*

choyer [ʃwaje] <6> *vt* ~ qn für jdn liebevoll sorgen

chrême [kʀɛm] *m* REL Salböl *nt*

chrétien(ne) [kʀetjɛ̃, jɛn] I. *adj* christlich; **être ~(ne)** Christ sein
II. *m(f)* Christ(in) *m(f)*; **vivre en bon ~** als guter Christ leben; **les premiers ~s**, **les ~s primitifs** die Urchristen; **une communauté de premiers ~s** eine urchristliche Gemeinde

chrétiennement [kʀetjɛnmɑ̃] *adv* agir christlich; **élever** im christlichen Glauben, christlich; *vivre, mourir* als [guter] Christ

chrétienté [kʀetjɛ̃te] *f* Christenheit *f*

christ [kʀist] *m (crucifix)* Christus[figur *f*] *m*

Christ [kʀist] *m* **le ~** Christus *m*; **la naissance du ~** die Geburt Christi

christiania [kʀistjanja] *m* Parallelschwung *m*

christianisation [kʀistjanizasjɔ̃] *f* Christianisierung *f*

christianiser [kʀistjanize] <1> *vt* christianisieren

christianisme [kʀistjanism] *m* Christentum *nt*; **convertir** qn **au ~** jdn zum Christentum bekehren

Christophe [kʀistɔf(ə)] *m* ❶ Christoph *m*
❷ HIST ~ **Colomb** Christoph Kolumbus
❸ REL **Saint ~** Christophorus

chromatique [kʀɔmatik] *adj* ❶ MUS, OPT chromatisch
❷ BIO **réduction ~** Chromosomenreduktion *f*

chromatographie [kʀɔmatɔgʀafi] *f* MED Chromatographie *f*

chrome [kʀom] *m* ❶ *(métal)* Chrom *nt*
❷ *(pièce)* Chrom[teil *nt*] *nt*

chromé(e) [kʀome] *adj* verchromt, chromhaltig

chromer [kʀome] <1> *vt* verchromen

chromo [kʀomo] *m péj* Kitschbild *nt*

chromosome [kʀomozom] *m* Chromosom *nt*; ~ **sexuel** Geschlechtschromosom *nt*

chromosomique [kʀomozomik] *adj* Chromosomen-

chronique [kʀɔnik] I. *adj* ❶ *(qui se développe lentement)* maladie

chronisch ❷ *(qui dure) difficulté, problème* andauernd; **chômage** ~ Dauerarbeitslosigkeit *f*; **avoir des difficultés financières** ~**s** an chronischem Geldmangel leiden *(iron)*
II. *f* ❶ LITTER *(récits)* Chronik *f*
❷ *(bruits qui circulent)* **la** ~ **scandaleuse de la ville** [*o* **locale**] der lokale Tratsch
❸ MEDIA *(commentaire libre)* Kolumne *f*; RADIO Kommentar *m*; ~ **artistique/littéraire/théâtrale** Feuilleton *nt*; ~ **financière** Börsenbericht *m*; RADIO, TV Sportsendung *f*
▶ **défrayer la** ~ von sich reden machen

chroniqueur, -euse [kʀɔnikœʀ, -øz] *m, f* ❶ LITTER Chronist(in) *m(f)*
❷ PRESSE, RADIO, TV ~**(-euse) artistique/littéraire/musical(e)/théâtral(e)** Feuilletonist(in) *m(f)*; ~ **financier/sportif** Wirtschafts-/Sportredakteur *m*; **chroniqueuse financière/sportive** Wirtschafts-/Sportredakteurin *f*; ~ **parlementaire** parlamentarischer Berichterstatter; ~ **mondain/chroniqueuse mondaine** Klatschkolumnist(in) *m(f) (pej)*
◆ ~**(-euse) de mode** PRESSE Redakteur(in) *m(f)* einer Modezeitschrift; RADIO, TV Moderedakteur(in)

chrono [kʀɔno] *m fam abr de* **chronomètre** Stoppuhr *f*; **faire un bon** ~ eine gute Zeit laufen; *coureur auto:* eine gute Zeit fahren
chronobiologie [kʀɔnɔbjɔlɔʒi] *f* Chronobiologie *f*
chronographe [kʀɔnɔgʀaf] *m* TECH Chronograph *m*
chronologie [kʀɔnɔlɔʒi] *f* ❶ *(succession des événements)* Chronologie *f*, zeitliche Abfolge
❷ *(science)* Chronologie *f*
chronologique [kʀɔnɔlɔʒik] *adj ordre, plan* chronologisch; *liste* chronologisch geordnet; **table** ~ Zeittafel *f*
chronologiquement [kʀɔnɔlɔʒikmɑ̃] *adv* chronologisch
chronométrage [kʀɔnɔmetʀaʒ] *m* Zeitmessung *f*, Stoppen *nt*
chronomètre [kʀɔnɔmetʀ] *m* Stoppuhr *f*
chronométrer [kʀɔnɔmetʀe] <5> *vt* ~ **qn/qc** jdn/etw stoppen
chronométreur, -euse [kʀɔnɔmetʀœʀ, -øz] *m, f* Zeitnehmer(in) *m(f)*
chronométrique [kʀɔnɔmetʀik] *adj exactitude, précision* chronometrisch
chrysalide [kʀizalid] *f* ZOOL Puppe *f*; **stade de** ~ Puppenstadium *nt*
▶ **le projet sort de sa** ~ das Projekt nimmt Gestalt an
chrysanthème [kʀizɑ̃tɛm] *m* Chrysantheme *f*
▶ **inaugurer les** ~**s** repräsentative Aufgaben übernehmen
chtarbé(e) [ʃtaʀbe] *adj arg* durchgeknallt *(fam)*
chti [ʃti], **ch'timi, chtimi** [ʃtimi] **I.** *adj inv fam* aus Nordfrankreich; **Louise est** ~ Louise kommt aus Nordfrankreich
II. *mf inv fam* Nordfranzose *m*/-französin *f*
C.H.U. [seaʃy] *m abr de* **centre hospitalier universitaire** Universitätsklinik[um *nt*] *f*
chuchotement [ʃyʃɔtmɑ̃] *m* ❶ *d'une personne* Flüstern *nt*, Geflüster *nt*; *(en cachette)* Tuscheln *nt*
❷ *littér (bruissement) du vent* Säuseln *nt (geh)*; *de l'eau* Murmeln *nt (geh)*
chuchoter [ʃyʃɔte] <1> **I.** *vi* ❶ flüstern; *(en cachette)* tuscheln
❷ *(bruire) vent:* säuseln *(geh)*
II. *vt* ~ **qc à l'oreille de qn** jdm etw ins Ohr flüstern; **on chuchote que qn a fait qc** es geht das Gerücht, dass jd etw getan hat
chuchotis *v.* **chuchotement**
chuintant(e) [ʃɥɛ̃tɑ̃, ɑ̃t] *adj consonne* zischend
chuintement [ʃɥɛ̃tmɑ̃] *m* ❶ *(défaut de prononciation)* fehlerhafte Aussprache, bei der "s" wie "sch" gesprochen wird
❷ *(sifflement)* Zischen *nt*
chuinter [ʃɥɛ̃te] <1> *vi* ❶ "s" wie "sch" aussprechen
❷ *(siffler) scie:* kreischen; *vapeur:* zischen
❸ *(pousser son cri) chouette:* schreien
chut [ʃyt] *interj* pst
chute [ʃyt] *f* ❶ *(action) d'une personne* Fall *m*, Sturz *m*; *des feuilles* [Ab]fallen *nt*; ~ **des cheveux/dents** Haar-/Zahnausfall *m*; **faire une mauvaise** ~ unglücklich fallen [*o* stürzen]; **elle a fait une** ~ **de cinq mètres** sie ist fünf Meter in die Tiefe gestürzt
❷ *(effondrement) d'un empire* Zusammenbruch *m*, Untergang *m*; *d'un gouvernement, homme politique* Fall *m*, Sturz *m*; *d'une ville assiégée* Fall; *du cours, dollar, de l'euro* Sturz, Absacken *nt*; *d'une pièce de théâtre* Durchfall *m*; ~ **des prix** Preissturz *m*; **entraîner qn dans sa** ~ jdn mit sich reißen
❸ GEOG **les** ~ **du Niagara/Zambèse** die Niagara-/Viktoriafälle
❹ METEO ~ **de neige/pluie** Schnee-/Regenfall *m*
❺ *(baisse rapide)* ~ **de pression** Druckabfall *m*; ~ **de température** Temperatursturz *m*
❻ *(déchets) de tissu* Fetzen *m*; *de papier* Stückchen *nt*, Fetzen
❼ *(pente) d'un toit* Neigung *f*
❽ REL **la** ~ **[d'Adam]** der Sündenfall
❾ *(fin) d'une histoire* Schluss *m*; *d'un poème* Pointe *f*
❿ CARTES Unterstich *m*

▶ **à la** ~ **du jour** bei Einbruch der Dunkelheit; ~ **libre** freier Fall; **en** ~ **libre** im freien Fall
❷ ~ **du cours** ECON Kursabfall *m*; ~ **d'eau** Wasserfall *m*; ~ **de pierres** Steinschlag *m*; ~ **du rideau** THEAT Ende *nt* der Vorstellung
chuter [ʃyte] <1> *vi* ❶ *fam (tomber)* stürzen, fallen
❷ *fam (échouer) candidat, pièce de théâtre:* durchfallen; *joueur, sportif:* eine Niederlage erleiden, verlieren; ~ **contre qn** gegen jdn verlieren, eine Niederlage gegen jdn erleiden; ~ **sur une question/sur les maths** wegen einer Frage/Mathematik durchfallen
❸ *(baisser) cours, prix:* sinken, fallen; **la Bourse chute** die Börsenkurse fallen
❹ CARTES zu wenig Stiche machen
Chypre [ʃipʀ] *f* [**l'île de**] ~ Zypern *nt*
chypriote *v.* **cypriote**
Chypriote *v.* **Cypriote**
ci [si] *adv* **comme** ~ **comme ça** *fam* so lala *(fam)*; ~ **et ça** dies und das; *v. a.* **ceci, celui**
ci-après [siapʀɛ] *adv* [weiter] unten, nachstehend
cibiste [sibist] *mf* CB-Funker(in) *m(f)*
cible [sibl] **I.** *f* ❶ SPORT Zielscheibe *f*; *(aux fléchettes)* Dartscheibe; **atteindre** [*o* **toucher**] **la** ~ das Ziel treffen
❷ MIL, CHASSE, POL Ziel *nt*
❸ COM, MEDIA Zielgruppe *f* | *nt*; **atteindre la/sa** ~ das/sein Ziel [*o* die/seine Zielgruppe] erreichen
❹ *(objet d'une attaque)* **servir de** ~ **aux quolibets** Zielscheibe für spöttische Bemerkungen sein; **être la** ~ **de tous les regards** alle Blicke auf sich *(Akk)* ziehen; **prendre qn pour** ~ jdn als Zielscheibe benutzen [*o* nehmen]
II. *adj* **langue** ~ Zielsprache *f*; **clientèle** ~ Zielgruppe *f*; **quel est notre acheteur** ~? welchen Käufer wollen wir ansprechen?
cibler [sible] <1> *vt* ❶ *(déterminer)* ~ **des personnes** Menschen gezielt ansprechen; **public ciblé** gezieltes Publikum
❷ *(définir)* bestimmen, festlegen; **émission ciblée** auf ein bestimmtes Publikum ausgerichtete Sendung; **être mal/bien/très bien ciblé(e)** schlecht/gut/hervorragend durchdacht sein
ciboire [sibwaʀ] *m* Messkelch *m*, Ziborium *nt*
ciboulette [sibulɛt] *f* Schnittlauch *m*
ciboulot [sibulo] *m pop* Deez *m (*DIAL*)*, Hirn *nt*; **se creuser le** ~ sich *(Dat)* das Hirn zermartern
cicatrice [sikatʀis] *f* Narbe *f*; *d'un cataclysme* Spur *f*; ~ **opératoire** Operationsnarbe
cicatriciel(le) [sikatʀisjɛl] *adj* MED Narben-
cicatrisant(e) [sikatʀizɑ̃, ɑ̃t] *adj* die Heilung fördernd; **crème** ~**e** Wundsalbe *f*, Heilsalbe *f*
cicatrisation [sikatʀizasjɔ̃] *f* [Wund]heilung *f*; *(guérison laissant une trace)* Vernarbung *f*, Vernarben *nt*; **la** ~ **de cette égratignure sera rapide** diese Kratzwunde wird schnell vernarben
cicatriser [sikatʀize] <1> **I.** *vt* ❶ vernarben lassen *plaie*; **être cicatrisé(e)** vernarbt sein
❷ *fig* ~ **une déception amoureuse** über eine enttäuschte Liebe hinwegkommen; **ce n'est pas encore cicatrisé** das ist noch nicht überwunden
II. *vi, vpr* [**se**] ~ vernarben
Cicéron [siseʀɔ̃] *m* Cicero *m*
cicérone [siseʀɔn] *m hum vieilli* Fremdenführer *m*
ci-contre [sikɔ̃tʀ] *adv* nebenstehend **ci-dessous** [sid(ə)su] *adv* [weiter] unten **ci-dessus** [sid(ə)sy] *adv* [weiter] oben; **la description/l'explication** ~ die vorangehende Beschreibung/Erläuterung **ci-devant** [sid(ə)vɑ̃] *adv* ehemals, einstmals *(bei Titeln aus der Zeit vor der Französischen Revolution)*
cidre [sidʀ] *m* Cidre *m*, Apfelwein *m*; ~ **bouché** aufgrund einer Flaschengärung stark moussierender Cidre; ~ **brut/doux** herber [*o* trockener]/süßer Cidre

Land und Leute

Der **cidre** ist ein leicht moussierender Apfelwein. Die besseren Sorten werden – wie Sekt – in dickwandigen Flaschen verkauft.

cidrerie [sidʀəʀi] *f* Apfelweinkellerei *f*
Cie *abr de* **compagnie** Co.
ciel [sjɛl, sjø] <**cieux** *o* **s**> *m* ❶ <**s**> Himmel *m*; **haut dans le** ~ hoch am Himmel; **entre** ~ **et terre** zwischen Himmel und Erde; ~ **d'azur** azurner [*o* azurblauer] Himmel; ~ **clément** heiteres [*o* schönes] Wetter; **lever les bras au** ~ die Arme gen Himmel strecken; **vers le** ~ himmelwärts *(geh)*
❷ REL **les cieux** der Himmel; **royaume des cieux** Himmelreich *nt*
❸ REL *(paradis)* Himmel *m*; **mériter le** ~ es verdienen, in den Himmel zu kommen; **être monté(e) tout droit au** ~ direkt zum [*o* in den] Himmel aufgefahren sein
❹ REL *(providence)* Himmel *m*; **grâce au** ~ Gott sei Dank
❺ <**s**> ART Himmel *m*
▶ **au nom du** ~! um Himmels willen!; **le** ~ **m'est témoin** der Himmel ist [*o* sei] mein Zeuge; **remuer** ~ **et terre** Himmel und

Hölle/Erde in Bewegung setzen; **sous d'autres cieux** in anderen Gegenden [*o* Gefilden *geh*]; **sous des cieux plus cléments** in milderen Zonen; **à ~ ouvert** unter freiem Himmel; **piscine à ~ ouvert** Freibad *nt;* **aide-toi, le ~ t'aidera** *prov* hilf dir selbst, so hilft dir Gott; **bénir** le ~ **que qn ait fait qc** dem Himmel danken, dass er etw getan hat; **c'est écrit dans le ~** es steht fest; **fasse le ~** [*o* plût au ~] **que qn ait fait qc** gebe [es] der Himmel, dass jd etw getan hat; **le ~ soit loué!** dem Himmel sei Dank!; **tomber du ~ à qn** jdm wie gerufen kommen; **sous le ~ de Provence** in provenzalischen Gefilden *geh* [*o* in der Provence]
◆ **~ de lit** <~ s de lit> Betthimmel *m*
cierge [sjɛʀʒ] *m* ❶ *(chandelle)* Kerze *f;* **~ pascal** [*o* **de Pâques**] Osterkerze
❷ *(plante)* Säulenkaktus *m*
▶ **se tenir droit(e) comme un ~** sich kerzengerade halten
cigale [sigal] *f* Zikade *f*
cigare[1] [sigaʀ] *m* ❶ Zigarre *f*
❷ BELG *(remontrance)* Rüge *f,* Rüffel *m (fam)*
cigare[2] [sigaʀ] *m* ▶ **ne rien avoir dans le ~** *fam* nur Stroh in der Birne haben *(fam)*
cigarette [sigaʀɛt] *f* Zigarette *f;* **temps d'une ~** Zigarettenlänge *f (fam)*
◆ **~ à bout filtre** Filterzigarette *f*
cigarillo [sigaʀijo] *m* Zigarillo *nt o m*
ci-gît [siʒi] hier ruht
cigogne [sigɔɲ] *f* Storch *m*
ciguë [sigy] *f* Schierling *m*
ci-inclus [siɛ̃kly] *adv* anbei, als [*o* in der] Anlage **ci-inclus(e)** [siɛ̃kly, yz] *adj* beiliegend; **la copie ~ e** die beiliegende Kopie **ci-joint** [siʒwɛ̃] *adv* anbei, als [*o* in der] Anlage **ci-joint(e)** [siʒwɛ̃, ʒwɛ̃t] <ci-joints> *adj* beiliegend; **les documents ~ s** die beiliegenden Dokumente
cil [sil] *m* ❶ Wimper *f;* **faux ~ s** falsche [*o* künstliche] Wimpern; **battre des ~ s** [mit den Augen] zwinkern [*o* blinzeln]; *(pour séduire)* mit den Wimpern klimpern *(fam)*
❷ ANAT, BIO **~ vibratile** Flimmerhaar *nt,* Zilie *f (Fachspr.)*
cilice [silis] *m* Büßergewand *nt,* Büßerhemd *nt*
cillement [sijmã] *m* Blinzeln *nt*
ciller [sije] <1> *vi* **~ des yeux** mit den Augen zwinkern [*o* blinzeln]
▶ **ne pas ~** nicht mit der Wimper zucken, keine Miene verziehen
cimaise [simɛz] *f* ARCHIT Karnies *nt; (dans une chambre)* Wandleiste *f*
cime [sim] *f* ❶ *(sommet) d'un arbre* Wipfel *m; d'une montagne* Gipfel *m*
❷ *vieilli (plus haut degré) de la gloire* Gipfel *m*
ciment [simã] *m* ❶ *(mortier)* Zement *m;* **~ armé** Stahlbeton *m*
❷ *littér (lien)* **cela a été le ~ de notre amitié** das hat unsere Freundschaft gefestigt
◆ **~ de laitier, ~ Portland** Portlandzement *m;* **~ à prise lente** langsam bindender Zement; **~ à prise rapide** schnell bindender Zement
cimenter [simãte] <1> *vt* ❶ zementieren *sol, piscine*
❷ *(consolider)* festigen
cimenterie [simãtʀi] *f* Zementfabrik *f,* Zementwerk *nt*
cimeterre [simtɛʀ] *m (sabre oriental)* Krummsäbel *m,* Jatagan *m*
cimetière [simtjɛʀ] *m* Friedhof *m;* **aller au ~** auf den [*o* zum] Friedhof gehen; **~ militaire** Soldatenfriedhof
◆ **~ de chiens** Hundefriedhof *m;* **~ d'éléphants** Elefantenfriedhof *m;* **~ de voitures** Autofriedhof *m (fam)*
cimier [simje] *m* ❶ *(viande) d'un cerf, bœuf* Lendenstück *nt*
❷ *(ornement d'un casque)* Helmbusch *m*
cincle [sɛ̃kl] *m* ORN **~ plongeur** Wasseramsel *f*
ciné [sine] *m fam abr de* **cinéma** Kino *nt;* **aller au ~** ins Kino gehen
cinéaste [sineast] *m* Filmemacher(in) *m(f);* **jeune ~** Jungfilmer(in) *m(f)*
cinéclub, ciné-club [sineklœb] <cinéclubs *o* ciné-clubs> *m* Filmclub *m*
cinéma [sinema] *m* ❶ *(art, industrie)* Kino *nt;* **~ professionnel** professionelles Kino; **être dans le ~** beim Film sein; **~ muet/parlant** Stumm-/Tonfilm *m;* **~ porno[graphique]** Pornofilm *m;* **grand producteur de ~** Filmmogul *m*
❷ *(salle)* Kino *nt,* Filmtheater *m;* **~ permanent** Nonstopkino *nt,* Nonstop-Kino; **avoir envie d'aller au ~** Lust haben, ins Kino zu gehen; Lust auf einen Kinobesuch haben
▶ **se faire son petit ~** *fam* sich *(Dat)* etw vormachen; **arrête ton ~** *fam* hör auf mit dem [*o* diesem] Theater *(fam);* **c'est tout un ~ pour faire qc** *fam* so ein Affenzirkus [*o* Affentheater], nur um etw zu tun *(fam);* **faire son ~** *fam* eine Show [*o* Schau] abziehen *(fam);* **faire tout un ~** *fam* ein Affentheater [*o* einen Affenzirkus] veranstalten *(fam)*
◆ **~ d'amateur** Amateurfilmkunst *f,* Amateurfilmerei *f (fam);* **~ d'animation** [Zeichen]trickfilm *m;* **~ d'art et d'essai** Programmkino *nt*

Land und Leute

Die Brüder Lumière entwickelten den ersten Apparat zur Aufnahme und Wiedergabe von bewegten Bildern und ließen ihn 1895 als sogenannten *cinématographe* patentieren. Sie gelten damit als Erfinder des Kinos. Aus *cinématographe* leitet sich der heutige Begriff für Kino - **cinéma** - ab.

cinémascope® [sinemaskɔp] *m* Cinemascope® *nt;* **procédé ~** Cinemascope®-Verfahren *nt,* Breitwandverfahren
cinémathèque [sinematɛk] *f* Filmarchiv *nt,* Kinemathek *f*
cinématique [sinematik] *f* Kinematik *f*
cinématographe [sinematɔgʀaf] *m vieilli* Kinematograph *m (veraltet)*
cinématographie [sinematɔgʀafi] *f spéc* Kinematographie *f*
cinématographique [sinematɔgʀafik] *adj art, prix, industrie* Film-; **droits ~ s** Filmrechte *Pl*
cinémomètre [sinemɔmɛtʀ] *m* Radarkontrollgerät *nt*
ciné-parc, cinéparc [sinepaʀk] <ciné-parcs> *m* Autokino *nt,* Drive-in-Kino
cinéphile [sinefil] *mf* Kinofreund(in) *m(f),* Kinofan *m,* Filmfreund(in) *m(f),* Filmfan *m*
cinéraire [sineʀɛʀ] *f* Zinerarie *f,* Cineraria *f*
cinérama® [cineʀama] *m* CINE Cinerama® *nt*
cinétique [sinetik] *adj* kinetisch
cinglant(e) [sɛ̃glɑ̃, ɑ̃t] *adj* ❶ *pluie* peitschend; *bise* schneidend
❷ *réflexion, remarque, phrase* bissig; *reproche, affrontement* heftig; *leçon* scharf
cinglé(e) [sɛ̃gle] *fam* I. *adj* bekloppt *(fam),* übergeschnappt *(fam);* **être ~(e)** spinnen *(fam),* 'nen Vogel haben *(fam)*
II. *m(f)* **quel ~ / quelle ~ e!** was für ein Spinner/eine blöde Ziege! *(fam)*
cingler [sɛ̃gle] <1> I. *vt* ❶ *(frapper)* **~ son cheval de coups de cravache** sein/ihr Pferd mit der Peitsche antreiben
❷ *(fouetter)* **~ le visage/les jambes à qn** jdm ins Gesicht/gegen die Beine schlagen; **les branches leur cinglaient le visage** die Zweige peitschten ihnen ins Gesicht; **la pluie cinglait les vitres** der Regen trommelte gegen die [Fenster]scheiben
❸ *(blesser)* **~ qn d'une insulte** jdn mit einer Beleidigung sehr verletzen
II. *vi (faire voile dans une direction)* **~ vers qc** *bateau, marin, flotte:* auf etw *(Akk)* zusegeln
cinoche [sinɔʃ] *m fam* Kino *nt,* Kintopp *m (fam)*
cinq [sɛ̃k, *devant une consonne* sɛ̃] I. *num* ❶ fünf; **pour ~ personnes** couvert fünfteilig; **~ kilomètres et demi** fünfeinhalb [*o* fünfundeinhalb] Kilometer; **coûter ~ euros** fünf Euro kosten; **à ~ roues/places** fünfräd[e]rig/-sitzig; **en ~ exemplaires** in fünffacher Ausfertigung; **en ~ jours** in fünf Tagen; **dans ~ jours** heute in fünf Tagen; **stage de ~ heures/jours** fünfstündiges/fünftägiges Seminar; **voyage de ~ mois** fünfmonatige Reise; **pierre [précieuse] de ~ carats** Fünfkaräter *m;* **toutes les ~ heures** alle fünf Stunden; **contrôler qc tous les ~ jours** etw alle fünf Tage [*o* fünftäglich] kontrollieren; **se réunir tous les ~ mois** sich fünfmonatlich treffen; **des rencontres qui ont lieu tous les ~ mois** fünfmonatliche Treffen; **faire qc un jour sur ~** alle fünf Tage etw tun; **un Français/foyer sur ~** jeder fünfte Franzose/Haushalt; **une personne sur ~** jeder Fünfte; **jeu de ~** fünfteiliges Spiel; **famille de ~** fünfköpfige Familie; **couper qc en ~** etw in fünf Teile schneiden; **pack de ~** Fünferpack *m;* **vendre qc par** [*o* en pack de] **~** etw im Fünferpack verkaufen; **rentrer ~ par ~** [jeweils] zu fünft hineingehen, in Fünfergruppen hineingehen; **emballer des cigares ~ par ~** je[weils] fünf Zigarren verpacken; **être ~** fünf sein; **à ~** zu fünft; **tous(toutes) les ~** alle fünf; **gagner ~ à un** fünf zu eins gewinnen
❷ *(dans l'indication de l'âge, la durée)* **avoir/avoir bientôt ~ ans** fünf [Jahre alt] sein/werden; **à ~ ans** mit fünf [Jahren]; **enfant de ~ ans** Fünfjährige(r) *f(m);* **petit garçon de ~ ans** fünfjähriger Junge; **période de ~ ans** Zeitraum *m* von fünf Jahren; **mariage de ~ années** fünfjährige Ehe; **faire qc à l'âge de ~ ans** etw als Fünfjährige(r) tun
❸ *(dans l'indication de l'heure)* **il est ~ heures** es ist fünf [Uhr]; **à/vers ~ heures** um/gegen fünf [Uhr]; **peu avant ~ heures** kurz vor fünf; **il n'est pas encore ~ heures** es ist noch nicht vor fünf; **il est déjà ~ heures passées** es ist schon nach fünf; **il est dix heures ~/ moins ~** es ist fünf [Minuten] nach/vor zehn; **vol de ~ heures** Fünfuhrmaschine *f;* **arriver dans ~ minutes** in fünf Minuten ankommen
❹ *(dans l'indication de la date)* **le ~ mars** *geschrieben:* **le 5 mars** *der* März *écrit:* der 5. März; **arriver le ~ mars** am fünften März kommen; **arriver le ~** am Fünften kommen; **nous sommes** [*o* **on est**] **le ~ mars** wir haben den fünften März; **nous sommes** [*o* **on est**] **le ~ mars** heute ist der fünfte März; **aujourd'hui, c'est le ~ mars** heute ist der fünfte März; **aujourd'hui, c'est le ~** heute ist der Fünfte; **le vendredi ~ mars** am Freitag, den fünften März; **Aix, le ~ mars** Aix, den fünften März; **tous les ~ du mois** jeweils

am 5. des Monats
⑤ *(dans l'indication de l'ordre)* **arriver ~ ou sixième** als Fünfte(r) oder Sechste(r) kommen; **chapitre/page ~** Kapitel/Seite fünf; **acte ~, scène deux** geschrieben: **acte V, scène 2** fünfter Akt, zweite Szene écrit: Akt V, Szene 2
⑥ *(dans les noms de personnages)* **Charles ~** geschrieben: **Charles V** Karl der Fünfte écrit: Karl V.
⑦ TV **TV 5** *(frankophoner Fernsehsender)*
▶ **c'était moins ~!** fam das war knapp! *(fam)*
II. *m inv* ❶ **Fünf** *f*; **~ arabe/romain** arabische/römische Fünf; **deux et trois font ~** zwei und drei sind [o macht] [o gibt] fünf; **compter de ~ en ~** in Fünferschritten zählen
❷ *(numéro)* Nummer *f* fünf, Fünf *f*; **habiter au 5, rue de l'église** [in der] Rue de l'église Nummer 5 wohnen
❸ TRANSP **le ~** die Linie [o die] Fünf, die Fünf *(fam)*
❹ JEUX Fünf *f*; **le ~ de cœur** die Herzfünf; **faire un ~** eine Fünf würfeln; **ne faire que des ~** nur Fünfen würfeln; **jouer** [o **miser**] **le ~** *(à la roulette/aux courses)* auf die Fünf/die Nummer fünf setzen
❺ SCOL **avoir ~** [**sur dix/sur vingt**] ≈ eine Vier/eine Sechs haben; **avoir** [**un**] **~ à l'interro de maths** *fam* ≈ in der Mathearbeit eine Vier/eine Sechs haben *(fam)*
▶ **en ~ sec** im Nu *(fam)*, in null Komma nichts *(fam)*, ratzfatz *(fam)*; **~ sur ~** *(parfaitement)* einwandfrei, ohne Schwierigkeiten
III. *f (table, chambre ... numéro cinq)* Fünf *f*
IV. *adv (dans une énumération)* fünftens; *(dans un ordre du jour)* Punkt fünf
cinquantaine [sɛ̃kɑ̃tɛn] *f* ❶ **une ~ de personnes/pages** etwa [o ungefähr] fünfzig Personen/Seiten
❷ *(âge approximatif)* **avoir la ~** [o **une ~ d'années**] ungefähr [o etwa] fünfzig [Jahre alt] sein; **approcher de la ~** auf die Fünfzig zugehen; **avoir largement dépassé la ~** weit über fünfzig [Jahre alt] sein
cinquante [sɛ̃kɑ̃t] I. *num* ❶ **fünfzig**; **à ~ à l'heure** [o **kilomètres à l'heure**] mit fünfzig Stundenkilometern
❷ *(dans l'indication de l'âge, la durée)* **avoir/avoir bientôt ~ ans** fünfzig [Jahre alt] sein/werden; **personne/période de ~ ans** Fünfzigjährige(r) *f(m)*/Zeitraum *m* von fünfzig Jahren
❸ *(dans l'indication de l'heure)* **à dix heures ~** um zehn Uhr fünfzig
❹ *(dans l'indication des époques)* **les années ~** die fünfziger Jahre
❺ *(dans l'indication de l'ordre)* **arriver ~ ou ~ et unième** als Fünfzigste(r) oder Einundfünfzigste(r) kommen
▶ **je ne répéterai pas ~ fois la même chose!** ich sage nicht hundertmal das Gleiche!
II. *m inv* ❶ **Fünfzig** *f*
❷ *(numéro)* Nummer *f* fünfzig, Fünfzig *f*
❸ TRANSP **le ~** die Linie [o Nummer] fünfzig, die Fünfzig *(fam)*
❹ *(taille de confection)* **faire du ~** ≈ Größe 48 tragen
III. *f (table, chambre ... numéro cinquante)* Fünfzig *f*
▶ **~ et un(e)** einundfünfzig; *v. a.* **cinq**
cinquantenaire [sɛ̃kɑ̃tnɛʀ] I. *adj* fünfzigjährig; **être ~** fünfzig Jahre alt sein
II. *m* fünfzigjähriges [o goldenes] Jubiläum; **le ~ de notre mariage** unser fünfzigster Hochzeitstag, unsere Goldene Hochzeit
cinquantième [sɛ̃kɑ̃tjɛm] I. *adj antéposé* fünfzigste(r, s)
II. *mf* **le/la ~** der/die/das Fünfzigste
III. *m (fraction)* Fünfzigstel *nt*; *v. a.* **cinquième**
cinquième [sɛ̃kjɛm] I. *adj antéposé* fünfte(r, s); **la ~ page avant la fin** die fünftletzte Seite; **arriver ~/obtenir la ~ place** Fünfte(r) werden [o sein]; **au ~ siècle** im fünften Jahrhundert; **au ~ coup de sonnette, il se leva** als es zum fünften Mal läutete, stand er auf; **le ~ centenaire** das fünfhundertjährige Jubiläum
II. *mf* **le ~** der/die/das Fünfte; **être le/la ~ de la classe** der/die Fünfte [o Fünftbeste] [in] der Klasse sein; **être le ~ à demander qc** der Fünfte sein, der nach etw fragt
III. *m (fraction)* Fünftel *nt*; **les trois ~s du gâteau** drei Fünftel des Kuchens
❷ *(étage)* fünfter Stock; **habiter au ~** im fünften Stock wohnen
❸ *(arrondissement)* **habiter dans le ~** im fünften Arrondissement wohnen
❹ *(dans une charade)* fünfte Silbe
IV. *f* ❶ *(vitesse)* fünfter Gang; **passer en ~** in den fünften Gang schalten, den fünften Gang einlegen
❷ SCOL ≈ siebte Klasse; **élève de ~** ≈ Siebtklässler(in) *m(f)*; **professeur de ~** ≈ Lehrer(in) *m(f)* einer siebten Klasse
Cinquième [sɛ̃kjɛm] *f* **La ~** privater französischer Fernsehsender
cinquièmement [sɛ̃kjɛmmɑ̃] *adv* fünftens
cintrage [sɛ̃tʀaʒ] *m* TECH Biegen *nt*
cintre [sɛ̃tʀ] *m* ❶ *(portemanteau)* [Kleider]bügel *m*; **galbé** Formbügel
❷ ARCHIT Bogen *m*; **plein ~** Rundbogen *m*
❸ TECH Lehrbogen *m*

❹ *pl* THEAT Schnürboden *m*
cintré(e) [sɛ̃tʀe] *adj* ❶ **chemise** tailliert
❷ ARCHIT **porte** mit Rundbogen; **galerie** mit Rundbögen; **fenêtre ~ e** Rundbogenfenster *nt*
cintrer [sɛ̃tʀe] <1> *vt* ❶ TECH biegen *tôle*
❷ ARCHIT mit Rundbogen konstruieren
❸ *(ajuster à la taille)* taillieren
cirage [siʀaʒ] *m* ❶ *(produit)* Schuhcreme *f*, Schuhwichse *f (fam)*
❷ *(action) des chaussures* Putzen *nt*; *d'un parquet* Bohnern *nt*
▶ **être noir(e) comme du ~** kohl[raben]schwarz sein; **être dans le ~** *fam (être inconscient)* ganz weg sein *(fam)*; *(ne rien comprendre)* nicht mehr durchblicken *fam*
circoncire [siʀkɔ̃siʀ] <irr> *vt* beschneiden *enfant*
circoncis [siʀkɔ̃si] *m* Beschnittene(r) *m*
circoncis(e) [siʀkɔ̃si, iz] *adj* beschnitten
circoncision [siʀkɔ̃sizjɔ̃] *f* Beschneidung *f*
circonférence [siʀkɔ̃feʀɑ̃s] *f* [Kreis]umfang *m*; *(ligne)* Kreislinie *f*; *(pourtour)* Peripherie *f*
circonflexe *v.* **accent**
circonlocution [siʀkɔ̃lɔkysjɔ̃] *f* Umschreibung *f*
circonscription [siʀkɔ̃skʀipsjɔ̃] *f* ❶ ADMIN [Verwaltungs]bezirk *m*; **~ administrative** Amtsbezirk
❷ POL Wahlkreis *m*; **~ électorale** Wahlkreis *m*
❸ TELEC **tarifaire** Tarifzone *f*
circonscrire [siʀkɔ̃skʀiʀ] <irr> *vt* ❶ *(tracer les limites de)* begrenzen *espace*
❷ GEOM **un cercle à un triangle** einen Kreis um ein Dreieck beschreiben
❸ *(délimiter)* abgrenzen, abstecken
❹ *(borner)* **~ les recherches à un secteur** die Nachforschungen auf ein Gebiet beschränken
❺ *(empêcher l'extension de)* eindämmen *épidémie, incendie*
❻ *(cerner)* umreißen *sujet*
II. *vpr* **se ~ à qc** sich auf etw *(Akk)* beschränken
circonspect(e) [siʀkɔ̃spɛ(kt), ɛkt] *adj* **termes** besonnen; *attitude, personne* vorsichtig, umsichtig, besonnen; *réflexion* [gut] durchdacht; *œil* wachsam
circonspection [siʀkɔ̃spɛksjɔ̃] *f* Umsichtigkeit *f*, Vorsichtigkeit *f*, Besonnenheit *f*; **avec ~** besonnen, umsichtig, mit Vorsicht
circonstance [siʀkɔ̃stɑ̃s] *f* ❶ **souvent** *pl (conditions)* Umstand *m*; **les ~s d'un accident** die Umstände [o Einzelheiten] eines Unfalls; **en toutes ~s** unter allen Umständen; **~s indépendantes de notre volonté** unvorhergesehene Umstände; **~ aggravante/atténuante** erschwerender/mildernder Umstand; **~s du contrat** JUR Vertragsumstände *(Fachspr.)*
❷ *(occasion)* Gelegenheit *f*; **air/tête de ~** dem Anlass entsprechend; **discours/habit de ~** angemessene Rede/Kleidung; **œuvre de ~** Gelegenheitsdichtung *f*
◆ **~ de rattachement** JUR Anknüpfungsmoment *nt (Fachspr.)*
circonstancié(e) [siʀkɔ̃stɑ̃sje] *adj* ausführlich, eingehend, [sehr] detailliert; **faire un rapport ~ de qc** ausführlich über etw *(Akk)* berichten
circonstanciel(le) [siʀkɔ̃stɑ̃sjɛl] *adj* ❶ GRAM **subordonnée ~ le** Adverbialsatz *m*; **complément ~ de temps/lieu/manière** Umstandsbestimmung *f* der Zeit/des Ortes/der Art und Weise
❷ *littér (d'opportunité)* **déclaration** der Situation angemessen; **présence** dans der Situation bedingt; **informations ~ les** zu Einzelheiten
circonvenir [siʀkɔ̃vniʀ] <irr> *vt* umgarnen, umstimmen; **s'efforcer** [o **tenter**] **de ~ qn** versuchen, jdn für sich zu gewinnen
circonvolution [siʀkɔ̃vɔlysjɔ̃] *f* ❶ **~ s cérébrales/intestinales** Gehirn-/Darmwindungen *Pl*; **la rivière décrit des ~s à travers la forêt** der Fluss schlängelt sich durch den Wald
circuit [siʀkyi] *m* ❶ *(itinéraire touristique)* Rundreise *f*, Rundfahrt *f*; **~ d'autocar** Busrundreise; **~ supplémentaire** Sonderfahrt
❷ *(parcours)* Strecke *f*, Weg *m*
❸ SPORT Rennstrecke *f*, Rennbahn *f*; **le ~ du Mans** die Rennstrecke von Le Mans
❹ *(jeu)* Spielzeugautorennbahn *f*
❺ ELEC Stromkreis *m*; **~ électrique** Stromkreis *m*; **~ fermé** geschlossener Stromkreis; **mettre qc en ~** etw [in den Stromkreis] einschalten
❻ TECH Umlauf *m*, Kreislauf *m*; **~ oscillant** Schwingungskreis *m*, Schwingkreis
❼ INFORM Schaltkreis *m*; **~ intégré** integrierter Schaltkreis
❽ ECON, FIN Kreislauf *m*; **~ économique/monétaire** Wirtschafts-/Geldkreislauf
▶ **en ~ fermé** im geschlossenen Kreis; **être/ne plus être dans le ~** *fam* noch ganz schön auf Zack/nicht mehr auf Zack sein *(fam)*; **être hors ~** aus dem Rennen sein
◆ **~ de commande** ELEC Steuerleitung *f*; **~ de distribution** Verkaufsnetz *nt*, Vertriebsweg *m*; **~ de production** Arbeitsfluss *m*; **~ de refroidissement** Kühl[mittel]kreislauf *m*
circulaire [siʀkylɛʀ] I. *adj* ❶ **bassin**, **fenêtre** kreisrund; **mouvement**,

scie Kreis-
② *voyage* Rund-; **jeter un regard ~** rundherum blicken [*o* schauen] II. *f* Rundschreiben *nt*, Infobrief *m (fam)*; *(lettre publicitaire)* Serienbrief *m*
circulation [siʀkylasjɔ̃] *f* ❶ *(trafic)* Verkehr *m*; *(vue dans son ensemble)* Verkehrsgeschehen *nt*; *(ensemble des véhicules qui circulent)* Verkehrsstrom *m*; **~ automobile/ferroviaire** Auto-/Eisenbahnverkehr; **~ routière** Fahrzeugverkehr; **espace réservé à la ~ routière** Verkehrsfläche *f*; **~ aérienne** Flugverkehr, Luftverkehr; **"~ interdite"** *(aux piétons)* "Kein Durchgang"; *(aux voitures)* "Keine Durchfahrt"; **faire la ~** den Verkehr regeln; **la route est mise en ~** die Straße wird dem Verkehr übergeben; **la ~ est difficile** die Verkehrsbedingungen sind schlecht; **la ~ a dû être détournée** der Verkehr musste umgeleitet werden; **véhicule destiné à la ~** Straßenfahrzeug *nt*; **régulation/limitation de la ~** Verkehrsführung *f*/-beruhigung *f*; **régulation de la ~** Verkehrsregelung *f*; **servir à limiter la ~** der Verkehrsberuhigung *(Dat)* dienen
② *(mouvement)* **~ de l'air** Zirkulation *f*; **~ de l'eau** Strömen *nt*, Fließen *nt*; **de fausses nouvelles** Kursieren *nt*, Verbreitung *f*; ECON **de l'argent, des devises** Umlauf *m*, Verkehr *m*; **~ d'espèces** Bargeldumlauf; **~ monétaire** Geldumlauf, Banknotenumlauf; **libre ~ des marchandises** freier Güterverkehr, freier Warenverkehr; **garantir la libre ~ des marchandises** den freien Warenverkehr gewährleisten; **~ des marchandises à l'intérieur de la Communauté européenne** innereuropäischer Warenverkehr; **~ transfrontalière des marchandises** grenzüberschreitender Warenverkehr; **libre ~ de capitaux** freier Kapitalverkehr; **~ de capitaux internationale** grenzüberschreitender Kapitalverkehr; **~ du capital avec États tiers** Kapitalverkehr mit Drittstaaten; **mettre en ~** in Umlauf setzen [*o* bringen]; **retirer de la ~** aus dem Verkehr ziehen, außer Kurs setzen; **libre ~ des travailleurs** JUR Arbeitnehmerfreizügigkeit *f (Fachspr.)*
❸ MED Kreislauf *m*; **~ du sang** Blutkreislauf, Blutzirkulation; **~ pulmonaire** Lungenkreislauf; **~ veineuse** venöser Kreislauf; **grande/petite ~** großer/kleiner [Blut]kreislauf; **bonne/mauvaise ~** gute/schlechte Durchblutung; **malaise dû à une mauvaise ~** kreislaufbedingtes Unwohlsein
❹ INFORM **~ de données** Datenverkehr *m*, Datendurchlauf *m*
▶ **disparaître de la ~** *fam* von der Bildfläche [*o* in der Versenkung] verschwinden *(fam)*
circulatoire [siʀkylatwaʀ] *adj* PHYSIOL Kreislauf-; **appareil ~** Kreislaufsystem *nt*, Kreislauforgane *Pl*; **assistance ~** Stärkung *f* des Kreislaufs; **troubles ~s** Kreislaufstörungen *Pl*; **troubles ~s fonctionnels** funktionelle Kreislaufstörungen
circuler [siʀkyle] <1> *vi* ❶ *(se déplacer en véhicule)* unterwegs sein, fahren; **~ en voiture** mit dem Auto fahren [*o* unterwegs sein]; *(aller et venir)* herumgehen; **le droit de ~ librement** das Recht auf Bewegungsfreiheit; **circulez!** weiterfahren[, nicht stehen bleiben]!/weitergehen[, nicht stehen bleiben]!
❸ *(passer de main en main)* in Umlauf sein; *pétition:* zirkulieren
❹ *(couler)* **le sang circule dans les veines** das Blut fließt in den Venen
❺ *(se renouveler)* **l'air circule dans la pièce** die Luft zirkuliert im Zimmer
❻ *(se répandre), nouvelle, histoire:* kursieren; **faire ~ qc** etw in Umlauf setzen [*o* bringen]
circumnavigation [siʀkɔmnavigasjɔ̃] *f* **d'un continent** Umschiffung *f*, Umschiffen *nt*
cire [siʀ] *f* ❶ *(matière)* Wachs *nt*; *(pour les parquets)* [Bohner]wachs; **~ liquide** flüssiges Wachs; **~ vierge** naturreines Wachs; **~ chaude** *(pour les voitures)* Sprühwachs
② *(cérumen)* Ohrenschmalz *nt*
❸ *(figurine)* Wachsfigur *f*
▶ **c'est une ~ molle** *fam* er/sie ist wachsweich *(fam)*
▶ **~ d'abeille** Bienenwachs *nt*; **~ à cacheter** Siegellack *m*; **~ à épiler** Epilierwachs *nt*
ciré [siʀe] *m* ❶ Regenkleidung *f*
② *(de marin)* Ölzeug *nt*, Öljacke *f*
ciré(e) [siʀe] *adj chaussures* poliert; *parquet* gebohnert; *étoffe* wasserdicht; **toile ~e** Wachstuch *nt*
cirer [siʀe] <1> *vt* polieren *chaussures, meuble;* [wachsen und] bohnern *parquet, escaliers*
▶ **j'en ai rien à ~, moi, de toutes tes histoires!** *fam* mit deinen Geschichten habe ich nichts am Hut *(fam)*
cireur [siʀœʀ] *m* **~ de chaussures** Schuhputzer *m*
cireuse [siʀøz] *f* ❶ **~ de chaussures** Schuhputzerin *f*
② *(machine)* Bohnermaschine *f*
cireux, -euse [siʀø, -øz] *adj* wächsern
cirque [siʀk] *m* ❶ *(spectacle)* Zirkus *m*; **~ ambulant** Wanderzirkus; **aller au ~** in den Zirkus gehen, eine Zirkusvorstellung besuchen; **atmosphère de ~** Zirkusluft *f*; **spectacle de ~** Zirkusvorstellung *f*
② *(dans l'Antiquité)* Zirkus *m*; **jeux du ~** Zirkusspiele *Pl*

❸ *fig* **grand ~ blanc** Skizirkus *m*
❹ GEOG Talmulde *f*
▶ **arrête ton ~!** *fam* mach nicht so einen Zirkus! *(fam)*; **c'est le [*o* un vrai] ~ ici** *fam* es geht hier zu [*o* drunter und drüber] wie in einem Tollhaus *(fam)*; **quel ~ pour faire qc** was für ein Zirkus, wenn man etw tun will *(fam)*
cirrhose [siʀoz] *f* Zirrhose *f*
▶ **~ du foie** Leberzirrhose *f*, Säuferleber *f (fam)*
cirrus [siʀys] *m* METEO Zirruswolke *f*, Federwolke, Zirrus *m*
cisaille [sizaj] *f* Schere *f*; **~ à volaille** Geflügelschere; **~ à gazon** Rasenschere; **~ de tôlier** Blechschere; **~ de jardinier** Baumschere
cisaillement [sizajmɑ̃] *m (action)* Abscheren *nt*
cisailler [sizaje] <1> *vt* ❶ *(couper, tailler)* [zer]schneiden
② *(détacher)* [ab]schneiden
❸ *(élaguer)* [be]schneiden
cisalpin(e) [sizalpɛ̃, in] *adj* diesseits der Alpen
ciseau [sizo] <x> *m* ❶ *pl (instrument pour couper)* Schere *f*; **une paire de ~x** eine Schere
② *(outil)* Meißel *m*; **tailler qc au ~** etw ausmeißeln; **~ à bois/de menuisier/sculpteur** [Stech]beitel *m*
❸ SPORT [Bein]schere *f*; **faire des ~x** die Beine grätschen
❹ ECON **effet de ~x entre coûts et prix** Kosten-Preis-Schere *f*
▶ **~x à cuticules** [Nagel]hautschere *f*; **~x à effiler** Effilierschere *f*; **~x à ongles** Nagelschere *f*
▶ **~ de brodeuse** Stickschere *f*; **~ de chirurgien** chirurgische Schere; **~x de coiffeur** Haarschneideschere *f*; **~x de couturière** Schneiderschere *f*; **~x de jardinier** Gartenschere *f*; **~x de ménage** Haushaltsschere *f*; **~x de pédicure** Fußnagelschere *f*
ciseler [sizle] <4> *vt* ❶ *(travailler avec un ciselet)* ziselieren; **vaisselle ciselée** ziseliertes Geschirr
② *(limer)* ausfeilen
ciseleur [sizlœʀ] *m* Ziseleur *m*, Ziselierer(in) *m(f)*
ciselure [sizlyʀ] *f* ❶ *(art)* Ziselieren *nt*
② *(ornement)* Ziselierung *f*
Cisjordanie [sisʒɔʀdani] *f* **la ~** Westjordanland *nt*, Cisjordanien *f* (CH)
cistercien(ne) [sistɛʀsjɛ̃, jɛn] *adj* zisterziensisch; **couvent/monastère ~** Zisterzienserkloster *nt*
citadelle [sitadɛl] *f* ❶ *(forteresse)* Festung *f*, Zitadelle *f*
② *(bastion)* **~ de qc** Hochburg *f* einer S. *(Gen)*
citadin(e) [sitadɛ̃, in] I. *adj* städtisch; **la vie ~e** das Leben in der Stadt
II. *m(f)* Städter(in) *m(f)*; **devenir ~** verstädtern *(fam)*
citation [sitasjɔ̃] *f* ❶ *(extrait)* Zitat *nt*; **être truffé(e) de ~s** mit Zitaten gespickt sein
② JUR [Vor]ladung *f*; **~ en conciliation** Güteantrag *m*
❸ MIL Belobigung *f*, ehrenvolle Erwähnung
cité [site] *f* ❶ *(ville)* Stadt *f*
② *(vieux quartier)* Altstadt *f*
❸ *(groupe d'immeubles)* Siedlung *f*; **~ administrative** Behördenviertel *nt*; **~ ouvrière** Arbeitersiedlung; **~ universitaire, ~ U** *fam* Studentenwohnheimsiedlung *f*
❹ HIST Stadtstaat *m*
cité-dortoir [sitedɔʀtwaʀ] <cités-dortoirs> *f* Schlafstadt *f (fam)*
citer [site] <1> *vt* ❶ *(rapporter les termes)* zitieren; **l'article cité ci-dessus** der oben genannte [*o* o.g.] Artikel
② *(énumérer)* nennen; **nom souvent cité** viel genannter Name; **ouvrage très [*o* beaucoup] cité** viel zitiertes Werk; **~ un précédent jurisprudenciel** einen Präzedenzfall anführen
❸ *(reconnaître les mérites)* lobend erwähnen; **~ en exemple** als Beispiel nehmen
❹ JUR vorladen
citerne [sitɛʀn] *f* ❶ *(réservoir)* Tank *m*
② *(pour l'eau de pluie)* Zisterne *f*
cithare [sitaʀ] *f* MUS Zither *f*
citoyen(ne) [sitwajɛ̃, jɛn] I. *m(f)* ❶ *(personne civique)* [Staats]bürger(in) *m(f)*
② *(titre)* Bürger(in) *m(f)*; **~(ne) d'honneur** Ehrenbürger(in) *m(f)*
❸ HIST Bürger(in) *m(f)*
▶ **être un drôle de ~** *fam* ein komischer Kauz sein
II. *app roi, soldat* Bürger-
citoyenneté [sitwajɛnte] *f* Staatsbürgerschaft *f*; **la ~ allemande** die deutsche Staatsbürgerschaft
citrate [sitʀat] *m* CHIM Zitrat *nt*
citrin(e) [sitʀɛ̃, -in] *adj* LITTER zitronengelb
citrine [sitʀin] *f* Zitrin *m*
citrique [sitʀik] *adj* **acide ~** Zitronensäure *f*
citron [sitʀɔ̃] I. *m* ❶ *(fruit)* Zitrone *f*; **pépin/rondelle de ~** Zitronenkern *m*/-scheibe *f*; **tranche de ~** Zitronenspalte *f*; **crème/gâteau au ~** Zitronencreme *f*/-kuchen *m*
② *(boisson)* **~ pressé** Zitrone *f* natur
❸ *fam (tête)* Birne *f (fam)*
▶ **presser qn comme un ~** jdn wie eine Zitrone auspressen [*o* aus-

quetschen *fam*]
II. *adj inv* [**jaune**] ~ zitronengelb
citronnade [sitʀɔnad] *f* Zitronenwasser *nt*
citronné(e) [sitʀɔne] *adj* Zitronen-; **être ~ (e)** nach Zitrone schmecken/riechen
citronnelle [sitʀɔnɛl] *f* ❶ BOT Zitronenmelisse *f*
❷ *(liqueur)* Zitronenlikör *m*
citronnier [sitʀɔnje] *m* ❶ *(arbre)* Zitronenbaum *m*
❷ *(bois)* Zitronenholz *nt*
citrouille [sitʀuj] *f* BOT Kürbis *m*
▶ **ne rien avoir dans la ~** *fam* nichts in der Birne haben *(fam)*
civet [sivɛ] *m in Wein geschmortes Wildragout;* **~ de lièvre** Hasenpfeffer *m*
civette [sivɛt] *f* ❶ ZOOL Zibetkatze *f*
❷ *(fourrure)* Zibetfell *nt*
❸ *(parfum, sécrétion)* Zibet *m*
❹ *(ciboulette)* Schnittlauch *m*
civière [sivjɛʀ] *f (pour les blessés)* [Trag]bahre *f; (pour le transport de matériaux)* Trage *f*
civil [sivil] *m* ❶ *(personne)* Zivilist *m*
❷ *(vie civile)* **dans le ~** im Zivilleben; **s'habiller en ~** Zivil[kleidung] anziehen
civil(e) [sivil] *adj* ❶ *(relatif au citoyen)* Zivil-; **année ~e** Kalenderjahr *nt;* **guerre ~e** Bürgerkrieg *m*
❷ *(opp: religieux)* **mariage ~** standesamtliche Trauung
❸ JUR *droit* bürgerlich; **procédure ~e** Zivilverfahren *nt;* **responsabilité ~e** zivilrechtliche Haftung; **en matière ~e** in Zivilsachen; **se porter partie ~e** als Nebenkläger auftreten
❹ *littér (correct) comportement* höflich
civilement [sivilmɑ̃] *adv* ❶ JUR zivilrechtlich
❷ *(sans cérémonie religieuse)* standesamtlich
❸ *littér (avec courtoisie)* zuvorkommend
civilisateur, -trice [sivilizatœʀ, -tʀis] I. *adj* zivilisierend
II. *m, f (personne)* Kulturbringer(in) *m(f)*
civilisation [sivilizasjɔ̃] *f* ❶ *(culture)* Kultur *f*
❷ *(action de civiliser)* Zivilisierung *f*
❸ *(état de ce qui est civilisé)* Zivilisation *f*
civilisé(e) [sivilize] *adj société, pays* zivilisiert
civiliser [sivilize] <1> I. *vt* ❶ *(policer)* zivilisieren
❷ *fam (rendre plus sociable)* **~ qn** jdm Umgangsformen beibringen
II. *vpr* **se ~** ❶ *(s'affiner)* sich zivilisieren
❷ *fam (devenir plus sociable)* zivilisierter werden
civilité [sivilite] *f vieilli* ❶ *(observation des convenances)* Höflichkeit *f*
❷ *pl (démonstration de politesse)* Höflichkeitsbezeigung *f*
civique [sivik] *adj* ❶ *(relatif au citoyen)* [staats]bürgerlich; **droits ~s** bürgerliche Ehrenrechte; **instruction ~** Gemeinschaftskunde *f*
❷ *(propre au bon citoyen)* staatsbürgerlich
civisme [sivism] *m* staatsbürgerliches Pflichtgefühl
cl *abr de* **centilitre** cl
clabaud [klabo] *m* ❶ *(chien)* kläffender Jagdhund
❷ *fam (homme)* Schreihals *m (fam)*
clabaudage [klabodaʒ] *m* ❶ *(aboiements)* Gekläff *nt*
❷ *(criaillerie)* Gekeife *nt*
clabauder [klabode] <1> *vi* ❶ *(aboyer)* kläffen
❷ *fig* keifen
clac [klak] *interj* klapp
clafoutis [klafuti] *m Süßspeise, die aus einem Eierkuchenteig und Kirschen besteht*
claie [klɛ] *f (treillis d'osier)* Weidengeflecht *nt*
clair [klɛʀ] I. *adv* ❶ *(distinctement)* klar; **tu ne vois pas ~** du siehst wohl schlecht *(fam);* **voir ~ dans qc** *fig* etw durchschauen; **il fait ~ comme en plein jour** es ist taghell; **émission en ~** unverschlüsselte Sendung; **passer en ~** unverschlüsselt ausgestrahlt werden
❷ *(sans ambiguïté)* deutlich; **parler ~ et net** ganz offen sprechen; **en ~** auf gut Deutsch
II. *m* ❶ *pl* ART Lichter *Pl*
❷ *(clarté)* Schein *m*
▶ **le plus ~ de son/mon temps** die meiste Zeit; **être au ~ sur qc** etw kennen; **mettre ses notes au ~** seine Notizen ordnen; **tirer au ~** [auf]klären; **en ~** im Klartext
◆ **~ de lune** Mondschein *m*
clair(e) [klɛʀ] *adj* ❶ *(lumineux)* klar; *flamme, pièce* hell
❷ *(opp: foncé) couleur, teint* hell; **bleu, vert** hell-
❸ *(transparent)* klar; **~ comme de l'eau** wasserklar, wasserhell
❹ *(opp: sourd) voix, son* klar
❺ *(peu consistant)* dünn
❻ *(intelligible)* klar; *explication* einleuchtend; **avoir les idées ~es** klar [o logisch] denken
❼ *(évident)* deutlich, klar; **il est ~ qu'il a raison** es ist klar, dass er Recht hat; **c'est ~!** das ist [ganz] klar!

❽ LING hell
❾ *fam (opp: ivre)* **totalement ~** stocknüchtern *(fam)*
▶ **ne pas être ~** *fam (être éméché)* angeheitert [*o* beschwipst] sein *(fam); (être de moralité douteuse)* nicht ganz koscher sein *(fam); (avoir l'esprit dérangé)* nicht mehr [ganz] richtig ticken *(fam)*
claire [klɛʀ] *f* ❶ *(bassin)* Austernpark *m*
❷ *(huître)* Auster *f* aus einem Austernpark
clairement [klɛʀmɑ̃] *adv* deutlich
clairet [klɛʀɛ] *adj vin* leicht; *fam soupe* dünn
claire-voie [klɛʀvwa] <claires-voies> *f* ❶ *(clôture)* Lattenzaun *m*
❷ ARCHIT Lichtgaden *m*
❸ *(avec des espaces)* **volet à ~** Fensterladen *m* mit Lamellen; **barrière à ~** Gitter *nt;* **caisse à ~** Lattenkiste *f;* **cabanon/cagibi** [*o* **réduit**] **à ~** Lattenverschlag *m*
clairière [klɛʀjɛʀ] *f* Lichtung *f*
clair-obscur [klɛʀɔpskyʀ] <clairs-obscurs> *m* ❶ ART Helldunkel *nt,* Clair-obscur *nt*
❷ *(lumière tamisée)* Halbdunkel *nt*
clairon [klɛʀɔ̃] *m* ❶ *(instrument)* Bügelhorn *nt*
❷ *(jeu d'orgue)* Clarino *nt*
❸ *(personne)* Hornist(in) *m(f)*
claironnant(e) [klɛʀɔnɑ̃, ɑ̃t] *adj* schmetternd
claironner [klɛʀɔne] <1> I. *vt iron* ausposaunen
II. *vi* Bügelhorn spielen
clairsemé(e) [klɛʀsəme] *adj* ❶ *(dispersé, peu nombreux) population, auditoire* spärlich; *villages* verstreut; *arbres, spectateurs* vereinzelt
❷ *(peu dense) cheveux, gazon* spärlich; *blé* dünngesät
clairvoyance [klɛʀvwajɑ̃s] *f* Weitblick *m*
clairvoyant(e) [klɛʀvwajɑ̃, jɑ̃t] *adj* weit blickend; **esprit ~** Weitblick *m*
clam [klam] *m* ZOOL Venusmuschel *f*
clamecer *v.* **clamser**
clamer [klɑme] <1> *vt* hinausschreien; *innocence* lauthals beteuern
clameur [klɑmœʀ] *f* Geschrei *nt*
clampin(e) [klɑ̃pɛ̃, in] *fam* I. *adj* faul
II. *m(f)* Faulenzer(in) *m(f)*
clamser [klamse] <1> *vi pop* krepieren *(sl)*
clan [klɑ̃] *m* ❶ *péj* Clique *f*
❷ HIST Klan *m*
clandestin(e) [klɑ̃dɛstɛ̃, in] I. *adj* geheim; *revue* heimlich erscheinend [*o* gedruckt]; *commerce* illegal, Schwarz-; **passager ~** blinder Passagier; **mouvement ~** Untergrundbewegung *f*
II. *m(f)* illegaler Einwanderer/illegale Einwanderin
clandestinement [klɑ̃dɛstinmɑ̃] *adv* heimlich; **faire entrer/sortir qn ~** jdn herein-/herausschmuggeln
clandestinité [klɑ̃dɛstinite] *f* ❶ *(fait de ne pas être déclaré) d'un travail, d'une activité* Heimlichkeit *f*
❷ *(vie cachée)* Untergrund *m;* **entrer dans la ~** in den Untergrund gehen
clanisme [klanism] *m* Gruppenegoismus *m*
clap [klap] *m* CINE, TV Klappe *f*
clapet [klapɛ] *m* ❶ TECH [Klappen]ventil *nt;* **~ anti-retour** Rückschlagventil *nt*
❷ *fam (bouche)* Klappe *f (fam),* Mundwerk *nt (fam)*
clapier [klapje] *m* ❶ *(cage)* Kaninchenstall *m*
❷ *péj (logement)* Loch *nt (pej sl)*
clapotement [klapɔtmɑ̃] *m* Plätschern *nt; (plus fort) de la mer* Rauschen *nt*
clapoter [klapɔte] <1> *vi* plätschern
clapotis *v.* **clapotement**
clappement [klapmɑ̃] *m* ❶ *(action)* Schnalzen *nt*
❷ *(résultat)* Schnalzer *m*
clapper [klape] <1> *vi* schnalzen; **~ de la langue** mit der Zunge schnalzen
claquage [klakaʒ] *m* ❶ MED Muskel[faser]riss *m*
❷ ELEC, PHYS Durchschlag *m*
claquant(e) [klakɑ̃, ɑ̃t] *adj fam* total anstrengend *(fam)*
claque[1] [klak] *f* ❶ *(coup du plat de la main, tape) (sur la joue)* Ohrfeige *f; (sur l'épaule, dans le dos)* Klaps *m*
❷ THEAT Claque *f*
❸ CAN *(protection de chaussure, en caoutchouc)* Überschuh *m (aus Gummi)*
▶ **j'en ai/il en a sa ~** *fam* mir/ihm reicht's *(fam);* **prendre une de ces ~s** [*o* **une sacrée ~**] *fam (au sport)* [ordentlich] eins draufkriegen *(fam); (à un jeu d'argent)* ganz schön abgezockt werden *(sl)*
claque[2] [klak] *m* Klappzylinder *m,* Chapeau claque *m*
claqué(e) [klake] *adj fam* fix und fertig *(fam)*
claquement [klakmɑ̃] *m d'un volet, d'une porte* [Zu]schlagen *nt; d'un drapeau* Knattern *nt; d'un coup de feu* Krachen *nt; des talons* Zusammenschlagen *nt;* **~ du fouet** Knallen *nt* mit der Peitsche,

Peitschenknallen; ~ **des doigts** Schnippen *nt* mit den Fingern, Fingerschnippen; ~ **de la langue** Schnalzen *nt* mit der Zunge; ~ **des dents** Klappern *nt* mit den Zähnen, Zähneklappern
claquemurer [klakmyʀe] <1> *vpr* **se** ~ sich einigeln
claquer [klake] <1> I. *vt* ❶ *(fermer avec un bruit sec)* zuschlagen
❷ *(faire s'entrechoquer)* zusammenschlagen *talons;* ~ **sa langue** mit der Zunge schnalzen
❸ *(jeter violemment)* knallen
❹ *fam (dépenser)* verballern *(fam);* verpulvern *(fam) fric, héritage*
❺ *fam (fatiguer)* [total] fertigmachen *(fam)*
❻ *fam (blesser)* **se** ~ **un muscle** sich *(Dat)* einen Muskel[faser]riss zuziehen
II. *vi* ❶ *(produire un bruit sec) drapeau:* schlagen; *porte, volet:* [zu]schlagen; *fouet:* knallen; *coup de feu:* krachen; ~ **des dents** mit den Zähnen klappern; ~ **des mains** in die Hände klatschen
❷ *fam (mourir)* abkratzen *(sl)*
❸ *fam (se casser) élastique, ficelle:* reißen; *verre, ampoule:* springen
III. *vpr fam (se fatiguer)* **se** ~ sich total verausgaben *(fam)*
claqueter [klak(ə)te] <3> *vi cigogne:* klappern; *poule:* gackern
claquette [klakɛt] I. *f* CINE Klappe *f*
II. *fpl (danse)* Stepptanz *m;* **danseur à** ~**s** Stepptänzer *m;* **faire des** ~**s** steppen
clarification [klaʀifikasjɔ̃] *f d'une question, situation* Klärung *f*
clarifier [klaʀifje] <1> I. *vt* ❶ *(rendre intelligible)* ~ **un fait** Licht in eine Sache bringen
❷ *(rendre transparent)* klären *liquide, bouillon*
II. *vpr* **se** ~ *fait, situation:* sich klären
clarine [klaʀin] *f* Kuhglocke *f*
clarinette [klaʀinɛt] *f* MUS Klarinette *f*
clarinettiste [klaʀinetist] *mf* Klarinettist(in) *m(f)*
clarisse [klaʀis] *f* ECCL Klarisse *f*, Klarissin *f*
clarté [klaʀte] *f* ❶ *(lumière) d'une étoile* Helligkeit *f; d'une bougie* Schein *m; du ciel* Helle *f*
❷ *(transparence) de l'eau, du verre* Klarheit *f,* Reinheit *f*
❸ *(éclat) du teint* Frische *f*
❹ *(opp: confusion)* Klarheit *f;* **s'exprimer avec** ~ sich klar ausdrücken
clash [klaʃ] *m* Konflikt *m*
classe [klas] *f* ❶ *(groupe, catégorie)* Klasse *f;* ~ **dirigeante** Oberschicht *f;* ~ **moyenne**, ~**s moyennes** Mittelstand *m;* ~ **moyenne urbaine** städtischer Mittelstand; ~ **ouvrière** Arbeiterklasse; ~ **sociale** Gesellschaftsklasse; **une personne qui a conscience de sa** ~ ein klassenbewusster Mensch; **la** ~ **politique** die Politiker; ~ **d'âge** Altersklasse
❷ *(rang, niveau)* **de grande/première** ~ *équipe, matériel, film* erstklassig; *appartement* Luxus-; **hôtel de première** ~ Hotel *nt* der Spitzenklasse; **être hors** ~ Spitzenklasse *f* sein; ~ **affaires/touriste** Business-/Touristenklasse *f;* ~ **économique** Economyklasse [*o* Economy-Class] *f;* **billet de première/deuxième** ~ Fahrschein *m* erster/zweiter Klasse; **voyager en première/deuxième** ~ erster/zweiter Klasse reisen
❸ *fam (distinction, élégance)* **être** ~ Klasse sein *(fam);* **c'est** ~**!** das ist todschick! *(fam)*
❹ *(ensemble d'élèves)* [Schul]klasse *f; (niveau)* Klasse *f;* **passer dans la** ~ **supérieure** versetzt werden; **sauter une** ~ eine Klasse überspringen; ~ **de cinquième/seconde** ≈ 8./11. Klasse; ~ **terminale** ≈ Abiturklasse; ≈ 13. Klasse; ~ **préparatoire** Vorbereitungsklasse [auf eine der „Grandes Écoles"]; ~ **du Conservatoire** Meisterklasse
❺ *(cours)* Unterricht *m;* **faire** [la] ~ unterrichten; **être en** ~, **avoir** ~ Unterricht [*o* Schule] haben; **aller en** ~ zur Schule gehen; **demain, il n'y a pas** ~ morgen ist keine Schule
❻ *(salle de cours)* Klassenzimmer *nt,* Klasse *f;* **armoire de la** ~ Klassenschrank *m*
❼ *(séjour, enseignement)* ~ **verte** ≈ Schullandheim *nt* mit Unterricht in Biologie; ~ **de mer** ≈ Schullandheim mit Unterricht in Wassersport; ~ **de neige** ≈ Schullandheim mit Unterricht in Wintersport
❽ MIL *(contingent)* Jahrgang *m;* **faire ses** ~**s** *(formation de base)* die Grundausbildung machen; *fig* lernen; **quand je faisais mes** ~**s** während meiner Rekrutenzeit
classé(e) [klase] *adj* ❶ *(protégé) bâtiment* unter Denkmalschutz stehend
❷ *(réglé) affaire, dossier* abgeschlossen, ad acta gelegt
❸ *(de valeur) vin* klassifiziert
classement [klasmɑ̃] *m* ❶ *(rangement)* Einordnen *nt,* Einteilung *f; de timbres* Einsortieren *nt; de dossiers* Ablage *f; de livres* Anordnung *f*
❷ *(classification) d'un fonctionnaire* [Laufbahn]einstufung *f; d'un élève* Einstufung *f; d'un joueur* Ranglistenplatz *m; d'un hôtel* Kategorie *f*
❸ *(place sur une liste)* Rangfolge *f*
❹ *(liste par ordre de mérite)* Wertung *f*

❺ *(opp: traitement) d'une affaire, d'un dossier* Abschluss *m*
❻ *(inscription au patrimoine national) d'un monument* Eintragung *f* in die Denkmalliste; *d'un site* Erklärung *f* zum Landschaftsschutzgebiet
classer [klase] <1> I. *vt* ❶ *(ranger, ordonner)* ordnen; sortieren *timbres;* ~ **qc dans un tableau** etw tabellarisch anordnen; ~ **les livres par ordre de grandeur/dans l'ordre alphabétique** die Bücher nach Größe/nach dem Alphabet ordnen
❷ *(répartir, faire des catégories)* ~ **parmi qn/qc** zu jdm/etw zählen
❸ *(ranger selon la performance, la qualité)* einstufen; ~ **qn dans un échelon tarifaire supérieur/inférieur** jdn in eine höhere/niedrigere Tarifgruppe einstufen
❹ *(opp: traiter)* ad acta legen, abschließen *affaire, dossier*
❺ *(mettre dans le patrimoine national)* unter Denkmalschutz stellen *monument;* zum Landschaftsschutzgebiet erklären *site*
❻ *péj (juger définitivement)* einordnen
II. *vpr (obtenir un certain rang)* **se** ~ **premier/troisième** sich als Erster/Dritter platzieren
classeur [klasœʀ] *m* ❶ *(dossier)* [Akten]ordner *m;* ~ **pour le courrier** Briefordner
❷ *(meuble)* Aktenschrank *m*
classicisme [klasisism] *m* ART Klassik *f*
classification [klasifikasjɔ̃] *f* Klassifizierung *f;* ~ **périodique des éléments** Periodensystem *nt;* ~ **internationale des brevets** JUR internationale Patentklassifikation
classifier [klasifje] <1> *vt* klassifizieren
classique [klasik] I. *adj* ❶ ART klassisch
❷ *(sobre)* klassisch
❸ *(habituel)* typisch; *produit d'entretien, médicament* herkömmlich; **c'est** [**le coup**] ~**!** *fam* das ist [ganz] typisch!
❹ *(banal)* gängig
❺ SCOL humanistisch; **filière** ~ humanistischer Zweig
❻ *(qui fait autorité)* anerkannt
II. *m* ❶ *(auteur)* Klassiker *m;* **connaître ses** ~**s** *hum* in der Schule aufgepasst haben; **ah mais, je connais mes** ~**s** *hum* tja, gelernt ist gelernt
❷ *(œuvre)* Klassiker *m*
❸ *(art classique)* Klassische(s) *nt*
❹ *(musique classique)* Klassik *f*
III. *f* SPORT traditionelles Rennen
Claude [klo:d(ə)] I. *f* Claudia *f*
II. *m* ❶ männlicher Vorname
❷ HIST **l'empereur** ~ Kaiser Claudius
claudication [klodikasjɔ̃] *f littér* Hinken *nt*
claudiquer [klodike] <1> *vi hum littér* hinken
clause [kloz] *f* Klausel *f;* ~ **d'un traité/accord** Abkommensklausel; ~ **de cession de la clientèle** Kundenüberlassungsklausel; ~ **de conflit se référant à une faute réciproque** Kollisionsklausel für beiderseitiges Verschulden; ~ **de la nation la plus favorisée** Meistbegünstigungsklausel; ~ **de regroupement d'entreprises** Verbundklausel; ~ **de renonciation à une créance** Forderungsverzichtsklausel; ~ **de réserve concernant le prix** Preisvorbehaltsklausel; ~ **de soumission à une procédure de conciliation** Schlichtungsklausel; ~ **additionnelle** Zusatzklausel; ~ **annexe** Nebenbestimmung *f;* ~ **arbitrale** Schiedsgerichtsabrede *f;* ~ **attributive de compétence** Zuständigkeitsvereinbarung *f;* ~ **commerciale** Handelsklausel; ~ **constitutive d'un gage** Pfandklausel; ~ **contractuelle** Vertragsklausel, vertragliche Bestimmung; ~ **contractuelle de louage de services** Dienstvertragsklausel *(Fachspr.);* ~**s convenues dans le contrat** vereinbarte Vertragsbedingungen; ~ **dérogatoire/interprétative** Abänderungs-/Auslegungsklausel; ~ **échappatoire** Ausweichklausel, Befreiungsklausel; ~ **générale** Generalklausel; ~ **impératives** zwingende Bestimmungen; ~ **irrecevable** unzulässige Vertragsbedingung; ~ **pénale** Privatstrafe *f;* ~ **préférentielle** Begünstigtenklausel; ~ **prévoyant une indemnité** Abfindungsklausel; ~ **prévoyant la continuité de la société en cas de décès** [d'un associé] Eintrittsklausel *(Fachspr.);* ~ **prohibitive** Negativklausel *(Fachspr.);* ~ **testamentaire d'exhaustivité** JUR Vollständigkeitsklausel; ~ **ajoutée par intention frauduleuse** in arglistiger Absicht eingefügte Klausel; ~ **relative à la responsabilité** Haftungsklausel; ~ **se référant aux catastrophes naturelles** Katastrophenklausel
◆ ~ **d'adaptation** Anpassungsklausel *f;* ~ **d'ajustement des prix** Preisgleitklausel *f;* ~ **d'atténuation** JUR Härteklausel *f;* ~ **d'attribution de compétence** JUR Gerichtsstand[s]klausel *f;* ~ **de bonne foi** JUR Bona-fide-Klausel *f (Fachspr.);* ~ **de cas de rigueur** JUR Härteklausel *f;* ~ **de conflit** JUR Kollisionsklausel *f (Fachspr.);* ~ **de continuation** Fortsetzungsklausel *f;* ~ **du contrat** Vertragsbedingung *f;* ~ **de déchéance** Verfallklausel *f;* ~ **de déchéance du terme** Fälligkeitsklausel *f;* ~ **de délai** Fristklausel *f;* ~ **de désistement** Rücktrittsklausel *f;* ~ **ducroire** JUR Delkredere-Klausel *f*

(Fachspr.); ~ **d'exception** Ausnahmeklausel *f*, Notstandsklause.; ~ **d'exclusion** Freizeichnungsklausel *f*; ~ **d'exclusivité** JUR Ausschließlichkeitsklausel *f*, Ausschlussklausel *f*; ~ **d'exonération** Freistellungsklausel *f*; ~ **fob** ECON Fob-Klausel *f (Fachspr.)*; ~ **de franchise** JUR Bagatellklausel *f*; ~ **d'indemnisation** Abfindungsklausel *f*; ~ **d'indexation** JUR Anpassungsklausel *f*; ~ **d'indexation du loyer** Mietzinsanpassungsklausel; ~ **d'indexation** [o **d'indice variable**] **des prix** JUR Preisgleitklausel *f*; ~ **d'intervention** JUR Eingriffsklausel *f (Fachspr.)*; ~ **de libération** Freigabeklausel *f*; ~ **de limitation de responsabilité** JUR Haftungsbegrenzungsklausel *f (Fachspr.)*; ~ **de non-concurrence** Konkurrenzklausel *f*, wettbewerbsbeschränkende Vereinbarung; ~ **de non-responsabilité** JUR Haftungsausschlussklausel *f (Fachspr.)*; ~ **d'obligation au secret** Geheimhaltungsklausel *f*; ~ **d'observation** Beachtungsklausel *f (Fachspr.)*; ~ **d'ouverture** JUR Öffnungsklausel *f*; ~ **de rachat de société** Auffangklausel *f*; ~ **de réconciliation** JUR Versöhnungsklausel *f*; ~ **de reprise de société** Auffangklausel *f*; ~ **de résiliation** Rücktrittsklausel *f*; ~ **de retour au propriétaire** JUR Heimfallsklausel *f (Fachspr.)*; ~ **de révocation** Widerrufsklausel *f*; ~ **de risque** JUR Gefahrenklausel *f*; ~ **de sauvegarde** Schutzklausel *f*, Sicherheitsklausel; ~ **de stipulation** Versöhnungsklausel *f*; ~ **de suspension** Suspendierungsklausel *f*; ~ **de tolérance** JUR Toleranzklausel *f*

claustral(e) [klostʀal, o] <-aux> *adj vie* klösterlich, Kloster-
claustration [klostʀasjɔ̃] *f* Zurückgezogenheit *f*; **vivre dans la** ~ äußerst zurückgezogen leben
claustrer [klostʀe] <1> *vpr* **se** ~ ❶ *(s'isoler)* sich ganz zurückziehen
❷ *(se murer)* **se** ~ **dans qc** sich hinter etw *(Dat)* verschanzen
claustrophobe [klostʀɔfɔb] I. *adj* **être** ~ an Klaustrophobie *(Dat)* leiden
II. *mf* an Klaustrophobie *(Dat)* Leidende(r) *f(m)*
claustrophobie [klostʀɔfɔbi] *f* Klaustrophobie *f*
claveau [klavo] <x> *m* ARCHIT Keilstein *m*
clavecin [klavsɛ̃] *m* MUS Cembalo *nt*
claveciniste [klavsinist] *mf* Cembalist(in) *m(f)*
clavette [klavɛt] *f* TECH Keil *m*
clavicule [klavikyl] *f* ANAT Schlüsselbein *nt*
clavier [klavje] *m* Tastatur *f*; *d'un piano* Tastatur, Klaviatur *f*; *d'un orgue* Tastatur, Manual *nt*
♦ ~ **à effleurement** INFORM Folientastatur *f*
claviste [klavist] *mf* Schriftsetzer(in) *m(f)*
clayère [klɛjɛʀ] *f* Austernpark *m*
clayette [klɛjɛt] *f* ❶ *(emballage)* Klarsichtverpackung *f (für Lebensmittel)*
❷ *(d'un réfrigérateur)* Abstellrost *nt*
clayonnage [klɛjɔnaʒ] *m (claie)* Flechtzaun *m*
clé [kle] I. *f* ❶ *(instrument pour ouvrir)* Schlüssel *m*; **être sous** ~ unter Verschluss sein; **fermer à** ~ *personne:* abschließen; *porte, meuble:* abschließbar sein; **mettre un document sous** ~ ein Dokument wegschließen; ~ **de pendule** Uhrschlüssel; ~ **de la porte d'entrée** Haustürschlüssel; ~ **de la/de valise** Kofferschlüssel; **maison** ~[s] **en mains** schlüsselfertiges Haus
❷ *(outil)* Schlüssel *m*; *(pour serrer les roues)* Radmutternschlüssel; ~ **anglaise** Engländer *m*, Franzose *m (verstellbarer Schraubenschlüssel)*; ~ **mixte** Gabel-Ringschlüssel; ~ **plate** Gabelschlüssel; ~ **polygonale** Ringschlüssel; ~ **serre-tube** Einhand-Rohrzange *f*; ~ **en croix** Radmutternkreuz *nt*
❸ *(moyen d'accéder à, de connaître)* Schlüssel *m*; *d'une énigme* Lösung *f*; **la** ~ **de la réussite/du succès** der Schlüssel zum Erfolg; **roman/livre à** ~ Schlüsselroman
❹ MUS *(signe)* Schlüssel *m*; *(pièce d'un instrument)* Klappe *f*; ~ **de sol** G-Schlüssel; ~ **d'ut quatrième** Tenorschlüssel
❺ SPORT Hebel *m*
▶ **prendre la** ~ **des champs** das Weite suchen; **mettre la** ~ **sous le paillasson** *fam* sang- und klanglos verschwinden *(fam)*; **à la** ~ in Aussicht
II. *app position-*~ Schlüsselposition *f*; **élément-**~ entscheidendes Element; **ouvrage-**~ wichtigstes Werk; **témoin-**~ Kronzeuge *m/-zeugin f*
♦ ~ **minute** *(atelier, magasin)* Schlüsseldienst *m*
♦ ~ **à chaîne** TECH Kettenrohrzange *f*; ~ **à molette** TECH Rollgabelschlüssel *m*; ~ **à pipe** Steckschlüssel *m*; ~ **à pipe universelle** TECH Ratschenringschlüssel *m*; ~ **à sangle** TECH Gurtrohrzange *f*
♦ ~ **d'accès** INFORM Benutzerkennung *f*; *(mot de passe)* Passwort *nt*; ~ **de contact** Zündschlüssel *m*; ~ **de fonction** Funktionstaste *f*; ~ **de mandrin** TECH Backenfutterschlüssel *m*; ~ **de voûte** ARCHIT Schlussstein *m*; *fig* Dreh- und Angelpunkt *m*
clean [klin] *adj fam* ❶ *(propre) look, intérieur* proper *(fam)*
❷ *(bien sous tous rapports) nana, mec* schwer in Ordnung *(fam)*
❸ *(opp: speedé)* clean *(fam)*
clearing [kliʀiŋ] *m* ECON Clearing *nt (Fachspr.)*; ~ **des devises** Devisenclearing

clébard [klebaʀ] *m*, **clebs** [klɛps] *m fam* Köter *m (fam)*
clef *v.* **clé**
clématite [klematit] *f* BOT Klematis *f*
clémence [klemɑ̃s] *f littér* ❶ *(indulgence)* Milde *f*; **faire preuve de** ~ Gnade vor Recht ergehen lassen
❷ *(douceur) du temps, d'une journée* Milde *f*
clément(e) [klemɑ̃, ɑ̃t] *adj* mild
Clément [klemɑ̃] *m* ❶ Klemens *m*, Clemens *m*
❷ HIST ~ **V** Klemens V., Klemens der Fünfte
clémentine [klemɑ̃tin] *f* Klementine *f*
clenche [klɑ̃ʃ] *f* ❶ *(bras de levier) d'un loquet* Riegel *m*
❷ BELG *(poignée de porte)* Klinke *f*, Türgriff *m*
Cléopâtre [kleɔpɑ:tʀ(ə)] *f* Kleopatra *f*
cleptomane [klɛptɔman] *mf* Kleptomane *m*/Kleptomanin *f*
cleptomanie [klɛptɔmani] *f* Kleptomanie *f*
clerc [klɛʀ] *m* ❶ *de notaire, d'avoué* Schreiber *m*
❷ *(membre du clergé)* Geistliche(r) *m*, Kleriker *m*
▶ **être grand** ~ **en qc** in etw *(Dat)* gut bewandert sein; **ne pas être grand** ~ **en qc** in etw *(Dat)* kein Kirchenlicht sein *(fam)*
clergé [klɛʀʒe] *m* Klerus *m*
clergyman [klɛʀʒiman] <clergymans, clergymen> *m* anglikanischer Pastor *m*
clérical(e) [kleʀikal, o] <-aux> I. *adj* geistlich; *parti* klerikal; **pouvoir** ~ Kirchengewalt *f*; **autorité** ~**e** Kirchenleitung *f*
II. *m(f)* Klerikale(r) *f(m)*
cléricalisme [kleʀikalism] *m* Klerikalismus *m*
clic [klik] I. *interj* klick
II. *m* INFORM Klick *m*, Mausklick; ~ **sur la souris** Mausklick; **d'un** [**seul**] ~ mit einem Mausklick; **double** ~ Doppelklick
clic-clac [kliklak] I. *interj* klipp, klapp
II. *m inv* Klappfsofa *nt*
cliché [kliʃe] *m* ❶ *(banalité)* Klischee *nt*
❷ PHOT Negativ *nt*; *(photo)* Abzug *m*
❸ TYP Stereotypie *f*
clicheur, -euse [kliʃœʀ, -øz] *m, f* TYP Stereotypeur *m*
client(e) [klijɑ̃, ɑ̃t] *m(f)* ❶ *(acheteur)* Kunde *m*/Kundin *f*; **premier** ~/**première** ~**e** ECON Erstkunde/-kundin; ~ **privé**/~ **e privée** Privatkunde/-kundin; **contrat favorable aux** ~**s** kundenfreundlicher Vertrag
❷ *(bénéficiaire d'un service) d'un restaurant* Gast *m*; *d'un avocat* Klient(in) *m(f)*; *d'un médecin* Patient(in) *m(f)*; *d'un taxi* Fahrgast *m*; ~(**e**) **de la/d'une banque** Bankkunde *m*/-kundin *f*; ~(**e**) **de la poste** Postkunde/-kundin; ~(**e**) **de la/d'une maison de ventes par correspondance** Versandhauskunde/-kundin; ~(**e**) **du réseau Internet** Internet-User(in) *m(f)*
❸ ECON Abnehmer(in) *m(f)*
❹ FIN ~ **débiteur**/~ **e débitrice** Debitor(in) *m(f)*
▶ **le** ~ **est roi** der Kunde ist König
clientèle [klijɑ̃tɛl] *f* ❶ *(ensemble des clients)* Kundschaft *f*, Kunden *Pl*; *d'un avocat* Klientel *f*; *d'un médecin* Patienten *Pl*; *d'un restaurant* Gäste *Pl*; *d'un pays* Abnehmer *Pl*; ~ **principale** Hauptkundengruppe *f*; **comportement orienté vers** [o **axé sur**] **les intérêts de la** ~ kundenorientiertes Verhalten
❷ *(adeptes)* Anhänger *Pl*; *d'un parti* Wähler *Pl*
clignement [kliɲ(ə)mɑ̃] *m* ❶ *(battement des paupières)* Blinzeln *nt*
❷ *(tic nerveux)* Zucken *nt*
❸ *(signe de connivence)* Zwinkern *nt*
cligner [kliɲe] <1> I. *vt* ❶ *(fermer à moitié)* zusammenkneifen *yeux*
❷ *(clignoter)* ~ **des yeux** blinzeln; ~ **de l'œil** *(en signe de connivence)* zwinkern
II. *vi œil, yeux:* zucken
clignotant [kliɲɔtɑ̃] *m* ❶ MECAN AUT Blinker *m*, Fahrtrichtungsanzeiger *m*; **mettre le**/**son** ~ blinken
❷ ECON *(indice de danger)* [Warn]signal *nt*
clignotant(e) [kliɲɔtɑ̃, ɑ̃t] *adj feu, signal* Blink-
clignotement [kliɲɔtmɑ̃] *m des yeux* Blinzeln *nt*; *de la lumière, d'une lampe, voiture, du curseur, d'un symbole* Blinken *nt*; *d'une ampoule* Flackern *nt*
clignoter [kliɲɔte] <1> *vi* ❶ *(papilloter)* **ses yeux** [o **paupières**] **clignotaient** er/sie blinzelte
❷ *(éclairer de façon intermittente)* blinken; *lampe:* flackern
❸ INFORM *curseur, symbole:* blinken
clignoteur [kliɲɔtœʀ] *m* BELG *(clignotant)* Blinker *m*
clim [klim] *f fam abr de* **climatisation** Klimaanlage *f*
climat [klima] *m* ❶ Klima *nt*
❷ *(ambiance)* Atmosphäre *f*, Stimmungslage *f*; ~ **du marché** Marktklima *nt*, Marktstimmung *f*; **bon** ~ **de travail** Betriebsfrieden *m*
climatique [klimatik] *adj* ❶ *(concernant le climat)* klimatisch; **changement** ~ Klimaänderung *f*, Klimawandel *m*; **variations** ~**s** Klimaschwankungen *Pl*; **catastrophe** ~ Klimakatastrophe *f*;

carte ~ Klimakarte f
② *(d'un climat sain) station* heilklimatisch, Luftkur-
climatisation [klimatizasjɔ̃] f ① *(action)* Klimatisierung f
② *(dispositif)* Klimaanlage f; **rénovation au niveau de la ~** klimatechnische Renovierung
climatiser [klimatize] <1> vt klimatisieren; **des salles climatisées** klimatisierte Räume
climatiseur [klimatizœʀ] m *(système)* Klimaanlage f; *(appareil)* Klimagerät nt
climatologie [klimatɔlɔʒi] f Klimatologie f, Klimakunde f; *(recherche scientifique)* Klimaforschung f
climatologique [klimatɔlɔʒik] adj klimatologisch
clin d'œil [klɛ̃dœj] <clins d'œil o clins d'yeux> m Augenzwinkern nt; **faire un ~ à qn** jdm zublinzeln [o zwinkern]
▶ **en un ~** im Nu, im Handumdrehen
clinicien(ne) [klinisjɛ̃, jɛn] m(f) *(médecin)* praktizierender Arzt m/praktizierende Ärztin f; *(dans un hôpital)* Kliniker(in) m(f)
clinique [klinik] I. adj klinisch
II. f ① *(établissement)* [Privat]klinik f; ~ **dermatologique** Hautklinik; ~ **neurologique** Nervenklinik; ~ **spécialisée contre le sida**; ~ **pour les sidéens** Aidsklinik; ~ **thérapeutique** Kurklinik
② *(section d'hôpital)* Abteilung f [eines Krankenhauses], in der Studenten klinisch ausgebildet werden
③ *(enseignement)* Klinik f, klinischer Unterricht
cliniquement [klinikmɑ̃] adv klinisch
clinomètre [klinɔmɛtʀ] m Neigungsmesser m
clinquant [klɛ̃kɑ̃] m ① *(faux bijoux)* Flitter m kein Pl
② *(tape-à-l'œil)* Flitterglanz m, Kitsch m
clinquant(e) [klɛ̃kɑ̃, ɑ̃t] adj überladen
clip [klip] m ① TV, CINE Clip m
② *(bijou)* Klipp m, Clip m; *(boucle d'oreille)* Ohrclip; ~ **à cheveux** Haarclip
clipper [klipœʀ] m *(voilier)* Klipper m
clippeur [klipœʀ] m Videoclip-Filmer(in) m(f)
clique [klik] f péj fam Clique f
▶ **prendre ses ~s et ses claques** fam seine Siebensachen packen und gehen
cliquer [klike] <1> vi INFORM klicken; ~ **à droite/à gauche** rechts/links klicken; ~ **sur un symbole avec la souris** ein Symbol mit der Maus anklicken; **souligner qc en cliquant deux fois** etw per Doppelklick markieren; ~ **deux fois de suite sur l'icône** auf das Icon doppelt klicken
cliques [klik] fpl ▶ **prendre ses ~ et ses claques** fam mit Kind und Kegel flüchten, mit Sack und Pack verschwinden
cliquet [klikɛ] m Sperrklinke f
cliqueter [klik(ə)te] <3> vi *pièces de monnaie, clés:* klimpern; *verre, épées:* klirren; *couverts:* klappern; *chaînes:* rasseln; *moteur:* klopfen
cliquetis [klik(ə)ti] m de pièces de monnaie, clés Klimpern nt; de verres, d'épées Klirren nt; de chaînes Rasseln nt; d'une machine à écrire, de couverts Klappern nt; d'un moteur Klopfen nt
clitoridien(ne) [klitɔʀidjɛ̃, jɛn] adj klitoral
clitoris [klitɔʀis] m ANAT Klitoris f, Kitzler m
clivage [klivaʒ] m *(séparation) des groupes* Spaltung f; *des idées* Unterschiedlichkeit f; *des opinions* Diskrepanz f
cliver [klive] <1> I. vt spalten *ardoise, diamant, mica*
II. vpr **se** ~ sich spalten
clivia [klivja] m BOT Clivia f
cloaque [klɔak] m *(bourbier)* Kloake f
clochard(e) [klɔʃaʀ, aʀd] m(f) Stadtstreicher(in) m(f), Penner(in) m(f) *(pej sl)*; *(en France)* Clochard m
clochardisation [klɔʃaʀdizasjɔ̃] f Verelendung f
clochardiser [klɔʃaʀdize] I. vpr **se** ~ verwahrlosen
II. vt verwahrlosen lassen
cloche¹ [klɔʃ] f ① *d'une église* Glocke f
② *(couvercle)* [Glas]glocke f; ~ **à fromage** Käseglocke
▶ **déménager à la ~ de bois** sich davonmachen[, ohne die Miete zu bezahlen]; **qui n'entend qu'une ~ n'entend qu'un son** prov man sollte alle Seiten [einer Geschichte] hören; **sonner les ~s à qn** fam jdm die Leviten lesen *(fam)*; **se faire sonner les ~s** eins auf den Deckel kriegen *(fam)*; **se taper la ~** fam sich *(Dat)* den Bauch vollschlagen *(fam)*
cloche² [klɔʃ] I. adj fam ① *(maladroit)* tollpatschig
② *(stupide)* dämlich *(fam)*
II. f fam ① *(maladroit)* Tollpatsch m
② *(idiot)* Dussel m *(fam)*
③ *(vie de clochard)* Pennerleben nt *(pej sl)*
cloche-pied [klɔʃpje] **à** ~ auf einem Bein
clocher¹ [klɔʃe] m Kirchturm m; ~ **bulbeux** Zwiebelturm m
▶ **avoir l'esprit de** ~ [ein] Lokalpatriot sein
clocher² [klɔʃe] <1> vi *fam* nicht stimmen; *comparaison, vers:* nicht stimmen, hinken; **il y a quelque chose qui cloche dans qc** da stimmt etwas nicht mit etw

clocheton [klɔʃtɔ̃] m Türmchen nt
clochette [klɔʃɛt] f Glöckchen nt
clodo [klodo] m fam abr de **clochard** Pennbruder m *(pej fam)*
cloison [klwazɔ̃] f ① *(séparation)* [Zwischen]wand f; ~ **étanche** wasserdichtes Schott
② ANAT, BOT Scheidewand f; ~ **intestinale** Darmwand
cloisonné(e) [klwazɔne] adj espace, lieu, volume [ab]getrennt
cloisonnement [klwazɔnmɑ̃] m ① *(séparation idéologique, sociale)* Abgrenzung f; **de la société** Aufteilung f in Schichten, Kastenwesen nt
② *(action de cloisonner)* ~ **d'une pièce** Einziehen nt von [Zwischen]wänden in einem Raum
cloisonner [klwazɔne] <1> vt ① *(séparer à l'aide de cloisons)* durch Zwischenwände abtrennen *pièce;* in Fächer einteilen *tiroir*
② *(compartimenter)* unterteilen *activité, service*
cloître [klwatʀ] m ① ARCHIT Kreuzgang m
② *(monastère)* Kloster n
③ *(vie monastique)* Kloster[leben nt] nt
cloîtrer [klwatʀe] <1> I. vt ① *(enfermer dans un cloître)* in ein Kloster sperren [o stecken]
② *(tenir enfermé)* einsperren
II. vpr ① REL **se** ~ ins Kloster gehen
② *(se tenir enfermé)* **se** ~ **dans une maison** sich in einem Haus einschließen, sich in ein Haus zurückziehen
clonage [klɔnaʒ] m Klonen nt
clone [klon] m ① BIO [Zell]klon m
② INFORM Klon m
cloner [klone] <1> vt klonen
clope [klɔp] m o f fam ① *(cigarette)* Glimmstängel m *(fam)*
② *(mégot)* Kippe f *(fam)*
▶ **des ~s!** nichts da! *(fam)*, denkste! *(fam)*
clopin-clopant [klɔpɛ̃klɔpɑ̃] adv fam *(en boitant)* humpelnd
clopiner [klɔpine] <1> vi humpeln
clopinettes [klɔpinɛt] fpl fam **manger/gagner des** ~ [fast] nichts essen/verdienen; **des ~!** nichts da! *(fam)*, kommt nicht in die Tüte! *(fam)*
cloporte [klɔpɔʀt] m ① ZOOL [Keller]assel f
② péj *(individu répugnant)* Widerling m
cloque [klɔk] f *(bulle d'air ou d'eau)* Blase f; *(sur la peau)* [Brand]blase
cloqué(e) [klɔke] adj peau voller Blasen; peinture blasig
cloquer [klɔke] <1> I. vi Blasen bilden; peau: Brandblasen bilden
II. vt TECH gaufrieren *tissu, papier*
clore [klɔʀ] <irr> vt ① *(terminer)* schließen, [be]enden; *conclusion, remerciements:* [be]schließen
② *(entourer)* einfrieden *terrain, propriété*
③ FIN abschließen *compte*
clos [klo] m *(vignoble)* [eingefriedeter] Weinberg
clos(e) [klo, kloz] I. part passé de **clore**
II. adj ① *(fermé)* geschlossen; **trouver porte ~e** vor verschlossenen Türen stehen
② *(clôturé)* eingefriedet
③ *(achevé) affaire, incident* erledigt
closerie [klozʀi] f eingefriedetes Stückchen nt Land
clôture [klotyʀ] f ① *(enceinte)* Zaun m; *d'arbustes, de haies vives* Hecke f; *(en ciment, pierres)* [Umfassungs]mauer f; ~ **de jardin** Gartenzaun, Gartenhag m *(CH)*
② *(fermeture, arrêt) d'un festival* Ende nt; *d'un débat* Beendigung f; ~ **des bureaux/d'un magasin** Büro-/Ladenschluss m; ~ **totale de la Bourse** voller Börsenschluss; ~ **du bilan** Bilanzabschluss m; ~ **d'un compte/des comptes** Konto-/Rechnungsabschluss; ~ **des crédits journaliers** Tagesgeldabschluss; ~ **de la procédure de dépôt de bilan** Konkursaufhebung f; **après** ~ BOURSE nachbörslich
③ INFORM **de la/d'une session** Logoff nt
clôturer [klotyʀe] <1> I. vt ① *(entourer)* einfrieden
② *(terminer, arrêter)* [be]schließen, beenden; ~ **l'administration des preuves** JUR die Beweisaufnahme abschließen
③ FIN [ab]schließen *compte*
II. vi BOURSE ~ **avec fermeté/dans une ambiance morose/sur un fléchissement des cours** fest/flau/schwächer schließen
clou [klu] m ① *(pointe de métal)* Nagel m
② MED fam Furunkel m o nt
③ *(attraction principale) d'un spectacle, d'une exposition* Höhepunkt m; ~ **du spectacle** Zugnummer f
④ pl fam *(passage clouté)* Zebrastreifen m
⑤ fam *(véhicule)* **vieux** ~ Klapperkiste f *(fam)*
▶ **être maigre comme un** ~ [o **un cent de ~s**] fam spindeldürr sein; **enfoncer le** ~ immer wieder wiederholen; **river le** [o **son**] ~ **à qn** jdm den Mund fam [o das Maul sl] stopfen; **ne pas valoir un** ~ fam keinen Pfifferling wert sein *(fam)*; **des ~s!** fam nichts da! *(fam)*, denkste! *(fam)*
◆ ~ **de girofle** Gewürznelke f
clouer [klue] <1> vt ① *(fixer)* annageln; zusammennageln

planches; ~ **le tableau sur le mur** das Bild an die Wand nageln
❷ *(fermer)* vernageln *caisse*
❸ *fam (immobiliser):* ~ **qn au lit** *grippe, maladie:* jdn ans Bett fesseln; **son emploi le cloue à Paris** wegen seiner Arbeit sitzt er in Paris fest; **cloué(e) de stupeur** wie angewurzelt
clouté(e) [klute] *adj* mit Nägeln beschlagen; **pneus ~s** Spikesreifen *Pl*
Clovis [klɔvis] *m* Chlodwig *m*
clown [klun] *m* Clown *m;* ~ **de cirque** Zirkusclown
▶ **faire le ~** den Clown [*o* Hanswurst] spielen, herumkaspern
clownerie [klunʀi] *f* Alberei *f;* **faire des ~s** herumalbern
clownesque [klunɛsk] *adj* ❶ *(qui a rapport au clown)* clownesk
❷ *(ridicule)* lächerlich
❸ *(ubuesque)* possenhaft
club [klœb] **I.** *m* ❶ *(association)* Klub *m*, Verein *m;* ~ **de tennis/de table/de tennis** Tischtennis-/Tennisklub; ~ **de vacances/de voile** Ferien-/Segelklub; ~ **du livre** [*o* **de presse**] Buchklub; ~ **réservé aux hommes** Herrenklub; ~ **du troisième âge** Seniorenbund *m*, Seniorenschutzbund; **salle du ~** Klubraum *m;* **appartenance à un ~** Vereinsmitgliedschaft *f*
❷ *(crosse de golf)* Golfschläger *m*
II. *app salon* ~ Klubgarnitur *f*
◆ ~ **de nuit** Nachtbar *f*, Vergnügungslokal *nt*
cluse [klyz] *f* Schlucht *f*, Klause *f*
clystère [klistɛʀ] *m vieilli (instrument)* Klistier *m; (action)* Klistieren *nt*
cm *abr de* **centimètre** cm
CM1 [seɛmœ̃] *m abr de* **cours moyen un** *vierte Grundschulklasse*
CM2 [seɛmdø] *m abr de* **cours moyen deux** *fünfte Grundschulklasse*
C.N.I.L. [knil] *f abr de* **Commission nationale de l'informatique et des libertés** ≈ nationale Datenschutzkommission
C.N.R.S. [seenɛʀɛs] *m abr de* **Centre national de la recherche scientifique** nationales Forschungszentrum für Wissenschaft und Technik
C.N.T. E. [seentəø] *f abr de* **Centre national de téléenseignement** ≈ Landeszentrale *f* für Fernunterricht
coaccusé(e) [koakyze] *m(f)* Mitangeklagte(r) *f(m)*
coacher [kotʃe] *vt* coachen
coacquéreur [koakeʀœʀ] *m* Miterwerber(in) *m(f)*
coadjuteur [koadʒytœʀ] *m* ECCL Koadjutor *m*
coagulable [koagylabl] *adj* gerinnbar, gerinnungsfähig
coagulant [koagylɑ̃] *m* MED [blut]gerinnungsförderndes Mittel, Koagulans *nt (Fachspr.)*
coagulant(e) [koagylɑ̃, ɑ̃t] *adj* MED [blut]gerinnungsfördernd
coagulation [koagylasjɔ̃] *f* MED [Blut]gerinnung *f;* **temps de ~** [Blut]gerinnungszeit *f*
coaguler [koagyle] <1> **I.** *vt* zum Gerinnen bringen
II. *vi* gerinnen
III. *vpr* **se ~** gerinnen
coaliser [koalize] <1> **I.** *vt* verbünden
II. *vpr* **se ~** *personnes:* sich verbünden
coalition [koalisjɔ̃] *f* Bündnis *nt*, Koalition *f;* ~ **réunissant tous les partis** Allparteienkoalition; **constitution d'une ~** Koalitionsbildung *f;* **droit de ~** Vereinigungsrecht *nt*
coassement [koasmɑ̃] *m* Quaken *nt*
coasser [koase] <1> *vi* quaken
coassuré(e) [koasyʀe] *m(f)* Mitversicherte(r) *f(m)*
coati [koati] *m* ZOOL Nasenbär *m*
coauteur [kootœʀ] *m* ❶ LITTER Koautor(in) *m(f)*, Mitverfasser(in) *m(f)*
❷ JUR Mittäter(in) *m(f)*
coaxial(e) [koaksjal, jo] <-aux> *adj roues* koaxial; **câble ~** Koaxialkabel *nt*
C.O.B. [kɔb] *f abr de* **Commission des opérations de Bourse** ≈ Börsenaufsichtsamt *nt*
cobalt [kɔbalt] *m* CHIM Kobalt *nt*
cobaye [kɔbaj] *m* ❶ *(animal)* Meerschweinchen *nt*
❷ *(personne)* Versuchskaninchen *nt (fam)*, Versuchskarnickel *nt* (DIAL)
Coblence [kɔblɑ̃s] Koblenz *nt*
COBOL [kɔbɔl] *m abr de* **Common Business Orientated Language** COBOL *nt*
cobra [kɔbʀa] *m* ZOOL Kobra *f*
coca [kɔka] **I.** *m o f (plante)* Kokastrauch *m*, Koka *f (Fachspr.)*
II. *f (drogue)* Kokain *nt*
coca[-cola]® [kakɔla] *m* [Coca-]Cola® *f*
cocagne *v.* **mât; pays; vie**
cocaïne [kɔkain] *f* Kokain *nt*
cocaïnomane [kɔkainɔman] *mf* Kokainsüchtige(r) *f(m)*
cocarde [kɔkaʀd] *f (décoration)* Kokarde *f*
cocardier, -ière [kɔkaʀdje, -jɛʀ] **I.** *adj* hurrapatriotisch, chauvinistisch
II. *m, f* Hurrapatriot(in) *m(f)*, Chauvinist(in) *m(f)*
cocasse [kɔkas] *adj fam* drollig
cocasserie [kɔkasʀi] *f* ❶ *(drôlerie)* Drolligkeit *f*
❷ *(histoire cocasse)* lustige [*o* komische] Geschichte
coccinelle [kɔksinɛl] *f* ❶ *(insecte)* Marienkäfer *m*
❷ *(voiture)* Käfer *m*
coccyx [kɔksis] *m* ANAT Steißbein *nt*
coche [kɔʃ] *m* Kutsche *f*
▶ **manquer** [*o* **rater**] [*o* **louper** *fam*] **le ~** die Gelegenheit verpassen
cochenille [kɔʃnij] *f* ZOOL Schildlaus *f*
cocher¹ [kɔʃe] <1> *vt (marquer d'un trait de crayon)* abhaken; ankreuzen *case, réponse*
cocher² [kɔʃe] *m* Kutscher *m*
cochère *v.* **porte**
cochon [kɔʃɔ̃] *m* ❶ *(animal)* Schwein *nt*
❷ GASTR Schweinefleisch *nt*
❸ *(sanglier)* Wildschwein *nt*
❹ *péj fam (personne sale, vicieuse)* Ferkel *nt (fam)*, Schwein *nt (sl);* **vieux ~** Lustmolch *m*
❺ *péj fam (salaud)* Schwein *nt (sl);* **ce ~ de commerçant** dieses Schwein von einem Händler *(sl)*
▶ **un ~ n'y retrouverait pas ses petits** das ist [ja] hier der reinste Schweinestall; **faire le ~ pendu** SPORT einen Kniehang machen; **si les petits ~s ne le mangent pas** *fam* wenn nichts Weltbewegendes passiert; ~ **qui s'en dédit!** [mein] Ehrenwort!; **nous n'avons pas gardé les ~s ensemble** wir haben noch keine Schweine zusammen gehütet *(fam)*, **comme un ~** wie ein Schwein *(fam)*, **être copains comme ~s** *fam* dicke Freunde sein *(fam)*
◆ ~ **d'Inde** Meerschweinchen *nt;* ~ **de lait** Spanferkel *nt*
cochon(ne) [kɔʃɔ̃, ɔn] *fam adj* ❶ *(malpropre)* schmuddelig *(fam)*
❷ *(grossier, obscène)* schweinisch *(fam);* **histoires ~nes** Zoten *Pl*
❸ *(pornographique)* **film ~** Schmuddelfilm *m (fam);* **revue ~ne** Schmuddelblatt *nt (fam)*
cochonnaille [kɔʃɔnaj] *f souvent pl fam* Fleisch- und Wurstwaren *Pl (aus Schweinefleisch)*
cochonne [kɔʃɔn] *f péj fam* ❶ *(personne sale, vicieuse)* Ferkel *nt (fam)*, Schwein *nt (sl)*
❷ *(saloppe)* Aas *nt (sl);* **cette ~ de voisine** dieses Aas von einer Nachbarin
cochonner [kɔʃɔne] <1> *vt fam* ❶ *(bâcler)* hinpfuschen *(fam) travail, tâche*
❷ *(salir)* dreckig machen, anferkeln *(fam)*
cochonnerie [kɔʃɔnʀi] *f fam* ❶ *(nourriture) (avariée)* etwas Schlechtes, etwas Verdorbenes; **ne mange pas ces ~s** *fam (mauvaise pour la santé)* iss nicht so ein Dreckszeug *(pej fam)*
❷ *(objet de mauvaise qualité)* Schund *m (fam)*, Dreck *m (fam)*
❸ *souvent pl fam (propos obscènes)* Ferkeleien *Pl (fam)*
❹ *pl (souillures)* Dreck *m;* **ne fais pas de ~s sur la table** ferkle nicht auf dem Tisch rum *(fam)*
❺ *fam* ~ **de temps/brouillard/bagnole** Mistwetter *nt*/-nebel *m*/-karre *f (fam)*
cochonnet [kɔʃɔnɛ] *m* ❶ ZOOL Ferkel *nt*
❷ *(au jeu de boules)* Setzkugel *f*, Schweinchen *nt (fam)*
cocker [kɔkɛʀ] *m* Cockerspaniel *m*
cockpit [kɔkpit] *m* Cockpit *nt; d'un avion* Cockpit, Flugzeugkanzel *f*
cocktail [kɔktɛl] *m* ❶ *(boisson)* Cocktail *m*
❷ *(réunion)* Cocktail[party *f*] *m*
❸ *(mélange)* Mischung *f*
◆ ~ **Molotov** Molotowcocktail *m*
coco¹ [koko] *m* ❶ *(terme d'affection)* **mon** [petit] ~ Schatz *m*
❷ *péj (personne douteuse)* **c'est un drôle de ~** das ist mir ein sauberes Früchtchen *(fam)*
❸ *fam (communiste)* Rote(r) *f(m) (fam)*
❹ *(noix de coco)* Kokosnuss *f;* **huile/lait de ~** Kokosöl *nt*/-milch *f*
❺ *(matière)* [**fibre de**] ~ Kokosfaser *f;* **tapis en** [**fibre de**] ~ Kokosteppich *m;* **balai/natte en ~** Kokosbesen *m*/-matte *f*
❻ *enfantin (œuf)* Ei *nt*
coco² [koko] *f fam* Koks *m (fam)*
cocon [kɔkɔ̃] *m* ❶ ZOOL Kokon *m*
❷ *fig* **grandir dans un ~** überbehütet aufwachsen
cocooning [kɔkuniŋ] *m* Cocooning *nt (starkes Bedürfnis nach Häuslichkeit)*
cocorico [kɔkɔʀiko] **I.** *interj* kikeriki
II. *m (chant du coq)* Kikeriki *nt*
cocoter [kɔkɔte] <1> *vi fam* stinken *(fam)*
cocotier [kɔkɔtje] *m* Kokospalme *f*
cocotte [kɔkɔt] *f* ❶ *(marmite)* Topf *m;* ~ **ovale** Bräter *m*
❷ *enfantin (poule)* Putput *nt*
❸ *fam (terme affectueux)* **ma ~** Schatz *m*
◆ **en papier** gefalteter Papiervogel
cocotte-minute® [kɔkɔtminyt] <cocottes-minute> *f* ≈ Sicomatic® *m*, Schnellkochtopf *m*

cocotter v. cocoter
cocu(e) [kɔky] *fam* **I.** *adj* betrogen; **faire ~(e)** betrügen **II.** *m(f)* betrogener Ehemann/betrogene Ehefrau
cocufier [kɔkyfje] <1a> *vt fam* hörnen *(fam) époux*; betrügen *époux, épouse*
codage [kɔdaʒ] *m (action)* Kodieren *nt*, Kodierung *f*, Verschlüsseln *nt*; *(résultat)* Kodierung, Verschlüsselung *f*; **~ en binaire** INFORM binäre Kodierung; **modifier le ~ d'un fichier** eine Datei umkodieren [*o* umkodieren]
code [kɔd] *m* ⓵ *(chiffrage)* Code *m*, Kode *m*; **~ [d'accès]** *(mot)* Passwort *nt*; *(chiffre)* Codenummer *f*; **~ postal** Postleitzahl *f*; **~ régional** INFORM Ländercode; **~ opération** INFORM Befehlscode; **~ confidentiel** [*o* PIN] Geheimzahl, PIN *f* ~ verschlüsselt; **~ direct** INFORM Maschinencode; **faites** [*o* **tapez**] **votre ~** geben Sie Ihre Geheimzahl ein
⓶ *(partie du permis de conduire)* theoretische [Fahr]prüfung
⓷ *(feux de croisement)* Abblendlicht *nt*; **mettre ses ~s, se mettre en ~[s]** abblenden
⓸ *(recueil de lois)* Gesetzbuch *nt*; **~ civil, ~ Napoléon** ≈ Bürgerliches Gesetzbuch; **~ fiscal** Abgabenordnung *f*; **~ pénal** ≈ Strafgesetzbuch; **~ de procédure pénale** ≈ Strafprozessordnung *f*, ≈ StPO *f*; **~ des professions de l'artisanat, du commerce et de l'industrie** Gewerbeordnung
⓹ FIN **~ unique** Einheitsschlüssel *m (Fachspr.)*
⓺ *(règlement implicite ou explicite)* **~ vestimentaire** Kleidervorschrift *f*
♦ **~ de l'artisanat** Handwerksordnung *f*; **~ de commerce** ≈ Handelsgesetzbuch *nt*; **~ de conduite** Verhaltenskodex *m*; **code de déontologie** MED Approbationsordnung *f*; **~ des douanes** JUR Zollkodex *m*; **~ d'évaluation** FIN Bewertungsschlüssel *m*; **~ des impôts** Abgabenordnung *f*; **~ de la libération** ECON Liberalisierungskodex *m*; **~ de la nationalité** Staatsbürgerschaftsrecht *nt*; **~ de procédure** Prozessordnung *f*; **~ de procédure civile** ≈ Zivilprozessordnung *f*; **~ de la route** [Straßen]verkehrsordnung *f*, StVO *f*; **~ de la santé publique** MED Approbationsordnung *f*; **~ du travail** JUR Arbeitsgesetzbuch *nt*

Land und Leute
Der fünfstellige **code postal** setzt sich folgendermaßen zusammen: Die ersten beiden Ziffern geben das *département* an, die restlichen drei den Ort beziehungsweise den Ortsteil, z. B. *06000 Nice-Centre*.

code-barres [kɔdbaʀ] <codes-barres> *m* Strichcode *m*; **~ européen** EAN-Code *m*
codécision [kodesizjɔ̃] *f* POL gemeinsamer Entschluss *m* [der EU]
codéfendeur, codéfenderesse [kɔdefɑ̃dœʀ, kɔdefɑ̃dʀɛs] *m, f* JUR Mitbeklagte(r) *f(m)*
codéine [kɔdein] *f* BIO, PHARM Kodein *nt*, Codein *nt*
codepage [kɔdpaʒ] *m* INFORM Codepage *f*
codéposant(e) [kɔdepozɑ̃, ɑ̃t] *m(f)* JUR **~(e) de brevet** Mitanmelder(in) *m(f)*
coder [kɔde] <1> *vt* verschlüsseln; **données codées** verschlüsselte Daten; **texte codé** Geheimtext *m*
codétenteur, -trice [kodetɑ̃tœʀ, -tʀis] *m, f* ⓵ JUR Mitbesitzer(in) *m(f)*
⓶ SPORT Mitinhaber(in) *m(f)*
codétenu(e) [kodet(ə)ny] *m(f)* Mithäftling *m*
codex [kɔdɛks] *m [französisches] Arzneibuch*
codicille [kɔdisil] *m* Kodizill *nt (Fachspr.)*
codiffusion [kodifyzjɔ̃] *f* RADIO, TV Gemeinschaftssendung *f*
codification [kodifikasjɔ̃] *f* JUR Kodifikation *f (Fachspr.)*; **~ de droit privé** Privatrechtskodifikation *(Fachspr.)*
codifier [kɔdifje] <1> *vt* JUR kodifizieren *(Fachspr.)*
coédition [koedisjɔ̃] *f* gemeinsame Ausgabe
coefficient [kɔefisjɑ̃] *m* ⓵ ECON, MATH, PHYS Koeffizient *m*; **~ de conversion des devises** Devisenumrechnungsfaktor *m*
⓶ *(facteur, pourcentage)* **~ d'erreur** Fehlerquote *f*; **~ de sécurité** Sicherheitsfaktor *m*; **~ annuel** CH Steuer(an)satz *m*, Steuerfuß *m* (CH); **secteur à fort ~ d'exportation** exportlastige [*o* exportintensive] Branche
♦ **~ de frottement** PHYS, MECANAUT c_w-Wert *m*
cœlacanthe [selakɑ̃t] *m* ZOOL Latimeria *f* (letzte noch lebende Art des Quastenflossers)
coentreprise [koɑ̃tʀəpʀiz] *f* FIN Gemeinschaftsunternehmen *nt*, Jointventure *nt*
coenzyme [koɑ̃zim] *m o f* BIO, CHIM Koenzym *nt (Fachspr.)*
coéquipier, -ière [koekipje, -jɛʀ] *m, f* Mannschaftskamerad(in) *m(f)*
coercitif, -ive [kɔɛʀsitif, -iv] *adj* Zwangs-; **moyens ~s** Zwangsmittel *nt*
coercition [kɔɛʀsisjɔ̃] *f* JUR Zwang *m*
cœur [kœʀ] *m* ⓵ ANAT, MED Herz *nt*; **~ d'athlète** Sportlerherz;
~ adipeux Fettherz; **opération à ~ ouvert** Operation *f* am offenen Herzen; **douleurs au ~** Herzschmerzen *Pl*; **avoir des douleurs au ~** Herzschmerzen haben; **~ d'enfant** Kinderherz
⓶ GASTR Herz *nt*; **~ de bœuf** Rinderherz, Rindsherz (A, SDEUTSCH); **~ de veau** Kalbsherz
⓷ *(poitrine)* Herz *nt (geh)*
⓸ *(centre)* Herz *nt*; **~ de l'atome** Kern *m*; **~ d'un débat** Kernpunkt *m*; **~ d'un chou/d'une salade** Herz [*o* Herzblätter *Pl*] eines Kraut-/Salatkopfs; **~s de palmier** Palmherzen *Pl*; **au ~ de la forêt/nuit** mitten im Wald/in der Nacht; **en plein ~ de l'hiver** im tiefsten Winter; **au ~ de l'Europe** in Herzen Europas
⓹ *(sentiment)* Herz *nt*; **affaire/ami de ~** Herzensangelegenheit *f*/-freund *m*; **peines de ~** Liebeskummer *m*; **courrier du ~** Kummerkastenpost *f*
⓺ *(pensées intimes)* Herz *nt*
⑦ CARTES Herz *nt*
⑧ *(objet en forme de cœur)* Herz *nt*; **en forme de ~** in Herzform
▶ **s'en donner à ~ joie** es nach Herzenslust genießen; **avoir le ~ sur la main** sehr großzügig [*o* freigebig] sein; **qn a mal au ~** jdm ist schlecht; **un ~ d'or** ein Herz aus Gold; **avoir le ~ à l'ouvrage** mit Leib und Seele bei der Sache sein; **donner du ~ à l'ouvrage** einem Werk Auftrieb geben; **un ~ de pierre** ein Herz aus Stein; **le ~ a ses raisons que la raison ignore** [*o* **ne connaît pas**] Herz und Verstand gehen nicht in einer Hand; **avoir le ~ bien accroché** einiges verkraften können; **avoir bon ~** ein gutes Herz haben; **faire qc de bon ~** etw [von Herzen] gern tun; **qn a le ~ gros** jdm ist das Herz schwer; **qn en a gros sur le ~** jdm ist schwer ums Herz; **vouloir en avoir le ~ net** wissen wollen, woran jd ist; **parler à ~ ouvert** offen [*o* frei von der Leber weg *fam*] sprechen; **de tout [son] ~** von ganzem Herzen; **ne pas avoir le ~ de faire qc** *(le courage)* das Herz nicht haben, etw zu tun; **ne pas/plus avoir le ~ de [*o* à] faire qc** *(le goût)* keine Lust haben/mehr haben, etw zu tun; **je n'ai pas le ~ à rire** mir ist nicht nach Lachen zumute; **ne pas/plus avoir le ~ à qc** keine Lust/keine Lust mehr zu etw *(Dat)* haben; **qn a qc à ~/à ~ de faire qc** jdm liegt sehr viel an etw *(Dat)*/daran, etw zu tun; **avoir sur le ~** auf dem Herzen haben; **si le ~ lui/vous en dit** *fam* wenn er/sie Lust [dazu] hat/Sie Lust [dazu] haben; **le ~ n'y est pas** [nur] halbherzig; **être de tout ~ avec qn** in Gedanken ganz bei jdm sein; **fendre le ~** das Herz brechen; **ouvrir son ~** sein Herz ausschütten; **ne pas porter dans son ~** nicht gerade ins Herz geschlossen haben; **prendre à ~** sich *(Dat)* etw zu Herzen nehmen, etw *(Dat)* eine angelegen sein lassen *(geh)*; **cela me réchauffe le ~** dabei wird mir warm ums Herz; **soulever le ~** den Magen umdrehen; **tenir à ~** sehr am Herzen liegen; **aller [droit] au ~** jdm zu Herzen gehen; **faire palpiter le ~ de toutes les jeunes filles/de tous les hommes** alle Mädchenherzen/Männerherzen schneller schlagen lassen; **venir du ~** von Herzen kommen; **comme un ~** *joli, mignon, beau* bild-; **genti(le) comme un ~** sehr nett; **par ~ apprendre** auswendig; **connaître** [in- und] auswendig; **réciter** aus dem Kopf; **sans ~** herzlos; **mon [petit] ~** mein Herz
cœur-de-pigeon [kœʀdəpiʒɔ̃] <cœurs-de-pigeon> *m* Piemont-Kirsche *f* **cœur-poumon** [kœʀpumɔ̃] <cœurs-poumons> *m* **~ artificiel** Herz-Lungen-Maschine *f*
coexistence [kɔɛgzistɑ̃s] *f* Nebeneinanderbestehen *nt*; **~ pacifique** friedliche Koexistenz
coexister [kɔɛgziste] <1> *vi* nebeneinander bestehen, koexistieren *(geh)*
coffrage [kɔfʀaʒ] *m* ⓵ *(action de coffrer)* Verschalen *nt*
⓶ *(protection)* [Ver]schalung *f*; *(pour le béton)* [Ein]schalung *f*
coffre [kɔfʀ] *m* ⓵ *(meuble)* Truhe *f*; **~ à jouets** Spielzeugkiste *f*; **~ à linge** Wäschetruhe *f*; **~ à musique** Musiktruhe *f*; **~ à outils** Werkzeugkasten *m*
⓶ *(partie d'une voiture)* Kofferraum *m*; **le ~ a un volume de 200 l** der Laderaum beträgt 200 l
⓷ *(coffre-fort)* Safe *m*, Tresor *m*; **coffre de nuit** Geldbombe *f*
⓸ *(boîtier) d'une horloge* Gehäuse *nt*; *d'un piano* Kasten *m*
▶ **avoir du ~** *fam (avoir une belle voix forte)* eine kräftige Stimme haben; *(avoir du courage)* Mumm [*o* Schneid *m*] haben *(fam)*
coffre-fort [kɔfʀəfɔʀ] <coffres-forts> **I.** *m* Safe *m*, Tresor *m* **II.** *app* **ceinture ~** *fam* Geldgürtel *m*
coffrer [kɔfʀe] <1> *vt* ⓵ TECH [ein]schalen *béton*; verschalen *tranchée, galerie*
⓶ *fam (emprisonner)* ins Kittchen bringen *(fam)*; **se faire ~** ins Kittchen wandern *(fam)*
coffret [kɔfʀɛ] *m* Schatulle *f*; **~ à bijoux** Schmuckkästchen *nt*; **~ cadeau** Geschenkpackung *f*
cogérer [kɔʒeʀe] <5> *vt* gemeinsam verwalten; **entreprise cogérée** Betrieb *m* mit Mitbestimmung
cogestion [kɔʒɛstjɔ̃] *f* Mitbestimmung *f*
cogitation [kɔʒitasjɔ̃] *f hum vieilli* Denken *nt*; **des ~s** Überlegungen *Pl*
cogiter [kɔʒite] <1> **I.** *vi iron* scharf nachdenken

II. vt ▸ **qu'est-ce que tu cogites/qu'il cogite?** was heckst du/ heckt er aus?
cognac [kɔɲak] m Cognac m
cognassier [kɔɲasje] m Quitte[nbaum m] f
cogne [kɔɲ] m pop (policier) Bulle m (pej fam)
cognée [kɔɲe] f [Holzfäller]axt f
cogner [kɔɲe] <1> I. vt ❶ (heurter) ~ **qn/qc** an jdn/etw [an]stoßen
❷ pop (frapper) verdreschen (fam)
II. vi ❶ (taper) zuschlagen; ~ **à/sur/contre qc** an/auf/gegen etw (Akk) schlagen [o hämmern]; **se mettre à** ~ drauflosprügeln
❷ (heurter) ~ **contre qc** volet, caillou: gegen etw schlagen
❸ fam (être très chaud) soleil: brennen
III. vpr **se** ~ **qc contre qc** sich etw (Akk) an etw (Dat) stoßen
cognitif, -ive [kɔgnitif, -iv] adj kognitiv
cognition [kɔgnisjɔ̃] f ❶ PHILOS Erkenntnis f
❷ PHYSIOL Kognition f
cohabitation [kɔabitasjɔ̃] f Zusammenleben nt, Leben nt unter einem Dach; POL Kohabitation f

Land und Leute

Als **cohabitation** wird ein besonderes politisches Kräfteverhältnis in der französischen Regierung bezeichnet: Wenn der direkt vom Volk gewählte Präsident aus einem anderen politischen Lager stammt als die Partei, die die Parlamentswahlen gewinnt und daraufhin die Regierung bildet, spricht man von einer **cohabitation**. Sowohl der Präsident als auch der Premierminister müssen dann versuchen, die Regierungsgeschäfte kooperativ und effektiv zu führen, ohne sich ständig gegenseitig zu blockieren.

cohabiter [kɔabite] <1> vi ❶ (vivre ensemble) zusammen unter einem Dach leben
❷ (partager un même lieu, intérêt) zusammen leben
cohérence [kɔeʀɑ̃s] f ❶ (logique) d'une pensée, d'un propos Zusammenhang m; d'un raisonnement Kohärenz f
❷ (solidarité) Zusammenhalt m
cohérent(e) [kɔeʀɑ̃, ɑ̃t] adj ❶ (logique) ensemble, argument kohärent; conduite konsequent; texte [logisch] zusammenhängend
❷ (soudé) équipe [gut] eingespielt
cohéritier, -ière [kɔeʀitje, jɛʀ] m, f JUR **les** ~ **s** die Erbenmehrheit f
cohésion [kɔezjɔ̃] f ❶ (assemblage logique) Kohärenz f, [logischer] Zusammenhang
❷ (solidarité) d'un groupe Zusammenhalt m, Geschlossenheit f
❸ SCI Kohäsion f
cohorte [kɔɔʀt] f (groupe) de touristes, fans, curieux Schar f
cohue [kɔy] f ❶ (foule) [Menschen]menge f
❷ (bousculade) Gedränge nt
coi(te) [kwa, kwat] adj **rester** ~**(te)** völlig sprachlos sein; **se tenir** ~ **(te)** still bleiben
coiffe [kwaf] f ❶ (bonnet) [Trachten]haube f
❷ TECH Kappe f, Haube f; d'une fusée Bugkonus m
coiffé(e) [kwafe] adj ❶ (peigné) frisiert
❷ (chapeauté) mit Kopfbedeckung; **être** ~**(e) de qc** etw tragen
coiffer [kwafe] <1> I. vt ❶ (arranger les cheveux) frisieren
❷ (mettre un chapeau, une casquette) aufsetzen; ~ **qn de qc** jdm etw aufsetzen
❸ (dépasser dans une course) überholen
II. vpr ❶ (arranger ses cheveux) **se** ~ sich frisieren
❷ (mettre un chapeau, une casquette) **se** ~ **de qc** [sich (Dat)] etw aufsetzen
coiffeur [kwafœʀ] m Friseur m, Frisör; **aller chez le** ~ zum Friseur gehen; ~ **pour hommes/pour dames** Herren-/Damenfriseur m
coiffeuse [kwaføz] f ❶ Friseurin f, Frisörin f, Friseuse f, Frisöse f
❷ (meuble) Frisierkommode f
coiffure [kwafyʀ] f ❶ (façon d'être peigné) Frisur f
❷ (chapeau) Kopfbedeckung f
❸ (métier, secteur) Friseurhandwerk nt
coin [kwɛ̃] m ❶ (angle) Ecke f; **armoire/place de** ~ Eckschrank m/-platz m; **mettre au** ~ in die Ecke stellen; **au** ~ **de la rue** an der [Straßen]ecke; **à chaque** ~ **[o à tous les** ~ **s] de rue** an jeder Straßenecke; **la maison qui fait le** ~ das Eckhaus; de l'œil, de la bouche Winkel m; **regard/sourire en** ~ verschlagener Blick/hämisches Lächeln; **regarder en** ~ schief ansehen
❷ (espace délimité) ~ **cuisine/repas** Koch-/Essecke f; **au** ~ **du feu** am Kamin
❸ (portion d'espace) Winkel m; **chercher [o fouiller] [o regarder] dans tous les** ~ **s** in allen [Ecken und] Winkeln suchen; **un** ~ **à l'ombre** ein Plätzchen im Schatten; **un** ~ **de ciel bleu/de verdure** ein Fleckchen unter freiem Himmel/im Grünen
❹ fam (lieu de résidence) Winkel m; **un** ~ **perdu** ein entlegener [o abgelegener] Winkel
❺ TECH (outil) Keil m; (pour graver de la monnaie) Stempel m
▸ **en prendre une sur le** ~ **de la figure** fam eins auf die Rübe kriegen (sl); **aux/des quatre** ~ **s du monde/de la ville** in/aus allen Ecken [und Enden] der Welt/der Stadt; **le petit** ~ fam das [stille] Örtchen; **ça t'en/vous en bouche un** ~**!** fam da staunste/staunt ihr[, was]? (fam)
coincé(e) [kwɛ̃se] adj fam verklemmt (fam)
coincement [kwɛ̃smɑ̃] m d'un objet Verklemmung f, Verklemmtsein nt
coincer [kwɛ̃se] <2> I. vt ❶ (caler) ~ **entre deux chaises** zwischen zwei Stühle (Akk) klemmen
❷ (bloquer accidentellement) personne: einklemmen; grain de sable, panne: blockieren mécanisme, engrenage, ascenseur; ~ **qn contre un mur** jdn gegen eine Mauer/Wand drücken; **être coincé(e) quelque part** irgendwo feststizen [o feststecken]
❸ fam (intercepter) erwischen (fam); schnappen (fam) délinquant, voleur
❹ fam (lors d'un examen, interrogatoire) in Verlegenheit bringen
II. vi (poser problème) klemmen
III. vpr **se** ~ sich verklemmen; **se** ~ **le doigt** sich (Dat) den Finger einklemmen
coïncidence [kɔɛ̃sidɑ̃s] f ❶ (hasard) Zufall m; **pure** ~ reiner Zufall
❷ GEOM Kongruenz f
coïncident(e) [kɔɛ̃sidɑ̃, ɑ̃t] adj ❶ (concomitant) zeitgleich
❷ GEOM kongruent
coïncider [kɔɛ̃side] <1> vi ❶ (être concomitant) [zeitlich] zusammenfallen; **nos vacances ne coïncident jamais** wir haben nie gleichzeitig Urlaub
❷ (correspondre) übereinstimmen
❸ GEOM kongruent sein
coin-coin [kwɛ̃kwɛ̃] m inv Quakquak nt, Quaken nt
coïnculpé(e) [kɔɛ̃kylpe] m(f) Mitangeklagte(r) f(m)
coing [kwɛ̃] m Quitte f; **confiture de** ~ Quittenmarmelade f
▸ **être jaune comme un** ~ fam quitte[n]gelb sein
coïntéressé(e) [kɔɛ̃teʀese] m(f) JUR Mitbeteiligte(r) f(m)
coïnventeur, -trice [kɔɛ̃vɑ̃tœʀ, -tʀis] m Miterfinder(in) m(f)
coïnvention [kɔɛ̃vɑ̃sjɔ̃] f Miterfindung f
coït [kɔit] m Koitus m; ~ **interrompu** Coitus m interruptus, Interruptus m (fam)
coite v. **coi**
coke[1] [kɔk] m Koks m
coke[2] [kɔk] f fam abr de **cocaïne** Koks m
cokéfaction [kɔkefaksjɔ̃] f TECH Verkokung f
cokerie [kɔkʀi] f (usine) Kokerei f
col [kɔl] m ❶ d'un vêtement Kragen m, Umlegekragen; ~ **du manteau** Mantelkragen; ~ **officier** [o **droit**] Stehkragen; ~ **montant** Stehbündchen nt; ~ **cassé** Stehkragen mit umgebogenen Ecken; **faux** ~ d'une chemise abknöpfbarer Kragen; d'un verre de bière Schaum m; ~ **roulé** (encolure) Rollkragen m; (pull) Rollkragenpullover m, Rolli m (fam)
❷ GEOG [Gebirgs]pass m
❸ (partie étroite) d'une carafe, d'un verre Hals m
▸ ~ **blanc** Angestellte(r) m
◆ ~ **châle** Schalkragen m; ~ **du fémur** ANAT Oberschenkelhals m; **fracture du** ~ **du fémur** Oberschenkelhalsbruch m; ~ **Mao** Stehbundkragen m; ~ **marin** Matrosenkragen m; ~ **polo** Polokragen m; ~ **de l'utérus** ANAT Gebärmutterhals m, Cervix f (Fachspr.)
cola [kɔla] m o f ❶ (graine de cola) Kolanuss f
❷ (produit stimulant) Koffein nt
❸ (boisson) Cola nt o f
colback [kɔlbak] m fam **attraper qn par le** ~ jdn am Schlafittchen packen (fam)
colchique [kɔlʃik] m BOT Herbstzeitlose f
cold-cream [kɔldkʀim] <cold-creams> m Cold Cream f, Coldcream
col-de-cygne [kɔldəsiɲ] <cols-de-cygne> m d'un tuyau, robinet, d'une pièce Schwanenhals m
coléoptère [kɔleɔptɛʀ] m ZOOL Käfer m
colère [kɔlɛʀ] f ❶ (irritation) Wut f
❷ (accès d'irritation) Wutanfall m, Wutausbruch m; **être/se mettre en** ~ **contre qn** auf jdn wütend sein/werden; **faire une** ~ /**des** ~ **s** enfant: einen Wutanfall kriegen/haben; **la** ~ **monte en qn** in jdm steigt Wut auf; **passer sa** ~ **sur qn/qc** seinen Zorn [o seine Wut] an jdm/etw auslassen; **en** ~ aufgebracht
▸ **être blême de** ~ blass vor Wut sein; **être rouge de** ~ rot vor Wut sein; ~ **noire** fam Riesenwut f (fam); **entrer** [o **se mettre**] **dans une** ~ **noire** fam eine Riesenwut bekommen (fam), fuchsteufelswild werden (fam); **être dans une** ~ **noire** fam eine Riesenwut haben (fam), fuchsteufelswild sein (fam); **piquer une** ~ fam einen Koller kriegen (fam)
coléreux, -euse [kɔleʀø, -øz] adj, **colérique** [kɔleʀik] adj jähzornig; **avoir un tempérament** ~ jähzornig sein
colibacille [kɔlibasil] m Kolibakterie f
colibri [kɔlibʀi] m ORN Kolibri m
colifichet [kɔlifiʃɛ] m Tand m, Kinkerlitzchen Pl

colimaçon [kɔlimasɔ̃] *m* ZOOL Schnecke *f*
colin [kɔlɛ̃] *m* Seehecht *m*
colin-maillard [kɔlɛ̃majaʀ] *m sans pl* **jouer à** ~ Blindekuh spielen
colinot [kɔlino] *m* kleiner Seehecht
colique [kɔlik] *f* ① *(diarrhée)* Durchfall *m*
② *gén pl (douleurs intestinales)* [Darm]krämpfe *Pl*, Kolik *f*; ~**s hépatiques/néphrétiques** Gallen-/Nierenkolik *f*
▶ **quelle** ~**!** *fam* was für ein Kreuz! *(fam)*
colis [kɔli] *m* Paket *nt*, Paketsendung *f*; ~ **postal** Postpaket; **petit** ~ **postal** COM Kleingut *nt*; ~ **de détail** Stückgut; ~ **acheminé par avion** Luftfrachtsendung *f*; **expédier qc comme** ~ **de détail** etw als Stückgut versenden
Colisée [kɔlize] *m* HIST **le** ~ das Kolosseum
colistier, -ière [kɔlistje, -jɛʀ] *m, f* Mitkandidat(in) *m(f)* [auf der gleichen Liste]
colite [kɔlit] *f* MED Kolitis *f*, Dickdarmentzündung *f*; ~ **ulcéreuse** Colitis *f* ulcerosa *(Fachspr.)*
collabo [ko(l)labo] *mf péj fam abr de* **collaborateur** Kollaborateur(in) *m(f)*
collaborateur, -trice [ko(l)labɔʀatœʀ, -tʀis] *m, f* ① *(membre du personnel)* Mitarbeiter(in) *m(f)*; ~(-trice) **en service extérieur** Außenmitarbeiter(in)
② *(intervenant occasionnel)* freier Mitarbeiter/freie Mitarbeiterin
③ *(pendant une guerre)* Kollaborateur(in) *m(f)*
collaboration [ko(l)labɔʀasjɔ̃] *f* ① *(coopération)* Zusammenarbeit *f*
② *(contribution)* ~ **à qc** Mitarbeit *f* an etw *(Dat)*; **apporter sa** ~ **à qc** an etw *(Dat)* mitarbeiten; **en** ~ **avec** in Zusammenarbeit mit
③ *(pendant une guerre)* Kollaboration *f*
collaborer [ko(l)labɔʀe] <1> *vi* ① ~ **avec qn** mit jdm zusammenarbeiten; ~ **à qc** an etw *(Dat)* mitarbeiten
② *(pendant une guerre)* kollaborieren
collage [kɔlaʒ] *m* ① *(action) d'une étiquette* Aufkleben *nt*; *de papier peint, d'une affiche* Ankleben *nt*; *de pièces* Zusammenkleben *nt*; *du bois* Verleimen *nt*
② ART, MUS Collage *f*
③ *(clarification) du vin* Schönen *nt*
collagène [kɔlaʒɛn] *m* Kollagen *nt*; **injection de** ~ Kollagenspritze *f*
collant [kɔlɑ̃] *m* ① *(bas)* Strumpfhose *f*; ~ **de nylon** Nylonstrumpfhose; ~ **résille** Netzstrumpfhose
② *(combinaison) (pour la gymnastique)* Gymnastikanzug *m*; *(pour la danse, l'acrobatie)* Trikot *nt*
collant(e) [kɔlɑ̃, ɑ̃t] *adj* ① *(moulant)* hauteng
② *(poisseux)* klebrig
③ *fam (importun)* aufdringlich; **être vraiment** ~(**e**) eine richtige Klette sein *(fam)*
collapsus [kɔlapsys] *m* MED *(état pathologique)* Kollaps *m*; ~ **cardiovasculaire** Kreislaufzusammenbruch *m*, Kreislaufversagen *nt*; **mourir d'un** ~ **cardiovasculaire** an Kreislaufversagen *(Dat)* sterben
collatéral(e) [kɔ(l)lateʀal, o] <-aux> *adj* Neben-, Seiten-; **artère** ~ **e** Nebenschlagader *f*; **nef** ~ **e** Seitenschiff *nt*; **dégâts collatéraux** *euph* Kollateralschaden *m (euph)*
collation [kɔlasjɔ̃] *f* Imbiss *m*, Zwischenverpflegung *f (CH)*
collationner [kɔlasjɔne] <1> *vt* kollationieren *texte, manuscrit*
colle [kɔl] *f* ① *(substance gluante)* Klebstoff *m*; *(pour papier peint)* Kleister *m*; *(pour le bois)* Leim *m*; *(pour la porcelaine)* Kitt *m*; ~ **universelle** Vielzweckklebstoff, Alleskleber *m (fam)*, Vielzweckkleber *(fam)*; ~ **froide** Kaltleim
② *(masse collante)* Papp *m*; **être de la vraie** ~ der reinste Papp [*o* Kleister] sein *(fam)*
③ *(question)* knifflige Frage
④ *(punition)* Nachsitzen *nt*; **avoir une** ~ nachsitzen müssen
⑤ SCOL *arg (examen blanc)* simulierte Prüfung
⑥ *fam (union libre)* **vivre à la** ~ in wilder Ehe leben
collectage [kɔlɛktaʒ] *m* Abholaktion *f*
collecte [kɔlɛkt] *f* ① *(quête)* Sammlung *f*; **faire une** ~ sammeln; ~ **de dons** Spendenbeschaffung *f*
② *(collectage) du lait* [Ein]sammeln *nt*; ~ **des impôts** Steuererhebung *f*; **jeudi, il y a** ~ **de sang** Donnerstag ist Blutspendetag
◆ ~ **des déchets** Müllbeseitigung *f*; ~ **des épaves [de voitures]** Altautoentsorgung *f*
collecter [kɔlɛkte] <1> *vt* sammeln *dons, signatures*; einsammeln *lait*
collecteur [kɔlɛktœʀ] *m* ① *(personne)* Sammler *m*
② *(égout)* Hauptkanal *m*, Sammler *m*
③ MECANAUT ~ **d'échappement** Auspuffkrümmer *m*
collectif [kɔlɛktif] *m* ① LING Kollektivum *nt*
② POL Kollektiv *nt*
collectif, -ive [kɔlɛktif, -iv] *adj* ① *(commun)* gemeinsam; *propriété, installations, publicité* Gemeinschafts-; *travail* gemeinsam, Gemeinschafts-; *cri, protestation* vielstimmig; *punition, responsabilité* Kollektiv-; *billet, réservation* Sammel-; **ligne collective** TELEC Gemeinschaftsanschluss *m*; **logements** ~**s** Wohnblöcke *Pl*; **équipements** ~**s** öffentliche Einrichtungen
② PSYCH *délire, psychose* Massen-; *hallucination* kollektiv; *conscience* Kollektiv-
③ LING Sammel-; **nom** ~ Kollektivum *nt*
collection [kɔlɛksjɔ̃] *f* ① *(réunion d'objets)* Sammlung *f*; ~ **de timbres** Briefmarkensammlung; ~ **d'œuvres d'art** Kunstsammlung, Kunstbesitz *m*; **pièce de** ~ Sammlerstück *nt*; **faire** ~ **de qc** etw sammeln
② *(série)* ~ **de livres/de revues** Bücher-/Zeitschriftenreihe *f*; **toute la** ~ **des œuvres de ...** die gesammelten Werke von ...
③ *(modèles nouveaux, créations nouvelles)* Kollektion *f*; ~ **de printemps/d'été** Frühjahrs-/Sommerkollektion, Frühjahrs-/Sommermode *f*; ~ **d'automne/d'hiver** Herbst-/Winterkollektion, Herbst-/Wintermode *f*; ~ **de maillots de bain** Bademode *f*
collectionner [kɔlɛksjɔne] <1> *vt* sammeln
collectionneur, -euse [kɔlɛksjɔnœʀ, -øz] *m, f* Sammler(in) *m(f)*; ~(-euse) **d'œuvres d'art** Kunstsammler(in)
collectivement [kɔlɛktivmɑ̃] *adv* ① *(dans la totalité)* **s'adresser** ~ **au personnel** sich an das ganze [*o* gesamte] Personal richten
② *(ensemble) démissionner, protester* geschlossen
collectivisation [kɔlɛktivizasjɔ̃] *f* Kollektivierung *f*
collectivisme [kɔlɛktivism] *m* Kollektivismus *m*
collectivité [kɔlɛktivite] *f* ① *(ensemble de citoyens)* Gemeinschaft *f*; **comportement utile à la** ~ gemeinschaftsdienliches Verhalten; **se comporter de façon utile à la** ~ sich gemeinschaftsdienlich verhalten
② JUR Körperschaft *f*; ~ **locale** [*o* **territoriale**] Gebietskörperschaft; ~ **d'intérêt public** gemeinnützige Körperschaft; ~**s de droit public** öffentlich-rechtliche Körperschaften
③ *(vie en communauté)* Kollektiv *nt*
collectrice [kɔlɛktʀis] *f* Sammlerin *f*
collège [kɔlɛʒ] *m* SCOL Collège *nt (4-klassiger Schultyp im Sekundarbereich I)*
② *(groupe)* ~ **électoral** Wählerschaft *f*, Wähler *Pl*
◆ **Collège de France** universitätsähnliche Lehranstalt, deren Vorlesungen von jedermann besucht werden können, an der jedoch keine Diplome vergeben werden

> **Land und Leute**
>
> Im Anschluss an die Grundschule, im Alter von elf Jahren, beginnt für alle französischen Schulkinder das **collège**. Es handelt sich hierbei um eine vierklassige Gesamtschule, in der ganztägig unterrichtet wird. Die Klassen, die die Schülerinnen und Schüler durchlaufen, heißen *sixième, cinquième, quatrième* und *troisième*. Das Abschlusszeugnis, mit dem man danach abgehen kann, ist das *brevet des collèges*.

collégial(e) [kɔleʒjal, o] <-aux> *adj direction* ~ **e** kollegiale Leitung; POL kollektive Führung
collégien(ne) [kɔleʒjɛ̃, jɛn] *m(f)* ① *(élève)* Schüler(in) *m(f)* der Sekundarstufe I
② *(jeune sans expérience)* Grünschnabel *m*, [dummer] Schuljunge/[dummes] Schulmädchen
collègue [kɔ(l)lɛg] *mf* Kollege *m*/Kollegin *f*
coller [kɔle] <1> *vt* ① *(fixer)* kleben; aufkleben *image, timbre, étiquette*; ankleben *affiche, papier peint*; zukleben *enveloppe*; zusammenkleben *deux morceaux*
② *(presser)* ~ **sa figure/son nez à** [*o* **contre**] **qc** sein Gesicht/seine Nase an etw *(Akk)* drücken
③ *fam (donner)* ~ **un devoir à qn** jdm eine Aufgabe aufbrummen *(fam)*; ~ **une fausse pièce à qn** jdm eine falsche Münze andrehen *(fam)*; ~ **une baffe** [*o* **gifle**] [*o* **tarte**] **à qn** jdm eine kleben [*o* schmieren] *(fam)*
④ SCOL *arg (consigner)* nachsitzen lassen; **être collé(e)** [*o* **se faire** ~] **au bac** *(recaler)* im Abi durchfallen [*o* durchrasseln *fam*], durch das Abi fallen [*o* rasseln *fam*]
⑤ *fam (embarrasser par une question)* ~ **qn** jdm eine knifflige Frage stellen
⑥ *fam (suivre)* ~ **qn** wie eine Klette an jdm hängen; *voiture:* hinter jdm kleben
⑦ *fam (planter)* ~ **quelque part** irgendwohin pflanzen *(fam)*
⑧ *fam (rester)* **être collé(e) quelque part** irgendwo hocken *(fam)*
▶ **en** ~ **une à qn** *fam* jdm eine reinhauen *(fam)*
II. *vi* ① *(adhérer)* kleben; **quelque chose qui colle** etwas Klebriges; ~ **au fond** *tarte, pâte:* festbacken; **rester collé(e) à qc** etw *(Dat)* festkleben [*o* festbacken DIAL]; **la boue reste collée aux chaussures** der Lehm klebt [*o* backt DIAL] an den Schuhen fest; **es-tu collé(e) à ta chaise?** *hum* bist du auf dem Stuhl festgewachsen?
② *(être moulant)* hauteng [sein]
③ *fam (suivre)* ~ **à qc** sich dicht an etw *(Akk)* halten; *voiture:* dicht

auffahren; **~ à la réalité** *fig* sich an die Tatsachen halten ❹ *(s'adapter)* **~ à la route** *voiture:* gut auf der Straße liegen; **~ au sujet** das Thema treffend darstellen; **~ à une idée** einen Gedanken präzise ausdrücken
❺ *fam (bien marcher)* hinhauen *(fam)*, passen; **il y a quelque chose qui ne colle pas dans son histoire** an seiner Geschichte stimmt was nicht [*o* ist was faul] *(fam)*; **entre eux, ça ne colle pas** zwischen den beiden stimmt es nicht [*o* haut es nicht hin] *(fam)*
❻ *(au jeu de cache-cache)* **c'est toi qui colles** du musst zählen
III. *vpr* ❶ *(s'accrocher)* **se ~ à qn** sich an jdn schmiegen
❷ *(se presser)* **se ~ à** [*o* **contre**] **qc** sich gegen etw drücken
collerette [kɔlʀɛt] *f* ❶ *(collet)* Halskrause *f*
❷ *d'une plante, d'un dent* Hals *m*
collet [kɔlɛ] *m* ❶ *(piège)* [Draht]schlinge *f*
❷ GASTR Hals *m*
❸ MED Zahnhals *m*
▶ **être ~ monté** steif sein; **prendre** [*o* **saisir**] **au ~** am Kragen [*o* Schlafittchen *fam*] packen
colleter [kɔlte] <3> *vpr* **se ~ avec qn** sich mit jdm schlagen [*o* prügeln]; **se ~ avec qc** sich mit etw herumschlagen
colleur [kɔlœʀ] *m* ❶ *(personne qui colle)* **~ d'affiches** Plakatkleber *m*
❷ SCOL *arg* Prüfer *m (bei simulierten mündlichen Prüfungen)*
colleuse [kɔløz] *f* ❶ *(personne qui colle)* **~ d'affiches** Plakatkleberin *f*
❷ SCOL *arg* Prüferin *f (bei simulierten mündlichen Prüfungen)*
❸ *(machine servant à coller)* Klebepresse *f*
colley [kɔlɛ] *m* ZOOL Collie *m*
collier [kɔlje] *m* ❶ *(bijou)* Halskette *f*; *(rigide)* Kollier *nt*; **~ de fleurs/de perles** Blumen-/Perlenkette; **~ d'ambre [jaune]** Bernsteinkette
❷ *(courroie) d'un chien* Halsband *nt*; *d'un cheval* Kum[me]t *nt*
❸ *(pelage, plumes autour du cou)* Halsring *m*
❹ *(barbe)* Krause *f*
❺ TECH [Rohr]schelle *f*; **~ de serrage** Klemmschelle
▶ **être franc(franche) du ~** *personne:* aufrichtig sein; *animal:* tüchtig sein; **reprendre le ~** wieder arbeiten gehen
collimateur [kɔlimatœʀ] *m* ▶ **avoir dans le ~** im Visier haben; **être dans le ~ de qn** in jds Visier *(Dat)* sein
colline [kɔlin] *f* Hügel *m*
collision [kɔlizjɔ̃] *f* Zusammenstoß *m*; **~ frontale** Frontalzusammenstoß, Frontalaufprall *m*; **~ en chaîne** Massenkarambolage *f*; **~ maritime** Schiffsunglück *nt*; **entrer en ~** zusammenstoßen
◆ **~ des intérêts** Interessenkollision *f*
collocation [kɔ(l)lɔkasjɔ̃] *f* ❶ JUR Rangzuweisung *f* der Gläubiger bei Konkursverfahren
❷ JUR BELG *(internement)* Internierung *f*; *(emprisonnement)* Inhaftierung *f*
❸ LING Kollokation *f*
collodion [kɔlɔdjɔ̃] *m* CHIM Kollodium *nt*
colloïdal(e) [kɔlɔidal, o] <-aux> *adj* CHIM, PHYS kolloidal; **une solution ~e** eine kolloidale Lösung
colloque [kɔ(l)lɔk] *m* Kolloquium *nt*
collusion [kɔ(l)lyzjɔ̃] *f (complicité)* [geheime] Absprache; JUR Kollusion *f (Fachspr.)*
collutoire [kɔlytwaʀ] *m* MED, PHARM Antiseptikum *nt* für den Mund- und Rachenbereich
collyre [kɔliʀ] *m* Augentropfen *Pl*
colmatage [kɔlmataʒ] *m d'une brèche* Abdichten *nt*
colmater [kɔlmate] <1> *vt* ❶ abdichten *fuite*; zuspachteln *fissure*; schließen *brèche*
❷ MIL schließen
colo [kɔlɔ] *f fam abr de* **colonie de vacances** Ferienlager *nt*; **être en ~** im Ferienlager sein; **faire une ~** in einem Ferienlager arbeiten
coloc [kɔlɔk] *mf fam*, **colocataire** [kɔlɔkatɛʀ] *mf* Mitbewohner(in) *m(f)*
colocation [kɔlɔkasjɔ̃] *f* Mietgemeinschaft *f*
Cologne [kɔlɔɲ] *f* Köln *nt*
Colomb [kɔlɔ̃] *m* **Christophe ~** Christoph Kolumbus
colombage [kɔlɔ̃baʒ] *m* Fachwerk *nt*; **maison à ~** Fachwerkhaus *nt*, Fachwerkbau *m*
colombe [kɔlɔ̃b] *f* Taube *f*
▶ **la ~ de la paix** die Friedenstaube
Colombie [kɔlɔ̃bi] *f* **la ~** Kolumbien *nt*
colombien(ne) [kɔlɔ̃bjɛ̃, jɛn] *adj* kolumbianisch, kolumbisch
Colombien(ne) [kɔlɔ̃bjɛ̃, jɛn] *m(f)* Kolumbianer(in) *m(f)*, Kolumbier(in) *m(f)*
colombier [kɔlɔ̃bje] *m (pigeonnier)* Taubenschlag *m*
colombin [kɔlɔ̃bɛ̃] *m (rouleau de pâte)* [Spiral]wulst *m o* faus Ton
colombophile [kɔlɔ̃bɔfil] **I.** *adj société* Brieftaubenzüchter-
II. *mf* Brieftaubenzüchter(in) *m(f)*
colon [kɔlɔ̃] *m* ❶ Kolonist(in) *m(f)*
❷ *(enfant)* Kind *nt* im Ferienlager

côlon [kolɔ̃] *m* ANAT Grimmdarm *m*, Kolon *nt (Fachspr.)*; **~ pelvien** Enddarm *m*; **~ ascendant/descendant** aufsteigender/absteigender Grimmdarm
colonel(le) [kɔlɔnɛl] *m(f)* Oberst *m*
colonial [kɔlɔnjal, jo] <-aux> *m* ❶ *(habitant)* Kolonist *m*
❷ MIL Angehörige(r) *m* der Kolonialtruppen
colonial(e) [kɔlɔnjal, jo] <-aux> *adj* kolonial; **domaine/empire ~** Kolonialgebiet *nt*/-reich *nt*; **guerre ~e** Kolonialkrieg *m*; **produits coloniaux** Kolonialwaren *Pl (veraltet)*
coloniale [kɔlɔnjal] *f* ❶ Kolonistin *f*
❷ *(armée)* Kolonialtruppen *Pl*
colonialisme [kɔlɔnjalism] *m* Kolonialismus *m*
colonialiste [kɔlɔnjalist] *adj* kolonialistisch; **politique ~** Kolonialpolitik *f*, kolonialistische Politik
colonie [kɔlɔni] *f (territoire, communauté)* Kolonie *f*; **~ animale** Tierkolonie
◆ **~ d'oiseaux** Vogelkolonie *f*; **~ de vacances** Ferienlager *nt*, Ferienkolonie *f*, Ferialkolonie (A)
colonisateur, -trice [kɔlɔnizatœʀ, -tʀis] **I.** *adj* Kolonial-
II. *m, f* Kolonisator(in) *m(f)*
colonisation [kɔlɔnizasjɔ̃] *f* Kolonisation *f*
colonisé [kɔlɔnize] *adj* kolonisiert
coloniser [kɔlɔnize] <1> *vt* kolonisieren
colonnade [kɔlɔnad] *f* Säulengang *m*, Kolonnade *f*
colonne [kɔlɔn] *f* ❶ ARCHIT Säule *f*
❷ *(dans un journal, cahier)* Spalte *f*; **~ de/du journal** Zeitungsspalte; **cinq ~s à la une** die ganze Titelseite; **l'article faisait trois ~s** der Artikel ging über drei Spalten; **en ~ sur trois spaltenweise; composer un texte en trois ~s** einen Text in drei Spalten [*o* dreispaltig] setzen; **traiter le texte dans le sens des ~s** den Text spaltenweise bearbeiten; **~ de chiffres** Zahlenkolonne *f*; **écrire des ~s de chiffres** viele Zahlen untereinanderschreiben; **~ débit** FIN Sollseite *f*, Debetseite *(Fachspr.)*
❸ *(file)* Reihe *f*; **se mettre en ~ par deux** sich paarweise in einer Reihe aufstellen
❹ MIL Kolonne *f*; **~ blindée** Panzerkolonne *f*
❺ ANAT **~ vertébrale** Wirbelsäule *f*; **maladie/gymnastique de la ~ vertébrale** Wirbelsäulenerkrankung *f*/-gymnastik *f*
◆ **~ Morris** Litfaßsäule *f*
◆ **~ d'air** Luftsäule *f*; **~ de direction** Lenksäule *f*; **~ d'eau** PHYS Wassersäule *f*; **~ de feu** Feuersäule *f*; **~ de fumée** Rauchsäule *f*; **~ de secours** Rettungsmannschaft *f*
colonnette [kɔlɔnɛt] *f* ARCHIT kleine Säule *f*
colophane [kɔlɔfan] *f (résine)* Kolophonium *nt*
coloquinte [kɔlɔkɛ̃t] *f* BOT Koloquinte *f*
colorant [kɔlɔʀɑ̃] *m* Farbstoff *m*; **~ alimentaire** Lebensmittelfarbe *f*
colorant(e) [kɔlɔʀɑ̃, ɑ̃t] *adj produit* Färbe-; **matière ~e** Farbstoff *m*; **shampooing ~** Tönung *f*, Tönungsshampoo *nt*
coloration [kɔlɔʀasjɔ̃] *f* ❶ *(processus)* [Ein]färben *nt*; **~ des sourcils** Augenbrauenfärben
❷ *(teinte)* Farbe *f*; **prendre une ~ rouge** sich rot färben; **~ mimétique** *d'un animal* Schutzfarbe
❸ *(nuance)* Färbung *f*
◆ **~ de Gram** MED Gram-Färbung *f*
coloration [kɔlɔʀatyʀ] *f* MUS *(passage de musique)* Koloratur *f*; **un soprano ~** *(voix)* ein Koloratursopran *m*
coloré(e) [kɔlɔʀe] *adj* ❶ gefärbt; *verre* gefärbt, farbig; *foule* bunt[gemischt]
❷ *(multicolore) étoffe, vêtement, toile* farbenfroh, farbenfreudig
❸ *fig style* farbig; *description* lebendig; *récit* anschaulich
colorer [kɔlɔʀe] <1> **I.** *vt* ❶ färben; **~ qc en rouge** etw rot färben
❷ *littér (enjoliver)* ausschmücken
II. *vpr* **se ~** sich färben; **se ~ de rouge** sich rot färben
❷ *(s'empreindre)* **sa pitié se colore de curiosité** in seinem/ihrem Mitleid schwingt Neugier mit
coloriage [kɔlɔʀjaʒ] *m* ❶ *(action)* Ausmalen *nt*; **faire du ~** ausmalen
❷ ART Kolorieren *nt*; **faire du ~** kolorieren
❸ *(résultat)* ausgemaltes Bild; ART Kolorierung *f*
colorier [kɔlɔʀje] <1a> *vt* ❶ *(jeu)* ausmalen
❷ ART kolorieren; **colorié(e) à la main** handkoloriert
coloris [kɔlɔʀi] *m* ❶ *(teinte)* Kolorit *nt*, Farbgebung *f*
❷ *(couleur) d'une étoffe, toile* Farbe *f*, Farbigkeit *f*
❸ *fig d'un style* Farbigkeit *f*
colorisation [kɔlɔʀizasjɔ̃] *f* Kolorierung *f*
coloriser [kɔlɔʀize] <1> *vt* kolorieren
coloriste [kɔlɔʀist] *mf* Kolorist(in) *m(f)*
coloscopie [kɔlɔskɔpi] *f* MED Darmspiegelung *f*, Koloskopie *f (Fachspr.)*
colossal [kɔlɔsal] *m* **le ~** das Monumentale
colossal(e) [kɔlɔsal, o] <-aux> *adj fortune, travail* riesig; *statue* kolossal, monumental

colosse [kɔlɔs] *m* ❶ *(géant)* Hüne *m*, Koloss *m*
❷ *fig* Gigant *m*
colostrum [kɔlɔstʀɔm] *m* Kolostrum *nt*, Vormilch *f*
colportage [kɔlpɔʀtaʒ] *m* ❶ *(métier)* **le ~ de qc** das Hausieren mit etw; **faire du ~** hausieren gehen
❷ *fig de ragots* Verbreitung *f*
colporter [kɔlpɔʀte] <1> *vt* ❶ *(vendre)* hausieren mit
❷ *péj (répandre)* [überall] herumerzählen, verbreiten *nouvelle, ragot*
colporteur, -euse [kɔlpɔʀtœʀ, -øz] *m, f (marchand)* Hausierer(in) *m(f)*
◆ **~ (-euse) de ragots** *péj* Gerüchtemacher(in) *m(f)*, Kolporteur *m*
Colt® [kɔlt] *m* Colt® *m*
coltiner [kɔltine] <1> *vpr fam* **se ~ qn/qc** sich jdn/etw aufhalsen [*o* aufladen] *(fam)*
columbarium [kɔlɔ̃baʀjɔm] *m* Urnenhalle *f*, Kolumbarium *nt*
colvert [kɔlvɛʀ] *m* ZOOL Stockente *f*
colza [kɔlza] *m* Raps *m*; **champ de ~** Rapsfeld *nt*
com [kɔm] *m fam abr de* **commentaire** INFORM Kommentar *m*; **lâcher des ~s** Kommentare schreiben
coma [kɔma] *m* Koma *nt*; **être dans le ~** im Koma liegen; **entrer dans le ~** ins Koma fallen; **sortir du ~** aus dem Koma erwachen; **~ dépassé** Hirntod *m*; **~ diabétique** diabetisches Koma *(Fachspr.)*
comateux, -euse [kɔmatø, -øz] I. *adj* komatös; **dans un état ~** im Koma; *fig* in einem komaähnlichen Zustand
II. *m, f* Komapatient(in) *m(f)*
combat [kɔ̃ba] *m* ❶ MIL Kampf *m*, Gefecht *nt*; **~ naval** Seeschlacht *f*; **~ aérien** Luftkampf; **~ singulier** Zweikampf; **partir au ~** in den Kampf ziehen; **mourir au ~** im Kampf fallen; **équipement/exercice de ~** gefechtsmäßige Ausrüstung/Übung; **équipé(e) pour le ~** gefechtsmäßig ausgerüstet; **bruit de ~** [*o* **des ~s**] Kampflärm, Kampfeslärm; **en retraite** Rückzugsgefecht
❷ *(lutte)* Kampf *m*; **mener un dur ~ pour/contre qc** einen harten Kampf für/gegen etw führen
❸ SPORT Kampf *m*; **~ de coqs** Hahnenkampf *m*
❹ PECHE Drill *m (Fachspr.)*
◆ **~ d'arrière-garde** *fig* Kampf *m* auf verlorenem Posten; **~ des chefs** Machtkampf *m*; **~ de rue** Straßenkampf *m*
combatif, -ive [kɔ̃batif, -iv] *adj* kämpferisch, kampflustig; **être ~ (-ive)** eine Kämpfernatur sein
combativité [kɔ̃bativite] *f* Kampfgeist *m*
combattant(e) [kɔ̃batɑ̃, ɑ̃t] *m(f)* Kämpfer(in) *m(f)*; **ancien ~** Veteran *m*
combattre [kɔ̃batʀ] <*irr*> I. *vt* kämpfen gegen *adversaire, ennemi*; bekämpfen *incendie, maladie*; anfechten *théorie*
II. *vi* **~ contre qn/qc/pour qc** gegen jdn/etw/für etw kämpfen; **~ contre des préjugés** gegen Vorurteile ankämpfen
combe [kɔ̃b] *f* GEOG, GEOL Schlucht *f*
combi *abr de* **combinaison de ski**
combien [kɔ̃bjɛ̃] I. *adv* ❶ *(concernant la quantité)* wie viel; **~ d'argent** wie viel Geld; **~ de temps** wie lange; **depuis ~ de temps** seit wann; **~ coûte cela?** wie viel kostet das?; **ça fait ~ ?** *fam* wie viel macht das? *(fam)*; **~ mesures-tu?** wie groß bist du?
❷ *(concernant le nombre)* wie viele; **~ de personnes/kilomètres** wie viele Personen/Kilometer; **~ de fois** wie oft
❸ *littér (à quel point)* **~ elle est malhonnête!** wie unehrlich sie ist!; **si tu savais ~ je t'aime!** wenn du wüsstest, wie sehr ich dich liebe!
II. *m* ❶ *(en parlant de la date)* **nous sommes le ~?** *fam* den Wievielten haben wir heute?
❷ *(en parlant d'un intervalle)* **le bus passe tous les ~?** *fam* wie oft fährt der Bus?
III. *mf* **le/la ~?** der/die Wievielte?
combientième [kɔ̃bjɛtjɛm] *fam* I. *adj abusif* **le/la ~ ...** der/die/das wievielte ...; **c'est la ~ fois que je te le dis?** wie oft habe ich dir das schon gesagt?
II. *mf abusif* **le/la ~ ?** der/die Wievielte?
combinaison [kɔ̃binɛzɔ̃] *f* ❶ *(assemblage)* Kombination *f*; **~ de couleurs** Farbkombination
❷ CHIM Verbindung *f*
❸ *(code) d'un cadenas, coffre-fort* [Zahlen]kombination *f*; **~ de touches** INFORM Tastenkombination
❹ *(vêtement féminin)* Unterkleid *nt*, Unterrock *m*
❺ *(vêtement d'enfant)* Spielanzug *m*
❻ *(vêtement de protection)* Overall *m*; **~ de mécanicien** Monteuranzug *m*; **~ de motard** [*o* **moto**] Motorradkombination *f*; **~ de plongée** Taucheranzug; **~ de protection contre les radiations** Strahlenschutzanzug; **~ de ski** Skianzug, Skioverall; **~ spatiale** Raumanzug
❼ *(stratagème)* Dreh *m (fam)*; **avoir/trouver une ~** geeignete Mittel und Wege haben/herausfinden
❽ *(manœuvres douteuses)* Machenschaften *Pl*
combinard(e) [kɔ̃binaʀ, aʀd] *adj péj fam* ausgebufft *(pej sl)*

combinat [kɔ̃bina] *m* ECON Kombinat *nt*, Industrievereinigung *f*
combinatoire [kɔ̃binatwaʀ] I. *adj* kombinatorisch
II. *f* Kombinatorik *f*
combine [kɔ̃bin] *f fam* Dreh *m (fam)*, Trick *m*; **connaître la ~** den [richtigen] Dreh heraushaben *(fam)*; **ça sent** [*o* **pue**] **la ~** da ist [doch] was faul *(fam)*; **~ financière** Finanzierungstrick
▶ **être dans la ~** Bescheid wissen
combiné [kɔ̃bine] *m* ❶ TELEC *du téléphone* Hörer *m*
❷ *(épreuve de ski)* **~ alpin/nordique** alpine/nordische Kombination *f*
combiner [kɔ̃bine] <1> I. *vt* ❶ *(assembler)* **~ qc avec qc** etw mit etw kombinieren
❷ CHIM **~ qc avec qc** etw mit etw verbinden
❸ *(organiser)* ausarbeiten *emploi du temps*; ausklügeln, ausarbeiten *plan*; aushecken *mauvais coup*
II. *vpr* ❶ *(s'assembler)* **se ~ avec qc** *couleur*: sich mit etw kombinieren lassen
❷ CHIM **se ~ avec qc** sich mit etw verbinden
❸ *(s'arranger)* **bien/mal se ~ avec qc** *horaires de travail*: sich gut mit etw vereinbaren lassen
comble¹ [kɔ̃bl] *m* ❶ *(summum)* Gipfel *m*; **le ~ de la bêtise** der Gipfel der Dummheit; **c'est le** [*o* **un**] **~!** das ist [doch] der Gipfel!; **être à son ~** seinen Höhepunkt erreichen; **être au ~ du bonheur/désespoir** überglücklich/zutiefst verzweifelt sein; **mettre le ~ à qc** etw auf die Spitze treiben; **deux jours avant cet accident, ~ de l'absurde, il avait fait réviser sa voiture** absurderweise hatte er sein Auto zwei Tage vor dem Unfall gründlich überholen lassen
❷ *souvent pl (grenier)* Dachboden *m*; **~s aménageables** ausbaubares Dachgeschoss; **sous les ~s** unter dem Dach; **pièce sous les ~s** Giebelzimmer *nt*
▶ **pour ~ de malheur/d'ironie** zu allem Überfluss
comble² [kɔ̃bl] *adj* [brechend] voll
comblement [kɔ̃bləmɑ̃] *m d'un puits, lac* Auffüllen *nt*
combler [kɔ̃ble] <1> *vt* ❶ *(boucher)* auffüllen, zuschütten *trou, fossé*
❷ *(rattraper)* aufholen *retard*; ausgleichen, [ab]decken *déficit*; schließen *lacune*
❸ *(satisfaire)* wunschlos glücklich machen *personne*; erfüllen *vœu*; **être comblé(e)** *personne*: wunschlos glücklich sein
❹ *(couvrir, remplir de)* **~ qn de cadeaux/d'honneurs** jdn mit Geschenken/Ehrungen überhäufen; **~ qn de joie** jdn mit Freude erfüllen
combustible [kɔ̃bystibl] I. *adj* brennbar
II. *m* Brennstoff *m*; **~ fossile** fossiler Brennstoff; **~ nucléaire/solide** Kern-/Festbrennstoff; **~ pour fusée** Raketentreibstoff *m*
combustion [kɔ̃bystjɔ̃] *f* Verbrennung *f*; **moteur à ~ interne** Verbrennungsmotor *m*
come-back [kɔmbak] *m inv* Comeback *nt*
comédie [kɔmedi] *f* ❶ *(pièce)* Komödie *f*, Lustspiel *nt*; **~ musicale** Musical *nt*; **~ musicale rock** Rockmusical; **~ policière** Kriminalkomödie
❷ *(film)* [Film]komödie *f*
❸ *(simulation)* Theater *nt*; **jouer la ~** Theater spielen; **faire toute une ~** ein furchtbares Theater machen; **la ~ a assez duré!** Schluss mit dem Theater!
◆ **~ de boulevard** Boulevardkomödie *f*; **~ de caractères** Charakterkomödie *f*; **~ de mœurs** Sittenkomödie *f*; **~ de situation** Sitcom *f*
Comédie-Française [kɔmedifʀɑ̃sɛz] *f* **la ~** die Comédie-Française

Land und Leute

Die **Comédie-Française** wurde 1680 von Ludwig XIV. als königliches Theater gegründet. Die Truppe besteht aus *pensionnaires* (Schauspielern, die ein Jahr fest angestellt sind) und *sociétaires* (ständigen Mitgliedern bis zum Ruhestand). Gespielt werden heute vor allem die Klassiker, aber auch modernere Stücke.

comédien(ne) [kɔmedjɛ̃, jɛn] I. *m(f)* ❶ *(acteur)* Schauspieler(in) *m(f)*; **~ (ne) de théâtre** Theaterschauspieler(in)
❷ *(simulateur)* Schauspieler(in) *m(f) (pej)*
❸ *(hypocrite)* Heuchler(in) *m(f)*
II. *adj* **être un peu ~ (ne)** *(momentanément/habituellement)* ein bisschen/gern Theater spielen
comédon [kɔmedɔ̃] *m* Mitesser *m*, Komedo *m (Fachspr.)*
comestibilité [kɔmɛstibilite] *f* Essbarkeit *f*
comestible [kɔmɛstibl] *adj* essbar, genießbar
comète [kɔmɛt] *f* Komet *m*
comice [kɔmis] *m* **~ agricole** ≈ [regionaler] Bauernverband
comique [kɔmik] I. *adj* ❶ *(amusant)* lustig, komisch
❷ THEAT, CINE, LITTER *auteur* Komödien-; **acteur ~** Komiker *m*
II. *m* ❶ *(auteur)* Komödiendichter(in) *m(f)*

❷ *(interprète)* Komiker(in) *m(f)*
❸ *(genre)* Komik *f*
❹ *(caractère amusant) d'une situation, scène* Komik *f*; **le ~ de l'histoire, c'est qu'elle est vraie** das Komische an der Geschichte ist, dass sie wahr ist
◆ **~ de caractère** Charakterkomik *f*; **~ de situation** Situationskomik *f*

comité [kɔmite] *m* ❶ *(organisation)* Komitee *nt*; **~ central** Zentralkomitee; **~ directeur** Spitzengremium *nt*; **d'une société** Vorstand *m*; *d'un parti* Präsidium *nt*; **~ révolutionnaire** Revolutionskomitee
❷ *(élu par un organisme)* Ausschuss *m*; **~ consultatif** Beratungsgremium *nt*
❸ *(institution de l'UE)* **Comité des régions** Ausschuss *m* der Regionen; **Comité économique et social** Wirtschafts- und Sozialausschuss
▶ **faire qc en petit ~** [*o* **restreint**] etw in kleinem Kreis machen
◆ **~ d'accueil** *hum* Begrüßungskomitee *nt (hum)*; **~ d'action** Aktionskomitee *nt*; **~ de conciliation** Schlichtungskomitee *nt*; **~ de défense des citoyens** Bürgerinitiative *f*; **~ de direction** Hauptvorstand *m*; **~ d'entreprise** ≈ Betriebsrat *m*; **~ d'experts** Sachverständigenausschuss *m*, Expertenrat *m*; **~ des fêtes** Festkomitee *nt*, Festausschuss *m*; **~ de gestion** geschäftsführender Ausschuss; **~ de recrutement** Bewerbungsausschuss *m*

Land und Leute
Während in Deutschland der Betriebsrat ein Organ der betrieblichen Mitbestimmung ist, hat ein französisches **comité d'entreprise** einen anderen Status. Seine Aufgaben und Befugnisse liegen eher im sozialen und kulturellen Bereich. Es ist z. B. verantwortlich für Fragen der Fortbildung, der Kantinenverpflegung, der Kinderbetreuung und der Freizeitaktivitäten (und hier besonders für die Organisation kultureller Veranstaltungen).

---

commandant [kɔmãdã, ãt] *m* ❶ MIL *(chef)* Chef(in) *m(f)*; *(grade)* Major(in) *m(f)*; **~ de/du régiment** Regimentskommandeur(in) *m(f)*; **~ du camp** Lagerkommandant(in) *m(f)*
❷ NAUT Kommandant(in) *m(f)*
◆ **~ de bord** Flugkapitän(in) *m(f)*, Flugzeugführer(in) *m(f)*; **~ en chef** Oberbefehlshaber(in) *m(f)*

commande [kɔmɑ̃d] *f* ❶ *(ordre d'achat)* Bestellung *f*; COM Order *f*; **~ de marchandises** Warenbestellung *f*; **passer une ~** eine Bestellung aufgeben; COM eine Order erteilen; **prendre la ~** die Bestellung aufnehmen; **à la ~** bei Bestellung; **ouvrage de ~** Auftragsarbeit *f*; **~ ferme** Festauftrag *m*; **grosse ~** Großauftrag *m*, Großbestellung; **première/deuxième ~** Erst-/Folgeauftrag; **~ intérieure** [*o* **aux entreprises nationales**] Inlandsauftrag, Inlandsorder; **~ interne** Innenauftrag; **~ au dépôt/sur échantillon** Lager-/Musterbestellung; **~ à l'étranger** [*o* **de l'étranger**] Auslandsauftrag; **passer une ~ à l'étranger** einen Auslandsauftrag erteilen; **~ d'avance** Vorausbestellung; **~s de l'État** öffentliche Aufträge; **~s en cours** [*o* **en carnet**] Auftragsbestand *m*
❷ *(marchandise commandée)* Bestellung *f*
❸ *(œuvre commandée)* Auftragswerk *nt*
❹ TECH Bedienung *f*, Steuerung *f*; **levier de ~** Bedienungshebel *m*; **~ de précision** Feinsteuerung; **~ électronique automatique** elektronische Steuerung; **système de ~ électronique** *(appareillage technique)* [elektronische] Steuerung; **la ~ des freins ne répond plus** die Bremsen reagieren nicht mehr, die Bremsen sprechen nicht mehr an
❺ INFORM *(instruction)* Befehl *m*; *(réglage)* Steuerung *f*; **frapper une ~** einen Befehl eingeben; **la ~ "rechercher et remplacer"** der Befehl „Suchen und ersetzen"; **appeler des informations par ~ vocale** Informationen sprachgesteuert abrufen
❻ JUR *(contrôle)* **~ de la quantité de prestations** Leistungsmengensteuerung *f (Fachspr.)*
▶ **être aux ~s** am Steuer sitzen; **être aux ~s d'une entreprise** an der Spitze eines Unternehmens stehen; **prendre les ~s** das Steuer übernehmen; **de ~** *sourire, rire* gekünstelt; **afficher un sourire de ~** gekünstelt lächeln; **sur ~** *vendre* auf Bestellung, *sourire, écrire, pleurer* auf Kommando
◆ **~ à distance** Fernbedienung *f*; **~ à main** Handbetrieb *m*; **~ à pied** Fußbetrieb *m*
◆ **~ d'arrêt** INFORM Stoppbefehl *m*; **~ de contrôle** INFORM Steuerbefehl *m*; **~ de démarrage** INFORM Startbefehl *m*; **~ d'essai** Probeauftrag *m*

commandement [kɔmɑ̃dmɑ̃] *m* ❶ Befehlsgewalt *f*, Kommando *nt*; **prendre le ~ d'une armée/d'un navire** das Kommando über eine Armee/ein Schiff übernehmen
❷ *(état-major)* **le haut ~** das Oberkommando
❸ *(ordre)* Befehl *m*; **ton de ~** Befehlston *m*, Kasernenhofton *m (pej)*
❹ REL Gebot *nt*; **les dix ~s** die Zehn Gebote
❺ SPORT **prendre le ~** die Führung übernehmen, sich an die Spitze setzen

commander [kɔmɑ̃de] <1> **I.** *vt* ❶ *(passer commande)* bestellen; **~ qc à qn** etw bei jdm bestellen; **~ qc sur échantillon** etw nach Muster bestellen; **qu'as-tu commandé au père Noël?** was wünschst du dir vom Christkind?
❷ *(exercer son autorité)* kommandieren, herumkommandieren *(fam)*
❸ *(ordonner)* befehlen; **~ qc à qn** jdm etw befehlen; **~ le silence** Ruhe gebieten
❹ *(diriger)* leiten *manœuvre, travaux*
❺ *(faire fonctionner)* in Gang setzen; auslösen *système d'alarme*; **commande(e) par programme** programmgesteuert
II. *vi* ❶ *(passer commande)* bestellen
❷ *(exercer son autorité)* befehlen
❸ *littér (être maître de)* **~ à ses passions** Herr über seine Leidenschaften sein; **~ à ses sentiments** seine Gefühle beherrschen
III. *vpr* ❶ **se ~ de l'extérieur** *porte:* von außen zu bedienen sein [*o* bedient werden]
❷ *(contrôler)* **ne pas se ~** *sentiments:* sich nicht erzwingen lassen

commanderie [kɔmɑ̃dʀi] *f* HIST Komturei *f*

commandeur [kɔmɑ̃dœʀ] *m* Kommandeur(in) *m(f)*

commanditaire [kɔmɑ̃ditɛʀ] *m* ❶ ECON Kommanditist(in) *m(f)*, beschränkt haftende(r) Gesellschafter(in) *f(m)*, Teilhafter(in) *m(f) (Fachspr.)*, Kommanditär(in) *m(f)* (CH)
❷ *(sponsor)* Geldgeber(in)

commandite [kɔmɑ̃dit] *f* ❶ *(société)* Kommanditgesellschaft *f*
❷ *(fonds)* Kommanditeinlage *f*

commandité(e) [kɔmɑ̃dite] *m(f)* ECON unbeschränkt haftende(r) Gesellschafter(in) *f(m)*

commanditer [kɔmɑ̃dite] <1> *vt (avancer des fonds)* **~ qn/qc** jdn/etw finanzieren

commando [kɔmɑ̃do] *m* Kommando *nt*; **~ d'hommes armés** bewaffnetes Kommando; **~ de terroristes** Terrorkommando *nt*

comme [kɔm] **I.** *conj* ❶ *(au moment où)* [gerade] als
❷ *(étant donné que)* da
❸ *(de même que)* wie auch; **hier ~ aujourd'hui** gestern wie heute
❹ *(exprimant une comparaison)* wie; **il était ~ mort** er war wie tot; **il eut ~ une hésitation** er schien zu zögern; **grand(e)/petit(e) ~ ça** so groß/klein; **il est tout ~ mon père** er ist genauso wie mein Vater; **~ si** als ob
❺ *(en tant que)* als; **apprécier qn ~ collègue** jdn als Kollegen/Kollegin schätzen
❻ *(tel que)* wie; **je n'ai jamais vu un film ~ celui-ci** ich habe noch nie einen Film wie diesen gesehen
▶ **~ ci ~ ça** so lala *(fam)*; **~ quoi** *(disant que)* wonach; *(ce qui prouve)* was zeigt, dass; **... ~ tout** *fam* echt ... *(fam)*; **il est mignon ~ tout!** er ist echt süß!; **~ pas un(e)** *fam* wie kaum eine(r); **elle est rusée ~ pas une** sie ist ungeheuer schlau
II. *adv* ❶ *(exclamatif)* wie; **~ c'est gentil!** wie nett!
❷ *(manière)* wie; **tu sais ~ il est** du weißt ja, wie er ist; **savoir ~** wissen wie (sehr)

commedia dell'arte [kɔmedjadɛlaʀte] *f* Commedia *f* dell'Arte

commémoratif, -ive [kɔmemɔʀatif, -iv] *adj* Gedenk-; **médaille commémorative** Gedenkmedaille *f*, Gedenkmünze *f*; **messe commémorative** Gedenkgottesdienst *m*; **monument ~** Denkmal *nt*

commémoration [kɔmemɔʀasjɔ̃] *f* Gedenkfeier *f*; **en ~ de qc** zum Gedenken an etw *(Akk)*

commémorer [kɔmemɔʀe] <1> *vt* **~ qc** einer S. *(Gen)* gedenken

commencement [kɔmɑ̃smɑ̃] *m* ❶ *(début)* Anfang *m*; **au ~ du match/de l'année** zu Spiel-/Jahresbeginn; **du ~ à la fin** von Anfang bis Ende
❷ *pl (premiers temps)* Anfänge *Pl*; **malgré des ~s difficiles** trotz anfänglicher Schwierigkeiten
▶ **le ~ de la fin** der Anfang vom Ende; **il y a un ~ à tout** es ist noch kein Meister vom Himmel gefallen
◆ **~ de preuve** JUR Prima-facie-Beweis *m (Fachspr.)*

commencer [kɔmɑ̃se] <2> **I.** *vt* **~ qc** [mit] etw anfangen [*o* beginnen]
II. *vi* ❶ *(débuter) fête, événement:* anfangen, beginnen; **~ à** [*o* **de**] **faire qc** anfangen [*o* beginnen], etw zu tun
❷ *(faire en premier)* **~ par qc** mit etw anfangen; **~ par faire qc** erst einmal etw tun
❸ *(comporter en premier)* **~ par qc** mit etw anfangen
▶ **ça commence bien** *iron* das fängt ja gut an; **ça commence à bien faire** jetzt reicht es aber; **pour ~** zunächst, als Erstes

commensal(e) [kɔmɑ̃sal, o] <-aux> *m(f)* Tischgenosse *m*/-genossin *f*

commensurable [kɔmɑ̃syʀabl] *adj lignes, nombre* kommensurabel

comment [kɔmɑ̃] *adv* ❶ *(de quelle façon)* wie; **~ se fait-il qu'il est** [*o* **soit**] **là?** wie kommt es, dass er da ist?
❷ *(invitation à répéter)* **~ ?** wie bitte?

▶ **mais ~ donc!** aber natürlich [*o* selbstverständlich]!; **~ cela?** wieso?, warum?; **et ~!** und ob!
commentaire [kɔmɑ̃tɛʀ] **I.** *m* ❶ RADIO, TV Kommentar *m;* **~ à la radio** Rundfunkkommentar
❷ *(explication) de texte* Interpretation *f;* **~ composé** Interpretation; **édition avec ~s** kommentierte Ausgabe
❸ *péj (remarque)* Kommentar *m;* **dispenser qn de ses ~s** auf jds Kommentare verzichten; **sans ~!** ohne Kommentar!; **pas de ~s!** kein Kommentar!
II. *app* INFORM **ligne/zone ~** Kommentarzeile *f*/-feld *nt*
commentateur, -trice [kɔmɑ̃tatœʀ, -tʀis] *m, f* Kommentator(in) *m(f)*
commenter [kɔmɑ̃te] <1> *vt* kommentieren *opinion, événement, nouvelle;* interpretieren *poème, citation*
commérage [kɔmeʀaʒ] *m souvent pl* Gerede *nt kein Pl,* Geschwätz *nt kein Pl,* Rederei *f*
commerçant(e) [kɔmɛʀsɑ̃, ɑ̃t] **I.** *adj* ❶ *(actif, animé) rue, quartier* Geschäfts-
❷ *(habile à faire du commerce)* geschäftstüchtig
II. *m(f)* ❶ *(personne)* Geschäftsmann *m*/-frau *f,* Händler(in) *m(f);* **petit ~/petite ~e** Einzelhändler(in); **~(e) de** [*o* **en**] **gros** Großhändler(in), Großhandelskaufmann/-kauffrau; **~ de marché** Markthändler(in); **~ spécialisé/~e spécialisée** Fachhändler(in)
❷ *m* JUR **~ apparent/fictif** Schein-/Fiktivkaufmann *m (Fachspr.);* **~ du fait de son inscription au registre du commerce** Soll-Kaufmann *(Fachspr.);* **~ du fait de la loi** Ist-Kaufmann *(Fachspr.);* **~ en nom personnel** Einzelkaufmann *(Fachspr.);* **~(e) en nom propre** Eigenhändler(in) *m(f) (Fachspr.);* **~ par inscription facultative au registre du commerce** JUR Kann-Kaufmann *(Fachspr.);* **~ inscrit au registre du commerce et des sociétés** JUR Registerkaufmann
commerce [kɔmɛʀs] *m* ❶ *(activité)* Handel *m;* **~ des armes** Waffenhandel, Waffengeschäft *nt;* **~ de boissons** Getränkehandel, Getränkemarkt *m;* **~ du café** Kaffeehandel, Kaffeegeschäft; **~ des fruits** Obsthandel; **~ de l'immobilier** Immobilienhandel; **~ du pétrole** Ölhandel, Ölgeschäft; **~ de produits alimentaires** Lebensmittelhandel; **~ du poisson/du tabac** Fisch-/Tabakhandel; **~ boursier** Börsenhandel; **~ direct** Direkthandel; **~ électronique** E-Commerce *m;* **~ extérieur** Außenhandel; **un facteur du ~ extérieur** ein außenwirtschaftlicher Faktor; **~ intérieur** Binnenhandel, Inlandsgeschäft *nt;* **~ libre** freier Handel; **~ à propre compte** JUR, FIN Eigenhandel *(Fachspr.);* **~ avec des pays éloignés** Fernhandel; **~ avec les pays de l'Est** Osthandel; **~ avec la zone dollar** Handel mit dem Dollarraum; **~ en gros** Großhandel; **~ Ibis** ECON Ibis-Handel; **faire du ~** handeln, Handel treiben; **dans le ~** im Handel; **école de ~** Handelsschule *f;* **employé de ~** kaufmännischer Angestellter
❷ *(magasin)* Geschäft *nt;* JUR Handelsgewerbe *nt (Fachspr.);* **tenir un ~** ein Geschäft führen; **~ d'alimentation** Lebensmittelgeschäft; **~ de vente au détail de boissons** Getränkeladen *m,* Getränkemarkt *m;* **~ d'armes** Waffengeschäft
▶ **être d'un ~ agréable** *littér* angenehm im Umgang sein
◆ **~ de l'argent** ECON Geldhandel *m;* **~ de détail** Einzelhandel *m,* Detailhandel, En-detail-Handel *(Fachspr.);* **~ d'exportation** Exporthandel *m;* **~ d'intermédiaire** Zwischenhandel *m;* **~ de marchandises** Warenhandel *m;* **~ d'occasion** Gebrauchtwarenhandel *m,* **~ de rue** Straßenhandel *m;* **~ de transit** Durchfuhrhandel *m,* Transithandel; **~ de voitures d'occasion** Gebrauchtwagengeschäft *nt*
commercer [kɔmɛʀse] <2> *vi* **~ avec qn** mit jdm handeln [*o* Handel treiben]
commercial [kɔmɛʀsjal] <-aux> *m* ❶ kaufmännischer Angestellter; **~ dans l'édition** Verlagskaufmann *m*
❷ *(représentant)* Außendienstmitarbeiter *m;* **activité de ~** Außendiensttätigkeit *f*
commercial(e) [kɔmɛʀsjal, jo] <-aux> *adj* ❶ *(relatif au commerce) relation, activité, entreprise* Handels-; **centre ~** Einkaufszentrum *nt;* **vie ~e** *d'une ville, région* Geschäftsleben *nt;* **méthodes ~es** Geschäftsmethoden *Pl;* **réussite ~e, succès ~** Verkaufserfolg *m,* Verkaufshit *m (fam);* **avion ~** Verkehrsflugzeug *nt,* Verkehrsmaschine *f*
❷ *péj film, télévision, œuvre* kommerziell ausgerichtet
commerciale [kɔmɛʀsjal] *f* ❶ kaufmännische Angestellte; **~ dans l'édition** Verlagskauffrau *f*
❷ *(représentante)* Außendienstmitarbeiterin *f*
❸ *(véhicule)* Kombiwagen *m,* Kombi *m*
commercialisable [kɔmɛʀsjalizabl] *adj titre, effet* marktgängig, marktfähig; **rendre qc ~** etw marktfähig machen; **ce produit est facilement ~** dieses Produkt ist leicht zu vermarkten; **~ sur le marché mondial** weltmarktfähig
commercialisation [kɔmɛʀsjalizasjɔ̃] *f* Vermarktung *f;* **~ exclusive** Exklusivvermarktung; **~ des produits** Güterabsatz *m*
commercialiser [kɔmɛʀsjalize] <1> *vt* ❶ *(vendre)* vermarkten;

produit facile à ~ marktgängiges Produkt
❷ *(mettre sur le marché)* auf den Markt bringen, kommerzialisieren
commère [kɔmɛʀ] *f péj* Klatschbase *f (fam)*
commettant(e) [kɔmɛtɑ̃, ɑ̃t] *m(f)* ECON Kommittent *m*
commettre [kɔmɛtʀ] <*irr*> **I.** *vt* ❶ *(accomplir)* begehen *crime, délit, faute, erreur;* verüben *attentat;* **~ un délit dans l'exercice de sa fonction** ein Amtsdelikt begehen; **~ une faute de complicité** sich der Beihilfe *(Gen)* schuldig machen
❷ JUR *(nommer)* **~ qn à qc** jdn für etw bestellen
II. *vpr* **se ~ avec qn** *péj (fréquenter qn)* sich mit jdm einlassen
commination [kɔminasjɔ̃] *f* JUR **~ de faillite** Konkursandrohung *f;* **~ de faillite avec sommation de paiement** Konkursandrohung mit Zahlungsaufforderung
comminatoire [kɔminatwaʀ] *adj* drohend; **peine ~** JUR Strafandrohung *f*
commis [kɔmi] *m* kleine(r) Angestellte(r) *f(m),* Gehilfe *m*/Gehilfin *f;* **~ voyageur** *vieilli* Handlungsreisende(r) *m;* **grands ~ de l'État** hohe Staatsbeamte *Pl*
◆ **~ de ferme** Knecht *m*
commisération [kɔmizeʀasjɔ̃] *f* Mitleid *nt;* **éprouver/avoir de la ~ pour qn** Mitleid für jdn empfinden/mit jdm haben
commissaire [kɔmisɛʀ] *mf* ❶ *(fonctionnaire) de police* Kommissar(in) *m(f)*
❷ *(membre d'une commission)* Kommissionsmitglied *nt; de l'Union européenne* Kommissar(in) *m(f);* **~ principal(e)** Hauptkommissar(in)
◆ **~ aux comptes** Rechnungsprüfer(in) *m(f),* Wirtschaftsprüfer(in), Abschlussprüfer(in), Wirtschaftsprüfer(in) *m(f)* (A); **~ du peuple** Volkskommissar(in) *m(f);* **~ à la protection des données** Datenschutzbeauftragte(r) *f(m);* **~ de règlement judiciaire** [*o* **du concordat**] JUR Vergleichsverwalter(in) *m(f);* **~ de la République** Regierungspräsident(in) *m*
commissaire-priseur [kɔmisɛʀpʀizœʀ] <commissaires-priseurs> *m* Auktionator(in) *m(f)*
commissariat [kɔmisaʀja] *m* ❶ *(bureau) de police* Revier *nt*
❷ ADMIN *(fonction)* Amt *nt*
◆ **~ aux comptes** Wirtschaftsprüfung *f;* **~ à l'énergie atomique** Kommissariat *nt* für Atomenergie
commission [kɔmisjɔ̃] *f* ❶ *(réunion restreinte)* Kommission *f,* Ausschuss *m;* **~ administrative** Verwaltungsausschuss; **~ arbitrale** Schiedsausschuss; **~ budgétaire** Budgetausschuss; **Commission européenne** Europäische Kommission; **~ paritaire** paritätischer Ausschuss; *(au parlement)* Vermittlungsausschuss; **~ parlementaire** parlamentarischer [Fach]ausschuss; **~ spéciale** Sonderkommission; **~ de conciliation** Schiedskommission; **~ de contrôle économique** Lenkungsgremium *nt*
❷ *(message)* Nachricht *f;* **faire une ~ à qn** jdm etwas ausrichten
❸ *(mission)* Aufgabe *f*
❹ *pl (courses)* Einkäufe *Pl;* **partir en/faire les ~s** einkaufen gehen
❺ COM *(prime)* [Kommissions]provision *f; (pourcentage prélevé par un intermédiaire)* Vermittlungsgebühr *f;* **ne toucher que des ~s** auf Provisionsbasis arbeiten; **~s perçues** Provisionseinnahmen; **~ prélevée par la banque** von der Bank erhobene Gebühr; **~ sur le chiffre d'affaires** Umsatzprovision; **~ ducroire** Delkredereprovision *(Fachspr.)*
❻ JUR *(délégation judiciaire)* **~ rogatoire** Rechtshilfeersuchen *nt,* Rechtshilfegesuch *nt (Fachspr.)*
◆ **~ d'achat** JUR Einkaufskommission *f;* **~ d'appel** Berufungsausschuss *m;* **~ d'arbitrage** Schiedsgericht *nt,* Schiedskommission *f;* **~ des associés** Gesellschafterausschuss *m;* **~ du bilan** Bilanzausschuss *m;* **~ de cautionnement** Bürgschaftsprovision *f;* **~ des constructions** Baukommission *f;* **~ de courtage** Vermittlungsprovision *f;* **~ de découvert** Überziehungsprovision *f;* **~ d'engagement** Kreditprovision *f;* **~ d'enquête** Untersuchungskommission *f,* Ermittlungskommission, Ermittlungsausschuss *m;* **~ pour l'environnement** Umweltausschuss *m;* **~ d'escompte** Diskontprovision *f;* **~ d'évaluation** FIN Bewertungsausschuss *m;* **~ d'examen** Prüfungskommission *f;* **~ d'experts** Gutachterausschuss *m,* Expertenausschuss, Expertengruppe *f;* **~ des finances** ECON Finanzausschuss *m;* **~ de garantie** JUR Bürgschaftsprovision *f;* **~ de gestion** ECON Folgeprovision *f;* **~ des opérations de bourse** ≈ Bundesaufsichtsamt *nt* für den Wertpapierhandel; **~ de surveillance** Aufsichtsgremium *nt;* **~ de surveillance des monopoles** Monopolkommission *f;* **~ des travaux** Baukommission *f;* **~ de vérification** Prüfungsausschuss *m*
commissionnaire [kɔmisjɔnɛʀ] *mf* ❶ *(coursier)* Bote *m*/Botin *f*
❷ COM Kommissionär(in) *m(f)*
❸ JUR Geschäftsvermittler(in) *m(f)*
◆ **~ en douane** Zollagent(in) *m(f);* **~ de transport** Spediteur *m;* COM Frachtversender *m (Fachspr.);* **~ de transport maritime** Seespediteur *m*

commissionnement [kɔmisjɔnmã] *m* JUR Kommissionierung *f*
commissionner [kɔmisjɔne] <1> *vt* bevollmächtigen
commissure [kɔmisyʀ] *f* ANAT Kommissur *f (Fachspr.)*
◆ ~ **des lèvres** Mundwinkel *m*
commode¹ [kɔmɔd] *adj* ❶ *(pratique)* praktisch
❷ *souvent négatif (facile)* einfach; **ce serait trop ~!** so einfach geht's nun auch wieder nicht!
❸ *(d'un caractère facile)* **ses parents n'ont pas l'air ~** seine/ihre Eltern scheinen nicht sehr umgänglich zu sein
commode² [kɔmɔd] *f* Kommode *f*
commodément [kɔmɔdemã] *adv* ❶ *(confortablement)* bequem
❷ *(aisément)* leicht, einfach
commodité [kɔmɔdite] *f* ❶ *(confort, agrément)* Behaglichkeit *f*, Komfort *m*
❷ *(simplification) de la discussion, démonstration* Vereinfachung *f*; **pour plus de ~** bequemlichkeitshalber
❸ *pl (éléments de confort)* Annehmlichkeiten *Pl*
commotion [komosjɔ̃] *f* ❶ *(choc physique)* Erschütterung *f*; **~ cérébrale** Gehirnerschütterung *f*
❷ *(secousse morale)* Schock *m*
commotionner [komosjɔne] <1> *vt* erschüttern; **le choc a commotionné quelques passagers** durch den Aufprall erlitten einige Passagiere einen schweren Schock
commuable [kɔmɥabl] *adj* umwandelbar
commuer [kɔmɥe] <1> *vt* umwandeln
commun [kɔmœ̃] *m* **le ~ des mortels** die Normalsterblichen; **hors du ~** außergewöhnlich
commun(e) [kɔmœ̃, yn] *adj* ❶ *(partagé par plusieurs)* gemeinsam
❷ *(utilisé par plusieurs) cuisine, salle* Gemeinschafts-
❸ MATH gemeinsam
❹ *(général) volonté* der Gemeinschaft; *bien, intérêt* Gemein-
❺ *(courant) erreur, variété* [weit]verbreitet
❻ *(trivial) personne, manières* gewöhnlich
▶ **n'avoir rien de ~ avec qn/qc** mit jdm nichts gemein haben/mit etw nicht zu vergleichen sein; **faire qc en ~** etw gemeinsam tun; **mettre qc en ~ [pour faire qc] ils ont mis leur argent/leurs efforts en ~** sie haben [ihr Geld] zusammengelegt/gemeinsame Anstrengungen unternommen; **se mettre en ~ pour faire qc** sich zusammentun, um etwas zu tun; **en ~** zusammen
communal(e) [kɔmynal, o] <-aux> *adj* ❶ *(qui appartient à la commune) dépenses, recettes* kommunal; *fête, forêt* Gemeinde-; **ces parcelles font partie des terrains communaux** diese Parzellen gehören zum Grundbesitz [*o* Grundeigentum] der Gemeinde
❷ BELG **conseil ~** *(conseil municipal)* Gemeinderat *m*; **maison ~e** *(mairie)* Rathaus *nt*
communard(e) [kɔmynaʀ, aʀd] *m(f)* HIST Kommunarde *m*/Kommunardin *f*, Anhänger(in) *m(f)* der Pariser Kommune
communautaire [kɔmynotɛʀ] *adj* ❶ *(commun)* gemeinschaftlich; *expérience* Gemeinschafts-
❷ *(de l'Union européenne)* der Europäischen Union, EU-; **la politique ~** die EU-Politik
communautarisme [kɔmynotaʀizm] *m* POL Kommunitarismus *m*
communauté [kɔmynote] *f* ❶ *a.* ECON *(groupe)* Gemeinschaft *f*; **~ linguistique/religieuse** Sprach-/Religionsgemeinschaft; **Communauté des États indépendants** Gemeinschaft Unabhängiger Staaten; **Communauté européenne** Europäische Gemeinschaft; **à l'intérieur de la Communauté européenne** innereuropäisch; **Communauté européenne de l'énergie atomique** Europäische Atomgemeinschaft; **~ de label de qualité** Gütezeichengemeinschaft; **~ d'intérêt** Gewinngemeinschaft; **vivre en ~** in einer Wohngemeinschaft leben; REL in einer [Ordens]gemeinschaft leben
❷ *(Église)* [Kirchen]gemeinde *f*; **~ primitive** Urgemeinde
❸ *(identité) de goûts, d'intérêts* Übereinstimmung *f*
❹ JUR Gemeinschaft *f; (entre époux)* Gütergemeinschaft *f*; **régime de la ~** eheliche Gütergemeinschaft; **~ réduite aux acquêts** Zugewinngemeinschaft; **~ légale** gesetzliche Gütergemeinschaft; **~ de biens continuée** fortgesetzte Gütergemeinschaft; **~ de brevets** Patentgemeinschaft; **~ d'intérêts** Rechtsgemeinschaft; **~ par quote-part** Bruchteilsgemeinschaft *(Fachspr.)*
◆ **~ de cohéritiers** JUR Miterbengemeinschaft *f*; **~ d'encaissement** JUR Inkassogemeinschaft *f*; **~ d'exportation** Exportgemeinschaft *f*; **~ des locataires** Mietergemeinschaft *f*; **~ des maîtres de l'ouvrage** Bauherrengemeinschaft *f*
commune [kɔmyn] *f* ❶ Gemeinde *f*, Kommune *f*
❷ HIST **la Commune [de Paris]** die Pariser Kommune
communément [kɔmynemã] *adv* gemeinhin, für gewöhnlich; **on dit ~ que** man sagt im Allgemeinen, dass
communiant(e) [kɔmynjã, jãt] *m(f)* Kommunikant(in) *m(f)*; **premier ~/première ~e** Erstkommunikant(in) *m(f)*
▶ **avec ton air de premier ~/première ~e** mit deiner Unschuldsmiene
communicable [kɔmynikabl] *adj document* einsehbar; *impression* in Worte zu fassen; *renseignement* mitteilbar

communicant(e) [kɔmynikã, ãt] *adj pièces, salles* miteinander verbunden; **vases ~s** kommunizierende Röhren *Pl*
communicatif, -ive [kɔmynikatif, -iv] *adj* ❶ *(contagieux) rire, tristesse* ansteckend
❷ *(expansif)* mitteilsam, kommunikativ
communication [kɔmynikasjɔ̃] *f* ❶ *(transmission) d'une nouvelle, information* Mitteilung *f*; **~ d'informations** Informationsfluss *m*; **~ de renseignements** Auskunftserteilung *f*; **demander ~ d'un dossier à qn** jdn um Einsicht in eine Akte bitten; **donner ~ de qc à qn** jdm Einsicht in etw (Akk) gewähren; **la ~ du dossier nous a été interdite** es wurde uns nicht gestattet, die Akte einzusehen
❷ JUR, FISC *(notification)* **~ de l'assiette de l'impôt foncier** Grundsteuermessbescheid *m*; **~ de l'assiette de la taxe professionnelle** Gewerbesteuermessbescheid; **~ des renseignements inscrits au livre foncier** Grundbucheinsicht *f*; **~ de contrôle** Kontrollmitteilung *f*
❸ TELEC *(jonction)* Verbindung *f; (conversation)* Gespräch *nt*; **~ téléphonique** *form* Anruf *m*; **les ~s téléphoniques** der Telefonverkehr; **~ interurbaine** Ferngespräch; **~ locale** Ortsgespräch; **~ en PCV** R-Gespräch; **passer une ~** ein Gespräch durchstellen; **être en ~ avec qn** mit jdm sprechen; **prendre/couper la/une ~** das/ein Gespräch annehmen/unterbrechen; **toutes les ~s sont coupées** alle Leitungen sind tot; **prix de la ~** Gesprächsgebühr *f*
❹ *(message)* Nachricht *f*
❺ *(relation)* Verständigung *f*, Kommunikation *f*; **recherche sur la ~** Kommunikationsforschung *f*; **société/modèle de ~** Kommunikationsgesellschaft *f*/-modell *nt*; **équipement en matière de technique de ~** kommunikationstechnische Ausrüstung; **les métiers de la ~** die Berufe auf dem Kommunikationssektor
❻ *(moyen de liaison)* **moyen de ~** Verkehrsmittel *nt*; **voies de ~** Verkehrswege *Pl*; **porte de ~** Verbindungstür *f*
▶ **entrer en ~ avec qn** mit jdm in Verbindung treten; **mettre qn en ~ avec qn** jdn mit jdm verbinden
communier [kɔmynje] <1a> *vi* REL kommunizieren
communion [kɔmynjɔ̃] *f* ❶ *(sacrement, partie de la messe)* Kommunion *f*
❷ *(cérémonie)* [Erst]kommunion *f*; **~ solennelle** feierliche Erstkommunion; **robe de ~** Kommunionkleid *nt*; **cours de préparation à la première ~** Kommunion[s]unterricht *m*
❸ *(accord)* Übereinstimmung *f*; **être en parfaite ~ de pensées/sentiments avec qn** mit jdm in seinen Gedanken/Gefühlen völlig übereinstimmen
◆ **~ des saints** REL Gemeinschaft *f* der Heiligen
communiqué [kɔmynike] *m* Kommuniqué *nt*; **~ officiel** [regierungs]amtliche Mitteilung
◆ **~ de presse** Pressemitteilung *f*, Pressemeldung *f*
communiquer [kɔmynike] <1> I. *vt* ❶ *(faire connaître)* **~ une demande à qn** jdm eine Bitte mitteilen, eine Bitte an jdn weiterleiten
❷ *(transmettre)* **~ un dossier/document à qn** jdm eine Akte/ein Dokument aushändigen
❸ *(contaminer)* **~ une passion/une maladie à qn** jdn mit einer Leidenschaft/Krankheit anstecken, eine Leidenschaft/Krankheit auf jdn übertragen
II. *vi* ❶ *(dans la vie courante)* kommunizieren *(geh)*; **~ avec qn** mit jdm kommunizieren *(geh)*; **capacité à ~** Kommunikationsfähigkeit *f*; **possibilité de ~** Kommunikationsmöglichkeit *f*
❷ *(au cours d'un examen)* **~ avec qn** sich heimlich mit jdm verständigen
❸ *(être relié)* **~ avec qc** mit etw verbunden sein
III. *vpr* **se ~ à qc** *feu*: auf etw (Akk) übergreifen; **se ~ à qn** *maladie, virus*: auf jdn übertragen werden
communisme [kɔmynism] *m* Kommunismus *m*; **~ réformiste** Reformkommunismus; **~ primitif** Urkommunismus
communiste [kɔmynist] I. *adj* kommunistisch
II. *mf* Kommunist(in) *m(f)*; **~ pur(e) et dur(e)** *fam* Betonkommunist(in) *(fam)*
communs [kɔmœ̃] *mpl vieilli (bâtiments)* Nebengebäude *Pl*
commutateur [kɔmytatœʀ] *m* Schalter *m*; **~ à combinaison** Serienschalter
commutatif, -ive [kɔmytatif, -iv] *adj* vertauschbar, kommutativ *(Fachspr.)*
commutation [kɔmytasjɔ̃] *f* JUR **~ de peine** Strafmilderung *f*
commutativité [kɔmytativite] *f* JUR Austauschbarkeit *f*; **~ des types de procédures** [*o* **de recours**] Austauschbarkeit der Verfahrensarten
commuter [kɔmyte] <1> I. *vt* TECH umschalten
II. *vi* LING, MATH **~ avec qc** mit etw vertauschbar sein, mit etw kommutieren *(Fachspr.)*
compacité [kɔ̃pasite] *f* Kompaktheit *f*
compact [kɔ̃pakt] *m* CD *f*
compact(e) [kɔ̃pakt] *adj* ❶ *(dense)* fest, kompakt; *foule* dicht[gedrängt]

❷ *(de faible encombrement)* Kompakt-; **voiture ~-e** Kompaktauto *nt*
compacter [kɔ̃pakte] <1> *vt* verdichten *beton, sol*
compacteur [kɔ̃paktœʀ] *m* ♦ **~ de ferraille** Schrottpresse *f*
compagne [kɔ̃paɲ] *f* ❶ *(concubine)* Lebensgefährtin *f*
❷ *vieilli (camarade)* Gefährtin *f;* **~ de voyage** Reisegefährtin
compagnie [kɔ̃paɲi] *f* ❶ *(présence auprès de qn, clique)* Gesellschaft *f*
❷ *(société commerciale)* Gesellschaft *f;* **~ aérienne** Fluggesellschaft, Luftfahrtgesellschaft; **~ pétrolière** Ölgesellschaft; **~ de/des télécommunications** Telefongesellschaft; **~ de transports aériens** Luftverkehrsgesellschaft
❸ *(troupe) de théâtre* Truppe *f*
❹ MIL Kompanie *f*
▸ **fausser ~ à qn** jdn einfach stehen lassen; **tenir ~ à qn** jdm Gesellschaft leisten; **en ~ de qn** in jds Begleitung
♦ **~ d'assurances** Versicherungsgesellschaft *f;* **~ de charter[s]** Chartergesellschaft *f;* **~ de chemins de fer** [Eisen]bahngesellschaft *f;* **~ des eaux** Wasserwerk *nt;* **~ de Jésus** Gesellschaft *f* Jesu; **Compagnies républicaines de sécurité** Bereitschaftspolizei *f;* **~ de transport** Transportunternehmen *nt*
compagnon [kɔ̃paɲɔ̃] *m* ❶ *vieilli (camarade)* Kamerad(in) *m(f);* **~ d'armes** Waffenbruder *m;* **~ d'infortune** Leidensgenosse *m;* **~ de voyage** Reisegefährte *m*
❷ *(concubin)* Lebensgefährte *m*
❸ *(ouvrier)* [Handwerks]geselle *m*
▸ **~ à quatre pattes** vierbeiniger Freund
♦ **~ du Tour de France** [Handwerks]geselle *m* auf Wanderschaft
compagnonnage [kɔ̃paɲɔnaʒ] *m* Gesellenverein *m;* **un an de ~** ein Gesellenjahr
comparable [kɔ̃paʀabl] *adj* vergleichbar; **être ~ à qn/qc mit** jdm/etw vergleichbar sein; **ce n'est pas ~** das ist nicht vergleichbar
comparaison [kɔ̃paʀɛzɔ̃] *f* ❶ Vergleich *m;* **établir** [*o* **faire**] **une ~ entre qn/qc et qn/qc** einen Vergleich zwischen jdm/etw und jdm/etw anstellen; **soutenir la ~ avec qn/qc** dem Vergleich mit jdm/etw standhalten; **en ~** vergleichsweise; **en ~ de qc** im Vergleich zu etw; **par ~ à** [*o* **avec**] im Vergleich zu [*o* mit]; **sans ~** unvergleichlich
❷ GRAM Steigerung *f*
❸ LITTER Vergleich *m*
❹ ECON **~ interentreprises** Betriebsvergleich *m;* **~ plan–réel** Plan-Ist-Vergleich
♦ **~ de la charge fiscale** Steuerbelastungsvergleich *m;* **~ des capitaux d'exploitation** FIN Betriebsvermögensvergleich *m;* **~ de données** INFORM Datenabgleich *m;* **~ de l'impôt** Steuervergleich *m*
comparaître [kɔ̃paʀɛtʀ] <*irr*> *vi* **~ devant qn** vor jdm erscheinen
comparatif [kɔ̃paʀatif] *m* GRAM Komparativ *m;* **être au ~** im Komparativ stehen
comparatif, -ive [kɔ̃paʀatif, -iv] *adj* ❶ *(qui confronte) essai, tableau, étude* Vergleichs-
❷ GRAM Komparativ-
comparatiste [kɔ̃paʀatist] *mf* Komparatist(in) *m(f)*
comparativement [kɔ̃paʀativmɑ̃] *adv* vergleichsweise; **~ à** verglichen mit
comparé(e) [kɔ̃paʀe] *adj droit, grammaire* vergleichend; **littérature ~-e** vergleichende Literaturwissenschaft
comparer [kɔ̃paʀe] <1> I. *vt* vergleichen; **~ qn/qc à** [*o* **avec**] **qn/qc** jdn/etw mit jdm/etw vergleichen; **comparé(e) à** verglichen mit
II. *vi* vergleichen
III. *vpr* **se ~ à** [*o* **avec**] **qn** sich mit jdm vergleichen; **ça ne se compare même pas!** das ist überhaupt kein Vergleich!
comparse [kɔ̃paʀs] *mf péj* Komparse *m*/Komparsin *f;* **jouer** [*o* **tenir**] **un rôle de ~** eine Nebenrolle spielen
compartiment [kɔ̃paʀtimɑ̃] *m* ❶ *(casier)* Fach *nt;* **~ congélateur** Gefrierfach; **~ de la roue de secours** Reserveradmulde *f*
❷ *(dans un train)* Abteil *nt;* **~ individuel** Einzelabteil; **~ fumeurs/non-fumeurs** Raucher-/Nichtraucherabteil
♦ **~ à bagages** *d'un train* Gepäckabteil *nt; d'un car* Gepäckraum *m;* **~ de chemin de fer** Eisenbahnabteil *nt;* **~ à glace** Eisfach *nt*
compartimentage [kɔ̃paʀtimɑ̃taʒ] *m d'un tiroir, réfrigérateur* Unterteilung *f* [in Fächer]
compartimenter [kɔ̃paʀtimɑ̃te] <1> *vt* ❶ *(subdiviser)* unterteilen
❷ *(structurer logiquement)* streng auseinanderhalten *questions, problèmes*
comparution [kɔ̃paʀysjɔ̃] *f* JUR Erscheinen *nt;* **la ~ personnelle des parties** das persönliche Erscheinen der Parteien
compas [kɔ̃pɑ] *m* ❶ GEOM Zirkel *m*
❷ NAUT, AVIAT Kompass *m;* **~ gyroscopique** Gyroskop *nt*
▸ **avoir le ~ dans l'œil** ein gutes Augenmaß haben
compassé(e) [kɔ̃pɑse] *adj soutenu air* aufgesetzt; *personne* steif

compassion [kɔ̃pɑsjɔ̃] *f soutenu* Mitgefühl *nt;* **question pleine de ~** teilnahmsvolle Frage; **il m'a serré la main avec ~** er hat mir teilnahmsvoll die Hand gedrückt
compatibilité [kɔ̃patibilite] *f* ❶ *(concordance)* **~ entre qc et qc** Vereinbarkeit *f* von etw und etw
❷ INFORM Kompatibilität *f;* **~ matérielle** Hardware-Kompatibilität, Hardware-Verträglichkeit *f;* **~ de données** Datenkompatibilität; **~ ascendante/descendante** *d'un programme, système d'exploitation* Aufwärts-/Abwärtskompatibilität *(Fachspr.)*
♦ **~ de modules** INFORM Bauteilekompatibilität *f*
compatible [kɔ̃patibl] *adj* ❶ *(qui peut s'accorder)* vereinbar; **être ~ avec qc** mit etw vereinbar sein
❷ INFORM, MED kompatibel; **~ avec réseau** *logiciel* netzwerkfähig
compatir [kɔ̃patiʀ] <8> *vi soutenu* Anteil nehmen, mitfühlen; **~ à la douleur/peine de qn** an jds Schmerz/Leid *(Dat)* Anteil nehmen
compatissant(e) [kɔ̃patisɑ̃, ɑ̃t] *adj personne, parole* mitfühlend; *regard* teilnahmsvoll
compatriote [kɔ̃patʀijɔt] *mf* Landsmann *m*/Landsmännin *f;* **nos ~s** unsere Landsleute
compendium [kɔ̃pɛ̃djɔm] *m (livre)* Kompendium *nt; (résumé)* Abriss *m*
compensable [kɔ̃pɑ̃sabl] *adj* ❶ *(réparable)* ausgleichbar; **ces pertes sont difficilement ~-s** diese Verluste sind nur schwer auszugleichen
❷ JUR, FIN aufrechenbar
compensateur, -trice [kɔ̃pɑ̃satœʀ, -tʀis] *adj allocation* Ausgleichs-; *mouvement* Gegen-; **une indemnité compensatrice** eine Entschädigung
compensation [kɔ̃pɑ̃sasjɔ̃] *f* ❶ *(dédommagement)* Gegenleistung *f; (équilibre, neutralisation)* Ausgleich *m;* **~ financière** Entschädigung *f;* **à titre de ~** *(en dédommagement)* zur Wiedergutmachung; *(en remerciement)* als Dankeschön; **en ~** dafür; **en ~ de qc** als Gegenleistung/Entschädigung/Ausgleich für etw; **il y a ~ entre les avantages et les inconvénients** die Vor- und Nachteile wiegen sich auf
❷ FIN Aufrechnung *f,* Ausgleichung *f,* gegenseitige Verrechnung; *d'une dette* Verrechnung; **~ du bilan** Bilanzausgleich *m;* **poste de ~ du bilan** Bilanzausgleichsposten *m;* **~ du débiteur solidaire** Gesamtschuldnerausgleich; **~ des paiements** Zahlungsausgleich; **~ scripturale des paiements** unbarer Zahlungsausgleich; **~ des risques/charges** Risiko-/Lastenausgleich
❸ MED, PSYCH Kompensation *f*
❹ JUR Ersetzung *f;* **~ réelle** dingliche Ersetzung
▸ **une maigre** [*o* **piètre**] **~** ein magerer [*o* dürftiger] Lohn
♦ **~ des chèques** Scheckabrechnung *f;* **~ des créanciers** Gläubigerausgleich *m;* **~ d'enrichissement** JUR Bereicherungsausgleich *m;* **~ de groupe** Konzernverrechnung *f (Fachspr.);* **~ de licenciement** Entlassungsausgleich *m;* **~ des pertes** Verlustausgleich *m;* **~ des soldes** Saldoausgleich *m*
compensatoire [kɔ̃pɑ̃satwaʀ] *adj droits, montants* Ausgleichs-; **activité ~** Ersatzhandlung *f*
compenser [kɔ̃pɑ̃se] <1> I. *vt* ❶ *(équilibrer)* **~ qc par qc** etw durch etw ausgleichen, etw mit etw kompensieren
❷ *(dédommager)* **pour ~** als Entschädigung [dafür]; *(remercier)* als Dankeschön [dafür]
❸ FIN ausgleichen *dette*
❹ JUR verteilen *dépens*
II. *vpr* **se ~** sich ausgleichen
compère [kɔ̃pɛʀ] *m* Kumpan *m,* Mitwisser *m*
compère-loriot [kɔ̃pɛʀlɔʀjo] <compères-loriots> *m* MED Gerstenkorn *nt*
compétence [kɔ̃petɑ̃s] *f* ❶ *(capacité)* Kompetenz *f,* [Sach]kenntnis *f,* [Fach]kenntnis; **avec ~** kompetent, fachkundig, sachkundig; **~ principale** ECON Kernkompetenz *(Fachspr.)*
❷ JUR *(responsabilité)* Zuständigkeit *f,* Kompetenz *f; d'un fonctionnaire* Amtsbefugnis *f; (domaine de responsabilité)* Zuständigkeitsbereich *m,* Kompetenzbereich; **entrer dans les ~-s du maire** in den Zuständigkeitsbereich des Bürgermeisters fallen; **être de la ~ du préfet** im Zuständigkeitsbereich des Präfekten liegen; **cela ne relève pas de ma ~** dafür bin ich nicht zuständig; **~ concurrente** konkurrierende Zuständigkeit; **~ générale** JUR Allzuständigkeit *(Fachspr.);* **~ judiciaire volante/de droit commun** fliegender/allgemeiner Gerichtsstand; **~ juridictionnelle** JUR Gerichtshoheit *f;* **~ organique** Organkompetenz *(Fachspr.);* **~ relative à un regroupement** Verbundzuständigkeit *(Fachspr.);* **~ de conclusion d'un contrat** ≈ Vertragsschließungskompetenz; **~ des frais** Kostenkompetenz; **~ de remplacement** Ersatzzuständigkeit *f;* **~ en cas d'urgence** Notzuständigkeit *f;* **~ en matière d'ententes** Zuständigkeit in Kartellsachen; **~ pour la détermination des directives** Richtlinienkompetenz; **~ pour décider** Entscheidungskompetenz, Entscheidungszuständigkeit *f;* **~ pour signer une convention collective** Tarifzuständigkeit

compétence	
demander la compétence	**nach Zuständigkeit fragen**
Êtes-vous le médecin traitant ?	Sind Sie der behandelnde Arzt/die behandelnde Ärztin?
En êtes-vous responsable ?	Sind Sie dafür zuständig?
exprimer la compétence	**Zuständigkeit ausdrücken**
Oui, cela relève de ma compétence.	Ja, bei mir sind Sie richtig.
Je suis **responsable de** l'organisation de la fête.	Ich bin **für** die Organisation des Festes **verantwortlich/zuständig**.
exprimer sa non-compétence	**Nicht-Zuständigkeit ausdrücken**
Vous n'avez pas frappé à la bonne porte.	Da sind Sie bei mir an der falschen Adresse. *(fam)*
(Je regrette, mais) cela ne relève pas de ma compétence.	Dafür bin ich (leider) nicht zuständig.
(Je regrette, mais) je n'y suis pas autorisé/je n'en ai pas le droit.	Dazu bin ich (leider) nicht berechtigt/befugt.
Ce n'est pas de notre ressort.	Das fällt nicht in unseren Zuständigkeitsbereich. *(form)*

◆ – **d'assistance** JUR Betreuungszuständigkeit *f*; **~ de renvoi** JUR Verweisungszuständigkeit *f*
compétent(e) [kɔ̃petɑ̃, ɑ̃t] *adj* ❶ *(capable)* fähig, kompetent; **être ~(e) en qc** kompetent [*o* bewandert] in etw *(Dat)* sein
❷ *(habilité)* zuständig; **les autorités ~es** die zuständigen Behörden
compétiteur, -trice [kɔ̃petitœʀ, -tʀis] *m, f* SPORT Herausforderer *m*/Herausforderin *f*
compétitif, -ive [kɔ̃petitif, -iv] *adj* ECON wettbewerbsfähig, konkurrenzfähig, kompetitiv *(Fachspr.)*
compétition [kɔ̃petisjɔ̃] *f* ❶ Konkurrenz *f*, Wettbewerb *m*; **être en ~ avec qn** mit jdm im Wettstreit liegen; COM mit jdm in Konkurrenz stehen
❷ SPORT *(activité)* Leistungssport *m*; **le sport de [haute] ~** Hochleistungssport; **~ automobile** Autorennen *nt*; **faire de la ~** Leistungssport [be]treiben
❸ *(épreuve)* Wettkampf *m*; **~ sportive** Sportwettkampf *m*
compétitivité [kɔ̃petitivite] *f* Wettbewerbsfähigkeit *f*, Konkurrenzfähigkeit *f*; **~ au niveau international** internationale Wettbewerbsfähigkeit; **~ au niveau des prix** [*o* **sur les prix**] preisliche Wettbewerbsfähigkeit, Preiswettbewerbsfähigkeit; **renforcer la ~** die Wettbewerbsfähigkeit stärken
compil [kɔ̃pil] *f abr de* **compilation** Sampler *m*
compilable [kɔ̃pilabl] *adj* INFORM kompilierbar
compilateur [kɔ̃pilatœʀ] *m* ❶ INFORM Compiler *m*
❷ *péj (plagiaire)* Kompilator *m (geh)*
compilation [kɔ̃pilasjɔ̃] *f* ❶ *péj* Kompilation *f*
❷ MUS Sampler *m*
❸ INFORM *(action)* Kompilieren *nt*
❹ *(logiciels)* Programmpaket *nt*
compilatrice [kɔ̃pilatʀis] *f péj* Kompilatorin *f (geh)*
compiler [kɔ̃pile] <1> *vt* INFORM kompilieren *programme*
complainte [kɔ̃plɛ̃t] *f* ❶ Klagelied *nt*
❷ JUR Besitzstörungsklage *f (Fachspr.)*
complaire [kɔ̃plɛʀ] <irr> *vpr* se **~ dans qc/à faire qc** Gefallen an etw *(Dat)* finden/daran finden, etw zu tun
complaisamment [kɔ̃plɛzamɑ̃] *adv* ❶ *(obligeamment)* liebenswürdigerweise, gefälligerweise
❷ *(avec autosatisfaction)* selbstgefällig
complaisance [kɔ̃plɛzɑ̃s] *f* ❶ *soutenu (obligeance)* Liebenswürdigkeit *f*; **par ~** aus Gefälligkeit, gefälligerweise; **expertise de ~** Gefälligkeitsgutachten *nt (pej)*
❷ *péj (indulgence)* Nachsicht *f*; **faire preuve de trop de ~ envers qn** jdm gegenüber viel zu nachsichtig sein
❸ *(autosatisfaction)* Selbstgefälligkeit *f*
complaisant(e) [kɔ̃plɛzɑ̃, ɑ̃t] *adj* ❶ *(obligeant)* gütig, hilfsbereit; **vous n'êtes pas très ~(e)** Sie sind nicht sehr entgegenkommend
❷ *(indulgent)* nachsichtig; *oreille* offen
❸ *(satisfait)* selbstgefällig
complément [kɔ̃plemɑ̃] *m* ❶ *(ce qui s'ajoute) d'un objet* Zubehörteil *nt*; **~ au contrat** Vertragszusatz *m*, Vertragsergänzung *f*; **~ d'un angle** Ergänzungswinkel *m*; **le ~ d'une/de la somme** der restliche Betrag; **~ familial** Familienzulage *f*; **~ salarial** Lohnzuschlag *m*; **~ un ~ d'information/enquête** zusätzliche Informationen/Untersuchungen *Pl*; **ajouter un ~ à son testament** sein Testament mit einem Zusatz versehen

❷ GRAM Ergänzung *f*; **~ circonstanciel de lieu** Umstandsbestimmung *f* des Ortes; **~ circonstanciel de temps** Umstandsbestimmung der Zeit, Zeitbestimmung *f*; **~ déterminatif** nähere Bestimmung; **~ de lieu** Ortsangabe *f*, Ortsbestimmung *f*
◆ – **d'agent** Agens *nt*; **~ d'attribution** Dativobjekt *nt*; **~ du nom** Genitivobjekt *nt*; **~ d'objet direct** direktes Objekt; **~ de pension** Sonderleistung *f*; **~ du verbe** Satzergänzung *f*
complémentaire [kɔ̃plemɑ̃tɛʀ] *adj (additionnel)* ergänzend; *renseignement* zusätzlich; **des précisions ~s** weitere [*o* nähere] Erläuterungen
complémentarité [kɔ̃plemɑ̃taʀite] *f* Komplementarität *f*
complet [kɔ̃plɛ] *m vieilli (costume)* Anzug *m*
complet, -ète [kɔ̃plɛ, -ɛt] *adj* ❶ *(exhaustif, entier)* vollständig, komplett; *pain, farine* Vollkorn-; *étude* umfassend; **les œuvres complètes** die gesammelten Werke; **aliment ~** *(pour les personnes/animaux)* vollwertiges Nahrungsmittel/Futter
❷ *(total) obscurité, misère* völlig; **succès/échec ~** voller Erfolg/totaler Misserfolg
❸ *(achevé) acteur, athlète* vollendet; *homme, femme* perfekt
❹ *(qui possède toutes les fonctions)* **être ~(-ète)** *appareil, meuble*: mit allem ausgestattet sein
❺ *(plein) autobus* voll; *hôtel* voll belegt; *parking* besetzt; **afficher ~** *théâtre, spectacle, pièce*: ausverkauft sein; **nous affichons ~ pour ce voyage** diese Reise ist ausgebucht
▶ **eh bien, c'est ~!** das ist [wirklich] eine reife Leistung!; **au grand ~** vollzählig
complètement [kɔ̃plɛtmɑ̃] *adv* ❶ *(entièrement)* vollständig, ganz
❷ *(absolument)* völlig
compléter [kɔ̃plete] <5> I. *vt* ❶ *(rendre complet)* vervollständigen
❷ *(améliorer)* vervollkommnen
❸ *(fournir ultérieurement)* nachtragen *informations*
II. *vpr* se **~** ❶ *(s'accroître)* sich vervollständigen
❷ *(se parfaire en s'associant)* sich ergänzen
complétif, -ive [kɔ̃pletif, -iv] *adj* ergänzend; **proposition complétive** Ergänzungssatz *m*, Objektsatz *m*
complexe [kɔ̃plɛks] I. *adj* ❶ *(compliqué)* komplex; *situation, caractère* schwierig
❷ GRAM zusammengesetzt; **phrase ~** zusammengesetzter Satz; *(peu compréhensible)* verschachtelter Satz
❸ CHIM, MATH komplex
II. *m* ❶ PSYCH Komplex *m*; **sans |aucun] ~** ohne Komplexe
❷ *(batiments)* Komplex *m*; **~ hospitalier** Krankenhauskomplex; **~ hôtelier/de bureaux** Hotel-/Bürokomplex; **~ industriel** Industriekomplex; **~ sportif** Sportanlage *f*; **hôtel doté d'un ~ sportif** Sporthotel *m*; **~ touristique** Touristenzentrum *nt*
❸ CHIM, PHARM Komplexverbindung *f*
❹ MED **~ antigène-anticorps** Antigen-Antikörper-Komplex *m*; **~ symptomatique** Symptomenkomplex
▶ **être bourré(e) de ~s** voller Komplexe stecken; **donner des ~s à qn** bei jdm Komplexe hervorrufen; **faire un ~** *fam* Komplexe haben
◆ – **d'infériorité** Minderwertigkeitskomplex *m*; **~ d'Œdipe** Ödipuskomplex *m*
complexé(e) [kɔ̃plɛkse] *adj fam* ❶ PSYCH voller Komplexe
❷ *(coincé)* verklemmt

complexer [kɔ̃plɛkse] <1> vt ~ qn bei jdm Komplexe hervorrufen
complexifier [kɔ̃plɛksifje] <1a> vt verkomplizieren
complexion [kɔ̃plɛksjɔ̃] f ❶ *littér (constitution)* Körperbau m
❷ *vieilli (caractère)* Naturell nt, Veranlagung f
complexité [kɔ̃plɛksite] f Komplexität f, Vielschichtigkeit f
complication [kɔ̃plikasjɔ̃] f ❶ *(complexité, ennui)* Schwierigkeit f; **faire des ~s** Schwierigkeiten machen; **~ de l'importation** Einfuhrerschwerung f
❷ MED Komplikation f
complice [kɔ̃plis] I. adj ❶ *(coresponsable)* **être ~ d'un vol** Komplize bei einem Diebstahl sein
❷ *(qui marque une connivence)* verständnisinnig; **être ~ de qn** mit jdm gemeinsame Sache machen, mit jdm unter einer Decke stecken *fam*
II. mf Komplize m/Komplizin f
complicité [kɔ̃plisite] f ❶ *(participation à un délit)* Mittäterschaft f, Beihilfe f, Komplizenschaft f; **~ de meurtre/vol** Beihilfe zum Mord/Diebstahl; **grâce à la ~ d'un gardien** dank der Beihilfe eines Wärters; **agir en ~** [o **par aide**] Beihilfe leisten
❷ *(connivence)* [geheimes] Einverständnis; **il y a une certaine ~ entre eux** sie verstehen sich auch ohne viele Worte
▶ **agir en ~ avec qn** JUR mit jdm gemeinsame Sache machen, *fig* sich mit jdm zusammentun; **avoir des ~s** Verbindungen [o Kontakte] haben
complies [kɔ̃pli] fpl REL Komplet f
compliment [kɔ̃plimɑ̃] m ❶ *(parole élogieuse)* Kompliment nt; **je prends ça comme un ~** ich fasse das als Kompliment auf; **faire des ~s à qn pour** [o **sur**] **qc** jdm für etw Komplimente machen
❷ *(félicitations)* Glückwunsch m; **tous mes ~s!** herzlichen Glückwunsch!
❸ pl *(politesse)* Empfehlung f; **mes ~s à Madame votre mère** meine Empfehlung an Ihre Frau Mutter
❹ *(petit discours)* **dire** [o **réciter**] **un ~** ein paar Worte der Begrüßung/des Glückwunsches sagen
▶ **retourner le ~ à qn** jds Kompliment erwidern; **avec les ~s de qn** mit jds freundlichen Grüßen; **merci du ~!** danke für die Blumen!; **mes ~s!** mein Kompliment!, gratuliere!
complimenter [kɔ̃plimɑ̃te] <1> vt ❶ *(congratuler)* **~ qn pour qc** jdn zu etw beglückwünschen
❷ *(faire des compliments)* **~ qn pour** [o **sur**] **qc** jdm für etw Komplimente machen
complimenteur, -euse [kɔ̃plimɑ̃tœʀ, -øz] adj schmeichlerisch; **être ~(-euse)** viele Komplimente machen
compliqué(e) [kɔ̃plike] adj ❶ *(difficile à comprendre)* kompliziert; *problème* schwierig
❷ *(qui aime la complication)* umständlich; **avoir l'esprit ~** umständlich sein
▶ **c'est pas ~** *fam* [ganz] einfach *(fam)*; **c'est pas ~, elle m'énerve** sie geht mir einfach auf den Wecker *(fam)*; **c'est déjà assez ~ comme ça** es ist so schon kompliziert genug; *problème, situation:* es ist so schon schwierig genug
compliquer [kɔ̃plike] <1> I. vt erschweren
II. vpr **se ~** ❶ *(devenir plus compliqué)* choses, affaire: komplizierter werden; *situation:* sich zuspitzen; *maladie:* sich verschlimmern
❷ *(rendre plus compliqué)* **se ~ la vie** sich *(Dat)* das Leben [unnötig] schwer machen
▶ **ça se complique** *fam* jetzt wird's schwierig [o kompliziert]
complot [kɔ̃plo] m Komplott nt; **former** [o **ourdir**] [o **tramer**] **un ~ contre qn** ein Komplott gegen jdn schmieden
comploter [kɔ̃plɔte] <1> I. vt ausklügeln *mauvais coup;* **~ de faire qc** heimlich planen, etw zu tun; **qu'est-ce que vous complotez?** was heckt ihr [wieder] aus? *(fam)*
II. vi **~ contre qn** gegen jdn ein Komplott schmieden
comploteur, -euse [kɔ̃plɔtœʀ, -øz] m, f Verschwörer(in) m(f)
componction [kɔ̃pɔ̃ksjɔ̃] f *(gravité affectée)* übertriebener Ernst m
comportement [kɔ̃pɔʀtəmɑ̃] m a. JUR, TECH Verhalten nt; **son ~ envers moi** sein/ihr Verhalten mir gegenüber; **il a un ~ étrange** er benimmt [o verhält] sich merkwürdig; **~ des acheteurs/consommateurs** Käufer-/Konsumverhalten; **~ au volant** Fahrverhalten; **~ du marché/sur le marché** COM Marktverhalten; **~ abusif sur le marché** JUR missbräuchliches Marktverhalten; **~ de la concurrence** COM Wettbewerbsverhalten; **~ alimentaire** Essverhalten; **~ routier** Fahrverhalten; **~ sur route/en vol** Fahr-/Fluggeschaft f *(meist Pl)*; **~ propre d'un véhicule** Eigenlenkverhalten eines Fahrzeugs
◆ **~ du consommateur** Verbraucherverhalten nt
comportemental(e) [kɔ̃pɔʀtəmɑ̃tal, o] <-aux> adj *thérapie* Verhaltens-; **troubles comportementaux** Verhaltensstörungen Pl
comportementaliste [kɔ̃pɔʀtəmɑ̃talist] adj behavioristisch
comporter [kɔ̃pɔʀte] <1> I. vt ❶ *(être constitué de)* bestehen aus, umfassen
❷ *(inclure)* **~ qc** etw aufweisen; *appareil:* mit etw ausgestattet sein
II. vpr **se ~** ❶ *(se conduire)* sich benehmen; **se ~ bien/mal** sich gut/schlecht benehmen; **se ~ comme un gamin** sich wie ein kleines Kind benehmen
❷ *(réagir)* sich verhalten; **se ~ mal dans les virages** *voiture:* ein schlechtes Kurvenverhalten haben

composant [kɔ̃pozɑ̃] m ❶ CHIM Bestandteil m
❷ ELEC Bauelement nt
❸ INFORM Komponente f; **~ électronique** PC-Komponente
composant(e) [kɔ̃pozɑ̃, ɑ̃t] adj **élément ~** Bestandteil m
composante [kɔ̃pozɑ̃t] f Komponente f
composé [kɔ̃poze] m ❶ CHIM Verbindung f; **~ du cuivre** Kupferverbindung
❷ GRAM zusammengesetztes Wort, Kompositum nt
❸ *(mélange)* Mischung f
composé(e) [kɔ̃poze] adj GRAM, CHIM zusammengesetzt
composées [kɔ̃poze] fpl BOT Korbblütler Pl
composer [kɔ̃poze] <1> I. vt ❶ *(constituer)* zusammenstellen; aufstellen *équipe;* wählen *numéro*
❷ *(créer)* kreieren *boisson, plat;* komponieren *œuvre musicale;* verfassen, schreiben *poème*
❸ TYP setzen
❹ *(faire partie de)* bilden; **être composé(e) de personnes/choses** aus Menschen/Dingen bestehen
II. vi ❶ MUS komponieren
❷ *(transiger)* **~ avec sa conscience/un ennemi** sich mit seinem Gewissen/einem Feind gütlich einigen
III. vpr **se ~ de qc** aus etw bestehen
composite [kɔ̃pozit] adj ❶ *(hétéroclite)* [bunt]gemischt, zusammengewürfelt
❷ CHIM, TECH **matériau ~** Verbundmaterial nt
compositeur, -trice [kɔ̃pozitœʀ, -tʀis] m, f MUS Komponist(in) m(f); **~(-trice) d'opéra/de variété** Opern-/Schlagerkomponist(in)
composition [kɔ̃pozisjɔ̃] f ❶ *(agencement)* Zusammenstellung f; **~ d'une/de l'équipe** Mannschaftsaufstellung f
❷ TYP *(fait de composer)* Setzen nt; *(résultat)* Satz m; **manuscrit prêt pour la ~** satzfertiges Manuskript
❸ ART, LITTER, MUS *(fait de composer d'une œuvre musicale)* Komponieren nt; **la ~ d'un roman** das Schreiben eines Romans
❹ *(œuvre)* Komposition f; **~ pour orgue** Orgelwerk nt; **une œuvre de ma/ta/sa ~** eine Eigenkomposition; **la ~ française** der [französische] Aufsatz
❺ GASTR Kreation f
❻ *(ensemble des composants)* Zusammensetzung f; **~ des principes actifs** Wirkstoffkombination f
❼ *(structure)* *d'un poème, texte* Aufbau m; *d'un tableau* Komposition f
▶ **être de bonne ~** gutmütig [veranlagt] sein
compost [kɔ̃pɔst] m Kompost m
compostage [kɔ̃pɔstaʒ] m ❶ *(traitement au compost)* Düngen nt mit Kompost
❷ *(validation au composteur)* Entwerten nt
composter [kɔ̃pɔste] <1> vt ❶ *(amender)* mit Kompost düngen
❷ *(valider)* entwerten
composteur [kɔ̃pɔstœʀ] m Entwerter m
compote [kɔ̃pɔt] f Kompott nt; **~ de pommes/de rhubarbe/de pêche** Apfel-/Rhabarber-/Pfirsichkompott
compotier [kɔ̃pɔtje] m ❶ *(plat)* Kompottschüssel f
❷ *(contenu)* Schüssel f Kompott
compound [kɔ̃pund] I. adj inv TECH Verbund-
II. f Compoundmaschine f
compréhensible [kɔ̃pʀeɑ̃sibl] adj ❶ *(qui peut être compris)* verständlich
❷ *(qui s'explique facilement)* verständlich, begreiflich
compréhensif, -ive [kɔ̃pʀeɑ̃sif, -iv] adj verständnisvoll
compréhension [kɔ̃pʀeɑ̃sjɔ̃] f ❶ *(possibilité d'être compris)* Verständlichkeit f
❷ *(tolérance)* Verständnis nt
❸ *(faculté de comprendre)* Auffassungsgabe f; **processus de ~** Erkenntnisprozess m
comprendre [kɔ̃pʀɑ̃dʀ] <13> I. vt ❶ *(entendre clairement)* verstehen; **faire ~ qc à qn** *(expliquer)* jdm etw klarmachen; *(dire indirectement)* jdm etw zu verstehen geben
❷ *(saisir le sens)* verstehen, begreifen
❸ *(concevoir)* **~ qn/qc** jdn/etw verstehen, für jdn/etw Verständnis haben; **~ que ce soit difficile** verstehen, dass es schwierig ist
❹ *(se rendre compte de)* **~ qc** sich *(Dat)* über etw *(Akk)* im Klaren sein
❺ *(être composé de)* bestehen aus
❻ *(inclure)* **~ qn/qc** jdn/etw mit einschließen; **je vous ai compris(e) dans la liste** ich habe Sie in der Liste mit aufgeführt; **je ne comprends pas les frais de déménagement** ich rechne die Umzugskosten nicht mit ein; **T.V.A. comprise** MwSt. inbegriffen; **le loyer ne comprend pas les charges** in der Miete sind die

comprendre	
signaler la compréhension	**Verstehen signalisieren**
(Oui,) je comprends !	(Ja, ich) verstehe!
Exactement !	Genau!
Oui, je comprends cela.	Ja, das kann ich nachvollziehen.
signaler l'incompréhension	**Nicht-Verstehen signalisieren**
Que voulez-vous dire par là ?	Was meinen Sie damit?
Pardon ? Je n'ai pas entendu ce que vous disiez à l'instant.	Wie bitte? Das habe ich eben akustisch nicht verstanden.
Pourriez-vous répéter, s'il vous plaît ?	Könnten Sie das bitte wiederholen?
Je comprends pas !/Je pige pas ! *(fam.)*	Versteh ich nicht!/Kapier ich nicht! *(fam)*
Je ne comprends pas (très bien).	Das verstehe ich nicht (ganz).
(Excusez-moi, mais) je n'ai pas compris.	(Entschuldigen Sie bitte, aber) das hab ich eben nicht verstanden.
Je ne vous suis pas vraiment.	Ich kann Ihnen nicht ganz folgen.
s'assurer qu'on a bien été entendu	**sich versichern, ob man akustisch verstanden wird**
(à un public) Vous m'entendez tous ?	*(an ein Publikum)* Verstehen Sie mich alle?
(au téléphone) Vous m'entendez ?	*(am Telefon)* Können Sie mich hören?
(au téléphone) Vous comprenez ce que je dis ?	*(am Telefon)* Verstehen Sie, was ich sage?

Nebenkosten nicht inbegriffen
▶ ~ **mal** **qn** jdn missverstehen, jdn falsch verstehen; **croire** ~ **que qn/qc fait qc** zu verstehen glauben, dass jd/etw etw tut; **dois-je** ~ **que c'est vous?** soll das heißen, dass Sie es sind?; **faire** ~ **qc à qn** *(expliquer)* jdm etw klarmachen; ~ *(dire indirectement)* jdm etw zu verstehen geben; **ne** ~ **rien à rien** *fam* überhaupt nichts kapieren *(fam)*
II. *vi* verstehen
▶ il ne faut pas **chercher à** ~ da gibt es nichts zu verstehen; **se faire** ~ sich klar [und deutlich] ausdrücken
III. *vpr* **se** ~ ❶ *(être compréhensible)* verständlich sein
❷ *(communiquer)* sich verständigen
❸ *(s'accorder) personnes:* sich [gut] verstehen
▶ **ça se comprend** das ist verständlich, das ist nicht verwunderlich
comprenette [kɔ̃pʀənɛt] *f* **avoir la** ~ **un peu dure** *fam* schwer von Begriff sein *(fam)*
compresse [kɔ̃pʀɛs] *f* Kompresse *f*; ~ **stérile** sterile [Mull]kompresse; ~ **fenêtrée** MED Fensterverband *m*
compresser [kɔ̃pʀese] <1> *vt* zusammendrücken
compresseur [kɔ̃pʀesœʀ] *m* Kompressor *m*
compressibilité [kɔ̃pʀesibilite] *f* ❶ PHYS Verdichtbarkeit *f*, Kompressibilität *f*
❷ FIN Reduzierbarkeit *f*
compressible [kɔ̃pʀesibl] *adj* ❶ PHYS verdichtbar, kompressibel
❷ FIN reduzierbar; **nos dépenses ne sont pas ~s** unsere Ausgaben können nicht gesenkt werden
compressif, -ive [kɔ̃pʀesif, -iv] *adj* ❶ MED **pansement** ~ Druckverband *m*
❷ FIN **mesures compressives** Einsparungsmaßnahmen *Pl*
compression [kɔ̃pʀesjɔ̃] *f* ❶ PHYS Verdichtung *f*, Komprimierung *f*
❷ *(réduction)* Senkung *f*, Reduzierung *f*; ~ **des acquis sociaux** Sozialabbau *m*; ~ **de personnel** Personalabbau; **~s budgétaires** Haushaltskürzungen *Pl*
❸ INFORM Komprimierung *f*, Kompression *f*, Verdichtung *f*; ~ **de/du fichier** Dateikomprimierung; ~ **de données** Datenkomprimierung, Datenkompression; ~ **de données avec/sans perte** verlustreiche/verlustfreie Komprimierung von Daten; **programme de ~ du disque dur** Festplattenkomprimierungsprogramm *nt*
❹ MED Kompression *f*; **bandage de** ~ Kompressionsverband *m*
comprimé [kɔ̃pʀime] *m* Tablette *f*; **en** [*o* **sous forme de**] **~s** in Tablettenform
comprimé(e) [kɔ̃pʀime] *adj* ❶ *(serré)* être ~(e) **dans qc** *personne:* in etw *(Dat)* eingezwängt sein
❷ PHYS **air** ~ Pressluft *f*; **carabine à air** ~ Luftgewehr *nt*

comprimer [kɔ̃pʀime] <1> *vt* ❶ *(presser)* komprimieren; abdrücken *artère*
❷ *(serrer)* ~ **qc à qn** jdm etw zusammendrücken; **la ceinture lui comprime le ventre** der Gürtel schnürt ihm/ihr den Bauch ein
❸ *(réduire)* reduzieren *dépenses, effectifs, budget*
❹ *(réprimer)* unterdrücken *colère, larmes*
❺ INFORM komprimieren, verdichten *données*
compris(e) [kɔ̃pʀi, iz] **I.** *part passé de* **comprendre**
II. *adj* ❶ *(inclus)* inklusive, einschließlich; **être ~(e) dans le prix** im Preis inbegriffen sein; **[la] T.V.A. non ~e** ohne Mehrwertsteuer; **jusqu'à la page 43 non ~e** bis einschließlich Seite 42; **tout ~** alles inbegriffen
❷ *(situé)* être ~(e) **entre cinq et sept pourcent** zwischen fünf und sieben Prozent liegen; **période ~e entre 1920 et 1930** Zeitabschnitt *m* von 1920 bis 1930
compromettant(e) [kɔ̃pʀɔmɛtɑ̃, ɑ̃t] *adj* kompromittierend
compromettre [kɔ̃pʀɔmɛtʀ] <*irr*> **I.** *vt* ❶ kompromittieren, bloßstellen *personne;* schädigen *réputation, nom;* **être compromis(e) réputation:** Schaden genommen haben; **être compromis(e) dans qc** wegen etw ins Gerede gekommen sein
❷ *(menacer)* gefährden; **notre voyage est compromis** aus unserer Reise wird wohl nichts
II. *vpr* **se** ~ **avec qn/dans qc** wegen jdm/einer S. ins Gerede kommen
compromis [kɔ̃pʀɔmi] *m* Kompromiss *m;* **faire un** ~ einen Kompromiss schließen
compromission [kɔ̃pʀɔmisjɔ̃] *f* Zugeständnis *nt*
compta [kɔ̃ta] *f fam abr de* **comptabilité** Buchhaltung *f*
comptabilisable [kɔ̃tabilizabl] *adj* ECON ~ **à l'actif** aktivierungsfähig *(Fachspr.)*
comptabilisation [kɔ̃tabilizasjɔ̃] *f* ECON Verbuchung *f*, Abrechnung *f;* ~ **à l'actif** Aktivierung *f;* ~ **des effets escomptés** Diskontabrechnung; ~ **des écarts entre coût prévu et coût réel** Plan-Ist-Abrechnung
comptabiliser [kɔ̃tabilize] <1> *vt* ❶ FIN erfassen, [ver]buchen; ~ **des bénéfices** Gewinne verbuchen; ~ **qc en dépenses** etw als Ausgaben buchen; ~ **qc à la colonne débit de ...** etw zu Lasten von ... buchen; ~ **qc à son coût d'acquisition** etw zum Anschaffungswert bewerten
❷ *(compter)* ~ **qc dans qc** etw zu etw zählen
comptabilité [kɔ̃tabilite] *f* ❶ *(discipline)* Rechnungswesen *nt*
❷ *(comptes)* Buchführung *f*, Buchhaltung *f;* **gérer** [*o* **tenir**] **la** ~ die Buchhaltung [*o* Buchführung] machen; **passer qc en** ~ etw [ver]buchen; ~ **simple** einfache Buchführung; ~ **[à partie] double** doppelte Buchführung, Doppik *f (Fachspr.);* ~ **générale effectuée en interne** selb[st]ständige Buchführung; ~ **matière** Lagerbuchhaltung; ~ **nationale** volkswirtschaftliche Gesamtrechnung; ~ **par**

poste de travail Platzkostenrechnung *f;* ~ **analytique d'exploitation** Betriebsabrechnung *f;* ~ **des comptes débiteurs** FIN Debitorenbuchhaltung; **en dehors de la** ~ außerhalb der Buchführung
③ *(service)* Buchhaltung *f,* Rechnungswesen *nt*
④ ECON *(action de tenir des comptes)* Rechnungslegung *f*
◆ ~ **du bilan** Bilanzbuchhaltung *f*
comptable [kɔ̃tabl] **I.** *adj* ❶ **plan** ~ Kontenplan *m;* **exercice** ~ Rechnungsjahr *nt;* **document/pièce** ~ Buchungsbeleg *m,* Buchhaltungsbeleg; **machine** ~ Buchungsmaschine *f;* **service** ~ Buchhaltung *f;* **prescription/norme** ~ Rechnungslegungsvorschrift *f;* **pour des raisons d'ordre** ~ aus buchungstechnischen Gründen
❷ *(conforme aux comptes)* buchmäßig
II. *mf* Buchhalter(in) *m(f);* ~ **agréé(e)** vereidigter Steuerprüfer/vereidigte Steuerprüferin
◆ ~ **du Trésor** *form* Finanzbeamte(r) *m*/-beamtin *f*
comptage [kɔ̃taʒ] *m* Zählung *f,* Zählen *nt*
comptant [kɔ̃tɑ̃] **I.** *m sans pl* Barzahlung *f;* **acheter/vendre au** ~ gegen Barzahlung kaufen/verkaufen
II. *adv* **payer** ~ bar bezahlen, per Kassa bezahlen *(Fachspr.);* ~ **sans escompte** bar ohne Abzug
III. *adj inv* bar; *v. a.* **argent**
compte [kɔ̃t] *m* ❶ *sans pl (calcul)* Zählung *f; des suffrages,* **points** [Aus]zählung *f; (calcul détaillé)* Aufstellung *f*
❷ *sans pl (résultat)* Ergebnis *nt;* **faire le** ~ stimmen; **avez-vous le bon** ~ **de chaises?** *(suffisamment)* haben Sie genug Stühle?; *(le même nombre)* sind noch alle Stühle da?; **le** ~ **est bon** [*o* **juste**] **les** ~ **y est** *fam* es haut hin *(fam);* **cela fait un** ~ **rond** *o* macht [*o* ergibt] eine runde Summe
❸ *(note)* Rechnung *f;* **faire le** ~ die Rechnung machen
❹ *(écritures comptables)* Konto *nt;* ~ **courant** Kontokorrent *nt (Fachspr.);* ~**s courants** laufende Konten; ~ **courant de personnes** Kontokorrentkonto; **publier à** ~ **d'auteur** auf Kosten des Autors veröffentlichen; ~**s de l'actif** Aktivkonten; ~ **de créances douteuses** Außenstände *Pl;* ~**s d'une entreprise/de l'État** Unternehmens-/Staatskonten; ~ **de régularisation** ECON Rechnungsabgrenzungsposten *m (Fachspr.);* ~ **de créances à recevoir** FIN Debitorenkonto; **faire** [*o* **régler**] **les** ~**s** Bilanz ziehen; **faire ses** ~ abrechnen; **tenir les** ~**s** die Finanzen regeln; **agir pour son propre** ~ COM auf eigene Rechnung handeln; **livre de** ~ Geschäftsbuch *nt; (pour le ménage)* Haushaltsbuch
❺ *(compte en banque)* Konto *nt;* ~ **arrêté en fin de mois** Ultimoabschluss *m;* ~ **auxiliaire/fiduciaire** Hilfs-/Treuhandkonto; ~ **collectif** Gemeinschaftskonto, Sammelkonto; ~ **courant** Girokonto; ~ **créditeur/débiteur** Aktiv-/Passivkonto; ~ **général/joint/mixte** Sach-/Gemeinschafts-/Mischkonto; ~ **privé** Privatkonto; ~ **provisoire** vorläufiges Konto; ~ **réfléchi** Geschäftskonto; ~ **temporaire** Durchlaufkonto; ~ **de caisse** Kassakonto, Kassenkonto; **solder le** ~ **de caisse** das Kassakonto saldieren; ~ **chèque** Scheckkonto; ~ **chèque postal** Postscheckkonto, Postgirokonto; ~ **client** Kundenkonto; ~**s de capitaux propres** Eigenkapitalkonten; ~**s de dépôt** Depositenkonten; ~ **de frais** Spesenkonto; ~ **en devise[s]** Währungskonto, Devisenkonto; ~ **en monnaie étrangère** Fremdwährungskonto; ~ **sur livret** Sparkonto; **avoir un** ~ **dans une banque** ein Konto bei einer Bank haben; **ouvrir/fermer un** ~ ein Konto eröffnen/auflösen; **banque gérant le** ~ kontoführende Bank
❻ INFORM Account *nt;* ~ **de courrier électronique** E-Mail-Account
▶ **les bons** ~**s font les bons amis** *prov* ~ Genauigkeit in Gelddingen erhält die Freundschaft; **des** ~**s d'apothicaire** *fam* komplizierte Rechnerei; **au bout du** ~ schließlich; **en fin de** ~ letzten Endes; **son** ~ **est bon!** *fam* er kriegt, was er verdient! *(fam);* **s'en tirer à bon** ~ [noch] gut [*o* billig] davon kommen; **être loin du** ~ sich [ganz schön] vertan haben; **avoir son** ~ *(recevoir son dû)* auf seine Kosten kommen; *(être ivre)* sein Quantum haben; *(être K.-O.)* sein[en] Teil bekommen haben; **avoir son** ~ **de qc** genug von etwas haben; **avoir un** ~ **à régler avec qn** *fam* mit jdm eine Rechnung zu begleichen haben; **demander** [*o* **réclamer**] **des** ~**s à qn** jdn zur Rechenschaft ziehen; **devoir des** ~**s à qn** jdm Rechenschaft schuldig sein; **donner son** ~ **à qn** jdm kündigen; **faire le** ~ **de qc** aus etw [die] Bilanz ziehen; **comment fait-il/fait-elle son** ~ **pour ...?** wie bringt er/sie das nur fertig, zu ...?; **tout** ~ **fait** alles in allem; **laisser qn/qc pour** ~ jdn/etw außer Acht lassen; **être laissé(e) pour** ~ das Nachsehen haben; **mettre qc sur le** ~ **de qn/qc** jdn/etw für etw verantwortlich machen; **prendre qc à son** ~ etw übernehmen, die Kosten einer S. *(Gen)* übernehmen; **prendre qc sur son** ~ für etw die Verantwortung übernehmen; **prendre qc en** ~ etw berücksichtigen, etw in Rechnung stellen; **en prendre pour son** ~ *fam* [von etw] die Schnauze voll haben *(fam);* **régler ses** ~**s avec qn** mit jdm ins Reine kommen; **régler son** ~ **à qn** *(renvoyer)* jdm übel mitspielen; *(faire un mauvais sort à)* mit jdm abrechnen; **rendre des** ~**s à qn** *(se justifier)* jdm [gegenüber] Rechenschaft ablegen; **rendre** ~ **de qc à qn** jdm über

etw *(Akk)* berichten; **se rendre** ~ **de qc** *(s'apercevoir)* etw bemerken; *(comprendre)* sich *(Dat)* über etw *(Akk)* im Klaren sein; **se rendre** ~ **que** ~ *indic (s'apercevoir)* bemerken, dass; *(comprendre)* sich *(Dat)* darüber im Klaren sein, dass; **tu te rends** ~**!** [hoffentlich] bist du dir darüber im Klaren!; *(imagine)* stell dir [das] mal vor!; **reprendre qc à son** ~ etw übernehmen; ~ **tenu de qc** in Anbetracht einer S. *(Gen);* **tenir** ~ **à qn de qc** *soutenu* jdm etw zugutehalten *(geh);* **tenir** ~ **de qc** etw berücksichtigen; **tenir** ~ **du fait que** + *indic* berücksichtigen, dass; **y trouver son** ~ dabei auf seine Kosten kommen; **à son** ~ selb[st]ständig; **s'installer** [*o* **se mettre**] **à son** ~ sich selb[st]ständig machen; **à ce** ~**-là** *(dans ces conditions)* dann, in diesem Fall; *(à ce rythme-là)* wenn das so weitergeht; **pour le** ~ **de qn/qc** *(ou tre)* im Auftrag *(Dat)*/im Auftrag einer S. *(Gen);* **pour mon** ~ [**personnel**] was mich angeht, ich für mein[en] Teil; **pour mon** ~ **personnel** für meinen persönlichen Bedarf; **sur le** ~ **de qn** in Bezug auf jdn
◆ ~ **devises** Devisenbilanz *f;* ~ **marchandises** Warenkonto *nt (veraltet);* ~ **à rebours** Countdown *m;* ~ **d'attente** Interimskonto *nt,* Zwischenkonto; ~ **du bilan** Bilanzkonto *nt;* ~ **de capital** Kapitalkonto *nt;* ~ **de compensation** Verrechnungskonto *nt;* ~ **de consignation** JUR Treuhandkonto *nt,* Anderkonto *(Fachspr.);* ~ **de contrepartie** Gegenkonto *nt;* ~ [**d'**]**épargne** Sparkonto *nt;* ~ **d'épargne-logement** Bausparkonto *nt;* ~ **de liquidation** Liquidationskonto *nt;* ~ **des pertes** Verlustrechnung *f,* ~ **des pertes et profits** Gewinn- und Verlustrechnung *f,* Aufwands- und Ertragsrechnung *(Fachspr.);* ~ **de résultat** Aufwands- und Ertragsrechnung *f,* Gewinn- und Verlustrechnung
compte-gouttes [kɔ̃tgut] *m inv* Pipette *f*
▶ **au** ~ tröpfchenweise *(fam),* in Etappen; **laisser entrer les visiteurs au** ~ die Besucher nach und nach eintreten lassen
compter [kɔ̃te] <1> **I.** *vt* ❶ *(dénombrer)* zählen, *(totaliser)* zusammenzählen; [aus]zählen *voix, suffrages*
❷ *(donner avec parcimonie)* ~ **son argent** mit seinem Geld geizen; **être compté(e)** *congés:* rar sein
❸ *(facturer, pénaliser)* berechnen; in Rechnung stellen *heure supplémentaire;* SCOL anrechnen *faute;* ~ **une taxe à qn** jdm eine Gebühr berechnen; ~ **cent euros à qn pour le dépannage** jdm hundert Euro für die Reparatur berechnen
❹ *(s'impatienter)* zählen *heures, jours*
❺ *(avoir duré)* ~ **deux ans d'existence** seit zwei Jahren bestehen
❻ *(prévoir, évaluer)* rechnen; ~ **200 g/100 euros par personne** 200 g/100 Euro pro Person [*o* pro Kopf] rechnen; ~ **trois heures de train pour le retour** drei Stunden für die Rückfahrt rechnen
❼ *(prendre en compte)* berücksichtigen *ourlet, emballage;* *(ajouter à un ordre de)* [mit]zählen, [mit]rechnen; **dix personnes sans** ~ **les enfants** zehn Personen, die Kinder nicht mitgerechnet
❽ *(ranger parmi)* ~ **qn/qc parmi** [*o* **au nombre de**] ... jdn/etw zu ... zählen [*o* rechnen]
❾ *(posséder, comporter)* personne: haben; **la ville compte plusieurs monuments** in der Stadt befinden sich mehrere Denkmäler; **la ville compte dix mille habitants** die Stadt zählt zehntausend Einwohner; ~ **de nombreuses pièces rares** *collection:* viele seltene Stücke umfassen; **ne pas** ~ **d'ennemis** keine Feinde haben
❿ *(avoir l'intention de)* ~ **faire qc** beabsichtigen [*o* vorhaben], etw zu tun; *(espérer)* damit rechnen, etw zu tun; ~ **recevoir une réponse dans huit jours** innerhalb einer Woche mit einer Antwort rechnen; **je compte bien qu'elle viendra** ich rechne schon damit, dass sie kommt
▶ **on peut les** ~ **sur les doigts de la main** man kann sie an den Fingern abzählen; **on ne les compte plus** man kann sie schon nicht mehr zählen; **sans** ~ **que le patron le sait** *(et en outre)* zudem weiß der Chef es; *(d'autant plus que)* zumal der Chef es weiß
II. *vi* ❶ *(énumérer)* zählen; **savoir** ~ zählen können
❷ *(calculer)* rechnen; ~ **sur ses doigts** mit den Fingern rechnen; ~ **large** großzügig [*o* gut] rechnen
❸ *(être économe)* mit jedem Pfennig rechnen; **dépenser sans** ~ ausgeben ohne aufs Geld zu sehen; **s'engager sans** ~ sich voll und ganz einsetzen
❹ *(tenir, ne pas tenir compte de)* ~ **avec qn/qc** mit jdm/etw rechnen, jdn/etw einkalkulieren; ~ **sans qn/qc** jdn/etw außer Acht lassen
❺ *(s'appuyer, tabler sur)* ~ **sur qn/qc** mit jdm/etw rechnen, auf jdn/etw zählen; **j'y compte bien!** *fam* ich verlasse mich drauf!; **tu peux** ~ [**là**-]**dessus!** darauf kannst du dich verlassen!; **n'y comptez pas avant mardi!** das wird wohl nichts vor Dienstag!, rechnen Sie nicht vor Dienstag damit!
❻ *(avoir de l'importance)* zählen; ~ **pour qn** jdm etwas bedeuten; ~ **beaucoup pour qn** jdm viel bedeuten; ~ **pour beaucoup dans qc** zu etw viel beitragen, bei etw eine große Rolle spielen; **ne** ~ **pour rien dans qc** keinen Anteil an etw *(Dat)* haben, nichts mit etw zu tun haben; **dix ans, ça compte!** zehn Jahre, das ist eine ganze Menge! *(fam);* **ce qui compte, c'est d'être en bonne santé** was zählt, ist die Gesundheit

❼ *(être valable, valoir)* zählen; **~ pour deux/double** für zwei/doppelt zählen; **ça ne compte pas!** das zählt nicht!
❽ *(être parmi)* **~ parmi les ...** zu den ... zählen
▶ **tout bien compté** wenn man es genau bedenkt/wenn ich es genau bedenke; **compte là-dessus!** *iron pop* da kannst du warten, bis du schwarz wirst! *(fam)*; **à ~ de** von ... an
III. *vpr (s'inclure)* **se ~** sich mitzählen
▶ **se ~ par milliers** in die Tausende gehen; **ses médailles ne se comptent plus** ihre Medaillen kann man [*o* lassen sich] [gar] nicht mehr zählen
compte rendu [kɔ̃trɑ̃dy] *m* ❶ *(récit)* Bericht *m*; TV, RADIO Berichterstattung *f*; **~ d'accident** Unfallbericht; **~ d'enquête** Untersuchungsbericht
❷ *(critique)* Besprechung *f*; *(critique littéraire)* Buchbesprechung, Buchkritik *f*; *(critique de cinéma)* Filmkritik
compte-tours [kɔ̃ttuʀ] *m inv* Drehzahlmesser *m*; TECH Tourenzähler *m*
compteur [kɔ̃tœʀ] *m* ❶ Tachometer *m*, Tacho *m (fam)*, Geschwindigkeitsmesser *m*; **~ kilométrique** Kilometerzähler *m*
❷ *(taximètre)* Taxameter *m*
❸ *(compteur d'électricité, de gaz, d'eau)* Zähler *m*; **~ électrique** Stromzähler; **~ intermédiaire** Zwischenzähler; **relever le ~** den Zähler ablesen
◆ **~ d'eau** Wasserzähler *m*, Wasseruhr *f*; **~ d'électricité** Stromzähler *m*; **~ de gaz** Gaszähler *m*, Gasuhr *f*; **~ Geiger** Geigerzähler *m*; **~ de vitesse** Geschwindigkeitsmesser *m*
comptine [kɔ̃tin] *f* Abzählreim *m*
comptoir [kɔ̃twaʀ] *m* ❶ Theke *f*; *d'un café, restaurant* Theke, Tresen *m*; *d'un magasin* Theke, Ladentisch *m*; *d'un grand magasin* Theke, Verkaufstisch *m*; *d'une banque, compagnie aérienne* Schalter *m*
❷ COM Kontor *nt*
compulser [kɔ̃pylse] <1> *vt* nachschlagen in (+ *Dat*), durchsehen
compulsif, -ive [kɔ̃pylsif, -iv] *adj* PSYCH zwanghaft, Zwangs-; **acte ~** [*o* **obsessionnel**] Zwangshandlung *f*
compulsion [kɔ̃pylsjɔ̃] *f* PSYCH Zwangshandlung *f*
comte [kɔ̃t] *m* Graf *m*
comté [kɔ̃te] *m* Grafschaft *f*
comtesse [kɔ̃tɛs] *f* Gräfin *f*
comtois(e) [kɔ̃twa, waz] *adj* [aus] der Franche-Comté
Comtois(e) [kɔ̃twa, waz] *m(f)* Einwohner(in) *m(f)* der Franche-Comté; **être ~(e)** aus der Franche-Comté stammen
con(ne) [kɔ̃, kɔn] *pop* I. *adj parfois injur* bescheuert *(fam)*, doof *(fam)*, blöd *(fam)*
II. *m(f) (homme)* [Voll]idiot *m (fam)*, Blödmann *m (fam)*; *(femme)* blöde [*o* Kuh] Ziege *(fam)*, dumme Nuss *(fam)*; **grand ~!** du Vollidiot!; **pauvre ~(ne)!** Blödmann *fam*/blöde Kuh!; **sale ~(ne)!** *péj* Scheißkerl *m*/Drecksau *f*! *(vulg)*; **petit ~/petite ~ne** dummer Junge/dumme Gans *(fam)*; **faire le ~** *pop* Blödsinn *fam* [*o* Scheiß *sl*] machen; **oh! le ~/la ~ne!** *pop* ach du Schande! *(fam)*, ach du Scheiße! *(sl)*
conard *v.* **connard**
conasse *v.* **connasse**
concasser [kɔ̃kase] <1> *vt* zerkleinern *pierre, roche*; zerstoßen *épices*; **~ du grain** *(avec une meule)* Getreide schroten [*o* [grob] mahlen]; *(avec un pilon)* Getreide zerstoßen
concave [kɔ̃kav] *adj* konkav; **lentille ~** Konkavlinse *f*; **miroir ~** Hohlspiegel *m*
concavité [kɔ̃kavite] *f* ❶ OPT Konkavität *f (Fachspr.)*; *d'une lentille* Krümmung *f* [nach innen]; *d'un miroir* Wölbung *f* [nach innen]
❷ *(creux) d'un sol, rocher* Vertiefung *f*, [Aus]höhlung *f*
concéder [kɔ̃sede] <5> *vt* ❶ *(accorder)* zugestehen, zubilligen *droit, privilège*; erteilen *monopole*; **~ des avantages à qn** jdm Vergünstigungen gewähren; **~ à qn l'exploitation de qc** jdm etw zur Nutzung überlassen; **~ une licence sur un brevet** JUR ein Patent lizenzieren
❷ *form (admettre)* zugeben, einräumen; **je le concède** ich gebe es zu; **je vous le concède** da gebe ich Ihnen Recht; **je vous concède ce point** in diesem Punkt stimme ich Ihnen zu
❸ SPORT kassieren *(fam)* but, point
concélébrer [kɔ̃selebʀe] <5> *vt* konzelebrieren *messe, eucharistie*
concentrateur [kɔ̃sɑ̃tʀatœʀ] *m* ◆ **~ de câbles** INFORM Kabelkonzentrator *m*
concentration [kɔ̃sɑ̃tʀasjɔ̃] *f* ❶ Konzentration *f*; **~ urbaine** Ballungsraum *m*; **~ spatiale** räumliche Verdichtung
❷ *(accumulation)* Anhäufung *f*, Ansammlung *f*
❸ JUR, ECON *(groupe)* **~ d'entreprises** Unternehmenszusammenschluss *m*; **~ industrielle horizontale** Horizontalkonzern *m (Fachspr.)*
❹ CHIM Konzentration *f*; **~ en nitrate[s]** Nitratkonzentration
concentrationnaire [kɔ̃sɑ̃tʀasjɔnɛʀ] *adj* Konzentrationslager-
concentré [kɔ̃sɑ̃tʀe] *m* ❶ GASTR Konzentrat *nt*
❷ CHIM Extrakt *m*
◆ **~ de tomate** Tomatenmark *nt*

concentré(e) [kɔ̃sɑ̃tʀe] *adj* ❶ *(condensé) aliment, produit, solution* konzentriert; *lait* Kondens-; *odeur* intensiv
❷ *(réfléchi)* konzentriert
concentrer [kɔ̃sɑ̃tʀe] <1> I. *vt* ❶ *(rassembler)* konzentrieren, massieren; zusammenziehen *troupes*
❷ OPT konzentrieren; bündeln *rayons*
❸ CHIM konzentrieren
II. *vpr* ❶ *(se rassembler)* **se ~** *troupes:* sich zusammenziehen, sich konzentrieren; *foule, manifestants:* sich sammeln; *(confluer)* zusammenströmen
❷ *(se cantonner)* **se ~ dans qc** sich auf etw *(Akk)* konzentrieren; **se ~ dans une région** *(se trouver)* sich besonders [*o* vor allem] in einer [bestimmten] Region befinden
❸ *(fixer son attention)* **se ~ sur qn/qc** sich auf jdn/etw konzentrieren
concentrique [kɔ̃sɑ̃tʀik] *adj* konzentrisch
concept [kɔ̃sɛpt] *m* ❶ PHILOS Konzept *nt*, Vorstellung *f*; LING Bedeutung *f*
❷ *(idée générale)* Konzept *nt*
◆ **~ d'entreprise** Unternehmenskonzept *nt*; **~ de franchise** Franchise-Konzept *nt*
concept-clé [kɔ̃sɛptkle] <concepts-clés> *m* Schlüsselbegriff *m*
conception [kɔ̃sɛpsjɔ̃] *f* ❶ *sans pl* BIO Empfängnis *f*, Konzeption *f (Fachspr.)*
❷ *sans pl (élaboration)* Konzeption *f*; *d'un produit* Entwicklung *f*; **~ d'un/du contrat** Vertragskonzeption *f*; **~ globale** [*o* **d'ensemble**] Gesamtkonzeption *f*; **~ assistée par ordinateur** computerunterstütztes Entwerfen, Computer Aided Design *nt*, CAD *nt*
❸ *sans pl (idée)* Auffassung *f*, Vorstellung *f*; **~ juridique** [*o* **du droit**] Rechtsvorstellung *f*; **~ de la morale** Moralbegriff *m*
▶ **Immaculée Conception** Unbefleckte Empfängnis
◆ **~ du monde** Weltbild *nt*
conceptualiser [kɔ̃sɛptɥalize] <1> *vt* ein Konzept erarbeiten [*o* erstellen] für
conceptuel(le) [kɔ̃sɛptɥɛl] *adj* konzeptuell, Konzept-
concernant [kɔ̃sɛʀnɑ̃] *prép (quant à)* bezüglich (+ *Gen*), hinsichtlich (+ *Gen*); COM betreffs (+ *Gen*), bezüglich
concerner [kɔ̃sɛʀne] <1> *vt* betreffen; *(se rapporter à)* sich beziehen auf (+ *Akk*); **les nouvelles concernent souvent des catastrophes** in den Nachrichten geht es oft um Katastrophen; **en** [*o* **pour**] **ce qui concerne qn/qc** was jdn/etw ... betrifft[, so]
concert [kɔ̃sɛʀ] *m* ❶ MUS Konzert *nt*, Konzertveranstaltung *f*; **~ instrumental** Instrumentalkonzert; **~ d'église** Kirchenkonzert; **~ de musique d'opéra** Opernkonzert; **~ donné à l'occasion d'une cérémonie** Festkonzert *nt*; **capacité à jouer en ~** Konzertreife *f*; **il est déjà capable de jouer en ~** er spielt bereits konzertreif; **société organisatrice de ~s** Konzertdirektion *f*
❷ *fig* **~ d'avertisseurs** [*o* **de klaxons**] Hupkonzert *nt*; **~ de sifflets** Pfeifkonzert; **~ d'exclamations** großes Geschrei
▶ **agir de ~ avec qn** mit jdm gemeinsam vorgehen; **décider qc de ~ avec qn** etw im Einvernehmen mit jdm entscheiden; **travailler de ~ avec qn** Hand in Hand mit jdm arbeiten; *(ensemble)* zusammen mit jdm arbeiten
concertant [kɔ̃sɛʀtɑ̃, ɑ̃t] *adj symphonie* konzertant; **littérature ~e** Konzertliteratur *f*
concertation [kɔ̃sɛʀtasjɔ̃] *f* Abstimmung *f*; **~ sur qc** Abstimmung hinsichtlich einer S. *(Gen)*; **sans ~ préalable** ohne vorherige Abstimmung
concerté(e) [kɔ̃sɛʀte] *adj plan* [vorher miteinander] abgestimmt; *action* konzertiert
concerter [kɔ̃sɛʀte] <1> I. *vt* abstimmen, besprechen *plan, projet, action*
II. *vpr* **se ~ sur qc** sich hinsichtlich einer S. *(Gen)* besprechen
concertiste [kɔ̃sɛʀtist] *mf* Konzertmusiker(in) *m(f)*
concerto [kɔ̃sɛʀto] *m* Konzert *nt*, Konzertstück *nt*; **~ pour flûte/clarinette/orgue** Flöten-/Klarinetten-/Orgelkonzert; **~ pour orchestre/pour chœur** Orchester-/Chorkonzert
concessif, -ive [kɔ̃sesif, -iv] *adj* konzessiv, Konzessiv-
concession [kɔ̃sesjɔ̃] *f* ❶ *(compromis)* Zugeständnis *nt*, Konzession *f (geh)*, Einräumung *f (geh)*; **faire des ~s sur le prix** beim Preis Zugeständnisse machen; **faire de larges ~s** weitgehende Zugeständnisse machen; **c'est un homme sans ~** er ist zu keinem Kompromiss bereit
❷ ADMIN, JUR *(droit d'exploiter)* Nutzungsrecht *nt*; **faire la ~ d'un terrain à qn** jdm ein Grundstück abtreten; **~ d'utilisation** [d'un procédé de fabrication] Herstellungslizenz *f*; **~ d'une licence sur un brevet** Lizenzierung *f* eines Patents
❸ COM Konzession *f*; **~ bancaire** Bankenkonzession; **~ commerciale exclusive** Alleinvertretung *f*
❹ *(terrain exploité)* zur Nutzung freigegebenes Grundstück; **~ forestière/pétrolière** zur Nutzung freigegebenes Waldstück/Ölfeld; **~ minière** zum Abbau freigegebene Mine
❺ *(place au cimetière)* gekauftes Grab

♦ **~ de licence** Lizenzerteilung *f*
concessionnaire [kɔ̃sesjɔnɛʀ] **I.** *adj* konzessioniert, Konzessions-
II. *mf* ADMIN, ECON Konzessionär(in) *m(f)*, Konzessionsinhaber(in) *m(f)*; COM Vertragshändler(in) *m(f)*; **~ exclusif de qc** Alleinvertreter(in) *m(f)* für etw
concessive [kɔ̃sesiv] *f* Konzessivsatz *m*
concevable [kɔ̃s(ə)vabl] *adj* denkbar
concevoir [kɔ̃s(ə)vwaʀ] <12> **I.** *vt* ❶ *soutenu (engendrer)* empfangen
❷ *(se représenter)* begreifen; erarbeiten *politique, solution*; **~ qc comme qc** etw als etw begreifen [*o* auffassen]
❸ *(élaborer, ébaucher)* konzipieren, entwerfen *maison, voiture*; abfassen *texte, lettre*
❹ *(comprendre)* begreifen, verstehen; **on conçoit sa déception** seine/ihre Enttäuschung ist verständlich
II. *vpr* **se ~** ❶ *(se comprendre)* **cela se conçoit facilement** das kann man gut verstehen
❷ *soutenu (être imaginé) plan, projet*: ins Auge gefasst werden; **le pire qui puisse se ~, c'est ...** das Schlimmste, was man sich *(Dat)* vorstellen kann, ist ...
concierge [kɔ̃sjɛʀʒ] *mf* Hausmeister(in) *m(f)*, Abwart *m*/Abwärtin *f* (CH)
▶ **c'est une vraie ~** *fam* das ist ein richtiges Klatschmaul *(fam)*

Land und Leute
Die/Der **concierge** kümmert sich um alle Hausverwaltungs- und Hausmeisteraufgaben in größeren Wohnhäusern. Sie/Er verteilt die Post, putzt die Treppen, kümmert sich um die Müllabfuhr und gibt Auskünfte. Heute ist dieser Beruf am Aussterben.

conciergerie [kɔ̃sjɛʀʒ] *f* CAN *(grand immeuble d'habitation)* großes Mietshaus *nt*
concile [kɔ̃sil] *m* Konzil *nt*
conciliable [kɔ̃siljabl] *adj* vereinbar; **être ~** sich vereinbaren lassen
conciliabule [kɔ̃siljabyl] *m* **tenir** [*o* **faire**] **des ~s avec qn** mit jdm tuscheln
conciliaire [kɔ̃siljɛʀ] *adj* Konzils-; **les pères ~s** die Konzilsväter
conciliant(e) [kɔ̃siljɑ̃, jɑ̃t] *adj personne* entgegenkommend, kompromisswillig; *parole* vermittelnd; *caractère* verträglich, ausgleichend; **de façon** [*o* **de manière**] **~e** entgegenkommenderweise
conciliateur, -trice [kɔ̃siljatœʀ, -tʀis] **I.** *adj* ausgleichend, vermittelnd
II. *m, f* Vermittler(in) *m(f)*, Schlichter(in) *m(f)*
conciliation [kɔ̃siljasjɔ̃] *f* ❶ *(médiation)* Ausgleich *m*, Konzilianz *f (geh)*; **tentative de ~** Vermittlungsversuch *m*; **par esprit de ~** aus Kompromissbereitschaft; **~ des intérêts** Interessenausgleich *m*
❷ JUR Sühneversuch *m*; *(réussie)* Vergleich *m*; *(arbitrage)* Schlichtung *f*; **bureau de ~** Einigungsstelle *f*; **être cité(e) en ~** zum Sühnetermin geladen sein
conciliatoire [kɔ̃siljatwaʀ] *adj* **procédure ~** Sühneverfahren *nt*
concilier [kɔ̃silje] <1a> **I.** *vt* ❶ *(harmoniser)* [miteinander] vereinbaren [*o* in Einklang bringen]
❷ *(faire gagner)* **~ à qn les faveurs du public** jdm die Gunst [*o* Sympathien] der Öffentlichkeit einbringen
❸ JUR **~ des personnes** einen Vergleich zwischen Menschen herbeiführen; **~ des époux** *(arbitrer)* eine Versöhnung zwischen Ehepartnern herbeiführen
II. *vpr* **se ~ qn** jdn für sich gewinnen; **se ~ les faveurs/l'amitié/la bienveillance de qn** [sich *(Dat)*] jds Gunst/Freundschaft/Wohlwollen erwerben
concis(e) [kɔ̃si, iz] *adj style, texte* knapp; *termes* kurz und bündig, prägnant; *pensée* prägnant; **soyez ~** fassen Sie sich kurz
concision [kɔ̃sizjɔ̃] *f sans pl d'un style* Knappheit *f*; *d'un texte* Kürze *f*; *d'un terme, d'une pensée* Prägnanz *f*
concitoyen(ne) [kɔ̃sitwajɛ̃, jɛn] *m(f)* Mitbürger(in) *m(f)*
conclave [kɔ̃klav] *m* Konklave *f*
concluant(e) [kɔ̃klyɑ̃, ɑ̃t] *adj argument* schlagend, stichhaltig; *résultat* zwingend, überzeugend; *expérience, essai* beweiskräftig
conclure [kɔ̃klyʀ] <*irr*> **I.** *vt* ❶ *(signer) affaire* [ab]schließen *marché, pacte, traité*, schließen *paix*; **~ un accord avec qn** mit jdm ein Abkommen treffen
❷ *(terminer)* abschließen *discours*; beenden *repas*
❸ *(déduire)* **~ qc de qc** etw aus etw schließen; **~ que qn a raison** [schluss]folgern, dass jd Recht hat
II. *vi* ❶ *(terminer)* zum Schluss [*o* Ende] kommen; **pour ~** um abzuschließen; **par qc** *exposé*: mit etw schließen
❷ *(se prononcer pour)* **~ à un accident** auf einen Unfall schließen; **~ à l'innocence de qn** jdn für unschuldig befinden; **~ à l'acquittement** auf Freispruch entscheiden
III. *vpr* **se ~ par qc** mit etw [ab]schließen
conclusion [kɔ̃klyzjɔ̃] *f* ❶ *(signature) d'un accord, traité* Abschluss *m*; *d'un mariage* Schließen *nt*; **~ d'un contrat** Vertragsschluss *m*; **~ d'un contrat de courtage** Maklerabschluss *m*; **~ d'un contrat de plusieurs millions** Millionenabschluss; **~ d'un marché** [*o* **de la vente**] Kaufabschluss; **en cas de ~ du contrat/marché** bei Vertrags-/Kaufabschluss; **~ directe** ECON Direktabschluss
❷ *(fin) d'un article, roman, discours* Ende *nt*, Schluss *m*; *d'une intrigue, d'un événement* Auflösung *f*, Schluss; **~ finale** JUR Schlussantrag *m*; **ultérieure/non recevable juridiquement** JUR nachträglich/rechtlich unzulässiges Vorbringen *(Fachspr.)*
❸ *(déduction) d'une fable* Moral *f*, Lehre *f*; *d'une thèse* [Schluss]folgerung *f*, Konklusion *f (geh)*; **~ erronée** Fehlschluss *m*; **[en] arriver à la ~ que qn a raison** zu dem Schluss kommen, dass jd Recht hat; **tirer de qc la ~ que qn a raison** aus etw folgern [*o* den Schluss ziehen], dass jd Recht hat
❹ *(jugement)* **~ des experts** Sachverständigengutachten *nt*; **~ d'un arbitre-expert** Schiedsgutachten
▶ **en ~** letzten Endes; **~, ...** Fazit: ...
concocter [kɔ̃kɔkte] <1> *vt hum* aushecken *(fam)*
concombre [kɔ̃kɔ̃bʀ] *m* Gurke *f*
concomitance [kɔ̃kɔmitɑ̃s] *f* gleichzeitiges Auftreten, Nebeneinander *nt*
concomitant(e) [kɔ̃kɔmitɑ̃, ɑ̃t] *adj* Begleit-; **symptômes ~s** Begleiterscheinungen *Pl*, Begleitsymptome *Pl*
concordance [kɔ̃kɔʀdɑ̃s] *f (accord)* Übereinstimmung *f*; *de situations, conditions* Ähnlichkeit *f*
♦ **~ des temps** Zeitenfolge *f*
concordant(e) [kɔ̃kɔʀdɑ̃, ɑ̃t] <1> *adj pl* **des choses sont ~es entre elles** Dinge stimmen miteinander überein
concordat [kɔ̃kɔʀda] *m* JUR Konkordat *nt*; **~ forcé** Zwangsausgleich *m (Fachspr.)*; **~ par abandon d'actif** ECON Liquidationsvergleich *m*
concorde [kɔ̃kɔʀd] *f sans pl soutenu* Eintracht *f*; **vivre dans la ~** in Eintracht leben
concorder [kɔ̃kɔʀde] <1> *vi* übereinstimmen
concourant(e) [kɔ̃kuʀɑ̃, ɑ̃t] *adj* MATH *droites* konvergierend
concourir [kɔ̃kuʀiʀ] <*irr*> *vi* ❶ *soutenu (contribuer)* **~ à qc** zu etw beitragen
❷ *(être en compétition)* **~ à qc** die Prüfung für etw machen, am Wettbewerb um etw teilnehmen; **être admis(e) à ~** UNIV zum Auswahlverfahren zugelassen sein; SPORT zum Wettkampf zugelassen sein
concours [kɔ̃kuʀ] *m* ❶ *(compétition)* Wettbewerb *m*; SPORT Wettkampf *m*; **~ hippique** Reit[- und Spring]turnier *nt*; **~ de beauté/de chant** Schönheits-/Gesangswettbewerb; **~ de chansons de variété** Schlagerwettbewerb; **~ d'idées** Ideenwettbewerb; **~ de pêche** Wettangeln; **~ de performances** Leistungsvergleich *m*; **~ de productivité** ECON Leistungswettbewerb
❷ *(jeu doté de prix)* Preisausschreiben *nt*
❸ SCOL, UNIV Aufnahmeprüfung *f*; ADMIN Auswahlverfahren *nt*; **~ d'entrée** Aufnahmeprüfung *f*; **~ de recrutement** Bewerbungsverfahren *nt*; **~ général** mit Preisen prämierte Prüfung, an der sich die besten Schüler der gymnasialen Oberstufe beteiligen; **mettre qc au ~** etw ausschreiben
❹ *(aide)* Beitrag *m*, Hilfe *f*; **s'assurer le ~ de qn** sich *(Dat)* jds Mithilfe sichern; **prêter son ~ à qc** seinen Teil zu etw beitragen; **un concert avec le ~ de qn** ein Konzert unter Mitwirkung von jdm
❺ *(coïncidence)* **~ de circonstances/d'événements** Zusammentreffen *nt* von Umständen/Ereignissen
▶ **être hors ~** außer Konkurrenz teilnehmen; **être mis(e) hors ~** vom Wettbewerb ausgeschlossen [*o* disqualifiziert] sein/werden; **tireur/produit hors ~** erstklassiger Schütze/erstklassiges Produkt

Land und Leute
Zahlreiche Auswahlverfahren für Studienplätze, Beamtenstellen sowie für Beförderungen finden in Frankreich in Form von **concours** statt. Dies sind einheitliche Prüfungen, bei denen eine von vornherein feststehende Zahl von Plätzen oder Posten vergeben wird. Die Auslese ist in der Regel sehr streng. besonders aber, wenn über die Zulassung zum Studium an den Elitehochschulen, den *grandes écoles*, entschieden wird.

concret [kɔ̃kʀɛ] *m sans pl* **le ~** das Konkrete
concret, -ète [kɔ̃kʀɛ, -ɛt] *adj* konkret; *esprit* praxisorientiert
concrètement [kɔ̃kʀɛtmɑ̃] *adv* konkret
concrétisation [kɔ̃kʀetizasjɔ̃] *f* Konkretisierung *f*; **~ de rattachements** JUR Konkretisierung von Anknüpfungen *(Fachspr.)*
concrétiser [kɔ̃kʀetize] <1> *vt* ❶ *(réaliser)* erfüllen *espérance*; verwirklichen *rêve, projet*; einlösen *promesse*
❷ *(matérialiser)* veranschaulichen *démonstration, exemple*
II. *vpr* **se ~** *projet, programme*: konkrete Formen annehmen; *espoir, rêve*: wahr werden, in Erfüllung gehen; *promesse*: sich erfüllen
conçu(e) [kɔ̃sy] **I.** *part passé de* **concevoir**

II. *adj* ~(e) pour l'utilisateur benutzerorientiert
concubin(e) [kɔ̃kybɛ̃, in] *m(f)* Lebensgefährte *m*/-gefährtin *f*
concubinage [kɔ̃kybinaʒ] *m* wilde Ehe; ~ **notoire** JUR rechtlich anerkannte nichteheliche Lebensgemeinschaft; **vivre en ~ avec qn** mit jdm in wilder Ehe [*o* zusammen] leben
concupiscent(e) [kɔ̃kypisɑ̃, ɑ̃t] *adj hum* lüstern
concurremment [kɔ̃kyramɑ̃] *adv* ❶ *(conjointement)* ~ **avec qn/qc** zusammen mit jdm/etw
❷ *(simultanément)* zugleich, gleichzeitig
concurrence [kɔ̃kyrɑ̃s] *f* ❶ *sans pl (compétition)* Konkurrenz *f*; COM Konkurrenz, Wettbewerb *m*; ~ **des prix** [*o* **sur les prix**] Preiswettkampf *m*, Preiswettbewerb *m*; ~ **des produits** Güterwettbewerb; ~ **acharnée** scharfe Konkurrenz; ~ **déloyale** unlauterer Wettbewerb; ~ **entravée** JUR Behinderungswettbewerb *(Fachspr.)*; **libre** ~ freier Wettbewerb; ~ **secrète** JUR Geheimwettbewerb *(Fachspr.)*; **entrer en ~ avec qn/qc** mit jdm/etw in Wettbewerb [*o* Konkurrenz] treten; **entretenir/durcir/éliminer la ~** den Wettbewerb erhalten/verschärfen/ausschalten; **être** [*o* **se trouver**] **en ~** miteinander konkurrieren [*o* in Konkurrenz stehen]; **faire ~ à qn/qc** jdm/einer S. Konkurrenz machen; **défier toute ~ prix:** die Konkurrenz unterbieten; **soutenir la ~** konkurrenzfähig sein; **altérer/fausser les conditions de la ~** die Wettbewerbsbedingungen beeinträchtigen/verfälschen; **mesure qui entrave la libre ~** wettbewerbsbehindernde Maßnahme; ~ **d'obligations** JUR Konkurrenz von Verpflichtungen *(Fachspr.)*
❷ *sans pl (ensemble de concurrents)* Konkurrenz *f*
▶ **jusqu'à ~ de ...** bis zum Höchstbetrag von ..., bis zu einem Betrag von ...
concurrencer [kɔ̃kyrɑ̃se] <2> *vt* ~ **qn/qc** mit jdm/etw konkurrieren; ~ **dangereusement qn** eine gefährliche Konkurrenz für jdn sein
concurrent(e) [kɔ̃kyrɑ̃, ɑ̃t] **I.** *adj* konkurrierend; **entreprise ~e** Konkurrenzbetrieb *m*, Konkurrenzunternehmen *nt*, Konkurrenzfirma *f*
II. *m(f)* Konkurrent(in) *m(f)*
concurrentiel(le) [kɔ̃kyrɑ̃sjɛl] *adj* konkurrenzfähig, wettbewerbsfähig
concussion [kɔ̃kysjɔ̃] *f* übermäßige Gebührenerhebung
condamnable [kɔ̃danabl] *adj* ❶ verwerflich, sträflich, verdammenswert
❷ JUR *acte, agissement* strafwürdig
condamnation [kɔ̃danasjɔ̃] *f* ❶ *sans pl* JUR *(fait de condamner)* Verurteilung *f*; *(peine)* Strafe *f*; ~ **à dix ans de prison** zu zehn Jahren Gefängnis verurteilen; ~ **pour viol/meurtre** Verurteilung wegen Vergewaltigung/Totschlags; ~ **avec sursis** Bewährungsstrafe; **avoir subi une ~/plusieurs ~s** schon einmal/mehrfach vorbestraft sein
❷ *(censure) d'un auteur, journal, livre* Verbot *nt*
❸ *(réprobation)* Verurteilung *f*
❹ *sans pl (fin)* **la ~ des petites entreprises** das Ende [*o* der Ruin] für die kleinen Unternehmen
❺ *(action de fermer)* Schließen *nt*; *(système de fermeture) d'une porte* Schließvorrichtung *f*; *d'un bâtiment* Schließanlage *f*; **la ~ des portes se fait automatiquement** die Türen schließen selbsttätig
condamné(e) [kɔ̃dane] *m(f)* ❶ *(prisonnier)* Sträfling *m*, Strafgefangene(r) *f(m)*; ~(e) **à mort** zum Tode Verurteilte(r) *f(m)*
❷ *(mourant)* Todkranke(r) *f(m)*
condamner [kɔ̃dane] <1> *vt* ❶ JUR verurteilen; ~ **qn à dix ans de prison** jdn zu zehn Jahren Haft [*o* Gefängnis] verurteilen; ~ **qn à payer une amende** jdn zu einer Geldbuße verurteilen
❷ *(punir) loi:* unter Strafe stellen; **ces délits sont sévèrement condamnés** diese Vergehen werden streng bestraft
❸ *(blâmer)* verurteilen, rügen; ~ **qn d'avoir fait qc** jdm vorwerfen, etw getan zu haben
❹ MED ~ **qn** jdm keine Chancen [mehr] geben; **qn est condamné(e)** jd ist ein hoffnungsloser Fall
❺ *(obliger)* ~ **qn à l'inaction** jdn zur Untätigkeit verdammen; ~ **qn à faire qc** jdn dazu zwingen, etw zu tun
❻ *(fermer) (avec briques, ciment)* zumauern; *(avec planches)* vernageln; *(à clé)* verriegeln *porte, portière;* sperren *rue*
condé [kɔ̃de] *m arg (commissaire de police)* Bulle *m (sl)*
condensateur [kɔ̃dɑ̃satœr] *m* ELEC Kondensator *m*; OPT Kondensor *m*
condensation [kɔ̃dɑ̃sasjɔ̃] *f sans pl* Kondensation *f*
condensé [kɔ̃dɑ̃se] *m* Kondensat *nt*; *d'un livre, article* Kurzfassung *f*
condenser [kɔ̃dɑ̃se] <1> **I.** *vt* ❶ kondensieren, verflüssigen *gaz, vapeur*
❷ *fig* straffen *exposé, pensée, texte*
II. *vpr* **se ~** kondensieren
condenseur [kɔ̃dɑ̃sœr] *m* TECH Kondensator *m*
condescendance [kɔ̃desɑ̃dɑ̃s] *f* Herablassung *f*; **un air de ~** herablassende Miene; **regarder avec ~** herablassend [*o* verächtlich] ansehen [*o* betrachten]
condescendant(e) [kɔ̃desɑ̃dɑ̃, ɑ̃t] *adj* herablassend; *(dénigrant) propos* herabsetzend
condescendre [kɔ̃desɑ̃dr] <14> *vt indirect littér* ~ **à une invitation** geruhen eine Einladung anzunehmen *(geh)*; ~ **aux souhaits de qn** jds Wünschen nachgeben
condiment [kɔ̃dimɑ̃] *m a. fig* würzige Zutat, Würzmittel *nt*
condisciple [kɔ̃disipl] *mf* Kommilitone *m*/Kommilitonin *f*, Studienkollege *m*/-kollegin *f*
condition [kɔ̃disjɔ̃] *f* ❶ *(exigence)* Bedingung *f*, Voraussetzung *f*; ~ **essentielle** Grundvoraussetzung; ~ **préalable à qc** Voraussetzung für etw; **~s techniques préalables** technische Voraussetzungen; ~ **sine qua non** unerlässliche Bedingung, Voraussetzung, Conditio sine qua non *f (geh)*; ~ **soumise à l'offre** ECON Angebotsbedingung; **~s d'adhésion** Beitrittsbedingungen; **~s d'admission à un club** Bedingungen für die Aufnahme in einen Klub; **~s du bail à ferme** Pachtbedingungen; **~ du contrat** Vertragsbedingung; **~s d'ouverture d'un crédit** Kreditbedingungen; **~ de participation** Teilnahmebedingung; **~s générales** Rahmenbedingungen; **~s juridiques/économiques générales** rechtliche/wirtschaftliche Rahmenbedingungen; **créer les ~s générales pour qc** die Rahmenbedingungen für etw schaffen; ~ **particulière** Zusatzbedingung; ~ **standard** JUR Einheitsbedingung *(Fachspr.)*; ~ **de l'autorisation** JUR Erlaubnisvoraussetzung *(Fachspr.)*; **~s d'exemption** JUR Freistellungsvoraussetzungen *(Fachspr.)*; **remplir toutes les ~s** alle Bedingungen erfüllen; **réunir toutes les ~s** alle Voraussetzungen mitbringen; **poser/dicter ses ~s** seine Bedingungen stellen/diktieren; **mettre une ~ à qc** eine Bedingung hinsichtlich einer S. *(Gen)* stellen; **à ~ de faire qc** unter der Bedingung, etw zu tun; **à ~ que tu aies raison** vorausgesetzt, du hast Recht; **mais à une ~, c'est que tu aies raison** aber nur unter der Voraussetzung, dass du Recht hast; **sans ~**[**s**] bedingungslos, **sous ~** unter Vorbehalt; **sous certaines ~s** unter bestimmten Bedingungen
❷ *pl* COM [Geschäfts]bedingungen *Pl*; *(prix, tarifs)* Preise *Pl*, Konditionen *Pl*; **~s commerciales** Handelsbedingungen; **~s générales** allgemeine Geschäftsbedingungen; **~s préférentielles** Vorzugskonditionen *Pl*; **~s d'achat** Einkaufsbedingungen; **~s d'attribution/d'expédition de distribution** Vergabe-/Versand-/Vertriebsbedingungen; **~s de crédit/paiement** Kredit-/Zahlungsbedingungen; **~s d'entreposage** Lagerbedingungen; **~s d'entrepôt et de transport** Lager- und Beförderungsbedingungen; **~s de livraison** Liefer[ungs]bedingungen; *(conditions d'expédition)* Versandbedingungen; **~s de marché** Marktbedingungen; **~s du marché mondial** Weltmarktkonditionen; **~s du paiement par échéances** Abzahlungsbedingungen; **~ de passation de marchés publics** Vergabebedingung; **~s de transport** Beförderungsbestimmungen *Pl*; **~s relatives à un paiement comptant** Barzahlungsbedingungen
❸ *sans pl* SOCIOL Situation *f*, Stellung *f*; **la ~ ouvrière/féminine/humaine** die Situation der Arbeiter/Frauen/Menschen, die Situation des Arbeiters/der Frau/des Menschen
❹ *sans pl (forme physique)* Kondition *f*; **être en excellente ~** in ausgezeichneter Verfassung [*o* Form] sein; **mettre qn/se mettre en ~ pour qc** SPORT jdn/sich auf etw *(Akk)* vorbereiten; PSYCH jdn/sich auf etw *(Akk)* einstimmen
❺ *pl (cadre, circonstances)* Umstände *Pl*, Bedingungen *Pl*; **dans ces ~s** unter diesen Bedingungen; **~s économiques** wirtschaftliche Lage; **~s météorologiques** Wetterbedingungen *Pl*; **~s propices** günstige Umstände; **~s de la concurrence** Wettbewerbsbedingungen; **~s d'existence** Existenzbedingungen; **~s d'habitation** [*o* **de logement**] Wohnverhältnisse *Pl*; **~s des routes** Straßen-/Verkehrverhältnisse *Pl*; **~s de travail/de vie** Arbeits-/Lebensbedingungen; **~s de vol** Flugwetter *nt*; **aujourd'hui, les ~s de vol sont idéales** heute herrscht bestes Flugwetter; **nous avons eu de très mauvaises ~s de vol** wir haben kein gutes Flugwetter gehabt
❻ *(rang social)* soziale Stellung; **des gens de toutes les ~s** Menschen aus allen gesellschaftlichen Schichten; **être de basse ~/de ~ élevée** aus einfachen/besseren Verhältnissen stammen
❼ *gén pl* JUR *(clause)* Bedingung *f*, Kondition *f (geh)*; **~s minimales** Mindestbedingungen; ~ **potentielle** Als-ob-Bedingung *(Fachspr.)*; ~ **suspensive** aufschiebende Bedingung; **~s d'exemption** Freistellungsvoraussetzungen *Pl*
◆ ~ **d'agrément** Zulassungsvoraussetzung *f*, Zulassungserfordernis *f*; **~s d'application** INFORM Anwendungsvoraussetzungen *Pl*; **~s d'assurance** Versicherungsbedingungen *Pl*; ~ **d'autorisation** Zulassungserfordernis *f*; **~s de la consommation** ECON Verbrauchsverhältnisse *Pl*; **~s d'enlèvement** [*o* **de réception**] COM, ECON Abnahmebedingungen *Pl*; **~s d'exploitation** Betriebsbedingungen *Pl*; **~s de faveur** Vorzugskonditionen *Pl*; **~s d'installation** Installationsvoraussetzungen *Pl*; ~ **d'intégralité** JUR Vollständigkeitserfordernis *nt*; **~s de règlement judiciaire** [*o* **de trans-**

action] JUR Vergleichsbedingungen *Pl;* **~ s de vente** Verkaufsbedingungen *Pl*
conditionné(e) [kɔ̃disjɔne] *adj* ❶ *(soumis à des conditions)* Bedingungen unterworfen
❷ PSYCH *personne, animal* konditioniert
❸ *produit* verpackt
conditionnel [kɔ̃disjɔnɛl] *m* GRAM Konditional *m,* Möglichkeitsform *f*
conditionnel(le) [kɔ̃disjɔnɛl] *adj* ❶ *accord, promesse* an eine Bedingung gebunden
❷ GRAM *proposition* Bedingungs-, Konditional-
conditionnelle [kɔ̃disjɔnɛl] *f* Konditionalsatz *m,* Bedingungssatz *m*
conditionnement [kɔ̃disjɔnmɑ̃] *m* ❶ *(emballage)* Präsentation *f,* Aufmachung *f;* **~ solide/d'usage** feste/handelsübliche Verpackung; **~ unitaire** Einheitsverpackung; **~ pour le transport maritime** Seeverpackung; **avec un ~ réduit** *marchandises* verpackungsarm; **présenter** [*o* **commercialiser**] **des marchandises avec un ~ réduit** Waren verpackungsarm ausstatten [*o* in den Handel bringen]
❷ *sans pl (procédé d'emballage)* konservierendes [*o* haltbarmachendes] Verpacken; **~ sous vide** luftdichtes Verpacken
❸ *(traitement) d'un textile, du bois* Haltbarmachung *f,* wärmetechnische Behandlung; **~ de l'air** Klimatisierung *f*
❹ PSYCH Konditionierung *f*
conditionner [kɔ̃disjɔne] <1> *vt* ❶ *(emballer)* verpacken; **~ qc en bouteilles/en pots** etw in Flaschen/Gläser abfüllen; **conditionné(e) pour le transport maritime** seeverpackt *(Fachspr.)*
❷ *(traiter)* haltbar machen, wärmetechnisch behandeln; klimatisieren *air*
❸ *a.* PSYCH *(influencer)* konditionieren
❹ *(déterminer)* bedingen, zur Folge haben; **conditionné(e) par les ventes** absatzbedingt
condoléances [kɔ̃dɔleɑ̃s] *fpl form* Beileidsbezeigung *f;* **lettre de ~** Kondolenzschreiben *nt,* Kondolenzbrief *m (geh);* **livre de ~** Kondolenzbuch *nt (geh);* **sincères ~** aufrichtiges Beileid; **exprimer** [*o* **présenter**] [**toutes**] **ses ~ à qn** jdm sein Beileid aussprechen; [**toutes**] **mes ~!** mein Beileid!
condor [kɔ̃dɔʀ] *m* Kondor *m*
conductance [kɔ̃dyktɑ̃s] *f* PHYS, ELEC Leitwert *m*
conducteur [kɔ̃dyktœʀ] *m* ❶ Fahrer *m,* Fahrzeuglenker *m* (CH); *(conducteur d'un train)* Zugführer *m*
❷ PHYS Leiter *m*
◆ **~ de bus** Omnibusfahrer *m;* **~ d'engins** Fahrer *m;* **~ de machines** Maschinenführer *m;* **~ de travaux** Bauführer *m*
conducteur, -trice [kɔ̃dyktœʀ, -tʀis] *adj* PHYS leitend; **~(-trice) de chaleur** wärmeleitend
conductibilité [kɔ̃dyktibilite] *f* Leitfähigkeit *f*
conductible [kɔ̃dyktibl] *adj* **~ de la chaleur** wärmeleitfähig
conduction [kɔ̃dyksjɔ̃] *f* PHYS, ELEC **~ électrique** Leitung *f* von Elektrizität; **~ thermique** Wärmeleitung *f*
conductivité [kɔ̃dyktivite] *f* ELEC Leitfähigkeit *f*
conductrice [kɔ̃dyktʀis] *f* Fahrerin *f,* Fahrzeuglenkerin *f* (CH); *(conductrice d'un train)* Zugführerin *f*
◆ **~ de bus** Omnibusfahrerin *f*
conduire [kɔ̃dɥiʀ] <*irr*> I. *vi* ❶ fahren; **savoir ~** fahren können; **bien/mal ~** gut/schlecht fahren
❷ *(aboutir)* **~ à la catastrophe** zu einer Katastrophe führen; **~ à l'échec** zum Scheitern führen
II. *vt* ❶ *(diriger)* steuern *véhicule, bateau;* fahren *voiture, moto*
❷ *(emmener)* **~ qn dans le salon** jdn in den Salon hineinführen; **~ qn à la cave** jdn in den Keller hinunterführen; **~ qn en ville** jdn in die Stadt bringen [*o* hineinfahren]; **~ qn jusqu'au but** jdn bis ans Ziel führen
❸ *(mener)* **~ qn à la ruine** jdn in den Ruin stürzen; **~ qn à la folie** jdn wahnsinnig machen; **~ qn à faire qc** jdn dazu bringen, etw zu tun; **cela peut nous ~ loin!** das kann böse Folgen [für uns] haben!; **où cela va-t-il nous ~?** wo soll [uns] das nur hinführen?
❹ *(guider)* führen *troupeau, caravane, touriste*
❺ *(diriger)* leiten; führen *armée, pays;* anführen *délégation, convoi*
❻ PHYS leiten *électricité, chaleur*
III. *vpr* ❶ *(se comporter)* **se ~** sich benehmen
❷ AUT **se ~ facilement/bien** sich leicht/gut steuern [*o* fahren] lassen
conduit [kɔ̃dɥi] *m (fermé)* Röhre *f,* [Rohr]leitung *f; (ouvert)* Rinne *f;* **~ souterrain** unterirdische Leitung, **~ auditif** Gehörgang *m*
◆ **~ d'admission** Einlassrohr *nt;* **~ d'échappement** Lüftungsrohr *nt;* **~ d'alimentation** Zuführungsleitung *f;* **~ d'approvisionnement** Versorgungsleitung *f;* **~ de fumée** Rauchabzug *m;* **~ de ventilation** *de l'air frais* Belüftungsrohr *nt; de l'air vicié* Entlüftungsrohr
conduite [kɔ̃dɥit] *f* ❶ *sans pl* **~ à droite/à gauche** *(circulation)* Rechts-/Linksverkehr *m; (voiture)* Rechts-/Linkslenker *m;* **la voiture a la ~ à gauche** das Steuer dieses Wagens ist auf der linken Seite
❷ *(façon de conduire)* Fahrstil *m,* Fahrweise *f;* **leçon de ~** Fahrstunde *f;* **~ en état d'ivresse** Trunkenheit *f* am Steuer; **les règles de la ~** die Verkehrsregeln
❸ *sans pl (pilotage)* Führen *nt; d'un camion* Fahren *nt*
❹ *sans pl (responsabilité)* Führung *f,* Leitung *f;* **~ du procès** Prozessführung; **sous la ~ d'un animateur/dictateur/capitaine** unter der Führung eines Animateurs/Diktators/Kapitäns; **sous la ~ d'un chef d'orchestre/directeur** unter der Leitung eines Dirigenten/Direktors
❺ *(comportement)* Benehmen *nt,* Verhalten *nt; (mode de vie)* Lebenswandel *m;* SCOL Betragen *nt;* **~ relâchée** lockerer Lebenswandel; **bonne ~** gute Führung; **aligner sa ~ sur qn/qc** sein Verhalten nach jdm/etw richten
❻ ELEC Leitung *f;* **~ d'essence** MECANAUT Benzinleitung
❼ *(tuyau)* Rohrleitung *f; (conduite de raccordement)* Anschlussleitung; **~ d'approvisionnement** Versorgungsleitung *f;* **~ de gaz de ville** Fernleitung

Land und Leute
In Frankreich dürfen Jugendliche ab 16 Jahren mit einer Sondergenehmigung Auto fahren, wenn ein erwachsener Führerscheinbesitzer sie begleitet. Die sogenannte **conduite accompagnée** erkennen die anderen Verkehrsteilnehmer an einem Aufkleber, auf dem ein kleines Männchen am Steuer zu sehen ist, neben dem ein größeres sitzt.

condyle [kɔ̃dil] *m* ANAT Gelenkkopf *m*
condylome [kɔ̃dilom] *m* MED **~ acuminé** Feigwarze *f*
cône [kon] *m* Kegel *m;* GEOM Kegel, Konus *m (Fachspr.);* **tronc de ~** Kegelstumpf *m;* **en** [**forme de**] **~** kegelförmig, konisch *(Fachspr.)*
◆ **~ de lumière** Lichtkegel *m;* **~ d'ombre** Kernschatten *m*
confection [kɔ̃fɛksjɔ̃] *f* ❶ GASTR Zubereitung *f*
❷ *(fabrication)* Anfertigung *f; d'un livre* Herstellung *f*
❸ *sans pl (prêt-à-porter)* Konfektion *f,* Konfektionskleidung *f; (secteur)* Bekleidungsindustrie *f;* **maison de ~** Bekleidungshaus *nt;* **s'habiller en ~** Konfektion[skleidung] [*o* Kleidung von der Stange] tragen; **~ pour homme** [*o* **masculine**] Herrenkonfektion
❹ FIN **~ d'un ouvrage** Werkleistung *f*
confectionner [kɔ̃fɛksjɔne] <1> I. *vt* ❶ GASTR zubereiten
❷ *(fabriquer)* anfertigen *vêtement, maquette, bijou;* herstellen *livre*
II. *vpr* **se ~ un vêtement** sich ein Kleidungsstück anfertigen
confédéral(e) [kɔ̃fedeʀal, o] <-aux> *adj* eine [*o* die] Konföderation betreffend
confédération [kɔ̃fedeʀasjɔ̃] *f* ❶ POL Konföderation *f,* Staatenbund *m;* **Confédération germanique** Deutscher Bund; **Confédération helvétique** Schweizerische Eidgenossenschaft
❷ *(centrale syndicale)* Bund *m,* Zusammenschluss *m,* Spitzenverband *m,* Zentralverband *m; (groupement d'associations)* Vereinigung *f,* Verband *m;* **~ syndicale** Gewerkschaftsverband; **Confédération générale du travail/des cadres** französische Gewerkschaftsverbände
confédéré(e) [kɔ̃federe] *m(f)* CH Eidgenosse *m/*-genossin *f*
confédérer [kɔ̃federe] <5> I. *vt* zu einem Bund zusammenschließen
II. *vpr* **se ~** *nations, cantons:* eine Konföderation bilden
conférence [kɔ̃feʀɑ̃s] *f* ❶ *(exposé)* Vortrag *m;* **cycle de ~ s** Vortragsreihe *f;* **donner** [*o* **tenir**] **une ~ sur qc** einen Vortrag über etw *(Akk)* halten
❷ *(réunion)* Sitzung *f,* Besprechung *f; a.* POL Konferenz *f;* **~ épiscopale** Bischofskonferenz; **~ à trois** TELEC Dreier-Konferenz; **~ de travail** [Arbeits]sitzung *f;* **~ sur le désarmement** Abrüstungskonferenz *f;* **~ des présidents d'université** Rektorenkonferenz *f;* **être en ~** in einer Sitzung sein; **décider qc lors** [*o* **au cours**] **d'une ~** etw am Konferenztisch entscheiden
◆ **~ de presse** Pressekonferenz *f;* **tenir une ~ de presse** eine Pressekonferenz abhalten; **~ au sommet** Gipfelkonferenz *f*
conférencier, -ière [kɔ̃feʀɑ̃sje, -jɛʀ] *m, f* Vortragende(r) *f(m),* Redner(in) *m(f); (avec de fréquents déplacements)* Vortragsreisende(r) *f(m)*
conférer [kɔ̃feʀe] <5> I. *vt soutenu* verleihen; spenden *baptême;* verleihen *autorité;* **~ un sens à qc** einer S. *(Dat)* einen Sinn verleihen
II. *vi soutenu* konferieren *(geh);* **~ avec qn sur qc** etw mit jdm besprechen
confesse [kɔ̃fɛs] *f* **aller à ~** zur Beichte gehen
confesser [kɔ̃fese] <1> I. *vt* ❶ *fam* Beichte abnehmen
II. *vt* ❶ beichten *péché;* eingestehen *erreur, tort;* gestehen *vérité*
❷ *(entendre en confession)* **~ qn** jdm die Beichte abnehmen; *fam (faire parler)* jdn zum Sprechen bringen
III. *vpr* **se ~ à qn** bei jdm beichten; *(se confier)* sich jdm anvertrauen; *auteur:* sich jdm mitteilen; **aller se ~** zur Beichte gehen
confesseur [kɔ̃fesœʀ] *m* Beichtvater *m*

confession [kɔ̃fesjɔ̃] f ❶ (sacrement) Beichte f; (au confessionnal uniquement) Ohrenbeichte; **le secret de la ~** das Beichtgeheimnis; **entendre qn en ~** jdm die Beichte abnehmen
❷ (religion) Konfession f, Bekenntnis nt; **des chrétiens de ~ catholique** Christen katholischen Glaubens
❸ (aveu) Geständnis nt; **faire une ~ complète** ein volles Geständnis ablegen
confessionnal [kɔ̃fesjɔnal, o] <-aux> m Beichtstuhl m
confessionnel(le) [kɔ̃fesjɔnɛl] adj établissement konfessionell; école, querelle Konfessions-
confetti [kɔ̃feti] m Konfetti nt
confiance [kɔ̃fjɑ̃s] f sans pl Vertrauen nt; **perte de ~** Vertrauensverlust m; **~ en Dieu** Vertrauen auf Gott; **~ profonde** PSYCH Urvertrauen; **un homme/une personne de ~** ein Vertrauensmann/eine Vertrauensperson m; **avoir pleine et entière ~ en qn/dans qc** volles Vertrauen in jdn [o zu jdm]/in etw (Akk) haben; **avoir toute la ~ de qn** jds volles Vertrauen haben [o genießen]; **ayez ~!** haben Sie Vertrauen!; **donner/inspirer ~ à qn** einen Vertrauen erweckenden Eindruck auf jdn machen; **perdre ~ en qn** das Vertrauen in jdn [o zu jdm] verlieren; **perdre/reprendre ~ [en soi]** sein Selbstvertrauen verlieren/wiedererlangen; **redonner ~ à qn** jdm wieder Vertrauen geben; **envisager l'avenir avec ~** in die Zukunft vertrauen; **faire qc en toute ~** etw in vollstem Vertrauen machen
▸ **fais-moi/faites-moi ~!** das kannst du mir/können Sie mir glauben!; (plus menaçant) darauf kannst du dich/können Sie sich verlassen!; **la ~ règne!** iron so was von Vertrauen! (iron fam)
◆ **en soi** Selbstvertrauen nt
confiant(e) [kɔ̃fjɑ̃, jɑ̃t] adj ❶ (sans méfiance, défiance) vertrauensselig, gutgläubig; regard vertrauensvoll; **~ en [o dans] qn/qc** auf jdn/etw vertrauend
❷ (sûr de soi) selbstbewusst
confidence [kɔ̃fidɑ̃s] f vertrauliche Mitteilung; **être dans la ~** [ir. ein Geheimnis] eingeweiht sein; **faire une ~ à qn** (avouer) jdm etwas gestehen; (dire un secret) jdm eine vertrauliche Mitteilung machen; **mettre qn dans la ~** jdn ins Vertrauen ziehen
▸ **~s sur l'oreiller** Bettgeflüster nt; **faire de fausses ~s** [Lügen]märchen erzählen; **pour ~** gegen Vertrauen
confident(e) [kɔ̃fidɑ̃, ɑ̃t] m(f) Vertraute(r) f(m); **~ discret/~ discrète** diskrete Vertrauensperson
confidentialité [kɔ̃fidɑ̃sjalite] f des informations Vertraulichkeit f
confidentiel(le) [kɔ̃fidɑ̃sjɛl] adj ❶ (secret) vertraulich; **à titre ~, sache que** im Vertrauen gesagt: ...
❷ (restreint) diffusion, revue für einen kleinen Kreis bestimmt
confidentiellement [kɔ̃fidɑ̃sjɛlmɑ̃] adv im Vertrauen
confier [kɔ̃fje] <1a> I. vt ❶ (dévoiler) mitteilen, anvertrauen
❷ (remettre) anvertrauen; **~ une mission à qn** jdn mit einem Auftrag betrauen
II. vpr (se confesser) **se ~ à qn** sich jdm anvertrauen
configuration [kɔ̃figyʀasjɔ̃] f ❶ Beschaffenheit f; d'un terrain Beschaffenheit, Formation f
❷ BIO Beschaffenheit f, Form f, Gestalt f
❸ PHYS, CHIM, INFORM Konfiguration f; **~ de/du PC** PC-Konfiguration; **~ automatique/manuelle** automatische/manuelle Konfiguration; **~ matérielle** Hardware-Konfiguration, Hardware-Anforderungen Pl; **~ minimale** Minimalkonfiguration; **~ requise** Systemvoraussetzungen Pl; **fichier de ~** Konfigurationsdatei f
configurer [kɔ̃figyʀe] <1> vt INFORM konfigurieren
confiné(e) [kɔ̃fine] adj ❶ (reclus) être, rester eingesperrt; vivre zurückgezogen
❷ (lourd) atmosphère stickig; air abgestanden, verbraucht
confinement [kɔ̃finmɑ̃] m ❶ MED d'un malade Quarantäne f
❷ PHYS d'une installation nucléaire Abschirmung f
confiner [kɔ̃fine] <1> I. vi **~ à qc** an etw (Akk) grenzen
II. vt ❶ (enfermer) einsperren
❷ (reléguer, limiter) **~ qn dans ses fonctions** jdn in seinen Aufgaben beschränken
III. vpr ❶ (s'enfermer) **se ~ dans sa chambre** sich in seinem [o sein] Zimmer einsperren, in seinem Zimmer bleiben
❷ (se limiter) **se ~ dans un rôle/une fonction** sich mit einem Aufgabenbereich/einer Aufgabe begnügen
confins [kɔ̃fɛ̃] mpl **aux ~ de qc et de qc** an der Grenze von etw und etw; **aux ~ de la science** in den Grenzbereich der Wissenschaft
confire [kɔ̃fiʀ] <irr> vt vieilli kandieren Früchte
confirmand [kɔ̃fiʀmɑ̃] m (dans l'église protestante) Konfirmand(in) m(f); (dans l'église catholique) Firmling m
confirmation [kɔ̃fiʀmasjɔ̃] f ❶ (preuve) Bestätigung f; d'une promesse Bekräftigung f; **demander ~ de qc** sich (Dat) etw bestätigen lassen; **donner ~ de qc à qn** jdm etw bestätigen; **qc mérite ~** an etw (Dat) ist etwas Wahres dran
❷ ÉCON, FIN (action) Bestätigung f, Bestätigungsaktion f (Fachspr.); (document) Bestätigung f; **lettre de ~** Bestätigungsschreiben nt;

~ de commande/vente Auftrags-/Verkaufsbestätigung; **~ de l'encaissement d'un/du chèque** Scheckeinlösungsbestätigung; **~ de soldes** Saldenbestätigungsaktion; **nous voudrions ~ de votre commande** wir bitten um Bestätigung Ihres Auftrages
❸ REL (catholique) Firmung f; (protestante) Konfirmation f
confirmé(e) [kɔ̃fiʀme] adj bewährt, erprobt
confirmer [kɔ̃fiʀme] <1> I. vt ❶ (valider, certifier) bestätigen rendez-vous, réservation, commande, fait, rumeur
❷ (renforcer) **~ qn dans ses opinions** jdn in seinen Ansichten bestätigen
❸ REL (catholique) firmen; (protestante) konfirmieren
II. vpr **se ~** ❶ (se renforcer) tendance: anhalten
❷ (être exact) sich bewahrheiten, sich bestätigen
confiscable [kɔ̃fiskabl] adj JUR argent, objet einziehbar
confiscation [kɔ̃fiskasjɔ̃] f JUR Beschlagnahme f, Konfiszierung f, Konfiskation f (Fachspr.)
confiserie [kɔ̃fizʀi] f ❶ (magasin) Süßwarenladen m
❷ (sucrerie) Süßigkeit f
❸ sans pl (industrie) Süßwarenindustrie f
confiseur, -euse [kɔ̃fizœʀ, -øz] m, f (industriel) Süßwarenfabrikant(in) m(f); (artisan) Zuckerbäcker(in) m(f); (commerçant) Süßwarenhändler(in) m(f)
confisquer [kɔ̃fiske] <1> vt **~ un objet** professeur, surveillant: einen Gegenstand abnehmen; police, douanier: einen Gegenstand beschlagnahmen [o konfiszieren]; **~ le pouvoir à qn** jdm die Macht entziehen
confit [kɔ̃fi] m **~ d'oie/de canard** Gänse-/Enten-Confit nt (im eigenen Fett gebratenes und in diesem Schmalz eingemachtes Fleisch)
confit(e) [kɔ̃fi, it] adj fruits kandiert; olives, cornichons eingelegt; foie, gésier eingemacht
confiture [kɔ̃fityʀ] f Marmelade f, Konfitüre f; **confiture de ~s/de quetsches** Erdbeer-/Zwetschgenmarmelade
▸ **donner de la ~ aux cochons** Perlen vor die Säue werfen
conflagration [kɔ̃flagʀasjɔ̃] f soutenu Aufruhr m, Umwälzung f
conflictuel(le) [kɔ̃fliktɥɛl] adj pulsions, intérêts entgegengesetzt; rapports konfliktgeladen; **situation ~le** Konfliktsituation f, konfliktträchtige Situation
conflit [kɔ̃fli] m ❶ Konflikt m; **~ armé** bewaffneter Konflikt; **~s sociaux** soziale Spannungen Pl; **~ Est-Ouest** Ost-West-Konflikt; **~ Nord-Sud** Nord-Süd-Konflikt; **~ des classes/des générations** Klassen-/Generationenkonflikt; **~ de pêche** Fischereistreit m; **~ du travail** Arbeitskonflikt; **entrer/être en ~ avec qn/qc** mit jdm/etw in Konflikt geraten/sein; **éviter les ~s** personne: konfliktscheu sein
❷ JUR Konflikt m, Kollision f; **~ de compétence** Kompetenzkonflikt, Kompetenzstreit m, Kompetenzstreitigkeiten Pl, Zuständigkeitsstreit m; **~ positif/négatif de compétence** negativer/positiver Kompetenzkonflikt; **~ de droits** Rechtskollision f; **~ d'intérêts** [o **des intérêts**] Interessenkonflikt, Interessenkollision f; **~ de[s] lois** Gesetzeskonflikt, Normenkollision f; **~ d'obligations** Pflichtenkollision
confluence [kɔ̃flyɑ̃s] f (action) de deux fleuves Zusammenfließen nt; (lieu) Zusammenfluss m
confluent [kɔ̃flyɑ̃] m Zusammenfluss m
confluer [kɔ̃flye] <1> vi fleuves, rivières: zusammenfließen; rues: zusammentreffen; personnes: zusammenströmen
confondant(e) [kɔ̃fɔ̃dɑ̃, ɑ̃t] adj erstaunlich; ressemblance frappierend
confondre [kɔ̃fɔ̃dʀ] <14> I. vi sich irren; **il ne faudrait pas ~** da sollte man sich nicht täuschen
II. vt ❶ (mêler) durcheinanderbringen, verwechseln; **on peut les ~** man kann sie [miteinander] verwechseln; **j'ai dû vous ~ avec une autre** ich hab' Sie mit jemand anderem verwechselt
❷ (décontenancer) verblüffen; übersteigen entendement, imagination; **je suis confondu(e) devant sa politesse** seine Höflichkeit macht mich sprachlos
❸ (démasquer) entlarven
III. vpr ❶ (se mêler) **se ~** ineinander übergehen; couleurs: ineinanderfließen, ineinander übergehen; **se ~ dans l'obscurité/avec la foule** in der Dunkelheit/Menge verschwinden; **se ~ dans l'esprit de qn** im Kopf von jdm durcheinandergeraten
❷ (prodiguer) **se ~ en remerciements/en excuses** sich vieltausendmal bedanken/entschuldigen
conformation [kɔ̃fɔʀmasjɔ̃] f d'un squelette, corps Bau m; d'une molécule Aufbau m; **~ anatomique** Körperbau m
conforme [kɔ̃fɔʀm] adj ❶ (correspondant) **être ~ à qc** einer S. (Dat) entsprechen; **~ à ses/leurs/... besoins** seinen/ihren/... Bedürfnissen entsprechend; **explication ~ à son/leur/... âge** altersgemäße Erklärung
❷ (en accord avec) **~ à la demande** antragsgemäß; **~ aux dispositions** bestimmungsgemäß; **~ au règlement** regelgemäß, regelgerecht, regelkonform; **rénovation ~ au style** stilgerechte [o stilge-

mäße] Restaurierung; **~ aux conditions du marché** marktgerecht; **~ à l'échantillon** der Probe *(Dat)* entsprechend; **~ au marché** marktkonform; **non ~ au marché** marktkonträr; **~ à la saison** saisonüblich; **~ aux termes du contrat** *condition* vertragsgemäß; **être ~ à qc** mit etw übereinstimmen

③ *(conformité) pensée, opinion* konformistisch, angepasst

④ JUR **~ à la loi** gesetzeskonform; **~ au contrat/à la Constitution** vertrags-/verfassungsgemäß; **non ~ à la constitution** normenwidrig; **~ à la déclaration/l'invention** anmeldungs-/erfindungsgemäß *(Fachspr.)*

▶ **certifié(e) ~** [amtlich] beglaubigt; **le document devra être certifié ~** das Schriftstück muss beglaubigt werden

conformé(e) [kɔ̃fɔʀme] *adj* **bien ~(e)** wohlgebildet; **mal ~(e)** missgestaltet

conformément [kɔ̃fɔʀmemɑ̃] *adv* ① **~ à vos désirs** Ihren Wünschen entsprechend, wunschgemäß; **~ à la saison** saisongemäß; **~ aux termes de votre courrier du ...** *form* mit Bezug auf Ihr Schreiben vom ... *(form)*

② *a.* JUR **~ au contrat** laut Kontrakt; **~ à la déclaration** anmeldungsgemäß; **voter ~ à la demande** antragsgemäß abstimmen; **~ au pouvoir** ermessenskonform *(Fachspr.)*; **~ au règlement** regelgerecht, regelkonform; **~ aux termes de la clause** entsprechend den Bedingungen der Klausel

conformer [kɔ̃fɔʀme] <1> **I.** *vt soutenu* **~ qc à qc** etw einer S. *(Dat)* anpassen

II. *vpr* **se ~ à qc** sich an etw *(Akk)* halten

conformisme [kɔ̃fɔʀmism] *m* Konformismus *m*, Angepasstheit *f*

conformiste [kɔ̃fɔʀmist] **I.** *adj* angepasst

II. *mf* Konformist(in) *m(f)*

conformité [kɔ̃fɔʀmite] *f* ① *(ressemblance)* Ähnlichkeit *f*

② *(concordance) des points de vue, goûts, sentiments* Übereinstimmung *f*; **en ~ avec qc** *(en accord avec)* in Übereinstimmung mit etw; *(suivant)* gemäß einer S. *(Dat)*; **~ aux usages de la profession** ECON Branchenüblichkeit *f*; **en ~ avec l'original** originalgetreu; **en ~ avec les ordres reçus** befehlsgemäß; **être en ~ avec les normes en vigueur** den gültigen Normen entsprechen

③ JUR Kongruenz *f*; **~ du droit communautaire au droit français** Kongruenz des EU-Rechts mit dem französischen Recht; **défaut de ~ par rapport aux dispositions du contrat** Nichtübereinstimmung *f* mit den Vertragsbedingungen

◆ **~ au droit** JUR Begründetheit *f*

confort [kɔ̃fɔʀ] *m* ① *sans pl* Komfort *m*; *d'un fauteuil* Sitzkomfort; *d'un vêtement* Tragekomfort; **avoir tout le ~** allen Komfort bieten; **offrir un grand ~** sehr komfortabel sein; **chambre [de] grand ~** Komfortzimmer *nt*; **tout ~** mit allem Komfort

② *(commodité)* **d'écoute/de lecture** Hör-/Lesekomfort *m*; **offrir un grand ~ d'utilisation** benutzerfreundlich [*o* leicht zu handhaben] sein

③ *sans pl (bien-être) d'une personne* Wohlbefinden *nt*; **~ personnel** persönliches Wohlbefinden; **le petit ~ de qn** jds Gewohnheiten; **aimer son ~** die Bequemlichkeit lieben

confortable [kɔ̃fɔʀtabl] *adj* ① *maison, voiture, avion* komfortabel; *fauteuil, canapé, lit, vêtement* bequem; *tissu* angenehm

② *(large)* **vie/situation ~** *(agréable)* angenehmes Leben/angenehme Stelle; *(financièrement)* [finanziell] gesichertes Leben/[finanziell] gesicherte Stelle

③ *(suffisant) salaire, retraite, intérêts* ordentlich *(fam)*

④ *(important) avance* beachtlich *(fam)*

confortablement [kɔ̃fɔʀtabləmɑ̃] *adv* ① **s'installer, s'asseoir** bequem

② *(largement)* **vivre/être payé(e) ~** nicht schlecht leben/bezahlt werden

conforter [kɔ̃fɔʀte] <1> *vt* stärken *régime politique*; bestärken *thèse*; **être conforté(e) dans son opinion** in seiner Meinung bestärkt werden

confraternel(le) [kɔ̃fʀatɛʀnɛl] *adj* ① *(entre confrères)* brüderlich; **amitié ~le** Bruderliebe *f*

② *(entre consœurs)* schwesterlich

confrère [kɔ̃fʀɛʀ] *m* Kollege *m*; **mon cher ~** verehrter [Herr] Kollege

confrérie [kɔ̃fʀeʀi] *f (religieuse)* Bruderschaft *f*; *(laïque)* Gilde *f*

confrontation [kɔ̃fʀɔ̃tasjɔ̃] *f* ① JUR Gegenüberstellung *f*

② *(affrontement) des opinions, personnes* Konfrontation *f*, Aufeinandertreffen *nt*; *armée* kriegerische Auseinandersetzung

◆ **~ d'intérêts** Interessenabwägung *f*

confronter [kɔ̃fʀɔ̃te] <1> **I.** *vt* ① JUR **~ qn avec qn** jdn jdm gegenüberstellen

② *(mettre en face de)* konfrontieren

③ *(opposer)* [einander] gegenüberstellen *choses, explications, idées, opinions*; *(comparer)* [zum Vergleich] einander gegenüberstellen *textes*

II. *vpr* ① *(s'opposer)* **se ~ sur qc** ein Streitgespräch über etw *(Akk)* führen, kontrovers über etw *(Akk)* diskutieren

② *(se trouver face à)* **se ~ à qc** vor etw *(Dat)* stehen; **se ~ à la réalité** sich der Wirklichkeit stellen

confucianisme [kɔ̃fysjanism] *m* Konfuzianismus *m*

Confucius [kɔ̃fysjys] *m* Konfuzius *m*

confus(e) [kɔ̃fy, yz] *adj* ① *rumeur, murmures, cris* undeutlich; **des voix ~es** Stimmengewirr *nt*

② *(embrouillé)* konfus, verworren; *esprit* konfus, verworren, wirr; *(vague) souvenir* vage; *sentiment* unbestimmt

③ *(embarrassé)* verwirrt, verlegen, verwirrt; **je suis ~(e)!** *(je regrette)* das ist mir sehr/so peinlich!; *(vivement touché)* ich bin überwältigt

confusément [kɔ̃fyzemɑ̃] *adv (indistinctement)* undeutlich; *(de manière obscure)* wirr; *(vaguement)* vage

confusion [kɔ̃fyzjɔ̃] *f* ① *sans pl (embarras)* Verlegenheit *f*; **rougir de ~** vor Verlegenheit rot werden; **à la grande ~ de qn** zu jds großer Schande

② *(erreur) de personnes, dates* Verwechslung *f*; **~ de noms** Namensverwechslung; **il y a ~!** da muss eine Verwechslung vorliegen!; **prêter à ~** verwirrend sein, für Verwirrung sorgen

③ *sans pl (agitation)* Unruhe *f*; *(désordre)* Durcheinander *nt*, Verwirrung *f*; **jeter** [*o* **mettre] la ~** Verwirrung stiften

④ *(état mental pathologique)* Verwirrtheit *f*

conga [kɔ̃ga] *f* MUS Conga *f*

congé [kɔ̃ʒe] *m* ① Urlaub *m*; SCOL [Schul]ferien *Pl*; UNIV Semesterferien *Pl*; **un jour de ~** ein Tag Urlaub; SCOL ein schulfreier Tag; **prendre un ~** frei nehmen; **~ annuel** Jahresurlaub; **~ parental** Elternurlaub, Erziehungsurlaub, Babypause *f (fam)*; **prendre un ~ parental** Elternurlaub nehmen, eine Babypause machen *(fam)*; **~s payés** bezahlter Urlaub; **~ sans solde**, **~ sabbatique** unbezahlter Urlaub; **~ tarifaire/supplémentaire** Tarif-/Zusatzurlaub; **avoir deux jours/un mois de ~** zwei Tage/einen Monat Urlaub [*o* frei] haben; **être en ~** in [*o* im] Urlaub sein; **partir en ~** in [den] Urlaub fahren; **être en ~ de maladie** krankgeschrieben sein

② *(licenciement)* **demander son ~ à qn** bei jdm kündigen; **donner son ~ à qn** jdm kündigen, jdn entlassen; **donner ~ à qn** *(en terminant un entretien)* jdm entlassen; *employeur:* jdm [ein paar Stunden] freigeben; *propriétaire d'appartement:* jdm [die Wohnung] kündigen; **signifier son ~ à qn** *soutenu (mettre à la porte)* jdm kündigen; *(donner la permission de partir)* jdn gehen lassen

③ *(salutation)* **prendre ~ de qn/qc** sich von jdm/etw verabschieden

◆ **~ [de] formation** Bildungsurlaub *m*; **~ de longue durée** Beurlaubung *f*; **~ [de] maternité** Mutterschaftsurlaub *m*

congédiement [kɔ̃ʒedimɑ̃] *m* Entlassung *f*

congédier [kɔ̃ʒedje] <1a> *vt* entlassen *employé*; hinauskomplimentieren, [mit sanfter Gewalt] verabschieden *visiteur*; **~ un locataire** einem Mieter [die Wohnung] kündigen

congélateur [kɔ̃ʒelatœʀ] *m (armoire)* Gefrierschrank *m*; *(bahut)* Gefriertruhe *f*, Tiefkühltruhe *f*; **compartiment ~** Gefrierfach *nt*

congélation [kɔ̃ʒelasjɔ̃] *f* ① Einfrieren *nt*; *de l'eau* [Ge]frieren *nt*; *de l'huile* Erstarren *nt*

② MED *(action)* Vereisen *nt*, Vereisung *f*; *(résultat)* Vereisung

congeler [kɔ̃ʒ(ə)le] <4> **I.** *vt* ① PHYS zum Gefrieren bringen; dickflüssig werden lassen *huile*

② GASTR einfrieren; **être congelé(e)** eingefroren werden, tiefgefroren sein

II. *vpr* **se ~** gefrieren

congénère [kɔ̃ʒenɛʀ] *mf souvent pl péj* Artgenosse *m*/-genossin *f (pej)*; **vous et vos ~s** Sie und Ihresgleichen *(pej)*

congénital(e) [kɔ̃ʒenital, o] <-aux> *adj a. fig* angeboren

congère [kɔ̃ʒɛʀ] *f* Schneewehe *f*; *(amas de sable)* Sandverwehung *f*

congestion [kɔ̃ʒɛstjɔ̃] *f* MED Schlaganfall *m*; **~ cérébrale** [Ge]hirnschlag *m*; **~ pulmonaire** [leichte] Lungenentzündung

congestionner [kɔ̃ʒɛstjɔne] <1> **I.** *vt* ① *(rougir)* erröten *visage, personne*; **être congestionné(e) par qc** ganz rot wegen etw/durch etw werden

② *fig (embouteiller)* **être embouteillé(e)** *voies d'accès:* verstopft sein

II. *vpr* **se ~** *visage:* [ganz] rot werden

conglomérat [kɔ̃glɔmeʀa] *m* ① GEOL Konglomerat *nt*

② ECON Mischkonzern *m*

③ *(assemblage hétéroclite)* Gemisch *nt*, Konglomerat *nt*

congratulations [kɔ̃gʀatylasjɔ̃] *fpl* Glückwünsche *Pl*, Gratulation *f*

congratuler [kɔ̃gʀatyle] <1> *vt soutenu* **~ qn** jdm seine Glückwünsche darbringen *(geh)*

congre [kɔ̃gʀ] *m* Meeraal *m*

congrégation [kɔ̃gʀegasjɔ̃] *f* Kongregation *f*

congrès [kɔ̃gʀɛ] *m* ① *(réunion)* Kongress *m*, Tagung *f*; **~ annuel** Jahreskongress, Jahrestagung; **~ professionnel** Fachkongress; **~ de/des chirurgiens** Chirurgenkongress; **~ de/des philologues** Philologenkongress; **~ du parti** Parteitag *m*, Parteikongress; **décision du ~ du parti** Parteitagsbeschluss *m*; **bureau/**

prendre congé	
prendre congé	sich verabschieden
Au revoir !	Auf Wiedersehen!
À bientôt !	Auf ein baldiges Wiedersehen!
Salut !	Tschüss! *(fam)*/Ciao! *(fam)*
Bon courage !	Mach's gut! *(fam)*
À bientôt(, alors) !	(Also dann,) bis bald! *(fam)*
À demain !/À la semaine prochaine !	Bis morgen!/Bis nächste Woche!
À la prochaine !	Man sieht sich! *(fam)*
Rentre bien !	Komm gut heim! *(fam)*
Sois prudent(e) !	Pass auf dich auf! *(fam)*
Rentrez bien !	Kommen Sie gut nach Hause!
Bonne soirée !	Einen schönen Abend noch!
dire au revoir au téléphone	sich am Telefon verabschieden
Au revoir !	Auf Wiederhören! *(form)*
À bientôt, alors !	Also dann, bis bald wieder! *(fam)*
Salut !	Tschüss! *(fam)*/Ciao! *(fam)*

centre du ~ Tagungsbüro *nt*/-gebäude *nt;* **début/durée du ~** Tagungsbeginn *m*/-dauer *f;* **programme du ~** Tagungsprogramm *nt* ❷ POL *(aux États-Unis)* **le Congrès** der Kongress; **député(e) du ~** Kongressabgeordnete(r) *f(m),* Kongressmitglied *nt;* **élections du Congrès** Kongresswahlen *Pl*
congressiste [kɔ̃gʀesist] *mf* Kongressteilnehmer(in) *m(f)*
congru(e) [kɔ̃gʀy] *adj* **portion ~ e** [Existenz]minimum *nt*
congruent(e) [kɔ̃gʀyɑ̃, ɑ̃t] *adj* ❶ *idée* passend
❷ MATH *figures* kongruent
conifère [kɔnifɛʀ] *m* Nadelbaum *m,* Konifere *f*
conique [kɔnik] *adj* kegelförmig, konisch *(Fachspr.)*
conjectural(e) [kɔ̃ʒɛktyʀal, o] <-aux> *adj* spekulativ, auf Vermutungen beruhend
conjecture [kɔ̃ʒɛktyʀ] *f* Vermutung *f,* Mutmaßung *f;* **en être réduit(e) à des ~s** auf Vermutungen angewiesen sein; **des ~s sur l'avenir** Spekulationen *Pl* über die Zukunft
conjecturer [kɔ̃ʒɛktyʀe] <1> *vt* vermuten, Vermutungen anstellen in Bezug auf *(+ Akk);* erahnen, voraussehen *évolution, issue*
conjoint(e) [kɔ̃ʒwɛ̃, wɛ̃t] *adj* ❶ *problèmes* miteinander verbunden, zusammenhängend; *action* gemeinsam, gemeinschaftlich
❷ JUR *legs, requête* gemeinschaftlich
II. *m(f) form* [Ehe]gatte *m*/[Ehe]gattin *f (form);* **les ~s** die Eheleute
conjointement [kɔ̃ʒwɛ̃tmɑ̃] *adv* zusammen, gemeinsam
conjonctif, -ive [kɔ̃ʒɔ̃ktif, -iv] *adj* ❶ *tissu* Binde-; *cellule, fibre* Bindegewebs-
❷ GRAM *locution* konjunktional; *proposition* Konjunktional-
conjonction [kɔ̃ʒɔ̃ksjɔ̃] *f* ❶ GRAM Konjunktion *f,* Bindewort *nt*
❷ *sans pl (réunification)* Vereinigung *f;* **la ~ de nos efforts nous permettra d'aboutir** mit vereinten Kräften werden wir es schaffen
❸ ASTRON, ASTROL Zusammentreffen *nt,* Konjunktion *f (Fachspr.)*
◆ **~ de coordination** beiordnende Konjunktion; **~ de subordination** unterordnende Konjunktion
conjonctive [kɔ̃ʒɔ̃ktiv] *f* ❶ GRAM Konjunktionalsatz *m*
❷ ANAT Bindehaut *f*
conjonctivite [kɔ̃ʒɔ̃ktivit] *f* MED Bindehautentzündung *f,* Konjunktivitis *f (Fachspr.)*
conjoncture [kɔ̃ʒɔ̃ktyʀ] *f* ❶ *sans pl (situation)* Bedingungen *Pl,* Situation *f;* **~ internationale actuelle** gegenwärtige internationale Lage; **dans la ~ présente** unter [*o* bei] den gegenwärtigen Bedingungen
❷ *sans pl* ECON Konjunktur *f;* **~ nationale/internationale** Binnen-/Weltkonjunktur; **~ dans le bâtiment** Baukonjunktur; **~ du commerce mondial** Welthandelskonjunktur; **la situation de la ~** die konjunkturelle Lage; **haute ~** Hochkonjunktur; **basse ~** Konjunkturflaute *f;* **la ~ ascendante** die ansteigende Konjunktur, die Aufwärtsbewegung der Konjunktur; **sensible à la ~** konjunkturabhängig; **dépendre de la ~** konjunkturabhängig sein; **fluctuations qui dépendent de la ~** konjunkturabhängige Schwankungen; **phénomène dû à la ~** konjunkturbedingtes Phänomen

◆ **~ de la consommation** ECON Verbrauchskonjunktur *f*
conjoncturel(le) [kɔ̃ʒɔ̃ktyʀɛl] *adj crise, cycle, politique* Konjunktur-; *inflation* konjunkturbedingt; *chômage* konjunkturell, konjunkturbedingt; **dépression ~le** Depression *f;* **fléchissement/revirement ~** Konjunkturabschwächung *f*/-umschwung *m;* **des prévisions ~les** Konjunkturprognosen *Pl*
conjoncturiste [kɔ̃ʒɔ̃ktyʀist] *mf* Wirtschaftsforscher(in) *m(f)*
conjugable [kɔ̃ʒygabl] *adj verbe* konjugierbar
conjugaison [kɔ̃ʒygɛzɔ̃] *f* ❶ GRAM Konjugation *f,* Beugung *f*
❷ *sans pl (réunion)* Vereinigung *f;* **grâce à la ~ de nos efforts, ...** mit vereinten Kräften ...
conjugal(e) [kɔ̃ʒygal, o] <-aux> *adj* ehelich; *lit, vie* Ehe-
conjugalement [kɔ̃ʒygalmɑ̃] *adv* vivre in Ehegemeinschaft, zusammen als Mann und Frau
conjugué(e) [kɔ̃ʒyge] *adj efforts* vereint; *action* gemeinsam; **l'action ~e de la chaleur et du vent** das Zusammenspiel von Hitze und Wind
conjuguer [kɔ̃ʒyge] <1> I. *vt* ❶ GRAM konjugieren, beugen *verbe*
❷ *(unir)* vereinigen *efforts, forces;* **en conjugant nos efforts** mit vereinten Kräften
II. *vpr* GRAM **se ~** *verbe:* konjugiert werden
conjuration [kɔ̃ʒyʀasjɔ̃] *f* ❶ *(complot)* Verschwörung *f;* **c'est une |véritable| ~ !** das ist ja die reinste Verschwörung!
❷ *(exorcisme)* |Geister|beschwörung *f*
conjuré(e) [kɔ̃ʒyʀe] *m(f)* Verschwörer(in) *m(f)*
conjurer [kɔ̃ʒyʀe] <1> I. *vt* ❶ *(éviter)* abwenden *échec, crise;* abwenden, bannen *danger*
❷ *(supplier)* beschwören; **je vous en conjure!** ich flehe Sie an!
❸ *(exorciser)* beschwören *sort*
II. *vpr (comploter, s'unir)* **se ~** sich verschwören; **tout se conjure contre moi!** es hat sich aber auch alles gegen mich verschworen!
connaissable [kɔnɛsabl] *adj* der Erkenntnis zugänglich
connaissance [kɔnɛsɑ̃s] *f* ❶ *sans pl (fait de connaître)* Kenntnis *f;* **~ des hommes** Menschenkenntnis; **~ de soi** Selbsteinschätzung *f;* **état des ~s** Kenntnisstand *m;* **avoir ~ de qc** von etw Kenntnis haben; **donner ~ de qc à qn** jdn von etw in Kenntnis setzen; **porter qc à la ~ de qn** jdm etw mitteilen; **il est porté à la ~ du public que les dates ont changé** es wird hiermit öffentlich mitgeteilt, dass sich die Daten geändert haben; **prendre ~ de qc** von etw Kenntnis nehmen, etw zur Kenntnis nehmen; **~ supposée** JUR vermutete Kenntnis; **~ présumée légalement** JUR gesetzlich unterstellte Kenntnis; **à ma ~** nach meiner Kenntnis, meines Wissens; **pas à ma ~** nicht, dass ich wüsste
❷ *(relation sociale, contact)* Bekanntschaft *f;* **faire la ~ de qn** jdn kennen lernen; **renouer ~ avec qn** die Bekanntschaft mit jdm wieder auffrischen; **faire de nouvelles ~** neue Bekanntschaften machen; **je suis enchanté(e) de faire votre ~** ich freue mich, Sie kennen zu lernen; ich bin erfreut, Ihre Bekanntschaft zu machen *(form),* **il vous fera faire ~ avec elle** er wird Sie mit ihr bekannt machen
❸ *(personne)* Bekannte(r) *f(m),* Bekanntschaft *f;* **~ d'enfance**

Jugendbekanntschaft; **une personne de ma ~** ein Bekannter/eine Bekannte [von mir]
④ *pl (choses apprises)* Kenntnisse *Pl,* Wissen *nt;* **~s en allemand/en français** Deutsch-/Französischkenntnisse; **~s en médecine** medizinische Kenntnisse; **~s élémentaires** [*o* **de base**] Grundkenntnisse, Elementarkenntnisse; **~s générales** Allgemeinwissen; **~s historiques** [*o* **de l'histoire**] Geschichtskenntnisse; **~s spécialisées** Spezialkenntnisse; **avoir une bonne ~ des langues** gute Sprachkenntnisse haben; **approfondir ses ~s** sein Wissen vertiefen
⑤ *(lucidité)* Bewusstsein *nt;* **avoir toute sa ~** bei vollem Bewusstsein sein; **perdre ~** das Bewusstsein verlieren; **reprendre ~** wieder zu Bewusstsein kommen; **rester sans ~** bewusstlos bleiben
▶ **en ~ de cause** in Kenntnis der Sachlage; <u>**faire**</u> **~ avec qn/qc** mit jdm/etw Bekanntschaft machen

connaissement [kɔnɛsmɑ̃] *m* COM Frachtbrief *m; (pour fret maritime)* Seefrachtbrief; *(connaissement de transbordement)* [Umlade]konnossement *nt (Fachspr.),* Verschiffungskonnossement *(Fachspr.);* ~ **collectif** Sammelkonnossement; ~ **embarqué** Abladekonnossement; ~ **fluvial/maritime** Binnen-/Seekonnossement; ~ **net/surchargé** reines/unreines Konnossement; ~ **nominatif** Namenskonnossement, Rektakonnossement *(Fachspr.);* ~ **ordinaire** Normalkonnossement; ~ **reçu pour embarquement** Übernahmekonnossement; ~ **dit "port"** Hafenkonnossement
◆ **~ à bord** Bordkonnossement *nt,* An-Bord-Konnossement, Empfangskonnossement; **~ d'importation** ECON Importkonnossement *nt;* **~ à ordre** Orderkonnossement *nt;* **~ de transit** Durchgangskonnossement *nt,* durchgehender Frachtbrief

connaisseur, -euse [kɔnɛsœʀ, -øz] I. *adj* **air/coup d'œil** [*o regard*] ~ Kennermiene *f*/Kennerblick *m*
II. *m, f* Kenner(in) *m(f);* **public de ~s** sachverständiges Publikum; **~ en vins** Weinkenner *m;* **elle est très ~** [*o* **connaisseuse**] **en la matière** sie kennt sich auf diesem Gebiet sehr gut aus

connaître [kɔnɛtʀ] <*irr*> I. *vt* ❶ kennen *personne, roman, situation, sentiment, mot;* wissen *nom, adresse, date;* **faire ~ qc à qn** jdm etw mitteilen; **je la connais** ich kenne sie; **je ne te connais plus!** der ist für mich erledigt! *(fam);* **on connaît les meurtriers?** weiß man, wer die Mörder sind?; **vous connaissez la nouvelle?** wissen Sie schon das Neueste?; **vous apprendrez à le ~** Sie werden ihn [nach und nach] kennen lernen; **comme je te connais, ...** wie ich dich kenne, ...; **je ne connais que lui!** *fam* und ob ich den kenne!
❷ *(avoir des connaissances)* **~ son métier** sein Handwerk verstehen; **~ la mécanique/la musique** Ahnung von Mechanik/Musik haben; **~ l'allemand** Deutsch können; **ne rien ~ à qc** von etw nichts verstehen, nicht die geringste Ahnung von etw haben
❸ *(rencontrer)* kennen lernen; **faire ~ qn à qn** jdn mit jdm bekannt machen
❹ *(éprouver)* erleben; **~ un succès fou** *personne:* einen Riesenerfolg haben; *film:* ein Riesenerfolg sein; **ne ~ aucune exception** ausnahmslos gültig sein, keine Ausnahme kennen
▶ **ça me connaît!** *fam* da kenn' ich mich aus! *(fam)*
II. *vpr* ❶ *(se fréquenter)* **se ~ depuis longtemps** sich schon lange kennen; **ils se sont connus en vacances** sie haben sich im Urlaub kennen gelernt
❷ *(connaître ses possibilités)* **se ~** sich kennen; **tel que je me connais** wie ich mich kenne
❸ *(être spécialiste)* **s'y ~** etwas davon verstehen; **s'y ~ en musique/en ordinateurs** sich [gut] in der Musik/mit Computern auskennen
▶ **se faire ~** *(dire son identité)* sich zu erkennen geben; *(devenir célèbre)* bekannt werden; *(se présenter)* sich vorstellen

connard [kɔnaʀ] *m pop* [Voll]idiot *m (fam),* Blödmann *m (fam),* Affenarsch *m (vulg)*

connasse [kɔnas] *f pop* blöde Kuh [*o* Ziege] *(fam),* Zimtzicke *f (pej)*

conne *v.* **con**

connectable [kɔnɛktabl] *adj* ELEC, INFORM **directement ~** steckerkompatibel

connecter [kɔnɛkte] <1> I. *vt* anschließen *ordinateur, clavier, imprimante;* **~ des ordinateurs en réseau** Computer vernetzen; **ce câble connecte l'imprimante avec l'ordinateur** dieses Kabel verbindet den Drucker mit dem Computer
II. *vpr* **se ~** sich einloggen; **se ~ au réseau** sich ins Netz einloggen; **se ~ à Internet** sich ins Internet einloggen; **être connecté(e)**/**non connecté(e)** online/offline sein

connecteur [kɔnɛktœʀ] *m* INFORM Steckplatz *m;* **~ analogique** Analoganschluss *m;* **~ d'alimentation électrique** Stromanschluss; **~ du clavier** Tastaturanschluss; **~ multibroche** Kontaktleiste *f;* **~ overdrive** Overdrive-Sockel *m*

connection [kɔnɛkʃœn] *f fam* Connection *f meist Pl (fam);* **avoir de la ~** Connections haben *(fam)*

connectique [kɔnɛktik] *f* INFORM Anschlusstechnik *f,* Verbindungstechnik

connerie [kɔnʀi] *f* ❶ *sans pl pop (stupidité)* Schwachsinn *m (fam),* Blödheit *f (fam)*
❷ *pop (acte, parole)* Quatsch *m kein Pl (fam);* **tout ça, c'est des ~s!** das ist [doch/ja] alles Blödsinn! *(fam)*

connétable [kɔnetabl] *m* HIST Konnetabel *m*

connexe [kɔnɛks] *adj affaires, idées* zusammenhängend

connexion [kɔnɛksjɔ̃] *f* ❶ *(relation)* Zusammenhang *m,* Verbindung *f*
❷ ELEC *(à un circuit)* Anschluss *m; (entre deux appareils)* Verbindung *f*
❸ INFORM Verbindung *f,* Anschluss *m;* **~ de l'imprimante** Druckeranschluss; **~ RNIS** ISDN-Anschluss; **obtenir une ~ à Internet** eine Verbindung zum Internet herstellen; **être hors ~** offline sein

connivence [kɔnivɑ̃s] *f* heimliches Einverständnis; **un sourire de ~** ein komplizenhaftes [*o* verschwörerisches] Lächeln; **être de ~ avec qn** mit jdm unter einer Decke stecken; **agir de ~ avec qn** mit jdm gemeinsame Sache machen

connotation [kɔnɔtasjɔ̃] *f* Konnotation *f*

connoter [kɔnɔte] <1> *vt* die Vorstellung hervorrufen von, konnotieren *(Fachspr.);* **~ une valeur poétique** *mot:* eine poetische Konnotation haben

connu(e) [kɔny] I. *part passé de* **connaître**
II. *adj* ❶ *(célèbre, répandu)* bekannt; **c'est bien ~ que je suis le plus fort** es ist allgemein bekannt, dass ich der stärkste bin; **un fait ~ de tous** eine allgemein bekannte Tatsache; **~ des tribunaux** [*o* **de la justice**] gerichtsnotorisch, gerichtsbekannt; **voleur/dealer ~ des services de police** polizeibekannter Dieb/Dealer
❷ *(familier)* [bisher] bekannt; **le monde ~** das [bisher] erforschte Universum

conque [kɔ̃k] *f* ZOOL [See]muschel *f*

conquérant(e) [kɔ̃keʀɑ̃, -ɑ̃t] I. *adj esprit, peuple* eroberungslustig; *ardeur* eroberungslustig, draufgängerisch; *regard, air* selbstbewusst
II. *m(f)* Eroberer *m*/Eroberin *f*

conquérir [kɔ̃keʀiʀ] <*irr*> *vt* erobern; für sich gewinnen *personne;* erwerben *estime, respect*

conquête [kɔ̃kɛt] *f* ❶ *sans pl d'un pays, espace, marché, pouvoir, d'une montagne* Eroberung *f,* Bezwingung *f; d'une faveur, d'un suffrage* Gewinnen *nt;* **partir à la ~ de qc** ausziehen, [um] etw zu erobern
❷ *pl (territoire)* Eroberungen *Pl; (acquis)* Errungenschaften *Pl;* **~s emportées de haute lutte** hart erkämpfte Errungenschaften
❸ *(conquête amoureuse)* Eroberung *f;* **faire la ~ de qn** jdn erobern; **c'est sa nouvelle ~** das ist seine neueste Eroberung

consacré(e) [kɔ̃sakʀe] *adj* ❶ *hostie, église, lieu* geweiht
❷ *(adéquat) formule, expression, terme* üblich, landläufig
❸ *(célèbre) auteur, écrivain, œuvre* anerkannt

consacrer [kɔ̃sakʀe] <1> I. *vt* ❶ *(donner)* **~ son argent à qc** sein Geld für etw verwenden; **~ son énergie à faire qc** seine Energie auf etw *(Akk)* konzentrieren [*o* in etw *(Akk)* setzen]
❷ REL weihen *prêtre, temple, église, hostie;* segnen *pain, vin*
❸ *(entériner)* sich durchsetzen *mot, expression;* allgemein üblich werden lassen *coutume;* verankern *droit;* **la coutume a été consacrée par l'usage** der Brauch hat sich nach und nach durchgesetzt
II. *vpr* **se ~ à qn/qc** sich jdm/einer S. widmen

consanguin(e) [kɔ̃sɑ̃gɛ̃, in] *adj mariage, union* zwischen Blutsverwandten; **frère ~/sœur ~e** Halbbruder *m*/-schwester *f*

consanguinité [kɔ̃sɑ̃gɥinite] *f* ❶ *(parenté du même père)* Verwandtschaft *f* väterlicherseits
❷ *(parenté héréditaire)* Blutsverwandtschaft *f*
❸ *(union consanguine)* Inzucht *f*

consciemment [kɔ̃sjamɑ̃] *adj* bewusst, wissentlich

conscience [kɔ̃sjɑ̃s] *f* ❶ *sans pl* PSYCH Bewusstsein *nt;* **prise de ~** Bewusstwerdung *f;* **prendre/avoir ~ de qc** sich *(Dat)* einer S. *(Gen)* bewusst werden/sein; **perdre ~** das Bewusstsein verlieren, ohnmächtig werden; **reprendre ~** wieder zu sich kommen
❷ *sans pl (connaissance)* Bewusstsein *nt;* **~ historique** Geschichtsbewusstsein; **la ~ de qc** das Wissen um etw; **avoir ~ de l'histoire** geschichtsbewusst sein; **agir en toute ~ des problèmes** problemorientiert handeln
❸ *sans pl (sens moral)* Gewissen *nt; (sens du devoir)* Gewissenhaftigkeit *f;* **avoir la ~ nette/en paix** ein reines/ruhiges Gewissen haben; **~ morale** sittliches Bewusstsein; **~ nationale** Nationalgefühl *nt;* **avoir une ~ nationale** nationalbewusst sein; **~ professionnelle** Berufsehre *f;* **bonne ~** Selbstgerechtigkeit *f;* **bonne/mauvaise ~** gutes/schlechtes Gewissen; **qc donne bonne/mauvaise ~ à qn** jd hat bei etw ein gutes/schlechtes Gewissen; **en avoir gros** [*o* **lourd**] **sur la ~** betrübt sein; **avoir sa ~ pour soi** sich *(Dat)* nichts vorzuwerfen haben; **avoir qc/qn sur la ~** etw/jdn auf dem Gewissen haben
❹ *(libre arbitre)* Meinungsfreiheit *f;* **opprimer les ~s** die freie Meinungsäußerung unterdrücken

♦ **~ de classe** SOCIOL Klassenbewusstsein *nt;* **~ de soi** Bewusstsein *nt* seiner selbst, Ichbewusstsein
consciencieusement [kɔ̃sjɑ̃sjøzmɑ̃] *adv* gewissenhaft
consciencieux, -euse [kɔ̃sjɑ̃sjø, -jøz] *adj* gewissenhaft
conscient(e) [kɔ̃sjɑ̃, jɑ̃t] *adj* ❶ *(informé)* bewusst; **~ de l'histoire** geschichtsbewusst; **~ des problèmes** problemorientiert; **être ~ de qc** sich *(Dat)* einer S. *(Gen)* bewusst sein; **être ~ d'avoir fait qc** sich *(Dat)* [der Tatsache *(Gen)*] bewusst sein, etw gemacht zu haben
❷ *(intentionnel)* geste, méchanceté bewusst
❸ *(lucide)* personne bei Bewusstsein, ganz klar; *mouvement* bewusst
conscription [kɔ̃skʀipsjɔ̃] *f* Konskription *f (früher: Einberufung zum Wehrdienst)*
conscrit [kɔ̃skʀi] *m (inscrit au rôle)* Wehrpflichtige(r) *m; (recrue)* Rekrut *m;* **les ~s de 1930** der Jahrgang [der Wehrpflichtigen] von 1930
consécration [kɔ̃sekʀasjɔ̃] *f* ❶ *d'un prêtre, pasteur* Weihe *f; d'un lieu, temple, d'une église* Weihe, Weihung *f*
❷ *sans pl (moment de la messe)* Wandlung *f*
❸ *sans pl (confirmation) des efforts, d'une théorie* Anerkennung *f; d'un abus, droit, d'une coutume* Sanktionierung *f,* Billigung *f; (triomphe) d'un artiste, d'une vie, carrière* Krönung *f*
consécutif, -ive [kɔ̃sekytif, -iv] *adj* ❶ *(à la file)* **des périodes consécutives d'activité et de détente** aufeinanderfolgende Phasen von Aktivität und Ruhe; **être ~(-ive) à qc** die Folge von etw sein
❷ *(résultant de)* **~(-ive) à qc** durch etw hervorgerufen
consécutivement [kɔ̃sekytivmɑ̃] *adv* ❶ *(sans interruption)* nacheinander
❷ *(par suite de)* **~ à qc** wegen einer S. *(Gen),* infolge einer S. *(Gen)*
conseil [kɔ̃sɛj] *m* ❶ *(recommandation)* Rat *m,* Ratschlag *m;* **donner des ~s à qn** jdm Ratschläge erteilen; **être de bon ~** stets Rat wissen; **demander ~ à qn** jdn um Rat bitten [*o* fragen]; **prendre ~ de qn** jds Rat einholen; **faire qc sur le ~ de qn** etw auf jds Rat hin tun; **~ au[x] consommateur[s]** Verbrauchertipp *m;* **~ juridique** Rechtsauskunft *f,* Rechtsberatung *f;* **~s juridiques officiels** [*o* **publics**] amtliche Rechtsauskünfte; **~ d'entretien** Pflegeanweisung *f;* **~ en placement** Anlageberatung
❷ ECON *(personne)* Consultant *m (Fachspr.);* **~ en recrutement** Berater(in) *m(f)* in Personalfragen; **~ fiscal** Steuerberater(in); **~ juridique** Rechtsberater(in); *(lié à une entreprise)* Syndikus *m*
❸ *(assemblée) (dans le privé)* Vorstand *m; (dans le public)* Verwaltungsrat *m;* **~ central** Zentralrat *m;* **Conseil exécutif** CH Regierungsrat (CH); **Conseil fédéral** CH Bundesrat (CH); **~ d'une/de la fondation** Stiftungsbeirat *m;* **~ général** oberstes Exekutivorgan eines Departements; **~ municipal** Gemeinderat *m;* **Conseil national** CH Nationalrat (CH); **~ économique** Wirtschaftsrat *m;* **~ économique et social** Wirtschafts- und Sozialrat; **~ de l'Europe, ~ européen** Europarat, Europäischer Rat; **~ constitutionnel** Verfassungsgericht *nt;* **~ révolutionnaire** Revolutionsrat
▸ **tenir ~** sich beraten
♦ **~ d'administration** Verwaltungsrat *m;* **~ de classe** *(réunion trimestrielle)* Zeugniskonferenz *f; (réunion extraordinaire)* Schulkonferenz *f;* **~ des commanditaires** Kommanditistenausschuss *m;* **~ de discipline** Disziplinarausschuss *m;* SCOL Schulvorstand *m;* **passer en ~ de discipline** vor den Disziplinarausschuss gestellt werden; **Conseil d'État** höchstes französisches Verwaltungsgericht; **~ de famille** Familienrat *m;* **~ de guerre** Kriegsgericht *nt;* **passer en ~ de guerre** vor das Kriegsgericht gestellt werden; **Conseil des ministres** Ministerrat *m;* **Conseil des ministres européens** EU-Ministerrat *m;* **Conseil des ministres de l'Économie et des Finances** *(de l'UE)* Rat *m* der Wirtschafts- und Finanzminister; **Conseil de l'Ordre des avocats** Vorstand *m* der Anwaltskammer; **Conseil de l'Ordre des médecins** Vorstand *m* der Ärztekammer; **~ des prud'hommes** [paritätisches] Arbeitsgericht; **Conseil de sécurité** Sicherheitsrat *m;* **~ de surveillance** Aufsichtsrat *m;* **Conseil de l'Union européenne** Europäischer Rat, Rat der Europäischen Union; **Conseil d'Université** [Universitäts]senat *m*
conseiller, -ère [kɔ̃seje] <1> I. *vt* ❶ *(recommander)* **~ un docteur/vin à qn** jdm einen Arzt/Wein empfehlen; **~ la prudence à qn** jdm zur Vorsicht raten; **~ à qn de faire qc** jdm raten, etw zu tun
❷ *(inciter)* **~ à qn de faire qc** jdm gebieten, etw zu tun
❸ *(guider)* **~ qn dans qc** jdn bei etw beraten; **être bien conseillé(e) par qn** gut von jdm beraten sein
II. *vt impers* **il est conseillé à qn de faire qc** es empfiehlt sich für jdn, etw zu tun
conseiller, -ère [kɔ̃seje, -ɛʀ] *m* ❶ *(qui donne des conseils)* Ratgeber(in) *m(f)*
❷ *(expert)* Berater(in) *m(f),* Sachverständige(r) *f(m);* **~(-ère) clientèle** Kundenberater(in); **~(-ère) pour un/le crédit** Kreditberater(in); **~(-ère) économique** Wirtschaftsberater(in), Sachverständige(r) für Wirtschaftsfragen; **~ financier/conseillère financière** Finanzberater(in); **~ industriel/conseillère industrielle** Industrieberater(in); **~(-ère) juridique** Rechtsberater(in); **~(-ère) pharmaceutique** Pharmaberater(in), Pharmareferent(in) *m(f);* **~(-ère) en entreprise** Unternehmensberater(in); **~(-ère) en investissement** Vermögensberater(in); **~(-ère) en leasing** [*o* **en crédit-bail**] Leasingberater(in)
❸ ADMIN, POL Rat *m*/Rätin *f;* **~ municipal/conseillère municipale** Gemeinderat/-rätin (CH); **~ fédéral/conseillère fédérale** CH Bundesrat/-rätin (CH); **~ secret/conseillère secrète** Geheimrat/-rätin (CH); **~(-ère) à la présidence en matière de sécurité nationale** *(aux États-Unis)* Sicherheitsberater(in) *m(f)* des Präsidenten
♦ **~(-ère) d'éducation, ~ principal/conseillère principale d'éducation** Schulbeauftragte(r) *f(m)* für Disziplinarfragen; **~(-ère) d'État** Staatsrat *m*/-rätin *f,* Regierungsrat/-rätin (CH); **~(-ère) d'inventeur** Erfinderberater(in) *m(f);* **~(-ère) d'orientation** Berufsberater(in) *m(f)* [für Schüler]
conseilleur, -euse [kɔ̃sejœʀ, -jøz] *m, f* ▸ **les ~s ne sont pas les payeurs** *prov* wer nicht betroffen ist, hat gut reden
consensuel(le) [kɔ̃sɑ̃syɛl] *adj* **en accord ~** in gegenseitigem Einvernehmen
consensus [kɔ̃sɛ̃sys] *m* Konsens *m;* **recueillir un large ~** breite Zustimmung finden; **cette proposition peut faire l'objet d'un ~** dieser Vorschlag ist konsensfähig *(geh)*
consentant(e) [kɔ̃sɑ̃tɑ̃, ɑ̃t] *adj* ❶ *soutenu* **être ~(e)** einverstanden sein
❷ JUR **les deux parties en présence étant ~es** mit Einwilligung der beiden anwesenden Parteien
consentement [kɔ̃sɑ̃tmɑ̃] *m* **~ à qc** Zustimmung *f* [*o* Einverständnis *nt*] zu etw; **par ~ mutuel** in gegenseitigem [*o* beiderseitigem] Einverständnis; **accorder** [*o* **donner**]**/refuser son ~ à qn** jdm seine Zustimmung geben/verweigern; **donner son ~ à qc** einer S. *(Dat)* zustimmen
♦ **~ à l'inscription** JUR Eintragungsbewilligung *f*
consenti(e) [kɔ̃sɑ̃ti] *adj* **non ~(e)** *manifestation* nicht genehmigt
consentir [kɔ̃sɑ̃tiʀ] <10> I. *vi (accepter)* **~ à qc** einer S. *(Dat)* zustimmen; **~ à faire qc/à ce que qn fasse qc** damit einverstanden sein, etw zu tun/dass jd etw tut
II. *vt (accorder)* gewähren; **~ une avance à qn** jdm einen Vorschuss gewähren, jdn bevorschussen *(Fachspr.)*
conséquence [kɔ̃sekɑ̃s] *f* ❶ *(résultat, effet)* Folge *f;* **gros(se)** [*o* **lourd(e)) de ~s** folgenschwer; **avoir qc pour ~ comme** *~* etw zur Folge haben; **tirer les ~s de qc** die Konsequenzen aus etw ziehen; **ne pas prêter** [*o* **tirer**] **à ~** unwichtig [*o* belanglos] sein; **sans ~** ohne Folgen; **accident/blessure sans ~** harmloser Unfall/harmlose Verletzung; **en ~** *(donc)* infolgedessen; *(conformément à cela)* [dem]entsprechend; **obtenir des résultats en ~** entsprechende Resultate erzielen; **en ~ de qc** infolge einer S. *(Gen);* **~ juridique** JUR Rechtsfolge *(Fachspr.);* **~ d'un/du retard** JUR Verzugsfolge *(Fachspr.)*
❷ PHILOS *(suite logique)* Folgerung *f; (résultat logique)* Schluss *m*
conséquent(e) [kɔ̃sekɑ̃, ɑ̃t] *adj* ❶ *(cohérent)* konsequent; **être ~(e) dans ses actes/avec ses principes** konsequent handeln/seine Prinzipien haben; **être ~ avec soi-même** sich *(Dat)* selbst treu sein; **par ~** infolgedessen, folglich, konsequenterweise
❷ *fam (considérable)* somme beachtlich
conservateur [kɔ̃sɛʀvatœʀ] *m* ❶ *d'un musée, d'une bibliothèque* Verwalter *m*
❷ POL Konservative(r) *m*
❸ *(produit chimique)* Konservierungsstoff *m,* Konservierungsmittel *nt*
♦ **~ des Eaux et Forêts** Forstbeamter *m*
conservateur, -trice [kɔ̃sɛʀvatœʀ, -tʀis] *adj* ❶ POL konservativ
❷ *(qui conserve)* **agent ~** Konservierungsmittel *nt,* Konservierungsstoff *m;* **compartiment ~** Tiefkühlfach *nt*
conservation [kɔ̃sɛʀvasjɔ̃] *f* ❶ *(action) d'un aliment* Haltbarmachung *f,* Konservieren *nt; d'un monument* Pflege *f,* Instandhaltung *f;* **~ en chambre froide** Kältekonservierung *f*
❷ PÊCHE *du poisson* Hältern *nt (Fachspr.)*
❸ *(garde) d'un aliment* Aufbewahrung *f; des archives* Pflege *f*
❹ *(état)* guter Zustand; **rester/garder en bon état de ~** gut erhalten bleiben/gut aufbewahren
♦ **~ des Eaux et Forêts** Forstamt *nt;* **~ des hypothèques** Grundbuchamt *nt*
conservatisme [kɔ̃sɛʀvatism] *m* Konservatismus *m*
conservatoire [kɔ̃sɛʀvatwaʀ] I. *adj* JUR acte [*o* mesure] **~** Sicherungsmaßnahme *f;* **saisie ~** Sicherheitspfändung *f*
II. *m (école de musique)* Konservatorium *nt; (école de comédie)* Schauspielschule *f;* **élève du Conservatoire** Meisterschüler(in) *m(f)*
♦ **Conservatoire des Arts et Métiers** Gewerbemuseum mit angeschlossener technischer Hochschule zur beruflichen Weiterbildung; **Conservatoire du littoral** oberste Küstenschutzbe-

hörde; **Conservatoire de musique** Musikakademie *f*
conservatrice [kɔ̃sɛʀvatʀis] *f* ❶ *d'un musée, d'une bibliothèque* Verwalterin *f*
❷ POL Konservative *f*
◆ ~ **des Eaux et Forêts** Forstbeamtin *f*
conserve[1] [kɔ̃sɛʀv] *f* Konserve *f*; **de fruits/de légumes/de poisson** Obst-/Gemüse-/Fischkonserve; **des petits pois en** ~ Erbsen aus der Dose; **mettre qc en** ~ *(industriellement)* etw zu Konserven verarbeiten; *(à la maison)* etw einmachen
▶ **on ne va pas en faire des** ~ **s!** man kann das doch nicht ewig aufheben!
conserve[2] [kɔ̃sɛʀv] *adv* **de** ~ gemeinsam; **bateaux/voitures de** ~ Schiffe/Autos im Konvoi
conservé(e) [kɔ̃sɛʀve] *adj fam* **bien** [*o* **pas mal**] ~**(e) pour son âge** gut erhalten für sein/ihr Alter *(fam)*
conserver [kɔ̃sɛʀve] <1> I. *vt* ❶ *(garder, préserver)* aufbewahren *objets, papiers, aliments;* instand [*o* in Stand] halten, pflegen *monument;* für sich behalten *secret;* **mériter d'être conservé(e)** erhaltenswert [*o* erhaltenswürdig] sein; **édifice qui mérite d'être conservé** erhaltenswertes Bauwerk
❷ GASTR haltbar machen, konservieren *aliments;* ~ **qc en bocal** etw einwecken [*o* einmachen]; ~ **qc dans du vinaigre** etw in Essig *(Akk o Dat)* einlegen
❸ PECHE hältern *(Fachspr.)*
❹ *(ne pas perdre)* behalten; pflegen *usage, tradition;* beibehalten *habitude;* nicht aufgeben *espoir;* wahren *droit;* sich *(Dat)* bewahren *illusions, innocence;* ~ **son calme/sa beauté** Ruhe bewahren/schön bleiben
II. *vi fam* **qc/ça conserve** etw/das hält jung
III. *vpr* **se** ~ *aliment:* sich halten
conserverie [kɔ̃sɛʀvəʀi] *f* ❶ *(fabrique)* Konservenfabrik *f*
❷ *(industrie)* Konservenindustrie *f*
considérable [kɔ̃sideʀabl] *adj* beachtlich; *somme, nombre* erklecklich *(geh); dégâts, pertes, retard* beträchtlich, erheblich; *émotion* heftig; *changement* grundlegend; **ce fut un travail** ~ es war viel Arbeit
considérablement [kɔ̃sideʀabləmɑ̃] *adv* beachtlich; *nuire* erheblich, beträchtlich; *changer* grundlegend; *travailler* viel
considérant [kɔ̃sideʀɑ̃] *m* JUR Beweggrund *m*
considération [kɔ̃sideʀasjɔ̃] *f* ❶ *pl (raisonnement)* Überlegungen *Pl*, Erwägungen *Pl;* ~ **s sur qn/qc** Ausführungen *Pl* über jdn/etw
❷ *pl (motifs, raisons)* Gründe *Pl*
❸ *(estime)* Achtung *f*, Ansehen *nt;* **digne de** ~ achtenswert; **avoir la** ~ **de ses supérieurs** bei seinen Vorgesetzten angesehen sein; **par** ~ **pour qn** *(par estime)* aus Achtung vor jdm; *(par délicatesse)* aus Rücksicht auf jdn
❹ *(examen, attention)* **mériter** ~ Beachtung verdienen; **digne de** ~ beachtenswert; **proposition digne d'être prise en** ~ erwägenswerter Vorschlag; **en** ~ **de qc** angesichts [*o* in Anbetracht] einer S. *(Gen);* **prendre qn/qc en** ~ jdn/etw berücksichtigen
considérer [kɔ̃sideʀe] <5> I. *vt* ❶ *(étudier)* nachdenken über *(+ Akk),* überdenken; bedenken *détail, circonstance;* **tout bien considéré** nach reiflicher Erwägung
❷ *(tenir compte de)* berücksichtigen; **considérant qc** wenn man etw bedenkt; **considérant que** wenn man bedenkt, dass; JUR in Anbetracht dessen, dass
❸ *(estimer)* **être considéré(e)** geschätzt werden
❹ *(contempler)* [eingehend] betrachten
❺ *(être d'avis que)* ~ **que qn a raison** finden, dass jd Recht hat; **ne pas** ~ **que qn ait raison** nicht finden, dass jd Recht hat
❻ *(tenir pour)* ~ **qn comme un traître** jdn als einen Verräter betrachten, jdn für einen Verräter halten; ~ **ce point comme acquis** diesen Punkt für geklärt halten; ~ **qn assez intelligent pour ...** jdn für intelligent genug halten, um ...; **on le considère généralement compétent et travailleur** er gilt gemeinhin als kompetent und fleißig
II. *vpr (se tenir pour)* **se** ~ **très important(e)/comme le responsable** sich für sehr wichtig/für den Verantwortlichen halten
consignataire [kɔ̃siɲatɛʀ] *mf* COM Konsignatar(in) *m(f),* Konsignatär(in) *m(f)*
consignateur [kɔ̃siɲatœʀ] *m* COM Konsignant(in) *m(f)*
consignation [kɔ̃siɲasjɔ̃] *f* ❶ COM, JUR **de marchandises, d'argent** Hinterlegung *f,* Konsignation *f (Fachspr.);* **envoyer qc sous forme de** ~ etw als Konsignationsgut versenden; **en** ~ hinterlegt; **mettre en** ~ hinterlegen
❷ *(récupération)* **la** ~ **des bouteilles** die Pfanderhebung auf Flaschen *(Akk)*
consigne [kɔ̃siɲ] *f* ❶ *sans pl* TRANSP Gepäckaufbewahrung *f;* ~ **automatique** [Gepäck]schließfach *nt*
❷ *sans pl* COM Pfand *nt;* ~ **unique** Einwegpfand *nt;* **se faire rembourser la** ~ sich *(Dat)* das Pfand[geld] zurückgeben lassen
❸ *(instructions)* Anweisungen *Pl,* Vorschriften *Pl;* **brûler la** ~ sich

nicht an die Vorschriften halten
❹ *sans pl* MIL Stubenarrest *m;* SCOL Nachsitzen *nt*
consigné(e) [kɔ̃siɲe] *adj bouteille* Pfand-; *emballage* Mehrweg-
consigner [kɔ̃siɲe] <1> *vt* ❶ *(mettre à la consigne)* zur Aufbewahrung geben *bagages; (mettre en dépôt)* hinterlegen *somme d'argent, marchandises*
❷ *(facturer provisoirement)* **qc est consigné** auf etw *(Dat)* wird Pfand erhoben
❸ *(enregistrer)* notieren, festhalten
❹ MIL, SCOL ~ **un soldat/élève** über einen Soldaten eine Ausgangssperre verhängen/einen Schüler nachsitzen lassen; **être consigné(e)** *soldat, troupe:* Ausgangssperre haben; *élève:* nachsitzen müssen
consistance [kɔ̃sistɑ̃s] *f* Beschaffenheit *f,* Konsistenz *f;* **d'une** ~ **molle** von weicher Beschaffenheit; **prendre** ~ *pâte:* fest[er] werden; *liquide:* dick[er] werden; *nouvelle, rumeur:* sich verdichten; **manquer de** ~ *sauce, crème:* zu dünnflüssig sein; *pâte:* nicht fest genug sein; *fig propos, argument:* dürftig sein; **sans** ~ konsistenzlos; *nouvelle, rumeur, argument* ohne Grundlage; *caractère, esprit* unbeständig; **donner de la** ~ **à la sauce/crème fouettée** die Soße eindicken/die Sahne steif schlagen; **donner de la** ~ **à la rumeur** dem Gerücht Nahrung geben
consistant(e) [kɔ̃sistɑ̃, ɑ̃t] *adj* ❶ *(épais) sauce* dickflüssig
❷ *fam (substantiel) repas, nourriture* gehaltvoll
❸ *(fondé) bruit, rumeur* nicht unbegründet; *argument* stichhaltig
consister [kɔ̃siste] <1> *vi* ❶ *(se composer de)* ~ **en qc** aus etw bestehen
❷ *(être)* ~ **en qc** in etw *(Dat)* bestehen; ~ **à faire qc** darin bestehen, etw zu tun
❸ *(résider)* ~ **dans qc** in etw *(Dat)* liegen
consistoire [kɔ̃sistwaʀ] *m* ECCL Konsistorium *nt;* ~ **protestant** ≈ Kirchenrat *m*
conso *abr de* **consommation**
consœur [kɔ̃sœʀ] *f* Kollegin *f*
consolable [kɔ̃sɔlabl] *adj* **ne pas être** ~ untröstlich sein; **facilement** ~ leicht zu trösten
consolant(e) [kɔ̃sɔlɑ̃, ɑ̃t] *adj* tröstlich
consolateur [kɔ̃sɔlatœʀ, tʀis] *m, f littér* Tröster(in) *m(f)*
consolation [kɔ̃sɔlasjɔ̃] *f* Trost *m*
console [kɔ̃sɔl] *f* ❶ AUT, INFORM Konsole *f;* ~ **centrale** Mittelkonsole
❷ ARCHIT Konsole *f,* Kragstein *m*
◆ ~ **d'enregistrement** Aufnahmepult *nt;* ~ **de jeux** Spielcomputer *m,* Spielkonsole *f;* ~ **de jeux vidéo** Videospielgerät *nt;* ~ **de mixage** Mischpult *nt;* ~ **de visualisation** Bildschirm *m*
consoler [kɔ̃sɔle] <1> I. *vt* trösten; lindern *chagrin, peine;* ~ **qn avec qc de qc** jdn mit etw über etw *(Akk)* trösten
II. *vpr* **se** ~ sich trösten; **se** ~ **avec qc de qc** sich mit etw über etw *(Akk)* trösten
consolidation [kɔ̃sɔlidasjɔ̃] *f sans pl* ❶ *(action de rendre plus solide)* Sicherung *f; d'un mur, d'une façade* Befestigung *f; d'une table* Verstärkung *f;* ~ **de la/d'une côte** Küstenbefestigung *f*
❷ *(action de se consolider) d'un syndicat, parti* Erstarkung *f (geh)*
❸ MED *d'une fracture* Zusammenwachsen *nt,* Konsolidierung *f (Fachspr.); d'une maladie* Stillstand *m*
❹ FIN, JUR Konsolidierung *f,* Stützung *f;* ~ **des effets conjoncturels** Stützung der konjunkturellen Kräfte; ~ **de la liquidité** Liquiditätsstütze *f;* ~ **de quotas** Quotenkonsolidierung *f;* ~ **des réserves monétaires** Stärkung *f* der Währungsreserven
consolidé(e) [kɔ̃sɔlide] *adj* FIN konsolidiert; **non** ~**(e)** *participations* nichtkonsolidiert
consolider [kɔ̃sɔlide] <1> I. *vt* ❶ *(rendre solide)* sichern; befestigen *mur;* verstärken *table*
❷ *fig* festigen *position, alliance, amitié;* sichern *victoire, fortune, traité;* stärken *parti, réserves*
❸ FIN, ECON konsolidieren
II. *vpr* **se** ~ *régime, parti:* sich behaupten; *position:* gefestigt werden; *marché:* sich festigen; **le cours des actions s'est consolidé** die Aktien liegen etwas fester
❹ MED *fracture:* zusammenwachsen
consommable [kɔ̃sɔmabl] *adj* essbar, genießbar; *boisson* trinkbar
consommateur, -trice [kɔ̃sɔmatœʀ, -tʀis] I. *adj* **grand** ~**/grande consommatrice d'énergie** *production, méthode* energieintensiv
II. *m, f* ❶ *(acheteur)* Verbraucher(in) *m(f);* **gros** ~**/grosse consommatrice** Großverbraucher(in); **petit** ~**/petite consommatrice** Kleinverbraucher(in); ~ **intermédiaire** Zwischenverbraucher; **organisme de défense des** ~**s** Verbraucherverband *m;* **être un gros** ~ **de ...** viel ... konsumieren
❷ *(client)* Gast *m*
consommation [kɔ̃sɔmasjɔ̃] *f* ❶ *sans pl (action de consommer)* Verbrauch *m;* ECON Konsum *m;* ~ **de qc** Verbrauch/Konsum von [*o* an] etw; *(quantité consommée)* Verbrauch/Konsum an etw

(Dat); ~ **électrique** [*o* **de courant**] Stromverbrauch; **diminuer la ~ de courant** den Stromverbrauch einschränken; **~ de gaz** Gasverbrauch; ~ **individuelle** [*o* **par personne**] Pro-Kopf-Verbrauch, Verbrauch pro Kopf; ~ **annuelle** Jahresverbrauch; ~ **de carburant** Kraftstoffverbrauch; ~ **industrielle/nationale** gewerblicher/inländischer Verbrauch; ~ **intérieure** Inlandsverbrauch; ~ **massive** Massenverbrauch; ~ **maximum/moyenne** Spitzen-/Durchschnittsverbrauch; ~ **modérée** Konsumverzicht *m;* ~ **personnelle** Eigenverbrauch; ~ **pétrolière** [*o* **de pétrole**] Ölverbrauch; ~ **privée** privater Verbrauch, Selbstverbrauch; ~ **abusive d'alcool/de médicaments** Alkohol-/Medikamentenmissbrauch *m*
❷ *(action de manger)* **impropre à la ~** nicht zum Verzehr geeignet
❸ *(boisson)* Getränk *nt*
◆ **~ du mariage** Vollzug *m* der Ehe; **~ de masse** Massenkonsum *m;* **~ de papier** Papierabfall *m;* **~ d'antibiotiques** MED Antibiotikagebrauch *m;* **~ de médicaments** MED Arzneimittelgebrauch *m*
consommé [kɔ̃sɔme] *m* [Kraftbrühe *f;* **~ de poulet** Hühnerbrühe *f*
consommé(e) [kɔ̃sɔme] *adj soutenu art, habileté, diplomate, musicien* vollendet
consommer [kɔ̃sɔme] <1> I. *vi* ❶ *(prendre une consommation)* etwas zu sich nehmen
❷ *(acheter)* konsumieren
II. *vt* ❶ zu sich nehmen *boisson, nourriture*
❷ *(user)* verbrauchen
❸ *(accomplir)* **le mariage est consommé** die Ehe wird vollzogen
III. *vpr* **qc se consomme chaud(e)/froid(e)** etw wird warm/kalt gegessen; *boisson:* etw wird warm/kalt getrunken; **qc se consomme cru(e)/cuit(e)** etw wird roh/gekocht gegessen; **à ~ avant le ...** mindestens haltbar bis ...
consomption [kɔ̃sɔ̃psjɔ̃] *f* MED *vieilli* Auszehrung *f*
consonance [kɔ̃sɔnɑ̃s] *f* ❶ MUS Konsonanz *f*
❷ PHON Klang *m;* **aux ~s étrangères/douces** fremdklingend/mit weichem Klang
consonant(e) [kɔ̃sɔnɑ̃, ɑ̃t] *adj accord* konsonant; *phrase* wohlklingend
consonantique [kɔ̃sɔnɑ̃tik] *adj* konsonantisch; **système ~** Konsonantensystem *nt*
consonne [kɔ̃sɔn] *f* Konsonant *m*
◆ **~ de liaison** Fugenlaut *m*
consort *v.* **prince**
consortium [kɔ̃sɔʀsjɔm] *m* Konsortium *nt;* **~ boursier** Börsenkonsortium
consorts [kɔ̃sɔʀ] *mpl* **Max et ~s** *péj* Max und Konsorten *(pej)*
conspirateur, -trice [kɔ̃spiʀatœʀ, -tʀis] *m, f* Verschwörer(in) *m(f)*
conspiration [kɔ̃spiʀasjɔ̃] *f* Machtkomplott *nt;* **~ contre qn/qc** Verschwörung *f* gegen jdn/etw
▶ **être victime de la ~ du silence** totgeschwiegen werden
conspirer [kɔ̃spiʀe] <1> *vi* ❶ *(comploter)* **~ contre qn/qc** gegen jdn/etw konspirieren
❷ *(concourir)* **~ à qc** auf etw *(Akk)* hinwirken
conspuer [kɔ̃spɥe] <1> *vt* ausbuhen *personne;* verurteilen *valeurs bourgeoises*
constamment [kɔ̃stamɑ̃] *adv* ❶ *(sans discontinuer)* ununterbrochen, ständig
❷ *(très fréquemment)* ständig, immer wieder
constance [kɔ̃stɑ̃s] *f* ❶ Beständigkeit *f*
❷ *littér (persévérance)* Beharrlichkeit *f*
Constance [kɔ̃stɑ̃s] Konstanz *nt*
constant(e) [kɔ̃stɑ̃, ɑ̃t] *adj* ❶ *(invariable)* konstant, gleich bleibend; **~ redressement des cours** anhaltende Kurserholung
❷ *(continuel)* ständig
❸ *littér (persévérant)* **être ~(e) dans ses efforts/la poursuite du but** sich unentwegt [*o* beharrlich] bemühen/beharrlich das Ziel verfolgen
constante [kɔ̃stɑ̃t] *f* ❶ *(caractéristique)* Konstante *f,* konstantes Merkmal
❷ SCI, MATH Konstante *f*
constat [kɔ̃sta] *m* ❶ *(procès-verbal)* Protokoll *nt*
❷ JUR Feststellungsbescheid *m (Fachspr.);* **établissement des ~s** Feststellungsverfahren *nt (Fachspr.)*
◆ **~ d'accident** Unfallprotokoll *nt;* **~ d'adultère** Feststellung des Ehebruchs durch die Polizei; **à l'amiable** Unfallaufnahme *f (ohne Hinzuziehung der Polizei);* **~ d'avaries** Havariegutachten *nt;* **~ des dommages** Schadenfeststellung *f;* **~ d'échec** negative Bilanz; **dresser un ~ d'échec** eine negative Bilanz ziehen; **~ d'huissier** Feststellungsprotokoll *nt* durch eine Amtsperson
constatation [kɔ̃statasjɔ̃] *f* ❶ *a.* JUR Feststellung *f;* **arriver à la ~ suivante que** + *indic* zu der Feststellung gelangen, dass; **~ judiciaire** gerichtliche Feststellung *(Fachspr.);* **~ ultérieure** Nachfeststellung *(Fachspr.);* **~ du dommage** Schadensfeststellung *f;* **délai**

de ~ Feststellungsfrist *f (Fachspr.);* **prescription de ~s** Feststellungsverjährung *f (Fachspr.)*
❷ *pl* ADMIN Ergebnisse *Pl*
constater [kɔ̃state] <1> I. *vt* ❶ *(se rendre compte de)* **~ que qn a raison** feststellen, dass jd Recht hat
❷ *form (certifier)* bescheinigen; **faire ~ qc par qn** sich etw von jdm bescheinigen lassen; **~ l'identité** JUR die Nämlichkeit feststellen *(Fachspr.)*
II. *vi* feststellen
constellation [kɔ̃stelasjɔ̃] *f* ❶ ASTRON Sternbild *nt*
❷ *fig littér* **~ de lumières** Lichtermeer *nt*
constellé(e) [kɔ̃stele] *adj* **~(e) de taches/d'étoiles** voller Flecken/Sterne
consteller [kɔ̃stele] <1> *vt* **des étoiles constellent le ciel** der Himmel ist voller Sterne
consternant(e) [kɔ̃stɛʀnɑ̃, ɑ̃t] *adj* erschütternd, bestürzend
consternation [kɔ̃stɛʀnasjɔ̃] *f* Betroffenheit *f,* Bestürzung *f;* **frappé(e) de ~** bestürzt, betroffen; **plonger qn dans une profonde ~** jdn betroffen machen; **jeter la ~** Bestürzung auslösen
consterné(e) [kɔ̃stɛʀne] *adj* bestürzt, betroffen
consterner [kɔ̃stɛʀne] <1> *vt (atterrer)* betroffen machen
constipation [kɔ̃stipasjɔ̃] *f* Verstopfung *f,* Obstipation *f (Fachspr.);* **souffrir de ~ chronique** an chronischer Obstipation leiden
constipé(e) [kɔ̃stipe] *adj* ❶ MED verstopft
❷ *fam (guindé)* verklemmt *(fam)*
constiper [kɔ̃stipe] <1> I. *vt* **~ qn** bei jdm [eine] Verstopfung verursachen
II. *vi* [eine] Verstopfung verursachen
constituant [kɔ̃stitɥɑ̃] *m* ❶ JUR **~ du gage** Pfandgeber(in) *m(f)*
❷ BIO **~ cellulaire** Zellkörper *m*
❸ GRAM **~ de la/d'une phrase** Satzglied *nt*
constituant(e) [kɔ̃stitɥɑ̃, ɑ̃t] *adj* ❶ POL verfassunggebend
❷ *(constitutif)* **éléments ~s, parties ~es** Bestandteile *Pl*
constituante *f* UNIV CAN ~ [*o* **université ~**] Lehr- oder Forschungsinstitut einer Universität
Constituante [kɔ̃stitɥɑ̃t] *f* HIST **la ~** die Constituante *(die verfassunggebende Versammlung von 1789)*
constitué(e) [kɔ̃stitɥe] *adj* ❶ *(composé)* **une chose ~e de qc** eine aus etw bestehende S.; **être ~(e) de qc** aus etw bestehen
❷ *(conformé)* **bien/mal/normalement ~(e)** gut/schlecht/normal entwickelt
constituer [kɔ̃stitɥe] <1> I. *vt* ❶ *(composer)* bilden, ergeben
❷ *(former)* bilden *gouvernement, ministère, groupe;* anlegen *collection, dossier;* gründen *comité, société*
❸ *(représenter)* darstellen
❹ JUR, ECON *(établir)* **~ une dot/rente/pension à qn** jdm eine Mitgift/Rente/Pension aussetzen; **~ des provisions pour qc** Rückstellungen für etw machen
II. *vpr* ❶ JUR *(s'instituer)* **se ~ partie civile/témoin** als Nebenkläger/Zeuge auftreten
❷ COM *(fonder)* **se ~ en société** sich zu einer Gesellschaft zusammenschließen
❸ *(accumuler)* **se ~ qc** sich *(Dat)* etw ersparen [*o* zusammensparen *fam*]
constitut [kɔ̃stity] *m* **~ possessoire** JUR Besitzkonstitut *nt*
constitutif, -ive [kɔ̃stitytif, -iv] *adj* **élément ~** Bestandteil *m;* **trait ~** Wesensmerkmal *nt;* **structure constitutive** d'un cheveu, minéral, tissu Feinstruktur *f*
constitution [kɔ̃stitysjɔ̃] *f* ❶ POL Verfassung *f;* **relever/ne pas relever de la ~** verfassungsrechtlich relevant/nicht relevant sein
❷ *sans pl (action de constituer)* d'une équipe, d'un gouvernement, groupe Bildung *f;* d'une bibliothèque Einrichtung *f;* d'un dossier, stock Anlage *f;* **~ d'un capital d'épargne** Sparkapitalbildung
❸ *sans pl (composition)* Zusammensetzung *f*
❹ *(complexion)* Konstitution *f;* **être de ~ chétive/robuste** eine schwache/kräftige Konstitution haben
❺ INFORM d'un dossier, fichier Anlegen *nt*
◆ **~ d'avocat** Wahl *f* eines Verteidigers; **~ du capital** Kapitalbildung *f;* **~ de capital propre** Eigenkapitalbildung *f;* **~ d'un cautionnement** JUR Bürgschaftsbestellung *f;* **~ d'un gage** Pfandrechtsbestellung *f;* **~ d'hypothèque** JUR Hypothekenübernahme *f,* [formelle] Hypothekenbestellung; **~ de partie civile** JUR Erhebung *f* einer Privatklage; **~ d'un patrimoine** Eigentumsbildung *f;* **~ de réserves** ECON Reservebildung *f;* **~ de société** Gesellschaftsgründung *f;* **~ de sûreté** ECON Sicherheitsleistung *f;* **prescrire/refuser une ~ de sûreté** eine Sicherheitsleistung anordnen/ablehnen; **laisser expirer une ~ de sûreté** eine Sicherheitsleistung verfallen lassen
constitutionnaliser [kɔ̃stitysjɔnalize] *vt* JUR **~ une loi** einem Gesetz Verfassungsrang geben
constitutionnalité [kɔ̃stitysjɔnalite] *f* JUR Verfassungsmäßigkeit *f,* Rechtsstaatlichkeit *f*

constitutionnel(le) [kɔ̃stitysjɔnɛl] *adj* ❶ *(relatif à la législation constitutionnelle)* verfassungsrechtlich
❷ *(conforme à la constitution)* verfassungskonform
constitutionnellement [kɔ̃stitysjɔnɛlmɑ̃] *adv correct, douteux* verfassungsrechtlich
constricteur *v.* **boa**
constriction [kɔ̃striksjɔ̃] *f* ❶ *(action)* Zusammenschnüren *nt*
❷ *des vaisseaux sanguins* Verengung *f*
constructeur [kɔ̃stryktœʀ] *m* ❶ *(ingénieur)* Konstrukteur(in) *m(f)*; ~ **en aéronautique** Flugzeugkonstrukteur(in), Flugzeugbauer(in) *m(f)*
❷ *(firme)* Hersteller *m*; ~ **automobile** Automobilhersteller; ~ **de matériel informatique** Hardware-Hersteller
❸ *(bâtisseur)* Baumeister(in) *m(f)*; ~ **d'églises** Kirchenbaumeister(in)
constructible [kɔ̃stryktibl] *adj* ❶ *terrain* bebaubar
❷ GEOM *droite, polygone* konstruierbar
constructif, -ive [kɔ̃stryktif, -iv] *adj* konstruktiv
construction [kɔ̃stryksjɔ̃] *f* ❶ *sans pl (action de bâtir)* Bau *m*; *(façon de bâtir)* Bauweise *f*; *(secteur d'activité)* Baugewerbe *nt*, Bausektor *m*; ~ **de logements publique** öffentlicher Wohnungsbau; ~ **de digues** Deichbau; ~ **d'église/d'une église** Kirchenbau; **être en** ~ im Bau sein; ~ **standard** Standardbauweise; [**boîte de**] ~ Modellbaukasten *m*; **la** ~ **de l'Europe** der Aufbau Europas
❷ *(édifice)* Bauwerk *nt*, Bau *m*, Konstruktion *f*; ~ **gigantesque** Mammutbau; ~ **neuve de commerce** Geschäftsneubau
❸ *(production, secteur)* ~ **aéronavale/automobile** Flugzeug-/[Kraft]fahrzeugbau *m*; ~ **navale/mécanique** Schiff[s]-/Maschinenbau; **un navire de** ~ **allemande** ein in Deutschland gebautes Schiff
❹ *fig* ~ **imaginaire** Traumgebilde *f*
❺ *(structure)* Aufbau *m*
❻ LING *(tournure)* Konstruktion *f*; ~ **passive** Passivkonstruktion
❼ GEOM Figur *f*
◆ ~ **de l'esprit** Hirngespinst *nt*
constructivisme [kɔ̃stryktivism] *m* ART Konstruktivismus *m*
construire [kɔ̃struiʀ] <*irr*> I. *vt* ❶ *(bâtir)* ~ **qc à qn** jdm etw bauen
❷ *(fabriquer)* herstellen
❸ *(élaborer)* aufstellen *thèse, théorie*; verfassen *pièce, poème*; sich *(Dat)* ausdenken *intrigue*
❹ LING bilden *phrase*
❺ GEOM zeichnen, konstruieren
II. *vi* bauen
III. *vpr* ❶ *(être bâti)* **se** ~ gebaut werden
❷ LING **se** ~ **avec le datif** den Dativ verlangen [*o* regieren]; **ce verbe se construit avec l'indicatif** nach diesem Verb steht der Indikativ
consul [kɔ̃syl] *m* Konsul(in) *m(f)*; ~ **de France** französischer Konsul; ~ **général** Generalkonsul; **Madame le** ~ Frau Konsulin
consulaire [kɔ̃sylɛʀ] *adj* konsularisch, Konsular-; **personnel** ~ Konsulatsangestellte *Pl*
consulat [kɔ̃syla] *m* Konsulat *nt*
Consulat [kɔ̃syla] *m* HIST **le** ~ das Konsulat
consultable [kɔ̃syltabl] *adj* **être** ~ eingesehen werden können
consultant(e) [kɔ̃syltɑ̃, ɑ̃t] I. *adj* beratend
II. *m(f)* Berater(in) *m(f)*
consultatif, -ive [kɔ̃syltatif, -iv] *adj activité, fonction* beratend, konsultativ *(geh)*
consultation [kɔ̃syltasjɔ̃] *f* ❶ *sans pl (action de consulter)* ~ **d'un dictionnaire** Nachschlagen *nt* in einem Wörterbuch; ~ **d'un agenda** Nachsehen *nt* in einem Kalender; ~ **d'un plan** Nachsehen *nt* auf einem Plan
❷ *(séance) (chez un expert, conseil)* Beratung *f*; *(chez un médecin)* Sprechstunde *f*; **être en** ~, **donner des** ~ **s** Sprechstunde haben; **entrer en** ~ Rücksprache halten; **quelles sont vos heures de** ~? wann sind Ihre Sprechzeiten?; ~ **externe** *(service)* Ambulanz *f*; *(visite)* ambulante Behandlung; ~ **familiale** Familienberatung; ~ **obligatoire** Zwangsberatung
❸ *(délibération)* Beratung *f*
❹ POL *(sondage)* ~ **de l'opinion** Meinungsumfrage *f*; ~ **populaire** Volksbefragung *f*; ~ **électorale** Wahlen *Pl*
❺ CH *(prise de position)* Stellungnahme *f*, Vernehmlassung *f* (CH)
❻ INFORM Abfrage *f*; ~ **de données, d'informations** Abruf *m*; ~ **d'un/de fichier** Dateiabfrage
◆ ~ **d'experts** Expertenbefragung *f*
consulter [kɔ̃sylte] <1> I. *vi médecin:* Sprechstunde haben
II. *vt* ❶ *(demander conseil)* um Rat fragen, zu Rate ziehen; aufsuchen *médecin*
❷ *(regarder pour trouver une information)* sehen [*o* schauen] auf (+ *Akk*) *montre, boussole, horaire, plan*; nachschlagen in (+ *Dat*) *dictionnaire, ouvrage, règlement*; nachsehen [*o* nachschauen] in (+ *Dat*) *agenda*
❸ POL ~ **l'opinion** eine Meinungsumfrage durchführen; *(par référendum)* eine Volksbefragung durchführen
III. *vpr (se concerter)* **se** ~ sich beraten
consumer [kɔ̃syme] <1> I. *vt* ❶ *(brûler)* verbrennen
❷ *littér (miner) passion, ambition:* verzehren *(geh)*; *fièvre:* auszehren *(geh)*, *chagrin:* zehren an (+ *Dat*) *(geh)*
❸ *littér (dépenser)* vergeuden *vie, forces, fortune*
II. *vpr* ❶ *(brûler)* **se** ~ verbrennen; *bougie, cigarette:* herunterbrennen
❷ *littér (dépérir)* **se** ~ dahinsiechen *(geh)*
❸ *littér (se miner)* **se** ~ **de chagrin/désespoir** vor Kummer/Verzweiflung *(Dat)* vergehen *(liter)*
consumérisme [kɔ̃symerism] *m* Verbraucherschutz *m*
contact [kɔ̃takt] *m* ❶ *sans pl (toucher)* Kontakt *m*, Berührung *f*; **des choses entrent/sont en** ~ Dinge kommen/stehen [miteinander] in Berührung [*o* berühren sich]; **manipuler qc sans** ~ TECH etw berührungslos bedienen; **au** ~ **de l'air** an der Luft; **au** ~ **du froid** bei Kälte
❷ *(rapport)* Kontakt *m*; **au** ~ **de qn** im Umgang mit jdm; **avoir le** ~ **facile** kontaktfreudig sein; **entrer en** [*o* **prendre**] ~ **avec qn/qc** mit jdm/etw Kontakt aufnehmen; **entrer en** ~ **avec l'ennemi** MIL Feindberührung haben; **être en** ~ **avec qn/qc** mit jdm/etw in Kontakt sein [*o* in Verbindung stehen]; **garder** [*o* **maintenir**] **le** ~ **avec qn/qc** mit jdm/etw in Verbindung bleiben; **mettre qn en** ~ **avec qn** jdn mit jdm in Verbindung bringen; **se mettre en** ~ **avec qn** mit jdm Kontakt aufnehmen, sich mit jdm in Verbindung setzen; **perdre le** ~ **avec qn/qc** zu jdm/etw keinen Kontakt [*o* keine Verbindung] mehr haben; AVIAT, MIL, RADIO den Funkkontakt [mit jdm/etw] verlieren; **rester en** ~ **avec qn/qc** mit jdm/etw in Verbindung bleiben; AVIAT, MIL, RADIO mit jdm/etw in [Funk]verbindung bleiben; **rompre les** ~ **s** die Beziehungen abbrechen
❸ ELEC, MECANAUT Kontakt *m*; **faux** [*o* **mauvais**] ~ Wackelkontakt; **mettre/couper le** ~ den Motor anlassen/abstellen; **sans** ~ kontaktlos
◆ ~ **de puce** INFORM Chipkontakt *m*
contacter [kɔ̃takte] <1> *vt* kontaktieren *(geh)*; ~ **qn/qc** sich mit jdm/etw in Verbindung setzen, mit jdm/etw Kontakt aufnehmen; *(s'adresser à)* sich an jdn/etw wenden
contacteur [kɔ̃taktœʀ] *m* ELEC [Ein- und Aus]schalter *m*
contagieux, -euse [kɔ̃taʒjø, -jøz] *adj* ansteckend
contagion [kɔ̃taʒjɔ̃] *f* Ansteckung *f*; **les risques de** ~ die Ansteckungsgefahr; **s'exposer à la** ~ sich der Ansteckungsgefahr aussetzen; ~ **aérienne** Tröpfcheninfektion *f*
container [kɔ̃tɛnɛʀ] *m* Behälter *m*, Container *m*
contamination [kɔ̃taminasjɔ̃] *f d'une personne* Ansteckung *f*; *d'un organisme* Infektion *f*; *de l'eau, du milieu* Verseuchung *f*; **chaîne de** ~ Infektionskette *f*; **remonter le processus de** ~ die Infektionskette zurückverfolgen
contaminer [kɔ̃tamine] <1> *vt personne:* anstecken; *virus:* infizieren; verseuchen *cours d'eau, puits;* **être contaminé(e) par qn/qc** *personne:* sich bei jdm/mit etw angesteckt haben; *cours d'eau, puits:* durch jdn/etw verseucht sein
conte [kɔ̃t] *m* Märchen *nt*; ~ **animalier** Tiermärchen; ~ **littéraire** Kunstmärchen
▶ ~ **à dormir debout** *littér* unwahrscheinliche Geschichte
◆ ~ **de fées** Märchen *nt*
contemplatif, -ive [kɔ̃tɑ̃platif, -iv] *adj* kontemplativ; *air* versonnen; *vie* beschaulich
contemplation [kɔ̃tɑ̃plasjɔ̃] *f* ❶ *sans pl (action de contempler)* Betrachtung *f*; **être/rester en** ~ **devant qc** betrachtend vor etw *(Dat)* stehen/verweilen
❷ *(rêverie)* Gedankenspielerei *f*; **être plongé(e) dans une** ~ **intérieure** in Gedanken versunken sein
❸ *(méditation)* Meditation *f*, innere Versenkung
contempler [kɔ̃tɑ̃ple] <1> I. *vt* betrachten
II. *vpr* **se** ~ **mutuellement/dans la glace** sich gegenseitig/im Spiegel betrachten
contemporain(e) [kɔ̃tɑ̃pɔʀɛ̃, ɛn] I. *adj* ❶ *(de la même époque)* **être** ~(**e**) **de qn** ein Zeitgenosse/eine Zeitgenossin von jdm sein; **être** ~(**e**) **de qc** in der [*o* zur] gleichen Zeit wie etw entstanden sein; **être** ~(**e**)**s l'un(e) de l'autre** *personnes:* in der gleichen Zeit gelebt haben; *œuvres:* in der gleichen Zeit entstanden sein; **document d'histoire** ~ **e** zeitgeschichtliches Dokument
❷ *(moderne) auteur, musique, art* zeitgenössisch; *interprétation* zeitgerecht; **interpréter qc d'une façon** ~ **e** etw zeitgerecht interpretieren; **histoire** ~ **e** Geschichte *f* der Gegenwart, zeitgenössische Geschichte; **littérature** ~ **e** Gegenwartsliteratur *f*, zeitgenössische Literatur; **le français** ~ das heutige Französisch
II. *m(f)* Zeitgenosse *m*/-genossin *f*
contenance [kɔ̃t(ə)nɑ̃s] *f* ❶ *(capacité) d'une bouteille, d'un récipient* Inhalt *m*; *d'un navire* Fassungsvermögen *nt*; *d'un navire* Ladekapazität *f*; **quelle est sa** ~? wie viel [Liter] gehen da hinein?
❷ *(attitude)* Haltung *f*; **ne pas savoir quelle** ~ **adopter** nicht wis-

sen, wie jd sich verhalten soll; **se donner une ~** Haltung annehmen; **pour se donner une ~** um sicherer zu wirken; **prendre une ~ embarrassée/assurée** verlegen wirken/sich selbstsicher geben; **garder une ~ aimable** freundlich bleiben; **faire bonne/mauvaise ~ devant qn/qc** jdm gegenüber eine gute/schlechte Figur machen; **perdre ~** die Fassung verlieren

contenant [kɔ̃t(ə)nɑ̃] *m* Behältnis *nt*

conteneur [kɔ̃t(ə)nœʀ] *m* Container *m*, Transportbehälter *m*
◆ **~ Castor**® [kastɔʀ] *m*, Castorbehälter *m*

contenir [kɔ̃t(ə)niʀ] <9> I. *vt* ❶ *(avoir une capacité de)* fassen; *car, avion:* aufnehmen können
❷ *(renfermer)* enthalten
❸ *(maîtriser)* unterdrücken *colère, rire, sanglots;* in Schach halten *adversaire, foule*
II. *vpr* **se ~** sich beherrschen

content [kɔ̃tɑ̃] *m* **avoir [tout] son ~** alles haben, was man braucht; **avoir son ~ de qc** von etw mehr als genug haben; **dormir son ~** genügend schlafen

content(e) [kɔ̃tɑ̃, ɑ̃t] *adj* ❶ *(heureux)* erfreut; **très ~(e)** glücklich; **~(e) de qc** erfreut über etw *(Akk);* **être ~(e) pour qn** sich für jdn freuen; **être ~(e) de faire qc/que qn ait raison** sich freuen, etw zu tun/, dass jd Recht hat
❷ *(satisfait)* **~(e) de qn/qc** zufrieden mit jdm/etw; **être ~(e) de sa personne** selbstzufrieden [*o* selbstgefällig] sein
▸ **non ~(e) de ...** nicht genug [*o* es reicht nicht], dass ...

contentement [kɔ̃tɑ̃tmɑ̃] *m sans pl (état de satisfaction)* Zufriedenheit *f*
◆ **~ de soi** Selbstgefälligkeit *f*

contenter [kɔ̃tɑ̃te] <1> I. *vt* zufrieden stellen *personne;* befriedigen *désir;* stillen, befriedigen *besoin, curiosité;* **on ne peut pas toujours ~ tout le monde!** man kann es nicht immer allen recht machen!
II. *vpr* **se ~ de qc** sich mit etw zufriedengeben [*o* begnügen]; **se ~ de faire qc** sich damit begnügen, etw zu tun

contentieux [kɔ̃tɑ̃sjø] *m* ❶ JUR *(litige)* Streitsache *f;* **~ fiscal** Steuerstrafverfahren *nt;* **~ de frontière** Grenzstreitigkeit *f*, Grenzstreit *m*
❷ *(service)* Rechtsabteilung *f*
❸ *(conflit)* Streit *m*

contention [kɔ̃tɑ̃sjɔ̃] *f* MED *(action de maintenir)* Stützen *nt;* **bas de ~** Stützstrumpf *m*

contenu [kɔ̃t(ə)ny] *m* ❶ Inhalt *m;* **~ des poches** Tascheninhalt; **~ de l'estomac** MED Mageninhalt
❷ *(fond, teneur)* Inhalt *m;* **~ du/d'un contrat** Vertragstext *m;* **~ informatif** [*o* **en information**] *d'un film, texte* Informationsgehalt, *m;* **~ du/d'un rêve** Trauminhalt; **déclaration sans ~** inhaltsleere Äußerung

contenu(e) [kɔ̃t(ə)ny] *adj émotion, colère, sentiments* unterdrückt

conter [kɔ̃te] <1> *vt* **ne pas s'en laisser ~** sich *(Dat)* nichts vormachen lassen; **que me contes-tu/que me contez-vous là?** *vieilli* was erzählst du mir/was erzählen Sie mir da?; **allez, conte-moi tes malheurs!** (**Et ça ira mieux**) *iron* ganz so schlimm kann es nicht sein!

contestable [kɔ̃tɛstabl] *adj* zweifelhaft; *théorie, hypothèse* anfechtbar; *argument* fraglich

contestataire [kɔ̃tɛstatɛʀ] I. *adj* oppositionell; *mouvement* Protest-
II. *mf* Systemgegner(in) *m(f)*

contestation [kɔ̃tɛstasjɔ̃] *f* Einwand *m;* **d'un droit** Anfechtung *f; d'une qualité* Bestreiten *nt;* **sans ~ possible** unbestreitbar; **faire de la ~** protestieren; **~s en matière commerciale** JUR Handelssachen *Pl (Fachspr.)*
◆ **~ de faillite** Konkursanfechtung *f;* **~ de testament** Testamentsanfechtung *f*

conteste [kɔ̃tɛst] *adv* **sans ~** zweifelsohne, zweifellos

contester [kɔ̃tɛste] <1> I. *vi* widersprechen; **~ dans la rue** auf die Straße gehen
II. *vt* ❶ *(mettre en doute)* anzweifeln, in Frage [*o* infrage] stellen; anfechten *droit;* **~ qc à qn** jdm etw abstreiten; **ne pas ~ que qn ait raison** nicht bezweifeln [*o* bestreiten], dass jd Recht hat
❷ *(controverser)* **être contesté(e)** umstritten sein

conteur, -euse [kɔ̃tœʀ, -øz] *m, f* Märchendichter(in) *m(f)*

contexte [kɔ̃tɛkst] *m* ❶ *a.* LING, INFORM Kontext *m*, Zusammenhang *m;* **sorti(e)** [*o* **détaché(e)**] [*o* **isolé(e)**] **de son ~** aus dem Zusammenhang gerissen; **~ global** [*o* **général**] Gesamtzusammenhang; **comprendre/interpréter qc en fonction du ~** etw kontextuell verstehen/interpretieren *(geh),* **fonctionner/se passer en fonction du ~** INFORM kontextsensitiv funktionieren/geschehen
❷ *(situation)* Kontext *m*, Rahmen *m;* **le ~ familial** der familiäre Hintergrund; **dans le ~ actuel** in der augenblicklichen Lage; **~ économique** Konjunkturklima *nt;* **~ propice aux investissements** günstiges Investitionsklima

contextuel(le) [kɔ̃tɛkstyɛl] *adj* LING *sens* kontextabhängig, kontex-

tuell *(geh)*

contigu, contiguë [kɔ̃tigy] *adj territoires* aneinanderstoßend; *édifices* aneinandergebaut; **~(contiguë) à un territoire/édifice** an ein Grundstück stoßend/an ein Gebäude angebaut

contiguïté [kɔ̃tigyite] *f* [unmittelbare] Nachbarschaft [*o* Nähe]

continence [kɔ̃tinɑ̃s] *f* Enthaltsamkeit *f*

continent [kɔ̃tinɑ̃] *m* ❶ GEOG Kontinent *m*, Erdteil *m*
❷ *(opp: île)* Festland *nt*

continental(e) [kɔ̃tinɑ̃tal, o] <-aux> *adj* Kontinental-

contingence [kɔ̃tɛ̃ʒɑ̃s] *f* ❶ *pl (bagatelles)* Belanglosigkeiten *Pl*, Lappalien *Pl*
❷ *pl (facteurs non prévisibles)* Eventualitäten *Pl*
❸ PHILOS Zufällige(s) *nt*, Akzidens *nt (Fachspr.)*

contingent [kɔ̃tɛ̃ʒɑ̃] *m* ❶ MIL Jahrgang *m* [von Wehrdienstpflichtigen]; **tout un ~ de touristes** *fig* eine ganze Schar von Touristen
❷ *a.* COM *(quantité limitée)* Kontingent *nt; (pourcentage limité)* Quote *f;* **~ de marchandises** Warenkontingent; **~ d'importation** [*o* **à l'importation**] Einfuhrkontingent, Importkontingent; **~ d'exportation** Ausfuhrkontingent, Exportkontingent
❸ *(part)* [An]teil *m;* **apporter son ~ à qc** seinen Teil zu etw beitragen; **la guerre avec son ~ de misères** der Krieg mit all seinem Elend

contingent(e) [kɔ̃tɛ̃ʒɑ̃, ʒɑ̃t] *adj* ❶ *(non essentiel)* unwesentlich
❷ *(accidentel)* unvorhergesehen
❸ PHILOS zufällig, akzidentell *(Fachspr.)*

contingentement [kɔ̃tɛ̃ʒɑ̃təmɑ̃] *m* COM, JUR Kontingentierung *f; (limitation des commandes)* Bezugsbeschränkung *f*
◆ **~ des devises** Devisenbewirtschaftung *f,* Devisenzwangswirtschaft *f;* **~ des importations** Einfuhrkontingentierung *f;* **~ des ventes** Absatzbeschränkung *f*

contingenter [kɔ̃tɛ̃ʒɑ̃te] <1> *vt* COM, JUR kontingentieren

continu [kɔ̃tiny] *m sans pl* ❶ **en ~** ohne Pause; **papier en ~** Endlospapier
❷ MATH, PHYS Kontinuum *nt*

continu(e) [kɔ̃tiny] *adj mouvement* andauernd; *bruit* unaufhörlich; *suite, série* fortlaufend; *ligne* durchgehend; *silence, pluie* anhaltend; *souffrance* ständig; *effort* kontinuierlich; *croissance* stetig; **la baisse ~ des investissements** der anhaltende Rückgang der Investitionen

continuateur, -trice [kɔ̃tinɥatœʀ, -tʀis] *m, f* **être le ~ d'une personne/réforme** jds Werk fortsetzen/eine Reform weiterführen

continuation [kɔ̃tinɥasjɔ̃] *f* ❶ *(action)* Weiterführung *f; (effet)* Fortbestand *m;* [**je vous souhaite une**] **bonne ~!** weiterhin viel Erfolg!
❷ JUR, FIN **~ de la société/de l'entreprise** Firmen-/Unternehmensfortführung *f;* **décision de ~** Fortsetzungsbeschluss *m*
◆ **~ des affaires** Geschäftsfortführung *f*

continuel(le) [kɔ̃tinɥɛl] *adj (qui se répète fréquemment)* ständig; *(ininterrompu)* ununterbrochen; **faire des efforts ~s pour arriver à qc** sich ständig darum bemühen, etw zu erreichen

continuellement [kɔ̃tinɥɛlmɑ̃] *adv (très fréquemment)* ständig; *(sans s'arrêter)* ununterbrochen

continuer [kɔ̃tinɥe] <1> I. *vt* ❶ *(se poursuivre)* weitergehen; *bruit, pluie:* anhalten; **tout a continué comme avant** alles lief weiter wie bisher
❷ *(poursuivre)* weitermachen, fortfahren; *(poursuivre sa route)* (à pied) weitergehen; *(en voiture)* weiterfahren; **la pluie/neige continue de** [*o* **à**] **tomber** es regnet/schneit weiter; **~ à lire/travailler** weiterlesen/-arbeiten
❸ *(persister)* **~ à croire/penser que qn a raison** nach wie vor [*o* weiterhin] glauben/denken, dass jd Recht hat; **si tu continues, je vais me fâcher!** wenn du so weitermachst, werde ich böse!
II. *vt* ❶ *(poursuivre dans le temps)* fortsetzen; weiterführen *politique;* fortfahren mit *exposé*
❷ *(prolonger dans l'espace)* verlängern, weiterführen
III. *vpr* **se ~ par qc** durch etw fortgesetzt werden; *texte:* mit etw weitergehen

continuité [kɔ̃tinɥite] *f* Kontinuität *f; d'une tradition* Wahrung *f; de l'espèce* Fortbestand *m*
◆ **~ du bilan** FIN Bilanzkontinuität *f*

continûment [kɔ̃tinymɑ̃] *adv* ununterbrochen

contondant(e) [kɔ̃tɔ̃dɑ̃, ɑ̃t] *adj* stumpf; **arme ~e** stumpfer Gegenstand

contorsionner [kɔ̃tɔʀsjɔne] <1> *vpr* **se ~** sich verrenken; *(faire des manières)* katzbuckeln

contorsionniste [kɔ̃tɔʀsjɔnist] *mf* Schlangenmensch *m*

contorsions [kɔ̃tɔʀsjɔ̃] *fpl d'un acrobate, pitre* Verrenkungen *Pl; d'une personne obséquieuse* Katzbuckelei *f*

contour [kɔ̃tuʀ] *m* ❶ Umrisse *Pl*, Konturen *Pl; d'un dessin* Linien *Pl;* **crème ~ des yeux** Augenkonturcreme *f;* **crayon ~ des yeux** Lippenkonturenstift *m*
❷ *pl (méandres)* Windungen *Pl*

contourner [kɔ̃tuʀne] <1> vt ❶ *(faire le tour)* ~ qc route, chemin: um etw herumführen; *personne:* um etw herumgehen; *(en véhicule)* um etw herumfahren; *(en avion)* um etw herumfliegen
❷ *(éluder)* umgehen *interdiction;* **pouvoir ~ qc** um etw herumkommen [*o* rumkommen *fam*]

contraceptif [kɔ̃tʀasɛptif] *m* MED Verhütungsmittel *nt,* empfängnisverhütendes Mittel, Kontrazeptivum *nt (Fachspr.)*

contraceptif, -ive [kɔ̃tʀasɛptif, -iv] *adj* empfängnisverhütend; **pilule contraceptive** Antibabypille *f;* **méthode contraceptive** Verhütungsmethode *f*

contraception [kɔ̃tʀasɛpsjɔ̃] *f* Empfängnisverhütung *f;* **être sous ~** Verhütungsmittel genommen haben

contractant [kɔ̃tʀaktɑ̃] *m* JUR Vertragspartner(in) *m(f),* Vertragschließende(r) *f(m),* Kontrahent(in) *m(f) (Fachspr.);* **~ en son propre nom** Selbstkontrahent(in) *(Fachspr.)*

contractant(e) [kɔ̃tʀaktɑ̃, ɑ̃t] *adj* vertragschließend; **hôtel ~** Vertragshotel *nt;* **les parties ~es** die Vertragspartner

contracté(e) [kɔ̃tʀakte] *adj* ❶ *(tendu)* angespannt; *(trop)* verkrampft
❷ LING zusammengezogen; **être ~(e) en qc** zu etw zusammengezogen werden

contracter¹ [kɔ̃tʀakte] <1> I. *vt* ❶ ANAT anspannen; *(trop)* verkrampfen; verzerren *traits, visage;* **le froid contracte qc** bei Kälte zieht sich etw zusammen; **la peur lui contractait la gorge** die Angst schnürte ihm/ihr die Kehle zu
❷ *(rendre anxieux)* Verkrampfung auslösen bei
II. *vpr* **se ~** sich zusammenziehen; *(trop)* sich verkrampfen; *gorge:* sich zuschnüren; *traits, visage:* sich verzerren; *gaz:* sich verdichten

contracter² [kɔ̃tʀakte] <1> *vt* ❶ *(se lier par)* eingehen *obligation, engagement, alliance;* machen *dette;* abschließen *assurance;* **~ mariage** die Ehe schließen; **~ des engagements** FIN Verbindlichkeiten eingehen
❷ *(attraper)* sich *(Dat)* zuziehen *maladie*
❸ *(acquérir)* annehmen *manie, habitude*

contraction [kɔ̃tʀaksjɔ̃] *f* ❶ *(action)* Zusammenziehen *nt; (exagérée)* Verkrampfen *nt;* **~ de la pupille** Pupillenverengung *f*
❷ *(état)* Anspannung *f; (trop tendu)* Verkrampfung *f; des traits, du visage* Verzerrung *f*
❸ *pl (lors d'un accouchement)* Wehen *Pl;* **~s** [**utérines**] Eröffnungswehen *Pl*
❹ PHYSIOL **~ musculaire** Muskelkontraktion *f*
◆ **~ de texte** Zusammenfassung *f*

contractuel(le) [kɔ̃tʀaktɥɛl] I. *adj* vertraglich [festgelegt]; *(en parlant d'une convention collective)* tarifvertraglich [festgelegt]; **dispute relative à la politique ~le** tarifpolitische Auseinandersetzung; **pour ce qui est de la politique ~le, ...** tarifpolitisch gesehen, ...
II. *m(f)* ❶ *(agent d'un service public)* Angestellte(r) *f(m)* [im öffentlichen Dienst]
❷ *(auxiliaire de police)* Hilfspolizist *m*/Politesse *f*

contradicteur [kɔ̃tʀadiktœʀ] *m* Widersacher(in) *m(f)*

contradiction [kɔ̃tʀadiksjɔ̃] *f* ❶ *sans pl (objections)* Widerspruch *m;* **être en ~ avec qn** nicht jds Meinung sein
❷ *(fait de se contredire)* **~ flagrante** krasser Widerspruch; **vous êtes en ~ avec vous-même** Sie widersprechen sich selbst; **tomber dans la ~** [*o* **les ~s**] sich in Widersprüche verstricken
❸ *(incompatibilité)* Widerspruch *m;* **être en ~ avec qc** im Widerspruch zu etw stehen
◆ **~ des normes** JUR Normwiderspruch *m*

contradictoire [kɔ̃tʀadiktwaʀ] *adj* ❶ *(incompatible)* widersprüchlich; *influences, passions* gegensätzlich
❷ *(où s'opposent des idées)* **débat ~** Streitgespräch *nt,* Debatte *f*
❸ JUR *jugement, arrêt* nach Anhörung der Parteien

contraignable [kɔ̃tʀɛɲabl] *adj* JUR erzwingbar

contraignant(e) [kɔ̃tʀɛɲɑ̃, ɑ̃t] *adj* zwingend; *horaire* streng [festgelegt]

contraindre [kɔ̃tʀɛ̃dʀ] <*irr*> I. *vt* **~ qn à qc/à faire qc** jdn zu etw zwingen/jdn zwingen, etw zu tun; **être contraint(e) à qc/de faire qc** zu etw gezwungen sein/gezwungen sein, etw zu tun
II. *vpr* **se ~ à qc/à faire qc** sich zu etw zwingen/sich zwingen, etw zu tun

contraint(e) [kɔ̃tʀɛ̃, ɛ̃t] *adj* gezwungen; *manière, style* gekünstelt, unnatürlich; **d'un air ~** befangen; **être ~(e) et forcé(e)** unter Druck [und Zwang] stehen; **ce n'est que ~ et forcés qu'ils sont partis** nur gezwungenermaßen sind sie weggegangen

contrainte [kɔ̃tʀɛ̃t] *f* ❶ Zwang *m;* **~ morale/sociale** moralische/soziale Verpflichtung; **soumettre qn à des ~s** jdm Zwänge auferlegen; **être soumis(e) à des ~s** unter Zwang stehen; **par la ~** mit Gewalt; **sous la ~** unter Zwang
❷ JUR Erzwingung *f*
❸ *(limite)* **~ maximale** *d'un appareil, dispositif* Belastungsgrenze *f*
◆ **~ par corps** Erzwingungshaft *f*

contraire [kɔ̃tʀɛʀ] I. *adj* ❶ *(opposé)* entgegengesetzt; *preuve, mouvement* Gegen-; **être d'avis ~** die Gegenansicht vertreten; **avoir des opinions ~s** gegensätzlicher Meinung sein
❷ *(incompatible avec)* **~ à la commande** auftragswidrig; **~ au devoir** pflichtwidrig; **~ aux idées/aux intérêts de qn** unvereinbar mit jds Ideen/Interessen; **~ aux instructions** auftragswidrig; **~ à la liberté de concurrence** wettbewerbswidrig; **~ à la loi/au droit** gesetzes-/rechtswidrig; **~ à la raison** vernunftwidrig, wider die Vernunft; **~ à l'usage/la morale** gegen die Gewohnheit/Moral; **~ aux règles de la circulation** verkehrswidrig; **~ au règlement intérieur** dienstwidrig; **données ~s à la vérité** wahrheitswidrige Angaben; **acte ~ à l'obligation de diligence** sorgfaltswidrige Handlung
❸ *(défavorable)* ungünstig; **le sort lui fut ~** das Schicksal war gegen ihn; **politique ~ aux monopoles** monopolfeindliche Politik; **politique ~ à l'intérêt général/aux intérêts culturels** bürgerfeindliche/bildungsfeindliche Politik; **avoir une opinion ~ aux intérêts culturels** bildungsfeindlich eingestellt sein
II. *m* Gegenteil *nt;* **les ~s s'attirent** Gegensätze ziehen sich an; **bien** [*o* **tout**] **au ~** ganz im Gegenteil; **au ~ de son frère** anders als sein Bruder, im Gegensatz zu seinem Bruder

contrairement [kɔ̃tʀɛʀmɑ̃] *adv* **~ à qn** im Gegensatz zu jdm; **~ à qc** entgegen einer S. *(Dat);* **à ce que je croyais** entgegen dem, was ich glaubte; **~ au devoir** pflichtwidrig; **~ à la vérité** wahrheitswidrig; **~ à ce qui était convenu** absprachewidrig; **~ à la commande/aux instructions** JUR auftragswidrig; **agir ~ à la loi/aux bonnes mœurs** gesetzeswidrig/sittenwidrig handeln

contralto [kɔ̃tʀalto] *m* Kontraalt *m*

contrariant(e) [kɔ̃tʀaʀjɑ̃, jɑ̃t] *adj* ❶ *(opp: docile) personne* widerspenstig; **être d'humeur ~e** widerspenstig sein
❷ *(fâcheux)* ärgerlich

contrarié(e) [kɔ̃tʀaʀje] *adj* ❶ *(combattu) amour* verhindert
❷ *(fâché)* **être ~(e)** erbost sein

contrarier [kɔ̃tʀaʀje] <1a> *vt* ❶ *(agacer)* ärgern; **être contrarié(e) par qc** wegen etw verärgert sein
❷ *(déranger)* stören; **être contrarié(e) par qc** *(avoir des soucis)* wegen etw bedrückt sein
❸ *(faire obstacle à)* hindern *personne;* durchkreuzen *projets, intérêts, plans;* nachteilig sein für *passion*

contrariété [kɔ̃tʀaʀjete] *f* ❶ *sans pl (déplaisir agacé)* Verärgerung *f;* **éprouver une ~** verärgert sein
❷ *(obstacle)* Ärgernis *nt,* Missgeschick *nt*

contraste [kɔ̃tʀast] *m* ❶ Gegensatz *m,* Kontrast *m;* **faire ~ avec qc** sich von etw abheben, mit etw kontrastieren; **offrir un ~ avec qn/qc** jds Gegenteil/das Gegenteil einer S. *(Gen)* sein; **par ~** im Gegensatz dazu, vergleichsweise
❷ TV Kontrast *m*

contrasté(e) [kɔ̃tʀaste] *adj* kontrastreich

contraster [kɔ̃tʀaste] <1> I. *vi* **~ avec qc** im Gegensatz zu etw stehen, mit etw kontrastieren; **des choses contrastent entre elles** Dinge kontrastieren miteinander
II. *vt* **~ qc** einer S. *(Dat)* Kontrast geben

contrat [kɔ̃tʀa] *m* Vertrag *m;* **passer un ~ avec qn** *(passer un accord)* mit jdm eine Abmachung treffen; *(se lier par un acte officiel)* mit jdm einen Vertrag abschließen; **passer un ~ écrit** einen schriftlichen Vertrag abschließen; **remplir son ~** *(tenir ses promesses)* seine Versprechungen halten; *(respecter un engagement moral)* seinen Pflichten nachkommen; **être sous ~** vertraglich gebunden sein; **par ~** vertraglich; **d'après le ~** laut Kontrakt; **durée du ~** Dauer *f* des Vertrags, Vertragsdauer *f;* **durée du ~ d'assurance** Versicherungslaufzeit *f;* **point du ~** Vertragspunkt *m;* **~ à durée déterminée** befristeter Vertrag; **~ à durée indéterminée** unbefristeter Vertrag, Dauervertrag; **~ à engagement unilatéral/bilatéral** einseitig/gegenseitig verpflichtender Vertrag; **~ à prix ferme** Festpreisvertrag; **~ à terme** Terminkontrakt *m,* Abschluss *m* auf Termin; **~s à terme sur devises** Devisenterminkontrakte *Pl;* **~ d'absorption** [**d'une société**] Übernahmevertrag; **~ d'approvisionnement** Versorgungsvertrag; **~ d'assistance technique** Know-how-Vereinbarung *f;* **~ de coûts inhérents** JUR Folgekostenvertrag *(Fachspr.);* **~ d'entente relative aux remises sur les prix** Rabattkartellvertrag; **~ d'entrepôt commissionnaire** JUR, ECON Konsignationslagervertrag *(Fachspr.);* **~ de gestion** [*o* **d'administration**] **des affaires d'autrui** JUR Geschäftsbesorgungsvertrag *(Fachspr.);* **~ d'indemnisation pour départ volontaire** Aufhebungsvertrag; **~ de livraison d'armement** Rüstungsauftrag; **~ de louage d'ouvrage et d'industrie** Werklieferungsvertrag; **~ d'ouverture d'un crédit** Krediteröffnungsvertrag; **~ de protection de la clientèle** Kundenschutzvertrag; **~ de protection des capitaux** Kapitalschutzvertrag; **~ de transmission d'un véhicule** Kraftfahrzeugüberlassungsvertrag; **~ de vente avec réserve de propriété** Kaufvertrag mit Eigentumsvorbehalt; **ancien ~** Altvertrag; **~ annexe/bancaire** Neben-/Bankvertrag; **~ bilatéral** [*o* **synallagmatique**] JUR Austauschvertrag; **~ civil** Schuldvertrag; **~ collectif** JUR Kollektivvertrag, Massenvertrag *(Fachspr.);* **~ com-**

plémentaire Zusatzvertrag; ~ concessionnaire Konzessionsvertrag; ~ constitutif d'une fraude JUR Umgehungsgeschäft *f;* ~ exclusif/familial Exklusiv-/Familienvertrag; ~ fiduciaire/général Treuhand-/Gesellschaftervertrag; ~ immobilier/individuel Immobiliar-/Individualvertrag; ~ léonin Knebelungsvertrag; ~ modificateur/novatoire Änderungs-/Novationsvertrag; ~ parallèle/préliminaire/principal Parallel-/Vor-/Hauptvertrag; ~ principal de bail Hauptpachtvertrag; ~ provisoire Vertragsvorlauf *m;* ~ secret Geheimvertrag; ~ conférant des droits de rang secondaire Zweitvertrag; ~ prévoyant une obligation de vendre JUR Absatzbindungsvertrag *(Fachspr.);* ~ se référant aux équipements industriels Industrieanlagenvertrag; ~ relatif à un brevet Patentvertrag; ~ relatif au droit d'auteur Urheberrechtsvertrag; ~ relatif à l'économie des échanges extérieurs JUR Außenwirtschaftsvertrag *(Fachspr.);* ~ relatif à la fourniture de sûretés Sicherungsvertrag; ~ avec clause de choix du droit applicable Rechtswahlvertrag *(Fachspr.);* ~ avec une entreprise sous-traitante Zuliefervertrag; ~s "incoterms" COM Internationale Handelsklauseln; condition conforme au ~ [*o* aux termes du ~] vertragsgemäße [*o* vertragskonforme] Bedingung; agir conformément au ~ sich vertragsgemäß [*o* vertragskonform] verhalten
♦ ~ cadre Rahmenvertrag *m;* ~ standard Standardvertrag *m*
♦ ~ à la consommation Konsumentenvertrag *m;* ~ à forfait Pauschalvertrag *m*
♦ ~ d'accession JUR Aufnahmevertrag *m;* ~ d'acquisition d'entreprise Unternehmenskaufvertrag *m;* ~ d'adhésion Zwangsvertrag *m;* ~ d'affermage ECON Ökonomiepachtvertrag *m;* ~ d'affrètement relatif à une entreprise Betriebspachtvertrag *m;* ~ d'affrètement Chartervertrag *m,* [Schiffs]frachtvertrag, Befrachtungsvertrag; ~ d'agence JUR Agenturvertrag *m,* Agenturvereinbarung *f;* ~ d'amortissement JUR Amortisationsvertrag *m;* ~ d'amortissement complet/partiel Voll-/Teilamortisationsvertrag; ~ d'animation FIN Aktienzeichnungsvertrag *m;* ~ d'apprentissage Lehrvertrag *m;* ~ d'assurance Versicherungsvertrag *m;* ~ d'avocat JUR Anwaltsvertrag *m;* ~ de cession JUR Abtretungsvertrag *m,* Veräußerungsvertrag *m;* ~ de cession d'exploitation Betriebsüberlassungsvertrag *m;* ~ de cession d'usage JUR Gebrauchsüberlassungsvertrag *m;* ~ de commerce extérieur JUR Außenhandelsvertrag *m;* ~ de commission Kommissionsvertrag *m;* ~ de commission de transport Speditionsvertrag *m;* ~ de compensation Verrechnungsvertrag *m;* ~ de conciliation Schlichtungsvertrag *m;* ~ de consommation Verbrauchervertrag *m;* ~ de constitution [d'une société] Gründungsvertrag *m;* ~ de construction Bauvertrag *m;* ~ de coopération Kooperationsvertrag *m;* ~ de courtage Maklervertrag *m;* ~ de dépôt FIN Depotvertrag *m;* JUR Hinterlegungsvertrag, Verwahrungsvertrag; ~ de dissolution JUR Auflösungsvertrag *m;* ~ de distribution Vertriebsvertrag *m;* ~ de distribution exclusive JUR Alleinvertriebsvertrag *m;* ~ de domination ECON Beherrschungsvertrag *m;* ~ de donation Schenkungsvertrag *m;* ~ d'échange Tauschvertrag *m;* ~ d'échange de licences JUR Lizenzaustauschvertrag *m;* ~ d'édition Verlagsvertrag *m;* ~ d'enchaînement JUR Folgevertrag *m;* ~ d'enrichissement JUR Bereicherungsvertrag *m;* ~ d'entreprise générale JUR Generalunternehmervertrag *m;* ~ d'entretien Wartungsvertrag *m;* ~ d'équipement du terrain JUR Erschließungsvertrag *m;* ~ d'exclusivité Alleinvertretungsvertrag *m;* JUR Ausschließlichkeitsvertrag, Exklusivvertrag; ~ d'exportation Exportvertrag *m;* ~ de forfait JUR Forfaitiervertrag *m;* ~ de formation professionnelle Berufsausbildungsvertrag *m;* ~ de fourniture d'énergie Energielieferungsvertrag *m;* ~ de fourniture de services Dienstleistungsvertrag *m;* ~ de fourniture permanent Dauerbelieferungsvertrag *m;* ~ de franchisage JUR Franchisevertrag *m;* ~ de fusion Fusionsvertrag *m;* ~ de garantie Garantievertrag *m,* Garantieerklärung *f; (en parlant d'un cautionnement)* Bürgschaftsvertrag; ~ d'hébergement JUR Beherbergungsvertrag *m;* ~ d'hérédité JUR Erbvertrag *m;* ~ d'honoraires Honorarvertrag *m;* ~ d'indemnisation Abfindungsvertrag *m;* ~ de jouissance Nutzungsvertrag *m;* ~ de licence de brevet JUR Patentlizenzvertrag *m;* ~ de licence d'exploitation Lizenzvertrag *m;* ~ de livraison Belieferungsvertrag *m;* ~ de location Mietvertrag *m;* ~ de location-vente Mietkaufvertrag *m;* ~ de maintenance Wartungsvertrag *m;* ~ de mariage Ehevertrag *m;* ~ de mise à disposition Überlassungsvertrag *m;* ~ de modernisation Modernisierungsvertrag *m;* ~ de notaire JUR Notarsvertrag *m;* ~ d'option Optionsvertrag *m;* ~ de partage JUR Teilvertrag *m,* Aufteilungsvertrag, Auseinandersetzungsvertrag; ~ de participation JUR Partnerschaftsvertrag *m;* ~ de prêt Darlehensvertrag *m;* JUR Leihvertrag *(Fachspr.);* ~ de prise de contrôle JUR Beherrschungsvertrag *m;* ~ de promotion immobilière Bauträgervertrag *m;* ~ de prorogation JUR Prorogationsvertrag *m (Fachspr.);* ~ de protection territoriale JUR Gebietsschutzvertrag *m;* ~ de réassurance Rückversicherungsvertrag *m;* ~ de regroupement d'entreprises JUR Verbundvertrag *m;* ~ de remise de dette JUR Erlassvertrag *m;* ~ de remise en état Instandsetzungsvertrag *m;* ~ de rémunération Honorarvertrag *m;* ~ de représentation exclusive JUR Alleinvertretungsvertrag *m;* ~ de reprise de bail JUR Ablösevertrag *m;* ~ de résiliation Aufhebungsvertrag *m;* ~ de S.A.R.L. GmbH-Vertrag *m;* ~ de satisfaction des besoins JUR Bedarfsdeckungsvertrag *f;* ~ de scission Spaltungsvertrag *m;* ~ de services Dienstleistungsvertrag *m;* ~ de société Gesellschaftsvertrag *m,* Unternehmensvertrag; *(statuts)* Betriebssatzung *f;* ~ de transport Beförderungsvertrag *m;* JUR Frachtvertrag, Frachtgeschäft *nt;* ~ de transport de marchandises JUR Güterbeförderungsvertrag *m;* ~ de travail Arbeitsvertrag *m; (rapport juridique entre l'employer et l'employé)* Beschäftigungsverhältnis *nt;* ~ individuel de travail Einzelarbeitsvertrag; ~ de vente Kaufvertrag *m*

contrat-client [kɔ̃tʀakliɑ̃] <contrats-clients> *m* JUR Kundenvertrag *m*

contrat-type [kɔ̃tʀatip] <contrats-type> *m* Vertragsmuster *nt;* JUR Standardvertrag *m,* Formularvertrag *(Fachspr.);* **clauses du** ~ Mustervertragsbedingungen *Pl*

contravention [kɔ̃tʀavɑ̃sjɔ̃] *f* ❶ *(infraction)* ~ **à qc** Verstoß *m* gegen etw; **être en** ~ einen Verstoß begehen
❷ *(procès-verbal)* Strafmandat *nt,* Strafzettel *m (fam);* **attraper une** ~ einen Strafzettel bekommen *(fam);* **dresser** ~ **à qn** [jdn] gebührenpflichtig verwarnen; **donner** [*o* **flanquer** *fam*] **une** ~ **à qn** jdm einen Strafzettel verpassen *(fam)*
❸ *(amende)* Geldstrafe *f*

contre [kɔ̃tʀ] **I.** *prép* ❶ *(proximité et contact) (avec mouvement)* an *(+ Akk); (sans mouvement)* an *(+ Dat);* **venir tout** ~ **qn** sich [eng] an jdn schmiegen; **les gens sont debout, serrés les uns** ~ **les autres** die Leute stehen dicht aneinandergedrängt; **la maison est juste** ~ **l'église** das Haus ist an die Kirche angebaut; **danser joue** ~ **joue** Wange an Wange tanzen; **jeter des pierres** ~ **la fenêtre** Steine gegen das Fenster werfen
❷ *(opposition)* gegen; ~ **le courant** gegen den Strom; **le match Toulouse** ~ **Monaco** das Spiel Toulouse gegen Monaco; **avoir quelque chose** ~ **qn/qc** etwas gegen jdn/etw haben; **être** ~ **qn/qc** gegen jdn/etw sein; **être furieux(-se)** ~ **qn** auf jdn wütend sein; **toute apparence/attente** entgegen allem Anschein/allen Erwartungen, wider Erwarten
❸ *(protection)* gegen
❹ *(échange)* gegen; **échanger un sac** ~ **une montre** eine Tasche gegen eine Uhr [ein]tauschen
❺ *(proportion)* zu, gegen; **ils se battaient à dix** ~ **un** sie waren zehn gegen einen; **le projet de loi a été adopté à 32 voix** ~ **24** der Gesetzentwurf wurde mit 32 zu 24 Stimmen angenommen
II. *adv (opposition)* dagegen; **être/voter** ~ dagegen sein/stimmen; **je n'ai rien** ~ ich habe nichts dagegen
▶ **par** ~ dagegen, jedoch
III. *m* SPORT Konter *m*

contre-allée [kɔ̃tʀale] <contre-allées> *f* Seitenallee *f,* Nebenallee *f* **contre-amiral** [kɔ̃tʀamiʀal, o] <-aux> *m* Konteradmiral *m*

contre-appel [kɔ̃tʀapɛl] <contre-appels> *m* JUR Gegenberufung *f;* **faire** ~ Gegenberufung einlegen **contre-assurer** [kɔ̃tʀasyʀe] *vt* JUR gegenversichern **contre-attaque** [kɔ̃tʀatak] <contre-attaques> *f* Gegenangriff *m* **contre-attaquer** [kɔ̃tʀatake] <1> *vi* zum Gegenschlag ausholen, einen Gegenangriff starten

contrebalancer [kɔ̃tʀəbalɑ̃se] <2> **I.** *vt* ❶ *(faire équilibre à) poids:* aufwiegen
❷ *(compenser) avantage:* ausgleichen, wettmachen
II. *vpr* **s'en** ~ *fam (s'en moquer)* sich darüber lustig machen

contrebande [kɔ̃tʀəbɑ̃d] *f* ❶ *(activité)* Schmuggel *m;* **produit de** ~ Schmuggelware *f;* **faire de la** ~ schmuggeln; **faire la** ~ **de qc, passer qc en** ~ etw schmuggeln; **introduire** [*o* **faire entrer**] **qc en** ~ etw einschmuggeln
❷ *(marchandise)* Schmuggelware *f*

contrebandier, -ière [kɔ̃tʀəbɑ̃dje, -jɛʀ] *m, f* Schmuggler(in) *m(f);* **chemin de** ~**s** Schmugglerpfad *m*

contrebas [kɔ̃tʀəba] *adv* **en** ~ **de qc** unterhalb einer S. *(Gen)* **contrebasse** [kɔ̃tʀəbas] *f* Kontrabass *m*
contrebassiste [kɔ̃tʀəbasist] *mf* Kontrabassist(in) *m(f),* Kontrabassspieler(in) *m(f)*

contrebraquer [kɔ̃tʀəbʀake] <1> *vi* gegenlenken
contrecarrer [kɔ̃tʀəkaʀe] <1> *vt* vereiteln
contre-caution [kɔ̃tʀəkosjɔ̃] <contre-cautions> *f* JUR Rückbürgschaft *f (Fachspr.)*

contrechamp [kɔ̃tʀəʃɑ̃] *m* Schwenk *m* [der Kamera]
contrecœur [kɔ̃tʀəkœʀ] *adv* **à** ~ widerwillig, ungern; **faire qc à** ~ *(contre son gré)* etw unlustig tun

contrecoup [kɔ̃tʀəku] *m* Folge *f;* **avoir pour** ~ zur Folge haben; **par** ~ als Folge davon

contre-courant [kɔ̃tʀəkuʀɑ̃] <contre-courants> *m* Gegenströmung *f;* **à** ~ gegen den Strom; **à** ~ **de l'époque** gegen die Zeit-

strömung
contre-créance [kɔ̃tʀəkʀeɑ̃s] f ECON Gegenforderung f
contre-culture [kɔ̃tʀəkyltyʀ] <contre-cultures> f Gegenkultur f
contredanse [kɔ̃tʀədɑ̃s] f fam ❶ *(procès-verbal)* Strafzettel m *(fam)*
❷ *(amende)* Geldstrafe f
contredire [kɔ̃tʀədiʀ] <*irr*> I. vt ~ **qn/qc** jdm/einer S. widersprechen
II. *vpr* **se** ~ sich *(Dat)* widersprechen; **des personnes/des choses se contredisent entre elles** [*o* l'une l'autre] Menschen/Dinge widersprechen sich [*o* einander]
contredit [kɔ̃tʀədi] *adv* **sans** ~ zweifelsohne
contrée [kɔ̃tʀe] f *littér (pays)* Land *nt; (région)* Gegend f, Landstrich m; **dans nos ~s** hierzulande, in unserer Gegend
contre-écrou [kɔ̃tʀekʀu] <contre-écrous> m TECH Gegenmutter f
contre-engagement [kɔ̃tʀɑ̃gaʒmɑ̃] <contre-engagements> m JUR Gegenverpflichtung f **contre-enquête** [kɔ̃tʀɑ̃kɛt] <contre-enquêtes> f Gegenuntersuchung f **contre-épreuve** [kɔ̃tʀepʀœv] <contre-épreuves> f Gegenprobe f; **procéder à la** ~ die Gegenprobe machen **contre-espionnage** [kɔ̃tʀɛspjɔnaʒ] m sans pl [Spionage]abwehr f **contre-exception** [kɔ̃tʀɛksɛpsjɔ̃] <contre-exceptions> f JUR Gegeneinrede f **contre-exemple** [kɔ̃tʀɛgzɑ̃pl] <contre-exemples> m Gegenbeispiel nt **contre-expertise** [kɔ̃tʀɛkspɛʀtiz] <contre-expertises> f Gegengutachten nt
contrefaçon [kɔ̃tʀəfasɔ̃] f ❶ *(action)* Fälschen nt; ~ **de pièces de monnaie** Falschmünzerei f
❷ *(chose)* Fälschung f, Falsifikat nt *(Fachspr.); d'un livre* unerlaubter Nachdruck
contrefacteur [kɔ̃tʀəfaktœʀ] m JUR Fälscher(in) m(f)
◆ ~ **de brevet** Patentverletzer(in) m(f)
contrefaire [kɔ̃tʀəfɛʀ] <*irr*> vt ❶ *(imiter frauduleusement)* fälschen; unerlaubt nachdrucken *édition;* nachmachen *écriture;* ~ **un brevet** ein Patent verletzen
❷ *(déguiser)* verstellen *voix, écriture*
contrefait(e) [kɔ̃tʀəfɛ, ɛt] *adj* ❶ *(imité)* gefälscht
❷ *(difforme)* verwachsen
contre-feu [kɔ̃tʀəfø] <contre-feux> m Gegenfeuer nt
contreficher [kɔ̃tʀəfiʃe] <1> *vpr* **se** ~ **de qc** auf etw *(Akk)* pfeifen *(fam)*
contre-fil [kɔ̃tʀəfil] <contre-fils> m ▸ **à** ~ gegen den Strich
contre-filet [kɔ̃tʀəfilɛ] <contre-filets> m Lende f **contre-financement** [kɔ̃tʀəfinɑ̃smɑ̃] <contre-financements> m Gegenfinanzierung f **contre-force** [kɔ̃tʀəfɔʀs] <contre-forces> f Gegenkraft f; **représenter une** ~ **à qc** eine Gegenkraft zu etw darstellen
contrefort [kɔ̃tʀəfɔʀ] m ❶ ARCHIT Strebepfeiler m
❷ *(pièce arrière) d'une chaussure* Hinterkappe f
❸ GEOG [Gebirgs]ausläufer *Pl,* Vorgebirge nt; **les** ~**s des Alpes** die Voralpen
contrefoutre [kɔ̃tʀəfutʀ] <*irr, déf*> *vpr pop* **se** ~ **de qc** sich einen Dreck um etw kümmern *(fam)*
contre-indication [kɔ̃tʀɛ̃dikasjɔ̃] <contre-indications> f Gegenanzeige f **contre-indiqué(e)** [kɔ̃tʀɛ̃dike] *adj* ❶ MED **être** ~ **(e)** kontraindiziert [*o* nicht geeignet] sein ❷ *(déconseillé)* nicht ratsam; **il est** ~ **de faire qc** es ist nicht ratsam, etw zu tun **contre-interrogatoire** [kɔ̃tʀɛ̃tɛʀɔgatwaʀ] m Kreuzverhör nt; **procéder au** ~ **de qn** jdn ins Kreuzverhör nehmen **contre-jour** [kɔ̃tʀəʒuʀ] m ❶ *(éclairage)* Gegenlicht nt; **à** ~ im Gegenlicht, gegen das Licht ❷ *(photographie)* Gegenlichtaufnahme f
contremaître, contremaîtresse [kɔ̃tʀəmɛtʀ, kɔ̃tʀəmɛtʀɛs] m, f Vorarbeiter(in) m(f), Werkmeister(in) m(f); CONSTR Polier m; ~(-**maîtresse**) **dans l'industrie** Industriemeister(in)
contre-manifestation [kɔ̃tʀəmanifɛstasjɔ̃] <contre-manifestations> f Gegendemonstration f
contremarque [kɔ̃tʀəmaʀk] f THEAT Karte f für den Wiedereintritt
contre-mesure [kɔ̃tʀəm(ə)zyʀ] <contre-mesures> f Gegenmaßnahme f **contre-offensive** [kɔ̃tʀɔfɑ̃siv] f Gegenaktion f; MIL Gegenangriff m, Gegenoffensive f
contrepartie [kɔ̃tʀəpaʀti] f ❶ *(compensation)* Gegenleistung f; ~ **accordée** erbrachte Gegenleistung; ~ **financière** *(dédommagement)* Entschädigung f; ~ **compensatrice** JUR Ausgleichsleistung f ❷ BOURSE *(opération)* Gegengeschäft nt; *(fait de se porter contrepartie)* Selbsteintritt m *(Fachspr.)*
❸ *(registre comptable)* Gegenbuchungen *Pl*
▸ **en** ~ *(à titre de compensation)* als Gegenleistung; *(en dédommagement)* als Entschädigung; *(par contre)* andererseits
contrepartiste [kɔ̃tʀəpaʀtist] m BOURSE selbst eintretender Kommissionär m; **droit d'agir en qualité de** ~ Selbsteintrittsrecht nt *(Fachspr.)*
contre[-]pente [kɔ̃tʀəpɑ̃t] <contre[-]pentes> f gegenüberliegender Hang **contre-performance** [kɔ̃tʀəpɛʀfɔʀmɑ̃s] <contre-performances> f schlechte Leistung

contrepèterie [kɔ̃tʀəpɛtʀi] f [zotiger] Schüttelreim
contre-pied [kɔ̃tʀəpje] m sans pl ❶ *(contraire)* [genaues] Gegenteil; **prendre le** ~ **d'une action/opinion** das Gegenteil machen/behaupten ❷ SPORT **prendre qn à** ~ jdn durch Täuschungsmanöver verwirren **contre-plaqué** [kɔ̃tʀəplake] m sans pl Sperrholz nt **contre-plongée** [kɔ̃tʀəplɔ̃ʒe] <contre-plongées> f Aufnahme f von unten; **en** ~ von unten
contrepoids [kɔ̃tʀəpwa] m Gegengewicht nt; *d'une horloge* Gewicht nt; **faire** ~ ein Gegengewicht herstellen; **servir de** [*o* **apporter un**] ~ **à qc** etw ausgleichen, ein Gegengewicht zu etw darstellen
contre-poil [kɔ̃tʀəpwal] *adv* **à** ~ gegen den Strich
▸ **prendre qn à** ~ jdn vor den Kopf stoßen
contrepoint [kɔ̃tʀəpwɛ̃] m MUS *a. fig* Kontrapunkt m
contrepoison [kɔ̃tʀəpwazɔ̃] m Gegengift nt
contre-pouvoir [kɔ̃tʀəpuvwaʀ] <contre-pouvoirs> m Gegenmacht f **contre-prestation** [kɔ̃tʀəpʀɛstasjɔ̃] <contre-prestations> f JUR Gegenleistung f **contre-prétention** [kɔ̃tʀəpʀetɑ̃sjɔ̃] <contre-prétentions> f ECON Gegenanspruch m **contre-productif, -ive** [kɔ̃tʀəpʀɔdyktif, -iv] *adj* kontraproduktiv **contre-promesse** [kɔ̃tʀəpʀɔmɛs] <contre-promesses> f Gegenversprechen nt **contre-propagande** [kɔ̃tʀəpʀɔpagɑ̃d] f sans pl Gegenpropaganda f **contre-proposition** [kɔ̃tʀəpʀɔpozisjɔ̃] <contre-propositions> f Gegenvorschlag m; *(dans une assemblée)* Gegenantrag m **contre-publicité** [kɔ̃tʀəpyblisite] <contre-publicités> f *(riposte)* Werbekampagne f als Gegenangriff; *(mauvaise publicité)* Antiwerbung f; **faire de la** ~ **à qn** für jdn Antiwerbung machen; **se faire de la** ~ Antiwerbung betreiben
contrer [kɔ̃tʀe] <1> I. *vi* CARTES Kontra sagen [*o* geben]
II. vt ~ **qn/qc** jdm Kontra geben [*o* widersprechen]/etw durchkreuzen [*o* vereiteln]; SPORT jdn/etw kontern; **elle a contré mon annonce** CARTES sie hat mir Kontra gegeben
contre-réforme [kɔ̃tʀəʀefɔʀm] f Gegenreformation f **contre-résolution** [kɔ̃tʀəʀezɔlysjɔ̃] <contre-résolutions> f Gegenresolution f; **rédiger une** ~ eine Gegenresolution abfassen **contre-révolution** [kɔ̃tʀəʀevɔlysjɔ̃] <contre-révolutions> f Gegenrevolution f, Konterrevolution f **contre-révolutionnaire** [kɔ̃tʀəʀevɔlysjɔnɛʀ] <contre-révolutionnaires> mf Konterrevolutionär(in) m(f)
contreseing [kɔ̃tʀəsɛ̃] m Gegenunterschrift f, Gegenzeichnung f
contresens [kɔ̃tʀəsɑ̃s] m *(interprétation erronée)* Fehlinterpretation f; *(dans une traduction)* Übersetzungsfehler m; **à** ~ nicht richtig; *(dans une mauvaise direction)* in verkehrter Richtung
contresigner [kɔ̃tʀəsiɲe] <1> vt gegenzeichnen
contre-stratégie [kɔ̃tʀəstʀateʒi] <contre-stratégies> f Gegenstrategie f; **mettre en place une** ~ **efficace** eine wirksame Gegenstrategie entwickeln
contretemps [kɔ̃tʀətɑ̃] m *(empêchement)* widriger Umstand; **à moins d'un** ~ wenn nichts dazwischenkommt; **j'ai eu un** ~ mir ist etwas dazwischengekommen; **à** ~ ungelegen; MUS nicht im Takt
contre-terrorisme [kɔ̃tʀətɛʀɔʀism] f Terrorismusbekämpfung f
contre-valeur [kɔ̃tʀəvalœʀ] f Gegenwert m; ~ **d'une devise** Devisengegenwert
contrevenant(e) [kɔ̃tʀəv(ə)nɑ̃, ɑ̃t] m(f) Zuwiderhandelnde(r) f(m)
contrevenir [kɔ̃tʀəv(ə)niʀ] <9> *vi* **à qc** gegen etw verstoßen
contrevent [kɔ̃tʀəvɑ̃] m *(volet)* [Fenster]laden m
contre-vérité [kɔ̃tʀəveʀite] f Unwahrheit f **contre-visite** [kɔ̃tʀəvizit] <contre-visites> f *(examen médical)* Kontrolluntersuchung f **contre-voie** [kɔ̃tʀəvwa] *adv* **monter/descendre à** ~ auf die Gleisseite ein-/aussteigen
contribuable [kɔ̃tʀibɥabl] mf Steuerzahler(in) m(f); FISC Steuerpflichtige(r) f(m), Steuerträger(in) m(f) *(Fachspr.)*
contribuer [kɔ̃tʀibɥe] <1> *vi* **à qc** zu etw beitragen; ~ **à faire de qc un succès** dazu beitragen, dass etw ein Erfolg wird
contributif, -ive [kɔ̃tʀibytif, -iv] *adj* Steuer-, steuerlich
contribution [kɔ̃tʀibysjɔ̃] f ❶ *(participation)* ~ **à qc** Beitrag m zu etw; **mettre qn à** ~ *(recourir aux services de qn)* jdn heranziehen; **mettre qn à** ~ **pour qc** jds Dienste bei etw in Anspruch nehmen
❷ *pl (impôts)* Steuern *Pl;* ~**s régionales** Regionalabgaben *Pl*
❸ *pl (service)* Steuerbehörde f, Finanzbehörde f
❹ *(cotisation, part)* ~ **à la retraite** Pensionszuschuss m
▸ **ça ne durera pas autant que les** ~**s** *fam (pas éternellement)* es ist nicht für immer und ewig
◆ ~**s de possessions foncières** JUR Grundsbesitzabgaben *Pl*
contrit(e) [kɔ̃tʀi] *adj (penaud)* reuevoll
contrôlable [kɔ̃tʀolabl] *adj* ❶ *(vérifiable)* überprüfbar
❷ *(maîtrisable)* kontrollierbar
contrôle [kɔ̃tʀol] m ❶ *(vérification) des billets, passeports* Kontrolle f; *des comptes, de la caisse* Prüfung f; *(douane)* Zoll m, Zollkontrolle f; ~ **douanier** Grenzabfertigung f; ~ **dans le train** Zugkon-

trolle; **~ des marchandises** Warenprüfung; **~ par échantillonnage** Prüfung durch Stichproben; **~ par ultrasons** Ultraschallprüfung; **~ de routine** Routineüberprüfung; **~ automatique** INFORM automatische Prüfung; **~ des médicaments** Arzneimittelprüfung; **~ clinique des médicaments** klinische Arzneimittelprüfung
② *sans pl (surveillance)* Aufsicht *f*, Überwachung *f*; **sous le ~ de qn/qc** unter jds Aufsicht *(Dat)*/unter der Aufsicht einer S. *(Gen)*; **exercer un ~ sur qc** etw überwachen; **~ administratif** JUR Verwaltungsaufsicht; **~ budgétaire/financier** Budget-/Finanzkontrolle *f*; **~ de l'économie/la concurrence** JUR Wirtschafts-/Wettbewerbsaufsicht; **~ de l'espace aérien** Luftraumüberwachung; **~ de la navigation aérienne** Flugleitung *f*; **~ du trafic aérien** Flugüberwachung *f*, Luftaufsicht
③ SCOL Arbeit *f*, Test *m*; **~ d'anglais/de français** Englisch-/Französischtest; **~ de maths** *fam* Mathetest *(fam)*; **~ continu** UNIV kontinuierliche Leistungskontrolle
④ *(bureau)* Kontrollbüro *nt*; THEAT [Theater]kasse *f*
⑤ *(domination) du marché* Beherrschung *f*; **~ économique** Wirtschaftskontrolle *f*; **sous ~ étranger** in ausländischer Hand; **sous le ~ de qn** unter jds Einfluss *(Dat)*; **avoir qc sous son ~** etw unter Kontrolle haben; **garder/perdre le ~ de qc** die Kontrolle über etw *(Akk)* behalten/verlieren; **garder le ~ de soi** sich unter Kontrolle haben; **perdre le ~ de soi** die Kontrolle über sich *(Akk)* verlieren
⑥ ECON *(influence)* Steuerung *f*; **~ de la demande globale** Globalsteuerung der Nachfrage
⑦ JUR Prüfung *f*, Beschau *f (Fachspr.)*; **~ de l'authenticité** Echtheitsprüfung; **~ du contenu** *d'un contrat* Inhaltskontrolle *f*; **~ du contenu des notices d'utilisation** Prospektprüfung; **~ externe du fisc** FISC Außenprüfung
⑧ *(maîtrise)* Kontrolle *f*; **~ de soi** Selbstkontrolle *f*
♦ **~ d'abus** [*o* **des abus**] JUR Missbrauchskontrolle *f*, Missbrauchsaufsicht *f*; **~ du bilan** Bilanzprüfung *f*; **~ des changes** Devisenkontrolle *f*; **~ des connaissances** Test *m*; **~ de la constitutionnalité des lois** JUR Normenprüfung *f*; **~ de la constitutionnalité des textes** JUR Normenkontrolle *f*; **~ du crédit** Kreditüberwachung *f*; **~ des entrées** ECON *de marchandises* Eingangskontrolle *f*; **~ de l'État** Staatsaufsicht *f*; **~ de la fusion** Fusionskontrolle *f*, Zusammenschlusskontrolle; **~ de gestion** Controlling *nt*; **~ d'identité** Ausweiskontrolle *f*, Überprüfung *f* der Personalien; **~ des investissements** Investitionslenkung *f*; **~ de légalité** JUR Legalitätskontrolle *f*; **~ des loyers** Mietpreislenkung *f*; **~ des monopoles** Monopolkontrolle *f*; **~ des naissances** Geburtenkontrolle *f*; **~ de police** Polizeikontrolle *f*; **~ des prix** Preiskontrolle *f*, Preisüberwachung *f*; **~ de qualité** Qualitätskontrolle *f*, Qualitätsprüfung *f*, Güteprüfung *f*; **faire un ~ de qualité** eine Qualitätsprüfung vornehmen; **~ des regroupements de société** Kartellaufsicht *f*; **~ des regroupements, fusions et absorptions** Fusionskontrolle *f*; **~ des stocks** Überprüfung *f* der Bestände, Lagersteuerung *f*, Bestandsüberwachung *f*; **~ des subventions** Subventionskontrolle *f*

contrôler [kɔ̃tʀole] <1> I. *vt* ① *(vérifier)* kontrollieren; überprüfen *liste, régularité, affirmation*; prüfen *comptes, qualité*; **~ que** [*o* **si**] **qn a raison** [über]prüfen, ob jd Recht hat
② *(surveiller)* beaufsichtigen *agissements, opération*; kontrollieren, überwachen *prix, loyers*
③ *(dominer)* unter Kontrolle haben; bestimmen *course, jeu*; **~ le ballon** im Ballbesitz sein; **~ la situation** Herr der Lage sein
④ TECH, INFORM *(régler)* steuern *installations*
II. *vpr* **se ~** sich beherrschen; **ne plus se ~** sich nicht mehr beherrschen können

contrôleur [kɔ̃tʀolœʀ] *m* ① *(dans les transports en commun)* [Fahrkarten]kontrolleur(in) *m(f)*; **~ d'autobus/de bus/de tram** Omnibus-/Bus-/Straßenbahnschaffner(in) *m(f)*; **~ des chemins de fer** [Eisen]bahnschaffner(in)
② ECON, JUR Prüfer(in) *m(f)*; **~ externe du fisc** Außenprüfer(in) *m(f)*; **~ des marchandises** Warenprüfer(in)
③ *(aiguilleur du ciel)* **~ de la navigation aérienne** Fluglotse/-lotsin *m/f*, Flugleiter(in) *m(f)*
④ TECH *(appareil)* Prüfgerät *nt*, Kontrollgerät *nt*; INFORM Controller *m*
♦ **~ de gestion** Controller(in) *m(f)*; **~ de vol** *(boîte noire)* Flugschreiber *m*

contrôleuse [kɔ̃tʀoløz] *f* ① TRANSP Kontrolleurin *f*; **~ d'autobus/de bus/de tram** Omnibus-/Bus-/Straßenbahnschaffnerin *f*
② ECON, JUR Prüferin *f*

contrordre [kɔ̃tʀɔʀdʀ] *m* Gegenbefehl *m*

controuvé(e) [kɔ̃tʀuve] *adj littér* nouvelle, fait erfunden, erlogen

controversable [kɔ̃tʀɔvɛʀsabl] *adj (discutable)* question strittig; opinion anfechtbar

controverse [kɔ̃tʀɔvɛʀs] *f* Kontroverse *f*, Streit *m*; **prêter à ~** umstritten sein

controversé(e) [kɔ̃tʀɔvɛʀse] *adj* umstritten; **œuvre très ~e** viel gescholtenes Werk; **auteur très ~** sehr umstrittener Autor

contumace [kɔ̃tymas] *adv* **par ~** in Abwesenheit

contusion [kɔ̃tyzjɔ̃] *f* Prellung *f*, Quetschung *f*, Quetschwunde *f*

contusionné(e) [kɔ̃tyzjɔne] *adj* mit Prellungen; **avoir le bras ~** eine Prellung am Arm haben

convaincant(e) [kɔ̃vɛ̃kɑ̃, ɑ̃t] *adj* überzeugend; *preuve* eindeutig

convaincre [kɔ̃vɛ̃kʀ] <*irr*> I. *vt* ① *(persuader)* überzeugen; **~ qn de qc/de faire qc** jdn von etw überzeugen/jdn überreden, etw zu tun; **se laisser ~ par qn/qc** sich von jdm/etw überzeugen lassen
② *(prouver la culpabilité)* **~ qn de trahison/crime** jdn des Verrats/Verbrechens überführen
II. *vpr* **se ~ de qc** sich von etw überzeugen

convaincu(e) [kɔ̃vɛ̃ky] I. *part passé de* **convaincre**
II. *adj* **~ de qc** überzeugt von etw; **~ que qn a raison** überzeugt, dass jd Recht hat

convainquant(e) [kɔ̃vɛ̃kɑ̃, ɑ̃t] *adj argument* überzeugend; *preuve* schlagend

convalescence [kɔ̃valesɑ̃s] *f* Genesung *f*, Rekonvaleszenz *f (geh)*; **entrer/être en ~** sich auf dem Weg der Besserung befinden

convalescent(e) [kɔ̃valesɑ̃, ɑ̃t] I. *m(f)* Genesende(r) *f(m)*, Rekonvaleszent(in) *m(f) (geh)*
II. *adj* auf dem Wege der Besserung

convection [kɔ̃vɛksjɔ̃] *f* PHYS, GEOG Konvektion *f*

convenable [kɔ̃vnabl] *adj* ① *(adéquat)* passend; *distance* angemessen; *vêtements* angemessen, passend
② *(correct, bienséant)* korrekt, anständig; **il n'est pas ~ de faire qc** es gehört [*o* schickt] sich nicht, etw zu tun
③ *(acceptable) salaire, logement* angemessen; *devoir* befriedigend; *réponse* richtig; *langue* korrekt; *limites* vertretbar; *vin, cigare* ordentlich

convenablement [kɔ̃vnabləmɑ̃] *adv* ① *(de manière adéquate) habillé, chaussé* passend; *être équipé* entsprechend
② *(décemment) se tenir, s'exprimer, s'habiller* korrekt, anständig
③ *(de manière acceptable)* ordentlich

convenance [kɔ̃vnɑ̃s] *f* ① *pl (bon usage)* Anstand *m*; **les ~s veulent que vous vous teniez bien à table** die Regeln des Anstands verlangen, dass Sie sich bei Tisch ordentlich benehmen; **respecter** [*o* **observer**] **les ~s** die Form wahren
② *(agrément)* **à ma ~** wie es mir/ihm/ihr beliebt; **qn trouve qc à sa ~** etw ist ganz nach jds Wunsch; **pour [des raisons de] ~[s] personnelle[s]** *(commodité)* aus persönlichen Gründen

convenir[1] [kɔ̃vniʀ] <9> I. *vi* ① *(aller)* **~ à qn** jdm passen [*o* zusagen]; *climat, nourriture*: jdm bekommen
② *(être approprié)* **~ à qc** zu etw passen; **c'est tout à fait l'homme qui convient** er ist genau der richtige Mann; **trouver les mots qui conviennent** die passenden Worte finden
II. *vi impers* **il convient de faire qc** es ist richtig [*o* angebracht], etw zu tun; **il a parlé bien plus qu'il n'aurait convenu** er hat viel länger gesprochen, als es angebracht gewesen wäre; **je ferai ce qu'il convient de faire** ich werde tun, was zu tun ist; **il convient d'être prudents** es ist Vorsicht geboten; **je le traiterai comme il convient** ich werde ihn so behandeln, wie es sich gehört; **il ne convient pas de critiquer sans discernement** man sollte nicht undifferenziert kritisieren; **il convient de faire remarquer que qn a raison** man muss feststellen, dass jd Recht hat

convenir[2] [kɔ̃vniʀ] <9> I. *vi* ① *(s'entendre sur)* **~ de qc/de faire qc** sich auf etw *(Akk)* einigen/sich darauf einigen, etw zu tun
② *(reconnaître)* **~ de qc** etw zugeben
II. *vt impers* **il est convenu que je parte avant vous** es ist abgemacht [*o* vereinbart], dass ich vor Ihnen gehe; **comme convenu** wie abgemacht [*o* vereinbart]
III. *vt* ① *(reconnaître)* **~ que qn a raison** zugeben, dass je Recht hat; **~ avoir fait qc** zugeben, etw gemacht zu haben
② **+ être** *littér (se mettre d'accord pour)* **~ que qn partira avant les autres** vereinbaren [*o* abmachen], dass jd vor den anderen geht

convention [kɔ̃vɑ̃sjɔ̃] *f* ① *(accord officiel)* Abkommen *nt*, Vereinbarung *f*; **~ annexe** Zusatzvereinbarung, Nebenabrede *f*, Nebenabsprache *f*; **~ annexe limitative de la concurrence** wettbewerbsbeschränkende Nebenabrede; **~ collective** Tarifabkommen, Tarifvereinbarung *f*, Tarifordnung *f*; *(contrat)* Tarifvertrag *m*; **négocier une ~ collective** einen Tarifvertrag aushandeln; **question concernant la ~ collective** tarifvertragliche Frage; **conflit sur la ~ collective** Tarifstreitigkeit *f*; **régler qc conformément à la ~ collective** etw tarifvertraglich regeln; **les ~s collectives** das Tarifwesen; **~ collective générale** Manteltarif *m*; **~ complémentaire** Zusatzabrede; **~ conclue de gré à gré** Individualabrede; **~ contractuelle expresse** ausdrückliche Vertragsvereinbarung; **~ douanière** Zollabkommen; **~ fiscale/sociale** Steuer-/Dienstvereinbarung; **~ interentreprises** zwischenbetriebliche Abmachung; **~ relative à la double imposition** Doppelbesteuerungsabkommen; **~ relative au droit des obligations** JUR Schuldrechtsübereinkommen *nt*; **~ entre groupements** Verbandsübereinkunft *f*; **~ d'assurance relative à une résiliation** [*o* **un désistement**] Rücktrittsversicherungsgeschäft *nt*; **~ de seuil critique**

Schwellenwertvereinbarung *f;* ~ **concernant les brevets communautaires** JUR Gemeinschaftspatentübereinkommen; ~ **sur prix ferme** Festpreisvereinbarung; ~ **sur les matières premières** ECON Rohstoffabkommen

❷ *(règle)* Konvention *f;* **de ~ œuvre, pièce** konventionell; **sourire de ~** Lächeln *nt* aus Höflichkeit; **visite de ~** Höflichkeitsbesuch *m;* **sentiments de ~** leere [*o* unechte] Gefühle; **par ~** üblicherweise, in der Regel

❸ *(assemblée nationale constituante)* Konvent *m;* **Convention européenne** EU-Konvent

◆ ~ **au donnant, donnant** JUR Zug-um-Zug-Geschäft *nt;* ~ **d'affermage** Pachtverhältnis *nt;* ~ **d'affermage révocable/à durée déterminée** widerrufliches/zeitlich begrenztes Pachtverhältnis; ~ **d'aide juridique** Rechtshilfeabkommen *nt;* ~ **d'arbitrage** Schiedsgerichtsvereinbarung *f;* ~ **d'association** JUR Assoziationsabkommen *nt;* ~ **de cartel** Kartellabrede *f;* ~ **de dépôt** FIN Depotabrede *f (Fachspr.);* ~ **d'établissement** JUR Niederlassungsabkommen *nt,* Niederlassungsvertrag *m;* ~ **d'exclusivité** JUR Ausschließlichkeitsvereinbarung *f,* Exklusivvereinbarung; ~ **d'exécution** Vollstreckungsabkommen *nt;* JUR Durchführungsübereinkommen *nt (Fachspr.);* ~ **de fusion** Verschmelzungsvertrag *m;* ~ **de garantie** Garantieabkommen *nt;* ~ **d'honoraires** JUR Honorarabrede *f;* ~ **de jouissance** Nutzungsvereinbarung *f;* ~ **de partage** JUR Auseinandersetzungsvereinbarung *f;* ~ **de principe** JUR Grundsatzvereinbarung *f;* ~ **de protection** Schutzabkommen *nt;* ~ **de protection territoriale** JUR Gebietsschutzabrede *f;* ~ **de sous-traitance** Zuliefergeschäft *nt;* ~ **de transaction** JUR Vergleichsabkommen *nt;* ~ **de vente** JUR Verkaufsabkommen *nt;* ~ **de vérification** JUR Verifikationsabkommen *nt*

conventionné(e) [kɔ̃vãsjɔne] *adj établissement, clinique* Vertrags-; *médecin* Kassen-

conventionnel(le) [kɔ̃vãsjɔnɛl] *adj* konventionell

conventionnellement [kɔ̃vãsjɔnɛlmã] *adv* ❶ *(par convention)* üblicherweise, in der Regel

❷ *(selon les conventions)* höflich [distanziert]

conventuel(le) [kɔ̃vãtɥɛl] *adj* klösterlich

convenu(e) [kɔ̃vny] **I.** *part passé de* **convenir**

II. *adj* ❶ *(décidé)* vereinbart; **c'était une chose ~e!** es war eine abgemachte Sache!

❷ *(conventionnel)* gekünstelt

convergence [kɔ̃vɛʀʒãs] *f* ❶ *des lignes* Zusammenlaufen *nt; des points de vue, intérêts* Übereinstimmung *f;* **grâce à la ~ de nos efforts vers un même but** da unsere Bemühungen auf dasselbe Ziel gerichtet sind

❷ *(concernant l'euro)* Konvergenz *f;* **les critères de ~** die Konvergenzkriterien

convergent(e) [kɔ̃vɛʀʒã, ʒãt] *adj lignes, routes* zusammenlaufend; *points de vue, intérêts, pensées* übereinstimmend; *détails, regards, efforts* in die gleiche Richtung weisend; *flèches* auf denselben Punkt gerichtet; **lentille ~e** Sammellinse *f*

converger [kɔ̃vɛʀʒe] <2a> *vi pensées, points de vue, intérêts:* übereinstimmen; *détails:* in die gleiche Richtung weisen; *efforts:* sich auf das gleiche Ziel richten; **~ vers** [*o* **sur**] **un point/la rivière** *lignes, routes:* an einem Punkt/beim Fluss zusammenlaufen; *détails:* auf einen Punkt/den Fluss hinweisen; **les regards convergent vers qn/qc** die Blicke richten sich auf jdn/etw

convers(e) [kɔ̃vɛʀ, ɛʀs] *adj* REL **frère ~** Laienbruder *m;* **sœur ~e** Laienschwester *f*

conversation [kɔ̃vɛʀsasjɔ̃] *f* ❶ Unterhaltung *f,* Gespräch *nt;* **une ~ entre amis** ein Gespräch unter Freunden; **lier ~** ein Gespräch anknüpfen; **laisser/ne pas laisser tarir la ~** den Gesprächsfaden abreißen lassen/nicht abreißen lassen; **être en grande ~ avec qn** ein langes Gespräch mit jdm führen; **faire la ~ à qn** mit jdm plaudern; **amener la ~ sur un autre sujet** das Gespräch auf ein anderes Thema bringen; **détourner la** [*o* **changer de**] **~** vom Thema ablenken; **apprendre qc dans une** [*o* **au cours d'une**] **~** etw gesprächsweise erfahren; **~ téléphonique** Telefongespräch

❷ *(manière de discuter)* **avoir de la ~** unterhaltsam sein; **dans la ~ courante** umgangssprachlich; **sa ~ est plate et insipide** die Unterhaltung mit ihm/ihr ist uninteressant

◆ ~ **en ligne** INFORM Chat *m*

converser [kɔ̃vɛʀse] <1> *vi soutenu* **~ avec qn** sich mit jdm unterhalten, mit jdm talken; **ils/elles conversent** sie unterhalten sich

conversion [kɔ̃vɛʀsjɔ̃] *f* ❶ REL Übertritt *m,* Konvertieren *nt; (événement soudain)* Erweckung *f;* ~ **au protestantisme** Übertritt [*o* Wechsel *m*] zum protestantischen Glauben

❷ *(adhésion)* ~ **à une idée/théorie** Übernahme *f* einer Idee/Theorie

❸ FIN Umtausch *m;* ~ **d'une monnaie** Währungsumstellung *f*

❹ *(recyclage professionnel)* Umschulung *f*

❺ PHYS, MATH Umwandlung *f;* ~ **de qc en qc** Umwandlung von etw in etw *(Akk)*

❻ SKI Spitzkehre *f;* MIL Richtungsänderung *f*

❼ INFORM Konvertierung *f;* **programme/erreur de ~** Konvertierungsprogramm *nt/*-fehler *m*

converti(e) [kɔ̃vɛʀti] **I.** *adj* bekehrt; **~(e) à qc** zu etw bekehrt

II. *m(f)* Konvertit(in) *m(f)*

▶ **prêcher un ~** offene Türen einrennen

convertibilité [kɔ̃vɛʀtibilite] *f* ❶ FIN *d'une monnaie, rente* Konvertibilität *f,* Konvertierbarkeit *f;* ~ **externe** Ausländerkonvertierbarkeit

❷ INFORM Konvertierbarkeit *f*

convertible [kɔ̃vɛʀtibl] **I.** *adj* ❶ FIN *monnaie* [frei] konvertierbar; *obligation* wandelbar, einlösbar; **~ en ...** konvertierbar in + *Akk ...*

❷ *(que l'on peut transformer)* umwandelbar; **canapé ~** Bettcouch *f*

❸ INFORM konvertierbar

II. *m* Bettcouch *f*

convertir [kɔ̃vɛʀtiʀ] <8> **I.** *vt* ❶ *(amener)* **~ qn à une religion** jdn zu einer Religion bekehren; **~ qn à une théorie/un art** jdn für eine Theorie/Kunst gewinnen

❷ *(transformer)* **~ un métal en or/une assurance en rente** Metall in Gold/eine Versicherung in eine Rente umwandeln; **~ des euros en dollars/une tonne en kilogrammes** Euro in Dollar/ eine Tonne in Kilogramm umrechnen

❸ INFORM umwandeln, konvertieren; **~ un fichier graphique en fichier texte** eine Grafikdatei in eine Textdatei umwandeln [*o* konvertieren]

II. *vpr (adopter)* **se ~** konvertieren; **se ~ au catholicisme** zum katholischen Glauben übertreten; **se ~ à l'expressionnisme** sich dem Expressionismus zuwenden; **se ~ à une idée/théorie** eine Idee/Theorie übernehmen

convertisseur [kɔ̃vɛʀtisœʀ] *m* Konverter *m;* ~ **analogique-numérique** Analog-digital-Konverter, Analog-digital-Wandler *m;* ~ **numérique-analogique** Digital-analog-Konverter, Digital-analog-Wandler *m*

◆ ~ **Bessemer** Bessemerbirne *f;* ~ **de couple** MECA NAUT Drehmomentwandler *m;* ~ **d'images** Bildumformer *m;* ~ **de tension** Spannungsumwandler *m*

convexe [kɔ̃vɛks] *adj* konvex; **lentille ~** Konvexlinse *f*

convexité [kɔ̃vɛksite] *f* Konvexität *f,* Wölbung *f*

conviction [kɔ̃viksjɔ̃] *f* ❶ *(certitude)* Überzeugung *f,* Einstellung *f;* ~ **de base** Grundanschauung *f,* Grundeinstellung; **mes ~s** *(idées)* meine Überzeugung; **mes ~s politiques** meine politische Einstellung; **avoir la ~ de qc/que qn a raison** von etw überzeugt sein/ davon überzeugt sein, dass jd Recht hat; **il ment, j'en ai la ~** er lügt, davon bin ich überzeugt

❷ *(assurance)* Überzeugung *f*

❸ *(persuasion)* **il manque de ~** ihm fehlt es an Überzeugungskraft; **avec/sans ~** überzeugend/nicht überzeugend

convier [kɔ̃vje] <1a> *vt soutenu* ❶ *(inviter)* **~ qn à un repas** jdn zu einem Essen laden *(geh)*

❷ *(inciter)* **~ qn à démissionner** jdm nahelegen, von seinem Amt zurückzutreten; **~ qn à donner son avis** jdn um seine Meinung bitten

convive [kɔ̃viv] *mf gén pl* Gast *m;* **les ~s** die Tischgesellschaft

convivial(e) [kɔ̃vivjal, jo] <-aux> *adj* ❶ *personne* gesellig

❷ *(axé sur l'utilisateur) application, système d'exploitation* anwenderfreundlich, benutzerfreundlich

convivialité [kɔ̃vivjalite] *f sans pl* ❶ *(agrément)* [harmonisches] Zusammenleben; *d'une réunion* Gesellheit *f*

❷ INFORM Benutzerfreundlichkeit *f*

convocation [kɔ̃vɔkasjɔ̃] *f* ❶ *(action)* Einberufung *f; d'un groupe, d'une personne* Einladung *f;*

❷ JUR *(action)* Vorladung *f;* ~ **de témoin** Zeugenladung *f;* **se rendre à une ~** einer Vorladung *(Dat)* Folge leisten

❸ JUR *(formulaire)* Vorladung *f*

❹ SCOL [schriftliche] Aufforderung [zu erscheinen]

❺ MIL Einberufung *f,* Einberufungsbefehl *m*

convoi [kɔ̃vwa] *m* ❶ *(véhicules)* Konvoi *m,* Transportkolonne *f; de navires* Verband *m,* Konvoi; ~ **exceptionnel** Sondertransport *m,* [überbreiter] Schwertransport; ~ **humanitaire** Hilfsgütertransport; ~ **de matériel** Konvoi mit Material; ~ **militaire** Militärkolonne *f;* ~ **de voitures de pompiers** [Feuer]löschzug *m*

❷ *(personnes) de troupes, réfugiés* Transport *m; de nomades* Karawane *f*

❸ CHEM DFER Zug *m;* ~ **de marchandises** Güterzug

❹ *(cortège funèbre)* Leichenzug *m*

convoiter [kɔ̃vwate] <1> *vt* ❶ *(vouloir s'approprier)* begehren; anstreben *poste, place;* **le poste est convoité** der Posten ist begehrt

❷ *littér (désirer)* begehren

convoitise [kɔ̃vwatiz] *f* ❶ *(envie)* Begierde *f;* **avec ~** begehrlich, begierig; **regarder qc avec ~** begehrliche [*o* begierige] Blicke auf etw *(Akk)* werfen

❷ *sans pl (désir amoureux)* Begehren *nt;* **regarder qn avec ~** jdn

convoler [kɔ̃vɔle] <1> *vi hum (se marier)* ~ **en justes noces** in den Hafen der Ehe einlaufen
convoquer [kɔ̃vɔke] <1> *vt* ❶ bestellen, kommen lassen; einberufen *assemblée*; **être convoqué(e) chez le patron** zum Chef bestellt werden; **être convoqué(e) à dix heures pour l'|examen| oral** um zehn Uhr zur mündlichen Prüfung antreten müssen
❷ MIL einberufen
❸ JUR vorladen
convoyage [kɔ̃vwajaʒ] *m* Eskortieren *nt*
convoyer [kɔ̃vwaje] <6> *vt* ~ **des tableaux/de l'or** den Transport von Bildern/Gold bewachen [*o* sichern]; ~ **qc** MIL etw eskortieren, einer S. *(Dat)* Geleit[schutz] geben
convoyeur [kɔ̃vwajœʀ] *m* ❶ Begleiter *m (bei Sicherheitstransporten)*; MIL Eskorte *f*; **les ~s** die Begleitmannschaft
❷ TECH Förderer *m*
❸ NAUT Geleitschiff *nt*
◆ ~ **de fonds** Begleiter *m* von Geldtransporten
convoyeuse [kɔ̃vwajøz] *f* Begleiterin *f (bei Sicherheitstransporten)*
◆ ~ **de fonds** Begleiterin *f* von Geldtransporten
convulsé(e) [kɔ̃vylse] *adj visage* verzerrt
convulser [kɔ̃vylse] <1> **I.** *vt* verzerren *visage, traits*; **traits convulsés par la peur** angstverzerrte Züge
II. *vpr* **se** ~ *visage:* sich [krampfhaft] verzerren; *personne, corps:* Krämpfe bekommen, von Krämpfen geschüttelt werden; **se** ~ **de douleur** sich vor Schmerzen winden
convulsif, -ive [kɔ̃vylsif, -iv] *adj* ❶ krampfhaft; *toux* krampfartig, konvulsiv[isch] *(Fachspr.)*; *maladie* mit Krämpfen verbunden; *rire ~/sanglots ~s* Lach-/Weinkrampf *m*; **des mouvements secouent qn/qc** jd/etw zuckt krampfartig [*o* konvulsivisch *Fachspr.*]
convulsion [kɔ̃vylsjɔ̃] *f gén pl* ❶ *(crise, bouleversement)* **~s politiques/sociales** politische/soziale Wirren *Pl*
❷ MED [Schüttel]krampf *m*, Zuckung *f*, Konvulsion *f (Fachspr.)*; **être pris(e) de ~s** von Krämpfen geschüttelt werden
convulsionner [kɔ̃vylsjɔne] <1> *vt* **être convulsionné(e)** *visage:* krampfhaft verzerrt sein
cooccupant(e) [kɔɔkypɑ̃, ɑ̃t] *m(f)* locataire ~(e) Mitbewohner(in) *m(f)*
cool [kul] *adj inv fam* cool *(fam)*
coolie [kuli] *m* Kuli *m*
coolitude [kulityd] *f péj* Coolheit *f (fam)*
coopérant(e) [kɔɔpeʀɑ̃, ɑ̃t] **I.** *m(f)* Entwicklungshelfer(in) *m(f)*; MIL Wehrdienstpflichtiger, der seinen Ersatzdienst als Entwicklungshelfer leistet
II. *adj (coopératif)* kooperativ
coopérateur, -trice [kɔ(ɔ)peʀatœʀ, -tʀis] **I.** *adj* genossenschaftlich; *mouvement* Genossenschafts-
II. *m, f (membre d'une coopérative)* Genossenschaftsmitglied *nt*, Genossenschaft[l]er(in) *m(f)*
coopératif, -ive [kɔ(ɔ)peʀatif, -iv] *adj* ❶ *(qui coopère)* kooperativ *(geh)*
❷ ECON genossenschaftlich, Genossenschafts-; **le monde ~ das genossenschaftswesen**
coopération [kɔɔpeʀasjɔ̃] *f* ❶ *(fait de coopérer)* ~ **à un projet** Mitarbeit *f* bei [*o* an] einem Projekt; **apporter sa ~ à un projet** bei einem Projekt mitarbeiten [*o* mitwirken]
❷ POL Kooperation *f*, Zusammenarbeit *f*; **la Coopération** die [staatliche] Entwicklungshilfe; **le ministère de la Coopération** das Ministerium für Entwicklungshilfe
◆ ~ **de commercialisation** Vertriebskooperation *f*
coopératisme [k(ɔ)ɔpeʀatism] *m (système économique)* genossenschaftliches System *nt*
coopérative [kɔ(ɔ)peʀativ] *f* ❶ *(groupement)* Genossenschaft *f*; ~ **agricole** landwirtschaftliche Genossenschaft; ~ **commerciale** Handelsgenossenschaft; ~ **à but commercial** Erwerbsgenossenschaft; ~ **d'achat** Einkaufsgenossenschaft; ~ **de consommation** Konsumgenossenschaft; ~ **de/des consommateurs** Verbrauchergenossenschaft; ~ **de crédit** Kreditgenossenschaft; ~ **de crédit pour l'industrie, le commerce et l'artisanat** gewerbliche Kreditgenossenschaft
❷ *pl (domaine, secteur)* **les ~s** das Genossenschaftswesen
❸ *(local, magasin)* Genossenschaftszentrale *f*
❹ *(dans l'ex-RDA)* Genossenschaft *f*; ~ **de production** Produktionsgenossenschaft; ~ **agricole de production** landwirtschaftliche Produktionsgenossenschaft
coopérer [kɔɔpeʀe] <5> *vi* ❶ *(collaborer)* zusammenarbeiten, kooperieren; **se dire prêt(e) à ~** zur Zusammenarbeit bereit sein
❷ *(apporter son concours)* ~ **à qc** bei etw mitarbeiten
cooptation [kɔɔptasjɔ̃] *f* Kooptation *f*
coopter [kɔɔpte] <1> *vt* [selbst] hinzuwählen; ECON kooptieren *(Fachspr.)*

coordinateur, -trice *v.* coordonnateur
coordination [kɔɔʀdinasjɔ̃] *f* ❶ *sans pl (action)* Koordinierung *f*, Koordination *f*
❷ *(équipe)* Koordinationsgremium *nt*
❸ *sans pl* GRAM Nebenordnung *f*, Beiordnung *f*
❹ INFORM *des processeurs* Koordinierung *f*
◆ ~ **du plan** Planabstimmung *f*; ~ **du plan de l'entreprise** betriebliche Planabstimmung
coordonnateur, -trice [kɔɔʀdɔnatœʀ, -tʀis] **I.** *adj* koordinierend; *bureau* Koordinations-
II. *m, f* Koordinator(in) *m(f)*; **être ~(-trice) de qc** etw koordinieren
coordonné(e) [kɔɔʀdɔne] *adj* ❶ *(opp: désordonné)* koordiniert, aufeinander abgestimmt
❷ GRAM nebengeordnet, beigeordnet
❸ *(assorti)* aufeinander abgestimmt, [zusammen]passend
coordonnée [kɔɔʀdɔne] *f* ❶ *pl fam (renseignements)* **les ~s de qn** jds Adresse und Telefonnummer; **laissez-moi vos ~s** sagen Sie mir, wie [und wo] ich Sie erreichen kann
❷ GRAM nebengeordneter [*o* beigeordneter] Satz
❸ GEOM Koordinate *f*; ~ **s géographiques |terrestres|** Gradnetz *nt*
coordonner [kɔɔʀdɔne] <1> *vt* ❶ *(harmoniser)* koordinieren, aufeinander abstimmen
❷ GRAM ~ **deux adjectifs** zwei Adjektive einander beiordnen
coordonnés [kɔɔʀdɔne] *mpl (vêtements assortis)* Ensemble *nt*
copain, copine [kɔpɛ̃, kɔpin] *m, f fam* Freund(in) *m(f)*, Kumpel *m (fam)*; *d'école, du service militaire* Kamerad(in) *m(f)*, Freund(in) *m(f)*; Kumpel *m (fam)*; ~/**copine de jeu** Spielkamerad(in) *m(f)*; ~/**copine de bureau** [befreundeter] Kollege *m/* [befreundete] Kollegin *f*; **copine de motard** Rockerbraut *f (veraltet)*; **de vieux ~s** alte Kumpel; **avec sa bande de ~s/copines** mit seiner/ihrer Clique; **être très ~/copine avec qn** mit jdm eng befreundet sein; **ils/elles sont très ~s/copines** sie sind dick befreundet *(fam)*
▶ **être ~s comme cochons** dicke Freunde sein *(fam)*; **petit ~/petite copine** [fester] Freund/[feste] Freundin
coparticipation [kopaʀtisipasjɔ̃] *f* [stille] Teilhaberschaft; ~ **aux bénéfices** Gewinnbeteiligung *f*
copeau [kɔpo] <x> *m* Span *m*; ~**x de bois** Hobelspäne *Pl*; ~**x de chocolat** Schokoladenraspel *Pl*
Copenhague [kɔpɛnag] Kopenhagen *nt*
Copernic [kɔpɛʀnik] *m* Kopernikus *m*
copiage [kɔpjaʒ] *m sans pl* ❶ SCOL Abschreiben *nt*, Spicken *nt (fam)*
❷ ART Kopieren *nt*
copie [kɔpi] *f* ❶ *(document)* Kopie *f*; JUR Zweitschrift *f*, Abschrift *f*; ~ **conforme** gleich lautende Abschrift; ~ **certifiée conforme** beglaubigte Kopie [*o* Abschrift]; ~ **certifiée conforme par un notaire** notariell beglaubigte Kopie [*o* Abschrift]; "**pour ~ conforme**" "für die Übereinstimmung mit dem Original"
❷ *(produit)* Imitation *f*, Imitat *nt*
❸ *(feuille double)* Doppelbogen *m*
❹ *(devoir)* Arbeit *f*; **rendre sa ~/|une| ~ blanche** seine Arbeit/ein leeres Blatt abgeben; **ramasser les ~s** die Arbeiten einsammeln
❺ PRESSE Manuskript *nt*
❻ CINE Kopie *f*; ~ **de film** Filmkopie; **tirer une ~** eine Kopie ziehen
❼ POL *(exposé)* **rendre sa ~** seinen Bericht vorlegen; **revoir sa ~** seine Vorlage überarbeiten
▶ **n'être que la pâle ~ de qc** nur ein schwacher Abklatsch einer S. *(Gen)* sein
◆ ~ **papier** Ausdruck *m*; ~ **de sauvegarde**, ~ **de sécurité** INFORM Sicherungskopie *f*, Sicherheitskopie, Backup *nt (Fachspr.)*; **faire une ~ de sauvegarde** ein Backup machen
copier [kɔpje] <1a> **I.** *vt* ❶ *(transcrire)* abschreiben; ~ **qc dans un livre** etw aus einem Buch abschreiben; ~ **un texte sur qn** einen Text bei jdm abschreiben; **tu me copieras cent fois: ...** du schreibst [mir] hundert Mal: ...
❷ *(photocopier)* [foto]kopieren
❸ *(imiter)* nachahmen, nachmachen
❹ *(plagier)* kopieren
II. *vi* SCOL ~ **sur qn** bei [*o* von] jdm abschreiben
copieur [kɔpjœʀ] *m* ❶ *(personne)* Abschreiber *m*; **ce n'est qu'un sale ~** er schreibt immer ab
❷ *(photocopieuse)* Kopierer *m*, Kopiergerät *nt*
copieuse [kɔpjøz] *f* Abschreiberin *f*
copieusement [kɔpjøzmɑ̃] *adv* ❶ *(abondamment)* reichlich
❷ *(beaucoup)* heftig
copieux, -euse [kɔpjø, -jøz] *adj* reichlich; *exemples, notes* ausführlich
copilote [kɔpilɔt] *mf* ❶ AVIAT Kopilot(in) *m(f)*
❷ *(dans une voiture)* Beifahrer(in) *m(f)*
copinage [kɔpinaʒ] *m péj fam* Vetternwirtschaft *f*, Cliquenwirt-

schaft *f;* **par** ~ durch Beziehungen [*o* Vitamin B *iron*]
copine *v.* **copain**
copiner [kɔpine] <1> *vi fam* – **avec qn/avec tout le monde** mit jdm [dick]/mit Hinz und Kunz befreundet sein
copinerie [kɔpinʀi] *f (ensemble de copains)* Freundeskreis *m,* Kumpel *Pl (fam)*
copiste [kɔpist] *m a.* HIST *d'un manuscrit, d'une peinture* Kopist *m*
copra(h) [kɔpʀa] *m* Kopra *f*
coprésidence [kɔpʀezidɑ̃s] *f* Kopräsidentschaft *f; d'une conférence, manifestation* Mitvorsitz *m;* **avoir la** ~ gemeinsam den Vorsitz führen
coprésident(e) [kɔpʀezidɑ̃, ɑ̃t] *m(f)* Kopräsident(in) *m(f); d'une conférence, manifestation* Mitvorsitz(er) *f(m);* **les deux** ~**s** die beiden Kopräsidenten/Vorsitzenden
coprocesseur [kɔpʀɔsesœʀ] *m* Koprozessor *m*
coproduction [kɔpʀɔdyksjɔ̃] *f* Koproduktion *f*
copropriétaire [kɔpʀɔpʀijetɛʀ] *mf (d'un bien indivis)* Miteigentümer(in) *m(f); (d'un bien divisé)* Teileigentümer(in)
copropriété [kɔpʀɔpʀijete] *f a.* JUR *(indivise)* Gemeinschaftseigentum *nt; (divise)* Teileigentum *nt;* **immeuble en** ~ Wohnanlage *f* mit Eigentumswohnungen; **règlement de** ~ Eigentumsordnung *f*
copte [kɔpt] *adj langue, église* koptisch
copulatif, -ive [kɔpylatif, -iv] *adj* LING *conjonction* kopulativ
copulation [kɔpylasjɔ̃] *f* BIO Begattung *f,* Kopulation *f*
copule [kɔpyl] *f* LING, PHILOS Kopula *f*
copuler [kɔpyle] <1> *vi animal:* kopulieren; *personne:* Geschlechtsverkehr haben *(fam)*
copyright [kɔpiʀajt] *m inv* Copyright *nt,* Urheberrecht *nt*
coq [kɔk] *m* ❶ *(mâle)* Hahn *m;* ~ **perdrix/faisan** Rebhahn/Fasanenhahn
❷ GASTR Hahn *m;* ~ **au vin** *Hähnchen in Rotweinsauce*
❸ *(girouette)* [Wetter]hahn *m,* Turmhahn *m*
❹ BOXE Bantamgewicht[ler *m*] *nt*
▶ **passer** [*o* **sauter**] **du** – **à l'âne** von einem Thema zum anderen springen; **fier comme un** ~ stolz wie ein Pfau; **rouge comme un** ~ puterrot
◆ ~ **de bruyère** Auerhahn *m;* ~ **de combat** Kampfhahn *m;* ~ **de village** *fam* Dorfcasanova *m (fam)*

Land und Leute
Der **coq gaulois** ist das Symbol für das französische Volk (lat. *gallus* entspricht *gaulois* und *coq*). Der Hahn löste einst die Lilie – das Symbol der Bourbonen – ab und wurde offizielles Emblem Frankreichs.

coq-à-l'âne [kɔkalɑn] *m inv* Gedankensprung *m*
coquard, coquart [kɔkaʀ] *m fam* Veilchen *nt (fam)*
coque [kɔk] *f* ❶ *(revêtement) d'un avion, navire* Rumpf *m; d'une voiture* [selbsttragende] Karosserie; **double** ~ Doppelrumpf
❷ BOT Schale *f*
❸ ZOOL Herzmuschel *f*
◆ ~ **de noix** Nussschale *f*
coquelet [kɔklɛ] *m* Hähnchen *nt*
coqueleux [kɔklø] *m* NORD, BELG *(éleveur de coqs de combat)* Kampfhahnzüchter *m*
coquelicot [kɔkliko] *m (espèce botanique)* [Klatsch]mohn *m; (une seule plante)* Mohnblume *f*
▶ **être rouge comme un** ~ rot wie eine Tomate sein
coqueluche [kɔklyʃ] *f* MED Keuchhusten *m*
coquet(te) [kɔkɛ, ɛt] *adj* ❶ *(soucieux de sa personne)* **être** ~(**te**) eitel sein, auf sein Äußeres bedacht sein
❷ *(charmant) maison, intérieur* hübsch, nett; *ville* reizend
❸ *fam (important) héritage, indemnité* stolz, ansehnlich; *pourboire* großzügig; **la** ~ **te somme de 500000 euros** die stolze Summe [*o* das hübsche Sümmchen *fam*] von 500000 Euro
coquetier [kɔktje] *m* Eierbecher *m*
coquettement [kɔkɛtmɑ̃] *adv* ❶ *(avec élégance) s'habiller* kess, flott
❷ *(confortablement) meubler, aménager* hübsch, gemütlich
❸ *(avec un désir de plaire) sourire, regarder* kokett
coquetterie [kɔkɛtʀi] *f* ❶ *(souci d'élégance) d'une personne* Eitelkeit *f; d'une toilette, coiffure* Schick *m;* **habillé(e) avec** ~ schick angezogen
❷ *(désir de plaire)* Koketterie *f*
❸ *littér (amour-propre)* Stolz *m;* **mettre de la** ~ **à faire qc** seinen Stolz daran setzen, etw zu tun
coquillage [kɔkijaʒ] *m* ❶ *(coquille)* Muschelschale *f,* Muschel *f;* **collier de** ~**s** Muschelkette *f*
❷ *(mollusque)* Muschel *f*
coquille [kɔkij] *f* ❶ ZOOL Gehäuse *nt; de l'escargot* [Schnecken]haus *nt; des huîtres, coquillages, œufs* Schale *f;* ~ **de moule** Muschelschale
❷ BOT [Nuss]schale *f*

❸ TYP Druckfehler *m*
❹ SPORT *(protection)* Tiefschutz *m; (partie d'une épée)* Degenglocke *f* /Degenkorb *m*
❺ MED ~ [**de plâtre**] Gipsbett *nt*
❻ GASTR *(récipient)* Schälchen *nt (muschelförmiges Gefäß oder die Schale einer Jakobsmuschel)*
❼ *(mets)* Schälchen *nt*
❽ ART Muschelornament *nt*
▶ **rentrer dans sa** ~ sich in sein Schneckenhaus zurückziehen; **sortir de sa** ~ [ein wenig] aus sich herausgehen
◆ ~ **Saint-Jacques** *(mollusque)* [Jakobs]pilgermuschel *f;* GASTR Jakobsmuschel
coquillettes [kɔkijɛt] *fpl* Hörnchen *Pl*
coquin(e) [kɔkɛ̃, in] **I.** *adj* ❶ *(espiègle)* schelmisch, verschmitzt; *rire, charme* lausbubenhaft *(fam);* **sourire d'un air** ~ lausbubenhaft lächeln *(fam)*
❷ *(grivois)* anzüglich; *allusion, histoire* anzüglich, zweideutig, frivol
II. *m(f) (enfant)* Frechdachs *m,* Schelm *m*
cor[1] [kɔʀ] *m* MUS Horn *nt;* ~ **anglais/à piston** Englisch-/Ventilhorn; ~ **de basset/de chasse/d'harmonie** Bassett-/Jagd-/Waldhorn; ~ **de postillon** HIST Posthorn
▶ **réclamer qn/qc à** ~ **et à cri** lauthals nach jdm schreien/etw lauthals fordern
cor[2] [kɔʀ] *m* MED Hühnerauge *nt*
corail[1] [kɔʀaj, kɔʀo] <**coraux**> **I.** *m* ❶ *de la coquille Saint-Jacques, du homard* Rogen *m*
❷ *(polype)* Koralle *f*
II. *app inv* korallenrot
corail[®2] [kɔʀaj] *adj inv* CHEMDFER *voiture, wagon* Großraum-; **train** ≈ Intercity *m*
corallien(ne) [kɔʀaljɛ̃, jɛn] *adj* aus Korallen; *récif* Korallenriff *m*
Coran [kɔʀɑ̃] *m* **le** – der Koran
coranique [kɔʀanik] *adj* koranisch; *loi* des Koran, koranisch; *école* Koran-
corbeau [kɔʀbo] <x> *m* ❶ ORN *(oiseau)* Rabe *m;* **grand** ~ [Kolk]rabe *m*
❷ *fam (dénonciateur)* anonymer Briefschreiber *m* /anonyme Briefschreiberin *f*
❸ ARCHIT Kragstein *m,* Konsole *f*
corbeille [kɔʀbɛj] *f* ❶ *(panier)* Korb *m;* ~ **à papier/pain/ouvrage** Papier-/Brot-/Nähkorb; ~ **à courrier** Postablage *f,* Postkörbchen *nt;* ~ **de fruits/fleurs** Korb [mit] Obst/Blumen; ~ **d'osier/de jonc** Weiden-/Binsenkorb
❷ THEAT Rangloge *f*
❸ ARCHIT Kapitell *nt*
❹ *sans pl (bourse)* Börse *f*
◆ ~ **de mariage** Hochzeitsgeschenke *Pl;* **dans la** ~ **de mariage** bei [*o* unter] den Hochzeitsgeschenken
corbillard [kɔʀbijaʀ] *m* Leichenwagen *m*
cordage [kɔʀdaʒ] *m* ❶ *(corde)* Seil *nt,* Tau *nt;* ~ **de traction** Zugleine *f*
❷ NAUT *(gréement)* Schiffstau *nt;* **les** ~**s** das Tauwerk, die Takelage
❸ TENNIS *d'une raquette* Bespannung *f,* Besaitung *f*
corde [kɔʀd] *f* ❶ *(lien, câble)* Strick *m; d'un alpiniste, équilibriste, d'une balançoire* Seil *nt; d'un bateau* Leine *f;* ~ **lisse/à nœuds** [Kletter]seil; **grimper** [*o* **monter**] **à la** ~ am Seil hochklettern; ~ **de chanvre** Hanfseil
❷ *(matériau) semelle* Hanf-; *tapis* Bast-; *échelle* Strick-
❸ MUS Saite *f;* ~ **de/du piano** Klaviersaite *f;* **quatuor à** ~**s** Streichquartett *nt;* **les** ~ *(instruments)* die Streichinstrumente; *(musiciens)* die Streicher; **instrument à quatre** ~**s** viersaitiges Instrument; **avoir quatre** ~**s** viersaitig sein
❹ SPORT *d'une raquette* Saite *f; d'un arc, d'une arbalète* Sehne *f*
❺ *sans pl (bord de piste)* innere Bahnbegrenzung *f;* **prendre un virage à la** ~ eine Kurve eng anfangen; **se placer à la** ~**, tenir la** ~ SPORT auf der Innenbahn laufen/fahren
❻ *pl (limites du ring)* Seile *Pl;* **être dans les** ~**s** in den Seilen hängen
❼ ANAT ~**s vocales** Stimmbänder *Pl*
▶ **avoir plus d'une** ~ [*o* **plusieurs** ~**s**] **à son arc** mehrere Eisen im Feuer haben; **avoir la** ~ **au cou** in einer misslichen Lage stecken; **il pleut** [*o* **tombe**] **des** ~**s** es regnet Bindfäden *(fam)*
◆ **à linge** Wäscheleine *f;* **à nœuds** Knotenseil *nt;* ~ **à piano** Klaviersaite *f;* **à sauter** Springseil *nt*
cordé(e) [kɔʀde] *adj* CAN *(côtelé) velours* ~ Cord[samt] *m*
cordeau [kɔʀdo] <x> *m* ❶ *(petite corde)* Schnur *f; d'un jardinier, maçon* Richtschnur; *d'un poseur de carrelages, peintre, tapissier* Schlagschnur
❷ *(mèche)* ~ **détonant** Zündschnur *f*
▶ **au** ~ schnurgerade; *fig* ordentlich
cordée [kɔʀde] *f* Seilschaft *f*
cordelette [kɔʀdəlɛt] *f* dünne Schnur *f*
cordelière [kɔʀdəljɛʀ] *f (corde)* Kordel *f*

cordeliers [kɔrdəlje] *mpl* HIST, REL **les ~s** die Franziskaner *Pl*
corder [kɔrde] <1> *vt* verschnüren *malle;* kordieren *manche, raquette de tennis;* **~ du chanvre** einen Strick aus Hanf flechten
corderie [kɔrd(ə)ri] *f (usine, fabrication)* Seilerei *f*
cordial [kɔrdjal, jo] <-aux> *m* Stärkungsmittel *nt*
cordial(e) [kɔrdjal, jo] <-aux> *adj* ❶ *(chaleureux)* herzlich, warmherzig; *accueil* warm, herzlich
❷ *(profond)* aus tiefstem Herzen kommend; *antipathie* heftig
cordialement [kɔrdjalmɑ̃] *adv* ❶ *(chaleureusement)* herzlich; *parler* in herzlichem Ton
❷ *(profondément)* zutiefst, von Herzen
▸ **vôtre** mit herzlichen Grüßen, herzlichst
cordialité [kɔrdjalite] *f sans pl* Herzlichkeit *f*, Warmherzigkeit *f*; *d'un accueil* Wärme *f*, Herzlichkeit *f*
cordier [kɔrdje] *f* ❶ *(métier)* Seiler *m*
❷ *d'un instrument à cordes* Saitenhalter *m*
cordillère [kɔrdijɛr] *f* Gebirgskette *f*, Kettengebirge *nt*
◆ **~ des Andes** Anden *Pl*, Kordilleren *Pl*
cordon [kɔrdɔ̃] *m* ❶ *(petite corde)* Schnur *f; d'une bourse, d'un sac* Band *nt*, Schnur; *d'un tablier* Band; *d'un rideaux* Zugschnur; **~ de sonnette** Klingelzug *m;* **lier qc avec un ~** etw zusammenschnüren; **refermer qc en tirant les ~s** etw wieder zuziehen
❷ *(décoration)* [Ordens]band *nt*, Kordon *m*
❸ GEOG **~ littoral** Küstenstreifen *m*
❹ ANAT **~ ombilical** Nabelschnur *f;* **~ médullaire** Rückenmark *nt;* **~ spermatique** Samenstrang *m*
❺ *(chaîne)* **~ [d'agents] de police** Polizeikordon *m*
▸ **tenir les ~s de la bourse** die [Haushalts]kasse verwalten; **couper le ~ ombilical** die Nabelschnur durchtrennen
cordon-bleu [kɔrdɔ̃blø] <cordons-bleus> *m fam (homme)* fabelhafter Koch; *(femme)* fabelhafte Köchin, Küchenfee *f (hum fam)*
cordonnerie [kɔrdɔnri] *f (métier)* Schusterei *f; (atelier)* Schuhmacherei *f*
cordonnet [kɔrdɔnɛ] *m* dünne Schnur *f*
cordonnier, -ière [kɔrdɔnje, -jɛr] *m, f* Schuhmacher(in) *m(f)*, Schuster(in) *m(f)*
Corée [kɔre] *f* **la ~** Korea *nt;* **la ~ du Nord/du Sud** Nord-/Südkorea
coréen [kɔreɛ̃] *m* **le ~** Koreanisch *nt*, das Koreanische; *v. a.* **allemand**
coréen(ne) [kɔreɛ̃, ɛn] *adj* koreanisch
Coréen(ne) [kɔreɛ̃, ɛn] *m(f)* Koreaner(in) *m(f)*
coreligionnaire [kɔr(ə)liʒjɔnɛr] *mf* Glaubensgenosse *m/-*genossin *f*
coresponsable [kɔrɛspɔ̃sabl] *mf* Mitverantwortliche(r) *f(m)*
coriace [kɔrjas] *adj* zäh; *personne* unerbittlich, unnachgiebig
coriandre [kɔrjɑ̃dr] *f* Koriander *m*
coricide [kɔrisid] *m* Mittel *nt* gegen Hühneraugen
corindon [kɔrɛ̃dɔ̃] *m* MINER Korund *m*
corinthien(ne) [kɔrɛ̃tjɛ̃, jɛn] *adj colonne, temple* korinthisch
cormier [kɔrmje] *m* Vogelbeerbaum *m*, Eberesche *f*
cormoran [kɔrmɔrɑ̃] *m* ORN Kormoran *m*
cornac [kɔrnak] *m* Elefantenführer *m;* **servir de ~ à qn** *fig* jdn einführen
cornaline [kɔrnalin] *f* MINER Karneol *m*
corne [kɔrn] *f* ❶ ZOOL Horn *nt;* **les ~s d'un cerf** das Geweih; *d'un escargot* die Hörner; **animal à ~s** Horntier; **bêtes à ~s** Horntiere *Pl*, Hornvieh *nt;* **un coup de ~** ein Stoß mit dem Horn [*o* den Hörnern]
❷ *(matériau)* Horn *nt; de [o en]* **~** aus Horn; **peigne de [o en] ~** Kamm *m* aus Horn, Hornkamm
❸ *(instrument)* Horn *nt;* **~ de chasse** Jagdhorn
❹ *(pli) d'une page* Eselsohr *nt;* **faire une ~ à une page** die Ecke einer Seite umknicken
❺ *sans pl (callosité)* Hornhaut *f*
❻ *(pointe) de la lune, d'un croissant* Spitze *f*
▸ **avoir [*o* porter] des ~s** *fam* [von seinem Partner] betrogen werden
◆ **~ d'abondance** Füllhorn *nt*
corned-beef [kɔrnɛdbif, kɔrnbif] *m inv* GASTR Cornedbeef *nt*
cornée [kɔrne] *f* ANAT, MED Hornhaut *f*, Kornea *f (Fachspr.)*, Cornea *f (Fachspr.);* **transplantation [*o* greffe] de la ~** Hornhauttransplantation *f*
cornéen(ne) [kɔrneɛ̃, ɛn] *adj* ANAT Hornhaut-; **reflet ~** Cornealreflex *m (Fachspr.)*
corneille [kɔrnɛj] *f* ORN Krähe *f*
cornélien(ne) [kɔrneljɛ̃, jɛn] *adj* ❶ *personnage* wie bei Corneille, wie in einer Tragödie von Corneille; *situation, choix* qualvoll
❷ LITTER **les comédies ~nes** die Komödien Corneilles; **la tragédie ~ne** die corneillesche Tragödie
cornemuse [kɔrnəmyz] *f* MUS Dudelsack *m*
corner[1] [kɔrne] <1> *vt* **~ une page** die Ecke einer Seite umknicken; **être tout(e) corné(e)** lauter Eselsohren haben

corner[2] [kɔrnɛr] *m* FBALL Ecke *f*, Eckstoß *m*, Eckball *m;* **mettre la balle en ~** den Ball ins Toraus spielen; **tirer le ~** die Ecke treten
cornet [kɔrnɛ] *m* ❶ *(récipient conique)* [Papier]tüte *f; d'une glace* Waffeltüte *f*, CH *(sachet de papier)* Papiertüte *f*, Papiertragetasche *f; d'une glace* Waffeltüte
❷ *(contenu)* Tüte *f;* **un ~ de glace** eine Tüte Eis
❸ MUS *(jeu d'orgue)* Kornett *nt;* **~ à pistons** Ventilkornett *nt*, Piston *nt*
◆ **~ à dés** Würfelbecher *m;* **~s du nez** Nasenmuscheln *Pl*
cornette [kɔrnɛt] *f d'une religieuse* Flügelhaube *f*
cornettiste [kɔrnetist] *m, f* Kornettist(in) *m(f)*
corn-flakes [kɔrnflɛks] *mpl* Corn-flakes *Pl*
corniaud [kɔrnjo] I. *adj fam* doof, dämlich
II. *m* ❶ *(chien)* Promenadenmischung *f*
❷ *fam (imbécile)* Kamel *nt (fam)*
corniche [kɔrniʃ] *f* ❶ ARCHIT Gesims *nt*, Sims *nt o m*
❷ *(escarpement)* [Fels]vorsprung *m*
❸ *(route)* Straße an einer Steilküste, einem Steilhang
cornichon [kɔrniʃɔ̃] *m* ❶ *(concombre)* Gürkchen *nt;* **des ~s au vinaigre** Essiggürkchen
❷ *fam (personne)* Blödmann *m (fam)*, Heini *m (fam)*
cornier, -ière [kɔrnje, -jɛr] *m, f* Eck-; **poteau ~** Eckpfosten *m*
corniste [kɔrnist] *mf* Hornist(in) *m(f)*
cornouiller [kɔrnuje] *m (arbuste)* Kornelkirsche *f*
cornu(e) [kɔrny] *adj* gehörnt, mit Hörnern; *bête* Horn-, gehörnt, mit Hörnern; **être ~(e)** Hörner haben
cornue [kɔrny] *f (récipient)* Retorte *f*
corollaire [kɔrɔlɛr] *m* [logische] Folge, Konsequenz *f;* **le ~ de qc** die [logische] Folge aus etw *(Dat)*, die Konsequenz aus etw S. *(Gen);* **la crise a le chômage pour ~** die Krise hat die Arbeitslosigkeit zur Folge
corolle [kɔrɔl] *f* Blütenkrone *f*, Korolla *f (Fachspr.);* **en forme de ~** blütenförmig
coron [kɔrɔ̃] *m* NORD Bergarbeitersiedlung *f*
coronaire [kɔrɔnɛr] *adj* ANAT, MED Herzkranz-, Koronar-; **artère ~** Kranz-; **la grande veine ~** die große Herzvene
coronarien(ne) [kɔrɔnarjɛ̃, jɛn] *adj* ANAT **spasme ~** Krampf *m* der Herzkranzgefäße [*o* Koronargefäße *Fachspr.*]; **insuffisance ~ne** Koronarinsuffizienz *f (Fachspr.)*
corporatif, -ive [kɔrpɔratif, -iv] *adj* korporativ; **esprit ~** Korpsgeist *m*
corporation [kɔrpɔrasjɔ̃] *f* ❶ *(association)* Korporation *f*, Körperschaft *f; de notaires, médecins* Berufsverband *m; d'artisans* Innung *f;* **~ des boulangers** Bäckerinnung
❷ HIST *d'artisans* Zunft *f; de commerçants* Gilde *f;* **le système des ~s** das Zunftwesen
corporatisme [kɔrpɔratism] *m* ❶ *péj (intérêts particuliers)* Standesdenken *nt; (clanisme)* Gruppenegoismus *m*
❷ *(doctrine)* Korporativismus *m*
❸ HIST Ständewesen *nt*
corporel(le) [kɔrpɔrɛl] *adj* ❶ *(physique)* körperlich; **soins ~s** Körper-; **châtiments ~s** [körperliche] Züchtigungen *Pl (geh);* **expression ~le** Gymnastik *f;* **soins ~s** Körperpflege *f*
❷ JUR materiell; **biens ~s** Sachgüter *Pl*
corps [kɔr] *m* ❶ *(figure)* Leib *m (geh);* **trembler de tout son ~** am ganzen Körper zittern; **mouvements du ~** Körperbewegungen *Pl;* **la santé du ~** die körperliche Gesundheit; **~ animal** Tierkörper *m*
❷ *(tronc)* Rumpf *m;* **jusqu'au milieu du ~** bis zur Taille
❸ *(cadavre)* Leiche *f*
❹ *(défunt)* Leichnam *m*
❺ PHYS Körper *m*
❻ CHIM Substanz *f;* **~ simple/composé** [chemisches] Element/ [chemische] Verbindung
❼ *(groupe)* Körperschaft *f;* **~s constitués** oberste [Verwaltungs- und Justiz]behörden; **~ diplomatique** diplomatisches Korps; **~ électoral** Wählerschaft *f;* **~ enseignant** *(catégorie professionnelle)* Lehrerschaft *f; (membres d'un établissement)* [Lehrer]kollegium *nt;* **réunion du ~ enseignant** Lehrerkonferenz *f;* **~ législatif** gesetzgebende Körperschaft; **~ médical** Ärzteschaft *f;* **~ politique** Bürgerschaft *f;* **le ~ de la magistrature** die Justizbehörden; **les grands ~ de l'État** die Staatsorgane; **~ de métier** Berufsverband *m;* **~ de métier des artisans** Handwerkerinnung *f*, Innung der Handwerker; **le ~ des sapeurs-pompiers** die [Berufs]feuerwehr
❽ MIL **~ d'armée** Armeekorps *nt;* **~ des officiers** Offizierskorps; **~ de rattachement** Stammeinheit *f;* **chef de ~** Regiments-/Bataillonskommandeur *m;* **les ~ blindés** die Panzertruppen; **~ expéditionnaire** Expeditionskorps *nt;* **~ franc** Freikorps *nt*
❾ *(partie essentielle)* Hauptteil *m; d'un bâtiment* Haupttrakt *m; d'un violon* Klangkörper *m;* **~ vertébral** Wirbelkörper *m*
❿ TYP Schriftgrad *m*
⓫ *(ensemble)* Sammlung *f*
⓬ ASTRON **~ céleste** Himmelskörper *m*

⑬ ANAT, PHYSIOL ~ **jaune** Gelbkörper *m,* Corpus *nt* luteum *(Fachspr.);* ~ **gras** Fett *nt;* ~ **vitré** Glaskörper *m*
▶ ~ **et âme** mit Leib und Seele; **comédien(ne)** ~ **et âme** Vollblutschauspieler(in) *m(f);* **journaliste** ~ **et âme** Vollblutjournalist(in) *m(f);* **à mon/son** ~ **défendant** höchst widerwillig; ~ **étranger** Fremdkörper *m;* avoir du ~ *vin:* Körper haben, körperreich sein; **passer** [*o* **marcher**] **sur le** ~ **de qn** über jds Leiche *(Akk)* gehen; **prendre** ~ Gestalt annehmen
◆ ~ **à corps** Nahkampf *m;* BOXE Infight *m,* Nahkampf; **lutter au** ~ **à** ~ Mann gegen Mann kämpfen
◆ ~ **de ballet** Ballettkorps *nt;* ~ **de chaussée** Oberbau *m;* ~ **du délit** Corpus Delicti *nt (geh);* ~ **de garde** Wache *f;* ~ **de logis** Hauptgebäude *nt*
corpulence [kɔʀpylɑ̃s] *f* Korpulenz *f,* Beleibtheit *f;* **de** ~ **moyenne** von mittlerer Statur; **être de forte** ~ korpulent sein
corpulent(e) [kɔʀpylɑ̃, ɑ̃t] *adj* korpulent, beleibt
corpus [kɔʀpys] *m* LING Korpus *nt,* Corpus *nt*
corpuscule [kɔʀpyskyl] *m* PHYS *vieilli* [Masse]teilchen *nt,* Korpuskel *f*
corral [kɔʀal] *m* Korral *m,* Pferch *m* [für Rinder und Ochsen]
correct(e) [kɔʀɛkt] *adj* ❶ *(exact)* korrekt, richtig
❷ *(convenable)* korrekt; **être** ~ **(e) avec qn** jdn korrekt behandeln; **être** ~ **(e) en affaires** in geschäftlichen Dingen korrekt sein
❸ *fam (acceptable)* annehmbar, passabel
▶ **c'est** ~ CAN *(ça va)* [das] ist/geht in Ordnung
correctement [kɔʀɛktəmɑ̃] *adv* richtig; *se conduire, s'habiller* korrekt; **gagner** ~ **sa vie** recht ordentlich verdienen
correcteur [kɔʀɛktœʀ] *m* ❶ *(personne qui corrige)* Korrektor *m*
❷ *(dispositif, circuit)* Regler *m*
❸ INFORM Korrekturprogramm *nt;* ~ **orthographique/grammatical** Rechtschreib-/Grammatikprüfung *f*
❹ ~ **liquide** Korrekturflüssigkeit *f*
correcteur, -trice [kɔʀɛktœʀ, -tʀis] *adj mesure* korrigierend, Korrektur-; *ruban* Korrektur-
correctif [kɔʀɛktif] *m* ❶ *(atténuation)* ~ **à qc** Korrektiv *nt* für etw, Ausgleich *m* einer S. *(Gen);* **il faut apporter un** ~ **à qc** etw muss korrigiert [*o* [ab]gemildert] werden; **être le** ~ **de qc** der Ausgleich für etw sein
❷ *(rectificatif)* Richtigstellung *f*
correctif, -ive [kɔʀɛktif, -iv] *adj* ❶ Korrektur-, korrigierend
❷ MED *gymnastique* Kranken-
correction [kɔʀɛksjɔ̃] *f* ❶ *(action de relever les fautes)* Korrektur *f; (action de supprimer les fautes)* Verbesserung *f;* **faire la** ~ **de qc** etw korrigieren/verbessern; **signes de** ~ Korrekturzeichen *Pl;* ~ **automatique des erreurs** INFORM automatische Korrekturprogramm, Autokorrektur; ~ **orthographique** INFORM Rechtschreibprüfung *f*
❷ *(action de rectifier, de relativer)* Korrektur *f;* ~ **du cap** *(dans la navigation, l'aéronautique)* Kurskorrektur; ~ **de trajectoire** Korrektur der Flugbahn, Kurskorrektur; ~ **de la valeur du cours** Kurswertberichtigung *f;* ~ **des variations saisonnières** Saisonbereinigung *f*
❸ *(châtiment)* Schläge *Pl,* Prügel *Pl;* **recevoir une bonne** ~ eine ordentliche [*o* gehörige] Tracht Prügel bekommen; **donner** [*o* **administrer**] **une** ~ **à qn** jdm eine Tracht Prügel verpassen
❹ *souvent pl (surcharge)* Korrektur *f*
❺ *(justesse) du langage, style* Korrektheit *f,* Richtigkeit *f*
❻ *(bienséance)* Korrektheit *f;* **avec** ~ korrekt; **être d'une parfaite** ~ sich vollkommen korrekt verhalten
◆ ~ **des cours** ECON Kurskorrektur *f;* ~ **d'erreurs** INFORM Fehlerbehebung *f,* Fehlerkorrektur *f*
correctionnel(le) [kɔʀɛksjɔnɛl] *adj* Straf-; **délit** ~ Vergehen *nt;* **peine** ~**le** Strafe *f* [für ein Vergehen]; **tribunal** ~ Strafkammer *f*
correctionnelle [kɔʀɛksjɔnɛl] *f (tribunal)* Strafkammer *f;* **passer en** ~ sich vor der Strafkammer verantworten müssen
correctrice [kɔʀɛktʀis] *f* Korrektorin *f*
Corrège [kɔʀɛʒ] **m le** ~ Correggio *m*
corrélatif [kɔʀelatif] *m* GRAM Korrelat *nt*
corrélatif, -ive [kɔʀelatif, -iv] *adj* ❶ *(correspondant)* entsprechend, damit verbunden; **deux choses sont corrélatives** zwei Dinge bedingen einander
❷ LING korrelativ
corrélation [kɔʀelasjɔ̃] *f* ❶ [direkter] Zusammenhang [*o* Bezug] *f;* **être en** ~ **avec qc** in [direktem] Zusammenhang mit etw stehen, mit etw korrelieren *(geh);* **mettre deux choses en** ~ zwei Dinge zueinander in Beziehung setzen
❷ MED Korrelation *f (Fachspr.)*
correspondance [kɔʀɛspɔ̃dɑ̃s] *f* ❶ *(échange de lettres)* Briefwechsel *m,* Korrespondenz *f (geh);* **être en** ~ **avec qn** mit jdm in Briefwechsel stehen
❷ *sans pl (courrier)* Post *f,* Korrespondenz *f,* Briefverkehr *m,* Schriftverkehr *m;* **faire la** ~ die Post [*o* die Korrespondenz] erledigen; ~ **commerciale** Geschäftspost, Geschäftskorrespondenz; ~ **privée**

Privatkorrespondenz; **vente par** ~ Versandhandel *m*
❸ *(lettres conservées ou collectionnées)* Briefwechsel *m,* Briefschaften *Pl (veraltet)*
❹ TRANSP Anschluss *m;* ~ **ferroviaire** Zuganschluss, Eisenbahnanschluss; **rater la** ~ den Anschluss verpassen; **nous avons une** ~ **à Stuttgart** wir steigen in Stuttgart um
❺ MEDIA [Korrespondenten]bericht *m*
❻ *(conformité)* Übereinstimmung *f;* ~ **entre les sons et les couleurs** Übereinstimmung zwischen den Klängen und Farben; **elles sont en parfaite** ~ **d'idées** sie haben genau die gleichen Ansichten
❼ *(symétrie)* Symmetrie *f*
❽ MATH ~ **univoque** eindeutige Abbildung, injektive Abbildung *(Fachspr.)*
correspondancier, -ière [kɔʀɛspɔ̃dɑ̃sje, -jɛʀ] *m, f* Korrespondent(in) *m(f);* **correspondancière trilingue** Fremdsprachenkorrespondentin für drei Sprachen
correspondant(e) [kɔʀɛspɔ̃dɑ̃, ɑ̃t] I. *adj* entsprechend; **angles** ~ **s** Stufenwinkel *Pl*
II. *m(f)* ❶ *(contact)* Briefpartner(in) *m(f); d'un enfant, jeune* Brieffreund(in) *m(f)*
❷ *(au téléphone)* Gesprächspartner(in) *m(f)*
❸ COM [Geschäfts]partner(in) *m(f)*
❹ MEDIA Korrespondent(in) *m(f);* ~ **(e) de presse** Pressekorrespondent(in); ~ **(e) de guerre** Kriegsberichterstatter(in) *m(f)*
❺ SCOL Betreuer(in) *m(f)* [eines Internatsschülers]
correspondre [kɔʀɛspɔ̃dʀ] <14> I. *vi* ❶ *(être en contact)* ~ **avec qn** mit jdm im Briefwechsel stehen; ~ **par fax/courrier électronique** per Fax/E-Mail korrespondieren
❷ TRANSP ~ **avec qc** Anschluss an etw *(Akk)* haben
❸ *(aller avec)* ~ **à qc** zu etw gehören; **ci-joint un chèque correspondant à la facture** anbei ein Scheck über den Rechnungsbetrag
❹ *(s'accorder avec)* ~ **à qc** einer S. *(Dat)* entsprechen; **sa version des faits ne correspond pas à la réalité** seine Darstellung entspricht nicht der Wahrheit; **cette théorie ne correspond à rien** diese Theorie ist völlig haltlos; **sa voix ne correspondait pas au reste de sa personne** seine Stimme passte nicht zu seiner sonstigen Erscheinung
❺ *(être typique)* ~ **à qn** jdm ähnlich sehen, zu jdm passen
❻ *(être l'équivalent de)* ~ **à qc** einer S. *(Dat)* entsprechen; **ce mot correspond exactement au terme anglais** dieses Wort entspricht genau dem englischen Begriff
II. *vpr* **se** ~ sich entsprechen
corrida [kɔʀida] *f* Stierkampf *m*
corridor [kɔʀidɔʀ] *m* Korridor *m,* Gang *m*
corrigé [kɔʀiʒe] *m* SCOL Lösung *f;* **type** ~ Musterlösung *f*
corrigeable [kɔʀiʒabl] *adj* korrigierbar
corriger [kɔʀiʒe] <2a> I. *vt* ❶ *(relever les fautes)* korrigieren *copie; texte qui doit être corrigé* korrekturbedürftiger Text
❷ *(supprimer les fautes)* verbessern, INFORM beheben *erreurs*
❸ *(rectifier)* korrigieren; berichtigen, revidieren *théorie, jugement, prévisions;* abstellen *abus, mauvaise habitude;* ~ **les prix à la hausse/à la baisse** die Preise nach oben/nach unten korrigieren [*o* berichtigen], eine Preiskorrektur nach oben/unten vornehmen; **statistiques corrigées** bereinigte Statistiken; **corrigé(e) de l'influence des prix** preisbereinigt; **corrigé(e) du taux d'inflation** inflationsbereinigt; **corrigé(e) des variations saisonnières** saisonbereinigt
❹ *(désaccoutumer)* ~ **qn de qc** jdm etw abgewöhnen, jdn von etw kurieren
❺ *(punir)* schlagen; **se faire** ~ **par qn** von jdm Schläge beziehen
II. *vpr* **se** ~ ❶ *(devenir raisonnable)* sich bessern
❷ *(se désaccoutumer)* **se** ~ **de qc** sich *(Dat)* etw abgewöhnen
corroborer [kɔʀɔbɔʀe] <1> *vt* erhärten, untermauern
corrodant [kɔʀɔdɑ̃] *m* ätzende Substanz, Ätzmittel *nt*
corrodant(e) [kɔʀɔdɑ̃, ɑ̃t] *adj* korrosiv, korrodierend
corroder [kɔʀɔde] <1> *vt* ❶ *(oxyder)* angreifen, korrodieren
❷ *(miner)* zerstören
corrompre [kɔʀɔ̃pʀ] <irr> I. *vt* ❶ *(acheter)* bestechen
❷ *soutenu (pervertir)* verderben
❸ *littér (gâter)* verderben
II. *vpr littér* **se** ~ verderben *(geh); amour, goût:* nachlassen
corrompu(e) [kɔʀɔ̃py] I. *part passé de* **corrompre**
II. *adj* ❶ *(malhonnête)* korrupt, bestechlich
❷ *(perverti)* verdorben
III. *m(f)* verdorbenes Individuum
corrosif [kɔʀozif] *m* Ätzmittel *nt*
corrosif, -ive [kɔʀozif, -iv] *adj* ❶ *(qui corrode)* ätzend; *acide, liquide* ätzend, korrosiv
❷ *(acerbe)* ätzend, bissig
corrosion [kɔʀozjɔ̃] *f* Korrosion *f; (en parlant de voitures)* Durchrostung *f;* ~ **due aux intempéries** Flugrost *m*
corroyage [kɔʀwajaʒ] *m des cuirs* Zurichten *nt*

corroyer [kɔRwaje] <1> vt zurichten cuir
corrupteur, **-trice** [kɔRyptœR, -tRis] I. adj littér korrumpierend, verderblich; **être ~ (-trice)** einen verderblichen Einfluss haben II. m, f Bestecher(in) m(f)
corruptible [kɔRyptibl] adj korrupt; personne korrupt, bestechlich, käuflich
corruption [kɔRypsjɔ̃] f ① (délit) Korruption f, Bestechung f; **tentative de ~** Bestechungsversuch m; **~ électorale** Wahlbestechung f
　② sans pl (dégradation) Korruption f; des mœurs, d'un jugement Verfall m
　③ (résultat) Korruptheit f, Verdorbenheit f
corsage [kɔRsaʒ] m Bluse f; d'une robe Oberteil nt
corsaire [kɔRsɛR] m ① (marin) Korsar m, Freibeuter m
　② (navire) Kaperschiff nt
　③ (pantalon) Caprihose f
Corse [kɔRs] f **la ~** Korsika nt
corse [kɔRs] adj korsisch
Corse [kɔRs] mf Korse m/Korsin f
corsé(e) [kɔRse] adj ① (épicé) mets, sauce scharf [gewürzt], pikant; vin vollmundig; café aromatisch, voll im Geschmack
　② (scabreux) deftig, schlüpfrig
　③ (excessif) prix, facture gesalzen, saftig
　④ (compliqué) knifflig
corselet [kɔRsəlɛ] m d'un costume régional Mieder nt
corser [kɔRse] <1> I. vt würzen mets, sauce; komplizieren problème, situation; **~ un vin** einem Wein Alkohol zusetzen; **~ un récit de détails croustillants** eine Erzählung durch interessante Details spannender machen
　II. vpr **l'affaire/l'histoire se corse** die Angelegenheit/die Geschichte wird spannend
corset [kɔRsɛ] m Mieder nt, Korsett nt; **~ orthopédique** [o **médical**] Stützkorsett
corseter [kɔRsəte] <4> vt einengen
corso [kɔRso] m Korso m, Umzug m; **~ fleuri** Blumenkorso
cortège [kɔRtɛʒ] m d'une fête, manifestation Zug m; du roi Gefolge nt; REL Prozession f; **~ nuptial** [o **de mariage**] Hochzeitszug; **~ funèbre** Trauerzug, Leichenzug; **se former en ~** sich zu einem Zug formieren
cortex [kɔRtɛks] m ANAT Rinde f; **~ cérébral** Großhirn nt; **~ rénal** Nierenrinde
cortical(e) [kɔRtikal, o] <-aux> adj ① ANAT kortikal; hormone Nebennierenrinden-
　② BOT Rinden-
corticoïdes [kɔRtikoid] mpl, **corticostéroïdes** [kɔRtikosteRoid] mpl MED Kortikoide Pl, Kortikosteroide Pl
corticosurrénal(e) [kɔRtikosyRenal] <-aux> adj ANAT Nebennierenrinden-; **hormone ~e** Nebennierenrindenhormon nt
corticosurrénale [kɔRtikosyRenal] f ANAT Nebennierenrinde f
cortisone [kɔRtizɔn] f MED Kortison nt
corvéable [kɔRveabl] adj HIST zur Fron[arbeit] verpflichtet
corvée [kɔRve] f ① (obligation pénible) lästige Pflicht; **~ de cuisine/de la vaisselle** Küchen-/[Geschirr]spüldienst m; **être de ~ de cuisine** Küchendienst haben; **du ménage, les ~s domestiques** die lästige Hausarbeit; **quelle ~ !** wie lästig!
　② MIL (travail) Arbeitsdienst m
　③ HIST Fron[arbeit] f | f, Frondienst m
　④ CH (travail non payé, fait de plein gré) Fronarbeit f (CH)
　⑤ CAN (travail en commun) gemeinsame, unbezahlte Arbeit mit Nachbarn oder Freunden
corvette [kɔRvɛt] f Korvette f
corvidés [kɔRvide] mpl ORN Rabenvögel Pl
coryphée [kɔRife] m ① (dans le théâtre antique) Chorführer m
　② (danseur de ballet) erster Solotänzer m/erste Solotänzerin f
　③ d'un parti, d'un secte [An]führer m
coryza [kɔRiza] m spéc Schnupfen m
cosaque [kɔzak] m Kosak m
cosignataire [kosiɲatɛR] I. adj mitunterzeichnend; **les personnes ~s** die Mitunterzeichner, die Mitunterzeichnenden; **les deux États sont ~s de qc** beide Staaten haben etw gemeinsam unterzeichnet
　II. mf Mitunterzeichner(in) m(f), Mitunterzeichnende(r) f(m)
cosigner [kosiɲe] <1> vt mitunterzeichnen texte
cosinus [kɔsinys] m MATH Kosinus m
cosmétique [kɔsmetik] I. adj kosmetisch; **produits ~s** Kosmetika Pl; **les soins ~s** die Kosmetik, die Schönheitspflege
　II. m Kosmetikum nt, Schönheitsmittel nt; **l'industrie des ~s** die Kosmetikindustrie; **magasin de ~s** Kosmetikgeschäft nt
　III. f Kosmetik f; **~ décorative** dekorative Kosmetik
cosmétologie [kɔsmetɔlɔʒi] f Kosmetologie f
cosmétologue [kɔsmetɔlɔg] mf Kosmetologe m/Kosmetologin f, Kosmetikexperte m/-expertin f
cosmique [kɔsmik] adj kosmisch; vaisseau, fusée [Welt]raum-

cosmogonie [kɔsmɔgɔni] f Kosmogonie f
cosmographie [kɔsmɔgRafi] f Kosmographie f
cosmographique [kɔsmɔgRafik] adj kosmographisch
cosmologie [kɔsmɔlɔʒi] f Kosmologie f
cosmonaute [kɔsmɔnot] mf Kosmonaut(in) m(f)
cosmopolite [kɔsmɔpɔlit] adj kosmopolitisch; goût, existence, personne weltbürgerlich, kosmopolitisch; carrière international
cosmopolitisme [kɔsmɔpɔlitism] m d'une personne Kosmopolitismus m, Weltbürgertum nt
cosmos [kɔsmos] m Kosmos m, Weltall nt
cossard(e) [kɔsaR, aRd] I. adj fam faul
　II. m(f) fam Faulpelz m, Faulenzer(in) m(f)
cosse [kɔs] f ① BOT Hülse f; des pois Schote f
　② ELEC Kabelschuh m, Kabelöse f; **~ de batterie** MECAN AUT Batterieklemme f
cossu(e) [kɔsy] adj personne wohlhabend, begütert; villa, intérieur luxuriös, prunkvoll
costal(e) [kɔstal, o] <-aux> adj Rippen-
costard [kɔstaR] m fam Anzug m
costaricain(e) [kɔstaRikɛ̃, kɛn] adj costa-ricanisch
Costaricain(e) [kɔstaRikɛ̃, kɛn] m(f) Costa-Ricaner(in) m(f)
costaricien(ne) v. costaricain
Costaricien(ne) v. Costaricain
costaud [kɔsto] m **c'est du ~ !** fam das ist was Solides! (fam)
costaud(e) [kɔsto, od] fam I. adj ① (fort) kräftig, stark; alcool stark
　② (trapu) stämmig
　③ (résistant) robust; ficelle, tissu fest, widerstandsfähig; meuble, voiture stabil
　④ (calé) beschlagen (fam)
　II. m(f) starker Mann/robuste Frau
costume [kɔstym] m ① (vêtement d'homme) [Herren]anzug m; **~ de confection/sur mesure** Konfektions-/Maßanzug; **~ deux pièces** zweiteiliger Anzug, Zweiteiler m; **~ trois pièces** dreiteiliger Anzug, Dreiteiler, Anzug mit Weste; **~ du dimanche** Sonntagsanzug
　② (vêtement typique) d'une époque Kostüm nt; d'un pays, d'une région Tracht f; **~ national** Nationaltracht; **~ marin** Matrosenanzug m; **~ de chasse** Jagdanzug
　③ (pièces d'habillement) Kleidung f; **~ d'apparat** [o **de cérémonie**] festliche Kleidung
　④ (déguisement) Kostüm nt; **bal/répétition en ~** Kostümball m/-probe f; **~ d'Arlequin** Harlekinkostüm
　▶ **être** [o **se promener**] **en ~ d'Adam/d'Ève** fam im Adams-/Evaskostüm herumlaufen
costumé(e) [kɔstyme] adj kostümiert
costumer [kɔstyme] <1> vpr ① (déguiser) **se ~ en clown** sich als Clown verkleiden
　② THEAT, CINE **se ~** sein Kostüm anlegen
costumier, -ière [kɔstymje, -jɛR] m, f ① (loueur) Kostümverleiher(in) m(f); **avoir loué un smoking chez un ~** einen Smoking vom Kostümverleih haben
　② (fabricant) Kostümschneider(in) m(f)
　③ THEAT, CINE Gewandmeister(in) m(f)
cotation [kɔtasjɔ̃] f ① [Börsen]notierung f; ECON Kursnotierung; **~ moyenne/unitaire** Durchschnitts-/Einheitsnotierung; **~ officielle** amtliche Notierung; **~ de clôture** Schlussnotierung; **~ des devises** Valutanotierung; **~ des prix/de l'or** Preis-/Goldnotierung; **~ pour les opérations au comptant** Kassanotierung; **~ en continu** fortlaufende Notierung; **~ sur le marché mondial** Weltmarktnotierung; **avant la suspension de la ~** vor Aussetzung der Notierung
　② (estimation) Schätzung f
cote [kɔt] f ① BOURSE (valeur) [Kurs]notierung f, Kurs m, Kurswert m; **~ officielle/du jour** amtlicher Kurs/Tageskurs; **~ des changes** Wechselkursnotierung; **~ de clôture** Schlussnotierung; **il y a plusieurs ~s à la Bourse** an der Börse gibt es mehrere Märkte
　② BOURSE (tableau) Kursblatt nt, Kursbericht m
　③ (valeur estimée) [Schätz]wert m
　④ (popularité) Beliebtheit f
　⑤ SPORT d'un cheval Gewinnquote f, Odds Pl (Fachspr.)
　⑥ CINE Klassifikation f
　⑦ GEOG Höhenangabe f
　⑧ ARCHIT, IND Maßzahl f, Abmessung f
　⑨ (marque de classement) Nummer f, Kennziffer f; d'un livre de bibliothèque Signatur f; d'un acte Aktenzeichen nt
　⑩ FIN Anteil m, Quote f; **~ foncière/mobilière** Anteil an der Grund-/Wohnraumsteuer
　⑪ ECON **~ unifiée** Einheitsmaß nt
　▶ **avoir la ~ avec** [o **auprès de**] **qn** fam bei jdm hoch im Kurs stehen
　◆ **~ d'alerte** d'une rivière Hochwassermarke f; (point critique) kritische Marke; **~ d'amour** Beliebtheitsgrad m, Beliebtheit f; **~ de popularité** Sympathiewert m

côte [kot] *f* ❶ *(littoral)* Küste *f*; **le long des ~s** an der Küste; **la route qui longe la ~** die Küstenstraße; **s'installer sur la ~** an die Küste ziehen
❷ *(pente qui monte)* Hang *m*, Steigung *f*; **une ~ raide** ein steiler Hang; **démarrer en ~** am Berg anfahren; **la route est en ~** die Straße führt bergauf
❸ *(pente qui descend)* [Ab]hang *m*
❹ *(vigne)* **les ~s du Rhône** die Weinberge des Rhonetals
❺ ANAT Rippe *f*
❻ GASTR Kotelett *nt;* **~ de bœuf** T-Bone-Steak *nt;* **plat de ~s** Schälrippe *f*
❼ BOT [Blatt]rippe *f*
❽ TEXTIL Rippe *f;* **velours à ~s** Cordsamt *m;* **pull à ~s** Rippenpulli *m (fam)*
▶ **se tenir les ~s** [**de rire**] sich den Bauch [*o* die Seiten] vor Lachen halten; **~ à ~** Seite an Seite

côté [kote] I. *m* ❶ *(partie latérale)* Seite *f;* **par le ~ gauche/droit** von links/rechts; **de chaque ~ de qc** auf jeder/jede Seite einer S. *(Gen);* **des deux ~s de qc** auf beiden/beide Seiten einer S. *(Gen);* **de ce ~ de la rue** auf dieser/diese Straßenseite; **de l'autre ~ de la rue** auf der anderen/die andere Straßenseite; **sauter de l'autre ~ du ruisseau** über den Bach springen; **~ à connecter** INFORM *d'une platine* Verdrahtungsseite
❷ GEOM Seite *f*
❸ *(aspect)* Seite *f*; **le ~ théorique/pratique** die theoretische/praktische Seite; **par certains ~s** in gewissen Punkten, in mancher Hinsicht
❹ *(direction)* Seite *f*, Richtung *f;* **la chambre ~ cour/rue** das Zimmer zum Hof/zur Straße hin, das Zimmer auf der Hof-/Straßenseite; **venir de tous** [**les**] **~s** von überall her kommen; **partir/se disperser de tous** [**les**] **~s** überallhin aufbrechen/sich überallhin zerstreuen; **de quel ~ allez-vous?** in welche Richtung gehen Sie?; **de quel ~ venez-vous?** aus welcher Richtung kommen Sie?; **du ~ de la mer** vom Meer her/in Richtung Meer; **du ~ opposé** aus der entgegengesetzten/in die entgegengesetzte Richtung; **du mauvais ~** aus der falschen/in die falsche Richtung
❺ *(parti)* Seite *f;* **du ~ de qn** auf jds Seite *(Akk o Dat);* **se ranger du ~ de qn** sich auf jds Seite *(Akk)* stellen; **passer du ~ de qn** sich auf jds Seite *(Akk)* schlagen; **mettre qn de son ~** jdn auf seine Seite bringen; **être aux ~s de qn** jdm beistehen [*o* zur Seite stehen]; **aux ~s de qn** an jds Seite *(Dat);* **siéger aux ~s de qn** neben jdm [*o* an jds Seite *(Dat)*] sitzen; **de mon ~** von meiner Seite [aus], ich meinerseits
❻ *(branche familiale)* Seite *f;* **du ~ paternel** [*o* **du père**] väterlicherseits; **du ~ maternel** [*o* **de la mère**] mütterlicherseits
▶ **être/passer de l'autre ~** [**de la barricade**] auf der anderen Seite stehen/auf die andere Seite überlaufen; **d'un ~ ..., de l'autre** [**~**] [*o* **d'un autre ~**] einerseits ..., andererseits; **de l'autre ~** ..., auf der anderen Seite; **passer à ~ de qc** etw verfehlen; **passer à ~ de beaucoup de choses** viel versäumen; **le conférencier est passé à ~ de l'essentiel** der Conférencier hat am Wesentlichen vorbeigeredet; **marcher de ~** seitlich gehen; **se tourner de ~** zur Seite drehen; **regarder qn/qc de ~** jdn/etw verstohlen betrachten; **mettre de l'argent de ~** Geld auf die Seite legen; **faire un bond de ~** zur Seite [*o* auf die Seite] springen; **se jeter de ~** sich zur Seite [*o* auf die Seite] werfen; **laisser qn de ~** jdn links liegen lassen; **laisser une remarque/un détail de ~** eine Bemerkung/ein Detail beiseitelassen; **de ce ~ fam** in dieser Hinsicht [*o* Beziehung]; **du ~ de chez qn** in jds Nähe *(Dat);* **du ~ de qc** in der Nähe von etw, nah bei etw
II. *adv* ❶ *(à proximité)* **à ~** nebenan, daneben; **juste** [*o* **tout**] **à ~** gleich nebenan [*o* daneben]; **rouler à ~** [**de qn/qc**] nebenherfahren; **marcher à ~** [**de qn/qc**] nebenhergehen, nebenherlaufen
❷ *(en comparaison)* **à ~** daneben
❸ *(en dehors de la cible, du sujet)* **à ~** daneben; **tomber/tirer/frapper à ~** danebenfallen/-schießen/-schlagen
❹ *(en plus)* **à ~** daneben, nebenher; **avoir encore un travail à ~** noch eine Nebenbeschäftigung haben
❺ *(voisin)* **les gens** [**d'**] **à ~** die Leute von nebenan, die Nachbarsleute; **nos voisins** [**d'**] **à ~** unsere direkten Nachbarn; **la maison d'à ~** das Nachbarhaus; **la pièce d'à ~** das Nebenzimmer; **être/passer** [**dans la pièce d'**] **à ~** nebenan sein/nach nebenan gehen
III. *prép* ❶ *(à proximité de)* **à ~ de qn/qc** neben jdm/jdn/etw; **à ~ de Paris/Berlin** bei Paris/Berlin; **juste** [*o* **tout**] **à ~ de qn** gleich [*o* genau] [*o* direkt] neben etw *(Akk o Dat)*
❷ *(en comparaison de)* **à ~ de qn/qc** neben jdm/etw, gemessen an jdm/etw
❸ *(hors de)* **à ~ de qc** neben etw *(Akk o Dat);* **répondre à ~ de la question** mit seiner Antwort danebenliegen; *(intentionnellement)* der Frage ausweichen; **être à ~ du sujet/de la vérité** das Thema verfehlen/die Wahrheit nicht sehen
❹ *(en plus de)* **à ~ de qc** neben etw *(Dat)*

coté(e) [kote] *adj* geschätzt, beliebt

coteau [koto] <x> *m* ❶ *(versant)* Hang *m*
❷ *(vignoble)* Weinberg *m*

Côte d'Azur [kotdazyʀ] *f* **la ~** die Côte d'Azur, die Französische Riviera

Côte d'Ivoire [kotdivwaʀ] *f* **la ~** die Elfenbeinküste

côtelé(e) [kot(ə)le] *adj* gerippt, Rippen-

côtelette [kotlɛt] *f* GASTR Kotelett *nt;* **~ de veau** Kalbskotelett

coter [kote] <1> *vt* ❶ BOURSE [an der Börse] notieren; **coté(e) officiellement** amtlich notiert; **coté(e) en Bourse** börsennotiert; **entreprise cotée depuis peu** Börsenneuling *m*
❷ *(apprécier la valeur de)* **être coté(e)** einen [festen] Schätzwert haben; **la voiture est cotée à l'Argus** das Auto steht auf der Schwackeliste [*o* Zeitwerttabelle]
❸ SPORT **être coté(e) à 5 contre 1** [mit einer Gewinnquote von] 5 zu 1 gewettet werden
❹ *(numéroter)* **être coté(e)** *pièce de dossier:* ein Aktenzeichen haben; *livre de bibliothèque:* eine Signatur haben
❺ *(en parlant de la comptabilité)* rubrizieren *(Fachspr.)*

coterie [kotʀi] *f péj* Clique *f (pej)*, Sippschaft *f (pej)*

côtier, -ière [kotje, -jɛʀ] *adj* Küsten-; **eaux** küstennah; **bande côtière** Küstenstreifen *m*, Küstenstrich *m;* **ville/localité côtière** Küstenstadt *f/*-ort *m;* **État ~** Küstenstaat *m*

cotillons [kotijɔ̃] *mpl (accessoires)* Partyartikel *Pl (Konfetti, Papierschlangen, -hütchen etc)*

cotisant(e) [kotizɑ̃, ɑ̃t] *m(f)* Beitragszahler(in) *m(f); d'un club, syndicat* [zahlendes] Mitglied

cotisation [kotizasjɔ̃] *f* ❶ *(somme versée)* Beitrag *m;* (à une association) Vereinsbeitrag; **~ exigible** [*o* **échue**] noch fälliger Beitrag; **~ obligatoire** Pflichtbeitrag; **~ ouvrière/patronale** Arbeitnehmer-/Arbeitgeberanteil *m* [an der Sozialversicherung]; **~ salariale/syndicale** Arbeitnehmer-/Gewerkschaftsbeitrag; **~ à la Sécurité sociale** ≈ Sozialversicherungsbeitrag; **~s sociales** Sozialversicherungsbeiträge, Beitragszahlungen *Pl* an die Sozialversicherung; **~ vieillesse** Rentenbeitrag
❷ *(action)* **~ à qc** Beitrag *m* [*o* Beitragszahlung *f*] zu etw; **temps de ~** Versicherungszeit *f*

cotiser [kotize] <1> I. *vi* **~ à qc** [seine] Beiträge zu etw zahlen [*o* entrichten]; **temps cotisé** Versicherungszeit *f*
II. *vpr* **se ~ pour faire qc** zusammenlegen, um etw zu tun

coton [kotɔ̃] *m* ❶ Baumwolle *f;* **en** [*o* **de**] **~** Baumwoll-, aus Baumwolle, baumwollen; **chemise/chemisier en ~** Baumwollhemd *nt/*-bluse *f;* **~ brut** Rohbaumwolle
❷ *(fil)* [Baumwoll]garn *nt;* **~ à broder/à repriser** Stick-/Stopfgarn
❸ *(morceau d'ouate)* Wattebausch *m;* **du ~** Watte *f;* **~ hydrophile** Verband[s]watte
▶ **filer un mauvais ~** *(physiquement)* nicht auf der Höhe sein; *(moralement)* ein Tief haben, durchhängen *(fam);* **avoir les jambes en ~** weiche Knie haben; **avoir été élevé(e) dans du ~** immer in Watte gepackt worden sein

cotonnade [kotɔnad] *f* Baumwollstoff *m*

cotonneux, -euse [kotɔnø, -øz] *adj* **feuille, tige** flaumig; **fruit** mehlig; **bruit** abgedämpft

cotonnier [kotɔnje] *m (arbrisseau)* Baumwollpflanze *f*

coton-tige® [kotɔ̃tiʒ] <cotons-tiges> *m* Wattestäbchen *nt*

côtoyer [kotwaje] <6> *soutenu* I. *vt* ❶ *(fréquenter)* **~ qn** mit jdm verkehren; **être amené(e) à ~ beaucoup de gens** mit vielen Leuten in Kontakt kommen
❷ *(longer)* **~ qc** *chemin, route:* neben etw *(Dat)* verlaufen; *personne:* an etw *(Dat)* entlanggehen/-fahren
❸ *(frôler)* **~ le ridicule** ans Lächerliche grenzen; **aimer ~ le danger** gern Risiken eingehen
II. *vpr* **se ~** *(se fréquenter)* miteinander verkehren

cotraitant(e) [kotʀɛtɑ̃, ɑ̃t] *m(f)* JUR Mitunternehmer(in) *m(f)*

cotte [kɔt] *f* ◆ **~ de mailles** Kettenhemd *nt*

cotutelle [kotytɛl] *f* Mitvormundschaft *f*

cotuteur, -trice [kotytœʀ, -tʀis] *m, f* Mitvormund *m*

cotylédon [kotiledɔ̃] *m d'une plante* Keimblatt *nt*

cou [ku] *m* ❶ ANAT Hals *m;* **vertèbres du ~** Halswirbel *Pl;* **allonger** [*o* **tendre**] **le ~** den Hals recken; **serrer le ~ à qn** jdm den Hals zudrücken
❷ *(goulot)* Hals *m;* **à long ~** mit langem Hals, langhalsig
▶ **~ de cygne** Schwanenhals *m;* **~ de taureau** Stiernacken *m;* **se casser** [*o* **se rompre**] **le ~** *(se blesser grièvement)* sich *(Dat)* alle Knochen brechen; *(se tuer, échouer)* sich *(Dat)* den Hals brechen [*o* das Genick]; **tordre le ~ à qn/un animal** jdm/einem Tier den Hals umdrehen; **s'endetter jusqu'au ~** bis zum Hals in Schulden stecken

couac [kwak] *m d'une trompette* Quäken *nt*

couard(e) [kwaʀ, aʀd] *littér* I. *adj* feige
II. *m(f)* Feigling *m*, Memme *f (veraltet)*

couardise [kwaʀdiz] *f littér* Feigheit *f*

couchage [kuʃaʒ] *m* Liegefläche *f;* **matériel de ~** Ausrüstung *f* zum Übernachten

couchant [kuʃɑ̃] **I.** *adj* untergehend; **au soleil ~** bei Sonnenuntergang
II. *m* ① *(ouest)* Westen *m;* **face au ~** nach Westen
② *(soleil couchant)* Abendhimmel *m,* Abendrot *nt*

couche [kuʃ] *f* ① *(épaisseur)* Schicht *f;* **étaler une ~ de beurre sur du pain** Brot mit Butter bestreichen; **~ de chocolat** Schokoladenguss *m;* **passer deux ~s de peinture sur qc** etw mit einem Doppelanstrich versehen; **appliquer le crépi en plusieurs ~s** den Putz mehrlagig aufbringen; **~ de** [*o* **en**] **béton** Betonschicht; **~ de fond** [*o* **d'apprêt**] Grundanstrich *m;* **~ de graisse** Fettschicht; *(en mécanique)* Schmierfilm *m;* **~ de neige** Schneedecke *f;* **~ de peinture/de vernis** Farb-/Lackschicht; **~ de peinture à l'huile** Ölanstrich *m;* **~ dermique** ANAT Gewebeschicht; **~ grasse** Ölschicht; **~ intermédiaire** Zwischenschicht; **~ isolante/protectrice** Isolier-/Schutzschicht; **~ luminophore d'un tube cathodique** Phosphorbeschichtung *f;* **~ de protection contre les graviers/la rouille** Steinschlag-/Korrosionsschutzgrund *m;* **en ~s** lagenweise; **disposer qc en ~s** etw lagenweise schichten
② GEOL, MIN, METEO Schicht *f;* **~ argileuse** [*o* **d'argile**] Tonschicht; **~ d'eau** Wasserschicht; **~ sédimentaire/de calcaire** Sediment-/Kalkschicht; **~** [**sédimentaire**] **de charbon** Kohlenflöz *nt*
③ SOCIOL Schicht *f;* **les ~s laborieuses** die Arbeiterschaft
④ *(lange)* Windel *f; (couche absorbante)* Windeleinlage *f;* **~ jetable** Wegwerfwindel
⑤ *pl (alitement, enfantement)* Wochenbett *nt;* **en ~s** im Wochenbett/bei der Entbindung; **être en ~s** in den Wehen liegen
⑥ HORT Mistbeet *nt*
⑦ *med* **fausse ~** Fehlgeburt *f;* **faire une fausse ~** eine Fehlgeburt haben

couché(e) [kuʃe] *adj* ① *(étendu)* liegend; **être ~(e)** liegen; **rester ~(e)** liegen bleiben
② *(au lit)* **être déjà ~(e)** bereits im Bett sein; **rester ~(e)** liegen bleiben, im Bett bleiben

couche-culotte [kuʃkylɔt] <couches-culottes> *f* Windelhöschen *nt*

coucher [kuʃe] <1> **I.** *vi* ① *(dormir)* schlafen; **~ à l'hôtel** im Hotel übernachten; **~ chez des amis** bei Freunden schlafen; **~ sur le dos/à plat** auf dem Rücken/ganz flach schlafen
② *fam (avoir des relations sexuelles)* **~ avec qn** mit jdm schlafen [*o* ins Bett gehen]; **~ ensemble** miteinander schlafen [*o* ins Bett gehen]
II. *vt* ① *(mettre au lit)* ins Bett bringen; ins Bett legen *bébé*
② *(offrir un lit)* beherbergen *(geh);* **on peut vous ~ si vous voulez** Sie können bei uns übernachten, wenn Sie möchten
③ *(étendre)* legen; liegend lagern *bouteille;* umlegen *blés;* umlegen *bateau;* **devoir rester couché(e) une semaine** eine Woche im Bett liegen [bleiben] müssen
III. *vpr* ① *(aller au lit)* **se ~** ins Bett gehen; **envoyer qn se ~** jdn ins Bett schicken
② *(s'allonger)* **se ~** sich legen
③ *(se courber sur)* **se ~ sur qc** sich tief über etw *(Akk)* beugen
④ *(disparaître)* **se ~** *soleil, lune:* untergehen
▶ **va te ~!** *fam* lass mich/ihn/sie ... in Ruhe! *(fam),* zieh Leine! *(fam)*
IV. *m* ① *(fait d'aller au lit)* Zubettgehen *nt,* Schlafengehen *nt;* **au ~** beim Zubettgehen; **c'est l'heure du ~** es ist Schlafenszeit; **le ~ était à neuf heures** um neun Uhr war Zapfenstreich
② *(crépuscule)* Untergang *m;* **~ de soleil** Sonnenuntergang *m;* **au ~ du soleil** bei Sonnenuntergang

coucherie [kuʃʀi] *f gén pl péj fam* Bettgeschichten *Pl,* Rumgebumse *nt (fam)*

couche-tard [kuʃtaʀ] *mf inv* Nachtmensch *m,* Nachteule *f*
couche-tôt [kuʃto] *mf inv* **c'est une ~** sie geht mit den Hühnern schlafen

couchette [kuʃɛt] *f* Liege[wagen]platz *m;* **compartiment** [**à**] **~s** Liegewagenabteil *nt*

coucheur, -euse [kuʃœʀ, -øz] *m, f* ▶ **être un mauvais ~/une mauvaise coucheuse** *fam* ein alter Meckerfritze/eine alte Meckerliese sein *(fam)*

couci-couça [kusikusa] *adv fam* so lala

coucou [kuku] **I.** *m* ① *(oiseau)* Kuckuck *m;* **le ~ chante** der Kuckuck ruft
② *(pendule)* Kuckucksuhr *f*
③ *péj (vieil avion)* [alte] Mühle *f (fam)*
④ *péj (petit avion)* Stoppelhopser *m (fam)*
⑤ BOT *(primevère sauvage)* Schlüsselblume *f*
⑥ BOT *(narcisse des bois)* wilde Osterglocke
II. *interj* kuckuck

coude [kud] *m* ① ANAT Ell[en]bogen *m*
② *(courbure)* Biegung *f; (d'une route)* Knick *m,* Biegung *f; d'un tuyau, d'une barre* Krümmung *f,* Knie *nt;* **mettre un ~ à un tuyau** ein Knie[stück] [*o* einen Krümmer] in ein Rohr einsetzen
▶ **jouer des ~s** die Ell[en]bogen gebrauchen; **lever le ~** *fam* gerne einen heben [*o* kippen] *(fam),* gerne bechern *(fam);* **se serrer** [*o* **se tenir**] **les ~s** zusammenhalten; **~ à ~** Seite an Seite; **au ~ à ~** gleichauf sein; **être au ~ à ~** gleichauf liegen

coudé(e) [kude] *adj* gebogen, gekrümmt; **être ~(e)** eine Krümmung [*o* ein Knie] haben

coudée [kude] *f* ▶ **avoir les ~s franches** freies Spiel haben
cou-de-pied [kudpje] <cous-de-pied> *m* Rist *m,* Spann *m;* **avoir un fort ~** einen hohen Rist [*o* Spann] haben

couder [kude] <1> *vt* biegen; krümmen, biegen *tuyau*

coudière [kudjɛʀ] *f* Ellbogenschützer *m*

coudoyer [kudwaje] <6> *vt* ① *(frôler)* **~ qn** mit jdm auf Tuchfühlung sein
② *(côtoyer)* **~ qn** mit jdm Kontakt haben; **~ qc** Seite an Seite mit etw stehen

coudre [kudʀ] <irr> **I.** *vi* nähen; **~ à la main/machine** mit der Hand-/[Näh]maschine nähen
II. *vt* ① *(assembler)* zusammennähen
② *(recoudre)* wieder [zusammen]nähen, flicken
③ *(fixer)* festnähen; **~ un bouton à qc** einen Knopf an etw *(Akk)* annähen; **~ une pièce sur qc** ein Teil auf etw *(Akk)* aufnähen
④ *(enfermer)* **~ qc dans l'ourlet de la veste** etw in den Jackensaum einnähen
⑤ MED [ver]nähen, zunähen

coudrier [kudʀije] *m* BOT Haselstrauch *m,* Hasel *f*

couenne [kwan] *f* ① *(peau de porc)* Schwarte *f*
② CH *(croûte du fromage)* Käserinde *f*

couette¹ [kwɛt] *f* ① *(édredon)* Federbett *nt,* Oberbett, Steppdecke *f*
② NAUT Helling *f*

couette² [kwɛt] *f gén pl (coiffure)* Rattenschwanz *m (fam)*

couffin [kufɛ̃] *m* [Baby]tragekorb *m*

cougouar [kugwaʀ], **couguar** [kugwaʀ] *m* ZOOL Puma *m,* Kuguar *m*

couic [kwik] *interj* wutsch

couille [kuj] *f* ① *gén pl vulg (testicule)* Sack *m (vulg);* **les ~s** die Eier *Pl (vulg)*
② *fam (ennui)* Ärger *m*
▶ **~ molle** *pop* Schlappschwanz *m (sl),* feiger Sack *(vulg);* **casser les ~s à qn** *fam* jdm auf den Wecker gehen *(fam),* jdm auf den Sack fallen *(sl)*

couillon(ne) [kujɔ̃, jɔn] *m(f) fam* Pfeife *f (fam),* Dumpfbacke *f (sl),* Blödmann *m/*blöde Kuh *(fam)*

couillonner [kujɔne] <1> *vt fam* reinlegen, aufs Kreuz legen *(fam);* **être couillonné(e)** der/die Angeschmierte *fam* [*o* Beschissene *sl*] sein

couinement [kwinmɑ̃] *m du rat, porc* Quieken *nt; du lièvre, lapin* Fiepen *nt; d'une personne* Wimmern *nt;* **les ~s** das Gequieke/Gefiepe/Gewimmer

couiner [kwine] <1> *vi rat, porc:* quieken; *souris, lièvre, lapin:* fiepen; *personne:* wimmern; *porte:* quietschen

coulage [kulaʒ] *m* ① *(façonnage)* Gießen *nt*
② *fam (gaspillage)* Schwund *m*

coulant [kulɑ̃] *m* ① *(passant)* [Gürtel]schlaufe *f*
② *(stolon)* Ausläufer *m*

coulant(e) [kulɑ̃, ɑ̃t] *adj* ① *fam (accommodant)* nachsichtig; *(en affaires)* kulant, entgegenkommend
② *(fluide) pâte* flüssig; *fromage* so weich, dass er läuft
③ *(aisé) vin* süffig; *style* flüssig

coulée [kule] *f* ① *(écoulement)* Strom *m;* **~ boueuse** Schlammstrom; **~ de lave** Lavastrom; **~ de neige** abrutschende Schneemassen
② METAL Guss *m,* Abstich *m*

couler [kule] <1> **I.** *vi* ① *(s'écouler)* fließen
② *(s'écouler en petite quantité)* rinnen
③ *(s'écouler en grande quantité)* strömen; **~ sur les flancs du volcan** sich über die Hänge des Vulkans ergießen
④ *(préparer)* **faire ~ un bain à qn** jdm ein Bad einlassen
⑤ *(passer) rivière:* fließen; **~ à Paris/en France** durch Paris/in Frankreich fließen
⑥ *(se liquéfier) fromage, maquillage:* laufen; **un rouge à lèvres qui ne coule pas** ein nicht schmierender Lippenstift
⑦ *(être ouvert) robinet:* laufen
⑧ *(fuir) robinet, bougie:* tropfen; *tonneau, récipient:* lecken; *stylo:* auslaufen
⑨ *(goutter) nez:* laufen; *œil:* tränen; **la sueur coule dans mon dos, la sueur me coule dans le dos** der Schweiß läuft mir den Rücken herunter
⑩ *(sombrer)* untergehen; *bateau:* sinken, untergehen
⑪ *(être aisé) style:* flüssig sein
II. *vt* ① *(verser, mettre)* **~ du plomb dans un moule** Blei in eine Form gießen
② *(fabriquer)* gießen
③ *(faire sombrer)* versenken
④ *(ruiner)* in den Untergang [*o* Ruin] treiben

⑤ *(discréditer)* erledigen
⑥ *(faire échouer)* fertigmachen *(fam)*, auflaufen lassen *(fam)*
⑦ *(passer)* verbringen *existence paisible, vie heureuse*
III. *vpr* **se ~ dans qc** ❶ *(se glisser dans qc)* in etw *(Akk)* schlüpfen
❷ *(se conformer à qc)* sich einer S. *(Dat)* anpassen, sich nach etw richten
couleur [kulœʀ] **I.** *f* ❶ *(teinte)* Farbe *f;* **~s du spectre** Spektralfarben; **~s du club** Vereinsfarben; **d'une seule ~** einfarbig; **de plusieurs ~** mehrfarbig; **complémentaire** Komplementärfarbe; **~ fondamentale** [*o* **primaire**] Grundfarbe; **~ voyante** Signalfarbe; **~ tendance** Trendfarbe; **manque de ~s** *d'une étoffe, toile* Farblosigkeit *f;* **représenter qc avec beaucoup de ~s gaies** etw farbenfroh [*o* farbenfreudig] darstellen
❷ *(matière colorante)* Farbe *f,* Farbstoff *m;* **~ animale/végétale** tierischer/pflanzlicher Farbstoff; **~ à l'eau/à l'huile/à la colle** Wasser-/Öl-/Leimfarbe
❸ *(coloration du visage)* **perdre ses ~s** ganz bleich [*o* ganz blass] werden; **prendre des ~s** Farbe bekommen
❹ *(linge coloré)* Buntwäsche *f*
❺ PHOT, TV Farbe *f;* **photo** [en] **~** Farbbild *nt;* **télévision en ~/téléviseur ~** Farbfernsehen *nt;* **ne jamais faire de ~** nie Farbbilder machen
❻ *sans pl* ART, LITTER Ausdruckskraft *f; d'un récit* [Unter]ton *m,* Färbung *f;* **dans la ~ du temps** im Stil der Zeit
❼ *sans pl* LITTER *d'un style* Farbigkeit *f;* **plein**(e) **de ~** farbig; **sans ~** farblos
❽ POL [politische] Couleur [*o* Färbung]
❾ CARTES Farbe *f;* **jouer dans la ~** Farbe bekennen, die Farbe bedienen
❿ *(au casino)* **jouer la ~** auf Farbe setzen
⓫ *pl* SPORT Farben *Pl; d'un club* [Vereins]farben *Pl;* **courir sous les ~s de qn** für jds Farben fahren/laufen/reiten
⓬ *pl (drapeau)* Farben *Pl;* **les ~s nationales** die Nationalfarben, die Landesfarben
⓭ *pl* NAUT Flagge *f;* **hisser** [*o* **lever**] **les ~s** die Flagge hissen; **amener les ~s** die Flagge einholen
▶ **passer par toutes les ~s de l'arc-en-ciel** abwechselnd rot und weiß [*o* blass] werden; **c'est un personnage haut en ~** er/sie ist äußerst originell; **~ locale** Lokalkolorit *nt;* **faire ~ locale** zum Lokalkolorit beitragen; **femme/homme/personne de ~** Farbige(r) *f(m);* **sous ~ de** unter dem Anstrich von
II. *adj inv* **~ rose/fraise** rosa-/erdbeerfarben; **~ chair/paille** fleisch-/strohfarben; **~ d'azur** himmelblau
couleuvre [kulœvʀ] *f* ZOOL Natter *f;* **~ lisse/vipérine/à collier** Glatt-/Viper-/Ringelnatter
coulis [kuli] **I.** *adj v.* vent
II. *m* ❶ GASTR *de crustacés* Fond *m; de légumes, fruits* Püree *nt;* **~ de framboises** Himbeersoße *f*
❷ TECH Ausfugmasse *f*
coulissant(e) [kulisɑ̃, ɑ̃t] *adj* Schiebe-; **panneau** [ver]schiebbar, Schiebe-; **être ~**(e) sich [auf]schieben lassen; **cette porte est ~ e** dies ist eine Schiebetür
coulisse [kulis] *f* ❶ *souvent pl* THEAT Kulisse *f;* **dans les ~s** [*o* **la ~**], **en ~** *(indiquant le lieu)* hinter den Kulissen [*o* der Bühne]; *(indiquant la direction)* hinter die Kulissen [*o* die Bühne]
❷ *(rainure, guide) d'une porte* [Führungs]schiene *f; d'un tiroir* Schubleiste *f*
❸ *(côté caché)* **les ~s du monde du sport** die Vorgänge hinter den Kulissen des Sports; **connaître les ~s du monde du sport** wissen, was sich im Sport hinter den Kulissen abspielt; **se tenir dans la ~** [*o* **dans les ~s**] sich im Hintergrund halten, im Hintergrund bleiben; **attendre derrière les ~s** hinter der Bühne [*o* backstage] warten; **regarder/observer en ~** verstohlen [*o* von der Seite] betrachten/beobachten; **agir en ~** hinter den Kulissen [*o* heimlich, still und leise] agieren
coulisser [kulise] <1> **I.** *vi* [in einer Schiene] laufen [*o* gleiten]; **~ sur qc** auf etw *(Dat)* laufen [*o* gleiten]
II. *vt* ❶ **~ qc** eine Führungsschiene an etw *(Dat)* anbringen
❷ COUT **~ qc** einen Zugsaum an etw *(Akk)* nähen
couloir [kulwaʀ] *m* ❶ *(corridor)* Gang *m,* Korridor *m,* Flur *m*
❷ *(dans les trains, avions)* Gang; **~ central/latéral** Mittel-/Seitengang
❸ SPORT Bahn *f;* **le coureur du deuxième ~** der Läufer auf der zweiten Bahn
❹ GEOG Schlucht *f,* Klamm *f;* **~ rocheux** Fels[en]schlucht; **le ~ rhodanien** die Rhonefurche
❺ AVIAT **~ aérien** Luftkorridor *m,* Flugkorridor, Flugschneise *f,* Luftstraße *f*
◆ **~ d'autobus** Bus[- und Taxi]spur *f;* **~ d'avalanche** Lawinenzug *m,* Lawinengasse *f;* **~ de communication** Verbindungsgang *m;* **~ de navigation** NAUT Fahrrinne *f*
coulomb [kulɔ̃] *m* PHYS *(unité de mesure)* Coulomb *nt*
coulomniers [kulɔmje] *m* dem Camembert ähnelnde Weichkäsesorte
coulpe [kulp] *f* ▶ **battre sa ~** *littér* sich an die Brust schlagen
coumarine [kumaʀin] *f* PHARM Kumarin *nt,* Cumarin *nt*
country [kuntʀi] *m o f* Countrymusic *f;* **chanteur**(-**euse**) **de ~** Countrysänger(in) *m(f);* **chanson de ~** Countrysong *m*
coup [ku] *m* ❶ *(agression)* Schlag *m;* **porter** [*o* **donner**] **un ~ à qn** jdn schlagen; **administrer des ~s à qn** jdm Schläge [*o* eine Tracht Prügel] verabreichen, jdm Prügel verpassen; **encaisser des ~s** Schläge [*o* Prügel] einstecken; **en venir aux ~s** handgreiflich werden; **échanger des ~s** sich verprügeln; **être noir**(e) **de ~s** grün und blau geschlagen sein; **~ de bâton/de fouet/de hache** Stock-/Peitschen-/Axthieb *m;* **~ de bec** Schnabelhieb; **~ de couteau** Messerstich *m;* **~ sur le nez** Nasenstüber *m;* **~ de pied** Fußtritt *m;* **~ de pied au derrière** [*o* **au cul** *fam*] Tritt in den Hintern *(fam);* **~ de poing** Faustschlag, Fausthieb, Boxhieb; **~ de poignard** Dolchstoß *m;* **~ de dent** ein venire Biss; **donner un ~ de bec à qn** nach jdm hacken; **donner** [*o* **envoyer**] **un ~ de pied à qn** jdm einen Fußtritt geben [*o* versetzen], jdn treten; **recevoir un ~ de couteau/de poing** einen Messerstich/Faustschlag [*o* Faustschlag] abbekommen; **lancer un ~ de sabot à qn** nach jdm ausschlagen, mit dem Huf nach jdm treten; **donner un ~ de corne au toréador** [mit den Hörnern] nach dem Torero stoßen
❷ *(bruit)* Klopfen *nt,* Pochen *nt;* **entendre des ~s** ein Klopfen [*o* Pochen] hören; **frapper trois ~s** dreimal klopfen; **donner des ~s dans qc** an etw *(Akk)* klopfen [*o* pochen]
❸ *(heurt)* Stoß *m;* **se donner un ~ contre une armoire** gegen einen Schrank stoßen, sich an einem Schrank stoßen
❹ *(décharge)* Schuss *m;* **~ de fusil/de revolver** Gewehr-/Revolverschuss; **~s de canon/de fusil** Kanonen-/Gewehrschuss, Kanonen-/Gewehrfeuer *nt;* **revolver à six ~s** Revolver *m* mit sechs Schuss, sechsschüssiger Revolver
❺ *(choc moral)* Schlag *m;* **être un ~ pour qn** ein Schlag für jdn sein, jdn hart [*o* wie ein Schlag] treffen; **porter un ~ à qn** jdm einen Schlag versetzen
❻ *(mouvement)* **~ de genou/de coude** Stoß *m* mit dem Knie/Ellenbogen; **donner un ~ de coude à qn** jdn mit dem Ell[en]bogen [an]stoßen; *(plus fort)* jdm einen Stoß mit dem Ell[en]bogen versetzen; **donner un ~ de reins pour soulever qc** etw mit einem Ruck hochheben
❼ *(action de manier rapidement)* **d'un ~ de crayon/de pinceau** mit wenigen schnellen [Bleistift]strichen/Pinselstrichen; **~ de crayon/de pinceau** *d'un dessinateur, peintre* Linienführung *f;* **passer un ~ d'éponge/de chiffon sur qc** mit dem Schwamm/Tuch über etw *(Akk)* wischen [*o* fahren]; **donner un ~ de chiffon sur les meubles** rasch [auf den Möbeln] Staub wischen; **donner un ~ de brosse/de lime à qc** rasch etw abbürsten/abfeilen; **se donner un ~ de peigne** sich *(Dat)* rasch mit dem Kamm durch die Haare fahren, sich *(Dat)* rasch die Haare kämmen; **donner un ~ de fer à qc** etw [auf]bügeln
❽ BOXE Hieb *m,* Schlag *m*
❾ *(au golf)* **le ~ droit** der Treibschlag, der Drive
❿ *(au tennis)* **le ~ droit** die Vorhand
⓫ *(au football, rugby)* **~ franc** Freistoß *m*
⓬ *(au basket, handball)* **~ franc** Freiwurf *m*
⓭ ECHECS Zug *m*
⓮ *(manifestation brusque)* **~ de tonnerre/cloche** Donner-/Glockenschlag *m;* **~ de grisou** Schlagwetter *nt;* **~ de vent** Windstoß *m;* **~ de roulis** [plötzliche] Krängung, [plötzliches] Schlingern; **~ de mer** Sturzsee *f*
⓯ *(accès)* **un ~ de désespoir/de cafard/de folie** ein Anfall von Verzweiflung/Katzenjammer/Wahnsinn; **avoir un ~ de cafard** down sein *(fam),* sich down fühlen *(fam)*
⓰ *(action)* Coup *m,* Ding *nt (fam);* **beau ~** *fam* Millionending *(fam);* **faire un beau ~** *fam* ein Millionending landen *(fam);* **~ publicitaire** Werbecoup *m;* **~ de force** Handstreich *m,* Gewaltstreich; **~ de génie** Geniestreich; **~ idée** genialer Einfall, Geistesblitz *m;* **~ de maître** Meisterleistung *f,* Meisterstück *nt,* Glanzleistung *f;* **~ d'essai** erster Versuch; **il n'en est pas à son ~ d'essai** er macht das nicht zum ersten Mal, er ist kein Anfänger mehr; **~ inattendu** Überraschungscoup; **être sur un ~** gerade etwas [*o* ein Ding] aushecken [*o* ausbrüten] *(fam);* **calculer le ~ son** [*o* **de**] die Sache [*o* das Risiko] genau berechnen; **c'est un ~ à tenter/à risquer** das ist den Versuch/das Risiko wert; **qn réussit un ~ magistral** jdm gelingt ein genialer Schachzug, jd landet einen genialen Coup *(fam)*
⓱ *(action désagréable)* **ça c'est un ~ des enfants** das haben die Kinder verbrochen; **~ en vache** *fam* übler Streich; **faire un ~ de vache à qn** jdm ganz übel mitspielen; **il nous fait le ~** [à] **chaque fois** das bringt [*o* macht] er jedes Mal
⓲ *(quantité bue)* Schluck *m;* **un ~ de rouge** ein Schluck Rotwein; **boire à petits ~s** mit kleinen Schlucken trinken
⓳ *(événement)* **~ de chance** [*o* **veine**] [*o* **pot** *fam*] Glück[s]fall *m nt,* Dusel *m (fam);* **~ de déveine** Pech *nt;* **~ du destin** [*o* **sort**]

Schicksalsschlag *m*
▶ donner un ~ d'accélérateur *(en conduisant)* aufs Gas[pedal] treten, Gas geben; *fam (pour changer de vitesse)* Zwischengas geben; *(se dépêcher)* einen Zahn zulegen *(fam)*; avoir un ~ dans l'aile *(être dans une mauvaise passe)* in Schwierigkeiten [*o* in der Klemme *fam*] stecken; *fam (être ivre)* einen in der Krone haben *(fam)*, einen sitzen haben *(fam)*; d'un ~ de baguette magique wie durch [*o* von] Zauberhand; donner un ~ de bec à qn auf jdm herumhacken; pour ~s et blessures wegen schwerer Körperverletzung; tirer un grand ~ de chapeau à qn *(admirer)* vor jdm den Hut ziehen [*o* abnehmen]; avoir un véritable ~ de cœur pour qc sich richtig in etw *(Akk)* verlieben, sich in etw *(Akk)* vergucken *(fam)*; donner le ~ d'envoi à qc SPORT etw anpfeifen; *(donner l'ordre de commencer)* den Startschuss [*o* das Startzeichen] geben; *(inaugurer)* [etw] eröffnen; ~ de fouet être un ~ de fouet pour qn/qc jdn/etw in Schwung [*o* auf Trab] bringen; *drogue:* jdn aufputschen; donner un ~ de frein plötzlich bremsen, auf die Bremse steigen *(fam)*; prendre un ~ de froid sich erkälten; sur le ~ de trois/quatre heures gegen drei/vier Uhr; qn a le ~ de main il hat den Bogen raus; donner un ~ de main à qn jdm zur Hand gehen, jdm helfen; avoir un ~ dans le nez *fam* zu tief ins Glas geschaut haben; jeter [*o* lancer] un ~ d'œil à qn jdm einen Blick zuwerfen; jeter un ~ d'œil à un texte einen Text überfliegen; jeter un ~ d'œil sur le feu ein Auge auf das Feuer *(Akk)* haben; donner un ~ de pied dans la fourmilière in ein Wespennest stechen; avoir le [*o* un] ~ de pompe *fam* einen Durchhänger [*o* toten Punkt] haben *(fam)*; ~ de tête [plötzliche] Anwandlung, [plötzlicher] Impuls; sur un ~ de tête aus einer plötzlichen Anwandlung heraus; faire qc sur un ~ de tête etw Unüberlegtes machen; comme un ~ de tonnerre wie ein Blitz aus heiterem Himmel; éclater comme un ~ de tonnerre wie eine Bombe einschlagen; passer en ~ de vent auf einen Sprung vorbeikommen *(fam)*; prendre un ~ de vieux *fam* mit einem Schlag älter werden; pleurer/rire un bon [*o* grand] ~ sich [richtig] ausweinen/aus vollem Halse lachen; faire les quatre cents ~s allerhand anstellen, Sachen machen; c'est le ~ classique *fam* das ist doch wieder typisch; c'est un ~ dur [*o* rude] pour qn das ist ein harter [*o* schwerer] Schlag für jdn; frapper un grand ~ einen großen Coup landen; mauvais ~ *(action illégale)* krummes Ding; attraper un mauvais ~ *(blessure)* ganz schön was abbekommen; faire/mijoter un mauvais ~ ein [krummes] Ding drehen/aushecken; du même ~ gleichzeitig; ~ monté contre qn abgekartetes Spiel gegen jdn; tous les ~s sont permis alles ist erlaubt, alle Kniffe sind erlaubt; du premier ~ auf Anhieb; faire [*o* jouer] un sale ~ à qn jdm übel mitspielen, jdm eins auswischen; d'un seul ~ auf ein Mal; boire un ~ *fam* einen trinken [*o* heben] *(fam)*; être dans le ~ *fam (être impliqué)* an der Sache beteiligt sein; *(être au courant)* wissen, worum es geht; pour marquer le ~ *(pour protester)* aus Protest; *(pour fêter)* zur Feier des Tages; mettre qn dans le ~ *fam (informer)* jdn ins Bild setzen [*o* aufklären]; *(impliquer)* jdn ins Vertrauen ziehen; monter un ~ *fam* einen Coup planen; c'est lui qui a monté le ~ er war der Drahtzieher; rendre ~ pour ~ à qn es jdm mit gleicher Münze heimzahlen, Gleiches mit Gleichem vergelten; risquer [*o* tenter] le ~ *fam* es auf einen Versuch ankommen lassen; tenir le ~ *fam personne:* durchhalten; *objet, voiture:* es aushalten; ça vaut le ~ de faire qc es lohnt sich, etw zu tun; tout à ~ plötzlich; après ~ im Nachhinein; modifier/féliciter après ~ nachträglich [*o* im Nachhinein] verändern/beglückwünschen; du ~ *fam* deshalb, darum; tout d'un ~ ganz plötzlich; pour un ~ dieses eine Mal; sur le ~ *(aussitôt)* sofort, auf der Stelle; *(au début)* im ersten Moment [*o* Augenblick], zunächst; à tous les ~s, à tout ~ jedes Mal; *(à tout propos)* bei jeder Gelegenheit

◆ ~ d'arrêt Beeinträchtigung *f*; ça a été un ~ d'arrêt brutal à mes activités meine Aktivitäten wurden plötzlich stark gebremst
▶ donner un ~ d'arrêt à qc einer S. *(Dat)* einen Riegel vorschieben; ~ de barre ❶ NAUT [plötzliche] Kursänderung; *(changement de politique)* Richtungsänderung *f* ❷ *(fatigue)* Durchhänger *m (fam)*; ~ d'éclat *(action glorieuse)* Glanzleistung *f*; *(scandale)* Eklat *m*; ~ de dé[s] *(jeu)* Wurf *m*; *(décision hasardeuse)* Würfeln *nt*; jouer qc sur un ~ de dé etw aufs Spiel setzen ▶ d'un ~ de dés von jetzt auf nachher, auf einen Coup; sur un ~ de dés aufs Geratewohl, auf gut Glück; ~ d'État POL Staatsstreich *m*; ~ de feu Schuss *m*; tirer un ~ de feu einen Schuss abgeben ▶ c'est le ~ de feu es herrscht gerade Hochbetrieb; ~ de fil Anruf *m*; donner [*o* passer] un ~ de fil à qn jdn anrufen; je peux passer un ~ de fil? kann ich mal telefonieren?; ~ de filet Fang *m*, Fischzug *m*; ~ de foudre Liebe *f* auf den ersten Blick; avoir le ~ de foudre pour qn/qc sich auf den ersten Blick [*o* auf Anhieb] in jdn/etw verlieben; ~ de glotte Knacklaut *m*, Glottisschlag *m (Fachspr.)*; ~ de grâce Gnadenstoß *m*; ~ du lapin *fam* Genickschlag *m*; *(au cours d'un accident)* Schleudertrauma *nt*; ~ de poker das war gepokert; ~ de sang Schlaganfall *m*; ~ de semonce Warnschuss *m*; ~ de sifflet Pfiff *m*; ~ de sifflet

final Schlusspfiff; ~ de soleil *(insolation)* Sonnenstich *m*; *(brûlure)* Sonnenbrand *m*; ~ de téléphone Anruf *m*; ~ de théâtre *(rebondissement)* Theatercoup *m*; *(changement imprévu)* Knalleffekt *m*; être un joli ~ de théâtre wie eine Bombe einschlagen

coupable [kupabl] I. *adj* ❶ *(fautif)* ~ de meurtre eines Mordes schuldig; d'avoir tué schuldig, einen Mord begangen zu haben; s'avouer ~ sich schuldig bekennen; déclarer qn ~ jdn schuldigsprechen; être reconnu(e) ~ für schuldig befunden werden; plaider ~/non ~ sich schuldig/nicht schuldig bekennen
❷ *(condamnable)* pensées, désirs verwerflich, sündhaft; faiblesse tadelnswert; être d'une indulgence ~ viel zu nachsichtig sein
II. *mf* ❶ *(responsable)* Schuldige(r) *f(m)*; le/la ~ désigné(e) der ideale Sündenbock
❷ *(malfaiteur)* Täter(in) *m(f)*

coupage [kupaʒ] *m* Verschnitt *m*; on fait des ~s de différents cépages verschiedene Rebsorten werden miteinander verschnitten

coupant(e) [kupɑ̃, ɑ̃t] *adj* ❶ *(tranchant)* scharf [geschliffen]; *angle* scharfkantig
❷ *(péremptoire)* scharf, schneidend; le ton de la femme était ~ die Frau sprach in einem schneidenden [*o* scharfen] Ton

coup-de-poing [kudpwɛ̃] I. *adj inv* opération, politique knallhart II. <coups-de-poing> *m* ~ [américain] Schlagring *m*

coupe¹ [kup] *f* ❶ *(verre à pied)* Trinkschale *f*; une ~ de champagne eine Schale Champagner
❷ *(récipient)* Schale *f*; ~ à/de fleurs Blumenschale; ~ à/de fruits Obstschale; ~ à glace Eisbecher *m*; ~ en [*o* de] cristal Kristallschale; ~ en étain Zinnschale
❸ *(contenu)* Portion *f*
❹ SPORT Pokal *m*, Cup *m*; *(épreuve)* Pokalwettbewerb *m*, Pokal *m*; la ~ Davis der Davis-Cup; la ~ de France die französische Meisterschaft; la ~ du monde de football die Fußballweltmeisterschaft; finale de ~ Cupfinale *nt*; vainqueur de ~ Cupsieger *m*
▶ boire la ~ jusqu'à la lie den Kelch bis zur Neige leeren [*o* trinken]

◆ ~ à champagne Champagnerschale *f*, Sektschale

coupe² [kup] *f* ❶ *(action de couper)* Zuschneiden *nt*; d'arbres Fällen *nt*; acheter du fromage à la ~ Käse am Stück kaufen
❷ *(résultat) de cheveux* Schnitt *m*; ~ courte Kurzhaarschnitt
❸ *(morceau)* ~ de tissu Stück *nt* Stoff
❹ COUT *(façon)* Schnitt *m*; de bonne ~ mit tadellosem Schnitt
❺ *(étendue élaguée)* abgeholzte Fläche
❻ BIO, BOT Schnitt *m*
❼ *(dessin)* Schnitt *m*; ~ longitudinale [*o* en long]/transversale Längs-/Querschnitt
❽ ECON ~ claire [*o* sombre] einschneidende Kürzung; ~s budgétaires [*o* dans le budget] Budgetkürzungen, Haushaltskürzungen, Haushaltsabstriche *Pl*
▶ tomber sous la ~ de qn unter jds Fuchtel *(Akk)* geraten *(fam)*; être sous la ~ de qn unter jds Fuchtel *(Dat)* stehen *(fam)*

◆ ~ au bol Topfschnitt *m*; ~ en brosse Bürsten[haar]schnitt *m*, Bürstenfrisur *f*; ~ au carré Pagenschnitt *m*; ~ de cheveux Haarschnitt *m*; ~ aux ciseaux Haarschnitt *m* mit der Schere; ~ au rasoir Messer[form]schnitt *m*

coupé [kupe] *m (voiture)* Coupé *nt*

coupé(e) [kupe] *adj* ❶ geschnitten; herbe, blés gemäht; *(à la scie)* bois zersägt; *(à la hache)* gespalten; des cheveux ~s court kurzgeschnittene Haare; fleurs ~es Schnittblumen *Pl*; ~(e) en tranches in Scheiben geschnitten
❷ *(divisé)* mot getrennt; être ~(e) en deux/trois zwei-/dreigeteilt sein; la pièce est ~e par un rideau der Raum ist durch einen Vorhang geteilt
❸ COUT bien/mal ~(e) mit einem tadellosen/schlechten Schnitt
❹ TRANSP col, route, chemin gesperrt; *(encombré)* versperrt
❺ TELEC communication, ligne unterbrochen
❻ *(dilué)* vin mit Wasser verdünnt

coupe-choux [kupʃu] *m inv fam* kurzer Säbel *m*   **coupe-cigare[s]** [kupsigaʀ] <coupe-cigares> *m* Zigarrenabschneider *m*   **coupe-circuit** [kupsiʀkɥi] <coupe-circuits> *m* Sicherung *f*   **coupe-cuticules** [kupkytikyl] *m inv* Nagelhautschere *f*

coupée [kupe] *f* NAUT échelle de ~ Fallreep *nt*

coupe-faim [kupfɛ̃] <coupe-faim[s]> *m* Appetitzügler *m*   **coupe-feu** [kupfø] <coupe-feu[x]> I. *m* [Brand]schneise *f*; *(mur)* Brandmauer *f* II. *app inv* porte ~ Brandschutztür *f*; tranchée ~ [Brand]schneise *f*   **coupe-file** [kupfil] <coupe-files> *m* Passierschein *m*   **coupe-frites** [kupfʀit] *m inv* Pommes-frites-Schneider *m*   **coupe-fromage** [kupfʀɔmaʒ] *m inv* Käsehobel *m*   **coupe-gorge** [kupgɔʀʒ] <coupe-gorge[s]> *m (établissement)* Spelunke *f*; *(passage, quartier)* gefährliche Ecke   **coupe-légumes** [kuplegym] *m inv* Hobel *m*; *(électrique)* Gemüseschneider *m*

coupelle [kupɛl] *f* ❶ Schälchen *nt*
❷ CHIM Kupelle *f (Fachspr.)*

coupe-ongle [kupɔ̃gl] <coupe-ongles> *m* Nagelknipser *m*   **coupe-papier** [kuppapje] *m inv* Brieföffner *m*

couper [kupe] <1> **I.** vi ❶ *(être tranchant) couteau, verre:* schneiden; **~ comme un rasoir** scharf wie ein Rasiermesser sein; **attention, ça coupe!** Achtung, das ist scharf!
❷ *(prendre un raccourci)* abkürzen; **~ à travers champs/par le bois** eine Abkürzung über die Felder/durch den Wald nehmen
❸ *(interrompre)* unterbrechen; **ne coupez pas!** TELEC bleiben Sie am Apparat!; **coupez!** CINE Schnitt!
❹ CARTES abheben; **~ à cœur** mit Herz trumpfen
❺ *(être mordant) vent, froid:* schneiden
❻ *fam (échapper à)* **~ à une corvée/une punition** um eine Arbeit/Strafe [he]rumkommen *(fam)*; **tu n'y couperas pas!** da kommst du nicht drum [he]rum *(fam)*
II. vt ❶ *(trancher)* schneiden; zuschneiden *tissu, robe;* abschneiden *cime, tête, cou, bord, branche;* durchschneiden *gorge;* aufschneiden *volaille;* zerlegen *poisson;* fällen *arbre;* **~ les cheveux à qn** jdm die Haare schneiden; **~ du bois à la hache** Holz hacken; **~ en petits morceaux** etw klein schneiden, etw zerschnippeln *(fam)*
❷ *(blesser)* schneiden; **~ le doigt à qn** jdm in den Finger schneiden
❸ *(isoler)* isolieren; **être coupé(e) de toute civilisation** von jeglicher Zivilisation abgeschnitten sein
❹ *(raccourcir)* anschneiden *fleur, tige;* kürzen *texte;* schneiden *film, scène;* herausnehmen *passage*
❺ *(arrêter, interrompre)* unterbrechen *ligne téléphonique, émission;* abbrechen *communication;* **~ l'eau/l'électricité à qn** jdm das Wasser/den Strom abstellen
❻ *(mettre un terme)* abbrechen *relations;* senken *fièvre;* nehmen *faim;* **~ les ponts avec qn** die Beziehung zu jdm abbrechen
❼ *(bloquer)* versperren *chemin, route, pont;* **~ les vivres à qn** jdm die finanzielle Unterstützung entziehen; **~ le crédit à qn** jdm den Kredit sperren
❽ *(traverser, croiser) route, ligne:* schneiden; **~ les champs** *route:* die Felder durchschneiden
❾ *(diluer)* verdünnen *vin*
❿ *(mordre)* **le froid/le vent me coupe le visage/les lèvres** die Kälte/der Wind schneidet mir ins Gesicht/tut mir an den Lippen weh
⓫ CARTES abheben
⓬ *(scinder)* trennen *mot;* unterteilen *paragraphe, pièce;* **mot mal coupé** falsch getrenntes Wort
⓭ PHOT, FILM anschneiden
⓮ *(renvoyer)* anschneiden *balle*
▶ **ça me/te la coupe!** *fam* da bin ich/bist du platt! *(fam)*
III. vpr ❶ *(se blesser)* **se ~** sich schneiden; **se ~ la main** sich *(Akk o Dat)* in die Hand schneiden
❷ *(trancher)* **se ~ les cheveux/les ongles** sich *(Dat)* die Haare/Nägel schneiden; **se ~ du pain** sich *(Dat)* Brot abschneiden; **se ~ une robe** sich *(Dat)* ein Kleid zuschneiden
❸ *(se contredire)* **se ~** sich *(Dat)* widersprechen; *(se trahir)* sich verplaudern, sich verquatschen *(fam)*
❹ *(être coupé)* **bien/mal se ~** sich gut/schlecht schneiden lassen
❺ *(se croiser)* **se ~** *routes, chemins:* sich schneiden
▶ **se ~ en quatre pour qn** sich für jdn ins Zeug legen

couperet [kupʀɛ] m ❶ *(couteau de boucher)* Schlachtermesser nt
❷ *(couperet de la guillotine)* Fallbeil nt
▶ **le ~ tombe** das Ende ist besiegelt

couperose [kupʀoz] f Kupferrose f, Kupferfinne f, Rosazea f *(Fachspr.)*

couperosé(e) [kupʀoze] adj *visage, nez* blaurot

coupe-tube [kuptyb] <coupe-tubes> m TECH Rohrabschneider m

coupeur, -euse [kupœʀ, -øz] m, f COUT Zuschneider(in) m(f)
▶ **~ (-euse) de cheveux en quatre** Haarspalter(in) m(f)
◆ **~ de têtes** Kopfjäger m

coupe-vent [kupvɑ̃] <coupe-vent[s]> m ❶ *(vêtement)* Windjacke f; *(très fin)* Regenhaut f
❷ *(protection contre le vent)* Windschutz m
II. app *vêtement* winddicht

couplage [kuplaʒ] m TECH, ELEC, JUR Kopplung f

couple [kupl] **I.** m ❶ *(deux êtres vivant ensemble)* [Liebes]paar nt; *(époux)* Ehepaar nt; **~ d'amoureux** Liebespärchen nt; **par ~s** paarweise; **~ uni** harmonisches Paar; **~ bien/mal assorti** ein Paar, das gut/schlecht zusammenpasst; **~ idéal** Traumpaar; *(vie de couple)* Bilderbuchehe f; **former un ~ idéal** eine Bilderbuchehe führen
❷ *(partenaires)* Paar nt; **~ de danseurs/de patineurs** Tanz-/Eislaufpaar
❸ *(animaux)* **~ de pigeons** Taubenpaar nt
II. f CAN fam **une ~ de journées** ein paar Tage

couplé [kuple] m Zweiwette f im Pferdetoto

coupler [kuple] <1> vt ❶ aneinanderhängen *bateaux, péniches;* koppeln, kuppeln *bielles, roues;* zusammenbinden *animaux*
❷ INFORM [miteinander] vernetzen *ordinateurs;* **~ une imprimante à un ordinateur** einen Drucker an einen Rechner anschließen

couplet [kuplɛ] m Strophe f; **à huit ~s** achtstrophig
▶ **resortir son ~** wieder bei seinem Lieblingsthema sein

coupleur [kuplœʀ] m ❶ INFORM Koppler m; **~ acoustique** Akustikkoppler m
❷ MECANAUT **d'une remorque** Anhängerkupplung f

coupole [kupɔl] f Kuppel f; **~ du chapiteau de cirque** Zirkuskuppel

coupon [kupɔ̃] m ❶ COUT *(coupe)* Stoffrest m; *(rouleau de tissu)* Stoffballen m
❷ *(bon)* Abschnitt m, Kupon m; **~ détachable** [de commande] Bestellabschnitt, Bestellkupon
❸ FIN **~** [**d'intérêts**] Zinsschein m, Coupon m
❹ **~ de dividende** Gewinnanteilschein m, Dividendenschein m

coupon-réponse [kupɔ̃ʀepɔ̃s] <coupons-réponse> m Antwortkarte f

coupure [kupyʀ] f ❶ *(blessure)* Schnitt m, Schnittwunde f
❷ PRESSE **~ de journal** [o **de presse**] Zeitungsausschnitt m
❸ LITTER, CINE Kürzung f; **faire des ~s dans un texte/film** einen Text/Film kürzen
❹ *(interruption)* **~ d'eau/de gaz** *(involontaire)* Unterbrechung f der Wasser-/Gasversorgung; *(volontaire)* Abstellen nt des Wassers/Gases; **~ d'électricité** *(involontaire)* Unterbrechung f der Stromversorgung; *(volontaire)* Abschaltung f des Stroms, Stromabschaltung; **~ de téléphone** *(involontaire)* Unterbrechung der Telefonleitung, Leitungsunterbrechung; *(volontaire)* Abschaltung des Telefons
❺ *(billet de banque)* **~ de cent euros** Hunderteuroschein m; **grosses/petites ~s** große/kleine Scheine
❻ *(changement brutal)* **une ~ dans la vie de qn** ein [tiefer] Einschnitt in jds Leben
❼ *(séparation)* **~** [**de mots**] Silbentrennung f, Worttrennung; **corriger les mauvaises ~s** die falschen Silbentrennungen [o Worttrennungen] korrigieren
◆ **~ d'action** ECON Teilaktie f

couque [kuk] f NORD, BELG *(pain d'épice)* Gewürzkuchen m

cour [kuʀ] f ❶ *d'un bâtiment* Hof m; **~ du château** Schlosshof; **~ de l'école** Pausenhof, Schulhof; **~ intérieure/extérieure** Innen-/Außenhof
❷ *(courtisans) d'un roi* Hof m; **les gens de ~** Hofgesellschaft f
❸ *(cercle de personnes) d'un puissant, d'une célébrité* Hofstaat m *(hum);* **~ d'admirateurs** Anhängerschaft f; **faire la ~ à qn** jdm den Hof machen
❹ JUR **la Cour suprême** der oberste Gerichtshof, das oberste Gericht, das Obergericht (CH); **~ martiale** Kriegsgericht nt, Standgericht nt
❺ BELG *(toilettes)* Toilette f
▶ **c'est la ~ des Miracles** das ist ja wie im Armenhaus
◆ **Cour d'appel** Berufungsgericht nt, Appellationstribunal nt; **~ d'arbitrage** Schiedsgerichtshof m; **~ d'assises** Schwurgericht nt; **~ de cassation** Kassations[gerichts]hof m, Kassationsgericht nt; **~ des Comptes** Rechnungshof m; **Cour des Comptes Européenne** Europäischer Rechnungshof; **~ d'honneur** Ehrenhof m; **~ de justice** Gerichtshof m; **Haute Cour de justice** Staatsgerichtshof m; **Cour internationale de justice** Internationaler Gerichtshof; **Cour de Justice Européenne** Europäischer Gerichtshof; **~ de sûreté de l'état** Verfassungsgericht nt, Verfassungsgerichtshof m

courage [kuʀaʒ] m ❶ *(bravoure)* Mut m; **bon ~!** *(formule d'encouragement)* nur Mut!; *(bonne chance)* viel Glück!; *(bon succès)* viel Erfolg!; **~ civique/héroïque** Zivilcourage f/Heldenmut m; **avoir du ~** Mut haben [o besitzen]; *(avoir l'énergie)* Energie haben; **avoir le ~ de faire qc** den Mut haben etw zu tun; **le ~ manque à qn** jd ist nicht in der Lage dazu; **perdre/reprendre ~** den Mut verlieren/wieder Mut fassen; **rassembler tout son ~, s'armer de ~** seinen ganzen Mut zusammennehmen; **redonner** [o **rendre**] **le ~ à qn** *(encourager)* jdm [wieder] Mut machen; *(réconforter)* jdn [wieder] aufmuntern; **avec ~** tapfer; [**du**] **~!** nur Mut!
❷ *(ardeur)* Eifer m; **avec ~** eifrig
▶ **prendre son ~ à deux mains** sich *(Dat)* ein Herz fassen; **avoir le ~ de ses opinions** fest zu seiner Meinung stehen

courageusement [kuʀaʒøzmɑ̃] adv tapfer, mutig

courageux, -euse [kuʀaʒø, -øz] adj ❶ *(opp: lâche)* mutig; *soldat, attitude* tapfer; *conduite* mutig; *(en souffrant)* tapfer; *réponse* mutig
❷ *(travailleur)* tatkräftig, zupackend
▶ **~, mais pas téméraire!** man muss ja nicht gleich Kopf und Kragen riskieren!; *(à qn qui se dégonfle)* da verlässt dich/ihn/sie wohl der Mut!

couramment [kuʀamɑ̃] adv ❶ *(aisément) parler* fließend; *lire, écrire* flüssig
❷ *(souvent)* oft, häufig

courant [kuʀɑ̃] m ❶ Strom m; **mettre/éteindre le ~** den Strom einschalten/abschalten; **un appareil qui consomme peu/beau-**

coup de ~ ein Gerät mit niedrigem/hohem Stromverbrauch; **cet appareil consomme peu de** ~ der Stromverbrauch dieses Geräts ist sehr gering; **~ alternatif/continu** Wechsel-/Gleichstrom; **~ galvanique** [*o* **basse tension**] Schwachstrom; MED Reizstrom; **~ haute tension** Starkstrom; **~ polyphasé/triphasé** Mehrphasen-/Drehstrom
② *(cours d'eau)* Strömung *f;* **descendre** [*o* **suivre**]/**remonter le ~** stromabwärts/stromaufwärts fahren
③ *(dans l'air)* [Luft]strömung *f,* Luftstrom *m;* **~ ascendant/descendant** Auf-/Abwind *m*
④ *(mouvement)* Strömung *f,* Bewegung *f;* **un ~ d'émigration/de population** eine Auswanderungswelle/Völkerwanderung; **un ~ de sympathie/de haine** eine Sympathiewelle/eine Welle des Hasses; **un ~ de pensée** [*o* **d'idées**] eine Denkweise; **le ~ d'opinion** der Meinungstrend
⑤ *(cours)* **dans le ~ de la journée/conversation** im Laufe des Tages/der Unterhaltung
▸ **le ~ passe entre des personnes** der Funke springt zwischen Menschen über; **être au ~ de qc** in Bezug auf etw *(Akk)* auf dem Laufenden sein; **mettre** [*o* **tenir**] **qn au ~ de qc** jdn in Bezug auf etw *(Akk)* auf dem Laufenden halten; **se mettre** [*o* **tenir**] **au ~** sich auf dem Laufenden halten; **suivre le ~** mit dem Strom schwimmen
◆ **~ d'air** [Luft]zug *m; (gênant)* Durchzug *m;* **il y a un ~ d'air** es zieht; **faire un ~ d'air** Durchzug machen

courant(e) [kuʀɑ̃, ɑ̃t] *adj* ① *(habituel)* normal; *chose, réaction* üblich; *prix* normal, üblich; *travail* gewöhnlich; *dépenses* laufend; *(fréquent)* procédé üblich; *pratique, usage, locution* geläufig; *incident* häufig
② *(standard)* **modèle ~** Standardmodell *nt;* **langage ~**, **langue ~e** Umgangssprache *f;* **c'est ~ que les bébés n'aient pas de cheveux en naissant** es ist allgemein üblich, dass die Babys bei der Geburt keine Haare haben
③ *(en cours)* année, mois, semaine, affaires laufend; *monnaie* gültig; *prix* handelsüblich; **monnaies ~es** gängige Währungen; **le 3 ~** am 3. dieses Monats

courante [kuʀɑ̃t] *f pop* Dünnpfiff *m (sl)*
courbatu(e) [kuʀbaty] *adj* zerschlagen, [wie] gerädert; **être ~(e)**, **avoir les membres ~s** Muskelkater haben
courbature [kuʀbatyʀ] *f souvent pl* Muskelkater *m kein Pl;* **avoir des ~s** Muskelkater haben
courbaturer [kuʀbatyʀe] <1> *vt* **ça m'a courbaturé(e)** davon habe ich Muskelkater [bekommen]; **être complètement courbaturé(e)** *fam* ganz kreuzlahm sein *(fam)*
courbe [kuʀb] **I.** *adj* gebogen; *ligne, trajectoire, surface* gekrümmt
II. *f* GEOG, STATIST Kurve *f; d'une route, d'un fleuve* Biegung *f; des reins* Wölbung *f;* **~ d'aptitude** [**scolaire**] *d'un élève* Leistungskurve *f;* **décrire une ~** eine Kurve beschreiben
◆ **~ de niveau** Höhenlinie *f;* **~ des prix** Preiskurve *f;* **~ prix-ventes** Preis-Absatz-Kurve *f;* **~ des salaires** Lohnkurve *f;* **~ des températures** Temperaturkurve *f;* **~ du travail** ECON Arbeitskurve *f*
courbé(e) [kuʀbe] *adj* dos krumm, gekrümmt; *épaules* hängend; *barre, branche* krumm, gebogen; **être ~(e)** *personne:* einen krummen Rücken haben; **marcher tout(e) ~(e)** ganz gebeugt gehen
courber [kuʀbe] <1> **I.** *vi* **~ sous qc** *personne:* den Rücken wegen etw krümmen; *branche, planche:* sich unter etw *(Dat)* biegen
II. *vt* ① *(plier)* biegen
② *(pencher)* **~ le dos/les épaules** den Rücken krümmen/die Schultern hängen lassen
▸ **~ le front** [*o* **l'échine**] **devant qn** sich jdm beugen
III. *vpr* **se ~** ① *(se baisser)* den Rücken krümmen; *(à cause de l'âge)* einen krummen Rücken haben; *(pour saluer)* sich verbeugen
② *(ployer)* planche, branche: sich biegen

courbette [kuʀbɛt] *f* **faire des ~s à** [*o* **devant**] **qn** vor jdm katzbuckeln
courbure [kuʀbyʀ] *f des sourcils, du nez* Bogen *m; d'une ligne* Krümmung *f; du pied, d'une surface, voûte, des reins* Wölbung *f*
coureur, -euse [kuʀœʀ, -øz] *m, f* ① SPORT *(en athlétisme)* Läufer(in) *m(f); (conducteur, cycliste)* Fahrer(in) *m(f);* **~ de demi-fond/de fond** Mittel-/Langstreckenläufer *m;* **~ cycliste/automobile** Radrennfahrer/Rennfahrer
② *(dragueur)* Schürzenjäger *m;* **être une coureuse d'hommes/un ~ de femmes** hinter Männern/Frauen her sein *(fam);* **être un ~ de bars** ständig durch die Kneipen ziehen
◆ **~ de jupons** Schürzenjäger *m;* **~ de[s] bois** CAN Jäger *m* und Trapper
courge [kuʀʒ] *f* Kürbis *m*
courgette [kuʀʒɛt] *f* Zucchini *f*
courir [kuʀiʀ] <*irr*> **I.** *vi* ① *(aller au pas de course)* laufen; *(plus vite)* rennen; **~ partout** überall herumrennen
② *(se dépêcher)* laufen; *(plus vite)* rennen; **~ faire qc** schnell etw tun gehen; **~ chercher le médecin** schnell den Arzt holen; **bon, j'y cours** gut, ich laufe schnell hin
③ *(participer à une course)* starten, ins Rennen gehen

④ *littér (couler, glisser)* eau: fließen; *(avec plus de force)* strömen; *ombre, reflet:* wandern; *(très vite)* huschen; *plume, stylo:* eilen, gleiten; *bateau, navire:* fahren
⑤ *(se répandre)* bruit: umgehen, kursieren; **faire ~ le bruit que qn est mort** das Gerücht in Gang setzen, dass jd gestorben ist
⑥ *(se diriger vers)* **~ à la faillite/à la catastrophe** kurz vor dem Bankrott/vor der Katastrophe stehen; **~ à sa perte** [*o* **ruine**] ins Verderben rennen
⑦ *(s'écouler)* temps: dahineilen
▸ **laisse ~!** *fam* vergiss es!; *(fam)* **tu peux toujours ~!** da kannst du lange warten!; **rien ne sert de ~, il faut partir à point!** *prov* das nutzt jetzt auch nichts mehr!; **~ après qn/qc** *fam* hinter jdm/etw her sein *(fam);* **ne pas ~ après qc** auf etw nicht scharf sein; **faire qc en courant** etw in aller Eile tun
II. *vt* ① *(participer à une course)* **~ qc** bei etw starten
② *(parcourir)* durchstreifen *bois, campagne, champs;* befahren *mers;* bereisen *monde, pays;* ablaufen, abklappern *(fam) magasins, bureaux, agences;* **~ les rues** ständig draußen [*o* auf der Straße] sein
③ *(fréquenter)* **~ les théâtres/bars** ständig in Theater gehen/in den Kneipen herumziehen; **~ les filles/hommes** hinter den Mädchen/Männern her sein *(fam);* **~ les jupons** ein Schürzenjäger sein

courlis [kuʀli] *m* Brachvogel *m*
couronne [kuʀɔn] *f* ① *d'un souverain* Krone *f;* **la ~** *(monarchie)* die Krone
② *(pour décorer)* Kranz *m;* **~ de fleurs/de laurier** Blumen-/Lorbeerkranz *m;* **la ~ d'épines du Christ** die Dornenkrone Christi; **~ de mariée** Brautkranz; **~ funéraire** [*o* **mortuaire**] Totenkranz
③ BOT *d'un arbre* Krone *f*
④ *(capsule métallique) d'une dent* Krone *f;* **couronne dentaire** Zahnkrone
⑤ FIN Krone *f*
⑥ *(pain)* kranzförmiges Brot
◆ **~ de riz** Reisrand *m*
couronné(e) [kuʀɔne] *adj* ① *(récompensé)* ouvrage, film preisgekrönt
② *(qui porte une couronne)* **les têtes ~es** die gekrönten Häupter
couronnement [kuʀɔnmɑ̃] *m* Krönung *f*
couronner [kuʀɔne] <1> *vt* ① krönen *souverain;* **~ qn empereur** jdn zum Kaiser krönen
② *(récompenser)* auszeichnen *lauréat, auteur, roman*
③ *(décorer)* bandeau, cheveux: schmücken *tête, front;* **un sommet couronné de neige** ein Gipfel mit einer Schneehaube
④ *(consacrer)* krönen *carrière, œuvre, vie;* **couronné(e) de succès** von Erfolg gekrönt
courre *v.* **chasse**
courriel [kuʀjɛl] *m abr de* **courrier électronique** E-Mail *f o nt*
courrier [kuʀje] *m* ① *(lettres)* Post *f;* **~ postal** Briefpost *f;* **~ interne** Hauspost *f;* **~ par fax** Faxpost *f;* **faire son ~** seine Post erledigen; **par ~ séparé** mit getrennter Post; **~ en retard** [*o* **en attente**] Briefschulden *Pl;* **faire son ~ en retard** seine Briefschulden erledigen
② *(nom d'un journal)* Kurier *m*
③ *(rubrique d'un journal)* **le ~ économique/littéraire** der Wirtschafts-/Literaturteil; **le ~ du cœur** die Spalte „Leser fragen um Rat"; **le ~ des lecteurs** die Leserbriefe
④ *(personne)* [Eil]bote *m;* **par ~ [spécial]** per Eilboten
⑤ INFORM **~ électronique** E-Mail *nt o f;* **~ arrivée/départ** Eingangs-/Ausgangspost *f*
courriériste [kuʀjeʀist] *mf* Kolumnist(in) *m(f)*
courroie [kuʀwa] *f* ① *(sangle)* Riemen *m,* Gurt *m*
② TECH **~ de transmission** [*o* **d'entraînement**] Treibriemen *m*
③ MECANAUT **~ d'alternateur** [*o* **trapézoïdale**] Keilriemen *m*
courroucé(e) [kuʀuse] *adj littér* dieux, personne erzürnt; *air, voix* zornig, wütend; *flots* tobend
courroux [kuʀu] *m littér* Zorn *m*
cours [kuʀ] *m* ① *(déroulement)* Verlauf *m; des saisons* Ablauf *m; du temps* Lauf *m;* **au ~ de qc** im Laufe einer S. *(Gen);* **au ~ de l'année** im Jahresablauf; **suivre son ~** seinen Lauf nehmen; **suivre le ~ de ses pensées** [*o* **idées**] seinen/ihren Gedankengängen folgen; **donner** [*o* **laisser**] **~ à sa colère/son imagination** seine Wut herauslassen/seiner Phantasie freien Lauf lassen; **en ~** *affaire, mois, commande* laufend; **procédure en ~** JUR schwebendes Verfahren; **en ~ de fabrication** produit unfertig; **en ~ de transport** marchandises unterwegs befindlich; **être en ~ de route** unterwegs sein
② *(leçon)* Unterricht *m; (leçon privée)* Kurs *m,* Kursus *m;* UNIV Seminar *nt;* **~ intensif** Intensivkurs; **~ de physique** Physikunterricht; **~ regroupés** Blockunterricht; **~ du matin** Vormittagsunterricht; **~ magistral** Vorlesung *f;* **~ de bricolage** Bastelkurs[us]; **~ de couture** Nähkurs[us]; *(enseignement des travaux d'aiguille)* Handarbeitsunterricht; **~ de danse** Tanzunterricht/-kurs *m;* **~ d'initiation** Schnupperstudium *nt;* **~ de langues** Sprachunterricht/-kurs *m;* **~ du soir** Abendkurs; **~ de vacances** Ferienkurs, Ferialkurs (A); **~ pen-

course–coût

c

dant le week-end Wochenendkurs[us]; ~ de remise à niveau Auffrischungskurs[us]; **début du/des** ~ Kursbeginn *m;* **fin du/des** ~ Kursende *nt;* ~ **par correspondance** Fernkurs *m;* ~ **assisté par ordinateur** computergestützter Unterricht; ~ **particulier** *[o* **privé***]* Privatunterricht; *(pour rattraper)* Nachhilfeunterricht; *(heure de cours)* Privatstunde; **avoir** ~ Unterricht haben; **en** ~ **d'allemand** in der Deutschstunde; **donner des** ~ **de qc à qn** jdm Vorträge über etw *(Akk)* halten; **faire** ~ **de qc à qn** jdn in etw *(Dat)* unterrichten; **suivre un** ~ *[o* **des** ~*]* einen Kurs besuchen; ~ **de théâtre** *[o* **d'art dramatique***]* Schauspielunterricht; **prendre/donner des** ~ **de théâtre** Schauspielunterricht nehmen/erteilen
❸ *(école)* Schule *f;* ~ **privé** Privatschule; ~ **de danse/de peinture/de théâtre** Tanz-/Kunst-/Schauspielschule
❹ *(manuel)* Lehrbuch *nt*
❺ *(classe)* Klasse *f;* ~ **préparatoire** ≈ 1. Grundschulklasse; ~ **élémentaire 1 et 2** ≈ 2. und 3. Grundschulklasse; ~ **moyen 1 et 2** ≈ 4. Grundschulklasse und 5. Klasse
❻ FIN, COM *d'une monnaie, du change, des actions* Kurs *m; de produits, marchandises* Preis *m;* ~ **demandé** *[o* **acheteur***]* Geldkurs; ~ **maximal** Höchstkurs; ~ **maximal du jour** Tageshöchstkurs; ~ **minimal du jour** Tagestiefstkurs, Tagesniedrigstkurs; ~ **moyen** Durchschnittskurs, Mittelkurs; ~ **nominal/offert** Nominal-/Briefkurs; ~ **officiel de conversion** amtlicher Umrechnungskurs; **le** ~ **le plus haut/le plus bas de l'année** das Jahreshöchst-/-tiefst (CH); ~ **des monnaies étrangères** Sortenkurs, Valutakurs; ~ **de l'or** Goldkurs; ~ **de la rente** Rentenkurs; ~ **au pair** Parikurs; ~ **d'achat/d'émission** Ankaufs-/Ausgabekurs; ~ **de la Bourse** Börsenkurs; ~ **de change à terme** Devisenterminkurs; ~ **du change au comptant** Devisenkassakurs; ~ **de clôture** Börsenschlusskurs, Geld-Brief-Schlusskurs; ~ **du dollar/change** Dollar-/Wechselkurs; ~ **du marché des changes** Devisenmarktkurs; ~ **d'ouverture** Anfangskurs, Eröffnungskurs; ~ **de rachat** Einlösungskurs; ~ **de[s] vente[s]** Verkaufskurs, Briefkurs; **avoir/ne plus avoir** ~ gültig/nicht mehr gültig sein; **soutenir le** ~ den Kurs stützen, eine Kursstützung durchführen; **affaiblir le** ~ den Kurs schwächen; **intervenir de manière à garantir le** ~ kurssichernd intervenieren; ~ **au comptant** Kassakurs; **au** ~ **actuel** zum gegenwärtigen Kurs; **au** ~ **du change actuel** zum gegenwärtigen Devisenkurs; **détermination du** ~ **sur le marché des actions** Kursfindung am Aktienmarkt *f;* **le** ~ **se stabilisa autour de…** der Kurs pendelte sich bei … ein
❼ *(courant) d'un fleuve, d'une rivière* Lauf *m;* ~ **inférieur/supérieur** Unter-/Oberlauf; ~ **du ruisseau** Bachlauf; **remonter/descendre le** ~ **du Rhin** rheinaufwärts/rheinabwärts fahren
▶ **au long** ~ auf hoher See
♦ ~ **de diction** Spracherziehung *f;* ~ **d'eau** Wasserlauf *m;* ~ **de liquidation** Liquidationsquote *f;* ~ **de souscription** *d'actions nouvelles* Übernahmekurs *m,* Bezugsrechtskurs

course [kuʀs] *f* ❶ *(action de courir)* Laufen *nt;* **marcher au pas de** ~ im Laufschritt gehen; **c'est la** ~ ! *fam* das ist Stress! *(fam),* ich habe viel Bürokram! *(fam)*
❷ *(épreuve sportive)* Rennen *nt;* (à pied) Lauf *m;* ~ **automobile/cycliste** Auto-/Radrennen; ~ **par étapes** Etappenrennen/Etappenlauf; ~ **de côte** Bergrennen; ~ **d'endurance** Dauerlauf; ~ **de fond/de demi-fond/de haies/de relais/d'obstacles** Langstrecken-/Mittelstrecken-/Hürden-/Staffel-/Hindernislauf; ~ **de sable** Sandbahnrennen; ~ **de voiliers** Segelregatta *f;* **cheval/voiture de** ~ Rennpferd *nt*/Rennwagen *m;* **vélo de** ~ Rennrad *nt;* **faire la** ~ **avec qn** mit jdm um die Wette laufen; **remporter la** ~ das Rennen gewinnen
❸ *pl* JEUX [Pferde]rennen *nt;* **jouer** *[o* **parier***]* **aux** ~**s** beim [Pferde]rennen wetten; **champ de** ~**s** [Pferde]rennbahn *f*
❹ *(déplacement)* Fahrt *f;* ~ **de taxi** Taxifahrt; **le prix d'une** ~ **en taxi** der Preis für die Fuhrgeld (A); **poursuivre sa** ~ *voiture, bateau:* weiterfahren; *avion:* weiterfliegen
❺ TECH *d'un frein* Weg *m;* ~ **d'un/du piston** Kolbenhub *m;* **la cassette arrive en fin de** ~ die Kassette ist abgelaufen
❻ *(commission)* Erledigung *f;* **les** ~**s** die Besorgungen; **faire les** *[o* **ses***]* ~**s** Besorgungen machen; **faire une** ~ *(régler qc)* eine Besorgung machen; *(faire un achat)* einen Einkauf tätigen
❼ *(ruée)* ~ **au pouvoir** Wettstreit *m* um die Macht; ~ **aux armements** Wettrüsten *nt,* Rüstungsspirale *f*
❽ CH *(excursion)* Ausflug *m*
▶ ~ **contre la montre** CYCLISME Zeitfahren *nt; fig* Wettlauf *m* mit der Zeit
♦ ~ **à pied** Laufsport *m;* ~ **de trot attelé** Trabrennen *nt;* ~ **en sac** Sackhüpfen *nt;* ~ **de vitesse** Sprint *m*

course-poursuite [kuʀsəpuʀsɥit] <courses-poursuites> *f* Verfolgungsjagd *f;* **il y a eu une** ~ **effrénée** es gab eine wilde Verfolgungsjagd

courser [kuʀse] <1> *vt form* verfolgen; **se faire** ~ **par qn** von jdm verfolgt werden

coursier [kuʀsje] *m* Laufbursche *m;* ~ **attaché commercial** Verkaufsfahrer *m*

coursive [kuʀsiv] *f* [schmaler] Gang

court [kuʀ] *m* ~ **de tennis** Tennisplatz *m,* Tenniscourt *m;* **les** ~**s de tennis** die Tennisanlage

court(e) [kuʀ, kuʀt] **I.** *adj* ❶ *(opp: long)* kurz
❷ *(concis)* kurz, knapp; **c'est un peu** ~ ! das ist ein bisschen wenig!
▶ **être** ~ **sur pattes** *hum fam* Dackelbeine haben *(hum fam)*
II. *adv* ❶ *(opp: long)* kurz; **s'habiller** ~ kurze Kleider tragen
❷ *(concis)* **faire** ~ sich kurz fassen; **s'arrêter** ~ plötzlich innehalten; *(à pied, en voiture)* plötzlich anhalten; **couper** ~ **à qc** einer S. *(Dat)* ein Ende bereiten; **tourner** ~ schnell vorbei sein; **tout** ~ ganz einfach
▶ **être à** ~ **de qc** von etw nicht genug haben; **prendre qn de** ~ jdn in Verlegenheit bringen

courtage [kuʀtaʒ] *m* ❶ *(profession)* Maklerwesen *nt,* Maklergeschäft *nt*
❷ *(commission)* Maklergebühr *f*

courtaud(e) [kuʀto, od] *adj* gedrungen

court-bouillon [kuʀbujɔ̃] <courts-bouillons> *m* Brühe *f* **court--circuit** [kuʀsiʀkɥi] <courts-circuits> *m* Kurzschluss *m* **court--circuitage** [kuʀsiʀkɥitaʒ] <courts-circuitages> *m fam* **le** ~ **de qn/qc** das Umgehen eines Menschen/einer S. **court-circuiter** [kuʀsiʀkɥite] <1> *vt* ❶ ELEC kurzschließen ❷ *fam* ~ **qn/qc** *(éliminer)* jdn/etw umgehen; *(agir derrière le dos de)* jdn hintergehen

courtepointe [kuʀtəpwɛt] *f* gesteppte Tagesdecke

courtier, -ière [kuʀtje, -jɛʀ] *m, f* Makler(in) *m(f);* ~(-ière) **maritime** Schiffsmakler(in); ECON Seemakler(in) *(Fachspr.);* ~(-ière) **en Bourse/en devises** Börsen-/Devisenmakler(in); ~(-ière) **en effets** Wechselmakler(in); ~(-ière) **en prêt** Finanzmakler(in); ~(-ière) **en valeurs mobilières,** ~(-ière) [**libre**] BOURSE Freiverkehrshändler(in) *m(f);* ~ **en vins** Weinkommissionär
♦ ~(-ière) **de franchisage** JUR Franchisemakler(in) *m(f)*

courtine [kuʀtin] *f d'une fortification* Kurtine *f*

courtisan [kuʀtizɑ̃] *m* ❶ *d'un roi* Höfling *m;* **vil** ~ Hofschranze *f (pej)*
❷ *fig* Schmeichler *m*

courtisane [kuʀtizan] *f* HIST, LITTER Kurtisane *f*

courtiser [kuʀtize] <1> *vt* ❶ *(faire la cour)* ~ **qn** jdm den Hof machen
❷ *(flatter)* ~ **qn** jdn hofieren, um jds Gunst buhlen; **une jeune femme très courtisée** eine viel umworbene junge Frau

court-jus [kuʀʒy] <courts-jus> *m fam* Kurzschluss *m,* Kurze(r) *m (fam)* **court-métrage** [kuʀmetʀaʒ] <courts-métrages> *m* Kurzfilm *m*

courtois(e) [kuʀtwa, waz] *adj* ❶ *(poli)* höflich
❷ HIST, LITTER höfisch

courtoisement [kuʀtwazmɑ̃] *adv* höflich

courtoisie [kuʀtwazi] *f* Höflichkeit *f;* **par** ~ aus Höflichkeit

court-vêtu(e) [kuʀvety] <court-vêtus> *adj femme* mit [o in] einem kurzen Kleid

couru(e) [kuʀy] **I.** *part passé de* **courir**
II. *adj lieu* stark frequentiert; *restaurant, spectacle* gut besucht; **ce bar est** ~ **du tout Paris** ganz Paris geht in diese Bar
▶ **c'est** ~ **d'avance** das ist doch von vornherein klar

couscous [kuskus] *m* Kuskus *nt,* Couscous *nt*

couscoussier [kuskusje] *m* Kuskustopf *m*

cousette [kuzɛt] *f vieilli* Nähetui *nt*

cousin(e) [kuzɛ̃, in] *m(f)* Cousin *m*/Cousine, Vetter *m*/Base *f;* ~**s germains** Cousins [*o* Vettern] ersten Grades; ~**e éloignée** entfernte Kusine

coussin [kusɛ̃] *m* ❶ Kissen *nt;* ~ **de duvet** Daunenkissen
❷ BELG *(oreiller)* Kopfkissen
❸ *(partie rembourrée)* Polster *nt,* Polsterung *f; (dans une voiture)* Sitzpolster *m*
♦ ~ **d'air** Luftkissen *nt*

coussinet [kusinɛ] *m* ❶ *(petit coussin)* kleines Kissen
❷ *(partie de la patte) d'un chat, chien* Ballen *m*
❸ TECH, MECANAUT, CHEMDFER Lager *nt;* ~ **de bielle** Pleuellager *nt*

cousu(e) [kuzy] **I.** *part passé de* **coudre**
II. *adj* **poche** aufgesetzt; ~(**e**) **main** handgenäht

coût [ku] *m* ❶ *(dépense)* Kosten *Pl; d'une marchandise* Preis *m;* ~ **de l'habitat** Wohnkosten; **le** ~ **de qc est trop élevé** die Kosten für etw sind zu hoch
❷ *gén pl* ECON, FIN Kosten *Pl;* ~**s budgétés** Plankosten, Soll-Kosten; ~**s directs** direkte Kosten; ~**s fixes** fixe Kosten, Festkosten; ~**s initiaux** Anfangskosten; ~**s juridiques** Rechtskosten; ~ **marginal/total** Grenz-/Gesamtkosten; ~ **moyen** Durchschnittskosten; ~**s normatifs** Normativkosten *(Fachspr.);* ~**s préétablis** Kostenvorgabe *f;* ~ **publicitaire** Werbeaufwand *m;* ~**s réels** Realkosten; ~ **standard** Standardselbstkosten; ~**s supplémentaires** Kostenzuschlag *m;* ~**s unitaires** Stückkosten; ~**s indirects de commercialisation** Vertriebsgemeinkosten; ~**s d'un/du contrat** Vertrags-

kosten; **~s d'un facteur/des facteurs** [de production] Faktorkosten *(Fachspr.)*; **~s de la fluctuation** Fluktuationskosten *(Fachspr.)*; **~s de revient** Selbstkosten; **évaluer les ~s de revient** die Selbstkosten veranschlagen; **~s liés à la qualité d'un produit** Qualitätskosten; **~s relatifs à l'extraction et à la production** Förderkosten
◆ **~ d'acquisition** Anschaffungswert *m;* **~s d'amortissement** *d'un crédit* Abzahlungskosten *Pl;* **~s de cession** Veräußerungskosten *Pl;* **~s du crédit** Kreditkosten *Pl;* **~s de développement** Entwicklungskosten *Pl;* **~s d'émission** *d'actions* Emissionskosten *Pl;* **~s d'entretien** Unterhaltungskosten *Pl;* **~ d'équipement du terrain** Erschließungskosten *Pl;* **~ du financement** JUR Geldbeschaffungskosten *Pl;* **~s de finition** Nacharbeitskosten *Pl;* **~s d'installation** Aufstellungskosten *Pl;* **~s de lancement** Anlaufkosten *Pl;* **~s des locaux** Raumkosten *Pl;* **~s de nettoyage** Reinigungskosten *Pl;* **~ de production** Produktionskosten *Pl;* **~s de redressement** Sanierungskosten *Pl;* **~s de report** FIN Prolongationskosten *Pl;* **~s de saisie** Pfändungskosten *Pl;* **~ des ventes** ECON Wareneinsatz *m;* **~ de la vie** Lebenshaltungskosten *Pl*
coûtant [kutã] *adj prix* ~ Selbstkostenpreis *m*
couteau [kuto] <x> *m* ❶ *(ustensile)* Messer *nt;* **~ à fromage/à pain** Käse-/Brotmesser; **~ à poisson/à steak** Fischmesser; **~ à beurre** Buttermesser; **~ à découper/à éplucher/à désosser** Tranchier-/Schäl-/Ausbeinmesser; **~ de cuisine** Küchenmesser; **~ suisse** Schweizermesser; **~ de poche** [*o* **pliant**] Taschenmesser, Taschenfeitel *m* (A)
❷ *(coquillage)* Messermuschel *f,* Scheidenmuschel *f*
▶ **mettre le ~ sous** [*o* **sur**] **la gorge de qn** jdm die Pistole auf die Brust setzen; **remuer** [*o* **retourner**] **le ~ dans la plaie** Salz in die Wunde streuen; **être à ~ tiré avec qn** jdn aufs Messer bekämpfen, mit jdm spinnefeind sein *(fam)*
◆ **~ à cran d'arrêt** Klappmesser *nt*
couteau-scie [kutosi] <couteaux-scies> *m* Sägemesser *nt*
coutelas [kutla] *m (couteau)* langes Küchenmesser *nt; (pour la viande)* Fleischmesser *nt*
coutelier, -ière [kutəlje, -jɛʀ] *m, f (fabricant)* Messerschmied *m*
coutellerie [kutɛlʀi] *f (industrie)* Schneidwarenindustrie *f; (produits)* Schneidwaren *Pl*
coûter [kute] <1> I. *vt* ❶ *(valoir)* kosten; **~ cent euros** hundert Euro kosten; **ça m'a coûté dix euros** das hat mich zehn Euro gekostet
❷ *(causer)* **~ des larmes/des efforts à qn** jdn Tränen/einige Mühen kosten
❸ *(faire perdre)* **~ la vie/la situation à qn** jdn das Leben/die Stellung kosten
▶ **ça va me/te ~ cher de faire qc** das wird mich/dich teuer zu stehen kommen etw zu tun; **pour ce que ça coûte** das bringt einen nicht um *(fam);* **coûte que coûte** koste es, was es wolle; **ça ne coûte rien** das kostet nichts; **ça ne coûte rien de faire qc** es kostet nichts etw zu tun
II. *vi (donner du mal)* **~ à qn** jdm schwerfallen; **cela me/te coûte** etw kostet mich/dich Überwindung, etw fällt mir/dir schwer; **ça me/te** [*o* **il m'en/t'en**] **coûte de faire qc** es kostet mich/dich Überwindung etw zu tun
coûteux, -euse [kutø, -øz] *adj* ❶ *(qui coûte de l'argent)* teuer, kostspielig; *production, réforme* kostenaufwändig; *entreprise* kostenträchtig
❷ *(qui demande un effort)* mühsam
coutil [kuti] *m* Drillich *m,* Drell *m*
coutume [kutym] *f* ❶ *(usage)* Brauch *m,* Sitte *f; (habitude)* Gewohnheit *f;* **~ nationale** Landesbrauch; **~ de carnaval** Karnevalsbrauch; **c'est la ~** das ist so üblich; **la ~ veut que les invités fassent un cadeau aux mariés** es ist üblich, dass die Gäste den Hochzeitspaar ein Geschenk machen; **avoir ~ de faire qc** es gewohnt sein [*o* die Gewohnheit haben] etw zu tun; **comme de ~** wie üblich; **plus/moins que de ~** mehr/weniger als üblich; **préservation des ~s** Brauchtumspflege *f*
❷ *(mœurs)* **~s d'un peuple** Sitten *Pl* [*o* Bräuche *Pl*] eines Volkes
❸ ECON Usance *f*
coutumier, -ière [kutymje, -jɛʀ] *adj* ❶ *(habituel)* üblich, gewöhnlich; **être ~** (**-ière**) **à qn** jdm vertraut sein
❷ JUR **droit ~** Gewohnheitsrecht *nt;* **question de droit ~** gewohnheitsrechtliche Frage
couture [kutyʀ] *f* ❶ *(action)* Nähen *nt,* Schneidern *nt;* **faire de la ~** nähen, schneidern; **pièce pour les travaux de ~** Nähzimmer *nt*
❷ *(ouvrage)* Näharbeit *f*
❸ *(profession)* Bekleidungsindustrie *f,* Konfektion *f;* **la haute ~** die Haute Couture
❹ *(suite de points)* Naht *f;* **~ latérale** Seitennaht; **~ rabattue** Kappnaht
▶ **battre qn à plate**[**s**] **~**[**s**] jdn haushoch [*o* vernichtend] schlagen; **se faire battre à plate**[**s**] **~**[**s**] haushoch [*o* vernichtend] geschlagen werden; **examiner** [*o* **inspecter**] **qn/qc sous toutes les ~s** jdn/etw genauestens untersuchen

couturé(e) [kutyʀe] *adj visage, peau* mit Narben übersät
couturier [kutyʀje] *m* Modeschöpfer *m*
couturière [kutyʀjɛʀ] *f (à son compte)* Schneider[meister]in *f; (en atelier)* Näherin *f*
couvain [kuvɛ̃] *m d'abeilles* Brut *f*
couvée [kuve] *f (œufs)* Gelege *nt; (poussins)* Brut *f;* **une ~ de merles** eine Amselbrut
couvent [kuvã] *m (bâtiment)* Kloster *nt; (installation, aménagement)* Klosteranlage *f; (communauté)* Klostergemeinschaft *f,* Konvent *m (Fachspr.);* **entrer au ~** ins Kloster gehen; **bibliothèque/cour/cave du ~** Klosterbibliothek *f/*-hof *m/*-keller *m;* **mur/porte du ~** Klostermauer *f/*-pforte *f;* **élève d'un ~** Klosterschülerin *f*
couver [kuve] <1> I. *vi feu, incendie:* schwelen; *fanatisme, haine:* gären; *complot, émeute:* sich zusammenbrauen; *passion:* sich entwickeln
II. *vt* ❶ ausbrüten *œuf*
❷ *(materner)* umhegen; **~ qn des yeux** [*o* **du regard**] jdn nicht aus den Augen lassen
❸ *(porter en germe)* mit sich (*Dat*) herumtragen *maladie*
❹ *(nourrir)* hegen *projets*
couvercle [kuvɛʀkl] *m* Deckel *m; d'une bouteille* Verschluss *m,* Deckel; *d'une machine, d'un clavier* Abdeckhaube *f; d'une cuisinière* [Herd]abdeckplatte *f;* **~ rabattable** Klappdeckel
couvert [kuvɛʀ] *m* ❶ *(ustensiles)* Besteck *nt;* **~ d'enfant/de table** Kinder-/Tafelbesteck; **~s à poisson/à salade** Fisch-/Salatbesteck; **~ à découper** Tranchierbesteck; **~s pour le barbecue** Grillbesteck
❷ *(place au restaurant, à table)* Gedeck *nt;* **mettre le ~** den Tisch decken; **je mets combien de ~s?** für wie viele Personen soll ich decken?
❸ *(protection)* **sous le ~ de qn** mit jds Rückhalt; **être à ~** COM abgesichert sein
❹ *(prétexte)* **sous le ~ de qc** unter dem Deckmantel einer S. (*Gen*)
couvert(e) [kuvɛʀ, ɛʀt] I. *part passé de* **couvrir**
II. *adj* ❶ *(habillé)* **être trop ~**(**e**) zu warm angezogen sein
❷ *(protégé)* **être ~**(**e**) *(d'une couverture)* zugedeckt sein; *(par qn)* Rückendeckung bekommen
❸ *(assuré)* **être ~**(**e**) **par une assurance** bei einer Versicherung versichert sein
❹ *(opp: en plein air) cour, marché, rue* überdacht
❺ METEO *ciel* bedeckt; *temps* trüb
❻ *(recouvert) allée* überwachsen; **~**(**e**) **de neige/chaume** schnee-bedeckt/strohgedeckt; **~**(**e**) **de feuilles/poussière** mit Laub/Staub bedeckt
❼ *(plein de)* **être ~**(**e**) **de bleus/de sang** voller blauer Flecke/Blut sein
❽ *(caché)* verdeckt; *mots* verschlüsselt; **s'exprimer à mots ~s** in Andeutungen sprechen
couverture [kuvɛʀtyʀ] *f* ❶ *d'un lit* [Bett]decke *f;* **~ de laine** Wolldecke; **~ chauffante** Heizdecke
❷ *(toiture)* **~ de tuiles** Bedachung *f* aus Ziegeln
❸ *(partie qui couvre) d'une armoire* Umschlag *m; d'un livre* Deckel *m; d'un magazine* Titelblatt *nt;* **faire la** [*o* **être en**] **~ d'un magazine** auf der Titelseite stehen
❹ PRESSE **~ d'un événement** Berichterstattung *f* über ein Ereignis
❺ *(garantie, compensation)* **~ bancaire** Absicherung *f* durch eine/die Bank; **~ financière/sociale** finanzielle/soziale Absicherung; **~ des coûts** Kostendeckung *f;* **~ entière des risques** JUR Allgefahrendeckung *(Fachspr.);* **~ des besoins** Bedarfsdeckung *f;* **~ du passif** [*o* **des pertes**] Verlustdeckung
❻ FIN *(paiement d'une garantie)* Einschuss *m (Fachspr.)*
❼ MIL Deckung *f,* Abschirmung *f;* **~ aérienne** Sicherung *f* des Luftraums
❽ *(prétexte)* Deckmantel *m,* Vorwand *m*
❾ JUR Heilung *f (Fachspr.);* **~ de la nullité** Heilung der Nichtigkeit; **~ du vice de forme/de notification** Heilung des Formfehlers/des Zustellungsmangels
▶ **tirer la ~ à soi** alle Anerkennung einstecken
◆ **~ d'assurance** Versicherungsschutz *m,* Versicherungsdeckung *f;* **bénéficier de la ~ d'assurance complète** den vollen Versicherungsschutz haben; **~ des frais** ECON Unkostendeckung *f*
couveuse [kuvøz] *f* ❶ *(poule)* Bruthenne *f*
❷ *(incubateur)* **~** [**artificielle**] *(pour œufs)* Brutapparat *m; (pour prématurés)* Brutkasten *m*
couvrant(e) [kuvʀã, ãt] *adj* [gut] deckend; **couleur** [*o* **peinture**] **~e** Deckfarbe *f*
couvre-chef [kuvʀəʃɛf] <couvre-chefs> *m* Kopfbedeckung *f*
couvre-feu [kuvʀəfø] <couvre-feux> *m (signal)* Alarm *m; (période)* Sperrstunde *f* **couvre-lit** [kuvʀəli] <couvre-lits> *m* Tagesdecke *f* **couvre-livre** [kuvʀəlivʀ] <couvre-livres> *m* Buchhülle *f* **couvre-nuque** [kuvʀənyk] <couvre-nuques> *m* Na-

ckenschutz *m* **couvre-pied[s]** [kuvʀəpje] <couvre-pieds> *m* [kurze] Decke
couvreur, -euse [kuvʀœʀ, -øz] *m, f* Dachdecker(in) *m(f)*
couvrir [kuvʀiʀ] <11> I. *vt* ❶ *(mettre sur)* abdecken; zudecken *récipient, personne;* decken *toit;* einbinden *livre*
❷ *(recouvrir) couverture, toile:* zudecken, zuhängen; **qc couvre qn** jd ist mit etw zugedeckt
❸ *(parsemer de) feuilles mortes, neige, nuage:* bedecken
❹ *(habiller)* ~ **trop qn** *personne:* jdn zu warm anziehen; *cape, châle:* jdn zu sehr einhüllen; ~ **les épaules de qn** jds Schultern bedecken
❺ *(cacher)* verdecken *visage;* übertönen *voix, son;* decken *faute;* verschleiern *abus*
❻ *(protéger)* ~ **qn** hinter jdm stehen, jdm den Rücken stärken; ~ **qn/qc** MIL jdm Deckung geben/etw abschirmen; **il est couvert par son chef** sein Chef steht hinter ihm; ~ **qn de son corps** jdn mit seinem Körper schützen
❼ *(garantir)* ausschalten *risque;* decken *perte;* ~ **qn/qc** *assurance:* für jdn/etw haften; ~ **les frais** *personne:* die Kosten übernehmen; *somme:* die Kosten decken
❽ *(parcourir)* zurücklegen *distance, kilomètres*
❾ *(relater)* berichten über *(+ Akk) événement*
❿ *(combler)* ~ **qn de baisers** jdn mit Küssen bedecken; ~ **qn de cadeaux** jdn mit Geschenken überhäufen; ~ **qn de reproches** jdn mit Vorwürfen überschütten; **on l'a couvert de coups** Schläge prasselten auf ihn nieder
II. *vpr* ❶ **se** ~ *(s'habiller)* sich anziehen, *(mettre un chapeau)* sich *(Dat)* einen Hut aufsetzen; **couvre-toi, il fait froid!** zieh [dir] was an, es ist kalt!
❷ *(se protéger)* **se** ~ sich absichern, sich schützen
❸ METEO **se** ~ [**de nuages**] *ciel:* sich bewölken; **le temps se couvre** es trübt sich ein
❹ *(se remplir de)* **se** ~ **de bourgeons** viele Knospen entwickeln; **se** ~ **de taches** *personne:* sich bekleckern
cover-girl [kɔvœʀgœʀl] <cover-girls> *f* Covergirl *nt*
covoiturage [kovwatyʀaʒ] *m* CAN *(transport en commun dans une voiture particulière)* Fahrgemeinschaftssystem *nt;* **pratiquer le** ~ in einer Fahrgemeinschaft fahren, eine Fahrgemeinschaft bilden
cow-boy [kɔbɔj, kaobɔj] <cow-boys> *m* Cowboy *m* **cow-girl** [kogœʀl, kaogœʀl] <cow-girls> *f* Cowgirl *nt*
coxarthrose [kɔksaʀtʀoz] *f* MED Hüftgelenkarthrose *f,* Hüftarthrose *f*
coyote [kɔjɔt] *m* Kojote *m,* Coyote *m*
CP [sepe] *m abr de* **cours préparatoire** erste Grundschulklasse
C.Q.F.D. [sekyɛfde] *abr de* **ce qu'il fallait démontrer** was zu beweisen war, quod erat demonstrandum *(geh)*
crabe [kʀab] *m* Krabbe *f*
▶ **marcher** [*o* **avancer**] **en** ~ seitwärtsgehen
crabot [kʀabo] *m* MECA NAUT Geländegang *m*
crac [kʀak] *interj* knack
crachat [kʀaʃa] *m* Spucke *f*
craché(e) [kʀaʃe] *adj* ▶ **c'est lui tout** ~ *fam (très ressemblant)* er/sie ist ihm wie aus dem Gesicht geschnitten; *(typique de qn)* das sieht ihm ähnlich *(fam)*
crachement [kʀaʃmɑ̃] *m* ❶ *(expectoration)* **de salive** Ausspucken *nt;* ~ **de sang** Blutspucken *nt*
❷ *(rejet) d'étincelles* Sprühen *nt; de flammes* Hochschießen *nt,* Hochschlagen *nt; de gaz, de vapeur* Ausströmen *nt*
cracher [kʀaʃe] <1> I. *vi* ❶ *(expectorer)* [aus]spucken; ~ **par terre** auf den Boden spucken
❷ *(baver) plume, stylo:* klecksen
▶ ~ **dans la soupe** das eigene Nest beschmutzen; **c'est comme si qn crachait en l'air** *fam* das ist, als würde jd gegen eine Wand reden; **ne pas** ~ **sur qn/qc** *fam* jdn/etw nicht verachten
II. *vt* ❶ *(rejeter)* ausspucken; spucken *sang;* verspritzen, sprühen *venin*
❷ *(faire jaillir, émettre)* ausstoßen *fumée, suie;* speien *feu, lave;* ausspucken *projectiles;* sprühen *étincelles*
❸ *(proférer)* ausstoßen *injures, insultes;* ~ **qc au visage de qn** jdm etw ins Gesicht schleudern
cracheur [kʀaʃœʀ] *m* ◆ ~ **de feu** [*o* **de flammes**] Feuerschlucker *m*
crachin [kʀaʃɛ̃] *m* Sprühregen *m*
crachiner [kʀaʃine] *vi impers* nieseln; **il crachine** es nieselt
crachoir [kʀaʃwaʀ] *m* Spucknapf *m*
▶ **tenir le** ~ *fam* wie ein Wasserfall reden *(fam);* **tenir le** ~ **à qn** *fam* jdn belabern *(fam)*
crachotement [kʀaʃɔtmɑ̃] *m* Knacken *nt,* Knistern *nt*
crachoter [kʀaʃɔte] <1> *vi robinet:* tropfen; **le haut-parleur/téléphone crachote** es knistert im Lautsprecher/in der Telefonleitung
crack[1] [kʀak] *m fam (as)* Ass *nt (fam),* Kanone *f (fam);* **c'est un** ~ **en maths** er/sie ist ein Ass in Mathe

crack[2] [kʀak] *m arg (drogue)* Crack *nt o m (sl)*
cracker[1] [kʀakœʀ, kʀakɛʀ] *m* Cracker *m*
cracker[2] [kʀakœʀ] *m* INFORM Hacker *m*
cracking [kʀakiŋ] *m* INFORM Cracking *nt*
cracra [kʀakʀa] *adj inv fam abr de* **crasseux** dreckig
crade [kʀad], **cradingue** [kʀadɛ̃g], **crado** [kʀado] *adj fam* dreckig *(fam),* versifft *(sl)*
craie [kʀɛ] *f* Kreide *f;* **falaise de** ~ Kreidefelsen *m;* **bâton de** ~ Stück *nt* Kreide
◆ ~ **de tailleur** Schneiderkreide *f*
craignos [kʀɛɲos] *adj fam* mies *(fam)*
craindre [kʀɛ̃dʀ] <irr> I. *vt* ❶ *(avoir peur de)* ~ **qn/qc** jdn/etw fürchten, sich vor jdm/etw fürchten; ~ **de faire qc** sich fürchten etw zu tun
❷ *(pressentir)* [be]fürchten; ~ **la colère de qn** [be]fürchten, dass jd wütend wird; ~ **de tomber malade** befürchten krank zu werden; **je crains qu'il ne soit trop tard** ich [be]fürchte, es ist zu spät; **tu crois qu'il va pleuvoir? – Oui, je le crains** glaubst du, dass es regnen wird? – Ich fürchte, ja
❸ *(être sensible à)* ~ **l'humidité** gegen Feuchtigkeit empfindlich sein; ~ **la chaleur/les taches** hitze-/schmutzempfindlich sein
II. *vi* ❶ *(avoir peur)* ~ **pour qn/qc** Angst um jdn haben; **il n'y a rien à** ~ es besteht kein Grund zur Sorge; **ça ne craint rien** da kann man unbesorgt sein; *(ce n'est pas fragile)* das ist unempfindlich; **ne crains/ne craignez rien!** mach dir/machen Sie sich keine Sorgen!
❷ *(être respecté)* **être craint(e) de qn** [*o* **par qn**] von jdm respektiert werden; *(faire peur)* von jdm gefürchtet werden; **se faire** ~ **de qn** sich *(Dat)* bei jdm Respekt verschaffen
❸ *fam (être minable) personne:* bescheuert sein *(fam); (être) louche) personne, lieu:* nicht ganz koscher sein *(fam);* **ça craint!** *fam* ce n'est pas o.k.) das ist nicht in Ordnung!; *(c'est risqué)* das ist riskant!; *(c'est louche)* das ist nicht ganz koscher *(fam)*
crainte [kʀɛ̃t] *f* ❶ *(peur)* **la** ~ **de qn/qc** die Furcht vor jdm/etw; **n'aie/n'ayez [aucune]** ~**!, sois/soyez sans** ~ **[s]!** sei/seien Sie unbesorgt!; **de** [*o* **dans la**] [*o* **par**] ~ **de qc** aus Furcht [*o* Angst] vor etw *(Dat);* **de** [*o* **par**] ~ **de faire qc** aus Furcht [*o* Angst] etw zu tun
❷ *(pressentiment)* Befürchtung *f*
❸ *pl (appréhension)* Befürchtungen *Pl;* **avoir des** ~**s au sujet de qn/qc** um jdn/etw besorgt sein
craintif, -ive [kʀɛ̃tif, -iv] *adj* ängstlich; *animal, personne* scheu; *yeux* angsterfüllt
craintivement [kʀɛ̃tivmɑ̃] *adv* ängstlich
cramer [kʀame] <1> *vi fam maison:* abbrennen; *meuble, objet:* verbrennen; *aliment:* anbrennen; *câble:* durchbrennen
cramique [kʀamik] *m* BELG *(pain au beurre et au raisins de Corinthe)* Rosinenbrot *nt*
cramoisi(e) [kʀamwazi] *adj* purpurrot, karm[es]inrot; **devenir** ~**(e)** puterrot werden
crampe [kʀɑ̃p] *f* [Muskel]krampf *m*
◆ ~ **d'estomac** Magenkrampf *m*
crampillon [kʀɑ̃pijɔ̃] *m* Krampe *f*
crampon [kʀɑ̃pɔ̃] *m* ❶ TECH, CONSTR Bauklammer *f*
❷ ALPIN Steigeisen *nt*
❸ SPORT Stollen *m;* ~ **vissé** Schraubstollen
❹ *fam (personne)* Klette *f (fam)*
cramponner [kʀɑ̃pɔne] <1> I. *vt* ❶ TECH, CONSTR [ver]klammern
❷ *fam (importuner)* ~ **qn** sich wie eine Klette an jdn hängen *(fam)*
II. *vpr* ❶ *(se tenir)* **se** ~ **à qn/qc** sich an jdm/etw festklammern
❷ *fig* **se** ~ **à la vie/à une personne** sich ans Leben/sich an eine Person klammern; **je veux le quitter mais il se cramponne** ich will mich von ihm trennen, aber er klammert
cran[1] [kʀɑ̃] *m* ❶ *(entaille) d'une crémaillère, d'un pignon* Kerbe *f,* Einschnitt *m; d'une arme* Kimme *f,* Visiereinschnitt *m;* **hausser/baisser qc d'un** ~ etw [um] ein Loch [*o* eine Stufe] höher/tiefer stellen
❷ *(trou) d'une ceinture, courroie* Loch *nt;* **serrer la ceinture d'un** ~ den Gürtel [um] ein Loch enger schnallen
❸ *(coiffure)* Welle *f*
▶ **descendre/monter d'un** ~ **dans l'estime de qn** bei jdm an Ansehen verlieren/gewinnen; **descendre/monter** [*o* **baisser/avancer**] **d'un** ~ **dans la hiérarchie** eine Stufe in der Hierarchie zurückfallen/höhersteigen
◆ ~ **d'arrêt** Raste *f* [des Ladehebels]; ~ **de sûreté** Sicherung *f*
cran[2] [kʀɑ̃] *m fam (courage)* **avoir du** ~ Mumm haben *(fam);* **avoir le** ~ **de faire qc** den Mumm haben, etw zu tun *(fam)*
crâne [kʀɑn] *m* ❶ *(os)* Schädel *m;* **forme du** ~ Schädelform *f*
❷ *(tête)* Kopf *m,* Schädel *m;* **ne rien avoir dans le** ~ nichts im Schädel [*o* Kopf] haben
❸ *(cerveau)* Schädel *m*
▶ **avoir le** ~ **dur** einen Dickschädel [*o* Dickkopf] haben *(fam);* **bourrer le** ~ **à qn** *fam* jdn endlos belabern *(fam);* **se bourrer le** ~ **avec qc** sich *(Dat)* wegen etw den Kopf zermartern; **mettre**

[o enfoncer] qc dans le ~ à qn jdm etw einhämmern; se mettre qc dans le ~ sich (Dat) etw hinter die Ohren schreiben

crâner [kʀɑne] <1> vi fam angeben, eine Schau abziehen (fam)

crâneur, -euse [kʀɑnœʀ, -øz] I. adj angeberisch; être ~ (-euse) ganz schön angeben (fam)
II. m, f Angeber(in) m(f)

crânien(ne) [kʀɑnjɛ̃, jɛn] adj Schädel-; **calotte ~ne** Schädeldecke f

cranter [kʀɑ̃te] <1> vt zahnen roue, pignon; in Wellen legen, wellen cheveux; **une roue crantée** ein Zahnrad

crapahuter [kʀapayte] <1> vi fam kraxeln (fam); bébé: krabbeln

crapaud [kʀapo] m ZOOL Kröte f

crapoter [kʀapɔte] <1> vi fam paffen (fam)

crapule [kʀapyl] f Schuft m; **fieffée ~, ~ finie** Erzschurke m (pej)

crapuleusement [kʀapyløzmɑ̃] adv auf niederträchtige [o gemeine] Weise

crapuleux, -euse [kʀapylø, -øz] adj niederträchtig, gemein; vie unehrenhaft

craquage [kʀakaʒ] m Cracken nt

craquant(e) [kʀakɑ̃, ɑ̃t] adj fam (irrésistible) toll (fam), knackig (fam); (mignon) süß (fam)

craque [kʀak] f fam Aufschneiderei f (fam); **raconter des ~s** aufschneiden (fam)

craqueler [kʀakle] <3> I. vt rissig werden lassen; **être craquelé(e)** Risse haben; vernis: Sprünge haben
II. vpr se ~ Risse bekommen

craquellement [kʀakɛlmɑ̃] m (état) Risse Pl; (action) Rissigwerden nt

craquelure [kʀaklyʀ] f Riss m

craquement [kʀakmɑ̃] m d'un arbre, de la banquise Krachen nt; du bois qui brûle, d'une boiserie, branche Knacken nt; d'un plancher, de chaussures Knarren nt; des feuilles mortes Rascheln nt; de la neige Knirschen nt

craquer [kʀake] <1> I. vi ❶ (faire un bruit) bonbon: krachen; chaussures, parquet: knarren; feuilles mortes: rascheln; neige: knirschen; bois, disque: knacken; **faire ~ une allumette** ein Zündholz anreißen; **faire ~ ses doigts** mit den Fingern knacken
❷ (céder) branche, couche de glace: brechen, krachen (fam); (se déchirer) vêtement, bas: reißen; (aux coutures) [auf]platzen
❸ (s'effondrer nerveusement) personne: zusammenbrechen; nerfs: versagen
❹ (s'attendrir) weichwerden, schwachwerden; **~ devant qc** etw weichwerden [o schwachwerden]
II. vt zerreißen vêtement; zum Platzen bringen couture; anreißen allumette; **être craqué(e)** vêtement: gerissen sein; (aux coutures) geplatzt sein

craqueter [kʀakte] <3> vi knistern; cigogne: klappern; cigale: zirpen

crash [kʀaʃ] <[e]s> m Absturz m

crasher [kʀaʃe] <1> vpr fam avion: **se ~** abstürzen; **se ~ contre la tour** am Turm zerschellen

crasse [kʀas] I. adj bêtise, ignorance unerhört, haarsträubend
II. f ❶ (saleté) Dreck m, Schmutz m
❷ (sale tour) Gemeinheit f; **faire une ~ à qn** fam jdm eins auswischen (fam)

crasseux, -euse [kʀasø, -øz] adj schmutzig, dreckig

crassier [kʀasje] m [Abraum]halde f

cratère [kʀatɛʀ] m Krater m; **~ de bombe[s]** Bombenkrater, Bombentrichter m

cravache [kʀavaʃ] f [Reit]gerte f, Reitpeitsche f
▸ **mener qn à la ~** jdn an die Kandare nehmen

cravacher [kʀavaʃe] <1> I. vt **~ un animal** einem Tier die Peitsche geben
II. vi ❶ (à cheval) sein Pferd mit Peitschenhieben antreiben
❷ fam (travailler dur) schuften (fam)

cravate [kʀavat] f Krawatte f, Schlips m (fam); **~ lavallière** Krawattenschal m; **mettre une ~** [sich (Dat)] eine Krawatte umbinden
▸ **s'en jeter un derrière la ~** fam sich (Dat) einen hinter die Binde gießen (fam)

cravater [kʀavate] <1> I. vt fam (attraper) schnappen (fam)
II. vpr se ~ [sich (Dat)] eine Krawatte umbinden

crawl [kʀol] m Kraul nt, Kraulen nt

crawler [kʀole] <1> vi kraulen; **dos crawlé** Rückenkraulen nt

crayeux, -euse [kʀɛjø, -jøz] adj sol, substance, terrain kreidig, kreidehaltig; teint kreideweiß, kreidebleich

crayon [kʀɛjɔ̃] m ❶ Stift m; **~ [noir]** Bleistift m; **~ feutre** Filzstift m; **~ gras/maigre** weicher/harter Bleistift m; **~ optique** Lichtstift, Lichtgriffel m
❷ COSMET Stift m; **~ contour** Konturenstift m; **~ à lèvres** Konturenstift m; **~ contour des yeux** Augenkonturenstift m; **~ pour les yeux** Lidstift, Eyeliner m; **~ blanc pour les ongles** Nagelweißstift m
▸ **~ à bille** Kugelschreiber m; **~ à dessin** Zeichenstift m; **~ à sourcils** Augenbrauenstift m

◆ **~ de couleur** Buntstift m; **~ de mine** Bleistift m; **~ de papier** Bleistift m

crayonnage [kʀɛjɔnaʒ] m ❶ (dessin) Bleistiftzeichnung f
❷ (action) Zeichnen nt mit dem Bleistift

crayonné [kʀɛjɔne] m [Bleistift]skizze f

crayonner [kʀɛjɔne] <1> vt [mit dem Bleistift] zu Papier bringen

créance [kʀeɑ̃s] f FIN ❶ Forderung f, Schuld f; JUR Gläubigerforderung; **~ accessoire** Nebenanspruch m; **~ arriérée** [o **non recouvrée**] ausstehende Forderung; **~ comptable** Buchforderung (Fachspr.); **~ exigible** fällige Schuld; **~ hypothéquaire** Hypothekenforderung; **~ issue de l'exécution d'un jugement** Urteilsforderung (Fachspr.); **~ partielle** Teilforderung; **~ résultant d'un prêt** Darlehensforderung (Fachspr.); **~ privilégiée/de rang inférieur** bevorrechtigte/nachrangige Konkursforderung; **~ portant sur le paiement du prix d'achat** Kaufpreisforderung; **cession d'une/de la ~** Forderungsabtretung f; **remise d'une/de la ~** Forderungserlass m; **remplacement de ~** Forderungssurrogat nt; **transport d'une/de la ~** Forderungsübertragung f; **produire/régler une ~** eine Forderung anmelden/regulieren; **ne pas reconnaître une ~** eine Forderung zurückweisen; **recouvrir une ~ par voie de justice** eine Forderung einklagen

❷ pl Aktivschulden Pl, ausstehende Schulden; **~s à recouvrer sur actions** ausstehende Zahlungen; **~s émanant de l'étranger** Auslandsverbindlichkeiten Pl; **~s présentées à l'étranger** Forderungen an das Ausland; **~s résultant de ventes et prestations de services** Forderungen aus Lieferungen und Leistungen; **~s produites à la masse** Schuldenmasse f; **~s douteuses** Dubiosa Pl (Fachspr.); **~s irrécouvrables** nicht einziehbare Außenstände

◆ **~ en argent** JUR Geldforderung f; **~ des associés** ECON Gesellschafterforderung f; **~ en contrepartie** JUR Gegenforderung f; **~ d'encaissement** JUR Inkassoforderung f; **~ de la faillite** Konkursforderung f; **~ de péréquation** Ausgleichsforderung f; **~ sur traite** Wechselforderung f

créancier, -ière [kʀeɑ̃sje, -jɛʀ] m, f JUR, FIN Gläubiger(in) m(f), Kreditor(in) m(f) (Fachspr.); **~ fiscal/créancière fiscale** Steuergläubiger(in) m(f); **~(-ière) gagiste** Pfandgläubiger(in); **~ personnel/créancière personnelle** Privatgläubiger(in); **~ principal/créancière principale** Hauptgläubiger(in); **~ privilégié/créancière privilégiée** Vorzugsgläubiger(in); **~(-ière) requérant l'exécution** Vollstreckungsgläubiger(in); **~ social/créancière sociale**, **~(-ière) de la société** Gesellschaftsgläubiger(in); **~(-ière) solidaire** Gesamtgläubiger(in); **~(-ière) d'un/de l'effet** Wechselgläubiger(in); **~(-ière) d'une prestation de service** Dienstberechtigte(r) f(m) (Fachspr.)

◆ **~(-ière) de la faillite** Konkursgläubiger(in) m(f); **~(-ière) d'indivision** JUR Gesamthandsgläubiger(in) m(f)

créateur, -trice [kʀeatœʀ, -tʀis] I. adj schöpferisch, kreativ
II. m, f ❶ (artiste) Schöpfer(in) m(f); d'un rôle Erstdarsteller(in) m(f); IND d'un produit Hersteller(in) m(f); **~(-trice) artistique** Kunstschaffende(r) f(m); **~ culturel/créatrice culturelle** Kulturschaffende(r)
❷ REL **le Créateur** der Schöpfer

◆ **~(-trice) d'entreprise** [o **de société**] Firmengründer(in) m(f), Existenzgründer(in)

créatif [kʀeatif] m (concepteur) Kreativmanager(in) m(f)

créatif, -ive [kʀeatif, -iv] adj kreativ, einfallsreich; **force créative** Gestaltungskraft f

créatine [kʀeatin] f BIO, MED Kreatin nt

création [kʀeasjɔ̃] f ❶ sans pl REL Erschaffung f, Schöpfung f; **la Création** die Schöpfung
❷ (monde) Schöpfung f, Universum nt
❸ ART d'un peintre, sculpteur, écrivain Werk nt; d'un couturier, cuisinier Kreation f; THEAT d'un spectacle, d'une pièce de théâtre Erstaufführung f, Uraufführung f; d'un rôle erstmalige Darstellung; **~ musicale** Tonschöpfung f
❹ a. INFORM (invention) Herstellung f, Herstellen nt; d'un art nouveau Erfindung f; d'un logiciel Erstellung f; **~ de/du programme** Programmerstellung
❺ ECON, JUR (fondation, formation) d'une entreprise Gründung f; **~ de crédit intérieur** Inlandskreditschöpfung f; **~ de valeur** Wertschöpfung f; **nouvelle d'un dépositaire de la loi** JUR Neugründung eines Rechtsträgers (Fachspr.)
❻ INFORM d'un répertoire Anlegen nt, Erstellung f

◆ **~ du droit** JUR Rechtsschöpfung f (Fachspr.); **~ du droit par les tribunaux** Rechtsschöpfung durch die Gerichte (Fachspr.); **~ d'emploi** [o **de poste**] Schaffung f eines Arbeitsplatzes; **cent ~s d'emploi** Schaffung f von hundert Arbeitsplätzen; **~ d'entreprise** Firmengründung f, Unternehmensgründung; **~ de monnaie** ECON Geldschöpfung f

créativité [kʀeativite] f Kreativität f, Einfallsreichtum m

créature [kʀeatyʀ] f ❶ (être animé) Lebewesen nt
❷ (être humain) menschliches Wesen, menschliche Kreatur

crécelle [kʀesɛl] f Knarre f, Rätsche f (SDEUTSCH)

crèche [kʀɛʃ] f ❶ REL Krippe f; ~ **de Noël** Weihnachtskrippe f
❷ *(pouponnière)* [Kinder]krippe f; **place en** [*o* **dans une**] ~ Krippenplatz m
❸ *vieilli fam (chambre, maison)* Bude f *(fam)*
crécher [kʀeʃe] <5> vi fam wohnen; **tu peux ~ chez moi cette nuit** heute Nacht kannst du bei mir schlafen
crédibiliser [kʀedibilize] <1> vt glaubwürdig machen
crédibilité [kʀedibilite] f Glaubwürdigkeit f, Glaubhaftigkeit f
crédible [kʀedibl] adj glaubhaft, glaubwürdig
crédit [kʀedi] m ❶ *(paiement échelonné)* Ratenzahlung f; **acheter/vendre à** ~ auf Raten kaufen/verkaufen; **faire** ~ **à qn** Ratenzahlungen von jdm akzeptieren
❷ *(prêt)* Kredit m; **accorder un** ~ **à qn** jdm einen Kredit gewähren; **amener un** ~ **à terme** einen Kredit zum Abschluss bringen; **ancien** ~ JUR Altkredit; ~ **bancaire/commercial/industriel** Bank-/Handels-/Industriekredit; ~ **bancaire de fin de mois** Ultimogeld nt *(Fachspr.)*; ~ **cautionné/en blanc** Bürgschafts-/Blankokredit; ~ **consortial** Konsortialkredit; ~ **documentaire** Remboursakkreditiv nt, Warenakkreditiv *(Fachspr.)*, Rembourskredit m; ~ **forfaitaire** Pauschalkredit; ~ **fournisseur** Lieferantenkredit; *(à l'export)* Exporteurkredit; ~ **garanti** gedeckter Kredit; ~ **garanti par nantissement** Lombardkredit; ~ **global** Globalkredit; ~ **bancaire** Bank-an-Bank-Kredit *(Fachspr.)*; ~ **ouvert** [*o* **permanent**] laufender Kredit; ~ **à la consommation** persönlicher Anschaffungskredit; ~ **à un client** Kundenkredit; ~ **à la construction/à l'embarquement/à l'investissement** Bau-/Verschiffungs-/Investitionskredit; ~**s à la construction** Baugelder Pl; ~ **à tempérament** Teilzahlungskredit; ~ **d'appoint/de caisse** [*o* **de trésorerie**] Beistands-/Barkredit; ~ **d'exploitation** Betriebskapitalkredit; ~ **de financement des achats à tempérament** Teilzahlungskredit; ~ **d'impôt sur les sociétés** FISC Körperschaftsteuergutschrift f; ~ **de plusieurs millions** Millionenkredit; ~ [**de**] **relais** Interimskredit, Zwischenkredit; **financer qc par un** ~ [**de**] **relais** etw zwischenfinanzieren; ~ **en compte-joint** JUR Metakredit *(Fachspr.)*; ~ **stand-by** FIN Stand-by-Kredit *(Fachspr.)*; ~ **swing** FIN Swing m *(Fachspr.)*; ~ **en compte courant** Kontokorrentkredit
❸ pl FIN Kreditmittel Pl *(Fachspr.)*, Darlehensmittel
❹ *(dans une raison sociale)* Bankinstitut nt; ~ **municipal** städtisches Pfandleihhaus
❺ *(secteur de l'économie)* Kreditwesen nt
❻ *(opp: débit)* Guthaben nt; **j'ai mille euros au** ~ **de mon compte** ich habe ein Guthaben von tausend Euro auf meinem Konto; **la somme est portée** [*o* **mise**] **au** ~ **de votre compte** die Summe wird Ihrem Konto gutgeschrieben
❼ pl POL *(budget)* Mittel Pl, Gelder Pl; ~**s budgétaires** Haushaltsmittel; ~**s extraordinaires** Sonderfonds m
❽ *(confiance)* Ansehen nt, Glaubwürdigkeit f; **avoir du/perdre son** ~ **auprès de qn** jds Vertrauen genießen/verlieren; **jouir d'un grand** ~ **auprès de qn** großes Ansehen bei jdm haben; **accorder** [**du**] ~ **à qn/qc** jdm/einer S. Glauben schenken [*o* vertrauen]
▶ **porter** [*o* **mettre**] **qc au** ~ **de qn** jdm etw zugutehalten
◆ ~ **ad hoc** Ad-hoc-Kredit m; ~ **à l'exportation** Exportkredit m; ~ **au particulier** Privatkundenkredit m; ~ **au personnel** FIN Personalkredit m; ~ **à la reconstruction** Wiederaufbaukredit f; ~ **d'aide à l'exportation** Exportförderungskredit m; ~ **de cautionnement** FIN Avalkredit m *(Fachspr.)*; JUR Bürgschaftskredit; ~ **de démarrage** [*o* **de lancement**] Anlaufkredit m; ~ **d'émission** Emissionskredit m; ~ **d'équipement** Anschaffungskredit m; ~ **d'escompte** FIN Wechseldiskontkredit m, Akzeptkredit *(Fachspr.)*; ~ **de fournisseur** Lieferantenkredit m; ~ **de réescompte** FIN Rediskontkredit m; ~ **de relance** Ankurbelungskredit m; ~ **de trésorerie** Barkredit m
crédit-bail [kʀediba(j)] <crédits-bails> m FIN Leasing nt, Leasinggeschäft nt; **financier** Finanzierungsleasing; ~ **immobilier** Immobilien-Leasingvertrag m; **conditions de** ~ Leasingbedingungen Pl; **véhicule en** ~ Leasingfahrzeug nt
crédit-cadre [kʀedikadʀ] <crédits-cadres> m FIN Rahmenkredit m
créditer [kʀedite] <1> vt ❶ FIN entlasten *compte*; kreditieren *(Fachspr.)* somme; ~ **qn/un compte de cent euros** jdm/einem Konto hundert Euro gutschreiben
❷ *fig* ~ **qn de qc** jdm etw zugutehalten; ~ **qn d'un point** SPORT jdm einen Punkt gutschreiben
créditeur, -trice [kʀeditœʀ, -tʀis] I. adj **compte** ~ [Gut]habensaldo nt
II. m, f Gläubiger(in) m(f)
crédit-fournisseur [kʀedifuʀnisœʀ] <crédits-fournisseurs> m Lieferantenkredit m
credo [kʀedo] m REL Glaubensbekenntnis nt; *(principe)* Kredo m
crédule [kʀedyl] adj leichtgläubig, gutgläubig
crédulité [kʀedylite] f Leichtgläubigkeit f, Gutgläubigkeit f
créer [kʀee] <1> I. vt ❶ *(réaliser)* schaffen *emploi, œuvre*; gründen *entreprise, foyer, ville*; ins Leben rufen *industrie*; kreieren *modèle*,

produit; erschaffen *monde*; THEAT uraufführen *pièce*; ~ **un fonds** einen Fonds gründen .; ~ **la demande de qc** die Nachfrage nach etw schaffen; ~ **un rôle** der erste Darsteller einer Rolle sein
❷ *(provoquer)* schaffen *besoins, dépendance*; bereiten *ennuis, problèmes*
❸ INFORM anlegen, erstellen *répertoire*
II. vi *artiste, inventeur*: schöpferisch tätig sein
III. vpr ❶ **se** ~ **des besoins/un monde imaginaire** sich *(Dat)* Bedürfnisse/eine imaginäre Welt schaffen; **se** ~ **des illusions** sich *(Dat)* Illusionen machen; **se** ~ **des difficultés/problèmes** sich *(Dat)* Schwierigkeiten/Probleme bereiten
❷ *(apparaître)* **se** ~ *climat, situation, tension*: entstehen
crémaillère [kʀemajɛʀ] f TECH ❶ *(tige muni de crans)* Zahnstange f; **de la cheminée** Zahngestänge nt; **direction à** ~ Zahnstangenführung f; **tram à** ~ Zahnradbahn f
❷ *(tige s'engrenant dans une roue dentée)* Ratsche f
▶ **pendre la** ~ eine Einweihungsparty geben
crémant [kʀemɑ̃] m Sekt m, Cremant m
crémation [kʀemasjɔ̃] f *d'un cadavre* Einäscherung f, Kremation f
crématoire [kʀematwaʀ] I. adj **four** ~ Krematorium nt
II. m Krematorium nt
crematorium, crématorium [kʀematɔʀjɔm] m Krematorium nt
crème¹ [kʀɛm] m Kaffee m mit Milch, Milchkaffee
crème² [kʀɛm] I. adj inv cremefarben
II. f ❶ *(produit laitier)* Rahm m; ~ **chantilly** [*o* **fouettée**] Schlagsahne f; ~ **fraîche** Crème f fraîche
❷ *(peau sur le lait)* Rahm m, [Rahm]haut f
❸ *(entremets)* Creme f; ~ **anglaise/à la vanille** Vanillecreme; ~ **brûlée** im Ofen gebräunte Milch-Eierspeise; ~ **glacée** Eiscreme; ~ **au chocolat** Schokoladencreme; ~ **pâtissière** Konditorcreme; ~ **renversée** gestürzte Creme
❹ *(liqueur)* ~ **de cassis** Johannisbeerlikör m
❺ *(de soins)* Creme f; ~ **de soins** Pflegecreme; ~ **à base d'hormones** Hormoncreme; ~ **démaquillante/**[**d**]**épilatoire** Reinigungs-/Enthaarungscreme; ~ **protectrice** *(contre les rougeurs, les escarres)* Wundcreme; ~ **solaire/hydratante** Sonnen-/Feuchtigkeitscreme; ~ **teintée** Make-up nt; ~ **décolleté** Dekolleteecreme, Dekolletécreme
❻ *(la haute société)* Creme f, gesellschaftliche Elite
▶ **c'est la** ~ **des hommes** er ist der Beste aller Männer
❼ ~ **à épiler** Enthaarungscreme f; ~ **au beurre** Buttercreme f; ~ **de beauté** Schönheitscreme f; ~ **de jour** Tagescreme f; ~ **de nuit** Nachtcreme f; ~ **à raser** Rasiercreme f
crémerie [kʀɛmʀi] f Milch-[und Käse]geschäft nt
▶ **changer de** ~ woandershin gehen
crémeux, -euse [kʀemø, -øz] adj cremig, sahnig
crémier, -ière [kʀemje, -jɛʀ] m, f Milch-[und Käse]händler(in) m(f)
crémone [kʀemɔn] f *d'une fenêtre* Fensterriegel m
créneau [kʀeno] <x> m ❶ *(espace)* [Park]lücke f; **faire un** ~ [rückwärts] einparken
❷ COM Marktlücke f
❸ *(intervalle)* **avoir un** ~ **de dix minutes** eine Pause von zehn Minuten haben
❹ RADIO Sendezeit f
❺ MIL *d'un rempart* Schießscharte f
▶ **monter au** ~ auf den Plan treten
crénelé(e) [kʀenle] adj *mur, rempart* mit Schießscharten; *feuille* gezackt
créneler [kʀenle] <3> vt auszacken *roue*
créodonte [kʀeɔdɔ̃t] m ZOOL Urraubtier nt
créole¹ [kʀeɔl] I. adj kreolisch
II. m **le** ~ Kreolisch nt, das Kreolische; *v. a.* **allemand**
créole² [kʀeɔl] f *souvent pl (boucle d'oreille)* Creole f, Kreole f
Créole [kʀeɔl] mf Kreole m/Kreolin f
crêpage [kʀɛpaʒ] m *des cheveux* Toupieren nt
▶ ~ **de chignon** fam Zankerei f; *(bataille)* Rauferei f
crêpe¹ [kʀɛp] f GASTR Crêpe f
▶ **retourner qn comme une** ~ fam jdn umstimmen [*o* herumkriegen *fam*]
crêpe² [kʀɛp] m ❶ TEXTIL Krepp m, Crêpe m
❷ *(voile)* Trauerschleier m; *(ruban)* Trauerflor m
❸ *(pour semelles)* Kreppgummi m *o* nt
◆ ~ **de Chine** Crêpe de Chine m, Chinakrepp m
crêper [kʀepe] <1> vt ❶ TEXTIL kreppen
❷ *(peigner)* toupieren *cheveux*; **se** ~ **les cheveux** sich *(Dat)* die Haare toupieren
crêperie [kʀɛpʀi] f Crêperie f
crépi [kʀepi] m [Rauh]putz m, Verputz m, Außenputz m
crépier [kʀepje] m Crêpebäcker m
crépière [kʀepjɛʀ] f ❶ Crêpebäckerin f
❷ *(plaque)* Crêpeeisen nt; *(poêle)* Crêpepfanne f
crépine [kʀepin] f ❶ *(frange)* Franse f

② *(tôle)* Filterrohr *nt*
crépir [kʀepiʀ] <8> *vt* verputzen
crépitation [kʀepitasjɔ̃] *f du feu* Knistern *nt*, Prasseln *nt*
crépitement [kʀepitmɑ̃] *m de la pluie, de l'eau* Prasseln *nt*; *du feu* Prasseln *nt*, Knistern *nt*; *d'une arme* Rattern *nt*, Knattern *nt*; *d'une radio* Knacken *nt*, Knistern *nt*
crépiter [kʀepite] <1> *vi feu, flamme*: knistern, prasseln; *arme*: rattern, knattern; *marrons*: platzen; **les applaudissements se mirent à ~** rauschender Beifall kam auf
crépon [kʀepɔ̃] *m* Krepon *m*
crépu(e) [kʀepy] *adj cheveux* gekräuselt, kraus; **être ~(e)** gekräuselte Haare [*o* krauses Haar] haben
crépusculaire [kʀepyskylɛʀ] *adj littér* **lueur/lumière ~** Dämmerschein *m*/Dämmerlicht *nt*
crépuscule [kʀepyskyl] *m* ① Dämmerung *f*; **actif(-ive) au ~** ZOOL dämmerungsaktiv
② *soutenu (décadence) d'un empire* Niedergang *m*; **le ~ de la vie** der Lebensabend
crescendo [kʀeʃɛndo] *m inv* Crescendo *nt*
cresson [kʀesɔ̃, kʀəsɔ̃] *m* Kresse *f*; *(cultivé au jardin)* Gartenkresse
Crésus [kʀezys] *m* HIST Krösus *m*
▶ **être riche comme ~** ein Krösus sein, Geld wie Heu haben
crétacé [kʀetase] *m* Kreidezeit *f*, Kreide[formation] *f*
crête [kʀɛt] *f* ① ZOOL *d'un gallinacé* Kamm *m*; *d'un oiseau* Haube *f*
② *(sommet) d'une montagne* Grat *m*, Kamm *m*; *d'un mur* Krone *f*; *d'un toit* First *m*; *d'une vague* Kamm; **~ de la/d'une montagne** Gebirgskamm, Gebirgsrücken *m*
Crète [kʀɛt] *f* **la ~** Kreta *nt*; **en ~** auf Kreta
crétin(e) [kʀetɛ̃, in] *fam* **I.** *adj* blöd[e] *(fam)*
II. *m(f)* Schwachkopf *m*/dumme Kuh *(fam)*, Dumpfbacke *f* *(sl)*
crétinerie [kʀetinʀi] *f fam* Blödsinn *m (pej fam)*
crétiniser [kʀetinize] *vt* verdummen
crétinisme [kʀetinism] *m* MED Kretinismus *m*; *(bêtise)* Dummheit *f*
crétois(e) [kʀetwa, waz] *adj* kretisch
cretonne [kʀətɔn] *f* Kretonne *f o m*
creusage [kʀøzaʒ] *m*, **creusement** [kʀøzmɑ̃] *m d'un tunnel* Bohren *nt*, Graben *nt*; *d'un canal* Aushub *m*
creuser [kʀøze] <1> **I.** *vt* ① *(forer)* ausheben; ziehen *sillon*; bohren *tunnel*; hineintreiben *galerie*
② *(évider)* graben *tombe*; aushöhlen *pomme, falaise*; **~ le sable** im Sand graben
③ *(cambrer)* einziehen *ventre, joues*; **~ la taille** [*o* **les reins**] ein Hohlkreuz machen
II. *vi grand air, exercice*: hungrig machen
III. *vpr* ① **se ~** *joues*: einfallen, hohl werden; *reins*: abmagern; *falaise, roche*: ausgehöhlt werden; **ses yeux se sont creusés** er/sie ist hohläugig geworden
② *fig* **se ~** *abîme, écart, fossé*: sich auftun
▶ **se ~ la tête** [*o* **les méninges**] sich *(Dat)* den Kopf zerbrechen
creuset [kʀøzɛ] *m* CHIM, IND [Schmelz]tiegel *m*
creux [kʀø] *m* ① *(cavité)* Höhle *f*, Loch *nt*; *(dans un terrain)* Mulde *f*, Vertiefung *f*; **les chemins sont pleins de ~** die Wege sind voller Löcher; **le ~ d'une vague** das Wellental; **le ~ des reins** das Kreuz; **le ~ de l'aisselle/de l'épaule** die Achselhöhle/Schultergrube; **le ~ de la main** die hohle Hand
② *(manque d'activité)* Zeit *f* außerhalb des Stoßbetrieb[e]s
③ *fam (faim)* Hunger *m*, Kohldampf *m (fam)*; **avoir un ~** [à l'estomac] Kohldampf haben *(fam)*
▶ **dire/confier qc dans le ~ de l'oreille de qn** jdm etw ins Ohr flüstern/jdm etw anvertrauen; **~ de la vague** Talsohle *f*; **être dans le** [*o* **au**] **~ de la vague** sich an einem Tiefpunkt befinden
creux, -euse [kʀø, -øz] *adj* ① *(vide)* hohl; *estomac, ventre, tête* leer
② *(donnant une impression de vide)* **le son est ~** es klingt hohl
③ *(vide de sens)* nichtssagend; *paroles* leer
④ *(concave) surface* nach innen gewölbt
⑤ *(rentré) visage* eingefallen; *joue* hohl; **avoir les yeux ~** hohläugig sein
⑥ *(sans activité) période, jour* ruhig; **les heures creuses** die Zeiten außerhalb des Stoßbetrieb[e]s; *(en parlant de la circulation routière)* die verkehrsarmen Zeiten
crevaison [kʀəvɛzɔ̃] *f* Reifenpanne *f*
crevant(e) [kʀəvɑ̃, ɑ̃t] *adj fam* mörderisch *(fam)*, anstrengend
crevasse [kʀəvas] *f* ① *(dans un rocher)* Spalte *f*, Spalt *m*; *(dans un mur, un sol)* [tiefer] Riss *m*; *(dans un glacier)* Gletscherspalte
② *(sur la peau)* Riss *m*, Schrunde *f*
crevassé(e) [kʀəvase] *adj* ① *mur, sol, terre* rissig; *glacier* mit vielen [Gletscher]spalten
② *(gercé) lèvres, mains, peau* aufgesprungen, rissig
crevasser [kʀəvase] <1> **I.** *vt* rissig machen
II. *vpr* **se ~** *sol, mur, terre*: rissig werden; *lèvres, peau, mains*: rissig werden, aufspringen
crève [kʀɛv] *f fam* böse Erkältung *(fam)*; **attraper la ~** sich *(Dat)* den Tod holen *(fam)*; **avoir la ~** eine böse Erkältung haben, total erkältet sein *(fam)*
crevé(e) [kʀəve] *adj* ① *(fichu)* kaputt; *pneu, ballon* platt; *sac* [auf]gerissen
② *fam (fatigué)* kaputt *(fam)*
③ *pop (mort)* krepiert *(sl)*, verreckt *(sl)*
crève-cœur [kʀɛvkœʀ] <crève-cœurs> *m* Kummer *m*, [tiefes] Leid **crève-la-faim** [kʀɛvlafɛ̃] *m inv fam* Hungerleider(in) *m(f)* *(fam)*
crever [kʀəve] <4> **I.** *vi* ① *(éclater)* ballon, bulle de savon, pneu: platzen; *sachet, sac*: aufplatzen, reißen; *abcès*: aufbrechen, aufgehen
② *(tomber en panne)* eine Reifenpanne haben
③ *(être plein de)* **~ de dépit/jalousie** vor Ärger/Eifersucht *(Dat)* platzen
④ *pop (mourir)* **~ de qc** an etw *(Dat)* krepieren *(sl)*; *plante*: an etw *(Dat)* eingehen; **faire ~ qn** jdn umbringen
⑤ *fam (souffrir)* **~ de froid/de faim** vor Kälte/Hunger umkommen *(fam)*; **~ d'envie de qc/de faire qc** ganz wild auf etw *(Akk)* sein/ganz wild darauf sein etw zu tun *(fam)*; **une chaleur à ~** eine mörderische Hitze *(fam)*
II. *vt* ① *(percer)* aufstechen *cloque, abcès*; kaputtstechen *ballon, pneu*
② *fam (exténuer)* schinden *personne, animal*
III. *vpr fam* **se ~** sich kaputtmachen *(fam)*; **se ~ à faire qc** sich abrackern etw zu tun *(fam)*; **se ~ la santé** seine Gesundheit ruinieren
crevette [kʀəvɛt] *f* Garnele *f*, Krevette *f*
crevure [kʀəvyʀ] *f pej vulg* Bazille *f (pej vulg)*; **quelle ~!** diese [linke] Bazille! *(pej vulg)*
cri [kʀi] *m* ① *(éclat de voix)* Schrei *m*; **~s d'enfants** Kinderschrei *m*; **pousser/étouffer un ~** einen Schrei ausstoßen/unterdrücken; **~ primitif** Urlaut *m*; **~ primal** PSYCH Urschrei
② *(expression d'un sentiment)* **~ de surprise/douleur** Überraschungs-/Schmerzensschrei *m*; **~ de joie/colère** Freudenschrei/wütender Schrei; *(dans l'ensemble)* Freuden-/Wutgeschrei *nt*; **~ d'indignation** Schrei der Empörung; **~ de protestation** Protestruf *m*; **~s d'approbation** Beifallsrufe
③ *(appel)* Ruf *m*, Schrei *m*; **~ d'amour** Schrei nach Liebe; **~ d'alarme/de détresse** Warnschrei/Hilferuf
④ *(mode d'expression) d'un nouveau-né, du chat* Schrei *m*; *d'un oiseau* Schrei, Ruf *m*; **pousser** [*o* **lancer**] **son ~** seinen Schrei ausstoßen; *oiseau*: rufen; **~ d'animal** *(son)* Tierlaut *m*; *(timbre)* Tierstimme *f*
▶ **pousser des ~s d'orfraie** wie am Spieß schreien; **dernier ~** *vêtements, coiffure* topaktuell *(fam)*, topmodisch *(fam)*; **le dernier ~** *fam (la dernière mode)* der letzte Schrei *(fam)*
◆ **~ du cœur** Stimme *f* des Herzens; **~ de guerre** Kriegsgeschrei *nt*, Kriegsgeheul *nt*
criaillement [kʀi(j)ajmɑ̃] *m souvent pl* ① *(cris désagréables)* Gekreisch[e] *nt*, Geschrei *nt*; *d'un bébé* Plärren *nt*
② ORN *de la perdrix, pintade* Schreien *nt*; *de l'oie* Schnattern *nt*, Geschnatter *nt*; *du paon, de la mouette* Kreischen *nt*
criailler [kʀijaje] <1> *vi* ① *bébé*: plärren, schreien; *faisan, perdrix, pintade*: schreien; *oie*: schnattern; *paon, mouette*: kreischen
② *(râler)* herumschreien *(fam)*
criailleries [kʀijajʀi] *fpl* Gezeter *nt*
criant(e) [kʀijɑ̃, jɑ̃t] *adj* ① *(révoltant) erreur* ungeheuerlich, unerhört; *injustice* himmelschreiend
② *(manifeste) contraste* deutlich, stark; *vérité, preuve* offenkundig
criard(e) [kʀijaʀ, jaʀd] *adj* ① *personne* ständig schreiend; *son, voix* gellend, keifend
② *(tapageur) couleur* grell, schreiend
criblage [kʀiblaʒ] *m du grain* Sieben *nt*; *du minerai* Klassierung *f*
crible [kʀibl] *m* [grobes] Sieb
▶ **passer qc au ~** *(tamiser)* etw sieben; *fig* etw genau unter die Lupe nehmen *(fam)*
criblé(e) [kʀible] *adj* ① *(percé)* **~(e) de trous/balles** durchbohrt/von Kugeln durchsiebt
② *(couvert de)* **~ de boutons/taches** voller Pickel/Flecken; **~(e) de dettes** hochverschuldet
cribler [kʀible] <1> *vt (percer)* **~ qn de balles** jdn mit Kugeln durchsieben; **~ qc de trous** etw durchlöchern
cric [kʀik] *m* Winde *f*; **~ hydraulique** Hydraulik-Winde *f*; MECANAUT Hydraulik-Wagenheber *m*
◆ **~ à manivelle** Kurbelwinde *f*
cric-crac [kʀikkʀak] *interj* knack; *(rupture, cassure)* krach
cricket [kʀikɛt] *m* Kricket[spiel *nt*] *nt*
cricri, cri-cri [kʀikʀi] <cri-cri> *m* ① *(bruit du grillon)* Zirpen *nt*, Gezirp[e] *nt (pej)*
② *enfantin (grillon)* Grille *f*
criée [kʀije] *f* ① Versteigerung *f*, Auktion *f*; **vente à la ~** Versteigerung

② *(marché aux poissons)* Fischmarkt *m*
crier [kʀije] <1a> **I.** *vi* ① *(hurler)* schreien, brüllen; *bébé:* schreien, brüllen, weinen; **~ de peur/douleur/joie** vor Angst/Schmerz/Freude schreien; **~ à l'assassin/au feu** „Mörder"/„Feuer" rufen
② *(parler fort)* schreien
③ *fam (se fâcher)* **~ contre/après qn** jdn anschreien; **se mettre à ~** drauflosschimpfen
④ *(émettre des sons) mouette:* schreien; *oiseau:* zwitschern; *cochon:* quieken; *oie:* schnattern; *souris:* piepsen
⑤ *(dénoncer)* **~ au scandale/à l'injustice** etw als Skandal/Ungerechtigkeit bezeichnen
▶ **il/elle crie comme si on l'écorchait** er/sie schreit wie am Spieß *m (fam)*
II. *vt* ① *(à voix forte)* rufen, schreien; **~ qc à qn** jdm etw zurufen, jdm etw zurufen
② *(exprimer avec force)* **~ sa rage** seiner Wut Luft machen; **~ son innocence** seine Unschuld beteuern
▶ **sans ~ gare** ohne Vorwarnung *f*
crieur, -euse [kʀijœʀ, -øz] *m, f (marchand)* Straßenhändler(in) *m(f)*, fliegender Händler *m*/fliegende Händlerin *f*
crime [kʀim] *m* ① *(meurtre)* Mord *m*; **victime du ~** Mordopfer *nt*; **arme/heure du ~** Tatwaffe *f*/-zeit *f*; **~ parfait** perfekter Mord; **~ crapuleux** Raubmord
② JUR Straftat *f*, Verbrechen *nt*; **~ contre qn/qc** Verbrechen gegen jdn/etw; **~ contre l'État** Staatsverbrechen
③ *(faute morale)* **~ contre qn/qc** Verbrechen *nt* [an jdm/etw]; **c'est un ~!** das ist kriminell!
▶ **ce n'est quand même pas un ~ d'État!** *fam* das ist doch kein Staatsverbrechen! *(fam)*; **le ~ ne paie pas** *prov* Verbrechen zahlen sich nicht aus
◆ **~ de guerre** Kriegsverbrechen *nt*; **~ de lèse-majesté** Majestätsbeleidigung *f*
Crimée [kʀime] *f* **la ~** die Krim
criminaliser [kʀiminalize] <1> *vt* JUR zur Strafsache machen *affaire*
criminalistique [kʀiminalistik] *adj examen, enquête* kriminaltechnisch; **technique ~** Kriminaltechnik *f*
criminalité [kʀiminalite] *f sans pl* Kriminalität *f*; **~ infantile** Kinderkriminalität
criminel [kʀiminɛl] *m* ① *(assassin)* Mörder *m*
② *(coupable)* Verbrecher *m*; **~ invétéré** Erzverbrecher *(pej)*
③ *(juridiction)* Strafgericht *nt*; **poursuivre qn au ~** jdn strafrechtlich verfolgen
◆ **~ de guerre** Kriegsverbrecher *m*
criminel(le) [kʀiminɛl] *adj* ① kriminell, strafbar; *organisation* kriminell; *complot, intention* kriminell, verbrecherisch; *incendie* durch Brandstiftung *f* verursacht, absichtlich gelegt; **acte ~** Straftat *f*; **brigade ~le** Kriminalpolizei *f*
② JUR **droit ~** Strafrecht *nt*
▶ **c'est ~ de faire cela** *fam* es ist kriminell [*o* ein Verbrechen *nt*] das zu tun
criminelle [kʀiminɛl] *f* ① *(assassin)* Mörderin *f*
② *(coupable)* Verbrecherin *f*
criminellement [kʀiminɛlmɑ̃] *adv* ① *agir* kriminell; *abuser, se taire* in krimineller [*o* verbrecherischer] Weise
② JUR **poursuivre** strafrechtlich
criminologie [kʀiminɔlɔʒi] *f sans pl* Kriminologie *f*
crin [kʀɛ̃] *m* ① *(poil) d'un cheval, âne* Pferde-/Eselshaar *nt*
② *sans pl (matière)* Rosshaar *nt*; **matelas de ~** Rosshaarmatratze *f*
crinelle [kʀinɛl] *f* PECHE Schlagschnur *f*
crinière [kʀinjɛʀ] *f* ① *d'un cheval, lion* Mähne *f*
② *fam (chevelure)* Mähne *f*
crinoline [kʀinɔlin] *f* Reifrock *m*, Krinoline *f*
crique [kʀik] *f* kleine Bucht
criquet [kʀikɛ] *m* Heuschrecke *f*; **~ pèlerin** Wanderheuschrecke; **invasion/nuée de ~s pèlerins** Heuschreckenplage *f*/-schwarm *m*
crise [kʀiz] *f* ① MED Anfall *m*; **~ cardiaque** Herzanfall, Herzkasper *m (fam)*; **~ nerveuse** Nervenkrise *f*; **~ d'appendicite** Blinddarmentzündung *f*, **~ d'asthme/de goutte** Asthma-/Gichtanfall; **~ de foie** akute Leberbeschwerden *Pl*; **~ de paludisme** Malariaanfall; **~ de Grand Mal** Grand Mal *nt*
② *(accès)* Anfall *m*; **~ de rage/jalousie** Wut-/Eifersuchtsanfall; **avoir souvent des ~s de mélancolie** oft in Melancholie verfallen; **par ~** anfallsweise
③ *fam (lubie)* **avoir une ~ de rangement/nettoyage** einen Anfall von Ordnungswut/Putzwut kriegen *(fam)*
④ ECON, POL, FIN Krise *f*; **~ conjoncturelle** Konjunkturkrise; **~ économique/gouvernementale** Wirtschafts-/Regierungskrise; **~ monétaire** Geldkrise; **~ de l'approvisionnement [o du ravitaillement]** Versorgungskrise; **[passagère] des capacités** Kapazitätsengpass *m*; **~ de l'énergie/du pétrole** Energie-/Erdölkrise; **~ du logement** Wohnungsnot *f*; **~ au sein de la majorité gou-**

vernementale Koalitionskrise; **c'est la ~, en ce moment!** momentan herrscht Krisenstimmung!; **en période de ~** in Krisenzeiten *Pl*; **prendre des mesures pour gérer la ~** Krisenmaßnahmen ergreifen
⑤ *(période difficile)* Krise *f*; **~ d'adolescence/de puberté** Pubertätskrise; **~ de la quarantaine** Midlifecrisis *f*; **~ existentielle** Lebenskrise, Sinnkrise; **traverser une ~** in einer Krise stecken
▶ **faire sa ~** *fam* ausrasten *(fam)*; **piquer une ~ [de colère]** *fam* einen Wutanfall bekommen *(fam)*
◆ **~ de confiance** Vertrauenskrise *f*; **~ de conscience** Gewissenskonflikt *m*; **~ d'identité** Identitätskrise *f*; **~ de larmes** Weinkrampf *m*; **~ de liquidité** Liquiditätskrise *f*; **~ de management** Führungskrise *f*; **~ de nerfs** Nervenzusammenbruch *m*, Nervenkrise *f*; **faire [*o* piquer] une ~ de nerfs** einen Nervenzusammenbruch bekommen [*o* kriegen]; **~ de stabilisation** Stabilisierungskrise *f*
crispant(e) [kʀispɑ̃, ɑ̃t] *adj* nervtötend; *attente, comportement* unerträglich; **être ~(e)** auf die Nerven gehen
crispation [kʀispasjɔ̃] *f* ① *(contraction) des traits du visage* Zucken *nt*; *d'un muscle* Krampf *m*, Zuckung *f*; **des ~s nerveuses** nervöse Zuckungen *Pl*
② *(tension)* nervöse Spannung; **donner des ~s à qn** jds Nerven strapazieren
crispé(e) [kʀispe] *adj* verkrampft; *poing* [zusammen]geballt
crisper [kʀispe] <1> **I.** *vt* ① *(contracter)* **l'effort crispe ses muscles** seine/ihre Muskeln sind vor Anstrengung angespannt; **la douleur/l'angoisse lui crispait le visage** der Schmerz/die Angst verzerrte sein/ihr Gesicht; **sa main était crispée sur ma cuisse** seine/ihre Finger gruben sich in meinen Schenkel
② *(agacer)* **~ qn** jdm auf die Nerven fallen *(fam)*
③ *(plisser)* **le froid crispe la peau** in der Kälte zieht sich die Haut zusammen
II. *vpr* **se ~** ① *(se contracter) visage, sourire:* sich verkrampfen, sich verzerren
② *(se serrer) main:* sich verkrampfen; *poing:* sich ballen
crispin [kʀispɛ̃] *m (manchette)* Stulpe *f*
crissement [kʀismɑ̃] *m des pneus, de la craie* Quietschen *nt*; *des freins* Kreischen *nt*; *des pas* Knirschen *nt*; *d'un tissu* Rascheln *nt*
crisser [kʀise] <1> *vi pneus, craie:* quietschen; *chaussures, neige, gravier, pas:* knirschen; *freins:* kreischen; *tissu:* rascheln
cristal [kʀistal, o] <-aux> *m* ① MINER [Quarz]kristall *m*
② *(verre, verrerie)* Kristall *nt*; **les cristaux** die Kristallwaren; **en [*o* de] ~** aus Kristall; **verre de ~** Kristallglas *nt*; **miroir de ~** Kristallspiegel *m*; **une voix de ~** eine kristallklare Stimme
③ *pl (cristallisation) de glace, neige* Kristalle *Pl*
◆ **~ de Baccarat** Kristall aus Baccarat; **~ de Bohême** böhmisches [Blei]kristall; **~ de plomb** Bleikristall *nt*; **~ de roche** MINER Bergkristall *m*, Quarz *m*
cristallerie [kʀistalʀi] *f* ① *(fabrique)* Kristallfabrik *f*
② *(objets en cristal)* Kristall *nt*, Kristallwaren *Pl*
cristallin [kʀistalɛ̃] *m de l'œil* Linse *f*; **~ artificiel** künstliche Linse
cristallin(e) [kʀistalɛ̃, in] *adj* ① *voix, son* [kristall]klar; *eau* glasklar
② MINER kristallin; **les roches ~es** das kristalline Gestein
cristallisation [kʀistalizasjɔ̃] *f* ① *sans pl a.* CHIM Kristallisation *f*, Kristallisierung *f*
② *fig littér (concrétisation)* Verwirklichung *f*, Erfüllung *f*; **la ~ de ses souvenirs** das Wecken ihrer/seiner Erinnerung
③ *(cristaux)* Kristalle *Pl*; **les ~s sur la vitre** die Eisblumen an der Fensterscheibe
cristallisé(e) [kʀistalize] *adj* kristallisiert; **du sucre ~** [Kristall]zucker *m*
cristalliser [kʀistalize] <1> **I.** *vi* ① CHIM kristallisieren, Kristalle *Pl* bilden
② *littér (prendre forme) idées, sentiment:* sich herauskristallisieren
II. *vt* ① CHIM auskristallisieren
② *fig littér (donner forme)* heraufbeschwören
III. *vpr* **se ~** ① CHIM Kristalle bilden
② *littér (prendre forme) idées, sentiments:* sich herauskristallisieren *(geh)*
cristallisoir [kʀistalizwaʀ] *m* CHIM Kristallisationsgefäß *nt*, Kristallisierschale *f*
cristallographie [kʀistalɔgʀafi] *f* Kristallographie *f*
critère [kʀitɛʀ] *m* Kriterium *nt*; **~ d'acceptabilité** Zumutbarkeitskriterium; **~ de succès** Erfolgskriterium; **~ de qualité** Gütemerkmal *nt*; **~ d'intervention** JUR Eingreifkriterien; **calculer selon des ~s de gestion** betriebswirtschaftlich rechnen
◆ **~s de jugement** FIN Bewertungskriterien *Pl*
critérium [kʀiteʀjɔm] *m* SPORT Kriterium *nt*
critiquable [kʀitikabl] *adj* kritisierbar; *personne* angreifbar; *attitude* kritikwürdig
critique[1] [kʀitik] **I.** *adj* kritisch; **édition ~** kritische Ausgabe; **esprit [*o* sens] ~** Kritikfähigkeit *f*; **faire preuve d'esprit ~** sich kritisch zeigen; **manquer d'esprit ~** unkritisch sein; **être ~ envers qn**

critiquer	
critiquer, juger négativement	**kritisieren, negativ bewerten**
Cela ne me plaît pas du tout.	Das gefällt mir gar nicht.
Il y a beaucoup de choses à redire à ce sujet.	Dagegen lässt sich einiges sagen.
J'ai des doutes.	Da habe ich so meine Bedenken.
On aurait pu mieux faire.	Das hätte man aber besser machen können.
désapprouver	**missbilligen**
Je ne peux pas approuver cela.	Das kann ich nicht gutheißen.
Je trouve que ce n'est pas bien du tout de ta part.	Das finde ich gar nicht gut von dir.
Je m'y oppose totalement./Je suis tout à fait contre.	Da bin ich absolut dagegen.
exprimer le dédain/mécontentement	**Geringschätzung/Missfallen ausdrücken**
(Je suis désolé(e) mais) ce genre de personnes **ne m'intéresse pas du tout**.	(Es tut mir leid, aber) **ich habe für** diese Typen **nichts übrig**. *(fam)*
Je ne trouve pas ça bien./Je n'en pense rien de bien.	Davon halte ich gar/überhaupt nichts.
L'art moderne **ne me dit rien du tout**.	Ich kann mit moderner Kunst **nichts anfangen**. *(fam)*
Ne me parle pas de psychologie !	Komm mir bloß nicht mit Psychologie! *(fam)*

jdm gegenüber kritisch sein; **d'un œil ~** mit kritischem Blick **II.** *m* Kritiker *m;* **~ de cinéma/de théâtre/d'art** Film-/Theater-/Kunstkritiker; **~ culturel** Kulturkritiker; **~ musical/littéraire** Musik-/Literaturkritiker

critique² [kʀitik] *f* ❶ *(action de critiquer)* Kritik *f;* **la ~ est aisée** Kritisieren ist leicht; **accabler qn de ~s** jdn stark kritisieren; **émettre** [*o* **formuler**] **de sévères ~s contre qn/qc** harte Kritik an jdm/etw üben; **~ musicale/dramatique** Musik-/Theaterkritik; **~ de films** Filmkritik; **faire de la ~ littéraire** Buchkritiken schreiben; **essai de ~ culturelle** kulturkritischer Essay; **~ d'art** Kunstkritik; **~ des médias** Medienschelte *f (fam);* **~ des sources** Quellenkritik; **faire la ~ des sources/des documents** die Quellen/Dokumente kritisch studieren; **~ d'un texte** Textkritik; **~ philologique/historique** sprach-/geschichtskritische Betrachtung; **la ~ a bien accueilli son livre** sein/ihr Buch kam bei den Kritikern gut an; **faire la ~ d'un livre/d'un film/d'une pièce de théâtre** ein Buch/einen Film/ein Theaterstück besprechen [*o* rezensieren] ❷ *(personne)* Kritikerin *f;* **~ de cinéma/de théâtre/d'art** Film-/Theater-/Kunstkritikerin; **~ culturelle** Kulturkritikerin; **~ musicale/littéraire** Musik-/Literaturkritikerin

critiquer [kʀitike] <1> *vt* ❶ *(condamner)* kritisieren; **~ tout le monde** alles und jeden kritisieren; **une femme auteur très critiquée** eine viel geschmähte Autorin
❷ *(juger)* besprechen, rezensieren *livre, spectacle, film; (examiner)* kritisch prüfen *documents*

croassement [kʀɔasmɑ̃] *m* **du corbeau, de la corneille** Krächzen *nt*
croasser [kʀɔase] <1> *vi corbeau, corneille:* krächzen
croate [kʀɔat] *adj* kroatisch
Croate [kʀɔat] *mf* Kroate *m/*Kroatin *f*
Croatie [kʀɔasi] *f* **la ~** Kroatien *nt*
croc [kʀo] *m* Fangzahn *m;* **le chien montre les ~s** der Hund fletscht [*o* bleckt] die Zähne
▶ **montrer les ~s à qn** *fam* jdm die Zähne zeigen
croc-en-jambe [kʀɔkɑ̃ʒɑ̃b] <crocs-en-jambe> *m* ❶ *vieilli (mouvement)* **faire un ~ à qn** jdm ein Bein stellen
❷ *(manœuvre)* **faire un ~ à qn** jdm Knüppel zwischen die Beine werfen
croche [kʀɔʃ] *f* MUS Achtel *nt*, Achtelnote *f;* **double/triple/quadruple ~** Sechzehntel-/Zweiunddreißigstel-/Vierundsechzigstelnote *f*
croche-pied [kʀɔʃpje] <croche-pieds> *m* **faire un ~ à qn** ein Bein stellen
crocher [kʀɔʃe] <1> *vt* CH *(fixer solidement)* befestigen
crochet [kʀɔʃɛ] *m* ❶ *(pour accrocher)* [Wand]haken *m*
❷ *(aiguille)* Häkelnadel *f*
❸ **sans** *pl (technique)* Häkeln *nt;* **faire un pull au ~** einen Pulli häkeln
❹ SPORT Haken *m*, Boxhieb *m;* **un ~ du droit/du gauche** ein rechter/linker Haken
❺ *pl* TYP eckige Klammern *Pl;* **mettre un mot entre ~s** ein Wort in eckige Klammern setzen
❻ *pl (dent)* **du serpent** Giftzähne *Pl*
❼ *(détour)* **faire un ~** *route:* einen Knick machen; **faire un ~ pour raccompagner qn** *personne:* einen Umweg machen, um jdn nach Hause zu begleiten
❽ CHEMDFER **d'une remorque** Anhängerkupplung *f*
▶ **vivre aux ~s de qn** jdm auf der Tasche liegen
◆ **~ de boucher** Fleischerhaken *m*
crocheter [kʀɔʃte] <4> *vt (ouvrir)* mit dem Dietrich öffnen *porte, serrure*
crochu(e) [kʀɔʃy] *adj bec* gekrümmt; *doigts* verkrümmt; **avoir le nez ~** eine Hakennase haben
▶ **avoir les doigts ~s** *fam* gierig sein
croco *abr de* **crocodile**
crocodile [kʀɔkɔdil] *m* ❶ Krokodil *nt*
❷ *(cuir)* Krokodilleder *nt;* **sac en ~** Krokohandtasche *f*
crocus [kʀɔkys] *m* Krokus *m*
croire [kʀwaʀ] <irr> I. *vt* ❶ *(tenir pour vrai)* glauben *histoire, récit, information;* **~ ce que qn raconte** glauben, was jd erzählt; **je veux bien le ~** das will ich gerne glauben; **faire ~ qc à qn** jdn etw *(Akk)* glauben machen; **à ce que je crois** meiner Meinung nach
❷ *(avoir confiance en qn)* **~ qn** jdm trauen; **~ qn, car il ne ment jamais** jdm glauben, denn er lügt niemals; **je te/vous crois!** *fam* na klar!
❸ *(s'imaginer qc qui n'est pas)* sich einbilden; **~ entendre des bruits** sich einbilden Geräusche zu hören
❹ *(penser)* **~ qc** glauben etw zu tun; **il a bien cru manquer son train** er hat geglaubt, er würde seinen Zug verpassen; **je croyais arriver plus tôt** ich glaubte, ich wäre früher hier
❺ *(supposer)* **je crois que oui/non** ich glaube ja/nein; **je crois qu'il va pleuvoir demain** ich glaube, dass es morgen regnen wird; **on a cru [qu'il était] préférable de faire qc** man hielt es für besser etw zu tun; **c'est à ~ qu'il va pleuvoir** wahrscheinlich wird es morgen regnen; **il faut ~ que le patron a raison** es ist anzunehmen, dass der Chef Recht hat; **ne pas ~ que qn a** [*o* **ait**] **raison** nicht glauben, dass jd Recht hat; **croit-il/croit-elle que je sois bête?** glaubt er/sie, dass ich blöd bin?; **crois-tu qu'elle vienne?** glaubst du, dass sie kommt?
❻ *(estimer)* **~ qn capable/incapable** jdn für fähig/unfähig halten; **~ la situation perdue** die Lage für aussichtslos halten; **~ une mode disparue** eine Mode totsagen; **on l'a crue morte** man hielt sie für tot
❼ *(se fier à)* **en ~ qn/qc** jdm/einer S. vertrauen, sich auf jdn/etw verlassen; **si j'en crois ce qu'on raconte** wenn ich glaube, was man sich *(Dat)* erzählt; **si vous m'en croyez, ...** wenn Sie auf mich hören, ...
▶ **~ que c'est arrivé** *fam* glauben, es sei geschafft; **ne pas ~ si bien dire** den Nagel auf den Kopf treffen
II. *vi* ❶ REL glauben, gläubig sein; **~ en Dieu** an Gott *(Akk)* glauben
❷ *(faire confiance à)* **~ en qn** jdm vertrauen
❸ *(être convaincu de qc)* **~ à qc** an etw *(Akk)* glauben, es für etw halten; **~ en qc** an etw *(Akk)* vertrauen, in etw *(Akk)* vertrauen
❹ *(ajouter foi à)* **~ au diable/à la magie noire/à la réincarnation** an den Teufel/an die schwarze Magie/an die Reinkarnation

croire	glauben
Je crois qu'elle réussira l'examen/**que** notre équipe gagnera.	**Ich glaube, dass** sie die Prüfung bestehen wird/**an** den Sieg unserer Mannschaft.
Je pense que cette histoire **est vraie.**	**Ich halte** diese Geschichte **für wahr.**
exprimer des hypothèses	**Vermutungen ausdrücken**
Je suppose qu'elle ne viendra pas.	**Ich vermute,** sie wird nicht kommen.
J'ai l'impression qu'il nous cache quelque chose.	**Es kommt mir so vor, als** würde er uns irgendetwas verheimlichen.
J'ai le sentiment qu'elle ne va plus tenir le coup longtemps.	**Ich habe das Gefühl, dass** sie das nicht mehr lange mitmacht.
Je considère qu'un krach boursier **est (tout à fait) possible** dans un avenir proche.	**Ich halte** einen Börsenkrach in der nächsten Zeit **für (durchaus) denkbar/möglich.**
Je la soupçonne d'avoir fait une erreur dans les comptes.	**Ich habe da so den Verdacht, dass** sie bei der Abrechnung einen Fehler gemacht hat.
Je présume qu'il est satisfait de son nouveau travail.	**Ich nehme an,** dass er mit seiner neuen Arbeit zufrieden ist.
J'ai comme un pressentiment.	**Ich habe da so eine Ahnung.**

glauben; ~ **au Père Noël** *fam* wohl noch an den Weihnachtsmann glauben
▸ **je vous prie de ~ à** [**l'expression**] **de ma considération distinguée, veuillez ~ à mes sentiments les meilleurs** *form* mit freundlichen Grüßen
III. *vpr* **se ~ intelligent(e)** sich für intelligent halten; **se ~ perdu(e)** sich verloren glauben, sich für verloren halten; **se ~ tout permis** glauben sich alles erlauben zu können; **se ~ qn** *fam* sich für jdn halten; **qu'est-ce qu'il se croit, celui-là?** wofür hält er sich denn?
croisade [kʀwazad] *f* HIST Kreuzzug *m*, Kreuzfahrt *f*; *(campagne)* Feldzug *m*; Kampagne *f*; **partir en ~ contre qc** gegen etw zu Felde ziehen
croisé(e)¹ [kʀwaze] *adj* ❶ *(disposé en croix)* **les bras ~s** verschränkte Arme
❷ *(qui n'est pas de race pure)* **un chien de race ~e** Mischlingshund *m*
❸ *fig veste* zweireihig; **mots ~s** Kreuzworträtsel *nt*; **rime ~e** Kreuzreim *m*
croisé(e)² [kʀwaze] *m(f)* HIST Kreuzfahrer(in) *m(f)*, Kreuzritter *m*
croisée [kʀwaze] *f (fenêtre)* Fenster *nt*
▸ **à la ~ des chemins** am Scheideweg
◆ **~ du transept** Vierung *f*
croisement [kʀwazmã] *m* ❶ *sans pl (fait de croiser) de deux véhicules sur une route* Aneinandervorbeifahren *nt*; **feux de ~** Abblendlicht *nt*
❷ *(intersection) de deux routes* Kreuzung[spunkt *m*] *f*; **tournez à droite au premier ~** biegen Sie an der ersten Kreuzung rechts ab
❸ *(mélange) d'espèces, de plantes* Kreuzung *f*; **~ de[s] races** Rassenkreuzung
croiser [kʀwaze] <1> I. *vt* ❶ *(mettre en croix)* verschränken *bras*; übereinanderschlagen *jambes*; falten *mains*
❷ *(couper)* kreuzen *route, chemin, regard*; begegnen *véhicule*
❸ *(passer à côté de qn)* **~ qn** jdm begegnen, jdn treffen; **~ qc** *regard, rue* auf etw *(Dat)* fallen; **son regard a croisé le mien** unsere Blicke haben sich gekreuzt [*o* sind sich begegnet]
❹ BIO, ZOOL kreuzen
II. *vpr* **se ~** ❶ *(passer l'un à côté de l'autre) lettres:* sich überkreuzen; *personnes:* sich treffen; *regards:* sich treffen, sich begegnen
❷ *(se couper) chemins, routes:* sich kreuzen
❸ BIO, ZOOL *(se reproduire par croisement) animaux, plantes:* gekreuzt werden
Croisette [kʀwazɛt] *f* **la ~** die Croisette *(berühmte Promenade von Cannes)*
croiseur [kʀwazœʀ] *m* NAUT, MIL Kreuzer *m*
croisière [kʀwazjɛʀ] *f* Kreuzfahrt *f*
croisillon [kʀwazijɔ̃] *m d'une fenêtre* Sprosse *f*; *d'une croix* Querbalken *m*; ARCHIT *d'une église* Arm *m* des Querschiffs, Flügel *m* des Querhauses
croissance [kʀwasɑ̃s] *f sans pl* ❶ Wachstum *nt*; *d'un enfant* Entwicklung *f*; **~ démographique** Bevölkerungswachstum; **freiner la ~ d'une tumeur** das Wachstum eines Tumors verlangsamen
❷ ECON [Wirtschafts]wachstum *nt*; **~ du chiffre d'affaires** Umsatzzuwachs *m*; **économique accélérée** beschleunigtes Wirtschaftswachstum; **forte ~** hohe Wachstumsrate; **un pays à forte ~**

ein Land mit hoher Wachstumsrate; **~ zéro** Nullwachstum; **la ~ n'a pas atteint le niveau espéré** das Wachstum ist hinter den Erwartungen zurückgeblieben; **~ démesurée des coûts** Kostenlawine *f*; **l'État se voit confronté à une ~ démesurée des coûts** auf den Staat kommt eine Kostenlawine zu
croissant [kʀwasɑ̃] *m* ❶ GASTR Croissant *nt*, Hörnchen *m*
❷ *sans pl (forme) de la lune* Sichel *f*; **en** [**forme de**] **~** sichelförmig
❸ REL *(symbole)* Halbmond *m*; **le Croissant-Rouge** der Rote Halbmond
◆ **~ de lune** Mondsichel *f*
croissant(e) [kʀwasɑ̃, ɑ̃t] *adj* ❶ wachsend; *tension, colère* zunehmend; *nombre* steigend; **le nombre ~ des voitures** die steigende Anzahl der Autos
❷ INFORM *séquence* aufsteigend; **effectuer un tri ~ des données** [**par ordre chronologique**] Dateien [chronologisch] aufsteigend sortieren
croissanterie [kʀwasɑ̃tʀi] *f* Croissanterie *f (Laden, in dem vor allem Hefegebäck verkauft wird)*
croître [kʀwatʀ] <*irr*> *vi* ❶ *(pousser)* plante, arbre: wachsen; *(grandir) personnes:* wachsen; **en beauté/sagesse/intelligence** *littér* immer schöner/weiser/intelligenter werden
❷ *(augmenter) choses:* zunehmen; *ambition, exaltation, inquiétude, colère:* zunehmen, wachsen; *production, chômage:* ansteigen; **~ en volume/intensité** an Volumen/Intensität zunehmen
❸ *(pousser naturellement) plantes:* wachsen
croix [kʀwa] *f* Kreuz *nt*; **plan en forme de ~** kreuzförmiger Grundriss, Grundriss in Form eines Kreuzes; **être disposé(e) en ~** kreuzförmig angeordnet sein; **~ gammée** Hakenkreuz; **~ pastorale double** Doppelkreuz; **les bras en ~** mit verschränkten Armen; **le supplice de la ~** der Kreuzigungstod, der Kreuzestod; **le signe de ~** das Kreuzzeichen; **faire un signe de ~** ein Kreuzzeichen machen, sich bekreuzigen; **le chemin de ~** der Kreuzweg; **marquer qc d'une ~** etw ankreuzen; **mettre une ~ dans la case qui convient** das zutreffende Feld bitte ankreuzen
▸ **~ de bois, ~ de fer** [**si je mens, je vais en enfer**] *Eidesformel von Kindern beim Spiel*; **faire une ~ sur qc** *fam* etw abschreiben [*o* vergessen können] *(fam)*; **porter sa ~** *littér* sein Kreuz tragen
◆ **~ de guerre** Kriegsverdienstkreuz *nt*; **~ de la Légion d'honneur** Kreuz *nt* der Ehrenlegion; **~ de Lorraine** Lothringerkreuz *nt*; **~ du mérite** ≈ Verdienstkreuz *nt*
Croix-Rouge [kʀwaʀuʒ] *f* **la ~** das Rote Kreuz
crooner [kʀunœʀ] *m* Schnulzensänger *m*
croquant(e) [kʀɔkɑ̃, ɑ̃t] *adj* knackig; *biscuit* knusprig
croque¹ [kʀɔk] ▸ **à la ~ au sel** nur mit Salz [gewürzt]
croque² *abr de* **croque-monsieur**
croque-madame [kʀɔkmadam] *m inv* getoastetes Käse-Schinken-Sandwich mit Spiegelei
croque-mitaine [kʀɔkmitɛn] <croque-mitaines> *m (personnage imaginaire)* Kinderschreck *m*, Schwarzer Mann *m*
croque-monsieur [kʀɔkməsjø] *m inv* getoastetes Käse-Schinken-Sandwich
croque-mort [kʀɔkmɔʀ] <croque-morts> *m fam* Leichenbestatter *m*
croquenots [kʀɔkno] *mpl fam* Quadratlatschen *Pl (fam)*
croquer [kʀɔke] <1> I. *vt* ❶ *(manger)* knabbern *biscuit*; zerbeißen *bonbons, pastilles*; **~ une pomme/carotte** in einen Apfel/in eine

Karotte beißen
❷ fam (dépenser) verschleudern argent; durchbringen héritage
❸ (dessiner) skizzieren
▶ être à ~ a. fig zum Anbeißen sein (fam)
II. vi ❶ (être croustillant) fruits, salade: knacken; biscuits, bonbons: krachen
❷ (mordre) ~ dans une pomme in einen Apfel beißen [o reinbeißen]; ~ dans une pomme à pleines dents kräftig in einen Apfel beißen [o reinbeißen]
▶ il/elle est à ~ fam er/sie ist zum Reinbeißen (fam)
croquet [kʀɔkɛ] m SPORT Krocket nt
croquette [kʀɔkɛt] f Krokette f; ~ de pommes de terre Kartoffelkrokette; ~ de poisson Fischbällchen nt
croqueuse [kʀɔkøz] f ♦ ~ de diamants verschwenderische Liebhaberin
croquis [kʀɔki] m Skizze f; des ~ de mode Modeentwürfe Pl, Modeskizzen Pl; dessiner [o faire] un ~ de qn/qc jdn/etw skizzieren
crosne [kʀon] m BOT Knollenziest m
cross [kʀɔs] m (course à pied) Geländelauf m; (course de vélo, de moto) Querfeldeinwettbewerb m
crosse [kʀɔs] f ❶ d'un fusil Kolben m; d'un revolver Griff m; assommer qn à coups de ~ jdn mit Kolbenhieben zusammenschlagen
❷ (bâton) d'un évêque Bischofsstab m, Krummstab m
❸ SPORT de golf, de hockey Schläger m
▶ mettre [o lever] la ~ en l'air sich ergeben
crotale [kʀɔtal] m Klapperschlange f
crotte [kʀɔt] f ❶ (excrément) Kot m (geh), Dreck m (fam), de chien Haufen m (fam); de cheval Pferdeapfel m; de nez Popel m (fam); faire sa ~ fam Aa machen (fam); ~ de chien/de chat Hunde-/Katzenkot m
❷ GASTR spéc ~ en chocolat [o de] Schoko[laden]praline f
▶ c'est de la ~ de bique! fam das ist der letzte Dreck! (fam); qn ne se prend pas pour de la ~ fam jd hält sich für was Besonderes [o Besseres] (fam); ~ ! fam Mist! (fam)
crotté(e) [kʀɔte] adj schmutzig, dreckig
crottin [kʀɔtɛ̃] m ❶ d'un âne Mist m; d'un cheval Pferdeapfel m
❷ (fromage) kleiner runder Ziegenkäse
croulant(e) [kʀulɑ̃, ɑ̃t] I. adj mur, maison baufällig; économie, empire am Rande des Zusammenbruchs
II. m(f) fam Alte(r) f(m) (fam), Tattergreis m (fam); les ~s (parents) die Alten
crouler [kʀule] <1> vi ❶ (s'écrouler) maison, mur: einstürzen
❷ (être écrasé, accablé) ~ sous les fruits arbre: sich unter dem Gewicht der Früchte biegen; ~ sous les cadeaux personne: mit Geschenken überhäuft werden; ~ sous le travail von der Arbeit erdrückt werden; ~ sous les applaudissements salle: von tosendem Beifall dröhnen
❸ (s'effondrer) zusammenbrechen; faire ~ un projet ein Projekt platzen lassen
croupe [kʀup] f ❶ d'un cheval Kruppe f; fam d'une femme Hintern m (fam)
❷ (sommet) d'une colline, montagne Kuppe f
▶ monter en ~ hinten aufsitzen
croupetons [kʀup(ə)tɔ̃] adv à ~ hockend; se tenir à ~ hocken
croupi(e) [kʀupi] adj eau faul[ig]
croupier, -ière [kʀupje, -jɛʀ] m, f Croupier m
croupion [kʀupjɔ̃] m d'un oiseau Sterz m, Bürzel m
croupir [kʀupiʀ] <8> vi ❶ eau: stehen und dabei faulig werden; feuilles, détritus: verfaulen, vermodern
❷ (stagner, végéter) personne: verkommen; ~ en prison im Gefängnis verfaulen; ~ dans la paresse vor Faulheit verkommen [o stinken] (fam)
croupissant(e) [kʀupisɑ̃, ɑ̃t] adj eau stehend
croustade [kʀustad] f [Krusten]pastete f, Krustade f (Fachspr.)
croustillant(e) [kʀustijɑ̃, jɑ̃t] adj ❶ GASTR knusprig
❷ (grivois) pikant
croustille [kʀustij] f CAN (chips) [Kartoffel]chips m
croustiller [kʀustije] <1> vi knusprig sein
croûte [kʀut] f ❶ sans pl de pain, fromage Rinde f; ~s de pain Brotrinden m
❷ GASTR (pâte qui entoure qc) Teigmantel m; pâté en ~ Blätterteigpastete f
❸ sans pl (couche) Schicht f; MED Schorf m; de sang Kruste f
❹ (sédiment) Belag m; ~ de tartre Belag aus Kesselstein; ~ de rouille/de calcaire Rost-/Kalkschicht f
❺ GEOL ~ terrestre Erdkruste f
❻ péj (mauvais tableau) Schinken m
▶ casser la ~ fam etwas essen; gagner sa ~ fam seine Brötchen Pl verdienen (fam); ~s de lait MED Milchschorf m
croûté(e) [kʀute] adj ALPIN neige ~e verharschter Schnee
croûter [kʀute] <1> vi fam essen, futtern (fam)

croûton [kʀutɔ̃] m ❶ (extrémité du pain) Randstück nt, Kanten m (NDEUTSCH), Knäuschen nt (SDEUTSCH)
❷ (pain frit) Crouton m
▶ vieux ~ fam verknöcherte(r) Alte(r) f(m) (fam), alter Knochen (fam)
croyable [kʀwajabl] adj glaubhaft, glaubwürdig; des histoires difficilement ~s Geschichten Pl, die man nur schwer glauben kann; c'est à peine ~ es ist kaum zu glauben; ce n'est pas ~ es ist nicht zu glauben
croyance [kʀwajɑ̃s] f ❶ sans pl (le fait de croire) la ~ dans/en qc der Glaube an/in etw (Akk); ~ en Dieu Glaube an Gott; ~ à qn/qc Glaube an jdn/etw; ~ au progrès/aux fantômes Glaube an den Fortschritt/an Geister
❷ (ce que l'on croit) ~ religieuse Glaube m, Konfession f; ~s superstitieuses Aberglaube m; ~ populaire Volksglaube m
croyant(e) [kʀwajɑ̃, ɑ̃t] I. adj religiös; être ~ gläubig [o religiös] sein; personne profondément ~e tiefreligiöser Mensch
II. m(f) Gläubige(r) f(m)
C.R.S. [seɛʀɛs] m abr de **compagnie républicaine de sécurité** (policier de la compagnie républicaine de sécurité) Bereitschaftspolizist(in) m(f); les ~ die Bereitschaftspolizei

Land und Leute

Die **C.R.S.** wurde 1945 als mobile Bereitschaftspolizei gegründet. Sie wird hauptsächlich zur Bewachung öffentlicher Gebäude und bei Demonstrationen eingesetzt.

cru [kʀy] I. adv dire qc tout ~ etw ohne Umschweife [o knallhart fam] sagen; monter à ~ (sans selle) ohne Sattel reiten
II. m ❶ (terroir) [Wein]anbaugebiet nt, Weinberg m, Lage f
❷ (vin) un grand ~ ein großer Wein, eine gute Lage; un des grands ~s de Bourgogne einer der besten Burgunder
❸ (invention) c'est de mon propre ~ es ist meine eigene Erfindung, es ist von mir persönlich
cru(e) [kʀy] I. part passé de **croire**
II. adj ❶ aliments roh; lait ~ Rohmilch f; fromage au lait ~ Rohmilchkäse m; légumes ~s rohes Gemüse
❷ (non traité) soie, chanvre, cuir, métal, bois roh; toile unbehandelt
❸ (vif) lumière, couleur grell; de couleur ~e grellfarben, grellfarbig
❹ (direct) langage ungeschminkt, direkt; propos, termes, description schonungslos, drastisch; (osé) histoire, chanson derb; langage ordinär, derb; faire une description ~e de qc etw schonungslos [o drastisch] beschreiben; répondre à qn de façon ~e jdm mit schonungsloser Offenheit antworten
cruauté [kʀyote] f sans pl (férocité) Grausamkeit f; du destin, sort Unerbittlichkeit f; ~ mentale seelische Grausamkeit; traiter qn avec ~ jdn grausam [o unmenschlich] behandeln
cruche [kʀyʃ] f ❶ (récipient) Krug m; ~ à eau/d'eau Wasserkrug; ~ d'huile Ölkrug; ~ en cuivre Kupferkanne f
❷ (quantité, contenu) une ~ d'eau/de vin ein Krug Wasser/Wein
❸ fam (sot) Idiot(in) m(f), Trottel m (fam); (maladroit) Trampel m o nt (fam)
cruchon [kʀyʃɔ̃] m kleiner Krug m
crucial(e) [kʀysjal, jo] <-aux> adj entscheidend; question ~e Schlüsselfrage f
crucifère [kʀysifɛʀ] I. adj ARCHIT ein Kreuz tragend
II. fpl BOT Kreuzblütler Pl
crucifiement [kʀysifimɑ̃] m (action de crucifier) Kreuzigung f
crucifier [kʀysifje] <1a> vt ❶ (attacher qn sur la croix) kreuzigen
❷ (tourmenter) quälen
crucifix [kʀysifi] m Kruzifix nt
crucifixion [kʀysifiksjɔ̃] f (supplice du Christ) Kreuzigung f; (tableau, sculpture) Kreuzigung[sgruppe f]
cruciforme [kʀysifɔʀm] adj ARCHIT kreuzförmig
❷ TECH tournevis ~ Kreuzschlitzschraubendreher m
cruciverbiste [kʀysivɛʀbist] mf Kreuzworträtselfan m
crudité [kʀydite] f ❶ sans pl Direktheit f; du langage Derbheit f; d'une description, expression Unverblümtheit f; des couleurs, de la lumière Grellheit f
❷ pl GASTR [Gemüse]rohkost f; assiette de ~s Rohkostplatte f, Salatplatte f
crudivore [kʀydivɔʀ] mf Rohköstler(in) m(f)
crue [kʀy] f (montée des eaux) [An]steigen nt, Hochwasser nt; être en ~ steigen, anschwellen; les ~s du Nil die Nilschwelle, die Nil-Überschwemmungen
cruel(le) [kʀyɛl] adj ❶ (méchant) personne grausam; être ~(le) envers [o avec] qn grausam zu jdm sein
❷ (douloureux) destin, sort grausam; perte, remords, froid bitter; épreuve, décision schwer; doute furchtbar, quälend; être dans un ~ embarras/une ~le incertitude furchtbar verlegen/zutiefst verunsichert sein; être dans la ~le nécessité de faire qc sich leider gezwungen sehen etw zu tun
cruellement [kʀyɛlmɑ̃] adv ❶ (méchamment) grausam

❷ *(douloureusement)* unmenschlich; *(péniblement)* schwer; **l'argent lui fait ~ défaut** er/sie hat Geld bitter nötig
crûment [kʀymɑ̃] *adv* ❶ unverblümt, direkt; *parler* unmissverständlich; *dire* knallhart *(fam); décrire* ohne Beschönigung
❷ *(avec une lumière crue)* **éclairer ~** in grelles Licht tauchen
crustacé [kʀystase] *m* Krebs *m*, Krebstier *nt*, Krustentier; **assiette de ~s** Platte *f* mit Krustentieren
cryptage [kʀiptaʒ] *m* INFORM Verschlüsselung *f*
crypte [kʀipt] *f* Krypta *f*
crypté(e) [kʀipte] *adj* verschlüsselt; **chaîne ~e** verschlüsselter [Privat]sender
crypter [kʀipte] <1> *vt* verschlüsseln, kodieren
cryptogamique [kʀiptɔgamik] *adj* BOT *plante* blütenlos; **maladie ~** Pilzerkrankung *f*; **attaque ~** Pilzbefall *m*
cryptogramme [kʀiptɔgʀam] *m* verschlüsselter Text, Kryptogramm *nt*
C.S.G. [seesʒe] *f abr de* **Contribution sociale généralisée** Sozialversicherungssteuer, *f* eine allgemeine Abgabe ähnlich einem Sozialbeitrag, der auf die Einkommenssteuer aufgeschlagen wird
Cuba [kyba] *m* Kuba *nt*
cubage [kybaʒ] *m* ❶ *(volume)* Rauminhalt *m;* **~ d'air d'une pièce** Luftvolumen *nt* eines Raumes
❷ *sans pl (évaluation)* Kubikmeterberechnung *f; des arbres* Festmeterberechnung *f*
cubain(e) [kybɛ̃, ɛn] *adj* kubanisch
Cubain(e) [kybɛ̃, ɛn] *m(f)* Kubaner(in) *m(f)*
cube [kyb] *m* ❶ **mètre ~** Kubikmeter *m;* **moto de 1100 cm³** Motorrad *nt* mit 1100 Kubik; **une 750 cm³** eine Siebenhundertfünfziger; **un gros ~** ein Motorrad mit großem Hubraum
❷ GEOM Würfel *m*, Kubus *m (geh);* **en forme de ~** würfelförmig, kubisch *(geh)*
❸ *(forme)* Würfel *m;* **~ en** [*o* **de**] **bois/plastique** Holz-/Plastikwürfel; **~ de béton** Betonklotz *m; (jouet)* Holzklötzchen *nt*
❹ MATH Kubikzahl *f*, dritte Potenz; **le ~ de 3 est 27** die Kubikzahl [*o* dritte Potenz] von 3 ist 27; **élever ces chiffres au ~** diese Zahlen in die dritte Potenz erheben
▶ **gros ~** *fam* Feuerstuhl *m (fam)*
cuber [kybe] <1> *I. vt* ❶ MATH in die dritte Potenz erheben, hoch 3 nehmen *(fam)*
❷ *(mesurer le volume de)* **~ qc** das Volumen [*o* den Rauminhalt] einer S. *(Gen)* errechnen
II. vi ❶ *(avoir le volume de) citerne:* fassen; *pièce:* messen
❷ *(représenter une grande quantité)* **ça cube** [*o* **finit par ~**] *fam* das läppert sich zusammen *(fam)*
cubique [kybik] *adj* ❶ würfelförmig, kubisch *(geh)*
❷ MATH **racine ~** Kubikwurzel *f*
cubisme [kybism] *m* ART Kubismus *m*
cubiste [kybist] ART *I. adj* kubistisch
II. mf Kubist(in) *m(f)*
cubitus [kybitys] *m* Elle *f*
cucu[l] [kyky] *I. adj inv fam (niais)* doof *(fam); personne* einfältig; *film, histoire* kitschig
II. m enfantin Popo *m*
cucurbitacées [kykyʀbitase] *fpl* BOT Kürbisgewächse *Pl*
cueillaison [kœjɛzɔ̃] *f* [Zeit *f* der] Obsternte *f;* **à la ~ des poires** zur [Zeit der] Birnenernte
cueille-fruits [kœjfʀɥi] *m inv* Obstpflücker *m*
cueillette [kœjɛt] *f* ❶ *sans pl (action de cueillir)* Ernten *nt,* Erntearbeit *f; des fruits* Pflücken *nt; des champignons, myrtilles* Sammeln *nt;* **avant la ~ des fruits** vor der Obsternte
❷ *(résultat)* Ernte *f;* **~ du riz** Reisernte
❸ *sans pl* HIST *(avant le développement de l'agriculture)* Sammeln *nt;* **vivre de chasse et de ~** Jäger und Sammler sein
cueilleur, -euse [kœjœʀ, -øz] *m, f* Pflücker(in) *m(f);* **~ (-euse) de fruits** Obstpflücker(in)
cueillir [kœjiʀ] <*irr*> *vt* ❶ pflücken *fleurs;* ernten *fruits, légumes;* sammeln *myrtilles, champignons;* lesen *raisins;* **fruits prêts à être cueillis** pflückreifes Obst
❷ *fam (arrêter)* schnappen *(fam)*
❸ *fam (prendre au passage)* abholen, auflesen *(fam)*
▶ **~ des** lauriers Lorbeeren *Pl* ernten
cueilloir [kœjwaʀ] *m vieilli* Obstpflücker *m*
cui-cui [kɥikɥi] *I. interj* piep-piep
II. m inv fam Piepen *nt,* Gepiep[s]e *nt (pej)*
cuiller, cuillère [kɥijɛʀ] *f* ❶ *(ustensile)* Löffel *m;* **~ de** [*o* **en**] **bois** Holzlöffel, Kochlöffel; **~ en** [*o* **d'**] **argent** Silberlöffel; **~ en étain** Zinnlöffel; **petite ~** kleiner Löffel, Kaffee-/Teelöffel; **~ premier âge** Kinderlöffel
❷ *(contenu)* **une ~ d'huile/de sirop** ein Löffel *m* Öl/Sirup
❸ PECHE Blinker *m,* Spinner *m (Fachspr.);* **pêcher à la ~** blinkern; **pêche à la ~** Spinnangeln *nt (Fachspr.),* Spinnfischen *nt (Fachspr.);* **~ Wobbler** Wobbler *m*
▶ **être né(e) avec une ~ d'**argent **dans la bouche** mit dem Silberlöffel im Mund geboren sein; **ne pas y aller avec le** dos **de la ~** nicht zimperlich sein; **être à ramasser à la** petite **~** *fam* fix und fertig [*o* am Ende] sein *(fam),* auf allen vieren daherkommen *(fam);* **faire qc en deux coups de ~ à pot** etw im Handumdrehen machen
◆ **~ à café** CAN Kaffeelöffel *m;* **~ à crème** Sahnelöffel *m;* **~ à thé** CAN Teelöffel *m;* **~ à dessert** Dessertlöffel *m;* **~ à pot** Schöpflöffel *m;* **~ à soupe** CAN Suppenlöffel *m;* **~ à table** CAN Esslöffel *m*
cuillerée, cuillérée [kɥijeʀe] *f* **une ~ de café/d'huile** ein Löffel *m* Kaffee/Öl; **deux ~s de sucre** zwei Löffel Zucker
◆ **~ à café** Kaffeelöffel *m,* Teelöffel *m;* **~ à soupe** Esslöffel *m*
cuir [kɥiʀ] *m* ❶ *sans pl* Leder *nt;* **~ artificiel** Kunstleder; **~ brut** [*o* **vert**] [*o* **non corroyé**] Rohleder; **~ refendu** Spaltleder; **~ verni** Lackleder; **~ véritable** echt[es] Leder; **veste de ~** Lederjacke *f;* **commerce de ~s et peaux** Lederwarengeschäft *nt;* **~ de mouton/de vache/de veau** Schaf-/Rinds-/Kalbsleder
❷ *sans pl fam (vêtement de cuir)* **mettre son ~** seine Ledersachen *Pl* anziehen
▶ **~** chevelu Kopfhaut *f;* tanner **le ~ à qn** *fam* jdm das Fell gerben *(fam)*
◆ **~ en croûte** Spaltleder *nt*
cuirasse [kɥiʀas] *f* ❶ ZOOL Panzer *m*
❷ MIL *(blindage)* Panzer[ung *f*] *m*
❸ HIST *du chevalier* [Brust]harnisch *m*
▶ **le défaut de la ~** die verwundbare Stelle
cuirassé [kɥiʀase] *m* Panzerkreuzer *m*
cuirassé(e) [kɥiʀase] *adj* ❶ *(revêtu d'une cuirasse)* geharnischt; *navire* **~** gepanzertes Schiff
❷ *(endurci)* **être ~(e) contre qc** gegen etw immun [*o* gefeit *geh*] sein
cuirasser [kɥiʀase] <1> *I. vt (revêtir d'une cuirasse)* panzern *navire*
II. vpr ❶ MIL *(se revêtir d'une cuirasse)* **se ~** einen [Brust]harnisch anlegen
❷ *(se protéger)* **se ~ contre qc** sich gegen etw wappnen
cuirassier [kɥiʀasje] *m* ❶ HIST Kürassier *m*
❷ MIL **le 1ᵉʳ/2ᵉ ~** das 1./2. Panzerbataillon
cuire [kɥiʀ] <*irr*> *I. vt* ❶ *(au bouillon, à l'eau)* kochen; *(à la cocotte, la vapeur)* garen; *(à la casserole, à l'étouffée)* schmoren *viande;* dünsten *légumes; (au four)* braten *rôti, volaille;* backen *pain, gâteau, gratin; (à la poêle)* fritieren, backen *frites, beignets;* **faire ~ qc à l'eau/à la vapeur** etw in Wasser kochen/mit Dampf garen; **faire ~ qc au bain-marie** etw im Wasserbad garen; **faire ~ qc au four** etw im Ofen zubereiten; **chocolat à ~** Kochschokolade *f,* Blockschokolade *f*
❷ TECH brennen *poterie, porcelaine*
▶ **être dur à ~** hartgesotten sein
II. vi ❶ GASTR *viande:* schmoren; *légumes:* garen; *pâtes:* kochen; *pain, gâteau:* backen
❷ *fam (avoir très chaud)* glühen
❸ *(brûler, picoter) mains, yeux, dos, peau:* brennen
▶ **en ~ à qn** jdn reuen; **il lui en cuira** das wird ihm [bestimmt] noch leidtun
cuisant(e) [kɥizɑ̃, ɑ̃t] *adj blessure, douleur* brennend; *remords* nagend; *déception, échec, défaite* bitter; *froid* schneidend; *remarque* scharf, schneidend
cuisine [kɥizin] *f* ❶ *(pièce)* Küche *f;* **~ [collective]** Gemeinschaftsküche; **"chambre meublée avec utilisation de la ~ à louer"** „möbliertes Zimmer mit Küchenbenutzung zu vermieten"
❷ *(meubles)* Küche *f,* Küchenmöbel *Pl; (meubles encastrables)* Einbauküche; **~ intégrée** Küchenzeile *f*
❸ *(art culinaire)* Kochkunst *f,* Küche *f; (nourriture)* Küche, Essen *nt;* **livre de ~** Kochbuch *nt;* **recette de ~** [Koch]rezept *nt;* **la ~ française/bourgeoise** die französische/gutbürgerliche Küche; **la nouvelle ~** die Nouvelle Cuisine; **aimer la bonne ~** gerne gut essen; **faire la ~ au beurre/à l'huile** mit Butter/Öl kochen; **la ~ de ce restaurant est délicieuse** dieses Restaurant hat eine ausgezeichnete Küche
❹ *sans pl fam (intrigue)* **~ électorale** Schlammschlacht *f* vor den Wahlen, Wahlzirkus *m*
▶ **faire la ~ à qn** jdn bekochen
◆ **~ de bord** Bordküche *f*
cuisiner [kɥizine] <1> *I. vi (faire la cuisine)* kochen; **bien/mal ~** gut/schlecht kochen
II. vt ❶ *(préparer des plats)* kochen, zubereiten; **~ un plat de poisson** einen Fisch zubereiten; **plat cuisiné** Fertiggericht *nt*
❷ *fam (interroger)* ausquetschen *(fam)*
cuisinette [kɥizinɛt] *f* Kochecke *f*
cuisinier [kɥizinje] *m (personne)* Koch *m;* **toque de ~** Kochmütze *f;* **tablier de ~** Küchenschürze *f*
cuisinière [kɥizinjɛʀ] *f* ❶ *(personne)* Köchin *f;* **tablier de ~** Küchenschürze *f*

② *(fourneau de cuisine)* [Küchen]herd *m;* ~ **à gaz/à l'électricité/au charbon** Gas-/Elektro-/Kohle[n]herd
cuissage [kɥisaʒ] *m* ❶ HIST Recht *nt* der ersten Nacht
　② *fam (harcèlement sexuel)* Belästigung *f*
cuissard [kɥisaʀ] *m* ❶ HIST *de l'armure* Diechling *m*
　② *d'un cycliste* Radlerhose *nt*
cuissarde [kɥisaʀd] *f* kniehoher Stiefel *m; d'un pêcheur* Anglerstiefel, Watstiefel
cuisse [kɥis] *f* ❶ ANAT Schenkel *m*
　② GASTR *de lièvre, volaille* Keule *f,* Schlegel *m* (SDEUTSCH), Schlegel, Schlögel *m* (A); *de grenouille* Schenkel *m;* ~ **de poulet** Hühnerbein *nt,* Hühnerschlegel (SDEUTSCH), Hühnerschlegel, Hühnerschlögel (A); ~ **avant** [*o* **antérieure**] Vorderkeule
　▶ **se croire sorti(e) de la ~ de Jupiter** *fam* sich für etwas [ganz] Besonderes halten
cuisseau [kɥiso] <x> *m de veau* Keule *f* [mit Lendenstück]
cuissettes [kɥisɛt] *f* CH *(culottes de sport)* [kurze] Sporthose *f*
cuisson [kɥisɔ̃] *m* ❶ *sans pl* Kochen *nt,* Garen *nt; de la viande* Braten *nt,* Schmoren *nt; du pain, gâteau* Backen *nt;* **eau de ~ des pommes de terre** Kartoffelwasser *nt;* **la ~ de ce poulet est insuffisante** dieses Hühnchen ist nicht durchgebraten; **vous la voulez comment, la ~ de votre steak: bien cuit, à point, saignant, bleu?** wie möchten Sie Ihr Steak: gut durchgebraten, medium, englisch, blutig?
　② *(durée)* [temps de] ~ Garzeit *f; du pain, gâteau* Backzeit; **des légumes qui ont une ~ rapide/longue** Gemüse mit kurzer/langer Garzeit
　❸ *sans pl* TECH *(action) de la poterie, porcelaine* Brennen *nt; (processus)* Brennvorgang *m*
cuissot [kɥiso] *m du sanglier, chevreuil* Keule *f;* ~ **de cerf** Hirschkeule
cuistot [kɥisto] *m fam* Koch *m*
cuistre [kɥistʀ] *m littér* Schulmeister *m (pej)*
cuit(e) [kɥi, kɥit] I. *part passé de* **cuire**
II. *adj* ❶ GASTR *gar; légumes, jambon, poule au pot* gekocht; *steak, gigot* gebraten; *gâteau, pain* gebacken; **ne pas être** [**assez**] ~(**e**) nicht gar/nicht durchgebraten/nicht durchgebacken sein; **être trop ~(e)** zerkocht ist /zu stark gebraten/zu stark gebacken sein; **une baguette bien ~e** ein dunkles Baguette; **un gigot ~ à point** eine rosagebratene Lammkeule
　② TECH *poterie, porcelaine* gebrannt; **terre ~e** Terrakotta *f*
　❸ *fam (ivre)* besoffen *(sl),* blau *(fam)*
　▶ **c'est ~** *fam* es ist aus und vorbei, es ist gelaufen *(fam);* **c'est du tout ~** *fam* das ist ein Klacks *(fam);* **être ~(e)** *fam* am Ende sein *(fam)*
cuite [kɥit] *f* ❶ *(action de cuire) de la porcelaine* Brand *m,* Brennen *nt; (processus)* Brennvorgang *m*
　② *fam* Rausch *m;* **tenir une sacrée ~** ganz schön einen sitzen haben *(fam);* **prendre une ~** sich *(Dat)* einen antrinken *(fam)*
cuité(e) [kɥite] *adj fam* besoffen *(fam)*
cuiter [kɥite] <1> *vpr fam* **se ~** sich besaufen *(fam),* sich vollaufen lassen *(sl)*
cuivre [kɥivʀ] I. *m* ❶ *sans pl* Kupfer *nt;* ~ **rouge** [reines] Kupfer; ~ **jaune** Messing *nt;* **extraction du ~** Kupfergewinnung *f;* **casseroles en ~** Kupfergeschirr *nt;* **gravures sur ~** Kupferstiche *Pl;* **chevelure** [de] **couleur ~** kupferfarbene [*o* kupferfarbige] Haare
　② *pl (ustensiles)* Kupfer *nt;* **faire briller les ~s** das Kupfer putzen [*o* polieren]
　❸ ART *(planche d'illustration)* Kupferstichplatte *f*
　❹ *pl* MUS Blech[blas]instrumente *Pl,* Blechbläser *Pl*
II. *adj inv* **rouge ~** kupferrot; **chaussures rouge ~** kupferrote Schuhe
cuivré(e) [kɥivʀe] *adj* ❶ *métal, chevelure* kupferfarben, kupferfarbig; *reflets* kupferfarben, kupfern; *peau, teint* kupferfarben, rotbraun
　② *(sonore) voix* sonor, volltönend
cuivrer [kɥivʀe] <1> *vt (couvrir d'une couche de cuivre)* verkupfern
cul [ky] *m* ❶ *sans pl fam (derrière) d'une personne* Hintern *m (fam),* Arsch *m (vulg);* **gros ~** Fettarsch *(pej sl);* **botter le ~ à qn** jdm den Hintern versohlen *(fam);* **recevoir des coups de pied au ~** einen Arschtritt bekommen *(vulg)*
　② *pop (anus)* Arschloch *nt (vulg),* Hintern *m (fam)*
　❸ *sans pl pop (sexe)* **histoire de ~** Sexgeschichte *f;* **film de ~** Pornofilm *m;* **ne penser qu'au ~** nur an Sex denken; **faire commerce de son ~** auf den Strich gehen *(fam)*
　❹ *(fond) d'une bouteille* Boden *m*
　▶ **avoir le ~ entre deux chaises** *fam* zwischen zwei Stühlen sitzen; **s'entendre comme ~ et chemise** *fam* ein Herz und eine Seele sein; **avoir le feu au ~** *vulg* sexhungrig sein; **coûter la peau du ~** *fam* den letzten Pfennig kosten; **se taper le ~ par terre** zum Kugeln [*o* Verrücktwerden] sein *(fam);* **être un faux ~** *fam* ein falscher Fünfziger [*o* Hund] sein *(fam);* **en avoir plein le ~** *vulg* die Schnauze [gestrichen] voll haben *(sl);* **faire ~ sec** *fam* auf ex

trinken *(fam);* **se casser le ~ à faire qc** *fam* sich *(Dat)* den Arsch aufreißen um etw zu tun *(vulg);* **lécher le ~ à qn** *vulg* jdm in den Arsch kriechen *(vulg);* **parle à mon ~** [**ma tête est malade**] *fam* gib dir keine Mühe, dein Geschwätz interessiert mich nicht; **péter plus haut que son ~** *vulg* größenwahnsinnig werden *(fam);* **tirer au ~** *vulg* sich drücken *(fam);* **mon ~!** *vulg* du kannst mich [mal]! *(sl),* scheiß drauf! *(vulg)*
culasse [kylas] *f* ❶ *d'un moteur* Zylinderkopf *m*
　② *(extrémité postérieure) d'un fusil, canon* Verschluss *m*
culbute [kylbyt] *f* ❶ *(galipette)* **faire une ~** einen Purzelbaum machen [*o* schlagen]
　② *(chute)* **des ~s dans l'escalier** kopfüber die Treppe hinunterfallen; **faire une ~ dans la rivière** *voiture:* sich überschlagen und in den Fluss fallen
　▶ **faire la ~** *fam* pleitegehen *(fam)*
culbuter [kylbyte] <1> I. *vi (tomber) bateau:* kentern; ~ **dans un fossé** *personne:* kopfüber in einen Graben stürzen; *voiture:* sich überschlagen und in einen Graben stürzen
II. *vt* ❶ *(faire tomber)* umwerfen, umstoßen; überrennen *ennemi;* stürzen *gouvernement;* ~ **un obstacle** sich über ein Hindernis hinwegsetzen; **tout ~ sur son passage** auf seinem Weg alles zerstören
　② *vulg (prendre sexuellement)* flachlegen *(sl)*
culbuteur [kylbytœʀ] *m* ❶ MECANAUT *d'un moteur* Kipphebel *m*
　② TECH *d'une benne* Kippvorrichtung *f*
cul-de-basse-fosse [kyd(ə)basfos] <culs-de-basse-fosse> *m* Kerker *m,* Verlies *nt*
cul-de-four [kyd(ə)fuʀ] <culs-de-four> *m* ARCHIT Halbkuppelgewölbe *nt* **cul-de-jatte** [kydʒat] <culs-de-jatte> *mf* beinloser Krüppel
cul-de-lampe [kyd(ə)lɑ̃p] <culs-de-lampe> *m* TYP Vignette *f*
cul-de-sac [kydsak] <culs-de-sac> *m* Sackgasse *f*
culée [kyle] *f* ARCHIT Widerlager *nt*
culinaire [kylinɛʀ] *adj* **art ~** Kochkunst *f*
culminant(e) [kylminɑ̃, ɑ̃t] *adj* ❶ **point ~ d'une montagne** Gipfel *m* eines Berges
　② *fig* **point ~ de qc** Höhepunkt *m* einer S. *(Gen)*
culminer [kylmine] <1> *vi* ❶ *(avoir une hauteur de)* **le pic culmine à 8000 m** der Berggipfel liegt bei 8000 m, der Berg ist 8000 m hoch
　② *(être à son maximum)* seinen Höhepunkt erreichen; **les salaires de la firme culminent à 2500 euros** die Firma zahlt Gehälter bis zu 2500 Euro
　❸ ASTRON *étoile:* seinen Kulminationspunkt erreichen
culot [kylo] *m* ❶ *d'une ampoule* Sockel *m; d'un obus* Boden *m*
　② *fam (assurance effrontée)* Frechheit *f,* Chuzpe *f (meist pej fam);* **avoir du ~** unverschämt sein; **avoir un sacré ~** unglaublich dreist sein *(fam);* **avoir le ~ de faire qc** die Stirn [*o* Frechheit] haben etw zu tun
culotte [kylɔt] *f* ❶ *(slip)* Slip *m,* Unterhose *f;* ~ [**à élastiques**] *(pour bébés)* Gummihöschen *nt*
　② *(short)* kurze Hose, kurze Hosen *Pl; (pour petits enfants)* Spielhöschen *nt;* ~**s de cuir** kurze Lederhosen; **porter des ~s courtes** kurze Hosen tragen
　❸ SPORT *(pantalon long)* lange Hose, lange Hosen *Pl;* ~**s de cheval** Reithosen; ~**s de golf** Knickerbocker *Pl*
　❹ GASTR Hüftstück *nt*
　▶ **faire dans sa ~** *fam* sich in die Hosen machen; **mouiller sa ~** *pop* in die Hosen machen *(fam); (de désir sexuel)* feucht werden *(sl);* **porter la ~ dans le ménage** *fam* zu Hause die Hosen anhaben *(fam);* **ramasser une ~** *fam* haushoch verlieren
　◆ ~ **de caoutchouc** Gummihöschen *nt;* ~ **de cheval** Fettpolster *Pl* an den Oberschenkeln, Reithosen *f*
culotté(e) [kylɔte] *adj fam (effronté)* dreist, frech; *(audacieux)* draufgängerisch
culotter [kylɔte] <1> *vt* einrauchen *pipe*
culpabilisation [kylpabilizasjɔ̃] *f* Erwecken *nt* von Schuldgefühlen
culpabiliser [kylpabilize] <1> I. *vt* ~ **qn** bei jdm Schuldgefühle wecken; **se sentir culpabilisé(e)** Schuldgefühle bekommen
II. *vpr* **se ~** sich schuldig fühlen, sich *(Dat)* Vorwürfe *Pl* machen
culpabilité [kylpabilite] *f sans pl* Schuld *f;* **sentiment de ~** Schuldgefühl *nt*
culte [kylt] *m* ❶ *sans pl (vénération)* Verehrung *f,* Kult *m;* ~ **des ancêtres** Ahnenkult; **le ~ de Dieu** die Verehrung Gottes; **rendre un ~ à qn/qc** jdn/etw verehren
　② *fig* **Kult ~;** **vouer un ~ à qn** jdn verehren; **avoir le ~ de l'argent** das [liebe] Geld anbeten; ~ **voué à une star/aux stars** Starkult
　❸ *sans pl (religion, confession)* Religion *f*
　❹ *(cérémonie chrétienne)* Gottesdienst *m; (office protestant)* [Predigt]gottesdienst
　❺ *(cérémonie païenne)* Kultfeier *f*

◆ **~ de la beauté** Schönheitskult *m;* **~ de la jeunesse** Jugendkult *m;* **~ des morts** Totenkult *m;* **~ de la personnalité** Personenkult *m*
cul-terreux [kyteʀø] <culs-terreux> *m péj* Bauer *m*, Bauerntrampel *m (pej fam)*
cultivable [kyltivabl] *adj* bebaubar, anbaufähig
cultivateur, -trice [kyltivatœʀ, -tʀis] I. *adj peuple* ackerbautreibend
II. *m, f* Landwirt(in) *m(f)*, Bauer *m*/Bäuerin *f;* **petit/gros ~** Klein-/Großbauer
cultivé(e) [kyltive] *adj personne* gebildet; **très ~** hochgebildet; **être peu ~(e)** nur wenig Bildung besitzen; **c'est un esprit ~** er/sie ist [sehr] gebildet
cultiver [kyltive] <1> I. *vt* ❶ AGR anbauen *plantes, céréales, légumes, vigne;* **des terrains cultivés** bebaute Felder *Pl;* **des plantes cultivées** Kulturpflanzen *Pl*
❷ *(exercer)* trainieren *mémoire;* fördern *dispositions, don;* pflegen *goût;* **~ son esprit** sich [weiter]bilden
❸ *littér (pratiquer)* pflegen *(geh) art, sciences*
❹ *(entretenir)* pflegen *relations, amitié, réputation*
II. *vpr* **se ~ en faisant qc** sich bilden, indem man etw tut
cultuel(le) [kyltɥɛl] *adj* Kult-; **édifice ~** Kultbau *m;* **communauté ~le** Kultgemeinschaft *f*
culture [kyltyʀ] *f* ❶ *sans pl (action de cultiver des végétaux)* Anbau *m;* **~ fruitière/céréalière** Obst-/Getreideanbau; **~ maraîchère** Gemüse[an]bau *m;* **~ fourragère** Anbau von Futterpflanzen; **~ de pommes de terre** Kartoffelanbau; **~ de la vigne** Weinbau
❷ *sans pl (amélioration et croisement des végétaux)* Zucht *f*, Züchten *nt;* (*résultat*) Zucht; **~ maraîchère** Gemüsezucht; **~ de/des cactus** Kakteenzucht; **~ de champignons de Paris** Champignonzucht; **produit de la ~** Zuchtform *f;* **réussite en matière de ~** Zuchterfolg *m*
❸ *sans pl (action de cultiver la terre) d'un champ* Bestellen *nt; d'un verger* Bewirtschaftung *f;* **~ biologique** biologischer Anbau; **~ intensive** intensiver Anbau, Intensivwirtschaft *f;* **~ du jardin** Gartenarbeit *f;* **~ des surfaces en herbage** AGR Graswirtschaft *f;* **~ itinérante** Wanderfeldbau *m;* **méthodes/travaux de ~** Anbaumethoden *Pl;* **mettre ses terrains en ~** sein Land *nt* bewirtschaften, seine Felder bestellen; **pays de petite/moyenne/grande ~** Land mit kleinen/mittleren/großen landwirtschaftlichen Betrieben
❹ *pl (terres cultivées)* Felder *Pl*
❺ BIO, MED, PHARM Kultur *f;* **~ de cellules** Zellkultur; **~ microbienne** Bakterienkultur; **~ pure** Reinkultur *f;* **élever une ~ pure** eine Reinkultur züchten
❻ *sans pl (savoir)* Bildung *f;* (*connaissances spécialisées*) Wissen *nt*, Kenntnisse *Pl;* **~ générale** Allgemeinbildung *f;* **posséder une vaste/solide ~** sehr gebildet sein; **ministre de la Culture** Kulturminister *m;* **absence de ~** Kulturlosigkeit *f*
❼ *(civilisation)* Kultur *f;* **la ~ occidentale** die westliche [*o* abendländische] Kultur; **la ~ orientale** die östliche Kultur
❽ SOCIOL *(ensemble de comportements)* Lebensweise *f*, Kultur *f;* **~ de la table** Tafelkultur *(geh);* **~ gastronomique** [*o* **culinaire**] Esskultur; **la ~ populaire/bourgeoise/ouvrière** die Lebensweise der breiten Masse/des Bürgertums/der Arbeiterschaft
❾ SPORT **~ physique** Gymnastik *f*
◆ **~ d'entreprise** Unternehmenskultur *f*
culturel(le) [kyltyʀɛl] *adj revendications, identité, manifestations* kulturell; **échange ~** Kulturaustausch *m;* **voyage ~** Bildungsreise *f*
culturisme [kyltyʀism] *m sans pl* Bodybuilding *nt*, [gezieltes] Muskeltraining
culturiste [kyltyʀist] *mf* Bodybuilder(in) *m(f)*
cumin [kymɛ̃] *m* Kreuzkümmel *m;* (*cumin des prés*) Kümmel *m*
cumul [kymyl] *m sans pl* ❶ Häufung *f;* **~ de fonctions/mandats** Ämterhäufung
❷ JUR *de peines* Kumulation *f;* **~ de prétentions** Anspruchshäufung *f (Fachspr.)*
cumulable [kymylabl] *adj* kumulierbar
cumulard(e) [kymylaʀ, aʀd] *m(f) péj (personne touchant deux salaires)* Doppelverdiener(in)
cumulatif, -ive [kymylatif, -iv] *adj* ECON *dividende* kumulativ *(Fachspr.)*
cumuler [kymyle] <1> *vt* ❶ *(réunir)* kumulieren; **~ des fonctions/mandats** mehrere Ämter innehaben [*o* auf sich *(Akk)* vereinigen]; **~ plusieurs traitements** mehrere Gehälter beziehen; **~ les bêtises** in der Dummheit nach der anderen machen
❷ ECON kumulieren *pertes*
❸ FIN **les intérêts** die Zinseszinsen berechnen; **les intérêts cumulés** die Zinseszinsen *Pl*
cumulonimbus [kymylonɛ̃bys] *m* Kumulonimbus *m (Fachspr.)*, Gewitterwolke *f*
cumulus [kymylys] *m* ❶ *(nuage)* Haufenwolke *f*, Kumulus *m (Fachspr.)*

❷ *(chauffe-eau)* Boiler *m*
cunéiforme [kyneifɔʀm] *adj os* keilförmig, zugespitzt; **écriture ~** Keilschrift *f*
cupide [kypid] *adj vieilli personne* [geld]gierig; *air, regard* gierig
cupidité [kypidite] *f sans pl soutenu* Habgier *f;* **la ~ de son regard** die Gier in seinem/ihrem Blick
cuprifère [kypʀifɛʀ] *adj minéral* kupferhaltig, kupferhältig (A)
cuproalliage [kypʀoaljaʒ] *m* Kupferlegierung *f*
cupule [kypyl] *f* BOT Fruchtbecher *m*
curable [kyʀabl] *adj* heilbar
curaçao [kyʀaso] *m* Curaçao *m*
curage [kyʀaʒ] *m* Reinigung *f;* **~ des égouts** Abwasserreinigung *f*
curare [kyʀaʀ] *m* PHARM *(poison)* Kurare *nt*, Curare
curatelle [kyʀatɛl] *f* JUR Pflegschaft *f;* **~ de la personne absente** Abwesenheitspflegschaft; **~ de la succession** Nachlassverwaltung *f*
curateur, -trice [kyʀatœʀ, -tʀis] *m, f* JUR *d'un mineur, aliéné* Vormund *m*, Betreuer(in) *m(f)* (seit 1992); **~ (-trice) à succession vacante** Nachlasspfleger(in) *m(f);* **~ (-trice) représentant la personne absente** Abwesenheitspfleger
◆ **~ de procédure** JUR Prozesspfleger *m;* **~ (-trice) de la succession** Nachlassverwalter(in) *m(f)*
curatif, -ive [kyʀatif, -iv] *adj remède* **~** Heilmittel *nt;* **vertu curative d'une plante** Heilkraft *f* einer Pflanze
cure¹ [kyʀ] *f* ❶ *(traitement)* Kur *f;* **~ d'amaigrissement**/**de désintoxication** Schlankheits-/Entziehungskur; **~ d'hydrothérapie** Wasserkur; **~ de rajeunissement** Verjüngungskur; **~ de thalassothérapie** Kur am Meer, Thalassotherapie *f (Fachspr.);* **~ thermale** Thermalkur; **~ psychanalytique** Psychoanalyse *f;* **faire une ~** eine Kur machen; **aller**/**être en ~** zur Kur gehen/sein
❷ *(grande consommation)* Kur *f;* **~ de sommeil/repos** Schlaf-/Liegekur; **~ de fruits** Obstkur; **~ de petit-lait** Molkenkur
▶ **n'avoir ~ de qc** *littér* etw ignorieren
cure² [kyʀ] *f* ❶ REL *(fonction)* Pfarrstelle *f;* (*circonscription*) Pfarrei *f*
❷ *vieilli (presbytère)* Pfarrhaus *nt*
curé [kyʀe] *m* Pfarrer(in) *m(f); péj* Pfaffe *m;* **~ de campagne** Landpfarrer; **les ~s** der Priesterstand
▶ **bouffer du ~** *fam* ein Pfaffenfresser sein *(fam)*, gegen die Kirche eingestellt sein
cure-dent[s] [kyʀdɑ̃] <cure-dents> *m* Zahnstocher *m*
curée [kyʀe] *f* ❶ CHASSE Jagdanteil *m (für die Jagdhunde)* ❷ *fig des places* Jagd *nt* **cure-ongle** [kyʀɔ̃gl] <cure-ongles> *m* Nagelreiniger *m* **cure-pipe** [kyʀpip] <cure-pipes> *m* Pfeifenreiniger *m*
curer [kyʀe] <1> I. *vt* reinigen
II. *vpr* **se ~ les dents** sich *(Dat)* mit einem Zahnstocher die Zähne reinigen; **se ~ les ongles/oreilles** sich *(Dat)* die Nägel/Ohren sauber machen
curetage [kyʀtaʒ] *m* MED Ausschabung *f*, Kürettage *f (Fachspr.)*, Abrasion *f (Fachspr.)*
cureton [kyʀtɔ̃] *m péj* Pfaffe *m (pej)*
curette [kyʀɛt] *f* ❶ TECH Schabeisen *nt*
❷ MED Kürette *f*
curie [kyʀi] *f* ❶ REL Kurie *f*
❷ PHYS Curie *nt*
curieusement [kyʀjøzmɑ̃] *adv (d'une manière curieuse)* seltsam, merkwürdig; *(ce qui est curieux)* eigentümlicherweise, kurioserweise; **~, il ne m'a rien demandé** seltsamerweise [*o* merkwürdigerweise] hat er mich nichts gefragt
curieux, -euse [kyʀjø, -jøz] I. *adj* ❶ *(ouvert)* neugierig, interessiert; **c'est un esprit ~** er/sie ist wissbegierig [*o* interessiert]
❷ *(indiscret)* neugierig
❸ *(intéressé)* **être ~(-euse) de qc** sich für etw interessieren, an etw *(Dat)* interessiert sein; **être ~(-euse) de faire qc** [zu] gerne etw tun wollen; **être ~(-euse) d'apprendre qc** auf etw *(Akk)* gespannt sein; **être ~(-euse) de faire la connaissance de qn** zu gerne jdn kennen lernen wollen
❹ *(étrange) coïncidence, personnage, réaction, animal* seltsam, merkwürdig; **ce qui est ~, c'est qu'elle a** [*o* **ait**] **raison** das Seltsame [daran] ist, dass sie Recht hat; **chose curieuse, ...** seltsamerweise ..., merkwürdigerweise ...
II. *m, f* ❶ *sans pl (indiscret)* Schnüffler(in) *m(f) (fam);* **c'est un ~** der steckt seine Nase in alles *(fam)*
❷ *mpl (badauds)* Schaulustige(n) *Pl;* **se protéger des ~** sich vor neugierigen Blicken schützen
▶ **être ~ comme pas permis** *fam* gespannt sein wie ein Regenschirm *(hum fam)*
curiosité [kyʀjozite] *f* ❶ *sans pl (intérêt)* Neugier[de] *f*, Interesse *nt;* **~ intellectuelle** Wissensdurst *m*, Wissensdrang *m;* **exciter/satisfaire la ~ de qn** jds Interesse wecken/befriedigen; **faire qc par simple ~** etw interessehalber tun
❷ *sans pl (indiscrétion)* Neugier[de] *f;* **il a été puni de sa ~** das hat er nun von seiner Neugier[de]
❸ *(monument, site) d'une ville, région* Sehenswürdigkeit *f;* **~ touris-**

tique Touristenattraktion f
④ *(objet rare)* Rarität f; **magasin de ~s** Raritätengeschäft nt
curiste [kyʀist] mf Kurgast m
curium [kyʀjɔm] m Curium nt
curling [kœʀliŋ] m sans pl SPORT Eis[stock]schießen nt, Curling nt
curriculum [vitæ] [kyʀikylɔm(vite)] m inv Lebenslauf m
curry [kyʀi] m sans pl Curry nt o m; **riz/poulet au ~** Curryreis m/ Curryhuhn nt; **~ d'agneau** Lammgericht nt mit Curry
curseur [kyʀsœʀ] m ① INFORM Einfügemarke f, Cursor m *(Fachspr.)*
② *(index)* d'un potentiomètre Regler m; d'une règle à calculer/balance Schieber m
cursif, -ive [kyʀsif, -iv] adj ① **lettre cursive** kursiver Buchstabe
② *(rapide)* lecture flüchtig, kursorisch *(geh)*; **faites une lecture cursive du texte** überfliegen Sie den Text
cursus [kyʀsys] m UNIV Studiengang m, Studium nt; **deuxième ~ d'études** Zweitstudium
curvimètre [kyʀvimɛtʀ] m Kurvenmesser m, Messrädchen nt, Kurvimeter nt *(Fachspr.)*
custode [kystɔd] f d'une automobile **glace de ~** kleines Rückfenster nt
customiser [kœstɔmize] <1> vt ~ **qc** einer S. *(Dat)* eine persönliche Note verleihen
cutané(e) [kytane] adj Haut-; affection/maladie~e Hautirritation f/-krankheit f
cuti [kyti] f fam abr de **cutiréaction**
▸ **virer sa ~** fam sein Leben umkrempeln *(fam)*
cuticule [kytikyl] f ① d'un ongle Nagelhaut f
② ZOOL, BOT Kutikula f *(Fachspr.)*
cutiréaction [kytiʀeaksjɔ̃] f Haut[reaktions]test m
cutter [kœtœʀ, kytɛʀ] m Cutter m, Cutter-Messer nt
cuvage [kyvaʒ] m Gärung f
cuve [kyv] f *(fermée)* Tank m; *(ouverte)* Bottich m
▸ **~ de développement** PHOT Entwicklerdose f, Entwicklungstrommel f; **à mazout** [Heiz]öltank m; **~ à vin** Bütte f
cuvée [kyve] f ① *(quantité)* **vin de la même ~** Wein m aus demselben [Gär]bottich/[Gär]tank
② *(produit de toute une vigne)* Jahrgang m; **bonne/mauvaise ~** guter/schlechter Jahrgang
cuver [kyve] <1> I. vi vin, raisins: gären
II. vt ~ **[son vin]** fam seinen Rausch ausschlafen
cuvette [kyvɛt] f ① *(récipient)* Waschschüssel f
② *(partie avec de l'eau)* d'un lavabo, évier, W.-C. Becken nt; **~ [d'eau]** Wasserschüssel f; **~ des toilettes** [o **W.-C.**] Toilettenbecken, Klosettbecken, Klosettschüssel
③ GEOG Kessel m
CV abr de **cheval fiscal**
C.V. abr de **curriculum vitæ**

> **Land und Leute**
> **C.V.** steht für *curriculum vitæ*, einen Lebenslauf. Zusammen mit dem Bewerbungsschreiben und den Zeugnissen bildet er die Bewerbungsunterlagen. Er enthält die persönlichen Daten und gibt einen Überblick über den beruflichen Werdegang.

cyanhydrique [sjanidʀik] adj Zyanwasserstoff-; **acide ~** Blausäure f
cyanose [sjanoz] f MED Blausucht f, Zyanose f
cyanure [sjanyʀ] m Zyanid nt; *(cyanure de potassium)* Zyankali nt
cyberbazar [sibɛʀbazaʀ] m Internetbasar m, elektronischer Marktplatz m
cyberboutique [sibɛʀbutik] f Shopping Mall f
cybercâble [sibɛʀkabl] m Internetzugang m, Internetleitung f
cybercafé [sibɛʀkafe] m Internetcafé nt
cybercriminalité [sibɛʀkʀiminalite] f Internetkriminalität f
cyberculture [sibɛʀkyltyʀ] f Internetkultur f
cyberéconomie [sibɛʀekɔnɔmi] f E-Business nt
cyberespace [sibɛʀɛspas] m Cyberspace m
cybermarché [sibɛʀmaʀʃe] m elektronischer Marktplatz m
cybermonde [sibɛʀmɔ̃d] m Internetworld f
cybernaute [sibɛʀnot] mf [Internet]surfer(in) m(f), Websurfer(in)
cybernétique [sibɛʀnetik] f Kybernetik f
cyberprof [sibɛʀpʀɔf] mf fam Internetlehrer(in) m(f), Onlinelehrer(in) m(f)
cybersexe [sibɛʀsɛks] m Cybersex m
cybersouk [sibɛʀsuk] m elektronischer Marktplatz m
cyberspace [sibɛʀspas] m Cyberspace m
cyclable v. **piste**
cyclamen [siklamɛn] m Alpenveilchen nt
cycle¹ [sikl] m ① BIO, MED Zyklus m; **~ menstruel** Menstruationszyklus, Periode f
② ASTRON, ECON Kreislauf m, Zyklus m; **~ solaire/lunaire/annuel** Sonnen-/Mond-/Jahreszyklus; **le ~ des saisons** der Kreislauf der Jahreszeiten; **~ économique** Wirtschaftszyklus, Konjunkturzyklus

③ TECH Phase f; **les ~s à quatre temps dans un moteur à explosion** die vier Taktphasen eines Verbrennungsmotors
④ ELEC Periode f
⑤ LITTER Zyklus m; **~ romanesque** Romanzyklus; **~ de poèmes** Gedichtzyklus; **~ épique** Sagenkreis m
⑥ SCOL **premier ~** ≈ Sekundarstufe f I, ≈ Unter- und Mittelstufe f; **deuxième ~** ≈ Sekundarstufe II, ≈ Oberstufe
⑦ UNIV **premier ~** ≈ Grundstudium nt; **deuxième ~** ≈ Hauptstudium; **troisième ~** ≈ Postgraduiertenstudium, ≈ Doktorandenstudium
◆ **~ d'études** UNIV Studiengang m; **~ d'orientation** SCOL ≈ Orientierungsstufe f *(8. und 9. Schuljahr als Orientierung für die Wahl des Abiturtyps)*; **~ de vie** COM Lebenszyklus m; **~ de vie du produit** COM Produktlebenszyklus m
cycle² [sikl] m *(à deux roues)* Zweirad nt; *(à trois roues)* Dreirad
cyclique [siklik] adj zyklisch; **évolution ~ de la conjoncture** zyklischer Verlauf der Konjunktur
cyclisme [siklism] m sans pl Radsport m; **faire du ~** Radsport betreiben; **~ sur route/sur piste** Straßen-/Bahnrennen nt; **~ artistique** Kunstfahren nt, Kunstradfahren m
cycliste [siklist] I. adj **course ~** Radrennen nt; **coureur ~** Radrennfahrer m
II. mf Radfahrer(in) m(f)
III. m Radlerhose f
cyclo-cross [siklokʀos] m inv SPORT *(course)* Querfeldeinrennen nt
cycloïde [sikloid] f MATH Zykloide f, Radkurve f
cyclomoteur [siklomɔtœʀ] m Mofa nt
cyclomotoriste [siklomɔtɔʀist] mf Mopedfahrer(in) m(f)
cyclone [siklon] m ① *(tempête)* Zyklon m, [heftiger] Wirbelsturm m
② *(basses pressions)* Tief[druckgebiet nt] nt, Zyklone Pl *(Fachspr.)*
▸ **arriver/entrer comme un ~** angestürmt kommen/hereinstürmen
cyclope [siklɔp] m Zyklop m
cyclopéen(ne) [siklɔpeɛ̃, ɛn] adj *(gigantesque)* riesenhaft
cyclopousse, cyclo-pousse [siklopus] <cyclo-pousses> m Fahrradriksche f
cyclothymie [siklotimi] f *(maladie, tempérament)* Zyklothymie f
cyclothymique [siklotimik] adj ① MED zyklotym
② *tempérament, personne* launenhaft
cyclotourisme [siklotuʀism] m sans pl Radwandern nt; **faire du ~** Radwanderungen Pl machen, Rad wandern gehen
cyclotron [siklotʀɔ̃] m PHYS Zyklotron nt
cygne [siɲ] m Schwan m
cylindrage [silɛ̃dʀaʒ] m sans pl d'une étoffe Kalandern nt, Kalandrieren nt; **du macadam** Walzen nt
cylindre [silɛ̃dʀ] m ① GEOM Zylinder m; **en forme de ~** zylinderförmig; **~ de révolution** Kreiszylinder; **~ droit/oblique** gerader/schiefer Zylinder
② *(rouleau)* Walze f; **~ d'impression** Druckwalze, Druckzylinder m
③ MECANAUT, TECH Zylinder m; **moteur [à] six/[à] douze ~s** Sechs-/Zwölfzylindermotor m, sechs-/zwölfzylindriger Motor; **moteur à quatre ~s en ligne** Vierzylinderreihenmotor; **moteur à six ~s en V** Sechszylinder-V-Motor, V-6-Motor; **une quatre/six ~s** fam ein Vier-/Sechszylinder m *(fam)*
◆ **~ de serrure** Schließzylinder m
cylindrée [silɛ̃dʀe] f *(puissance)* d'un moteur *(volume)* Hubraum m; **une voiture de 1500 cm³ de ~** ein Auto mit 1500 cm³ Hubraum; **une voiture de petite/grosse ~** ein Wagen mit kleinem/großem Hubraum
② *(voiture)* **grosse/petite ~** Auto nt mit großem/kleinem Hubraum; **une grosse/petite ~** *(moto)* eine große/kleine Maschine; **moteur de grosse ~** großvolumiger Motor
cylindrer [silɛ̃dʀe] <1> vt ① *(former en cylindre)* walzen métal, pièce; aufwickeln, aufrollen papier
② *(presser)* kalandern, kalandrieren linge
cylindrique [silɛ̃dʀik] adj zylindrisch, rund
cymbale [sɛ̃bal] f sans pl MUS Becken nt; **coup de ~s** Beckenschlag m
cymbalier, -ière [sɛ̃balje, -jɛʀ] m, f Beckenschläger(in) m(f)
cymbaliste [sɛ̃balist] mf Beckenschläger(in) m(f)
cynégétique [sineʒetik] I. adj weidmännisch, jagdkundlich
II. f sans pl Weidwerk nt, Jagdkunde f
cynique [sinik] I. adj ① zynisch
② PHILOS kynisch
II. mf ① Zyniker(in) m(f)
② PHILOS Kyniker(in) m(f)
cyniquement [sinikmɑ̃] adv zynisch
cynisme [sinism] m ① sans pl Zynismus m; **avec ~** zynisch
② PHILOS Kynismus m
cynocéphale [sinosefal] I. adj hundsköpfig
II. m ZOOL Hundskopfaffe m
cynodrome [sinodʀom] m Hunderennbahn f

cyprès [sipʀɛ] *m* Zypresse *f*
cypriote [sipʀijɔt] *adj* zypriotisch
Cypriote [sipʀijɔt] *mf* Zypriot(in) *m(f)*
cyrillique [siʀilik] *adj alphabet, caractères* kyrillisch
cystite [sistit] *f* MED [Harn]blasenentzündung *f*, Blasenkatarr *m*
cystoscopie [sistɔskɔpi] *f* MED Blasenspiegelung *f*
cytise [sitiz] *m* BOT Goldregen *m*
cytogénétique [sitɔʒenetik] *f* Zytogenetik *f*
cytologie [sitɔlɔʒi] *f sans pl* Zellforschung *f*, Zelllehre *f*, Zytologie *f (Fachspr.)*
cytologique [sitɔlɔʒik] *adj* zytologisch *(Fachspr.)*
cytoplasme [sitɔplasm] *m* Zellplasma *nt*, Zytoplasma *nt (Fachspr.)*
cytotoxique [sitɔtɔksik] *adj* MED zytotoxisch *(Fachspr.)*; **substance** ~ Zellgift *nt*, zytotoxische Substanz *(Fachspr.)*

Dd

D, d [de] *m inv* D *nt*/d *nt*
da [da] *interj vieilli* ▶ **oui** ~ ! *hum* aber ja doch!
DAB [dab] *m abr de* **distributeur automatique de billets** Geldautomat *m*
d'abord *v.* abord
d'accord *v.* accord
dacron® [dakʀɔ̃] *sans pl* CHIM Dacron® *nt*; **fil** ~ Dacronschnur *f*
dactyle [daktil] *m* ❶ LITTER, POES Daktylus *m*
❷ BOT Knäuelgras *nt*
dactylo [daktilo] I. *mf abr de* **dactylographe** Schreibkraft *f*; **être** ~ als Schreibkraft arbeiten
II. *f abr de* **dactylographie** Maschinenschreiben *nt*; **apprendre la** ~ Maschinenschreiben lernen, Schreibmaschine *f* schreiben lernen; **cours de** ~ Schreibmaschinenkurs *m*
dactylographe[1] [daktilɔɡʀaf] *m* CAN *(machine à écrire)* Schreibmaschine *f*
dactylographe[2] [daktilɔɡʀaf] *mf vieilli* Schreibkraft *f*
dactylographie [daktilɔɡʀafi] *f sans pl* Maschinenschreiben *nt*
dactylographier [daktilɔɡʀafje] <1a> *vt* auf der [Schreib]maschine schreiben *lettre, texte*; **un C.V. dactylographié** ein maschinengeschriebener [o getippter *fam*] Lebenslauf
dactylographique [daktilɔɡʀafik] *adj* **des travaux** ~**s** Schreibarbeiten *Pl*
dada[1] [dada] *m* ❶ *enfantin (cheval)* Hottehü *m*
❷ *fam (marotte, manie)* Tick *m*, Fimmel *m*; **avoir un** ~ en Steckenpferd haben
dada[2] [dada] *adj inv* ART, LITTER dadaistisch; **le mouvement** ~ der Dadaismus
dadais [dadɛ] *m* **grand** ~ Tollpatsch *m*
dadaïsme [dadaism] *m* Dadaismus *m*
dadaïste [dadaist] I. *adj* dadaistisch
II. *mf* Dadaist(in) *m(f)*
dague [dag] *f* ❶ *(poignard)* Dolch *m*
❷ *(bois, défense) d'un cerf* Spieß *m*; *d'un sanglier* Hauer *m*
daguerréotype [dagɛʀeɔtip] *m sans pl (instrument)* Kamera *f* für Daguerreotypien; *(image)* Daguerreotypie *f*
daguet [dagɛ] *m* Spießbock *m*, Spießer *m*
dahlia [dalja] *m* Dahlie *f*
dahu [day] *m* ≈ Wolpertinger *m*
daigner [deɲe] <1> *vt* ~ **faire qc** geruhen [*o* sich herablassen] etw zu tun; ~ **venir/répondre** die Güte haben zu kommen/zu antworten; **ne pas** ~ **regarder qn** jdn keines Blickes würdigen
daim [dɛ̃] *m* ❶ Damwild *nt*; *(mâle)* Damhirsch *m*
❷ *(cuir)* Wildleder *nt*; **des chaussures de** ~ Wildlederschuhe *Pl*
daine [dɛn] *f* Damhirschkuh *f*
dais [dɛ] *m* Baldachin *m*
dalaï-lama [dalailama] <dalaï-lamas> *m* Dalai-Lama *m*
dallage [dalaʒ] *m* ❶ *sans pl (action)* Plätteln *nt*; *d'un trottoir* Pflastern *nt*
❷ *(revêtement)* Plattenbelag *m*; *d'un trottoir* Pflaster *nt*; ~ **de marbre** Marmorbelag *m*
dalle [dal] *f (plaque)* [Stein]platte *f*, [Boden]fliese *f*; ~ **de marbre** Marmorplatte *f*; ~ **de ciment** Zementplatte; ~ **funéraire** Grabplatte; **couler une** ~ **de béton** eine Betonplatte gießen
▶ **avoir la** ~ **en pente** *fam* ein Schluckspecht *m* sein *(fam)*; **avoir la** ~ *fam* Kohldampf haben *(fam)*; **se rincer la** ~ *fam* sich *(Dat)* die Kehle schmieren *(fam)*; **que** ~ ! *fam* denkste! *(fam)*, Pustekuchen! *(fam)*; **[n']y comprendre que** ~ *fam* nur Bahnhof verstehen *(fam)*, überhaupt nichts kapieren *(fam)*; **[n']y voir que** ~ *fam* die Hand nicht vor [den] Augen sehen können
daller [dale] <1> *vt* plätteln, fliesen; pflastern *trottoir, cour*; **être dallé(e)** *cuisine:* gefliest sein; *sol:* gepflastert sein
dalmatien(ne) [dalmasjɛ̃, jɛn] *m(f)* Dalmatiner(in) *m(f)*
daltonien(ne) [daltɔnjɛ̃, jɛn] *adj* farbenblind, rotgrünblind
daltonisme [daltɔnism] *m sans pl* MED Farbenblindheit *f*, Rotgrünblindheit, Daltonismus *nt (Fachspr.)*; **souffrir de** ~ an Farbenblindheit [*o* Daltonismus] *(Dat)* leiden
dam [dã, dam] *m* ▶ **au grand** ~ **de qn** *soutenu* zu jds [größtem] Leidwesen
damas [dama(s)] *m* ❶ TEXTIL [Seiden]damast *m*; **en** ~ aus [Seiden]damast, damasten *(geh)*
❷ *(acier)* Damaszenerstahl *m*
damasquinage [damaskinaʒ] *m* TECH ❶ *(art de damasquiner)* Tauschierarbeit *f*
❷ *(aspect)* Tauschierung *f*
damassé [damase] *m (de lin)* [Leinen]damast *m*; *(de coton)* [Baumwoll]damast; **en** ~ aus [Leinen/Baumwoll]damast
damassé(e) [damase] *adj* damasten *(geh)*; **tissu** ~ Damast[stoff] *m*; **coton** ~ Baumwolldamast
dame [dam] I. *f* ❶ *(femme)* Dame *f*; *(personne de sexe féminin)* Frau *f*; **coiffeur/liqueur pour** ~**s** Damenfriseur *m*/-likör *m*; **vêtements pour** ~**s** Damen[be]kleidung *f*; **se montrer galant envers les** ~**s** den Damen gegenüber galant sein
❷ *vieilli (épouse)* Frau [Gemahlin *veraltet*] *f*; **ma bonne** ~ ! *fam* gute [*o* liebe] Frau!; **ma petite** ~ ! *fam* meine Dame!, gnä' Frau! *(fam)*
❸ *(femme de qualité)* Dame *f*; **la** ~ **de ses pensées** seine Angebetete; **la première** ~ **de France** Frankreichs First Lady *f*; **grande** ~ feine Dame
❹ *(artiste reconnue)* **grande** ~ **du théâtre** Grande Dame *f* des Theaters; **grande** ~ **du rock** Rocklady *f (fam)*; **elle est la grande** ~ **du jazz** sie ist die Großmeisterin des Jazz
❺ *pl (jeu)* Dame *kein Art*, Damespiel *m*; **faire une partie de** ~**s**, **jouer aux** ~**s** Dame spielen
❻ ECHECS, CARTES Dame *f*; ~ **de trèfle/cœur/pique/carreau** Kreuz-/Herz-/Pik-/Karodame; **aller à** ~ in eine Dame verwandelt werden
❼ TECH *(masse)* [Hand]ramme *f*; NAUT Dolle *f*
II. *interj fam* ~ ! na! *(fam)*; ~ **oui/non**! na klar/ach was! *(fam)*
◆ ~ **de charité** Wohltäterin *f*; ~ **de compagnie** Gesellschafterin *f*; ~ **d'honneur** Hofdame *f*, Ehrendame; ~ **de nage** NAUT Dolle *f*; ~ **pipi** *fam* Toilettenfrau *f*
dame-jeanne [damʒan] <dames-jeannes> *f* Ballonflasche *f*, große, bauchige [Korb]flasche
damer [dame] <1> *vt* ❶ *(tasser)* fest stampfen *terre*; walzen *neige*; ~ **une piste de ski** eine Skipiste walzen
❷ JEUX *(aux échecs)* verwandeln; *(aux dames)* in eine Dame verwandeln
▶ ~ **le pion à qn** jdm eine Retourkutsche verpassen *(fam)*
damier [damje] *m* ❶ JEUX Damebrett *nt*
❷ *(dessin)* Schachbrettmuster *nt*; **un tissu en** ~ ein gewürfelter Stoff; **une nappe à** ~, **blanche et rouge** ein rot-weiß kariertes Tischtuch
damnation [dɑnasjɔ̃] *f sans pl* Verdammnis *f*
▶ **|enfer et|** ~ ! *littér* Tod und Teufel!
damné(e) [dɑne] I. *adj* ❶ REL verdammt
❷ *antéposé fam* verdammt; **cette** ~**e voiture ne marche jamais**! dieses verdammte Auto fährt [auch] nie!
▶ **être l'âme** ~**e de qn** *fam* für jdn den Kopf hinhalten
II. *m(f)* Verdammte(r) *f(m)*
▶ **souffrir comme un** ~ Höllenqualen *Pl* leiden *(fam)*, **travailler comme un** ~ wie ein Pferd schuften *(fam)*
damner [dɑne] <1> I. *vt* verdammen
▶ **faire** ~ **qn** *fam* jdn zur Weißglut bringen
II. *vpr* **se** ~ **pour qn/qc** *fam* für jdn/etw Kopf und Kragen riskieren
damoiseau [damwazo] <x> *m* ❶ *vieilli* Knappe *m*
❷ *hum (gentilhomme empressé)* Stutzer *m*
dan [dan] *m* SPORT Dan *m*; **être deuxième** ~ den zweiten Dan haben

dancing [dãsiŋ] *m* Tanzlokal *nt*
dandinement [dãdinmã] *m d'un canard* Watscheln *nt; d'une personne* Hin- und Herschaukeln *nt*
dandiner [dãdine] <1> *vpr* **se ~** *canard, personne:* watscheln; **se d'une jambe sur l'autre** [ständig] von einem Fuß auf den anderen treten; **elle marchait en se dandinant** sie watschelte
dandy [dãdi] *m vieilli* Dandy *m;* **vêtements de ~** dandyhafte Kleidung; **se comporter en** [*o* **comme un**] **~** sich dandyhaft benehmen
dandysme [dãdism] *m* LITTER Dandismus *m*
Danemark [danmark] *m* **le ~** Dänemark *nt*
danger [dãʒe] *m* Gefahr *f;* **les ~s de la route** die Gefahren im Verkehr [*o* auf der Straße]; **pas de ~!** [nur] keine Angst! *(fam)*, bestimmt nicht!; **sans ~** ohne Risiko [*o* Gefahr]; **attention ~!** Vorsicht!; **~ de mort!** Lebensgefahr!; **courir un ~** sich in Gefahr begeben; **être en ~** in Gefahr sein, gefährdet sein; **sa vie est en ~** er/sie schwebt in Lebensgefahr; **être hors de ~** außer [Lebens]gefahr sein; **mettre qn en ~** jdn gefährden; **échapper au ~** einer Gefahr entkommen
▶ **un** [**vrai**] **~ public** *fam* eine Gefahr für die Allgemeinheit; **il n'y a pas de ~ que la voiture prenne feu** *fam* es besteht keine Gefahr, dass das Auto in Brand gerät
dangereusement [dãʒʀøzmã] *adv* gefährlich; **être ~ blessé(e)** [lebens]gefährlich verletzt sein; **il conduit ~** seine Fahrweise ist gefährlich
dangereux, -euse [dãʒʀø, -øz] *adj* gefährlich; *émission, lecture* schädlich; *entreprise, jeu* riskant, gewagt; **~ pour l'État** staatsgefährdend; **~ pour la sécurité routière** *rue, carrefour* unfallträchtig; *comportement, acte* verkehrsgefährdend; **un fou ~** ein gemeingefährlicher Verrückter; **zone dangereuse** Gefahrenzone *f;* **ne pas être ~(-euse)** ungefährlich [*o* harmlos] sein; **la télé est dangereuse pour les enfants** [das] Fernsehen ist für Kinder schädlich; **il est ~ de se pencher au dehors** das Hinauslehnen ist gefährlich
dangerosité [dãʒʀozite] *f* Gefahr *f; d'un produit* Gefährlichkeit *f*
danois [danwa] *m* **le ~** Dänisch *nt,* das Dänische; *v. a.* **allemand**
danois(e) [danwa, waz] *adj* dänisch
Danois(e) [danwa, waz] *m(f)* Däne *m/*Dänin *f*
dans [dã] *prép* ❶ *(local, sans changement de lieu)* in (+ *Dat*); **jouer ~ la cour/la rue** im [*o* auf dem] Hof/in der [*o* auf der] Straße spielen; **aller/être ~ la bonne direction** *(à pied)* in die richtige Richtung gehen/auf dem richtigen Weg sein; **errer ~ les rues** durch die Straßen irren
❷ *(à travers)* durch (+ *Akk*); **regarder ~ une longue vue** durch ein Fernglas sehen
❸ *(à l'intérieur de)* in (+ *Dat*), innerhalb (+ *Gen*); **s'asseoir ~ un fauteuil** sich in einen Sessel setzen
❹ *(contenant)* aus; **boire ~ un verre** aus einem Glas trinken
❺ *(futur)* in (+ *Dat*); **~ combien de temps?** wann?
❻ *(dans un délai de)* innerhalb von, binnen; **les 24 heures/les trois mois** innerhalb von [*o* binnen] 24 Stunden/drei Monaten; **~ les délais** termingemäß
❼ *(dans le courant de)* **la journée/l'après-midi/la soirée** im Laufe des Tages/des Nachmittags/des Abends
❽ *(état, manière, cause)* in (+ *Dat*); **être ~ la finance/le privé** im Finanzwesen/in der Privatwirtschaft tätig sein; **sa précipitation/sa colère** in der Eile/in seinem/ihrem Zorn; **~ ces conditions/circonstances** unter diesen Bedingungen/Umständen
❾ *(environ)* ungefähr, circa, [so] um die; **peser ~ les 60 kilos** [so] um die 60 Kilo wiegen; **il me faudra bien ~ les quatre semaines** dazu brauche ich gut und gern ungefähr vier Wochen
dansant(e) [dãsã, ãt] *adj rythme, mélodie* Tanz-; *reflet, lueur* tanzend; **soirée ~e** Tanzabend *m*
danse [dãs] *f* ❶ *(action de danser)* Tanzen *nt*
❷ *(pas et figures exécutés)* Tanz *m;* **ouvrir la ~** den Tanz eröffnen; **~ artistique** Kunsttanz; **~ classique** Ballett *nt;* **~ nationale/à la mode** National-/Modetanz
▶ **donner** [*o* **flanquer**] **une ~ à qn** *fam* jdn verprügeln; **mener la ~** der Anführer/die Anführerin sein; **recevoir une ~** *fam* eine Abreibung bekommen *(fam)*
◆ **~ de compétition** Turniertanz *f;* **~ sur glace** Eistanz *m;* **~ sur pointes** Spitzentanz *m;* **~ de Saint-Guy** Veitstanz *m;* **~ du ventre** Bauchtanz *m*
danser [dãse] <1> **I.** *vi* ❶ tanzen; **aimer ~** tanzlustig sein; **personne qui aime ~** tanzlustiger Mensch; **il/elle ne danse pas** er ist Nichttänzer/sie ist Nichttänzerin
❷ *(remuer) flammes, reflets:* flackern
II. *vt* tanzen
danseur [dãsœʀ] *m* Tänzer *m;* **~ de ballet/de claquettes** Ballett-/Stepptänzer; **~ de corde** Seiltänzer; **~ de solos** Solotänzer
◆ **~ étoile** Vortänzer *m,* erster Tänzer
danseuse [dãsøz] *f* Tänzerin *f;* **~ de ballet/de claquettes** Ballett-/Stepptänzerin; **~ de corde** Seiltänzerin; **~ de solos** Solotänzerin

▶ **en ~** in den Pedalen stehend
◆ **~ étoile** Primaballerina *f,* Vortänzerin *f,* erste Tänzerin
dantesque [dãtɛsk] *adj poésie* dantesk; *vision* dantisch
Danube [danyb] *m* **le ~** die Donau
danubien(ne) [danybjɛ̃, jɛn] *adj* Donau-
D.A.O. [deao] *m abr de* **dessin assisté par ordinateur** CAD *nt*
dard [daʀ] *m (organe)* Stachel *m*
darder [daʀde] <1> *vt* abschießen *flèche;* schleudern *objet;* **~ son regard/un regard haineux sur qn** jdn mit seinem Blick durchbohren
dare-dare [daʀdaʀ] *adv fam* schnurstracks *(fam)*
darne [daʀn] *f* Fischsteak *nt; (sans arêtes)* Fischfilet *nt;* **~ de saumon** Lachsmedaillon *nt;* **~ de thon** Thunfischsteak
dartre [daʀtʀ] *f* [Haut]flechte *f*
darwinien(ne) [daʀwinjɛ̃, jɛn] *adj théorie* darwinisch, Darwin-
darwinisme [daʀwinism] *m* Darwinismus *m*
DASS [das] *f abr de* **Direction de l'action sanitaire et sociale** Leitung des Sozial- und Gesundheitswesens
D.A.T. [deate] *m abr de* **digital audio tape** DAT *nt;* **cassette ~** DAT-Kassette *f;* **lecteur ~** DAT-Rekorder *m*
datable [databl] *adj* datierbar
DATAR [dataʀ] *f abr de* **Délégation à l'aménagement du territoire et à l'action régionale** Flächenwidmungs- und Regionalförderungsbehörde
datation [datasjõ] *f* Datierung *f*
date [dat] *f* ❶ Datum *nt;* **~ de naissance** Geburtstag *m;* **~ de/du mariage** Hochzeitstag, Hochzeitstermin *m;* **~ de l'accouchement** Geburtstermin; **calculer la ~ de l'accouchement** den Geburtstermin errechnen; **~ d'arrivée** Ankunftstermin; **~ d'envoi** Einsendetermin; **~ limite d'envoi** Einsendeschluss *m;* **~ limite d'achèvement** Fertigstellungstermin; **~ limite de paiement** letzter Zahlungstermin; **~ des vacances** Ferientermin; **à quelle ~?** wann?; **à cette ~-là, il était déjà parti** zu diesem Zeitpunkt war er schon weg; **de longue ~** *ami, amitié, client* langjährig; **connaître qn/qc de longue ~** jdn/etw seit langem kennen; **en ~ du 10 mai** vom 10. Mai; **le premier/dernier en ~** der Erste/Letzte [*o* Allerneueste]; **~ de la/de comptabilisation** FIN Buchungstag, Verbuchungsdatum; **~ de comptabilisation des valeurs boursières** Börsenabrechnungstag; **~ de livraison fixée** festgesetzter Liefertermin; **~ d'ouverture des offres** Eröffnungstermin für Angebote
❷ *(rendez-vous)* **prendre ~ avec qn** mit jdm einen Termin vereinbaren, sich mit jdm verabreden
❸ HIST Datum *nt,* Jahreszahl *f*
❹ *(événement)* Datum *nt,* Ereignis *nt;* **les grandes ~s de l'Histoire** die bedeutenden Ereignisse der Geschichte
❺ JUR Termin *m;* **~ d'exécution d'une/de la prestation** Erfüllungstermin, Erfüllungszeitpunkt *m;* **~ de l'examen de la validité de la détention** Haftprüfungstermin
◆ **~ butoir** äußerstes Datum; **~ d'achèvement** Abschlusstermin *m;* **~ de clôture de l'exercice** Bilanzstichtag *m;* **~ de distribution** [*o* **de dividendes**] Ausschüttungstermin *m;* **~ de divulgation** JUR Offenbarungstermin *m;* **~ de l'échéance** Fälligkeitstermin *m;* **~ d'écriture** Buchungstag *m;* **~ d'emménagement** Einzugstermin *m;* **~ d'examen** Examenstermin *m;* **~ d'expédition** Absendetag *m;* **~ d'expiration** Ablaufdatum *nt;* **~ d'inscription** Meldetermin *m;* **~ d'intervention** Einsatztermin *m;* **~ de jouissance** Zinstermin *m;* **~ de livraison** Lieferdatum *nt,* Liefertermin *m;* **~ de paiement** Zahlungstermin *m;* **~ de péremption** [*o* **d'expiration**] FIN Verfallstag *m;* **~ de rachat** FIN Einlösungstermin *m;* **~ de transfert** Übergangsstichtag *m;* **~ de vérification** ECON Prüfungstermin *m*
dater [date] <1> **I.** *vt* datieren; **être daté(e) du... das Datum vom ... tragen**
II. *vi* ❶ *(remonter à)* **~ de la guerre** *objet:* aus dem Krieg stammen; **cette décision date de quelques minutes** diese Entscheidung ist vor einigen Minuten getroffen worden [*o* ist einige Minuten alt]; **à ~ du 3 mai** vom 3. Mai an; **à ~ d'aujourd'hui** ab heute; **~ dans la vie de qn** ein Einschnitt in jds Leben *(Dat)* sein
❷ *(être démodé)* veraltet sein
▶ **ne pas ~ d'hier** nicht neu sein
dateur [datœʀ] *m* ❶ *d'une montre* Datumsanzeiger *m*
❷ *(tampon)* Datumsstempel *m*
datif [datif] *m* Dativ *m,* Wemfall *m;* **être au ~** im Dativ stehen
datte [dat] *f* Dattel *f*
dattier [datje] *m* Dattelpalme *f*
daube [dob] *f* GASTR Schmorbraten *m*
dauber [dobe] *vt* GASTR schmoren *viande*
dauphin [dofɛ̃] *m* ❶ Kronprinz *m,* Thronfolger *m*
❷ ZOOL Delphin *m*
dauphine [dofin] *f* ❶ Kronprinzessin *f,* Thronfolgerin *f*
❷ HIST Gemahlin des französischen Dauphins
Dauphiné [dofine] *m* **le ~** die Dauphiné
dauphinois(e) [dofinwa, waz] *adj* aus der Dauphiné; **gratin ~**

Kartoffelgratin mit Knoblauch und Crème fraîche
daurade [dɔʀad] *f* ZOOL Goldbrasse *f*
davantage [davɑ̃taʒ] *adv* ❶ *(plus)* gagner, travailler, manger mehr; **bien ~ de...** viel mehr ...
❷ *(plus longtemps)* länger
DB [debe] *abr de* **division blindée** PzDiv *(Panzerdivision)*
D.C.A. [desea] *f abr de* **défense contre avions** Flug[zeug]abwehr *f*
DCA [desea] *f abr de* **défense contre avions** FLAK *f*
D.D.A. [dedea] *f abr de* **direction départementale de l'agriculture** Landwirtschaftsabteilung auf Departementebene
D.D.E. [dedeø] *f abr de* **direction départementale de l'équipement** Amt für das öffentliche Bau- und Straßenwesen auf Departementebene
D.D.T.® [dedete] *m abr de* **dichloro-diphénil-trichloréthane** DDT® *nt*
de¹ [də, dy, de] <d', de la, du, des> *prép* ❶ *(point de départ)* von [... aus]
❷ *(origine)* aus, von; **venir ~ Paris/d'Angleterre** aus Paris/aus England stammen [*o* kommen]; **le vin d'Italie** italienischer Wein; **sortir ~ la maison/~ la pièce** aus dem Haus/aus dem Zimmer kommen; **d'où venez-vous?** wo kommen Sie her?; **le train ~ Paris** *(provenance)* der Zug aus Paris; *(destination)* der Zug nach Paris; **~ Berlin à Paris** von Berlin bis Paris
❸ *(appartenance)* **la voiture ~ ta fille** das Auto deiner Tochter; **la femme d'Antoine** Antoines Frau
❹ *(détermination)* **le prix des tomates** der Preis der Tomaten; **la couleur du ciel** die Farbe des Himmels
❺ *sans art (matière)* aus; **~** [*o* **en**] **bois** aus Holz, Holz-; **plaque ~ marbre** Marmorplatte *f*; **barre ~ fer** Eisenstange *f*
❻ *(spécificité)* **roue ~ secours** Ersatzrad *nt*; **couteau ~ cuisine** Küchenmesser *nt*
❼ *(partie)* **une collection ~ timbres** eine Briefmarkensammlung; **la majorité des Français** die Mehrheit der Franzosen; **beaucoup d'enfants** viele Kinder
❽ *avec un contenant, âge, poids, temps* **un sac ~ pommes** ein Sack Äpfel; **deux kilos d'oranges** zwei Kilo Orangen; **un billet ~ cent euros** ein Hundert-Euro-Schein; **un chèque ~ 2000 euros** ein Scheck über 2000 Euro; **un brochet ~ dix livres** ein zehn Pfund schwerer Hecht; **une jeune fille ~ vingt ans** ein zwanzigjähriges Mädchen; **avancer/reculer ~ trois/cinq pas** drei/fünf Schritte vor-/zurückgehen; **augmenter les prix ~ cinq pour cent** die Preise um fünf Prozent erhöhen; **gagner cinquante euros ~ l'heure** fünfzig Euro pro [*o* in der] Stunde verdienen
❾ *(identification) souvent non traduit ou par comp;* **la Ville ~ Paris** die Stadt Paris; **le mois ~ juin** der [Monat] Juni; **l'Hôtel ~ la Poste** das Hotel zur Post
❿ *(qualification)* von einem/einer; **cet idiot ~ Durand** dieser Dummkopf von Durand; **un amour ~ mari** eine Seele von einem Ehemann; **chienne ~ vie** *fam* Hundeleben *nt (fam)*
⓫ *(parmi)* **le/la plus doué(e) ~ nous** der/die Begabteste von uns
⓬ *(qualité)* von; **une femme d'une beauté remarquable** eine Frau von bemerkenswerter Schönheit; **ce film est d'un ennui/d'un triste!** dieser Film ist vielleicht langweilig/traurig! *(fam)*
⓭ *(particule nobiliaire)* von; **le général ~ Gaulle** der General de Gaulle
⓮ *après un nom dérivé de verbe (complément de nom)* des/der/des; **la montée ~ la violence** das Ansteigen der Gewalt; **la crainte ~ qn/qc** die Angst vor jdm/etw; **le meurtre ~ qn** der Mord an jdm
⓯ *+ compl d'un verbe (agent)* von; **elle est aimée ~ tous** sie wird von allen geliebt
⓰ *(cause)* **mourir ~ qc** an etw *(Dat)* sterben; **~ joie/peur/colère** vor Freude/Angst/Zorn; **être fatigué(e) du voyage** müde von der Reise sein
⓱ *(temporel)* **~ nuit** nachts; **ne rien faire ~ la journée/~ l'année** den ganzen Tag/das ganze Jahr über nichts tun; **~ temps en temps** von Zeit zu Zeit; **~ loin en loin** hier und da; **~ mai à juin** von Mai bis Juni
⓲ *(manière)* mit; **d'une voix aiguë/douce** mit schriller/sanfter Stimme; **~ mémoire** aus dem Gedächtnis
⓳ *(moyen)* mit; **faire signe ~ la main** [mit der Hand] winken; **d'un coup ~ poing** mit einem Faustschlag
⓴ *(introduction d'un complément)* **c'est l'occasion ~ nous réunir** das ist eine gute Gelegenheit uns zu versammeln; **c'est à toi ~ jouer** du bist dran; **il est intéressant/difficile ~ faire qc** es ist interessant/schwierig etw zu tun; **elle est contente ~ partir** sie freut sich wegzufahren; **j'évite ~ sortir ~ la maison** ich vermeide es aus dem Haus zu gehen
de² [də, dy, de] <d', de la, du, des> *art partitif* **du vin/~ la bière/des gâteaux** Wein/Bier/Kekse; **il ne boit pas ~ vin/d'eau** er trinkt keinen Wein/kein Wasser; **il n'écoute jamais ~ musique** er hört nie Musik
dé¹ [de] *m* ❶ *(jeu)* Würfel *m*; **jeu de ~s** Würfelspiel *nt*; **jeter les ~s würfeln**
❷ *(cube)* **couper qc en ~s** etw in Würfel schneiden
▶ **les ~s sont jetés** die Würfel sind gefallen; **les ~s sont pipés** das ist ein abgekartetes Spiel
dé² [de] *m* **~ à coudre** Fingerhut *m*; **un ~ à coudre de qc** ein Fingerhut voll etw
D.E.A. [deøa] *m abr de* **diplôme d'études approfondies** *(cycle d'études)* Aufbaustudium; *(examen)* Abschluss eines Aufbaustudiums
dealer¹ [dilœʀ] *m fam* Dealer(in) *m(f)*, Drogenhändler(in) *m(f)*
dealer² [dile] <1> *vt fam* **~ qc** mit etw dealen
déambulatoire [deɑ̃bylatwaʀ] *m* Chorumgang *m*
déambuler [deɑ̃byle] <1> *vi* auf und ab wandern, flanieren
débâcle [debakl] *f* ❶ *(déroute)* Zusammenbruch *m*, Auflösung *f*; **~ électorale** Wahlfiasko *nt*
❷ *(fonte des glaces)* Eisgang *m*
déballage [debalaʒ] *m* ❶ *d'un paquet, colis* Auspacken *nt*
❷ *(étalage) de marchandises, d'objets* Ausstellung *f*
❸ *fam (désordre)* Chaos *nt (fam)*
❹ *péj fam (divulgations)* Erguss *m*
déballer [debale] <1> *vt* ❶ *(sortir)* auspacken
❷ *fam (raconter)* ausplaudern *secrets;* **~ sa science** sein Wissen an den Mann bringen; **~ la vérité** auspacken *(fam)*
débandade [debɑ̃dad] *f* Auseinanderlaufen *nt;* MIL überstürzte Flucht; **ça a été la ~ générale** alles lief fluchtartig auseinander
débander [debɑ̃de] <1> I. *vt* ❶ MED **~ le bras à qn** jdm den Verband vom Arm nehmen
❷ *(enlever le bandeau)* **~ les yeux à qn** jdm die Binde [von den Augen] abnehmen
❸ *(relâcher)* entspannen, lockern *arc, ressort*
II. *vi fam* schlaff werden *(fam)*
III. *vpr* **se ~** *arc, ressort:* sich lockern
débaptiser [debatize] <1> *vt* umtaufen *personne;* umbenennen *rue, bateau*
débarbouillage [debaʀbujaʒ] *m* Gesichtswäsche *f*
débarbouiller [debaʀbuje] <1> I. *vt* **~ qn** jdm das Gesicht waschen
II. *vpr* **se ~** sich *(Dat)* das Gesicht waschen
débarbouillette [debaʀbujɛt] *f* CAN Waschlappen *m*
débarcadère [debaʀkadɛʀ] *m* Landesteg *m*, Landungsbrücke *f*
débarder [debaʀde] <1> *vt* ❶ *(transporter)* abtransportieren *bois, pierre*
❷ NAUT *(décharger)* löschen, ausladen *marchandises*
débardeur [debaʀdœʀ] *m* ❶ *(pull sans bras)* Pullunder *m*
❷ *(t-shirt sans bras)* ärmelloses T-Shirt
❸ *(ouvrier)* Transportarbeiter(in) *m(f)*
❹ *vieilli (docker)* Hafenarbeiter(in) *m(f)*
débarqué(e) [debaʀke] *adj fam (arrivé)* angekommen, gelandet *(fam)*
débarquement [debaʀkəmɑ̃] *m* ❶ *des voyageurs* Aussteigen *nt*
❷ *(action de mettre à terre) des marchandises* AVIAT Ausladen *nt;* NAUT Ausladen, Löschen *nt*
❸ *(opération militaire) des troupes* Landung *f*
débarquer [debaʀke] <1> I. *vt* ❶ NAUT ausladen, löschen *marchandises;* absetzen, an Land setzen *passagers*
❷ *fam (destituer)* ausbooten *(fam)*
II. *vi* ❶ *passager:* von Bord gehen; NAUT von Bord gehen, an Land gehen; *troupes:* landen; **~ de l'autobus/de la voiture** CAN aus dem Bus aussteigen/aus dem Wagen steigen
❷ *fam (arriver)* **~ chez qn** bei jdm aufkreuzen *(fam)*
❸ *fam (ne pas être au courant)* auf dem Mond leben *(fam)*, nichts mitkriegen *(fam)*
débarras [debaʀa] *m* Abstellraum *m*, Rumpelkammer *f (fam)*
▶ **bon ~!** den/die/das wären wir los!
débarrasser [debaʀase] <1> I. *vt* ausräumen *pièce;* entrümpeln *grenier;* abräumen, abdecken *table;* **~ qn d'un gêneur** jdm helfen eine Klette loszuwerden; **~ qn de son manteau** jdm aus dem Mantel helfen; **~ qn d'une verrue** jdm eine Warze entfernen
II. *vpr* ❶ *(ôter)* **se ~ de son manteau** seinen Mantel ablegen
❷ *(donner ou vendre)* **se ~ de vieux livres** alte Bücher weggeben
❸ *(liquider)* **se ~ d'une affaire** eine Sache *(Gen)* entledigen; **se ~ d'une maladie** eine Krankheit loswerden
❹ *(éloigner)* **se ~ de qn** jdn loswerden, sich *(Dat)* jdn vom Hals schaffen
débat [deba] *m* ❶ *(discussion)* Debatte *f*, Diskussion *f;* **~ de principe** Grundsatzdiskussion
❷ *(discussion entre deux candidats)* Streitgespräch *nt;* **~ public** öffentliche Debatte; **~ télévisé** Fernsehdiskussion, Fernsehdebatte, TV-Debatte
❸ *gén pl* POL Debatte *f;* **~ fiscal/parlementaire** Steuer-/Parlamentsdebatte
❹ JUR [Haupt]verhandlung *f*
débâtir [debatiʀ] <8> *vt* **~ qc** die Heftfäden aus etw herausziehen

débatteur [debatœʀ] *m* Debattenteilnehmer(in) *m(f)*, Debatter(in) *m(f)*
débattre [debatʀ] <*irr*> I. *vt* ~ **qc** über etw *(Akk)* debattieren [*o* diskutieren], etw erörtern; ~ **un prix avec qn** mit jdm über einen Preis verhandeln
▸ **à** ~ auszuhandeln
II. *vi* ~ **de qc** über etw *(Akk)* verhandeln; ~ **au principal** JUR zur Hauptsache verhandeln *(Fachspr.)*
III. *vpr* **se** ~ um sich schlagen; **se** ~ **contre qn** sich gegen jdn wehren
débauchage [deboʃaʒ] *m* Abwerben *nt*, Abspenstigmachen *nt*; *de la main-d'œuvre* Abwerbung
débauche [deboʃ] *f* ➊ *(vice)* Ausschweifung *f*; **scènes de** ~ unzüchtige Szenen *Pl*; **vie de** ~ ausschweifendes Leben
➋ *(abondance, excès)* verschwenderische Fülle; ~ **de couleurs** Farbenpracht *f*, Farbenrausch *m*; **une** ~ **de moyens policiers en hommes** ein Riesenaufgebot an Polizeibeamten *(fam)*
débauché(e) [deboʃe] *m(f)* Wüstling *m*
débaucher [deboʃe] <1> I. *vt* ➊ *(détourner d'un travail pour son compte)* abwerben
➋ *hum fam (pour aller s'amuser)* ~ **qn** jdn vom Arbeiten abhalten; ~ **qn pour faire qc** jdn dazu verleiten, etw zu tun
➌ *(licencier)* entlassen
➍ *hum vieilli (dévoyer)* ~ **qn** jdn zu Ausschweifungen verführen
II. *vpr* **se** ~ ausschweifen
débecter [debɛkte] <1> *vt fam* anwidern, anekeln
débet [debe] *m* FIN *d'un compte* Passivsaldo *nt*
débile [debil] I. *adj* ➊ *fam (stupide)* idiotisch, schwachsinnig *(fam)*; **c'est** ~ **!** das ist doch Schwachsinn! *(fam)*
➋ *(atteint de débilité)* schwachsinnig, geistig behindert
➌ *(frêle) corps* geschwächt; *enfant* schwächlich; *santé* schwach
II. *mf* ➊ MED Schwachsinnige(r) *f(m)*, geistig Behinderte(r) *f(m)*; ~ **mental(e)** Geistesgestörte(r) *f(m)*
➋ *péj fam (imbécile)* Spinner(in) *m(f) (fam)*
débilitant(e) [debilitɑ̃, ɑ̃t] *adj* ➊ *(affaiblissant) climat* deprimierend
➋ *fig (démoralisant)* atmosphère demoralisierend
débilité [debilite] *f* ➊ MED *de l'esprit* Schwachsinn *m*, geistige Behinderung; *du corps* Hinfälligkeit *f*
➋ *fam (stupidité)* Schwachsinn *m (fam)*
débine [debin] *f pop (misère)* Klemme *f*, Not *f*
▸ **tomber dans la** ~ in die Klemme geraten
débiner [debine] <1> *fam* I. *vt (dénigrer)* heruntermachen *(fam)*; ~ **son collègue auprès du patron** seinen Kollegen beim Chef schlechtmachen
II. *vpr* **se** ~ sich aus dem Staub machen *(fam)*, verduften *(fam)*
débit[1] [debi] *m* ➊ COM Absatz *m*; **avoir du** ~ einen großen Absatz haben; **marchandise de bon** ~ handelsgängige Ware
➋ *(écoulement) d'une pompe* Förderstrom *m*, Pumpleistung *f*; *d'un tuyau, robinet* Durchflussmenge *f*; *d'une rivière* Wasserführung *f*; ~ **cardiaque** Herzfrequenz *f*; ~ **nominal** ECON *du gaz, de l'électricité* Nennbelastung *f*
➌ INFORM Rate *f*; ~ **de transfert** [*o* **de transmission**] Übertragungsrate, Transferrate, Transfergeschwindigkeit *f*
➍ *(élocution)* Redefluss *m*
➎ ECON *(quantité de produits fournie)* Ausstoßmenge *f*
◆ ~ **de boissons** Getränkeausschank *m*; ~ **de données** INFORM Datenfluss *m*, Datenstrom *m*; ~ **de tabac** Tabakladen *m*; ~ **de traitement** INFORM *d'une mémoire, d'un serveur* Auslastung *f*
débit[2] [debi] *m* FIN Soll *nt*; **le** ~ **et le crédit** [das] Soll und Haben; **côté** ~ Sollseite *f*; **porter une somme au** ~ **du titulaire du compte** das Konto des Kontoinhabers mit einem Betrag belasten; ~ **immédiat** unmittelbare Belastung
débitable [debitabl] *adj compte* belastbar
débitage [debitaʒ] *m du bois* Zuschneiden *nt*, Zuschnitt *m*
débitant(e) [debitɑ̃, ɑ̃t] *m(f)* ◆ ~ **(e) de boissons** Schankwirt(in) *m(f)*; ~ **(e) de tabac** Tabak[waren]händler(in) *m(f)*
débiter [debite] <1> *vt* ➊ FIN belasten, debitieren *(Fachspr.)*; ~ **un compte de cent euros** ein Konto mit hundert Euro belasten; ~ **qc ultérieurement** etw nachträglich belasten
➋ *(vendre)* verkaufen; ausschenken *boissons*
➌ *péj (dire)* heruntersagen, herunterleiern *discours, poème*; von sich geben, verzapfen *(fam) banalités, sottises*
➍ *(produire)* ausstoßen
➎ *(écouler)* ~ **une grande quantité d'eau** *robinet, tuyau*: eine große Wassermenge durchlaufen lassen
➏ *(découper)* zerschneiden *bois*, *fromage*; zerlegen *viande*
débiteur, -trice [debitœʀ, -tʀis] I. *adj* ECON, JUR *compte* Debet-; **solde** ~ Passivsaldo *m*, Sollsaldo
II. *m, f* ➊ ECON, JUR Schuldner(in) *m(f)*; ~ **défaillant/débitrice défaillante** säumiger Schuldner/säumige Schuldnerin; ~ **débiteur fiscal/débitrice fiscale** Steuerschuldner(in); ~ **partiel/débitrice partielle** Teilschuldner(in); ~ **principal/débitrice principale** Hauptschuldner(in); ~ **saisi/débitrice saisie** gepfändeter Schuldner/gepfändete Schuldnerin; ~**(-trice) solidaire** Gesamtschuldner(in); ~ **soumis/débitrice soumise à exécution** Vollstreckungsschuldner(in); ~ **tenu/débitrice tenue de sa propre dette** Teilschuldner(in); ~**(-trice) gagiste** Pfandschuldner(in); ~**(-trice) de crédit documentaire** Remboursschuldner(in); ~**(-trice) de droits de douane** Zollschuldner(in); ~**(-trice) de l'effet** [*o* **de la lettre de change**] Wechselschuldner(in)
➋ *(personne qui a une dette morale)* Verpflichtete(r) *f(m)*; **être le** ~**/la débitrice de qn** jdm [zu Dank] verpflichtet sein
◆ ~**(-trice) de la faillite** Konkursschuldner(in) *m(f)*; ~**(-trice) d'obligations** JUR Obligationenschuldner(in) *m(f)*; ~**(-trice) du service** Dienstverpflichtete(r) *f(m) (Fachspr.)*
déblai [deblɛ] *m* ➊ Aushub *m*
➋ *pl* ausgehobene Erde *f*
déblaiement [deblɛmɑ̃] *m* Freimachen *nt*, Räumung *f*
déblatérer [deblateʀe] <5> *vi fam* ~ **contre** [*o* **sur**] **qn/qc** über jdn/etw vom Leder ziehen *(fam)*
déblayage [deblɛjaʒ] *m (déblaiement)* Aufräumen *nt*
déblayer [debleje] <7> *vt (débarrasser)* freimachen, räumen
déblocage [deblɔkaʒ] *m* ➊ *d'un frein, écrou, mécanisme* Lösen *nt*
➋ ECON *du crédit, de fonds, des prix* Freigabe *f*; **le** ~ **progressif des prix/salaires** die allmähliche Aufhebung des Preisstopps/Lohnstopps
➌ *(issue) de la situation* Verbesserung *f*; *d'une crise* Überwindung *f*
débloquer [deblɔke] <1> I. *vt* ➊ TECH lösen *frein*; lockern *écrou*; lösen, lockern *vis*; entriegeln *serrure*; wieder aufbekommen *porte*
➋ ECON freigeben *crédit, marchandise*; ~ **un compte** die Kontosperre aufheben
➌ *(trouver une issue à)* ~ **une crise** eine Krise überwinden
II. *vi fam* überschnappen, spinnen *(fam)*
III. *vpr* TECH **se** ~ *vis*: sich lockern; *serrure, porte*: wieder aufgehen
débobiner [debɔbine] <1> *vt* abspulen
débogage [debɔgaʒ] *m* INFORM Debugging *nt (Fachspr.)*
déboguer [debɔge] <1> *vt* INFORM ~ **qc** einen Systemfehler in etw beheben
débogueur [debɔgœʀ] *m* INFORM Debugger *m (Fachspr.)*
déboires [debwaʀ] *mpl* Enttäuschungen *Pl*, Ärger *m*
déboisement [debwazmɑ̃] *m* ➊ *(action)* Abholzen *nt*
➋ *(résultat)* Entwaldung *f*
déboiser [debwaze] <1> *vt* abholzen, abforsten; **région déboisée** entwaldete Gegend
déboîtement [debwatmɑ̃] *m* ➊ MED *d'une épaule, hanche* Verrenkung *f*
➋ *(mouvement) d'un véhicule* Ausscheren *nt*
déboîter [debwate] <1> I. *vt* ➊ MED auskugeln *épaule*; **sa chute lui a déboîté une épaule** er/sie hat sich *(Dat)* bei dem Sturz die Schulter ausgekugelt
➋ *(démonter)* aushängen, aus den Angeln heben *porte*; auseinandermontieren *tuyaux*
II. *vpr* **se** ~ **une épaule** sich *(Dat)* die Schulter auskugeln
III. *vi véhicule*: ausscheren
débonnaire [debɔnɛʀ] *adj* gutmütig
débordant(e) [debɔʀdɑ̃, ɑ̃t] *adj activité* rastlos; *imagination* blühend; *enthousiasme, joie* überschwänglich; **être** ~**(e) de santé** vor Gesundheit strotzen
débordé(e) [debɔʀde] *adj* ➊ *(submergé)* überlastet; **être** ~**(e) de travail** mit Arbeit überhäuft sein; **être** ~**(e) d'occupations** immer voll ausgelastet sein
➋ *(détaché du bord) drap* herausgerutscht; *lit* in Unordnung geraten
débordement [debɔʀdəmɑ̃] *m* ➊ *d'un liquide* Überlaufen *nt*; *d'une rivière* Übertreten *nt*, Überschwemmung *f*
➋ SPORT Angriff *m* über die Flanke, Umgehungsmanöver *nt*
➌ *(flot, explosion)* ~ **de paroles** Wortschwall *m*; ~ **de joie/d'enthousiasme** Freuden-/Begeisterungsausbruch *m*
➍ *gén pl (désordres)* Ausschreitungen *Pl*
➎ *pl (excès)* Exzesse *Pl*, Ausschweifungen *Pl*
➏ INFORM Überlauf *m*
déborder [debɔʀde] <1> I. *vi* ➊ *(sortir) liquide*: überlaufen, überschwappen; *lac, rivière*: über die Ufer treten; *récipient*: überlaufen; *bourrelets d'hiver*: herausquellen
➋ *(être plein de)* ~ **de joie** außer sich vor Freude sein; ~ **de santé** vor Gesundheit strotzen
➌ *(dépasser les limites)* **les arbres débordent sur le terrain voisin** die Bäume ragen in das Nachbargelände hinein
II. *vt* ➊ *(dépasser)* **cette maison déborde les autres [maisons]** dieses Haus steht vor; ~ **la clôture** *arbre, buisson*: über den Zaun wachsen [*o* rüberwachsen *fam*]
➋ *(aller au-delà de)* überschreiten *temps imparti*; ~ **le cadre de qc** über den Rahmen einer S. *(Gen)* hinausgehen
➌ MIL, POL, SPORT **se laisser** ~ sich von der Flanke her angreifen lassen, sich überrollen lassen

débotter–décalage

④ *(être dépassé)* **être débordé(e) par qn/qc** jds/einer S. nicht mehr Herr werden; **être débordé(e) par les événements** von den Ereignissen überrollt werden

⑤ *(tirer les draps)* ~ **un drap/une couverture** ein Betttuch/eine Bettdecke unter der Matratze herausziehen; ~ **qn** jdn aufdecken

débotter [debɔte] <1> **I.** *vt* ~ **qn** jdm die Stiefel ausziehen
II. *vpr* **se** ~ sich *(Dat)* die Stiefel ausziehen

débouchage [debuʃaʒ] *m d'une bouteille* Öffnen *nt,* Entkorken *nt; d'un tuyau, du lavabo* Freimachen *nt*

débouché [debuʃe] *m* ① *(marché)* Absatzmarkt *m;* ~**s restreints** begrenzter Absatzmarkt
② *pl (perspectives)* Berufsaussichten *Pl*
③ *(issue)* Zugang *m; d'une rue* [Ein]mündung *f*

débouchement [debuʃmã] *m d'un conduit* Beseitigung *f* einer Verstopfung

déboucher [debuʃe] <1> **I.** *vt* ① *(désobstruer)* freibekommen *nez;* ~ **un lavabo/un tuyau** ein Waschbecken/Rohr frei machen; **mon nez est débouché** meine Nase ist wieder frei
② *(ouvrir)* öffnen; entkorken *bouteille;* aufschrauben *tube*
II. *vpr* **se** ~ *tuyau, lavabo, nez:* frei werden
III. *vi* ① *(sortir)* piéton: hervorkommen [*o* herauskommen]; *véhicule:* herausgefahren kommen
② *(sortir à grande vitesse)* véhicule: herausgeschossen kommen
③ *(aboutir)* ~ **dans/sur une rue** personne: auf eine Straße stoßen; *voie:* in eine Straße [ein]münden
④ *(aboutir à)* ~ **sur qc** zu etw führen; *conversation:* bei etw anlangen

déboucheur [debuʃœʀ] *m* Entkorker *m*
débouchoir [debuʃwaʀ] *m* Rohrreinigungsgerät *nt*
déboucler [debukle] <1> *vt* ① aufschnallen *ceinture*
② COM ~ **des positions** Positionen glattstellen

débouler [debule] <1> *vi fam* ① *(tomber en roulant)* landau: **le landau a déboulé du premier étage** der Kinderwagen ist aus dem ersten Stock die Treppe heruntergeholpert
② *(faire irruption)* ~ **chez qn** bei jdm hereingestolpert kommen *(fam)*

déboulonnage [debulɔnaʒ] *m,* **déboulonnement** [debulɔnmã] *m* ① TECH Abschrauben *nt*
② *(chute)* Fall *m,* Herabwürdigung *f*

déboulonner [debulɔne] <1> *vt* ① *(démonter)* abschrauben; von seinem Sockel heben *statue*
② *fam (renvoyer)* vom Sockel stürzen

débourber [debuʀbe] <1> *vt* ① *(désenvaser)* ausschlämmen *canal*
② *(désembourber)* aus dem Dreck ziehen *véhicule*

débourrer [debuʀe] <1> **I.** *vt* ① *(dépiler)* enthaaren *cuir*
② *(vider)* reinigen *pipe*
③ SPORT zureiten *cheval*
II. *vi* vigne: aufbrechen

débours [debuʀ] *m* ~ **comptant** Barauslagen *Pl*
débourser [debuʀse] <1> *vt* ausgeben

déboussoler [debusɔle] <1> *vt fam* aus dem Gleichgewicht bringen, verstören; **être complètement déboussolé(e)** völlig aus der Fassung sein

debout [d(ə)bu] *adv* ① *(en position verticale)* personne: stehend; *manger, voyager* im Stehen, stehend; **la fille ~ près de la fenêtre** das Mädchen, das neben dem Fenster steht; **être/rester ~** stehen/stehen bleiben; **se mettre ~** aufstehen; **poser/ranger qc ~** etw [aufrecht] hinstellen; **tenir ~ tout(e) seul(e)** personne: stehen können; *chose:* von alleine stehen bleiben; **se tenir ~** stehen
② *(levé)* **être/rester ~** auf sein/aufbleiben; **être ~ à six heures** um sechs Uhr aufstehen; **être ~ depuis cinq heures du matin** seit fünf Uhr auf den Beinen sein
③ *(opp malade, fatigué)* **ne plus tenir ~** nicht mehr stehen können, sich nicht mehr [*o* kaum noch] auf den Beinen halten können
④ *(en bon état)* **tenir encore ~** construction: noch stehen; *institution:* noch existieren
▶ **dormir ~** im Stehen [ein]schlafen; **des histoires à dormir ~** Märchen *Pl*; **tenir ~** *théorie, histoire:* Hand und Fuß haben

débouter [debute] <1> *vt* ~ **qn de sa plainte** jds Klage zurückweisen

déboutonner [debutɔne] <1> **I.** *vt* aufknöpfen *chemise, gilet;* aufmachen *bouton;* ~ **qn** jds Hemd/Mantel/... aufknöpfen
II. *vpr* **se** ~ personne: sein Hemd/seinen Mantel/... aufknöpfen; *vêtement:* aufgehen

débraillé(e) [debʀaje] *adj* personne, tenue unordentlich, schlampig; *allure* nachlässig; *manières* schludrig

débrailler [debʀaje] <1> *vpr* **se** ~ sich entblößen; *fig conversation:* jede Zurückhaltung vermissen lassen

débranchement [debʀãʃmã] *m* ELEC Abschalten *nt,* Ausschalten *nt*

débrancher [debʀãʃe] <1> *vt* ① ÉLEC, TELEC abstellen *téléphone;* ~ **une lampe/un appareil** den Stecker einer Lampe/eines Geräts herausziehen

② CHEMDFER abkuppeln *wagon*
③ INFORM ausschalten *ordinateur, imprimante*

débrayable [debʀɛjabl] *adj* MECANAUT auskuppelbar

débrayage [debʀɛjaʒ] *m* ① MECANAUT Auskuppeln *nt*
② *(grève)* Ausstand *m*

débrayer [debʀɛje] <7> *vi* ① MECANAUT [aus]kuppeln, auf die Kupplung treten
② *(faire grève)* in den Ausstand treten, die Arbeit niederlegen

débridé(e) [debʀide] *adj* ungezügelt, zügellos

débrider [debʀide] <1> *vt (ôter la bride)* abzäumen

débris [debʀi] *m* ① *gén pl* Scherbe *f*
② *pl littér (restes)* Überreste *Pl*
▶ **un vieux ~** *fam* ein alter Knacker *(fam)*

débrouillard(e) [debʀujaʀ, jaʀd] **I.** *adj fam* schlau, gewitzt; **être ~(e)** sich *(Dat)* zu helfen wissen
II. *m(f) fam* Schlaukopf *m,* findiger Kopf

débrouillardise [debʀujaʀdiz] *f* Schlauheit *f,* Gewitztheit *f*

débrouiller [debʀuje] <1> **I.** *vt* ① *(démêler)* entwirren *écheveau, fil*
② *(élucider)* Klarheit bringen in *(+ Akk)* affaire
③ *fam (former)* ~ **qn** jdm das Nötigste beibringen
II. *vpr* **se** ~ zurechtkommen, sich *(Dat)* zu helfen wissen; **il se débrouille pas mal pour un débutant** für einen Anfänger stellt er sich nicht schlecht an; **se ~ pour faire qc** es schaffen etw zu tun; **débrouille-toi tout(e) seul(e)!** sieh zu, wie du zurechtkommst!

débroussailler [debʀusaje] <1> *vt* ① *(défricher)* ~ **un terrain** das Gestrüpp von einem Gelände entfernen
② *(éclaircir)* Licht bringen in *(+ Akk)* affaire, texte

débusquer [debyske] <1> *vt* aufjagen, aufscheuchen *animal;* verjagen, verscheuchen *(fam)* personne

début [deby] *m* ① *(commencement)* Anfang *m,* Beginn *m; (stade initial)* Anfangsphase *f;* ~ **de la/de ligne** Zeilenanfang; ~ **de/du texte** Textanfang; ~ **de/du paragraphe** Absatzanfang; ~ **de la prescription** JUR Verjährungsbeginn; **du ~ à la fin** von Anfang bis Ende; **au ~** anfangs; **tout au ~** gleich zu Beginn; **reprends depuis le ~!** fang noch mal von vorne an!; **d'année** Jahresanfang; **en ~ d'année** am Jahresanfang [*o* Jahresbeginn *geh*]; **au ~ du printemps** bei Frühlingsanfang; **avant/après le ~ du printemps** vor/nach Frühlingsanfang
② *pl* Debüt *nt;* **ses ~s dans/à qc** sein/ihr Debüt in etw *(Dat),* seine/ihre ersten Schritte in/auf etw *(Dat);* **n'en être qu'à ses ~s** noch in den Anfängen stecken; **faire ses ~s** debütieren
◆ ~ **de bloc** INFORM Blockanfang *m*

débutant(e) [debytã, ãt] **I.** *adj* joueur, footballeur unerfahren, ungeübt; *pianiste* angehend; **être professeur ~** [gerade] als Lehrer(in) anfangen
II. *m(f)* ① *(élève, ouvrier)* Anfänger(in) *m(f);* **cours pour ~s** Anfängerunterricht *m*
② *(acteur)* Debütant(in) *m(f)*

débuter [debyte] <1> **I.** *vi* ① anfangen; ~ **au théâtre** beim Theater debütieren; ~ **à huit heures** um acht Uhr anfangen [*o* beginnen]
II. *vt* beginnen

déca [deka] *m fam abr de* **décaféiné** Koffeinfreie(r) *m*

deçà [dəsa] *adv* ① *(de ce côté)* **être en ~ de qc** diesseits einer S. *(Gen)* sein
② *(en dessous)* **être en ~ de qc** unterhalb einer S. *(Gen)* sein; **ses résultats sont très en ~ de ses possibilités** seine Leistungen liegen weit unter seinen Möglichkeiten; **être en ~ de la vérité** *fig* nicht an die Wahrheit heranreichen; **ne restez pas en ~ de ce que vous pensez** *fig* halten Sie nicht mit Ihrer Meinung hinter dem Berg
▶ **au-delà et en ~** diesseits und jenseits

décacheter [dekaʃte] <3> *vt* öffnen *lettre;* entsiegeln *document scellé*

décade [dekad] *f* ① *(dix jours)* Dekade *f (Zeitraum von zehn Tagen)*
② *abusif (décennie)* Jahrzehnt *nt*

décadence [dekadãs] *f d'une civilisation, d'un empire* Niedergang *m; des mœurs* Verfall *m; d'une personne* Dekadenz *f;* **tomber en ~** verfallen; **un peuple en ~** ein untergehendes Volk

décadent(e) [dekadã, ãt] *adj* art, civilisation untergehend; *personne* dekadent

décaèdre [dekaɛdʀ] **I.** *adj* forme zehnseitig, zehnflächig
II. *m* Dekaeder *nt*

décaféiné [dekafeine] *m* koffeinfreier Kaffee

décaféiner [dekafeine] <1> *vt* entkoffeinieren

décagramme [dekagʀam] *m* Dekagramm *nt*

décaisser [dekese] <1> *vt* ① *(retirer d'une caisse)* auspacken
② *(payer)* auszahlen

décalage [dekalaʒ] *m* ① *(action) d'un horaire, d'une date, émission* [zeitliche] Verschiebung
② *(écart temporel)* Zeitabstand *m;* ~ **horaire** Zeitunterschied *m,*

Jetlag *m*

❸ *(écart spatial)* Versetzung *f*, Verschiebung *f*; **il y a un ~ entre ces deux maisons** diese zwei Häuser stehen versetzt

❹ *(différence)* Diskrepanz *f*; *(plus fort)* Kluft *f*

décalaminer [dekalamine] <1> *vt* TECH entrußen *moteur, piston*

décalcification [dekalsifikasjɔ̃] *f* MED Kalziumverlust *m*, Kalkmangel *m*

décalcifier [dekalsifje] <1a> **I.** *vpr* **se ~** an Kalzium verlieren
II. *vt* ~ **l'organisme** dem Organismus Kalzium entziehen

décalcomanie [dekalkɔmani] *f* ❶ *(image)* Abziehbild *nt*
❷ *(procédé)* Abziehbildverfahren *nt*

décalé(e) [dekale] *adj* ❶ *(non aligné)* **la maison est ~e** das Haus steht versetzt
❷ *(bancal)* **le meuble est ~** das Möbelstück steht schief
❸ *(inattendu)* humour, ton unerwartet
❹ *(déphasé)* **être** [**complètement**] **~(e)** *(dans le temps)* einen ungewöhnlichen Rhythmus haben; *(dans une société)* vollkommen unorthodox sein

décaler [dekale] <1> **I.** *vt* ❶ *(avancer/retarder)* **~ qc d'un jour** etw um einen Tag vorverlegen/verschieben
❷ *(déplacer)* [ein bisschen] weiter schieben *meuble, appareil*; versetzen *titre, paragraphe*
II. *vpr* **se ~** sich einen Platz weiter setzen

décalitre [dekalitʀ] *m* Dekaliter *m*

décalquage [dekalkaʒ] *m* Abpausen *nt*, Durchpausen. *nt*

décalque [dekalk] *m* ❶ *(reproduction)* Pause *f*
❷ *(imitation)* Nachahmung *f*

décalquer [dekalke] <1> *vt* ❶ *(copier)* **~ qc sur qc** etw aus etw abpausen
❷ *(reporter)* **~ qc sur qc** etw auf etw *(Akk)* abpausen

décamètre [dekamɛtʀ] *m* Dekameter *m o nt*; *d'arpenteur* Dekametermaß *nt*

décamper [dekɑ̃pe] <1> *vi fam* sich aus dem Staub machen *(fam)*, Leine ziehen *(fam)*

décan [dekɑ̃] *m* ASTROL Dekade *f*

décanat [dekana] *m* Dekanat *nt*

décaniller [dekanije] <1> *vi fam* abhauen *(fam)*, verduften *(fam)*

décantation [dekɑ̃tasjɔ̃] *f* Klärvorgang *m*

décanter [dekɑ̃te] <1> **I.** *vt* klären *liquide*; dekantieren *vin*
II. *vi liquide, vin:* sich klären
III. *vpr* **se ~** *liquide:* sich klären; *idées, réflexions:* klarer werden; *choses, situation:* sich [auf]klären

décapage [dekapaʒ] *m d'une pièce métallique* Beizen *nt*; *d'une peinture, d'un vernis, du bois* Abbeizen *nt*

décapant [dekapɑ̃] *m* ❶ *(pour métal)* Beizmittel *nt*
❷ *(pour peinture)* Abbeizmittel *nt*

décapant(e) [dekapɑ̃, ɑ̃t] *adj* ❶ *produit* Abbeiz-; *pouvoir, vertu* ätzend
❷ *(sans complaisance)* article, humour ätzend; analyse schonungslos

décaper [dekape] <1> *vt* beizen *métal*; abbeizen *bois, meuble, parquet*

décapitation [dekapitasjɔ̃] *f* Enthauptung *f*

décapiter [dekapite] <1> *vt* ❶ enthaupten, köpfen *condamné*; köpfen *fleur*; **la barre/l'hélice l'a décapité(e)** die Schranke/der Propeller hat ihm/ihr den Kopf abgeschlagen
❷ *fig* führerlos machen *parti, réseau*

décapode [dekapɔd] *m* Zehnfußkrebs *m*, Zehnfüßer *m*

décapotable [dekapɔtabl] **I.** *adj* mit aufklappbarem Verdeck
II. *f* Kabriolett *nt*

décapoter [dekapɔte] <1> *vt* **~ une voiture** das Verdeck eines Autos zurückklappen

décapsuler [dekapsyle] <1> *vt* öffnen *bouteille*

décapsuleur [dekapsylœʀ] *m* Flaschenöffner *m*

décarcasser [dekaʀkase] <1> *vpr fam* **se ~ pour qn** sich für jdn abrackern *(fam)*

décarreler [dekaʀle] <3> *vt* **~ qc** die Kacheln von etw entfernen

décartellisation [dekaʀtelizasjɔ̃] *f* JUR [Kartell]entflechtung *f*

décasyllabe [dekasilab] POES **I.** *adj* vers zehnsilbig
II. *m* Zehnsilber *m*

décathlon [dekatlɔ̃] *m* Zehnkampf *m*

décathlonien(ne) [dekatlɔnjɛ̃, jɛn] *m(f)* Zehnkämpfer(in) *m(f)*

décati(e) [dekati] **I.** *part passé de* **décatir**
II. *adj fam (personne)* gealtert, verblüht *(liter)*

décatir [dekatiʀ] <8> **I.** *vt* TECH dekatieren *drap*
II. *vpr fam* **se ~** seine Frische verlieren, altern

décauser [dekoze] <1> *vt* BELG **~ qn** *(dire du mal de qn)* über jdn schlecht sprechen, jdn schlechtmachen

décavé(e) [dekave] *adj* ❶ *(défait)* visage ausgezehrt; yeux ausgehöhlt
❷ *(ruiné)* joueur ruiniert

décéder [desede] <5> *vi + être form* versterben *(geh)*; **~ de qc** an etw *(Dat)* sterben; **être décédé(e)** verstorben [*o* verschieden] sein; **de père et de mère décédé(e)s** *form* verwaist

décelable [des(ə)labl] *adj* erkennbar, nachweisbar

déceler [des(ə)le] <4> *vt* ❶ *(découvrir)* entdecken, feststellen; herausfinden cause, raison; aufdecken intrigue, lacune; wahrnehmen sentiment, fatigue
❷ *(être l'indice de)* erkennen lassen

décélération [deseleʀasjɔ̃] *f* ❶ *(perte de vitesse)* Geschwindigkeitsabnahme *f*, Geschwindigkeitsverlust *m*; *(accélération négative)* Schubabschaltung *f*
❷ *(ralentissement de croissance)* Verlangsamung *f*

décélérer [deseleʀe] <5> *vi* sich verlangsamen

décembre [desɑ̃bʀ] *m* Dezember *m*; *v. a.* **août**

décemment [desamɑ̃] *adv* ❶ *s'exprimer, se comporter* anständig; *s'habiller* schicklich, *(geh)*
❷ *(assez bien)* [ganz] ordentlich

décence [desɑ̃s] *f* Anstand *m*, Dezenz *f* *(geh)*; **être vêtu(e) avec ~** schicklich gekleidet sein *(geh)*; **choquer la ~** anstößig sein; **avoir la ~ de faire qc** so anständig sein etw zu tun

décennal(e) [desenal, o] <-aux> *adj* ❶ *(de dix ans)* contrat, garantie Zehnjahres-, zehnjährig
❷ *(qui revient tous les dix ans)* exposition, fête zehnjährlich; **un prix ~** ein Preis, der nur alle zehn Jahre vergeben wird

décennie [deseni] *f* Jahrzehnt *nt*

décent(e) [desɑ̃, ɑ̃t] *adj* ❶ *(convenable)* tenue, comportement anständig, schicklich *(geh)*
❷ *(acceptable)* niveau de vie, situation anständig; salaire anständig, annehmbar; **jouer du violon d'une manière ~e** ganz ordentlich Geige spielen

décentrage [desɑ̃tʀaʒ] *m* Dezentrierung *f*

décentralisateur, -trice [desɑ̃tʀalizatœʀ, -tʀis] *adj* action, politique Dezentralisations-, dezentralisierend; **mon chef est plutôt ~** mein Chef ist eher für die Dezentralisierung

décentralisation [desɑ̃tʀalizasjɔ̃] *f* Dezentralisierung *f*

décentralisé(e) [desɑ̃tʀalize] *adj* entreprise, administration ausgelagert, dezentralisiert

décentraliser [desɑ̃tʀalize] <1> **I.** *vt* auslagern, dezentralisieren
II. *vpr* **se ~** dezentralisiert werden

décentrer [desɑ̃tʀe] <1> **I.** *vt* dezentrieren
II. *vpr* **se ~** sich dezentrieren

déception [desɛpsjɔ̃] *f* Enttäuschung *f*

décerner [desɛʀne] <1> *vt* **~ un prix/une médaille à qn** jdm einen Preis/einen Orden verleihen, jdn mit einem Preis/Orden auszeichnen

décès [desɛ] *m form* ❶ Tod *m*, Ableben *nt (form)*; **heure du ~** Todeszeitpunkt *m*; **la cause du ~** die Todesursache; **du fait du ~** JUR von Todes wegen *(Fachspr.)*; **~ provoqué par le sida** Aidstod *m*
❷ STATIST Sterbefall *m*

décevant(e) [des(ə)vɑ̃, ɑ̃t] *adj* enttäuschend; **se montrer/se révéler ~(e)** die Erwartungen enttäuschen

décevoir [des(ə)vwaʀ] <12> *vt* enttäuschen; **qc déçoit qn** jd ist von etw enttäuscht

déchaîné(e) [deʃene] *adj* passions entfesselt, hemmungslos; instincts ungezügelt; vent entfesselt; mer tosend; foule, enfant außer Rand und Band; **être ~(e) contre qn/qc** gegen jdn/etw aufgebracht sein

déchaînement [deʃɛnmɑ̃] *m de la tempête* Wüten *nt*; *de la mer* Toben *nt*; *de la haine, colère, violence* Ausbruch *m*; *des passions* Entfesselung *f*

déchaîner [deʃene] <1> **I.** *vt* entfesseln passions; entfachen enthousiasme, conflit; auslösen indignation, hilarité, conflit; **~ l'opinion publique contre qn/qc** die Öffentlichkeit gegen jdn/etw aufbringen
II. *vpr* **se ~** toben; **se ~ contre qn/qc** gegen jdn/etw wüten

déchanter [deʃɑ̃te] <1> *vi fam* seine Illusionen aufgeben

décharge [deʃaʀʒ] *f* ❶ *(dépôt)* Schuttabladeplatz *m*, Müllabladeplatz *m*, Mülldeponie *f*; **~ pour déchets toxiques** Giftmülldeponie *f*; **gaz** *de ~* Deponiegas *nt*
❷ *(salve) de carabine* Schüsse *Pl*; *de plombs* Ladung *f*
❸ ELEC Schlag *m*; **~ électrique** elektrischer Schlag; **prendre** [*o* recevoir] **une ~** sich elektrisieren
❹ MED **~ d'adrénaline** Adrenalinstoß *m*
❺ JUR Entlastung *f*; **à sa ~ il faut dire qu'il a vraiment bien fait les choses** zu seiner Entlastung muss gesagt werden, dass er es wirklich gut gemacht hat
❻ ECON **~ payée** bezahlte Freistellung *f*

déchargement [deʃaʀʒmɑ̃] *m d'un camion, wagon* Entladen *nt*, Ausladen *nt*; *d'un navire* Löschen *nt*; *d'une arme à feu* Entladen *nt*

décharger [deʃaʀʒe] <2a> **I.** *vt* ❶ *(débarrasser de sa charge)* ausladen voiture; löschen bateau; **~ qn d'un sac** jdm einen Sack abnehmen
❷ *(enlever, débarquer)* von Bord gehen lassen passagers; **~ qc d'un camion** etw von einem Lastwagen abladen; **être déchargé(e)** abgeladen sein; **~ qc d'une voiture** etw aus einem Auto ausladen

❸ *(libérer)* ~ **qn d'un travail** jdm eine Arbeit abnehmen; ~ **qn de ses fonctions** jdn von einem Amt entbinden
❹ *(soulager)* erleichtern; ~ **sa colère sur qn** seinen Zorn an jdm auslassen
❺ *(tirer)* ~ **son révolver sur qn** auf jdn abfeuern; **arme déchargée** abgefeuerte [*o* entladene] Waffe
❻ ELEC entladen *batterie, accumulateur;* **être déchargé(e)** entladen sein
❼ JUR entlasten; **être déchargé(e)** *accusé:* entlastet [*o* freigesprochen] sein
II. *vpr* ❶ **se ~ du travail sur qn** die Arbeit auf jdn abwälzen
❷ ELEC **se ~** sich entladen
III. *vi fam (éjaculer)* spritzen *(fam)*

décharné(e) [deʃaʀne] *adj visage* abgezehrt, ausgemergelt; *corps, personne* abgemagert

déchaussé(e) [deʃose] *adj* ❶ *dent* locker; *mur* mit bloßliegendem Fundament
❷ *(sans chaussures)* ohne Schuhe

déchausser [deʃose] <1> I. *vt* abschnallen *skis;* ~ **qn** jdm die Schuhe ausziehen
II. *vpr* **se ~** ❶ *(enlever ses chaussures)* seine Schuhe ausziehen
❷ MED *dent:* locker werden

dèche [dɛʃ] *f fam* Misere *f;* **c'est la ~ complète** ich bin/wir sind total pleite [*o* blank] *(fam)*

déchéance [deʃeɑ̃s] *f* ❶ *(déclin)* Verfall *m,* Zerrüttung *f; d'une civilisation* Niedergang *m,* Untergang *m;* ~ **morale/physique** seelische Zerrüttung/körperlicher Verfall
❷ JUR *d'un souverain* Absetzung *f; de l'autorité paternelle* Aberkennung *f; de prétentions* Verwirkung *f;* ~ **d'un droit** Verwirkung eines Rechts, Rechtsverwirkung

déchets [deʃɛ] *mpl* Abfall *m,* Müll *m;* ~ **biodégradables** Biomüll, kompostierbarer Müll; ~ **électroniques** Elektronikschrott *m;* ~ **industriels** Industrieabfälle, Fabrikabfälle, Industriemüll; ~ **métalliques** Metallabfall; ~ **non recyclables** Restmüll; ~ **nucléaires** [*o* **radioactifs**] Atommüll; ~ **toxiques** Giftmüll; **méthode qui produit peu de ~** abproduktarme Methode *(Fachspr.);* **fabrication qui ne produit pas de ~** abproduktfreie Fabrikation *(Fachspr.)*
♦ ~ **de production** Produktionsabfall *m*

déchetterie [deʃɛtʀi] *f* Müllverwertungsanlage *f*

déchiffonner [deʃifɔne] <1> I. *vt* glätten
II. *vpr* **se ~** sich aushängen

déchiffrable [deʃifʀabl] *adj* entzifferbar; **être ~** zu entziffern sein; ~ **par machine** code maschinenlesbar

déchiffrage [deʃifʀaʒ] *m* ❶ Entziffern *nt*
❷ MUS Notenlesen *nt*

déchiffrement [deʃifʀəmɑ̃] *m de hiéroglyphes, d'un texte codé* Entzifferung *f,* Entschlüsselung *f*

déchiffrer [deʃifʀe] <1> I. *vt* ❶ *(décrypter)* entschlüsseln, dechiffrieren *message, code*
❷ *(comprendre)* entziffern, entschlüsseln *hiéroglyphes, texte;* entziffern *écriture, mot*
❸ MUS ~ **un morceau** ein Stück vom Blatt lesen/spielen/singen
❹ *(déceler)* durchschauen *intentions;* erraten *sentiments*
II. *vi* MUS Noten lesen

déchiffreur, -euse [deʃifʀœʀ, -øz] *m, f* Entzifferer *m*

déchiqueté(e) [deʃikte] *adj* ❶ *feuille* gezackt; *côte* zerklüftet; *sommet* gezackt
❷ *fam (épuisé, ivre)* breit *(fam)*

déchiqueter [deʃikte] <3> *vt* zerfetzen; **mon chien a déchiqueté le steak en un clin d'œil** mein Hund hat das Steak im Handumdrehen in Stücke gerissen

déchirant(e) [deʃiʀɑ̃, ɑ̃t] *adj cri* markerschütternd; *spectacle, adieux* herzzerreißend

déchirement [deʃiʀmɑ̃] *m* ❶ *d'un muscle* Riss *m; d'un tissu* Zerreißen *nt*
❷ *(souffrance)* seelischer Schmerz, großer Kummer
❸ *(divisions)* Uneinigkeit *f,* Zwietracht *f;* POL, REL Spaltung *f*

déchirer [deʃiʀe] <1> I. *vt* ❶ *(déchiqueter)* zerreißen *papier, tissu;* ~ **qc en morceaux** etw in Stücke reißen
❷ *(faire un accroc)* ~ **un pantalon** eine Hose aufreißen
❸ *(couper)* aufreißen *enveloppe*
❹ *(troubler)* zerreißen *silence*
❺ *(faire souffrir)* ~ **qn** jdm das Herz zerreißen; **le bruit me déchire les tympans/les oreilles** der Lärm dröhnt mir in den Ohren
❻ *(diviser)* spalten, entzweien *parti, pays*
II. *vpr* ❶ **se ~** *sac:* [auf]reißen; *vêtement:* einen Riss bekommen; *nuage:* aufreißen; *cœur:* brechen
❷ MED **se ~ un muscle** sich *(Dat)* einen Muskelriss zuziehen
❸ *(se quereller)* **se ~** sich gegenseitig zerfleischen

déchirure [deʃiʀyʀ] *f* ❶ *d'un vêtement* Riss *m*
❷ MED Risswunde *f;* ~ **du ligament/des ligaments** [*o* **ligamentaire**] Bänderriss *m;* ~ **du ménisque** Meniskusriss; ~ **musculaire** Muskel[faser]riss; **se faire une ~ musculaire/du ménisque** sich *(Dat)* einen Muskelfaserriss/Meniskusriss zuziehen
❸ *(trouée) du ciel* Spalt *m*

déchoir [deʃwaʀ] <*irr*> *vi personne:* tief sinken, sich erniedrigen; ~ **de qc** etw einbüßen

déchristianisation [dekʀistjanizasjɔ̃] *f* Säkularisierung *f*

déchristianiser [dekʀistjanize] <1> I. *vt* säkularisieren, dem Christentum entfremden
II. *vpr* **se ~** sich säkularisieren

déchu(e) [deʃy] *adj* ❶ *souverain* gestürzt, abgesetzt
❷ JUR **être ~(e) d'un droit** eines Rechts verlustig gehen *(form);* **déclarer qn ~(e) de qc** jdn einer S. *(Gen)* für verlustig erklären
❸ REL gefallen

de-ci [dəsi] *adv* ▶ **de-là** hier und da

déci [desi] *m* CH *abr de* **décilitre** Deziliter Wein *m*

décibel [desibɛl] *m* Dezibel *nt*

décidé(e) [deside] *adj air, allure* entschlossen; *personne* entschlossen, resolut; *ton* bestimmt, entschieden; **personne ~ à atteindre son but** zielbewusster Mensch; **c'est [une] chose ~e** das ist beschlossene Sache; **c'est ~, ...** jetzt steht es fest, ...

décidément [desidemɑ̃] *adv* ❶ *(après répétition d'une expérience désagréable)* also wirklich
❷ *(après hésitation ou réflexion)* **oui, ~, c'est bien lui le meilleur!** ja, er ist entschieden der Bessere!; **non, ~, il vaut mieux laisser tomber!** das lassen wir wirklich lieber bleiben!

décider [deside] <1> I. *vt* ❶ *(prendre une décision)* beschließen; ~ **de faire qc** beschließen etw zu tun
❷ *(persuader)* ~ **qn à faire qc** jdn dazu bewegen etw zu tun
II. *vi* ~ **de qc** etw bestimmen, über etw *(Akk)* befinden [*o* entscheiden]
III. *vpr* ❶ *(être fixé)* **se ~** *chose, événement:* sich entscheiden
❷ *(prendre une décision)* **se ~** sich entscheiden; **se ~ à faire qc** sich dazu entschließen etw zu tun; **il ne se décidait pas à partir** er machte keine Anstalten zu gehen
❸ METEO **va-t-il enfin se ~ à neiger/pleuvoir?** wird es endlich schneien/regnen?

décideur, -euse [desidœʀ, -øz] *m, f* Entscheidungsträger(in) *m(f)*

décigramme [desigʀam] *m* Dezigramm *nt*

décilitre [desilitʀ] *m* Deziliter *m*

décimal(e) [desimal, o] <-aux> *adj* dezimal, Dezimal-; **système ~** Dezimalsystem *nt;* **nombre ~** Dezimalzahl *f*

décimale [desimal] *f* Dezimale *f,* Dezimalstelle *f*

décimation [desimasjɔ̃] *f* Dezimierung *f*

décimer [desime] <1> *vt* dezimieren

décimètre [desimɛtʀ] *m* ❶ *(mesure)* Dezimeter *m o nt*
❷ *(règle)* **double ~** Lineal von 20 cm Länge

décimétrique [desimetʀik] *adj* Dezimeter-

décisif, -ive [desizif, -iv] *adj* ❶ *moment, tournant* entscheidend; *argument* ausschlaggebend; *preuve* entscheidend, ausschlaggebend; *intervention, rôle, influence* maßgeblich; *ton* entschieden, bestimmend; *bataille* entscheidend, Entscheidungs-; **événement ~ pour la guerre** kriegsentscheidendes Ereignis
❷ JUR *geste, comportement* konkludent *(Fachspr.)*

décision [desizjɔ̃] *f* ❶ *(choix)* Entscheidung *f;* **prendre une ~** eine Entscheidung treffen, einen Entschluss fassen; ~ **préalable** Vorabentscheidung; **projet en attente de ~** entscheidungsreifes Projekt
❷ *a.* ECON *(choix fait par une assemblée, un organisme)* Beschluss *m;* ~ **majoritaire** [*o* **prise à la majorité des voix**] Mehrheitsentscheidung *f,* Mehrheitsentscheid *m,* Mehrheitsbeschluss; ~ **du/d'un conseil** Konferenzbeschluss; ~ **du directoire** Gesellschafterbeschluss; ~ **de liquidation/de transformation** Liquidations-/Umwandlungsbeschluss; ~ **d'octroi de crédit** Kreditentscheidung *f;* ~ **entre soumissionnaires** Bietungsbeschluss *(Fachspr.);* ~ **prise par les associés** Vorstandsbeschluss; ~ **sur la répartition des bénéfices** Gewinnverteilungsbeschluss *(Fachspr.)*
❸ *(choix fait par un tribunal)* Entscheid *m,* Entscheidung *f,* Bescheid *m;* ~ **d'un/du conseil** Ratsbeschluss *m;* ~ **inadéquate d'un/du conseil** uneigentlicher Ratsbeschluss; ~ **administrative** behördlicher Bescheid, behördliche Verfügung; ~ **discrétionnaire/individuelle** Ermessens-/Individualentscheidung; ~ **judiciaire** Gerichtsentscheidung; ~ **préjudicielle** Vorabentscheid, Vorabentscheidung, Präjudiz *nt (Fachspr.);* ~ **provisoire** Zwischenverfügung *f,* einstweilige [*o* vorläufige] Anordnung; ~ **au fond** Sachentscheidung; ~ **de charge et montant des dépens** Kostenfestsetzungsbeschluss; ~ **de convergence** Konvergenzentscheidung; ~ **de fixation de la dette d'impôt** Steuermessbescheid; ~ **de délivrance** Erteilungsbeschluss; ~ **de jugement** Urteilsfindung *f;* ~ **ayant valeur de précédent** Präzedenzentscheidung; ~ **concernant une opposition** Widerspruchsbescheid; ~ **pour un cas particulier** Einzelfallentscheidung; ~ **se référant**

au regroupement de société Kartellbeschluss; **~ relative à la fixation de quotas** Quotenurteil *nt;* **~ rendue sur un recours** JUR Beschwerdebescheid, Beschwerdeentscheidung
 ❹ *(fermeté)* Entschiedenheit *f,* Bestimmtheit *f;* **esprit de ~** Entschlusskraft *f*
 ◆ **~ d'ajournement** JUR Aussetzungsentscheidung *f;* **~ de dissolution** JUR Auflösungsbeschluss *m;* **~ de principe** JUR Grundsatzbeschluss *m;* **~ de récusation** JUR Ablehnungsentscheidung *f;* **~ de réduction** JUR Herabsetzungsbeschluss *m (Fachspr.);* **~ de renvoi** JUR Verweisungsbeschluss *m (Fachspr.);* **~ de scission** ECON, JUR Spaltungsbeschluss *m (Fachspr.);* **~ de sursis à statuer** JUR Aussetzungsbeschluss *m*
décisionnaire [desizjɔnɛʀ] **I.** *adj* rôle entscheidend **II.** *mf* Entscheidungsträger(in) *m(f)*
décisionnel(le) [desizjɔnɛl] *adj* Entscheidungs-; **centre ~** Machtzentrum *nt*
déclamation [deklamasjɔ̃] *f* ❶ *(art de déclamer)* Vortragskunst *f,* Deklamation *f*
 ❷ *(fait de déclamer)* Vortragen *nt,* Deklamieren *nt*
déclamatoire [deklamatwaʀ] *adj* ton, style deklamatorisch, übertrieben betont
déclamer [deklame] <1> *vt* vortragen, deklamieren *poème, vers*
déclarable [deklaʀabl] *adj* marchandise verzollbar; revenus versteuerbar
déclarant(e) [deklaʀɑ̃, ɑ̃t] *m(f)* JUR **~(e) de droit privé** Privatanmelder(in) *m(f)*
déclaratif, -ive [deklaʀatif, -iv] *adj* ❶ GRAM phrase, verbe Aussage-
 ❷ JUR *jugement* deklaratorisch
déclaration [deklaʀasjɔ̃] *f* ❶ *(discours)* [öffentliche] Erklärung; **faire une ~** eine Erklärung abgeben; **~ à la radio** Rundfunkansprache *f*
 ❷ *(propos)* Erklärung *f,* Äußerung *f;* **~s préjudiciables aux affaires** geschäftsschädigende Äußerungen
 ❸ *(témoignage)* Erklärung *f,* Aussage *f;* **~ supplémentaire** Zusatzerklärung; **~ sous serment/sur l'honneur** eidliche/eidesstattliche Versicherung
 ❹ *(aveu)* **~ d'amour** Liebeserklärung *f*
 ❺ *(enregistrement officiel) d'un décès, changement de domicile* Meldung *f; d'une naissance* Meldung, Anmeldung; *d'une créance de faillite* Anmeldung; **~ d'un commerce** Gewerbeanmeldung; **~ judiciaire de décès** Todeserklärung *f;* **~ sommaire** summarische Anmeldung; **~ d'un accord de concéder une licence** JUR Erklärung *f* der Lizenzbereitschaft; **~ de prescription d'une part de sociétaire** Kaduzierung *f (Fachspr.);* **~ de recevabilité de l'action** Klagezulassung *f;* **~ de renonciation à un droit** Unterwerfungserklärung; **~ de sortie** Zollausfuhrerklärung; **~ de volonté valable après réception par l'autre partie** empfangsbedürftige Willenserklärung; **~ en douane** Zollerklärung
 ❻ *(formulaire)* **~ d'accident/de sinistre** Unfall-/Schadensmeldung *f*
 ❼ FISC **~ d'impôt[s]** Steuererklärung *f;* **~ sur la fortune** Vermögen[s]steuererklärung; **~ d'impôt sur le chiffre d'affaires** Umsatzsteuererklärung; **présenter la** [*o* sa] **~ d'impôt sur le chiffre d'affaires** die [*o* seine] Umsatzsteuererklärung einreichen; **~ de revenus** Einkommen[s]steuererklärung; **~ des revenus commune/simplifiée** gemeinsame/vereinfachte Steuererklärung; **remettre sa ~ de revenus** seine Einkommen[s]steuererklärung abgeben
 ◆ **~ d'acceptation** JUR Annahmeerklärung *f;* **~ d'acceptation modifiée** modifizierte Annahmeerklärung *f;* **~ de cautionnement** Bürgschaftserklärung *f;* **~ de cession** JUR Abtretungserklärung *f;* **~ de désistement d'un rang** Rangrücktrittserklärung *f;* **~ de dividende** Dividendenerklärung *f;* **~ de dommage** Schadensmeldung *f;* **~ de faillite** Konkursanmeldung *f,* Konkurserklärung *f;* **~ de force exécutoire** JUR Vollstreckbarkeitserklärung *f;* **~ de fusions** JUR Anzeige *f* von Zusammenschlüssen; **~ de garantie** JUR Garantieerklärung *f; de la société-mère* Patronatserklärung *f;* (en parlant d'un cautionnement) Bürgschaftserklärung *f;* **~ de guerre** Kriegserklärung *f;* **~ de l'impôt** Steueranmeldung *f;* **~ de licenciement** JUR Kündigungserklärung *f;* **~ de non-applicabilité** JUR Nichtanwendbarkeitserklärung *f;* **~ de non-opposition** JUR Nichtdenklichkeitserklärung *f;* **~ de nullité** JUR Kraftloserklärung *f,* Nichtigerklärung, Ungültigkeitserklärung *f;* **~ d'obligation générale d'un contrat** Allgemeinverbindlichkeitserklärung *f (Fachspr.);* **~ d'opposition** JUR Einspruchserklärung *f;* **~ d'origine** Ursprungsbezeichnung *f;* **~ de partage** JUR Teilungserklärung *f;* **~ de paternité** JUR Abstammungserklärung *f;* **~ de principe** Grundsatzerklärung *f;* **~ de priorité** JUR Prioritätserklärung *f;* **~ de renonciation** Verzichtserklärung *f;* **~ de réserve** Vorbehaltserklärung *f;* **~ de sortie** COM Ausklarierung *f (Fachspr.);* **~ de transformation** ECON Umwandlungserklärung *f;* **~ de volonté** Willenserklärung *f*
déclaré(e) [deklaʀe] *adj* socialiste, athée erklärt; ennemi erklärt, geschworen

déclarer [deklaʀe] <1> *vt* ❶ *(annoncer)* **~ ses projets à qn** jdm seine Pläne eröffnen; **~ son amour à qn** jdm seine Liebe erklären; **~ qn coupable** jdn für schuldig erklären; **~ qn incapable de contracter** jdn für geschäftsunfähig erklären; **~ la validité juridique de qc** JUR etw für rechtsgültig erklären; **~ qc exécutoire** JUR etw für vollstreckbar erklären
 ❷ ADMIN *(enregistrer)* anmelden *employé, personnel;* anmelden, deklarieren *marchandise;* melden *décès, naissance, changement d'adresse;* **~ qc auprès d'une administration** etw bei einer Behörde anmelden; **~ un navire à la sortie** COM ein Schiff ausklarieren *(Fachspr.);* **[vous n'avez] rien à ~?**, vous avez quelque chose à ~? haben Sie etwas zu verzollen [*o* anzumelden]?; **non déclaré(e)** marchandises undeklariert
 II. *vpr* ❶ *(se manifester)* **se ~** incendie, orage: ausbrechen; fièvre, maladie: zum Ausbruch kommen
 ❷ *(se prononcer)* **se ~ pour/contre qn/qc** sich für/gegen jdn/etw aussprechen
 ❸ *(se dire)* **se ~ l'auteur du crime** erklären der Täter zu sein
 ❹ *(faire une déclaration d'amour)* **se ~ à qn** sich jdm erklären, jdm seine Liebe erklären
déclassé(e) [deklase] **I.** *adj* ❶ SPORT deklassiert, abgeschlagen
 ❷ CHEMDFER *billet* heruntergestuft
 ❸ COM *porcelaine* ausgemustert
 II. *m(f)* Deklassierte(r) *f(m)*
déclassement [deklasmɑ̃] *m* Zurückstufung *f;* **~ social** sozialer Abstieg, soziale Deklassierung
déclasser [deklɑse] <1> *vt* ❶ *(rétrograder)* herunterstufen *route, hôtel;* zurückstufen *candidat, sportif*
 ❷ *(déranger)* in Unordnung bringen
déclenchement [deklɑ̃ʃmɑ̃] *m* Auslösung *f,* Auslösen *nt*
déclencher [deklɑ̃ʃe] <1> **I.** *vt* ❶ TECH auslösen
 ❷ *(provoquer)* auslösen *réaction, conflit;* einleiten *offensive;* auslösen, hervorrufen *rire, colère*
 II. *vpr* **se ~** mécanisme: losgehen, in Gang kommen; attaque, grève: ausbrechen
déclencheur [deklɑ̃ʃœʀ] *m* Auslöser *m;* **~ à retardement** Selbstauslöser *m*
déclic [deklik] *m* ❶ *(mécanisme)* Ausklinkvorrichtung *f,* Auslöseknopf *m*
 ❷ *(bruit)* Klicken *nt*
 ▶ **c'est/ça a été le ~** der Groschen fällt/ist gefallen *(fam)*
déclin [deklɛ̃] *m* ❶ *(mouvement) du soleil* Untergehen *nt,* Sinken *nt; du jour* Abnehmen *nt;* **au ~ du jour** als der Tag sich neigte
 ❷ *fig des forces physiques et mentales* Nachlassen *nt,* Schwinden *nt; de la popularité* Abnahme *f,* Schwinden *f; d'une civilisation* Niedergang *m;* **~ de l'image de marque** Imageverfall *m;* **le ~ de l'Occident** der Untergang des Abendlandes
déclinable [deklinabl] *adj* GRAM deklinierbar
déclinaison [deklinɛzɔ̃] *f* ❶ GRAM, ASTRON Deklination *f*
 ❷ JUR **~ de la responsabilité** Haftungsablehnung *f (Fachspr.)*
décliner [dekline] <1> **I.** *vt* ❶ *(refuser)* zurückweisen, ablehnen
 ❷ GRAM deklinieren
 ❸ *(dire)* angeben
 II. *vi* ❶ *jour:* abnehmen, sich neigen *(geh); forces, prestige:* abnehmen, schwinden *(geh)*
 ❷ ASTRON *soleil, lune:* untergehen, sinken; *astre:* [vom Himmelsäquator] abweichen
 III. *vpr* **se ~** GRAM dekliniert werden
déclivité [deklivite] *f* Abschüssigkeit *f,* Gefälle *nt*
décloisonner [deklwazɔne] <1> *vt* **~ les diverses disciplines** einen fächerübergreifenden Austausch ermöglichen
déclouer [deklue] <1> *vt* ❶ *(défaire)* abmachen, losmachen *planche*
 ❷ *(ouvrir)* aufmachen *caisse*
 ❸ *(ôter les clous de)* **~ une planche** die Nägel aus einem Brett herausziehen
déco *abr de* **décoration**
décocher [dekɔʃe] <1> *vt* **~ une remarque à qn** jdm gegenüber eine Bemerkung vom Stapel lassen *(fam);* **~ une réponse à qn** jdm eine Antwort entgegenschleudern; **~ un regard/une œillade** jdm einen Blick zuwerfen
décoction [dekɔksjɔ̃] *f* PHARM Abkochung *f,* Dekokt *nt (Fachspr.)*
décodage [dekɔdaʒ] *m d'une information, d'un message* Dekodierung *f,* Decodierung, Entschlüsselung *f*
décoder [dekɔde] <1> *vt* dekodieren, decodieren, entschlüsseln *message*
décodeur [dekɔdœʀ] *m* Dekodiergerät *nt,* Decoder *m;* **~ satellite** Satellitendecoder; **~ matériel** INFORM Hardware-Decoder
décoffrer [dekɔfʀe] <1> *vt* TECH ausschalen *poteau*
décoiffer [dekwafe] <1> **I.** *vt* **~ qn** jds Haare verstrubbeln; **être tout(e) décoiffé(e)** ganz verstrubbelt sein
 II. *vi* ▶ **ça décoiffe** *fam* [das ist der reine] Wahnsinn *(fam),* das ist

décoincer–déconcentrer

echt geil *(sl)*
décoincer [dekwɛ̃se] <2> *vt* ❶ *(dégager)* herausziehen *pied, doigt, tiroir;* aufziehen *porte;* herausbekommen *pièce de monnaie, jeton*
❷ *fam (détendre)* locker machen *personne*
décolérer [dekɔleʀe] <5> *vi* ❶ **ne pas ~** immer noch wütend sein; **il ne décolère pas contre elle** sein Zorn auf sie ist noch nicht verraucht
❷ *fig littér* **ne pas ~** *mer:* sich nicht beruhigen; *volcan:* sich nicht beruhigen, weiterhin Feuer speien; *vent:* sich nicht legen; *ouragan:* immer noch wüten
décollage [dekɔlaʒ] *m* ❶ *d'un avion* Start *m,* Take-off *m o nt;* **au ~ et à l'atterrissage** beim Start und bei der Landung
❷ *d'un papier peint, timbre-poste* Ablösen *nt; d'un pansement adhésif* Entfernen *nt*
❸ ECON *d'une industrie, d'un pays* Aufschwung *m,* Boom *m;* **~ économique** wirtschaftlicher Aufschwung
décollement [dekɔlmɑ̃] *m (fait d'être décollé)* Abgehen *nt; d'un papier peint, d'une moquette* Ablösen *nt; d'un carrelage* Lösen *nt;* **il a constaté un ~ des carrelages** er stellte fest, dass die Kacheln sich gelöst hatten
▸ **~ des oreilles** abstehende Ohren *Pl;* **~ de la rétine** Netzhautablösung *f*
décoller [dekɔle] <1> I. *vt* ❶ **un timbre de l'enveloppe** die Briefmarke vom Umschlag ablösen; **l'humidité a décollé le papier peint** durch die Feuchtigkeit hat sich die Tapete gelöst; **timbre décollé** abgelöste Briefmarke
▸ **ne pas ~ qn une minute** [ständig] wie eine Klette an jdm hängen; **avoir les oreilles décollées** abstehende Ohren haben
II. *vi* ❶ AVIAT **~ de qc** von etw abfliegen; **un avion décolle de la piste** ein Flugzeug hebt von der Startbahn ab; **nous décollons à 13 h** wir fliegen [*o* unser Flugzeug fliegt] um 13 Uhr ab
❷ SPORT **une voiture décolle de la route/piste** ein Auto kommt von der Straße/Piste ab; **un skieur décolle du tremplin** ein Schispringer springt vom Schanzentisch ab; **un cycliste décolle du peloton** ein Radfahrer löst sich vom Feld [*o* von der Gruppe]
❸ *(prendre de l'essor) pays:* einen wirtschaftlichen Aufschwung erleben; *économie:* einen Aufschwung erleben; *production:* anlaufen; *affaires, commerce:* florieren; *science:* sich entwickeln
❹ *fam (partir, sortir)* abzwitschern *(fam);* **ne pas ~ du lit/fauteuil** nicht aus dem Bett/Sessel hochkommen *(fam);* **ne pas ~ d'un lieu/de devant la télé** nicht von einem Ort/vom Fernseher wegkommen *(fam);* **ne pas ~ de chez qn** bei jdm hängen bleiben *(fam),* von jdm nicht wegkommen *(fam);* **faire ~ qn** jdn loswerden *(fam)*
❺ *fam (maigrir)* abmagern, vom Fleisch fallen *(fam)*
III. *vpr* **se ~** *carrelage, timbre:* sich lösen; *rétine:* sich ablösen
décolleté [dekɔlte] *m* Dekolletee *nt,* Ausschnitt *m;* **~ rond/carré** runder/eckiger Ausschnitt; **~ plongeant** tiefes Dekolletee, tiefer Ausschnitt; **~ en cœur** Cœur-Dekolletee; **en grand ~** mit großem Dekolletee
▸ **~ bateau** U-Boot-Ausschnitt *m;* **~ en pointe** [*o* **en V**] V-Ausschnitt *m*
décolleté(e) [dekɔlte] *adj* ❶ *robe, chemisier* [tief] ausgeschnitten; *t-shirt* halsfern; **~(e) dans le dos/devant** hinten/vorne [tief] ausgeschnitten
❷ *personne* dekolletiert
décolleter [dekɔlte] <3> I. *vt* ❶ *(laisser voir le décolleté)* **cette robe la décollette trop** dieses Kleid lässt zu viel ihres Dekolletees sehen
❷ *(échancrer)* **~ un vêtement** ein Kleidungsstück dekolletieren [*o* mit einem Ausschnitt versehen]
II. *vpr* **se ~** tief dekolletierte [*o* ausgeschnittene] Kleider tragen
décolonisation [dekɔlɔnizasjɔ̃] *f* ❶ Dekolonisation *f*
❷ *fig d'une administration* Entbürokratisierung *f*
décoloniser [dekɔlɔnize] <1> *vt* dekolonisieren, in die Unabhängigkeit entlassen *pays, habitants;* **~ une province** einer Provinz *(Dat)* die Unabhängigkeit zugestehen
décolorant [dekɔlɔʀɑ̃] *m* Bleichmittel *nt,* Entfärber *m,* Aufheller *m*
décolorant(e) [dekɔlɔʀɑ̃, ɑ̃t] *adj action, pouvoir* entfärbend, bleichend; **produit ~** Bleichmittel *nt,* Entfärbungsmittel *nt;* **shampooing ~** aufhellendes Shampoo
décoloration [dekɔlɔʀasjɔ̃] *f* Bleichen *nt; des cheveux* Aufhellen *nt; des rideaux, de la tapisserie* Ausbleichen *nt,* Verschießen *nt; d'une matière* Verblassen *nt;* **se faire/se faire faire une ~** sich *(Dat)* das Haar bleichen/bleichen lassen
décoloré(e) [dekɔlɔʀe] *adj cheveux, poils* gebleicht, aufgehellt; *couleur* verwaschen; *rideaux, vêtement* ausgebleicht, verschossen; *papier, affiches* vergilbt; *lèvres* farblos, blutleer
décolorer [dekɔlɔʀe] <1> I. *vt* bleichen, entfärben *tissus, vêtements;* bleichen, aufhellen *cheveux*
II. *vpr* ❶ *(perdre sa couleur)* **se ~** *cheveux:* [aus]bleichen; *étoffe:*

ausbleichen; *(au lavage)* die Farbe verlieren
❷ *(enlever la couleur)* **se ~ les cheveux** sich *(Dat)* die Haare bleichen [*o* aufhellen]
décombres [dekɔ̃bʀ] *mpl fig a.* Trümmer *Pl (a. fig),* Überreste *Pl (a. fig)*
décommander [dekɔmɑ̃de] <1> I. *vt* absagen *rendez-vous, réunion;* abbestellen *marchandise;* **~ qn** jdm absagen, jdn ausladen
II. *vpr* **se ~** absagen
décompacter [dekɔ̃pakte] <1> *vt* INFORM entkomprimieren
décompenser [dekɔ̃pɑ̃se] <1> *vi fam (se défouler)* sich abreagieren *(fam)*
décompilation [dekɔ̃pilasjɔ̃] *f* INFORM Rückumsetzung *f*
décomplexé(e) [dekɔ̃plɛkse] *adj fam* ohne Hemmungen; **un homme ~** ein Mann ohne Hemmungen
décomplexer [dekɔ̃plɛkse] <1> *vt fam* **~ qn** jdm seine Hemmungen [*o* Komplexe] nehmen
décomposable [dekɔ̃pozabl] *adj* **~ en qc** PHYS, MATH, GRAM zerlegbar in etw *(Akk),* CHIM zersetzbar in etw *(Akk);* **ce texte est ~ en trois parties** dieser Text kann in drei Teile untergliedert werden
décomposé(e) [dekɔ̃poze] *adj* ❶ *substance organique* zersetzt; *cadavre* verwest
❷ *visage, traits* verzerrt, entstellt
décomposer [dekɔ̃poze] <1> *vt* ❶ CHIM, PHYS, MATH, GRAM *(diviser)* **~ un élément en ses composants** ein Element in seine Bestandteile zerlegen
❷ *(analyser)* analysieren *idée, problème, savoir*
❸ *(détailler)* im Einzelnen zeigen [*o* vorführen]
❹ *(altérer)* zersetzen *substance organique, société, morale;* verzerren, entstellen *visage, traits*
II. *vpr* ❶ CHIM, PHYS, MATH, GRAM *(se diviser)* **se ~ en qc** sich in etw *(Akk)* zerlegen lassen
❷ *(pouvoir s'analyser)* **se ~ en qc** *problème, idée, savoir:* sich in etw *(Akk)* aufgliedern [*o* zerlegen] lassen
❸ *(se détailler)* **se ~ en qc** *mouvement, procédure:* aus etw bestehen
❹ *(s'altérer)* **se ~** *substance organique:* sich zersetzen; *cadavre:* verwesen; *visage, traits:* sich verzerren; *société:* zerfallen, sich auflösen
décomposition [dekɔ̃pozisjɔ̃] *f* ❶ CHIM, PHYS, MATH **~ d'un élément en ses composants** Zerlegung *f* eines Elements in seine Bestandteile
❷ *(analyse) d'un problème, d'une difficulté* Aufgliederung *f*
❸ *(putréfaction) d'une substance organique* Zersetzung *f; d'un cadavre* Verwesung *f;* **être en état de ~** *cadavre:* im Zustand der Verwesung sein; *matière organique:* am Verfaulen sein
❹ *(altération)* **la ~ de son visage** sein/ihr verzerrtes Gesicht; **la ~ de ses traits** seine/ihre verzerrten Gesichtszüge
❺ *(détail) d'un mouvement* Vorführung *f* im Einzelnen
❻ *(chute) d'une civilisation, d'un État* Auflösung *f; des valeurs, de la société* Zerfall *m*
décompresser [dekɔ̃pʀese] <1> I. *vi fam* ausspannen *(fam)*
II. *vt* INFORM entkomprimieren
décompression [dekɔ̃pʀesjɔ̃] *f* ❶ Druckverminderung *f,* Dekompression *f (Fachspr.);* **la soupape de ~** das Überdruckventil
❷ *fam (détente)* Entspannung *f;* **au moment de la ~, il a craqué** als er endlich zur Ruhe kam, brach er zusammen
❸ PHYS, TECH, MED Dekompression *f;* **maladie de ~** Taucherkrankheit *f*
❹ INFORM Entkomprimierung *f*
décomprimer [dekɔ̃pʀime] <1> *vt* ❶ TECH **~ de l'air/du gaz** den Luft-/Gasdruck vermindern
❷ INFORM dekomprimieren, entkomprimieren
décompte [dekɔ̃t] *m* ❶ *(compte) des bulletins de vote* Auszählung *f; des points* Zusammenzählen *nt,* Zusammenrechnen *nt;* **faire le ~ de qc** etw zusammenrechnen
❷ *(facture)* Abrechnung *f;* **faire le ~ de qc** eine [detaillierte] Aufstellung einer S. machen; **~ intermédiaire** Zwischenabrechnung *f;* **~ réel** [*o* **effectif**] ECON Ist-Abrechnung
❸ *(déduction)* Abzug *m;* **venir en ~ de qc** mit etw verrechnet werden; **faire le ~ de qc** etw in Abzug bringen *(form)*
▸ **~ des tantièmes** Tantiemenabrechnung *f;* **~ des taxes** Gebührenkalkulation *f*
décompter [dekɔ̃te] <1> *vt* ❶ *(dénombrer)* [aus]zählen *votes;* aufzählen *objets*
❷ *(déduire)* abziehen
déconcentration [dekɔ̃sɑ̃tʀasjɔ̃] *f* ADMIN, JUR Dekonzentration *f,* Dekonzentrierung *f;* **~ d'un groupe industriel** Konzernentflechtung *f*
déconcentré(e) [dekɔ̃sɑ̃tʀe] *adj* unkonzentriert
déconcentrer [dekɔ̃sɑ̃tʀe] <1> I. *vt* ❶ ADMIN, ECON dekonzentrieren
❷ *(dévier l'attention de qn)* aus dem Konzept bringen *personne;* **~ son attention de qc** seine/ihre Aufmerksamkeit von etw ablen-

ken
II. *vpr* se ~ sich aus dem Konzept bringen lassen

déconcertant(e) [dekɔ̃sɛʀtɑ̃, ɑ̃t] *adj* verwirrend; *nouvelles* beunruhigend; *facilité, rapidité* erstaunlich; **elle est ~ e** bei ihr weiß man nicht, woran man ist

déconcerter [dekɔ̃sɛʀte] <1> *vt (troubler)* verwirren; *(décontenancer)* aus der Fassung bringen

déconditionner [dekɔ̃disjɔne] <1> *vt (soustraire à une habitude)* entwöhnen

déconfit(e) [dekɔ̃fi, it] *adj* ❶ *(découragé, déprimé) personne* niedergeschlagen; *air, mine* betreten
❷ *(confus, gêné)* bedripst (DIAL)

déconfiture [dekɔ̃fityʀ] *f* ❶ *fam (faillite)* Pleite *f (fam)*; **être en pleine ~** *entreprise, personne*: total pleite sein *(fam)*
❷ *fam (chute) d'un parti politique, de l'État* Zusammenbruch *m; des valeurs morales* Zerfall *m; d'une armée* Scheitern *nt*; **tourner à la ~** *projet*: sich als Pleite herausstellen *(fam)*
❸ JUR Zahlungsunfähigkeit *f*

décongélation [dekɔ̃ʒelasjɔ̃] *f* Auftauen *nt*

décongeler [dekɔ̃ʒ(ə)le] <4> *vt, vi* auftauen

décongestionner [dekɔ̃ʒɛstjɔne] <1> *vt* ❶ MED zum Abschwellen bringen *œil, hématome*; freimachen *poumons, nez*
❷ *(désengorger)* entlasten *quartier, réseau routier*

déconnecter [dekɔnɛkte] <1> I. *vt* ❶ ELEC unterbrechen; abschalten, unterbrechen *circuit*
❷ INFORM ausloggen; verlassen *serveur, réseau*
❸ *(séparer)* ~ **qn/qc du monde environnant** jdn/etw von der Umgebung fernhalten; **déconnecté(e) de la vie/du monde** lebensfern/weltfremd
II. *vi fam* abschalten *(fam)*
III. *vpr* ❶ **se ~ de son travail** von seiner Arbeit abschalten; **se ~ de ses soucis** seine Sorgen vergessen
❷ INFORM **se ~** sich ausloggen

déconner [dekɔne] <1> *vi fam* ❶ *(dire des bêtises)* Mist [*o* Stuss] reden *(fam)*
❷ *(faire des bêtises)* Mist [*o* Stuss] machen *(fam)*
❸ *(être détraqué)* ~ **complètement** [total] spinnen [*o* durchdrehen] *(fam)*; **déconne pas!** spinn nicht rum! *(fam)*
▶ **faut pas ~!** da hört sich doch alles auf! *(fam)*

déconnexion [dekɔnɛksjɔ̃] *f* ❶ PHYSIOL *des centres nerveux* Störung *f*
❷ ELEC Abschaltung *f*, Ausschaltung *f*
❸ INFORM *(interruption involontaire)* Leitungsunterbrechung *f*; *(interruption volontaire)* Abbau *m* der/einer Verbindung, Abmeldung *f*

déconseillé(e) [dekɔ̃seje] *adj* nicht empfehlenswert, nicht zu empfehlen; **il est ~ de faire qc** es ist nicht ratsam etw zu tun; **c'est tout à fait ~** es wird dringend davon abgeraten

déconseiller [dekɔ̃seje] <1> *vt* ~ **un livre à un ami** einem Freund von einem Buch abraten; **~ à un collègue de faire qc** einem Kollegen davon abraten, etw zu tun

déconsidération [dekɔ̃sideʀasjɔ̃] *f littér* Verruf *m*, Misskredit *m*

déconsidérer [dekɔ̃sideʀe] <5> I. *vt* in Misskredit [*o* in Verruf] bringen; **être complètement déconsidéré(e) auprès de qn** bei jdm völlig in Verruf gekommen sein
II. *vpr* **se ~ auprès de qn/aux yeux de qn** sich bei jdm/in jds Augen in Verruf bringen

déconsigner [dekɔ̃siɲe] <1> *vt* ❶ *(rembourser le prix de la consigne)* ~ **les bouteilles** die Pfandflaschen zurückgeben
❷ *(retirer de la consigne)* ~ **un bagage/une valise** ein Gepäckstück/einen Koffer von der Gepäckaufbewahrung abholen

décontamination [dekɔ̃taminasjɔ̃] *f d'une personne, d'un lieu* Dekontamination *f; d'une rivière* Reinigung *f*, Entgiftung *f*; **~ des émissions gazeuses/des gaz toxiques** Abgasentgiftung *f*; **~ de l'atmosphère** Entlastung *f* der Atmosphäre von Umweltgiften

décontaminer [dekɔ̃tamine] <1> *vt* dekontaminieren *lieu, personne*; reinigen, entgiften *rivière*; von Umweltgiften entlasten, entgiften *atmosphère*; INFORM von Viren befreien *disquettes*

décontenancé(e) [dekɔ̃t(ə)nɑ̃se] *adj* aus der Fassung, fassungslos; *(intimidé)* [völlig] verunsichert

décontenancer [dekɔ̃t(ə)nɑ̃se] <2> I. *vt* aus der Fassung bringen
II. *vpr* **se ~** die Fassung verlieren

décontracté(e) [dekɔ̃tʀakte] I. *adj* ❶ *partie du corps, personne* entspannt
❷ *fam (sûr de soi)* selbstsicher, ungezwungen; *péj* zu lässig
❸ *fam (non guindé) atmosphère, situation* entspannt; *tenue* bequem, zwanglos; *style, ton, air* ungezwungen, locker; *péj* zu lässig
II. *adv fam* **s'habiller** lässig, bequem; *conduire* entspannt

décontracter [dekɔ̃tʀakte] <1> *vt* I. *vt* entspannen
II. *vpr* **se ~** sich entspannen

décontraction [dekɔ̃tʀaksjɔ̃] *f* ❶ *du corps, d'une personne* Entspannung *f*

❷ *(désinvolture)* Ungezwungenheit *f*, Unbekümmertheit *f*, Zwanglosigkeit *f*; *péj* Lässigkeit *f*

déconvenue [dekɔ̃v(ə)ny] *f* Enttäuschung *f*

décor [dekɔʀ] *m* ❶ Dekor *m o nt*, Ausstattung *f*
❷ THEAT **les ~s** *(globalement)* das Bühnenbild; *(en détail)* die Bühnenausstattung; **~ de théâtre** Bühnendekoration *f*, Theaterdekoration
❸ CINE Szenenaufbau *m*
❹ *(cadre)* Umgebung *f*; *(arrière-plan)* Hintergrund *m*, Szenerie *f*; **dans un ~ de verdure** im Grünen; **un ~ de hautes montagnes/de rocailles** eine Gebirgs-/Felslandschaft
❺ *(style)* Stil *m*; **~ Empire/Louis XV** [im] Empirestil/[im] Louisquinze-Stil
❻ *(art de la décoration)* Dekoration *f*; **~ de la table** Tischdekoration *f*
▶ **~ de carte postale** Postkartenidyll *nt*, Postkartenidylle *f*; **changer de ~** THEAT das Bühnenbild wechseln; **j'ai besoin de changer de ~** ich brauche einen Tapetenwechsel; **envoyer qn dans le ~** [*o* **les ~s**] *fam (provoquer un accident)* jdn von der Fahrbahn [ab]drängen; *(se battre et avoir le dessus)* jdn k.o. schlagen; SPORT *(envoyer qn au tapis)* jdn zu Boden strecken; **planter le ~** den Rahmen abstecken; **aller** [*o* **entrer**] [*o* **foncer**] [*o* **se retrouver**] **dans le ~** [*o* **les ~s**] *fam* von der Fahrbahn abkommen, im Graben landen *(fam)*

décorateur, -trice [dekɔʀatœʀ, -tʀis] *m, f* ❶ Dekorateur(in) *m(f)*; **~ (-trice) de vitrines** Schaufensterdekorateur(in) *m(f)*; **~ (-trice) d'intérieurs** Innenausstatter(in) *m(f)*; **tapissier ~** Tapezierer *m*
❷ CINE, THEAT Bühnenbildner(in) *m(f)*

décoratif, -ive [dekɔʀatif, -iv] *adj* ❶ *(ornemental)* dekorativ; **motifs ~s** Verzierungen *Pl*
❷ *fam homme, femme, invité* repräsentabel; **une femme décorative** eine Frau, mit der man sich zeigen kann
❸ *péj fonction* repräsentativ; *rôle* repräsentativ, Statisten-

décoration [dekɔʀasjɔ̃] *f* ❶ *(fait de décorer)* Schmücken *nt*, Dekorieren *nt*; **~ de vitrines** Schaufenstergestaltung *f*
❷ *(résultat)* Dekoration *f*, Ausstattung *f*; **~ florale** Blumenschmuck *m*; **~ de fête** Festdekoration *f*; **~s de Noël** Weihnachtsdekoration; *(du sapin)* Christbaumschmuck; **~ de table** Tischdekoration, Tischschmuck
❸ *(art)* Innenarchitektur *f*, Raumkunst *f*
❹ *(distinction honorifique)* Orden *m*, Auszeichnung *f*; **~ de guerre** Kriegsauszeichnung; **une poitrine bardée** [*o* **couverte**] **de ~s** eine ordengeschmückte Brust

décorder [dekɔʀde] <1> *vpr* ALPIN **se ~** sich losbinden

décoré(e) [dekɔʀe] *adj* ❶ *lieu, plat* verziert; *vitrines* dekoriert
❷ *personne* [mit einem Orden] ausgezeichnet [*o* dekoriert], ordengeschmückt

décorer [dekɔʀe] <1> *vt* ❶ *(embellir)* ~ **un plat de qc** ein Gericht mit etw garnieren; **~ une vitrine de qc** ein Schaufenster mit etw dekorieren; **~ une table de qc** einen Tisch mit etw schmücken; **~ un appartement de qc** eine Wohnung mit etw ausstatten
❷ *(agrémenter)* schmücken, [ver]zieren
❸ *(médailler)* ~ **qn d'une médaille** jdn mit einer Medaille auszeichnen [*o* dekorieren]; **~ qn d'une distinction** jdm eine Auszeichnung verleihen

décorner *v.* vent

décorticage [dekɔʀtikaʒ] *m* ❶ *des amandes, graines* Schälen *nt*
❷ *d'un texte* Analysieren *nt; péj* Zerpflücken *nt (pej)*

décortiquer [dekɔʀtike] <1> *vt* ❶ *(enlever l'enveloppe)* schälen *marrons, graines*; enthülsen, schälen *riz, cacahuètes*; entrinden, schälen *arbre*; [ab]schälen *tige*; knacken *noix, noisettes*
❷ *(détailler)* analysieren, zerpflücken *(pej) texte*; ganz genau unter die Lupe nehmen *affaire*

décorum [dekɔʀɔm] *m sans pl* Etikette *f; d'une fête* Zeremoniell *nt*

décote [dekɔt] *f des impôts* [Steuer]ermäßigung *f; de la valeur, des cours de la Bourse* [Kurs]abschlag *m*

découcher [dekuʃe] <1> *vi* auswärts [*o* nicht zu Hause] schlafen

découdre [dekudʀ] <*irr*> I. *vt* abtrennen *boutons*; auftrennen *ourlet*; heraustrennen *doublure*
▶ **être décidé(e)** [*o* **prêt(e)**] **à en ~ avec qn/qc** *(en se battant)* entschlossen [*o* bereit] sein mit jdm zu schlagen; *(en argumentant)* entschlossen [*o* bereit] sein sich mit jdm verbal zu messen
II. *vpr* **se ~** *couture*: aufgehen, aufplatzen; *boutons*: abgehen; **le sac s'est décousu** an der Tasche ist die Naht aufgegangen

découler [dekule] <1> *vi* ~ **de qc** von etw kommen [*o* herrühren]; **~ d'un droit** sich von einem Recht herleiten [*o* ableiten] lassen; **il découle de qc...** es etw ergibt sich [*o* folgt] ...; **il en découle qu'il a tort** daraus folgt, dass er im Unrecht ist

découpage [dekupaʒ] *m* ❶ *(fait de trancher avec un couteau)* Zerschneiden *nt; d'un gâteau, d'une viande* Zerschneiden, Aufschneiden *nt; d'une volaille* Zerschneiden, Tranchieren *nt*, Zerlegen *nt*
❷ *(couper suivant un contour, tracé)* [Zu]schneiden *nt; d'un papier*

découpe–**décréter**

[Aus]schneiden nt; (à la presse) [Aus]stanzen nt; ~ **au chalumeau** Brennschneiden nt
❸ souvent pl (images) Ausschneidebilder Pl; **faire des ~s** Bilder ausschneiden
❹ ADMIN, POL Einteilung f; ~ **électoral** Einteilung f in Wahlkreise
❺ CINE d'un film Cutten nt, Schneiden nt

découpe [dekup] f ❶ COUT Passe f
❷ TECH Zuschneiden nt; (avec une scie) Aussägen nt; **ses découpes sont parfaites** er schneidet perfekt zu
❸ (atelier de découpe) Ort, wo man Holz zuschneiden lassen kann

découpé(e) [dekupe] adj côte, relief zerklüftet; sommet, feuille gezackt

découper [dekupe] <1> I. vt ❶ (trancher) aufschneiden, in Stücke schneiden gâteau, viande; tranchieren, zerlegen volaille; abschneiden tranche de saucisson; **service/fourchette à ~** Tranchierbesteck nt/-gabel f
❷ (couper suivant un contour, tracé) (avec des ciseaux, au cutter) zuschneiden tissu, moquette, tapisserie; (à la scie) aussägen images, motif; (à la presse) [aus]stanzen; ~ **un article/une photo/recette dans qc** einen Artikel/ein Foto/Rezept aus etw ausschneiden
❸ INFORM ausschneiden texte, paragraphe
❹ (profiler) **les Alpes découpent leurs crêtes sur le ciel** die Gipfel der Alpen zeichnen sich gegen den Himmel ab
II. vpr (se profiler) **se ~ dans/sur qc** sich gegen etw [o von etw] abheben, sich gegen etw abzeichnen

découplé(e) [dekuple] adj **bien ~(e)** personne wohlproportioniert; garçon gut gebaut

découpure [dekupyʀ] f ❶ (bord) Rand m
❷ (morceau coupé d'un papier, tissu ausgeschnittenes Stück; d'un journal Ausschnitt m; ~ **de papier** Papierschnipsel Pl
❸ (échancrure) d'une côte Zerklüftung f; (bordure arrondie/en pointe) d'une broderie, guirlande, dentelle gezackter/gebogener Rand

découragé(e) [dekuʀaʒe] adj entmutigt, mutlos

décourageant(e) [dekuʀaʒɑ̃, ʒɑ̃t] adj entmutigend; nouvelle, résultats entmutigend, deprimierend; travail entmutigend, frustrierend; **vous êtes ~(e)** Sie nehmen mir den/jeden Mut

découragement [dekuʀaʒmɑ̃] m Mutlosigkeit f, Niedergeschlagenheit f
▶ **se laisser aller au** [o **gagner par le**] ~ sich [völlig] entmutigen lassen

décourager [dekuʀaʒe] <2a> I. vt ❶ (démoraliser) entmutigen; **se laisser ~ par qc** sich durch etw entmutigen lassen
❷ (dissuader) ~ **qn de la création d'une entreprise** [o **créer une entreprise**] jdn davon abhalten [o abbringen] eine Firma zu gründen; **c'est pour ~ les cambrioleurs** das dient dazu, die Diebe abzuschrecken
❸ (empêcher de faire) verhindern questions, critique; lähmen bonne volonté; nicht aufkommen lassen familiarité
II. vpr **se ~** den Mut verlieren

décousu [dekuzy] m sans pl Zusammenhanglosigkeit f

décousu(e) [dekuzy] adj ❶ couture aufgetrennt; ourlet aufgetrennt, offen; **la poche est ~e** die Tasche hat ein Loch
❷ (dépourvu de logique) conversation, récit, devoir unzusammenhängend, zusammenhanglos; idées wirr, konfus; style holprig

découvert [dekuvɛʀ] m ❶ FIN Defizit nt, Fehlbetrag m; ~ **[de compte]** Kontoüberziehungskredit f; ~ **autorisé** Überziehungskredit m, Dispositionskredit m, Dispo m (fam); **la banque lui accorde un ~ de...** die Bank gewährt ihm/ihr einen Überziehungskredit von ...; ~ **budgétaire** Haushaltsdefizit nt; **elle a un ~ de mille/trois mille euros** sie hat ihr Konto um tausend/dreitausend Euro überzogen; **je suis à ~** ich bin im Soll [o in den roten Zahlen] (fam); **vendre à ~** blanko verkaufen
❷ MIL (terrain) freies Gelände
▶ **à ~** FIN ungedeckt; compte ungedeckt, überzogen; (ouvertement) offen; parler offen, freiheraus; (à la vue de qn) frei, unbedeckt; MIL ohne Deckung

découvert(e) [dekuvɛʀ, ɛʀt] adj ❶ unbedeckt, bloß; bras, épaules bloß, nackt; **tu es trop ~(e)** du bist zu dünn angezogen (fam)
❷ lieu offen[liegend]; zone frei; terrain frei, offen

découverte [dekuvɛʀt] f Entdeckung f; ~ **scientifique** wissenschaftliche Entdeckung; **faire la ~ de qc** etw entdecken; **partir à la ~** auf Entdeckungsreise gehen; **aller** [o **partir**] **à la ~ d'une ville** eine Stadt erkunden gehen; **aller** [o **partir**] **à la ~ de bons vins/d'une sensation** auf der Suche nach guten Weinen/einer Sensation sein
▶ **c'est pas une ~!** fam das ist nichts Neues!

découvreur, -euse [dekuvʀœʀ, -øz] m, f Entdecker(in) m(f)

découvrir [dekuvʀiʀ] <11> I. vt ❶ a. SCI (trouver, deviner, percer, déceler) entdecken; ~ **du pétrole** auf Erdöl (Akk) stoßen; ~ **la cause de qc** die Ursache für etw herausfinden [o entdecken]; ~ **un complot/secret** ein Komplott/Geheimnis aufdecken [o entde-

cken]; ~ **comment/où/pourquoi** herausfinden, wie/wo/warum; ~ **que c'est vrai** herausfinden, dass es wahr ist
❷ (apprendre à connaître) entdecken, kennen lernen auteur, compositeur, œuvre
❸ (enlever la couverture) aufdecken enfant, malade
❹ (ouvrir) ~ **une casserole** den Deckel von einem Topf abnehmen
❺ (enlever ce qui couvre) aufdecken; enthüllen statue; ~ **la voiture** das Verdeck aufmachen
❻ (mettre au jour) ausgraben ruines, objet enfoui
❼ (apercevoir) entdecken panorama, paysage; (dans la foule) entdecken, erblicken visage, personne
❽ (laisser voir) entblößen, zeigen jambes, épaules; **zum Vorschein kommen lassen** ciel, racines, terre
❾ (révéler) ~ **un secret à son ami** seinem/ihrem Freund ein Geheimnis verraten; ~ **une intention/un plan à qn** jdm eine Absicht/einen Plan mitteilen [o verraten]; ~ **son cœur à qn** littér jdm sein Herz aufschließen (geh); ~ **son jeu** seine Karten aufdecken
❿ ÉCHECS ungedeckt lassen
II. vpr ❶ (enlever sa couverture) **se ~** sich aufdecken; (enlever son vêtement) sich ausziehen; (enlever son chapeau) den Hut abnehmen; (pour saluer) den Hut ziehen
❷ (s'exposer aux attaques) **se ~** armée: die Deckung verlassen; boxeur, escrimeur: sich (Dat) eine Blöße geben
❸ (se confier) **se ~ à qn** sich jdm offenbaren; a. fig (abattre son jeu) die Karten aufdecken
❹ (apprendre à se connaître) **se ~ lui-même** sich selbst entdecken
❺ (apprendre) **se ~ des dons/un goût pour qc** seine Begabung/Vorliebe für etw entdecken; **je me suis découvert un oncle en Amérique** ich habe herausgefunden, dass ich einen Onkel in Amerika habe
❻ (apparaître) **se ~** panorama, paysage: zu sehen [o zu erkennen] sein; secret: entdeckt [o enthüllt] werden; vérité: an den Tag kommen
❼ (s'éclaircir) **se ~** ciel: sich aufhellen

décrassage [dekʀasaʒ] m ❶ d'un objet sale [gründliche] Säuberung [o Reinigung]; **la cuisinière est bonne pour un ~** der Herd muss mal gründlich sauber gemacht werden
❷ hum d'une personne, des poumons gründliche Reinigung f; du corps Entschlackung f

décrasser [dekʀase] <1> I. vt ❶ (nettoyer) [gründlich] reinigen [o säubern]; gründlich scheuern planchers, faitouts
❷ (laver) gründlich waschen personne, mains, visage; fig [gründlich] durchpusten (fam) poumons
❸ (dégrossir) ~ **qn** jdm Manieren beibringen; (rendre moins ignorant) jdm das Nötigste beibringen
II. vpr **se ~** ❶ (se laver) sich gründlich waschen
❷ fig bessere Manieren annehmen

décrédibiliser [dekʀedibilize] <1> vt diskreditieren

décrêper [dekʀepe] <1> vt (rendre lisse) cheveux glätten, glatt machen; (démêler) entwirren

décrépi(e) [dekʀepi] adj **un mur ~** eine Mauer, von der der Putz abfällt

décrépir [dekʀepiʀ] <8> I. vt ~ **un mur** den Putz von einer Mauer entfernen [o abschlagen]
II. vpr **le mur se décrépit** von der Mauer fällt [o geht] der Putz ab

décrépit(e) [dekʀepi, it] adj ❶ personne altersschwach, gebrechlich
❷ arbre morsch; bâtisse baufällig

décrépitude [dekʀepityd] f ❶ vieilli d'une personne Altersschwäche f, Gebrechlichkeit f; **tomber dans la ~** altersschwach [o gebrechlich] werden
❷ d'une maison Verfall m; fig d'un empire, d'une nation Niedergang m; **tomber en ~** maison: baufällig werden; monument historique, empire: verfallen; coutume: langsam aussterben; amour: langsam erlöschen

decrescendo [dekʀeʃɛndo] I. adv MUS decrescendo
▶ **aller ~** amitié: langsam auseinandergehen; talent: langsam verloren gehen
II. m MUS Decrescendo nt

décret [dekʀɛ] m ❶ POL [Rechts]verordnung f; ~ **sur qc** Verordnung über etw (Akk); ~ **sur les cartels** Kartellverordnung
❷ pl fig littér du destin, hasard Fügung f; **les ~s de la mode** die Vorschriften der Mode
❸ REL Dekret nt
◆ ~ **d'application** Durchführungsbestimmung f, Ausführungsverordnung f; ~ **d'application d'une loi** JUR Rechtsanwendungsverordnung f

décréter [dekʀete] <5> I. vt ❶ POL verfügen, anordnen, dekretieren; (avec force de loi) gesetzlich verfügen; verordnen mesures; verhängen état d'urgence, embargo
❷ fig beschließen, bestimmen, dekretieren; ~ **que qc doit se faire** beschließen [o bestimmen], dass etw gemacht werden muss

238

II. *vpr* qc/ça ne se **décrète** pas etw/das lässt sich nicht erzwingen

décret-loi [dekrεlwa] <décrets-lois> *m* Verordnung *f* mit Gesetzeskraft; **gouverner par ~** per [*o* mittels] Notverordnung regieren

décrier [dekrije] <1a> *vt littér* verunglimpfen *(geh)*; verreißen, verunglimpfen *(geh) œuvre, livre, auteur*; **peintre décrié** verrufener Maler

décrire [dekrir] <*irr*> *vt* ❶ *(dépeindre)* beschreiben; schildern *événement, situation, impressions*

❷ *(tracer)* beschreiben *cercle*; **~ une courbe** *route, fleuve*: eine Kurve machen; **~ des cercles au-dessus de la forêt** *avion, oiseau*: über dem Wald kreisen [*o* Kreise ziehen]

décrispation [dekrispasjɔ̃] *f* Entschärfung *f (einer Lage im politischen oder soziologischen Bereich)*

décrisper [dekrispe] <1> *vt* entschärfen *situation, affrontement*; besänftigen *relations*

décrochage [dekrɔʃaʒ] *m* ❶ *des rideaux* Abnehmen *nt*; *d'un tableau* Abnehmen, Abhängen *nt*; *d'un wagon* Abkoppeln *nt*, Abhängen *nt*

❷ RADIO Umschalten *nt*

❸ MIL, POL **les troupes ont dû faire un ~** die Truppen mussten sich absetzen

❹ *(recul) des affaires, ventes, de la production* Rückgang *m*

❺ AVIAT Überziehen *nt*

❻ ESPACE **le ~ de l'orbite lunaire** das Verlassen der Mondumlaufbahn

décrochement [dekrɔʃmɑ̃] *m d'une muraille* Nische *f*; *d'une route* Ausbuchtung *f*

décrocher [dekrɔʃe] <1> **I.** *vt* ❶ abnehmen *rideaux, linge*; abkoppeln, abhängen *wagon*; losmachen *laisse, sangle*; aufmachen *volets*; **~ le téléphone** *(pour répondre)* den [Telefon]hörer abheben [*o* abnehmen]; *(pour ne pas être dérangé)* den [Telefon]hörer danebenlegen

❷ *fam (obtenir)* kriegen *(fam)*; sich *(Dat)* holen *(fam) prix*; sich *(Dat)* angeln *(fam)*, ergattern *(fam) poste*

❸ SPORT abhängen *(fam) concurrents, peloton*

❹ FIN **~ une monnaie de qc** eine Währung von etw abkoppeln
II. *vpr* **se ~** *personne, poisson*: sich losmachen *(fam)*; *vêtement, tableau*: [vom Haken] runterfallen *(fam)*; *avion*: absacken *(fam)*
III. *vi* ❶ *(au téléphone)* den [Telefon]hörer abnehmen [*o* abheben]; **tu peux ~ ?** kannst du mal [d]rangehen? *(fam)*

❷ *fam* **~ de qc** *(décompresser)* von etw abschalten; *(se désintéresser)* sich aus etw zurückziehen; *militant*: von etw abspringen *(fam)*; *(arrêter le travail)* sich zur Ruhe setzen; *(abandonner une activité, course)* aufgeben

❸ *(ne plus écouter)* abschalten

❹ MIL *armée, troupes*: sich absetzen

❺ AVIAT *avion*: überziehen

❻ RADIO *émetteur*: umschalten

décrochez-moi-ça [dekrɔʃemwasa] *m inv fam* Trödelladen *m (fam)*

décroiser [dekrwaze] <1> *vt* nebeneinanderstellen *jambes*; wieder fallen lassen *bras*; entwirren *fils*

décroissance [dekrwasɑ̃s] *f* Abnahme *f*; *de la natalité* Rückgang *m*

décroissant(e) [dekrwasɑ̃, ɑ̃t] *adj* ❶ *intensité, vitesse* abnehmend; *bruit* schwindend; **à vitesse ~e** mit herabgesetzter Geschwindigkeit; **par ordre ~** in abnehmender Reihenfolge; **courbe ~e de natalité** rückläufige Geburtenzahl; **aller ~(e)** zurückgehen; *taux de natalité, chiffre d'affaires*: zurückgehen, rückläufig sein; *douleur, forces, vitalité, bruit*: nachlassen; *vitesse*: abnehmen; *état de santé*: sich verschlechtern

❷ INFORM *gamme, séquence* absteigend; **par ordre ~** absteigend; **classer qc par ordre chronologique ~** etw chronologisch absteigend sortieren

décroître [dekrwatr] <*irr*> *vi + avoir o être* abnehmen; *jours*: abnehmen, kürzer werden; *vitesse*: abnehmen, sich verringern; *bruit*: schwächer werden; *réputation*: schlechter werden; *vitalité, forces*: nachlassen, schwinden; *eau, fièvre*: sinken; *ombre*: immer kleiner werden; *affaires, commandes*: zurückgehen; *capacité de qc*: nachlassen

décrotter [dekrɔte] <1> *vt* ❶ *(enlever la boue)* **~ des pneus/chaussures** den Schmutz [*o* Dreck] von Reifen/Schuhen abmachen [*o* abkratzen]

❷ *fig fam* **~ qn** jdm Manieren beibringen

décrottoir [dekrɔtwar] *m* Kratzeisen *nt*, Fußabstreifer *m*

décrue [dekry] *f* ❶ *des eaux* Sinken *nt*, Fallen *nt*

❷ *fig* **la ~ de l'or se poursuit** der Goldkurs sinkt [*o* fällt] weiter; **la ~ démographique** der Bevölkerungsrückgang

décrypter [dekripte] <1> *vt* entziffern *hiéroglyphe*; entschlüsseln *message, code*

déçu(e) [desy] **I.** *part passé de* **décevoir**
II. *adj* enttäuscht

III. *m(f) souvent pl* Enttäuschte(r) *f(m)*

déculottée [dekylɔte] *f fam (défaite)* Schlappe *f (fam)*; **prendre** [*o* **recevoir**] **une ~** eine Schlappe einstecken *(fam)*

déculotter [dekylɔte] <1> **I.** *vt* ❶ **~ qn** jdm die Hosen ausziehen

❷ *(vider)* ausklopfen, reinigen *pipe*
II. *vpr* ❶ *(enlever sa culotte, son pantalon)* **se ~** sich *(Dat)* die Hosen ausziehen

❷ *fig fam* **se ~ devant qn** vor jdm kriechen *(fam)*

déculpabilisation [dekylpabilizasjɔ̃] *f* Befreiung *f* vom Schuldgefühl

déculpabiliser [dekylpabilize] <1> *vt* entschuldbar machen *action, situation*; **~ qn** jdm das Schuldgefühl nehmen

décuple [dekypl] **I.** *adj* zehnfach
II. *m* Zehnfache(s) *nt*

décuplement [dekyplǝmɑ̃] *m* ❶ *(multiplication par dix)* Verzehnfachung *f*

❷ *fig* **~ des efforts/forces** beträchtliche Steigerung der Willensanstrengungen/Kräfte; **sans un ~ des énergies** ohne einen erhöhten Energieaufwand

décupler [dekyple] <1> **I.** *vi* ❶ *prix, quantité, valeur*: sich verzehnfachen

❷ *fig forces, colère, vitalité*: beträchtlich [*o* gewaltig] wachsen; **ses forces ont décuplé** er/sie ist sehr viel stärker geworden
II. *vt* ❶ verzehnfachen

❷ *fig* beträchtlich steigern *énergie, force, sentiment*

dédaignable [dedɛɲabl] *adj* **n'être pas ~** nicht zu verachten sein

dédaigner [dedɛɲe] <1> *vt* **~ qn** jdn verachten, auf jdn herabsehen; **il dédaigne qc** etw lässt ihn gleichgültig, er verschmäht etw *(geh)*; **~ de faire qc** es für unter seiner Würde halten etw zu tun; **n'être pas à ~** nicht zu verachten sein; **ne pas ~ qc** einer S. *(Dat)* nicht abgeneigt sein; **ne pas ~ de faire qc** nicht abgeneigt sein etw zu tun

dédaigneusement [dedɛɲøzmɑ̃] *adv* verächtlich, herablassend; **traiter qn ~** jdn von oben herab behandeln; **qualifier qn ~ de "nullité"** jdn herabsetzend „Nichtskönner" nennen

dédaigneux, -euse [dedɛɲø, -øz] *adj* ❶ *comportement, personne* herablassend; *regard, air, sourire* herablassend, verächtlich; *(dénigrant) propos* herabsetzend

❷ *littér* **être ~(-euse) de qc/de faire qc** etw verachten/es verachten etw zu tun; **il est ~ des honneurs** er legt keinen Wert auf Ehrungen; **il est ~ de plaire** er legt keinen Wert darauf zu gefallen
▶ **faire le ~/la dédaigneuse** verächtlich tun, die Nase rümpfen

dédain [dedɛ̃] *m* Verachtung *f*, Geringschätzung *f*; **avec ~** verächtlich; **~ de** [*o* **envers**] **qn/qc** Verachtung [*o* Geringschätzung] jdm/einer S. gegenüber; **avoir du ~ pour qn/qc** jdn/etw verachten; **manifester du ~ pour qn/qc** nur Verachtung für jdn/etw übrighaben

dédale [dedal(ə)] *m* ❶ *de rues, chemins* Gewirr *nt*, Labyrinth *nt*

❷ *fig* **~ de pensées** Gedankenwirrwarr *m*; **~ de contradictions** Vielzahl *f* von Widersprüchen

Dédale [dedal(ə)] *m* MYTH Dädalus *m*

dedans [d(ə)dɑ̃] **I.** *adv avec un verbe de mouvement* hinein; *avec un verbe d'état* darin; *(dans un lieu)* innen; **venir de ~** von drinnen kommen; **ouvrir de ~** von innen öffnen; **voir de ~** von drinnen [*o* innen] sehen; **en ~** innen; *fig* im Inneren; **en ~ de lui-même, il réprouve cet acte** im Innersten seines Herzens missbilligt er diese Tat; *v. a.* **au-dedans**
▶ **mettre en plein ~** ins Schwarze treffen; **se fiche** [*o* **se foutre**] **~** *fam* sich gewaltig täuschen [*o* irren]; *(se tromper en calculant)* sich [total] verhauen *(fam)*; **mettre** [*o* **foutre**] [*o* **fiche**] **qn ~** *fam* jdn [he]reinlegen *(fam)*; **rentrer en plein ~** *fam (heurter) (en voiture)* voll reinfahren *(fam)*; *(à pied)* voll reinrennen *(fam)*; **lui rentrer ~** *fam (frapper)* auf jdn losgehen *(fam)*; **ils se sont rentrés ~** die sind aufeinander losgegangen
II. *m sans pl* ❶ *(intérieur, âme, cœur)* Innere(s) *nt*

❷ *(face interne) d'une boîte* Innenseite *f*

dédicace [dedikas] *f* ❶ *(sur une photo, un livre)* Widmung *f*, Zueignung *f (geh)*; *(sur un monument)* Widmung, Inschrift *f*

❷ *(consécration) d'une église, d'un temple* Einweihung *f*, Weihe *f*

dédicacer [dedikase] <2> *vt* **~ un roman à qn** jdm einen Roman widmen [*o* zueignen *geh*], einen Roman mit einer Widmung für jdn versehen; **un livre/disque dédicacé** ein Buch/eine Schallplatte mit einer Widmung

dédicataire [dedikatɛr] *mf* Widmungsempfänger(in) *m(f)*

dédier [dedje] <1a> *vt* ❶ *(dédicacer)* **~ qc à qn** jdm etw widmen, jdm etw zueignen *(geh)*

❷ *(consacrer)* **~ son travail à qn/qc** jdm/einer S. seine Arbeit widmen; **il a dédié sa vie aux arts** er hat sein Leben der Kunst *(Dat)* verschrieben

❸ REL **~ une cloche à un saint** einem Heiligen eine Glocke weihen

dédire [dedir] <*irr*> *vpr* **se ~** das Gesagte [*o* sein Wort *nt*] zurücknehmen; **le témoin s'est dédit** der Zeuge hat widerrufen

dédit [dedi] *m* JUR ❶ *(acte)* Rücktritt *m;* **le contrat ne comporte pas de clause de ~** der Vertrag enthält keine Rücktrittsklausel
❷ *(somme)* Abstandssumme *f*

dédommagement [dedɔmaʒmɑ̃] *m* ❶ Entschädigung *f*, Ausgleich *m;* **~ de/des victimes** Opferentschädigung; **~ pour le travail** Arbeitsausgleich; **en ~ de qc** als Entschädigung für etw
❷ JUR *(somme, compensation)* **en contrepartie du droit de jouissance** Nutzungsrechtsentgelt *nt;* **relatif à des pertes** Verlustersatz *m*
❸ JUR *(obtention d'un dédommagement)* Schadloshaltung *f (Fachspr.)*

dédommager [dedɔmaʒe] <2a> I. *vt* **~ une victime de qc** ein Opfer für etw entschädigen
II. *vpr* **se ~ de qc** sich schadlos für etw halten

dédouanage [dedwanaʒ] *m*, **dédouanement** [dedwanmɑ̃] *m* Verzollung *f*, zollamtliche Abfertigung *f*

dédouaner [dedwane] <1> I. *vt* ❶ verzollen *marchandise*
❷ *fig* rehabilitieren *personne*
II. *vpr* **se ~** sich rehabilitieren

dédoublement [dedublǝmɑ̃] *m d'une classe, d'un fil* Teilung *f; d'une autoroute* Ausbau *m;* **le ~ des trains** der Einsatz von Sonderzügen
◆ **~ de la personnalité** PSYCH Persönlichkeitsspaltung *f*

dédoubler [deduble] <1> I. *vt* ❶ teilen *classe, fil;* ausbauen *autoroute;* **~ les trains** Sonderzüge einsetzen
❷ *(enlever la doublure)* **~ un manteau** das Futter aus einem Mantel heraustrennen
II. *vpr* **se ~** ❶ **je ne peux pas me ~** ich kann nicht überall gleichzeitig sein
❷ PSYCH *personnalité:* sich spalten; *personne:* an Persönlichkeitsspaltung leiden
❸ *fil, laine:* sich teilen; *ongles:* sich spalten

dédramatiser [dedʀamatize] <1> *vt, vi* entdramatisieren

déductibilité [dedyktibilite] *f* FISC Abzugsfähigkeit *f*

déductible [dedyktibl] *adj* FISC **fiscalement ~** steuerlich abzugsfähig, steuerlich absetzbar; **~ de l'impôt** steuerabzugsfähig, steuerlich absetzbar; **être ~ des impôts** von der Steuer absetzbar sein; **être ~ des revenus** von den Einnahmen abziehbar sein

déductif, -ive [dedyktif, -iv] *adj* deduktiv; **avoir un esprit ~** deduktiv denken können

déduction [dedyksjɔ̃] *f* ❶ COM Abzug *m*, Deduktion *f (Fachspr.);* FISC Absetzung *f*, Abzug, Einbehaltung *f;* **~ d'impôt/des pertes** Steuer-/Verlustabzug; **~ des intérêts** Zinsabzug; **~ de points** Punktabzug *m;* **~ pour frais professionnels** Freibetrag *m* für berufliche Aufwendung; **moins la ~ de dix pour cent** abzüglich zehn Prozent; **~ faite des frais** abzüglich [*o* nach Abzug] der Unkosten *(Gen);* **entrer en ~ de qc** von etw abgezogen werden; **faire |la| ~ de qc** etw abziehen
❷ *(réflexion)* |Rück|schluss *m*, Schlussfolgerung *f; (conclusion)* Deduktion *f*

déduire [dedɥiʀ] <*irr*> I. *vt* ❶ *(retrancher)* abziehen *acompte, frais;* **être déduit(e)** abgezogen sein; **les intérêts non courus** abzinsen *(Fachspr.);* **pouvant être déduit(e) de l'impôt** steuerabzugsfähig; **tous frais déduits** abzüglich aller Kosten
❷ *(conclure)* ableiten; **de qc qu'il a réussi** aus etw schließen [*o* folgern], dass er Erfolg hatte; **être déduit(e)** *hypothèse, raisonnement:* abgeleitet [*o* deduziert] sein
II. *vpr* **se ~ de qc** sich von [*o* aus] etw herleiten [*o* ableiten] lassen

déesse [deɛs] *f* MYTH Göttin *f;* **~ protectrice** Schutzgöttin; **la ~ |de la| Liberté/Raison** die Göttin der Freiheit/Vernunft

de facto [defakto] *adv* de facto

défaillance [defajɑ̃s] *f* ❶ *(physique, morale)* Schwäche *f; (intellectuelle)* Black-out *nt o m;* **un instant de ~** ein schwacher Moment; **~ cardiaque** Herzversagen *nt;* **~ humaine** menschliches Versagen
❷ *(panne) d'un moteur, système* Ausfall *m*, Versagen *nt; d'un appareil* Defekt *m; d'une loi* Schwachstelle *f;* **mécanique/technique** mechanischer/technischer Defekt; **sujet(te) aux ~s** *appareil, électronique* störanfällig; **fonctionner sans ~s** störungsfrei funktionieren
❸ JUR *(non-respect d'une date)* Säumnis *f; (non-respect d'un contrat)* Nichteinhaltung *f* eines Vertrages; *(absence) d'un témoin* Nichterscheinen *nt* vor Gericht
❹ *(manque)* **~ de crédit** Kreditausfall *m*
▶ **avoir une ~** *(s'évanouir)* einen Schwächeanfall erleiden; *(s'assoupir)* einen toten Punkt haben; *(perdre la mémoire)* ein[en] Black-out haben; *(céder)* eine Schwäche haben; **tomber en ~** in Ohnmacht fallen; **sans ~** zuverlässig; **cette machine fonctionne sans ~** diese Maschine arbeitet einwandfrei

défaillant(e) [defajɑ̃, jɑ̃t] *adj* ❶ *santé, volonté* schwach; *forces* geschwächt; *mémoire* nachlassend; **ma mémoire est ~e** mein Gedächtnis lässt nach
❷ *(sans force) personne* geschwächt, kraftlos; *voix* zitternd; *main* unsicher
❸ *(absent) candidat, témoin* nicht erschienen
❹ *(qui dépasse les délais) débiteur* säumig

défaillir [defajiʀ] <*irr*> *vi capacités, qualités, mémoire:* nachlassen; *forces, volonté, élan:* nachlassen, schwinden; *courage:* sinken; *personne:* in Ohnmacht fallen; **~ de joie/d'angoisse** vor Freude/Angst [fast] in Ohnmacht fallen; **~ de faim** vor Hunger [fast] umfallen; **le cœur défaillant d'angoisse** fast ohnmächtig vor Angst; **sans ~** ohne schwachzuwerden

défaire [defɛʀ] <*irr*> I. *vt* ❶ *(détacher, pour ouvrir)* aufmachen; *(dénouer, délier)* lösen, aufmachen *nœud, cravate, corde; (pour enlever)* ausziehen *chaussures, manteau;* abmachen *skis, bretelles*
❷ *(enlever ce qui est fait)* aufmachen; auftrennen *ourlet;* wieder aufmachen *rangs d'un tricot;* auseinandernehmen *assemblage, construction;* **~ le lit** *(pour changer de drap/se coucher)* das Bett abziehen/aufdecken; *(mettre en désordre)* das Bett zerwühlen; **le lit n'a même pas été défait** das Bett war überhaupt nicht benutzt [worden]
❸ *(détacher)* abmachen *(fam);* losbinden *corde;* herausziehen *prise*
❹ *(mettre en désordre)* durcheinanderbringen
❺ *(déballer)* auspacken
❻ *(rompre)* auflösen *contrat;* zunichtemachen *plan, projet;* zerstören *mariage*
❼ *littér* schlagen, besiegen *armée*
❽ *(débarrasser)* **~ qn d'une habitude** jdm eine Verhaltensweise abgewöhnen; **~ qn de ses préjugés/opinions** jdn von seinen Vorurteilen/Meinungen abbringen; **~ un voyageur de qn/qc** *ltér* einen Reisenden von jdm/einer S. befreien
II. *vpr* **se ~** ❶ *paquet, ourlet, nœud, lacets:* aufgehen; *bouton:* abgehen; *coiffure:* in Unordnung geraten; *fig amitié, relation:* kaputtgehen
❷ *littér (s'altérer)* **se ~** *visage, traits:* sich verziehen, sich verzerren
❸ *(se séparer)* **se ~ de qn** jdn loswerden; **se ~ d'une montre** sich von einer Uhr trennen; **se ~ d'une habitude** eine Gewohnheit ablegen; **se ~ d'un paquet d'actions** ein Aktienpaket abstoßen

défait(e) [defɛ, dɛft] I. *part passé de* **défaire**
II. *adj mine, visage, air* abgespannt

défaite [defɛt] *f* Niederlage *f; (échec)* Niederlage, Scheitern *nt;* **~ électorale** Wahlniederlage *f;* **essuyer une ~** eine Niederlage hinnehmen müssen

défaitisme [defetism] *m* Defätismus *m (geh)*

défaitiste [defetist] I. *adj* defätistisch *(geh);* **esprit ~** Hang *m* zum Defätismus
II. *mf* Defätist(in) *m(f) (geh)*

défalcation [defalkasjɔ̃] *f* FIN Abzug *m;* **~ faite de qc** abzüglich einer S. *(Gen)*

défalquer [defalke] <1> *vt* abziehen, in Abzug bringen

défatiguer [defatige] <1> I. *vt* munter machen, entspannen
II. *vpr* **se ~** munter werden, sich entspannen

défausser [defose] <1> *vpr* JEUX **se ~** die schlechten Karten [*o* die Fehlkarten] abwerfen

défaut [defo] *m* ❶ *(travers)* Fehler *m;* **~ s de caractère** Charakterfehler *Pl;* **ne pas avoir de ~s, n'avoir aucun ~** perfekt sein
❷ *(défectuosité)* Fehler *m; d'un appareil, système informatique, logiciel* Defekt *m*, Fehler; *d'une marchandise* Qualitätsmangel *m;* **~ du matériel** INFORM Hardware-Fehler; **~ de tissage** Webfehler; **~ qualitatif** Qualitätsmangel; **~ matériel et vice de droit** Sach- und Rechtsmängel
❸ *(inconvénient)* Fehler *m*, Manko *nt*
❹ *(imperfection physique)* Schönheitsfehler *m;* **un corps/une peau sans |un| ~** ein makelloser Körper/eine makellose Haut
❺ *(impureté) d'une pierre précieuse* Unreinheit *f; d'un verre* fehlerhafte Stelle, Fehler *m*
❻ *(faiblesse) d'un roman, film* Schwäche *f; d'une théorie* Schwachstelle *f*
❼ *(manque)* **~ de preuves** Mangel *m* an Beweisen; **~ de vitamines/calcium** Vitamin-/Kalziummangel; **à ~ de qc** aus Mangel an etw *(Dat)*, mangels einer S. *(Gen);* **faire ~** fehlen
❽ JUR **~ de comparution devant le tribunal** Nichterscheinen *nt* vor Gericht; **pour ~ de comparution devant le tribunal** wegen Nichterscheinens vor Gericht; **faire ~** nicht erscheinen; **condamner/juger qn par ~** jdn in Abwesenheit verurteilen
▶ **y a comme un ~** *fam* da stimmt was nicht *(fam);* **être en ~** *personne:* im Unrecht sein; *(être en infraction)* sich rechtswidrig verhalten; *mémoire:* nachlassen; **mettre qn en ~** jdn ertappen; **pécher par ~** zuwenig tun; **prendre qn en ~** jdn [bei einem Verstoß] ertappen; **à ~** notfalls; **par ~** abgerundet; **arrondir un nombre par ~** eine Zahl abrunden
◆ **~ de construction** Konstruktionsfehler *m;* **~ de la cuirasse** [*o* **de l'armure**] schwache Stelle; **~ de fabrication** Fabrikationsfehler *m*, Herstellungsfehler; **~ de prononciation** Sprachfehler *m*

défaveur [defavœʀ] *f* Ungnade *f;* **être/tomber en ~ auprès de qn** bei jdm in Ungnade stehen/fallen; **se tromper en ma/sa ~** sich zu meinen/seinen/ihren Ungunsten verrechnen

défavorable [defavɔʀabl] *adj* ❶ *(difficile) conditions, temps* ungünstig; *conjoncture* rückläufig
❷ *(opp: en faveur de)* **être ~ à un projet/une solution** einem Vorhaben/einer Lösung ablehnend gegenüberstehen; **une chose est ~ à qn/qc** etw ist ungünstig für jdn/etw
❸ *(qui ne convient pas)* **le climat est ~ à qn/qc** das Klima bekommt jdm/einer S. nicht
❹ MED *pronostic* infaust *(Fachspr.)*

défavorablement [defavɔʀabləmã] *adv* ungünstig

défavorisé(e) [defavɔʀize] *adj* benachteiligt; **un milieu ~** ein sozial schwaches Milieu

défavoriser [defavɔʀize] <1> *vt* ~ **Jean par rapport à Paul** Jean im Vergleich zu Paul benachteiligen

défécation [defekasjɔ̃] *f form* Stuhlgang *m*, Defäkation *f (Fachspr.)*

défectif, -ive [defɛktif, -iv] *adj* GRAM defektiv, unvollständig

défection [defɛksjɔ̃] *f d'un partisan, ami, membre d'un parti* Abfall *m*, Abtrünnigwerden *nt*; *d'un invité, candidat* Fernbleiben *nt*, Nichterscheinen *nt*; **faire ~** nicht erscheinen, fernbleiben

défectueux, -euse [defɛktyø, -øz] *adj* ❶ *(qui présente des défauts) appareil, système informatique, outil* defekt; *prononciation, orthographe* fehlerhaft; *organisation* schlecht; **un texte ~** ein Text voller Fehler
❷ JUR **jugement ~** Urteil *nt* mit Formfehlern

défectuosité [defɛktyɔzite] *f* Schadhaftigkeit *f*, Mangel *m*; *d'une marchandise* Fehlerhaftigkeit *f*

défendable [defɑ̃dabl] *adj* ❶ MIL **être ~** verteidigt werden können; **n'être pas ~** nicht zu verteidigen sein
❷ *(justifiable) opinion, position* vertretbar; *attitude* vertretbar; **cette thèse n'est pas ~** diese These ist nicht haltbar

défendeur, défenderesse [defɑ̃dœʀ, defɑ̃dʀɛs] *m, f* JUR Angeklagte(r) *f(m)*, Beklagte(r) *f(m)*

défendre¹ [defɑ̃dʀ] <14> I. *vt* ❶ MIL *soldat:* verteidigen; *enceinte, batterie:* schützen
❷ *(prendre la défense de)* ~ **un acteur contre qn/qc** einen Schauspieler gegen jdn/etw verteidigen; ~ **un acteur contre qn/qc** *avocat:* einen Schauspieler vertreten [*o* gegen jdn/etw verteidigen]; *article, émission:* einen Schauspieler vor jdm/etw schützen
❸ *(soutenir)* vertreten, verteidigen *opinion, théorie;* ~ **une cause** sich für eine Sache einsetzen
❹ *(sauvegarder)* verteidigen *son honneur, titre, sa réputation, vie*
❺ *(protéger)* ~ **qn/qc de la chaleur/du froid** jdn/etw vor der Hitze/Kälte schützen
❻ SPORT verteidigen *titre;* ~ **les/ses buts** im Tor stehen
II. *vpr* ❶ *(se protéger)* **se ~ contre un agresseur/une attaque** sich gegen einen Angreifer/Angriff verteidigen [*o* wehren]; **pays prêt à se ~** verteidigungsbereites Land; **capacité à** [*o* **moyens de**] **se ~** Verteidigungsfähigkeit *f*
❷ *(se préserver)* **se ~ de** [*o* **contre**] **la chaleur/du** [*o* **contre le**] **froid** sich gegen die [*o* vor der] Hitze/Kälte schützen
❸ *littér (nier)* **se ~ de faire qc** abstreiten [*o* leugnen] etw zu tun; **il se défend d'être un spécialiste** er bestreitet ein Fachmann zu sein
❹ *fam (se débrouiller)* **se ~ en qc** in etw *(Dat)* zurechtkommen
❺ *(résister aux assauts de l'âge)* **se ~** sich [gut] halten
❻ *fam (être défendable)* **se ~** *idée, raisonnement, projet:* sich vertreten lassen

défendre² [defɑ̃dʀ] <14> I. *vt (interdire)* ~ **qu'on fasse qc** verbieten [*o* untersagen], dass man etw macht; ~ **qc/de faire qc à un élève** einem Schüler etw verbieten/einem Schüler verbieten etw zu tun
II. *vpr* ❶ *(s'interdire)* **se ~ tout plaisir** sich *(Dat)* jedes Vergnügen versagen; **se ~ toute remarque/critique** sich jeder Bemerkung/Kritik enthalten *(geh)*; **se ~ de faire qc** [es] sich *(Dat)* versagen etw zu tun; **elle se défendait de pleurer** sie unterdrückte ihre Tränen
❷ *(se retenir, se contenir, s'empêcher)* **ne pouvoir se ~ de qc** sich einer S. *(Gen)* nicht erwehren können *(geh)*; **ne pouvoir se ~ de faire qc** nicht umhin können etw zu tun; **il ne peut se ~ de sourire** er kann sich das Lächeln nicht verkneifen *(fam)*

défendu(e) [defɑ̃dy] I. *part passé de* **défendre**
II. *adj* verboten, nicht erlaubt; **il est ~ de faire qc** es ist verboten etw zu tun

défenestration [defənɛstʀasjɔ̃] *f* Fenstersturz *m*, Defenestration *f (Fachspr.)*
◆ ~ **de Prague** HIST Prager Fenstersturz

défenestrer [def(ə)nɛstʀe] <1> *vt* aus dem Fenster stürzen

défense¹ [defɑ̃s] *f* ❶ *(fait de défendre)* Verteidigung *f*; *(protection)* Schutz *m*; ~ **d'une théorie** Vertreten *nt* [*o* Verfechten *nt*] einer Theorie; ~ **d'une cause** Eintreten *nt* für eine Sache; **la meilleure ~, c'est l'attaque** Angriff ist die beste Verteidigung; **légitime ~** Notwehr *f*; **en état de légitime ~** in Notwehr; **aller/courir à la ~ de qn** jdm zu Hilfe kommen/eilen; **assurer la ~ de qn** jds Verteidigung übernehmen; **avoir de la ~** sich zu wehren wissen; **ne pas avoir de ~** sich nicht wehren können; **opposer une ~ à qn/qc** jdm/einer S. Widerstand leisten; **prendre la ~ de qn/qc** jdn/etw verteidigen; **sans ~** schutzlos, ausgeliefert
❷ PSYCH **l'instinct/les réflexes de ~** der Abwehrinstinkt/die Abwehrreflexe; **le mécanisme de ~** der Abwehrmechanismus
❸ *(apologie)* ~ **de la langue** Sprachpflege *f*
❹ PHYSIOL Abwehrkräfte *Pl*; ~ **s immunitaires** Immunabwehrkräfte *Pl*
❺ *(dispositifs militaires)* Verteidigungsstellungen *Pl*; ~ **civile** [*o* **passive**] Zivilverteidigung *f*; *(en cas d'attaque aérienne, de guerre atomique)* [ziviler] Luftschutz; *(organisation non-violente)* ziviler Ungehorsam; ~ **aérienne** Luftverteidigung *f*
❻ POL **la Défense nationale** die Landesverteidigung; **la conception de la Défense nationale** die nationale Verteidigungsstrategie; **le ministre de la Défense** der Verteidigungsminister; **appel de préparation à la ~** Einberufung zum Zivilschutz *(anstelle des Militärdienstes)*
❼ SPORT **être bon(ne) en ~** ein guter Verteidiger sein; **jouer la ~** rein defensiv spielen; **jouer/se mettre en ~** in der Abwehr spielen/in die Verteidigung gehen
◆ ~ **de l'environnement** Umweltschutz *m*; ~ **des intérêts** Interessenwahrnehmung *f*

défense² [defɑ̃s] *f (interdiction)* Verbot *nt*; ~ **de fumer** Rauchen verboten; ~ **d'entrer** Eintritt [*o* Zutritt] verboten; ~ **de s'exprimer en public** Redeverbot *nt*; **"Défense de se pencher au-dehors"** „Nicht aus dem Fenster lehnen"

défense³ [defɑ̃s] *f* ZOOL *d'un éléphant* Stoßzahn *m*; *d'un sanglier* Hauer *m*; *d'un morse* Eckzahn *m*

défenseur [defɑ̃sœʀ] *m* ❶ MIL, JUR Verteidiger(in) *m(f)*
❷ SPORT Verteidiger(in) *m(f)*, Defensivspieler(in) *m(f)*
❸ *(partisan)* Anhänger(in) *m(f)*, Verfechter(in) *m(f)*; *d'un projet* Befürworter(in) *m(f)*; ~ **des droits de l'Homme** Verteidiger *m* der Menschenrechte; ~ **de l'environnement** Umweltschützer *m*; ~ **de la paix** Verfechter *m* des Friedens, Friedensanhänger *m*

défensif, -ive [defɑ̃sif, -iv] *adj* ❶ *guerre, tactique, arme* Verteidigungs-; **alliance/bataille défensive** Verteidigungspakt *m*/ -schlacht *f*
❷ *fig* **attitude** defensiv
❸ SPORT **jeu** defensiv

défensive [defɑ̃siv] *f* a. SPORT Defensive *f*; **être** [*o* **se tenir**] **sur la ~** in der Defensive sein; **mettre qn sur la ~** jdn in die Defensive drängen; **jouer la ~** *joueur, équipe:* aus der Defensive spielen

déféquer [defeke] <5> *vi form* den Darm entleeren

déférence [defeʀɑ̃s] *f* Respekt *m*, Ehrerbietung *f (geh)*; **avec ~** respektvoll, ehrerbietig *(geh)*; **par ~ pour** [*o* **à l'égard de**] **qn** aus Respekt vor jdm

déférent(e) [defeʀɑ̃, ɑ̃t] *adj* respektvoll, ehrerbietig *(geh)*; **être** [*o* **se montrer**] ~**(e) à l'égard de qn** sich jdm gegenüber respektvoll verhalten [*o* zeigen]

déférer [defeʀe] <5> *vt* JUR ~ **qn à la justice** jdn vor Gericht *(Akk)* bringen, jdn der Justiz *(Dat)* überantworten; ~ **qn au parquet** jdn der Staatsanwaltschaft *(Dat)* übergeben

déferlant(e) [defɛʀlɑ̃, ɑ̃t] *adj* ❶ *vague* wogend, brandend
❷ *fig armée* einfallend

déferlante [defɛʀlɑ̃t] *f* Brandungswelle *f*

déferlement [defɛʀləmɑ̃] *m des vagues* Brechen *nt*; *de la mer* Brandung *f*; *fig des barbares* Einfall *m*; ~ **de touristes** Touristenstrom *m*; ~ **d'enthousiasme** Welle *f* [*o* Woge *f*] der Begeisterung

déferler [defɛʀle] <1> *vi vagues:* sich brechen; *mer:* branden; **la foule déferle dans la rue/sur la place** die Menge strömt auf die Straße/auf den Platz; **les touristes déferlent sur la Grèce** die Touristen überschwemmen Griechenland; **une vague de terrorisme déferle sur la France** eine Welle des Terrorismus überrollt Frankreich; **la mode** [**du**] **mini a déferlé sur toute la France** die Minimode hat ganz Frankreich erfasst

défeutrer [deføtʀe] <1> *vt* HORT vertikutieren *(Fachspr.)*

défeutreur [deføtʀœʀ] *m* HORT Vertikutierer *m (Fachspr.)*

défi [defi] *m (provocation, challenge)* Herausforderung *f*; **d'un air de ~** mit herausfordernder Miene; ~ **à la science/médecine** Herausforderung für die Wissenschaft/Medizin; ~ **au danger** Nervenkitzel *m (fam)*; **accepter** [*o* **relever**] **le ~** die Herausforderung annehmen; **jeter** [*o* **lancer**] **un ~ à qn/qc** jdn/etw herausfordern; **mettre qn au ~ de prouver le contraire** wetten, dass jd nicht das Gegenteil beweisen kann; **faire qc par ~** etw tun, weil man dazu herausgefordert wird/wurde

défiance [defjɑ̃s] *f* Misstrauen *nt*, Argwohn *m (geh)*; **mettre qn en ~** jds Misstrauen erwecken; **avec/sans ~** mit Misstrauen [*o* misstrauisch]/ohne Misstrauen [*o* arglos]

défiant(e) [defjɑ̃, jɑ̃t] *adj personne* misstrauisch; **avoir un caractère ~** misstrauisch sein

défibrillateur [defibʀilatœʀ] *m* MED Defibrillator *m*

déficeler [defis(ə)le] <3> I. *vt* ~ **un paquet** ein Paket aufschnüren; ~ **un rôti** den Bindfaden von einem Braten abmachen

II. *vpr* **le paquet s'est déficelé pendant le transport** beim Transport ist die Schnur des Pakets aufgegangen [*o* hat sich die Schnur des Pakets gelöst]

déficience [defisjɑ̃s] *f* ❶ Schwäche *f;* **~ du vouloir/de mémoire** Willensschwäche [*o* mangelnde Willenskraft]/Gedächtnisschwäche

❷ MED *(carence)* Mangel *m;* **~ immunitaire** Immundefekt *m,* Immunschwäche *f;* **~ en magnésium/en calcium** Magnesium-/Kalziummangel; **une ~ organique/musculaire/cardiaque** eine Organ-/Muskel-/Herzschwäche; **une ~ rénale** eine Niereninsuffizienz; **être atteint(e) d'une ~ mentale** geistig zurückgeblieben sein

déficient(e) [defisjɑ̃, jɑ̃t] I. *adj* ❶ *intelligence* schwach ausgeprägt; *raisonnement* unterdurchschnittlich; *forces* schwach, gering; *corps* unterentwickelt; *personne* schwach, schwächlich; **un enfant ~ (intellectuellement)** ein geistig zurückgebliebenes Kind; *(physiquement)* ein körperlich zurückgebliebenes Kind

II. *m(f)* **~ mental/~e mentale** [*o* **intellectuel(le)**] geistig Behinderte(r) *f(m)*

déficit [defisit] *m* ❶ FIN Defizit *nt,* Fehlbetrag *m,* Minderertrag *m* (CH); **~ croissant** wachsendes Defizit; **~ de caisse** Kassenfehlbetrag; **~ du commerce extérieur** Außenhandelsdefizit; **~ de l'État** Staatsdefizit; **~ du secteur public** Defizit des öffentlichen Sektors; **~ en devises** Devisendefizit; **~ de la balance commerciale** Handelsbilanzdefizit; **~ de la balance des paiements/transferts** Zahlungsbilanz-/Übertragungsbilanzdefizit; **~ de production** Erzeugungsdefizit *(Fachspr.);* **~ des retraites** Versorgungslücke *f;* **~ budgétaire** Finanzlücke *f,* Handelsdefizit; **~ commercial** Handelsdefizit; **~ énergétique** Energielücke *f;* **~ financier** Finanzierungsdefizit; **~ fiscal** Steuerausfall *m;* **~ induit par une baisse des impôts** Defizit durch Steuersenkung; **~ inscrit au bilan** Bilanzverlust *m;* **combler un ~** ein Defizit [*o* einen Fehlbetrag] ausgleichen; **être en ~** in Defizit aufweisen

❷ *fig* Defizit *nt;* **~ dans la formation** Bildungsdefizit

❸ MED **~ en calcium/magnésium/fer** Kalzium-/Magnesium-/Eisenmangel *m;* **~ hormonal/immunitaire** Hormon-/Immunschwäche *f;* **~ [au niveau] de l'oreille droite** Hörschwäche auf dem rechten Ohr; **~ intellectuel** geistige Schwäche

❹ *(perte)* Verlust *m;* **~ lié à une cession** JUR Veräußerungsverlust *(Fachspr.)*

déficitaire [defisitɛʀ] *adj* ❶ *budget, compte* defizitär; *entreprise* defizitär, Verlust aufweisend; *placement, action* Verlust bringend; *année* verlustreich; *récolte* mager; **être ~ entrepreneur, entreprise:** Verlust machen; **l'année a été ~ en fruits** in diesem Jahr gab es wenig Obst

❷ MED **taux de calcium ~** zu niedriger Kalziumspiegel

défier [defje] <1a> I. *vt* ❶ *(provoquer)* herausfordern; **~ qn aux échecs** jdn zu einer Partie Schach herausfordern; **~ qc mit etw** spielen

❷ *(parier)* **je te défie de faire ça** ich wette, dass du das nicht tun kannst

❸ *(braver)* sich hinwegsetzen über *(+ Akk)* **convenances;** **~ l'autorité** sich der Autorität *(Dat)* widersetzen; **~ l'avenir** der Zukunft *(Dat)* die Stirn bieten; **~ le danger/la mort** der Gefahr/dem Tod trotzen *(geh)*

❹ *(soutenir l'épreuve de)* **~ les intempéries/le temps** der schlechten Witterung/dem Wetter trotzen *(geh);* **~ la raison/le bon sens** der Vernunft/dem Verstand widersprechen [*o* spotten]; **des prix** [*o* **tarifs**] **défiant toute concurrence** Preise, die außer Konkurrenz stehen

II. *vpr littér* **se ~ de qn/qc** jdm/einer S. misstrauen

défiguration [defigyʀasjɔ̃] *f* Entstellung *f,* Verschand[e]lung *f (fam), d'un monument* Verunstaltung *f;* **~ du paysage** Umweltverschand[e]lung *(fam)*

défigurer [defigyʀe] <1> *vt* ❶ *(abîmer le visage de qn)* entstellen; **l'accident l'a défigurée/lui a défiguré le visage** der Unfall hat sie/ihr Gesicht entstellt

❷ *(enlaidir)* verunstalten, verschandeln *(fam) monument, paysage, site*

❸ *(travestir)* verzerren, falsch wiedergeben *faits, vérité, pensée;* verunstalten *article, texte*

défilé [defile] *m* ❶ *(cortège)* Umzug *m,* Parade *f;* MIL [Militär]parade; **~ de carnaval** Karnevalsumzug; **~ aux lampions** Laternenumzug; **c'est le ~ chez elle/à l'A.N.P.E.!** bei ihr/auf dem Arbeitsamt ist vielleicht ein Andrang!

❷ *(succession)* **~ d'images/de souvenirs** Reihe *f* [*o* Folge *f*] von Bildern/Erinnerungen

❸ *(gorge)* Engpass *m,* Schlucht *f*

◆ **~ de mannequins** [*o* **de mode**] Modenschau *f*

défiler [defile] <1> I. *vi* ❶ *(marcher en colonne, file) majorettes:* vorbeimarschieren; *soldats, armée:* vorbeimarschieren, defilieren; *cortège, manifestants:* vorbeiziehen; *mannequins:* sich auf dem Laufsteg präsentieren

❷ *(se succéder) clients, visiteurs:* sich die Klinke in die Hand geben *(fam); voitures, rames:* vorbeifahren; *souvenirs, images:* vorüberziehen; *jours:* dahinziehen; **l'été, ça défile/les visiteurs défilent** im Sommer herrscht Andrang/reißt der Besucherstrom nicht ab

❸ *(passer en continu) bande, film:* [ab]laufen; *texte:* durchlaufen; *paysage:* vorbeiziehen

❹ INFORM **faire ~** blättern; **faire ~ qc** etw durchblättern; **faire ~ qc vers le haut/bas** etw nach oben/unten blättern [*o* scrollen] *(Fachspr.)*

II. *vpr fam (se dérober)* **se ~** sich drücken *(fam); (s'éclipser)* sich verdrücken *(fam)*

défini(e) [defini] *adj* ❶ *chose* bestimmt; **bien/mal ~(e)** *mot, terme* gut/schlecht definiert; *douleur* ganz bestimmt/undefinierbar; **une tâche bien ~e** eine genau abgegrenzte Aufgabe; **une attitude bien ~e** eine klare Haltung

❷ GRAM *article* bestimmt

définir [definiʀ] <8> I. *vt* ❶ a. INFORM *(donner la définition de)* definieren *concept, terme*

❷ *(expliquer)* genau beschreiben *sensation;* erläutern *position*

❸ *(décrire)* charakterisieren, beschreiben

❹ *(déterminer)* festlegen *modalités, objectifs;* bestimmen *politique*

II. *vpr* **se ~ comme qn** sich selbst als jdn beschreiben

définissable [definisabl] *adj* definierbar

définitif [definitif] *m fam* **c'est du ~** das ist was Endgültiges *(fam); (relation sérieuse)* das ist was Festes *(fam)*

définitif, -ive [definitif, -iv] *adj* ❶ *(opp: provisoire)* endgültig; *refus, décision* endgültig, definitiv; *victoire* entscheidend

❷ *(sans appel) argument* überzeugend, schlüssig; *jugement* rechtskräftig

▶ **en définitive** schließlich, letzten Endes

définition [definisjɔ̃] *f* ❶ LING, MATH, JUR Definition *f;* **~ d'un mot** Begriffsbestimmung *f;* **par ~** definitionsgemäß, per definitionem; **~ légale** JUR Legaldefinition

❷ *(caractérisation)* Beschreibung *f,* Charakterisierung *f;* **donner une ~ de qn** jdn beschreiben [*o* charakterisieren]

❸ TV **~ [d'image]** [Bild]auflösung *f;* **haute ~** télé, écran mit hoher Bildauflösung

définitivement [definitivmɑ̃] *adv* endgültig, definitiv; *s'installer, quitter* endgültig, definitiv, für immer

défiscaliser [defiskalize] <1> *vt* von der Steuer befreien; **être défiscalisé(e)** von der Steuer befreit sein/werden

déflagration [deflagʀasjɔ̃] *f* Verpuffung *f*

déflation [deflasjɔ̃] *f* Deflation *f*

déflationniste [deflasjɔnist] *adj* deflationistisch, deflationär

déflecteur [deflɛktœʀ] *m* Ausstellfenster *nt*

déflexion [deflɛksjɔ̃] *f* ❶ PHYS *d'un rayon* Ablenkung *f*

❷ MED *de la tête du fœtus* Deflexion *f (Fachspr.)*

❸ PSYCH Zerstreutheit *f,* Geistesabwesenheit *f*

défloraison [deflɔʀɛzɔ̃] *f* Verblühen *nt*

défloration [deflɔʀasjɔ̃] *f* Entjungferung *f,* Defloration *f (Fachspr.)*

déflorer [deflɔʀe] <1> *vt* ❶ entjungfern, deflorieren *(Fachspr.)*

❷ *fig* **~ qc** einer S. *(Dat)* den Reiz [*o* die Spannung] nehmen

défoliant [defɔljɑ̃] I. *adj* **produit chimique ~** chemisches Entlaubungsmittel

II. *m* Entlaubungsmittel *nt*

défoliation [defɔljasjɔ̃] *f* ❶ *(destruction)* Entlaubung *f*

❷ *(perte des feuilles)* Laubfall *m*

défonçage *v.* **défoncement**

défonce [defɔ̃s] *f fam* Trip *m*

▶ **être en pleine ~** voll auf dem Trip sein *(fam),* total high sein *(fam)*

défoncé(e) [defɔ̃se] *adj* ❶ *(détérioré)* beschädigt; *canapé, sommier, matelas* beschädigt, kaputt; *(déformé) route, chaussée* beschädigt, uneben

❷ *fam (sous l'effet de la drogue)* bekifft *(sl);* **être ~(e)** auf dem Trip sein, high sein

défoncement [defɔ̃smɑ̃] *m d'une porte* Einschlagen *nt;* **le ~ de la route était important** die Straße war stark ausgefahren

défoncer [defɔ̃se] <2> I. *vt* ❶ *(casser en enfonçant)* eindrücken; einschlagen *porte, vitre;* **il lui défonce le crâne** [*o* **la figure**] pop er schlägt ihm den Schädel ein *(fam)*

❷ *(enlever le fond)* **~ une caisse** den Boden einer Kiste *(Gen)* ausschlagen

❸ *(détériorer)* **les chars/camions défoncent la route/le terrain** die Panzer/Lastwagen beschädigen die Straße/das Gelände schwer

❹ *fam (droguer)* **~ qn** *drogue:* jdn high machen *(fam);* *fig* [jdn] süchtig machen

II. *vpr* **se ~** ❶ *(se détériorer) sol:* aufreißen

❷ *fam (se droguer)* sich einen Trip reinziehen *(fam),* **se ~ à l'héroïne/à la colle** Heroin fixen/Klebstoff schnüffeln

❸ *fam (se donner du mal)* sich abschinden *(fam)*

déforcer [defɔʀse] <1> *vt* BELG *(déprimer)* deprimieren
déforestation [defɔʀɛstasjɔ̃] *f* Zerstörung *f* des Waldes
déformant(e) [defɔʀmɑ̃, ɑ̃t] *adj miroir* ~ Zerrspiegel *m*
déformation [defɔʀmasjɔ̃] *f ❶ (altération) d'une pièce métallique, d'un objet* Verformung *f*; *d'un nom* Abänderung *f*; *de pensées, faits, de l'image* Verzerrung *f*; *d'un caractère* Veränderung *f*; MED Deformierung *f*, Verformung
▶ ~ **professionnelle** Abfärben *nt* des Berufs auf das Privatleben; **c'est une** [*o* **de la**] ~ **professionnelle!** das ist eine Berufskrankheit! *(hum)*
déformer [defɔʀme] <1> I. *vt* ❶ *(altérer)* verformen; deformieren, verformen *jambes, doigts;* austreten *chaussures;* verziehen *bouche* ❷ *(fausser)* verzerrt [*o* falsch] darstellen, verdrehen *faits;* verzerrt [*o* falsch] wiedergeben *pensées;* verderben *goût;* ~ **la réalité** ein verzerrtes [*o* falsches] Bild der Realität geben; ~ **l'ouïe/la vue** dem Gehörsinn/der Sehkraft schaden; ~ **la voix** die Stimme verzerren
II. *vpr* **se** ~ *chaussures:* sich verformen; *vêtement:* die Form [*o* Fasson] verlieren; *étagère:* sich verziehen
défoulement [defulmɑ̃] *m* Abreagieren *nt*
défouler [defule] <1> I. *vpr* **se** ~ sich abreagieren; *enfant, jeune:* sich abreagieren, sich austoben; **se** ~ **sur qn/qc** seinen Ärger an jdm/etw auslassen
II. *vt* ❶ *(libérer son agressivité)* ~ **son ressentiment sur qn/qc** seine/ihre Abneigung an jdm/etw abreagieren
❷ *(décontracter)* **la moto/course me défoule** beim Motorradfahren/Laufen kann ich mich abreagieren; **ça me défoule de jouer au petit chef** wenn sie herumkommandiert, reagiert sie sich ab
défragmentation [defʀagmɑ̃tasjɔ̃] *f* INFORM Defragmentierung *f (Fachspr.);* **outil de** ~ Defragmentier-Programm *nt (Fachspr.)*
défragmenter [defʀagmɑ̃te] <1> *vt* INFORM defragmentieren *(Fachspr.)*
défraîchi(e) [defʀeʃi] *adj couleur* verblasst; *tissu, vêtement* nicht mehr neu [aussehend]; *(usé)* abgetragen; *légumes, fruits* nicht mehr frisch [aussehend]; *charmes* verblüht
défraîchir [defʀeʃiʀ] <8> *vpr* **se** ~ *tissu:* nicht mehr neu aussehen; *vêtement:* abgetragen aussehen; *couleur:* verblassen; *charmes:* verblühen
défranchi(e) [defʀɑ̃ʃi] *adj* BELG *(intimidé)* eingeschüchtert
défrayer [defʀeje] <7> *vt* ❶ *(rembourser)* ~ **qn du trajet** jdm die Unkosten [*o* Auslagen] für die Reise erstatten
❷ *(être le sujet de conversation)* ~ **la chronique** Anlass zu[m] Gerede geben
défrichage [defʀiʃaʒ] *m*, **défrichement** [defʀiʃmɑ̃] *m* ❶ *d'une forêt* Rodung *f*, Roden *nt*; *d'un terrain* Urbarmachung *f*
❷ *(préparatif)* Vorarbeit *f*; *(traitement)* Aufbereitung *f*
défricher [defʀiʃe] <1> *vt* ❶ roden *forêt;* urbar machen *terrain*
❷ *(traiter)* erforschen *domaine scientifique;* aufbereiten *sujet, question*
❸ *(préparer)* ~ **qc** die Vorarbeit zu etw leisten; ~ **le terrain** den Weg ebnen [*o* bereiten]
défriper *v.* **défroisser**
défriser [defʀize] <1> *vt* ❶ *fam (gêner)* ärgern, fuchsen *(fam)*
❷ *(enlever la frisure)* entkrausen; *temps, pluie:* glatt machen; ~ **qn** jds Frisur zerstören; **elle s'est fait** ~ **les cheveux** sie hat sich *(Dat)* die Haare entkrausen lassen
défroisser [defʀwase] <1> *vt vêtement, feuille de papier* glätten, wieder in Form bringen
défroque [defʀɔk] *f* alte, abgelegte Klamotten *Pl (fam)*
défroqué [defʀɔke] *m* ehemaliger Mönch [*o* Priester]
défroquer [defʀɔke] <1> *vi, vpr* [**se**] ~ *curé:* das Priestergewand ablegen; *moine:* die Mönchskutte ablegen, aus dem Orden austreten
défunt(e) [defœ̃, œ̃t] I. *adj littér* verstorben; **son** ~ **père** sein/ihr verstorbener Vater; **sa** ~**e mère** seine/ihre verstorbene Mutter
II. *m,f littér* Verstorbene(r) *f(m)*, Dahingeschiedene(r) *f(m) (euph geh);* **maison du** ~ *o* **de la** ~**e** Trauerhaus *nt*
dégagé(e) [degaʒe] *adj* ❶ *ciel* klar, wolkenlos; *sommet* sichtbar; *vue* frei; *route* frei, geräumt
❷ *front* frei, *nuque* frei, ausrasiert
❸ *allure, air* lässig; *ton, manière* lässig, ungezwungen
dégagement [degaʒmɑ̃] *m* ❶ *(fait de déterrer) d'une poterie, d'un objet enfoui* Bergung *f*; *d'une personne* Bergung *f*, Befreiung *f*; *(fait de décoincer) d'un boulon, membre* Herausziehen *nt*; *d'une personne* Bergung, Befreiung
❷ *(déblaiement) d'une route, rue, d'un trottoir* Räumung *f*
❸ *(émanation)* ~ **de gaz** Ausströmen *nt* von Gas; ~ **de chaleur** Wärmeentwicklung *f*, Wärmeabgabe *f*; ~ **de fumée** Rauchentwicklung
❹ FBALL, RUGBY Befreiungsschlag *m*
❺ *(passage) d'un appartement* Flur *m*; *d'un lotissement, quartier* freier Platz
❻ JUR ~ **du vendeur de toute responsabilité** Haftungsfreistellung *f* des Verkäufers
❼ ECON ~ **de ressources** Ressourcenfreisetzung *f*
dégager [degaʒe] <2a> I. *vt* ❶ *(libérer) qn* bergen *objet enfoui;* enthüllen *objet couvert;* herausziehen *objet coincé;* ~ **sa main/tête de qc** seine/ihre Hand/seinen/ihren Kopf aus etw herausziehen; ~ **des personnes ensevelies de qc** Verschüttete aus etw befreien [*o* bergen]
❷ *(désobstruer)* freimachen *bronches, gorge, nez;* räumen *rue, couloir;* **le vent a dégagé le ciel de ses nuages** der Wind hat die Wolken am Himmel vertrieben; **dégagez la piste!** *fam* Platz da!
❸ *(faire apparaître)* frei lassen *cou, épaules*
❹ *(soustraire à une obligation)* ~ **sa parole** sein Versprechen zurücknehmen; ~ **sa responsabilité** die Verantwortung ablehnen; **il dégage toujours sa responsabilité** er entzieht sich immer der Verantwortung, ~ **qn d'un engagement/d'une parole** jdn von einer Verpflichtung/einem Versprechen entbinden [*o* befreien]
❺ *fam (enlever)* ~ **des jouets de la table** Spielzeug vom Tisch wegräumen
❻ *(produire)* verbreiten, verströmen *odeur, parfum;* freisetzen, entwickeln *vapeurs toxiques, gaz;* abgeben *fumée;* erzielen *profits, bénéfices;* ~ **un excédent** einen Überschuss abwerfen; ~ **un rendement** Rendite bringen; ~ **du profit** mit Profit arbeiten
❼ FBALL klären; ~ **le ballon en touche** den Ball ins Aus klären; ~ **son camp/but** den Ball weit ins Feld zurückschießen
❽ ECON, FIN *(octroyer)* bereitstellen *crédits*
❾ *(extraire)* ~ **une idée de qc** einen Gedanken [aus etw] herausarbeiten; ~ **une leçon/morale de qc** eine Lehre aus etw ziehen
❿ *(mettre en valeur)* **cette robe dégage bien sa taille** dieses Kleid lässt ihre Taille gut zur Geltung kommen
II. *vpr* ❶ *(se libérer)* **se** ~ *passage, voie d'accès:* frei [*o* leer] werden, sich leeren; *voie respiratoire:* frei werden; **le ciel se dégage** der Himmel hellt sich auf; **se** ~ **d'une entrave/avalanche** sich von einer Fessel/aus einer Lawine befreien
❷ *fig* **se** ~ **de ses obligations/promesses** sich von seinen Verpflichtungen/Versprechen lossagen; **se** ~ *fam (trouver du temps libre)* sich frei nehmen
❸ *(émaner)* **se** ~ **de qc** *fumée:* aus etw aufsteigen; *gaz, vapeur:* aus etw ausströmen [*o* entweichen]; *odeur:* [aus etw] ausströmen, von etw ausgehen
❹ *(ressortir)* **se** ~ [**de**] **quelque part** sich irgendwo abzeichnen; **le clocher du village se dégageait au loin** in der Ferne ragte der Kirchturm des Dorfes empor; **se** ~ **de qc** *idée:* sich in etw *(Dat)* abzeichnen; *impression, mystère:* von etw ausgehen; *vérité:* sich in etw *(Dat)* zeigen
III. *vi fam* ❶ *(sentir mauvais)* stinken; *endroit:* miefen *(fam)*
❷ *(déguerpir)* verschwinden; *(s'écarter)* Platz machen; **dégagez, s'il vous plaît!** gehen/fahren Sie bitte weiter!; **dégage!** *fam* zisch ab! *(fam);* **dégage de là!** *fam* hau ab hier! *(fam)*, verschwinde von hier!
dégaine [degɛn] *f péj fam* **quelle** ~ **!** *(air, accoutrement bizarre)* wie der/die aussieht!; *(drôle d'allure)* wie der/die daherkommt!; **un homme à** ~ **de noceur** jd, der aussieht wie ein Lebemann
dégainer [degene] <1> *vt, vi* ~ **une arme** eine Waffe ziehen
déganter [degɑ̃te] <1> *vpr (enlever ses gants)* **se** ~ seine Handschuhe ausziehen
dégarni(e) [degaʀni] *adj front* ~ Stirnglatze *f*; **tempes** ~**es** Geheimratsecken *Pl;* **sa tête est un peu** ~**e** sein Haar ist ein wenig schütter
dégarnir [degaʀniʀ] <8> I. *vpr* ❶ *(se vider)* **se** ~ *lieu:* sich leeren
❷ *(perdre ses cheveux)* **il se dégarnit** sein Haar wird schütter, er bekommt [langsam] eine Glatze; **son front se dégarnit/ses tempes se dégarnissent** er bekommt eine Stirnglatze/Geheimratsecken
❸ *(devenir moins touffu)* **se** ~ *bois:* kahl werden; *arbre:* kahl werden, seine Blätter verlieren
II. *vt* ❶ *(vider)* ausräumen *vitrine;* abräumen *table;* leeren *boîte de chocolats;* ~ **le sapin de Noël** den Schmuck vom Weihnachtsbaum abnehmen
❷ MIL ~ **une ville/place** Truppen aus einer Stadt/von einem Platz abziehen
dégât [dega] *m* ❶ *pl (détérioration)* Schaden *m,* Schäden *Pl; (dans les champs cultivés)* Flurschaden; ~**s importants** Riesenschaden *(fam);* ~**s matériels** Sachschaden; **l'ampleur des** ~**s** das Ausmaß des Schadens; **l'inondation a fait des** ~**s** das Hochwasser hat Schäden verursacht; **causer des** ~**s importants** *gibier, soldats, troupes:* einen beträchtlichen Flurschaden anrichten
❷ *sing* ADMIN Schaden *m;* **je ne suis pas assuré(e) pour le** ~ **des eaux** ich bin gegen Wasserschaden nicht versichert
❸ *sing fam (casse)* Katastrophe *f;* **ils m'ont fait du** ~ **!** die haben ganz schön wüst gehaust! *(fam)*
▶ **il y a du** ~ **!** *fam* der Schaden ist ganz schön groß!; *(après une tempête)* das ist vielleicht eine Verwüstung! *(fam);* **il va y avoir du** ~ **!** gleich gibt's ein Unglück! *(fam);* **faire des** ~**s** *(faire tourner les*

têtes) manche Herzen brechen; *(ne pas se contrôler)* großen Schaden anrichten; **limiter** les ~**s** das Schlimmste verhindern, den Schaden begrenzen; **bonjour** les ~**s!** da haben wir den Salat! *(fam)*

dégazer [degaze] <1> **I.** *vi* Ölrückstände ablassen
II. *vt* entlüften *mine;* ~ **une eau minérale** einem Mineralwasser die Kohlensäure entziehen

dégel [deʒɛl] *m* ❶ *(fonte des glaces)* Tauwetter *nt*, Aperwetter *nt* (SDEUTSCH, A, CH); **c'est le** ~ es taut; **en période de** ~ bei Tauwetter
❷ POL *(détente)* Tauwetter *nt*
❸ ECON *(reprise)* Belebung *f*
❹ FIN *(déblocage)* Freigabe *f*

dégelée [deʒ(ə)le] *f fam* ❶ *(volée)* Tracht *f* Prügel, Dresche *f (fam);* **il a pris une de ces** ~**s** er hat ordentlich Dresche gekriegt *(fam)*
❷ *(défaite) d'une armée, d'un sportif* Schlappe *f (fam);* **ils ont pris une sacrée** ~ sie haben eine ordentliche Schlappe einstecken müssen *(fam)*

dégeler [deʒ(ə)le] <4> **I.** *vt* ❶ *(faire fondre)* auftauen
❷ *(réchauffer)* aufwärmen *pieds, mains*
❸ *(détendre)* aus der Reserve locken *personne;* auflockern *atmosphère;* entspannen *rapports;* **une plaisanterie dégèle le candidat** durch einen Scherz taut der Kandidat auf
❹ *(débloquer)* freigeben *crédits, dossier*
II. *vi* ❶ auftauen
❷ *impers* **il dégèle** es taut
III. *vpr* ❶ *(être moins réservé)* **se** ~ auftauen
❷ *(se réchauffer)* **se** ~ **les pieds/mains** sich *(Dat)* die Füße/Hände aufwärmen

dégénération [deʒenerasjɔ̃] *f a.* MED *vieilli* Entartung *f*, Degeneration *f;* **phénomène de** ~ Entartungserscheinung *f*

dégénéré(e) [deʒenere] **I.** *adj* ❶ MED geistesgestört
❷ *(dénaturé) art, idéologie* degeneriert, entartet
II. *m(f) (physiquement)* degenerierter Mensch; *(intellectuellement)* Geistesgestörte(r) *f(m)*

dégénérer [deʒenere] <5> *vi* ❶ *(perdre ses qualités)* espèce, race: degenerieren
❷ *(se dégrader)* degenerieren, entarten; *goût, qualité:* sich verschlechtern; **à chaque fois, ça dégénère!** das artet jedesmal aus!
❸ *(se changer en)* ~ **en qc** in etw *(Akk)* ausarten; **son refroidissement a dégénéré en bronchite** seine/ihre Erkältung hat sich zu einer Bronchitis entwickelt

dégénérescence [deʒeneresɑ̃s] *f* ❶ BOT Entartung *f*, Degeneration *f;* MED, BIO Degeneration; **la** ~ **rhumatismale d'une articulation** die rheumatische Degeneration eines Gelenks
❷ *(décadence) d'une civilisation, des mœurs* Degeneration *f*, Entartung *f*

déghettoïsation [degetoizasjɔ̃] *f* Entg[h]ettoisierung *f;* ~ **d'un quartier** menschenwürdiger Umbau *m* eines g[h]ettoartigen Viertels; ~ **des habitants** Befreiung *f* der Bewohner aus ihrer g[h]ettoartigen Umgebung

déghettoïser [degetoize] <1> *vt* entg[h]ettoisieren; ~ **un quartier** ein g[h]ettoartiges Viertel menschenwürdig machen; ~ **une école** eine Schule in einem g[h]ettoartigen Viertel menschenwürdig machen

dégingandé(e) [deʒɛ̃gɑ̃de] *adj* schlacksig *(fam)*

dégivrage [deʒivraʒ] *m d'une vitre* Enteisung *f; d'un réfrigérateur* Abtauen *nt;* **un réfrigérateur à** ~ **automatique** ein Kühlschrank *m* mit Abtau-Automatik

dégivrer [deʒivre] <1> *vt* abtauen *réfrigérateur;* enteisen *vitres, avion*

dégivreur [deʒivrœr] *m* Entfroster *m*, Enteiser *m*

déglacer [deglase] <2> *vt* GASTR ~ **qc au vin** etw mit Wein ablöschen

déglinguer [deglɛ̃ge] <1> *fam* **I.** *vt (abîmer)* kaputtmachen; **une voiture déglinguée** ein klappriges Auto
II. *vpr* **se** ~ kaputtgehen; *chaise:* kaputtgehen, aus dem Leim gehen *(fam); voiture:* auseinanderfallen *(fam)*

déglutir [deglytir] <8> *vt, vi* schlucken, hinunterschlucken

déglutition [deglytisjɔ̃] *f* [Hinunter]schlucken *nt;* **il a eu un mouvement de** ~ er schluckte

dégobiller [degɔbije] <1> *vt, vi pop* [aus]kotzen *(sl)*

dégoiser [degwaze] <1> **I.** *vt péj fam* verzapfen *(fam)* âneries; vom Stapel lassen *(fam) discours, grossièretés;* **faut rien lui dire, il va tout** ~**!** dem darf man nichts erzählen, der tratscht alles weiter! *(fam)*
II. *vi fam* ~ **sur qn/qc** über jdn/etw quatschen *(fam)*

dégommer [degɔme] <1> *vt fam (licencier)* hinauswerfen *(fam); (prendre la place)* verdrängen

dégonflé(e) [degɔ̃fle] **I.** *adj* ❶ nicht aufgepumpt; *pneu* platt; *ballon* nicht aufgeblasen; **le pneu/ballon est** ~ im Reifen/Ballon ist keine Luft mehr
❷ *fam* [ne] **pas être** ~**(e)** ganz schön dreist sein *(fam)*

II. *m(f) fam* Angsthase *m (fam)*, Waschlappen *m (fam)*

dégonflement [degɔ̃flǝmɑ̃] *m d'un ballon, pneu* Herauslassen *nt* der Luft; *d'une tuméfaction* Abschwellen *nt*

dégonfler [degɔ̃fle] <1> **I.** *vt* ❶ zum Abschwellen bringen *enflure;* ~ **un ballon/pneu** die Luft aus einem Ball/Reifen [heraus]lassen
❷ *(diminuer)* senken *prix, budget*
❸ *(minimiser)* herunterspielen *importance de qc*
II. *vpr* **se** ~ ❶ *ballon, pneu:* [die] Luft verlieren; *enflure:* zurückgehen, abschwellen
❷ *fam (avoir peur)* Bammel *fam* kriegen; *(reculer)* kneifen *(fam)*
III. *vi enflure:* zurückgehen, abschwellen

dégorgement [degɔrʒǝmɑ̃] *m* ❶ MED *de la bile* Entleerung *f*
❷ *(évacuation) des égouts* Entleerung *f; d'un puisard* Ausspülung *f*

dégorgeoir [degɔrʒwar] *m* ❶ *d'un étang* Abfluss *m*, Abflussrinne *f*
❷ PECHE *(pour dégager l'hameçon)* Hakenlöser *m*

dégorger [degɔrʒe] <2a> **I.** *vi* ❶ *(se déverser)* ~ **dans qc** *égouts, rivière:* in etw *(Akk)* fließen; *canal:* sich in etw *(Akk)* entleeren
❷ GASTR *concombres, aubergines:* Wasser ziehen; *poisson, viande:* wässern
II. *vt* ❶ *(déverser) égout:* ablassen; *tuyau:* ablaufen lassen
❷ *(vider)* entleeren *égout;* ausspülen *puisard*
III. *vpr (se déverser)* **se** ~ **dans qc** *personnes:* in etw *(Akk)* strömen; *égouts, rivière:* [in etw *(Akk)*] strömen [*o* fließen]

dégoter [degɔt(ǝ)e] <1> *vt* ❶ *fam (déposséder d'un poste)* rauswerfen *(fam)*
❷ *fam (trouver)* aufgabeln *(fam);* **mais où est-ce que tu l'as dégot[t]é(e)?** Mensch, wo hast du denn den/die aufgegabelt *(fam)*

dégoulinade [degulinad] *f fam (action)* Tröpfeln *nt;* ~ **de qc** *(trace)* Spur *f* [*o* Klecks *m*] von etw

dégoulinement [degulinmɑ̃] *m* Tröpfeln *nt*, Tropfen *nt*

dégouliner [deguline] <1> *vi (goutte à goutte)* [herab]tropfen, [herab]tröpfeln; *(en filet)* laufen; **la pluie me dégoulinait dans le cou** der Regen tropfte [*o* lief] mir in den Kragen

dégoupiller [degupije] <1> *vt* entsichern *grenade*

dégourdi(e) [degurdi] **I.** *adj enfant* aufgeweckt, pfiffig; *adulte* geschickt, auf Draht *(fam)*
II. *m(f) (garçon)* aufgeweckter Junge; *(fille)* aufgewecktes Mädchen; **tu me fais une belle** ~**e!** *iron* du bist mir vielleicht eine Leuchte! *(fam)*

dégourdir [degurdir] <8> **I.** *vt* ❶ wieder beweglich machen *membres*
❷ *(dessaler)* selb[st]ständiger machen
II. *vpr* **se** ~ ❶ *(se donner de l'exercice)* sich auflockern; **se** ~ **les jambes** sich *(Dat)* die Beine vertreten; **des exercices pour se** ~ **les doigts** Lockerungsübungen *Pl* für die Finger
❷ *(perdre sa gaucherie) jeune homme, jeune fille:* sich machen *(fam);* **elle ne s'est pas dégourdie** sie ist immer noch so unbeholfen

dégoût [degu] *m* ❶ *(écœurement)* ~ **d'un** [*o* **pour un**] **aliment** Ekel *m* vor einem Nahrungsmittel; **il a fait une moue de** ~ er verzog angeekelt den Mund; **avec** ~ angeekelt, angewidert
❷ *(aversion)* ~ **pour qn/qc** Widerwillen *m* [*o* Abneigung *f*] gegen jdn/etw
❸ *(lassitude)* Überdruss *m;* **il a un** ~ **de lui-même** er ist seiner Selbst überdrüssig

dégoûtant(e) [degutɑ̃, ɑ̃t] **I.** *adj* ❶ *(écœurant) nourriture, plat* widerlich, ekelhaft; *odeur* widerlich, ekelhaft, Ekel erregend
❷ *(sale)* [ekelhaft] dreckig; *personne, vêtement* [total] verdreckt *(fam);* **le travail** ~ die Drecksarbeit *(fam)*
❸ *(abject, ignoble) personne, manière, ek[e]lig; propos, attitude, magouille* verabscheuungswürdig; **c'est** ~ **de faire qc/qu'il ait fait ça** es ist abscheulich [*o* empörend] etw zu tun/, dass er das getan hat
❹ *(grivois, licencieux) personne* widerlich, ekelhaft; *histoire* obszön, schmutzig; **des gestes** ~**s** Obszönitäten *Pl*
II. *m(f) fam (personne sale)* Ferkel *nt (fam)*
❷ *(vicieux)* widerlicher [*o* fieser] Kerl *(fam)*

dégoûtation [degutasjɔ̃] *f* ❶ *(répugnance)* Widerwille *m*, Ekel *m*
❷ *(chose sâle, horreur)* Scheußlichkeit *f*

dégoûté(e) [degute] **I.** *adj (écœuré) personne, mine* angeekelt, angewidert; **je suis** ~ *(scandalisé)* ich bin empört; *(lassé)* ich bin es leid; **être** ~ **de qc** etw leid sein; **être** ~ **de faire qc** es leid sein, etw zu tun; **être** ~ **de la civilisation** zivilisationsmüde sein; **être** ~ **de la vie** [*o* **de vivre**] des Lebens überdrüssig sein, lebensüberdrüssig sein
▸ **n'être pas** ~**(e)** nicht gerade wählerisch [*o* zimperlich] sein
II. *m(f)* Angewiderte(r) *f(m)*
▸ **faire le** ~**/la** ~**e** [angewidert] die Nase rümpfen; *(jouer le difficile)* wählerisch sein

dégoûter [degute] <1> **I.** *vt* ❶ *(répugner physiquement)* ~ **qn** *nourriture, odeur:* jdn anekeln [*o* anwidern]; **être dégoûté(e) par qc** von etw angewidert sein; **les araignées/crapauds le dé-**

goûtent er ekelt sich vor Spinnen/Kröten
❷ *(répugner moralement)* ~ qn *personne, comportement:* jdn anwidern; **la vie le dégoûte** er ist das Leben leid
❸ *(ôter l'envie de)* ~ **qn** es jdm verleiden; ~ **qn des épinards/du sport** jdm [den] Spinat/den Sport verleiden; ~ **qn de faire qc** es jdm verleiden [*o* jdm die Lust nehmen] etw zu tun; **c'est à vous ~ de faire qc** das nimmt einem jede Lust etw zu tun
II. *vpr* **se ~ de qn/qc** jdn/etw leid sein/werden, jds/einer S. überdrüssig sein/werden

dégoutter [degute] <1> *vi* ❶ *(couler)* ~ **des marroniers** *eau, sueur:* von den Kastanienbäumen [herab]tropfen; **la sueur lui dégouttait du front** der Schweiß tropfte ihm/ihr von der Stirn [herab]
❷ *(être trempé)* ~ **de sueur** vor Schweiß triefen; ~ **de pluie** vom Regen triefnass sein; **dégouttant(e) de sueur** schweißtriefend
dégradant(e) [degʀadã, ãt] *adj* erniedrigend, entwürdigend
dégradation [degʀadasjɔ̃] *f* ❶ *(dégâts)* Beschädigung *f; de l'environnement* Zerstörung *f;* ~ **s** Schäden *Pl;* **causer** [*o* **faire subir**] **des ~ s à qc** etw beschädigen
❷ *(détérioration)* Verschlechterung *f;* ~ **de l'image de marque** Imageschaden *m*
❸ *littér (avilissement) d'une personne* Erniedrigung *f*
❹ MIL Degradierung *f*
dégradé [degʀade] *m* ❶ *de couleurs* Abstufung *f*
❷ *(coupe de cheveux)* Stufenschnitt *m;* **coiffure en ~** stufig geschnittenes Haar
dégrader¹ [degʀade] <1> **I.** *vt* ❶ *(détériorer)* beschädigen *édifice, route;* verschlechtern *situation, climat social;* ~ **l'environnement** der Umwelt *(Dat)* schaden, die Umwelt [nach und nach] zerstören
❷ *littér (avilir)* herabwürdigen, entwürdigen
❸ MIL degradieren
II. *vpr* **se ~** ❶ *(s'avilir)* sich erniedrigen, sich herabwürdigen
❷ *(se détériorer) édifice:* verfallen; *(à cause des intempéries)* verwittern; *situation, climat social, temps:* sich verschlechtern
dégrader² [degʀade] <1> *vt* abstufen *couleur, teintes;* abstufen, abschwächen *lumière*
dégrafer [degʀafe] <1> **I.** *vt* **~ qc** etw aufhaken [*o* aufmachen]
II. *vpr* **une robe/un bracelet se dégrafe** der Verschluss eines Kleides/Armbands hakt sich aus [*o* geht auf]
dégrafeur [degʀafœʀ] *m* Enthefter *m*
dégraissage [degʀesaʒ] *m* ❶ *d'un bouillon, d'une sauce* Abschöpfen *nt* des Fettes; *d'une viande* Abschneiden *nt* des Fettes; *de la laine, d'un métal* Entfettung *f*
❷ ECON *fam des effectifs* Abbau *m; d'une entreprise* Gesundschrumpfung *f*
dégraissant [degʀesɑ̃] *m (solvant)* Fettlöser *m; (détachant)* Fleck[en]entferner *m*
dégraissant(e) [degʀesã, ãt] *adj (solvant)* fettlösend, entfettend; **produit ~** Fettlöser *m*
dégraisser [degʀese] <1> *vt* ❶ *(nettoyer)* entfetten *métal, laine*
❷ *(enlever la graisse)* entfetten *cheveux;* ~ **un bouillon/une sauce** das Fett von einer Bouillon/Sauce abschöpfen; ~ **une viande** das Fett von einem [Stück] Fleisch abschneiden; **ce shampooing dégraisse les cheveux** dieses Haarwaschmittel ist gegen fettiges Haar
❸ ECON *fam* abbauen *effectifs;* gesundschrumpfen *entreprise*
degré¹ [dəgʀe] *m* ❶ *(intensité)* Grad *m,* Stufe *f; de l'échelle de Richter* Stärke *f;* ~ **de difficulté** Schwierigkeitsgrad, ~ **d'intensité lumineuse** Helligkeitswert *m;* ~ **de perfection** Grad der Vollkommenheit; **un tel ~ de cynisme/bêtise** ein solches Maß an Zynismus/Dummheit; **à ce ~ de bêtise,...** wenn jemand so dumm ist, ...; **à ce ~ de dépendance à la drogue,...** wenn man so stark drogenabhängig ist, ...; **jusqu'à un certain ~** bis zu einem gewissen Grad; **au dernier/plus haut ~** im höchsten Maß; **ils sont apparentés au premier/deuxième ~** sie sind Verwandte ersten/zweiten Grades; **équation du premier ~** Gleichung *f* ersten Grades
❷ *(dans une hiérarchie)* Stufe *f,* Sprosse *f;* **enseignement du premier ~** Grundschulwesen *nt;* **enseignant(e) du premier ~** Grundschullehrer(in) *m(f);* **enseignement du second ~** höheres Schulwesen, **enseignant(e) du second ~** Lehrer(in) *m(f)* an einer höheren [*o* weiterführenden] Schule
❸ MED *d'une brûlure* Grad *m; d'une maladie* Stadium *nt;* **brûlure du premier/second ~** Verbrennung *f* ersten/zweiten Grades; **il est tuberculeux au dernier ~** er hat TB im letzten Stadium
❹ LING Steigerungsstufe *f;* **on distingue trois ~ s** man unterscheidet drei Steigerungsstufen
❺ ALPIN Schwierigkeitsgrad *m*
❻ *littér (escalier)* [Treppen]stufe *f*
❼ ECON Grad *m;* ~ **d'implication/de mécanisation/d'usure** Einsatz-/Technisierungs-/Verschleißgrad *(Fachspr.);* ~ **de libéralisation** Liberalisierungsgrad; ~ **d'innovation et d'utilité d'une/de l'invention** JUR Erfindungshöhe *f (Fachspr.)*
▶ [com]**prendre qc au premier/second ~** etw wörtlich/nicht wörtlich nehmen; ~ **zéro d'une civilisation/culture** Anfangsstadium *nt* einer Zivilisation/Kultur; **par ~** [**s**] nach und nach; *avancer, procéder* nach und nach, schrittweise
◆ ~ **d'engagement** JUR Bindungsgrad *m;* ~ **de juridiction** Instanz *f;* **double ~ de juridiction** zweite Instanz; ~ **de maturation** Reifegrad *m;* ~ **de parenté** Verwandtschaftsgrad *m;* ~ **de saturation** *d'une solution* Sättigungsgrad *m (Fachspr.);* **le ~ de saturation de l'air en vapeur d'eau** der Sättigungsgrad der Luft mit Wasserdampf; ~ **de signification** LING Steigerungsstufe *f*
degré² [dəgʀe] *m* ❶ MATH, GEOG *d'un angle* Grad *m;* **angle de quatre-vingt-dix ~ s** Winkel *m* von neunzig Grad; ~ **de longitude/latitude** Längen-/Breitengrad; **être à cinq ~ s de latitude nord/longitude est** auf dem fünften Grad nördlicher Breite/östlicher Länge liegen
❷ *(unité de température)* Grad *m;* **le thermomètre marque** [*o* **indique**] **cinq ~ s au-dessous de zéro** das Thermometer zeigt fünf Grad minus [*o* fünf Grad unter Null]; ~ **absolu** Kelvin *nt unv*
❸ *(unité de proportion) d'un alcool* [Volum]prozent *nt;* **alcool à quatre-vingt-dix ~ s** neunzigprozentiger Alkohol; ~ **alcoolique** [*o* **en alcool**] Alkoholgehalt *m;* **faire** [*o* **titrer**] **neuf/onze ~ s** neun/elf Prozent Alkohol[gehalt] haben
❹ MUS Stufe *f*
◆ ~ **Celsius** [*o* **centigrade** *vieilli*] Grad *m unv* Celsius; ~ **Fahrenheit** Grad *m unv* Fahrenheit; ~ **Oechsle** Öchslegrad *m*
dégressif, -ive [degʀesif, -iv] *adj* degressiv; **tarif ~** Mengenrabatt *m*
dégressivité [degʀesivite] *f* ECON ~ **des coûts** Kostendegression *f (Fachspr.)*
dégrèvement [degʀɛvmɑ̃] *m* ~ [**fiscal**] Steuerermäßigung *f,* Steuersenkung *f*
dégrever [degʀəve] <4> *vt* ❶ senken *impôt*
❷ entlasten *hypothèque*
dégriffé(e) [degʀife] *adj* ohne Markenzeichen
dégringolade [degʀɛ̃gɔlad] *f fam d'une monnaie, des cours* Sturz *m; des titres* Fall *m;* ~ **du dollar/des cours** Dollar-/Kurssturz
▶ **c'est la ~!** *fam* das ist die absolute Talfahrt! *(fam)*
dégringoler [degʀɛ̃gɔle] <1> **I.** *vi fam* ❶ *actions, monnaie:* [stark] fallen; *bénéfices:* sinken, absacken *(fam); notes:* [rapide] absinken
❷ *(tomber)* ~ **de qc** von etw [he]runterpurzeln *(fam)*
II. *vt fam* [he]runtersausen *(fam) escalier*
dégrippant [degʀipɑ̃] *m* Rostumwandler *m,* Rostlöser *m*
dégrisement [degʀizmɑ̃] *m d'une personne ivre* Ausnüchterung *f,* Nüchternwerden *nt*
dégriser [degʀize] <1> **I.** *vt* ❶ *(désenivrer)* nüchtern machen
❷ *(désillusionner)* ernüchtern
II. *vpr* **se ~** nüchtern werden; **il s'est dégrisé** er ist wieder nüchtern; **complètement** [*o* **totalement**] **dégrisé(e)** stocknüchtern *(fam)*
dégrossir [degʀosiʀ] <8> *vt* grob bearbeiten; [grob] behauen *pierre;* grob umreißen *problème;* ~ **le travail** die Vorarbeit leisten
▶ **mal dégrossi(e)** ungehobelt
dégrouiller [degʀuje] <1> *vpr fam* **se ~** voranmachen *(fam);* **dégrouille-toi!** los, mach schon! *(fam)*
déguenillé(e) [deg(ə)nije] *adj* zerlumpt
déguerpir [degɛʀpiʀ] <8> *vi* sich davonmachen, abhauen *(fam);* **déguerpissez d'ici tout de suite!** macht sofort, dass ihr hier wegkommt!; **faire ~ qn** jdn verjagen
dégueu *abr de* **dégueulasse**
dégueulasse [degœlas] *fam* **I.** *adj* ❶ *(sale) mains, pantalon, personne* [total] verdreckt *(fam)*
❷ *(dégoûtant) personne, comportement* widerlich, ekelhaft; *(moralement)* fies *(fam);* **c'est ~ de ta part!** das ist [wirklich] fies von dir!
❸ *(mauvais) temps* scheußlich; *aliment* ekelhaft; **c'est pas ~!** das ist Spitze! *(fam)*
II. *m* **gros ~** Ekelpaket *nt (pej sl)*
dégueulasser [degœlase] <1> **I.** *vt fam* verdrecken *(fam)*
II. *vpr fam* **se ~** sich dreckig machen *(fam)*
dégueuler [degœle] <1> **I.** *vi vulg* ❶ kotzen *(sl)*
❷ *(débiner)* ~ **sur qn/qc** über jdn/etw herziehen *(fam)*
II. *vt vulg* rauskotzen *(sl)*
dégueulis [degœli] *m vulg* Kotze *f (vulg)*
déguisé(e) [degize] *adj* ❶ verkleidet; *(pour le carnaval)* kostümiert; ~ **en femme** als Frau verkleidet
❷ *(masqué pour tromper) voix, écriture* verstellt; *ambition, sentiment* versteckt; *dévaluation* verschleiert; **un meurtre ~ en accident** ein als Unfall getarnter Mord
déguisement [degizmɑ̃] *m* ❶ Verkleidung *f;* **sous ce ~** in dieser Verkleidung
❷ *(costume)* [Masken]kostüm *nt*
déguiser [degize] <1> **I.** *vt* ❶ ~ **un enfant en pirate** ein Kind als Pirat verkleiden
❷ *(contrefaire)* verstellen *voix, écriture;* verschleiern *vérité*

D

II. *vpr* se ~ en qc sich als etw verkleiden
dégurgiter [degyrʒite] <1> *vt* ❶ erbrechen *repas*
❷ *fig* herunterbeten *connaissances*
dégustateur, -trice [degystatœr, -tris] *m, f* Verkoster(in) *m(f)*
dégustation [degystasjɔ̃] *f de fruits de mer, fromage* Kostprobe *f; de vin, café* Probe *f; (par un professionnel)* Verkostung *f (Fachspr.);* ~ **de vin(s)/de champagne** Wein-/Champagnerprobe; **ici, ~ d'huîtres** hier können Sie unsere Austern probieren
déguster [degyste] <1> I. *vt* ❶ probieren, kosten; *dégustateur:* verkosten *(Fachspr.)*
❷ *(savourer)* genießen
II. *vi* ❶ *(savourer)* genießen
❷ *fam (subir) (des coups)* [et]was abbekommen *(fam); (des douleurs)* was mitmachen *(fam); (des réprimandes)* was zu hören bekommen *(fam);* **qu'est-ce que j'ai dégusté!** das hat vielleicht wehgetan!
déhanchement [deɑ̃ʃmɑ̃] *m* Schwingen *nt* der Hüften
déhancher [deɑ̃ʃe] <1> *vpr* se ~ die Hüften schwingen
dehors [dəɔr] I. *adv* ❶ *(à l'extérieur)* draußen
❷ *(pas chez soi)* außer Haus
▶ **ficher** qn/qc ~ *fam* jdn/etw rausschmeißen *(fam);* **mettre** qn ~ jdn hinauswerfen; **passer par** ~ außen herumgehen; **au** ~ äußerlich, nach außen [hin]; **paraître calme au** ~ nach außen hin [*o* äußerlich] ruhig erscheinen; **de** ~ von draußen; **en** ~ **se pencher en** ~ sich hinauslehnen; **marcher les pieds en** ~ beim Gehen die Zehenspitzen nach außen drehen; **rester en** ~ sich heraushalten; **en** ~ **de** qc *(à l'extérieur de)* außerhalb einer S. (+ *Gen*); *(mis à part)* außer einer S., abgesehen von etw; **en** ~ **de cela** abgesehen davon; **être en** ~ **du sujet** nicht zur Sache gehören; **~! raus!**
II. *m* ❶ *(extérieur)* **les bruits du** ~ die Geräusche von draußen; **des gens du** ~ Leute von außerhalb
❷ *gén pl (apparences) d'une personne* Äußere(s) *nt kein Pl;* **sous des** ~ **austères, il cache...** hinter seinem strengen Äußeren verbirgt sich ...
déification [deifikasjɔ̃] *f* Vergötterung *f*
déisme [deism] *m* Deismus *m*
déité [deite] *f* Gottheit *f*
déjà [deʒa] I. *adv* ❶ *(dès maintenant)* schon, bereits; **il était ~ parti** er war schon [*o* bereits] weg; **~?** schon?
❷ *(auparavant)* schon [einmal]; **à cette époque ~** damals schon; **j'ai ~ vu ce film** ich habe diesen Film schon [einmal] gesehen
❸ *(intensif)* schon; **il est ~ assez paresseux!** der ist so schon faul genug!; **c'est ~ pas mal!** das ist [doch] schon nicht schlecht!; **c'est ~ quelque chose!** das ist doch [immerhin] schon etwas! *(fam)*
❹ *(à la fin d'une question)* noch [gleich], doch gleich; **comment vous appelez-vous ~?** wie heißen Sie noch [*o* doch gleich]?
II. *conj fam* ~ **que** qn a fait qc schon genug [*o* es] reicht schon], dass jd etw getan hat
déjanté(e) [deʒɑ̃te] *fam* I. *adj* ❶ *(génial) film, musique, roman* abgefahren *(fam)*
❷ *(fou)* **être ~(e)** *personne:* ein Rad abhaben *(fam),* abgedreht sein *(sl)*
II. *m(f)* Durchgeknallte(r) *f(m) (fam)*
déjanter [deʒɑ̃te] <1> I. *vi* ❶ *pneu:* sich von der Felge lösen, von der Felge springen; **il a déjanté** *personne:* ihm ist der Reifen von der Felge gesprungen
❷ *fam personne:* spinnen *(fam)*
II. *vpr* se ~ sich von der Felge lösen
déjà-vu [deʒavy] <déjà-vus> *m* Déjà-vu-Erlebnis *nt*
déjections [deʒɛksjɔ̃] *fpl* ❶ *(excréments)* Exkremente *Pl;* **canines** Hundekot *m*
❷ GEOL *d'un volcan* Auswurfmasse *f*
déjeté(e) [dej(ə)te] *adj* ❶ *(dévié)* krumm, verbogen; *mur* schief
❷ *(décati) vieillard* verlebt
❸ BELG *fam (en désordre)* unordentlich, durcheinander
déjeuner [deʒœne] <1> I. *vi* ❶ *(à midi)* zu Mittag essen; **inviter** qn **à** ~ jdn zum Mittagessen einladen; **avoir** qn **à** ~ jdn [als Gast] zum Mittagessen haben
❷ *(le matin)* frühstücken; ~ **d'un café noir** [nur] einen schwarzen Kaffee zum Frühstück trinken
II. *m (repas de midi)* Mittagessen *nt;* **au** [*o* **pour le**] ~ zum Mittagessen
◆ ~ **d'affaires** Geschäftsessen *nt;* POL Arbeitsessen *nt;* ~ **sur l'herbe** Picknick *nt*
déjouer [deʒwe] <1> *vt* vereiteln; durchkreuzen *plan;* ~ **la surveillance** sich der Überwachung *(Dat)* entziehen
déjuger [deʒyʒe] <2a> *vpr* se ~ seine Meinung ändern
delà *v.* au-delà, par-delà
délabré(e) [delabre] *adj maison, mur* verfallen, baufällig; *façade* verwittert; *santé* zerrüttet
délabrement [delabrəmɑ̃] *m d'une maison, d'un mur* Verfall *m,* schlechter Zustand; *de la santé* Zerrüttung *f*
délabrer [delabre] <1> I. *vt* ruinieren, zerstören *santé*

II. *vpr* ❶ se ~ *maison, mur:* verfallen; *santé:* sich verschlechtern; *affaires:* schlechter laufen
❷ *(se ruiner)* se ~ qc sich *(Dat)* etw kaputt machen; se ~ la santé sich *(Dat)* die Gesundheit ruinieren
délacer [delase] <2> *vt* aufschnüren
délai [delɛ] *m* ❶ *(temps accordé)* Zeit *f,* Zeitspanne *f;* **disposer d'un ~ de sept jours** sieben Tage Zeit haben; **il faut compter un ~ de...** man muss mit einer Zeitspanne von ... rechnen; **d'expédition** Abfertigungszeit; ~ **de mise en route de la production** ECON Produktionsvorlauf *m*
❷ *(temps à l'expiration duquel on sera tenu de fournir certaines prestations)* Frist *f;* ~ **conventionnel** vertragliche Frist; **dernier ~** äußerste [*o* letzte] Frist; ~ **imparti** ECON Begrenzungsfrist; ~ **légal** gesetzliche Frist; ~ **maximal** Höchstfrist; ~ **prescrit** Zeitvorgabe *f;* ~ **réglementaire** festgesetzte Frist; ~ **supplémentaire** [*o* moratoire] angemessene Nachfrist; **observation d'un/du ~** Fristeinhaltung *f;* **inobservation d'un/du ~** Fristversäumnis *nt;* **dépasser les ~s** die Frist überschreiten; **une fois le ~ expiré,...** nach Ablauf der gesetzlichen Frist ...; **se donner un ~** sich *(Dat)* eine Frist setzen; ~ **légal de préavis** gesetzliche Kündigungsfrist; **avec ~ de préavis de trois mois** mit dreimonatiger Kündigungsfrist; **sans ~ de préavis** ohne Kündigungsfrist; **à bref ~** kurzfristig; **dans les ~s** termingerecht, termingemäß, fristgemäß; **dans les plus brefs ~s** innerhalb kürzester Frist; **dans un ~ de quinze jours** innerhalb von vierzehn Tagen; **sans ~** unverzüglich, umgehend; **avant/après expiration du ~** vor/nach Ablauf der Frist; **avant le ~** vorfristig; ~ **d'introduction d'instance** JUR Klagefrist *(Fachspr.);* **engager le ~ d'introduction d'instance** JUR die Klagefrist in Lauf setzen; ~ **pour motiver une/la réclamation** Beschwerdebegründungsfrist; ~ **pour réparation d'un vice** JUR Mängelfrist *(Fachspr.);* ~ **de la réparation des vices** Nachbesserungsfrist; **problèmes de ~s** Terminschwierigkeiten *Pl*
❸ *(sursis)* Aufschub *m;* **accorder un ~ à** qn jdm einen Aufschub gewähren
◆ ~ **de l'action en nullité** JUR Anfechtungsfrist *f;* ~ **de l'adjudication** Ausschreibungsfrist *f;* ~ **de blocage** JUR Sperrfrist *f;* ~ **de chargement** Beladefrist *f;* ~ **de comparution** JUR Ladungsfrist *f;* ~ **de construction** Baufrist *f;* ~ **de contestation** Widerspruchsfrist *f;* **respecter/ne pas respecter le ~ de contestation** die Widerspruchsfrist einhalten/verstreichen lassen; ~ **de divulgation** JUR Offenlegungsfrist *f;* ~ **d'exécution** INFORM *d'un signal* Laufzeit *f;* ~ **d'expiration** JUR Ablauffrist *f;* ~ **d'expulsion** JUR Räumungsfrist *m;* ~ **de fixation** JUR Festsetzungsfrist *f;* ~ **de forclusion** FIN Verfallfrist *f;* ~ **de garantie** Garantiefrist *f,* Gewährleistungsfrist, Schutzfrist, Garantiezeit *f;* ~ **de grâce** Gnadenfrist *f;* JUR Nachfrist *f;* ~ **d'instruction** Untersuchungsfrist *f;* ~ **de livraison** Lieferfrist *f;* ~ **d'opposition** JUR Einspruchsfrist *f;* ~ **d'orientation** COM Orientierungszeitraum *m;* ~ **de paiement** *(terme d'échéance)* Zahlungsziel *nt; (délai accordé)* Zahlungsfrist *f; (en cas d'un versement en espèces)* Einzahlungsfrist; *(sursis)* Zahlungsaufschub *m,* Stundungsfrist; **accorder un ~ de paiement de trois mois à** qn jdm ein Zahlungsziel von drei Monaten einräumen; ~ **de préavis** Kündigungsfrist *f;* ~ **de prescription** JUR Ausschließungsfrist *f;* ~ **légal de prescription** gesetzliche Verjährungsfrist; ~ **de prescription d'action** Klageausschlussfrist *f;* ~ **de présentation** FIN, JUR Vorlegungsfrist *f;* ~ **de prestation** JUR Leistungsfrist *f;* ~ **de procédure** JUR Verfahrensfrist *f;* ~ **de la protection** Schutzfrist *f;* ~ **de publication** COM Offenlegungsfrist *f;* ~ **de rachat** JUR, FIN Einlösungsfrist *f;* ~ **de réclamation** Reklamationsfrist *f;* JUR Mängelrügefrist *(Fachspr.);* ~ **de recours** JUR Rechtsbeschwerdefrist *f (Fachspr.);* ~ **de réflexion** Bedenkzeit *f;* ~ **de remboursement** JUR, FIN Rückzahlungsfrist *f;* ~ **de remise de l'offre** JUR Angebotsfrist *f;* ~ **de report** JUR Stundungsfrist *f;* ~ **de reprise** [*o* **de retrait**] Rücknahmefrist *f;* ~ **de requête** Antragsfrist *f;* ~ **de responsabilité** COM Haftungsfrist *f;* ~ **de rigueur** äußerster Termin; JUR Notfrist *f;* ~ **de souscription** COM Zeichnungsfrist *f;* ~ **de versement** FIN Einzahlungsfrist *f*
délai-congé [delɛkɔ̃ʒe] <délais-congés> *m* Kündigungsfrist *f*
délaissé(e) [delese] *adj* ❶ *(abandonné)* im Stich gelassen, verlassen
❷ *(négligé)* vernachlässigt; *aspect* nicht berücksichtigt, vernachlässigt
délaissement [delɛsmɑ̃] *m* ❶ *(abandon)* Verlassen *nt*
❷ JUR *(renonciation)* Abtretung *f,* Verzicht *m*
❸ *(isolement)* Vereinsamung *f*
délaisser [delese] <1> *vt* ❶ *(négliger)* vernachlässigen
❷ *(abandonner)* im Stich lassen *enfant;* aufgeben *activité*
délassant(e) [delasɑ̃, ɑ̃t] *adj* entspannend
délassement [delasmɑ̃] *m* ❶ *(état)* Entspannung *f;* **avoir besoin de ~** etwas ausspannen müssen
❷ *(activité)* Erholung *f,* Entspannung *f;* **la lecture est pour moi un ~** Lesen ist für mich eine Entspannung
délasser [delase] <1> I. *vt* ~ qn/qc entspannend auf jdn/etw

wirken; *exercice:* jdm Entspannung bringen
II. *vi* entspannen
III. *vpr* **se ~** sich entspannen
délateur, -trice [delatœʀ, -tʀis] *m, f* Denunziant(in) *m(f)*
délation [delasjɔ̃] *f* Denunziation *f*; **inciter qn à la ~** jdn zum Denunzieren anstacheln
délavage [delavaʒ] *m* Bleichen *nt*
délavé(e) [delave] *adj* ❶ *(pâle) couleur* wässrig; *yeux* hell; **ses yeux d'un bleu ~** seine/ihre wasserblauen Augen
❷ *(éclairci par des lavages) couleur, tissu* verwaschen; *(à l'eau de Javel) jeans* [vor]gebleicht
❸ *(détrempé) terre* aufgeweicht
délaver [delave] <1> I. *vt* ❶ *(diluer)* verdünnen *peinture, couleur*
❷ *(éclaircir)* bleichen *jean;* abwaschen *inscription*
❸ *vieilli (détremper)* aufweichen *terre*
II. *vpr* **se ~** *peinture:* sich abwaschen; *inscription:* verblassen
délayage [delɛjaʒ] *m* ❶ *(action)* Anrühren *nt*
❷ *fam (bavardage)* leeres Geschwafel *(fam);* **faire du ~** etwas daherschwafeln *(fam)*
délayer [deleje] <7> I. *vt* ❶ *(diluer)* **~ la farine/le plâtre dans qc** das Mehl/den Gips mit etw anrühren
❷ *fig* weitschweifig darlegen *pensée;* verwässern *idée*
II. *vi* abschweifen
delco® [dɛlko] *m* MECANAUT [Zünd]verteiler *m;* **tête de ~** Verteilerkappe *f*
délectable [delɛktabl] *adj littér* köstlich
délectation [delɛktasjɔ̃] *f (plaisir sensuel)* Genuss *m; (plaisir intellectuel)* Genugtuung *f*
délecter [delɛkte] <1> *vpr* **se ~ à qc** sich an etw *(Dat)* ergötzen *(geh);* **se ~ de qc/à faire qc** etw genießen/es genießen etw zu tun
délégation [delegasjɔ̃] *f* ❶ *d'élus, de députés* Abordnung *f,* Delegation *f;* **~ syndicale** Gewerkschaftsdelegation; **venir en ~** als Abordnung [*o* Delegation] kommen
❷ *(mandat)* Vollmacht *f;* **en vertu d'une ~** kraft [einer] Vollmacht; **par ~** im Auftrag
❸ *(agence de l'État)* Ressort *nt*
❹ COM **~ commerciale** *(filiale)* Vertretung *f; (représentants)* Handelsdelegation *f*
◆ **~ de compétence[s]** Befugnisübertragung *f,* Delegation *f* von Kompetenzen; JUR Kompetenzdelegation *(Fachspr.);* **~ de pouvoir** Vollmacht *f;* **faire une ~ de pouvoir à qn** jdm eine Vollmacht ausstellen
délégué(e) [delege] I. *adj* abgeordnet, delegiert; **les membres ~s** die Abgeordneten
II. *m(f) d'une association, d'un parti* Delegierte(r) *f(m),* Vertreter(in) *m(f);* **~ syndical/~e syndicale** Gewerkschaftsvertreter(in); **~ du gouvernement** Regierungsvertreter(in)
◆ **~(e) en Bourse** Börsenhändler(in) *m(f);* **~(e) de classe** Klassensprecher(in) *m(f);* **~(e) aux droits de l'homme** Menschenrechtsbeauftragte(r) *f(m);* **~(e) du personnel** Personalvertreter(in) *m(f)*
déléguer [delege] <5> *vt* ❶ **~ qn à un congrès/une négociation** jdn zu einem Kongress/einer Verhandlung entsenden; **il nous avait délégué le sous-chef** er hatte uns den zweiten Direktor geschickt
❷ *(transmettre)* **~ sa responsabilité à qn** an jdn seine/ihre Verantwortung delegieren, jdm seine/ihre Verantwortung übertragen
II. *vi* delegieren
délestage [delɛstaʒ] *m* ❶ ELEC [kurzzeitige] Stromabschaltung
❷ TRANSP Entlastung *f;* **itinéraire de ~** Entlastungsstrecke *f*
délester [delɛste] <1> I. *vt* ❶ ELEC **~ qc** [kurzzeitig] den Strom in etw *(Dat)* abstellen
❷ TRANSP entlasten
❸ AVIAT **~ qc** Ballast aus etw abwerfen
❹ *iron (voler)* **~ qn de l'argent** jdn um Geld erleichtern
II. *vpr fam* **se ~ de qc** sich einer S. *(Gen)* entledigen
délétère [deletɛʀ] *adj* ❶ *(nuisible à la santé)* schädlich, gefährlich
❷ *fig littér* verderblich
délibérant(e) *v.* **assemblée**
délibératif, -ive [deliberatif, -iv] *adj* **voix** beratend
délibération [deliberasjɔ̃] *f* ❶ *d'une assemblée* Debatte *f; d'un jury* Beratung *f;* **après ~ du jury** nach Beratung der Jury; **mettre qc en ~** etw zur Debatte stellen; **être encore en ~** noch beraten, noch in der Beratung sein; **les ~s du tribunal ne sont pas publiques** die Beratungen des Gerichts sind nicht öffentlich
❷ *(décision)* Beschluss *m;* **~s du jury** Entscheidungen *Pl* der Jury; **le registre** [*o* **cahier**] **des ~s** das Protokollbuch; **~ de la société** Gesellschaftsbeschluss; **~ des associés** Gesellschafterbeschluss
❸ *(réflexion)* Überlegung *f;* **sans ~** ohne zu überlegen; **après mûre ~/mille ~s** nach reiflicher Überlegung; **des frais et dépens** JUR Kostenüberlegung *(Fachspr.)*
délibéré [delibeʀe] *m* Beratung *f;* **être mis(e) en ~** zur Beratung gestellt werden
délibéré(e) [delibeʀe] *adj intention, volonté* fest; *refus* entschieden; **de manière ~e** absichtlich; **c'était ~** das war Absicht; **intention** [*o* **volonté**] **~e de nuire** JUR Schädigungsabsicht *f*
délibérément [delibeʀemɑ̃] *adv* absichtlich, absichtsvoll *(geh),* bewusst; *violer la loi* vorsätzlich
délibérer [delibeʀe] <5> *vi* ❶ *(débattre)* **~ de** [*o* **sur**] **qc** über etw *(Akk)* beraten; **se retirer pour ~** sich zur Beratung zurückziehen
❷ *(décider)* einen Beschluss fassen; **l'assemblée peut ~ valablement** die Versammlung ist beschlussfähig
❸ *littér (réfléchir)* **~ sur qc** etw überlegen
délicat(e) [delika, at] *adj* ❶ *(fin) peau, parfum, couleur* zart; *visage, traits, nez* fein; *mets* delikat; *arôme* mild
❷ *(léger) geste* behutsam
❸ *(fragile)* empfindlich; *enfant* zart, empfindlich; *santé* schwach; *objet* zerbrechlich
❹ *(difficile) question, situation* heikel; *opération* schwierig; **il est ~ de faire qc** es ist [äußerst] heikel etw zu tun
❺ *(raffiné, sensible) personne* feinfühlig; *odorat, oreilles* empfindlich; *palais* fein; *esprit* feinsinnig
❻ *(plein de tact) personne* taktvoll, zartfühlend; *geste* aufmerksam; *comportement, procédés* rücksichtsvoll; **utiliser des procédés bien peu ~s** wenig rücksichtsvoll vorgehen; **quelle ~e attention de votre part!** wie aufmerksam von Ihnen!
▶ **faire le ~/la ~e** *(faire le difficile)* wählerisch [*o* anspruchsvoll] sein; *(faire le sensible)* den Empfindsamen/die Empfindsame spielen
délicatement [delikatmɑ̃] *adv* ❶ *(finement)* fein
❷ *(avec douceur)* vorsichtig, behutsam
❸ *(avec tact)* taktvoll
délicatesse [delikatɛs] *f* ❶ *(finesse)* Zartheit *f; d'un objet, travail* Feinheit *f;* **des mets d'une telle ~** so feine Speisen; **un parfum d'une grande ~** ein sehr zartes Parfüm
❷ *(douceur)* Behutsamkeit *f;* **avec ~** vorsichtig, behutsam
❸ *(difficulté) d'une opération, situation* Schwierigkeit *f;* **cette question est d'une telle ~ que** diese Frage ist derart heikel, dass
❹ *(raffinement)* Feinheit *f,* Finesse *f;* **la ~ de son style** sein/ihr äußerst gepflegter Stil
❺ *(tact)* Feingefühl *nt,* Takt[gefühl *nt*] *m;* **manque de ~** Mangel *m* an Taktgefühl; **avec/sans ~** taktvoll/taktlos
délice [delis] I. *m (jouissance)* Genuss *m; (suscité par une œuvre d'art)* Kunstgenuss; **avec ~** genussvoll
II. *fpl littér* Freuden *Pl,* Wonnen *Pl;* **faire les ~s de qn** eine wahre Wonne für jdn sein
◆ **~ de l'amour** *littér* Wonnen *Pl* der Liebe
délicieusement [delisjøzmɑ̃] *adv* herrlich; *naïf* reizend; **~ beau(belle)** entzückend schön; **~ bon(ne)** köstlich; **jouer ~ du piano** entzückend [schön] Klavier spielen
délicieux, -euse [delisjø, -jøz] *adj* ❶ *(exquis)* köstlich; *sensation, sentiment* [höchst] wohltuend; **un ~ sentiment de joie** ein wohliges Glücksgefühl
❷ *(charmant) personne* reizend
délictueux, -euse [deliktɥø, -øz] *adj* strafbar; *intention* verbrecherisch; **acte ~** strafbare Handlung
délié(e) [delje] *adj littér* ❶ *(agile) doigts* beweglich
❷ *(fin) écriture* fein; *esprit* scharf
❸ *(élancé) taille* schmal
délier [delje] <1a> I. *vt* ❶ *(détacher)* losbinden; lösen *corde*
❷ *(dégager)* **~ qn d'une promesse** jdn von einem Versprechen entbinden
II. *vpr* ❶ *(se détacher)* **se ~** *prisonnier:* sich losmachen; *paquet:* aufgehen; *corde:* sich lösen
❷ *(se désengager)* **se ~ d'une promesse** sich nicht an sein Versprechen halten; **se ~ d'une obligation** sich *(Dat)* von einer Verpflichtung freimachen
délimitation [delimitasjɔ̃] *f* Abgrenzung *f;* **~ territoriale** Gebietsabgrenzung; **~ des compétences** JUR Kompetenzabgrenzung *(Fachspr.);* **~ des coûts** Kostenabgrenzung; **~ des frontières** Festlegung *f* der Grenzen; **~ de l'impôt** Steuerabgrenzung; **~ de prestation** JUR Leistungsabgrenzung *(Fachspr.);* **~ des tâches** Aufgabenabgrenzung
délimiter [delimite] <1> *vt* ❶ **~ qc** *clôture, borne:* etw begrenzen, etw abgrenzen; *personne:* die Grenzen einer S. *(Gen)* festsetzen
❷ *fig* abgrenzen *responsabilités;* eingrenzen *sujet*
délinquance [delɛ̃kɑ̃s] *f* Kriminalität *f;* **grande ~** Schwerverbrechen *Pl;* **~ juvénile** Jugendkriminalität; **~ violente** Gewaltkriminalität; **petite ~** leichte Straftaten *Pl;* **~ informatique** Computerkriminalität
délinquant(e) [delɛ̃kɑ̃, ɑ̃t] I. *adj* straffällig; **enfance/jeunesse ~e** straffällige Kinder/Jugendliche *Pl*
II. *m(f)* Straffällige(r) *f(m);* JUR Deliktstäter(in) *m(f) (Fachspr.);* **devenir [un] ~/[une] ~e** straffällig werden; **~(e) primaire** Ersttäter(in) *m(f)*

déliquescence [delikesɑ̃s] f des mœurs [völliger] Verfall; d'une société, d'un système Dekadenz f; **être en pleine ~** völlig verfallen; industrie: zugrunde [o zu Grunde] gehen

déliquescent(e) [delikesɑ̃, ɑ̃t] adj atmosphère, société dekadent; fam vieillard vertrottelt (fam)

délirant(e) [deliʀɑ̃, ɑ̃t] adj histoire, idée [völlig] verrückt; enthousiasme, joie wahnsinnig; **c'est complètement ~!** fam das ist ja total verrückt! (fam)

délire [deliʀ] m ❶ Delirium nt; (dû à la fièvre) [Fieber]wahn m; **crise de ~** Wahnsinnsanfall m; **tourner au ~** zum Wahn [o zur Wahnvorstellung] werden
❷ (exaltation) Wahn m; **le ~ de son imagination** seine/ihre Wahnvorstellung; **une foule en ~** eine tobende [o rasende] Menge
▶ **c'est le ~ total!** fam das ist der absolute Wahnsinn! (fam); **c'est du ~!** fam (la foule jubile) die Menge tobt!; (c'est déraisonnable) das ist ja total hirnrissig! (fam)
◆ **~ de persécution** Verfolgungswahn m

délirer [deliʀe] <1> vi ❶ MED fantasieren, delirieren; **la soif/fièvre fait ~ qn** jd fantasiert vor Durst/im Fieber
❷ (être exalté) **~ de joie/d'enthousiasme** außer sich vor Freude/Begeisterung sein
❸ (dérailler) spinnen (fam); (dire des bêtises) Unsinn reden

delirium tremens [deliʀjɔmtʀemɛ̃s] m sans pl Säuferwahn m, Delirium tremens nt

délit [deli] m ❶ Straftat f, Delikt nt; **~ économique** Wirtschaftsverbrechen nt; **~ mineur** Bagatelldelikt, Bagatellsache f; **~ monétaire** Währungsdelikt; **~ politique** politische Straftat; **~ frauduleux** Betrugsdelikt; **~ de chasse** Jagdfrevel m; **auteur du/d'un ~ de chasse** Jagdfrevler(in) m/f; **~ dans l'exercice d'une fonction publique** JUR Amtsdelikt; **en matière de bilan** Bilanzdelikt; **~ qui doit faire l'objet d'une dénonciation** anzeigepflichtiges Vergehen; **similaire à un ~** acte deliktsähnlich; **flagrant ~** Straftat, bei der der Täter auf frischer Tat ertappt wird; **prendre qn en flagrant ~ de qc** jdn auf frischer Tat bei etw ertappen
❷ pl (délinquance) Kriminalität f; **~s en matière économique** Wirtschaftskriminalität
◆ **~ de douane** Zollvergehen nt; **~ de droit commun** allgemeinrechtliches Vergehen; **~ à l'encontre de la propriété** JUR Eigentumsverletzung f; **~ de fuite** Fahrerflucht f; **~ d'initié** Insiderdelikt nt; **~ d'omission** JUR Unterlassungsdelikt nt; **~ d'opinion** Gesinnungstat f; **être condamné(e) pour ~ d'opinion** wegen seiner Gesinnung verurteilt werden; **~ de presse** Pressedelikt nt

délivrance [delivʀɑ̃s] f ❶ (soulagement) Erleichterung f, Erlösung f; **l'heure de la ~** die Stunde der Erlösung
❷ (libération) Befreiung f
❸ ADMIN d'un certificat, passeport Ausstellung f; d'un brevet Erteilung f; d'une somme d'argent Aushändigung f; **~ d'un/du certificat d'hérédité** Erbscheinerteilung; **~ d'un certificat de maladie** Krankschreibung f; **~ sur ordonnance** Rezeptpflicht f
❹ MED Nachgeburt f
◆ **~ de brevet** Patenterteilung f

délivrer [delivʀe] <1> I. vt ❶ (libérer) **~ l'otage de qc** die Geisel aus etw befreien; **~ qn de ses liens** jdn von seinen Fesseln befreien
❷ a. fig (débarrasser) **~ qn d'un raseur/du mal** jdn von einer Nervensäge/vom Bösen befreien [o erlösen]; **je suis délivré(e) de ce souci** ich bin diese Sorge los
❸ ADMIN ausstellen certificat, passeport
❹ COM (remettre) **~ les documents contre acceptation/paiement** die Dokumente gegen Akzept/Zahlung ausliefern
II. vpr **se ~ de ses liens** sich von seinen Fesseln befreien

délocalisation [delɔkalizasjɔ̃] f Auslagerung f; (transfert à l'étranger) Verlagerung f ins Ausland; **~ de la production** Produktionsverlagerung

délocaliser [delɔkalize] <1> vt auslagern; (transférer à l'étranger) ins Ausland verlagern

déloger [delɔʒe] <2a> I. vt vertreiben; ausquartieren locataire, habitant; aufscheuchen animal
II. vi ❶ vieilli **faire ~ qn** jdn vertreiben
❷ BELG (découcher) auswärts übernachten

déloyal(e) [delwajal, jo] <-aux> adj adversaire, attitude unfair; ami treulos; procédé unlauter; **concurrence ~e** unlauterer Wettbewerb; **être ~(e) envers qn** jdm gegenüber unfair sein

déloyauté [delwajote] f ❶ (manque de sens de la justice) Unfairness f; **sa ~ envers toi** seine/ihre Unfairness dir gegenüber; **faire preuve de beaucoup de ~** sich äußerst unfair verhalten
❷ (manque d'honnêteté) d'une personne, d'un comportement Unredlichkeit f

delphinarium [dɛlfinaʀjɔm] m Delphinarium nt, Delfinarium nt

delta [dɛlta] m ❶ LING Delta nt
❷ GEOG Delta nt; **le ~ du Nil** das Nildelta

deltaplane [dɛltaplan] m ❶ (appareil) Drachen m

❷ (sport) Drachenfliegen nt; **faire du ~** drachenfliegen

deltoïde [dɛltɔid] ANAT I. adj muscle deltaförmig
II. m Deltamuskel m

déluge [delyʒ] m ❶ BIBL Sintflut f
❷ (averse) Sturzregen m
❸ fig **~ de compliments/questions** Flut f von Komplimenten/Fragen; **~ de coups/protestations** Hagel m von Schlägen/Protesten; **~ de larmes** Strom m von Tränen; **un ~ de paroles** ein [wahrer] Wortschwall
▶ **~ de fer et de feu** Feuerhagel m; **dater du [o dater d'avant le] [o remonter au] ~** objet: vorsintflutlich sein; événement, histoire: Jahre zurückliegen; **après moi/nous, le ~!** nach mir/uns die Sintflut!

déluré(e) [delyʀe] adj ❶ enfant, air aufgeweckt, pfiffig
❷ péj fille kess

démagnétisation [demaɲetizasjɔ̃] f Entmagnetisierung f

démagnétiser [demaɲetize] <1> vt entmagnetisieren; **être démagnétisé(e)** entmagnetisiert sein

démago abr de **démagogue**

démagogie [demagɔʒi] f Demagogie f; **faire de la ~** Demagogie betreiben

démagogique [demagɔʒik] adj demagogisch

démagogue [demagɔg] I. mf Demagoge m/Demagogin f
II. adj demagogisch; **être ~** ein Demagoge/eine Demagogin sein

démailler [demaje] <1> I. vt aufziehen tricot
II. vpr le bas/collant **se démaille** der Strumpf/die Strumpfhose hat eine Laufmasche

démailloter [demajɔte] <1> vt **~ un bébé** einem Baby die Windeln abnehmen

demain [dəmɛ̃] adv morgen; **~ soir** morgen Abend; **le temps pour ~** das Wetter von morgen; **~ en huit** morgen in acht Tagen; **à ~!** bis morgen!; **à partir de ~** ab morgen

démanché(e) [demɑ̃ʃe] adj ❶ outil, pince ohne Griff; hache, marteau ohne Stiel; couteau ohne Heft; **la hache est ~e** die Axt hat keinen Stiel [mehr]
❷ (disloqué) chaise entzweigegangen

démancher [demɑ̃ʃe] <1> vpr ❶ **se ~** outil, pince: den Griff verlieren; hache, marteau: den Stiel verlieren; couteau: das Heft verlieren
❷ fam (se désarticuler) **se ~ qc** sich (Dat) etw ausrenken [o auskugeln]

demande [d(ə)mɑ̃d] f ❶ (souhait, prière) Wunsch m, Bitte f; **à la ~ générale** auf allgemeinen Wunsch [hin]; **j'aurais une ~ à vous faire** ich hätte eine Bitte an Sie
❷ (pour obtenir un renseignement) Anfrage f; **~ de renseignements de la clientèle** Kundenanfrage; **~ de renseignements sur la solvabilité d'une entreprise** Anfrage wegen der Kreditwürdigkeit eines Unternehmens; **une ~ de renseignements de la part de notre banque** eine Anfrage seitens unserer Bank; **~ relative à une enquête** JUR Recherchenanfrage
❸ (exigence) Forderung f; **~ de rançon de trois millions d'euros** Lösegeldforderung über drei Millionen Euro
❹ ADMIN Antrag m; **faire une ~** einen Antrag stellen; **faire une ~ de congé** einen Urlaubsantrag stellen, Urlaub beantragen; **faire une ~ de crédit** einen Kreditantrag stellen, einen Kredit beantragen; **~ d'adhésion/d'allocation** Beitritts-/Beihilfeantrag; **~ d'aide inter-administrative** Amtshilfeersuchen nt; **~ de brevet** Patentanmeldung f; **~ de cure** Kurantrag; **faire une ~ de cure** einen Kurantrag stellen; **~ principale** d'un brevet Hauptanmeldung f; **~ de brevet publiée pour opposition** JUR Auslegeschrift f (Fachspr.); **~ de charge et montant des dépens** JUR Antrag auf Kostenfestsetzung; **~ d'emploi** Stellengesuch nt; **~ d'exploitation d'un brevet** Patentverwertungsantrag; **~ de prêt** Darlehensantrag; **~ de règlement judiciaire** Vergleichsantrag; **procéder à une ~ de règlement judiciaire** einen Vergleichsantrag stellen; **~ de renseignements** Auskunftsersuchen nt; **~ de souscription** FIN Zeichnungsantrag; **~ de subvention/de mutation** Antrag auf Unterstützung/Versetzung; **~ de vérification** Prüfungsantrag
❺ PSYCH **~ de qc** Bedürfnis nt nach etw
❻ ECON Nachfrage f; **~ en biens d'équipement** Investitionsgüternachfrage; **~ en marchandises** Warennachfrage, Nachfrage nach Waren; **~ de capitaux/crédit/monnaie** Kapital-/Kredit-/Geldnachfrage; **~ intérieure** Inlandsnachfrage, Binnennachfrage, Binnenbedarf m; **~ modérée** abgeschwächte Nachfrage; **mesure augmentant la ~** nachfragesteigernde Maßnahme
❼ JUR [Klage]antrag m, Klage f; **~ accessoire** Nebenforderung f; **~ additionnelle** Nachtragsklage; **~ reconventionnelle** Widerklage, Gegenanspruch m, Gegenforderung f, Klagebeantwortung f; **former une ~ reconventionnelle** Widerklage [o eine Gegenforderung] erheben; **~ subsidiaire** Hilfsanspruch; **~ aux fins de prestations** Leistungsklage; **~ de conversion [o commutation]** JUR Umwandlungsantrag; **~ de curatelle de la succession** Nachlassverwaltungsantrag; **~ de délivrance** Erteilungsantrag; **~ de remise en état** Wiederherstellungsklage; **faire sa ~ en divorce**

demander	
demander	**bitten**
Peux-tu/Pourrais-tu descendre la poubelle, s'il te plaî ?	**Kannst/Könntest du bitte mal** den Müll runterbringen?
Sois gentil(le), apporte-moi ma veste.	**Bitte sei so gut und** br.ng mir meine Jacke.
Aurais-tu la gentillesse de me rapporter un journal ?	**Wärst du so nett und würdest** mir die Zeitung mitbringen?
Auriez-vous l'amabilité de pousser votre valise sur le côté ?	**Würden Sie bitte so freundlich sein und** Ihr Gepäck etwas zur Seite rücken?
Puis-je vous demander de baisser un peu votre musique ?	**Darf ich Sie bitten,** Ihre Musik etwas leiser zu stellen?
demander de l'aide	**um Hilfe bitten**
Peux-tu me rendre un service ?	**Kannst du mir einen Gefallen tun?**
Puis-je/Pourrais-je vous demander un service ?	**Darf/Dürfte ich Sie um einen Gefallen bitten?**
Pourrais-tu m'aider, s'il te plaît ?	**Könntest du mir bitte helfen?**
Pourriez-vous m'aider, s'il vous plaît ?	**Könnten Sie mir bitte behilflich sein?**
Je vous serais très reconnaissant(e) si vous pouviez m'aider.	**Ich wäre Ihnen dankbar, wenn** Sie mir dabei helfen könnten.

die Scheidung[sklage] einreichen; **faire une ~ en dommages-intérêts** auf Schadensersatz klagen, Schadensersatzansprüche stellen; **~ en intervention** Interventionsklage; **~ en nullité** Nichtigkeitsbeschwerde f; **~ en nullité pour vice du consentement** Anfechtung f wegen Willensmangels; **~ en renvoi** Verweisungsantrag; **~ en restitution d'un droit réel immobilier** Vindikation f (Fachspr.); **former une ~ en révision** ein Wiederaufnahmeverfahren beantragen; **~ en vue de faire cesser une atteinte à la possession ou à la propriété** Abwehranspruch m, Abwehrklage f (Fachspr.); **~ à laquelle on peut/pouvait/... donner suite** gewährbarer Antrag; **~ de mise en jeu de la responsabilité administrative** Amtshaftungsklage (Fachspr.); **~ de transmission de dossier** Aktenbeiziehung f
⑧ (formulaire) Antragsformular nt, Antrag m
⑨ INFORM **de données** Anforderung f
▸ **faire les ~s et les réponses** Fragen stellen und selbst die Antworten geben; **à la ~** nach Bedarf; **à la ~ de qn** (souhait) auf jds Wunsch [hin]; (requête) auf jds Antrag [hin]; **sur [simple] ~** auf Anfrage
♦ **~ d'agrément** Zulassungsantrag m; **~ d'aide** INFORM Hilfeaufruf m; **~ d'ajournement** JUR Vertagungsantrag m; **~ d'autorisation** Genehmigungsantrag m, Erlaubnisantrag; **~ du consommateur** [o **des consommateurs**] Verbrauchernachfrage f; **~ de créancier** [o **des créanciers**] Gläubigerantrag m; **~ de crédit** Kreditgesuch nt, Kreditantrag m; **~ de défiance** Missbilligungsantrag m; **~ de dissolution** JUR Auflösungsantrag m; **~ d'exequatur** Vollstreckungsersuchen nt; **~ d'extradition** Auslieferungsantrag m; **~ d'interruption** JUR Antrag m auf Einstellung des Verfahrens; **~ de mise en faillite** Konkursantrag m; **~ de modèle d'utilité** JUR Gebrauchsmusterhilfsanmeldung f (Fachspr.); **~ de radiation** Löschungsantrag m; **~ de reprise d'instance** JUR Antrag m auf Wiederaufnahme des Verfahrens; **~ de suspension** JUR Antrag m auf Einstellung des Verfahrens; **~ de versement d'une indemnité compensatrice** Ausgleichsantrag m; **~ en annulation** Aufhebungsantrag m; **~ en justice** Klageantrag m; **~ en mariage** Heiratsantrag m; **~ en résiliation** Aufhebungsantrag m

demandé(e) [d(ə)mãde] adj être ~ gefragt sein; **article très ~** viel gefragter Artikel; **la boisson la plus ~e** das meistgefragte Getränk

demander [d(ə)mãde] <1> I. vt ① (solliciter) bitten um; **~ conseil** um Rat fragen; **~ un délai/une faveur à qn** jdn um einen Aufschub/Gefallen bitten; **~ un renseignement à qn** jdn um eine Auskunft bitten, jdn etwas fragen; **~ à faire qc** darum bitten etw tun zu dürfen; **~ à qn de faire qc** jdn [darum] bitten etw zu tun; **~ que qn fasse qc** [darum] bitten, dass jd etw tut
② (appeler) rufen médecin, plombier; **l'enfant/le malade demande sa mère/le prêtre** das Kind/der Kranke verlangt nach seiner Mutter/dem Priester; **vous êtes demandé(e) à l'information** Sie werden an der Information verlangt
③ (vouloir parler à) sprechen wollen employé; (au téléphone) sprechen wollen, verlangen personne, poste; **qui demandez-vous?** wen möchten Sie sprechen?; **on vous a demandé(e) pendant votre absence** man hat nach Ihnen gefragt, während Sie weg waren
④ (s'enquérir de) **~ à qn** jdn fragen; **~ le chemin/l'heure à qn** jdn nach dem Weg/der Uhrzeit fragen; **~ des nouvelles de qn** sich nach jdm erkundigen

⑤ (nécessiter) erfordern efforts, travail, patience; brauchen soin, eau; **~ qc à** [o **de la part de**] **qn** etw von jdm erfordern [o verlangen]; **ces plantes demandent beaucoup d'eau** diese Pflanzen haben einen hohen Wasserbedarf; **ce projet m'a demandé beaucoup d'efforts** dieses Projekt hat mich viel Mühe gekostet
⑥ (exiger) **~ de l'obéissance à** [o **de**] **qn** von jdm Gehorsam verlangen [o fordern]; **être demandé(e)** diplôme, qualification: verlangt werden, erforderlich sein; **en ~ beaucoup/trop à qn** viel/zu viel von jdm verlangen; **je n'en demande pas tant!** so viel verlange [o erwarte] ich gar nicht!
⑦ (rechercher) suchen ouvrier, caissière; **on demande du personnel qualifié** Fachkräfte werden gesucht
⑧ (exiger) verlangen prix; **combien demandez-vous pour ce vase?** wie viel verlangen Sie für diese Vase?
⑨ (réclamer par une demande en justice) beantragen; **~ l'ouverture de la faillite** Konkurs beantragen; **~ la radiation du livre foncier** die Löschung im Grundbuch beantragen
⑩ INFORM anfordern données
▸ **ne pas ~ mieux que de faire qc** sich nichts mehr wünschen als etw zu tun; **qn ne demande qu'à faire qc** jd möchte [ja] gerne etw tun
II. vi **~ à qn** jdn fragen; **~ à qn si** jdn fragen, ob; **~ comment/pourquoi** fragen, wie/warum; **~ après qn** fam nach jdm fragen
▸ **il n'y a qu'à ~** man braucht doch nur zu fragen; **je demande à voir** das möchte ich erst mal sehen
III. vpr **se ~ ce que/comment** sich fragen, was/wie
▸ **c'est à se ~ si** fam da muss man sich fragen, ob; **cela** [o **ça**] **ne se demande pas!** das versteht sich von selbst!

demandeur, -euse [d(ə)mãdœʀ, -øz] I. adj **être ~(-euse) de qc** an etw (Dat) interessiert sein; **certains pays sont très ~s de qc** in manchen Ländern besteht eine große Nachfrage nach etw
II. m, f ① TELEC Anrufer(in) m(f)
② (requérant) Antragsteller(in) m(f); **~(-euse) d'asile** Asylbewerber(in) m(f); **faux ~/fausse demandeuse d'asile** Scheinasylant(in) m(f)
③ JUR Anspruchsteller(in) m(f); **~ reconventionnel/demandeuse reconventionnelle** Gegenkläger(in) m(f) (Fachspr.)
④ FIN **d'un/de l'accréditif** Akkreditivauftraggeber m (Fachspr.)
♦ **~(-euse) d'emploi** Arbeit[s]suchende(r) f(m)

demandeur, -deresse [d(ə)mãdœʀ, -dəʀɛs] m, f JUR Kläger(in) m(f); **~(-deresse) d'un/du pourvoi en cassation** Revisionskläger(in) (Fachspr.)

démangeaison [demãʒɛzɔ̃] f gén pl ① Juckreiz m kein Pl, Jucken nt kein Pl; **il a des ~s** bei jdm [datum] juckt ihn
② fig fam (désir) **avoir des ~s de qc** [unwiderstehliche] Lust auf etw (Akk) haben; **avoir des ~s faire qc** [unwiderstehliche] Lust haben etw zu tun; **ça me donne des ~s de faire qc** es reizt [o juckt fam] mich etw zu tun

démanger [demãʒe] <2a> I. vt jucken; **ça me démange dans le dos** es juckt mich im Rücken
II. vi (avoir envie) **la main me démange** es juckt mir in den Fingern; **la langue me démangeait de donner la réponse** die Antwort brannte mir auf der Zunge; **ça me/le démange de faire qc** mich/ihn juckt [o reizt] es etw zu tun

démantèlement [demãtɛlmã] m Zerstörung f; **d'un cartel, d'une organisation** Zerschlagung f

démanteler [demãt(ə)le] <4> vt zerstören; zerschlagen cartel,

organisation
démantibuler [demɑ̃tibyle] <1> *vt fam* kaputtmachen; **être démantibulé(e)** kaputt sein
démaquillage [demakijaʒ] *m* Abschminken *nt*
démaquillant [demakijɑ̃] *m* Abschminkmittel *nt,* Make-up-Entferner *m;* ~ **pour les yeux** Augen-Make-up-Entferner
démaquillant(e) [demakijɑ̃, jɑ̃t] *adj* Reinigungs-; **lait** ~ Reinigungsmilch *f;* **lotion ~e** [*o* **nettoyante**] Reinigungslotion *f;* **produit** ~ Abschminkmittel *nt;* **crème ~e** Abschminkcreme *f*
démaquiller [demakije] <1> I. *vt* abschminken
II. *vpr* **se** ~ **le visage** sich *(Dat)* das Gesicht abschminken
démarcage *v.* **démarquage**
démarcation [demaʀkasjɔ̃] *f* ❶ *a. fig* Abgrenzung *f;* **ligne de** ~ Grenzlinie *f;* MIL Demarkationslinie *f*
❷ JUR Demarkation *f*
démarchage [demaʀʃaʒ] *m* ~ [**de clients**] Kundenwerbung *f* [durch Vertreterbesuche], Kundenakquisition *f;* ~ **par téléphone** Kundenwerbung per Telefon; **faire du** ~ Vertreterbesuche machen
démarche [demaʀʃ] *f* ❶ Gang *m*
❷ *(cheminement) d'une argumentation* Entwicklung *f; d'une personne* Methode *f;* **la ~ de sa pensée** sein/ihr Gedankengang
❸ *(intervention)* Schritt *m;* **faire des ~s** Schritte [*o* etwas] unternehmen; **faire une ~ auprès de qn** bei jdm vorsprechen
démarcher [demaʀʃe] <1> *vt* ~ **qn** bei jdm einen Vertreterbesuch machen; ~ **les gens par téléphone** Kunden per Telefon werben
démarcheur, -euse [demaʀʃœʀ, -øz] *m, f* Vertreter(in) *m(f);* *(démarcheur de journaux)* Zeitschriftenwerber(in) *m(f),* Drücker(in) *m(f) (fam);* **cohorte de ~s de journaux** Drückerkolonne *f (fam)*
démarquage [demaʀkaʒ] *m* ❶ COM Entfernung *f* des Markenzeichens
❷ *(copiage)* [unlautere] Nachahmung *nt; (résultat)* Kopie *f*
❸ SPORT Freispielen *nt*
démarque [demaʀk] *f* COM Entfernen *nt* des Markenzeichens *(mit der Folge einer Preissenkung)*
démarqué(e) [demaʀke] *adj* ❶ *(dégriffé)* ohne Markenzeichen
❷ *(soldé)* herabgesetzt
❸ SPORT frei[gespielt]
démarquer [demaʀke] <1> I. *vt* ❶ COM ~ **qc** *(dégriffer)* das Markenzeichen von etw entfernen; *(solder)* etw herabsetzen
❷ SPORT freispielen
II. *vpr* ❶ SPORT **se** ~ sich freispielen
❷ *(prendre ses distances)* **se** ~ **de qn/qc** sich von jdm/etw distanzieren
démarrage [demaʀaʒ] *m* ❶ *d'un moteur, d'une voiture* Anlassen *nt,* Starten *nt*
❷ *(départ)* Anfahren *nt;* **être brusque dans ses ~s** ruckartig anfahren
❸ SPORT Spurt *m;* **placer un** ~ losspurten
❹ *(lancement)* Start *m;* **des difficultés de** ~ Anlaufschwierigkeiten *Pl;* **connaître un ~ spectaculaire** spektakulär anlaufen
❺ INFORM *d'un ordinateur* Starten *nt,* Booten *nt (Fachspr.);* ~ **automatique** automatischer Start; ~ **à chaud/à froid** Warm-/Kaltstart *m;* ~ **du système** Systemstart
▶ **au** ~ beim Anfahren; *fig* anfangs
◆ ~ **à froid** Kaltstart *m*
◆ ~ **en côte** Start *nt* am Hang; ~ **en trombe** Blitzstart *m*
démarrer [demaʀe] <1> I. *vi* ❶ *(mettre en marche)* den Motor anlassen; **je n'ai pas réussi à** ~ mein Auto ist nicht angesprungen
❷ *(se mettre en marche) voiture:* anspringen; *machine:* anlaufen; **ma voiture n'a pas démarré** mein Auto ist nicht angesprungen; **faire** ~ **la voiture** das Auto anlassen; **faire** ~ **l'ordinateur** den Computer hochfahren
❸ *(partir)* anfahren
❹ *(débuter) campagne, exposition:* beginnen; *conversation:* in Gang kommen; *industrie, économie:* in Schwung kommen; ~ **bien/mal** *film, affaire:* sich gut/schlecht anlaufen; *disque, livre:* sich gut/schlecht verkaufen; ~ **bien/mal en maths** einen guten/schlechten Start in Mathe haben
❺ SPORT losspurten
II. *vt* ❶ *(mettre en marche)* anlassen; **ce matin, j'ai dû ~ en poussant** heute Morgen musste ich mein Auto anschieben
❷ *fam (lancer)* starten, booten *(Fachspr.) ordinateur;* starten *logiciel, programme;* ins Leben rufen *mouvement;* in Gang setzen *processus*
❸ *fam (commencer)* ~ **le travail/les peintures** mit der Arbeit/dem Anstreichen loslegen *(fam)*
démarreur [demaʀœʀ] *m* Anlasser *m*
démasquer [demaske] <1> I. *vt* entlarven, demaskieren *voleur; traitre;* entlarven *espion;* enthüllen *plan;* aufdecken *fraude, trahison*
II. *vpr* **se** ~ seine Maske fallen lassen
démâter [demɑte] <1> *vi* seinen Mast/seine Masten verlieren
dématérialisation [dematerjalizasjɔ̃] *f* ❶ *(action de rendre immatériel)* Dematerialisation *f*
❷ PHYS *des particules* Zerstrahlung *f*
❸ *de la monnaie* Entmaterialisierung *f*
démêlage [demɛlaʒ] *m* ❶ *(action)* Entwirren *nt; des cheveux* Auskämmen *nt*
❷ *fam (éclaircissement)* Aufklärung *f*
démêlant [demelɑ̃] *m* Spülung *f*
démêlé [demele] *m* Streit *m,* Auseinandersetzung *f;* **avoir un** ~ **avec qn** Streit mit jdm haben; **avoir des ~s avec qn** Ärger mit jdm haben; **il a déjà eu des ~s avec la justice** er hat schon mit der Justiz zu tun gehabt
démêler [demele] <1> *vt* ❶ *(défaire)* entwirren *fil;* auskämmen *cheveux*
❷ *(éclaircir)* aufklären *affaire;* durchschauen *intentions, plans*
démembrement [demɑ̃bʀəmɑ̃] *m* Zerstückelung *f;* ~ **en plusieurs actions** JUR Aufspaltung *f* in Teilklagen *(Fachspr.)*
démembrer [demɑ̃bʀe] <1> *vt* zerstückeln *pays, propriété*
déménagement [demenaʒmɑ̃] *m* ❶ *(changement de domicile)* Umzug *m;* **date de** ~ Umzugstermin *m;* **mettre qc en ~ groupé** etw einem Umzugstransport beiladen
❷ *(fait de quitter le logement)* Auszug *m*
❸ *(déplacement de meubles)* Umräumen *nt*
❹ *(fait de vider une pièce)* Ausräumen *nt*
déménager [demenaʒe] <2a> I. *vi* ❶ *(changer de domicile)* umziehen; ~ **à Paris/rue de...** nach Paris/in die ... Straße [um]ziehen; ~ **en haut** hinaufziehen
❷ *(quitter un logement)* ausziehen
❸ *fam (partir)* **faire** ~ **qn** jdn vor die Tür setzen
❹ *fam (déraisonner)* spinnen *(fam)*
II. *vt* ❶ *(transporter ailleurs)* [um]räumen *meubles; (pour débarrasser)* wegräumen *meubles, objet*
❷ *(vider)* ausräumen *maison, pièce*
déménageur [demenaʒœʀ] *m* ❶ Möbelpacker(in) *m(f)*
❷ *(entrepreneur)* Spediteur *m*
démence [demɑ̃s] *f* Wahnsinn *m,* Demenz *f (Fachspr.);* ~ **sénile** Altersschwachsinn *m;* **crise/état de** ~ Anfall *m*/Zustand *m* [von] geistiger Umnachtung; **patient(e) atteint(e) de** ~ Demenzpatient(in) *m(f);* **être atteint(e) de** ~ an Demenz *(Dat)* leiden
▶ **c'est de la ~!** das ist [heller] Wahnsinn!
démener [dem(ə)ne] <4> *vpr* ❶ *(se débattre)* **se** ~ um sich schlagen
❷ *(faire des efforts)* **se** ~ **pour faire qc** sich *(Dat)* [große] Mühe geben um etw zu tun
dément(e) [demɑ̃, ɑ̃t] I. *adj* ❶ MED *(aliéné)* geisteskrank; *patient* dement *(Fachspr.)*
❷ *fam (insensé, super)* verrückt *(fam)*
II. *m(f)* Geisteskranke(r) *f(m)*
démenti [demɑ̃ti] *m* Gegenerklärung *f,* Dementi *nt;* **opposer un** ~ **à qc** etw dementieren
démentiel(le) [demɑ̃sjɛl] *adj* verrückt; **prix** ~ Wahnsinnspreis *m;* **vitesse ~le** Wahnsinnsgeschwindigkeit *f (fam)*
démentir [demɑ̃tiʀ] <10> I. *vt* ❶ *(contredire)* ~ **qn** jdm widersprechen
❷ *(nier)* dementieren; ~ **faire qc** bestreiten etw zu tun; ~ **que ce soit** [*o* **c'est**] **ainsi** bestreiten, dass es so ist
❸ *(infirmer)* entkräften; widerlegen *prévisions*
II. *vi* dementieren, eine Gegenerklärung [*o* ein Dementi] abgeben
III. *vpr* **ne pas se** ~ *amitié, succès:* nicht nachlassen [*o* abflauen]
démerdard(e) [demɛʀdaʀ, aʀd] *adj fam* geweift *(fam)*
démerder [demɛʀde] <1> *vpr fam* ❶ *(se débrouiller)* [**savoir**] **se** ~ sich *(Dat)* zu helfen wissen; **se** ~ **pour faire qc** es irgendwie schaffen [*o* hinkriegen] etw zu tun *(fam)*
❷ *(se tirer d'affaire)* **se** ~ zurechtkommen, sich durchwursteln *(fam);* **démerde-toi!** sieh zu, wie du zurechtkommst!
❸ *(se dépêcher)* **se** ~ sich ranhalten *(fam)*
démériter [demerite] <1> *vi* sich als unwürdig erweisen; **en quoi ai-je démérité?** was habe ich mir zuschulden kommen lassen?
démesure [demǝzyʀ] *f* Maßlosigkeit *f;* **faire dans la** ~ kein Maß kennen
démesuré(e) [demǝzyʀe] *adj* maßlos; *importance, orgueil* übermäßig; *proportions* unverhältnismäßig; **des bras/pieds ~s** überlange Arme/übergroße Füße
démesurément [demǝzyʀemɑ̃] *adv grand, long* unverhältnismäßig; *exagérer* maßlos
démettre [demɛtʀ] <*irr*> I. *vt* ❶ *(luxer)* verdrehen, verrenken *bras, poignet;* auskugeln *épaule*
❷ *(révoquer)* ~ **qn de ses fonctions/de son poste** jdn seines Amtes/Dienstes entheben
II. *vpr* ❶ *(se luxer)* **se** ~ **le bras** sich *(Dat)* den Arm verdrehen [*o* verrenken]; **se** ~ **l'épaule** sich *(Dat)* die Schulter auskugeln
❷ *(renoncer à)* **se** ~ **de qc** von etw zurücktreten
demeurant [dǝmœʀɑ̃] ▶ **au** ~ *(tout bien considéré)* alles in allem;

demeure [d(ə)mœʀ] *f* ❶ *littér (lieu)* Wohnsitz *m*; **une belle ~ du siècle dernier** ein schönes Haus aus dem letzten Jahrhundert
❷ JUR **mettre qn en ~ de faire qc** jdn auffordern [*o* mahnen] etw zu tun; **mettre qn en ~ d'agir** jdn in Verzug setzen
▸ **conduire qn [jusqu'] à sa dernière ~** jdn zu seiner letzten Ruhestätte geleiten; **à ~** auf Dauer, für immer
◆ **~ du créancier** JUR Gläubigerverzug *m*; **~ de prestation** JUR Leistungsverzug *m*

demeuré(e) [dəmœʀe] **I.** *adj* [geistig] zurückgeblieben
II. *m(f)* Schwachsinnige(r) *f(m)*; *fig* Schwachkopf *m*; **le ~ du village** der Dorftrottel

demeurer [dəmœʀe] <1> *vi* ❶ + *avoir (habiter)* wohnen; **demeurant à** wohnhaft in *(+ Dat)*
❷ + *avoir (subsister)* [bestehen] bleiben, weiterbestehen; **une interrogation demeure toutefois** eine Frage bleibt offen
❸ + *être (rester)* bleiben; **~ ministre/une énigme** weiterhin Minister/ein Rätsel bleiben; **~ sans emploi** weiterhin ohne Arbeit sein; **~ sans réponse** unbeantwortet bleiben
❹ *impers* **il demeure que c'est arrivé** Tatsache ist jedoch, dass es eingetroffen ist; **il n'en demeure pas moins que vous avez tort** nichtsdestoweniger haben Sie/habt ihr Unrecht
▸ **en ~ là** es dabei belassen [*o* bewenden lassen]; **la conversation en est demeurée là** die Unterhaltung wurde nicht fortgesetzt

demi [d(ə)mi] *m* ❶ *(moitié)* Hälfte *f*
❷ *(fraction)* **un ~** ein Halb; **trois ~s** drei Halbe
❸ *(bière)* Bier *nt*
◆ **~ de mêlée** Gedrängehalbspieler *m*; **~ d'ouverture** [Flügel]halbspieler(in) *m(f)*

demi(e) [d(ə)mi] *adj* **une heure/deux heures et ~e** eineinhalb [*o* anderthalb]/zweieinhalb Stunden; **avoir quatre ans et ~** viereinhalb [Jahre alt] sein; **être à ~ satisfait/ie** halbzufrieden sein; **un verre/une bouteille à ~ plein(e)** ein halb volles Glas/eine halb volle Flasche; **être à ~ plein(e)** halb voll sein; **n'être qu'à ~ rassuré(e)** nur teilweise beruhigt sein; **ouvrir à ~ les yeux** die Augen halb aufmachen [*o* öffnen]; **ne pas faire les choses à ~** keine halben Sachen machen

demiard [dəmjaʀ] *m* CAN *Flüssigkeitsmaß (0,284 Liter)* **demi--barrière** [d(ə)mibaʀjɛʀ] <demi-barrières> *f* Halbschranke *f* **demi-botte** [d(ə)mibɔt] <demi-bottes> *f* Halbstiefel *m* **demi--bouteille** [d(ə)mibutɛj] <demi-bouteilles> *f* halbe Flasche **demi-canton** [d(ə)mikɑ̃tɔ̃] <demi-cantons> *f* CH Halbkanton *m* (CH) **demi-cercle** [d(ə)misɛʀkl] <demi-cercles> *m* Halbkreis *m*; **en ~** im Halbkreis **demi-colonne** [d(ə)mikɔlɔn] <demi-colonnes> *f* Halbsäule *f* **demi-cuir** [d(ə)mikɥiʀ] *m inv* reliure **~** Halbleder *nt*; **relié(e) ~** in Halbleder **demi-dieu** [d(ə)midjø] <demi-dieux> *m* Halbgott *m* **demi-douzaine** [d(ə)miduzɛn] <demi-douzaines> *f* halbes Dutzend

demie [d(ə)mi] *f* ❶ *(moitié)* Hälfte *f*
❷ *(heure)* **sonner les heures et les ~s** zu jeder ganzen und halben Stunde schlagen; **partir à la ~** um halb gehen; **il est la ~ passée** es ist schon nach halb

demi-fin(e) [d(ə)mifɛ̃, fin] <demi-fins> *adj* mittelgrob; **une aiguille ~e** eine Nadel mittlerer Stärke **demi-finale** [d(ə)mifinal] <demi-finales> *f* Halbfinale *nt*, Vorschlussrunde *f* **demi-finaliste** [d(ə)mifinalist] <demi-finalistes> *mf* Teilnehmer(in) *m(f)* am Halbfinale **demi-fond** [d(ə)mifɔ̃] *m sans pl* Mittelstrecke *f* **demi-frère** [d(ə)mifʀɛʀ] <demi-frères> *m* Halbbruder *m* **demi-gros** [d(ə)migʀo] *m sans pl* Zwischenhandel *m* **demi--heure** [d(ə)mijœʀ] <demi-heures> *f* halbe Stunde **demi-jour** [d(ə)miʒuʀ] *m inv* Halbdunkel *nt*, Dämmerlicht *nt* **demi-journée** [d(ə)miʒuʀne] <demi-journées> *f* halber Tag

démilitarisation [demilitaʀizasjɔ̃] *f* Entmilitarisierung *f*
démilitarisé(e) [demilitaʀize] *adj* entmilitarisiert
démilitariser [demilitaʀize] <1> *vt* entmilitarisieren

demi-litre [d(ə)militʀ] <demi-litres> *m* ❶ *(contenu)* halber Liter
❷ *(contenant)* Halbliterflasche *f* **demi-livre** [d(ə)milivʀ] <demi--livres> *f* halbes Pfund; **pain d'une ~** Halbpfünder *m* **demi-longueur** [d(ə)milɔ̃gœʀ] <demi-longueurs> *f* halbe Länge **demi--lune** [d(ə)milyn] <demi-lunes> *f*. ❶ ASTRON Halbmond *m* ❷ ARCHIT halbkreisförmiger Platz; ❸ MIL Außenwerk *nt (einer Festung)* **II.** *adj inv meuble* halbrund **demi-mal** [d(ə)mimal, d(ə)mimo] <demi-maux> *m* kleines Übel; **il n'y a que [*o* ce n'est qu'un] ~** das ist halb so schlimm **demi-mesure** [d(ə)mim(ə)zyʀ] <demi-mesures> *f* Halbheit *f* **demi--mondaine** [d(ə)mimɔ̃dɛn] <demi-mondaines> *f* Halbweltdame *f* **demi-mot** [d(ə)mimo] <demi-mots> *m* **à ~** andeutungsweise; **se comprendre à ~** sich auch ohne viele Worte verstehen

déminage [deminaʒ] *m* Entminung *f*
déminer [demine] <1> *vt* entminen
déminéralisation [demineʀalizasjɔ̃] *f* CHIM Demineralisieren *nt*; MED Demineralisation *f (Fachspr.)*
déminéralisé(e) [demineʀalize] *adj* **eau ~e** destilliertes Wasser

démineur [deminœʀ] *m* Mitglied *nt* eines Minenräumkommandos

demi-part [d(ə)mipaʀ] <demi-parts> *f* halbes Stück **demi--pause** [d(ə)mipoz] <demi-pauses> *f* halbe Pause **demi-pension** [d(ə)mipɑ̃sjɔ̃] <demi-pensions> *f* ❶ Halbpension *f*; **en ~** mit Halbpension ❷ SCOL [Schul]kantine *f* **demi-pensionnaire** [d(ə)mipɑ̃sjɔnɛʀ] <demi-pensionnaires> *mf* Schüler, der/Schülerin, die in der [Schul]kantine isst; **être ~** in der [Schul]kantine essen **demi-place** [d(ə)miplas] <demi-places> *f* TRANSP Fahrkarte *f* zum halben Preis; CINE Eintrittskarte *f* zum halben Preis; **ne payer qu'une ~** nur den halben Preis zahlen **demi-plan** [d(ə)miplɑ̃] <demi-plans> *m* Halbebene *f* **demi-portion** [d(ə)mipɔʀsjɔ̃] <demi-portions> *f a. fig* halbe Portion **demi--produit** [d(ə)mipʀɔdɥi] <demi-produits> *m* ECON Vorprodukt *nt* **demi-queue** [d(ə)mikø] *m inv* Stutzflügel *m* **demi-reliure** [d(ə)miʀəljyʀ] <demi-reliures> *f* Halbfranz *nt*

démis(e) [demi, iz] **I.** *part passé de* **démettre**
II. *adj poignet* verrenkt; *épaule, bras* ausgerenkt, ausgekugelt

demi-saison [d(ə)misɛzɔ̃] <demi-saisons> *f* Übergangszeit *f*; **vêtements de ~** Übergangskleidung *f* **demi-sang** [d(ə)misɑ̃] <demi-sang[s]> *m* Halbblut *nt* **demi-sec** [d(ə)misɛk] *adj* halb trocken **demi-sel** [d(ə)misɛl] **I.** *adj inv* GASTR leicht gesalzen **II.** *m* Frischkäse *m* **demi-siècle** [d(ə)misjɛkl] <demi-siècles> *m* halbes Jahrhundert *nt* **demi-sœur** [d(ə)misœʀ] <demi-sœurs> *f* Halbschwester *f* **demi-sommeil** [d(ə)misɔmɛj] <demi-sommeils> *m* Halbschlaf *m* **demi-soupir** [d(ə)misupiʀ] <demi--soupirs> *m* Achtelpause *f*

démission [demisjɔ̃] *f* ❶ *(action) d'un ministre, gouvernement* Rücktritt *m*; *d'un salarié* Kündigung *f*; **la ~ d'une/de la routine** das Ausscheiden aus einem/dem Amt; **donner** [*o* remettre] **sa ~** seinen Rücktritt erklären; *salarié:* seine Kündigung einreichen
❷ *(renoncement)* Kapitulation *f*

démissionnaire [demisjɔnɛʀ] **I.** *adj* zurückgetreten
II. *mf* [von seinem/ihrem Amt] Zurückgetretene(r) *f(m)*

démissionner [demisjɔne] <1> **I.** *vi* ❶ *(se démettre)* **~ d'une fonction** von einem Amt zurücktreten; **~ de son poste** seine Stelle kündigen; **intention de ~** Rücktrittsabsicht *f*
❷ *fam (renoncer)* **~ devant qc** vor etw *(Dat)* kapitulieren
II. *vt iron (renvoyer)* **on l'a démissionné** er ist gegangen worden *(fam)*

demi-tarif [d(ə)mitaʀif] <demi-tarifs> *m* halber Preis; **un billet [à] ~** TRANSP eine Fahrkarte zum halben Preis; CINE eine Eintrittskarte zum halben Preis **demi-teinte** [d(ə)mitɛ̃t] <demi-teintes> *f* Halbton *m*, Zwischenton, gebrochener Farbton; **en ~** in gebrochenen Farbtönen **demi-ton** [d(ə)mitɔ̃] <demi-tons> *m* MUS Halbton *m*; **~ chromatique/diatonique** chromatischer/diatonischer Halbton **demi-tour** [d(ə)mituʀ] <demi-tours> *m d'une personne* Kehrtwendung *f*; *de manivelle* halbe Umdrehung; **faire ~** umkehren; *(en voiture)* wenden; **~, droite!** MIL rechtsum kehrt! **demi-vie** [d(ə)mivi] <demi-vies> *f* Halbwert[s]zeit *f* **demi--vieux, demi-vieille** [d(ə)mivjø, vjɛj] *adj* mittelalt; **avez-vous du gouda ~?** haben Sie mittelalten Gouda? **demi-volée** [d(ə)mivɔle] <demi-volées> *f* Halfvolley *m*

démo [demo] *f abr de* **démonstration** [Kurz]präsentation *f; fam (enregistrement)* Demo *nt (fam)*; **enregistrement d'une ~** Demoaufnahme *(fam)*

démobilisateur, -trice [demɔbilizatœʀ, -tʀis] *adj* demotivierend

démobilisation [demɔbilizasjɔ̃] *f* ❶ MIL Demobilisierung *f*; *d'un appelé* Entlassung *f* [aus dem Militärdienst]
❷ POL Demotivation *f*

démobiliser [demɔbilize] <1> **I.** *vt* ❶ MIL demobilisieren
❷ POL demotivieren
II. *vpr* **se ~** sich geschlagen geben

démocrate [demɔkʀat] **I.** *adj* demokratisch
II. *mf* Demokrat(in) *m(f)*

démocrate-chrétien(ne) [demɔkʀatkʀetjɛ̃, jɛn] <démocrates--chrétiens> **I.** *adj* christlich-demokratisch
II. *m(f)* Christdemokrat(in) *m(f)*

démocratie [demɔkʀasi] *f* Demokratie *f*; **~ chrétienne** Christdemokratie; **~ populaire** Volksdemokratie
démocratique [demɔkʀatik] *adj* demokratisch
démocratiquement [demɔkʀatikmɑ̃] *adv* demokratisch
démocratisation [demɔkʀatizasjɔ̃] *f d'un pays* Demokratisierung *f*; *d'un sport* Popularisierung *f*
démocratiser [demɔkʀatize] <1> **I.** *vt* demokratisieren; popularisieren *sport*; **~ un pays** die Demokratie in einem Land einführen
II. *vpr* **se ~** demokratisch werden; *sport:* zum Breitensport werden
démodé(e) [demɔde] *adj* altmodisch; *procédé, théorie* überholt
démoder [demɔde] <1> *vpr* **se ~** aus der Mode kommen
démographe [demɔgʀaf] *mf* Demograph(in) *m(f)*, Bevölkerungsstatistiker(in) *m(f)*
démographie [demɔgʀafi] *f* ❶ *(science)* Demographie *f*, Bevölke-

rungswissenschaft *f*
② *(évolution de la population)* Bevölkerungsentwicklung *f*; ~ **galopante** sprunghafte Bevölkerungszunahme
démographique [demɔgʀafik] *adj données, étude* demographisch; **croissance/évolution** ~ Bevölkerungswachstum *nt*/*-*entwicklung *f*; **poussée** ~ rascher Zuwachs der Bevölkerung
demoiselle [d(ə)mwazɛl] *f* ① *(jeune fille)* Fräulein *nt; iron* [junge] Dame; *(femme non mariée)* [altes] Fräulein; **c'est une vraie ~ maintenant!** sie ist eine richtige junge Dame geworden!
② ZOOL Wasserjungfer *f*, Libelle *f*
◆ ~ **de compagnie** Gesellschaftsdame *f*; ~ **d'honneur** Brautjungfer *f*
démolir [demɔliʀ] <8> I. *vt* ① *(détruire)* abreißen; niederreißen *mur*; kaputtmachen *jouet, objet*
② *fam (frapper)* zusammenschlagen; **se faire ~ par qn** von jdm zusammengeschlagen werden
③ *fam (critiquer)* verreißen *(fam)*; **se faire ~ par qn** von jdm verrissen werden *(fam)*
④ *fam (saper le moral à)* ~ **qn** *événement, nouvelle:* jdn fertigmachen *(fam)*
⑤ *fam (endommager)* kaputtmachen *(fam) santé, foie, estomac*
II. *vpr fam* **se ~ l'estomac/la santé** sich *(Dat)* den Magen kaputtmachen *fam*/die Gesundheit ruinieren
démolissage [demɔlisaʒ] *m* vernichtende Kritik, Verriss *m (fam)*
démolisseur, -euse [demɔlisœʀ, -øz] *m, f* ① *(ouvrier)* Abbrucharbeiter(in) *m(f)*
② *(destructeur)* Zerstörer(in) *m(f)*; ~(**-euse**) **d'idées** Umstürzler(in) *m(f)*; **c'est une démolisseuse de ménages** sie macht andere Ehen kaputt
démolition [demɔlisjɔ̃] *f* ① *d'une maison* Abbruch *m; d'un mur* Niederreißen *nt*; **entreprise de** ~ Abbruchunternehmen *nt*; **être en** ~ [gerade] abgerissen werden
② *fig* Zerstörung *f; d'une idée* Zunichtemachen *nt; d'une institution* Beseitigung *f*
démon [demɔ̃] *m* ① MYTH Dämon *m*
② REL Teufel *m*
③ *(personne)* Satan *m*; *(enfant)* kleiner Teufel
▶ **avoir le ~ de la curiosité/du jeu** von krankhafter Neugier/vom Spielteufel besessen sein; **comme un ~** wie besessen
◆ ~ **de midi avoir le ~ de midi** seinen zweiten Frühling erleben
démonétisation [demɔnetizasjɔ̃] *f* ① *de la monnaie* Außerkurssetzung *f*, Demonetisierung *f*
② *fig (discrédit)* Verunglimpfung *f*
démoniaque [demɔnjak] *adj* dämonisch, teuflisch
démonstrateur, -trice [demɔ̃stʀatœʀ, -tʀis] *m, f* Vorführer(in) *m(f)*
démonstratif [demɔ̃stʀatif] *m* GRAM Demonstrativpronomen *nt*
démonstratif, -ive [demɔ̃stʀatif, -iv] *adj* ① *grimace, mimique* demonstrativ; *personne* überschwänglich; **peu ~(-ive)** zurückhaltend
② GRAM *pronom* hinweisend, Demonstrativ-
démonstration [demɔ̃stʀasjɔ̃] *f* ① *a.* MATH *(preuve)* Beweis *m*
② *(argumentation)* Beweisführung *f*
③ *(présentation)* Demonstration *f*; **faire la ~ de ses talents** seine Talente vorführen [*o* demonstrieren]; **tu fais la ~ de ta bêtise** du stellst deine Dummheit unter Beweis [*o* zur Schau]
④ COM *d'un produit* Vorführung *f*; **appareil/voiture de ~** Vorführgerät *nt*/-wagen *m*; **programme de ~** INFORM Demoware *f*; **faire la ~ de qc** etw vorführen
⑤ *gén pl (manifestation)* **~s d'amitié/de joie** Freundschafts-/Freudenbekundungen *Pl*; **tout ça n'est que ~s!** das ist alles nur Schau! *(fam)*
◆ ~ **par l'absurde** MATH Widerspruchsbeweis *m*, indirekter [*o* apagogischer] Beweis *(Fachspr.)*; ~ **de force** Demonstration *f* der Stärke
démontable [demɔ̃tabl] *adj* zerlegbar; TECH demontierbar
démontage [demɔ̃taʒ] *m* Zerlegen *nt*, Auseinandernehmen *nt; d'une tente* Abbauen *nt*
démonté(e) [demɔ̃te] *adj mer* aufgewühlt
démonte-pneu [demɔ̃t(ə)pnø] <**démonte-pneus**> *m* Montiereisen *nt*
démonter [demɔ̃te] <1> I. *vt* ① *(défaire)* zerlegen, auseinandernehmen; abbauen *auvent, tente*; abmontieren *pneu*; aushängen *porte*
② SPORT *cheval:* abwerfen
③ *(déconcerter)* aus der Fassung bringen; **ne pas se laisser ~ par qn/qc** sich von jdm/durch etw nicht aus der Fassung bringen lassen
II. *vpr* **se ~** ① *appareil, meuble:* sich zerlegen [*o* auseinandernehmen] lassen; *(accidentellement)* auseinanderfallen
② *(se troubler)* die Fassung verlieren; **sans se ~** ohne sich aus der Fassung bringen zu lassen
démontrable [demɔ̃tʀabl] *adj* beweisbar; **être ~** beweisbar sein, sich beweisen lassen

démontrer [demɔ̃tʀe] <1> I. *vt* ① *(prouver)* ~ **sa confiance à qn** jdm sein/ihr Vertrauen beweisen; ~ **que c'est exact** beweisen [*o* zeigen], dass es korrekt ist; ~ **la loi de la gravitation universelle** den Beweis für das Gravitationsgesetz erbringen
② *impers* **il est démontré que c'est exact** es ist bewiesen, dass es korrekt ist
II. *vpr* **se ~** sich beweisen lassen
démoralisant(e) [demɔʀalizɑ̃, ɑ̃t] *adj* deprimierend; *remarque, échec* entmutigend
démoralisateur, -trice [demɔʀalizatœʀ, -tʀis] *adj* demoralisierend
démoralisation [demɔʀalizasjɔ̃] *f* Demoralisierung *f*
démoraliser [demɔʀalize] <1> I. *vt, vi* entmutigen, demoralisieren
II. *vpr* **se ~** den Mut verlieren; **ne pas se ~ facilement** sich nicht so leicht entmutigen lassen
démordre [demɔʀdʀ] <14> *vi* **ne pas ~ de qc** sich nicht von etw abbringen lassen, auf etw *(Dat)* bestehen; **il n'en démord pas** er besteht darauf
démotivant(e) [demɔtivɑ̃, ɑ̃t] *adj* demotivierend
démotivation [demɔtivasjɔ̃] *f* Demotivation *f*, fehlende Motivation
démotivé(e) [demɔtive] *adj* demotiviert
démotiver [demɔtive] <1> I. *vt* ~ **qn** jdn demotivieren, jdm die Motivation nehmen; **ça te démotive complètement!** das nimmt einem jegliche Motivation!
II. *vpr* **se ~** die Motivation verlieren; **se ~ complètement** jegliche Motivation verlieren
démoulage [demulaʒ] *m* [Heraus]nehmen *nt* aus der Form
démouler [demule] <1> *vt* aus der Form nehmen
démultiplicateur [demyltiplikatœʀ] *m* TECH Untersetzungsgetriebe *nt*
démultiplicateur, -trice [demyltiplikatœʀ, -tʀis] *adj* untersetzend
démultiplication [demyltiplikasjɔ̃] *f* ① TECH Untersetzung *f*
② *(accroissement de l'effet)* Steigerung *f*, Verstärkung *f*
démultiplié(e) [demyltiplije] *adj transmission* heruntergesetzt, untersetzt
démultiplier [demyltiplije] <1a> *vt* ① TECH untersetzen
② *(accroître l'effet)* steigern, verstärken
démuni(e) [demyni] *adj* ① arm, mittellos
② *(impuissant)* **~(e) devant qn/qc** hilflos jdm/etw gegenüber
③ *(privé de)* **être ~(e) de qc** etw nicht haben [*o* besitzen]; **~(e) d'intérêt/de protection** ohne Interesse/schutzlos; **elle n'est pas ~e de talents** es fehlt ihr nicht an Talent
démunir [demyniʀ] <8> I. *vt (priver)* ~ **qn de l'argent** jdm Geld wegnehmen
II. *vpr (se défaire)* **se ~ de qc** etw hergeben; *(se priver)* sich von etw trennen
démuseler [demyz(ə)le] <3> *vt* ① ~ **un animal** einem Tier den Maulkorb abnehmen
② POL ~ **la presse** wieder Pressefreiheit gewähren
démystification [demistifikasjɔ̃] *f* ① *(fait de détromper)* Aufklärung *f*
② *(démythification)* Entmystifizierung *f*
démystifier [demistifje] <1a> *vt* ① *(détromper)* aufklären
② *(démythifier)* entmystifizieren
démythification [demitifikasjɔ̃] *f spéc* Entmythisierung *f*
démythifier [demitifje] <1a> *vt* entmythisieren
dénasalisation [denazalizasjɔ̃] *f* PHON Entnasalisierung *f*
dénatalité [denatalite] *f* Geburtenrückgang *m*
dénationalisation [denasjɔnalizasjɔ̃] *f* Reprivatisierung *f*
dénationaliser [denasjɔnalize] <1> I. *vt* reprivatisieren
II. *vi* Reprivatisierungen *Pl* vornehmen, reprivatisieren
dénaturant [denatyʀɑ̃] *m* Denaturierungsmittel *nt*
dénaturant(e) [denatyʀɑ̃, ɑ̃t] *adj produit* denaturierend
dénaturé(e) [denatyʀe] *adj* entartet; **parents ~s** Rabeneltern *Pl*
dénaturer [denatyʀe] <1> *vt* ① *(altérer)* verfälschen *goût, saveur*
② *(déformer)* entstellen *paroles, propos;* verfälschen *faits, vérité*
dénazification [denazifikasjɔ̃] *f* Entnazifizierung *f*
dénazifier [denazifje] <1a> *vt* entnazifizieren
dendrobaena [dɛ̃dʀɔbɛna] *m* PECHE Dendrobena *m*
dénégation [denegasjɔ̃] *f* ① *(action)* Abstreiten *nt*
② *(refus)* Ablehnung *f*; **faire un geste de ~** Ablehnung signalisieren
déneigement [denɛʒmɑ̃] *m* Schneeräumung *f*; **le ~ d'une route** die Schneeräumarbeiten auf einer Straße
déneiger [deneʒe] <2a> *vt* [vom Schnee frei]räumen
dengue [dɛ̃g] *f* MED Denguefieber *nt*; **attraper la ~** am Denguefieber erkranken; **virus de la ~** Denguevirus *nt*
déni [deni] *m* ▶ ~ **de justice** Rechtsverweigerung *f*
déniaiser [denjeze] <1> *vt* ① *(dégourdir)* ~ **qn** jdn aufwecken
② *(dépuceler)* ~ **qn** jdm die Unschuld nehmen
dénicher [denife] <1> *vt* ausfindig machen; aufstöbern *bistrot,*

objet rare; auftreiben *(fam) personne*
dénicotinisation [denikɔtinizasjɔ̃] *f* Nikotinentzug *m*
dénicotinisé(e) [denikɔtinize] *adj* nikotinarm
denier[1] [dənje] *m* BIBL Silberling *m*
▶ **de ses propres ~s** von seinem eigenen Geld; **les ~s publics** die öffentlichen Gelder
◆ **~ du culte** REL ≈ Kirchgeld *nt (freiwilliger Beitrag der Gemeindemitglieder)*
denier[2] [dənje] *m* TEXTIL Denier *nt;* **20 ~s** 20 den
dénier [denje] <1a> *vt* ❶ abstreiten, zurückweisen *responsabilité, faute;* **~ avoir fait qc** abstreiten, etw getan zu haben
❷ *(refuser)* absprechen *droit*
dénigrement [denigʀəmɑ̃] *m* Verunglimpfung *f,* [systematisches] Schlechtmachen *nt;* JUR Anschwärzung *f;* **l'esprit de ~** die Schlechtmacherei; **~ de la marchandise du concurrent** JUR Herabsetzung *f* der Ware des Konkurrenten
dénigrer [denigʀe] <1> *vt* herabsetzen *personne;* schlechtmachen *action, politique*
dénitrification [denitʀifikasjɔ̃] *f* Denitrifikation *f*
dénitrifier [denitʀifje] <1a> *vt* denitrifizieren
dénivellation [denivelasjɔ̃] *f* ❶ *(inégalité)* Unebenheit *f*
❷ *(différence de niveau)* Höhenunterschied *m;* **~ sur un/le canal** Kanalgefälle *nt*
dénombrable [denɔ̃bʀabl] *adj* ❶ zählbar; **être difficilement ~** sich kaum zählen lassen
❷ MATH abzählbar *(Fachspr.)*
dénombrement [denɔ̃bʀəmɑ̃] *m* Zählung *f*
dénombrer [denɔ̃bʀe] <1> *vt* zählen
dénominateur [denɔminatœʀ] *m* MATH Nenner *m;* **~ commun** *a. fig* gemeinsamer Nenner
dénominatif [denɔminatif] *m* GRAM Denominativ *nt*
dénominatif, -ive [denɔminatif, -iv] *adj terme* abgeleitet
dénomination [denɔminasjɔ̃] *f* Bezeichnung *f;* **~ d'une/de la loi** Gesetzesbezeichnung; **~ emblématique** JUR Geschäftsbezeichnung
dénommé(e) [denɔme] *adj antéposé* **un ~/une ~e Durand** ein gewisser [Herr]/eine gewisse [Frau] Durand; **le ~/la ~e Durand** der/die besagte Durand
dénommer [denɔme] <1> *vt* bezeichnen; **c'est ainsi que l'on dénomme...** so nennt [*o* bezeichnet] man ...
dénoncer [denɔ̃se] <2> I. *vt* ❶ **~ un complice à qn** einen Komplizen bei jdm verraten; **~ un opposant politique à qn** einen Oppositionellen bei jdm denunzieren; **~ qn à la police** jdn bei der Polizei anzeigen
❷ *(s'élever contre)* anprangern *abus, injustice*
❸ JUR [auf]kündigen *contrat;* **~ un contrat de façon unilatérale** einen Vertrag unilateral kündigen
II. *vpr* **se ~** sich melden; **se ~ à la police** sich [der Polizei] stellen
dénonciateur, -trice [denɔ̃sjatœʀ, -tʀis] I. *adj* denunziatorisch
II. *m, f* ❶ *d'une personne* Denunziant(in) *m(f);* **les ~s de Juifs** diejenigen, die Juden denunziert haben
❷ *(accusateur) d'une injustice, inégalité* Ankläger(in) *m(f);* **se faire le ~ de qc** etw anprangern
dénonciation [denɔ̃sjasjɔ̃] *f* ❶ Anzeige *f; (dans une dictature)* Denunzierung *f;* **sur ~** infolge von Denunzierung; **~ calomnieuse** JUR falsche Anschuldigung
❷ *(accusation)* Anprangerung *f*
❸ JUR *d'un contrat* [Auf]kündigung *f;* **~ pour révision** Änderungskündigung
dénoter [denɔte] <1> *vt* ❶ **~ qc** von etw zeugen, auf etw *(Akk)* schließen lassen
❷ LING bezeichnen
dénouement [denumɑ̃] *m* Ausgang *m; de l'enquête* Ergebnis *nt*
dénouer [denwe] <1> I. *vt* ❶ *(défaire)* aufmachen, lösen; aufknoten *ficelle, lacets;* aufbinden *nœud;* **les cheveux dénoués** mit offenen Haaren
❷ *(résoudre)* aufklären, lösen *intrigue, affaire;* beseitigen *difficulté;* entspannen *situation*
II. *vpr* **se ~** ❶ *(se défaire)* aufgehen, sich lösen
❷ *(se résoudre) intrigue:* sich lösen; *situation:* sich entspannen
dénoyauter [denwajote] <1> *vt* entsteinen
denrée [dɑ̃ʀe] *f* Essware *f;* **~s alimentaires** Lebensmittel *Pl*
▶ **rare** Mangelware *f; fig* Rarität *f*
dense [dɑ̃s] *adj* ❶ *a.* PHYS dicht; *foule* dichtgedrängt
❷ *(condensé)* œuvre, film komplex; *style* gedrängt
densimètre [dɑ̃simεtʀ] *m* TECH Densimeter *nt*
densité [dɑ̃site] *f* ❶ *a.* CHIM, PHYS Dichte *f;* **~ du gaz** Gasdichte; **~ de population** Bevölkerungsdichte
❷ INFORM Schreibdichte *f;* **une disquette avec simple/double ~** eine Diskette mit einfacher/doppelter Schreibdichte; **~ d'enregistrement** Aufzeichnungsdichte; **avoir une grande ~ d'enregistrement** eine hohe Aufzeichnungsdichte haben
❸ *(complexité) d'une œuvre* Komplexität *f;* **la ~ de son style** sein/

ihr gedrängter Stil
◆ **~ de circulation** Verkehrsdichte *f*
dent [dɑ̃] *f* ❶ *de l'homme, animal* Zahn *m;* **~ creuse/gâtée** hohler/schlechter Zahn; **fausses ~s** falsche Zähne; **faire** [*o* **percer**] **ses ~s** Zähne bekommen, zahnen; **~ en or** Goldzahn *(fam)*
❷ *d'une fourchette, d'un râteau* Zinke *f; d'un peigne, engrenage, d'une scie* Zahn *m*
❸ *(sommet de montagne)* Zacke *f*
▶ **en ~s de scie** gezackt; *fig* mit ständigem Auf und Ab; **armé(e) jusqu'aux ~s** bis an die Zähne bewaffnet; **manger/mordre à belles ~s** mit gesundem Appetit essen/kräftig hineinbeißen; **avoir la ~ dure** hart in seiner Kritik sein; **avoir les ~s longues** *(être ambitieux)* sehr ehrgeizig sein, karrieregeil sein *(pej sl); (être avide)* gierig sein; **avoir une ~ contre qn** etwas gegen jdn haben; **se casser les ~s sur qc** sich *(Dat)* an etw *(Dat)* die Zähne ausbeißen *(fam);* **claquer/grincer des ~s** mit den Zähnen klappern/knirschen; **ne pas desserrer les ~s** den Mund nicht aufmachen *(fam);* **être sur les ~s** in äußerster Anspannung sein; **se faire les ~s** Erfahrung sammeln; **n'avoir rien à se mettre sous la ~** nichts zu beißen haben; **parler entre ses ~s** vor sich hin brummeln *(fam)*
◆ **~ de devant** Vorderzahn *m;* **~ du fond** Backenzahn *m;* **~ de lait** Milchzahn *m;* **~s de lait** ANAT Milchgebiss *nt;* **~ de sagesse** Weisheitszahn *m*
dentaire [dɑ̃tεʀ] *adj* **~ abcès** ~ Abszess *m* am Zahn; **plaque/prothèse** ~ Zahnbelag *m*/Zahnersatz *m;* **cabinet/fauteuil ~** Zahnarztpraxis *f*/-stuhl *m;* **soins ~s** zahnärztliche Behandlung, Zahnbehandlung; **frais ~s** Zahnarztkosten *Pl;* **technique ~** Zahntechnik *f;* **laboratoire de ~** zahntechnisches Labor; **ce bridge est très bien fait sur le plan de la technique ~** diese Brücke ist zahntechnisch einwandfrei
dental(e) [dɑ̃tal, o] <-aux> *adj* dental; **consonne ~e** Dental[laut *m*] *m,* Zahnlaut *m*
dentale [dɑ̃tal] *f* Dentallaut *m,* Dental *m,* Zahnlaut
dent-de-lion [dɑ̃dəljɔ̃] <dents-de-lion> *f* Löwenzahn *m,* Kuhblume *f (fam)*
denté(e) [dɑ̃te] *adj* gezackt, gezahnt; **roue ~e** Zahnrad *nt*
dentelé(e) [dɑ̃t(ə)le] *adj* gezackt, gezahnt; *arête* zackig
denteler [dɑ̃t(ə)le] <3> *vt* auszacken *guirlande*
dentelle [dɑ̃tεl] *f* Spitze *f;* **col/robe de ~** Spitzenkragen *m*/-kleid *nt;* **chemisier à ~[s]** Spitzenbluse *f*
dentellier, -ère [dɑ̃təlje, jεʀ] *m, f* Spitzenklöppler(in) *m(f)*
dentelure [dɑ̃t(ə)lyʀ] *f d'une feuille, montagne* Zacken *Pl; d'un timbre* Zahnung *f*
dentier [dɑ̃tje] *m* Gebiss *nt*
dentifrice [dɑ̃tifʀis] *m* Zahnpasta *f*
dentine [dɑ̃tin] *f* ANAT Zahnbein *nt,* Dentin *nt (Fachspr.)*
dentiste [dɑ̃tist] *mf* Zahnarzt *m*/-ärztin *f;* **~ scolaire** Schulzahnarzt/-ärztin; **médecin ~** CH *(chirurgien dentiste)* Zahnarzt *m;* **frais de ~** Zahnarztkosten *Pl*
dentisterie [dɑ̃tistəʀi] *f* Zahnmedizin *f*
dentition [dɑ̃tisjɔ̃] *f* Zähne *Pl,* Gebiss *nt;* **première ~** ANAT Milchgebiss *nt*
denture [dɑ̃tyʀ] *f* Zahnung *f*
dénucléarisation [denykleaʀizasjɔ̃] *f* Entnuklearisierung *f*
dénucléarisé(e) [denykleaʀize] *adj* atomwaffenfrei
dénucléariser [denykleaʀize] <1> *vt* atomwaffenfrei machen
dénudé(e) [denyde] *adj dos, épaules* entblößt; *montagne, arbre* kahl; *câble électrique* abisoliert
dénuder [denyde] <1> I. *vt* ❶ *(dévêtir)* entkleiden
❷ *(laisser voir)* unbedeckt [*o* frei] lassen *dos, bras*
❸ ELEC abisolieren *câble*
II. *vpr* **se ~** *personne:* sich entblößen; *arbre:* kahl werden; **son crâne commence à se ~** sein/ihr Haar wird schütter
dénué(e) [denɥe] *adj* **être ~(e) de qc** einer S. *(Gen)* entbehren; **être ~(e) d'intérêt** uninteressant sein; **être ~(e) de tout fondement** jeglicher Grundlage entbehren
dénuement [denymɑ̃] *m* Elend *nt,* Not *f;* **vivre dans le ~ le plus complet** in äußerstem Elend leben
dénutrition [denytʀisjɔ̃] *f* Unterernährung *f*
déodorant [deɔdɔʀɑ̃] *m* Deodorant *nt*
◆ **~ en aérosol** [*o* **bombe**] Deospray *nt o m;* **~ à bille** Deoroller *m;* **~ en stick** Deostift *m*
déodorant(e) [deɔdɔʀɑ̃, ɑ̃t] *adj* deodorierend, Deo-
déontologie [deɔ̃tɔlɔʒi] *f* [Berufs]ethik *f (Fachspr.);* **~ médicale** Berufsethik des Arztes
déontologique [deɔ̃tɔlɔʒik] *adj* deontologisch *(Fachspr.);* **charte ~** ethischer Verhaltenskodex
dépacser [depakse] <1> *vi* den Vertrag über die eheähnliche Lebensgemeinschaft (PACS) auflösen
dépannage [depanaʒ] *m* ❶ *(réparation) d'une machine, voiture* Reparatur *f;* **service de ~** Pannenhilfe *f*
❷ *(solution provisoire)* Behelf *m;* **à titre de ~** behelfsweise; **solu-**

tion de ~ Notlösung f
dépanner [depane] <1> vt ❶ reparieren *machine, voiture;* ~ **qn** jdm Pannenhilfe leisten; *(remorquer)* jdn abschleppen
❷ *fam (aider)* ~ **qn** jdm aushelfen; **tu pourrais me prêter cent euros pour me ~?** könntest du mir mit hundert Euro aushelfen?; **votre échelle m'a bien dépanné(e)** Ihre Leiter hat mir wirklich aus der Patsche geholfen
dépanneur [depanœʀ] m ❶ *(réparateur)* Mechaniker m
❷ CAN *(épicerie)* [kleines] Lebensmittelgeschäft nt
dépanneuse [depanøz] f ❶ Mechanikerin f
❷ *(véhicule)* Abschleppwagen m; *(pour relever un véhicule accidenté)* Bergungsfahrzeug nt
dépaqueter [depakte] <3> vt auspacken
déparasitage [depaʀazitaʒ] m ELEC Entstörung f
dépareillé(e) [depaʀeje] adj *(incomplet)* service de verres, collection unvollständig; *(isolé)* gant, tasse, chaise einzeln; *(pas assorti)* verres, tasses ungleich
déparer [depaʀe] <1> I. vt entstellen, verunstalten *paysage, visage, collection*
II. vi ne pas ~ **à côté de/avec/dans qc** neben/zu/in etw *(Akk)* passen
départ [depaʀ] m ❶ *(action de partir) (à pied)* Weggehen nt; *(en avion)* Abflug m; *(en voiture, bateau)* Abfahrt f, Abreise f; ~ **précipité** überstürzter [o übereilter] Aufbruch; **au ~ de l'hôtel** beim Verlassen des Hotels; **lors de leur ~ de Stuttgart** als sie aus Stuttgart abfuhren/von Stuttgart abflogen; ~ **en vacances** Abreise in die Ferien; **les grands ~s en vacances** die Ferienreisewelle; **jour de/du ~** [Ab]reisetag m
❷ *(opp: arrivée) d'un train, bateau, bus* Abfahrt f; *d'un avion* Abflug m, Start m; **donner le ~ à un train** einem Zug das Zeichen zur Abfahrt geben; ~ **du courrier** Postausgang m; **heure de ~** Startzeit f; **jour de ~** *d'un bateau* Abfahrtstag m; **ordre/signal de ~** Startkommando/-zeichen
❸ SPORT Start m; ~ **en flèche** Blitzstart; ~ **accroupi** Tiefstart; ~ **arrêté** Hochstart, stehender Start; **faux ~** Fehlstart; **donner le ~** das Startsignal geben; **prendre le** [o **être au**] ~ **de la course** bei dem Rennen starten [o antreten]; **ligne de ~** Startlinie f
❹ pl *(horaires)* **les ~s** *(en parlant de trains, de cars, de bateaux)* die Abfahrtszeiten Pl; *(en parlant d'avions)* die Abflugzeiten Pl; **tableau des ~s et des arrivées** Anzeigetafel f für Abfahrt und Ankunft
❺ *(démission)* Rücktritt m; *(licenciement)* Entlassung f; ~ **à la** [o **en**] **retraite** Pensionierung f; ~ **de la main-d'œuvre** Abgang m von Arbeitskräften; ~ **d'une/de la société** Ausscheiden nt aus einer/der Firma; **après son ~ du gouvernement** nach seinem/ihrem Austritt aus der Regierung
❻ *(début, origine)* Beginn m; **idée de ~** anfängliche Idee; **au ~ zu** Beginn; **dès le ~** gleich zu Beginn
❼ COM ~ **entrepôt/usine** ab Lager/Fabrik
▸ **prendre un bon/mauvais ~** *personne:* gut/schlecht anfangen [o beginnen]; *cheval:* einen guten/schlechten Start haben; *livre:* gut/schlecht anfangen; *(se vendre bien/mal)* einen guten/schlechten [Verkaufs]start haben; **prendre un nouveau ~** [**dans la vie**] einen Neuanfang machen; **au ~ de Paris** ab Paris, von Paris aus; **être sur le ~** im Aufbruch sein
départager [depaʀtaʒe] <2a> I. vt ~ **les candidats/bateaux** zwischen den Kandidaten/Schiffen entscheiden; ~ **les concurrents** den Sieger bestimmen; ~ **les bons et les mauvais** die Guten von den Schlechten trennen
II. vpr **les concurrents peuvent se ~** zwischen den Konkurrenten fällt eine Entscheidung; **réussir/ne pas réussir à se ~** *équipes:* eine/keine Entscheidung herbeiführen können
département [depaʀtəmɑ̃] m ❶ Departement nt; ~ **d'outre-mer** Überseedepartement
❷ *(secteur d'un musée, ministère, d'une entreprise)* Abteilung f; *d'une université* Fachbereich m; ~ **du commerce extérieur** Außenhandelsabteilung
❸ ADMIN, POL CH Direktion f (CH)
◆ **Département d'État** *(au Canada)* Außenministerium nt; *(aux États-Unis)* Außenministerium nt, State Department nt; **Département des Finances** CH Finanzdirektion f (CH); **Département de l'Instruction publique** CH ≈ Kultusministerium nt, Erziehungsdirektion f (CH)

> **Land und Leute**
> Ein französisches **département** ist eine Verwaltungseinheit bzw. ein Verwaltungsbezirk, also ein Teil des Staatsgebiets mit eigenen Zuständigkeiten. Diese betreffen vor allem den sozialen und medizinischen Bereich. In Frankreich gibt es 96 Departementes und fünf *départements d'outre-mer (D.O.M.).*

départemental(e) [depaʀtəmɑ̃tal, o] <-aux> adj Departements-, auf Departementsebene; **route ~e** ≈ Landstraße f

départir [depaʀtiʀ] <10> vpr **se ~ d'une idée** eine Idee aufgeben; **se ~ de son opinion** von seiner Meinung abweichen; **se ~ de sa bonne humeur/de son calme** die gute Laune/die Ruhe verlieren
dépassé(e) [depase] adj ❶ *(démodé)* überholt; **c'est une mode tout à fait ~e** das ist total altmodisch
❷ *(désorienté)* **être ~(e) par qc** bei etw nicht mehr mitkommen; *(fam)* **être ~(e) par les événements** von den Ereignissen überrollt werden
dépassement [depasmɑ̃] m ❶ *d'un véhicule* Überholen nt; ~ **dangereux** gefährliches Überholmanöver
❷ *(action de dépasser un seuil) des crédits, dépenses, prix, d'une date, de la capacité de mémoire* Überschreitung f; Überschreiten nt; ~ **du délai de livraison** Lieferfristüberschreitung; ~ **d'un/du terme** Terminüberschreitung; ~ **du cadre de ses attributions** [o **compétences**] Überschreiten der Befugnisse [o Kompetenzen]; **pratiquer des ~s d'honoraires** erhöhte Honorare verlangen
dépasser [depase] <1> I. vt ❶ *(doubler)* überholen
❷ *(aller plus loin que) (à pied)* vorbeigehen an *(+ Dat)*; *(en véhicule)* vorbeifahren an *(+ Dat)*
❸ *(outrepasser)* überschreiten; **pour votre paiement, tâchez de ne pas ~ le 25 avril!** zahlen Sie bitte noch vor dem 25. April!
❹ *(aller plus loin en quantité)* überschreiten *limite des prix, dose, capacité de mémoire;* ~ **qn de dix centimètres** zehn Zentimeter größer als jd sein; ~ **trois heures** *réunion:* länger als drei Stunden dauern; ~ **le plafond du crédit** den Kreditrahmen überziehen; **je ne voudrais pas ~ mille euros** ich möchte nicht mehr als tausend Euro ausgeben; **avoir dépassé la quarantaine** über vierzig sein; **cela dépasse mes forces** das geht über meine Kräfte; **cela dépasse mes moyens** das übersteigt meine Möglichkeiten
❺ *(surpasser)* übertreffen; ~ **l'attente de qn** jds Erwartungen übertreffen; ~ **qn en intelligence** jdm geistig überlegen sein; **cela dépasse tout ce qu'on peut imaginer** [o **l'entendement**] das übertrifft alles
▸ **ça me/le dépasse!** das ist mir/ihm zu hoch! *(fam)*
II. vi ❶ *(doubler)* überholen; **défense de ~!** Überholverbot!
❷ *(être trop haut, trop long) bâtiment, tour:* hervorragen; *vêtement:* hervorschauen; ~ **de qc** *vêtement:* unter etw *(Dat)* hervorschauen
III. vpr **se ~** sich selbst übertreffen
dépassionner [depasjɔne] <1> vt versachlichen
dépatouiller [depatuje] <1> vpr fam **se ~ de qc** aus etw herauskommen; **il n'a plus qu'à se ~ tout seul!** jetzt kann er seine Suppe allein auslöffeln! *(fam)*; **je n'arriverai jamais à me ~ tout seul!** ich komme da nie allein raus! *(fam)*; **laisse-le donc se ~ tout seul!** soll er doch selbst damit fertig werden!
dépaver [depave] <1> vt ~ **une rue** das Pflaster einer Straße aufreißen
dépaysé(e) [depeize] adj fremd, verloren; **se sentir ~(e)** sich aus der gewohnten Umgebung herausgerissen fühlen; **être complètement ~(e)** *(suite à un déménagement)* sich überhaupt nicht zurechtfinden
dépaysement [depeizmɑ̃] m ❶ *(désorientation)* Fremdheit f; *(changement)* Umstellung f; **quel ~ pour moi!** was für eine Umstellung für mich!
❷ *(changement salutaire)* [willkommene] Abwechslung
dépayser [depeize] <1> I. vt ❶ *(désorienter)* verunsichern, verwirren
❷ *(changer les idées)* ablenken
II. vpr **se ~** sich *(Dat)* Ablenkung [o Abwechslung] verschaffen
dépeçage [depəsaʒ] m Zerlegen nt
dépecer [depəse] <2> vt ❶ zerlegen *animal;* ~ **sa proie/un livre** seine Beute/ein Buch in Stücke reißen
❷ *(démembrer)* zerstückeln *territoire*
dépêche [depɛʃ] f ❶ *(information)* Nachricht f; PRESSE Nachricht f, Agenturmeldung f
❷ *vieilli (télégramme)* Depesche f *(veraltet)*
❸ POL *(communication officielle)* Depesche f; **la ~ d'Ems** die Emser Depesche
dépêcher [depeʃe] <1> I. vpr **se ~** sich beeilen; **dépêche-toi de finir!** beil dich und werd fertig! **je me dépêche de terminer ma lettre** ich schreibe schnell meinen Brief fertig
II. vt form ~ **qn auprès de qn** jdn zu jdm entsenden *(form)*
dépeigner [depeɲe] <1> vt zerzausen
dépeindre [depɛ̃dʀ] *(irr)* vt schildern
dépenaillé(e) [dep(ə)naje] adj *personne* zerlumpt; *vêtement* zerfetzt
dépendance [depɑ̃dɑ̃s] f ❶ *(assujettissement)* Abhängigkeit f; ~ **à l'égard** [o **vis à vis**] **de qn/qc** Abhängigkeit von jdm/etw; ~ **aux importations** Importabhängigkeit; **être sous la ~ financière de qn** von jdm finanziell abhängig sein; **être sous la ~ de qc** unter dem Einfluss einer S. *(Gen)* stehen; ~ **des exportations** Exportabhängigkeit
❷ *(bâtiment)* Nebengebäude nt

❸ *(terrain)* zugehöriges Gebiet

dépendant(e) [depãdã, ãt] *adj* abhängig; *travailleur* nichtselbstständig; **être ~(e) de la drogue** drogenabhängig [*o* süchtig] sein; **pays ~ des exportations** exportabhängiger Staat; **économie trop ~e des importations** importlastige Wirtschaft; **~(e) d'un point de vue financier** wirtschaftlich unselbstständig; **~(e) de la loi relative à l'évaluation unitaire des biens composant le patrimoine** JUR bewertungsgesetzabhängig *(Fachspr.)*

dépendre [depãdʀ] <14> I. *vi* ❶ *(être sous la dépendance de)* **~ de qn/qc** von jdm/etw abhängig sein
❷ *(faire partie de)* **~ de qc** *terrain:* zu etw gehören
❸ *(relever de)* **~ de qn/qc** jdm/etw unterstehen
❹ *(être conditionné par)* **~ des circonstances/du temps** von den Umständen/vom Wetter abhängen; **il dépend de l'artiste/de l'économie de réaliser le projet** es ist [die] Sache des Künstlers/der Wirtschaft das Projekt zu realisieren, es obliegt dem Künstler/der Wirtschaft das Projekt zu realisieren *(geh)*; **il dépend de toi de réussir** es liegt an dir, ob du Erfolg hast; **ça dépend** *fam* das kommt drauf an *(fam)*, je nachdem; **ça dépend [de] ce que/comment/où** *fam* es hängt davon ab, was/wie/wo; **ça dépend du temps** das hängt vom Wetter ab
II. *vt (décrocher)* abnehmen

dépens [depã] *mpl* **aux ~ de qn/qc** auf jds Kosten *(Akk)*/auf Kosten einer S. *(Gen)*; **j'ai appris à mes ~ que qn a fait qc** aus eigener [*o* leidvoller] Erfahrung weiß ich, dass jd etw getan hat

dépense [depãs] *f* ❶ *souvent pl (frais)* Ausgabe *f*; **~s budgétaires** Haushaltsausgaben; **~s courantes/ordinaires** laufende/ordentliche Ausgaben; **~s publiques** öffentliche Ausgaben; **~s supplémentaires** Mehrausgaben; **~s de l'État** Staatsausgaben; **~s d'investissement** Investitionsausgaben; **~s du ménage** Haushaltskosten *Pl*; **~s de chauffage** Heiz[ungs]kosten; **~ en électricité** Stromkosten, *(consommation)* Stromverbrauch *m*; **~s par tête** Pro-Kopf-Ausgaben; **~s pour la défense** Verteidigungsausgaben; **couvrir les ~s** die Kosten decken; **engager des ~s** Unkosten haben; **faire face à des ~s** Ausgaben bestreiten; **régler les ~s de qn** für jdn [*o* für jds Ausgaben] aufkommen; **se lancer dans de grosses ~s** sich in ungeheure Unkosten stürzen
❷ *(usage)* Aufwand *m*; **~ nerveuse** nervliche Belastung; **~ physique** körperliche Anstrengung; **~ d'énergie** [*o* **en énergie**] Energieaufwand; **~ de temps/de forces** Zeit-/Kraftaufwand
❸ ECON, JUR Aufwand *m*; *(coût)* Kosten *Pl*; **~ brutes** Rohaufwand *m*; **~ comptant** Barauslagen *Pl*; **~s fédérales** Bundesausgaben *Pl*; **~s publicitaires** Werbeaufwand *m*; **~s supplémentaires** Mehraufwand; **tierce** Drittaufwand *(Fachspr.)*; **~s totales** Gesamtaufwand; **~s de financement** Finanzierungsaufwand; **~s liées à la durée de travail** Arbeitszeitaufwand; **~s liées aux installations techniques** gerätetechnischer Aufwand; **~s en capitaux** Kapitalaufwand; **~s en devises** Devisenausgaben; **~s pour la recherche** Forschungsaufwand
▶ **pousser** [*o* **entraîner**] **qn à la ~** jdn zum Geldausgeben verleiten [*o* verführen]; **regarder à la ~** aufs Geld sehen *(fam)*; **ne pas regarder à la ~** nicht aufs Geld sehen

dépenser [depãse] <1> I. *vt* ❶ *(débourser)* ausgeben; **~ beaucoup d'argent en téléphone** viel Geld telefonieren
❷ *(consommer)* verbrauchen *électricité, énergie*
❸ *(user)* **~ son temps/son énergie à faire qc** kostbare Zeit/Energie aufwenden um etw zu machen; **ne dépense pas inutilement ta salive!** spar' dir deine Worte!
▶ **~ sans compter** mit dem Geld [nur so] um sich werfen *(fam)*, das Geld mit vollen Händen ausgeben; *(pour des bonnes œuvres)* großzügig spenden
II. *vpr* **se ~** sich verausgaben; *enfant:* sich austoben
▶ **se ~ sans compter** sich abplagen, sich abschinden *(fam)*; **se ~ sans compter pour qc** *(s'engager)* sich voll und ganz für etw einsetzen [*o* verausgaben]

dépensier, -ière [depãsje, -jɛʀ] I. *adj* verschwenderisch
II. *m, f* Verschwender(in) *m(f)*

déperdition [depɛʀdisjɔ̃] *f* **~ de chaleur/d'énergie** Wärme-/Energieverlust *m*; **~ de forces** *(chez un malade)* Kräfteverfall *m*

dépérir [depeʀiʀ] <8> *vi* ❶ *personne:* dahinsiechen, dahinvegetieren; *animal:* eingehen; *plante:* verkümmern
❷ *(péricliter)* **qc dépérit** mit etw geht es bergab; *affaire:* etw kommt zum Erliegen; **la pollution fait ~ les arbres** durch die Luftmschutzung gehen die Bäume ein

dépérissement [depeʀismã] *m d'une personne* Dahinsiechen *nt*; *d'un animal* Eingehen *nt*; *d'une plante* Eingehen *nt*, Verkümmern *nt*; *d'une affaire, entreprise* Niedergang *m*; **le ~ de la forêt** das Waldsterben

dépersonnaliser [depɛʀsɔnalize] <1> I. *vt* entpersönlichen
II. *vpr* **se ~** *(abandonner sa personnalité)* seine Persönlichkeit [*o* Identität] aufgeben; PSYCH an einer Depersonalisation leiden
❷ *(devenir anonyme) maison, paysage:* unpersönlich [*o* fremd] werden

dépêtrer [depetʀe] <1> I. *vt fam* heraushelen; **~ qn d'une situation** jdm aus der Klemme helfen *(fam)*
II. *vpr (se dégager)* **se ~ de qc** sich aus/von etw befreien; *fig fam (se tirer d'affaires)* sich aus etw herausziehen; **dépêtre-toi tout seul!** sieh zu, wie du da alleine wieder rauskommst! *(fam)*

dépeuplement [depœpləmã] *m* **~ d'une région** Entvölkerung *f* einer Region; **~ des campagnes** Landflucht *f*

dépeupler [depœple] <1> I. *vt* entvölkern *pays, région*; **~ une rivière** den Fischbestand eines Flusses vernichten; **les départs en vacances dépeuplent la ville [de ses habitants]** durch die Ferienwelle ist die Stadt wie leer gefegt *(fam)*
II. *vpr* **une ville/une région se dépeuple** die Bevölkerung einer Stadt/Region geht zurück; **la forêt/le fleuve se dépeuple** der Wild- und Baumbestand des Waldes/der Fischbestand des Flusses geht zurück

déphasage [defazaʒ] *m fam (décalage)* Diskrepanz *f*, Kluft *f*; **le ~ entre la société et les partis** die Kluft zwischen Gesellschaft und Parteien; **il y a un ~ entre ce que tu t'imagines et la réalité** deine Vorstellungen und die Wirklichkeit stimmen nicht überein

déphasé(e) [defaze] *adj fam (désorienté)* **être ~(e)** neben sich *(Dat)* stehen *(fam)*

dépiauter [depjote] <1> *vt fam* schälen *fruit;* auswickeln *bonbon;* **~ un animal** ein Tier abziehen [*o* häuten], einem Tier die Haut abziehen

dépigmentation [depigmãtasjɔ̃] *f* MED Depigmentierung *f*, Pigmentmangel *m*

dépilation [depilasjɔ̃] *f* Enthaarung *f*; MED Haarausfall *m*, Depilation *f (Fachspr.)*

dépilatoire [depilatwaʀ] *adj* Enthaarungs-

dépistage [depistaʒ] *m* ❶ *d'un malfaiteur* Aufspüren *nt*
❷ MED *d'une maladie* [Früh]erkennung *f*, Screening *nt (Fachspr.)*; **~ précoce** Früherkennung; **~ du cancer** Krebsvorsorge *f*; **test de ~ du sida** Aidstest *m*; **test de ~ rapide** Schnelltest

dépister [depiste] <1> *vt (rechercher)* aufspüren *personne, animal;* erkennen *maladie*

dépit [depi] *m* Ärger *m*; **~ amoureux** enttäuschte Liebe; **de [*o* par] ~** aus Trotz; **éprouver du ~** tief gekränkt sein; **crever de ~** vor Neid erblassen; **ravaler son ~** seinen Ärger herunterschlucken; **causer du ~ à qn** jdm Ärger bereiten
▶ **en ~ du bon sens** unsinnig, gegen den gesunden Menschenverstand; *agir* widersinnig; **en ~ de qc** einer S. *(Dat)* zum Trotz, trotz einer S. *(Gen)*; **en ~ de tout et de tous** allem und jedem zum Trotz; **en ~ de la pluie** trotz des Regens; **en ~ de sa jeunesse** trotz seiner/ihrer Jugend; **en ~ de conventions passées** entgegen früheren Vereinbarungen

dépité(e) [depite] *adj* bitter enttäuscht

dépiter [depite] <1> *vt* ärgern

déplacé(e) [deplase] *adj (inopportun) intervention, présence* unangebracht, unpassend; *(inconvenant) geste* anstößig, ungehörig; *propos, remarque* unhöflich, ungehörig

déplacement [deplasmã] *m* ❶ *(changement de place)* d'un objet Umstellen *nt*; *d'un os, d'une vertèbre* Verschiebung *f*
❷ *(voyage)* [Geschäfts]reise *f*; **être en ~** unterwegs [*o* auf Reisen] [*o* verreist] sein; **pour mes ~s en ville, je ne prends jamais la voiture** um mich in der Stadt fortzubewegen nehme ich nie das Auto
❸ *(mouvement) d'une balle* Bewegung *f*; METEO **des perturbations atmosphériques, du vent** Bewegung
❹ *(mutation)* Versetzung *f*
▶ **cela vaut le ~** das lohnt sich, dafür lohnt sich der Weg, es lohnt sich hinzugehen/-fahren/-reisen; **Berlin vaut le ~ !** Berlin ist eine Reise wert!
◆ **~ d'air** Luftverdrängung *f*; **le ~ d'air provoqué par le train** die vom Zug verdrängte Luft; **~ des bénéfices** Gewinnverlagerung *f*; **~ du curseur** INFORM Cursorsteuerung *f*; **~ d'entreprise** Betriebsverlegung *f*; **~ de population** Bevölkerungsverschiebung *f*, Migration *f* [der Bevölkerung]; **~ de troupes** Truppenbewegung *f*

déplacer [deplase] <2> I. *vt* ❶ *(changer de place)* an einen anderen Platz legen/stellen *objet;* umstellen *meuble;* **~ la souris vers la gauche/la droite** die Maus nach links/nach rechts schieben
❷ MED verschieben *vertèbre;* verrenken *articulation;* **~ une vertèbre à qn** jdm etw ausrenken
❸ *(muter)* versetzen *fonctionnaire*
❹ *(réinstaller)* umsiedeln *population, habitants*
❺ TECH **~ de l'air** Luft verdrängen
❻ *(éluder)* **~ une question/un problème** einer Frage/einem Problem ausweichen
II. *vpr* ❶ *(être en mouvement)* **se ~** *personne, animal:* sich fortbewegen; *cyclone:* sich bewegen; *nuages:* sich bewegen, ziehen; **se ~ en chaise roulante** sich im Rollstuhl fortbewegen
❷ *(se décaler)* **se ~** *(en position debout)* zur Seite gehen; *(en position assise)* zur Seite rücken
❸ *(voyager)* **se ~** reisen; **se ~ en avion/voiture** fliegen/mit dem

Auto fahren
④ MED **se ~ une articulation** sich *(Dat)* ein Gelenk verrenken [*o* ausrenken]
déplafonner [deplafɔne] <1> *vt* **~ les salaires/le crédit** *(relever la limite)* die Höchstgrenze der Gehälter/des Kredits heraufsetzen; *(supprimer la limite)* die Höchstgrenze der Gehälter/des Kredits aufheben; **~ les cotisations** *(supprimer la limite)* die Beitragsbemessungsgrenze aufheben; *(relever la limite)* die Beitragsbemessungsgrenze anheben
déplaire [deplɛR] <*irr*> **I.** *vi* ❶ *(ne pas plaire)* **~ à qn** jdm missfallen; *(irriter)* jdn verstimmen [*o* ärgern]
❷ *form (contrarier)* **il déplaît/déplairait à qn de faire qc** es ist/wäre jdm sehr unangenehm etw tun zu müssen; **il me déplairait beaucoup d'avoir à vous punir** ich würde euch nur ungern bestrafen
▶ **n'en déplaise à qn** *iron* mag es jdm recht sein oder nicht, ob es jdm gefällt oder nicht
II. *vpr* **se ~ en ville/dans un emploi** sich in der Stadt/bei einer Arbeit nicht wohl fühlen; **se ~ dans un sol trop sec** *plante:* in einem zu trockenen Boden nicht gedeihen
déplaisant(e) [deplɛzɑ̃, ɑ̃t] *adj personne* unangenehm, unfreundlich; *remarque, réflexion* unschön; *ton* unfreundlich, unhöflich
déplaisir [deplezir] *m* **à mon grand ~** *(contrariété)* zu meinem großen Ärger; *(regret)* zu meinem großen Leidwesen [*o* Bedauern]; **avec ~** *(sans envie)* [nur] ungern, widerwillig; *(avec regret)* mit Bedauern; **sans ~** gerne
déplanter [deplɑ̃te] <1> *vt* ausgraben
déplâtrage [deplɑtraʒ] *m* MED Abnehmen *nt* [*o* Entfernen *nt*] des/eines Gipsverbandes
déplâtrer [deplɑtre] <1> *vt* MED **~ qn/le bras de qn** jdm den Gips[verband] abnehmen/den Gips[verband] vom Arm abnehmen; **se faire ~** sich *(Dat)* den Gips[verband] entfernen [*o* abnehmen] lassen
dépliage [deplijaʒ] *m* Auseinanderfalten *nt*
dépliant [deplijɑ̃] *m* Faltprospekt *m;* **~ touristique** Reiseprospekt
déplier [deplije] <1a> **I.** *vt* auffalten *drap, vêtement;* auseinanderfalten *plan, journal;* ausstrecken *jambes*
II. *vpr* **se ~** *parachute:* sich öffnen; *jeune feuille:* sich öffnen, sich entfalten; **ce canapé peut se ~** diese Couch ist ausziehbar
❷ *(s'allonger) personne:* sich ausstrecken; *(se dresser)* sich aufrichten
déplisser [deplise] <1> **I.** *vt* glätten; *(à la main)* glatt streichen; **~ une jupe en la repassant** die Falten aus einem Rock herausbügeln, einen Rock glatt bügeln
II. *vpr* **se ~** *étoffe, vêtement:* seine Falten verlieren; **ce tissu se déplisse facilement** aus diesem Stoff gehen die Falten leicht heraus
déploiement [deplwamɑ̃] *m* ❶ *(action de déployer)* **~ d'une aile/d'une banderole** Ausbreiten *nt* eines Flügels/Spruchbandes; **~ d'un drapeau** Hissen *nt* einer Flagge; **~ d'une voile** Setzen *nt* eines Segels
❷ *(étalage)* **~ d'amabilités** Demonstration *f* von Liebenswürdigkeit; **~ de richesses** Zurschaustellen *nt* [*o* Zurschaustellung *f*] des Reichtums
❸ *(dépense)* **~ d'énergie** Aufwand *m* an Energie
④ MIL **~ de troupes/d'une armée** Aufmarsch *m* der Truppen/einer Armee; **~ de chars/de missiles** Stationierung *f* von Panzern/Raketen
déplomber [deplɔ̃be] <1> *vt* ❶ *(enlever le sceau)* die Plombe entfernen; **~ un camion** den Zollverschluss [*o* die Plombe] an einem Lastwagen entfernen
❷ *(enlever le plombage)* **~ une dent** die Füllung [*o* Plombe] aus einem Zahn entfernen; **j'ai une dent déplombée** mir ist die Füllung aus einem Zahn herausgefallen
❸ INFORM **~ un logiciel** den Code eines Programms knacken
déplorable [deplɔrabl] *adj effet, fin, oubli* bedauerlich; *comportement, personne, situation, résultats* erbärmlich [schlecht]; **être dans un état ~** *enfant:* in einem jämmerlichen Zustand sein
déplorablement [deplɔrabləmɑ̃] *adv* erbärmlich [schlecht], sehr schlecht, verdammenswert
déplorer [deplɔre] <1> *vt* ❶ *(regretter)* bedauern; **~ ne pas pouvoir faire qc** bedauern etw nicht tun zu können
❷ *(enregistrer)* **on déplore des victimes** Opfer sind zu beklagen (geh)
❸ *(être affligé de)* beklagen, betrauern *malheur, mort*
déployer [deplwaje] <7> **I.** *vt* ❶ *(déplier)* ausbreiten *ailes, carte, drapeau;* setzen *voile*
❷ MIL aufmarschieren lassen *troupes, forces de police;* stationieren *chars, missiles*
❸ *(mettre en œuvre)* einsetzen *énergie, ingéniosité;* aufbringen *courage;* *(étaler)* zur Schau stellen, zeigen *charmes, richesses;* **~ une activité fébrile** eine fieberhafte Aktivität an den Tag legen; **~ beaucoup de fastes** großen Aufwand betreiben

II. *vpr* ❶ *(se déplier)* **se ~ ailes:** sich ausbreiten; *drapeau, tissu:* sich entfalten; *voile:* sich blähen
❷ *(se disperser) soldats, troupes:* ausschwärmen; *cortège:* sich verteilen, sich auseinanderziehen
déplumé(e) [deplyme] *adj oiseau* gerupft; *fam arbre, crâne, personne* kahl
déplumer [deplyme] <1> *vpr* ❶ *(perdre ses plumes)* **se ~** die Federn verlieren
❷ *fam (se dégarnir)* **se ~** *personne:* eine Glatze bekommen, die Haare verlieren; *crâne:* kahl werden; *plante, arbre:* die/seine Blätter verlieren
dépoitraillé(e) [depwatraje] *adj fam* **qn est ~(e)** jds Hemd steht offen
dépoli(e) [depɔli] *adj* matt, glanzlos, trüb
dépolir [depɔlir] <8> **I.** *vt* matt machen
II. *vpr* **se ~** *miroir:* blind werden; *métal:* anlaufen
dépolitisation [depɔlitizasjɔ̃] *f (action de dépolitiser)* Entpolitisierung *f;* *(manque d'intérêt politique)* Desinteresse *nt* [*o* fehlendes Interesse] an der Politik
dépolitiser [depɔlitize] <1> *vt* entpolitisieren *vie, entreprise;* **~ qn** jdm das Interesse an der Politik nehmen
dépolluer [depɔlɥe] <1> *vt* säubern *lieu;* säubern, sanieren *rivière, mer*
dépollution [depɔlysjɔ̃] *f* Säuberung *f;* **d'une rivière, de la mer** Sanierung *f*
déponent [depɔnɑ̃] *m* GRAM Deponens *nt*
dépopulation [depɔpylasjɔ̃] *f* Bevölkerungsrückgang *m*
déport [depɔr] *m* BOURSE Kursabschlag *m*
déportation [depɔrtasjɔ̃] *f* HIST Verschleppung *f,* Deportation *f,* Deportierung *f;* *(bannissement)* Zwangsverschickung *f,* Verbannung *f;* **en ~** im Lager
déporté(e) [depɔrte] *m(f)* Deportierte(r) *f(m),* Zwangsverschleppte(r) *f(m);* **~ du travail** ≈ Zwangsarbeiter(in) *m(f)*
déportement [depɔrtəmɑ̃] *m pl* [lockerer] Lebenswandel *m*
déporter [depɔrte] <1> **I.** *vt* ❶ *a.* HIST *(exiler)* deportieren, verschleppen; *(bannir)* [zwangs]verschicken, verbannen
❷ *(faire dévier)* abdrängen *voiture, vélo*
II. *vpr* **se ~** *véhicule:* ausscheren, aus der Spur geraten; **se ~ dans le virage** aus der Kurve getragen werden
déposant(e) [depozɑ̃, ɑ̃t] *m(f)* ❶ JUR Hinterleger(in) *m(f);* *(témoin)* Zeuge *m/*Zeugin *f;* **~(e) unique** *d'un brevet* Einzelanmelder(in) *m(f);* **~(e) de droit privé** Privatanmelder(in)
❷ FIN Einzahler(in) *m(f),* Einleger(in) *m(f)*
dépose [depoz] *f d'un chauffe-eau, d'un appareil* Abmontieren *nt;* *d'un élément de cuisine a.* Abbauen *nt;* *d'une machine* Zerlegen *nt;* *d'un moteur, de la plomberie* Ausbauen *nt;* *de rideaux* Abnehmen *nt;* **la ~ de l'aile de la voiture** das Abmontieren des Kotflügels
déposer [depoze] <1> **I.** *vt* ❶ *(poser)* abstellen *fardeau;* niederlegen *gerbe;* abladen *ordures;* **~ qc sur la table** etw auf den Tisch stellen/legen; **~ une gerbe sur une tombe** einen Kranz auf ein Grab legen [*o* auf einem Grab niederlegen]
❷ *(conduire, livrer)* absetzen, rauslassen *(fam) personne;* abladen *ordures*
❸ *(décanter)* **~ de la boue** *crues:* Schlamm anschwemmen; **~ du sable** *vent:* Sand herantragen [*o* heranwehen]; **~ des saletés sur la plage** *mer:* Dreck an den Strand schwemmen [*o* spülen]
④ *(confier)* abgeben *bagages, carte de visite, manteau;* hinterlegen *lettre, document;* abgeben *paquet, colis*
❺ FIN einzahlen *argent;* hinterlegen *valeur, titre;* einreichen *chèque;* **~ mille euros sur son compte/au guichet** tausend Euro auf sein Konto/am Schalter einzahlen
❻ *(faire enregistrer)* anmelden *brevet;* einbringen *projet de loi, proposition de loi;* einreichen *réclamation, rapport, pétition;* **~ la marque de fabrication de qc** etw als Warenzeichen eintragen; **marque déposée** eingetragenes Warenzeichen; **~ plainte** Anzeige erstatten, Klage erheben; **~ une demande d'amendement** *député:* einen Änderungsantrag einbringen; **~ la demande de mise en faillite** den Konkursantrag stellen
❼ *(démonter)* abmontieren *appareil;* ausbauen *moteur*
❽ *(abdiquer)* niederlegen *couronne;* **~ le pouvoir** zurücktreten, abtreten
❾ *(destituer)* **~ qn** jdn absetzen, jdn seines Amtes entheben
II. *vi* ❶ *(témoigner)* aussagen; **~ comme témoin à charge** als Belastungszeuge aussagen
❷ *(laisser un dépôt) vin, eau:* sich setzen
III. *vpr* **se ~** *lie, poussière:* sich absetzen
dépositaire [depoziter] *m* ❶ *(détenteur) de valeurs mobilières* Verwahrer(in) *m(f);* *d'un secret* Mitwisser(in) *m(f);* **~ de l'autorité de l'État** Träger *m* der Staatsgewalt; **~ d'une loi/d'un droit** Rechtsträger *(Fachspr.)*
❷ *(concessionnaire)* Vertragshändler(in) *m(f),* Vertreter(in) *m(f);* **~ de journaux** Zeitungshändler(in) *m(f)*
déposition [depozisjɔ̃] *f* ❶ *(témoignage)* [Zeugen]aussage *f;*

faire/recueillir/signer une ~ eine [Zeugen]aussage machen/einholen/unterschreiben; **faire une ~ par écrit** eine schriftliche Aussage machen
❷ *(destitution) d'un souverain* Absetzung *f*
❸ *(fait de déposer)* **~ d'une soumission d'offre** Angebotsabgabe *f*
déposséder [depɔsede] <5> *vt* enteignen *personne;* **~ qn de ses biens** jdn enteignen; **~ qn de ses biens fonciers** jdm den Grundbesitz entziehen; **~ qn d'une charge** jdn einer Aufgabe entheben
dépossession [depɔsesjɔ̃] *f* Enteignung *f;* JUR Besitzentziehung *f (Fachspr.)*
dépôt [depo] *m* ❶ *(présentation) d'un projet de loi* Einbringen *nt;* *(enregistrement) d'une plainte* Erheben *nt; d'une marque déposée* Eintragen *nt; d'un brevet, d'une candidature* Anmeldung *f;* **~ d'une demande** Einreichung *f* einer Klage; **~ légal** Depotzwang *m*, Pflichtablieferung *f*
❷ *(action de déposer) d'un chèque* Einreichen *nt; d'argent, d'espèces* Einzahlung *f*, Einzahlen *nt; de titres, valeurs* Hinterlegung *f,* Hinterlegen *nt*
❸ *(avoir)* Guthaben *nt,* Einlage *f;* **~s bancaires** Bankguthaben, Bankeinlagen; **~s interbancaires** Interbanken-Einlagen; **~ privé** Privateinlage; **laisser de l'argent en ~ dans une banque** Geld bei einer Bank hinterlegen; **~s à préavis** Einlagen mit Kündigungsfrist; **~ de fonds** Geldeinlage; **~s en** [*o* **sur**] **compte courant** Giroeinlagen, Kontokorrenteinlagen *(Fachspr.)*
❹ *(fait de confier) d'objets précieux, d'un testament* Hinterlegung *f,* Hinterlegen *nt; de titres* Verwahrung *f; d'un vêtement* Abgabe *f;* **~ judiciaire/assuré** gerichtliche/sichere Verwahrung; **donner/prendre qc en ~** etw in gerichtliche Verwahrung geben/nehmen; **laisser qc en ~ chez qn** etw bei jdm in Verwahrung geben, jdm etw anvertrauen; **bureau de ~** JUR Hinterlegungsstelle *f;* **~ de choses interchangeables** JUR Tauschverwahrung *(Fachspr.);* **~ d'une garantie en espèces** Hinterlegung einer Barsicherheit; **~ en mains tierces** JUR Drittverwahrung *(Fachspr.)*
❺ *(action de poser) d'une gerbe, couronne* Niederlegung *f*
❻ *(sédiment)* Ablagerung *f;* **il y a un ~ de lie/il y a du ~ dans la bouteille** am Boden der Flasche hat sich ein Satz gebildet; **~ de tartre** *(sur les dents)* Zahnstein *m; (dans une bouillore)* Kesselstein *m; (dans les conduits, chaudières)* Kalkablagerung
❼ *(entrepôt) d'autobus, de trams* Depot *nt; (stock)* Warenlager *nt,* Auslieferungslager; **~ d'armes** Waffendepot, Waffenlager; **~ de carburants/de marchandises/de munitions** Treibstoff-/Waren-/Munitionslager; **~ de matériel/de meubles** Material-/Möbellager; **~ de pièces de rechange** Ersatzteillager
◆ **~ à terme** BOURSE Termineinlage *f;* **~ de bilan** Konkursanmeldung *f;* **établir un ~ de bilan** eine Konkursanmeldung vornehmen; **~ de brevet** Patentanmeldung *f;* **~ de garantie** als Sicherheit hinterlegter Betrag; *d'un locataire* [Miet]kaution *f;* **~ d'ordures** Mülldeponie *f,* Schuttabladeplatz *m,* Kehrichtdeponie (CH)
dépoter [depɔte] <1> *vt* umtopfen
dépotoir [depɔtwaʀ] *m* ❶ *(dépôt d'ordures)* Müllhalde *f,* Schuttabladeplatz *m*
❷ *fam (désordre)* Saustall *m (fam),* Müllhalde *f (fam);* **c'est une véritable classe ~** diese Klasse ist ein Sammelbecken für schlechte Schüler [*o* Nieten *fam*]
dépôt-vente [depovɑ̃t] <dépôts-vente> *m (magasin)* Ankauf- und Verkaufsgeschäft *nt; (de vêtements)* Secondhandgeschäft
dépouille [depuj] *f* ❶ *(peau) d'un animal à fourrure* Fell *nt,* Balg *m; d'un serpent* Haut *f*
❷ *form (corps)* **~ mortelle** *form* sterbliche Überreste *Pl (form)*
❸ *pl* Habschaften *Pl; (butin)* [Sieges]beute *f; (héritage)* Hinterlassenschaft *f*
dépouillé(e) [depuje] *adj* ❶ *(sobre) décor* schmucklos, kahl, karg; *style* klar, knapp; *texte* trocken, nüchtern
❷ *(exempt)* **être ~(e) de qc** ohne etw sein
dépouillement [depujmɑ̃] *m* ❶ *d'un mode de vie* Einfachheit *f; d'un décor* Schmucklosigkeit *f,* Einfachheit *f; d'un style* Nüchternheit *f,* Knappheit *f*
❷ *d'un scrutin* [Aus]zählen *nt; du courrier* Sichten *nt,* Durchsehen *nt*
dépouiller [depuje] <1> I. *vt* ❶ *(ouvrir)* [aus]zählen *scrutin;* sichten, durchsehen *courrier*
❷ *(dévaliser)* berauben; **~ qn de ses biens** jdn [seiner Güter] berauben; **~ qn de sa part d'héritage** jdn um sein Erbteil bringen
❸ *(écorcher, déshabiller)* **~ un animal** einem Tier die Haut abziehen, ein Tier abbalgen; **~ qn de ses vêtements** jdn entkleiden, jdm die Kleider ausziehen, jdn entblößen; **~ une branche de son écorce/de ses feuilles** die Rinde/Blätter von einem Ast entfernen, die Rinde von einem Ast abschälen/einen Ast entblättern
II. *vpr* ❶ *(se déshabiller)* **se ~ de ses vêtements** seine Kleidung ablegen [*o* ausziehen]
❷ *(faire don)* **se ~ de sa fortune** sein Vermögen weggeben
❸ *littér (se dénuder)* **se ~ de ses feuilles** seine Blätter verlieren
dépourvu(e) [depuʀvy] *adj* ❶ *(privé)* **être ~(e)** *(être sans ressources)* mittellos sein; **être ~(e) de qc** ohne etw sein; **cette**

famille est ~e de tout dieser Familie fehlt es an allem, diese Familie ist vollkommen mittellos; **être ~(e) de bon sens** nicht ganz bei Verstand sein *(fam)*
❷ *(ne pas être équipé)* **être ~(e) de chauffage/d'électricité** keine Heizung/keinen Strom haben
❸ JUR **~(e) d'effet juridique** rechtsunwirksam *(Fachspr.)*
▶ **prendre qn au ~** jdn überrumpeln, jdn unvorbereitet treffen; **être pris(e) au ~ par qn/qc** von jdm/etw überrumpelt werden
dépoussiérage [depusjeraʒ] *m* Entstauben *nt; fig de l'administration, des institutions* Auffrischung *f,* Entmottung *f (fam)*
dépoussiérer [depusjeʀe] <5> *vt* ❶ *(nettoyer)* abstauben
❷ *(rajeunir)* auffrischen; **~ une institution** einer Einrichtung neue Impulse geben
dépravation [depʀavasjɔ̃] *f* Verfall *m;* **~ des mœurs** Sittenverfall *m*
dépravé(e) [depʀave] I. *adj jugement* pervertiert; *goût, personne* verdorben
II. *m(f)* verkommenes Individuum
dépraver [depʀave] <1> I. *vt argent:* korrumpieren; negativ beeinflussen *chose;* verderben *goût, personne*
II. *vpr* **se ~** moralisch immer tiefer sinken; *mœurs:* verfallen
dépréciatif, -ive [depʀesjatif, -iv] *adj* LING abwertend; **suffixe ~** pejoratives Suffix
dépréciation [depʀesjasjɔ̃] *f d'une marchandise* Wertminderung *f; d'une monnaie, de valeurs* Abwertung *f;* **~ monétaire** [*o* **de la monnaie**] Währungsverfall *m,* monetärer Abschwung; **~ de l'argent** Geldabwertung
déprécier [depʀesje] <1a> I. *vt* ❶ *(faire perdre de la valeur)* abwerten *monnaie, valeur;* **~ une marchandise** den Wert einer Ware mindern
❷ *(minimiser)* unterschätzen; schmälern *service rendu, mérite*
II. *vpr* **se ~** ❶ *(se dévaluer) bien, marchandise:* an Wert verlieren; *monnaie, valeur:* abgewertet werden
❷ *(se dénigrer)* sich selbst herabsetzen
déprédateur, -trice [depʀedatœʀ, -tʀis] I. *m, f* Veruntreuer(in) *m(f)*
II. *adj* räuberisch
déprédation [depʀedasjɔ̃] *f gén pl (dégâts naturels ou dans la nature)* Verwüstung *f; (dégâts matériels)* Beschädigung *f; (pillage)* Plünderung *f; (malversation)* Veruntreuung *f;* **commettre** [*o* **se livrer à**] **des ~s** Schäden verursachen, Schaden anrichten
déprendre [depʀɑ̃dʀ] <13> *vpr* **se ~ de qn/qc** sich von jdm/etw frei machen
dépressif, -ive [depʀesif, -iv] I. *adj* depressiv
II. *m, f* Depressive(r) *m(f);* **c'est un grand ~** er neigt zu Depressionen
dépression [depʀesjɔ̃] *f* ❶ *(découragement)* [moralisches] Tief; PSYCH Depression *f;* **~ post[-]natale** Wochenbettdepression; **faire une ~ nerveuse** einen Nervenzusammenbruch haben; **faire de la ~** Depressionen haben; **être atteint(e) d'une ~ endogène/réactive** an einer endogenen/reaktiven Depression leiden
❷ METEO Tief *nt;* **~ atlantique** atlantisches Tief; **~ atmosphérique/barométrique** Tief[druck]gebiet *nt*)
❸ ECON |**économique**| Konjunkturtief *nt,* Depression *f;* **traverser une ~ économique** eine Wirtschaftskrise durchmachen
❹ GEOG *d'un terrain* Senke *f;* **~ géologique** Geodepression *f (Fachspr.)*
dépressionnaire [depʀesjɔnɛʀ] *adj* METEO Tiefdruck-; **creux ~** Tiefausläufer *m*
dépressurisation [depʀesyʀizasjɔ̃] *f* Druckabfall *m*
dépressuriser [depʀesyʀize] <1> *vt* **~ une cabine** den [Luft]druck in einer Kabine vermindern
déprimant(e) [depʀimɑ̃, ɑ̃t] *adj (démoralisant)* deprimierend; *événement, reportage, souvenir* niederdrückend
déprime [depʀim] *f fam* Katzenjammer *m (fam);* **être en pleine ~** total fertig [*o* total am Ende] sein *(fam);* **c'est la ~** es herrscht Flaute; **faire de la ~** deprimiert sein
déprimé(e) [depʀime] *adj personne* deprimiert; ECON *marché* gedrückt
déprimer [depʀime] <1> I. *vt (démoraliser)* deprimieren
II. *vi fam* deprimiert sein
déprogrammation [depʀɔgʀamasjɔ̃] *f d'une émission* Absetzung *f*
déprogrammer [depʀɔgʀame] <1> *vt* ❶ TV, RADIO aus dem Programm nehmen *émission, spectacle*
❷ INFORM umprogrammieren *magnétoscope, téléviseur, robot*
dépuceler [depys(ə)le] <3> *vt pop* entjungfern
depuis [dəpɥi] I. *prép* ❶ *(à partir de)* seit; **~ le jour où** seit dem Tag, an dem; **~ quelle date?** seit wann?; **~ Paris,...** seit Paris ...; **ce concert se retransmis ~ nos studios** dieses Konzert wird aus unseren Studios übertragen; **~ ma fenêtre** von meinem Fenster aus; **toutes les tailles ~ le 36** alle Größen ab [Größe] 36; **~ le 11.6.** seit dem 11.6.; **~ mon plus jeune âge** seit meiner frühesten

Kindheit; **~ le début jusqu'à la fin** vom Anfang bis zum Ende; **~ le premier jusqu'au dernier** vom Ersten bis zum Letzten; **~ quand?** seit wann?; **~ que qn a fait qc** seit[dem] jd etw getan hat

② *(durée, distance)* seit; **~ des mois/dix minutes** seit Monaten/zehn Minuten; **~ longtemps** seit langem; **~ peu** seit kurzem; **~ toujours** schon immer; **~ dix minutes être parti** seit [o vor] zehn Minuten; **attendre ~ plus d'une heure** schon über eine Stunde warten; **je n'ai pas été au théâtre ~ des siècles** ich war schon ewig nicht mehr im Theater; **~ plusieurs kilomètres** schon seit mehreren Kilometern; **~ cela** [o **lors**] seitdem

II. *adv* seither

dépuratif [depyʀatif] *m* Blutreinigungsmittel *nt*

dépuratif, -ive [depyʀatif, -iv] *adj* blutreinigend; **tisane dépurative** Blutreinigungstee *m*; **avoir un effet ~** blutreinigend wirken

dépuration [depyʀasjɔ̃] *f* Läuterung *f*; **~ du sang** Blutreinigung *f*; **avoir un effet de ~ du sang** blutreinigend wirken

dépurer [depyʀe] <1> *vt* läutern; reinigen *sang, métal*

députation [depytasjɔ̃] *f* ❶ *(envoi)* Entsendung *f*

② *(groupe)* Abordnung *f*

❸ *(fonction)* Abgeordnetenmandat *nt*; **elle est candidate à la ~** sie kandidiert als Abgeordnete

député(e) [depyte] *m(f)* ❶ *(parlementaire)* Abgeordnete(r) *f(m)*; **~ européen/~e européenne** Europaabgeordnete(r); **les ~s à l'Assemblée nationale** die Abgeordneten der Nationalversammlung

② CH *(membre du parlement de canton)* **~ du Grand Conseil** Großrat *m* (CH)

député-maire, députée-maire [depytemɛʀ] <députés-maires> *m, f* Abgeordnete(r) *f(m)* [in der Nationalversammlung und Bürgermeister(in)]

députer [depyte] <1> *vt* entsenden *ambassadeur*

déqualification [dekalifikasjɔ̃] *f* Qualifikationsminderung *f*

der [dɛʀ] *mf fam abr de* **dernier, dernière boire le ~** einen letzten Schluck [o ein letztes Glas] mit jdm trinken

▶ **dix de ~** zehn Punkte beim letzten Stich im Belote (franz. Kartenspiel); **la ~ des ~s** *(partie)* das Allerletzte; **les combattants en 1914 croyaient que ce serait la ~ des ~s** die Kriegsteilnehmer glaubten 1914, dass dies der letzte [große] Krieg sei

déracinement [deʀasinmɑ̃] *m* ❶ *d'un arbre* Entwurzelung *f*

② *(élimination) d'un préjugé* Ausrottung *f*; *d'une habitude* Aufgeben *nt*

❸ *(expatriation)* Entwurzelung *f*; **être déraciné(e)** entwurzelt sein

déraciner [deʀasine] <1> *vt* ❶ *(arracher)* entwurzeln *arbre, plante*

② *(éliminer)* ausrotten *préjugé*; **~ une habitude** eine Gewohnheit ablegen

❸ *fig (expatrier)* entwurzeln

déraidir [deʀedir] <8> *vt* geschmeidig[er] machen; *fig* fügsam[er] machen *caractère*

déraillement [deʀajmɑ̃] *m d'un train* Entgleisung *f*

dérailler [deʀaje] <1> *vi* ❶ *(sortir des rails) train:* entgleisen; **faire ~ un train** einen Zug zum Entgleisen bringen

② *fam (déraisonner)* Unsinn reden *(fam)*; **il déraille complètement** der spinnt total *(fam)*

❸ *(mal fonctionner) machine, appareil:* nicht richtig funktionieren

dérailleur [deʀajœʀ] *m* Kettenschaltung *f*

déraison [deʀɛzɔ̃] *f littér* Unvernunft *f*, Unverstand *m*

déraisonnable [deʀɛzɔnabl] *adj* unvernünftig, vernunftwidrig

déraisonner [deʀɛzɔne] <1> *vi* faseln *(pej fam)*

dérangé(e) [deʀɑ̃ʒe] *adj* ❶ *fam (fou)* verwirrt *(fam)*

② MED **être ~** eine Magenverstimmung haben; **avoir l'estomac ~** eine Magenverstimmung haben; **avoir l'intestin ~** Darmbeschwerden haben

❸ *(désordonné)* unaufgeräumt

④ *(gêné)* **les résidents** [très] **~s par le bruit** die lärmgeplagten Anwohner

dérangement [deʀɑ̃ʒmɑ̃] *m* ❶ *(gêne)* Störung *f*; **~ intestinal** Darmbeschwerden *Pl*; **excusez-moi du ~!** entschuldigen Sie die Störung!; **causer du/beaucoup de ~ à qn** jdm Umstände/große Umstände bereiten

② *(incident technique)* **être en ~ ligne:** gestört sein; *téléphone:* nicht richtig funktionieren

déranger [deʀɑ̃ʒe] <2a> I. *vt* ❶ *(gêner)* aufscheuchen *animal;* **~ qn pour un service** jdn [wegen eines Gefallens] bemühen; **ne pas ~!** bitte nicht stören!; [**est-ce que**] **ça vous dérange si je fume?** stört es Sie, wenn ich rauche?; **ça ne vous dérange pas de m'accompagner?** würde es Ihnen etwas ausmachen mich zu begleiten?

② *(mettre en désordre)* in Unordnung bringen; durcheinanderbringen *affaires, pièce;* zerzausen *coiffure*

❸ *(perturber)* umstoßen *projets;* **~ l'esprit à qn** *événement:* jdn um den Verstand bringen; **ce repas m'a dérangé l'estomac** von dem Essen habe ich eine Magenverstimmung bekommen; **l'orage d'hier soir a** **dérangé le temps** seit dem Gewitter gestern Abend ist das Wetter unbeständig

II. *vi* ❶ *(arriver mal à propos)* stören

② *(mettre mal à l'aise)* für Unbehagen sorgen

III. *vpr* ❶ *(se déplacer)* **se ~** sich bemühen; **je veux bien me ~ pour vous** ich kann das gerne für Sie tun; **je me suis dérangé(e) pour rien** mein Gang war umsonst; **refuser de se ~ pour dépanner qn** *garage:* nicht bereit sein zu kommen um jds Panne zu beheben

② *(interrompre ses occupations)* **se ~ pour qn** sich *(Dat)* wegen jdm Umstände machen; **ne vous dérangez pas pour moi!** machen Sie sich meinetwegen keine Umstände!; **ne vous dérangez pas pour moi, je ne fais que passer** lassen Sie sich nicht stören, ich bleibe nicht lange

dérapage [deʀapaʒ] *m* ❶ *d'un véhicule* Schleudern *nt*; **~ contrôlé** kontrolliertes Schleudern

② *(acte imprévu, impair)* Ausrutscher *m*; **~** [**verbal**] Entgleisung *f*

❸ *(dérive)* **~ des prix** Preisrutsch *m*

déraper [deʀape] <1> *vi* ❶ *(glisser)* ausrutschen; *semelles:* rutschen; *voiture:* ins Schleudern geraten

② *(dévier) personne:* abweichen, *conversation:* abgleiten; **~ vers la politique** *roman, discussion:* in die Politik abrutschen

❸ ECON *prix, politique économique:* außer Kontrolle geraten

dératé(e) [deʀate] *m(f)* ▶ **courir comme un ~/une ~e** wie ein Wilder/eine Wilde rennen

dératisation [deʀatizasjɔ̃] *f* Rattenbekämpfung *f*

dératiser [deʀatize] <1> *vt* von Ratten befreien

derby [dɛʀbi] *m* [Lokal]derby *nt*

derche [dɛʀʃ] *m fam* Hintern *m (fam)*

derechef [dəʀəʃɛf] *adv littér* wiederum

déréglé(e) [deʀegle] *adj* ❶ *(dérangé) estomac* verstimmt; *pouls* unregelmäßig; *appétit* gestört; *machine, mécanisme* nicht in Ordnung; **être ~(e)** *temps:* verrückt spielen *(fam)*

② *(désordonné) habitudes* unstet; *vie, existence* ausschweifend, ungeregelt; *mœurs* unmoralisch

dérèglement [deʀɛgləmɑ̃] *m de l'appétit, d'une machine* Störung *f*; *de l'estomac* Verstimmung *f*; *de l'esprit* Verwirrung *f*; *du climat* Klimastörung *f*; **le ~ de son esprit** seine/ihre geistige Verwirrung

déréglementation [deʀɛgləmɑ̃tasjɔ̃] *f* Deregulierung *f*

déréglementer [deʀɛgləmɑ̃te] <1> *vt* deregulieren

dérégler [deʀegle] <5> I. *vt* ❶ *(déranger)* verstellen *machine;* verändern *climat;* durcheinanderbringen *appétit;* **ça a déréglé mon estomac** damit habe ich mir den Magen verdorben

② *(pervertir)* verderben *mœurs*

II. *vpr* ❶ *(mal fonctionner)* **se ~** *machine:* sich verstellen; *climat:* sich verändern; *estomac:* streiken *(fam)*; **se ~ sans cesse** *montre:* ständig falsch gehen; **se ~ l'appétit/l'estomac** sich *(Dat)* den Appetit/den Magen verderben

② *(se pervertir) mœurs:* verfallen

dérégulation [deʀegylasjɔ̃] *f* Deregulierung *f*

dérider [deʀide] <1> I. *vt* aufheitern

II. *vpr se* **~** auftauen; *visage:* sich entspannen; **ne jamais se ~** *personne:* nie lachen

dérision [deʀizjɔ̃] *f* Spott *m*; **tourner qn/qc en ~** jdn/etw verspotten; **geste de ~** spöttische Geste; **par ~** zum Spott

dérisoire [deʀizwaʀ] *adj* lächerlich; **à un prix ~** *vendre* spottbillig

dérivatif [deʀivatif] *m* Ablenkung *f*; **~ à qc** Ablenkung von etw; **cela ferait un ~ à tes soucis** das würde dich von deinen Sorgen ablenken

dérivation [deʀivasjɔ̃] *f d'un cours d'eau, d'une route* Umleitung *f*

dérive [deʀiv] *f* ❶ *(déviation) d'un avion, bateau* Abdrift *f*; GEOG Verschiebung *f*; *fig d'une politique* Abdriften *nt*; *d'une monnaie* Abgleiten *nt*; *de l'économie* Abflauen *nt*; **~ des continents** Kontinentalverschiebung *f*; **être à la ~** *bateau:* dahintreiben

② *(dispositif) d'un avion* Seitenleitwerk *nt*; *d'un bateau* [Haupt]schwert *nt*

▶ **être/aller** [*o* **partir**] **à la ~** sich treiben lassen; *parti:* richtungslos sein; *projets:* den Bach runtergehen *(fam)*; **cette entreprise est à la ~** mit diesem Unternehmen geht es bergab; **à la ~** haltlos; *parti* richtungslos

dérivé [deʀive] *m* ❶ CHIM, PHARM Derivat *nt*; **~ de la coumarine** Kumarinderivat

② LING Ableitung *f*

dérivé(e) [deʀive] *adj* **être ~(e) de qc** *race:* von etw abstammen; *style, œuvre d'art/littéraire:* etw nachahmen; CHIM aus etw gewonnen werden

dérivée [deʀive] *f* Ableitung *f*

dériver [deʀive] <1> I. *vt* ❶ *(détourner)* umleiten

② MATH, LING ableiten

II. *vi* ❶ LING **~ de qc** aus etw kommen

② *(s'écarter) barque:* abtreiben

dériveur [deʀivœʀ] *m (voile)* Sturmsegel *nt*; *(petit voilier)* Jolle *f*

dermatite [dɛʀmatit] *f*, **dermite** [dɛʀmit] *f* MED Hautentzün-

dung *f*, Dermatitis *f (Fachspr.)*
dermatologie [dɛʀmatɔlɔʒi] *f* Dermatologie *f*
dermatologique [dɛʀmatɔlɔʒik] *adj* dermatologisch; **testé(e) sous contrôle ~** dermatologisch getestet
dermatologue [dɛʀmatɔlɔg] *mf* Hautarzt *m*/-ärztin *f*, Dermatologe *m*/Dermatologin *f*
dermatome [dɛʀmatom] *m* MED Dermatom *nt*
dermatose [dɛʀmatoz] *f* Hautkrankheit *f*, Dermatose *f (Fachspr.)*
derme [dɛʀm] *m* Lederhaut *f*
dernier [dɛʀnje] *m* **le ~** *(dans le temps)* der/die/das Letzte; *(pour le mérite)* der/die/das Schlechteste; **il est arrivé le ~**, **c'est lui le ~ arrivé** er kam als Letzter, er war der Letzte; **le ~ qui sortira...** wer als Letzter geht, ...; **son petit ~** ihr Jüngster; **c'est le ~ de mes soucis** das ist meine geringste Sorge; **habiter au ~** ganz oben wohnen; **ils ont été tués jusqu'au ~** sie sind bis auf den Letzten getötet worden; **être le ~ de la/sa classe** der Schlechteste in der/seiner Klasse sein; **être le ~ des imbéciles** der Letzte sein; **en ~** als Letzte(r, s); **on l'a inscrit en ~ sur la liste** er wurde als Letzter in die Liste eingetragen; **le ~ de tout** BELG *(la fin de tout)* das Allerletzte
▶ **les ~s seront les premiers** *prov* die Letzten werden die Ersten sein; **rira bien qui rira le ~** *prov* wer zuletzt lacht, lacht am besten
dernier, -ière [dɛʀnje, -jɛʀ] *adj* ❶ *antéposé (ultime)* letzte(r, s); **le ~ étage** das oberste Stockwerk; **la dernière marche** *(la plus haute)* die oberste Stufe; *(la plus basse)* die unterste Stufe; **avant le 15 mai, ~ délai** bis spätestens 15. Mai; **arriver ~(-ière)** *(dans une course, une réunion)* als Letzte(r) eintreffen; *(dans un classement)* Letzte(r) sein; **être reçu(e) ~(-ière) à un concours** eine Prüfung als Schlechteste(r) bestehen; **être ~(-ière) en classe** der/die Schlechteste in der Klasse sein; **examiner qc dans les ~s détails** etw bis ins kleinste Detail prüfen; **c'était la dernière chose à faire** das war das Schlimmste, was man machen konnte
❷ *antéposé (le plus récent) œuvre, temps, heure* letzte(r, s); *mode, nouvelle, édition* neueste(r, s); *tube* topaktuell; *événement* jüngste(r, s); **ces ~s temps/jours** in letzter Zeit/in den letzten Tagen; **aux dernières nouvelles** nach [den] neuesten Nachrichten; **être du ~ chic** äußerst schick sein
❸ *postposé (antérieur) an, mois, semaine, siècle* letzte(r, s), vergangene(r, s), vorige(r, s); **l'an ~ à cette époque** letztes Jahr um diese Zeit; **au siècle ~** im letzten Jahrhundert
dernière [dɛʀnjɛʀ] *f* ❶ **la ~** *(dans le temps)* der/die/das Letzte; *(pour le mérite)* der/die/das Schlechteste
❷ *(représentation)* **la ~** die Schlussvorstellung
❸ *fam (histoire, nouvelle)* **la ~** das Neueste; **tu connais la ~?** weißt du schon das Neueste?
dernièrement [dɛʀnjɛʀmɑ̃] *adv* neulich; **j'ai appris cette nouvelle tout ~** ich habe diese Neuigkeit gerade erst gehört
dernier-né, dernière-née [dɛʀnjene, dɛʀnjɛʀne] <derniers--nés> *m, f* Letztgeborene(r) *f(m)*; **la dernière-née des voitures Renault** der neueste Renault
dérobade [deʀɔbad] *f* Ausweichmanöver *nt*; *(verbale)* Ausflucht *f*
dérobé(e) [deʀɔbe] *adj escalier, porte* Geheim-, versteckt
dérobée [deʀɔbe] *f* **à la ~** heimlich
dérober [deʀɔbe] <1> I. *vt* ❶ *littér (voler)* stehlen; entlocken *secret*; rauben *baiser*
❷ *form (dissimuler)* verbergen; **~ qn/qc à la justice** jdn/etw vor der Justiz schützen; **~ qn à la mort** jdn vor dem Tode bewahren; **une palissade le dérobait à ma vue** durch einen Zaun war er meinem Blick entzogen
II. *vpr* ❶ *(éviter d'agir, de répondre)* **se ~** ausweichen; **se ~ à son devoir** sich seiner Aufgabe entziehen; **se ~ à la discussion** der Diskussion ausweichen
❷ *(se cacher de)* **se ~ à la police** sich vor der Polizei verbergen; **se ~ à la curiosité de qn** jds Neugier entgehen; **se ~ aux regards de la foule** sich den Blicken der Menge entziehen
❸ *(se dégager)* **se ~** sich entziehen
❹ *(s'effondrer)* **se ~** *sol:* nachgeben; *genoux, jambes:* versagen
dérogation [deʀɔgasjɔ̃] *f* ❶ *(exception)* Ausnahme *f*; **par ~** aufgrund einer Sonderregelung; **obtenir une ~** eine Sondererlaubnis bekommen; **admettre quelques ~s** *règlement:* einige Sonderfälle vorsehen
◆ **~ de prestation** *inform* Leistungsabweichung *f*
❷ *(violation)* Verstoß *m*; **~ à la loi** Verstoß gegen das Gesetz sein
déroger [deʀɔʒe] <2a> *vi* **~ à ses habitudes** seinen Gewohnheiten zuwiderhandeln; **à une loi/un usage** gegen ein Gesetz/eine Gewohnheit verstoßen; **~ aux modalités d'exportation** die Exportbestimmungen umgehen
dérougir [deʀuʒiʀ] <8> *vi* seine/die rote Farbe verlieren
▶ **ça ne dérougit pas!** CAN *(l'activité ne diminue pas)* die Arbeit wird nicht weniger!
dérouillée [deʀuje] *f pop* Haue *f kein Pl (fam)*; **prendre** [*o* **recevoir**] **une ~** Haue kriegen *(fam)*

dérouiller [deʀuje] <1> I. *vt* ❶ *pop (battre)* verdreschen *(fam)*
❷ *(ôter la rouille)* entrosten
II. *vi pop (recevoir une correction)* etwas einstecken müssen *(fam)*; *(souffrir)* etwas durchmachen
III. *vpr* **se ~ les muscles** die Muskeln spielen lassen; **se ~ les jambes** sich *(Dat)* die Beine vertreten
déroulement [deʀulmɑ̃] *m* ❶ *(fait de dérouler) d'un rouleau, tuyau* Abrollen *nt*; *d'une bobine, cassette* Abspulen *nt*; **le ~ de la pellicule se fait manuellement** der Film wird manuell transportiert
❷ *(fait de se dérouler)* **pendant le ~ du film** während der Film lief
❸ *(enchaînement) d'une cérémonie* Verlauf *m*; *(suite des faits) d'un crime* Ablauf *m*; **~ de l'action** Handlung *f*, Handlungsablauf; **~ de l'année** Jahresablauf; **~ du contrat/de faillite** Vertrags-/Konkursablauf; **~ de la journée** Tagesablauf; **~ du prêt** ECON Darlehensverlauf *(Fachspr.)*; **~ de la procédure** JUR Verfahrensablauf; **~ du programme** INFORM Programmablauf
dérouler [deʀule] <1> I. *vt (dévider)* abrollen *tuyau, rouleau;* abspulen *bobine, cassette;* herablassen *store*
II. *vpr* ❶ *(s'écouler) vie, maladie, manifestation:* verlaufen; *crime, événement:* vonstattengehen, sich abspielen; *idylle:* sich abspielen; *action, pièce, film:* spielen; *cérémonie, concert:* stattfinden; **se ~ sous les yeux de qn** *drame:* sich vor jds Augen *(Dat)* abspielen
❷ *(se dévider) rouleau, ruban, tuyau, bobine, cassette:* sich abwickeln; **permettre à la pellicule de se ~** den Film abspulen
déroutant(e) [deʀutɑ̃, ɑ̃t] *adj* verwirrend; *nouvelle* unerwartet; *contradiction, attitude* unerklärlich; **je ne m'attendais pas à une question aussi ~e** auf eine derartige Frage war ich nicht gefasst; **c'est vraiment quelqu'un de ~** er/sie ist wirklich unberechenbar
déroute [deʀut] *f* Flucht *f*; *(effondrement)* Zusammenbruch *m*; **mettre une armée/des manifestants en ~** eine Armee/Demonstranten in die Flucht schlagen
déroutement [deʀutmɑ̃] *m d'un avion, navire* Kursänderung *f*
dérouter [deʀute] <1> *vt* ❶ *(écarter de sa route)* umleiten; **~ un avion sur un aéroport** ein Flugzeug auf einen Flughafen umleiten; **le vol 607 est dérouté sur Orly** der Flug 607 wird nach Orly umgeleitet
❷ *(déconcerter)* verwirren; aus dem Konzept bringen *orateur, candidat;* **être complètement dérouté(e) par de nouvelles méthodes** von neuen Methoden vollkommen überfordert sein
derrick [deʀik] *m* Bohrturm *m*
derrière [dɛʀjɛʀ] I. *prép (sans mouvement)* hinter *(+ Dat); (avec mouvement)* hinter *(+ Akk);* **être ~ qn** hinter jdm sein; *(dans un classement)* hinter jdm kommen; *(dans une compétition)* hinter jdm liegen; *(soutenir qn)* hinter jdm stehen; *(suivre qn)* hinter jdm her sein; **le ballon se trouve/est tombé ~ le mur** der Ball liegt hinter der Mauer/ist hinter die Mauer gefallen; **regarder ~ soi** sich umsehen; **ma place est ~ lui en classe** in der Schule sitze ich hinter ihm; **j'ai une rude journée ~ moi** ich habe einen harten Tag hinter mir; **avoir qn/qc ~ soi** jdn/etw hinter sich *(Dat)* haben; **faire qc ~ qn** *fig* etw hinter jds Rücken *(Dat)* tun; **laisser qn/qc ~ soi** *(abandonner)* jdn/etw zurücklassen; *(après la mort)* etw hinterlassen, jdn zurücklassen; SPORT jdn/etw hinter sich *(Dat)* lassen; **se ~ qc** hinter etw *(Dat)* vor; **sortir de ~ le buisson** hinter dem Busch [her]vortreten; **par ~ qc** hinter etw *(Dat)* herum; **passez par ~!** gehen Sie hinten herum!
II. *adv* hinten; *(vu de)* hinten; **là ~** da hinten; **marcher ~** am Ende gehen; **rester loin ~** weit zurückbleiben; **courir ~** hinterherlaufen; **se boutonner ~** *vêtement:* hinten geknöpft werden; **avoir ses parents ~** *(en renfort)* seine Eltern hinter sich *(Dat)* haben
III. *m* ❶ *(partie arrière) d'une maison* Rückseite *f*; **la porte de ~** die Hintertür; **la poche de ~ du pantalon** die Gesäßtasche; **la roue de ~** das Hinterrad
❷ *fam (postérieur) d'un animal* Hinterteil *nt; d'une personne* Hintern *m (fam)*
▶ **botter le ~ à qn** jdm den Hintern versohlen *(fam)*; **qn en reste** [*o* **tombe**] **sur le ~** jdm bleibt der Mund offen stehen *(fam)*, jd ist sprachlos
derviche [dɛʀviʃ] *m* REL Derwisch *m;* **~ tourneur** tanzender Derwisch
des [de] I. *v.* **de**
II. *art indéfini, pluriel* **j'ai acheté ~ pommes et ~ citrons** ich habe Äpfel und Zitronen gekauft
dès [dɛ] *prép (à partir de)* bereits; **~ lors** *(à partir de ce moment-là)* seitdem; *(par conséquent)* infolgedessen; **~ lors que qn a fait qc** *(puisque)* da [*o* nachdem] jd etw getan hat; **~ maintenant** ab sofort; **~ que qn a fait qc** sobald jd etw getan hat; **~ le matin...** schon morgens ...; **~ l'époque romaine...** schon zu Zeiten der Römer ...; **~ mon retour je ferai...** gleich nach meiner Rückkehr werde ich ...; **~ le 14 août,...** gleich am 14. August ...; **~ Valence** schon ab Valence; **j'ai remarqué ~ l'entrée que quelqu'un était venu** schon beim Eintreten bemerkte ich, dass jemand gekommen war; **~ la sortie de Paris** schon als wir aus Paris hinausfuhren; **~ le**

premier verre schon nach dem ersten Glas
désabonnement [dezabɔnmɑ̃] *m* ~ **à un journal** Abbestellung *f* eines Zeitungsabonnements
désabusé(e) [dezabyze] *adj expression, geste* enttäuscht; *attitude* lustlos; *personne* desillusioniert; **prendre un air** ~ ein enttäuschtes Gesicht machen; **faire qc d'un air** ~ etw unlustig tun; ~ **de qc** einer S. *(Gen)* überdrüssig
désabuser [dezabyze] <1> *vt form* ~ **qn de qc** jdm die Illusionen über etw *(Akk)* nehmen; **je l'ai désabusé** ich habe ihm die Augen geöffnet
désaccord [dezakɔʀ] *m* ❶ *(mésentente)* Unstimmigkeit *f*
❷ *(divergence)* Uneinigkeit *f*; **un ~ d'idées** eine Meinungsverschiedenheit; **être en ~ avec qn/qc sur qc** mit jdm/etw in etw *(Dat)* nicht einig sein
❸ *(désapprobation)* Missbilligung *f*; **exprimer son ~ sur qc** seine Missbilligung einer S. *(Gen)* zum Ausdruck bringen
❹ *(contradiction)* Diskrepanz *f*
❺ JUR Dissens *m (Fachspr.)*
désaccordé(e) [dezakɔʀde] *adj* verstimmt
désaccorder [dezakɔʀde] <1> I. *vt* verstimmen
II. *vpr* **se** ~ sich verstimmen
désaccoupler [dezakuple] <1> *vt* TECH, ELEC entkoppeln
désaccoutumance [dezakutymɑ̃s] *f* Entwöhnung *f*; **la ~ aux drogues dures est pratiquement impossible** es ist so gut wie unmöglich, von harten Drogen loszukommen; **la ~ à la cigarette/l'alcool est difficile** es ist schwer, sich *(Dat)* das Rauchen/Trinken abzugewöhnen
désaccoutumer [dezakutyme] <1> I. *vt* ~ **l'enfant d'une mauvaise habitude** dem Kind eine schlechte Angewohnheit abgewöhnen; ~ **qn de mentir** jdm abgewöhnen zu lügen
II. *vpr* **se** ~ **d'une drogue** von einer Droge loskommen; **se** ~ **de fumer/du tabac** sich das Rauchen abgewöhnen
désacralisation [desakʀalizasjɔ̃] *f soutenu* Profanierung *f (geh)*
désacraliser [desakʀalize] <1> *vt soutenu* profanieren *(geh)*
désactivation [dezaktivasjɔ̃] *f* Deaktivierung *f*
désadapté(e) [dezadapte] *adj* unangepasst
désaffectation [dezafɛktasjɔ̃] *f d'une usine, gare, voie ferrée* Stilllegung *f*; **programme de ~ des voies** Streckenstilllegungsprogramm *nt*
désaffecté(e) [dezafɛkte] *adj église, école* geschlossen; *usine, gare* stillgelegt; *(qui a perdu sa destination première)* ehemalige(r, s); **usine ~ e** ehemalige [*o* stillgelegte] Fabrik
désaffection [dezafɛksjɔ̃] *f* Unbeliebtheit *f*; **subir une** ~ an Beliebtheit einbüßen
désagréable [dezagʀeabl] *adj* unangenehm; **être ~ à qn** jdm unangenehm sein; **être ~ avec qn** zu jdm unfreundlich sein; **elle n'est pas ~ à regarder** sie ist ein erfreulicher Anblick; **voilà un chèque pas ~ à encaisser** diesen Scheck reicht man gerne ein
désagréablement [dezagʀeabləmɑ̃] *adv* unangenehm; *répondre* barsch
désagrégation [dezagʀegasjɔ̃] *f* ❶ *(désintégration) d'une roche* Verwitterung *f*; CHIM Zerfall *m*
❷ *(décomposition) d'une nation, d'une empire* Zerfall *m*; *d'un groupe, d'une équipe* Auflösung *f*
désagréger [dezagʀeʒe] <2a, 5> I. *vt* ❶ *(désintégrer)* zersetzen
❷ *(décomposer)* sprengen *groupe, parti*; ~ **une nation/un empire** zum Verfall einer Nation/eines Reiches führen
II. *vpr* **se** ~ *corps chimique*: zerfallen; *roche*: verwittern; *foule*: sich auflösen
désagrément [dezagʀemɑ̃] *m* Unannehmlichkeit *f*; **attirer** [*o* **causer**] **du ~ à qn** jdm Unannehmlichkeiten machen [*o* bereiten]; **cette voiture m'a valu bien des ~s** ich hatte nur Ärger mit diesem Auto
désaimanter [dezɛmɑ̃te] <1> *vt* TECH entmagnetisieren
désaliéner [dezaljene] <1> *vt* befreien *personne*
désalper [dezalpe] <1> *vi* CH das Vieh von der Alm abtreiben
désaltérant(e) [dezalteʀɑ̃, ɑ̃t] *adj* durststillend; **le thé est une boisson ~ e** Tee löscht gut den Durst [*o* ist ein guter Durstlöscher]
désaltérer [dezalteʀe] <5> I. *vt, vi* den Durst stillen; ~ **qn** jds Durst stillen [*o* löschen]
II. *vpr* **se** ~ seinen Durst stillen
désamiantage [dezamjɑ̃taʒ] *m* Asbestsanierung *f*
désamianter [dezamjɑ̃te] <1> *vt* von Asbest sanieren
désamorçage [dezamɔʀsaʒ] *m* ❶ *d'une arme* Sicherung *f*; *d'une bombe* Entschärfung *f*; *d'une pompe* Entwässerung *f*; *d'un siphon* Trockenlegung
❷ *(neutralisation) d'une situation, crise* Entschärfung *f*
désamorcer [dezamɔʀse] <2> I. *vt* ❶ *(interrompre le fonctionnement de)* sichern *arme*; entschärfen *bombe*; trockenlegen *pompe, siphon*
❷ *(neutraliser)* entschärfen *situation, crise*; abwenden *danger*
❸ PECHE abködern *hameçon*
II. *vpr* **se** ~ *pompe, siphon*: leergelaufen sein

désamour [dezamuʀ] *m littér* Entlieben *nt*
désappointé(e) [dezapwɛ̃te] *adj* enttäuscht; **être ~(e) de qc** über etw *(Akk)* enttäuscht sein
désappointement [dezapwɛ̃tmɑ̃] *m* Enttäuschung *f*
désappointer [dezapwɛ̃te] <1> *vt* enttäuschen
désapprendre [dezapʀɑ̃dʀ] <*irr*> *vt* verlernen
désapprobateur, -trice [dezapʀɔbatœʀ, -tʀis] *adj* missbilligend
désapprobation [dezapʀɔbasjɔ̃] *f* Missbilligung *f*; ~ **muette** [*o* **silencieuse**] stummer Protest; **la ~ de sa mère** der Tadel seiner/ihrer Mutter; **des murmures de** ~ missbilligendes Gemurmel; **manifester sa** ~ sein Missfallen zum Ausdruck bringen
désapprouver [dezapʀuve] <1> I. *vt* missbilligen *comportement*; ablehnen *entreprise, projet*; **je désapprouve totalement votre comportement** ich kann Ihr Benehmen auf keinen Fall gutheißen [*o* billigen]; ~ **un voisin de faire une fête** nicht damit einverstanden sein, dass ein Nachbar ein Fest macht
II. *vi* nicht einverstanden sein
désarçonner [dezaʀsɔne] <1> *vt* ❶ *(jeter à bas)* abwerfen
❷ *(désemparer)* aus der Fassung bringen *candidat, orateur*
désargenté(e) [dezaʀʒɑ̃te] *adj fam* **être ~(e)** pleite/blank sein *(fam)*
désarmant(e) [dezaʀmɑ̃, ɑ̃t] *adj* entwaffnend
désarmé(e) [dezaʀme] *adj* ❶ *(privé d'armes) adversaire, soldat* entwaffnet; *pays* abgerüstet
❷ *(impuissant)* ohnmächtig; ~**(e) devant la concurrence** ohnmächtig gegenüber der Konkurrenz
❸ *(dépourvu)* entwaffnet; *(décontenancé)* fassungslos
désarmement [dezaʀməmɑ̃] *m d'une personne, population* Entwaffnung *f*; *d'un pays* Abrüstung *f*; *d'un navire* Auflegen *nt*, Abrüstung; **le ~ d'une forteresse/d'un bunker** das Entfernen der Waffen aus einer Festung/einem Bunker; ~ **nucléaire** nukleare Abrüstung
désarmer [dezaʀme] <1> I. *vt* ❶ *(dépouiller de ses armes)* entwaffnen *personne, population*; abrüsten *pays*
❷ *(déséquiper)* abtakeln, abrüsten *navire*
❸ *(décharger)* entladen *arme*; *(mettre le cran de sûreté)* sichern
❹ *(désemparer)* entwaffnen *personne*
II. *vi* ❶ *gouvernement, pays*: abrüsten
❷ *(s'adoucir)* **ne pas ~ contre qn** jdm gegenüber nicht nachgeben; *douleurs*: nicht nachlassen; *haine, vengeance*: sich nicht besänftigen [*o* beschwichtigen] lassen
❸ *(ne pas lâcher prise)* **ne pas** ~ nicht aufgeben, es nicht bleiben lassen
désarrimage [dezaʀimaʒ] *m* ❶ NAUT Verrutschen *nt* der [*o* einer] Schiffsladung
❷ *(séparation) de deux engins* Abkoppeln *nt*
désarrimer [dezaʀime] <1> *vt* NAUT [verstaute Schiffsladung] verschieben
désarroi [dezaʀwa] *m* ❶ *(trouble)* Verwirrung *f*
❷ *(désespoir)* Verzweiflung *f*; **être en grand** [*o* **plein**] ~ in großer Bedrängnis sein; **plonger qn dans le plus profond** ~ *(matériellement)* jdn in größte Bedrängnis [*o* Not] bringen; *(moralement)* jdn zur Verzweiflung treiben [*o* bringen]
désarticuler [dezaʀtikyle] <1> I. *vt* ❶ *(faire sortir de son articulation)* ~ **l'épaule/le genou à qn** jdm die Schulter/das Knie ausrenken [*o* auskugeln]; **être désarticulé(e)** ausgerenkt sein
❷ *(détraquer)* kaputtmachen
II. *vpr* **se** ~ **l'épaule/le genou** sich *(Dat)* die Schulter/das Knie ausrenken [*o* auskugeln]
❷ *(se contorsionner)* sich verrenken; **être désarticulé(e)** *corps*: gelenkig [*o* biegsam] sein; **pantin désarticulé** Hampelmann *m*
désassembler [dezasɑ̃ble] <1> *vt* TECH auseinandernehmen
désassorti(e) [dezasɔʀti] *adj* ungleich
désastre [dezastʀ] *m* ❶ *(catastrophe)* Katastrophe *f*
❷ *(dégât)* Schaden *m*
❸ *(échec complet)* Reinfall *m (fam)*; ~ **financier** finanzielles Desaster; **courir au** ~ in sein Verderben rennen [*o* laufen]
désastreux, -euse [dezastʀø, -øz] *adj* ❶ *(catastrophique)* verheerend, desaströs
❷ *(nul)* miserabel
désavantage [dezavɑ̃taʒ] *m* Nachteil *m*; *(physique)* Handikap *nt*; ~ **au niveau de la compétitivité** Wettbewerbsnachteil; **à son** ~ zu seinen/ihren Ungunsten; *changer* zu seinem/ihrem Nachteil; **causer des ~s à qn** jdm Nachteile bringen; **présenter des ~s** Nachteile haben; **mon ~ sur qn** mein Nachteil [*o* Handikap] gegenüber jdm; **être** [*o* **se montrer**] **à son** ~ sich nicht von seiner besten Seite zeigen; **tourner au ~ de qn** sich gegen jdn wenden; **voir qn à son** ~ jdn in einem ungünstigen Licht sehen
désavantager [dezavɑ̃taʒe] <2a> *vt* ~ **un collègue par rapport à un autre/au profit d'un autre** einen Kollegen gegenüber einem anderen/zugunsten eines anderen benachteiligen; **qc désavantage qn** etw benachteiligt jdn
désavantageux, -euse [dezavɑ̃taʒø, -jøz] *adj* nachteilig; **porter**

sur qn un jugement ~ jdn zu seinen Ungunsten beurteilen; **se montrer sous un jour très** ~ sich in einem sehr ungünstigen Licht zeigen

désaveu [dezavø] <x> *m* ❶ *(rétractation)* Widerruf *m; (reniement)* Verleugnung *f;* **les aveux d'un accusé sont souvent suivis de ~ x** es kommt oft vor, dass ein Angeklagter sein Geständnis widerruft

❷ *(condamnation) d'un comportement, d'une personne* Verurteilung *f; (réprobation)* Missbilligung *f;* **infliger un ~ cinglant à qn** jdn scharf zurechtweisen

❸ JUR Nichtanerkennung *f*

◆ **~ de paternité** Nichtanerkennung *f* der Vaterschaft

désavouer [dezavwe] <1> *vt* ❶ *(refuser comme sien)* verleugnen *ouvrage, collaborateur;* abstreiten *paroles;* nicht anerkennen, abstreiten *paternité;* ~ **une signature/un enfant** eine Unterschrift nicht [als seine eigene]/ein Kind nicht [als sein eigenes] anerkennen

❷ *(rétracter)* ~ **une opinion soutenue** eine bisher vertretene Meinung revidieren; ~ **des propos tenus** seine Worte zurücknehmen

❸ *(désapprouver)* verurteilen *personne, conduite de qn, loi*

désaxé(e) [dezakse] **I.** *adj personne* gestört; *vie* unstet

II. *m(f) (personne)* Gestörte(r) *f/m*

désaxer [dezakse] <1> *vt* ❶ *(faire sortir de son axe)* verziehen

❷ *(déséquilibrer)* aus dem Gleichgewicht bringen

desceller [desele] <1> **I.** *vt* ❶ *(enlever le sceau)* ~ **une lettre** einen Brief entsiegeln

❷ *(détacher)* lösen

II. *vpr* **se** ~ *pavé, pierre:* sich lockern

descendance [desãdãs] *f* ❶ *(postérité)* Nachkommenschaft *f;* **une nombreuse ~** zahlreiche Nachkommen; **mourir sans laisser de ~** kinderlos sterben

❷ *(origine)* Abstammung *f;* **avoir une ~ illustre** aus einer berühmten Familie stammen

descendant(e) [desãdã, ãt] **I.** *adj chemin* abschüssig; *gamme* absteigend

II. *m(f)* Nachkomme *m;* **les derniers ~s de la famille royale** die letzten Abkömmlinge der königlichen Familie

descendeur, -euse [desãdœʀ, -øz] *m, f* SKI Abfahrtsläufer(in) *m(f),* Rennläufer(in) *m(f)*

descendre [desãdʀ] <14> **I.** *vi + être* ❶ *(par un escalier, un chemin) (vu d'en haut/d'en bas)* hinuntergehen/herunterkommen; **~ à la cave** in den Keller hinuntergehen/herunterkommen; **~ par l'escalier** über die Treppe hinuntergehen/herunterkommen; **~ à pied** zu Fuß hinuntergehen/herunterkommen; **~ en courant** hinunterlaufen/herunterkommen; **je descends fermer la porte!** ich gehe runter und schließe die Tür ab!

❷ *(en véhicule, par l'ascenseur) (vu d'en haut/d'en bas)* hinunterfahren/herunterfahren; **~ en voiture** mit dem Auto hinunter-/herunterfahren; **~ par l'ascenseur** mit dem Aufzug hinunterfahren/herunterkommen

❸ *(opp: grimper, escalader) (vu d'en haut/d'en bas)* hinunterklettern/herunterklettern [*o* runterklettern *fam*]; **~ de l'arbre** vom Baum herunterklettern [*o* runterklettern *fam*]; **aider un enfant/un chat à ~ de l'arbre** einem Kind/einer Katze vom Baum herunterhelfen; **je veux ~!** ich will runter! *(fam)*

❹ *(quitter, sortir)* aussteigen; *cavalier:* absteigen; **~ du bateau** von Bord gehen; **~ de la voiture/du train** aus dem Auto/dem Zug [aus]steigen; **~ du cheval** vom Pferd steigen; **~ à la mairie** beim [*o* am] Rathaus aussteigen; **faire ~ le chat de la table** die Katze vom Tisch scheuchen

❺ *(voler)* tiefer fliegen; *(pour se poser, vu d'en haut/d'en bas) avion:* runtergehen *fam*/herunterkommen; *oiseau:* hinunter-/herunterfliegen; *parachutiste:* hinuntergleiten/herunterschweben; **~ des nuages pour se poser sur la piste** *avion:* aus den Wolken auf das Flugfeld herunterkommen

❻ *(se rendre)* **~ en ville** *(à pied)* in die Stadt gehen; *(en voiture)* in die Stadt fahren [*o* reinfahren]; **~ dans le sud** in den Süden fahren/fliegen

❼ *(faire irruption)* **~ dans un bar** *police, justice:* in einer Bar eine Razzia machen; *voyous:* [in] eine Bar stürmen

❽ *(loger)* **~ à l'hôtel/chez qn** im Hotel/bei jdm absteigen

❾ *(être issu de)* **~ de qn/d'une famille pauvre** von jdm abstammen/aus einer armen Familie stammen

❿ *(aller en pente)* **~ en pente douce** *route, chemin:* leicht abwärtsführen; *vignoble, terrain:* sanft abfallen

⓫ *(aller de haut en bas) ballon, voiture:* hinunterrollen; *avalanche:* niedergehen; **~ dans la plaine** *rivière:* in die Ebene [hinunter]fließen; *route:* in die Ebene [hinunter]führen

⓬ *(litt) (tomber) soleil:* sinken; *soir, nuit:* anbrechen; *jour:* zu Ende gehen

⓭ *(tomber du ciel) pluie, neige, brouillard:* fallen; **qu'est-ce que ça descend!** *fam* das gießt vielleicht! *(fam)*

⓮ *(baisser) marée:* zurückgehen; *niveau de l'eau, prix, taux:* sinken; *baromètre, thermomètre:* fallen

⓯ MUS **~ jusqu' au mi/plus bas** *voix:* bis zum E/tiefer heruntergehen

⓰ *(atteindre)* **~ à/jusqu'à** *robe, cheveux:* bis zu etw gehen [*o* reichen]; *puits, tunnel, sous-marin:* [bis] auf etw (Akk) hinuntergehen; **~ à 50 kilos en faisant un régime strict** sich auf fünfzig Kilo runterhungern *(fam)*

▶ **~ dans la rue** auf die Straße gehen; **ça fait ~** *fam* das hilft verdauen; **ça ne descend pas** *fam* ich kriege keinen Bissen runter *(fam)*

II. *vt + avoir* ❶ *(se déplacer à pied) (vu d'en haut)* hinuntergehen *escalier, colline; (vu d'en bas)* herunterkommen; **elle a descendu l'escalier tout doucement** sie ist ganz leise die Treppe hinuntergeschlichen

❷ *(se déplacer en véhicule) (vu d'en haut/d'en bas)* hinunterfahren/herunterkommen *rue, route*

❸ *(porter en bas) (vu d'en haut)* hinunterbringen, hinuntertragen; *(vu d'en bas)* herunterbringen, heruntertragen; **~ qc à la cave** etw in den Keller bringen; **~ le chat de l'arbre** die Katze vom Baum herunternehmen [*o* herunterholen]; **j'arrive à ~ cette caisse tout(e) seul(e)** diese Kiste kriege ich allein die Treppe runter *(fam)*

❹ *(baisser)* herunterlassen *stores, rideaux;* tiefer hängen *tableau, étagère;* niederholen *drapeau, voile, ballon*

❺ *fam (déposer)* **~ qn à l'école/au feu** jdn an der Schule/an der Ampel aussteigen lassen

❻ *fam (abattre)* abschießen, herunterholen *(fam) avion;* abknallen *(fam) personne*

❼ *fam (critiquer)* verreißen *(fam) film, auteur;* **~ qn [en flammes]** *fam* jdn runterputzen *(fam)*

❽ *fam (boire vite)* herunterkippen *(fam),* runterstürzen *(fam); (manger)* verputzen *(fam);* **qu'est-ce qu'il descend, le Marcel!** der verträgt ganz anständig was, der Marcel!

❾ MUS **~ la gamme** *chanteur:* die Tonleiter abwärts singen; *musicien:* die Tonleiter abwärts spielen

descente [desãt] *f* ❶ *(action de descendre une pente à pied, en escalade)* Abstieg *m; (en voiture, à vélo, ski)* Abfahrt *f; (action de descendre un fleuve)* Fahrt *f* stromabwärts; **faire la ~ du Rhin en bateau** mit dem Schiff den Rhein hinunterfahren; **faire une ~** *(sur un toboggan)* runterrutschen *(fam);* **faire trois ~s** dreimal runterrutschen *(fam)*

❷ AVIAT Landung *f*

❸ *(arrivée)* **à la ~ d'avion/de bateau** bei der Ankunft im Flughafen/Hafen; **accueillir qn à la ~ de l'avion/du train** jdn am Flughafen/auf dem Bahnsteig begrüßen

❹ *(action de descendre au fond)* **~ dans qc** Hinuntersteigen *nt* in etw (Akk)

❺ *fam (attaque brusque)* **faire une ~ dans un bar** eine Razzia in einer Bar machen

❻ *(pente)* Gefälle *nt;* **~ rapide** starkes Gefälle; **dans la ~/les ~s** auf abfallender Strecke

❼ *(action de porter en bas, déposer) (vu d'en haut)* Hinunterbringen *nt,* Hinuntertragen *nt; (vu d'en bas)* Herunterholen *nt,* Heruntertragen *nt;* **~ des bagages de la voiture** Ausladen *nt* des Gepäcks aus dem Auto

❽ MED **~ d'organe/de l'utérus** Organ-/Gebärmuttersenkung *f*

❾ JUR *(action de vérifier pour perquisitionner)* **~ sur les lieux** Augenscheinseinnahme *f;* **~ judiciaire sur les lieux** richterlicher Augenschein *m*

▶ **avoir une bonne ~** *fam* einen ordentlichen Schluck [*o* einiges] vertragen können *(fam);* **faire une ~** *police:* eine Razzia machen; *footballeur:* vorstürmen; **faire une ~ chez qn** jdn überfallen *(fam);* **faire une ~ dans le frigo** sich über den Kühlschrank hermachen *(fam)*

◆ **~ de Croix** ART Kreuzabnahme *f;* **~ dames** Abfahrtslauf *m* der Damen; **~ aux enfers** Höllenfahrt *f;* **~ hommes** Abfahrtslauf *m* der Herren; **~ de lit** Bettvorleger *m;* **~ de police** Polizeikontrolle *f;* **~ en rappel** Abseilen *nt* [im Dülfersitz]; **~ en vol plané** Gleitflug *m*

descripteur [dɛskʀiptœʀ] *m* ❶ *(narrateur)* beschreibender Erzähler *m*

❷ INFORM Deskriptor *m*

descriptif [dɛskʀiptif] *m* Beschreibung *f*

descriptif, -ive [dɛskʀiptif, -iv] *adj* beschreibend, deskriptiv; *musique* tonmalerisch

description [dɛskʀipsjɔ̃] *f* Beschreibung *f; d'un événement* Schilderung *f;* **~ de la nature** Naturbeschreibung; **~ du/d'un voyage** Reiseschilderung; **~ d'un poste de travail** Arbeitsplatzbeschreibung; **~ du programme/du système** INFORM Programm-/Systembeschreibung; **~ d'une invention** JUR Beschreibung eines Patents; **~ provisoire/définitive** *(en parlant d'un brevet d'invention)* vorläufige/endgültige Beschreibung; **~ fonctionnelle** JUR Leistungsbeschreibung *(Fachspr.)*

◆ **~ de tâches** INFORM Aufgabenbeschreibung *f*

désembourber [dezãbuʀbe] <1> *vt* aus dem Schlamm ziehen

désembouteiller [dezɑ̃buteje] <1> *vt* entlasten *circulation, lignes téléphoniques*
désembuer [dezɑ̃bɥe] <1> *vt* frei machen *vitre*
désemparé(e) [dezɑ̃paʀe] *adj personne* hilflos, ratlos
désemparer [dezɑ̃paʀe] <1> ▸**sans** ~ unablässig, ununterbrochen
désemplir [dezɑ̃pliʀ] <8> *vi* **ne pas** ~ immer voll sein
désenchanté(e) [dezɑ̃ʃɑ̃te] *adj* ernüchtert, desillusioniert
désenclavement [dezɑ̃klavmɑ̃] *m* [Verkehrs]anschluss *m*
désenclaver [dezɑ̃klave] <1> **I.** *vt* mit der Außenwelt verbinden *région, ville;* [aus der Isolation] befreien *sinistré*
II. *vpr* **se** ~ *région, habitants:* sich aus der Isolation befreien
désencombrer [dezɑ̃kɔ̃bʀe] <1> *vt* ~ **une route/voie de qc** eine Straße/Spur von etw räumen [*o* frei machen]; ~ **les voies respiratoires de qc** die Atemwege von etw frei machen
désencrasser [dezɑ̃kʀase] <1> *vt* reinigen, säubern
désendettement [dezɑ̃dɛtmɑ̃] *m* Entschuldung *f*
désendetter [dezɑ̃dete] <1> *vpr* **se** ~ seine Schulden tilgen
désenfler [dezɑ̃fle] <1> **I.** *vt* zum Abschwellen bringen
II. *vi* abschwellen
III. *vpr* **se** ~ abschwellen
désengagement [dezɑ̃gaʒmɑ̃] *m de deux États* Disengagement *nt;* ~ **de la France par rapport à ce pays** mangelndes Engagement Frankreichs gegenüber diesem Land; **le** ~ **d'une alliance** der Rückzug aus einer Allianz
désengager [dezɑ̃gaʒe] <2a> **I.** *vt* ❶ ~ **qn d'une obligation** jdn von einer Verpflichtung befreien
❷ MIL zurückziehen *troupes*
II. *vpr* **se** ~ ❶ sich zurückziehen; **se** ~ **d'une obligation** sich von einer Verpflichtung freimachen
❷ MIL sich zurückziehen
désengorger [dezɑ̃gɔʀʒe] <2a> *vt* wieder frei machen
désennuyer [dezɑ̃nɥije] <6> *littér* **I.** *vt* ~ **qn** jdm die Langeweile vertreiben
II. *vpr* **se** ~ sich die Langeweile vertreiben
désensabler [dezɑ̃sable] <1> *vt* aus dem Sand befreien *bateau, voiture;* vom Sand befreien *chenal*
désensibilisation [desɑ̃sibilizasjɔ̃] *f* ~ **à qc** Desensibilisierung *f* gegen etw
désensibiliser [desɑ̃sibilize] <1> *vt* desensibilisieren
désensorceler [dezɑ̃sɔʀsəle] <3> *vt a. fig* entzaubern *personne*
désentortiller [dezɑ̃tɔʀtije] <1> *vt* auswickeln *bonbon;* abwickeln *bandage*
désentraver [dezɑ̃tʀave] <1> *vt* von den Fesseln befreien *animal, personne*
désenvaser [dezɑ̃vaze] <1> *vt* aus dem Schlamm ziehen *bateau;* entschlammen *chenal*
désenvenimer [dezɑ̃v(ə)nime] <1> *vt* ❶ *(extraire le venin)* entgiften
❷ *fig (adoucir)* entschärfen, deeskalieren *conversation, situation*
désépaissir [dezepesiʀ] <8> *vt* verdünnen *sauce;* ausdünnen *frange*
déséquilibre [dezekilibʀ] *m* ❶ *(instabilité, inégalité) d'une construction, personne* mangelndes Gleichgewicht; *des forces, valeurs, de la balance commerciale* Ungleichgewicht *nt; du budget, de la politique* Schräglage *f;* **conduire à un** ~ **inquiétant** *politique, budget:* in eine bedenkliche Schräglage geraten; ~ **des prix** Preisungleichgewicht; **entre l'offre et la demande** Missverhältnis *nt* zwischen Angebot und Nachfrage; ~ **du marché** JUR Marktstörung *f (Fachspr.);* **être en** ~ *personne, objet:* wackelig sein; **créer un** ~ das Gleichgewicht stören
❷ PSYCH ~ **mental** [*o* **psychique**] psychische Störungen *Pl*
❸ TECH Unwucht *f*
déséquilibré(e) [dezekilibʀe] **I.** *adj personne* unausgeglichen, PSYCH psychisch gestört; *balance* unausgeglichen; *quantités* nicht ausgewogen; **avoir l'esprit** ~ psychisch gestört sein
II. *m(f) (personne)* psychisch Gestörte(r) *f(m)*
déséquilibrer [dezekilibʀe] <1> *vt* ❶ aus dem Gleichgewicht bringen *personne, objet;* ~ **le budget/la balance commerciale** ein Ungleichgewicht im Budget/in der Handelsbilanz herbeiführen
❷ PSYCH ~ **qn** jdn aus dem seelischen Gleichgewicht bringen
désert [dezɛʀ] *m* ❶ GEOG Wüste *f;* ~ **de Gobi/du Sahara** Wüste Gobi/Sahara
❷ *(lieu dépeuplé)* Einöde *f,* Einschicht *f (A);* **cette région est un [véritable]** ~ die Gegend ist wie ausgestorben
❸ *(vide)* ~ **culturel** kulturelles Notstandsgebiet
▸ **prêcher dans le** ~ tauben Ohren predigen
désert(e) [dezɛʀ, ɛʀt] *adj* ❶ *(sans habitant) pays, région* unbewohnt; *île, maison* einsam, verlassen
❷ *(peu fréquenté) plage, rue* menschenleer
déserter [dezɛʀte] <1> **I.** *vt* ❶ *(quitter)* verlassen *lieu, son poste*
❷ *(abandonner, renier)* verraten *cause;* austreten aus *syndicat, parti;* nicht teilnehmen an *(+ Dat)* réunions

II. *vi* MIL desertieren
déserteur [dezɛʀtœʀ] **I.** *m* ❶ MIL Deserteur *m*
❷ *littér (renégat)* Abtrünniger *m*
II. *adj* desertiert
désertification [dezɛʀtifikasjɔ̃] *f* ❶ GEOG Versteppung *f; (surexploitation des ressources)* Plünderung *f*
❷ ECON *d'une région, de la campagne* Verödung *f*
◆ ~ **des campagnes** Landflucht *f*
désertifier [dezɛʀtifje] <1a> *vpr* **se** ~ ❶ GEOG versteppen
❷ ECON *région, pays:* veröden
désertion [dezɛʀsjɔ̃] *f* ❶ MIL Fahnenflucht *f,* Desertion *f;* ~ **devant qn** Flucht *f* vor jdm
❷ *(fait de quitter)* ~ **de qc par qn** jds Flucht *f* aus etw; **la** ~ **des campagnes par les populations** die Landflucht der Bevölkerung
❸ *(défection)* ~ **du parti** Austritt *m* aus der Partei
désertique [dezɛʀtik] *adj climat, plante* Wüsten-; *région* öde
désescalade [dezɛskalad] *f* POL, MIL Deeskalation *f*
désespérant(e) [dezɛspeʀɑ̃, ɑ̃t] *adj* ❶ *littér nouvelle, images* niederschmetternd
❷ *(décourageant)* **être** ~ (**e**) *notes, comportement:* zum Verzweifeln sein; **tu es** ~ (**e**)**!** es ist zum Verzweifeln mit dir!; **c'est** ~ **de voir comment qn fait qc** es ist nicht mitanzusehen, wie jd etw tut
❸ *(désagréable) temps* scheußlich; **être d'une lenteur/naïveté** ~ **e** entsetzlich lahm/naiv sein
désespéré(e) [dezɛspeʀe] **I.** *adj* verzweifelt; *cas* hoffnungslos; *situation* ausweglos
II. *m(f)* Verzweifelte(r) *f(m)*
désespérément [dezɛspeʀemɑ̃] *adv* ❶ *(sans espoir) aimer* hoffnungslos
❷ *(avec acharnement) attendre, appeler, lutter* verzweifelt
❸ *(absolument) vide, silencieux* zum Verzweifeln
désespérer [dezɛspeʀe] <5> **I.** *vi* verzweifeln; ~ **de qc** die Hoffnung auf etw *(Akk)* aufgeben; ~ **de faire qc** die Hoffnung aufgeben etw zu tun; **ne pas** ~ **que qn fasse qc** die Hoffnung nicht aufgeben, dass jd etw tut; **c'est à** ~ es ist zum Verzweifeln ben, dass jd etw tut; **c'est à** ~ es ist zum Verzweifeln
II. *vt* ❶ *(affliger)* verzweifeln lassen
❷ *(décourager)* zur Verzweiflung bringen
III. *vpr* **se** ~ verzweifeln, in Verzweiflung geraten
désespoir [dezɛspwaʀ] *m* ❶ *(perte ou absence d'espoir)* Hoffnungslosigkeit *f*
❷ *(détresse, désespérance)* Verzweiflung *f;* **être** [*o* **faire**] **le** ~ **de qn** jdn zur Verzweiflung bringen
▸ **en** ~ **de cause** in letzter Verzweiflung
déshabillage [dezabijaʒ] *m* Ausziehen *nt,* Entkleiden *nt (geh)*
déshabillé [dezabije] *m (vêtement)* Negligé *nt*
déshabillé(e) [dezabije] *adj* ausgezogen; *scène, séquence* Nackt-
déshabiller [dezabije] <1> **I.** *vt* ausziehen *personne;* ~ **qn du regard** jdn mit den Blicken ausziehen
II. *vpr* **se** ~ ❶ sich ausziehen
❷ *(se mettre à l'aise)* ablegen
déshabituer [dezabitɥe] <1> **I.** *vt* ~ **qn de qc** jdm etw abgewöhnen; ~ **qn de faire qc** jdm abgewöhnen etw zu tun
II. *vpr* **se** ~ **de qc** sich *(Dat)* etw abgewöhnen; **se** ~ **de faire qc** sich *(Dat)* abgewöhnen etw zu tun
désherbage [dezɛʀbaʒ] *m* Unkrautjäten *nt*
désherbant [dezɛʀbɑ̃] *m* Unkrautvertilgungsmittel *nt*
désherbant(e) [dezɛʀbɑ̃, ɑ̃t] *adj* unkrautvertilgend
désherber [dezɛʀbe] <1> **I.** *vi* Unkraut jäten
II. *vt* jäten
déshérence [dezeʀɑ̃s] *f* Erbenlosigkeit *f*
▸ **en** ~ *littér* in Vergessenheit geraten
déshérité(e) [dezeʀite] **I.** *adj* ❶ *(privé d'héritage)* enterbt
❷ *(désavantagé)* benachteiligt
II. *mpl* **les** ~ **s** die Armen, die Bedürftigen
déshériter [dezeʀite] <1> *vt* ❶ enterben
❷ *(priver d'avantages)* benachteiligen; **la nature l'a bien déshérité** die Natur hat ihn stiefmütterlich behandelt
déshonneur [dezɔnœʀ] *m* Schande *f,* Unehre *f (geh);* **il n'y a pas de** ~ **à faire qc** es ist keine Schande etw zu tun; **qn est le** ~ **de la famille** jd ist die Schande der Familie
déshonorant(e) [dezɔnɔʀɑ̃, ɑ̃t] *adj conduite, trafic* unehrenhaft; *échec, accusation* entehrend
déshonorer [dezɔnɔʀe] <1> **I.** *vt* ❶ *(porter atteinte à l'honneur de)* Schande bringen über *(+ Akk) famille;* in Misskredit bringen *profession;* entehren *femme;* **se croire déshonoré(e) de faire qc** es für unter seiner Würde halten etw zu tun
❷ *(défigurer)* verunstalten *monument, paysage*
II. *vpr* **se** ~ seine Ehre verlieren
déshumaniser [dezymanize] <1> *vt* entmenschlichen
déshydratation [dezidʀatasjɔ̃] *f* MED Wasserverlust *m;* TECH Wasserentzug *m,* Dehydratation *nt (Fachspr.)*
déshydraté(e) [dezidʀate] *adj* ❶ *(qui manque d'eau)* ausgetrocknet

② *fam (assoiffé)* am Verdursten *(fam)*
déshydrater [dezidʀate] <1> **I.** *vt* ❶ MED austrocknen
❷ TECH dehydratisieren *(Fachspr.) légumes, lait*
II. *vpr se ~* Flüssigkeit verlieren
desiderata [dezideʀata] *mpl* Anliegen *nt,* Wünsche *Pl,* Desiderat *nt (geh)*
design [dezajn] **I.** *m* Design *nt; ~* **industriel** Industriedesign; *~* **du produit** Produktgestaltung *f;* **faire le ~ de qc** etw designen
II. *adj inv* **style ~** Designstil; **meubles ~** Designermöbel *Pl*
désignation [deziɲasjɔ̃] *f* ❶ *(appellation)* Bezeichnung *f;* *~* **des marchandises/du modèle** Waren-/Typenbezeichnung *f;* *~* **légale** JUR Gesetzesbezeichnung
❷ *(nomination)* [vorläufige] Ernennung, Designierung *f*
❸ *(indication)* Angabe *f*
designer [dizajnœʀ, dezajnœʀ] *mf* Designer(in) *m(f)*
désigner [deziɲe] <1> *vt* ❶ *(montrer, indiquer) ~* **qn/qc** auf jdn/etw hinweisen *[o* hindeuten]; *~* **qn/qc du doigt** mit dem Finger auf jdn/etw zeigen; *~* **la porte à qn** jdm die Tür weisen; *~* **qn comme coupable/responsable** auf jdn als den Schuldigen/Verantwortlichen hindeuten *[o* weisen]
❷ *(signaler) ~* **qn à l'attention de qn** jds Aufmerksamkeit auf jdn lenken; *~* **qn à l'admiration de qn** bei jdm Bewunderung für jdn hervorrufen
❸ *(choisir) ~* **qn comme qc** jdn zu etw ernennen; *~* **qn pour faire qc** jdn dazu bestimmen etw zu tun; *~* **qn à un poste** jdn für einen Posten bestimmen
❹ *(qualifier) ~* **qn pour qc** *qualités, diplômes:* jdn für etw bestimmen; **être tout(e) ~(e) pour qc/pour faire qc** besonders geeignet sein für etw/etw zu tun
❺ *(dénommer) ~* **qn par son nom** jdn beim Namen nennen; *~* **qc sous qc** etw mit etw bezeichnen
désillusion [dezi(l)lyzjɔ̃] *f* Enttäuschung *f,* Desillusion *f*
désillusionner [dezi(l)lyzjɔne] <1> *vt ~* **qn** jdn enttäuschen, jdm die Illusionen nehmen
désincarcération [dezɛ̃kaʀseʀasjɔ̃] *f* Befreiung *f;* **matériel de ~** Schneidgerät *nt*
désincarné(e) [dezɛ̃kaʀne] *adj fig doctrine, morale* wirklichkeitsfremd
désincruster [dezɛ̃kʀyste] <1> *vt* ❶ TECH *~* **qc** den Kesselstein aus etw entfernen
❷ *(nettoyer)* porentief reinigen *peau;* reinigen *pores*
désindexer [dezɛ̃dɛkse] <1> *vt ~* **qc** die Indexierung für etw aufheben
désindustrialisation [dezɛ̃dystʀijalisasjɔ̃] *f* rückläufige Entwicklung der Industrie; JUR Deindustrialisierung *f*
désinence [dezinɑ̃s] *f* GRAM Endung *f;* **~ verbale** Personalendung; *~* **casuelle** Kasusendung
désinfectant [dezɛ̃fɛktɑ̃] *m* Desinfektionsmittel *nt*
désinfectant(e) [dezɛ̃fɛktɑ̃, ɑ̃t] *adj* desinfizierend
désinfecter [dezɛ̃fɛkte] <1> *vt* desinfizieren
désinfection [dezɛ̃fɛksjɔ̃] *f* Desinfektion *f*
désinflation [dezɛ̃flasjɔ̃] *f* Rückgang *m* der Inflation
désinflationniste [dezɛ̃flasjɔnist] *adj* inflationsbekämpfend
désinformation [dezɛ̃fɔʀmasjɔ̃] *f* Desinformation *f*
désinformer [dezɛ̃fɔʀme] <1> *vt* desinformieren
désinsectisation [dezɛ̃sɛktizasjɔ̃] *f* Insektenbekämpfung *f*
désinsectiser [dezɛ̃sɛktize] <1> **I.** *vt* von Ungeziefer befreien
II. *vi* **on utilise ce produit pour ~** dieses Mittel wird zur Insektenbekämpfung verwendet
désinstallation [dezɛ̃stalasjɔ̃] *f* INFORM *d'un logiciel* Deinstallation *f*
désinstaller [dezɛ̃stale] <1> *vt* INFORM deinstallieren *programme, logiciel*
désintégration [dezɛ̃tegʀasjɔ̃] *f* ❶ *d'une famille* Auflösung *f,* Auseinanderbrechen *nt; d'un parti* Zerfall *m*
❷ GEOL Verwitterung *f*
❸ PHYS *d'une matière* Zerfall *m; ~* [**du noyau**] **atomique** Atomzerfall, Kernzerfall
désintégrer [dezɛ̃tegʀe] <5> **I.** *vt* ❶ *fig* auflösen *famille, parti*
❷ GEOL verwittern lassen
❸ PHYS spalten
II. *vpr se ~* ❶ *parti:* zerfallen; *famille, équipe:* sich auflösen
❷ GEOL verwittern
❸ PHYS sich spalten
désintéressé(e) [dezɛ̃teʀese] *adj* ❶ *personne, acte, attitude* selbstlos, uneigennützig
❷ *(objectif) esprit, jugement* unvoreingenommen
désintéressement [dezɛ̃teʀesmɑ̃] *m* ❶ Selbstlosigkeit *f,* Uneigennützigkeit *f;* **avec ~** selbstlos, uneigennützig
❷ *(dédommagement)* Abfindung *f*
❸ FIN *d'un créancier* Befriedigung *f;* **~ préférentiel d'un créancier** bevorzugte Befriedigung eines Gläubigers
désintéresser [dezɛ̃teʀese] <1> **I.** *vt (dédommager) ~* **qn** jdm eine Abfindung zahlen
II. *vpr* **se ~ de qn/qc** das Interesse an jdm/etw verlieren
désintérêt [dezɛ̃teʀɛ] *m* Desinteresse *nt;* **son ~ pour qc** sein/ihr Desinteresse an etw *(Dat);* **politicien faisant preuve d'un ~ total envers la culture** kulturfeindlicher Politiker
désintox [dezɛ̃tɔks] *f fam abr de* **désintoxication** Entzug *m (fam);* **être en ~** einen Entzug machen *(fam)*
désintoxication [dezɛ̃tɔksikasjɔ̃] *f* MED Entgiftung *f; d'un drogué, alcoolique* Entwöhnung *f,* Entzug *m;* **faire une cure de ~** eine Entziehungskur machen; **cure de ~ obligatoire** Zwangsentzug
désintoxiquer [dezɛ̃tɔksike] <1> **I.** *vt* ❶ MED entwöhnen *drogué, alcoolique;* **se faire ~** sich einer Entziehungskur unterziehen
❷ *(purifier l'organisme)* entgiften *citadin, fumeur*
II. *vpr* **se ~** ❶ MED *alcoolique, toxicomane:* eine Entziehungskur machen
❷ *(s'oxygéner)* Sauerstoff tanken *(fam)*
désinvestissement [dezɛ̃vɛstismɑ̃] *m* FIN Anlageschwund *m*
désinvolte [dezɛ̃vɔlt] *adj* ❶ *(décontracté) mouvement, attitude* ungezwungen; *style* locker
❷ *(sans-gêne) air, attitude, réponse* ungeniert, lässig *(pej)*
désinvolture [dezɛ̃vɔltyʀ] *f* ❶ *(aisance)* Ungezwungenheit *f*
❷ *(sans-gêne)* Ungeniertheit *f,* Lässigkeit *f (pej);* **répondre avec ~** [zu] ungeniert [*o* locker] antworten
désir [deziʀ] *m* ❶ Wunsch *m; ~* **de qc/de faire qc** Wunsch nach etw/etw zu tun; **prendre ses ~s pour des réalités** sich *(Dat)* etw vormachen
❷ *(appétit sexuel)* Verlangen *nt; ~* **sexuel** Sexualtrieb *m;* **absence de ~** [**sexuel**] Lustlosigkeit *f*
▸ **vos ~s sont des ordres** *hum* Ihr Wunsch ist [*o* sei] mir Befehl; **aller au-devant des ~s de qn** jdm jeden Wunsch von den Augen ablesen
désirable [deziʀabl] *adj* ❶ *qualités, attention* wünschenswert
❷ *(excitant) personne* begehrenswert
désirer [deziʀe] <1> *vt* ❶ *(souhaiter)* wünschen, [haben] mögen; **je désire/désirerais un café** ich möchte [gerne] einen Kaffee [haben]; *~* **faire qc** wünschen etw zu tun; **il désire vous parler** er wünscht Sie zu sprechen, er möchte sie [gerne] sprechen; **il désire que qn fasse qc** er wünscht [*o* möchte], dass jd etw tut; **être désiré(e)** gewünscht sein
❷ *(convoiter)* begehren
▸ **se faire ~** auf sich warten lassen; **laisser à ~** zu wünschen übrig lassen
désireux, -euse [deziʀø, -øz] *adj* **être ~(-euse) de qc** nach etw streben; **être ~(-euse) de faire qc** den Wunsch haben, etw zu tun; **personne désireuse de sortir du/d'un territoire** ausreisewillige Person
désistement [dezistəmɑ̃] *m* ❶ POL Rücktritt *m*
❷ JUR Verzicht *m,* Zurücknahme *f; des créanciers* Rücktritt *m; ~* **d'une/de l'action** Klagerücknahme *f; ~* **d'un rang** [*o* **grade**] Rangrücktritt *m*
désister [deziste] <1> *vpr* **se ~** ❶ POL zurücktreten; **se ~ en faveur de qn** zu jds Gunsten zurücktreten
❷ JUR die Klage zurückziehen
désobéir [dezɔbeiʀ] <8> *vi ~* **à qn** jdm nicht gehorchen; *soldat:* den [*o* jds] Befehl verweigern; *~* **à la loi** das Gesetz nicht beachten; *~* **à un ordre** sich einem Befehl widersetzen
désobéissance [dezɔbeisɑ̃s] *f ~* **à qn** Ungehorsam *m* gegenüber jdm; *~* **à un ordre/une loi** Nichtbeachtung *f* eines Befehls/eines Gesetzes
désobéissant(e) [dezɔbeisɑ̃, ɑ̃t] *adj* ungehorsam
désobligeance [dezɔbliʒɑ̃s] *f littér* Ungefälligkeit *f*
désobligeant(e) [dezɔbliʒɑ̃, ʒɑ̃t] *adj personne* ungefällig; *attitude, propos* unfreundlich, unangenehm
désobliger [dezɔbliʒe] <2a> *vt* kränken, vor den Kopf stoßen
désodorisant [dezɔdɔʀizɑ̃] *m* De[s]odorant *nt*
désodorisant(e) [dezɔdɔʀizɑ̃, ɑ̃t] *adj* desodorierend
désodoriser [dezɔdɔʀize] <1> *vt ~* **le couloir** den unangenehmen Geruch im Korridor beseitigen
désœuvré(e) [dezœvʀe] **I.** *adj* untätig; **ne reste pas ainsi ~(e)!** sitz nicht so untätig herum!
II. *m(f) péj* Müßiggänger(in) *m(f)*
désœuvrement [dezœvʀəmɑ̃] *m* Untätigkeit *f;* **par ~** um die Zeit totzuschlagen
désolant(e) [dezɔlɑ̃, ɑ̃t] *adj spectacle, nouvelle* traurig; *temps* trostlos; **il est ~ que qn fasse qc** es ist traurig, dass jd etw tut
désolation [dezɔlasjɔ̃] *f* ❶ Verzweiflung *f,* Trostlosigkeit *f;* **plonger qn dans la ~** jdn in Trostlosigkeit [*o* Verzweiflung] versetzen
❷ *littér (dévastation)* Verwüstung *f;* **semer la ~ dans tout le pays** das ganze Land verwüsten
désolé(e) [dezɔle] *adj* ❶ *(éploré)* tief betrübt, untröstlich
❷ *(navré)* **je suis vraiment ~(e)** es tut mir wirklich leid; **j'en suis ~(e) pour vous** das tut mir leid für Sie; **je suis ~(e) que qn ait fait qc** es tut mir leid, dass jd etw getan hat; **je suis ~(e) de vous**

avoir fait attendre es tut mir leid, dass ich Sie habe warten lassen; **~(e)!** [əs] tut mir leid!
③ *(désert et triste) lieu, paysage* trostlos
désoler [dezɔle] <1> **I.** *vt* ❶ *(affliger)* traurig machen, betrüben; **ça me désole de te dire que qn a fait qc** es tut mir leid, dir sagen zu müssen, dass jd etw getan hat
❷ *(contrarier)* verdrießen
II. *vpr (être navré)* **se ~** jammern; **se ~ de qc/faire qc** etw bedauern/bedauern etw zu tun
désolidariser [desɔlidaʀize] <1> *vpr* **se ~ de qn/qc** sich von jdm/etw distanzieren
désopilant(e) [dezɔpilɑ̃, ɑ̃t] *adj* wahnsinnig lustig
désordonné(e) [dezɔʀdɔne] *adj* ❶ *(qui manque d'ordre) personne* unordentlich; *maison, pièce* unaufgeräumt
❷ *(qui manque d'organisation) esprit, personne* chaotisch, zerfahren
❸ *(incontrôlé) gestes, mouvements* unkontrolliert; *élans* unkoordiniert; *fuite, combat* ungeordnet
❹ *littér (déréglé) vie, conduite* zügellos
désordre [dezɔʀdʀ] *m* ❶ *sans pl (absence d'ordre) d'une personne, d'un lieu* Unordnung *f;* **en ~** in Unordnung; **le tiercé dans le ~** die Dreierwette in beliebiger Reihenfolge
❷ *(confusion) de l'esprit, des idées* Durcheinander *nt;* **jeter le ~ dans les esprits** für Verwirrung sorgen
❸ *(absence de discipline)* Unruhe *f;* **semer le ~** Unruhe verbreiten; **arrêter qn pour ~ sur la voie publique** jdn wegen ungebührlichen Benehmens festnehmen
❹ *gén pl* POL Unruhen *Pl*
❺ *littér (conduite déréglée)* Ausschweifung *f;* **mener une vie de ~** ein ausschweifendes Leben führen
❻ MED Störung *f;* **~ hormonal/hépatique** hormonelle Störung/ Leberfunktionsstörung
▶ **ça fait ~** *fam* das ist ein Handikap
désorganisation [dezɔʀganizasjɔ̃] *f* Desorganisation *f*
désorganiser [dezɔʀganize] <1> *vt* durcheinanderbringen *service, projets;* **être désorganisé(e)** *service, administration:* gestört [*o* desorganisiert] sein
désorienté(e) [dezɔʀjɑ̃te] *adj* verwirrt, verunsichert; **être ~** *parti:* richtungslos sein
désorienter [dezɔʀjɑ̃te] <1> *vt* ❶ *(égarer)* verwirren *personne;* vom Kurs abbringen *avion;* **être désorienté(e)** die Orientierung verlieren
❷ *(déconcerter)* verunsichern, verwirren
❸ PSYCH desorientieren
désormais [dezɔʀmɛ] *adv* von nun [*o* jetzt] an, nunmehr *(geh)*
désosser [dezɔse] <1> *vt* ❶ GASTR ausbeinen, von den Knochen lösen *viande;* **dinde désossée** Truthahn *m* ohne Knochen
❷ *(démonter)* auseinandernehmen *véhicule, machine*
désoxyribonucléique [dezɔksiʀibonykleik] *adj* **acide ~** Desoxyribonukleinsäure *f*
desperado [dɛsperado] *m* Desperado *m*
despote [dɛspɔt] **I.** *m* ❶ POL Despot *m;* **~ éclairé** Monarch *m* des aufgeklärten Absolutismus
❷ *(personne tyrannique)* Despot *m,* Tyrann *m*
II. *adj* despotisch
despotique [dɛspɔtik] *adj* ❶ POL *gouvernement, pouvoir* despotisch; **souverain ~** Gewaltherrscher *m*
❷ *(autoritaire)* despotisch, herrisch
despotisme [dɛspɔtism] *m* ❶ POL Despotismus *m,* Gewaltherrschaft *f,* Zwangsherrschaft *f;* **~ éclairé** aufgeklärter Absolutismus
❷ *(volonté tyrannique)* Tyrannei *f*
desquamation [dɛskwamasjɔ̃] *f* ❶ MED *de l'épiderme* Abschuppung *f*
❷ GEOL *d'écailles rocheuses* Desquamation *f (Fachspr.)*
desquamer [dɛskwame] <1> **I.** *vt* von abgestorbenen Schuppen befreien
II. *vi peau:* sich schälen
III. *vpr* **se ~** [sich] [ab]schuppen, abschilfern
DESS [deøɛsɛs] *m abr de* **diplôme d'études supérieures spécialisées** Abschlussexamen eines Aufbaustudiengangs
dessaisir [desezir] <8> **I.** *vt* JUR **le tribunal/juge de qc** das Gericht/den Richter für nicht zuständig in etw *(Dat)* erklären
II. *vpr* **se ~ de qc** etw abgeben, etw herausgeben; **se ~ de parts de l'entreprise** Unternehmensteile abstoßen
dessaisissement [desezismɑ̃] *m* **~ des bénéfices** ECON, JUR Gewinnherausgabe *f*
dessalage [desalaʒ] *m* NAUT *fam* Kentern *nt*
dessalement [desalmɑ̃] *m* Entsalzen *nt,* Entsalzung *f*
dessaler [desale] <1> **I.** *vt* entsalzen; wässern *poisson*
II. *vpr* **se ~** seinen Salzgehalt verlieren
III. *vi* NAUT kentern
dessaouler *v.* **dessoûler**
desséchant(e) [deseʃɑ̃, ɑ̃t] *adj* austrocknend; *études* trocken;

être ~(e) pour la peau die Haut austrocknen
dessèchement [desɛʃmɑ̃] *m* ❶ *de la peau, du sol* Austrocknung *f;* **~ du cœur** Abstumpfung *f* der Gefühle
dessécher [deseʃe] <1> **I.** *vt* ❶ *(rendre sec)* austrocknen *terre, peau, bouche;* **bouche desséchée** augetrockneter Mund; verdorren lassen *végétation;* trocknen *plantes;* **plante desséchée** verdorrte Pflanze; trocknen, dorren *fruits;* **mes lèvres sont desséchées** ich habe trockene Lippen
❷ *(rendre maigre)* auszehren *personne, corps*
❸ *(rendre insensible)* abstumpfen, abhärten *personne;* **~ le cœur de qn** jdn gefühlskalt machen
II. *vpr* **se ~** ❶ *bouche, lèvres:* trocken werden; *terre, peau:* austrocknen; *végétation:* verdorren
❷ *(maigrir)* dürr werden
❸ *(devenir insensible)* abstumpfen; **son cœur s'est desséché** er/sie ist hart [*o* gefühllos] geworden
dessein [desɛ̃] *m littér* Plan *m,* Absicht *f;* **nourrir de grands ~s/ de noirs ~s** *littér* große Pläne schmieden/finstere Absichten hegen; **avoir** [*o* **nourrir** *littér*] **le ~ de faire qc** die Absicht haben [*o* hegen *geh*] etw zu tun; **à ~** absichtlich, mit Absicht; **dans le ~ de faire qc** in der Absicht etw zu tun
desseller [desele] <1> *vt* absatteln
desserrage [deseʀaʒ] *m* Lockern *nt; d'un écrou* Losschrauben *nt; d'un frein* Lösen *nt*
desserré(e) [deseʀe] *adj vis, nœud, lacet* locker; *ceinture, cravate* gelockert; *frein* gelöst; *col* offen; **avec des lacets ~s** mit offenem Schuh
desserrer [deseʀe] <1> **I.** *vt* ❶ *(dévisser)* lockern, losschrauben
❷ *(relâcher)* lockern *étau, cravate;* lockern, weiter machen *ceinture;* lösen *frein à main*
❸ *(écarter)* öffnen *poing;* **~ les lignes/les mots** Abstand zwischen den Zeilen/Wörtern lassen; **desserrez les rangs!** rücken Sie etwas auseinander!
II. *vpr* **se ~** *vis, étau, nœud:* sich lockern; *frein à main:* sich lösen; *personnes:* auseinanderrücken; *rangs:* sich auflösen
dessert [desɛʀ] *m* GASTR *(mets, moment)* Nachtisch *m,* Dessert *nt;* **prendre qc comme ~** etw als Nachtisch [*o* Dessert] nehmen; **au ~** beim Nachtisch [*o* Dessert]
desserte [desɛʀt] *f* ❶ *(meuble)* Serviertisch *m;* **~ à roulettes** Beistellwagen *m;* **~ de bureau** Ablagefläche *f*
❷ TRANSP **~ de qc** *de* [Verkehrs]verbindung *f* zu etw; **~ aérienne/postale** Luftverbindung *f*/Lieferung *f* der Postsendungen; **la ~ du village se fait par autocar** das Dorf wird mit dem Bus angefahren; **la ~ du port s'effectue par voie ferrée** der Hafen hat einen Gleisanschluss
dessertir [desɛʀtir] <8> *vt* aus der Fassung nehmen *brillant*
desservant [desɛʀvɑ̃] *m d'une paroisse* Pfarrverweser *m*
desservir [desɛʀviʀ] <*irr*> *vt* ❶ *(débarrasser)* abräumen *table*
❷ *(nuire à)* **~ qn/qc** jdm/einer S. schaden; **~ qn par qc auprès de qn** jdn mit etw bei jdm in Misskredit bringen
❸ TRANSP *bus, train:* anfahren; *compagnie aérienne:* anfliegen; *bateau:* anlaufen; *ligne, autoroute, voie ferrée:* nach etw führen; **le train dessert cette gare/ce village** der Zug hält an diesem Bahnhof/in diesem Dorf; **être desservi(e) par qc** Anschluss *m* [*o* Anbindung *f*] an etw *(Akk)* haben; **être bien/mal desservi(e)** *village:* einen guten/schlechten Verkehrsanschluss haben; **un logement très bien desservi** eine Wohnung in bester Verkehrslage
❹ REL seelsorgerisch betreuen *paroisse*
dessiller [desije] <1> **I.** *vt* **~ les yeux à qn sur qn/qc** jdm in Bezug auf jdn/etw die Augen öffnen
II. *vpr* **ses yeux se dessillent** es fällt ihm/ihr wie Schuppen von den Augen
dessin [desɛ̃] *m* ❶ Zeichnung *f;* **~ satirique** [*o* **humoristique**] Karikatur *f;* **~[s] animé[s]** Zeichentrickfilm *m*
❷ *(activité)* Zeichnen *nt;* **être doué(e) pour le ~** zeichnerisch begabt sein; **professeur de ~** Zeichenlehrer(in) *m(f);* **matériel de ~** Malzeug *nt*
❸ TECH **~ industriel** technisches Zeichnen; **~ assisté par ordinateur** computerunterstütztes [*o* rechnerunterstütztes] Zeichnen, CAD *nt*
❹ *(motif)* Muster *nt*
❺ *(ligne) du visage* Züge *Pl; des veines* Verlauf *m*
▶ **il faut te/vous faire un ~?** *fam* brauchst du/braucht ihr eine Extraerklärung?
◆ **~ d'art** künstlerische Zeichnung; **~ à main levée** Freihandzeichnung *f;* **~ de mode** Modedesign *nt;* **~ d'après nature** Zeichnung *f* nach der Natur
dessinateur, -trice [desinatœʀ, -tʀis] *m, f* ❶ ART Zeichner(in) *m(f)*
❷ IND Designer(in) *m(f);* **~ industriel/dessinatrice industrielle** technischer Zeichner/technische Zeichnerin
◆ **~(-trice) d'audience** Gerichtszeichner(in) *m(f);* **~(-trice) de B.D.** Comiczeichner(in) *m(f);* **~(-trice) de meubles** Möbeldesi-

gner(in) *m(f)*; ~ **(-trice) de mode** Modedesigner(in) *m(f)*

dessiner [desine] <1> **I.** *vi* ~ **au crayon** mit dem Bleistift zeichnen

II. *vt* ❶ ART zeichnen

❷ TECH zeichnen *plan d'une maison;* entwerfen *meuble, véhicule;* gestalten *jardin*

❸ *(souligner)* unterstreichen, betonen *contours, formes;* **bouche bien dessiné(e)** schön geformter [*o* gezeichneter] Mund

❹ *(former)* machen, beschreiben *courbe, virages;* **le champ dessine un damier** das Feld sieht aus wie ein Schachbrett

III. *vpr* ❶ *(se détacher)* **se ~ à l'horizon/au loin** *ombre, montagne:* sich am Horizont/in der Ferne abzeichnen

❷ *(s'esquisser, se préciser)* **se ~** *projets:* Gestalt annehmen; *tendance, réaction:* deutlich werden; **un sourire se dessina sur son visage** ein Lächeln zeigte sich auf ihrem/seinem Gesicht

dessouder [desude] <1> **I.** *vt* ~ **qc** die Schweißnaht von etw lösen

II. *vpr* **se ~** sich lösen

dessoûler [desule] <1> **I.** *vi* nüchtern werden; **ne pas ~** ständig betrunken sein

II. *vt fam* nüchtern machen

dessous [d(ə)su] **I.** *adv* ❶ *(sous)* passer, regarder, être [placé] d[a]runter; **mettre qc en ~** etw darunter stellen/darunter legen; **passer [par] [en] ~** darunter durchschlüpfen; **prendre qc par en ~** etw unten anfassen

❷ *fig* **agir [par] en ~** heimlich vorgehen; **regarder qn [par] en ~** jdn verstohlen ansehen; **rire [par] en ~** insgeheim [*o* in sich hinein] lächeln

II. *prép* ❶ *(sous)* **en ~ de qc** unterhalb der S. *(Gen),* unter etw *(Dat);* **d'en ~** *fam voisin, appartement* von unten; **habiter en ~ de chez qn** unter jdm wohnen; **sortir qn/qc de ~ qc** jdn/etw unter etw *(Dat)* hervorholen

❷ *(plus bas que)* **en ~ de qc** unter einer S. *(Dat);* **être en ~ de tout** *person:* miserabel sein; *travail, comportement:* unter aller Kritik sein

III. *m* ❶ *(face inférieure, de ce qui est plus bas) d'une assiette, langue* Unterseite *f; d'une étoffe* linke Seite *f; des pieds, chaussures* Sohle *f;* ~ **de caisse** Unterboden *m;* **faire un lavage du ~ de caisse** eine Unterbodenwäsche machen lassen; **l'étage du ~** die untere Etage; **le voisin du ~** der Nachbar von unten; **les fruits du ~ sont moisis** die unteren Früchte sind verschimmelt

❷ *pl* TEXTIL **Dessous** *Pl,* [Damen]unterwäsche *f*

❸ *pl (aspects secrets) d'une affaire, de la politique* Hintergründe *Pl*

▶ **connaître le ~ des cartes** [*o* **du jeu**] das Spiel durchschauen; **avoir le ~** unterlegen sein

dessous-de-bouteille [d(ə)sud(ə)butɛj] *m inv* [Flaschen]untersetzer *m* **dessous-de-plat** [d(ə)sud(ə)pla] *m inv (pour plats creux)* [Schüssel]untersetzer *m; (pour casseroles, cocottes)* [Topf]untersetzer *m* **dessous-de-table** [d(ə)sud(ə)tabl] *m inv* Schmiergeld *nt*

dessus [d(ə)sy] **I.** *adv (sur qn/qc)* darauf; **mettre ~** darauf stellen/darauf legen; **voilà la chaise, mets-toi ~** hier ist der Stuhl, setz dich darauf; **qn/une voiture m'a foncé ~** jd/ein Auto ist voll auf mich zugefahren; **elle lui a tapé/tiré ~** sie hat auf ihn eingeschlagen/geschossen; **il compte ~** er rechnet damit

II. *prép* **enlever de ~ qc** von etw herunternehmen

III. *m (partie supérieure, ce qui est au-dessus) de la tête, du pied* Oberseite *f; d'une chaussure* Obermaterial *nt;* "**~ cuir véritable**" „Obermaterial Leder"; **~ de la main** Handrücken *m;* **~ de la table** Tischplatte *f;* **le voisin/l'étage du ~** der Nachbar von oben/die obere Etage; **la veste du ~ était bleue** die obere Jacke war blau; **le ~ de l'armoire était tout poussiéreux** auf dem Schrank lag viel Staub; **sur le ~** oberseits *(Fachspr.)*

▶ **le ~ du panier** der oberen Zehntausend; **avoir le ~** überlegen sein; **prendre/reprendre le ~** sich [wieder] fangen; *(après une maladie)* [wieder] auf die Beine kommen

dessus-de-lit [d(ə)syd(ə)li] *m inv* Tagesdecke *f* **dessus-de-plat** [d(ə)syd(ə)pla] *m inv* Deckel *m* **dessus-de-table** [d(ə)syd(ə)tabl] *m inv* Tischläufer *m*

déstabilisant(e) *v.* **déstabilisateur**

déstabilisateur, -trice [destabilizatœʀ, -tʀis] *adj* destabilisierend

déstabilisation [destabilizasjɔ̃] *f* Destabilisierung *f*

déstabiliser [destabilize] <1> *vt* destabilisieren *État, économie;* verunsichern *personne*

déstalinisation [destalinizasjɔ̃] *f* Entstalinisierung *f*

destin [dɛstɛ̃] *m* Schicksal *nt;* **les arrêts du ~** die Schicksalsfügungen; **changer le ~ de qn** jds Schicksal beeinflussen; **c'est le ~!** das ist Schicksal!

▶ **on n'échappe pas à son ~** *prov* man kann seinem Schicksal nicht entgehen

destinataire [dɛstinatɛʀ] *mf* ❶ *a.* JUR, ÉCON Empfänger(in); **~ d'une/de la demande** Antragsempfänger(in); **~ du fret** Frachtempfänger(in); **~ d'une livraison** Warenempfänger(in); **~ d'un mandat** Zahlungsempfänger(in)

❷ INFORM Adressat *m*

◆ **~ de la notification** Zustellungsadressat(in) *m(f);* **~ de l'offre** JUR Angebotsempfänger(in) *m(f)*

destination [dɛstinasjɔ̃] *f* ❶ *(lieu)* Ziel *nt; d'une lettre* Bestimmungsort *m;* **arriver à ~** am Ziel ankommen; **partir pour une ~ inconnue** mit unbekanntem Ziel verreisen; **le train/les voyageurs à ~ de Hambourg** der Zug/die Reisenden nach Hamburg; **gare/lieu de ~** Zielbahnhof *m/*Bestimmungsort *m*

❷ *(utilisation prévue, vocation) d'un édifice, d'une personne* Bestimmung *f,* Funktion *f; d'une somme, d'un appareil* Verwendungszweck *m;* **retrouver [o être rendu(e) à] sa ~ première** der ursprünglichen Bestimmung übergeben werden

destinée [dɛstine] *f* ❶ *(fatalité)* Schicksal *nt*

❷ *(destin particulier) d'une personne, d'un peuple* Schicksal *nt; d'une œuvre* Bestimmung *f*

▶ **être promis(e) à de hautes ~s** zu Höherem bestimmt sein; **unir sa ~ à celle de qn** *littér* mit jdm den Bund fürs Leben schließen *(geh)*

destiner [dɛstine] <1> **I.** *vt* ❶ *(réserver à, attribuer)* **~ un poste à qn** eine Stelle für jdn vorsehen; **être destiné(e) à qn** *fortune, emploi, ballon:* für jdn bestimmt sein; *livre:* für jdn bestimmt [*o* gedacht] sein; *remarque, allusion:* sich an jdn richten

❷ *(prévoir un usage)* **~ un local à qc** ein Lokal für etw bestimmen; **être destiné(e) à qc** für etw bestimmt sein; **être destiné(e) à faire qc** dafür bestimmt sein etw zu tun, etw tun sollen; **ce terrain est destiné à être construit** das Gelände soll bebaut werden

❸ *(vouer)* **~ qn à une fonction/à un poste** jdn für ein Amt/einen Posten vorsehen; **~ qn à être avocat/son successeur** jdn dazu ausersehen Anwalt/sein Nachfolger zu werden; **être destiné(e) à devenir médecin** dazu vorgesehen sein Arzt zu werden

II. *vpr* **se ~ à la politique** sich der Politik verschreiben; **se ~ à l'enseignement** den Lehrberuf wählen; **se ~ à faire qc** [fest] vorhaben etw zu tun

destituer [dɛstitɥe] <1> *vt* absetzen *ministre, souverain;* entlassen *fonctionnaire;* verabschieden *officier;* **~ qn de ses fonctions** jdn seines Amtes entheben

destitution [dɛstitysjɔ̃] *f* Absetzung *f; d'un fonctionnaire* [Dienst]entlassung *f; d'un ministre* Amtsenthebung *f*

déstockage [destɔkaʒ] *m* Lagerräumung *f*

destrier [dɛstʀije] *m* HIST Schlachtross *nt*

destroy [dɛstʀɔj] *adj inv pop* fertig *(sl);* **l'aura ~ de ce groupe** die abgefuckte Ausstrahlung dieser Band *(sl);* **avoir un look ~** heruntergekommen [*o* abgerissen] aussehen *(fam)*

destroyer [dɛstʀwaje] *m (bâtiment)* Zerstörer *m*

destructeur, -trice [dɛstʀyktœʀ, -tʀis] **I.** *adj* critique, idée destruktiv; *action, feu, guerre* zerstörerisch; *fléau* verheerend; **folie** [*o* **rage**] **destructrice** Zerstörungswut *f*

II. *m, f (personne)* Zerstörer(in) *m(f);* **~ de documents** *(appareil)* Aktenvernichter *m*

destructif, -ive [dɛstʀyktif, -iv] *adj* destruktiv; **force destructive** Zerstörungskraft *f*

destruction [dɛstʀyksjɔ̃] *f* ❶ *(action, dégât) d'un immeuble, objet* Zerstörung *f; d'archives, de preuves, d'indices* Vernichtung *f;* **~ du paysage** Landschaftszerstörung *f*

❷ *(extermination) d'un peuple* Vernichtung *f; de rats, d'insectes* Vertilgung *f*

❸ *(altération) des tissus organiques* Zerstörung *f*

déstructuration [dɛstʀyktyʀasjɔ̃] *f* Zersiedelung *f;* PSYCH *de la personnalité* Zerstörung *f*

déstructurer [dɛstʀyktyʀe] <1> *vt* **~ qc** die Struktur einer S. *(Gen)* auflösen

désuet, désuète [dezɥɛ, dezɥɛt] *adj* coutume, vêtement altmodisch; *expression* nicht mehr gebräuchlich, obsolet *(geh); mode, aspect* überholt

désuétude [dezɥetyd] *f* **tomber en ~** *coutume:* veralten; *expression:* außer Gebrauch kommen; *loi:* außer Anwendung kommen

désuni(e) [dezyni] *adj* zerstritten

désunion [dezynjɔ̃] *f d'un parti, d'une famille, équipe* Zerstrittenheit *f,* Uneinigkeit *f;* **entraîner la ~ de l'équipe** zu Uneinigkeit innerhalb der Mannschaft führen

▶ **semer la ~ entre des personnes** Zwietracht *f* zwischen Menschen säen

désunir [dezyniʀ] <8> *vt* auseinanderbringen *couple;* entzweien *famille, équipe*

détachable [detaʃabl] *adj (amovible) partie, capuche* abtrennbar; *feuilles* abreißbar; *courroie, bretelles* aushakbar

détachage [detaʃaʒ] *m* Reinigung *f*

détachant [detaʃɑ̃] *m* Fleckentferner *m,* Fleckenmittel *nt*

détaché(e) [detaʃe] *adj* ❶ *(indifférent) air, œil, ton* gleichgültig; **avoir l'air ~** einen gleichgültigen Eindruck machen

❷ ADMIN *fonctionnaire* einstweilig versetzt

détachement [detaʃmã] *m* ❶ *(indifférence)* Gleichgültigkeit *f*, Desinteresse *nt*; **avec ~/un certain ~** gleichgültig/mit einer gewissen Gleichgültigkeit
❷ MIL Sonderkommando *nt*
❸ ADMIN einstweilige Versetzung; **être en ~** einstweilig versetzt sein

détacher¹ [detaʃe] <1> I. *vt* ❶ *(délier, libérer)* losmachen *prisonnier, chien*; *(en enlevant un lien)* losbinden *prisonnier, chien*; **~ une remorque de qc** einen Anhänger von etw abhängen; **~ un wagon de qc** einen Wagen von etw abkuppeln; **~ les pieds de qn** jdm die Füße losbinden
❷ *(défaire)* lösen *cheveux, nœud*; aufmachen *lacet, ceinture, soutien-gorge*
❸ *(arracher, retirer)* ablösen *timbre*; abreißen *feuille, pétale*; **détache les bras du corps!** halte die Arme vom Körper weg!
❹ ADMIN **~ qn à Paris/en province** jdn einstweilig nach Paris/in die Provinz versetzen; **~ qn auprès d'un service** jdn vorübergehend einer Abteilung zur Verfügung stellen
❺ *(ne pas lier)* voneinander absetzen *lettres, notes de musique*
❻ *(faire ressortir)* **~ un mot/une silhouette de/sur qc** ein Wort/einen Umriss von/gegen etw abheben
❼ *(détourner)* **~ qn de qn/qc** jdn von einer S. entfremden; **être détaché(e) de qn/qc** jdm/einer S. entfremdet sein, sich von jdm/etw gelöst haben; **ne pouvoir ~ ses yeux/son regard de qc** seine Augen/seinen Blick nicht von etw abwenden können
II. *vpr* **se ~** sich befreien
❷ *(se séparer)* **se ~ de qc** *bateau, satellite*: sich von etw trennen; *(par accident)* sich von etw lösen; *bloc de pierre*: sich von etw lösen; *papier, timbre*: sich ablösen; **se ~ du peloton** sich vom Feld absetzen
❸ *(se défaire)* **se ~** *chaîne, lacet*: aufgehen
❹ *(ressortir)* **se ~** sich abheben; *(sauter aux yeux)* hervorstechen; **le titre/la silhouette se détache sur qc** der Titel/Umriss hebt [*o* zeichnet] sich gegen etw ab
❺ *(prendre ses distances)* **se ~ de qn** sich [gefühlsmäßig] von jdm lösen; **se ~ de qc** das Interesse an etw *(Dat)* verlieren, sich nicht mehr für etw interessieren

détacher² [detaʃe] <1> *vt* **~** die Flecken aus etw entfernen, etw reinigen; **~ à l'essence** mit Benzin reinigen

détail [detaj] <s> *m* ❶ *(particularité, élément d'un ensemble) d'une description, d'un récit* Einzelheit *f*, Detail *nt*; *d'un tableau* Ausschnitt *m*; **dans les moindres ~s** bis ins kleinste Detail, in allen Einzelheiten; **se perdre dans les ~s** sich in Einzelheiten verlieren; **entrer dans les ~s** ins Detail gehen
❷ *sans pl (énumération des dépenses, d'un compte)* detaillierte [*o* ausführliche] Aufstellung; **faire le ~ de qc** etw genau aufführen; **faire le ~ d'une facture** eine detaillierte Rechnung erstellen; **faire le ~ de ses aventures** seine Abenteuer ausführlich erzählen; **dans le ~** im Detail, genau; **raconter/expliquer par le ~** [*o en* ~] ausführlich erzählen/erklären
❸ *sans pl* COM **vendre qc au ~** *(par petites quantités)* etw in kleineren Mengen [*o* en détail] verkaufen; *(par éléments détachés)* etw einzeln [*o* stückweise] verkaufen
❹ *(accessoire)* Nebensache *f*, Kleinigkeit *f*; **aucun ~ ne lui échappe** ihr/ihm entgeht nicht die geringste Kleinigkeit; **c'est un ~!** das ist doch Nebensache [*o* unwichtig]!
▶ **ne pas faire de ~** *fam* nicht lange [he]rummachen *(fam)*; **à un ~ près** bis auf eine Kleinigkeit; **à quelques ~s près** bis auf ein paar Kleinigkeiten

détaillant(e) [detajã, jãt] *m(f)* Einzelhändler(in) *m(f)*, Kleinhändler(in)

détaillé(e) [detaje] *adj explications, récit* ausführlich; *plan* detailliert; *rapport* eingehend; **structure ~e** *d'un texte, article* Feinstruktur *f*

détailler [detaje] <1> *vt* ❶ COM detaillieren *(Fachspr.)*; einzeln [*o* stückweise] verkaufen *articles*; in kleineren Mengen verkaufen *marchandise*
❷ *(couper en morceaux)* in [Einzel]stücke schneiden *tissu*
❸ *(faire le détail de)* ausführlich erörtern *plan, histoire, raisons*; **~ qn de la tête au pied** jdn von Kopf bis Fuß mustern
❹ *(énumérer)* einzeln aufführen *défauts, points*

détaler [detale] <1> *vi fam* sich aus dem Staub machen *(fam)*

détartrage [detaʀtʀaʒ] *m* Entkalkung *f*; **~ des dents** Entfernung *f* des Zahnsteins; **faire un ~ des dents** den Zahnstein entfernen

détartrant [detaʀtʀã] *m* Entkalker *m*

détartrer [detaʀtʀe] <1> *vt* entkalken *chaudière, conduit*; **~ les dents** den Zahnstein entfernen

détaxation [detaksasjõ] *f* FISC steuerliche Entlastung; **~ à l'exportation** Exporterstattung *f*

détaxe [detaks] *f (réduction)* Steuerermäßigung *f*; *(exonération)* Steuererlass *m*; **en ~** zollfrei; **bénéficier d'une ~** *essence, marchandise*: steuerfrei sein; **qc bénéficie de la ~ à l'exportation** die Ausfuhr einer S. *(Gen)* ist steuerfrei

détaxer [detakse] <1> *vt* FISC **~ qc** *(exonérer)* die Steuern für etw aufheben; *(réduire)* die Steuern für etw senken; **être détaxé(e)** steuerfrei/steuerermäßigt sein

détecter [detɛkte] <1> *vt* aufspüren *objets cachés, personne*; ausfindig machen *fuite de gaz, mines*; aufdecken *erreur, mensonge*; AVIAT, NAUT orten *avion, bateau*

détecteur [detɛktœʀ] *m* ♦ **~ d'erreurs** INFORM Fehlerkontrolle *f*; **~ de fumée** Rauchmelder *m*; **~ de mensonge** Lügendetektor *m*; **~ de mines** Minensuchgerät *nt*; **~ de neutrons** Neutronendetektor *m*

détection [detɛksjõ] *f* ❶ Auffinden *nt*; *d'une erreur* Feststellen *nt*, Erkennen *nt*; *de mines de guerre* Aufspüren *nt*; *de gaz toxiques* Feststellen, Aufspüren; **programme de ~ d'erreurs** INFORM Fehlererkennungsprogramm *nt*
❷ *(par radar)* Ortung *f*

détective [detɛktiv] *mf* **~ privé** Privatdetektiv(in) *m(f)*

déteindre [detɛ̃dʀ] <irr> I. *vi* ❶ die Farbe verlieren; **~ au lavage** die Farbe beim Waschen verlieren; **~ au soleil** in der Sonne verschießen [*o* verblassen]; **~ sur qc** auf etw *(Akk)* abfärben
❷ *(influencer)* **~ sur qn/qc** auf jdn/etw abfärben
II. *vt soleil*: bleichen; **~ qc à qc** etw mit etw bleichen [*o* entfärben]

dételer [det(ə)le] <3> *vt* ausspannen *bœuf, cheval*; abspannen *charrette*; abkuppeln *wagon*

détendeur [detãdœʀ] *m d'une bouteille de gaz* Druck[minderungs]ventil *nt*

détendre [detãdʀ] <14> I. *vt* ❶ *(relâcher)* lockern *arc, ressort, corde*; entspannen *jambe, muscle*
❷ *(décrisper)* entspannen *personne, nerfs, situation*; auflockern *atmosphère*
❸ PHYS auslassen *gaz*
II. *vpr* **se ~** ❶ *(se relâcher) ressort*: sich lockern; *arc, corde*: an Spannung verlieren; *visage, muscle, personne*: sich entspannen
❷ *(se délasser, décrisper) personne, situation*: sich entspannen; *atmosphère*: sich auflockern; **se détendre l'esprit** abschalten
❸ PHYS *gaz*: sich ausdehnen

détendu(e) [detãdy] *adj* entspannt; *(relâché) corde, ressort* locker

détenir [det(ə)niʀ] <9> *vt* ❶ besitzen *objet, pouvoir*; innehaben *poste, position*; verfügen über *(+ Akk) preuve, majorité, secret*; halten *record, titre*; **~ qc de manière fiduciaire/légitime** etw treuhänderisch/rechtmäßig besitzen; **~ des objets volés/des documents** im Besitz gestohlener Gegenstände/von Dokumenten sein
❷ *(retenir prisonnier)* gefangenhalten; **être détenu(e) dans un camp** in einem Lager gefangengehalten werden

détente [detãt] *f* ❶ *(délassement)* Entspannung *f*; **voyage de ~** Erholungsreise *f*
❷ *(décrispation) des relations, d'une atmosphère* Entspannung *f*; **politique de ~** Entspannungspolitik *f*
❸ *(élan) d'un sauteur* Sprungvermögen *nt*; *d'un lanceur* Wurfvermögen *nt*; **d'une ~ rapide** mit einem schnellen Sprung
❹ *(relâchement) d'un ressort, d'une corde* Entspannung *f*, Lockerung *f*
❺ *(pièce) d'une arme* Abzug *m*
❻ TECH *d'un gaz* Ausdehnung *f*; *d'un moteur* Arbeitstakt *m*
▶ **être dur(e) à la ~** *fam (être lent à réagir)* eine lange Leitung haben *(fam)*; *(être avare)* knickrig sein *(fam)*

détenteur, -trice [detãtœʀ, -tʀis] *m, f* ❶ **~(-trice) de/du record** Rekordhalter(in) *m(f)*, Rekordmeister(in) *m(f)*; **~(-trice) de/du titre** Titelträger(in) *m(f)*; **~(-trice) de poste de télévision** Fernsehteilnehmer(in) *m(f)*; **~(-trice) du pouvoir** Machthaber(in) *m(f)*; **il est le seul ~ du secret/de la vérité** er allein kennt das Geheimnis/die Wahrheit
❷ JUR *d'un objet, document* Besitzer(in) *m(f)*; *d'un compte, brevet* Inhaber(in) *m(f)*; **~(-trice) d'une carte de crédit** Kreditkarteninhaber(in); **~(-trice) d'une de licence** Lizenzinhaber(in); **~(-trice) de parts** Anteilseigner(in) *m(f)*; **~(-trice) d'un permis** Erlaubnisscheininhaber(in) *(Fachspr.)*; **~(-trice) de la souveraineté** Hoheitsträger(in) *m(f)*; **~(-trice) précaire** Besitzmittler(in) *m(f) (Fachspr.)*

détention [detãsjõ] *f* ❶ *d'un document, objet, d'une somme* Besitz *m*; *d'un secret* Wahrung *f*; **~** [**d'un portefeuille] d'actions** Aktienbesitz; **~ réciproque [d'un portefeuille] d'actions** wechselseitiger Aktienbesitz; **~ d'armes** Waffenbesitz
❷ *(incarcération)* Haft *f*; **être en ~** inhaftiert [*o* in Haft] sein; **maintenir/placer qn en ~** jdn in Haft halten/nehmen; **~ provisoire** Untersuchungshaft; **déduire la ~ provisoire de la peine de prison** die Untersuchungshaft auf die Freiheitsstrafe anrechnen; **être/rester en ~ provisoire** in Untersuchungshaft sein/bleiben

détenu(e) [det(ə)ny] *m(f)* Häftling *m*, Inhaftierte(r) *f(m)*; **~(e) provisoire** Untersuchungsgefangener, Untersuchungshäftling; **~ politique** politischer Gefangener; **~(e) de droit commun** Strafgefangene(r) *m*

détergent [detɛʀʒã] *m* ❶ *(nettoyant)* Reinigungsmittel *nt*; *(détersif)* Schmutzlöser *m*

détermination/hésitation

exprimer sa détermination	Entschlossenheit ausdrücken
Nous sommes (fermement) décidé(e)s à émigrer en Australie.	Wir sind (fest) entschlossen, nach Australien auszuwandern.
Je me suis résolu(e) à tout lui dire.	Ich habe mich dazu durchgerungen, ihr/ihm alles zu sagen.
Il est hors de question que je démissionne.	Ich werde auf keinen Fall kündigen.
Rien/Personne ne me dissuadera de le faire.	Ich lasse mich von nichts/niemandem davon abbringen, es zu tun.

exprimer son hésitation	Unentschlossenheit ausdrücken
J'hésite encore si je prends l'appartement ou non.	Ich bin mir noch unschlüssig, ob ich die Wohnung mieten soll oder nicht.
Je n'ai pas encore pris de décision.	Ich bin noch zu keinem Entschluss darüber gekommen.
Je ne me suis pas encore décidé(e).	Ich habe mich noch nicht entschieden.
Je ne sais toujours pas quoi faire.	Ich weiß immer noch nicht, was ich tun soll.
Je ne sais pas trop.	Ich weiß nicht so recht.
Je ne peux pas encore vous dire si j'accepterai votre offre.	Ich kann Ihnen noch nicht sagen, ob ich Ihr Angebot annehmen werde.
Je dois y réfléchir encore.	Ich muss noch darüber nachdenken.
Je ne peux pas encore vous donner de réponse positive.	Ich kann Ihnen noch nicht zusagen.

s'assurer d'une décision	nach Entschlossenheit fragen
Êtes-vous sûr(e) de vouloir cela ?	Sind Sie sicher, dass Sie das wollen?
Y avez-vous bien réfléchi ?	Haben Sie sich das gut überlegt?
Ne préféreriez-vous pas plutôt ce modèle ?	Wollen Sie nicht lieber dieses Modell?

---

❷ MED Detergens nt
détergent(e) [detɛʀʒɑ̃, ʒɑ̃t] adj reinigend
détérioration [deteʀjɔʀasjɔ̃] f ❶ (action) d'un objet, appareil, de marchandises Beschädigung f; JUR Wertbeeinträchtigung f; des conditions de vie, des relations Verschlechterung f; de l'état de santé Verschlimmerung f, Verschlechterung; ~ du résultat ECON Ergebnisverschlechterung
❷ (résultat) ~ de l'emballage Verpackungsschaden m
détériorer [deteʀjɔʀe] <1> I. vt ❶ beschädigen appareil, marchandise; **être détérioré(e)** schadhaft sein
❷ (nuire à) verschlechtern climat social, relations, atmosphère; ~ la santé der Gesundheit (Dat) schaden
II. vpr **se ~** ❶ appareil, marchandise: Schaden nehmen
❷ (se dégrader) temps, conditions, santé: sich verschlechtern; pouvoir d'achat: abnehmen; conjoncture: auf Talfahrt sein
déterminant [detɛʀminɑ̃] m LING Begleiter m des Substantivs
déterminant(e) [detɛʀminɑ̃, ɑ̃t] adj action, rôle, événement entscheidend; argument, raison ausschlaggebend; ~ **pour le prix** COM preisentscheidend
déterminatif, -ive [detɛʀminatif, -iv] adj GRAM adjectif attributiv; **complément** ~ Attribut nt
détermination [detɛʀminasjɔ̃] f ❶ d'une grandeur, date, pénalité, astreinte Bestimmung f; de l'heure, du lieu Festlegung f; de la cause, de l'origine Ermittlung f; ~ **de la durée de travail** Arbeitszeitermittlung; ~ **du prix d'une marchandise** Warenkalkulation f; ~ **préjudiciable des prix** schädigende Preisgestaltung; ~ **contractuelle du taux d'intérêt** FIN Zinsfestschreibung f; ~ **d'une date pour examen de la détention** JUR Anordnung f eines Haftprüfungstermins
❷ LING ~ **d'un nom** nähere Bestimmung eines Substantivs
❸ (décision) Entscheidung f, Entschluss m; **renforcer la ~ de qn** jdn in seinem Entschluss bestärken
❹ (fermeté) Entschlossenheit f; **avec ~** entschlossen, mit Entschlossenheit
❺ PHILOS Determinierung f
♦ ~ **des bénéfices** ECON, JUR Gewinnfeststellung f; ~ **des bénéfices imposables** JUR Gewinnermittlung f; ~ **des besoins** Bedarfsfeststellung f, Bedarfsermittlung f; ~ **de compétence** JUR Bestimmung f der Zuständigkeit; ~ **des prix** JUR Preisgestaltung f; ~ **des résultats** ECON Ergebnisermittlung f; ~ **de la valeur** JUR Wertfestsetzung f; ~ **du sexe** MED Geschlechtsbestimmung f; ~ **chromosomique du sexe** chromosomale Geschlechtsbestimmung

déterminé [detɛʀmine] m LING näher bestimmtes Substantiv
déterminé(e) [detɛʀmine] adj ❶ (précis) idée, lieu, but bestimmt; (défini) moment, heure, quantité festgelegt
❷ (décidé) personne, air entschlossen; **d'un pas ~** mit energischem Schritt; **être ~(e) à faire qc** fest entschlossen sein etw zu tun
❸ PHILOS determiniert
déterminer [detɛʀmine] <1> I. vt ❶ (définir, préciser) bestimmen sens d'un mot, inconnue, distance; ermitteln adresse, coupable, cause; LING näher bestimmen nom
❷ (convenir de) festlegen, festsetzen détails, modalités, date, lieu
❸ (décider) ~ **qn à qc/à faire qc** jdn zu etw bewegen/dazu bewegen [o veranlassen] etw zu tun
❹ (motiver, entraîner) verursachen retards, crise; hervorrufen phénomène, révolte; **le prix a déterminé mon choix** der Preis hat mich zu dieser Wahl bewegt; **déterminé(e) par les taux de change** wechselkursbedingt
II. vpr (se décider) **se ~ à faire qc** sich dazu entschließen etw zu tun
déterminisme [detɛʀminism] m Determinismus m
déterministe [detɛʀminist] adj deterministisch
déterré(e) [detere] m(f) ▶ **avoir une mine** [o **tête**] **de ~(e)** fam leichenblass aussehen
déterrer [detere] <1> vt ❶ ausgraben arbre, trésor, personne; freilegen mine, obus
❷ (dénicher) ausgraben vieux manuscrit; aufstöbern loi
détersif, -ive [detɛʀsif, -iv] adj reinigend
détestable [detɛstabl] adj personne, comportement, procédé, crime abscheulich, verabscheuenswert, verabscheuenswürdig; humeur, temps, habitude schrecklich, scheußlich; **agir de façon** [o **de manière**] ~ sich verabscheuenswert [o verabscheuungswürdig] verhalten
détester [detɛste] <1> I. vt ❶ (haïr) hassen, verabscheuen
❷ (ne pas aimer) nicht leiden [o ausstehen] können personne, animal; (ganz und) gar nicht mögen aliment; ~ **faire qc** es hassen etw zu tun; ~ **que qn fasse qc** es hassen, wenn jd etw tut; **ne pas ~ les compliments/le chocolat** Komplimente/Schokolade ganz gern mögen; **ne pas ~ que qn fasse qc** es ganz gern mögen, wenn jd etw tut
II. vpr **qn se déteste** jd kann sich [selbst] nicht leiden; **les deux se détestent** die beiden können sich nicht leiden [o leiden]
détonant(e) [detɔnɑ̃, ɑ̃t] adj gaz ~ Knallgas nt; **mélange ~** explosives Gemisch

détonateur [detɔnatœʀ] *m* ❶ *(dispositif)* Zündkapsel *f*
❷ *fig* auslösendes Element
détonation [detɔnasjɔ̃] *f d'une arme à feu* Knall *m*; *d'une bombe, d'un obus* Detonation *f*; *d'un canon* Schlag *m*
détoner [detɔne] <1> *vi* detonieren; **faire ~** zur Explosion bringen
détonner [detɔne] <1> *vi* ❶ *(contraster) couleurs:* nicht zusammenpassen; **~ dans qc** *meuble:* nicht [in etw *(Akk)*] passen; *personne:* [in etw *(Akk)*] fehl am Platz sein
❷ MUS *chanteur:* falsch singen; *musicien:* falsch spielen
détordre [detɔʀdʀ] <14> *vt* entwirren *corde;* auseinanderbreiten *linge;* gerade biegen *cuillère, fourchette*
détortiller [detɔʀtije] <1> *vt* auseinanderwickeln
détour [detuʀ] *m* ❶ *(sinuosité)* Biegung *f*; **au ~ du chemin** hinter der Wegbiegung; **faire un large ~** *fleuve, route:* einen großen Bogen machen
❷ *(trajet plus long)* Umweg *m;* **faire un ~** einen Umweg machen; **le château vaut le ~** das Schloss ist einen Umweg wert
❸ *(biais)* Ausflucht *f;* **parler sans ~** ohne Umschweife reden; **prendre beaucoup de ~s pour ...** lange herumreden, bevor ...
▶ **au ~ d'une phrase** beiläufig; **au ~ d'une conversation** im Laufe der Unterhaltung
détourné(e) [detuʀne] *adj* ❶ *(faisant un détour)* **sentier** [*o* **chemin**]**~** Umweg *m*
❷ *(indirect) reproche, allusion* versteckt, indirekt; **par des moyens ~s** auf Umwegen
détournement [detuʀnəmɑ̃] *m* ❶ *(déviation)* Umleitung *f*
❷ *(vol)* Unterschlagung *f,* Veruntreuung *f*
◆ **~ d'avion** Flugzeugentführung *f;* **~ de fonds** Unterschlagung *f* von Geldern; **~ de mineur** Verführung *f* Minderjähriger; **~ de subventions** Subventionsmissbrauch *m*
détourner [detuʀne] <1> I. *vt* ❶ *(changer la direction de)* umleiten *rivière, circulation, train; (par la contrainte)* entführen *avion;* abwenden *coup;* ablenken *tir;* **le ballon a été détourné en corner** der Ball wurde zur Ecke abgelenkt
❷ *(tourner d'un autre côté)* abwenden *tête, visage, regard*
❸ *(dévier)* abwenden *colère, fléau;* verfremden *texte;* **~ l'attention de qn de qc** jds Aufmerksamkeit von etw ablenken; **~ la conversation** vom Thema ablenken; **~ les soupçons sur qn/qc** den Verdacht auf jdn/etw lenken; **~ qn de sa route/de son devoir** jdn von seinem Weg/seiner Pflicht abbringen
❹ *(distraire)* **~ qn de qc** jdn von etw ablenken
❺ *(dissuader)* **~ qn de qc/de faire qc** jdn von etw abbringen/davon abbringen etw zu tun
❻ *(soustraire)* unterschlagen *somme;* **~ des fonds** Gelder veruntreuen
II. *vpr* ❶ **se ~** sich abwenden
❷ *(se détacher)* **se ~ de qn/qc** sich von jdm/etw abwenden
❸ *(s'égarer)* **se ~ de sa route** vom Weg abkommen; *(prendre une autre route)* von der Route abweichen
détracteur, -trice [detʀaktœʀ, -tʀis] *m, f* Gegner(in) *m(f)*
détraqué(e) [detʀake] I. *adj* ❶ *appareil, mécanisme* gestört
❷ *(dérangé) santé, estomac* angegriffen
❸ *fam (dérangé)* übergeschnappt *(fam);* **avoir le cerveau ~** übergeschnappt sein *(fam)*
II. *m(f) fam* Verrückte(r) *f(m)*
détraquement [detʀakmɑ̃] *m* ❶ *(dérèglement)* Störung *f*
❷ *fig fam d'une société* Zerrüttung *f*
détraquer [detʀake] <1> *vt* I. ❶ kaputtmachen *appareil*
❷ *fam (déranger)* angreifen *santé;* verderben *estomac;* durcheinanderbringen *personne;* kaputtmachen *nerfs;* **~ l'esprit** [*o* **le cerveau**] **à/de qn** jdn um den Verstand bringen
II. *vpr* **se ~** ❶ *(être abîmé) montre:* kaputtgehen *(fam)*
❷ *(être dérangé) estomac:* leiden
❸ METEO *(se gâter) temps:* schlecht werden; *(se dérégler)* verrückt spielen *(fam)*
❹ *fam (rendre malade)* **se ~ la santé/les nerfs** sich *(Dat)* die Gesundheit/die Nerven kaputtmachen *(fam);* **se ~ l'estomac** sich *(Dat,* den Magen verderben
détrempe[1] [detʀɑ̃p] *f* ❶ *(couleur)* Temperafarbe *f*
❷ *(ouvrage)* Temperamalerei *f*
détrempe[2] [detʀɑ̃p] *f* TECH Enthärten *nt*
détrempé(e) [detʀɑ̃pe] *adj sol, chemin* aufgeweicht
détremper [detʀɑ̃pe] <1> *vt* anrühren *couleur, mortier;* nass machen *papier peint*
détresse [detʀɛs] *f* ❶ *(sentiment)* Verzweiflung *f;* **cri de ~** verzweifelter Hilferuf; **âme en ~** Seele in Not
❷ *(situation difficile)* Not *f; (misère)* Elend *nt;* **être dans la ~** in Not [*o* einer verzweifelten Lage] sein; **situation de ~** Notlage *f;* **en ~** *navire, navigateur* in Seenot; *avion* in Not; *entreprise* in Schwierigkeiten; **~ en mer** Seenot *f;* **appel de ~ en mer** Seenotruf *m;* **signal de ~ en mer** Seenotzeichen *nt*
détriment [detʀimɑ̃] *m* **au ~ de qc** auf Kosten einer S. *(Gen);* **à mon ~** zu meinem Nachteil [*o* Schaden]

détritus [detʀity(s)] *mpl* Abfall *m;* **tas de ~** Abfallhaufen *m;* **~ ménagers** Hausmüll *m*
détroit [detʀwa] *m* Meerenge *f;* **~ de Gibraltar** Straße *f* von Gibraltar; **~ de Magellan** Magellan-Straße *f;* **le ~ du Bosphore** der Bosporus
détromper [detʀɔ̃pe] <1> I. *vt* **~ qn** jdn über seinen Irrtum aufklären
II. *vpr* **détrompe-toi/détrompez-vous!** da irrst du dich/irren Sie sich gewaltig!
détrôner [detʀone] <1> *vt* ❶ entthronen *souverain*
❷ *(supplanter)* verdrängen *rival;* ablösen *chanteur, mode*
détrousser [detʀuse] <1> *vt hum* ausplündern
détruire [detʀɥiʀ] <*irr*> I. *vt* ❶ *(démolir)* zerstören; niederreißen *clôture, mur*
❷ *(anéantir)* vernichten *documents, armes, récoltes;* entsorgen *déchets;* zerstören *machine*
❸ *(tuer, éliminer)* vernichten *population, parasites;* vertilgen, vernichten *mauvaises herbes;* zerstören *cellules;* abtöten *microbes*
❹ *(ruiner, anéantir)* zerstören, kaputtmachen *(fam) personne, illusions;* ruinieren *santé, réputation;* zunichtemachen *plans, espoirs, thèse;* abschaffen *capitalisme, dictature;* **être détruit(e)** zerstört sein; *vie:* zerrüttet [*o* ruiniert] sein
II. *vi* zerstören
III. *vpr* **se ~** *effets contraires, mesures:* sich gegenseitig aufheben; *personne:* sich [selbst] zugrunde richten; *(se suicider)* sich *(Dat)* das Leben nehmen
dette [dɛt] *f* ❶ *(somme d'argent)* Schuld *f;* **~ d'argent** Geldschuld *f;* **~s de jeu** Spielschulden *f;* **faire** [*o* **contracter**] **des ~s** Schulden machen; **avoir des ~s envers qn** bei jdm Schulden haben
❷ FIN Schuld *f,* Zahlungsverpflichtung *f;* **~s actives** ausstehende Schulden; **~ amortissable** Tilgungsschuld; **anciennes ~s** Altschulden; **~s bancaires** Bankverbindlichkeiten *Pl;* **~ comptable** ECON Buchschuld; **~ extérieure** Auslandsverschuldung *f;* **~ foncière du propriétaire à son profit** Eigentümergrundschuld; **~ foncière globale** Gesamtgrundschuld; **~ hypothécaire** Hypothekenschuld; **~s issues de l'escompte** Diskontverbindlichkeiten; **~ permanente** Dauerschulden; **~ possible** Eventualverbindlichkeit *f;* **~s privées** Privatschulden; **~ publique** [*o* **de l'État**] Staatsschulden, Schulden der öffentlichen Hand; **~ publique intérieure** innere Staatsverschuldung *f;* **~ solidaire** Gesamtschuld; **~ des changes** Valutaschuld; **~s et des créances** Verbindlichkeiten und Forderungen; **~ d'un/de l'emprunt** Anleiheschuld, Anleiheverbindlichkeiten *Pl;* **~s de guerre** Kriegsschulden; **~s et charges de la succession** Nachlassverbindlichkeiten; **~ de taxes professionnelles** Gewerbesteuerschuld; **~s envers la banque** Verbindlichkeiten gegenüber der Bank; **~s provenant de livraisons et de prestations de service** Verbindlichkeiten aus Lieferungen und Leistungen; **~ par acceptation de traite** Wechselschuld
❸ *(devoir)* Schuld *f;* **~ d'honneur** Ehrenschuld; **avoir une ~ envers qn** jdm etwas schuldig sein, in jds Schuld *(Dat)* stehen *(geh);* **acquitter une ~ de reconnaissance** eine Dankesschuld abtragen *(geh)*
❹ JUR Schuld *f;* **~ portable/quérable** Bring-/Holschuld; **~ ayant pour objet une chose de genre** Gattungsschuld *(Fachspr.)*
D.E.U.G. [døg, dœg] *m abr de* **diplôme d'études universitaires générales** Abschlussprüfung des allgemeinen Universitätsstudiums *(nach zwei Studienjahren)*
deuil [dœj] *m* ❶ *(affliction)* Trauer *f;* **être en ~** in Trauer sein; **être en ~** [*o* **porter le ~**] **de qn** um jdn trauern; **plonger qn dans le ~** jdn in Trauer versetzen
❷ *(décès)* Trauerfall *m*
❸ *(signes du deuil)* **porter/quitter le ~** Trauer[kleidung] tragen/die Trauerkleidung ablegen; **vêtements de ~** Trauerkleidung *f*
❹ *(durée)* Trauer[zeit] *f;* **~ national** Staatstrauer *f;* **le ~ du président dura trois jours** die Staatstrauer für den Präsidenten dauerte drei Tage
▶ **faire son ~ de qc** *fam (renoncer à)* etw endgültig vergessen [*o* abschreiben *fam*]
deus ex machina [døsɛksmakina] *m inv a. fig* Deus ex Machina *m*
D.E.U.S.T. [dœst] *m abr de* **diplôme d'études universitaires scientifiques et techniques** fach- oder berufsorientierter Abschluss des Grundstudiums an der Universität
deutérium [døteʀjɔm] *m* CHIM, PHYS Deuterium *nt*
deux [dø] I. *num* ❶ zwei; **~ et demie** zweieinhalb, zweiundeinhalb; **tous les ~** alle beide
❷ *(dans l'indication de l'âge, la durée)* **avoir/avoir bientôt ~ ans** zwei [Jahre alt] sein/werden; **enfant de ~ ans** Zweijährige(r) *f(m);* **période de ~ ans** Zeitraum *m* von zwei Jahren
❸ *(dans l'indication de l'heure)* **il est ~ heures** es ist zwei [Uhr]
❹ *(dans l'indication de la date)* **le ~ mars** *geschrieben:* **le 2 mars** der zweite März *écrit:* der 2. März

❺ *(dans l'indication de l'ordre)* **arriver ~ ou troisième** als Zweite(r) oder Dritte(r) kommen

❻ *(dans les noms de personnages)* **Henri ~** *geschrieben:* **Henri II** Heinrich der Zweite *écrit:* Heinrich II.

❼ *(quelques)* **habiter à ~ pas d'ici** um die Ecke wohnen; **il ne faut que ~ minutes pour aller à la gare** [bis] zum Bahnhof sind es nur ein paar Minuten; **j'ai ~ mots à vous dire!** ich hätte [da] ein Wörtchen mit Ihnen zu reden!

II. *m inv* ❶ Zwei *f*; **se casser en ~** entzweibrechen, in der Mitte durchbrechen

❷ *(numéro)* Nummer *f* zwei, Zwei *f*

❸ TRANSP **le ~** die Linie [o Nummer] zwei, die Zwei *(fam)*

❹ JEUX Zwei *f*; **ne faire que des ~** lauter Zweien würfeln

❺ SCOL **avoir ~ [sur dix/sur vingt]** ≈ eine Sechs haben

❻ *(aviron à deux rameurs)* **un ~ avec/sans barreur** ein Zweier mit/ohne Steuermann

▸ **jamais ~ sans trois** *prov* aller guten Dinge sind drei; *(un malheur n'arrive jamais seul)* ein Unglück kommt selten allein; **~ ou trois** zwei, drei; ein paar; **c'est clair comme ~ et ~ font quatre** das ist doch sonnenklar *(fam)*; **il n'] y en a pas ~ comme lui/elle** *fam* es gibt keinen Besseren/keine Bessere als ihn/sie; **les ~ se disent** beides sagt man, man kann beides sagen; **ça** [o **cela**] **fait ~!** *fam* das ist zweierlei; **à nous ~!** [und] nun zu uns beiden!; **à nous ~, nous formons une belle équipe** wir beide [o zwei] sind ein starkes Team; **comme pas ~** wie kein Zweiter/keine Zweite, wie sonst keiner/keine; **et de ~!** und noch einer!, und der Zweite folgt sogleich!; **en moins de ~** *fam* in Null Komma nichts *(fam)*; **entre les ~** halb und halb; **entre les ~ mon cœur balance** ich bin hin- und hergerissen

III. *f* ❶ *(table, chambre ... numéro deux)* Zwei *f*

❷ TV **la ~** [o **France ~**] *zweites Programm des französischen Fernsehens*

IV. *adv (dans une énumération)* zweitens; *(dans un ordre du jour)* Punkt zwei; *v. a.* **cinq**

deux-chevaux [døʃvo] *f inv* 2 CV *m*, Ente *f (fam)*

deux-en-un [døzɑ̃œ̃] *m* Two-in-one *nt* **deux-huit** [døɥit] *m inv* MUS Zweiachteltakt *m*

deuxième [døzjɛm] I. *adj antéposé* zweite(r, s); **le ~ fleuve d'Europe** der zweitlängste Fluss Europas

II. *mf* **le/la ~** ❶ der/die/das Zweite

❷ SPORT der/die Zweite, der/die Zweitplatzierte

III. *m* ❶ *(étage)* zweiter Stock, zweite Etage

❷ *(arrondissement)* zweites Arrondissement

❸ *(dans une charade)* zweite Silbe

IV. *f (vitesse)* zweiter Gang; *v. a.* **cinquième**

deuxièmement [døzjɛmmɑ̃] *adv* zweitens

deux-mâts [døma] *m inv* Zweimaster *m* **deux-pièces** [døpjɛs] *m inv* ❶ *(appartement)* Zweizimmerwohnung *f*, Zweiraumwohnung ❷ *(maillot de bain)* Bikini *m* ❸ *(vêtement féminin)* zweiteiliges Kleid **deux-points** [døpwɛ̃] *mpl inv* GRAM Doppelpunkt *m* **deux-roues** [døʀu] *m inv* Zweirad *nt* **deux-temps** [døtɑ̃] *m inv* Zweitakter *m*

deuzio [døzjo] *adv* zweitens

dévaler [devale] <1> I. *vi (vu d'en haut/vu d'en bas)* **~ de qc** *personne:* etw hinunterrennen/herunterrennen; *skieur:* etw hinuntersausen/heruntersausen; *voiture, camion:* etw hinunterrasen/herunterrasen; *rocher:* etw hinunterstürzen/herunterstürzen; *lave:* etw hinunterströmen/herunterströmen

II. *vt (vu d'en haut/vu d'en bas) personne:* hinunterrennen/herunterrennen; *(en glissant)* hinunterrutschen/herunterrutschen; *voiture:* hinunterrasen/herunterrasen; *lave:* hinunterströmen/herunterströmen; *avalanche:* hinunterstürzen/herunterstürzen; **~ l'escalier quatre à quatre** die Treppe runterstürzen *(fam)*; **~ la pente en glissant** *luge:* den Hang hinunter-/heruntergleiten

dévaliser [devalize] <1> *vt* ❶ *(voler)* ausplündern *personne;* ausrauben *banque*

❷ *fam (vider)* plündern *réfrigérateur, magasin*

dévaloir [devalwaʀ] *m* CH ❶ *(glissoir à bois)* Holzrutsche *f*

❷ *(vide-ordures)* Müllschlucker *m*

dévalorisant(e) [devalɔʀizɑ̃, -ɑ̃t] *adj* abwertend

dévalorisation [devalɔʀizasjɔ̃] *f* ❶ *(du franc* Entwertung *f; d'une voiture* Wertminderung *f; du pouvoir d'achat* Schwächung *f*

❷ *(perte de valeur) d'une personne* Herabsetzung *f; d'un diplôme, métier* Abwertung *f;* **~ de soi-même** Selbstverachtung *f*

dévaloriser [devalɔʀize] <1> *vt* ❶ entwerten; **être dévalorisé(e)** eine Wertminderung erfahren; *pouvoir d'achat:* geschwächt sein

❷ *(ôter de la valeur)* abwerten *mérite, talent;* herabsetzen *personne;* **être dévalorisé(e)** *métier:* an Ansehen verloren haben

II. *vpr* **se ~** ❶ *(se déprécier) monnaie, marchandise:* an Wert verlieren

❷ *(se dénigrer) personne:* sich selbst herabsetzen

dévaluation [devalɥasjɔ̃] *f* FIN [Währungs]abwertung *f*, Geldabwertung, Devaluation *f (Fachspr.)*, Devalvation *f (Fachspr.)*; **~ des devises** Valutaentwertung *f*

◆ **~ de fait** ECON De-facto-Abwertung *f*

dévaluer [devalɥe] <1> I. *vt* FIN abwerten

II. *vpr* **se ~** ❶ FIN [im Wert] fallen, abgewertet werden

❷ *(se dévaloriser)* an Wert verlieren

devancement [dəvɑ̃smɑ̃] *m* Zuvorkommen *nt*

devancer [dəvɑ̃se] <2> *vt* ❶ *(distancer)* **~ qn de qc** einen Vorsprung vor etw vor jdm haben, jdm [um etw] voraus sein

❷ *(être le premier)* übertreffen, überflügeln *rival, concurrent*

❸ *(précéder)* **~ qn** jdm zuvorkommen, jdm vorauseilen; **~ qn au feu/au carrefour** vor jdm an der Ampel/Kreuzung sein

❹ *(aller au devant de)* **~ qn/une question** jdm/einer Frage zuvorkommen

❺ *(anticiper)* im Voraus leisten *paiement;* **~ la date de paiement** vor der Fälligkeit bezahlen

devancier, -ière [d(ə)vɑ̃sje, -jɛʀ] *m, f* Vorgänger(in) *m(f)*

devant [d(ə)vɑ̃] I. *prép* ❶ *(en face de)* être, se trouver, rester vor (+ *Dat*); *(avec mouvement)* aller, passer vor (+ *Akk*); **ma voiture est ~ la porte** mein Wagen steht vor dem Haus; **mets la voiture ~ la porte** stell den Wagen vor das Haus; **passer ~ qn/qc** an jdm/etw vorbeigehen

❷ *(en avant de)* vor (+ *Dat*); *(avec mouvement)* vor (+ *Akk*); **se mettre ~ qn** sich vor jdn hinstellen; **passer ~ qn** vor jdn gehen; **regarder ~ soi** vor sich [hin]schauen; **aller droit ~ soi** geradeaus gehen; **fuir ~ l'ennemi** vor dem Feind fliehen

❸ *(face à, en présence de)* **~ qn** s'exprimer, pleurer vor jdm; **~ le tribunal/la loi** vor [dem] Gericht/dem Gesetz; **~ le danger** rester calme angesichts der Gefahr *(geh)*, reculer vor der Gefahr; **~ la gravité de la situation** in Anbetracht der schwierigen Lage; **mener/emporter ~ Nantes 2 à 0** gegen Nantes mit 2 zu 0 führen/gewinnen

▸ **avoir de l'argent ~ soi** Geld übrig haben, **avoir du temps ~ soi** [genug] Zeit haben

II. *adv* ❶ *(en face)* davor; **mets-toi ~** stell dich davor; **la boulangerie? Vous êtes juste ~** die Bäckerei? Sie stehen direkt davor; **en passant ~, regarde si le magasin est ouvert!** wenn du vorbeikommst, schau, ob der Laden auf hat!

❷ *(en avant)* vorn[e]; *(avec mouvement)* nach vorn[e]; **aller/passer qc ~** nach vorn[e] gehen/etw nach vorn[e] weitergeben; **être loin ~** weit vorn[e] sein; **s'asseoir ~** sich vorne hinsetzen; **se boutonner ~** *vêtements:* vorn[e] zugeknöpft werden; **mettre le pull ~ derrière** den Pulli verkehrt herum anziehen; **il y a une place ~** vorn ist ein Platz frei; **réserver deux places ~** zwei vordere Plätze reservieren; **roue/patte/porte de ~** Vorderrad *nt*/Vorderpfote *f*/Vordertür *f*

III. *m (partie avant) d'un vêtement* Vorderteil *nt; d'un bateau* Bug *m; d'une maison* Vorderfront *f; d'un objet* Vorderseite *f;* **la voiture est trop chargée sur le ~** der Wagen ist vorne zu sehr beladen

▸ **être sur** [o **occuper**] **le ~ de la scène** im Mittelpunkt des Interesses stehen; **prendre les ~s** dem zuvorkommen

devanture [d(ə)vɑ̃tyʀ] *f* ❶ *(façade)* Vorderfront *f*

❷ *(étalage)* Auslage *f;* **en ~** im Schaufenster

dévastateur, -trice [devastatœʀ, -tʀis] *adj orage, inondation, effet* verheerend; *torrent* verwüstend; *virus* todbringend; *passion* zerstörerisch

dévastation [devastasjɔ̃] *f* Verwüstung *f;* **un spectacle de ~** ein Anblick *m* der Verwüstung

dévaster [devaste] <1> *vt* verwüsten *pays, les terres;* vernichten *récoltes, fig* zugrunde [o zu Grunde] richten *âme*

déveine [devɛn] *f fam* Pech *nt (fam)*

développé(e) [dev(ə)lɔpe] *adj* entwickelt; *odorat, vue* gut ausgebildet; *pays* hoch entwickelt; **moins ~(e)** *région* entwicklungsschwach; **faiblement ~(e) d'un point de vue économique** wirtschaftlich schwach entwickelt

développement [devlɔpmɑ̃] *m* ❶ *a.* BIO, MED *(croissance, augmentation)* Entwicklung *f*, Wachstum *nt; (multiplication) de bactéries, d'une espèce* Vermehrung *f;* **~ embryonnaire** Embryonalentwicklung; **~ de chaleur excessive** Hitzeentwicklung

❷ ECON *de l'industrie, d'une affaire, du commerce* Entwicklung *f; de la production* Steigerung *f;* **~ industriel d'une région** industrielle Erschließung einer Gegend; **être en plein ~** *économie, entreprise:* einen bedeutenden Aufschwung erleben; **pays en voie de ~** Entwicklungsland *nt*

❸ *(extension) des relations* Ausbau *m; des connaissances* Erweiterung *f; d'une maladie* Fortschreiten *nt; d'une épidémie, crise* Ausweitung *f*

❹ *(évolution) de l'intelligence, d'une personne* Entwicklung *f; d'une civilisation, des sciences* [Weiter]entwicklung *f;* **~ de l'esprit** geistige Entfaltung; **~ intellectuel** geistige Entwicklung

❺ *pl (conséquences) d'une action, affaire, d'un incident* Folgen *Pl;* **connaître des ~s inattendus** unerwartete Folgen haben

❻ *(exposition détaillée) d'un thème, sujet, problème* Ausführung *f*,

développer–devoir

Erläuterung *f*; *du raisonnement* Ausführung *f*; SCOL *d'une dissertation* Hauptteil *m*; MUS Weiterführung *f*
⑦ PHOT Entwickeln *nt*
⑧ GEOM *d'un cube, cylindre* Entwicklung *f*
⑨ TECH *d'une bicyclette* Übersetzung *f*
⑩ INFORM Entwicklung *f*

développer [dev(ə)lɔpe] <1> I. *vt* ❶ entwickeln; entwickeln, ausbilden *germe, mémoire, adresse;* aufbauen *organisme, muscle;* entwickeln, fördern *créativité;* wecken *attention;* erweitern *connaissances* ❷ *(faire croître)* ausbauen *usine, secteur;* ~ **un pays** die Entwicklung eines Landes fördern
❸ *(mettre au point)* entwickeln *technique, machine*
❹ *(exposer en détail)* ausführen *thème;* darlegen *aspect;* entwickeln, darlegen *pensée, plan;* ausarbeiten *chapitre;* MUS weiterführen *thème*
❺ MATH entwickeln *fonction;* ausführen, durchführen *calcul*
❻ PHOT faire ~ entwickeln lassen
❼ MED **qn développe une maladie** eine Krankheit kommt bei jdm zum Ausbruch
II. *vpr* se ~ ❶ *a.* ECON, TECH sich entwickeln; *personnalité:* sich entwickeln, sich ausbilden; *plante, tumeur:* wachsen
❷ *(s'intensifier) échanges:* zunehmen; *haine:* stärker werden; *relations:* sich entwickeln [*o* ausbilden]
❸ *(se propager)* sich ausbreiten; *usage a.:* üblich werden

devenir [dəv(ə)niʀ] <9> I. *vi* + *être* ❶ ~ **riche/ingénieur** reich/Ingenieur(in) *m(f)* werden; ~ **une habitude** zu einer Gewohnheit werden; **qu'allons-nous** ~ ? was soll bloß aus uns werden?; **que deviennent tes projets?** was wird aus deinen Plänen?; **qu'est-ce que tu deviens?** *fam* was treibst du denn so? *(fam)*
❷ *(se transformer)* **il devient une star** aus ihm wird ein Star; **la ville est devenue une métropole** aus der Stadt ist eine Metropole geworden
II. *m* soutenu ❶ *(évolution)* Werden *nt,* Entstehen *nt,* Entwicklung *f*
❷ *(avenir)* zukünftige Entwicklung

dévergondage [devɛʀgɔ̃daʒ] *m (comportement)* lockeres [*o* ausschweifendes] Leben

dévergondé(e) [devɛʀgɔ̃de] I. *adj personne* schamlos; *vie, allure* ausschweifend
II. *m(f)* verkommenes Subjekt, schamlose Person

dévergonder [devɛʀgɔ̃de] <1> *vpr* se ~ sich *(Dat)* Ausschweifungen *Pl* hingeben

déverrouillage [devɛʀujaʒ] *m* ❶ *d'une arme à feu* Entsicherung *f,* Entsichern *nt; d'une porte* Entriegelung *f,* Entriegeln *nt; du train d'atterrissage* Ausfahren *nt;* ~ **du capot moteur** Motorhaubenentriegelung *f*
❷ INFORM Aufheben *nt* des Schreibschutzes

déverrouiller [devɛʀuje] <1> *vt* ❶ entsichern *arme à feu;* entriegeln *porte;* ausfahren *train d'atterrissage*
❷ INFORM den Schreibschutz aufheben

déversement [devɛʀsəmɑ̃] *m* ❶ *d'un liquide* Abfließen *nt,* Ablaufen *nt; d'hydrocarbures* Ausfließen *nt,* Auslaufen *nt*
❷ *(action)* Ableiten *nt;* ~ **de pétrole dans un lac** Einleiten *nt* von Erdöl in einen See

déverser [devɛʀse] <1> I. *vt* ❶ *(verser)* gießen *liquide*
❷ *(décharger)* [aus]schütten *sable, ordures;* werfen *bombes*
❸ *(répandre)* **sa haine** seinem Hass freien Lauf lassen; ~ **sa colère sur qn** seine Wut an jdm auslassen; ~ **des injures sur qn** jdn mit Beschimpfungen überschütten; ~ **qc sur le marché** COM etw auf den Markt werfen
II. *vpr* ~ ❶ *(s'écouler)* **se ~ dans une rivière** sich in einen Fluss ergießen
❷ *(se renverser)* **se ~ sur la chaussée** sich auf die Straße ergießen
❸ *fig* **la foule se déverse à l'extérieur** die Menge strömt ins Freie hinaus

déversoir [devɛʀswaʀ] *m* Überlauf *m,* Abfluss *m*

dévêtir [devetiʀ] <*irr*> I. *vt* ausziehen, entkleiden *(geh)*
II. *vpr* se ~ ❶ *(se déshabiller)* sich ausziehen, sich entkleiden; *être* **dévêtu(e)** entkleidet [*o* ausgezogen] sein *(geh)*
❷ *(se découvrir)* ablegen

déviance [devjɑ̃s] *f* MED auffällige [*o* von der Norm abweichende] Verhaltensweise, Devianz *f (Fachspr.)*

déviant(e) [devjɑ̃, jɑ̃t] *adj* von der Norm abweichend, ungewöhnlich

déviation [devjasjɔ̃] *f* ❶ *(action/résultat) de la circulation* Umleitung *f; d'un projectile* Ablenken *nt; d'une aiguille aimantée* Abweichen *nt; d'un rayon lumineux* Brechen *nt,* Brechung *f*
❷ *(chemin)* Umleitung *f*
❸ *(déformation) de la colonne vertébrale* Verkrümmung *f*
❹ *(attitude différente)* Abweichung *f*
❺ *(dans la marine, l'aéronautique)* Kursabweichung *f*

déviationnisme [devjasjɔnism] *m* Abweichlertum *nt*

déviationniste [devjasjɔnist] I. *adj* nicht linientreu

II. *mf* Abweichler(in) *m(f)*

dévider [devide] <1> *vt (dérouler)* abwickeln *câble, pelote;* abspulen *fil, bobine*

dévidoir [devidwaʀ] *m* ❶ Trommel *f,* Rolle *f*
❷ *(ustensile de jardinage sur roues)* Schlauchwagen *m*

dévier [devje] <1a> I. *vi véhicule:* abdriften; *bateau:* abtreiben, abdriften; *aiguille magnétique:* abweichen; ~ **de ses principes** *personne:* von seinen Grundsätzen abweichen; ~ **sur qc** *conversation:* auf etw *(Akk)* kommen
II. *vt* umleiten *circulation;* ablenken *coup, balle;* brechen *rayon lumineux;* in eine andere Richtung lenken *conversation;* **faire ~ un véhicule** ein Fahrzeug vom Kurs abbringen; **faire ~ une balle** einen Ball ablenken; **faire ~ qn de ses projets** jdn von seinem Vorhaben abbringen

devin, devineresse [dəvɛ̃, dəvin(ə)ʀɛs] *m, f* Wahrsager(in) *m(f),* Hellseher(in) *m(f)*

deviner [d(ə)vine] <1> I. *vt* ❶ erraten *réponse, secret;* lösen *énigme*
❷ *(pressentir)* [er]ahnen *sens;* erraten *idée;* erraten, [er]ahnen *pensée;* durchschauen *intention;* vorhersehen *réaction;* erraten, vermuten *raison;* spüren *menace;* spüren, ahnen *danger;* **tu devines pourquoi/comment** du kannst dir denken, warum/wie
❸ *(entrevoir)* erahnen
II. *vpr* ❶ **se ~ facilement** *réponse, solution:* leicht zu erraten sein
❷ *(transparaître)* **se ~** *tendance, goût:* sich erahnen lassen, sich abzeichnen

devinette [d(ə)vinɛt] *f (énigme)* Rätsel *nt; (question)* Scherzfrage *f; pl (jeux)* Rätsel *Pl;* **jouer aux ~** ein Ratespiel *nt* machen

devis [d(ə)vi] *m* Kostenvoranschlag *m;* ~ **estimatif** Kostenüberschlag *m;* **établir/remettre un ~** einen Voranschlag aufstellen/einreichen

dévisager [devizaʒe] <2a> *vt* anstarren

devise [d(ə)viz] *f* ❶ *(règle de conduite)* Devise *f,* Motto *nt*
❷ *(formule)* Wahlspruch *m,* Losung *f*
❸ *(monnaie)* Währung *f; pl* Devisen *Pl,* Sorten *Pl;* ~ **faible/forte** weiche/harte Währung, weiche/harte Valuta; **pays à ~ forte** devisenstarkes Land; ~ **étrangère** Reisewährung, Fremdwährung; **~s convertibles/non convertibles** freie/blockierte Devisen; **~s négociées en Bourse au comptant** Kassadevisen; **secteur qui rapporte des ~s** Devisen bringender Wirtschaftszweig

deviser [d(ə)vize] <1> *vi soutenu* ~ **de qc** über etw *(Akk)* [miteinander] plaudern

dévissage [devisaʒ] *m* ❶ *(action)* Abschrauben *nt*
❷ ALPIN Absturz *m*

dévisser [devise] <1> I. *vi* ALPIN abstürzen
II. *vt* abschrauben *écrou, couvercle;* aufschrauben *tube;* herausschrauben *ampoule;* abmontieren *roue;* **être dévissé(e)** *(être mal vissé) couvercle, tube:* nicht richtig zugeschraubt sein; *ampoule, roue:* locker sein
III. *vpr* se ~ ❶ *(pouvoir être enlevé/ouvert)* sich abschrauben/aufschrauben lassen
❷ *(se desserrer)* sich lockern

de visu [devizy] *adv* **s'assurer ~ que ...** sich mit eigenen Augen davon überzeugen, dass ...

dévitaliser [devitalize] <1> *vt* den Nerv abtöten, devitalisieren *(Fachspr.) dent*

dévoilement [devwalmɑ̃] *m d'une statue* Enthüllung *f; d'un secret* Enthüllung, Offenbarung *f*

dévoiler [devwale] <1> I. *vt* ❶ enthüllen *statue, plaque;* entblößen *charmes, rondeurs*
❷ *(révéler)* enthüllen; verraten *intention;* aufdecken *scandale, perfidie*
❸ *(détordre)* gerade biegen
II. *vpr* se ~ ❶ *(apparaître) mystère, fourberie:* offenkundig werden
❷ *(révéler sa vraie nature)* sein wahres Gesicht zeigen

devoir¹ [d(ə)vwaʀ] <*irr*> I. *vt* ❶ *(avoir à payer)* schulden *argent*
❷ *(être redevable de)* ~ **un succès à qn/qc** jdm/einer S. einen Erfolg verdanken; **être dû(due) à qc** einer S. *(Dat)* zu verdanken sein; **ne rien ~ au hasard** nicht von ungefähr kommen
❸ *(être tenu à)* ~ **une partie à qn** jdm ein Spiel schulden [*o* schuldig sein]; **être dû(due) à qn/qc** jdm/einer S. gebühren [*o* zustehen]
II. *aux* ❶ ~ **faire qc** etw tun müssen; **tu ne dois pas mentir** du darfst nicht lügen
❷ *(obligation exprimée par autrui)* sollen; **tu aurais dû l'aider** du hättest ihm/ihr helfen sollen
❸ *(fatalité)* müssen; **cela devait arriver un jour!** das musste ja einmal passieren!
❹ *(prévision)* **normalement, il doit arriver ce soir, s'il n'y a pas de brouillard** er müsste eigentlich heute Abend ankommen, wenn es nicht neblig ist; **je dois partir demain** ich muss morgen abreisen; **je croyais que tu devais travailler** ich dachte, du musst arbeiten; **il devrait faire beau demain** morgen müsste [*o* sollte] es

schön werden
⑤ *(hypothèse)* müssen; **il doit être heureux** er muss froh sein; **il doit se faire tard, non?** es wird wohl spät werden, oder?
III. *vpr* **se ~ de faire qc** es sich *(Dat)* schuldig sein, etw zu tun; **comme il se doit** *(comme c'est l'usage)* wie es sich gehört; *(comme prévu)* wie erwartet
devoir² [d(ə)vwaʀ] *m* **❶** [**sens du**] **~** Pflichtbewusstsein *nt*, Pflichtgefühl *nt;* **de ~ homme, femme** pflichtbewusst; **par ~** aus Pflichtgefühl
❷ *(ce que l'on doit faire)* Pflicht *f,* Aufgabe *f;* **~ civique** Staatsbürgerpflicht; **~ conjugal** eheliche Pflicht; **~s inhérents à une charge** Amtspflicht; **~ des enfants** Kindespflicht *(form);* **mon ~ de médecin** meine Pflicht [*o* Aufgabe] als Arzt/Ärztin; **faire son ~** seine Pflicht tun, seiner Pflicht *(Dat)* nachkommen *(geh);* **se dérober à son ~** sich seinen Pflichten entziehen; **contraire au ~** pflichtwidrig; **manquer à son ~** seiner Pflicht *(Dat)* nicht nachkommen, sich pflichtwidrig verhalten; **~ de faire** JUR Handlungspflicht *(Fachspr.);* **~ de veiller à la satisfaction du personnel** Fürsorgepflicht
❸ *(interrogation)* [Klassen]arbeit *f;* **faire un ~ de math** eine Mathearbeit schreiben
❹ *pl (exercices non surveillés, à la maison)* Hausaufgabe *f;* **avoir des ~s en math** etw in Mathe aufhaben *(fam);* **faire ses ~s** seine Hausaufgaben machen
▶ **rendre à qn les derniers ~s** jdm die letzte Ehre erweisen *(geh)*
◆ **~ d'information** JUR Aufklärungspflicht *f;* **~ de réserve** Loyalitätspflicht *f;* **~ de surveillance des travaux** Bauaufsichtspflicht *f;* **~ sur table** SCOL Klassenarbeit *f;* UNIV Klausur *f;* **~s de vacances** Übungen zur Überbrückung langer Schulferien
dévolter [devɔlte] <1> *vt* die Spannung herabsetzen
dévolu [devɔly] *m* ▶ **jeter son ~ sur qn/qc** ein Auge auf jdn/etw werfen *(fam)*
dévolu(e) [devɔly] *adj* **~(e) à qn/qc** budget jdm/einer S. gewährt [*o* zugeteilt]; droit, pouvoirs jdm/einer S. übertragen; part, succession jdm/einer S. zufallend [*o* zukommend]
dévorant(e) [devɔʀɑ̃, ɑ̃t] *adj littér* verzehrend; *jalousie* nagend; *curiosité* brennend
dévorer [devɔʀe] <1> **I.** *vi personne:* das Essen hinunterschlingen
II. *vt* **❶** *personne:* verschlingen; *animal:* fressen, verschlingen; **être dévoré(e) par les moustiques** von den Mücken ganz zerstochen sein/werden; **elle a dévoré toute la pizza** *fam* sie hat die ganze Pizza verspachtelt *(fam)*
❷ *(lire)* verschlingen
❸ *(regarder)* **~ des yeux** mit den Augen verschlingen
❹ *(faire disparaître)* vernichten, zugrunde [*o* zu Grunde] richten; *flammes:* verschlingen; **le temps dévore tout** die Zeit lässt alles vergehen
❺ *(tourmenter)* tâche: auffressen; *remords, peur, soif:* quälen
dévot(e) [devo, ɔt] **I.** *adj* **❶** *(pieux)* fromm
❷ *péj (bigot)* frömmlerisch *(pej)*
II. *m(f) péj* Betbruder *m/*Betschwester *f (pej),* Frömmler(in) *m(f) (pej)*
dévotion [devosjɔ̃] *f* **❶** *(piété)* Frömmigkeit *f*
❷ *(culte)* **~ à Saint François** Verehrung *f* des heiligen Franziskus; **~ à Marie** Marienverehrung; **faire ses ~s** seinen religiösen Pflichten *f* nachkommen
❸ *(vénération)* Verehrung *f;* **être à la ~ de qn** jdm völlig ergeben sein
dévoué(e) [devwe] *adj* ergeben
dévouement [devumɑ̃] *m* **❶** *(attachement)* Ergebenheit *f,* Selbstlosigkeit *f;* **soigner qn avec beaucoup de ~** jdn sehr hingebungsvoll pflegen
❷ *(action de se sacrifier)* **~ à qn/qc** Aufopferung *f* für jdn/etw
dévouer [devwe] <1> *vpr* **se ~** sich [auf]opfern; **être tout(e) dévoué(e) à qn/qc** jdm/einer S. treu ergeben sein
dévoyé(e) [devwaje] **I.** *adj* auf die schiefe Bahn geraten
II. *m(f)* ein auf die schiefe Bahn geratener Mensch
dévoyer [devwaje] <6> **I.** *vt littér* **~ qn** jdn auf Abwege [*o* die schiefe Bahn] bringen
II. *vpr* **se ~** auf Abwege [*o* die schiefe Bahn] geraten
dextérité [dɛksteʀite] *f* **❶** Geschicklichkeit *f;* **(des doigts)** Fingerfertigkeit *f;* **avec ~** mit Geschick *nt*
❷ *(intellectuellement)* Gewandtheit *f*
dextrine [dɛkstʀin] *f* CHIM Dextrin *nt*
dextrogyre [dɛkstʀɔʒiʀ] *adj* CHIM, PHYS *acide lactique* rechtsdrehend
dextrose [dɛkstʀoz] *f* CHIM Traubenzucker *m,* Dextrose *f (Fachspr.)*
dg *abr de* **décigramme** dg
DG [deʒe] *abr de* **direction générale** Abt.
D.G.S.E. [deʒeɛsə] *f abr de* **Direction Générale de la Sécurité Extérieure** französische Spionageabwehr
dia [dja] *interj* hü

diabète [djabɛt] *m* Zuckerkrankheit *f,* Zucker *m (fam),* Diabetes *m;* **~ de l'adulte** Altersdiabetes; **~ sucré** Diabetes mellitus; **avoir du ~** zuckerkrank sein, an Diabetes *(Dat)* leiden, Zucker haben *(fam)*
diabétique [djabetik] **I.** *adj* zuckerkrank, diabetisch *(Fachspr.);* **être ~** zuckerkrank sein, Diabetiker(in) *m(f)* sein
II. *mf* Diabetiker(in) *m(f),* Zuckerkranke(r) *f(m);* **vin pour ~s** Diabetikerwein *m*
diable [djɑbl] *m* **❶** Teufel *m*
❷ *(personne)* **petit/vrai ~** kleiner/regelrechter Teufel; **un bon/pauvre ~** ein guter Kerl/armer Teufel; **espèce de petit ~!** *fam* du [kleiner] Satansbraten! *(hum fam)*
❸ *(chariot)* Sackkarre *f*
❹ *(marmite)* Römertopf *m*
▶ **avoir le ~ au corps** den Teufel im Leib haben; **tirer le ~ par la queue** am Hungertuch nagen; **s'agiter comme un [beau] ~** sich wie ein Verrückter/eine Verrückte gebärden; **allez au ~!** scheren Sie sich [*o* gehen Sie] doch zum Teufel!; **que le ~ l'emporte!** soll ihn/sie doch der Teufel holen!; **envoyer au ~** zum Teufel schicken [*o* jagen]; **au ~ qc!** zum Teufel mit etw!; **bruit du ~** [*o* **de tous les ~s**] *fam* Heidenlärm *m (fam),* Höllenlärm *m (fam),* Mordskrach *m (fam);* **peur de tous les ~s** Höllenangst *f*
diablement [djɑbləmɑ̃] *adv fam* höllisch *(fam),* verdammt *(fam)*
diablerie [djɑbləʀi] *f* Teufelei *f*
diablesse [djɑblɛs] *f* Teufelin *f*
diablotin [djɑblɔtɛ̃] *m* kleiner Teufel, Teufelchen *nt*
diabolique [djabɔlik] *adj* **❶** *(venant du diable)* diabolisch; *tentation* des Teufels
❷ *(très méchant)* teuflisch; *personnage, sourire* diabolisch
diaboliquement [djabɔlikmɑ̃] *adv* **❶** *(d'une manière perverse)* teuflisch, diabolisch
❷ *(méchamment)* boshaft
diaboliser [djabɔlize] <1> *vt littér verteufeln idéologies*
diabolo [djabɔlo] *m* **❶** *(jouet)* Diabolo *nt*
❷ *(boisson)* **~ menthe** Getränk aus Pfefferminzsirup und Limonade
diachronique [djakʀɔnik] *adj* LING diachronisch
diaconat [djakɔna] *m* ECCL Diakonat *nt*
diacre [djakʀ] *m* Diakon *m*
diacritique [djakʀitik] *adj* LING *signe* diakritisch
diadème [djadɛm] *m* **❶** *(bijou)* Diadem *nt*
❷ HIST [Herrscher]krone *f*
diagnostic [djagnɔstik] *m* **❶** MED Diagnose *f;* **~ radiologique** Röntgendiagnose; **~ différentiel** Differenzialdiagnose; **~ après examen du liquide amniotique** Fruchtwasserdiagnostik *f;* **établir un ~** eine Diagnose stellen; **~ de qc** Diagnose auf etw *(Akk)*
❷ *(jugement)* Urteil *nt,* Beurteilung *f*
◆ **~ d'erreur** INFORM Fehlerdiagnose *f*
diagnostiquer [djagnɔstike] <1> *vt* **❶** MED feststellen, diagnostizieren
❷ *fig* diagnostizieren *(geh)*
diagonal(e) [djagɔnal, o] <-aux> *adj* diagonal; **pneu ~** Diagonalreifen *m*
diagonale [djagɔnal] *f* Diagonale *f;* **en ~** diagonal
▶ **lire qc en ~** etw diagonal lesen
◆ **~ d'écran** INFORM Bildschirmdiagonale *f*
diagramme [djagʀam] *m* **❶** Diagramm *nt*
❷ *(plan)* Organigramm *nt*
◆ **~ en arbre** Baumdiagramm *nt;* **~ en bâtons** Säulendiagramm *nt;* **~ de compression** MECANIQUE Kompressionsdiagramm *nt;* **~ en secteurs** Tortendiagramm *nt*
dialectal(e) [djalɛktal, o] <-aux> *adj* mundartlich, dialektal; **expression ~e** mundartlicher Ausdruck, Dialektausdruck; **poésie ~e** Dialektdichtung *f;* **poète ~** Dialektdichter(in) *m(f)*
dialecte [djalɛkt] *m* Dialekt *m,* Mundart *f;* **s'exprimer en ~** Dialekt sprechen
dialecticien(ne) [djalɛktisjɛ̃, jɛn] *m,f* PHILOS Dialektiker(in) *m(f)*
dialectique [djalɛktik] **I.** *adj* dialektisch
II. *f* Dialektik *f,* dialektische Methode
dialectologie [djalɛktɔlɔʒi] *f* LING Dialektforschung *f,* Dialektologie *f (Fachspr.)*
dialectophone [djalɛktɔfɔn] **I.** *adj* Dialekt sprechend; **être ~** Dialekt sprechen
II. *mf* jd, der Dialekt spricht
dialogue [djalɔg] *m* **❶** Gespräch *nt; (en tête-à-tête)* Zwiegespräch *nt (geh),* Zwiesprache *f (geh), de caractère officiel)* Unterredung *f;* **invitation au ~** Gesprächsangebot *nt;* **ouvrir le ~ à qn** jmd ein Gesprächsangebot machen; **rompre/poursuivre le ~** den Gesprächsfaden abreißen lassen/nicht abreißen lassen
❷ POL Dialog *m,* Gespräche *Pl;* **~ social** sozialer Dialog; **~ Est-Ouest** Ost-West-Gespräche
❸ LITTER, AUDIOV, INFORM Dialog *m;* **~ [sur] écran** Bildschirmdialog
dialoguer [djalɔge] <1> **I.** *vi* **❶** **~ avec qn** *(parler)* ein Gespräch

mit jdm führen, mit jdm Zwiesprache halten *(geh)*; *(négocier)* einen Dialog mit jdm führen; **inviter qn à ~** jmd ein Gesprächsangebot machen
❷ INFORM **~ avec qc** im Dialog mit etw stehen
II. *vt* in Dialogform verfassen
dialoguiste [djalɔgist] *mf* Dialogautor(in) *m(f)*
dialyse [djaliz] *f* MED *(procédé)* Dialyse *f*; *(traitement)* Dialysebehandlung *f*
dialysé(e) [djalize] *m(f)* Dialysepatient(in) *m(f)*
diam [djam] *m abr de* **diamant** Diamant *m*
diamant [djamɑ̃] *m* Diamant *m*; **monter un ~ sur qc** einen Diamanten in etw *(Akk)* [ein]fassen; **~ brut** Rohdiamant; **~ industriel** Industriediamant
◆ **~ de vitrier** Glasschneider *m*
diamantaire [djamɑ̃tɛʀ] *mf* ❶ *(tailleur)* Diamantschleifer(in) *m(f)*
❷ *(commerçant)* Diamantenhändler(in) *m(f)*
diamantifère [djamɑ̃tifɛʀ] *adj* diamant[en]haltig
diamétralement [djametralmɑ̃] *adv* diametral
diamètre [djamɛtʀ] *m* Durchmesser *m*; **~ extérieur** Außendurchmesser; **~ d'un/du grain** Korngröße *f*; **~ du bassin** ANAT Beckendurchmesser
diantre [djɑ̃tʀ] *interj vieilli (étonnement)* Teufel; *(dans une question)* zum Teufel, zum Kuckuck
▸ **comment/où/pourquoi/qui ~?** wie/wo/warum/wer zum Teufel [*o* zum Kuckuck]?; **dépêchez-vous, que ~!** beeilen Sie sich, Mensch!
diapason [djapazɔ̃] *m* ❶ *(instrument)* Stimmgabel *f*; *(sifflet)* Stimmpfeife *f*, Diapason *m (Fachspr.)*
❷ *(note)* Kammerton *m*, Diapason *m (Fachspr.)*
❸ *(registre)* [Stimm-/Ton]register *nt*
▸ **être au ~ de qn/qc** sich an jdn/etw angepasst haben; **se mettre au ~ de qn/qc** sich auf jdn/etw einstimmen
diaphane [djafan] *adj* durchscheinend; *tissu, verre a.* durchsichtig
diaphorèse [djafɔʀɛz] *f* MED Diaphorese *f*
diaphragme [djafʀagm] *m* ❶ ANAT Zwerchfell *nt*, Diaphragma *nt (Fachspr.)*
❷ PHOT Blende *f*
❸ *(contraceptif)* Diaphragma *nt*, Pessar *nt (Fachspr.)*
diapo [djapo] *f abr de* **diapositive** Dia *nt*
diaporama [djapɔʀama] *m* Tonbildschau *f*; **conférence ~** Diavortrag *m*
diapositive [djapozitiv] *f* Dia *nt*, Lichtbild *nt*, Diapositiv *nt (Fachspr.)*; **~ couleur** Farbdia; **séance de ~s** Diavortrag *m*, Lichtbild[er]vortrag *m*; **passer [o projeter] des ~s** Dias zeigen
diapré(e) [djapʀe] *adj littér* bunt schillernd
diarrhée [djaʀe] *f* Durchfall *m*, Diarrhö[e] *f (Fachspr.)*; **avoir la ~/des ~s** Durchfall haben; *(de manière pathologique)* an Diarrhö *(Dat)* leiden; **donner la ~** Durchfall verursachen
diarrhéique [djaʀeik] *adj* MED durchfallartig
diaspora [djaspɔʀa] *f* Diaspora *f*
diastole [djastɔl] *f* PHYSIOL Diastole *f*
diastolique [djastɔlik] *adj* MED diastolisch; **bruit ~** diastolisches Geräusch
diathermie [djatɛʀmi] *f* MED Diathermie *f*; **~ à ondes courtes** Ultrakurzwellentherapie *f*
diatomique [djatɔmik] *adj* CHIM zweiatomig
diatonique [djatɔnik] *adj* diatonisch; *échelle, gamme a.* siebenstufig
diatribe [djatʀib] *f* **~ contre qn/qc** Beschimpfung *f* einer Person/S.; *(discours)* Schmährede *f* [*o* Schimpfrede *f*] auf jdn/etw; *(écrit)* Pamphlet *nt* gegen jdn/etw
DIB [dib] *m abr de* **Dual-Independent Bus** INFORM DIB *m*
dicastère [dikastɛʀ] *m* ADMIN Unterabteilung der Römischen Kurie
dichotomie [dikɔtɔmi] *f soutenu* Begriffspaar *nt*, Dichotomie *f (Fachspr.)*
dico [diko] *m abr de* **dictionnaire** *fam* Wörterbuch *nt*
dictaphone® [diktafɔn] *m* Diktaphon *nt*, Diktiergerät *nt*
dictateur, -trice [diktatœʀ, -tʀis] *m, f* Diktator *m(f)*, Gewaltherrscher(in) *m(f)*; *fig* Diktator(in) *m(f)*
dictatorial(e) [diktatɔʀjal, jo] <-aux> *adj pouvoir, régime* diktatorisch; *ton* herrisch, Befehls-
dictature [diktatyʀ] *f* ❶ POL Diktatur *f*, Gewaltherrschaft *f*
❷ *(autoritarisme)* Despotie *f*, Tyrannei *f*
▸ **~ du prolétariat** Diktatur *f* des Proletariats
dictée [dikte] *f* ❶ *(action)* Diktieren *nt*, Diktat *nt*; **écrire sous la ~ de qn** nach jds Diktat schreiben
❷ SCOL Diktat *nt*; **faire une ~** ein Diktat schreiben
dicter [dikte] <1> *vt* ❶ diktieren
❷ *(imposer) personne:* vorschreiben; aufzwingen *volonté, vues; circonstance, événement:* zwingen; **son geste était dicté par la colère** er/sie hat aus Wut so gehandelt
diction [diksjɔ̃] *f* Sprechweise *f*, Diktion *f (form)*; **prendre des cours de ~** Unterricht in Sprecherziehung *(Dat)* nehmen

dictionnaire [diksjɔnɛʀ] *m* ❶ Wörterbuch *nt*; **~ dialectal** Dialektwörterbuch; **~ spécialisé** Fachwörterbuch, Reallexikon; **~ orthographique** Rechtschreibwörterbuch; **~ technique** Wörterbuch der Technik *(Gen)*; **~ de poche** Taschenwörterbuch; **regarder dans le ~** im Wörterbuch nachsehen [*o* nachschlagen]
❷ *(encyclopédie)* Lexikon *nt*; **~ encyclopédique** Universallexikon
◆ **~ de langue** [Sprach]wörterbuch *nt*; **~ des synonymes** Synonym[en]wörterbuch *nt*
dicton [diktɔ̃] *m* Spruch *m*, sprichwörtliche Redensart
didacticiel [didaktisjɛl] *m* INFORM Lernsoftware *f*, Lernprogramm *nt*
didactique [didaktik] *adj* didaktisch; *ouvrage a.* Lehr-; *ton, poésie* belehrend, lehrhaft; **professeur/spécialiste de** [*o* **en**] **~** Didaktiker(in) *m(f)*
didascalie [didaskali] *f* Regieanweisung *f*, Bühnenanweisung *f*
dièdre [djɛdʀ] **I.** *adj angle* abgewinkelt
II. *m* Dieder *nt*
diencéphale [djɑ̃sefal] *m* ANAT Zwischenhirn *nt*, Dienzephalon *nt (Fachspr.)*
dièse [djɛz] *m* MUS Kreuz *nt*, Diesis *f (Fachspr.)*; **double ~** Doppelkreuz; **do/ré/fa ~ majeur** Cis-/Dis-/Fis-Dur *nt*; **do/ré/fa ~ mineur** cis-/dis-/fis-Moll *nt*; **le do/ré/fa est ~** das C/D/F [*o* c/d/f] ist erhöht
diesel [djezɛl] *m* ❶ *(carburant)* Diesel *m*; **~ écologique** [*o* **biologique**] Biodiesel *m*
❷ *(moteur)* Dieselmotor *m*, Diesel *m (fam)*
❸ *(véhicule)* Dieselfahrzeug *nt*, Diesel *m (fam)*
diète¹ [djɛt] *f* Diät *f*, Schonkost *f*, Fasten *nt*; *(cure d'amaigrissement)* Hungerkur *f*; **~ thérapeutique** therapeutisches Fasten; **~ de réduction pondérale** Reduktionsdiät; **être/mettre à la ~** Diät essen [*o* leben]/auf Diät setzen
diète² [djɛt] *f* HIST Reichstag *m*
diététicien(ne) [djetetisjɛ̃, jɛn] *m(f) (cuisinier)* Diätassistent(in) *m(f)*, Diätkoch *m*/-köchin *f*; *(conseiller)* Ernährungsberater(in) *m(f)*
diététique [djetetik] **I.** *adj* Diät-; *aliment* diätetisch; **cure ~** Diätkur *f*
II. *f* Ernährungswissenschaft *f*, Diätetik *f (Fachspr.)*
diététiste CAN *v.* **diététicien**
dieu [djø] <x> *m* ❶ Gott *m*; **~ protecteur** Schutzgott
❷ *(objet d'un culte)* Idol *nt*, Gott *m*
Dieu [djø] *m* Gott *m*; **~ le père** Gott Vater *m*; **le bon ~** *fam* der liebe Gott *(fam)*; **prier ~** zu Gott beten
▸ **ne craindre ni ~ ni diable** weder Tod noch Teufel fürchten; **ni ~, ni maître** weder Herr noch Meister; **~ merci!** Gott sei Dank!; **bon ~ de bon ~!** *fam* Donnerwetter noch einmal!, meine Güte! *(fam)*; **~ soit loué!** Gott sei Dank!; **mon ~!** mein Gott!, um Gottes willen!; **~ sait** weiß Gott; **~ m'en garde!** Gott bewahre!
diffamant(e) [difamɑ̃, ɑ̃t] *adj littér* diffamatorisch *(geh)*, diffamierend, verleumderisch
diffamateur, -trice [difamatœʀ, -tʀis] **I.** *adj* diffamierend, verleumderisch
II. *m, f* Verleumder(in) *m(f)*
diffamation [difamasjɔ̃] *f* Diffamierung *f*, Verleumdung *f*; JUR Verleumdung, üble Nachrede; **~ passible d'une sanction pénale** strafbare Verleumdung
diffamatoire [difamatwaʀ] *adj* diffamierend, verleumderisch
diffamer [difame] <1> *vt* in Verruf *(Akk)* bringen
différé [difeʀe] **I.** *adj* zeitversetzt; **diffusion ~e** zeitversetzte Sendung
II. *m* TV Aufzeichnung *f*; **match retransmis en ~** Aufzeichnung des Spiels; **reportage en ~** zeitversetzte Reportage; **nous allons diffuser un reportage en ~ sur cette compétition** wir werden von diesem Wettkampf zeitversetzt berichten
différemment [difeʀamɑ̃] *adv* anders
différence [difeʀɑ̃s] *f* ❶ Unterschied *m*; **~ avec qn/qc** Unterschied zu jdm/etw; **faire une ~ ne pas faire de ~ entre ...** einen/keinen Unterschied machen zwischen + *Dat* ...; **faire la ~** *personne:* sich abheben; *chose:* den Ausschlag geben; **à la ~ de qn/qc** im Unterschied zu jdm/etw; **à la ~ que** mit dem Unterschied, dass; **~ principale** Hauptunterschied; **~ de catégorie** SPORT Klassenunterschied; **~ de classes** SOCIOL Klassenunterschied; **~ de sens** Bedeutungsunterschied
❷ *(écart)* Unterschied *m*, Differenz *f*; **une ~ de dix euros/kilos** ein Unterschied von zehn Euro/Kilo; **payer la ~** den Rest [*o* die Differenz] bezahlen; **dix minutes de ~ entre deux trains** zehn Minuten Abstand zwischen zwei Zügen; **~s tarifaires locales** örtlich bedingte Tarifunterschiede; **~ entre salaires tarifaires et salaires réels** Lohndrift *f (Fachspr.)*
❸ FIN **~ en moins** Disagiobetrag *m*
◆ **~ d'âge** Altersunterschied *m*, Altersabstand *m*; **~ d'inventaire** ECON Inventurdifferenz *f*; **~ de potentiel** Potenzialdifferenz *f*, Potenzialgefälle *nt*; **~ de prix** Preisunterschied *m*

différenciation [difeʀɑ̃sjasjɔ̃] f ❶ *(distinction)* ~ **entre rouge et vert** Unterscheidung *f* zwischen Rot und Grün, Auseinanderhalten *nt* von Rot und Grün; ~ **des produits** COM Produktdifferenzierung *f*
❷ BIO Differenzierung *f*, Funktionsteilung *f*
différencier [difeʀɑ̃sje] <1a> I. *vt* auseinanderhalten; ~ **le père du fils** den Vater vom Sohn unterscheiden; ~ **un roman d'un conte** einen Roman von einem Märchen unterscheiden
II. *vpr* ❶ **se** ~ **du copain/roman par qc** sich vom Kumpel/Roman durch etw/in etw *(Dat)* unterscheiden
❷ BIO **se** ~ sich differenzieren
différend [difeʀɑ̃] *m* ❶ *(divergence d'opinions)* Meinungsverschiedenheit *f*
❷ *(conflit d'intérêts)* Streitigkeit *f*, Streit *m*; ~ **à propos d'un/du terrain** Grundstücksstreitigkeit
❸ *pl, antéposé (divers)* verschieden, unterschiedlich
différentiation [difeʀɑ̃sjasjɔ̃] *f* MATH Differenzieren *nt*
différentiel [difeʀɑ̃sjɛl] *m* TECH Differenzial *nt*, Differenzialgetriebe *nt*, Ausgleichsgetriebe; ~ **blocable** Sperrdifferenzial
différentiel(le) [difeʀɑ̃sjɛl] *adj* MATH, TECH Differenzial-; **calcul** ~ Differenzialrechnung *f*; **équation** ~**le** Differenzialgleichung *f*; **tarif** ~ Staffeltarif *m*
différer [difeʀe] <5> I. *vi* unterschiedlich sein; ~ **du fils/conte en/par qc** sich vom Sohn/Märchen in etw *(Dat)*/durch etw *(Akk)* unterscheiden
❷ *(avoir une opinion différente)* **deux personnes diffèrent sur qc** die Meinungen zweier Personen gehen in etw *(Dat)* auseinander
II. *vt* verschieben; verlängern *échéance;* vertagen *jugement;* aufschieben *livraison, paiement*
difficile [difisil] *adj* ❶ schwierig, beschwerlich; ~ **à dire** schwer zu sagen; **être** ~ **à placer** *chômeur:* schwer vermittelbar sein; **morceau** ~ **d'exécution** schwer zu spielendes Stück; **c'est plus** ~ **à faire qu'à dire** das ist leichter gesagt als getan; **il est** ~ **à qn de faire qc** es fällt jdm schwer, etw zu tun
❷ *(incommode) sentier, escalade* schwierig, gefährlich; ~ **d'accès** schwer zugänglich
❸ *(qui donne du souci) moment* schwer[wiegend], schwierig
❹ *(contrariant, exigeant) personne, caractère* schwierig; *cheval* schwer zu führen; ~ **à vivre** schwer zu ertragen
▸ **faire le/la** ~ Schwierigkeiten machen; **être** ~ **sur la nourriture** beim Essen heikel sein
difficilement [difisilmɑ̃] *adv (malaisément)* mit Schwierigkeiten; *(à peine)* kaum; *(péniblement)* schwer, mit großer Mühe
difficulté [difikylte] *f* ❶ *sans pl* Schwierigkeit *f*; **de** ~ **croissante** mit steigendem Schwierigkeitsgrad; **problème de** ~ **moyenne** mittelschwere [Rechen]aufgabe
❷ *(peine)* **avec** ~ mit Mühe *f*; **avoir de la** ~ **à faire qc** Schwierigkeiten *Pl* haben etw zu tun; **avoir des** ~**s à** [*o* **pour**] **avaler** Schluckbeschwerden haben
❸ *(problème, obstacle)* Schwierigkeit *f*, Problem *nt*; ~ **de communication** Kommunikationsproblem; **en** ~ *adolescent, famille, élève* in Schwierigkeiten; *alpiniste, avion* in Not; *entreprise* in [finanziellen] Schwierigkeiten; ~**s éducatives** Erziehungsschwierigkeiten; ~**s financières** finanzieller Engpass; ~**s pécuniaires** finanzielle Schwierigkeiten; **se retrouver/être en** ~ in Schwierigkeiten geraten/sein; **mettre qn en** ~ jdn in Schwierigkeiten bringen; **faire des** ~**s pour faire qc** Schwierigkeiten machen, wenn es darum geht etw zu tun; **se heurter à des** ~**s** auf Schwierigkeiten *(Akk)* stoßen
❹ JUR, COM Störung *f*; ~ **dans les livraisons** Lieferstörung
◆~ **d'approvisionnement** Versorgungsschwierigkeiten *Pl*; ~**s de trésorerie** finanzielle Schwierigkeiten, Liquiditätsengpass *m (Fachspr.)*
difforme [difɔʀm] *adj* missgestaltet, missgebildet; *membre, bête, arbre a.* unförmig
difformité [difɔʀmite] *f* MED Missbildung *f*; *d'un corps* Missgestalt *f*
diffraction [difʀaksjɔ̃] *f* Beugung *f*, Diffraktion *f (Fachspr.)*
diffus(e) [dify, yz] *adj* ❶ *(disséminé) douleur* unbestimmt; *lumière* diffus; *chaleur* angenehm überschlagen
❷ *(sans netteté)* diffus; *sentiments, souvenirs a.* vage
❸ *(verbeux) style* unklar, verschwommen; *écrivain* mit unklaren Ansichten
diffuser [difyze] <1> I. *vt* ❶ verbreiten *lumière, bruit, idée*
❷ TV, RADIO *(retransmettre)* senden; übertragen *concert, discours;* ~ **qc pour la première fois** etw ursenden
❸ *(commercialiser)* vertreiben
❹ *(distribuer)* verteilen *tract, photo;* in Umlauf *(Akk)* bringen *pétition, document*
II. *vpr* **se** ~ *bruit, chaleur, odeur:* sich verbreiten
diffuseur [difyzœʀ] *m du carburateur* Lufttrichter *m*; *de parfum* Duftspender *m*; ~ **de vapeur** Bedampfungsgerät *nt*
diffuseur, -euse [difyzœʀ, -øz] *m, f* COM *de livres, d'un éditeur* Vertreiber(in) *m(f)*; *d'une marque* Vertriebshändler(in) *m(f)*
diffusion [difyzjɔ̃] *f* ❶ *de la chaleur, lumière* Verbreitung *f*; ~ **de l'information** Informationsverbreitung
❷ TV, RADIO *d'un concert, discours* Ausstrahlung *f*, Übertragung *f*; **date de** ~ Sendetermin *m*; ~ **d'une/de l'émission télévisée** Fernsehübertragung; **émission en** ~ **différée** zeitversetzte Sendung; **première** ~ Ursendung, Erstsendung
❸ *(commercialisation)* Vertrieb *m*
❹ *(distribution) de tracts, photos* Verteilen *nt*
❺ *(action de se diffuser) d'un poison, gaz* Ausbreitung *f*
digérer [diʒeʀe] <5> I. *vi* verdauen; **bien/mal** ~ eine gute/schlechte Verdauung haben
II. *vt* ❶ PHYSIOL verdauen
❷ *(assimiler)* [geistig] verarbeiten, verdauen *(fam)*
❸ *fam (accepter)* schlucken *(fam) affront*
III. *vpr* **bien/mal se** ~ leicht/schwer verdaulich sein
digest [diʒɛst, dajʒɛst] *m* Digest *m o nt; (volume)* Zeitschrift, die Auszüge aus Büchern, Zeitschriften usw. bringt; *(extrait)* Auszug aus einem Buch oder Bericht, Zusammenfassung
digeste [diʒɛst] *adj* bekömmlich; *café* magenfreundlich
digestible *v.* **digeste**
digestif [diʒɛstif] *m* Verdauungsschnaps *m*, Digestif *m (geh)*
digestif, -ive [diʒɛstif, -iv] *adj* Verdauungs-; *effet* verdauungsfördernd; **problèmes** ~**s** Verdauungsbeschwerden *Pl*
digestion [diʒɛstjɔ̃] *f* Verdauung *f*, Verdauungsprozess *m*; **cette liqueur facilite la** ~ dieser Likör wirkt verdauungsfördernd
digicode [diʒikɔd] *m* elektrisches Türschloss *nt*
digital(e) [diʒital, o] <-aux> *adj* ❶ *(du doigt)* Finger-
❷ *(numérique)* Digital-, digital
digitale [diʒital] *f* BOT Fingerhut *m*
digitaline [diʒitalin] *f* PHARM Digitalis *nt*
digitalisation [diʒitalizasjɔ̃] *f* Digitalisierung *f*
digitaliser [diʒitalize] <1> *vt* digitalisieren
digitigrades [diʒitigʀad] *mpl* ZOOL Zehengänger *Pl*
digne [diɲ] *adj* ❶ *(qui mérite)* ~ **de ce nom** dieses Namens würdig; ~ **d'éloges/d'admiration/d'attention** lobens-/bewunderns-/beachtenswert; ~ **de foi/de confiance** glaub-/vertrauenswürdig; ~ **d'être pris(e) en compte** berücksichtigenswert; **acte** ~ **d'être récompensé** belohnenswerte Tat; **conseil** ~ **d'être suivi** beherzigenswerter Rat; **être** ~ **de faire qc** es verdienen etw zu tun
❷ *(à la hauteur de)* ~ **de qn/qc** jds/einer S. würdig
❸ *(qui a de la dignité)* würdevoll
dignement [diɲ(ə)mɑ̃] *adv* ❶ *(noblement)* würdig, würdevoll
❷ *(comme il faut)* gebührend, angemessen
dignitaire [diɲitɛʀ] *mf* Würdenträger(in) *m(f)*
◆~ **du parti** Parteiobere(r) *f(m)*
dignité [diɲite] *f* ❶ *(noblesse)* Würde *f*; ~ **humaine** Menschenwürde; **absence de** ~ Würdelosigkeit *f*
❷ *(amour-propre)* Selbstachtung *f*
❸ *(titre)* Amt *nt*, Würde *f*; ~ **d'ambassadeur** Amt des Botschafters; ~ **d'évêque** Bischofswürde; **être élevé(e) à la** ~ **d'évêque** die Bischofswürde erlangen
▸ **être au-dessous de la** ~ **de qn** unter jds Würde sein
digression [digʀesjɔ̃] *f* Abschweifung *f*; **se perdre dans des** ~**s** vom Thema abschweifen
digue [dig] *f* ❶ Deich *m*, Damm *m*; *d'un canal* [Kanal]damm
❷ *(rempart)* Damm *m*
diktat [diktat] *m* Diktat *nt (geh)*; ~ **salarial** Lohndiktat
dilapidateur, -trice [dilapidatœʀ, -tʀis] *m, f* Verschwender(in) *m(f)*, Vergeuder(in) *m(f)*
dilapidation [dilapidasjɔ̃] *f* Verschwendung *f*, Vergeudung *f*
dilapider [dilapide] <1> *vt* verschwenden, vergeuden; verschleudern *fortune, patrimoine*
dilatabilité [dilatabilite] *f* CHIM, PHYS Ausdehnbarkeit *f*
dilatable [dilatabl] *adj* dehnbar, dilatabel *(Fachspr.)*
dilatateur [dilatatœʀ] *m* MED Dilatator *m*
dilatation [dilatasjɔ̃] *f* ❶ *d'un ballon, pneu* Ausdehnung *f*
❷ PHYS Ausdehnung *f*, Dilatation *f (Fachspr.)*
❸ ANAT, MED *des vaisseaux* Erweiterung *f*; **phase de** ~ Eröffnungsperiode *f*; ~ **de la pupille** MED Pupillenerweiterung
dilater [dilate] <1> I. *vt* ❶ *(augmenter le volume de)* ausdehnen
❷ *(agrandir un conduit, orifice)* weiten; blähen *narines;* erweitern *veinules, pores;* vergrößern *cœur;* **veinules dilatées** erweiterte Äderchen *Pl*; **avoir les pores très dilatés** stark erweiterte Poren haben
II. *vpr* **se** ~ *métal, corps:* sich [aus]dehnen; *pupille, cœur, poumons:* sich weiten; *narines:* sich blähen
dilatoire [dilatwaʀ] *adj* ❶ ausweichend, hinhaltend; *manœuvre* Verzögerungs-, Hinhalte-
❷ JUR dilatorisch *(Fachspr.)*; **exception** ~ dilatorische Einrede *(Fachspr.)*

dilemme [dilɛm] *m* Dilemma *nt*, Zwickmühle *f*; **être devant un ~** vor einem Dilemma stehen

dilettante [diletɑ̃t] **I.** *adj* nachlässig, oberflächlich
II. *mf* interessierter Laie; *péj (personne peu impliquée)* Dilettant(in) *m(f)*

dilettantisme [diletɑ̃tism] *m a. péj* Dilettantismus *m*, Laienhaftigkeit *f*

diligence [diliʒɑ̃s] *f* ❶ *littér (rapidité)* Eifer *m*; **faire ~** *littér* nicht säumen *(geh)*; **avec ~** mit Beflissenheit *f*; *répondre* prompt
❷ *(voiture)* [Pferde]kutsche *f*, Postkutsche

diligent(e) [diliʒɑ̃, ʒɑ̃t] *adj littér* eifrig, engagiert

diluant [dilɥɑ̃] *m* Verdünnungsmittel *nt*

diluer [dilɥe] <1> **I.** *vt* ❶ *(étendre, délayer)* **~ avec de l'eau/dans de l'eau** mit Wasser verdünnen/in Wasser *(Dat)* auflösen
❷ *(affaiblir)* **~ qc** etw verwässern, die Wirkung einer S. *(Gen)* abschwächen
II. *vpr* **se ~** ❶ *(se délayer)* sich auflösen
❷ *fig identité, personnalité:* verloren gehen; *manifestation:* sich auflösen

dilution [dilysjɔ̃] *f (action/substance) de la peinture* Verdünnen *nt*, Verdünnung *f*; *du sucre* Auflösen *nt*, Auflösung *f*

diluvien(ne) [dilyvjɛ̃, jɛn] *adj* sintflutartig

dimanche [dimɑ̃ʃ] *m* ❶ Sonntag *m*; **~, on part en vacances** am [*o* diesen] Sonntag fahren wir in Urlaub; **le ~** sonntags; **tous les ~s** jeden Sonntag; **ce ~** diesen Sonntag; **ce ~-là,...** an diesem [*o* jenem] Sonntag ...; **prochain/dernier** nächsten [*o* kommenden]/letzten Sonntag; **demain, c'est ~** morgen ist Sonntag; **après ~, c'est lundi** nach [dem] Sonntag kommt [der] Montag; **nous passons le ~ à la campagne** wir verbringen den Sonntag auf dem Land; **se rencontrer un ~/par un beau ~** sich an einem Sonntag/an einem schönen Sonntag kennen lernen; **~ matin** [am] Sonntag Morgen; **le ~ matin** am Sonntagmorgen, sonntagmorgens, sonntags morgens; **dans la nuit** Sonntag Nacht; **[le] ~ 14 août** Sonntag, den 14. August; **nous sommes ~ 23 septembre** heute ist Sonntag, der 23. September; **la fête aura lieu le ~ 11 juin** das Fest findet am Sonntag, den 11. Juni statt
❷ *(en tant que jour de fête)* **promenade du ~** Sonntagsspaziergang *m*, sonntäglicher Spaziergang *m*; **mettre les habits du ~** seinen Sonntagsstaat anziehen
◆ **~ de l'Avent** Adventssonntag *m*; **~ de Pâques** Ostersonntag *m*; **~ des Rameaux** Palmsonntag *m*

dîme [dim] *f* HIST Zehnt[e] *m*

dimension [dimɑ̃sjɔ̃] *f* ❶ Größe *f*, Ausdehnung *f*; **de grande/petite ~** groß/klein [dimensioniert]; **avoir la même ~** die gleiche Größe haben
❷ *pl (mesures)* Maße *Pl*, Dimensionen *Pl*; **prendre les ~s de la table** den Tisch ausmessen [*o* abmessen], die Maße des Tisches nehmen; **~s extérieures** Außenabmessungen *Pl*; **faire une chaise aux ~s du modèle** einen Stuhl nach [*o* entsprechend] den Maßen des Modells *(Gen)* anfertigen
❸ *(importance)* Ausmaß *nt*, Dimension *f*; **prendre la ~** [*o* **les ~s**] **de qc** *personne:* die Bedeutung einer S. erfassen [*o* erkennen]; *chose:* das Ausmaß von etw annehmen; **à la ~ de qc** einer S. *(Dat)* angemessen [*o* entsprechend]
❹ *(aspect)* Bedeutung *f*, Tragweite *f*
❺ GÉOM Dimension *f*; **à deux/trois ~s** zwei-/dreidimensional
◆ **~ s d'écran** INFORM Bildschirmgröße *f*

dimensionner [dimɑ̃sjɔne] <1> *vt* dimensionieren; **bien dimensionné(e)** groß dimensioniert *(geh)*, reichlich bemessen

diminué(e) [diminɥe] *adj* **être très ~(e) mentalement/physiquement** psychisch/körperlich [*o* physisch] sehr geschwächt sein

diminuer [diminɥe] <1> **I.** *vi* nachlassen, abnehmen; *bruit, vent, lumière:* schwächer werden; *forces a.:* schwinden; *nombre, brouillard, niveau de l'eau:* zurückgehen; *jours:* kürzer werden; *fièvre:* abklingen; **faire ~** reduzieren, verringern; **~ de cinq euros/de dix pour cent** um fünf Euro/um zehn Prozent billiger werden; **~ d'intensité** *attaque:* an Intensität *(Dat)* abnehmen; **~ de volume** *enflure:* abnehmen, zurückgehen; **~ de longueur/de largeur/d'épaisseur** kürzer/schmaler/dünner werden; **~ en volume** ECON volumenmäßig zurückgehen
II. *vt* ❶ verringern; verkleinern, verkleinern *quantité;* senken *impôts, prix;* verkürzen *durée;* abbauen *stocks;* kürzen *salaire, moyens;* zurückdrehen *gaz, chauffage, lumière;* **les impôts de cinq pour cent** die Steuern um fünf Prozent senken; **~ les moyens destinés à qc** die Mittel für etw kürzen; **~ un employé** das Gehalt eines Angestellten kürzen, einem Angestellten das Gehalt kürzen; **faire ~ un nombre de qc** eine Anzahl von etw zurückgehen lassen
❷ *(raccourcir)* kürzen *rideau*
❸ *(affaiblir)* mindern *autorité;* schmälern *mérite;* dämpfen *ardeur, joie;* eindämmen *violence;* schwächen *forces;* lindern *souffrance*
❹ *(discréditer)* abwerten, herabsetzen
III. *vpr* **se ~** *(se rabaisser)* sich selbst erniedrigen, sich selbst herabsetzen

diminutif [diminytif] *m* Verkleinerungsform *f*, Diminutiv *nt (Fachspr.)*

diminutif, -ive [diminytif, -iv] *adj* Verkleinerungs-, Diminutiv-

diminution [diminysjɔ̃] *f* ❶ *(baisse, affaiblissement) de l'appétit, de la chaleur, des souffrances* Nachlassen *nt*; *des forces, chances* Schwinden *nt*; *de la circulation, pollution, de l'autorité* Abnahme *f*; *du nombre, de la fièvre, température* Rückgang *m*; *des impôts, prix, taux d'intérêt* Sinken *nt*; *des réserves* Absinken *nt*; **~ de dix pour cent** Rückgang [*o* Sinken] um zehn Prozent; **~ des excédents du commerce extérieur** Abnahme der Überschüsse im Außenhandel; **en ~** *nombre, température* abnehmend, zurückgehend
❷ *(réduction) de la consommation, des dépenses* Einschränkung *f*; *d'une durée* Verkürzung *f*; *des impôts* Senkung *f*; **~ du dividende** Dividendenkürzung *f*; **~ du total du bilan** ÉCON Bilanzverkürzung *f*; **~ de la valeur d'usage** Gebrauchswertminderung *f*; **~ de valeur pour cause d'obsolescence** ÉCON Wertminderung durch Überalterung
❸ COUT **faire des ~s** [Maschen] abnehmen; **commencer des ~s** mit dem Abnehmen [der Maschen] beginnen
◆ **~ de capital** Kapitalherabsetzung *f*, Kapitalverminderung *f*; **~ de la consommation** Beschränkung *f* des Verbrauchs; **~ du cours** *(affaiblissement)* Kursrutsch *m*; *(réduction)* Kursrücknahme *f*; **~ des dépenses** Ausgabenbeschränkung *f*; **~ de la durée du travail** Arbeitszeitverkürzung *f*; **~ des pertes** Verlustminderung *f*; **~ des prix** *(baisse)* Preisrückgang *m*; *(réduction)* Preissenkung *f*; **~ du rendement** FIN Ertragsminderung *f*, Ertragsrückgang *m*; **~ de salaire** *(en cas des ouvriers)* Kürzung *f* des Lohns, Lohnkürzung *f*; *(en cas des employés)* Kürzung des Gehalts, Gehaltskürzung; **~ des taux d'intérêt** *(baisse)* Zinsrückgang *m*; *(réduction)* Zinssenkung *f*; **~ de la température** Temperaturrückgang *m*; **~ de valeur** Wertminderung *f*, Werteinbuße *f*, Wertverlust *m*

dimorphisme [dimɔʀfism] *m* BIO Dimorphismus *m*

dinanderie [dinɑ̃dʀi] *f* COM Messinggeschirr *nt*, Dinanderie *f*

dinar [dinaʀ] *m* Dinar *m*

dinde [dɛ̃d] *f* ❶ ZOOL Truthenne *f*; GASTR Pute *f*
❷ *péj (sotte)* blöde [*o* dumme] Gans

dindon [dɛ̃dɔ̃] *m* Truthahn *m*; GASTR Puter *m*
◆ **être le ~ de la farce** [am Ende] der/die Dumme sein

dindonneau [dɛ̃dɔno] <x> *m* junger Truthahn [*o* Puter], Babypute *f*

dîner [dine] <1> **I.** *vi* ❶ *(souper)* zu Abend essen [*o* speisen *geh*]
❷ BELG, CAN *(déjeuner)* zu Mittag essen
II. *m* ❶ *(souper)* Abendessen *nt*, Diner *nt (geh)*; **au ~** zum Abendessen; **donner un ~** ein Abendessen [*o* Diner *geh*] geben
❷ BELG, CAN *(repas de midi)* Mittagessen *nt*
◆ **~ d'affaires** Geschäftsessen *nt*; **~ aux chandelles** Diner *nt* bei Kerzenschein *(geh)*, Candle-Light-Dinner *nt*

dînette [dinɛt] *f* ❶ *(jouet)* Puppengeschirr *nt*, Puppenservice *nt*
❷ *(petit repas)* Kleinigkeit *f* zum Essen; **faire la ~** eine Kleinigkeit essen

dîneur, -euse [dinœʀ, -øz] *m, f* Gast *m*

ding [diŋ] *interj (d'une cloche)* bimbam; *(d'une sonnette)* klingeling

dingo[1] [dɛ̃go] *m* ZOOL Dingo *m*

dingo[2] [dɛ̃go] *adj fam* **être ~** bekloppt sein *(fam)*

dingue [dɛ̃g] **I.** *adj fam* ❶ *(fou, bizarre)* **être ~** *personne:* bekloppt sein *(fam)*; **être ~ de qn/qc** nach jdm/auf etw *(Akk)* verrückt sein *(fam)*
❷ *(extraordinaire, incroyable)* irre *(fam)*, wahnsinnig *(fam)*; **chaleur/vitesse ~** Irrsinnshitze *f*/-tempo *nt (fam)*; **course ~** Irrsinnshetze *f (fam)*; **c'est ~ !** [das ist] Wahnsinn! *m (fam)*
II. *mf fam* ❶ *(fou)* Bekloppte(r) *f(m) (fam)*
❷ *(fan)* **~ de la guitare/du foot** Gitarrenfan *m*/Fußballfanatiker(in) *m(f) (fam)*

dinguer [dɛ̃ge] <1> *vi fam* ❶ **aller ~ dans le ruisseau** in den Bach segeln *(fam)*; **envoyer ~ contre le mur** gegen die Wand feuern *(fam)*
❷ *(éconduire)* **envoyer ~** zum Teufel *m* jagen *(fam)*

dinosaure [dinɔzɔʀ] *m a. fig* Dinosaurier *m*

diocésain(e) [djɔsezɛ̃, ɛn] **I.** *adj* der Diözese, Diözesan-
II. *m(f)* Diözesan *m*

diocèse [djɔsɛz] *m* Diözese *f*, Bistum *nt*

diode [djɔd] *f* Diode *f*

Diogène [djɔʒɛn] *m* Diogenes *m*

dionysiaque [djɔnizjak] *adj* ❶ HIST *culte, fête* Dionysos-
❷ LITTER *poésie* dionysisch

dioptrie [djɔptʀi] *f* OPT Dioptrie *f*

dioxine [djɔksin, djɔksin] *f* Dioxin *nt*; **nuage de ~** Dioxinwolke *f*; **taux de ~** Dioxinwert *m*; **contaminé(e) par la ~** dioxinverseucht

dioxyde [djɔksid, djɔksid] *m* Dioxid *nt*, Dioxyd *nt*
◆ **~ de carbone** Kohlendioxid *nt*; **sans ~ de carbone** kohlendioxidfrei; **~ de soufre** Schwefeldioxid *nt*

diphasé(e) [difaze] *adj* zweiphasig

diphtérie [difteʀi] f Diphtherie f
diphtérique [difteʀik] adj MED personne an Diphtherie erkrankt [o leidend]; **bacille ~** Diphtheriebakterium nt
diphtongaison [diftɔ̃gɛz5] f LING Diphthongierung f
diphtongue [diftɔ̃g] f Diphthong m, Doppellaut m, Doppelvokal m
diplomate [diplɔmat] I. adj diplomatisch
 II. mf Diplomat(in) m(f)
 III. m GASTR Süßspeise aus Eiercreme, Löffelbiskuits und kandierten Früchten
diplomatie [diplɔmasi] f ❶ (relations extérieures) Diplomatie f
 ❷ (carrière) Diplomatenlaufbahn f
 ❸ (personnel) Diplomatie f
 ❹ (habileté) Diplomatie f, diplomatisches Geschick; **user de ~** diplomatisch vorgehen
diplomatique [diplɔmatik] adj diplomatisch; (habile a.) geschickt
diplomatiquement [diplɔmatikmɑ̃] adv diplomatisch
diplôme [diplom] m ❶ SCOL, UNIV Diplom nt, [Abschluss]zeugnis nt; **~ de fin d'études** (écrit officiel) Abschlusszeugnis nt; (titre, grade) Schulabschluss m; **~ de fin d'études de premier cycle** ≈ Realschulabschluss m; **~ de fin d'études secondaires** ≈ Gymnasialabschluss; **ne pas avoir de ~** keinen Schulabschluss haben; **~ universitaire** Universitätsabschluss; **~ d'ingénieur** Ingenieursdiplom; **~ d'infirmière** Abschluss m als Krankenschwester; **avoir obtenu son ~** sein Diplom [o seine Abschlussprüfung] gemacht haben; **préparer un ~ d'agronomie/d'agronome** eine Ausbildung in Agronomie (Dat)/als Agronom machen
 ❷ (prix, titre) Auszeichnung f
diplômé(e) [diplome] I. adj diplomiert, [staatlich] geprüft; infirmier, infirmière, interprète staatlich geprüft; **très ~(e)** hoch qualifiziert
 II. m(f) d'une université Absolvent(in) m(f); **~(e) de droit** Jurist(in) m(f); **~(e) de l'enseignement supérieur** Akademiker(in) m(f); **~(e) d'études économiques supérieures** Diplomvolkswirt(in) m(f); **~(e) d'études supérieures de biologie** Diplombiologe m/-biologin f; **~(e) d'études supérieures de chimie** Diplomchemiker(in) m(f); **~(e) d'études supérieures de gestion** Diplombetriebswirt(in) m(f); **~(e) d'études supérieures de pédagogie** Diplompädagoge m/-pädagogin f; **~(e) d'études supérieures de physique** Diplomphysiker(in) m(f)
diplômer [diplome] <1> vt diplomieren (geh), ein Diplom verleihen
dipsomane [dipsɔman] mf MED Trinksüchtige f/-süchtiger m, Dipsomane mf (Fachspr.)
diptères [diptɛʀ] mpl ZOOL Zweiflügler Pl
diptyque [diptik] m LITTER zweiteiliges Werk, Diptychon nt (Fachspr.); ART zweiflüge[l]iges Altarbild, Diptychon (Fachspr.)
dire[1] [diʀ] <irr> I. vt ❶ (exprimer) sagen; ausdrücken peur; verraten projets; **~ qc à qn** jdm etw sagen; **que non/oui** nein/ja sagen; **~ du bien/mal de qn/qc** über jdn/etw nur Gutes/Schlechtes sagen; **~ quelque chose/ne rien ~ de qn/qc** sich zu jdm/etw äußern/nicht äußern; **j'aurais beaucoup à ~** ich hätte viel dagegen einzuwenden, ich hätte einiges dazu zu sagen; **que veux-tu que je te dise?** was soll ich dazu sagen?; **laisser ~** die Leute reden lassen; **vous dites?** was sagten Sie?; **c'est vous qui le dites!** fam das sagen [o behaupten] Sie!; **puisque je te/vous le dis!** wenn ich es dir/Ihnen doch sage!; **que ~?** was soll man da denn sagen?; **..., comment ~** [o dirais-je], **... ...,** wie soll ich sagen, ...; **entre nous soit dit, ...** unter uns gesagt, ...; **dis voir, ..., dis donc, ...** sag mal, ...
 ❷ (prétendre) sagen, behaupten; **il dit être/ne pas être malade** er sagt [o behauptet], er sei krank/nicht krank; **on le dit malade** man sagt, er sei krank; er ist angeblich krank; **à** [o d'après] **ce qu'on dit** dem Vernehmen nt nach (geh), anscheinend; **on dit que qn a fait qc** es heißt, jd hat etw getan; **on dit qu'il est marié** er soll verheiratet sein; es heißt, er sei verheiratet; **quoi qu'on** [en] **dise** was immer man auch sagt
 ❸ (signaler, stipuler) loi: sagen, besagen; journal: sagen, schreiben; visage: ausdrücken; test, sondage: aussagen; **le journal dit que qn a fait qc** in der Zeitung steht [o heißt es], dass jd etw getan hat
 ❹ (faire savoir) ausrichten [o sagen] lassen; **je me suis laissé ~ que qn avait fait qc** ich habe mir sagen lassen [o ich habe gehört], dass jd etw getan hätte
 ❺ (ordonner) **~ à qn de venir** [o qu'il/elle vienne] jdm sagen, er/sie solle [o solle] kommen
 ❻ (plaire) **cela me dit/ne me dit rien** das sagt mir zu/nicht zu; **ça vous dit** [o dirait] **d'aller voir ce film?** habt [o hättet] ihr Lust den Film anzusehen?
 ❼ (croire, penser) **je veux ~ que qn a fait qc** ich meine, jd hat etw getan; **que veux-tu ~ par là?** was willst du damit sagen?; **on dirait qu/qc** man könnte meinen, es sei jd/etw; **qui aurait dit cela!/que qn ferait qc** wer hätte das gedacht!/hätte gedacht, dass jd etw täte; **que dirais-tu de qc/de faire qc?** was hältst du von etw/davon etw zu tun?
 ❽ (reconnaître) **il faut ~ que qn a fait qc** man muss zugeben, dass jd etw getan hat
 ❾ (réciter) beten chapelet; lesen, halten messe; sprechen prière; aufsagen, vortragen poème
 ❿ (signifier) **vouloir ~** bedeuten; mot a.: heißen; allusion, attitude a.: zu bedeuten haben; **ne rien vouloir ~** nichts zu bedeuten [o sagen] haben; **qu'est-ce que ça veut ~?!** was soll denn das [bedeuten]?!
 ⓫ (traduire) **comment dit-on... en allemand?** was heißt ... auf Deutsch?
 ⓬ (évoquer) bekannt vorkommen; **son nom ne lui dit rien** sein Name sagt ihm/ihr nichts; **quelque chose me dit que qn va faire qc** ich habe [irgendwie] das Gefühl, dass jd etw tun wird; **qn/qc ne me dit rien qui vaille** bei jdm/etw ahne ich Schlimmes
 ⓭ (rapporter) sagen; **ce sera dit à la maîtresse!** ich sag's der Lehrerin!
 ⓮ CARTES ansagen
 ▶ **il n'y a pas à ~** da gibt's gar nichts, da[ran] gibt es gar nichts zu deuteln (fam); **disons** sagen wir [mal]; **ce n'est pas pour ~, mais...** fam ich will ja nichts sagen, aber ...; **c'est ~ si qn a fait qc** das sagt [o zeigt] [ja wohl] deutlich genug, wie/wie sehr jd etw getan hat; **c'est moi qui vous le dis!** das können Sie mir ruhig glauben!, verlassen Sie sich darauf!; **c'est tout ~!** das sagt alles!; **je ne te/vous le fais pas ~!** allerdings!, du sagst/Sie sagen es!; **soit dit en passant** nebenbei gesagt; **cela va sans ~** das versteht sich von selbst; **ce qui est dit est dit** ein Mann, ein Wort; **ce n'est pas dit** das ist nicht gesagt; **cela dit, ...** fam trotz allem, ...; **comme dit** [o dirait] **l'autre** fam wie es so schön heißt; **comme qui dirait** fam sozusagen; **dis/dites donc** fam na hör/hört mal [fam]; **eh ben dis/dites donc!** fam sag/sagt bloß! (fam); **cela ne se dit pas!** das sagt man nicht!
 II. vpr ❶ (penser) **se ~ que qn a fait qc** sich (Dat) sagen, dass jd etw getan hat; **il faut bien se ~ que qn a fait qc** man muss ganz klar sehen, dass jd etw getan hat
 ❷ (se prétendre) **se ~ médecin/malade** behaupten [o vorgeben] Arzt/krank zu sein
 ❸ (l'un(e) à l'autre) **se ~ qc** sich (Dat) [o einander] etw sagen
 ❹ (s'employer) **qc se dit/ne se dit pas en français** etw sagt man/sagt man nicht im Französischen
 ❺ (être traduit) heißen; **comment se dit... en allemand?** was heißt ... auf Deutsch?, wie sagt man ... auf Deutsch?
 ❻ (se croire) **on se dirait au paradis** man glaubt, im Paradies zu sein
dire[2] [diʀ] m gén pl Gerede nt, Aussagen Pl, Worte Pl; d'un témoin Aussage f; **au ~/selon les ~s de qn** nach jds Worten, jds Aussage[n] zufolge
direct [diʀɛkt] m ❶ TV, RADIO Direktübertragung f, Live-Sendung f; **en ~** émission Direkt-; chanter live; retransmettre direkt; **être en ~** direkt [o live] übertragen werden
 ❷ CHEMDFER Direktverbindung f
 ❸ BOXE Gerade f; **~ du droit/gauche** rechte/linke Gerade
direct(e) [diʀɛkt] adj ❶ (en ligne droite) direkt
 ❷ TRANSP (sans changement) direkt; train direkt, durchgehend; destination Direkt-; **c'est un train ~ jusqu'à Rome** der Zug fährt durch bis Rom
 ❸ (sans intermédiaire) direkt, unmittelbar; conflit direkt; vente, accès, rapport, suffrage Direkt-; héritier in direkter Linie; **ligne téléphonique ~e** direkte Telefonverbindung f
 ❹ (franc) direkt; langage deutlich; propos unmissverständlich
directement [diʀɛktəmɑ̃] adv ❶ (tout droit) direkt, auf direktem Wege
 ❷ (sans transition) direkt, ohne Umschweife
 ❸ (sans intermédiaire) direkt
 ❹ (personnellement) direkt; responsable persönlich; mis en cause offen
 ❺ (franchement) direkt, gezielt; parler freiheraus
directeur, -trice [diʀɛktœʀ, -tʀis] I. adj idée, ligne, principe Leit-; rôle führend; roue Lenk-
 II. m, f ❶ Direktor(in) m(f), Leiter(in) m(f); d'un théâtre Intendant(in) m(f); d'une école primaire Rektor(in) m(f), Schulleiter(in) m(f); Schulleitung f; **~ administratif/directrice administrative** Verwaltungsdirektor(in); **~(-trice) artistique** künstlerischer Leiter/künstlerische Leiterin; **~ commercial/directrice commerciale** kaufmännischer Leiter/kaufmännische Leiterin; **~ financier/directrice financière** Finanzchef(in) m(f); **directeur régional/directrice régionale** Gebietsleiter(in); **~(-trice) technique** technischer Leiter/technische Leiterin; **~(-trice) d'un/de l'institut** Institutsdirektor(in), Institutsleiter(in); **~(-trice) du service financier** Finanzmanager(in) m(f); **~(-trice) d'opéra/de l'opéra** Operndirektor(in); **~(-trice) de l'organisation** Organisationsleiter(in); **~(-trice) de la/de rédaction** Redaktionsleiter(in); **~(-trice) de la/d'une station thermale** Kurdirektor(in); **~(-trice)**

d'usine Fabrikdirektor(in), Fabriksdirektor(in) (A); **~(-trice) des ventes** Verkaufsleiter(in)
② *(gérant)* Geschäftsleiter(in) *m(f)*
◆ **~(-trice) de cabinet** Referatsleiter(in) *m(f)*; **~(-trice) de chaîne** Fernsehdirektor(in) *m(f)*; **~ de conscience** Beichtvater *m*; **~(-trice) de distribution** Besetzungsleiter(in) *m(f)*; **~(-trice) d'entreprise** Firmenleiter(in) *m(f)*; **~(-trice) des programmes** TV, RADIO Programmdirektor(in) *m(f)*; **~(-trice) de la publication** Herausgeber(in) *m(f)*; **~(-trice) de thèse** Doktorvater *m*/-mutter *f*
directif, -ive [diʀɛktif, -iv] *adj* autoritär; *personne* bestimmend, autoritär

direction [diʀɛksjɔ̃] *f* ① *(orientation)* Richtung *f*; **dans toutes les ~s** in alle Richtungen; **en ~ de Paris** *train* in Richtung Paris, nach Paris; **changer de ~** die Richtung ändern; *avion:* den [*o* seinen] Kurs ändern; **être dans la bonne/mauvaise ~** in die richtige/falsche Richtung gehen/fahren; **prendre** [*o* **suivre**] **la ~ de Nancy/de la gare** in Richtung Nancy/Bahnhof gehen/fahren; **~ est-ouest** Ost-West-Richtung *f*; **suivre la ~ est-ouest** *frontière, canal:* in Ost-West-Richtung verlaufen; **~ de vol** Flugrichtung *f*; **"toutes/autres ~s"** "Fernverkehr", "alle/andere Richtungen"
② *(action de diriger) d'un projet, débat, d'une école* Leitung *f*; *d'un orchestre* Leitung, Dirigieren *nt*; *d'un groupe, parti, pays* Führung *f*; **~ des affaires publiques** öffentliche Verwaltung; **~ des affaires scolaires** Schulverwaltung; **~ de l'assistance** JUR Betreuungsleitung *(Fachspr.)*; **~ d'entreprise/de l'entreprise** Leitung [*o* Führung] des Unternehmens, Unternehmensführung; *(en parlant d'une usine)* Werk[s]leitung; **~ d'un/du journal** Redaktionsleitung; **~ du personnel** Mitarbeiterführung; **~ du voyage** Reiseleitung; **sous la ~ de** unter der Leitung von; *(surveillance, encadrement)* unter [der] Anleitung von; **prendre la ~ de qc** die Leitung einer S. *(Gen)* übernehmen; **avoir la ~ de qc** etw leiten
③ *(fonction de diriger)* Direktion *f*, Leitung *f*; **~ de la compétition** [*o* **de la course**] Rennleitung; **~ de l'établissement scolaire** Schulleitung; **~ de l'entreprise** Firmenvorstand *m*; **~ de l'usine** Fabrikleitung, Fabriksleitung (A); **reprendre la ~ de l'usine** die Fabrikleitung [*o* Fabriksleitung A] übernehmen; **changer de ~** eine neue Leitung bekommen
④ *(bureau, bâtiment, service)* Direktion *f*
⑤ *(dispositif) d'un véhicule* Lenkung *f*, Steuerung *f*
◆ **~ des Travaux publics** Tiefbauamt *nt*

directionnel(le) [diʀɛksjɔnɛl] *adj* **antenne ~le** Richtantenne *f*, Richtstrahler *m*; **commande ~ des phares** Scheinwerferhöhenregulierung *f*; **îlot ~** Verkehrsinsel *f*

directive [diʀɛktiv] *f* ① *gén pl (instruction)* Weisung *f*, Richtlinie *f*, Direktive *f (form)*; *(en parlant de l'Union européenne)* Richtlinie; **~s générales** Rahmenrichtlinien, Rahmenbestimmungen *Pl*; **~ pour le calcul du prix de revient** Kalkulationsrichtlinie
② *gén pl a.* JUR Richtlinie *f*; **~ écologiques** Umweltauflagen *Pl*; **~s pour l'établissement du bilan** Bilanzierungsrichtlinien; **~ relative aux voies de recours** Rechtsmittelrichtlinie; **~s relatives à l'établissement bancaire/du bilan** Bankenniederlassungs-/Bilanzrichtlinien; **~s relatives aux sociétés mère et sociétés filiales** JUR Mutter-Tochter-Richtlinien; **~s relatives aux S.A.R.L. unipersonnelles** Einpersonen-GmbH-Richtlinien *(Fachspr.)*; **~ sur l'alimentation en eau potable** Trinkwasserverordnung *f*; **~ sur la passation de marché public** Vergaberichtlinien
◆ **~ de construction** Bauträgerverordnung *f*; **~s de coordination** [*o* **d'harmonisation**] JUR Harmonisierungsrichtlinien *Pl*; **~s d'évaluation** FIN Bewertungsrichtlinien *Pl*; **~s d'imposition** Besteuerungsrichtlinien *Pl*; **~ d'interprétation** JUR Auslegungsdirektive *f*; **~s du marché intérieur** Binnenmarktrichtlinien *Pl*; **~s de placement** Anlagegrundsätze *Pl*; **~s de procédure** JUR Verfahrensrichtlinien *Pl*; **~s de ratification** JUR Anerkennungsrichtlinien *Pl*

directoire [diʀɛktwaʀ] *m* ① *(organe de gestion)* Vorstand *m*, Direktorium *nt*; *d'un établissement de droit public* Verwaltungsrat *m*
② HIST **le Directoire** das Direktorium

directorial(e) [diʀɛktɔʀjal, jo] <-aux> *adj* des Direktors
directrice *v.* directeur
dirigeable [diʀiʒabl] *m* Luftschiff *nt*, Zeppelin *m*
dirigeant(e) [diʀiʒɑ̃, ʒɑ̃t] I. *adj* führend; *fonction* leitend, Führungs-; *pouvoir, rôle* Führungs-
II. *m(f)* führende Persönlichkeit, führender Mann/führende Frau; **les ~s** *(dans une entreprise/un parti/un club/un pays)* die Führung; **~(e) du parti/syndicat** Partei-/Gewerkschaftsführer(in) *m(f)*; **~ politique/sportif** führender Politiker/Sportfunktionär *m*
diriger [diʀiʒe] <2a> I. *vi* die Leitung [*o* Führung] haben
II. *vt* ① leiten *administration, société, journal;* führen, leiten *entreprise, groupe industriel;* führen *syndicat, personnes, procès;* dirigieren *musicien, orchestre;* [an]führen *mouvement;* steuern, dirigieren *manœuvre;* steuern *instincts;* **~ une petite entreprise** ein Kleingewerbe betreiben
② *(être le moteur de) chose:* bestimmen
③ *(piloter)* steuern, lenken *voiture;* steuern *avion, bateau;* **~ un avion/bateau sur Marseille** ein Flugzeug/Schiff nach Marseille steuern
④ *(faire aller)* **~ qn vers la gare** jdn in Richtung *(Akk)* Bahnhof schicken; **~ un colis sur Paris** ein Päckchen nach Paris schicken; **être dirigé(e) sur** [*o* **vers**] **qc** *véhicule, convoi:* über etw *(Akk)* geleitet werden
⑤ *(orienter)* **~ une arme contre qn/qc** eine Waffe auf [*o* gegen] jdn/etw richten; **~ son regard vers** [*o* **sur**] **qn/qc** seinen Blick auf jdn/etw richten; **être dirigé(e) vers la gauche** *flèche, pancarte:* nach links zeigen; **être dirigé(e) contre qn/qc** *attaque, article:* sich gegen jdn/etw richten
III. *vpr* ① **se ~ vers qn/qc** *personne:* auf jdn/etw zusteuern [*o* zugehen]; *véhicule:* auf jdn/etw zufahren [*o* zusteuern]; *fig* jdm/einer S. *(Dat)* näher kommen, sich auf jdn/etw zubewegen; **se ~ vers Marseille** *avion, bateau:* Kurs auf Marseille nehmen
② *(s'orienter)* **se ~ vers le nord** *aiguille:* nach Norden *m* zeigen; **se ~ vers la médecine** *étudiant:* die medizinische Laufbahn einschlagen

dirigisme [diʀiʒism] *m* Dirigismus *m*
dirlo [diʀlo] *mf fam* Direx *m (fam)*
disagio [dizaʒjo] *m* FIN Damnum *nt (Fachspr.)*
discal(e) [diskal, o] <-aux> *adj* **hernie ~e** Bandscheibenvorfall *m*
discernable [disɛʀnabl] *adj* erkennbar, wahrnehmbar
discernement [disɛʀnəmɑ̃] *m* Gespür *nt*; **agir avec beaucoup de ~/sans aucun ~** mit viel Gespür/ohne jedes Gespür vorgehen
discerner [disɛʀne] <1> *vt* ① *(percevoir)* wahrnehmen
② *(saisir)* erkennen; aufdecken *mobiles d'un crime;* durchschauen *mobiles d'un acte*
③ *(différencier)* **~ qc avec** [*o* **de**] **qc** etw von etw unterscheiden

disciple [disipl] *m* ① *(élève)* Schüler(in) *m(f)*
② *(adepte)* Anhänger(in) *m(f)*
▶ **les ~s de Jésus-Christ** die Jünger Christi
disciplinable [disiplinabl] *adj* disziplinierbar
disciplinaire [disiplinɛʀ] *adj* disziplinarisch; **mesure** [*o* **sanction**] **~** Disziplinarmaßnahme *f*
discipline [disiplin] *f* ① SCOL [Schul]fach *nt*; **~s d'éveil** Sachunterricht *m*, Sachkundeunterricht
② UNIV [Studien]fach *nt*; **~ juridique** Rechtsdisziplin *f*
③ *(règle, obéissance)* Disziplin *f*
④ SPORT Disziplin *f*
discipliné(e) [disipline] *adj* diszipliniert; **peu ~(e)** undiszipliniert
discipliner [disipline] <1> I. *vt* ① *(faire obéir)* **~ la classe** in der Klasse für Disziplin sorgen
② *(maîtriser)* beherrschen *instincts;* zügeln *fougue;* bändigen *cours d'eau;* **~ son travail** diszipliniert arbeiten
II. *vpr* **se ~** sich disziplinierter verhalten
disc-jockey [diskʒɔkɛ] <disc-jockeys> *m* Diskjockey *m*
disco [disko] I. *m* Diskosound *m*
II. *adj inv* **musique ~** Diskomusik *f*; **boîte ~** *fam* Disko *f (fam)*
discobole [diskɔbɔl] *m* Diskuswerfer *m*
discographie [diskɔgʀafi] *f* Diskografie *f*, Diskographie *f*
discontinu(e) [diskɔ̃tiny] *adj* **ligne ~e** gestrichelt; *effort* nicht kontinuierlich
discontinuer [diskɔ̃tinɥe] <1> *vi* **travailler sans ~** ununterbrochen arbeiten
discontinuité [diskɔ̃tinɥite] *f* zeitweilige Unterbrechung *f*
disconvenir [diskɔ̃v(ə)niʀ] <9> *vi* **ne pas ~ de qc/que qn a fait qc** etw nicht bestreiten/nicht bestreiten dass jd etw getan hat; **je n'en disconviens pas** das bestreite ich ja gar nicht
discophile [diskɔfil] *mf* [Schall]plattenliebhaber(in) *m(f)*, [Schall]plattensammler(in) *m(f)*
discordance [diskɔʀdɑ̃s] *f* Widersprüchlichkeit *f*; *d'opinions* Auseinandergehen *nt*; *des caractères* Gegensätzlichkeit *f*; *des couleurs, sons* Disharmonie *f*
discordant(e) [diskɔʀdɑ̃, ɑ̃t] *adj (incompatible)* widersprüchlich; *opinions* unterschiedlich; *caractères* gegensätzlich; *couleurs* sich beißend; *sons* disharmonisch; *cri* schrill
discorde [diskɔʀd] *f littér* Zwietracht *f (liter)*; **semer la ~** Zwietracht säen *(liter)*
discothèque [diskɔtɛk] *f* ① *(boîte de nuit)* Diskothek *f*
② *(collection)* Schallplattensammlung *f*
③ *(meuble)* [Schall]plattenschrank *m*
④ *(organisme de prêt)* Mediothek *f*
discount [diskɔnt, diskaunt] I. *m* **faire du ~** Discountgeschäfte machen; **faire un ~ à qn** *fam* jdm einen [Preis]nachlass gewähren
II. *app* **magasin ~** Discountladen *m*, Billigladen *(pej fam)*
discounter [diskuntœʀ] *m* Discounter *m*
discoureur, -euse [diskuʀœʀ, -øz] *m, f péj* Schwätzer(in) *m(f)*
discourir [diskuʀiʀ] <irr> *vi* **~ sur** [*o* **de**] **qc** lange Reden über etw *(Akk)* halten
discours [diskuʀ] *m* ① Rede *f*; **faire** [*o* **prononcer**] **un ~** eine Re-

de halten; **~ télévisé** Fernsehansprache *f*; **~ fondamental** Grundsatzrede
② *(écrit)* Abhandlung *f*
③ *(propos)* Reden *nt*
④ *(bavardage)* Gerede *nt kein Pl (fam)*; **beaux ~** *péj* schöne Worte *Pl*
⑤ *sans pl* LING Rede *f*, Parole *f*
⑥ GRAM Rede *f*; **~ direct/indirect** direkte/indirekte Rede
◆ **~ de bienvenue** Begrüßungsansprache *f*; **~ de clôture** Schlussrede *f*, Schlusswort *nt*; **~ d'ouverture** Eröffnungsrede *f*; **~ de vente** Verkaufsgespräch *nt*
discours-fleuve [diskurflœv] <discours-fleuves> *m* Marathonrede *f*
discourtois(e) [diskurtwa, waz] *adj soutenu* unhöflich
discrédit [diskredi] *m* Misskredit *m kein Pl*; **être en ~ auprès de qn** bei jdm in Misskredit stehen; **jeter le ~ sur qn** jdn in Misskredit bringen; **tomber en ~ auprès de qn** bei jdm in Misskredit geraten
discréditer [diskredite] <1> I. *vt* **~ qn/qc auprès de qn** jdn/etw bei jdm in Misskredit bringen
II. *vpr* **se ~ auprès de qn** sich bei jdm in Misskredit bringen
discret, -ète [diskrɛ, -ɛt] *adj* ① *(réservé)* diskret; *personne, attitude* zurückhaltend; *(qui garde les secrets)* diskret
② *(sobre)* dezent; *cadre* schlicht
③ *(retiré)* ruhig
discrètement [diskrɛtmɑ̃] *adv faire la cour, avertir* diskret; *observer* unauffällig; *s'habiller, se maquiller* dezent; *parler, frapper* leise
discrétion [diskresjɔ̃] *f* ① *(réserve, silence)* Diskretion *f*, Geräuschlosigkeit *f (fig)*; **demander une ~ absolue** um äußerste Diskretion bitten; **~ assurée** Diskretion zugesichert; **~ professionnelle des fonctionnaires** *jur* Amtsverschwiegenheit *f*
② *(sobriété)* Dezenz *f*; *d'une toilette* unauffällige Eleganz; *d'un maquillage* Unauffälligkeit *f*; *des décors* Schlichtheit *f*; **s'habiller/se maquiller avec ~** sich dezent kleiden/schminken
▸ **être à la ~ de qn** jdm auf Gnade und Ungnade ausgeliefert sein; **s'en remettre à la ~ de qn** sich ganz auf jdn verlassen; **à ~** nach Belieben
discrétionnaire [diskresjɔnɛR] *adj* ① *(qui est laissé à la discrétion)* Ermessens-; **pouvoir ~** Ermessensfreiheit *f*
② *(arbitraire)* **les pouvoirs ~s du poète** die künstlerische Freiheit
discrimination [diskriminasjɔ̃] *f* ① *(ségrégation)* Diskriminierung *f*; **~ raciale** Rassendiskriminierung; **~ inversée** umgekehrte Diskriminierung; **~ sur le lieu de travail** Diskriminierung am Arbeitsplatz; **~ relative aux prix** JUR Preisdiskriminierung; **~ de citoyens** JUR Inländerdiskriminierung *(Fachspr.)*
② *littér (séparation)* Unterscheidung *f*; **sans ~** ohne Unterschied
discriminatoire [diskriminatwaR] *adj* diskriminierend
discriminer [diskrimine] <1> *vt péj littér* diskriminieren
disculper [diskylpe] <1> I. *vt* **~ qn de qc** jdn von etw entlasten
II. *vpr* **se ~** sich entlasten
discursif, -ive [diskyRsif, -iv] *adj méthode* diskursiv; *signe* logisch
discussion [diskysjɔ̃] *f* ① *(conversation)* Gespräch *nt*; **~ entre tous les partis** Allparteiengespräch
② *(débat) d'un problème* Besprechung *f*; **~ sur qc** Diskussion *f* über etw *(Akk)*; **~ budgétaire** [*o* **du budget**] Haushaltsdebatte *f*, Haushaltsberatung *f*; **la ~ est impossible avec lui** mit ihm kann man nicht diskutieren; **être en ~** diskutiert werden; *question:* besprochen werden
③ *(querelle)* Streit *m*, Disputation *f*; **une ~ s'est élevée** ein Streit ist ausgebrochen; **~ tarifaire** Tarifauseinandersetzung *f*
④ *(protestation)* Widerrede *f*; **sans ~** ohne Widerrede; **pas de ~!** keine Widerrede!
discutable [diskytabl] *adj théories* anfechtbar; *goût* zweifelhaft; **être d'un intérêt ~** nicht von großer Bedeutung sein
discutailler [diskytaje] <1> *vi péj* endlose Diskussionen führen, palavern *(fam)*
discuté(e) [diskyte] *adj* umstritten
discuter [diskyte] <1> I. *vt* ① *(débattre)* diskutieren; **~ les conditions d'un contrat** über die Vertragsbedingungen verhandeln; **~ un projet de loi** über einen Gesetzesentwurf beraten
② *(contester)* in Frage stellen *ordre, autorité*; **~ le prix** über den Preis verhandeln
II. *vi* ① *(bavarder)* sich unterhalten; **~ de qc avec qn** sich mit jdm über etw *(Akk)* unterhalten
② *(négocier)* **~ avec qn** mit jdm verhandeln
③ *(contester)* **on ne discute pas!** keine Widerrede!
III. *vpr* **se ~** Gegenstand einer Diskussion sein; **ce sont des choses qui se discutent** darüber können wir noch reden; **ça se discute** darüber lässt sich streiten; **ça ne se discute pas** das steht außer Frage
disert(e) [dizɛR, ɛRt] *adj littér* redegewandt
disette [dizɛt] *f* Hungersnot *f*
diseur, -euse [dizœR, -øz] *m, f vieilli* Redner(in) *m(f)*, Erzähler(in) *m(f)*
◆ **~(-euse) de bonne aventure** Wahrsager(in) *m(f)*; **~(-euse) de bons mots** *péj* Märchenonkel *m*/Märchentante *f (pej fam)*
diseuse [dizøz] *f* **~ de bonne aventure** Wahrsagerin *f*
disfonctionnement *v.* **dysfonctionnement**
disgrâce [disgRɑs] *f* Ungnade *f*; **être tombé(e) en ~ auprès de qn** bei jdm in Ungnade gefallen sein
disgracier [disgRasje] <1a> *vt vieilli* **~ qn** jdm seine Gunst entziehen *(geh)*
disgracieux, -euse [disgRasjø, -jøz] *adj démarche* plump; *proportions* unausgewogen; *gestes* ungraziös
disjoindre [diʒwɛ̃dR] <irr> I. *vt* ① *(disloquer)* lockern
② *(isoler)* **~ qc de qc** etw von etw trennen
II. *vpr* **se ~** sich lockern
disjoint(e) [diʒwɛ̃, wɛ̃t] *adj planche* lose; *questions, aspects* getrennt behandelt
disjoncter [diʒɔ̃kte] <1> I. *vi fam* ① ELEC **ça a disjoncté!** die Sicherung ist durchgebrannt!
② *(débloquer)* ausrasten *(fam)*
II. *vt* ELEC unterbrechen
disjoncteur [diʒɔ̃ktœR] *m* Unterbrecher *m*
disjonctif, -ive [diʒɔ̃ktif, -iv] *adj* GRAM disjunktiv; *conjonction* ausschließend
disjonction [diʒɔ̃ksjɔ̃] *f* ① *a.* GRAM *(séparation)* Trennung *f*
② JUR **~ de deux instances** Prozesstrennung *f*; **d'un article** Ausklammerung *f*
◆ **~ d'instance** Verfahrenstrennung *f*
dislocation [dislɔkasjɔ̃] *f* ① *(désagrégation)* Auseinanderfallen *nt*; *d'un empire* Zerfall *m*; *d'une manifestation, de la famille* Auflösung *f*
② MED *de l'épaule, du genou* Auskugeln *nt*, Dislokation *f (Fachspr.)*
disloquer [dislɔke] <1> I. *vt* ① *(démolir)* auseinandernehmen; zerrütten *parti*; auseinanderreißen *famille*; zum Zerfall bringen *empire*; aufteilen *domaine*
② *(disperser)* auflösen *manifestation, cortège*
③ MED **l'épaule à qn** jdm die Schulter auskugeln
II. *vpr* **se ~** *(se défaire) meuble, voiture, jouet:* in die Brüche gehen; *château de cartes:* zusammenfallen; *empire:* zerfallen; *famille:* auseinanderbrechen; *manifestation, assemblage, parti, société:* sich auflösen
④ MED **se ~ qc** sich *(Dat)* etw auskugeln
dispache [dispaʃ] *f* ECON Dispache *f*
disparaître [dispaRɛtR] <irr> *vi + avoir* ① *(ne plus être là)* verschwinden
② *(passer, s'effacer) trace:* sich verlieren; *tache:* herausgehen; *douleur:* vergehen; *espoir:* schwinden; *crainte, soucis:* verschwinden; *colère:* verrauchen; **faire ~ les traces** die Spuren verwischen; **faire ~ les taches** die Flecken entfernen
③ *(ne plus exister) obstacle:* aus dem Weg geräumt werden; *(s'éteindre) culture:* untergehen; *espèce:* aussterben; *mode, dialecte, coutume:* verschwinden; *(mourir) personne:* versterben, dahinscheiden *(euph geh)*; *(dans un naufrage)* untergehen; **faire ~ un obstacle** ein Hindernis aus dem Weg räumen; **faire ~ qn** jdn beseitigen
disparate [dispaRat] *adj couleurs, garde-robe, mobilier* bunt zusammengewürfelt; *œuvre, société* uneinheitlich, heterogen
disparité [dispaRite] *f d'une œuvre* Vielschichtigkeit *f*; *des couleurs* Mischmasch *m*; *des opinions* Unterschiedlichkeit *f*; **~s régionales** regionale Unterschiede; **~ d'âge** Altersunterschied *m*
disparition [dispaRisjɔ̃] *f* ① Verschwinden *nt*; *d'une coutume* Aussterben *nt*; *du soleil, d'une culture* Untergang *m*; **~ des espèces** Artensterben *nt*; **~ d'entreprises** Firmensterben; **~ de la base du contrat** JUR Wegfall *m* der Geschäftsgrundlage
② *(mort)* Versterben *nt*
disparu(e) [dispaRy] I. *part passé de* **disparaître**
II. *adj* **être porté(e) ~(e)** als vermisst gelten
III. *m(f)* ① *(défunt)* Verstorbene(r) *f(m)*, Dahingegangene(r) *f(m) (euph geh)*
② *(porté manquant)* Vermisste(r) *f(m)*
dispatcher¹ [dispatʃe] <1> *vt* verteilen
dispatcher² [dispatʃœR] *m* ECON Dispatcher(in) *m(f)*
dispatcheur [dispatʃœR] *m* ECON *(en parlant d'avarie)* Dispacheur *m*
dispatching [dispatʃiŋ] *m* ① *(régulation des transports)* Verteilen *nt*; **erreur *f* de ~** Fehlleitung *f*
② *(service)* Verteilerstelle *f*
dispendieux, -euse [dispɑ̃djø, -jøz] *adj* kostspielig, aufwändig
dispensaire [dispɑ̃sɛR] *m* öffentliches Gesundheitsamt für Schutzimpfungen und Vorsorgeuntersuchungen
dispensateur, -trice [dispɑ̃satœR, -tRis] I. *adj banque, geste* ausgebend
II. *m, f* Spender(in) *m(f)*
dispense [dispɑ̃s] *f* ① Sondererlaubnis *f*; **~ de qc** Befreiung *f* von etw
② JUR, FIN Dispens *m (Fachspr.)*

◆ **~ d'âge** Aufhebung *f* der Altersgrenze; **~ de travail** Arbeitsbefreiung *f*
dispenser [dispɑ̃se] <1> I. *vt* ❶ *(exempter)* **~ qn de qc/de faire qc** jdn von etw befreien/jdn davon befreien etw zu tun; **se faire ~ de qc** sich von etw befreien lassen
❷ *(distribuer)* **~ qc à qn** jdm etw zuteilwerden lassen; **~ des soins à un malade** einen Kranken versorgen; **~ des encouragements à qn** jdm Mut zusprechen
II. *vpr* **se ~ de qc/de faire qc** etw unterlassen/es unterlassen etw zu tun; **qn se dispenserait bien de qc/de faire qc** jd könnte gut auf etw *(Akk)* verzichten/darauf verzichten etw zu tun
disperser [dispɛʀse] <1> I. *vt* ❶ *(éparpiller)* zerstreuen; verstreuen *papiers, cendres;* zersprengen *troupes;* **être dispersé(e)** verstreut sein
❷ *(répartir)* verteilen
❸ *(opp: concentrer)* **~ ses efforts** sich in seinen Bemühungen verzetteln *(fam);* **~ l'attention de qn** jdn ablenken
II. *vpr* **se ~** ❶ *(partir dans tous les sens)* sich zerstreuen
❷ *(se déconcentrer)* sich verzetteln *(fam)*
dispersion [dispɛʀsjɔ̃] *f* ❶ Zerstreuen *nt; des graines, cendres* Verstreuen *nt; d'un attroupement* Auseinandersprengen *nt; de l'esprit* Zerstreuung *f*
❷ PHYS *de la lumière, des rayonnements* Streuung *f*
◆ **~ du patrimoine** ECON Eigentumsstreuung *f*
disponibilité [disponibilite] *f* ❶ *sans pl (caractère)* Verfügbarkeit *f*
❷ *pl* FIN verfügbare Mittel *Pl; (à l'actif du bilan)* Barposten *Pl;* **~s monétaires** Geldvolumen *nt*
❸ *(congé)* **mise en ~** Beurlaubung *f;* **se faire mettre en ~** sich beurlauben lassen; **être en ~** beurlaubt sein
◆ **~ de chargement** *d'un camion* Ladebereitschaft *f;* **sous réserve de ~ de chargement** vorbehaltlich der Ladebereitschaft; **~ d'esprit** Aufgeschlossenheit *f*
disponible [disponibl] *adj somme, valeurs* verfügbar; *article* vorrätig; *appartement, place* frei; *marchandise* disponibel; **être ~ personne:** Zeit haben; **ne pas être ~ personne:** keine Zeit haben; **avoir l'esprit ~** einen freien Kopf haben
dispos(e) *v.* **frais**
disposé(e) [dispoze] *adj* ❶ **être bien/mal ~(e)** gut/schlecht gelaunt sein; **être bien/mal ~(e) à l'égard de qn** jdm wohlgesonnen/schlecht gesonnen sein; **être ~(e) à faire qc** bereit sein etw zu tun; **je ne suis pas ~(e) à me laisser faire** ich bin nicht bereit mir alles/das gefallen zu lassen
❷ ECON **bien ~(e)** *bourse, marché* freundlich
disposer [dispoze] <1> I. *vt* ❶ *(arranger, placer)* anordnen; aufstellen *joueurs, soldats*
❷ *(engager)* **~ qn à faire qc** jdn dazu bringen etw zu tun
II. *vt* ❶ *(avoir à sa disposition)* **~ de qc** über etw *(Akk)* verfügen; **~ du droit de vente exclusive pour qc** das Alleinverkaufsrecht für etw haben
❷ *soutenu (aliéner)* **~ de qn/qc** über jdn/etw verfügen; **le droit des peuples à ~ d'eux-mêmes** das Selbstbestimmungsrecht der Völker; **~ de qc par testament** etw testamentarisch verfügen
▶ **vous pouvez ~** ihr könnt/Sie können gehen
III. *vpr* **se ~ à faire qc** gerade etw tun wollen
dispositif [dispozitif] *m* ❶ *(mécanisme)* Vorrichtung *f;* **~ antivol** Diebstahlsicherung *f;* **~ d'alarme** Alarmanlage *f*
❷ *(ensemble de mesures)* Reihe *f* von Maßnahmen; **~ policier** Polizeiaufgebot *nt*
◆ **~ de blocage** Feststellvorrichtung *f;* **~ de chargement** [*o* **de transbordement**] Ladevorrichtung *f;* **~ de défense** Verteidigungsbereitschaft *f*
disposition [dispozisjɔ̃] *f* ❶ *sans pl (agencement)* Anordnung *f; d'un article, texte* Gliederung *f;* **~ des personnes à table** Tischordnung *f*
❷ *(faculté de disposer)* **avoir qc à sa ~** etw zu seiner Verfügung haben; **avoir la libre ~ de qc** über etw *(Akk)* frei verfügen können; **être à la ~ de qn** jdm zur Verfügung stehen; **mettre qn/qc à la ~ de qn** jdn jdn/etw zur Verfügung stellen; **se mettre à la ~ de qn** sich jdm zur Verfügung stellen; **tenir qc à la ~ de qn** etw für jdn zur Verfügung halten; **se tenir à la ~ de qn** sich zu jds Verfügung halten
❸ *(clause) d'une loi* Bestimmung *f; d'un testament* Verfügung *f;* **~ contractuelle** [*o* **du contrat**] Bestimmung des Vertrags, Vertragsbestimmung; **selon les ~s du contrat** nach den Vertragsbestimmungen; **~ écologique** Umweltauflage *f;* **~ légale** Gesetzesbestimmung, gesetzliche Vorschrift; **~ modificative** *f* Änderungssatzung *f;* **~ officielle en matière de prix** Preisverordnung *f;* **~ potentielle** JUR Als-ob-Bestimmung; **~ protectrice des riverains** Anliegerschutzbestimmung; **~ régissant l'octroi d'une indemnité** JUR Abfindungsregelung *f;* **~ relative à l'administration-séquestre** JUR Zwangsverwaltungsverfügung *f;* **~ relative à la procédure civile** JUR Zivilprozessordnung *f;* **~ transitoire** Übergangsbestimmung, Übergangsvorschrift; **~ contre les abus de l'informatique** Datenschutzbestimmung
❹ *gén pl* JUR *(prescriptions)* **~s dérogatoires** Ausnahmevorschriften; **~s prohibitives** Verbotsbestimmungen; **~s relatives au dépôt d'un brevet** Anmeldebestimmungen *Pl;* **~s se référant au prix limite** Höchstpreisvorschriften; **~s relatives à la concurrence** Wettbewerbsbestimmungen
❺ *pl (préparatifs)* Vorkehrungen *Pl;* **prendre ses ~s** Vorkehrungen treffen; **prendre des ~s pour qc** Vorkehrungen für etw treffen; **prendre des ~s pour faire qc/pour que qn fasse qc** Vorkehrungen treffen um etw zu tun/, damit jd etw tut
❻ *pl (état d'esprit)* **être dans de bonnes/mauvaises ~s** gut/schlecht aufgelegt sein
❼ *(intention)* Bereitschaft *f;* **~ à payer** Zahlungsbereitschaft
▶ **avoir des ~s pour qc** für etw begabt sein
◆ **~ s d'amende** JUR Bußgeldvorschriften; **~ d'élimination** JUR Beseitigungsverfügung *f;* **~ de dépôt** JUR Hinterlegungsverfügung *f;* **~ d'esprit** Aufgeschlossenheit *f; (état)* geistige Verfassung; **~s de loi** Gesetzesbestimmungen *Pl*
disproportion [dispʀɔpɔʀsjɔ̃] *f* Missverhältnis *nt*
disproportionné(e) [dispʀɔpɔʀsjɔne] *adj corps* schlecht proportioniert; *réactions* unangemessen; *(proportionnellement plus/moins élevé)* über-/unterproportional; **augmenter de façon ~e** *prix:* überproportional steigen
dispute [dispyt] *f* Streit *m;* **~ théologique** Religionsstreit
disputer [dispyte] <1> I. *vt* ❶ *pop (gronder)* **~ qn** jdn ausschimpfen; **se faire ~ par qn** von jdm ausgeschimpft werden
❷ *(contester)* **~ qc à qn** jdm etw streitig machen
❸ *(rivaliser)* **le ~ à qn** es mit etw wetteifern *(geh)*
❹ *(litter (rivaliser)* **le ~ à qn** es mit etw wetteifern *(geh)*
❹ SPORT austragen *match;* **être très disputé(e)** hart umkämpft sein
❺ *(lutter pour obtenir)* erstreiten *(geh);* **~ ses droits** sich *(Dat)* sein Recht erstreiten
II. *vpr* ❶ *(se quereller)* **se ~ avec qn** sich mit jdm streiten
❷ *(lutter pour)* **se ~ qc** sich um etw streiten
❸ SPORT **se ~** ausgetragen werden
disquaire [diskɛʀ] *m* Schallplattenhändler(in) *m(f); (vendeur)* Schallplattenverkäufer(in) *m(f)*
disqualification [diskalifikasjɔ̃] *f* Disqualifikation *f*
disqualifier [diskalifje] <1a> I. *vt* disqualifizieren
II. *vpr* **se ~** sich disqualifizieren
disque [disk] *m* ❶ *(objet rond)* Scheibe *f;* **~ de coton** Wattepad *nt;* **~ à démaquiller** Abschminkpad
❷ *(disque compact)* CD *f*
❸ *(vinyl)* Schallplatte *f;* **mettre un ~** eine Platte auflegen; **magasin de ~s** Schallplattenladen *m;* **production de ~s** Schallplattenproduktion *f*
❹ SPORT *(engin)* Diskus *m; (discipline)* Diskuswurf *m*
❺ INFORM Platte *f;* **~ dur** Festplatte; **~ souple** Floppy-Disk *f,* Floppy *f (fam);* **~ magnétique** Magnetplatte; **~ optique compact** CD-ROM *f;* **capacité/vitesse du ~ dur** Festplattenkapazität *f/*-geschwindigkeit *f;* **~ LIMDOW** LIMDOW-Platte; **~ mémoire** Speicherplatte
❻ ANAT **~ intervertébral** Bandscheibe *f,* Zwischenwirbelscheibe
▶ **change de ~!** *fam* leg eine andere Platte auf! *(fam)*
◆ **~ de dispersion** OPT Streuscheibe *f;* **~ d'embrayage** Kupplungsscheibe *f;* **~ de frein** Bremsscheibe *f;* **~ de radiographies** Röntgenplatte *f;* **~ de stationnement** Parkscheibe *f*
disque-jockey *v.* **disc-jockey**
disquette [diskɛt] *f* INFORM Diskette *f;* **~ simple-face/double face** einseitig/zweiseitig beschreibbare Diskette; **~ double densité** Diskette mit doppelter Dichte; **~ formatée pour lecteurs de 1,44 Mo** für Laufwerke von 1,44 MB formatierte Diskette; **~ protégée contre l'écriture** schreibgeschützte Diskette; **introduire une ~ dans le lecteur** eine Diskette in das Laufwerk schieben
◆ **~ programme** Programmdiskette *f;* **~ système** Systemdiskette *f*
◆ **~ de démarrage** Startdiskette *f,* Boot-Diskette *(Fachspr.);* **~ d'installation** Installationsdiskette *f;* **~ de nettoyage** Reinigungsdiskette *f*
dissection [disɛksjɔ̃] *f* Sezieren *nt*
dissemblable [disɑ̃blabl] *adj* unähnlich, ungleich
dissémination [diseminasjɔ̃] *f* ❶ *(action)* Verstreuung *f; (état)* Verstreutsein *nt*
❷ MED *de germes pathogènes* Dissemination *f*
disséminer [disemine] <1> I. *vt* verstreuen; **être disséminé(e)s aux quatre coins du monde** über die ganze Welt verstreut sein; **des maisons disséminées** weit verstreute Häuser
II. *vpr* **se ~** ❶ *(se disperser)* sich verteilen
❷ *(se répandre)* sich ausbreiten
dissension [disɑ̃sjɔ̃] *f* Meinungsverschiedenheit *f*
dissentiment [disɑ̃timɑ̃] *m* Meinungsverschiedenheit *f,* Dissens *m*
disséquer [diseke] <5> *vt* sezieren *cadavre;* zerlegen *structure;* auseinandernehmen *(fam) discours*
dissert [disɛʀt] *f* SCOL *abr de* **dissertation** Diss. *f*

dissertation [disɛʀtasjɔ̃] *f* Aufsatz *m*
disserter [disɛʀte] <1> *vi* ~ **sur qc** sich über etw *(Akk)* auslassen
dissidence [disidɑ̃s] *f (sécession)* Spaltung *f*; **être en** ~ abtrünnig geworden sein
dissident(e) [disidɑ̃, ɑ̃t] **I.** *adj* abtrünnig; **un groupe** ~ eine Splittergruppe
II. *m(f)* Dissident(in) *m(f)*
dissimilation [disimilasjɔ̃] *f* MED Dissimilation *f*
dissimilitude [disimilityd] *f* Unähnlichkeit *f*, Unterschiedlichkeit *f*
dissimulateur, -trice [disimylatœʀ, -tʀis] **I.** *adj* heuchlerisch
II. *m, f* Heuchler(in) *m(f)*
dissimulation [disimylasjɔ̃] *f* ❶ *sans pl (duplicité)* Heuchelei *f*
❷ *(action de cacher)* Verbergen *nt*; *de bénéfices, revenus* Unterschlagung *f*; *de biens patrimoniaux* Unterdrückung *f*; Verschleierung *f*; ~ **des éléments de fait** JUR Verdunkelung *f* eines Sachverhalts
♦ ~ **de biens** Vermögensverschleierung *f*; ~ **du profit** Profitverschleierung *f*
dissimulé(e) [disimyle] *adj sentiments* heuchlerisch, falsch; *personne* unaufrichtig
dissimuler [disimyle] <1> **I.** *vt* ❶ *(cacher)* verstecken; verbergen *visage, défaut de la peau, difficultés*
❷ *(masquer)* ~ **ses sentiments à qn** seine Gefühle vor jdm verbergen; ~ **ses intentions/opinions/pensées** seine Absichten/Ansichten/Gedanken geheim halten; ~ **à qn que qn a fait qc** jdm verheimlichen, dass jd etw getan hat
❸ *(taire)* ~ **qc à qn** jdm etw verschweigen, jdm etw vorenthalten
❹ FISC unterschlagen
II. *vi savoir* ~ sich gut verstellen können
III. *vpr* **se** ~ verbergen; **se** ~ **que qn a fait qc** sich *(Dat)* nicht darüber im Klaren sein, dass jd etw getan hat; **se** ~ **qc** sich *(Dat)* über etw nicht im Klaren sein; **ne pas se** ~ **qc** sich *(Dat)* über etw im Klaren sein
dissipation [disipasjɔ̃] *f* Disziplinlosigkeit *f*; *du patrimoine* Verschwendung *f*; *de la brume* Auflösung *f*
dissipé(e) [disipe] *adj* undiszipliniert; **sois un peu moins** ~ **(e)!** sei nicht so unaufmerksam!
dissiper [disipe] <1> **I.** *vt* ❶ *(faire disparaître)* vertreiben
❷ *(lever)* zerstreuen; ausräumen *soupçons, doutes*; zerstören *illusions*; aufklären *malentendu*
❸ *(dilapider)* verschwenden
❹ SCOL ablenken
II. *vpr* **se** ~ *brume:* sich auflösen; *doutes, craintes, soupçons:* sich zerstreuen; *inquiétude:* verfliegen; SCOL sich leicht ablenken lassen
dissociable [disɔsjabl] *adj* voneinander trennbar
dissocier [disɔsje] <1a> *vt (envisager séparément)* ~ **qc de qc** etw getrennt von etw betrachten
dissolu(e) [disɔly] *adj littér mœurs* locker; *vie* ausschweifend; *personne* zügellos
dissolubilité [disɔlybilite] *f* ❶ CHIM, PHYS Löslichkeit *f*
❷ POL *d'une assemblée* Auflösbarkeit *f*
dissoluble [disɔlybl] *adj* ❶ CHIM, PHYS löslich
❷ POL *assemblée* auflösbar
dissolution [disɔlysjɔ̃] *f* ❶ *(action)* Auflösung *f*; **prononcer la** ~ **du mariage** die Scheidung aussprechen; **prononcer la** ~ **de l'Assemblée nationale/du parti** die Nationalversammlung/Partei auflösen; ~ **forcée** JUR zwangsweise Auflösung *f*; ~ **par décision judiciaire** JUR Auflösung durch Gerichtsentscheid; ~ **de provisions** ECON Auflösung von Rückstellungen
❷ ECON *(processus) d'une société* Erlöschen *nt*
❸ *(liquide)* Lösung *f*
dissolvant [disɔlvɑ̃] *m (produit)* Lösungsmittel *nt*; *(pour les ongles)* Nagellackentferner *m*
dissolvant(e) [disɔlvɑ̃, ɑ̃t] *adj* auflösend
dissonance [disɔnɑ̃s] *f* ❶ *(discordance)* Dissonanz *f*; *des couleurs* Disharmonie *f*
❷ *(désaccord)* ~ **entre qc et qc** Unvereinbarkeit *f* von etw und etw
dissonant(e) [disɔnɑ̃, ɑ̃t] *adj* MUS dissonant
dissoudre [disudʀ] <*irr*> **I.** *vt* auflösen; **être dissous, -oute** *assemblée, parti:* aufgelöst sein; *sel, sucre:* gelöst sein
II. *vpr* **se** ~ sich auflösen; *mariage:* auseinandergehen
dissuader [disɥade] <1> *vt* ~ **qn de qc/de faire qc** *(par la persuasion)* jdn von etw abbringen/jdn davon abbringen etw zu tun; *(par la peur)* jdn von etw abschrecken/jdn davon abschrecken etw zu tun
dissuasif, -ive [disɥazif, -iv] *adj* abschreckend; **mettre en œuvre des mesures dissuasives** eine Drohkulisse aufbauen
dissuasion [disɥazjɔ̃] *f* Abschreckung *f*; **méthode de** ~ Abschreckungsmethode *f*
dissymétrie [disimetʀi] *f* Asymmetrie *f*
dissymétrique [disimetʀik] *adj* asymmetrisch
distance [distɑ̃s] *f* ❶ *(éloignement)* Entfernung *f*; **la** ~ **entre Nancy et Paris** [*o* **de Nancy à Paris**] die Entfernung zwischen Nancy und Paris [*o* von Nancy nach Paris]; **la** ~ **de la Terre à la Lune** die Entfernung von der Erde zum Mond; **couvrir une** ~ **de dix kilomètres en une heure** eine Entfernung von zehn Kilometern in einer Stunde zurücklegen; **à quelle** ~ **est Cologne?** wie weit ist Köln entfernt?; **à quelle** ~ **est la gare?** wie weit ist es zum Bahnhof?; **à une** ~ **de cent mètres, à cent mètres de** ~ hundert Meter entfernt; **voyage longue** ~ Fernreise *f*; **transport longue** ~ Ferntransport *m*
❷ *(distance à parcourir)* Strecke *f*; *(à pied)* Laufstrecke *f*; *(en voiture, à bicyclette)* Fahrstrecke *f*
❸ *a.* GEOM *(écart)* Abstand *m*; ~ **minimum** [*o* **minimale**] Mindestabstand *f*; ~ **de passage des trains** Zugabstand *m*
❹ SPORT *(en parlant d'une course)* Distanz *f*, Strecke *f*; *(en parlant du lancer, du saut en longueur)* Weite *f*; ~ **moyenne** Mittelstrecke; ~ **record** Rekordweite; ~ **du marathon** Marathonstrecke
❺ *(écart)* Kluft *f*
▶ **garder ses** ~ **s** die Distanz wahren; **prendre ses** ~**s à l'égard de qn** sich von jdm distanzieren; **tenir la** ~ SPORT *fam* durchhalten *(fam)*; **tenir qn à** ~ jdn auf Distanz halten; **se tenir à** ~ sich auf Distanz halten; **à** ~ *(dans l'espace)* communiquer, juger, voir aus der Entfernung; *(dans le temps)* juger mit Abstand; **commande à** ~ Fernsteuerung *f*; **commandé(e) à** ~ ferngesteuert; **interrogeable à** ~ mit Fernabfrage; **à cinq ans de** ~ fünf Jahre später; **de** ~ **en** ~ hier und da
♦ ~ **de freinage** Bremsweg *m*
distancer [distɑ̃se] <2> *vt* ❶ SPORT abhängen; disqualifizieren *trotteur*; **se faire** ~ **par qn** sich von jdm abhängen lassen
❷ *(surpasser)* in den Schatten stellen; **se laisser** ~ **par qn** sich von jdm in den Schatten stellen lassen
distanciation [distɑ̃sjasjɔ̃] *f* ❶ THEAT Verfremdung *f*
❷ *(recul)* Abstand *m*
❸ LING *du locuteur* Distanz *f*
distancier [distɑ̃sje] <1a> **I.** *vt* distanzieren *adversaire*
II. *vpr* **se** ~ sich distanzieren
distant(e) [distɑ̃, ɑ̃t] *adj* ❶ *(réservé) personne, attitude* distanziert; **attitude** ~**e** Distanziertheit *f*
❷ *(éloigné)* entfernt; **ces deux villes sont** ~**es de 100 km l'une de l'autre** diese beiden Städte sind 100 km voneinander entfernt; **ces événements sont** ~**s de plusieurs années** diese beiden Ereignisse liegen mehrere Jahre auseinander
distendre [distɑ̃dʀ] <14> **I.** *vt* ausleiern; stark dehnen *peau*; lockern *liens*; **être distendu(e)** *ressort, élastique:* ausgeleiert sein; *courroie:* locker sein; *ligament:* überdehnt sein
II. *vpr* **se** ~ *élastique:* ausleiern; *peau:* sich stark dehnen; *ligament:* sich überdehnen; *liens:* sich lockern; **être distendu(e)** *fil:* ausgeleiert sein; *ressort:* schlaff sein
distension [distɑ̃sjɔ̃] *f d'un ligament* Überdehnung *f*; *de la peau* Erschlaffung *f*, starke Ausdehnung *f*; *d'une courroie, des liens* Lockerung *f*
distillateur, -trice [distilatœʀ, -tʀis] *m, f* Destillateur(in) *m(f)*; *de cognac* Branntweinbrenner(in) *m(f)*
distillation [distilasjɔ̃] *f* ❶ *(action de distiller)* Destillation *f*; *d'un alcool* Destillation, Brennen *nt*; ~ **fractionnée** fraktionierte Destillation
❷ *(processus)* Brennvorgang *m*
distillé(e) [distile] *adj* destilliert; **eau** ~ destilliertes Wasser
distiller [distile] <1> *vt* destillieren
distillerie [distilʀi] *f* Brennerei *f*
distinct(e) [distɛ̃, ɛ̃kt] *adj* ❶ *(différent)* verschieden; **bien** ~**(e)** durchaus verschieden; **c'est une question tout à fait** ~**e de la première** diese Frage unterscheidet sich sehr von der ersten
❷ *(net)* deutlich
distinctement [distɛ̃ktəmɑ̃] *adv* deutlich
distinctif, -ive [distɛ̃ktif, -iv] *adj* charakteristisch; **signe** ~ Kennzeichen *nt*
distinction [distɛ̃ksjɔ̃] *f* ❶ *(différenciation)* Unterscheidung *f*; **faire une** ~ **entre deux choses/personnes** einen Unterschied zwischen zwei Dingen/Menschen machen; **sans** ~ **de rang/de personne** ohne Unterschied im Rang/der Person
❷ *(décoration, honneur)* Auszeichnung *f*; ~ **honorifique** Ehrentitel *m*
❸ *(élégance)* Vornehmheit *f*; **la** ~ **de ses manières** sein/ihr vornehmes Benehmen; **être d'une grande** ~ sehr vornehm sein
distingué(e) [distɛ̃ge] *adj* ❶ *(élégant)* vornehm; **ça fait très** ~ das wirkt sehr vornehm
❷ *(éminent)* berühmt
distinguer [distɛ̃ge] <1> **I.** *vt* ❶ *(percevoir)* erkennen
❷ *(différencier)* ~ **qn de qc/qn etw/jdn etw von etw unterscheiden; ne pas pouvoir** ~ **si qn a fait qc** nicht unterscheiden können, ob jd etw getan hat; ~ **qn/qc à qc** jdn/etw an etw *(Dat)* erkennen
❸ *(caractériser)* **sa grande taille le distingue** er unterscheidet

sich durch seine Größe; **la raison distingue l'homme de l'animal** der Mensch unterscheidet sich durch seinen Verstand vom Tier
④ *(isoler)* unterscheiden; **~ trois sens dans un mot** bei einem Wort zwischen drei Bedeutungen unterscheiden
⑤ *(honorer)* auszeichnen
II. *vi (faire la différence)* **~ entre qn et qn/entre qc et qc** zwischen jdm und jdm/zwischen etw *(Dat)* und etw *(Dat)* unterscheiden; **~ entre deux choses** zwischen zwei Dingen unterscheiden
III. *vpr* ❶ *(différer)* **se ~ de qn/qc par qc** sich durch etw von jdm/etw unterscheiden
❷ *(s'illustrer)* **se ~ par qc** sich durch etw auszeichnen
distinguo [distɛ̃go] *m* Unterscheidung *f*
distique [distik] *m* POES Zweizeiler *m*, Distichon *nt (Fachspr.)*
distorsion [distɔʀsjɔ̃] *f* ❶ PHYS, TELEC Verzerrung *f*
❷ *(décalage)* Diskrepanz *f*
❸ *pl (disparité) de prix* Verzerrung *f;* **~ de la concurrence** Verzerrung des Wettbewerbs, Wettbewerbsverzerrung, Wettbewerbsverfälschung *f*
❹ MED Distorsion *f;* **~ musculaire** Muskelzerrung *f*
distraction [distʀaksjɔ̃] *f* ❶ *sans pl (inattention)* Unaufmerksamkeit *f;* **une seconde de ~ et c'est l'accident** einen Moment nicht aufgepasst und schon ist der Unfall passiert; **par ~** aus lauter Zerstreutheit
❷ *(étourderie)* Unachtsamkeit *f*
❸ *sans pl (dérivatif)* Abwechslung *f*
❹ *gén pl (passe-temps)* Zeitvertreib *m;* **~ favorite** Lieblingsbeschäftigung
distraire [distʀɛʀ] *<irr>* I. *vt* ❶ *(délasser)* unterhalten
❷ *(déranger)* **~ qn de qc** jdn von etw ablenken; **~ l'attention de qn** jds Aufmerksamkeit ablenken; **se laisser ~ de qc** sich von etw ablenken lassen
II. *vpr* **se ~** sich amüsieren
distrait(e) [distʀɛ, ɛt] I. *part passé de* **distraire**
II. *adj* zerstreut; **avoir l'air ~** einen zerstreuten Eindruck machen; **répondre d'un air ~** geistesabwesend antworten; **écouter d'une oreille ~** nur mit halbem Ohr zuhören; **jeter à qn un regard ~** geistesabwesend zu jdm hinsehen
distraitement [distʀɛtmɑ̃] *adv* geistesabwesend; **écouter qn ~** jdm nur mit halbem Ohr zuhören
distrayant(e) [distʀɛjɑ̃, jɑ̃t] *adj* unterhaltsam
distribuable [distʀibyabl] *adj* ECON *bénéfice* ausschüttungsfähig
distribuer [distʀibɥe] *<1> vt* ❶ *(donner)* verteilen *tracts;* austragen *courrier;* austeilen *coups, gifles;* **~ qc à qn** etw an jdn verteilen; **~ les tâches au personnel** dem Personal die Aufgaben zuteilen; **~ des boissons** *appareil:* Getränke ausgeben; **~ des sourires à la ronde** nach allen Seiten lächeln; **~ des poignées de mains** viele Hände schütteln
❷ FIN ausgeben *actions;* ausschütten *dividendes, bénéfices;* **~ des dividendes aux actionnaires** Dividenden an die Aktionäre ausschütten; **plan d'épargne-logement prêt à être distribué** zuteilungsreifer Bausparvertrag; **bénéfice non distribué** unverteilter Gewinn
❸ COM vertreiben; **~ de l'eau/de l'électricité/du gaz à qn/qc** jdn/etw mit Wasser/Strom/Gas versorgen
❹ AUDIOV verleihen
❺ *(arranger, répartir)* anordnen *éléments, mots;* aufteilen *pièces;* **être bien/mal distribué(e)** *appartement:* gut/schlecht aufgeteilt [*o* geschnitten] sein; aufstellen *joueurs de foot;* **un appartement bien/mal distribué** eine gut/schlecht aufgeteilte Wohnung
distributeur [distʀibytœʀ] *m* ❶ **~ de prospectus** Verteiler *m* von Prospekten
❷ COM Vertreiber *m; (entreprise)* Vertriebsgesellschaft *f; (diffuseur)* Verkaufsstelle *f;* **nous sommes ~ d'articles de sport** wir sind ein Handelsunternehmen für Sportartikel; **~ agréé/exclusif** Vertragshändler *m*/Alleinvertreter *m*
❸ CINE Filmverleiher *m*
❹ *(distributeur automatique)* [Verkaufs]automat *m;* **~ de billets** *(de billets de banque)* Geldautomat *m*, Fahrkartenautomat; **~ de boissons** Getränkeautomat; **~ de cigarettes** Zigarettenautomat; **~ de tickets** Fahrscheinautomat
distributif, -ive [distʀibytif, -iv] *adj* ❶ *(qui distribue)* verteilend; MATH *opération* distributiv
❷ GRAM **adjectif numéral ~** Distributivum *nt*
distribution [distʀibysjɔ̃] *f* ❶ *(répartition)* Verteilung *f; des cartes* Ausgeben *nt; des tâches* Zuteilung *f;* **~ du courrier** Zustellung *f* der Post, Postzustellung
❷ FIN *d'un dividende* Ausschüttung *f;* **~ d'actions** Ausgabe *f* von Aktien, Aktienstreuung *f*
❸ COM Vertrieb *m;* AUDIOV Verleih *m;* **grande ~** Großvertrieb; **~ d'eau/d'électricité/de gaz** Wasser-/Strom-/Gasversorgung *f*
❹ *(casting)* [Rollen]besetzung *f;* **~ idéale/prestigieuse** Ideal-/Starbesetzung

❺ *(arrangement) des éléments, mots* Anordnung *f; des pièces, de l'appartement* Aufteilung *f; des joueurs* Aufstellung *f*
◆ **~ des prix** Preisverteilung *f*
distributrice [distʀibytʀis] *f* ❶ *(personne)* **~ de prospectus** Verteilerin *f* von Prospekten
❷ COM Vertreiberin *f*
❸ CINE Filmverleiherin *f*
district [distʀikt] *m* Bezirk *m;* **par ~** bezirksweise
dit(e) [di, dit] I. *part passé de* **dire**
II. *adj le Sage, le Bègue* mit dem Beinamen; *touristique, socialiste* so genannt; **à l'heure ~e** zur vereinbarten Zeit
dithyrambique [ditiʀɑ̃bik] *adj* überschwänglich
diurèse [djyʀɛz] *f* MED Diurese *f*
diurétique [djyʀetik] I. *adj* diuretisch; **avoir des effets ~s** diuretisch wirken
II. *m* Diuretikum *nt (Fachspr.)*
diurne [djyʀn] *adj fleur* tagsüber blühend; *animal* tagaktiv
diva [diva] *f* Diva *f*
divagation [divagasjɔ̃] *f gén pl* wirres Gerede *nt kein Pl*
divaguer [divage] *<1> vi* ❶ *(délirer) malade:* phantasieren
❷ *fam (déraisonner)* spinnen *(fam)*
divan [divɑ̃] *m* Diwan *m*
divergence [divɛʀʒɑ̃s] *f* Divergenz *f;* **~ d'opinions/d'intérêts** Meinungsverschiedenheit *f*/unterschiedliche Interessen *Pl*
divergent(e) [divɛʀʒɑ̃, ʒɑ̃t] *adj* voneinander abweichend
diverger [divɛʀʒe] *<2a> vi* ❶ *(s'écarter)* auseinandergehen; **ici, nos chemins divergent** hier trennen sich unsere Wege
❷ *(s'opposer)* **~ de qc** von etw abweichen; **leurs opinions divergent sur ce point** in diesem Punkt weichen ihre Meinungen voneinander ab
divers(e) [divɛʀ, ɛʀs] I. *adj* ❶ *(différent, varié) paysages, coutumes* verschiedenartig; *hypothèses, personnes* verschieden; **pour ~es raisons** aus verschiedenen Gründen
❷ *(inégal, contradictoire) mouvements, intérêts* unterschiedlich
❸ *pl (plusieurs)* mehrere; **à ~es reprises** mehrmals
II. *mpl (autres)* Sonstige(s) *nt; (frais)* sonstige Kosten *Pl*
diversement [divɛʀsəmɑ̃] *adv* unterschiedlich
diversification [divɛʀsifikasjɔ̃] *f* Diversifikation *f*
diversifié(e) [divɛʀsifje] *adj* vielfältig; *goût, offre* vielseitig
diversifier [divɛʀsifje] *<1a> vt* diversifizieren; **une production largement diversifiée** eine breit gefächerte Produktion
diversion [divɛʀsjɔ̃] *f* ❶ MIL Ablenkung *f*
❷ *littér (distraction)* Ablenkung *f;* **faire ~** vom Thema ablenken; **une occupation qui fait ~ à son ennui** eine Beschäftigung, die seine/ihre Langeweile vertreibt
diversité [divɛʀsite] *f (variété)* Verschiedenartigkeit *f; (multiplicité)* Vielfalt *f; de la vie* Farbigkeit *f;* **~ de l'offre** Angebotsvielfalt
divertimento [divɛʀtimɛnto, mɛto] *<divertimento[s]> m* MUS Divertimento *nt*
divertir [divɛʀtiʀ] *<8>* I. *vt (délasser)* unterhalten; *(changer les idées de qn)* ablenken
II. *vpr* **se ~** sich amüsieren
divertissant(e) [divɛʀtisɑ̃, ɑ̃t] *adj* unterhaltsam; **être très ~** *émission, livre:* einen hohen Unterhaltungswert haben; **qn trouve ~ de faire qc** es bereitet jdm Vergnügen etw zu tun
divertissement [divɛʀtismɑ̃] *m* ❶ *sans pl (action)* Unterhaltung *f; (passe-temps)* Beschäftigung *f;* **~ favori** Lieblingsbeschäftigung *f*
❷ MUS Divertimento *nt*
dividende [dividɑ̃d] *m* ❶ MATH Dividend *m*
❷ FIN [Abschluss]dividende *f;* **~ initial/en espèces** Anlauf-/Bardividende; **~ minimum** Mindestdividende; **~ privilégié** [*o* prioritaire] Vorzugsdividende; **~ distribué sur le capital investi** Kapitaldividende; **ne pas distribuer un ~** eine Dividende ausfallen lassen
divin(e) [divɛ̃, in] *adj* ❶ REL göttlich
❷ *(exceptionnel) beauté* bezaubernd; *plat* köstlich; *musique* himmlisch; *femme* wunderschön
divinateur, -trice [divinatœʀ, -tʀis] I. *adj* ❶ *(divinatoire) pouvoir, science* Wahrsage-
❷ *(clairvoyant) esprit, instinct* hellseherisch
II. *m, f* Wahrsager(in) *m(f)*
divination [divinasjɔ̃] *f* Wahrsagen *nt*
divinatoire [divinatwaʀ] *adj* ❶ *art* wahrsagend; *science* vorhersagend
❷ *instinct* intuitiv
divinement [divinmɑ̃] *adv chanter* wundervoll; **il fait ~ beau** es ist herrliches Wetter; **elle est ~ belle** sie ist wunderschön
divinisation [divinizasjɔ̃] *f* Vergottung *f*
diviniser [divinize] *<1> vt* **~ qn/qc** jdn/etw als Gottheit verehren
divinité [divinite] *f* ❶ *sans pl (caractère divin)* Göttlichkeit *f*
❷ *(dieu)* Gottheit *f*
diviser [divize] *<1>* I. *vt* ❶ *(fractionner)* **~ qc en qc** etw in etw *(Akk)* teilen; **~ un livre en chapitres** ein Buch in Kapitel unterglie-

dern; **~ qc entre plusieurs personnes** etw unter mehreren Personen aufteilen
② MATH dividieren; **~ huit par deux** acht durch zwei dividieren
③ *(désunir)* entzweien; spalten *groupe, population, parti;* **l'opinion publique est divisée** die öffentliche Meinung ist gespalten; **être divisé(e)s au sujet de qc** über etw *(Akk)* geteilter Meinung sein
▶ **~ pour régner** *prov* teile und herrsche!
II. *vpr* ① *(se séparer)* **se ~ en qc** *cellule, route:* sich in etw *(Akk)* teilen; *parti:* sich in etw *(Akk)* spalten
② *(être divisible)* **se ~ nombre:** teilbar sein; *ouvrage:* sich gliedern
diviseur [divizœʀ] *m* Teiler *m*
divisibilité [divizibilite] *f* Teilbarkeit *f*
divisible [divizibl] *adj* **~ par qc** teilbar durch etw
division [divizjɔ̃] *f* ① *(fractionnement) d'un pays* Gliederung *f; des tâches* Verteilung *f;* **~ en plusieurs petits États** Vielstaaterei *f*
② *(classement)* Einteilung *f*
③ *(désaccord)* Unstimmigkeiten *Pl;* **semer la ~** Zwietracht säen *(geh)*
④ MATH *(action)* Dividieren *nt; (résultat)* Division *f;* **faire une ~** dividieren
⑤ *(subdivision)* Teil *m;* **~ administrative** Verwaltungsbezirk *m*
⑥ MIL Division *f;* **~ d'infanterie** Infanteriedivision; **~ blindée** Panzerdivision
⑦ FBALL Liga *f;* **première ~** erste Liga; *(en Allemagne)* ≈ Bundesliga; *(en Autriche et en Suisse)* ≈ Nationalliga; **équipe de première ~** Erstligist *m; (en Allemagne)* ≈ Bundesligist; *(en Autriche et en Suisse)* ≈ Nationalligist; **jouer en première ~** in der ersten Liga spielen; *(en Allemagne)* ≈ in der Bundesliga spielen; *(en Autriche et en Suisse)* ≈ in der Nationalliga spielen; **club deuxième ~** Zweitligist
⑧ *d'une entreprise* Abteilung *f*
⑨ BIO **~ cellulaire** Zellteilung *f*
◆ **~ du marché** Marktaufspaltung *f;* **~ du travail** Arbeitsteilung *f*
divisionnaire [divizjɔnɛʀ] *adj* **monnaie ~** Scheidemünze *f;* **commissaire ~** Oberkommissar(in) *m(f)*
divorce [divɔʀs] *m* ① JUR [Ehe]scheidung *f;* **~ avec qn** Scheidung von jdm; **~ par consentement mutuel** Scheidung in gegenseitigem Einvernehmen; **demander le ~** die Scheidung einreichen; **prononcer le ~** die Scheidung aussprechen; **date du jugement de/du ~** Scheidungstermin *m*
② *(divergence)* **~ entre théorie et pratique** Diskrepanz *f* zwischen Theorie und Praxis
③ *(rupture)* **~ entre les socialistes et les communistes** Bruch *m* zwischen Sozialisten und Kommunisten
divorcé(e) [divɔʀse] I. *adj* **~(e) de qn** von jdm geschieden
II. *m(f)* Geschiedene(r) *f(m)*
divorcer [divɔʀse] <2> *vi* sich scheiden lassen; **~ de qn** sich von jdm scheiden lassen
divulgateur, -trice [divylgatœʀ, -tʀis] *m, f (personne)* Verbreiter(in) *m(f)*
divulgation [divylgasjɔ̃] *f* ① *d'un secret* Preisgabe *f; d'une nouvelle* Verbreitung *f; d'un complot* Aufdeckung *f*
② ECON, JUR Offenlegung *f; d'une invention* Offenbarung *f;* **~ partielle** teilweise Offenlegung; **~ du patrimoine du débiteur** Offenlegung des Schuldnervermögens
divulguer [divylge] <1> *vt* **~ un secret à qn** jdm ein Geheimnis verraten; **~ une nouvelle à qn** jdm eine Neuigkeit bekannt geben; **~ que qn a fait qc** verbreiten, dass jd etw getan hat
dix [dis, *devant une voyelle* diz, *devant une consonne* di] I. *num* ① zehn
② *(dans l'indication de l'âge, la durée)* **avoir/avoir bientôt ~ ans** zehn [Jahre alt] sein/werden; **enfant de ~ ans** Zehnjährige(r) *f(m);* **période de ~ ans** Zeitraum *m* von zehn Jahren
③ *(dans l'indication de l'heure)* **il est ~ heures** es ist zehn [Uhr]
④ *(dans l'indication de la date)* **le ~ mars** *geschrieben:* **le 10 mars** der zehnte März *écrit:* der 10. März
⑤ *(dans l'indication de l'ordre)* **arriver ~ ou onzième** als Zehnte(r) oder Elfte(r) kommen
⑥ *(dans les noms de personnages)* **Louis ~** *geschrieben:* **Louis X** Ludwig der Zehnte *écrit:* Ludwig X.
▶ **répéter/recommencer ~ fois la même chose** immer wieder dasselbe wiederholen/machen
II. *m inv* ① Zehn *f*
② *(numéro)* Nummer *f* zehn, Zehn *f*
③ TRANSP **le ~** die Linie [o Nummer] zehn, die Zehn *(fam)*
④ JEUX Zehn *f;* **avoir deux ~** zwei Zehnen haben
⑤ SCOL **avoir ~ [sur vingt]** ≈ eine Eins/eine Vier haben
III. *f (table, chambre … numéro dix)* Zehn *f*
IV. *adv (dans une énumération)* zehntens; *(dans un ordre du jour)* Punkt zehn; *v. a.* **cinq**
dix-huit [dizµit, *devant une consonne* dizµi] I. *num* ① achtzehn
② *(dans l'indication de l'âge, la durée)* **avoir/avoir bientôt ~ ans** achtzehn [Jahre alt] sein/werden; **personne de ~ ans** Achtzehn-

jährige(r) *f(m);* **période de ~ ans** Zeitraum *m* von achtzehn Jahren
③ *(dans l'indication de l'heure)* **il est ~ heures** es ist achtzehn [Uhr]
④ *(dans l'indication de la date)* **le ~ mars** *geschrieben:* **le 18 mars** der achtzehnte März *écrit:* der 18. März
⑤ *(dans l'indication de l'ordre)* **arriver ~ ou dix-neuvième** als Achtzehnte(r) oder Neunzehnte(r) kommen
⑥ *(dans les noms de personnages)* **Louis ~** *geschrieben:* **Louis XVIII** Ludwig der Achtzehnte *écrit:* Ludwig XVIII.
II. *m inv* ① Achtzehn *f*
② *(numéro)* Nummer *f* achtzehn, Achtzehn *f*
③ TRANSP **le ~** die Linie [o Nummer] achtzehn, die Achtzehn *(fam)*
④ JEUX Achtzehn *f;* **les ~ m'ont toujours porté chance** [die] Achtzehn hat mir [schon] immer Glück gebracht
⑤ SCOL **avoir ~ [sur vingt]** ≈ eine Eins haben
III. *f (table, chambre … numéro dix-huit)* Achtzehn *f*
IV. *adv (dans une énumération)* achtzehntens; *(dans un ordre du jour)* Punkt achtzehn; *v. a.* **cinq**
dix-huitième [dizµitjɛm] <dix-huitièmes> I. *adj antéposé* achtzehnte(r, s)
II. *mf* **le/la ~** der/die/das Achtzehnte
III. *m* ① *(fraction)* Achtzehntel *nt*
② *(étage)* achtzehnter Stock
③ *(arrondissement)* achtzehntes Arrondissement
④ *(siècle)* achtzehntes Jahrhundert; *v. a.* **cinquième**
dixième [dizjɛm] I. *adj antéposé* zehnte(r, s)
II. *mf* **le/la ~** der/die/das Zehnte
III. *m* ① *(fraction)* Zehntel *nt;* **~ de seconde** Zehntelsekunde *f;* **les neuf ~s des gens** neunzig Prozent der Menschen
② *(étage)* zehnter Stock
③ *(arrondissement)* zehntes Arrondissement
④ *(billet de loterie)* Zehntellos *nt; v. a.* **cinquième**
dixièmement [dizjɛmmɑ̃] *adv* zehntens
dix-neuf [diznœf] I. *num* ① neunzehn
② *(dans l'indication de l'âge, la durée)* **avoir/avoir bientôt ~ ans** neunzehn [Jahre alt] sein/werden; **personne de ~ ans** Neunzehnjährige(r) *f(m);* **période de ~ ans** Zeitraum *m* von neunzehn Jahren
③ *(dans l'indication de l'heure)* **il est ~ heures** es ist neunzehn [Uhr]
④ *(dans l'indication de la date)* **le ~ mars** *geschrieben:* **le 19 mars** der neunzehnte März *écrit:* der 19. März
⑤ *(dans l'indication de l'ordre)* **arriver ~ ou vingtième** als Neunzehnte(r) oder Zwanzigste(r) kommen
II. *m inv* ① Neunzehn *f*
② *(numéro)* Nummer *f* neunzehn, Neunzehn *f*
③ TRANSP **le ~** die Linie [o Nummer] neunzehn, die Neunzehn *(fam)*
④ JEUX Neunzehn *f;* **les ~ m'ont toujours porté chance** [die] Neunzehn hat mir [schon] immer Glück gebracht
⑤ SCOL **avoir ~ [sur vingt]** ≈ eine Eins haben
III. *f (table, chambre … numéro dix-neuf)* Neunzehn *f*
IV. *adv (dans une énumération)* neunzehntens; *(dans un ordre du jour)* Punkt neunzehn; *v. a.* **cinq**
dix-neuvième [diznœvjɛm] <dix-neuvièmes> I. *adj antéposé* neunzehnte(r, s)
II. *mf* **le/la ~** der/die/das Neunzehnte
III. *m* ① *(fraction)* Neunzehntel *nt*
② *(étage)* neunzehnter Stock
③ *(arrondissement)* neunzehntes Arrondissement
④ *(siècle)* neunzehntes Jahrhundert; *v. a.* **cinquième**
dix-sept [dissɛt] I. *num* ① siebzehn
② *(dans l'indication de l'âge, la durée)* **avoir/avoir bientôt ~ ans** siebzehn [Jahre alt] sein/werden; **personne de ~ ans** Siebzehnjährige(r) *f(m);* **période de ~ ans** Zeitraum *m* von siebzehn Jahren
③ *(dans l'indication de l'heure)* **il est ~ heures** es ist siebzehn [Uhr]
④ *(dans l'indication de la date)* **le ~ mars** *geschrieben:* **le 17 mars** der siebzehnte März *écrit:* der 17. März
⑤ *(dans l'indication de l'ordre)* **arriver ~ ou dix-huitième** als Siebzehnte(r) oder Achtzehnte(r) kommen
⑥ *(dans les noms de personnages)* **Louis ~** *geschrieben:* **Louis XVII** Ludwig der Siebzehnte *écrit:* Ludwig XVII.
II. *m inv* ① Siebzehn *f*
② *(numéro)* Nummer *f* siebzehn, Siebzehn *f*
③ TRANSP **le ~** die Linie [o Nummer] siebzehn, die Siebzehn *(fam)*
④ JEUX Siebzehn *f;* **les ~ m'ont toujours porté chance** [die] Siebzehn hat mir [schon] immer Glück gebracht
⑤ SCOL **avoir ~ [sur vingt]** ≈ eine Eins haben
III. *f (table, chambre … numéro dix-sept)* Siebzehn *f*
IV. *adv (dans une énumération)* siebzehntens; *(dans un ordre du jour)* Punkt siebzehn; *v. a.* **cinq**
dix-septième [dissɛtjɛm] <dix-septièmes> I. *adj antéposé* siebzehnte(r, s)
II. *mf* **le/la ~** der/die/das Siebzehnte

III. *m* ❶ *(fraction)* Siebzehntel *nt*
❷ *(étage)* siebzehnter Stock, siebzehnte Etage
❸ *(arrondissement)* siebzehntes Arrondissement
❹ *(siècle)* siebzehntes Jahrhundert; *v. a.* **cinquième**
dizain [dizɛ̃] *m* POES Zehnzeiler *m*
dizaine [dizɛn] *f* ❶ **une ~ de personnes/pages** etwa [*o* ungefähr] zehn Personen/Seiten; **quelques/plusieurs ~s de personnes** ein paar/mehrere Dutzend Personen
❷ *(âge approximatif)* **avoir la ~** [*o* **une ~ d'années**] ungefähr [*o* etwa] zehn [Jahre alt] sein; **approcher de la ~** auf die Zehn zugehen; **avoir largement dépassé la ~** weit über zehn [Jahre alt] sein
D.J. [didʒi] *mf abr de* **disc-jockey** DJ *m*
D.Jane [didʒɛn] *f* DJane *f*
djellaba [dʒɛ(l)laba] *f* Dschellaba *f*
djihad [dʒiad] *m* Dschihad *m*
dl *abr de* **décilitre** dl
dm *abr de* **décimètre** dm
DM [dœtʃmark] *abr de* **Deutsche Mark** DM
do [do] *m inv (majeur)* C *nt; (mineur)* c *nt;* **~ dièse** *(majeur)* Cis *nt; (mineur)* cis *nt;* **~ bémol** *(majeur)* Ces *nt; (mineur)* ces *nt;* **en ~ majeur/mineur** in C-Dur/c-Moll; **en ~ bémol majeur/mineur** in Ces-Dur/ces-Moll
doberman [dɔbɛrman] *m* ZOOL Dobermann *m*
doc [dɔk] *f fam abr de* **documentation** Doku *f (fam)*
DOC [dɔk] *m abr de* **disque optique compact** CD-ROM *f*
docile [dɔsil] *adj* folgsam; *cheval* lammfromm *(fam); air* sanft; **avoir un caractère ~** folgsam sein
docilement [dɔsilmã] *adv obéir* willig; *se comporter* folgsam
docilité [dɔsilite] *f* Folgsamkeit *f;* **ce poney est d'une grande ~** dieses Pony ist lammfromm *(fam);* **avec ~** willig
dock [dɔk] *m* ❶ *(bassin)* Hafenbecken *nt; de carénage* Dock *nt*
❷ *(entrepôt)* Lagerhaus *nt; (très grand)* Großlager *nt*
docker [dɔkɛr] *m* Hafenarbeiter *m*
docte [dɔkt] *adj hum connaisseur* gelehrt; *ton* schulmeisterlich
doctement [dɔktəmã] *adv hum parler* schulmeisterlich
docteur [dɔktœr] *m* ❶ UNIV Doktor *m (fam)*
❷ *(médecin)* Doktor *m;* **appeler le ~** den Arzt rufen; **bonjour, ~** guten Tag, Herr/Frau Doktor; **le ~ Jacques/Isabelle Dupond** Doktor Jacques/Isabelle Dupond
◆ **~ en droit** Doktor *m* der Rechte; **~ ès lettres** Doktor *m* der Philosophie; **~ en médecine** Doktor *m* der Medizin; **~ en pharmacie** Doktor *m* der Pharmazie; **~ ès sciences** Doktor *m* der Naturwissenschaften
doctoral(e) [dɔktɔral, o] <-aux> *adj péj* schulmeisterlich *(pej)*
doctorat [dɔktɔra] *m* **~ en** [*o* **ès**] Doktorwürde *f* in *(+ Dat);* **~ d'État** Habilitation *f;* **passer son ~** promovieren
doctoresse [dɔktɔrɛs] *f vieilli* Ärztin *f*
doctrinaire [dɔktrinɛr] *adj* doktrinär
doctrinal(e) [dɔktrinal, o] <-aux> *adj* eine Doktrin betreffend; *débat, querelle* über eine Doktrin
doctrine [dɔktrin] *f* Doktrin *f;* **~ religieuse** Kirchenlehre *f;* **~ du salut** Heilslehre *f*
document [dɔkymã] *m* ❶ Dokument *nt; d'un historien* Quelle *f; d'un comptable* Beleg *m;* **~ d'expédition** Versanddokument, Versandbrief *m*
❷ *pl (pièces écrites)* Unterlagen *Pl,* Papiere *Pl;* **~s comptables** Buchhaltungsunterlagen; **~s nécessaires pour le voyage** Reiseunterlagen; **~s d'accompagnement** Begleitpapiere; **~s d'assurance** Versicherungsunterlagen; **~s d'embarquement/d'expédition** Verschiffungs-/Versandpapiere
❸ *(preuve)* Dokument *nt; (pour la police)* Beweisstück *nt;* **~ probatoire** JUR Beweisurkunde *f*
❹ INFORM Dokument *nt;* **~ imprimé** Ausdruck *m;* **~ source** Originaldokument
◆ **~s de transport** Transportpapiere *Pl*
documentaire [dɔkymãtɛr] I. *adj* dokumentarisch
II. *m* Dokumentarfilm *m*
documentaliste [dɔkymãtalist] *mf* Dokumentalist(in) *m(f)*
documentariste [dɔkymãtarist] *mf* Dokumentarist *m; d'un film* Dokumentarfilmer(in) *m(f)*
documentation [dɔkymãtasjɔ̃] *f a.* INFORM Dokumentation *f;* **~ du programme** Programmdokumentation; **~ touristique** Reiseliteratur *f*
documenter [dɔkymãte] <1> I. *vt* **~ qn sur qn/qc** jdn über jdn/etw informieren; **être bien/mal documenté(e)** gut/schlecht dokumentiert sein
II. *vpr* **se ~ sur qn/qc** sich *(Dat)* Informationsmaterial über jdn/etw beschaffen
document-texte [dɔkymãtɛkst] <documents-textes> *m* INFORM Textdokument *m*
dodécaèdre [dɔdekaɛdr] *m* GEOM Zwölfflächner *m,* Dodekaeder *nt (Fachspr.)*
dodécagonal(e) [dɔdekagɔnal, o] <-aux> *adj* GEOM zwölfeckig

dodécaphonique [dɔdekafɔnik] *adj* MUS Zwölfton- *f*
dodeliner [dɔdline] <1> *vi* **~ de la tête** den Kopf hin und her bewegen
dodo [dodo] *m enfantin fam* **faire ~** heia machen *(fam)*
dodu(e) [dɔdy] *adj fam* gut genährt; *bras, poule* fleischig
dogmatique [dɔgmatik] I. *adj* dogmatisch; *ton* belehrend
II. *f (science)* Dogmatik *f (geh)*
III. *mf (théologie)* Dogmatiker(in) *m(f)*
dogmatiser [dɔgmatize] <1> *vi* ❶ REL dogmatisieren
❷ *fig* **~ sur qc** sich in einem dogmatischen Ton über etw äußern
dogmatisme [dɔgmatism] *m* Dogmatismus *m,* Dogmatik *f (geh)*
dogme [dɔgm] *m* Dogma *nt*
dogue [dɔg] *m* Dogge *f*
doigt [dwa] *m* ❶ *de la main, d'un gant* Finger *m;* **petit ~** kleiner Finger; **compter sur ses ~s** mit den Fingern zählen; **lever le ~** sich melden; **manger avec ses ~s** mit den Fingern essen; **montrer qn/qc du ~** mit dem Finger auf jdn/etw zeigen
❷ *(mesure)* Fingerbreit *m;* **boire un ~ de vin** einen Schluck Wein trinken
▶ **il ne faut pas mettre le ~ entre le bois et l'écorce** *prov* man soll sich nicht in fremde Angelegenheiten einmischen; **si on lui donne le ~, il/elle prend tout le bras** wenn man ihm/ihr den kleinen Finger gibt, nimmt er/sie gleich die ganze Hand; **une fois le ~ mis dans l'engrenage** wenn man einmal damit anfängt; **avoir des ~s de fée** mit den Händen sehr geschickt sein; **ils/elles sont comme les [deux] ~s de la main** sie sind ein Herz und eine Seele; **être à deux ~s de la mort** mit einem Fuß im Grab[e] stehen; **faire qc les ~s dans le nez** *fam* etw mit links machen *(fam);* **se fourrer le ~ dans l'œil** *fam* falschliegen *(fam);* **se mettre le ~ dans l'œil** *fam* auf dem Holzweg sein *(fam);* **obéir au ~ et à l'œil** aufs Wort gehorchen; **mettre le ~ sur la plaie** einen wunden Punkt berühren; **ne rien faire de ses dix ~s** keinen Handschlag tun; **ne pas savoir quoi faire de ses dix ~s** *(être désœuvré)* nichts mit sich anzufangen wissen; **ne rien savoir faire de ses dix ~s** *(ne pas être un manuel)* zwei linke Hände haben; **ne pas lever le petit ~** keinen Finger rühren; **se cacher derrière son petit ~** sich vor der Wahrheit verstecken; **c'est mon petit ~ qui me l'a dit** das habe ich im Gefühl, das sagt mir mein kleiner Finger *(fam);* **être à un ~ de faire qc** kurz davorstehen etw zu tun; **la balle est passée à un ~** [*o* **à deux ~s**] **du cœur** die Kugel ist haarscharf am Herzen vorbeigegangen; **qc lui a claqué dans les ~s** etw ist ihm/ihr fehlgeschlagen; **filer entre les ~s de qn** *argent:* jdm zwischen den Fingern zerrinnen; *personne:* jdm durch die Maschen schlüpfen; **mettre le ~ sur qc** den Kern einer S. *(Gen)* treffen; **s'en mordre les ~s** es bitter bereuen; **se faire taper sur les ~s par qn** von jdm Schwierigkeiten bekommen; **faire toucher qc du ~** auf etw *(Akk)* hinweisen
◆ **~ de pied** Zeh *m* ▶ **avoir les ~s de pied en éventail** *fam* sich wohlig rekeln *(fam); fig* sich dem süßen Nichtstun überlassen
doigté [dwate] *m* ❶ MUS Fingersatz *m*
❷ *(savoir-faire)* Fingerspitzengefühl *nt*
doigtier [dwatje] *m* Fingerling *m*
doit [dwa] I. *indic prés de* **devoir**
II. *m* Soll *nt;* **~ et avoir** Soll und Haben *nt*
dol [dɔl] *m* JUR Arglist *f,* Dolus *m (Fachspr.);* **~ conditionnel/présumé** bedingter/vermuteter Vorsatz; **~ éventuel** Dolus eventualis *(Fachspr.)*
doléances [dɔleãs] *fpl* Beschwerden *Pl;* **faire ses ~ à qn au sujet de qc** sich bei jdm wegen einer S. *(Gen)* beschweren
dolent(e) [dɔlã, ãt] *adj littér* wehleidig
dollar [dɔlar] *m* Dollar *m;* **~ canadien** kanadischer Dollar
dolmen [dɔlmɛn] *m* Dolmen *m*
Dolomites [dɔlɔmit] *fpl* **les ~** die Dolomiten *Pl*
D.O.M. [dɔm] *m abr de* **département d'outre-mer** überseeisches Departement

> **Land und Leute**
>
> Die **D.O.M.** sind frühere französische Kolonialgebiete in Übersee, die heute den Status von Departements haben. Sie werden – unter Berücksichtigung landesspezifischer Besonderheiten – wie alle anderen Departements verwaltet. Es gibt fünf **D.O.M.**: Französisch-Guayana, die Antilleninseln Guadeloupe und Martinique, die im Indischen Ozean gelegene Insel La Réunion sowie die Inselgruppe Saint-Pierre-et-Miquelon vor der Ostküste Kanadas.

domaine [dɔmɛn] *m* ❶ *(terre)* Ländereien *Pl;* **~ familial** Familienbesitz *m*
❷ ADMIN **le Domaine** das Staatsvermögen; **~ public** öffentliches [*o* staatliches] Eigentum
❸ *(sphère)* Gebiet *nt;* **~ central** Kerngebiet; **~ juridique** JUR Rechtsgebiet; **~ d'activité** Betätigungsfeld *nt; (en parlant d'une entreprise)* Unternehmensbereich *m;* **~ d'application d'une loi** Geltungsbereich eines Gesetzes; **tomber dans le ~ d'application**

d'une loi in den Geltungsbereich eines Gesetzes fallen; **~ de compétence[s]** Zuständigkeitsbereich, Kompetenzbereich; **~ de la/de décision** Entscheidungsbereich; **~ masculin** Männerdomäne *f*; **~ multimédia** Multimediabereich; **~ d'utilisation** Verwendungsbereich; **dans tous les ~s** auf allen Gebieten; **cela n'est pas de mon ~** das ist nicht mein Gebiet
④ INFORM Domäne *f*; **nom de ~ national** Länderkennung *f*
⑤ *(situation globale, paysage)* **~ de la recherche scientifique** Forschungslandschaft *f*
▶ **tomber dans le ~ public** zum Gemeingut werden
◆ **~ d'application** INFORM Anwendungsbereich *m*; **~ de l'État** Staatsvermögen *nt*; **~ de gestion** Führungsbereich *m*; **~ de recherche** Forschungssektor *m*
domanial(e) [dɔmanjal, jo] <-aux> *adj* **biens domaniaux** Staatsvermögen *nt*
dôme [dom] *m* (Außen)kuppel *f*
domestication [dɔmɛstikasjɔ̃] *f d'un animal sauvage* Zähmung *f*
domesticité [dɔmɛstisite] *f* ① *(personnel de service)* Hausangestellte *Pl*
② *rare d'un animal* Zahmheit *f*
domestique [dɔmɛstik] **I.** *adj* ① *(opp: sauvage)* zahm; **animal ~** Haustier *nt*
② *(ménager)* vie, affaires, ennuis häuslich; **économie ~** Hauswirtschaft *f*; **travaux ~s** Hausarbeiten *Pl*
③ *(opp: international)* Inlands-, Binnen-; **vol ~** Inlandsflug *m*; **marché ~** Binnenmarkt *m*
II. *mf* Hausangestellte(r) *f(m)*
domestiquer [dɔmɛstike] <1> *vt* domestizieren; nutzbar machen *énergie solaire, vent, marées*
domicile [dɔmisil] *m* ① Wohnung *f*; **violation de ~** Hausfriedensbruch *m*
② ADMIN Wohnsitz *m*; **changement de ~** Wohnsitzwechsel *m*; **sans ~ fixe** ohne festen Wohnsitz; **élire ~ 9, rue Montparnasse** sich in der Rue Montparnasse 9 niederlassen; **~ de notification** JUR Zustellungswohnsitz *(Fachspr.)*
③ COM **franco ~** frei Haus
▶ **à ~** livrer ins Haus; *recevoir* zu Hause; *envoi* nach Hause; **travail à ~** Heimarbeit *f*; **visite à ~** Hausbesuch *m*; **vente à ~** Haustürgeschäft *nt*; **travailler à ~** zu Hause arbeiten; *(de façon artisanale)* Heimarbeit machen; **gagner/jouer à ~** einen Heimsieg erringen/ein Heimspiel machen
domiciliaire [dɔmisiljɛʀ] *adj* Haus-; **perquisition ~** Haus[durch]suchung *f*
domiciliation [dɔmisiljasjɔ̃] *f d'un chèque* Zahlungsort *m*; **~ bancaire** kontoführende Bank
domicilier [dɔmisilje] <1a> *vt* ① *form* **être domicilié(e) à Paris** seinen Wohnsitz in Paris haben; **se faire ~** seinen Wohnsitz anmelden
② FIN domizilieren *(Fachspr.)*
dominant(e) [dɔminɑ̃, ɑ̃t] *adj* dominierend; *opinion, vent* vorherrschend; *position, nation* führend; **sa préoccupation ~e** seine/ihre größte Sorge; **parti ~** stärkste Partei
dominante [dɔminɑ̃t] *f (couleur)* dominierende Farbe; *(caractéristique)* dominierendes Merkmal
dominateur, -trice [dɔminatœʀ, -tʀis] *adj* herrisch
domination [dɔminasjɔ̃] *f (suprématie)* Vormacht *f*; **être sous la ~ de qn** von jdm beherrscht werden; **exercer sa ~ sur qn** über jdn seine Macht ausüben; **tomber sous la ~ de qn** in jds Abhängigkeit *(Akk)* geraten; **subir la ~ de qn** von jdm beherrscht werden; **~ masculine** Männerherrschaft *f*; **besoin de ~** Herrschsucht *f*
dominer [dɔmine] <1> **I.** *vt* ① *(être le maître de)* **~ qn/qc** über jdn/etw herrschen
② *(contrôler)* zügeln; zurückhalten *larmes*; unterdrücken *chagrin*; beherrschen *sujet*; **entreprise qui domine le marché** marktführendes Unternehmen; **~ la situation** Herr der Lage sein
③ *(surpasser)* übertreffen
④ *(surplomber)* überragen
⑤ *(être plus fort que)* orateur, voix: übertönen; *passion du jeu:* überwiegen
II. *vi* ① *(prédominer)* vorherrschen; **dans le corps enseignant, les femmes dominent nettement** im Lehrkörper überwiegt eindeutig der Frauenanteil
② *(commander, être le meilleur)* den Ton angeben; *(sur les mers)* überlegen sein; SPORT dominieren
III. *vpr* **se ~** sich beherrschen
dominicain(e) [dɔminikɛ̃, ɛn] **I.** *adj* ① REL Dominikaner-
② GEOG dominikanisch
II. *m/f* REL Dominikaner(in) *m(f)*
Dominicain(e) [dɔminikɛ̃, ɛn] *m(f)* GEOG Dominikaner(in) *m(f)*
dominical(e) [dɔminikal, o] <-aux> *adj* **repos ~** Sonntagsruhe *f kein Pl*; **promenade ~e** Sonntagsspaziergang *m*
domino [dɔmino] *m* ① *(pièce)* Dominostein *m*
② *pl (jeu)* Domino[spiel *nt*] *nt*; **jouer aux ~s** Domino spielen

dommage [dɔmaʒ] *m* ① *(préjudice)* Schaden *m*; **~ consécutif** Folgeschaden; **~ consécutif d'un vice** JUR Mangelfolgeschaden *(Fachspr.)*; **~s corporels** Personenschaden; **~ incorporel** JUR Immaterialschaden *(Fachspr.)*; **~ induit** Folgeschaden; **~s matériels** Sachschaden; **~ patrimonial** Vermögensschaden; **~ patrimonial négatif/positif** negativer/positiver Vermögensschaden; **~s professionnels** Berufsschäden; **~ résultant d'un vice** Mangelschaden; **~ causé par la foudre** Blitzschaden; **à un tiers** JUR Drittschaden *(Fachspr.)*; **causer un ~ à qn** jdm einen Schaden zufügen; **réparer un ~** einen Schaden ersetzen
② *pl (dégâts matériels)* Schäden *Pl*; **causer des ~s à qc** Schäden an etw *(Dat)* anrichten; **total des ~** Gesamtschaden; **~s causés aux cultures** Ernteschäden; **~s causés en action de chasse** Jagdschäden; **~s survenus pendant le transport** Transportschäden; **causer des ~s** [politiques/économiques] *fig* einen [politischen/wirtschaftlichen] Flurschaden anrichten
▶ **c'est bien ~!** das ist sehr schade!; **c'est ~ que qn fasse qc** es ist schade, dass jd etw tut; **~ que qn ait fait qc** schade, dass jd etw getan hat; **quel ~!** wie schade!; **quel ~ que qn ait fait qc** wie schade, dass jd etw getan hat
◆ **~ de construction** Bauschaden *m*; **~ et intérêts** Schaden[s]ersatz *m kein Pl*
dommageable [dɔmaʒabl] *adj* **~ à qn/qc** schädlich für jdn/etw
dommages-intérêts [dɔmaʒzɛ̃teʀɛ] *mpl* Schaden[s]ersatz *m kein Pl*
domotique [dɔmɔtik] *f* Haustechnik *f*
dompter [dɔ̃(p)te] <1> *vt* bändigen; dressieren *cheval, fauve*; unterwerfen *rebelles*; niederschlagen *rébellion*; zügeln *imagination, passions*; überwinden *peur*
dompteur, -euse [dɔ̃(p)tœʀ, -øz] *m, f* Dompteur *m*/Dompteuse *f*
D.O.M.-R.O.M. [dɔmʀɔm] *mpl abr de* **départements et régions d'outre-mer** überseeische Departements *Pl* und Regionen *Pl*
D.O.M.-T.O.M. [dɔmtɔm] *mpl* HIST *abr de* **départements et territoires d'outre-mer** Überseeprovinzen *Pl*
don [dɔ̃] *m* ① *(action)* Schenkung *f*; *(action charitable)* Spenden *nt*
② *(cadeau)* Geschenk *nt*; *(cadeau charitable)* Spende *f*; **les ~s** die Geschenke; *(cadeaux charitables)* die Spenden; *(rentrées d'argent)* die Spendeneinnahmen *Pl*; **faire un ~ à qn** jdm eine Spende zukommen lassen; **faire ~ de qc à qn** jdm etw schenken; **faire ~ de son corps à la science** seinen Körper der Wissenschaft zur Verfügung stellen; **en argent** [*o* **en espèces**] *JUR* Geldgeschenk; **personne chargée de collecter les ~s** Spendensammler(in) *m(f)*
③ *(aptitude)* Begabung *f*; **avoir le ~ de faire qc** die Gabe [*o* das Talent] haben, etw zu tun; **avoir un ~ pour qc** für etw begabt sein; **avoir le ~ de la parole** rhetorisch begabt sein
◆ **~ d'imitation** Imitationsgabe *f*; **~ d'organe** Organspende *f*; **~ du sang** Blutspende *f*; **~ d'ubiquité** Allgegenwart *f*; **avoir le ~ d'ubiquité** *hum* überall zugleich sein können
donataire [dɔnatɛʀ] *mf* JUR Beschenkte(r) *f(m)*
donateur, -trice [dɔnatœʀ, -tʀis] *m, f* Spender(in) *m(f)*; JUR Vermächtnisgeber(in) *m(f) (Fachspr.)*
donation [dɔnasjɔ̃] *f* Schenkung *f*; **~ indirecte** JUR Zweckzuwendung *f*; **~ d'une chose fongible** JUR Gattungsschenkung *(Fachspr.)*
donc [dɔ̃k] *conj* also; *(en interrogative)* denn; *(en impérative)* doch; **si ~ je ne suis pas là à 20 heures** sollte ich also um 20 Uhr noch nicht da sein; **ah, c'est ~ vous, Monsieur Feydeau** Sie sind also Herr Feydeau; **tu ne vois ~ pas que tu gênes?** merkst du denn gar nicht, dass du störst?; **entrez ~!** treten Sie doch ein!; **fais ~ un peu attention!** pass doch ein bisschen auf!
dondon [dɔ̃dɔ̃] *f hum fam* [**grosse**] **~** *(femme)* Dickmadam *f (fam)*, Dampfwalze *f (pej fam)*
donjon [dɔ̃ʒɔ̃] *m* Bergfried *m*
Don Juan [dɔ̃ʒɥɑ̃] <Don[s] Juans> *m* Don Juan *m*
donjuanisme [dɔ̃ʒɥanism] *m* Donjuanismus *m*
donnant [dɔnɑ̃] **avec qn, c'est ~ ~** jd tut nichts ohne Gegenleistung
donne [dɔn] *f* CARTES Geben *nt*; **faire la ~** [aus]geben
▶ **il y a nouvelle ~** die Karten werden neu gemischt
donné(e) [dɔne] *adj (déterminé)* bestimmt
▶ **étant ~ qc** in Anbetracht einer S. *(Gen)*; **étant ~ les circonstances** in Anbetracht der Umstände; **étant ~ que qn a fait qc** in Anbetracht der Tatsache, dass jd etw getan hat; **c'est ~** *fam* das ist geschenkt *(fam)*; **ce n'est pas ~** *fam* das ist wirklich nicht geschenkt *(fam)*
donnée [dɔne] *f gén pl* ① *(élément d'appréciation)* Angabe *f*; **~s confidentielles par nature** Angaben, die ihrer Natur nach vertraulich sind; **reposer sur certaines ~s** auf bestimmten Gegebenheiten beruhen
② SCOL **~s du problème** Problemstellung *f*
③ *pl* INFORM, STATIST Daten *Pl*; **~s alphabétiques** Alphadaten; **~s corrigées** bereinigte Werte; **~s primaires** Ursprungsdaten; **~s de base** Basisdaten; **~s d'encours** ECON Bestandszahlen *Pl*; **~s du marché du travail** Arbeitsmarktdaten

donner [dɔne] <1> I. vt ❶ ~ qc à qn jdm etw geben; *(offrir)* jdm etw schenken; *(céder)* jdm etw überlassen; ~ **la main à qn** jdm die Hand geben; ~ **son bras à qn** jdn unterhaken; ~ **un salaire à qn** jdm ein Gehalt/einen Lohn zahlen; ~ **sa fille en mariage à qn** jdm seine Tochter zur Frau geben; **jeunes chats à** ~ Kätzchen zu verschenken; **je vais te** ~ **ma grippe** du wirst dich bei mir mit Grippe anstecken; **ne pas** ~ **le temps à qn de faire qc** jdm keine Zeit lassen etw zu tun; **donne-toi un coup de peigne** kämm dich ein bisschen
❷ *(communiquer, indiquer)* ~ **son nom à qn** jdm seinen Namen nennen; ~ **de ses nouvelles** von sich hören lassen; **pourriez-vous me** ~ **l'heure?** können Sie mir sagen, wie viel Uhr es ist?; ~ **l'heure exacte** *montre:* die genaue Zeit anzeigen; **on a donné son nom à cette rue** die Straße wurde nach ihm/ihr benannt
❸ MUS angeben *note, ton*
❹ *(causer)* ~ **faim/soif** hungrig/durstig machen; **qc lui donne faim/soif** er/sie bekommt von etw Hunger/Durst; ~ **à qn la force de faire qc** jdm die Kraft verleihen etw zu tun; ~ **beaucoup de satisfaction à qn** jdn in höchstem Maß zufrieden stellen; ~ **la bise à qn** jdn mit Wangenkuss begrüßen; **qn/qc lui donne envie de faire qc** er/sie bekommt durch jdn/etw Lust etw zu tun; **qn/qc lui donne des maux de tête** er/sie bekommt wegen jdm/von etw Kopfschmerzen; **qc lui donne le vertige** ihm/ihr wird von etw schwind[e]lig; **ça lui donne chaud** davon wird ihm/ihr heiß
❺ *(conférer)* ~ **un air sévère à qn** *couleur:* jdn streng aussehen lassen
❻ *(attribuer)* ~ **qc à qn** jdm etw zuschreiben; ~ **de l'importance à qc** einer S. *(Dat)* Wichtigkeit beimessen; **quel âge me donnez-vous?** wie alt schätzen Sie mich?; **on ne lui donnerait jamais cet âge!** für so alt würde man ihn/sie nie halten!
❼ *(produire)* arbre: tragen; vigne: geben; recherches: ergeben; **ça ne donnera rien!** das führt doch zu nichts!; **je me demande ce que ça va** ~ ich frage mich, was dabei herauskommt *(fam)*
❽ *(faire faire)* aufgeben *devoirs*; ~ **aux élèves des devoirs à faire** den Schülern Hausaufgaben erteilen
❾ *(faire passer pour)* ~ **qc pour certain(e)** etw als sicher darstellen; ~ **qn perdant(e)** in jdm den Verlierer sehen
❿ *(échanger)* ~ **qc pour qc** etw für etw [her]geben
▶ ~ **à entendre à qn que qn a fait qc** jdm zu verstehen geben, dass jd etw getan hat; ~ **à penser** zu denken geben; **tout donne à penser que qn a fait qc** alles deutet darauf hin, dass jd etw getan hat; ~ **à réfléchir à qn** jdm zu denken geben; **qc n'est pas donné à qn** etw ist jdm nicht gegeben; **il n'est pas donné à qn de faire qc** es ist jdm nicht gegeben etw zu tun
II. vi ❶ *(s'ouvrir sur)* ~ **sur qc** *pièce, fenêtre:* auf etw *(Akk)* hingehen; *porte:* zu etw hinführen
❷ HORT tragen
❸ *(chauffer)* *soleil:* herunterscheinen
❹ *(frapper)* ~ **sur qc** gegen etw *(Akk)* stoßen; **la tête de l'enfant a donné contre la table** das Kind ist mit dem Kopf gegen den Tisch gestoßen
❺ *(être victime de)* ~ **dans un piège** in die Falle gehen
III. vpr ❶ *(se dévouer)* **se** ~ **à qn/qc** sich jdm/einer S. widmen
❷ *vieilli (faire l'amour)* **se** ~ **à qn** sich jdm hingeben
▶ **se la** ~ *fam* angeben, sich aufspielen *(fam)*

donneur, -euse [dɔnœʀ, -øz] m, f ❶ a. MED Spender(in) m(f); ~ **universel/donneuse universelle** Universalspender(in)
❷ CARTES [Karten]geber(in) m(f)
◆ ~ **(-euse) de foie** MED Leberspender(in) m(f); ~ **(-euse) d'organe** MED Organspender(in) m(f); ~ **(-euse) de rein** MED Nierenspender(in) m(f); ~ **(-euse) de sang** Blutspender(in) m(f); ~ **(-euse) de cœur** MED Herzspender(in) m(f)

dont [dɔ̃] *pron rel* ❶ *compl d'un substantif* dessen, deren; **cet acteur,** ~ **le dernier film...** dieser Schauspieler, dessen letzter Film ...; **les enfants de la mère travaille** die Kinder, deren Mutter berufstätig ist
❷ *compl d'un verbe* dessen, deren, von/aus/mit dem, von/aus/mit der, von/aus/mit denen, an/auf den, an/auf das, an/auf die; **les moyens** ~ **tu te sers** die Mittel, deren du dich bedienst; **la femme** ~ **vous me parlez** die Frau, von der Sie sprechen; **la famille** ~ **elle sort** die Familie, aus der sie stammt; **cet enfant** ~ **vous étiez si fier** dieses Kind, auf das Sie so stolz waren
❸ *(partie d'un tout)* von denen; **cet accident a fait six victimes,** ~ **deux enfants** dieser Unfall forderte sechs Opfer, darunter zwei Kinder

donzelle [dɔ̃zɛl] *f iron, péj* launisches Weib *nt (pej fam)*
dopage [dɔpaʒ] *m* Doping *nt*
dopamine [dɔpamin] *f* MED Dopamin *nt*
dopant [dɔpɑ̃] *m* Aufputschmittel *nt*; SPORT Dopingmittel
dopant(e) [dɔpɑ̃, ɑ̃t] *adj* **produit** ~ Aufputschmittel *nt*; SPORT Dopingmittel
dope [dɔp] *f fam* Dope *nt (fam)*
doper [dɔpe] <1> I. vt ❶ SPORT *(stimuler)* aufputschen, dopen; **être dopé(e)** *athlète:* gedopt sein
❷ *fig* **être dopé(e)** *budget:* gesteigert sein; *produit:* verbessert sein
II. vpr **se** ~ Aufputschmittel nehmen; SPORT sich dopen
doping [dɔpiŋ] *m* Doping *nt*; **soupçon de** ~ Dopingverdacht *m*
dorade *v.* **daurade**
doré(e) [dɔʀe] *adj* ❶ vergoldet; **cadre** ~ Goldrahmen *m*
❷ *blés, lumière* golden; *pain, gâteau* goldbraun; *peau* gebräunt
❸ *(agréable)* golden; **une prison** ~**e** ein goldener Käfig
dorénavant [dɔʀenavɑ̃] *adv* von jetzt [o nun] an
dorer [dɔʀe] <1> I. vt ❶ vergolden
❷ *(colorer)* golden färben *moissons*; bräunen *peau*
❸ GASTR mit Eigelb bestreichen *gâteau*
II. vi GASTR knusprig braun werden; **faire** ~ **qc** etw knusprig braun braten
III. vpr **se faire** ~ **au soleil** sich in der Sonne bräunen lassen
doreur, -euse [dɔʀœʀ, -øz] *m, f* Vergolder(in) *m(f)*
dorique [dɔʀik] *adj* dorisch
dorloter [dɔʀlɔte] <1> vt verwöhnen *(a. pej)*, verhätscheln *(pej)*
dormant [dɔʀmɑ̃] *m d'une fenêtre, porte* Rahmen *m*
dormant(e) [dɔʀmɑ̃, ɑ̃t] *adj* **eau** ~**e** stehendes Gewässer
dormeur, -euse [dɔʀmœʀ, -øz] *m, f* ❶ Schläfer(in) *m(f)*
❷ *(qui dort beaucoup)* Langschläfer(in) *m(f)*
dormir [dɔʀmiʀ] <irr> vi ❶ schlafen; ~ **bien/mal/paisiblement** gut/schlecht/ruhig schlafen
❷ *(être négligé)* *capitaux, richesses minières.* brachliegen; *dossier, réclamations, affaire:* [unbearbeitet] liegen bleiben
❸ *(être calme, sans bruit)* *maison, nature:* ruhig sein; **tout dort** alles ist ruhig
▶ **qui dort dîne** *prov* ≈ Schlaf ersetzt eine Mahlzeit; **ça ne l'empêche pas de** ~ *fam* das juckt ihn/sie überhaupt nicht *(fam)*; ~ **sur son travail** bei der Arbeit fast einschlafen *(fam)*; **je n'en dors plus** das bringt mich um den Schlaf
dorsal(e) [dɔʀsal, o] <-aux> *adj* Rücken-, dorsal *(Fachspr.)*; **les muscles dorsaux** die Rückenmuskulatur
dorsalgie [dɔʀsalʒi] *f* ANAT, MED Rückenschmerz *m*, Dorsalgie *f (Fachspr.)*
dortoir [dɔʀtwaʀ] *m* Schlafsaal *m*
dorure [dɔʀyʀ] *f* ❶ Vergoldung *f*; *(couche)* Goldschicht *f*; **d'un livre** Goldschnitt *m*
❷ *(art)* Vergolden *nt*
doryphore [dɔʀifɔʀ] *m* Kartoffelkäfer *m*
dos [do] *m* ❶ Rücken *m*; **avoir le** ~ **tourné à qn/qc** jdm/etw den Rücken gekehrt haben; **faire le gros** ~ *animal:* einen Buckel machen; *personne:* den Kopf einziehen; **à** ~ **d'âne** auf einem Esel
❷ *d'une chaise* Lehne *f*; *d'un couteau, livre, vêtement* Rücken *m*; *de la main* Handrücken *m*; *d'un papier écrit* Rückseite *f*; **vu(e) de** ~ von hinten gesehen
▶ **ne pas y aller avec le** ~ **de la cuillère** *fam* jdn/etw nicht mit Glacéhandschuhen anfassen *(fam)*; **ne pas manger avec le** ~ **de la cuillère** *fam* reinhauen *(fam)*; **avoir bon** ~ *fam* herhalten müssen; **j'ai bon** ~ **!** mit mir könnt ihr's ja machen! *(fam)*; **ça fait froid dans le** ~ da läuft es einem kalt den Rücken hinunter; **en avoir plein le** ~ *fam* die Nase voll haben *(fam)*; **n'avoir rien à se mettre sur le** ~ *fam* nichts anzuziehen haben *(fam)*; **être sur le** ~ **de qn** *fam* ständig auf jdm herumhacken *(fam)*; **faire qc dans le** ~ **de qn** etw hinter jds Rücken *(Dat)* tun; **faire qc sur le** ~ **de qn** etw auf jds Kosten *(Akk)* tun; **se mettre qn à** ~ es sich *(Dat)* mit jdm verderben; **se mettre qc sur le** ~ sich *(Dat)* etw aufladen; **tirer dans le** ~ **de qn** jdn hinterrücks erschießen; *fig* jdm in den Rücken fallen
DOS [dɔs] *abr de* **Disc Operating System** DOS
dosage [dozaʒ] *m a. fig* Dosierung *f*
dos d'âne [dodɑn] *m inv* Bodenwelle *f*
dose [doz] *f* ❶ PHARM, MED Dosis *f*; ~ **de vitamines** Vitamindosis; ~ **limite** Grenzdosis; ~ **mortelle** tödliche Dosis, Letaldosis *(Fachspr.)*; ~ **partielle** Teilkörperdosis; ~ **simple** Einzeldosis; ~ **totale** Ganzkörperdosis, Gesamtdosis; **à faible/haute** ~ in niedriger/hoher Dosierung
❷ GASTR Menge *f*; **trois** ~**s de farine pour une** ~ **de sucre** drei Teile Mehl auf einen Teil Zucker
▶ **une bonne** ~ **de courage** eine gehörige Portion Mut; **par petites** ~**s** in kleinen Dosen; **j'en ai ma** ~ *fam* mein Bedarf ist gedeckt *(fam)*; **forcer la** ~ es zu weit treiben
doser [doze] <1> vt ❶ PHARM dosieren *médicament*; abmessen *ingrédients*; mischen *cocktail*
❷ *(mesurer)* gut dosieren; ~ **ses efforts** mit seinen Kräften haushalten
doseur [dozœʀ] *m* Dosierhilfe *f*; GASTR Messbecher *m*
dossard [dosaʀ] *m* Startnummer *f*
dossier [dosje] *m* ❶ *(appui pour le dos)* [Rücken]lehne *f*
❷ *(classeur)* [Akten]ordner *m*
❸ ADMIN Akte *f*, Akten *Pl*, Akt *m (A)*; JUR Dossier *nt*, Akte; **constituer un** ~ eine Akte [o einen Akt *A*] anlegen; ~ **de candidature** Bewerbungsunterlagen *Pl*; ~ **d'enquête** Ermittlungsakte *f*; ~ **d'infor-**

mation Informationsmappe *f*; Infomappe *(fam)*; ~ **médical** Krankenblatt *nt*; ~ |de| **retraite** Rentenunterlagen *Pl*
▶ **un ~ brûlant** eine hoch brisante Affäre
◆ **~s d'affaires** geschäftliche Unterlagen; **~ de droit public** JUR öffentlich-rechtliche Akte *(Fachspr.)*; **~ de première instance** JUR erstinstanzliche Akte *f (Fachspr.)*; **~ de presse** Pressespiegel *m*

dot [dɔt] *f* Aussteuer *f*, Mitgift *f*; **apporter qc en ~ à qn** etw in die Ehe mit jdm einbringen

dotation [dɔtasjɔ̃] *f* ❶ *(action)* **~ en qc** Zuteilung *f* von etw, Ausstattung *f* mit etw; **~ en capital** Kapitalausstattung *f*
❷ ADMIN *d'un établissement d'utilité publique* finanzielle Ausstattung *f*
❸ HIST *(revenu)* Dotation *f*
❹ JUR *(traitement)* Bezüge *Pl*

doté(e) [dɔte] *adj* **être ~(e) de qc** *machine:* mit etw ausgestattet sein; *personne:* etw haben; **être ~(e) d'une grande intelligence** sehr intelligent sein

doter [dɔte] <1> I. *vt* ❶ **~ qn** jdm eine Aussteuer mitgeben
❷ *(attribuer)* ausstatten; dotieren *concours*; **~ qc d'un million d'euros** etw mit einer Million Euro ausstatten [*o* dotieren]
II. *vpr* **se ~ de qc** *pays, groupe:* sich *(Dat)* etw zulegen

douairière [dwɛʀjɛʀ] *f péj* stinkreiche Alte *f (pej sl)*

douane [dwan] *f* ❶ *(administration)* Zoll *m*, Zollbehörde *f*; **être employé(e) à la ~** [*o* **aux ~s**] beim Zoll arbeiten; **inspecteur(-trice) des ~s** Zollfahnder(in) *m(f)*
❷ *(poste)* Zoll *m*, Zollstation *f*, Zollstelle *f*, Zollgrenze *f*; **passer à la ~** den Zoll passieren; **être saisi(e) en ~** vom Zoll beschlagnahmt werden; **en** [*o* **sous**] **~** unter Zollverschluss
❸ *(droit)* [Waren]zoll *m*, Zollgebühren *Pl*; **être exempté(e) de ~** zollfrei sein

douanier, -ière [dwanje, -jɛʀ] I. *adj* Zoll-
II. *m, f* Zollbeamte(r) *m*/-beamtin *f*, Zöllner(in) *m(f) (fam)*

doublage [dublaʒ] *m* ❶ *d'un acteur* Doubeln *nt*; *d'un film* Synchronisation *f*
❷ *d'une étoffe* Unterlegen *nt*; *d'un vêtement* Füttern *nt*

doublant(e) *v.* **redoublant**

double [dubl] I. *adj* ❶ doppelt, zweifach; **~ porte/vie/agent/meurtre** Doppeltür *f*/-leben *nt*/-agent *m*/-mord *m*; **~ personnalité** gespaltene Persönlichkeit
❷ JUR **~ compétence** Doppelzuständigkeit *f*; **~ sanction** Doppelsanktion *f*; **~ autorisation de brevets** Doppelpatentierung *f*
II. *adv compter, voir* doppelt; **payer ~ qc** den doppelten Preis für etw bezahlen
III. *m* ❶ *(quantité)* Doppelte(s) *nt*; **il a mis le ~ de temps** er hat doppelt so viel Zeit gebraucht
❷ *(copie)* Kopie *f*, Duplikat *nt*; *(écrit à la main)* Abschrift *f*; *(écrit au carbone)* Durchschlag *m*; **un ~ de clé** ein Zweitschlüssel *m*
❸ *(exemplaire identique)* Dublette *f*; *(personne)* Doppelgänger(in) *m(f)*; **en ~** doppelt
❹ SPORT Doppel *nt*; **~ mixte** gemischtes Doppel; **~ dames/messieurs** Damendoppel/Herrendoppel *nt*

doublé [duble] *m* ❶ CHASSE Dublette *f*; SPORT Doppelerfolg *m*; **le ~ coupe-championnat** das Double
❷ ART **un bracelet en ~ or** ein Armband aus Golddublee

doublé(e) [duble] *adj* ❶ *vêtement* gefüttert; **un manteau ~ de fourrure** ein pelzgefütterter Mantel
❷ *acteur* gedoubelt; *film* synchronisiert

double-clic [dublǝklik] <doubles-clics> *m* INFORM Doppelklick *m*

double-cliquer [dublǝklike] *vi* doppelt klicken; **~ sur le bouton gauche de la souris** mit der linken Maustaste doppelt klicken

double-commande [dublǝkɔmɑ̃d] <doubles-commandes> *f* ❶ *(dans un avion)* Doppelsteuerung *f*; *(dans une voiture)* doppelte Pedalerie **double-corde** [dublǝkɔʀd] <doubles-cordes> *f* MUS Doppelgriff *m* **double-crème** [dublǝkʀɛm] <doubles-crèmes> *f* Doppelrahmfrischkäse *m* **double-croche** [dublǝkʀɔʃ] <doubles-croches> *f* MUS Sechzehntelnote *f* **double-fenêtre** [dublǝ(ǝ)nɛtʀ] <doubles-fenêtres> *f* Doppelfenster *nt* **double-fond** [dublǝfɔ̃] <doubles-fond> *m* doppelter Boden

doublement [dublǝmɑ̃] I. *adv* doppelt
II. *m* ❶ Verdoppelung *f*; *(élargissement) d'une voie* Verbreiterung *f*
❷ SCOL Sitzenbleiben *nt (fam)*; *d'une classe* Klassenwiederholung *f*

Double-Monarchie [dublǝmɔnaʀʃi] *f* Doppelmonarchie *f*

doubler [duble] <1> I. *vt* ❶ *(multiplier par deux)* verdoppeln; **~ sa cadence** schneller machen; **~ le pas** schneller gehen
❷ *(mettre en double)* doppelt nehmen *fil, papier*
❸ *(garnir intérieurement)* **~ de** [*o* **avec**] **qc** mit etw füttern *vêtement*; mit etw ausschlagen *boîte*; mit etw verstärken *paroi*
❹ BELG *(redoubler)* wiederholen *classe*
❺ CINE doubeln *acteur*; synchronisieren *film*
❻ *(remplacer) acteur:* einspringen für
❼ *(dépasser)* überholen *véhicule*; **se faire ~** überholt werden
❽ *fam (tromper)* übers Ohr hauen *(fam)*
II. *vi (être multiplié par deux) nombre, prix:* sich verdoppeln; **~ de valeur** seinen Wert verdoppeln; **~ de vitesse** sein Tempo verdop-

peln
III. *vpr* **se ~ de qc** mit etw einhergehen

doublet [dublɛ] *m* LING Dublette *f*

double-toit [dublǝtwa] <doubles-toits> *m* ❶ doppeltes Dach *nt*
❷ *(partie d'une tente)* Überzelt *nt*, Außenzelt **double-vitrage** [dublǝvitʀaʒ] *m* Doppelfenster *nt*

doublure [dublyʀ] *f* ❶ *d'un vêtement* Futter *nt*; **~ de la/de jupe** Rockfutter; **~ du/de manteau** Mantelfutter
❷ CINE Double *nt*; THEAT zweite Besetzung

douce *v.* **doux**

douce-amère [dusamɛʀ] <douces-amères> I. *adj v.* **doux-amer**
II. *f* BOT Bittersüß *m*

douceâtre [dusɑtʀ] *adj* süßlich

doucement [dusmɑ̃] I. *adv* ❶ *(avec précaution)* sacht[e]; *(sans bruit)* leise; *(avec délicatesse)* behutsam; *(faiblement)* schwach; **y aller ~** behutsam vorgehen
❷ *(graduellement) descendre, monter* allmählich; **appuyer ~** mit Gefühl
❸ *(médiocrement)* mittelmäßig; **ça va tout ~** na, es geht so einigermaßen
▶ **ça me fait ~ rigoler** *fam* dass ich nicht lache! *(fam)*
II. *interj* **~ !** immer mit der Ruhe!, sachte! *(fam)*; *(avec précaution)* Vorsicht!

doucereux, -euse [dusʀø, -øz] *adj vieilli manières, personne* übertrieben freundlich, scheinheilig

doucette [dusɛt] *f* Feldsalat *m*

doucettement [dusɛtmɑ̃] *adv partir* gemächlich, in aller Ruhe

douceur [dusœʀ] *f* ❶ *d'une peau* Geschmeidigkeit *f*; *d'un fruit* Süße *f*; *de la lumière, température* Milde *f*; *d'une musique* Wohlklang *m*; **en ~** sachte, behutsam; **se passer en ~** reibungslos ablaufen; **un atterrissage en ~** eine weiche Landung
❷ *(sentiment) d'un caractère* Sanftmut *f*; *de la vie* Annehmlichkeiten *Pl*; **se laisser aller à la ~ de vivre** die angenehmen Seiten des Lebens genießen
❸ *gén pl (friandises)* Süßigkeiten *Pl*; *(plat sucré)* Süßspeise *f*
❹ *pl (amabilités)* Schmeicheleien *Pl*
▶ **prendre qn par la ~** es mit jdm auf die sanfte Art versuchen

douche [duʃ] *f* ❶ Dusche *f*; **passer sous la** [*o* **prendre une**] **~** [sich] duschen, duschen [*o* unter die Dusche] gehen
❷ MED **~ nasale** Nasenspülung *f*
▶ **prendre une bonne ~** *fam* eine ordentliche Dusche abbekommen *(fam)*; **recevoir une bonne ~** *fam* ganz schön was zu hören bekommen *(fam)*; **~ écossaise** Wechselbad *nt*; **avoir besoin d'une ~** *fam* eine Kopfwäsche nötig haben *(fam)*; **quelle ~ !** das war wie eine kalte Dusche!

doucher [duʃe] <1> I. *vt* ❶ [ab]duschen
❷ *(décevoir)* dämpfen *enthousiasme*; **~ qn/qc** wie eine kalte Dusche auf jdn/etw wirken
II. *vpr* **se ~** [sich] duschen

douchette [duʃɛt] *f* Handbrause *f*

doudou [dudu] *m enfantin fam* ❶ *(pièce de tissus)* Kuscheltuch *nt*; *(peluche)* Kuscheltier *nt (fam)*, Schmusetier *nt (fam)*; *(coussin)* Knuddelkissen *nt (fam)*, Kuschelkissen *nt (fam)*, Schmusekissen *nt (fam)*
❷ *(en créole antillais)* weibliche Schönheit *f* (von den Antillen)

doudoune [dudun] *f* Daunenjacke *f*

doué(e) [dwe] *adj* begabt; **être ~(e) de/pour qc** mit/für etw begabt sein; **être ~(e) de raison** vernunftbegabt sein
▶ **tu es ~(e), toi!** *iron fam* das hast du ja fein hingekriegt! *(fam)*

douer [due] <1> *vt* **~ qn de qc** jdn mit etw ausstatten

douille [duj] *f* ❶ TECH Tülle *f*; *d'une cartouche* Hülse *f*
❷ ELEC Fassung *f*
◆ **~ à baïonnette** Bajonettverschluss *m*; **~ à vis** Schraubverschluss *m*

douiller [duje] <1> *vi arg* **ça douille/va ~ !** da heißt es Zahlemann und Söhne! *(hum fam)*

douillet(te) [dujɛ, jɛt] *adj* ❶ *(sensible)* zimperlich, *(pleurnicheur)* wehleidig
❷ *(confortable) logis, nid, lit* gemütlich, behaglich

douillettement [dujɛtmɑ̃] *adv* behaglich, gemütlich; **élever un enfant trop ~** ein Kind zu sehr verweichlichen

douleur [dulœʀ] *f* ❶ *(physique)* Schmerz *m*; *(brûlure)* Brennen *nt*; **de ~** vor Schmerz[en] *(Dat)*; **~s abdominales** [*o* **au bas-ventre**] Unterleibsbeschwerden *Pl*; **~s cardiaques/rhumatismales** Herz-/Rheumaschmerzen *Pl*; **avoir des ~s musculaires** Muskelschmerzen haben; **pouvoir supporter la ~** Schmerzen aushalten können; **~s chroniques** chronische Schmerzen; **patient(e) souffrant de ~s chroniques** Schmerzpatient(in) *m(f)*; **thérapie contre les ~s chroniques** Schmerztherapie *f*
❷ *(moral)* Schmerz *m*, Leid *nt*; **de ~** vor Schmerz *(Dat)*; **c'est avec une profonde ~ que nous avons appris la mort de Monsieur Muller** mit tiefer Trauer haben wir die Nachricht von Herrn Müllers Tod erfahren; **partager la ~ de qn** jds Schmerz teilen; **être sensible à la ~ de qn** mit jdm [mit]fühlen; **avoir la ~ de faire qc**

doute	
exprimer un doute	**Zweifel ausdrücken**
Je n'en suis pas très sûr(e).	Ich bin mir da nicht so sicher.
J'ai du mal à le croire.	Es fällt mir schwer, das zu glauben.
Je ne le crois pas vraiment.	Das kaufe ich ihm nicht ganz ab. *(fam)*
Je ne peux pas vraiment y croire.	So ganz kann ich da nicht dran glauben.
Je ne sais pas trop.	Ich weiß nicht so recht.
Il est (plus que) douteux que la campagne atteigne les objectifs souhaités.	Ob die Kampagne die gewünschten Ziele erreichen wird, **ist (mehr als) zweifelhaft.**
Je ne pense pas que nous l'aurons fini(e) cette semaine.	Ich glaube kaum, dass wir noch diese Woche damit fertig werden.

etw mit Schmerz/Trauer tun; **~ de la séparation** Trennungsschmerz ❸ *gén pl (douleur lors de l'accouchement)* Wehe *f*; **~ expulsive** Presswehe; **être dans les ~s** in den Wehen liegen
douloureuse [duluʀøz] *f fam* Rechnung *f*
douloureusement [duluʀøzmɑ̃] *adv* ❶ *(physique)* vor Schmerzen ❷ *(moral)* schmerzlich; **très ~ schmerzvoll** *(geh)*
douloureux, -euse [duluʀø, -øz] *adj* ❶ *blessure, opération, maladie* schmerzhaft; *partie du corps* schmerzend ❷ *souvenir, événement* schmerzlich; *regard* schmerzerfüllt; **très ~ schmerzvoll** *(geh)*
▶ **un réveil ~** ein böses Erwachen
doute [dut] *m* Zweifel *m*; **il n'y a aucun ~ que qn a fait qc** es besteht gar kein Zweifel daran, dass jd etw getan hat; **laisser qn dans le ~** jdn im Zweifel lassen; **ne laisser aucun ~ sur qc** keinen Zweifel an etw *(Dat)* lassen; **avoir des ~s** [*o* **un ~**] **au sujet de qc** Zweifel an etw *(Dat)* hegen
▶ **dans le ~, abstiens-toi!** *prov* halte dich im Zweifelsfalle heraus!; **le ~ l'envahit** ihm/ihr kommen Zweifel; **mettre qc en ~** etw in Zweifel ziehen; **être hors de ~** außer Zweifel stehen; **sans ~ que qn a fait qc** wahrscheinlich hat jd etw getan; **sans aucun** [*o* **nul**] **~** zweifellos [*o* ganz bestimmt]; **sans aucun ~!** sicher!
douter [dute] <1> I. *vi* ❶ *(être incertain)* **~ de qc** an etw *(Dat)* zweifeln; **~ que qn ait fait qc** bezweifeln, dass jd etw getan hat; **ne pas ~ que qn va venir** [*o* **vienne**] nicht daran zweifeln, dass jd kommt; **ceux qui doutent** die Zweifler
❷ *(se méfier)* **~ de qn/qc** jdm/etw misstrauen
▶ **à n'en pas ~** ohne jeden Zweifel; **ne ~ de rien** *iron* vor nichts zurückschrecken *(iron)*
II. *vpr (pressentir)* **se ~ de qc** etw ahnen, etw vermuten; **se ~ que qn a fait qc** sich *(Dat)* denken können, dass jd etw getan hat; **je m'en doute** das kann ich mir denken; **être loin de se ~ de qc** etw nicht im Entferntesten ahnen
douteux, -euse [dutø, -øz] *adj* ❶ *issue, résultat, origine* ungewiss; *sens* nicht eindeutig; **il est ~ que qn ait fait qc** es ist fraglich, ob jd etw getan hat; **il n'est pas ~ que qn ait** [*o* **a**] **fait qc** es steht außer Frage, dass jd etw getan hat
❷ *péj goût, mœurs* zweifelhaft *(pej)*, fragwürdig *(pej)*; *vêtement* unsauber
douve [duv] *f* ❶ *(fossé) d'un château* Wassergraben *m*
❷ *(planche) de fonds* Daube *f*
doux [du] *m (temps)* milde Witterung
doux, douce [du, dus] I. *adj* ❶ *(au toucher)* weich; **un enfant à la peau douce** ein zarthäutiges Kind ❷ *(au goût) fruit, saveur* süß; *piment* edelsüß; *vin* lieblich; *moutarde* Delikatess-; *tabac* mild; *drogue* weich ❸ *(à l'oreille) voix* sanft; *consonne* weich; *accents, musique* melodisch ❹ *(à la vue) couleur, lumière* weich ❺ *(à l'odorat) odeur, parfum* lieblich ❻ *(clément) climat, temps* mild ❼ *(gentil, patient) personne* freundlich, geduldig ❽ *(modéré) peine* mild; *croissance* allmählich; *fiscalité* maßvoll; *gestes* ruhig; *pente* sanft; **à feu ~** auf kleiner Flamme ❾ *(agréable) vie, souvenir, visage* angenehm, schön; *espoir* zart; *caresse* zärtlich
▶ **se la couler douce** *fam* eine ruhige Kugel schieben *(fam)*, chillen *(fam)* II. *adv* ▶ **filer ~** *fam* spuren *(fam)*; **ça va tout ~ fam** es geht so lala *(fam)*; **en douce** *fam* klammheimlich *(fam)*
doux-amer, douce-amère [duzamɛʀ, dusamɛʀ] <doux--amers> *adj* bittersüß
douzaine [duzɛn] *f* ❶ Dutzend *nt*; **une ~ d'œufs** ein Dutzend Eier; **à la ~** im Dutzend; *(en grande quantité)* dutzendweise
❷ *(environ douze)* **une ~ de personnes/choses** etwa [*o* ungefähr] zwölf Personen/Dinge
douze [duz] I. *num* ❶ zwölf ❷ *(dans l'indication de l'âge, la durée)* **avoir/avoir bientôt ~ ans** zwölf [Jahre alt] sein/werden; **enfant de ~ ans** Zwölfjährige(r) *f(m)*; **période de ~ ans** Zeitraum *m* von zwölf Jahren ❸ *(dans l'indication de l'heure)* **à/vers ~ heures** um/gegen zwölf [Uhr] ❹ *(dans l'indication de la date)* **le ~ mars** geschrieben: **le 12 mars** der zwölfte März écrit: der 12. März ❺ *(dans l'indication de l'ordre)* **arriver ~ ou treizième** als Zwölfte(r) oder Dreizehnte(r) kommen ❻ *(dans les noms de personnages)* **Pie ~** geschrieben: **Pie XII** Pius der Zwölfte écrit: Pius XII.
II. *m inv* ❶ Zwölf *f* ❷ *(numéro)* Nummer *f* zwölf, Zwölf *f* ❸ TRANSP **le ~** die Linie [*o* Nummer] zwölf, die Zwölf *(fam)* ❹ JEUX Zwölf *f* ❺ SCOL **avoir ~** [**sur vingt**] ≈ eine Drei haben
III. *f (table, chambre ... numéro douze)* Zwölf *f*; *v. a.* **cinq**
douzième [duzjɛm] I. *adj antéposé* zwölfte(r, s)
II. *mf* **le/la ~** der/die/das Zwölfte
III. *m* ❶ *(fraction)* Zwölftel *nt*
❷ *(étage)* zwölfter Stock
❸ *(arrondissement)* zwölftes Arrondissement; *v. a.* **cinquième**
downloader [dɔnlode] *vt* INFORM herunterladen, downloaden *(Fachspr.)*
doyen(ne) [dwajɛ̃, jɛn] *m(f)* ❶ Älteste(r) *f(m)*; **la ~ne des Français** die älteste Französin; **le ~ [d'âge] de l'Assemblée nationale** der Alterspräsident der Nationalversammlung
❷ UNIV Dekan(in) *m(f)*
D.P.L.G. [depeɛlʒe] *adj abr de* **diplômé par le gouvernement** staatlich geprüft
Dr *abr de* **docteur** Dr.
drache [dʀaʃ] *f* BELG *(averse)* heftiger Regen *m*, Wolkenbruch *m*
drachme [dʀakm] *f* HIST *(monnaie)* Drachme *f*
draconien(ne) [dʀakɔnjɛ̃, jɛn] *adj* drakonisch
drag [dʀag] *f abr de* **drag-queen** Drag-Queen *f*
dragage [dʀagaʒ] *m d'une rivière* Ausbaggern *nt*; *des mines* Räumung *f*
dragée [dʀaʒe] *f* ❶ *(friandise)* Dragee *nt*, dragierte Mandel *f*
❷ PHARM Dragee *nt*
▶ **tenir la ~ haute à qn** jdn hinhalten [*o* zappeln lassen *fam*]
dragéifier [dʀaʒeifje] <1a> *vt* dragieren; **être dragéifié(e)** comprimé: dragiert sein
dragon [dʀagɔ̃] *m* ❶ MYTH Drache *m*
❷ MIL Dragoner *m*
❸ *(pays d'Asie)* Tigerstaat *m*
dragonne [dʀagɔn] *f d'une épée* Quaste *f*; *d'un parapluie, bâton de ski* Schlaufe *f*
drag-queen [dʀagkwin] <drag-queens> *f* Drag-Queen *f*
drague [dʀag] *f* ❶ *(filet)* Schleppnetz *nt*
❷ *(appareil)* Schwimmbagger *m*
❸ *fam (racolage)* Anmache *f (fam)*
draguer [dʀage] <1> I. *vt* ❶ *(pêcher)* mit dem Schleppnetz fangen
❷ *(dégager)* ausbaggern *chenal, sable;* räumen *mines*
❸ *fam (racoler)* anmachen *(fam)*, anbaggern *(fam)*, anbandeln mit (ʌ *fam)*; **se faire ~** angemacht werden *(fam)*; *(chercher l'aventure)* sich abschleppen lassen *(fam)*
II. *vi fam (racoler)* baggern *(fam)*, sich anmachen [*o* abschleppen] lassen *(fam)*
dragueur [dʀagœʀ] *m* ❶ *fam (personne)* Junge/Mann, der auf Liebesabenteuer aus ist; Aufreißer *m (sl)*
❷ *(navire)* Baggerschiff *nt*
◆ **~ de mines** Minenräumboot *nt*, Minensuchboot
dragueuse [dʀagøz] *f fam* Mädchen *nt*/Frau *f* auf Männerfang;

Mädchen, das/Frau, die auf Liebesabenteuer aus ist; Aufreißerin *f (sl)*
drain [dʀɛ̃] *m* MED Drain *m*
drainage [dʀɛnaʒ] *m* ❶ MED Drainage *f*, Dränage *f*
❷ AGR Dränage *f*, Entwässerung *f*
❸ *de capitaux* Zusammenziehung *f*
drainer [dʀene] <1> *vt* ❶ MED drainieren, dränieren
❷ AGR dränieren, entwässern
❸ *(rassembler)* zusammenziehen *capitaux*; anziehen *clientèle, main-d'œuvre*
drakkar [dʀakaʀ] *m* Drachenschiff *nt*; ~ **des vikings** Wikingerschiff *nt*
dramatique [dʀamatik] **I.** *adj* ❶ THEAT **l'art** ~ die Schauspielkunst; **un spectacle** ~ ein Theater-/Bühnenstück; **le genre** ~ das Drama
❷ *(émouvant) histoire, récit* dramatisch
II. *f* TV Fernsehspiel *nt*
dramatiquement [dʀamatikmɑ̃] *adv* dramatisch
dramatisation [dʀamatizasjɔ̃] *f* Dramatisierung *f*
dramatiser [dʀamatize] <1> *vt, vi* dramatisieren; **il ne faut pas ~ cet incident** es besteht kein Grund diesen Vorfall zu dramatisieren
dramaturge [dʀamatyʀʒ] *mf* Bühnenautor(in) *m(f)*, Theaterautor(in)
drame [dʀam] *m* ❶ *(pièce)* Drama *nt*, Schauspiel *nt*; ~ **historique** Geschichtsdrama
❷ *(événement)* Drama *nt*; **faire un ~ de qc** ein Drama aus etw machen; **tourner au ~** tragisch ausgehen
drap [dʀa] *m* ❶ *de lit* Bettlaken *nt*; **changer les ~s** die Betten frisch beziehen; ~ **de** [*o* **en**] **toile** Leinenlaken
❷ TEXTIL angerauter Wollstoff
❸ BELG *(serviette)* Handtuch *nt*
▸ **être dans de beaux ~s** *fam* in der Tinte sitzen *(fam)*; **nous voilà dans de beaux ~s!** *fam* jetzt haben wir die Bescherung! *(fam)*
◆ ~ **de bain** Badetuch *nt*; BELG *(grande serviette éponge)* großes Frotteetuch; ~ **de maison** BELG *(torchon)* Tuch *nt*
drapé [dʀape] *m* Faltenwurf *m*
drapeau [dʀapo] <x> *m* Fahne *f*, Flagge *f*; ~ **de l'association** Vereinsfahne; ~ **européen/national** Europa-/Nationalflagge; ~ **tricolore** Trikolore *f*
▸ **être appelé(e) sous le ~x** zum Militärdienst einberufen werden; **être sous les ~x** bei der Armee sein
draper [dʀape] <1> **I.** *vt* ❶ ~ **qc/qn de qc** etw/jdn mit etw umhüllen
❷ drapieren *étoffe*; **une robe au bustier drapé** ein Kleid mit gerafftem Oberteil
II. *vpr* ❶ **se ~ dans une cape** sich in einen Umhang hüllen
❷ *fig* **se ~ dans sa dignité** sich auf seinen Stolz zurückziehen; **se ~ dans le silence** sich in Schweigen *(Akk)* hüllen
draperie [dʀapʀi] *f* ❶ *(tenture)* Stoffbehang *m*; COM Dekorationsstoff *m*
❷ *(fabrique)* Tuchfabrik *f*
drap-housse [dʀa] <draps-housses> *m* Spann[bett]laken *nt*
drapier, -ière [dʀapje, -jɛʀ] **I.** *adj* **ouvrier ~** Arbeiter *m* in der Tuchfabrik
II. *m, f (fabricant)* Tuchfabrikant(in) *m(f)*; *(artisan)* Tuchmacher(in) *m(f) (veraltet)*; *(marchand)* Tuchhändler(in) *m(f) (veraltet)*
drastique [dʀastik] *adj purgatif, mesure* drastisch
drave [dʀav] *f* CAN *(flottage du bois)* Flößerei *f*
draver [dʀave] <1> *vi* CAN *(flotter)* flößen
draveur [dʀavœʀ] *m* CAN *(flotteur)* Flößer *m*
drawback [dʀobak] *m* ECON Zollrückvergütung *f*
dreadlocks [dʀɛdlɔks] *fpl* Dreadlocks *Pl*, Rastalocken *Pl*
drépanocytose [dʀepanɔsitoz] *f* MED Sichelzellenanämie *f*
Dresde [dʀɛsd] Dresden *nt*
dressage [dʀesaʒ] *m* ❶ *d'un animal* Dressur *f*; *péj d'un enfant* Drill *m (pej)*
❷ *d'un échafaudage* Aufbau *m*; *d'une tente* Aufschlagen *nt*
dresser [dʀese] <1> **I.** *vt* ❶ *(établir)* aufstellen *bilan*; zeichnen *carte, plan*; auflisten *inventaire*; aufstellen *liste*; erteilen *procuration*; ausstellen *procès-verbal, contravention*; ~ **un acte d'accusation contre qn** gegen jdn Anklage erheben
❷ *(ériger)* errichten *barrière, monument*; aufbauen *échafaudage*; aufschlagen *tente*
❸ *(lever)* heben *menton, tête*; spitzen *oreilles*
❹ *(disposer)* anrichten *plat*; aufstellen *piège*; schmücken *autel*; ~ **la table** den Tisch decken
❺ *(dompter)* dressieren *animal*; abrichten *chien*, *péj* drillen *(pej) enfant, soldat*; **j'arriverai bien à te ~** *fam* ich werde dich schon kleinkriegen *(fam)*; **le chien est dressé à attaquer** der Hund ist auf den Mann dressiert
❻ *(mettre en opposition)* ~ **qn contre qn/qc** jdn gegen jdn/etw aufwiegeln

II. *vpr* ❶ *(se mettre droit)* sich aufrichten; **se ~ sur la pointe des pieds** sich auf die Zehenspitzen stellen; **se ~ sur ses pattes de derrière** sich auf die Hinterbeine/-pfoten stellen
❷ *(s'élever) bâtiment, statue*: sich erheben; **ses cheveux se dressèrent sur sa tête** die Haare standen ihm/ihr zu Berge
❸ *(s'insurger)* **se ~ contre qn/qc** sich gegen jdn/etw auflehnen
dresseur, -euse [dʀesœʀ, -øz] *m, f* Dresseur(in) *m(f)*; *fig* Zuchtmeister(in) *m(f) (veraltet)*
dressoir [dʀeswaʀ] *m* Anrichte *f*
drève [dʀɛv] *f* NORD, BELG *(allée carrossable bordée d'arbres)* Allee *f*
dreyfusard(e) [dʀefyzaʀ, aʀd] HIST **I.** *adj* Dreyfus-
II. *m(f)* Dreyfus-Anhänger(in) *m(f)*
DRH [deɛʀaʃ] *f abr de* **direction des ressources humaines** HRM *nt*
dribble [dʀibl] *m* Dribbling *m*
dribbler [dʀible] <1> *vt, vi* ~ **qn** an jdm vorbeidribbeln
drill [dʀil] *m* SCOL Drill *m*
drille [dʀij] *m* ▸ **un joyeux ~** ein lustiger Kerl *(fam)*
dringuelle [dʀɛ̃gɛl] *f* BELG *(pourboire)* Trinkgeld *nt*
❷ *(étrenne)* Geldgeschenk zum Jahresende
drive [dʀajv] *m* SPORT Drive *m*
driver, driveur [dʀajvœʀ] *m* ❶ *(jockey)* Trabrennfahrer *m*
❷ INFORM Treiber *m*
◆ ~ **d'imprimante** INFORM Druckertreiber *m*
drogue [dʀɔg] *f a. fig* Droge *f*; ~ **douce/dure** weiche/harte Droge; **milieu de la ~** Drogenmilieu *nt*, Drogenszene *f*
drogué(e) [dʀɔge] **I.** *m(f) (consommateur de drogue)* Drogenkonsument(in) *m(f)*; *(personne dépendante à la drogue)* Drogensüchtige(r) *f(m)*, Rauschgiftsüchtige(r) *f(m)*
II. *adj* suchtkrank
droguer [dʀɔge] <1> **I.** *vt* ~ **qn** jdm Drogen/zu viele Medikamente verabreichen
II. *vpr* **se ~** Drogen/zu viele Medikamente nehmen; **se ~ à la cocaïne** Kokain nehmen
droguerie [dʀɔgʀi] *f* Drogerie *f*
droguiste [dʀɔgist] *mf* Drogist(in) *m(f)*
droit[1] [dʀwa] *adv* ❶ *(opp: courbé) marcher, se tenir* aufrecht
❷ *(en ligne droite) rouler, marcher* geradeaus; **aller ~ à/dans qc** genau auf etw *(Akk)* zugehen
❸ *(opp: penché) mettre, poser* gerade; *écrire* steil; *tenir* gerade
▸ **aller ~ à la catastrophe** geradewegs auf die Katastrophe zusteuern; **marcher ~** parieren; **tout ~** geradeaus
droit[2] [dʀwa] *m* ❶ *(prérogative)* Rechtsanspruch *m*, Recht *nt*; **de quel ~** mit welchem Recht; **faire qc de plein ~** etw mit vollem Recht tun; **membre de plein ~** vollberechtigtes Mitglied; **avoir ~ à qc** Recht auf etw *(Akk)* haben; **avoir le ~ de faire qc** das Recht haben etw zu tun; **avoir des ~s sur qn/qc** Ansprüche gegenüber jdm/Anspruch auf etw *(Akk)* haben; **être dans son ~** im Recht sein; **être en ~ de faire qc** das Recht haben etw zu tun; **notifier** [*o* **faire valoir**] **un ~** einen Anspruch anmelden [*o* geltend machen]; **exercer/perdre un ~** ein Recht ausüben/verwirken; **céder/refuser un ~** einen Anspruch abtreten/zurückweisen; **~s acquis** verbriefte Rechte; **~s civiques** [Staats]bürgerrechte; **~ collectif d'agir en justice** Kollektivklagerecht; **~s incorporels** Immaterialgüterrechte; **~ individuel** Individualanspruch; **~ judiciaire de réduction de peine** richterliches Mäßigungsrecht; **~ principal** Hauptanspruch; **~s réels** Grundstücksrechte; **~ riverain** [*o* **voisin**] Nebenrecht, Nachbarrecht; **~s télévisuels** Fernsehrechte, TV-Rechte; **~ à une avance** Vorschussanspruch; **~ à contrepartie du travail effectué** Aufwendungsersatzanspruch *(Fachspr.)*; **~ à échéance** ECON Fälligkeitsanspruch *(Fachspr.)*; **avoir ~ à une part des bénéfices** gewinnberechtigt sein; **~ à une pension alimentaire** [*o* **aux aliments**] Unterhaltsrecht; **~ à la résolution** [*o* **l'annulation**] **d'un/du contrat** Vertragsaufhebungsrecht; **~ à être renseigné(e)** Auskunftsanspruch *(Fachspr.)*; **~ d'agir en justice** Klagerecht; **~ de convertir une obligation en action** FIN Aktienoption *f*; **avoir le ~ exclusif de disposer de qc** das alleinige Verfügungsrecht über etw *(Akk)* haben; **~ d'émettre des directives** Weisungsrecht; **~ d'être entendu(e)** Anhörungsrecht, Recht auf Gehör; **~ d'être entendu(e) en justice** Recht [*o* Anspruch] auf rechtliches Gehör haben; **~ de faire opposition** Widerspruchsrecht; **~ de prélever des taxes** Heberecht *(Fachspr.)*; **~ de refuser de fournir des renseignements** Auskunftsverweigerungsrecht; **~ de refuser de témoigner** Aussageverweigerungsrecht; **~ de soulever des griefs** Rügerecht; **en ~ de représenter** vertretungsberechtigt; **être en ~ réel de faire qc** JUR dinglich berechtigt sein etw zu tun; **~ en cours d'acquisition à la retraite** Pensionsanwartschaft *f*; **~ à la distribution de bénéfices** Ausschüttungsanspruch; **~ de l'héritier réservataire sur sa part légale** Pflichtteilsanspruch; **~ à une indemnité compensatrice** Ausgleichsanspruch; **~ aux intérêts** Zinsanspruch; **~ aux prestations** Leistungsanspruch; **~ au refus de la prestation** Leistungsverweigerungsrecht; **~ au remboursement des frais** Auf-

wendungsanspruch; ~ **au transfert de la propriété** Auflassungsanspruch *(Fachspr.)*; ~ [*o* **pouvoir** *m*] **de direction** Direktionsrecht; ~ **de paiement du prix d'achat** Kaufpreisanspruch; ~ **d'un tiers créancier** Drittgläubigeranspruch *(Fachspr.)*; ~ **découlant du constat d'un vice** Mängelanspruch; ~ **fondé sur un délit civil** Anspruch aus unerlaubter Handlung; **avoir le** ~ **de préemption** zum Vorkauf berechtigt sein; **avoir** ~ **/exclure le** ~ **aux prestations** JUR einen Leistungsanspruch haben/ausschließen; **avoir** ~ **de requête** antragsberechtigt sein; **être en** ~ **de legs** legatsberechtigt sein; **ayant** ~ **au dividende** dividendenberechtigt; **ayant** ~ **à une part des bénéfices** gewinnberechtigt

❷ *(autorisation)* Berechtigung *f,* Erlaubnis *f;* ~ **d'exercer une profession** Gewerbeberechtigung

❸ JUR *(législation, règles)* Recht *nt;* ~ **administratif** Verwaltungsrecht; ~ **administratif économique** Wirtschaftsverwaltungsrecht; ~ **aérien** Flugrecht; ~ **agraire/agricole** Agrar-/Landwirtschaftsrecht; ~ **associatif/constitutionnel** Vereins-/Verfassungsrecht; ~ **bancaire/boursier** Bank[en]-/Börsenrecht; ~ **international boursier** internationales Börsenrecht; ~ **budgétaire** Haushaltsrecht; ~ **budgétaire communal** Gemeindehaushaltsrecht; ~ **cambiaire** Wechselrecht; ~ **civil/constitutionnel** Zivil-/Verfassungsrecht; ~ **commercial** Handels[gewohnheits]recht, ius commercii *nt (Fachspr.)*; ~ **commercial européen/international** europäisches/internationales Handelsrecht; ~ **communautaire** Gemeinschaftsrecht; ~ **communautaire** [*o* **de l'UE**] **concernant les concentrations de sociétés** europäisches Kartellrecht, Kartellrecht der EU; ~ **constitutionnel des finances publiques** Finanzverfassungsrecht; ~ **corporatif/fédéral** Standes-/Bundesrecht; ~ **délictuel** Delikt[s]recht; **disposition de** ~ **ecclésiastique** kirchenrechtliche Bestimmung; ~ **économique** Wirtschaftsrecht; ~ **économique et financier communal** Gemeindewirtschaftsrecht; ~ **économique et financier communautaire** gemeinschaftliches Wirtschaftsrecht; ~ **européen** Europarecht; ~ **fiscal** Abgabenrecht; ~ **fiscal des entreprises** [*o* **sociétés**] Unternehmenssteuerrecht; ~ **fiscal relatif à l'impôt sur le chiffre d'affaires** Umsatzsteuerrecht; ~ **fiscal se référant au bilan** Bilanzsteuerrecht; ~ **impératif** ius cogens *nt (Fachspr.)*; ~ **industriel** Industrierecht; ~ **judiciaire privé** Zivilprozessrecht; ~ **lié à la garantie des vices** Mangelrecht; ~ **local** Ortsrecht; ~ [*o* **code**] **minier** Bergrecht; ~ **monétaire** Geldrecht, Währungsrecht; ~ **municipal** Stadtrecht; ~ **international monétaire** internationales Geldrecht; ~ **naturel** Naturrecht; ~ **pénal** Strafrecht; ~ **pénal des affaires** Wirtschaftsstrafrecht; ~ **pénal des prix** Preisstrafrecht; ~ **primaire/secondaire communautaire** primäres/sekundäres Gemeinschaftsrecht; ~ **privé** Privatrecht; ~ **privé provisoire** Zwischenprivatrecht; ~ **privé de cartel** Kartellprivatrecht; ~ **privé du marché** Marktprivatrecht; ~ **procédural de cartel** Kartellverfahrensrecht; ~ **processuel** Prozessrecht; ~ **public/commun** öffentliches/gemeines Recht; ~ **antidumping** Anti-Dumping-Recht; **de** ~ **civil** bürgerlich-rechtlich; **prisonnier-ière**) **de** ~ **commun** Strafgefangene(r) *f/m*); **de** ~ **public** *établissement bancaire* öffentlich-rechtlich; ~ **accessoire** Akzessorietät *f (Fachspr.)*; ~ **étranger** Auslandsrecht; ~ **futur** Anwartschaftsrecht; ~ **futur conditionnel** bedingtes Anwartschaftsrecht; ~ **transitoire** Übergangsrecht; ~ **qui ne peut être retiré** unentziehbares Anwartschaftsrecht; ~ **applicable aux cartels dans la Communauté européenne** EU-Kartellrecht; ~ **régissant l'ordre économique** Wirtschaftsverfassungsrecht; ~ **relatif à l'authentification** Beurkundungsgesetz; ~ **relatif aux contrats de louage d'ouvrage** Dienstvertragsrecht; ~ **relatif à la décartellisation** Dekartellierungsrecht *(Fachspr.)*; ~ **relatif à l'impôt sur les bénéfices** Ertragssteuerrecht; ~ **relatif aux mesures antitrust** Antitrustrecht; ~ **relatif à l'occupation des sols** Bodenrecht; ~ **relatif à la procédure civile** Zivilverfahrensrecht; ~ **relatif à la protection des données personnelles** Datenschutzrecht; ~ **relatif à la protection du travail** Arbeitsschutzrecht; ~ **relatif à la S.A.R.L.** ≈ GmbH-Recht; ~ **relatif à la territorialité** Territorialitätsrecht; ~ **concernant le régime des coopératives** Genossenschaftsrecht; ~ **de l'agent commercial** Handelsvertreterrecht; ~ **des assurances** Versicherungsrecht; ~ **de la circulation** Verkehrsrecht; ~ **de l'économie de marché** Verkehrswirtschaftsrecht; ~ **des établissements de crédit** Kreditinstitutsrecht; ~ **de la procédure** Verfahrensrecht; ~ **de protection des dessins et modèles** [Geschmacks]musterrecht; ~ **de protection relatif à la lutte contre les pollutions et nuisances** Immissionsschutzrecht; ~ **de la responsabilité en matière d'énergie atomique** Atomhaftungsrecht; ~ **international des sociétés** internationales Gesellschaftsrecht; ~ **du vendeur** Verkäuferrecht; **d'après le** ~ **en vigueur** nach geltendem Recht; **histoire du** ~ Rechtsgeschichte *f;* **étude qui concerne l'histoire du** ~ rechtsgeschichtliche Studie; **sous le point de vue de l'histoire du** ~ ... rechtsgeschichtlich betrachtet, ...

❹ *(études juridiques)* Rechtswissenschaft *f,* Jura *kein Art,* Jurisprudenz *f (Fachspr.),* Jus *nt* (A, CH); **faire son** ~ Jura studieren, Jus studieren (A, CH)

❺ *pl (taxe)* Gebühr *f,* Abgabe *f,* Zoll *m;* ~ **antidumping** Antidumpingzoll; ~ **forfaitaire** Pauschalgebühr; ~**s** [**de douane**] **extérieurs/intérieurs** Außen-/Binnenzoll; ~ **de douane commun** gemeinsamer Außenzoll; ~ **de douane mixte** gemischter Zoll; ~**s et taxes à l'importation** Eingangsabgaben; ~**s pour le maintien en vigueur** *(en parlant d'un brevet d'invention)* Aufrechterhaltungsgebühr; ~ **de passage de pont** HIST Brückenzoll; **exempt(e) de** ~**s** gebührenfrei

❻ *(copyright)* ~ **exclusif** Alleinberechtigung *f*

❼ BOXE Rechte *f*

▶ **de** ~ **divin** von Gottes Gnaden; **à bon** ~ zu Recht; **être dans son bon** ~ vollkommen im Recht sein; **de** ~ rechtmäßig; **s'adresser à qui de** ~ sich an die zuständige Person wenden

◆ ~ **à l'autodétermination** Recht *nt* auf Selbstbestimmung; ~ **au bénéfice** [*o* **aux bénéfices**] JUR Gewinnanspruch *m;* ~ **à une commission** Provisionsanspruch *m;* ~ **à complément** JUR Ergänzungsanspruch *m;* ~ **à la consommation** JUR Verbrauchsrecht; ~ **à la cotisation** JUR Beitragsanspruch *m;* ~ **à la défense** Recht *nt* auf Hinzuziehung eines Verteidigers; ~ **au[x] dividende[s]** Dividendenanspruch *m;* ~ **à l'erreur** Recht *nt* auf Irrtum; ~ **à l'exécution** JUR Erfüllungsanspruch *m;* ~ **à l'exemption** JUR Befreiungsanspruch *m;* ~ **à garantie** Gewährleistungsanspruch *m;* ~ **à une indemnité** JUR Abfindungsrecht *nt,* Abfindungsanspruch *m;* ~ **à l'information** Recht *nt* auf Information, Informationsrecht; ~ **à une livraison de remplacement** JUR Ersatzlieferungsanspruch *m;* ~ **au nom** Namensrecht *nt;* ~ **à paiement** Zahlungsanspruch *m,* Erfüllungsanspruch; ~ **au maintien du** ~ **à paiement** Fortbestehen *nt* des Zahlungsanspruchs; ~ **à la participation** JUR Beteiligungsrecht *nt;* ~ **à une pension de retraite** Pensionsberechtigung *f;* ~ **à la rectification** JUR Berichtigungsanspruch *m;* ~ **au remboursement** [Rück]erstattungsanspruch *m;* ~ **à réparation** Ersatzanspruch *m,* Ersatzforderung *f;* ~ **à réparation des vices** Nachbesserungsanspruch *m;* ~ **à réserve de l'enfant naturel** JUR Erbersatzanspruch *m;* ~ **à restitution** Herausgabeanspruch *m,* Erstattungsanspruch, Rückgabeanspruch, Rückgewähranspruch *(Fachspr.)*; ~ **à restitution en cas de retard de paiement** Herausgabeanspruch bei Zahlungsverzug; ~ **à la retraite** Recht *nt* auf Altersversorgung; ~ **à la rétrocession** JUR Rückübertragungsanspruch *m;* ~ **à la succession** JUR Erbberechtigung *f*

◆ ~ **d'accès** INFORM Zugriffsrecht *nt;* ~ **d'accession à la succession** JUR *d'un descendant* Eintrittsrecht *nt;* ~ **d'accroissement** JUR Anwachsungsrecht *nt;* ~ **de l'acte illicite** JUR Recht *nt* der unerlaubten Handlungen; ~ **de l'actionnaire** JUR Aktionärsrechte *Pl;* ~ **des adhérents** Mitgliedschaftsrecht *nt;* ~ **d'affectation** Zuweisungsrecht *nt;* ~ **d'aînesse** Erstgeburtsrecht *nt;* ~ **d'aliénation** JUR Veräußerungsrecht *nt;* ~ **d'amendement** POL Änderungsrecht *nt;* ~ **d'annulation** Aufhebungsrecht *nt;* ~ **d'antériorité** JUR Vorbenutzungsrecht *nt;* ~ **d'appel** Berufungsrecht *nt;* ~ **d'approbation** Zustimmungsrecht *nt;* JUR Aneignungsrecht *nt;* ~ **d'asile** Asylrecht *nt;* ~ **des associations** JUR Verbandsrecht *nt;* ~**s d'auteur** Tantiemen *Pl;* ~ **d'autorisation** JUR Ermächtigungsrecht *nt;* ~ **d'autorité** Geltungsanspruch *m;* ~ **des banques hypothécaires** Hypothekenbankrecht *nt;* ~ **des baux d'habitation** JUR Wohnraummietrecht *nt;* ~ **des baux ruraux** JUR Pachtrecht *nt;* ~ **des biens** Güterrecht *nt;* ~ **des biens légaux** gesetzliches Güterrecht *nt;* ~ **des biens matrimoniaux** eheliches Güterrecht; ~ **de cession** JUR Veräußerungsrecht *nt;* ~ **de coalition** Koalitionsrecht *nt;* ~ **des commandes** JUR Auftragsrecht *nt;* ~ **du commerce extérieur** JUR Außenhandelsrecht *nt;* ~ **du commerce maritime** JUR Seehandelsrecht *nt;* ~ **de la Communauté européenne** JUR EU-Recht *nt;* ~ **de compensation** Kompensationsanspruch *m;* ~ **de la concurrence de la Communauté européenne** JUR EU-Wettbewerbsrecht *nt;* ~ **de conflit** JUR Kollisionsrecht *nt;* ~ **des conflits de lois économiques** JUR Wirtschaftskollisionsrecht *nt;* ~ **de contestation en justice** JUR Anfechtungsrecht *nt;* ~ **des contrats** JUR Vertragsrecht *nt;* ~ **de contrat de cartel** Kartellvertragsrecht *nt;* ~ **des contrats de travail** Arbeitsvertragsrecht *nt;* ~ **de contrôle** Aufsichtsrecht *nt,* Kontrollrecht; ~ **de contrôle fiscal** Betriebsprüfungsrecht *nt;* ~ **de courtier** Maklerrecht *nt;* ~ **de décision** JUR Entscheidungsrecht *nt;* ~ **de décision définitive** Letztentscheidungsrecht; ~ **de demande en sus** ECON Nachforderungsrecht *nt;* ~ **de dépôt** Hinterlegungsrecht *nt,* Verwahrungsrecht; FIN Depotrecht; ~ **de dépôt de brevet** JUR Anmeldeberechtigung *f;* ~ **de désistement** Rücktrittsrecht *nt;* ~ **de diffusion** JUR Verbreitungsrecht *nt;* ~ **de disposition** JUR Verfügungsrecht *nt,* Dispositionsrecht; ~ **de distribution** Vertriebsrecht *nt;* ~ **de distribution exclusif** Alleinvertriebsrecht; **avoir le** ~ **de distribution exclusif pour qc** das Alleinvertriebsrecht für etw haben; ~ **de dotation** JUR Ausstattungsrecht *nt;* ~**s de douane** Zollgebühr *f,* Zoll *m;* **percevoir des** ~**s de douane** Zoll erheben; ~**s de douane à l'importation** Importzoll *m;* ~ **de**

douane ad valorem JUR Wertzollrecht *nt;* ~ **des eaux** JUR Wasserrecht *nt;* ~ **d'échange** Umtauschrecht *nt;* ~ **d'échéance** JUR Fälligkeitsanspruch *m;* ~ **d'édition** (*o* **de l'édition**) Verlagsrecht *nt;* **question relevant du** ~ **de l'édition** verlagsrechtliche Frage; ~ **d'éducation** JUR Erziehungsrecht *nt;* ~ **d'émission** ECON Emissionsrecht *nt;* ~ **d'emption** Kaufrecht *nt;* ~ **de l'énergie** Energierecht *nt;* ~ **de l'énergie atomique** JUR Atomenergierecht *nt;* ~**s de l'enfant** Rechte *Pl* des Kindes; ~ **d'enlèvement** JUR Wegnahmerecht *nt;* ~ **d'enrichissement** JUR Bereicherungsrecht *nt;* ~ **des ententes sur l'énergie** JUR Energiekartellrecht *nt;* ~ **d'entrée** JUR Eintrittsrecht *nt;* **les** ~**s d'entrée** *(frais)* die Eintrittsgebühr, der Eintritt; ~ **des entreprises** *(recueil de lois)* Unternehmensrecht *nt;* ~**s de l'entreprise** Firmenrechte *Pl;* ~ **de l'environnement** Umweltrecht *nt;* ~ **d'équité** JUR Billigkeitsrecht *nt;* ~ **d'établissement** JUR Niederlassungsrecht *nt;* ~ **de l'étalonnage** JUR Eichrecht *nt;* ~ **de l'état civil** JUR Personenstandsrecht *nt;* ~ **des étrangers** Fremdenrecht *nt;* ~ **d'être entendu(e)** JUR Anhörungsrecht *nt;* ~ **d'évaluation** JUR Bewertungsrecht *nt;* ~ **d'exclusivité** JUR Ausschließlichkeitsrecht *nt,* Ausschlussrecht; ~ **d'exercice** JUR Ausübungsrecht *nt;* ~ **d'exploitation** Bewirtschaftungsrecht *nt;* *(en parlant d'une œuvre littéraire)* Verwertungsrecht; **les** ~**s d'exploitation** die Verlagsrechte; *(recettes)* die Lizenzeinnahmen; **revendiquer les** ~**s d'exploitation et de diffusion de qc** die Verlagsrechte für etw beantragen; ~ **d'exposition** JUR Ausstellungsrecht *nt;* ~ **d'expropriation** JUR Enteignungsrecht *nt;* ~ **de faillite** Konkursrecht *nt,* Insolvenzrecht *nt;* ~**s de film** Filmrechte *Pl;* ~ **de fondation** Gründungsrecht *nt;* ~ **de gage** [Faust]pfandrecht *nt,* Registerpfandrecht *(Fachspr.);* **exercer/constituer un** ~ **de gage** ein Pfandrecht ausüben/bestellen; ~ **de gage du fabricant de l'ouvrage** JUR Werkunternehmerpfandrecht *nt;* ~ **de garantie** JUR Gewährleistungsrecht *nt;* ~ **de garde** Sorgerecht *nt;* ~ **de grâce** Begnadigungsrecht *nt;* ~ **de grève** Streikrecht *nt;* ~ **des groupes** Konzernrecht *nt;* ~ **des groupements** Verbandsrecht *nt,* Unternehmensrecht; ~**s de l'homme et du citoyen** Menschen- und Bürgerrechte *Pl;* ~ **de l'industrie hôtelière** Gaststättenrecht *nt;* ~ **d'information** JUR Auskunftsrecht *nt;* ~ **d'initiative parlementaire** JUR Initiativrecht *nt;* ~**s d'inscription** Einschreibegebühr *f;* JUR Eintragungsrecht *f;* ~ **d'interpellation** JUR Interpellationsrecht *nt;* ~ **d'intervention** JUR Eingriffsrecht *nt,* Interventionsrecht *nt;* ~ **d'investigation** JUR Untersuchungsrecht *nt;* ~ **d'investiture** JUR Antrittsrecht *nt (Fachspr.);* ~ **de jouissance** JUR Nutzerrecht *nt,* Genussrecht, Nutzungsanspruch *m;* ~ **de jouissance du terrain d'autrui** Nutzungsrecht am fremden Grundstück; ~ **de jouissance seul/commun/contractuel** alleiniges/gemeinsames/vertragliches Nutzungsrecht; ~ **de libération** Freigabeanspruch *m;* ~ **de licence** Lizenzgebühr *f;* ~ **de liquidation** Liquidationsrecht *nt,* Ausverkaufsrecht; ~ **des locataires** Mieterrecht *nt;* ~ **de loyauté** JUR Lauterkeitsrecht *nt;* ~**s de magasinage** Lagermiete *f;* ~ **du marché intérieur** JUR Binnenmarktrecht *nt;* ~ **des marques** Markenrecht *nt;* ~**s des minorités** Minderheitenrechte *Pl;* ~ **de la mise en équivalence** *(en parlant de la comptabilité)* Equity-Recht *(Fachspr.);* ~ **de mobilité** Mobilitätsrecht *nt;* ~ **de modification** JUR Änderungsrecht *nt;* ~ **de modification juridique** Gestaltungsrecht *nt;* ~ **de monopole** Monopolrecht *nt;* ~**s de mouillage** ECON Hafenliegegeld *nt;* ~ **de mutation** JUR Erbanfallsteuer *f;* ~ **des obligations** JUR Vertragsschuldrecht *nt,* Obligationenrecht *(CH);* ~ **d'opposition** JUR Einspruchsrecht *nt;* ~ **d'option** Optionsrecht *nt,* Bezugsrecht; ~ **d'option sur bénéfices** Gewinnbezugsrecht *nt;* ~ **de participation** Anteilsrecht *nt,* Mitwirkungsrecht; ~ **de passage** Durchgangserlaubnis *f; (en véhicule)* Durchfahrserlaubnis; ~ **de pêche** Fischereirecht *nt;* ~ **de la personnalité** Persönlichkeitsrecht *nt;* ~ **des personnes** JUR Personenrecht *nt;* ~ **de pétition** JUR Petitionsrecht *nt;* ~ **des peuples à disposer d'eux-mêmes** Selbstbestimmungsrecht *nt* der Völker; ~ **de plainte** JUR Antragsrecht *nt;* ~ **du plan** [*o* **de la planification**] JUR Planungsrecht *nt;* ~ **de la politique économique énergétique** JUR Energiewirtschaftsrecht *nt;* ~ **de possession** JUR Besitzrecht *nt;* ~ **de possession exclusif** alleiniges Besitzrecht; **acquérir le** ~ **de possession** das Besitzrecht erwerben; ~ **de poursuite** JUR Verfolgungsrecht *nt;* ~ **de préférence** ECON Vorzugsrecht *nt;* ~ **de prélèvement de fonds** JUR Kapitalentnahmeanspruch *m;* ~ **de preuve** JUR Beweisrecht *nt;* ~ **des professions industrielles et commerciales** Gewerberecht *nt;* ~ **de proposition** Vorschlagsrecht *nt;* ~ **de propriété** Recht *nt* auf Eigentum, Eigentumsrecht; ~ **de propriété confirmé par un titre** verbrieftes Eigentumsrecht; ~ **de la propriété industrielle** JUR Warenzeichenrecht *nt;* ~**s de propriété industrielle** ECON gewerbliche Schutzrechte; ~ **de la propriété privée** Privateigentumsrecht *nt;* ~ **de rachat** JUR Ablösungsrecht *nt,* Einlösungsrecht, Rückerwerbsrecht; ~ **de radiation** Löschungsrecht *nt;* ~ **de rapatriement** JUR Rückholrecht *nt;* ~ **de rappel** JUR Rückrufsrecht *nt;* ~ **de rappel pour non-exécution** Rückrufsrecht *nt* wegen Nichtausübung; ~ **de réception** Empfangsberechtigung *f;* ~ **de recours** Ersatzansprüche *Pl;* **faire valoir un** ~ **de recours** Ersatzansprüche geltend machen; ~ **de réduction** JUR Mäßigungsrecht *nt;* ~ **de regard** *(droit de surveillance)* Aufsichtsrecht *nt; (droit de consultation, d'examen)* Einsichtsrecht *nt;* ~ **de regard et de contrôle** Einsichts- und Prüfungsrecht *nt;* ~ **des régimes matrimoniaux** JUR Ehegüterrecht *nt;* ~ **de réhabilitation** JUR Rehabilitierungsrecht *nt;* ~ **du remboursement** JUR Erstattungsrecht *nt;* ~ **de renonciation** JUR Ausschlagungsrecht *nt;* ~ **de renvoi** Zurückweisungsrecht *nt;* ~ **de réparation d'un vice** Mängelbeseitigungsanspruch *m;* ~ **de réponse** Anspruch *m* auf Gegendarstellung, Gegendarstellungsrecht *nt,* Erwiderungsrecht; ~ **de représentation** JUR Vertretungsberechtigung *f;* ~ **de reprise** JUR Rücknahmerecht *nt,* Übernahmerecht; ~ **de reproduction** Vervielfältigungsrecht *nt;* ~ **de résiliation** Rücktrittsrecht *nt;* ~ **de résolution** Aufhebungsrecht *nt;* ~ **de responsabilité** Haftungsanspruch *m;* ~ **de la responsabilité de l'énergie** Energiehaftungsrecht *nt;* ~ **de restitution** JUR Restitutionsanspruch *m,* Restitutionsrecht *nt;* ~ **de restriction** Beschränkungsrecht *nt;* ~ **de rétention** Zurück-[be]haltungsrecht *nt;* ~ **de retour au propriétaire** Heimfallanspruch *m,* Heimfallrecht *nt;* ~ **de retrait** JUR Austrittsrecht *nt;* ~ **de revente** Weiterverkaufsrecht *nt;* ~ **de révision** JUR Abhilferecht *nt;* ~ **de révocation** JUR Widerrufsrecht *nt;* ~ **de riveraineté** JUR Anliegerrecht *nt;* ~ **de saisine** JUR Justizgewährungsanspruch *m;* ~ **du sang aus der Abstammung hergeleitetes Recht, Jus *nt* sanguis** *(Fachspr.);* ~ **de satisfaction** JUR Befriedigungsrecht *nt;* ~ **de séjour** *(pour réfugiés)* Bleiberecht *nt;* ~ **de signe** JUR Kennzeichenrecht *nt;* ~ **des sociétés** Gesellschaftsrecht *nt;* ~ **de souscription** COM Zeichnungsrecht *nt; (en cas des actions)* Aktienbezugsrecht; ~ **de souveraineté** Hoheitsrecht *nt;* ~ **de stationnement** *(autorisation)* Parkerlaubnis *f; (frais)* Wagenstandgeld *nt;* ~ **de substitution** Ersetzungsbefugnis *f;* ~**s de succession** Erbschaft[s]steuer *f;* ~ **de suite** Folgerecht *nt;* ~ **de superficie** JUR Erbbaurecht *nt;* ~ **de surveillance** JUR Aufsichtsrecht *nt;* ~ **de surveillance des banques** Bankaufsichtsrecht *nt;* ~**s de télévision** Fernsehrechte *Pl;* ~ **de timbre** Stempelgebühr *f;* ~ **de transaction** JUR Vergleichsrecht *nt;* ~ **de transit** *(autorisation)* Durchfuhrrecht *nt; (taxe)* Durchgangsgebühr *f;* ~ **de transport** Transportrecht *nt;* ~ **du travail** Arbeitsrecht *nt;* ~ **d'usage** Benutzungsrecht *nt,* Gebrauchsrecht; ~ **d'usucapion** JUR Ersitzungsrecht *nt (Fachspr.);* **faire valoir des** ~**s d'usucapion** Ersitzungsrechte geltend machen *(Fachspr.);* ~ **d'utilisation commune** Mitbenutzungsrecht *nt;* ~ **d'utilisation provisoire** Zwischenbenutzungsrecht *nt;* ~ **de vente** Verkaufsrecht *nt;* ~ **de vente anticipé d'actions** Vorverkaufsrecht auf Aktien *(Akk);* ~ **de vente exclusive** Alleinverkaufsrecht; ~ **de vente forcée** Notverkaufsrecht; ~ **de veto** Vetorecht *nt;* ~ **de vie et de mort** Recht *nt* über Leben und Tod; ~ **de visite** Besuchserlaubnis *f;* ~ **des voies d'exécution** JUR Vollstreckungsrecht *nt;* ~ **de vote** Stimmrecht *nt; (pour des élections)* Wahlrecht; JUR Beibehaltungswahlrecht *(Fachspr.);* ~ **de vote des actionnaires** Aktionärsstimmrecht *nt;* ~ **de vote de la banque dépositaire** Depotstimmrecht *nt;* ~ **de vote à l'évaluation** FIN Bewertungswahlrecht *nt*

droit(e) [dʀwa, dʀwat] *adj* ❶ *(opp: gauche)* rechte(r, s); **le centre** ~ die rechte Mitte
❷ *(non courbe) chemin, ligne, nez* gerade
❸ *(non penché)* gerade; **angle** ~ rechter Winkel; **être** ~**(e)** *pieu, récipient, tour:* gerade stehen; *chapeau:* gerade sitzen; *tableau:* gerade hängen
❹ *(honnête, loyal) personne* aufrichtig

droite [dʀwat] *f* ❶ GEOM Gerade *f*
❷ POL Rechte *f;* **un parti de** ~ eine rechte Partei; **extrême** ~ äußerste Rechte; **d'extrême** ~ rechtsextrem[istisch], ultrarechts; **milieux d'extrême** ~ Rechtsradikalenszene *f*
❸ *(côté droit)* rechte Seite; **à** ~ [nach] rechts; **à** ~ **et à gauche** überallhin; **de** ~ **et de gauche** von überallher; **tourner à** ~ rechts abbiegen; **à** [*o* **sur**] **la** ~ **de qn/qc** rechts neben [*o* von] jdm/etw; **de** ~, rechts, auf der rechten Seite; **par la** ~ von rechts; **aligner le texte à** ~ TYP den Text rechtsbündig setzen; **l'arabe s'écrit de** ~ **à gauche** die arabische Schrift ist linksläufig; **tenir sa** ~ rechts fahren; **serrez à** ~! rechts fahren!; **et votre** ~! fahren Sie doch rechts!
❹ TECH **filetage à** ~ rechtsdrehendes Gewinde

droitier, -ière [dʀwatje, -jɛʀ] I. *m, f (personne)* Rechtshänder(in) *m(f)*
II. *adj* POL *fam* rechtslastig *(fam)*

droiture [dʀwatyʀ] *f (franchise)* Aufrichtigkeit *f; (honnêteté)* Rechtschaffenheit *f*

drolatique [dʀɔlatik] *adj* LITTER tolldreist *(liter)*

drôle [dʀol] *adj* ❶ lustig, witzig
❷ *fam (bizarre)* komisch, merkwürdig; **un** ~ **de type** ein komischer Kerl *(fam);* **avoir un** ~ **d'air** komisch aussehen; **faire une** ~ **de tête** ein komisches Gesicht ziehen *(fam);* **avoir une** ~ **de patience** ganz schön viel Geduld haben *(fam)*

▶ **ça n'a vraiment rien de ~!** das ist wirklich nicht komisch!; **si vous croyez que c'est ~!** da gibt es nichts zu lachen!; **ça me fait tout ~** dabei habe ich ein ganz komisches Gefühl; **se sentir tout(e) ~** sich eigenartig fühlen; **en voir de ~ s** so manches mitmachen *(fam)*
drôlement [dʀolmɑ̃] *adv* ❶ *(bizarrement)* komisch, merkwürdig ❷ *fam (rudement)* ganz schön *(fam)*; **~ froid(e)** ganz schön kalt *(fam)*
drôlerie [dʀolʀi] *f* ❶ Spaß *m*, Scherz *m* ❷ *(caractère)* Komik *f*; **être d'une grande ~** sehr komisch sein
dromadaire [dʀɔmadɛʀ] *m* Dromedar *nt*
drosser [dʀɔse] <1> *vt* abtreiben *navire*
dru(e) [dʀy] I. *adj* barbe, cheveux, haie, herbe dicht; *pluie* heftig II. *adv* **la pluie/la neige tombe ~** es regnet/schneit heftig
drugstore [dʀœgstɔʀ] *m* Drugstore *m*
druide [dʀyid] *m* Druide *m*
druidique [dʀyidik] *adj* druidisch
dry [dʀaj] *adj inv* martini trocken
D.S.T. [deeste] *f abr de* **Direction de la Surveillance du Territoire** Spionageabwehr *f*
du [dy] = **de le** *v.* **de**
dû [dy] <dus> *m (ce à quoi on a droit)* Anrecht *nt*; *(ce que l'on doit)* Schuld *f*; **réclamer son ~** das einfordern, was einem zusteht
dû, due [dy] <dus> I. *part passé de* **devoir** II. *adj* ❶ *(que l'on doit)* schuldig, geschuldet; *créance* fällig; **la somme due** die ausstehende Summe ❷ *(imputable)* **être ~(due) à qc** von etw herrühren; **~ à l'environnement** umweltbedingt ❸ *(mérité)* **être ~(due) à qn** jdm zustehen; **les honneurs qui lui sont dus** die ihm/ihr gebührenden Ehren
dualisme [dyalism] *m* Dualismus *m*
dualité [dyalite] *f* Dualität *f*
dubitatif, -ive [dybitatif, -iv] *adj* zweifelnd
duc [dyk] *m* Herzog *m*
ducal(e) [dykal, o] <-aux> *adj* herzoglich
ducasse [dykas] *f* BELG, NORD *(fête patronale ou publique, kermesse)* Kirmes *f*, Kirchweih *f*
ducat [dyka] *m* HIST Dukaten *m*
duché [dyʃe] *m* Herzogtum *nt*
duchesse [dyʃɛs] *f* Herzogin *f*
ducroire [dykʀwaʀ] *m* JUR Delkredere *nt (Fachspr.)*; **se porter ~** das Delkredere übernehmen
ductile [dyktil] *adj* TECH verformbar, duktil
duègne [dyɛɲ] *f vieilli* Anstandsdame *f*
duel [dyɛl] *m a. fig* Duell *nt*; **se battre en ~** sich duellieren; **provoquer qn en ~** jdn zum Duell fordern; **~ oratoire** Wortgefecht *nt*; **~ télévisé** Fernsehduell, TV-Duell
◆ **~ d'artillerie** Artilleriegefecht *nt*
duelliste [dyelist] *mf* Duellant *m*
duettiste [dyetist] *mf* MUS Sänger(in) *m(f)* eines Duetts; THEAT Partner(in) *m(f)* in einem Duo
duffel-coat [dœfœlkot] <duffel-coats> *m* Dufflecoat *m*
dulcinée [dylsine] *f hum* Dulzinea *f (hum)*
dûment [dymɑ̃] *adv (selon les formes)* vorschriftsmäßig; *(selon le mérite)* gebührend
dumping [dœmpiŋ] *m* **~ sur les prix** Preisdumping *nt*, Preisunterbietung *f*; **~ des devises** Valutadumping; **~ des prix portant atteinte aux bonnes mœurs** sittenwidrige Preisunterbietung; **~ compensatoire** FIN Ausgleichungsdumping *(Fachspr.)*; **~ concurrentiel** Unterbietungswettbewerb *m*; **pratiquer le ~** Dumping betreiben
dune [dyn] *f* Düne *f*
dunette [dynɛt] *f* NAUT Poop *f*, Hütte *f*
Dunkerque [dœkɛʀk] *m* Dünkirchen *nt*
duo [dɥo, dyo] *m* MUS *(pour instruments)* Duo *nt*; *(pour voix)* Duett *nt*; **chanter/jouer en ~ avec qn** mit jdm [im] Duett singen/im Duo spielen
duodécimal(e) [dyɔdesimal, o] <-aux> *adj* MATH Duodezimal-
duodénal(e) [dyɔdenal, o] <-aux> *adj* ANAT Zwölffingerdarm-, duodenal *(Fachspr.)*; **ulcère ~** Zwölffingerdarmgeschwür *nt*
duodénum [dyɔdenɔm] *m* ANAT Zwölffingerdarm *m*, Duodenum *nt (Fachspr.)*
dupe [dyp] I. *f* Betrogene(r) *f(m)*; **être la ~ de qn** auf jdn hereinfallen II. *adj* **être ~ de qc** sich von etw täuschen lassen
duper [dype] <1> *vt* hinters Licht führen
duperie [dypʀi] *f* Schwindel *m*
duplex [dyplɛks] *m* ❶ **appartement en ~** Maisonettewohnung *f* ❷ AUDIOV Konferenzschaltung *f*
duplicata [dyplikata] *m* Duplikat *nt*
duplicateur [dyplikatœʀ] *m* Vervielfältigungsgerät *nt*
duplication [dyplikasjɔ̃] *f* AUDIOV Vervielfältigung *f*; BIO Duplikation *f*
duplicité [dyplisite] *f* Falschheit *f*; *(en paroles)* Doppelzüngigkeit *f*

dupliquer [dyplike] <1> *vt* kopieren; überspielen *cassette*
duquel, de laquelle [dykɛl] <desquel(le)s> = **de lequel** *v.* **lequel**
dur [dyʀ] I. *m* ❶ *(personne inflexible)* unnachgiebiger [*o* sturer *pej*] Mensch; **les ~s du parti** die Betonköpfe in der Partei *(pej)* ❷ *fam (personne sans peur)* harter Bursche *(fam)* ❸ CONSTR **bâtiment en ~** Massivbau *m*; **piste en ~** befestigte Straße
▶ **un ~ à cuire** *fam* eine harte Nuss *(fam)*; **c'est un ~ de ~** *fam* das ist ein knallharter Bursche *(fam)*; **jouer les ~s** *fam* den starken Mann markieren *(fam)*
II. *adv* **travailler** hart; **souffler ~** *vent*: heftig blasen; **taper ~** *soleil*: heiß brennen
dur(e) [dyʀ] *adj* ❶ *(ferme)* hart; *porte, serrure* schwergängig; *viande* zäh; *sommeil* fest; **~ comme du verre** glashart; **cette serrure est ~e** das Schloss klemmt ❷ *(difficile) travail, obligation* schwer, schwierig; *personne* schwierig; *côte* steil; *temps, vie* hart, schwer ❸ *(pénible) climat* extrem; *combat, punition* hart; *lumière* hart, grell; **le plus ~ est passé** das Schlimmste ist überstanden ❹ *(fort) drogue* hart ❺ *(sévère) regard* ernst, streng; *critique* hart; **être ~(e) avec** [*o* **envers**] **qn** *(insensible)* hart zu jdm sein; *(sévère)* streng mit [*o* zu] jdm sein; **avoir le cœur ~** hartherzig sein ❻ *(endurant)* **être ~(e) au mal** unerschütterlich sein; **être ~(e) à la douleur** schmerzunempfindlich sein; **être ~(e) à la tâche** unermüdlich sein
durable [dyʀabl] *adj chose* dauerhaft; *souvenir* bleibend; *construction* solide; *effet, influence* nachhaltig; **non ~** *biens de consommation* kurzlebig
durablement [dyʀabləmɑ̃] *adv* auf Dauer
duralumin® [dyʀalymɛ̃] *m* Duralumin® *nt*
durant [dyʀɑ̃] *prép* ❶ *(au cours de)* während (+ *Gen*); **~ deux jours** während zweier Tage; **~ l'hiver** den Winter über ❷ *(tout au long de)* **travailler sa vie ~** sein Leben lang arbeiten; **toucher une rente sa vie ~** lebenslang eine Rente beziehen; **des minutes/heures/jours ~** minuten-/stunden-/tagelang
durcir [dyʀsiʀ] <8> I. *vt* ❶ hart machen *terre*; härter. *acier*; *fig* hart machen *traits, visage* ❷ *(rendre intransigeant)* verhärten *attitude, position*; verschärfen *loi*; **~ le ton** einen härteren Ton anschlagen
II. *vi aliment*: hart werden; *colle, peinture*: aushärten
III. *vpr* **se ~** ❶ *(devenir dur)* hart werden; *colle*: aushärten ❷ *(devenir intransigeant)* sich verhärten
durcissement [dyʀsismɑ̃] *m* ❶ Hartwerden *nt*; *du ciment* Abbinden *nt*; *de la colle* Aushärten *nt* ❷ *(raffermissement)* Verhärtung *f*; *d'un conflit* Verschärfung *f*
dure [dyʀ] *f (personne inflexible)* unnachgiebige Person, sture Person *(pej)*
▶ **coucher sur la ~** auf dem blanken Boden schlafen; **une ~ à cuire** *fam* eine harte Nuss *(fam)*; **en entendre de ~s** harte Worte zu hören bekommen; **être élevé(e) à la ~** streng erzogen werden; **en voir de ~s** Schweres durchmachen
durée [dyʀe] *f* ❶ Dauer *f*; **pendant la ~ des travaux** während der Bauarbeiten; **~ fixée** festgesetzte Dauer; **~ d'un/du contrat** Vertragszeit *f*; **~ d'un/de l'effet** Wechsellaufzeit; **~ d'un/du procès** Prozessdauer; **~ de la procédure** Verfahrensdauer; **~ minimum d'échéance** Mindestlaufzeit; **~ maximale de stationnement** Höchstparkdauer; **chômeur de longue ~** Langzeitarbeitslose(r) *m*; **malade de longue ~** Langzeitkranke(r) *f(m)*; **mesure/programme de longue ~** Langzeitmaßnahme *f*/-programm *nt*; **à ~ limitée par la loi** gesetzlich befristet; **contrat à ~ déterminée/indéterminée** befristeter/unbefristeter Vertrag; **crédit sur ~ déterminée** Kredit *m* mit fester Laufzeit ❷ *(permanence)* Dauerhaftigkeit *f*; **~ de vie** *d'un produit* Lebensdauer *f*; *d'une machine* Betriebszeit *f*
◆ **~ de calcul** INFORM Rechenzeit *f*; **~ de constitution de dossier** JUR Bearbeitungsdauer *f*; **~ d'emploi** Beschäftigungsdauer *f*; **~ d'exécution** INFORM *d'un signal* [Durch]laufzeit *f*; **~ d'exploitation** INFORM *d'une centrale nucléaire* Laufzeit *f*; **~ de fonctionnement** Betriebsdauer *f*; **~ de mouillage** ECON Hafenliegezeit *f*; **~ de référence** Bezugsdauer *f*; **~ de rotation** ECON Umschlagszeit *f*; **~ de stockage** Lagerzeit *f*; **~ de traitement** Bearbeitungsdauer *f*; **~ de transmission des données** INFORM Datenübertragungszeit *f*; **~ du transport** Beförderungszeit *f*; **~ d'utilisation** JUR Nutzungsdauer *f*, Betriebsdauer
durement [dyʀmɑ̃] *adv* ❶ *(rudement)* heftig ❷ *(sans bonté)* hart, streng; **parler/répondre ~** in barschem Ton sprechen/antworten ❸ *(cruellement)* hart, schwer
dure-mère [dyʀ-mɛʀ] <dures-mères> *f* ANAT harte Gehirnhaut *f*
durer [dyʀe] <1> *vi* ❶ *(avoir une certaine durée)* + *compl de temps* dauern; **ça va ~ longtemps?** dauert das noch lange?

② *(se prolonger)* + compl de temps [an]dauern; *conversation, maladie:* dauern; *tempête, soleil:* anhalten; *mode:* sich halten
③ *(se conserver, résister) personne:* sich halten; *matériel, vêtement:* haltbar sein; **fait(e) pour** ~ haltbar; **faire** ~ **qc** etw [gebrauchsfähig] erhalten
▶ **faire** ~ **les choses** die Dinge in die Länge ziehen; **ça ne peut plus** ~ so kann das nicht weitergehen; **ça durera ce que ça durera** es hält eben, solange es hält; **pourvu que ça dure!** wenn es nur so bliebe!
dureté [dyʀte] *f* ① *(fermeté)* Härte *f*
② *(difficulté)* Schwierigkeit *f*
③ *(rigueur)* de *l'hiver* Strenge *f*
④ *(sévérité) des traits, du cœur* Härte *f*; *d'un châtiment, d'une critique* Härte *f*
durillon [dyʀijɔ̃] *m* Schwiele *f*
durit®, durite [dyʀit] *f* MECANAUT [Zufuhr]schlauch *m*; *(conduite d'alimentation)* Benzinschlauch; *(conduite de l'eau de refroidissement)* Kühlwasserschlauch; ~ **coudée** Krümmer *m*; ~ **de frein** Bremsschlauch
D.U.T [dyt] *m abr de* **diplôme universitaire technique** Abschlussdiplom einer Fachhochschule
duvet [dyvɛ] *m* ① *(plume)* Daune *f*; **un oreiller garni de** ~ ein Daunenkissen *nt*
② *(poils) d'une personne, feuille* Flaum *m*
③ *(sac de couchage)* [Daunen]schlafsack *m*
duveté(e) [dyv(ə)te] *adj* flaumig; *pêche* pelzig; *cheveux* weich
duveter [dyv(ə)te] *vpr* **se** ~ *visage:* Flaumhaare bekommen
DVD [devede] *m abr de* **Digital Video Disc** INFORM DVD *f*
DVD-RAM [devedeʀam] *m* INFORM DVD-RAM *m* **DVD-ROM** [devedeʀɔm] *m* INFORM DVD-ROM *f*
dynamique [dinamik] **I.** *adj a.* INFORM dynamisch
II. *f* Dynamik *f*
◆ ~ **de croissance** Wachstumsdynamik *f*; ~ **de[s] groupe[s]** Gruppendynamik *f*

dynamisant(e) [dinamizɑ̃, ɑ̃t] *adj* stimulierend
dynamiser [dinamize] <1> *vt* mobilisieren
dynamisme [dinamism] *m d'une entreprise* Dynamik *f*; *d'une personne* Dynamik, Schaffenskraft *f*
dynamitage [dinamitaʒ] *m* ① Sprengung *f* [mit Dynamit]
② *fig* Sprengung
dynamite [dinamit] *f* ① Dynamit *nt*
② *fig fam* **c'est de la** ~**!** *(en parlant d'une personne)* der/die ist ein Energiebündel! *(fam)*; *(en parlant d'une situation, d'un dossier)* das ist eine tickende Zeitbombe! *(fam)*
dynamiter [dinamite] <1> *vt* ① [mit Dynamit] sprengen
② *fig* sprengen
dynamo [dinamo] *f* ① *d'un vélo* Dynamo *m*; *d'une automobile* Lichtmaschine *f*
② TECH Gleichstromgenerator *m (Fachspr.)*
dynamomètre [dinamɔmɛtʀ] *m* Dynamometer *m*
dynastie [dinasti] *f a. fig* Dynastie *f*
dysarthrie [dizaʀtʀi] *f* MED Dysarthrie *f (Fachspr.)*
dysbasie [disbazi] *f* MED Dysbasie *f (Fachspr.)*
dysenterie [disɑ̃tʀi] *f* MED Ruhr *f*; ~ **amibienne** Amöbenruhr
dysfonctionnement [disfɔ̃ksjɔnmɑ̃] *m* MED Funktionsstörung *f*, Dysfunktion *f (Fachspr.)*; ~ **érectile** Erektionsstörung *f*
dyslexie [dislɛksi] *f* Legasthenie *f*
dyslexique [dislɛksik] **I.** *adj* legasthenisch
II. *m, f* Legastheniker(in) *m(f)*
dyspepsie [dispɛpsi] *f* MED Verdauungsschwäche *f*, Dyspepsie *f (Fachspr.)*
dysplasie [displazi] *f* MED Dysplasie *f (Fachspr.)*
dysrythmie [disʀitmi] *f* MED Dysrhythmie *f (Fachspr.)*
dystonie [distɔni] *f* MED Dystonie *f*; ~ **neurovégétative** vegetative Dystonie
dystrophie [distʀɔfi] *f* MED Dystrophie *f*; ~ **musculaire** Muskeldystrophie
dysurie [dizyʀi] *f* MED Dysurie *f (Fachspr.)*

E

E, e [ø] *m inv* E *nt*/e *nt*; **e accent aigu/circonflexe/grave** E Akut/Zirkumflex/Gravis; **e tréma** E [mit] Trema
E.A.O. [øao] *m abr de* **enseignement assisté par ordinateur** PC-unterstützter Unterricht
eau [o] <x> *f* ① Wasser *nt*; **un verre d'**~ ein Glas Wasser; **cuire qc à l'**~ etw im Wasser kochen; **prendre l'**~ *vêtement:* wasserdurchlässig sein; ~ **courante** fließendes Wasser; ~ **douce** Süßwasser; ~ **bénite** Weihwasser; **grandes** ~**x** Wasserspiele *Pl*; ~ **lourde** schweres Wasser; ~ **minérale** Mineralwasser; ~ **thermale** Wasser einer Heilquelle; ~**x industrielles/ménagères** Industrie-/Haushaltsabwässer *Pl*
② *(robinet)* **ouvrir/fermer l'**~ das Wasser auf-/abdrehen, den Wasserhahn auf-/zudrehen
③ *(étendue de l'eau)* Gewässer *nt*; **au bord de l'**~ am Wasser; **habiter près de l'**~ in Wassernähe wohnen; **mettre qc à l'**~ etw zu Wasser lassen; **basses** ~**x** Niedrigwasser *nt*; **hautes** ~**x** Hochwasser *nt*; *(marée)* Flut *f*; ~ **courante** fließendes Gewässer; ~**x territoriales** Hoheitsgewässer *Pl*; **en-dehors des** ~**x territoriales** außerhalb der Hoheitsgewässer
④ *pl (liquide amniotique)* Fruchtwasser *nt*; **perdre les** ~**x** Fruchtwasser verlieren
▶ **il en a l'**~ **à la bouche** ihm läuft dabei das Wasser im Mund zusammen; **tourner en** ~ **de boudin** *fam* in die Binsen gehen *(fam)*; **apporter de l'**~ **au moulin de qn** Wasser auf jds Mühle *(Akk)* sein; **il passera encore beaucoup d'**~ **sous les ponts** bis dahin fließt noch viel Wasser den Berg [*o* den Rhein] hinunter; **être clair(e) comme de l'**~ **de roche** sonnenklar sein; ~ **de vaisselle** Spülwasser *nt*, Abwaschwasser; *péj (soupe très claire)* Wassersuppe *f (pej)*; **mettre de l'**~ **dans son vin** seine Ansprüche zurückschrauben; **de la plus belle** ~ reinsten Wassers; **il n'est pire** ~ **que l'**~ **qui dort** *prov* stille Wasser sind tief *(prov)*; **pêcher en** ~ **trouble** im Trüben fischen *(fam)*; **être tout en** ~ völlig in Schweiß gebadet sein; **se jeter à l'**~ ins Wasser gehen; *fig* den Sprung ins kalte Wasser wagen
◆ **Eau des Carmes** Karmelitergeist *m*; ~ **de cristallisation** CHIM Kristallwasser *nt*; ~ **de Cologne** Kölnisch Wasser *nt*; ~ **de fleurs d'oranger** Orangenblütenwasser *nt*; **Eaux et Forêts** ≈ staatliche Forstverwaltung; ~ **de Javel** *(pour blanchir)* [Chlor]bleiche *f*; *(pour nettoyer)* Chlorreiniger *m*; ~ **de mer** Meerwasser *nt*; ~ **de pluie** Regenwasser *nt*; ~ **du robinet** Leitungswasser *nt*; ~ **de rose** Rosenwasser *nt*; ~ **de ruissellement** Sickerwasser *nt*; ~ **de Seltz** Selterswasser *nt*; ~ **de source** Quellwasser *nt*; ~ **de table** Tafelwasser *nt*; ~ **de toilette** Eau *nt* de toilette
eau-de-vie [od(ə)vi] <eaux-de-vie> *f* Schnaps *m*, Branntwein *m*; ~ **de cerises/de pomme/de quetsche** Kirsch-/Apfel-/Zwetschgenschnaps; ~ **de fruit** Obstschnaps, Obstgeist *m*; ~ **de riz** Reisschnaps; ~ **digestive** Verdauungsschnaps *(fam)* **eau-forte** [ofɔʀt] <eaux-fortes> *f* ① *(acide)* Scheidewasser *nt* ② ART *(gravure)* Ätzradierung *f*
ébahi(e) [ebai] *adj* verblüfft
ébahir [ebaiʀ] <8> **I.** *vt* verblüffen; **être ébahi(e) de qc** verblüfft sein über etw *(Akk)*
II. *vpr* **s'**~ **de qc** über etw *(Akk)* höchst erstaunt sein
ébahissement [ebaismɑ̃] *m* Verblüffung *f*
ébarber [ebaʀbe] <1> *vt* TECH entgrannen *orge*; beschneiden *papier*
ébats [eba] *mpl des animaux, enfants* Herumtollen *nt*; **prendre ses** ~**s** herumtollen
▶ ~**s amoureux** Liebesspiele *Pl*
ébattre [ebatʀ] <*irr*> *vpr* **s'**~ herumtollen
ébaubi(e) [ebobi] *adj fam* baff; **être tout(e)** ~(e) total hin und weg sein *(fam)*
ébauche [eboʃ] *f d'une œuvre* Entwurf *m*; *d'un tableau* Skizze *f*; *d'une amitié* Keim *m*; *d'un sourire* Andeutung *f*
ébaucher [eboʃe] <1> **I.** *vt* entwerfen *œuvre*; skizzieren *peinture*; entwerfen *projet*; in groben Umrissen anlegen *statue*; andeuten *geste, sourire*
II. *vpr* **s'**~ *idée, projet:* Gestalt annehmen; *réconciliation:* sich abzeichnen
ébauchoir [eboʃwaʀ] *m* Meißel *m*
ébaudir [ebodiʀ] <8> **I.** *vt vieilli* ergötzen *personne*
II. *vpr littér* **s'**~ sich ergötzen
ébène [ebɛn] *f* Ebenholz *nt*; **noir(e) comme l'**~, **d'un noir d'**~ schwarz wie Ebenholz
ébénier [ebenje] *m* BOT Ebenholzbaum *m*
ébéniste [ebenist] *mf* Kunsttischler(in) *m(f)*, Möbeltischler(in) *m(f)*
ébénisterie [ebenist(ə)ʀi] *f* Kunsttischlerei *f*, Möbeltischlerei *f*;

du bois d'~ Edelholz nt
éberlué(e) [ebɛʀlɥe] adj fam perplex (fam)
éblouir [ebluiʀ] <8> vt ❶ blenden
❷ fig littér (émerveiller) faszinieren, blenden (pej)
éblouissant(e) [ebluisɑ̃, ɑ̃t] adj ❶ lumière, phares grell; blancheur strahlend
❷ (merveilleux) exploit, forme glänzend; œuvre d'art, spectacle, style faszinierend
éblouissement [ebluismɑ̃] m ❶ (trouble de la vue) Blendung f
❷ (émerveillement) hinreißendes Schauspiel
❸ MED (étourdissement) Flimmern nt vor den Augen
ébonite [ebɔnit] f Ebonit m
éborgner [ebɔʀɲe] <1> vt ~ qn jdm ein Auge ausstechen
éboueur [ebwœʀ] m Müllwerker m, Müllmann m (fam)
ébouillanter [ebujɑ̃te] <1> I. vt überbrühen légumes; heiß ausspülen théière
II. vpr s'~ qc sich (Dat) etw verbrühen
éboulement [ebulmɑ̃] m ❶ (action) Einsturz m; de terrain Erdrutsch m
❷ (amas) Schutt m, Trümmer Pl
ébouler [ebule] <1> vpr s'~ einstürzen; falaise: abrutschen
éboulis [ebuli] m Geröll nt kein Pl
ébouriffant(e) [eburifɑ̃, ɑ̃t] adj fam nouvelle, succès unglaublich (fam)
ébouriffé(e) [eburife] adj zerzaust; tête ~e zerzaustes Haar, Strubbelkopf m (fam)
ébouriffer [eburife] <1> vt (dépeigner) zerzausen cheveux
ébrancher [ebʀɑ̃ʃe] <1> vt ausästen
ébranlement [ebʀɑ̃lmɑ̃] m ❶ a. fig (secousse) Erschütterung f
❷ (départ) du train ruckartiges Anfahren
ébranler [ebʀɑ̃le] <1> I. vt ❶ (secouer) erschüttern murs, sol, vitres; (mettre en péril) erschüttern institutions, régime; zerrütten nerfs, santé
❷ (faire fléchir) erschüttern confiance; ~ qn échec: jdn erschüttern; supplications: jdn erweichen
II. vpr s'~ convoi, cortège: sich in Bewegung setzen; train: ruckartig anfahren
ébréché(e) [ebʀeʃe] adj assiette angeschlagen; couteau schartig; dent abgebrochen
ébrécher [ebʀeʃe] <5> vt ❶ (fêler) anschlagen assiette
❷ fig fam (diminuer) angreifen économies
ébréchure [ebʀeʃyʀ] f d'une assiette Macke f
ébriété [ebʀijete] f form Trunkenheit f (form); en état d'~ form in betrunkenem Zustand (form)
ébrouement [ebʀumɑ̃] m ❶ (expiration) d'un cheval Schnauben nt
❷ littér (battement) ~ d'ailes Flügelschlag m
ébrouer [ebʀue] <1> vpr s'~ cheval: schnauben; chien: sich schütteln
ébruitement [ebʀɥitmɑ̃] m d'une affaire Verbreitung f
ébruiter [ebʀɥite] <1> I. vt ausplaudern
II. vpr s'~ sich herumsprechen
ébullition [ebylisjɔ̃] f ❶ d'un liquide [Auf]kochen nt, Sieden nt; entrer en ~ zu kochen beginnen; porter à ~ zum Kochen bringen
❷ fig en ~ quartier, esprit in Aufruhr
écaille [ekaj] f ❶ ZOOL Schuppe f; ~ de poisson Fischschuppe
❷ (petite particule) se détacher par ~s peinture: abblättern
❸ (matière) Schildpatt nt; une paire de lunettes à monture d'~ eine Hornbrille
écailler [ekaje] <1> I. vt [ab]schuppen poisson; öffnen huîtres
II. vpr s'~ abblättern
écailleux, -euse [ekajø, -øz] adj ❶ (qui a des écailles) peau schuppig
❷ (qui s'écaille) abblätternd; ardoises brüchig
écale [ekal] f de châtaigne Schale f
écaler [ekale] <1> vt knacken noix; schälen œuf dur
écarlate [ekaʀlat] adj scharlachrot; visage hochrot
écarquiller [ekaʀkije] <1> vt ~ les yeux devant qc angesichts einer S. (Gen) die Augen aufreißen
écart [ekaʀ] m ❶ (distance) Abstand m
❷ (différence) de prix, températures Unterschied m; de cours Abweichung f; (contradiction) Diskrepanz f; grands ~s régionaux große regionale Unterschiede; ~ par rapport au plan ECON Planabweichung; ~ entre les cours Kursspanne f; ~ entre les taux d'intérêts Zinsgefälle; ~s du commerce extérieur Außenhandelsspanne f; réduire l'~ à la marque sportif, équipe: Punkte aufholen
❸ (mouvement brusque) d'un cheval Satz m; d'un véhicule Ausscheren m; faire un ~ zur Seite ausweichen
❹ (manquement) ~ de qc Abweichung f von etw, Verstoß m gegen etw
❺ SPORT grand ~ Spagat m; faire le grand ~ einen Spagat machen
▶ être à l'~ [de qc] abseitsliegen [von etw]; mettre qn à l'~ jdn ausschließen; vivre à l'~ zurückgezogen leben
◆ ~ de conduite Entgleisung f; (adultère) Seitensprung m; ~ de croissance Wachstumsgefälle nt; ~ de jeunesse Jugendsünde f; ~ de langage sprachliche Entgleisung; ~s de préférences ECON Präferenzgefälle nt; ~ de production ECON Produktivitätsgefälle nt; ~ de prospérité Wohlstandsschere f; ~ de qualité Qualitätsabweichung f; ~ de rendement d'une machine Leistungsabweichung f; FIN Renditegefälle nt; ~s de salaire Lohngefälle nt, Lohnunterschiede Pl; ~ des taux de change Wechselkursspanne f
écarté(e) [ekaʀte] adj ❶ chemin, lieu abgelegen, entlegen
❷ bras weit geöffnet; dents auseinanderstehend; jambes gespreizt; SPORT gegrätscht
écartèlement [ekaʀtɛlmɑ̃] m ❶ (torture) Vierteilen nt
❷ fig (tiraillement) Unentschlossenheit f; l'~ de qn entre deux choses jds Hin-und-her-Gerissen-Sein zwischen zwei Dingen
écarteler [ekaʀtəle] <4> vt ❶ HIST vierteilen
❷ (tirailler) être écartelé(e) entre deux choses zwischen zwei Dingen hin- und hergerissen sein
écartement [ekaʀtəmɑ̃] m Abstand m; des doigts Spannweite f; des rails Spurweite f; l'~ des essieux der Achsabstand
écarter [ekaʀte] <1> I. vt ❶ (séparer) zur Seite schieben objets; zur Seite ziehen rideaux; ausbreiten bras; spreizen doigts, jambes; auseinanderbiegen branches
❷ (exclure) ablehnen candidature, plan; zurückweisen objection; verwerfen idée, solution; abwenden danger, risque; ~ qn de qc jdn von etw ausschließen
❸ (éloigner) ~ qn de qc jdn von etw wegführen; fig jdn von etw abhalten; ~ qn de qn fig jdn mit jdm entzweien; cela ne m'écarte pas beaucoup das ist für mich kein großer Umweg
❹ CAN (perdre momentanément) verlegen
II. vpr ❶ (se séparer) s'~ foule: sich teilen; nuages: aufreißen
❷ (s'éloigner) s'~ de qc sich von etw entfernen, [von etw] abrücken; s'~ du sujet vom Thema abschweifen; écarte-toi/écartez-vous [de là]! mach/machen Sie Platz!
❸ CAN (s'égarer) s'~ sich verlaufen
ECBU [øsebey] m abr de examen cytobactériologique des urines Untersuchung des Urins auf Bakterien
ecchymose [ekimoz] f Bluterguss m
ecclésiastique [eklezjastik] I. adj kirchlich; charge, état, vie geistlich; biens ~s Kirchengüter Pl; le costume ~ die kirchliche Amtstracht
II. m Geistliche(r) m, Kleriker m
écervelé(e) [esɛʀvəle] I. adj gedankenlos
II. m(f) gedankenloser Mensch
ECG [øseʒe] m abr de électrocardiogramme EKG nt
◆ ~ d'effort MED Belastungs-EKG nt
échafaud [eʃafo] m Schafott nt; finir sur l'~ auf dem Schafott enden
échafaudage [eʃafodaʒ] m ❶ (construction) Gerüst nt; ~ mobile Leitergerüst; ~ tubulaire d'une tribune Stahlgerüst
❷ (empilement) Stapel m
❸ (système idéologique) [Gedanken]gebäude nt
échafauder [eʃafode] <1> I. vt entwerfen projets; errichten système; aufstellen théorie, hypothèse
II. vi CONSTR ein Gerüst aufbauen
échalas [eʃala] m ❶ (pieu) Pfahl m; de vigne Rebpfahl m
❷ fam (personne) langes Elend (fam); un grand ~ eine [richtige] Bohnenstange (fam)
échalote [eʃalɔt] f Schalotte f
échancré(e) [eʃɑ̃kʀe] adj robe ausgeschnitten; côte zerklüftet; feuille gezähnt
échancrure [eʃɑ̃kʀyʀ] f d'une robe Ausschnitt m; d'une côte Einbuchtung f
échange [eʃɑ̃ʒ] m ❶ Austausch m; (troc) Tausch m; ~ de qc contre qc Austausch/Tausch einer S. (Gen) gegen etw; ~ d'appartements Wohnungstausch; ~ de prisonniers Gefangenenaustausch; ~ d'idées/de vues Ideen-/Gedankenaustausch; ~ standard Einbau m von Ersatzteilen; faire un ~ avec qn mit jdm tauschen; en ~ de qc [als Gegenleistung] für etw; (à la place de) als Ersatz für etw, statt einer S. (Gen)
❷ gén pl ECON Handel m, Warenaustausch m; ~s boursiers Börsenverkehr m; ~s commerciaux multilatéraux mehrseitiger Handelsverkehr; ~ obligatoire (en parlant de devises) Umtauschzwang m; ~s postaux Postverkehr m; ~ d'actions Aktientausch m; ~s de biens économiques Wirtschaftsverkehr; ~s de chèques postaux Postscheckverkehr m; ~ d'espèces Bartausch m; ~ de marchandises (action) Warenaustausch m; (négociation) Warenaustauschgeschäft nt; ~ marchandise contre argent Ware-Geld-Austausch
❸ (communication, rapport) Austausch m; ~s culturels Kulturaustausch m; ~s scolaires Schüleraustausch m; ~ des jeunes Jugendaustausch
❹ ANAT ~s gazeux respiratoires Gasaustausch m
▶ vifs ~s heftiger Wortwechsel
◆ ~ de coups Handgreiflichkeiten Pl; ~ de coups de feu Schuss-

wechsel *m;* ~ **de données** INFORM Datenaustausch *m;* ~ **de lettres** Briefwechsel *m;* ~ **de licences** Lizenztausch *m;* ~ **s de marchandises et de services** Waren- und Dienstleistungsverkehr *m;* ~ **s d'obligations** Obligationshandel *m;* ~ **de parts** Anteilstausch *m;* ~ **de politesses** Austausch *m* von Höflichkeiten; ~ **des services** Dienstleistungsverkehr *m*

échangeable [eʃɑ̃ʒabl] *adj* austauschbar; *vêtement* umtauschbar

échanger [eʃɑ̃ʒe] <2a> *vt* austauschen *adresses, idées;* wechseln *anneaux, regards;* tauschen *timbres, maillots;* ~ **qc avec qn contre qc** etw mit jdm gegen etw tauschen; ~ **des cadeaux** einander beschenken; ~ **une marchandise** eine Ware umtauschen; ~ **des sourires** einander zulächeln

échangeur [eʃɑ̃ʒœʀ] *m* Kreuzung *f (auf mehreren Ebenen),* Autobahnkreuz *nt*
◆ ~ **de chaleur** Wärmetauscher *m;* ~ **d'ions** PHYS, CHIM Ionenaustauscher *m*

échangisme [eʃɑ̃ʒism] *m* Partnertausch *m*

échangiste [eʃɑ̃ʒist] **I.** *mf* Swinger(in) *m(f)*
II. *adj inv* Swinger-, Partnertausch-; **un club** ~ ein Swinger-Club

échanson [eʃɑ̃sɔ̃] *m* HIST *a. fig* Mundschenk *m*

échantillon [eʃɑ̃tijɔ̃] *m* ❶ COM [Waren]probe *f,* [Waren]muster *nt; (flacon)* Probefläschchen *nt; (paquet)* Probepäckchen *nt; (tube)* Probetube *f; (produit d'essai)* Probeanfertigung *f; (sur un étalage)* Tester *m;* ~ **gratuit** kostenlose Probe, Warenmuster ohne Handelswert *(Fachspr.);* **selon l'**~ **ci-joint** laut beiliegender Probe; **commander/acheter/vendre sur** ~ nach Muster bestellen/kaufen/verkaufen; **tirer des** ~**s** Muster ziehen; **correspondant à l'**~ dem Muster entsprechend; ~ **sans valeur** Muster ohne Wert
❷ STATIST Stichprobe *f,* Panel *nt (Fachspr.);* ~ **représentatif** repräsentative Auswahl; ~ **de contrôle de la qualité** Qualitätsprobe
▶ **donner un** ~ **de son talent** eine Kostprobe seines Könnens geben
◆ ~ **de sol** Bodenprobe *f;* **prélever un** ~ **de sol** eine Bodenprobe entnehmen

échantillonnage [eʃɑ̃tijɔnaʒ] *m* ❶ STATIST Auswahl *f* eines [repräsentativen] Querschnitts
❷ INFORM Abtasten *nt*

échantillonner [eʃɑ̃tijɔne] <1> *vt* ❶ COM *(prélever des échantillons)* als Muster entnehmen *article*
❷ STATIST repräsentativ auswählen *population*
❸ INFORM ~ **qc** von etw Momentwerte bilden

échappatoire [eʃapatwaʀ] *f (subterfuge)* Ausflucht *f; (issue)* Ausweg *m*

échappé(e) [eʃape] *m(f)* ❶ SPORT Ausreißer(in) *m(f)*
❷ *(évadé)* ~ **de prison** entflohener Häftling

échappée [eʃape] *f* ❶ SPORT Ausreißversuch *m;* **faire une** ~ **de deux/cinq/dix kilomètres** sich zwei/fünf/zehn Kilometer vom Hauptfeld absetzen
❷ *(vue)* Durchblick *m*
❸ ART Lichtstreifen *m*

échappement [eʃapmɑ̃] *m* ❶ *(gaz)* Abgas *nt;* ~ **de gaz** Ausströmen *nt* von Gas; ~ **libre** freie Abgasemission; **contrôle des gaz d'**~ Abgasuntersuchung *f*
❷ *(mécanisme régulateur d'horlogerie)* Unruh *f*

échapper [eʃape] <1> **I.** *vt* CAN fallen lassen *colis, verre;* nicht [mehr] halten können *poisson, cheval*
II. *vi* ❶ *(s'enfuir)* ~ **à qn** jdm entkommen, jdm ausbüxen *(hum fam);* ~ **à un danger** einer Gefahr *(Dat)* entgehen [*o* entrinnen]; **laisser** ~ **qn** jdn entkommen lassen; **faire** ~ **qn** jdm zur Flucht verhelfen
❷ *(se soustraire à)* ~ **à une punition/à l'arrestation** sich einer Bestrafung *(Dat)*/der Festnahme entziehen; ~ **au contrôle de** der Kontrolle *(Dat)* entgehen; ~ **à la mort** dem Tod entrinnen; ~ **aux impôts** *(par privilège)* nicht besteuert werden; *(illégalement)* sich der Steuerpflicht entziehen; ~ **aux recherches de la police** bei der polizeilichen Fahndung nicht gefasst werden; **tu n'y échapperas pas!** darum wirst du nicht herumkommen!
❸ *(être oublié)* ~ **à qn** *mot, détail:* jdm entfallen sein
❹ *(ne pas être remarqué)* ~ **à** [*o* **à l'attention de**] **qn** *détail:* jdm entgehen; **rien ne lui échappe** ihm entgeht nichts; **laisser** ~ **une faute** einen Fehler übersehen; **il n'a réussi à personne que ce nom n'a pas été cité** dass dieser Name nicht genannt wurde, ist niemandem aufgefallen
❺ *(ne pas être compris)* **le problème échappe à qn** jd versteht das Problem nicht
❻ *(ne pas être connu)* **l'adresse échappe à qn** die Adresse entzieht sich jds Kenntnis
❼ *(glisser des mains)* ~ **à qn** jdm entgleiten *(geh);* **aujourd'hui tout m'échappe des mains!** heute lasse ich aber auch alles fallen!; **laisser** ~ **qc** etw fallen lassen
❽ *(dire par inadvertance)* ~ **à qn** *gros mot, paroles:* jdm entfahren; **un cri/soupir lui a échappé** er/sie schrie/seufzte auf; **laisser** ~ **qc** etw nicht zurückhalten können

III. *vpr* ❶ *(s'évader)* **s'**~ **de qc** aus etw ausbrechen; *prisonnier:* aus etw entkommen [*o* ausbrechen]; *pensionnaire:* aus etw ausreißen; *souris, lapin:* aus etw entwischen; **l'oiseau s'est échappé de sa cage** der Vogel ist aus seinem Käfig entflogen
❷ *(s'esquiver)* **s'**~ **de qc** sich von etw wegschleichen
❸ SPORT **s'**~ ausreißen; **s'**~ **du peloton** das Hauptfeld hinter sich *(Dat)* lassen
❹ *(sortir)* **s'**~ **de qc** *fumée, son, bruit:* aus etw herausdringen; *gaz:* aus etw entweichen; *flammes:* aus etw herausschlagen; **un cri s'échappa de ses lèvres** es entfuhr ihm her [plötzlich] ein Schrei

écharde [eʃaʀd] *f* [Holz]splitter *m;* **se planter une** ~ **dans le doigt** sich *(Dat)* einen Splitter in den Finger reißen

écharpe [eʃaʀp] *f* ❶ *(vêtement)* Schal *m;* ~ **de soie** Seidenschal
❷ *du député, maire* Schärpe *f;* ~ **tricolore** Schärpe in den Farben der Trikolore
❸ *(bandage)* Schlinge *f*
▶ **en** ~ **prendre une voiture en** ~ ein Fahrzeug [seitlich] anfahren; **avoir** [*o* **porter**] **le bras en** ~ den Arm in der Schlinge tragen
◆ ~ **porte-bébé** Babytragetuch *nt*

écharper [eʃaʀpe] <1> *vt* zerstückeln; **se faire** ~ **par la foule** von der Masse zu Tode getrampelt werden; **se faire** ~ **par les critiques** von den Kritikern verrissen werden

échasse [eʃas] *f* ❶ *(sur un échassier)* Strandreiter *m*
❷ *(bâton)* Stelze *f;* **monter** [*o* **marcher**] **sur des** ~**s** auf Stelzen gehen

échassier [eʃasje] *m* ORN Stelzvogel *m*

échauder [eʃode] <1> *vt* ❶ *(ébouillanter)* heiß ausspülen *théière;* überbrühen *tomates;* abbrühen *volaille*
❷ *fig* **se faire** ~ sich hereinlegen lassen *(fam)*
▶ **chat échaudé craint l'eau froide** *prov* gebranntes Kind scheut das Feuer *(prov)*

échauffant(e) [eʃofɑ̃, ɑ̃t] *adj (constipant)* stopfend

échauffement [eʃofmɑ̃] *m* ❶ *de l'atmosphère, du sol* Erwärmung *f; du moteur* Heißlaufen *nt*
❷ SPORT Aufwärmen *nt*

échauffer [eʃofe] <1> **I.** *vt* ❶ *(réchauffer)* erwärmen; aufwärmen *coureur;* **ce long trajet avait échauffé le moteur** bei dieser langen Fahrt war der Motor heiß gelaufen
❷ *(exciter)* erhitzen; beflügeln *imagination;* ~ **les esprits** die Gemüter erhitzen
II. *vpr* **s'**~ ❶ SPORT sich aufwärmen
❷ *(s'énerver)* sich erhitzen, sich erregen

échauffourée [eʃofuʀe] *f* ❶ *(bagarre)* Schlägerei *f;* **être pris(e) dans une** ~ in eine Schlägerei geraten [*o* verwickelt werden]
❷ MIL Scharmützel *nt*

échauguette [eʃogɛt] *f* Warte *f*

échéance [eʃeɑ̃s] *f* ❶ *(date limite)* Fälligkeit *f; d'un bon* Verfall[s]tag *m; (fin du délai)* Terminablauf *m;* **date d'**~ Fälligkeitsdatum *nt,* Verfallsdatum *nt,* Fälligkeitstermin *m;* **jour de l'**~ Fälligkeitstag *m;* **impôt d'**~ Fälligkeitssteuern *Pl;* **proroger** [*o* **reporter**] **l'**~ die Fälligkeit aufschieben; **à** [**l'**]~ bei Fälligkeit; **arriver** [*o* **venir**] **à** ~ **le 15 du mois** *effet:* am 15. des Monats fällig werden; **dernière** ~ letzter Zahlungstermin
❷ *(délai)* Fälligkeitsfrist *f;* COM Zahlungsziel *nt*
❸ JUR, ECON *(règlement)* fällige Zahlung; ~ **de fin de mois** am Monatsende fällige Zahlungsverpflichtung, Ultimofälligkeit *f (Fachspr.);* ~ **du prix d'achat** Kaufpreisfälligkeit *(Fachspr.)*
▶ **à brève** [*o* **courte**] ~ kurzfristig; ~ **politique** politischer Entscheidungstag
◆ ~ **de paiement** Zahlungstermin *m;* ~ **du préavis** Kündigungstermin *m*

échéancier [eʃeɑ̃sje] *m* Fälligkeitsverzeichnis *nt*

échéant(e) [eʃeɑ̃, ɑ̃t] *adj annuité, traite* fällig [werdend]

échec[1] [eʃɛk] *m de négociations* Scheitern *nt; de recherches* Erfolglosigkeit *f; d'un spectacle* Misserfolg *m;* ~ **scolaire** Schulversagen *nt;* **il n'admet pas son** ~ **à l'examen** er gibt nicht zu durch die Prüfung gefallen zu sein
▶ **courir à l'**~, **aller au devant de l'échec** keine Aussicht auf Erfolg haben, zum Scheitern verurteilt sein; **faire** ~ **à qc** etw vereiteln

échec[2] [eʃɛk] *m pl* **jeu d'**~**s** Schach *nt,* Schachspiel *nt;* **jouer aux** ~**s** Schach spielen; ~**s éclair** Blitzschach; ~**s par correspondance** Fernschach; **club d'**~**s** Schachklub *m;* **tournoi/championnat d'**~**s** Schachturnier *nt*/-meisterschaft *f;* **champion(ne) d'**~**s** Schachmeister(in) *m(f)*
▶ **être** ~ **et mat** schachmatt sein; **être en** ~ im Schach stehen; **faire** ~ **et mat** sich selbst schachmatt setzen

échelle [eʃɛl] *f* ❶ Leiter *f;* ~ **des pompiers** die Feuerwehrleiter; ~ **simple/double** Anlege-/Stehleiter; ~ **coulissante** Schiebeleiter; ~ **pliante** Klappleiter; ~ **escamotable** Dachbodenklappleiter
❷ *(rapport)* Maßstab *m;* **à l'**~ **de 1/100 000** im Maßstab eins zu hunderttausend *écrit:* 1:100 000; **à l'**~ **de l'enfant** kindgemäß; **à**

l'~ **humaine** [*o de l'homme*] nach menschlichen Maßstäben [*o* dem Menschen angemessen]; **à l'~ nationale/communale**, **à l'~ de la nation/de la commune** auf nationaler/kommunaler Ebene

❸ *(maille filée)* Laufmasche *f*

❹ *(hiérarchie) de la hiérarchie* Stufenleiter *f*; **~ des salaires** *(en parlant des ouvriers)* Lohnskala *f*; *(en parlant des employés)* Gehaltsskala; **~ des traitements/des valeurs** Besoldungs-/Wertskala; **~ tarifaire** Tarifstaffelung *f*

❺ MUS **~ des sons** Tonleiter *f*

❻ *(graduation)* **~ thermométrique** Thermometerskala *f*

▶ **être en haut** [*o* **au sommet**]**/en bas de l'~** ganz oben/unten stehen; **être parvenu(e) au sommet de l'~** [**sociale**] zu den oberen Zehntausend gehören; **la courte ~** die Räuberleiter *(fam)*; **sur une grande ~** in großem Umfang; **prendre des mesures sur une grande ~** flächendeckende [*o* umfassende] Maßnahmen ergreifen

◆ **~ de corde** Strickleiter *f*; **~ des couleurs** Farbskala *f*; **~ de coupée** NAUT Fallreep *nt*; **~ d'évaluation** Bewertungsmaßstab *m*; **~ des gris** Grauwert *m (Fachspr.)*; **~ d'incendie** Feuerleiter *f*; **~ de piscine** Einhängeleiter *f*; **~ des primes** *(système échelonné)* Prämienstaffelung *f*; **~ de Richter** Richter-Skala *f*; **~ de sauvetage** Rettungsleiter *f*; **~ des températures** Temperaturskala *f*

échelon [eʃlɔ̃] *m* ❶ *(barreau)* Sprosse *f*

❷ ADMIN *de la hiérarchie* Stufe *f*, Ebene *f*; **passer par tous les ~s administratifs** alle Dienstränge durchlaufen; **être au premier/dernier ~** auf der niedrigsten/höchsten Lohnstufe stehen; **avancer** [*o* **monter**] **d'un ~ dans la hiérarchie** in einen höheren Dienstrang aufsteigen; **descendre d'un ~ dans la hiérarchie** zurückgestuft werden; **gravir** [*o* **grimper**] **un ~** beruflich aufsteigen; **à l'~ communal/national/régional** auf kommunaler/nationaler/regionaler Ebene; **à l'~ départemental** auf Regierungsbezirksebene; **à l'~ de l'administration/du gouvernement** auf Verwaltungs-/Regierungsebene

◆ **~ de l'entreprise** Betriebsebene *f*; **~ d'honoraire** Honorarstufe *f*

échelonnement [eʃ(ə)lɔnmɑ̃] *m* ❶ MIL Staffelung *f*, Stafflung *f*

❷ *(étalement)* Verteilung *f*; **~ du travail** Arbeitsverteilung

❸ ÉCON **~ des cotisations** Beitragsstaffelung *f*

échelonner [eʃ(ə)lɔne] <1> **I.** *vt* ❶ *(étaler)* [gleichmäßig] verteilen *paiements*; **~ des livraisons** sukzessive liefern; **~ ses versements** in Raten zahlen

❷ *(graduer)* staffeln *salaires*; allmählich steigern *difficultés*

❸ *(disposer à intervalles réguliers)* in gleichem Abstand aufstellen

II. *vpr* **s'~** in gleichem Abstand aufgestellt sein

écheniller [eʃ(ə)nije] <1> *vt* ❶ *(débarrasser des chenilles)* von Raupen [*o* Schädlingen] befreien *arbre*

❷ *fig* vom Unwesentlichen befreien *texte*

écheveau [eʃ(ə)vo] <x> *m* ❶ *de soie* Docke *f*; *de laine* Strang *m*, Docke *f*

▶ **démêler l'~ de qc** etw entwirren; **démêler l'~ d'une situation** Klarheit in eine verzwickte Situation bringen

échevelé(e) [eʃəv(ə)le] *adj* ❶ *(décoiffé) personne* zerzaust

❷ *(effréné) rythme* wild; *danse* ausgelassen

échevin [eʃ(ə)vɛ̃] *m* ❶ BELG *(adjoint au maire)* Beigeordneter *m*

❷ CAN *(conseiller municipal)* Gemeinderat *m*

échevinal(e) [eʃ(ə)vinal, o] <-aux> *adj* BELG *(communal)* Gemeinde-

échine [eʃin] *f* ❶ *(colonne vertébrale)* Wirbelsäule *f*; **~ dorsale** Rückgrat *nt*

❷ GASTR Schweinekamm *m*

▶ **avoir l'~ souple** kein Rückgrat haben; **courber** [*o* **plier**] **l'~ devant qn/qc** vor jdm/etw [katz]buckeln *(fam)*

échiner [eʃine] <1> *vpr* **s'~ à qc** sich bei etw abschinden; **s'~ à faire qc** sich abmühen etw zu tun

échinocoque [ekinɔkɔk] *m* ZOOL Hundebandwurm *m*

échinodermes [ekinɔdɛRm] *mpl* ZOOL Echinoderme *m meist Pl*

échiquier [eʃikje] *m* ❶ ÉCHECS Schachbrett *nt*; **case d'~** Schachfeld *nt*

❷ FIN, ADMIN **l'Échiquier britannique** das britische Schatzamt

❸ *fig* **sur l'~ européen** im europäischen Kräftespiel; **l'~ politique** die politische Szene

écho [eko] *m* ❶ *(réflexion sonore) d'une montagne* Echo *nt*; **ça fait** [**de l'**] **~** es hallt wider; **il y a de l'~** es gibt ein Echo

❷ PRESSE *(rubrique)* Klatschspalte *f*; **les ~s** die Lokalseite

❸ *(effet)* Echo *nt*; **rester sans ~** keine Resonanz finden

▶ **avoir eu des ~s de qc** von etw [schon] gehört haben; **j'en ai eu quelques ~s** das ist mir schon zu Ohren gekommen; **à tous les ~s** überall

échocardiogramme [ekokaRdjɔgRam] *m* MED Echokardiographie *f*

échographie [ekɔgRafi] *f (examen)* Ultraschalluntersuchung *f*; *(image)* Ultraschallaufnahme *f*; **~ cérébrale** MED Echoenzephalographie *f*; **passer une ~** sich einer Ultraschalluntersuchung *(Dat)* unterziehen; **les ~s ont permis de constater que ...** durch Ultraschallaufnahmen wurde festgestellt, dass ...

échographique [ekɔgRafik] *adj* MED *examen* Ultraschall-

échoir [eʃwaR] <*irr*> *vi + être* ❶ *(être dû) dettes:* fällig werden/sein; *délai:* ablaufen; **facture échue** fällige Rechnung; **à terme échu** nach Ablauf der Frist; **~ tous les 1ers du mois** an jedem Monatsersten fällig sein

❷ *(revenir)* **~ à qn** jdm zufallen; **~ en partage à qn** jdm anteilsmäßig zufallen; **il échoit à cet élève de faire qc** es fällt diesem Schüler zu etw zu tun

écholocation [ekɔlɔkasjɔ̃] *f*, **écholocalisation** [ekɔlɔkalizasjɔ̃] *f* TECH, ZOOL Ultraschallortung *f*

échoppe [eʃɔp] *f* [Verkaufs]bude *f*

écho-sondeur [ekosɔ̃dœR] <écho-sondeurs> *m* Echolot *nt*

échotier, -ière [ekɔtje, -jɛR] *m*, *f* Klatschkolumnist(in) *m(f)*

échouage [eʃwaʒ] *m d'un navire* Strandung *f*

échouer [eʃwe] <1> **I.** *vi* ❶ *(rater)* scheitern; **~ à l'examen** die Prüfung nicht bestehen; **faire ~ qc** etw vereiteln

❷ NAUT *bateau:* auf Grund laufen, stranden; **~ sur qc** auf etw *(Akk)* auflaufen

❸ *(se retrouver)* **~ chez qn/dans qc** bei jdm/in etw *(Dat)* landen *(fam)*

II. *vt* NAUT auflaufen [*o* auf Grund laufen] lassen

III. *vpr* **s'~** auf Grund laufen; **s'~ dans la vase** im Schlick [*o* Schlamm] stecken bleiben

écimage [esimaʒ] *m d'un arbre* Kappen *nt*

écimer [esime] <1> *vt* kappen *arbre*, *plante*

éclaboussement [eklabusmɑ̃] *m* [Be]spritzen *nt*

éclabousser [eklabuse] <1> *vt* ❶ *(asperger)* bespritzen

❷ *(écraser)* **~ qn de sa richesse** jdn mit seinem Reichtum übertrumpfen

❸ *(rejaillir sur)* **~ qn** jds guten Namen in den Schmutz ziehen

éclaboussure [eklabusyR] *f souvent pl* ❶ *(giclement)* Spritzer *m*; **recevoir des ~s** angespritzt werden; **~ de sang/de vin** Blut-/Weinspritzer

❷ *(contrecoup) d'un scandale* negative Auswirkung; **sa réputation a reçu quelques ~s** sein/ihr Ruf hat gelitten

éclair [eklɛR] **I.** *m* ❶ METEO Blitz *m*; **~ de chaleur** Wetterleuchten *nt*

❷ PHOT [Licht]blitz *m*

❸ GASTR Eclair *m*; **un ~ au café** ein Mokkaeclair

❹ *(bref moment)* **~ de bon sens** [*o* **de génie**] [*o* **d'intelligence**] Geistesblitz *m*; **~ de lucidité** lichter Moment [*o* Augenblick]; **dans un ~ de colère** in einem Wutanfall

▶ **jeter des ~s** *cristal:* glitzern; **en un ~** **faire qc en un ~** etw in Sekundenschnelle tun; **moi, je te fais ça en un ~** bei mir geht das blitzschnell

II. *app inv* **attaque/guerre/victoire ~** Blitzangriff *m*/-krieg *m*/-sieg *m*; **visite ~** Kurzbesuch *m*, Blitzbesuch *f*; **départ ~** Blitzstart *m*; **voyage ~** kurze Reise

éclairage [eklɛRaʒ] *m* ❶ *(action d'éclairer)* Beleuchtung *f*

❷ *(manière d'éclairer)* Licht *nt*, Beleuchtung *f*; **~ électrique** elektrisches Licht, elektrische Beleuchtung; **~ au néon** Neonlicht, Neonbeleuchtung; **~ au gaz** Gaslicht, Gasbeleuchtung; **~ direct/indirect/artificiel** direkte/indirekte/künstliche Beleuchtung; **~ d'ambiance** [*o* **tamisé**] gedämpfte Beleuchtung; **~ de nuit/de secours** Nacht-/Notbeleuchtung

❸ CINE **les ~s** die Beleuchtung, THEAT die Bühnenbeleuchtung

▶ **apparaître sous un tout autre ~** in einem ganz anderen Licht erscheinen; **sous cet ~** so betrachtet

éclairagiste [eklɛRaʒist] *mf* CINE, THEAT Beleuchter(in) *m(f)*

éclairant(e) [eklɛRɑ̃, ɑ̃t] *adj gaz* ~ Leuchtgas *nt*; **fusée ~e** Leuchtrakete *f*; **pouvoir ~** Leuchtkraft *f*

éclaircie [eklɛRsi] *f* ❶ METEO [kurze] Aufheiterung *f*; **~ passagère** Zwischenaufheiterung

❷ HORT Durchforsten *nt*, Lichten *nt*, Ausholzen *nt*; **avoir bien besoin d'une ~** dringend durchforstet [*o* gelichtet] [*o* ausgeholzt] werden müssen

❸ *fig* Lichtblick *m*; **enfin une ~ s'annonçait** endlich zeichnete sich ein Silberstreif am Horizont ab

éclaircir [eklɛRsiR] <8> **I.** *vt* ❶ *(rendre clair)* aufhellen; frisch machen *teint*

❷ *(rendre moins dense)* ausdünnen *barbe*; lichten, durchforsten, ausholzen *forêt*; vereinzeln, verziehen *semis*; lichten *rangs*; strecken *sauce*

❸ *(élucider)* klären *situation*; aufdecken *meurtre*; lösen *énigme*; **~ une affaire** Licht in eine Sache bringen; **ça nous éclaircira les idées** [*o* **l'esprit**] das wird uns einen klaren Kopf verschaffen

II. *vpr* ❶ *(se dégager)* **s'~** *ciel*, *temps:* aufklaren

❷ *(rendre plus distinct)* **s'~ la gorge** [*o* **voix**] sich räuspern

❸ *(se raréfier)* **s'~** *arbres:* sich lichten; *cheveux:* schütter werden, sich lichten

❹ *(devenir compréhensible)* **s'~** *idée:* klarer werden; *mystère:* sich

aufklären
éclaircissant [eklɛrsisɑ̃] m ~ **pour les cheveux** Haaraufheller m
éclaircissement [eklɛrsismɑ̃] m *d'une situation* Klärung f; *d'un mystère* Aufklärung f; *d'un malentendu* Beseitigung f, Klärung f; *des soupçons* Beseitigung f; *d'un point de vue* Erläuterung f
éclairé(e) [eklere] *adj (averti)* aufgeklärt; **agir en esprit ~** sich aufgeschlossen geben
éclairement [eklɛrmɑ̃] m ❶ PHYS Beleuchtungsstärke f; *de la lune* Bestrahlung f
❷ *littér (illumination)* Erleuchtung f
éclairer [eklere] <1> I. vt ❶ *(fournir de la lumière)* erhellen; **~ qn** jdm leuchten
❷ *(laisser passer la lumière du jour)* erhellen; **~ une pièce** *soleil*: in ein Zimmer hereinscheinen
❸ *(donner de la luminosité)* heller erscheinen lassen
❹ *(expliquer)* erläutern *texte*; klären *situation*
❺ *(instruire)* **~ un collègue sur** [o **au sujet de**] **qn/qc** einen Kollegen über jdn/etw aufklären; **me voilà éclairé(e) à ton sujet!** jetzt weiß ich über dich Bescheid!
II. vi leuchten; **~ bien/mal/peu/beaucoup** gutes/schlechtes/wenig/viel Licht geben
III. vpr ❶ *(se fournir de la lumière)* **s'~ à l'électricité/au gaz** elektrisches Licht/Gaslicht haben; **s'~ avec une lampe de poche** sich *(Dat)* mit einer Taschenlampe Licht machen
❷ *(devenir lumineux)* **s'~** *visage*: sich aufhellen
❸ *(se clarifier)* **s'~** *situation*: sich klären; **maintenant, je comprends, tout s'éclaire!** jetzt wird [mir] alles klar!
éclaireur, -euse [eklɛrœr, -øz] I. m, f ❶ MIL Aufklärer(in) m(f)
❷ *(scout)* Pfadfinder(in) m(f)
II. app **avion ~** Aufklärer m
éclat [ekla] m ❶ *(fragment)* Splitter m
❷ pl *(dégâts occasionnés par du gravier)* Steinschlagschaden m
❸ *(bruit)* **~ de rire** lautes Auflachen; **~ de joie** Freudenausbruch m; **partir d'un ~ de rire** in schallendes Gelächter ausbrechen
❹ *(scandale)* Eklat m; **faire un ~** einen Eklat verursachen
❺ *(luminosité) d'un métal* Glanz m; *d'une astre* heller Schein; *des phares* greller Schein; *d'une couleur* Leuchtkraft f; *d'un diamant* Feuer nt; *de la neige* Glitzern nt; **~ des couleurs** *d'une photo* Farbbrillanz f
❻ *(rayonnement) de la jeunesse* Glanz m; *des yeux* Leuchten nt; **fasciner par l'~ de sa beauté** durch ihre/seine strahlende Schönheit faszinieren
❼ *(splendeur, magnificence)* Glanz m; *d'une cérémonie* Pracht f; *d'un personnage* Ausstrahlung[skraft] f; *d'un nom* Klang m; *d'un titre* Ansehen nt
▶ **rire aux ~s** schallend lachen; **voler** [o **partir**] **en ~s** zersplittern; **faire voler qc en ~s** etw zerschmettern
éclatant(e) [eklatɑ̃, ɑ̃t] *adj* ❶ *(fort)* laut; *son* durchdringend; *musique* schmetternd
❷ *(vif)* strahlend; *feu* lodernd; **la blancheur ~e du linge** das strahlende Weiß der Wäsche
❸ *(radieux) beauté* strahlend; *teint* frisch; *santé* blühend; **jouir d'une santé ~e** sich bester Gesundheit erfreuen
❹ *(remarquable) exemple* eklatant; *mensonge* krass; *succès* durchschlagend; *victoire* glänzend; *mérite* hervorragend; *revanche* erfolgreich; *vérité* offenkundig
éclatement [eklatmɑ̃] m ❶ *(explosion)* Explosion f
❷ *(crevaison)* Platzen nt
❸ fig *d'un parti* Zersplitterung f
éclater [eklate] <1> I. vi ❶ *(exploser) bombe*: explodieren; *(déborder) tête*: platzen *(fam)*, bersten *(geh)*; **~ de santé** vor Gesundheit strotzen; **faire ~ qc** etw zum Explodieren bringen
❷ *(crever) pneu*: platzen; *châtaigne*: aufplatzen
❸ *(se fragmenter) structure*: auseinanderbrechen; *pierre, verre*: zerspringen; **faire ~ la coalition** zum Bruch der Koalition führen; **faire ~ les roches** das Gestein sprengen
❹ *(s'ouvrir) bourgeon*: aufbrechen
❺ *(commencer) épidémie*: ausbrechen; *orage*: losbrechen
❻ *(survenir brusquement) nouvelle*: wie eine Bombe einschlagen; **le scandale a éclaté** es kam zu einem Skandal
❼ *(retentir) cris, rires*: erschallen; **~ de rire** in lautes Gelächter ausbrechen; *coup de feu, détonation*: krachen; *fanfare*: losschmettern; *applaudissements*: losbrechen; **un coup de tonnerre éclata** es gab einen plötzlichen Donnerschlag
❽ *(se manifester)* **~ dans les yeux** [o **sur le visage**] **de qn** *bonne foi, mauvaise foi*: jdm im Gesicht geschrieben stehen; **la joie éclate dans leurs yeux** sie [o ihre Augen] strahlen vor Freude; **~ en pleurs** in Tränen ausbrechen; **faire ~ la vérité** die Wahrheit ans Licht bringen; **~ un scandale** einen Skandal auslösen; **laisser ~ sa colère** seiner Wut *(Dat)* freien Lauf lassen
❾ *(s'emporter)* **qn éclate** jdm platzt der Kragen *(fam)*; **faire ~ qn** jdn zur Weißglut bringen; **~ de colère/rage** vor Wut *(Dat)* platzen

(fam); **~ en menaces** Drohungen ausstoßen; **~ en reproches** sich in Vorhaltungen *(Dat)* ergehen
II. vpr fam *(se défouler)* **s'~** sich prima amüsieren *(fam)*, einen Riesenspaß haben; **qn s'éclate à faire** [o **en faisant**] **qc** jdm macht es einen Mordsspaß, etw zu tun *(fam)*; **il s'éclate dans son boulot** seine Arbeit macht ihm riesigen Spaß *(fam)*
éclectique [eklɛktik] PHILOS I. *adj* eklektisch
II. m Eklektiker(in) m(f)
éclectisme [eklɛktism] m Eklektizismus m; **faire preuve d'~ dans qc** sich bei etw als Eklektiker erweisen
éclipse [eklips] f Finsternis f; **~ de lune/soleil** Mond-/Sonnenfinsternis; **~ partielle** partielle Finsternis, Teilfinsternis; **~ totale** totale Finsternis
▶ **à ~s** *phare*: **à ~s** Blinkfeuer nt; **avoir une mémoire à ~s** immer wieder Gedächtnislücken haben
éclipser [eklipse] <1> I. vt ❶ ASTRON verfinstern, verdunkeln
❷ *(surpasser)* in den Hintergrund drängen; *gloire*: überstrahlen; **~ qn par qc** jdn durch etw in den Schatten stellen; **se faire ~ par qn** von jdm in den Schatten gestellt werden; **se laisser ~ par qn** sich von jdm ausstechen lassen
II. vpr **s'~** verschwinden *(fam)*, sich verdrücken *(fam)*
écliptique [ekliptik] I. *adj vieilli* ekliptisch
II. m ASTRON Sonnenbahn f, Ekliptik f
éclopé(e) [eklɔpe] I. *adj* ❶ *(boiteux) personne* gehbehindert; *animal* lahm; **depuis l'accident il est ~** seit dem Unfall hinkt er
❷ *(blessé)* leicht verwundet; **être ~(e)** leicht verwundet sein
II. m(f) ❶ *(boiteux)* Gehbehinderte(r) f(m); *(blessé)* [Leicht]verletzte(r) f(m)
éclore [eklɔr] <irr> vi + être ❶ *(s'ouvrir) bourgeon*: aufbrechen; *fleur*: erblühen; *œuf*: aufbrechen, sich öffnen; **les œufs sont éclos** die Eier sind ausgebrütet; **être éclos(e)** *fleur*: aufgebrochen sein
❷ *(naître) poussin*: ausschlüpfen; *amour*: aufkeimen; *projet*: entstehen; *jour*: anbrechen; *vocation*: erwachen; *talent*: sich entfalten; **être éclos(e)** *poussin*: geschlüpft sein
éclosion [eklozjɔ̃] f *d'une couvée* Ausschlüpfen nt; *d'un bourgeon* Aufbrechen nt; *d'une fleur* Erblühen nt; *du jour* Anbruch m; *d'un sentiment* Erwachen nt; *d'un talent* Entfaltung f
écluse [eklyz] f Schleuse f; *(dans une digue)* Deichschleuse; **~ sur un/le canal** Kanalschleuse; **~ à sas** Kammerschleuse
écluser [eklyze] <1> vt ❶ TECH regulieren *canal*; schleusen *bateau*
❷ pop schlucken *bières*
éclusier, -ière [eklyzje, -jɛr] m, f Schleusenwärter(in) m(f), Schleusenmeister(in) m(f)
éco *abr de* **économique**
écobuer [ekɔbɥe] <1> vt AGR ökologisch bearbeiten *terre* (Unkraut jäten, verbrennen und Asche ausstreuen)
écocitoyen(ne) [ekositwajɛ̃, jɛn] I. m(f) ökologisch bewusste(r) Bürger(in) m(f)
II. *adj* ökologisch bewusst
écocompatibilité [ekokɔ̃patibilite] f Umweltverträglichkeit f
écocompatible [ekokɔ̃patibl] *adj* umweltverträglich
écœurant(e) [ekœrɑ̃, ɑ̃t] *adj* ❶ *(trop sucré)* widerlich süß; *(trop gras)* widerlich fett; **cette crème est ~e** diese Creme wird einem leicht zuwider
❷ *(physiquement)* Ekel erregend; *personne* abstoßend
❸ *(moralement)* widerwärtig
❹ *(décourageant) combine* empörend; *facilité* unerhört; *injustice* himmelschreiend
▶ **en ~** CAN *(très, beaucoup)* sehr; **elle est belle en ~** sie ist wunderschön
écœurement [ekœrmɑ̃] m ❶ *(nausée)* Übelkeit f; **manger jusqu'à l'~** essen bis zum Erbrechen
❷ *(dégoût)* Ekel m, Widerwillen m
❸ *(découragement)* **ressentir un immense ~** völlig entmutigt sein
écœurer [ekœre] <1> vt, vi ❶ *(dégoûter) goût*: widerlich sein; *nourriture*: widerlich schmecken; *odeur*: widerlich sein; **~ qn** jdn anekeln, jdn anwidern; **qn est écœuré(e) par qc** jdm ist von etw übel
❷ *(indigner)* anekeln, anwidern
❸ *(décourager) injustice*: empören; *déception*: entmutigen; *personne*: entmutigen
écolabel [ekɔlabɛl] m Ökolabel nt
écolage [ekɔlaʒ] m CH *(frais de scolarité)* Schulgeld nt
école [ekɔl] f ❶ *(établissement)* Schule f; **~ primaire** Grundschule; **~ secondaire** höhere Schule; (en Suisse) Sekundarschule (CH); **~ publique** öffentliche Schule; **~ privée** Privatschule; **~ professionnelle** Berufsschule; **~ technique** Berufsfachschule, Gewerbeschule; **~ agricole** [o **d'agriculture**] Landwirtschaftsschule; **~ cantonale** CH Kantonsschule (CH); **~ commmerciale** Handelsschule; **~ communale** Gemeindeschule; **~ confessionnelle** kirchliche Schule; **grandes ~s** Elite-Hochschulen *Pl*; **~ hôtelière** Hotelfachschule; **~ laïque** weltliche Schule; **~ libre** Privatschule; **~ mater-**

nelle ≈ Kindergarten m; ~ **militaire** Militärakademie f; ~ **mixte** gemischte Schule; **École nationale d'administration** staatliche Verwaltungshochschule f; ~ **navale** Seefahrt[s|schule; ~ **normale d'instituteurs** Pädagogische Hochschule; **École normale supérieure** Elitehochschule zur Ausbildung von Lehrern an höheren Schulen; **École polytechnique** Elitehochschule zur Ausbildung von Ingenieuren [in Paris]; ~ **à l'étranger** Auslandsschule; ~ **pour adultes** ≈ Volkshochschule; ~ **d'aviation** Flugschule; ~ **de danse** Ballettschule; ~ **de dessin** Kunsthochschule; ~ **de musique** Musikschule; ~ **de musique pour enfants et adolescents** Jugendmusikschule; ~ **d'officiers** Offiziersschule; ~ **de voile** Segelschule; **la piscine de l'~** das schuleigene Schwimmbad; **aller à l'~** zur [o in die] Schule gehen; **renvoyer qn de l'~** jdn von der Schule [ver]weisen; **retirer qn de l'~** jdn von der Schule nehmen
② (bâtiment) Schule f, Schulhaus nt
③ (enseignement) Unterricht m; **manquer l'~** (involontairement) den Unterricht versäumen; (volontairement) dem Unterricht fernbleiben; **sécher l'~** fam [die Schule] schwänzen (fam)
④ (système scolaire) Schulsystem nt; **entrer à l'~** in die Schule kommen; **mettre qn à l'~** jdn einschulen
⑤ ART, LITTER Schule f
‣ **faire l'~ buissonnière** écolier: schwänzen; salarié: blau machen; **avoir été à dure** [o **rude**] **~** durch eine harte Schule gegangen sein
♦ ~ **d'apprentissage** Berufsschule f; ~ **des Beaux-Arts** Kunstakademie f; ~ **de filles** Mädchenschule f; ~ **de garçons** Knabenschule f; ~ **de pensée** Lehrmeinung f; ~ **du soir** Abendschule f; ~ **de la vie** Schule f des Lebens
écolier, -ière [ekɔlje, -jɛʀ] m, f Schüler(in) m(f)
écolo [ekɔlɔ] I. m, f fam abr de **écologiste** Umweltschützer(in) m(f)
II. adj fam abr de **écologique** ökologisch; pratique umweltbewusst; **parti ~** grüne Partei, Ökopartei f (fam); **mouvement ~** Umweltbewegung f; **groupe ~** Umweltschutzgruppe f; **être ~** grün sein
écologie [ekɔlɔʒi] f Ökologie f; **les partisans de l'~** die Umweltschützer
écologique [ekɔlɔʒik] adj exigence ökologisch; solution umweltfreundlich; société umweltbewusst; source d'énergie umweltneutral; catastrophe ~ Umweltkatastrophe f; **maison ~** Ökohaus nt; **science ~** Ökologie f
écologiste [ekɔlɔʒist] I. m, f ① (ami de la nature) Umweltschützer(in) m(f)
② POL Grüne(r) f(m)
③ (spécialiste de l'écologie) Ökologe m/Ökologin f
II. adj; pratique, politique umweltbewusst; **politique/mouvement ~** Umweltpolitik f/-bewegung f; **parti ~** grüne Partei, Ökopartei f (fam); **association ~** [o **pour la défense de l'environnement**] Umweltschutzverband m; **groupe ~** Umweltschutzgruppe f; **être ~** grün sein
écologue [ekɔlɔg] mf Ökologe m/Ökologin f
e-commerce [ikɔmɛʀs] m E-Commerce m
écomusée [ekomyze] m Freilichtmuseum nt
éconduire [ekɔ̃dyiʀ] <irr> vt soutenu ① (renvoyer) hinauskomplimentieren
② (repousser) abweisen
économat [ekɔnɔma] m ① (intendance) Verwaltung f
② (magasin d'entreprise) betriebseigene Verkaufsstelle
économe [ekɔnɔm] I. adj **être ~ de qc** sparsam mit etw sein [o umgehen]; **être ~ de son temps** péj mit seiner Zeit geizen
II. mf Verwalter(in) m(f)
économétrie [ekɔnɔmetʀi] f Wirtschaftsmathematik f
économie [ekɔnɔmi] f ① (vie économique) Wirtschaft f; ~ **capitaliste** kapitalistische Wirtschaft; ~ **collectiviste** Kollektivwirtschaft; (économie kolkhozienne) Kolchoswirtschaft; ~ **collectivée et planifiée** Gemeinwirtschaft; ~ **concertée** abgestimmte Marktwirtschaft; ~ **dirigée** Planwirtschaft; ~ **domestique/étatique** Haus-/Staatswirtschaft; ~ **fermée** geschlossene Wirtschaft; ~ **financière/générale** Finanz-/Gesamtwirtschaft; ~ **internationale** Weltwirtschaft; ~ **libérale** freie Marktwirtschaft; ~ **mixte** gemischtwirtschaftliches System; ~ **monopolistique** Monopolwirtschaft; ~ **municipale** [o **communale**] Gemeindewirtschaft, Kommunalwirtschaft; ~ **nationale** Volkswirtschaft, Binnenwirtschaft; ~ **planifiée** Planwirtschaft, staatlich gelenkte Wirtschaft; (système très rigoureux) Zwangswirtschaft; ~ **politique** [o **publique**] Volkswirtschaft; ~ **privée** Privatwirtschaft, öffentliche Staatswirtschaft; ~ **sociale de marché** soziale Marktwirtschaft; **relancer l'~** die Wirtschaft ankurbeln
② (science) Wirtschaftswissenschaften Pl; ~ **politique** Volkswirtschaftslehre f; ~ **nationale** Nationalökonomie f
③ (gain) Gewinn m; ~ **réalisée sur les coûts** Kostenersparnis f
④ pl (épargne) Ersparnisse Pl
⑤ littér (organisation) du corps humain, d'une œuvre Ökonomie f, zweckmäßiger Aufbau
‣ **il n'y a pas de petites ~s** wer den Pfennig nicht ehrt, ist des Talers nicht wert (prov); **manger ses ~s** seine Ersparnisse aufbrauchen; **rouler à l'~** den Schongang einlegen
♦ ~ **d'échange** Tauschwirtschaft f; ~ **d'échelle** ECON Größendegression f (Fachspr.); ~ **de frais** ECON Unkosteneinsparung f; ~ **de libre entreprise** Unternehmerwirtschaft f; ~ **de marché** [freie] Marktwirtschaft; ~ **de transition** ECON Übergangswirtschaft f; ~ **de troc** Tauschwirtschaft f
économique [ekɔnɔmik] adj ① (bon marché) vacances preiswert; procédé ökonomisch; mesure Kosten sparend; chauffage sparsam [im Verbrauch]; voiture Benzin sparend; **classe ~** Economyklasse f; **un appareil électrique ~** ein Strom sparendes Gerät
② (qui a rapport à l'économie) wirtschaftlich; licenciement betriebsbedingt; **crise ~** Wirtschaftskrise f; **lois ~s** ökonomische Gesetze; **sciences ~s** Wirtschaftswissenschaften Pl; **de nature ~** données wirtschaftsbezogen
économiquement [ekɔnɔmikmɑ̃] adv ① (en dépensant peu) sparsam
② (du point de vue économique) wirtschaftlich gesehen
économiser [ekɔnɔmize] <1> vt, vi ① (épargner) sparen; ~ **sur qc** an etw (Dat) sparen
② (utiliser en moins) einsparen
③ (ménager) ~ **qc** mit etw haushalten
économiseur [ekɔnɔmizœʀ] m TECH Economiser m
♦ ~ **d'écran** Bildschirmschoner m
économiste [ekɔnɔmist] mf Wirtschaftsexperte m/-expertin f, Ökonom(in) m(f); ~ **national(e)** Nationalökonom(in)
écope [ekɔp] f Schöpfeimer m
écoper [ekɔpe] <1> I. vt ① NAUT ~ **l'eau** das Wasser ausschöpfen
② fam (subir) abbekommen coup; aufgebrummt bekommen peine [de prison]
II. vi ① NAUT das Wasser ausschöpfen
② fam (être puni) die Suppe auslöffeln müssen (fam)
écoproduit [ekɔpʀɔdɥi] m Ökoprodukt nt
écorce [ekɔʀs] f ① BIO d'un arbre Rinde f; d'un fruit Schale f; ~ **d'orange** Orangenschale
② ANAT ~ **cérébrale** Großhirnrinde f
③ GEOL ~ **terrestre** Erdrinde f, Erdkruste f
écorcer [ekɔʀse] <2> vt schälen fruit; entrinden arbre
écorchage [ekɔʀʃaʒ] f [Ab]häuten nt, Enthäuten
écorché(e) [ekɔʀʃe] m(f) ‣ **être un ~ vif/une ~e vive** überempfindlich sein
écorcher [ekɔʀʃe] <1> I. vt ① (dépecer) ~ **un animal** einem Tier die Haut abziehen; ~ **un lapin** einem Hasen das Fell abziehen, einen Hasen abbalgen (Fachspr.)
② (égratigner) **être écorché(e)** genou: aufgeschürft sein, zerschunden sein; peau: aufgeschürft [o abgeschürft] sein; visage: zerkratzt sein
③ (faire mal) ~ **les oreilles** in den Ohren wehtun
④ (érafler) zerschrammen
⑤ (déformer) falsch aussprechen nom; entstellen vérité; ~ **le français** sehr schlecht Französisch sprechen
⑥ (flouer) ausnehmen (fam) touriste; **se faire ~ par qn** von jdm ausgenommen werden (fam)
II. vpr (s'égratigner) **s'~** sich (Dat) die Haut abschürfen [o aufschürfen]; **s'~ qc** sich (Dat) etw zerkratzen
écorchure [ekɔʀʃyʀ] f Hautabschürfung f, Kratzspur f
écorner [ekɔʀne] <1> vt ① (endommager un angle) ~ **un livre** Eselsohren Pl in ein Buch machen; ~ **un meuble** an einem Möbelstück die Ecken abstoßen [o abschlagen]
② (entamer) angreifen patrimoine; anbrechen provisions; **être bien écorné(e)** provisions: sehr geschrumpft sein
écossais [ekɔsɛ] m l'~ Schottisch nt, das Schottische; v. a. **allemand**
écossais(e) [ekɔsɛ, ɛz] adj schottisch; **jupe ~e** Schottenrock m; **tissu ~** Schotten m
Écossais(e) [ekɔsɛ, ɛz] m(f) Schotte m/Schottin f
Écosse [ekɔs] f l'~ Schottland nt
écosser [ekɔse] <1> vt aushülsen, enthülsen
écosystème [ekosistɛm] m Ökosystem nt
écot [eko] m Anteil m [an der Zeche]; **payer son ~** seinen Anteil [an der Zeche] [be]zahlen
écotaxe [ekɔtaks] f Ökosteuer f
écotourisme [ekɔtuʀism] m Ökotourismus m
écotype [ekotip] m BOT, ZOOL Ökotypus m
écoulement [ekulmɑ̃] m ① (évacuation) d'un liquide Abfluss m, Ablaufen nt
② PHYSIOL des liquides organiques Ausscheidung f; ~ **de sang** Blutung f; (plus fort) Blutstrom m
③ (mouvement) de la foule [Hin]ausströmen nt; du temps Verrinnen nt (geh), Verstreichen nt (geh); ~ **du trafic** Verkehrsfluss m
④ COM des stocks, produits Absatz m; (distribution) Vertrieb m; ~ **des marchandises** Warenabsatz
écouler [ekule] <1> I. vt ① COM absetzen marchandises; ~ **de**

vieux stocks alte Bestände abstoßen
② *(mettre en circulation)* in Umlauf bringen *faux billets*
II. *vpr* ❶ *(s'épancher)* s'~ liquide: herausfließen, ablaufen; *liquide organique:* sich absondern, austreten; s'~ dans/de qc in etw *(Akk)*/aus etw fließen
❷ *(passer)* s'~ *temps:* vergehen; **il s'est écoulé trois jours** drei Tage sind vergangen
❸ *(disparaître)* s'~ *fonds:* schwinden; *(se résorber) foule:* sich verlaufen; *trafic:* abfließen
❹ *(se vendre)* s'~ *marchandises:* Absatz finden; s'~ **difficilement** sich schwer verkaufen lassen

écourter [ekurte] <1> *vt* ❶ *(raccourcir)* kürzen, stutzen
❷ *(abréger)* abkürzen *séjour;* verkürzen *attente;* kurz machen *(fam) adieux*
❸ *(tronquer)* être écourté(e) *citation:* verstümmelt sein

écoutant(e) [ekutɑ̃, ɑ̃t] *m(f)* [nichtkirchliche(r)] Telefonseelsorger(in) *m(f)*

écoute¹ [ekut] *f* ❶ RADIO, TV **avoir une grande** ~ eine hohe Einschaltquote haben; **une émission/heure à** [*o* **de**] **grande** ~ eine beliebte Sendung/günstige Sendezeit; **prendre/quitter l'**~ *radioamateur:* auf Empfang gehen/abschalten
❷ *(détection)* ~ **sous-marine** Abhören *nt* unter Wasser
❸ *(surveillance)* ~s **téléphoniques** telefonische Überwachung *f;* **se servir d'**~**s téléphoniques** die Telefonüberwachung nutzen
▶ **être à l'**~ **de qn** für jdn da sein; **rester à l'**~ *(radio)* dranbleiben; *(téléphone)* am Apparat bleiben; **vous êtes à l'**~ **de Radio Andorre** hier ist [*o* Sie hören] Radio Andorra

écoute² [ekut] *f* NAUT Schot *f;* **grande** ~ Großschot

écouter [ekute] <1> I. *vt* ❶ *(prêter l'oreille à qc)* zuhören; ~ **les informations** [die] Nachrichten hören; ~ **qn chanter** jdm beim Singen zuhören; ~ **la pluie tomber** dem Regen lauschen; ~ **attentivement qc** *(afin de se familiariser)* sich in etw *(Akk)* reinhören *(fam);* **en** ~ **un extrait** reinhören *(fam);* **faire** ~ **un disque à qn** jdm eine Platte vorspielen; **être très écouté(e)** *chanteur, chanson:* sehr beliebt sein, sich großer Beliebtheit *(Gen)* erfreuen; **mériter d'être écouté(e)** hörenswert sein; **album digne d'être écouté** hörenswertes Album
❷ *(tenir compte de)* ~ **qn/qc** auf jdn/etw hören; **qn/qc est écouté(e)** jd/etw wird beachtet; **se faire** ~ **de qn** sich *(Dat)* bei jdm Gehör verschaffen
❸ *(exaucer)* erhören
❹ *(obéir)* ~ **qn** auf jdn hören; **faire** ~ **qn** jdm Gehorsam beibringen; **n'**~ **que soi-même** nicht auf andere hören
II. *vi* zuhören; **savoir** ~ [gut] zuhören können; **savoir se faire** ~ **de** [*o* **par**] **qn** sich *(Dat)* bei jdm Gehör zu verschaffen wissen
▶ **écoute/écoutez** [**voir**]**!** hör/hört mal!
III. *vpr (s'observer avec complaisance)* **trop s'**~ sich gehen lassen; **aimer à s'**~ **parler** sich [selbst] gern reden hören

écouteur [ekutœr] *m* ❶ *du téléphone* Hörer *m*
❷ *pl* Kopfhörer *m*

écoutille [ekutij] *f* MIL, NAUT Luke *f*

écouvillon [ekuvijɔ̃] *m* ❶ *(balai à four)* Ofenbesen *m*
❷ *(petite brosse)* Flaschenbürste *f*

écrabouillage [ekrabujaʒ] *m,* **écrabouillement** [ekrabujmɑ̃] *m fam* Zerquetschen *nt,* Zermalmen *nt*

écrabouiller [ekrabuje] <1> I. *vt fam* zerquetschen, zermalmen; **se faire** ~ **par qn** von jdm zusammengeschlagen werden
II. *vpr fam* **s'**~ **par terre** zerschmettert am Boden liegen

écran [ekrɑ̃] *m* ❶ *(protection)* Schutz *m,* Abschirmung *f;* ~ [**mobile**] [Schutz]schirm *m;* ~ **anti-éblouissant** Blendschutz; ~ **de béton d'un réacteur** Betonhülle *f* eines Reaktors; ~ **radar** Radarschirm
❷ *(mur)* Schutzwand *f;* ~ **contre le bruit/antibruit** Lärmschutzwand *f,* Lärmschutzwall *m*
❸ TV Bildschirm *m;* [**petit**] ~ Fernsehen *nt;* **à l'**~ im Fernsehen; **sur les** ~**s** auf dem Bildschirm; **ce soir, je passe à l'écran** heute Abend bin ich im Fernsehen [zu sehen]; ~ **géant** *d'un téléviseur* Großbildschirm
❹ *(au cinéma)* Leinwand *f;* [**grand**] ~ Kino *nt;* ~ **de cinéma** Kinoleinwand, Leinwand; ~ **panoramique** Breitwand *f;* **à l'**~ im Kino; **porter un roman à l'**~ einen Roman verfilmen; **sur les** ~**s im Kino**
❺ *(moniteur)* Bildschirm *m,* Monitor *m;* ~ **cathodique** CRT-Bildschirm; ~ **plat** Flachbildschirm; ~ **antireflet** entspiegelter Bildschirm; ~ **à cristaux liquides** Flüssigkristallbildschirm, LCD-Bildschirm; ~ **à haute définition** hochauflösender Bildschirm; ~ **pleine page** Ganzseitenbildschirm; ~ **15 pouces** Fünfzehnzollmonitor, 15-Zoll-Monitor; ~ **partagé** SplitScreen *m (Fachspr.);* ~ **tactile** Tastbildschirm, TouchScreen *m (Fachspr.);* **tel** ~ **tel écrit** WYSIWYG
❻ MED ~ [**renforçateur**] **fluorescent** Röntgenschirm *m*
▶ **faire** ~ **à qn** *(gêner)* jdm die Sicht versperren; *(abriter)* jdn abschirmen; **faire** ~ **contre qc** Schutz vor etw *(Dat)* bieten

♦ ~ **couleur** Farbbildschirm *m*
♦ ~ **à fenêtres** INFORM Bildschirm *m* mit Fenstertechnik
♦ ~ **de cheminée** Kaminschirm *m;* ~ **de fumée** MIL, NAUT Nebelwand *f;* ~ **de projection** CINE Bildwand *f;* ~ **de verdure** grüner Wall; ~ **de visualisation** INFORM Datensichtgerät *nt*

écrasant(e) [ekrazɑ̃, ɑ̃t] *adj (accablant) impôt, poids, chaleur* erdrückend; *nombre, victoire* überwältigend; *défaite* vernichtend; *mépris* abgrundtief

écrasé(e) [ekraze] *adj nez* breit

écrasement [ekrazmɑ̃] *m* ❶ *(action d'écraser)* Zerdrücken *nt*
❷ *(anéantissement)* Vernichtung *f; d'une révolte* Niederschlagung *f; d'un peuple* Unterdrückung *f*
❸ INFORM *d'un fichier, document* Überschreiben *nt*

écraser [ekraze] <1> I. *vt* ❶ *(broyer)* zerdrücken; pürieren *fruit, légumes;* ausdrücken *cigarette;* zerstoßen *graine;* ~ **une cigarette du pied** eine Zigarette austreten
❷ *(piétiner)* niedertrampeln *(fam) personne, fleurs;* zertrampeln *plate-bande;* **être écrasé(e) par la foule** von der [Menschen]menge erdrückt werden
❸ *(appuyer fortement sur)* ~ **la pédale d'accélérateur** das Gaspedal ganz durchtreten
❹ *(tuer) conducteur:* überfahren; *avalanche:* erdrücken; **se faire** ~ **par qn/qc** von jdm/etw überfahren/erdrückt werden
❺ *(accabler) douleur:* übermannen; *impôt:* erdrücken; **être écrasé(e) de travail** von Arbeit erdrückt werden
❻ *(dominer)* **il nous écrase de son luxe** er sticht uns mit seinem Luxus aus; **il nous écrase de son mépris** er strahlt uns alle mit Verachtung; ~ **qn en math** jdm in Mathematik *(Dat)* haushoch überlegen sein; ~ **qn par son savoir** jdn an Wissen überragen; **cet immeuble moderne écrase le paysage** dieser moderne Bau erdrückt die Landschaft
❼ *(vaincre)* niederschlagen *rébellion;* vernichten *ennemi;* völlig brechen *résistance;* haushoch schlagen *équipe adverse*
❽ INFORM überschreiben *fichier, document*
II. *vi fam (ne pas insister)* den Mund halten
III. *vpr* ❶ *(heurter de plein fouet)* **s'**~ **au** [*o* **sur le**] **sol** am Boden zerschellen; **s'**~ **contre un arbre** frontal gegen einen Baum prallen
❷ *(se serrer)* **s'**~ **dans qc** sich in etw *(Akk)* drängen [*o* o hineinzwängen]; **s'**~ **contre le mur/sur le sol** sich flach gegen die Wand/auf den Boden drücken
❸ *fam* **s'**~ **devant qn** *(se taire)* in jds Gegenwart *(Dat)* den Mund halten; *(ne pas protester)* sich vor jdm klein machen *(fam)*

écraseur, -euse [ekrazœr, -øz] *m fam (chauffard)* Raser(in) *m(f)*

écrémage [ekremaʒ] *m* ❶ *(action d'écrémer) du lait* Entrahmen *nt*
❷ *(sélection)* Ausleseprozess *m*

écrémer [ekreme] <5> *vt* ❶ *(dégraisser)* entrahmen; **lait écrémé** entrahmte Milch
❷ *(prendre le meilleur)* absahnen *(fam);* ~ **une bibliothèque** die besten Bücher aus einer Bibliothek mitnehmen

écrémeuse [ekremøz] *f* Entrahmer *m*

écrevisse [ekrəvis] *f* Flusskrebs *m;* ~ **muée** Butterkrebs

écrier [ekrije] <1> *vpr* **s'**~ schreien; **surprise/indignée, elle s'est écriée: ah non!** überrascht/entrüstet rief sie: ach nein!

écrin [ekrɛ̃] *m* Schatulle *f (veraltet);* (*pour un bijou)* Schmuckkästchen *nt;* ~ **à alliances** Trauringkästchen *nt;* ~ **à couverts** Besteckkasten *m*

écrire [ekrir] <*irr*> I. *vt* ❶ *(tracer)* ~ **qc dans/sur qc** etw in/auf etw *(Akk)* schreiben
❷ *(inscrire)* ~ **qc dans/sur qc** etw in/auf etw *(Akk)* schreiben [*o* eintragen]; **les devoirs sont écrits au tableau** die Hausaufgaben stehen an der Tafel
❸ *(orthographier)* **comment écrit-on ce mot?** wie schreibt man dieses Wort?
❹ *(rédiger)* verfassen
II. *vi* ❶ *(tracer)* schreiben; ~ **à la main/machine/au stylo** mit der Hand/Maschine/dem Füller schreiben; **bien/mal** ~ schön/schlecht schreiben
❷ *(rédiger)* schreiben, schriftstellern; ~ **à qn** jdm [*o* an jdn] schreiben
▶ **il est écrit que cela arrivera** es ist vorbestimmt, dass dies eintreten wird
III. *vpr* ❶ **s'**~ *mot, nom:* geschrieben werden, sich schreiben; **s'**~ **avec y** sich mit y schreiben; **cela se dit mais cela ne s'écrit pas** das kann man sagen, aber das schreibt man nicht
❷ *(réciproquement)* **ils s'écrivent** sich schreiben

écrit [ekri] *m* ❶ *(document)* Schriftstück *nt;* **un** ~ **anonyme** ein anonymes Schreiben; **un** ~ **signé** ein unterzeichnetes [*o* signiertes *geh*] Schriftstück
❷ *(ouvrage)* Schrift *f;* **un** ~ **diffamatoire** eine Schmähschrift
❸ *(épreuve, examen)* Schriftliche(s) *nt,* [Prüfungs]klausur *f;* **être reçu(e) à l'**~ die schriftliche Prüfung bestanden haben
▶ **par** ~ schriftlich

écriteau [ekʀito] <x> *m* [Hinweis]schild *nt*
écritoire [ekʀitwaʀ] *f* Schreibzeug *nt*
écriture [ekʀityʀ] *f* ❶ *(façon d'écrire)* [Hand]schrift *f*; **avoir une belle ~** eine schöne [Hand]schrift haben
❷ *(alphabet)* Schrift *f*; **~ chiffrée** Geheimschrift; **~ gothique** gotische Schrift; **~ ornementale** Zierschrift; **~ proportionnelle** TYP Proportionalschrift
❸ *(orthographe)* Schreibung *f*; **~ en un seul mot** Zusammenschreibung
❹ *(style)* Schreibweise *f*
❺ *(rédaction)* schriftliche Ausfertigung
❻ JUR Urkunde *f*; *pl* Prozessakten *Pl*; **être jugé(e) pour faux en ~ [s]** wegen Urkundenfälschung verurteilt werden
❼ COM, FIN Buchung *f*, Buchungsvorgang *m*; *pl* Geschäftsbücher *Pl*; **tenir les ~s** die Buchführung machen, die Geschäftsbücher führen; **~ additive** Nachtragsbuchung; **~ d'ouverture** Eröffnungsbuchung; **~ de clôture d'exercice** Abschlussbuchung; **employé aux ~s** Büroschreiber *m*
❽ REL **l'Écriture sainte, les Saintes Écritures** die Heilige Schrift
▶ **avoir une ~ de chat** eine krakelige [Hand]schrift haben
écrivailler [ekʀivaje] <1> *vi péj fam* [viel] Mist schreiben *(fam)*
écrivailleur, -euse [ekʀivajœʀ, -jøz] *m, f péj* Schreiberling *m (pej)*
écrivain [ekʀivɛ̃] *m* Schriftsteller(in) *m(f)*
écrivaine [ekʀivɛn] *f* CAN Schriftstellerin *f*
écrivasser [ekʀivase] <1> *vi péj* schmieren *(pej)*
écrou [ekʀu] *m* [Schrauben]mutter *f*; *(pour roues)* Radmutter
écrouelles [ekʀuɛl] *fpl* MED *vieilli* Skrofeln *Pl*
écrouer [ekʀue] <1> *vt* inhaftieren
écroulement [ekʀulmɑ̃] *m* Zusammenbruch *m*; *d'une maison, d'un toit* Einsturz *m*
écrouler [ekʀule] <1> *vpr* **s'~** ❶ *(tomber)* maison: einstürzen; *arbre:* umstürzen; *rocher:* herabfallen
❷ *(baisser brutalement)* cours de la bourse: zusammenbrechen
❸ *(prendre fin brutalement)* empire: zusammenbrechen; *projet:* sich zerschlagen; *fortune:* plötzlich verloren gehen; *gouvernement:* stürzen; *théorie:* in sich *(Dat)* zusammenstürzen [*o* zusammenbrechen]
❹ *(s'affaler)* zusammenbrechen; **s'~ dans un fauteuil** sich in einen Sessel fallen lassen; **s'~ de fatigue** [*o* **sommeil**] zum Umfallen müde sein *(fam)*
écru(e) [ekʀy] *adj* ecru, ekrü, naturfarben, wollweiß; *toile, coton* ungebleicht; **soie ~e** Rohseide *f*, Ekrüseide *f (Fachspr.)*
ecstasy [ɛkstazi] *f* Ecstasy *nt*
ectoplasme [ɛktɔplasm] *m* ❶ BIO Ektoplasma *nt (Fachspr.)*
❷ PSYCH *(apparition du médium)* Materialisation *f*
écu [eky] *m* ❶ *(monnaie ancienne)* ≈ Taler *m*
❷ *(bouclier)* [Wappen]schild *m o nt*
ECU [eky] *m abr de* **European Currency Unit** Ecu *m o f*
écueil [ekœj] *m* Klippe *f*
écuelle [ekɥɛl] *f* Napf *m*
éculé(e) [ekyle] *adj* ❶ *(usé)* chaussures schief getreten, abgetreten
❷ *(connu)* terme, plaisanterie abgedroschen
écumage [ekymaʒ] *m* Abschöpfen *nt*
écumant(e) [ekymɑ̃, ɑ̃t] *adj* schäumend; *mer* gischtend; **avoir la bouche ~e de colère** vor Zorn Schaum vor dem Mund haben; **avoir la bouche ~e d'injures** Gift und Galle spucken
écume [ekym] *f* ❶ *(mousse)* Schaum *m*; *des vagues* Gischt *f o m*
❷ *(bave)* Geifer *m*; **le cheval était couvert d'~** das Pferd war schweißbedeckt
❸ METAL Schlacke *f*
❹ *vieilli (rebut) d'une société* Abschaum *m*
◆ **~ de mer** MINER Meerschaum *m*; **pipe en ~ de mer** Meerschaumpfeife *f*
écumer [ekyme] <1> **I.** *vt* ❶ *(enlever l'écume)* **~ qc** den Schaum von etw abschöpfen
❷ *(piller)* plündern *région;* **~ les côtes/mers** Seeräuberei betreiben
II. *vi* ❶ *(se couvrir d'écume)* confiture: schäumen; *mer:* gischten
❷ *(baver)* **le cheval écume** dem Pferd steht Schaum vor dem Maul
❸ *(suer)* das Pferd ist schweißnass
❹ *(être furieux)* **~ de colère** [*o* **rage**] vor Wut schäumen [*o* kochen]
écumeur [ekymœʀ] *m* **~ de mer** Seeräuber *m*
écumeux, -euse [ekymø, -øz] *adj* schaumig
écumoire [ekymwaʀ] *f* Schaumlöffel *m*
écureuil [ekyʀœj] *m* Eichhörnchen *nt*
▶ **être agile/vif(vive) comme un ~** flink wie ein Wiesel sein
écurie [ekyʀi] *f* ❶ *(bâtiment)* [Pferde]stall *m*; **sentir l'~** *animal:* den Stall wittern
❷ *(ensemble des chevaux, des voitures de course)* **~ [de courses]** Rennstall *m*; **propriétaire d'~/d'une ~** Rennstallbesitzer(in) *m(f)*
▶ **entrer quelque part comme dans une ~** einfach so irgendwo hereinplatzen
écusson [ekysɔ̃] *m* ❶ *(blason)* Wappenschild *nt*
❷ ZOOL Panzer *m*
❸ BOT Okulierschild *nt*
écussonner [ekysɔne] BOT *vt* okulieren
écuyer, -ère [ekɥije, -ɛʀ] *m, f* ❶ HIST *(gentilhomme, titre à la cour)* [Schild]knappe *m*, Junker *m*
❷ *(cavalier)* [guter] Reiter *m*/[gute] Reiterin *f*
❸ *(professeur d'équitation)* Reitlehrer(in) *m(f)*
❹ *(au cirque)* Kunstreiter(in) *m(f)*; **~ de cirque** Zirkusreiter(in)
eczéma [ɛgzema] *m* Ekzem *nt*
eczémateux, -euse [ɛgzematø, -øz] *adj* ekzematisch, ekzematös; **personne eczémateuse** Ekzematiker(in) *m(f)*
édam [edam] *m* Edamer *m*, Edamer Käse *m*
edelweiss [edɛlvɛs, edɛlvajs] *m* Edelweiß *nt*
éden [edɛn] *m* Eden *nt (geh)*
édenté(e) [edɑ̃te] *adj* zahnlos
édenter [edɑ̃te] <1> *vt* **~ un peigne** die Zähne eines Kamms abbrechen
E.D.F. [ødeɛf] *f abr de* **Électricité de France** französische Elektrizitätsgesellschaft
édicter [edikte] <1> *vt* verfügen; erlassen *loi*; festsetzen *peine*
édicule [edikyl] *m* ❶ *rare d'une église* Kapelle *f*
❷ *(kiosque)* Häuschen *nt*
édifiant(e) [edifjɑ̃, jɑ̃t] *adj* ❶ *(exemplaire)* beispielhaft
❷ *(instructif)* lecture erbauend; *témoignage* aufschlussreich
édification [edifikasjɔ̃] *f* ❶ *(construction)* Bau *m*
❷ *(création) d'une théorie* Erarbeitung *f*, Aufstellen *nt*; *de la paix* Herbeiführung *f*
❸ *(instruction) des fidèles* Erbauung *f*; *d'un peuple* Missionieren *nt*
édifice [edifis] *m* ❶ *(bâtiment)* Gebäude *nt*; **~ public** öffentliches Gebäude; **~ central** Zentralbau *m*; **~ pompeux** Prunkbau *m*; **~ à colonnes** Säulenbau *m*; **~ sacré** Sakralbau
❷ *(ensemble organisé)* Struktur *f*; **~ social d'un État** soziales Gefüge eines Staates
édifier [edifje] <1> *vt* ❶ *(bâtir)* errichten *temple, palais*
❷ *(créer)* begründen *empire;* erarbeiten *théorie;* herbeiführen *paix*
❸ *(instruire)* erbauen *personne*
▶ **me/te/... voilà édifié(e) [maintenant]!** *iron* jetzt weiß ich/weißt du/... Bescheid!
Édimbourg [edɛ̃buʀ] Edinburg
édit [edi] *m* HIST, POL Edikt *nt*, Erlass *m*
éditer [edite] <1> *vt* herausgeben, verlegen
éditeur [editœʀ] *m* ❶ *(propriétaire d'une maison d'édition)* Verleger *m*; *(directeur de la publication)* Herausgeber *m*; **~ de presse** Zeitungsverleger
❷ INFORM Editor *m*; **~ de liens** Binder *m*; **~ de/du programme** Programmeditor; **~ de textes** Texteditor
éditeur, -trice [editœʀ, -tʀis] *adj* **maison éditrice** Verlag *m*, Verlagshaus *nt*; **la maison éditrice Klett** der Klett-Verlag
édition [edisjɔ̃] *f* ❶ *(publication) d'un livre* Veröffentlichung *f*; *d'un disque* Herausgabe *f*
❷ *(livre)* Ausgabe *f*, Auflage *f*; **~ complète** Gesamtausgabe; **~ partielle** Teilauflage, Teilausgabe *f*; **~ revue et corrigée** neu bearbeitete Auflage; **~ de poche** Taschen[buch]ausgabe
❸ *(métier, commerce)* Verlagswesen *nt*; **travailler dans l'~** im Verlagswesen tätig sein [*o* arbeiten]; **paysage de l'~** Verlagslandschaft *f*
❹ *(établissement)* **les ~s** der Verlag; **~s de presse** Zeitungsverlag
❺ PRESSE *(tirage)* **première ~** Erstausgabe; **~ du matin/du soir/du dimanche** Morgen-/Abend-/Sonntagsausgabe; **~ de [la] nuit** Nachtausgabe, Spätausgabe; **~ spéciale** Extrablatt *nt*; **~ régionale** Regionalausgabe
❻ RADIO, TV Ausgabe *f*
❼ INFORM Edition *f*
éditique [editik] *m* INFORM Desktop-Publishing *nt*
édito *abr de* **éditorial**
éditorial [editɔʀjal, jo] <-aux> *m* Leitartikel *m*
éditorialiste [editɔʀjalist] *mf* Leitartikler(in) *m(f)*
éditrice [editʀis] *f* ❶ *(propriétaire d'une maison d'édition)* Verlegerin *f*; *(directrice de la publication)* Herausgeberin *f*; **~ de presse** Zeitungsverlegerin
EDJ [ødəʒi] *f abr de* **école des journalistes** *(Hoch)schule für Journalistik*
édredon [edʀədɔ̃] *m* Daunenbett *nt*, Daunendecke *f*
éducable [edykabl] *adj* belehrbar
éducateur, -trice [edykatœʀ, -tʀis] **I.** *adj fonction, intention* erzieherisch; **personne éducatrice** Erzieher(in) *m(f)*
II. *m, f* Erzieher(in) *m(f)*; **~ social/éducatrice sociale** Sozialpädagoge *m*/-pädagogin *f*; **~(-trice) de rue** Streetworker(in)
éducatif, -ive [edykatif, -tiv] *adj mesure* erzieherisch, erzieherlich (A); **établissement ~** Bildungsanstalt *f*; **jeu ~** Lernspiel *nt*; **méthode éducative** Lehr-/Erziehungsmethode *f*; **système ~** Bil-

dungssystem *nt*
éducation [edykasjɔ̃] *f* ❶ *(pédagogie)* Erziehung *f*; ~ **mixte** Gemeinschaftserziehung, Koedukation *f*; **l'Éducation nationale** das Schul- und Hochschulwesen
❷ *(bonnes manières)* Kinderstube *f*
❸ *(culture générale)* Bildung *f*
❹ *(training)* Schulung *f*; ~ **de la mémoire** Gedächtnisschulung
❺ *(formation)* ~ **permanente** Weiterbildung *f*
❻ *(enseignement)* ~ **civique** Gemeinschaftserziehung *f*; ~ **musicale** Musikerziehung; ~ **physique** Sportunterricht *m*, Sport *m*
❼ *(initiation)* ~ **sexuelle** Sexualaufklärung *f*, Sexualerziehung *f*
❽ *a.* JUR ~ **surveillée** Fürsorgeerziehung *f*; **être mis(e) sous** ~ **surveillée** in Fürsorgeerziehung kommen; **moniteur(-trice) en** ~ **familiale** Jugendhelfer(in) *m(f)*
▶ donner une ~ **à qn** jdn erziehen; être sans ~ schlecht erzogen sein, kein Benehmen haben; faire preuve d'~ sich benehmen können; recevoir une bonne/mauvaise ~ eine gute/schlechte Erziehung genießen
édulcorant [edylkɔʀɑ̃] *m* Süßstoff *m*
édulcorant(e) [edylkɔʀɑ̃, ɑ̃t] *adj* süßend; **être ~(e)** süßen
édulcorer [edylkɔʀe] <1> *vt* ❶ PHARM süßen
❷ *(adoucir)* abschwächen *version*; entschärfen *texte osé*
éduquer [edyke] <1> *vt* ❶ *(former)* erziehen; **être bien/mal éduqué(e)** gut/schlecht erzogen sein
❷ *(discipliner)* schulen *mémoire*; *(façonner)* schulen *sens*; [aus]bilden *goût*
EEG [øøʒe] *m abr de* **électroencéphalogramme** EEG
effaçable [efasabl] *adj* [aus]löschbar; **cette encre est-elle ~?** kann man diese Tinte löschen?
efface [efas] *f* CAN *(gomme)* Radiergummi *m*
effacé(e) [efase] *adj* ❶ *(estompé) couleur, teinte* verblasst
❷ *(discret) manière, personne* zurückhaltend; *rôle* unbedeutend; **mener une vie** ~**e** ein zurückgezogenes Leben führen
❸ *(aplati) menton* fliehend
effacement [efasmɑ̃] *m* ❶ *(l'oubli) d'une inscription* [Aus]löschen *nt*, Tilgung *f (geh)*
❷ *(suppression d'information) d'un support magnétique* Löschen *nt;* ~ **du livre foncier** Grundbuchlöschung *f*
❸ *(disparition) des craintes* Zerstreuung *f*; *d'une faute* Wiedergutmachung *f*; *d'une faute d'orthographe* Korrektur *f*
❹ *(retrait)* ~ **devant** [*o* **au profit de**] **qn** Zurücktreten *nt* [*o* Zurückstehen *nt*] zu jds Gunsten
▶ vivre dans l'~ zurückgezogen leben
effacer [efase] <2> I. *vt* ❶ *(faire disparaître)* [aus]löschen; verwischen *trace*; korrigieren *faute d'orthographe*; entfernen *tache*; ~ **qc avec une** [*o* **la**] **gomme** etw ausradieren
❷ *(supprimer une information)* abwischen *tableau noir*; löschen *disquette, disque dur*
❸ *(faire oublier)* tilgen *(geh)*, auslöschen; zerstreuen *crainte*; wieder gutmachen *faute*; ~ **qc de sa mémoire** etw aus seinem Gedächtnis streichen; **le temps efface tout** alles ist vergänglich
❹ *(éclipser)* in den Schatten stellen; **sa réussite efface celle des autres** sein/ihr Erfolg übertrifft [bei weitem] den der anderen
II. *vpr* s'~ ❶ *(s'estomper)* verblassen, undeutlich werden; *crainte:* sich verflüchtigen
❷ *(se laisser enlever) tache, graffitis:* sich entfernen lassen
❸ *(se faire petit)* zur Seite treten; **s'~ devant qn** hinter jdm zurückstehen
effaceur [efasœʀ] *m* Tintenlöscher *m*, Tintenkiller *m*
effarant(e) [efaʀɑ̃, ɑ̃t] *adj* unerhört
effaré(e) [efaʀe] *adj personne* verstört; **avoir l'air ~(e)** einen verstörten Eindruck machen; **être ~(e) par une affaire** über eine Sache entsetzt sein
effarement [efaʀmɑ̃] *m* Fassungslosigkeit *f*, Entsetzen *nt*; **dans l'~ général** in der allgemeinen Verwirrung
effarer [efaʀe] <1> *vt (effrayer)* aus der Fassung bringen; ~ **les clients** die Kundschaft verunsichern
effarouchement [efaʀuʃmɑ̃] *m* Verscheuchen *nt*
effaroucher [efaʀuʃe] <1> *vt* ❶ *(mettre en fuite)* aufschrecken, aufscheuchen, verscheuchen *animal*
❷ *(faire peur)* einschüchtern
❸ *(choquer)* schockieren
II. *vpr* ❶ *(prendre la fuite)* s'~ die Flucht ergreifen; **le cheval s'effaroucha** das Pferd scheute
❷ *(se troubler)* s'~ **de qc** über etw *(Akk)* erschrecken
effectif [efɛktif] *m d'une armée, d'un parti* Stärke *f*; *d'une entreprise* Belegschaft *f*; ~**s de base** Rumpfbelegschaft; ~ **de la/d'une classe** Klassenstärke *f*; **vérifier l'~ de la classe** überprüfen, ob die Klasse vollständig ist; ~ **animalier** Tierbestand *m*
effectif, -ive [efɛktif, -iv] *adj* ❶ *aide* wirksam; *pouvoir* tatsächlich; *travail* effektiv; **capital** ~ Aktivkapital *nt*; **puissance effective** Nutzleistung *f*
❷ JUR wirksam; **être** ~ **à partir du 1ᵉʳ janvier** am 1. Januar wirksam werden
❸ INFORM *stock de données* aktuell
effectivement [efɛktivmɑ̃] *adv* ❶ *(concrètement) aider* wirksam; *travailler* effektiv; **contribuer** ~ **à la victoire de qn** entscheidend zu jds Sieg beitragen
❷ *(réellement)* tatsächlich
effectuer [efɛktɥe] <1> I. *vt* tätigen, ausführen; vornehmen *investissement*; leisten *paiement*; zurücklegen *parcours*; durchführen *réforme*
II. *vpr (se faire, s'exécuter)* s'~ *mouvement:* ausgeführt [*o* durchgeführt] werden; *paiement, livraison:* erfolgen; *parcours, trajet:* zurückgelegt werden; *transaction:* abgewickelt werden
efféminé(e) [efemine] *adj* MED, A. PSYCH unmännlich, effeminiert; **cet homme/ce corps est** ~ dieser Mann/dieser Körper ist verweiblicht
efféminer [efemine] <1> *vpr* s'~ unmännlich werden, verweiblichen
effervescence [efɛʀvesɑ̃s] *f* ❶ *(bouillonnement)* Sprudeln *nt*
❷ *(agitation)* Aufregung *f*; **être en pleine** ~ *ville:* kopfstehen, in hellem Aufruhr sein
effervescent(e) [efɛʀvesɑ̃, ɑ̃t] *adj* ❶ *(pétillant) liquide* sprudelnd; **comprimé** ~ Brausetablette *f*
❷ *(tumultueux) jeunesse* stürmisch; *caractère* aufbrausend
effet [efɛ] *m* ❶ *a.* JUR *(résultat)* Wirkung *f*, Effekt *m*; ~**s de l'alcool** Alkoholwirkung; ~ **d'une/de l'explosion** Explosionswirkung; ~ **curatif** Heilwirkung; ~ **désastreux/durable** verheerende/nachhaltige Wirkung; **avoir des** ~**s nocifs sur la peau/les cellules** hautschädigend/zellschädigend wirken; ~ **direct** JUR unmittelbare Geltung; ~ **impératif** bindende Wirkung; ~ **juridique** Rechtsfolge *f*, Rechtswirkung; ~**s juridiques pour les créanciers/débiteurs** Rechtsfolgen für die Gläubiger/Schuldner; ~ **non-rétroactif** JUR Ex-nunc-Wirkung *(Fachspr.)*; ~ **pervers** unerwünschte [*o* gegenteilige] Wirkung; **avoir un** ~ **réparateur** JUR heilende Wirkung haben; ~ **rétroactif** JUR rückwirkende Kraft, Rückwirkung; ~ **secondaire** Nebenwirkung; ~ **à l'égard des tiers** JUR Drittwirkung *(Fachspr.)*; **avoir un** ~ **infaillible** garantiert wirken; **avoir un** ~ **qui lie** [*o* **oblige**] JUR bindende Wirkung haben; **avoir un** ~ **suspensif** JUR aufschiebende Wirkung haben; **être l'~ de qc** die Folge von etw sein; **notre rencontre était l'~ du hasard** wir haben uns rein zufällig getroffen; **à** ~ **immédiat** mit sofortiger Wirkung; ~ **d'accumulation** ECON Akkumulationseffekt; ~ **boule de neige** Schneeballeffekt; ~ **de compressions budgétaires** Einsparungseffekt; ~ **feed-back** [*o* **de rétroaction**] ECON Rückkopplungseffekt; **substance augmentant l'~** leistungssteigernde Substanz
❷ *(impression)* Eindruck *m*
❸ *(phénomène)* Effekt *m*; ~ **lumineux/sonore** Licht-/Klangeffekt; ~ **spécial** Spezialeffekt; ~ **de contraste** Kontrastwirkung *f*; ~ **d'éclairage** Beleuchtungseffekt; ~ **de lumière** Lichteffekt; ~ **d'optique** optischer Effekt; ~ **de perspective** perspektivische Wirkung; ~ **de style** stilistischer Effekt
❹ FIN, ECON *(valeur)* Wechsel *m*; ~ **avalisé** Garantiewechsel; ~ **bancaire** Bankwechsel; ~ **échu/à échéance** verfallener/fälliger Wechsel; ~ **escompté** Diskontwechsel; ~ **impayé** Retoure *f*; ~**s mobiliers** Mobiliarvermögen *nt*; ~ **négociable** bankfähiger [*o* begebbarer] Wechsel; ~ **public** Staatsanleihe *nt*; ~ **à long délai de vue** Wechsel auf lange Sicht; ~ **à l'encaissement** Inkassowechsel; ~ **à payer** Schuldwechsel; ~ **à recevoir** Wechselforderung *f*; ~ **au porteur** auf den Inhaber lautender Wechsel; ~ **à terme** befristeter Wechsel; ~ **à vue** Sichtwechsel; ~ **avec protêt** Protestwechsel; ~ **de premier ordre** Primapapier *nt (Fachspr.)*; ~ **en devises** Valutawechsel; ~ **sur l'intérieur** Inlandswechsel; **présenter un** ~ **à l'encaissement** einen Wechsel zur Einlösung vorlegen
❺ *pl (vêtements)* [Anzieh]sachen *Pl*; **emporter quelques** ~**s personnels** ein paar persönliche Sachen mitnehmen
▶ ~ **bœuf** [*o* **monstre**] Riesenaufsehen *nt*; **avoir** [*o* **faire**] **l'~ d'une bombe** wie eine Bombe einschlagen; **couper ses** ~ **à qn** jdn um seine Wirkung bringen; **faire** ~ **sur qn** auf jdn Eindruck machen, jdn beeindrucken; **faire bon/mauvais** ~ einen guten/schlechten Eindruck machen; **c'est tout l'~ que ça fait à qn** etw scheint jdn nicht sehr [*o* sonderlich] zu beeindrucken; **ménager ses** ~**s** geschickt verfahren; **mettre qc à** ~ etw verwirklichen; **prendre** ~ **le 10 avril** am 10. April in Kraft treten; **à cet** ~ zu diesem Zweck[e]; **avec** ~ **au ...** mit Wirkung vom ...; **en** ~ tatsächlich; *(pour justifier ses propos)* nämlich; *(pour confirmer le propos d'un tiers)* in der Tat; **elle me plaît beaucoup, en** ~ sie gefällt mir sehr, wirklich; **sous l'~ de qc** unter der Wirkung von etw; **agir sous l'~ de la colère** im Zorn handeln
◆ ~ **d'amplification** Mitläufereffekt *m*; ~ **boomerang** Bumerang-Effekt *m*; ~ **en cascade** Dominoeffekt *m*; ~ **de change de cautionnement** Depotwechsel *m*; ~ **de commerce** Warenwechsel *m*, Handelswechsel *m*; ~ **de complaisance** ECON Gefälligkeitswechsel *m*; ~ **de forclusion** JUR Präklusionswirkung *f (Fachspr.)*;

~ de garantie FIN Lombardwechsel *m*; **~ de levier** PHYS, *a. fig* Hebelwirkung *f*; **l'~ de levier de la politique financière** die Hebelwirkung der Finanzpolitik; **~ de ralliement** Mitläufereffekt *m*; **~ en profondeur** MED *d'une crème, pommade* Tiefenwirkung *f*; ART *d'un tableau* Tiefenwirkung *f*; **~ de scène** Bühneneffekt *m*; **~ de serre** Treibhauseffekt *m*; **~ de surprise** Überraschungseffekt *m*, Knalleffekt *(fam)*; **créer un ~ de surprise** für einen Überraschungseffekt [*o* Knalleffekt *fam*] sorgen

effeuillage [efœjaʒ] *m* ❶ BOT Entlauben *nt*
❷ *(strip-tease)* Striptease *m o nt*

effeuiller [efœje] <1> I. *vt personne:* entlauben; *vent:* entblättern; **~ une fleur** die Blütenblätter abzupfen
II. *vpr* **s'~** *arbre:* seine Blätter verlieren, das Laub abwerfen; **les roses s'effeuillent** die Rosen verlieren ihre Blätter

effeuilleuse [efœjøz] *f fam (strip-teaseuse)* Stripperin *f (fam)*

efficace [efikas] *adj* wirksam, effizient; *personne* kompetent; *publicité* schlagkräftig; **~ en profondeur** tiefenwirksam; **très ~** hochwirksam; **médicament extrêmement ~** hochwirksames Medikament

efficacement [efikasmã] *adv* effizient; **agir ~** gut wirken

efficacité [efikasite] *f* Wirk[ungs]kraft *f*, Wirksamkeit *f*; *d'une méthode, d'un système* Effizienz *f*; *d'une machine* Leistungsfähigkeit *f*; *d'une personne* Tüchtigkeit *f*; *d'une publicité* Schlagkraft, Impact *m (Fachspr.)*

efficience [efisjãs] *f d'un employé* Leistungsfähigkeit *f*; *d'une entreprise* Effizienz *f*; **~ économique** wirtschaftliche Effizienz

efficient(e) [efisjã, jãt] *adj* ❶ effizient; *collaborateur, ouvrier* tüchtig, fähig; **financièrement ~** finanziell leistungsfähig
❷ PHILOS **cause ~ e** Wirkursache *f (Fachspr.)*

effigie [efiʒi] *f* Bild *nt*, Bildnis *nt*; **une pièce de monnaie à l'~ de la reine** ein Geldstück mit dem Kopf der Königin

effilé(e) [efile] *adj* ❶ spitz zulaufend; **tes doigts sont ~ s** du hast lange, schmale Finger
❷ GASTR *amandes* gehobelt; *volaille* ausgenommen

effilé [efile] *m (frange) d'un châle* Franse *f*

effiler [efile] <1> I. *vt* ❶ *(effilocher)* ausfransen
❷ *(couper en amincissant)* ausdünnen, effilieren *(Fachspr.) cheveux*
❸ *(amincir)* spitz zulaufen lassen
❹ GASTR hobeln *amandes;* ausnehmen *volaille*
II. *vpr* **s'~** ❶ *(s'effilocher)* ausfransen
❷ *(s'amincir)* spitz zulaufen

effilochage [efilɔʃaʒ] *m* Zerfasern *nt*

effilocher [efilɔʃe] <1> I. *vt* zerfasern
II. *vpr* **s'~** ausfransen

efflanqué(e) [eflɑ̃ke] *adj* bis auf die Knochen abgemagert, dürr

effleurage [eflœRaʒ] *m* ❶ TECH *des cuirs* Narbenspalten *nt*
❷ *(massage)* sanftes Massieren *m*

effleurement [eflœRmã] *m* flüchtige Berührung

effleurer [eflœRe] <1> *vt* ❶ *(frôler)* flüchtig berühren; **la voiture n'a fait que l'~** das Auto hat ihn/sie nur gestreift
❷ *(passer par la tête)* **~ qn** *pensée:* jdm in den Sinn kommen
❸ *(aborder à peine)* streifen, anreißen *sujet, thème*

efflorescence [eflɔResɑ̃s] *f* ❶ CHIM Ausblühung *f*, Effloreszenz *f (Fachspr.)*
❷ MED Hautblüte *f*, Effloreszenz *f (Fachspr.)*
❸ *(épanouissement) d'un art* Blüte *f*; *d'une idée* Entfaltung *f*

efflorescent(e) [eflɔResɑ̃, ɑ̃t] *adj* ❶ *sels* ausblühend, effloreszierend *(Fachspr.)*
❷ *prune, raisin, choux* mit einem Belag bedeckt, beschlagen
❸ *art* blühend

effluent [eflyɑ̃] *m (cours d'eau)* Wasserlauf *m*; **~ urbain** *(eaux usées)* Abwasser *nt*

effluent(e) [eflyɑ̃, ɑ̃t] *adj* entspringend

effluve [eflyv] *m souvent pl* ❶ *(parfum)* Wohlgeruch *m*, Duft *m*
❷ *(mauvaise odeur)* [schlechter] Geruch; **les ~ s des caniveaux** der Kanalgeruch

effondré(e) [efɔ̃dRe] *adj personne* völlig gebrochen

effondrement [efɔ̃dRəmɑ̃] *m* ❶ *(écroulement) d'un mur* Einsturz *m*; *du sol* [Ab]senkung *f*
❷ *(fin brutale) d'une civilisation* Untergang *m*; *des prix* Sturz *m*; *d'une fortune* Verlust *m*; *d'un projet* Scheitern *nt*, Fehlschlagen *nt*; *de la production industrielle* Einbruch *m*; **monétaire** Währungszusammenbruch *m*; **~ de l'activité économique** Konjunktureinbruch
❸ *(écroulement physique, abattement)* Zusammenbruch *m*
◆ **~ du cours** ECON Kursverfall *m*, Kurszusammenbruch *m*, Kurseinbruch; **~ du rendement** FIN Ertragseinbruch *m*

effondrer [efɔ̃dRe] <1> *vpr* **s'~** ❶ *(s'écrouler) pont:* einstürzen; *plancher:* einbrechen; *sol:* sich absenken
❷ *(être anéanti) empire:* zusammenbrechen; *civilisation:* untergehen; *preuve:* entkräftet werden; *fortune:* plötzlich verloren gehen; *projet, espoir:* sich zerschlagen; *argumentation:* in sich *(Dat)* zusammenbrechen
❸ *(baisser brutalement) cours de la bourse:* stürzen; *marché:* zusammenbrechen
❹ *(craquer) personne:* zusammenbrechen
❺ INFORM *ordinateur:* abstürzen

efforcer [efɔRse] <2> *vpr* **s'~ de faire qc** sich bemühen etw zu tun; **s'~ à la politesse/patience/au calme** versuchen höflich/geduldig/ruhig zu bleiben

effort [efɔR] *m* ❶ *(activité physique)* Anstrengung *f*; **~ physique (force investie)** Kraftaufwand *m*
❷ *(activité intellectuelle)* Bemühung *f*; **~s de distribution** Vertriebsanstrengungen *Pl*; **~s pour la Défense** Verteidigungsanstrengungen; **faire un ~ de volonté** sich zusammennehmen; **faire un ~ d'attention** sich *(Dat)* [große] Mühe geben aufzupassen; **faire un ~ d'intelligence** seinen Geist anstrengen; **demander un ~ de réflexion à qn** jdm zum Nachdenken zwingen
❸ TECH Beanspruchung *f*; **~ de compression** Druckspannung *f*; **~ de flexion/torsion/traction** Biegungs-/Verdrehungs-/Zugbeanspruchung
▶ **n'épargner aucun ~ pour faire qc** keine Mühe scheuen etw zu tun; **faire un ~ sur soi-même pour faire qc** sich zusammennehmen [*o* zusammenreißen *fam*] um etw zu tun

effraction [efRaksjɔ̃] *f* Einbruch *m*; **pénétrer par ~ dans un appartement** in eine Wohnung einbrechen

effraie [efRɛ] *f* Schleiereule *f*

effrangé(e) [efRɑ̃ʒe] *adj tapis, châle* mit Fransen; *bas de pantalon* ausgefranst

effranger [efRɑ̃ʒe] <2a> I. *vt* ausfransen
II. *vpr* **s'~** [aus]fransen, fransig werden

effrayant(e) [efRɛjɑ̃, ɑ̃t] *adj* ❶ *(qui fait peur)* furchtbar; **silence** beängstigend; **avoir un air ~** Furcht erregend aussehen
❷ *fam (extrême)* unheimlich *(fam)*, entsetzlich *(fam)*, schrecklich *(fam)*; *prix* horrend; *temps* scheußlich *(fam)*; **être d'une pâleur ~ e** schrecklich blass sein

effrayer [efRɛje] <7> I. *vt (faire très peur à)* **~ qn/un animal** jdn/ein Tier erschrecken; **être effrayé(e) de constater que c'est si cher** erschrocken feststellen, dass es so teuer ist; **il est effrayé à l'idée de qc** ihm wird bei etw angst [und bange]
II. *vpr (craindre)* **s'~ de qc** über etw *(Akk)* erschrecken; **s'~ de faire qc** fürchten etw zu tun

effréné(e) [efRene] *adj* wild, zügellos; **la course ~ e à la consommation** der Konsumrausch

effritement [efRitmɑ̃] *m* Abbröckeln *nt*

effriter [efRite] <1> I. *vt érosion:* bröck[e]lig machen; *personne:* zerbröckeln
II. *vpr* **s'~** *roche:* verwittern; *cours de la bourse:* abbröckeln; *majorité:* schwinden

effroi [efRwa] *m littér* Schrecken *m*, Entsetzen *nt*; **être glacé(e) d'~** starr vor Schreck[en] [*o* Entsetzen] sein

effronté(e) [efRɔ̃te] I. *adj* dreist, unverschämt, schamlos
II. *m(f)* unverschämte Person

effrontément [efRɔ̃temɑ̃] *adv* dreist, unverschämt, schamlos

effronterie [efRɔ̃tRi] *f* Dreistigkeit *f*, Unverschämtheit *f*, Schamlosigkeit *f*; **avoir l'~ de faire qc** sich erdreisten etw zu tun; **avec ~** dreist, unverschämt, schamlos

effroyable [efRwajabl] *adj* ❶ *(épouvantable)* grauenhaft, entsetzlich; **être d'une laideur ~** abstoßend hässlich sein
❷ *fam (incroyable)* furchtbar *(fam)*, schrecklich *(fam)*

effroyablement [efRwajabləmɑ̃] *adv* furchtbar, schrecklich; **être ~ compliqué(e)** entsetzlich kompliziert sein; **chanter ~** schrecklich schlecht singen; **ça fait ~ mal!** das tut fürchterlich [*o* entsetzlich] weh!

effusion [efyzjɔ̃] *f* Gefühlsausbruch *m*; **~ de joie** Freudenausbruch *m*
◆ **~ de sang** Blutvergießen *nt*

égailler [egeje] <1> *vpr* **s'~** *animaux, personnes:* auseinanderlaufen

égal(e) [egal, o] <-aux> *adj* ❶ *(de même valeur)* gleich; **nous sommes tous égaux devant la loi** vor dem Gesetz sind wir alle gleich; **la partie est très ~ e** das Spiel ist sehr ausgeglichen; **les deux équipes sont de valeur ~** beide Mannschaften sind ebenbürtig; **à poids ~** bei gleichem Gewicht; **de prix ~** gleich teuer; **être à ~ e distance de Lyon et de Paris** genau zwischen Lyon und Paris liegen
❷ *(sans variation) bruit* gleichbleibend; *climat* ausgeglichen, gleichbleibend; *pouls* regelmäßig; **être de caractère ~** [*o* **d'humeur ~ e**] ausgeglichen sein, ein ausgeglichenes Wesen haben
▶ **n'avoir d'~ que qn/qc** nur zu vergleichen sein mit jdm/etw; **comme menteur, il n'a d'~ que son frère!** so wie er lügt nur noch sein Bruder!; **être/rester ~ (e) à soi-même** sich *(Dat)* selbst treu sein/bleiben

égal(e) [egal, o] <-aux> *m(f)* **la femme est l'~ e de l'homme** die Frau ist dem Mann ebenbürtig; **considérer qn comme son ~** jdn als seinesgleichen betrachten ▶ **qn n'a pas son ~ pour faire qc** niemand tut etw besser als jd; **il n'a pas son ~ pour faire la cuisine** niemand kocht besser als er; **à l'~ de qn/qc** [eben|so wie jd/etw; **sa politesse est à l'~ de son savoir-vivre** er ist ebenso höflich wie taktvoll; **d'~ à ~ négocier** [*o traiter*] **d'~ à ~** gleichberechtigt miteinander verhandeln; **sans ~ son bonheur était sans ~/sa beauté était sans ~e** er/sie war unvergleichlich glücklich/schön; **c'est un acteur sans ~** das ist ein Schauspieler ohnegleichen

égalable [egalabl] *adj* **qn est difficilement ~** es ist schwer, jdm gleichzukommen; **qc est difficilement ~** etw ist schwerlich [*o kaum*] nachzumachen

également [egalmɑ̃] *adv* ❶ *(pareillement)* gleich[ermaßen]
❷ *(aussi)* ebenfalls

égaler [egale] <1> *vt* ❶ MATH **deux plus deux égale[nt] quatre** zwei plus [*o und*] zwei ist gleich vier
❷ *(être pareil)* **~ qn/qc** jdm/etw in nichts nachstehen; **~ un record** einen Rekord einstellen; **ne pas ~ qn/qc** mit jdm/etw nicht mithalten können; **~ qn/qc en beauté/grosseur** jdm/einer S. an Schönheit/Größe *(Dat)* gleichkommen

égalisateur, -trice [egalizatœʀ, -tʀis] *adj* ausgleichend; **but ~** Ausgleichstor *nt*

égalisation [egalizasjɔ̃] *f* ❶ *(nivellement) des revenus, salaires* Anpassung *f*; *d'un terrain, d'une surface* [Ein]ebnen *nt*; **l'~ des couches sociales** die Angleichung der unterschiedlichen Gesellschaftsschichten
❷ SPORT Ausgleich *m*
❸ FIN Ausgleichung *f*

égaliser [egalize] <1> I. *vt* ❶ *(rendre égal)* ausgleichen; gerade schneiden *cheveux;* [einander] angleichen *revenus*
❷ *(aplanir)* [ein]ebnen
II. *vi* den Ausgleich erzielen
III. *vpr* **s'~** sich [einander] angleichen, sich ausgleichen; **les prix s'égalisent** die Preise gleichen sich [einander] an; **les aspérités du sol s'égalisent** die Unebenheiten des Bodens gleichen sich aus

égalitaire [egalitɛʀ] *adj* egalitär *(geh)*

égalitarisme [egalitaʀism] *m* Egalitarismus *m (geh)*

égalitariste [egalitaʀist] I. *adj* **être ~** ein Verfechter/eine Verfechterin des Egalitarismus sein
II. *mf (personne)* Verfechter(in) *m(f)* des Egalitarismus

égalité [egalite] *f* ❶ *(absence de différences)* Gleichheit *f*; *des adversaires* Ebenbürtigkeit *f*; **~ des forces** Gleichgewicht *nt* der Kräfte; **~ de rémunération** Lohngleichheit; **~ de traitement** Gleichbehandlung *f*; **~ des chances** Chancengleichheit; **~ des droits** Gleichberechtigung *f*; **~ devant l'impôt** Steuergleichheit; **~ devant la loi** Gleichheit vor dem Gesetz; **~ de points** SPORT Punktgleichheit
❷ *(absence de variations) d'un climat* Gleichmäßigkeit *f; du pouls* Regelmäßigkeit *f*; **~ d'humeur** Ausgeglichenheit *f*
❸ MATH [Deckungs]gleichheit *f*, Kongruenz *f*
▶ **être à ~** *jeu, match:* unentschieden stehen; *joueurs:* punktgleich sein

égard [egaʀ] *m pl* Achtung *f*, Aufmerksamkeit *f*, Rücksicht *f*
▶ **à cet ~** in dieser Hinsicht [*o* Beziehung], diesbezüglich; **traiter/recevoir qn avec les ~s dus à son rang** [*o* qui lui sont dus] jdn mit dem ihm gebührenden Respekt behandeln/empfangen; **avoir ~ à qc** etw berücksichtigen, in Betracht ziehen; **avoir des ~s pour qn, être plein(e) d'~s pour qn** jdm gegenüber rücksichtsvoll sein; **entourer qn d'~s** jdn mit großer Aufmerksamkeit umgeben; **à l'~ de qn** jdm gegenüber; **avec des ~s** [*o* beaucoup d'~s] zuvorkommend; *parler* rücksichtsvoll; **par ~ pour qn/qc** mit Rücksicht auf jdn/etw

égaré(e) [egaʀe] *adj* ❶ *(perdu) animal, promeneur* verirrt; *objet* verlegt
❷ *(troublé)* verstört, verwirrt

égarement [egaʀmɑ̃] *m* ❶ *(trouble mental)* geistige Verwirrung
❷ *pl (conduite)* unsolider Lebenswandel; **revenir de ses ~s** wieder Vernunft annehmen

égarer [egaʀe] <1> I. *vt* ❶ *(induire en erreur)* in die Irre führen
❷ *(perdre)* verlegen
❸ *(faire perdre la raison)* um den Verstand bringen; **la douleur l'égare** der Schmerz raubt ihm/ihr den Verstand
II. *vpr* **s'~** ❶ *(se perdre)* sich verirren; **s'~ du droit chemin** vom rechten Weg abkommen; **la lettre s'est égarée** der Brief ist verloren gegangen
❷ *(se perdre à pied)* sich verlaufen
❸ *(se perdre en voiture, vélo)* sich verfahren
❹ *(divaguer)* abschweifen; **~ dans les détails** sich in Einzelheiten verlieren; **son esprit s'égare** er/sie verliert den Verstand

égayer [egeje] <7> I. *vt* ❶ *(rendre gai)* aufheitern
❷ *(rendre agréable)* freundlicher [*o* heller] machen *pièce;* auflockern *conversation*
II. *vpr* **s'~** sich amüsieren

égérie [eʒeʀi] *f d'un artiste* Muse *f; d'un homme politique* Ratgeberin *f*

égide [eʒid] *f* ❶ MYTH *(bouclier)* Ägide *f*
❷ *littér (protection)* Schirmherrschaft *f*, Ägide *f (geh);* **sous l'~ de qn** unter jds Schirmherrschaft [*o* Ägide geh]

églantier [eglɑ̃tje] *m* Heckenrosenstrauch *m*

églantine [eglɑ̃tin] *f* Heckenrose *f*, wilde Rose

églefin [egləfɛ̃] *m* Schellfisch *m*

église [egliz] *f* ❶ *(édifice)* Kirche *f;* **aller à l'~** zur [*o* in die] Kirche gehen; **se marier à l'~** sich kirchlich trauen lassen; **porte d'~/de l'~** Kirchentür *f;* **édifice de l'~** Kirchenbau *m; ~* **autoroutière** Autobahnkirche
❷ *(communauté)* **l'Église** die [römisch-katholische] Kirche; **appartenir à l'Église** katholisch sein; **l'Église protestante/catholique** die protestantische [*o* evangelische/katholische] Kirche; **l'Église primitive** das Urchristentum, die Urkirche
▶ **entrer dans l'Église** Geistlicher werden

ego [ego] *m inv* Ego *nt*, Ich *nt*

égocentrique [egosɑ̃tʀik] I. *adj personne, comportement* egozentrisch, ichbezogen; *(égoïste)* eigensüchtig, ichsüchtig *(geh);* **avoir un comportement ~** sich eigensüchtig [*o* ichsüchtig geh] verhalten
II. *mf* Egozentriker(in) *m(f)*

égocentrisme [egosɑ̃tʀism] *m* Ichbezogenheit *f*, Egozentrik *f*

égoïne [egɔin] *f* Fuchsschwanz *m*

égoïsme [egɔism] *m* Egoismus *m*, Selbstsucht *f*, Ichsucht *f (geh)*

égoïste [egɔist] I. *adj* egoistisch, selbstsüchtig
II. *mf* Egoist(in) *m(f);* **agir en ~** sich egoistisch [*o* selbstsüchtig] verhalten

égoïstement [egɔistəmɑ̃] *adv agir, se comporter* egoistisch, selbstsüchtig

égorgement [egɔʀʒəmɑ̃] *m d'une personne* Durchschneiden *nt* der Kehle; *d'un animal* Durchschneiden *nt* der Gurgel; REL Schächten *nt*

égorger [egɔʀʒe] <2a> I. *vt* ❶ *(couper la gorge)* **~ qn/un animal avec qc** jdm die Kehle/einem Tier die Gurgel mit etw durchschneiden; REL ein Tier mit etw schächten
❷ *fam (ruiner)* schröpfen *(fam)*
II. *vpr* **s'~** sich [gegenseitig] umbringen *(fam)*

égorgeur, -euse [egɔʀʒœʀ, -øz] *m, f* Mörder(in) *m(f)*

égosiller [egozije] <1> *vpr* **s'~** *personne:* sich heiser schreien; *oiseau:* aus voller Kehle singen

égout [egu] *m* [Abwasser]kanal *m;* **les ~s** die Kanalisation, das Kanalisationsnetz; **bouche d'~** Gully *m o nt;* **eaux d'~** Abwasser *Pl*

égoutier [egutje] *m* Kanalarbeiter *m*

égoutter [egute] <1> I. *vt* abtropfen lassen; **faire** [*o* laisser] **~ qc** etw abtropfen lassen
II. *vpr* **s'~** abtropfen; **laisser ~ qc** etw abtropfen lassen

égouttoir [egutwaʀ] *m* Abtropfgestell *nt; ~* **à vaisselle** Abtropfkorb *m; ~* **à fromage** Abtropfkorb für Molke

égrainer [egʀene] <1> *vt, vpr v.* **égrener**

égratigner [egʀatiɲe] <1> I. *vt* ❶ *(érafler)* zerkratzen
❷ *(blesser par des mots)* **~ qn** gegen jdn sticheln
II. *vpr* **s'~** sich *(Dat)* etw aufschürfen [*o* zerkratzen]

égratignure [egʀatiɲyʀ] *f* ❶ *(éraflure)* Kratzer *m*, Kratzspur *f;* **des mains couvertes d'~s** völlig zerkratzte Hände
❷ *(atteinte)* Kratzer *m,* [leichte] Kränkung; **sa réputation a subi quelques ~s** sein/ihr Ruf hat ein paar Kratzer abbekommen *(fam)*

égrenage [egʀənaʒ] *m* Abbeeren *nt*

égrener [egʀəne] <4> I. *vt* ❶ *(dégarnir de ses grains)* enthülsen *cosse;* entkörnen *épi;* abbeeren *grappe, raisin;* egrenieren *coton*
❷ *(dévider)* herunterbeten *chapelet*
❸ *(sonner)* **l'horloge égrenait les heures** die Standuhr schlug Stunde um Stunde
II. *vpr* **s'~** ❶ *(perdre ses grains) blé:* ausfallen; **le raisin s'égrène** die Weintrauben fallen vom Stängel ab
❷ *(se présenter un à un)* **les échoppes de Noël s'égrènent le long de la rue** Weihnachtsbuden reihen sich entlang der Straße; **les voitures s'égrenaient sur l'autoroute** auf der Autobahn reihte sich Wagen an Wagen

égrillard(e) [egʀijaʀ, aʀd] *adj* anzüglich

égrotant(e) [egʀɔtɑ̃, ɑ̃t] *adj littér* kränklich

Égypte [eʒipt] *f* **l'~** Ägypten *nt*

égyptien(ne) [eʒipsjɛ̃, jɛn] *adj* ägyptisch

Égyptien(ne) [eʒipsjɛ̃, jɛn] *m(f)* Ägypter(in) *m(f)*

égyptologie [eʒiptɔlɔʒi] *f* Ägyptologie *f*

égyptologue [eʒiptɔlɔg] *mf* Ägyptologe *m/*Ägyptologin *f*

eh [e, ɛ] *interj* he !; **~, vous là-bas!** he, Sie da hinten! *(fam);* **~ oui, c'est comme ça!** tja, das ist nun mal so! *(fam);* **~ bien ça par exemple!** na, so was! *(fam)*

éhonté(e) [eɔ̃te] *adj* unverschämt, schamlos; *action* schändlich

eider [ɛdɛʀ] *m* Eiderente *f*

eins [ɛs] *mpl vulg* Titten *Pl (sl)*
éjaculation [eʒakylasjɔ̃] *f* Samenerguss *m*, Ejakulation *f*; **~ précoce** vorzeitiger Samenerguss
éjaculer [eʒakyle] <1> *vi* ejakulieren
éjectable [eʒɛktabl] *adj* **siège ~** Schleudersitz *m*
éjecter [eʒɛkte] <1> *vt* ❶ *(rejeter)* auswerfen *disquette, CD*
❷ *(projeter)* **être éjecté(e) de qc** aus etw [heraus]geschleudert werden
❸ *fam (expulser)* an die Luft setzen *(fam)*; **se faire ~** hinausgeworfen werden; **se faire ~ de l'école** von der Schule fliegen *(fam)*
éjection [eʒɛksjɔ̃] *f* ❶ *(action d'éjecter) d'une douille* Auswerfen *nt*; *d'un pilote* Herausschleudern *nt*
❷ GÉCL Auswurf *m*, Ausstoß *m*, Ejektion *f (Fachspr.)*
élaboration [elabɔʀasjɔ̃] *f* ❶ *(composition) d'un plan* Ausarbeitung *f*; *d'un diagnostic* Erstellen *nt*
❷ INFORM Entwicklung *f*; **~ de/du programme** Programmentwicklung
❸ BOT, MED *de la sève, bile, de l'urine* Bildung *f*, Absonderung *f*
élaborer [elabɔʀe] <1> I. *vt* ❶ *(préparer mûrement)* ausarbeiten *plan*; erstellen *diagnostic*; **être élaboré(e)** *technique:* elaboriert sein; *cuisine:* raffiniert sein
❷ MED *reins, foie:* bilden, produzieren, absondern
❸ PHYSIOL **être élaboré(e)** *sève:* ausgeschieden sein
II. *vpr* **s'~** Gestalt *[o* Form*]* annehmen
élagage [elagaʒ] *m* Ausästen *nt*, Ausschneiden *nt*
élaguer [elage] <1> *vt* ❶ *(couper)* ausästen *[o* ausästen*] arbre*
❷ *(retrancher)* **~ un article** einen Artikel kürzen, in einem Artikel Streichungen vornehmen
élagueur, -euse [elagœʀ, -øz] *m, f* Baumpfleger(in) *m(f)*
élan¹ [elɑ̃] *m* ZOOL Elch *m*
élan² [elɑ̃] *m* ❶ *(mouvement pour s'élancer)* Anlauf *m*; *(au golf)* Golfschwung *m*; **prendre son ~** Schwung holen; **(en courant)** Anlauf nehmen; **prendre de l'~** ausholen
❷ *(force acquise)* Schwung *m*; **franchir qc d'un seul ~** mit einem Satz über etw *(Akk)* springen
❸ *(accès)* **~ de tendresse** Anfall *m [o* Anwandlung *f]* von Zärtlichkeit; **~ d'enthousiasme** überschwängliche Begeisterung *f*
❹ *(mouvement affectueux)* zärtliches Gefühl, Zuneigung *f kein Pl*; **il a eu un ~ vers elle** er fühlte sich von ihr angezogen
▶ **donner un nouvel ~ à qc** einer S. *(Dat)* neuen Aufschwung geben; **~ vital** Lebensdrang *m*; **donner de l'~ à qn/qc** jdn/etw in Schwung bringen, jdm/etw Auftrieb geben
élancé(e) [elɑ̃se] *adj* schlank; *personne* rank, schlank
élancement [elɑ̃smɑ̃] *m* Stich *m*, stechender Schmerz
élancer¹ [elɑ̃se] <2> I. *vi* stechen, stechende Schmerzen verursachen
II. *vt* stechen *personne*
élancer² [elɑ̃se] <2> *vpr* ❶ *(se précipiter)* **s'~ vers qn/qc** sich auf jdn/etw stürzen; **s'~ à la poursuite de qn** jdm hinterherrennen; **les soldats s'élancent à l'assaut de qc** die Soldaten [be]stürmen etw
❷ *(prendre son élan)* **s'~** Schwung holen; **s'~ dans les airs** sich in die Luft schwingen; *acrobate:* sich hinaufschwingen
❸ *(se dresser)* **s'~ vers le ciel** in den Himmel ragen
élargir [elaʀʒiʀ] <8> I. *vt* ❶ *(rendre plus large)* verbreitern, erweitern; weiten *chaussures*
❷ COUT weiter machen *jupe, veste*
❸ *(développer)* erweitern *horizon*; ausdehnen *débat*; ausbauen *majorité*
❹ *(faire paraître plus large)* größer machen *[o* erscheinen lassen*]*
❺ JUR *[aus* der Haft*]* entlassen *détenu*
II. *vpr* **s'~** *fleuve, route:* breiter werden; *chaussures, pull:* sich weiten; *cercle de relations, connaissances, horizon:* sich erweitern; **une fédération qui peut s'~** ein erweiterungsfähiges Staatenbündnis
III. *vi pull:* sich weiten, sich dehnen; *fam personne:* zulegen *(fam)*
élargissement [elaʀʒismɑ̃] *m* ❶ *(action) d'une route* Verbreiterung *f*; *d'une jupe* Weitermachen *nt*; *de chaussures* Weiten *nt*; *fig d'une majorité* Ausbauen *nt*; *de l'Union européenne, d'un programme de production* Erweiterung *f*; *d'un détenu* Entlassung *f*; **~ d'un/du canal** Kanalverbreiterung *f*; **~ du volume du crédit** ECON Kreditausweitung *f*
❷ *(fait de s'élargir) d'un canal, d'une route* Verbreiterung *f*; *de l'Union européenne* Erweiterung *f*
élasticité [elastisite] *f* ❶ *(extensibilité) d'un caoutchouc, muscle, lycra* Elastizität *f*; *de la peau* Geschmeidigkeit *f*
❷ *(flexibilité) d'une lame d'acier* Biegsamkeit *f*
❸ *(souplesse) d'un acrobate, tigre* Beweglichkeit *f*, Geschmeidigkeit *f*; *d'une démarche* Leichtigkeit *f*, Geschmeidigkeit *f*
❹ *(aptitude à s'adapter) des lois, du règlement* Dehnbarkeit *f*
❺ ECON **~ des prix** Preiselastizität *f*; **~ de l'offre et de la demande** Flexibilität *f* von Angebot und Nachfrage
élastique [elastik] I. *adj* elastisch, dehnbar; *pas* federnd, geschmeidig; *sens, loi* dehnbar; *morale* locker

II. *m* ❶ Gummi[band *nt*] *nt*
❷ COUT Gummiband, Gummizug *m*
▶ **les lâcher avec un ~** *[o* **des ~s**] *fam (payer à regret)* auf seinem Geld sitzen *(fam)*; *(être avare)* [mit seinem Geld] knausern *(pej fam)*
élastomère [elastɔmɛʀ] *m* CHIM Elastomer *nt*
Elbe [ɛlb] *f* **l'~** die Elbe
eldorado [ɛldɔʀado] *m* Eldorado *nt*
e-learning [ilœʀniŋ] *m* E-Learning *nt*
électeur, -trice [elɛktœʀ, -tʀis] *m, f* Wähler(in) *m(f)*; **nouvel ~/nouvelle électrice** Erstwähler(in); **~(-trice) abstentionniste** Nichtwähler(in)
▶ **grands ~s** Wahlversammlung für die Senatswahlen
électif, -ive [elɛktif, -iv] *adj critère* ausgewählt
élection [elɛksjɔ̃] *f* ❶ Wahl *f*; **second tour des ~s** zweiter Wahlgang; **~s européennes/législatives** Europa-/Parlamentswahlen *Pl*; **~ présidentielle** Präsidentenwahl; **~ du comité directeur** [*o* **du conseil d'administration**] Vorstandswahl; **~ au suffrage universel** Direktwahl; **~[s] primaire[s]** Urwahl; **~s au Sénat** Senatswahl[en]; **jour des ~s** Wahltag *m*
❷ *(choix)* **patrie/pays d'~** Wahlheimat *f*
électoral(e) [elɛktɔʀal, -o] <-aux> *adj* **circonscription ~e** Wahlkreis *m*, Wahlbezirk *m*; **liste ~e** Wählerliste *f*
électoralisme [elɛktɔʀalism] *m* POL Wählerfang *m*
électorat [elɛktɔʀa] *m* Wählerschaft *f*
électricien(ne) [elɛktʀisjɛ̃, jɛn] *m(f)* Elektriker(in) *m(f)*; **~(ne) auto[mobile]** Kraftfahrzeugelektriker(in); **ingénieur ~** Elektroingenieur(in) *m(f)*
électricité [elɛktʀisite] *f* ❶ *(courant)* Strom *m*; **se chauffer à l'~** elektrisch heizen; **frais d'~** Stromkosten *Pl*
❷ *(installation)* elektrische Leitungen *Pl*; **allumer/éteindre l'~** *fam* das Licht an-/ausmachen *(fam)*
❸ PHYS Elektrizität *f*; **~ statique** Reibungselektrizität, statische Aufladung
❹ *(secteur économique, métier)* Elektrohandwerk *nt*
▶ **il y a de l'~ dans l'air** es liegt Spannung in der Luft
électrification [elɛktʀifikasjɔ̃] *f* Elektrifizierung *f*
électrifier [elɛktʀifje] <1a> *vt* elektrifizieren *ligne de chemin de fer*; an das Stromnetz anschließen *région*; **rail électrifié** Stromschiene *f*
électrique [elɛktʀik] *adj* ❶ ÉLEC *cuisinière, clôture* elektrisch; *cheveux, pile* [elektrisch] geladen; **appareil ~** Elektrogerät *nt*, Elektroartikel *m*, elektrisches Gerät; **centrale ~** Stromkraftwerk *nt*; **moteur ~** Elektromotor *m*; **production/réseau ~** Stromerzeugung *f*/-netz *nt*
❷ *(saisissant)* elektrisierend *(fig)*, atemberaubend
électrisation [elɛktʀizasjɔ̃] *f* ÉLEC Elektrisieren *nt*, Elektrisierung *f*
électriser [elɛktʀize] <1> *vt* elektrisieren *(a. fig)*
électroacoustique [elɛktʀoakustik] I. *adj recherche* elektroakustisch
II. *f* Elektroakustik *f*
électroaimant [elɛktʀoemɑ̃] *m* Elektromagnet *m*
électrobiologie [elɛktʀobjɔlɔʒi] *f vieilli* Elektrobiologie *f*
électrocardiogramme [elɛktʀokaʀdjɔgʀam] *m* Elektrokardiogramm *nt*, EKG *nt*; **~ après effort** Belastungs-EKG
électrocardiographie [elɛktʀokaʀdjɔgʀafi] *f* MED Elektrokardiographie *f*
électrochimie [elɛktʀoʃimi] *f* Elektrochemie *f*
électrochirurgie [elɛktʀoʃiʀyʀʒi] *f* MED Elektrochirurgie *f*
électrochoc [elɛktʀoʃɔk] *m* Elektroschock *m*
électrocoagulation [elɛktʀokɔagylasjɔ̃] *f* MED Elektrokoagulation *f*
électrocuter [elɛktʀɔkyte] <1> I. *vt* **être électrocuté(e)** einen Stromstoß [*o* elektrischen Schlag] bekommen
II. *vpr* **s'~ avec qc** von etw einen Stromstoß [*o* elektrischen Schlag] bekommen; *(être mort)* von etw einen tödlichen Stromstoß bekommen
électrocution [elɛktʀɔkysjɔ̃] *f* [tödlicher] elektrischer Schlag, [tödlicher] Stromstoß; **condamner qn par ~** jdn zum Tod auf dem elektrischen Stuhl verurteilen
électrode [elɛktʀɔd] *f* Elektrode *f*
électrodiagnostic [elɛktʀodjagnɔstik] *m* MED Elektrodiagnostik *f*
électrodynamique [elɛktʀodinamik] I. *adj phénomène* elektrodynamisch
II. *f* Elektrodynamik *f*
électro-encéphalogramme [elɛktʀoɑ̃sefalogʀam] <électro-encéphalogrammes> *m* Elektroenzephalogramm *nt*, EEG *nt*
électrogène [elɛktʀɔʒɛn] *adj* stromerzeugend
électrolyse [elɛktʀɔliz] *f* Elektrolyse *f*
électrolyte [elɛktʀɔlit] *m* Elektrolyt *m*
électromagnétique [elɛktʀomaɲetik] *adj* elektromagnetisch
électromécanicien(ne) [elɛktʀɔmekanisjɛ̃, jɛn] *m(f)* Elektromechaniker(in) *m(f)*
électroménager [elɛktʀomenaʒe] I. *adj* **appareil ~** elektrisches Haushaltsgerät, Elektrogerät *nt* für den Haushalt; **équipement ~**

Küchentechnik *f*
II. *m* ❶ *(appareils)* elektrische Haushaltsgeräte *Pl*, Elektrogeräte *Pl* für den Haushalt
❷ *(fabrication)* Industrie *f* für elektrische Haushaltsgeräte
❸ *(commerce)* Elektrohandel *m*
électrométallurgie [elɛktrometalyrʒi] *f* Elektrometallurgie *f*
électromètre [elɛktrɔmɛtr] *m* Elektrometer *nt*
électromoteur, -trice [elɛktrɔmotœr, -tris] *adj force* elektromotorisch
électromyogramme [elɛktrɔmjɔgram] *m* MED Elektromyogramm *nt*
électron [elɛktrɔ̃] *m* Elektron *nt*
électronicien(ne) [elɛktrɔnisjɛ̃, jɛn] *m(f)* Elektroniker(in) *m(f)*
électronique [elɛktrɔnik] **I.** *adj* elektronisch; **calculateur** ~ Elektronenrechner *m*; **émission** ~ Elektronenstrahlung *f*; **installation entièrement** ~ vollelektronische Anlage; **monnaie** ~ Cybercash *m*
II. *f* Elektronik *f*; ~ **embarquée** Bordelektronik; ~ **de bus** INFORM Buselektronik; ~ **de commande** Steuerelektronik
électronucléaire [elɛktrɔnykleɛr] **I.** *adj* nuklear; **programme** ~ Kernenergieprogramm *nt*, Atomenergieprogramm *nt*
II. *m* Kernenergie *f*
électronvolt [elɛktrɔ̃vɔlt] *m* PHYS Elektronvolt *nt*
électrophone [elɛktrɔfɔn] *m* [Schall]plattenspieler *m*
électrophorèse [elɛktrɔfɔrɛz] *f* MED Elektrophorese *f*
électrostatique [elɛktrɔstatik] PHYS **I.** *adj phénomène* elektrostatisch
II. *f* Elektrostatik *f*
électrotechnicien(ne) [elɛktrɔtɛknisjɛ̃, jɛn] *m(f)* Elektrotechniker(in) *m(f)*
électrotechnique [elɛktrɔtɛknik] **I.** *adj institut* elektrotechnisch
II. *f* Elektrotechnik *f*
électrothérapie [elɛktrɔterapi] *f* MED Elektrotherapie *f*
élégamment [elegamɑ̃] *adv s'habiller* elegant, fein; *se conduire* zuvorkommend
élégance [elegɑ̃s] *f sans pl* ❶ *(esthétique)* Eleganz *f*; *d'un vêtement* eleganter Stil; *d'un intérieur* geschmackvoller Stil; *d'un style* Gewandtheit *f*; *d'un mouvement* Anmut *f*
❷ *(morale) d'une personne* Korrektheit *f*; **la solution manque d'** ~ die Lösung ist umständlich; **l'** ~ **de ses manières** sein/ihr korrektes [*o* vollendetes] Benehmen; **perdre avec** ~ mit Anstand [*o* Haltung] verlieren, ein guter Verlierer sein
élégant(e) [elegɑ̃, ɑ̃t] *adj* elegant; *personne, manières* fein, gediegen, elegant; *vêtement, toilette* fein, geschmackvoll, elegant; *intérieur, jardin* stilvoll; *style* klar; *solution* nachvollziehbar, elegant; *mise en scène* stilvoll
élégiaque [eleʒjak] **I.** *adj* ❶ LITTER, POES *poème* elegisch
❷ *(mélancolique) ton* wehmütig
II. *m* Elegiker(in) *m(f)*
élégie [eleʒi] *f* Elegie *f*; **auteur d'** ~ **s** Elegiker(in) *m(f)*
élément [elemɑ̃] **I.** *m* ❶ *(composant)* Element *nt*, Bestandteil *m*; ~ **constitutif** Grundbestandteil; ~ **du contrat** Vertragsbestandteil, Vertragselement; ~ **stylistique** [*o* **de style**] LITTER Stilelement
❷ *(mobilier)* Element *nt*, [Einzel]teil *nt*; *(pour être ajouté)* Anbauteil, Anbauelement; ~ **normalisé** [*o* **standardisé**] ECON Normteil; ~ **s préfabriqués** Fertig[bau]teile *Pl*, vorgefertigte [Bau]teile *Pl*; ~ **supplémentaire** INFORM Zusatzbauteil; ~ **de montage** MECANAUT Baugruppe *f*; ~ **s d'inventaire mobiliers/immobiliers** ECON aktives/festes Inventar
❸ LING Element *nt*, Konstituente *f*, Gliederungseinheit *f*, Baustein *m*
❹ MATH Element *nt*
❺ *(facteur)* Faktor *m*; ~ **de réussite** [*o* **de succès**] Erfolgsfaktor
❻ *(donnée) d'un problème* Element *nt*, Komponente *f*; **voici les** ~ **s du problème, tel qu'il se pose à nous** das Problem stellt sich für uns im Einzelnen so dar
❼ *(groupe dans une collectivité)* Teil *m*; **très bons** ~ **s** ausgezeichnete [*o* hervorragende] Kräfte
❽ CHIM, PHYS, TECH Element *nt*; ~ **oxygène** Sauerstoffelement; ~ **combustible** Brennelement; ~ **fondamental** Urstoff *m*
❾ JUR ~ **constitutif** Tatbestandselement *nt (Fachspr.)*, Tatbestandsmerkmal *nt (Fachspr.)*; ~ **constitutif de la reprise** Auffangstatbestand *m (Fachspr.)*; ~ **s constitutifs de l'infraction** Verletzungstatbestand; ~ **de présomption** Vermutungstatbestand
▶ **être/se retrouver/se sentir dans son** ~ in seinem Element sein/wieder sein/sich in seinem Element fühlen
II. *mpl* ❶ *(principes de base)* Grundbegriffe *Pl*, Grundelemente *Pl*
❷ *(connaissances sommaires)* Grundkenntnisse *Pl*, Elementarwissen *nt*
❸ *(atouts)* elementare Eigenschaften *Pl*
❹ *(forces naturelles)* [Natur]elemente *Pl*, Naturgewalten *Pl*, Naturkräfte *Pl*; ~ **s déchaînés** entfesselte Elemente [*o* Naturgewalten]; **les quatre** ~ **s** die vier Elemente
❺ *(unités militaires)* Einheit *f*; ~ **s aéroportés** Luftlandeeinheiten *Pl*

◆ ~ **de jonction** Verbindungsglied *nt*
élémentaire [elemɑ̃tɛr] *adj* ❶ *(simple, de base)* elementar; *problème* grundlegend, elementar; *exercice* einfach, primitiv; **cours** ~ Anfangsunterricht *m*; **grammaire** ~ Elementargrammatik *f*; **niveau** ~ Grundstufe *f*; **principes** ~ **s** Grundprinzipien *Pl*; **cet exercice est vraiment** ~ ! diese Übung ist wirklich einfach [*o* kinderleicht *fam*]!
❷ PHYS **particule** ~ Elementarteilchen *nt*
▶ ~, **mon cher Watson!** *fam* das ist doch ganz klar, mein lieber Watson! *(fam)*; **c'est** ~ ! *fam (c'est évident)* das weiß doch jeder [*o* jedes Kind]!; *(c'est bien le moins qu'on puisse faire)* das ist das Mindeste[, was man tun kann/was du tun kannst]!
éléphant [elefɑ̃] *m* ❶ Elefant *m*; ~ **mâle/femelle** Elefantenbulle *m*/-kuh *f*; **chasse à l'** ~ Elefantenjagd *f*
❷ *(personne très grosse)* Koloss *m (pej fam)*
❸ POL [Partei]funktionär(in) *m(f)*
▶ **comme un** ~ **dans un magasin de porcelaine** *fam* wie ein Elefant im Porzellanladen *(fam)*; **voir voler des** ~ **s roses** *fam* weiße Mäuse sehen *(fam)*
◆ ~ **d'Afrique** afrikanischer Elefant; ~ **d'Asie** indischer Elefant; ~ **de mer** Seeelefant *m*
éléphanteau [elefɑ̃to] <x> *m* junger Elefant, Elefantenkalb *m*
éléphantesque [elefɑ̃tɛsk] *adj fam* massig; **être** ~ ein Koloss sein *(fam)*
éléphantiasis [elefɑ̃tjazis] *f* MED Elefantiasis *f*
élevage [el(ə)vaʒ] *m* ❶ *(action)* Zucht *f*, Züchten *nt*, Aufzucht; ~ **d'abeilles** Bienenzucht, Imkerei *f*; ~ **de volaille** Geflügelzucht; ~ **d'animaux de compagnie** Kleintierzucht; **produit de l'** ~ Zuchtform *f*; **réussite en matière d'** ~ Zuchterfolg *m*; ~ **en batterie** [*o* **industriel**] Massentierhaltung *f*
❷ *(ensemble d'animaux)* Zucht *f*
❸ *(exploitation)* Zuchtbetrieb *m*; ~ **de poissons** Fischzuchtanlage *f*; ~ **des huîtres/des moules** Austern-/Muschelbank *f*
❹ *(élevage du bétail)* Viehzucht *f*; ~ **intensif** Intensivhaltung *f*; ~ **en plein air** Weidehaltung *f*
élévateur [elevatœr] *m* ❶ CONSTR [Lasten]aufzug *m*; *(lors d'un déménagement)* Hebebühne *f*; *(pour des péniches)* Schiffshebewerk *nt*; *(pour du personnel)* Aufzug *f*
❷ ANAT Hebemuskel *m*
élévateur, -trice [elevatœr, -tris] *adj* ❶ TECH **appareil** ~ Hebemaschine *f*, Hubapparat *m*; **chariot** ~ Gabelstapler *m*, Hubstapler *m*; **nacelle élévatrice** bewegliche Plattform; **plateforme élévatrice** Hebebühne *f*
❷ ANAT **muscle** ~ Hebemuskel *m*
élévation [elevasjɔ̃] *f* ❶ *(accession)* Erhebung *f*; ~ **de qn à une dignité** jds Einsetzung *f* in ein Amt
❷ *(hausse)* Ansteigen *nt*; ~ **de la température** Temperaturanstieg *m*
❸ *(noblesse)* Erhabenheit *f*; ~ **d'esprit** Edelmut *m*
❹ MATH ~ **au carré** Erhebung *f* ins Quadrat
❺ *vieilli (éminence)* Erhebung *f*, Anhöhe *f*
❻ REL Elevation *f (Fachspr.)*
❼ *rare (construction)* Errichtung *f*; *d'un édifice, barrage* Hochziehen *nt*
◆ ~ **de terrain** Geländeerhebung *f*
élève [elɛv] *mf* SCOL, ART, PHILOS Schüler(in) *m(f)*; ~ **préféré(e)** [*o* **favori(te)**] Lieblingsschüler(in); ~ **de cours élémentaire première année** ≈ Zweitklässler(in) *m(f)*, Zweitklässer(in) (SDEUTSCH, CH); ~ **de l'enseignement secondaire** Oberschüler(in) *(fam)*
◆ ~ **infirmier(-ière)** Krankenpflegeschüler *m*/Schwesternschülerin *f*; ~ **officier** [**d'active**] Offiziersanwärter(in) *m(f)*
élevé(e)¹ [el(ə)ve] *adj* ❶ *(haut)* hohe(r, s); *village, refuge* hoch gelegen; **peu** ~ **(e)** niedrig, niedere(r, s)
❷ *(noble) conversation, style* gepflegt; *opinion* hoch; **être de condition** ~ **e** zu den besseren Kreisen gehören
élevé(e)² [el(ə)ve] **I.** *adj* ❶ *(éduqué)* **bien/mal** ~ **(e)** gut/schlecht erzogen; **c'est très mal** ~ **de faire qc** *fam* es ist sehr ungezogen etw zu tun
II. *m(f)* **un mal** ~ ein Flegel *m*
élever¹ [el(ə)ve] <4> **I.** *vt* ❶ *(ériger)* errichten, hochziehen *mur*; ~ **un monument à qn** jdm ein Denkmal errichten [*o* aufstellen]
❷ *(porter vers le haut)* heranheben; anheben *niveau*; ~ **un négatif vers la lumière** ein Negativ gegen das Licht halten
❸ *(porter plus haut)* heben *niveau, ton*; erheben *voix*; ~ **le débat** das Niveau einer Debatte heben
❹ *(relever)* erhöhen *taux d'intérêt, température*; anheben *niveau de vie*
❺ *(promouvoir)* ~ **qn à un rang** jdn in einen Rang erheben; **être élevé à la dignité d'évêque** die Bischofswürde empfangen
❻ *(susciter)* äußern, laut werden lassen *critique, doute*; erheben *objection*; bereiten *difficulté*

❼ MATH ~ **un nombre au carré** eine Zahl ins Quadrat erheben
II. *vpr* **❶** *(être construit)* **s'**~ *mur, édifice:* stehen, sich erheben **❷** *(se dresser)* **s'**~ **à dix/cent mètres au-dessus de qc** *plateau, lieu géographique:* zehn/hundert Meter hoch liegen/über etw *(Dat)* liegen; **s'**~ **en pente douce/à pic** langsam/abrupt ansteigen **❸** *(augmenter)* **s'**~ *température, taux:* [an]steigen **❹** *(prendre de la hauteur)* **s'**~ *oiseau, avion:* [auf]steigen **❺** *(se faire entendre)* **s'**~ zu hören sein **❻** *(surgir)* **s'**~ *discussion:* entstehen; *doutes:* aufkommen, sich regen, laut werden; *difficulté:* auftreten **❼** *(se chiffrer)* **s'**~ **à mille euros** *facture, somme:* betragen, sich auf tausend Euro belaufen **❽** *(mépriser)* **s'**~ **au-dessus des injures** sich über Beleidigungen hinwegsetzen **❾** *(socialement)* **s'**~ **par son seul travail** sich aus eigener Kraft hocharbeiten; **s'**~ **dans la hiérarchie à la force du poignet** sich hocharbeiten **❿** *(s'opposer à)* **s'**~ **contre qc** *personne:* sich gegen etw wenden; *critique, objection:* gegen etw laut werden; *voix:* sich gegen etw erheben, gegen etw laut werden

élever² [el(ə)ve] <4> *vt* **❶** *(prendre soin de)* aufziehen *personne, animal;* **être élevé(e) chez qn** *personne:* bei jdm aufwachsen **❷** *(éduquer)* erziehen; **être élevé(e) par qn** von jdm erzogen werden **❸** *(faire l'élevage de)* züchten *animaux*

éleveur [el(ə)vœʀ] *m* [Vieh]züchter *m;* ~ **d'animaux** Tierzüchter; ~ **de chevaux/de moutons** Pferde-/Schafzüchter; ~ **de lapins/de poissons/de poules** Kaninchen-/Fisch-/Hühnerzüchter

éleveuse [el(ə)vøz] *f* **❶** [Vieh]züchterin *f;* ~ **d'animaux** Tierzüchterin; ~ **de chevaux/de moutons/de poissons** Pferde-/Schaf-/Fischzüchterin **❷** *(couveuse)* Schirmglucke *f*

elfe [ɛlf] *m* Elfe *f*

élider [elide] <1> LING **I.** *vt* elidieren *(geh)*, streichen, tilgen *voyelle;* ~ **un mot** in einem Wort eine Elision vornehmen *(geh)* **II.** *vpr* **s'**~ *voyelle:* elidiert werden *(geh)*, gestrichen [*o* getilgt] werden

éligibilité [eliʒibilite] *f* Wählbarkeit *f,* passives Wahlrecht
éligible [eliʒibl] *adj* wählbar; ~ **à l'aide** *investissement* beihilfefähig
élimé(e) [elime] *adj* ~ **(e) à qc** an etw *(Dat)* abgewetzt [*o* durchgescheuert]

élimination [eliminasjɔ̃] *f d'une erreur* Beseitigung *f; d'un adversaire* Ausschaltung *f; des déchets* Beseitigung *f,* Entsorgung *f; d'une tache* Entfernung *f; des cafards* Vernichtung *f; d'une pièce défectueuse* Aussonderung *f; des barrières douanières* Aufhebung *f; d'une espèce* Ausrottung *f; de toxines* Ausscheidungen *Pl; d'un joueur* Ausscheiden *nt;* SPORT *(par triche, dopage)* Sperrung *f,* Ausschluss *m;* ~ **du défaut/du vice** JUR, FIN Fehlerbeseitigung, Mängelbeseitigung; ~ [**physique**] **d'une personne** Eliminierung *f* eines Menschen; [**système à**] ~ **directe** SPORT K.-o.-System *nt*
► **procéder par** ~ ausschließen, was nicht in Frage kommt

éliminatoire [eliminatwaʀ] **I.** *adj* **❶** SCOL, UNIV *note, faute* den Ausschluss bedingend, zum Ausschluss führend; **épreuve** ~ Auswahlprüfung *f* **❷** SPORT **match** ~ Ausscheidungsspiel *nt;* **tour** ~ Ausscheidungsrunde *f* **II.** *f souvent pl* Ausscheidungs[wett]kämpfe *Pl*

éliminer [elimine] <1> **I.** *vi* Giftstoffe ausscheiden; **mal** ~ Giftstoffe nur unvollständig ausscheiden
II. *vt* **❶** *(faire disparaître)* beseitigen *erreurs;* aus dem Weg räumen *obstacle;* entfernen *tartre;* vernichten *parasites* **❷** *(tuer)* eliminieren **❸** *(écarter)* ausschließen; aussondern *pièces défectueuses* **❹** ECON, POL ausschalten, verdrängen **❺** SCOL, UNIV wiederholen lassen *élève;* **il a été éliminé à l'oral** er ist im Mündlichen durchgefallen **❻** SPORT ~ **qn de la course** jdn aus dem Rennen werfen; *(pour dopage)* jdn [für ein Rennen] sperren; ~ **qn d'une compétition/équipe** jdn vom Wettkampf/aus einer Mannschaft ausschließen; **être éliminé(e)** ausscheiden; *(pour dopage)* gesperrt [*o* ausgeschlossen] werden **❼** *(rejeter)* ausschließen *possibilité* **❽** IND entsorgen *déchets* **❾** PHYSIOL ausscheiden *toxines* **❿** MATH eliminieren
III. *vpr* **s'**~ **facilement** *tache:* leicht zu entfernen sein

élire [eliʀ] <*irr*> *vt* wählen; **il a été élu président** er wurde zum Präsidenten gewählt
élisabéthain(e) [elizabetɛ̃, ɛn] *adj règne* elisabethanisch
élision [elizjɔ̃] *f* Streichung *f,* Tilgung *f,* Elision *f (geh)*
élitaire [elitɛʀ] *adj* elitär
élite [elit] *f* **❶** *(les meilleurs d'un groupe)* Elite *f* **❷** *pl (les premiers par leur formation)* Elite *f; de la nation* die Führungsschicht

élitisme [elitism] *m* Elitesystem *nt*
élitiste [elitist] *adj* **école** ~ Eliteschule *f*
élixir [eliksiʀ] *m* Elixier *nt,* Zaubertrank *m;* ~ **de longue vie** Lebenselixier

elle [ɛl] *pron pers* **❶** *(se rapportant à une personne fém)* sie; ~ **est grande** sie ist groß; **lui est venu, mais pas** ~ er ist gekommen, aber sie nicht **❷** *interrog, ne se traduit pas* **Sophie a-t-**~ **ses clés?** hat Sophie ihre Schlüssel?; **la maison a-t-**~ **un jardin?** hat das Haus einen Garten? **❸** *(se rapportant à un animal ou objet fém)* **regarde la lune comme** ~ **est ronde** sieh mal, wie rund der Mond ist; **la mer,** ~ **aussi, est polluée** auch das Meer ist verschmutzt; **la vache,** ~ **fait meuh** die Kuh macht muh **❹** *fam (pour renforcer)* ~**, monter une entreprise?** was, die will ein Unternehmen gründen? *(fam);* ~**, elle n'a pas ouvert la bouche** die hat den Mund nicht aufgemacht *(fam); et* ~ **qui pensait avoir compris!** und die dachte, sie hätte alles verstanden! *(fam);* **c'est** ~ **qui l'a dit** das hat die gesagt *(fam);* **c'est** ~ **que tu as entendue à la radio** die hast du im Radio gehört *(fam);* **il veut la voir,** ~**?** die möchte er sehen! *(fam);* **il veut l'aider,** ~**?** der möchte er helfen? *(fam);* **je les aime bien,** ~ **et lui** ich mag sie beide, sie und ihn **❺** *avec une préposition* **avec/sans** ~ mit ihr/ohne sie; **à** ~ **seule** sie allein; **la maison est à** ~ das Haus gehört ihr; **c'est à** ~ **de décider** sie muss entscheiden; **c'est à** ~**!** sie ist dran! **❻** *dans une comparaison* sie; **il est comme** ~ er ist wie sie; **plus/aussi fort(e) qu'**~ stärker als sie/genauso stark wie sie **❼** *(soi)* sich; **elle ne pense qu'à** ~ sie denkt nur an sich; **elle est fière d'**~ sie ist stolz auf sich
► ~ **est bien bonne!** fam das glaub' ich [einfach] nicht! *(fam);* ~ **est un peu raide, celle-là!** *fam* das ist ja ein starkes Stück! *(fam)*

ellébore [elebɔʀ] *m* BOT ~ **noir** Christrose *f*
elle-même [ɛlmɛm] *pron pers* **❶** *(elle en personne)* ~ **n'en savait rien** sie selbst wusste nichts davon; **elle se sent** ~ **heureuse** sie fühlt sich glücklich; **elle l'a dit** ~, **c'est** ~ **qui l'a dit** sie selbst hat es gesagt; **elle est venue d'**~ sie ist von selbst [*o* von sich *(Dat)* aus] [*o* aus eigenem Antrieb] gekommen; **Mme Duchêne? – Elle-même!** Frau Duchêne? – Höchstpersönlich! **❷** *(en soi)* selbst, an sich; **la chose n'est pas mauvaise en** ~ die Sache [an sich] ist nicht schlecht **❸** *(elle aussi)* ebenfalls, auch; **sa mère était** ~ **furieuse** seine/ihre Mutter war ebenfalls [*o* auch] sehr wütend

elles [ɛl] *pron pers* **❶** *(se rapportant à des personnes fém)* sie; ~ **sont grandes** sie sind groß; **j'attends ma mère et ma sœur, d'habitude** ~ **sont très exactes** ich warte auf meine Mutter und meine Schwester, üblicherweise sind sie sehr pünktlich **❷** *interrog, ne se traduit pas* **les filles, sont-**~ **venues?** sind die Mädchen gekommen?; **les fleurs ont-**~ **poussé?** sind die Blumen gewachsen? **❸** *(se rapportant à des animaux ou objets fém)* **regarde les fleurs comme** ~ **sont belles** sieh mal, wie schön die Blumen sind; **les vaches,** ~ **font meuh** die Kühe machen muh **❹** *fam (pour renforcer)* ~**, monter une entreprise?** was, die wollen ein Unternehmen gründen? *(fam);* ~**, elles n'ont pas ouvert la bouche** die haben den Mund nicht aufgemacht *(fam); et* ~ **qui pensaient avoir compris!** und die dachten, sie hätten alles verstanden! *(fam);* **c'est** ~ **qui l'ont dit** die haben das gesagt *(fam);* **c'est** ~ **que tu as entendues à la radio** die hast du im Radio gehört *(fam);* **il veut les voir,** ~**?** die möchte er sehen! *(fam);* **il veut les aider,** ~**?** denen möchte er helfen? *(fam);* ~**, on les commémore** man gedenkt ihrer **❺** *avec une préposition* **avec/sans** ~ mit ihnen/ohne sie; **à** ~ **seules** sie allein; **la maison est à** ~ das Haus gehört ihnen; **c'est à** ~ **de décider** sie müssen entscheiden; **c'est à** ~**!** sie sind dran! **❻** *dans une comparaison* sie; **ils sont comme** ~ sie sind wie sie; **plus/aussi fort(e) qu'**~ stärker als sie/genauso stark wie sie **❼** *(soi)* sich; **elles ne pensent qu'à** ~ sie denken nur an sich; **elles sont fières d'**~ sie sind stolz auf sich

elles-mêmes [ɛlmɛm] *pron pers* **❶** *(elles en personne)* ~ **n'en savaient rien** sie selbst wussten nichts davon; **elles se sentent** ~ **heureuses** sie fühlen sich glücklich; **elles l'ont dit** ~, **c'est** ~ **qui l'ont dit** sie selbst haben es gesagt; **elles sont venues d'**~ sie sind von selbst [*o* von ihnen aus] [*o* aus eigenem Antrieb] gekommen **❷** *(aussi)* ebenfalls, auch; **ses sœurs étaient** ~ **furieuses** seine/ihre Schwestern waren ebenfalls [*o* auch] sehr wütend

ellipse [elips] *f* **❶** LING Ellipse *f,* Auslassung *f* **❷** GEOM Ellipse *f*
elliptique [eliptik] *adj* **❶** elliptisch; *tournure, formule* unvollständig; *façon de parler* unklar; *auteur* sich unklar ausdrückend **❷** *figure, orbite* elliptisch, ellipsenförmig

élocution [elɔkysjɔ̃] *f* Aussprache *f;* **avoir une** ~ **lente/rapide**

langsam/schnell sprechen; **avoir une grande facilité d'~** redegewandt sein; **défaut d'~** Sprachfehler *m;* **professeur d'~** Lehrer(in) *m(f)* für Sprecherziehung; **cours d'~** Sprechunterricht *m*
élodée [elɔde] *f* BOT Wasserpest *f*
éloge [elɔʒ] *m* ① *(louange)* Lob *nt;* **parler de qn/qc avec ~** sich lobend über jdn/etw äußern; **ne pas tarir d'~s sur qn/qc** jdn/etw nicht genug loben können, des Lobes voll über jdn/etw sein *(geh)*
    ② *(dithyrambe)* Lobrede *f;* **faire l'~ de qn** eine Lobrede auf jdn halten
    ▶ **prononcer l'~ funèbre de qn** die Grabrede für jdn halten; **être tout à l'~ de qn** *bonne action:* für jdn sprechen
élogieux, -euse [elɔʒjø, -jøz] *adj paroles* lobend
Éloi [elwa] *m* Saint ~ Eligius
éloigné(e) [elwaɲe] *adj* ① *(dans l'espace)* **~(e) de qc** fern [*o* weit entfernt] von etw; **ces deux villages sont ~s de dix kilomètres** die beiden Dörfer liegen [*o* sind] zehn Kilometer voneinander entfernt; **se tenir ~(e) de qc** sich von etw fernhalten; **~ de la Terre** *planète, orbite* erdfern
    ② *(isolé)* entlegen
    ③ *(dans le temps) avenir* fern; *époque, passé* weit zurückliegend; **avenir peu ~** nahe [*o* nähere] Zukunft; **le moment n'est pas très ~ où** es wird nicht [so] lange dauern, bis
    ④ *(différent)* **~(e) de qc** weit entfernt von etw
    ⑤ *parent* entfernt
éloignement [elwaɲmɑ̃] *m* ① *(distance)* **l'~** die Entfernung
    ② *(séparation d'avec)* **l'~ de qn** jds Abwesenheit *f;* **prendre de l'~** Abstand nehmen
    ③ *(recul)* der [zeitliche] Abstand
    ④ *(fait de se tenir à l'écart)* **~ de qc** Rückzug *m* von etw
éloigner [elwaɲe] <1> I. *vt* ① *(mettre à distance)* fernhalten; wegschieben *meuble*
    ② *(détourner)* **~ qn du sujet** jdn vom Thema abbringen; **~ qn de la vie politique** jdn von der Politik abhalten [*o* fernhalten]
    ③ *(dans le temps)* **chaque jour qui passe nous éloigne de notre jeunesse** mit jedem Tag entfernen wir uns mehr von unserer Jugend
    ④ *(écarter)* zerstreuen *soupçons;* bannen *danger;* **~ une idée** eine Idee weit von sich weisen
    ⑤ *(détacher)* **~ qn de qn** jdn von jdm entfernen
II. *vpr* ① *(devenir de plus en plus lointain)* **s'~** *nuages:* verschwinden; *bruit:* leiser werden; *vent, tempête:* nachlassen; *orage:* weiterziehen, abziehen
    ② *(aller ailleurs)* **s'~** sich entfernen; *voiture, train:* davonfahren, wegfahren, fortfahren; *bateau:* sich entfernen; *avion:* davonfliegen, wegfliegen, fortfliegen; *personne:* sich entfernen, weggehen, fortgehen; *véliplanchiste:* sich entfernen, davonsurfen; *nageur:* wegschwimmen, fortschwimmen, davonschwimmen
    ③ *(aller plus loin)* **s'~** das Weite suchen; **ne t'éloigne pas trop, s'il te plaît!** geh bitte nicht zu weit weg!
    ④ *(en courant)* davonlaufen, weglaufen
    ⑤ *(à pas lents)* langsam weggehen
    ⑥ *(dans le temps)* **s'~ de qc** etw hinter sich *(Dat)* zurücklassen
    ⑦ *(s'estomper)* **s'~** *souvenir:* sich verflüchtigen; *danger:* abnehmen
    ⑧ *(s'écarter de)* **s'~ du sujet** vom Thema abkommen [*o* abschweifen]
    ⑨ *(prendre ses distances par rapport à)* **s'~ de qn/qc** auf Distanz zu jdm/etw gehen
élongation [elɔ̃gasjɔ̃] *f* Zerrung *f*
éloquence [elɔkɑ̃s] *f* ① *(verve)* Eloquenz *f (geh);* **avoir** [*o* **parler avec**] **beaucoup d'~** sehr eloquent sein *(geh)*
    ② *(technique)* Wortgewandtheit *f;* **mettre son ~ au service de qc** seine Redekunst in den Dienst einer S. *(Gen)* stellen
éloquent(e) [elɔkɑ̃, ɑ̃t] *adj* ① *(persuasif) discours* eloquent *(geh); orateur* redegewandt, eloquent *(geh)*
    ② *(significatif) geste, regard* vielsagend; *silence* beredt; **être ~(e)** *chiffre, faits, comparaison:* für sich [*o* eine deutliche Sprache] sprechen
élu(e) [ely] I. *part passé de* **élire**
    II. *adj* gewählt
    III. *m(f)* ① POL Abgeordnete(r) *f(m)*
    ② REL Auserwählte(r) *f(m),* Auserkorene(r) *f(m)*
    ▶ **l'~(e) de son cœur** *hum* seine Herzdame/ihr Herzbube, der/die Erwählte *(geh);* **l'heureux ~** /**l'heureuse ~e** der/die Glückliche
élucidation [elysidasjɔ̃] *f* Aufklärung *f; d'un problème* Beleuchtung *f,* Klärung *f;* **~ d'un/du crime** Verbrechensaufklärung *f*
élucider [elyside] <1> *vt* aufklären *mystère;* **~ une affaire** Licht in eine Angelegenheit bringen
élucubrations [elykybʀasjɔ̃] *fpl péj* Hirngespinste *Pl*
éluder [elyde] <1> *vt* umgehen *loi*
Élysée [elize] *m* **l'~** der Elyseepalast
élyséen(ne) [elizeɛ̃, ɛn] *adj* ① MYTH *Jardin* elysisch

② *fam couloirs* Élysée-
élytre [elitʀ] *m* ZOOL Deckflügel *m,* Vorderflügel *m*
émacié(e) [emasje] *adj* ausgemergelt
e-mail [imel] <e-mails> *m* E-Mail *f o nt*
émail [emaj, emo] <-aux> *m* ① *sans pl* ANAT Schmelz *m;* **~ dentaire** [*o* **des dents**] Zahnschmelz
    ② *sans pl (vernis)* Glasur *f*
    ③ *(sur métal)* Email *nt,* Emaille *f*
    ④ *pl (décoration)* Emailmalerei *f*
    ⑤ *(objets)* emaillierte Gegenstände; **en ~** emailliert; **baignoire en ~** Emailwanne *f*
émaillage [emajaʒ] *m* Emaillieren *nt*
émaillé(e) [emaje] *adj* ① *(revêtu d'émail) faïence* glasiert; *fonte* emailliert
    ② *iron (parsemé)* **~(e) de citations/fautes** gespickt mit Zitaten/Fehlern
émanation [emanasjɔ̃] *f* ① PHILOS, PHYS Emanation *f*
    ② *souvent pl (exhalaison)* Ausdünstung *f;* **~s pestilentielles** widerlicher Gestank *m;* **~s volcaniques** GEOL vulkanische Dämpfe [*o* Gase] *Pl*
émancipateur, -trice [emɑ̃sipatœʀ, -tʀis] I. *adj mouvement* emanzipatorisch
    II. *m, f* Emanzipator(in) *m(f)*
émancipation [emɑ̃sipasjɔ̃] *f* ① *(libération)* Emanzipation *f; du prolétariat* Befreiung *f; d'une colonie* Entlassung *f* in die Unabhängigkeit
    ② JUR Volljährigkeitserklärung *f,* Mündigsprechung *f*
émancipé(e) [emɑ̃sipe] *adj femme* emanzipiert
émanciper [emɑ̃sipe] <1> I. *vt* JUR für volljährig [*o* mündig] erklären
    II. *vpr* **s'~** sich emanzipieren, sich befreien
émaner [emane] <1> *vi* **~ de qn/qc** *autorité, charme:* von jdm/etw ausgehen; *ordre, demande:* von jdm/etw kommen; *odeur:* von jdm/etw [her]kommen, von jdm/etw ausgehen; *lumière, chaleur:* von etw ausgestrahlt werden, von etw [her]kommen
    ② *(se dégager)* herausdringen
émargement [emaʀʒəmɑ̃] *m d'un contrat* Abzeichnen *nt,* Unterschreiben *nt;* **feuille d'~** Anwesenheitsliste *f*
émarger [emaʀʒe] <2a> I. *vi* **~ au budget de l'État** sein Gehalt vom Staat beziehen
    II. *vt* abzeichnen, unterschreiben
émasculation [emaskylasjɔ̃] *f* Entmannung *f*
émasculer [emaskyle] <1> *vt* kastrieren *animal;* entmannen, kastrieren *homme*
emballage [ɑ̃balaʒ] *m* ① *sans pl (action d'emballer)* Verpacken *nt*
    ② *(paquet)* [Ver]packung *f;* **~ consigné/réutilisable** Mehrwegverpackung, Wiederverwendungsverpackung; **système des ~s réutilisables** Mehrwegsystem *nt;* **~ jetable** [*o* **perdu**] Einwegverpackung, Wegwerfverpackung, Ex-und-hopp-Verpackung *(pej fam);* **~ pliant** Faltschachtel *f;* **~ vide** Leerpackung; **~ sous vide** Vakuumverpackung; **~ pour le transport** Transportverpackung; **~ d'origine** Originalverpackung; **dans son ~ d'origine** in der Originalverpackung; **~ à prix coûtant** COM Verpackung zum Selbstkostenpreis; **~ à part** COM Verpackung [wird] gesondert berechnet
emballagiste [ɑ̃balaʒist] *mf* Packer(in) *m(f)*
emballant(e) [ɑ̃balɑ̃, ɑ̃t] *adj fam (enthousiasmant)* toll *(fam)*
emballement [ɑ̃balmɑ̃] *m* überschwängliche Begeisterung *f*
emballer [ɑ̃bale] <1> I. *vt* ① *(empaqueter)* einpacken, verpacken
    ② *fam (enthousiasmer)* **être emballé(e) par qc/à l'idée de faire qc** ganz hin und weg *fam* [*o* begeistert] von etw/von der Idee etw zu tun sein *(fam)*
    ③ *(faire tourner trop rapidement)* aufheulen lassen, überdrehen *moteur*
    ④ *fam (séduire)* einwickeln *(sl)*
    ▶ **emballez, c'est pesé!** abgemacht! *(fam)*
    II. *vpr* ① *fam (s'enthousiasmer)* **s'~ pour qc** Feuer und Flamme für etw sein *(fam)*
    ② *fam (s'emporter)* **s'~** sich aufregen; **elle s'est emballée contre lui** sie hat sich über ihn aufgeregt *(fam)*
    ③ *(partir à une allure excessive)* **s'~** *animal:* durchgehen; *moteur:* aufheulen
embarcadère [ɑ̃baʀkadɛʀ] *m* Anlegestelle *f,* Landungsplatz *m,* Landungsbrücke *f,* Pier *m o f*
embarcation [ɑ̃baʀkasjɔ̃] *f* Boot *nt*
embardée [ɑ̃baʀde] *f* ① NAUT Gieren *nt (Fachspr.)*
    ② *(écart brusque) d'un véhicule* Ausweichmanöver *nt*
embargo [ɑ̃baʀgo] *m* ① Embargo *nt,* Handelssperre *f;* **décréter/assouplir/lever un ~** ein [Handels]embargo verhängen/lockern/aufheben; **mettre/lever l'~ sur qc** ein Embargo über etw *(Akk)* verhängen/für etw aufheben; **être soumis(e) à un ~** einem Embargo unterliegen; **~ pétrolier** Ölembargo; **~ sur les exportations** Ausfuhrembargo, Ausfuhrverbot *nt;* **~ sur les importations** Einfuhrembargo, Importverbot; **~ sur les devises/les livraisons**

Devises-/Liefersperre; **~ sur une nouvelle** Nachrichtensperre ❷ *(interdiction de laisser partir des navires)* Hafensperre *f*
embarqué(e) [ɑ̃baʀke] *adj* INFORM *système, électronique* eingebettet
embarquement [ɑ̃baʀkəmɑ̃] *m* ❶ *(chargement) des marchandises* Verladen *nt*, Verladung *f*
❷ NAUT Einschiffen *nt*
❸ AVIAT **~ immédiat, porte 5!** begeben Sie sich an Ausgang Nr. 5!
embarquer [ɑ̃baʀke] <1> I. *vi* an Bord gehen, sich einschiffen; **~ dans l'avion** ins Flugzeug steigen; **dans l'autobus/dans une voiture** CAN in den Bus einsteigen/in einem Wagen steigen
II. *vt* ❶ *(prendre à bord d'un bateau)* einschiffen, an Bord nehmen; verladen *marchandises*
❷ *(à bord d'un véhicule)* einsteigen lassen *passagers;* verladen *animaux*
❸ *fam (emporter)* wegschaffen *(fam)*
❹ *(voler)* mitgehen lassen *(fam)*
❺ *fam (arrêter)* schnappen *(fam);* **se faire ~** sich schnappen lassen *(fam)*
▶ **elle est mal embarquée** *fam* für sie sieht's schlecht aus *(fam);* **l'affaire est mal embarquée** *vieilli* die Sache fängt ja gut an *(iron)*
III. *vpr* ❶ *(monter à bord d'un bateau)* **s'~** sich einschiffen
❷ *(s'engager)* **s'~ dans qc** sich auf etw *(Akk)* einlassen
embarras [ɑ̃baʀa] *m* ❶ *(gêne)* Verlegenheit *f*, Befangenheit *f*; **tirer qn d'~** jdm aus der Verlegenheit helfen
❷ *(tracas)* Unannehmlichkeit *f*; **être une source d'~ pour qn** jdm nur Unannehmlichkeiten bereiten
❸ *(indigestion)* **~ gastrique** Magenverstimmung *f*
▶ **n'avoir que l'~ du choix** die Qual der Wahl haben; **être dans l'~** *(avoir des difficultés d'argent)* in Geldschwierigkeiten [*o* Geldnot] sein; *(être mal à l'aise)* sich in einer unangenehmen Situation befinden; *(être devant un dilemme)* sich in einer schwierigen Lage befinden; **mettre** [*o* **plonger**] **qn dans l'~** *(le mettre mal à l'aise)* jdn in Bedrängnis [*o* Verlegenheit] bringen; *(l'enfermer dans un dilemme)* jdn in Schwierigkeiten bringen; **avec ~** *(avec gêne)* verlegen; *(avec difficulté)* mit Mühe
embarrassant(e) [ɑ̃baʀasɑ̃, ɑ̃t] *adj* ❶ *(délicat)* unangenehm
❷ *(ennuyeux) situation, problème* misslich
❸ *(encombrant)* sperrig, lästig
embarrassé(e) [ɑ̃baʀase] *adj* ❶ *(gêné) personne* verlegen, peinlich berührt; *air, sourire* betreten, verlegen
❷ *(confus) explication, phrase* wirr
❸ *(encombré)* **~(e) de qc** vollgestellt mit etw
embarrasser [ɑ̃baʀase] <1> I. *vt* ❶ *(déconcerter)* in Verlegenheit bringen
❷ *(tracasser)* Mühe [*o* zu schaffen] machen; **ça m'embarrasse de te le dire** es fällt mir nicht leicht, dir das zu sagen
❸ *(gêner dans ses mouvements)* behindern, stören
❹ *(encombrer)* vollstehen *table;* versperren *couloir*
II. *vpr* ❶ *(s'encombrer)* **s'~ de qn/qc** sich mit jdm/etw belasten
❷ *(se soucier)* **s'~ de qc** sich mit etw abgeben, sich um etw kümmern
embastiller [ɑ̃bastije] <1> *vt* ❶ HIST in der Bastille einsperren
❷ *hum* einkasteln *(fam) personne*
embauche [ɑ̃boʃ] *f* ❶ *(recrutement)* Einstellung *f;* **nouvelle ~** Neueinstellung
❷ *(travail)* Beschäftigung *f;* **offre d'~** Stellenangebot *nt*
embaucher [ɑ̃boʃe] <1> *vt* ❶ ECON einstellen; **se faire ~ comme qc** eine Stelle [*o* Beschäftigung] als etw annehmen
❷ *fam (entraîner à)* **~ qn pour faire qc** jdn dazu anstellen etw zu tun *(fam)*
II. *vi* einstellen
embaucheur, -euse [ɑ̃boʃœʀ, -øz] *m, f (employeur)* Arbeitgeber(in) *m(f)*
embauchoir [ɑ̃boʃwaʀ] *m* Schuhspanner *m*
embaumement [ɑ̃bommɑ̃] *m d'un corps* Einbalsamierung *f*
embaumer [ɑ̃bome] <1> I. *vi fleur, fruit:* duften
II. *vt* ❶ *(parfumer)* mit seinem/ihrem Duft erfüllen *maison, jardin;* **la lavande embaume le linge** Lavendel verleiht der Wäsche *(Dat)* einen angenehmen Duft
❷ *(sentir bon)* **~ le lilas** nach Flieder duften
❸ [ein]balsamieren *cadavre;* **être embaumé(e)** *mort:* einbalsamiert sein
embellie [ɑ̃beli] *f* METEO Aufheiterung *f*
embellir [ɑ̃beliʀ] <8> I. *vi* schöner [*o* hübscher] werden
II. *vt* schöner [*o* hübscher] aussehen lassen *personne;* verschönern *maison, ville;* beschönigen *vérité, réalité*
embellissement [ɑ̃belismɑ̃] *m* ❶ *sans pl (action d'embellir) d'un lieu, édifice* Verschönerung *f*
❷ *(élément qui embellit un lieu)* Verschönerung *f; d'un récit, de la vérité* Beschönigung *f (pej); d'un projet architectural* Verbesserung *f*
emberlificoter [ɑ̃beʀlifikɔte] <1> *vpr fam* **s'~ dans des explications** sich in Erklärungen *(Dat)* verheddern *(fam)*

embêtant [ɑ̃bɛta] *m fam* **l'~, c'est qu'il est sourd** das Blöde [*o* Dumme] ist, dass er taub ist *(fam)*
embêtant(e) [ɑ̃bɛta, ɑ̃t] *adj fam* ❶ *(agaçant) personne* lästig
❷ *(fâcheux)* dumm
❸ *rare (ennuyeux)* stumpfsinnig
embêtement [ɑ̃bɛtmɑ̃] *m fam* Scherereien *Pl (fam)*
embêter [ɑ̃bete] <1> I. *vt fam* ❶ *(importuner)* auf die Palme bringen *(fam)*
❷ *(contrarier)* nerven *(fam);* **être embêté(e)** bedrückt sein, dumm dastehen *(fam);* **ça vous embêterait beaucoup de le faire?** könntet ihr euch vielleicht dazu bequemen es zu tun?; **ça embête qn que je le fasse** es ist jdm ganz unangenehm, dass ich es tue *(fam)*
❸ *(casser les pieds)* anöden *(fam)*
II. *vpr fam* ❶ *(s'ennuyer)* **s'~** sich [zu Tode *fam*] langweilen
❷ *(se démener)* **s'~ à faire qc** sich ins Zeug legen um etw zu machen *(fam),* sich bei etw ins Zeug legen *(fam)*
▶ **ne pas s'~** *(n'être pas à plaindre)* nicht übel leben; *(en profiter)* sich köstlich amüsieren
emblaver [ɑ̃blave] <1> *vt* AGR besäen *terre*
emblée [ɑ̃ble] *adv* **d'~** auf Anhieb
emblématique [ɑ̃blematik] *adj* sinnbildlich; **figure ~ de qc** Symbol *nt* einer S. *(Gen)*
emblème [ɑ̃blɛm] *m* ❶ *(insigne)* Emblem *nt*
❷ *(symbole)* Sinnbild *nt,* Symbol *nt*
embobiner [ɑ̃bɔbine] <1> *vt fam* einwickeln, beschwatzen *(fam)*
emboîtage [ɑ̃bwataʒ] *m d'un livre* Schuber *m; (étui)* Kassette *f*
emboîtement [ɑ̃bwatmɑ̃] *m* Ineinanderpassen *nt,* Ineinandergreifen *nt*
emboîter [ɑ̃bwate] <1> I. *vt* zusammensetzen, zusammenfügen, einfügen [*o* einpassen]
II. *vpr* **des choses s'emboîtent** [**les unes dans les autres**] Dinge passen ineinander
embolie [ɑ̃bɔli] *f* Embolie *f;* **~ gazeuse** Luftembolie; **~ pulmonaire** Lungenembolie
embonpoint [ɑ̃bɔ̃pwɛ̃] *m [Körper]fülle f,* Leibesfülle *f*
embouché(e) [ɑ̃buʃe] *adj* **être mal ~(e)** keine [*o* eine schlechte] Kinderstube haben
emboucher [ɑ̃buʃe] <1> *vt* ❶ *(mettre à la bouche)* an die Lippen setzen *trompette*
❷ *(mettre à la bouche d'un animal)* an die Kandare nehmen *cheval*
embouchure [ɑ̃buʃyʀ] *f* ❶ GEOG Mündung *f;* **~ d'un/du canal** Kanalmündung; **~ en forme d'entonnoir** Trichtermündung
❷ MUS Mundstück *nt*
❸ *(mors)* Trense *f (Fachspr.)*
embourber [ɑ̃buʀbe] <1> I. *vt* **~ qc** mit etw im Schlamm [*o* Morast] stecken bleiben; **la voiture est embourbée** der Wagen steckt im Schlamm fest
II. *vpr* ❶ *(s'enliser)* **s'~** im Schlamm [*o* Morast] stecken bleiben
❷ *(s'empêtrer)* **s'~ dans qc** sich in etw *(Akk)* verwickeln [*o* verstricken]
❸ *(s'enfoncer)* **s'~ dans qc** in etw *(Dat)* stecken bleiben
embourgeoisement [ɑ̃buʀʒwazmɑ̃] *m* Verbürgerlichung *f*
embourgeoiser [ɑ̃buʀʒwaze] <1> *vpr* **s'~** verbürgerlichen
embout [ɑ̃bu] *m* ❶ *d'une chaussure* Kappe *f; d'un parapluie* Spitze *f; d'une canne à pêche* Abschlusskappe; *d'une échelle* [Gummi]stöpsel *m; d'un trépied* Fuß *m; d'un système d'échappement* Endrohr *nt;* **~ de protection** Schutzkappe
❷ *(pour la bouche)* Mundstück *nt*
❸ *(embout de gonflage)* Stutzen *m*
embouteillage [ɑ̃butejaʒ] *m* [Verkehrs]stau *m,* Verkehrsstockung *f;* **être pris(e) dans un ~** in einem [Verkehrs]stau festsitzen
embouteiller [ɑ̃buteje] <1> *vt* ❶ *(mettre en bouteilles)* in Flaschen füllen; **être embouteillé(e)** *vin:* abgefüllt sein
❷ *(saturer)* **être embouteillé(e)** *rue, passage:* verstopft sein; *lignes téléphoniques:* überlastet sein
emboutir [ɑ̃butiʀ] <8> *vt* ❶ eindrücken, einbeulen; **il s'est fait ~ par une voiture** von einem Auto [hinten] gerammt werden
❷ TECH treiben, bombieren *métal*
emboutissage [ɑ̃butisaʒ] *m* ❶ METAL, TECH *d'une plaque de métal* Tiefziehen *nt*
❷ *(carambolage) d'un véhicule* Verbeulen *nt*
embranchement [ɑ̃bʀɑ̃ʃmɑ̃] *m* ❶ *(point de jonction)* Kreuzung *f,* Schnittpunkt *m*
❷ *(ramification)* Abzweigung *f; d'une voie de chemin de fer* Nebenlinie *f; d'une canalisation* Abzweigung *f*
❸ BOT, ZOOL Stamm *m*
embrancher [ɑ̃bʀɑ̃ʃe] <1> I. *vt* **~ qc à une ligne** etw an eine Leitung anschließen
II. *vpr (être raccordé)* **s'~ sur qc** in etw *(Akk)* [ein]münden
embrasement [ɑ̃bʀazmɑ̃] *m (feu)* Glut *f*
embraser [ɑ̃bʀaze] <1> I. *vt littér* ❶ *(illuminer)* glutrot färben *ciel, paysage;* **être embrasé(e)** glutrot sein

② *(enflammer)* entflammen *(geh)*, erglühen lassen
II. *vpr littér* ① *(s'illuminer)* **s'~ ciel, paysage:** sich glutrot färben, erglühen *(geh)*
② *(être en proie à des troubles)* **s'~ pays, ville:** in Aufruhr geraten
embrassade [ɑ̃bʀasad] *f* Kuss *m* [mit Umarmung]; **~ [fraternelle]** Bruderkuss
embrasse [ɑ̃bʀas] *f* Raffhalter *m*
embrassé(e) [ɑ̃bʀase] *adj* POES *rimes* umarmend
embrassement [ɑ̃bʀasmɑ̃] *m souvent pl littér* Umarmung *f*
embrasser [ɑ̃bʀase] <1> I. *vt* ① *(donner un baiser)* küssen; **va l'~!** geh und gib ihm/ihr ein Küsschen!; **~ qn avant de partir** jdm einen Abschiedskuss geben
② *(saluer)* **je t'embrasse/vous embrasse** viele Grüße
③ *(couvrir)* umfassen *période*
④ *littér (choisir)* annehmen *religion*; einschlagen *carrière*; ergreifen *métier*; **~ une cause** für eine Sache Partei ergreifen
II. *vpr* **s'~** sich *[o einander]* küssen
embrasure [ɑ̃bʀazyʀ] *f* Öffnung *f*
embrayage [ɑ̃bʀejaʒ] *m* Kupplung *f*; **voiture à ~ automatique** Wagen *m* mit Automatikgetriebe; **~ de ventilateur thermique** Lüfterkupplung *f*; **~ défectueux** Kupplungsschaden *m*
embrayer [ɑ̃bʀeje] <7> *vi* ① *conducteur:* einkuppeln, die Kupplung kommen lassen
② *(commencer à parler)* **~ sur qn/qc** auf jdn/etw zu sprechen kommen
embrigadement [ɑ̃bʀigadmɑ̃] *m péj de partisans* Rekrutierung *f (pej)*
embrigader [ɑ̃bʀigade] <1> *vt péj* ① *(endoctriner)* in Anspruch nehmen, einspannen *(pej fam)*
② *(enrôler)* **~ qn dans qc** jdn für etw rekrutieren *pej*, jdn zum Beitritt zu etw nötigen
embringuer [ɑ̃bʀɛ̃ge] <1> *vt fam* hineinziehen; **se laisser ~ dans qc** sich in etw *(Akk)* hineinziehen lassen; **être embringué(e) dans qc** in etw *(Akk)* verwickelt sein
embrocher [ɑ̃bʀɔʃe] <1> *vt* auf den [Brat]spieß stecken *viande*
embrouillamini [ɑ̃bʀujamini] *m fam* Kuddelmuddel *m o nt (fam)*; **~ législatif** Paragraphendickicht *nt (pej)*
embrouille [ɑ̃bʀuj] *f fam* Kuddelmuddel *m o nt (fam)*; *(destinée à tromper)* Verwirrspiel *nt*
embrouillé(e) [ɑ̃bʀuje] *adj* verworren
embrouiller [ɑ̃bʀuje] <1> I. *vt* ① *(rendre confus)* komplizieren *chose*
② *(faire perdre le fil)* verwirren *personne*
II. *vpr* ① *(s'empêtrer)* **s'~ dans un récit** in einem Bericht den Faden verlieren; **s'~ dans des explications** sich in Erklärungen *(Dat)* verstricken; **s'~ dans les chiffres** die Zahlen durcheinanderbringen
② *(devenir confus)* **s'~** durcheinandergeraten
embroussaillé(e) [ɑ̃bʀusaje] *adj terrain, chemin* von Gestrüpp überwuchert, mit Gestrüpp zugewachsen; *sourcils* buschig
embrumé(e) [ɑ̃bʀyme] *adj* in Nebel gehüllt, in Nebel liegend, nebelverhangen *(geh)*; **il avait l'esprit ~ par l'alcool** er war vom Alkohol ganz benebelt
embrumer [ɑ̃bʀyme] <1> *vt* ① *(couvrir de brume)* mit Nebel verhängen *horizon*
② *fig* vernebeln *cerveau, idées*
embrun [ɑ̃bʀɛ̃] *m* Wasserstaub *m*; **les ~s** die [o der] Gischt
embryologie [ɑ̃bʀiɔlɔʒi] *f* MED Embryologie *f*
embryon [ɑ̃bʀijɔ̃] *m* ① BIO Embryo *m*, [Leibes]frucht *f (geh)*
② *(germe) d'une idée* Keimzelle *f*; **à l'état d'~** im Anfangsstadium
embryonnaire [ɑ̃bʀijɔnɛʀ] *adj* ① BIO *vie embryonnal*; **cellule ~** Embryozelle *f*; **développement ~** Embryonalentwicklung *f*
② *(en germe)* **à l'état ~** im Anfangsstadium
embûche [ɑ̃byʃ] *f* ① *vieilli (piège)* Hinterhalt *m*
② *pl (difficultés)* Tücken *Pl*, Fallstricke *Pl*; **un sujet plein d'~s** ein Thema voller Tücken; **semer** *[o* **tendre]** **des ~s à qn** jdn schikanieren
embuer [ɑ̃bɥe] <1> *vt* beschlagen; **être embué(e)** *fenêtre:* beschlagen sein; *yeux:* tränenfeucht *[o* von Tränen feucht] sein
embuscade [ɑ̃byskad] *f* **dresser** *[o* **tendre] une ~ à qn** jdn in einen Hinterhalt *[o* eine Falle] locken; **être** *[o* **se tenir] en ~** im Hinterhalt liegen *[o* lauern]; **mettre** *[o* **placer] des personnes en ~** Menschen verstecken
embusquer [ɑ̃byske] <1> I. *vt* **être embusqué(e)** im Hinterhalt liegen *[o* lauern]
II. *vpr* **s'~** sich in den *[o* einen] Hinterhalt legen
éméché(e) [emeʃe] *adj fam* beschwipst *(fam)*, angesäuselt *(fam)*
émeraude [emʀod] I. *adj inv* smaragdfarben, smaragden; **vert ~** smaragdgrün
II. *f* Smaragd *m*
émergence [emɛʀʒɑ̃s] *f* [plötzliches] Auftauchen
émergent(e) [emɛʀʒɑ̃, ɑ̃t] *adj* ① *année, montagne* herausragend
② PHYS *rayon* austretend

émerger [emɛʀʒe] <2a> *vi* ① *(sortir)* **~ de qc** *plongeur, sous-marin:* aus etw auftauchen; *soleil:* hinter etw *(Dat)* hervorkommen
② *(être apparent)* herausragen; **terres émergées** festes Land
③ *(apparaître remarquable)* **~ de qc** *œuvre, fait:* aus etw herausragen
④ *fam (se réveiller)* munter werden
⑤ *(sortir du stress)* relaxen *(fam)*
émeri [emʀi] *m* Schmirgel *m*; **papier [d']~** Schmirgelpapier *nt*, Schleifpapier, Sandpapier; **lime ~** Sandblattfeile *f*
▶ **être bouché(e) à l'~** *fam* ein Brett vor dem Kopf haben *(fam)*
émerillon [em(ə)ʀijɔ̃] *m* PECHE Wirbel *m (Fachspr.)*; **~ à trois branches** Dreiwegewirbel *(Fachspr.)*; **~ de type carabinier** Karabinerwirbel *(Fachspr.)*
émérite [emeʀit] *adj professeur* emeritiert; *chirurgien* herausragend
émerveillement [emɛʀvɛjmɑ̃] *m* Entzückung *f*
émerveiller [emɛʀveje] <1> I. *vt* entzücken; **être émerveillé(e)** entzückt *[o* höchst begeistert] sein
II. *vpr* **s'~ de** *[o* **devant] qc** in Entzückung über etw *(Akk)* geraten
émétique [emetik] I. *adj médicament* emetisch
II. *m* Brechmittel *nt*, Emetikum *nt (Fachspr.)*
émetteur [emetœʀ] *m* ① FIN *d'un chèque* Aussteller *m*; *d'un titre* Emittent *m (Fachspr.)*; **~ permanent de titres** Daueremittent
② TV, RADIO, LING *d'une information* Sender *m*; **~ [de] radio** Rundfunksender; **~ de bord** Bordsender; **~ terrestre** Erdfunkstelle *f*; **~ de l'ennemi** Feindsender
émetteur, -trice [emetœʀ, -tʀis] *adj* ① TV, RADIO **poste ~** Sendegerät *nt*; **station émettrice** Sendestation *f*
② FIN ausgebend, emittierend; **banque émettrice** emittierende Bank
émetteur-récepteur [emetœʀʀesɛptœʀ] <émetteurs-récepteurs> *m* kombiniertes Sende- und Empfangsgerät
émettre [emɛtʀ] <*irr*> I. *vt* TV, RADIO ausstrahlen; **~ sur ondes courtes** auf Kurzwelle senden
II. *vt* ① *(produire)* von sich geben *son*; verbreiten *odeur*; abgeben *lumière*; aussenden *radiations*
② *(formuler)* äußern, vorbringen *opinion*; aufstellen *hypothèse*
③ FIN ausgeben; ausstellen *chèque*
émettrice [emetʀis] *f* FIN *d'un chèque* Ausstellerin *f*; *d'un titre* Emittentin *f*
émeu [emø] *m* Emu *m*
émeute [emøt] *f* Aufruhr *m*, Tumult *m*; **tourner à l'~** in einen Tumult umschlagen
émeutier, -ière [emøtje, -jɛʀ] *m, f* Aufrührer(in) *m(f)*
émiettement [emjɛtmɑ̃] *m* Zersplitterung *f*, Zersplittern *nt*; *de l'empire* Zerfall *m*, Zergliederung *f*
émietter [emjete] <1> I. *vt* zerbröckeln, zerbröseln
II. *vpr* **s'~** zerbröckeln
émigrant(e) [emigʀɑ̃, ɑ̃t] *m(f)* Auswanderer *m*/Auswanderin *f*, Emigrant(in) *m(f)*
émigration [emigʀasjɔ̃] *f* ① *(expatriation)* Auswanderung *f*
② POL Emigration *f*
émigré(e) [emigʀe] *m(f)* Emigrant(in) *m(f)*
émigrer [emigʀe] <1> *vi* auswandern, abwandern, emigrieren; *animal:* migrieren; **personne désireuse** *[o* **qui a envie] d'~** auswanderungswilliger Mensch
émincé [emɛ̃se] *m* GASTR **~ de poireaux** Gericht *nt* aus sehr fein geschnittenem Lauchgemüse
émincé(e) [emɛ̃se] *adj oignon* fein geschnitten
émincer [emɛ̃se] <2> *vt* in dünne Scheiben *[o* Stücke] schneiden; dünn aufschneiden *lard*
éminemment [eminamɑ̃] *adv respectable* höchst; *souhaitable* äußerst, höchst; *convaincu* völlig
éminence [eminɑ̃s] *f* ① GEOG *(hauteur)* Anhöhe *f*, Erhebung *f*
② *(titre)* **Son/Votre Éminence** Seine/Eure Eminenz
③ ANAT, MED **~ thénar** Daumenballen *m*
▶ **~ grise** graue Eminenz
éminent(e) [eminɑ̃, ɑ̃t] *adj* hervorragend, hochverehrt
émir [emiʀ] *m* Emir *m*
émirat [emiʀa] *m* Emirat *nt*; **les Émirats arabes unis** die Vereinigten Arabischen Emirate
émirati(e) [emiʀati] *adj* aus den arabischen Emiraten [stammend]
émissaire [emisɛʀ] *m* Abgesandte(r) *f(m)* [mit geheimem Auftrag], Emissär *m*
émission [emisjɔ̃] *f* ① TV, RADIO Sendung *f*; **~ publicitaire** Werbesendung, Reklamesendung; **~ de [la] radio** *[o* **radiophonique]** Radiosendung; **~ régionale** Regionalsendung; **~ télévisée** Fernsehsendung; **~ sportive** Sportsendung; **~ pour les enfants** Kindersendung; **~ de variétés** Fernsehshow *f*; **~ de variétés en direct** Liveshow *f*; **~ [à] grande audience** Quotenbringer *m (fam)*; **~ en** *[o* **sur] modulation de fréquence** UKW-Sendung; **~ [de télévision] par câble** Kabelfernsehsendung
② PHYS Emission *f*; **~ de bruits** Geräuschemission; **~ de chaleur** Wärmestrahlung, Wärmeabgabe *f*; **~ de particules** Teilchenstrah-

lung *f*, Teilchenemission, Partikelemission; ~ **de particules de suie** Rußemission; ~ **de polluants** Schadstoffemission; ~ **électronique** Elektronenemission; **taux d'**~ ECOL Immissionswert *m*; **normes d'**~ **des gaz d'échappement** Abgasbestimmungen *Pl*
❸ FIN, BOURSE Ausgabe *f*, Emission *f*; *d'un chèque* Ausstellung *f*; ~ **d'actions** Aktienausgabe, Aktienemission; ~ **d'un emprunt** Anleiheemission; ~ **de monnaie** Geldemission; ~ **d'obligations** Obligationenausgabe; ~ **de repère** Leitemission; ~ **de titres** Wertpapieremission; ~ **permanente** Daueremission; **les** ~**s n'éveillent pas un grand intérêt** BOURSE die Ausgaben bleiben lustlos
❹ POST *d'un timbre-poste* Ausgabe *f*
◆ ~ **en différé** Aufzeichnung *f*; ~ **en direct** Livesendung *f*, Direktsendung
emmagasinage [ɑ̃magazinaʒ] *m* [Ein]lagern *nt*; **droits** [*o* **frais**] **d'**~ Lagerkosten *Pl*
emmagasiner [ɑ̃magazine] <1> *vt* ❶ *(entreposer)* [ein]lagern
❷ *(accumuler)* speichern *chaleur*; horten *objets*
emmailloter [ɑ̃majɔte] <1> *vt* ❶ *(envelopper dans un bandage)* ~ **qn/qc dans qc** jdn/etw [mit etw] verbinden, etw mit etw umwickeln; ~ **un bébé dans des langes** ein Baby in Windeln wickeln
emmanchement [ɑ̃mɑ̃ʃmɑ̃] *m* ❶ *(en parlant d'un manche court)* Aufstecken *nt* [*o* Anbringen *nt*] eines Griffs; *(en parlant d'un manche long)* Aufstecken [*o* Anbringen] eines Stiels; **l'**~ **d'un balai** das Anbringen eines Stiels an einem Besen, das Aufstecken eines Stiels auf einen Besen
❷ PÊCHE **canne à** ~ Steckrute *f*
emmancher [ɑ̃mɑ̃ʃe] <1> I. *vt* ❶ mit einem Stiel [*o* Griff] versehen *outil*; mit einem Griff versehen *couteau*
❷ *fam (commencer)* **être mal emmanché(e)** *négociation:* sich nicht gut anlassen *(fam)*
II. *vpr fam* **mal s'**~ *négociation:* nur langsam in Gang kommen *(fam)*
emmanchure [ɑ̃mɑ̃ʃyʀ] *f* Armausschnitt *m*
emmêlement [ɑ̃mɛlmɑ̃] *m* Gemisch *nt; (fouillis)* Durcheinander *nt*
emmêler [ɑ̃mele] <1> I. *vt (enchevêtrer)* durcheinanderbringen; **être emmêlé(e)** durcheinander sein; *fil, pelote:* verknäult sein; *cheveux:* zersaust sein
II. *vpr* ❶ *(s'enchevêtrer)* **s'**~ sich verwickeln; *cheveux:* sich verwirren
❷ *(s'embrouiller)* **s'**~ **dans un récit** sich in einem Bericht verzetteln; **s'**~ **dans des explications** sich in Erklärungen *(Akk)* verstricken
emménagement [ɑ̃menaʒmɑ̃] *m* Einzug *m* [in eine Wohnung]; **premier** ~ Erstbezug *m*
emménager [ɑ̃menaʒe] <2a> *vi* ~ **dans un logement** in eine Wohnung einziehen
emmener [ɑ̃m(ə)ne] <4> *vt* ❶ *(conduire)* ~ **qn au cinéma** jdn zum Kino bringen; ~ **qn en prison** jdn ins Gefängnis bringen
❷ *(prendre avec soi)* mitnehmen
❸ *(comme prisonnier)* abführen
❹ *(comme otage)* entführen; **je vous emmène?** kann ich Sie mitnehmen?
❺ *fam (emporter)* mitnehmen
emmerdant(e) [ɑ̃mɛʀdɑ̃, ɑ̃t] *adj fam* ❶ *(agaçant)* auf die Nerven gehend, lästig, nervend *(fam)*
❷ *(fâcheux)* blöd *(fam)*
❸ *(ennuyeux)* stinklangweilig *(fam)*
emmerde [ɑ̃mɛʀd] *f fam* Mordsärger *m kein Pl (fam)*; **un tas d'**~**s** jede Menge Ärger *(fam)*
emmerdement [ɑ̃mɛʀdəmɑ̃] *m fam* Scherereien *f (fam)*; **quel** ~, **cette voiture!** dieses verdammte Auto! *(fam)*
emmerder [ɑ̃mɛʀde] <1> I. *vt fam* ❶ *(énerver)* ~ **qn** jdn nerven *(fam)*, jdm auf den Nerven herumtrampeln *(fam)*; **se laisser** ~ **par qn** sich von jdm verrückt machen lassen *(fam)*
❷ *(contrarier) rumeur, problème:* verrückt machen *(fam)*; **être emmerdé(e)** in der Klemme sitzen *(fam)*
❸ *(barber)* ankotzen *(sl)*
▶ [**eh bien, moi**] **je vous/t'emmerde!** rutscht/rutsch mir doch den Buckel runter! *(fam)*
II. *vpr fam* ❶ *(s'ennuyer)* **s'**~ Däumchen drehen *(fam)*; **ne pas s'**~ **avec qn** sich mit jdm nicht langweilen
❷ *(se démener)* **s'**~ **à faire qc** sich abrackern um etw zu tun *(fam)*
▶ **il/elle ne s'emmerde pas!** es juckt ihn/sie nicht groß *(fam)*
emmerdeur, -euse [ɑ̃mɛʀdœʀ, -øz] *m, f fam* ❶ *(raseur)* Langweiler(in) *m(f) (fam)*
❷ *(personne agaçante)* Nervensäge *f (fam)*; [**vrai**] ~/[**vraie**] **emmerdeuse** Quertreiber(in) *m(f) (pej fam)*
▶ ~ **public/emmerdeuse publique** ewiger Stänkerer/ewige Nervensäge *(pej fam)*
emmieller [ɑ̃mjele] <1> *vt* ❶ *fig (adoucir)* versüßen *paroles*
❷ *euph fam (embêter)* nerven *personne*

emmitoufler [ɑ̃mitufle] <1> I. *vt* **être emmitouflé(e) dans qc** in etw *(Akk)* eingemummt sein
II. *vpr* **s'**~ **dans qc** sich in etw *(Akk)* einmummen
emmurer [ɑ̃myʀe] <1> *vt* ❶ *(enfermer)* einmauern
❷ *(bloquer)* verschütten
émoi [emwa] *m littér* ❶ *(trouble amoureux)* Erregung *f*, Herzklopfen *nt;* **être en** ~ erregt sein
❷ *(émotion née de la peur)* innere Unruhe
❸ *(agitation)* Aufregung *f*
émollient(e) [emɔljɑ̃, jɑ̃t] *adj* erweichend
émoluments [emɔlymɑ̃] *mpl* ADMIN Bezüge *Pl*; ~ **fixes** Festbezüge
émonder [emɔ̃de] <1> *vt* ❶ *(élaguer)* ausschneiden *arbre*
❷ *(décortiquer)* schälen *amande*
émoticone *m*, **émoticône** [emɔtikon] *f* INFORM Emoticon *nt*
émotif, -ive [emɔtif, -iv] *adj personne* leicht gefühlsbetont; *(très sensible)* feinfühlig; **peu** ~ emotionsarm; **c'est un tempérament** ~ er/sie ist überempfindlich; **choc** ~ Schock *m*; **troubles** ~**s** Gefühlsverwirrung *f*
émotion [emɔsjɔ̃] *f* ❶ *(surprise, chagrin)* Aufregung *f*; **causer une vive** ~ **à qn** jdn stark aufwühlen; **donner des** ~**s à qn** *fam* jdn schocken *(fam)*
❷ *(joie)* freudige Erregung
❸ *(trouble causé par la beauté)* Ergriffenheit *f*
❹ *(sentiment)* Emotion *f*, innere Bewegtheit; **à sa mort, je n'ai ressenti aucune** ~ bei seinem/ihrem Tod habe ich nichts empfunden
▶ ~**s fortes** Nervenkitzel *m*
émotionné(e) [emɔsjɔne] *adj fam* **être** ~(**e**) sehr aufgeregt sein
émotionnel(le) [emɔsjɔnɛl] *adj* ❶ *(propre à l'émotion) choc* emotional, emotionell; **réaction** ~**le** Gefühlsregung *f*
❷ *(dû à l'émotion) comportement, réaction* gefühlsbedingt
émotionner [emɔsjɔne] <1> *vt fam* berühren *âmes, spectateurs*
émotivité [emɔtivite] *f* [starke] Erregbarkeit *f*; **être d'une grande** ~ sehr erregbar sein
émouchet [emuʃɛ] *m* ZOOL Turmfalke *f*
émoulu(e) [emuly] *adj* ▶ **être frais** ~ **de l'école** direkt [*o* frisch] von der Schule kommen; **elle est frais** [*o* **fraîche**] **émoulue de l'E.N.A.** sie ist eine frischgebackene ENA-Absolventin
émousser [emuse] <1> I. *vt* **être émoussé(e)** stumpf sein
II. *vpr* ~ *couteau, pointe:* stumpf werden; *sentiment:* abstumpfen; *désir:* nachlassen
émoustillant(e) [emustijɑ̃, jɑ̃t] *adj* décolleté, *film, sourire* aufregend
émoustiller [emustije] <1> *vt* aufmuntern, aufheitern
émouvant(e) [emuvɑ̃, ɑ̃t] *adj* bewegend, ergreifend; *description* gefühlsbetont; *adieux* tränenreich; **décrire qc de manière** ~ **e** etw gefühlsbetont schildern; **chanter de manière très** ~ **e** sehr gefühlvoll singen
émouvoir [emuvwaʀ] <irr> I. *vt* ❶ *(bouleverser)* bewegen; *baisers, caresses:* erregen; ~ **qn** [**jusqu'**] **aux larmes** jdn zu Tränen rühren
❷ *(changer de sentiment)* **se laisser** ~ **par qn/qc** sich von jdm durch etw erweichen lassen
II. *vpr* **s'**~ **de qc** sich über etw *(Akk)* aufregen; **sans s'**~ [**le moins du monde**] ohne jegliche Rührung
empaillage [ɑ̃pajaʒ] *m* ❶ *(action de bourrer avec de la paille) d'un fauteuil* Ausstopfung *f* [mit Stroh] *f*
❷ *(taxidermie) d'un animal* Ausstopfen *nt*
empaillé(e) [ɑ̃paje] *adj* ❶ *animal* ausgestopft; **siège mit Stroh bespannt**
❷ *fam (empoté)* **avoir l'air** ~ dusslig aussehen *(fam)*
empailler [ɑ̃paje] <1> *vt* ❶ *(bourrer de paille)* ausstopfen *fauteuil*
❷ *(naturaliser)* ausstopfen *renard*
❸ *(protéger avec de la paille)* [in Stroh] verpacken *porcelaine;* bedecken *semis*
empailleur, -euse [ɑ̃pajœʀ, -jøz] *m, f* ❶ *de chaises* Polsterer *m*/Polsterin *f*
❷ *d'animaux* Tierpräparator(in) *m(f)*
empaler [ɑ̃pale] <1> I. *vt* ❶ *(supplicier)* pfählen
❷ *(mettre en broche)* aufspießen *mouton*
II. *vpr* **s'**~ **sur qc** in [*o* auf] etw treten
empanaché(e) [ɑ̃panaʃe] *adj* mit einem Federbusch geschmückt
empaquetage [ɑ̃paketaʒ] *m* Verpackung *f*
empaqueter [ɑ̃pak(ə)te] <3> *vt* einpacken, verpacken; **être empaqueté(e)** eingepackt [*o* verpackt] sein/werden
emparer [ɑ̃paʀe] <1> *vpr* ❶ *(saisir)* **s'**~ **de qc** etw an sich *(Akk)* reißen; **s'**~ **d'un objet** sich eines Gegenstands bemächtigen *(geh)*; **s'**~ **d'une information** sich *(Dat)* eine Information verschaffen; **s'**~ **d'un prétexte** zu einem Vorwand greifen
❷ *(conquérir)* **s'**~ **d'un territoire** ein Gebiet einnehmen [*o* in seine Gewalt bringen], von einem Gebiet Besitz ergreifen; **s'**~ **du pouvoir** die Macht *(Akk)* an sich reißen; **s'**~ **d'un marché** einen

Markt erobern
 ❸ *(envahir)* **s'~ de qn** jdn überrennen
empâter [ɑ̃pate] <1> I. *vt* **être empâté(e)** *langue:* schwer sein; *visage:* aufgedunsen sein, fleischig sein; *bouche:* belegt sein; *fam (pataud) personne:* dicklich sein
 II. *vpr* **s'~** *silhouette:* auseinandergehen; *visage, traits:* fleischiger werden
empathie [ɑ̃pati] *f* PSYCH Empathie *f*
empattement [ɑ̃patmɑ̃] *m* ❶ MECANAUT Radstand *m,* Achsstand *m*
 ❷ CONSTR [Mauer]absatz *m*
 ❸ TYP Serife *f (Fachspr.)*
empêché(e) [ɑ̃peʃe] *adj* verhindert
empêchement [ɑ̃peʃmɑ̃] *m* ❶ **avoir un ~** verhindert sein
 ❷ JUR Hinderung *f*
 ◆ **~ d'acceptation** JUR Annahmeverhinderung *f (Fachspr.);* **~ de mariage** Ehehindernis *nt;* **~ de service** JUR Dienstverhinderung *f (Fachspr.)*
empêcher [ɑ̃peʃe] <1> I. *vt* ❶ *(faire obstacle à)* verhindern; **~ le contrat de se conclure** die Vertragsunterzeichnung verhindern; **~ que qn fasse qc** verhindern, dass jd etw tut; **ne pas ~ que qn fasse qc** nicht verhindern können, dass jd etw tut
 ❷ *(opp: permettre à)* **~ qn de faire qc** jdn [daran] hindern etw zu tun
 ▶ **n'empêche** *fam* aber trotzdem *(fam),* aber dennoch; **[il] n'empêche que c'est arrivé** trotzdem/dennoch ist es passiert
 II. *vpr* **ne [pas] pouvoir s'~ de dire quelque chose** ganz einfach etwas sagen müssen, nicht umhin können, etwas zu sagen
empêcheur, -euse [ɑ̃peʃœʀ, -øz] *m, f* ▶ **~ de tourner** [*o* **danser] en rond** Spielverderber(in) *m(f)*
empeigne [ɑ̃pɛɲ] *f de chaussure* Oberleder *nt*
empennage [ɑ̃penaʒ] *m* ❶ *(plumes) d'une flèche* Fiederung *f*
 ❷ AVIAT Leitwerk *nt*
empenner [ɑ̃pene] <1> *vt* **~ une flèche d'une plume** einen Pfeil mit einer Feder versehen [*o* schmücken]
empereur [ɑ̃pʀœʀ] *m* Kaiser *m;* **l'~ à la barbe fleurie** Bezeichnung für Karl den Großen
empesage [ɑ̃pəzaʒ] *m du linge* Stärken *nt*
empesé(e) [ɑ̃pəze] *adj* ❶ *(amidonné) col* gestärkt
 ❷ *fig (guindé) air, démarche* gestelzt
empeser [ɑ̃pəze] <4> *vt* stärken *linge*
empester [ɑ̃pɛste] <1> I. *vi* stinken
 II. *vt* ❶ *(empuantir)* verpesten; **~ qn avec qc** jdm mit etw die Luft verpesten
 ❷ *(répandre une mauvaise odeur de)* **~ qc** nach etw stinken
empêtrer [ɑ̃petʀe] <1> *vpr* **s'~ dans qc** sich in etw *(Dat)* verfangen [*o* verstricken]; **s'~ les pieds dans qc** sich mit den Füßen in etw *(Dat)* verfangen
emphase [ɑ̃faz] *f* ❶ *(force expressive)* Emphase *f (geh)*
 ❷ *(grandiloquence)* Pathos *nt*
emphatique [ɑ̃fatik] *adj* ❶ *(enflé)* emphatisch
 ❷ *(grandiloquent)* pathetisch, schwülstig
 ❸ LING emphatisch
emphysème [ɑ̃fizɛm] *m* MED *du poumon* Emphysem *nt;* **~ pulmonaire** Lungenemphysem; **~ sous-cutané** Hautemphysem
emphytéose [ɑ̃fiteoz] *f* JUR Erbpachtrecht *nt*
emphytéotique [ɑ̃fiteɔtik] *adj* JUR **bail ~** Erbpachtvertrag *m*
empiècement [ɑ̃pjɛsmɑ̃] *m* COUT Einsatz *m,* Passe *f*
empierrement [ɑ̃pjɛʀmɑ̃] *m d'un chemin* Beschotterung *nt*
empierrer [ɑ̃pjeʀe] <1> *vt* beschottern
empiètement [ɑ̃pjɛtmɑ̃] *m* **~ d'un terrain sur un autre** Ausdehnung *f* [*o* Hinüberreichen *nt*] eines Gebiets auf ein anderes
empiéter [ɑ̃pjete] <5> *vi* ❶ *(usurper)* **~ sur qc** in etw *(Akk)* eingreifen
 ❷ *(déborder dans l'espace) terrain:* sich ausdehnen, *verger:* hinüber-/herüberreichen; *route:* verlaufen; *mer:* sich hineinfressen
 ❸ *(déborder dans le temps)* sich überschneiden; *personne:* überziehen
empiffrer [ɑ̃pifʀe] <1> *vpr fam* **s'~ de qc** sich *(Dat)* mit etw den Bauch vollschlagen *(fam)*
empilable [ɑ̃pilabl] *adj tables, tabourets, tasses* stapelbar
empilage [ɑ̃pilaʒ] *m* [Auf]stapeln *nt*
empilement [ɑ̃pilmɑ̃] *m* ❶ *(action d'empiler)* [Auf]stapeln *nt*
 ❷ *(tas)* Stapel *m*
empiler [ɑ̃pile] <1> I. *vt* ❶ *(auf]stapeln; aufschichten, [auf]stapeln *bois*
 ❷ *fam (duper)* **se faire ~** sich übertölpeln lassen
 II. *vpr* **s'~** sich stapeln; *personnes:* sich drängen
empire [ɑ̃piʀ] *m* ❶ Kaiserreich *nt;* **~ colonial** Kolonialreich *nt;* **le premier/second Empire** das erste/zweite französische Kaiserreich; **l'Empire byzantin** [*o* **romain d'Orient]** Ostrom, das Oströmische Reich; **l'Empire romain d'Occident** Westrom, das Weströmische Reich; **le Saint Empire romain germanique** das Heilige Römische Reich Deutscher Nation; **l'Empire britannique**
das britische Empire
 ❷ *(groupe important et puissant)* Imperium *nt;* **~ du bâtiment** Bauimperium
 ▶ **avoir de l'~ sur soi-même** Selbstbeherrschung haben; **pas pour un ~** nicht um alles in der Welt; **sous l'~ de qc** unter dem Einfluss einer S. *(Gen);* **sous l'~ de la colère** im Zorn, von Wut gepackt
empirer [ɑ̃piʀe] <1> *vi* sich verschlimmern
empirique [ɑ̃piʀik] *adj* empirisch; **procéder par une méthode ~** empirisch vorgehen
empirisme [ɑ̃piʀism] *m a.* PHILOS Empirismus *m*
empiriste [ɑ̃piʀist] *mf* Empiriker(in) *m(f) (geh)*
emplacement [ɑ̃plasmɑ̃] *m* ❶ *(endroit)* Stelle *f*
 ❷ *(place)* Standort *m; d'un tombeau* Stätte *f;* **marquer l'~ de la frontière** den Grenzverlauf kennzeichnen
 ❸ *(réservé à la construction)* Bauplatz *m*
 ❹ *(dans un parking)* Parkplatz *m; (sur le bas-côté)* Parkbucht *f*
 ❺ *(sur un camping)* [Stell]platz *m*
 ❻ *(pour bateaux)* Liegeplatz *m*
 ❼ INFORM **~ libre** Platz *m*
emplafonner [ɑ̃plafone] I. *vt fam (emboutir)* eindrücken
 II. *vpr fam* **s'~** zusammenstoßen
emplâtre [ɑ̃plɑtʀ] *m* ❶ MED Salbenverband *m*
 ❷ *fam (aliment bourratif)* schwerverdauliche Speise *f*
 ▶ **un ~ sur une jambe de bois** [nur] ein Tropfen *m* auf den heißen Stein
emplette [ɑ̃plɛt] *f souvent pl* Einkauf *m;* **faire des ~s** Einkäufe machen
emplir [ɑ̃pliʀ] <8> I. *vt littér* füllen *lieu;* **~ de joie** mit Freude erfüllen
 II. *vpr littér* **s'~ de personnes/choses** sich mit Menschen/Dingen füllen
emploi [ɑ̃plwa] *m* ❶ *(poste)* Anstellung *f,* Stelle *f; (en tant que lien juridique)* Beschäftigungsverhältnis *nt;* **~ à temps plein** [*o* **à plein temps]** Ganztagsstelle *f,* Ganztagsbeschäftigung *f,* ganztägige Beschäftigung; **~ à mi-temps/à temps partiel** Halbtags-/Teilzeitstelle; **~ lucratif** einträgliche Beschäftigung; **à l'essai** Probearbeitsverhältnis; **être sans ~** stellungslos sein
 ❷ ECON **situation/politique de l'~** Beschäftigungslage *f*/-politik *f*
 ❸ *(utilisation)* Gebrauch *m; d'un appareil* Bedienung *f; d'une somme, d'argent* Verwendung *f;* **en avoir l'~** Verwendung dafür haben; **être d'un ~ facile/délicat** leicht/vorsichtig zu handhaben sein; **vérifier si l'ordinateur est prêt à l'~** die Betriebsbereitschaft des Computers überprüfen
 ❹ LING Gebrauch *m;* **ce mot a différents ~s** das Wort hat verschiedene Bedeutungen
 ❺ JUR **~ annexe** Nebengeschäft *nt*
 ❻ CINE, THEAT Rollenfach *nt*
 ▶ **faire double ~** überflüssig sein
 ◆ **~ de fonds** Mittelverwendung *f;* **~ du temps** Terminkalender *m;* SCOL Stundenplan *m; (succession de rendez-vous)* Terminablauf *m;* **avoir un ~ du temps très chargé** einen vollen Terminkalender haben
employé(e) [ɑ̃plwaje] *m(f)* Angestellte(r) *f(m);* **~(e) de commerce** kaufmännische(r) Angestellte(r); **~(e) de magasin** [Laden]verkäufer(in) *m(f);* **~(e) de maison** Hausangestellte(r); **~(e) de la poste/d'usine** Post-/Fabrikangestellte(r); **~(e) à la sécurité** Sicherheitsbeamte(r)/-beamtin; **~(e) dans une compagnie d'assurance** Versicherungsangestellte(r) *f(m);* **~ touchant un salaire conventionnel** Tarifangestellte(r)
employer [ɑ̃plwaje] <6> I. *vt* ❶ *(faire travailler)* beschäftigen; **être employé(e) par qn** bei jdm beschäftigt sein
 ❷ *(utiliser)* verwenden *produit;* anwenden *force;* **~ du temps à qc** Zeit für etw aufwenden, Zeit auf etw *(Akk)* verwenden; **employé(e) ou consommé(e)** JUR verwendet oder verbraucht
 ❸ LING gebrauchen; **expression bien/mal employée** richtig/falsch gebrauchter Ausdruck
 II. *vpr* ❶ LING **s'~** verwendet [*o* gebraucht] werden
 ❷ *(se consacrer)* **s'~ à faire qc** sich sehr bemühen etw zu tun
employeur, -euse [ɑ̃plwajœʀ, -jøz] *m, f* Arbeitgeber(in) *m(f)*
emplumé(e) [ɑ̃plyme] *adj* gefiedert; *chapeau* mit Federn versehen
empocher [ɑ̃pɔʃe] <1> *vt* einstecken *argent*
empoignade [ɑ̃pwaɲad] *f (bagarre)* Auseinandersetzung *f*
empoigner [ɑ̃pwaɲe] <1> I. *vt* packen; **~ qn au collet/aux cheveux** jdn am [*o* beim] Kragen/Schopf packen
 II. *vpr* **s'~** sich verprügeln
empois [ɑ̃pwa] *m* [Wäsche]stärke *f*
empoisonnant(e) [ɑ̃pwazɔnɑ̃, ɑ̃t] *adj fam* ❶ *(insupportable)* blöd *(fam);* **il est ~, cet enfant!** dieses Kind ist ein Quälgeist! *(fam)*
 ❷ *(assommant)* sterbenslangweilig *(fam)*
empoisonnement [ɑ̃pwazɔnmɑ̃] *m* ❶ *(intoxication)* Vergiftung *f;* **~ dû à des champignons** Pilzvergiftung
 ❷ *sans pl (crime)* Vergiftung *f,* Vergiften *nt*

❸ *(meurtre)* Giftmord *m*
❹ *gér. pl fam (tracas)* Scherereien *Pl (fam)*
empoisonner [ɑ̃pwazɔne] <1> **I.** *vt* ❶ *(intoxiquer)* vergiften; **être mort(e) empoisonné(e)** an einer Vergiftung gestorben sein
❷ *(contenir du poison)* **être empoisonné(e)** vergiftet sein
❸ *(être venimeux) propos, traits:* heimtückisch sein
❹ *(gâter)* schwer machen *la vie*
❺ *(empuantir)* verpesten *l'air;* **~ les relations avec qn** die Beziehung zu/mit jdm vergiften
❻ *fam (embêter)* **~ qn avec qc** jdm mit etw auf den Wecker gehen [*o* fallen] *(fam)*
II. *vpr* **s'~** *(s'intoxiquer)* **s'~ avec qc** sich mit etw vergiften
❷ *fam (s'ennuyer)* **qu'est-ce qu'on s'empoisonne ici!** hier ist es ja totlangweilig! *(fam)*
❸ *fam (se démener)* **s'~ à faire qc** sich fast umbringen um etw zu tun *(fam)*
empoisonneur, -euse [ɑ̃pwazɔnœʀ, -øz] *m, f (criminel)* Giftmörder(in) *m(f)*
empoissonner [ɑ̃pwasɔne] <1> *vt* ❶ *(avec des poissons)* **~ un étang** Fische in einen Teich einsetzen
❷ *(avec des alevins)* **~ un étang** Fischbrut in einen Teich einsetzen
emporté(e) [ɑ̃pɔʀte] *adj* leicht aufbrausend, hitzköpfig
emportement [ɑ̃pɔʀtəmɑ̃] *m* **avec ~** voller Wut
emporte-pièce [ɑ̃pɔʀt(ə)pjɛs] <emporte-pièces> *m* ▸ **à l'~** *style* bissig, beißend; *caractère* geradlinig, offen; **s'exprimer à l'~** eine scharfe Zunge haben
emporter [ɑ̃pɔʀte] <1> **I.** *vt* ❶ *(prendre avec soi)* mitnehmen; **tous les plats à ~** alle Gerichte auch zum Mitnehmen
❷ *(enlever)* wegnehmen, wegbringen, wegtragen *blessé*
❸ *(transporter)* **~ qn vers qc** jdn zu [*o* nach] etw bringen
❹ *(entraîner, arracher)* **~ qc** *vent:* etw fortwehen, *(chasser)* etw umhertreiben; *courant, vague:* etw mit sich reißen; **~ qn** *récit, rêve:* jdn entführen; *enthousiasme:* jdn mitreißen; **être emporté(e) par qc** von etw gepackt werden; **se laisser ~ par qc** sich zu etw hinreißen lassen
❺ *(faire mourir)* dahinraffen *(geh)*
❻ MIL einnehmen
▸ **l'~ sur qn/qc** den Sieg über jdn/etw davontragen; **les inconvénients l'emportent sur les avantages** die Nachteile überwiegen
II. *vpr* **s'~ contre qn/qc** sich über jdn/etw erregen
empoté(e) [ɑ̃pɔte] **I.** *adj fam* ❶ *(maladroit)* tollpatschig *(fam);* **un garçon ~ de ses mains** ein Junge mit zwei linken Händen
❷ *(lent)* lahm
II. *m(f) fam* ❶ Tollpatsch *m (fam)*
❷ *(traînard)* lahme Ente *(fam),* Trödelfritze *m/*Trödelliese *f (pej fam)*
empoter [ɑ̃pɔte] <1> *vt* eintopfen
empourprer [ɑ̃puʀpʀe] <1> **I.** *vt soutenu* purpurrot färben *ciel;* röten *joues, visage, ciel;* **la honte lui empourprait le visage** die Schamröte stieg ihm/ihr ins Gesicht
II. *vpr soutenu* **s'~** *ciel:* sich purpurrot [ver]färben, sich röten; *joues, visage:* rot anlaufen, sich röten
empreindre [ɑ̃pʀɛ̃dʀ] <*irr*> *vpr littér* **s'~ de qc** *visage:* einen Ausdruck von etw bekommen
empreint(e) [ɑ̃pʀɛ̃, ɛ̃t] *adj* **~(e) de qc** von etw geprägt
empreinte [ɑ̃pʀɛ̃t] *f* ❶ *(trace)* Abdruck *m;* **des ~s** [Fuß]spuren *Pl;* **~ s digitales** Fingerabdrücke *Pl;* **prendre les ~s [digitales] de qn** jdm Fingerabdrücke abnehmen; **~ génétique** genetischer Fingerabdruck
❷ *(marque durable)* Gepräge *nt (geh),* **marquer qn/qc de son ~** jdn/etw prägen
❸ TECH *(gravure)* Prägung *f; (moulage)* Abdruck *m;* **deux médailles frappées à la même ~** zwei Medaillen mit der gleichen Prägung
❹ *(en ethnologie)* Prägung *f*
empressé(e) [ɑ̃pʀese] *adj* beflissen, geschäftig; **d'une voix ~e** mit Übereifer in der Stimme; **être ~(e) à faire qc** *littér* eifrig bemüht [*o* beflissen] sein etw zu tun *(geh)*
empressement [ɑ̃pʀɛsmɑ̃] *m* Eilfertigkeit *f,* [Dienst]beflissenheit *f,* Übereifer *m;* **avec ~** [dienst]beflissen, eilfertig; **sans ~ et sans hâte** ohne Hast und Eile; **montrer de l'~ à faire qc** eifrig bemüht sein etw zu tun
empresser [ɑ̃pʀese] <1> *vpr* ❶ *(se hâter de)* **s'~ de faire qc** sich beeilen etw zu tun
❷ *(faire preuve de zèle)* **s'~ auprès** [*o* autour] **de qn** sich eifrig um jdn bemühen
emprise [ɑ̃pʀiz] *f* ❶ *(domination) d'une personne* [beherrschender] Einfluss *m; d'une drogue* Macht *f;* **avoir de l'~ sur qn** seinen Einfluss auf jdn geltend machen; **exercer son ~ sur qn** auf jdn großen Einfluss ausüben; **sous l'~ de qn/qc** unter dem Einfluss eines Menschen/einer S.; **elle a agi sous l'~ de la colère/jalousie** sie hat im Zorn/aus Eifersucht gehandelt
❷ JUR Durchgriff *m*

❸ TRANSP Grundfläche *f*
emprisonnement [ɑ̃pʀizɔnmɑ̃] *m* ❶ *(action)* Inhaftierung *f*
❷ *(peine)* Haftstrafe *f,* Haft *f*
❸ JUR Arrest *m*
emprisonner [ɑ̃pʀizɔne] <1> *vt* ❶ *(incarcérer)* inhaftieren
❷ *(enfermer)* **~ qn/un animal dans qc** jdn/ein Tier in etw *(Akk)* einsperren
❸ *(serrer fermement)* einzwängen; *main, bras:* umklammern; **~ qn/qc dans qc** jdn/etw in etw *(Akk)* zwängen
❹ *(enlever toute liberté)* **~ qn/qc par qc** jdn/etw durch etw einengen; **être emprisonné(e) dans qc** der/die Gefangene einer S. *(Gen)* sein
emprunt [ɑ̃pʀœ̃] *m* ❶ *(somme)* Darlehen *nt; (auprès d'une banque)* Kredit *m;* **~ [public]** Anleihe *f;* **~ en devises étrangères** Währungsanleihe; **contracter** [*o* **faire**] **un ~** *client d'une banque:* ein Darlehen aufnehmen; *collectivité publique:* eine staatliche Anleihe aufnehmen; **émettre un ~** eine Anleihe ausgeben; **placer un ~** eine Anleihe unterbringen [*o* platzieren]; **souscrire à un ~** eine Anleihe zeichnen; **~ communal** Kommunalanleihe; **~ consolidé** fundierte Staatsanleihe; **~ intérieur** Inlandsanleihe; **~ municipal** Kommunalanleihe; **~ perpétuel** Rentenanleihe; **~s d'État pour la construction** Bauobligationen *Pl;* **~ de l'industrie de l'armement** Rüstungsanleihe; **~s du secteur public** Anleihen der öffentlichen Hand; **~ portant droit d'option** Optionsanleihe; **activité en matière d'~s** Passivgeschäft *nt (Fachspr.)*
❷ *(action de faire un emprunt)* Kreditaufnahme *f*
❸ *(objet emprunté)* Leihgabe *f;* **d'~** geliehen; **fiche d'~** Leihschein *m*
❹ LITTER, ART **à qn/qc** Anleihe *f* bei jdm/etw
❺ LING Entlehnung *f;* **mot d'~** Lehnwort
◆ **~ d'amortissement** Tilgungsanleihe *f;* **~ d'argent** Geldanleihe *f;* **~ de conversion** ECON Konvertierungsanleihe *f;* **~ d'État** Staatsanleihe *f;* **~ à primes** Prämienanleihe *f;* **~ à tempérament** Ratenanleihe *f*
emprunté(e) [ɑ̃pʀœ̃te] *adj* linkisch, unbeholfen
emprunter [ɑ̃pʀœ̃te] <1> **I.** *vi* FIN ein Darlehen aufnehmen
II. *vt* ❶ *(se faire prêter)* leihen; ausleihen *livre;* **~ de l'argent à la banque** bei der Bank Geld aufnehmen; **je peux t'~ mille euros/ta voiture?** kannst du mir tausend Euro/deinen Wagen leihen?
❷ *(imiter)* **~ une idée/un exemple à qn** eine Idee/ein Beispiel von jdm übernehmen; **~ un mot/exemple à qc** ein Wort/Beispiel aus etw übernehmen; **être emprunté(e) à qc** *mot, expression, exemple:* aus etw entnommen sein
❸ *(prendre)* benutzen *passage souterrain;* **~ l'autoroute** die Autobahn nehmen [*o* benutzen]
emprunteur, -euse [ɑ̃pʀœ̃tœʀ, -øz] **I.** *adj* **banque emprunteuse** Kredit nehmende Bank
II. *m, f* Entleiher(in) *m(f); (auprès d'une banque)* Kreditnehmer(in) *m(f),* Darlehensnehmer(in)
empuantir [ɑ̃pɥɑ̃tiʀ] <8> *vt* verpesten *(pej)*
ému(e) [emy] *adj* bewegt; **profondément ~** tief bewegt; **~ jusqu'aux larmes** zu Tränen gerührt
émulateur [emylatœʀ] *m* INFORM Emulator *m (Fachspr.)*
émulation [emylasjɔ̃] *f* ❶ Wetteifer *m;* **il y a entre eux de l'~** sie liegen miteinander im Wettstreit; **esprit d'~** Wettbewerbsgeist *m;* **~ par la concurrence** wettbewerblicher Anreiz
❷ INFORM Emulation *f (Fachspr.)*
émule [emyl] *mf littér* ❶ *(concurrent)* Wetteiferer *m/*Wetteiferin *f*
❷ *(imitateur)* Nacheiferer *m/*Nacheiferin *f;* **faire des ~s** Nacheiferer finden
émuler [emyle] <1> *vt* INFORM emulieren
émulsifiant [emylsifjɑ̃] *m* Emulgator *m*
émulsion [emylsjɔ̃] *f* Emulsion *f;* **~ d'huile dans l'eau** Öl-in-Wasser-Emulsion; **~ d'eau dans l'huile** Wasser-in-Öl-Emulsion
émulsionner [emylsjɔne] <1> *vt* **~ qc** eine Emulsion aus etw herstellen
en [ɑ̃] **I.** *prép* ❶ *(lieu)* in (+ *Dat*); **~ ville** in der Stadt; **habiter ~ Meurthe et Moselle/Corse** im Departement Meurthe et Moselle/auf Korsika wohnen; **~ mer/~ bateau** auf See/auf dem Schiff; **elle se disait ~ elle-même que qn avait fait qc** sie dachte bei sich, dass jd etw getan hatte; **elle aime ~ lui sa gentillesse** sie mag die freundliche Art an ihm
❷ *(direction)* in (+ *Akk*); **aller ~ ville** in die Stadt fahren; **aller ~ Meurthe et Moselle/~ Rhénanie** in das Departement Meurthe et Moselle/ins Rheinland gehen; **aller ~ Normandie/~ Iran** in die Normandie gehen [*o* fahren]/in den Iran gehen [*o* fliegen]; **aller ~ France/~ Corse** nach Frankreich/nach Korsika gehen [*o* fahren]
❸ *(date, moment)* **~ [l'an] 2003** im Jahre 2003; **~ été/automne/hiver** im Sommer/Herbst/Winter; **~ avril 2003** im April 2003; **~ dix minutes/deux jours/mois** in [*o* innerhalb von] zehn Minuten/zwei Tagen/Monaten; **~ peu de temps** innerhalb kurzer Zeit; **~ semaine** die Woche über, während der Woche; **~ ce dimanche de la Pentecôte** am heutigen Pfingstsonntag; **d'heure**

~ heure/de jour ~ jour von Stunde zu Stunde/von Tag zu Tag; samedi ~ huit Samstag in acht Tagen [o in einer Woche]
④ *(manière d'être, de faire)* être ~ bonne/mauvaise santé bei guter/schlechter Gesundheit sein; être/se mettre ~ colère wütend sein/werden; être ~ réunion/déplacement in einer Sitzung/unterwegs sein; être parti(e) ~ voyage auf Reisen sein; ~ deuil in Trauer; des cerisiers ~ fleurs blühende Kirschbäume; une voiture ~ panne ein Wagen mit einer Panne; écouter ~ silence schweigend zuhören; faire qc ~ vitesse etw schnell machen; peindre qc ~ blanc etw weiß [an]streichen
⑤ *(transformation) changer, transformer, convertir* in *(+ Akk)*; se déguiser als
⑥ *(en tant que)* als; ~ bon démocrate, je m'incline als guter Demokrat gebe ich nach; il l'a traité ~ ami er hat ihn wie einen Freund behandelt
⑦ *gérondif (simultanéité)* beim + *Infin*; ~ sortant beim Hinausgehen
⑧ *gérondif (condition)* wenn, indem; ~ travaillant beaucoup, tu réussiras wenn du viel arbeitest, wirst du Erfolg haben
⑨ *(concession) gérondif* obgleich, auch wenn; il lui souriait tout ~ la maudissant intérieurement auch wenn er sie innerlich verfluchte, lächelte er sie an
⑩ *gérondif (manière)* ~ chantant singend; ~ courant im Laufschritt
⑪ *(état, forme, aspect)* ~ morceaux in Stücken; ~ vrac lose; du café ~ grains/~ poudre ungemahlener/gemahlener Kaffee; une théière ~ forme d'éléphant eine Teekanne in der Form eines Elefanten; deux boîtes ~ plus/~ trop zwei Dosen mehr [o zusätzlich]/zu viel; j'ai deux dents ~ moins ich habe zwei Zähne weniger; n'avez-vous pas ce modèle ~ plus petit? haben Sie dieses Modell nicht in einer kleineren Ausführung?; ~ trois actes in drei Akten; ~ si mineur in h-Moll; ~ uniforme in Uniform
⑫ *(fait de)* être ~ laine/bois aus Wolle/Holz sein
⑬ *(moyen de transport)* mit + *Art*; ~ train/voiture mit dem Zug/Auto; ~ vélo *fam* mit dem Rad; un voyage ~ bateau/avion eine Schiffsreise/Flugreise, eine Reise mit dem Schiff/Flugzeug
⑭ *(partage, division)* in *(+ Akk)*; je coupe le gâteau ~ six ich schneide den Kuchen in sechs Stücke; faire qc ~ une seule/deux/plusieurs fois etw in einem Zug/in zwei/mehreren Etappen machen
⑮ *(pour indiquer le domaine)* in *(+ Dat)*; ~ math/allemand in Mathe/Deutsch; ~ économie im Bereich der Wirtschaft, im wirtschaftlichen Bereich; un néophyte ~ politique ein Neuling in der Politik; être expert ~ assurances ein Experte in Versicherungsfragen sein; se spécialiser ~ obstétrique sich auf Geburtshilfe spezialisieren; timide ~ amour schüchtern in Liebesdingen; fort(e) ~ math stark in Mathe
⑯ *après certains verbes* croire ~ qn an jdn glauben; avoir confiance ~ qn Vertrauen zu jdm haben; espérer ~ des temps meilleurs auf bessere Zeiten hoffen; parler ~ son nom in seinem/ihrem Namen sprechen
II. *pron* ❶ *(pour les indéfinis, des quantités)* davon; *savoir* darüber, davon; as-tu un stylo? – Oui, j'~ ai un/Non, je n'~ ai pas hast du einen Kuli? – Ja, ich habe einen/Nein, ich habe keinen
❷ *tenant lieu de subst* il ~ connaît de bien bonnes er weiß immer so lustige Sachen; j'~ connais qui feraient mieux de... ich kenne welche, die besser daran täten, ...
❸ *(de là)* j'~ viens ich komme von dort
❹ *(de cela)* on ~ parle man spricht darüber [o davon]; j'~ ai besoin ich brauche es; je m'~ souviens ich erinnere mich daran; j'~ suis fier(fière)/sûr(e)/content(e) ich bin stolz darauf/dessen sicher/damit zufrieden; j'~ suis bien conscient(e) ich bin mir dessen durchaus bewusst
❺ *(à cause de cela)* il n'~ dort plus de la nuit er schläft deshalb nachts schon nicht mehr; elle ~ est malade sie ist deshalb ganz krank; j'~ suis malheureux(-euse) ich bin unglücklich darüber
❻ *annonce ou reprend un subst* j'~ vends, des livres ich verkaufe Bücher; vous ~ avez, de la chance! Sie haben ja wirklich [ein] Glück!
❼ *avec valeur de possessif* ne jette pas cette rose, je voudrais ~ garder les pétales wirf die Rose nicht weg, ich möchte die/ihre Blütenblätter aufheben

E.N. [øɛn] *f abr de* **Éducation nationale** französisches Wissenschafts- und Kultusministerium

E.N.A. [ena] *f abr de* **École nationale d'administration** staatliche Hochschule zur Ausbildung der hohen Verwaltungsbeamten

enamouré(e) [ãnamuʀe] *adj*, **énamouré(e)** [enamuʀe] *adj hum* verliebt

enamourer [ãnamuʀe], **énamourer** [enamuʀe] <1> *vpr* s'~ de qn sich in jdn verlieben

énarchie [enaʀʃi] *f hum* Regiment der ehemaligen Schüler der E.N.A.

énarque [enaʀk] *mf fam* ehemaliger Schüler/ehemalige Schülerin der E.N.A.

encablure [ãkablyʀ] *f* Kabellänge *f (Fachspr.)*; **à deux/quelques ~s de qc** zwei/einige Kabellängen von etw entfernt

encadré [ãkadʀe] *m* Kasten *m*; *(plus petit)* [Info]kästchen *nt (fam)*

encadrement [ãkadʀəmã] *m* ❶ *(action)* d'un miroir, tableau [Ein]rahmen *nt*, [Ein]rahmung *f*
❷ *(cadre)* d'un miroir, tableau Rahmen *m*; d'une fenêtre, porte Einfassung *f*, Rahmen *m*; **il apparut dans l'~ de la porte** plötzlich stand er in der Tür
❸ *(prise en charge)* Betreuung *f*; **personnel d'~** Betreuungspersonal *nt*
❹ ECON ~ **du crédit** Kreditbeschränkung *f*, Kreditrahmen *m*, Kreditrestriktion *f (Fachspr.)*

encadrer [ãkadʀe] <1> *vt* ❶ *(mettre dans un cadre)* [ein]rahmen
❷ *(entourer)* umranden; in einen Kasten setzen annonce, éditorial; umrahmen visage; einkreisen cible
❸ *(s'occuper de)* betreuen; *(diriger)* anleiten; MIL [an]führen
❹ *fam (dans un carambolage)* ~ qc in etw *(Akk)* hineinfahren; **je me suis fait ~** mir ist jemand ins Auto gefahren
▶ **ne pas pouvoir ~ qn** *fam* jdn nicht riechen können *(fam)*

encadreur, -euse [ãkadʀœʀ, -øz] *m, f* Rahmenmacher(in) *m(f)*; **faire encadrer une toile chez l'~** ein Gemälde zum Rahmen geben

encager [ãkaʒe] <2a> *vt* ❶ *(mettre en cage)* in einen Käfig sperren bête sauvage
❷ *fig (enfermer)* einsperren personne

encagoulé(e) [ãkagule] *adj* [mit einer Strumpfmaske] vermummt

encaissable [ãkɛsable] *adj* kassierbar, eintreibbar *(Fachspr.)*

encaisse [ãkɛs] *f* Kassenbestand *m*, Geldbestand, Bar[geld]bestand; ~ **métallique** Gold- und Silberreserven *Pl*; ~ **négative** Bestandsfehlbetrag *m*; ~ **des établissements non bancaires** Bargeldbestände bei Nichtbanken; ~ **sur document** FIN Dokumenteninkasso *nt (Fachspr.)*

encaissé(e) [ãkese] *adj* GEOG tief eingeschnitten

encaissement [ãkɛsmã] *m* ❶ FIN *(action d'encaisser)* Einkassieren *nt*; d'un chèque, d'une traite Einlösung *f*; ~ **d'un/de l'effet** Wechselinkasso *nt (Fachspr.)*; **remettre un chèque à l'~** einen Scheck einlösen; **sous réserve d'~** Eingang vorbehalten; **pour ~** zum Inkasso
❷ *(fait d'être encaissé)* Zahlungseingang *m*
❸ GEOG tiefer Einschnitt
♦ ~ **des cotisations** Beitragsaufkommen *nt*; ~ **des coupons** Kuponeinlösung *f*

encaisser [ãkese] <1> I. *vi* ❶ *(toucher de l'argent)* kassieren
❷ *fam (savoir prendre les coups)* einiges einstecken können *(fam)*; **ne pas ~** nichts einstecken können *(fam)*
❸ *fam (savoir recevoir une critique)* **bien ~** ein dickes Fell haben *(fam)*; **mal ~** zartbesaitet sein *(fam)*
II. *vt* ❶ *(percevoir)* [ein]kassieren; einlösen chèque
❷ *fam (recevoir, supporter)* einstecken; **c'est dur** [o difficile] **à ~** das ist schwer zu verkraften
❸ *(resserrer)* eindämmen cours d'eau; **des montagnes encaissent la vallée** Berge schließen das Tal von beiden Seiten ein
▶ **ne pas pouvoir ~ qn/qc** *fam* jdn/etw nicht verknusen können *(fam)*

encaisseur [ãkesœʀ] *m* Inkassobevollmächtigter *m*

encanailler [ãkanaje] <1> *vpr hum* s'~ schlechten Umgang haben [o pflegen]

encapuchonner [ãkapyʃɔne] <1> *vt* être encapuchonné(e) eine Kapuze aufhaben

encart [ãkaʀ] *m* Beilage *f*; ~ **publicitaire** Reklamebeilage, Werbebeilage; *(dans les journaux)* Zeitungswerbung *f*

encarter [ãkaʀte] <1> *vt* beilegen; ~ **un prospectus dans une revue** einer Zeitschrift *(Dat)* einen Prospekt beilegen

en-cas [ãka] *m inv* Imbiss *m*

encastrable [ãkastʀabl] *adj* Einbau-; **four/élément** ~ Einbauherd *m*/-schrank *m*; **évier** ~ Einbauspüle *f*

encastrer [ãkastʀe] <1> I. *vt* ~ **qc dans/sous qc** etw in etw *(Akk)*/unter etw *(Dat)* bauen; ~ **qc dans un mur** etw in eine Wand einlassen
II. *vpr* s'~ *véhicules:* sich ineinander verkeilen; **s'~ dans/sous qc** genau in/unter etw *(Akk)* passen; *appareil électroménager:* sich [in etw *(Akk)*/unter etw *(Dat)*] einbauen lassen; *automobile:* sich in etw *(Akk)* verkeilen

encaustique [ãkɔstik] *f* ❶ *(pour le parquet)* [Bohner]wachs *nt*
❷ *(pour les meubles)* [Möbel]politur *f*

encaustiquer [ãkɔstike] <1> *vt* [ein]wachsen, einlassen (SDEUTSCH, A); bohnern parquet

encavage [ãkavaʒ] *m* CH *(mettre en cave des aliments)* Einkellern *nt*

encaver [ãkawe] <1> *vt* [im Keller] einlagern vin

enceinte[1] [ãsɛ̃t] *adj* schwanger; **être ~ de qn** von jdm schwanger sein; *(attendre)* mit jdm schwanger sein; **être ~ de son troisième**

enfant zum dritten Mal schwanger sein; être ~ de trois mois im dritten Monat schwanger sein

enceinte² [ɑ̃sɛ̃t] f ❶ (fortification) Ringmauer f

❷ (espace clos) abgeschlossener Bereich; d'une ville, église, d'un tribunal Innere(s) nt, Innenraum m; d'une foire, d'un parc naturel Gelände nt; ~ portuaire Hafengelände

❸ (haut-parleur) Lautsprecherbox f; INFORM Aktivlautsprecher m; les ~s die Lautsprecheranlage; ~ à deux/trois voies Zwei-/Dreiwegebox; ~s acoustiques Lautsprecher Pl; ~s amplifiées Aktivboxen Pl

◆ ~ de confinement Schutzmantel m

encens [ɑ̃sɑ̃] m Weihrauch m; bâtonnet d'~ Räucherstäbchen nt
encensement [ɑ̃sɑ̃smɑ̃] m (louanges) Beweihräucherung f (fam)

encenser [ɑ̃sɑ̃se] <1> I. vt ❶ (répandre de l'encens) weihräuchern

❷ (louer) beweihräuchern (pej fam)

II. vi cheval: [heftig] mit dem Kopf schlagen

encensoir [ɑ̃sɑ̃swaʀ] m Rauchfass nt, Räuchergefäß nt, Räucherschale f

encéphale [ɑ̃sefal] m Gehirn nt
encéphalite [ɑ̃sefalit] f Gehirnentzündung f, Enzephalitis f (Fachspr.); ~ spongiforme bovine BSE-Seuche f
encéphalogramme [ɑ̃sefalɔgram] m Enzephalogramm nt
encéphalopathie [ɑ̃sefalɔpati] f MED Enzephalopathie f
encerclement [ɑ̃sɛʀkləmɑ̃] m Einkreisung f
encercler [ɑ̃sɛʀkle] <1> vt ❶ (cerner) einkreisen; les badauds encerclaient le blessé die Schaulustigen standen [in einem Kreis] um den Verletzten herum

❷ (être disposé autour de) einschließen

❸ (entourer) einrahmen; ~ de rouge toutes les fautes alle Fehler rot einkreisen

enchaînement [ɑ̃ʃɛnmɑ̃] m ❶ (succession) ~ de circonstances Verkettung f von Umständen; l'~ des événements die Abfolge der Ereignisse; ~ des idées Gedankenführung f, gedanklicher Zusammenhang

❷ (structure logique) Herleitung f

❸ (transition) ~ entre qc et qc Übergang m von etw zu etw; trouver de bons ~s geschickte Überleitungen finden

enchaîner [ɑ̃ʃene] <1> I. vt ❶ (attacher avec une chaîne) ~ des personnes l'une à l'autre Menschen aneinanderketten

❷ littér (asservir) ~ qn/qc jdn/etw an die Kette legen; la passion l'enchaînait à elle die Leidenschaft kettete ihn an sie

❸ (mettre bout à bout) aneinanderreihen idées, mots; CINE [geschickt] miteinander verbinden scènes

II. vpr ❶ (s'attacher avec une chaîne) s'~ à qc sich an etw (Akk) [an]ketten; ils se sont enchaînés l'un à l'autre sie haben sich aneinandergekettet

❷ (se succéder) ineinander übergehen; les événements s'enchaînèrent très vite die Ereignisse folgten rasch aufeinander

III. vi (continuer) ~ sur qc mit etw fortfahren

enchanté(e) [ɑ̃ʃɑ̃te] adj ❶ (ravi) hocherfreut; être ~(e) de qc sich über etw (Akk) [sehr] freuen; être ~(e) de faire qc/que qn ait fait qc sich [sehr] freuen etw zu tun/, dass jd etw getan hat

❷ (magique) verzaubert; forêt ~e Zauberwald m; la Flûte ~e de Mozart die Zauberflöte von Mozart

▶ ~(e) de faire votre connaissance es freut mich Ihre Bekanntschaft zu machen; ~(e)! sehr erfreut!, angenehm!

enchantement [ɑ̃ʃɑ̃tmɑ̃] m ❶ (ravissement) Entzücken nt, Bezauberung f; être un ~ zauberhaft sein; être dans l'~ entzückt sein

❷ (sortilège) Zauber m, Verzauberung f; briser [o rompre] l'~ den Zauber brechen; par ~ durch Zauberkraft; comme par ~ auf wunderbare Weise

enchanter [ɑ̃ʃɑ̃te] <1> vt ❶ (ravir) ~ qn par qc jdn mit etw bezaubern

❷ (ensorceler) verzaubern

enchanteur, enchanteresse [ɑ̃ʃɑ̃tœʀ, ɑ̃ʃɑ̃t(ə)ʀɛs] I. adj zauberhaft, bezaubernd

II. m, f Zauberer m/Zauberin f

enchâssement [ɑ̃ʃɑsmɑ̃] m ❶ TECH (manière) [Ein]fassung f; (action) [Ein]fassen nt

❷ LING Einbettung f

enchâsser [ɑ̃ʃɑse] <1> vt ❶ TECH [ein]fassen; ~ une pièce/un médaillon dans qc einen Stein/ein Medaillon in etw (Akk) einfassen

❷ LING einbetten

enchère [ɑ̃ʃɛʀ] f gén pl ❶ (offre d'achat) Gebot nt; les ~s sont ouvertes es kann geboten werden; première ~ Mindestgebot; la dernière [o plus forte] ~ das letzte [o höchste] Gebot; mettre [o vendre] qc aux ~s etw versteigern; acheter qc aux ~s etw ersteigern; faire/couvrir une ~ ein Gebot/höheres Gebot abgeben; l'~ a été couverte das Gebot wurde überboten

❷ CARTES Reizen nt

▶ pousser [o faire monter] les ~s den Preis/die Preise hochtreiben; fig sich teuer verkaufen

enchérir [ɑ̃ʃeʀiʀ] <8> vi ❶ ~ sur qn/qc jdn/etw überbieten; ~ sur un objet für ein Objekt mehr bieten; ~ de mille euros sur l'offre précédente das vorhergehende Gebot um tausend Euro überbieten; ~ l'un sur l'autre sich gegenseitig überbieten

enchérisseur, -euse [ɑ̃ʃeʀisœʀ, -øz] m, f Bieter(in) m(f)
enchevêtré(e) [ɑ̃ʃ(ə)vetʀe] adj verschlungen; fils [ineinander] verwickelt; idées, pensées, intrigue verworren; phrases verschachtelt; liens, problèmes verwickelt

enchevêtrement [ɑ̃ʃ(ə)vetʀəmɑ̃] m wirres Durcheinander; de branches, tôles, lignes, ruelles Gewirr nt; d'idées, de pensées Wirrwarr m; de phrases Verschachtelung f; d'une intrigue Verwick[e]lung f; de liens Verflechtung f meist Pl; ~ de câbles Kabelsalat m (fam)

enchevêtrer [ɑ̃ʃ(ə)vetʀe] <1> vpr s'~ branches, lianes: sich ineinanderschlingen; fils: sich verwickeln; idées, pensées: wild durcheinandergehen

enclave [ɑ̃klav] f ❶ (territoire, terrain) Enklave f

❷ ARCHIT Nische f

enclavement [ɑ̃klavmɑ̃] m eingeschlossene Lage, Eingeschlossensein nt

enclaver [ɑ̃klave] <1> vt ❶ (contenir comme enclave) einschließen, umschließen; être enclavé(e) dans qc eine Enklave in etw (Dat) bilden [o sein]

❷ (encastrer) ~ qc dans qc etw in etw (Akk) einpassen

enclenchement [ɑ̃klɑ̃ʃmɑ̃] m Einrasten nt; d'un mécanisme Einschalten nt

enclencher [ɑ̃klɑ̃ʃe] <1> I. vt ❶ TECH einrasten lassen; einlegen vitesse

❷ (engager) in Gang bringen [o setzen]

II. vpr s'~ levier de commande: einrasten; mécanisme: sich einschalten; la seconde s'enclenche mal der zweite Gang lässt sich schlecht einlegen

enclin(e) [ɑ̃klɛ̃, in] adj être ~(e) à qc zu etw neigen; être ~(e) faire qc dazu neigen etw zu tun; ~ aux réformes reformwillig

enclore [ɑ̃klɔʀ] <irr> vt soutenu (entourer) haie, mur, enceinte: umschließen, umgeben; ~ son terrain d'une haie sein Grundstück mit einer Hecke umfrieden [o einfrieden] (geh)

enclos [ɑ̃klo] m ❶ (espace) eingefriedetes Grundstück; (petit domaine) kleines Stück Land; (pour le bétail) eingezäunte Weide; (pour les chevaux) [Pferde]koppel f; (dans un jardin zoologique) Tiergehege nt

❷ (clôture) Einfriedung f (geh)

enclume [ɑ̃klym] f Amboss m

▶ être entre l'~ et le marteau zwischen den Fronten stehen

encoche [ɑ̃kɔʃ] f Kerbe f, Einkerbung f; TECH Nut f; ~ s d'un dictionnaire Daumenregister nt eines Wörterbuchs

encocher [ɑ̃kɔʃe] <1> vt ❶ (entailler) einkerben; mit einem Daumenregister versehen livre, répertoire

❷ TECH nuten; auflegen flèche

encodage [ɑ̃kɔdaʒ] m [En]kodierung f, Verschlüsselung f
encoder [ɑ̃kɔde] <1> vt [en]kodieren, verschlüsseln
encodeur [ɑ̃kɔdœʀ] m Kodierer m
encoignure [ɑ̃kwaɲyʀ] f ❶ (angle) Ecke f, Winkel m

❷ (meuble) Eckmöbel m

encollage [ɑ̃kɔlaʒ] m Einkleistern nt
encoller [ɑ̃kɔle] <1> vt [ein]kleistern
encolure [ɑ̃kɔlyʀ] f ❶ (cou) d'un animal, d'une personne Hals m; forte ~ kräftiger Nacken; l'emporter [o gagner] d'une ~ cheval: mit einer Halslänge siegen; d'une ~ SPORT mit einer Länge

❷ (col) d'une robe, chemise [Hals]ausschnitt m; ~ bateau U-Boot-Ausschnitt m; ~ carrée/en V viereckiger/V-Ausschnitt m

❸ (tour de cou) Kragenweite f; faire 40/41 d'~ Kragenweite 40/41 haben

encombrant(e) [ɑ̃kɔ̃bʀɑ̃, ɑ̃t] adj ❶ (embarrassant) sperrig, platzraubend

❷ (importun) lästig

❸ iron (compromettant) personne unbequem, unliebsam; passé belastend

encombre [ɑ̃kɔ̃bʀ] ▶ sans ~ [ganz] problemlos; se passer [o se dérouler] sans ~ einwandfrei [o problemlos] verlaufen

encombré(e) [ɑ̃kɔ̃bʀe] adj ❶ (embouteillé) versperrt; route, carrefour verstopft

❷ (trop plein) pièce vollgestopft; table vollgestellt

❸ MED bronches verschleimt

❹ ECON carrière, profession [völlig] überlaufen, dicht (fam); marché überfüllt

❺ (surchargé) überfrachtet; lignes téléphoniques überlastet

encombrement [ɑ̃kɔ̃bʀəmɑ̃] m ❶ (sans passage possible) d'une rue, d'un couloir Verstopfung f; des lignes téléphoniques Überlastung f

❷ (embouteillage) Verstopfung f, Stau m

③ INFORM *d'une ligne de données* Überlastung *f*
④ *(forte concurrence) d'une carrière* Überlaufensein *nt; d'un marché* Überangebot *nt*
⑤ *(avec trop d'objets) d'une pièce, table* Überladung *f*
⑥ *(amas) d'objets divers* Menge *f; de personnes* [dichtes] Gedränge; **l'~ de sa table de travail** sein/ihr vollgeladener Schreibtisch
⑦ *(dimensions)* Abmessung *f meist Pl;* **ces meubles sont d'un ~ excessif** diese Möbel beanspruchen sehr viel Platz; **une machine à coudre d'un ~ réduit** eine platzsparende Nähmaschine
⑧ MED *des bronches* Verschleimung *f*
encombrer [ãkɔ̃bʀe] <1> I. *vt* ❶ *(bloquer)* verstopfen; **~ le passage** avec qc mit etw den Durchgang versperren
❷ TELEC **~ les lignes** die Leitungen überlasten
❸ *(s'amonceler sur)* **des choses encombrent une table/pièce** ein Tisch/Zimmer ist voller Sachen [*o* mit Dingen vollgestopft]
❹ *(surcharger)* überladen; **sa mémoire de détails inutiles** seinen Kopf mit unnützen Einzelheiten vollstopfen
II. *vpr (s'embarrasser de)* **ne pas s'~ de qn/qc** sich nicht mit jdm/etw belasten
encontre [ãkɔ̃tʀ] ▶ **aller à l'~ de qc** im Gegensatz zu etw stehen; *mesure, disposition:* einer S. *(Dat)* zuwiderlaufen; **mesure qui va à l'~ des intérêts économiques** wirtschaftsfeindliche Maßnahme
encorbellement [ãkɔʀbɛlmã] *m* Erker *m;* **en ~** vorspringend; **maison en ~** Haus *nt* mit vorspringendem Erker
encorder [ãkɔʀde] <1> *vpr* **s'~** sich anseilen; **des personnes s'encordent** Menschen seilen sich [aneinander] an
encore [ãkɔʀ] I. *adv* ❶ *(continuation)* noch; **le chômage augmente** ~ die Arbeitslosigkeit steigt noch weiter [an]; **elle peut ~ venir** sie kann noch kommen; **en être ~ à qc** immer noch bei etw sein; **en être ~ à faire qc** immer noch dabei sein etw zu tun; **hier/ce matin ~** gestern/heute morgen noch, noch gestern/heute morgen
❷ *(répétition)* noch ein[mal]; **je peux essayer ~ une fois?** darf ich es noch einmal versuchen?; **voulez-vous ~ une tasse de thé?** wollen Sie noch eine Tasse Tee?; **c'est ~ de ma faute** und ich bin wieder schuld; [mais] **qu'est-ce qu'il y a ~?** was ist denn jetzt schon wieder los?; **c'est ~ moi!** ich bin's noch mal [*o* schon wieder]!
❸ + *nég* **pas ~**, **~ pas** noch nicht; **il n'est pas ~** [*o* **~ pas**] **arrivé** er ist noch nicht angekommen; **elle n'est ~ jamais partie** sie ist noch nie weggewesen; **ne... ~ rien** noch immer nichts
❹ + *comp* **~ mieux/moins/plus** noch besser/weniger/mehr; **il aime ~ mieux qc** ihm ist etw immer noch lieber; **il aime ~ mieux faire qc** ihm ist es immer noch lieber etw zu tun; **il aime ~ mieux que qn fasse qc** ihm ist es immer noch lieber, dass jd etw tut; **c'est ~ toi le meilleur/le plus sage** du bist immer noch der Beste/Vernünftigste
❺ *(renforcement)* **non seulement..., mais ~** nicht nur ..., sondern auch [noch]; **~ et toujours** immer wieder; **mais ~?** und weiter?
❻ *(objection)* **~ faut-il le savoir!** das muss man allerdings [*o* erst einmal] wissen!
❼ *(restriction)* **~ heureux que qn ait fait qc** ich kann/wir können immer[hin] noch froh sein, dass jd etw getan hat; **~ une chance que qn ait fait qc** ein Glück, dass wenigstens jd etw getan hat; **..., et ~!** ..., und [selbst] das noch nicht einmal!; **si ~ on avait son adresse!** wenn wir wenigstens seine/ihre Adresse hätten!
▶ **quoi ~?** *(qu'est-ce qu'il y a?)* was denn noch?; *(pour ajouter qc)* sonst noch etwas?; **et puis quoi ~!** sonst fehlt dir nichts?; *(iron fam)*
II. *conj* **~ que je puisse être retardé(e)** *littér* obwohl ich verspätet sein könnte; **il acceptera, ~ que, avec lui, on ne sait jamais** *fam* er wird annehmen, obwohl, bei ihm weiß man nie
encorner [ãkɔʀne] <1> *vt* auf die Hörner nehmen
encornet [ãkɔʀnɛ] *m* Tintenfisch *m*
encourageant(e) [ãkuʀaʒã, ãt] *adj* ermutigend; **voilà qui est ~!** *iron* das sind ja schöne Aussichten! *(iron)*
encouragement [ãkuʀaʒmã] *m* ❶ *(acte, parole)* Ermutigung *f,* Aufmunterung *f;* **à qc/à faire qc** Ermutigung zu etw/etw zu tun; **d'~** ermutigend, aufmunternd; **mesure d'~** Förderungsmaßnahme *f;* **~ de la jeune** [*o* **nouvelle**] **génération** Nachwuchsförderung *f*
❷ SCOL Belobigung, die dazu ermuntert weiterhin gute und noch bessere Leistungen zu zeigen
◆ **à la propriété** Eigentumsförderung *f*
encourager [ãkuʀaʒe] <2a> *vt* ❶ *(donner du courage à)* ermuntern *élève:* **~ qn d'un regard/geste** jdn mit einem Blick/einer Geste ermutigen; **~ un sportif en criant** einen Sportler durch Zurufe anfeuern
❷ *(inciter à)* **~ qn à qc** jdn zu etw ermuntern [*o* ermutigen]; **~ qn à faire qc** jdn dazu ermuntern [*o* ermutigen] etw zu tun
❸ *(soutenir)* unterstützen; **initiative qui mérite d'être encouragée** förderwürdige [*o* förderungswürdig] Initiative

④ *(pousser à)* begünstigen
encourir [ãkuʀiʀ] <*irr*> *vt* ❶ **~ un châtiment/une amende** mit Bestrafung/einer Geldstrafe rechnen müssen; **~ une peine** sich strafbar machen
❷ *soutenu* **~ une punition/un reproche** eine Bestrafung/Vorwürfe zu gewärtigen haben *(geh);* **~ une responsabilité** sich *(Dat)* eine Verantwortung aufladen *(fam)*
❸ JUR **~ la responsabilité** haften
encours [ãkuʀ] *m inv* FIN ausstehender Betrag; **~ liquides/non liquides** liquide/illiquide Bestände *Pl*
encouru(e) [ãkuʀy] I. *part passé de* **encourir**
II. *adj* **peine** verhängt
encrage [ãkʀaʒ] *m* TYP Einfärben *nt*
encrassement [ãkʀasmã] *m* **~ de qc** Verunreinigung *f* einer S. *(Gen)*
encrasser [ãkʀase] <1> I. *vt* verunreinigen, verschmutzen; *suie, fumée, carburant:* verrußen; *scories:* verschlacken; *calcaire:* verkalken; **le tartre encrasse la bouilloire** im Wasserkessel bildet sich Kesselstein; **les bougies sont encrassées** die Zündkerzen sind verrußt
II. *vpr* **s'~** verschmutzen; *chaudière, conduite:* verkalken; *bougies, cheminée:* verrußen; *fourneau:* verschlacken; *organisme:* mit Giftstoffen belastet sein; *mémoire:* einrosten; **mon stylo s'est encrassé** mein Füller ist verstopft
encre [ãkʀ] *f* ❶ *(pour écrire)* Tinte *f;* **une écriture à l'~ violette** eine Schrift in violetter Tinte; **~ indélébile** dokumentenechte Tinte; **~ sympathique** unsichtbare Tinte, Geheimtinte; **à l'~** mit Tinte
❷ ZOOL Tinte *f;* **la seiche lance un jet d'~** der Tintenfisch [ver]spritzt Tinte
▶ **noir(e) comme** [de] **l'~** *nuit:* kohlrabenschwarz; **qc a fait couler de l'~** [*o* **beaucoup d'~**] über etw *(Akk)* ist [schon] viel Tinte verspritzt worden
◆ **~ de Chine** Tusche *f;* **~ d'imprimerie** Druckerschwärze *f;* **~ en poudre** Toner *m*
encrer [ãkʀe] <1> I. *vt* [mit Tinte/Tusche] tränken *tampon;* **~ un rouleau** Druckerschwärze auf eine Walze auftragen
II. *vi rouleau, lettres:* Druckerschwärze/Farbe annehmen; **le tampon n'encre plus** das Stempelkissen ist verbraucht
encreur [ãkʀœʀ] *adj v.* **rouleau, tampon**
encrier [ãkʀije] *m* Tintenglas *nt;* TYP Farbbehälter *m*
encroûté(e) [ãkʀute] I. *adj* verknöchert; **être ~(e) dans ses habitudes/préjugés** in seinen Gewohnheiten festgefahren/in seinen Vorurteilen erstarrt sein
II. *m(f)* verknöcherter Mensch
encroûtement [ãkʀutmã] *m* ❶ TECH *d'une chaudière* Verkalkung *f; (résidu)* Kesselstein *m*
❷ *(sclérose)* Verknöcherung *f,* [geistige] Verkalkung
encroûter [ãkʀute] <1> I. *vt* ❶ *(couvrir d'une croûte)* mit einer Kruste bedecken/überziehen
❷ *(abêtir)* verknöchern lassen; **rien ne nous encroûte plus que la paresse** nichts lässt uns mehr einrosten [*o* geistig und körperlich erstarren] als die Faulheit
II. *vpr* ❶ TECH **s'~** *chaudière:* verkalken
❷ *(s'abêtir)* **s'~** verknöchern; **s'~ dans ses habitudes** in seinen Gewohnheiten erstarren; **ils se sont encroûtés dans leur confort** der Komfort, in dem sie leben, hat sie sehr träge gemacht
enculage [ãkylaʒ] *m vulg* Arschfickerei *f (vulg)*
▶ **~ de mouches** [en plein vol] *fam* Korinthenkackerei *f (fam)*
enculé [ãkyle] *m vulg* Arschloch *nt (vulg)*
enculer [ãkyle] <1> *vt vulg* in den Arsch ficken *(vulg);* **se faire ~** sich in den Arsch ficken lassen *(vulg)*
enculeur, -euse [ãkylœʀ, -øz] *m, f* ▶ **~(-euse) de mouches** fam Korinthenkacker(in) *m(f) (fam)*
encyclique [ãsiklik] *f* Enzyklika *f*
encyclopédie [ãsiklɔpedi] *f (ouvrage général)* Enzyklopädie *f; (ouvrage spécialisé)* Lexikon *nt;* **~ générale** Universallexikon; **~ de poche** Taschenlexikon; **~ pour enfants** Kinderlexikon
▶ **vivante** wandelndes Lexikon
encyclopédique [ãsiklɔpedik] *adj* enzyklopädisch; *esprit* universal
encyclopédisme [ãsiklɔpedism] *m* Anhäufung *f* toten Wissens, Stoffüberfrachtung *f*
encyclopédiste [ãsiklɔpedist] *m* HIST Enzyklopädist *m*
en deçà [ãdəsa] *v.* **deçà**
endémie [ãdemi] *f* Endemie *f (Fachspr.)*
endémique [ãdemik] *adj* ❶ MED endemisch *(Fachspr.),* örtlich begrenzt
❷ *(permanent)* ständig, dauernd; **être à l'état ~** ein Dauerzustand sein
endetté(e) [ãdete] *adj* **~(e) de deux mille euros** mit zweitausend Euro verschuldet
endettement [ãdɛtmã] *m* Verschuldung *f,* [Sich]verschulden *nt; (dette)* Verschuldung; **~ intérieur** Inlandsverschuldung; **~ net/**

public Netto-/Staatsverschuldung
endetter [ɑ̃dete] <1> **I.** *vt* in Schulden stürzen; **~ qn lourdement** jdn in hohe Schulden stürzen
II. *vpr* **s'~ de 2000 euros auprès de qn** sich bei jdm mit 2000 Euro verschulden
endeuiller [ɑ̃dœje] <1> *vt* in Trauer versetzen [*o* stürzen] *personne, famille, pays;* überschatten *épreuve sportive, manifestation*
endiablé(e) [ɑ̃djable] *adj danse* wild; *rythme* rasend; *vitalité, verve* leiderschaftlich; **à une allure ~e** mit einer rasenden Geschwindigkeit
endiamanté(e) [ɑ̃djamɑ̃te] *adj* diamantengeschmückt, mit Diamanten behängt *(pej)*
endiguement [ɑ̃digmɑ̃] *m* ❶ Eindeichung *f*; **travaux d'~** Deichbauarbeiten *Pl*
❷ *fig* **~ de qc** Eindämmung *f* einer S. *(Gen)*
endiguer [ɑ̃dige] <1> *vt* ❶ eindeichen; eindämmen *fleuve, rivière*
❷ *fig* eindämmen *violence, inflation, chômage;* unter Kontrolle bringen *joule, invasion*
endimanché(e) [ɑ̃dimɑ̃ʃe] *adj* sonntäglich gekleidet, im Sonntagsstaat *hum*
endimancher [ɑ̃dimɑ̃ʃe] <1> *vpr* **s'~** sich sonntäglich kleiden, seinen Sonntagsstaat anziehen *hum*
endive [ɑ̃div] *f* Chicorée *m o f*
endocarde [ɑ̃dokaʀd] *m* MED Herzinnenhaut *f*
endocardite [ɑ̃dokaʀdit] *f* MED Herzinnenhautentzündung *f*, Endokarditis *f (Fachspr.)*
endocrine [ɑ̃dokʀin] *adj* ANAT *glande* endokrin *(Fachspr.)*
endocrinien(ne) [ɑ̃dokʀinjɛ̃, jɛn] *adj* endokrin *(Fachspr.);* **système ~** endokrines Drüsensystem
endocrinologie [ɑ̃dokʀinɔlɔʒi] *f* MED Endokrinologie *f*
endocrinologue [ɑ̃dokʀinɔlɔg] *mf* MED Endokrinologe *m/-*login *f*
endoctrinement [ɑ̃doktʀinmɑ̃] *m* Indoktrinierung; **~ des esprits** geistige Indoktrination
endoctriner [ɑ̃doktʀine] <1> *vt* indoktrinieren
endogamie [ɑ̃dogami] *f* Endogamie *f (pej)*
endogène [ɑ̃doʒɛn] *adj* SCI endogen *(Fachspr.)*
endolori(e) [ɑ̃dolɔʀi] *adj* schmerzend; *corps, personne* von Schmerzen gepeinigt; **soldat qui a les pieds ~s** fußkranker Soldat; **j'ai le bras/le dos ~** ich habe Schmerzen im Arm/Rücken
endommagement [ɑ̃domaʒmɑ̃] *m* [Be]schädigung *f*; **~ de la récolte** Beeinträchtigung *f*
endommager [ɑ̃domaʒe] <2a> *vt* [be]schädigen; **les intempéries ont endommagé les récoltes** das schlechte Wetter hat die Ernte beeinträchtigt; **la forêt a été endommagée par les tempêtes** der Wald wurde durch die Stürme stark in Mitleidenschaft gezogen
endoprothèse [ɑ̃dopʀotɛz] *f* MED Endoprothese *f*
endormant(e) [ɑ̃doʀmɑ̃, ɑ̃t] *adj* einschläfernd; *écrit, personne* zum Einschlafen langweilig
endormi(e) [ɑ̃doʀmi] **I.** *adj* ❶ *(opp: éveillé)* schlafend; *passion, sensualité* schlummernd, nicht geweckt; **il est encore tout ~** er ist noch ganz verschlafen
❷ *(engourdi) bras, jambe* eingeschlafen
❸ *fam (apathique) personne* lahm *(fam), esprit* träge; *regard* verschlafen
II. *m(f) fam* Schlafmütze *f (fam),* Tranfunzel *f (fam);* **bande d'~s!** lahmer Haufen *(fam)*
endormir [ɑ̃doʀmiʀ] <*irr*> **I.** *vt* ❶ *(faire dormir)* in Schlaf versetzen, zum [Ein]schlafen bringen; *chaleur, bercement:* schläfrig machen, in Schlaf versetzen; *(anesthésier)* betäuben; *(hypnotiser)* in Hypnose versetzen
❷ *(ennuyer)* **~ qn** einschläfernd auf jdn wirken; **ce roman m'endort** bei diesem Roman schlafe ich fast ein
❸ *(faire disparaître)* einschläfern *douleur;* zerstreuen *soupçons;* einschläfern *vigilance;* vergessen lassen *chagrin;* zum Schweigen bringen *scrupules*
❹ *(tromper)* **~ qn avec** [*o* **par**] **qc** jdn mit etw einlullen *(fam);* **se laisser ~ par qn/qc** sich von jdm/durch etw einlullen lassen *(fam)*
II. *vpr* **s'~** ❶ *(s'assoupir)* einschlafen; **ce n'est pas le moment de s'~** jetzt ist keine Zeit zum Schlafen
❷ *(devenir très calme) ville, maison:* zur Ruhe kommen
❸ *(s'atténuer)* nachlassen, schwächer werden; *faculté, sens:* einschlafen; **les gardiens ont laissé s'~ leur vigilance** die Wachsamkeit der Wärter ist erlahmt
endormissement [ɑ̃doʀmismɑ̃] *m* ❶ *(fait de s'endormir)* Einschlafen *nt;* **difficulté d'~** Einschlafstörung *f*
❷ *(somnolence)* **en état d'~** im Dämmerzustand; **six semaines d'~** sechs Wochen Dämmerschlaf
❸ *(apathie)* Trägheit *f*
endos [ɑ̃do] *m* Übertragungsvermerk *m*
endoscope [ɑ̃doskɔp] *m* Endoskop *nt*
endoscopie [ɑ̃doskɔpi] *f* Spiegelung *f*, Endoskopie *f (Fachspr.)*

endossable [ɑ̃dosablə] *adj* übertragbar
endossataire [ɑ̃dosatɛʀ] *mf* ECON *d'un chèque* Indossatar *m (Fachspr.)*
endossement [ɑ̃dosmɑ̃] *m* JUR Indossierung *f (Fachspr.),* Indossament *nt (Fachspr.);* **~ bancaire** Bankindossament; **~ en blanc** Blankoindossament, Inhaberindossament; **~ falsifié/non autorisé** gefälschtes/unbefugtes Indossament; **~ ordinaire** Vollgiro *nt,* Vollindossament; **~ requis** ≈ Giro fehlt; **d'un/de l'effet** Wechselgiro; **~ de remise en gage** Pfandindossament; **~ en sens inverse** Rückindossament
endosser [ɑ̃dose] <1> *vt* ❶ *(enfiler)* [schnell] anziehen *vêtement; (sans passer les manches)* sich *(Dat)* überwerfen
❷ *(assumer)* auf sich *(Akk)* nehmen, übernehmen *responsabilité;* **~ les conséquences** für die Folgen geradestehen; **faire ~ qc à qn** jdm etw zuschieben
❸ FIN, JUR indossieren *(Fachspr.),* durch Indossament übertragen *(Fachspr.),* girieren *(Fachspr.);* **non endossé(e)** ungiriert
endosseur [ɑ̃dosœʀ] *m* FIN, JUR Indossant(in) *m(f) (Fachspr.),* Girant(in) *m(f) (Fachspr.);* **~ subséquent** Nachgirant(in), Nachmann *m (Fachspr.)*
endothermique [ɑ̃dotɛʀmik] *adj* MED endotherm
endotoxine [ɑ̃dotɔksin] *f* MED Endotoxin *nt*
endroit¹ [ɑ̃dʀwa] *m* ❶ *(lieu)* Stelle *f;* **être au bon ~** an der richtigen Stelle sein; **aller au bon ~** an die richtige Stelle gehen; **le/un bon ~ pour faire qc** der richtige/ein geeigneter Ort um etw zu tun; **en différents ~s de qc** an verschiedenen Stellen einer S. *(Gen);* **à** [*o* **en**] **plusieurs ~s** an mehreren Stellen; **à quel ~?** an welcher Stelle?; **de cet ~** von dieser Stelle [aus]; **par ~s** stellenweise, an manchen Stellen
❷ *(localité)* Ort *m;* **les gens de l'~** die Ortsansässigen, die örtliche Bevölkerung; **~ perdu** entlegener Ort; **un ~ peu sûr** eine unsichere Gegend
▸ **le petit ~** *fam* das stille Örtchen *(fam);* **~ sensible** empfindliche Stelle; *(moralement)* wunder Punkt
endroit² [ɑ̃dʀwa] *m (opp: envers) d'un vêtement* rechte Seite; *d'un tapis, d'une étoffe* Oberseite *f; d'une feuille* Vorderseite *f;* **être à l'~** *vêtement:* richtig herum sein; *feuille:* mit der Vorderseite nach oben liegen, richtig herum liegen; **ton livre n'est pas à l'~!** du hältst dein Buch nicht richtig [herum]; **remettre son pull à l'~** seinen Pullover auf die rechte Seite drehen; **tricoter qc à l'~** etw rechts stricken
enduire [ɑ̃dɥiʀ] <*irr*> **I.** *vt* **~ de qc** mit etw bestreichen/einreiben/einlassen (SDEUTSCH, A); **~ sa peau de crème solaire** sich mit Sonnencreme einreiben; **~ le sol d'encaustique** den Boden bohnern; **~ le poulet d'huile** [**avec un pinceau**] das Hähnchen mit Öl bepinseln; **~ un mur de badigeon** eine Wand tünchen; **~ le papier peint de colle** Leim auf die Tapete auftragen
II. *vpr* **s'~ de qc** sich mit etw einreiben; **s'~ de crème** sich eincremen
enduit [ɑ̃dɥi] *m* Spachtel[kitt *m*] *m*
endurable [ɑ̃dyʀabl] *adj* **ne pas être ~** nicht auszuhalten sein; **cette situation n'est pas ~** diese Situation ist nicht [länger] tragbar
endurance [ɑ̃dyʀɑ̃s] *f* [körperliche] Ausdauer, Durchhaltevermögen *nt;* **~ au froid** Abgehärtetsein *nt* gegen Kälte; **entrainement d'~** Ausdauertraining *nt;* **être d'une ~ remarquable** eine bemerkenswerte Ausdauer haben; **avoir de l'~** Ausdauer haben
endurant(e) [ɑ̃dyʀɑ̃, ɑ̃t] *adj* ausdauernd
endurci(e) [ɑ̃dyʀsi] *adj* ❶ *(insensible)* cœur hart; *personne* hartherzig; *criminel* hartgesotten
❷ *(invétéré) célibataire* eingefleischt; *buveur, fumeur* unverbesserlich; *joueur* leidenschaftlich, passioniert
❸ *(résistant)* **~(e) à la fatigue** nicht schnell ermüdend; **~(e) au froid** abgehärtet gegen Kälte; **~(e) aux privations** an Entbehrungen gewöhnt
endurcir [ɑ̃dyʀsiʀ] <8> **I.** *vt* ❶ *(physiquement)* **~ qn à qc** jdn gegen etw abhärten; **~ qn à la chaleur** jdn gegen Hitze unempfindlich machen; **~ qn aux privations** jdn an Entbehrungen gewöhnen
❷ *(moralement)* verhärten, abstumpfen; **~ le cœur/l'âme** hartherzig/gefühllos machen
II. *vpr* ❶ *(physiquement)* **s'~ à qc** sich gegen etw abhärten, gegen etw unempfindlich werden; **elle s'est endurcie à la fatigue** sie wird weniger schnell müde; **il s'est endurci aux privations/à l'effort** er ist an Entbehrungen/harte Arbeit gewöhnt
❷ *(moralement)* **s'~** verhärten, abstumpfen; **son cœur s'est endurci/son âme s'est endurcie** er/sie ist hartherzig/gefühllos geworden; **s'~ contre qn/qc** jdm/einer S. gegenüber gefühllos werden, gegenüber etw abstumpfen
endurcissement [ɑ̃dyʀsismɑ̃] *m* ❶ *(résistance)* **à la douleur, au froid** Abhärtung *f*
❷ *(insensibilité)* Verhärtung *f*
endurer [ɑ̃dyʀe] <1> *vt* ertragen, aushalten; sich *(Dat)* gefallen lassen, hinnehmen *insulte, outrage;* auf sich *(Akk)* nehmen *privations*

enduro [ɑ̃dyʀo] I. *m (épreuve)* Prüfung *f* auf Geländetauglichkeit II. *f (moto)* Enduro *f*

énergétique [enɛʀʒetik] *adj* ❶ ECON Energie-; **besoins ~s** Energiebedarf *m*; **réserves ~s** Energiereserven *Pl*; **la dépendance/l'indépendance ~** die Abhängigkeit/Unabhängigkeit in der Energieversorgung; **la facture ~** die Kosten des Energieverbrauchs
❷ PHYSIOL **valeur ~** Energiegehalt *m*; **aliment ~** Kraftnahrung *f*; **action ~** kraftspendende Wirkung

énergie [enɛʀʒi] *f* ❶ *(force, vigueur)* Energie *f*; *d'un style* Kraft *f*; **pédaler avec ~** kräftig in die Pedale treten; **faire qc avec ~/avec la dernière ~** etw voller Energie/mit letzter Kraft tun; **plein(e) d'~** voller Energie, energiegeladen; **un style plein d'~** ein lebendiger Stil; **avoir de l'~/beaucoup d'~** Kraft/viel Kraft haben; *(être très actif)* tatkräftig/sehr tatkräftig sein; **avoir de l'~ à revendre** voller Energie stecken; **galvaniser les ~s** alle Kräfte mobilisieren; **manque d'~** Energielosigkeit *f*
❷ IND Energie *f*, Energieträger *m*; **forme d'~** Energieform *f*; **~ atomique** [*o* **nucléaire**] Atomenergie, Kernenergie; **~ éolienne** Windenergie; **~ solaire** Sonnenenergie, Solarenergie; **~ thermique** Wärmeenergie; **~ verte** Bioenergie; **produire en consommant beaucoup d'~** energieaufwendig [*o* energieintensiv] produzieren; **produire en consommant trop d'~** zu energieaufwendig produzieren
❸ PHYS, PHYSIOL Energie *f*; **principe de la conservation de l'~** Energieerhaltungssatz *m*; **les échanges d'~** der Energieaustausch; **~ cinétique** Bewegungsenergie, kinetische Energie; **rayons de très haute ~** ultraharte Strahlen

énergique [enɛʀʒik] *adj* ❶ *(vigoureux, actif)* energisch; *mouvement, effort* kräftig, energisch; **franc-parler ~** drastische Ausdrucksweise
❷ *(efficace)* *médicament* stark wirkend, hochwirksam

énergiquement [enɛʀʒikmɑ̃] *adv* energisch; *frotter, secouer* kräftig

énergisant(e) [enɛʀʒizɑ̃, ɑ̃t] *adj* action belebend; *médicament* energiespendend, vitalisierend

énergivore [enɛʀʒivɔʀ] *adj* production, méthode energieaufwendig

énergumène [enɛʀɡymɛn] *m fam* verrückter Kerl *(fam)*; **un drôle d'~** ein komischer Typ *(fam)*

énervant(e) [enɛʀvɑ̃, ɑ̃t] *adj* nervtötend; *travail, attente* nervenaufreibend, zermürbend; **cet enfant est ~** dieses Kind geht einem [ganz schön] auf die Nerven [*o* tötet einem den Nerv]

énervé(e) [enɛʀve] *adj* ❶ *(agacé)* gereizt
❷ *(excité)* aufgeregt
❸ *(nerveux)* nervös

énervement [enɛʀvəmɑ̃] *m* ❶ *(agacement)* Gereiztheit *f*
❷ *(surexcitation)* Unruhe *f*
❸ *(nervosité)* Nervosität *f*

énerver [enɛʀve] <1> I. *vt* ❶ *(agacer)* **~ qn** jdm auf die Nerven gehen *(fam)*; **ça énerve qn de faire qc** es regt jdn auf etw zu tun *(fam)*
❷ *(exciter)* **~ qn** jdn unruhig machen
II. *vpr* **s'~ après qn/qc** sich über jdn/etw aufregen; **ne nous énervons pas!** nur keine Aufregung!

enfance [ɑ̃fɑ̃s] *f* ❶ *(période)* Kindheit *f*, Kinderzeit *f*; *(âge)* Kindesalter *nt*; **une ~ malheureuse** eine schwere [*o* unglückliche] Kindheit; **petite ~** frühe Kindheit; **première ~** früheste Kindheit; **dès la petite ~** von klein auf; **dès la plus tendre ~** [schon] seit dem zartesten Kindesalter; **un souvenir de mon ~** ein Andenken an meine Kinderzeit
❷ *sans pl (les enfants)* Kinder *Pl*; **l'~ malheureuse** Kinder in Not
▶ **c'est l'~ de l'art** das ist kinderleicht; **retomber en ~** wieder kindisch werden; **être encore dans l'~** noch in den Kinderschuhen stecken

enfant [ɑ̃fɑ̃] *mf* ❶ *(opp: adulte)* Kind *nt*; **petit(e) ~** kleines Kind; **jeune ~** Kleinkind; **~ sauvage** wild aufgewachsenes Kind; **~ trouvé** Findelkind; **~ de la ville** Stadtkind; **~ star** Kinderstar *m*; **voix d'~** Kinderstimme *f*; **dessin/écriture d'~** Kinderzeichnung *f*/-schrift; **chaise d'~** *(basse)* Kinderstuhl *m*, Kinderstühlchen *nt*; **amour d'un/de l'~** Kindesliebe *f*; **programme pour les ~s** *(à la radio, télévision)* Kinderprogramm *nt*; **esprit d'ouverture envers les ~s** Kinderfreundlichkeit *f*; **attendre un ~** ein Kind erwarten; **faire un ~** *(à qn)* ein Kind austragen und gebären; **faire un ~ à une femme** *fam* einer Frau *(Dat)* ein Kind machen *(fam)*; **vous venez, les ~s?** kommt, Kinder!
❷ *(fils ou fille de qn)* Kind *nt*; **~ légitime/naturel(le)/adoptif(-ive)** eheliches/uneheliches Kind/Adoptivkind; **~ unique** Einzelkind; **être ~ unique** ein Einzelkind sein; **~ de [parents] divorcés** Scheidungskind
❸ *pl (descendants)* Nachkommen *Pl*
❹ *(par rapport à l'origine)* Kind *nt*; **~ du peuple** Kind des Volkes; **c'est un ~ de la ville** er/sie ist ein Stadtkind
▶ **faire un ~ dans le dos à qn** *fam* jdm [hinter seinem Rücken] einen Tiefschlag versetzen; **jeter l'~ avec l'eau du bain** das Kind mit dem Bad[e] ausschütten; **~ du premier/deuxième lit** Kind *nt* erster/zweiter Ehe; **être bon ~** gutmütig sein; *public:* wohlwollend sein; **avoir un air bon ~** gutmütig aussehen; **~ gâté(e)/pourri(e)** verwöhntes/verzogenes Kind; **innocent(e) comme l'~ qui vient de naître** unschuldig wie ein neugeborenes Kind; **~ prodige** Wunderkind *nt*; **l'~ prodigue** der verlorene Sohn; **être l'~ terrible de qc** das Enfant terrible einer S. *(Gen)* sein; **il n'y a plus d'~s!** das ist die Jugend von heute!; **les ~s s'amusent!** wie die kleinen Kinder!; **ne fais/faites pas l'~** sei/seid nicht kindisch [*o* albern]
◆ **~ de l'amour** Kind *nt* der Liebe; **~ de la balle** Komödiantenkind *nt*; **~ de chœur** Ministrant *m* ▶ **ne pas être un ~ de chœur** kein Unschuldsengel sein

enfantement [ɑ̃fɑ̃tmɑ̃] *m* ❶ *vieilli* Niederkunft *f (geh)*
❷ *littér (création)* Geburt *f (liter)*

enfanter [ɑ̃fɑ̃te] <1> I. *vi littér* gebären, niederkommen *(geh)*
II. *vt littér* ❶ *(accoucher)* **elle enfantera un fils** sie wird einen Sohn gebären
❷ *(créer)* hervorbringen, entstehen lassen

enfantillage [ɑ̃fɑ̃tijaʒ] *m* Albernheit *f*

enfantin(e) [ɑ̃fɑ̃tɛ̃, in] *adj* ❶ *(relatif à l'enfant)* rires, innocence kindlich; **chanson ~e** Kinderlied *nt*; **classe ~e** Vorschulklasse *f*
❷ *péj (puéril)* kindisch *(pej)*; **croyance ~e** Kinderglaube *m*
❸ *(simple)* kinderleicht

enfariné(e) [ɑ̃faʀine] *adj* ❶ bemehlt; *mains* mehlig
❷ *(couvert de poudre blanche)* [weiß]gepudert

enfer [ɑ̃fɛʀ] *m* ❶ REL Hölle *f*; **la Descente aux ~s de Rubens** die Höllenfahrt von Rubens
❷ *pl* MYTH *(lieu)* Unterwelt *f*, Orkus *m*; **Orphée aux ~s** Orpheus in der Unterwelt
❸ *(situation)* Hölle *f*; **c'est l'~** [*o* **un véritable ~**] das ist die Hölle [auf Erden]; **c'est l'~!** *fam (c'est affreux)* das ist eine Qual!; **vivre [dans] un véritable ~** die Hölle auf Erden haben
❹ *(dans une bibliothèque)* Giftschrank *m (fam)*
❺ *fam (expression intensifiante)* **d'~** *(sensationnel)* [affen]geil *(sl)*, heiß *(fam)*; **ambiance d'~** Bombenstimmung *f (fam)*; **boucan d'~** Riesenkrach *m (fam)*; **bruit d'~** *fam* Mordslärm *m (fam)*, Höllenlärm *(fam)*; **cadence d'~** Affentempo *nt (fam)*; **dispute d'~** *fam* Riesenkrach *m (fam)*; **jouer un jeu d'~** hoch [*o* mit hohem Einsatz] spielen; **elle a un look d'~!** *fam* sieht die geil aus! *(sl)*; **train d'~** Affentempo *nt (fam)*, Affenzahn *m (fam)*
▶ **l'~ est pavé de bonnes intentions** *prov* der Weg zur Hölle ist mit guten Vorsätzen gepflastert

enfermement [ɑ̃fɛʀməmɑ̃] *m* ❶ *(internement)* Einweisung *f*
❷ *(renfermement)* Gefangensein *nt*

enfermer [ɑ̃fɛʀme] <1> I. *vt* ❶ *(mettre dans un lieu fermé)* einschließen, einsperren; **~ de l'argent dans** Geld in etw *(Dat)* verschließen [*o* einschließen]; **~ de l'argent** Geld wegschließen; **être enfermé(e) dans qc** in etw *(Dat)* eingeschlossen sein
❷ *(mettre à l'asile, en prison)* einsperren
❸ *(maintenir)* **~ qn/qc dans un rôle** jdn/etw auf eine Rolle festlegen; **~ qn/qc dans une image** an einem bestimmten Bild von jdm/etw festhalten; **~ qn dans ses contradictions** jdn zum Opfer seiner eigenen Widersprüche werden lassen; **être enfermé(e) dans ses contradictions** sich in seinen eigenen Widersprüchen verfangen haben
❹ *(entourer)* umschließen
❺ SPORT **se laisser ~** sich einschließen lassen; *(à l'intérieur du peloton)* sich in die Zange nehmen lassen
❻ *vieilli (comporter)* **~ qc en soi** etw in sich *(Dat)* begreifen *(veraltet)*
▶ **être bon à ~** eingesperrt gehören; **être enfermé(e) dehors** *fam* ausgesperrt sein; **j'ai peur de me retrouver enfermé(e) dehors** ich habe Angst, mich auszusperren; **être/rester enfermé(e) chez soi** nicht aus dem Haus kommen/gehen
II. *vpr* ❶ *(s'isoler)* **s'~ dans qc** sich in etw *(Akk o Dat)* einschließen
❷ *(se cantonner)* sich verschließen; **s'~ dans le silence** sich in Schweigen hüllen; **s'~ dans sa fierté** in seinem Stolz verharren; **s'~ dans un rôle** sich auf eine Rolle festlegen; **s'~ dans une idée** sich auf eine Idee versteifen

enferrer [ɑ̃feʀe] <1> *vpr* **s'~ dans des mensonges** sich in Lügen verstricken

enficher [ɑ̃fiʃe] <1> *vt* **la prise** den Stecker in die Steckdose stecken

enfiévrer [ɑ̃fjevʀe] <5> I. *vt* **~ qn** *(exalter)* jdn in fieberhafte Erregung versetzen
II. *vpr* **s'~ pour qc** für etw entflammem *(geh)*

enfilade [ɑ̃filad] *f* **de couloirs, portes** [lange] Reihe; **~ de pièces** Zimmerflucht *f*; **phrases en ~** Aneinanderreihung *f* von Sätzen
▶ **prendre des personnes/qc en ~** *tireurs:* Menschen/etw unter Beschuss nehmen; *tir, salve:* auf Menschen/etw *(Akk)* herabhageln; **tir d'~** Längsbeschuss *m*

enfilage [ɑ̃filaʒ] *m de perles* Auffädeln *nt*; *d'une aiguille* Einfädeln *nt*

enfiler [ɑ̃file] <1> I. *vt* ❶ *(traverser par un fil)* einfädeln *aiguille*; auffädeln *perles*

❷ *(mettre)* ~ **des perles sur un fil** Perlen auf einen Faden aufziehen; ~ **un fil dans un chas** einen Faden in ein Nadelöhr einfädeln
❸ *(passer)* überziehen *pullover;* überstreifen *bague;* ~ **son pantalon** in die Hose schlüpfen
❹ *(débiter)* aneinanderreihen *mots, réflexions*
❺ *(prendre)* [hindurch]gehen durch *porte;* ~ **un chemin** *conducteur, voiture:* in einen Weg hineinfahren, einbiegen; *piéton:* einen Weg einschlagen, in einen Weg einbiegen
❻ *vulg (posséder sexuellement)* ficken *(vulg)*
II. *vpr* ❶ *(s'engager)* **s'~ dans une ruelle** in eine Gasse einbiegen; **s'~ dans l'escalier** die Treppe nehmen
❷ *fam (s'envoyer)* **s'~ une boisson** ein Getränk hinunterschütten *(fam);* **s'~ de l'alcool** einen zwitschern *(fam)*
❸ *fam (se taper)* **s'~ tout le travail** die ganze Arbeit machen [müssen]

enfin [ɑ̃fɛ̃] *adv* ❶ *(fin d'une attente)* endlich; **te voilà ~ !** da bist du ja endlich!
❷ *(fin d'une énumération)* schließlich
❸ *(pour corriger ou préciser)* beziehungsweise, genauer gesagt; **elle est jolie, ~, à mon sens** sie ist hübsch, jedenfalls meiner Meinung nach
❹ *(marquant la gêne)* na ja; **tu as fait ce travail? – Ben oui ... euh ... ~ non!** hast du deine Arbeit gemacht? – Natürlich ... äh ... eigentlich [noch] nicht!
❺ *(bref)* kurzum
❻ *(pour clore la discussion)* ~, **on verra bien** na ja, wir werden es ja sehen; ~, **tu fais pour le mieux** du tust jedenfalls, was du kannst; ~, **c'est comme ça!** nun ja, das ist eben so!; ~, **ça te regarde, après tout** letztendlich geht es vor allem dich etwas an
❼ *(tout de même)* schließlich, doch [schließlich]; **comment, tu ne sais pas la réponse! Enfin, c'est facile!** was, du weißt die Antwort nicht? Das ist doch ganz einfach!
❽ *(marque l'irritation)* komm, komm!, also wirklich!; ~, **c'est quelque chose, quand même!** das ist doch wirklich allerhand!; ~ **parle!** rede doch endlich!; ~, **à quoi tu penses?** wo denkst du denn hin!
▶ ~ **bref** kurz und gut; ~ **passons** was soll's *(fam),* sei's drum *(fam);* ~ **voilà** *(en somme)* ~ **voilà, je n'en sais pas plus** ja, mehr weiß ich auch nicht; **qu'est-ce que tu as décidé? – Ben, c'est-à-dire que... – voilà:...** wie hast du dich nun entschieden? – Nun ja, das heißt ... also [gut]: ...; **certes, ~ ce n'est certes pas beaucoup, mais ~, c'est toujours ça** es ist sicherlich nicht viel, aber schließlich besser als nichts; **il n'a pas dit non, mais ~, il n'était pas enthousiaste** er hat [zwar] nicht nein gesagt, aber er war auch nicht gerade begeistert; **m'~** *fam* jetzt reicht's aber auf *(fam);* ~ **quoi** *fam* also wirklich *(fam);* ~ **quoi, ça commence à bien faire, maintenant!** jetzt reicht's aber langsam! *(fam);* ~, **c'est vrai, quoi, tu pourrais faire un effort!** stimmt doch auch, du könntest dir wirklich etwas Mühe geben! *(fam)*

enflammé(e) [ɑ̃flame] *adj* ❶ *(passionné)* leidenschaftlich; *discours* flammend; *paroles* glühend, leidenschaftlich; *nature* feurig, leidenschaftlich; **une déclaration ~e** eine glühende Liebeserklärung
❷ *MED* entzündet
❸ *(brûlant)* brennend; *littér (empourpré) visage, joues* glühend rot; *ciel, horizon* glutrot

enflammer [ɑ̃flame] <1> I. *vt* ❶ *(mettre le feu à)* entzünden, in Brand setzen
❷ *(exalter)* entflammen; hellauf begeistern, entflammen *personne;* entfachen, entflammen *zèle, passion;* anregen *imagination*
❸ *MED* ~ **une plaie** die Entzündung einer Wunde verursachen
❹ *littér (illuminer)* glutrot färben *ciel, horizon;* **la honte lui enflamme le visage** die Schamröte steigt ihm/ihr ins Gesicht; **la colère enflamme son regard** seine/ihre Augen sprühen vor Zorn
❺ *littér (rendre brûlant) fièvre:* zum Glühen bringen; *brusque chaleur, soleil:* glühend heiß werden lassen
II. *vpr* **s'~** ❶ *(prendre feu)* sich entzünden, in Brand geraten
❷ *(s'animer) personne:* in helle Begeisterung geraten; *esprits, imagination:* sich entzünden; **s'~ de qc** *yeux, regard:* vor etw *(Dat)* sprühen
❸ *MED* sich entzünden

enflé [ɑ̃fle] *m fam* Dummkopf *m (fam),* Trottel *m (fam)*

enflé(e) [ɑ̃fle] *adj MED* [an]geschwollen

enfler [ɑ̃fle] <1> I. *vt* ❶ *(faire augmenter)* anschwellen lassen *doigts, corps, rivière;* lauter werden lassen *voix;* **la cortisone lui enfle le visage** das Kortison hat sein/ihr Gesicht aufgeschwemmt; **ses chaussures trop étroites lui enflent les pieds** durch seine/ihre zu engen Schuhe hat er/sie [an]geschwollene Füße
❷ *vieilli (grossir)* aufbauschen *événement, réalité;* höher [o hoch] ansetzen *comptes, dépenses, chiffre*
❸ *vieilli (gonfler)* blähen, bauschen *voiles*
II. *vi* anschwellen; **à cause de la cortisone, son corps a tendance à ~** wegen des Kortisons quillt sein/ihr Körper immer mehr auf
III. *vpr* **s'~** anschwellen

enflure [ɑ̃flyʀ] *f* ❶ *MED* Schwellung *f*
❷ *(forme emphatique) du style* Schwulst *m,* Schwülstigkeit *f*
❸ *fam (enflé)* Idiot *m (pej fam)*

enfoiré [ɑ̃fware] *m vulg* dummer Sack *(vulg);* *(salaud)* Arschloch *nt (vulg)*

enfoncé(e) [ɑ̃fɔ̃se] *adj yeux* tief liegend

enfoncement [ɑ̃fɔ̃smɑ̃] *m* ❶ *(action) d'un clou, piquet* Einschlagen *nt; d'un pieu* Einrammen *nt; d'une porte* Einschlagen *nt,* Eindrücken *nt; d'une barrière* Durchbrechen *nt,* Durchstoßen *nt;* **l'~ des piquets peut se faire sans maillet** die Heringe kann man ohne Hammer in den Boden schlagen
❷ *(niche, creux) d'une pièce, porte* Nische *f; d'une falaise, d'un vallon* Einbuchtung *f,* Vertiefung *f*

enfoncer [ɑ̃fɔ̃se] <2> I. *vt* ❶ *(planter, ficher)* hineinschlagen *clou, piquet,* hineindrücken *punaise, graine, plante;* hineinstoßen, hineinstechen *couteau;* hineinstechen *aiguille;* hineinstoßen *coude, genou, doigt;* hineintreiben *coin*
❷ *(mettre)* ~ **ses mains dans qc** die/seine Hände tief in etw *(Akk)* hineinstecken; ~ **ses mains dans ses poches** die Hände in den Taschen vergraben; ~ **son chapeau sur ses yeux** den Hut tief ins Gesicht ziehen
❸ *(briser en poussant)* eindrücken *grilles, voiture, cage thoracique;* eindrücken, einschlagen *porte;* einschlagen *crâne;* durchbrechen *mur; (avec un bélier)* einrammen
❹ *MIL armée:* durchbrechen, überrennen; ~ **qn** sich gegen jdn überlegen durchsetzen; **se faire ~** vernichtend geschlagen werden
❺ *SPORT fam (vaincre)* ~ **qn** *footballeur:* jdn in Grund und Boden spielen; **se faire ~** haushoch verlieren
❻ *(aggraver la situation de)* ~ **qn dans la dépendance** jdn in die Abhängigkeit treiben; ~ **qn dans la misère** jdn ins Elend stürzen
❼ *fam (laisser se perdre)* niedermachen *(fam),* reinrasseln lassen *(fam) candidat;* **tes explications ne font que t'~ davantage** mit deinen Erklärungen reitest du dich nur noch mehr hinein *(fam)*
II. *vi* ~ **dans qc** in etw *(Dat)* versinken [o einsinken]
III. *vpr* ❶ *(aller vers le fond)* **s'~ dans la neige/les sables mouvants** im Schnee/Treibsand einsinken; **s'~ dans un liquide** in einer Flüssigkeit versinken
❷ *(se creuser)* **s'~** *mur, maison:* sich senken; *sol, fauteuil, matelas:* [zu sehr] nachgeben; **la maison s'est enfoncée de trois centimètres** das Haus hat sich um drei Zentimeter gesenkt
❸ *(se planter, se ficher)* **s'~ une aiguille dans le bras** sich *(Dat)* eine Nadel in den Arm stechen; **s'~ une écharde sous l'ongle** sich *(Dat)* einen Splitter unter den Nagel einreißen
❹ *(pénétrer)* **s'~ dans qc** *vis, écharde:* in etw *(Akk)* eindringen
❺ *(s'engager)* **s'~ dans l'obscurité** in die Dunkelheit eintauchen; **s'~ dans l'espace** weit in den Weltraum vordringen
❻ *(s'installer au fond)* **s'~ dans un fauteuil** es sich *(Dat)* in einem Sessel bequem machen; **s'~ sous la couverture** sich unter der Decke verkriechen
❼ *(s'étendre à l'intérieur de)* **s'~ dans la vallée** *route:* weit ins Tal hineingehen
❽ *(être entraîné dans)* **s'~ dans le vice/la misère** im Laster/Elend versinken
❾ *fam (se perdre)* **s'~** sich reinreißen *(fam)*

enfonceur, -euse [ɑ̃fɔ̃sœʀ, -øz] *m, f* ▶ **c'est un ~/une enfonceuse de porte[s] ouverte[s]** er/sie rennt offene Türen ein

enfoui(e) [ɑ̃fwi] I. *part passé de* **enfouir**
II. *adj* ❶ *(recouvert)* **~(e) dans/sous qc** in/unter etw *(Dat)* vergraben; **le trésor ~ dans l'île** der auf der Insel vergrabene Schatz
❷ *(caché) village* völlig versteckt; **une maison ~e sous la verdure** ein völlig zugewachsenes Haus

enfouir [ɑ̃fwiʀ] <8> I. *vt* ❶ *(mettre en terre)* vergraben; *(pas trop profond)* verscharren; untergraben *graines, semences;* ~ **du fumier** Dung unterpflügen
❷ *(cacher)* verstecken; ~ **son visage dans son oreiller** sein Gesicht im Kopfkissen vergraben
❸ *littér (enfermer en soi)* verschließen
II. *vpr* ❶ *(se blottir)* **s'~ sous ses couvertures** sich unter der Decke vergraben
❷ *(se réfugier)* **s'~ dans un trou/terrier** *animal:* sich in einem Loch/seinem Bau verkriechen
❸ *(se plonger)* **s'~ dans ses livres/son travail** sich in seine Bücher/seine Arbeit vergraben

enfouissement [ɑ̃fwismɑ̃] *m* Vergraben *nt; des semences* Untergraben *nt;* ~ **de l'engrais vert** Gründüngung *f*

enfourcher [ɑ̃fuʀʃe] <1> *vt* ~ **son cheval/vélo** sein Pferd besteigen/aufs Fahrrad steigen; ~ **une chaise** sich rittlings auf einen Stuhl setzen

enfournement [ɑ̃fuʀnəmɑ̃] *m* Hineinschieben *nt* in den Ofen

enfourner [ɑ̃fuʀne] <1> *vt* ❶ *(mettre au four)* in den [Back]ofen schieben *pain, gâteau;* in die Bratröhre schieben *rôti;* in den Brenn-

ofen stellen *poterie*
② *fam (fourrer)* ~ **qc dans qc** etw [in etw *(Akk)*] hineinstecken [*o* hineinschieben], etw in etw *(Akk)* stecken [*o* schieben]
③ *fam (ingurgiter)* in sich *(Akk)* hineinschaufeln]; ~ **qc dans la bouche à qn** jdm etw in den Mund schieben
enfreindre [ãfʀɛ̃dʀ] <*irr*> *vt* ~ **qc** gegen etw verstoßen; ~ **ses devoirs** die Amtspflicht verletzen
enfuir [ãfɥiʀ] <*irr*> *vpr* ❶ *(fuir)* **s'**~ fliehen, flüchten; **s'**~ **en courant** davonsausen; **s'**~ **dans la forêt** in den Wald fliehen [*o* flüchten]; **s'**~ **de qc** aus etw fliehen
② *littér* **s'**~ entschwinden; *jeunesse, temps, bonheur:* dahinschwinden
enfumé(e) [ãfyme] *adj* rauchig, verräuchert
enfumer [ãfyme] <1> *vt* ❶ *(emplir de fumée)* verräuchern *pièce, atmosphère*
② *(incommoder par la fumée)* einräuchern *personnes*
③ *(se débarrasser de)* ausräuchern *animaux, personnes*
engagé(e) [ãɡaʒe] I. *adj* ❶ ~ **(e) dans qc** engagiert in etw *(Dat)*
② ARCHIT ~ **(e) dans qc** eingelassen in etw *(Dat)*
II. *m(f)* ❶ MIL Freiwillige(r) *f(m)*
② SPORT Teilnehmer(in) *m(f)*
engageant(e) [ãɡaʒã, ãt] *adj avenir* verlockend; *aspect, paroles* einladend, verlockend; *air, mine* verführerisch; *sourire* gewinnend, einnehmend
engagement [ãɡaʒmã] *m* ❶ *(promesse)* Verpflichtung *f*; **devoir faire face à de multiples ~s** vielerlei Verpflichtungen nachkommen müssen; **honorer** [*o* **tenir**] **un ~/ses ~s** eine Verpflichtung/seine Verpflichtungen einhalten [*o* erfüllen]; **être retenu(e) par un ~** wegen einer anderweitigen Verpflichtung verhindert sein; **~ complémentaire** Zusatzverpflichtung; **~ contractuel/juridique** vertragliche/rechtliche Bindung; **~ locatif** Mietverpflichtung; **~ obligatoire** bindende Verpflichtung; **~ du maître de l'ouvrage** Bauherrenverpflichtung *(Fachspr.)*; **respecter un ~** eine Verpflichtung einhalten; **sans ~ de votre part** unverbindlich für Sie
② *(embauche)* Einstellung *f*, Anstellung *f*; MIL Verpflichtung *f* [zum Militärdienst]; THEAT, CINE Engagement *nt*; **~ volontaire** freiwillige Verpflichtung; **signer un ~ par devancement d'appel** sich vorzeitig zum Militärdienst melden; **signer un ~ de cinq ans** sich für fünf Jahre verpflichten
③ *(activité politique)* **~ [politique]** politisches Engagement
④ SPORT *(coup d'envoi)* Anspiel *nt;* *(inscription)* Anmeldung *f*
⑤ MIL *(combat)* Kampfhandlung *f*, Gefecht *nt*, Einsatz *m*
⑥ *(dépenses, obligation de payer)* [Zahlungs]verpflichtung *f*, Verbindlichkeit *f*, Obligo *nt (Fachspr.)*; **~ cambiaire** Wechselobligo; **~ nostro** Nostroverbindlichkeit *(Fachspr.)*; **~ documentaire** Remboursverbindlichkeit; **~ juridique** Rechtsverbindlichkeit; **~s en monnaie étrangère** Fremdwährungsverbindlichkeiten *(Fachspr.)*; **~s à court terme** kurzfristige Verbindlichkeiten; **~ [relatif] à la retraite** Pensionsverpflichtung, Rentenverpflichtung; **~ d'entreprise** Unternehmensverbindlichkeit; **respecter/ne pas respecter ses ~s** seinen Verbindlichkeiten nachkommen/nicht nachkommen; **sans ~** COM offre, prix freibleibend, unverbindlich, ohne Obligo *(Fachspr.)*; **faire une offre de qc sans ~** COM etw freibleibend anbieten, etw ohne Obligo anbieten *(Fachspr.)*
⑦ FIN *(immobilisation)* **~ de fonds** Bindung *f* von Geldmitteln; **~ d'une journée** Ein-Tages-Engagement *nt*
⑧ *(mise en gage)* Verpfändung *f;* *(récépissé)* Pfandschein *m*, Leihschein
⑨ MED Eintritt *m* [in den Geburtskanal]
⑩ *(action de commencer)* d'une *procédure* Einleitung *f*
◆ **~ d'achat** JUR Bezugspflicht *f;* **~ d'approvisionnement** FIN Bezugsbindung *f (Fachspr.)*; **~ par caution** JUR Bürgschaftsübernahme *f;* **~ d'enlèvement de livraison** Abnahmeverpflichtung *f;* **~ de non-concurrence** Wettbewerbsabrede *f;* **~ de l'offre** JUR Angebotsbindung *f;* **~ du personnel** Personaleinsatz *m;* **~ de prise de livraison** Abnahmeverpflichtung *f;* **~ de réexpédition** JUR Weitertransportverpflichtung *f*
engager [ãɡaʒe] <2a> I. *vt* ❶ *(mettre en jeu)* **~ qc** mit etw haften [*o* bürgen]; **~ sa parole** sein Wort geben; **~ son honneur/sa vie** seine Ehre/sein Leben einsetzen; **~ sa responsabilité** die Verantwortung übernehmen; POL die Vertrauensfrage stellen
② *(lier)* verpflichten, binden; **cela n'engage à rien** das verpflichtet zu nichts; **cela ne vous engage à rien** das verpflichtet Sie zu nichts
③ *(embaucher)* anstellen, einstellen *représentant, directeur;* engagieren *comédien;* **se faire ~ comme secrétaire** als Sekretär(in) eingestellt werden
④ *(commencer)* eröffnen *bataille, débat, partie;* einleiten *recherche, processus*
⑤ *(inciter)* **~ qn à qc** jdn zu etw veranlassen; *personne:* jdn um etw bitten; **~ qn à faire qc** jdn dazu veranlassen etw zu tun; *personne:* jdn darum bitten etw zu tun; **~ qn à la plus grande discrétion** jdn um äußerste Diskretion bitten

⑥ *(investir)* **~ de l'argent dans qc** Geld in etw *(Akk)* [hinein]stecken [*o* investieren]
⑦ *(mettre en gage)* verpfänden, versetzen; **objet engagé** Pfandsache *f*
⑧ *(faire prendre une direction à)* **~ un véhicule/bateau dans qc** ein Fahrzeug/Boot in etw *(Akk)* [hinein]steuern; **le camion est mal engagé** der Lkw hat Schwierigkeiten beim Rangieren
⑨ *(entraîner)* **~ qn/qc dans un conflit** jdn/etw in einen Konflikt hineinziehen
⑩ *(enfoncer)* **~ la clé dans la serrure** den Schlüssel ins Schloss [hinein]stecken
II. *vpr* ❶ *(promettre)* **s'~ à faire qc** sich [dazu] verpflichten etw zu tun; **s'~ vis-à-vis de** [*o* **sur**] **la Constitution** einen Eid auf die Verfassung schwören; **elle n'a pas voulu s'~ sur cette question** sie wollte sich in dieser Frage nicht festlegen
② *(louer ses services)* **s'~** *soldat:* sich [freiwillig] verpflichten; **s'~ dans qc** *(s'enrôler)* in den Dienst einer S. *(Gen)* treten; **s'être engagé(e) comme chauffeur chez qn** bei jdm eine Stelle als Chauffeur angenommen haben; **être prêt(e) à s'~ comme n'importe quoi** bereit sein, jede beliebige Stelle anzunehmen
③ *(choisir)* **s'~ dans qc** sich für etw entscheiden
④ *(pénétrer)* **s'~ dans une rue** in eine Straße einbiegen; **s'~ sous le pont** *véhicule:* unter die Brücke fahren
⑤ *(se loger)* **s'~ dans qc** in etw *(Akk)* hineinpassen; **la clé ne s'engage pas dans la serrure** der Schlüssel passt nicht ins Schloss
⑥ *(se lancer)* **s'~ dans qc** sich auf etw *(Akk)* einlassen; **s'~ dans un conflit** sich in einen Konflikt hineinbegeben
⑦ *(prendre position)* **s'~ dans la lutte contre qc** sich im Kampf gegen etw engagieren; **s'~ sur une question** sich auf eine Frage einlassen
⑧ *(commencer)* **s'~** *processus, négociation:* in Gang kommen
engeance [ãʒãs] *f péj* Gesindel *nt (pej)*
engelure [ãʒlyʀ] *f* Frostbeule *f*
engendrer [ãʒãdʀe] <1> *vt* ❶ *(donner naissance à)* zeugen
② *(avoir pour effet)* generieren, erzeugen *structure, phrase;* GEOM ergeben, erzeugen *sphère, cylindre*
engin [ãʒɛ̃] *m* ❶ *fam (machin)* Ding *nt (fam)*
② CONSTR [Bau]maschine *f*, Gerät *nt*
③ MIL Kriegsgerät *nt;* **~ atomique** Atomrakete *f;* **~ blindé** [**de reconnaissance**] Spähpanzer *m;* **~ spatial** Raumflugkörper *m;* **~s spéciaux** Raketenwaffen *Pl*
④ *fam (objet encombrant)* Apparat *m (fam)*
⑤ *(véhicule)* Wagen *m;* **~ motorisé** Motorfahrzeug *nt*
⑥ *fam (homme grand et fort)* Kleiderschrank *m (fam);* [*femme grande et forte*] Maschine *f (fam)*
◆ **~ de chasse** Jagdgerät *nt;* **~ de guerre** Kriegsgerät *nt;* **~ de levage** Hebezeug *nt;* **~ de manutention** Verladegerät *nt;* **~ de pêche** Fischereigerät *nt;* **~ de terrassement** Erdbaumaschine *f*
engineering [ɛnˈdʒiniʀiŋ] *m v.* **ingénierie**
englober [ãɡlɔbe] <1> *vt* [mit] einbeziehen, einschließen
engloutir [ãɡlutiʀ] <8> I. *vt* ❶ schlingen
II. *vt* ❶ *(dévorer)* verschlingen, hinunterschlingen; **~ le repas** das Essen reinwürgen *(fam)*
② *(dilapider)* verprassen; **sa fortune dans qc** sein Vermögen in etw *(Akk)* hineinstecken
③ *(coûter cher, consommer trop)* verschlingen *argent, somme*
④ *(faire disparaître)* versenken; *inondation:* überfluten; *mer, vagues:* verschlingen, in die Tiefe reißen; *éboulement, éruption:* unter sich *(Dat)* begraben; *brume:* verschlucken
III. *vpr* **s'être englouti(e) dans la mer** im Meer versunken sein
engluer [ãɡlye] <1> I. *vt* ❶ *(enduire de glu)* mit Leim bestreichen
② *(prendre avec de la glu)* mit Leimruten fangen *oiseaux*
③ *(rendre gluant)* klebrig machen *doigts;* **ses mains engluées de confiture** seine mit der Marmelade klebrigen Händen
II. *vpr* ❶ **s'~ les doigts/mains de qc** sich *(Dat)* die Finger/Hände mit etw klebrig machen
② *fig* **s'~ dans une explication** sich in einer Erklärung festfahren
engoncer [ãɡɔ̃se] <2> *vt vêtement:* plump aussehen lassen; **avoir l'air engoncé** *personne:* ein steifes Aussehen haben; **être engoncé(e) dans qc** *cou:* in etw *(Dat)* stecken
engorgement [ãɡɔʀʒəmã] *m des bronches, poumons* Verschleimung *f; d'un conduit, tuyau, d'une route, ville* Verstopfung *f; du marché* Übersättigung *f;* **~ de la circulation** Verkehrsinfarkt *m;* **~ mammaire** Milchstau *m*
engorger [ãɡɔʀʒe] <2a> I. *vt* verstopfen *conduit, tuyau, route;* überschwemmen *marché;* MED verstopfen
II. *vpr* **s'~** *tuyau:* verstopfen; *bronches:* verschleimen
engouement [ãɡumã] *m* Schwärmerei *f*, [kurze] Begeisterung *f;* **~ de qn pour qn/qc** jds Schwärmerei für jdn/etw
engouer [ãɡwe] <1> *vpr* **s'~ de qn/qc** für jdn/etw schwärmen
engouffrer [ãɡufʀe] <1> I. *vt* ❶ *(entraîner)* mer, tempête: mit sich reißen
② *fam (dévorer)* runterschlingen *(fam)*

❸ *(dilapider)* ~ **de l'argent dans qc** Geld in etw *(Akk)* hineinstecken
❹ *(consommer)* verschlingen *argent, essence, électricité*
II. *vpr* **des personnes s'engouffrent dans qc** Menschen stürzen sich in etw *(Akk)*; **s'~ dans qc** *vent:* in etw *(Akk)* hineinfahren; *eau:* in etw *(Akk)* hineinstürzen [*o* hineinströmen]
engourdi(e) [ɑ̃guʀdi] *adj* ❶ *(ankylosé) doigts* klamm, gefühllos; **j'ai le bras tout ~** mein Arm ist eingeschlafen
❷ *(de froid) esprit* steif; *esprit* träge
engourdir [ɑ̃guʀdiʀ] <8> **I.** *vt* ❶ *(ankyloser)* klamm [*o* gefühllos] werden lassen *doigts, mains;* **le froid engourdit les pieds** durch die Kälte werden die Füße ganz gefühllos und steif
❷ *(affaiblir)* benommen machen *personne;* schwächen *volonté;* betäuben *esprit, peine*
II. *vpr* **s'~** ❶ *(s'ankyloser)* steif [*o* gefühllos] werden; **mon bras s'est engourdi** mein Arm ist eingeschlafen
❷ *(s'affaiblir) personne:* schläfrig werden; *esprit:* träge werden; *facultés, sentiment:* nachlassen
engourdissement [ɑ̃guʀdismɑ̃] *m* ❶ *(ankylose)* Steifwerden *nt,* Gefühlloswerden *nt; (par le froid)* Klammwerden *nt,* Erstarrung *f*
❷ *(état)* Steifheit *f,* Gefühllosigkeit *f*
❸ *(torpeur)* Trägheit *f,* Benommenheit *f*
engrais [ɑ̃gʀɛ] *m* ❶ *(substance)* Dünger *m;* ~ **azoté[s]** Stickstoffdünger *m;* ~ **chimiques** [*o* **industriels**] Kunstdünger *m;* ~ **liquide** Flüssigdünger *m;* ~ **naturel** Naturdünger; ~ **minéraux** anorganische Düngemittel *Pl;* ~ **organiques** Naturdünger *m;* ~ **phosphatés** Phosphatdünger *m;* ~ **potassiques** Kalidünger *m;* ~ **végétaux** pflanzliche Düngemittel *Pl;* ~ **[pour] gazon** Rasendünger
❷ *(engraissement)* **porcs à l'~** Mastschweine *Pl;* **être mis à l'~** gemästet werden
engraissage [ɑ̃gʀɛsaʒ] *m,* **engraissement** [ɑ̃gʀɛsmɑ̃] *m* Mast *f,* Mästen *nt*
engraisser [ɑ̃gʀɛse] <1> **I.** *vt* ❶ *(rendre plus gras)* mästen
❷ *(fertiliser)* düngen
II. *vi* Fett ansetzen
III. *vpr* **s'~ de qc** sich an etw *(Dat)* bereichern
engranger [ɑ̃gʀɑ̃ʒe] <2a> *vt* ❶ *(mettre en grange)* einfahren
❷ *(accumuler)* horten
engrenage [ɑ̃gʀənaʒ] *m* ❶ TECH [Zahnrad]getriebe *nt,* [Räder]triebe; *d'un moulin à vent* Mühlwerk *nt;* ~ **différentiel** Differenzial[getriebe *nt*] *nt*
❷ *(enchaînement)* Verkettung *f;* ~ **de la violence** Gewaltspirale *f*
▶ **être pris(e) dans un/l'~** in ein/das Räderwerk geraten
◆ ~ **à chaîne** Kettengetriebe *nt;* ~ **à crémaillère** Zahnstangengetriebe *nt*
engrener [ɑ̃gʀəne] <4> **I.** *vt* ❶ TECH ~ **qc dans qc** etw mit etw verzahnen
❷ AGR ~ **une batteuse** einer Dreschmaschine Garben zuführen
II. *vpr* TECH **s'~ dans qc** in etw *(Akk)* greifen; **les roues s'engrènent** die Räder greifen ineinander
engrosser [ɑ̃gʀose] <1> *vt vulg* ~ **qn** jdm ein Kind machen *(fam),* **se faire ~ par qn** *(volontairement)* sich *(Dat)* von jdm ein Kind machen lassen *(fam); (involontairement)* von jdm geschwängert werden
engueulade [ɑ̃gœlad] *f fam* ❶ *(réprimande)* Anpfiff *m (fam);* **passer une ~ à qn** jdn zur Schnecke machen *(fam);* **recevoir une ~ de qn** von jdm einen Anpfiff bekommen *(fam)*
❷ *(scène)* Krach *m (fam);* **avoir une ~ avec qn** Krach mit jdm haben *(fam);* ~ **au sein de la famille** Familienkrach *(fam)*
engueuler [ɑ̃gœle] <1> **I.** *vt fam* ~ **qn** jdn anschnauzen *(fam),* jdn anblaffen *(fam);* **se faire ~ par qn** von jdm angeschnauzt werden *(fam)*
II. *vpr fam* ❶ *(se crier dessus)* **s'~** sich anbrüllen
❷ *(se disputer)* **s'~** sich krachen *(fam);* **s'~ avec qn** sich mit jdm krachen *(fam)*
enguirlander [ɑ̃giʀlɑ̃de] <1> *vt* ❶ *(orner)* mit Girlanden schmücken
❷ *fam (engueuler)* zusammenstauchen *(fam);* **se faire ~ par qn** von jdm zusammengestaucht werden *(fam)*
enhardir [ɑ̃aʀdiʀ] <8> **I.** *vt* ermutigen
II. *vpr* **s'~** mutiger werden; **s'~ à poser une question** sich *(Dat)* ein Herz fassen und eine Frage stellen; **s'~ à sortir seul** sich *(Dat)* ein Herz fassen und allein ausgehen
énième [ɛnjɛm] *adj* **le/la ~** der/die/das x-te; **pour la ~ fois** zum x-ten Mal
énigmatique [enigmatik] *adj air, regard* geheimnisvoll; *personnage, mort* rätselhaft; *sourire* unergründlich; **pourquoi prends-tu cet air ~?** warum tust du so geheimnisvoll?
énigme [enigm] *f* ❶ *(mystère)* Rätsel *nt;* **se trouver devant une ~** vor einem Rätsel stehen
❷ *(devinette)* Rätsel *nt;* ~ **mathématique** Zahlenrätsel; **poser une ~ à qn** jdm ein Rätsel aufgeben
enivrant(e) [ɑ̃nivʀɑ̃, ɑ̃t] *adj* berauschend; *parfum* betäubend;

d'une beauté ~**e** von betörender Schönheit
enivrement [ɑ̃nivʀəmɑ̃] *m fig littér* Rausch *m*
enivrer [ɑ̃nivʀe] <1> **I.** *vt* ❶ *(rendre ivre)* berauschen, betrunken machen
❷ *(griser)* berauschen; *parfum, air:* betäuben; *beauté:* betören; *joie:* trunken machen *(geh); sport:* in Begeisterung versetzen
II. *vpr* ❶ **s'~** sich betrinken
❷ *fig* **s'~ de qc** sich an etw *(Dat)* berauschen
enjambée [ɑ̃ʒɑ̃be] *f* ❶ großer Schritt; **à grandes** [*o* **longues**] ~**s** mit langen [*o* raumgreifenden] Schritten; **faire une ~** einen großen Schritt machen; **d'une ~** mit einem Schritt
❷ *vieilli (longueur d'une enjambée)* Schrittlänge *f*
enjambement [ɑ̃ʒɑ̃bmɑ̃] *m* Zeilensprung *m,* Enjambement *nt*
enjamber [ɑ̃ʒɑ̃be] <1> *vt* ❶ *(franchir)* ~ **un fossé** einen großen Schritt über einen Graben hinweg machen; ~ **un mur** über eine Mauer hinwegsteigen; ~ **la fenêtre/une valise** durch das Fenster/über einen Koffer steigen
❷ *fig viaduc, pont:* überspannen
enjeu [ɑ̃ʒø] <x> *m* ❶ *(argent)* Einsatz *m*
❷ *fig* **être l'~ de qc** bei etw auf dem Spiel stehen
enjoindre [ɑ̃ʒwɛ̃dʀ] <*irr*> *vt littér* ~ **qc à qn** jdm etw gebieten *(geh);* ~ **à qn de faire qc** jdm gebieten etw zu tun *(geh)*
enjôler [ɑ̃ʒole] <1> *vt* ~ **qn par** [*o* **avec**] **qc** jdn mit etw umgarnen *(fam)*
enjôleur, -euse [ɑ̃ʒolœʀ, -øz] **I.** *adj paroles* [ein]schmeichelnd; *sourire, regard* verführerisch
II. *m, f* Schmeichler(in) *m(f)*
enjolivement [ɑ̃ʒɔlivmɑ̃] *m* ❶ *(ornement)* Verzierung *f*
❷ LITTER *d'un texte* Ausschmückung *f*
enjoliver [ɑ̃ʒɔlive] <1> *vt* ❶ *(orner)* [ver]zieren
❷ *(broder)* ausschmücken *texte*
❸ FIN ~ **les comptes** die [Geschäfts]bücher schönen
enjoliveur [ɑ̃ʒɔlivœʀ] *m* Radkappe *f,* Radzierblende *f*
enjoué(e) [ɑ̃ʒwe] *adj* heiter; **être d'un caractère ~** ein sonniges Gemüt haben
enjouement [ɑ̃ʒumɑ̃] *m* Heiterkeit *f*
enkystement [ɑ̃kistəmɑ̃] *m* Abkapselung *f*
enkyster [ɑ̃kiste] <1> *vpr* **s'~** sich abkapseln
enlacement [ɑ̃lasmɑ̃] *m* ❶ *(enchevêtrement)* Geflecht *nt; de ruelles* Gewirr *nt;* **l'~ des lianes** das Lianengewirr
❷ *(étreinte)* Umarmung *f*
enlacer [ɑ̃lase] <2> **I.** *vt* ❶ *(étreindre)* umschlingen; **tendrement enlacés** zärtlich umschlungen
❷ *(entourer)* umschlingen, umranken; **ornements enlacés** ineinandergeschlungene Ornamente
II. *vpr* ❶ *(s'étreindre)* **s'~** sich umarmen; *lutteurs:* sich umklammern; *danseurs:* die Arme umeinanderlegen
❷ *(entourer)* **s'~ autour de qc** sich um etw schlingen; *(s'entrecroiser)* sich verflechten
enlaidir [ɑ̃ledir] <8> **I.** *vi (devenir laid)* hässlich werden
II. *vt (rendre laid)* entstellen *personne;* verunstalten *paysage, quartier*
enlaidissement [ɑ̃ledismɑ̃] *m d'une personne* Hässlichmachen *nt; d'un paysage, quartier* Verunstaltung *f*
enlevé(e) [ɑ̃lve] *adj portrait, récit* lebendig; *scène* lebendig gespielt; *morceau de musique* lebhaft [*o* schwungvoll] vorgetragen
enlèvement [ɑ̃lɛvmɑ̃] *m* ❶ *(rapt)* Entführung *f*
❷ *(évacuation) des marchandises, meubles* Abholen *nt,* Abholung *f; des détritus* Beseitigung *f;* **l'~ des ordures ménagères** die Müllabfuhr
❸ MIL Eroberung *f*
◆ ~ **de mineur** Kindesentführung *f*
enlever [ɑ̃lve] <4> **I.** *vt* ❶ *(déplacer)* wegnehmen, wegstellen; ~ **les draps d'un lit** die Bettwäsche abziehen; **il n'arrive pas à ~ sa casque** er kriegt seinen Helm nicht runter *(fam);* **enlève tes mains de tes poches!** nimm die Hände aus den Taschen!
❷ *(décoller)* ablösen; ~ **la peau de qc** etw schälen
❸ *(faire disparaître)* entfernen *tache;* streichen *mot, phrase;* ~ **le goût amer de qc** einer S. *(Dat)* den bitteren Geschmack nehmen; ~ **les odeurs** Gerüche beseitigen
❹ *(ôter)* ~ **l'envie/le goût à qn de faire qc** jdm die Lust nehmen etw zu tun; ~ **la garde des enfants à qn** jdm das Sorgerecht für die Kinder entziehen; **cela leur enlèvera l'envie de recommencer** das wird es ihnen austreiben; **cet échec n'enlève rien à tes mérites** dieser Misserfolg schmälert deine Verdienste nicht
❺ *(emporter)* abholen; **faire ~ qc** etw abholen lassen
❻ *(retirer)* abnehmen *chapeau, montre;* abnehmen, absetzen *lunettes;* ausziehen *vêtement, chaussures*
❼ *littér maladie:* hinwegraffen *(geh);* **la mort nous l'a enlevé** der Tod hat ihn uns entrissen *(geh)*
❽ *(gagner)* gewinnen *course;* davontragen *victoire;* erobern *place forte;* ~ **une affaire** den Zuschlag für ein Geschäft bekommen; ~ **la majorité des sièges** die Mehrheit der Sitze erringen

ennui/dégoût/antipathie	
exprimer l'ennui	**Langeweile ausdrücken**
Ça m'endort!	Ich schlaf gleich ein! *(fam)*
Comme c'est ennuyeux!	Wie langweilig!
Mais qu'est-ce que c'est ennuyeux!	So was von langweilig!
On s'ennuie (à mourir) dans cette boîte.	Diese Disko ist total öde.
exprimer le dégoût	**Abscheu ausdrücken**
Be(u)rk!/Quelle horreur!	Igitt!
C'est (vraiment) dégoûtant!	Das ist (ja) ekelhaft!
C'est absolument répugnant!	Das ist geradezu widerlich!
Ça me dégoûte.	Das ekelt mich an.
Je trouve ça dégueulasse. *(fam)*	Ich finde das zum Kotzen. *(sl)*
exprimer l'antipathie	**Antipathie ausdrücken**
C'est un (sacré) connard.	Das ist ein (richtiges) Arschloch. *(vulg)*
Cette femme me tape sur le système/les nerfs.	Diese Frau geht mir auf den Geist/Wecker/Keks. *(fam)*
Je ne l'aime pas (beaucoup).	Ich mag ihn nicht (besonders).
Je ne peux pas le voir/l'encadrer/le sentir.	Ich kann ihn nicht leiden/ausstehen/riechen. *(fam)*
Je trouve que ce type est impossible.	Ich finde diesen Typ unmöglich.

⑨ *(kidnapper)* entführen; **puis-je vous ~ votre fille pour quelques instants?** *hum* darf ich Ihnen Ihre Tochter für eine Weile entführen? *(hum)*
⑩ *(exécuter avec brio)* lebhaft [*o* schwungvoll] vortragen *morceau de musique, récit;* lebendig spielen *scène*
▶ **enlevez, c'est pesé!** *fam* [ist] schon erledigt! *(fam)*
II. *vpr* **s'~** ❶ *(disparaître) tache:* herausgehen
❷ *(se détacher)* abgehen; *affiche, papier peint, timbre:* abgehen; *clou, vis:* sich lockern
❸ *fam (se pousser)* **enlève-toi de là!** verzieh dich! *(fam)*
enlisement [ɑ̃lizmɑ̃] *m* ❶ *d'un bateau* Stranden *nt; d'une voiture* Steckenbleiben *nt*
❷ *(marasme)* Erlahmen *nt,* Stocken *nt*
enliser [ɑ̃lize] <1> I. *vpr* **s'~** ❶ *(s'enfoncer)* stecken bleiben
❷ *(stagner)* ins Stocken geraten, sich festfahren; **s'~ dans la routine** nicht aus dem Alltagstrott herauskommen; **s'~ dans les détails** sich in Details verlieren
II. *vt* ❶ *(enfoncer)* auf Grund setzen *bateau;* festfahren *voiture*
❷ *(faire stagner)* lähmen, zum Erlahmen bringen *(geh)*
enluminure [ɑ̃lyminyʀ] *f* Buchmalerei *f*
ENM [øɛnɛm] *f abr de* **École nationale de la magistrature** *nationale Verwaltungshochschule*
ennéagone [eneagɔn] *m* GEOM Neuneck *nt*
enneigé(e) [ɑ̃neʒe] *adj* verschneit, schneebedeckt; *village, voiture* eingeschneit; **la piste est insuffisamment ~e** auf der Piste liegt nicht genügend Schnee
enneigement [ɑ̃nɛʒmɑ̃] *m* Schneedecke *f;* **les conditions d'~** die Schneeverhältnisse
ennemi(e) [en(ə)mi] I. *adj* feindlich; *frères* verfeindet; **être ~(e) du progrès** ein Feind des Fortschritts sein
II. *m(f)* Feind(in) *m(f);* **~ public numéro un** Staatsfeind Nummer eins; **~ héréditaire** Erbfeind; **~ intime** Intimfeind(in); **~ juré/~ jurée** Erzfeind(in); **~ mortel/~e mortelle** Todfeind(in); **principal ~/principale ~e** Hauptfeind(in) *m(f);* **se faire des ~s** sich *(Dat)* Feinde machen; **être l'~(e) de qn/qc** jds Feind/der Feind einer S. *(Gen)* sein
▶ **passer à l'~** [zum Feind] überlaufen
◆ **~ de classe** Klassenfeind *m*
ennoblir [ɑ̃nɔbliʀ] <8> *vt* erheben *(fig)*
ennoblissement [ɑ̃nɔblismɑ̃] *m* IND Vered[e]lung *f;* **~ textile** Textilvered[e]lung
ennuager [ɑ̃nɥaʒe] <2a> *vpr* **s'~ ciel:** sich bewölken
ennui [ɑ̃nɥi] *m* ❶ *(désœuvrement)* Lang[e]weile *f;* **tromper son ~** sich *(Dat)* die Langeweile vertreiben
❷ *(lassitude, dégoût)* Lustlosigkeit *f*
❸ *(fadeur) de l'existence* Freudlosigkeit *f*
❹ *souvent pl (problème)* Problem *nt,* Unannehmlichkeit *f;* **avoir beaucoup d'~s** viel Ärger haben; **avoir des ~s financiers** [*o* d'argent] Geldsorgen haben, in Geldschwierigkeiten sein [*o* stecken *fam*]; **il a des ~s de santé** ihm geht es [gesundheitlich] nicht gut
▶ **s'attirer des ~s** Ärger bekommen; **l'~, c'est que l'~, c'est qu'il est sourd** das Dumme ist [nur], dass er taub ist; **quel ~!** wie ärgerlich!; **un ~ ne vient jamais seul** *prov* ein Unglück kommt selten allein
ennuyant(e) CAN *v.* ennuyeux
ennuyé(e) [ɑ̃nɥije] *adj* verärgert; **je suis bien ~(e)** ich bin ziemlich besorgt; **être ~(e) de qc** [*o* par qc] verärgert über etw *(Akk)* sein; **qn est ~ de devoir faire qc** jdm ist es peinlich [*o* unangenehm] etw tun zu müssen; **être ~(e) qu'il ne soit pas là** verstimmt darüber sein, dass er nicht da ist
ennuyer [ɑ̃nɥije] <6> I. *vt* ❶ *(lasser)* langweilen, fadisieren (A)
❷ *(être peu attrayant)* **~ qn** jdm lästig sein
❸ *(être gênant)* jdm unangenehm [*o* peinlich] sein; **ça ennuie qn de devoir faire qc** es ist jdm unangenehm [*o* peinlich]/lästig etw tun zu müssen
❹ *(irriter)* **~ qn avec qc** jdm mit etw lästig sein [*o* auf die Nerven gehen *fam*]
❺ *(déplaire)* stören; **quelque chose m'ennuie dans cette affaire** an dieser Sache gefällt mir etwas nicht
II. *vpr* **s'~** sich langweilen, sich fadisieren (A)
ennuyeux, -euse [ɑ̃nɥijø, -jøz] *adj* ❶ *(lassant)* langweilig
❷ *(contrariant)* ärgerlich, unangenehm
▶ **~(-euse) à mourir** todlangweilig
énoncé [enɔ̃se] *m* ❶ *(texte, termes)* Wortlaut *m*
❷ *(action d'énoncer) d'un jugement* Verkündung *f;* **~ des prétentions des parties** JUR Vorbringen *nt* der Parteien
❸ LING Äußerung *f*
énoncer [enɔ̃se] <2> I. *vt (exposer)* klar darlegen; aussprechen *faits, vérité*
II. *vpr* **s'~ clairement** [einfach und] klar ausgedrückt werden [können]
énonciation [enɔ̃sjasjɔ̃] *f* LING Äußerung *f*
enorgueillir [ɑ̃nɔʀɡœjiʀ] <8> *vpr* **s'~ de qc** stolz auf etw *(Akk)* sein; **s'~ de faire qc** stolz darauf sein etw zu tun
énorme [enɔʀm] *adj* ❶ *(démesuré)* riesig; *erreur* krass; *différence* himmelweit, riesig; **déficit ~** Riesendefizit *nt (fam);* **idiotie ~** Erzdummheit *f;* **succès ~** Riesenerfolg *m (fam);* **un ~ morceau de gâteau** ein extragroßes Stück Torte
❷ *(très grand)* **être ~** riesig sein
❸ *(très gros)* **être ~** enorm dick sein *(fam)*
❹ *(incroyable)* unglaublich; **un mensonge ~** eine faustdicke Lüge; **cela m'a fait un bien ~** das hat mir unheimlich gut getan *(fam)*
énormément [enɔʀmemɑ̃] *adv* sehr, unheimlich *(fam);* **aimer ~ un film** einen Film unheimlich [*o* sagenhaft] gut finden *(fam);* **~ d'argent/de gens** sehr viel Geld/viele Leute

énormité [enɔʀmite] *f* ❶ *(démesure) d'un objet, travail* gewaltige Größe; *d'un crime* Ungeheuerlichkeit *f*; **l'~ d'une injustice** eine zum Himmel schreiende Ungerechtigkeit
❷ *(propos extravagant)* [ausgemachter] Unsinn *kein Pl*
❸ *(ineptie)* albernes Geschwätz *kein Pl*
❹ *(grosse faute)* haarsträubender Fehler
enquérir [ɑ̃keʀiʀ] <*irr*> *vpr littér* ❶ *(s'informer)* **s'~ de qn/qc auprès de qn** sich bei jdm über jdn/etw informieren
❷ *(demander des nouvelles)* **s'~ de qn/qc** sich nach jdm/etw erkundigen
enquête [ɑ̃kɛt] *f* ❶ COM, SOCIOL *(étude)* Untersuchung *f*; **~ sur qc** Untersuchung über etw *(Akk)*
❷ *(sondage d'opinions)* [Meinungs]umfrage *f*; **~ statistique** statistische Erhebung; **~ auprès des consommateurs** Konsumentenbefragung *f*; **~ sur la consommation** Verbrauchserhebungen; **faire une ~ sur qc** etw untersuchen, eine [Meinungs]umfrage über etw *(Akk)* machen
❸ ADMIN, JUR Untersuchung *f*, Ermittlungen *Pl*; **~ administrative** behördliche Ermittlungen; **~ judiciaire préliminaire** gerichtliche Voruntersuchung; **~ préliminaire** Voruntersuchung; **~ publique** Anhörungsverfahren *nt*; **ouvrir une ~** Ermittlungen [*o* eine Untersuchung] einleiten; **travail d'~** Ermittlungsarbeit *f*; **~ sur la solvabilité d'un client** Kreditauskunft *f*; **méthode d'~** Untersuchungsmethode *f*
enquêter [ɑ̃kete] <1> *vi* ❶ *(s'informer)* **~ sur qn/qc** Erkundigungen über jdn/etw einziehen
❷ COM, SOCIOL *(faire une enquête)* **~ sur qc** eine Untersuchung über etw *(Akk)* durchführen
❸ *(faire un sondage)* **~ sur qn/qc** eine [Meinungs] umfrage über jdn/etw durchführen
❹ ADMIN, JUR **~ sur qn** eine Untersuchung gegen jdn einleiten; **la police va ~ sur qc** die Polizei wird in einer S. *(Dat)* ermitteln
enquêteur, -euse [ɑ̃kɛtœʀ, -øz] *m, f (policier)* Untersuchungsbeamte(r) *m*/-beamtin *f*; **~(-euse) de police** Ermittlungsbeamte(r)/-beamtin
enquêteur, -trice [ɑ̃kɛtœʀ, -tʀis] *m, f (sondeur)* Meinungsforscher(in) *m(f)*
enquiquinant(e) [ɑ̃kikinɑ̃, ɑ̃t] *adj fam* nervig *(fam)*
enquiquinement [ɑ̃kikinmɑ̃] *m* Plage *f*
enquiquiner [ɑ̃kikine] <1> **I.** *vt fam (importuner)* **~ qn avec qc** jdn mit etw nerven *(fam)*
II. *vpr fam* ❶ *(s'ennuyer)* **s'~** sich langweilen
❷ *(se donner du mal)* **s'~ avec qc/à faire qc** sich mit etw herumplagen/sich plagen um etw zu tun
enquiquineur, -euse [ɑ̃kikinœʀ, -øz] *m, f fam* Nervensäge *f (fam)*
enracinement [ɑ̃ʀasinmɑ̃] *m d'une plante* Anwurzeln *nt*; *d'un préjugé* tiefe Verwurzelung; *d'une famille, d'un individu* Verwurzelung *f*
enraciner [ɑ̃ʀasine] <1> **I.** *vt* einpflanzen *plante;* Wurzeln schlagen lassen *personne;* **être enraciné(e)** als Ausländer Fuß gefasst haben; **solidement enraciné(e)** alteingesessen; **être enraciné(e) dans ses habitudes** feste Gewohnheiten haben; **avoir une croyance enracinée** fest im Glauben stehen
II. *vpr* **s'~** *personne:* Wurzeln schlagen; *habitude:* sich einbürgern; *idée:* sich festsetzen; **s'~ chez qn** sich bei jdm einnisten
enragé(e) [ɑ̃ʀaʒe] **I.** *adj* ❶ *(atteint de la rage)* tollwütig
❷ *(passionné) chasseur, joueur* leidenschaftlich
❸ *(furieux)* wütend, rasend
II. *m(f)* Besessene(r) *f(m)*; **c'est un ~ du jeu/de la lecture** er ist ein besessener Spieler/leidenschaftlicher Leser; **c'est une ~e de la voiture/du football** sie ist ein Auto-/Fußballfreak *m*
enrageant(e) [ɑ̃ʀaʒɑ̃, ɑ̃t] *adj* nervtötend
enrager [ɑ̃ʀaʒe] <2a> *vi* rasend werden [vor Wut]; **~ de devoir faire qc** kochen vor Wut darüber, dass man etw tun muss *(fam);* **faire ~ qn** jdn rasend machen
enraiement [ɑ̃ʀɛmɑ̃] *m d'une épidémie, de l'inflation* Eindämmung *f*
enrayage [ɑ̃ʀɛjaʒ] *m* ❶ *vieilli (blocage) des roues* Blockieren *nt*
❷ *(arrêt accidentel) d'une arme à feu* Ladehemmung *f*
enrayer [ɑ̃ʀeje] <7> **I.** *vt* ❶ *(juguler)* bremsen *chômage, hausse des prix;* eindämmen *épidémie;* unter Kontrolle bringen *maladie*
❷ *(stopper)* aufhalten
II. *vpr* **s'~** Ladehemmung haben
enrégimenter [ɑ̃ʀeʒimɑ̃te] <1> *vt* zwangsorganisieren; **~ qn dans qc** jdn nötigen einer S. *(Dat)* beizutreten; **se laisser ~ dans qc** sich in etw *(Akk)* eingliedern lassen
enregistrable [ɑ̃ʀʒistʀabl] *adj image, son* aufnehmbar
enregistré(e) [ɑ̃ʀʒistʀe] *adj* eingetragen; **~(e)/non ~(e) officiellement** [*o* **publiquement**] amtlich eingetragen/nicht eingetragen; **~(e)/non ~(e) par une chambre des affaires commerciales** handelsgerichtlich eingetragen/nicht eingetragen; **~(e)/ non ~(e) par voie judiciaire** gerichtlich eingetragen/nicht eingetragen

enregistrement [ɑ̃ʀ(ə)ʒistʀəmɑ̃] *m* ❶ TV, RADIO Aufnahme *f*; *d'une émission* Aufzeichnung *f*; **~ magnétique** Magnettonaufzeichnung; **~ magnétoscopique** magnetische Bildaufzeichnung, MAZ *f*; **~ optique** Bildaufzeichnung; **~ du son** Tonaufnahme; **~ vidéo** Videoaufzeichnung
❷ INFORM *(action)* Speicherung *f*; *(document)* Datensatz *m*; **~ de données** Datenaufzeichnung *f*
❸ ADMIN, JUR, COM Eintragung *f*; **~ d'une/de marque** Markeneintragung; **même ~ de marque de fabrication de plusieurs déposants** gleiche Markeneintragung mehrerer Anmelder; **~ de la plainte** Eintragung der Klageschrift; **~ de la raison sociale** Firmeneintragung; **~ officiel** amtliche Eintragung; **l'Enregistrement** die Registraturbehörde *(bei der alle privatrechtlichen Vorgänge festgehalten werden);* **frais d'~** Registraturkosten *Pl*; **~ relatif à l'état civil** Personenstandsaufnahme *f*
❹ TRANSP Abfertigung *f*; **~ des bagages** Gepäckaufgabe *f*
enregistrer [ɑ̃ʀ(ə)ʒistʀe] <1> *vt* ❶ AUDIOV aufnehmen, aufzeichnen; **~ qc sur cassette** etw auf Kassette aufnehmen
❷ MED aufzeichnen
❸ INFORM aufzeichnen *données*
❹ *(mémoriser)* registrieren
❺ *(noter par écrit)* **~ qc dans qc** etw in etw *(Dat)* festhalten; **~ une déclaration** eine Aussage zu Protokoll nehmen; **~ une commande** eine Bestellung aufnehmen
❻ TRANSP abfertigen; **faire ~ ses bagages** sein/das Gepäck aufgeben
❼ *(constater)* verzeichnen *évolution;* registrieren, verzeichnen *phénomène;* aufweisen *fluctuations des cours;* **~ une baisse** *actions:* rückläufig sein; **~ une tendance décroissante** eine nachgebende Tendenz aufweisen; **~ une diminution de valeur** eine Wertminderung erfahren
❽ ADMIN, JUR **~ [officiellement] qc** etw amtlich eintragen
enregistreur [ɑ̃ʀ(ə)ʒistʀœʀ] *m* Schreiber *m*
◆ **~ de temps** Zeitschreiber *m*; **~ de vol** Flug[daten]schreiber *m*
enregistreur, -euse [ɑ̃ʀ(ə)ʒistʀœʀ, -øz] *adj* **caisse enregistreuse** Registrierkasse *f*; **baromètre ~** Barograph *m*; **thermomètre ~** Thermograph
enrhumé(e) [ɑ̃ʀyme] *adj personne* erkältet; *voix* belegt
enrhumer [ɑ̃ʀyme] <1> **I.** *vt* **être enrhumé(e)** Schnupfen haben
II. *vpr* **s'~** [einen] Schnupfen bekommen
enrichi(e) [ɑ̃ʀiʃi] *adj* ❶ *(devenu riche)* neureich; **personne ~e** Neureiche(r) *f(m)*
❷ *(amélioré) édition* erweitert; *uranium* angereichert; **être ~(e) en iode** mit Jod angereichert sein
enrichir [ɑ̃ʀiʃiʀ] <8> **I.** *vt* ❶ *(rendre riche)* reich/reicher machen
❷ AGR, MINER, PHYS *(améliorer)* anreichern
❸ *(augmenter)* **~ une collection de nouveaux tableaux** eine Sammlung um neue Bilder erweitern; **la lecture enrichit l'esprit** Lesen erweitert den Horizont
II. *vpr* **s'~ de qc** ❶ *(devenir riche)* sich an etw *(Dat)* bereichern
❷ *(s'améliorer)* durch etw bereichert werden
❸ *(augmenter)* um etw reicher werden; **le musée s'est enrichi de trois nouveaux tableaux** das Museum ist um drei neue Gemälde reicher geworden
enrichissant(e) [ɑ̃ʀiʃisɑ̃, ɑ̃t] *adj* bereichernd
enrichissement [ɑ̃ʀiʃismɑ̃] *m* ❶ *(fait de devenir riche)* Reich[er]werden *nt*
❷ *(action d'augmenter sa fortune)* Bereicherung *f*; **~ injustifié** ungerechtfertigte Bereicherung
❸ *(amélioration) de l'esprit, la langue* Bereicherung *f*; *d'un minerai, sol* Anreicherung *f*
❹ PHYS **~ d'uranium** Urananreicherung *f*
enrobage [ɑ̃ʀɔbaʒ] *m* Überzug *m*
enrobé(e) [ɑ̃ʀɔbe] *adj fam personne* gut gepolstert *(fam);* *femme* rundlich, mollig
enrober [ɑ̃ʀɔbe] <1> *vt* ❶ **~ qc de qc** etw mit etw überziehen; **glace enrobée de chocolat** Eis mit Schokoladenüberzug
❷ *(adoucir)* **~ des critiques de qc** kritische Bemerkungen mit etw verbrämen
enrôlement [ɑ̃ʀolmɑ̃] *m* Anwerbung *f*; **~ de force** Zwangsrekrutierung *f*
enrôler [ɑ̃ʀole] <1> **I.** *vt* ❶ *(recruter)* **~ qn dans qc** jdn zu etw einziehen; **se laisser ~ dans un parti** sich in eine Partei eingliedern lassen
❷ MIL anwerben
II. *vpr* **s'~ dans qc** sich zu etw melden; **s'~ dans un groupe** sich einer Gruppe anschließen; **s'~ dans un parti** einer Partei beitreten
enroué(e) [ɑ̃ʀwe] *adj* heiser
enrouement [ɑ̃ʀumɑ̃] *m* Heiserkeit *f*
enrouer [ɑ̃ʀwe] <1> **I.** *vt* heiser machen
II. *vpr* **s'~** heiser werden; **s'~ à force de crier** sich heiser schreien
enroulement [ɑ̃ʀulmɑ̃] *m* ❶ *d'un cordon, ruban, câble* Aufwi-

ckeln *nt*
⓶ TECH Wicklung *f*
enrouler [ɑ̃rule] <1> **I.** *vt* aufwickeln *câble;* ~ **qc autour de/sur qc** etw um/auf etw *(Akk)* wickeln; ~ **qc dans qc** etw in etw *(Akk)* wickeln
II. *vpr* **s'~ autour de/sur qc** sich um/auf etw *(Akk)* wickeln; **s'~ dans qc** sich in etw *(Akk)* [ein]wickeln; **s'~ sur soi-même** sich einrollen
enrouleur [ɑ̃rulœr] *m de fil* Haspel *f;* ~ **de câble** Kabeltrommel *f*
enrubanner [ɑ̃rybane] <1> *vt* mit einer Schleife verzieren *cadeau;* mit Bändern schmücken *coiffure, vêtement*
E.N.S. [ɶɛnɛs] *f abr de* École normale supérieure Hochschule zur Ausbildung von Lehrern an höheren Schulen
ensablement [ɑ̃sabləmɑ̃] *m* Versanden *nt,* Versandung *f*
ensabler [ɑ̃sable] <1> **I.** *vt* ⓵ *(échouer)* auf Sand laufen lassen *bateau*
⓶ *(recouvrir de sable)* mit Sand bedecken; versanden lassen *port*
II. *vpr* **s'~** ⓵ *(s'échouer) bateau:* auf Sand laufen; *véhicule:* im Sand stecken bleiben
⓶ *(se recouvrir de sable)* versanden
ensacher [ɑ̃saʃe] <1> *vt* eintüten *bonbons*
ensanglanté(e) [ɑ̃sɑ̃glɑ̃te] *adj* blutverschmiert, voller Blut; *vêtement* blutgetränkt
ensanglanter [ɑ̃sɑ̃glɑ̃te] <1> *vt* mit Blut beflecken; mit Blut tränken *vêtement*
enseignant(e) [ɑ̃sɛɲɑ̃, ɑ̃t] **I.** *adj* **corps** ~ *(au niveau national)* Lehrerschaft *f; (au niveau d'une école, d'un lycée)* Lehrkörper *m;* **le milieu** ~ die Lehrer
II. *m(f)* Lehrer(in) *m(f);* ~ **auxiliaire** Hilfslehrer(in); ~ **spécialisé/ ~e spécialisée** Sonderpädagoge *m/*-pädagogin *f;* **manque** [*o* **pénurie**] **d'~s** Lehrermangel *m*
enseignant-chercheur [ɑ̃sɛɲɑ̃ʃɛrʃœr] <enseignants-chercheurs> *m* Lehrende(r) an einer Universität mit Lehr- und Forschungsauftrag
enseigne [ɑ̃sɛɲ] **I.** *f* [Aushänge]schild *nt; (signalant un magasin)* Ladenschild; ~ **lumineuse** [Neon]leuchtschild
▶ **être logé(e) à la même** ~ im gleichen Boot sitzen
II. *m* Fähnrich *m* zur See
◆ ~ **de vaisseau** *(de 1ʳᵉ classe)* Oberleutnant *m* zur See; *(de 2ᵉ classe)* Leutnant *m* zur See
enseignement [ɑ̃sɛɲ(ə)mɑ̃] *m* ⓵ *(heure[s] de cours, action d'enseigner)* Unterricht *m;* ~ **des langues vivantes** Fremdsprachenunterricht; ~ **du chant** Gesang[s]unterricht; ~ **assisté par ordinateur** computergestützter Unterricht; ~ **du premier/second degré** Unterricht in der Primar-/Sekundarstufe; ~ **général** allgemeinbildender Unterricht; ~ **par correspondance** Fernunterricht; **organisme d'~ à distance** Fernlehrinstitut *nt;* ~ **en cours** Kursunterricht
⓶ *(ensemble des institutions)* Schulwesen *nt,* Unterrichtswesen; **être dans l'~** im Lehramt tätig sein; ~ **général** allgemeinbildendes Schulwesen; ~ **laïque** bekenntnisfreies [staatliches] Unterrichtswesen; ~ **libre** [*o* **privé**] Privatschulwesen; ~ **public** staatliches Schulwesen; ~ **mixte** Koedukation *f;* ~ **obligatoire** Schulpflicht *f;* ~ **gratuit** Schulgeldfreiheit *f;* ~ **du premier degré,** ~ **primaire** Primarstufe *f;* ~ **du second degré** Sekundarstufe *f;* ~ **professionnel** Berufsschulwesen; ~ **spécialisé** Sonderpädagogik *f;* **élève de l'~ spécialisé** Sonderschüler(in) *m(f);* ~ **supérieur** [*o* **universitaire**] Hochschulwesen; ~ **technique** Fachschulwesen
⓷ *(profession)* Lehrberuf *m,* Lehramt *nt*
⓸ *(leçon)* Lehre *f;* **tirer un** ~ **de qc** aus etw eine Lehre ziehen
enseigner [ɑ̃sɛɲe] <1> **I.** *vt* lehren, unterrichten; ~ **le français/ les mathématiques à qn** jdn Französisch/Mathematik lehren, jdn in Französisch/in Mathematik unterrichten; ~ **à qn à faire qc** jdn lehren etw zu tun
II. *vpr* **s'~** gelehrt werden; *(à l'école)* unterrichtet [*o* gelehrt] werden
ensemble [ɑ̃sɑ̃bl] **I.** *adv* ⓵ *(opp: seul)* zusammen; **travailler** ~ zusammenarbeiten; **tous** ~ alle zusammen
⓶ *(en commun)* gemeinsam; **faisons ça** ~ machen wir das gemeinsam
⓷ *(l'un avec l'autre)* miteinander; **aller à l'école** ~ miteinander in die Schule gehen
⓸ *(en même temps)* zugleich, gleichzeitig
▶ **aller bien/mal** ~ gut/schlecht zusammenpassen
II. *m* ⓵ *(totalité)* Gesamtheit *f;* ~ **du personnel** gesamte Belegschaft; *(en tant que ressources humaines)* Personaldecke *f;* **l'~ des questions** sämtliche Fragen; ~ **des besoins** Gesamtbedarf *m*
⓶ *(unité)* [harmonische] Einheit *f;* **former un** ~ **harmonieux** ein harmonisches Ganzes bilden; **manquer d'~** kein harmonisches Ganzes bilden
⓷ *(groupement)* ~ **de personnes** Personengruppe *f;* ~ **de bâtiments/d'habitations** Gebäude-/Wohnkomplex *m;* ~ **de lois** Gesetzespaket *nt;* ~ **de mesures** Maßnahmenbündel *nt;* ~ **de problèmes/de questions** Problem-/Fragenkomplex; ~ **des dépositaires de droits** JUR Rechtsträgerschaft *f (Fachspr.)*
⓸ MUS Ensemble *nt;* ~ **vocal/instrumental** Vokal-/Instrumentalensemble
⓹ MATH Menge *f*
⓺ *(vêtement)* Ensemble *nt;* ~ **de plage** Strandanzug *m*
⓻ *(groupe d'habitations)* **grand** ~ Großsiedlung *f,* Großwohnanlage *f*
▶ **se dérouler avec un** ~ **parfait** in schönster Harmonie verlaufen; **avec un** ~ **touchant** *iron* in rührendem Einvernehmen; **mentir avec un bel** ~ einmütig lügen; **impression/vue d'~** Gesamteindruck *m/*-ansicht *f;* **donner une idée d'~ de qc** etw grob umreißen; **l'électorat dans son ~/les spectateurs dans leur** ~ das Gros der Wählerschaft/Zuschauer; **dans l'~** im Großen und Ganzen, alles in allem
◆ ~ [**de**] **salle de bains** Badezimmergarnitur *f*
ensemblier, -ière [ɑ̃sɑ̃blije, -jɛr] *m, f* ⓵ *(décorateur)* Innenarchitekt(in) *m(f)*
⓶ CINE Filmgestalter(in) *m(f)*
⓷ TV Szenenbildner(in) *m(f)*
ensemencement [ɑ̃s(ə)mɑ̃smɑ̃] *m* Aussäen *nt,* Aussaat *f*
ensemencer [ɑ̃s(ə)mɑ̃se] <2> *vt* besäen *terre;* mit Fischbrut besetzen *étang, rivière;* [mit Bakterien] beimpfen *bouillon de culture*
enserrer [ɑ̃sere] <1> *vt* ⓵ *(enfermer)* umschließen
⓶ *littér (entourer étroitement)* einschnüren; **sa chemise lui enserrait le cou** sein Hemd war ihm am Hals viel zu eng
E.N.S.E.T. [ɑ̃sɛt] *f abr de* Ecole normale supérieure de l'enseignement technique Hochschule für das höhere technisch-orientierte Lehramt
ensevelir [ɑ̃səvlir] <8> **I.** *vt* ⓵ *littér (inhumer)* bestatten
⓶ *(recouvrir)* ~ **qn/qc sous qc** jdn/etw unter etw *(Dat)* begraben
II. *vpr littér* **s'~** sich [völlig] zurückziehen; **s'~ dans son chagrin** sich in seinen Kummer vergraben
ensevelissement [ɑ̃səv(ə)lismɑ̃] *m* ⓵ *littér (inhumation)* Bestattung *f*
⓶ *d'une ville* Begrabensein *nt*
⓷ *fig (dissimulation) du chagrin* Verbergen *nt*
E.N.S.I. [ɑ̃si] *f abr de* École nationale supérieure d'ingénieurs Eliteschule für Ingenieurwesen
ensilage [ɑ̃silaʒ] *m* ⓵ *(procédé)* Silieren *nt*
⓶ *(produit)* Silage *f*
ensiler [ɑ̃sile] <1> *vt* silieren
ensoleillé(e) [ɑ̃sɔleje] *adj terrasse, côte* sonnig, von der Sonne beschienen; *journée* ~**e** sonniger Tag, Sonnentag
ensoleillement [ɑ̃sɔlɛjmɑ̃] *m* Insolation *f (Fachspr.);* **cette station bénéficie d'un** ~ **exceptionnel** in diesem Urlaubsort scheint die Sonne überdurchschnittlich viel
ensoleiller [ɑ̃sɔleje] <1> *vt* aufhellen *pièce, terrasse; fig* aufheitern *vie*
ensommeillé(e) [ɑ̃sɔmeje] *adj personne* schlaftrunken, schläfrig; *paysage, ville* verschlafen
ensorcelant(e) [ɑ̃sɔrsəlɑ̃, ɑ̃t] *adj regard, sourire* bezaubernd
ensorceler [ɑ̃sɔrsəle] <3> *vt* ⓵ *(envoûter)* verzaubern
⓶ *(fasciner)* bezaubern, betören
ensorceleur, -euse [ɑ̃sɔrsəlœr, -øz] **I.** *adj* bezaubernd, betörend
II. *m, f (séducteur)* unwiderstehlicher Mann/unwiderstehliche Frau
ensorcellement [ɑ̃sɔrsɛlmɑ̃] *m* Zauber *m*
ensuite [ɑ̃sɥit] *adv* ⓵ *(par la suite)* danach, anschließend
⓶ *(derrière en suivant)* dahinter, anschließend; **d'accord, mais** ~ **?** einverstanden, aber was dann?
ensuivre [ɑ̃sɥivr] *<irr, déf> vpr* **s'~** sich ergeben; **la crise qui s'ensuivit** die Krise, die daraus erwuchs; **il s'ensuit qu'il a tort** daraus ergibt sich, dass er unrecht hat; **il ne s'ensuit pas forcément qu'elle doive refuser** daraus ergibt sich nicht unbedingt, dass sie ablehnen muss
ensuqué(e) [ɑ̃syke] *adj fam* abgeschlafft *(fam)*
entacher [ɑ̃taʃe] <1> *vt* ⓵ ~ **qc de qc** etw mit etw beschmutzen [*o* beflecken]
⓶ *fig* **être entaché(e) de qc** mit etw behaftet sein; **entaché(e) d'erreur/d'illégalité/de nullité** fehlerhaft/rechtswidrig/nichtig
entaille [ɑ̃tɑj] *f* ⓵ *(encoche)* Kerbe *f*
⓶ *(coupure)* [tiefe] Schnittwunde *f*
entailler [ɑ̃tɑje] <1> **I.** *vt* ⓵ *(faire une entaille)* einkerben
⓶ *(blesser)* ~ **qc à qn** jdm eine [tiefe] Schnittwunde an etw *(Dat)* zufügen
II. *vpr* **s'~ qc avec** [*o* **de**] **qc** sich *(Dat)* mit etw [tief] in etw *(Akk)* schneiden
entame [ɑ̃tɑm] *f* ⓵ *de pain, jambon* Anschnitt *m*
⓶ JEUX **faire une** ~ **à carreau** Karo ausspielen; **faire une mauvaise** ~ eine schlechte Karte ausspielen
entamer [ɑ̃tɑme] <1> **I.** *vt* ⓵ *(prendre le début de)* anschneiden *fromage, pain, rôti;* aufmachen, öffnen *bouteille;* anbrechen *billet,*

boîte; angreifen *patrimoine*
❷ *(attaquer)* schneiden
❸ CHIM angreifen
❹ *(amorcer)* einleiten; aufnehmen *négociations;* [zu lesen] beginnen *livre;* anstellen *poursuites*
❺ *(ébranler)* erschüttern *conviction, optimisme;* **rien ne saurait ~ ma résolution** nichts wird meinen Entschluss ins Wanken bringen
❻ *(porter atteinte à)* antasten; verletzen *dignité, honneur;* **~ la réputation de qn** jds Ruf schaden
II. *vi* CARTES ausspielen; **qui est-ce qui entame?** wer spielt aus?, wer kommt raus? *(fam);* **~ à carreau/à l'atout** Karo/Trumpf ausspielen
entarter [ɑ̃taʀte] <1> *vt fam* **~ qn** eine Sahnetorte auf jdn werfen; *(sur le visage)* jdm eine Sahnetorte ins Gesicht klatschen *(fam)*
entartrage [ɑ̃taʀtʀaʒ] *m de la chaudière* Kesselsteinbildung *f; des dents* Zahnsteinbildung *f*
entartrer [ɑ̃taʀtʀe] <1> **I.** *vt* verkalken lassen; **~ une chaudière** zu Bildung von Kesselstein im Heizkessel führen; **~ les dents** Zahnstein an den Zähnen ansetzen
II. *vpr* **s'~** *chaudière, conduite:* Kesselstein ansetzen; **lave-toi les dents, sinon elles s'entartreront** putz dir die Zähne, sonst bekommst du Zahnstein
entassement [ɑ̃tasmɑ̃] *m* ❶ *(action) d'objets* Anhäufung *f*
❷ *(pile)* Durcheinander *nt;* **sur le bureau il y avait un ~ de dossiers** auf dem Schreibtisch türmten sich die Akten
❸ *(fait de serrer)* Zusammenpferchen *nt*
❹ *(encombrement)* Zusammengedrängtsein *nt*
entasser [ɑ̃tase] <1> *vt* ❶ *(amonceler)* anhäufen; horten *provisions, argent*
❷ *(accumuler)* **~ sottise sur sottise** eine Dummheit nach der anderen machen
❸ *(serrer)* zusammenpferchen; **~ dans qc** in etw *(Akk)* hineinpferchen
II. *vpr* ❶ *(s'amonceler)* **s'~** sich türmen, sich häufen
❷ *(se serrer)* **s'~ dans qc** sich in etw *(Dat)* zusammendrängen, sich in etw *(Akk)* zwängen
entendement [ɑ̃tɑ̃dmɑ̃] *m* Begriffsvermögen *nt; a.* PHILOS Verstand *m*
▶ **dépasser l'~** unbegreiflich sein
entendeur [ɑ̃tɑ̃dœʀ] *m* ▶ **à bon ~, salut!** *prov* wer Ohren hat zu hören ...
entendre [ɑ̃tɑ̃dʀ] <14> **I.** *vi* hören; **bien/mal ~** gut/schlecht hören; **n'~ que d'une oreille** nur auf einem Ohr hören; **se faire ~** sich *(Dat)* Gehör verschaffen
II. *vt* ❶ *(percevoir)* hören; **~ qn parler/la pluie tomber** jdn reden/den Regen fallen hören; **~ que qn est là** hören, dass jd da ist; **je l'ai entendu dire** ich habe es gehört
❷ *(écouter)* **~ qn/qc** jdn/etw anhören; **faire ~ un disque à qn** jdm eine Platte anhören lassen
❸ *(comprendre)* verstehen; **ne pas ~ la plaisanterie** keinen Spaß verstehen; **laisser** [*o* **donner**] **~ que le chef partait** zu verstehen geben, dass ...; **par là que ce sera fait** damit meinen, dass ...; **qu'est-ce que vous entendez par là?** was wollen Sie damit sagen?
❹ *(vouloir)* **~ faire qc** gedenken etw zu tun; **faites comme vous l'entendez!** tun Sie, was Sie für richtig halten!; **j'entends bien être obéi(e)** ich erwarte Gehorsam; **~ que qc soit exécuté** wollen, dass etw durchgeführt wird
▶ **avoir entendu dire que qn est mort** gehört haben, dass ...; **à** [*o* **d'après**] **ce que j'ai entendu dire** wie ich gehört habe; nach dem, was ich gehört habe; **tu entendras/vous entendrez parler de moi** du wirst/Sie werden noch von mir hören; **~ parler de qn/qc** von jdm/etw hören; **à qui veut l'~** jedem, der es hören will; **je ne veux rien ~!** ich will nichts davon wissen!; **ne rien vouloir ~** nichts hören wollen; **à ~ les gens** wenn man die Leute so reden hört; **je l'entends d'ici** ich höre ihn/sie jetzt schon; **qu'est-ce que j'entends?** was muss ich [da] hören?
III. *vpr* ❶ *(avoir de bons rapports)* **s'~ avec qn** sich mit jdm verstehen
❷ *(se mettre d'accord)* **s'~ sur qc** sich über etw *(Akk)* verständigen; **s'~ pour faire qc** sich darauf einigen etw zu tun; **s'~ pour que ce soit fait** sich absprechen, dass ...
❸ *(s'y connaître)* **s'y ~** etwas davon verstehen; **s'y ~ en qc** etw von etw verstehen; **s'|y|** **~ à** [*o* **pour**] **faire qc** es verstehen etw zu tun, sich [gut] darauf verstehen etw zu tun
❹ *(se comprendre)* **s'~** sich verstehen; **nos prix s'entendent "tous frais compris"** unsere Preise verstehen sich einschließlich aller Unkosten
❺ *(être audible)* **s'~** zu hören sein
▶ **on ne s'entend plus parler** man versteht sein eigenes Wort nicht mehr; **entendons-nous bien!** damit wir uns richtig verstehen!; **cela s'entend** selbstverständlich
entendu(e) [ɑ̃tɑ̃dy] **I.** *part passé de* **entendre**

II. *adj* ❶ *(convenu)* abgemacht; **la chose est ~e** also abgemacht; **il est** [**bien**] **~ qu'il vient aussi** es versteht sich von selbst, dass er auch kommt
❷ *(complice) air, regard, sourire* wissend
▶ **bien ~** selbstverständlich; **comme de bien ~** wie könnte es anders sein
entente [ɑ̃tɑ̃t] *f* ❶ *(amitié)* Einvernehmen *nt,* Eintracht *f;* **bonne ~** gutes Einvernehmen
❷ *(fait de s'accorder)* Verständigung *f*
❸ *(accord)* Übereinkunft *f,* Einigung *f;* **arriver** [*o* **parvenir**] **à une ~** eine Übereinkuft [*o* Einigung] erzielen
❹ ECON, JUR *(convention)* Absprache *f;* **~ entre entreprises** Unternehmensabsprache; **~ horizontale/verticale** Horizontal-/Vertikalabsprache; **~ illicite** unerlaubte Absprache; **~ irrecevable/anticoncurrentielle entre entreprises** unzulässige/wettbewerbsbeschränkende Unternehmensabsprache; **~ sur la passation de marchés** Ausschreibungsabsprache *(Fachspr.)*
❺ ECON, JUR *(cartel)* Kartell *nt;* **~ ancienne** Altkartell; **~ contractuelle/obligatoire** Vertrags-/Zwangskartell; **~ illicite dans le cadre de la mise en demeure en cas de concurrence déloyale** Abmahnverein *m;* **~ sur les bonifications/normes** Treuerabatt-/Typenkartell; **~ sur les prix** Preiskartell; **~ sur la vente en commun** Verkaufssyndikat *nt;* **~ relative à l'adjudication de marchés publics** Verdingungskartell; **~ relative aux remises sur les prix** Rabattkartell
❻ POL Entente *f,* Bündnis *nt;* **l'Entente cordiale** HIST die Entente cordiale
◆ **~ de monopole** Monopolabsprache *f;* **~ sur les normes** Normenkartell *nt;* **~ sur les normes et modèles** Normen- und Typenkartell *nt*
enter [ɑ̃te] <1> *vt* pfropfen
entériner [ɑ̃teʀine] <1> *vt* ❶ *(approuver)* billigen, gutheißen
❷ JUR, POL [gerichtlich] bestätigen [*o* genehmigen]
entérite [ɑ̃teʀit] *f* MED [Dünn]darmentzündung *f,* Enteritis *f*
entérobactériaceae [ɑ̃teʀjobakteʀjase] *mpl* MED Enterobakterie *f*
entérocoques [ɑ̃teʀɔkɔk] *mpl* MED Enterokokken *Pl*
entéroscopie [ɑ̃teʀoskopi] *f* MED Enteroskopie *f*
enterrement [ɑ̃tɛʀmɑ̃] *m* ❶ *(inhumation)* Beerdigung *f,* Begräbnis *nt;* **un ~ sans fleurs ni couronnes** ein schlichtes Begräbnis; **~ religieux/civil** kirchliches/nicht kirchliches Begräbnis
❷ *(cortège)* Trauerzug *m*
❸ *fig* Ende *nt;* **c'était pour lui l'~ de ses espérances** damit musste er seine Hoffnungen begraben
▶ **avoir un ~ de première classe** *iron* in allen Ehren begraben werden
enterrer [ɑ̃teʀe] <1> **I.** *vt* ❶ *(inhumer)* begraben, beerdigen; **être enterré(e) à Rome** in Rom begraben liegen
❷ *(assister à l'enterrement)* **hier il a enterré sa mère** gestern hat er seine Mutter zu Grabe getragen *(geh),* gestern war er auf der Beerdigung seiner Mutter
❸ *(enfouir)* vergraben, eingraben; **être enterré(e) sous qc** unter etw *(Dat)* begraben [*o* verschüttet] werden/sein
❹ *(oublier, faire oublier)* begraben *querelle, affaire;* **~ un scandale** Gras über einen Skandal wachsen lassen; **n'enterrez pas trop vite cet homme politique!** schreiben Sie diesen Politiker nicht vorschnell ab!
❺ *(renoncer)* begraben, aufgeben
▶ **il nous enterrera tous** *hum* [d]er wird uns noch alle überleben
II. *vpr* **s'~ à la campagne** sich aufs Land zurückziehen
entêtant(e) [ɑ̃tɛtɑ̃, ɑ̃t] *adj parfum:* schwer
en-tête [ɑ̃tɛt] <en-têtes> *f d'un journal* Kopf *m; d'un papier à lettres* [gedruckter] Briefkopf; *d'un document électronique* Kopfzeile *f*
entêté(e) [ɑ̃tete] **I.** *adj personne* eigensinnig
II. *m(f)* eigensinniger Mensch; **quel(le) ~(e) tu fais!** wie kann man nur so stur sein! *(fam)*
entêtement [ɑ̃tɛtmɑ̃] *m* Eigensinn[igkeit *f*] *m,* Starrsinn *m*
entêter [ɑ̃tete] <1> **I.** *vt,* **~ qn** jdm zu Kopf steigen
II. *vpr* **s'~ dans qc** sich auf etw *(Akk)* versteifen; **s'~ à faire qc** sich darauf versteifen, etw zu tun; **s'~ dans son refus** sich hartnäckig weigern
enthousiasmant(e) [ɑ̃tuzjasmɑ̃, ɑ̃t] *adj perspective, idée* viel versprechend, verlockend; *spectacle* Begeisterung weckend; **la situation n'est pas ~e** die Lage gibt keinen Anlass zu Begeisterung
enthousiasme [ɑ̃tuzjasm] *m* Begeisterung *f,* Enthusiasmus *m;* **sans ~** nicht gerade begeistert, ohne [große] Begeisterung
enthousiasmer [ɑ̃tuzjasme] <1> **I.** *vt* in Begeisterung versetzen
II. *vpr* **s'~ pour qn/qc** sich für jdn/etw begeistern
enthousiaste [ɑ̃tuzjast] **I.** *adj* begeistert; **des cris ~s** Rufe *Pl* der Begeisterung
II. *mf* Enthusiast(in) *m(f)*
enticher [ɑ̃tiʃe] <1> *vpr* ❶ *(s'engouer)* **s'~ de qn/qc** für jdn/etw schwärmen; **être entiché(e) de qc** in etw *(Akk)* vernarrt sein
❷ *(s'amouracher)* **s'~ de qn** sich [hoffnungslos] in jdn verlieben

entier [ɑ̃tje] *m* **l'~** das Ganze
▶ **dans son ~ la nation dans son ~** die ganze Nation; **en ~** ganz
entier, -ière [ɑ̃tje, -jɛʀ] *adj* ① *(dans sa totalité)* ganz; **dans le monde ~** auf der ganzen Welt
② *(absolu)* völlig; **cette voiture m'a donné entière satisfaction** ich bin mit diesem Wagen vollauf zufrieden; **ma confiance en lui est entière** er hat mein vollstes Vertrauen
③ *(intact) personne* heil; *objet* ganz, heil; *collection* vollständig
④ *(non réglé)* **la question reste entière** die Frage bleibt unbeantwortet
⑤ *(sans concession) personne* bestimmt, unnachgiebig; **être ~(-ière) dans ses opinions** kategorisch in seinen Ansichten sein; **avoir un caractère ~** sehr bestimmt sein
▶ **être tout ~ à qc** ganz in etw *(Akk)* vertieft sein; **tout ~** ganz
entièrement [ɑ̃tjɛʀmɑ̃] *adv* völlig, ganz; **recommencer ~** von vorn beginnen
entièreté [ɑ̃tjɛʀte] *f* BELG *(totalité)* Gesamtheit *f*
entité [ɑ̃tite] *f* ① PHILOS Wesenheit *f*, Entität *f*
② POL Gebilde *nt*
③ MED **~ morbide** Krankheitsbild *nt*
entôler [ɑ̃tole] <1> *vt fam* **~ qn** jdn austricksen, jdn reinlegen *(fam)*
entomologie [ɑ̃tɔmɔlɔʒi] *f* Insektenkunde *f*
entomologiste [ɑ̃tɔmɔlɔʒist] *mf* Insektenforscher(in) *m(f)*
entonner [ɑ̃tɔne] <1> *vt* anstimmen; **~ les louanges** [*o* **l'éloge**] **de qn/qc** ein Loblied auf jdn/etw anstimmen
entonnoir [ɑ̃tɔnwaʀ] *m* Trichter *m*; **en ~** trichterförmig
entorse [ɑ̃tɔʀs] *f* Verstauchung *f*; **se faire une ~ à qc** sich *(Dat)* etw verstauchen; **faire une ~ à la vérité** die Wahrheit verdrehen
▶ **faire une ~ à qc** gegen etw verstoßen
entortillé(e) [ɑ̃tɔʀtije] *adj* ① *(enroulé, ennoué) fil* verknotet
② *(compliqué) phrase, style* verwickelt
entortiller [ɑ̃tɔʀtije] <1> **I.** *vt* ① *(enrouler)* **~ qc autour de qc** etw um etw [herum]wickeln; **être entortillé(e) dans qc** in etw *(Akk)* eingewickelt sein
② *(embrouiller)* **~ ses phrases** Schachtelsätze bauen
③ *(enjôler)* einwickeln *(fam)*
II. *vpr* ① *(s'enrouler)* **s'~ autour de qc** sich um etw winden [*o* ranken]
② *(s'envelopper)* **s'~ dans qc** sich in etw *(Akk)* einwickeln
③ *(s'embrouiller)* **s'~ dans qc** sich in etw *(Akk)* verstricken
entourage [ɑ̃tuʀaʒ] *m* ① *(personnes)* Umgebung *f*; **dans l'~ de qn** in jds Umgebung
② *(ornement)* [Ein]fassung *f*
③ *(bord)* Umrandung *f*
entouré(e) [ɑ̃tuʀe] *adj* ① *(admiré)* umschwärmt
② *(aidé)* umsorgt
③ *(accompagné)* **être bien/mal ~(e)** die richtigen/nicht die richtigen Mitarbeiter [*o* Berater] haben; **être ~(e) de jeunes gens** von jungen Leuten umgeben sein
entourer [ɑ̃tuʀe] <1> **I.** *vt* ① *(être autour) police*: umstellen; *ennemi*: einkreisen; **un châle entourait ses épaules** ein Tuch umhüllte ihre Schultern; **la foule entoure le chanteur** die Menge umringt den Sänger; **être entouré(e) d'arbres/de jeunes** von Bäumen/jungen Leuten umgeben sein
② *(mettre autour)* **~ qn de ses bras** die Arme um jdn schlingen; **~ un mot** ein Wort einkreisen; **~ un jardin d'une clôture** einen Garten einzäunen [*o* mit einem Zaun umgeben]
③ *fig* **~ qc de mystère** etw mit einem Geheimnis umgeben
④ *(soutenir)* **~ qn** jdm zur Seite stehen; **~ qn d'affection** jdn liebevoller Fürsorge umgeben; **~ qn de soins** jdn liebevoll pflegen
II. *vpr* **s'~ de bons amis/d'objets d'art** sich mit guten Freunden/Kunstgegenständen umgeben; **s'~ de garanties/précautions** sich nach allen Seiten absichern
entourloupe [ɑ̃tuʀlup] *f*, **entourloupette** [ɑ̃tuʀlupɛt] *f fam* [fauler] Trick; **faire une ~ à qn** jdn austricksen *(fam)*
entournure [ɑ̃tuʀnyʀ] *f* ▶ **être gêné(e) aux ~s** sich eingeengt fühlen, zu wenig Freiraum haben
entracte [ɑ̃tʀakt] *m* ① THEAT, CINE Pause *f*
② *(interruption)* Pause *f*, Unterbrechung *f*
entraide [ɑ̃tʀɛd] *f* [gegenseitige] Hilfe [*o* Unterstützung] *f*; **service d'~** Hilfsdienst *m*
entraider [ɑ̃tʀede] <1> *vpr* **s'~** sich *(Dat)* [gegenseitig] helfen
entrailles [ɑ̃tʀɑj] *fpl* ① *(viscères)* Eingeweide *Pl*
② *(profondeurs) de la terre* Innere(s) *nt*
③ *littér (ventre maternel)* Schoß *m (geh)*
entrain [ɑ̃tʀɛ̃] *m* Schwung *m*, Elan *m*; **cette fête manque d'~** auf dieser Party ist nichts los; **avoir beaucoup d'~** Temperament [*o* Schwung] haben; **plein(e) d'~** voller Energie; **avec ~** mit Schwung; **sans ~** lustlos; **jouer sans ~ une sonate** eine Sonate herunterspielen
entraînant(e) [ɑ̃tʀenɑ̃, ɑ̃t] *adj* mitreißend
entraînement [ɑ̃tʀenmɑ̃] *m* ① *(pratique)* Übung *f*; **c'est une**

question d'~ das ist Übungssache; **manquer encore d'~** noch nicht die nötige Übung haben; **cela nécessite de l'~** das will geübt sein
② *(action d'entraîner)* Training *nt*; **~ musculaire** Muskeltraining; **~ en vol** Flugpraxis *f*; **manquer d'~** nicht genügend trainiert haben; **camp** [*o* **centre**] **d'~** Trainingszentrum *nt*
③ *(impulsion)* Impuls *m*, innere Regung; **par l'~ de l'habitude** durch die Macht der Gewohnheit; **dans l'~ de la discussion** in der Hitze des Gefechts
④ TECH Antrieb *m*
◆ **~ à sec** Trockenschwimmen *nt*
entraîner [ɑ̃tʀene] <1> **I.** *vt* ① *(emporter)* mit sich [fort]reißen; mit sich reißen *personne*; **en tombant, il a entraîné la nappe** im Fallen hat er das Tischtuch mit sich [herunter]gerissen; **le vent entraîne la nappe de pétrole dans la baie** der Wind treibt den Ölteppich in die Bucht hinein; **~ toute la famille dans le malheur** die ganze Familie mit sich ins Unglück reißen; **être entraîné(e) dans une guerre/une catastrophe** in einen Krieg/eine Katastrophe hineintreiben
② *(emmener)* ziehen, schleppen *(fam)*; **~ qn vers la sortie** jdn zum Ausgang ziehen; *(pousser)* jdn zum Ausgang schieben [*o* bugsieren *fam*]
③ *(inciter)* **~ qn à** [*o* **dans**] **qc** jdn zu etw verleiten; **~ qn à faire qc** jdn dazu verleiten etw zu tun; **se laisser ~ à** [*o* **dans**] **qc** sich zu etw verleiten lassen; **se laisser ~ à faire qc** sich dazu verleiten lassen etw zu tun
④ *(causer)* zur Folge haben, bedeuten
⑤ *(stimuler) éloquence, musique*: mitreißen
⑥ *(exercer)* **~ qn à** [*o* **pour**] **qc** jdn in etw *(Dat)* schulen; **~ qn à faire qc** jdn darin schulen etw zu tun; SPORT jdn in etw *(Dat)* trainieren, jdn darin trainieren etw zu tun; **il entraîne sa classe pour le bac** er bereitet seine Klasse auf das Abitur vor; **~ un animal à qc/à faire qc** ein Tier auf etw *(Akk)* /daraufhin abrichten etw zu tun; **~ un chien à l'attaque** einen Hund auf den Mann abrichten
⑦ TECH antreiben *machine, bielle*; **entraîné(e) par un propulseur à réaction** raketengetrieben
II. *vpr* **s'~ à** [*o* **pour**] **qc/à faire qc** sich in etw *(Dat)* /darin üben etw zu tun, trainieren; **s'~ à faire des équations** Gleichungen üben; **s'~ à la course** sich im Laufen trainieren
entraîneur [ɑ̃tʀenœʀ] *m* SPORT Trainer *m*; **~ intérimaire** Interimstrainer
◆ **~ d'hommes** ≈ Mensch, der andere mitreißen kann
entraîneuse [ɑ̃tʀenøz] *f* ① SPORT Trainerin *f*; **~ intérimaire** Interimstrainerin
② *(aguicheuse)* Animierdame *f*
◆ **~ d'hommes** ≈ Mensch, der andere mitreißen kann
entrant(e) [ɑ̃tʀɑ̃, ɑ̃t] **I.** *adj élève* [neu] hinzukommend; *signal* eingehend
II. *m(f) souvent pl* **combien y-a-t-il de nouveaux ~s?** wie viele Neuankömmlinge sind es?
entrapercevoir [ɑ̃tʀapɛʀsəvwaʀ] <12> *vt* [nur] flüchtig sehen
entrave [ɑ̃tʀav] *f* ① *a.* JUR, *a. fig (obstacle)* Hemmnis *nt*; **~ à la circulation** Verkehrsbehinderung *f*; **~ au commerce** Handelshemmnis; **~ à la concurrence** Wettbewerbshemmnis; **~ à la libre concurrence** Behinderung des Wettbewerbs; **importante à la libre concurrence** wesentliche Beeinträchtigung des Wettbewerbs; **~ à l'entrée sur le marché** Marktzugangsbeschränkung *f*; **~ à exécution** Vollstreckungshindernis *nt*; **~ au progrès** Hemmschuh *m* für den Fortschritt; **~ à la prestation** JUR Leistungshindernis; **~ à la puissance de l'acheteur/du vendeur** JUR Leistungsstörung *f* des Käufers/Verkäufers; **~ indirecte/directe/légale** JUR mittelbares/unmittelbares/rechtliches Hemmnis; **~ injuste** unbillige Behinderung; **être une ~ à qc** einer S. *(Dat)* hinderlich sein; **sans ~s** ungehindert
② *gén pl. a. fig (lien)* Fesseln *Pl*
entraver [ɑ̃tʀave] <1> *vt* ① *(gêner)* behindern *personne, circulation, commerce*; erschweren *réalisation d'un projet*; **~ qn/qc dans qc** jdn/etw bei etw behindern; *fig* jdn/etw in etw *(Dat)* behindern
② *(mettre des entraves à)* **~ un animal** einem Tier [Fuß]fesseln anlegen
entre [ɑ̃tʀ] *prép* ① *(position dans l'intervalle)* zwischen (+ *Dat*); **il était assis ~ les deux enfants** er saß zwischen den beiden Kindern; **être ~ les deux** dazwischen liegen
② *(mouvement vers l'intervalle)* zwischen (+ *Akk*); **il s'assit ~ les deux enfants** er setzte sich zwischen die beiden Kinder
③ *(parmi des choses)* zwischen (+ *Dat*); **choisir ~ plusieurs solutions** zwischen mehreren Lösungen wählen
④ *(parmi des personnes)* unter (+ *Dat*), von; **je le reconnaîtrais ~ tous** ich würde ihn unter Tausenden wieder erkennen; **~ tous mes amis, c'est vraiment le meilleur** von all meinen Freunden ist er wirklich der Beste; **la plupart d'~ eux/elles** die meisten von ihnen; **qui d'~ vous veut venir?** wer von euch/Ihnen will mitkommen?

❺ *(à travers)* durch (+ *Akk*); **passer ~ les mailles du filet** durch die Maschen die Netzes schlüpfen
❻ *(dans)* in (+ *Akk*); **remettre son sort ~ les mains de son médecin** sein Schicksal in die Hände seines Arztes legen
❼ *(indiquant une relation)* zwischen (+ *Dat*); **il y a ~ eux une vieille querelle** zwischen ihnen herrscht ein alter Streit; **ils se sont disputés ~ eux** sie haben sich [*o* miteinander] gestritten; **nous sommes ~ nous** wir sind unter uns
▶ **~ autres** unter anderem; **~ nous** unter uns [*o* im Vertrauen] [gesagt]; **~ tous/toutes** [ganz] besonders; **c'est un exercice difficile ~ tous** das ist eine besonders schwere Übung
entrebâillement [ãtʀəbajmã] *m* Spalt *m*; **par l'~ de la porte** durch den Türspalt
entrebâiller [ãtʀəbaje] <1> *vt* einen Spalt[breit] öffnen; **être entrebâillé(e)** einen Spalt[breit] offen stehen
entrechat [ãtʀəʃa] *m* Entrechat *m*; **faire des ~s** herumhüpfen
entrechoquer [ãtʀəʃɔke] <1> **I.** *vt* gegeneinanderschlagen *cailloux*
II. *vpr* **s'~** *wagons, verres*: gegeneinanderstoßen; *épées*: gegeneinanderschlagen
entrecôte [ãtʀəkot] *f* Entrecote *nt*
entrecoupé(e) [ãtʀəkupe] *adj voix* stockend; **~(e) de qc** von etw unterbrochen; **faire un voyage ~ de haltes** auf der Reise mehrmals Halt machen
entrecouper [ãtʀəkupe] <1> **I.** *vt* **qc de qc** etw mit etw unterbrechen
II. *vpr* **s'~** sich [über]schneiden
entrecroisement [ãtʀəkʀwazmã] *m* Geflecht *nt*; **de routes** Gewirr *nt*
entrecroiser [ãtʀəkʀwaze] <1> **I.** *vt* ineinanderflechten, [miteinander] verflechten
II. *vpr* **s'~** ineinandergeschlungen sein; *lignes, routes*: sich kreuzen
entre-déchirer [ãtʀədeʃiʀe] <1> *vpr* **s'~** *animaux*: sich [gegenseitig] zerreißen; *fig personnes*: sich [gegenseitig] zerfleischen **entre-deux** [ãtʀədø] *m sans pl fig* Zwischenbereich *m* **entre-deux-guerres** [ãtʀədøgɛʀ] *m sans pl* **l'~** die Zeit zwischen den beiden Weltkriegen **entre-dévorer** [ãtʀədevɔʀe] <1> *vpr littér* **s'~** sich [gegenseitig] auffressen; *fig* sich [gegenseitig] zerfleischen
entrée [ãtʀe] *f* ❶ *(arrivée)* d'une personne Eintreten *nt*; d'un acteur Auftritt *m*; d'un bateau Einlaufen *nt*; d'un véhicule Einfahren *nt*; des marchandises Einfuhr *f*; **~ en franchise** des marchandises freie Einfuhr; **à l'~ de qn** bei jds Eintreten; **faire une ~ triomphale** einen triumphalen Einzug halten; **il a fait une ~ remarquée** sein Kommen hat Aufsehen erregt; **~ interdite** kein Zutritt!; **~ interdite à tout véhicule** Einfahrt verboten!
❷ *(accès)* Eingang *m*; **~ principale** Haupteingang; **~ de devant** Vordereingang; **à l'~ de la cave** am Eingang zum Keller, am Kellereingang
❸ *(droit d'entrer)* Zutritt *m*
❹ *(vestibule)* d'un appartement Diele *f*; d'un hôtel, immeuble Eingangshalle *f*
❺ *(billet)* Eintrittskarte *f*; **~ non payante** Freikarte *f*; **l'~ est libre** [*o* **gratuite**] der Eintritt ist frei; *(sans obligation d'achat)* [es besteht] kein Kaufzwang
❻ *(somme perçue)* Eintrittsgeld *nt*
❼ *(adhésion)* Eintritt *m*, Beitritt *m*
❽ *(admission)* **~ dans un club** Aufnahme *f* in einen Klub
❾ *(pénétration)* Eindringen *nt*; **il y a des ~s d'air ici** hier zieht es herein; **il y a des ~s d'eau dans la cave** in den Keller dringt Wasser
❿ GASTR erster Gang; **en** [*o* **comme**] **~** als Vorspeise
⓫ *(article) d'un dictionnaire* Eintrag *m*
⓬ ELEC Eingang *m*; **~ vidéo** Videoeingang
⓭ INFORM Eingabe *f*; **~ des données** Dateneingabe; *(saisie)* Datenerfassung *f*; **~ vocale** Spracheingabe
⓮ ECON, FIN **~ nette de capitaux** Nettozufluss *m*; **~ nette de prêts** Nettokreditaufnahme *f*
⓯ AUDIOV Eingang *m*; **~ son** Audioeingang; **~ du microphone/du casque** Eingang für das Mikrofon/die Kopfhörer
▶ **avoir ses ~s chez qn/quelque part** bei jdm/irgendwo ein- und ausgehen; **d'~ de jeu** von Anfang an, gleich zu Beginn; **rater** [*o* **louper** *fam*] **son ~** seinen Auftritt verpatzen *(fam)*
◆ **~ d'air** Lufteinlass *m*; **~ des artistes** Bühneneingang *m*; **~ d'index** INFORM Indexeintrag *m*; **~ de faveur** Freikarte *f*; **~ de microphone** ELEC Mikrofoneingang *m*; **~ de musique** INFORM Musikeingang *m*
◆ **~ en action** Einsatz *m*, Eingreifen *nt*; **~ en fonction** Amtsantritt *m*; **~ en gare** Einfahrt *f*; **l'~ en gare du train est imminente** der Zug wird in Kürze einfahren; **~ en guerre** Kriegseintritt *m*; **~ en jeu** Eingreifen *nt*; SPORT Einsatz *m*; **~ en ligne** Einsatz *m*; **~ en matière** Einleitung *f*; **~ en possession** Besitzübernahme *f*; **~ en religion** Eintritt *m* ins Kloster; **~ en scène** Auftritt *m*; **~ de service** Dienstboteneingang *m*; **~ en vigueur** Wirksamwerden *nt*;

d'une loi Inkrafttreten *nt*; **~ en vigueur de l'assurance** Versicherungsbeginn *m*; **~ en vigueur du contrat** Vertragsbeginn
entrefaite [ãtʀəfɛt] *m* Zeitpunkt *m*
▶ **sur ces ~s** in diesem Augenblick
entrefilet [ãtʀəfilɛ] *m* kurze [Zeitungs]notiz
entregent [ãtʀəʒã] *m* ▶ **avoir de l'~** die Menschen zu nehmen wissen *(fig)*
entrejambe [ãtʀəʒãb] *m* ❶ Schritt *m*; **slip à ~ renforcé** Slip mit verstärktem Schritt
❷ COUT **longueur à l'~** Schrittlänge *f*
entrelacement [ãtʀəlasmã] *m* ❶ *(action)* Ineinanderschlingen *nt*
❷ *(résultat)* Verschlungensein *nt*; **des ~s de lianes** ineinander verschlungene Lianen
entrelacer [ãtʀəlase] <2> **I.** *vt* ❶ *(tisser)* ineinanderweben, miteinander verweben *fils*
❷ *(tresser, entrecroiser, nouer)* ineinanderschlingen *rubans, lettres, doigts, mains*; **les lettres entrelacées d'un monogramme** die ineinandergeschlungenen Buchstaben eines Monogramms; **elle était là, les mains entrelacées** sie saß/stand mit ineinandergeschlungenen Händen da
II. *vpr* **s'~** *branches*: sich ineinanderschlingen; **s'~ autour de qc** sich um etw schlingen
entrelacs [ãtʀəla] *m gén pl* ART Flechtwerk *nt*
entrelardé(e) [ãtʀəlaʀde] *adj* [mit Fett] durchwachsen
entrelarder [ãtʀəlaʀde] <1> *vt* ❶ GASTR spicken
❷ *fig* **~ de qc** mit etw spicken *(fam)*
entremêler [ãtʀəmele] <1> **I.** *vt* ❶ *(mélanger)* vermischen; **~ des haricots et des petits pois** Bohnen und Erbsen [ver]mischen
❷ *fig* **~ qc de qc** etw in etw *(Akk)* einstreuen; **des paroles entremêlées de sanglots** durch Schluchzen unterbrochene Worte
II. *vpr* **s'~** durcheinandergeraten; *personnes*: sich ineinander verkeilen; **s'~ à** [*o* **avec**] **qc** mit etw abwechseln
entremets [ãtʀəmɛ] *m* Süßspeise *f*; **~ au citron** Zitronenspeise
entremetteur, -euse [ãtʀəmɛtœʀ, -øz] *m, f péj* Kuppler(in) *m(f)*
entremettre [ãtʀəmɛtʀ] <irr> *vpr* ❶ *(s'interposer)* **s'~ dans qc** vermittelnd in etw *(Akk)* eingreifen
❷ *(s'ingérer)* **s'~ dans qc** sich in etw *(Akk)* einmischen; **s'~ auprès de qn** bei jdm intervenieren; **s'~ entre deux antagonistes** zwischen zwei Kontrahenten vermitteln
entremise [ãtʀəmiz] *f* Vermittlung *f*; **grâce à l'~ de qn** dank jds Intervention; **par l'~ de qn** durch jdn
entrepont [ãtʀəpɔ̃] *m* Zwischendeck *nt*
entreposer [ãtʀəpoze] <1> *vt* (ein)lagern; unterstellen *meubles*; auf Lager bringen *marchandises*; **~ qc en douane** etw unter Zollverschluss lagern; **marchandise entreposée** Lagergut *nt*
entrepôt [ãtʀəpo] *m* ❶ *(action d'entreposer)* Speichern *nt*
❷ *(dock, hangar)* Lagerhalle *f*; *(stock)* Warenlager *nt*, Auslieferungslager; **~ de pièces de rechange** Ersatzteillager; **grand ~** Großlager; **~ de douane** Zolldepot *nt*; **~ frigorifique** Kühlhaus *nt*; **~ portuaire franc** Freihafenlager
❸ *(port, ville)* Umschlaghafen *m*, Umschlagplatz *m*
entreprenant(e) [ãtʀəpʀənã, ãt] *adj* ❶ *(dynamique)* unternehmungslustig, voller Tatendrang
❷ *(galant)* galant
entreprenaute [ãtʀəpʀənot] *mf* Unternehmensgründer(in) *m(f)*
entreprendre [ãtʀəpʀãdʀ] <13> **I.** *vt* ❶ *(commencer)* unternehmen; in Angriff nehmen *étude, travail*; **~ de faire qc** es unternehmen etw zu tun *(geh)*
❷ *fam (s'efforcer de convaincre)* beschwatzen *(fam)*
❸ *(courtiser)* umwerben
II. *vi* handeln
entrepreneur, -euse [ãtʀəpʀənœʀ, -øz] *m, f* Unternehmer(in) *m(f)*; *(dans la construction)* Bauunternehmer(in); **~ commercial/entrepreneuse commerciale** Gewerbeunternehmer(in); **~ indépendant/entrepreneuse indépendante** selb[st]ständiger Unternehmer/selb[st]ständige Unternehmerin; **petit ~/petite entrepreneuse** mittelständischer Unternehmer/mittelständische Unternehmerin; **~ privé/entrepreneuse privée** privater Unternehmer/private Unternehmerin
◆ **~ en bâtiment** Bauunternehmer *m*; **~ de déménagement** Umzugsunternehmer *m*, [Möbel]spediteur *m*; **~ de menuiserie** selb[st]ständiger Tischlermeister [*o* Schreinermeister]; **~ de pompes funèbres** Inhaber *m* eines Bestattungsinstituts; **~ de transport[s]** COM Transportunternehmer *m*, Spediteur *m*, Frachtführer *m (Fachspr.)*; **~ de travaux publics** Tiefbauunternehmer *m*
entreprise [ãtʀəpʀiz] *f* ❶ *(firme)* [Wirtschafts]unternehmen *nt*, Betrieb *m*, Firma *f*, Unternehmung *f* (CH); **~ affiliée** Mitgliedsfirma; **~ agréée** Vertragsunternehmen; **~ familiale** Familienbetrieb, Familiengesellschaft *f (Fachspr.)*; **~ individuelle/industrielle** Einzel-/Industrieunternehmen; **grande ~ industrielle** industrieller Großbetrieb; **~ industrielle nationalisée** staatseigener Industriebetrieb; **~ liée** ECON verbundenes Unternehmen *(Fachspr.)*; **~ métallurgique** [*o* **de métallurgie**] Metallbetrieb; **~ mixte** Be-

teiligungsunternehmen; ~ **monopolistique** Monopolbetrieb, Monopolunternehmen; ~ **municipale** kommunales Wirtschaftsunternehmen; ~ **nationalisée** verstaatlichtes Unternehmen, verstaatlichter Betrieb; **petite** ~ Kleinunternehmen; **petites et moyennes** ~**s** kleine und mittelständische Betriebe *Pl;* ~ **pilote** Versuchsbetrieb; ~ **privée** Privatunternehmen, Privatbetrieb; ~ **publique** staatliches Unternehmen, Betrieb der öffentlichen Hand; ~ **publique d'approvisionnement** öffentlicher Versorgungsbetrieb, öffentliches Versorgungsunternehmen; ~ **saisonnière** Saisonbetrieb, Saisongeschäft *nt;* ~ **spécialisée dans l'élimination des déchets** Entsorgungsunternehmen; ~ **syndicalisée** gewerkschaftlich organisierter Betrieb; ~ **textile** Textilbetrieb; ~ **de fabrication de logiciels** Softwarefirma; ~ **de l'industrie chimique** Chemieunternehmen; ~ **en nom personnel** JUR Eigenbetrieb *(Fachspr.);* ~ **qui a cessé ses activités** erloschene Firma; **voiture d'**~ Geschäftswagen *m;* **affaire interne à l'**~ hausinterne Angelegenheit
② *(activité ou existence d'entrepreneur)* Unternehmertum *nt;* **libre** ~ freies Unternehmertum; **risque d'**~ unternehmerisches Risiko
③ *(opération)* Unternehmen *nt,* Unternehmung *f;* **se lancer dans une vaste** ~ sich in ein gewagtes Unternehmen stürzen
④ *pl littér (menées)* Machenschaften *Pl*
⑤ *(avances)* Annäherungsversuche *Pl*
▸ ~ **de base** JUR, ECON Basisunternehmen *nt;* ~ **bidon** Garagenfirma *f;* ~ **boîte aux lettres** Briefkastenfirma *f;* ~ **du commerce extérieur** JUR Außengesellschaft *f;* ~ **de commercialisation** Vermarktungsgesellschaft *f;* ~ **de confection** Konfektionsbetrieb *m;* ~ **de construction** Baufirma *f;* ~ **de déménagement** Umzugsfirma *f,* Möbelspedition *f;* ~ **de distribution** Vertriebsunternehmen *nt;* ~ **d'exploitation et de distribution d'énergie** Energieversorgungsunternehmen *nt;* ~ **de gros** Großhandelsbetrieb *m;* ~ **de marque** Markenfirma *f;* ~ **de nettoyage** Reinigungsfirma *f;* ~ **de personnes** ECON Besitzunternehmen *nt (Fachspr.);* ~ **de pompes funèbres** Bestattungsinstitut *nt;* ~ **de production** Produktionsunternehmen *nt,* Produktionsbetrieb *m;* ~ **de transbordement** Umschlagbetrieb *m;* ~ **de transformation** Verarbeitungsbetrieb *m;* ~ **de transports** Spedition *f,* Speditionsbetrieb *m,* Speditionsunternehmen *nt; (par poids lourds)* Fuhrgeschäft *nt,* Frachtgeschäft *nt,* Frachtunternehmen *nt;* ~ **de travaux publics** Tiefbauunternehmen *nt*

entrer [ɑ̃tʀe] <1> **I.** *vi* + *être* ① *(pénétrer)* eintreten; *(vu de l'intérieur)* hereinkommen; *(vu de l'extérieur)* hineingehen; *chien:* herein-/hineinlaufen; *eau:* hereinlaufen, eindringen; *lumière, soleil:* hereinfallen; **faire** ~ hereinbitten *personne;* hereinholen *chien;* hineintreiben *bétail;* **laisser** ~ hereinlassen *personne, animal;* ~ **par la fenêtre** durch das Fenster einsteigen; **je peux [y]** ~**?** kann ich [da] hinein? *(fam),* darf ich [da] rein? *(fam);* **tu veux** ~**?** willst du rein? *(fam);* **qu'il entre!** er soll hinein! *(fam);* **défense d'**~**!** Eintritt verboten!; **entrez sans frapper!** [bitte] eintreten, ohne anzuklopfen!
② *(pénétrer dans un lieu)* ~ **dans qc** *personne:* etw betreten, in etw *(Akk)* [herein-]/[hinein]gehen; *chien:* in etw *(Akk)* [herein-]/[hinein]laufen; *air:* in etw *(Akk)* strömen; *lumière, soleil:* in etw *(Akk)* fallen; **ne pas oser** ~ **dans l'eau** sich nicht ins Wasser trauen; ~ **dans le port** *bateau:* [in den Hafen] einlaufen; ~ **en gare** *train:* [in den Bahnhof] einfahren, in den Bahnhof hineinfahren [*o* reinfahren]; ~ **dans la cave** *eau:* in den Keller dringen; ~ **frauduleusement dans le pays** *drogue:* eingeschmuggelt werden, ins Land geschmuggelt werden; **le bateau à la dérive/la nappe de pétrole entre dans la baie** das Boot/der Ölteppich treibt in die Bucht hinein
③ *(aborder)* ~ **dans les détails** ins Detail gehen; ~ **dans le vif du sujet** sofort zum Kern der Sache kommen
④ *(commencer)* ~ **dans sa troisième année** *enfant:* in sein drittes Lebensjahr gehen; *guerre:* ins dritte Jahr gehen
⑤ *fam (heurter)* ~ **dans qc** *personne:* gegen etw laufen/fahren; *animal:* gegen etw laufen; *avion:* gegen etw fliegen; *voiture, moto:* gegen etw fahren
⑥ *(s'engager dans)* ~ **dans un club** in einen Klub eintreten; **faire** ~ **qn dans un club** jdn [als neues Mitglied] in einen Klub einführen; ~ **dans un parti** einer Partei *(Dat)* beitreten; ~ **dans l'armée/la police** zur Armee/zur Polizei gehen; ~ **dans une carrière** eine Laufbahn einschlagen; ~ **dans la vie active** ins Erwerbsleben eintreten
⑦ *(être admis)* ~ **à l'hôpital/l'école/en apprentissage** ins Krankenhaus/in die Schule/Lehre kommen; ~ **en sixième** in die erste Klasse des Gymnasiums kommen; ~ **à l'université** sein Studium beginnen; **faire** ~ **qn dans une entreprise** jdm eine Stelle in einem Unternehmen verschaffen
⑧ *(s'enfoncer) clou, vis:* eindringen; **la clé n'entre pas dans le trou de la serrure** der Schlüssel passt nicht ins Schlüsselloch; **faire** ~ **un clou dans le bois** einen Nagel ins Holz schlagen
⑨ *(s'associer à)* ~ **dans la discussion** sich an der Diskussion beteiligen
⑩ *(faire partie de)* ~ **dans la catégorie des contribuables** zu den Steuerzahlern gehören; ~ **dans la composition d'un produit** Bestandteil eines Produkts sein; **cela n'entre pas dans mes attributions** das gehört nicht zu meinem Aufgabenbereich
⑪ *(comme verbe-support)* ~ **en application** in Kraft treten; ~ **en contact avec qn** mit jdm Kontakt aufnehmen; ~ **en collision avec qn/qc** mit jdm/etw zusammenstoßen; ~ **en rage** in Wut geraten; ~ **en guerre** in den Krieg eintreten; ~ **dans l'audition des preuves** JUR in die Beweisaufnahme eintreten; ~ **en scène** auftreten; ~ **en ligne de compte** berücksichtigt werden, in Betracht kommen; ~ **en fonction** *ministre:* sein Amt antreten
▸ ~ **pour beaucoup dans qc** eine große Rolle bei etw spielen; **ne faire qu'**~ **et sortir** gleich wieder gehen, nur kurz vorbeischauen
II. *vt* + *avoir* ① COM einführen; ~ **qc en contrebande** etw einschmuggeln
② *(faire pénétrer)* ~ **qc dans qc** etw in etw *(Akk)* hineinbringen; ~ **l'armoire par la fenêtre** den Schrank durch das Fenster hineinschaffen
③ INFORM eingeben

entresol [ɑ̃tʀəsɔl] *m* Hochparterre *nt*
entre-temps [ɑ̃tʀətɑ̃] *adv* inzwischen, in der Zwischenzeit; *(exprimant une discontinuité)* zwischendurch, zwischendrin; *fam* zwischenhinein (CH)
entretenir [ɑ̃tʀət(ə)niʀ] <9> **I.** *vt* ① *(maintenir en bon état)* in Stand halten; warten *machine, moteur;* pflegen *beauté, voiture;* in Ordnung halten *vêtement;* wach halten *esprit*
② *(faire vivre)* ~ **qn** für jds Unterhalt aufkommen; ~ **une maîtresse** sich eine Mätresse halten *(pej);* **se faire** ~ **par qn** sich von jdm aushalten lassen
③ *(faire durer)* unterhalten *correspondance, relations;* hegen *doute, espoir;* schüren *rivalité;* lebendig halten *souvenirs;* aufrechterhalten *illusions, suspense;* immer wieder entfachen *querelle;* konstant halten *humidité, température;* nicht ausgehen lassen *feu;* ~ **sa forme** sich fit halten; ~ **une correspondance suivie avec qn** in ständigem Briefwechsel mit jdm stehen; ~ **les relations d'affaires** die Geschäftsverbindungen pflegen; **continuer d'**~ **des relations commerciales** die Wirtschaftsbeziehungen fortsetzen; ~ **qn dans une erreur** jdn in einem Irrtum belassen
④ *(parler à)* ~ **qn de qn/qc** jdm von jdm/etw erzählen
II. *vpr* ① *(converser)* **s'**~ mit jdm Gespräche führen; **s'**~ **avec qn de qn/qc** sich mit jdm über jdn/etw unterhalten; **s'**~ **avec qn par téléphone** sich mit jdm am Telefon unterhalten; **s'**~ **avec qn par écrit** sich mit jdm schriftlich austauschen
② *(se conserver en bon état)* **s'**~ *personne:* sich fit halten; *moquette, meuble:* gepflegt werden müssen; **s'**~ **facilement** pflegeleicht sein, leicht zu pflegen sein

entretenu(e) [ɑ̃tʀət(ə)ny] **I.** *part passé de* **entretenir**
II. *adj* ① *(tenu en bon état)* gepflegt; *maison, propriété* gut in Stand gehalten
② *(pris en charge)* **c'est une femme** ~**e/un homme** ~ sie/er wird ausgehalten, sie/er lässt sich aushalten

entretien [ɑ̃tʀətjɛ̃] *m* ① *(maintien en bon état) de la peau, d'un vêtement, des meubles* Pflege *f; d'une machine, d'un moteur* Wartung *f; d'une maison, route* Instandhaltung *f;* ~ **des sols/du gazon** Boden-/Rasenpflege; ~ **des tapis** Teppichpflege; ~ **de la voiture** Autopflege; ~ **de la/d'une tombe** Grabpflege; ~ **des rues/des routes** Straßeninstandhaltung; ~ **et maintenance** Pflege und Wartung; ~ **permanent** laufende Wartung; **ouvrier préposé/ouvrière préposée à l'**~ **des voies [ferrées]** Gleisarbeiter(in) *m(f);* **mesure d'**~ **des monuments historiques** denkmalpflegerische Maßnahme
② *(travaux, dépenses de maintien)* Wartungsaufwand *m;* ~ **exigeant/facile** hoher/niedriger Wartungsaufwand; **exiger beaucoup/peu d'**~ mit einem hohen/niedrigen Wartungsaufwand verbunden sein; **sans** ~ wartungsfrei; **cette voiture est facile d'**~ [*o* **d'un** ~ **facile**] dieser Wagen ist wartungsarm
③ *(soutien financier)* Unterhalt *m*
④ *(discussion en privé)* Unterredung *f,* Gespräch *nt;* ~ **d'information** Informationsgespräch; **pouvez-vous m'accorder un** ~**?** darf ich Sie um eine Unterredung bitten?
⑤ *(discussion en public)* Diskussion *f;* ~ **télévisé** Fernsehdiskussion
▸ ~ **d'embauche** *d'un candidat* Vorstellungsgespräch *nt; d'un chef du personnel* Einstellungsgespräch; **avoir un** ~ **d'embauche** ein Vorstellungsgespräch/Einstellungsgespräch haben

entretuer [ɑ̃tʀətɥe] <1> *vpr* **s'**~ sich gegenseitig umbringen
entrevoir [ɑ̃tʀəvwaʀ] <irr> *vt* ① *(voir) (indistinctement)* undeutlich sehen; *(brièvement)* [nur] flüchtig sehen
② *(pressentir)* ahnen, vorhersehen; ~ **une amélioration** Anzeichen einer Besserung sehen
entrevue [ɑ̃tʀəvy] *f* Unterredung *f;* **avoir une** ~ **avec qn** eine [lange] Unterredung mit jdm haben

entropie [ɑ̃tʀɔpi] f PHYS Entropie f
entrouvert(e) [ɑ̃tʀuvɛʀ, ɛʀt] adj halb geöffnet; *porte, fenêtre* einen Spalt[breit] offen; *bouche, lèvres* offen
entrouvrir [ɑ̃tʀuvʀiʀ] <11> I. vt ein wenig öffnen; einen Spalt[breit] öffnen *porte, fenêtre;* leicht öffnen *yeux*
II. vpr **s'~** ein wenig öffnen; *porte, fenêtre:* einen Spalt[breit] aufgehen; *bouche, lèvres:* sich leicht öffnen
entuber [ɑ̃tybe] <1> vt fam übers Ohr hauen *(fam),* reinlegen *(fam);* **se faire ~** übers Ohr gehauen werden *(fam),* reingelegt werden *(fam),* reinrasseln *(fam)*
enturbanné(e) [ɑ̃tyʀbane] adj **être ~(e)** einen Turban tragen
énumération [enymeʀasjɔ̃] f Aufzählung f; **faire une ~ de qc** etw aufzählen
énumérer [enymeʀe] <5> vt ① aufzählen
② ECON aufführen; **~ poste par poste, ~ les détails un par un** die [Rechnungs]posten einzeln aufführen
énurésie [enyʀezi] f MED *des enfants, vieillards* Inkontinenz f
énurétique [enyʀetik] adj MED **enfant ~** Bettnässer m
envahir [ɑ̃vaiʀ] <8> vt ① MIL einfallen in (+ Akk) *pays*
② *(se répandre, infester)* foule: strömen auf (+ Akk) *rues;* strömen in (+ Akk), bevölkern *ville;* strömen [o drängen] in (+ Akk) *théâtre, stade;* stürmen *terrain de football; insectes:* herfallen über (+ Akk) *terrain; mauvaises herbes:* überwuchern; *eau:* überschwemmen, überfluten; *nouveau produit:* überschwemmen *marché;* **être envahi(e) par les touristes** *ville:* von [den] Touristen überlaufen sein
③ *(gagner)* doute, terreur: überkommen, überwältigen
④ *(importuner)* belästigen; *insectes:* heimsuchen; **se laisser ~ par qn** sich von jdm in Beschlag nehmen lassen
envahissant(e) [ɑ̃vaisɑ̃, ɑ̃t] adj ① *(omniprésent)* **être/devenir ~(e)** *chose, mode, sentiment:* überhandnehmen
② *(importun)* personne aufdringlich
envahissement [ɑ̃vaismɑ̃] m ① MIL **l'~ de l'Europe par les Huns** der Einfall der Hunnen in Europa
② *(fait d'occuper, de proliférer)* de la paperasse Überhandnehmen m; *des fourmis* Invasion f; **l'~ du stade/magasin** der Ansturm auf das Stadion/den Laden; **l'~ du terrain de football par les spectateurs** das Stürmen des Spielfeldes durch die Zuschauer; **l'~ du jardin par les orties** das Überwuchern des Gartens mit Brennnesseln; **l'~ du marché par les produits japonais** die Überschwemmung des Marktes mit japanischen Produkten
envahisseur, -euse [ɑ̃vaisœʀ, -øz] m, f Eindringling m; MIL Angreifer(in) m(f)
envasement [ɑ̃vazmɑ̃] m *d'un port, d'une rivière* Verschlammen nt
envaser [ɑ̃vaze] <1> I. vpr **s'~** *baie, port, rivière:* verschlammen; *personne, bateau, voiture:* im Schlamm stecken bleiben; *(s'enfoncer)* im Schlamm versinken
enveloppant(e) [ɑ̃vlɔpɑ̃, ɑ̃t] adj ① *(ample)* vêtement weit
② MIL *mouvement* Umfassungs-, Einkreisungs-
③ *(séducteur)* manières, paroles einschmeichelnd
enveloppe [ɑ̃vlɔp] f ① POST [Brief]umschlag m, Kuvert nt (DIAL); **~ autocollante** [o **autoadhésive**] selbstklebender [Brief]umschlag; **~ doublée** gefütterter [Brief]umschlag; **~ réponse** Rückumschlag, adressierter Freiumschlag; **mettre sous ~** in einen [Brief]umschlag stecken, kuvertieren *(geh);* **être sous ~** sich in einem [verschlossenen] [Brief]umschlag befinden
② *(protection)* [Schutz]hülle f; *d'un ballon* [Ballon]hülle f; *d'une chenille* Kokon m; *d'une graine* Hülse f; *d'un pneu* Mantel m
③ *littér (apparence)* äußerer Schein, Fassade f
④ FIN *(budget)* [Geld]mittel Pl, Gelder Pl; **une ~ de six millions** [Geld]mittel in Höhe von sechs Millionen; **~ budgétaire** Haushaltsmittel; **~ financière** Finanzausstattung f; **~ globale** Gesamtvolumen nt
⑤ *(pot-de-vin)* Bestechungsgelder Pl
enveloppé(e) [ɑ̃vlɔpe] adj rundlich; *femme* mollig, rundlich
enveloppement [ɑ̃vlɔpmɑ̃] m ① MED Umschlag m
② MIL Umzingelung f
envelopper [ɑ̃vlɔpe] <1> I. vt ① *(recouvrir)* einpacken *cadeau;* umhüllen *corps;* **~ de bandages** verbinden; **~ un bébé/un vase dans une couverture/du papier de soie** ein Baby/eine Vase in eine Decke/in Seidenpapier einwickeln; **être enveloppé(e) dans** [o **de**] **qc** *personne:* in etw (Akk) [ein]gehüllt sein; *bébé, objet:* in etw (Akk) [ein]gewickelt sein
② *(entourer)* *silence:* umgeben; *brouillard:* einhüllen; *lumière:* umfluten; **une histoire enveloppée de mystère** eine geheimnisumwitterte Geschichte
③ *littér (voiler)* verschleiern
④ MIL umzingeln
II. vpr **s'~ dans son manteau** sich in den/seinen Mantel hüllen
envenimé(e) [ɑ̃v(ə)nime] adj *blessure* entzündet; *propos* böswillig
envenimer [ɑ̃v(ə)nime] <1> I. vt ① *(infecter)* infizieren *plaie*
② *(aggraver)* verschlimmern, verschlechtern
II. vpr **s'~** ① *(s'infecter)* sich entzünden

② *(se détériorer)* situation, conflit: sich zuspitzen, sich verschärfen
envergure [ɑ̃vɛʀgyʀ] f ① *(dimension)* d'un avion, oiseau [Flügel]spannweite f; d'un bateau Breite f; d'une voile Fläche f; **trois mètres d'~** drei Meter breit
② *(valeur, ampleur)* Tragweite f; d'une personne Format nt; **de grande ~** von großer Tragweite; action breit angelegt, groß angelegt; **avoir de l'~** personne: Format haben; chose: Bedeutung [o Format] haben; **prendre de l'~** personne: an Format gewinnen; société: sich vergrößern; scandale, dispute: [größere] Formen annehmen; grève: sich ausweiten
envers [ɑ̃vɛʀ] I. prép **~ qn/qc** jdm/einer S. gegenüber; **avoir une dette ~ qn** *(dette financière)* jdm Geld schulden; *(dette morale)* in jds Schuld (Dat) stehen; **son mépris ~ qn/qc** seine/ihre Verachtung für jdn/etw; **les traîtres ~ la patrie** die Vaterlandsverräter
▶ **~ et contre tout/tous** allem/allen und jedem zum Trotz
II. m d'une feuille de papier Rückseite f, d'un vêtement linke Seite f; d'une assiette, feuille d'arbre Unterseite f
▶ **l'~ du décor** die Kehrseite der Medaille; **l'~ et l'endroit des choses** die Licht- und Schattenseiten der Dinge; **à l'~** *(dans le mauvais sens)* verkehrt herum, falsch herum; *(à rebours)* falsch; *(de bas en haut)* verkehrt, auf dem Kopf; *(à reculons)* rückwärts; *(en désordre)* durcheinander; **tourner à l'~** *(Akk)* kann man sich gegen den Uhrzeigersinn drehen; **tout marche à l'~** alles geht [o läuft] schief *(fam);* **avoir la tête** [o **la cervelle**] **à l'~** ganz durcheinander sein
envi [ɑ̃vi] ▶ **à l'~** littér um die Wette; **les gâteaux étaient appétissants à l'~** eine Torte sah leckerer aus als die andere
enviable [ɑ̃vjabl] adj beneidenswert
envie [ɑ̃vi] f ① *(désir, goût, besoin)* Lust f; **~s de voyager** Reiselust; **~ de chasser** Jagdlust; **avoir ~ de cacahuètes** Lust auf Erdnüsse haben; **avoir ~ de faire qc** Lust haben etw zu tun; **avoir ~ de faire pipi/d'aller au W.-C.** fam mal aufs Klo müssen *(fam);* **avoir une petite/grosse ~** fam mal klein/groß müssen *(fam);* **brûler** [*form* [o **mourir**] [o **crever** fam] **d'~ de qc** große [o wahnsinnige fam] Lust auf etw (Akk) haben, auf etw (Akk) ganz versessen sein; **mourir d'~ de faire qc** darauf brennen etw zu tun; **l'~ prend** [o **vient**] **à qn d'aller à la piscine** jd bekommt Lust, ins Schwimmbad zu gehen; **ça me donne ~ de partir en vacances** da bekomme ich Lust zu verreisen; **avec tes histoires tu me donnes ~ de rire** wenn man deine Geschichten hört, möchte man lachen; **passer** [o **contenter**] **son ~ de faire qc** seiner Lust nachgeben [o sein Bedürfnis stillen] etw zu tun; **ôter** [o **faire passer**] **à qn l'~ de mettre en désordre la chambre** jdm die Lust nehmen im Zimmer Unordnung zu machen; *(empêcher de recommencer)* es jdm austreiben im Zimmer Unordnung zu machen; **l'~ lui est passée** [o **lui a passé**] ihm/ihr ist die Lust dazu vergangen; *(de manger)* ihm/ihr ist der Appetit darauf vergangen; **n'avoir ~ de rien** unlustig sein
② *(convoitise)* Begierde f; *(péché capital)* Wollust f; **avoir ~ de qn** jdn begehren
③ *(jalousie)* Neid m
④ pl fam *(peaux)* Nagelhaut f
⑤ MED *(tache)* Feuermal nt
▶ **faire ~ à qn** personne, réussite: jdn neidisch machen; nourriture: jdm Appetit machen; **ça fait ~** da kann man neidisch werden; *(met en appétit)* da läuft einem das Wasser im Mund zusammen
envier [ɑ̃vje] <1> vt beneiden; **~ qn pour sa richesse/d'être riche** jdn um seinen Reichtum beneiden/jdn darum beneiden, dass er reich ist; **je ne t'envie pas pour ton succès** ich gönne dir deinen Erfolg; **~ sa femme/sa voiture à qn** jdn um seine Frau/sein Auto beneiden; **je n'envie pas ton sort** ich beneide dich nicht [um dein Schicksal]
▶ **n'avoir rien à ~ à qn/à qc** jdm/einer S. in nichts nachstehen
envieux, -euse [ɑ̃vjø, -jøz] I. adj neidisch; **~(-euse) de qn/qc** neidisch auf jdn/etw
II. m, f Neider(in) m(f); **tu n'es qu'une envieuse** du bist ja nur neidisch; **faire des ~** personne: sich (Dat) Neider schaffen, beneidet werden
environ [ɑ̃viʀɔ̃] I. adv ungefähr, [in] etwa; **il y a cinq ans ~** [o **~ cinq ans**] vor ungefähr [o etwa] fünf Jahren
II. mpl d'une ville Umgebung f; **Reims et ses ~s** Reims und Umgebung; **dans les ~s du château** in der Nähe des Schlosses; **aux ~s d'une ville** in der Nähe einer Stadt; **aux ~s de Pâques** um Ostern [herum]; **aux ~s de cent euros** etwa [o an die] hundert Euro
environnant(e) [ɑ̃viʀɔnɑ̃, ɑ̃t] adj der Umgebung; **la région ~e** die [nähere] Umgebung; **le milieu ~** das Umfeld
environnement [ɑ̃viʀɔnmɑ̃] m ① *(milieu écologique)* Umwelt f; **ministère de l'Environnement** Umweltministerium nt; **département de l'Environnement** Umweltressort nt
② *(environs)* Umgebung f
③ *(milieu social)* Umfeld nt
environnemental(e) [ɑ̃viʀɔnmɑtal, o] <-aux> adj Umwelt-, umweltbezogen; **politique ~e** Umweltpolitik f; **questions ~es** Um-

weltfragen *Pl;* **mesure en matière de politique ~e** umweltpolitische Maßnahme
environner [ãviʀɔne] <1> **I.** *vt* umgeben
II. *vpr* **s'~ de qn/qc** sich mit jdm/etw umgeben
envisageable [ãvizaʒabl] *adj* denkbar
envisager [ãvizaʒe] <2a> *vt* ❶ *(considérer)* in Betracht ziehen *question, situation;* **~ l'avenir/la mort** der Zukunft/dem Tod entgegensehen
❷ *(projeter)* **~ un voyage pour qn** eine Reise für jdn planen [*o* ins Auge fassen]; **~ de faire qc** planen [*o* erwägen] etw zu tun
❸ *(prévoir)* rechnen mit *orage, visite;* **~ que qn vienne** davon ausgehen, dass jd kommt
envoi [ãvwa] *m* ❶ *(action d'expédier) d'un paquet, d'une lettre* [Ab]schicken *nt; d'une marchandise, commande* Versand *m; de vivres* Sendung *f; de renforts, d'une mission diplomatique* Entsendung *f; d'un message* Senden *nt;* **faire un ~ à qn** jdm etwas schicken [*o* senden]
❷ *(colis, courrier)* Sendung *f;* **~ des marchandises** Warensendung; **~ en valeur déclarée** Wertsendung; **~ contre remboursement** Nachnahmesendung; **~ postal contre remboursement** Postnachnahmesendung; **~ non clos** unverschlossene Sendung; **~ recommandé** Einschreiben *nt;* **~ spécial** Sonderzustellung; **~ à l'exportateur** Exportsendung; **~ d'échantillons** Mustersendung
envol [ãvɔl] *m* ❶ *d'un avion* Abflug *m; d'un oiseau* Auffliegen *nt,* Emporfliegen *nt (liter);* **poids/vitesse d'~** Startgewicht *nt/*-geschwindigkeit *f*
❷ *(hausse) des prix* Hochschnellen *nt*
▶ **prendre son ~** *oiseau:* auffliegen, losfliegen; *avion:* abfliegen; *inspiration, imagination:* sich entfalten
envolée [ãvɔle] *f* ❶ *(envol) des oiseaux* Auffliegen *nt,* Emporfliegen *nt (liter)*
❷ *(hausse) de la monnaie, valeur* Hochschnellen *nt;* **l'~ de la bourse** das rasante Ansteigen der Börsenkurse
❸ *fig* Höhenflug *m; (imagination fertile)* Gedankenflug, Ideenflug
envoler [ãvɔle] <1> *vpr* **s'~** ❶ *(quitter le sol)* wegfliegen, davonfliegen; *avion:* abfliegen; **s'~ dans le ciel** *ballon:* in die Höhe steigen, zum Himmel aufsteigen
❷ *(augmenter) monnaie, prix:* hochschnellen
❸ *(disparaître)* sich in Luft auflösen *(fam); paroles, peur, temps:* verfliegen
envoûtant(e) [ãvutã, ãt] *adj beauté, musique, regard* betörend; *atmosphère* bezaubernd
envoûtement [ãvutmã] *m* Bann *m,* magische Kraft, Zauber *m*
envoûter [ãvute] <1> *vt* in seinen Bann ziehen; *sorcière:* verzaubern, verhexen; *personne:* betören, einen Zauber ausüben auf (*+ Akk*)
envoyé(e) [ãvwaje] **I.** *adj* **bien ~(e)** *réponse, remarque* treffend; **bien ~!** *fam* gut gesagt/gemacht!/das saß! *(fam)*
II. *m(f)* ❶ PRESSE Korrespondent(in) *m(f);* **~ spécial/-e spéciale** Sonderberichterstatter(in) *m(f)*
❷ POL, REL Abgesandte(r) *f(m); (diplomate, missionnaire)* Gesandte(r) *m/*Gesandtin *f*
▶ **vous êtes l'~ du Ciel!** Sie schickt der Himmel!
envoyer [ãvwaje] <*irr*> **I.** *vt* ❶ *(expédier)* verschicken, versenden *marchandises;* einreichen *démission;* entsenden *député;* **~ un colis/une lettre à qn** jdm ein Paket/einen Brief schicken, ein Paket/einen Brief an jdn aufgeben [*o* versenden] [*o* verschicken]; **~ ses amitiés/félicitations à qn** jdm eine Gruß-/Glückwunschkarte schicken [*o* senden]; **~ qn à la poste/chez qn** jdn zur Post/zu jdm schicken; **~ qn faire des courses** jdn einkaufen schicken; **~ les automobilistes dans la mauvaise direction** die Autofahrer fehlleiten; **~ qn à l'échafaud/aux assises** jdn an den Galgen/vors Schwurgericht bringen
❷ *(lancer)* werfen *ballon, grenade;* **~ le ballon à qn** jdm den Ball zuwerfen; **~ qn contre le mur** jdn gegen die Wand schleudern [*o* schleudern]; **~ qn à terre** [*o* **au tapis**]**/en bas de l'escalier** jdn zu Boden gehen lassen/die Treppe hinunterstoßen; **~ un baiser à qn** jdm eine Kusshand zuwerfen; **la lune envoie une clarté blafarde** der Mond scheint fahl
❸ *(donner)* geben *gifle, signal;* versetzen *coup de pied*
❹ *(faire parvenir)* schießen *ballon de football;* schlagen *balle de tennis;* **~ le ballon à qn** jdm den Ball zuschießen [*o* zuspielen]; **~ le ballon dans les buts** den Ball hineinschießen
❺ *(déclencher)* abfahren *image, son;* **envoyez le film/le son/l'image!** Film/Ton/Bild ab!
❻ *(mettre sur orbite)* hinaufschicken *fusée, satellite, personne*
▶ **~ balader** [*o* **bouler**] [*o* **paître**] [*o* **promener**] **qn** *fam (éconduire)* jdn abwimmeln *(fam),* jdn zum Teufel schicken *(fam);* **~ balader** [*o* **dinguer**] [*o* **valdinguer**] [*o* **valser**] **qn/qc** *fam (projeter)* jdn/etw wegschleudern; **~ balader** [*o* **dinguer**] [*o* **valdinguer**] [*o* **valser**] **qn/qc contre le mur** *fam (projeter)* jdn/etw gegen die Wand schleudern; **je ne te/vous l'envoie pas dire** *fam* ich sage es dir/Ihnen ganz offen ins Gesicht, da nehme ich kein Blatt vor den Mund; **~ tout promener** *fam (abandonner)* alles hinschmeißen *(fam)*
II. *vpr* ❶ *(se transmettre)* **s'~ des vœux/des baisers** sich *(Dat)* Glückwunschkarten schicken/Kusshändchen zuwerfen
❷ *pop (se taper)* **s'~ qc** *(consommer)* sich *(Dat)* etw reinziehen *(sl); (se charger)* sich *(Dat)* etw aufhalsen *(fam);* **s'~ qn** jdn vernaschen *(fam)*
envoyeur, -euse *v.* **retour**
enzymatique [ãzimatik] *adj* BIO, CHIM enzymatisch *(Fachspr.);* **test ~** Enzymtest *m*
enzyme [ãzim] *m o f* Enzym *nt;* **~ digestive** Verdauungsenzym
éocène [eɔsɛn] *m* GEOL Eozän *nt*
Éole [eɔl] *m* Äolus *m*
éolien(ne) [eɔljɛ̃, jɛn] *adj* Wind-
éolienne [eɔljɛn] *f (machine)* Windrad *nt*
éosine [eɔzin] *f* BIO, CHIM Eosin *nt*
épagneul(e) [epaɲœl] *m(f)* Spaniel *m*
épais(se) [epɛ, ɛs] **I.** *adj* ❶ dick; **cette planche est ~se de quatre centimètres** dieses Brett ist vier Zentimeter dick [*o* stark]
❷ *(dru) chevelure, forêt, feuillage, gazon, foule* dicht; *(dense) brouillard, fumée* dick, dicht; *(profond) nuit, silence, sommeil* tief; *ombre* dunkel; **au plus ~ de qc** mitten in etw *(Dat)*
❸ *(consistant) liquide* dickflüssig; *soupe* dick
❹ *(grossier) mensonge* dreist, plump; *plaisanterie* derb; *esprit, intelligence* schwerfällig
II. *adv semer* dicht; *neiger* stark; **il n'y en a pas ~** *fam* viel ist nicht da
épaisseur [epɛsœʀ] *f* ❶ *(dimension)* Stärke *f; d'une couche, couverture* Dicke *f; d'une armoire* Tiefe *f; de la neige* Höhe *f;* **avoir une ~ de sept centimètres** [*o* **sept centimètres d'~**] eine Stärke [*o* Dicke] von sieben Zentimetern haben, sieben Zentimeter stark [*o* dick] sein; **~ de/du tuyau** TECH Rohrstärke
❷ *(grosseur)* Dicke *f; de la taille* Umfang *m*
❸ *(couche)* Schicht *f; d'un papier* Lage *f;* **à double ~** *papier, mouchoire en papier, papier toilette* zweilagig; **avoir deux ~s** zweilagig sein; **à plusieurs ~s** *papier, mouchoir en papier, papier toilette* mehrlagig; **avoir plusieurs ~s** mehrlagig sein; **mettre sa couverture sur deux ~s** seine Decke doppelt nehmen
❹ *(consistance) d'un liquide* Dickflüssigkeit *f*
❺ *(densité)* Dichte *f; du sommeil, de la nuit* Tiefe *f*
❻ *(substance) d'un personnage, d'une personne* Tiefe *f; d'une œuvre* [gedankliche] Tiefe; **ses personnages n'ont pas d'~** seine/ihre Figuren sind flach
❼ *(grossièreté) d'un esprit, de l'intelligence* Schwerfälligkeit *f; d'un mensonge* Dreistigkeit *f,* Plumpheit *f; d'une plaisanterie* Derbheit *f*
épaissir [epesiʀ] <8> **I.** *vt* ❶ eindicken, dicker machen *liquide;* noch undurchdringlicher machen *brouillard, mystère*
❷ *(grossir)* dicker machen [*o* erscheinen lassen] *personne, traits*
II. *vi liquide:* eindicken, dickflüssig werden
❷ *(grossir) personne:* dicker werden, zunehmen
III. *vpr* **s'~** ❶ *(devenir plus consistant) liquide, air:* dicker werden; *sauce:* sämig [*o* dick] werden; *crème:* steif werden; *chevelure, forêt, foule:* dichter werden; *brouillard:* sich verdichten, dichter werden
❷ *(grossir) taille:* dicker werden
❸ *(s'accentuer) mystère, obscurité:* noch undurchdringlicher werden; *nuit:* dunkler [*o* finsterer] werden; *drame:* sich zuspitzen
épaississant [epesisã] *m* Verdickungsmittel *nt; (pour une sauce)* Soßenbinder *m*
épaississement [epesismã] *m d'un liquide* Eindicken *nt; de la taille* Breiterwerden *nt; de l'épiderme* Verdickung *f; du brouillard* Dichterwerden *nt*
épanchement [epãʃmã] *m* ❶ MED *de sang, bile* Erguss *m;* **~ articulaire** Gelenkerguss
❷ *pl (effusion)* Ergüsse *Pl*
épancher [epãʃe] <1> **I.** *vt form* ausschütten *cœur;* loswerden, sich *(Dat)* von der Seele reden *sentiment, secret*
II. *vpr* ❶ MED **s'~ de qc** *sang:* aus etw herausfließen
❷ *form (se confier)* **s'~** sein Herz ausschütten; **s'~ auprès de qn** sich jdm anvertrauen [*o* mitteilen]
épandage [epãdaʒ] *m du fumier, d'un engrais* Verteilen *nt;* **en période d'~** während der Düngezeit
épandre [epãdʀ] <14> **I.** *vt* verteilen *engrais, fumier*
II. *vpr* **s'~** sich ausbreiten
épanoui(e) [epanwi] *adj* ❶ *fleur* offen, aufgeblüht; *sourire, visage* strahlend; *corps, femme* wohlgeformt
❷ *(heureux) caractère, personne* ausgeglichen
épanouir [epanwiʀ] <8> **I.** *vt (rendre heureux)* aufblühen lassen
II. *vpr* **s'~** ❶ *(s'ouvrir) fleur:* aufblühen
❷ *(devenir joyeux) visage:* sich erhellen
❸ *(trouver le bonheur)* aufblühen
❹ *(prendre des formes) femme:* erblühen; *beauté:* sich entfalten; *corps d'une femme:* Rundungen bekommen
❺ *(se développer) personne, compétence:* sich entfalten; **s'~ dans un travail** in einer Arbeit [ganz] aufgehen

épanouissant(e) [epanwisɑ̃, ɑ̃t] *adj* bereichernd
épanouissement [epanwismɑ̃] *m* ❶ *(action) d'une fleur* Aufblühen *nt; d'une femme, d'un corps* Heranreifen *nt; d'un esprit, talent, d'une beauté* Entfaltung *f; d'un style, genre, art* Blüte *f,* Blütezeit *f; d'une personne* Selbstverwirklichung *f;* ~ **personnel** Selbstentfaltung *f*
❷ *(résultat) d'une femme, d'un corps* Reife *f*
épargnant(e) [epaʀɲɑ̃, ɑ̃t] *m(f)* Sparer(in) *m(f); (qui place son argent dans un fonds commun)* Investmentsparer(in); **les petits ~s** die Kleinsparer *Pl;* ~(**e**) **en fonds d'État** Fondssparer(in); ~(**e**) **qui détient un livret d'épargne rémunéré** Prämiensparer(in)
épargne [epaʀɲ] *f* ❶ *(action)* Sparen *nt,* Spartätigkeit *f;* ~ **en compte de dépôt** Kontensparen; ~ **forcée** Zwangssparen
❷ *a.* ECON *(sommes)* Ersparnisse *Pl,* Ersparte(s) *nt;* **la petite ~** die kleinen Sparguthaben; *(épargnants)* die Kleinsparer; ~ **nette** Nettoersparnisse; ~ **nette des ménages** Nettoersparnisse der privaten Haushalte; ~ **populaire** privates Sparaufkommen; **constituer une ~ rémunérée** prämiensparen
◆ ~ **d'investissement** FIN Investmentsparen *nt;* ~**-logement** Bausparen *nt;* ~**-retraite** Rentensparen *nt*
épargne-logement [epaʀɲləʒmɑ̃] *f sans pl* Bausparen *nt kein Pl*
épargner [epaʀɲe] <1> *I. vt* ❶ *(mettre de côté)* sparen *argent, électricité*
❷ *(consommer avec mesure)* ~ **l'eau/la nourriture** mit dem Wasser/den Nahrungsmitteln sparsam umgehen [*o* haushalten]; **ne pas ~ le beurre** nicht mit Butter sparen
❸ *(compter, ménager)* schonen *forces;* **n'~ ni son temps ni sa peine** weder Zeit noch Mühe scheuen; **ne rien ~ pour faire qc** nichts unversucht lassen um etw zu tun, alles daransetzen etw zu tun
❹ *(gagner)* einsparen, gewinnen *temps, argent*
❺ *(éviter)* ~ **un discours à qn** jdm eine Rede ersparen, jdn mit einer Rede verschonen; **être épargné**(**e**) **à qn** jdm erspart bleiben
❻ *(traiter avec ménagement)* schonen *amour propre, personne*
❼ *(laisser vivre)* verschonen; **être épargné**(**e**) **par qc** von etw verschont bleiben
II. vi (économiser) sparen; ~ **sur l'eau/la nourriture** mit Wasser/am Essen sparen
III. vpr **s'~ qc** sich *(Dat)* etw ersparen; **épargnez-vous le dérangement** machen Sie sich keine Umstände
éparpillement [epaʀpijmɑ̃] *m* ❶ *(dissémination) (état) des objets, personnes* Verstreutsein *nt; (action) des objets* Verstreuen *nt*
❷ *(dispersion) des efforts, idées* Verzetteln *nt*
éparpiller [epaʀpije] <1> *I. vt* ❶ *(disséminer)* [überall] verteilen *personnes, troupes;* [überall] verstreuen *feuilles, miettes*
❷ *(disperser inefficacement)* vergeuden *forces, talent;* ~ **ses efforts/son attention** sich verzetteln/leicht ablenken lassen
II. vpr **s'~** ❶ *(se disséminer) foule:* sich zerstreuen; *maisons:* vpr streut sein
❷ *(se disperser) personne:* sich verzetteln
épars(e) [epaʀ, aʀs] *adj maisons, ruines* vereinzelt; *éléments* einzeln; *(en désordre) vêtements, jouets* verstreut, durcheinander; *cheveux* zerzaust
épatant(e) [epatɑ̃, ɑ̃t] *adj fam* toll *(fam),* prima *(fam),* klasse *(fam)*
épate [epat] *f fam* ▸ **le faire à l'~** bluffen *(fam);* **faire de l'~** Eindruck schinden *(fam)*
épaté(e) [epate] *adj* ❶ *nez* platt
❷ *fam (soufflé)* platt *(fam),* baff *(fam)*
épatement [epatmɑ̃] *m* ❶ *(écrasement) du nez* Eindrücken *nt,* Plattdrücken *nt*
❷ *(surprise)* Verblüffung *f,* Plattsein *nt (fam)*
épater [epate] <1> *vt fam (stupéfier)* verblüffen; *(faire de l'épate)* Eindruck schinden bei *(fam);* **ça t'épate, hein?** da bist du platt [*o* baff], was? *(fam)*
épaulard [epolaʀ] *m* Schwertwal *m*
épaule [epol] *f* ANAT Schulter *f;* GASTR Schulterstück *nt;* **être large/frêle d'~s** breite/schmale Schultern haben; **hausser les ~s** mit den Schultern [*o* Achseln] zucken; **toute la responsabilité pèse/repose sur mes ~s** die ganze Verantwortung lastet/liegt auf meinen Schultern
▸ **avoir les ~s solides/assez solides pour faire qc** *(avoir de l'argent)* finanzkräftig/finanzkräftig genug sein, um etw zu tun; *(avoir l'envergure)* das Format/Format genug haben etw zu tun
épaulement [epolmɑ̃] *m* ❶ CONSTR *(mur de soutènement)* Stützmauer *f; (rempart)* Schutzwall *m*
❷ *(contreforts)* Böschung *f*
épauler [epole] <1> *I. vt* ❶ *(aider)* ~ **qn** jdm unter die Arme greifen, jdn unterstützen; **être épaulé**(**e**) *personne:* unterstützt sein
❷ *(appuyer)* anlegen *arme*
❸ COUT **être épaulé**(**e**) *veste:* an den Schultern gepolstert sein
II. vi anlegen
III. vpr ❶ *(s'entraider)* **s'~** sich *(Dat)* [gegenseitig] helfen
❷ *(s'appuyer)* **s'~ contre qn/qc** sich gegen jdn/etw lehnen

épaulette [epolɛt] *f* COUT Schulterpolster *nt;* MIL Schulterklappe *f*
▸ **avoir bien gagné ses ~s** es sich *(Dat)* wohl verdient haben
épave [epav] *f* ❶ *(navire naufragé)* [Schiffs]wrack *nt*
❷ *(objet abandonné en mer)* Treibgut *nt; (objet abandonné sur le rivage)* Strandgut *nt*
❸ *(voiture irréparable)* [Auto]wrack *nt; (véhicule accidenté)* Schrottfahrzeug *nt;* **réglementation sur les ~s** [**de voitures**] Altautoverordnung *f*
❹ *(déchets électroniques)* ~**s d'ordinateurs** Computerschrott *m (fam)*
❺ JUR *(objet perdu)* Fundsache *f*
❻ *(personne)* [menschliches] Wrack *(fam); de la société* Abschaum *m*
épeautre [epotʀ] *m* Dinkel *m*
épée [epe] *f* ❶ *(arme)* Schwert *nt;* **la noblesse d'~** der Schwertadel
❷ *(jouet d'enfant)* Spielzeugschwert *nt*
❸ SPORT Degen *m; (discipline)* Degenfechten *nt;* **pratiquer l'~** mit dem Degen fechten
▸ ~ **de Damoclès** Damoklesschwert *nt*
épeiche [epɛʃ] *f* ZOOL Rotschwanz *m,* Rotschwänzchen *nt*
épeire [epɛʀ] *f* ZOOL Kreuzspinne *f*
épéiste [epeist] *mf* Fechter(in) *m(f)*
épeler [ep(ə)le] <3> *vt, vi* buchstabieren
épellation [epelasjɔ̃, epɛllasjɔ̃] *f rare d'un nom* Buchstabieren *nt*
épépiner [epepine] <1> *vt* entkernen
éperdu(e) [epɛʀdy] *adj* ❶ *(affolé, fou) personne* außer sich, bestürzt; *gestes, regard* verzweifelt; **être ~**(**e**) **de douleur/reconnaissance** außer sich *(Dat)* vor Schmerz/von Dankbarkeit überwältigt sein
❷ *(fort) besoin, désir* heftig; *amour* leidenschaftlich
❸ *(très rapide) fuite* überstürzt; *rythme* rasend
éperdument [epɛʀdymɑ̃] *adv* ❶ *form (follement)* über alle Maßen *(geh),* chercher verzweifelt
❷ *(totalement)* völlig
éperlan [epɛʀlɑ̃] *m* Stint *m*
éperon [ep(ə)ʀɔ̃] *m* ❶ Sporn *m;* **donner des ~s à un cheval** einem Pferd die Sporen geben
❷ GEOG [Fels]vorsprung *m*
❸ NAUT [Ramm]sporn *m*
éperonner [ep(ə)ʀɔne] <1> *vt* ❶ ~ **un cheval** einem Pferd die Sporen geben
❷ *(stimuler)* anspornen
❸ NAUT rammen
épervier [epɛʀvje] *m* ❶ ZOOL Sperber *m*
❷ PECHE Wurfnetz *nt*
éphèbe [efɛb] *m iron* schöner Jüngling
éphémère [efemɛʀ] *I. adj bonheur, succès, règne* von kurzer Dauer; *vie, beauté* vergänglich; *publication* kurzlebig; *instant* flüchtig; **le caractère ~ de cette mode** die Kurzlebigkeit dieser Mode
II. mf ZOOL Eintagsfliege *f*
éphéméride [efemeʀid] *f (calendrier)* Abreißkalender *m*
épi [epi] *m* ❶ Ähre *f; (en parlant du maïs)* Kolben *m;* ~ [**de céréales**] Kornähre *f*
❷ *(mèche)* Wirbel *m*
▸ **en ~** schräg; **le stationnement en ~** das Schrägparken
épice [epis] *f* Gewürz *nt*
épicé(e) [epise] *adj* ❶ GASTR gewürzt; **trop ~**(**e**) *plat* zu scharf, zu stark gewürzt
❷ *(grivois) histoire* pikant
épicéa [episea] *m* Fichte *f*
épicentre [episɑ̃tʀ] *m* GEOL Epizentrum *nt*
épicer [epise] <2> *vt* ❶ *(assaisonner)* würzen
❷ *(corser)* ~ **une histoire de qc** die Geschichte mit etw würzen
épicerie [episʀi] *f* ❶ *(magasin)* Lebensmittelgeschäft *nt,* Kolonialwarengeschäft *(veraltet),* Kolonialwarenladen *m (veraltet);* ~ **fine** Feinkostgeschäft *f;* **la petite ~ du coin** der Tante-Emma-Laden [gleich] um die Ecke *(fam)*
❷ *(commerce)* Lebensmittelhandel *m*
❸ *(denrées)* Lebensmittel *Pl*
épicier, -ière [episje, -jɛʀ] *m, f* ❶ Lebensmittelhändler(in) *m(f),* Kolonialwarenhändler(in) *(veraltet)*
❷ *péj (homme à l'esprit étroit)* Krämerseele *f (pej)*
épicondylite [epikɔ̃dilit] *f* MED Tennisell[en]bogen *m,* Tennisarm *m*
épicurien(ne) [epikyʀjɛ̃, jɛn] *I. adj* epikureisch
II. m(f) ❶ *(personne)* Genussmensch *m,* Epikureer(in) *m(f) (geh)*
❷ PHILOS Epikureer(in) *m(f)*
épicurisme [epikyʀism] *m* PHILOS Epikureismus *m*
épidémie [epidemi] *f* ❶ Epidemie *f,* Seuche *f;* ~ **animale** Tierseuche; **une maladie qui ressemble** [*o* **fait penser**] **à une ~** eine seuchenartige Krankheit; **se répandre à la façon d'une ~** sich seuchenartig ausbreiten

② *fig* Seuche *f*; **~ de suicides** Selbstmordwelle *f*
épidémiologie [epidemjɔlɔʒi] *f* MED Epidemiologie *f*
épidémique [epidemik] *adj maladie* hochgradig ansteckend, seuchenartig
épiderme [epidɛʀm] *m* ANAT Oberhaut *f*, Epidermis *f (Fachspr.)*
▶ avoir l'**~ sensible** [*o* **chatouilleux**] *fam* [sehr] empfindlich sein
épidermique [epidɛʀmik] *adj* Oberhaut-; *égratignure* oberflächlich
épier [epje] <1a> I. *vt* [heimlich] beobachten; abpassen *occasion;* **~ qn** jdm nachspionieren; **~ un bruit** einem Geräusch lauschen; **le chat épie la souris** die Katze lauert auf die Maus
II. *vpr* **s'~** sich *[heimlich]* beobachten, sich *(Dat)* [gegenseitig] nachspionieren
épieu [epjø] <x> *m* CHASSE Speer *m;* MIL Spieß *m*
épigastre [epigastʀ] *m* ANAT Oberbauch[gegend *f*] *m*, Epigastrium *nt (Fachspr.)*
épigastrique [epigastʀik] *adj* ANAT *douleurs* im Oberbauch
épiglotte [epiglɔt] *f* Kehldeckel *m*, Epiglottis *f (Fachspr.)*
épigone [epigɔn, epigon] *f* LITTER *péj* Epigone *m*
épigramme [epigʀam] *f* Epigramm *nt*, Spottgedicht *nt*
épigraphe [epigʀaf] *f (inscription)* Inschrift *f*, Epigraph *nt; (citation)* Motto *nt*
épilateur [epilatœʀ] *m* Epiliergerät *nt*
épilation [epilasjɔ̃] *f des aisselles* Enthaaren *nt*, Enthaarung *f; des jambes* Enthaaren, Epilieren *nt (Fachspr.); des sourcils* [Aus]zupfen *nt;* **~ de la lèvre** Entfernen *nt* des Damenbartes; **~ à la cire chaude** Warmwachsbehandlung *f;* **~ au laser** Laserepilation *f*
épilatoire [epilatwaʀ] *adj crème* Enthaarungs-
épilepsie [epilɛpsi] *f* Epilepsie *f*
épileptique [epilɛptik] I. *adj* epileptisch; **personne ~** Epileptiker(in) *m(f);* **être ~ an** Epilepsie *(Dat)* leiden, Epileptiker(in) sein
II. *mf* Epileptiker(in) *m(f)*
épiler [epile] <1> I. *vt* enthaaren, epilieren *jambes;* auszupfen *sourcils;* **~ le menton/visage à qn** jdm die Härchen am Kinn/im Gesicht auszupfen
II. *vpr* **s'~ les jambes** sich *(Dat)* die Beine enthaaren; **se faire ~ les aisselles** sich *(Dat)* die Achseln epilieren lassen
épilobe [epilɔb] *f* BOT Weidenröschen *nt*
épilogue [epilɔg] *m* ❶ *(conclusion)* Ende *nt*, Abschluss *m;* **connaître un ~ heureux/triste** ein glückliches/trauriges Ende nehmen
❷ LITTER Epilog *m; d'un roman* Nachwort *nt*, Epilog *m; d'une pièce* Nachspiel *nt*, Epilog
épiloguer [epilɔge] <1> *vi* **~ sur qc** sich lang und breit über etw *(Akk)* auslassen, über etw *(Akk)* räsonieren
épinard [epinaʀ] I. *m* ❶ BOT Spinat *m*
❷ *pl* GASTR Spinat *m kein Pl;* **des ~s en branches/hachés** Blattspinat/gehackter Spinat
II. *app* **vert** ~ spinatgrün
épine [epin] *f* ❶ *(piquant) d'un hérisson, porc-épic, cactus* Stachel *m; d'un buisson, d'une rose* Dorn *m;* **~ de rosier** Rosendorn *m; (arbrisseau)* Dornenstrauch *m*, Dornbusch *m;* **haie d'~s** Dornenhecke *f;* **~ blanche/noire** Weißdorn *m* [*o* Hagedorn *m*] [*o* Schlehdorn *m*]/Schwarzdorn *m*
▶ **enlever** [*o* **ôter**] [*o* **retirer**] **à qn une belle ~ du pied** jdm aus einer ziemlichen Notlage helfen; **ça me tire une ~ du pied** das ist eine große Erleichterung für mich; **~ dorsale** Rückgrat *nt; (montagne)* Grat *m; fig de la circulation* Hauptachse *f*
épinette¹ [epinɛt] *f* MUS Spinett *nt*
épinette² CAN *v.* **épicéa**
épineux, -euse [epinø, -øz] *adj* ❶ *(piquant) arbuste, buisson* dornig, Dornen-; *animal, cactus* stach(e)lig
❷ *(délicat) question, situation* heikel
épingle [epɛ̃gl] *f* ❶ [Steck]nadel *f*
❷ *(bijou)* **~ avec des brillants** Brillantnadel *f*
▶ **tirer son ~ du jeu** *(s'en sortir)* sich geschickt aus der Affäre ziehen; *(réussir)* eine gute Figur machen; **être tiré(e) à quatre ~s** äußerst akkurat gekleidet sein; **monter qc en ~** etw aufbauschen
◆ **~ à cheveux** Haarnadel *f;* **~ de cravate** Krawattennadel *f;* **~ de sûreté** [*o* **à nourrice**] Sicherheitsnadel *f;* **~ à tête** Stecknadel *f* [mit Kopf]
épingler [epɛ̃gle] <1> *vt* ❶ abstecken *ourlet;* hochstecken *cheveux;* anstecken *décoration;* **~ des photos au mur** Fotos an die Wand pinnen *(fam)*
❷ *fam (attraper)* schnappen *(fam)*, erwischen *(fam)*
❸ *(stigmatiser)* unter Beschuss nehmen *(fam)*
épinglette [epɛ̃glɛt] *f (pin's)* Anstecker *m*
épinière [epinjɛʀ] *adj* ANAT **moelle ~** Rückenmark *nt*
épinoche [epinɔʃ] *f* Stichling *m*
Épiphanie [epifani] *f sans pl* ❶ *(fête de l'Église)* **l'~** das Fest der Heiligen Drei Könige, das Erscheinungsfest
❷ *(jour de fête)* Dreikönigstag *m;* **à l'~** am Dreikönigstag
épiphénomène [epifenɔmɛn] *m* Begleiterscheinung *f*, Nebeneffekt *m*
épiphyse [epifiz] *f* BIO, ANAT Epiphyse *f*
épique [epik] *adj* ❶ *poésie, style* episch; **poème ~** Epos *nt*, Heldengedicht *nt*
❷ *iron fam (mouvementé) voyage* abenteuerlich; *scène, engueulade* stürmisch; *(mémorable)* denkwürdig
épiscopal(e) [episkɔpal, o] <-aux> *adj* bischöflich; **bague ~e** Bischofsring *m*
épiscopat [episkɔpa] *m* ❶ *(évêques)* **l'~** die Bischöfe *Pl*, der [*o* das] Episkopat
❷ *(fonction)* Bischofsamt *nt*, Episkopat *m o nt*
❸ *(mandat)* Amtszeit *f* als Bischof
épisiotomie [episjɔtɔmi] *f* MED Dammschnitt *m*
épisode [epizɔd] *m* ❶ *(événement, action) (mineur)* Episode *f; (marquant)* Ereignis *nt*, Erlebnis *nt;* LITTER Episode
❷ *(partie) d'un film, feuilleton* Folge *f;* **série de quatre ~s** vierteilige Serie; **film à ~s** mehrteiliger Film; **roman à ~s** Fortsetzungsroman *m*
▶ **par ~s** zeitweise
épisodique [epizɔdik] *adj* ❶ *(intermittent) apparitions, séjours, visites* gelegentlich, sporadisch
❷ *(secondaire) événement* nebensächlich; *rôle* Neben-
épisodiquement [epizɔdikmɑ̃] *adv* gelegentlich, ab und zu, sporadisch
épissure [episyʀ] *f* NAUT, TECH Spleiß *m*, Spliss *m*
épistémologie [epistemɔlɔʒi] *f* PHILOS Epistemologie *f*
épistolaire [epistɔlɛʀ] *adj* Brief-; **style ~** Briefstil *m;* **roman ~** Briefroman *m*
épitaphe [epitaf] *f* ❶ *(inscription)* Grabinschrift *f*, Epitaph *nt (geh)*
❷ *(tablette)* Gedenktafel *f* mit Grabinschrift, Epitaph *nt (geh)*
épithélium [epiteljɔm] *m* BIO, ANAT Epithel *nt (Fachspr.);* **~ folliculaire/vibratile** Flimmer-/Follikelepithel
épithète [epitɛt] *f* ❶ GRAM Attribut *nt*, Epitheton *nt;* **adjectif ~** attributives Adjektiv
❷ *(qualificatif)* Beiname *m; (sobriquet)* Schimpfname
épître [epitʀ] *f* ❶ REL Apostelbrief *m*, Epistel *f; (étape de la messe)* Epistel; LITTER Versepistel; *fam* Epistel *(iron);* **Épître aux Romains** BIBL Römerbrief
épizootie [epizɔɔti, epizooti] *f* Tierepidemie *f*
éploré(e) [eplɔʀe] *adj form (en pleurs) personne* in Tränen aufgelöst; *(triste) visage, voix* traurig, bekümmert; *veuve, famille* untröstlich; **prendre une mine ~e** [*o* **un air ~**] eine Trauermiene aufsetzen
épluchage [eplyʃaʒ] *m* ❶ *des fruits, légumes* Schälen *nt; des crevettes* Pulen *nt* (NDEUTSCH); *de la salade, des radis, haricots verts* Putzen *nt*
❷ *fig des comptes, dossiers, textes* peinlich genaue Durchsicht [*o* Prüfung]
épluche-légume[s] [eplyʃlegym] *m inv* Schälmesser *nt*, [Gemüse]schäler *m*
épluche-pommes de terre [eplyʃpɔmdətɛʀ] *m inv* Kartoffelschäler *m*
éplucher [eplyʃe] <1> *vt* ❶ schälen *fruits, légumes;* pulen (NDEUTSCH) *crevettes;* putzen *salade, radis, haricots verts*
❷ *fig* [peinlich] genau durchsehen, [genau] unter die Lupe nehmen *comptes, dossiers, textes*
épluchette [eplyʃɛt] *f* CAN geselliges Treffen zum Maiskolbenschälen mit anschließendem Mahl
éplucheur [eplyʃœʀ] *m* [Gemüse]schäler *m*, Schälmesser *nt*
éplucheuse [eplyʃøz] *f* Schälmaschine *f; (pour pommes de terre)* Kartoffelschälmaschine *f*
épluchure [eplyʃyʀ] *f souvent pl* Schalen *Pl;* **une ~** ein Stück *nt* Schale
EPO [øpeo] *f abr de* **érythropoïétine** EPO *nt*
épointer [epwɛ̃te] <1> *vt* stumpf machen *clou;* **~ un crayon** *(user)* einen Bleistift stumpf schreiben; *(casser)* die Bleistiftspitze abbrechen
éponge [epɔ̃ʒ] *f* Schwamm *m; (pour nettoyer le tableau noir)* Tafelschwamm; **~ naturelle** Naturschwamm; **~ végétale** Luffaschwamm; **~ métallique** Topfkratzer *m*
▶ **jeter l'~** das Handtuch werfen; **passer l'~ sur qc** großzügig über etw *(Akk)* hinweggehen; **passons l'~!** Schwamm drüber! *(fam)*
éponger [epɔ̃ʒe] <2a> I. *vt* ❶ *(essuyer)* abwischen *table;* wischen *sol, carrelage;* aufwischen *liquide;* **~ le front/visage de qn** jdm die Stirn abtupfen/das Gesicht abreiben
❷ *(résorber)* beseitigen; decken *déficit, pertes;* begleichen *dettes;* abschöpfen *excédent;* abstoßen *stocks*
II. *vpr* **s'~ le front/visage** sich *(Dat)* die Stirn abtupfen/das Gesicht abreiben
épopée [epɔpe] *f* ❶ LITTER Epos *nt*
❷ *(aventures)* Heldentaten *Pl*
époque [epɔk] *f* Zeit *f*, Epoche *f;* **~ historique** Geschichtsepoche;

l'~ **moderne** die Moderne; l'~ **révolutionnaire** die Zeit der Revolution; ~ **glaciaire** Eiszeit; ~ **interglaciaire** Zwischeneiszeit; ~ **des chevaliers** Ritterzeit; **la Belle Époque** die Belle Epoque; **à l'~, à cette ~** damals, zu der Zeit; **à l'~ de qn/qc** zu jds Zeit/zur Zeit einer S. *(Gen)*; **à cette ~ de l'année** um diese Jahreszeit
▸ **la grande ~ de qn/qc** jds Glanzzeit/die Glanzzeit einer S. *(Gen)*; **être ~ de son ~** ein Kind seiner Zeit sein; **faire ~** Epoche machen; **vivre avec son ~** mit der Zeit gehen; **d'~** [still]echt; **document d'~** Zeitdokument *nt;* **véhicule d'~** Oldtimer *m;* **meubles d'~** Stilmöbel *Pl;* **quelle ~ !** was für Zeiten!
épouillage [epujaʒ] *m* Entlausung *f*
épouiller [epuje] <1> **I.** *vt* [ent]lausen
II. *vpr* **s'~** sich lausen
époumoner [epumɔne] <1> *vpr* **s'~ à faire qc** *(hurler)* sich *(Dat)* die Lunge aus dem Hals schreien um etw zu tun *(fam); (se fatiguer en parlant)* sich *(Dat)* die Seele aus dem Leib reden um etw zu tun
épousailles [epuzaj] *fpl hum* Hochzeit *f,* Verehelichung *f (Fachspr.)*
épouse *v.* **époux**
épouser [epuze] <1> *vt* ❶ *(se marier avec)* heiraten
❷ *(partager)* teilen *idées, point de vue;* vertreten *intérêts;* ~ **une cause** für eine Sache eintreten; ~ **son temps** sich seiner Zeit anpassen
❸ *(s'adapter à)* ~ **les formes du corps** *robe:* sich eng an den Körper anschmiegen, wie angegossen sitzen; ~ **la colline** *village:* sich an den Hügel schmiegen
époussetage [epustaʒ] *m* Abstauben *nt,* Staubwischen *nt*
épousseter [epuste] <3> *vt* abstauben, Staub wischen
époustouflant(e) [epustuflã, ãt] *adj fam* unglaublich *(fam),* verblüffend
époustoufler [epustufle] <1> *vt fam* umhauen *(fam),* verblüffen
épouvantable [epuvɑ̃tabl] *adj* schrecklich; *accident, crime, mort* entsetzlich, schrecklich; *bruit, odeur, type* grässlich *(fam),* schrecklich; *temps* scheußlich; *enfant* unausstehlich, schrecklich; *laideur* extrem
épouvantablement [epuvɑ̃tabləmɑ̃] *adv mentir* entsetzlich
épouvantail [epuvɑ̃taj] <s> *m* ❶ *(pour oiseaux)* Vogelscheuche *f*
❷ *(qui fait peur)* Schreckgespenst *nt; (laideron)* Vogelscheuche *f*
épouvante [epuvɑ̃t] *f* Entsetzen *nt,* Grauen *nt;* **avec ~** voller *[o mit]* Entsetzen; **film d'~** Horrorfilm *m*
épouvanter [epuvɑ̃te] <1> **I.** *vt* ❶ *(horrifier)* in Angst und Schrecken versetzen; **être épouvanté(e)** *jeune fille:* verängstigt sein; **être épouvanté(e) de qc** entsetzt über etw *(Akk)* sein
❷ *(inquiéter)* ~ **qn** jdn ängstigen, jdm Angst machen; **il est épouvanté de faire qc** ihm graut davor etw zu tun
II. *vpr* ❶ *(prendre peur)* **s'~** erschrecken
❷ *(redouter)* **il s'épouvante de qc/de faire qc** ihm graut vor etw *(Dat)/*davor etw zu tun
époux, épouse [epu, epuz] *m, f form* Gatte *m/*Gattin *f (geh);* **les ~** die Eheleute; **les jeunes ~** das junge *[o* jungvermählte *geh]* Paar; **Mme Dumas, épouse Meier** Frau Meier, geborene Dumas
éprendre [eprɑ̃dR] <13> *vpr littér* **s'~** sein Herz an jdn/etw verlieren *(geh)*
épreuve [epRœv] *f* ❶ *(test)* Prüfung *f,* Probe *f;* ~ **d'endurance/de résistance** Belastungsprobe *f/*Härtetest *m;* ~ **fonctionnelle pulmonaire** MED Lungenfunktionsprüfung; **mettre qn/qc à l'~/à rude ~** jdn/etw auf die Probe/auf eine harte Probe stellen
❷ SCOL *(examen)* Prüfung *f;* ~ **écrite/orale** schriftliche/mündliche Prüfung; ~ **d'admission** Aufnahmeprüfung *f; (copie)* [Prüfungs]arbeit *f;* ~ **d'examen** *(copie)* ≈ Examensarbeit *f;* ~ **technique** Fachprüfung *f;* **passer plusieurs ~s techniques** mehrere Fachprüfungen ablegen
❸ SPORT Wettkampf *m; (en course auto, moto, cyclisme)* Rennen *nt;* ~ **d'athlétisme/de natation** Leichtathletik-/Schwimmwettkampf; ~ **de course automobile/cyclisme** Auto-/Fahrradrennen; ~ **de descente** Abfahrtslauf *m;* ~ **de fond** Langlauf; ~ **de slalom** Slalom *m;* ~ **qualificative** Qualifikation *f,* Qualifikationswettkampf *m;* ~ **combinée** *(compétition d'équitation)* Vielseitigkeitsprüfung *f*
❹ *(moment difficile)* Prüfung *f;* **dure** *[o* **rude***]* ~ harte *[o* schwere*]* Prüfung; **surmonter une ~** eine [harte] Prüfung durchstehen
❺ *(adversité, malheur)* Unglück *nt,* schwere Zeit; **soutenir qn dans l'~** jdm im Unglück *[o* in schweren Zeiten*]* beistehen
❻ PHOT Abzug *m,* Bild *nt;* CINE erste Kopie; ART [Probe]druck *m,* [Probe]abzug *m;* TYP [Druck]fahne *f*
❼ *(effets négatifs, danger)* **résister à l'~ du temps/du vent** dem Wetter/dem Wind standhalten; **à l'~ de l'eau/du feu** wasser-/feuerfest; **à l'~ des balles/des bombes** kugel-/bombensicher
▸ **~ du feu** Feuertaufe *f;* **résister à/surmonter l'~ du feu** die [*o* seine] Feuertaufe bestehen; ~ **de force** Kraftprobe *f,* Machtprobe *f;* ~ **de vérité** *d'un produit* Belastungsprobe *f; fig* Prüfstein *m;* **à toute ~** [absolut] sicher, erprobt, bewährt; *nerfs, santé* eisern; *courage, optimisme* unerschütterlich; *patience, énergie* unermüdlich;

d'une solidité à toute ~ unverwüstlich, äußerst stabil
épris(e) [epRi, iz] *adj* ~ **de qn** in jdn verliebt, von jdm angetan; ~ **de soi** selbstverliebt; ~ **de justice/de liberté** gerechtigkeits-/freiheitsliebend; ~ **d'une idée** von einer Idee gepackt *[o* angetan*];* **être ~ de son métier** seinen Beruf lieben; **être ~ de sa voiture** in sein Auto vernarrt sein
EPROM [epRɔm] *m abr de* **Erasable Programmable Read Only Memory** INFORM EPROM *m*
éprouvant(e) [epRuvɑ̃, ɑ̃t] *adj* anstrengend, beschwerlich; *climat* hart; *chaleur* drückend
éprouvé(e) [epRuve] *adj* ❶ *(ébranlé) personne* mitgenommen; *pays, région* hart getroffen; **elle a été très ~e** sie hat viel durchgemacht
❷ *(confirmé) qualité, matériel* bewährt; *moyen, remède, technique* erprobt, bewährt; *spécialiste, artisan* erfahren, bewährt; *ami* verlässlich, bewährt; *dévouement* treu
éprouver [epRuve] <1> *vt* ❶ *(ressentir)* verspüren *besoin, excitation, envie;* haben *sensation, sentiment;* empfinden *tendresse, pitié, douleur;* ~ **de l'amour/de la haine/de l'attrait pour qn** Liebe/Hass/Zuneigung für jdn empfinden
❷ *(subir)* erleben *malheur, vicissitudes;* mitmachen, durchmachen *désagréments*
❸ *(tester)* prüfen, testen; auf die Probe stellen *bonne foi;* ~ **si qn a fait qc** prüfen, ob jd etw getan hat
❹ *(ébranler) (physiquement, moralement)* mitnehmen; *(matériellement)* schwer treffen
❺ *littér (constater)* erfahren; ~ **à ses dépens que** am eigenen Leib zu spüren bekommen, dass
éprouvette [epRuvet] *f* Reagenzglas *nt*
E.P.S. [øpeɛs] *f abr de* **éducation physique et sportive** Sportunterricht *m,* Sport *m*
épucer [epyse] <2> **I.** *vt* flöhen *chien*
II. *vpr* **s'~** *singe:* sich flöhen
épuisant(e) [epɥizɑ̃, ɑ̃t] *adj* anstrengend
épuisé(e) [epɥize] *adj* ❶ *(éreinté)* [völlig] erschöpft; **être ~(e) de fatigue** zum Umfallen müde *[o* todmüde*]* sein
❷ *(tari) filon, gisement* [völlig] abgebaut; *terre* ausgelaugt; *réserves* aufgebraucht; *stock, ressources* erschöpft; *imagination* versiegt
❸ *(totalement vendu) édition, livre* vergriffen; *article* ausverkauft
épuisement [epɥizmɑ̃] *m* ❶ *(fatigue)* Erschöpfung *f;* **lutter jusqu'à l'~ de ses forces** bis ans Ende seiner Kräfte kämpfen
❷ *(tarissement) d'un gisement, filon* völliger Abbau, restlose Ausbeutung; *du sol, de la terre* Auslaugung *f; des réserves, ressources, d'une mine* Erschöpfung *f;* ~ **des voies de droit** JUR Erschöpfung der Rechtsmittel
❸ *(vente totale)* Ausverkauf *m;* **jusqu'à ~ du stock** *[o* **des stocks***]* solange der Vorrat reicht
épuiser [epɥize] <1> **I.** *vt* ❶ *(fatiguer) (physiquement)* erschöpfen, auslaugen, strapazieren; ~ **qn avec des questions** jds Nerven mit Fragen strapazieren
❷ *(tarir, venir à bout de)* aufbrauchen *économies;* erschöpfen, aufbrauchen *réserves;* auslaugen *sol, terre;* erschöpfend behandeln *sujet, question;* ausschöpfen *possibilités, ressources;* **ce travail épuise peu à peu mes forces** diese Arbeit zehrt langsam an meinen Kräften
❸ *(vendre totalement)* ausverkaufen *stock, articles*
II. *vpr* ❶ *(se tarir)* **s'~** *gisement, munitions, réserves:* zu Ende *[o* zur Neige*]* gehen; *sol:* verarmen; *source:* versiegen; *forces:* nachlassen
❷ *(se fatiguer)* **s'~ sur qc** sich bei etw verausgaben; **s'~ à faire qc** sich abmühen etw zu tun
épuisette [epɥizet] *f* Kescher *m,* Käscher *m*
épurateur [epyRatœR] TECH **I.** *adj appareil* reinigend
II. *m* Reiniger *m; d'eau* Aufbereiter *m*
épuration [epyRasjɔ̃] *f* ❶ CHIM Reinigung *f; de l'eau, huile* Aufbereitung *f,* Reinigung *f; d'un minerai* Läuterung *f,* Aufbereitung *f; des eaux usées* Klären *nt*
❷ POL Säuberungsaktion *f*
❸ FIN Aufrechnung *f*
◆ ~ **des eaux usées** Abwasserentsorgung *f*
épure [epyR] *f (ébauche)* Aufriss *m,* Skizze *f; d'un roman* Entwurf *m*
épuré(e) [epyRe] *adj forme* schlicht; *langue, style* rein
épurement [epyRmɑ̃] *m* ❶ *vieilli (épuration) des eaux* Klären *nt*
❷ *fig du style* Verfeinerung *f*
épurer [epyRe] <1> *vt* ❶ *(purifier)* reinigen; aufbereiten, reinigen *huile, eau;* läutern, aufbereiten *minerai*
❷ *(rendre meilleur)* verfeinern *style;* läutern *personne;* wieder rein machen *langue*
❸ POL säubern
équarrir [ekaRiR] <8> *vt* ❶ *(dépecer)* zerlegen
❷ *(tailler)* vierkantig behauen *bloc, pierre, tronc;* vierkantig zuschneiden, abvieren *bois, bouche;* **bois équarri** Vierkantholz *nt*
▸ **mal équarri(e)** *bloc* schlecht behauen; *planche, poutre, tronc* schlecht abgeviert; *œuvre* plump; *silhouette* ungeschlacht, grob-

équarrissage [ekaʀisaʒ] *m* ❶ *d'un animal* Abdecken *nt (veraltet)*, Tierkörperbeseitigung *f (form)*; **être bon pour l'~** schlachthofreif sein
❷ *(taille) d'une pierre* Behauen *nt; d'un bois* Abvieren *nt;* **du bois d'~** Kantholz *nt*
équarrisseur [ekwaʀisœʀ] *m* Abdecker *m*
Équateur [ekwatœʀ] *m* l'**~** Äquator *m*
équation [ekwasjɔ̃] *f* ❶ MATH, CHIM, PHYS Gleichung *f;* **~ du premier/second degré** Gleichung ersten/zweiten Grades, einfache/ quadratische Gleichung; **~ chimique** chemische Gleichung; **~ exponentielle** Exponentialgleichung; **mettre qc en ~** etw mathematisch [*o* als Gleichung] darstellen
❷ *(problème)* Problem *nt*
équatorial(e) [ekwatɔʀjal, jo] <-aux> *adj pays, climat, faune, plante* äquatorial; *forêt, région* Äquatorial-
équerre [ekeʀ] *f* ❶ *(angle droit)* Winkel *m*, Winkelmaß *n;* **à l'~** im rechten Winkel; **d'~** rechtwinklig
❷ *(instrument)* Geodreieck *nt;* **double ~** Reißschiene *f*
❸ TECH Winkeleisen *nt;* **~ métallique** Metallwinkel *m*
équestre [ekɛstʀ] *adj* Reit-; **club ~** Reitverein *m*, Reitklub *m;* **statue ~** Reiterstandbild *nt*
équeuter [ekøte] <1> *vt* entstielen
équidés [ekide] *mpl* Einhufer *Pl*
équidistance [ekɥidistɑ̃s] *f* MATH Äquidistanz *f*
équidistant(e) [ekɥidistɑ̃, ɑ̃t] *adj* MATH gleich weit voneinander entfernt, äquidistant *(Fachspr.);* **deux objets sont ~s entre eux/ d'un troisième** zwei Gegenstände sind gleich weit voneinander/ von einem dritten entfernt
équilatéral(e) [ekɥilateʀal, o] <-aux> *adj* ❶ **triangle** gleichseitig
❷ *fam (égal)* wurst *(fam)*
équilibrage [ekilibʀaʒ] *m* ❶ **des roues** Auswuchten *nt*
❷ PHYS, PHYSIOL **~ thermique** Temperaturausgleich *m*
équilibre [ekilibʀ] *m* ❶ *a.* POL, ECON, CHIM, ECOL Gleichgewicht *nt;* **en ~** im Gleichgewicht; **en ~ instable** wackelig; **garder/perdre son ~** [*o* l'**~**] sich im Gleichgewicht halten/aus dem Gleichgewicht kommen; **être en ~ sur le bord de la table** *verre:* halb auf der Tischkante stehen; **mettre qc en ~** etw ausbalancieren; **marcher en ~ sur un mur** über eine Mauer balancieren; **rétablir l'~ entre les deux plateaux de la balance** die Waage neu austarieren; **rompre l'~ entre deux choses** zwei Dinge aus dem Gleichgewicht bringen; **l'~ des forces/des pouvoirs** das Gleichgewicht der Kräfte; **être en ~** *budget:* ausgeglichen sein
❷ PSYCH inneres [*o* seelisches] Gleichgewicht; **~ mental/nerveux** [*o* **psychique**] geistiges/seelisches Gleichgewicht; **faire preuve d'~** ausgeglichen sein
❸ *a.* ART *(harmonie)* Ausgewogenheit *f*, Harmonie *f;* **l'~ du couple** die Harmonie in der Partnerschaft
❹ *(action de rendre équilibré)* Ausgleich *m;* **~ budgétaire** Haushaltsausgleich *m;* **~ de la balance des paiements** Zahlungsbilanzausgleich
❺ PHYS **~ dynamique** Fließgleichgewicht *nt*
équilibré(e) [ekilibʀe] *adj* ❶ *(en équilibre) balance* austariert; *chargement* gleichmäßig verteilt; *roue* ausgewuchtet; *mélange, repas* ausgewogen; *budget, balance commerciale* ausgeglichen
❷ *(stable) personne, esprit* ausgeglichen
équilibrer [ekilibʀe] <1> I. *vt* ❶ *(mettre en équilibre)* austarieren *balance;* gleichmäßig verteilen *charge, pouvoirs;* gleichmäßig beladen *véhicule;* auswuchten *roue;* ausgleichen *bilan, budget, commerce extérieur;* gut einteilen *emploi du temps;* **bien ~ ses repas** sich sehr ausgewogen ernähren
❷ *(stabiliser)* **~ qn/qc** jdm/einer S. Halt geben; **~ l'existence de qn** *rencontre:* jds Leben ins Gleichgewicht bringen
❸ *(contrebalancer)* ausgleichen
II. *vpr* **s'~** *choses:* sich die Waage halten; *avantages et inconvénients:* sich ausgleichen, sich die Waage halten; **les forces s'équilibrant...** wenn ein Kräftegleichgewicht herrscht ..., wenn die Kräfte im Gleichgewicht sind ...
équilibriste [ekilibʀist] *mf* Akrobat(in) *m(f); (funambule)* Seiltänzer(in) *m(f);* **à force de faire l'~** [*o* **jouer les ~s**],... mit deinen ewigen Kunststückchen ...; **~ de la haute finance** Finanzjongleur *m*
équinoxe [ekinɔks] *m* Tagundnachtgleiche *f*, Äquinoktium *nt (Fachspr.)*
équinoxial(e) [ekinɔksjal, o] <-aux> *adj* äquinoktial
équipage [ekipaʒ] *m* ❶ *d'un avion, bateau* Besatzung *f*, Mannschaft *f;* MIL *d'un véhicule* Besatzung *f;* SPORT Team *nt*
❷ TECH *(objets nécessaires)* Ausrüstung *f*
❸ *hum (véhicule)* Gefährt *nt*
▸ **arriver en grand ~** in großem Aufzug erscheinen
équipe [ekip] *f* ❶ SPORT Mannschaft *f;* **~ amateur/professionnelle/nationale** Amateur-/Profi-/Nationalmannschaft; **~ nationale de football** Fußballnationalmannschaft, Nationalelf *f;* **~ féminine/masculine** Damen-/Herrenmannschaft; **~ du club/des vétérans** Vereins-/Altherrenmannschaft; **~ de très haut niveau** Topmannschaft; **super ~** Klassemannschaft *(fam);* **faire ~ avec qn** mit jdm in einer Mannschaft sein
❷ *(groupe)* Team *nt; d'un professeur* Stab *m,* Team; *(dans un quiz)* Rateteam; **~ dirigeante** *d'une entreprise* Führungsmannschaft *f;* **~ de conseillers** Beraterstab; **la nouvelle ~ gouvernementale** die neue Regierungsmannschaft; **~ municipale** Gemeinderat *m;* **~ permanente** Stammbelegschaft *f;* **~ rédactionnelle** Redaktionsteam; **en ~** im Team; SCOL in Gruppen; **faire ~** *personnes:* ein Team bilden; *(au travail, à l'école)* zusammenarbeiten; **faire qc en ~** in Teamarbeit machen
❸ *(groupe assurant le relais)* Schicht *f;* **~ du matin/de jour** Früh-/Tagesschicht; **~ du soir/de nuit** Spät-/Nachtschicht; **double ~** Doppelschicht
❹ *fam (bande)* Haufen *m;* **fine ~** *(enfants)* prima Bande *f (fam); (adultes)* tolle Truppe *(fam)*
◆ **~ de secours** [*o* **de sauvetage**] Rettungskommando *nt*, Rettungsmannschaft *f;* **~ de Rettungstrupp** *m;* **~ de tournage** Filmteam *nt*
équipée [ekipe] *f* ❶ *(aventure)* [abenteuerliches] Unterfangen *nt*
❷ *hum (virée)* Ausflug *m*, Spritztour *f (fam)*
équipement [ekipmɑ̃] *m* ❶ *(action)* Ausrüstung *f; d'une école, d'un hôtel, hôpital* Ausstattung *f,* Einrichtung *f;* **~ auxiliaire** *d'un ordinateur* Aufrüstung *f;* **~ industriel** Betriebsausstattung; **l'~ industriel de la région** die Industrialisierung der Gegend; **~ minimal** Mindestausstattung; **plan d'~ de la région** Landesentwicklungsprogramm *nt;* **travaux d'~** Installationsarbeiten *Pl*
❷ *(matériel)* Ausrüstung *f; d'une voiture* Ausstattung *f;* **~s lourds** [*o* **spéciaux**] Sonderausrüstung; **~ de base** Basisausstattung; **~ de bureau** Büroeinrichtung *f;* **~ de camping/de sport** Camping-/ Sportausrüstung; **~ vidéo** Videotechnik *f*
❸ *souvent pl (installations)* Anlage *f; (dans une entreprise)* Betriebseinrichtungen *Pl;* **des ~s sportifs/collectifs** Sportanlagen/ öffentliche Einrichtungen; **~ routier** Straßennetz *nt*
❹ UNIV **l'Equipement [du territoire]** ≈ die Landesplanungsbehörde
équiper [ekipe] <1> I. *vt* ausrüsten, ausstatten *personne;* ausrüsten *ordinateur;* **~ qn/qc de livres** jdn/etw mit Büchern ausstatten; **~ qn de vêtements** jdn einkleiden; **être équipé(e)** *bateau:* bestückt sein; *cuisine:* ausgestattet sein; *alpiniste:* ausgerüstet sein; **être bien/mal équipé(e)** gut/schlecht ausgerüstet sein; **l'armée la mieux équipée** die bestausgerüstete Armee
II. *vpr* **s'~ en qc** sich mit etw ausrüsten; **je m'équipe toujours chez ...** ich decke mich immer bei ... ein *(fam)*
équipier, -ière [ekipje, -jɛʀ] *m, f* [Mannschafts]kamerad(in) *m(f);* NAUT Besatzungsmitglied *nt*
équitable [ekitabl] *adj* gerecht
équitablement [ekitabləmɑ̃] *adv* gerecht
équitation [ekitasjɔ̃] *f (action de monter à cheval)* Reiten *nt; (art de monter à cheval)* Reitkunst *f;* **faire de l'~** reiten; **club/tenue d'~** Reitverein *m/*-dress *m;* **articles/leçons d'~** Reitartikel *Pl/* -stunden *Pl*
équité [ekite] *f* JUR Billigkeit *f; d'un jugement, d'une loi* Angemessenheit *f;* **~ d'un partage** gerechte [*o* angemessene] Teilung; **en toute ~** völlig gerecht, billigerweise *(geh);* **pour des raisons d'~** aus Billigkeitsgründen
équivalence [ekivalɑ̃s] *f* ❶ *(valeur égale)* Gleichwertigkeit *f*
❷ UNIV Äquivalenz *f;* **diplôme admis en ~ de la maîtrise** als Äquivalent für den Magister [*o* als dem Magister gleichwertig] anerkanntes Diplom; **elle obtient une ~ pour qc** ihr wird etw anerkannt [*o* angerechnet]
❸ *(égalité)* **à ~ de prix/température** bei gleichem Preis/gleicher Temperatur
équivalent [ekivalɑ̃] *m* Entsprechende(s) *nt; d'un mot* Äquivalent *nt,* Entsprechung *f;* **être l'~ de six francs** *dollar:* sechs Franc entsprechen, so viel wie sechs Franc sein; **accepter serait l'~ de céder** anzunehmen würde bedeuten nachzugeben [*o* käme einem Nachgeben gleich]; **sans ~** ohnegleichen
équivalent(e) [ekivalɑ̃, ɑ̃t] *adj part, forme, valeur* gleich; *diplôme, poste, solution* gleichwertig; *expression* gleichbedeutend, bedeutungsgleich; **elle gagne un salaire ~ au mien** ihr Lohn entspricht meinem; **~(e) à un contrat** vertragsähnlich
équivaloir [ekivalwaʀ] <*irr*> *vi* **~ à qc/à faire qc** einer S. (Dat) entsprechen/gleichkommen etw zu tun; **~ à un refus** *réponse:* einer Absage gleichkommen, so viel wie eine Absage sein
équivoque [ekivɔk] I. *adj* ❶ *(ambigu)* zweideutig; *expression, terme* zweideutig, mehrdeutig, missverständlich; *attitude* zwiespältig, uneindeutig
❷ *(louche) personne, relation, passé* zwielichtig, suspekt; *allure, milieu, réputation* zweifelhaft; *geste, conduite, mœurs* fragwürdig; *regard* zweideutig
II. *f (ambiguïté)* Doppeldeutigkeit *f; (malentendu)* Missverständnis *nt; (incertitude)* Zweifel *m;* **sans ~** eindeutig, unmissverständ-

lich; **pour éviter l'~** um Missverständnissen vorzubeugen; **rester dans l'~** im Ungewissen bleiben
érable [eʀabl] *m* Ahorn *m*
érablière [eʀablijɛʀ] *f* CAN *(plantation d'érables)* Ahornplantage *f*
éradication [eʀadikasjɔ̃] *f* Ausrotten *nt*
éradiquer [eʀadike] <1> *vt* ausrotten
érafler [eʀafle] <1> **I.** *vt* zerkratzen; *balle:* streifen; *couteau:* einritzen; **être éraflé(e)** *peau, genou:* aufgeschürft sein; **~ la figure à qn** jdm das Gesicht zerkratzen
II. *vpr* **s'~ qc** sich *(Dat)* etw zerkratzen; **s'~ le genou** sich *(Dat)* das Knie aufschürfen
éraflure [eʀaflyʀ] *f* Kratzer *m*, Schramme *f*, Kratzspur *f*
éraillé(e) [eʀaje] *adj* ❶ *voix* rau, heiser; **parler/chanter d'une voix ~e** knödeln *(fam)*; **parler d'une voix complètement ~e** mit stockheiserer Stimme sprechen *(fam)*
❷ *(usé) tissu* abgetragen, abgewetzt; *vêtement* verschlissen, zerschlissen
érailler [eʀaje] <1> **I.** *vt* verschleißen *tissu;* angreifen *voix*
II. *vpr* **s'~** *voix:* heiser [*o* rau] werden; *tissu:* sich abwetzen; **s'~ la voix à force de crier/chanter/parler** sich heiser schreien/singen/reden
Érasme [eʀasm(ə)] *m* Erasmus *m*
ère [ɛʀ] *f* ❶ Zeitalter *nt*, Ära *f*; **~ industrielle** Industriezeitalter *nt*; **~ spatiale** Raumfahrtzeitalter; **une ~ nouvelle** eine neue Ära
❷ Zeitrechnung *f*; **avant notre ~** vor unserer Zeitrechnung
❸ GEOL **~ tertiaire/quaternaire** Tertiär *nt*/Quartär *nt*
érectile [eʀɛktil] *adj poils* erektil; *organe, tissu* schwellfähig, erektil
érection [eʀɛksjɔ̃] *f* ❶ *d'un pénis* Erektion *f*; **trouble de l'~** Erektionsstörung *f*
❷ *littér (construction) d'un monument* Errichtung *f; d'une statue* Aufstellen *nt*
éreintant(e) [eʀɛ̃tɑ̃, ɑ̃t] *adj* aufreibend, äußerst anstrengend
éreinté(e) [eʀɛ̃te] *adj* [völlig] erschöpft
éreintement [eʀɛ̃tmɑ̃] *m* ❶ *(épuisement)* [völlige] Erschöpfung
❷ *(critique)* Verriss *m*
éreinter [eʀɛ̃te] <1> **I.** *vt* ❶ *(épuiser)* [völlig] erschöpfen; totreiten *cheval*
❷ *(critiquer)* verreißen
II. *vpr* **s'~ à faire qc** sich völlig damit verausgaben etw zu tun
érémiste [eʀemist] *mf* Sozialhilfeempfänger(in) *m(f) (Empfänger des vom Staat bezahlten Mindesteinkommens für Mittellose, die über 25 Jahre alt sind)*
erg [ɛʀg] *m* GEOG Erg *m*
ergométrie [ɛʀgɔmetʀi] *f* MED Ergometrie *f*
ergonome [ɛʀgɔnɔm] *mf* Ergonom(in) *m(f)*
ergonomie [ɛʀgɔnɔmi] *f* Ergonomie *f*
ergonomique [ɛʀgɔnɔmik] *adj* ergonomisch; *siège, fauteuil* körpergerecht, ergonomisch
ergot [ɛʀgo] *m* ❶ *d'un coq* Sporn *m; d'un chien* Afterklaue *f*
❷ *du seigle* Mutterkorn *nt*
❸ TECH *d'un engrenage* Nocken *m;* **les petits ~s de fixation** die kleinen Halterungsstifte
▶ **monter sur ses ~s** aggressiv werden, die Krallen zeigen *(fam)*
ergotage [ɛʀgɔtaʒ] *m* ❶ *(action d'ergoter)* Haarspalterei *f (pej)*
❷ *(critique pointilleuse)* Kleinkariererei *f*
ergotamine [ɛʀgɔtamin] *f* BIO, CHIM Ergotamin *nt*
ergoter [ɛʀgɔte] <1> *vi* räsonieren *(fam)*; **~ sur qc** an etw *(Dat)* herumnörgeln; *(discutailler)* sich [in Spitzfindigkeiten] über etw *(Akk)* ergehen
ergoteur, -euse [ɛʀgɔtœʀ, -øz] *m, f* Nörgler(in) *m(f)*, Krittler(in) *m(f) (fam)*
ergothérapeute [ɛʀgoteʀapøt] *mf* Ergotherapeut(in) *m(f)*
ergothérapie [ɛʀgoteʀapi] *f* MED Ergotherapie *f*
ergotrope [ɛʀgotʀɔp] *adj* MED ergotrop
ériger [eʀiʒe] <2a> **I.** *vt form* ❶ *(dresser, élever)* errichten *monument, temple;* aufrichten *obélisque*
❷ ADMIN ins Leben rufen, gründen *commission*
❸ *(élever au rang de)* **~ qn en martyr/qc en règle générale** jdn zu einem Märtyrer machen/etw zu einer Regel erheben; **~ qc en loi** etw zum Gesetz erklären
II. *vpr form* **s'~ en moraliste/juge** sich als Moralapostel aufspielen/sich zum Richter machen
Érin[n]yes [eʀini] *fpl* MYTH Erinnyen *Pl*
ermitage [ɛʀmitaʒ] *m* Einsiedelei *f*
ermite [ɛʀmit] *m* Eremit *m*, Einsiedler *m;* **vivre en ~** sehr zurückgezogen [*o* wie ein Einsiedler] leben, ein Einsiedlerdasein führen
éroder [eʀɔde] <1> **I.** *vt* ❶ *vent:* erodieren, abtragen; *pluie, eau:* auswaschen, erodieren, abtragen; *mer:* unterhöhlen, unterspülen *falaise*
❷ *(entamer)* schwächen *pouvoir d'achat, valeur morale*
II. *vpr* **s'~** ❶ durch Erosion abgetragen werden; *rocher:* verwittern, durch Erosion abgetragen werden
❷ *(faiblir) pouvoir d'achat, courage:* nachlassen

érogène [eʀɔʒɛn] *adj zone* erogen
éros [eʀɔs] *m* PSYCH Eros *m*
érosif, -ive [eʀozif, -iv] *adj* erosiv, Erosions-
érosion [eʀozjɔ̃] *f* ❶ GEOG Erosion *f*
❷ *(affaiblissement)* Schwächung *f;* **~ du pouvoir d'achat** Kaufkraftschwund *m;* **~ monétaire** schleichende Geldentwertung; **l'~ du parti est spectaculaire** die Partei zerfällt zusehends
érotique [eʀɔtik] *adj* erotisch; **littérature ~** erotische Literatur, Erotikliteratur *f*
érotiser [eʀɔtize] *vt* erotisieren
érotisme [eʀɔtism] *m* Erotik *f*
érotomane [eʀɔtɔman] PSYCH **I.** *adj* erotomanisch
II. *mf* Erotomane *m*/Erotomanin *f*
errance [eʀɑ̃s] *f littér* Umherirren *nt; d'un naufragé* Irrfahrt *f; de l'âme* Verirrungen *Pl*
errant(e) [eʀɑ̃, ɑ̃t] *adj personne, animal* umherirrend; *regard* unstet, ziellos; **vie ~e** Nomadenleben *nt*
errata [eʀata] *mpl inv a.* TYP Errata *Pl*
erratique [eʀatik] *adj* ❶ MED *(instable)* unregelmäßig; *douleur* wandernd
❷ GEOL *roche* erratisch
erratum [eʀatɔm, eʀata] <errata> *m* Druckfehler *m*, Erratum *nt (Fachspr.)*
errements [eʀmɑ̃] *mpl form* Fehler *Pl*, Irrtümer *Pl*
errer [eʀe] <1> *vi personne:* umherirren; *animal:* streunen *(pej)*, umherirren; *pensée:* abschweifen; *regard:* umherirren, umherschweifen; **laisser son regard ~** seine Blicke umherschweifen lassen; **~ à travers la ville** *promeneur:* in der Stadt umherstreifen; **~ sans but** orientierungslos umherirren; **~ sur les lèvres de qn** *sourire:* jds Lippen umspielen
erreur [eʀœʀ] *f* ❶ *(faute)* Fehler *m*, Inkorrektheit *f;* **~ comptable** Buchungsfehler; **~ humaine** menschliches/ärztliches Versagen; **~ médicale** [ärztlicher] Kunstfehler; **~ monumentale** Riesenfehler *(fam)*; **~ d'adaptation** Fehlanpassung *f;* **~ de calcul** Rechenfehler, Rechnungsfehler (CH); **~** ECON Kalkulationsfehler, Fehlberechnung *f;* **~ de date** falsche Datumsangabe, Fehldatierung *f;* **~ de frappe** Tippfehler; **~ d'interprétation/de traduction** Übersetzungsfehler; **~ de manipulation** Bedienungsfehler; **~ de mise à disposition** Fehldisposition *f;* **~ de mise en scène** Regiefehler; **~ d'organisation** Organisationsfehler; **~ de procédure** JUR Verfahrensfehler; **~ de virgule** Kommafehler; **tomber dans l'~ de faire qc** den Fehler begehen etw zu tun; **j'ai commis une ~** mir ist ein Fehler unterlaufen; **écoutez, c'est une ~** [de numéro]! hören Sie, Sie haben sich verwählt!; **excusez-moi; c'est une ~ de ma part** entschuldigen Sie, der Fehler [*o* Irrtum] liegt bei mir
❷ INFORM *(défaut)* Fehler *m;* **~ informatique** [*o* **d'ordinateur**] Computerfehler; **~ de logiciel** Software-Fehler; **corriger une ~ de logiciel** einen Software-Fehler beheben; **~ de programme** Programmfehler; **~ de programme cachée** verborgener Programmfehler; **~ de syntaxe** Syntaxfehler; **~ de/du système** Systemfehler; **~ de transmission** Übertragungsfehler; **sans ~** *fichier, programme* fehlerfrei; **fonctionner sans ~** fehlerfrei funktionieren
❸ *(idée, opinion erronée)* Irrtum *m;* **~ évitable** vermeidbarer Irrtum; **~ judiciaire** Justizirrtum, rechtlicher Irrtum; **~ juridique** [*o* **de droit**] Rechtsirrtum; **~ d'appréciation/de jugement** Fehleinschätzung *f*/Fehlurteil *nt;* **~ de raisonnement** falsche Gedankenführung; **~ concernant l'illicéité d'un agissement** JUR Verbotsirrtum *(Fachspr.);* **il y a ~/n'y a pas d'~** hier liegt ein/kein Irrtum vor; **être dans l'~** im Irrtum sein; **faire ~** sich irren, sich täuschen; **induire qn en ~** jdn irreführen; **persévérer dans l'~** im Irrtum verharren; **tirer qn de l'~** *(lui dire la vérité)* jdm die Wahrheit sagen; *(l'empêcher de se tromper)* jdn vor einem Irrtum bewahren; **par ~** irrtümlicherweise, versehentlich, aus Versehen; **sauf ~** COM Irrtum vorbehalten; **sauf ~ de ma part** wenn ich mich nicht täusche; **il n'y a pas d'~, ce gars est très fort** dieser Bursche ist ohne jeden Zweifel sehr stark
▶ **~ de jeunesse** Jugendsünde *f;* **il y a ~ sur la personne** hier liegt eine Verwechslung vor; **l'~ est humaine** *prov* Irren ist menschlich
erroné(e) [eʀɔne] *adj* ❶ *irrig*, falsch; **vos calculs sont ~s** Sie haben sich verrechnet
❷ INFORM fehlerhaft; **ne fonctionner que de manière ~e** nur fehlerhaft funktionieren
ersatz [ɛʀsats] *m inv* Surrogat *nt (Fachspr.);* **~ de café/savon** Kaffee-/Seifenersatz *m*
éructation [eʀyktasjɔ̃] *f littér (renvoi)* Aufstoßen *nt*
éructer [eʀykte] <1> **I.** *vi littér* aufstoßen
II. *vt form* ausstoßen *injures, menaces*
érudit(e) [eʀydi, it] **I.** *adj ouvrage* gelehrt; *personne* gebildet, gelehrt; *étude* fundiert; **~(e) en archéologie** in Archeologie *(Dat)* bewandert
II. *m(f)* Gelehrte(r) *f(m);* **des querelles d'~s** ein Gelehrtenstreit *m*
érudition [eʀydisjɔ̃] *f* Gelehrsamkeit *f; des ouvrages d'~** gelehrte

Werke *Pl*; **~ en histoire** Wissen *nt* [*o* gute Kenntnisse *Pl*] in Geschichte *(Dat)*

éruptif, -ive [eʀyptif, -iv] *adj* ❶ MED *fièvre, maladie* mit einem [Haut]ausschlag verbunden
❷ GEOG eruptiv; *phénomène* Eruptions-; **roche éruptive** Eruptivgestein *nt*

éruption [eʀypsjɔ̃] *f* ❶ MED Ausschlag *m*, Eruption *f*; **~ dentaire** Zahndurchbruch *m*
❷ GEOG Ausbruch *m*, Eruption *f (Fachspr.)*; **en ~** *volcan* tätig

érythème [eʀitɛm] *m* Hautreizung *f*, Erythem *nt (Fachspr.)*; **~ fessier d'un bébé** Windelausschlag *m* eines Babys

érythrocyte [eʀitʀɔsit] *m* ANAT Erythrozyt *m*; **formation des ~s** Erythrozytenbildung *f*; **nombre d'~s** Erythrozytenzahl *f*

érythrocytose [eʀitʀɔsitoz] *f* MED Erythrozytose *f*

ès [ɛs] *prép form* **docteur ~ sciences/~ lettres** Doktor *m* der Naturwissenschaften/der Philologie; **~ qualités** in Ausübung seines/ihres Amtes; *visite* amtlich

ESB *f abr de* encéphalopathie spongiforme bovine BSE *f*

esbigner [ɛsbiɲe] <1> *vpr vieilli fam* **s'~** sich davonmachen, sich vom Acker machen *(fam)*

esbroufe [ɛsbʀuf] *f fam* Angeberei *f*, wichtigtuerisches Gehabe, Wichtigtuerei *f (fam)*, Großkotzigkeit *f (pej sl)*; **un joli coup d'~** ein toller Bluff; **faire de l'~** aufschneiden *(pej fam)*, angeben; **y aller à l'~** [nur] bluffen; **arracher un marché à l'~** durch einen Bluff an ein Geschäft kommen; **tu ne nous la feras pas à l'~** deine Nummer zieht bei uns nicht *(fam)*, wir fallen auf deine Nummer nicht herein *(fam)*

esbroufer [ɛsbʀufe] <1> *vt fam* bluffen *(fam)*

escabeau [ɛskabo] <x> *m (échelle)* [Tritt]leiter *f*, [Haushalts]leiter; *(tabouret)* [Fuß]schemel *m*

escadre [ɛskadʀ] *f* Geschwader *nt*

escadrille [ɛskadʀij] *f* Staffel *f*; **~ de bombardiers** Bombengeschwader *nt*

escadron [ɛskadʀɔ̃] *m de cavalerie* Schwadron *f*; *de chasseurs, gendarmerie, police* Staffel *f*, Einheit *f*
♦ **~ de la mort** Todesschwadron *f*

ESCAE [œssɛaø] *abr de* École supérieur de commerce et d'administration des entreprises Hochschule für Handel und Unternehmensmanagement

escalade [ɛskalad] *f* ❶ *(ascension) d'un arbre, mur, rocher* Erklettern *nt*; *d'une montagne* Erklimmen *nt*, Erklettern *nt*; **faire l'~ d'une montagne** auf einen Berg steigen, einen Berg erklimmen *(geh)*
❷ *(sport)* Klettern *nt*; **faire de l'~** klettern
❸ *(surenchère)* [schneller] Anstieg *m*; **l'~ dans la dépense** die ständig zunehmenden Ausgaben; **l'~ dans le perfectionnement technique** die immer perfekter werdende Technik; **~ nucléaire** atomare Eskalation; **~ des prix** Preiseskalation *f*; **~ de la violence** Eskalierung *f* der Gewalt; **au Pérou, c'est l'~ de la violence** in Peru nimmt die Gewalt überhand [*o* eskaliert die Gewalt]

escalader [ɛskalade] <1> *vt* ❶ *(monter)* steigen [*o* klettern] auf *(+ Akk)*, erklimmen *(geh) col, montagne* emporklettern *(geh)*, hochklettern, steigen [*o* klettern] auf *(+ Akk)*, erklimmen *(geh) façade*; erklettern *forteresse*; klettern auf *(+ Akk) tas de bois, arbre*; hochsteigen *talus, escalier, étages*; **~ la paroi/le rocher** an der Wand/am Felsen hochklettern
❷ *(franchir)* steigen [*o* klettern] über *(+ Akk) grille, mur*
❸ *(être sur une pente)* **~ la butte** *cimetière:* sich den Hügel hinaufziehen

escalator [ɛskalatɔʀ] *m* Rolltreppe *f*

escale [ɛskal] *f* ❶ NAUT *(arrêt)* Aufenthalt *m*, Zwischenstopp *m*; AVIAT Zwischenlandung *f*; **~ technique** Zwischenstopp zum Auftanken; **vol avec ~** [*s*] Flug *m* mit Zwischenlandung, Etappenflug; **vol qui s'effectue sans ~** Flug ohne Zwischenlandung
❷ NAUT *(lieu)* Zwischenstopp *m*, Anlaufhafen *m*; AVIAT Zwischenlandeplatz *m*

escalier [ɛskalje] *m sing o pl* Treppe *f*; **~ de la cave** Kellertreppe, Kellerstiege *f* (A, SDEUTSCH); **~ en bois** Holztreppe; **~ en colimaçon** Wendeltreppe; **~ mécanique** [*o* **roulant**] Rolltreppe; **~ de devant** Vordertreppe; **~ de secours/d'honneur** Not-/Ehrentreppe; **~ de service** Hintertreppe, Dienstbotenaufgang *m*, Lieferantenaufgang; **être dans l'~** im Treppenhaus sein; **tomber dans les ~s** [*o* **l'~**] die Treppe hinunter-/herunterfallen

escalope [ɛskalɔp] *f* Schnitzel *nt*; **~ de porc** Schweineschnitzel, Schweinsschnitzel (A, SDEUTSCH); **~ à la crème** Rahmschnitzel; **~ panée** paniertes Schnitzel; **~ cordon bleu** Cordon bleu *nt*

escamotable [ɛskamɔtabl] *adj train d'atterrissage* einfahrbar; *clavier, machine à coudre* versenkbar; *meuble* ausklappbar; **antenne ~** *(manuellement/électriquement)* einschiebbare/einziehbare Antenne; **lit ~** Klappbett *nt*

escamotage [ɛskamɔtaʒ] *m* ❶ *d'un train d'atterrissage* Einfahren *nt*
❷ *(tour de magie)* Verschwindenlassen *nt*, Wegzaubern *nt*
❸ *(vol)* Verschwindenlassen *nt*
❹ *(détournement) d'une question, d'un problème* Umgehen *nt*; **~ judiciaire** juristische Winkelzüge *Pl*

escamoter [ɛskamɔte] <1> *vt* ❶ *(rentrer)* einfahren *train d'atterrissage*; einziehen *antenne*
❷ *(faire disparaître)* wegzaubern, verschwinden lassen
❸ *(dérober)* stehlen, verschwinden lassen
❹ *(éluder)* vertuschen *incident*; nicht spielen *note de musique*; verschlucken *mot*; umgehen *difficulté*; *(ne pas dire)* verschweigen *difficulté*
II. *vpr* **s'~** *train d'atterrissage:* sich einfahren lassen; *lit:* sich zusammenklappen lassen

escampette *v.* poudre

escapade [ɛskapad] *f* Eskapade *f*; *(fugue)* Ausreißen *nt*; *(infidélité)* Seitensprung *m*; **faire une ~** sich *(Dat)* Eskapaden leisten; *(faire une fugue)* ausreißen, durchbrennen *(fam)*; *(faire une infidélité)* einen Seitensprung begehen; *(sécher) employé:* blaumachen *(fam)*, *élève:* schwänzen *(fam)*, blaumachen *(fam)*

escarbille [ɛskaʀbij] *f* Flugasche *f*

escarboucle [ɛskaʀbukl] *f (pièce héraldique)* Karfunkelstein *m*

escarcelle [ɛskaʀsɛl] *f hum* Geldbeutel *m*, Geldkatze *f (veraltet)*

escargot [ɛskaʀgo] *m* ❶ ZOOL, GASTR Schnecke *f*; **~ de Bourgogne** Weinbergschnecke
❷ *(personne, véhicule)* lahme Ente *(fam)*; **rouler comme un ~** im Schneckentempo fahren *(fam)*

escarmouche [ɛskaʀmuʃ] *f* MIL Gefecht *nt*; *(dispute)* Wortgefecht, [verbaler] Schlagabtausch

escarpé(e) [ɛskaʀpe] *adj montagne* steil [aufragend]; *côte, rive* schroff, steil; *chemin* schwer zugänglich

escarpement [ɛskaʀpəmɑ̃] *m (déclivité) d'une côte, montagne* Schroffheit *f*; *(versant raide)* steile Böschung, Steilhang *m*

escarpin [ɛskaʀpɛ̃] *m* Pumps *m*

escarpin-sandale [ɛskaʀpɛ̃sɑdal] <escarpins-sandales> *m* Slingpumps *m*

escarpolette [ɛskaʀpɔlɛt] *f* Schaukel *f*

escarre [ɛskaʀ] *f* MED wundgelegene Stelle, Dekubitus *m (Fachspr.)*

eschatologie [ɛskatɔlɔʒi] *f* PHILOS, THEOL Eschatologie *f*

escient [ɛsjɑ̃] *m* **à bon/mauvais ~** zu Recht/Unrecht; *(au bon/mauvais moment)* zum richtigen/falschen Zeitpunkt

esclaffer [ɛsklafe] <1> *vpr* **s'~** laut [*o* schallend] [los]lachen, in schallendes Gelächter ausbrechen

esclandre [ɛsklɑ̃dʀ] *m* Skandal *m*

esclavage [ɛsklavaʒ] *m* Sklaverei *f*; *fig* Knechtschaft *f*, Sklaverei; *de la femme* Versklavung *f*; **l'~ de l'alcool/la drogue** die [vollständige] Abhängigkeit vom Alkohol/Rauschgift; **la mode est un véritable ~** die Mode kann einen zum Sklaven machen; **tomber en ~** in Abhängigkeit geraten; **réduire qn en ~** jdn versklaven

esclavagisme [ɛsklavaʒism] *m* Sklaverei *f*, Sklavenhaltergesellschaft *f*

esclavagiste [ɛsklavaʒist] I. *adj théorie, personne* die Sklaverei befürwortend; **société ~** Sklavenhaltergesellschaft *f*; **être ~** die Sklaverei befürworten
II. *mf* Anhänger(in) *m(f)* der Sklaverei

esclave [ɛsklav] I. *adj* versklavt; **~ de qn/qc** [vollständig] abhängig von jdm/etw, jdm/etw S. verfallen; **être ~ de ses habitudes** ein Sklave seiner Gewohnheiten sein
II. *mf* Sklave *m*/Sklavin *f*; **âme d'~** Sklavennatur *f*

escogriffe [ɛskɔgʀif] *m fam* ungehobelter Bursche; **grand ~** langer Lulatsch *(fam)*, Bohnenstange *f (fam)*

escomptable [ɛskɔ̃tabl] *adj* FIN *papier, valeur* diskontfähig *(Fachspr.)*

escompte [ɛskɔ̃t] *m* ❶ COM *(remise)* Skonto *nt o m*
❷ FIN Diskont *m*; *des effets de commerce* Diskontierung *f*; **~ [pour paiement] au comptant** Bardiskont *(Fachspr.)*; **acheter qc à l'~** etw mit Diskont kaufen; **~ déduit** abzüglich des Diskonts

escompter [ɛskɔ̃te] <1> *vt* ❶ *(espérer)* **~ qc** [sich *(Dat)*] etw erhoffen, mit etw rechnen; **~ que qn va faire qc** hoffen, dass jd etw tun wird; damit rechnen, dass jd etw tun wird; **~ faire qc** planen [*o* gedenken] etw zu tun; **ne pas ~ qc** nicht mit etw rechnen; **ne pas ~ que qn fasse qc** nicht damit rechnen, dass jd etw tut
❷ FIN diskontieren *(Fachspr.)*, eskomptieren *(Fachspr.)*

escorte [ɛskɔʀt] *f* ❶ Eskorte *f*; *d'un prisonnier* Wache *f*; **des bâtiments d'~** Geleitboote *Pl*; **sans/sous bonne ~** ohne/unter strengem Geleitschutz; **faire ~ à qn** jdn geleiten
❷ *(série)* Begleiterscheinungen *Pl*

escorter [ɛskɔʀte] <1> *vt* ❶ *(accompagner)* geleiten *personne*
❷ *(protéger)* **~ qn/qc** jdn/etw eskortieren, jdm/einer S. Geleitschutz geben

escorteur [ɛskɔʀtœʀ] *m* Begleitschiff *nt*

escouade [ɛskwad] *f (groupe)* Schar *f*; MIL Trupp *m*, Korporalschaft *f*; **par ~s** in Gruppen, gruppenchenweise

ESCP [œssepe] *f abr de* École supérieure de commerce de Paris höhere Handelsschule in Paris

escrime [ɛskʀim] f Fechten nt; **faire de l'~** fechten; **cours d'~** Fechtunterricht m

escrimer [ɛskʀime] <1> vpr **s'~ sur qc** sich mit etw abquälen [o abplagen]; **s'~ à faire qc** sich abmühen etw zu tun, sich abplagen um etw zu tun

escrimeur, -euse [ɛskʀimœʀ, -øz] m, f Fechter(in) m(f)

escroc [ɛskʀo] m Betrüger(in) m(f); **l'~ aux chèques volés/aux cartes bancaires** der Scheck-/Kreditkartenbetrüger; **l'~ aux personnes âgées** der Alte-Leute-Preller, der Trickbetrüger

escroquer [ɛskʀɔke] <1> vt **~ une signature à qn** eine Unterschrift von jdm ergaunern, sich (Dat) eine Unterschrift von jdm erschwindeln; **~ qn de mille euros** jdn um tausend Euro betrügen; **se faire ~ par qn de mille euros** von jdm um tausend Euro betrogen werden

escroquerie [ɛskʀɔkʀi] f Betrug m, Schwindel m; (arnaque) Prellerei f; **~ au crédit** Kreditbetrug; **~ intellectuelle** [bewusste] Irreführung [o Täuschung]

esgourde [ɛsɡuʀd] f arg Ohr nt, Lauscher m meist Pl (fam); **ouvre tes ~s!** sperr deine Löffel auf! (fam)

eskimo v. **esquimau**

ésotérique [ezɔteʀik] **I.** adj esoterisch; **science ~** Grenzwissenschaft f
II. mf Esoteriker(in) m(f)

ésotérisme [ezɔteʀism] m Esoterik f

espace¹ [ɛspas] m ❶ (place) Platz m; **avoir assez d'~ pour danser** genügend Platz zum Tanzen haben; **~ vide** Zwischenraum m; **~ publicitaire/réservé à la publicité** Reklamefläche f, Werbefläche; **~ de rangement** Stauraum
❷ (zone) Gebiet nt; fig Raum m; **l'~ rural français** die ländlichen Gebiete Frankreichs; **~ vert** Grünfläche f; **aménager des ~ verts en centre-ville** die Innenstadt begrünen; **~ vital/de liberté** Lebens-/Freiraum; **l'~ de responsabilité personnelle** der Freiraum für persönliche Verantwortlichkeit
❸ (distance) Abstand m, Zwischenraum m; (longue distance) Entfernung f; **laisser un ~ d'un mètre entre chaque arbre** [je] einen Meter Abstand zwischen den Bäumen lassen
❹ (cosmos) Weltraum m
❺ (ciel) ~ **aérien** Luftraum m; **accord sur [l'utilisation de] l'~ aérien** JUR, POL Flugabkommen nt, Luftabkommen
❻ GEOM Raum m
❼ (durée) Zeitraum m, Zeitspanne f; **~ de temps** Zeitraum, Zeitspanne; **en un si court ~ de temps** in so kurzer Zeit; **l'~ d'un été/moment** einen Sommer/Augenblick lang
❽ TYP, INFORM **~ adresses** Adressraum m
◆ **~ de vente** Verkaufsraum m

espace² [ɛspas] f ❶ (blanc) Wortabstand m, Leerschritt m, Blank nt (Fachspr.)
❷ TYP Spatium nt (Fachspr.)

espacé(e) [ɛspase] adj dents, arbres auseinanderstehend; lettres vereinzelt, sporadisch

espacement [ɛspasmã] m ❶ (distance) Abstand m, Zwischenraum m; **~ entre ta maison et la mienne** Abstand [o Entfernung f] zwischen deinem und meinem Haus
❷ TYP des lignes, mots Abstand m; **~ entre les mots** Wortabstand; **~ proportionnel** Proportionalabstand
❸ (action d'espacer) **l'~ de mes visites** meine immer seltener werdenden Besuche, die immer größer werdenden Abstände zwischen meinen Besuchen

espacer [ɛspase] <2> **I.** vt (séparer) auseinandersetzen élèves; auseinanderrücken meubles; **~ les lignes un peu plus/d'un intervalle de 1,5** etwas mehr Abstand/einen Abstand von 1,5 zwischen den Zeilen lassen; **~ les arbustes de 50 cm** die Büsche in einem Abstand von 50 cm setzen; **il espace ses visites** seine Besuche werden immer seltener, die Abstände zwischen seinen Besuchen werden immer größer
II. vpr (devenir plus rare) **s'~** seltener werden

espadon [ɛspadɔ̃] m ZOOL Schwertfisch m

espadrille [ɛspadʀij] f ❶ Espandrillo m, Espadrille f
❷ CAN (basket) Turnschuh m; **~s de tennis** Tennisschuhe Pl

Espagne [ɛspaɲ] f **l'~** Spanien nt

espagnol [ɛspaɲɔl] m **l'~** Spanisch nt, das Spanische; **cours en ~** spanischsprachiger Unterricht; **connaissances en ~** Spanischkenntnisse Pl; v. a. **allemand**

espagnol(e) [ɛspaɲɔl] adj spanisch

Espagnol(e) [ɛspaɲɔl] m(f) Spanier(in) m(f)

espagnolette [ɛspaɲɔlɛt] f Espagnoletteverschluss m (Drehstangenverschluss für Fenster); **fermer la fenêtre à l'~** das Fenster einen Spalt [breit] offen lassen

espalier [ɛspalje] m ❶ BOT [Obst]spalier nt; **être en ~** am Spalier gezogen sein
❷ SPORT Sprossenwand f

espèce [ɛspɛs] f ❶ (catégorie) Art f; **~ animale/de rosiers** Tier-/Rosenart; **~ canine** Hunderasse f; **l'~ [humaine]** das Menschengeschlecht, die Menschen Pl; **avoir plusieurs ~s de verres** verschiedene Arten von Gläsern [o verschiedenartige Gläser] haben
❷ souvent péj (sorte) Art f; **prends donc cet(te) ~ de râteau** nimm doch diesen komischen Rechen da; **c'est un(e) ~ de pot de chambre** das ist so eine Art Nachttopf (fam); **~ d'imbécile!** fam [du/Sie/so ein] Blödmann!/[du/Sie/so eine] blöde Kuh! (fam); **de ton/son/cette/de la pire ~** fam von deiner/seiner/ihrer/dieser/der schlimmsten Sorte; **ça n'a aucune ~ d'importance** das spielt keine Rolle
❸ pl (argent liquide) Bargeld nt; **régler** [o **payer**] **en ~s** bar bezahlen; **gagner un prix en ~s** einen Geldpreis gewinnen
❹ pl (devises) Geldsorten Pl
❺ REL Gestalt f; **sous les ~s du pain et du vin** in Gestalt von Brot und Wein; **communier sous les deux ~s** das Abendmahl in beiderlei Gestalt empfangen
▶ **en ~s sonnantes et trébuchantes** hum in klingender Münze (fam); **en l'~** (en l'occurrence) in diesem Fall[e], im vorliegenden Fall[e]

espérance [ɛspeʀɑ̃s] f ❶ (confiance) Zuversicht f; (espoir) Hoffnung f; REL Hoffnung; **donner de grandes ~s** viel versprechend sein, Anlass zu großen Hoffnungen geben; **fonder** [o **bâtir**] **de grandes ~s sur qn/qc** große Hoffnungen auf jdn/etw setzen; **mettre toute son ~ dans qn/qc** seine ganze Hoffnung auf [o in] jdn/etw setzen; **répondre à toutes les ~s** allen Erwartungen entsprechen; **contre toute ~** entgegen jeglicher Hoffnung (allen Hoffnungen); **dans l'~ de faire qc/que qn/qc fera qc** in der Hoffnung etw zu tun/, dass jd/etw etw tun wird; **dans l'~ de recevoir bientôt votre visite, veuillez agréer** in der Hoffnung, dass Sie/ihr mich bald besuchen/besucht, verbleibe ich; **dans l'~ que vos projets connaîtront une pleine réussite, je vous prie d'agréer** in der Hoffnung, dass Ihr/euer Vorhaben von Erfolg gekrönt sein wird, verbleibe ich
❷ pl (héritage futur) Aussichten Pl [auf eine Erbschaft]
◆ **~ de vie** Lebenserwartung f

espérantiste [ɛspeʀɑ̃tist] **I.** adj congrès Esperanto betreffend
II. mf Esperantist(in) m(f)

espéranto [ɛspeʀɑ̃to] m Esperanto nt

espérer [ɛspeʀe] <5> **I.** vt hoffen auf (+ Akk), sich (Dat) erhoffen; (compter sur) rechnen mit, erwarten; **je l'espère bien** das hoffe ich [doch] sehr; **ne plus ~ qn** mit jdm nicht mehr rechnen; **nous espérons vous revoir bientôt** wir hoffen Sie bald wieder zu sehen; **j'espère n'avoir rien oublié** ich hoffe, dass ich nichts vergessen habe [o ich habe nichts vergessen]; **j'espère qu'il viendra** ich hoffe, [dass] er kommt; **espères-tu qu'il te vienne en aide?** erwartest du [wirklich], dass er dir helfen kommt?; **les négociations font ~ une solution à la crise** die Verhandlungen lassen eine Lösung der Krise erhoffen [o auf eine Lösung der Krise hoffen]; **laisser ~ une visite à qn** personne, lettre: jdm Hoffnung auf einen Besuch machen, in jdm Hoffnung auf einen Besuch wecken
II. vi hoffen; **espérons!** hoffen wir's! (fam), hoffentlich!; **mais j'espère bien!** fam das will ich aber doch hoffen! (fam); **~ en qn/qc** auf jdn/etw hoffen (o vertrauen); **~ en l'avenir** Hoffnung in die Zukunft setzen

esperluette [ɛspɛʀlɥɛt] f TYP Et-Zeichen nt

espiègle [ɛspjɛɡl] adj air, enfant, sourire schelmisch, schalkhaft; **cette gamine ~** dieser Schlingel; **d'humeur ~** zu Streichen [o Neckereien] aufgelegt

espièglerie [ɛspjɛɡləʀi] f ❶ (caractère) Schalk m, Schalkhaftigkeit f
❷ (tour) Schelmenstück nt (geh), [Schelmen]streich m

espion [ɛspjɔ̃] **I.** m ❶ Spion m; **super ~** Topspion; **arrête de jouer les ~s!** hör auf herumzuspionieren! (fam)
❷ (petit miroir) Spion m
II. app bateau-, navire-, satellite-, avion- Spionage-; **un micro-~** eine Wanze

espionnage [ɛspjɔnaʒ] m Spionage f; **services d'~** Spionagedienst m; **~ économique/industriel** Wirtschafts-/Industriespionage; **~ informatique** Computerspionage; **film d'~** Spionagefilm m

espionne [ɛspjɔn] f Spionin f; **super ~** Topspionin

espionner [ɛspjɔne] <1> vt bespitzeln, ausspionieren, [heimlich] belauschen conversation; **~ qn** jdm nachspionieren, jdn [heimlich] überwachen

espionnite [ɛspjɔnit] f [krankhafte] Angst vor Spionen

esplanade [ɛsplanad] f [großer, freier] Vorplatz; Esplanade f

espoir [ɛspwaʀ] m ❶ Hoffnung f; **caresser un ~** eine Hoffnung hegen; **conserver l'~/ne pas perdre ~** die Hoffnung nicht aufgeben; **autoriser les plus grands ~s** Anlass zu sehr großen Hoffnungen geben, sehr vielversprechend sein; **enlever tout ~ à qn** jdm jede Hoffnung nehmen; **avoir le ferme** [o **bon**] **~ d'y parvenir** zuversichtlich sein, dass man es schaffen wird; **fonder** [o **placer**] **de grands ~s sur** [o **en**] **qn/qc** große Hoffnungen auf [o in] jdn/etw setzen; **reprendre ~** wieder Hoffnung schöpfen; **sans ~** ohne [jede] Hoffnung, hoffnungslos; amour aussichtslos; **tu as**

encore l'~ qu'il réussisse? glaubst du wirklich noch, dass er es schafft?; **je garde l'~ qu'il viendra** ich hoffe weiterhin [o ich gebe die Hoffnung nicht auf], dass er kommt; **dans l'~ de faire qc** in der Hoffnung etw zu tun; **faux ~** Fehlkalkulation f; **cela s'est avéré être de faux ~ s** das hat sich als Fehlkalkulation erwiesen; **~ en l'avenir** Zukunftshoffnung; **les ~ s** (ensemble des espérances d'une communauté) der Erwartungshorizont

❷ (objet d'un espoir) Hoffnung f; **cette greffe est son dernier ~** diese Transplantation ist seine/ihre letzte Hoffnung; **cette femme est mon dernier ~** diese Frau ist meine letzte Hoffnung

❸ (personne, sportif) Hoffnung f; **jeune ~** masculin/féminin Nachwuchsspieler(in) m(f); **les ~ s de la boxe française** der Nachwuchs des französischen Boxsports

▶ **l'~ fait vivre** prov der Mensch lebt von der Hoffnung

esprit [ɛspʀi] m ❶ (pensée) Geist m, Verstand m; ~ **civique** staatsbürgerliches [Verantwortungs]bewusstsein; ~ **collectif** Kollektivgeist; ~ **critique** kritischer Verstand; **un ~ sain dans un corps sain** ein gesunder Geist in einem gesunden Körper; **avoir l'~ clair/vif** einen klaren [o scharfen]/regen Verstand haben; **avoir l'~ étroit/large** engstirnig/großzügig sein; **avoir l'~ libre/pratique** ein unabhängig denkender/praktischer Mensch sein; **avoir le bon ~ de faire qc** auf die glänzende Idee kommen etw zu tun

❷ (tête) **avoir qn/qc à** [o **dans**] **l'~** jdn/etw im Sinn haben; **où ai-je l'~?** wo habe ich [nur] meinen Kopf?, wo bin ich [nur] mit meinen Gedanken?; **perdre l'~** den Verstand [o den Kopf] verlieren; **une idée me traverse l'~** eine Idee geht mir durch den Kopf; **une idée/un mot me vient à l'~** mir kommt [gerade] eine Idee/ein Wort in den Sinn, mir fällt [gerade] etw/ein Wort ein; **ça me trotte/reste dans l'~** das geht mir im Kopf herum/geht mir nicht aus dem Sinn; **dans mon/son ~** meiner/seiner/ihrer Meinung nach; **faire qc en ~** etw im Geiste tun; **avoir l'~ ailleurs** mit seinen Gedanken woanders [o geistesabwesend] sein; **avoir l'~ dérangé** fam nicht ganz richtig im Kopf sein (fam); **faible** [o **simple**] **d'~** geistig beschränkt [o minderbemittelt]

❸ (humour) Geist m, Witz m; **plein(e) d'~** äußerst geistreich, voller Esprit; **avoir beaucoup d'~** sehr geistreich [o witzig] sein; **faire de l'~** péj witzig sein wollen; **manquer d'~** humorlos sein

❹ (fantôme) Geist m; **un mauvais ~/un ~ malin** ein böser Geist; **~ frappeur** Klopfgeist

❺ (personne) ~ **cultivé/indépendant** gebildeter/unabhängiger Mensch; **un bel ~** péj ein in Schöngeist; **les bons ~ s** die Besserwisser; ~ **chagrin** Griesgram m; **c'est un ~ déréglé** er/sie ist geistig gestört; ~ **fort** [o **libre**] Freidenker(in) m(f); **faire** [o **jouer**] **l'~ fort** den starken Mann/die starke Frau markieren; **un grand ~** ein großer Geist; **petit ~** Kleingeist; **un pur ~** ein reiner Verstandesmensch; **l'homme n'est pas un pur ~** der Mensch ist nicht Verstand allein; ~ **retors** durchtriebener Kerl/durchtriebenes Luder (fam); **les ~ s simples** ≈ die Gutmenschen Pl (pej); ~ **universel** Universalgenie nt

❻ (humeur) **les ~ s** die Gemüter Pl; **échauffer/apaiser les ~ s** die Gemüter erhitzen/beruhigen

❼ (caractère) d'une époque Geist m; (sens profond) d'une loi, d'un texte Sinn m; d'une revue [Geistes]haltung f; **l'~ et la lettre** Inhalt und Form; **avoir bon/mauvais ~** personne: umgänglich/querköpfig [o aufsässig] sein

❽ (intention, prédisposition) Sinn m; **il a l'~ à qc** ihm ist nach etw zumute, ihm steht der Sinn nach etw (geh); **dans cet ~** in diesem Sinne; **essayez de comprendre l'~ dans lequel je vous dis cela** versuchen Sie zu verstehen, wie [o in welchem Sinne] ich das meine; **l'~ français** die französische Wesensart; ~ **sportif** Sport(s)geist m; ~ **de camaraderie** Klassengeist; ~ **de corps/de compétition** Korps-/Kampfgeist; **avoir l'~ de compétition** Kampfgeist haben; ~ **de concurrence** Konkurrenzdenken nt; ~ **de contradiction** Widerspruchsgeist; ~ **d'équipe** Mannschaftsgeist, Teamfähigkeit f; **avoir l'~ de décision/d'entreprise/de lucre** entschlussfreudig/unternehmungslustig/gewinnsüchtig sein; ~ **de famille** Familiensinn; ~ **de fronde** Eigenwilligkeit f; **avoir l'~ de fronde** eigenwillig sein; (dans ses actions) konsequent sein; ~ **d'observation** [gute] Beobachtungsgabe; **avoir l'~ d'observation** eine gute Beobachtungsgabe haben; ~ **d'organisation** Organisationstalent nt; ~ **de profit** [o **des affaires**] Profitdenken; **avoir l'~ de profit** [o **des affaires**] geschäftstüchtig sein; ~ **de sacrifice** Opferbereitschaft f; **avoir l'~ d'à-propos** [o **de repartie**]/**de clocher/de détail/de système** schlagfertig/lokalpatriotisch [o engstirnig pej]/peinlich genau/systematisch sein; **avoir l'~ d'analyse/de synthèse** analytisch-/[klar und] strukturiert denken; **avoir l'~ d'initiative** Initiative besitzen [o entfalten]; **dans un ~ de conciliation** mit Versöhnungsabsichten; **agir dans un ~ désintéressé** uneigennützig handeln; **sans ~ partisan/de revanche** unparteiisch/ohne Racheabsichten

▶ **l'~ est fort** [o **prompt**], **mais la chair est faible** prov der Geist ist willig, aber das Fleisch ist schwach (prov); **les grands ~ s se rencontrent** fam zwei Seelen [und] ein Gedanke; **faire du mau-**

vais ~ (par des remarques) abfällige Bemerkungen machen; (par son comportement) sich destruktiv verhalten; **avoir l'~ mal tourné** eine schmutzige Phantasie haben; **perdre ses ~ s** die Besinnung verlieren; **reprendre** [o **retrouver**] **ses ~ s** (reprendre conscience) wieder zu sich [o zu Bewusstsein] kommen; (retrouver sa contenance) sich wieder fassen; **d'~** (de caractère) geistig; (spirituel) geistreich; **d'~, je le trouve un peu futile** ich finde ihn etwas oberflächlich; **rester jeune d'~** geistig jung bleiben

esprit-de-sel [ɛspʀidsɛl] m CHIM Salzsäure f

esprit-de-vin [ɛspʀidvɛ̃] m CHIM Weingeist m, Spiritus m

Esprit Saint v. **Saint-Esprit**

esquif [ɛskif] m littér Nachen m (liter), Schiffchen nt

esquille [ɛskij] f Knochensplitter m

esquimau [ɛskimo] <x> m ❶ **l'~** Eskimoisch nt, das Eskimoische; v. a. **allemand**

❷ GASTR Eis am Stiel mit Schokoladenüberzug

esquimau, esquimaude [ɛskimo, ɛskimod] <x> adj Eskimo-, eskimoisch; **le peuple ~** die Eskimos Pl; **les mœurs des ~ x** die Sitten der Eskimos; **chien ~** Eskimohund m

Esquimau, Esquimaude [ɛskimo, ɛskimod] m, f Eskimo m/Eskimofrau f

esquimautage [ɛskimotaʒ] m SPORT Eskimorolle f

esquintant(e) [ɛskɛ̃tɑ̃, ɑ̃t] adj fam [sehr] anstrengend, aufreibend

esquinté(e) [ɛskɛ̃te] adj fam personne kaputt (fam); chose ramponiert (fam), kaputt (fam)

esquinter [ɛskɛ̃te] <1> I. vt fam ❶ (abîmer) kaputtmachen (fam) chose; übel zurichten, vermöbeln (fam) personne; ramponieren (fam) voiture

❷ (critiquer) heruntermachen (fam), verreißen

❸ (épuiser) kaputtmachen (fam) personne; ruinieren santé

II. vpr fam **s'~** chose: kaputtgehen (fam); personne: sich kaputtmachen (fam), sich abrackern (fam); **s'~ les yeux** sich (Dat) die Augen verderben; **s'~ à faire qc** sich damit abplagen etw zu tun; **se faire ~** (se faire critiquer) heruntergemacht fam [o verrissen] werden

esquisse [ɛskis] f ❶ ART, IND Skizze f, Entwurf m; LITTER, MUS Entwurf m; **dessiner une ~ de qc** eine Skizze [o einen Entwurf] von etw anfertigen, etw skizzieren

❷ (amorce) d'un geste, sourire, d'une réponse Andeutung f; **il n'éprouvait même pas l'~ d'un regret** er verspürte auch nicht die leiseste Spur von Reue

❸ (présentation rapide) Abriss m, Überblick m; **faire une ~ de la situation actuelle** die jetzige Situation kurz skizzieren

esquisser [ɛskise] <1> I. vt ❶ ART skizzieren

❷ (amorcer) andeuten sourire; **ne pas ~ un geste pour aider qn** keine Anstalten machen jdm zu helfen

❸ (présenter rapidement) skizzieren

II. vpr **s'~** silhouette, solution: sich abzeichnen; **s'~ sur le visage de qn** sourire: über jds Gesicht (Akk) huschen

esquive [ɛskiv] f Ausweichen nt; **avoir une bonne ~** boxeur: geschickt ausweichen; **tu as vraiment l'art de l'~** fig du verstehst dich wirklich auf Ausweichmanöver

esquiver [ɛskive] <1> I. vt (éviter) ~ **qn/qc** jdm/einer S. [geschickt] ausweichen [o aus dem Weg gehen]

II. vpr **s'~** sich wegstehlen, sich entziehen

essai [esɛ] m ❶ gén pl (test) Versuch m, Probe f; **d'un appareil** Test m; **d'un programme** Probelauf m; ~ **des matériaux** Werkstoffprüfung f; ~ **de mise en service** Probebetrieb m; ~ **de programme** Programmprüfung f; ~ **en vol** Flugtest; ~ **s nucléaires** Atom[waffen]tests; **stade des ~ s** Versuchsstadium nt; **faire l'~ de qc** etw ausprobieren; **faire l'~ d'une voiture** eine Probefahrt [mit einem Auto] machen; **à l'~** auf Probe; **mettre qn à l'~** jdn auf die Probe stellen

❷ MED, PHARM, PSYCH Versuch m; d'un médicament Test m; ~ **en** [**simple**] **aveugle** Blindversuch; ~ **en double aveugle** Doppelblindversuch m

❸ (tentative) Versuch m; ~ **manqué** d'un sportif Fehlversuch; **faire un ~** einen Versuch machen; **faire des ~ s de peinture** sich im Malen versuchen; **ne pas en être à son premier ~** das nicht das erste Mal [o zum ersten Mal] machen

❹ RUGBY Versuch m; **marquer/transformer un ~** einen Versuch erzielen [o legen]/verwandeln

❺ (tour de piste) Trainingsrunde f

❻ LITTER Essay m ou nt

▶ **transformer l'~ qu'on vient de marquer** aus dem Erfolg, den man errungen hat, Kapital schlagen; aus seinem Erfolg etwas machen

essaim [esɛ̃] m Schwarm m; ~ **d'abeilles/de moustiques** Bienen-/Mückenschwarm; **arriver par ~ s** abeilles, guêpes: schwarmweise auftreten; **un ~ d'enfants** ein Schwarm [o eine Schar] Kinder

essaimage [esɛmaʒ] m d'abeilles [Aus]schwärmen nt; (prolifération) Ausbreitung f

essaimer [eseme] <1> *vi abeilles:* schwärmen; *fig famille:* sich verteilen, ausschwärmen; *entreprise:* Niederlassungen gründen
essayage [esɛjaʒ] *m* Anprobe *f*, Anprobieren *nt*; **cabine/salon d'~** Umkleidekabine *f*/-raum *m*
essayer [eseje] <7> I. *vt* ❶ *(tester)* [an]probieren *chaussures, vêtement;* [aus]probieren, versuchen *nourriture, médicament, méthode;* ausprobieren *boucher, coiffeur;* **~ une voiture** mit einem Auto eine Probefahrt machen; **~ un médicament sur qn/une souris** an jdm/einer Maus ein Medikament testen [*o* ausprobieren]; **~ les freins** eine Bremsprobe machen
❷ *(tenter)* **~ qc** es mit etw versuchen, etw versuchen; **j'ai absolument tout essayé** ich habe einfach alles probiert, ich habe nichts unversucht gelassen
II. *vi* versuchen; **ça ne coûte rien d'~** ein Versuch [*o* probieren] kostet nichts; **~ de se concentrer** versuchen sich zu konzentrieren
III. *vpr* **s'~ à une chose/activité** sich an einer Sache/in einer Tätigkeit versuchen; **s'~ à faire qc** sich darin versuchen etw zu tun
essayeur, -euse [esejœʀ, -jøz] *m, f de monnaie* Prüfer(in) *m(f); (pour différents tests)* Tester(in) *m(f);* **~(-euse) de vêtements** Verkäufer, der/Verkäuferin, die den Kunden bei der Anprobe in ein Kleidungsstück hilft
essayiste [esejist] *mf* Essayist(in) *m(f)*
esse [ɛs] *f* ❶ MUS *d'un violon* Schallloch bei Violinen in der Form eines S
❷ TECH *d'un essieu* Splint *m*
ESSEC [esɛk] *f abr de* École supérieure des sciences économiques et commerciales Hochschule für das Studium von Wirtschaft und Handel
essence [esɑ̃s] *f* ❶ *(carburant)* Benzin *nt;* **~ avec plomb** Bleibenzin, verbleites Benzin; **~ non raffinée** Rohbenzin; **~ ordinaire** Normalbenzin; **~ verte** Biokraftstoff *m;* **prendre de l'~** tanken; **tondeuse à ~** Motorrasenmäher *m*
❷ *(nature profonde)* Wesentliche(s) *nt*, Essenz *f (geh);* **l'~ du livre** der Kern des Buches; **se croire d'une ~ supérieure** *form* sich für etwas Besseres halten; **par ~** wesensgemäß, per definitionem *(geh)*
❸ *(espèce) d'un arbre* Art *f;* **~s à feuilles** Laubbäume *Pl*, Laubhölzer *Pl;* **~s résineuses** Nadelbäume, Nadelhölzer
❹ *(extrait)* Essenz *f;* **~ de bouleau** Birkenwasser *nt;* **~ de café** Kaffeearoma *nt;* **~ de camomille/de citron** Kamillen-/Zitronenöl *nt;* **~ de lavande/de néroli** Lavendel-/Orangenblütenöl *nt;* **~ de térébenthine** Terpentinöl
essentiel [esɑ̃sjɛl] *m* ❶ *(le plus important)* **l'~** das Wesentliche; **pour l'~** im Wesentlichen; **tu es en bonne santé? C'est l'~** du bist gesund? Das ist die Hauptsache; **l'~ est que vous me répondiez** das Wichtigste [*o* entscheidend] ist, dass Sie mir antworten, **aller à l'~** zum Kern der Sache [*o* zur Sache] kommen; **elle manque de l'~** ihr fehlt das Nötigste [*o* es am Nötigsten]
❷ *(la plus grande partie)* **l'~ de qc** der Großteil [*o* das Gros] einer S. *(Gen);* **il passe l'~ du temps à se plaindre** er verbringt die meiste Zeit damit sich zu beklagen
essentiel(le) [esɑ̃sjɛl] *adj* ❶ *(capital)* wesentlich, [äußerst] wichtig, essenziell *(geh); changement* grundlegend; **~(le) dans un contrat** JUR vertragswesentlich; **dégager les idées ~les** die Grundgedanken herausarbeiten
❷ *(indispensable)* **être ~(le) à** [*o* pour] **qc/pour faire qc** unentbehrlich für etw sein/unentbehrlich sein um etw zu tun; *précaution, démarche:* unverzichtbar für etw sein/unverzichtbar sein um etw zu tun; **~(le) à la vie** lebensnotwendig, lebenswichtig; **une qualité ~le à tout acteur** eine unabdingbare Fähigkeit eines jeden Schauspielers; eine Fähigkeit, auf die kein Schauspieler verzichten kann
❸ PHILOS essenziell
essentiellement [esɑ̃sjɛlmɑ̃] *adv* ❶ im Wesentlichen, in erster Linie
❷ PHILOS *(par essence)* wesensmäßig
esseulé(e) [esœle] *adj littér personne* einsam und verlassen, verloren
essieu [esjø] <x> *m* [Rad]achse *f;* **~ avant/arrière** Vorder-/Hinter[rad]achse; **véhicule à quatre ~x** vierachsiges Fahrzeug, Vierachser *m;* **~ rigide** Starrachse *f;* **rupture d'~** Achsbruch *m*
essor [esɔʀ] *m* ❶ *(développement)* Aufschwung *m; d'un art, d'une civilisation* Aufblühen *nt;* **être en plein ~** einen Aufschwung erleben; *ville:* expandieren, aufstreben; **connaître un ~** einen Aufschwung erleben; **connaître un nouvel ~** *cinéma:* sich neuer Beliebtheit erfreuen; **~ des affaires** geschäftlicher Aufschwung; **~ de la conjoncture [économique]** konjunktureller Aufschwung; **~ de l'économie** [*o* **de l'activité économique**] Wirtschaftsbelebung *f*, Wirtschaftsaufschwung, Konjunkturauftrieb *m*
❷ *(envol) d'un oiseau* Emporfliegen *nt (liter)*
▶ **prendre son ~** aufblühen; *industrie, secteur, entreprise:* expandieren; *oiseau:* sich in die Lüfte [auf]schwingen *(liter)*
essorage [esɔʀaʒ] *m* Schleudern *nt;* **plusieurs ~s successifs** mehrere Schleudergänge
essorer [esɔʀe] <1> I. *vt* schleudern *linge, salade; (à la main)* auswringen *linge;* trocknen *salade*
II. *vi* schleudern; *(à la main)* auswringen
III. *vpr littér* **s'~** *oiseau:* sich aufschwingen *(liter)*
essoreuse [esɔʀøz] *f (à linge)* [Wäsche]schleuder *f*, [Trocken]schleuder *f; (à salade)* [Salat]schleuder
essoufflement [esuflǝmɑ̃] *m* Atemlosigkeit *f; (dégradation) de la bourse, des affaires* Abflauen *nt;* **être dans un tel état d'~ que** derart außer Atem sein, dass
essouffler [esufle] <1> I. *vt* außer Atem bringen; **~ qn/un animal** *effort, course:* jdm/einem Tier den Atem rauben [*o* nehmen]; **être complètement essoufflé(e)** völlig außer Atem sein
II. *vpr* **s'~ à faire qc** außer Atem kommen, wenn man etw tut; *fig* bei etw nicht mehr mithalten können
essuie-glace [esɥiglas] <~> *m inv* Scheibenwischer *m* **essuie--mains** [esɥimɛ̃] *m inv* Handtuch *nt* **essuie-pieds** [esɥipje] *m inv* Fußabtreter *m* **essuie-tout** [esɥitu] *m inv* Küchentuch *nt* **essuie-verres** [esɥivɛʀ] *m inv* Gläserschrank *nt*, dünnes Geschirrtuch
essuyage [esɥijaʒ] *m de la vaisselle* Abtrocknen *nt; des meubles* Abwischen *nt*, Abstauben *nt*
essuyer [esɥije] <6> I. *vt* ❶ *(sécher)* abtrocknen, trockenwischen; abwischen, trocknen *(geh) larmes;* **~ qc à la peau de chamois** etw trockenledern; **~ qc avec précaution** etw trockentupfen
❷ *(éponger)* wegwischen; aufwischen *de l'eau par terre*
❸ *(nettoyer)* abstauben, abwischen *meubles;* abputzen *chaussures*
❹ *(subir)* erleiden *échec, perte, honte;* hinnehmen [*o* einstecken] müssen *insultes, reproches, coups;* bekommen *refus:* abbekommen *tempête, coup de feu*
II. *vpr* **s'~** ❶ *(se sécher)* sich abtrocknen; **s'~ les mains** sich *(Dat)* die Hände abtrocknen
❷ *(se nettoyer)* **s'~ les pieds** sich *(Dat)* die Füße abputzen
est [ɛst] I. *m sans pl* Osten *m;* **l'~ /l'Est** der Osten; **l'autoroute de l'Est** die Autobahn ins Osten; **les régions de l'~** die östlichen Gebiete, die Gebiete im Osten, der Osten; **les gens de l'Est** die Leute aus dem Osten; **l'Europe de l'Est** Osteuropa *nt;* **les pays de l'Est** die Staaten Osteuropas, die osteuropäischen Staaten; **le bloc de l'Est** der Ostblock; **le conflit entre l'Est et l'Ouest** der Ost-West-Konflikt; **à l'~** *(vers le point cardinal)* nach Osten, in östliche Richtung; *(dans/vers la région)* im/an den Osten; **à l'~ de qc** östlich von etw [*o* einer S.] *(Gen);* **dans l'~ de** im Osten von; **vers l'~** nach Osten, in östliche Richtung; **d'~ en ouest** von Ost[en] nach West[en]; **vent d'~** Ostwind *m*
II. *adj inv* Ost-; *banlieue, longitude, partie* östlich
establishment [ɛstabliʃmɛnt] *m* Establishment *nt*
estafette [ɛstafɛt] *f* Melder *m*, Kurier *m*, Meldereiter *m (veraltet)*
estafilade [ɛstafilad] *f* Schnittwunde *f;* **se faire une ~ en se rasant** sich beim Rasieren schneiden
est-allemand(e) [ɛstalmɑ̃, ɑ̃d] *adj* ostdeutsch
estaminet [ɛstaminɛ] *m* NORD, BELG *(bistrot)* Kneipe *f*
estampage [ɛstɑ̃paʒ] *m* TECH Prägen *nt;* **être réalisé(e) par ~** *dessin:* [ein]geprägt sein
estampe [ɛstɑ̃p] *f* ❶ ART *(image)* Grafik *f*, Kunstblatt *nt; (sur métal)* Stich *m; (sur bois)* Holzschnitt *m; (sur pierre)* Lithographie *f*
❷ TECH Prägestempel *m;* ART Druckplatte *f*
estamper [ɛstɑ̃pe] <1> *vt* TECH prägen *cuir, métal, papier;* **~ le fond des futailles de vin avec des marques** Zeichen auf den Boden der Weinfässer einbrennen
estampeur, -euse [ɛstɑ̃pœʀ, -øz] *m, f* ❶ TECH Stanzer(in) *m(f)*, Präger(in) *m(f)*
❷ *fam (escroc)* Gauner(in) *m(f)*
estampille [ɛstɑ̃pij] *f* ❶ Stempel *m; (de douane)* Zollstempel *m*
❷ *(empreinte)* Stempel; **marquer qc de son ~** einer S. *(Dat)* seinen Stempel aufdrücken
estampiller [ɛstɑ̃pije] <1> *vt* mit einem Stempel versehen, abstempeln
ester[1] [ɛste] *vi seulement infin* JUR **capacité pour ~ en justice** Prozessfähigkeit *f;* **capable d'~ en justice** prozessfähig
ester[2] [ɛstɛʀ] *m* CHIM Ester *m*
estérase [ɛsteʀaz] *f* BIO, CHIM Esterase *f (Fachspr.)*
esthète [ɛstɛt] *mf* Ästhet(in) *m(f); péj* Ästhetizist(in) *m(f)*
esthéticien(ne) [ɛstetisjɛ̃, jɛn] *m(f)* Kosmetiker(in) *m(f)*
esthétique [ɛstetik] I. *adj* ❶ *(beau)* ästhetisch, schön
❷ *(relatif à la beauté)* ästhetisch, Ästhetik-; **n'avoir aucun sens ~** keinerlei Schönheitssinn [*o* ästhetisches Empfinden] haben
II. *f* ❶ *(beauté)* Schönheit *f*, Ästhetik *f*
❷ *(théorie)* Ästhetik *f*
▶ **industrielle** Industriedesign *nt*
esthétiquement [ɛstetikmɑ̃] *adv* ästhetisch; **~ parlant** ästhetisch gesehen
esthétisme [ɛstetism] *m* ❶ *(école)* Ästhetik *f*
❷ *péj* Ästhetizismus *m;* **un chef-d'œuvre d'~** ein ästhetizistisches

estime	
exprimer son estime	**Wertschätzung ausdrücken**
J'apprécie (beaucoup) votre engagement.	Ich schätze Ihren Einsatz (sehr)./Ich weiß Ihren Einsatz (sehr) zu schätzen.
Je trouve ça super/très bien comme il s'occupe des enfants.	Ich finde es super/sehr gut, wie er sich um die Kinder kümmert.
Je ne sais pas ce que nous ferions sans votre aide.	Ich wüsste nicht, was wir ohne Ihre Hilfe tun sollten.
louer, juger positivement	**loben, positiv bewerten**
Excellent !/Remarquable !	Ausgezeichnet!/Hervorragend!
Il y a de quoi être fier !	Das lässt sich (aber) sehen! *(fam)*
Je n'aurais pas pu faire mieux.	Das hätte ich nicht besser machen können.
Tu as fait du bon travail.	Das hast du gut gemacht.
Tu t'es très bien débrouillé(e). *(fam)*	Das hast du prima hingekriegt. *(fam)*

Meisterwerk
estimable [ɛstimabl] *adj* ❶ *(digne d'estime) personne* respektabel, achtenswert; *travail, scrupules* lobenswert
❷ *(assez bon, honnête) progrès, résultats* anständig
❸ *(évaluable)* schätzbar; **ne pas être ~** *préjudice:* unschätzbar sein
estimatif, -ive [ɛstimatif, -iv] *adj bilan, coûts* geschätzt, Schätz-; **devis ~** Kostenvoranschlag *m;* **état ~** Verzeichnis *nt* mit Wertangabe
estimation [ɛstimasjɔ̃] *f* ❶ *des dégâts, d'une mesure, valeur* Schätzung *f; d'une somme, durée* Veranschlagung *f; (de façon approximative)* grobe Schätzung *f;* **une première ~ des résultats électoraux** eine erste Hochrechnung der Wahlergebnisse; **faire une ~ de qc** etw schätzen; **faire une ~ rapide de qc** etw kurz überschlagen
❷ ECON Taxierung *f;* **~ brute** Rohschätzung *f;* **~ des besoins** Bedarfseinschätzung *f;* **~ d'une entreprise** Unternehmensbewertung *f;* **~ fondée sur des valeurs relevées antérieurement** Erfahrungswert *m*
◆ **~ d'experts** Experteneinschätzung *f;* **~ des pertes** Verluststellung *f*
estime [ɛstim] *f* [Hoch]achtung *f;* **digne d'~** achtenswert, schätzenswert; **l'~ de soi-même** die Selbstachtung; **avoir l'~ de qn** die Achtung von jdm genießen, von jdm geschätzt [*o* geachtet] werden; **avoir de l'~ pour qn** Achtung vor jdm haben, jdn achten [*o* schätzen]; **baisser** [*o* **descendre**]/**remonter** [*o* **grandir**] [*o* **croître**] **dans l'~ de qn** in jds Achtung *(Dat)* sinken/steigen; **inspirer l'~** Respekt einflößen; **tenir qn en grande** [*o* **haute**]/**piètre ~** jdn hoch/gering schätzen
estimer [ɛstime] <1> I. *vt* ❶ *(évaluer)* schätzen *dégâts, mesure, travaux, valeur;* beurteilen *résultat;* **être estimé(e) à cent euros/vingt morts** auf hundert Euro/zwanzig Tote geschätzt werden
❷ *(considérer)* **~ qc inutile** etw für unnötig halten [*o* erachten]; **~ normal de faire qc/que qn fasse qc** [es] für normal halten etw zu tun/, dass jd etw tut; **~ avoir le droit de donner son avis** glauben [*o* meinen] das Recht zu haben seine Meinung zu sagen; **ne pas ~ que qn fasse qc** nicht glauben [*o* meinen], dass jd etw tut
❸ *(respecter, priser)* **~ qn pour ses qualités humaines** jdn wegen seiner menschlichen Qualitäten achten [*o* schätzen]; **être estimé(e) de tous** von allen hoch geachtet [*o* allseits beliebt] sein; **savoir ~ un service à sa juste valeur** einen Gefallen gebührend zu schätzen wissen
II. *vpr* **s'~ trahi(e)** sich für verraten halten, sich verraten glauben; **s'~ heureux(-euse) d'avoir été sélectionné(e)** sich glücklich schätzen ausgewählt worden zu sein
estivage [ɛstivaʒ] *m* AGR *d'un troupeau* Almauftrieb *m,* Sömmern *nt* (DIAL)
estival(e) [ɛstival, o] <-aux> *adj chaleur* sommerlich; *mode, période* Sommer-; **temps ~** Sommerwetter *nt,* sommerliches Wetter; **le repos ~** die Sommerpause
estivant(e) [ɛstivɑ̃, ɑ̃t] *m(f)* Sommerurlauber(in) *m(f),* Sommergast *m,* Sommerfrischler(in) *m(f) (veraltend)*
estoc [ɛstɔk] *m* ▸ **frapper d'~ et de taille** sich mit allen Mitteln schlagen, mit vollem Einsatz kämpfen
estocade [ɛstɔkad] *f* Todesstoß *m;* **donner l'~ à qn** *fig/un animal* jdm *fig/*einem Tier den Todesstoß versetzen
estomac [ɛstɔma] *m* Magen *m;* **avoir mal à l'~** Magenschmerzen haben; **donner un coup à l'~ à qn** jdm einen Schlag in die Magengegend versetzen
▸ **il a l'~ dans les talons** ihm hängt der Magen in den Kniekehlen *(fam);* **avoir de l'~**/**ne pas avoir d'~** sich was/nichts trauen; **caler l'~ à qn** jdn sättigen [*o* satt machen]; **avoir l'~ calé** satt sein; **creuser l'~ à qn** jdn hungrig machen; **il manque**/**ne manque pas d'~** *fam* ihm fehlt es an Courage [*o* er hat keinen Mumm *fam*]/er ist ganz schön dreist; **avoir l'~ noué** ein flaues Gefühl im Magen haben; **ouvrir l'~ à qn** jdm Appetit machen; **peser** [*o* **rester** *fam*] **sur l'~ à qn** jdm schwer im Magen liegen; **cela me tourne l'~** da dreht sich mir der Magen um
estomaqué(e) [ɛstɔmake] *adj fam* platt, baff *(fam)*
estomaquer [ɛstɔmake] <1> *vt fam* verblüffen; **j'en suis tout(e) estomaqué(e)** da bin ich ganz baff [*o* platt] *(fam)*
estompe [ɛstɔ̃p] *f* Wischer *m*
estompé(e) [ɛstɔ̃pe] *adj contours, image* verschwommen, unscharf; *couleur, teinte* zart
estomper [ɛstɔ̃pe] <1> I. *vt* verschwommen [*o* unscharf] erscheinen lassen, verwischen *contours, dessin;* überdecken, kaschieren *rides; (affaiblir)* mildern; lindern *chagrin;* verblassen lassen *souvenirs;* **~ les défauts sur une photo** die Fehler auf einem Foto leicht retuschieren
II. *vpr* **s'~** *rivages, montagnes:* verschwimmen; *mémoire, souvenirs, image:* verblassen; *tristesse, colère:* vergehen, sich legen
Estonie [ɛstɔni] *f* l'~ Estland *nt*
estonien [ɛstɔnjɛ̃] *m* l'~ Estnisch *nt,* das Estnische
estonien(ne) [ɛstɔnjɛ̃, jɛn] *adj* estländisch, estnisch
Estonien(ne) [ɛstɔnjɛ̃, jɛn] *m(f)* Estländer(in) *m(f),* Este *m/*Estin *f*
estouffade [ɛstufad] *f* Schmorbraten *m;* **~ de bœuf** Rinderschmorbraten *m*
estourbir [ɛsturbir] <8> *vt fam (assommer)* betäuben; *(tuer)* abmurksen *(fam);* **être estourbi(e)** niedergeschlagen sein; **être tout(e) ~(e)** ganz benommen sein
estrade [ɛstrad] *f* Podium *nt; (à l'université)* Katheder *nt; d'un orchestre* Bühne *f*
estragon [ɛstragɔ̃] *m* Estragon *m*
estropié(e) [ɛstrɔpje] I. *adj* verkrüppelt
II. *m(f)* Krüppel *m*
estropier [ɛstrɔpje] <1a> I. *vt* zum Krüppel machen; verstümmeln *langue, nom*
II. *vpr* **s'~** zum Krüppel werden
estuaire [ɛstɥɛr] *m* Mündung *f;* **~ en forme d'entonnoir** Trichtermündung *f*
estudiantin(e) [ɛstydjɑ̃tɛ̃, in] *adj* studentisch; *vie* Studenten-
esturgeon [ɛstyrʒɔ̃] *m* Stör *m*
et [e] *conj* ❶ *(relie des termes, des propositions)* und
❷ *(plus)* und, plus
❸ *(dans des indications d'heures)* nach; **à quatre heures ~ demie** um halb fünf
❹ *(aussi bien ... que)* **~ son mari ~ son amant...** sowohl ihr Mann als auch ihr Freund ...
❺ *(et qui plus est)* und zwar
❻ *soutenu (en début de phrase)* und; **~ le public d'applaudir** daraufhin applaudierte das Publikum
étable [etabl] *f* Stall *m*
établi [etabli] *m d'un menuisier* Hobelbank *f; d'un serrurier, forgeron* Werkbank *f*
établi(e) [etabli] *adj* ❶ *ordre* allgemein gültig; *réputation* allgemein anerkannt; *vérité, fait* allgemein bekannt; **c'est un usage bien ~** dies ist allgemein üblich

② CH *(installé)* niedergelassen (CH)
établir [etabliʀ] <8> I. *vt* ❶ aufbauen *usine;* einrichten *centre de vacances;* aufschlagen *quartier général;* legen *ligne téléphonique;* **~ son domicile à Paris** seinen Wohnsitz in Paris aufschlagen
❷ *(instituer)* einführen *coutume, impôt;* einrichten *liaison aérienne, téléphonique;* aufnehmen *relations*
❸ *(mettre en place)* errichten *barrage, domination;* begründen *pouvoir*
❹ *(dans un emploi, un état)* ~ **qn à un poste** jdm eine Stelle verschaffen; **tous mes enfants sont établis** meine Kinder sind alle versorgt
❺ *(fonder)* ~ **une fortune/réputation sur qc** ein Vermögen/einen Ruf auf etw *(Akk)* gründen; ~ **une démonstration sur qc** einen Beweis auf etw *(Akk)* stützen
❻ *(fixer)* aufstellen, zusammenstellen *liste;* ausarbeiten *emploi du temps, plan;* festsetzen, festlegen *prix*
❼ *(rédiger)* aufsetzen *contrat;* ausstellen *facture, chèque, certificat, passeport, accréditif;* aufnehmen *constat*
❽ *(faire)* anstellen *comparaison;* herstellen *rapport, relation*
❾ *(déterminer)* ermitteln *circonstances;* feststellen *identité*
❿ *(prouver)* nachweisen *participation à qc, culpabilité;* beweisen *innocence;* **le rapport établit que** aus dem Bericht geht hervor, dass; **l'autopsie a établi que** die Autopsie hat ergeben, dass; **il est établi que qn fait qc** es steht fest, dass jd etw tut; es ist sicher [*o* bewiesen], dass jd etw tut
⓫ SPORT aufstellen *record*
II. *vpr* **s'~** ❶ *(s'installer)* sich niederlassen; *colonisateur:* sich ansiedeln
❷ *(professionnellement)* sich niederlassen; **s'~ à son compte** sich selb[st]ständig machen; **s'~ boulanger** eine eigene Bäckerei aufmachen
❸ *(s'instaurer) usage:* sich einbürgern; *relations:* sich entwickeln; *régime:* sich etablieren; **le silence s'établit/s'établit de nouveau** es wird still/es kehrt wieder Ruhe ein
❹ *(se rendre indépendant)* sich etablieren; **tous ses enfants se sont établis** alle seine/ihre Kinder sind etwas geworden
établissement¹ [etablismã] *m* ❶ *(fait d'installer)* d'un camp Errichtung *f;* d'une usine, entreprise Gründung *f,* Errichtung *f;* d'une centrale nucléaire, ligne de chemin de fer Bau *m*
❷ *(fait de s'installer)* Niederlassung *f;* d'un colonisateur Ansied[e]lung *f*
❸ *(instauration)* d'un impôt Einführung *f;* de relations Aufnahme *f;* d'une liaison aérienne Einrichtung *f*
❹ *(mise en place)* d'un régime politique, de barrages de police Errichtung *f;* d'un pouvoir Begründung *f*
❺ *(dans une fonction)* Bestellung *f*
❻ *(élaboration, réalisation)* Aufstellung *f;* d'une liste Zusammenstellung *f,* Aufstellung *f;* INFORM Anlegen *nt;* d'un emploi du temps, plan Ausarbeitung *f;* d'un prix Festsetzung *f;* d'un record Aufstellung *f;* **~ d'un/du bilan** Bilanzierung *f,* Bilanzaufstellung *f;* **~ du bilan de l'exercice** Aufstellung des Jahresabschlusses; **~ du budget** Budgetierung *f;* **~ des prix** Preisgestaltung *f;* **~ du prix de revient** Kostenpreisbildung *f*
❼ *(rédaction)* d'un devis, certificat, passeport Ausstellung *f;* d'un constat Aufnahme *f;* **~ d'un/du contrat** Vertragsgestaltung *f*
❽ *(constatation)* d'un fait Feststellung *f,* Ermittlung *f;* **effet d'~ de la matérialité des faits** JUR, FIN Feststellungswirkung *f (Fachspr.)*
◆ **~ de crédit** Kreditbank *f;* **~ de cure** Kureinrichtung *f;* **~ des frais** Kostenaufstellung *f*
établissement² [etablismã] *m (institution)* Einrichtung *f,* Anstal: *f; (hôtel)* Haus *nt;* d'une banque, société Niederlassung *f;* **aux ~s Gary** bei [der Firma] Gary; **~ de commerce extérieur** Außenhandelsniederlassung *f;* **~ bancaire** Bankinstitut *nt;* **~ fiduciaire chargé de la gestion du patrimoine industriel** Treuhandanstalt; **~ principal** Hauptniederlassung; **~ secondaire** d'une entreprise Nebenbetrieb *m;* **~ scolaire** Lehranstalt, Schulanstalt; **~ thermal** Kurhaus *nt*
◆ **~ de crédit** Kreditanstalt *f;* **~ d'enseignement** Lehranstalt *f,* Ausbildungsstätte *f;* **~ d'enseignement secondaire** Oberschule *f,* ≈ weiterführende Schule; **~ d'enseignement supérieur** Hochschule *f;* **~ de production** Fertigungsbetrieb *m*
étage [etaʒ] *m* ❶ d'une maison Stockwerk *nt,* Etage *f,* Stock *m;* d'une tour Plattform *f;* **immeuble de** [*o* à] **deux/cinq ~s** zwei-/fünfstöckiges Gebäude, zwei-/fünfgeschossiges Gebäude; **maison à** [*o* **de**] **plusieurs ~s** mehrstöckiges [*o* mehrgeschossiges] Haus; **avoir quatre ~s** vierstöckig sein; **fusée à** [*o* **de**] **plusieurs ~s** mehrstufige Rakete; **à l'~** oben, in der ersten Etage; **à l'~ dessus/dessous** einen Stock [*o* eine Treppe] höher/tiefer; **~ de la direction** Vorstandsetage
❷ *d'une fusée* Stufe *f*
▶ **de bas ~** *gens, plaisanterie* mit niedrigem Niveau, primitiv; **~ supérieur** Vorstandsetage *f*

étagement [etaʒmã] *m* Abstufung *f;* des vignes Terrassierung *f*
étager [etaʒe] <2a> I. *vt* auftürmen, aufbauen *objets*
II. *vpr* **s'~** *objets:* aufgetürmt [*o* aufgebaut] sein; *vignes, jardins:* in Terrassen [*o* terrassenförmig] angelegt sein; *maisons:* in Stufen [*o* stufenförmig] gebaut sein
étagère [etaʒɛʀ] *f* ❶ *(tablette)* [Regal]brett *nt;* **~ à épices** Gewürzregal *nt*
❷ *(meuble)* Regal *nt; (étagères occupant tout un mur)* Regalwand *f;* **~ en métal** Metallregal; **~ murale** Wandbord *nt*
étai [etɛ] *m* Stützbalken *m*
étaiement *v.* **étayage**
étain [etɛ̃] *m* Zinn *nt;* **bougeoir/cruche en ~** Zinnleuchter *m/*-krug *m;* **alliage en ~** Zinnlegierung *f*
étal [etal] <s> *m* ❶ *(dans un marché)* Marktstand *m,* Verkaufstisch *m;* **~ de fruits** Obststand
❷ *(dans une boucherie)* Hackbank *f*
étalage [etalaʒ] *m* ❶ COM *(action)* Ausstellen *nt,* Auslegen *nt*
❷ *(devanture)* Auslage *f,* Schaufenster *nt; (en tant que surface)* Auslagefläche *f; (tréteaux)* Stand *m;* **~ de marchandises** Warenauslage
❸ *(déploiement)* Zurschaustellung *f;* **faire ~ de qc** etw zur Schau stellen
étalagiste [etalaʒist] *mf* [Schaufenster]dekorateur(in) *m(f)*
étalement [etalmã] *m* ❶ *(action d'étaler)* de papiers Ausbreiten *nt*
❷ *(échelonnement)* d'une opération, d'un paiement Aufteilen *nt;* des horaires Verteilen *nt,* Entzerrung *f*
◆ **~ des vacances** zeitliche Staffelung der Ferientermine
étaler [etale] <1> I. *vt* ❶ *(éparpiller)* ausbreiten; *(déployer)* auseinanderfalten *carte, journal;* ausrollen *tapis*
❷ *(exposer pour la vente)* auslegen
❸ *(étendre)* auftragen *peinture, pommade;* verteilen *gravier;* **~ du beurre sur du pain** Brot mit Butter bestreichen
❹ *(dans le temps)* verteilen, entzerren; **être étalé(e) dans le temps** *paiement, réforme:* sich über einen bestimmten Zeitraum erstrecken; **une augmentation de loyer étalée dans le temps** eine gestaffelte Mieterhöhung
❺ *(exhiber)* prahlen mit *connaissances;* zur Schau stellen *luxe;* **~ ses talents de spécialiste** *péj fam* den Fachmann heraushängen *(fam)*
❻ *fam (échouer)* **se faire ~ à un examen** bei einer Prüfung durchfallen
II. *vpr* **s'~** *(s'étendre)* **bien/mal s'~** *beurre:* sich gut/schlecht streichen lassen; *peinture:* sich gut/schlecht verarbeiten lassen; **crème/pommade qui s'étale bien** streichfähige Creme/Salbe
❷ *(dans l'espace)* **s'~** *plaine, ville:* sich ausbreiten, sich ausdehnen; **la publicité s'étale dans les journaux** die Werbung macht sich in den Zeitungen breit
❸ *(s'afficher)* **s'~** *inscription, nom:* prangen; *(s'exhiber) luxe:* zur Schau gestellt werden
❹ *(se vautrer)* **s'~** es sich *(Dat)* bequem machen
❺ *fam (tomber)* **s'~** auf die Nase fallen *(fam)*
❻ *(se temps)* **s'~ dans le temps** sich über einen bestimmten Zeitraum erstrecken
étalon¹ [etalɔ̃] *m (cheval)* Zuchthengst *m*
étalon² [etalɔ̃] *m (mesure)* Eichmaß *nt,* Richtmaß *nt,* Standard *m;* **le mètre ~** das Urmeter; **~ monétaire** Währungsstandard *m*
étalonnable [etalɔnabl] *adj* INFORM kalibrierbar
étalonnage [etalɔnaʒ] *m,* **étalonnement** [etalɔnmã] *m* ❶ Eichen *nt,* Eichung *f*
❷ INFORM Kalibrierung *f*
étalonner [etalɔne] <1> *vt* ❶ eichen
❷ INFORM kalibrieren
étalon-or [etalɔ̃ɔʀ] *m sans pl* Goldwährung *m*
étamage [etamaʒ] *m* d'un métal Verzinnen *nt,* Verzinnung *f;* d'une glace Belegung *f*
étambot [etãbo] *m* du gouvernail Achtersteven *m*
étamer [etame] <1> *vt* verzinnen *métal;* belegen *glace*
étameur [etamœʀ] *m* artisan **~** Zinngießer(in) *m(f)*
étamine [etamin] *f* ❶ BOT Staubblatt *nt,* Staubbeutel *m,* Staubgefäß *nt*
❷ *(tissu)* E[s]tamin *m o nt,* Etamine *f*
étanche [etãʃ] *adj* wasserdicht; *matériel, couche* wasserundurchlässig; *emballage* feuchtigkeitssicher
étanchéité [etãʃeite] *f* **vérifier l'~ de qc** überprüfen, ob etw wasserdicht ist; **améliorer l'~ de qc** etw besser gegen Wasser abdichten
étancher [etãʃe] <1> *vt* stillen *sang;* **~ sa soif** seinen Durst löschen
étançon [etãsɔ̃] *m* TECH Stützpfeiler *m*
étang [etã] *m* Teich *m;* **~ de pêche** Angelsee *m*
étape [etap] *f* ❶ *(trajet)* Etappe *f; (lieu d'arrêt)* Etappenziel *nt; (lieu de repos)* Rastplatz *m;* **faire ~** *voyageurs:* Station [*o* Halt] [*o* Pause] machen; **faire un trajet en une seule ~/en plusieurs ~s** auf einer Strecke keine/mehrere Pausen einlegen;

état [eta] *m* ❶ *(manière d'être) d'une personne, chose* Zustand *m; des recherches* Stand *m;* ~ **actuel** Ist-Zustand; ~ **de la circulation** Verkehrslage *f;* ~ **de choses** Lage der Dinge, Sachlage; ~ **du dossier** Aktenlage *f;* ~ **de la fortune** Vermögensverhältnisse *Pl;* ~ **de marche** Betriebsfähigkeit *f;* **bon** ~ **de marche** *d'un véhicule* Verkehrstüchtigkeit *f;* ~ **des routes** Straßenzustand, Straßenverhältnisse *Pl;* l'~ **du gros œuvre du château** der bauliche Zustand des Schlosses; **dans l'~ actuel des choses** beim gegenwärtigen Stand der Dinge; **l'~ de nos finances** unsere finanzielle Lage; ~ **mental/physique** geistige/körperliche Verfassung; ~ **d'épuisement/de veille** Erschöpfungs-/Wachzustand; **je vends la maison en l'~** ich verkaufe das Haus so, wie es ist; **être en ~** *stylo:* in Ordnung sein; *machine, appareil:* betriebsbereit [*o* in Ordnung] sein; *machine à écrire:* funktionstüchtig sein; *appartement, maison:* bezugsfertig sein; **en bon ~** *marchandise* in unbeschädigtem Zustand; **être en bon/mauvais ~** in gutem/schlechten Zustand sein, gut/nicht gut erhalten sein; **être en ~ de marche** *voiture, bicyclette:* fahren; *appareil, machine:* funktionieren; **être en ~ de faire qc** in der Lage sein etw zu tun; **être hors d'~ de faire qc** nicht in der Lage sein etw zu tun; **être dans un ~ de saleté inimaginable** unglaublich dreckig sein
❷ PHYS, CHIM [Aggregat]zustand *m;* **à l'~ brut** im Rohzustand; **substance à l'~ pur** reine Substanz
❸ HIST Stand *m;* ~**s généraux** Generalstände *Pl;* **tiers ~** dritter Stand
❹ *(liste) des recettes, dépenses* Verzeichnis *nt,* Aufstellung *f; des dépenses* Aufstellung *f;* ~ **détaillé** ECON Einzelaufstellung *f;* ~ **prévisionnel des coûts** Kostenübersicht *f;* ~ **des lois** Gesetzesverzeichnis
❺ JUR ~ **juridique des biens** Güterrechtsstatus *m (Fachspr.);* ~ **juridique du lieu de situation** Belegenheitsstatus *(Fachspr.)*
▶ **en tout ~ de cause** *(dans tous les cas)* unter allen Umständen; *(quoi qu'il en soit)* auf jeden Fall, auf alle Fälle; ~ **civil** Personenstand *m; (service)* Standesamt *nt;* **vérifier l'~ civil de qn** jds Personalien überprüfen; **ne pas être dans son ~ normal** nicht man selbst sein; **être dans un ~ second** nicht ganz bei sich [*o* da] sein *(fam);* **être dans tous ses ~s** *personne:* kopfstehen, in heller Aufregung sein; **faire ~ d'un document** auf ein Dokument Bezug nehmen; **les statistiques font ~ de...** die Statistiken verweisen auf ...; **ne te mets donc pas dans cet** [*o* dans un tel] ~ [*o* dans un ~ pareil]! reg dich doch nicht so auf!
◆ ~ **d'alerte** Alarmzustand *m,* Alarmbereitschaft *f;* ~ **d'âme** ❶ *pl (vie affective)* Seelenleben *nt* ❷ *pl (fait de se poser des questions)* Gewissen *nt* ❸ *(sentiment éprouvé)* Gemütszustand *m;* **avoir des ~s d'âme** *(se poser des questions)* Gefühle haben; *(être amoureux)* Liebeskummer haben; ~ **d'arrestation mettre qn en ~ d'arrestation** jdn verhaften [*o* festnehmen]; **être en ~ d'arrestation** verhaftet [*o* festgenommen] sein; ~ **d'attente** INFORM Wartezustand *m;* ~ **de choc** Schockzustand *m,* Schock *m* ▶ **être en ~ de choc** MED unter Schock stehen; *(être sous le coup de l'émotion)* schockiert sein; ~ **de connaissance** Erkenntnislage *f;* ~ **de consolidation** ECON Konsolidierungsbogen *m;* ~ **d'esprit** Einstellung *f;* ~ **de fait** JUR Tatbestand *m;* ~ **de frais** JUR Kostenbescheid *m;* ~ **de grâce** ❶ REL Stand *m* der Gnade ❷ POL Vorschusslorbeeren *Pl;* ~ **des lieux** *(action)* Wohnungsabnahme *f; (document)* Abnahmeprotokoll *nt;* ~ **du patrimoine** Vermögensbestand *m;* ~ **de santé** Gesundheitszustand *m;* ~ **de siège** Belagerungszustand *m;* ~ **d'urgence** Notstand *m;* ~ **des ventes** COM Absatzlage *f*

État [eta] *m* ❶ *(unité politique)* Staat *m;* ~ **contractant** Vertragsstaat *m;* ~ **national** Nationalstaat *m;* ~ **riverain** Anliegerstaat *m;* ~ **patron** der Staat als Arbeitgeber; **être un ~ dans l'~** einen Staat im Staat bilden; **les ~s membres de l'UE** die EU-Mitglied[s]staaten; **les ~s du Golfe** die Golfstaaten; **télévision d'~** Staatsfernsehen *nt;* **fric/pognon d'~** *fam* Staatsknete *f (sl)*
❷ *(système vu dans sa totalité)* Staatswesen *nt*
◆ ~ **de droit** Rechtsstaat *m;* ~ **de plusieurs droits** JUR Mehrrechtsstaat *m (Fachspr.)*

étatique [etatik] *adj dirigisme* Staats-
étatisation [etatizasjɔ̃] *f* Verstaatlichung *f*
étatiser [etatize] <1> *vt* verstaatlichen
étatisme [etatism] *m* Etatismus *m*
état-major [etamaʒɔʀ] <états-majors> *m* ❶ MIL *(personnes)* Generalstab *m; (bureaux)* Stabsquartier *nt,* Kommandozentrale *f;*

~ **de/du régiment** Regimentsstab *m;* **chef d'~ général** Generalstabschef *m*
❷ POL *d'un ministre* [Mitarbeiter]stab *m; d'un parti* Führungsspitze *f*
❸ ECON *d'une entreprise* [Führungs]stab *m;* ~ **de direction** Leitungsstab

État-providence [etapʀɔvidɑ̃s] *m sans pl* Wohlfahrtsstaat *m*
États-Unis [etazyni] *mpl* **les ~ d'Amérique** die Vereinigten Staaten von Amerika
étau [eto] <x> *m* Schraubstock *m*
▶ **être pris**(e) [comme] **dans un ~** in der Klemme stecken
étayage [etɛjaʒ] *m d'une façade, d'un plafond* Abstützung *f*
étayer [eteje] <7> *vt* ❶ *(soutenir)* [ab]stützen
❷ *(fonder)* ~ **un argument/raisonnement sur qc** ein Argument/eine Überlegung auf etw *(Akk)* stützen; **une suite d'affirmations que rien n'étaie** eine Reihe von Behauptungen, die durch nichts gestützt werden

etc [ɛtsetera] *abr de* **et cætera**, et cetera etc., usw.
et cætera, et cetera [ɛtsetera] *m inv* et cetera, und so weiter
été [ete] *m* Sommer *m;* **l'~...,...** im Sommer ...; **c'était l'~**, **nous étions en ~** es war Sommer; **il fait un temps d'~** es ist [ein richtiges] Sommerwetter; ~ **comme hiver** im Sommer wie im Winter, sommers wie winters
▶ ~ **indien** [*o* de la **Saint-Martin**] Altweibersommer *m,* Spätsommer

éteignoir [etɛɲwaʀ] *m* Kerzenlöscher *m; (dans une église)* Löschhütchen *nt*
éteindre [etɛ̃dʀ] <*irr*> I. *vt* ❶ ausmachen, ausschalten, ausmachen *lumière, lampe, télé;* abstellen *radio;* abdrehen *chauffage;* abschalten *four;* ausblasen *bougie;* löschen *feu, incendie;* ausdrücken *cigarette; (avec le pied)* austreten *cigarette*
❷ *(éteindre la lumière de)* ~ **la pièce/l'escalier** im Zimmer/auf der Treppe das Licht ausmachen
❸ JUR tilgen *dette*
II. *vi* das Licht ausmachen
III. *vpr* **s'~** ❶ *(cesser de brûler)* ausgehen
❷ *littér (mourir) personne:* entschlafen *(geh),* dahinscheiden *(euph geh), espèce, famille:* aussterben

éteint(e) [etɛ̃, ɛ̃t] I. *part passé de* **éteindre**
II. *adj* ❶ *bougie, cigarette, volcan* erloschen; **être éteint**(e) aus[gemacht] sein; *lampe, feux de voiture:* aus[geschaltet] sein; *chauffage:* abgedreht sein; *incendie:* gelöscht sein; **c'est éteint chez les voisins** bei den Nachbarn ist es dunkel
❷ *(terne) couleur* verblasst; *regard* matt, trübe; *voix* belegt; *personne* gebrochen
❸ *espèce, famille* ausgestorben

étendage *v.* **étendoir**
étendard [etɑ̃daʀ] *m* Standarte *f,* Fahne *f*
▶ **brandir** [*o* lever] **l'~ de la révolte** *soutenu* das Signal zum Aufstand geben

étendoir [etɑ̃dwaʀ] *m (séchoir)* Trockenplatz *m; (sur pied)* Wäscheständer *m*
étendre [etɑ̃dʀ] <14> I. *vt* ❶ *(coucher)* hinlegen
❷ *(poser à plat)* ausrollen *tapis;* ~ **une couverture sur qn** eine Decke über jdn ausbreiten; ~ **une carte/une nappe sur une table** eine Karte/eine Tischdecke auf einem Tisch ausbreiten
❸ *(étaler)* ausrollen *pâte;* streichen *beurre;* auftragen *peinture;* ~ **une pommade sur une plaie** Salbe auf eine Wunde auftragen
❹ *(répandre)* ~ **de la paille/du gravier sur le sol** Stroh/Kies auf den Boden streuen
❺ *(faire sécher)* aufhängen
❻ *(déployer)* ausstrecken *bras, jambes;* ausbreiten *ailes*
❼ *fam (faire tomber)* zu Boden strecken, niederstrecken; ~ **qn par terre** jdn niederstrecken
❽ *fam (coller à un examen)* durchrasseln lassen *(fam);* **se faire ~** durchrasseln *(fam)*
❾ *fam (se faire battre)* **se faire ~** eine Schlappe einstecken *(fam)*
❿ *(diluer)* verdünnen *vin, peinture;* ~ **une sauce de vin/d'eau** eine Soße mit Wein strecken/mit Wasser verdünnen
⓫ *(agrandir)* erweitern; vergrößern *cercle de relations, influence;* vertiefen *connaissances;* vermehren *fortune;* ausweiten *demande*
⓬ *(appliquer)* ~ **une protection à qn** einen Schutz auf jdn ausdehnen; ~ **des recherches à qc** Untersuchungen auf etw ausdehnen
⓭ INFORM erweitern
II. *vpr* ❶ *(se reposer)* **s'~** sich hinlegen; *(s'allonger)* sich ausstrecken
❷ *(s'appesantir)* **s'~ sur qc** sich über etw *(Akk)* auslassen
❸ *(occuper)* **s'~** sich erstrecken; **la forêt s'étend jusqu'au sommet** der Wald zieht sich bis zum Gipfel hinauf
❹ *(augmenter)* **s'~ sur qc** *épidémie, incendie:* um sich greifen, sich über etw *(Akk)* ausbreiten; *tache:* sich vergrößern; *ville, pouvoir:* wachsen; *connaissances, cercle:* sich erweitern; *ombre:* länger werden; *obscurité:* hereinbrechen
❺ *(s'appliquer)* **s'~ à qn/qc** für jdn/etw gelten, jdn/etw betreffen

étendu(e) [etɑ̃dy] I. *part passé de* **étendre**
II. *adj* ❶ *personne, jambes* ausgestreckt; *ailes* ausgebreitet
❷ *(diiué avec)* ~(e) d'eau mit Wasser verdünnt; **sauce ~e de bouillon** mit Brühe gestreckte Soße
❸ *(vaste)* ausgedehnt; *forêts* weit, ausgedehnt; *plaine, vue* weit; *ville* groß
❹ *(considérable) connaissances* umfangreich; *pouvoir* weit reichend; *signification* umfassend; *vocabulaire* reich; **pour une vue plus ~e** für einen allgemeineren Überblick

étendue [etɑ̃dy] *f* ❶ *(dimension) d'un pays, d'une forêt* Ausdehnung *f*
❷ *(espace)* Weite *f*; **de vastes ~s de prés** weite Weideflächen; **de vastes ~s de forêts** große Waldgebiete; **une immense ~ d'eau** eine riesige Wasserfläche; **sur toute l'~ du territoire** *(en parlant de la France)* in ganz Frankreich
❸ *(ampleur) d'une catastrophe* Ausmaß *nt*; *des dégâts* Umfang *m*, Ausmaß, **l'~ de ses connaissances** seine/ihre umfangreichen Kenntnisse [*o* umfassenden]; **accroître l'~ de ses pouvoirs** seinen Machtbereich weiter ausdehnen; **~ de la responsabilité** JUR Haftungsumfang *m*; **~ des pleins pouvoirs** JUR Vollmachtsumfang *(Fachspr.)*

éternel(le) [etɛʀnɛl] *adj* ❶ ewig; *regrets* tief; *recommencement* ständig; **tu auras droit à ma reconnaissance ~le** *hum* ich werde dir ewig dankbar sein
❷ *antéposé (inévitable)* unvermeidlich
❸ *antéposé péj (sempiternel)* ewig

Éternel [etɛʀnɛl] *m sans pl* **l'~** der Ewige, der ewige Gott

éternellement [etɛʀnɛlmɑ̃] *adv* ewig; *(depuis toujours)* schon immer; *(sans arrêt)* immer; *péj* ewig

éterniser [etɛʀnize] <1> I. *vt* ❶ *(faire traîner)* hinziehen, in die Länge ziehen
❷ *littér (immortaliser)* verewigen
II. *vpr* **s'~** ❶ *(traîner)* sich hinziehen, sich in die Länge ziehen
❷ *fam (s'attarder)* ewig bleiben *(fam)*; **s'~ sur un sujet** sich endlos über ein Thema auslassen

éternité [etɛʀnite] *f* Ewigkeit *f*; **il y a une ~ que j'ai lu ce livre** ich habe dieses Buch vor urewigen Zeiten gelesen; **il y a** [*o* **cela fait**] **une ~ que qn a fait qc** *fam* es ist schon eine Ewigkeit [*o* ewig] her, dass ich dieses Buch gelesen habe *(fam)*; **de toute ~** seit ewigen Zeiten

éternuement [etɛʀnymɑ̃] *m gén pl* Niesen *nt kein Pl*

éternuer [etɛʀnɥe] <1> *vi* niesen; **faire ~ qn** jdn zum Niesen bringen

étêter [etete] <1> *vt* kappen, stutzen *arbre*; **~ un clou** einem Nagel den Kopf abzwicken; **~ un poisson** einem Fisch den Kopf abschneiden

éthane [etan] *m* CHIM Äthan *nt*, Ethan *nt (Fachspr.)*
éthanol [etanɔl] *m* CHIM Äthanol *nt*, Ethanol *nt (Fachspr.)*
éther [etɛʀ] *m* CHIM Äther *m*, Ether *m (Fachspr.)*
éthéré(e) [eteʀe] *adj littér* ätherisch
Éthiopie [etjɔpi] *f* **l'~** Äthiopien *nt*
éthiopien [etjɔpjɛ̃] *m* **l'~** Äthiopisch *nt*, das Äthiopische; *v. a.* **allemand**
Éthiopien(ne) [etjɔpjɛ̃, jɛn] *adj* äthiopisch
Éthiopien(ne) [etjɔpjɛ̃, jɛn] *m(f)* Äthiopier(in) *m(f)*
éthique [etik] I. *adj* ethisch
II. *f* ❶ *sans pl (science)* Ethik *f*, Sittenlehre *f*; **~ économique** Wirtschaftsethik; **cours d'~** Ethikunterricht *m*; **comité consultatif national d'~** ≈ Ethikkommission *f*
❷ *(ouvrage)* **livre d'~** Ethik *f*, Sittenlehre *f*

ethniciser [ɛtnisize] <1> *vt* eine Volkszugehörigkeit [künstlich] herstellen

ethnie [ɛtni] *f* Volksstamm *m*
ethnique [ɛtnik] *adj* ethnisch
ethnographe [ɛtnɔgʀaf] *mf* Ethnograph(in) *m(f)*
ethnographie [ɛtnɔgʀafi] *f* Ethnographie *f*
ethnologie [ɛtnɔlɔʒi] *f* Völkerkunde *f*, Ethnologie *f*
ethnologique *adj* ethnologisch
ethnologue [ɛtnɔlɔg] *mf* Ethnologe *m*/Ethnologin *f*
éthologie [etɔlɔʒi] *f* PSYCH Verhaltensforschung *f*, Ethologie *f (Fachspr.)*
éthologiste [etɔlɔʒist] *mf*, **éthologue** [etɔlɔg] *mf* Ethologe *m*/Ethologin *f*
éthyle [etil] *m* CHIM Äthyl *nt*, Ethyl *nt*
éthylène [etilɛn] *m* CHIM Äthylen *nt*, Ethylen *nt*
éthylique [etilik] I. *adj* ❶ MED Alkohol-
❷ CHIM **alcool ~** Äthylalkohol *m*
II. *mf* Alkoholiker(in) *m(f)*
éthylisme [etilism] *m* Alkoholismus *m*
éthylomètre [etilɔmɛtʀ] *m*, **éthylotest** [etilɔtɛst] *m* ❶ *(appareil)* [Alkohol]röhrchen *nt*, Alkoholtestgerät *nt*
❷ *(test)* Alkoholtest *m*
étiage [etjaʒ] *m* Niedrigwasser *nt*

étincelant(e) [etɛ̃s(ə)lɑ̃, ɑ̃t] *adj* ❶ *(scintillant) robe* glitzernd; *pierres* funkelnd, glitzernd
❷ *(éclatant) couleurs* leuchtend
❸ *(brillant) regard* strahlend; *yeux (de joie)* leuchtend; *(de haine)* funkelnd, blitzend
❹ *(vif et spirituel) discours* mitreißend, spritzig; *style* brillant; **avoir une conversation ~e** sich brillant unterhalten

étinceler [etɛ̃s(ə)le] <3> *vi* ❶ *(à la lumière) sable, mer:* glitzern; *or, diamant:* funkeln, glitzern; *couteau, lame:* blitzen; *étoile:* blinken; *(de propreté) vaisselle, vitre:* blitzen
❷ *(lancer comme des étincelles)* **~ de joie/de haine** *yeux:* vor Freude strahlen/vor Hass blitzen
❸ *soutenu (briller par)* **~ d'esprit/de poésie** vor Geist/Poesie sprühen

étincelle [etɛ̃sɛl] *f* ❶ Funke[n] *m*; **faire des ~s chose:** Funken sprühen [*o* geben]; **faire [jaillir] des ~s avec qc** *personne:* Funken mit [*o* aus] etw schlagen
❷ *(lueur)* **des ~s s'allument dans les yeux de qn** jds Augen beginnen zu strahlen [*o* leuchten]; **ses yeux lançaient** [*o* **jetaient**] **des ~s** seine/ihre Augen blitzten vor Wut
❸ *(un petit peu de)* **une ~ de génie** ein Funken Genie; **une ~ d'intelligence** eine Spur Intelligenz
▸ **c'est l'~ qui a mis le feu aux poudres** das war der Funke im Pulverfass; **cela fait des ~s** *fam* es funkt [*o* knallt] *(fam)*; **faire/ne pas faire des ~s** *fam (obtenir de brillants résultats)* glänzen/nicht gerade glänzen *(fam)*

étincellement [etɛ̃sɛlmɑ̃] *m* Funkeln *nt*

étiolé(e) [etjɔle] *adj* kümmerlich; *plantes* [durch Lichtmangel] verkümmert; *personne* schmächtig

étiolement [etjɔlmɑ̃] *m d'une plante* Verkümmern *nt* [durch Lichtmangel]; *d'une personne* Saft- und Kraftlosigkeit *f*; *d'un esprit* Verkümmern *nt*

étioler [etjɔle] <1> I. *vt* verkümmern lassen *plantes*; schwächen *personne*
II. *vpr* **s'~** *plante:* [durch Lichtmangel] verkümmern; *personne:* immer kraftloser [*o* schwächer] werden; *esprit:* verkümmern

étiologie [etjɔlɔʒi] *f* MED Ätiologie *f (Fachspr.)*

étique [etik] *adj* abgemagert

étiquetage [etiktaʒ] *m* ❶ *(action)* Etikettierung *f*, Beschriftung *f*; **~ des produits alimentaires** Lebensmittelkennzeichnung *f*; **~ des produits textiles** Textilkennzeichnung
❷ *(information écrite)* Aufschrift *f*; **~ approximatif/fin** ECON Grob-/Feinauszeichnung *f (Fachspr.)*

étiqueter [etikte] <3> *vt* ❶ etikettieren; adressieren *colis*
❷ *(classer)* **~ qn comme qc** jdn als etw abstempeln

étiquette [etikɛt] *f* ❶ Etikett *nt*; **~** [**pour colis**] [Paket]aufkleber *m*; **~ de disquette** Diskettenaufkleber; **~ de prix** Preisschild *nt*; **~ adhésive** Adressaufkleber
❷ POL **se présenter sans ~** sich als Parteiloser zur Wahl stellen; **être candidat sous la même ~ que ...** für die gleiche Partei wie ... kandidieren
❸ *(protocole)* **l'~** die Etikette
❹ INFORM *(label)* Label *nt*
❺ *(qui marque et classe qn)* Etikettierung *f*
◆ **~ de réseau** Netiquette *f*

étirage [etiʀaʒ] *m d'un fils de fer* Ziehen *nt*; *de tôles* Strecken *nt*, Ausschmieden *nt*

étirer [etiʀe] <1> I. *vt* ❶ *(distendre)* strecken *peaux*; ausschmieden, strecken *tôles*; ziehen *verre, fils de fer*
❷ *(allonger)* [aus]strecken *membres*
II. *vpr* **s'~** ❶ *animal:* sich strecken; *personne:* sich recken, sich strecken
❷ sich dehnen; *textile:* sich ziehen, sich dehnen; *peloton:* sich auseinanderziehen

étoffe [etɔf] *f* Stoff *m*; **~ de coton/de lin** Baumwoll-/Leinenstoff *m*
▸ **avoir l'~ de qn/qc** das Zeug zu jdm/etw haben; **avoir de l'/manquer d'~** Format/kein Format haben

étoffé(e) [etɔfe] *adj* ❶ LITTER *style* reich, üppig; *personnage* herausgearbeitet, farbig; *devoir* gehaltvoll
❷ MUS *son, voix* klangvoll

étoffer [etɔfe] <1> I. *vt* LITTER ausbauen, ausschmücken *récit*; weiter ausbauen, inhaltlich reicher gestalten *devoir*; herausarbeiten *personnage*
II. *vpr* **s'~** *(devenir plus fort) sportif:* kräftiger werden; *adolescent:* Fleisch auf die Rippen bekommen *(fam)*; *(devenir plus gros)* zunehmen

étoile [etwal] *f* ❶ Stern *m*; **~ filante** Sternschnuppe *f*; **~ fixe** Fixstern; **~ fixe naine** Zwergstern; **~ géante** Riesenstern; **~ polaire** Nordstern
❷ *(objet, figure)* Stern *m*; **~ à cinq/six branches** Stern mit fünf/sechs Zacken, fünf-/sechszackiger Stern; **en ~** sternförmig
❸ *(distinction) d'un hôtel, général* Stern *m*; **un** [**restaurant**] **trois/**

cinq ~s ein Dreisterne-/Fünfsternerestaurant *nt*
④ *(vedette)* Star *m*
▶ coucher [*o* dormir] à la belle ~ im Freien [*o* unter freiem Himmel] schlafen; être né(e) sous une bonne/mauvaise ~ unter einem guten/keinem guten [*o* glücklichen/keinem glücklichen] Stern geboren sein; avoir foi [*o* être confiant(e)] en son ~ an seinen Stern glauben; l'~ de qn pâlit jds Stern sinkt, jds Stern ist im Sinken
◆ ~ du berger Abendstern *m*; ~ de mer Seestern *m*; ~ à neutrons Neutronenstern *m*
étoilé(e) [etwale] *adj* ① *vitre* [sternförmig] gesprungen
② *littér ciel* stern[en]übersät, Sternen-; *nuit* stern[en]klar
étoiler [etwale] <1> I. *vt* ① *(parsemer d'étoiles)* mit Sternen übersähen *ciel*
② *(fêler en forme d'étoiles)* sternförmig springen *vitre*
II. *vpr* s'~ *ciel*: sich mit Sternen bedecken
étole [etɔl] *f* Stola *f*; ~ de vison Nerzstola *f*
étonnamment [etɔnamɑ̃] *adv* ① *(de manière inattendue)* erstaunlicherweise
② *antéposé (singulièrement)* bien, petit erstaunlich
étonnant [etɔnɑ̃] *m* l'~ est que qn fasse qc das Erstaunliche [*o* Verwunderliche] daran ist, dass jd etw tut
étonnant(e) [etɔnɑ̃, ɑ̃t] *adj* ① *(surprenant)* erstaunlich, verwunderlich; c'est ~,... das ist aber merkwürdig [*o* komisch *fam*], ...; ce n'est pas ~ das ist kein Wunder; il n'y a rien d'~ à cela/à ce que qn fasse qc das ist nicht weiter verwunderlich/es ist nicht verwunderlich, dass jd etw tut
② *(remarquable) ouvrage, mémoire, spectacle* erstaunlich gut; *personne, maturité* erstaunlich
étonné(e) [etɔne] *adj* erstaunt; *personne* verwundert, erstaunt; être ~(e) sich wundern, erstaunt sein; faire l'~(e) erstaunt [*o* verwundert] tun; très ~ hocherstaunt; regarder qn d'un air très ~ jdn hocherstaunt ansehen
étonnement [etɔnmɑ̃] *m* Verwunderung *f*, Erstaunen *nt*
étonner [etɔne] <1> I. *vt* erstaunen; *chose:* [ver]wundern, erstaunen
II. *vpr* s'~ de qc sich über etw (Akk) wundern, über etw (Akk) erstaunt sein; s'~ que [*o* de ce que] qn fasse qc sich darüber wundern [*o* darüber erstaunt sein], dass jd etw tut
étouffant(e) [etufɑ̃, ɑ̃t] *adj* ① *(suffocant) chaleur* drückend, brütend; *air* stickig, schwül; la chaleur est devenue ~ e ici es ist zum Ersticken heiß hier
② *(pesant) atmosphère* bedrückend
étouffé(e) [etufe] *adj personne* erstickt; *bruit, son* gedämpft; *rires* unterdrückt, erstickt
étouffe-chrétien [etufkʀetjɛ̃] <étouffe-chrétiens> *m fam* Kleister *m (pej fam)*
étouffée [etufe] *f* ▶ cuire à l'~ dünsten; schmoren, dünsten *viande*
étouffement [etufmɑ̃] *m* ① *sans pl (mort)* Ersticken *nt*; mort par ~ Erstickungstod *m*
② *(gêne)* crise d'~ Erstickungsanfall *m*; cette sensation d'~ das Gefühl keine Luft mehr zu bekommen; mourir d'~/être mort(e) par ~ ersticken/erstickt sein; provoquer des ~s Atemnot hervorrufen
③ *sans pl (répression) d'une révolte* Ersticken *nt*, Unterdrückung *f*; *d'un scandale* Vertuschung *f*
étouffer [etufe] <1> I. *vt* ① *(priver d'air)* ersticken; un bonbon a failli ~ la gamine das Mädchen wäre beinahe an einem Bonbon erstickt; cette chaleur m'étouffe diese Hitze bringt mich um *(fam)*; la fureur étouffe qn die Wut schnürt jdm die Kehle zu; l'ambiance étouffe qn die Stimmung gibt jdm das Gefühl ersticken zu müssen
② *(empêcher de croître) liseron*: erdrücken
③ *(arrêter)* ersticken, löschen *feu*
④ *(atténuer)* dämpfen *bruit*
⑤ *(dissimuler)* unterdrücken *bâillement, soupir, sentiment*; ersticken *sanglot*; vertuschen, totschweigen *scandale, affaire*
⑥ *(faire taire)* aus der Welt schaffen *rumeur*; zum Schweigen bringen *opinion, opposition*
⑦ *(réprimer)* niederschlagen *révolte*; ~ un complot dans l'œuf einen Komplott im Keim ersticken
▶ ça t'étoufferait de dire merci/pardon *fam* dir könnte wohl ein Zacken aus der Krone brechen, wenn du dich bedanken/entschuldigen würdest *(fam)*; ce n'est pas la politesse qui l'étouffe *fam* er/sie zeichnet sich nicht gerade durch Höflichkeit aus; c'est pas les scrupules qui l'étouffent! der/die wird nicht gerade von Gewissensbissen geplagt!; c'est pas le sens de la famille qui l'étouffe! man kann ihn/sie nicht gerade als Familienmenschen bezeichnen!
II. *vi* ① *(mourir)* ersticken
② *(suffoquer)* keine Luft mehr bekommen; on étouffe ici! hier erstickt man ja!
III. *vpr* ① s'~ ersticken; *(manquer d'air) moteur*: abgewürgt werden
② *(se presser)* s'~ dicht beieinanderstehen
③ *(s'étrangler)* s'~ de rire sich vor Lachen nicht mehr halten können; s'~ de rage beinahe [*o* fast] vor Wut platzen
étouffoir [etufwaʀ] *m* ① *(récipient métallique)* Funkenlöscher *m*, Glutdämpfer *m*
② *fam (local mal aéré)* stickiges Lokal *nt*
③ MUS *du piano* Dämpfer *m*
étoupe [etup] *f* Werg *nt*, Hede *f* (NDEUTSCH)
étourderie [etuʀdəʀi] *f* ① *sans pl (caractère)* Unbesonnenheit *f*
② *(acte)* Leichtsinn *m*
étourdi(e) [etuʀdi] I. *adj* leichtsinnig
II. *m(f)* leichtsinniger Mensch
étourdiment [etuʀdimɑ̃] *adv* gedankenlos
étourdir [etuʀdiʀ] <8> I. *vt* ① *(assommer)* betäuben; ce choc à la tête l'a étourdi er war von dem Schlag auf den Kopf ganz benommen
② *(abrutir) bruit:* halb [*o* fast] taub machen; *mouvement:* ganz schwind[e]lig machen; *paroles:* ganz benommen machen
③ *(enivrer) parfum:* regelrecht betäuben, benebeln; le vin l'étourdit der Wein steigt ihr/ihm zu Kopf
II. *vpr* s'~ sich betäuben
étourdissant(e) [etuʀdisɑ̃, ɑ̃t] *adj bruit* [ohren]betäubend; *succès* überwältigend; *personne* umwerfend; *rythme* atemberaubend
étourdissement [etuʀdismɑ̃] *m* Schwindelgefühl *nt*, Schwindelanfall *m*; elle a [*o* elle est prise d'] un ~ ihr wird [es] schwind[e]lig; une odeur lui cause des ~s ihr/ihm wird von einem Geruch schwind[e]lig
étourneau [etuʀno] <x> *m* Star *m*
étrange [etʀɑ̃ʒ] *adj* seltsam, merkwürdig, komisch
étrangement [etʀɑ̃ʒmɑ̃] *adv* ① seltsam, merkwürdig, komisch
② *(beaucoup, très)* sehr
étranger [etʀɑ̃ʒe] *m* ① *(d'un autre pays)* Ausländer *m*
② *(d'une autre région, d'un autre groupe)* Fremde(r) *m*
③ *(pays)* l'~ das Ausland; nouvelles de l'~ Auslandsnachrichten *Pl*; voyage à l'~ Auslandsreise *f*; séjour à l'~ Auslandsaufenthalt *m*
étranger, -ère [etʀɑ̃ʒe, -ɛʀ] *adj* ① *(d'un autre pays)* ausländisch; *politique* Außen-; *affaires* auswärtig; *travailleur* Gast-; *langue, corps* Fremd-
② *(d'un autre groupe)* fremd; être ~(-ère) à la famille nicht zur Familie gehören; être ~(-ère) à l'Académie française nicht Mitglied der Académie française sein; ~(-ère) à l'entreprise/au consortium ECON unternehmens-/konsortialfremd
③ *(non familier)* fremd; *usage, notion, gens* unbekannt; nulle part cet enfant ne se sent ~ dieses Kind fühlt sich überall zu Hause
④ *(extérieur)* être ~(-ère) au sujet nicht zum Thema gehören, mit dem Thema nichts zu tun haben; être ~(-ère) à une affaire/un complot in eine Affäre/ein Komplott nicht verwickelt sein, mit einer Affäre/einem Komplott nichts zu tun haben; être ~(-ère) à une idée/l'art einer Idee/der Kunst fremd gegenüberstehen; ~ à la technique technikfeindlich
étrangère [etʀɑ̃ʒɛʀ] *f* ① *(d'un autre pays)* Ausländerin *f*
② *(d'une autre région, d'un autre groupe)* Fremde *f*
étrangeté [etʀɑ̃ʒte] *f sans pl (originalité)* Seltsamkeit *f*, Merkwürdigkeit *f*, Eigenartigkeit *f*
étranglé(e) [etʀɑ̃gle] *adj voix* erstickt; *son* gedämpft
étranglement [etʀɑ̃gləmɑ̃] *m* ① *(strangulation)* Erwürgen *nt*, Erdrosseln *nt*; la victime est morte par ~ das Opfer wurde erwürgt [*o* erdrosselt]
② *(resserrement)* Einschnürung *f*; *d'un tuyau, d'une vallée* Verengung *f*; ~ d'une rue Engpass *m* auf einer Straße
③ *de la voix* Versagen *nt*
étrangler [etʀɑ̃gle] <1> I. *vt* ① *(tuer)* erwürgen, erdrosseln; ~ un animal einem Tier den Hals umdrehen
② *(serrer le cou)* ~ cravate, col: jdm den Hals zuschnüren
③ *(empêcher qn de parler)* ~ qn *émotion, fureur:* jdm die Kehle zuschnüren
④ *(ruiner)* ~ qn jdm die Luft abdrehen *(fam)*
II. *vpr* ① s'~ avec qc sich mit etw strangulieren [*o* erdrosseln]
② *(en mangeant, en pleurant)* s'~ avec qc sich an etw *(Dat)* verschlucken
③ *(s'étouffer)* s'~ de rire vor Lachen fast keine Luft mehr bekommen; s'~ d'indignation vor Entrüstung kein Wort mehr herausbringen
④ *(manquer)* sa voix s'étrangle ihm/ihr versagt die Stimme
étrangleur, -euse [etʀɑ̃glœʀ, -øz] *m, f* Würger(in) *m(f)*
étrave [etʀav] *f* NAUT Steven *m*, Vordersteven *m*; *d'un paquebot* Atlantiksteven
être¹ [ɛtʀ] <*irr*> I. *vi* ① *(pour qualifier)* sein
② *(pour indiquer la date, la période)* le combien sommes-nous? den Wievielten haben wir heute?, der Wievielte ist heute?; quel jour sommes-nous? was für ein Tag ist heute?; nous sommes [*o* on est] le 2 mai es ist der [*o* wir haben den] 2. Mai; nous sommes [*o* on est] mercredi es ist [*o* wir haben] Mittwoch

③ *(pour indiquer le lieu)* sein; **le stylo est là, sur le bureau** der Kuli liegt da, auf dem Schreibtisch; **le vase est là, sur la table** die Vase steht da, auf dem Tisch; **les clés sont là, dans la serrure** die Schlüssel stecken da, im Schloss; **les clés sont là, au crochet** die Schlüssel hängen da, am Haken
④ *(appartenir)* ~ **à qn** jdm gehören
⑤ *(travailler)* ~ **dans l'enseignement/le textile** im Bildungswesen/in der Textilindustrie beschäftigt sein
⑥ *(pour indiquer l'activité en cours)* ~ **à la préparation d'un sermon** dabei sein eine Predigt vorzubereiten; ~ **toujours à faire qc** fortwährend [*o* andauernd] [*o* ständig] dabei sein etw zu tun; ~ **toujours à rouspéter** ständig am Meckern sein
⑦ *(pour exprimer une étape d'une évolution)* **où en es-tu de tes maths? – J'en suis au troisième problème** wie weit bist du mit deinen Matheaufgaben? – Ich bin bei der dritten Aufgabe; **en** ~ **à faire qc** gerade dabei sein, etw zu tun; *(en arriver à)* so weit gekommen sein, dass man etw tut; **j'en suis à me demander si ...** ich frage mich inzwischen, ob ...; **dis-moi ce qu'il en est de cette affaire?** sag mir, wie es mit dieser Sache steht [*o* aussieht]
⑧ *(être absorbé par, attentif à)* ~ **tout à son travail** sich ganz seiner Arbeit widmen; ~ **tout à ses pensées** ganz in Gedanken versunken sein; **ne pas** ~ **à ce qu'on fait** nicht [ganz] bei der Sache sein
⑨ *(pour exprimer l'obligation)* ~ **à faire** erledigt werden müssen; **ce livre est à lire absolument** dieses Buch muss man unbedingt lesen
⑩ *(provenir)* ~ **de qn** *enfant, œuvre:* von jdm sein; ~ **d'une région/famille** aus einer Region/einer Familie stammen [*o* kommen] [*o* sein]
⑪ *(participer à, faire partie de)* **en** ~ mitmachen; *hum (être homosexuel)* homosexuell sein
⑫ *(être vêtu/chaussé de)* ~ **en costume/pantoufles** einen Anzug/Pantoffeln tragen; ~ **tout en rouge** ganz in Rot [gekleidet] sein
⑬ *(perdre)* **en** ~ **pour une certaine somme** um eine gewisse Summe kommen; **en avoir été pour ses frais** [*o* **sa peine**] sich umsonst bemüht haben
⑭ *au passé (aller)* **avoir été faire/acheter qc** etw gemacht/gekauft haben
⑮ *(exister)* sein; **la voiture la plus économique qui soit** das sparsamste Auto, das es gibt
▶ **je suis à toi/vous tout de suite** ich stehe dir/Ihnen sofort zur Verfügung; **je n'y suis pour personne** ich bin für niemanden zu sprechen; ~ **pour quelque chose/beaucoup/rien dans qc** etwas/viel/nichts mit etw zu tun haben; **n'y** ~ **pour rien** nichts damit zu tun [*o* schaffen] haben; **y** ~ im Bilde sein *(fam)*, es [erraten] haben *(fam)*; **ça y est** *(c'est fini)* so; *(je comprends)* ach so; *(je te l'avais dit)* siehst du; *(pour calmer qn)* ja, ja; [ist] schon gut; **ça y est, voilà qu'il pleut!** jetzt haben wir die Bescherung, es regnet!; **ça y est?** *(alors)* was ist?, also?; **n'est-ce pas?** nicht wahr?, nicht?; **n'est-ce pas que qn fait qc?** *fam* jd tut etw, nicht wahr?
II. *vi impers* ① **il est impossible/étonnant...** es ist unmöglich/erstaunlich, ...
② *(pour indiquer l'heure)* **il est dix heures/midi/minuit** es ist zehn [Uhr]/zwölf Uhr mittags/Mitternacht
③ *soutenu (il y a)* **il est des gens qui...** gibt Leute, die ...; **est-il parmi vous quelqu'un qui...** ist unter Ihnen jemand, der ...; **c'est un bon ouvrier, s'il en est!** das ist ein Arbeiter, wie er im Buche steht! *(fam)*; **connaisseur s'il en est** ein wahrer Kenner; *v. a.* **ce**
III. *aux* ① *(comme auxiliaire du passé actif)* ~ **venu(e)** gekommen sein; **s'~ rencontré(e)s** sich getroffen haben
② *(comme auxiliaire du passif)* **le sol est lavé chaque jour** der Boden wird jeden Tag geputzt; **la porte a été fracturée par les cambrioleurs** die Tür ist von den Dieben beschädigt worden
être² [εtʀ] *m* ① *(opp: chose)* Wesen *nt*; ~ **animé** [*o* **vivant**] Lebewesen; **petit** ~ **vivant** Kleinlebewesen
② *(opp: animal)* ~ **humain** Mensch *m*; ~ **cher** geliebter Mensch
③ *(essence)* **son** ~ **tout entier...** sein/ihr ganzes Wesen ...
▶ **de tout son** ~ *aimer* von ganzem Herzen; *haïr* aus tiefster Seele
euthanasier [øtanazje] <1> *vt* einschläfern lassen *Tier*; ~ **un malade inguérissable** einem unheilbar Kranken Sterbehilfe leisten
Être [εtʀ] *m (Dieu)* **l'~ suprême** das höchste Wesen
étreindre [etʀɛ̃dʀ] <*irr*> I. *vt* ① umarmen *ami*; umklammern, packen *adversaire*
② *(s'emparer de)* angoisse: packen; *douleur:* überwältigen
③ *(serrer)* ~ **le cœur à qn** jdm das Herz brechen
II. *vpr* **s'~ amis:** sich [gegenseitig] umarmen; *lutteurs:* sich [gegenseitig] umklammern
étreinte [etʀɛ̃t] *f d'un ami* Umarmung *f*; *d'un adversaire, serpent* Umklammerung *f*; *du bras, d'une main* Griff *m*; **desserrer son** ~ **autour de qn/qc** *ennemi, armée:* jds Umzingelung/die Umzinglung einer S. *(Gen)* lockern; **resserrer son** ~ **autour de qn/qc** jdn/etw noch enger umzingeln

étrenner [etʀene] <1> *vt* einweihen; zum ersten Mal tragen [*o* anziehen] *vêtement;* zum ersten Mal benutzen *appareil*
étrennes [etʀɛn] *fpl* ① ≈ Gratifikation *f* zu Weihnachten
② *(à un enfant)* Neujahrsgeschenk *nt;* **recevoir qc pour ses** ~ etw zu Neujahr [geschenkt] bekommen
étrier [etʀije] *m* Steigbügel *m;* **vider les** ~**s** *(tomber de cheval)* vom Pferd fallen
étrille [etʀij] *f* Striegel *m*
étriller [etʀije] <1> *vt* striegeln *cheval*
étriper [etʀipe] <1> I. *vt* ① ausnehmen
② *fam (battre)* verdreschen *(fam) personne*
II. *vpr fam* **s'~** *(s'entretuer)* sich [gegenseitig] abschlachten; *(s'engueuler)* sich [gegenseitig] zur Schnecke [*o* Minna] machen *(fam)*
étriqué(e) [etʀike] *adj* ① *vêtement* zu eng
② *mentalité* kleinkariert; *esprit* engstirnig
étroit(e) [etʀwa, wat] *adj* ① *(opp: large)* schmal; *rue* eng, schmal; *chaussures, limite* eng; **être à l'~ dans un vêtement** jdm ist ein Kleidungsstück zu eng; **être logé(e) à l'~** beengt wohnen, auf engem Raum leben [*o* wohnen]; **vivre à l'~** *(modestement)* ein karges [*o* kümmerliches] Leben führen
② *(opp: lâche)* *lien, collaboration* eng
③ *péj (borné)* beschränkt; ~**(e) d'esprit** engstirnig, kleingeistig *(pej)*
④ LING *sens* eng
⑤ *(opp: relâché)* *surveillance* streng; *(du gardien)* scharf
étroitement [etʀwatmɑ̃] *adv* ① *serré* eng, fest; *être logé* beengt, auf engem Raum
② *lié, uni* eng; *surveiller un enfant* streng; *surveiller un suspect* scharf
étroitesse [etʀwatɛs] *f* ① **l'~ de sa jupe la gênait** ihr enger Rock behinderte sie; **l'~ du chemin est telle que qn fait qc** der Weg ist so schmal, dass jd etw tut; **être surpris(e) par l'~ du logement** überrascht sein, wie klein und eng die Wohnung ist
② *péj des vues, pensées* Beschränktheit *f*
◆ ~ **d'esprit** Engstirnigkeit *f,* Borniertheit *f,* Kleinkariertheit *f (pej)*
étron [etʀɔ̃] *m de chien* Kot *m*
étrusque [etʀysk] *adj peuple, vase* etruskisch
ETS [øtɛɛs] *mpl abr de* **établissements** Fa.
étude [etyd] *f* ① *(apprentissage)* Lernen *nt,* Studieren *nt; d'une langue* Erlernen *nt;* ~ **des mathématiques/sciences** Studium *nt* der Mathematik/der Naturwissenschaften; **ne pas aimer les** ~**s** nicht gern lernen; **commencer l'~ de la flûte à huit ans** mit acht Jahren das Flötespielen erlernen
② *(recherches) de la nature* Studium *nt,* Erforschung *f,* Beobachtung *f; d'un projet* Studium, Prüfung *f,* Untersuchung *f;* ~ **d'une question/d'un projet** Beschäftigung *f* mit einer Frage/einem Projekt; ~ **d'un rôle** Rollenstudium *nt;* ~ **de longue durée** Langzeitstudie *f;* ~ **comparative à long terme** Langzeitvergleich *m;* **être à l'~** gerade geprüft [*o* untersucht] werden; **mettre un dossier à l'~** eine Akte studieren [*o* durcharbeiten]; **mettre un projet/une proposition à l'~** ein Projekt/einen Vorschlag eingehend prüfen; ~ **s prévisionnelles de l'entreprise** Unternehmensplanung *f*
③ *(ouvrage)* Studie *f;* ~ **de la versification** Verslehre *f*
④ MUS Etüde *f*
⑤ ART Studie *f;* ~ **de nus** Aktstudie *f*
⑥ *d'un notaire* Kanzlei *f,* Büro *nt,* Praxis *f*
⑦ SCOL *(salle)* Arbeitssaal *m,* Arbeitszimmer *nt; (moment)* ≈ Hausaufgabenbetreuung *f* an der Schule
II. *fpl* ① SCOL Schulbildung *f;* ~**s primaires** Grundschulbildung; ~**s secondaires** Mittelstufen- und Oberstufenbildung; **faire des** ~**s** eine Schule besuchen
② UNIV ~**s (supérieures)** Studium *nt;* ~**s de médecine/d'anglais** Medizin-/Englischstudium; ~**s de chimie/d'histoire/de mathématiques** Chemie-/Geschichts-/Mathematikstudium; ~**s spécialisées** Fachstudium; **faire des** ~**s** studieren; **faire des** ~**s théatrales** Theaterwissenschaft studieren
▶ **[r]envoyer qn à ses [chères]** ~**s** jdn in seine Schranken verweisen
◆ ~ **de marché** Marktstudie *f,* Marktanalyse *f;* ~ **de milieu** Milieustudie *f;* ~ **de motivation** ECON Bedarfsermittlung *f*

Land und Leute

In Frankreich sind **les études** an der Universität nicht in Semester, sondern in Studienjahre eingeteilt, die mit einer Prüfung enden. Hat man eine Abschlussprüfung nicht bestanden, kann man Nachholkurse belegen.
Die Vorgabe der Studienzeit ist strenger und das System generell stärker „verschult", aber dafür haben die Studenten ihr Studium im Durchschnitt mit 23 bis 24 Jahren abgeschlossen.

étudiant(e) [etydjɑ̃, jɑ̃t] I. *adj* studentisch; *vie, mouvement, révolte* Studenten-
II. *m(f)* Student(in) *m(f);* ~**(e) en architecture** Architektur-

student(in); ~(e) en art/en médecine Kunst-/Medizinstudent(in); ~(e) en sciences Student(in) der Naturwissenschaften; nouvel ~/nouvelle ~ e Studienanfänger(in) m(f); faux/fausse ~ e Scheinstudent(in)

étudié(e) [etydje] *adj* ❶ *(soigné)* jeu d'un acteur très ~ gut einstudierte Rolle
❷ *(avantageux)* conditions très ~ es sehr günstige Bedingungen; prix très ~ gut kalkulierter [*o* günstiger] Preis
❸ *(recherché)* vêtement très ~ raffiniert geschnittenes Kleidungsstück
❹ *(affecté)* gestes trop ~ s/langage trop ~ gekünstelte Gestik/Sprache; indifférence trop ~ e gespielte Gleichgültigkeit; politesse trop ~ e geheuchelte Freundlichkeit

étudier [etydje] <1a> I. *vt* ❶ lernen *leçon*; [er]lernen *langue*; nacharbeiten *cours*; [ein]studieren *rôle, morceau*; *(à l'université)* studieren; ~ le piano/le violon Klavier-/Geigespielen lernen
❷ *(faire des recherches)* studieren, untersuchen; beobachten *nature*; erforschen, erkunden *région*
❸ *(en vue d'une décision, d'une action)* studieren; bearbeiten *dossier*; prüfen *plan, proposition*; sich beschäftigen [*o* befassen] mit *question*; ~ une idée eine Idee ventilieren *(geh)*
❹ SCOL sich beschäftigen mit *sujet*; lesen, sich beschäftigen mit *texte, auteur*
❺ *(concevoir)* sich *(Dat)* ausdenken
❻ *(observer)* studieren *personne*
II. *vi* studieren
III. *vpr* s'~ *(s'analyser)* sich selbst beobachten; *(s'observer mutuellement)* sich [gegenseitig] beobachten

étui [etɥi] *m* Etui *nt*; ~ à cigarettes/lunettes Zigaretten-/Brillenetui *nt*; ~ à violon Geigenkasten *m*; ~ de parapluie Regenschirmhülle *f*

étuve [etyv] *f* ❶ *(à désinfection)* Sterilisator *m*; ~ bactériologique BIO, MED Brutschrank *m*
❷ *(fournaise)* Backofen *m (fam)*; quelle ~ ici! hier ist es [*o* hier ist eine Hitze] wie in einem Backofen!

étuvée *v.* étouffée

étuver [etyve] <1> *vt* ❶ *(stériliser)* keimfrei [*o* steril] machen *conserves*
❷ *(cuire à la vapeur)* im Dampfkochtopf garen *viande*

étymologie [etimɔlɔʒi] *f* Etymologie *f*
étymologique [etimɔlɔʒik] *adj* etymologisch
étymologiste [etimɔlɔʒist] *mf* LING Etymologe *m*/Etymologin *f*
étymon [etimɔ̃] *m* LING *d'un dérivé* Etymon *nt*
EUA [øya] *mpl abr de* États-Unis d'Amérique USA
eucalyptus [økaliptys] *m (arbre)* Eukalyptusbaum *m*, Eukalyptus *m*; huile d'~ Eukalyptusöl *nt*
eucaryotes [økaʀjɔt] *mpl* ANAT Eukaryoten *Pl*, Eukaryoten *Pl*
eucharistie [økaʀisti] *f* l'~ die Eucharistie
euclidien(ne) [øklidjɛ̃, jɛn] *adj* MATH *espace, géométrie* euklidisch
eugénique [øʒenik] SCI, MED I. *adj stérilisation* eugenisch
II. *f* Eugenik *f*
euh [ø] *interj en tête d'un énoncé* hm; *interrompant une énonciation (trou de mémoire)* äh; *(émotion, auto-correction)* ach
eunuchisme [ønykism] *m* MED Eunuchismus *m*
eunuque [ønyk] *m* Eunuch *m*; voix d'~ Eunuchenstimme *f*
eupeptique [øpɛptik] *adj* médicament verdauungsfördernd
euphémique [øfemik] *adj expression* euphemistisch
euphémisme [øfemism] *m* Euphemismus *m*
euphonie [øfɔni] *f* LING, MUS Euphonie *f*, Wohlklang *m*
euphonique [øfɔnik] *adj faute* euphonisch
euphorbe [øfɔʀb] *f* BOT Wolfsmilch *f*
euphorie [øfɔʀi] *f* Euphorie *f*
euphorique [øfɔʀik] *adj* euphorisch
euphorisant(e) [øfɔʀizɑ̃] *adj* aufputschend
euphoriser [øfɔʀize] *vt* euphorisieren *(geh)*
EUR *m abr de* euro EUR
eurafricain(e) [øʀafʀikɛ̃, kɛn] *adj* eurafrikanisch
eurasiatique [øʀazjatik] *adj* eurasisch
Eurasie [øʀazi] *f* l'~ Eurasien *nt*
eurasien(ne) [øʀazjɛ̃, jɛn] *adj* eurasisch
Eurasien(ne) [øʀazjɛ̃, jɛn] *m(f)* Eurasier(in) *m(f)*
eurêka [øʀeka] *interj* heureka
euristique *v.* heuristique
euro [øʀo] *m* Euro *m*; être libellé(e) en ~ s auf Euro lauten; relier une monnaie à l'~ eine Währung an den Euro binden; ça coûte dix ~ s das kostet zehn Euro; introduction de l'~ Einführung *f* des Euro; passage à l'~ Übergang *m* zum Euro; participer au passage à l'~ am Euro teilnehmen
▸ à un ~ près *(très exactement)* auf den Euro genau; *(approximativement)* fast auf den Euro genau
eurochèque [øʀoʃɛk] *m* Eurocheque *m*
eurocrate [øʀokʀat] *mf souvent péj* Eurokrat(in) *m(f)*
eurocrédit [øʀokʀedi] *m* Eurokredit *m*

eurodéputé(e) [øʀodepyte] *m(f)* Europaabgeordnete(r) *f(m)*
eurodevise [øʀod(ə)viz] *f* FIN Eurodevise *Pl*
eurodollar [øʀodɔlaʀ] *m* FIN Eurodollars *Pl*
euromarché [øʀomaʀʃe] *m* FIN Eurokapitalmarkt *nt*
euromissile [øʀomisil] *m* Mittelstreckenrakete *f*
Europe [øʀɔp] *f* l'~ Europa *nt*; l'~ centrale Mitteleuropa; l'~ de l'Est/de l'Ouest Ost-/Westeuropa; l'~ du Nord Nordeuropa; région de l'~ [*o* d'~] du Nord nordeuropäische Gegend; l'~ des Quinze die 15 Mitgliedsländer der EU; faire l'~ ein vereintes Europa schaffen
européanisation [øʀɔpeanizasjɔ̃] *f* Europäisierung *f*
européaniser [øʀɔpeanize] <1> I. *vt* europäisieren
II. *vpr* s'~ europäisiert werden
européen(ne) [øʀɔpeɛ̃, ɛn] I. *adj* ❶ GEOG *continent* europäisch; les fleuves ~ s die Flüsse Europas
❷ POL, ECON europäisch; *accord, contrôles* europaweit; *Parlement, élections, politique* Europa-
II. *fpl (les élections européennes)* die Wahl zum Europaparlament *m*
Européen(ne) [øʀɔpeɛ̃, ɛn] *m(f)* Europäer(in) *m(f)*; ~(ne) de l'Est Osteuropäer(in); ~(ne) du Nord Nordeuropäer(in)
euroscepticisme [øʀɔsɛptisism] *m* POL Vorbehalt gegenüber der europäischen Union
eurosceptique [øʀɔsɛptik] I. *adj* euroskeptisch
II. *mf* Euroskeptiker(in) *m(f)*
eurosignal [øʀosiɲal] *m* Notruf *m*
Eurostar [øʀostaʀ] *m* Eurostar *m*
euskarien(ne) [øskaʀjɛ̃, ɛn] *adj peuple, langue* baskisch
euthanasie [øtanazi] *f* Euthanasie *f*; pratiquer l'~ Sterbehilfe leisten
eux [ø] *pron pers* ❶ *fam (pour renforcer)* ~, monter une entreprise? was, die wollen ein Unternehmen gründen? *(fam)*; ~, ils n'ont pas ouvert la bouche die haben den Mund nicht aufgemacht *(fam)*; et ~ qui pensaient avoir compris! und die dachten, sie hätten alles verstanden! *(fam)*; c'est ~ qui l'ont dit das haben die gesagt *(fam)*; c'est ~ que tu as entendus à la radio die hast du im Radio gehört *(fam)*; il veut les voir, ~! die möchte er sehen! *(fam)*; il veut les aider, ~? denen möchte er helfen? *(fam)*; ~, on les commémore man gedenkt ihrer
❷ *avec une préposition* avec/sans ~ mit ihnen/ohne sie; à ~ seuls sie allein; la maison est à ~ das Haus gehört ihnen; c'est à ~ de décider sie müssen entscheiden; c'est à ~! sie sind dran!
❸ *dans une comparaison* sie; elles sont comme ~ sie sind wie sie; plus/aussi fort(e) qu'~ stärker als sie/genauso stark wie sie
❹ *(soi)* sich; ils ne pensent qu'à ~ sie denken nur an sich; ils sont fiers d'~ sie sind stolz auf sich
eux-mêmes [ømɛm] *pron pers (eux en personne)* ~ n'en savaient rien sie selbst wussten nichts davon; ils se sentent ~ heureux sie fühlen sich glücklich; ils l'ont dit ~, c'est ~ qui l'ont dit sie haben es gesagt; ils sont venus d'~ sie sind von selbst [*o* von ihnen aus] [*o* aus eigenem Antrieb] gekommen
❷ *(aussi)* ebenfalls, auch; ses parents étaient ~ furieux seine/ihre Eltern waren ebenfalls wütend
EV [ãvil] *abr de* en ville *m* in der Stadt
évacuation [evakɥasjɔ̃] *f* ❶ *(opération organisée) des habitants* Evakuierung *f*; *des blessés* Abtransport *m*; *d'une salle de tribunal* Räumung *f*; ~ de force Zwangsevakuierung
❷ *(action de quitter)* Räumung *f*; *d'un bateau* Verlassen *nt*
❸ *(écoulement)* Abfließen *nt*; système d'~ Ablauf *m*; l'~ des eaux usées se fait... das Abwasser wird ... geleitet; l'~ de l'évier ne se fait plus das Spülbecken läuft nicht mehr ab
❹ *(action de vider) des résidus* Entsorgung *f*; ~ des ordures CH Kehrichtabfuhr *f* (CH)
évacué(e) [evakɥe] *m(f) gén pl* Evakuierte(r) *f(m)*
évacuer [evakɥe] <1> *vt* ❶ *a.* MIL räumen *pays, ville*; ~ une maison par la force ein Haus zwangsräumen
❷ *(faire partir)* evakuieren; abtransportieren *blessés*; ~ qn de force [*o* contre son gré] jdn zwangsevakuieren; ~ les sinistrés des décombres de leurs maisons die Opfer aus den Trümmern ihrer Häuser heraustragen
❸ *(quitter)* räumen; verlassen *bateau*
❹ *(vider)* ablassen *eaux usées*
évadé(e) [evade] *m(f)* entflohener Häftling
évader [evade] <1> *vpr* s'~ de qc aus etw ausbrechen [*o* fliehen]
❷ *(fuir)* s'~ du réel vor der Realität flüchten; s'~ de la vie quotidienne dem Alltag entfliehen
évaluable [evalɥabl] *adj* abschätzbar, berechenbar
évaluateur, -trice [evalɥatœʀ, tʀis] *m* CAN *(personne qui évalue les biens)* Schätzer(in) *f*, Taxator *m*
évaluation [evalɥasjɔ̃] *f* ❶ *(estimation approximative) d'une distance, des risques* Abschätzung *f*; *des chances* Einschätzung *f*; *d'une fortune* Schätzung; *des coûts* Schätzung, überschlägige Berechnung

② *a.* ECON *(par expertise)* Wertbestimmung *f; des dégâts* Schätzung *f; des besoins en capitaux* Ermittlung *f;* ~ **des besoins** Bedarfsbewertung *f;* ~ **de biens** Vermögensbewertung, Vermögensschätzung; ~ **de créances** Bewertung von Forderungen; ~ **d'une entreprise** Unternehmensbewertung; ~ **du prix des marchandises** ECON Warennotierung *f;* ~ **de la solvabilité** Bonitätsbewertung; **nouvelle** ~ ECON Neuberechnung *f;* ~ **ferme** JUR Festbewertung *(Fachspr.);* ~ **globale** JUR Globalbewertung; ~ **personnelle de biens de moindre valeur** *(en parlant d'un bilan)* Bewertungsfreiheit *f;* ~ **uniforme** JUR Einheitsbewertung *(Fachspr.);* ~ **par la moyenne** JUR Durchschnittsbewertung
③ *(examen)* ~ **des connaissances** Klassenarbeit *f*
④ UNIV *(expertise)* Evaluation *f*
⑤ PSYCH, SOCIOL Rating *f*
◆ ~ **au rendement** Einstufung *f* nach der Leistungsfähigkeit; ~ **d'opérande** INFORM Operandenauswertung *f*
évaluer [evalɥe] <1> *vt* ① schätzen *foule, gain, poids;* abschätzen *distance, risques;* einschätzen *chances;* **évalué(e) au prix de revient** action bewertet mit Einstandskurs; **à combien évaluez-vous le temps ...?** was glauben Sie, wie viel Zeit ...?; **la somme/les dégâts à tant** die Summe/die Schäden auf so viel schätzen
② UNIV evaluieren
évanescent(e) [evanesɑ̃, ɑ̃t] *adj littér* schwindend; *impression* sich verflüchtigend
évangéliaire [evɑ̃ʒeljɛʀ] *m* Evangeliar *nt*
évangélique [evɑ̃ʒelik] *adj* evangelisch
évangélisateur, -trice [evɑ̃ʒelizatœʀ, -tʀis] I. *adj mission* das Evangelium verkündend
II. *m, f* Verkünder(in) *m(f)* des Evangeliums
évangélisation [evɑ̃ʒelizasjɔ̃] *f* Evangelisierung *f*
évangéliser [evɑ̃ʒelize] <1> *vt* zum Christentum bekehren, evangelisieren *peuple, pays;* ~ **le monde** das Evangelium verkünden [*o* predigen]
évangéliste [evɑ̃ʒelist] *m* Evangelist *m*
évangile [evɑ̃ʒil] *m (texte, livre)* Evangelium *nt*
Évangile [evɑ̃ʒil] *m (message, enseignement)* l' ~ das Evangelium; l' ~ **selon saint Matthieu** das Matthäusevangelium
évanoui(e) [evanwi] *adj* ① *(sans conscience) personne* ohnmächtig, bewusstlos; **tomber ~(e)** ohnmächtig werden, in Ohnmacht fallen
② *(disparu) bonheur* verloren; *rêve* geplatzt
évanouir [evanwiʀ] <8> *vpr* ① *(perdre connaissance)* **s'~ de qc** von etw ohnmächtig werden
② *(disparaître)* **s'~** *image, fantôme:* [ver]schwinden; *illusions:* schwinden; *espoirs:* zerrinnen, schwinden; *craintes:* [ver]schwinden; *gloire:* verblassen, schwinden, vergehen; *autorité:* schwinden; **son sourire s'évanouit** das Lächeln erstarb auf seinen/ihren Lippen *(geh);* **son bonheur s'est évanoui lorsque ...** sein/ihr Glück war dahin, als ...
évanouissement [evanwismɑ̃] *m* ① *(syncope)* Ohnmacht[sanfall *m*] *f;* **avoir un ~** in Ohnmacht fallen, ohnmächtig werden
② *(disparition)* [Ver]schwinden *nt; d'une illusion, d'un rêve* Ende *nt*
évaporation [evapɔʀasjɔ̃] *f* Verdunstung *f,* Verdampfung *f*
évaporé(e) [evapɔʀe] *adj* zerstreut
évaporer [evapɔʀe] <1> *vpr* **s'~** ① *eau, parfum:* verdunsten
② *(disparaître) sentiments:* schwinden; *intentions:* sich in Luft auflösen *(fam)*
évasé(e) [evaze] *adj jupe* ausgestellt; **être ~(e) à la base** *colonne:* nach unten breiter werden; *manche:* nach unten weiter werden
évasement [evazmɑ̃] *m d'un trou* Vergrößerung *f,* Erweiterung *f;* **l'~ de cet entonnoir est trop faible** der Trichter ist oben nicht breit genug
évaser [evaze] <1> I. *vt* vergrößern, erweitern *trou;* verbreitern *sommet ou base d'un objet*
II. *vpr* **s'~** *vallée:* sich öffnen, sich weiten; *objet:* breiter werden; *vêtement:* ausgestellt sein; **les manches de ce chemisier s'évasent trop** die Ärmel dieser Bluse sind unten zu weit
évasif, -ive [evazif, -iv] *adj réponse, formule* ausweichend; *geste* vage, unbestimmt; **devenir ~(-ive)** ausweichen; **rester ~(-ive)** sich bedeckt halten, sich nicht festlegen
évasion [evazjɔ̃] *f* ① ~ **de qn de prison** jds Flucht *f [o* Ausbruch *m]* aus dem Gefängnis
② *(fuite hors de)* ~ **de la réalité** Flucht *f* vor der Realität [*o* Wirklichkeit]
③ ECON ~ **de capitaux** Kapitalflucht *f,* Kapitalabwanderung *f;* ~ **fiscale** Steuerflucht
évasivement [evazivmɑ̃] *adv* ausweichend
Ève [ɛv] *f* Eva *f*
▶ **ne connaître qn ni d'~ ni d'Adam** jdn überhaupt nicht kennen
évêché [eveʃe] *m* ① *(territoire)* Bistum *m*
② *(palais)* Bischofssitz *m*
éveil [evɛj] *m* ① *(état éveillé)* **tenir qn en ~** jdn wach halten
② *(réveil) des sens, d'un sentiment* Erwachen *nt; de la nature* Erwachen, Erweckung *f;* **le nouvel ~ de la nature** die Erweckung der Natur zu neuem Leben; **les stades de l'~ de l'intelligence** die Phasen der Intelligenzentwicklung
③ *(alerte)* **donner l'~** *soutenu* [jds] Verdacht [*o* Aufmerksamkeit] erregen; **être en ~** sich vorsehen, auf der Hut sein; **tous les sens étaient maintenant en ~** jetzt war er/sie hellwach; **rester en ~** sich weiterhin vorsehen, weiterhin auf der Hut sein
④ *(intérêt pour)* **son ~ à l'art** sein/ihr Kunstinteresse
▶ **mettre qn en ~** *(rendre attentif)* jds Aufmerksamkeit [*o* Verdacht] erregen; *(rendre curieux)* jds Neugierde wecken
éveillé(e) [eveje] *adj* ① *(en état de veille)* wach
② *(alerte)* aufgeweckt; **esprit ~** heller Kopf
éveiller [eveje] <1> I. *vt* ① *(faire naître)* erregen *attention;* wachrufen *désir;* wecken *soupçons, curiosité, sympathie*
② *(développer)* fördern *intelligence, sensibilité*
II. *vpr* ① *(naître)* **s'~ chez** [*o* **en**] **qn** *amour:* in jdm erwachen; *soupçon:* sich in jdm regen
② *(éprouver pour la première fois)* **s'~ à l'amour** *personne:* seine ersten Erfahrungen in der Liebe machen; *cœur:* zur Liebe erwachen
③ *(se mettre à fonctionner)* **s'~** *esprit:* sich zu entwickeln beginnen
④ *(commencer à s'intéresser)* **s'~ à la musique** beginnen sich für Musik zu interessieren
événement, évènement [evɛnmɑ̃] *m* ① Ereignis *nt;* **grand ~** Großereignis; **les ~s de mai 1968** die politischen Unruhen im Mai 1968; **avant les ~s en Allemagne de l'Est** vor der Wende; ~ **de la/d'une guerre** Kriegsereignis; **les ~s de la/d'une guerre** das Kriegsgeschehen
② *(manifestation)* Veranstaltung *f; (animation, spectacle)* Event *m o nt;* ~ **du mardi/du jeudi** Dienstags-/Donnerstagsveranstaltung
③ PSYCH ~ **marquant de la vie** Lebensereignis *nt;* ~ **critique marquant de la vie** kritisches Lebensereignis
▶ **créer l'~** Aufsehen erregen; **elle est dépassée par les ~s** ihr wächst alles über den Kopf
événementiel(le) [evɛnmɑ̃sjɛl] *adj* **histoire ~le** Ereignisgeschichte *f*
éventail [evɑ̃taj] <s> *m* ① Fächer *m;* **en [forme d']~** fächerförmig; *(ressemblant à un éventail)* fächerartig
② *(choix)* ~ **d'articles** große Auswahl an Artikeln; ~ **d'activités** großes Angebot an Aktivitäten; **large ~** breite Palette
◆ ~ **des prix** Preisspanne *f;* ~ **des salaires** Lohnskala *f,* Lohnspanne *f;* ~ **de tâches** Aufgabenspektrum *nt*
éventaire [evɑ̃tɛʀ] *m* ① *(plateau)* Bauchladen *m*
② *(étalage)* Stand *m*
éventé(e) [evɑ̃te] *adj (exposé au vent) terrasse* windig; *(altéré par l'air) parfum* verduftet; *vin* schal, abgestanden; *(découvert) secret* offen, aufgeflogen *(fam)*
éventer [evɑ̃te] <1> I. *vt* ① ~ **qn** jdm [Luft zu]fächeln *(geh)*
② *(découvrir)* aufdecken *complot;* lüften, aufdecken *secret*
II. *vpr* **s'~** ① *personne:* sich *(Dat)* [Luft zu]fächeln *(geh)*
② *vin:* schal werden; *parfum:* seinen Duft verlieren, verduften
éventration [evɑ̃tʀasjɔ̃] *f* ① MED Darmdurchbruch *m*
② *d'un coussin, matelas* Aufschlitzen *nt*
éventrer [evɑ̃tʀe] <1> *vt* ① *(tuer)* ~ **qn/un animal** jdm/einem Tier den Bauch aufschlitzen
② *(ouvrir)* aufreißen *sac;* aufbrechen *porte, valise;* aufschlitzen *matelas*
éventreur [evɑ̃tʀœʀ] *m* Mörder, der seinem Opfer den Bauch aufschlitzt; **Jack l'Éventreur** Jack the Ripper
éventualité [evɑ̃tɥalite] *f* ① *(caractère)* **dans l'~ d'une guerre** im Falle eines Krieges
② *(possibilité)* Eventualität *f,* Möglichkeit *f;* **être prêt(e)** [*o* **parer] à toute ~** auf jede Eventualität [*o* alle Eventualitäten] vorbereitet sein, jeder Eventualität vorbeugen; **toutes les ~s ont été examinées** alle Möglichkeiten sind geprüft worden
éventuel(le) [evɑ̃tɥɛl] *adj* möglich; *successeur* potenziell, möglich
éventuellement [evɑ̃tɥɛlmɑ̃] *adv* eventuell, unter Umständen
évêque [evɛk] *m* Bischof *m*
évertuer [evɛʀtɥe] <1> *vpr* **s'~ à faire qc** sich abquälen [*o* abmühen] etw zu tun
éviction [eviksjɔ̃] *f* Ausschaltung *f;* JUR Eviktion *f (Fachspr.);* ~ **de qn d'un groupe** jds Ausschluss *m* aus einer Gruppe
évidé(e) [evide] *adj* hohl, ausgehöhlt
évidemment [evidamɑ̃] *adv* ① *(en tête de phrase)* natürlich, klar *(fam); (en réponse)* na klar *(fam)*
② *(comme on peut le voir)* offensichtlich, offenbar
évidence [evidɑ̃s] *f* ① *sans pl (caractère)* Offensichtlichkeit *f,* Offenkundigkeit *f,* Evidenz *f (geh);* **être d'une ~ aveuglante** mehr als offensichtlich [*o* offenkundig] sein; **de toute ~** ganz offensichtlich; **apparaître à l'~** deutlich [*o* offensichtlich] [*o* klar] werden
② *(fait)* klare Tatsache; **c'est une ~, c'est l'~ même** das ist [doch] völlig klar, das liegt [doch] auf der Hand; **se rendre à l'~** sich den

Tatsachen beugen; **refuser de se rendre à l'~** etwas nicht wahrhaben wollen
❸ *(vue)* **être bien en ~** *objet:* gut sichtbar sein; **mettre un défaut [bien] en ~** einen Mangel klar [*o* deutlich] herausstellen; **se mettre en ~** sich in Szene setzen, sich in den Vordergrund drängen
évident(e) [evidɑ̃, ɑ̃t] *adj* ❶ *(incontestable) progrès* klar [erkennbar]; *signe* eindeutig, deutlich; *bonne volonté* unbestreitbar
❷ *(clair)* **c'est ~ pour qn** das ist jdm klar; **il est ~ que a fait qc** es versteht sich von selbst [*o* es ist klar *fam*], dass jd etw getan hat; **pour des raisons ~es** erklärlicherweise
❸ *(compréhensible)* offensichtlich; **il est ~ que qn fait qc** es ist offensichtlich [*o* liegt auf der Hand], dass jd etw tut
▶ **c'est pas ~!** *fam (difficile)* das ist gar nicht so einfach [*o* leicht]!; **c'est pas ~ du tout!** *fam (c'est loin d'être sûr)* das ist überhaupt nicht klar! *(fam)*
évider [evide] <1> *vt* aushöhlen
évier [evje] *m* Ausguss *m*, Spüle *f*, Spülbecken *nt*; **~ à un bac/à deux bacs** Spüle mit einem/zwei Becken; **~ encastrable** Einbauspüle
évincement [evɛ̃smɑ̃] *m* JUR Vertreibung *f; d'un rival* Verdrängung *f*
évincer [evɛ̃se] <2> *vt* JUR vertreiben; verdrängen *personne*
évitable [evitabl] *adj* vermeidbar
évitement *v.* **manœuvre**
éviter [evite] <1> **I.** *vt* ❶ *(se soustraire à)* vermeiden *aliment, erreur, manière de faire;* meiden *endroit;* **~ de faire qc** es vermeiden etw zu tun; **~ de se montrer en public** öffentlichkeitsscheu sein; **évite de passer par Lyon** fahr möglichst nicht über Lyon
❷ *(se dérober à) sich (Dat)* ersparen *prison, sort;* **~ une corvée/les poursuites** sich einer Aufgabe + *Dat*/der Strafverfolgung entziehen; **~ de faire qc** sich davor hüten etw zu tun; **pour ~ d'aller en prison** um dem Gefängnis zu entgehen; **vouloir ~ de partager le sort de qn** jds Schicksal nicht teilen wollen; **pour ~ d'avoir à éplucher les légumes** um kein Gemüse schälen zu müssen
❸ *(fuir)* **~ qn** jdn meiden; *(essayer de ne pas rencontrer)* jdm aus dem Weg gehen; **il évita mon regard** er wich mir mit einem Blick aus
❹ *(empêcher): personne:* vermeiden; *manière de faire:* verhindern; **~ que qn [ne] fasse qc** *personne:* verhindern, dass jd etw tut; **cette manière de faire évite que qn fasse qc** durch diese Vorgehensweise wird verhindert, dass jd etw tut; **pour ~ des pertes supplémentaires** ECON zur Vermeidung weiterer Verluste
❺ *(esquiver)* **~ qn/un animal/coup** jdm/einem Tier/Schlag ausweichen
❻ *(épargner)* **~ qc à qn** jdm etw *(Akk)* ersparen
II. *vpr* ❶ **s'~** sich meiden; *(essayer de ne pas rencontrer)* sich aus dem Weg gehen
❷ *(ne pas avoir)* **s'~ des soucis/tracas** sich *(Dat)* Sorgen/Mühen ersparen
évocateur, -trice [evɔkatœʀ, -tʀis] *adj style* anschaulich; *titre d'un roman* viel versprechend; **pouvoir ~** Aussagekraft *f;* **être ~ (-trice) de qc** etw wach [*o* lebendig] werden lassen
évocation [evɔkasjɔ̃] *f* ❶ *(rappel d'une chose oubliée) de souvenirs* Wachrufen *nt; de faits* Heraufbeschwören *nt; d'un passé* Wachrufen, Heraufbeschwören
❷ ART Evokation *f (geh)*
évolué(e) [evɔlɥe] *adj peuple, pays, société* [hoch] entwickelt; *idées, personne* liberal, tolerant; **ces indigènes ne sont pas très ~s** diese Eingeborenen leben noch recht primitiv
évoluer [evɔlɥe] <1> *vi* ❶ *(changer) chose, monde:* sich entwickeln; *sciences:* sich [weiter [*o* fort]] entwickeln; *goûts, opinions, situation:* sich ändern, sich wandeln; **faire ~ une situation** eine Situation in Bewegung bringen; **la crise évolue lentement vers une solution** für die Krise zeichnet sich allmählich eine Lösung ab
❷ *(se transformer)* sich verändern; **~ vers qc** sich zu etw hin entwickeln; **ce séjour l'a fait ~** dieser Aufenthalt hat ihn/sie in seiner/ihrer Entwicklung weitergebracht, durch diesen Aufenthalt ist er/sie gereift; **elle a fait ~ son mari dans ses idées** durch sie hat sich die Einstellung ihres Mannes geändert
❸ MED *maladie:* fortschreiten
❹ *(se mouvoir) personne:* sich bewegen; *troupes:* die Stellung [ver]ändern, sich bewegen; *navire:* manövrieren; *avion:* Kreise ziehen
évolutif, -ive [evɔlytif, -iv] *adj* MED *maladie* fortschreitend, evolutionär; **de manière évolutive** evolutionär
évolution [evɔlysjɔ̃] *f* ❶ *d'une personne, situation, d'un phénomène* Entwicklung *f; des idées, goûts, comportements* Veränderung *f,* Wandel *m; des sciences* [Weiter]entwicklung, Fortentwicklung *f;* **~ conjoncturelle** [*o* **de la conjoncture**] Konjunkturentwicklung, Konjunkturablauf *m;* **à moyen terme** mittelfristige Entwicklung; **~ des commandes entrantes** Auftragsentwicklung; **de la demande/des prix** Nachfrage-/Preisentwicklung; **~ de la productivité** Produktivitätsentwicklung; **~ des rôles** Rollenwandel; **~ des techniques** technische Entwicklung, technischer Fortschritt; **~ de la valeur** FIN Wertentwicklung

❷ MED *d'une maladie* Fortschreiten *nt; d'une tumeur* Wachsen *nt*
❸ BIO Evolution *f;* **théorie de l'~** Evolutionslehre *f,* Evolutionstheorie *f*
❹ *pl (mouvements) d'un danseur, acrobate* Bewegungen *Pl; d'un navire, escadre, d'une troupe* Manöver *Pl*
▶ **~ du cours** ECON Kursentwicklung *f;* **~ des coûts** Kostenentwicklung *f;* **~ du rendement** FIN Ertragsentwicklung *f;* **~ des revenus** Einkommensentwicklung *f*
évolutionnisme [evɔlysjɔnism] *m* BIO Evolutionslehre *f*
évoquer [evɔke] <1> *vt* ❶ *(rappeler à la mémoire)* erinnern an (+ *Akk*) *personne;* in Erinnerung rufen *fait, enfance;* wachrufen, ins Gedächtnis rufen *souvenirs*
❷ *(décrire)* schildern, eine Vorstellung geben von
❸ *(faire allusion à)* erwähnen *problème;* anschneiden *question, sujet*
❹ ART evozieren *(geh)*
❺ *(faire penser à)* **ce mot n'évoque rien pour moi** mit diesem Wort verbinde ich nichts
❻ *(rappeler)* **~ qc à qn** jdn an etw *(Akk)* erinnern
ex [ɛks] *mf fam* Verflossene(r) *f(m) (fam),* Ex *mf (fam)*
ex, ex. [ɛks] *abr de* **exemple** Bsp.
exacerbation [ɛgzaseʀbasjɔ̃] *f d'une douleur* Verschlimmerung *f; d'un désir* Steigerung *f*
exacerbé(e) [ɛgzaseʀbe] *adj* übersteigert
exacerber [ɛgzaseʀbe] <1> *vt* anstacheln *jalousie;* schüren *haine;* steigern *dépit;* **la politique exacerbe les passions** die Politik erhitzt die Gemüter
exact(e) [ɛgzakt] *adj* ❶ *(précis)* genau; *description* präzis[e], genau; *définition, valeur* exakt, genau; *mot* treffend; *calculs, réponse* korrekt; **c'est [***o* **il est] ~ que qn fait qc** das [*o* es] stimmt, dass jd etw tut; **das [***o* **es] ist richtig, dass jd etw tut**
❷ *(ponctuel) personne* pünktlich; **être ~(e) à un rendez-vous** pünktlich zu einer Verabredung kommen
exactement [ɛgzaktəmɑ̃] *adv* genau, exakt; **c'est ~ ce que** das ist haargenau das, was
exaction [ɛgzaksjɔ̃] *f pl (violences)* Ausschreitungen *Pl*
exactitude [ɛgzaktityd] *f* ❶ *(précision)* Korrektheit *f; des mesures* Genauigkeit *f,* Exaktheit *f*
❷ *(ponctualité)* Pünktlichkeit *f;* **il est d'une parfaite ~** er ist sehr pünktlich [*o* die Pünktlichkeit in Person]
▶ **l'~ est la politesse des rois** *prov* Pünktlichkeit ist die Höflichkeit der Könige; **avec ~** *arriver* pünktlich; *calculer* genau
ex æquo [ɛgzeko] **I.** *adj inv* **être ~ en qc** in etw *(Dat)* gleich stehen; *équipes:* die gleiche Punktzahl haben
II. *adv classer qn* gleich; *arriver* gleichzeitig; **être classé(e)s ~** die gleiche Punktzahl bekommen haben; **premiers/premier prix ~** zwei erste Preise
III. *mpl* Kandidaten *Pl* mit gleicher Punktzahl; *(dans le sport)* Sportler *Pl* mit gleicher Punktzahl
exagération [ɛgzaʒeʀasjɔ̃] *f* Übertreibung *f;* **faire qc avec ~** etw übertrieben tun; **sans ~** ohne Übertreibung
exagéré(e) [ɛgzaʒeʀe] *adj* übertrieben; *prix* überhöht; **être un peu ~(e)** *plaisanterie:* ein bisschen zu weit gehen
exagérément [ɛgzaʒeʀemɑ̃] *adv* übertrieben, allzu
exagérer [ɛgzaʒeʀe] <5> **I.** *vt* ❶ *(par rapport à la réalité)* überwerten *mérites;* hochspielen *défauts*
❷ *(par rapport à la normale)* übertreiben *attitude;* **~ son maquillage** es mit seiner Schminke übertreiben; **il ne faut rien ~, n'exagérons rien** man soll nichts übertreiben
II. *vi* ❶ *(amplifier en parlant)* übertreiben
❷ *(abuser)* es übertreiben
▶ **sans ~** ohne Übertreibung, ohne zu übertreiben
III. *vpr* **s'~ un danger** eine Gefahr hochspielen; **s'~ une difficulté** eine Schwierigkeit überbewerten; **s'~ l'importance d'une remarque** einer Bemerkung allzu große Bedeutung beimessen
exaltant(e) [ɛgzaltɑ̃, ɑ̃t] *adj* erhebend, begeisternd; **ce n'est pas ~** es versetzt jdn nicht gerade in Begeisterung; **pour qu'un travail soit ~** damit man sich für eine Arbeit begeistern kann
exaltation [ɛgzaltasjɔ̃] *f* ❶ *(excitation)* Begeisterung *f;* **~s intellectuelles et mystiques** geistige Überspanntheiten und mystische Schwärmereien
❷ *(éloge)* Verherrlichung *f*
❸ PSYCH Exaltation *f*
exalté(e) [ɛgzalte] **I.** *adj* schwärmerisch, überschwänglich; *personne* exaltiert, schwärmerisch, überschwänglich; *imagination* übersteigert; **il parlait sur un ton un peu ~** in seiner Stimme lag etwas Überschwängliches
II. *m(f)* Schwärmer(in) *m(f),* Fantast(in) *m(f); (fanatique)* Fanatiker(in) *m(f)*
exalter [ɛgzalte] <1> **I.** *vt* ❶ *soutenu (célébrer) discours, écrits:* verherrlichen; *personne:* preisen, rühmen
❷ *(faire vibrer)* anregen *esprit;* beflügeln, anregen *imagination;* begeistern *foule, jeunesse*
II. *vpr* **s'~** *personne:* in Erregung geraten; *imagination:* angeregt

[*o* beflügelt] werden; **les passions politiques s'exaltent** die politischen Gemüter erhitzen [*o* erregen] sich
exam [ɛgzam] *m abr de* **examen** Examen *nt*
examen [ɛgzamɛ̃] *m* ❶ *(analyse) des faits* [Über]prüfung *f*; *d'une proposition, question* Prüfung; *des empreintes digitales* Untersuchung *f*; ~ **d'un problème** Auseinandersetzung *f* mit einem Problem; ~ **de tolérance écologique** Umweltverträglichkeitsprüfung
❷ MED, BIO Untersuchung *f*; ~ **du cadavre** Leichenschau *f*; ~ **du sang** Blutuntersuchung, Blutbild *nt*; ~ **d'urine** Harnuntersuchung; ~ **de routine** Routineuntersuchung; ~ **rectal** Rektaluntersuchung; ~ **auditif** Gehörprüfung *f*; **passer un ~ auditif** sich *(Dat)* einer Gehörprüfung unterziehen
❸ SCOL Prüfung *f*; UNIV [Abschluss]examen *nt*; **matière d'~/de l'~** Prüfungsfach *nt*; **sujet d'~/de l'~** Prüfungsthema *nt*; ~ **d'entrée/de passage** Aufnahme-/Versetzungsprüfung; ~ **intermédiaire** UNIV Zwischenprüfung, Zwischenexamen; ~ **du permis de conduire** Fahrprüfung
❹ JUR [Über]prüfung *f*; ~ **critique** Inaugenscheinnahme *f (Fachspr.)*; ~ **critique judiciaire** richterliche Inaugenscheinnahme *f (Fachspr.)*; ~ **formel** Formalprüfung *(Fachspr.)*; ~ **de l'équivalence des conditions** Äquivalenzprüfung *(Fachspr.)*; ~ **à la réception** Eingangsprüfung; **mise en ~** Festnahme mit gleichzeitiger Eröffnung eines Ermittlungsverfahrens; **mettre qn en ~** das/ein Verfahren gegen jdn einleiten
❺ *a.* FISC *(contrôle)* ~ **financier** Finanzprüfung *f*; ~ **final des comptes** Abschlussprüfung *f*; ~ **des livres** Bucheinsicht *f*, Büchereinsicht; ~ **de sélection** Ausleseprüfung
♦ ~ **d'aptitude professionnelle** Berufseignungsprüfung *f*; ~ **de conscience** Gewissenserforschung *f*; **faire son ~ de conscience** sein Gewissen erforschen; ~ **du crédit additionnel** Nachtragsprüfung *f*; ~ **de nouveauté** JUR Neuheitsprüfung *f*; ~ **de solvabilité** FIN Bonitätsprüfung *f*
examinateur, -trice [ɛgzaminatœʀ, -tʀis] *m, f* Prüfer(in) *m(f)*
examiner [ɛgzamine] <1> I. *vt* ❶ *(étudier)* prüfen; [über]prüfen *faits, causes*; einsehen *dossier*; genau durchlesen *texte, ouvrage*; kontrollieren *carte d'identité*; genau untersuchen *lieux d'un crime*; untersuchen, sich *(Dat)* genau ansehen *objet*
❷ *(regarder attentivement)* mustern
❸ MED untersuchen *patient*
❹ SCOL, UNIV prüfen
II. *vpr* **s'~ dans un miroir** sich im Spiegel betrachten; **s'~ mutuellement** sich gegenseitig fixieren
exanthème [ɛgzɑ̃tɛm] *m* MED Exanthem *nt*
exaspérant(e) [ɛgzaspeʀɑ̃, ɑ̃t] *adj* nervenaufreibend; **être d'une lenteur ~e** zum Verzweifeln langsam sein; **c'est ~!** das ist zum Verzweifeln!; **être ~(e) avec sa manie de...** einen zur Verzweiflung bringen mit seiner Manie ...
exaspération [ɛgzaspeʀasjɔ̃] *f* Verzweiflung *f*; **d'~, elle se mit à sangloter** völlig verzweifelt fing sie an zu schluchzen
exaspérer [ɛgzaspeʀe] <5> *vt* ~ **qn avec qc** jdn mit etw zur Verzweiflung bringen; **ton père est exaspéré** dein Vater ist am Verzweifeln [*o* verzweifelt]
exaucement [ɛgzosmɑ̃] *m d'une prière* Erhörung *f*
exaucer [ɛgzose] <2> *vt* ❶ *Dieu:* erhören
❷ erfüllen *désir, souhait*
ex cathedra [ɛkskatedʀa] *adv parler* ex cathedra *(geh)*
excavateur [ɛkskavatœʀ] *m* Bagger *m*; MIN Abraumbagger
excavation [ɛkskavasjɔ̃] *f (cavité)* Vertiefung *f*; *(causée par une bombe)* [Bomben]trichter *m*; ~ **naturelle** natürliche Vertiefung, Mulde *f*; **creuser des ~s** *archéologues:* Löcher *Pl* graben
excavatrice [ɛkskavatʀis] *f* Bagger *m*; MIN Abraumbagger
excaver [ɛkskave] <1> *vt* aufgraben *sol*
excédant(e) [ɛksedɑ̃, ɑ̃t] *adj* lästig; *enfant* unerträglich
excédent [ɛksedɑ̃] *m* ❶ ECON, FIN Überschuss *m*; ~**s agricoles** Agrarüberschüsse; ~ **budgétaire** Haushaltsüberschuss, Etatüberschuss; ~ **comptable** buchmäßiger Überschuss; ~ **total** Gesamtüberschuss; ~ **d'avoir** Guthabenüberschuss; ~ **de la balance/de caisse/d'exploitation** Bilanz-/Kassen-/Betriebsüberschuss; ~ **de la balance commerciale** Handelsbilanzüberschuss; ~ **de la balance des paiements** [courants] Zahlungsbilanzüberschuss, Leistungsbilanzüberschuss; ~ **de capitaux** Geldüberfluss *m*; ~ **de commandes** Überhang *m* an Aufträgen; ~ **des dépenses de constitution** Gründungsmehraufwand *m (Fachspr.)*; ~ **d'exportation** Exportüberschuss, Exportüberhang; ~ **de production** Produktionsüberschuss; ~ **de recettes** Einnahmenüberschuss, Mehreinnahme *f*; ~ **des importations sur les exportations** Einfuhrüberschuss, Importüberschuss; ~ **des recettes sur les dépenses** Mehreinnahmen *Pl*
❷ *(poids, nombre excédentaire)* ~ **de bagages** Gepäckübergewicht *nt*; ~ **de poids** Mehrgewicht; ~ **d'hommes** Männerüberschuss *m*; ~ **des naissances sur les décès** Geburtenüberschuss *m*
excédentaire [ɛksedɑ̃tɛʀ] *adj* überschüssig; *balance commerciale, balance des paiements* positiv, aktiv; **production ~** Überproduktion *f*; **récolte ~** Ernteüberschuss *m*
excéder [ɛksede] <5> *vt* ❶ *(dépasser)* überschreiten *poids, durée*; übersteigen *moyens, forces*; **ne pas ~ 3000 euros** 3000 Euro nicht übersteigen; **le stationnement ne doit pas ~ quinze minutes** man darf nicht länger als fünfzehn Minuten parken
❷ *(exaspérer)* ~ **qn** avec [*o* **par**] **qc** jdn zur Verzweiflung [*o* auf die Palme *fam*] mit etw bringen; **être excédé(e)** *(être à bout)* entnervt sein; *(être énervé)* verärgert sein
excellemment [ɛkselamɑ̃] *adv littér* [ganz] ausgezeichnet, hervorragend, exzellent *(geh)*
excellence [ɛkselɑ̃s] *f* hervorragende Qualität, Vorzüglichkeit *f*, Erstklassigkeit *f*; **l'~ de son goût** sein ausgezeichneter [*o* vortrefflicher] Geschmack
▶ **par ~** par excellence *(geh)*; **l'âne est, par ~, la bête de somme** der Esel ist das klassische Lasttier
Excellence [ɛkselɑ̃s] *f* **Son/Votre ~** Seine/Eure Exzellenz
excellent(e) [ɛkselɑ̃, ɑ̃t] *adj* [ganz] ausgezeichnet; *vin* köstlich; *professeur* hervorragend, exzellent *(geh)*, [ganz] ausgezeichnet; *air* ausnehmend gut; ~**(e) pour le dos/contre les douleurs** hervorragend für den Rücken/gegen Schmerzen
exceller [ɛksele] <1> *vi* ~ **en musique/dans son domaine/aux échecs** sich in der Musik/in seinem Bereich/beim Schach auszeichnen; ~ **en mathématiques** in Mathematik [ganz] ausgezeichnet [*o* hervorragend] sein; ~ **à cuisiner/écrire** [ganz] ausgezeichnet kochen/schreiben
excentré(e) [ɛksɑ̃tʀe] *adj région, quartier* entlegen, abgelegen
excentricité [ɛksɑ̃tʀisite] *f sans pl* Exzentrizität *f*, Exzentrik *f (geh)*; *d'un vêtement* Extravaganz *f*; **l'~ de son comportement/caractère** sein/ihr exzentrisches Verhalten/Wesen; **faire des ~s** sich Extravaganzen leisten
excentrique [ɛksɑ̃tʀik] I. *adj* ❶ *(bizarre) personne, manières* exzentrisch; *tenue* extravagant, ausgefallen
❷ *(périphérique) quartier* ~ Außenbezirk *m*
II. *mf (personne)* Exzentriker(in) *m(f)*
III. *m* TECH Exzenter *m*; **presse à ~** Exzenterpresse *f*
excepté [ɛksɛpte] *prép* bis auf (+ *Akk*), außer; ~ **que/si qn fait qc** außer [*o* nur], dass jd etw tut; **avoir tout prévu, ~ ce cas** mit allem gerechnet haben, nur damit nicht
excepter [ɛksɛpte] <1> *vt* ~ **qn de qc** jdn von etw ausnehmen; ~ **les frais de qc** die Kosten von etw abziehen; **si l'on excepte deux ou trois jours de soleil, ...** von zwei bis drei Sonnentagen einmal abgesehen, ...; **tous les devoirs, sans en ~ un seul, sont mauvais** die Arbeiten sind alle schlecht, ohne Ausnahme; **valable pour tous, les enfants exceptés** gültig für alle, Kinder ausgenommen
exception [ɛksɛpsjɔ̃] *f* ❶ *(action)* Ausnahme *f*; *(cas)* Ausnahmefall *m*, Ausnahme; **un être d'~** ein außergewöhnlicher Mensch; **loi d'~** Ausnahmegesetz *nt*; **régime d'~** Sonderregelung *f*; *(gouvernement exceptionnel)* Sonderregierung *f*; **faire ~ à la règle** eine Ausnahme [von der Regel] darstellen; **faire une ~ pour qn** für jdn [*o* bei jdm] eine Ausnahme machen; ~ **faite de qn/qc, à l'~ de qn/qc** abgesehen von jdm/etw, außer jdm/etw, bis auf jdn/etw; **sauf ~** von Ausnahmen abgesehen; **sans ~** ohne Ausnahme, ausnahmslos
❷ JUR Einrede *f (Fachspr.)*; ~ **déclinatoire de litispendance** Einrede der Rechtshängigkeit; ~ **relative à la prescription** Verjährungseinrede; ~ **rendant l'action irrecevable** prozesshindernde Einrede
▶ **c'est l'~ qui confirme la règle** *prov* Ausnahmen bestätigen die Regel; **à ~ près** bis auf eine Ausnahme
♦ ~ **de dol** JUR Arglisteinrede *(Fachspr.)*; ~ **d'inexécution** JUR Einrede *f* der Nichterfüllung *(Fachspr.)*; ~ **de nullité** JUR Nichtigkeitseinrede *f*
exceptionnel(le) [ɛksɛpsjɔnɛl] *adj* ❶ *(extraordinaire)* herausragend; *personne, réussite* außergewöhnlich, außerordentlich; *occasion* einmalig; **profits ~s** außerordentliche Erträge; **cela n'a rien d'~!** das ist doch nichts Außergewöhnliches!
❷ *(occasionnel) prime, congé* Sonder-; **mesures ~les** Sondermaßnahmen *Pl*, außergewöhnliche Maßnahmen; **à titre ~** ausnahmsweise
exceptionnellement [ɛksɛpsjɔnɛlmɑ̃] *adv* ❶ *(à titre exceptionnel)* ausnahmsweise
❷ *(très)* außergewöhnlich
excès [ɛksɛ] *m* ❶ *(surplus)* ~ **de soleil** Übermaß *nt* an Sonne *(Dat)*; ~ **de vitesse** Geschwindigkeitsüberschreitung *f*; ~ **de zèle** Übereifer *m*; ~ **de prudence** übertriebene Vorsicht *f*; ~ **de l'offre sur la demande** Angebotsüberhang *m*; ~ **des dépenses sur les recettes** Ausgabenüberhang *m*
❷ *pl (abus)* Exzesse *Pl*, Ausschweifungen *Pl*; *(violences)* Ausschreitungen *Pl*; ~ **de langage** sprachliche Entgleisungen *Pl*; **commettre des ~ de langage** sich im Ton vergreifen; **faire des ~** [de table] unmäßig essen und trinken
❸ MED ~ **de sucre dans le sang** zu hoher Blutzuckerspiegel; ~ **de**

base Basenüberschuss *m*
④ JUR ~ **de pouvoir** Kompetenzüberschreitung *f*
▶ **tomber dans l'** ~ <u>inverse</u> ins andere Extrem [ver]fallen; **pousser qc à l'**~ etw auf die Spitze treiben; **avec**/**sans** ~ *manger, dépenser* übermäßig [*o* zu viel]/in [*o* mit] Maßen

excessif, -ive [ɛksesif, -iv] *adj* ❶ übertrieben, extrem; *prix* überhöht; *froid* schneidend; **cent euros, ce n'est pas** ~ hundert Euro sind nicht zu viel; **il fait une chaleur excessive** es ist unerträglich heiß
❷ *(immodéré) tempérament* überschäumend; **être** ~(**-ive**) **en tout** alles ins Extrem treiben; **être** ~(**-ive**) **dans son jugement** zu hart urteilen

excessivement [ɛksesivmɑ̃] *adv* äußerst, ungemein; *manger* unmäßig; **être** ~ **cher**(**chère**) überteuert sein

ex-champion(ne) [ɛksʃɑ̃pjɔ̃, jɔn] <ex-champions> *m(f)* ~(**ne**) **du monde** Ex-Weltmeister(in) *m(f)*; **ex-chancelier** [ɛksʃɑ̃səlje] <ex-chanceliers> *m* Altbundeskanzler *m*

excipient [ɛksipjɑ̃] *m* PHARM Grundstoff *m*; *d'une pommade* Grundlage *f*; *du mercurochrome* Lösungsmittel *nt*

exciser [ɛksize] <1> *vt* herausschneiden *tumeur*; beschneiden *fille*

excision [ɛksizjɔ̃] *f* ❶ MED *d'un cor, tissu* Herausschneiden *nt*, Exzision *f (Fachspr.)*; *d'un polype* Entfernen *nt*
❷ *(ablation rituelle)* ~ **d'une fille** Beschneidung *f* eines Mädchens, Klitorisbeschneidung

excitabilité [ɛksitabilite] *f (qualité)* Erregbarkeit *f*; *(réaction)* Reizempfindung *f*

excitable [ɛksitabl] *adj* reizbar, [leicht] erregbar

excitant [ɛksitɑ̃] *m* anregendes Mittel; *(plus fort)* Aufputschmittel *nt*

excitant(e) [ɛksitɑ̃, ɑ̃t] *adj* ❶ aufregend; *livre, projet* spannend, faszinierend; ~(**e**) **pour l'esprit** [geistig] anregend; **ce n'est pas très** ~ das ist [ja] nicht gerade aufregend
❷ *(stimulant) café* anregend; *médicament* stimulierend

excitation [ɛksitasjɔ̃] *f* ❶ *(état agité)* Aufregung *f*, Erregung *f*; ~ **intellectuelle** geistige Anspannung; ~ **sexuelle** sexuelle Erregtheit
❷ *(action) d'un nerf* Reizung *f*; *d'un électron* Anregung *f*; *d'un sentiment* Erwecken *nt*
❸ *(incitation)* ~ **à la haine** Aufhetzen *nt*; ~ **à la révolte** Aufwiegelung *f*; ~ **des mineurs à la débauche** Verführung *f* Minderjähriger

excité(e) [ɛksite] I. *adj* aufgeregt, erregt; **tu es drôlement** ~(**e**)! *fam* du bist ja total überdreht! *(fam)*
II. *m(f)* Hitzkopf *m*

exciter [ɛksite] <1> I. *vt* ❶ *(provoquer)* erregen, wecken *désir, curiosité*; anregen *appétit*
❷ *(aviver)* anspornen; steigern, anstacheln *ardeur, courage*; anregen *imagination*; verschlimmern *douleur*
❸ *(passionner) idée*: reizen; *sensation*: in Hochstimmung versetzen; *travail*: begeistern
❹ *(mettre en colère) personne*: ärgern; *alcool*: aggressiv machen; *chaleur*: nervös machen; ~ **un voisin contre un autre** einen Nachbarn gegen einen anderen aufbringen [*o* aufhetzen]
❺ *(en parlant d'un animal) personne*: ärgern; *chose*: unruhig machen; *(aiguillonner)* antreiben
❻ *(troubler sexuellement)* erregen
❼ PHYSIOL erregen
❽ *(inciter)* ~ **à la désobéissance** zum Ungehorsam aufwiegeln; ~ **à la débauche** zur Unzucht verführen
II. *vpr* ❶ **s'**~ **sur qc** sich über etw *(Akk)* aufregen
❷ *fam (s'acharner)* **s'**~ **sur qc** sich an etw *(Dat)* festbeißen

exclamatif, -ive [ɛksklamatif, -iv] *adj* **phrase exclamative** Ausrufesatz *m*

exclamation [ɛksklamasjɔ̃] *f* Ausruf *m*; ~ **de douleur**/**de joie** Schmerzens-/Freudenschrei *m*; **point d'**~ Ausrufezeichen *nt*

exclamer [ɛksklame] <1> *vpr* **s'**~ **de joie** freudig ausrufen; **s'**~ **de douleur** vor Schmerz *(Dat)* aufschreien; **s'**~ **sur qc** *(admirer)* etw lautstark bewundern; *(se moquer)* sich lautstark über etw *(Akk)* auslassen

exclu(e) [ɛkskly] I. *part passé de* **exclure**
II. *adj* ❶ *(impossible)* ausgeschlossen; **il n'est pas** ~ **que qn fasse qc** es ist nicht ausgeschlossen, dass jd etw tut
❷ *(non compris)* **mardi** ~ außer Dienstag
III. *m(f)* **les** ~**s** die [von der Gesellschaft] Ausgeschlossenen

exclure [ɛksklyʀ] <*irr*> I. *vt* ❶ ~ **qn d'un parti**/**d'une équipe** jdn aus einer Partei/einer Mannschaft ausschließen; ~ **qn d'une salle**/**de l'école** jdn aus einem Saal [*o* des Saales]/von der Schule verweisen; **être exclu(e) du lycée pour huit jours** für acht Tage vom Unterricht ausgeschlossen werden
❷ *(écarter)* ausschließen *possibilité*; ausschalten *élément*; verwerfen *hypothèse*; ~ **les conséquences juridiques** die Rechtsfolgen ausschließen
❸ *(supprimer)* weglassen; ~ **le sucre de son régime** bei seiner Ernährung auf Zucker verzichten
II. *vpr* **s'**~ sich [gegenseitig] ausschließen

exclusif, -ive [ɛksklyzif, -iv] *adj* ausschließlich; *droit, privilège* alleinig; *préoccupation, but* einzig; **reportage** ~ Exklusivbericht *m*; **photo**/**interview exclusive** Exklusivfoto *nt*/-interview *nt*

exclusion [ɛksklyzjɔ̃] *f* ❶ Ausschluss *m*; ~ **du lycée** Schulverweis *m*; ~ **d'un parti** Ausschluss aus einer Partei; **procédure d'**~ **du parti** Parteiausschlussverfahren *nt*; ~ **sociale** gesellschaftlicher Ausschluss, soziale Ausgrenzung
❷ JUR Ausschließung *f*, Ausschluss *m*; ~ **de la possibilité de céder une créance** Abtretungsausschluss *(Fachspr.)*; ~ **des risques** Risikoausschluss; ~ **de la succession** Enterbung *f*, Erbausschließung *f (Fachspr.)*
▶ **à l'**~ **du ministre** *(sauf/en voulant exclure)* mit Ausnahme/unter Ausschluss des Ministers
◆ ~ **des droits de garantie** JUR Ausschluss *m* der Gewährleistungsrechte; ~ **de tout recours** JUR Ausschluss *m* der Gewährleistung, Gewährleistungsausschluss *(Fachspr.)*

exclusivement [ɛksklyzivmɑ̃] *adv* ausschließlich; *(uniquement)* nur; *(exclu)* exklusive

exclusivité [ɛksklyzivite] *f* ❶ *d'une marque* Alleinvertretung *f*, Alleinvertrieb *m*; *d'un livre* Exklusivrecht *nt*; **une** ~ ... *(produit)* ein geschütztes Produkt von ...; *(scoop)* eine Exklusivmeldung von ...; **en** ~ ausschließlich; **interview en** ~ Exklusivinterview *nt*
❷ JUR Ausschließlichkeit *f*; ~ **bilatérale** gegenseitige Ausschließlichkeit; ~ **de l'entreprise** Firmenausschließlichkeit *(Fachspr.)*

excommunication [ɛkskɔmynikasjɔ̃] *f* REL Exkommunikation *f*; **être frappé(e) d'**~ exkommuniziert werden

excommunier [kɔmynje] <1a> *vt* exkommunizieren

ex-coupon [ɛkskupɔ̃] <ex-coupons> *m* ECON Ex-Dividende *f (Fachspr.)*

excréments [ɛkskʀemɑ̃] *m pl* Exkremente *nt Pl*

excréter [ɛkskʀete] <1> *vt* PHYSIOL ausscheiden

excrétion [ɛkskʀesjɔ̃] *f* ❶ *(évacuation des matières fécales)* Ausscheidung *f*; *de l'urine* Urinieren *nt*
❷ *pl (matières fécales)* Exkremente *Pl*

excroissance [ɛkskʀwasɑ̃s] *f* Wucherung *f*

excursion [ɛkskyʀsjɔ̃] *f* ❶ Ausflug *m*; *(en voiture)* Vergnügungsfahrt *f*; ~ **à pied** Wanderung *f*; ~ **en car** Busreise *f*; ~ **en haute montagne** Hochgebirgstour *f*

excusable [ɛkskyzabl] *adj* verzeihlich

excuse [ɛkskyz] *f* ❶ *(raison)* Entschuldigung *f*; **prendre pour** [*o* **trouver comme**] ~ **que qn a fait qc** als Entschuldigung angeben, dass jd etw getan hat
❷ *(prétexte)* Ausrede *f*; **la belle** ~! schöne Ausrede!; **avoir toujours une bonne** ~ nie um eine Ausrede verlegen sein
❸ *pl (regret)* **mille** ~**s**! ich bitte Tausend Mal um Entschuldigung!; **exiger des** ~**s de qn** von jdm eine Entschuldigung verlangen; **faire toutes ses** ~**s à qn** jdn vielmals um Entschuldigung bitten

excuser [ɛkskyze] <1> I. *vt* ❶ entschuldigen *faute, retard*; **excusez-moi**/**excusez-moi!** entschuldige/entschuldigen Sie [bitte]!, Entschuldigung!, Verzeihung!
❷ *(justifier)* in Schutz nehmen *personne*; entschuldigen *conduite*
▶ **vous êtes tout excusé(e)** machen Sie sich darüber keine Gedanken; **se faire** ~ sich entschuldigen lassen; **veuillez m'**~ **si j'ai fait qc** *soutenu* entschuldigen Sie bitte, wenn ich etw getan habe
II. *vpr* **s'**~ **de qc** sich für etw entschuldigen
▶ **je m'excuse de vous** <u>déranger</u> entschuldigen Sie bitte die Störung

exécrable [ɛɡzekʀabl] *adj* scheußlich; *nourriture* ekelhaft; *film, poème* miserabel, erbärmlich; *comportement, délit* fluchwürdig *(geh)*

exécrer [ɛɡzekʀe] <1> *vt* verabscheuen

exécutable [ɛɡzekytabl] *adj* ❶ *(réalisable) projet* durchführbar
❷ INFORM ausführbar
❸ JUR *réforme, revendication* durchsetzbar; **la sentence est** ~ **immédiatement** der Beschluss ist sofort vollstreckbar

exécutant(e) [ɛɡzekytɑ̃, ɑ̃t] *m(f)* ❶ *(agent)* Befehlsempfänger(in) *m(f)*; **être un(e) simple** ~(**e**) nur Befehle ausführen
❷ MUS Ausführende(r) *f(m)*, Mitwirkende(r) *f(m)*
❸ JUR *(personne qui exécute)* ~ **subalterne** Verrichtungsgehilfe *m*/-gehilfin *f (Fachspr.)*

exécuter [ɛɡzekyte] <1> I. *vt* ❶ *(effectuer)* ausführen; durchführen *projet*; erledigen *travail*
❷ *(réaliser)* anfertigen; nähen *vêtement*; zubereiten *plat*; malen *tableau*
❸ MUS *(interpréter)* spielen
❹ INFORM ausführen *programme*; abarbeiten *tâche*; abarbeiten, ausführen *commande*
❺ JUR vollziehen, vollstrecken *peine*; ~ **les dernières volontés de qn** jds letzten Willen erfüllen; ~ **en recourant à la force** JUR zwangsvollstrecken; **non exécuté(e)** *tâche, commande* unerledigt
❻ *(tuer)* hinrichten; *(assassiner)* umbringen

s'excuser	
s'excuser	**sich entschuldigen**
(Oh,) je ne l'ai pas fait exprès !	(Oh,) das habe ich nicht gewollt!
Je suis désolé(e)	Das tut mir leid!
Excuse-moi !/Excusez-moi !/Pardon !/Je te/vous demande pardon !	Entschuldigung!/Verzeihung!/Pardon!
Excusez-moi !/Je suis désolé(e) !	Entschuldigen Sie bitte!
Ce n'était pas dans mes intentions.	Das war nicht meine Absicht.
Excusez-moi, je suis vraiment désolé(e).	Ich muss mich dafür wirklich entschuldigen.
accepter des excuses	**auf Entschuldigungen reagieren**
Ça va !/Ça ne fait rien !	Schon okay! *(fam)*/Das macht doch nichts!
Ce n'est pas grave !/Ça ne fait rien !/Ne t'en fais pas !	Macht nichts!/Keine Ursache!
Ne vous faites pas de soucis !	Machen Sie sich darüber keine Gedanken.
Ne vous faites pas de cheveux blancs pour ça !	Lassen Sie sich darüber keine grauen Haare wachsen. *(fam)*
admettre, avouer	**zugeben, eingestehen**
C'est de ma faute.	Ich bin schuld daran.
Oui, c'était de ma faute.	Ja, es war mein Fehler.
Là, j'ai fait une connerie. *(fam)*	Da habe ich Mist gebaut. *(sl)*
Je l'admets : j'ai agi trop vite.	Ich gebe es ja zu: Ich habe vorschnell gehandelt.
Vous avez raison, j'aurais dû mieux réfléchir à la question.	Sie haben Recht, ich hätte mir die Sache gründlicher überlegen sollen.

II. *vpr* s'~ *(obéir à un ordre)* einem Befehl Folge leisten; *(répondre à une demande)* einer Bitte *(Dat)* nachkommen
exécuteur, -trice [εgzekytœʀ, -tʀis] *m, f d'un arrêt* Ausführende(r) *f(m); ~* (-**trice**) **testamentaire** Testamentsvollstrecker(in) *m(f)*
◆ ~ **des basses œuvres** Mann *m* fürs Grobe *(fam); ~* **des hautes œuvres** *vieilli* Scharfrichter *m*
exécutif [εgzekytif] *m* Exekutive *f*, Exekutivgewalt *f*
exécutif, -ive [εgzekytif, -iv] *adj* **comité ~** Exekutivausschuss *m;* **pouvoir ~** ausübende [*o* vollziehende] Gewalt, Exekutive *f;* **administration du pouvoir ~** Exekutivbehörde *f*
exécution [εgzekysjɔ̃] *f* ❶ *Ausführung f; d'un travail, programme* Durchführung *f;* COM *d'une commande* Erledigung *f; des transactions financières* Abwicklung *f; d'une robe* Anfertigung *f; d'un tableau* Malen *nt;* ~ **d'une/de la commande** COM Auftragserledigung, Auftragsabwicklung, Auftragsausführung; **le temps nécessaire à l'~ du travail** der betrieblich notwendige Arbeitsaufwand; **mettre une loi à ~** ein Gesetz durchführen [*o* ausführen]; **mettre une menace à ~** eine Drohung wahr machen
❷ MUS Vortrag *m; (manière de jouer)* Interpretation *f*
❸ INFORM Ausführung *f; ~* **d'une/de la commande** Befehlsausführung; ~ **de/du programme** Programmausführung, Programmsteuerung *f*
❹ JUR, ÉCON *d'un jugement, testament* Vollstreckung *f; d'une peine* Vollzug *m; ~* **du contrat** Vertragserfüllung *f*, Leistungserfüllung *f; ~* **de jugement** Urteilsvollstreckung, Urteilsvollzug *f; ~* **de la liquidation** Abwicklungsvollstreckung *(Fachspr.); ~* **de la loi** Gesetzesvollzug *f; ~* **d'un/du paiement** Zahlungsabwicklung *f; ~* **d'une prestation** Erfüllung einer Leistung; ~ **forcée communautaire** Gesamtvollstreckung; ~ **partielle/ultérieure** Teil-/Nacherfüllung *f; ~* **simultanée** Erfüllung Zug um Zug *(Fachspr.); ~* **d'office** Ersatzvornahme *f (Fachspr.); ~* **à l'amiable** vergleichsweise Erfüllung; **tenant lieu d'~** JUR erfüllungshalber *(Fachspr.)*
❺ *(mise à mort)* Hinrichtung *f*, Exekution *f; ~* **sommaire** standrechtliche Hinrichtung
◆ ~ **de faillite** Konkursabwicklung *f; ~* **des obligations** ÉCON Obligationentilgung *f; ~* **de la saisie conservatoire** JUR Arrestvollziehung *f*
exécutoire [εgzekytwaʀ] *adj* JUR exekutiv
exégèse [εgzeʒεz] *f* Interpretation *f*, Auslegung *f;* REL Exegese *f; (commentaire)* Kommentar *m;* **faire l'~ d'un discours politique** eine politische Rede analysieren [*o* kommentieren]
exégète [εgzeʒεt] *m* Interpret(in) *m(f);* REL Exeget *m;* **se faire l'~**

d'un texte einen Text auslegen
exemplaire [εgzɑ̃plεʀ] I. *adj* ❶ *(édifiant)* conduite, personne beispielhaft, vorbildlich
❷ *(dissuasif) châtiment* exemplarisch
II. *m* ❶ *(copie) d'un livre* Exemplar *nt; d'un avion, d'une voiture* Maschine *f; ~* **gratuit** Gratisexemplar; ~ **du dossier** Aktenexemplar; **en deux ~s** in zweifacher Ausfertigung
❷ *(spécimen)* Exemplar *m*
exemplarité [εgzɑ̃plaʀite] *f d'un comportement* Vorbildlichkeit *f*
exemple [εgzɑ̃pl] *m* ❶ *(modèle)* Beispiel *nt*, Vorbild *nt; ~* **idéal** Idealbeispiel; ~ **de ce qu'il ne faut pas faire** Negativbeispiel; **citer qn/qc en ~** jdn/etw als Beispiel hinstellen; **donner l'~** mit gutem Beispiel vorangehen; **prendre ~ sur qn** sich *(Dat)* an jdm ein Beispiel nehmen; **à l'~ de mon père** nach dem Vorbild meines Vaters
❷ *(illustration)* Beispiel *nt;* **par ~** zum Beispiel, beispielsweise; **être sans ~** ohne Beispiel [*o* beispiellos] sein
❸ *(châtiment)* **faire un ~** ein Exempel statuieren
▶ **ça/tiens) par ~ !** *fam (indignation)* das ist doch nicht zu fassen! *(fam); (surprise)* na, so [et]was! *(fam)*
exemplifier *vt* exemplifizieren *(geh)*
exempt(e) [εgzɑ̃(pt), ɑ̃(p)t] *adj* ❶ *(dispensé) personne:* befreit; **être ~ du service militaire** vom Wehrdienst freigestellt sein; ~**(e) de taxes/d'affranchissement** steuer-/portofrei; ~**(e) d'hypothèques** hypothekenfrei
❷ *(dépourvu)* frei; *danger, défaut* ohne; ~**(e) d'erreur** fehlerfrei/-los; ~ **de résidus** rückstand[s]frei
exempter [εgzɑ̃(p)te] <1> *vt* ❶ *personne:* befreien; *(réformer)* freistellen; *(décharger)* entbinden; ~ **qn du service militaire** jdn vom Wehrdienst [*o* Militärdienst] freistellen; **être exempté(e) d'impôts/de T.V.A.** *revenu, marchandise:* steuerfrei sein/nicht der Mehrwertsteuer *(Dat)* unterliegen
❷ *(préserver)* ~ **qn de la paresse** jdn vor der Faulheit bewahren
exemption [εgzɑ̃psjɔ̃] *f* JUR, FISC ❶ *(action d'exempter)* Befreiung *f*, Freistellung *f*, Exemtion *f (Fachspr.)*, Dispens *m (Fachspr.); ~* **d'impôts** Steuerbefreiung; ~ **de la poursuite judiciaire** Befreiung von gerichtlicher Verfolgung; ~ **du service militaire** Freistellung vom Wehrdienst; **période d'~** Freistellungszeitraum *m; ~* **par catégories** Gruppenfreistellung *f*
❷ *(résultat)* ~ **de taxes et d'impôts** Abgabenfreiheit *f*
exercé(e) [εgzεʀse] *adj œil, voix* geübt, geschult
exercer [εgzεʀse] <2> I. *vt* ❶ *(pratiquer)* ausüben *métier;* bekleiden *fonction*

exiger

exiger	verlangen
J'**exige** des explications de votre part.	**Ich verlange** eine Erklärung von Ihnen.
Je veux que/J'**insiste pour que** tu partes.	**Ich will/bestehe darauf, dass** du gehst.
C'est le minimum qu'on puisse demander.	Das ist das Mindeste, was man verlangen kann.

demander à quelqu'un de faire quelque chose	jemanden auffordern
Je dois vous **prier** de quitter la pièce. *(form)*	**Ich muss Sie bitten**, den Raum zu verlassen. *(form)*
N'oublie pas de me téléphoner ce soir.	**Denk dran**, mich heute Abend anzurufen.
Passe donc me voir.	Besuch mich **doch mal**.
Pourrais-tu venir **une minute** ?	**Kannst du grade mal** kommen?

inviter quelqu'un à une action commune	zu gemeinsamem Handeln auffordern
(Allez,) **au travail !/Mettons-nous au** travail !	**An die Arbeit!/Fangen wir mit** der Arbeit **an**!
Allons-y !	**Auf geht's!** *(fam)*
Et si nous commencions ?	**Wollen wir jetzt nicht** damit anfangen?

❷ *(mettre en usage)* ausüben *influence, pouvoir;* entfalten *talent;* ~ **son droit** sein Recht geltend machen; ~ **des pressions sur qn/qc** Druck auf jdn/etw ausüben
❸ *(entraîner)* schulen, üben; trainieren *oreille, mémoire;* bilden *jugement;* ausbilden, entwickeln *goût;* ~ **les étudiants à l'informatique** Studenten in der Informatik *(Dat)* ausbilden; ~ **les élèves à lire à voix basse** die Schüler an leises Lesen gewöhnen; ~ **son corps à résister au froid** seinen Körper gegen Kälte abhärten
II. *vi* tätig sein; *médecin:* praktizieren
III. *vpr* ❶ *(s'entraîner)* s'~ üben; SPORT trainieren; **s'~ à la trompette** Trompete üben
❷ *(se manifester)* sich bemerkbar machen; **s'~ contre qn** *méfiance:* sich gegen jdn richten; **s'~ dans un domaine** *habileté, influence:* sich auf einem Gebiet zeigen
❸ *(être exercé)* *pouvoir, influence, pression:* ausgeübt werden
exercice [ɛgzɛʀsis] *m* ❶ SCOL, MUS, SPORT Übung *f;* ~ **de calcul/grammaire** Rechen-/Grammatikübung; ~ **de gymnastique** Gymnastikübung; ~**s aux agrès** Geräteturnen *nt;* **faire des** [*o* **ses**] ~**s au piano** Klavier üben
❷ *sans pl (activité physique)* Bewegung *f;* **faire** [*o* **prendre**] **de l'**~ sich *(Dat)* Bewegung verschaffen
❸ MIL Drill *m,* Exerzieren *nt;* **faire l'**~ exerzieren
❹ *(pratique)* d'un métier, du pouvoir Ausübung *f;* d'une fonction Bekleidung *f;* d'un droit Ausübung, Geltendmachung *f (form);* **libre ~ du culte** freie Religionsausübung; ~ **du droit** Rechtsausübung; ~ **d'une profession/d'un métier** Berufs-/Gewerbeausübung; ~ **abusif/illicite du droit** missbräuchliche/unzulässige Rechtsausübung; ~ **illégal de la médecine** Arzttätigkeit *f* ohne Zulassung; **dans l'**~ **de ses fonctions** in Ausübung seines Amtes; ~ **de la souveraineté** Herrschaftsausübung; ~ **des droits attachés au brevet** JUR Ausübung der mit einem Patent verbundenen Rechte; **forme de l'**~ JUR Form *f* der Geltendmachung
❺ ECON, FISC [**comptable**] Rechnungsjahr *nt,* Geschäftsjahr, Wirtschaftsjahr; ~ **budgétaire/fiscal** Haushalts-/Fiskaljahr; ~ **commercial précédent** Geschäftsvorjahr; ~ **incomplet** Rumpfgeschäftsjahr; **dans le courant de l'**~ im laufenden Geschäftsjahr; **comparaison avec l'**~ **précédent** Vorjahresvergleich *m*
▶ **en** ~ im Dienst; POL amtierend; **entrer en** ~ seinen Dienst/sein Amt antreten
◆ ~ **à sec** Trockenübung *f;* ~ **à trous** Lückentest *m*
~ **d'assouplissement** Aufwärmübung *f;* ~ **de diction** Sprechübung *f;* ~ **de pression** Druckausübung *f;* ~ **de style** Stilübung *f;* ~ **de tir** Schießübung *f;* ~ **de vice de procédure et de forme** JUR Geltendmachung *f* von Verfahrens- und Formfehlern
exérèse [ɛgzeʀez] *f* MED Ablation *f (Fachspr.),* Exzision *f*
exergue [ɛgzɛʀg] *m* **en** ~ als Inschrift
ex-femme [ɛksfam] <**ex-femmes**> *f* **mon** ~ meine frühere [*o* ehemalige] Frau, meine Exfrau *(fam)*
exfiltrer [ɛksfiltʀe] <1> *vt* zurückschleusen; ~ **un agent vers un pays** einen Agenten in ein Land zurückschleusen
exfoliant [ɛksfɔljɑ̃] *m* Peeling *nt,* Peelingmaske, f; ~ **pour le visage** Gesichtspeeling
exfoliation [ɛksfɔljasjɔ̃] *f* ❶ *(écaillement)* Schälen *nt; de l'écorce* Entrinden *nt*

❷ MED *de l'os* Exfoliation *f (Fachspr.)*
exfolier [ɛksfɔlje] <1a> **I.** *vt rare* in Platten ablösen *ardoise*
II. *vpr* MED **s'**~ sich ablösen; *peau:* [sich] abschilfern, sich schälen
exhalaison [ɛgzalɛzɔ̃] *f* Ausdünstung *f; (odeur agréable)* Duft *m*
exhaler [ɛgzale] <1> **I.** *vt* ❶ *(répandre)* ausströmen
❷ *(laisser échapper)* ausstoßen *soupir;* ~ **le dernier soupir** seinen letzten Atemzug [*o* Seufzer] tun *(geh)*
❸ *littér (manifester) personne:* zum Ausdruck bringen, bekunden *(geh); visage:* ausdrücken
II. *vpr* **s'**~ **de qc** *gémissement:* aus etw dringen; *parfum:* aus etw ausströmen
exhaussement [ɛgzosmɑ̃] *m* CONSTR *d'un mur* Erhöhen *nt*
exhausser [ɛgzose] <1> *vt* ~ **qc de deux mètres** etw um zwei Meter erhöhen; ~ **une maison d'un étage** ein Haus aufstocken
exhausteur [ɛgzostœʀ] *m* CHIM *de goût, saveur* Geschmacksverstärker *m*
exhaustif, -ive [ɛgzostif, -iv] *adj* erschöpfend; *liste* vollständig
exhaustivité [ɛgzostivite] *f d'un exposé* Vollständigkeit *f*
exhiber [ɛgzibe] <1> *vt* ❶ *(montrer)* vorzeigen; vorweisen, vorlegen *document;* beibringen *preuve;* vorführen *animal*
❷ *(étaler)* zur Schau stellen
II. *vpr* **s'**~ sich [in der Öffentlichkeit] zeigen, sich produzieren *(pej)*
exhibition [ɛgzibisjɔ̃] *f d'un animal* Vorführung *f; d'un athlète* Darbietung *f; (étalage)* Zurschaustellung *f*
▶ **faire** ~ **de ses sentiments** seine Gefühle offenbaren
exhibitionnisme [ɛgzibisjɔnism] *m a. fig* Exhibitionismus *m*
exhibitionniste [ɛgzibisjɔnist] **I.** *mf* Exhibitionist(in) *m(f)*
II. *adj* exhibitionistisch
exhortation [ɛgzɔʀtasjɔ̃] *f* [Er]mahnung *f*
exhorter [ɛgzɔʀte] <1> *vt littér* ~ **qn à l'obéissance** jdn zum Gehorsam [er]mahnen
exhumation [ɛgzymasjɔ̃] *f d'un corps* Exhumierung *f; de ruines* Ausgrabung *f*
exhumer [ɛgzyme] <1> *vt* exhumieren *corps;* ausgraben *ruines, document*
exigeant(e) [ɛgziʒɑ̃, ʒɑ̃t] *adj* anspruchsvoll; *enfant* anstrengend; *critique* streng; **un travail** ~ eine Arbeit, die hohe Anforderungen stellt; **être** ~(**e**) **à l'égard de qn** viel von jdm verlangen, hohe Ansprüche an jdn stellen; **être** ~ **sur** [**le chapitre de**] **qc** viel Wert auf etw *(Akk)* legen; ~(**e**) **de conserver le secret** JUR geheimhaltungsbedürftig
exigence [ɛgziʒɑ̃s] *f* ❶ *(caractère)* anspruchsvolles Wesen, Strenge *f;* **être d'une** ~ **insupportable** unglaublich anspruchsvoll sein
❷ *souvent pl (prétentions)* [An]forderungen *Pl,* Ansprüche; *(salaire demandé)* Gehaltsvorstellungen *Pl,* Gehaltsforderungen; ~ **de qualité** Qualitätsanforderung *f,* Qualitätsanspruch *m;* ~ **maximale** Maximalforderung *f;* ~ **supplémentaire** Zusatzforderung
❸ *pl (impératifs)* ~**s techniques** technische Erfordernisse *Pl;* ~**s de la mode** Modezwänge *Pl;* ~**s de sécurité** Sicherheitsvorschriften *Pl*
◆ ~ **de l'établissement** JUR Niederlassungserfordernis *nt (Fachspr.);* ~ **de motifs** *(en parlant d'un jugement)* Begründungserfordernis *nt (Fachspr.)*
exiger [ɛgziʒe] <2a> *vt* ❶ *(réclamer)* verlangen, fordern *explication, rançon;* ~ **des références** Referenzen erbitten; ~ **réparation**

Wiedergutmachung verlangen [o fordern]; ~ **beaucoup de qn** hohe Ansprüche an jdn stellen; ~ **trop de qn** jdn überfordern; ~ **que qn fasse qc** verlangen [o fordern], dass jd etw tut

❷ *(nécessiter) personne, animal, plante:* brauchen; *travail:* erfordern; ~ **que qn fasse qc** *circonstances:* erfordern, dass jd etw tut; *politesse:* gebieten, dass jd etw tut

exigibilité [ɛgziʒibilite] *f* JUR Klagbarkeit *f*
exigible [ɛgziʒibl] *adj* ❶ *créance* eintreibbar; *impôt, dettes* fällig, eintreibbar

❷ JUR klagefähig *(Fachspr.)*; ~ **par voie de justice** einklagbar
exigu, exiguë [ɛgzigy] *adj logement* winzig [klein]
exiguïté [ɛgziɡɥite] *f* ❶ *vieilli (médiocrité) d'un repas* Dürftigkeit *f*
❷ *(étroitesse) d'un espace* Enge *f*, Winzigkeit *f*
exil [ɛgzil] *m* Exil *nt*, Verbannung *f*; **condamner qn à l'~** jdn verbannen
exilé(e) [ɛgzile] **I.** *adj* ❶ *(expatrié)* emigriert; *(chassé)* ausgebürgert; *(banni)* verbannt

❷ *(retiré)* zurückgezogen, isoliert
II. *m(f)* Emigrant(in) *m(f)*, Exilant(in) *m(f)*; *(banni)* Verbannte(r) *f(m);* ~ **politique** politischer Flüchtling
exiler [ɛgzile] <1> **I.** *vt* verbannen, in die Verbannung [o ins Exil] schicken
II. *vpr* **s'~ de/en France** aus/nach Frankreich auswandern [o emigrieren]; **s'~ à la campagne** sich aufs Land zurückziehen
existant(e) [ɛgzistɑ̃, ɑ̃t] *adj* bestehend
existence [ɛgzistɑ̃s] *f* ❶ *(vie)* Leben *nt*, Dasein *nt*, Existenz *f*; *(mode de vie)* Lebensweise *f*

❷ *(durée) d'une institution* Bestehen *nt;* **l'entreprise fête ses cent ans d'~** die Firma feiert ihr hundertjähriges Geschäftsjubiläum
❸ *a.* PHILOS *(réalité, présence)* Existenz *f*
existentialisme [ɛgzistɑ̃sjalism] *m* Existenzialismus *m*
existentialiste *adj philosophie* ~ Existenzphilosophie *f*
existentiel(le) [ɛgzistɑ̃sjɛl] *adj* existenziell
exister [ɛgziste] <1> **I.** *vi* ❶ *(vivre)* leben, existieren

❷ *(être)* bestehen, existieren; **ce mot existe** dieses Wort gibt es; **continuer d'~** fortbestehen, weiter bestehen

❸ *(compter)* **cette personne/ce livre existe pour qn** diese Person/dieses Buch existiert für jdn
II. *vi impers* **il existe qc** es gibt etw
ex-libris [ɛkslibʁis] *m inv d'un bibliophile* Exlibris *nt*
ex-mari [ɛksmaʁi] <ex-maris> *m* **mon ~** mein früherer [o ehemaliger] Mann, mein Exmann *(fam)* **ex-ministre** [ɛksminstʁ] <ex-ministres> *mf* früherer [o ehemaliger] Minister/frühere [o ehemalige] Ministerin, Ex-Minister(in) *m(f) (fam)*
exocrine [ɛgzɔkʁin] *adj* ANAT exokrin
exode [ɛgzɔd] *m* ❶ [Massen]auswanderung *f*; ~ **rural** Landflucht *f*; **l'~ de 1940** die Massenflucht der französischen Zivilbevölkerung im Jahre 1940

❷ BIBL **l'Exode** der Exodus/Auszug aus Ägypten
▶ **prendre les proportions d'un** ~ die Ausmaße einer Völkerwanderung annehmen
◆ ~ **des capitaux** Kapitalflucht *f*
exogène [ɛgzɔʒɛn] *adj* ANAT exogen
exonération [ɛgzɔneʁasjɔ̃] *f jur*, FISC ❶ *(action d'exonérer)* Befreiung *f*, Freistellung *f*; *des dettes, taxes* Erlassung *f*; ~ **de la contribution** Umlagebefreiung; ~ **des impôts** [o **d'impôts**] [o **fiscale**] Steuerbefreiung; ~ **de la responsabilité** Haftungsausschluss *m*, Freistellung von [der] Haftung; ~ **de taxes** Abgabenbefreiung, Gebührenbefreiung, Gebührenerlass *m;* **attestation d'~** Freistellungsschein *m;* **réglementation d'~** Freistellungsregelung *f*

❷ *(résultat)* ~ **de taxes professionnelles** Gewerbesteuerfreiheit *f*
exonérer [ɛgzɔneʁe] <5> *vt* FIN ~ **les propriétaires de maisons neuves d'impôts fonciers** den Besitzern neuer Häuser die Grundsteuer erlassen; **exonéré(e) de la T.V.A.** mehrwertsteuerfrei; **être exonéré(e) de la T.V.A.** nicht der Mehrwertsteuer *(Dat)* unterliegen; **exonéré(e) d'impôt sur le chiffre d'affaires** umsatzsteuerfrei; **exonéré(e) d'impôt sur les sociétés** körperschaftssteuerfrei; **être exonéré(e)** *marchandise:* abgabenfrei sein
exophtalmie [ɛgzɔftalmi] *f* MED Exophtalmie *f*
exorbitant(e) [ɛgzɔʁbitɑ̃, ɑ̃t] *adj prétentions* übertrieben; *prix* unverschämt, horrend; **avoir un coût** ~ ECON untragbar teuer sein
exorbité(e) [ɛgzɔʁbite] *adj* **yeux ~s** hervortretende Augen, Glupschaugen *Pl; (de stupéfaction)* weit aufgerissene Augen; **il a les yeux ~s** ihm quellen die Augen heraus
exorciser [ɛgzɔʁsize] <1> *vt* [durch Beschwörung] austreiben, exorzieren
exorciseur, -euse [ɛgzɔʁsizœʁ, -øz] *m, f* Exorzist(in) *m(f)*
exorcisme [ɛgzɔʁsism] *m* Exorzismus *m*, [Teufels]austreibung *f*
exorde [ɛgzɔʁd] *m* ❶ *(préambule) d'un discours* Einleitung *f*, Exordium *nt*

❷ *(ouverture) d'une œuvre* Eröffnung *f*
exothermique [ɛgzotɛʁmik] *adj* MED exotherm
exotique [ɛgzɔtik] *adj* exotisch

exotisme [ɛgzɔtism] *m* Exotik *f;* **l'~ déplace les foules** die Vorliebe für das Exotische lockt die Leute an
expansé(e) *v.* polystyrène
expansible [ɛkspɑ̃sibl] *adj* PHYS ausdehnbar
expansif, -ive [ɛkspɑ̃sif, -iv] *adj* gesprächig; **être d'un naturel ~** mitteilsam sein
expansion [ɛkspɑ̃sjɔ̃] *f* ❶ Ausdehnung *f;* ECON Expansion *f;* ~ **démographique** Bevölkerungsanstieg *m;* ~ **économique** Wirtschaftswachstum *nt;* ~ **d'un/du marché** Marktausweitung *f;* **être en pleine ~** expandieren; **être de nouveau en pleine ~** einen neuen Boom erleben; **secteur en pleine ~** Wachstumsbranche *f*

❷ *(épanchement)* **avoir besoin d'~** ein großes Mitteilungsbedürfnis haben
expansionnisme [ɛkspɑ̃sjɔnism] *m* ❶ POL *d'un pays* Expansionsbestrebung *f*

❷ ECON *d'un état* Expansionspolitik *f*
expansionniste [ɛkspɑ̃sjɔnist] **I.** *adj politique* expansionistisch *(geh)*, Expansions-; **besoin ~** Expansionsdrang *m;* **ambitions ~s** Expansionsbestrebungen *Pl*
II. *mf* Expansionist *m*
expatriation [ɛkspatʁijasjɔ̃] *f (action de s'expatrier)* Emigration *f*, Auswanderung *f; (action d'expatrier)* Ausbürgerung *f*, Verbannung *f*
expatrié(e) [ɛkspatʁije] *m(f)* Emigrant(in) *m(f)*, Auswanderer *m/*Auswanderin *f; (expulsé)* Verbannte(r) *f(m)*, Ausgebürgerte(r) *f(m)*
expatrier [ɛkspatʁije] <1a> **I.** *vt* ausbürgern, expatriieren *personne;* im Ausland anlegen *capitaux*
II. *vpr* **s'~** emigrieren, auswandern
expectative [ɛkspɛktativ] *f littér* **être dans l'~ de qc** etw abwarten
expectorant [ɛkspɛktɔʁɑ̃] *m* MED, PHARM Expektorans *nt*, Expektorantium *nt*
expectorant(e) [ɛkspɛktɔʁɑ̃, ɑ̃t] *adj* MED, PHARM *sirop* schleimlösend
expectoration [ɛkspɛktɔʁasjɔ̃] *f* MED ❶ *(toux)* Husten *m;* ~ **sanguinolentes** Bluthusten

❷ *(crachat)* Auswurf *m*, Expektoration *f (Fachspr.)*
expectorer [ɛkspɛktɔʁe] <1> *vt* aushusten, auswerfen
expédient [ɛkspedjɑ̃] *m* Ausweg *m; (échappatoire)* Ausflucht *f*; **ne plus savoir à quels ~s recourir** keinen Ausweg mehr wissen
▶ **vivre d'~s** sich so durchschlagen *(fam)*
expédier [ɛkspedje] <1a> *vt* ❶ *(envoyer)* [ab]schicken, [ver]senden *lettre, marchandise;* aufgeben *colis;* ~ **qc par la poste/par avion** etw mit der [o per] Post/per Luftpost schicken [o beförern]; ~ **qc par bateau** etw verschiffen; ~ **qc par chargements partiels** etw in Teilladungen zum Versand bringen

❷ *fam (se débarrasser)* abfertigen *visiteur;* ~ **qn à Londres** jdn nach London schicken; ~ **qn en pension** jdn in ein Internat stecken *(fam)*

❸ *(faire rapidement)* rasch erledigen *affaires courantes;* hinschludern *(fam) devoirs;* hinunterschlingen *repas*
expéditeur, -trice [ɛkspeditœʁ, -tʁis] **I.** *m, f* ❶ Absender(in) *m(f)*

❷ ECON [Fracht]versender *m*, [Fracht]spediteur *m;* ~ **de marchandises** Warenabsender *m;* ~ **par le rail** Bahnspediteur *m*
II. *adj bureau* ~ Versandstelle *f;* **gare expéditrice** Versandbahnhof *m*
expéditif, -ive [ɛkspeditif, -iv] *adj* ❶ *(rapide) solution, méthode* schnell, rasch; **justice expéditive** Schnellverfahren *nt;* **le moyen le plus ~** der kürzeste Weg

❷ *(trop rapide)* übereilt
expédition [ɛkspedisjɔ̃] *f* ❶ *(envoi)* Aufgabe *f; d'une lettre* [Ab]schicken *nt*, [Ab]senden *nt; d'un colis* Versand *m*, Verschickung *f;* ~ **de marchandises** Güterversand, Versand von Gütern, Stückgutabfertigung *f;* ~ **par avion** Versand per [o mit dem] Flugzeug; ~ **par rail** Bahnversand *m;* **lors de l'~** bei der Versendung

❷ *(déplacement, voyage)* Expedition *f; d'un scientifique* Forschungsreise *f;* MIL Feldzug *m;* ~ **de sauvetage** Rettungsexpedition; ~ **punitive** Strafexpedition; **quelle ~!** *fam* das ist/war vielleicht ein Unternehmen!

❸ *(exécution) des affaires courantes* Erledigung *f;* ~ **des marchandises** Stückgutabfertigung *f*
expéditionnaire [ɛkspedisjɔnɛʁ] **I.** *adj* MIL **corps ~** Expeditionskorps *nt*
II. *mf* COM Expedient(in) *m(f)*, Angestellte(r) *f(m)* in der Versandabteilung
expérience [ɛkspeʁjɑ̃s] *f* ❶ *sans pl (pratique)* Erfahrung *f;* **grande ~** Erfahrungsreichtum *m;* ~ **des affaires** Geschäftserfahrung; **de longues années d'~ professionnelle** langjährige Berufserfahrung [o Berufspraxis *f*]; ~ **de vol** Flugpraxis *f;* **jeune sans ~** jung und unerfahren; **avoir l'~ des hommes** Menschenkenntnis haben; **avoir l'~ de la scène** Bühnenerfahrung haben; **par ~** aus Erfahrung

❷ *(événement)* Erlebnis *nt;* ~ **amoureuse** Liebesgeschichte *f*

❸ *(essai)* Experiment *nt*, Versuch *m;* ~ **sur les animaux** Tierver-

such, Tierexperiment; **faire des ~s de chimie** chemische Versuche [*o* Experimente] machen; **~ à long terme** Langzeitversuch
expérimental(e) [ɛkspeʀimɑ̃tal, o] <-aux> *adj* ❶ SCI *données, science* empirisch; **physique ~e** Experimentalphysik *f;* **au stade ~** im Versuchsstadium, im Experimentierstadium; **à titre ~** versuchsweise
❷ ART *musique* experimentell; **film ~** Experimentalfilm *m;* **théâtre ~** Experimentiertheater *nt,* Experimentierbühne *f*
expérimentalement [ɛkspeʀimɑ̃talmɑ̃] *adv* experimentell
expérimentateur, -trice [ɛkspeʀimɑ̃tatœʀ, -tʀis] *m, f* Experimentator(in) *m(f)*
expérimentation [ɛkspeʀimɑ̃tasjɔ̃] *f* Experimentieren *nt; d'un médicament* Erprobung *f;* **~ animale** Tierversuch *m*
expérimenté(e) [ɛkspeʀimɑ̃te] *adj* erfahren
expérimenter [ɛkspeʀimɑ̃te] <1> *vt* **~ un médicament sur qn/un animal** ein Medikament an jdm/einem Tier erproben [*o* ausprobieren]
expert(e) [ɛkspɛʀ, ɛʀt] I. *adj cuisinière, médecin* erfahren; *technicien* fachkundig; **être ~(e) en** [*o* **dans**] **qc** sich in etw *(Dat)* auskennen; **être ~(e) à faire qc** etw können; **être ~(e) en la matière** Experte [*o* Fachmann] auf dem Gebiet sein; **personne ~e dans l'art de guérir** heilkundiger Mensch
II. *m(f)* Experte *m*/Expertin *f;* JUR *(pour évaluer un objet)* Sachverständige(r) *f(m); (pour évaluer des dommages)* Gutachter(in) *m(f);* **~ financier** Finanzexperte/-expertin; **~ judiciaire** Gerichtssachverständige(r) *f(m);* **~ juridique** Rechtsexperte/-expertin; **~(e) en œuvres d'art** Kunstexperte/-expertin; **~(e) en matière de gestion de la crise** Krisenmanager(in) *m(f);* **~(e) en terrorisme** Terrorismusexperte/-expertin; **équipe** [*o* **groupe**] **d'~** Expertenstab *m*
expert-comptable, experte-comptable [ɛkspɛʀktablǝ, ɛkspɛʀtktablǝ] <experts-comptables> *m, f* Wirtschaftsprüfer(in) *m(f),* Rechnungsprüfer(in), Buchprüfer(in)
expertise [ɛkspɛʀtiz] *f* ❶ *(estimation de la valeur)* Schätzung *f*
❷ *(examen)* Begutachtung *f* [durch einen Sachverständigen], [sachverständige] Begutachtung; *(résultat)* Gutachten *nt* [eines Sachverständigen]; **~ comptable** Buchprüfung *f;* **~ judiciaire** gerichtliches Gutachten; **~ juridique** Rechtsgutachten; **demander une ~ juridique** ein Rechtsgutachten einholen; **~ médicale** medizinische Untersuchung; **certificat d'~ médicale** ärztliches Gutachten; **faire une ~ de qc** ein Gutachten von etw anfertigen
expertiser [ɛkspɛʀtize] <1> *vt* ❶ *(étudier l'authenticité)* begutachten *bijou, tableau*
❷ *(estimer)* schätzen *bijou, dégâts*
expiation [ɛkspjasjɔ̃] *f littér* Sühne *f,* Buße *f;* **en ~ de qc** als Sühne [*o* Buße] für etw
expiatoire [ɛkspjatwaʀ] *adj victime* Sühne-, Buß-
expier [ɛkspje] <1a> *vt* büßen für *crime;* bezahlen für *erreur, imprudence;* **~ une faute par qc** für einen Fehler mit etw bezahlen
expirant(e) [ɛkspiʀɑ̃, ɑ̃t] *adj* ❶ *(agonisant) malade* sterbend
❷ *(finissant) flamme* sterbend; *voix* erlöschend
expiration [ɛkspiʀasjɔ̃] *f* ❶ PHYSIOL Ausatmen *nt*
❷ *(fin) d'un délai, mandat* Ablauf *m,* Ende *nt; de la procuration commerciale* Erlöschen *nt;* **~ du contrat** Vertragsende, Vertragsablauf; **~ du délai** Terminablauf; **avant/après ~ du délai imparti par la loi** vor/nach Ablauf der gesetzlich festgelegten Frist; **avant/après ~ de l'obligation de garantie** vor/nach Ablauf der Gewährleistungspflicht; **à ~** bei Verfall; **venir à ~** ablaufen, enden
expirer [ɛkspiʀe] <1> I. *vt, vi* ausatmen; *animal:* ausstoßen; **~ par le nez** durch die Nase ausatmen
II. *vi* ❶ *littér (mourir)* verscheiden *(geh)*
❷ *(s'achever) mandat, trêve, délai:* ablaufen, enden
explétif [ɛkspletif] *m* GRAM Expletiv *nt*
explétif, -ive [ɛkspletif, -iv] *adj* GRAM *élément* expletiv
explicable [ɛksplikablǝ] *adj* erklärlich, erklärbar; **rendre qc ~** etw erklärlich machen
explicatif, -ive [ɛksplikatif, -iv] *adj commentaire* erklärend, erläuternd; **note explicative** Erläuterung *f,* **notice explicative** Gebrauchsanweisung *f;* **proposition relative explicative** erläuternder Relativsatz
explication [ɛksplikasjɔ̃] *f* ❶ Erklärung *f; (commentaire, annotation)* Erläuterung *f; (discussion)* Aussprache *f;* **exiger des ~s** eine Erklärung verlangen
❷ *pl (mode d'emploi)* Gebrauchsanweisung *f,* Gebrauchsanleitung *f*
◆ **~ de texte** Textinterpretation *f*
explicite [ɛksplisit] *adj* eindeutig, klar, unmissverständlich
explicitement [ɛksplisitmɑ̃] *adv (de manière claire)* deutlich, unmissverständlich, erklärterweise, erklärtermaßen
expliciter [ɛksplisite] <1> *vt* explizit nennen *clause;* klar ausdrücken *pensée*
expliquer [ɛksplike] <1> I. *vt* ❶ *(faire connaître)* erklären, erläutern; **~ que qn a fait qc** erklären, dass jd etw getan hat; **tu lui as bien expliqué que…?** du hast ihm doch gesagt, dass …?
❷ *(faire comprendre)* erklären *fonctionnement;* interpretieren *texte*
❸ *(donner la cause)* erklären; **~ à qn pourquoi/comment qn a fait qc** jdm erklären, warum/wie jd etw getan hat
▸ **je t'explique pas!** *fam* es ist kaum zu beschreiben!
II. *vpr* ❶ *(se faire comprendre)* **s'~** sich ausdrücken
❷ *(justifier)* **s'~ sur son retard** sich für sein Zuspätkommen entschuldigen; **s'~ sur son choix** seine Wahl rechtfertigen
❸ *(rendre des comptes à)* **s'~ devant le tribunal** sich vor Gericht verantworten; **s'~ devant les gendarmes** sich der Polizei stellen; **s'~ devant son père** seinem Vater Rede und Antwort stehen
❹ *(avoir une discussion)* **s'~ avec son fils sur qc** sich mit ihrem/seinem Sohn über etw *(Akk)* aussprechen
❺ *fam (se battre)* **s'~** sich schlagen
❻ *(comprendre)* **s'~ qc** sich *(Dat)* etw erklären können; **s'~ que qn fasse qc** sich *(Dat)* erklären können, dass jd etw tut
❼ *(être compréhensible)* **s'~ par qc** mit etw zu erklären sein
exploit [ɛksplwa] *m* ❶ [Helden]tat *f;* SPORT Leistung *f*
❷ *iron* Leistung *f,* Kunststück *nt*
exploitable [ɛksplwatablǝ] *adj* ❶ *terre, domaine* [landwirtschaftlich] nutzbar; *document, données* verwertbar; *gisement, dépôt* ausbeutbar, abbauwürdig; **~ devant le tribunal** JUR gerichtsverwertbar; **être économiquement ~** wirtschaftlich ausbeutbar sein
❷ INFORM *programme* funktionsfähig; **~ par ordinateur** *document, formulaire* maschinenlesbar; **être facilement ~** leicht bedienbar sein
exploitant(e) [ɛksplwatɑ̃, ɑ̃t] *m(f)* **~(e) agricole** Landwirt(in) *m(f),* Bauer *m*/Bäuerin *f;* **gros ~/grosse ~e** Großbauer/-bäuerin, **petit ~/petite ~e** Kleinbauer/-bäuerin, Kleinhäusler(in) *m(f)* (A)
◆ **~(e) de salle** [**de cinéma**] *(gérant)* Kinobetreiber(in) *m(f); (propriétaire)* Kinobesitzer(in) *m(f)*
exploitation [ɛksplwatasjɔ̃] *f* ❶ *(action d'exploiter) d'une ferme, d'un bâtiment* Bewirtschaftung *f; de ressources naturelles* Nutzung *f; d'une mine, carrière* Abbau *m,* Ausbeutung *f; de réserves* Erschließung *f;* **~ du gaz naturel** Erdgasgewinnung *f;* **~ minière de potasse** Kalibergbau *m;* **~ d'une ligne aérienne** Betrieb *m* einer Fluglinie; **~ intensive/secondaire** ECON intensive/sekundäre Ausbeutung; **~ forestière** Forstbewirtschaftung
❷ *(bien)* Betrieb *m;* **~ agricole/forestière** land-/forstwirtschaftlicher Betrieb; **petite ~ agricole** kleinbäuerlicher Betrieb; **~ agricole modèle** Musterwirtschaft *f;* **~ familiale** [bäuerlicher] Familienbetrieb; **~ coopérative** genossenschaftlicher Betrieb; **~ avicole** Geflügelzuchtbetrieb, Geflügelzucht *f*
❸ *(activité économique, secteur d'activité)* **~ alpestre** Almwirtschaft *f,* Alpwirtschaft *f;* **~ céréalière** Getreidewirtschaft *f;* **~ herbagère** Grünlandwirtschaft *f;* **~ du bois** Holzwirtschaft *f;* **~ forestière** Waldwirtschaft *f;* **~ du bois** Holzwirtschaft *f;* **~ du plutonium** Plutoniumwirtschaft; **~ des sources de chaleur** Wärmewirtschaft
❹ *(utilisation) d'une situation, d'un succès* Ausnutzung *f; d'une idée* Verwertung *f; de données* Auswertung *f;* **~ de l'espace** Platzausnutzung; **~ de l'entreprise** Betriebsausnutzung
❺ *(abus)* Ausbeutung *f; de la crédulité* Ausnutzen *nt;* **~ abusive** JUR Ausbeutungsmissbrauch *m;* **~ de la prestation d'un tiers** JUR Ausbeutung fremder Leistung
◆ **~ réseau** INFORM Netzwerkbetrieb *nt*
exploité(e) [ɛksplwate] *m(f)* Ausgebeutete(r) *f(m)*
exploiter [ɛksplwate] <1> *vt* ❶ *(faire valoir)* bewirtschaften *terre;* nutzen *ressources;* ausbeuten *mine*
❷ *(utiliser)* nutzen, sich *(Dat)* zunutze [*o* zu Nutze] machen *situation, avantage;* verwerten *idée;* auswerten *résultats;* **être exploité(e) contre** *propos:* gegen jdn verwendet werden
❸ *(abuser)* **~ qn** jdn ausbeuten; **~ qc** etw ausnutzen
exploiteur, -euse [ɛksplwatœʀ, -øz] *m, f* Ausbeuter(in) *m(f);* **être un ~ de la misère humaine** aus dem Elend der anderen Kapital schlagen
explorateur [ɛksplɔʀatœʀ] *m* ❶ *(personne)* Forscher *m,* Forschungsreisende(r) *m;* **équipe d'~s** Forscherteam *nt;* **~(-trice) des fonds marins** Tiefseeforscher(in), Unterwasserforscher(in)
❷ INFORM Browser *m*
◆ **~ de réseau** Internetbrowser *m*
exploration [ɛksplɔʀasjɔ̃] *f* ❶ Erforschung *f; d'un terrain* Exploration *f (geh)*
❷ INFORM Browsen *nt*
exploratoire [ɛksplɔʀatwaʀ] *adj* ❶ MED *technique* Forschungs-
❷ POL *entretiens* prüfend
exploratrice [ɛksplɔʀatʀis] *f* Forscherin *f,* Forschungsreisende *f;* **~ des fonds marins** Tiefseeforscherin
explorer [ɛksplɔʀe] <1> *vt* ❶ erforschen, explorieren *(geh) pays, gouffre*
❷ *fig* eingehend prüfen [*o* studieren] *idée;* sich gründlich befassen mit *question;* abtasten *marché*
❸ INFORM browsen
exploser [ɛksploze] <1> I. *vi* ❶ *(éclater)* explodieren; *chaudière:*

explosibilité – exsudation

platzen; *grenade:* krepieren; **faire ~ qc** etw zur Explosion [*o* zum Explodieren] bringen

② *fig personne:* explodieren, in die Luft gehen *(fam); colère, joie:* ausbrechen; **laisser sa colère ~** seiner Wut *(Dat)* freien Lauf lassen; **la colère explosa en lui** die Wut brach aus ihm hervor *(geh)* II. *vt fam (casser, démolir accidentellement)* kaputtmachen *(fam) voiture*

explosibilité [ɛksplozibilite] *f* Explosivität *f*
explosible [ɛksplozibl] *adj mélange* explosiv
explosif [ɛksplozif] *m* Sprengstoff *m*
explosif, -ive [ɛksplozif, -iv] *adj* ❶ *mélange* explosiv; **obus ~** Sprenggranate *f*
② *fig situation* gespannt; *dossier* heikel; **consonne explosive** Explosivlaut *m*; **devenir ~(-ive)** *situation* sich zuspitzen [*o* verschärfen]

explosion [ɛksplozjɔ̃] *f* ❶ *d'une bombe, chaudière* Explosion *f;* **~ de gaz** Gasexplosion; **~ atomique** [*o* **nucléaire**] Atomexplosion; **un bruit comme une ~** ein knallartiges Geräusch
② *(manifestation soudaine)* **~ de joie/colère** Freuden-/Wutausbruch *m;* **~ sociale** Volksaufstand *m*
③ *a.* ECON *(poussée)* **~ démographique** Bevölkerungsexplosion *f;* **~ des cours** Kursexplosion

expo [ɛkspo] *f abr de* **exposition** Ausstellung *f*
exponentiel(le) [ɛkspɔnɑ̃sjɛl] *adj fonction* exponentiell; **croître de façon ~le** exponentiell anwachsen
export [ɛkspɔʀ] *m* Export *m*, Ausfuhr *f*
exportable [ɛkspɔʀtabl] *adj* exportierbar, ausführbar, ausfuhrfähig
exportateur, -trice [ɛkspɔʀtatœʀ, -tʀis] I. *adj* exportierend; *secteur* exportintensiv; **pays ~ de vin** weinexportierendes Land, Weinexportland, Weinausfuhrland
II. *m, f (personne)* Exporteur(in) *m(f); (pays)* Exportland *nt*, Ausfuhrland, Exporteur *m;* **~ de blé/vin** Getreide-/Weinexporteur, Getreide-/Weinexportland, Getreide-/Weinausfuhrland

exportation [ɛkspɔʀtasjɔ̃] *f* ❶ *(action)* Export *m*, Ausfuhr *f;* **~ directe** Direktausfuhr; **~ pétrolière** [*o* **du pétrole**] Ölexport; **~ de blé** [*o* **de froment**] Weizenexport; **~ de marchandises** Warenausfuhr, Ausfuhr von Waren; **~ de riz/de viande** Reis-/Fleischexport; **articles d'~** Exportartikel *Pl;* **marchandise d'~** Exportware *f;* **modèle destiné à l'~** Exportmodell *m;* **stopper les ~s de pétrole à qn** jdm den Ölhahn zudrehen
② *pl (biens)* Export *m,* [Waren]ausfuhr *f;* ECON Exportleistung *f;* **volume des ~s** Exportvolumen *nt,* Ausfuhrvolumen; **en valeur réelle** reale Exportleistung
③ INFORM Export *m*, Übertragung *f,* Transfer *m;* **~ de/des données** Datenexport

exporter [ɛkspɔʀte] <1> *vt* ❶ exportieren, ausführen
② INFORM exportieren *données;* **~ des fichiers sur qc** Dateien auf etw *(Akk)* übertragen [*o* transferieren]

exposant [ɛkspozɑ̃] *m* MATH Exponent *m*
exposé [ɛkspoze] *m* ❶ *(discours)* Referat *nt;* **faire un ~ sur qc** ein Referat über etw *(Akk)* halten
② *(description)* Darstellung *f,* Darlegung *f;* **~ de la situation** Lagebericht *m;* **donner un ~ des faits** einen Überblick über den Tatbestand [*o* Sachverhalt] geben; **faux ~ en connaissance/en ignorance de cause** wissentliche/unwissentliche Falschdarstellung

exposer [ɛkspoze] <1> I. *vt* ❶ *(montrer)* ausstellen *tableau;* auslegen *marchandise;* aufbahren *corps*
② *(décrire)* darlegen, vortragen
③ *(mettre en péril)* aufs Spiel setzen, riskieren *vie, honneur;* **~ qn au ridicule** jdn lächerlich machen, jdn der Lächerlichkeit *(Dat)* preisgeben
④ *(disposer)* **~ qc au soleil** etw der Sonne *(Dat)* aussetzen; **~ un film à la lumière** einen Film belichten; **une pièce bien exposée** ein helles Zimmer; **une maison exposée au sud** ein nach Süden ausgerichtetes Haus
II. *vpr* **s'~ à qc** sich einer S. *(Dat)* aussetzen; **s'~ au soleil** sich sonnen; **s'~ à faire qc** riskieren etw zu tun

exposition [ɛkspozisjɔ̃] *f* ❶ *(action d'exposer)* **de marchandise** Ausstellen *nt*
② *a.* ART *(présentation)* Ausstellung *f; (foire)* Messe *f;* **~ de peinture** Gemäldeausstellung; **~ canine** Hundeausstellung; **~ industrielle** Industrieausstellung, Industrieschau *f;* **~ universelle** Weltausstellung; **bâtiment des ~s** Messegebäude *nt*
③ *(explication)* Darlegung *f,* Erläuterung *f*
④ *(orientation) d'une maison* Ausrichtung *f;* **au sud** Ausrichtung nach Süden
⑤ *(action de soumettre à qc)* Aussetzen *nt*, Exposition *f;* **l'~ à soleil est néfaste pour la peau** Sonnenbestrahlung ist schädlich für die Haut
⑥ PHOT Belichtung *f;* **durée d'~** Belichtungszeit *f,* Belichtung
⑦ MED Exposition *f (Fachspr.);* **~ aux rayons** Strahlenexposition

exposition-vente [ɛkspozisjɔ̃vɑ̃t] <expositions-ventes> *f* Verkaufsausstellung *f,* Verkaufsschau *f*

exprès [ɛkspʀɛ] I. *adv* ❶ *(intentionnellement)* mit Absicht, absichtlich, extra *(fam);* **faire ~ de faire qc** etw absichtlich [*o* mit Absicht] tun
② *(spécialement)* [tout] **~ extra; elles sont venues ici tout ~** sie sind eigens hierhergekommen
▶ **comme** [par] **un fait ~** als ob es hätte sein sollen
II. *m* Eilsendung *f;* **lettre ~** Eilbrief *m;* **envoyer en** [*o* **par**] **~** als Eilsendung schicken

exprès, expresse [ɛkspʀɛs] *adj interdiction, ordre* ausdrücklich
express [ɛkspʀɛs] I. *adj café* **~** Espresso *m;* **train ~** Schnellzug *m,* D-Zug *m;* **voie ~** Expressstraße *f* (CH); **lettre/trafic ~** Expressbrief *m/-verkehr m;* **service/pressing ~** Expressdienst *m/-reinigung f*
II. *m* ❶ *(café)* Espresso *m*
② *(train)* Schnellzug *m,* Expresszug, D-Zug

expressément [ɛkspʀesemɑ̃] *adv* ausdrücklich, erklärtermaßen
expressif, -ive [ɛkspʀesif, -iv] *adj* ausdrucksvoll, seelenvoll *(geh); interprétation* ausdrucksstark; **peu ~** *interprétation* ausdrucksschwach; **force expressive** Ausdruckskraft *f*

expression [ɛkspʀesjɔ̃] *f* ❶ Ausdruck *m;* **mode d'~** Ausdrucksweise *f;* **~ familière/figée** umgangssprachlicher/feststehender Ausdruck; **~ toute faite** *péj* Klischee *nt;* **passez-moi l'~** entschuldigen Sie den Ausdruck
② ART, MUS Ausdruck *m;* **absence d'~** Ausdruckslosigkeit *f;* **sans ~** ausdruckslos; **plein(e) d'~** ausdrucksvoll; **~ corporelle** Ausdruckstanz *m*
③ MATH, INFORM Ausdruck *m;* **~ mathématique/arithmétique/logique** mathematischer/arithmetischer/logischer Ausdruck
▶ **veuillez agréer l'~ de mes sentiments distingués** mit freundlichen Grüßen; **réduire qc à sa plus simple ~** etw auf die einfachste Formel bringen; *fig* etw auf das Notwendigste [*o* Nötigste] beschränken

expressionnisme [ɛkspʀesjɔnism] *m* Expressionismus *m*
expressionniste [ɛkspʀesjɔnist] I. *adj* expressionistisch
II. *mf* Expressionist(in) *m(f)*
expressivité [ɛkspʀesivite] *f* ❶ *d'un regard* Ausdruck *m*
② LING *du langage* Ausdruckskraft *f,* Expressivität *f (geh)*

exprimable [ɛkspʀimabl] *adj* **qc n'est pas ~** etw kann man nicht in Worten ausdrücken; **être difficilement ~** sich schwer in Worte fassen lassen

exprimer [ɛkspʀime] <1> I. *vt* ❶ *(faire connaître)* ausdrücken, zum Ausdruck bringen *pensée, sentiment;* äußern *opinion, désir;* **~ sa reconnaissance à qn** jdm gegenüber seine Dankbarkeit ausdrücken [*o* zum Ausdruck bringen]; **~ sa satisfaction au sujet de qc** sich befriedigt im Bezug auf etw *(Akk)* äußern
② *(indiquer)* **~ qc** *signe:* für etw stehen; *exposant:* etw angeben; **~ qc en mètres/euros** etw in Metern/Euro angeben; **exprimé(e) en mille unités de la monnaie nationale** ECON in je tausend Einheiten der Landeswährung ausgedrückt
③ *(extraire)* ausdrücken; auspressen *jus*
II. *vpr* ❶ *(parler)* **s'~ librement** seine Meinung frei äußern; **s'~ en français** sich auf Französisch ausdrücken; **s'~ par gestes** sich durch [*o* mit] Gesten verständlich machen; **sourd-muet:** Gebärdensprache sprechen; **ne pas s'~** nichts sagen [*o* sich nicht äußern]; **interdire à qn de s'~** jdm Redeverbot erteilen; **ne pas avoir le droit de s'~ en public** Redeverbot haben
② *(se manifester)* **s'~ dans qc** *volonté:* in etw *(Dat)* zum Ausdruck kommen; *talent:* sich in etw *(Dat)* entfalten; **s'~ sur un visage** sich auf einem Gesicht zeigen

expropriation [ɛkspʀɔpʀijasjɔ̃] *f* JUR Enteignung *f;* **~ directe/indirecte** direkte/indirekte Enteignung; **~ de fait** De-facto-Enteignung *(Fachspr.);* **~ d'une/de la créance** Forderungsenteignung *(Fachspr.)*

exproprier [ɛkspʀɔpʀije] <1a> *vt* enteignen
expulser [ɛkspylse] <1> *vt* hinauswerfen; zur Räumung zwingen *locataire;* verweisen, hinauswerfen *(fam) élève, joueur;* ausweisen *étranger*

expulsion [ɛkspylsjɔ̃] *f* ❶ *d'un élève* Verweisung *f* von der Schule; *d'un joueur* Platzverweis *m; d'un étranger* Ausweisung *f,* Abschiebung *f,* Landesverweisung, Landesverweis *m* (CH, A); **~ d'un locataire** Zwangsräumung *f* der Wohnung eines Mieters; **~ du terrain** SPORT Feldverweis
② *(exclusion)* **~ d'une famille/d'une maison** Hinauswurf *m fam* aus einer Familie/einem Haus

expurger [ɛkspyʀʒe] <2a> *vt* zensieren, purgieren *(Fachspr.);* **édition expurgée** zensierte Ausgabe, gereinigte Fassung
exquis(e) [ɛkski, iz] *adj* ausgezeichnet; *goût, manières, parfum* erlesen; *plat* exquisit, köstlich; *personne* überaus reizend; *journée* herrlich; **être d'une politesse ~e** ausgesucht höflich sein

exsangue [ɛgsɑ̃g] *adj* ❶ *littér (pâle)* blutleer
② *fig pays* ausgeblutet
exsudation [ɛksydasjɔ̃] *f* ❶ MED Ausschwitzung *f,* Exsudation *f (Fachspr.)*
② BOT *de sève* Herausfließen *nt*

extase [ɛkstɑz] *f* Verzückung *f*, Ekstase *f*; **être en ~ devant qn/qc** ganz hingerissen von jdm/etw sein

extasier [ɛkstɑzje] *vpr* **s'~ devant** [*o* **sur**] **qn/qc** über jdn/etw in Ekstase [*o* Verzückung] geraten

extatique [ɛkstatik] *adj air* verzückt; *joie* überschwänglich

extenseur [ɛkstɑ̃sœʀ] I. *adj* **muscle ~** Streckmuskel *m*, Strecker *m* II. *m* ❶ ANAT *(muscle)* Extensor *m*
❷ *(appareil de musculation)* Expander *m*

extensibilité [ɛkstɑ̃sibilite] *f* ❶ *d'un tissu* Dehnbarkeit *f*
❷ INFORM *d'un système d'exploitation* Ausbaufähigkeit *f*

extensible [ɛkstɑ̃sibl] *adj* ❶ *tissu* dehnbar
❷ INFORM *système d'exploitation* ausbaufähig

extensif, -ive [ɛkstɑ̃sif, -iv] *adj culture* extensiv; *sens* erweitert; *agriculture* extensiv

extension [ɛkstɑ̃sjɔ̃] *f* ❶ *(allongement) d'un ressort* Dehnen *nt*; *d'un bras* Strecken *nt*; **mouvement d'~** Streckbewegung *f*
❷ *a.* ECON *(accroissement) d'une ville* Ausdehnung *f*; *d'un incendie, d'une épidémie* Ausbreitung *f*; *d'une grève* Ausweitung *f*; *de pouvoir* Erweiterung *f*; **~ de la capacité** Kapazitätserweiterung; **~ de la demande** Nachfrageexpansion *f*; **~ des disponibilités** FIN Liquiditätsausweitung *(Fachspr.)*; **prendre de l'~** *incendie, épidémie:* sich ausbreiten, um sich greifen; *grève:* sich ausweiten; *affaires:* wachsen, sich vergrößern
❸ MED Extension *f*
❹ INFORM Erweiterung *f*
▶ **par ~** im weiteren Sinne
♦ **~ de mémoire** INFORM Speichererweiterung *f*; **~ de sens** LING Bedeutungserweiterung *f*; **~ du système** INFORM Systemerweiterung *f*

exténuant(e) [ɛkstenɥɑ̃, ɑ̃t] *adj* anstrengend, strapaziös

exténuer [ɛkstenɥe] <1> I. *vt* erschöpfen
II. *vpr* **s'~ à faire qc** sich abmühen etw zu tun; **s'~ en efforts inutiles** sich vergeblich abmühen

extérieur [ɛksteʀjœʀ] *m* ❶ *(monde extérieur)* Außenwelt *f*; **être imposé à qn par l'~** jdm von außen auferlegt werden
❷ *(dehors)* Außenseite *f*; **peindre l'~ de la maison** das Haus von außen streichen; **à l'~ de la ville** außerhalb der Stadt *(Gen)*; **aller à l'~** nach draußen gehen; **de l'~** von außen
❸ CINE Außenaufnahme *f*
❹ *(l'étranger)* **l'~** das Ausland

extérieur(e) [ɛksteʀjœʀ] *adj* ❶ äußere(r, s); *bruit* von außen kommend; *activité* außerhäuslich; **mur/quartier ~** Außenwand *f*/-bezirk *m*
❷ POL, COM **politique ~e** Außenpolitik *f*; **investissements ~s** Auslandsinvestitionen *Pl*; **ministère des affaires ~es** CAN Außenministerium *nt*
❸ *(objectif)* réalité äußere(r, s); **univers ~** Außenwelt *f*
❹ *(visible) affecté* vorgetäuscht; *amabilité* gespielt, geheuchelt; **aspect ~** Äußere(s) *nt*, äußere Erscheinung; **éviter toute manifestation ~e de ses sentiments** sich *(Dat)* keinerlei Gefühlsregung anmerken lassen
▶ **être ~(e) au sujet de** nicht zum Thema gehören

extérieurement [ɛksteʀjœʀmɑ̃] *adv* ❶ *(à l'extérieur)* äußerlich, von außen
❷ *(en apparence)* nach außen hin, äußerlich

extériorisation [ɛksteʀjɔʀizasjɔ̃] *f* Äußerung *f*; **~ d'un sentiment** Gefühlsäußerung *f*

extérioriser [ɛksteʀjɔʀize] <1> I. *vt* zeigen, ausdrücken, äußern
II. *vpr* **s'~** sich äußern; *personne:* aus sich herausgehen; *colère, joie:* zum Ausdruck kommen

exterminateur, -trice [ɛkstɛʀminatœʀ, -tʀis] *adj littér* **rage** tödlich; **glaive** todbringend, verderbenbringend

extermination [ɛkstɛʀminasjɔ̃] *f* Vernichtung *f*, Ausrottung *f*

exterminer [ɛkstɛʀmine] <1> *vt* ausrotten, vernichten

externat [ɛkstɛʀna] *m* ❶ SCOL Externat *nt*
❷ MED Famulatur *f*

externe [ɛkstɛʀn] I. *adj* ❶ *surface* äußere(r,s)
❷ INFORM extern; **sauvegarder qc sur un support ~** etw extern speichern
II. *mf* ❶ SCOL Externe(r) *f(m)*
❷ MED **~ des hôpitaux** Famulant(in) *m(f)*

exterritorialité [ɛkstɛʀitɔʀjalite] *f* Exterritorialität *f*

extincteur [ɛkstɛ̃ktœʀ] *m* Feuerlöscher *m*, Löschgerät *nt*

extinction [ɛkstɛ̃ksjɔ̃] *f* ❶ *(action) d'un incendie* Löschen *nt*; *des lumières, d'un feu de cheminée* Ausmachen *nt*, Löschen *(geh)*; **brûler jusqu'à ~** *bougie, maison:* völlig herunterbrennen
❷ *(disparition)* Aussterben *nt*
❸ JUR *des prétentions* Erlöschen *nt*; *d'un brevet* Erschöpfung *f*
❹ FIN *des obligations* Tilgung *f*
♦ **~ des feux** [*o* **lumières**] Zapfenstreich *m*; **~ de voix** völlige Heiserkeit, Stimmlosigkeit *f*; **avoir une ~ de voix** völlig heiser sein, keine Stimme mehr haben

extirpation [ɛkstiʀpasjɔ̃] *f* ❶ *(völlige)* Beseitigung *f*; *de mauvaises herbes* Ausreißen *nt*; *d'une tumeur* [vollständige] Entfernung, Exstirpation *f (Fachspr.)*
❷ *fig du racisme* Ausrottung *f*

extirper [ɛkstiʀpe] <1> I. *vt* ❶ *(völlig)* entfernen; ausreißen, herausziehen *mauvaises herbes;* exstirpieren *(Fachspr.) tumeur*
❷ *fig* ausrotten *préjugé;* **~ qn de son lit** *fam* jdn aus dem Bett holen
II. *vpr* **s'~ de qc** aus etwas herausklettern

extorquer [ɛkstɔʀke] <1> *vt* **~ de l'argent à qn** von jdm Geld erpressen; **~ une promesse à qn** jdm ein Versprechen abnötigen *(geh)*

extorsion [ɛkstɔʀsjɔ̃] *f* Erpressung *f*

extra [ɛkstʀa] I. *adj inv* ❶ *(qualité)* erstklassig
❷ *fam (formidable)* toll *(fam)*, spitzenmäßig *(fam)*; **bonbon** sehr lecker; **c'est ~ !** das ist einfach klasse! *(fam)*
II. *m* ❶ *(serviteur supplémentaire)* Aushilfskellner(in) *m(f)*
❷ *(gâterie)* **un ~** etwas Besonderes

extrabudgétaire [ɛkstʀabydʒetɛʀ] *adj* FIN **dépenses** nicht im Budget enthalten

extracellulaire [ɛkstʀaselylɛʀ] *adj* MED extrazellulär

extraconjugal(e) [ɛkstʀakɔ̃ʒygal, o] <-aux> *adj* außerehelich

extracorporel(le) [ɛkstʀakɔʀpɔʀɛl] *adj* MED extrakorporal

extraction [ɛkstʀaksjɔ̃] *f* ❶ *(action d'extraire) du charbon, cuivre* Förderung *f*, Gewinnung *f*; *du marbre* Abbau *m*; **~ de/du pétrole** Ölförderung, Ölgewinnung; **~ de/des matières premières** Rohstoffförderung, Grubenförderung; **~ d'uranium/de l'uranium** Uranbergbau *m*, Urangewinnung
❷ *(quantité extraite) de charbon, cuivre* Förderleistung *f*
❸ *(enlèvement) d'une dent* Ziehen *nt*, Extraktion *f (Fachspr.)*; *d'une balle* [operative] Entfernung *f*
▶ **être de haute/basse ~** von hoher/niederer Herkunft sein

extrader [ɛkstʀade] <1> *vt* ausliefern

extradition [ɛkstʀadisjɔ̃] *f* Auslieferung *f*

extra-dry [ɛkstʀadʀaj] *adj inv* extra dry; **c'est du/un sherry ~** dieser Sherry ist extra dry **extra-européen(ne)** [ɛkstʀaøʀɔpeɛ̃, pɛɛn] *adj* außereuropäisch

extrafin(e), extra-fin(e) [ɛkstʀafɛ̃, fin] *adj* extrafein

extrafort(e) [ɛkstʀafɔʀ, fɔʀt] *adj* extrastark

extragalactique [ɛkstʀagalaktik] *adj* ASTRON extragalaktisch

extraire [ɛkstʀɛʀ] <*irr*> I. *vt* ❶ *(sortir)* herausholen; fördern, gewinnen *charbon, pétrole;* brechen, abbauen *marbre;* ziehen, extrahieren *(Fachspr.) dent;* herausziehen *clou;* [operativ] entfernen *balle;* **d'un texte** entnehmen; **passage extrait d'un livre** Auszug *m* aus einem Buch
❷ *(séparer)* gewinnen, herauslösen; CHIM, PHARM extrahieren *substances actives;* **~ le jus de qc** den Saft aus etw [her]auspressen
❸ MATH **~ la racine carrée** die [Quadrat]wurzel ziehen
II. *vpr* **s'~ de qc** sich aus etw [heraus]quälen *(fam)*

extrait [ɛkstʀɛ] *m* ❶ *(passage, morceau)* Ausschnitt *m*; **tu veux en écouter un ~ ?** willst du [mal] reinhören?
❷ *(fragment)* Auszug *m*; **~ du registre foncier** [*o* **des registres de la conservation des hypothèques**] JUR Grundbuchauszug
❸ *(concentré)* Extrakt *m*; **~ de plantes/de viande** Kräuter-/Fleischextrakt; **~ de marron d'Inde** Kastanienextrakt
♦ **~ du bilan** Bilanzauszug *m*; **~ de compte** Kontoauszug *m*; **~ de lavande** Lavendelöl *nt*; **~ de naissance** Geburtsurkunde *f*; **~ des registres** ECON Buchauszug *m*; **~ du registre des associations** Auszug *m* aus dem Vereinsregister; **~ du registre du commerce** Auszug *m* aus dem Handelsregister

extrajudiciaire [ɛkstʀaʒydisjɛʀ] *adj* außergerichtlich

extralucide [ɛkstʀalysid] I. *adj* **voyante ~** Hellseherin *f*
II. *mf* Hellseher(in) *m(f)*

extra-muros [ɛkstʀamyʀos] *inv adj, adv* extra muros

extraordinaire [ɛkstʀaɔʀdinɛʀ] *adj* ❶ *(opp: ordinaire)* réunion, *budget* außerordentlich; **dépenses ~s** Sonderausgaben *Pl*
❷ *(insolite)* ungewöhnlich; *nouvelle, histoire* merkwürdig, sonderbar; **je ne trouve rien d'~ à cela** ich finde daran nichts Ungewöhnliches
❸ *(exceptionnel)* außergewöhnlich, ungewöhnlich; *fortune, orgueil* außergewöhnlich groß; **être d'une beauté ~** außergewöhnlich schön sein
❹ *fam (extra)* **être ~** klasse sein *(fam)*; **ne pas être ~** nichts Besonderes sein
▶ **par ~** ausnahmsweise; *(imprévu)* wider Erwarten

extraordinairement [ɛkstʀaɔʀdinɛʀmɑ̃] *adv* ❶ *(inhabituellement)* ungewöhnlicherweise
❷ *(peu probablement)* zufälligerweise; **si, ~, je devais mourir** falls ich jetzt gerade sterben sollte
❸ *(bizarrement)* merkwürdig; **il est peigné ~** er hat eine sehr merkwürdige Frisur
❹ *(extrêmement)* außerordentlich; **il est ~ gros** er ist ungewöhnlich dick

extraparlementaire [ɛkstʀapaʀləmɑ̃tɛʀ] *adj* außerparlamenta-

risch
extraplat(e) [ɛkstʁapla, at] *adj* besonders schmal
extrapolation [ɛkstʁapɔlasjɔ̃] *f (généralisation)* [Schluss|folgerung *f*; *(en statistique)* Extrapolation *f*
extrapoler [ɛkstʁapɔle] <1> *vi* ❶ *(généraliser)* verallgemeinern, [allgemeine] Schlüsse ziehen
❷ MATH extrapolieren
extrascolaire [ɛkstʁaskɔlɛʁ] *adj* außerschulisch
extrasystole [ɛkstʁasistɔl] *m* MED Extrasystole *f*
extra-tarifaire [ɛkstʁataʁifɛʁ] *adj* réglementation, prestation, convention außertariflich
extraterrestre [ɛkstʁateʁɛstʁ] ASTRON **I.** *adj* extraterrestrisch
II. *mf* Außerirdische(r) *f(m)*
extraterritorialité [ɛkstʁtɛʁitɔʁjalite] *f* JUR Exterritorialität *f (Fachspr.)*
extra-utérin(e) [ɛkstʁayteʁɛ̃, in] <extra-utérins> *adj* MED extra-uterin *(Fachspr.)*
extravagance [ɛkstʁavagɑ̃s] *f* ❶ *(caractère) d'une personne* exzentrisches Wesen; *d'une conduite, d'un costume* Extravaganz *f*; *d'un projet* Ausgefallenheit *f*, Verrücktheit *f*
❷ *(action)* Verrücktheit *f*, Extravaganz *f*; *(idée)* verrückte Idee; **faire des ~s** *sich (Dat)* Extravaganzen leisten
❸ *(action artistique)* Grenzüberschreitung *f*
extravagant(e) [ɛkstʁavagɑ̃, ɑ̃t] **I.** *adj personne* exzentrisch, überspannt; *robe, idée* extravagant, ausgefallen; *prix* übertrieben [hoch], überhöht; **gesticuler de manière ~e** verrückte [*o* übertriebene] Bewegungen machen
II. *m(f)* extravaganter [*o* exzentrischer] Mensch
extraversion [ɛkstʁavɛʁsjɔ̃] *f* PSYCH Extravertiertheit *f*
extraverti(e) [ɛkstʁavɛʁti] PSYCH **I.** *adj* extravertiert
II. *m(f)* Extravertierte(r) *f(m)*
extrême [ɛkstʁɛm] **I.** *adj* ❶ *(au bout d'un espace, d'une durée)* äußerste(r, s); **date ~** letzter Termin; **l'~ fin de l'année 1909** die letzten Tage des Jahres 1909; **l'~ vieillesse** das höchste Greisenalter
❷ *littér (très intense)* excitation, trouble äußerste(r, s); *limpidité* extrem; **sa douleur est ~** *(physique)* er/sie hat äußerst starke Schmerzen; *(mental)* sein/ihr Schmerz ist unermesslich groß
❸ *a.* SPORT *(excessif)* opinion, climat extrem; moyen äußerste(r, s); **situation/valeur ~** Extremsituation *f*/-wert *m*; **sport ~** Extremsport *m*; **escalade ~** Extremklettern *nt*; **être d'une prudence ~** extrem [*o* äußerst] vorsichtig sein; **d'~ droite/gauche** rechts-/linksradikal; **l'~ gauche/droite** die Links-/Rechtsextremisten *Pl*
II. *m* ❶ *(dernière limite)* Extrem *nt*; **à l'~** scrupuleux äußerst, zutiefst; **grimper(-euse) de l'~** Extremkletterer *m*/-kletterin *f*
❷ *pl (opposé)* Extreme *Pl*, [äußerste] Gegensätze *Pl*
❸ *pl* MATH Außenglieder *Pl*, äußerste Glieder; **d'un syllogisme** Prämissen *Pl*
▶ **passer d'un ~ à l'autre** von einem Extrem ins andere fallen; **pousser qc à l'~** etw auf die Spitze treiben; **les ~s se touchent** die Extreme berühren sich
extrêmement [ɛkstʁɛmmɑ̃] *adv* äußerst; *jaloux* maßlos; **~ beau(belle)** bildschön
extrême-onction [ɛkstʁɛmɔ̃ksjɔ̃] <extrêmes-onctions> *f* Letzte Ölung **Extrême-Orient** [ɛkstʁɛmɔʁjɑ̃] *m* **l'~** der Ferne Osten
extrême-oriental(e) [ɛkstʁɛmɔʁjɑ̃tal, o] <extrême-orientaux> *adj* fernöstlich
extrémisme [ɛkstʁemism] *m* Extremismus *m*
extrémiste [ɛkstʁemist] **I.** *adj a.* POL remède, mesure radikal; **leader ~** Extremistenführer *m*
II. *mf* Radikale(r) *f(m)*, Extremist(in) *m(f)*
extrémité [ɛkstʁemite] *f* ❶ *(bout)* äußerstes Ende; *d'un segment* Endpunkt *m*; **~ de la forêt, d'une ville** Wald-/Stadtrand *m*; **à l'~ de la rue** ganz am Ende der Straße
❷ *pl (mains, pieds)* Extremitäten *Pl*
❸ *(agonie)* **qn est à la dernière ~** jd liegt im Sterben, mit jdm geht es zu Ende
extrinsèque [ɛkstʁɛ̃sɛk] *adj a.* MED soutenu äußerlich, extrinsisch *(Fachspr.)*
extroverti(e) *v.* **extraverti**
exubérance [ɛgzybeʁɑ̃s] *f* ❶ *(vitalité)* Überschwänglichkeit *f*, überschäumendes Temperament; *d'un enfant* Übermut *m*
❷ *(surabondance)* Fülle *f*; *de la végétation* Üppigkeit *f*; *du style* Formenreichtum *m*
exubérant(e) [ɛgzybeʁɑ̃, ɑ̃t] *adj personne* überschwänglich; *végétation* üppig; *imagination* rege, überschäumend, blühend; *style* überladen
exultation [ɛgzyltasjɔ̃] *f* LITTER, REL Frohlocken *nt*, Jubel *m*
exulter [ɛgzylte] <1> *vi* frohlocken *(geh)*
exutoire [ɛgzytwaʁ] *m* **~ à qc** Ventil *nt* für etw
ex-voto [ɛksvɔto] *m inv* Votivbild *nt*, Votivtafel *f*
eye-liner [ajlajnœʁ] <eye-liners> *m* Eyeliner *m*
É-zine [ezin] *m abr de* **magazine électronique** elektronisch vertriebene Zeitschrift

Ff

F, f [ɛf] *m inv* F *nt*/f *nt*
F ❶ *abr de* **franc** F
❷ *abr de* **fluor** F
❸ *(appartement)* **F2/F3** Zwei-/Dreizimmerwohnung
fa [fa] *m inv* MUS F *nt*, f *nt*; *v. a.* **do**
F.A.B. [ɛfabe] *adj* COM *abr de* **franco à bord** fob
fable [fabl] *f* ❶ LITTER [Tier|fabel *f*
❷ *littér (mensonge)* Lügengeschichte *f*
▶ **être la ~ du village/quartier** der Spott des ganzen Dorfes/Viertels sein
fabliau [fablijo] <x> *m* LITTER Fabliau *nt*
fabricant(e) [fabʁikɑ̃, ɑ̃t] *m(f)* ❶ *(propriétaire)* Fabrikant(in) *m(f)*; **~(e) de tissus** Textilfabrikant(in); **~(e) de chaussures/de machines** Schuh-/Maschinenfabrikant(in); **~(e) d'articles de bonneterie/de lingerie** Strumpf-/Wäschefabrikant(in); **~(e) de peinture et de laque** Fabrikant(in) von Farben und Lacken
❷ *(artisan, industriel, entreprise)* Hersteller *m*; **~ de lampes/d'ordinateurs** Lampen-/Computerhersteller(in); **~ dans le domaine de la restauration rapide** Fastfoodhersteller; **~ final/~e finale** Endhersteller(in); **~(e) de l'ouvrage** JUR Werkunternehmer(in) *m(f) (Fachspr.)*
fabricateur, -trice [fabʁikatœʁ, -tʁis] *m, f péj* Erfinder(in) *m(f)*; **~(-trice) de fausse monnaie** Geldfälscher(in) *m(f)*; **~(-trice) de fausses nouvelles** Gerüchtemacher(in) *m(f)*
fabrication [fabʁikasjɔ̃] *f* Herstellung *f*; **~ du fromage** Käseherstellung; **~ artisanale** handwerkliche Anfertigung; **~ industrielle** industrielle Fertigung; **~ à la chaîne** Bandfertigung, Fließfertigung *(Fachspr.)*; **~ maison** eigene Herstellung; **pièce par pièce** Einzelteilfertigung; **~ en grande série** Großserienfertigung; **secret de ~** Betriebsgeheimnis *nt*
▶ **de ma/sa/... ~** selbst gemacht; *gâteau:* selbst gebacken; *pull-over:*
selbst gestrickt; *robe:* selbst geschneidert
◆ **~ en série** Serienfertigung *f*, Serienanfertigung, serienmäßige Herstellung
fabrique [fabʁik] *f* Fabrik *f*; **~ de meubles/de lampes** Möbel-/Lampenfabrik; **~ de cigarettes/de cigares** Zigaretten-/Zigarrenfabrik; **~ de munitions** Munitionsfabrik
fabriquer [fabʁike] <1> **I.** *vt* ❶ herstellen, machen, [an]fertigen; *péj* fabrizieren; **~ qc en série** ECON etw konfektionieren *(Fachspr.)*
❷ *fam (faire)* **mais qu'est-ce que tu fabriques?** was machst [*o* treibst] du denn da?; **fam (avec impatience)** was machst [*o* treibst] du denn so lange? *(fam)*
❸ *(inventer)* erfinden
II. *vpr* ❶ **se ~** *objet:* hergestellt werden
❷ *(se construire)* **se ~ une table avec qc** sich *(Dat)* aus etw einen Tisch bauen
❸ *(s'inventer)* **se ~** sich *(Dat)* ausdenken; **se ~ un alibi** sich *(Dat)* ein Alibi zurechtlegen
fabulateur, -trice [fabylatœʁ, -tʁis] *m, f* Geschichtenerzähler(in) *m(f)*, Fabulant(in) *m(f) (geh)*; **être un ~** gern. fabulieren [*o* Geschichten erfinden]
fabulation [fabylasjɔ̃] *f* Fabulieren *nt*, Erfinden *nt* von Geschichten; *(pathologique)* krankhafte Einbildung; **c'est de la pure ~** das ist reine Phantasterei
fabuler [fabyle] <1> *vi* fabulieren, Geschichten erfinden
fabuleusement [fabyløzmɑ̃] *adv* sagenhaft, unwahrscheinlich
fabuleux, -euse [fabylø, -øz] *adj* ❶ *(fantastique)* sagenhaft, fantastisch; *fam (incroyable)* unglaublich; *personne* fabelhaft, toll; **c'est ~ que qn fasse qc** es ist schon sagenhaft, dass jd etw tut *(fam)*
❷ LITTER sagenhaft, sagenumwoben *(geh)*; **animal ~** Fabelwesen *nt*; **récit ~** Sage *f*

fabuliste [fabylist] *mf* Fabeldichter(in) *m(f)*
fac [fak] *f fam abr de* **faculté** Uni *f (fam)*; **être en ~ d'histoire** Geschichte studieren, für [*o* in] Geschichte eingeschrieben sein
façade [fasad] *f* ❶ *d'un édifice* Fassade *f*, Front *f*, Vorderseite *f*; *d'un magasin* Schaufensterfront *f*
❷ *(région côtière)* Küste *f*
❸ *(apparence trompeuse)* Fassade *f*, Schein *m*; **de ~** gespielt, geheuchelt, vorgetäuscht; *sourire* aufgesetzt
▸ **se ravaler la ~** *fam* sein Make-up auffrischen
face [fas] *f* ❶ *(visage)* Gesicht *nt*; **détourner la ~** sich abwenden
❷ *(côté)* Seite *f*; GEOM, MINER Fläche *f*; *d'une montagne, de l'estomac* Wand *f*; **~ extérieure** Außenfläche; **~ externe/interne de la cuisse** Außen-/Innenseite des Schenkels; **~ est/nord/ouest/sud** Ost-/Nord-/West-/Südwand; **~ visible/cachée de la lune** sichtbare/unsichtbare Mondhälfte; **manteau double ~** Wendemantel *m*
❸ *(côté d'une monnaie)* Vorderseite *f*; **pile ou ~?** Kopf oder Zahl?
❹ *(aspect)* Seite *f*, Aspekt *m*; **changer la ~ du monde** die Welt verändern; **examiner qc sous toutes ses ~s** etw von allen Seiten untersuchen
❺ *(indiquant une orientation)* **de ~** *photographier* von vorne; *attaquer* frontal; *aborder* direkt; **être en ~ de qn** [direkt] vor jdm stehen; *(assis)* jdm gegenübersitzen; **être en ~ de qc** einer S. *(Dat)* gegenüberliegen; **regarder bien en ~** geradeaus schauen; **regarder qn bien en ~** jdm direkt ins Gesicht schauen; **le voisin/la maison d'en ~** der Nachbar von/das Haus gegenüber; **venir d'en ~** *vent*: herüberwehen; **parler ~ à la foule** zur Menge [hin] sprechen; **ils sont assis ~ à ~** sie sitzen sich *(Dat)* gegenüber
❻ *(indiquant une circonstance)* **~ à ce patron/cette crise...** angesichts dieses Chefs/dieser Krise ...
▸ **faire qc à la ~ du monde** *soutenu* etw vor aller Welt tun; **être** [*o* **se trouver**] **~ à ~ avec qn/qc** jdm/einer S. gegenüberstehen; *fig* mit jdm/etw konfrontiert werden; **faire ~** handeln, etwas unternehmen; **faire ~ à qn** jdm trotzen [*o* die Stirn bieten] *(geh)*; **faire ~ à qc** *chose*: einer S. *(Dat)* gegenüberliegen; *personne*: mit dem Gesicht zu etw stehen; *(affronter)* sich einer S. *(Dat)* stellen; *(se débrouiller)* mit etw fertig werden; *(payer)* etw bestreiten; *(remplir)* einer S. *(Dat)* nachkommen; *(satisfaire)* etw befriedigen; **jeter qc à la ~ de qn** jdm etw an den Kopf werfen; **perdre/sauver la ~** das [*o* sein] Gesicht verlieren/wahren; **regarder qc en ~** etw vor vorn betrachten; **regarder un danger/la mort en ~** einer Gefahr/dem Tod ins Auge sehen; **regarder la vie en ~** das Leben sehen, wie es ist; **il me l'a dit en ~** er hat es mir ins Gesicht gesagt; **il faut voir les choses en ~** man muss den Tatsachen ins Auge sehen
◆ **~ de carême** Leidensmiene *f*, Leichenbittermiene *f*; *(personne)* **de rat** *fam* Rattengesicht *nt (sl)*
face-à-face [fasafas] *m inv* Streitgespräch *nt*; **~ télévisé** Fernsehduell *nt* **face-à-main** [fasamɛ̃] <faces-à-main> *m* Lorgnette *f*
facétie [fasesi] *f* Scherz *m*, Spaß *m*
facétieux, -euse [fasesjø, -jøz] I. *adj* spaßig; **être d'une humeur facétieuse** zu Scherzen aufgelegt sein
II. *m, f* Spaßvogel *m*
facette [fasɛt] *f a. fig* Facette *f*; **œil à ~s** ZOOL Facettenauge *nt*
▸ **à ~s** *caractère, personnage* schillernd, vielseitig
fâché(e) [faʃe] *adj* ❶ *(en colère)* ärgerlich, verärgert, sauer *(fam)*; **être ~(e) contre qn** über jdn verärgert sein, auf jdn sauer sein *(fam)*
❷ *(navré)* **qn est ~ de qc** etw tut jdm leid; **je suis ~(e) de faire qc/que qn fasse qc** es tut mir leid etw zu tun/, dass jd etw tut; **ne pas être ~ de faire qc/que qn fasse qc** *iron* nicht böse sein etw zu tun/, dass jd etw tut
❸ *(en mauvais termes)* **être ~(e) avec qn** mit jdm zerstritten sein, sich mit jdm überworfen haben *(geh)*; **être ~(e) avec qc** *fam* mit etw auf Kriegsfuß stehen *(fam)*
fâcher [faʃe] <1> I. *vt (irriter)* verärgern, verstimmen
II. *vpr (se mettre en colère)* **se ~** sich ärgern, wütend werden; **je vais me ~** gleich werde ich wütend [*o* sauer *fam*]; **se ~ contre qn** mit jdm schimpfen; **se ~ pour un rien** sich über jede Kleinigkeit [*o* für nichts und wieder nichts] ärgern
❷ *(se brouiller)* **se ~ avec qn** sich mit jdm überwerfen *(geh)*
fâcherie [faʃri] *f* Unstimmigkeit *f*, Zerwürfnis *nt*
fâcheusement [faʃøzmɑ̃] *adv* unangenehm, peinlich; **être ~ semblable à qc** einer S. *(Dat)* unangenehm ähneln; **j'ai ~ oublié mes clés** ich habe ärgerlicherweise meine Schlüssel vergessen
fâcheux, -euse [faʃø, -øz] I. *adj* ❶ *(regrettable)* idée unglückselig; *contretemps* widrig; *initiative* bedauernswert; **il est ~ que qn fasse qc** es ist bedauerlich [*o* schade], dass jd etw tut
❷ *(déplaisant) nouvelle* unerfreulich
II. *m, f littér* Störenfried *m*
facho [faʃo] *fam abr de* **fasciste** I. *adj* faschistisch; **être un peu ~** faschistisch angehaucht sein
II. *mf* Fascho *m (sl)*

facial(e) [fasjal, jo] <-aux> *adj* Gesichts-; **muscle/massage ~** Gesichtsmuskel *m*/-massage *f*
faciès [fasjɛs] *m (mine)* Gesicht[sausdruck *m*] *nt*; **avoir le ~ de quelqu'un qui** aussehen wie jemand, der
facile [fasil] I. *adj* ❶ *(simple)* leicht; **être ~ pour qn** jdm leichtfallen; **être ~ à comprendre** leicht zu verstehen sein; **c'est ~ comme tout** das ist [doch] kinderleicht; **avoir le contact ~** kontaktfreudig sein; **avoir la larme ~** leicht in Tränen ausbrechen; **qn a le travail ~** die Arbeit geht jdm leicht von der Hand; **ne pas avoir la vie ~** kein leichtes Leben haben
❷ *péj (sans recherche) plaisanterie* billig; *rime* flach, platt; *argumentation* oberflächlich; **c'est un peu ~!** da machst du es dir/er es sich/... ein bisschen leicht!
❸ *(conciliant)* verträglich, umgänglich; *enfant* fügsam; **avoir un caractère ~** ein verträglicher [*o* umgänglicher] Mensch sein
❹ *vieilli (légère) femme* leicht zu verführen; *fille* leicht
▸ **[c'est] plus ~ à dire qu'à faire!** [das ist] leichter gesagt als getan!
II. *adv fam* ❶ *(sans difficulté)* locker *(fam)*; **faire qc ~** etw mit links tun *(fam)*
❷ *(au moins)* gut und gerne *(fam)*
facilement [fasilmɑ̃] *adv* ❶ *(sans difficulté)* leicht, easy *(fam)*
❷ *(au moins)* mindestens
facilité [fasilite] *f* ❶ *(opp: difficulté)* Leichtigkeit *f*; **être d'une grande ~** sehr leicht sein; **faire/réussir qc avec ~** etw mit Leichtigkeit [*o* mit links *fam*] machen/schaffen; **pour plus de ~,...** der Einfachheit halber ...
❷ *(aptitude)* Begabung *f*, Talent *nt*; **avoir des ~s** leicht lernen, begabt sein; **avoir de la ~ pour les langues/les mathématiques** sprachbegabt/mathematisch begabt sein; **avoir une grande ~ à s'exprimer** sehr sprachgewandt sein
❸ *sans pl péj* Bequemlichkeit *f*; **céder à la ~** den bequemen Weg gehen
❹ *pl (occasion)* Gelegenheit *f*; *(possibilité)* Möglichkeit *f*; **fournir à un enfant toutes ~s pour qc/faire qc** *(aide)* einem Kind alles Nötige zur Verfügung stellen für etw/um etw zu tun
◆ **~ de caractère** Umgänglichkeit *f*; **~ de crédit** ECON Krediterleichterung *f*, Kreditfazilität *f (Fachspr.)*; **~[s] d'élocution** Redegewandtheit *f*, Eloquenz *f (geh)*; **~ d'emploi** Benutzerfreundlichkeit *f*; **~ de paiement** Zahlungserleichterung *f*, günstige Zahlungsbedingung, **~[s] de parole** Redegewandtheit *f*
faciliter [fasilite] <1> *vt* erleichtern, einfacher machen; **se ~ la vie** sich *(Dat)* das Leben leichter machen; **médicament qui facilite la digestion** verdauungsförderndes Mittel
façon [fasɔ̃] *f* ❶ *(manière)* **~ de faire qc** Art *f* [und Weise *f*], etw zu tun; **~ de se tenir** Haltung *f*; **~ de travailler/d'agir** Arbeits-/Handlungsweise *f*; **je n'aime pas sa ~ de me regarder** [*o* la ~ dont il me regarde] ich mag [die Art] nicht, wie er mich ansieht; **de** [*o* **d'une**] **~ très impolie** sehr unfreundlich, auf [eine] besonders unfreundliche Art [und Weise]; **de** [*o* **d'une**] **~ plus rapide que d'habitude** schneller als sonst; **d'une ~ que je n'apprécie pas** auf eine [*o* in einer] Art [und Weise], die mir nicht gefällt
❷ *pl (comportement)* Benehmen *nt*, Manieren *Pl*; **avoir des ~s de...** sich wie ein(e) ... benehmen; **tu en as des ~s!** du hast vielleicht ein Benehmen! *(fam)*; **faire des ~s** sich zieren, sich anstellen *(fam)*
❸ *(travail)* Verarbeitung *f*, Arbeit *f*; *(phase)* Verarbeitungsphase *f*; **couturière à ~** Schneiderin *f* für Auftragsarbeiten; **faire faire qc à ~** etw maßschneidern lassen; **travailler à ~** Lohnarbeit leisten
❹ *(forme)* Machart *f*; *d'une robe, coiffure* Schnitt *m*
❺ CH **avoir bonne/mauvaise ~** *(faire bonne ou mauvaise impression)* einen guten/schlechten Eindruck machen
❻ **+** *subst (imitation)* **un sac ~ croco** eine Tasche aus Krokodillederimitat
▸ **en aucune ~** auf keinen Fall; **de la belle ~** *iron* gehörig; **de toute ~, ...** auf jeden Fall, ...; **de toutes les ~s** in jeder Beziehung [*o* Hinsicht]; **dire à qn sa ~ de penser** jdm seine Meinung sagen; **[c'est une] ~ de parler** das sagt man halt so; **faire un jeu à la ~ de qn/qc** wie jd/etw spielen; **à ma ~** auf meine Art/Weise; *cuisine* nach meinem Rezept; **de cette ~, ...** so ..., auf diese [Art und] Weise ...; **faire qc de ~ à faire qc** etw tun um etw zu tun; **de ~ à ce que qn fasse qc** etw tun, damit jd etw tut; **de ma/ta/sa ~** selbst gemacht; *gâteau* selbst gebacken; **jouer à qn un tour de sa ~** jdn auf seine/ihre Art reinlegen; **sans ~** *repas* zwanglos; *personne* natürlich; **non merci, sans ~** nein danke, wirklich nicht
faconde [fakɔ̃d] *f littér (facilité de parole)* Beredsamkeit *f*, Redegewandtheit *f*; *(bavardage)* Redseligkeit *f*, Geschwätzigkeit *f*
façonnage [fasɔnaʒ] *m* Bearbeitung *f*; *d'un bloc de pierre* Behauen *nt*
façonnement [fasɔnmɑ̃] *m du caractère* Formung *f*, Formen *nt*; *de l'esprit* Bildung *f*
façonner [fasɔne] <1> I. *vt* ❶ *(travailler)* bearbeiten; behauen *pierre*
❷ *(faire) artisan*: machen, [an]fertigen; schnitzen *statuette de bois*;

zimmern *table; (usiner)* herstellen; **~ qc dans un bloc de marbre** etw in einen Marmorblock hauen
③ *littér (former)* formen
II. *vpr* ① *(se travailler)* **se ~** *bois, métal:* bearbeitet werden; **se sans difficulté** sich leicht bearbeiten lassen
② *(se fabriquer)* **se ~** gemacht [*o* angefertigt] werden
③ *littér (se former)* **se ~** geformt werden
fac-similé [faksimile] <fac-similés> *m* ① *(reproduction)* Faksimile *nt*
② TELEC Empfangskopie *f*
factage [faktaʒ] *m* ① *(tarif)* Rollgeld *nt*, Bestellgebühr *f*
② *(travail du facteur)* Zustellung *f*
facteur [faktœʀ] *m* ① POST Postbote *m*, Briefträger *m; (chargé des mandats-poste)* Geldbriefträger
② *(fabricant)* **~ d'orgues** Orgelbauer *m*
③ *(agent, élément)* Faktor *m*, Moment *nt;* **~ déterminant** Bestimmungsfaktor *m;* **~ économique** Wirtschaftsfaktor *m;* **être un ~ de dépression** Mitursache *f* für Depressionen sein; **~ prix/temps** Preis-/Zeitfaktor *m;* **~ de réussite** Erfolgsmoment, Erfolgsfaktor; **~ de conversion des devises** FIN Devisenumrechnungsfaktor; **~ de destruction de l'environnement** Umweltzerstörer *m;* **~s de formation du cours** ECON Kursbildungsfaktoren; **~ stimulant la demande** COM Nachfrageimpuls *m*
④ MATH Faktor *m;* **~ premier** Primfaktor; **mettre en ~s in** Faktoren zerlegen, faktorisieren
◆ **~ de calcul** Bemessungsfaktor *m;* **~ de coagulation** MED Gerinnungsfaktor *m;* **~ de correction** FIN Berichtigungsfaktor *m;* **~ de crise** ECON Engpassfaktor *m;* **~ de croissance** Wachstumsträger *m;* **~ de garantie** Sicherheitsfaktor *m;* **~ d'hydratation** COSMET Feuchtigkeitsfaktor *m;* **~ d'influence** ECON Einwirkungsfaktor *m;* **~s de production** Produktionsfaktoren *Pl;* **~ rhésus** Rhesusfaktor *m;* **~ de risque** Risikofaktor *m;* **~ stress** MED Stressfaktor *m;* **~ de taux d'intérêt** Verzinsungsfaktor *m*
factice [faktis] *adj* ① *(faux)* unecht, falsch; *fleur* künstlich
② *(affecté) voix* gekünstelt; *sourire* aufgesetzt; *gaieté* gespielt
factieux, -euse [faksjø, -jøz] **I.** *adj vieilli personne* aufrührerisch, aufwieglerisch
II. *m, f* Aufrührer(in) *m(f),* Aufwiegler(in) *m(f)*
faction [faksjɔ̃] *f* ① *(groupe)* aufrührerische [*o* umstürzlerische] Gruppe [*o* Partei]
② *(garde)* **être de/en ~** [auf] Wache [*o* Posten] stehen, Wache schieben *(fam)*
③ *(surveillance)* **être/rester en ~** auf der Lauer liegen/Ausschau halten
factitif, -ive [faktitif, -iv] *adj* LING faktitiv
factoriel(le) [faktɔʀjɛl] *adj* MATH Faktoren-; **analyse ~le** Faktorenanalyse *f*
factorielle [faktɔʀjɛl] *f* MATH Fakultät *f;* **~ sept** sieben Fakultät
factoring [faktɔʀiŋ] *m* ECON Factoring *nt (Fachspr.),* Faktorgeschäft *nt (Fachspr.)*
factotum [faktɔtɔm] *m* Faktotum *nt*
factrice [faktʀis] *f* Postbotin *f,* Briefträgerin *f; (chargée des mandats-poste)* Geldbriefträgerin
factuel(le) [faktɥɛl] *adj* sachbezogen; **données ~les** Fakten *Pl*
facturation [faktyʀasjɔ̃] *f* ① *(action)* Berechnung *f,* Rechnungsstellung *f; (déduction)* Inrechnungstellung, Anrechnung; **~ trimestrielle** Quartalsverrechnung; **~ de l'impôt sur les sociétés** FISC Körperschaftsteueranrechnung
② *(service)* Rechnungsabteilung *f*
facture¹ [faktyʀ] *f* ① Rechnung *f;* **~ définitive** Abschlussrechnung; **fausse ~** fingierte Rechnung; **~ détaillée** spezifizierte Abrechnung; *d'un prestataire de services* Leistungsnachweis *m;* **~ annuelle [de régularisation]** Jahresabrechnung; **~ provisoire** Zwischenrechnung; **~ en devises** Devisenrechnung; **~ en devises étrangères** Rechnung in Fremdwährung; **~ de vente** COM Verkaufsrechnung
② *fig fam* **la ~ du chômage** die Kosten der Arbeitslosigkeit; **qui va payer la ~?** wer soll das bezahlen?
◆ **~ de courtage** Courtagerechnung *f*
facture² [faktyʀ] *f* ① ART *d'un tableau, poème* Aufbau *m; d'une pièce de théâtre* Anlage *f;* **être de ~ très personnelle** von ganz persönlicher Machart sein; **des vers d'élégante ~** kunstvoll geschmiedete Verse
② *(fabrication)* **~ d'orgue** Orgelbau *m*
facturer [faktyʀe] <1> *vt* **~ une réparation à qn** *(établir une facture)* jdm eine Rechnung über eine Reparatur ausstellen; *(faire payer)* jdm eine Reparatur berechnen [*o* in Rechnung stellen]
facturette [faktyʀɛt] *f* Zahlungsbeleg *m*
facturier [faktyʀje] *m* Fakturenbuch *nt*
facturier, -ière [faktyʀje, -jɛʀ] *m, f* Fakturist(in) *m(f)*
facturière [faktyʀjɛʀ] *f* Fakturiermaschine *f*
facultatif, -ive [fakyltatif, -iv] *adj* freiwillig, fakultativ; **matière facultative** Wahlfach *nt;* **arrêt ~** Bedarfshaltestelle *f*

facultativement [fakyltativmɑ̃] *adv* fakultativ
faculté¹ [fakylte] *f* ① UNIV Fachbereich *m;* **~ de droit/des lettres [et sciences humaines]** juristische/philosophische Fakultät; **aller à la ~** auf die [*o* zur] Universität gehen, studieren; **~ des arts** CAN *(faculté des lettres)* philosophische Fakultät
② *sans pl vieilli (faculté de médecine)* **la Faculté** die medizinische Fakultät
faculté² [fakylte] *f* ① *(disposition)* Fähigkeit *f,* Vermögen *nt;* **~ d'adaptation/de concentration** Anpassungs-/Konzentrationsfähigkeit *f;* **avoir la ~ de faire qc** die Fähigkeit besitzen etw zu tun
② *pl (dispositions intellectuelles)* geistige Fähigkeiten [*o* Kräfte]; *(compréhension)* Auffassungsgabe *f;* **avoir [*o* jouir de] toutes ses ~s** im Vollbesitz seiner geistigen Kräfte sein
③ *(possibilité)* **la ~ de faire qc** die Möglichkeit [*o* Freiheit] etw zu tun; *(droit)* das Recht etw zu tun
fada [fada] **I.** *adj fam* verrückt, übergeschnappt *'fam';* **être un peu ~** ein bisschen spinnen
II. *m, f fam* Verrückte(r) *f(m),* Irre(r) *f(m)*
fadaise [fadɛz] *f gén pl* dummes [*o* albernes] Zeug *kein Pl,* Albernheit *f;* **propos** Plattheiten *Pl*
fadasse [fadas] *adj a. fig fam* fade; *couleur* langweilig
fade [fad] *adj* ① *(sans saveur) plat, goût* fad[e]; **c'est ~** das schmeckt nach nichts
② *(sans éclat) ton* matt; *lumière* trüb; *couleur* blass; **d'un blond ~** aschblond
③ *(sans intérêt)* fad[e]; *personne* langweilig; *propos* abgeschmackt; *traits* nichtssagend
④ *(sans punch) interprétation* ausdrucksschwach
▶ BELG *(lourd)* **il fait ~** es ist schwül
fadeur [fadœʀ] *f* ① *(manque de saveur)* Geschmacklosigkeit *f; (manque d'éclat)* Farblosigkeit *f; d'une couleur* Blässe *f; d'un visage* Ausdruckslosigkeit *f*
② *fig d'un roman* Geistlosigkeit *f; d'un tableau* Farblosigkeit *f*
fading [fadiŋ, fediŋ] *m* Tonausfall *m*
faf [faf] *m f fam* Fascho *m (sl)*
fagot [fago] *m* Reisigbündel *nt*
▶ **de derrière les ~s** erlesen, edel
fagoter [fagɔte] <1> *vt péj* unmöglich anziehen; **être bien/mal fagoté(e)** gut [*o* geschmackvoll]/schlecht [*o* geschmacklos] gekleidet sein
faiblard(e) [fɛblaʀ, aʀd] *adj péj fam* argument, raisonnement schwach, nicht sehr überzeugend; *élève* [leistungs]schwach; **se sentir un peu ~(e)** sich etwas schlapp fühlen *(fam)*
faible [fɛbl] **I.** *adj* ① schwach; *(après une maladie)* geschwächt; **~ de constitution** schwächlich; **il a la ~ vue est ~** er/sie hat schlechte Augen; **être ~ du cœur** ein schwaches Herz haben
② *(influençable, sans volonté)* **~ de caractère** charakterschwach; **~ avec qn** *(trop indulgent)* nachsichtig mit jdm
③ *antéposé (restreint)* gering; *protestation, résistance, espoir, indices* schwach; **à une ~ majorité** mit knapper Mehrheit; **à une ~ hauteur/à ~ altitude** in geringer Höhe/in tieferer Lage; **avoir de ~s chances de s'en tirer** nur wenig Chancen haben davonzukommen; **être de ~ rendement** *terre:* wenig Ertrag geben
④ *(peu perceptible)* schwach; *atténuation* gering
⑤ *(médiocre) devoir* schwach; *élève, collaborateur* schwach, leistungsschwach; **~ en qc** schwach in etw *(Dat);* **écolier ~ en orthographe** rechtschreibschwacher Schüler; **le terme est ~** das ist noch gelinde ausgedrückt
⑥ *(sans défense, désarmé)* schwach; **se sentir ~ devant qc** sich gegenüber etw schwach fühlen
⑦ ECON **économiquement ~** finanzschwach
II. *m, f* ① Schwache(r) *f(m);* **les ~s et les opprimés** die Schwachen und Unterdrückten
② *(personne sans volonté)* Schwächling *m*
③ ECON **les économiquement ~s** die wirtschaftlich Schwachen
III. *m sans pl* Schwäche *f,* Vorliebe *f;* **avoir un ~ pour qn/qc** eine Schwäche [*o* ein Faible] für jdn/etw haben
◆ **~ d'esprit** geistig Zurückgebliebene(r) *f(m)*
faiblement [fɛbləmɑ̃] *adv* ① schwach; **résister ~** schwachen Widerstand leisten
② *(légèrement)* schwach, leicht; **bière ~ alcoolisée** Bier *nt* mit geringem Alkoholgehalt, schwach alkoholhaltiges Bier
faiblesse [fɛblɛs] *f* ① Schwäche *f; (après une maladie)* geschwächter Zustand; *(due à la constitution)* Schwächlichkeit *f; d'une voûte* geringe Tragfähigkeit *f;* **~ concurrentielle** Wettbewerbsschwäche
② *(manque de volonté)* Charakterschwäche *f,* Willensschwäche *f; (grande indulgence)* Nachsicht *f;* **~ pour [*o* à l'égard de] qn/qc** Nachsicht mit jdm/gegenüber etw; **par ~** aus Nachsicht
③ *(insuffisance) d'un raisonnement, d'une argumentation* Schwäche *f;* **la ~ du revenu des agriculteurs** das geringe Einkommen der Landwirte
④ *(manque d'intensité)* **la ~ du bruit/de la lumière** das schwache Geräusch/Licht; **la ~ de sa vue** seine/ihre Sehschwäche

⑤ *(médiocrité)* Schwäche *f*; **d'un élève** [Leistungs]schwäche ⑥ **souvent pl** *(défaillance)* Schwäche *f*; **avoir ses petites ~s** seine kleinen Schwächen haben ⑦ *(syncope)* Schwächeanfall *m*; **avoir une ~** einen Schwächeanfall bekommen ◆ **~ de caractère** Charakterschwäche *f*; **~ de constitution** körperliche Schwäche, Konstitutionsschwäche *f*; **~ d'esprit** geistige Beschränktheit
faiblir [feblir] <8> *vi personne:* schwach werden; *cœur, pouls, bruit, lumière:* schwächer werden; *autorité, espoir, force:* schwinden; *résistance, volonté, ardeur, vent:* nachlassen; *courage, revenu, rendement:* sinken; *chances, écart:* sich verringern; **sentir ses jambes ~** fühlen, wie die Beine schwach werden
faïence [fajɑ̃s] *f* Steingut *nt*, Fayence *f*
faïencerie [fajɑ̃sʀi] *f* ① Steingutindustrie *f*; *(fabrique)* Steingutfabrik *f*
② *(vaisselle)* Steingut[geschirr *nt*] *nt*
faille [faj] *f* ① GEOG Verwerfung *f*; *(crevasse)* Spalte *f*
② *(défaut)* Schwachstelle *f*; **il y a une ~ dans leur amitié** ihre Freundschaft hat einen Riss bekommen; **volonté sans ~** unerschütterlicher [*o* unbeugsamer] Wille; **détermination sans ~** unerbittliche Entschlossenheit
failli(e) [faji] *m(f)* ECON Konkursschuldner(in) *m(f)*
faillibilité [fajibilite] *f soutenu* Fehlbarkeit *f (geh)*
faillible [fajibl] *adj soutenu* fehlbar *(geh)*
faillir [fajiʀ] <*irr*> *vi* ① *(manquer)* **il a failli acheter ce livre** er hätte das Buch beinahe [*o* fast] gekauft; **j'ai failli tomber** ich wäre beinahe [*o* fast] gefallen; **ça a failli marcher** es hätte beinahe [*o* fast] geklappt
② *(manquer à)* **~ à son devoir/à la tradition** seine Pflicht verletzen/gegen die Tradition verstoßen; **~ à sa promesse/parole** sein Versprechen/Wort brechen
③ *seulement infin vieilli (pécher)* schwachwerden
④ *(faire défaut)* **ma mémoire n'a pas failli** mein Gedächtnis hat mich nicht im Stich gelassen
faillite [fajit] *f* ① ECON Konkurs *m*, Bankrott *m*, Firmenpleite *f*, Fallimentnt *(veraltet)*; **~ de l'État** Staatsbankrott; **en cause de ~** konkursverdächtig; **être au bord de la ~** vor dem Konkurs [*o* am Rande des Bankrotts] stehen; **faire ~** Konkurs [*o* Bankrott] machen, bankrottgehen; **être en ~** bankrott sein
② *(échec)* Scheitern *nt*; **c'est la ~ de mes espérances** alle meine Hoffnungen sind zunichte
③ JUR **~ personnelle** Verlust von Fähigkeiten und Rechten wegen schuldhafter Herbeiführung eines Konkurses; **prononcer la ~ personnelle de qn** jdm Fähigkeiten und Rechte wegen schuldhafter Herbeiführung eines Konkurses entziehen
faim [fɛ̃] *f* ① Hunger *m*; **avoir très ~** großen Hunger haben, sehr hungrig sein; **mourir** [*o* **crever** *fam*] **de ~** vor Hunger sterben, einen Mordshunger haben *(fam)*; **donner ~ à qn** jdn hungrig machen; **ne pas manger à sa ~** sich nicht satt essen
② *(famine)* Hungersnot *f*
③ *(désir ardent)* **avoir ~ de qc** Verlangen *nt* nach etw haben
▶ **la ~ est mauvaise conseillère** *prov* der Hunger ist ein schlechter Ratgeber; **la ~ fait sortir** [*o* **chasse**] **le loup du bois** *prov* in der Not frisst der Teufel Fliegen; **laisser qn sur sa ~** jds Erwartungen nicht erfüllen; **rester sur sa ~** *(après un repas)* nicht satt sein; *(ne pas être satisfait)* in seinen Erwartungen enttäuscht sein; **tromper sa ~** seinen Hunger fürs Erste stillen
◆ **~ de loup** Bärenhunger *m*; **avoir une ~ de loup** einen Bärenhunger haben
faîne [fɛn] *f*, **faine** [fɛn] *f* Buchecker *f*
fainéant(e) [fɛneɑ̃, ɑ̃t] **I.** *adj* faul
II. *m(f)* Faulenzer(in) *m(f)*
fainéanter [fɛneɑ̃te] <1> *vi* faulenzen
fainéantise [fɛneɑ̃tiz] *f* Faulheit *f*; *(mode de vie)* Faulenzerei *f*; **par ~** aus Faulheit [*o* Bequemlichkeit]
faire [fɛʀ] <*irr*> **I.** *vt* ① *(fabriquer)* machen, anfertigen *meuble, objet, statue, vêtement;* bauen *maison, mur, nid;* herstellen *produit;* backen *pain, gâteau;* **Dieu a fait le monde en six jours** in sechs Tagen hat Gott die Welt erschaffen; **le bébé fait ses dents** das Baby zahnt; **~ un enfant à qn** *fam* jdm ein Kind machen *(fam)*
② *(mettre au monde)* **~ un enfant/un petit/des petits** ein Kind/ein Junges/Junge bekommen; **~ un veau** kalben
③ *(évacuer)* **~ ses besoins** seine Notdurft verrichten; **~ pipi/caca** *enfantin* Pipi/Aa machen *(Kinderspr.)*
④ *(être l'auteur de)* machen *faute, offre, cadeau, film;* schreiben *poème, livre;* abhalten *conférence;* halten *discours;* erlassen *loi;* treffen *prévisions;* **~ un chèque à qn** jdm einen Scheck ausstellen; **~ une visite à qn** jdm einen Besuch abstatten; **~ une promesse à qn** jdm ein Versprechen geben; **~ la guerre contre qn** gegen jdn Krieg führen; **il a fait la guerre d'Indochine** er hat den Indochinakrieg mitgemacht; **~ l'amour à qn** mit jdm schlafen; **~ une farce à qn** jdm einen Streich spielen; **on vous a fait une faveur**

wir haben für Sie eine Ausnahme gemacht
⑤ *(avoir une activité)* machen; erledigen *tâche, travail;* ableisten *service militaire;* **j'ai beaucoup/je n'ai rien à ~** ich habe viel/nichts zu tun; **il n'y a plus rien à ~** da ist nichts mehr zu machen, da hilft nichts mehr; **il n'y a plus rien à ~ pour le sauver** man kann nichts mehr tun um ihn zu retten; **~ tout pour que qn soit sauvé** alles tun, damit jd gerettet wird; **qu'est-ce qu'ils peuvent bien ~** was in aller Welt treiben [*o* machen] die bloß?; **~ une bonne action** ein gutes Werk tun; **~ du théâtre/jazz** Theater/Jazz spielen; **~ du violon/du piano** Geige/Klavier spielen; **~ de la politique** Politik betreiben; **~ du sport** Sport treiben; **~ de l'escalade** klettern; **~ de la voile** segeln; **~ du tennis/foot** Tennis/Fußball spielen; **~ du vélo/canoë** Fahrrad/Kanu fahren; **~ du cheval** reiten; **~ du patin à roulettes** Rollschuh fahren; **~ du roller** Rollerblades fahren, inlineskaten; **~ faire du skate/ski** Skateboard/Ski fahren; **~ un petit jogging** etwas joggen; **~ du camping** zelten, campen; **~ de la couture/du tricot** nähen/stricken; **~ faire des photos** Fotos machen, fotografieren; **~ du cinéma** in der Filmbranche arbeiten; **~ du bricolage/de la photo[graphie]** als Heimwerker(in)/Fotograf(in) betätigen; **ne ~ que bavarder/pleurer** nur schwatzen/weinen; **que faites-vous dans la vie?** was tun [*o* machen] Sie beruflich?
⑥ *(étudier)* besuchen *école*; **~ l'école hôtelière** die Hotelfachschule absolvieren; **~ des études** studieren; **~ son droit/sa médecine** Jura/Medizin studieren; **~ de la recherche** Forschung betreiben; **il veut ~ médecin** er will Arzt werden
⑦ *(préparer)* **~ un café/un repas/une salade à qn** jdm einen Kaffee/ein Essen/einen Salat machen; **~ la valise à qn** jdm den Koffer packen; **~ ses bagages** seine Koffer packen
⑧ *(nettoyer, ranger)* putzen *argenterie, carreaux, chaussures;* aufräumen *chambre, salle à manger;* machen *lit;* **~ le ménage** *(nettoyer)* putzen; *(mettre de l'ordre)* aufräumen; **~ la vaisselle** [das Geschirr] spülen, abspülen
⑨ *(accomplir)* machen *mouvement, promenade, voyage;* teilnehmen an [+ *Dat*] *tournoi;* **~ un shampoing** à qn sich die Haare waschen; **~ la vidange** [de sa voiture] einen Ölwechsel machen; **~ le plein [d'essence]** volltanken; **~ un bon score** ein gutes Ergebnis erzielen, gut abschneiden
⑩ MED **~ de la fièvre** *fam* Fieber haben; **~ une grave dépression nerveuse** einen schweren Nervenzusammenbruch haben; **~ du diabète/de la tension** Diabetes/einen hohen Blutdruck haben
⑪ *(parcourir)* zurücklegen *distance, trajet;* bereisen *pays;* machen *circuit;* abklappern *(fam) magasins; (à pied)* abgehen *rue; (avec un véhicule)* abfahren *rue;* **~ dix kilomètres à pied** zehn Kilometer zu Fuß zurücklegen; **~ [le trajet] Nancy-Paris en trois heures** die Strecke Nancy-Paris in drei Stunden schaffen; **~ toute la ville pour trouver qc** in der ganzen Stadt herumlaufen um etw zu finden
⑫ COM *(offrir à la vente)* führen *marque, produit*
⑬ AGR *(cultiver)* anbauen
⑭ *(fixer un prix)* **[à] combien faites-vous ce fauteuil? – Je vous le fais [pour] 200 euros** für wie viel verkaufen Sie diesen Sessel? – Ich verkaufe ihn Ihnen für 200 Euro
⑮ *(feindre, agir comme)* **~ le/la malade** den Kranken/die Kranke spielen; **~ le pitre** [*o* **le clown**] den Clown spielen; **~ l'idiot(e)** [*o* **l'imbécile**] *(vouloir amuser)* Blödsinn machen; *(faire mine de ne pas comprendre)* sich dumm stellen; *(se conduire stupidement)* sich wie ein Idiot benehmen; **~ l'enfant** sich kindisch [*o* wie ein Kind] benehmen; **il a fait comme s'il ne me voyait pas** er hat so getan, als ob er mich nicht sähe [*o* sehen würde]
⑯ *(tenir un rôle)* **~ le Père Noël** den Weihnachtsmann spielen
⑰ *(donner une qualité, transformer)* **~ qn président/maire** jdn zum Präsidenten/Bürgermeister machen; **~ qn son héritier** jdn als Erben einsetzen; **~ d'une grange une demeure agréable** aus einer Scheune eine gemütliche Wohnung machen; **il a fait de lui une star** er hat aus ihm einen Star gemacht; **je vous fais juge** urteilen Sie selbst
⑱ *(causer)* **~ du chagrin à qn** jdm Kummer machen; **~ plaisir à qn** *personne:* jdm Freude machen [*o* bereiten]; **~ le bonheur/malheur de qn** jds Glück/Unglück sein; **qn/qc fait la joie de qn** jd hat seine Freude an etw/jdm; **~ du bien/mal à qn** jdm gut tun/schaden; **ça ne fait rien** das macht nichts; **cela** [*o* **ça**] **ne vous ferait rien si je vous mentais/que je vous mente?** würde es Ihnen etwas ausmachen, wenn ich Sie anlüge/dass ich Sie anlüge?; **~ de nombreuses victimes** zahlreiche Menschenleben fordern; **qu'est-ce que ça peut bien te ~?** was geht dich das an?
⑲ *(servir de)* **la cuisine fait salle à manger** die Küche dient als Esszimmer; **cet hôtel fait aussi restaurant** dieses Hotel verfügt auch über ein Restaurant
⑳ *(laisser quelque part)* **qu'avez-vous fait de l'enfant?** wo habt ihr euer Kind gelassen?; **qu'ai-je bien pu ~ de mes lunettes?** wo habe ich nur meine Brille gelassen?
㉑ *(donner comme résultat)* machen; **deux et deux font quatre**

zwei und zwei macht [o ist] vier; **cela fait combien en tout?** wie viel macht das insgesamt? ㉒ *(habituer)* ~ **qn à qc** jdn mit etw vertraut machen, jdn an etw *(Akk)* gewöhnen ㉓ *(devenir)* **il fera un excellent avocat** aus ihm wird mal ein ausgezeichneter Anwalt; **cette branche fera une belle canne** aus diesem Ast kann man einen schönen Stock machen ㉔ *(dire)* machen; **"sans doute", fit-il** „zweifellos", sagte er; **"chut, chut", fit Emma** „pst, pst", machte Emma; **il a fait "non" en hochant la tête** er sagte „nein" und schüttelte den Kopf; **le chien fait ouah! ouah!** der Hund macht wau! wau! ㉕ *(avoir pour conséquence)* ~ **que qn a été sauvé** zur Folge haben [o dazu führen], dass jd gerettet wurde ㉖ *(être la cause de)* ~ **démarrer qc** etw in Gang bringen; ~ **chavirer un bateau** ein Boot zum Kentern bringen; **la pluie fait pousser l'herbe** der Regen lässt das Gras wachsen ㉗ *(aider à)* ~ **faire qc à qn** jdm bei etw behilflich sein, jdm helfen etw zu tun; ~ **traverser la rue à qn** jdm über die Straße helfen; ~ **faire ses devoirs à qn** jdm helfen die Hausaufgaben zu machen ㉘ *(inviter à)* ~ **entrer qn** jdn eintreten lassen; ~ **venir un médecin** einen Arzt kommen lassen; **dois-je le ~ monter?** soll ich ihn heraufbitten?; ~ **entrer/sortir le chien** den Hund rein-/rauslassen ㉙ *(charger de)* ~ **réparer/changer qc par qn** etw von jdm reparieren/ändern lassen; ~ **construire une maison** ein Haus bauen [lassen]; **se ~ faire une robe par une couturière** sich *(Dat)* von einer Schneiderin ein Kleid machen lassen; ~ **faire qc à qn** jdn etw tun lassen; **tu devrais lui ~ faire la vaisselle** du solltest ihn/sie spülen lassen ㉚ *(forcer, inciter à)* **il lui a fait ouvrir le coffre-fort** er hat ihn/sie den Safe öffnen lassen, er hat ihn/sie gezwungen den Safe zu öffnen; **pour le ~ partir ils lui font croire que la fête est finie** um ihn loszuwerden, gaukeln sie ihm vor, dass das Fest zu Ende ist; ~ **payer qn** jdn zahlen lassen ㉛ *(pour remplacer un verbe déjà énoncé)* **qn le fait/l'a fait** jd tut es/hat es getan; **as-tu payé la note? – Non, c'est lui qui l'a fait** hast du bezahlt? – Nein, er hat es getan **II.** *vi* ❶ *(agir)* ~ **vite** schnell machen, sich beeilen; ~ **de son mieux** sein Bestes tun; **tu peux mieux ~** du kannst das noch besser; **il a bien fait de ne rien dire** er hat gut daran getan nichts zu sagen; **tu fais bien de me le rappeler** gut, dass du mich daran erinnerst; **tu ferais mieux/bien de te taire** du bist besser/am besten still; ~ **comme si de rien n'était** so tun, als ob nichts gewesen wäre ❷ *fam (durer)* **ce manteau me fera encore un hiver/deux ans** der Mantel hält noch einen Winter/zwei Jahre; **ce disque fait une heure d'écoute** die Schallplatte dauert eine Stunde ❸ *(paraître)* ~ **vieux(vieille)/paysan** alt/wie ein Bauer aussehen; **elle fait très femme pour ses 17 ans** für ihre 17 Jahre sieht sie sehr fraulich aus; ~ **mode** modisch wirken; **ce tableau ferait mieux dans l'entrée** dieses Bild würde sich im Eingang besser machen; **votre cravate fait sérieux/très chic** mit Ihrer Krawatte sehen Sie seriös/sehr schick aus; **ça fait bien** das sieht gut aus ❹ *(rendre)* ~ **bon/mauvais effet** einen guten/schlechten Eindruck machen; ~ **désordre** *pièce:* unordentlich sein; ~ **les choses plus sombres qu'elles ne sont** die Dinge schlimmer machen, als sie sind; **on le fait plus riche qu'il n'est** man macht ihn reicher, als er ist ❺ *(mesurer, peser, coûter)* ~ **un mètre de long/de large/de haut** einen Meter lang/breit/hoch sein; ~ **six mètres de long sur trois de large** sechs Meter lang und drei Meter breit sein; ~ **trois kilos** drei Kilo wiegen; ~ **cent litres** *réservoir:* hundert Liter fassen; ~ **60 W** *ampoule:* 60 W haben; ~ **dix euros** zehn Euro machen *(fam);* **ça fait peu** das ist wenig ❻ *(être incontinent)* ~ **dans la culotte** in die Hose machen ▶ ~ **du bruit** Lärm machen; *fig* Aufsehen erregen; **l'homme à tout ~** der Mann für alles; **n'avoir que ~ de qc** mit etw nichts anfangen können, etw nicht brauchen; **ne ~ que passer** nur kurz [o nur auf einen Sprung] vorbeikommen; **ne fais pas à autrui ce que tu ne voudrais pas qu'on te fit** *prov* was du nicht willst, das füg auch keinem andern zu *(prov);* **faites comme chez vous!** *iron* fühlen Sie sich [ganz] wie zu Hause!, tun Sie sich *(Dat)* nur keinen Zwang an!; **vous permettez que je fume? – Mais faites donc!** erlauben Sie, dass ich rauche? – Aber ja doch, bitte!; **pour ce** ~ *littér* das, dazu, zu tun; **qn [n']en a rien à ~** *fam (ne s'y intéresse pas)* das interessiert jdn nicht; *(s'en fout)* jdm ist das völlig egal *(fam),* jd hat damit nichts am Hut *(fam);* **rien n'y fait** da hilft nichts; **tant qu'à** ~ wenn es schon sein muss **III.** *vi impers* ❶ METEO **il fait chaud/froid/jour/nuit** es ist warm/ kalt/Tag/Nacht; **il fait beau/mauvais** es ist schön [o schönes Wetter]/schlechtes Wetter; **il fait lourd** es ist schwül; **il fait [du] soleil** die Sonne scheint; **il fait du brouillard/du vent** es ist neblig/windig ❷ *(temps écoulé)* **cela** [o **ça**] **fait trois heures que je suis là** es sind

drei Stunden her, dass ich hier bin; **cela fait bien huit ans** das ist gut acht Jahre her, das war vor gut acht Jahren; **cela fait deux ans/très longtemps que nous ne nous sommes pas vus** wir haben uns zwei Jahre lang/sehr lange nicht gesehen; **ça fait trois ans qu'il est parti** seit drei Jahren ist er weg ❸ *(pour indiquer l'âge)* **ça me fait 40 ans** *fam* ich bin 40 [Jahre alt]; **ça vous fait quel âge maintenant?** wie alt sind Sie jetzt? **IV.** *vpr* ❶ *(fabriquer)* **se ~ une robe** sich *(Dat)* ein Kleid machen [o anfertigen]; **se ~ 1800 euros par mois** *fam* 1800 Euro im Monat verdienen; **se ~ les ongles** sich *(Dat)* die Fingernägel machen; **se ~ une idée exacte de qc** sich *(Dat)* eine genaue Vorstellung von etw machen; **se ~ des illusions** [o **des idées**] sich *(Dat)* Illusionen [o falsche Vorstellungen] machen; **se ~ une opinion personnelle** sich *(Dat)* eine eigene Meinung bilden; **se ~ une raison de qc** sich mit etw abfinden; **se ~ soi-même sa cuisine** sich selbst kochen; **se ~ des relations** Bekanntschaften machen [o schließen]; **se ~ des amis/ennemis** Freunde gewinnen/sich *(Dat)* Feinde machen ❷ *(action réciproque)* **se ~ des caresses** sich streicheln; **se ~ des politesses** Höflichkeiten austauschen ❸ *fam (se taper)* **il faut se le ~ celui-là!** der geht einem ganz schön auf den Geist! *(fam);* **je me le/la suis fait(e)** *(avoir couché avec)* mit dem/der bin ich schon ins Bett gegangen *(fam);* **je vais me le ~ celui-là!** *(le brutaliser)* den werde ich mir vornehmen! *(fam)* ❹ *(se former)* **se ~** *fromage, vin:* reifen, seinen vollen Geschmack entwickeln; **se ~ tout seul** *homme politique:* sich aus eigener Kraft hocharbeiten ❺ *(devenir)* **se ~ vieux(vieille)** alt werden; **se ~ beau(belle)/ petit(e)** sich schön/klein machen; **se ~ curé/avocat** Priester/ Rechtsanwalt werden; **se ~ le défenseur de la démocratie** sich zum Verfechter der Demokratie machen; **les bonnes occasions se font rares** gute Gelegenheiten gibt es immer weniger; **tu te fais rare** du machst dich rar ❻ *(s'habituer à)* **se ~ à la discipline/méthode** sich an die Disziplin/Methode gewöhnen; **il faut s'y ~** daran muss man sich gewöhnen ❼ *(être à la mode)* **se ~** *activité:* üblich sein, gang und gäbe sein; *look, vêtement:* Mode [o modern] sein; **ça se fait beaucoup de ~ qc** es ist weit verbreitet etw zu tun ❽ *(arriver, se produire)* **se ~** stattfinden; *film, livre:* zustande [o Stande] kommen; **mais finalement ça ne s'est pas fait** aber letztlich kam es nicht dazu ❾ *impers* **il se fit soudain un grand silence** plötzlich wurde es [ganz] still; **comment se fait-il qu'il ne soit pas encore là?** wie kommt es [o wie ist es möglich], dass er noch nicht da ist?; **comment ça se fait?** wie kommt das?, wie ist das möglich?; **il se fait tard** es wird spät ❿ *(agir en vue de)* **se ~ maigrir** eine Abmagerungskur machen; **se ~ vomir** sich [selbst] zum Erbrechen bringen; **je te conseille de te ~ oublier** ich rate dir, dich zurückzuhalten ⓫ *(sens passif)* **se ~ opérer** operiert werden; **se ~ renverser par une voiture** von einem Auto überfahren werden; **se ~ condamner/arrêter** verurteilt/festgenommen werden; **se ~ critiquer** kritisiert werden; **qn se fait retirer son permis** jdm wird der Führerschein entzogen [o abgenommen]; **qn se fait voler qc** jdm wird etw gestohlen ⓬ *(se fabriquer)* **se ~** gemacht werden ▶ **Paris ne s'est pas fait en un jour** *prov* Rom ist auch nicht an einem Tag gebaut worden; **cela** [o **ça**] **se fait/ne se fait pas** das tut man/tut man nicht, das gehört sich/gehört sich nicht; **ne pas s'en ~** *fam (ne pas s'inquiéter)* sich *(Dat)* keine Sorgen machen; *(ne pas se gêner)* keine Hemmungen haben; **t'en fais pas!** *fam* mach dir nichts draus! *(fam)*

faire-part [fɛʀpaʀ] *m inv* Karte *f;* ~ **de mariage** Hochzeitskarte, Vermählungskarte; ~ **de naissance** Geburtskarte; ~ **de décès** Trauerkarte **faire-valoir** [fɛʀvalwaʀ] *m inv* servir **de qn à qn** jdm dazu verhelfen, sich ins rechte Licht zu setzen; jdm Geltung verschaffen; **il est accompagné d'un Allemand et d'un Grec, ses ~ européens** er wird von einem Deutschen und einem Griechen begleitet, die ihm einen europäischen Anstrich geben sollen

fair-play [fɛʀplɛ] **I.** *m inv* Fairness *f,* Fairplay *nt;* **sportif connu pour son ~** Sportsmann *m* **II.** *adj* fair; **ne pas être très ~** nicht sehr fair sein

faisabilité [fəzabilite] *f* Durchführbarkeit *f,* Machbarkeit *f; d'une réforme, revendication* Durchsetzbarkeit *f;* **étude de ~** Machbarkeitsstudie *f*

faisable [fəzabl] *adj* machbar, durchführbar; **ce trajet est-il ~ en voiture?** kann man diese Strecke mit dem Auto fahren?

faisan(e) [fəzã, an] *m(f)* Fasan *m*

faisandé(e) [fəzãde] *adj* mit Hautgout

faisandeau [fəzãdo] <x> *m* ZOOL junger Fasan *m*

faisander [fəzãde] <1> GASTR **I.** *vt* abhängen lassen *gibier*

II. *vpr* se ~ *viande:* einen Stich bekommen
faisanderie [fəzɑ̃dʀi] *f* Fasanerie *f*
faisceau [fɛso] <x> *m* ❶ *(rayons)* [Licht]strahl *m;* ~ **lumineux** Lichtstrahl, Lichtkegel *m;* ~ **du/d'un radar** Radarstrahl; ~ **hertzien** Richtfunkstrecke *f,* Richtstrahl
❷ NAUT *d'un phare* Leuchtfeuer *nt*
❸ *(fagot)* Bündel *nt;* ~ **de brindilles** Reisigbündel
❹ MIL ~ **d'armes/de fusils** Gewehrpyramide *f*
❺ *pl* HIST Faszes *Pl,* Liktorenbündel *Pl*
❻ *(ensemble)* ~ **de faits** Reihe *f* von Tatsachen; ~ **de preuves** Kette *f* von Beweisen
❼ ANAT ~ **musculaire** Muskelstrang *m*
♦ ~ **de câbles** Kabelbaum *m;* ~ **d'électrons** Elektronenstrahlen *Pl;* ~ **laser** Laserstrahl *m*
faiseur, -euse [fəzœʀ, -øz] *m, f péj* ❶ *(auteur)* ~(-euse) **de belles phrases** Schwätzer(in) *m(f);* ~ **de bons mots** Witzbold *m;* ~(-euse) **de miracles** Blender(in) *m(f);* ~(-euse) **d'histoires** [*o* d'intrigues] Intrigant(in) *m(f)*
❷ *(vantard)* Aufschneider(in) *m(f)*
♦ ~ **de pluie** Regenmacher *m*
♦**faiseuse d'anges** *vieilli* Engelmacherin *f*
faisselle [fɛsɛl] *f* ❶ *(passoire)* Abtropfsieb *nt (für die Molke des Quarks)*
❷ *(fromage blanc)* Quark *m*
fait [fɛ] *m* ❶ Tatsache *f;* **un ~ nouveau** ein neues Element; **les ~s** die Tatsachen, die Fakten; **le ~ que qn fasse qc** [die Tatsache,] dass jd etw tut; **le ~ de faire qc** [die Tatsache,] dass man/jd etw tut; **c'est un ~** das steht fest, das ist eine Tatsache; **c'est un ~ que la vie est chère** es ist [eine] Tatsache [*o* es stimmt], dass das Leben teuer ist; **le ~ est que j'ai raison** Tatsache ist, dass ich Recht habe; **le ~ que qn fait** [*o* **fasse**] **qc ...** [die Tatsache,] dass jd etw tut, ...
❷ *(événement)* Ereignis *nt; (phénomène)* Erscheinung *f,* Phänomen *nt;* **les ~s remontent à l'année dernière** die Ereignisse liegen ein Jahr zurück; **les ~s se sont passés à minuit** der Vorfall ereignete sich um Mitternacht
❸ *pl* JUR *(action criminelle, délit)* Tat *f; (éléments constitutifs)* Tatbestand *m; (état des choses)* Sachverhalt *m;* **au moment des ~s** zur Tatzeit; ~ **constitutif de la jouissance** Nutzungstatbestand *(Fachspr.);* **~s étrangers** Auslandssachverhalt *(Fachspr.);* **~s mixtes** Mischtatbestand *(Fachspr.);* **~s de responsabilité** Haftungstatbestand *(Fachspr.);* **~s de responsabilité concurrents** konkurrierender Haftungstatbestand; ~ **de prise de bénéfice** Gewinnrealisierungstatbestand *(Fachspr.)*
❹ *(conséquence)* **être le ~ de qc** die Folge von etw sein, durch etw bedingt sein; **c'est le ~ du hasard si** es ist [ein] Zufall, dass
❺ RADIO, PRESSE ~ **divers** *(nouvelle)* [Lokal]nachricht *f; (à la radio, télé)* Meldung *f; (événement)* Ereignis *nt; (insignifiant)* nebensächliches Ereignis, **~s divers** *(rubrique)* Lokalnachrichten *Pl,* Verschiedenes *nt*
▶ **prendre ~ et cause pour qn** Partei für jdn ergreifen; **les ~s et gestes de qn** jds Tun und Treiben; **mettre qn/être placé(e) devant le ~ accompli** jdn vor vollendete Tatsachen stellen/vor vollendeten Tatsachen stehen; **comme par un ~ exprès** als ob es Absicht wäre; **être sûr(e) de son ~** sich *(Dat)* seiner Sache sicher sein; **aller [droit] au ~** ohne Umschweife zur Sache kommen; **dire son ~ à qn** jdm [gründlich] die Meinung sagen; **être le ~ de qn** jdm zuzuschreiben sein; **mettre qn au ~ de qc** jdn über etw *(Akk)* unterrichten [*o* informieren]; **prendre qn sur le ~** jdn auf frischer Tat ertappen; **en venir au ~** zum Kern der Sache kommen; **au ~** *(à propos)* übrigens; **tout à ~** ganz, völlig; **de ~** *(en réalité)* tatsächlich; **gouvernement de ~** De-facto-Regierung *f;* **de ce ~** deshalb, aufgrund dieser Tatsache; **du ~ de qc** wegen [*o* aufgrund] einer S. *(Gen);* **du ~ que qn fait toujours qc** da jd etw immer tut; **en ~** in Wirklichkeit; **en ~ de qc** *(en matière de)* was etw betrifft [*o* angeht]; *(en guise de)* an Stelle von etw
♦ **~s d'amende** JUR Bußgeldtatbestand *m;* **~s de guerre** Kriegshandlungen *f pl;* **~s d'imposition** FIN Besteuerungstatbestand *m (Fachspr.);* ~ **à prouver** JUR Beweisfrage *f*
fait(e) [fɛ, fɛt] I. *part passé de* **faire**
II. *adj* ❶ *(propre à)* **être ~(e) pour qc** für [*o* zu] etw geeignet sein; **être ~s l'un pour l'autre** wie füreinander geschaffen sein; **être ~(e) pour faire qc** *(être approprié à)* wie für etw geschaffen sein; *(être destiné à)* etw tun sollen; **être ~(e) pour être médecin** zum Arzt geboren sein; **être ~(e) pour la marche** *chaussures:* sich zum Wandern eignen; **être ~(e) pour** *fam* das Zeug dazu haben *(fam);* **ce vêtement est ~ pour durer** dieses Kleidungsstück soll [besonders] lange halten
❷ *(constitué)* **avoir la jambe/la main bien ~e** schöne Beine/Hände haben; **c'est une femme bien ~e** diese Frau hat eine gute Figur
❸ *(arrangé)* **ongles** lackiert; **yeux** geschminkt
❹ *(mûr) fromage* reif
❺ *fam (pris)* **être ~(e) dran** [*o* geliefert] sein *(fam);* **être ~(e)** **comme un rat** in der Falle sitzen
❻ *(tout prêt)* **des plats tout ~s** Fertiggerichte *Pl;* **des vêtements tout ~s** Konfektionskleidung *f,* Kleidung *f* von der Stange; **expression toute ~e** feststehender Ausdruck; **des idées toutes ~es** Klischeevorstellungen *Pl*
▶ **c'est bien ~ pour toi/lui** das geschieht dir/ihm recht; **c'est toujours ça de ~** das ist immerhin etwas; **vite ~ bien ~** ganz schnell; **c'en est ~ de qn/qc** *littér* es ist um jdn/etw geschehen [*o* aus mit jdm/etw]; **c'en est ~ de notre vie calme** unser ruhiges Leben ist dahin; **ce qui est ~ est ~** *prov (on se résigne)* was passiert ist, ist passiert; *(on ne regrette rien)* was soll's; **c'est comme si c'était ~** wird sofort erledigt
faîtage [fɛtaʒ] *m* ❶ CONSTR *(poutre)* First[balken] *m; (couverture)* Firsteindeckung *f*
❷ *littér (toiture)* **les ~s** die Dächer *Pl*
faîte [fɛt] *m* ❶ *de l'arbre* Wipfel *m; d'une montagne* Gipfel *m;* ~ **du toit** [*o* **de la maison**] [Dach]first *m*
❷ *fig littér de la gloire* Höhepunkt *m,* Gipfel *m*
faitout, fait-tout [fɛtu] *m inv* [Koch]topf *m*
faix [fɛ] *m* ❶ *littér* [schwere] Last *f,* Bürde *f (geh);* **plier sous le ~** sich unter der Last beugen
❷ CONSTR *(tassement d'une maison)* Senkung *f*
fakir [fakiʀ] *m* Fakir *m*
falafel [falafɛl] *m* GASTR Falafel *f o nt*
falaise [falɛz] *f* Felswand *f; (côte)* Steilküste *f; (rocher)* Felsen *m;* ~ **de grès** Sandsteinfelsen
falbalas [falbala] *mpl* ❶ *péj* Firlefanz *m*
❷ *vieilli (ornements de toilette)* Falbeln *Pl,* Rüschen *Pl;* ~ **de perles** Perlenbesatz *m*
❸ *(grandes toilettes)* Abendkleider *Pl*
falciforme [falsifɔʀm] *adj spéc* sichelförmig; **anémie ~** MED Sichelzellenanämie *f*
fallacieux, -euse [falasjø, -jøz] *adj littér* trügerisch; *promesse, prétexte* falsch; *raisonnement, argument* fadenscheinig
falloir [falwaʀ] <*irr*> I. *vi impers* ❶ *(besoin)* **il faut qn/qc pour faire qc** man braucht jdn/etw um etw zu tun; **il faut de l'argent/du courage/des amis** man braucht Geld/Mut/Freunde; **il me faut qn/qc pour faire qc** ich brauche jdn/etw um etw zu tun; **il est toujours là quand il** [**le**] **faut** er ist immer da, wenn man ihn braucht; **il me faudra du temps** ich werde Zeit brauchen; **c'est exactement ce qu'il me faut** genau das brauche ich
❷ *(devoir)* **il faut faire qc** man muss etw tun; **il faut absolument trouver un médecin** wir müssen unbedingt einen Arzt finden; **que faut-il faire/leur dire?** was sollen wir tun/ihnen sagen?; **il va ~ y aller** wir müssen wohl gehen; **il faut venir nous voir** du musst/Sie müssen/ihr müsst uns mal besuchen; **il a bien fallu!** es musste sein!; **il me/te faut faire qc** ich muss/du musst etw tun; **il faut le voir pour le croire** das muss man mit eigenen Augen gesehen haben; **il faut que qn fasse qc** jd muss etw tun; **il va ~ que je parte bientôt** ich werde gleich gehen müssen; **il faut qu'il m'obéisse** er muss mir gehorchen; **il faut absolument que je vous parle** ich muss unbedingt mit Ihnen sprechen
❸ *(être probablement)* **il faut être fou pour parler ainsi** man muss schon verrückt sein, um so zu reden; **il faut qu'il soit malade pour ne pas avoir appelé** er muss krank sein, wenn er nicht angerufen hat
❹ *(se produire fatalement)* **j'ai fait ce qu'il fallait** ich habe [das] getan, was sein musste; **il a fallu qu'il apprenne cette triste nouvelle par d'autres que par moi** er musste ausgerechnet von anderen die traurige Nachricht erfahren; **il faut toujours qu'elle se trouve des excuses** sie braucht immer Ausreden; **il faut toujours que tu fasses des erreurs** du musst auch immer Fehler machen; **il fallait que ça arrive** das musste ja so kommen; **il a fallu que tu fasses l'imbécile!** musstest du dich ausgerechnet so blöd benehmen!
❺ *(faire absolument)* **il fallait me le dire** du hättest es mir sagen sollen; **il faut l'avoir vu** das muss man gesehen haben; **il ne faut surtout pas lui en parler** du darfst ihm/ihr auf keinen Fall etwas davon sagen
▶ **il faut te/vous dire que c'est l'usage** allerdings muss ich dir/Ihnen sagen, dass es so üblich ist; [**il**] **faut se le/la faire** [*o* **farcir**] *fam* der/die geht einem ganz schön auf den Geist *(fam);* **il le faut** es muss sein, es ist notwendig; **comme il faut** wie es sich muss, wie es sich gehört; **ce n'est pas comme il faut** es ist nicht so, wie es sein sollte; **une personne comme il faut** ein ordentlicher [*o* anständiger] Mensch; **il ne fallait pas!** das war doch nicht nötig!
II. *vpr impers (manquer)* **il s'en faut de qc** etw fehlt, es fehlt etw; **nous avons failli nous rencontrer, il s'en est fallu de peu** beinahe hätten wir uns getroffen, es fehlte nicht viel und wir hätten uns getroffen; **il s'en faut de beaucoup** es fehlte noch nicht, noch lange nicht; **il a failli être reçu, il s'en est fallu d'un point** es fehlte ihm ein Punkt zur Zulassung; **il s'en faut de qc que qn/qc fasse qc** etw fehlt, damit jd/etw etw tut; **il s'en est fallu d'un**

rien |*o* **d'un cheveu**| **que je me fasse écraser** um ein Haar wäre ich überfahren worden
falot(e) [falo, ɔt] *adj personne* unscheinbar, farblos; *lueur* fahl, blass
falsificateur, -trice [falsifikatœʀ, -tʀis] *m, f* Fälscher(in) *m(f)*; **~(-trice) de chèques** Scheckbetrüger(in) *m(f)*
falsification [falsifikasjɔ̃] *f* ❶ *de la vérité, de la marchandise* Verfälschen *nt*, Verfälschung *f*; **~ de l'histoire** Geschichtsklitterung *f*, Geschichtsfälschung *f*
❷ JUR *(action)* Nachahmen *nt; d'un document, d'une monnaie, signature, de comptes* Fälschen *nt*, Falsifikation *f (Fachspr.)*; **~ et exploitation de la prestation d'un tiers** Nachahmen und Ausbeuten fremder Leistung
❸ JUR *(résultat)* Fälschung *f*, Falsifikat *nt (geh)*; **~ d'une œuvre d'art/d'œuvres d'art** Kunstfälschung
◆ **~ du bilan** Bilanzfälschung *f*
falsifier [falsifje] <1a> *vt* ❶ verfälschen *histoire, marchandise*; verdrehen *vérité*
❷ JUR fälschen, falsifizieren *(Fachspr.) document, monnaie, signature*
falzar [falzaʀ] *m fam* Hose *f*, Buxe *f* (NDEUTSCH *fam*)
famé(e) [fame] *adj* **mal ~ (e)** verrufen
famélique [famelik] *adj* abgemagert
fameusement [famøzmɑ̃] *adv fam (très)* sagenhaft; **je me suis ~ régalé(e)** es hat köstlich geschmeckt
fameux, -euse [famø, -øz] *adj* ❶ besagt
❷ *(excellent) mets, vin* vorzüglich, köstlich; *idée* großartig, glänzend; *travail* erstklassig
❸ *antéposé souvent iron (énorme) problème* ungeheuer; **une fameuse raclée** eine [ganz] gehörige Tracht Prügel; **une fameuse erreur/gaffe** ein gewaltiger Fehler/eine große Dummheit; **c'est un ~ travail** das ist eine ganz schöne Arbeit; **c'est une fameuse canaille** das ist ein richtiger [*o* ganz schöner] Gauner
❹ *(célèbre)* berühmt; *iron* berühmt-berüchtigt *(iron)*
▶ **ne pas être ~(-euse)** nicht gerade besonders sein
familial(e) [familjal, jo] <-aux> *adj atmosphère, problème, milieu* familiär; **vie ~ e** Familienleben *nt*; **maison ~ e** Einfamilienhaus *nt*; **lien ~** Familienbande *Pl*
familiariser [familjaʀize] <1> I. *vt* **~ qn avec qc** jdn mit etw vertraut machen; **être familiarisé(e) avec qc** mit etw vertraut sein
II. *vpr* **se ~ avec une méthode/technique** sich mit einer Methode/Technik vertraut machen; **se ~ avec une ville/un danger** sich in einer Stadt einleben/sich an eine Gefahr gewöhnen; **se ~ avec une langue** sich *(Dat)* eine Sprache aneignen; **se ~ avec qn** mit jdm vertraut werden
familiarité [familjaʀite] *f* ❶ Vertraulichkeit *f*; **traiter qn avec trop de ~** jdn allzu vertraulich behandeln
❷ *(habitude)* Vertrautheit *f*
❸ *(amitié)* Vertrautheit *f*
❹ *pl péj (privautés) (paroles)* Vertraulichkeiten *Pl*; *(comportement)* Zudringlichkeit *f*; **se laisser aller à des ~ s de langage** einen familiären Ton annehmen; **pas de ~ s!** keine Vertraulichkeiten!
familier [familje] *m* häufiger [*o* regelmäßiger] Besucher; *d'un club* Stammgast *m*; **~ de la maison** Freund *m* des Hauses
familier, -ière [familje, -jɛʀ] *adj* ❶ *personne* vertraut; *problème, spectacle* bekannt; *terme, expression* geläufig; *environnement* **bien ~** altvertraute Umgebung; **cette technique m'est familière** mit dieser Technik kenne ich mich aus; **la langue allemande lui était devenue familière** die deutsche Sprache war ihm/ihr inzwischen vertraut
❷ *(routinier) comportement, geste, tâche* üblich; **le mensonge lui est devenu ~** er/sie hat sich daran gewöhnt zu lügen
❸ *(simple, bonhomme) conduite, entretien, manières* ungezwungen, zwanglos; *personne* umgänglich; *ton, manière* kumpelhaft; **se comporter de façon familière** sich kumpelhaft verhalten
❹ *(non recherché) expression, mot, registre, style* umgangssprachlich
❺ *péj (cavalier)* **~(-ière) avec qn** allzu vertraulich gegenüber jdm
❻ *(domestique)* **des animaux ~ s** Haustiere *Pl*; **des esprits ~ s** Hausgeister *Pl*
familièrement [familjɛʀmɑ̃] *adv* ❶ umgangssprachlich
❷ *(simplement)* s'exprimer einfach; *parler* ungezwungen
❸ *(amicalement)* ungezwungen, zwanglos
❹ *péj (cavalièrement)* allzu vertraulich
famille [famij] *f* ❶ *(parenté) (sens restreint)* Familie *f*; *(sens large)* Verwandtschaft *f*; **~ nombreuse** kinderreiche Familie; **~ monoparentale** Familie mit nur einem Elternteil, Ein-Eltern-Familie; **~ nucléaire** Kernfamilie; **~ recomposée** Patchworkfamilie *(fam)*; **~ royale** Königsfamilie; **grande ~** CH kinderreiche Familie; **~ éloignée/proche** entfernte/engere [*o* nächste] Verwandtschaft; **avoir de la ~** *(femme/mari et enfants)* Familie haben; *(famille proche)* Angehörige haben; *(parenté)* Verwandte haben; **être de la ~** zur Familie gehören; **en ~** im [engsten] Familienkreis; **partir en vacances en ~** mit der Familie in Urlaub fahren; **nous sommes en ~** wir sind unter uns; **personne qui aime la vie de ~** Familienmensch *m*; **adorer la vie de ~**, **être très ~** *fam* ein richtiger Familienmensch sein
❷ *a.* BOT, ZOOL *(communauté)* Familie *f*; **~ animale** Tierfamilie; **appartenir à la même ~ spirituelle** die gleiche Geistesheltung haben
▶ **être chargé(e) de ~** eine Familie zu ernähren haben; **c'est** [*o* **ça tient**] **de ~** das liegt in der Familie; **attendre de la ~** BELG, CH *(être enceinte)* schwanger sein
◆ **~ de mots** Wortfamilie *f*; **~ de produits** Produktfamilie *f*
famine [famin] *f* Hungersnot *f*, Hungerkatastrophe *f*
▶ **crier ~** über Hunger klagen; *estomac:* knurren
fan [fan] *mf fam* Fan *m*; **~ de rock** Rockfan; **~ de ciné** Filmfreak *m (fam)*
fana [fana] *abr de* **fanatique** I. *adj fam* **être ~ de qn/qc** nach jdm/auf etw *(Akk)* verrückt sein *(fam)*; **être ~ de rugby** ein absoluter Rugbyfan sein *(fam)*; **en être ~** ganz wild darauf sein *(fam)*
II. *mf fam* Fan *m*, Freak *m*; **~ de football/de jazz** Fußball-/Jazzfan; **~ d'ordinateur** Computerfreak; **~ de voitures** Autonarr *m*
fanage [fanaʒ] *m* ❶ *(étalement)* Heuwenden *nt*
❷ *(faire les foins)* Heuernte *f*
fanal [fanal, o] <-aux> *m* ❶ Laterne *f*, Windlicht *nt*
❷ *(signal) d'une locomotive, d'un navire* Positionslicht *nt*
fanatique [fanatik] I. *adj* fanatisch
II. *mf* ❶ *(passionné)* begeisterter Anhänger/begeisterte Anhängerin; **~ de football** Fußballfanatiker *m*, Fußballnarr *m*
❷ *(militant)* Fanatiker(in) *m(f)*; **~ de qc** fanatischer Anhänger einer S. *(Gen)*
fanatiser [fanatize] <1> *vt* fanatisieren, fanatisch machen
fanatisme [fanatism] *m* Fanatismus *m*; **avec ~** fanatisch
fandango [fɑ̃dɑ̃go] *m* MUS Fandango *m*
fane [fan] *f souvent pl* AGR *(tiges et feuilles)* Kraut *nt kein Pl (der abgeernteten Pflanzen)*; *(feuilles)* Blätter *Pl*
fané(e) [fane] *adj fleur, bouquet, visage* verwelkt; *couleur* verblasst; *étoffe, beauté* verblichen
faner [fane] <1> I. *vpr* **se ~** *plante, fleur, bouquet:* verwelken; *couleur:* verblassen; *étoffe:* verbleichen; *beauté, jeunesse:* verblühen; *visage, peau:* welk werden
II. *vt* ❶ ausbleichen *couleur, étoffe*; verblühen [*o* welken] lassen *beauté*; welken lassen *visage, plantes*; **l'âge a fané la femme** das Alter ließ das Gesicht der Frau welken
❷ *(retourner)* wenden *foin, herbe*
III. *vi* Heu machen, heuen
fanes [fan] *fpl* Kraut *nt; de radis* Blätter *Pl*
faneur, -euse [fanœʀ, -øz] *m, f* Heuer(in) *m(f)*, Heumacher(in) *m(f)*
faneuse [fanøz] *f* Heuwender *m*
fanfare [fɑ̃faʀ] *f* ❶ Blaskapelle *f*, Blasorchester *nt;* **~ militaire** Militärkapelle, Musikkorps *nt*
❷ *(air)* Fanfare *f*
▶ **annoncer qc en ~** etw groß ankündigen; **arriver en ~** mit großem Tamtam auftreten; **réveiller qn en ~** jdn aus dem Schlaf trommeln
fanfaron(ne) [fɑ̃faʀɔ̃, ɔn] I. *adj* großtuerisch, aufschneiderisch; **des propos ~ s** großspurige Reden
II. *m(f)* Angeber(in) *m(f)*; **faire le ~ /la ~ ne** sich aufspielen
fanfaronnade [fɑ̃faʀɔnad] *f* Großtuerei *f*, Wichtigtuerei *f*
fanfaronner [fɑ̃faʀɔne] <1> *vi* sich aufspielen
fanfreluche [fɑ̃fʀəlyʃ] *f gén pl souvent péj* Flitter *m kein Pl*, Firlefanz *m kein Pl (pej fam)*
fange [fɑ̃ʒ] *f* ❶ *littér* Schlamm *m*, Morast *m*
❷ *littér (ignominie)* Schmutz *m;* **traîner qn dans la ~** jdn durch [*o* in] den Schmutz ziehen
fangeux, -euse [fɑ̃ʒø, -øz] *adj littér* ❶ schlammig, *mare* schlickerig; *eau* trüb
❷ *fig (abject)* verdorben
fanion [fanjɔ̃] *m d'un club* Wimpel *m*, Fähnchen *nt; d'une voiture officielle* Flagge *f*, Stander *m*; *(petit drapeau de marquage)* Fähnchen; **~ de signalisation** NAUT Signalflagge *f*
fanon [fanɔ̃] *m d'un bœuf, taureau* Wamme *f; d'un dindon, iguane* [Kehl]lappen *m; d'une baleine* Barte *f*
fantaisie [fɑ̃tezi] *f* ❶ Laune *f;* **au gré de sa ~** ganz nach Lust und Laune; **à** [*o* **selon**] **sa ~** *(comme il lui plaît)* wie es ihm/ihr gefällt; *(selon son humeur)* nach Lust und Laune
❷ *(extravagance)* Marotte *f; (délire, idée)* Spinnerei *f (fam);* **une nouvelle ~ vestimentaire** eine modische Marotte
❸ *(imagination)* Fantasie *f*
❹ *(originalité)* Einfallsreichtum *m;* **être plein(e) de ~** *personne:* originelle Ideen haben; *peinture, décoration, histoire:* sehr originell sein; **être dépourvu(e) de ~** einfallslos [*o* fantasielos] sein; **sa vie manque de ~** sein/ihr Leben ist eintönig
❺ MUS Fantasie *f*
❻ *(qui sort de la norme, original)* **bijoux/collants ~** origineller Schmuck/originelle Strümpfe; **bouton ~** Zierknopf *m*

▶ s'offrir [*o* se payer] une petite ~ sich *(Dat)* eine kleine Extravaganz leisten; passer à qn toutes ses ~s jdm alle Launen durchgehen lassen

fantaisiste [fɑ̃tezist] I. *adj* ❶ *(peu sérieux)* nouvelle, information, version frei erfunden; *explication, hypothèse, interprétation* aus der Luft gegriffen; *remède* willkürlich ausgewählt
❷ *(peu fiable)* unzuverlässig; *(anticonformiste)* unkonventionell; *(bizarre)* komisch
II. *mf* ❶ Luftikus *m*, unzuverlässiger Mensch; *(anticonformiste)* unkonventioneller Mensch
❷ *vieilli (artiste)* Unterhaltungskünstler(in) *m(f)*, Kabarettist(in) *m(f)*

fantasmagorie [fɑ̃tasmaɡɔʀi] *f (illusion)* Trugbild *nt*, Phantasma *nt*; *(rêve)* Traumbild *nt*; *(effets surnaturels)* fantastische Erscheinungen *Pl*

fantasmagorique [fɑ̃tasmaɡɔʀik] *adj* phantasmagorisch *(geh)*

fantasmatique [fɑ̃tasmatik] *adj* PSYCH phantasmatisch

fantasme [fɑ̃tasm] *m* Wunschvorstellung *f*; PSYCH Wahnvorstellung *f*; vivre dans ses ~s in einer Traumwelt leben; relever du ~ der Fantasie entsprungen sein

fantasmer [fɑ̃tasme] <1> *vi* fantasieren; *(rêver)* träumen; ~ sur qc sich in Fantasien über etw *(Akk)* ergehen, von etw träumen; ~ sur l'avenir sich Zukunftsträumen hingeben; faire ~ qn jdn zum Träumen bringen

fantasque [fɑ̃task] *adj* launisch, launenhaft; *(bizarre)* seltsam; *(excentrique)* exzentrisch; être d'humeur ~ launisch [*o* launenhaft] sein

fantassin [fɑ̃tasɛ̃] *m* Infanterist *m*

fantastique [fɑ̃tastik] I. *adj* ❶ fantastisch; *atmosphère* unwirklich; *événement, rêve* irreal; animal/personnage ~ Fabeltier *nt*/-wesen *nt*; cinéma ~ fantastischer Film, Fantasy-Film *m*; littérature ~ Fantasy-Literatur *f*
❷ *fam (formidable)* fantastisch *(fam)*; *personne, réalisation* großartig; *richesse, progrès, chance* ungeheuer[lich], enorm; *beauté* außerordentlich; *(incroyable)* unglaublich
II. *m* Fantastische(s) *nt*, Übernatürliche(s) *nt*

fantastiquement [fɑ̃tastikmɑ̃] *adv* ungeheuer, außerordentlich

fantoche [fɑ̃tɔʃ] *m (tiré d'en bas)* Hampelmann *m*; *(tiré d'en haut)* Marionette *f*

fantomatique [fɑ̃tomatik] *adj* gespenstisch

fantôme [fɑ̃tom] I. *m* ❶ *(Nacht)gespenst *nt*, Geist *m*; ce château est hanté par des ~s in diesem Schloss spukt es; avoir l'air d'un ~ *fam* wie ein Nachtgespenst aussehen *(fam)*
❷ *(illusion, souvenir)* Phantom *nt*; lutter contre les ~s du passé gegen die Schatten der Vergangenheit kämpfen
II. *app* ❶ bateau ~ Geisterschiff *nt*; train ~ Geisterbahn *f*; "Le Vaisseau ~" „Der fliegende Holländer"
❷ *(sans réalité)* administration vorgetäuscht; cabinet ~ Schattenkabinett *nt*; société ~ Scheinfirma *f*
❸ MED membre ~ Phantomschmerzen verursachender Körperteil; douleur du membre ~ Phantomschmerz *m*

fanzine [fɑ̃zin] *m* Fanzine *nt*, Fan-Magazin *nt*

FAO [εfao] *f* ❶ INFORM *abr de* fabrication assistée par ordinateur CAM *nt*
❷ AGR *abr de* Food and Agriculture Organization FAO *f*

faon [fɑ̃] *m* [Reh]kitz *nt*, Rehkalb *nt*; du cerf Hirschkalb *nt*

far [faʀ] *m* ~ [breton] auflaufartiger Pudding mit Backpflaumen

faramineux, -euse [faʀaminø, -øz] *adj fam* wahnsinnig *(fam)*

farandole [faʀɑ̃dɔl] *f* Farandole *f (provenzalischer Volkstanz)*; *(cortège dansant)* Polonaise *f*

faraud(e) [faʀo, od] I. *adj* eingebildet; être tout(e) ~(e) de qc mächtig stolz auf etw sein
II. *m(f)* Angeber(in) *m(f)*

farce¹ [faʀs] *f* ❶ Streich *m*; *(plaisanterie)* Scherz *m*; faire une ~ à qn jdm einen Streich spielen
❷ THEAT Farce *f*; tourner à la ~ zur Farce werden
❸ *(chose peu sérieuse)* Farce *f*
❹ *(objet)* ~s et attrapes Scherzartikel *Pl*

farce² [faʀs] *f* GASTR Füllung *f*, Farce *f*

farceur, -euse [faʀsœʀ, -øz] I. *m, f* Spaßvogel *m*; sacré ~! durchtriebener Schelm!
II. *adj* être ~(-euse) ein ganz schöner Schelm sein

farci(e) [faʀsi] *adj* ❶ GASTR gefüllt
❷ *péj* ~ d'erreurs voll von Fehlern, voller Fehler, gespickt mit Fehlern *(fam)*

farcir [faʀsiʀ] <8> I. *vt* ❶ GASTR ~ qc de qc etw mit etw füllen
❷ *péj (bourrer)* ~ qc de qc etw mit etw vollstopfen *(fam)*
II. *vpr péj fam* ❶ se ~ qc etw zu ertragen haben; se ~ qn jdn auf dem Hals haben *(fam)*; il faut se le ~! der geht einem ganz schön auf den Geist! *(fam)*
❷ *(se payer)* se ~ la vaisselle sich um das Geschirr kümmern müssen

fard [faʀ] *m* Schminke *f*; ~ à joues Rouge *nt*; *(en crème)* Cremerouge; *(en poudre)* Puderrouge; ~ à paupières [*o* pour les yeux] Lidschatten *m*; *(en poudre)* Puderlidschatten; *(sous forme de crayon)* Lidschattenstift *m*
▶ piquer un ~ *fam* einen roten Kopf bekommen, rot anlaufen; sans ~ schlicht; dire qc sans ~ etw unverblümt [*o* ganz offen] sagen

farde [faʀd] *f* BELG *(dossier)* Ordner *m*

fardé(e) [faʀde] *adj* geschminkt

fardeau [faʀdo] <x> *m* ❶ Last *f*
❷ *(chose pénible)* Last *f*; ~ des impôts Steuerlast, steuerliche Belastung; qn plie sous le ~ de qc etw lastet [schwer] auf jdm

farder [faʀde] <1> I. *vt* ❶ schminken; être fardé(e) geschminkt sein
❷ *littér (dissimuler)* verschleiern *vérité*; kaschieren *pensée*
II. *vpr* se ~ sich schminken; se ~ le visage sich *(Dat)* das Gesicht schminken

fardoches [faʀdɔʃ] *fpl* CAN *(broussailles)* Gestrüpp *nt*

farfadet [faʀfade] *m* Kobold *m*

farfelu(e) [faʀfəly] I. *adj fam* verrückt *(fam)*
II. *m(f) fam* Spinner(in) *m(f) (fam)*

farfouiller [faʀfuje] <1> *vi fam* ~ dans qc in etw *(Dat)* herumstöbern

faribole [faʀibɔl] *f* ❶ *(stupide idée)* Unsinn *m* kein *Pl*
❷ *pl (balivernes)* Nichtigkeiten *Pl*; dire [*o* raconter] des ~s Belanglosigkeiten von sich geben, dummes Zeug reden [*o* erzählen] *(fam)*

farine [faʀin] *f* ❶ *(aliment)* Mehl *nt*; ~ de froment Auszugsmehl; ~ complète Vollkornmehl; ~ de blé/de maïs Weizen-/Maismehl; ~ de seigle/de soja Roggen-/Sojamehl
❷ *(poudre)* Mehl *nt*; ~ de corne Hornmehl; ~s animales Tiermehl
▶ rouler qn dans la ~ *fam* jdn übers Ohr hauen *(fam)*; se faire rouler dans la ~ übers Ohr gehauen werden *(fam)*

fariner [faʀine] <1> *vt* in Mehl wälzen *poisson, viande*; mit Mehl bestäuben *plaque de four*

farineux [faʀinø] *m* stärkehaltiges Nahrungsmittel

farineux, -euse [faʀinø, -øz] *adj* ❶ bemehlt
❷ *(abîmé, sec)* pomme, poire, pomme de terre mehlig; *fromage* trocken, bröckelig

farniente [faʀnjɛ̃te, faʀnjɑ̃t] *m* Dolcefarniente *nt*, Faulenzen *nt*; faire du ~ faulenzen

farouche [faʀuʃ] *adj* ❶ scheu; *(peu sociable)* unzugänglich; *air* unnahbar; ne pas être ~ sich nicht zieren
❷ *(violent, hostile)* air, regard grimmig; ennemi, adversaire, lutte erbittert; *haine* wild
❸ *(opiniâtre)* volonté, énergie eisern; résistance heftig

farouchement [faʀuʃmɑ̃] *adv* heftig; *nier* hartnäckig; être ~ hostile à qc entschieden gegen etw sein

fart [faʀt] *m* [Ski]wachs *nt*

fartage [faʀtaʒ] *m* Wachsen *nt*

farter [faʀte] <1> *vt* wachsen

Far West [faʀwɛst] *m* le ~ der Wilde Westen

fascia [fasja] *m* ANAT Faszie *f*

fascicule [fasikyl] *m* Heft *nt*, Faszikel *m (Fachspr.)*; *(fascicule d'information)* Broschüre *f*; être publié(e) par ~s in mehreren Einzelheften erscheinen

fascinant(e) [fasinɑ̃, ɑ̃t] *adj* faszinierend

fascination [fasinasjɔ̃] *f* ❶ Verzauberung *f*, Hypnotisieren *nt*
❷ *(séduction)* Faszination *f*, Reiz *m*, Zauber *m*; exercer une ~ sur qn eine Faszination auf jdn ausüben; succomber à la ~ du pouvoir dem Zauber der Macht erliegen

fasciner [fasine] <1> *vt* ❶ hypnotisieren, in seinen Bann schlagen [*o* ziehen]
❷ *(séduire)* faszinieren; se laisser ~ par de belles promesses sich von schönen Versprechungen beeindrucken lassen; être fasciné(e) par qn/qc von jdm/etw fasziniert sein

fascisant(e) [faʃizɑ̃, ɑ̃t] *adj* faschistoid

fascisme [faʃism, fasism] *m* Faschismus *m*

fasciste [faʃist, fasist] I. *adj* faschistisch
II. *mf* Faschist(in) *m(f)*

fashion [fɛʃœn] *adj inv fam* trendy *(fam)*

faste¹ [fast] *m* Prunk *m*, Pracht *f*

faste² [fast] *adj* günstig; *(couronné de succès)* erfolgreich; jour ~ Glückstag *m*; ce fut une année ~ pour moi es war ein gutes Jahr für mich

fast-food [fastfud] <fast-foods> *m* Fastfood-Restaurant *nt*, Fastfood-Betrieb *m*

fastidieux, -euse [fastidjø, -jøz] *adj* stumpfsinnig, eintönig; *détails* uninteressant; *énumération* ellenlang *(fam)*

fastoche [fastɔʃ] *adj fam* total einfach *(fam)*; super ~ supereinfach *(fam)*, superleicht *(fam)*

fastueusement [fastɥøzmɑ̃] *adv* prachtvoll

fastueux, -euse [fastɥø, -øz] *adj cadre, décor* prächtig; *réception, fête* glanzvoll; *vie* luxuriös

fat(e) [fa(t), fat] *adj personne* eingebildet; *air* blasiert
fatal(e) [fatal] *adj* ❶ fatal, verhängnisvoll; **être ~ à qn** jdm zum Verhängnis werden
❷ *(mortel)* tödlich; **être ~ à qn** tödlich für jdn sein; **porter un coup ~ à qn/qc** jdm/einer S. den Todesstoß versetzen
❸ *(inévitable)* unabwendbar, unausweichlich; **conséquence ~e** zwangsläufige Folge; **il est ~ que qn fasse qc** es ist unvermeidlich, dass jd etw tut; zwangsläufig tut jd etw
❹ *(marqué par le destin) instant, moment, jour* schicksalhaft; *air, regard* unglückselig
❺ *(irrésistible) beauté* verhängnisvoll; **femme ~e** Femme fatale
fatalement [fatalmɑ̃] *adv* unweigerlich, zwangsläufig, fataleweise
fatalisme [fatalism] *m* Fatalismus *m*
fataliste [fatalist] **I.** *adj* fatalistisch
II. *mf* Fatalist(in) *m(f)*
fatalité [fatalite] *f* ❶ Schicksal *nt*
❷ *(inévitable)* Unabwendbarkeit *f*, Zwangsläufigkeit *f*; **ne pas être une ~** kein unabwendbares Schicksal sein
fatidique [fatidik] *adj* schicksalhaft, schicksalsschwer *(geh)*
fatigabilité [fatigabilite] *f* MED Ermüdbarkeit *f*
fatigant(e) [fatigɑ̃, ɑ̃t] *adj* ❶ *journée, vie* anstrengend; *études, travail* ermüdend, anstrengend; **~(e) pour la vue** anstrengend [*o* ermüdend] für die Augen; **~(e) pour les nerfs** nervenaufreibend
❷ *(assommant) enfant* anstrengend; *personne* ermüdend, anstrengend
fatigue [fatig] *f* ❶ *d'une personne* Müdigkeit *f*; *des yeux* Ermüdung *f*; *(état d'épuisement)* Erschöpfung *f*; **~ nerveuse** nervliche Erschöpfung; **être mort(e)/tomber de ~** todmüde sein/vor Müdigkeit umfallen; **se remettre** [*o* **se reposer**] **des ~s de qc** sich von den Anstrengungen [*o* Strapazen] einer S. *(Gen)* erholen
❷ *(usure) d'un mécanisme, moteur* Abnutzung *f*; **montrer des signes de ~** Abnutzungserscheinungen zeigen
fatigué(e) [fatige] *adj* ❶ müde; *foie, estomac, cœur, peau* strapaziert; *mémoire* erschöpft
❷ *(usé) chaussures* ausgetreten; *vêtement* abgetragen
❸ *(excédé)* **être ~(e) de qn** jds überdrüssig sein; **être ~(e) de tout** alles leid sein; **être ~(e) de faire qc** es leid sein etw zu tun
fatiguer [fatige] <1> **I.** *vt* ❶ *travail, marche, effort:* anstrengen; *personne:* überanstrengen; **~ les yeux** für die Augen anstrengend sein, die Augen ermüden
❷ AGR *(épuiser)* auslaugen, übermäßig beanspruchen *terre, champ*
❸ *(déranger)* belasten, strapazieren *foie, organisme*
❹ *(excéder)* **~ qn** jdm lästig sein; *(ennuyer)* jdn langweilen
❺ PÊCHE drillen *poisson*
II. *vi* ❶ *machine, moteur:* Ermüdungserscheinungen zeigen; *cœur:* ermüden; **le moteur fatigue dans la montée** der Motor hat Mühe am Berg
❷ *(s'user) pièce, joint:* sich abnutzen; *poutre:* nachgeben
❸ *fam (en avoir assez)* müde werden, die Schnauze voll haben *(fam)*
III. *vpr* ❶ **se ~** *personne:* sich überanstrengen; *cœur:* ermüden
❷ *(se lasser)* **se ~ de qc** etw leid werden, einer S. *(Gen)* überdrüssig werden; **se ~ à faire qc** es leid haben [*o* sein] etw zu tun
❸ *(s'évertuer)* **se ~ à faire qc** sich abmühen etw zu tun, sich *(Dat)* [große] Mühe geben etw zu tun
fatma [fatma] *f maghrebinische* Hausangestellte
fatras [fatrɑ] *m* wirres [*o* wüstes] Durcheinander; *(choses sans valeur, inutiles)* Kram *m (fam)*, Plunder *m (fam)*; **un ~ d'idées** eine Unmenge [*o* Fülle] von Ideen; **ce ~ de vieux papiers** dieser alte Papierkram, dieser Wust von alten Papieren
fatuité [fatyite] *f* Überheblichkeit *f*, Selbstgefälligkeit *f*
faubourg [fobuʀ] *m* Vorort *m*, Vorstadt *f*
faubourien(ne) [fobuʀjɛ̃, jɛn] **I.** *adj* vorstädtisch
II. *m(f)* Vorstadtbewohner(in) *m(f)*; *de Paris* Bewohner(in) *m(f)* einer Pariser Vorstadt
fauchage [foʃaʒ] *m* Mähen *nt*
fauche [foʃ] *f sans pl fam* Diebstahl *m*; **il y a beaucoup de ~** es wird viel geklaut *(fam)*
fauché(e) [foʃe] *adj fam* **être ~(e) blank** [*o* pleite] sein *(fam)*; **être trop ~(e) pour faire qc** zu knapp bei Kasse sein um etw zu tun *(fam)*; **des gens ~s** Leute, die knapp bei Kasse sind *(fam)*
faucher [foʃe] <1> *vt* ❶ Mähen
❷ *(abattre) véhicule:* erfassen; *(mortellement)* überfahren; *mort:* hinwegraffen; *tirs:* niedermähen
❸ *fam (voler)* **~ qc à qn** jdm etw klauen *(fam)*, **~ qn** *fig* sich *(Dat)* jdn schnappen; **~ qn à qn** fam jdm wegschnappen [*o* ausspannen] *(fam)*
faucheur, -euse [foʃœʀ, -øz] *m, f* Mäher(in) *m(f)*
faucheuse [foʃøz] *f* Mähmaschine *f*
faucille [fosij] *f* Sichel *f*
faucon [fokɔ̃] *m* ORN, POL Falke *m*; **~ de chasse** Jagdfalke
fauconnerie [fokɔnʀi] *f* ❶ *(dressage)* Falknerei *f*
❷ *(chasse)* Beizjagd *f*; (Falken]beize *f*; **~ de haut vol** Falkenjagd
❸ *(lieu d'élevage)* Falknerei *f*

faufil [fofil] *m* COUT Heftfaden *m*
faufiler [fofile] <1> **I.** *vpr* ❶ *(s'introduire)* **se ~** sich hereinschleichen; **se ~ dans une réunion** sich in eine Versammlung [ein]schleichen
❷ *(passer à travers)* **se ~ dans un passage étroit** durch einen engen Durchgang schlüpfen; **se ~ parmi la foule** sich durch die Menge schlängeln; **se ~ entre les voitures** sich zwischen den Autos [hin]durchschlängeln
II. *vt* COUT [fest]heften, [an]reihen
faune¹ [fon] *f* ❶ Tierwelt *f*, Fauna *f*; **~ de haute montagne** Hochgebirgsfauna; **~ marine** Meeresfauna
❷ *péj (personnes)* Bande *f*, Völkchen *nt*
faune² [fon] *m* MYTH Faun *m*
faunesque [fonɛsk] *adj* Fauns-, wie ein Faun
faussaire [fosɛʀ] *mf* Fälscher(in) *m(f)*
fausse *v.* **faux**
faussé(e) [fose] *adj* verbogen; *porte* verzogen
faussement [fosmɑ̃] *adv* ❶ fälschlicherweise, irreführenderweise, zu Unrecht; **raisonner ~** falsche Überlegungen anstellen
❷ *(avec affectation)* **prendre un air ~ modeste/indifférent** bescheiden/gleichgültig tun; **d'un air ~ indifférent/détaché** nach außen hin gleichgültig/ungerührt
fausser [fose] <1> *vt* ❶ *(altérer)* verfälschen; *(intentionnellement)* fälschen; entstellen *réalité, fait*
❷ *(déformer)* verbiegen
fausset *v.* **voix**
fausseté [foste] *f* ❶ Unrichtigkeit *f*
❷ *(hypocrisie) d'une personne* Falschheit *f*, Unaufrichtigkeit *f*; *d'un sentiment* Unechtheit *f*
faute [fot] *f* ❶ *(erreur)* Fehler *m*; **~ typographique** Satzfehler; **~ de virgule** Kommafehler
❷ *(mauvaise action)* Fehler *m*; *(manquement à des lois, règles)* Vergehen *nt*; **~ grave** grober Fehler; **~ juridique** Rechtsfehler; **~ lourde** schwerwiegender Fehler; *(dans la vie professionnelle)* Pflichtversäumnis *nt*; **~ morale** moralische Verfehlung; **~ professionnelle** in Ausübung des Berufes begangener Fehler; **commettre une ~ envers qn** jdm gegenüber einen Fehler begehen; **commettre une ~ envers qc** sich *(Dat)* einer S. gegenüber etwas zuschulden kommen lassen; **un sans ~** ein Volltreffer *m (fam)*; **faire un sans ~** einen Volltreffer landen *(fam)*, eine Glanzleistung [*o* Meisterleistung] vollbringen; **sans ~** ganz sicher; **à demain, sans ~!** bis morgen, ich verlass mich darauf!
❸ *(responsabilité)* Schuld *f*, Verschulden *nt*; **c'est [de] la ~ de qn/qc** daran ist jd/etw schuld; **c'est [de] ma ~** das ist meine Schuld, daran bin ich schuld; **c'est pas sa ~** er kann nichts dafür; **par ma ~** durch meine Schuld; **~ exclusive** JUR Alleinverschulden; **d'un tiers** JUR fremdes Verschulden; **se renvoyer la ~** sich gegenseitig die Schuld zuschieben; **faire retomber** [*o* **rejeter**] **la ~ sur qn** die Schuld auf jdn abwälzen, jdm die Schuld zuschieben; **alors à qui la ~?** wer ist denn dann schuld?
❹ SPORT Fehler *m*; *(agression)* Foul *nt*; **~ pour se venger** Revanchefoul
❺ JUR **~ pénale** Verletzung *f* des Strafgesetzes
❻ *(par manque de)* **~ de temps/d'argent** aus Zeit-/Geldmangel; **~ de preuves** mangels Beweisen, aus Mangel an Beweisen; **~ de mieux** mangels Alternative, in Ermangelung einer Besseren *(geh)*; **~ de faire qc** da jd etw nicht tut; **~ de pouvoir faire qc** da jd etw nicht tun kann, da jd nicht in der Lage ist etw zu tun; **~ d'avoir vécu cela, vous ne pouvez pas ...** da Sie das nicht selbst erlebt haben, können Sie nicht ...
▶ **~ de grives on mange des merles** *prov* in der Not frisst der Teufel Fliegen; **~ avouée est à moitié** [*o* **à demi**] **pardonnée** *prov* zugegeben ist schon halb vergeben; **être en ~** schuldig sein; **prendre qn en ~** jdn erwischen *(fam)*; **~ de quoi** andernfalls, sonst, wenn nicht
◆ **~ d'accord** Kongruenzfehler *m*; **~ de calcul** Rechenfehler *m*; **~ de conduite** Fahrfehler *m*, falsches Fahrverhalten; **~ d'étourderie** [*o* **d'inattention**] Flüchtigkeitsfehler *m*; **~ de frappe** Tippfehler *m*; **~ de français** Fehler *m* im Französischen; **~ de goût** Geschmacksverirrung *f*; **~ de grammaire** Grammatikfehler *m*; **~ d'impression** Druckfehler *m*; **~ d'orthographe** Rechtschreibfehler *m*; **~ de ponctuation** Zeichensetzungsfehler *m*; **~ de prononciation** Aussprachefehler *m*; **~ de service** Amtspflichtverletzung *f*; **~ de syntaxe** Syntaxfehler *m*, syntaktischer Fehler
fauter [fote] <1> *vi vieilli fam* einen Fehltritt begehen [*o* tun]
fauteuil [fotœj] *m* ❶ Sessel *m*; **~ en** [*o* **de**] **cuir** Ledersessel; **~ en peluche** Plüschsessel; **~ dentaire** [*o* **de dentiste**] Zahnarztstuhl *m*; **~ pliant** Klappsessel; **~ roulant** Rollstuhl
❷ *(place dans une assemblée)* Sitz *m*; **~ de maire** Amt *nt* des Bürgermeisters; **occuper le ~ de président** den Vorsitz führen, Präsident sein
◆ **~ d'académicien** Sitz *m* in der Académie française; **~ de balcon** Balkonplatz *m*; **~ à bascule** Schaukelstuhl *m*; **~ de bureau**

Bürostuhl *m*, Bürosessel *m*; **~ de dentiste** Behandlungsstuhl *m*; **~ de jardin** Gartenstuhl *m*; **~ d'orchestre** Parkettsitz *m*, Sitzplatz *m* im Parkett

fauteur [fotœʀ] *m* ◆ **~ de désordre** [*o* **de troubles**] Unruhestifter(in) *m(f)*

fautif, -ive [fotif, -iv] I. *adj* ❶ schuldig; **être ~(-ive)** schuld sein, Schuld haben
❷ *(avec des fautes) liste, texte* fehlerhaft; *citation, calcul* falsch; *mémoire* lückenhaft
II. *m, f* Schuldige(r) *f(m)*

fauve [fov] I. *adj* ❶ falb, fahlgelb
❷ *(sauvage)* **bête ~** Raubtier *nt*, wildes Tier; **odeur ~** bestialischer Geruch
❸ ART fauvistisch
II. *m* ❶ Fahlgelb *nt*
❷ *(animal)* Raubtier *nt*
❸ ART **les Fauves** die Fauvisten

fauverie [fovʀi] *f (dans un zoo)* Raubtiergehege *nt*; *(dans un cirque)* Raubtierkäfig *m*

fauvette [fovɛt] *f* Grasmücke *f*

fauvisme [fovism] *m* Fauvismus *m*

faux¹ [fo] I. *adv* falsch
II. *m* ❶ Falsche(s) *nt*, Unwahrheit *f*; **discerner le vrai du ~** das Wahre vom Unwahren unterscheiden
❷ *(falsification, imitation)* Fälschung *f*, Falsifikat *nt (Fachspr.)*; **être condamné(e) pour ~ et usage de ~** wegen Fälschung und Gebrauch gefälschter Urkunden verurteilt werden; **commettre** [*o* **faire**] **un ~** eine Fälschung begehen
▶ **s'inscrire en ~ contre qc** etw entschieden zurückweisen [*o* bestreiten]
◆ **~ en écriture** Urkundenfälschung *f*

faux² [fo] *f (outil)* Sense *f*

faux, fausse [fo, fos] *adj* ❶ *antéposé* falsch; *marbre, perle* unecht; *papiers, passeport* gefälscht, falsch; *signature, facture* gefälscht; *meuble, tableau* nachgemacht; **un ~ Rembrandt** ein falscher Rembrandt; **fausse monnaie** Falschgeld *nt*
❷ *antéposé (postiche) barbe, dents, nez, nom* falsch
❸ *antéposé (simulé)* gespielt, geheuchelt; *dévotion, humilité, naïveté, bonhomie* vorgetäuscht; *modestie, pudeur* falsch; **fausse sortie** Scheinabgang *m*, vorgetäuschter Abgang
❹ *antéposé (mensonger) déclaration, prétexte, promesse, réponse* falsch; **~ serment** *(intentionnel)* Meineid *m*; *(involontaire)* Falscheid *m*, eidliche Falschaussage; **~ témoignage** falsche Zeugenaussage
❺ *antéposé (pseudo) col* falsch; *fenêtre, porte* blind; **~ plafond/ fausse cloison** Zwischendecke *f*/Zwischenwand *f*
❻ *postposé (fourbe) air* falsch; *caractère, personne* unaufrichtig, falsch; *regard* trügerisch; *attitude* unaufrichtig; **il a l'air ~** er scheint mir falsch zu sein
❼ *antéposé (imposteur) ami, prophète* falsch; **un ~ médecin/ prêtre** sich als Arzt/Priester ausgebender Betrüger
❽ *(erroné) raisonnement, calcul, résultat* falsch; *numéro* verkehrt, falsch; *affirmation* irrtümlich; *thermomètre* fehlerhaft; **absolument ~** grundfalsch, grundverkehrt; **se faire des idées fausses** [*o* **de fausses idées**] **sur qc** sich *(Dat)* falsche Vorstellungen von etw machen; **être ~** *instrument:* verstimmt sein; **il est ~ que qn ait fait qc** es ist falsch [*o* nicht wahr], dass jd etw getan hat; **il est ~ de dire/croire** es ist falsch [*o* nicht richtig] zu sagen/glauben
❾ *antéposé (non fondé) espoir, principe, soupçon, bruit* falsch; *crainte, peur* unbegründet
❿ *postposé (ambigu) atmosphère, situation* unangenehm
⓫ *antéposé (maladroit)* **une fausse manœuvre** ein falscher Handgriff; *(au volant)* ein falsches Lenkmanöver; **faire fausse route** sich verfahren; **faire un ~ pas** *(en marchant)* falsch [*o* ungeschickt] auftreten
⓬ *(qui détonne)* **fausse note** falscher Ton; *fig* Misston *m*

faux-cul [foky] <faux-culs> *m vieilli fam* Türnure *f* **faux-filet** [fofilɛ] <faux-filets> *m* Lendenstück *nt*, Lende *f* **faux-fuyant** [fofyijã] <faux-fuyants> *m* Ausflucht *f*, Ausrede *f*; *(prétexte)* Vorwand *m*; **chercher un ~** ausweichen **faux-monnayeur** [fomɔnɛjœʀ] <faux-monnayeurs> *m* Falschmünzer(in) *m(f)* **faux- -semblant** [fosãblã] <faux-semblants> *m* user de faux-semblants sich verstellen, Theater spielen **faux-sens** [fosãs] <faux- -sens> *m* Fehlinterpretation *f*

favela [favela] *f souvent pl* Favela *f*

faveur [favœʀ] *f* ❶ Gunst *f*, Wohlwollen *nt*
❷ *(considération)* **être en ~ auprès de qn** bei jdm gut angesehen sein; *artiste, auteur:* bei jdm beliebt sein; **jouir d'une grande ~ auprès de qn** sich großer Beliebtheit bei jdm erfreuen; **gagner la ~ du public/du pays** die Gunst des Publikums/der Bürger des Landes gewinnen; **accorder/refuser ses ~s à qn** *littér* jdm seine Gunst gewähren/verweigern *(geh)*; **voter en ~ de qn** für jdn stimmen; **se déclarer** [*o* **se prononcer**] **en ~ de qn/qc** sich für jdn/

etw aussprechen; **manifester en ~ de qn/qc** für jdn/etw demonstrieren; **en ma/sa ~** zu meinen/seinen/ihren Gunsten
❸ *(bienfait)* Gefallen *m*; **demander une ~ à qn** jdn um einen Gefallen bitten
▶ **de ~** bevorzugt, Sonder-; **en ~ de qc** aufgrund einer S. *(Gen)*; **par ~ spéciale** aufgrund besonderer Beziehungen

favisme [favism] *m* MED Fabismus *m*, Favismus *m*

favorable [favɔʀabl] *adj* günstig; *terrain* geeignet; ECON **évolution** [wirtschaftlich] erfreulich; **jouir d'un préjugé ~** Vorteile haben, ein Plus haben; **donner un avis ~** sich positiv [*o* zustimmend] äußern; **être ~ à qn** *personne:* jdm wohlgesinnt sein; *circonstances:* günstig für jdn sein; *suffrages:* zu jds Gunsten sein; *opinion:* jdn unterstützen; **~ à l'investissement** investitionsfreudig; **~ au salarié** *disposition, clause* arbeitnehmerfreundlich; **être ~ à qc** *personne:* etw befürworten; *circonstances:* günstig für etw sein; *suffrages:* zu Gunsten einer S. *(Gen)* sein; *opinion:* etw befürworten; **être ~ à ce que qn fasse qc** dafür sein, dass jd etw tut; **être ~ pour faire qc** günstig sein um etw zu tun; **mesure ~ aux affaires/ à l'investissement** geschäftsfördernde/investitionsfreundliche Maßnahme; **agir de façon ~ aux affaires** geschäftsfördernd vorgehen

favorablement [favɔʀabləmã] *adv* positiv

favori [favɔʀi] *m* ❶ *(personne préférée)* Liebling *m*
❷ SPORT Favorit *m*; **grand ~** Topfavorit

favori(te) [favɔʀi, it] *adj lecture* **~te** Lieblingslektüre *f*

favoris [favɔʀi] *mpl* Koteletten *pl*

favorisé(e) [favɔʀize] *adj* begünstigt; *classe sociale* privilegiert

favoriser [favɔʀize] <1> *vt* ❶ begünstigen; fördern, unterstützen *ambition, commerce*; bevorzugen *personne*; **les familles les plus favorisées** die bessergestellten Familien; **une mesure qui favorise la concurrence** eine wettbewerbsfördernde Maßnahme
❷ *(aider)* begünstigen, unterstützen

favorite [favɔʀit] *f* ❶ *(personne préférée)* Liebling *m*; *(maîtresse préférée)* Favoritin *f*
❷ SPORT Favoritin *f*; **grande ~** Topfavoritin

favoritisme [favɔʀitism] *m* POL, ECON Günstlingswirtschaft *f*, Patronage *f*; *fam* Vetternwirtschaft, Vetterleswirtschaft (SDEUTSCH), Vetterliwirtschaft (CH)

fax [faks] *m abr de* **téléfax** Fax *nt*, Faxgerät *nt*

faxer [fakse] <1> *vt* **~ qc à qn** jdm etw faxen

fax-modem [faksmɔdɛm] <fax-modems> *m* INFORM Faxmodem *m*

fayot [fajo] *m* ❶ *péj arg* Arschkriecher(in) *m(f) (sl)*; *(élève)* Streber(in) *m(f)*; **être ~** ein Arschkriecher/Streber sein
❷ *fam (haricot)* grüne Bohne

fayoter [fajɔte] <1> *vi arg* sich einschmeicheln, sich lieb Kind machen *(fam)*

fayot[t]age [fajɔtaʒ] *m fam* Einschmeichelei *f (fam)*, Arschkriecherei *f (vulg)*

fazenda [fazɛnda] *f* AGR Fazenda *f*

F.B. *v.* franc

F.C. [ɛfse] *m abr de* **football club** FC *m*

FCP [ɛfsepe] *m* ECON *abr de* **fonds commun de placement** Beteiligungsfond *m*

féal(e) [feal, o] <-aux> *adj vieilli* getreu, [treu] ergeben

fébrifuge [febʀifyʒ] PHARM I. *adj remède* Fieber senkend
II. *m* Fiebermittel *nt*

fébrile [febʀil] *adj chaleur, état* fiebrig; *personne* fieberkrank; *(agité) hâte, impatience* fieberhaft; *agitation, mouvement, personne* hektisch

fébrilement [febʀilmã] *adv* hektisch; **attendre ~ qc** einer S. *(Dat)* entgegenfiebern

fébrilité [febʀilite] *f* Betriebsamkeit *f*; *(excitation)* Hektik *f*; **faire qc avec ~** etw in hektischer Aufregung tun

fécal(e) [fekal, o] <-aux> *adj* fäkal; **les matières ~es** Fäkalien *Pl*

fèces [fɛs] *fpl* ❶ PHARM *(lie)* Bodensatz *m*
❷ PHYSIOL Exkremente *Pl*, Fäzes *Pl*, Faeces *Pl (Fachspr.)*

fécond(e) [fekɔ̃, ɔ̃d] *adj* fruchtbar; *esprit* schöpferisch, kreativ; *idée* zündend; *écrivain, siècle* produktiv; *conversation, sujet* ergiebig; *(prolifique)* fruchtbar, sich rasch vermehrend; **~(e) en surprises** voller Überraschungen; **~(e) en événements/rebondissements** ereignisreich/folgenreich

fécondation [fekɔ̃dasjɔ̃] *f* Befruchtung *f*; *des fleurs* Bestäubung *f*; **~ artificielle** künstliche Befruchtung; **~ in vitro** In-vitro-Fertilisation *f*

féconder [fekɔ̃de] <1> *vt* ❶ befruchten; bestäuben *fleur*
❷ *littér (fertiliser) pluie:* fruchtbar machen

fécondité [fekɔ̃dite] *f* Fruchtbarkeit *f*; *d'un artiste, écrivain* Produktivität *f*, Schöpferkraft *f*; *d'un sujet* Reichhaltigkeit *f*, Ergiebigkeit *f*; **taux de ~** Geburtenziffer *f*, Geburtenrate *f*

fécule [fekyl] *f* Stärke *f*; GASTR Stärke[mehl *nt*] *f*; **être riche en ~** stärkehaltig sein

féculent [fekylɑ̃] *m* stärkehaltiges Nahrungsmittel

fédéral(e) [fedeʀal, o] <-aux> *adj* ❶ Bundes-; *régime* bundesstaatlich; *(en Suisse)* eidgenössisch; **gouvernement ~** Bundesregierung f; **loi ~ e** Bundesgesetz nt; **district ~** (aux États-Unis) Bundesstaat m

② (central) **union ~ e** Zentralverband m, Dachverband m

Land und Leute
Belgien ist eine konstitutionelle Monarchie mit einer föderativen Staatsform, d. h. es ist ein **État fédéral**, der sich aus einer flämischen, einer französischsprachigen und einer deutschsprachigen Gemeinschaft und den drei Regionen Flandern, Wallonien und Brüssel zusammensetzt.

fédéraliser [federalize] <1> vt föderalisieren États
fédéralisme [federalism] m Föderalismus m
fédéraliste [federalist] I. adj föderalistisch
 II. mf Föderalist(in) m(f)
fédérateur, -trice [federatœʀ, -tʀis] I. adj **thème ~** gemeinsames [o zentrales] Thema; **jouer un rôle ~** eine vermittelnde Rolle spielen
 II. m, f Einiger(in) m(f)
fédératif, -ive [federati, -iv] adj **État** Bundes-; **système** föderativ
fédération [federasjɔ̃] f ① Föderation f, Bündnis nt; **~ européenne** europäische Gemeinschaft
② (association) Verband m, Bund m; **~ industrielle/ouvrière** Industrie-/Arbeiterverband; **~ syndicale** Gewerkschaftsbund; **~ de parents d'élèves** Elternverband; **~ de sport** Sportbund
fédéré(e) [federe] adj föderiert; (au sein d'une association) vereinigt
fédérer [federe] <5> vt vereinigen; in einer Föderation [o in einem Bund] zusammenschließen États
fée [fe] f **Fee** f; **bonne ~** Märchenfee
♦ **~ du logis** guter Geist des Hauses; **c'est une véritable ~ du logis** sie ist eine perfekte Hausfrau
feed-back [fidbak] m inv TECH Feedback nt
feeder [fidœʀ] m PECHE Feeder m (Fachspr.); **~ flottant** Swimfeeder (Fachspr.); **pêche au ~** Feederangel f (Fachspr.)
feeling [filiŋ] m Gespür nt
féerie [fe(e)ʀi] f ① **véritable ~** zauberhaftes [o märchenhaftes] Schauspiel; **la ~ de lumières/d'une soirée d'été** der Zauber der Lichter/eines Sommerabends
② THEAT, CINE Märchenspiel nt
féerique [fe(e)ʀik] adj märchenhaft; **monde ~** Märchenwelt f; **le monde** [o **l'univers**] **~ de l'enfance** die Märchenwelt der Kindheit; **l'Orient ~** der zauberhafte Orient
feignant(e) v. fainéant
feindre [fɛ̃dʀ] <irr> I. vt vortäuschen colère, innocence; heucheln, vortäuschen enthousiasme, étonnement, joie, tristesse; (prétexter) vorschützen maladie; **~ l'indifférence** gleichgültig tun; **~ de ne rien** [o **pas**] **comprendre** sich dumm stellen; **~ d'être malade** (simuler) so tun, als ob man krank wäre; (prétexter) vorgeben krank zu sein
 II. vi littér sich verstellen; **~ avec qn** jdm etwas vormachen
feint(e) [fɛ̃, fɛ̃t] I. part passé de **feindre**
 II. adj vorgetäuscht, gespielt; maladie vorgeschoben
feinte [fɛ̃t] f Finte f, Täuschungsmanöver nt, Scheinangriff m
feinter [fɛ̃te] <1> vt ① SPORT täuschen
② fam (rouler) hereinlegen (fam); **se faire ~ par qn** von jdm hereingelegt werden (fam)
feldspath [fɛldspat] m MINER Feldspat m
fêlé(e) [fele] adj ① assiette, vase, verre, vitre gesprungen; bras, côte angebrochen; voix brüchig
② fam (dérangé) **avoir le cerveau ~** [o **la tête ~e**] einen Sprung in der Schüssel haben (fam); **tu es complètement ~(e)!** du bist ja völlig bekloppt! (fam)
fêler [fele] <1> I. vt einen Sprung machen in (+ Akk) verre; **son opération à la gorge a fêlé sa voix** durch die Halsoperation ist seine/ihre Stimme rau [o brüchig] geworden
 II. vpr **se ~** einen Sprung/Sprünge bekommen; **se ~ qc** sich (Dat) etw anbrechen
félibrige [felibʀiʒ] m okzitanische Dichterschule
félicitations [felisitasjɔ̃] fpl Glückwünsche Pl; **adresser ses ~ à qn à l'occasion de qc** jdm seine Glückwünsche zu etw übermitteln; **recevoir les ~ de qn à l'occasion de qc** von jdm zu etw beglückwünscht werden; [toutes] **mes/nos ~!** herzlichen Glückwunsch!, ich gratuliere/wir gratulieren!; **avec les ~ du jury** summa cum laude
félicité [felisite] f littér Glückseligkeit f
féliciter [felisite] <1> I. vt **~ qn de qc** jdm zu etw gratulieren, jdn zu etw beglückwünschen; **~ qn de faire qc/d'avoir fait qc** jdm gratulieren, dass er etw getan hat
 II. vpr **se ~ de qc** über etw (Akk) froh sein, sich über etw (Akk) freuen; **se ~ d'avoir fait/réussi qc** froh sein etw getan/erreicht zu haben
félidés [felide] mpl ZOOL Feliden Pl (Fachspr.)

félin [felɛ̃] m Raubkatze f
félin(e) [felɛ̃, in] adj race der Katzen; allure, démarche, grâce katzenhaft, katzenartig
fellah [fela, fɛla] m Fellache m, Fellah m; **les ~ d'Égypte** die ägyptischen Fellachen
fellation [felasjɔ̃, fɛllasjɔ̃] f Fellatio f
félon(ne) [felɔ̃, ɔn] HIST I. adj vassal treubrüchig; acte treulos
 II. m(f) Treubrüchige(r) f(m)
félonie [feloni] f ① HIST Treubruch m, Bruch des Treueverhältnisses (zwischen Lehnsherr und Lehnsträger); **commettre un acte de ~** einen Treubruch begehen
② littér Treulosigkeit f
fêlure [felyʀ] f ① Sprung m, Riss m
② fig Bruch m; (psychologique) Knacks m (fam)
femelle [fəmɛl] I. adj animal, fleur, organe weiblich; **léopard/merle ~** Leoparden-/Amselweibchen nt
 II. f ① ZOOL Weibchen nt
② péj pop Weibsbild nt (pej fam)
féminin [feminɛ̃] m GRAM Femininum nt
féminin(e) [feminɛ̃, in] adj ① population, sexe weiblich
② (avec un aspect féminin) grâce weiblich; femme, mode weiblich, feminin
③ (de femmes) voix Frauen-; vêtements, lingerie, mode Damen-; condition, revendication der Frauen; **football ~** Damenfußball m; **le 200 m ~** der 200-Meter-Lauf der Frauen
④ GRAM article, genre, nom weiblich
féminisation [feminizasjɔ̃] f ① **~ de l'enseignement/d'un métier** (action) Steigerung f des Frauenanteils im Lehramt/in einem Beruf; (résultat) Zunahme f des Frauenanteils im Lehramt/in einem Beruf
② MED, BIO d'un homme, corps Verweiblichung f
féminiser [feminize] <1> I. vt ① verweiblichen homme; sehr weiblich wirken lassen femme; **une profession** Frauen Zugang zu einem Beruf verschaffen; **cette robe te féminise** in diesem Kleid wirkst du sehr weiblich
② LING **le mot... qui était masculin, a été féminisé** das Wort ..., das männlich [o ein Maskulinum] war, ist weiblich [o ein Femininum] geworden
 II. vpr ① **se ~** (se faire femme) fraulicher [o zur Frau] werden
② (comporter de plus en plus de femmes) **une profession se féminise** ein Beruf wird von immer mehr Frauen ausgeübt; **un parti politique se féminise** der Frauenanteil in einer politischen Partei nimmt zu [o steigt]
③ MED, BIO **se ~** homme, corps: verweiblichen, feminieren (Fachspr.)
féminisme [feminism] m Feminismus m
féministe [feminist] I. adj idée, revendication feministisch; **mouvement ~** Frauenbewegung f
 II. mf Feminist(in) m(f)
féminité [feminite] f Weiblichkeit f, Fraulichkeit f
femme [fam] f ① (opp: homme) Frau f; **voix de ~** Frauenstimme f; **vêtements de** [o **pour**] **~s** Damenbekleidung f; **~ de tempérament** Vollblutweib nt (fam); **se retrouver entre ~s chaque jeudi soir** jeden Donnerstagabend ein Damenkränzchen haben; **t'as vu la bonne ~ là-bas!** fam hast du die Tante dahinten gesehen! (fam); **les/ces bonnes ~s!** péj fam die/diese Weiber!
② (épouse) Frau f, Ehefrau f, Gattin f (form); **une ~ accomplie** eine perfekte Hausfrau [und Mutter]; **ma/ta/sa bonne ~** péj fam meine/deine/seine Alte (fam)
③ (adulte) Frau f; **faire de qn une ~** homme: jdn zur Frau machen; événement: aus jdm eine Frau machen
④ (profession) **une ~ auteur/ingénieur/médecin/flic** eine Autorin/Ingenieurin/Ärztin/Polizistin; **~ politique** Politikerin f; **~ publique** Frau des öffentlichen Lebens
♦ **~ au foyer** Hausfrau f; **~ d'action** tatkräftige [o aktive] Frau; **~ d'affaires** Geschäftsfrau f; **~ de chambre** Zimmermädchen nt; **~ d'État** Staatsfrau f; **~ d'intérieur** tüchtige Hausfrau; **~ de lettres** [o **plume**] Schriftstellerin f; **~ de ménage** Putzfrau f, Bedienerin f (A); **~ du monde** Dame f von Welt; **~ de science** Wissenschaftlerin f; **~ de service** (pour le nettoyage) Putzfrau f; (à la cantine) Kantinenangestellte f (an der Essensausgabe); **~ de tête** Frau, die weiß, was sie will
femme-enfant [famɑ̃fɑ̃] <femmes-enfants> f Kindfrau f
femmelette [famlɛt] f péj Schwächling m (pej)
femme-objet [famɔbʒɛ] f (objet sexuel) Frau f als Lustobjekt
fémoral(e) [femɔʀal, o] <-aux> adj ANAT Ober|schenkel-, femoral
fémur [femyʀ] m ANAT Oberschenkelknochen m, Femur nt (Fachspr.); **tête de/du ~** Oberschenkelkopf m
FEN [fɛn] f abr de **Fédération de l'Éducation nationale** französische Lehrergewerkschaft
fenaison [fənɛzɔ̃] f Heuernte f
fendant(e) [fɑ̃dɑ̃, ɑ̃t] adj pop histoire, personne urkomisch, zum Schießen [o Totlachen] (fam)

fendillé(e) [fɑ̃dije] *adj peinture, plâtre* rissig; *lèvre, peau* rissig, aufgesprungen
fendillement [fɑ̃dijmɑ̃] *m de la peau* Aufspringen *nt*, Rissigwerden *nt; du bois* Reißen *nt*, Platzen *nt*
fendiller [fɑ̃dije] <1> *vpr* **se** ~ *glace, plâtre, vernis:* rissig werden; *lèvre, peau:* aufspringen, rissig werden
fendre [fɑ̃dʀ] <14> **I.** *vt* ❶ *(couper en deux)* spalten *bois*
❷ *(fissurer)* zum Springen bringen *glace;* spalten *pierre, rochers;* ~ **la lèvre à qn** jdm die Lippe blutig schlagen
❸ *littér (pénétrer)* durchfurchen *terre; (s'ouvrir un chemin)* schießen durch *air, mer, flots;* sich *(Dat)* einen Weg bahnen durch *foule* **II.** *vpr* ❶ *(se fissurer)* **se** ~ *mur, terre:* Risse bekommen; *verre, poterie, glace:* Sprünge [*o* einen Sprung] bekommen, springen
❷ *(se blesser)* **se** ~ **la lèvre** sich *(Dat)* die Lippe aufschlagen; **il s'est fendu le crâne** er hat einen Schädelbruch
❸ *fam (payer)* **se** ~ **d'un cadeau/d'une bouteille** ein Geschenk/eine Flasche herausrücken *fam* [*o* spendieren *fam*]; **il ne s'est pas beaucoup fendu!** er hat sich nicht gerade ruiniert!
fendu(e) [fɑ̃dy] *adj* ❶ *(ouvert)* crâne gespalten; *lèvre* aufgeplatzt
❷ *(fissuré)* côte angebrochen; *assiette, verre* gesprungen, mit einem Sprung
❸ *(avec une fente d'aisance)* jupe, veste geschlitzt; **une jupe ~e sur le côté** ein Rock mit Seitenschlitz
fenêtrage [fənɛtʀaʒ] *m* INFORM Fenstertechnik *f*, Ausschnittdarstellung *f*
fenêtre [f(ə)nɛtʀ] *f* ❶ *a. fig* Fenster *nt;* ~ **de la/de cuisine** Küchenfenster; ~ **des toilettes** Toilettenfenster; ~ **à un battant** [*o* **vantail**] einflügeliges Fenster; ~ **à deux battants** [*o* **vantaux**] zweiflügeliges Fenster; ~ **latérale** Seitenfenster; **ouvrir une** ~ **sur le monde** *télévision* ein Fenster zur Welt öffnen; **être une** ~ **[ouverte] sur le monde** *télévision:* ein Fenster zur Welt sein
❷ INFORM, TECH Fenster *nt;* ~ **de dialogue** Dialogfenster; ~ **pop-up** Pop-up-Fenster
◆ ~ **à guillotine** Schiebefenster *nt*
fenil [fəni(l)] *m, m* Heuboden *m*, Heubühne *f* (CH)
fennec [fenɛk] *m* ZOOL Fennek *m*
fenouil [fənuj] *m* Fenchel *m*
fente [fɑ̃t] *f* ❶ *(fissure) d'un mur, rocher, du bois, de la terre* Spalte *f*, Spalt *m; (moins profonde)* Riss *m*
❷ *(interstice)* Schlitz *m;* ~ **d'aération** Lüftungsschlitz; ~ **de visée** Sehschlitz
❸ *(pour les pièces de monnaie)* Geldeinwurf *m*, Münzeinwurf, Geldschlitz *m*, Münzschlitz
❹ COUT Schlitz *m;* ~ **de côté/de dos** Seiten-/Rückenschlitz
❺ ANAT ~ **du palais** Gaumenspalte *f*
féodal [feɔdal, o] <-**aux**> *m* Feudalherr *m*
féodal(e) [feɔdal, o] <-**aux**> *adj* feudalistisch, feudal; **État** ~ Feudalstaat *m;* **régime** ~ Feudalherrschaft *f*, Feudalwesen *nt*, Feudalismus *m;* **système** ~ Feudalsystem *nt*
féodalisme [feɔdalism] *m* Feudalcharakter *m*
féodalité [feɔdalite] *f* HIST Feudalismus *m*
fer [fɛʀ] *m* ❶ *(métal, sels de fer)* Eisen *nt;* **en** [*o* **de**] ~ aus Eisen; **barre/plaque de** ~ Eisenstange *f*/-platte *f;* ~ **forgé** Schmiedeeisen *nt*, **grille en** ~ **forgé** schmiedeeisernes [*o* kunstgeschmiedetes] Gitter
❷ *(pièce métallique) d'une lance, flèche* Eisenspitze *f*
▶ **tomber les quatre ~s en l'air** *fam* auf den Rücken fallen; **le** ~ **de lance d'une organisation** das Zugpferd einer Organisation; **il faut battre le** ~ **pendant qu'il est chaud** *prov* man muss das Eisen schmieden, solange es heiß ist; **il a battu le** ~ **tant qu'il était chaud** er hat die Gelegenheit beim Schopf ergriffen: **être marqué(e) au** ~ **rouge** gebrandmarkt sein; **discipline/main/santé/volonté de** ~ eiserne Disziplin/Hand/Gesundheit/eiserner Wille
◆ ~ **à cheval** Hufeisen *nt;* **en** ~ **à cheval** hufeisenförmig; ~ **à friser** Lockenstab *m;* ~ **à joint** TECH Fugenkelle *f;* ~ **à repasser** Bügeleisen *nt;* ~ **à souder** Lötkolben *m;* ~ **à vapeur** Dampfbügeleisen *nt*
fer-blanc [fɛʀblɑ̃] <**fers-blancs**> *m* [Weiß]blech *nt*
ferblanterie [fɛʀblɑ̃tʀi] *f* ❶ *(ustensiles)* Weißblechwaren *Pl*, Blecherzeugnisse *Pl*
❷ *(commerce)* Eisenwarenhandel *m*
❸ *fig (toc)* Schrott *m*
ferblantier [fɛʀblɑ̃tje] *m* Klempner(in) *m(f)*
férié(e) [feʀje] *adj* jour ~ Feiertag *m;* jour ~ **de Pâques** Osterfeiertag
férir [feʀiʀ] <*irr, déf*> *vt* ▶ **sans coup** ~ *littér* ohne auf Widerstand zu stoßen, widerstandslos
fermage [fɛʀmaʒ] *m* ❶ *(système, mode)* Pachtwirtschaft *f*
❷ *(loyer)* [Grundstücks]pacht *f*, Pachtgeld *nt*
❸ *(lien juridique)* Pachtverhältnis *nt*
ferme¹ [fɛʀm] **I.** *adj* ❶ *(consistant)* chair, sol fest; seins, peau straff
❷ *(assuré)* écriture sicher; voix, pas fest; main ruhig; **n'être pas ~ sur ses jambes/pieds** nicht sicher auf den Beinen sein

❸ *(résolu)* ton bestimmt
❹ *(inébranlable)* personne standhaft; *intention, résolution* fest; *volonté* unerschütterlich; **être ~ avec qn** jdm gegenüber bestimmt auftreten; **rester ~ dans qc** fest bei etw bleiben
❺ COM *(définitif)* achat, commande, vente, prix verbindlich; *offre* fest, verbindlich
❻ BOURSE cours, marché, valeur fest, unverändert; **rester ~** valeurs, cours: sich weiterhin behaupten
II. *adv* ❶ *(beaucoup)* boire ordentlich; *travailler* hart; *s'ennuyer* fürchterlich
❷ *(avec ardeur)* discuter heftig
❸ COM *(définitivement)* acheter, commander, vendre verbindlich
❹ *(avec opiniâtreté)* **tenir ~** *(contre l'ennemi)* standhalten; *(dans des négociations)* hart bleiben
ferme² [fɛʀm] *f* ❶ *(bâtiment)* Bauernhaus *nt*
❷ *(exploitation)* Hof *m*, Bauernhof *m;* ~ **de beauté** Beautyfarm *f*
fermé(e) [fɛʀme] *adj* ❶ *(opp: ouvert)* magasin, porte geschlossen; *(à clé)* verschlossen; col, route gesperrt; bouche, yeux, vêtement geschlossen; robinet zugedreht; **mer ~e** Binnenmeer *nt;* ~(**e**) **à la circulation** für den Verkehr gesperrt
❷ *(privé)* milieu, monde geschlossen, schwer zugänglich; *club, cercle* exklusiv
❸ *(peu communicatif)* personne verschlossen; *air, visage* undurchdringlich
❹ *(insensible à)* **être ~(e) à qc** keinen Sinn für etw haben; ~(**e**) **à un sentiment** nicht empfänglich für ein Gefühl
❺ ELEC *circuit* geschlossen
❻ LING voyelle geschlossen
fermement [fɛʀməmɑ̃] *adv* ❶ *(solidement)* tenir, tirer fest
❷ *(avec fermeté)* croire, être décidé fest; *expliquer* bestimmt
ferment [fɛʀmɑ̃] *m* ❶ BIO Gärstoff *m;* ~ **s lactiques** Milchsäurebakterien *Pl*
❷ *fig littér* **être un ~ de haine et de discorde** für Hass und Zwietracht sorgen
fermentation [fɛʀmɑ̃tasjɔ̃] *f* BIO Gärung *f;* ~ **lactique** Milchsäuregärung; ~ **alcoolique** alkoholische Gärung
fermenter [fɛʀmɑ̃te] <1> *vi* jus: gären; *pâte:* arbeiten; **être fermenté(e)** fromage: fermentiert sein; *jus:* gegoren sein
fermer [fɛʀme] <1> **I.** *vi* ❶ *(être, rester fermé)* école, magasin, usine: schließen; **ça ferme à sept heures** um sieben Uhr wird geschlossen; *(magasin)* um sieben Uhr ist Geschäftsschluss
❷ *(pouvoir être fermé)* **bien/mal ~** vêtement: gut/schlecht zugehen; *boîte, porte:* gut/schlecht schließen
II. *vt* ❶ *(opp: ouvrir)* schließen, zumachen *(fam)* porte, tente, yeux; zuziehen *rideau;* zuschieben *tiroir;* zuklappen *parapluie, livre;* ~ **la main/le poing** eine Faust machen; ~ **une maison/voiture à clé** ein Haus/ein Auto abschließen
❷ *(boutonner)* zuknöpfen
❸ *(cacheter)* zukleben enveloppe
❹ *(arrêter)* zudrehen robinet; *abschalten électricité;* ausschalten *télévision;* ausknipsen, ausmachen *lumière*
❺ *(interrompre l'activité de)* schließen école, usine
❻ *(barrer, bloquer)* versperren passage, accès; sperren aéroport, frontière; **être fermé(e) aux voitures/à la circulation** für Autos/den Verkehr gesperrt sein
❼ *(rendre inaccessible)* ~ **une carrière à qn** jdm eine Karriere verbauen; ~ **son cœur à la détresse des autres** sein Herz vor der Not der anderen verschließen
❽ *(clore)* auflösen compte; **fermez la parenthèse!** Klammer zu!
▶ **la ferme!** *fam* halt/haltet den Mund [*o* die Klappe *fam*]!
III. *vpr* ❶ *(se refermer)* **se ~** porte, yeux: zufallen; *plaie:* verheilen
❷ *(passif)* **se ~** boîte: sich schließen lassen; *appareil:* ausgeschaltet werden; **se ~ par devant** robe: vorne zugemacht werden *(fam)*, **une porte, ça se ferme!** *fam* Tür zu [bitte]!
❸ *(refuser l'accès à)* **se ~ à qn/qc** personne, pays: sich jdm/einer S. verschließen
fermeté [fɛʀməte] *f* ❶ *(consistance) d'une chair, peau* Festigkeit *f*
❷ *(concision) d'un style* Kraft *f*, Prägnanz *f*
❸ *(courage)* Standhaftigkeit *f*
❹ *(autorité)* Bestimmtheit *f; (dans l'éducation de qn)* Strenge *f;* **manquer de ~ dans l'éducation de qn** nicht streng genug in jds Erziehung *(Dat)* sein; **parler/affirmer avec ~** mit Nachdruck sprechen/nachdrücklich betonen; **diriger une entreprise avec beaucoup de ~** ein Unternehmen mit fester Hand leiten
❺ BOURSE *d'un cours, marché, d'une monnaie* Stabilität *f*
◆ ~ **de caractère** Charakterstärke *f;* ~ **d'évaluation** FIN Bewertungsstetigkeit *f;* ~ **du jugement** Urteilskraft *f*
fermette [fɛʀmɛt] *f* kleines Bauernhaus [*o* Landhaus]
fermeture [fɛʀmətyʀ] *f* ❶ *(dispositif) d'un sac, vêtement, d'une valise* Verschluss *m;* ~ **automatique** automatischer Türschließer; **avec ~ à clé** abschließbar
❷ *(action) d'une porte, d'un bureau, magasin, guichet* Schließen *nt;* d'une école, frontière Schließung *f;* d'un aéroport Stilllegung *f;*

~ d'entreprise/de l'entreprise Betriebsstilllegung, Firmenschließung; à cause de ces ~s d'entreprises aufgrund dieser Firmenschließungen; ~ annuelle Betriebsferien Pl; après la ~ des bureaux/du magasin/des guichets nach Büro-/Laden-/Schalterschluss m
◆ ~ éclair® [o à glissière] Reißverschluss m; ~ en fondu CINE, TV, RADIO Ausblendung f; ~ à pressions Druckknopfverschluss m; ~ de session INFORM Abbrechen nt, Ausloggen nt; ~ velcro® Haftverschluss m
fermier, -ière [fɛʀmje, -jɛʀ] I. adj (de ferme) beurre Land-; poulet, canard vom Bauernhof
II. m, f ❶ (agriculteur) Bauer m/Bäuerin f
❷ (locataire) Pächter(in) m(f)
fermoir [fɛʀmwaʀ] m Verschluss m
◆ ~ à ressort TECH Federring m
féroce [feʀɔs] adj ❶ animal wild
❷ (impitoyable) personne unbarmherzig; critique scharf; satire bissig; air, regard grimmig, böse
❸ (irrésistible) appétit, envie riesig
férocement [feʀɔsmɑ̃] adv grausam
férocité [feʀɔsite] f ❶ d'un animal Wildheit f, Grausamkeit f
❷ (barbarie) d'un dictateur Brutalität f, Grausamkeit f
❸ (violence) d'un combat, d'une attaque Heftigkeit f; d'un regard Wildheit f
❹ (ironie méchante) d'une critique, attaque Schärfe f; se moquer avec ~ de qn sich in schonungsloser Weise über jdn lustig machen
ferraillage [fɛʀajaʒ] m CONSTR Armierung f, Bewehrung f
ferraille [fɛʀaj] f ❶ (vieux métaux) Schrott m, Alteisen nt; être bon(ne) à mettre à la ~ schrottreif sein; mettre une voiture à la ~ ein Auto verschrotten lassen; mettre une vieille machine à laver à la ~ eine alte Waschmaschine zum Sperrmüll geben
❷ fam (monnaie) Kleingeld nt
ferrailler [fɛʀaje] <1> vi péj ❶ HIST (se battre) sich mit dem Schwert schlagen
❷ (batailler) ~ contre les préjugés fig gegen Vorurteile kämpfen
❸ (faire du bruit) scheppern; chaînes: rasseln
ferrailleur, -euse [feʀajœʀ, -jøz] m, f Schrotthändler(in) m(f), Alteisenhändler(in) m(f)
ferré(e) [fɛʀe] adj ❶ cheval beschlagen; bâton, soulier [mit Eisen] beschlagen; coffre ~ de cuivre kupferbeschlagene Truhe
❷ (ferroviaire) voie ~e Bahngleis nt; réseau ~ Gleisnetz nt
❸ fam (instruit) être ~(e) sur un sujet über ein Thema Bescheid wissen; être ~(e) en mathématiques in Mathematik (Dat) beschlagen [o gut bewandert] sein
ferrer [fɛʀe] <1> vt beschlagen cheval; mit Eisen beschlagen souliers, canne
ferreux, -euse [fɛʀø, -øz] adj eisenhaltig; métaux non ~ Nichteisenmetalle Pl
ferrite [fɛʀit] f PHYS Ferrit m; tore de ~ Ferritkern m
ferritine [fɛʀitin] f BIO, CHIM Ferritin nt
ferroalliage [fɛʀɔaljaʒ] m Eisenlegierung f, Ferrolegierung f
ferronnerie [fɛʀɔnʀi] f (objets) Kunstschmiedearbeiten Pl; en ~ aus Schmiedeeisen
◆ ~ d'art Kunstschmiedehandwerk nt
ferronnier, -ière [feʀɔnje, -jɛʀ] m, f Eisenwarenhändler(in) m(f)
◆ ~(-ière) d'art Kunstschmied(in) m(f)
ferroutage [fɛʀutaʒ] m Huckepackverfahren nt, kombinierter Verkehr
ferroviaire [fɛʀɔvjɛʀ] adj Bahn-, Eisenbahn-; tourisme ~ Bahntourismus m; pont/tunnel ~ Eisenbahnüberführung f/-unterführung f; service ~ Bahnbetrieb m; installations ~s Bahnanlage f; transport ~ Eisenbahntransport m; techniques ~s Eisenbahntechnik f
ferrugineux, -euse [fɛʀyʒinø, -øz] adj eisenhaltig
ferrure [fɛʀyʀ] f d'un meuble, d'une porte [Eisen]beschlag m; d'un cheval Hufbeschlag m; ~ en laiton Messingbeschlag
ferry abr de ferry-boat, car-ferry, train-ferry
ferry-boat [fɛʀibot] <ferry-boats> m Fährschiff nt, Fähre f; (pour le transport des véhicules) Autofähre; (pour le transport des trains) Eisenbahnfähre; (qui navigue dans la Manche) Kanalfähre
fertile [fɛʀtil] adj ❶ région, sol fruchtbar
❷ (prodigue) imagination fruchtbar; ~ en aventures/émotions roman, vie, période: reich an Abenteuern/Gefühlen
fertilisant [fɛʀtilizɑ̃] m Dünger m, Düngemittel nt
fertilisant(e) [fɛʀtilizɑ̃, ɑ̃t] adj Dünge-; produit ~ Düngemittel nt
fertilisation [fɛʀtilizasjɔ̃] f Fruchtbarmachung f
fertiliser [fɛʀtilize] <1> vt fruchtbar machen
fertilité [fɛʀtilite] f ❶ d'une région, terre, d'un sol Fruchtbarkeit f
❷ BIO, MED Fruchtbarkeit f, Fertilität f (Fachspr.)
❸ (créativité) ~ d'esprit/d'imagination Einfallsreichtum m
féru(e) [feʀy] adj vieilli être ~(e) de cinéma/de musique classique ein Kinofan/Liebhaber klassischer Musik sein
férule [feʀyl] f vieilli être sous la ~ de qn unter jds Fuchtel (Dat)

stehen (fam)
fervent(e) [fɛʀvɑ̃, ɑ̃t] I. adj ❶ REL (fidèle) croyant eifrig, fromm; disciple leidenschaftlich; prière inbrünstig
❷ (ardent) supporter begeistert; admirateur, passion, amour glühend
II. m(f) ~(e) de football Fußballanhänger(in) m(f); ~(e) de musique Musikliebhaber(in) m(f)
ferveur [fɛʀvœʀ] f ❶ REL d'une prière, foi Inbrunst f; d'une personne Eifer m
❷ (ardeur) Eifer m; remercier qn avec ~ jdm überschwänglich danken
fesse [fɛs] f Hinterbacke f; les ~s das Gesäß, der Popo (fam); ~ de bébé Kinderpopo (fam)
▸ avoir qn aux ~s fam jdn auf dem Hals haben; serrer les ~s fam Bammel haben (fam)
fessée [fese] f donner [o flanquer fam] une bonne ~ à qn jdm eine ordentliche Tracht Prügel geben, jdm ordentlich den Hintern versohlen (fam)
fesser [fese] <1> vt ~ un enfant ein Kind übers Knie legen, einem Kind den Hintern versohlen (fam)
fessier [fesje] I. adj muscle Gesäß-
II. m hum fam Hinterteil nt (fam), Allerwerteste(r) m (hum fam)
fessu(e) [fesy] adj fam mit einem breiten Hintern (fam)
festin [fɛstɛ̃] m Festessen nt
festival [fɛstival] <s> m Festspiele Pl, Festwochen Pl, Festival nt; ~ de jazz Jazzfestival; le ~ de Cannes das Filmfestival von Cannes; le ~ de Salzbourg/de Bayreuth die Salzburger/Bayreuther Festspiele

Land und Leute

Jedes Jahr im Mai findet le festival de Cannes statt, bei dem die „Goldene Palme" für die besten Filme, Darsteller, die beste Regie und Kameraführung verliehen wird. Die Jury setzt sich aus bekannten Schauspielern und berühmten Persönlichkeiten zusammen.

festivalier, -ière [fɛstivalje, -jɛʀ] m, f Festspielbesucher(in) m(f)
festivités [fɛstivite] fpl Festveranstaltungen Pl, Feierlichkeiten Pl
fest-noz [fɛstnoz] m inv traditionelles bretonisches Fest
feston [fɛstɔ̃] m ❶ de fleurs Blumengirlande f
❷ ARCHIT, COUT Feston nt; point de ~ Langettenstich m
festonner [fɛstɔne] <1> vt ❶ mit Blumengirlanden schmücken salle des fêtes
❷ COUT festonieren drap
festoyer [fɛstwaje] <6> vi schlemmen
feta [feta] f Feta[käse] m
fêtard(e) [fɛtaʀ, aʀd] m(f) fam Nachtschwärmer(in) m(f); c'est un ~/une ~e er/sie feiert gern [o macht gerne einen drauf fam]
fête [fɛt] f ❶ (religieuse, civile) Fest nt; (jour férié) Feiertag m; ~ de famille [o familiale] Familienfest; ~ nationale Nationalfeiertag
❷ (jour du prénom) Namenstag m; bonne ~! herzlichen Glückwunsch zum Namenstag!
❸ pl (congé) Feiertage Pl; les ~s de Pâques/de Noël die Oster-/Weihnachtsfeiertage
❹ (kermesse) ~ foraine Jahrmarkt m; ~ du village Dorffest nt; ~ de la bière à Munich Münchener Oktoberfest; ~ de la moisson Erntedankfest
❺ (réception) Fest nt; (entre amis) Party f; ~ de l'école Schulfeier f, Schulfest; ~ finale Schlussfeier
▸ il n'a jamais été à pareille ~ noch nie ist es ihm so gut gegangen; elle n'est pas à la ~ fam ihr ist nicht wohl in ihrer Haut; faire ~ à qn jdn freudig begrüßen; faire la ~ fam (participer à une fête) einen draufmachen (fam); (mener joyeuse vie) es sich (Dat) gut gehen lassen (fam); ambiance/air/atmosphère de ~ (solennel) festliche Stimmung/Atmosphäre f; (gai) fröhliche Stimmung/Atmosphäre; village en ~ feierndes Dorf; être en ~ in festlicher Stimmung sein
◆ ~ de charité vieilli Wohltätigkeitsveranstaltung f; ~ des Mères Muttertag m; ~ des Pères Vatertag m; ~ des Rois Erscheinungsfest m; ~ du travail Tag m der Arbeit

Land und Leute

Als **fêtes** bezeichnet man im weiteren Sinn die Zeit zwischen Weihnachten und Neujahr, im engeren Sinn aber den 25. Dezember, den Weihnachtsfeiertag, und den 1. Januar, den Neujahrstag. Der 14. Juli ist die **fête nationale** zum Gedenken an die Französische Revolution im Jahr 1789. An diesem Feiertag sind die Städte mit Fahnen geschmückt, und in Paris findet auf den Champs-Elysées eine große Militärparade statt. Abends gibt es überall in Frankreich Feuerwerke.
Belgiens Nationalfeiertag ist der 21. Juli, und die Schweiz feiert ihren am 1. August.

Fête-Dieu [fɛtdjø] <Fêtes-Dieu> f la ~ Fronleichnam m
fêter [fete] <1> vt ❶ (célébrer) feiern
❷ (faire fête à) feierlich empfangen
fétiche [fetiʃ] **I.** m Fetisch m; (mascotte) Maskottchen nt
II. app film Kult-; objet ~ Talisman m
fétichisme [fetiʃism] m Fetischismus m
fétichiste [fetiʃist] **I.** adj fetischistisch
II. mf Fetischist(in) m(f)
fétide [fetid] adj (malodorant) übelriechend; (infect) stinkend; odeur widerlich
fétu [fety] m ~ de paille Strohhalm m
feu [fø] <x> m ❶ (source de chaleur) Feuer nt; ~ de charbon Kohlenfeuer; vous avez du ~? haben Sie Feuer, bitte?
❷ (incendie) Feuer nt, Brand m; ~ de forêt Waldbrand; mettre le ~ à qc etw anzünden; prendre ~ Feuer fangen, in Brand geraten; au ~! Feuer!, es brennt!
❸ (lumière) souvent pl les ~x de la ville die Lichter der Stadt; les ~x des projecteurs/de la rampe das Scheinwerfer-/Rampenlicht; être sous le ~ des projecteurs im Rampenlicht stehen
❹ souvent pl d'un véhicule Licht nt, Beleuchtung f; AVIAT, NAUT Lichter Pl; ~ arrière Schlussleuchte f; rouler tous ~x éteints ohne Licht fahren
❺ TRANSP Ampel f, Signallicht nt (CH); ~ tricolore Verkehrsampel; le ~ est [au] rouge die Ampel ist [o zeigt] rot; passer au ~ rouge bei Rot durchfahren
❻ (brûleur d'un réchaud) (à gaz) Flamme f; à ~ doux/vif (réchaud à gaz) auf kleiner/starker Flamme; (réchaud électrique) bei schwacher/starker Hitze; être sur le ~ auf dem Herd stehen
❼ MIL Feuer nt; ~x croisés Kreuzfeuer nt; faire ~ sur qn auf jdn feuern; ouvrir le ~ sur qn das Feuer auf jdn eröffnen; être pris(e) sous le ~ de l'ennemi unter feindlichen Beschuss geraten
❽ soutenu (ardeur) Intensität f; parler avec ~ mit Inbrunst sprechen; dans le ~ de l'action im Eifer des Gefechts
❾ (sensation de chaleur) de la fièvre Hitze f
❿ littér d'un diamant, d'une pierre feuriger Glanz; d'un regard Feuer nt
▶ faire ~ de tout bois alle Mittel einsetzen; avoir le ~ au derrière fam (être très pressé) es brandeilig haben; (avoir des besoins sexuels intenses) scharf sein (fam); être tout ~ tout flamme Feuer und Flamme sein; mettre le ~ aux poudres das Pulverfass zum Explodieren bringen; ~ follet Irrlicht nt; faire long ~ sich in die Länge ziehen; ne pas faire long ~ personne: nicht lange bleiben werden; chose: nicht lange dauern; jeter mille ~x funkeln; faire mijoter qn à petit ~ jdn auf die Folter spannen; tuer [o faire mourir] qn à petit ~ jdn langsam zugrunde [o zu Grunde] gehen lassen; ~ vert (permission) grünes Licht, Okay nt (fam); donner son ~ vert pour qc grünes Licht für etw geben, sein Okay zu etw geben (fam); y'a pas le ~ fam immer mit der Ruhe; il n'y a pas le ~ au lac CH (rien ne presse) es eilt nicht; être [pris(e)] entre deux ~x in der Klemme sitzen; il se jetterait au ~ pour elle er würde für sie durchs Feuer gehen; jouer avec le ~ mit dem Feuer spielen; péter le ~ vor Energie sprühen; n'y voir que du ~ nichts merken [o verstehen]; caractère/tempérament de ~ hitziger Charakter/hitziges Naturell; forêt/maison en ~ Wald/Haus in Flammen, brennender Wald/brennendes Haus; joues/visage en ~ glühende Wangen/glühendes Gesicht, glühend heiße Wangen/glühend heißes Gesicht; gorge en ~ brennende Kehle; être en ~ forêt, maison: brennen, in Flammen stehen; joues, visage: glühen; bouche, gorge: [wie Feuer] brennen
◆ ~ d'artifice Feuerwerk nt; ~ de Bengale bengalisches Feuer; ~ de camp Lagerfeuer nt; ~ de cheminée Kaminfeuer nt; ~x de croisement Abblendlicht nt; allumer ses ~x de croisement das Abblendlicht einschalten; ~x de détresse Warnblinklicht nt, Warnleuchte f; ~ de joie Freudenfeuer nt; ~x de la Saint-Jean Johannisfeuer nt; ~ de position [o de stationnement] Standlicht nt; ~ de recul Rückfahrscheinwerfer m; ~x de route Fernlicht nt; allumer ses ~x de route das Fernlicht einschalten; ~ de signalisation [Verkehrs]ampel f; ~ [de] stop Bremslicht nt, Bremsleuchte f
feu(e) [fø] adj antéposé JUR littér verstorben, selig; ~ mon mari mein verstorbener Mann, mein seliger Gatte (geh)
feuillage [fœjaʒ] m ❶ (ensemble de feuilles) Laub nt
❷ (rameaux coupés) grüne Zweige Pl
feuillaison [fœjɛzɔ̃] f (au printemps) Grünen nt, Belauben nt
feuillard [fœjaʀ] m TECH ❶ (cerceau en bois) Holzreif[en] m
❷ (bande de fer) Eisenband nt; d'un emballage Bandeisen nt
feuille [fœj] f ❶ d'un végétal Blatt nt; ~ de salade Salatblatt; ~ de rose Rosenblatt; plante à grandes/petites ~s großblätt[e]rige/kleinblätt[e]rige Pflanze; maladie des ~s Blattkrankheit f
❷ (plaque mince) d'aluminium, or Folie f; de carton Bogen m; de contreplaqué Platte f; ~ abrasive Schleifblatt nt
❸ (feuille de papier) Blatt nt; ~ de papier à lettres Briefbogen m; ~s de classeur Ringbuchlagen Pl; ~ de cent timbres[-poste]

Briefmarkenbogen; imprimer un document ~ par ~ ein Dokument seitenweise [aus]drucken
❹ (formulaire) ~ d'appel Namensliste f; ~ d'absence Liste der Abwesenden; ~ de présence [o d'émargement] Anwesenheitsliste; ~ récapitulative périodique des comptes réfléchis ECON Abstimmungsbogen m
❺ INFORM d'un tableur [Arbeits]blatt nt
▶ être dur(e) de la ~ fam schwerhörig sein; trembler comme une ~ wie Espenlaub zittern
◆ ~ à imprimer TYP Rohbogen m; ~ à scandales Skandalblatt nt, Klatschblatt (fam)
◆ ~ de calcul INFORM Arbeitsblatt nt; ~ de chou péj Käseblatt nt (fam); ~ d'impôt (déclaration d'impôt) Steuererklärung f; (avis d'imposition) Steuerbescheid m; ~ de maladie [o soins] ≈ Krankenschein m; ~ de paie d'un ouvrier Lohnabrechnung f; (autrefois) Lohnstreifen m; d'un employé Gehaltsabrechnung f; ~ de styles Stilvorlage f, Stylesheet nt (Fachspr.); ~ de température Fieberkurve f; ~ de vigne Weinblatt nt; ART Feigenblatt nt
feuillée [fœje] f ❶ littér (tonnelle naturelle) Laubdach nt
❷ pl (latrines) Latrinengräben Pl
feuille-morte [fœjmɔʀt] adj inv rotbraun
feuillet [fœjɛ] m Blatt nt; ~ du registre foncier d'un bâtiment JUR Gebäudegrundbuchblatt (Fachspr.)
feuilleté [fœjte] m GASTR Blätterteiggebäck nt
feuilleté(e) [fœjte] adj ❶ verre ~ Verbundglas nt
❷ GASTR pâte ~e Blätterteig m
feuilleter [fœjte] <3> vt (tourner les pages) durchblättern, blättern in (+ Dat); (parcourir) überfliegen
feuilleton [fœjtɔ̃] m ❶ PRESSE Fortsetzungsroman m
❷ TV ~ télévisé Fernsehserie f; ~ familial Familienserie
❸ (événement à rebondissements) lange Geschichte
feuilletoniste [fœjtɔnist] mf Feuilletonist(in) m(f)
feuillu [fœjy] m Laubbaum m
feuillu(e) [fœjy] adj ❶ (chargé de feuilles) arbre [dicht]belaubt; plante vielblätt[e]rig
❷ (opp: résineux) laubtragend; arbre ~ Laubbaum m
feuillure [fœjyʀ] f Falz m
feuj [fœʒ, fœʒ] mf fam Jude m/Jüdin f
feuler [føle] <1> vi tigre: brüllen; chat: fauchen
feutrage [føtʀaʒ] m ❶ TECH de la laine, du poil Filzen m
❷ (s'abîmer) d'un lainage Verfilzen nt
feutre [føtʀ] m ❶ (étoffe) Filz m
❷ (stylo) Filzstift m
❸ (chapeau) Filzhut m
feutré(e) [føtʀe] adj ❶ verfilzt
❷ (discret) bruit gedämpft; pas leise; marcher à pas ~s auf leisen Sohlen gehen
feutrer [føtʀe] <1> vi, vpr [se] ~ étoffe, vêtement: verfilzen
feutrine [føtʀin] f TEXTIL Wollfilz m
fève [fɛv] f ❶ Saubohne f
❷ d'une galette des rois Bohne, die im Kuchen zum Dreikönigsfest versteckt ist
❸ CAN (haricot) Bohne f
février [fevʀije] m Februar m, Feber m (A); v. a. août
FF v. franc
F.F. abr de **Fédération française**
F.F.I. [ɛfɛfi] fpl HIST abr de **Forces françaises de l'intérieur** Widerstandstruppen der Gaullisten im Zweiten Weltkrieg
fi [fi] **I.** interj vieilli pfui
II. ▶ faire ~ de qc vieilli etw verschmähen
fiabilité [fjabilite] f d'un appareil, dispositif, d'une machine Betriebssicherheit f; d'un projet, système, d'une méthode Zuverlässigkeit f; d'une personne Zuverlässigkeit f, Vertrauenswürdigkeit f
fiable [fjabl] adj machine, matériel betriebssicher; diplôme, méthode, statistique, information zuverlässig; personne zuverlässig, vertrauenswürdig
FIAC [fjak] f abr de **Foire internationale d'art contemporain** französische Kunstmesse für moderne und zeitgenössische Kunst
fiacre [fjakʀ] m [Pferde]droschke f
fiançailles [fjɑ̃sɑj] fpl Verlobung f
fiancé(e) [fjɑ̃se] **I.** adj verlobt
II. m(f) Verlobte(r) f(m)
fiancer [fjɑ̃se] <2> **I.** vt ~ qn avec [o à] qn jdn mit jdm verloben
II. vpr se ~ avec [o à] qn sich mit jdm verloben
fiasco [fjasko] m Fiasko nt; être un ~ ein Reinfall sein; pièce: ein Flop sein; faire ~ [völlig] scheitern
fiasque [fjask] f de vin Korbflasche f
fibranne [fibʀan] f TEXTIL Zellwolle f
fibre [fibʀ] f ❶ d'une plante, tige, viande, d'un muscle Faser f; ~ naturelle Naturfaser; ~ nerveuse Nervenfaser; à ~s fines tissu, papier, viande feinfas[e]rig; à grosses ~s tissu, papier, viande grobfas[e]rig
❷ (sensibilité) avoir la ~ sensible sensibel sein; avoir la ~ maternelle/paternelle eine gute Mutter/einen guten Vater abgeben;

faire jouer la ~ patriotique an die patriotischen Gefühle appellieren
◆ **~ de carbone** Kohlefaser *f*; **~ de verre** Glasfaser *f*
fibreux, -euse [fibʁø, -øz] *adj* faserig; *viande* sehnig, faserig
fibrillation [fibʁijasjɔ̃, fibʁi(l)lasjɔ̃] *f* MED Fibrillation *f (Fachspr.)*; *du muscle cardiaque* Herzflimmern *nt*; **~ auriculaire** Vorhofflimmern; **~ ventriculaire** Kammerflimmern
fibrille [fibʁil, fibʁij] *f* ❶ ANAT, BOT *(petite fibre)* Fibrille *f*; *d'une racine* Fäserchen *nt*
❷ *pl (veinule) du visage* Äderchen *nt Pl*
fibrine [fibʁin] *f* PHYSIOL Fibrin *nt*; **~ colorée** Fibrin *m*
fibrineux, -euse [fibʁinø, -øz] *adj* MED fibrinös
fibrociment® [fibʁosimã] *m* Asbestzement *m*, Eternit® *m o nt*
fibrocyte [fibʁosit] *m* MED Fibrozyt *m (Fachspr.)*
fibrome [fibʁom] *m* MED Fasergeschwulst *f*, Fibrom *nt (Fachspr.)*
fibrose [fibʁoz] *f* MED Fibrose *f (Fachspr.)*; **~ pulmonaire** Lungenfibrose
ficelage [fislaʒ] *m* ❶ *(action de ficeler) d'un paquet* Verschnüren *nt*; *d'un rôti* Umwickeln *nt*
❷ *(résultat)* Verschnürung *f*
ficelé(e) [fis(ə)le] *adj fam* ▶ **être mal ~(e)** *fam personne:* geschmacklos angezogen sein *(fam)*; **être bien/mal ~(e)** *intrigue, travail:* gut/schlecht gemacht sein *[o* aufgezogen*]* sein *(fam)*
ficeler [fis(ə)le] <3> *vt* [ver]schnüren *paquet;* [mit einem Bindfaden] umwickeln *rôti;* fesseln *prisonnier*
ficelle [fisɛl] *f* ❶ *(corde mince)* Schnur *f; (en cuisine)* Bindfaden *m*
❷ *(pain)* [kleines] Stangenweißbrot, dünnes Baguette
❸ DIAL *(crêpe roulée, fourrée de jambon et de champignons)* gerollte Crêpe, gefüllt mit Schinken und Pilzen
▶ **la ~ est un peu grosse** das springt [doch] ins Auge; **connaître toutes les ~s du métier** alle Kniffe des Berufes kennen; **tirer les ~s** die Fäden in der Hand halten; **tirer sur la ~** zu weit gehen
fichage [fiʃaʒ] *m d'une personne* Erfassung *f*
fiche¹ [fiʃ] *f* ❶ TECH, ELEC **~ femelle** Buchse *f*; **~ mâle** Stecker *m*; **~ d'alimentation** Verbindungsstecker
❷ *(piquet)* Pflock *m*
❸ *(carte)* [Kartei]karte *f; (feuille, formulaire)* Blatt *nt*; **~ technique** technische Daten *Pl*; **mettre qn/qc en** [*o* **sur**] **~** jdn/etw in einer Kartei erfassen
❹ CH *(dossier)* Akte *f*, Fiche *f* (CH)
◆ **~ de compte** ECON Kontoblatt *nt*; **~ d'état civil** ADMIN Auszug *m* aus dem Personenstandsregister; **~ familiale d'état civil** Auszug *m* aus dem Familienstammbuch; **~ de paie** *d'un ouvrier* Lohnabrechnung *f*, Lohnzettel *m; (autrefois)* Lohnstreifen *m; d'un employé* Gehaltsabrechnung, Gehaltszettel
fiche² *v.* **ficher**
fiche-horaire [fiʃɔʁɛʁ] <fiches-horaires> *f* Fahrplanauszug *m*, Taschenfahrplan *m*
ficher¹ [fiʃe] <1> I. *vt part passé: fichu fam* ❶ *(faire)* **qu'est-ce qu'il fiche?** was treibt er denn bloß? *(fam);* **ne rien ~** keinen Finger krumm machen *(fam)*
❷ *(donner)* verpassen *(fam) claque, coup;* **en ~ une à qn** jdm eine runterhauen *(fam)*
❸ *(mettre)* **~ qc par terre/dans un coin** etw auf den Boden/in die Ecke schmeißen *(fam);* **~ qn dehors/à la porte** jdn rauswerfen *fam/*vor die Tür setzen *(fam);* **~ qn en colère** [*o* **en rogne**] jdn auf die Palme bringen *(fam)*
❹ *(se désintéresser)* **j'en ai rien à fiche!** das ist mir piepegal! *(fam);* **qu'est-ce que ça** [peut] [me] **fiche?** was geht mich das an? *(fam)*
❺ *(faire se tromper)* **~ qn dedans** jdn in die Irre [*o* auf den Holzweg] führen
▶ **~ un coup à qn** *malheur:* jdm einen schweren Schlag versetzen; **je t'en fiche!** von wegen! *(fam)*
II. *vpr part passé: fichu fam* ❶ *(se mettre)* **se ~ dans un coin** sich in eine Ecke verziehen *(fam);* **fiche-toi ça dans le crâne!** lass dir das gesagt sein!
❷ *(se flanquer)* **se ~ un coup de marteau** sich *(Dat)* mit einem Hammer hauen
❸ *(se moquer)* **se ~ de qn** jdn auf den Arm nehmen; **tu te fiches de moi ou quoi?** du hältst mich wohl für blöd, oder? *(fam)*
❹ *(se désintéresser)* **qn se fiche de qn/qc** jd/etw ist jdm piepegal; **ton beau-frère, je m'en fiche** [**pas mal**] dein Schwager, der kann mich mal *(sl)*
❺ *(se tromper)* **se ~ dedans** sich [gewaltig] vertun *(fam)*
ficher² [fiʃe] <1> I. *vt* ❶ *(inscrire)* registrieren
❷ *vieilli (enfoncer)* **~ un clou dans qc** einen Nagel in etw *(Akk)* [hin]einschlagen; **~ un pieu dans qc** einen Pfahl in etw *(Akk)* einrammen
II. *vpr* **se ~ dans qc** *arête:* in etw *(Dat)* stecken bleiben; *flèche, pieu, piquet:* sich in etw *(Akk)* bohren
fichier [fiʃje] *m* ❶ *(ensemble de fiches)* Kartei *f*; **~ de clients** Kundenkartei; **~ de prêt** Benutzerkartei; **~ personnel** Personalkartei; **~ de la police** Verbrecherkartei, Verbrecheralbum *nt (veraltet)*
❷ INFORM Datei *f*, Computerdatei; **nom de/du ~** Dateiname; **~ graphique** Grafikdatei; **~ primaire** Ursprungsdatei; **~ sauvegardé** gesicherte Datei, Back-up *nt*; **~ d'adresses/d'application** Adress-/Anwendungsdatei; **~ d'aide** Hilfedatei; **~ audio** Audiodatei; **~ bibliothèque** Bibliotheksdatei; **~ multimédia** Multimediadatei; **~ objet** Objektdatei; **~ son** Klangdatei, Sounddatei; **~ système** Systemdatei; **~ vidéo** Videodatei
◆ **~ de configuration** INFORM Konfigurationsdatei *f*; **~ de démarrage** INFORM Boot-Datei *f*; **~ d'index** INFORM Indexdatei *f*; **~ d'initialisation** INFORM Initialisierungsdatei *f*; **~ de programmes** INFORM Programmdatei *f*
fichier-catalogue [fiʃjekatalɔg] <fichiers-catalogues> *m* INFORM Dateikatalog *m* **fichier-journal** [fiʃjeʒuʁnal] <fichiers-journaux> *m* INFORM Logdatei *f*, Protokolldatei **fichier-texte** [fiʃjetɛkst] <fichiers-textes> *m* INFORM Textdatei *f*
fichtre [fiʃtʁ] *interj vieilli fam (admiratif)* Donnerwetter, alle Achtung; *(contrarié)* verdammt *(fam),* verflixt *(fam)*
▶ **je n'en sais ~ rien** ich hab' keinen blassen Schimmer *(fam);* **~ non!** nie und nimmer!, nie im Leben!, verflixt noch mal, nein! *(fam)*
fichtrement [fiʃtʁəmã] *adv vieilli fam* verdammt *(fam)*
fichu [fiʃy] *m* Schal *m*, Tuch *nt*
fichu(e) [fiʃy] I. *part passé de* **ficher**
II. *adj fam* ❶ *antéposé (sale) caractère, métier* mies *(fam);* **quel ~ temps!** so ein Sauwetter! *(fam)*
❷ *antéposé (sacré) problème, question* verflixt *(fam); habitude, idée, manie* [sau]blöd *(fam); différence* gewaltig *(fam)*
❸ *(en mauvais état)* **être ~(e)** *vêtement, appareil, santé:* hin sein *(fam);* **être ~(e)** *vacances, soirée:* im Eimer sein *(fam)*
❹ *(perdu, condamné)* **être ~(e)** verloren sein; *(discrédité)* erledigt sein *(fam)*
❺ *(habillé)* **fallait voir comme elle était ~e!** ihr hättet sehen sollen, wie sie zurechtgemacht war! *(fam)*
❻ *(capable)* **être/n'être pas ~(e) de faire qc** imstande [*o* im Stande]/nicht imstande [*o* im Stande] sein, etw zu tun
▶ **être bien/mal ~(e)** gut/schlecht gemacht sein; **elle est bien ~e** sie ist gut gebaut; **il est mal ~** er fühlt sich elend *[o* mies *fam]*
fictif, -ive [fiktif, -iv] *adj* ❶ *(imaginaire) personnage, récit, exemple* [frei] erfunden, fiktiv
❷ *(faux) adresse, nom, promesse* falsch; *contrat* fingiert; **concurrence fictive** Scheinkonkurrenz *f;* **vente fictive** Pro-forma-Kauf *m*
❸ FIN **valeur fictive** angenommener Wert
fiction [fiksjɔ̃] I. *adj* ❶ *(futuriste)* futuristisch
❷ *(imaginaire)* rein fiktiv
II. *f* ❶ *(imagination)* Fantasie *f*
❷ *(fait imaginé)* Fiktion *f*, [freie] Erfindung *f; (œuvre d'imagination)* frei erfundene Geschichte; **film/livre de ~** frei erfundener Film/Roman
❸ JUR Fiktion *f;* **~ légale** gesetzliche Fiktion, Gesetzesfiktion; **~ juridique** juristische Fiktion; **théorie de ~** Fiktionstheorie *f (Fachspr.)*
◆ **~ de l'entrée** JUR Fiktion *f* des Zugangs *(Fachspr.);* **~ de libération** JUR Freigabefiktion *f (Fachspr.)*
ficus [fikys] *m* BOT Ficus *m*
fidéicommis [fideikɔmi] *m* JUR Fideikommiss *nt (Fachspr.)*
fidèle [fidɛl] I. *adj* ❶ treu
❷ *vieilli (loyal) domestique, serviteur* treu [ergeben]
❸ *(habituel) client, lecteur* treu; *clientèle* fest
❹ *(qui ne trahit pas qc)* **~ à son devoir** pflichtgetreu; **citoyen ~ à la Constitution** verfassungstreuer Bürger; **être ~ à la Constitution** sich verfassungstreu verhalten; **être ~ à une habitude/un principe** einer Gewohnheit/einem Prinzip treu sein *[o* bleiben]; **être ~ à une promesse/sa parole** ein Versprechen/sein Wort halten
❺ *(exact) historien, narrateur* wahrheitsgetreu; *portrait, récit* wirklichkeitsgetreu; *copie, reproduction* originalgetreu; *traduction* wortgetreu; *souvenir* klar; **reproduction ~ du son** klanggetreue Wiedergabe; **représentation ~ jusque dans le détail** detailgetreue Wiedergabe; **illustrer qc en restant ~ jusque dans le détail** etw detailgetreu abbilden; **mise en scène ~ au texte/à l'œuvre** [originale] text-/werkgetreue Inszenierung; **mettre une pièce en scène en restant ~ au texte/à l'œuvre** [originale] ein Stück text-/werkgetreu inszenieren
❻ *(fiable) mémoire* zuverlässig; *appareil, montre* genau
II. *mf* ❶ REL Gläubige(r) *f(m); (personne qui va à la messe)* Kirchenbesucher(in) *m(f)*
❷ *(partisan fidèle)* Anhänger(in) *m(f)*
❸ *(client fidèle)* Stammkunde *m*/-kundin *f*, treuer Kunde/treue Kundin
fidèlement [fidɛlmã] *adv* ❶ *servir, obéir* treu
❷ *(régulièrement) écouter, suivre une émission* regelmäßig
❸ *(d'après l'original) reproduire, décrire* genau; *traduire* wortgetreu; **reproduire ~ le son d'un morceau** [**de musique**] ein Musik-

stück klanggetreu wiedergeben

fidéliser [fidelize] <1> vt COM als Stammkunden gewinnen

fidélité [fidelite] f ❶ *(dévouement)* ~ **à** [*o* **envers**] **qn** Treue f zu jdm
❷ *(attachement)* ~ **à un/au contrat** Vertragstreue f; ~ **à ses devoirs** Pflichttreue; ~ **à une habitude** Festhalten nt an einer Gewohnheit; ~ **à une marque/un produit** Treue f gegenüber einer Marke/einem Produkt; ~ **à une promesse** Halten nt eines Versprechens
❸ *(exactitude) d'une copie, traduction, d'un portrait, récit:* Genauigkeit f, Originaltreue f
❹ *(fiabilité) d'un appareil, d'une mémoire* Genauigkeit f; Zuverlässigkeit f; *d'un son, d'une enceinte acoustique* Klangtreue f

fiduciaire [fidysjɛʀ] JUR, ECON I. adj *administration, gestion, biens* treuhänderisch, fiduziarisch; *société, administration* Treuhand-; **monnaie** ~ Zeichengeld; **à titre** ~ treuhänderisch, in treuhänderischer Eigenschaft f
II. m Treuhänder(in) m(f)

fief [fjɛf] m ❶ POL *d'un parti, candidat* Hochburg f
❷ HIST Lehen nt

fieffé(e) [fjefe] adj *antéposé fam* **être un ~ menteur** ein abgefeimter Lügner sein

fiel [fjɛl] m Boshaftigkeit f, Gehässigkeit f; **déverser son ~** sein Gift verspritzen

fielleux, -euse [fjelø, -øz] adj boshaft, bitterböse

fiente [fjɑ̃t] f Kot m; ~ **d'oiseau/de volaille** Vogel-/Hühnerkot

fienter [fjɑ̃te] <1> vi *pigeon:* koten

fier [fje] <1a> vpr **se ~ à qn** jdm vertrauen, sich auf jdn verlassen; **se ~ à son instinct/au hasard** sich auf seinen Instinkt/auf den Zufall verlassen; **se ~ à des promesses** Versprechungen *(Dat)* trauen; **se ~ à la discrétion de qn** sich auf jds Diskretion *(Akk)* verlassen; **on ne sait vraiment plus à qui se ~** man kann sich wirklich auf niemand[en] mehr verlassen

fier, fière [fjɛʀ] I. adj ❶ *(content)* ~**(fière) de qn/qc** stolz auf jdn/etw; **être ~(fière) de faire qc/que qn ait fait qc** stolz sein, etw zu tun/dass jd etw getan hat
❷ *(arrogant)* stolz, hochmütig
❸ *littér (noble) âme, cœur* edel; *allure, démarche* stolz, vornehm; **il avait fière allure dans son smoking** in seinem Smoking machte er eine gute Figur
II. m, f ▶ **faire le ~/la fière avec qn** *(crâner)* sich jdm gegenüber aufspielen; *(être méprisant)* überheblich jdm gegenüber tun

fier-à-bras [fjɛʀabʀɑ] <fiers-à-bras> m Prahlhans m, Angeber m, Maulheld m *(fam)*

fièrement [fjɛʀmɑ̃] adv stolz

fiérot(e) [fjeʀo, ɔt] adj ❶ *(prétentieux)* prahlerisch
❷ *(fier)* **être tout(e) ~(e) de qc** ganz stolz auf etw sein

fierté [fjɛʀte] f ❶ *(satisfaction)* Stolz m; *(générée par la possession d'un objet)* Besitzerstolz m; **tirer une ~ de qc** stolz auf etw *(Akk)* sein; **être la ~ de qn** jds Stolz sein
❷ *(orgueil)* Stolz m; *(suffisance)* Überheblichkeit f; **avoir sa ~** [schließlich] seinen Stolz haben

fiesta [fjɛsta] f fam Fete f *(fam);* **faire la ~** einen draufmachen *(fam)*

fièvre [fjɛvʀ] f ❶ MED Fieber nt; **avoir de la ~/38 degrés de ~** Fieber/38 Grad Fieber haben; ~ **jaune** Gelbfieber; ~ **aphteuse** Maul- und Klauenseuche f; ~ **hémorragique d'Ebola** Ebolafieber nt, Ebolakrankheit f
❷ *fig* Fieber nt; **être pris(e) de la ~ de la chasse** vom Jagdfieber gepackt werden
❸ *(vive agitation)* Hektik f, Aufregung f; **discuter avec ~** heftig diskutieren
❹ *(désir ardent)* Feuereifer m
▶ **avoir une ~ de cheval** hohes Fieber haben

fiévreusement [fjevʀøzmɑ̃] adv *préparer, travailler* fieberhaft; *attendre* in fieberhafter Aufregung

fiévreux, -euse [fjevʀø, -øz] adj ❶ MED *personne* fiebrig, fieberkrank; *joues* fiebrig; *yeux* fiebrig glänzend
❷ *(intense) activité, excitation* fieberhaft; *(inquiet) attente* aufgeregt

FIFA [fifa] f SPORT abr de **Fédération internationale de football association** FIFA f

fifille [fifij] f Töchterchen nt; **c'est la ~ à son papa** sie ist Papas [kleiner] Liebling

FIFO [fifo] abr de **first in – first out** INFORM FIFO; **mémoire ~** FIFO-Speicher m *(Fachspr.)*

fifre [fifʀ] m MUS ❶ *(instrument)* Querpfeife f
❷ *(musicien)* Querpfeifer(in) m(f)

figé(e) [fiʒe] adj ❶ *attitude, morale, regard, société* starr; *sourire* starr, ausdruckslos
❷ LING *expression, locution, phrase* fest[stehend]; *forme* unveränderlich; **verbes aux formes ~es** Verben *Pl* mit unvollständigen Flexionsformen

figer [fiʒe] <2a> I. vt ❶ *(durcir)* fest werden lassen *graisse, huile*
❷ *(horrifier)* ~ **qn** *surprise, terreur:* erstarren lassen; **l'épouvante**

le figea sur place er war starr vor Schreck; ~ **le sang à qn** jds Blut erstarren [*o* gefrieren] lassen
II. vpr ❶ *(durcir)* **se ~** *graisse, huile:* fest werden; *sauce:* dick werden; *sang:* gerinnen; *regard, visage:* erstarren; *sourire:* erstarren, gefrieren
❷ *(s'immobiliser)* **se ~ au garde-à-vous** [in seiner Bewegung] erstarren; **se ~ dans une attitude de refus** sich beharrlich weigern

fignolage [fiɲɔlaʒ] m fam Ausfeilen nt

fignoler [fiɲɔle] <1> I. vi fam herumbasteln *(fam)*
II. vt fam ausfeilen *dessin, devoir, travail;* **c'est du travail fignolé!** das ist tadellose Arbeit!

figue [fig] f Feige f

figuier [figje] m Feigenbaum m
◆ ~ **de Barbarie** Feigenkaktus m

figurant(e) [figyʀɑ̃, ɑ̃t] m(f) ❶ CINE, THEAT Statist(in) m(f)
❷ *(potiche)* Randfigur f; **jouer les ~s** nur den Statisten spielen; **jouer un rôle de ~** SPORT eine Nebenrolle [*o* Statistenrolle] spielen

figuratif, -ive [figyʀatif, -iv] adj ❶ *art, peintre, peinture* gegenständlich
❷ *(représentant un objet) plan* bildlich; *écriture* Bilder-

figuration [figyʀasjɔ̃] f ❶ CINE, THEAT *(métier)* Arbeit f als Statist
❷ *(représentation)* bildliche Darstellung
▶ **faire de la ~** als Statist(in) arbeiten; *(en politique)* eine Nebenrolle spielen

figure [figyʀ] f ❶ *(visage, mine)* Gesicht nt
❷ *(personnage)* [große] Persönlichkeit f; **les grandes ~s de l'histoire** die Großen der Geschichte; ~ **du père** Vaterfigur f
❸ *(image)* Figur f; GEOM grafische Darstellung; **livre orné de ~s** Buch nt mit Abbildungen [*o* Illustrationen]
❹ SPORT Figur f; ~**s imposées/libres** Pflicht f/Kür f
▶ **faire bonne/mauvaise ~** *(se montrer sous un bon/mauvais jour)* eine gute/schlechte Figur machen; *(s'en sortir bien/mal)* gut/schlecht abschneiden; **ne plus avoir ~ humaine** vollkommen entstellt sein; **faire piètre** [*o* **triste**] ~ eine traurige Gestalt abgeben; *sportif, équipe:* schlecht abschneiden; **casser la ~ à qn** *fam* jdn verhauen *(fam);* **se casser la ~** *fam* hinfliegen *(fam);* *(en haut)* runterfliegen *(fam);* **se casser la ~** [*o* **la gueule**] **en dévalant l'escalier** *fam* die Treppe runterstürzen *(fam);* **faire ~ de favori** als Favorit gelten; **prendre ~** Gestalt annehmen
◆ ~ **de proue** Galionsfigur f; ~ **de rhétorique** Redefigur f; ~ **de style** Stilfigur f

figuré(e) [figyʀe] adj ❶ *sens* übertragen
❷ *(riche en figures) langage, style* bilderreich

figurer [figyʀe] <1> I. vi ❶ THEAT, CINE als Statist(in) auftreten; **ne faire que ~** SPORT, POL nur eine Statistenrolle [*o* Nebenrolle] spielen; *(dans un classement)* nur unter ferner liefen kommen
❷ *(être mentionné)* aufgeführt sein, stehen; **son nom ne figure pas parmi les gagnants** sein/ihr Name steht nicht auf der Siegerliste
II. vt *(représenter, symboliser)* darstellen
III. vpr **se ~ qn/qc** sich *(Dat)* jdn/etw vorstellen; **se ~ que qn fait qc** glauben, dass jd etw tut; **je l'aime, figure-toi!** ich liebe ihn/sie, ob du's glaubst oder nicht!; **se ~ faire qc** sich *(Dat)* einbilden, etw zu tun

figurine [figyʀin] f Figürchen nt

fil [fil] m ❶ *(brin)* Faden m; *de haricot* Faser f; ~ **de coton/de laine** Baumwoll-/Wollfaden m; **à gros ~** *tissu, étoffe* grobfädig; ~ **dentaire** Zahnseide f
❷ *(fil métallique)* Draht m; ~ **d'acier/de cuivre/d'or** Stahl-/Kupfer-/Golddraht m; ~ **d'argent** Silberfaden m; ~ **de fer barbelé** Stacheldraht
❸ TEXTIL *(matière)* Leinen nt; **de** [*o* **en**] ~ [**d'Écosse**] leinen
❹ *(conducteur électrique)* Leitung f; *d'un téléphone, d'une lampe* Schnur f; MECANAUT *d'une bougie* [Zünd]kabel nt; **téléphone sans ~** schnurloses Telefon
❺ *(corde à linge)* [Wäsche]leine f
❻ *pl (ficelles) d'une affaire* Fäden *Pl;* **les ~s de cette affaire sont particulièrement embrouillés** das ist eine besonders verzwickte Angelegenheit
❼ *(sens) du bois, de la viande* Faserrichtung f
❽ *(tranchant) d'un couteau, rasoir* Klinge f
❾ *(enchaînement)* **perdre le ~** den Faden verlieren; **suivre le ~ de la conversation/du discours** der Unterhaltung/Rede *(Dat)* folgen; **suivre le ~ de ses pensées** seine Gedanken weiterspinnen
▶ **de ~ en aiguille** nach und nach; **ne pas avoir inventé le ~ à couper le beurre** *fam* nicht [gerade] das Pulver erfunden haben; ~ **de fer** Eisendraht m; *(personne maigre)* Bohnenstange f; **avoir les jambes comme des ~s de fer** spindeldürre Beine haben; **perdre le ~ de ses idées** den Faden verlieren; **suivre le ~ de ses idées** seinem Gedankengang folgen; **avoir un ~ sur la langue** lispeln; **avoir un ~ à la patte** *fam* gebunden sein; **se trouver** [*o* **être**] **sur le ~ du rasoir** auf der Kippe stehen; **être cousu(e) de ~**

filage–filtrage 370

blanc fadenscheinig sein; ~ **conducteur** [*o* rouge] roter Faden; **mince** comme un ~ dünn wie ein Strich *(fam)*; **donner** du ~ à retordre à qn jdm sehr zu schaffen machen; ne **tenir** qu'à un ~ nur an einem seidenen Faden hängen; **au** ~ **de l'eau** [*o* du courant] flussabwärts; **au** ~ **des ans/jours** im Laufe der Jahre/der Tage [*o* Zeit]
◆ ~ **à coudre** Nähgarn *nt*; ~ **à linge** Wäscheleine *f*; ~ **à plomb** [Senk]lot *nt*
◆ ~ **d'Ariane** Ariadnefaden *m*; ~ **de terre** Erdleiter *m*, Erdleitung *f*

filage [filaʒ] *m* Spinnen *nt*

filaire [filɛʀ] **I.** *adj* TELEC Kabel-; **réseau** ~ Kabelnetz *nt*
II. *f* ZOOL Fadenwurm *m*

filament [filamɑ̃] *m* ❶ ELEC Glühfaden *m*
❷ *(fil) d'une bave, glu* Faden *m*

filamenteux, -euse [filamɑ̃tø, -øz] *adj* faserig; **matière filamenteuse** Faserstoff *m*

filandreux, -euse [filɑ̃dʀø, -øz] *adj* ❶ **viande** sehnig, flachsig (A)
❷ *(long) discours, explication* langatmig

filant(e) *v.* étoile

filasse [filas] *adj inv péj cheveux* strohig; **cheveux d'un blond ~** strohblonde Haare

filateur [filatœʀ] *m (directeur)* Leiter *m* einer Spinnerei; *(propriétaire)* Spinnereibesitzer *m*

filature [filatyʀ] *f* ❶ *(action)* Spinnen *nt*
❷ *(usine)* Spinnerei *f*; ~ **de coton** Baumwollspinnerei
❸ *(surveillance)* Beschattung *f*, Observation *f*; **prendre qn en** ~ jdn beschatten

fildefériste, fil-de-fériste [fildəfeʀist] <fil[s]-de-féristes> *mf* Seiltänzer(in) *m(f)*, Drahtseilkünstler(in) *m(f)*

file [fil] *f* ❶ *(colonne)* Reihe *f*; **en** ~ sich in einer Reihe aufstellen; ~ **de voitures** Fahrzeugkolonne *f*, Fahrzeugschlange *f*
❷ *(file d'attente)* [Warte]schlange *f*; **se mettre à** [*o* prendre] **la** ~ sich [hinten] anstellen
❸ *(voie de circulation)* [Fahr]spur *f*; **prendre** [*o* se mettre dans] **la** ~ **de droite/gauche** sich rechts/links einordnen
▶ **en** ~ **indienne** in Gänsemarsch; **à la** ~ hintereinander; **chanter plusieurs chansons à la** ~ ein Lied nach dem anderen singen
◆ ~ **d'attente** Warteschlange *f*

filer [file] <1> **I.** *vi* ❶ *(s'abîmer) maille:* laufen; *bas, collant:* eine Laufmasche haben
❷ *(s'écouler lentement) essence, sirop:* rinnen; *sable:* rieseln
❸ *(aller vite) personne:* rennen; *(en voiture)* rasen; *véhicule:* rasen; *étoile:* vorbeiziehen; *temps:* verfliegen; **le temps file à toute allure** die Zeit vergeht wie im Fluge
❹ *fam (partir vite)* sich davonmachen *(fam)*, verschwinden; *(se retirer)* sich verziehen; ~ **à l'anglaise** [*o* schnell] etw tun gehen; **laisser ~ qn** jdn entwischen lassen; **laisser ~ une chance/occasion** sich *(Dat)* eine Chance/Gelegenheit entgehen lassen; **il faut que je file** ich muss los
II. *vt* ❶ *(tisser) personne, araignée:* spinnen
❷ *(surveiller)* ~ **une voiture/qn** ein Auto/jdn beschatten
❸ *fam (offrir)* ~ **qc** etw rüberwachsen lassen *(fam)*
❹ *fam (donner)* ~ **un vêtement/de l'argent à qn** jdm ein Kleidungsstück/Geld geben; ~ **une claque/un coup de pied à qn** jdm eine Ohrfeige/einen Fußtritt verpassen; ~ **une maladie à qn** jdm mit einer Krankheit anstecken; **file-toi un coup de peigne!** kämm dir mal durch die Haare!

filet [filɛ] *m* ❶ *(réseau de maille)* Netz *nt*; ~ **à provisions/à bagages/à cheveux** Einkaufs-/Gepäck-/Haarnetz; ~ **de protection** Sicherheitsnetz; ~ **pour la pêche au thon** Thunfischnetz; ~ **dérivant** Treibnetz
❷ GASTR Filet *nt*; ~ **de bœuf** Rinderfilet, Rindsfilet (A, SDEUTSCH); ~ **de veau** Kalbsfilet; ~ **mignon de bœuf/de porc/de veau** Rinder-/Schweine-/Kalbslendchen *nt*; ~ **de poisson** Fischfilet
❸ *(petite quantité)* ~ **d'huile/de crème** Schuss *m* Öl/Sahne; **un** ~ **de citron** ein paar Tropfen *Pl* Zitronensaft; ~ **de sang** dünner Blutfaden; ~ **d'eau/de lumière** Wasserstrahl/Lichtstrahl *m*; ~ **d'air** schwacher Luftzug; ~ **de fumée** dünne Rauchfahne
❹ TYP Leiste *f*
▶ **attirer qn dans ses ~s** jdn umgarnen; **monter au** ~ TENNIS ans Netz gehen; **tendre ses ~s** *chasseur:* seine Netze spannen; *police:* eine Falle stellen; **travailler sans** ~ ohne Netz arbeiten
◆ ~ **à papillons** Schmetterlingsnetz *nt*; ~ **de pêche** Fischernetz *nt*, Fischnetz *nt*; **racommoder le** ~ **de pêche** das Fischnetz [*o* Fischernetz] flicken

filetage [filtaʒ] *m* Gewinde *nt*

fileteuse [filtøz] *f* TECH Gewindeschneidmaschine *f*

fileur, -euse [filœʀ, -øz] *m, f* Spinner(in) *m(f)*

filial(e) [filjal, jo] <-aux> *adj amour, piété* kindlich

filiale [filjal] *f* Tochterunternehmen *nt*, Zweigniederlassung *f*, Beteiligungsgesellschaft *f (Fachspr.)*; ~ **d'un grand groupe** Konzerntochter *f*; ~ **de production** Zweigwerk *nt*; ~ **à l'étranger** Auslandsniederlassung

filiation [filjasjɔ̃] *f* ❶ JUR *(descendance)* Abstammung *f*
❷ *(relation) des idées, pensées* Zusammenhang *m*; **des mots** Herkunft *f*

filière [filjɛʀ] *f* ❶ *(suite de formalités)* Dienstweg *m*
❷ UNIV Studiengang *m*
❸ PHYS Reaktortyp *m*
❹ IND Branche *f*; ~ **électronique** Elektronikbranche; ~ **bois/papier** Holz-/Papierindustrie *f*
❺ *(réseau) de la drogue, l'héroïne, du trafic* Ring *m*
❻ ANAT ~ **pelvienne** Geburtskanal *m*
▶ **suivre la** ~ sich hocharbeiten; UNIV einen Studiengang einschlagen

filiforme [filifɔʀm] *adj corps, jambes, personne* spindeldürr; *pattes, antennes* fadenförmig; *pouls* sehr schwach

filigrane [filigʀan] *m d'un billet de banque, timbre* Wasserzeichen *nt*
▶ **lire en** ~ zwischen den Zeilen lesen; **apparaître en** ~ deutlich werden

filigrané [filigʀane] *adj* ❶ *(en métal)* Filigran-
❷ *(travaillé en transparence)* mit Wasserzeichen; **papier ~** Filigranpapier *nt*

filin [filɛ̃] *m* NAUT *(cordage)* Tau *nt*; *(très épais)* Trosse *f*

fille [fij] *f* ❶ *(opp: garçon)* Mädchen *nt*, Gitsch[e]l *f* (A); **jeune ~** junges Mädchen
❷ *(opp: fils)* Tochter *f*; **la ~ Dubois** die Tochter der Dubois
❸ *vieilli (servante)* ~ **de ferme** Bauernmagd *f*; ~ **de cuisine** Küchenmädchen *nt*
❹ *(prostituée)* Dirne *f*
▶ **jouer la ~ de l'air** sich aus dem Staub machen *(fam)*; **être bien la ~ de sa mère/de son père** ganz die Mutter/der Vater sein; **courir les ~s** *fam* hinter den Mädchen her sein *(fam)*; **de vieille ~** altjüngferlich
◆ ~ **d'Ève** Evastochter *f (hum)*; ~ **de joie** *euph vieilli* Freudenmädchen *nt (euph)*; ~ **à papa** *péj* verwöhnte Tochter reicher Eltern

fillette [fijɛt] *f* kleines Mädchen

filleul(e) [fijœl] *m(f)* Patenkind *nt*, Patensohn *m*/-tochter *f*

film [film] *m* ❶ *(pellicule)* Film *m*; ~ **couleur** Farbfilm, Colorfilm
❷ *(œuvre)* [Spiel]film *m*; *(à la télé)* [Fernseh]film; ~ **vidéo** Videofilm; ~ **d'amour/de guerre** Liebes-/Kriegsfilm; ~ **d'action** Actionfilm; ~ **de science-fiction** [*o* d'anticipation] Sciencefiction-Film; ~ **animalier** [*o* sur les animaux] Tierfilm; ~ **historique à grand spectacle** Historienschinken *m (pej fam)*; **titre de/du ~** Filmtitel
❸ *(mince couche)* Film *m*; *(film)* Folienschicht *f*, Folienbeschichtung *f*; ~ **[en] plastique** Kunststofffolie *f*, Plastikfolie; ~ **alimentaire** [*o* étirable] Frischhaltefolie; ~ **protecteur** d'une crème solaire Schutzfilm
❹ *(déroulement) des événements, de la vie* Ablauf *m*; *(à la télévision)* Chronik *f*

Land und Leute

Spezielle Filmtheater zeigen **films d'art et d'essai**. Es handelt sich hierbei um künstlerisch anspruchsvolle Avantgardefilme und experimentelle Produktionen.

filmage [filmaʒ] *m* Filmen *nt*; *des scènes* Drehen *nt*

film-culte [filmkylt] <films-culte> *m* Kultfilm *m*, kultiger Film *(fam)*

filmer [filme] <1> *vt, vi* filmen

filmique [filmik] *adj* filmisch, Film-; **l'univers ~** die Filmwelt, die Welt des Films

filmographie [filmɔgʀafi] *f* Filmverzeichnis *nt*

filon [filɔ̃] *m* ❶ MINER Ader *f*
❷ *fam (travail)* lukrativer Job
❸ *fam (aubaine)* **chercher/trouver le/un** ~ den/einen Goldesel suchen/finden *(fam)*; **exploiter le/un** ~ *fam* die/eine [Geld]quelle ausschöpfen

filou [filu] *m fam* ❶ *(personne malhonnête)* Gauner *m*
❷ *(enfant, chien espiègle)* Schlingel *m*

filouter [filute] <1> *vt fam* übers Ohr hauen *(fam)*; **se faire ~** übers Ohr gehauen werden *(fam)*

filouterie [filutʀi] *f* ❶ *(action de filou)* Betrügerei *f*
❷ JUR Prellerei *f*
◆ ~ **de restaurant** Zechprellerei *f*

fils [fis] *m (opp: fille)* Sohn *m*; **le ~ Dupont** der Sohn der Duponts; **Dupont ~** Dupont junior; **Alexandre Dumas ~** Alexandre Dumas der Jüngere
▶ **être bien le ~ de sa mère/de son père** ganz die Mutter/der Vater sein; ~ **de satan** *(personne méchante)* Satansbraten *m*; **le ~ prodigue** der verlorene Sohn
◆ ~ **à maman** *péj* Mamasöhnchen *nt (pej)*; ~ **à papa** *péj* verwöhnter Sohn reicher Eltern

filtrage [filtʀaʒ] *m d'un liquide* Filtern *nt*; *d'informations, de nouvel-*

les Sieben *nt*
filtrant(e) [filtʀɑ̃, ɑ̃t] *adj élément, substance* Filter-; *pouvoir* filtrierend
filtrat [filtʀa] *m* CHIM Filtrat *nt*
filtration [filtʀasjɔ̃] *f* Filtration *f*
filtre [filtʀ] *m* ❶ *d'une cafetière, cigarette* Filter
  ❷ TECH Filter *m; (fixé sur un robinet)* Wasserfilter; **~ de sortie d'air** Abluftfilter
  ❸ PHOT [Licht]filter *m;* **~ couleur** Farbfilter
  ◆ **~ à air** Luftfilter *m;* **~ [pour] écran** INFORM Bildschirmfilter *m;* **~ à essence** Kraftstofffilter *m;* **~ d'exportation** INFORM Exportfilter *m;* **~ à huile** Ölfilter *m;* **~ d'importation** INFORM Importfilter *m;* **~ [en] papier** Papierfilter *m;* **~ à poussière** Staubfilter *m*
filtrer [filtʀe] <1> **I.** *vi (pénétrer) liquide, information, nouvelle:* durchsickern; *lumière:* durchscheinen
  II. *vt* ❶ filtern *liquide, lumière, son*
  ❷ *(contrôler) d'année* genau überprüfen *informations;* sieben, genau überprüfen *nouvelles*
fin [fɛ̃] *f* ❶ *(issue)* Ende *nt;* **prendre ~** zu Ende gehen; **être sur** [*o* **toucher à**] **sa ~** [bald] zu Ende gehen; **mettre ~ à qc** einer S. *(Dat)* ein Ende setzen; **~ de la/de ligne** Zeilenende; **~ de/du paragraphe** Absatzende; **~ de/du texte** Textende; **~ d'été/de l'été** Sommerende; **~ d'année** Jahresende, Jahresausklang *m (geh);* **en ~ d'année** am Jahresende; **cette chaîne diffuse toujours un concert de ~ d'année** dieser Sender bringt zum Jahresausklang immer ein Konzert; **en ~ de journée** am [*o* gegen] Ende des Tages; **sur** [*o* **vers**] **la ~ de la soirée** gegen Ende des Abends; **~ du contrat par consentement mutuel** einverständliche Vertragsbeendigung; **on se reverra ~ janvier/mars** Ende Januar/März sehen wir uns wieder; **à la ~** *(en fin de compte)* schließlich; **sans ~** endlos
  ❷ *(mort)* Ende *nt*
  ❸ *(but)* **en soi** eigentlicher Zweck; **arriver** [*o* **parvenir**] **à ses ~s** sein Ziel erreichen; **à cette ~** zu diesem Zweck
  ▶ **en ~ de compte** letztlich; **arriver en ~ de course** *personne:* am Ende sein; *pile:* abgenutzt sein; **c'est la ~ des haricots** *fam (tout est perdu)* jetzt ist alles aus; *(c'est le bouquet)* da hört sich doch alles auf; **mettre ~ à ses jours** sich *(Dat)* das Leben nehmen; **arrondir ses ~s de mois** sein Gehalt aufbessern; **la ~ du monde** der Weltuntergang; **la ~ justifie les moyens** *prov* der Zweck heiligt die Mittel *(prov);* **mener qc à bonne ~** etw [glücklich] zu Ende führen; **à toutes ~s utiles** für alle Fälle; **on n'en voit jamais la ~** das nimmt kein Ende
  ◆ **~ de bloc** INFORM Blockende *nt;* **~ de non-recevoir** JUR Abweisungsbescheid *m,* abschlägiger Bescheid; **opposer** [*o* **répondre par**] **une ~ de non-recevoir à une requête** einen abschlägigen Bescheid geben; **~ de semaine** A. CAN Wochenende *nt;* **~ de série** *(plusieurs articles)* Restposten *m; (article unique)* Reststück *nt;* **~ de siècle** *adj inv* der Jahrhundertwende
fin(e) [fɛ̃, fin] **I.** *adj* ❶ *(opp: épais) cheveux, sable, pluie* fein; *couche, lame, pellicule, pinceau, pointe, tranche* dünn; *étoffe, tissu* dünn, feinfädig; **du café moulu ~** feinpulveriger Kaffee
  ❷ *(gracieux) traits, visage* fein; *mains, taille* schlank, schmal; *jambes* schlank; **très ~** *personne, mains* zartglied[e]rig
  ❸ *(recherché) mets, vin* fein; *(de qualité supérieure) mets* erlesen; *vin* erstklassig; *lingerie* Fein-
  ❹ *(subtil) personne* klug; *(dans ses remarques)* feinsinnig; *(dans ses actes)* geschickt; *humour, nuance, odorat* fein; *esprit, observation* scharfsinnig; *allusion* subtil; *plaisanterie, remarque* geistreich; *sourire* wissend
  ❺ *antéposé (très habile) cuisinier, limier, tireur* ausgezeichnet; **~ connaisseur** Spezialist *m;* **~ gourmet** Feinschmecker *m*
  ❻ CAN *(aimable, gentil)* freundlich, liebenswürdig
  ▶ **jouer au plus ~ avec qn** versuchen, jdn zu überlisten; **le ~ du ~** das Beste vom Besten
  II. *adv* ❶ *(complètement) soûl* völlig; *prêt* ganz
  ❷ *(finement) écrire, moudre* fein
final(e) [final, o] <*s o* -aux> *adj* ❶ *(qui vient à la fin)* letzte(r, s); *point, discours, accord* Schluss-; *lutte, consonne, voyelle, résultat* End-
  ❷ GRAM *phrase, proposition* Final-
  ▶ **au ~** im Endeffekt
finale [final] **I.** *m* ❶ MUS Finale *nt; d'une symphonie* Schlusssatz *m*
  II. *f* ❶ SPORT Finale *nt,* Endspiel *nt;* **en ~** im Finale [*o* Endspiel]; **~ de** [**la**] **coupe** Pokalfinale, Pokalendspiel
  ❷ LING *(syllabe)* Endsilbe *f; (voyelle)* Endvokal *m*
finalement [finalmɑ̃] *adv (pour finir)* schließlich; *(en définitive)* letztlich
finalisme [finalism] *m* PHILOS Finalismus *m*
finaliste [finalist] **I.** *adj équipe, joueur* am Endspiel teilnehmend
  II. *mf* SPORT Finalist(in) *m(f)*
finalité [finalite] *f* Zweckbestimmtheit *f; (but)* Zweck *m*
finance [finɑ̃s] *f* ❶ *pl (ressources pécuniaires) d'une personne, d'un pays* Finanzen *Pl;* **l'état de mes ~s** meine finanzielle Lage; **~s publiques** Staatsfinanzen, öffentliche Gelder *Pl;* **~s de la commune** Kommunalfinanzen
  ❷ *(ministère)* **les Finances** das Finanzministerium; **Monsieur Leblanc est aux Finances** Herr Leblanc ist im Finanzministerium tätig
  ❸ *(affaires d'argent)* Finanzgeschäft *nt,* Geldwesen *nt,* Finanzwesen; **les ~s et le crédit** das Geld- und Kreditwesen; **travailler** [*o* **être**] **dans la ~** Geldgeschäfte machen
  ❹ *(milieu)* Finanzwelt *f*
  ▶ **moyennant ~** gegen Entgelt
financement [finɑ̃smɑ̃] *m* Finanzierung *f;* **~ d'un achat à tempérament** Ratenkauffinanzierung; **~ de la construction** Baufinanzierung; **~ des dépenses/équipements** Aufwands-/Anlagenfinanzierung; **~ du déficit** Defizitfinanzierung; **~ des exportations/importations** Export-/Importfinanzierung; **~ de participation** Beteiligungsfinanzierung; **~ par fonds propres** Eigenmittelfinanzierung; **plan de ~** Finanzierungsvereinbarung *f;* **fonction de ~** JUR Finanzierungsfunktion *f (Fachspr.);* **~ brut** ECON Bruttofinanzierung; **~ communautaire/externe** ECON Gemeinschafts-/Außenfinanzierung; **~ partiel** ECON Teilfinanzierung
financer [finɑ̃se] <2> **I.** *vi hum* blechen *(fam)*
  II. *vt* finanzieren; **financé(e) par le budget** haushaltsfinanziert
financier [finɑ̃sje] *m* Finanzier *m;* **grand ~** Finanzjongleur *m*
financier, -ière [finɑ̃sje, -jɛʀ] *adj problèmes* finanziell; *crise, politique, groupe, réforme* Finanz-; **établissement ~** Geldinstitut *nt;* **difficultés financières** Geldschwierigkeiten *Pl; (en parlant d'une entreprise, d'une banque)* Finanzierungsschwierigkeiten; **soucis ~s** Geldsorgen *Pl*
financièrement [finɑ̃sjɛʀmɑ̃] *adv* finanziell [gesehen]; **aider qn ~** jdn finanziell unterstützen
finasser [finase] <1> *vi* mit Tricks arbeiten; **~ avec qn** jdn hereinlegen
finasserie [finasʀi] *f* Trick *m*
finaud(e) [fino, od] **I.** *adj* pfiffig, gewitzt
  II. *m(f)* Pfiffikus *m*
fine [fin] *f* feiner Weinbrand
finement [finmɑ̃] *adv* ❶ *brodé, ouvragé* [sehr] fein
  ❷ *(en particulier très fines)* [sehr] fein; **très ~ moulu** extrafein gemahlen
  ❸ *(astucieusement) agir* clever; *manœuvrer* geschickt; **faire remarquer, observer** geschickt, mit Feingefühl
finesse [finɛs] *f* ❶ *(minceur) des cheveux, d'une pointe de stylo* Feinheit *f; d'une aiguille, pellicule, tranche* Dünne *f*
  ❷ *(délicatesse) des traits, d'un visage* Feinheit *f; des mains, de la taille* Zierlichkeit *f*
  ❸ *(raffinement) d'une broderie, porcelaine, d'un parfum* Feinheit *f; d'un aliment* [Aus]erlesenheit *f*
  ❹ *(sensibilité) d'un goût, de l'odorat* Feinheit *f; d'une oreille, ouïe* Schärfe *f*
  ❺ *(subtilité) d'une personne* Scharfsinn *m; d'une allusion, remarque* Spitzfindigkeit *f;* **~ d'esprit** Scharfsinnigkeit *f;* **être doué(e) d'une grande ~ de jugement/d'observation** ein sehr feines Urteilsvermögen/eine scharfe Beobachtungsgabe haben
  ❻ *pl (difficultés) d'une langue, d'un art, jeu* Feinheiten *Pl*
finette [finɛt] *f* TEXTIL Finette *f*
fini [fini] *m* ❶ *d'un produit, vêtement* sorgfältige Verarbeitung; **qc manque de ~** einer S. *(Dat)* fehlt der letzte Schliff
  ❷ MATH, PHILOS **le ~** das Endliche, die Endlichkeit
fini(e) [fini] *adj* ❶ *(terminé)* **être ~(e)** zu Ende sein; *travail, études:* beendet sein; **~e la plaisanterie/~s les bavardages** Schluss mit den Scherzen/dem Geschwätz; **~ de bavarder/jouer/rire** genug geschwatzt/gespielt/gelacht; **tout est ~ entre nous** es ist aus zwischen uns; **c'est pas bientôt ~, ce cirque/bordel?** *fam* ist jetzt endlich Schluss mit dem Zirkus/Radau? *(fam)*
  ❷ *(diminué) personne* erledigt; **il est ~** [*o* **un homme ~**] er ist erledigt
  ❸ *(opp: infini) monde, univers* begrenzt; MATH *ensemble, nombre* endlich
  ❹ *péj (complet) voleur* ausgemacht; **menteur ~/menteuse finie** Erzlügner(in) *m(f) (péj)*
  ❺ *(cousu)* **bien/mal ~(e)** *costume, vêtement* gut/schlecht gearbeitet
finir [finiʀ] <8> **I.** *vi* ❶ *rue, propriété, cours:* enden; *vacances, spectacle:* enden, zu Ende sein [*o* gehen]; *contrat:* enden, auslaufen; **bien/mal ~** gut/schlimm enden, ein gutes/schlimmes [*o* böses] Ende nehmen; **n'en pas ~** *discours, histoire:* kein Ende nehmen; **applaudissements/discussions à n'en plus ~** nicht enden wollender Beifall/nicht enden wollende Diskussionen; **il finira mal** es wird ein schlimmes Ende mit ihm nehmen
  ❷ *(terminer)* aufhören; **avoir fini** fertig sein; **laissez-moi ~** [**de parler**]! lassen Sie mich ausreden!; **je finirai par le plus important de cette journée ...** zum Abschluss nun das Wichtigste dieses Tages ...; **il faut en ~ avec qc** man muss eine Lösung für etw

finden; **finissons-en!** lasst uns zum Ende kommen!; **en avoir fini avec qn** *(régler le cas de)* mit jdm fertig sein; *(avoir rompu avec)* mit jdm Schluss gemacht haben; **en avoir fini avec une affaire** eine Angelegenheit erledigt haben

❸ SPORT ~ **bien/mal** sich gut/schlecht schlagen; ~ **à la quatrième place** auf Platz vier kommen

❹ *(en venir à)* ~ **par faire qc** schießlich [doch] etw tun; **je finirai bien par trouver** ich werde es schon noch herausbekommen; **tu finis par m'ennuyer avec...** allmählich gehst du mir auf die Nerven mit ...

❺ *(se retrouver)* ~ **en prison** im Gefängnis enden [*o* landen]; ~ **dans la misère** in Armut sterben; ~ **dans un accident de voiture** bei einem Autounfall ums Leben kommen

II. *vt* ❶ *(arriver au bout de)* beenden; ~ **son repas/ses devoirs** zu Ende essen/seine Aufgaben fertigmachen; ~ **de manger/de s'habiller** fertig essen/sich fertig anziehen; **avoir fini qc** mit etw fertig sein; **avoir fini de se préparer/s'habiller** mit der Vorbereitung/dem Ankleiden fertig sein

❷ *(consommer, utiliser jusqu'au bout)* aufessen *plat, viande;* leer essen, aufessen *assiette;* leer trinken *(fam) bouteille, verre;* auftragen *chaussures, vêtement*

❸ SPORT meistern *match, course;* ~ **un marathon** bei einem Marathon[lauf] bis zum Ende durchhalten; ~ **une course à la quatrième place** bei einem Rennen auf Platz vier kommen

❹ *(passer la fin de)* ~ **ses jours/sa vie à la campagne** den Rest seiner Tage/seines Lebens auf dem Land verbringen

❺ *(cesser)* aufhören mit, beenden *dispute;* ~ **de se plaindre** aufhören, sich zu beklagen; **on n'a pas fini de m'entendre/de parler de qc** man wird noch von mir hören/von etw sprechen

❻ *(être le dernier élément de)* beenden, abschließen

❼ *(fignoler)* ~ **un ouvrage** einem Werk [*o* einer Arbeit] den letzten Schliff geben

finish [finiʃ] *m inv* SPORT Finish *nt*, Endspurt *m*; **match au** ~ BOXE Kampf, der durch K.o. oder Aufgabe beendet wird

finissage [finisaʒ] *m* ❶ TECH *d'une pièce d'usinage* Endbearbeitung *f*; ~ **d'aspect** Verschönerung *f*

❷ TEXTIL *d'une étoffe* Appretur *f*

finisseur, -euse [finisœʀ, -øz] *m, f* ❶ COUT Fertigbearbeiter(in) *m(f)*

❷ SPORT Sportler(in) *m(f)* mit starkem Finish [*o* Endspurt]; **c'est un bon ~/une bonne finisseuse** er/sie hat einen starken Endspurt

finition [finisjɔ̃] *f* ❶ *(action) d'un meuble* Fertigstellung *f*; *d'une œuvre d'art* Fertigstellung, Endbearbeitung *f*; FIN, ECON Fertigstellung; **faire les ~s de qc** *(suite à une réclamation)* etw nachbearbeiten

❷ *(résultat)* Verarbeitung *f*

❸ *gén pl* CONSTR Feinarbeiten *Pl*

finlandais(e) [fɛ̃lɑ̃dɛ, ɛz] *adj* finnisch

Finlandais(e) [fɛ̃lɑ̃dɛ, ɛz] *m(f)* Finne *m*/Finnin *f*

Finlande [fɛ̃lɑ̃d] *f* **la** ~ Finnland *nt*

finnois [finwa] *m (langue)* **le** ~ Finnisch *nt*, das Finnische *nt*; *v. a.* **allemand**

finnois(e) [finwa, waz] *adj* finnisch

Finnois(e) [finwa, waz] *m(f)* Finne *m*/Finnin *f*

fiole [fjɔl] *f* ❶ Phiole *f*

❷ *fam* Kopf *m*, Gesicht *nt*

fiord [fjɔʀd] *m* Fjord *m*

fioriture [fjɔʀityʀ] *f* ❶ Schnörkel *m*, Verzierung *f*; **sans ~s** ohne Umschweife

❷ MUS Koloratur *f*

fioul *v.* **fuel**

firmament [fiʀmamɑ̃] *m* Firmament *nt*

firme [fiʀm] *f* Firma *f*

FIS [fis] *m* POL *abr de* **Front islamique du salut** FIS *f (Islamische Heilsfront)*

fisc [fisk] *m* Fiskus *m*

fiscal(e) [fiskal, o] <-aux> *adj* Steuer-

fiscalement [fiskalmɑ̃] *adv* steuerlich; ~ **intéressant(e)** *placement financier* steuergünstig

fiscalisation [fiskalizasjɔ̃] *f* Besteuerung *f*

fiscaliser [fiskalize] <1> *vt* FIN besteuern *revenus*

fiscalité [fiskalite] *f* Steuerwesen *nt*; **réforme de la** ~ Steuerreform *f*

fish-eye [fiʃaj] <fish-eyes> *m* PHOT Fisheye *nt*, Fischauge *nt*

fissa [fisa] *adv* **fais ~!** mach schnell!, dalli, dalli! *(fam)*

fissile [fisil] *adj* PHYS, GEOL spaltbar

fission [fisjɔ̃] *f* Spaltung *f*; ~ **nucléaire** Kernspaltung

fissuration [fisyʀasjɔ̃] *f* *d'un mur* Rissbildung *f*

fissure [fisyʀ] *f* ❶ *d'un mur, sol* Riss *m*; *d'un vase* Sprung *m*

❷ *fig* Bruch *m*

fissurer [fisyʀe] <1> I. *vt éclair:* Risse verursachen in *(+ Dat)*

II. *vpr* **se** ~ rissig werden

fiston [fistɔ̃] *m fam* Sohnemann *m (fam)*

fistule [fistyl] *f* Fistel *f*

fitness [fitnɛs] *m* Fitness *f*

F.I.V. [ɛfive] *f abr de* **Fécondation In Vitro** IVF *f*

FIVETE [fivɛt] *f abr de* **fécondation in vitro et transfert d'embryon** In-vitro-Fertilisation und Embryotransfer

fixage [fiksaʒ] *m* ❶ TECH *d'une couleur* Fixieren *nt*

❷ PHOT *d'un cliché* Fixage *f*

fixateur [fiksatœʀ] *m* ❶ PHOT Fixiermittel *nt*

❷ *(produit cosmétique)* Festiger *m*; ~ **de couleur** Farbfestiger

fixatif [fiksatif] *m* Fixiermittel *nt*, Fixativ *nt (Fachspr.)*

fixatif, -ive [fiksatif, -iv] *adj* fixierend

fixation [fiksasjɔ̃] *f* ❶ *(action d'attacher)* Festmachen *nt*, Befestigung *f*

❷ *(action de s'installer, de s'établir)* des nomades Sesshaftwerden *nt*

❸ *a.* ECON, JUR *(détermination)* Festsetzung *f*; ~ **du cours** Kursfestsetzung *f*, Kursfixierung *f*; ~ **régulière du cours** laufende Kursfestsetzung; ~ **d'un/du délai** Fristsetzung, Fristbestimmung *f*; ~ **d'un délai supplémentaire** [*o* **moratoire**] Nachfristsetzung; ~ **des prix** Preisfestsetzung; ~ **des prix en Bourse** Börsenpreisbildung *f*; ~ **de la valeur de l'immeuble** Gebäudewertermittlung *f*; ~ **par rapport au cours du change** Anbindung *f* an den Wechselkurs; **prescription de** ~ JUR Festsetzungsverjährung *f (Fachspr.)*

❹ *(obsession)* Fixierung *f*; **faire une** ~ **sur qn/qc** auf jdn/etw fixiert sein; **tourner à la** ~ zur fixen Idee werden

❺ BIO, CHIM, MED Fixierung *f*

❻ *(dispositif)* Befestigungsvorrichtung *f*; ~**s de sécurité pour le transport** Transportsicherung *f*

◆ ~**s d'amende** Bußgeldbestimmungen *Pl*; ~ **d'office des bénéfices** Gewinnfeststellungsbescheid *m*; ~ **de sécurité** Sicherheitsbindung *f*

fixe [fiks] I. *adj* ❶ fest; *point* Fix-; *date, rendez-vous* feststehend, fest

❷ *(figé) regard, yeux* starr

❸ **idée** fix

❹ *(déterminé) revenu* fest; *prix* fest, unbeweglich

II. *m* Fixum *nt*, festes Gehalt

III. *interj* ~ **!** stillgestanden!

fixé(e) [fikse] *adj* ❶ PSYCH *personne* fixiert

❷ *(renseigné)* **être ~(e) sur le compte de qn** wissen, was man von jdm zu halten hat

❸ *(décidé)* **ne pas encore être ~(e)** noch nicht so recht wissen

fixement [fiksəmɑ̃] *adv* **regarder qn/qc** ~ jdn/etw anstarren

fixer [fikse] <1> I. *vt* ❶ *personne:* festmachen, befestigen

❷ *(retenir)* ansiedeln *population*

❸ MED, SCI *organe, plante:* speichern

❹ *(regarder) personne:* fixieren, starren auf *(+ Akk)*; *regard:* starr gerichtet sein auf *(+ Akk)*

❺ *(arrêter)* ~ **son attention sur qc** seine Aufmerksamkeit auf etw *(Akk)* richten [*o* lenken]

❻ *(définir)* festlegen *règle, conditions;* setzen, stecken *limites;* beschließen, festlegen *dividende;* festsetzen, festlegen *cours;* ~ **qc par rapport à un cours** an einen Kurs binden; etw ~ **qc par contrat** etw vertraglich festsetzen; ~ **le tarif de qc** JUR etw tarifieren *(Fachspr.);* ~ **un délai moratoire** [*o* **supplémentaire**] **à qn** jdm eine Nachfrist setzen

❼ *(renseigner)* ~ **le collègue sur une date** den Kollegen von einem Termin in Kenntnis setzen

❽ *(noter, conserver)* festhalten *image, souvenir, expression*

❾ CHIM, PHOT fixieren

❿ *(arranger)* ausmachen *rendez-vous, délai*

II. *vpr* ❶ **se** ~ **au mur/sur un arbre** an der Wand/an einem Baum befestigt werden

❷ *(se déposer)* **se** ~ sich ablagern

❸ *(s'établir)* **se** ~ **à Paris** sich in Paris niederlassen

❹ *(se poser)* **se** ~ **sur qn/qc** *attention:* sich auf jdn/etw richten; *choix:* auf jdn/etw fallen

❺ *(se définir)* **se** ~ **un but** sich *(Dat)* ein Ziel setzen

fixité [fiksite] *f* Unbeweglichkeit *f*; *du regard, des yeux* Starre *f*

fjord *v.* **fiord**

flac [flak] *interj* platsch

flaccidité [flaksidite] *f* Schlaffheit *f*

flacon [flakɔ̃] *m* Fläschchen *nt*; *de parfum* Flakon *m*

▶ **qu'importe le** ~**, pourvu qu'on ait l'ivresse** *prov* ≈ was kümmert einen die Verpackung, wenn der Inhalt stimmt

flafla, fla-fla [flafla] <fla[s-fla[s]> *m souvent pl* Effekthascherei *f (pej);* **faire des ~s** sich in Szene setzen

flagada [flagada] *adj inv* **être** ~ erledigt [*o* fix und fertig] sein *(fam)*

flagellation [flaʒelasjɔ̃, flaʒɛllasjɔ̃] *f* Geißelung *f*

flagelle [flaʒɛl] *m* BIO Geißel *f*

flageller [flaʒele] <1> I. *vt* geißeln

II. *vpr* **se** ~ sich geißeln

flagellés [flaʒele] *mpl* ZOOL Flagellat *m*, Geißeltierchen *nt*

flageoler [flaʒɔle] <1> vi wanken; *jambes:* zittern; ~ **sur ses jambes** wack[e]lig auf den Beinen sein
flageolet [flaʒɔlɛ] m ① *Varietät der Zwergbohne*
② MUS Flageolett nt
flagorner [flagɔrne] <1> vt *littér* ~ **qn** jdm unterwürfig schmeicheln
flagornerie [flagɔrnəri] f *vieilli* Liebedienerei f *(geh)*
flagrant(e) [flagrɑ̃, ɑ̃t] adj offenkundig, offensichtlich; *injustice* himmelschreiend
flair [flɛʀ] m *du chien* Geruchssinn m, Witterung f
▶ **avoir du** ~ *animal, personne:* eine gute [o feine] Nase haben; **manquer de** ~ keinen guten Riecher haben *(fam)*
flairer [flere] <1> vt ① *(renifler)* beschnuppern, beschnüffeln
② *(sentir) animal:* wittern; *(pressentir) animal, personne:* wittern
flamand [flamɑ̃] m **le** ~ Flämisch nt, das Flämische; *v. a.* **allemand**
flamand(e) [flamɑ̃, ɑ̃d] adj flämisch
Flamand(e) [flamɑ̃, ɑ̃d] m(f) Flame m/Flämin f
flamant [flamɑ̃] m Flamingo m
flambage [flɑ̃baʒ] m ① Absengen nt
② MED Ausglühen nt
③ GASTR Flambieren nt
flambant(e) *v.* **neuf**
flambé(e) [flɑ̃be] adj ① flambiert
② *fam (fichu)* **être** ~ **(e)** *personne:* erledigt sein *(fam); affaire, situation:* gegessen sein *(fam)*
flambeau [flɑ̃bo] <x> m ① Fackel f
② *vieilli (chandelier)* Leuchter m
flambée [flɑ̃be] f ① [hell] loderndes Feuer
② *(brusque accès, montée) de violence* Aufflammen nt; *du dollar* plötzlicher Anstieg; ~ **de colère** Wutausbruch m; ~ **de terrorisme** Terrorwelle f; ~ **des prix** Preisexplosion f, rasanter Anstieg der Preise; *(action d'augmenter les prix)* Preistreiberei f *(pej)*
flamber [flɑ̃be] <1> I. vi brennen; *feu:* brennen, lodern; *maison:* lichterloh brennen; *prix:* explodieren
II. vt ① absengen
② MED ausglühen
③ GASTR flambieren
④ *fam (dépenser)* verjuxen *(fam); (perdre au jeu)* verzocken *(fam)*
flambeur [flɑ̃bœr] m *arg* Vabanquespieler m *(geh)*
flamboiement [flɑ̃bwamɑ̃] m *soutenu d'un incendie* Aufflammen nt; *du soleil* Glut f; *d'une prunelle* Aufleuchten nt
flamboyant [flɑ̃bwajɑ̃] m BOT Flammenbaum m
flamboyant(e) [flɑ̃bwajɑ̃, jɑ̃t] adj ① *incendie* lodernd; *couleur* leuchtend; *soleil* glühend; *chrome* funkelnd; *source de lumière* hell leuchtend
② ART spätgotisch; *style* Flamboyant-
flamboyer [flɑ̃bwaje] <6> vi [auf]lodern; *soleil:* glühen; *couleur:* leuchten; *source de lumière:* hell leuchten; *chrome:* funkeln
flamenco [flamɛnko] I. m Flamenco m
II. adj Flamenco-
flamingant(e) [flamɛ̃gɑ̃, ɑ̃t] I. adj flämisch sprechend
II. m(f)/POL *péj* Anhänger(in) m(f) der flämischen Bewegung
flamme [flam] f ① Flamme f
② pl *(brasier)* Feuer nt; **être en ~s** in Flammen stehen, lichterloh brennen
③ *(éclat) du regard, des yeux* Feuer nt, Glut f
④ *(pavillon)* Wimpel m
⑤ POST Werbestempelaufdruck m
⑥ *(ampoule)* Kerzenbirne f
▶ **déclarer sa** ~ **à qn** *littér* sich jdm erklären *(geh),* jdm eine Liebeserklärung machen; **descendre qn/qc en ~s** jdn/etw niedermachen; **ça va péter des ~s** *fam* da wird die Hölle los sein *(fam)*
flammé(e) [flame] adj geflammt
flammèche [flamɛʃ] f großer Funke m
flan [flɑ̃] m ① *(préparé au four)* Flan m
② *(crème)* Pudding m; ~ **au caramel/à la crème** Karamell-/Sahnepudding
③ TECH *d'une médaille, monnaie* Münzplatte f; *d'un disque* Pressmatritze f
flanc [flɑ̃] m ① *(partie latérale) du corps, navire* Seite f; *d'une montagne* Hang m
② MIL Flanke f; ~ **est** *d'une armée* Ostflanke, Ostflügel m
▶ **se battre les ~s** *fam* sich abrackern *(fam),* **être sur le** ~ *fam* flachliegen *(fam),* **mettre qn sur le** ~ *fam* jdn fertigmachen *(fam);* **tirer au** ~ *fam* sich drücken *(fam)*
flancher [flɑ̃ʃe] <1> vi *fam personne:* schwachwerden, kneifen *(fam); cœur, mémoire:* nicht mehr mitmachen *(fam),* streiken *(fam)*
flanchet [flɑ̃ʃɛ] m GASTR *de veau* Seitenstück nt
Flandre [flɑ̃dʀ] f **la ~/les ~s** Flandern nt
flandrin [flɑ̃dʀɛ̃] m *fam* schlaksiger Kerl m *(fam)*
flanelle [flanɛl] f Flanell m
flâner [flane] <1> vi ① *(se promener)* bummeln, schlendern
② *(musarder)* herumtrödeln

flânerie [flɑnʀi] f ① Umherschlendern nt
② *(musardise)* Herumtrödeln nt; *(au lit)* Herumliegen nt
flâneur, -euse [flɑnœʀ, -øz] I. adj bumm[e]lig, müßig *(geh)*
II. m, f Müßiggänger(in) m(f)
flanqué(e) [flɑ̃ke] adj ① **être ~(e) d'une maison** an ein Haus angrenzen
② *péj personne:* **être ~(e) de qn** jdn dabei haben
flanquer¹ [flɑ̃ke] <1> vt ① flankieren
② MIL ~ **qn/qc** jdm/einer S. Flankenschutz geben
flanquer² [flɑ̃ke] <1> *fam* I. vt ① schmeißen *(fam) chose;* schubsen *(fam) personne;* ~ **qn à la porte/dehors** jdn rausschmeißen *(fam)*
② *(mettre)* ~ **qn au pensionnat** jdn ins Heim stecken *(fam)*
③ *(donner)* ~ **une gifle à qn** jdm eine Ohrfeige verpassen *(fam),* jdm eine runterhauen *(fam);* ~ **la frousse à qn** jdm eine Heidenangst einjagen *(fam)*
II. vpr ① **se** ~ **des gifles** sich *(Dat)* Ohrfeigen verpassen
② *(se mettre)* **se** ~ **dans une situation délicate** sich in eine heikle Lage bringen
③ *(tomber)* **se** ~ **par terre** hinfliegen *(fam)*
flapi(e) [flapi] adj *fam* geschafft *(fam)*
flaque [flak] f ~ **[d'eau]** [Wasser]pfütze f, [Wasser]lache f; *(provenant d'une averse)* Regenpfütze; ~ **de sang** Blutlache f
flash [flaʃ] <es> m ① *(éclair)* Blitzlicht nt, Blitz m; *(appareil)* Blitzlicht; **photo prise au** ~ Blitzlichtaufnahme f
② RADIO, TV Kurznachricht f
③ CINE Flash m; *publicitaire* Werbespot m
④ *(après absorption de drogue)* Flash m
◆ ~ **d'information**, ~ **info** Kurznachrichten Pl
flash-back [flaʃbak] m *inv* Rückblende f
flasher [flaʃe] <1> *fam* I. vi ~ **sur qn/qc** auf jdn/etw abfahren *(fam)*
II. vt *(photographier)* **se faire** ~ geblitzt werden *(fam)*
flasque [flask] I. adj schlaff
II. f kleine flache Flasche f, Flachmann m *(fam)*
III. m [Metall]scheibe f; *de mécanique* Backe f
flatter [flate] <1> I. vt ① ~ **qn/la vanité de qn** jdm/jds Eitelkeit *(Dat)* schmeicheln; **être flatté(e) de qc** sich durch etw geschmeichelt fühlen, **être flatté(e) que qn fasse qc** sich geschmeichelt fühlen, dass jd etw tut
② *(caresser)* streicheln *animal*
③ *(être agréable à)* verwöhnen *palais*
II. vpr ① **se** ~ **de qc/de faire qc** sich einer S. *(Gen)* rühmen/sich rühmen, etw zu tun
② *(aimer à croire)* **se** ~ **de faire qc** sich *(Dat)* einbilden, etw zu tun
③ *littér (avoir une haute idée de soi)* **sans me** ~ ohne mir schmeicheln zu wollen
flatterie [flatʀi] f Schmeichelei f
flatteur, -euse [flatœʀ, -øz] I. adj schmeichelhaft
II. m, f Schmeichler(in) m(f)
flatulence [flatylɑ̃s] f Blähung nt, Flatulenz nt *(Fachspr.)*
flatuosité [flatyɔzite] f MED Darmwind m, Darmgase Pl
FLE [flœ] m UNIV, SCOL *abr de* **français langue étrangère** das Fach „Französisch als Fremdsprache"
fléau [fleo] <x> m ① Plage f, Geißel f; ~ **des bandes** Bandenunwesen nt
② *(partie d'une balance)* Waagebalken m
③ AGR Dreschflegel m
fléchage [fleʃaʒ] m *(action)* Markieren nt mit Pfeilen; *(résultat)* Pfeilmarkierung f
flèche¹ [flɛʃ] f ① *(arc)* Pfeil m
② *(signe d'orientation)* Pfeil m
③ *(critique acerbe)* Spitze f, spitze Bemerkung
④ *(toit pointu)* [Turm]spitze f
⑤ *(bras mobile) d'une charrue* Balken m; *d'une grue* [Dreh]arm m; *d'un cargo* Ladebaum m
⑥ GEOM Pfeil m
⑦ PHYS *d'une trajectoire* Scheitelpunkt m
⑧ INFORM ~ **de la souris** Mauszeiger m
▶ **les ~s de l'Amour** [o **de Cupidon**] *littér* Amors [o Cupidos] Pfeile; **faire ~ de tout bois** alle Mittel einsetzen; **la ~ du Parthe** eine spitze Schlussbemerkung; **c'est une sacrée ~ !** er/sie ist von der schnellen Sorte *(fam),* **tirer** [o **décocher**] **une** ~ einen Pfeil abschießen, *fig* eine spitze Bemerkung machen; **en ~** blitzschnell
◆ ~ **de défilement** INFORM Bildlaufpfeil m
flèche² [flɛʃ] f ~ **s de lard** Speckseite f
fléché(e) [fleʃe] adj mit Pfeilen markiert
flécher [fleʃe] <5> vt mit Pfeilen markieren [o kennzeichnen]
fléchette [fleʃɛt] f kleiner Pfeil
② JEUX [jeu de] ~**s** Dartspiel nt, Darts nt
fléchir [fleʃiʀ] <8> I. vt ① beugen *bras, genoux*
② *(faire céder)* erweichen *personne*
③ *littér (rendre moins vif)* schwächen; mildern *sévérité;* besänftigen

colère; beugen *volonté*
II. *vi* ❶ sich beugen, sich krümmen
❷ *(diminuer)* nachlassen; *exigences:* geringer werden; *sévérité:* milder werden; *volonté, détermination:* schwächer werden; *prix, cours:* fallen
❸ *(céder)* schwach werden, sich erweichen lassen
fléchissement [fleʃismɑ̃] *m* ❶ *du bras, de la jambe* Beugen *nt; de la poutre, planche* [Durch]biegen *nt*
❷ *(diminution) de la production, natalité* Rückgang *m; des prix* Sinken *nt,* rückläufige Bewegung *(Fachspr.);* ~ **du cours** Abflauen *nt* des Kurses, Kursrückgang *m;* ~ **de la demande** Nachfrageschwäche *f,* Nachfragerückgang; **faible ~ des cours de Bourse** leichtes Nachgeben der Börsenkurse
❸ *(renoncement) de la volonté* Nachlassen *nt*
fléchisseur [fleʃisœʀ] ANAT **I.** *adj muscle* Beuge-
II. *m* Beugemuskel *m,* Flexor *m (Fachspr.)*
flegmatique [flɛgmatik] **I.** *adj comportement* gelassen; *personne* phlegmatisch
II. *mf* gelassener Mensch *m,* Phlegmatiker(in) *m(f)*
flegme [flɛgm] *m* ❶ Gelassenheit *f*
❷ *(lourdeur)* Phlegma *nt*
❸ MED Schleim *m*
flegmon [flɛgmɔ̃] *m* MED Phlegmone *f*
flemmard(e) [flemaʀ, aʀd] *fam* **I.** *adj* faul
II. *m(f)* Faulpelz *m (fam)*
flemmarder [flemaʀde] <1> *vi* faulenzen *(fam),* Däumchen drehen *(fam)*
flemme [flɛm] *f fam* Faulheit *f;* **avoir la ~ de faire la vaisselle** zu faul zum Abwaschen sein
▸ **tirer sa ~** faulenzen, auf der faulen Haut liegen *(fam)*
flétan [fletɑ̃] *m* ZOOL Heilbutt *m*
flétri(e) [fletʀi] *adj peau, visage* welk; *feuille, plante* verwelkt, welk; *fleur* verwelkt, verblüht
flétrir [fletʀiʀ] <8> **I.** *vt* ❶ [ver]welken lassen *feuille, fleur*
❷ *(rider)* welk werden lassen *peau, visage*
❸ *littér (déshonorer)* beflecken, schänden
❹ HIST brandmarken
II. *vpr* **se ~** ❶ *plante:* verwelken, vertrocknen; *fleur:* verwelken, verblühen
❷ *(se rider) visage:* welk werden
flétrissement [fletʀismɑ̃] *m* BOT Welken *nt*
flétrissure [fletʀisyʀ] *f* ❶ *d'une feuille, plante* Verwelktsein *nt; d'une fleur* Verblühtsein *nt*
❷ *fig* **les ~s de l'âge** das Verblühtsein
❸ HIST *(action)* Brandmarken *nt; (marque)* Brandmarkung *f*
fleur [flœʀ] *f* ❶ Blume *f;* ~ **des champs/de jardin** Wiesen-/Gartenblume; ~ **artificielle** Kunstblume; ~ **séchée** Trockenblume; ~ **d'été** Sommerblume
❷ *(partie d'une plante)* Blüte *f;* **en ~[s]** blühend; **à grandes/petites ~s** groß-/kleinblütig
❸ *(objet, motif, dessin décoratif)* Blume *f;* **à ~s** *chapeau* blumengeschmückt; *tissu, papier* geblümt
❹ *(partie du cuir)* Haarseite *f*
❺ *gén pl* BIO *de vin* Schimmelüberzug *m*
❻ *fam (compliment)* **jeter des ~s à qn** jdm Komplimente machen
❼ *sans pt soutenu (ce qu'il y a de meilleur)* **la [fine] ~ de la ville** die Creme [*o* Oberschicht] der Stadt
▸ **à** [*o* **dans**] **la ~ de l'âge** in der Blüte seiner/ihrer Jahre [*o* des Lebens]; **la ~ au fusil** mit wehenden Fahnen; **être belle/fraîche comme une ~** schön/frisch wie der junge Morgen sein; **~ bleue** sentimental, romantisch; **dites-le avec des ~s!** lasst Blumen sprechen!; **à ~ d'eau** auf Höhe der Wasseroberfläche; **sensibilité à ~ de peau** Überempfindlichkeit *f;* **arriver** [*o* **s'amener**] **comme une ~** *fam* einfach so mittendrin aufkreuzen *(fam);* **faire qc comme une ~** *fam* etw spielend tun
◆ ~ **de farine** feinstes Auszugsmehl *nt;* ~ **de lys** bourbonische Lilie; ~ **d'oranger** Orangenblüte *f;* ~ **de sel** oberste Kristallschicht bei der Salzgewinnung
fleurdélisé(e) [flœʀdəlize] *adj* mit Lilien [verziert]
fleurer [flœʀe] <1> **I.** *vi littér* ~ **bon** duften
II. *vt littér* ❶ duften nach
❷ *(faire penser à)* ~ **l'intrigue** nach einer Intrige riechen
fleuret [flœʀɛ] *m* ❶ Florett *nt*
❷ MIN [Schlag]bohrer *m*
fleurette [flœʀɛt] *f* ~ **de chou de Bruxelles** Rosenkohlröschen *nt*
▸ **conter ~ à une femme** *hum* Süßholz raspeln *(fam)*
fleuri(e) [flœʀi] *adj* ❶ blühend
❷ *(couvert, garni de fleurs)* blütenbedeckt; *maison, balcon* blumengeschmückt
❸ *(avec des motifs floraux)* geblümt
❹ *(coloré) teint* rosig
❺ *(qui sent les fleurs)* blumig
❻ *(orné) style* blumenverziert

fleurir [flœʀiʀ] <8> **I.** *vi* ❶ blühen, in Blüte stehen
❷ *(s'épanouir) espoir, sourire:* erblühen *(liter); amitié:* aufblühen
❸ *hum (se couvrir d'acné)* pickelig werden; *(se couvrir de poils)* leichten Flaum bekommen
❹ <florissant, fleurissait *o* florissait> *littér (prospérer)* seine Blütezeit haben; *corruption:* blühen
II. *vt (orner, décorer)* zieren *(liter);* [mit Blumen] schmücken *table, tombe;* ~ **sa boutonnière d'un œillet** sich *(Dat)* eine Nelke ins Knopfloch stecken
fleuriste [flœʀist] *mf* Blumenhändler(in) *m(f); (qui prépare les bouquets)* Florist(in) *m(f)*
fleuron [flœʀɔ̃] *m* ❶ ART *d'une couronne* stilisierte Blume *f; de ferronnerie* Eisenzacke *f*
❷ TYP Fleuron *m*
❸ BOT [Einzel]blüte *f*
▸ **être le** [**plus beau**] ~ **d'une collection** das Schmuckstück einer Sammlung sein
fleuve [flœv] *m* ❶ Fluss *m; (très grand)* Strom *m;* ~ **côtier** Fluss, der ins Meer mündet
❷ *(flot)* ~ **de lave/de boue** Lavastrom *m/*Schlammlawine *f;* ~ **de paroles** Redeschwall *m;* ~ **de larmes** Bäche *Pl* von Tränen
flexibilité [flɛksibilite] *f* ❶ Biegsamkeit *f*
❷ *(adaptabilité)* Flexibilität *f; d'une personne* Flexibilität *f,* Anpassungsfähigkeit *f*
flexible [flɛksibl] **I.** *adj* ❶ *(souple)* biegsam
❷ *(adaptable)* flexibel; *personne* flexibel, anpassungsfähig
❸ *m d'un aspirateur, d'une douche* Schlauch *m; d'une machine, d'un moteur* Welle *f;* ~ **de l'indicateur de vitesse** Tachometerwelle *f*
flexion [flɛksjɔ̃] *f* ❶ Beugung *f,* Beugen *nt;* ~ **du genou** Kniebeuge *f*
❷ LING Flexion *f*
❸ PHYS Biegung *f; d'un ressort* Federung *f*
flexionnel(le) [flɛksjɔnɛl] *adj* LING flexivisch, beugbar
flibustier [flibystje] *m* Freibeuter(in) *m(f)*
flic, fliquette [flik, flikɛt] *m, f fam* Bulle *m (pej fam),* Polyp *m (fam)*
flicaille [flikaj] *f péj fam* Polente *f (fam),* Bullen *Pl (pej fam)*
flic flac [**floc**] [flikflak(flɔk)] ▸ **faire ~** pitsch, patsch machen *(fam)*
flingage [flɛ̃gaʒ] *m fam* ❶ *(acte de tuer)* Abknallen *nt (fam)*
❷ *fig* Medienhetze *f;* **le ~ d'une célébrité** das Runtermachen eines Prominenten *(fam)*
flingue [flɛ̃g] *m fam* Ballermann *m (fam),* Knarre *f (fam)*
flinguer [flɛ̃ge] <1> **I.** *vt fam* ❶ abknallen *(fam),* niederknallen *(fam)*
❷ *(critiquer)* runtermachen *(fam)*
II. *vpr fam* **se ~** sich *(Dat)* eine Kugel in den Kopf jagen *(fam)*
flip [flip] *m fam* ▸ **se faire un ~** ausrasten *(fam)*
flipper[1] [flipœʀ] *m* Flipper *m*
flipper[2] [flipe] <1> *vi* ❶ *arg drogué:* voll durchhängen *(fam)*
❷ *fam (être angoissé)* eine Mordsangst [*o* Heidenangst] haben *(fam)*
❸ *fam (être excité)* ausflippen *(fam)*
flique [flik] *adj* **ça fait ~** *fam* das geht einem/mir/ihm/auf den Zeiger
fliquer [flike] <1> *vt fam* überwachen *jeunes*
flirt [flœʀt] *m* ❶ Flirt *m; (petite histoire d'amour)* kurze Romanze *f*
❷ *(personne)* Schwarm *m (fam)*
flirter [flœʀte] <1> *vi* flirten
F.L.N. [ɛfɛlɛn] *m* POL *abr de* **Front de libération nationale** FLN *f*
F.L.N.C. [ɛfɛlɛnse] *m* POL *abr de* **Front de libération nationale corse** FLNC *f*
floc [flɔk] ▸ **faire ~** [~] *caillou qui tombe dans l'eau:* plumps machen; *bottes qui ont pris l'eau:* platsch machen
flocon [flɔkɔ̃] *m* ❶ *de neige* Flocke *f*
❷ *de coton, laine, bourre* Flocke *f; soutenu de brume, fumée* Schwaden *Pl*
❸ GASTR Flocke *f;* **~s d'avoine** Haferflocken *Pl;* **~ de maïs** Cornflakes *Pl*
◆ ~ **de neige** Schneeflocke *f*
floconneux, -euse [flɔkɔnø, øz] *adj* flockig
flonflons [flɔ̃flɔ̃] *mpl fam* Klänge *Pl*
flop [flɔp] **I.** *m arg* Flop *m (fam);* **faire un ~** *personne:* nicht ankommen; *affaire:* floppen
II. *faire ~* platsch machen *(fam)*
flopée [flɔpe] *f fam de gamins* Schar *f,* Haufen *m (fam); de badauds* Menge *f; de touristes* Masse *f*
floraison [flɔʀɛzɔ̃] *f* ❶ Blüte *f;* **~ des fruitiers** Obstblüte; **~ des roses** Rosenblüte; **avoir plusieurs ~s** mehrmals blühen
❷ *(fleurs)* Blütenpracht *f*
❸ *(époque)* Blütezeit *f,* Blüte *f*
❹ *(épanouissement)* Blütezeit *f; de talents* Aufblühen *nt*
floral(e) [flɔʀal, o] <-aux> *adj* ❶ *(relatif aux plantes)* Blumen-
❷ *(de la fleur)* Blüten-; **thérapie ~e de Bach,** thérapie par les quintessences ~**es** Bachblütentherapie *f*
floralies [flɔʀali] *f pl* Blumenschau *f*

flore [flɔʀ] *f* ❶ Pflanzenwelt *f*, Flora *f*; ~ **de haute montagne** Hochgebirgsflora; ~ **marine** Meeresflora; ~ **abyssale** Tiefseevegetation *f*
❷ MED ~ **intestinale** Darmflora *f*
florès [flɔʀɛs] *vieilli soutenu* ▶ **faire** ~ Erfolg haben
Floride [flɔʀid] *f* **la** ~ Florida *nt*
florifère [flɔʀifɛʀ] *adj* blütenreich
florilège [flɔʀilɛʒ] *m* Blütenlese *f*, Auswahl *f*
florin [flɔʀɛ̃] *m* HIST *(monnaie)* Gulden *m*
florissant(e) [flɔʀisɑ̃, ɑ̃t] *adj* ❶ blühend
❷ *fig santé* blühend; *teint* rosig
❸ *(prospère)* **les affaires sont ~es** die Geschäftslage ist gut
flot [flo] *m* ❶ Flut *f*, Welle *f*
❷ *soutenu (quantité importante) d'images, d'idées, de souvenirs* Flut *f*, Fülle *f*; *de personnes* Scharen *Pl*; *de larmes, sang* Bäche *Pl*; *de joie* Woge *f*; ~ **d'informations** Informationsflut; ~ **de marchandises** Warenstrom *m*; ~ **de paroles** Wortschwall *m*; ~ **de réfugiés** Flüchtlingswelle *f*; ~ **de visiteurs** Besucherstrom *m*; **couler à ~s** in Strömen fließen; **entrer à ~s** *soleil, lumière:* hereinfluten
❸ *sans pl (marée montante)* Flut *f*
❹ *pl poét* Fluten *Pl*
▶ ~s **d'une chevelure** wallende Mähne; **un ~ de sang monte au visage de qn** die Röte steigt jdm ins Gesicht; **être à ~** *bateau:* flott sein; *(avoir suffisamment d'argent)* flüssig sein *(fam)*; *(être à jour dans son travail)* fertig sein; **se maintenir/se remettre à ~** sich über Wasser halten; **mettre/remettre qc à ~** etw wieder auf die Beine bringen
flottage [flɔtaʒ] *m* Flößen *nt*
flottaison [flɔtɛzɔ̃] *f* ❶ **ligne de ~** Wasserlinie *f*
❷ ECON Floaten *nt*, Floating *nt*
flottant(e) [flɔtɑ̃, ɑ̃t] *adj* ❶ [auf dem Wasser] schwimmend; *glace, bois* Treib-
❷ *(dans l'air) foulard, drapeaux* flatternd; *crinière* wehend; *chevelure* fliegend, wallend; **brume ~e** Nebelschwaden *Pl*
❸ *(instable)* schwankend
❹ MED **rein** ~ Wanderniere *f*
❺ FIN *monnaie* floatend, fluktuierend; *dette* schwebend
flotte¹ [flɔt] *f* ❶ MIL, ECON Flotte *f*; ~ **intérieure** Binnenflotte; ~ **marchande** Handelsflotte; ~ **de pétroliers** Tankerflotte
❷ *(ensemble des avions civils)* ~ **aérienne** Luftflotte *f*
◆ ~ **de commerce** Handelsflotte *f*; ~ **de guerre** Kriegsflotte *f*
flotte² [flɔt] *f fam* ❶ Wasser *nt*
❷ *(pluie)* Regen *m*
flottement [flɔtmɑ̃] *m* ❶ *d'un drapeau* Flattern *nt*
❷ *(hésitation)* Schwanken *nt*
❸ TECH *de direction, roue* Flattern *nt*
❹ FIN, ECON Floaten *nt*
flotter [flɔte] <1> I. *vi* ❶ *(être porté sur un liquide)* schwimmen, treiben; **à la dérive** [**sur l'océan**] im Meer umhertreiben
❷ *(être en suspension dans l'air) brume, brouillard:* hängen; *odeur, parfum:* schweben
❸ *(onduler)* flattern
❹ *(être ample)* **sa jupe flotte autour d'elle** der Rock ist [ihr] [viel] zu weit
❺ *(errer)* **laisser ~ ses pensées** seine Gedanken schweifen lassen; **un sourire flottait sur ses lèvres** ein Lächeln umspielte ihre Lippen
❻ ECON, FIN floaten
II. *vi impers fam (pleuvoir)* schütten *(fam)*
III. *vt* flößen *bois*
flotteur [flɔtœʀ] *m* ❶ TECH Schwimmer *m*
❷ PECHE Schwimmer *m*, Pose *f (Fachspr.)*; ~ **libre** Laufpose *f (Fachspr.)*
flottille [flɔtij] *f* ❶ Flottille *f*
❷ MIL *(avions)* Staffel *f*
flou [flu] I. *m* ❶ Verschwommenheit *f*
❷ CINE, PHOT ~ **artistique** weiche Manier; *iron* gewollte Unklarheit
❸ *(non ajustement) d'une coiffure, mode* weiche fließende Linie
❹ *(imprécision) d'une pensée* Unbestimmtheit *f*; *d'une argumentation* Unklarheit *f*
II. *adv* verschwommen
flou(e) [flu] *adj* ❶ verschwommen; *photo* unscharf
❷ *(non ajusté) vêtement, coiffure* locker
❸ *(imprécis) idée, pensée* vage; *relation* in der Schwebe; *rôle* nicht genau definiert, unklar
flouer [flue] <1> *vt fam* reinlegen *(fam)*
flouse [fluz] *m arg* Knete *f (fam)*, Kohle *f (sl)*
fluctuant(e) [flyktɥɑ̃, ɑ̃t] *adj* ❶ *personne* wankelmütig; *opinion* wechselnd
❷ *prix* schwankend, fluktuierend
fluctuation [flyktɥasjɔ̃] *f* ❶ *gén pl de l'opinion* Schwanken *nt*, Schwankung *f*, Fluktuation *f*; ~ **climatique** Klimaschwankung; ~**s de la main-d'œuvre** Fluktuation der Arbeitskräfte

❷ FIN Schwankung *f*; ~**s boursières** Börsenschwankungen; ~**s du marché** Marktschwankungen; ~ **des taux de change** Wechselkursschwankung; **de fortes ~s des cours** heftige Kursschwankungen; ~**s journalières/monétaires** Tages-/Währungsschwankungen; ~ **des cours** Kursbewegung *f*; **faible ~ des cours des monnaies principales** geringe Kursbewegung bei den Hauptwährungen; ~ **des prix** Preisschwankung, Preisverhalten *nt*
❸ STATIST Streuung *f*
◆ ~ **du chiffre d'affaires** ECON Umsatzschwankung *f*
fluctuer [flykty̆e] <1> *vi* schwanken, fluktuieren *(geh)*
fluet(te) [flyɛ, ɛt] *adj* ❶ dünn; *enfant* zart
❷ *(peu sonore) voix* zart
fluide [flyid, flɥid] I. *adj* ❶ flüssig
❷ *(ample) style, vêtement* fließend
❸ *(difficile à saisir) pensée* flüchtig
II. *m* ❶ CHIM flüssiger Körper, Flüssigkeit *f*; **mécanique des ~s** Strömungslehre *f*
❷ *(force occulte)* Fluidum *nt*; **avoir un ~ magnétique** magnetische Kräfte besitzen
fluidifier [flɥidifje] <1> *vt* verflüssigen
fluidité [flɥidite] *f* ❶ *du sang* Dünnflüssigkeit *f*
❷ *fig d'un style* Flüssigkeit *f*; *d'une pensée* Flüchtigkeit *f*; *d'un marché* Lebhaftigkeit *f*; ~ **du trafic** Verkehrsfluss *m*; ~ **des capitaux** Kapitalfluss
fluo [flyo] *adj inv fam abr de* **fluorescent** ❶ **couleur ~** Leuchtfarbe *f*, Neonfarbe
❷ PECHE **fil ~** Knicklicht *nt (Fachspr.)*
fluor [flyɔʀ] *m* Fluor *nt*
fluoré(e) [flyɔʀe] *adj* mit Fluor angereichert
fluorescence [flyɔʀesɑ̃s] *f* Fluoreszenz *f*
fluorescent(e) [flyɔʀesɑ̃, ɑ̃t] *adj* fluoreszierend; *couleur* leuchtend; **tube ~** Neonröhre *f*
flûte [flyt] I. *interj fam* verflixt *(fam)*
II. *f* ❶ Flöte *f*; ~ **traversière** Querflöte *f*; **la ~ enchantée** die Zauberflöte
❷ *(pain)* Stangenbrot *nt*
❸ *(verre)* Flöte *f*
▶ **ce qui vient de la ~ s'en va par le tambour** *prov* wie gewonnen, so zerronnen; **jouer** [*o* **se tirer**] **des ~s** *fam* abhauen *(fam)*
◆ ~ **à bec** Blockflöte *f*; ~ **à champagne** Sektflöte *f*; ~ **de Pan** Panflöte *f*
flûté(e) [flyte] *adj* hell, schrill; *voix* flötend, hell
flûtiste [flytist] *mf* Flötist(in) *m(f)*
fluvial(e) [flyvjal, jo] <-aux> *adj* Fluss-; **port ~** Binnenhafen *m*; *(sur un canal)* Kanalhafen; **transport ~** Transport *m* auf Binnenwasserstraßen; **au kilomètre ~ 80,5** beim Flusskilometer 80,5
fluviomètre [flyvjɔmɛtʀ] *m* SCI Fluviograph *m (Fachspr.)*
flux [fly] *m* ❶ Flut *f*; **le ~ et le reflux** *(marée)* Ebbe *f* und Flut *f*; *(alternance)* Auf *nt* und Ab *nt*
❷ *littér (grande abondance)* Flut *f*; *de personnes* Scharen *Pl*; **des nouveaux arrivants** Zustrom *m*
❸ MED *(écoulement)* ~ **sanguin** [*o* **de sang**] Blutung *f*; *(important)* Blutstrom *m*
❹ PHYS, INFORM, ECON *(action de couler)* Fluss *m*; ~ **d'informations** Informationsfluss; ~ **d'informations moyen** mittlerer Informationsfluss; ~ **monétaire** Geldstrom *m*
❺ TRANSP ~ **de la circulation** Verkehrsfluss *m*
◆ ~ **de capitaux** ECON Kapitalstrom *m*; ~ **de données** INFORM Datenstrom *m*, Datenfluss *m*; ~ **de paiement** FIN Auszahlungsströme *Pl (Fachspr.)*; ~ **de trésorerie** Bargeldfluss *m (Fachspr.)*
fluxion [flyksjɔ̃] *f des gencives, de poitrine* Entzündung *f*
F.M. [ɛfɛm] *f* MEDIA *abr de* **Frequency Modulation** FM *f*
FME [ɛfɛme] *m* COM *abr de* **Fonds Monétaire Européen** EWF *m*
F.M.I. [ɛfɛmi] *m abr de* **Fonds monétaire international** IWF *m*
F.N. [ɛfɛn] *m* POL *abr de* **Front national** FN *m*
F.N.A.C. [fnak] *f abr de* **Fédération nationale d'achats des cadres** FNAC *f*
F.N.S.E.A. [ɛfɛnɛsøa] *f abr de* **Fédération nationale des syndicats d'exploitants agricoles** Nationaler Bauernverband *m*
F.O. [ɛfo] *abr de* **Force ouvrière** eine Arbeitergewerkschaft
F.O.B [ɛfobe] *adv abr de* **franco à bord** fob; ~ **à Hambourg** fob Hamburg
foc [fɔk] *m* Fock *f*; **grand/petit ~** Klüver *m*/Vorstagsegel *nt*
◆ ~ **d'artimon** Besanstagsegel *nt*
focal(e) [fɔkal, o] <-aux> *adj* ❶ PHYS **distance**, **plan** Brenn-
❷ MED fokal
focale [fɔkal] *f* Brennweite *f*
focalisation [fɔkalizasjɔ̃] *f* MED Fokussierung *f (Fachspr.)*
focaliser [fɔkalize] <1> I. *vt* ❶ PHYS fokussieren
❷ *(concentrer)* ~ **son attention/intérêt sur qn/qc** sein Augenmerk, sein Interesse auf jdn/etw richten
II. *vpr* ❶ PHYS **se ~** sich bündeln
❷ *(se concentrer)* **se ~ sur qn/qc** sich auf jdn/etw konzentrieren

foehn [føn] *m* ❶ *(vent)* Föhn *m;* **temps de ~** Föhnwetter *nt;* **nuage formé par le ~** Föhnwolke *f*
❷ CH *(sèche-cheveux)* Föhn *m*
fœtal(e) [fetal, o] <-aux> *adj* fötal, fetal *(Fachspr.)*, des Fötus; *position* Embryonal-
fœtus [fetys] *m* Fetus *m*, Fötus *m*
fofolle *v.* foufou
foi [fwa] *f* ❶ **~ en qn** Glaube[n] *m* an jdn; **avoir la ~** gläubig sein
❷ *(confiance)* **avoir ~ dans** [*o* **en**] **qn/qc** soutenu Vertrauen *nt* zu jdm/in etw *(Akk)* haben; **avoir ~ en l'avenir** an die Zukunft glauben; **accorder** [*o* **ajouter**] [*o* **prêter**] **~ à qn/qc** jdm/einer S. Glauben schenken
❸ JUR *(intention)* **bonne ~** Gutglauben *m*, guter Glaube; **mauvaise ~** Bösgläubigkeit *f*, böser Glaube; **de bonne ~** *acheteur, possesseur, acquisition* gutgläubig; **de mauvaise ~** *commerçant* bösgläubig; **agir de** [*o* **en toute**] **bonne ~** gutgläubig [*o* in gutem Glauben] handeln, bona fide handeln *(Fachspr.)*; **agir de mauvaise ~** bösgläubig handeln; **être de bonne/mauvaise ~** aufrichtig/unaufrichtig sein; JUR gutgläubig/bösgläubig sein *(Fachspr.)*
▸ **la ~ du charbonnier** die Leichtgläubigkeit; **c'est la ~ qui transporte les montagnes** der Glaube versetzt Berge; **sous la ~ du serment** unter Eid; **il n'y a que la ~ qui sauve** *iron* wer's glaubt, wird selig *(fam)*; **avoir la ~** *(croire en ce qu'on fait)* mit Überzeugung bei der Sache sein; **faire ~** maßgebend [*o* verbindlich] sein; **en ~ de quoi** urkundlich dessen; **ma ~** na ja; **ma ~ oui/non** aber ja/nein; **c'est ma ~ vrai** da haben Sie Recht; ach ja, das ist wahr
foie [fwa] *m* ❶ Leber *f;* **avoir mal au ~** eine Magenverstimmung haben; **cancer du ~** Leberkrebs *m*
❷ GASTR Leber *f;* **~ de bœuf** Rinderleber, Rindsleber (A, SDEUTSCH); **~ de veau** Kalbsleber; **~ de volaille** Geflügelleber; **~ gras** Gänsestopfleber
▸ **avoir les ~s blancs/verts** *pop* Wahnsinnsschiss haben *(sl)*
foin [fwɛ̃] *m* ❶ **sans pl** Heu *nt*
❷ *(herbe sur pied)* Wiesengras *nt*
▸ **être bête à manger du ~** *fam* dumm wie Bohnenstroh sein *(fam);* **faire du ~ un de ces ~s** [*o* **un ~ de tous les diables**] *fam* einen Heidenkrach [*o* Höllenlärm] machen *(fam)*
foirade [fwaʀad] *f fam* Reinfall *m (fam)*, Flop *m*
foire [fwaʀ] *f* ❶ [Waren]markt *m;* **~ à la brocante** Trödelmarkt, Tandelmarkt (A)
❷ *(exposition commerciale)* [Waren]messe *f;* **~ commerciale** Handelsmesse, Verkaufsmesse; **~ industrielle** Industriemesse; **~ du tourisme** Tourismusmesse
❸ *(fête foraine)* Jahrmarkt *m;* **~ du Trône** traditioneller Pariser Jahrmarkt
❹ *fam (endroit bruyant)* Rummel *m (fam)*, Trubel *m*
▸ **faire la ~** *fam* sich lautstark amüsieren, durchfeiern
◆ **~ de démonstration** [*o* **d'échantillons**] Mustermesse *f;* **~ d'empoigne** Hexenkessel *m (fam)*
foire-exposition [fwaʀɛkspozisjɔ̃] <foires-expositions> *f* Messe *f*, Ausstellung *f;* **~ agricole** Landwirtschaftsausstellung; **~ spécifique à une branche** Branchenmesse
foirer [fwaʀe] <1> *vi* ❶ *fam (échouer)* schiefgehen *(fam)*, danebengehen *(fam)*
❷ *fam (être défectueux) écrou, vis:* nicht greifen, überdreht sein; *obus, fusée:* nicht losgehen
foireux, -euse [fwaʀø, -øz] *fam* **I.** *adj* feige
II. *m, f* Hosenscheißer(in) *m(f) (fam)*
fois [fwa] *f* ❶ **une ~ par an** [*o* **l'an**] einmal im [*o* pro] Jahr; **une ~ tous les deux ans** alle zwei Jahre einmal; **avoir déjà fait qc vingt/trente-six/cent/mille ~** etw schon hundertmal [*o* tausendmal] getan haben; **cette pièce a été mise en scène de multiples ~** dieses Stück ist zigfach inszeniert worden *(fam);* **plier qc cinq ~** etw fünffach [*o* fünfmal] falten; **de cinq ~** um das Fünffache; **une autre ~** ein anderes Mal, ein andermal; **d'autres/les autres ~** sonst; **bien des ~** schon manches Mal; **certaines ~** manchmal; **cette ~** [-ci/-là] diesmal, dieses Mal; [à] **chaque ~** jedesmal; **c'est la dernière ~** das ist das letzte Mal; **la dernière ~, tu as pleuré** letztes Mal [*o* das letzte Mal] [*o* beim letzten Mal] hast du geweint; **encore une** [*o* **une nouvelle**] **~** noch einmal, nochmals (CH); **plusieurs ~** mehrmals, mehrere Male; **la prochaine ~** das nächste Mal; **en une ~** einmal; **en plusieurs ~** in mehreren Etappen; **par deux/trois ~** *littér* zweimal/dreimal, wiederholt; **tant de ~** so oft; **il était une ~ ...** es war einmal ...; **la/les ~ où** [*o* **que** *fam*] **tu es venu(e)** das eine Mal, das [*o* wo *fam*] du gekommen bist
❷ *dans un comparatif* **deux ~ plus/moins vieux(vieille) que qn/qc** doppelt/halb so alt wie jd/etw; **cinq ~ plus grand ...** um das Fünffache höher als; **exiger cinq ~ le prix** den fünffachen Preis verlangen; **un prix cinq ~ plus élevé** ein fünffacher Preis; **un salaire cinq ~ plus élevé** das Fünffache an Gehalt; **un agrandissement cinq ~ plus grand** eine fünffache Vergrößerung; **gagner/payer cinq ~ plus** das Fünffache verdienen/bezahlen;

cinq ~ plus d'argent/de personnes fünfmal so viel Geld/soviel Personen; **agrandir qc n ~ plus** etw zigfach vergrößern *(fam);* **gagner n ~ plus** die zigfache Menge gewinnen; **multiplier une fortune par n ~ plus** ein Vermögen um das Zigfache vermehren
❸ *(comme multiplicateur)* **9 ~ 3 font 27** 9 mal 3 ist 27; **une ~ et demie plus grand** anderthalbmal so groß; **une ~ et demie la distance** die anderthalbfache Entfernung; **la quantité une ~ et demie plus importante** die anderthalbfache Menge
▸ **faire qc une ~, pas deux** etw nur einmal machen; **ne pas se le faire dire deux ~** *(Dat)* nicht zweimal sagen lassen; **s'y prendre** [*o* **reprendre**] **à deux ~** es nicht in einem Zug schaffen; **y regarder à deux ~** es sich *(Dat)* gut [*o* zweimal] überlegen; **plutôt deux ~ qu'une** herzlich gern[e]; **neuf ~ sur dix** fast immer; **c'est la première et la dernière ~ que qn on fait qc** das war das erste und letzte Mal, dass jd etw tut; das kommt nicht wieder vor, dass jd etw tut; **trois ~ rien** so gut wie gar nichts; **gagner trois ~ rien** *fam* nur in Nasenwasser verdienen *(fam);* **des ~ fam** das ist nicht der Rede wert; **un [seul] enfant/bateau à la ~** ein Kind/Schiff nach dem anderen; [**tout**] **à la ~** gleichzeitig, zur selben Zeit; **une ~ de plus** ein weiteres Mal, einmal mehr; **des ~ fam** ab und zu, manchmal; **des ~ qu'il viendrait!** *fam* für den Fall, dass er doch noch kommt!; **non mais des ~ !** *fam* jetzt reicht es aber! *(fam);* **pour une ~ qu'on devait partir!** wenn man schon einmal verreisen will!; **pour une ~, dis oui!** sag [doch] ein mal [*o* ein einziges Mal] ja!; **une [bonne] ~ pour toutes** ein für alle Mal; **une ~, deux ~, trois ~** *(dans une vente aux enchères)* zum ersten, zum zweiten, zum dritten; *(pour menacer)* [ich zähle bis drei:] eins, zwei, drei; **une ~ [qu'il fut] parti,...** als er schließlich weg war, ...; **une ~ que tu auras lavé la vaisselle** sobald du den Abwasch gemacht hast; **une ~ propre, la table peut être repeinte** wenn der Tisch [erst einmal] sauber ist, kann er neu gestrichen werden
foison [fwazɔ̃] ▸ **à ~** in Hülle und Fülle
foisonnant(e) [fwazɔnɑ̃, ɑ̃t] *adj* ❶ *(abondant) projet* umfangreich
❷ *(qui augmente de volume)* anschwellend
foisonnement [fwazɔnmɑ̃] *m* Fülle *f;* **~ de vie** reges Leben; **~ de plantes** üppiger Pflanzenwuchs
foisonner [fwazɔne] <1> *vi* reichlich [*o* im Überfluss] vorhanden sein
folâtre [fɔlɑtʀ] *adj* ausgelassen, übermütig
folâtrer [fɔlɑtʀe] <1> *vi* sich tummeln
foldingue [fɔldɛ̃g] *fam* **I.** *adj* verrückt *(fam)*, durchgeknallt *(sl)*
II. *mf* Spinner(in) *m(f)*
folichon(ne) [fɔliʃɔ̃, ɔn] *adj fam* **ne pas être ~ (ne)** nicht gerade umwerfend sein
folie [fɔli] *f* ❶ Wahnsinn *m*, geistige Umnachtung; **c'est de la ~ douce** [*o* **furieuse**] *fam* [*o* **pure**] das ist [doch] heller Wahnsinn
❷ *(déraison)* Verrücktheit *f;* **c'est ~ de faire qc** *littér* es ist ohne Sinn und Verstand, etw zu tun
❸ *(passion)* **de qc** Manie *f* für etw; **avoir la ~ de qc/de faire qc** verrückt nach etw *(Dat)* sein/verrückt danach sein, etw zu tun; **aimer qn/qc à la ~** jdn/etw wahnsinnig lieben
❹ *(conduite, paroles)* Torheit *f*, Unbesonnenheit *f*, [dummer] Streich; **faire une ~/des ~s** *(faire une dépense excessive)* unsinnig viel Geld ausgeben; *(se conduire mal)* aus der Rolle fallen
❺ HIST Lustschloss *nt*
◆ **~ des grandeurs** Größenwahn *m*, Cäsarenwahn *m*
folié(e) [fɔlje] *adj* blätt[e]rig, aus mehreren Schichten bestehend
folio [fɔljo] *m* TYP ❶ *(feuillet)* Folio[blatt *nt*] *nt*
❷ *(numéro)* Seitenzahl *f*
foliole [fɔljɔl] *f* [Einzel]blatt *nt*
folk [fɔlk] **I.** *adj* Folk-; **chanteur ~** Folksänger *m*
II. *m* Folk *m*
folklo [fɔlklo] *adj inv fam abr de folklorique:* **être ~** ein bisschen komisch sein *(fam)*
folklore [fɔlklɔʀ] *m* ❶ Folklore *f;* *(cérémonial)* Sitten und Gebräuche *Pl*
❷ *péj (cirque)* [Affen]theater *nt*
folklorique [fɔlklɔʀik] *adj* ❶ *chant* folkloristisch, volkstümlich; *danse, groupe* Folklore-; *veste, costume* Trachten-; **costume ~** Trachtenanzug *m*
❷ *péj fam (farfelu)* ein bisschen komisch *(fam)*
folkloriste [fɔlklɔʀist] *mf* Volkskundler(in) *m(f)*, Folklorist(in) *m(f) (Fachspr.)*
folksong [fɔlksɔng] *m* Folk[song *m*] *m*
folle [fɔl] *f* ❶ *(démente)* Verrückte *f;* MED Geistesgestörte *f;* **~ furieuse** Tobsüchtige *f*
❷ *(écervelée)* **jeune ~** junge Irre *(fam)*, **vieille ~** närrische Alte; **crier/travailler comme une ~** wie eine Irre [*o* Verrückte] schreien/arbeiten
❸ *(personne exubérante)* **faire la ~** *(faire, dire des bêtises)* Unsinn [*o* Blödsinn] machen; *(se défouler)* sich austoben; **arrête de faire la ~ !** lass den Quatsch! *(fam)*
❹ *péj fam (homosexuel)* Tunte *f (fam)*

▶ s'amuser comme une petite ~ *fam* sich königlich amüsieren *(fam)*
◆ ~ du logis *littér* Fantasie *f*
follement [fɔlmɑ̃] *adv* wahnsinnig *(fam)*; *amoureux* unsterblich; *comique* irrsinnig
follet(te) [fɔlɛ, ɛt] *adj* ❶ *(déraisonnable)* wirr
❷ *fig (capricieux)* launisch
▶ **esprit** ~ Kobold *m*; **feu** ~ Irrlicht *nt*; **poil** ~ Flaum *m*
follicule [fɔlikyl] *m* ❶ BOT Fruchtkapsel *f*
❷ ANAT Follikel *m*; ~ **pileux** Haarbalg *m*
fomentateur, -trice [fɔmɑ̃taœʀ, -tʀis] *m, f* Aufrührer(in) *m(f)*, Aufwiegler(in) *m(f)*
fomenter [fɔmɑ̃te] <1> *vt littér* schmieden, anzetteln *(fam) complot*; anstiften *troubles, assassinat*
foncé(e) [fɔ̃se] *adj* dunkel; *bleu, rouge* dunkel-
foncer [fɔ̃se] <2> I. *vt* ❶ dunkler machen
❷ *(creuser)* graben; ausschachten *puits*
❸ GASTR ~ **un moule** den Boden [einer Form] auslegen
II. *vi* ❶ ~ **sur qn/qc** auf jdn/etw losgehen [*o* zurasen]
❷ *fam (aller très vite) (en courant)* [los]wetzen *(fam)*; *(en agissant très vite)* fix machen *(fam)*
❸ *(devenir plus foncé)* dunkler werden
fonceur, -euse [fɔ̃sœʀ, -øz] *m, f fam* dynamische Person *f*; *(audacieux)* Draufgänger(in) *m(f) (fam)*
foncier, -ière [fɔ̃sje, -jɛʀ] *adj* ❶ Grund-; **propriété foncière** Grundbesitz *m*, Grundeigentum *nt*; **revenus ~s** Einkünfte *Pl* aus Liegenschaften
❷ *(fondamental) défaut* grundlegend; *erreur* gründlich; *problème* grundsätzlich; *qualité, gentillesse* angeboren
foncièrement [fɔ̃sjɛʀmɑ̃] *adv* von Grund auf [*o* aus], grundsätzlich; ~ **bienveillant(e)/complaisant(e)** grundgütig; ~ **laid(e)** grundhässlich
fonction [fɔ̃ksjɔ̃] *f* ❶ Funktion *f*; **avoir pour ~ de faire qc** *personne*: die Funktion [*o* Aufgabe] haben, etw zu tun; *objet, dispositif*: die Funktion haben, etw zu tun; **faire ~ de cuisinier** die Rolle des Kochs übernehmen, als Koch fungieren; **faire ~ de bureau** als Schreibtisch dienen; **mettre un appareil hors ~** ein Gerät außer Betrieb setzen
❷ *(activité professionnelle)* Tätigkeit *f*; ~ **de cadre** Führungsposition *f*
❸ *(charge)* Amt *nt*, Aufgabe *f*; ~ **de/du maire** Bürgermeisteramt; **exercer une ~** ein Amt ausüben; **occuper de hautes ~s** ein hohes Amt bekleiden; **prendre ses ~s** ein Amt übernehmen; **être/rester en ~** im Amt sein/bleiben; **cesser ses ~s** sein Amt niederlegen; **logement/voiture de ~** Dienstwohnung *f*/-wagen *m*; **la ~ publique** der öffentliche Dienst; *(ensemble du domaine, des activités)* das Beamtenwesen
❹ BIO, MED, LING, MATH, TECH Funktion *f*; ~ **d'un/de l'organe** Organfunktion; **~s cérébrales** [Ge]hirnfunktion; ~ **exponentielle** Exponentialfunktion; ~ **de désinstallation/d'impression** INFORM Deinstallations-/Druckfunktion; ~ **d'illustration** [*o* **de représentation**] Abbildfunktion
❺ CHIM Wirkung *f*, Wirksamkeit *f*
▶ **être ~ de qc** von etw abhängen; **en ~ de qc** einer S. *(Dat)* entsprechend; **en ~ du marché** marktabhängig; **en ~ du temps** je nach Wetter[lage]
◆ ~ **d'aide** INFORM Hilfefunktion *f*; ~ **copie** INFORM Kopierfunktion *f*; ~ **d'intégration** INFORM Integrationsfunktion *f*; ~ **de scanner** INFORM Scan-Funktion *f*
fonctionnaire [fɔ̃ksjɔnɛʀ] *mf* Beamte(r) *m*/Beamtin *f*; ~ **gouvernemental(e)** Regierungsbeamte(r)/-beamtin; **haut ~** ≈ Beamte(r)/Beamtin des gehobenen Dienstes; ~ **municipal(e)** Kommunalbeamte(r)/-beamtin; **corruption de ~** Beamtenbestechung *f*
fonctionnalisme [fɔ̃ksjɔnalism] *m* LING, PSYCH Funktionalismus *m*
fonctionnalité [fɔ̃ksjɔnalite] *f* ❶ *sans pl* Funktionalität *f*
❷ INFORM Funktionalität *f*, Funktion *f*
fonctionnariat [fɔ̃ksjɔnaʀja] *m* Berufsbeamtentum *nt*
fonctionnariser [fɔ̃ksjɔnaʀize] <1> *vt* ❶ verbeamten *personne*; in den Staatsdienst übernehmen *entreprise, personne*
❷ bürokratisieren *service, État*
fonctionnel(le) [fɔ̃ksjɔnɛl] *adj* ❶ funktionsgerecht, funktionell, praxisgerecht
❷ *(qui ne se veut pas artistique)* Gebrauchs-; **texte ~** Gebrauchstext *m*; **meuble ~** Gebrauchsmöbel *nt*
❸ MED, MATH Funktions-
fonctionnellement [fɔ̃ksjɔnɛlmɑ̃] *adv arranger, aménager* praxisgerecht
fonctionnement [fɔ̃ksjɔnmɑ̃] *m* Funktionieren *nt*; *d'un organe, d'une institution* Funktionieren, Funktionsweise *f*; INFORM *d'une installation* Betrieb *m*
fonctionner [fɔ̃ksjɔne] <1> *vi* ❶ funktionieren; *organe, administration, ordinateur, imprimante*: arbeiten; **chauffage qui fonctionne au gaz** gasbetriebene Heizung; **ce moteur fonctionne à l'électricité** dieser Motor ist elektrisch betrieben
❷ *(travailler)* ~ **en équipe** als Team arbeiten; ~ **à la bière/au café** *fam* ohne Bier/Kaffee nicht funktionstüchtig sein [*o* nicht über die Runden kommen]
fond [fɔ̃] *m* ❶ *d'un récipient, tiroir* Boden *m*; *de la mer* Boden, Grund *m*; *d'un violon, d'une guitare* Resonanzboden; *d'une vallée* Sohle *f*, Mulde *f*; *d'une rivière* Bett *nt*; TECH, ARCHIT [Unter]grund *m*; **les ~s sous-marins** die Tiefsee; **à ~ de cale** NAUT im Kielraum *m*; **travailler au ~** unter Tage arbeiten; **au ~ du sac** [ganz] unten in der Tasche; **au ~ du lac** auf den Grund des Sees
❷ *(partie la plus éloignée) d'une pièce, d'un couloir* hinterer Teil; *d'une armoire* Rückwand *f*; **au** [**fin**] ~ **du monde/de qc** am Ende der Welt/im hintersten Winkel einer S. *(Gen)*; **au ~ de la cour** hinten im Hof
❸ ANAT Innere(s) *nt*; **examiner le ~ de la gorge** in den Hals schauen
❹ THEAT *d'une estrade, scène* Hintergrund *m*
❺ *(partie intime) du cœur, de l'âme* Innere(s) *nt*, Tiefe *f*; **avoir un bon ~** einen guten Kern haben; **regarder qn au ~ des yeux** jdm tief in die Augen schauen; **au ~ de lui-même** tief im Innern seines Herzens; **du ~ du cœur** von ganzem Herzen
❻ *(degré le plus bas)* ~ **de la misère** tiefstes Elend; **être au ~ de l'abîme** am Boden zerstört sein; **toucher le ~** völlig am Boden liegen
❼ *(ce qui est essentiel) des choses* Wesentliche(s) *nt*, Hauptsache *f*, Essenz *f*; *d'un problème* Kern *m*; ~ **du litige** JUR Hauptsache; **expliquez le ~ de votre pensée** sagen Sie, was Sie wirklich denken; **aller au ~ des choses** den Dingen auf den Grund gehen
❽ *(opp: forme)* Inhalt *m*; ~ **du/d'un contrat** Vertragsinhalt
❾ *(reste) de vin, d'apéritif* [kleiner] Schluck; *d'huile, de bouteille, verre* Rest *m*, Bodensatz *m*
❿ *(hauteur d'eau)* [Wasser]tiefe *f*
⓫ TEXTIL *(pièce rapportée)* Boden *m*
⓬ *(arrière-plan) (sonore)* Hintergrund *m*, Untermalung *f*; *(visuel)* Untergrund *m*; ~ **sonore** musikalische Untermalung, Hintergrundmusik *f*; **sur ~ de qc** vor dem Hintergrund einer S. *(Gen)*
⓭ GASTR Fond *m*
⓮ SPORT *(résistance)* Ausdauer *f*; *(course)* Langstreckenlauf *m*; **ski de ~** [Ski]langlauf *m*
▶ **le ~ de l'air est frais** es weht ein kühles Lüftchen; **user ses ~s de culotte sur les bancs de l'école** die Schulbank drücken; **à ~ la caisse** [*o* **les gamelles**] *pop* mit einem Affenzahn *(fam)*, mit Schmackes *(fam)*; **être à ~ de cale** *fam* pleite sein *(fam)*; **de ~ en comble** von Grund auf, ganz und gar; **faire** [*o* **gratter**] [*o* **vider**] **les ~s de tiroir** *fam* sein letztes Geld zusammenkratzen *(fam)*; **à ~ de train** im Eiltempo, mit Karacho *(fam)*; **avoir un ~ de qc** eine Spur von etw besitzen; **il y a un grand ~ de vérité dans tout ça** dahinter steckt viel Wahres; **à ~** voll und ganz; **nettoyer, remanier** gründlich; *respirer* tief; *connaître* in- und auswendig; *appuyer* voll; **au** [*o* **dans le**] ~, ... *fam* im Grunde genommen ..., eigentlich ...; **de ~** Haupt-, grundlegend; *article* Leit-; **sur le ~** grundsätzlich
◆ ~ **d'artichaut** Artischockenboden *m*; ~ **de culotte** Hosenboden *m (fam)*; ~ **d'œil** Augenhintergrund *m*; ~ **de robe** Unterkleid *nt*; ~ **de sauce** Soßenfond *m*; ~ **de tarte** Tortenboden *m*; ~ **de teint** Grundierung *f*; ~ **de teint fluide** Flüssig-Make-up *nt*
fondamental [fɔ̃damɑ̃tal, o] <-aux> *m* Grundton *m*
fondamental(e) [fɔ̃damɑ̃tal, o] <-aux> *adj* ❶ grundlegend, fundamental; *élément, propriété, loi* Grund-; *opération* Haupt-; **erreur ~e** Grundfehler *m*; **question ~e** Grundfrage *f*, Grundproblem *nt*; **couleur ~e** Primärfarbe *f*
❷ *(essentiel)* wesentlich, von großer Bedeutung
❸ SCI *recherche* Grundlagen-
❹ MUS *son, note, accord* Grund-; *fréquence* Haupt-
❺ LING **l'allemand ~** der deutsche Grundwortschatz
fondamentalement [fɔ̃damɑ̃talmɑ̃] *adv* von Grund auf [*o* aus]; *modifier* grundlegend; *opposé, faux* grund-
fondamentalisme [fɔ̃damɑ̃talism] *m* Fundamentalismus *m*
fondamentaliste [fɔ̃damɑ̃talist] I. *adj* fundamentalistisch
II. *mf* REL Fundamentalist(in) *m(f)*
fondant [fɔ̃dɑ̃] *m* ❶ [**bonbon**] ~ Kaubonbon *nt o m*, weiches [*o* weicher] Bonbon
❷ *(glaçage)* Fondant *m o nt*
❸ TECH Schmelzsubstanz *f*
❹ METAL Zuschlag *m*
fondant(e) [fɔ̃dɑ̃, ɑ̃t] *adj* ❶ *glace* schmelzend; **neige ~e** Pappschnee *m*
❷ *(qui devient mou) bonbon, chocolat* auf der Zunge zergehend
❸ *poire* saftig
❹ *(tendre)* zart
fondateur, -trice [fɔ̃datœʀ, -tʀis] *m, f d'une usine, ville, société* Gründer(in) *m(f)*; *d'une théorie, science* Begründer(in) *m(f)*; *d'une bourse, d'un prix* Stifter(in) *m(f)*; *d'une œuvre* Initiator(in) *m(f)*; ~ **(-trice) de l'entreprise** Firmengründer(in) *m(f)*

fondation [fɔ̃dasjɔ̃] f ❶ Gründung f; ~ d'une entreprise Unternehmensgründung; nouvelle ~ d'une entreprise Unternehmensneugründung
❷ (création par don ou legs) Stiftung f
❸ (établissement) Stiftung f
❹ pl CONSTR d'un bâtiment Fundament nt, Grundmauern Pl
fondé(e) [fɔ̃de] I. adj être bien ~ (e) crainte, critique: berechtigt sein; opinion: fundiert sein; confiance: gerechtfertigt sein; pressentiment: nicht unbegründet sein; être ~ (e) à faire qc allen Grund haben, etw zu tun
II. m(f) JUR ~ (e) de pouvoir[s] Prokurist(in) m(f), Handlungsbevollmächtigte(r) f(m)
fondement [fɔ̃dmɑ̃] m pl Grundlagen Pl, Fundament nt; jeter [o poser] les ~ s de qc die Grundlage zu etw legen
❷ (motif, raison) Grundlage f; ne reposer sur aucun ~ völlig unbegründet sein; sans [o dénué(e) de tout] ~ ohne jede Grundlage; ~ de la comparaison Vergleichsgrundlage f; ~ d'un/du contrat Vertragsgrundlage, ≈ Geschäftsgrundlage (Fachspr.); ~ de la contribution ECON Umlagegrundlage; ~ du droit [o de la demande] JUR Anspruchsgrundlage (Fachspr.); ~ de l'imposition Veranlagungsgrundlage
❸ PHILOS Grundlage f, Begründung f
fonder [fɔ̃de] <1> I. vt ❶ gründen
❷ (financer) stiften prix; ins Leben rufen dispensaire, institution
❸ littér (faire reposer) ~ ses espoirs sur qc seine Hoffnung auf etw (Akk) gründen; ~ une théorie sur qc eine Theorie auf etw (Akk) stützen; ~ une décision sur qc eine Entscheidung mit etw (Dat) begründen; ~ de grands espoirs sur qn große Hoffnungen in jdn setzen; être fondé(e) sur une histoire vraie auf einer wahren Geschichte beruhen
II. vpr se ~ sur qc personne: sich auf etw (Akk) berufen; attitude, raisonnement: durch etw (Akk) begründet sein
fonderie [fɔ̃dʀi] f ❶ (usine) [Metall]gießerei f
❷ (fabrication) [Metall]gießerei f, [Metall]gießen nt
fondeur [fɔ̃dœʀ] m ❶ (métier) [Metall]gießer(in) m(f); (maître) Gießereimeister(in) m(f)
❷ SKI Langläufer m
fondeuse [fɔ̃døz] f ❶ SKI Langläuferin f
❷ (machine) Gießmaschine f
fondre [fɔ̃dʀ] <14> I. vi ❶ schmelzen; beurre, chocolat: schmelzen, zerlaufen, zerfließen; faire ~ qc etw zum Schmelzen bringen
❷ (se dissoudre) ~ dans un liquide zerfließen; ~ dans la bouche/sous la langue im Mund/auf der Zunge zergehen
❸ (s'attendrir) ~ de pitié/en larmes vor Mitleid (Dat) vergehen/ in Tränen ausbrechen
❹ fam (maigrir) ~ de dix kilos zehn Kilo abspecken (fam)
❺ (diminuer rapidement) argent, économies, muscles: dahinschwinden; (diminuer partiellement) [zusammen]schrumpfen; ~ de moitié um die Hälfte schrumpfen; ~ devant qc colère, sentiment: angesichts einer S. schwinden
❻ (dissiper) faire ~ sa colère seine Wut abflauen lassen
❼ (se précipiter) ~ sur qn/un animal/qc oiseau, ennemi: sich auf jdn/ein Tier/etw stürzen, über jdn/ein Tier/etw herfallen; ~ sur qn fig ennuis: auf jdn zukommen; soucis: jdn befallen; malheurs: über jdn hereinbrechen
II. vt ❶ schmelzen, zum Schmelzen bringen; einschmelzen bijoux, argenterie; zerlassen beurre
❷ (fabriquer) gießen
❸ (fusionner) ~ qc dans qc etw mit etw vereinigen; ~ plusieurs choses en une seule etw zu einer Sache zusammenfassen
❹ (incorporer) ~ qc dans qc etw in etw (Akk) einfügen
III. vpr se ~ en qc personnes, choses: sich zu etw vereinigen
❷ (former un tout avec) se ~ dans qc in etw (Dat) aufgehen
❸ (disparaître) se ~ dans qc in etw (Dat) verschwinden; appel: in etw (Dat) untergehen
fondrière [fɔ̃dʀijɛʀ] f (trou plein d'eau) [Wasser]loch nt; (trou plein de boue) [Schlamm]loch; (trou dans la rue) Schlagloch
fonds [fɔ̃] m ❶ (commerce) Geschäft nt, Laden m
❷ (terrain) Grundstück nt
❸ (organisme) Fonds m; Fonds monétaire international Weltwährungsfonds, Internationaler Währungsfonds; ~ nationaux de développement [nationaler] Entwicklungsfonds; ~ d'encouragement aux jeunes artistes Fonds zur Förderung junger Künstler
❹ (capital) Vermögen nt; ~ accumulés Akkumulationsmittel Pl (Fachspr.); ~ bloqués gesperrtes Guthaben; ~ commercial Geschäftswert m; ~ compensatoire Ausgleichsfonds m; ~ externes Fremdmittel; ~ immobilisés Festgeldanlage f, festliegende Gelder; ~ manquants fehlende Geldmittel; ~ prêtés Darlehensfonds; ~ privés Privatmittel; ~ publics [o d'État] Staatsgelder, öffentliche Gelder; (subventions) öffentliche Fördermittel; ~ à préavis Kündigungsgelder (Fachspr.); ~ de couverture des réserves mathématiques Deckungsstock m (Fachspr.); ~ de recherche de l'entreprise betrieblicher Forschungsfonds; les ~ de réserve der Notfonds [o Reservefonds], der eiserne Bestand; gérer les ~ die Kasse [o die Gelder] verwalten; réunir les ~ nécessaires die notwendigen Mittel aufbringen; prêter qc à ~ perdu etw ohne Aussicht auf Rückzahlung verleihen; rentrer dans ses ~ fam kein Minusgeschäft machen (fam); être en ~ fam bei Kasse sein (fam)
❺ (ressources) Stoff m, Material nt; d'une langue Wortschatz m
❻ (œuvres) d'une bibliothèque Bestand m
❼ (qualités physiques ou intellectuelles) Potenzial nt
◆ ~ d'aide Hilfsfonds m, Fördermittel Pl; ~ d'amortissement Tilgungsfonds m, Ablösungsfonds; ECON Amortisationsfonds; ~ de commerce (magasin) Geschäft nt; (valeur) Firmenwert m; ~ de compensation POL, FIN Kompensationsfonds m; ~ d'encouragement Förderfonds m, Fördermittel Pl, Anreizfonds; ~ de garantie Sicherheitsfonds m, Garantiefonds, Delkrederefonds (Fachspr.), Deckungsstock m (Fachspr.); ~ de grève Streikfonds m, Streikkasse f; ~ d'investissement Anlagefonds m; pl Investitionsgelder Pl, Investitionsmittel Pl; ~ de marché interbancaire ECON Geldmarktfonds m; ~ de pension Pensionsfonds m; ~ de placement Wertpapierfonds m; ~ de recherche Forschungsfonds m, Forschungsmittel Pl; ~ de roulement Umlaufvermögen nt; ~ de solidarité Solidaritätsfonds m; ~ de subventions Fördermittel Pl; ~ de tiers fremde Gelder; ~ de titres Wertpapierfonds m
fondu [fɔ̃dy] m CINE ~ enchaîné Überblendung f
fondu(e) [fɔ̃dy] I. part passé de fondre
II. adj couleurs, tons ineinander übergehend, verschwimmend; neige ~ e Schneeregen m; (au sol) Pappschnee m; fromage ~ Schmelz-
fondue [fɔ̃dy] f Fondue nt; ~ bourguignonne/savoyarde Fleisch-/Käsefondue nt
fongible [fɔ̃ʒibl] adj COM denrées/titres ~ s fungible Waren/Wertpapiere (Fachspr.)
fongicide [fɔ̃ʒisid] I. adj pilztötend, fungizid (Fachspr.)
II. m Fungizid nt (Fachspr.)
fongiforme [fɔ̃ʒifɔʀm] adj pilzförmig
fongique [fɔ̃ʒik] adj MED, AGR Pilz-; attaque ~ Pilzbefall m; infection ~ Pilzinfektion f
fonne CAN v. fun
fontaine [fɔ̃tɛn] f ❶ [Spring]brunnen m; ~ murale Wandbrunnen m
❷ (source) Brunnen m
❸ GASTR (creux dans la farine) Mulde f
▶ il ne faut pas [o jamais] dire: "~, je ne boirai pas de ton eau" prov sag niemals nie; pleurer comme une ~ hum wie ein Schlosshund heulen (fam)
◆ ~ de Jouvence Jungbrunnen m
fontanelle [fɔ̃tanɛl] f ANAT Fontanelle f
fonte [fɔ̃t] f ❶ d'un métal Schmelzen nt; ~ des neiges Schneeschmelze f
❷ (fabrication) Gießen nt
❸ (métal) Gusseisen nt; ~ blanche/grise Hartguss m/Grauguss m; en ~ aus Gusseisen, gusseisern
fonts [fɔ̃] mpl ~ baptismaux Taufbecken nt, Taufstein nt
foot [fut] m sans pl fam abr de football Fußball m; ~ de top niveau Klassefußball (fam)
football [futbol] m sans pl Fußball m; ~ professionnel Profifußball; ~ en salle Hallenfußball; club de ~ Fußballklub m
footballeur, -euse [futbolœʀ, -øz] m, f Fußballspieler(in) m(f), Fußballer(in) m(f) (fam); ~ professionnel/footballeuse professionnelle Profifußballer(in)
footing [futiŋ] m Jogging nt, Joggen nt; faire du/son ~ joggen
for [fɔʀ] ▶ en/dans mon/son ~ intérieur in meinem/seinem/ihrem tiefsten Innern
forage [fɔʀaʒ] m Bohrung f, Bohren nt; ~ profond Tiefbohrung; ~ en mer [o off-shore] Offshore-Bohrung
forain(e) [fɔʀɛ̃, ɛn] I. adj parc d'attraction, baraque Jahrmarkts-; marchand fliegend; fête ~e Jahrmarkt m
II. m(f) Schausteller(in) m(f)
forban [fɔʀbɑ̃] m ❶ Seeräuber m
❷ fam (escroc) Halunke m, Lump m (fam)
forçage [fɔʀsaʒ] m ❶ CHASSE d'un cerf Treiben nt
❷ HORT des primeurs Frühkultur f
forçat [fɔʀsa] m ❶ Zwangsarbeiter m, zur Zwangsarbeit verurteilter Sträfling
❷ (condamné aux galères) Galeerensträfling m
▶ ~ du travail Arbeitstier nt; travailler comme un ~ wie ein Wilder/eine Wilde schuften (fam)
force¹ [fɔʀs] f ❶ Kraft f; de toutes ses ~s mit aller Kraft, mit Schmackes (fam); crier aus Leibeskräften; être au-dessus de mes/ses ~s über meine/seine/ihre Kräfte gehen; ménager ses ~s mit seinen Kräften haushalten; ne pas avoir de ~ nicht bei Kräften sein; reprendre des ~s wieder zu Kräften kommen; mes ~s me trahissent mir schwinden die Kräfte; à ~s égales im Gleichgewicht der Kräfte; en ~ kräftemäßig (fam); ~ prodigieuse

Urgewalt f (geh)
② (courage) Kraft f
③ (niveau intellectuel) Geistesgabe f
④ (pouvoir) Stärke f; ~ **publique** öffentliche Gewalt; **céder à la ~** der Gewalt (Dat) nachgeben; **employer la ~** Gewalt anwenden; **qc fait la ~ de qn** jds Stärke liegt in etw (Dat); **l'union fait la ~** Einigkeit macht stark; **~ obligatoire d'une offre** JUR Bindungswirkung f eines Angebots; **~ majeure** JUR Force majeure f (Fachspr.)
⑤ gén pl (ensemble de personnes) Kräfte Pl; **jeu des ~s** Kräftespiel m; **~ électorale/financière** Wähler-/Finanzpotenzial nt
⑥ gén pl (potentiel) **~s du marché** Marktkräfte
⑦ MIL **~s d'intervention** Einsatztruppen Pl; **~s de l'ordre** Polizei f; **~[s] armée[s]/militaire[s]** Streitkräfte Pl; **concentrer ses ~s** seine Streitkräfte zusammenziehen
⑧ PHYS Kraft f; **~ d'adhésion** Adhäsionskraft; **~ opposée** Gegenkraft; **~ propulsive de la/d'une fusée** Raketenschub m
⑨ (autorité) de l'habitude, de la loi, vérité Macht f; d'un argument, préjugé Stärke f; **prendre ~ de loi** Gesetzeskraft bekommen; **avoir [o faire] ~ de loi** Gesetzeskraft haben; **exécutoire** JUR Vollstreckbarkeit f; **avoir ~ exécutoire** rechtskräftig sein; **par la ~ des choses** durch die Umstände bedingt, zwangsläufig
⑩ (principe d'action) Kraft f; de la nature, du mal, des ténèbres Kräfte Pl; **~ naturelle** Urkraft; **~ supérieure** übersinnliche Kraft
⑪ (degré d'intensité) d'un choc, coup Wucht f; du vent, tremblement de terre Stärke f; d'une carte Wert m; d'un désir, d'une passion Heftigkeit f, Intensität f; d'un sentiment Tiefe f; de l'égoïsme, de la haine Ausmaß nt; **~ du son/bruit** Lautstärke f; **avec ~ frapper** heftig; **avec un vent de ~ sept** bei Windstärke sieben
⑫ TECH d'un câble, mur, d'une barre Stabilität f
⑬ (puissance, efficacité) d'un moteur Leistungskraft f; d'un médicament, poison Wirkungskraft f
⑭ (vigueur) d'une œuvre, d'un style, terme Ausdruckskraft f; **dans toute la ~ du terme** im wahrsten Sinne des Wortes
⑮ CHIM Stärke f
⑯ sans pl (électricité) [elektrischer] Strom
▶ **être dans la ~ de l'âge** in den besten Jahren sein; **à la ~ des bras** [o **du poignet**] mit Muskelkraft; (seul) aus eigener Kraft; **avoir une ~ de cheval** fam Bärenkräfte haben (fam); **c'est une ~ de la nature** er/sie steckt voller Vitalität; **être de première ~** eine(r) von den Besten sein; **vouloir qc à toute ~** etw um jeden Preis wollen; **m'est/lui est de la ~ à faire qc** ich/er/sie muss wohl oder übel etw tun; **être de ~ à faire qc** in der Lage sein, etw zu tun; **à ~ de** mit der Zeit; **à ~ de faire qc/de qc** indem man etw tut/ durch etw; **à ~ de pleurer** durch das viele Weinen; **faire qc avec ~** mit Nachdruck tun; **faire qc de ~** etw unter Zwang tun; **faire qc en ~** (opp: en souplesse) etw mit viel Kraft tun; (en nombre) etw in großer Zahl tun; **faire qc par ~** etw gezwungenermaßen tun
◆ **~ d'âme** Seelengröße f; **~ de caractère** Charakterstärke f; **~ de corps** TYP Schriftgrad m; **~ d'engagement** JUR Bindungskraft f; **~ de dissuasion** Abschreckungspotenzial nt; **~ de frappe** schlagwortartige Bezeichnung für die französische Atomstreitmacht; **~ d'impression** Anschlagsstärke f; **~ des indices** JUR Indizwirkung f (Fachspr.); **~ d'inertie** Trägheit f; **~s d'occupation** Besatzungsmacht f; **~s de police** Einsatzkräfte Pl der Polizei; **~ de production** Produktionskraft f; **~s de redressement économique** ECON Auftriebskräfte Pl; **~ de sécurité** Schutztruppe f; **~ de volonté** Willenskraft f, Willensstärke f
force² [fɔʀs] littér **dévorer ~ moutons** eine ganze Anzahl Schafe verschlingen
forcé(e) [fɔʀse] I. part passé de **forcer**
II. adj ① bain, mariage unfreiwillig; travail Zwangs-; atterrissage Not-; **envoi ~** nicht bestellte Ware
② (artificiel) attitude unnatürlich, steif; rire, sourire gezwungen; amabilité, gaieté forciert, aufgesetzt
③ fam (inévitable) conséquence, suite zwangsläufig
④ LITTER, ART style, expression, trait unnatürlich; comparaison, effet erzwungen
▶ **c'était ~!** fam das war [ja] abzusehen!, das war [ja] klar! (fam)
forcément [fɔʀsemɑ̃] adv notgedrungen, zwangsläufig; **pas ~** nicht unbedingt; **~!** na klar! (fam)
forcené(e) [fɔʀsəne] I. adj ① gewaltig
② (démesuré) wahnsinnig; travail, activité wahnsinnig, ungeheuer; partisan leidenschaftlich, fanatisch
II. m(f) Wahnsinnige(r) f(m), Verrückte(r) f(m); **être un ~ du vélo/foot** fam ein passionierter Radfahrer/Fußballspieler sein; **être un ~ du boulot** fam arbeitswütig sein (fam)
forceps [fɔʀsɛps] m sans pl Geburtszange f; **accouchement au ~** Zangengeburt f
forcer [fɔʀse] <2> I. vt ① **~ un pilote à atterrir/faire demi-tour** einen Piloten zwingen, zu landen/umzukehren
② (tordre) verbiegen
③ (enfoncer) aufbrechen coffre, porte, serrure; durchbrechen barrage; **~ l'entrée de qc** sich (Dat) Zugang zu etw verschaffen
④ (susciter) hervorrufen admiration, estime; erregen attention; einflößen respect; wecken sympathie, confiance
⑤ (vouloir obtenir plus de qc) zu Höchstleistungen antreiben cheval; auf Hochtouren bringen moteur
⑥ (vouloir infléchir) manipulieren conscience; erzwingen consentement, succès; herausfordern destin
⑦ (intensifier) heben voix; beschleunigen pas
⑧ (exagérer) übermäßig aufrunden dépense, note
⑨ HORT früher zum Treiben bringen fleur, plante
⑩ CHASSE treiben animal
II. vi ① sich überanstrengen, sich verausgaben
② (agir avec force) **~ sur qc** etw mit Gewalt tun
③ fam (abuser) **~ sur la patience de qn** jds Geduld überstrapazieren; **~ sur les pâtisseries** es mit dem Gebäck übertreiben (fam)
④ (supporter un effort excessif) moteur: zu stark beansprucht werden
III. vpr **se ~ à qc** sich zu etw (Dat) zwingen; **se ~ à** [o **pour**] [o de littér] **faire qc** sich (Akk) zwingen, etw zu tun; **ne pas se ~ pour faire qc** sich nicht darum reißen, etw zu tun (fam)
forcing [fɔʀsiŋ] m sans pl ① SPORT schneller Vorstoß
② fam (déploiement d'énergie) Kraftakt m; **faire le ~ pour obtenir qc** fam nicht locker lassen [o sich ins Zeug legen], bis man etw erreicht (fam); **faire qc au ~** etw unter Aufbietung aller Kräfte tun
forcir [fɔʀsiʀ] <8> vi ① kräftiger [o stärker] werden
② (grossir) zunehmen
forclusion [fɔʀklyzjɔ̃] f JUR (déchéance d'un droit) Anspruchsverjährung f, Präklusion f (Fachspr.); **délai de ~** Fallfrist f (Fachspr.)
forer [fɔʀe] <1> vt ① bohren trou, puits; **~ profondément** tiefbohren
② ausheben excavation
foresterie [fɔʀɛstəʀi] f Forstwirtschaft f
forestier, -ière [fɔʀɛstje, -jɛʀ] I. adj Wald-, Forst-; **association forestière** forstwirtschaftliche Vereinigung
II. m, f Förster(in) m(f)
foret [fɔʀɛ] m Bohrer m; **~ à bois/à béton** Holz-/Steinbohrer; **~ hélicoïdal** Spiralbohrer
forêt [fɔʀɛ] f ① Wald m; **~ de châtaigniers** [Ess]kastanienwald; **~ de conifères/de feuillus** Nadel-/Laubwald; **~ domaniale** Staatsforst m; **jeune ~** Jungholz nt; **~ sèche** Trockenwald; **~ vierge** Urwald
② fig **une ~ de mâts** ein Wald von Masten
forêt-noire [fɔʀɛnwaʀ] <forêts-noires> f ① GEOG **la Forêt-Noire** der Schwarzwald
② (gâteau) Schwarzwälder Kirschtorte f
foreuse [fɔʀøz] f TECH Bohrmaschine f
forfait¹ [fɔʀfɛ] m ① Pauschale f, Pauschalbetrag m; TRANSP Pauschaltarif m; (honoraires) Pauschalhonorar m; **travailler au ~** für einen Pauschalbetrag arbeiten; **à ~** JUR ohne Regress
② FISC Vorsteuersatz m
forfait² [fɔʀfɛ] m SPORT (pénalité) Stornogebühr f; (abandon) Aufgabe f; **déclarer ~** aussteigen
forfait³ [fɔʀfɛ] m littér (crime) Schandtat f, Untat f (liter)
forfaitaire [fɔʀfɛtɛʀ] adj indemnité pauschal festgesetzt; montant, prix Pauschal-
forfaiture [fɔʀfɛtyʀ] f ① JUR Amtsmissbrauch m
② HIST Treubruch m
forfanterie [fɔʀfɑ̃tʀi] f littér Großsprecherei f, Prahlerei f
forge [fɔʀʒ] f ① (fourneau) Schmiedeofen m
② (atelier) Schmiede f
③ pl (usine) Hüttenwerk nt | f
▶ **ronfler comme une ~** [o **comme un soufflet de ~**] im Schlaf ganze Wälder zersägen; **souffler comme une ~** wie ein Walross schnaufen
forger [fɔʀʒe] <2a> I. vt ① schmieden métal
② (inventer) erfinden, sich (Dat) einfallen lassen excuse, prétexte; **être forgé(e)** récit: [frei] erfunden sein; **une histoire forgée de toutes pièces** eine von A bis Z erfundene Geschichte
③ littér (créer, former) schaffen; schmieden plan; prägen mot
II. vpr ① **se ~ une réputation/un idéal** sich (Dat) einen Namen machen/ein Ideal schaffen
② (s'inventer) **se ~ un prétexte/nom** sich (Dat) einen Vorwand/ Namen ausdenken [o ersinnen]
forgeron [fɔʀʒəʀɔ̃] m (artisan) Schmied m; (artisan d'art) Kunstschmied
▶ **c'est en forgeant qu'on devient ~** prov Übung macht den Meister
forint [fɔʀint] m Forint m
formage [fɔʀmaʒ] m TECH Formgebung f, Formung f; **~ par extrusion** Extrusionsformen nt; **~ et pliage** Formbiegen nt
formaldéhyde [fɔʀmaldeid] m CHIM Formaldehyd m
formaliser [fɔʀmalize] <1> I. vpr **se ~ de qc** sich an etw (Dat) stoßen, Anstoß an etw (Dat) nehmen

II. *vt* formalisieren

formalisme [fɔʀmalism] *m* ❶ *péj* Formalismus *m*, Überbetonung *f* der Form
❷ ART, LITTER Formalismus *m*

formaliste [fɔʀmalist] **I.** *adj* formalistisch; *personne* [sehr] formell II. *m* Formalist(in) *m(f)*

formalité [fɔʀmalite] *f* ❶ Formalität *f*; **accomplir** [*o* **remplir**] **des ~s** Formalitäten erledigen; **~s douanières** [*o* **de douanes**] Zollformalitäten; **accomplir les ~s douanières** die Zollformalitäten erledigen; **accomplir les ~s douanières pour qn/qc** jdn/etw zollamtlich abfertigen
❷ *(démarche de peu d'importance)* [reine] Formsache
▶ **sans autre ~** ohne weitere Umstände, kurzerhand

format [fɔʀma] *m* ❶ Format *nt*; **~ carte postale** Postkartenformat; **~ papier** Papierformat; **~ in-folio** Folioformat; **~ in-quarto** Quartformat; **~ grand aigle/jésus/raisin** Format 74 × 105/56 × 72/50 × 64 cm *(französische Papierformate)*; **~ 24 × 36** PHOT Kleinbildformat; **papier format A4** DIN-A4-Blatt *nt;* **annonce de petit ~** kleinformatige Anzeige
❷ INFORM Format *nt;* **~ de/du document** Dokumentformat, Dokumentgröße; **~ de/d'un fichier** Dateiformat; **~ de fichier graphique** Grafikdateiformat; **~ d'impression** Druckformat; **~ d'origine** Ursprungsformat; **~ standard** Standardformat; **~ oblong** [*o* à **l'italienne**] Querformat, Landscape-Format *(Fachspr.);* **imprimer qc en ~ à l'italienne** etw im Querformat [*o* Landscape-Format *Fachspr.*] ausdrucken
❸ TV, CINE **~ grand écran** Breitwandformat *nt*
◆ **~ de poche** Taschenbuchformat *nt*

formatage [fɔʀmataʒ] *m* INFORM Formatierung *f;* **programme de ~** Formatierungsprogramm *nt;* **modifier le ~ d'un texte** einen Text umformatieren

formater [fɔʀmate] <1> *vt* INFORM formatieren; einrichten *page*

formateur, -trice [fɔʀmatœʀ, -tʀis] **I.** *adj* formend; *expérience, influence* für die Erziehung förderlich
II. *m, f* Ausbilder(in) *m(f)*

formation [fɔʀmasjɔ̃] *f* ❶ *(action de former)* d'une équipe Aufstellung *f; d'un mot, du pluriel* Bildung *f; d'un cercle, cylindre* Konstruktion *f;* **~ du gouvernement/de groupes** Kabinetts-/Gruppenbildung; **~ de capital monétaire** Geldvermögensbildung; **~ du cours** Kursbildung; **~ d'un/des prix** Preisgestaltung *f,* Preisbildung; **~ libre/liée des prix** freie [*o* unbehinderte]/gebundene Preisbildung; **~ des prix orientée sur les coûts** kostenorientierte Preisbildung
❷ *(action de se former) du monde, des dunes* Entstehung *f; d'une couche* Bildung *f; d'un système nerveux, os* Herausbildung *f; du vocabulaire, capitalisme* Entwicklung *f;* **~ cellulaire** BIO Zellbildung; **~ de cloques** Blasenbildung; **~ de gaz** Gasbildung
❸ *(apprentissage professionnel)* Ausbildung *f;* **~ des enseignants** Lehrerausbildung; **~ continue** [*o* **permanente**] Weiterbildung, Fortbildung, berufliche Fortbildung; **~ continue au sein de l'entreprise** betriebliche Fortbildung; **~ professionnelle interne** innerbetriebliche Ausbildung; **~ professionnelle sur le lieu de travail** Ausbildung am Arbeitsplatz; **~ d'officier** Offiziersausbildung; **~ de vente** Verkaufsschulung *f*
❹ *(ensemble du domaine, des activités)* Ausbildungswesen *nt;* **les centres de** [**la ~ professionnelle** das Berufsschulwesen
❺ *(éducation morale et intellectuelle)* Bildung *f; du caractère, goût, de l'esprit* Formung *f*
❻ *(groupe de personnes)* Gruppe *f; (formation politique)* Gruppierung *f; (formation militaire)* Truppe *f; (équipe de sportifs)* Mannschaft *f*
❼ JUR Gebilde *nt;* **~ sans personnalité juridique** nicht rechtsfähiges Gebilde *(Fachspr.)*
❽ MIL *(disposition)* Formation *f; (sur le champ de bataille)* Aufstellung *f*
❾ GEOL, BOT Formation *f*
❿ *(puberté)* Reifezeit *f*

forme [fɔʀm] *f* ❶ Form *f;* **de ~ classique/régulière** in klassischer/regelmäßiger Form; **en ~ de croix/de cœur** kreuz-/herzförmig; **un entretien en ~ d'interrogatoire** eine Unterhaltung in Form eines Verhörs; **sans ~** formlos, ohne Form; **sous ~ de qc** in Form von etw; **sous toutes ses ~s** in all seinen/ihren Erscheinungsformen; **donner à qc une ~ agréable** einer S. *(Dat)* eine nette Form verleihen; **prendre la ~ de qc** die Form von etw annehmen; **~ de la monnaie** ECON Geldform; **~ transitoire** Übergangsform; **~ primitive** Urform; **~ d'origine** Urgestalt *f*
❷ *(apparence)* Gestalt *f;* **multitude de ~s** Vielgestaltigkeit *f;* **sous la ~ de qc** in [der] Gestalt einer S. *(Gen)*
❸ *(silhouette)* Gestalt *f*
❹ *pl (galbe du corps)* Rundungen *Pl,* Formen *Pl*
❺ *(variante, variété)* Form *f;* **~ de gouvernement** Regierungsform; **~ naine** *d'une plante, d'un animal* Zwergform
❻ *(condition physique/intellectuelle)* Form *f,* körperliche/geistige Verfassung; **avoir la** [*o* **être en**] **~ in Form** [*o* fit] sein *(fam);* **garder la ~** in Form bleiben *(fam);* **tenir la grande ~** in Hochform sein; **super ~** Topform *f;* **~ du jour** Tagesform
❼ *pl (bienséance)* [Umgangs]formen *Pl*
❽ ART, LITTER, MUS [Ausdrucks]form *f*
❾ LING Form *f;* **~ impérative/progressive** Befehls-/Verlaufsform; **~ du verbe** Personalform
❿ JUR Form *f;* **~ juridique** Rechtsform; **~ d'action** Handlungsform; **~ d'entreprise** Unternehmensform; **~ de prélèvement** Erhebungsform *(Fachspr.);* **en bonne** [**et due**] **~** *(conforme aux normes formelles)* formgerecht; *(conforme à la réglementation)* ordnungsgemäß, vorschriftsmäßig; *(en bon état)* in ordnungsgemäßem Zustand; **contraire à la bonne et due ~** formwidrig
⓫ TECH *d'un cordonnier, bottier* Leisten *m; d'une modiste* Stumpen *m; d'un fromager* Form *f; d'un typographe* Druckform
▶ **sans autre ~ de procès** kurzerhand, ohne viel Federlesen[s]; **être de pure ~** reine Formsache sein; **[y] mettre les ~s** sich höflich [*o* taktvoll] ausdrücken; **prendre ~** *projet:* Gestalt annehmen; **faire qc dans les ~s** etw ordnungsgemäß tun; **faire qc pour la ~** etw der Form halber machen
◆ **~ à chapeau** *(moule)* Hutform *f*

formé(e) [fɔʀme] *adj* ❶ *fruit* voll ausgebildet; *jeune fille* voll entwickelt
❷ *mot, phrase* **bien/mal ~(e)** richtig/falsch gebildet

formel(le) [fɔʀmɛl] *adj* ❶ *déclaration, démenti, engagement* ausdrücklich; *ordre* strikt; *preuve* eindeutig; **être ~(le) sur qc** sich in Bezug auf etw *(Akk)* klar [*o* deutlich] ausdrücken
❷ ART, LITTER, LING Form-
❸ *(de pure forme)* formell
❹ PHILOS formal

formellement [fɔʀmɛlmɑ̃] *adv* ❶ ausdrücklich
❷ *(concernant la forme)* formal

former [fɔʀme] <1> **I.** *vt* ❶ formen
❷ *(créer, organiser)* gründen *association, parti;* bilden *coalition;* schmieden *complot*
❸ LING bilden
❹ *(assembler des éléments)* bilden, aufstellen *équipes;* zusammenstellen *train, cortège;* zusammentragen *collection*
❺ *(concevoir)* entwickeln *idée, pensée;* entwerfen *projet;* äußern *vœu;* hegen *dessein*
❻ *(constituer)* bilden
❼ *(produire, donner)* herausbilden; hervorbringen *fleur*
❽ *(éduquer, instruire)* **~ qn** *maître, professeur:* jdn heranbilden, jdn ausbilden; *voyage, épreuve:* jdn schulen; **~ le caractère** *voyage, épreuve:* den Charakter schulen
❾ *(prendre l'aspect, la forme de)* bilden *cercle;* machen *boucle*
II. *vpr* ❶ **se ~** sich bilden; *fruits:* wachsen; *images:* entstehen
❷ *(se disposer)* **se ~ en carré/colonne** *armée:* sich im Karree/in Kolonnen aufstellen
❸ *(s'instruire)* **se ~** sich bilden

formica® [fɔʀmika] *m* ≈ Resopal® *nt*

formidable [fɔʀmidabl] *adj* ❶ *fam livre, film, type* toll *(fam),* stark *(fam)*
❷ *(hors du commun)* *volonté* ungeheuer; *dépense, détonation* ungeheuer, gewaltig; **c'est ~!** das ist ja irre! *(fam)*

formidablement [fɔʀmidabləmɑ̃] *adv* unheimlich, wahnsinnig *(fam)*

formique [fɔʀmik] *adj* CHIM **acide ~** Ameisensäure *f*

formol [fɔʀmɔl] *m* Formalin® *nt*

formulaire [fɔʀmylɛʀ] *m* ❶ Formular *nt,* Vordruck *m,* Drucksorte *f* (A); **~ en blanc** Blankoformular; **~ d'assurance maladie pour l'étranger** Auslandskrankenschein *m;* **~s d'inscription** JUR Anmeldungsunterlagen *Pl*
❷ *(recueil de formules)* Formelsammlung *f*
◆ **~ de candidature** Bewerbungsformular *nt;* **~ de contrat** Kontraktformular *nt;* **~ d'inventaire** ECON Inventurbogen *m*

formulation [fɔʀmylasjɔ̃] *f* Formulierung *f*

formule [fɔʀmyl] *f* ❶ Formulierung *f*
❷ *(paroles rituelles)* Formel *f;* **~ magique** Zauberformel; **~ introductive** JUR Einleitungsformel
❸ *(choix, possibilité)* Angebot *nt;* **~ à quinze euros** Menü *nt* zu [*o* für] fünfzehn Euro
❹ *(façon de faire)* Methode *f,* Vorgehensweise *f;* **~ de calcul des retraites** Rentenformel *f*
❺ SCI, CHIM Formel *f*
❻ MED Werte *Pl*
❼ SPORT **~ I** Formel I *f*
❽ ANAT, BIO **~ dentaire** Zahnformel *f*
◆ **~ de bienvenue** Begrüßungsformel *f;* **~ de calcul** Bemessungsformel *f;* **~ de politesse** [Höflichkeits]floskel *f*

formuler [fɔʀmyle] <1> *vt* ❶ formulieren *demande;* abfassen *requête;* formulieren, in Worte fassen *pensée*

fornication [fɔʀnikasjɔ̃] f ❶ REL Unzucht f
❷ hum Herumbumsen nt (fam)
forniquer [fɔʀnike] <1> vi ~ **avec qn** mit jdm Unzucht treiben
fors [fɔʀ] prép vieilli außer, nur nicht; **tout est sauvé, ~ l'honneur** alles ist gerettet, nur nicht die Ehre
forsythia [fɔʀsisja] m Forsythie f
fort [fɔʀ] I. adv ❶ (intensément) frapper kräftig, fest; parler, crier laut; **la viande sent ~** das Fleisch riecht streng; **son cœur battait très ~** er/sie hatte starkes Herzklopfen; **le vent souffle ~** es weht ein starker Wind; **respirez ~!** tief einatmen!; **fermer très ~ les yeux** die Augen zupressen
❷ (beaucoup) **avoir ~ à faire** alle Hände voll zu tun haben; **qn a ~ à faire avec qn/qc** jd/etw macht jdm zu schaffen; **ça me déplaît ~** das missfällt mir sehr; **j'en doute ~** das möchte ich stark bezweifeln
❸ antéposé (très) intéressant, mécontent sehr
❹ fam (bien) gut; **toi, ça ne va pas ~** dir geht's nicht besonders (fam); **ses affaires ne marchent pas ~** seine/ihre Geschäfte laufen nicht besonders (fam)
▶ **~ bien!** na gut!, na schön!; **se faire ~ de faire qc** sich (Dat) zutrauen etw zu tun; **y aller [un peu/trop] ~** fam zu weit gehen (fam)
II. m ❶ (forteresse) Fort nt; HIST Trutzburg f
❷ (spécialité) **la cuisine, ce n'est pas mon ~** Kochen ist nicht gerade meine Stärke [o starke Seite]
❸ (milieu, cœur) **au plus ~ de l'été** im Hochsommer; **au plus ~ de la bataille** auf dem Höhepunkt der Schlacht
❹ (personne) Starke(r) m
▶ **~ en thème** fam Musterschüler m
fort(e) [fɔʀ, fɔʀt] adj ❶ (robuste) constitution, nature kräftig; personne, animal stark
❷ postposé (puissant) homme, régime stark; monnaie hart; **être ~ de sa supériorité** sich (Dat) seiner Überlegenheit sicher sein; **être ~(e) de l'appui de qn** auf jds Hilfe (Akk) bauen können; **une armée ~e de 1500 hommes** eine 1500 Mann starke Armee
❸ postposé (résistant) carton, cuir, fil, papier dick
❹ (de grande intensité) stark; mer aufgewühlt; lumière hell; averse, battement, fluctuations des cours heftig; rythme schnell; **~e chaleur** [Affen]hitze f (fam)
❺ (pour le goût) stark; moutarde, sauce scharf
❻ (pour l'odorat) stark
❼ (pour les sensations/sentiments) groß; colère heftig; dégoût, désir, ferveur, douleur, émotion, impression, rhume, souffrance stark; fièvre hoch
❽ MUS temps betont
❾ LING hart, stimmlos
❿ (important qualitativement) œuvre groß; phrase, geste politique bedeutend; présomption stark; **exprimer son opinion en termes très ~s** seine Meinung sehr deutlich zum Ausdruck bringen
⓫ (important quantitativement) somme, mortalité, consommation de gaz hoch; consommation de stylos, différence groß; baisse, hausse stark; **il y a de ~es chances pour que qn fasse qc** es bestehen gute Chancen, dass jd etw tut; **faire payer le prix ~** den vollen Preis zahlen lassen
⓬ (doué) gut; **être ~(e)** gut sein; (dans sa profession) sein Handwerk [o sein Metier] verstehen; (dans un sport/jeu) gut sein/spielen; **être ~(e) en math** gut in Mathe (Dat) sein; **être très ~(e) sur un sujet** über ein Thema gut Bescheid wissen; **être ~(e) aux échecs** gut Schach spielen, ein guter Schachspieler sein; **ne pas être très ~(e) en cuisine** nicht besonders gut kochen können; **être très ~(e) pour critiquer** iron sehr gut im Kritisieren sein (iron)
⓭ (excessif) plaisanterie gewagt; terme hart; **employer la manière ~e** es auf die harte Tour machen (fam); **cette histoire est un peu ~e** diese Geschichte kann man kaum glauben
⓮ euph (gros) chevilles, jambes kräftig; personne stark, korpulent; poitrine groß; **être un peu ~(e) des hanches** ziemlich breit um die Hüften sein
⓯ postposé (courageux) stark; **une âme ~e** eine in sich gefestigte [o willensstarke] Person
▶ **c'est plus ~ que moi** ich kann nicht anders; **le** [o **ce qu'il y a de**] **plus ~, c'est que** iron das Beste [o Härteste fam] ist, dass; **c'est trop [o un peu] ~!** das gibt's doch nicht!, das ist ein starkes Stück! (fam); **elle est ~e, celle-là!** fam das schlägt dem Fass den Boden aus! (fam)
forte [fɔʀt] I. f (personne) Starke f
II. adv MUS forte
fortement [fɔʀtəmɑ̃] adv ❶ (vigoureusement) fest; secouer kräftig, heftig; **s'exprimer ~** seinen Worten großen Nachdruck verleihen
❷ (vivement) insister **~ sur qc** nachdrücklich auf etw (Dat) bestehen; **je suis ~ attiré(e) par cela** das reizt mich sehr
❸ (beaucoup) sehr, stark; **il est ~ question de qc** etw wird ernsthaft in Erwägung gezogen
forteresse [fɔʀtəʀɛs] f ❶ (lieu fortifié) Festung f
❷ fig Hochburg f, Bastion f
❸ MIL **~ volante** Jagdbomber m
fortiche [fɔʀtiʃ] adj fam ❶ (calé) **être ~ en math** in Mathe echt was loshaben (fam)
❷ (malin) **c'est pas ~ d'avoir fait cela** es war nicht gerade clever [o schlau], das zu tun (fam)
fortifiant [fɔʀtifjɑ̃] m (remède) Stärkungsmittel nt
fortifiant(e) [fɔʀtifjɑ̃, jɑ̃t] adj médicament, remède stärkend, kräftigend; **nourriture ~e** Kraftnahrung f; **boisson ~e** Aufbautrunk m
fortification [fɔʀtifikasjɔ̃] f ❶ (action de fortifier) Befestigung f; **~ de la/d'une côte** Küstenbefestigung f
❷ (ouvrages fortifiés) Befestigungsanlage f
fortifier [fɔʀtifje] <1a> I. vt ❶ (rendre vigoureux) kräftigen, stärken
❷ (affermir) stärken volonté; festigen amitié; **~ qn dans sa conviction** jdn in seiner/ihrer Überzeugung bestärken
❸ MIL befestigen
II. vi (tonifier) kräftigen, stärken
III. vpr **se ~** ❶ (devenir fort) personne: [seinen Körper] trainieren; santé: sich stabilisieren
❷ (après une maladie) personne: wieder zu Kräften kommen
❸ (s'affermir) amitié, croyance, autorité: sich festigen; **l'esprit se fortifie par la méditation** der Geist wird durch Meditation innerlich gestärkt
❹ MIL sich verschanzen
fortin [fɔʀtɛ̃] m kleines Fort
fortissimo [fɔʀtisimo] MUS I. adv jouer fortissimo
II. m Fortissimo nt
fortuit(e) [fɔʀtɥi, it] adj zufällig, remarque willkürlich; **cas ~** Zufall m; **observation/invention ~e** Zufallsbeobachtung f/-erfindung f; **résultat ~** Zufallsergebnis nt
fortuitement [fɔʀtɥitmɑ̃] adv zufällig[erweise], durch Zufall
fortune [fɔʀtyn] f ❶ (richesse) Vermögen nt; **avoir de la ~** vermögend sein; **faire ~** reich werden; **~ immobilière** JUR Grundvermögen (Fachspr.); **coûter une ~** fam ein Vermögen kosten
❷ (personne riche) **les grandes ~s** die oberen Zehntausend; **le notaire est une des plus grosses ~s de la région** der Notar ist einer der vermögendsten Männer der Gegend
❸ (chance) Glück nt; **~ des armes** Kriegsglück (geh); **la bonne ~** der glückliche Zufall; **chercher** [o **tenter**] **~** sein Glück [ver]suchen; **courir après la ~** dem Glück hinterherrennen
❹ littér (hasard, sort) Schicksal nt; **la Fortune** Fortuna f
▶ **la ~ sourit aux audacieux** prov dem Mutigen gehört die Welt (prov); **faire contre mauvaise ~ bon cœur** gute Miene zum bösen Spiel machen; **de ~** behelfsmäßig; **installation de ~** (hébergement) Notunterkunft f
fortuné(e) [fɔʀtyne] adj ❶ (riche) vermögend, wohlhabend
❷ littér (heureux) vom Glück begünstigt
forum [fɔʀɔm] m ❶ (débat) Forum nt
❷ (place) Platz m
❸ HIST Forum nt
❹ INFORM Newsgroup f
▶ **~ de discussion sur Internet** INFORM Internetforum nt
fosse [fos] f ❶ (cavité) Grube f; **~ de boue** Schlammgrube; **~ septique** Klärgrube; **~ à fumier/à purin** Dung-/Jauchegrube
❷ GEOL Graben m; **~ océanique** Tiefseegraben
❸ (tombe) Grab nt; **~ commune** Sammelgrab nt
❹ (charnier) Massengrab nt
❺ ANAT **~s nasales** Nasen[neben]höhlen Pl
▶ **~ aux lions** Löwenzwinger m; a. fig (dans la Bible) Löwengrube f; **~ d'orchestre** Orchestergraben m
fossé [fose] m ❶ (tranchée) Graben m; **~ d'irrigation** Bewässerungsgraben m; **~ antichar** Panzergraben m
❷ (écart) Kluft f; **des générations** Generationskonflikt m; **un ~ culturel sépare ces deux peuples** zwischen den Kulturen dieser beiden Völker liegen Welten; **le ~ se creuse** die Kluft wird tiefer
fossette [fosɛt] f Grübchen nt
fossile [fɔsil] I. adj ❶ GEOL fossil
❷ péj (démodé) idée angestaubt (fam); objet vorsintflutlich (fam); personne verknöchert
II. m ❶ GEOL Fossil nt
❷ fig fam Grufti m (fam), Fossil nt (fam)
fossilifère [fɔsilifɛʀ] adj fossilienhaltig
fossilisation [fɔsilizasjɔ̃] f Versteinerung f
fossiliser [fɔsilize] <1> I. vt GEOL (rendre fossile) versteinern
II. vpr **se ~** ❶ GEOL (devenir fossile) versteinern
❷ fig fam einrosten (fig fam)
fossoyeur [foswajœʀ] m Totengräber m
fou [fu] m ❶ (dément) Verrückte(r) m; MED Geistesgestörte(r) m; **~ furieux** Tobsüchtige(r) m
❷ (écervelé) **jeune ~** junger Irrer (fam); **vieux ~** närrische(r)

Alte(r) *m*; **crier/travailler comme un ~** wie ein Irrer [*o* Verrückter] schreien/arbeiten

④ *(personne exubérante)* **faire le ~** *(faire, dire des bêtises)* Unsinn [*o* Blödsinn] machen; *(se défouler)* sich austoben; **arrête de faire le ~!** lass den Quatsch! *(fam)*

⑤ ECHECS Läufer *m*

⑥ *(bouffon)* Narr *m*

⑦ ORN Tölpel *m*

▶ **s'amuser comme un petit ~** *fam* sich königlich amüsieren *(fam)*; **qn s'amuse comme un petit ~ à faire qc** es macht jdm einen Heidenspaß etw zu tun *(fam)*; **plus on est de ~s, plus on rit** *prov* je mehr Leute, umso besser die Stimmung

◆ **~ du roi** Hofnarr *m*

fou, fol, folle [fu, fɔl] *adj* ① *(dément)* verrückt; **devenir subitement ~/folle** plötzlich den Verstand verlieren; **devenir ~ furieux/folle furieuse** einen Tobsuchtsanfall bekommen

② *(dérangé)* **être ~(folle) à lier** völlig verrückt [*o* übergeschnappt *fam*] sein; **ne pas être ~(folle)** *fam* doch nicht verrückt sein *(fam)*; **devenir ~(folle)** durchdrehen *(fam)*; **c'est à devenir ~, il y a de quoi devenir ~** das ist [ja] zum Verrücktwerden; **il me rendra ~(folle)** er bringt mich noch ins Irrenhaus *(fam)*; **ils sont ~s, ces Romains!** *hum* die spinnen, die Römer!

③ *(idiot)* **qn est/serait ~ de faire qc** jd wäre/wäre verrückt, etw zu tun; **il faut être ~ pour faire cela** man muss ganz schön dumm sein, um das zu tun; **il n'est pas si ~** er ist gar nicht so dumm

④ *(insensé) désir, rires* unbändig; *tentative* vergeblich; *idée, projet* unsinnig, verrückt; *amour* wahnsinnig; *course, imagination, jeunesse* wild; *dépense* unvernünftig; *joie* überschäumend; *regard* irr; **folle audace** Tollkühnheit *f*; **passer une folle nuit** eine heiße Nacht verbringen; **avoir le ~ rire** einen Lachanfall [*o* Lachkrampf] bekommen; **les rumeurs les plus folles** die wildesten Gerüchte; **les hommes ont toujours eu le fol espoir de voler** die Menschen haben immer das verrückte Verlangen gehabt, fliegen zu können

⑤ *(éperdu)* **être ~(folle) de chagrin** vor Kummer *(Dat)* fast den Verstand verlieren; **être ~(folle) de désir** in wahnsinniges Verlangen verspüren *(fam)*; **être ~(folle) de joie/colère** außer sich vor Freude/Wut *(Dat)* sein; **rendre qn ~ de joie** bei jdm einen wahren Freudentaumel auslösen

⑥ *(amoureux)* **être ~(folle) de qn** ganz verrückt nach jdm sein *(fam)*; **être ~(folle) de jazz** ganz versessen auf Jazz *(Akk)* sein *(fam)*

⑦ *(énorme, incroyable) courage, énergie, mal, souffrance, prix* wahnsinnig *(fam)*; **un argent ~** ein Heidengeld *nt* *(fam)*; **il y avait un monde ~** es waren irrsinnig [*o* wahnsinnig] viele Leute da *(fam)*

⑧ *(exubérant)* **être tout ~/toute folle** außer Rand und Band sein *(fam)*; **le chien devient tout ~** der Hund gerät ganz aus dem Häuschen *(fam)*

⑨ *(en désordre, incontrôlé) cheveux, mèche* widerspenstig; **un camion ~** ein außer Kontrolle geratener Lastwagen; **un cheval ~** ein wild gewordenes Pferd; **la boussole est folle** der Kompass spielt verrückt

fouace [fwas] *f* GASTR Spezialität aus dem Anjou, flacher runder Kuchen der im Ofen oder unter Asche gebacken wird

foucade [fukad] *f littér* Laune *f*; **ne travailler que par ~s** [ganz] nach Lust und Laune arbeiten; **c'est une fille à ~s** sie hat ihre Launen, sie ist launenhaft

foudre¹ [fudʀ] *f* ① METEO Blitz[schlag *m*] *m*; **la ~ s'abat** [*o* **tombe**] **sur qn/qc** jd wird vom Blitz erschlagen/etw wird vom Blitz getroffen

② *pl soutenu (condamnation, reproche) d'une personne* Zorn *m*; **de l'Église** Bannstrahl *m* *(geh)*

▶ **avoir le coup de ~ pour qn** sich auf den ersten Blick in jdn verlieben; **avoir le coup de ~ pour qc** von etw auf den ersten Blick begeistert sein; **prompt comme la ~** wie ein geölter Blitz *(fam)*, blitzschnell *(fam)*

foudre² [fudʀ] *m* **~ de guerre** großer Kriegsheld; **~ d'éloquence** großer Redner

foudre³ [fudʀ] *m (tonneau)* großes [Lager]fass

foudroyant(e) [fudʀwajɑ̃, jɑ̃t] *adj* ① *(soudain)* mort plötzlich, jäh; *succès* durchschlagend; *vitesse, progrès* rasant; *nouvelle* umwerfend, verblüffend; **attaque ~e** Blitzangriff *m*

② *(mortel) maladie, poison* tödlich

③ *(réprobateur) regard* vernichtend

foudroyer [fudʀwaje] <6> *vt* ① *(frapper par la foudre)* **être foudroyé(e)** *personne*: vom Blitz getroffen werden; *chose, animal*: vom Blitz getroffen werden

② *(électrocuter)* **être foudroyé(e)** einen elektrischen Schlag bekommen

③ *(tuer)* tödlich treffen; **la maladie l'a foudroyé(e)** die Krankheit hat ihn/sie dahingerafft

④ *(abattre, rendre stupéfait)* **~ qn** *malheur, nouvelle*: jdn niederschmettern; *surprise*: jdn sprachlos machen; **~ qn du regard** jdn mit seinen Blicken töten

fouet [fwɛ] *m* ① *(verge)* Peitsche *f*; **donner un coup/des coups de ~ à qn/un animal** jdn/ein Tier mit der Peitsche schlagen

② GASTR Schneebesen *m*

③ *(châtiment)* **donner le ~ à qn** jdn mit der Peitsche schlagen

▶ **de plein ~** mit voller Wucht

fouettard *v.* **père**

fouetter [fwete] <1> I. *vt* ① *(frapper)* mit der Peitsche schlagen *personne, animal*; **la pluie fouette les vitres** der Regen schlägt gegen die Scheiben; **le vent me fouette au visage** der Wind peitscht mir ins Gesicht

② GASTR schlagen

③ *(stimuler)* anstacheln *amour-propre, orgueil*; erregen, [er]wecken *désir*; beflügeln *imagination*; **~ les sangs** den Kreislauf anregen

II. *vi (frapper)* **la pluie fouette contre les vitres** der Regen schlägt gegen [*o* an] die Fensterscheiben

foufou, fofolle [fufu, fɔfɔl] *adj fam* **être un peu ~(fofolle)** *personne*: leicht verrückt sein *(fam)*; *chien*: ein bisschen verspielt sein

fougasse [fugas] *f* GASTR provenzalische Kuchenspezialität mit Honig und Mandeln oder Oliven

fougère [fuʒɛʀ] *f* BOT Farn *m*, Farnkraut *nt*

fougue [fug] *f* Schwung *m*; **avec ~** mit Elan; **avec la ~ de la jeunesse** mit jugendlichem Ungestüm *(geh)*

fougueusement [fugøzmɑ̃] *adv* **s'empoigner, se battre** heftig; *s'embrasser* leidenschaftlich; *défendre* vehement

fougueux, -euse [fugø, -øz] *adj réponse, attaque* heftig; *tempérament, personne* aufbrausend; *orateur, intervention* leidenschaftlich; *cheval* feurig; *discours* flammend

fouille [fuj] *f* ① *(inspection)* Durchsuchung *f*, Filzen *nt (fam)*; **~ corporelle** Leibesvisitation *f*

② *pl* ARCHEOL [Aus]grabungen *Pl*

③ *(excavation)* Baugrube *f*

④ *pop (poche)* Tasche *f*

fouillé(e) [fuje] *adj commentaire* ausführlich; *étude* eingehend, genau; *travail* gewissenhaft

fouille-merde [fujmɛʀd] <fouille-merdes> *mf fam* Schmierfink *m (fam)*

fouiller [fuje] <1> I. *vt* ① *(inspecter)* durchsuchen *lieu, poches*; absuchen *horizon*; durchforsten *dossier*; eingehend erörtern *problème*; **~ la vie de qn** sich eingehend mit jds Lebensgeschichte befassen; **~ l'obscurité des yeux** versuchen, in der Dunkelheit etwas zu erkennen; **~ la pièce des yeux** [*o* **du regard**] das Zimmer genau in Augenschein nehmen; **la police a fouillé les lieux** die Polizei hat den Tatort gefilzt *(fam)*

② *(creuser)* **~ qc** *animal*: in etw *(Dat)* wühlen; *archéologue*: in etw *(Dat)* graben [*o* [Aus]grabungen machen]

II. *vi* ① *(inspecter)* **~ dans qc** in etw *(Dat)* herumwühlen, etw durchsuchen; **~ dans ses souvenirs** in seinen Erinnerungen kramen

② *(creuser) animal*: wühlen; *archéologue*: [Aus]grabungen machen

III. *vpr* **se ~** seine Taschen durchwühlen

fouillis [fuji] *m* Unordnung *f*, Durcheinander *nt*; **~ de lianes** Geflecht *nt* von Lianen; **~ d'idées/de souvenirs** Wust *m* von Einfällen/Erinnerungen; **en ~** in Unordnung, durcheinander; **le texte fait vraiment ~** der Text ist völlig ungeordnet

fouine [fwin] *f* ZOOL Steinmarder *m*

▶ **c'est une vraie ~** das ist ein elender Schnüffler/eine elende Schnüfflerin *(fam)*

fouiner [fwine] <1> *vi fam* herumschnüffeln *(fam)*; **être sans cesse à ~ partout** seine Nase ständig in alles [hinein]stecken müssen *(fam)*

fouineur, -euse [fwinœʀ, -øz] *m, f* Schnüffler(in) *m(f)*

fouir [fwiʀ] <8> *vt animal*: wühlen

fouisseur, -euse [fwisœʀ, -øz] *adj* Wühl-; **animal ~** Wühler *m*

foulage [fulaʒ] *m* ① *du raisin* Keltern *nt*

② TECH *des tissus, des peaux* Walken *nt*

③ *(relief)* Reliefbildung *f* [im Papier]

foulant(e) [fulɑ̃, ɑ̃t] *adj fig fam travail* anstrengend

foulard [fulaʀ] *m* ① *(fichu)* Kopftuch *nt*

② *(écharpe)* Halstuch *nt*, Schal *m*, Vierecktuch *nt*

③ *(tissu)* [leichter] Seidenstoff

foule [ful] *f* ① *(multitude de personnes)* [Menschen]menge *f*; **~ en délire** rasende [*o* tobende] Menge; **fendre la ~** sich *(Dat)* einen Weg durch die Menge bahnen; **il y a/n'y a pas ~** es sind viele/wenige Leute da; **ce n'était pas la grande ~ aux guichets** der große Ansturm auf die Schalter blieb aus

② *(grand nombre)* **une ~ de gens/questions** eine Menge Leute/Fragen; **avoir une ~ de projets** jede Menge Pläne haben *(fam)*; **les idées me viennent en ~** mir kommen eine Menge [*o* viele] Ideen

③ *(peuple)* **la ~** die breite Masse

foulée [fule] *f* ① SPORT Schritt *m*; *d'un cheval* Auftreten *nt* [beim Trab oder Galopp]; *d'un coureur* Tritt *m*, Laufschritt *m*; **à grandes/petites ~s** mit großen [*o* langen]/kleinen [*o* kurzen] Schritten;

allonger la ~ größere Schritte machen; **rester dans la ~ de qn** jdm dicht auf den Fersen bleiben
❷ *(style)* Laufstil *m*
▶ **dans la ~ de qc** gleich im Anschluss an etw *(Akk)*, unmittelbar nach etw

fouler [fule] <1> I. *vt* ❶ *littér (marcher sur)* ~ **le sol natal** den Fuß auf heimatlichen Boden setzen
❷ *(écraser)* keltern *raisin;* TECH walken *cuir, drap, feutre, peau*
II. *vpr* ❶ *(se tordre)* **se ~ la cheville** sich *(Dat)* den Knöchel verstauchen
❷ *iron fam (se fatiguer)* **se ~** sich ins Zeug legen *(fam);* **ne pas se ~** sich kein Bein ausreißen *(fam)*

foulque [fulk] *m* ORN Blässhuhn *nt,* Blässralle *f,* Wasserhuhn

foultitude [fultityd] *f fam* Menge *f;* **une ~ de livres** jede Menge Bücher *(fam)*

foulure [fulyʀ] *f* MED Verstauchung *f*

four [fuʀ] *m* ❶ GASTR Backofen *m;* **~ [à] micro-ondes** Mikrowellenherd *m,* Mikrowellengerät *nt;* **mettre** [*o* **passer**] **qc au ~** etw in den Ofen schieben; **ce plat ne va pas au ~** diese Schüssel ist nicht feuerfest [*o* backofenfest]
❷ TECH Ofen *m;* **~ à chaux** Kalkofen *m;* **~ crématoire** Verbrennungsofen *m;* **~ électrique** Elektroherd *m*
❸ *fam (échec)* Fiasko *nt,* Flop *m (fam);* **être un ~** ein [großer] Flop sein *(fam);* **faire un ~** [glatt] durchfallen
▶ **on ne peut être à la fois au ~ et au moulin** *prov* man kann nicht auf zwei Hochzeiten gleichzeitig tanzen *(fam);* **il fait noir comme dans un ~** es ist stockdunkel [*o* stockfinster] *(fam)*

fourbe [fuʀb] *adj* falsch, hinterlistig; *gentillesse* geheuchelt

fourberie [fuʀbəʀi] *f* Falschheit *f,* Hinterlist *f*

fourbi [fuʀbi] *m fam* ❶ *(attirail)* Krempel *m (fam),* Kram *m (fam)*
❷ *(truc)* Dingsbums *nt (fam)*

fourbir [fuʀbiʀ] <8> *vt* ❶ *(astiquer)* blank putzen, polieren
❷ *(préparer soigneusement)* **~ ses arguments** an seiner Argumentation feilen

fourbu(e) [fuʀby] *adj* erschöpft

fourche [fuʀʃ] *f* ❶ *(outil)* Gabel *f*
❷ CYCLISME **~ de bicyclette** Radgabel *f*
❸ *(division en deux branches) d'un chemin* Gabelung *f;* **~ d'un arbre** Baumgabelung *f*
❹ COUT *d'un pantalon* Schritt *m*
❺ BELG *(temps libre dans un horaire de cours)* Freistunde *f*

fourcher [fuʀʃe] <1> *vi cheveux:* sich [an den Spitzen] spalten; **[c'est] ma langue [qui] a fourché** ich habe mich versprochen

fourchette [fuʀʃɛt] *f* ❶ GASTR Gabel *f;* **~ à gâteaux/à viande** Kuchen-/Fleischgabel; **~ à poisson/à escargots** Fisch-/Schneckengabel; **~ à découper** Tranchiergabel
❷ *(marge)* Bandbreite *f,* Spanne *f;* **se situer dans une ~ de 41 à 47 pour cent** sich zwischen 41 und 47 Prozent bewegen
❸ ECHECS Gabel *f*
▶ **être une solide ~** ein guter Esser sein

fourchu(e) [fuʀʃy] *adj branche* gegabelt; **cheveux ~s** gespaltene Haarspitzen *Pl;* **animal au pied ~** Paarhufer *m*

fourgon [fuʀgɔ̃] *m* ❶ CHEMDFER Güterwagen *m;* **~ à bagages/bestiaux** Gepäck-/Viehwagen *m*
❷ *(voiture)* Kastenwagen *m;* MIL Proviantwagen *m;* **~ de police** Einsatzfahrzeug *nt;* **~ blindé** Panzerwagen *m;* **~ funéraire** [*o* **mortuaire**] Leichenwagen *m*

fourgonner [fuʀgɔne] <1> *vi* ❶ *(remuer la braise)* schüren
❷ *fig (fouiller)* **~ dans qc** etw durchwühlen, in etw herumwühlen

fourgonnette [fuʀgɔnɛt] *f* Lieferwagen *m*

fourgon-pompe [fuʀgɔ̃pɔ̃p] <fourgons-pompes> *m* Löschfahrzeug *nt*

fourguer [fuʀge] <1> *vt fam* ❶ *(vendre)* **~ qc à qn** etw an jdn verkloppen *(fam)*
❷ *(refiler)* **~ qc à qn** jdm etw andrehen *(fam)*

fourme [fuʀm] *f* französische Käsesorte

fourmi [fuʀmi] *f* ❶ ZOOL Ameise *f;* **~ ailée** geflügelte Ameise; **~ noire** Schwarzbraune Wegameise; **~ rouge** Rote Waldameise
❷ *(symbole d'activité)* fleißige Biene, Arbeitstier *nt;* **s'affairer comme une ~** fleißig wie eine Ameise sein
❸ *arg (petit passeur de drogue)* Dealer *m*
▶ **qn a des ~s dans les jambes** jdm sind die Beine eingeschlafen

fourmilier [fuʀmilje] *m* ZOOL Ameisenbär *m*

fourmilière [fuʀmiljɛʀ] *f* ❶ ZOOL Ameisenhaufen *m*
❷ *(foule grouillante)* geschäftiges Treiben

fourmillement [fuʀmijmɑ̃] *m* ❶ *(agitation)* Gewimmel *nt*
❷ *(foisonnement)* Fülle *f*
❸ *(picotement)* Kribbeln *nt;* **j'ai des ~s dans les bras** es kribbelt mir in den Armen

fourmiller [fuʀmije] <1> *vi* ❶ *(abonder)* **les touristes/moustiques/fautes fourmillent** es wimmelt von Touristen/Stechmücken/Fehlern; **la forêt fourmille de champignons** der Wald ist voller Pilze *(Gen);* **notre époque fourmille d'événements importants** unsere Epoche ist voller bedeutender Ereignisse; **elle fourmille de projets** sie hat viele Pläne [im Kopf]
❷ *(picoter)* **j'ai les pieds qui** [**me**] **fourmillent** mir sind die Füße eingeschlafen

fournaise [fuʀnɛz] *f* ❶ *(foyer ardent)* starkes [*o* loderndes] Feuer
❷ *(lieu surchauffé)* Backofen *m (fam)*
❸ *(lieu de combat)* Getümmel *nt;* **se jeter dans la ~** sich mitten ins Getümmel stürzen
❹ CAN *(appareil de chauffage central)* Heizkessel *m*

fourneau [fuʀno] <x> *m* ❶ *(cuisinière)* [Küchen]herd *m;* **~ à gaz** Gasherd; **~ à charbon/à fuel** Kohlen-/Ölofen *m*
❷ IND Schmelzofen *m,* Industrieofen; **haut ~** Hochofen
▶ **être aux/à ses ~x** am Herd stehen
◆ **~ de pipe** Pfeifenkopf *m*

fournée [fuʀne] *f* ❶ *(série cuite)* **~ de pains** Schub *m* [*o* Ladung *f*] Brote
❷ *fam (groupe compact)* Ladung *f;* **~ de touristes** Trupp *m fam* [*o* Horde *f iron*] Touristen; **par ~s** schubweise

fourni(e) [fuʀni] *adj* ❶ *(épais) barbe* dicht; *chevelure* üppig; *cheveux* voll; *sourcils* buschig
❷ *(approvisionné)* gut ausgestattet; **être bien ~(e)** *magasin:* eine große Auswahl haben; *table:* reich gedeckt sein; **être bien ~(e) en fruits et légumes** eine große Auswahl an Obst und Gemüse *(Dat)* haben; **sa garde-robe est bien ~e** er/sie hat viel anzuziehen

fournil [fuʀni] *m* Backstube *f*

fourniment [fuʀnimɑ̃] *m* ❶ *(équipement du soldat)* Ausrüstung *f*
❷ *fam (fourbi)* Zeug *nt (fam)*

fournir [fuʀniʀ] <8> I. *vt* ❶ *(approvisionner)* **~ un client/un commerce en qc** einen Kunden/ein Geschäft mit etw beliefern
❷ *(procurer)* **~ qc à des réfugiés** Flüchtlinge mit etw versorgen; **~ un logement/travail à qn** jdm eine Unterkunft/Arbeit beschaffen [*o* besorgen]; **~ un prétexte à qn** jdm einen Vorwand liefern; **~ un renseignement à qn** jdm eine Auskunft erteilen; **~ l'occasion à qn** jdm die Gelegenheit bieten; **~ le vivre et le couvert à qn** jdm Kost und Logis gewähren; **~ des précisions** nähere Angaben machen
❸ *(présenter)* liefern *alibi, preuve;* vorlegen *autorisation;* vorzeigen *pièce d'identité*
❹ *(produire)* hervorbringen; **~ un gros effort** sich sehr anstrengen; **la centrale fournit de l'énergie** das Kraftwerk liefert Energie; **les abeilles fournissent du miel** die Bienen produzieren Honig; **ce vignoble fournit un vin renommé** von diesem Weinberg kommt ein berühmter Wein
II. *vi (subvenir à)* **le magasin n'arrivait plus à ~** das Geschäft konnte den Bedarf nicht mehr decken
III. *vpr* **se ~ en charbon chez qn** [seine] Kohle von jdm beziehen

fournisseur, -euse [fuʀnisœʀ, -øz] I. *m, f* ❶ *(détaillant)* Kaufmann *m*/-frau *f,* Händler(in) *m(f);* **chez votre ~ habituel** bei Ihrem Händler
❷ *(producteur)* Anbieter(in) *m(f)*
❸ *(livreur)* Lieferant(in) *m(f);* **~ principal/fournisseuse principale** Hauptlieferant(in)
❹ INFORM Anbieter *m*
II. *app* **des pays ~s** Exportländer *Pl;* **des pays ~s de la France** Länder, die Frankreich beliefern
◆ **~ d'accès Internet** Internet-Provider *m;* **~ de services Internet** Internetdienstleister *m,* Internetdiensteanbieter *m,* Internetanbieter; **~ de services en ligne** Online-Dienstanbieter *m,* Online-Service-Provider *m*

fourniture [fuʀnityʀ] *f* ❶ *(livraison)* Lieferung *f,* Beschaffung *f;* **de prestations** Erbringung *f;* **~ de documents** Beschaffung von Dokumenten; **~ de propriété** JUR Besitzverschaffung *f (Fachspr.)*
❷ *pl (accessoires)* Ausstattung *f;* COUT Utensilien *Pl;* **~s scolaires** Schulbedarf *m;* **~ de bureau** Bürobedarf *m,* Büromaterial *nt*

fourrage [fuʀaʒ] *m* [Vieh]futter *nt;* **~ sec/vert** Trocken-/Grünfutter *nt*

fourrager [fuʀaʒe] <2a> *vi fam* **~ dans qc** in etw *(Dat)* herumwühlen

fourrager, -ère [fuʀaʒe, -ɛʀ] *adj* Futter-

fourragère [fuʀaʒɛʀ] *f* MIL Fangschnur *f*

fourre [fuʀ] *f* CH ❶ *(taie d'oreiller)* Kopfkissenbezug *m*
❷ *(housse d'édredon)* Bettbezug *m*

fourré [fuʀe] *m* Gestrüpp *nt,* Dickicht *nt*

fourré(e) [fuʀe] *adj* ❶ *gants, manteau* gefüttert; **~(e) d'hermine** mit Hermelin[pelz] gefüttert
❷ GASTR *bonbons, gâteau* gefüllt; **~(e) à la confiture** mit Marmelade gefüllt

fourreau [fuʀo] <x> *m* ❶ *(gaine) d'une épée* Scheide *f; d'un parapluie* Hülle *f*
❷ *(robe moulante)* Etuikleid *nt*

fourrer [fuʀe] <1> I. *vt* ❶ *fam (mettre)* **~ qc dans qc** etw in etw *(Akk)* hineinstecken; **qui a bien pu lui ~ cette idée dans la tête?** wer hat ihm/ihr diesen Floh ins Ohr gesetzt? *(fam)*

② *(garnir)* ~ **qc avec du lapin** etw mit Kaninchenfell füttern ③ GASTR ~ **qc au chocolat** etw mit Schokolade füllen **II.** *vpr fam (se mettre)* **se ~ sous les couvertures** sich unter der Bettdecke verkriechen; **se ~ les doigts dans le nez** sich *(Dat)* die Finger in die Nase stecken; **être tout le temps fourré(e) au café** wieder mal im Café rumhängen *(fam)*; **quelle idée s'est-il fourré dans la tête?** was hat er sich *(Dat)* da in den Kopf gesetzt? *(fam)*
▶ **ne plus savoir où se ~** [vor Scham] am liebsten im Boden versinken wollen; **s'en ~ jusque-là** sich bis oben hin vollstopfen *(fam)*, sich *(Dat)* den Bauch vollschlagen *(fam)*
fourre-tout [fuʀtu] *m inv* ① *péj (local)* Rumpelkammer *f (fam)*
② *(sac)* Reisetasche *f*
fourreur, -euse [fuʀœʀ, -øz] *m, f* Kürschner(in) *m(f)*
fourrier [fuʀje] *m* MIL Furier *m*
fourrière [fuʀjɛʀ] *f* ① *(pour voitures)* Abstellplatz *m* für amtlich abgeschleppte Fahrzeuge; **tu vas retrouver ta voiture à la ~!** dein Auto wird bestimmt abgeschleppt!
② *(pour animaux)* Tierheim *nt*
fourrure [fuʀyʀ] *f* Pelz *m*; **commerce de la ~** Pelzhandel *m*; **manteau doublé de ~** pelzgefütterter Mantel *m*; **manteau de** [*o* **en**] **~** Pelzmantel; **être en ~** aus Pelz sein; **les ~s** die Pelzwaren
fourvoiement [fuʀvwamɑ̃] *m littér* Verirrung *f*
fourvoyer [fuʀvwaje] <6> **I.** *vt littér* in die Irre führen
II. *vpr* ① *(s'égarer)* **se ~ dans qc** sich in etw *(Dat)* verirren; **se ~ dans une drôle d'aventure** sich auf ein tolles Abenteuer einlassen
② *(se tromper)* **se ~** [sich] irren
foutaise [futɛz] *f fam* ① *(chose sans valeur)* Mist *m (fam)*
② *(futilité)* **Lappalie** *f*; **quelle ~!** was für 'n Quatsch! *(fam)*
foutoir [futwaʀ] *m péj vulg* Saustall *m (pej vulg)*
foutre [futʀ] <14> **I.** *vt fam* ① *(faire)* **ne rien ~** stinkfaul sein *(fam)*; **qu'est-ce que tu fous?** was treibst du [bloß] *(fam)*
② *(donner)* ~ **une claque/une baffe à qn** jdm eine Ohrfeige verpassen *(fam)*, jdm eine runterhauen *(fam)*; **en ~ une à qn** jdm eine runterhauen *(fam)*; **fous-moi la paix!** lass mich in Ruhe! *(fam)*; **l'alcool lui fout mal à la tête** er/sie kriegt vom Trinken Kopfschmerzen; **ce temps de cochon me fout le cafard** dieses Sauwetter macht mich fertig *(fam)*
③ *(mettre)* ~ **qc dans sa poche** etw in seine Hosentasche stecken *(fam)*; ~ **qc par terre** etw auf den Boden schmeißen *(fam)*; ~ **qn en taule** *arg* jdn in den Knast stecken *(fam)*; **le chômage l'a foutu(e) sur le trottoir** die Arbeitslosigkeit trieb ihn/sie in die Gosse; **son arrivée a tout foutu par terre** seine/ihre Ankunft hat alles vermasselt [*o* versaut *sl*]
▶ **je n'en ai rien à ~!** das ist mir piepegal [*o* völlig schnuppe]! *(fam)*; **je n'en ai rien à ~ de ce que les autres pensent de moi** ich kümmere mich einen Dreck darum, was andere über mich denken *(fam)*; ~ **qn dedans** jdn drankriegen *(fam)*; **ce qui m'a foutu(e) dedans, c'est que qn a fait qc** was mich irregeführt hat, war, dass jd etw getan hat; **ça la fout mal** das ist dumm; **qu'est-ce que ça peut me/te/lui ~?** was geht mich/dich/ihn/sie das an?, was juckt mich/dich/ihn/sie das?; **je t'en fous!** von wegen! *(fam)*, denkste! *(fam)*; **je t'en foutrais** [**de cela**]**!** schlag dir das mal schön aus dem Kopf! *(fam)*
II. *vpr fam* ① *(se mettre)* **se ~ un coup de marteau sur les doigts** sich *(Dat)* mit dem Hammer auf die Finger hauen; **je vais me ~ là, dans le coin** ich werde mich da in die Ecke verziehen *(fam)*; **foutez-vous par terre!** legt euch auf den Boden!; **fous-toi ça dans le crâne!** schreib dir das hinter die Ohren! *(fam)*
② *(se moquer)* **se ~ de qn** jdn auf die Schippe nehmen *(fam)*, jdn verarschen *(sl)*; **il se fout de notre gueule!** er hält uns wohl für blöd! *(fam)*, er verarscht uns! *(sl)*; **tu te fous de moi ou quoi?** willst du mich veräppeln? *(fam)*; **alors là, il se fout de nous/de notre gueule/du monde!** also jetzt reicht's aber wirklich! *(fam)*
③ *(se désintéresser)* **se ~ de qn/qc** auf jdn/etw pfeifen *(fam)*; **ton beau-frère, je m'en fous** dein Schwager, der kann mich mal *(sl)*; **qn se fout que qn ait fait qc** es ist jdm piepegal [*o* völlig schnuppe], ob jd etw getan hat
▶ **va te faire ~!** mach dass du wegkommst! *(fam)*; *(rien à faire)* [da ist] nichts zu wollen! *(fam)*; **se ~ dedans** sich total verhauen *(fam)*; **qn s'en fout** [**pas mal**] **de qc** das ist jdm egal [*o* schnuppe *o* scheißegal *sl*] *(fam)*; **s'en ~ jusque-là** sich *(Dat)* den Bauch vollschlagen [*o* vollstopfen] *(fam)*
III. *adv fam (fichtre)* ▶ **je n'en sais ~ rien** ich hab keinen blassen Schimmer davon *(fam)*
foutrement [futʀəmɑ̃] *adv fam* verdammt *(fam)*
foutu(e) [futy] **I.** *part passé de* **foutre**
II. *adj fam* ① *(perdu)* **chose** kaputt; **être ~(e)** *chose*: im Eimer sein *(fam)*, im Arsch sein *(sl)*; *personne*: fertig [*o* erledigt] sein *(fam)*; **malade**: es nicht mehr lange machen *(fam)*; **cette fois, nous sommes ~s** dieses Mal ist es aus mit uns
② *antéposé (maudit)* mies *fam)*; **il fait vraiment un ~ temps aujourd'hui** heute ist wirklich ein Sauwetter *(fam)*

③ *(vêtu)* **comment es-tu encore ~(e) ce matin?** wie siehst du denn heute Morgen wieder aus? *(fam)*
④ *(capable)* **être/ne pas être ~(e) de faire qc** es hinkriegen/es nicht hinkriegen, etw zu tun *(fam)*
▶ **être bien/mal ~(e)** *personne*: gut/schlecht gebaut sein; *travail, appareil*: gut/schlecht gemacht sein; **être mal ~(e)** nicht auf dem Damm sein *(fam)*; **~(e) pour ~(e)** das war wohl nichts *(fam)*
fox [fɔks] *m inv abr de* **fox-terrier** Fox *m*
fox-terrier [fɔkstɛʀje] <fox-terriers> *m* Foxterrier *m*
fox-trot [fɔkstʀɔt] *m inv* Foxtrott *m*
foyer [fwaje] *m* ① *(famille)* [häuslicher] Herd, Heim *nt*; *(dans la terminologie des statistiques)* Privathaushalt *m*; **~ paternel** Elternhaus *nt*; **~ conjugal** ehelicher Haushalt; **les jeunes ~s** die jungen Paare; **fonder un ~** eine Familie gründen; **retrouver un ~** ein neues Zuhause finden
② *(résidence)* Heim *nt*; **~ de personnes âgées** Altersheim *nt*, Seniorenheim *nt*; [**socio**-]**éducatif** [Erziehungs]heim *nt*, Jugendheim; **~ d'accueil** Jugendwohnheim; **~ d'urgence** Notunterkunft *f*
③ *(salle de réunion)* Aufenthaltsraum *m*, Gemeinschaftsraum *m*
④ THEAT **~** [**du théâtre**] [Theater]foyer *nt*
⑤ *(âtre)* Feuerstelle *f*, Feuerstätte *f*; *(feu)* Feuer *nt*
⑥ *(cheminée)* Kamin *m*
⑦ *a. fig (centre, origine)* Herd *m*; *d'une civilisation* Zentrum *nt*, Mittelpunkt *m*; **~ d'incendie** Brandherd; **~ de crise/d'épidémies/d'explosion** Krisen-/Seuchen-/Explosionsherd; **~ d'insurrection** Unruheherd; **~ infectieux/putride** Infektions-/Fäulnisherd; **~ lumineux** Lichtquelle *f*; **ce quartier est un ~ de voyous** dieses Viertel ist ein Ganovennest *nt*
⑧ *(chambre de combustion)* d'une chaudière Feuerung *f*; *d'un four, fourneau* Feuerstelle *f*
⑨ MATH, PHYS, OPT Brennpunkt *m*
⑩ OPT **des lunettes à double ~** Bifokalbrille *f*
▶ **renvoyer qn dans ses ~s** jdn aus der Armee entlassen
frac [fʀak] *m* Frack *m*
fracas [fʀaka] *m* Krach *m*, Getöse *nt*; **~ du tonnerre** Krachen *nt* des Donners; **~ de la ville** Lärm *m* der Stadt; **avec ~** mit lautem Krach; **à grand ~** lautstark
fracassant(e) [fʀakasɑ̃, ɑ̃t] *adj* ① *(très bruyant)* ohrenbetäubend
② *(sensationnel)* sensationell, aufsehenerregend
fracassé(e) [fʀakase] **I.** *part passé de* **fracasser**
II. *adj* **prix ~** Hammerpreis *m (fam)*
fracasser [fʀakase] <1> **I.** *vt* ~ **qc à qn** jdm etw zertrümmern
II. *vpr* **se ~** zerspringen; [**aller**] **se ~ contre un arbre** an einem Baum zerschellen
fraction [fʀaksjɔ̃] *f* ① MATH Bruch *m*; **réduire des ~s au même dénominateur** Brüche auf den gleichen Nenner bringen; **simplifier une ~** einen Bruch kürzen
② *(partie d'un tout)* d'un groupe, terrain, d'une somme Teil *m*; **~ importante du Parlement** ein großer Teil des Parlaments; **~ de seconde** Bruchteil einer Sekunde; **~ d'action** ECON Teilaktie *f*
③ REL **la ~ du pain** das Brechen des Brotes
fractionnaire [fʀaksjɔnɛʀ] *adj* **expression ~** unechte Bruchzahl; **nombre ~** Bruchzahl *f*
fractionnel(le) [fʀaksjɔnɛl] *adj* Spaltungs-; **activité ~le au sein d'un parti** Spaltungsvorgänge *Pl* innerhalb einer Partei
fractionnement [fʀaksjɔnmɑ̃] *m* ① *(réduire en fractions)* Zersplitterung *f*, [Auf]spaltung *f*; *d'un patrimoine, paiement* Aufteilung *f*; **~ d'actions** FIN Aktiensplitting *nt*
② CHIM Fraktionierung *f*
fractionner [fʀaksjɔne] <1> **I.** *vt* ① *(diviser)* aufgliedern
② *(partager)* zerlegen; **~ le/un paiement** in Raten zahlen
③ INFORM teilen *tableau*
④ CHIM fraktionieren
II. *vpr* **se ~ en plusieurs groupes/factions rivales** sich in mehrere Gruppen/feindliche Lager aufspalten
fractionnisme [fʀaksjɔnism] *m* POL Splittergruppenbildung *f*
fractionniste [fʀaksjɔnist] **I.** *adj* Spaltungs-
II. *mf* Spalter(in) *m(f)*
fracture [fʀaktyʀ] *f* ① MED Knochenbruch *m*, Bruch, Fraktur *f (Fachspr.)*; **~ du fémur/de l'humérus** Oberschenkel-/Oberarmbruch, Oberschenkel-/Oberarmfraktur; **~ du crâne/du coude** Schädel-/Ell[en]bogenfraktur; **~ costale** [*o* **de la/d'une côte**] Rippenfraktur; **~ du col du fémur** Schenkelhalsbruch, Schenkelhalsfraktur; **~ vertébrale** Wirbelbruch; **~ complète/incomplète** vollständige/unvollständige Fraktur; **~ compliquée/ouverte** komplizierter/offener/glatter Bruch; **~ plurifragmentaire simple** Splitterbruch; **se faire une ~ au poignet** sich das Handgelenk brechen; **réduire une ~** einen Bruch einrichten
② GEOL Bruch *m*, Verwerfung *f*
③ *(rupture)* Bruch *m*; **~ sociale** das Auseinanderbrechen der Gesellschaft, die soziale Kluft
fracturer [fʀaktyʀe] <1> **I.** *vt* ① *(briser)* aufbrechen *porte, voiture*

② MED brechen; **le choc lui a fracturé le bras** bei dem Aufprall hat er/sie sich den Arm gebrochen
II. *vpr* MED **se ~ le bras** sich *(Dat)* den Arm brechen; **se ~ une vertèbre** sich *(Dat)* einen Wirbelbruch zuziehen
fragile [fʀaʒil] *adj* ① *(cassant)* zerbrechlich
② *(délicat, faible) corps, personne, santé* zart; *organisme* anfällig; *estomac* empfindlich; *cœur* schwach; **être ~ du cœur** ein schwaches Herz haben; **être ~ des poumons** schwach auf der Brust sein; **être ~ de l'estomac** einen empfindlichen Magen haben
③ *(précaire) gloire, puissance, bonheur* vergänglich; *argument, preuve* nicht stichhaltig; *équilibre* labil; *hypothèse* auf schwachen Füßen stehend; *paix* unsicher; *économie* instabil, labil
fragilisé(e) [fʀaʒilize] *adj santé* angegriffen
fragiliser [fʀaʒilize] <1> *vt* schwächen; angreifen *cheveux*
fragilité [fʀaʒilite] *f* ① *(facilité à se casser)* Zerbrechlichkeit *f*
② *(faiblesse)* Anfälligkeit *f; d'un corps* Schwäche *f; d'une personne* Zartheit *f;* ~ **du tissu conjonctif** Bindegewebsschwäche; **être d'une grande ~ morale** psychisch kaum belastbar sein; **les ~s d'un système** die Schwachstellen eines Systems; **des signes de ~** [An]zeichen *Pl* von Schwäche
③ *(précarité)* Vergänglichkeit *f; des arguments* Dürftigkeit *f; d'un équilibre, d'une économie* Labilität *f; d'une hypothèse* Fraglichkeit *f; de la paix* Unsicherheit *f; d'une preuve* mangelnde Stichhaltigkeit
fragment [fʀagmɑ̃] *m* ① *(débris)* Teil *nt*, Bruchstück *nt;* **des ~s d'os** Knochensplitter *Pl*
② *(morceau de verre)* Splitter *m*
③ *(extrait d'une œuvre)* Passage *f*, Auszug *m; (œuvre incomplète)* Fragment *nt*
④ *(partie) d'une vie* Abschnitt *m*
fragmentaire [fʀagmɑ̃tɛʀ] *adj connaissance, exposé, vue* lückenhaft; *effort* vereinzelt; *travail* bruchstückhaft
fragmentation [fʀagmɑ̃tasjɔ̃] *f d'une roche* Zersplitterung *f; d'un pays* Teilung *f;* BIO Teilung *f; d'un problème* Gliederung *f*
fragmenter [fʀagmɑ̃te] <1> **I.** *vt* ~ **qc en qc** etw in etw *(Akk)* aufteilen; ~ **son travail** sich *(Dat)* seine Arbeit einteilen; **une vision fragmentée** eine lückenhafte Sicht
II. *vpr* **se ~** [zer]brechen, in Stücke brechen
frai [fʀɛ] *m* ZOOL ① *(ponte)* Laichen *nt*
② *(œufs)* [Fisch]laich *m*
③ *(alevins)* Fischbrut *f*
fraîche [fʀɛʃ] **I.** *adj v.* **frais**
II. *f* **à la ~** *(le matin)* in der Morgenfrische [*o* Morgenkühle]; *(le soir)* in der Abendkühle
fraîchement [fʀɛʃmɑ̃] *adv* ① *(récemment) cueilli, labouré* frisch; *arrivé* gerade; ~ **marié(e)** jungverheiratet, jungvermählt *(geh)*
② *(avec froideur)* kühl, frostig; **la proposition fut ~ accueillie** die Aussage wurde mit großer Zurückhaltung aufgenommen
fraîcheur [fʀɛʃœʀ] *f* ① *(sensation agréable)* Frische *f*, Kühle *f;* **chercher la/un peu de ~** Kühlung/etwas Kühlung suchen; **donner de la/un peu de ~** Kühle [*o* Kühlung]/etwas Kühle [*o* Kühlung] spenden *geh*
② *(froideur) d'un accueil* Kühle *f*, Frostigkeit *f*
③ *(éclat) d'une fleur, d'un teint* Frische *f; d'une couleur, fresque* Leuchtkraft *f; d'une robe* frische Farben *Pl; d'un livre* lebhafter Stil
④ *(bonne forme)* Fitness *f; d'une équipe* ausgezeichnete [*o* hervorragende] Form
⑤ *(qualité d'une production récente) d'un produit alimentaire* Frische *f*
⑥ *(pureté, vivacité) d'un sentiment* Echtheit *f; d'une impression* Lebendigkeit *f; d'une idée* Originalität *f*
fraîchir [fʀɛʃiʀ] <8> *vi air, temps:* sich abkühlen; *eau:* abkühlen; *vent:* auffrischen
frais¹ [fʀɛ] *m (fraîcheur)* frische Luft; **prendre le ~** frische Luft schnappen *(fam);* **j'ai besoin d'un peu de ~** ich muss mal an die frische Luft; **mettre une bouteille de vin au ~** eine Flasche Wein kalt stellen; **à conserver** [*o* **garder**] **au ~** kühl lagern; **être au ~** *personne:* im Kühlen sitzen; *chose:* gut gekühlt sein
▶ **mettre qn au ~** *fam* jdn einbuchten *(fam);* **le voleur a été mis au ~** der Dieb ist ins Kittchen gewandert *(fam)*
frais² [fʀɛ] *mpl* ① *(taxe)* Gebühr *f;* ~ **d'emmagasinage** Lagergebühr, Lagergeld *nt;* ~ **d'expédition** Abfertigungsgebühr; ~ **d'inscription à l'université** Studiengebühren *Pl;* ~ **de participation** Teilnehmergebühr; ~ **de participation à un/au congrès** Tagungsgeld *nt;* ~ **de tenue de compte** Kontoführungsgebühren
② ECON, FISC *(coûts, investissements)* Kosten *Pl;* ~ **bancaires** Bankspesen *Pl;* ~ **financiers** Zinsaufwendungen *Pl;* ~ **fixes** Grundkosten; ~ **généraux** Gemeinkosten, allgemeine Unkosten; ~ **réels** Ist-Aufwand *m;* ~ **d'accès** Anfahrtskosten; ~ **d'acquisition** Beschaffungskosten; ~ **de chargement** Ladekosten, Ladungskosten; ~ **de constitution** Gründungskosten; ~ **de consultation** Beratungskosten; ~ **de déplacement/d'essence** Reise-/Benzinkosten; ~ **de distribution** [Waren]vertriebskosten, Vertriebsaufwand *m;* ~ **d'entretien** *d'une voiture, maison* Unterhaltungskosten; ~ **d'équipement** Ausrüstungsaufwand; ~ **d'établissement** [*o* **d'installation**] Einrichtungskosten; *(lors de la création d'une entreprise)* Gründungskosten; ~ **de formulaire** Formularspesen *Pl;* ~ **de logement** Unterbringungskosten; ~ **de matériel supplémentaires** zusätzlicher Materialaufwand; ~ **du ménage** Haushaltskosten; ~ **de non-charge** Leerkosten; ~ **d'obtention de capitaux** Kapitalbeschaffungskosten; ~ **de port** [*o* **d'affranchissement**] Portoauslagen *Pl;* ~ **de port et d'emballage** Kosten für Porto und Verpackung; ~ **de publicité** Reklamekosten; ~ **de reconversion** Umstellungskosten; ~ **de remplacement** Wiederbeschaffungskosten; ~ **de rénovation** Renovierungskosten; ~ **pour formation professionnelle** Ausbildungskosten; ~ **accumulés/occasionnés** aufgelaufene/entstandene Kosten; **faux ~** Nebenkosten, zusätzliche Ausgaben; **tous ~ compris** einschließlich aller Unkosten; **tous ~ payés** nach Begleichung aller Unkosten; **couvrir les ~** die Kosten decken; **faire qc à ses ~** etw auf eigene Kosten tun; **rentrer dans ses ~** seine Kosten decken, seine Ausgaben wieder hereinbekommen, kostendeckend arbeiten; **vivre aux ~ de l'État** auf Staatskosten leben
③ JUR Gebühr *f*, Kosten *Pl;* ~ **de cautionnement** Bürgschaftsgebühr; ~ **de conservation** Erhaltungsaufwand *m;* ~ **de consultation/recouvrement** Beratungs-/Beitreibungskosten; ~ **de délivrance** Erteilungsgebühr *(Fachspr.);* ~ **d'exécution** Vollstreckungskosten; ~ **de garde** *(dépôt)* Aufbewahrungsgebühren; *(pour la garde d'enfants)* [Kinder]betreuungskosten; ~ **de justice** Gerichtskosten; ~ **de mise en demeure** Abmahnungskosten; ~ **de mise en marche** Ingangsetzungskosten *(Fachspr.);* ~ **de retard** Versäumnisgebühr; ~ **de transaction** Vergleichskosten; ~ **pour enlèvement** Wegnahmegebühr; ~ **en matière d'authentification** Beglaubigungsgebühr; **être condamné(e) aux ~ et dépens** zur Zahlung der Prozesskosten verurteilt werden
▶ **faire les ~ de la conversation** Gesprächsthema Nummer eins sein; **aux ~ de la princesse** *hum* ohne einen Pfennig zu bezahlen; *(aux dépens de l'entreprise/de l'État)* auf Geschäfts-/Staatskosten; **à grands ~** mit hohem Kostenaufwand; *(avec beaucoup de peine)* mit großer Mühe [*o* Anstrengung]; **à moindre ~** mit geringem Kostenaufwand; *(avec peu de mal)* mit geringem Aufwand; **arrêter les ~** *fam* es sein lassen; *(cesser de se donner du mal)* sich *(Dat)* die Mühe sparen; **en être pour ses ~** sich umsonst bemühen; **faire de ~**, **se mettre en ~** sich in Unkosten stürzen; **faire les ~ de qc** für etw bezahlen; **à mes/ses ~** auf meine/seine/ihre Kosten; **à peu de ~** mit wenig Aufwand; **s'en tirer à peu de ~** glimpflich davonkommen *(fam)*
④ ~ **de dédouanement** Zollabfertigungsgebühr *f;* ~ **de dépôt** Depotgebühr *f;* ~ **d'emballage** Verpackungskosten *Pl;* ~ **d'embarquement** Verschiffungskosten *Pl;* ~ **d'enlèvement** Abfuhrkosten *Pl;* ~ **d'enlèvement à domicile** Abholgebühr *f;* ~ **d'entrepôt** Lagerkosten *Pl;* ~ **d'expédition** Versandkosten *Pl*, Speditionskosten *Pl;* ~ **d'exploitation** Betriebskosten *Pl;* ~ **de fabrication** Herstellungskosten *Pl*, Herstellungsaufwand *m;* ~ **de gestion** Verwaltungskosten *Pl;* ~ **de livraison** Anfuhrkosten *Pl;* ~ **de magasinage** Lagerkosten *Pl*, Lagermiete *f;* ~ **de main d'œuvre** Lohnkosten *Pl;* ~ **de matériel** Materialaufwand *m;* ~ **de procédure** Verfahrenskosten *Pl*, Verfahrenskosten *Pl;* **répartir les ~ de procédure** die Verfahrenskosten verteilen; ~ **de scolarité** Schulgeld *nt;* ~ **de soins** Pflegekosten *Pl;* ~ **de stockage** Lagerhaltungskosten *Pl;* ~ **de surestarie** Liegegeld *nt;* ~ **de transbordement** Umschlagkosten *Pl*, Umladekosten; ~ **de transformation** Verarbeitungskosten *Pl;* ~ **de transport** Beförderungsgebühr *f;* ~ **de vente** Umsatzaufwendungen *Pl;* ~ **de voyage** Fahrkosten *Pl*
frais, fraîche [fʀɛ, fʀɛʃ] *adj* ① *(légèrement froid) endroit, eau, vent* kühl; **il fait ~** es ist frisch [*o* kühl]; **servir qc très ~** etw gut gekühlt servieren; **aujourd'hui le temps sera ~** heute wird es frisch
② *(opp: avarié, sec, en conserve)* frisch; **lait ~** Frischmilch *f*
③ *(peu cordial)* kühl, frostig
④ *(agréable) fleur, teint, parfum* frisch; *couleur* leuchtend; *son, voix* klar
⑤ *(en forme) personne* fit; *(reposé, sain)* frisch aussehend; **être ~ et dispos** frisch und munter sein
⑥ *(récent)* frisch; **l'encre est encore fraîche** die Tinte ist noch feucht; **attention! peinture fraîche!** Vorsicht! frisch gestrichen!; **une nouvelle toute fraîche** eine ganz aktuelle [*o* brandheiße *fam*] Nachricht; **des nouvelles fraîches** neueste Nachrichten
▶ *iron fam (dans une sale situation)* **eh bien, nous voilà ~!** jetzt sitzen wir ganz schön in der Tinte! *(fam);* **vous êtes ~ maintenant!** da habt ihr den Salat! *(fam)*
⑧ *(pur) âme, personne, joie* rein; *sentiment* echt
fraisage [fʀɛzaʒ] *m* TECH Fräsen *nt*
fraise [fʀɛz] **I.** *f* ① *(fruit)* Erdbeere *f;* ~ **des bois** Walderdbeere *f;* **confiture de ~[s]** Erdbeermarmelade *f;* **à la ~** mit Erdbeergeschmack; **glace à la ~** Erdbeereis *nt;* **gâteau aux ~s** Erdbeerkuchen *m*

❷ MED *(perceuse)* Bohrer *m*
❸ TECH Fräser *m*
❹ *(collerette)* Halskrause *f*
❺ *fam (figure)* Fresse *f (sl)*; **ramener sa ~** seinen Senf dazugeben *(fam)*
▶ **aller aux ~s** *hum* ein Schäferstündchen verbringen; *(avoir un pantalon trop court)* Hochwasser haben *(fam)*
II. *adv inv (rouge)* erdbeerfarben
◆ **~ de veau** [Kalbs]gekröse *nt*
fraiser [fʀeze] <1> *vt* TECH [aus]fräsen; **machine à ~** Fräsmaschine *f*
fraiseur [fʀezœʀ] *m* TECH Fräser *m*
fraiseuse [fʀezøz] *f* TECH ❶ *(ouvrière)* Fräserin *f*
❷ *(machine)* Fräsmaschine *f*
◆ **~ d'angles** Oberfräser *m*
fraisier [fʀezje] *m* ❶ *(plante)* Erdbeerpflanze *f*; **des plants de ~** Erdbeersetzlinge *Pl*
❷ *(gâteau)* Erdbeer-Sahne-Torte *f*
framboise [fʀɑ̃bwaz] *f* ❶ *(fruit)* Himbeere *f*; **gelée de ~[s]** Himbeergelee *nt*
❷ *(eau-de-vie)* Himbeergeist *m*
II. *app inv* [de] **couleur ~** himbeerfarben, himbeerfarbig
framboisier [fʀɑ̃bwazje] *m* ❶ *(plante)* Himbeerstrauch *m*
❷ *(gâteau)* Himbeer-Sahne-Torte *f*
franc [fʀɑ̃] *m* ❶ HIST *(monnaie)* Franc *m*; **changer en ~s** in Francs umtauschen; **ancien/nouveau ~** alter/neuer Franc *(der 1960 eingeführte neue Franc entsprach hundert alten Franc)*; **~ belge/français/luxembourgeois** belgischer/französischer/luxemburgischer Franc; **~ lourd** *fam* neuer Franc *(1960 eingeführt)*
❷ *(monnaie)* **~ suisse** Schweizer Franken *m*
franc, franche [fʀɑ̃, fʀɑ̃ʃ] *adj* ❶ *(loyal, sincère) personne, regard* aufrichtig, offen; *rire, gaieté* ungezwungen; *contact* locker; **pour être ~(franche)** ehrlich gesagt; **être ~(franche) avec qn** [ganz] offen mit jdm reden
❷ *(net) couleur* rein; *hostilité* offen; *situation* eindeutig; **un oui ~ et massif** ein klares und deutliches Ja; **aimer les situations franches** für klare Verhältnisse sein
❸ *antéposé (véritable)* rein; *succès* klar; **c'est de la franche rigolade** das ist der reinste Witz
❹ *(libre)* frei; *port* ~ Freihafen *m*; **marchandises ~ de port** frachtfreie Waren; **marchandises/colis ~ de port** portofreies Paket; **~ d'impôts** steuerfrei
franc, franque [fʀɑ̃, fʀɑ̃k] *adj* fränkisch; **la langue franque** das Fränkische; **les rois ~s** die Frankenkönige
Franc, Franque [fʀɑ̃, fʀɑ̃k] *m, f* Franke *m*/Fränkin *f*
français [fʀɑ̃sɛ] *m* ❶ **le ~** Französisch *nt*, das Französische; **cours de ~** Französischunterricht *m*; **mot du ~ moderne** neufranzösisches Wort; *v. a.* **allemand**
❷ THEAT **le Français** verkürzter Name für das *Théâtre Français (Comédie Française)* in Paris
▶ **en bon ~** *iron* auf gut Deutsch *(fam)*; **tu ne comprends pas/vous ne comprenez pas le ~?** *fam* du kapierst/Sie kapieren wohl nicht? *(fam)*; **je parle [le] ~ pourtant** ich drücke mich doch deutlich genug aus
français(e) [fʀɑ̃sɛ, ɛz] *adj* französisch; **d'origine ~e** französischstämmig; **à la ~e** französisch, auf französische Art
Français(e) [fʀɑ̃sɛ, ɛz] *m(f)* Franzose *m*/Französin *f*; **le ~ moyen/la ~e moyenne** der Durchschnittsfranzose/die Durchschnittsfranzösin
franc-comtois, franche-comtoise [fʀɑ̃kɔ̃twa, fʀɑ̃ʃkɔ̃twaz] <francs-comtois> *adj* aus der Franche-Comté [*o* Freigrafschaft Burgund]
France [fʀɑ̃s] *f* **la ~** Frankreich *nt*; **l'Est de la ~** Ostfrankreich; **il vit dans l'Est de la ~** er/sie lebt in Ostfrankreich; **région de l'Est de la ~** ostfrankzösisches Gebiet
▶ **de ~ et de Navarre** *hum* weit und breit; **être assez/très vieille ~** *(dans ses attitudes)* von der alten Schule sein, höflich und korrekt sein; *(dans ses vêtements)* sich klassisch anziehen
Francfort [fʀɑ̃kfɔʀ] Frankfurt *nt*
Franche-Comté [fʀɑ̃ʃkɔ̃te] *f* ❶ **la ~** die Franche-Comté
❷ HIST Freigrafschaft *f* Burgund *(historische Provinz und Region im Osten Frankreichs)*
franchement [fʀɑ̃ʃmɑ̃] *adv* ❶ *(sincèrement)* offen, ehrlich
❷ *(sans hésiter)* **entrer ~ dans le sujet** gleich [*o* sofort] zur Sache kommen
❸ *(clairement)* klar, deutlich
❹ *(vraiment)* wirklich
▶ **~! mal [ganz] ehrlich!**; *(refus indigné)* also wirklich!
franchir [fʀɑ̃ʃiʀ] <8> *vt* ❶ *(passer par-dessus)* **~ un fossé** über einen Graben springen; **~ un obstacle** *personne:* ein Hindernis überwinden [*o* nehmen]; *animal:* über ein Hindernis springen; **~ un ruisseau** *personne, animal:* einen Bach überqueren; *(d'un bond)* über einen Bach machen; *pont:* einen Bach überspannen; **~ la voie** CHEMDFER das Gleis überschreiten; **~ des pas décisifs** entscheidende Schritte einleiten
❷ *(aller au-delà)* passieren; durchbrechen *barrage;* überschreiten *seuil;* **~ la ligne d'arrivée** durchs Ziel laufen; **ta renommée a franchi les frontières** du bist bis weit über die Grenzen hinaus berühmt
❸ *(surmonter)* bestehen *examen, épreuve;* überwinden, meistern *difficulté;* **la réforme a franchi le premier obstacle** die Reform hat die erste Hürde genommen
❹ *(traverser)* überqueren *col;* **la gloire de qn a franchi les siècles** jds Ruhm hat die Jahrhunderte überdauert; **une étape importante vient d'être franchie** eine wichtige Etappe ist gemeistert
franchisage [fʀɑ̃ʃizaʒ] *m* COM Franchising *nt*
franchise [fʀɑ̃ʃiz] *f* ❶ *(sincérité) d'un regard, d'une personne* Offenheit *f*; **avec une ~ brutale** mit schonungsloser Offenheit; **en toute ~** frei heraus
❷ *(en parlant des assurances)* Selbstbeteiligung *f*
❸ FIN *(exonération)* [Gebühren]freiheit *f*, Abgabenfreiheit *f*; **~ postale** Portofreiheit; **~ douanière** Zollfreiheit; **en ~** zollfrei
❹ *(montant)* Freibetrag *m*
❺ COM *(franchisage)* Franchising *nt*, Franchise *nt*; **donner qc en ~** etw auf Franchise-Basis vergeben; **exploiter un magasin en ~** einen Laden als Franchise betreiben
❻ JUR Freizeichnung *f (Fachspr.)*; **interdiction de ~** Freizeichnungsverbot *nt*
◆ **~ de bagages** Freigepäck *nt*; **~ de responsabilité** JUR Haftungsfreizeichnung *f (Fachspr.)*
franchisé(e) [fʀɑ̃ʃize] I. *m(f)* COM Franchise-Nehmer(in) *m(f)*
II. *adj* COM Franchise-; **magasin ~** Geschäft *nt* mit Franchise-Vertrieb
franchiser [fʀɑ̃ʃize] <1> *vt* COM **~ qc** für etw einen Franchise-Vertrag abschließen
franchiseur [fʀɑ̃ʃizœʀ] *m* COM Franchise-Geber(in) *m(f)*
franchissable [fʀɑ̃ʃisabl] *adj* obstacle überwindbar; **la limite est ~** die Grenze kann überschritten werden; **la rivière est ~** der Fluss kann überquert werden
franchissement [fʀɑ̃ʃismɑ̃] *m* ❶ *(saut) de la barre* Überspringen *nt*
❷ *(traverser) d'une frontière* Überschreiten *nt; d'une rivière* Überqueren *nt*, Überquerung *f*; **~ illégal de frontière** illegaler Grenzübertritt
franchouillard(e) [fʀɑ̃ʃujaʀ, jaʀd] *adj péj* typisch französisch
francilien(ne) [fʀɑ̃siljɛ̃, jɛn] *adj* [aus] der Île-de-France
Francilien(ne) [fʀɑ̃siljɛ̃, jɛn] *m(f)* Bewohner(in) *m(f)* der Île-de-France
francique [fʀɑ̃sik] I. *adj* fränkisch
II. *m* **le ~** Fränkisch *nt*, das Fränkische; **le ~ rhénan** Rheinfränkisch, das Rheinfränkische; *v. a.* **allemand**
francisation [fʀɑ̃sizasjɔ̃] *f* ❶ LING Französisieren *nt*, Französieren *nt*
❷ NAUT Gewährung des Rechts, unter französischer Flagge zu fahren
franciscain(e) [fʀɑ̃siskɛ̃, ɛn] I. *adj* franziskanisch
II. *m(f)* Franziskaner(in) *m(f)*; **couvent de ~s** Franziskanerkloster *nt*
franciser [fʀɑ̃size] <1> *vt* franzö[si]sieren
francité [fʀɑ̃site] *f* Eigenarten der französischen Kultur und Sprache
francium [fʀɑ̃sjɔm] *m* Francium *nt*
franc-jeu [fʀɑ̃ʒø] <francs-jeux> *m rare* Fairness *f*, Fairplay *nt*
franc-maçon [fʀɑ̃masɔ̃, ɔn] <francs-maçons> *m* Freimaurer *m*; **franc-maçonnerie** [fʀɑ̃masɔnʀi] <franc-maçonneries> *f* ❶ *(société secrète)* Freimaurerei *f* ❷ *(camaraderie)* Bund *m*
franco [fʀɑ̃ko] *adv* ❶ COM **~ de port** frachtfrei; **~ domicile/sur le quai** frei Haus/Kai; **~ jusqu'au navire** frei Längsseite Seeschiff
❷ *fam (carrément)* geradewegs, ohne Umschweife
franco-allemand(e) [fʀɑ̃koalmɑ̃, ɑ̃d] <franco-allemands> *adj* deutsch-französisch; **franco-français(e)** [fʀɑ̃kofʀɑ̃sɛ, ɛz] *adj* ❶ *(entre deux groupes de français)* unter [*o* zwischen] den Franzosen ❷ *fam (franchouillard)* typisch französisch
François [fʀɑ̃swa] *m* ❶ Franz *m*
❷ HIST **~ I**er Franz I., Franz der Erste
❸ REL Franziskus
Franconie [fʀɑ̃kɔni] *f* **la ~** Franken *nt*
franconien(ne) [fʀɑ̃kɔnjɛ̃, jɛn] *adj* fränkisch
Franconien(ne) [fʀɑ̃kɔnjɛ̃, jɛn] *m(f)* Franke *m*/Fränkin *f*
francophile [fʀɑ̃kɔfil] I. *adj* frankreichfreundlich, franzosenfreundlich, frankophil *(geh)*
II. *mf* frankophiler Mensch *(geh)*
francophilie [fʀɑ̃kɔfili] *f* Frankreichfreundlichkeit *f*, Frankophilie *f (geh)*
francophobe [fʀɑ̃kɔfɔb] I. *adj* frankreichfeindlich, franzosenfeindlich, frankophob *(geh)*
II. *mf* frankophober Mensch *(geh)*
francophobie [fʀɑ̃kɔfɔbi] *f* Frankreichfeindlichkeit *f*, Frankopho-

bie *f (geh)*
francophone [frãkɔfɔn] **I.** *adj* französischsprachig, frankophon *(geh)*; **il est ~** seine Muttersprache ist Französisch
II. *mf* französischsprachiger Mensch, Frankophone(r) *f(m) (geh)*
francophonie [frãkɔfɔni] *f* Frankophonie *f (geh)*

Land und Leute

Als **francophonie** bezeichnet man die Gesamtheit aller französischsprachigen Länder. Diese Staaten befinden sich in Afrika, Amerika, Asien und Europa. Sie veranstalten regelmäßig Gipfeltreffen, um Fragen zu erörtern, die mit der Pflege und der Verbreitung der französischen Sprache zu tun haben.

franc-parler [frãparle] <francs-parlers> *m* Freimut *m*, Offenheit *f* im Reden; **avoir son ~** kein Blatt vor den Mund nehmen
franc-tireur [frãtirœr] <francs-tireurs> *m* ❶ MIL Freischärler(in) *m(f)* ❷ *fig* Einzelgänger(in) *m(f)*; **en ~** im Alleingang
frange [frãʒ] *f* ❶ *(bordure)* Rand *m*; COUT Franse *f*; **~ côtière** Küstenstrich *m*
❷ *(mèche)* Pony *m*
❸ *(partie marginale)* Randgruppe *f*; **~ de la société/des étudiants** gesellschaftliche/studentische Randgruppe
franger [frãʒe] <2a> *vt* COUT mit Fransen versehen
frangin(e) [frãʒɛ̃, ʒin] *m(f) fam* Bruder-/Schwesterherz *nt (fam)*
frangipane [frãʒipan] *f* ❶ *(crème)* Mandelcreme *f*
❷ *(gâteau)* Mandelkuchen *m*
franglais [frãglɛ] *m* Franglais *m (mit Anglizismen durchsetztes Französisch)*
franque *v.* franc
franquette [frãkɛt] ▶ **à la bonne ~** *fam* ohne Umstände, ganz einfach
franquisme [frãkism] *m* Franco-Regime *nt*
franquiste [frãkist] **I.** *adj* francofreundlich; **l'Espagne ~** Spanien unter Franco
II. *m, f* Anhänger(in) *m(f)* Francos
frappant(e) [frapã, ãt] *adj contraste* auffallend, eklatant; *exemple* treffend; *preuve, argument* schlagend; *ressemblance* verblüffend; **un détail ~** ein Detail, das ins Auge springt
frappe [frap] *f* ❶ *d'une monnaie* Prägung *f*
❷ *(façon de frapper) d'une dactylo, pianiste* Anschlag *m*; *d'un boxeur* Schlag *m*; *d'un footballeur* Schuss *m*
❸ *(pression exercée sur une touche)* Tastendruck *m*
❹ *(exemplaire dactylographié)* [mit Maschine geschriebenes] Manuskript, Typoskript *nt*; **être à la ~** gerade geschrieben [*o* getippt *fam*] werden
❺ *péj fam (voyou)* Halunke *m (fam)*
❻ MIL **~ préventive** Präventivschlag *m*
frappé(e) [frape] *adj* ❶ *(saisi)* ~(e) **de stupeur** wie vor den Kopf geschlagen, bestürzt; ~(e) **de panique/d'horreur** von Panik/von Entsetzen ergriffen [*o* erfasst]
❷ *(refroidi)* [eis]gekühlt; **café ~** Kaffee Frappee *m (mit kleingeschlagenem Eis servierter Kaffee)*
❸ *fam (fou)* bekloppt *(fam)*, behämmert *(fam)*
frappement [frapmã] *m* ❶ *(action de frapper)* Schlagen *nt*
❷ *(bruit) de sabots* Klappern *nt*
frapper [frape] <1> **I.** *vt* ❶ *(heurter, cogner)* ~ **qn au visage** jdn ins Gesicht schlagen; **~ la balle** *(au tennis/au football)* den Ball schlagen/treten; **la pierre l'a frappé(e) à la tête** der Stein hat ihn/sie am Kopf getroffen; **la pluie frappe les vitres** der Regen klopft gegen die Scheiben; **~ le sol** *sabots de cheval*: trappeln
❷ *(avec un couteau)* **~ qn** auf jdn einstechen
❸ *(saisir)* **~ qn d'horreur/de panique** jdn in Schrecken/Panik *(Akk)* versetzen; **~ qn de stupeur** jdn bestürzen
❹ *(affliger)* **~ qn** *maladie*: jdn befallen; *mesure, impôt*: jdn betreffen; *sanction, malheur*: jdn treffen; **cette nouvelle tragique l'a beaucoup frappée** diese tragische Nachricht war ein furchtbarer Schlag für sie; **la pollution frappe aussi les rivières** die Umweltverschmutzung macht auch vor den Flüssen nicht Halt; **être frappé(e) d'amnésie** an Gedächtnisschwund *(Dat)* leiden
❺ *(étonner)* beeindrucken; anregen *imagination*; **être frappé(e) de la ressemblance** über die Ähnlichkeit verblüfft sein; **être frappé(e) d'entendre cette nouvelle** verblüfft sein, diese Neuigkeit zu hören; **la ressemblance ne m'a pas frappé(e)** die Ähnlichkeit ist mir nicht aufgefallen
❻ TECH prägen *médaille, monnaie*
❼ *(glacer)* kühlen *champagne, vin, café*
II. *vi* ❶ *(donner des coups)* zuschlagen; **~ dans ses mains** in die Hände klatschen; **~ du poing sur la table** mit der Faust auf den Tisch hauen *fam*; **~ contre les vitres** *pluie*: gegen die Scheiben klopfen
❷ *(avant d'entrer)* **~ [à la porte]** anklopfen, an die Tür klopfen
III. *vpr* ❶ *(se donner des coups)* **se ~ le front/la poitrine** sich *(Dat)* an die Stirn tippen/auf die Brust schlagen
❷ *fam (s'inquiéter)* **se ~** sich Gedanken machen
frappeur *v.* esprit
frasil [frazi(l)] *m* CAN ❶ *(fragments de glace)* [auf dem Wasser treibende] Eisstücke *Pl*
❷ *(pellicule formée par la glace)* sehr dünne Eisschicht *f*
frasque [frask] *f* ❶ Dummheit *f*, Jugendstreich *m*; **~s de jeunesse** Jugendsünden *Pl*; **~ de garçon** Jungenstreich *m*
❷ *(dans un couple)* Seitensprung *m*
fraternel(le) [fratɛrnɛl] *adj* ❶ *(de frère)* brüderlich, Bruder-; **amour ~** Bruderliebe *f*; **baiser ~** Bruderkuss *m*
❷ *(de sœur)* schwesterlich; **amour ~** Schwesterliebe *f*
❸ *(affectueux) geste, salut, relation* freundschaftlich; *amitié* innig
fraternellement [fratɛrnɛlmã] *adv hum* brüderlich; **s'aimer ~** wie Bruder und Schwester sein; **se haïr ~** Bruderhass füreinander empfinden
fraternisation [fratɛrnizasjɔ̃] *f* Verbrüderung *f*; MIL Fraternisation *f*
fraterniser [fratɛrnize] <1> *vi* ❶ sich verbrüdern; MIL fraternisieren
❷ *(sympathiser)* Freundschaft schließen
fraternité [fratɛrnite] *f* Brüderlichkeit *f*; **la ~ humaine** die Zusammengehörigkeit der Menschen; **~ d'armes** Waffenbrüderschaft *f*; **~ d'esprit** Geistesverwandtschaft *f*
fratricide [fratrisid] **I.** *adj* brudermörderisch/schwestermörderisch; **guerre ~** Bruderkrieg *m*; **haine ~** brüderlicher/schwesterlicher Hass
II. *m* ❶ *(meurtre d'un frère)* Brudermord *m*
❷ *(meurtre d'une sœur)* Schwestermord *m*
III. *mf (personne)* Brudermörder(in) *m(f)*, Schwestermörder(in) *m(f)*
fraude [frod] *f* Betrug *m*; **~ électorale** Wahlfälschung *f*, Wahlbetrug; **~ douanière** Zollvergehen *nt*; **~ fiscale** [*o* **du fisc**] Steuerhinterziehung *f*; **~ sur les vins** Weinpanscherei *f*; **~ à la loi** Gesetzesumgehung *f*; **~ à la force de chose jugée** JUR Rechtskraftumgehung *f (Fachspr.)*; **service de répression des ~s** Betrugsdezernat *nt*
▶ **en ~** auf betrügerische Weise; **fumer en ~** heimlich rauchen; **entrer/sortir qc en ~** etw herein-/herausschmuggeln; **passer des marchandises à la frontière en ~** Waren über die Grenze schmuggeln
frauder [frode] <1> **I.** *vt (tromper)* betrügen; **~ le fisc** [*o* **les impôts**] Steuern hinterziehen; **~ la douane** Zollbetrug begehen
II. *vi (tricher)* **à un examen** bei einer Prüfung täuschen; **~ sur le poids des denrées** beim Wiegen der Lebensmittel betrügen
fraudeur, -euse [frodœr, -øz] *m, f* Betrüger(in) *m(f)*
❷ *(à la frontière)* Schmuggler(in) *m(f)*
frauduleusement [frodyløzmã] *adv* auf betrügerische Weise; **acquérir/appliquer qc ~** etw betrügerisch erwerben/handhaben
frauduleux, -euse [frodylø, -øz] *adj* ❶ betrügerisch; *concurrence, moyen* unlauter; *dossier* gefälscht; *banquier* unredlich; **trafic ~** Schmuggel *m*
❷ JUR fraudulös *(Fachspr.)*
frayer [freje] <7> **I.** *vt (ouvrir)* **~ à qn un passage dans la foule** jdm einen Weg durch die Menge bahnen; **~ la voie au progrès** dem Fortschritt den Weg bereiten
II. *vi* ❶ ZOOL *(se reproduire)* laichen
❷ *(fréquenter)* **~ avec qn** mit jdm verkehren, zu jdm Kontakt haben
III. *vpr* **se ~ un passage/une voie/un chemin** sich *(Dat)* einen Weg bahnen; *fig (réussir)* sich hocharbeiten; **se ~ un chemin vers la surface/vers le haut** *a. fig* sich heraufarbeiten; **se ~ un chemin vers la caisse** sich zur Kasse hindrängen
frayeur [frejœr] *f* Schreck[en] *m*; **de ~** vor Schreck; **être saisi(e) de ~** einen Schreck bekommen; **faire une ~ à qn** jdm einen Schreck[en] einjagen
freak [frik] *m* Freak *m*
fredaine [frədɛn] *f* Dummheit *f*; **ce sont des ~s de jeunesse** das sind Dummejungenstreiche *(fam)*
fredonnement [frədɔnmã] *m d'une chanson* Summen *nt*
fredonner [frədɔne] <1> *vt* summen
free-lance [frilãs] <free-lances> **I.** *mf* Freiberufler(in) *m(f)* **II.** *m* **travailler en ~** freiberuflich arbeiten **III.** *adj inv journaliste, styliste* freiberuflich **free-party** [friparti] <free-parties> *f* Open-Air-Rave *m*
freesia [frezja] *m* Freesie *f*
freestyle [fristajl] SPORT, MUS **I.** *m* Freestyle *m*
II. *adj inv* Freestyle-; **faire du ski ~** Freestyle-Ski fahren
freeware [friwɛr] *m* INFORM Freeware *f*
freezer [frizœr] *m* Gefrierfach *nt*, Froster *m*
frégate [fregat] *f* ❶ *(bateau)* Fregatte *f*
❷ ORN Fregattvogel *m*
frein [frɛ̃] *m* ❶ *(dispositif)* Bremse *f*; **~ avant/aérodynamique** Vorderrad-/Luftbremse; **~ hydraulique** hydraulische Bremse,

Öldruckbremse; ~ **moteur/de secours** Motor-/Notbremse; ~ **à disque/mâchoires** Scheiben-/Backenbremse; ~ **à quatre roues** Vierradbremse; ~ **à tambour/main** Trommel-/Handbremse; ~ **parking** Feststellbremse; ~ **de sécurité** Blockierbremse; ~ **s assistés** Servobremse

❷ PECHE Rücklaufsperre *f*

❸ *(entrave, limite)* **être/mettre un** ~ **à qc** etw bremsen; **coup de** ~ **donné au crédit** ECON Kreditbremse *f*; **sans** ~ ungezügelt

▶ **ronger son** ~ vor Ungeduld fast vergehen

freinage [fʀɛnaʒ] *m* ❶ *(action)* Bremsen *nt*, Bremsung *f*; **effet/ puissance de** ~ Bremswirkung *f*/-kraft *f*

❷ *(ralentissement) de la hausse des prix* Drosselung *f*; ~ **de l'activité économique** Konjunkturdämpfung *f*

freiner [fʀene] <1> **I.** *vi* bremsen; **bien/mal** ~ gute/schlechte Bremsen haben

II. *vt* ❶ *(ralentir, entraver)* behindern; einschränken *offre;* drosseln *hausse des prix, production;* dämpfen *conjoncture;* ~ **l'activité économique** die Konjunktur dämpfen; *mesure, politique:* konjunkturdämpfend wirken; **une politique qui freine la croissance** eine wachstumshemmende Politik

❷ *(modérer)* bremsen *personne, ambitions;* ~ **le succès de qn** jds Erfolg *(Dat)* einen Riegel vorschieben

III. *vpr fam (se modérer)* sich mäßigen

frelater [fʀəlate] <1> *vt* ❶ *(altérer volontairement)* verfälschen; panschen *vin;* **être frelaté(e)** *vin:* gepanscht sein

❷ *fig* **un milieu frelaté/une société frelatée** ein unnatürliches Umfeld/eine unnatürliche Gesellschaft

frêle [fʀɛl] *adj personne, corps, espoirs, charpente, tige* schwach; *bateau* nicht stabil; **silhouette** ~ zierliche Gestalt; **reposer sur les** ~ **s épaules de qn** auf jds schwachen Schultern ruhen

frelon [fʀəlɔ̃] *m* Hornisse *f*; **nid/essaim de** ~ **s** Hornissennest *nt*/ -schwarm *m*

freluquet [fʀəlykɛ] *m* Schnösel *m (pej fam)*

frémir [fʀemiʀ] <8> *vi* ❶ *soutenu (frissonner)* ~ **d'impatience/ de colère** vor Ungeduld/Wut *(Dat)* beben *geh [o* zittern]; ~ **d'horreur** [vor Entsetzen *(geh)]* erschauern *(geh);* ~ **tout entier(-ière)** am ganzen Körper zittern; **faire** ~ **qn** *récit:* jdn schaudern lassen *(geh); criminel:* jdn in Angst und Schrecken versetzen *(geh)*

❷ *(s'agiter légèrement) feuillage:* zittern; *ailes:* vibrieren

❸ *(être sur le point de bouillir) eau:* sieden

frémissant(e) [fʀemisɑ̃, ɑ̃t] *adj voix, feuillage* zitternd; *eau* siedend; **les lèvres,** ~ **es** mit bebenden Lippen; **être** ~ **(e) de colère/ désir** vor Wut/Verlangen *(Dat)* beben *geh [o* zittern]

frémissement [fʀemismɑ̃] *m* ❶ *soutenu (frisson d'émotion) des lèvres, du corps, d'une personne* Zittern *nt*, Beben *nt (geh);* ~ **de peur** Zittern vor Angst *(Dat);* ~ **de colère/plaisir** Beben vor Wut/ Lust *(Dat);* ~ **d'horreur** Entsetzensschauer *m;* ~ **de fièvre** Schüttelfrost *m*

❷ *(mouvement léger) d'une corde, des ailes* Vibrieren *nt; de l'eau* leichte Bewegung; *du feuillage* Zittern *nt*

❸ *(murmure) des feuilles* Raschen *nt*

❹ ECON, POL leichter Anstieg

frênaie [fʀɛnɛ] *f* Eschenwald *m*

french cancan [fʀɛnʃkɑ̃kɑ̃] <french cancans> *m* Cancan *m (lebhafter Tanz, auch erotischer Schautanz in Nachtlokalen)*

frêne [fʀɛn] *m* BOT Esche *f*; **bois de** ~ Eschenholz *n*

frénésie [fʀenezi] *f* Leidenschaft *f*, Besessenheit *f;* ~ **de consommation** Kaufrausch *m;* **avec** ~ leidenschaftlich; **applaudir avec** ~ frenetischen [o stürmischen] Beifall spenden

frénétique [fʀenetik] *adj* ❶ *(passionné) sentiment* übersteigert; *personne* besessen; *passion* wild; **enthousiasme** ~ wahrer Begeisterungssturm

❷ *(au rythme déchaîné) agitation, danse* wild; *applaudissements* stürmisch, frenetisch; *personne* leidenschaftlich, besessen

frénétiquement [fʀenetikmɑ̃] *adv* wild, stürmisch; **applaudir** ~ **les acteurs** den Schauspielern frenetischen [o stürmischen] Beifall spenden

fréon® [fʀeɔ̃] *m* Freon® *nt (Handelsname für einen Fluorkohlenwasserstoff)*

fréquemment [fʀekamɑ̃] *adv* oft, häufig

fréquence [fʀekɑ̃s] *f* ❶ Häufigkeit *f; d'un bus, train* Zeittakt *m;* ~ **des accidents** Unfallhäufigkeit *f*

❷ PHYS, ELEC, INFORM Frequenz *f;* **basse/haute/moyenne** ~ Nieder-/Hoch-/Mittelfrequenz *f;* ~ **auditive** Hörbereich *m;* **à basse** ~ niederfrequent; **technique de la haute** ~ Hochfrequenztechnik *f;* **attribution d'une** ~ Frequenzzuteilung *f*, Frequenzzuweisung *f;* ~ **de rafraîchissement d'image** Bildwiederholfrequenz *f;* ~ **du bus système** Bustaktfrequenz *f*

❸ MED Frequenz *f;* ~ **du pouls** Pulsfrequenz *f;* ~ **cardiaque/respiratoire** Herz-/Atemfrequenz *f*

❹ ELEC Frequenz *f;* ~ **du secteur** Netzfrequenz *f*

◆ ~ **d'échantillonnage** INFORM Abtastrate *f;* ~ **d'erreurs** INFORM Fehlerhäufigkeit *f;* ~ **d'horloge** INFORM Taktfrequenz *f*, Taktrate *f*

~ **de lignes** TV, INFORM Zeilenfrequenz *f;* ~ **de rotation** ECON Umschlagshäufigkeit *f*

fréquent(e) [fʀekɑ̃, ɑ̃t] *adj* ❶ häufig

❷ MED, LING frequent

fréquentable [fʀekɑ̃tabl] *adj lieu, personne* akzeptabel; **une rue peu** ~ eine Straße, in der man sich [besser] nicht aufhalten sollte; **un type peu** ~ ein Typ, dem man [lieber] aus dem Wege gehen sollte *[o* mit dem man besser keinen Umgang haben sollte]

fréquentatif, -ive [fʀekɑ̃tatif, -iv] *adj* LING frequentativ

fréquentation [fʀekɑ̃tasjɔ̃] *f* ❶ *(action)* häufiger Besuch; ~ **d'une personne** Umgang *m* mit einem Menschen; **la** ~ **de l'exposition est satisfaisante** die Ausstellung ist gut besucht; **saison avec un chiffre des** ~ **s bas** besucherschwache Jahreszeit

❷ *gén pl (relation)* Umgang *m;* **avoir de bonnes/mauvaises** ~ **s** guten/schlechten Umgang haben; **il choisit ses** ~ **s** er sucht sich die Leute, mit denen er verkehrt, gut aus

fréquenté(e) [fʀekɑ̃te] *adj établissement, lieu* vielbesucht; *promenade, rue* belebt; **ce lieu est bien** ~ *(qualitatif)* an diesem Ort verkehren anständige Leute; *(quantitatif)* dieser Ort ist gut besucht; **ce lieu est mal** ~ an diesem Ort verkehren zweifelhafte Leute; **carrefour très** ~ sehr stark befahrene Kreuzung, verkehrsintensive Kreuzung (CH); **la ligne de chemin de fer la plus** ~ **e** die meistbefahrene Eisenbahnstrecke; **l'autoroute la plus** ~ **e d'Allemagne/d'Italie** die meistbefahrene Autobahn Deutschlands/Italiens

fréquenter [fʀekɑ̃te] <1> **I.** *vt* ❶ *(aller fréquemment dans)* besuchen *école;* ~ **les bars/les théâtres** häufig [o oft] die Bars/die Theater besuchen, die Bars/die Theater frequentieren *(geh);* ~ **la maison de qn** in jds Haus *(Dat)* verkehren, jdn frequentieren *(geh)*

❷ *(avoir des relations avec)* ~ **qn** mit jdm verkehren *[o* Umgang haben]

II. *vpr* ❶ *(par amitié)* **se** ~ sich häufig sehen

❷ *(par amour)* **se** ~ zusammensein, miteinander gehen *(fam)*

frère [fʀɛʀ] *m* ❶ Bruder *m;* ~ **aîné/cadet** *(plus âgé/jeune)* älterer/ jüngerer Bruder; *(le plus âgé/jeune)* ältester/jüngster Bruder; ~ **s utérins/consanguins** Halbbrüder mütterlicherseits/väterlicherseits; ~ **jumeau** Zwillingsbruder; ~ **siamois** siamesischer Zwilling; **être un** ~ **pour qn** wie ein Bruder für jdn sein; **partager en** ~ **s** brüderlich teilen; **ressembler à qn comme un** ~ jdm sehr ähnlich sehen; **s'aimer comme des** ~ **s** sich wie Brüder lieben; **se ressembler comme des** ~ **s jumeaux** sich aufs Haar gleichen; **vivre comme** ~ **et sœur** wie Bruder und Schwester zusammenleben

❷ *(compagnon)* Bruder *m;* ~ **d'armes/de lait/de sang** Waffen-/ Milch-/Blutsbruder; ~ **d'infortune** Leidensgenosse *m;* ~ **maçon** *[o* **Trois points** *fam]* Freimaurer *m;* **vieux** ~ *fam* altes Haus *(fam)*

❸ *(semblable)* Bruder *m;* ~ **s ennemis** feindliche Brüder; **les hommes sont tous** ~ **s** alle Menschen sind Brüder

❹ REL Bruder *m;* **mes bien chers** ~ **s** liebe *[o* meine lieben] Brüder [und Schwestern]; **être élevé chez les** ~ **s** in einer Klosterschule erzogen werden

❺ *fam (objet)* Pendant *nt*, Gegenstück *nt*

▶ **faux** ~ falscher Freund, falscher Fuffziger *(fam)*

frérot [fʀeʀo] *m fam* Brüderchen *nt (fam)*, Bruderherz *nt (fam)*

frésia *v.* freesia

fresque [fʀɛsk] *f* ❶ *(peinture)* Fresko *nt*

❷ LITTER Abbild *nt*

fret [fʀɛ(t)] *m* ❶ *(prix)* Fracht *f*, Frachtgebühr *f*, Transportgebühr *f*, Frachtgeld *nt;* JUR Frachtlohn *m (Fachspr.); (coût)* Fracht, Frachtkosten *Pl; (tarif)* Frachttarif *m;* ~ **ferroviaire** Bahnfracht, *(coût)* Bahnfrachtkosten, *(tarif)* Bahnfrachttarif; ~ **aérien** Luftfracht *f; (coût)* Luftfrachtkosten, *(tarif)* Luftfrachttarif

❷ *(chargement)* Fracht *f*, Frachtgut *nt; d'un navire, avion* Cargo *m (Fachspr.),* Kargo *m (Fachspr.);* **faux** ~ , ~ **mort** Leerfracht; ~ **ferroviaire** [Eisen]bahngüterverkehr *m;* ~ **en port dû** Fracht gegen Nachnahme; ~ **en transit** Durchgangsfracht; ~ **à vide** Fautfracht; **assurance du** ~ Frachtversicherung *f; (en parlant de navires, d'avions)* Cargoversicherung, Kargoversicherung

fréter [fʀete] <5> *vt* ❶ *(prendre en location)* chartern *navire;* mieten *véhicule*

❷ *(donner en location)* verchartern *avion, navire*

fréteur [fʀetœʀ] *m (armateur)* Reeder *m*

frétillant(e) [fʀetijɑ̃, jɑ̃t] *adj* ❶ *poisson* zappelnd; *queue* wedelnd

❷ **être** ~ **(e) d'impatience** vor Ungeduld *(Dat)* ganz zappelig sein *(fam);* **être** ~ **(e) de joie** vor Freude in die Luft springen

frétiller [fʀetije] <1> *vi* ❶ *poisson:* zappeln; **le chien frétille de la queue** der Hund wedelt mit dem Schwanz

❷ *fig* ~ **d'impatience** vor Ungeduld *(Dat)* zappeln; ~ **de joie** vor Freude *(Dat)* in die Luft springen

fretin [fʀətɛ̃] *m* junge *[o* kleine] Fische

▶ **menu** ~ *péj* kleine Fische *(fam)*

freudien(ne) [fʀødjɛ̃, jɛn] **I.** *adj* freudianisch; **la doctrine** ~ **ne** die Lehre Freuds

II. *m(f)* Freudianer(in) *m(f)*

freudisme [fʀødism] *m* PSYCH *die Lehre Freuds und seiner Schüler*

freux [fʀø] *m* ZOOL Saatkrähe *f*
friable [fʀijabl] *adj pâte* krümelig, mürbe; *roche, sol* bröckelig, brüchig
friand [fʀijɑ̃] *m* ❶ *(pâté)* kleine Blätterteigpastete
❷ *(dessert)* kleiner Kuchen mit Mandelpaste
friand(e) [fʀijɑ̃, jɑ̃d] *adj* ~(e) de chocolat/compliments/nouveautés versessen auf Schokolade/Komplimente/Neuigkeiten
friandise [fʀijɑ̃diz] *f* Süßigkeit *f*; **donne-moi une ~!** gib mir etwas zum Naschen!
Fribourg [fʀibuʀ] Freiburg *nt*
fric [fʀik] *m fam (argent)* Kohle *f (fam)*, Kies *m (fam)*; **avide de ~ fam** geldgeil *(pej sl)*
fricandeau [fʀikɑ̃do] <x> *m* GASTR Frikandeau *nt*
fricassée [fʀikase] *f* Frikassee *nt*; **~ de poulet** Hühnerfrikassee *nt*
fricasser [fʀikase] <1> *vt* ❶ GASTR frikassieren *lapin*
❷ *fig vieilli* vergeuden *argent*
fricative [fʀikativ] *f* LING Frikativ[laut] *m*, Reibelaut *m*
fric-frac [fʀikfʀak] *m inv fam* Einbruch *m*, Bruch *m (sl)*
friche [fʀiʃ] *f* AGR Brachland *nt*, Brache *f*; **~ industrielle** Industriebrache; **être en ~** brachliegen
frichti [fʀiʃti] *m fam* Selbstgebrutzelte(s) *nt (fam) (selbst zubereitete, einfache Mahlzeit)*
fricot [fʀiko] *m fam* Eintopf *m*; *péj* Fraß *m (fam)*
fricotage [fʀikɔtaʒ] *m fam* Gaunerei *f*; **~ boursier** Börsenschwindel *m*
fricoter [fʀikɔte] <1> I. *vt péj* im Schilde führen, aushecken *(fam)*
II. *vi hum fam* **~ avec qn** etwas mit jdm haben *(fam)*
friction [fʀiksjɔ̃] *f* ❶ *(frottement)* Abreiben *nt*, Frottieren *nt*; **~ de cheveux** Kopfhautmassage *f*; **se faire faire une ~** sich *(Dat)* die Kopfhaut massieren lassen
❷ PHYS Reibung *f*; **point de ~** Reibungspunkt *m*
❸ *gén pl (désaccord)* Reibereien *Pl (fam)*
frictionner [fʀiksjɔne] <1> I. *vt* ❶ abreiben, frottieren
❷ *fig* **je vais lui ~ les oreilles/la tête!** *fam* ich werd' ihm eine Abreibung verpassen! *(fam)*
II. *vpr* **se ~** sich abreiben
Fridolin [fʀidɔlɛ̃] *mf péj fam* Boche *mf (fam) (abwertende Bezeichnung für Deutsche aus dem 2. Weltkrieg)*
frigidaire® [fʀiʒidɛʀ] *m* Kühlschrank *m*; **mettre qc au ~** etw in den Kühlschrank stellen
frigide [fʀiʒid] *adj* frigid[e]
frigidité [fʀiʒidite] *f* Frigidität *f*
frigo [fʀigo] *m fam abr de* **frigidaire** Kühlschrank *m*
frigorifier [fʀigɔʀifje] <1a> *vt* ❶ *fam* **être frigorifié(e)** völlig durchgefroren sein
❷ *(congeler)* einfrieren
frigorifique [fʀigɔʀifik] *adj* Kühl-; **camion ~** Kühlwagen *m*; **liquide ~** Kühlflüssigkeit *f*; **machine ~** Kältemaschine *f*; **transport ~** Kühltransport *m*
frileusement [fʀiløzmɑ̃] *adv* ❶ *(en raison du froid)* fröstelnd, leicht frierend
❷ *(craintivement)* ängstlich
frileux, -euse [fʀilø, -øz] *adj* ❶ *(sensible au froid)* kälteempfindlich; *personne* verfroren
❷ *(craintif)* ängstlich
frilosité [fʀilozite] *f* ❶ *(sensibilité au froid)* Kälteempfindlichkeit *f*
❷ *(manque d'audace)* **la ~ du marché bancaire** die Zurückhaltung auf dem Geldmarkt
frimas [fʀima] *mpl poét* [Rau]reif *m*
frime [fʀim] *f fam* ❶ *(bluff)* Theater *nt (fam)*
❷ *(vantardise)* Angeberei *f*, Großkotzigkeit *f (pej sl)*; **pour la ~** zum Schein, pro forma
frimer [fʀime] <1> *vi fam* eine Schau *[o* Show*]* abziehen *(fam)*
❷ *(se vanter)* angeben
frimeur, -euse [fʀimœʀ, -øz] *m, f fam* Schaumschläger(in) *m(f) (fam)*, Prahlhans *m (fam)*, großschnäuziger Mensch *(pej sl)*
frimousse [fʀimus] *f fam* [Kinder]gesicht *nt*, Puppengesicht *nt*
fringale [fʀɛ̃gal] *f* ❶ *fam (faim)* Heißhunger *m*, Kohldampf *m (fam)*; **avoir la ~** einen Bärenhunger haben *(fam)*; **j'ai été pris(e) d'une vraie ~** mich überkam ein regelrechter Heißhunger
❷ *(envie)* **~ de lectures** Lesehunger *m*; **avoir une ~ de bandes dessinées** versessen auf Comics sein
fringant(e) [fʀɛ̃gɑ̃, ɑ̃t] *adj personne* munter, flott; *personne âgée* rüstig; *cheval* feurig
fringué(e) [fʀɛ̃ge] *adj fam* ausstaffiert *(fam)*; **être bien ~(e)** sich in Schale geworfen haben *(fam)*; **être mal ~(e)** schlampig rumlaufen *(fam)*; **c'est un mec ~ comme un ministre** der Typ hat echt piekfeine Klamotten an *(fam)*
fringuer [fʀɛ̃ge] <1> I. *vt fam* ausstaffieren *(fam)*
II. *vpr fam* **se ~** sich anziehen
fringues [fʀɛ̃g] *fpl fam* Klamotten *Pl (fam)*; **magasin de ~** Klamottengeschäft *nt (fam)*
fripe [fʀip] *f gén pl* ❶ *(vieux vêtements)* alte Kleider *Pl*
❷ *(vêtements d'occasion)* Kleider *Pl* aus zweiter Hand
fripé(e) [fʀipe] *adj* zerknittert, zerknautscht *(fam)*; **avoir le visage ~** zerknittert aussehen *(fam)*
friper [fʀipe] <1> I. *vt* zerknittern, zerknautschen *(fam)*
II. *vpr* **se ~** knittern, knautschen *(fam)*
friperie [fʀipʀi] *f* ❶ *péj (vieux habits)* alte Klamotten *Pl*
❷ *(commerce)* Secondhandshop *m*
fripier, -ière [fʀipje, -jɛʀ] *m, f* Inhaber(in) *m(f)* eines Secondhandshops
fripon(ne) [fʀipɔ̃, ɔn] I. *adj fam air, visage* spitzbübisch, schelmisch; **il a le regard ~** *[o* **les yeux ~s***]* ihm schaut der Schalk aus den Augen
II. *m(f) fam (malin)* Schelm(in) *m(f)*; **petit ~!** du kleiner Schlingel *[o* Racker*]! (fam)*
fripouille [fʀipuj] *f fam* Spitzbube *m*, Halunke *m*; **petite ~!** hum du kleiner Gauner! *(fam)*; **vieille ~** alter Halunke
friqué(e) [fʀike] *adj fam gens* gut betucht
frire [fʀiʀ] *<irr>* I. *vt* ❶ *(dans une poêle)* **~/faire ~ qc** etw braten
❷ *(dans une friteuse)* **~/faire ~ qc** etw frittieren
❸ *vi* [in schwimmendem Fett] braten
frisbee® [fʀizbi] *m* Frisbee® *nt*
frise [fʀiz] *f* ARCHIT Fries *m*, Zierstreifen *m*
Frise [fʀiz] *f* **la ~** Friesland *nt*; **habitant(e) de la ~ de l'Est** Ostfriese *m*/-friesin *f*; **région de la ~ de l'Est** ostfriesisches Gebiet
Frisé [fʀize] *mf péj fam* Boche *mf (fam) (abwertende Bezeichnung für Deutsche aus dem 2. Weltkrieg)*
frisé(e) [fʀize] *adj cheveux* kraus; *animal* mit krausem Fell; **personne ~e** Mensch *m* mit lockigem Haar; **être ~(e) comme un mouton** einen Krauskopf haben, kraushaarig *[o* krausköpfig*]* sein; **jeune homme blond ~** blondgelockter junger Mann
frisée [fʀize] *f (salade)* Friseesalat *m*
friser [fʀize] <1> I. *vt* ❶ *(mettre en boucles)* in Locken legen, locken *cheveux*; zwirbeln *moustache*; **~ [les cheveux à] qn** jdm Locken machen
❷ *(frôler)* **~ la mort/l'accident** dem Tod/dem Unglück mit knapper Not *[o* um Haaresbreite*]* entgehen; **~ le ridicule** *situation, remarque:* ans Lächerliche grenzen; *personne:* sich lächerlich machen; **~ la soixantaine** knapp sechzig sein; **~ les dix pour cent** fast die 10-Prozent-Grenze erreichen
II. *vi cheveux:* sich kräuseln, kraus werden; **qn frise** *(naturellement)* jd hat Naturlocken; **(à l'humidité)** jds Haare kräuseln sich
III. *vpr (se faire des boucles)* **se ~** sich *(Dat)* Locken machen *[o* legen*]* lassen
frisette [fʀizɛt] *f* ❶ *(bouclette)* Löckchen *nt*
❷ *(planche)* dünne Holzlatte
frison [fʀizɔ̃] *m* ❶ *(frisottis)* Löckchen *nt*
❷ *(copeau)* gerollter Span *m*
❸ TECH **~ de papier** Papierwolle *f*
frisottant(e) [fʀizɔtɑ̃, ɑ̃t] *adj cheveux* sich lockend, sich kräuselnd
frisotter [fʀizɔte] <1> *vi cheveux:* sich kräuseln, kraus werden; *personne:* einen Lockenkopf bekommen
frisquet(te) [fʀiskɛ, ɛt] *adj fam* frisch, kühl; **il y a un petit vent ~** es weht ein frisches *[o* kühles*]* Lüftchen; **il fait ~** es ist frisch *[o* kühl*]*
frisson [fʀisɔ̃] *m* Zittern *nt*, Beben *nt*; **~ de froid/peur/terreur** Zittern vor Kälte/Angst/Schreck *(Dat)*; **~ de plaisir/volupté** Beben vor Wonne *(Dat) (geh)*; **~ de dégoût** Schauder *m*; **avoir des ~s** Schüttelfrost *m* haben; **un ~ parcourt qn** ein Schau[d]er überläuft jdn *[o* läuft jdm über den Rücken*]*; **un ~ saisit/secoue qn** ein Schau[d]er ergreift/durchrieselt jdn
▸ **le grand ~** *(émotion intense)* [Nerven]kitzel *m*; *(orgasme)* Orgasmus *m*, [sexueller] Höhepunkt; **donner le grand ~ à qn** jdn in große Erregung versetzen, ein großer Nervenkitzel für jdn sein; **qn en a le ~** jdm läuft es dabei kalt über den Rücken
frissonnant(e) [fʀisɔnɑ̃, ɑ̃t] *adj* zitternd, erschauernd
frissonnement [fʀisɔnmɑ̃] *m littér* ❶ *(léger frisson)* leichtes Zittern *[o* Beben*]*, leichter Schauder
❷ *(bruissement) des ailes* Vibrieren *nt*; *du feuillage* Rascheln *nt*
frissonner [fʀisɔne] <1> *vi* ❶ *(avoir des frissons)* **~ de désir/plaisir** vor Verlangen/Lust *(Dat)* beben *(geh)*; **~ de froid/peur** vor Kälte/Angst *(Dat)* zittern; **il frissonne d'horreur** es schaudert ihn; **être frissonnant(e) de fièvre** Schüttelfrost *m* haben; **faire ~ qn de peur** jdn vor Angst *(Dat)* erschauern lassen *(geh)*
❷ *littér (trembler légèrement) herbe:* zittern; *lumière:* flackern
frisure [fʀizyʀ] *f* Löckchen *Pl*; **~ légère** leichte Welle
frit(e) [fʀi, fʀit] I. *part passé de* **frire**
II. *adj fam (fichu)* **tu es ~(e)!** du bist erledigt! *(fam)*, es ist aus mit dir! *(fam)*
frite [fʀit] *f* **des ~s** Pommes frites *Pl*; **bifteck ~s** [Beef]steak *nt* mit Pommes frites
▸ **avoir la ~** gut drauf sein *(fam)*
friter [fʀite] <1> *vpr fam* **se ~ avec qn** sich mit jdm zanken
friterie [fʀitʀi] *f* ❶ *(boutique)* Pommesbude *(fam)*, ≈ Imbissbude *f*
❷ *(atelier de friture)* Bratküche *f*

friteuse [fʀitøz] *f* GASTR Friteuse *f*
fritter [fʀite] <1> *vpr fam v.* **friter**
friture [fʀityʀ] *f* ❶ *(aliments)* frittierte Speise
❷ *(graisse)* Frittüre *f (heißes Fett zum Frittieren)*
❸ *(action)* Frittieren *nt*
❹ BELG *(baraque à frites)* Pommesbude *f*
❺ RADIO, TELEC Rauschen *nt;* **il y a de la ~ sur la ligne** es rauscht in der Leitung
Fritz [fʀits] *mf inv péj fam* aus dem Zweiten Weltkrieg stammende, abwertende Bezeichnung für einen Deutschen/eine Deutsche
frivole [fʀivɔl] *adj personne* leichtfertig, frivol; *discours* nichtssagend; *spectacle* flach; *occupation* nutzlos; *lecture* seicht
frivolité [fʀivɔlite] *f d'une personne* Leichtfertigkeit *f*, Frivolität *f; d'une conversation, d'un discours* Oberflächlichkeit *f; d'une occupation* Nutzlosigkeit *f*
froc [fʀɔk] *m* ❶ *fam (pantalon)* Hose *f*
❷ *vieilli (habit monacal)* [Mönchs]kutte *f*
▶ **jeter le ~ aux orties** aus dem Orden austreten; **baisser son ~ devant qn** *fam* vor jdm den Schwanz einziehen *(fam);* **faire dans son ~** *fam* sich *(Dat)* ins Hemd machen *(sl)*
froid [fʀwa] *m* ❶ *(température)* Kälte *f;* **~ glacial** eisige Kälte; **il fait ~** es ist kalt; **qn a ~** jd friert, jdm ist kalt; **avoir ~ aux pieds** kalte Füße haben; **attraper** [*o* **prendre**] [**un coup de**] **~** sich erkälten, sich *(Dat)* eine Erkältung holen; **mourir** [*o* **crever** *fam*] **de ~** erfrieren; *(avoir très froid)* sich fast zu Tode frieren *(fam);* **il fait un ~ terrible!** *fam* ist das eine Irrsinnskälte! *(fam)*
❷ *(brouille)* Verstimmung *f;* **être en ~ avec qn** ein unterkühltes Verhältnis zu jdm haben; **jeter un ~** *personne:* eine frostige Stimmung verbreiten; *intervention, remarque:* wie eine kalte Dusche wirken *(fam)*
▶ **~ de canard** [*o* **de loup**] *fam* Irrsinnskälte *f (fam),* Saukälte *f (sl);* **qn en a ~ dans le dos** jdm läuft es kalt den Rücken herunter; **qc donne** [*o* **fait**] **~ dans le dos à qn** bei etw läuft es jdm kalt den Rücken herunter; **ne pas avoir ~ aux yeux** entschlossen [*o* wagemutig] sein; **à ~** TECH kalt; *(sans préparation)* unvorbereitet, völlig überrascht; *(sans émotion)* emotionslos; *(avec insensibilité)* kaltblütig; **démarrage à ~** Kaltstart *m*
froid(e) [fʀwas, fʀwad] *adj* ❶ *(opp: chaud)* kalt
❷ *(distant, calme, indifférent) accueil, regard, ton, personne* kühl; **il entra dans une colère ~e** ihn packte die kalte Wut; **laisser ~ qn** jdn kaltlassen; **prendre un air ~** eine eisige Miene aufsetzen; **rester ~(e) comme le marbre** ungerührt [*o* hart wie Stein] bleiben
❸ **accueillir qc avec ~** etw mit großer Zurückhaltung aufnehmen
froidement [fʀwadmɑ̃] *adv* ❶ *(sans chaleur)* kühl; *accueillir, recevoir* frostig
❷ *(avec sang-froid)* raisonner nüchtern; *réagir* gelassen
❸ *(avec insensibilité)* kaltblütig
froideur [fʀwadœʀ] *f d'une personne* Empfindungslosigkeit *f; d'un comportement, d'une réaction* Kälte *f; d'un accueil* Frostigkeit *f,* Kälte; **accueillir qc avec ~** etw mit großer Zurückhaltung aufnehmen
froidure [fʀwadyʀ] *f littér* Kälte *f*
froissable [fʀwasabl] *adj* **être ~** leicht knittern
froissement [fʀwasmɑ̃] *m* ❶ *(bruit)* Rascheln *nt,* Knistern *n*
❷ *(claquage)* **~ d'un muscle** Muskelzerrung *f*
❸ *(blessure)* Kränkung *f*
froisser [fʀwase] <1> I. *vt* ❶ *(chiffonner)* zusammenknüllen *papier;* zerknittern, zerknautschen *(fam) habit, tissu;* verbiegen *tôles;* **être froissé(e)** zerknittert sein
❷ *(blesser)* kränken, verletzen *personne, orgueil, amour-propre*
II. *vpr* ❶ *(se chiffonner)* **se ~** knittern, knautschen *(fam)*
❷ *(se claquer)* **se ~ un muscle** sich *(Dat)* eine Muskelzerrung zuziehen
❸ *(se vexer)* **se ~** gekränkt [*o* beleidigt] sein; **être froissé(e)** gekränkt [*o* beleidigt] sein, angerührt sein (A)
froissure [fʀwasyʀ] *f rare* Knitterfalte *f*
frôlement [fʀolmɑ̃] *m* ❶ *(contact léger)* leichte Berührung
❷ *(frémissement)* Knistern *nt,* Rascheln *nt*
frôler [fʀole] <1> I. *vt* ❶ *(effleurer)* streifen, leicht berühren
❷ *(passer très près)* fast berühren, fast streifen; **~ le ridicule** *personne:* sich lächerlich machen; *remarque, situation:* ans Lächerliche grenzen; **le thermomètre frôle les 20°** das Thermometer erreicht fast 20°; **ce soir, on devrait ~ les 40000 visiteurs** heute Abend müssten wir an die 40000 Besucher haben
❸ *(éviter de justesse)* **~ la mort/l'accident** dem Tod/dem Unglück mit knapper Not [*o* um Haaresbreite] entgehen
II. *vpr* **se ~** *(avec contact)* sich leicht berühren; *(sans contact)* haarscharf aneinander vorbeigehen/vorbeifahren
fromage [fʀɔmaʒ] *m* ❶ Käse *m;* **~ blanc** Quark *m,* Topfen *m* (A); **~ blanc à la crème** Sahnequark; **~ de tête** Käse; **~ fermenté/frais** Sauermilch-/Frischkäse; **~ fondu/gras/maigre** Schmelz-/Vollfett-/Magerkäse; **~ à pâte dure/molle/à tartiner** Hart-/Weich-/Streichkäse; **~ de brebis/de chèvre** Schaf[s]-/Ziegenkäse; **couteau à ~** Käsemesser *nt;* **biscuit/gâteau au ~** Käsegebäck *nt/*-kuchen *m*

❷ *(sinécure)* **trouver un bon ~** einen ruhigen Posten finden
▶ **faire un ~ de qc** *fam* aus etw eine Staatsaktion [*o* einen Staatsakt] machen *(fam)*
◆ **~ de tête** Schweinskopfsülze *f*
fromager, -ère [fʀɔmaʒe, -ɛʀ] I. *adj industrie, production* Käse-; **association fromagère** Verband *m* der Käsehersteller
II. *m, f* Käsehersteller(in) *m(f)*
fromagerie [fʀɔmaʒʀi] *f* ❶ *(industrie)* Käseindustrie *f*
❷ *(lieu de fabrication)* Käserei *f*
froment [fʀɔmɑ̃] *m* Weizen *m*
frometon [fʀɔmtɔ̃] *m fam* Käse *m*
fronce [fʀɔ̃s] *f* COUT Kräuselfalte *f*
froncement [fʀɔ̃smɑ̃] *m des sourcils* Hochziehen *nt; du nez* Rümpfen *nt*
froncer [fʀɔ̃se] <2> *vt* ❶ COUT raffen
❷ *(plisser)* hochziehen *sourcils;* rümpfen *nez*
fronces [fʀɔ̃s] *fpl* Falte *f;* **à ~** gerafft; **jupe à ~** Faltenrock *m*
frondaison [fʀɔ̃dɛzɔ̃] *f* BOT ❶ *(apparition des feuilles)* Blattbildung *f*
❷ *(feuillage)* Laub *nt*
fronde¹ [fʀɔ̃d] *f* [Stein]schleuder *f*
fronde² [fʀɔ̃d] *f* ❶ Revolte *f,* Aufstand *m;* **il y a actuellement un vent de ~ dans les universités** momentan gärt [*o* brodelt] es an den Universitäten
❷ HIST **la Fronde** die Fronde *(Aufstand des französischen Hochadels gegen das absolutistische Königtum 1648-1653)*
fronde³ [fʀɔ̃d] *f* BOT Farnwedel *m*
frondeur, -euse [fʀɔ̃dœʀ, -øz] *adj* aufsässig, widerspenstig; **avoir une mentalité frondeuse** oft und gerne widersprechen
front [fʀɔ̃] *m* ❶ ANAT Stirn *f;* **avoir un très grand ~** eine hohe Stirn haben
❷ *(façade)* Front *f,* Stirnseite *f; d'une montagne* Vorderseite *f;* **~ de mer** Strandpromenade *f*
❸ MIL Front *f;* **monter au ~** an die Front gehen; **~ est** *(pendant la Première et la Seconde Guerre mondiale)* Ostfront
❹ POL Front *f;* **~ de libération nationale** Nationale Befreiungsfront; **Front populaire** Volksfront *f (linke französische Regierungskoalition 1936-37)*
❺ METEO Front *f;* **~ chaud/froid** Warm-/Kaltfront; **~ pluvieux** Regenfront
▶ **faire ~ commun/offrir un ~ commun contre qn/qc** gemeinsame Front gegen jdn/etw machen; **marcher le ~ haut** den Kopf hochtragen; **avoir le ~ de faire qc** die Stirn haben, etw zu tun; **baisser** [*o* **courber**] **le ~** sich schämen; **faire ~ à qn/qc** jdm/einer S. die Stirn bieten; **relever le ~** sich wieder aufrichten; **de ~** *(côte à côte)* nebeneinander, auf gleicher Höhe; **attaquer un problème de ~** *(de face)* ein Problem direkt angehen; **se heurter de ~** frontal aufprallen; *(simultanément)* zugleich, gleichzeitig
frontal [fʀɔ̃tal, o] <-aux> *m* MED Stirnbein *nt*
frontal(e) [fʀɔ̃tal, o] <-aux> *adj* ❶ MED *muscle, veine* Stirn-; **os ~** Stirnbein *nt*
❷ *(de face) attaque, collision* Frontal-
frontalier, -ière [fʀɔ̃talje, -jɛʀ] I. *adj* Grenz-; **zone frontalière** Zollgrenzbezirk *m*
II. *m, f* Grenzbewohner(in) *m(f)*
frontière [fʀɔ̃tjɛʀ] I. *f* ❶ [Landes]grenze *f;* **passer la ~** die Grenze passieren [*o* überqueren]; *(à pied/en voiture/avion)* über die Grenze gehen/fahren/fliegen; **faire passer la ~ à qn** jdn über die Grenze bringen; **reconduire qn à la ~** jdn *(fam)* [an die Grenze] abschieben; **~ naturelle** natürliche Grenze; **maritime ~** Seezollgrenze; **~ douanière** Zollgrenze
❷ *(limite)* Grenze *f;* **~ linguistique** Sprachgrenze; **à la ~ du rêve et de la réalité** am Übergang *m* zwischen Traum und Wirklichkeit
II. *app inv* **ville ~** Grenzstadt *f;* **gare ~** Grenzbahnhof *m*
frontispice [fʀɔ̃tispis] *m* ❶ ARCHIT [Haupt]fassade *f*
❷ TYP Frontispiz *nt*
fronton [fʀɔ̃tɔ̃] *m* [Front]giebel *m*
frottage [fʀɔtaʒ] *m d'un parquet* Wienern *nt,* Bohnern *nt*
frotte-manche [fʀɔtmɑ̃ʃ] <frotte-manches> *m* BELG *fam (flatteur)* Süßholzraspler *m,* Schmeichler *m*
frottement [fʀɔtmɑ̃] *m* ❶ *(bruit)* Reiben *nt,* Scheuern *nt,* reibendes [*o* scheuerndes] Geräusch
❷ *(contact)* Reiben *nt,* Scheuern *nt;* **des traces de ~ sur le plancher** Schleifspuren auf dem Boden; **étoffe usée par les ~s** durchgescheuerter Stoff
❸ PHYS Reibung *f*
❹ *pl (frictions)* Reibereien *Pl;* **il y a souvent des ~s entre eux** es kommt häufig zu Reibereien zwischen ihnen
frotter [fʀɔte] <1> I. *vi* **~ contre qc** an etw *(Dat)* reiben [*o* scheuern]; *porte:* über etw *(Akk)* scheuern
II. *vt* ❶ *(astiquer)* polieren *chaussures, meubles, objets*
❷ *(nettoyer)* sauber reiben; *(avec une brosse)* [aus]bürsten; schrubben *(fam) partie du corps, plancher;* blank reiben *carreaux;* rubbeln

linge; ~ **ses semelles sur le paillasson** sich *(Dat)* die Schuhe [am Fußabstreifer] abtreten
③ *(cirer)* blank bohnern *parquet*
④ *(frictionner) (pour laver)* gründlich säubern; *(pour sécher)* trocken reiben; *(pour réchauffer)* warm reiben
⑤ *(gratter)* anzünden *allumette;* ~ **qc contre/sur qc** etw an etw *(Dat)* reiben; ~ **qc à la toile émeri** etw abschmirgeln
⑥ *(enduire)* ~ **qc d'ail** etw mit Knoblauch einreiben
III. *vpr* ❶ *se* ~ *(se laver)* sich gründlich waschen
❷ *(se sécher)* **se** ~ sich abfrottieren
❸ *(se nettoyer)* **se** ~ **les ongles** sich *(Dat)* die Nägel bürsten
❹ *(se gratter)* **se** ~ **les yeux/le nez** sich *(Dat)* die Augen/die Nase reiben; **se** ~ **contre les jambes de qn** jdm um die Beine streichen; **se** ~ **contre un arbre** sich an einem Baum reiben; **se** ~ **le dos contre un arbre** sich *(Dat)* den Rücken an einem Baum reiben
❺ *(entrer en conflit)* **se** ~ **à qn** sich mit jdm anlegen
▶ **qui s'y frotte s'y pique** *prov* wer nicht hören will, muss fühlen *(prov)*
frottis [fʀɔti] *m* Abstrich *m;* ~ **vaginal** [Scheiden]abstrich; ~ **sanguin** Blutausstrich *m*
frottoir [fʀɔtwaʀ] *m (à allumettes)* Reibfläche *f; (à parquet)* Bürste *f*
froufrou [fʀufʀu] *m* ❶ *(bruit)* Rascheln *nt (von Seidenkleidern);*
❷ *pl (dentelles)* Rüschen *Pl*
❸ *(dessous)* Reizwäsche *f*
froufroutant(e) [fʀufʀutɑ̃, ɑ̃t] *adj* raschelnd
froufroutement *v.* **froufrou** ❶
froufrouter [fʀufʀute] <1> *vi* rascheln
froussard(e) [fʀusaʀ, aʀd] I. *adj fam* ängstlich; **être ~(e)** leicht ins Bockshorn zu jagen sein *(fam)*
II. *m(f) fam* Angsthase *m (fam)*
frousse [fʀus] *f fam* Bammel *m (fam),* Schiss *m (sl);* **avoir la ~** Fracksausen haben *(fam)*
fructifier [fʀyktifje] <1a> *vi* ❶ *terre, arbre, idée:* Früchte tragen; ~ **tardivement** *arbre:* spät tragen
❷ *(rapporter) capital:* Gewinn bringen; **faire ~ qc** etw gewinnbringend *[o* Gewinn bringend*]* anlegen
fructose [fʀyktɔz] *m* BIO, CHIM Fruchtzucker *m,* Fruktose *f,* Fructose *f (Fachspr.)*
fructueusement [fʀyktɥøzmɑ̃] *adv placer* ~ **son argent** sein Geld zinsbringend anlegen
fructueux, -euse [fʀyktɥø, -øz] *adj collaboration* fruchtbar; *lecture* lohnend; *recherches, efforts, essai* erfolgreich, fruchtbar; *travaux* erfolgreich; *opération financière, commerce* gewinnbringend, rentabel; *placement, épargne* zinsbringend
frugal(e) [fʀygal, o] <-aux> *adj repas, nourriture* karg; *vie* bescheiden; *personne* genügsam, anspruchslos
frugalité [fʀygalite] *f d'un repas* Kargheit *f; d'une personne* Genügsamkeit *f*
fruit [fʀɥi] *m* ❶ *pl* Obst *nt;* ~**s à pépins/noyau** Kern-/Steinobst; **tarte aux ~s** Obstkuchen *m;* **jus de ~[s]** Fruchtsaft *m;* ~**s rouges/confits** rote/kandierte Früchte; ~ **s secs** Backobst, Trockenobst, Trockenfrüchte *Pl;* ~ **s nains** Zwergobst
❷ BIO Frucht *f;* **faux ~** Scheinfrucht; ~ **oléagineux** Ölfrucht
❸ *littér (résultat) de l'expérience, de la réflexion* Ergebnis *nt; d'un effort, du travail* Früchte *Pl; de l'imagination* Produkt *nt; d'une union, de l'amour* Frucht *f;* **être le ~ du hasard** reiner Zufall sein; **le ~ d'une imagination délirante** der Auswuchs einer krankhaften Fantasie; **porter ses ~s** Früchte tragen, von Erfolg gekrönt sein; *effort:* fruchten
▶ ~ **défendu** verbotene Frucht
◆ ~ **s de mer** Meeresfrüchte *Pl;* ~ **de la passion** Passionsfrucht *f;* ~ **s au sirop** eingemachtes Obst; *(en boîte)* Dosenobst
fruité(e) [fʀɥite] *adj* fruchtig [schmeckend]
fruiterie [fʀɥitʀi] *f* ❶ *(entrepôt)* Kühlhaus für Früchte
❷ *(magasin)* Obstgeschäft *nt*
fruitier [fʀɥitje] *m* ❶ *(marchand)* Obsthändler *m; (vendeur)* Obstverkäufer *m*
❷ *(étagère)* Obsthorde *f*
❸ CH *(fromager)* Käsehersteller
fruitier, -ière [fʀɥitje, -jɛʀ] *adj* Obst-; *arbre* ~ Obstbaum *m;* **arbre** ~ **nain** Zwergobstbaum, Zwergobst *nt*
fruitière [fʀɥitjɛʀ] *f* ❶ *(marchande)* Obsthändlerin *f; (vendeuse)* Obstverkäuferin *f*
❷ CH *(fromagère)* Käseherstellerin *f*
❸ CH *(coopérative)* Käsereigenossenschaft *f*
❹ CH *(fromagerie)* Käserei *f*
frusques [fʀysk] *fpl fam* Klamotten *Pl (fam)*
fruste [fʀyst] *adj personne* ungebildet; *manières* ungehobelt
frustrant(e) [fʀystʀɑ̃, ɑ̃t] *adj* frustrierend
frustration [fʀystʀasjɔ̃] *f* Frustration *f;* **toutes ces ~s** der ganze Frust *(fam)*
frustré(e) [fʀystʀe] I. *adj* frustriert

II. *m(f) fam* Frustrierte(r) *f(m)*
frustrer [fʀystʀe] <1> *vt* ❶ PSYCH frustrieren
❷ *(priver)* ~ **qn de qc** jdn um etw bringen; **un enfant frustré d'amour maternel** ein Kind, dem die Mutterliebe fehlt
FS [ɛfɛs] *m abr de* **franc suisse** sFr
FTP [ɛftepe] *abr de* **Francs-tireurs et partisans** kommunistische Widerstandsgruppe im 2. Weltkrieg
FTP-MOI [ɛftepemwa] *abr de* **Francs-tireurs et partisans main d'œuvre immigrée** internationale Abteilung der FTP
fuchsia [fyʃja, fyksja] I. *m* ❶ Fuchsie *f*
❷ *(couleur)* Fuchsienrot *nt*
II. *adv inv* **une chemise** ~ ein pinkfarbenes Hemd; **rose** ~ fuchsienrot, pinkfarben
fuchsine [fyksin] *f* MED Fuchsin *nt*
fucus [fykys] *m* BOT Blasentang *m*
fuel [fjul] *m* ❶ ~ **domestique** Heizöl *nt;* **se chauffer au** ~ mit Öl heizen
❷ *(carburant)* Diesel[kraftstoff *m*] *m*
fugace [fygas] *adj* flüchtig; *beauté* vergänglich; **j'ai eu la sensation** ~ **que** ich hatte flüchtig den Eindruck, dass
fugitif, -ive [fyʒitif, -iv] I. *adj* ❶ flüchtig, entflohen
❷ *(éphémère)* flüchtig; **avoir la vision fugitive de qc** etw [nur] flüchtig sehen können; *fig* eine flüchtige Vision von etw haben; **être ~(-ive)** *bonheur:* nicht lange währen
II. *m, f* Flüchtige(r) *f(m)*
fugitivement [fyʒitivmɑ̃] *adv* flüchtig
fugue [fyg] *f* ❶ *d'un mineur* Ausreißen *nt; d'un adulte* Verschwinden *nt;* **un mineur en** ~ ein minderjähriger Ausreißer; **faire une ~/des ~s** [von zu Hause]/immer wieder [von zu Hause] weglaufen; *adulte:* eine Zeitlang/immer wieder eine Zeitlang verschwinden
❷ MUS Fuge *f*
fuguer [fyge] <1> *vi fam* ausreißen *(fam),* ausbüxen *(hum fam)*
fugueur, -euse [fygœʀ, -øz] I. *m, f* Ausreißer(in) *m(f)*
II. *adj enfant* ~ [gewohnheitsmäßiger] Ausreißer/[gewohnheitsmäßige] Ausreißerin
fuir [fɥiʀ] <*irr*> I. *vi* ❶ ~ **d'un pays** aus einem Land fliehen [*o* flüchten]
❷ *(détaler)* davonlaufen, weglaufen; ~ **de chez ses parents** [*o* **de chez soi**] von zu Hause weglaufen [*o* ausreißen]; ~ **devant qn/qc** vor jdm/etw fliehen; **elle le fait** ~ sie schlägt ihn in die Flucht
❸ *(se dérober)* ~ **devant qc** sich einer S. *(Dat)* entziehen
❹ *(ne pas être étanche) récipient:* undicht sein, eine undichte Stelle haben; *robinet d'eau:* tropfen; *vase:* laufen
❺ *(s'échapper) liquide:* auslaufen; *gaz:* ausströmen
❻ *littér (passer rapidement)* verfliegen, fliehen *(geh)*
II. *vt* ❶ *(éviter)* fliehen vor (+ *Dat*) *danger;* ~ **ses responsabilités** sich der Verantwortung *(Dat)* entziehen; ~ **qn** jdn meiden; ~ **la présence de qn** jdm aus dem Weg gehen
❷ *littér (échapper à)* **le sommeil/la tranquillité le fuit** der Schlaf flieht ihn *geh/*er findet keine Ruhe mehr
fuite [fɥit] *f* ❶ ~ **devant qn/qc** Flucht *f* vor jdm/etw; **tentative de** ~ Fluchtversuch *m;* **mettre qn/un animal en** ~ jdn/ein Tier in die Flucht schlagen; **dans ma/ta/sa** ~ auf der Flucht; **prendre la** ~ die Flucht ergreifen; *chauffeur accidenté:* Fahrerflucht [*o* Unfallflucht] begehen; **prisonnier en** ~ flüchtiger [*o* entflohener] Strafgefangener; **être en** ~ *accusé:* flüchtig sein
❷ *(dérobade)* ~ **devant qc** Flucht *f* [*o* Zurückscheuen *nt*] vor etw *(Dat);* **chercher la** ~ **dans qc** Zuflucht in etw *(Dat)* suchen
❸ *(trou) d'un récipient, tuyau* undichte Stelle *f;* **avoir une** ~ undicht sein, lecken
❹ *(perte) d'eau* Austreten *nt;* d'eau Auslaufen *nt,* Austreten *nt; de gaz* Ausströmen *nt,* Austreten *nt;* **il y a une** ~ da läuft etwas aus, da ist ein Leck; **les ~s ont cessé** es gibt keine undichten Stellen mehr
❺ *(indiscrétion) d'une information* Durchsickern *nt;* **l'auteur de la** ~ die undichte Stelle; **en raison de ~s répétées** da wiederholt Informationen durchgesickert sind/waren
❻ *littér du temps, des heures* Verrinnen *nt*
▶ ~ **en avant** Flucht *f* nach vorn
◆ ~ **des capitaux** Kapitalflucht *f;* ~ **des cerveaux** Brain-Drain *m;* ~ **d'eau** *(sur une canalisation)* Wasserrohrbruch *m; (dans une maison)* Auslaufen *nt* von Wasser; **il y a une** ~ **d'eau quelque part** irgendwo tritt Wasser aus; ~ **des galaxies** Fluchtbewegung *f* der Galaxien; ~ **de gaz** Austreten *nt* von Gas, defekte Gasleitung; **il y a une** ~ **de gaz quelque part** irgendwo strömt Gas aus
fulgurant(e) [fylgyʀɑ̃, ɑ̃t] *adj* ❶ *vitesse* rasend; *progrès* rasend schnell; *réplique* blitzschnell; **ma réponse est ~e** meine Antwort kommt blitzschnell
❷ *douleur* stechend
❸ *lueur* gleißend; *regard* wütend, zornsprühend; **il lui jeta un regard** ~ er blitzte sie/ihn wütend an
fuligineux, -euse [fyliʒinø, -øz] *adj* ❶ *(qui rappelle la suie)* rußig; *(qui donne de la suie)* rußend

❷ *couleur* rußfarben
❸ MED fuliginös
fulminant(e) [fylminã, ãt] *adj* ❶ *(furieux)* wütend, zornig; ~(e) de colère [*o* de rage] wutentbrannt, zornentbrannt
❷ *(menaçant) regard* drohend; **une lettre ~e** ein Drohbrief *m*
fulminer [fylmine] <1> *vi* fuchsteufelswild sein *(fam)*; ~ contre qn/qc gegen jdn/etw wettern
fumage¹ [fymaʒ] *m* GASTR Räuchern *nt*
fumage² [fymaʒ] *m* AGR Düngen *nt* [mit Mist]
fumant(e) [fymã, ãt] *adj* ❶ *(qui dégage de la fumée)* rauchend; *(qui dégage de la vapeur)* dampfend; **être encore ~(e)** noch rauchen/dampfen; *soupe:* dampfend heiß sein
❷ *fam (sensationnel)* toll
fumasse [fymas] *adj fam (furieux)* wutschnaubend, zornentbrannt; **être ~** stinkig sein *(pej sl)*
fumé(e) [fyme] *adj* ❶ GASTR geräuchert; **jambon/saumon ~** Räucherschinken *m*/-lachs *m*
❷ *verre, plastique* rauchfarben; *verres de lunettes* getönt; **en verre ~** aus Rauchglas
fume-cigarette [fymsigaʀɛt] <fume-cigarettes> *m* Zigarettenspitze *f*
fumée [fyme] *f* ❶ Rauch *m*; *(nuage épais)* Qualm *m*, Rauchschwaden *Pl*; **~ de cigarette** Zigarettenrauch; *(épaisse)* Zigarettenqualm; **~ de tabac** Tabak[s]rauch; *(épaisse)* Tabak[s]qualm; **~s industrielles/d'échappement** [Industrie-/Auto]abgase *Pl*; **la ~ ne vous gêne pas?** stört es Sie, wenn ich rauche?; **avaler la ~** Lungenzüge machen
❷ *(vapeur) (légère)* Dunst *m*; *(épaisse)* Dunstschwaden *Pl*, Dampf *m*
▶ **il n'y a pas de ~ sans feu** *prov* wo Rauch ist, da ist auch Feuer; **partir** [*o* s'en aller] **en ~** sich in Rauch auflösen
fumer¹ [fyme] <1> I. *vi* ❶ rauchen; **il est interdit de ~** Rauchen verboten; **non merci, je ne fume pas** nein danke, ich bin Nichtraucher
❷ *(dégager de la fumée)* rauchen; *bougie:* rußen
❸ *(dégager de la vapeur)* dampfen; *acide:* Dämpfe entwickeln
II. *vt* ❶ rauchen; **~ la pipe** Pfeife rauchen
❷ GASTR räuchern
fumer² [fyme] <1> *vt* AGR [mit Mist] düngen
fumerie [fymʀi] *f* ❶ *rare (habitude de fumer)* übermäßiges Rauchen *nt*
❷ *(local)* Opiumhöhle *f (pej)*
fumerolles [fymʀɔl] *fpl* GEOL *d'un volcan* Fumarolen *Pl (Fachspr.)*
fumet [fyme] *m* ❶ *(odeur)* Duft *m*, [Wohl]geruch *m*
❷ *(bouquet) d'un vin* Blume *f*, Bukett *nt*
fumeur, -euse [fymœʀ, -øz] I. *m, f* Raucher(in) *m(f)*; **~ passif** Passivraucher; **~ invétéré/fumeuse invétérée** Nikotinsüchtige(r) *f(m)*
II. *app* TRANSP **compartiment ~s** Raucherabteil *nt*; **siège ~s** Raucherplatz *m*
fumeux, -euse [fymø, -øz] *adj théorie* verworren; *explication* verworren, wirr; *idées* verworren, verschwommen
fumier [fymje] *m* ❶ [Stall]mist *m*, Dung *m*; **~ de vache** Kuhmist, Kuhdung; **~ de cheval** Pferdemist, Pferdedung
❷ *péj pop (juron)* Mistkerl *m (fam)*, Schweinepriester *m (pej fam)*
fumigateur [fymigatœʀ] *m* MED, AGR ❶ *(appareil)* Räucherapparat *m*
❷ *(preparation combustible)* Räuchermittel *nt*
fumigation [fymigasjɔ̃] *f* ❶ MED Inhalation *f*; **faire des ~s** inhalieren
❷ *(pour désinfecter)* Ausräuchern *nt*
fumigène [fymiʒɛn] *adj* **grenade ~** Nebelgranate *f*; **bombe ~** Rauchbombe *f*; **engin/appareil ~** Rauchenzeuger *m*/Räucherapparat *m*
fumiste [fymist] I. *adj péj fam* unseriös
II. *mf* ❶ *péj fam* Nichtsnutz *m*; *(qui se moque du monde)* Schaumschläger(in) *m(f)*
❷ *(ouvrier)* Ofensetzer(in) *m(f)*
fumisterie [fymistəʀi] *f fam* ❶ *(mystification)* Schwindel *m*, Bluff *m (fam)*
❷ *(farce)* Schau *f (fam)*; **une vaste ~** alles nur Schau
fumivore [fymivɔʀ] I. *adj bougie* rauchverzehrend
II. *m* Rauchverzehrer *m*
fumoir [fymwaʀ] *m* ❶ *(salon, pièce)* Rauchsalon *m*
❷ *(four, cheminée)* Räucherofen *m*
fun [fɔn] *m* CAN *(amusement)* Vergnügen *nt*, Fun *m*
funambule [fynãbyl] *mf* Seiltänzer(in) *m(f)*
funambulesque [fynãbylɛsk] *adj* ❶ *(qui a rapport au funambule)* Seiltänzer-
❷ *fig (extravagant)* ausgefallen
funboard [fœnbɔʀd] *m* ❶ *(planche à voile)* Funboard *nt*
❷ *(sport)* Funboard-Surfen *nt*
funèbre [fynɛbʀ] *adj* ❶ *(funéraire)* **marche ~** Trauermarsch *m*; *décoration ~* Sargschmuck *m*; **oraison ~** Grabrede *f*; **veillée ~** Totenwache *f*; **service ~** Exequien *Pl*
❷ *(lugubre)* finster; *idées* trüb[sinnig]; **mine ~** Trauermiene *f*; **silence ~** Grabesstille *f*
funérailles [fyneʀaj] *fpl* Bestattung *f (geh)*; **~s nationales** Staatsbegräbnis *nt*
funéraire [fyneʀɛʀ] *adj* **dalle ~** Grabplatte *f*; **monument ~** Grabmal *nt*; **salon ~** CAN *(pompes funèbres)* Bestattungsinstitut *nt*
funérarium [fyneʀaʀjɔm] *m* Aufbahrungsraum *m*, Funerarium *nt (Fachspr.)*
funeste [fynɛst] *adj* ❶ *(fatal)* verhängnisvoll; *influence* verderblich, verhängnisvoll; *conseil, décision* unselig, verhängnisvoll; *jour* unselig; *suites, coup* fatal; **être ~ à qn/qc** jdm zum Verhängnis werden/einer S. *(Dat)* schaden
❷ *(de mort) pressentiment, vision* dunkel; **de ~s pressentiments** Todesahnungen *Pl*
❸ *(triste) récit* traurig
funiculaire [fynikylɛʀ] *m* [Draht]seilbahn *f*, [Stand]seilbahn *f*
funky [fœnki] *adj inv* Funk-; **musique ~** Funk *m*
fur [fyʀ] ▶ **au ~ et à mesure** nach und nach; **au ~ et à mesure des besoins** [je] nach Bedarf; **passer des photos au ~ et à mesure** ein Foto nach dem anderen weitergeben; **au ~ et à mesure qu'on approche/progresse dans notre travail** je näher man kommt/je weiter die Arbeit fortschreitet; **être payé(e) au ~ et à mesure** immer sofort bezahlt werden
furax *v.* fumasse
furet [fyʀɛ] *m* Frettchen *nt*
fureter [fyʀ(ə)te] <4> *vi* [herum]schnüffeln *(fam)*
fureteur [fyʀ(ə)tœʀ] *m* ❶ Schnüffler *m (pej fam)*
❷ CAN INFORM Browser *m*
fureteur, -euse [fyʀ(ə)tœʀ, -øz] *adj regard* suchend
fureteuse [fyʀ(ə)tøz] *f* Schnüfflerin *f (pej fam)*
fureur [fyʀœʀ] *f* ❶ Wut *f*; **avoir des accès de ~** Wutanfälle haben; **mettre qn en ~** jdn zur Raserei bringen; **être en ~ contre qn** wütend auf jdn sein; **pris(e) d'une soudaine ~** von plötzlicher Wut gepackt; **des accès de ~ incontrôlables** Tobsuchtsanfälle *Pl*; **avec ~** wütend
❷ *(violence) des éléments naturels, vagues* Urgewalt *f*; **d'une attaque** Heftigkeit *f*
▶ **faire ~** *chanson, mode:* Furore machen; *danse, sport:* groß in Mode sein, Furore machen; **la ~ de vivre** die Gier nach Leben
furibard(e) *v.* fumasse
furibond(e) [fyʀibɔ̃, ɔ̃d] *adj regard, ton* wütend, zornig; *personne* wutentbrannt
furie [fyʀi] *f* ❶ *(violence)* Heftigkeit *f*; *d'un combat* Verbissenheit *f*; **en ~** *mer* tosend, entfesselt; *personne, animal* wutschäumend; **être en ~** vor Wut schäumen; **mettre qn en ~** jdn in helle Wut versetzen
❷ *péj (femme déchaînée)* Furie *f*
❸ MYTH Furie *f*
furieusement [fyʀjøzmã] *adv* ❶ wütend
❷ *hum, iron (extrêmement)* unheimlich *(fam)*
furieux, -euse [fyʀjø, -jøz] *adj* ❶ wütend, zornig; *animal* wütend; **~(-euse) contre qn/qc** wütend auf jdn/etw; **~(-euse) de qc** wütend über etw *(Akk)* [*o* wegen etw]
❷ *(violent)* wütend, heftig; *combat* erbittert, heftig; *résistance* verbissen, erbittert
❸ *hum (extrême) envie, appétit* unheimlich *(fam)*
furoncle [fyʀɔ̃kl] *m* Furunkel *m o nt*
furtif, -ive [fyʀtif, -iv] *adj* ❶ *(rapide)* flüchtig
❷ *(à la dérobée) regard* verstohlen; *mouvement* unmerklich
furtivement [fyʀtivmã] *adv* heimlich; **sortir ~** hinausschleichen; **monter/descendre ~** hoch-/hinunterschleichen; **aller ~ à la cave à vins** sich heimlich in den Weinkeller stehlen
fusain [fyzɛ̃] *m* ❶ *(dessin)* Kohlezeichnung *f*
❷ *(crayon)* [Zeichen]kohle *f*; **dessiner au ~** mit Kohle zeichnen, eine Kohlezeichnung machen
❸ BOT Pfaffenhütchen *nt*
fuseau [fyzo] <x> *m* ❶ *(instrument) d'une fileuse* Spindel *f*; *d'une dentellière* Klöppel *m*
❷ *(pantalon)* Steghose *f*
❸ GEOG **~ horaire** Zeitzone *f*
fusée [fyze] *f* ❶ Rakete *f*; **époque des ~s** Raketenzeitalter *nt*
❷ *fig, iron (personne très intelligente)* Blitzmerker(in) *m(f) (iron fam)*
◆ **~ air-air** Luft-Luft-Rakete *f*; **~ de détresse** NAUT Leuchtrakete *f*; **~ sol-air** Boden-Luft-Rakete *f*
fuselage [fyz(ə)laʒ] *m* [Flugzeug]rumpf *m*; **avion à double ~** Doppelrumpfflugzeug *nt*
fuselé(e) [fyz(ə)le] *adj* [lang und] schlank
fuser [fyze] <1> *vi* [hervor]sprudeln; *liquide, vapeur:* herausschießen; *étincelles:* sprühen; *lumière:* aufflammen; *rires, cris:* laut werden; *coups de feu:* zu hören sein; **des questions fusent** es hagelt

Fragen; **le pétrole fuse** die Ölfontäne schießt empor
fusible [fyzibl] *m* ❶ Sicherung *f*
❷ *fig* **le Premier ministre sert de** ~ der Premierminister hat eine Sündenbockfunktion
fusil [fyzi] *m* ❶ Gewehr *nt*
❷ CHASSE *(à chevrotines)* Flinte *f*; *(à balles)* Büchse *f*; ~ **de chasse** Jagdflinte
❸ *(aiguisoir)* Wetzstahl *m*
▶ **changer son ~ d'épaule** *(changer de méthode/d'opinion)* seine Taktik/Meinung ändern; *(retourner sa veste)* ins andere Lager wechseln; **être un bon/excellent ~** ein guter/ausgezeichneter Schütze sein
◆ **~ à deux coups** Doppelflinte *f*, Doppelbüchse *f*; **~ à répétition** Mehrlader *m*; **~ sous-marin** Harpune *f*
fusilier [fyzilje] *m* **~ marin** Marineinfanterist *m*
fusillade [fyzijad] *f* ❶ *(coups de feu)* Schusswechsel *m*, Schießerei *f*; **une ~ a éclaté** es kam zu einem Schusswechsel [*o* einer Schießerei]
❷ *(exécution)* Erschießung *f*
fusiller [fyzije] <1> *vt* erschießen
fusil-mitrailleur [fyzimitʀɑjœʀ] <fusils-mitrailleurs> *m* Schnellfeuergewehr *nt*
fusion [fyzjɔ̃] *f* ❶ *d'un métal, de la glace* Schmelzen *nt*; *des atomes* Fusion *f*; **~ cellulaire** BIO Zellfusion, Zellverschmelzung *f*; **~ nucléaire** Kernfusion; **en ~** [schmelz|flüssig; **point de ~** Schmelzpunkt *m*
❷ ECON, JUR *de sociétés* Fusion *f*, Verschmelzung *f*; *d'organisations, de partis* Zusammenschluss *m*; **~ partielle** Teilfusion; **~ d'entreprises** Unternehmenszusammenschluss, Unternehmungszusammenlegung *f* (CH); **~ d'entreprises de grandes tailles** Großfusion; **~ par création/acquisition** Fusion durch Neugründung/Übernahme; **~ par reprise** Aufholfusion *(Fachspr.)*; **convention de ~** Fusionsvereinbarung *f*; **directives de ~** Fusionsrichtlinien *Pl*
❸ *(union) de cœurs, corps, d'esprits* Vereinigung *f*
❹ INFORM *de fichiers* Vereinigen *nt*; **obtenir la ~ de deux fichiers** zwei Dateien vereinigen
fusionnement *v.* fusion ❷
fusionner [fyzjɔne] <1> I. *vi sociétés:* fusionieren, miteinander verschmelzen; *partis, organisations:* sich vereinigen; **interdiction de ~** Fusionsverbot *nt*
II. *vt* INFORM vereinigen
fustiger [fystiʒe] <2a> *vt littér* geißeln *(liter.)*
fût [fy] *m* ❶ Fass *nt*; **vieilli(e) en ~ de chêne** im Eichenfass gereift
❷ *(tronc)* Schaft *m*; **un bois de haut ~** ein Hochwald
❸ *d'un fusil, d'une colonne* Schaft *m*
futaie [fyte] *f* ❶ *(groupe d'arbres)* Gruppe *f* hochstämmiger Bäume
❷ *(forêt)* **haute ~** [alter] Hochwald
futaille [fytaj] *f* ❶ *(tonneau)* Fass *nt*; **~ de vin** Weinfass *nt*
❷ *(ensemble de fûts)* Fässer *Pl*
futal [fytal] *m fam (pantalon)* Bux[e] *f* (NDEUTSCH *fam*), Hose *f*
futé(e) [fyte] I. *adj* clever, gewitzt
II. *m(f) petit ~/petite ~e* Schlaumeier *m*
fute-fute [fytfyt] <futes-futes> *adj fam* gerissen *(fam)*, pfiffig
futile [fytil] *adj* ❶ *(inutile, creux) choses* belanglos; *occupation* unnütz, nichtig *(geh)*; *propos* nichtssagend; *conversation* seicht, belanglos; *prétexte* unsinnig; **pour une raison ~** wegen einer Lappalie; **il était ~ de faire qc** es war sinnlos, etw zu tun
❷ *(frivole) personne, esprit* oberflächlich
futilité [fytilite] *f* ❶ *sans pl (inutilité, insignifiance) d'une occupation* Sinnlosigkeit *f*; *d'une conversation, d'un propos* Banalität *f*, Belanglosigkeit *f*; *d'une vie* Leere *f*, Inhaltslosigkeit *f*
❷ *sans pl (frivolité) d'une personne, d'un esprit* Oberflächlichkeit *f*; *d'un raisonnement* Unsinnigkeit *f*
❸ *pl (bagatelles)* Nichtigkeiten *Pl*
futon [fytɔ̃] *m* Futon *m*; *lit* **~** Futonbett *nt*; **cadre de lit pour ~** Futongestell
futur [fytyʀ] *m* ❶ *(avenir)* Zukunft *f*
❷ LING Futur *nt*; **~ antérieur** Futur II; **~ proche/simple** nahes/einfaches Futur; **les différents ~s** die verschiedenen Futurformen; **être au ~** *verbe:* im Futur stehen; **mettre un verbe au ~** ein Verb ins Futur setzen
❸ *fam (fiancé)* Zukünftige(r) *m*
futur(e) [fytyʀ] *adj* ❶ *(ultérieur)* [zu]künftige(r, s); **les temps ~s** kommende Zeiten; **ta vie ~e** dein künftiges Leben; **dans une vie ~e** in einem späteren Leben; **l'évolution ~e** die Weiterentwicklung, die künftige Entwicklung
❷ *antéposé (qui deviendra tel) collaborateur, champion, époux* [zu]künftige(r, s); **une ~e maman** eine werdende Mutter
❸ *(devenu tel par la suite) antéposé* spätere(r, s); **Henri de Navarre, ~ Henri IV** Heinrich von Navarra, der spätere Heinrich IV.
future [fytyʀ] *f fam (fiancée)* Zukünftige *f*
futurisme [fytyʀism] *m* ART, LITTER Futurismus *m*
futuriste [fytyʀist] *adj* futuristisch
futurologie [fytyʀɔlɔʒi] *f* Zukunftsforschung *f*
futurologue [fytyʀɔlɔg] *mf* Zukunftsforscher(in) *m(f)*
fuyant(e) [fɥijɑ̃, ɑ̃t] *adj* ❶ *attitude* ausweichend; *regard* unstet; **être ~ (e)** *personne:* sich nie festlegen; **prendre un air ~** nicht reagieren
❷ *menton, front* fliehend
fuyard(e) [fɥijaʀ, aʀd] *m(f)* Flüchtige(r) *f(m)*; *(déserteur)* Fahnenflüchtige(r) *m*

G g

G, g [ʒe] *m inv* G *nt*/g *nt*
▶ **le G-7** die G7-Länder
g *abr de* **gramme** g
gabardine [gabaʀdin] *f* ❶ *(imperméable)* Gabardinemantel *m*
❷ *(tissu)* Gabardine *m o f*
gabarit [gabaʀi] *m* ❶ *(dimension)* Größe *f*; *d'un véhicule* Maße *Pl*; **~ d'encombrement** Lademaß *nt*
❷ *fam (stature)* Statur *f*
❸ *fam (espèce) d'une personne* Kaliber *nt* *(pej fam)*
❹ TECH *(appareil de mesure)* Lehre *f*
gabegie [gabʒi] *f* ❶ Misswirtschaft *f*
❷ *fig* Drunter und Drüber *nt*; **c'est la vraie ~ ici** hier geht wirklich alles drunter und drüber
gabelle [gabɛl] *f* HIST Salzsteuer *f*
gabelou [gablu] *m* ❶ HIST Steuereinnehmer *m (veraltet)*
❷ *péj* Zöllner *m*
gabier [gabje] *m* NAUT Toppsgast *m*
gabion [gabjɔ̃] *m* ❶ MIL, TECH Steinpackung *f* (zur Befestigung von Böschungen)
❷ CHASSE Schanzkorb *m*
❸ DIAL *(panier)* Henkelkorb *m*
gable [gabl] *m*, **gâble** [gabl] *m* ARCHIT Ziergiebel *m*; *(charpente triangulaire)* Dreiecksgiebel *m*
Gabon [gabɔ̃] *m* **le ~** Gabun *nt*
gabonais(e) [gabɔnɛ, ɛz] *adj* gabunisch
Gabonais(e) [gabɔnɛ, ɛz] *m(f)* Gabuner(in) *m(f)*
gâchage [gɑʃaʒ] *m* ❶ Anrühren von Gips [*o* Mörtel] *nt*
❷ *fig* Vergeudung *f*
gâche¹ [gɑʃ] *f* TECH Schließblech *nt*
gâche² [gɑʃ] *f* TECH, GASTR *(spatule)* Rührspatel *m o f*
gâcher [gɑʃe] <1> *vt* ❶ *(saboter)* verderben *plaisir, vacances*; verpfuschen *travail*; sich *(Dat)* verpfuschen, verpfuschen *vie*; **~ la besogne** nur pfuschen
❷ *(gaspiller)* vergeuden *temps, argent, talent*; nicht nutzen *occasion*; **quel temps/argent gâché!** was für eine Zeit-/Geldverschwendung!
❸ anrühren *plâtre, mortier*
gâchette [gɑʃɛt] *f* ❶ *(détente) d'une arme* Abzug *m*; **appuyer sur la ~** abdrücken; **avoir le doigt sur la ~** den Finger am Abzug haben
❷ *d'une serrure* Zuhaltung *f*
▶ **avoir la ~ facile** einen nervösen Finger haben *(fam)*
gâcheur, -euse *v.* gaspilleur
gâchis [gɑʃi] *m* ❶ *(gaspillage)* Vergeudung *f*
❷ *(mauvais résultat)* Schlamassel *m o nt (fam)*; **un beau ~** ein heilloses Durcheinander
❸ *(mortier)* [Gips]mörtel *m*
gadget [gadʒɛt] *m* ❶ *(objet, dispositif)* Spielerei *f*; **des ~s** Schnickschnack *m (fam)*
❷ *(innovation)* neumodische Ideen *Pl*
❸ *(machin, bidule)* Ding[s] *nt (fam)*
gadin *v.* gamelle
gadjo [gadʒo] *m arg (mec)* Typ *m*
gadoue [gadu] *f (boue)* Matsch *m*; *(neige boueuse)*

[Schnee]matsch
gaélique [gaelik] **I.** *adj* gälisch
II. *m* **le ~** Gälisch *nt*, das Gälische; *v. a.* **allemand**
gaffe¹ [gaf] *f* NAUT Bootshaken *m*
gaffe² [gaf] *f fam (bévue)* Schnitzer *m*; *(en société)* Fauxpas *m*; **commettre/faire une ~** einen Bock schießen *(fam)*; *(en parole)* einen Bock schießen *(fam)*, ins Fettnäpfchen treten *(fam)*; **faire une ~ monumentale** einen Riesenbock schießen *(fam)*, mitten ins Fettnäpfchen treten *(fam)*
gaffe³ [gaf] *f fam* ▸ **faire ~** aufpassen; **fais ~ !** pass bloß auf!; **faire ~ à ne pas faire qc** aufpassen, dass man etw nicht tut
gaffer¹ [gafe] <1> *vt* NAUT mit dem Bootshaken an Land/Bord ziehen *poisson*
gaffer² [gafe] <1> *vi fam (commettre une bévue)* sich *(Dat)* einen Schnitzer leisten; *(en parole)* ins Fettnäpfchen treten *(fam)*; *(en acte)* sich *(Dat)* einen Schnitzer leisten
gaffeur, -euse [gafœʀ, -øz] **I.** *adj fam* ungeschickt; **être vraiment ~(-euse)** aber auch ständig ins Fettnäpfchen treten *(fam)*
II. *m, f fam* Tollpatsch *m*
gag [gag] *m* Gag *m*
gaga [gaga] **I.** *adj fam* ❶ *(gâteux)* gaga *(fam)*
❷ *(fou de)* **être ~ de qn** [ganz] verrückt nach jdm sein
II. *m* **vieux ~** ein alter Trottel *(fam)*
gage [gaʒ] *m* ❶ *(garantie)* **~ de qc** Garantie *f* für etw
❷ *(témoignage)* **~ de qc** Beweis *m* [*o* Zeichen *nt*] für etw; **un ~ d'amour/de fidélité** ein Liebes-/Treuepfand *nt*; **en ~ d'amitié** als Beweis [*o* Zeichen] der Freundschaft *(Gen)*
❸ *(dépôt, sûreté)* Pfand *nt*; **laisser** [*o* **donner**] **qc en ~** etw als Pfand hinterlegen; **mettre qc en ~ chez un prêteur** etw verpfänden; **récupérer/retirer un ~** ein Pfand auslösen/einlösen; **emprunter/prêter sur ~** gegen Pfand borgen/auf [*o* gegen] Pfand leihen
❹ JEUX Strafe *f*; **avoir un ~** eine Strafe auferlegt bekommen
❺ *pl (salaire)* Lohn *m*; *d'un acteur, artiste* Gage *f*
gager [gaʒe] <2a> *vt littér* **gageons qu'il ne tiendra pas parole** wetten wir, dass er nicht sein Wort hält; **je gage que c'est lui** ich wette, dass er es ist
gageur [gaʒœʀ] *m* Pfandgeber(in) *m(f)*
gageure [gaʒyʀ] *f* Ding *nt* der Unmöglichkeit; **réussir cette ~** das Unmögliche möglich machen
gagiste [gaʒist] *mf* **créancier(-ière) ~** Pfandnehmer(in) *m(f)*
gagnant(e) [gaɲɑ̃, ɑ̃t] **I.** *adj* ❶ *(carte, coup* spielentscheidend; **billet ~** Gewinnlos *nt*; **cheval ~** Siegerpferd *nt*; **être ~(e)** *(numéro:* gewinnen
❷ PECHE fängig *(Fachspr.)*
▸ **donner un/un animal ~** auf jds Sieg/den Sieg eines Tieres setzen; **partir ~(e)** Favorit sein, als sicherer Sieger gelten
II. *m(f)* Sieger(in) *m(f)*; *d'un jeu* Gewinner(in) *m(f)*
gagne [gaɲ] *f fam* ▸ **faire partie de la ~** auf der Gewinnerstraße sein *(fam)*
gagne-pain [gaɲpɛ̃] *m inv* ❶ *(travail)* Broterwerb *m*, Brotberuf *m*; **être le ~ de qn** jds Lebensunterhalt sein; **perdre son ~** brotlos werden ❷ *(personne)* Ernährer(in) *m(f)* **gagne-petit** [gaɲpəti] *mf inv* Kleinverdiener(in) *m(f)*, armer Schlucker *(fam)*
gagner [gaɲe] <1> **I.** *vi* ❶ **~ à qc** bei etw gewinnen; **on a gagné!** [wir haben] gewonnen!
❷ *(avoir intérêt)* **est-ce que j'y gagne?** bringt mir das [et]was?; **vous gagneriez à vous taire** Sie täten gut daran, zu schweigen
❸ *(tirer avantage de)* **~ à être connu(e)** *personne:* beim näheren Kennenlernen gewinnen; **~ à être relu(e)** *manuscrit:* beim nochmaligen Durchlesen gewinnen; **~ en vieillissant/en bouteille** *vin:* mit der Zeit immer besser/bei Lagerung besser werden
❹ *(s'améliorer du point de vue de)* **y ~ en clarté** *style:* dadurch an Klarheit *(Dat)* gewinnen; *personne:* dadurch mehr Klarheit erreichen
II. *vt* ❶ *(recevoir)* verdienen *argent;* sich *(Dat)* holen *prix;* verdienen *récompense*
❷ *(acquérir par le hasard)* gewinnen *lot, argent*
❸ *(remporter)* gewinnen *partie, match, procès, pari;* **être gagné(e) d'avance** schon im Vorfeld gewonnen sein
❹ *(économiser)* gewinnen *place, espace;* **~ du temps** Zeit gutmachen; *(en rationalisant)* Zeit einsparen; **~ quinze secondes** fünfzehn Sekunden schneller sein [*o* gutmachen]
❺ *(obtenir comme résultat)* gewinnen *du temps;* sich *(Dat)* holen *maladie;* sich *(Dat)* einhandeln *ennuis, problèmes, réprimande;* sich *(Dat)* erwerben *réputation;* **~ une réputation de tyran** als Tyrann verrufen sein; **~ du poids/trois kilos** zunehmen/drei Kilo zunehmen; **qu'est-ce que j'y gagne?** was bringt mir das?; **vous n'y gagnerez rien** [de bon]! Sie werden doch nichts dabei!; **vous n'y gagnerez rien à faire cela** Sie haben nichts davon, wenn Sie das tun
❻ *(conquérir)* gewinnen *ami, partisan, estime, confiance;* **~ les bonnes grâces de qn** jdn für sich gewinnen; **~ qn à sa cause** jdn von

seiner Sache überzeugen; **être gagné(e) par la gentillesse de qn** von jds Freundlichkeit eingenommen sein/werden; **se laisser ~ par les prières/promesses de qn** sich durch jds Bitten/Versprechungen umstimmen lassen; **~ qn à sa façon de voir les choses** jdn von seiner Sichtweise überzeugen; **chercher à ~ des membres** Mitglieder werben; **savoir ~ des sympathisants à sa cause** es verstehen, Anhänger für seine Sache zu gewinnen
❼ *(atteindre)* erreichen *refuge, port, frontière;* **~ son domicile** zu Hause ankommen; **~ la sortie en toute hâte** zum Ausgang eilen; **~ la Côte d'Azur en deux jours** nach zwei Tagen an der Côte d'Azur ankommen; **~ la Tour Eiffel par le métro** mit der Metro zum Eiffelturm fahren; **~ la gare par le souterrain** durch die Unterführung zum Bahnhof gehen/gelangen
❽ *(toucher)* incendie, épidémie, maladie: übergreifen auf *(+ Akk)*
❾ *(envahir)* maladie: befallen; **la fatigue/peur le gagne** Müdigkeit/Angst überkommt ihn; **le froid la gagnait** Kälte kroch in ihr hoch; **l'envie me gagne de tout laisser tomber** allmählich würde ich am liebsten alles hinwerfen; **être gagné(e) par l'envie** Lust verspüren; **être gagné(e) par le sommeil/un sentiment** vom Schlaf/einem Gefühl übermannt werden; **se laisser ~ par le découragement/la mélancolie** in Mutlosigkeit/Melancholie verfallen; **elle se laisse ~ par la bonne humeur** ihre Laune bessert sich allmählich
▸ **être bien gagné(e)** wohlverdient sein; **avoir bien gagné qc** etw ehrlich verdient haben; **il l'a bien gagné!** *iron* das geschieht ihm recht!; **c'est toujours ça/autant de gagné** das ist immerhin etwas, das ist besser als nichts; **c'est gagné!** *iron* (a hätten wir's!, Volltreffer!
III. *vpr (rallier)* **se ~ un ami** einen Freund gewinnen
gagneur, -euse [gaɲœʀ, -øz] *m, f* Gewinner(in) *m(f)*; **avoir un tempérament de ~(-euse)** ein Erfolgsmensch sein
gai(e) [ge, gɛ] *adj* ❶ *(joyeux)* fröhlich; *personne* fröhlich, vergnügt; *événement* lustig; *ambiance* ausgelassen; **être très ~(e) de caractère** immer fröhlich sein, ein sonniges Gemüt haben; **ne pas avoir l'air bien ~** nicht sehr fröhlich dreinschauen; **ne pas avoir une vie très ~e** kein leichtes Leben haben
❷ *(clair et vif)* vêtement, pièce freundlich; *couleur* fröhlich; **pour faire plus ~** damit es freundlicher wirkt
❸ *(éméché)* angeheitert
❹ *(homosexuel) v.* **gay**
▸ **c'est ~ !** *iron* na toll!; **ça va être ~ !** das kann ja heiter werden!; **c'est ~ les vacances avec toi** wirklich toll, der Urlaub mit dir
gaiement [gɛmɑ̃, gemɑ̃] *adv* fröhlich, vergnügt
▸ **allons-y ~ !** *iron* na, dann wollen wir mal! *(fam)*
gaieté [gete] *f* Fröhlichkeit *f*, Heiterkeit *f*; *d'une personne* gute Laune; *(caractère)* Frohsinn *m*; **être de ~(e) en** [immer] fröhlich [*o* heiter] [*o* guter Dinge] sein; **le festival se déroule dans la ~** bei dem Festival herrscht eine fröhliche [*o* heitere] Stimmung
▸ **ne pas faire qc de ~ de cœur** etw nicht gerade frohen [*o* leichten] Herzens tun, etw nur ungern [*o* schweren Herzens] tun
gaillard [gajaʀ] *m* ❶ *(costaud)* Kerl *m (fam)*, Mannsbild *nt (fam)*
❷ *fam (lascar)* Bürschchen *nt (fam)*; **mon ~ !** [mein] Freundchen!
gaillard(e) [gajaʀ, aʀd] *adj* rüstig; **marcher d'un pas ~** kräftig ausschreiten
gaîment *v.* **gaiement**
gain [gɛ̃] *m* ❶ *(profit)* Gewinn *m*; **tous mes ~s** mein ganzer Gewinn; **~ brut** Bruttoumsatzerlös *m (Fachspr.)*; **~ fortuit** unerwarteter [*o* ungeplanter] Gewinn; **~s illicites** unerlaubte Gewinne, unerlaubter Profit; **~ issu du/du transfert** ECON Übertragungsgewinn; **~ monstre** *fam* Riesengewinn *(fam)*; **pousser qn au ~** jdn profitgierig machen
❷ *fig* Nutzen *m*, Gewinn *m*; **[re]tirer un ~ d'une lecture** aus einer Lektüre Nutzen ziehen
❸ *(économie)* Einsparung *f*; **~ d'argent** [Geld]ersparnis *f*; **~ d'énergie** Energieeinsparung; **~ de place** Raumgewinn *m*, Platzgewinn; **~ de temps** Zeitgewinn; **permettre un ~ de qc** es erlauben, etw zu sparen; **cela permet un ~ journalier de trente minutes** dadurch kann man jeden Tag dreißig Minuten gutmachen
❹ POL Gewinn *m*; **les ~s électoraux** [*o* **de voix**] [*o* **d'électeurs**] die Stimmengewinne
▸ **donner ~ de cause à qn** jdm Recht geben; JUR zu jds Gunsten entscheiden; **obtenir** [*o* **avoir**] **~ de cause** Recht bekommen, sich durchsetzen; JUR seinen Fall gewinnen; **être âpre au ~** gewinnsüchtig [*o* profitgierig] sein
gaine [gɛn] *f* ❶ *(sous-vêtement)* Hüfthalter *m*
❷ *(étui)* Hülle *f*; *d'un couteau, d'une épée* Scheide *f*; *d'un ressort* Gehäuse *nt*; **~ de parapluie** Schirmhülle *f*; **~ de pistolet** Halfter *nt o f*, Pistolentasche *f*; **~ de revolver** Revolvertasche
❸ ANAT **~ synoviale tendineuse** Sehnenscheide *f*; **inflammation de la ~ synoviale tendineuse** Sehnenscheidenentzündung *f*
◆ **~ d'aération**, **~ de ventilation** Lüftungsschacht *m*; **~ de câble** TECH Kabelmantel *m*
gaine-culotte [gɛn-kylɔt] *f* Miederhöschen *nt*

gainer [gene] <1> vt ❶ TECH ummanteln *fil électrique* ❷ *(mouler)* umhüllen
gaîté v. **gaieté**
gala [gala] m [Gala]empfang m; *(pour collecter des fonds)* Galaveranstaltung f; **une soirée de ~** ein Galaabend m
◆ **~ de bienfaisance** Wohltätigkeitsveranstaltung f
galactique [galaktik] *adj* galaktisch
galactogène [galaktɔʒɛn] *adj* milchtreibend, laktotrop *(Fachspr.)*
galactorrhée [galaktɔʀe] f MED Galaktorrhö f *(Fachspr.)*
galactose [galaktoz] f CHIM Galaktose f
galamment [galamɑ̃] *adv* galant
galant(e) [galɑ̃, ɑ̃t] *adj* ❶ *(courtois)* zuvorkommend; **se conduire en ~ homme** sich wie ein Gentleman benehmen
❷ *(amoureux)* art, poésie, aventure galant; **un rendez-vous ~** ein Rendezvous nt; **tenir des propos ~s à qn** jdn umwerben
galanterie [galɑ̃tʀi] f Höflichkeit f, Ritterlichkeit f
galantine [galɑ̃tin] f Galantine f *(ein Sülzgericht)*
galaxie [galaksi] f *(système stellaire)* Galaxie f
Galaxie [galaksi] f *(la Voie lactée)* **la ~** die Galaxis
galbe [galb] m perfekte Rundung, weiche Linienführung; *d'une poterie, d'un meuble, objet d'ornement* Formschönheit f *(aufgrund harmonischer Rundungen)*; **le beau ~ de ses jambes** ihre wohlgeformten [o formvollendeten] Beine
galbé(e) [galbe] *adj objet d'ornement* harmonisch gerundet, geschwungen; **des jambes bien ~es** wohlgeformte Beine *Pl*
gale [gal] f *d'une personne* Krätze f; *d'un animal* Räude f; *d'une plante* Schorf m
▸ être **mauvais**(e) **comme la ~** richtig bösartig sein; **ne pas avoir la ~** nicht beißen; **bois dans mon verre, je n'ai pas la ~** trinke ruhig aus meinem Glas, ich bin nicht giftig
galéjade [galeʒad] f MIDI Übertreibungen *Pl*
galéjer [galeʒe] <5> vi MIDI Märchen erzählen, übertreiben
galène [galɛn] f MINER Bleiglanz m, Galenit m *(Fachspr.)*
galère [galɛʀ] f ❶ fam *(situation pénible)* Plackerei f *(fam)*; *(situation ennuyeuse ou agaçante)* Nerverei f *(fam)*; **quelle ~!** so eine Plackerei/Nerverei! *(fam)*; **c'est [la] ~** das ist echt ätzend *(fam)*, das/es ist eine Viecherei *(fam)*; **s'embarquer dans une** [o **sur une mauvaise**] **~** sich auf etwas einlassen
❷ HIST Galeere f; **être condamné**(e) [o **envoyé**(e)] **aux ~s** auf die Galeere geschickt [o zu einer Galeerenstrafe verurteilt] werden
▸ **qu'allait-il faire dans cette ~?** *prov* was hatte er da [nur] zu suchen?; **et vogue la ~!** und dann komme, was da wolle!
galérer [galeʀe] <5> vi fam ❶ *(chercher)* herumsuchen *(fam)*, herumprobieren *(fam)*
❷ *(travailler dur)* sich abstrampeln *(fam)*
galerie [galʀi] f ❶ *(passage souterrain)* d'une fourmilière, taupinière, d'un égout Gang m; d'une mine Stollen m; **~ d'aération** Wetterschacht m
❷ *(corridor)* Gang m; **la ~ des Glaces à Versailles** der Spiegelsaal von Versailles
❸ *(péristyle, colonnade)* Säulengang m
❹ *(promenade)* Galerie f, Passage f; **~ marchande** Geschäftspassage f; **~ commerçante** Ladengalerie f
❺ *(tribune, balcon) d'un édifice public* Tribüne f; *d'un édifice religieux* Empore f, Galerie f; *d'un théâtre* Galerie f
❻ ART *d'un musée* Galerie f; *(magasin)* [Kunst]galerie f
❼ *d'un véhicule* Dachgepäckträger m, Dachreling f
▸ **amuser la ~** für Unterhaltung sorgen; **épater la ~** sich in Szene setzen
◆ **~ d'art** Kunstgalerie f; **~ de peinture** [o **de tableaux**] Gemäldegalerie f
galérien [galeʀjɛ̃] m Galeerensklave m; **travailler comme un ~** wie ein Sklave schuften *(fam)*; **mener une vie de ~** ein erbärmliches Dasein fristen; **c'est un travail de ~** das ist die reinste Tretmühle
galeriste [galʀist] m, f Galerist(in) m(f)
galet [galɛ] m [großer] [Kiesel]stein; **une plage de ~s** ein Kieselstrand m
galette [galɛt] f ❶ *(crêpe)* Galette f *(Buchweizen- oder Maispfannkuchen)*
❷ *(biscuit)* **~ sablée** [runder] [Butter]keks m; *(gâteau plat)* [pikante] Torte; **~ au fromage** Käsetorte f
▸ **la grosse ~** fam die große Knete *(sl)*
◆ **~ de maïs** Maisfladen m; **~ de pommes de terre** ≈ Kartoffelpuffer m, ≈ Kartoffelpfannkuchen m (DIAL); **~ des Rois** flacher, runder, mit Marzipan gefüllter Blätterteigkuchen, in den eine kleine Figur eingebacken ist; wird traditionell am 6. Januar gegessen

Land und Leute
Die **galette des Rois** ist ein Blätterteigkuchen mit Marzipanfüllung, der traditionell am Dreikönigsfest gegessen wird. Darin ist eine Bohne oder eine kleine Figur – *la fève* – eingebacken. Wer das Kuchenstück hat, in dem sie sich befindet, ist an diesem Tag „König" oder „Königin".

galeux, -euse [galø, -øz] I. *adj* ❶ *(malade)* mouton, chien räudig; plante, arbre schorfig
❷ *(sordide)* schäbig
II. m, f ▸ **traiter qn comme un** [**chien**] **~** jdn wie einen Aussätzigen behandeln
galhauban [galobɑ̃] m NAUT Pardun nt, Pardune f
Galilée¹ [galile] f BIBL **la ~** Galiläa nt
Galilée² [galile] m HIST Galilei m
galimatias [galimatja] m *(écrit)* Geschreibsel nt *(fam)*; *(propos)* [verworrenes [o konfuses]] Geschwätz
galion [galjɔ̃] m Galeone f
galipette [galipɛt] f fam Purzelbaum m; **faire une ~** einen Purzelbaum machen [o schlagen]
galle [gal] f BOT Galle f
Galles v. **pays, prince**
gallican(e) [galikɑ̃, an] *adj* ECCL gallikanisch
gallicanisme [galikanism] m ECCL Gallikanismus m
gallicisme [ga(l)lisism] m ❶ *(idiotisme)* Spracheigentümlichkeit f des Französischen
❷ *(traduction calquée)* Gallizismus m
gallinacé [galinase] m gén pl Hühnervogel m
gallium [galjɔm] m Gallium nt
gallois [galwa] m **le ~** Walisisch nt, das Walisische; v. a. **allemand**
gallois(e) [galwa, waz] *adj* walisisch
Gallois(e) [galwa, waz] m(f) Waliser(in) m(f)
gallon [galɔ̃] m Gallone f
gallo-romain(e) [ga(l)lɔʀɔmɛ̃, ɛn] <gallo-romains> *adj* galloromanisch **Gallo-Romain(e)** [ga(l)lɔʀɔmɛ̃, ɛn] <Gallo-Romains> m(f) Galloromane m/-romanin f
galoche [galɔʃ] f [Holz]pantine f
galon [galɔ̃] m ❶ COUT Borte f, Litze f; **~ fronceur** Kräuselband nt
❷ pl MIL Tresse f
❸ CAN *(ruban gradué en pieds, en pouces et en lignes)* Messband nt
▸ **prendre du ~** befördert werden
galonné [galɔne] m fam [Unter]offizier m
galonner [galɔne] <1> vt mit Borte [o Tresse] versehen
galop [galo] m Galopp m; **au ~** im Galopp; **se mettre au** [o **prendre le**] **~** cheval: in Galopp fallen; **mettre un cheval au ~** ein Pferd in Galopp setzen; **partir au ~** davongaloppieren
▸ **arriver au** [**triple** [o **grand**]] **~** angaloppiert kommen; fam *(très vite)* angerast [o angedüst] kommen *(fam)*; **piquer un ~** fam lospurten, einen Sprint hinlegen *(fam)*; **et au ~!** und zwar [ein bisschen] dalli! *(fam)*
◆ **~ d'essai** ❶ SPORT Aufgalopp m ❷ *(période d'essai)* Probezeit f; *(test, examen blanc)* Probeprüfung f
galopade [galɔpad] f ❶ *(course précipitée)* wildes Gerenne
❷ *(chevauchée)* Ausritt m
❸ SPORT Handgalopp m
galopant(e) [galɔpɑ̃, ɑ̃t] *adj* inflation galoppierend; **une délinquance ~e** ein rasanter Anstieg der Kriminalität; **une démographie ~e** eine Bevölkerungsexplosion
galoper [galɔpe] <1> vi ❶ galoppieren
❷ *(courir)* rennen; **~ après qn** jdm hinterherlaufen [o hinterherrennen]
❸ *(s'emballer) imagination:* [mit jdm] durchgehen
galopin [galɔpɛ̃] m fam ❶ *(gamin des rues)* Gassenjunge m
❷ *(garnement)* Lausbub m *(fam)*
galure [galyʀ] m, **galurin** [galyʀɛ̃] m fam *(chapeau)* Deckel m *(fam)*
galvanique [galvanik] *adj* ❶ TECH électricité, pile galvanisch
❷ MED galvanisch; **courant ~** Reizstrom m
galvanisation [galvanizasjɔ̃] f MED Galvanisation f, Galvanisieren nt
galvaniser [galvanize] <1> vt ❶ *(stimuler)* begeistern, mitreißen; idée: elektrisieren
❷ TECH **être galvanisé**(e) galvanisiert sein/werden
❸ *(électriser)* galvanisieren muscle, nerf; **~ un animal** einem Tier Stromstöße verabreichen
galvanomètre [galvanɔmɛtʀ] m Galvanometer nt
galvaudé(e) [galvode] *adj* abgedroschen
galvauder [galvode] <1> vt ❶ kompromittieren réputation; in Misskredit bringen nom; vergeuden talent
gambade [gɑ̃bad] f souvent pl Luftsprung m; **faire des ~s** Luftsprünge machen
gambader [gɑ̃bade] <1> vi herumtollen; *animal:* herumspringen
gambas [gɑ̃bas] fpl Gambas *Pl (große Garnelen)*
gambe [gɑ̃b] f ❶ NAUT Leine f
❷ MUS Gambe f
gamberge [gɑ̃bɛʀʒ] f arg Grübelei f

gamberger [gɑ̃bɛʁʒe] <2a> **I.** *vi fam* grübeln
II. *vt fam* aushecken *(fam)*
gambette [gɑ̃bɛt] *f fam (jambe)* Beinchen *nt (fam)*
gambiller [gɑ̃bije] <1> *vi fam (danser)* schwofen *(fam)*
Gameboy® [gɛmbɔj] *m* Gameboy® *m*
gamelle [gamɛl] *f d'un soldat* Essnapf *m*, Blechnapf; *d'un ouvrier* Henkelmann *m*; *d'un campeur* [Camping]topf *m*; *d'un chien* [Fress]napf *m*; **préparer la ~ du chien** *fam* dem Hund sein Fressen machen
▸ **prendre** [*se*] **ramasser**] **une ~** *fam (faire une chute)* hinfliegen *(fam)*; *(subir un échec)* auf die Nase fallen *(fam)*
gamète [gamɛt] *f* BIO Geschlechtszelle *f*, Gamet *m (Fachspr.)*
gamin(e) [gamɛ̃, in] **I.** *adj* kindisch; *air* jungenhaft; *manières* unreif; **avoir l'esprit ~** kindisch sein; **faire encore très ~e** noch recht mädchenhaft wirken
II. *m(f) fam* Kind *nt*; **une ~e de dix ans** ein zehnjähriges Mädchen; **une sale ~e** ein richtiges Gör *(fam)*; **~ des rues** Schmuddelkind *nt (pej fam)*; **quand j'étais ~(e)** als ich klein war; **faire le ~** sich kindisch benehmen
gaminerie [gaminʁi] *f* Kinderei *f*; **arrête tes ~s!** sei nicht so albern!
gamma [ga(m)ma] *m inv* Gamma *nt*
gammaglobulines [gamaglobylin] *fpl* MED Gammaglobuline *Pl*
gamme [gam] *f* ❶ MUS Tonleiter *f*; **~ majeure/mineure** Dur-/Molltonleiter
❷ *(série, choix)* Palette *f*; **~ de couleurs** Farbpalette, Farbskala *f*; **~ de modèles** Typenreihe *f*; **~ de prix** Preispalette, **~ de produits** Produktsortiment *nt*, Erzeugnissortiment; **~ de services** Dienstleistungsprogramm *nt*; **vaste ~** breite Palette; **toute une ~ de choses** eine ganze Serie von Dingen; **une ~ de nuances dans les verts** Grüntöne in allen Schattierungen [*o* Abstufungen]
▸ **faire ses** [*o* **des**] **~s** Tonleitern üben; *fig* sich üben, Fingerübungen machen
gammée *v.* **croix**
ganache [ganaʃ] *f* GASTR Süßspeise aus Crème fraîche und zerlassener Schokolade
Gand [gɑ̃] Gent *nt*
gandoura [gɑ̃duʁa] *f* ärmelloses Gewand, das in arabischen Ländern getragen wird
gang [gɑ̃g] *m* Gang *f*
ganglion [gɑ̃glijɔ̃] *m* MED Gangliensknoten *m*, Ganglion *nt (Fachspr.)*; **~ lymphatique** Lymphknoten *m*; **~ lymphatique cervical** Halslymphknoten; **~ nerveux** Nervenknoten *m*
ganglionnaire [gɑ̃glijɔnɛʁ] *adj* ANAT Ganglien-; **cellule ~** Ganglienzelle *f*
gangrène [gɑ̃gʁɛn] *f* MED ❶ [Wund]brand *m*, Gangrän *f (Fachspr.)*; **~ diabétique** diabetische Gangrän; **~ gazeuse** Gasbrand; **germe pathogène de la ~ gazeuse** Gasbranderreger *m*
❷ *fig* [Krebs]geschwür *nt*
gangrené(e) [gɑ̃gʁəne] *adj* brandig
gangrener [gɑ̃gʁəne] <4>, **gangréner** [gɑ̃gʁene] *fig vt fig* vergiften *esprits*
gangreneux, -euse *ou* **gangréneux, -euse** [gɑ̃gʁənø, -øz] *adj* brandig
gangster [gɑ̃gstɛʁ] *m* ❶ *(bandit)* Gangster *m*; **bande de ~s** Gangsterbande *f*
❷ *(crapule)* Halsabschneider *m*
gangstérisme [gɑ̃gsteʁism] *m* ❶ Gangstertum *nt*
❷ *(comportement crapuleux)* Halsabschneiderei *f*; **c'est du ~!** das sind ja Gangstermethoden!
gangue [gɑ̃g] *f d'un minerai* Gangart *f*; **une ~ de terre/boue** eine dicke Erd-/Dreckkruste
ganse [gɑ̃s] *f* Paspel *f*; **bordé(e) d'une ~** paspeliert
gant [gɑ̃] *m* [Finger]handschuh *m*; **~ fourré** Pelzhandschuh; **~ long** [*o* **vénitien**] [langer] Abendhandschuh; **~ de cuir** [*o* **de peau**] Lederhandschuh
▸ **aller à qn comme un ~** *vêtement:* jdm wie angegossen passen; *rôle:* jdm auf den Leib geschrieben sein; **jeter le ~ à qn** jdm den Fehdehandschuh hinwerfen; **prendre/ne pas prendre des ~s avec qn** jdn mit/nicht mit Glacéhandschuhen anfassen; **relever le ~** den Fehdehandschuh aufheben; **retourner qn comme un ~** jdn völlig umstimmen [*o* umdrehen *fam*]
◆ **~ de crin** Massagehandschuh *m*; **~ à crispin** Stulpenhandschuh *m*; **~ de cuisine** Topfhandschuh *m*; **~ de données** Datenhandschuh *m*; **~ de peau** Fellhandschuh *m*; **~ de toilette** Waschhandschuh *m*; **~ de travail** Arbeitshandschuh *m*
ganté(e) [gɑ̃te] *adj main* behandschuht; *personne* mit Handschuhen; **être ~(e)** Handschuhe tragen
gantelet [gɑ̃t(ə)lɛ] *m* ❶ CHASSE Handschuh *m*
❷ *d'un cordonnier, d'un relieur* Handleder *nt*
ganterie [gɑ̃tʁi] *f* ❶ *(magasin)* Handschuh[fach]geschäft *nt*
❷ *(usine)* Handschuhfabrik *f*
❸ *(commerce)* Handschuhhandel *m*
❹ *(industrie)* Handschuhindustrie *f*
gantier, -ière [gɑ̃tje, -jɛʁ] *m, f* ❶ *(commerçant)* Handschuhhändler(in) *m(f)*
❷ *(fabricant)* Handschuhmacher(in) *m(f)*
garage [gaʁaʒ] *m* ❶ *(lieu)* Garage *f*; **mettre** [*o* **rentrer**] **sa voiture au ~** sein Auto in die Garage fahren; "**année de fabrication 1999, couche ~, ..."** „Baujahr 1999, Garagenwagen, ..."
❷ *(entreprise)* [Auto]werkstatt *f*; **~ automobile** Kraftfahrzeugwerkstatt
◆ **~ d'autobus** [Bus]depot *nt*; **~ d'avions** Hangar *m*; **~ à bicyclettes** [*o* **à vélos**] Fahrradabstellraum *m*; **~ de canots** Bootshaus *nt*; **~ du service après-vente** Kundendienstwerkstatt *f*
garagiste [gaʁaʒist] *mf* ❶ *(propriétaire)* Werkstattbesitzer(in) *m(f)*; **chez le ~** in der Werkstatt
❷ *(mécanicien)* Automechaniker(in) *m(f)*
garance [gaʁɑ̃s] **I.** *adj inv (couleur)* türkischrot
II. *f* ❶ *(plante)* Färberröte *m*
❷ *(teinture)* Türkischrot *nt*
garant [gaʁɑ̃] *m* ❶ Bürge *m*; *(signataire)* Unterzeichner *m*; **les États ~s d'un traité** de Vertragsstaaten; **~ solidaire** JUR gesamtschuldnerischer Bürge; **se porter ~** als Bürge haften; **être** [*o* **se porter**] **~ de qn** für jdn bürgen, sich für jdn verbürgen; **être** [*o* **se porter**] **~ de qc** JUR für etw bürgen [*o* Bürgschaft leisten], sich für etw verbürgen; **se porter ~ du paiement** die Zahlungsgarantie übernehmen; **se porter ~ pour qn/qc avec son capital** für jdn/etw mit seinem Vermögen haften; **ça, je m'en porte ~!** das kann ich garantieren!
❷ *(garantie)* Garantie *f*; **être le ~ de qc** die Garantie für etw sein
◆ **~ de responsabilité limitée** JUR bedingt haftender Bürge
garante [gaʁɑ̃t] *f* Bürgin *f*; *(signataire)* Unterzeichnerin *f*; **être ~ de qn/qc** JUR für jdn bürgen/für etw haften
garantie [gaʁɑ̃ti] *f* ❶ *a.* ECON, JUR Garantie *f*; *d'un fabricant* Gewährleistung *f (Fachspr.)*; *(certificat)* Garantieschein *m*; *(délai)* Garantiefrist *f*; **~ contractuelle** Vertragsgarantie, vertraglich vereinbarte Garantiefrist; **~ légale** gesetzliche Garantiefrist; **être couvert(e) par la ~** noch unter die Garantie fallen; **sous ~** sous Garantie; **qc est encore sous ~** auf etw *(Dat)* ist noch Garantie; **la radio n'est plus sous ~** die Garantiezeit für das Radio ist abgelaufen; **~ des vices** Mängelhaftung *f*, Mängelgewähr *f*, Mängelgewährleistung; **sans ~ des vices** ohne Mängelgewähr; **~ pièces et main-d'œuvre** Gewährleistung, [Reparatur]garantie; **~ d'achèvement des travaux** Fertigstellungsgarantie; **~ de financement** Finanzierungsgarantie; **~ de financement provisoire** Zwischenfinanzierungsgarantie; **~ de location** Mietgarantie; **~ d'un paiement** Zahlungsgarantie; **~ des prix** Preisgarantie, Preissicherung *f*; **~ de prix ferme** Festpreisgarantie; **~ du sous-traitant** Zulieferergarantie; **~ de transport** Frachtgarantie; **~ due à l'acquéreur** Gewährleistungsrecht *nt (Fachspr.)*; **~ sur les quotas** Quotenabdeckung *f*
❷ *(gage, sécurité)* Sicherheit *f*; **conserver qc en ~** etw als Sicherheit behalten; **donner des ~s** *personne:* Sicherheiten geben; **offrir** [*o* **présenter**] **des ~s** *chose:* Sicherheiten bieten; **présenter toutes les ~s de sérieux** vollkommene Zuverlässigkeit gewährleisten; **prêter qc sous bonnes ~s** etw gegen Sicherheiten leihen; **sans ~** *créancier* ungesichert
❸ *(protection, promesse, certitude) des droits* Garantie *f*; **~ de l'emploi** Beschäftigungsgarantie; **~ de prise en charge** Abnahmegarantie; **~ de retraite** Pensionszusage *f*; **~ contre une flambée des prix** Gewähr *f* für relative Preisstabilität; **avoir/donner la ~ que ce sera payé** die Zusicherung haben/geben, dass das bezahlt wird; **pouvez-vous me donner votre ~ que ce sera fait?** können Sie mir zusichern [*o* garantieren], dass das erledigt wird?; **donner des ~s financières** finanzielle Zusicherungen machen; **la ~ de sa bonne foi** der Beweis seiner/ihrer Aufrichtigkeit; **ne pas être une ~ contre le chômage** keine Garantie gegen Arbeitslosigkeit bieten; **sans ~** ohne Gewähr
❹ *(en parlant d'une police d'assurance)* Versicherungsleistung *f*; **~ contre les risques** Risikoversicherung *f*
❺ *(caution)* Bürgschaft *f*; **donner sa ~ à qn** für jdn eine Bürgschaft leisten
❻ *(précaution)* **prendre des ~s** sich absichern
◆ **~ de bonne fin** Ausfallbürgschaft *f (Fachspr.)*; **~ du cours** Kurssicherung *f*; **~ de crédit** Kreditgarantie *f*, Kreditabsicherung *f*; *pl* Kreditsicherheiten *Pl*; **~ d'éviction** JUR Rechtsmängelhaftung *f*; **~ de fabrication** Herstellungsgarantie *f*; **~ des frais** JUR Kostengarantie *f*; **~ de liberté** Freiheitsverbürgung *f*; **~ de paiement** Bürgschaftserklärung *f*; *(par une banque)* Bankbürgschaft *f*; **~ de prestation** JUR Leistungsgarantie *f*; **~ de protection juridique** JUR Rechtsschutzgarantie *f*; **~ de qualité** Qualitätssicherung *f*; **~ de reprise** Rücknahmegarantie *f*; **~ de valeur** Wertsicherung *f*
garantir [gaʁɑ̃tiʁ] <8> *vt* ❶ *(donner pour certain)* garantieren; **~ qc à qn** jdm etw garantieren [*o* zusichern]; **je ne te garantis rien** ich kann dir [für] nichts garantieren; **être garanti(e)** *(être certain)* feststehen; **c'est garanti!** *fam* darauf kannst du Gift nehmen!

(fam); **le succès de qc est garanti** etw hat mit Sicherheit Erfolg; **c'est le bide garanti!** das wird garantiert ein Reinfall!

② *(être sous contrat de garantie)* ~ **qc à qn** jdm eine Garantie auf etw *(Akk)* geben; **ce fauteuil est garanti d'époque** dieser Sessel ist garantiert stilecht; **ma montre est garantie un an** meine Uhr hat ein Jahr Garantie

③ JUR, FIN bürgen [*o* haften] für *paiement, créance;* absichern *relations commerciales;* sichern *prêt;* ~ **qc par hypothèque** etw hypothekarisch sichern; ~ **l'identité de la marchandise** die Nämlichkeit der Ware sichern; **partiellement garanti(e)** action teilgedeckt; **garanti(e) par [un] contrat** vertraglich abgesichert

④ *(assurer)* gewährleisten; ~ **un petit revenu d'appoint à qn** jdm einen kleinen Nebenverdienst sichern

⑤ *iron (promettre)* **je te garantis que ...** du kannst sicher sein, dass ...

garbure [gaʀbyʀ] *f* [potage] ~ *dicke Kohlsuppe mit Speck*

garce [gaʀs] *f péj fam* [durchtriebenes] Luder *(fam);* **vieille** [*o sale*] ~ [altes] Miststück *(fam)*

garçon [gaʀsɔ̃] *m* ① *(enfant de sexe masculin)* Junge *m;* **jeune** ~ Junge, Jugendliche(r) *m (form);* **voix de** ~ Jungenstimme *f;* **école de** ~**s** Jungenschule *f;* **vêtements pour** ~**s** Knabenbekleidung *f;* **livre pour les** ~**s** Jungenbuch *nt*

② *(jeune homme)* junger Mann; **être beau** [*o* **joli**] ~ ein hübscher Kerl sein

③ *(fils)* Junge *m (fam), pl* Jungs *Pl (fam),* Jungen *(fam)*

④ *(serveur)* Kellner *m;* ~! Herr Ober!

⑤ *(employé)* ~ **coiffeur/boucher** Friseur-/Metzgergehilfe *m*

▶ **c'est un véritable ~ manqué!, quel ~ manqué [, celle-là!]** an ihr ist ein Junge verloren gegangen!; **mauvais** ~ Ganove *m;* **au fond, ce n'est pas un mauvais** ~ eigentlich ist er kein schlechter Kerl; **vieux** ~ alter Junggeselle; **il est resté vieux** ~ er hat nie geheiratet

◆ ~ **d'ascenseur** Fahrstuhlführer *m; (jeune)* Liftboy *m;* ~ **de cabine** Kabinensteward *m;* ~ **de café** Kellner *m;* ~ **de courses** Bote *m; (jeune)* Laufbursche *m;* ~ **d'écurie** *vieilli* Stallbursche *m;* ~ **d'honneur** Brautführer *m*

garçonne [gaʀsɔn] *f vieilli* unabhängiges junges Mädchen
▶ **à la** ~ jungenhaft

garçonnet [gaʀsɔnɛ] *m* kleiner Junge *m*

garçonnière [gaʀsɔnjɛʀ] *f vieilli* Junggesellenwohnung *f*

garde¹ [gaʀd] *m* ① *d'un prisonnier* Bewacher *m; d'une propriété* Wächter *m;* ~ **champêtre** [von der Gemeinde angestellter] Hilfspolizist; ~ **forestier** Forsthüter *m,* Förster(in) *m(f);* ~ **forestier en chef** Oberförster(in); ~ **maritime** Angehörige(r) *m* der Küstenwacht; *pl* **Küstenwacht;**

② MIL *(sentinelle)* Wache *f; (soldat)* Gardist *m;* **les** ~**s** die Garde; ~ **mobile** Bereitschaftspolizist *m;* ~ **républicain** Angehörige(r) *m* der „garde républicaine"; ~ **rouge** Rotgardist *m*

◆ ~ **du corps** Leibwächter *m; pl* Leibwache *f,* Bodyguard *m;* ~ **des Sceaux** Justizminister *m*

garde² [gaʀd] *f* ① *sans pl (surveillance)* Bewachung *f;* **sous la** ~ **de la police** unter Polizeibewachung; **sous bonne** ~ unter strenger Bewachung; **être sous la** ~ **de qn** von jdm bewacht werden; **avoir la** ~ **d'un prisonnier/d'une frontière** einen Gefangenen/eine Grenze bewachen; **avoir la** ~ **d'un magasin** die Verantwortung für ein Geschäft haben; **avoir la** ~ **d'enfants/d'une maison** Kinder/ein Haus hüten; **ce week-end, c'est moi qui ai la** ~ **des enfants** dieses Wochenende habe ich die Kinder; **à la** ~ **de qn/qc** in jds Obhut *(Dat)*/in der Obhut einer S. *(Gen);* **l'enfant est laissé à la** ~ **de la mère** die Mutter bekam das Sorgerecht für das Kind; **confier qn à la** ~ **de qn** jdn jdm anvertrauen; **confier la** ~ **de ses bagages à qn** jdm sein Gepäck anvertrauen; **faire bonne** ~ gut aufpassen; *animal:* wachen

② JUR *d'enfants* Sorgerecht *f;* ~ **judiciaire** gerichtliche Verwahrung

③ *(veille)* Wache *f;* **organiser une** ~ **de nuit** Nachtwachen organisieren

④ *(permanence pendant la nuit) d'une infirmière* [Nacht]dienst *m; (pendant le week-end)* [Sonntags]dienst, Wochenenddienst; **infirmière de** ~ *(de nuit)* Nachtschwester *f; (le week-end)* Schwester, die Bereitschaftsdienst hat; **pharmacie de** ~ Apotheke, die Bereitschaftsdienst hat; **être de** ~ *médecin:* Notdienst haben; *pharmacie:* Bereitschaftsdienst haben

⑤ *(escorte, patrouille)* Wache *f;* **relever la** ~ die Wache ablösen; **la relève de la** ~ die Wachablösung; ~ **mobile** Bereitschaftspolizei *f;* ~ **nationale** Nationalgarde; **une** ~ **personnelle** eine Leibgarde; ~ **pontificale** päpstliche Leibgarde; ~ **républicaine** Gendarmeriekorps in Paris zur Bewachung der Regierungsgebäude und zum Ehrendienst

⑥ *d'une épée* Glocke *f; d'un poignard* Heft *nt*

▶ **la vieille** ~ POL die alte Garde; **être** [*o* **se tenir**] **sur ses** ~**s** auf der Hut sein; **mettre qn en** ~ **contre qn/qc** jdn vor jdm/etw warnen; **monter la** ~ aufpassen; *soldat:* [auf] Wache stehen; **monter la** ~ **devant qc** *animal:* nicht von etw weichen; **prends/prenez** ~! *(exhortation)* pass auf/passen Sie auf!; *(menace)* hüte dich/hüten Sie sich!; **prendre** ~ **à qn/qc** *(prêter attention)* auf jdn/etw achten; *(se méfier)* sich vor jdm/etw in Acht nehmen; **sans y prendre** ~ ohne es zu merken; **prendre** ~ **de ne pas faire qc** darauf achten, etw nicht zu tun; **en** ~! en garde!; **se mettre en** ~ in Positur gehen

◆ ~ **à vue** Polizeigewahrsam *m;* **mettre** [*o* **placer**] **qn en** ~ **à vue** jdn in Gewahrsam nehmen; ~ **au sol** Bodenfreiheit *f*

◆ ~ **d'enfants** *(personne)* Tagesmutter *f;* **faire des** ~ **s d'enfants** Kinder hüten; ~ **d'honneur** Ehrengarde *f;* ~ **de jour** Tagdienst *m;* ~ **de nuit** Nachtdienst *m;* ~ **des Sceaux** *(personne)* Justizministerin *f*

gardé(e) [gaʀde] *adj* bewacht; **chasse** ~**e** privates Jagdrevier

garde-à-vous [gaʀdavu] *m inv* Hab[t]achtstellung *f,* stramme Haltung; ~! stillgestanden!; **être au** ~ strammstehen; **se mettre au** ~ Hab[t]achtstellung einnehmen **garde-barrière** [gaʀd(ə)baʀjɛʀ] <gardes-barrières> *mf* Bahnwärter(in) *m(f)* **garde-boue** [gaʀdəbu] *m inv* Schutzblech *nt* **garde-chasse** [gaʀdəʃas] <gardes-chasse[s]> *m* Jagdaufseher(in) *m(f);* **garde-chiourme** [gaʀdəʃjuʀm] <gardes-chiourme> *mf* Gefängniswärter(in) *m(f)* **garde-corps** [gaʀdəkɔʀ] *m inv* ① *(parapet)* [Schutz]geländer *nt* ② *(muret)* Brüstung *f* ③ NAUT Reling *f* **garde-côte** [gaʀdəkot] <garde-côtes> *m* ① MIL Küstenwachtschiff *nt* ② *(bateau de police)* Wasser[schutz]polizeiboot *nt* **garde-feu** [gaʀdəfø] *m inv* Ofenschirm *m* **garde-fou** [gaʀdəfu] <garde-fous> *m* ① *(balustrade)* Geländer *nt* ② *(muret)* Brüstung *f* **garde-malade** [gaʀd(ə)malad] <gardes-malades> *mf* Krankenpfleger(in) *m(f)* **garde-manger** [gaʀd(ə)mɑ̃ʒe] *m inv* Vorratsschrank *m* **garde-meuble** [gaʀdəmœbl] <garde-meubles> *m* Möbellager *nt;* **mettre au** ~ [in einem Möbellager] einlagern, in einem Möbellager unterstellen

gardénal® [gaʀdenal] *m* Phenobarbital *nt;* **prescrire du** ~ Barbiturate verschreiben

gardénia [gaʀdenja] *m* Gardenie *f*

garden-party [gaʀdɛnpaʀti] <garden-partys *o* garden-parties> *f* Gartenparty *f;* **donner une** ~ eine Gartenparty machen [*o* veranstalten]

garde-pêche [gaʀdəpɛʃ] <gardes-pêche> *m* ① *(personne)* Fischereiaufseher *m; (pour la pêche en eau douce)* Wasserwart *m,* Gewässerwart

② *(bateau)* Fischereischutzboot *nt;* **vedette** ~ Fischereikreuzer *m* **garde-pêche** [gaʀdəpɛʃ] <gardes-pêche> *f (pour la pêche en mer)* Fischereiaufseherin *f; (pour la pêche en eau douce)* Wasserwart *m,* Gewässerwart

garde-port [gaʀdəpɔʀ] <gardes-ports> *mf* Hafenmeister(in) *m(f)*

garder [gaʀde] <1> I. *vt* ① *(surveiller)* bewachen *prisonnier, frontière, trésor;* aufpassen auf (+ *Akk*) *banque, bagages;* hüten *maison, enfant, animal;* betreuen *personne âgée;* **donner** [*o* **laisser**] **à** ~ anvertrauen; **être gardé(e)** *frontière, trésor:* bewacht werden, unter Bewachung stehen; **passage à niveau gardé/non gardé** beschrankter/unbeschrankter Bahnübergang

② *(stocker, ne pas jeter)* aufbewahren, lagern *marchandises;* bewahren *objet précieux;* ~ **sous clé** unter Verschluss halten

③ *(ne pas perdre)* behalten *personne, animal;* behalten, nicht verlieren *emploi, droits, qualité, facultés;* beibehalten *défaut, manie, mauvaise habitude;* sich *(Dat)* bewahren *attitude, jeunesse;* nicht aufgeben *espoir;* **il a gardé des séquelles/une cicatrice** er hat Spätschäden/eine Narbe zurückbehalten; **il ne peut rien** ~ er kann auf nichts aufpassen

④ *(conserver)* behalten *couleur, goût, valeur*

⑤ *(mettre de côté, réserver)* aufheben; **j'ai gardé le meilleur pour la fin!** ich habe mir das Beste bis zuletzt aufgespart!; ~ **une place pour** [*o* **à**] **qn** jdm einen Platz freihalten; ~ **des documents à qn** für jdn Dokumente verwahren

⑥ *(maintenir)* beibehalten *rythme;* wahren *distance;* ~ **les yeux baissés/fermés** den Blick gesenkt/die Augen geschlossen halten; ~ **le moteur en marche** den Motor [weiter]laufen lassen

⑦ *(retenir)* festhalten; ~ **une main dans la sienne** eine Hand festhalten; ~ **qn à dîner** jdn zum Abendessen dabehalten

⑧ *(ne pas enlever)* anbehalten *manteau, chaussures, montre;* aufbehalten *chapeau, lunettes, masque;* umbehalten *écharpe;* ~ **son chapeau à la main** seinen Hut in der Hand behalten

⑨ *(ne pas révéler)* für sich behalten, [be]wahren *secret;* für sich behalten *réflexions;* ~ **qc pour soi** etw für sich behalten

⑩ *(ne pas quitter)* hüten *lit, chambre*

⑪ MED **ne rien pouvoir** ~ *(vomir)* nichts bei sich behalten

II. *vpr* ① *(se conserver)* **se** ~ *aliment:* sich halten; **ça se garde au frais** das muss kühl gelagert werden

② *(s'abstenir)* **se** ~ **de faire qc** sich hüten, etw zu tun; **je m'en garderai bien!** ich werde mich hüten!

garderie [gaʀdəʀi] *f* ① *(jardin d'enfant)* [Kinder]hort *m;* **place en** [*o* **dans une**] ~ Hortplatz *m;* **mettre un enfant à la** ~ ein Kind in

den [Kinder]hort geben [o bringen]
② *(service de surveillance)* Schülerhort *m*
garde-robe [gaʀdəʀɔb] <garde-robes> *f* ❶ *(ensemble de vêtements)* Garderobe *f*
② *vieilli (meuble)* Kleiderschrank *m*
gardeur, -euse [gaʀdœʀ, -øz] *m, f d'animaux* Hirte *m*/Hirtin *f*
garde-voie [gaʀdəvwa] <gardes-voies> *m* ❶ CHEM DFER Streckenwärter(in) *m(f)*
❷ MIL Streckenposten *m*
gardian [gaʀdjɑ̃] *m* Rinder-/Pferdehirt *m (in der Camargue)*
gardien(ne) [gaʀdjɛ̃, jɛn] *m(f)* ❶ *d'un château, d'une usine* Wächter(in) *m(f); d'un zoo, cimetière* Wärter(in) *m(f); d'un entrepôt* Aufseher(in) *m(f); d'un immeuble* Hausmeister(in) *m(f);* ~ **(ne) d'animaux** Tierpfleger(in) *m(f)*, Tierwärter(in) *m(f);* ~ **(ne) de parking** Parkplatzwächter(in); ~ **(ne) de musée/de phare** Museums-/Leuchtturmwärter(in); ~ **(ne) de prison** Gefängniswärter(in); **ne fais pas cette tête de ~ de prison!** mach kein so finsteres Gesicht!
② *(défenseur)* Hüter(in) *m(f);* ~ **de la monnaie** Währungshüter; **les ~s de l'ordre public** die Ordnungshüter
◆ ~ **de but** Torhüter *m*, Torwart *m*, Goalkeeper *m* (A, CH), Goalmann *m* (A); ~ **ne de but** Torhüterin *f*, Torfrau *f*, Torwart *m*, Goalfrau (A); ~ **(ne) d'enfants** Erzieher(in) *m(f);* ~ **(ne) de la paix** [Verkehrs]polizist(in) *m(f);* ~ **(ne) de nuit** Nachtwächter(in) *m(f)*
gardiennage [gaʀdjenaʒ] *m* ❶ *(surveillance d'immeuble)* Hausmeistertätigkeit *f;* **faire du ~** den Hausmeister sein
② *(surveillance de locaux)* Wachdienst *m;* **faire du ~** den Wachdienst versehen; **une société de ~** eine Wach- und Schließgesellschaft
❸ NAUT Hafenamt *nt*
❹ *(surveillance d'enfants)* [Kinder]betreuung *f*
gardienné(e) [gaʀdjene] *adj* bewacht; **parc ~** bewachter Park
gardon [gaʀdɔ̃] *m* Rotauge *nt*, Plötze *f*
▶ **être frais(fraîche) comme un ~** voll in Form sein
gare¹ [gaʀ] *f* Bahnhof *m; (arrêt, station)* [Eisenbahn]station *f; du R.E.R.* Station; **la ~ centrale** der Hauptbahnhof; ~ **routière** *(pour les camions)* Autohof *m; (pour les cars, bus)* [Omni]busbahnhof *m;* ~ **frontalière** [*o* **frontière**] Grenzbahnhof *m;* ~ **fluviale** Liegeplatz *m;* **entrer en** ~ einfahren; **être en** ~ eingefahren sein
◆ ~ **d'arrivée** Zielbahnhof *m;* ~ **de départ** Abfahrtsbahnhof *m;* ~ **de marchandises** Güterbahnhof *m;* ~ **de transbordement** Umladebahnhof *m;* ~ **de triage** Rangierbahnhof *m*, Verschiebebahnhof *m;* ~ **de voyageurs** Personenbahnhof *m*
gare² [gaʀ] *interj* ❶ *(avertissement)* ~ ! Vorsicht!, Achtung!; ~ **à ta tête!** pass auf deinen Kopf auf!; ~ **aux conséquences!** du wirst/ihr werdet schon sehen!
② *(menace)* ~ **à toi!** pass bloß auf!; ~ **à tes fesses!** *fam* Vorsicht, sonst setzt's was!; **et** ~ **au premier qui bouge!** und wehe dem, der sich als Erster bewegt!; **sinon,** ~ ! sonst kannst du/könnt ihr was erleben!
▶ **sans crier** ~ ohne Vorwarnung
garenne [gaʀɛn] *f (bois)* Hasenwäldchen *nt; v. a.* **lapin**
garer [gaʀe] <1> I. *vt* ❶ parken, abstellen; **laisser sa voiture garée devant la maison** sein Auto vor dem Haus parken; **être garé(e) à cent mètres** *conducteur:* hundert Meter entfernt geparkt haben [*o* parken]; *véhicule:* hundert Meter entfernt stehen [*o* parken]
② *fam (mettre à l'abri)* in Sicherheit bringen
II. *vpr* ❶ **se ~** parken; **s'être garé(e) à cent mètres** etwa hundert Meter entfernt stehen [*o* parken]
② *(se ranger sur le côté)* **se ~** *conducteur, véhicule:* auf die Seite fahren, ausweichen; *piéton:* ausweichen
❸ *(se protéger)* **se ~ de qn/qc** sich vor jdm hüten/einer S. *(Dat)* ausweichen
gargantuesque [gaʀgɑ̃tɥɛsk] *adj* unersättlich
gargariser [gaʀgaʀize] <1> *vpr* ❶ MED **se ~ à** [*o* **avec**] **qc** mit etw gurgeln
② *péj fam* **se ~ de qc** sich an etw *(Dat)* berauschen [*o* hochziehen *fam*]
gargarisme [gaʀgaʀism] *m* ❶ Gurgeln *nt;* **faire un ~/des ~s** gurgeln *(mit einer Rachendesinfektionslösung)*
② *(médicament)* Lösung *f* zum Gurgeln
gargote [gaʀgɔt] *f péj* mieses Restaurant
gargouille [gaʀguj] *f* ❶ ARCHIT Wasserspeier *m*
② *(tuyau)* Regenrinne *f*
gargouillement [gaʀgujmɑ̃] *m des intestins, du ventre* Gluckern *nt; de l'eau* Gurgeln *nt*, Gluckern; **les ~s** die Darmgeräusche; **ses intestins font des ~s** in seinem/ihrem Bauch gluckert es
gargouiller [gaʀguje] <1> *vi intestins, ventre:* gluckern; *eau:* gurgeln, gluckern; *estomac:* knurren
gargouillis *v.* **gargouillement**
garnement [gaʀnəmɑ̃] *m* Bengel *m; pl* Gören *Pl*

garni(e) [gaʀni] *adj* ❶ GASTR mit Beilage
② *(rempli)* **portefeuille bien ~** prall gefüllte Brieftasche; **réfrigérateur bien ~** voller Kühlschrank; **bibliothèque bien ~ e** gut bestückter Bücherschrank
garnir [gaʀniʀ] <8> I. *vt* ❶ *(orner)* schmücken *table;* beziehen, auskleiden *boîte, coffret;* ~ **une table de fleurs** einen Tisch mit Blumen schmücken; **être garni(e) de qc** *table:* mit etw geschmückt sein; *vêtement:* mit etw besetzt [*o* verziert] sein; **garni(e) de fourrure** pelzverbrämt
② *(pourvoir)* ~ **qc de qc** etw mit etw versehen; **on a garni les sièges de cuir** die Sitze wurden mit Leder überzogen; **être garni(e) de qc** mit etw versehen sein; **une poignée garnie de cuir** ein lederüberzogener Griff; **qc garnit une chose** mit etw ist mit etw versehen [*o* ausgestattet]; **une brosse à dents et une boîte à savon garnissent cette trousse de toilette** in dieser Kulturtasche sind eine Zahnbürste und eine Seifendose
❸ *(renforcer)* ~ **une barrière de fil de fer** einen Zaun mit Draht verstärken
❹ *(être rempli)* **être garni(e) de qc** mit etw gefüllt sein
❺ MIL ~ **qc de qc** etw mit etw bestücken
II. *vpr* **se ~ de personnes/choses** sich mit Menschen/Dingen füllen
garnison [gaʀnizɔ̃] *f* Garnison *f;* **être en ~ à Strasbourg** in Straßburg stationiert sein; **ville/église de ~** Garnison[s]stadt *f*/-kirche *f*
garniture [gaʀnityʀ] *f* ❶ *(ornement) d'un vêtement, chapeau* Besatz *m*, Verzierung *f*
② *(renfort)* Verstärkung *f*
❸ *(revêtement) d'un coffret, d'une voiture* Auskleidung *f;* **la ~ du coffret est en soie** die Kassette ist mit Seidenstoff ausgekleidet
❹ GASTR Beilage *f; (légumes)* Gemüsebeilage *f;* **et comme ~ ?** und als Beilage?
◆ ~ **de bureau** Schreibtischgarnitur *f;* ~ **d'embrayage** Kupplungsbelag *m;* ~ **de foyer** Kamingerät *nt;* ~ **de frein** Bremsbelag *m;* ~ **de lit** Bettgarnitur *f;* ~ **de siège** Sitzbezug *m;* ~ **de table** Garnitur *f* Tischwäsche
Garonne [gaʀɔn] *f* **la ~** die Garonne
garou *v.* **loup**
garrigue [gaʀig] *f* Garide *f;* **(dans le Midi)** Gar[r]igue *f (Landschaft mit bestimmter Strauchformation in den Mittelmeerländern, Vegetation dieser Landschaft)*
garrot¹ [gaʀo] *m* MED Druckverband *m;* **poser/faire un ~** eine Arterie abbinden; **il avait un ~ au bras droit** man hatte ihm den rechten Arm abgebunden
garrot² [gaʀo] *m d'un cheval* Widerrist *m;* **hauteur au ~** Widerristhöhe *f*
garrotter [gaʀote] <1> *vt* ❶ [fest]knebeln
② *(museler)* mundtot machen
gars [gɑ] *m fam* Kerl *m (fam);* **salut les ~!** hallo, Jungs! *(fam);* **mon [petit] ~** *fam* mein Kleiner [*o* Junge]; **c'est un ~ bien** das ist ein guter Kerl
◆ **les ~ de la marine** die blauen Jungs; ~ **du milieu** Ganove *m*
Gascogne [gaskɔɲ] *f* **la ~** die Gascogne
gascon [gaskɔ̃] *m (langue)* Gaskognisch *nt;* **le ~** das Gascognische
gascon(ne) [gaskɔ̃, ɔn] *adj* gascognisch
Gascon(ne) [gaskɔ̃, ɔn] *m(f)* Gascogner(in) *m(f)*
gas-oil, gasoil [gazwal] *m sans pl* Diesel[öl *nt*] *m*
gaspi *abr de* **gaspillage**
gaspillage [gaspijaʒ] *m* Verschwendung *f;* ~ **d'énergie** Energieverschwendung
gaspiller [gaspije] <1> *vt* verschwenden; verschleudern *fortune, patrimoine, héritage;* vergeuden *eau, temps, talent*
gaspilleur, -euse [gaspijœʀ, -øz] *m, f* Verschwender(in) *m(f)*
gastéropodes [gasteʀɔpɔd] *mpl* Gastropoden *Pl (Fachspr.)*
gastralgie [gastralʒi] *f* Magenkrampf *m;* **souffrir de ~** an Magenkrämpfen *(Dat)* leiden
gastrectomie [gastʀɛktɔmi] *f* MED Gastrektomie *f*
gastrique [gastʀik] *adj* **troubles ~s** Magenbeschwerden *Pl*
gastrite [gastʀit] *f* Magenschleimhautentzündung *f*, Gastritis *f;* ~ **aiguë/chronique** akute/chronische Gastritis *f*
gastroentérite [gastʀoɑ̃teʀit] *f* MED Magen-Darm-Entzündung *f*, Gastroenteritis *f (Fachspr.);* ~ **infectieuse** infektiöse Gastroenteritis
gastroentérologie [gastʀoɑ̃teʀɔlɔʒi] *f* MED Gastroenterologie *f*
gastroentéropathie [gastʀoɑ̃teʀopati] *f* MED Gastroenteropathie *f*
gastro-intestinal(e) [gastʀoɛ̃tɛstinal, o] <gastro-intestinaux> *adj* MED Magen-Darm-, gastrointestinal *(Fachspr.);* **système** [*o* **tractus**] ~ Gastrointestinaltrakt *m*
gastronome [gastʀɔnɔm] *mf* Feinschmecker(in) *m(f)*
gastronomie [gastʀɔnɔmi] *f* [feine] Kochkunst
gastronomique [gastʀɔnɔmik] *adj* **restaurant ~** Feinschmeckerrestaurant *nt;* **guide ~** Gastronomieführer *m;* **c'est ~** *hum* das ist 3-Sterne-verdächtig

gastropodes v. gastéropodes
gastroscopie [gastrɔskɔpi] f MED Magenspiegelung f, Gastroskopie f (Fachspr.)
gâté(e) [gate] adj ❶ dent, fruit faul
❷ enfant verwöhnt
▶ être l'enfant ~ de qn jds Hätschelkind sein
gâteau [gato] <x> I. m ❶ Torte f; (pâtisserie individuelle) Gebäck nt; petit ~ Plätzchen nt; ~ sec Keks m; ~ à la crème/au chocolat Creme-/Schokoladentorte; ~ garni de crème au beurre Buttercremetorte; ~ aux fruits Obsttorte; ~ d'anniversaire Geburtstorte; faire un ~ eine Torte backen
❷ (entremets) ~ de riz/semoule Reis-/Grießpudding m
▶ c'est du ~! fam das ist das reinste Kinderspiel! (fam); c'est pas du ~! fam das ist kein Zuckerschlecken (fam)
II. app inv fam maman, papa total in sein/ihr Kind vernarrt; tonton/grand-mère ~ Bilderbuchonkel m/-oma f (fam)
◆ ~ de cire [Bienen]wabe f; ~ de miel [Honig]wabe f
gâter [gate] <1> I. vt ❶ (pourrir) verderben; être gâté(e) aliments: verdorben sein; fruits, dent: faul sein
❷ (enlaidir) verunstalten, verunzieren
❸ (compromettre) verderben, gefährden
❹ (empoisonner) verderben plaisir, vacances
❺ (traiter avec indulgence) verwöhnen; être un enfant gâté ein verwöhntes Kind sein, ein verzogenes Gör sein pej
❻ (avoir de la chance) être gâté(e) Glück haben
▶ cela ne gâte rien euph das kann nichts schaden
II. vpr se ~ ❶ viande: schlecht werden; fruits: faulen
❷ (se détériorer) ambiance, temps: umschlagen; relations, situation: sich verschlechtern; les choses se gâtent die Dinge verschlechtern sich, es wird kritisch; ça va se ~ pour toi! das kann unangenehm für dich werden!
gâterie [gɑtRi] f (friandise) Süßigkeiten Pl; apporter des ~s à qn jdm was zum Naschen mitbringen (fam); faire une ~ à qn jdn [mit etwas Süßem] verwöhnen
gâte-sauce [gɑtsos] <gâte-sauces> m ❶ (marmiton) Küchenjunge m
❷ vieilli schlechter Koch m
gâteux, -euse [gɑtø, -øz] I. adj ❶ péj (sénile) verkalkt (fam)
❷ (fou de) il adore sa petite fille; il en est ~ er betet seine Enkelin an; das macht ihn ganz närrisch
II. m, f péj kindische(r) Alte(r)
gâtisme [gɑtism] m Verkalkung f
G.A.T.T. [gat] m abr de General Agreement on Tariffs and Trade GATT nt; zone d'application du ~ GATT-Raum m; accords du ~ GATT-Vereinbarungen Pl; libéralisation du ~ GATT-Liberalisierung f
gauche [goʃ] I. adj ❶ (opp: droit) linke(r, s); ailier ~ Linksaußen m
❷ (maladroit) linkisch; geste ungeschickt; style unbeholfen
❸ (tordu) planche, règle verzogen
II. m BOXE Linke f; un crochet du ~ ein linker Haken
III. f ❶ (côté gauche) Linke f, linke Seite; à ~ links; la première rue à ~ die erste Straße links; à la ~ de qc links neben etw; elle est à ma ~ sur la photo sie ist links neben mir auf dem Foto; sur la ~ de qc auf der linken Seite einer S. (Gen); la première maison de ~ das erste Haus links; dans le tiroir de ~ in der linken Schublade; de ~ à droite von links nach rechts; l'écriture romaine se lit de ~ à droite die lateinische Schrift ist rechtsläufig
❷ POL la ~ die Linke; extrême ~ äußerste Linke; être très à ~ politisch sehr weit links stehen; des idées de ~ linke Ansichten; les partis de ~ die Linksparteien
▶ jusqu'à la ~ fam (complètement) völlig; être endetté(e) jusqu'à la ~ bis zum Hals in Schulden stecken (fam)
gauchement [goʃmɑ̃] adv ungeschickt, auf ungeschickte Weise
gaucher, -ère [goʃe, -ɛR] I. adj linkshändig; être ~(-ère) Linkshänder(in) sein
II. m, f Linkshänder(in) m(f)
gaucherie [goʃRi] f ❶ (comportement) Unbeholfenheit f, linkisches Benehmen
❷ (trait de caractère) linkische Art
gauchir [goʃiR] <8> I. vi planche, règle: sich verziehen
II. vt ❶ (déformer) l'humidité a gauchi la planche das Brett hat sich durch die Feuchtigkeit verzogen
❷ fig verfälschen idées; verdrehen faits
gauchisant(e) [goʃizɑ̃, ɑ̃t] adj linksgerichtet
gauchisme [goʃism] m Linksextremismus m
gauchissement [goʃismɑ̃] m ❶ (déformation) Verwerfung f
❷ fig Verfälschung f
gauchiste [goʃist] I. adj linksextrem
II. mf Linksextreme(r) f(m)
gaudriole [godRijɔl] f fam ❶ pl (plaisanterie) zweideutige Witze Pl
❷ (aventure sexuelle) Liebesabenteuer Pl
gaufre [gofR] f GASTR Waffel f
gaufré(e) [gofRe] adj mit Waffelmuster

gaufrer [gofRe] <1> vt gaufrieren étoffe, tissu
gaufrette [gofRɛt] f [Eis]waffel f
gaufrier [gofRije] m Waffeleisen nt
gaule [gol] f ❶ (perche) [lange] Stange
❷ (canne à pêche) [Angel]rute f
Gaule [gol] f la ~ Gallien nt
gauler [gole] <1> vt ❶ (abattre avec une gaule) herunterschlagen
❷ arg (se faire prendre) se faire ~ par qn von jdm geschnappt werden (fam)
gaullien(ne) [goljɛ̃, jɛn] adj le mythe ~ der Mythos de Gaulle; une innovation ~ne eine Neuerung, die de Gaulle eingeführt hat
gaullisme [golism] m Gaullismus m
gaulliste [golist] I. adj gaullistisch
II. mf Gaullist(in) m(f)
gaulois(e) [golwa, waz] adj ❶ (de la Gaule) gallisch
❷ (grivois) derb; esprit ~ deftiger Humor
Gaulois [golwa] m Gallier m
Gauloise [golwaz] f ❶ Gallierin f
❷ (cigarette) Gauloise f
gauloiserie [golwazRi] f ❶ (propos) derber Witz
❷ (caractère) derbe Art
gausser [gose] <1> vpr littér (se moquer) se ~ de qn/qc sich über jdn/etw lustig machen
gavage [gavaʒ] m d'une oie, d'un canard Stopfen nt; ~ de volailles Geflügelmast f
gave [gav] m Gebirgsbach m (in den Pyrenäen)
gaver [gave] <1> I. vt ❶ (bourrer) stopfen oie
❷ fig ~ qn de qc jdn mit etw vollstopfen (fam)
II. vpr se ~ de qc sich mit etw vollstopfen (fam); se ~ de romans policiers Krimis verschlingen
gavotte [gavɔt] f MUS Gavotte f
gavroche [gavRɔʃ] m (Pariser) Straßenjunge m
gay [gɛ] I. adj inv homosexuell; établissements ~ Schwulentreffs Pl (fam); les milieux ~ die Schwulenszene (fam)
II. mpl Schwule Pl (fam)
gaz [gɑz] m ❶ CHIM, A. MED Gas nt; ~ anesthésique [o anesthésiant] Narkosegas; mélange de ~ anesthésiques Narkosegemisch nt; ~ carbonique Kohlendioxid nt; ~ hilarant Lachgas; ~ mixte Wassergas; ~ rare Edelgas; ~ toxique Giftgas; élimination des ~ toxiques Abgasreinigung f
❷ (combustible) Gas nt; ~ liquéfié Flüssiggas; ~ naturel Erdgas, Naturgas; allumer/baisser/couper le ~ das Gas anmachen/kleiner drehen/abstellen; avoir le ~ Gasanschluss haben; relever le ~ das Gas ablesen; se chauffer au ~ [eine] Gasheizung haben; chauffage au ~ Gasheizung f, gasbetriebene Heizung; véhicule au ~ gasbetriebenes Fahrzeug; odeur de ~ Gasgeruch m
❸ (compagnie du gaz) employé(e) du gaz Angestellte(r) f(m) der Gaswerke
❹ pl (émissions) ~ d'échappement Abgase Pl; valeur maximale des ~ d'échappement Abgaswert m
❺ souvent pl MIL Gas nt; ~ lacrymogènes Tränengas; ~ moutarde Senfgas; guerre des ~ Gaskrieg m; mort par les ~ Gastod m
❻ pl (flatulence) Winde Pl; avoir des ~ Blähungen haben
◆ ~ de combat Kampfgas nt, chemische Kampfstoffe Pl; ~ d'éclairage Leuchtgas nt; Gaz de France französische Gasgesellschaft; ~ de pétrole liquéfié Autogas nt; ~ de ville Stadtgas nt
gaze [gɑz] f ❶ (pansement) [Verband]mull m
❷ (étoffe) Gaze f
gazé(e) [gɑze] I. adj durch Giftgas geschädigt
II. m(f) Giftgasopfer nt
gazéifié(e) [gazeifje] adj mit Kohlensäure angereichert
gazelle [gazɛl] f Gazelle f
gazer [gɑze] <1> I. vt ❶ MIL durch Giftgas töten/kampfunfähig machen
❷ (exterminer) vergasen
II. vi fam drauflosdüsen (fam)
▶ ça gaze/ne gaze pas avec qn fam das läuft/läuft nicht mit jdm (fam); alors, ça gaze ce matin? na, gut drauf heute Morgen? (fam)
gazette [gazɛt] f vieilli ❶ hum (journal) [Klatsch]blatt nt (pej fam); il ne faut pas croire tout ce qu'on lit dans les ~s man darf nicht alles glauben, was in den Gazetten steht
❷ (commère) Klatschbase f (pej)
gazeux, -euse [gɑzø, -øz] adj ❶ (de la nature du gaz) gasförmig; mélange ~ Gasgemisch nt
❷ (qui contient du gaz) eau minérale mit Kohlensäure versetzt, kohlensäurehaltig; eau gazeuse Mineralwasser nt mit Kohlensäure
gazier [gɑzje] m ❶ (ouvrier) Arbeiter m eines Gaswerks
❷ (employé) Angestellte(r) f(m) eines Gaswerks
gazinière [gazinjɛR] f Gasherd m
gazoduc [gazodyk] m [Fern]gasleitung f
gazogène [gazɔʒɛn] m Holzvergaser m; camion à ~ Lastwagen

mit Holzvergaser
gazole [gazɔl] *m sans pl* Dieselöl *nt*, Diesel *m*
gazomètre [gazɔmɛtʀ] *m* Gasometer *m*
gazon [gazɔ̃] *m* ❶ *(herbe)* Rasen *m*
  ❷ *(pelouse)* Rasenfläche *f*; ~ **anglais** englischer Rasen; ~ **synthétique** [*o* **artificiel**] Kunstrasen, Kunststoffrasen
gazonné(e) [gazɔne] *adj* mit Rasen begrünt
gazonner [gazɔne] <1> I. *vt (revêtir de gazon)* mit Rasen bepflanzen
  II. *vi (pousser en gazon)* einen Rasen bilden
gazouillement [gazujmɑ̃] *m d'un oiseau* Zwitschern *nt; d'un ruisseau, d'une source* Murmeln *nt; d'un bébé* Lallen *nt*
gazouiller [gazuje] <1> *vi bébé:* lallen; *oiseau:* zwitschern; *ruisseau, source:* murmeln
gazouillis *v.* gazouillement
geai [ʒɛ] *m* Häher *m*
géant [ʒeɑ̃] *m* ❶ *(par la taille)* Riese *m*/Riesin *f*
  ❷ *(par le génie)* führende Größe
  ❸ COM Gigant *m*, Riese *m*; ~ **de l'électronique** Elektronikgigant, Elektronikriese *(fam)*; ~ **des médias** Mediengigant, Medienriese *(fam)*; ~ **de l'industrie chimique** Chemiegigant, Chemieriese; ~ **de l'édition/de la distribution** Verlags-/Handelsriese *(fam)*
géant(e) [ʒeɑ̃, ʒeɑ̃t] *adj* riesig, riesengroß; **une tortue ~ e** eine Riesenschildkröte
gecko [ʒeko] *m* Gecko *m*
gégène [ʒeʒɛn] *f* Elektroschockfolter *f*
geignard(e) [ʒɛɲaʀ, aʀd] I. *adj péj fam* weinerlich; **enfant ~** Heulpeter *m (fam)*; **enfant ~ e** Heulsuse *f (fam)*
  II. *m(f) péj fam* Jammerlappen *m (fam)*
geindre [ʒɛ̃dʀ] <*irr*> *vi* ❶ *(gémir)* stöhnen; ~ **de douleur** vor Schmerzen stöhnen
  ❷ *(gémir doucement)* wimmern
  ❸ *péj fam (pleurnicher)* dauernd jammern [*o* rumjammern *(fam)*]
geisha [gɛʃa, gɛjʃa] *f* Geisha *f*
gel [ʒɛl] *m* ❶ *(temps, congélation)* Frost *m*; **craindre le ~** frostempfindlich sein
  ❷ *(blocage)* Einfrieren *nt; des négociations* Unterbrechung *f*; ~ **des congés** Urlaubssperre *f*; ~ **des loyers/des prix/des salaires** Mietpreis-/Preis-/Lohnstopp *m*
  ❸ *(produit cosmétique)* Gel *nt*; ~ **coiffant** Haargel; ~ **douche** Duschgel
gélatine [ʒelatin] *f* Gelatine *f*
gélatineux, -euse [ʒelatinø, -øz] *adj* gallertartig; **sauce gélatineuse** Soße, die geliert hat; **de la viande gélatineuse** Fleisch *nt* mit Gallerte
gélatinobromure [ʒelatinobʀɔmyʀ] *m* CHIM, TECH ~ **d'argent** Bromsilbergelatine *f*
gelé(e) [ʒ(ə)le] *adj* ❶ *(pris par la glace) rivière:* zugefroren; *terre* [hart]gefroren
  ❷ *(endommagé par le froid)* erfroren; **avoir les pieds et les mains ~ s** Erfrierungen an Händen und Füßen haben
  ❸ *(frigorifié)* eiskalt; **être ~ (e) jusqu'aux os** ganz durchgefroren sein *(fam)*
  ❹ *(bloqué)* prêt eingefroren
gelée [ʒ(ə)le] *f* ❶ *souvent pl (gel)* Frost *m*
  ❷ METEO ~ **blanche** Reif *m*
  ❸ *(jus de substances animales)* Gelee *nt*, Aspik *m*; **en ~** in Aspik; ~ **royale** Gelée *f* royale
  ❹ *(jus de fruits)* Gelee *nt*; ~ **de coings/de groseilles** Quitten-/Johannisbeergelee; ~ **de framboise[s]/de pommes** Himbeer-/Apfelgelee
geler [ʒ(ə)le] <4> I. *vt* ❶ *(transformer en glace)* gefrieren lassen
  ❷ *(endommager par le gel)* erfrieren lassen *bourgeons;* **ce vent me gèle** mir ist eiskalt in diesem Wind; **le froid lui a gelé les mains** durch die Kälte hat er/sie sich die Hände erfroren [*o* Erfrierungen an den Händen zugezogen]
  ❸ *(mettre mal à l'aise)* ~ **qn** abstoßend auf jdn wirken
  ❹ *(bloquer)* unterbrechen *capitaux, crédits, salaires;* unterbrechen *négociations;* ~ **de l'argent** Geld einfrieren
  II. *vi* ❶ *(se transformer en glace)* gefrieren; *rivière:* zufrieren; *fleurs:* erfrieren; **la récolte a gelé** die Ernte hat Frost bekommen
  ❷ *(avoir froid)* frieren; **on gèle ici!** hier ist es eiskalt!, hier erfriert man ja!
  ❸ JEUX **tu gèles!** eiskalt!
  ❹ *impers* **il gèle** es friert
  III. *vpr (prendre froid)* **se ~** erfrieren; **vous allez vous ~ !** ihr werdet/Sie werden noch zu Eis!; **qu'est-ce qu'on s'est gelé!** wir haben uns vielleicht einen abgefroren! *(fam)*
gélifiant [ʒelifjɑ̃] *m* Geliermittel *nt*
gélifier [ʒelifje] <1a> *vt gélatine:* gelatinieren; *gélifiant:* gelieren
gélinotte [ʒelinɔt] *f* ZOOL Haselhuhn *nt*
gélule [ʒelyl] *f* Gelatinekapsel *f*
gelure [ʒ(ə)lyʀ] *f* Erfrierung *f*

Gémeaux [ʒemo] *mpl* ASTROL Zwillinge *Pl*; **être [du signe des] ~ [ein]** Zwilling sein, im Zeichen der Zwillinge geboren sein
gémellaire [ʒemel(l)ɛʀ] *adj* Zwillings-; **grossesse ~** Zwillingsschwangerschaft *f*
gémination [ʒeminasjɔ̃] *f* ❶ MED Paarigkeit *f*
  ❷ LING Silbenverdopplung *f*
géminé(e) [ʒemine] *adj* ❶ ARCHIT gekuppelt
  ❷ BIO paarig
  ❸ PHON geminiert
gémir [ʒemiʀ] <8> *vi* ❶ *(geindre)* stöhnen; ~ **sur son sort** über sein Schicksal jammern; ~ **de douleur** vor Schmerzen stöhnen
  ❷ *(grincer) lit, porte, plancher:* knarren; *ressort:* quietschen; *vent:* heulen
gémissant(e) [ʒemisɑ̃, ɑ̃t] *adj* klagend
gémissement [ʒemismɑ̃] *m d'un blessé, malade* Stöhnen *nt; d'un lit, plancher, d'une porte* Knarren *nt; d'un ressort* Quietschen *nt; du vent* Rauschen *nt; (plus fort)* Heulen *nt*
gemmage [ʒɛmaʒ] *m* Anzapfen *nt (von Nadelbäumen zur Harzgewinnung)*
gemme *v.* sel
gemmé(e) [ʒɛme] *adj littér* edelsteinbesetzt
gemmer [ʒɛme] <1> *vt* BOT anzapfen *pins*
gémonies [ʒemɔni] *fpl* ▶ **vouer aux** ~ *littér* öffentlich anprangern
gênant(e) [ʒɛnɑ̃, ɑ̃t] *adj* ❶ *(qui incommode)* störend, hinderlich
  ❷ *(embarrassant) question, situation* unangenehm, peinlich; *personne* lästig; **c'est bien ~** das ist wirklich unangenehm
gencive [ʒɑ̃siv] *f* Zahnfleisch *nt*
  ▶ **en prendre plein les ~ s** *fam* voll eine in die Fresse kriegen *(fam)*; **envoyer** [*o* **flanquer**] **qc à qn dans les ~ s** *fam* jdm etw an den Kopf werfen
gendarme [ʒɑ̃daʀm] *mf* ❶ *(policier)* Polizist(in) *m(f) (in ländlichen Gebieten und kleinen Ortschaften);* ~ **mobile** Bereitschaftspolizist
  ❷ *fam (personne autoritaire)* Feldwebel *m*
  ❸ *pas de forme féminine (saucisse)* Landjäger *m*
  ▶ **jouer au[x] ~[s] et au[x] voleur[s]** Räuber und Gendarm spielen
gendarmer [ʒɑ̃daʀme] <1> *vpr* **se ~ contre qn/qc** sich gegen jdn/etw zur Wehr setzen
gendarmerie [ʒɑ̃daʀməʀi] *f* ❶ *(corps militaire)* Gendarmerie *f (Einheit der Armee mit Polizeifunktion in Landbezirken);* ~ **maritime** Hafenpolizei *f*; ~ **mobile** Bereitschaftspolizei *f*
  ❷ *(bâtiment)* Gendarmerie[kaserne *f*] *f*

Land und Leute

Die **gendarmerie** gehört zu den französischen Streitkräften, erfüllt aber zum größten Teil polizeiliche Funktionen. Wer die Polizei benötigt, wendet sich in den größeren Städten an ein *commissariat de police*, in kleineren Orten oder auf dem Land dagegen an die **gendarmerie**. Sie ist in fast jedem Dorf vertreten.

gendre [ʒɑ̃dʀ] *m* Schwiegersohn *m*
gène [ʒɛn] *m* Gen *nt*
gêne [ʒɛn] *f* ❶ *(malaise physique)* Beschwerden *Pl*; **avoir de la ~ à respirer/avaler** Atem-/Schluckbeschwerden haben; **sentiment de ~** MED ≈ Fremdkörpergefühl *nt*
  ❷ *(désagrément)* **devenir/être une ~ pour qn** jdm lästig werden/sein; *bruit, circulation:* für jdn eine Belästigung darstellen
  ❸ *(trouble)* Befangenheit *f*, Verlegenheit *f*; **être sans ~** keine Hemmungen kennen
  ❹ *(difficultés financières)* **être dans la ~** in Geldverlegenheit sein; ~ **de trésorerie** Liquiditätsklemme *f*
  ▶ **là où [il] y a de la ~, [il n']y a pas de plaisir** *prov fam* je ungezwungener, desto lustiger
gêné(e) [ʒene] *adj* ❶ *(embarrassé) personne, sourire, air* verlegen; *silence* betreten; **je suis vraiment très ~** das macht mich wirklich sehr verlegen, es ist mir wirklich sehr peinlich
  ❷ *(entravé)* **être ~ dans son travail par qc** bei seiner Arbeit durch etw behindert werden; **être ~ dans ses mouvements** in seiner Bewegungsfreiheit eingeschränkt sein; **les résidents [très] ~ s par le bruit** die lärmgeplagten Anwohner
  ❸ *(à court d'argent)* in Geldverlegenheit; **en ce moment je suis un peu ~** ich bin zurzeit ein bisschen knapp bei Kasse *(fam)*
généalogie [ʒenealɔʒi] *f* ❶ *d'une personne* Abstammung *f; d'une famille, d'un animal de race* Stammbaum *m; d'une espèce* Stammesgeschichte *f*; **dresser** [*o* **faire**] **la ~ de qn** jds Stammbaum aufstellen
  ❷ *(science)* Abstammungslehre *f*, Genealogie *f (geh)*
généalogique [ʒenealɔʒik] *adj* genealogisch
généalogiste [ʒenealɔʒist] *mf* Genealoge *m*/Genealogin *f*
gêner [ʒene] <1> I. *vt* ❶ *(causer une gêne) personne, bruit:* stören, belästigen; *chaussures:* drücken; ~ **les piétons** die Fußgänger behindern
  ❷ *(déranger)* stören; **ça gêne/ne gêne pas qn de faire qc** es

stört jdn/stört jdn nicht, etw zu tun
❸ *(mettre mal à l'aise)* verlegen machen; **ça gêne qn de faire qc/ que qn fasse qc** es ist jdm peinlich, etw zu tun/dass jd etw tut; **ça me gêne de vous dire ça** ich sage Ihnen das nur äußerst ungern
❹ *(financièrement)* in finanzielle Schwierigkeiten bringen
II. *vpr (se contraindre)* **se ~** sich genieren; **se ~ pour faire qc** sich genieren, etw zu tun; **ne vous gênez pas pour moi!** nur keine Umstände meinetwegen!; **avec moi, il ne faut pas vous ~** tun Sie sich meinetwegen keinen Zwang an; **il ne s'est pas gêné pour lui dire ce qu'il en pensait** er sagte ihm/ihr [ganz] offen, was er davon hielt
▶ **je vais me ~!** *iron fam* ich werd' mir keinen Zwang antun! *(fam)*; **ne te gênes/vous gênez pas pour moi** tu dir/tut euch wegen mir keinen Zwang an; **vas-y! ne te gêne pas!** *iron fam* nur zu! Tu dir nur keinen Zwang an! *(fam)*
général [ʒeneʀal] <-aux> *m* MIL General *m*; **~ deux/trois/quatre étoiles** Zwei-/Drei-/Viersternegeneral; **mon ~!** Herr General!
◆ **~ d'armée** General *m*; **~ de brigade** Brigadegeneral *m*; **~ en chef** Oberbefehlshaber *m*; **~ de corps d'armée** Generalleutnant *m*; **~ de corps d'armée** Viersternegeneral *m*; **~ de division** Generalmajor *m*
général(e) [ʒeneʀal, o] <-aux> *adj* ❶ *(commun à un ensemble de personnes)* allgemein; **bien ~** Allgemeinwohl *nt*; **dans l'intérêt ~** im allgemeinen Interesse; **à la demande ~** auf allgemeinen Wunsch [hin]
❷ *(concernant un ensemble de personnes)* allgemein; ECON *équilibre* gesamtwirtschaftlich; **amnistie ~e** Generalamnestie *f*; **grève ~e** Generalstreik *m*; **assemblée ~e** Hauptversammlung *f*; **en règle ~e** in allgemeinen, in der Regel
❸ *(vague)* vage; **ce que vous dites est trop ~** was Sie da sagen, ist zu allgemein [gehalten]
❹ *(principal) directeur ~* Generaldirektor *m*; **direction ~e** Generaldirektion *f*; **procureur ~** Generalstaatsanwalt *m*; **secrétaire ~** Generalsekretär *m*; **quartier ~** Hauptquartier *nt*; **officier ~** General *m*, Offizier *m* im Generalsrang
❺ *(qui concerne tout l'organisme)* **l'état ~ du patient** der Allgemeinzustand des Patienten; **atteint(e) de paralysie ~e** vollständig gelähmt
▶ **en ~** *(le plus souvent)* in der Regel, gewöhnlich; *(dans l'ensemble)* insgesamt
générale [ʒeneʀal] *f* ❶ *(épouse du général)* Frau *f* des Generals
❷ THEAT Generalprobe *f*
généralement [ʒeneʀalmɑ̃] *adv* ❶ *(le plus souvent)* im Allgemeinen
❷ *(opp: en détail)* allgemein; **~ parlant** allgemein gesprochen
généralisation [ʒeneʀalizasjɔ̃] *f d'une conclusion* Verallgemeinerung *f*, Generalisierung *f (geh)*; *d'un conflit* Ausweitung *f*; *d'une maladie* Sichausbreiten *nt*; *d'une mesure* allgemeine Anwendung; *d'un cancer* Metastasierung *f*
généralisé(e) [ʒeneʀalize] *adj mesure* allgemein angewandt; *infection* systemisch; *méfiance* allgemein; **un cancer ~** ein Krebs, der Metastasen gebildet hat; **une maladie ~e** eine Krankheit, die sich auf den ganzen Körper ausgebreitet hat
généraliser [ʒeneʀalize] <1> I. *vt* ❶ *absolu (extrapoler)* verallgemeinern; **il ne faut pas ~** man sollte nicht verallgemeinern
❷ *(étendre à un ensemble)* allgemein einführen [*o* anwenden] *méthode*; verbreiten *idée*; allgemein verbreiten *coutume*; **~ qc à qc** etw allgemein auf etw *(Akk)* anwenden
II. *vpr* **se ~** *mesure:* allgemein angewandt werden; *procédé:* allgemein eingeführt werden; *maladie:* sich auf den ganzen Körper ausbreiten; **le cancer s'est généralisé** der Tumor hat Metastasen gebildet; **chez ce patient, le cancer s'est généralisé** den Kranke ist völlig verkrebst *(fam)*; **l'automobile se généralise de plus en plus** das Auto hat eine immer größere Verbreitung gefunden
généraliste [ʒeneʀalist] I. *adj médecin ~* Arzt *m*/Ärztin *f* für Allgemeinmedizin
II. *mf* Allgemeinmediziner(in) *m(f)*
généralité [ʒeneʀalite] *f* ❶ *(presque totalité)* **la ~ de qc** die Mehrzahl [*o* die Mehrheit] einer S. *(Gen)*
❷ *(globalité)* **un phénomène dans sa ~** ein Phänomen *nt* in seiner Gesamtheit
❸ *gén pl (idées générales)* Allgemeine(s) *nt*
❹ *gén pl péj (banalités)* Gemeinplätze *Pl*
générateur [ʒeneʀatœʀ] *m* ELEC, INFORM Generator *m*
◆ **~ de caractères** INFORM Zeichengenerator *m*; **~ de vapeur** Dampferzeuger *m*
générateur, -trice [ʒeneʀatœʀ, -tʀis] *adj* ❶ *(reproducteur)* **acte ~** Zeugungsakt *m*; **organe ~** Fortpflanzungsorgan *nt*
❷ *(cause de)* **~(-trice) de qc** zu etw führend, etw erzeugend; **être ~(-trice) d'énergie** Energie erzeugen; **être ~(-trice) de richesse** Reichtum bringen
génération [ʒeneʀasjɔ̃] *f* ❶ *a. fig (individus)* Generation *f*; **~ d'avant-guerre/de la guerre** Vorkriegs-/Kriegsgeneration; **la ~**

de mai 68 die 68er-Generation; **la jeune/nouvelle ~** die junge/ neue Generation; **la ~ montante** die kommende Generation; **un ordinateur de [la] première/deuxième ~** ein Computer der ersten/zweiten Generation
❷ *(période)* Generation *f*, Menschenalter *nt*
❸ *(fonction reproductrice)* Fortpflanzung *f*; **organes de la ~** Fortpflanzungsorgane *Pl*
❹ *(action de créer)* Erzeugung *f*; INFORM Erzeugung, Generierung *f*
❺ BIO **~ spontanée** Urzeugung *f*
génératrice [ʒeneʀatʀis] *f* ELEC Generator *m*
◆ **~ de chauffage** Heizgenerator *m*; **~ d'éclairage** Lichtmaschine *f*; **~ d'électricité** Stromerzeuger *m*, [Strom]generator *m*
générer [ʒeneʀe] <5> *vt* ❶ *(engendrer)* erzeugen; **~ des exceptions** Ausnahmen schaffen
❷ INFORM erzeugen, generieren; **données générées** generierte Daten
généreusement [ʒeneʀøzmɑ̃] *adv* ❶ *(avec libéralité)* großzügig
❷ *(avec abondance)* reichlich; **se servir ~** ordentlich zugreifen
❸ *(avec humanité)* großmütig, nobel
généreux, -euse [ʒeneʀø, -øz] *adj* ❶ *(charitable)* großzügig; *(en parlant d'un don)* spendenfreudig
❷ *(magnanime) caractère* nobel *(geh)*; *vainqueur* großmütig; *adversaire* großherzig; **avoir un caractère ~** großmütig sein; **sentiments ~** edle Gesinnung *(geh)*
❸ *(riche, vivifiant) climat* günstig; *terre* fruchtbar; *vin* edel
❹ *hum (plantureux) formes, poitrine* üppig; *décolleté* großzügig *(hum)*
générique [ʒeneʀik] I. *adj spéc* **terme ~** *(hyperonyme)* Oberbegriff *m*; BIO Gattungsbegriff *m*
II. *m* Vorspann *m*; *(à la fin)* Nachspann *m*
générosité [ʒeneʀozite] *f* ❶ *(libéralité)* Großzügigkeit *f*, Freigiebigkeit *f*; *(en parlant d'un don)* Spendenbereitschaft *f*; **dans un élan de ~** in einem Anflug von Großzügigkeit
❷ *(magnanimité)* Hochherzigkeit *f*
❸ *pl (libéralités)* großzügige Gaben [*o* Geschenke]
genèse [ʒənɛz] *f* ❶ *(naissance)* Entstehung *f*; *d'un phénomène* Auftreten *nt*; *d'une idée* Aufkommen *nt*
❷ REL **la Genèse** die Schöpfungsgeschichte
genêt [ʒənɛ] *m* Ginster *m*
généticien(ne) [ʒenetisjɛ̃, jɛn] *m(f)* Genetiker(in) *m(f)*; **~(ne) en médecine humaine** Humangenetiker(in)
génétique [ʒenetik] I. *adj* genetisch, Gen-; **anomalie ~** Gendefekt *m*; **chirurgie/thérapie ~** Genchirurgie *f*/-therapie *f*; **manipulation ~** Genmanipulation *f*; **mutation ~** Genmutation *f*; **recherche ~** Genforschung *f*; **patrimoine ~** Erbgut *nt*; **théorie ~** Vererbungstheorie *f*
II. *f* Genetik *f*
génétiquement [ʒenetikmɑ̃] *adv* genetisch
gêneur, -euse [ʒɛnœʀ, -øz] *m, f* Störenfried *m*, lästiger Mensch
Genève [ʒ(ə)nɛv] Genf *nt*; **de ~** Genfer; **le lac de ~** der Genfer See
genevois(e) [ʒənvwa, waz] *adj* genferisch, Genfer
Genevois(e) [ʒənvwa, waz] *m(f)* Genfer(in) *m(f)*
genévrier [ʒənevʀije] *m* BOT Wacholder *m*
génial(e) [ʒenjal, jo] <-aux> *adj* ❶ *(qui a du génie) personne* genial
❷ *(inspiré par le génie) idée* genial
❸ *fam (formidable)* super *(fam)*, toll *(fam)*; **c'est vraiment pas ~!** das ist wirklich nicht besonders toll! *(fam)*
▶ **c'est ~!** *fam* das ist ja super [*o* toll]! *(fam)*
génialement [ʒenjalmɑ̃] *adv* meisterlich, auf geniale Weise
génie [ʒeni] *m* ❶ *(aptitude, personne)* Genie *nt*; **un artiste d'un incontestable ~** ein Künstler von unbestreitbarer Genialität; **avoir le ~ des affaires** Geschäftssinn haben; **avoir le ~ des maths** ein Mathegenie sein; **~ universel** Universalgenie; **~ de la vente** *fam* Verkaufsgenie *(fam)*
❷ *(caractère inné)* Geist *m*, Wesensart *f*; **le ~ d'une nation** der Geist einer Nation; **avoir le ~ de dire toujours ce qu'il ne faut pas** die Gabe haben, immer das Falsche zu sagen
❸ MYTH *(être surnaturel)* Geist *m*; **~ des eaux** Wassergeist *m*; **~ ailé** beflügelter Geist; **bon/mauvais ~** guter/schlechter Geist
❹ *(allégorie)* Genius *m*
❺ MIL Pioniertruppe *f*; **soldats du ~** Pioniere *Pl*
❻ *(ensemble de connaissances et de techniques)* Technologie *f*, Technik *f*; **~ alimentaire** Lebensmittelverarbeitung *f*; **~ atomique** Kerntechnik; **~ chimique** chemische Verfahrenstechnik; **~ civil** Bauingenieurwesen *nt*, Hoch- und Tiefbau *m*; **~ climatique** Klimatechnik; **~ génétique** Gentechnologie *f*; **~ maritime** Schiffsbau *m*; **~ mécanique** Maschinen- und Gerätebau *m*; **~ militaire** Kriegstechnik; *(domaine, secteur)* Militärwesen *nt*, Geniewesen (CH)
▶ **avoir du ~** Genie besitzen; **être/ne pas être un ~** ein Genie/ nicht gerade ein Genie [*o* nicht gerade eine große Leuchte *fam*] sein; **de ~** genial; **alors là, tu as eu une idée de ~** *iron* das war wirklich eine geniale Idee von dir
genièvre [ʒənjɛvʀ] *m* ❶ *(genévrier)* Wacholder *m*; **baies de ~**

génique [ʒenik] *adj* BIO Gen-; **anomalie ~** Gendefekt *m*; **thérapie ~** Gentherapie *f*
génisse [ʒenis] *f* Färse *f*
génital(e) [ʒenital, o] <-aux> *adj* **organes génitaux** Geschlechtsorgane *Pl*; **parties ~es** Genitalien *Pl*
géniteur [ʒenitœʀ] *m* ❶ *hum (père)* Erzeuger *m*
❷ *(animal mâle)* männliches Zuchttier
génitif [ʒenitif] *m* Genitiv *m*
génitrice [ʒenitʀis] *f hum (mère)* Erzeugerin *f*
génocide [ʒenɔsid] *m* Völkermord *m*
Génois(e) [ʒenwa, waz] *m(f)* Genuese *m*/Genuesin *f*
génoise [ʒenwaz] *f* ❶ *(pâte)* Biskuitmasse *f*
❷ *(gâteau)* Biskuit[kuchen *m*] *nt o m*
génome [ʒenom] *m* Genom *nt*
génothèque [ʒenɔtɛk] *f (banque)* Genbank *f*
génothérapie [ʒenoteʀapi] *f* Gentherapie *f*
génotype [ʒenotip] *m* BIO Genotyp[us] *m*
genou [ʒ(ə)nu] <x> *m* Knie *nt*; **~x cagneux/rentrants** X-Beine; **prendre/tenir qn sur ses ~x** jdn auf den Schoß nehmen/jdn auf dem Schoß haben; **à ~x** kniend, auf Knien
▶ **ne pas arriver aux ~x de qn** jdm nicht das Wasser reichen können *(fam)*; **couper comme un ~ ce couteau coupe comme un ~** auf diesem Messer kann man ja [nach Rom] reiten *(fam)*; **être sur les ~x** fam auf dem Zahnfleisch gehen *(fam)*; **faire du ~ à qn** jdn [heimlich] mit dem Knie anstoßen *(als Annäherungsversuch)*; **mettre qn à ~x** jdn in die Knie zwingen; **c'est à se mettre à ~x** das ist einfach herrlich
genouillère [ʒənujɛʀ] *f* ❶ *(protection du genou) d'un gardien de but* Knieschutz *m*; *d'un lugeur, joueur de hockey* Knieschützer *m*; MED Knieschoner *m*
❷ TECH *d'un tuyau* Knie[stück *nt*] *nt*; *d'une porte* bewegliches Scharnier
genre [ʒɑ̃ʀ] *m* ❶ *(espèce, sorte)* Art *f*, Sorte *f*; **un ~ de roman** eine Art [von] Roman; **je n'aime pas ce ~ de femme/d'homme** diese Sorte Frau/Mann mag ich gar nicht; **~ de vie** Lebensweise *f*; **c'est le ~ grognon** das ist einer von der mürrischen Sorte *(fam)*
❷ *(allure)* Art *f*; **je n'aime pas du tout son ~** ich mag seine/ihre Art überhaupt nicht
❸ ART Gattung *f*; **~ dramatique** Drama *nt*; **~ comique** Komödie *f*; **~ épique** Epik *f*; **~ littéraire** Literaturgattung
❹ BOT, ZOOL Gattung *f*; **~ d'animal** Tiergattung
❺ *(humanité)* **~ humain** Menschengeschlecht *nt*
❻ LING Genus *m*; **~ féminin** Femininum *nt*; **~ masculin** Maskulinum *nt*; **~ neutre** Neutrum *nt*; **s'accorder en ~ et en nombre avec le nom** sich in Genus und Numerus nach dem Substantiv richten
▶ **c'est le ~/pas le ~ de la maison** *hum fam* das ist hier so üblich/nicht so üblich; **ça fait bon/mauvais ~** das macht sich gut/schlecht; **ce qui se fait de mieux dans le ~** das Beste, was es in dieser Art gibt; **être unique en son ~** einzig in seiner Art sein; **se donner un ~** unbedingt auffallen wollen; **c'est un ~ qu'il se donne** er tut nur so als ob; **c'est/ce n'est pas mon/son ~** das liegt mir/ihm/ihr nicht; **lui/elle, ce n'est pas mon ~** er/sie ist nicht mein Typ *(fam)*; **il est en retard? Ce n'est pas son ~** er ist immer noch nicht da? Das ist doch gar nicht seine Art!; **dans le ~... fam ce type-là, dans le ~ râleur, on ne fait pas mieux!** so was Brummiges wie den da gibt's nicht noch einmal! *(fam)*; **de tableau/peinture/peintre de ~** Genrebild *nt*/-malerei *f*/-maler *m*; **de ce/du même ~** in dieser Art/von derselben Art; **des protestations de ce ~** solche [*o* derartige] Proteste; **du ~ il est spécialiste du ~** er ist Fachmann auf dem Gebiet; **en tout ~** [*o* **tous ~s**] jeder Art; **des chaussures en tout ~** jedwede Art von Schuh
◆ **~ de rôle** CINE, THEAT Rollentyp *m*
gens [ʒɑ̃] *mpl o fpl* Leute *Pl*; **des ~** [**de**] **bien** anständige Leute; **une foule de ~** eine große Menge [*o* viele] Leute; **tous les ~ du village** alle Dorfbewohner; **peu de ~** wenig[e] Leute; **les bêtes comme les ~** Mensch und Tier; **de bonnes/mauvaises ~** nette/böse Leute; **certaines ~** einige [Leute]; **bonnes ~, écoutez** hört, ihr Leute; **honnêtes ~** brave Bürger; **petites ~** einfache Leute; **jeunes ~** *(garçons)* junge Männer, *(garçons et filles)* junge Leute
◆ **~ d'armes** Soldaten *Pl*; **~ de la campagne** Menschen *Pl* vom Lande, Landmenschen; **~ de cœur** Menschen *Pl* mit Herz; **~ d'Église** Geistliche[n] *Pl*; **~ de lettres** Literaten *Pl*; **~ de maison** [*o* **de service**] Hauspersonal *nt*, Hausangestellte[n] *Pl*; **~ du métier** Leute *Pl* vom Fach; **~ du monde** Leute *Pl* von Welt; **~ du peuple** Leute *Pl* aus dem Volk; **~ de théâtre** Theaterleute *Pl*; **~ de la ville** Stadtmenschen *Pl*, Städter *Pl*; **~ du voyage** fahrendes Volk
gent [ʒɑ̃(t)] *f hum* Sippschaft *f*; **la ~ féminine** das schöne Geschlecht
gentiane [ʒɑ̃sjan] *f (plante, liqueur)* Enzian *m*

gentil(le) [ʒɑ̃ti, ij] *adj* ❶ *(aimable)* nett; **dire des choses ~les** Nettigkeiten sagen *(fam)*; **un mot ~** ein freundliches [*o* nettes] Wort; **ce serait ~ à toi/vous** das wäre nett von dir/Ihnen; **être ~(le) avec qn** nett zu jdm sein
❷ *antéposé (joli)* niedlich; **~ le petite robe** hübsches Kleidchen
❸ *(sage)* brav, artig
❹ *(rondelet)* **~ le somme** hübsches [*o* nettes] Sümmchen
▶ **être ~(le) tout plein** *fam personne:* reizend sein; *appartement:* richtig niedlich sein *(fam)*; **tout ça, c'est bien ~, mais...** *fam* das ist ja alles schön und gut, aber ... *(fam)*
gentilhomme [ʒɑ̃tijɔm, ʒɑ̃tizɔm] <gentilshommes> *m* Edelmann *m*; **~ campagnard** Landedelmann; *(chevalier)* Rittergutsbesitzer *m*
gentillesse [ʒɑ̃tijɛs] *f* ❶ *(amabilité)* Freundlichkeit *f*, Nettigkeit *f*; **être d'une grande ~ avec** [*o* **envers**] **qn** sehr nett zu jdm sein; **avoir la ~ de faire qc** so nett [*o* liebenswürdig] sein, etw zu tun
❷ *a. iron (action aimable)* Liebenswürdigkeit *f*; **c'est une ~ que je n'oublierai pas** dass Sie so freundlich [*o* liebenswürdig] waren, werde ich nie vergessen
▶ **dire des ~s à qn** jdm Liebenswürdigkeiten sagen; *iron* jdm Liebenswürdigkeiten an den Kopf werfen *(fam)*
gentillet(te) [ʒɑ̃tijɛ, ɛt] *adj* ganz hübsch; *(ordinaire)* recht nett
gentiment [ʒɑ̃timɑ̃] *adv* ❶ *(aimablement)* freundlich, nett; **je vous préviens ~** ich rate Ihnen im Guten
❷ *(sagement)* brav, artig
gentleman [dʒɛntləman, ʒɑ̃tləman, -mɛn] <s *o* -men> *m* Gentleman *m*; **comportement de ~** kavaliersmäßiges Verhalten; **en ~** wie ein Gentleman, kavaliersmäßig
génuflexion [ʒenyflɛksjɔ̃] *f* Kniebeuge *f*
géo [ʒeo] *f fam abr de* **géographie** Geographie *f*
géobotanique [ʒeobɔtanik] *f* Geobotanik *f*
géobotaniste [ʒeobɔtanist] *mf* Geobotaniker(in) *m(f)*
géocentrique [ʒeosɑ̃tʀik] *adj* geozentrisch
géochimie [ʒeoʃimi] *f* Geochemie *f*
géochimiste [ʒeoʃimist] *mf* Geochemiker(in) *m(f)*
géode [ʒeɔd] *f* Geode *f*
géodésie [ʒeɔdezi] *f* Vermessungskunde *f*, Geodäsie *f (Fachspr.)*
géodésien(ne) [ʒeɔdezjɛ̃, jɛn] *m(f)* Geodät(in) *m(f)*
géodésique [ʒeɔdezik] *adj* geodätisch
géodynamique [ʒeodinamik] I. *adj* geodynamisch
II. *f* Geodynamik *f*
géographe [ʒeɔɡʀaf] *mf* Geograph(in) *m(f)*
géographie [ʒeɔɡʀafi] *f* ❶ *(science)* Geographie *f*; **~ économique** Wirtschaftsgeographie; **~ physique** physikalische Geographie; **connaissances en ~** Geographiekenntnisse *Pl*
❷ *(réalité physique) d'un pays, d'une région* Geographie *f*, geographische Beschaffenheit
❸ *(manuel)* Erdkundebuch *nt*
géographique [ʒeɔɡʀafik] *adj* geographisch; **connaissances ~s** Kenntnisse *Pl* in Geographie [*o* Erdkunde]; **carte ~** Landkarte *f*; **science ~** Geographie *f*; **coordonnées ~s** Gradnetz *nt* der Erde; **Institut Géographique National** staatliches französisches Vermessungsamt
géographiquement [ʒeɔɡʀafikmɑ̃] *adv* geographisch gesehen
geôle [ʒol] *f gén pl littér* Kerker *m*
geôlier, -ière [ʒolje, -jɛʀ] *m, f littér* Kerkermeister(in) *m(f)*
géologie [ʒeɔlɔʒi] *f* Geologie *f*; **la ~ d'un pays/d'une région** die Geologie [*o* geologische Beschaffenheit] eines Landes/einer Region
géologique [ʒeɔlɔʒik] *adj* geologisch; **temps, époque** erdgeschichtlich; **connaissances ~s** Kenntnisse in Geologie
géologue [ʒeɔlɔɡ] *mf* Geologe *m*/Geologin *f*
géomètre [ʒeɔmɛtʀ] *mf* Geometer *m*
géométrie [ʒeɔmetʀi] *f* ❶ Geometrie *f*; **~ euclidienne** euklidische Geometrie; **~ plane** Geometrie der Ebene
❷ MECANAUT **~ des roues** Radsturz *m*
❸ AVIAT **avion à ~ variable** Flugzeug *nt* mit verstellbaren Tragflächen
▶ **une politique à ~ variable** eine Politik, die sich den jeweiligen Umständen anpasst
◆ **~ dans l'espace** Geometrie *f* des Raumes
géométrique [ʒeɔmetʀik] *adj* geometrisch
géomorphologie [ʒeomɔʀfolɔʒi] *f* Geomorphologie *f*
géophysicien(ne) [ʒeofizisjɛ̃, jɛn] *m(f)* Geophysiker(in) *m(f)*
géophysique [ʒeofizik] *f* Geophysik *f*
géopoliticien(ne) [ʒeopolitisjɛ̃, jɛn] *m(f)* Geopolitiker(in) *m(f)*
géopolitique [ʒeopolitik] I. *adj* geopolitisch
II. *f* Geopolitik *f*
Géorgie [ʒeɔʀʒi] *f* **la ~** ❶ *(au Caucase)* Georgien *nt*
❷ *(aux Etats-Unis)* Georgia *nt*
géorgien(ne) [ʒeɔʀʒjɛ̃, ɛn] *adj* ❶ *(du Caucase)* georgisch
❷ *(des Etats-Unis)* aus Georgia
Géorgien(ne) [ʒeɔʀʒjɛ̃, ɛn] *m(f)* ❶ *(du Caucase)* Georgier(in) *m(f)*

❷ *(des Etats-Unis)* Einwohner(in) *m/f* von Georgia
géosciences [ʒeosjɑ̃s] *fpl* Geowissenschaften *Pl*
géostationnaire [ʒeostasjɔnɛʀ] *adj* geostationär
géostratégique [ʒeostrateʒik] *adj* geostrategisch
géotectonique [ʒeotektɔnik] *f* Geotektonik *f*
géothermie [ʒeotɛʀmi] *f* Geothermik *f*
géothermique [ʒeotɛʀmik] *adj* geothermisch
géotropisme [ʒeotʀɔpism] *m* BOT Geotropismus *m*
gérance [ʒeʀɑ̃s] *f* ❶ *(fonction) d'une entreprise, société* Geschäftsführung *f; d'une succursale* Leitung *f; d'un fonds de commerce* Pacht *f; d'un immeuble* Verwaltung *f;* ~ **immobilière** Immobilienverwaltung; **la ~ arrive à échéance** die Pacht läuft aus; **avoir/mettre/prendre en ~** gepachtet haben/verpachten/pachten
❷ *(durée)* Pachtdauer *f*
géranium [ʒeʀanjɔm] *m* Geranie *f*
gérant(e) [ʒeʀɑ̃, ɑ̃t] *m(f)* ❶ *(mandataire) d'une entreprise, affaire* Geschäftsführer(in) *m(f)*, Geschäftsleiter(in) *m(f); d'un portefeuille, immeuble* Verwalter(in) *m(f); d'un fonds de commerce* Pächter(in) *m(f);* ~**(e) de S.A.R.L.** GmbH-Geschäftsführer(in); ~**(e) d'une succursale** Filialleiter(in) *m(f);* ~ **collectif des affaires** JUR Gesamtgeschäftsführer *(Fachspr.)*
❷ *(administrateur) d'un journal* Herausgeber(in) *m(f)*
❸ FIN Disponent(in) *m(f)*
gerbe [ʒɛʀb] *f* ❶ *(botte) de blé* Garbe *f*
❷ *(botte de fleurs à longues tiges)* Strauß *m;* **déposer une ~** einen Kranz niederlegen
❸ *(jet)* ~ **d'eau** Wasserstrahl *m*, Fontäne *f;* ~ **d'écume** Gischt *m o f;* ~ **de balles** Kugelhagel *m;* ~ **d'étincelles** Funkenregen *m*
gerber [ʒɛʀbe] <1> I. *vt* ❶ *vieilli* zu Garben binden
❷ TECH stapeln
II. *vi fam* kotzen *(vulg)*
gerboise [ʒɛʀbwaz] *f* Wüstenspringmaus *f*
gercer [ʒɛʀse] <2> I. *vt* rissig machen
II. *vi* aufspringen, rissig werden; **avoir les lèvres gercées** aufgesprungene Lippen haben
III. *vpr* **se ~** aufspringen, rissig werden
gerçure [ʒɛʀsyʀ] *f gén pl* **avoir des ~s aux mains/lèvres** rissige [*o* aufgesprungene] Hände/Lippen haben
gérer [ʒeʀe] <5> *vt* ❶ *(administrer)* leiten *entreprise, succursale;* führen *magasin;* ~ **un immeuble/portefeuille** eine Immobilie/einen Fonds verwalten; ~ **une société** mit der Gesellschaftsführung beauftragt sein; **bien/mal ~ son budget** gut/schlecht wirtschaften; ~ **sans réfléchir** draufloswirtschaften
❷ INFORM verwalten
❸ *(maîtriser)* beherrschen *impulsions;* in den Griff bekommen *(fam) crise;* ~ **son passé** sich mit seiner Vergangenheit auseinandersetzen
❹ *(planifier)* ~ **son temps libre** seine Freizeit sinnvoll gestalten
gerfaut [ʒɛʀfo] *m* ZOOL Gerfalke *m*
gériatre [ʒeʀjatʀ] *mf* MED Geriater(in) *m(f)*
gériatrie [ʒeʀjatʀi] *f* Altersheilkunde *f*
gériatrique [ʒeʀjatʀik] *adj* geriatrisch *(Fachspr.);* **service ~** geriatrische Abteilung
germain(e) [ʒɛʀmɛ̃, ɛn] *adj* ❶ *v.* **cousin**
❷ *(relatif à la Germanie)* germanisch
Germain(e) [ʒɛʀmɛ̃, ɛn] *m(f)* Germane *m/*Germanin *f;* ~ **de l'Est** Ostgermane/-germanin
germaine *v.* **germen**
Germanie [ʒɛʀmani] *f* **la ~** Germanien *nt;* **peuple de la ~ de l'Est** ostgermanisches Volk
germanique [ʒɛʀmanik] I. *adj* ❶ *(relatif à la Germanie)* germanisch
❷ *(allemand)* deutsch; **les pays ~s** die Länder deutscher Sprache und Kultur, die deutschsprachigen Länder
II. *m* **le ~** das Germanische; **mot du ~ primitif** urgermanisches Wort
germaniser [ʒɛʀmanize] <1> *vt* germanisieren
germanisme [ʒɛʀmanism] *m* Germanismus *m*
germaniste [ʒɛʀmanist] *mf* Germanist(in) *m(f)*
germanium [ʒɛʀmanjɔm] *m* CHIM Germanium *nt*
germanophile [ʒɛʀmanɔfil] I. *adj* deutschfreundlich, germanophil *(geh)*
II. *mf* germanophiler Mensch *(geh)*
germanophilie [ʒɛʀmanɔfili] *f* Deutschfreundlichkeit *f*, Germanophilie *f (geh)*
germanophobe [ʒɛʀmanɔfɔb] I. *adj* deutschfeindlich, germanophob *(geh)*
II. *mf* germanophober Mensch *(geh)*
germanophobie [ʒɛʀmanɔfɔbi] *f* Deutschfeindlichkeit *f*, Germanophobie *f (geh)*
germanophone [ʒɛʀmanɔfɔn] I. *adj* deutschsprachig; **il est ~** seine Muttersprache ist Deutsch
II. *mf* deutschsprachiger Mensch

germe [ʒɛʀm] *m* ❶ BIO Krankheitskeim *m,* [Krankheits]erreger *m;* **être porteur(-euse) de ~** ein(e) Bazillenträger(in) sein
❷ *(pousse)* Keim *m;* ~ **de blé** Weizenkeim *m;* ~**s de soja** Sojakeime *Pl;* ~**s de pommes de terre** Keimlinge *Pl*
❸ *(source)* Keim[zelle *f*] *m;* **tout ~ de vie semble absent** jede Spur von Leben scheint zu fehlen
▶ **en ~** im Keim
germé(e) [ʒɛʀme] *adj* **du blé ~** Weizenkeime *Pl;* **des pommes de terre ~es** Kartoffeln, die schon gekeimt haben
germen [ʒɛʀmɛn] *m* BIO Keimbahn *f;* **intervenir sur le ~** in die Keimbahn eingreifen
germer [ʒɛʀme] <1> *vi* ❶ BOT keimen
❷ *(naître) sentiment:* aufkeimen *(geh)*
germicide [ʒɛʀmisid] *adj* BIO keimtötend
germinal [ʒɛʀminal] <s> *m* HIST Germinal *m (7. Monat des Kalenders der Französischen Revolution)*
germinal(e) [ʒɛʀminal, o] <-aux> *adj* BIO Keim-; **cellule ~e** Keimzelle *f*
germination [ʒɛʀminasjɔ̃] *f* ❶ BOT Keimen *nt*
❷ *(naissance)* Aufkeimen *nt (geh)*
gérondif [ʒeʀɔ̃dif] *m* Gerundium *nt*
gérontocratie [ʒeʀɔ̃tɔkʀasi] *f* Gerontokratie *f*
gérontologie [ʒeʀɔ̃tɔlɔʒi] *f* Altersforschung *f*
gérontologue [ʒeʀɔ̃tɔlɔg] *mf* Gerontologe *m/*Gerontologin *f*
gésier [ʒezje] *m* [Muskel]magen *m;* **salade de ~s** Geflügelmägensalat *m (Salat mit Gänse- oder Entenmägen)*
gésir [ʒeziʀ] <*irr, déf*> *vi littér* [da]liegen
▶ **ci-gît** hier ruht [*o* liegt begraben]
gesse [ʒɛs] *f* BOT Platterbse *f*
gestaltisme [gɛʃtaltism] *m* PSYCH Gestalttheorie *f*
gestation [ʒɛstasjɔ̃] *f* ❶ *(grossesse d'une femelle)* Trächtigkeit *f;* **durée de la ~** Tragezeit *f*
❷ *(grossesse de la femme)* Schwangerschaft *f*, Gestation *f (Fachspr.);* **durée de la ~** Dauer *f* der Schwangerschaft
❸ *(genèse)* [Heran]reifen *nt*, Entstehen *nt*
être en ~ heranreifen
geste[1] [ʒɛst] *m* ❶ *(mouvement)* Geste *f,* [Hand]bewegung *f;* ~ **de la main** Handbewegung, Handzeichen *nt;* ~ **du bras** Bewegung mit dem Arm; ~ **malheureux** unglückliche [Hand]bewegung; ~ **d'approbation/de peur/nervosité** zustimmende/ängstliche/nervöse Geste; **communiquer par ~s** sich durch Gebärden [*o* Gesten] verständlich machen; **plein(e) de ~s** gestenreich
❷ *(action)* Geste *f;* ~ **héroïque** Heldentat *f;* **beau ~** schöne Geste; ~ **généreux** großzügige [*o* noble] Geste; ~ **d'encouragement** aufmunternde Geste; ~ **d'amour** Zeichen *nt* der Liebe; ~ **d'humeur** Ausdruck *m* der Gereiztheit; ~**s d'urgence** erste Hilfe; ~**s d'urgence à pratiquer sur le lieu de l'accident** Sofortmaßnahmen *Pl* am Unfallort; ~ **historique** historischer Akt; ~ **symbolique** symbolische Geste [*o* Handlung]
▶ **joindre le ~ à la parole** seinen Worten Taten folgen lassen; **faire un ~** seinem Herzen einen Stoß geben; **il n'a pas fait un ~ pour m'aider** er hat keinen Finger gerührt, um mir zu helfen
geste[2] [ʒɛst] *f (poèmes épiques)* Geste *f (Fachspr.) (Zyklus von Heldenliedern um einen bestimmten Helden)*
gesticulation [ʒɛstikylasjɔ̃] *f péj* ❶ *(gestes désordonnés)* Gestikulieren *nt*
❷ *(agitation stérile)* geschäftiges Getue
gesticuler [ʒɛstikyle] <1> *vi* gestikulieren; **parler en gesticulant** gestenreich reden
gestion [ʒɛstjɔ̃] *f* ❶ *(action de gérer) d'une entreprise* Geschäftsführung *f; d'un capital, immeuble* Verwaltung *f; d'une tutelle* Führung *f;* ~ **de biens/d'un patrimoine** Vermögensverwaltung; **système informatique de ~ des marchandises** Warenwirtschaftssystem *nt;* ~ **et administration du matériel** Lagersteuerung *f;* ~ **de la qualité** Qualitätsmanagement *nt;* ~ **du personnel** Mitarbeiterführung; ~ **frauduleuse** FIN Irreleitung *f (Fachspr.);* ~ **du temps** Zeitmanagement; **mauvaise ~** Misswirtschaft *f*, Missverwaltung *f;* **du point de vue de la ~** betriebswirtschaftlich gesehen
❷ INFORM Verwaltung *f;* ~ **d'adresses** Adressenverwaltung; ~ **de données** Datenmanagement *nt*, Datenverwaltung *f;* ~ **de fichiers** Dateiverwaltung
❸ JUR ~ **en nom personnel** Einzelgeschäftsführung *(Fachspr.);* ~ **par tiers** Drittorganschaft *f (Fachspr.)*
◆ ~ **des affaires** Führung *f* der Geschäfte; ~ **de l'approvisionnement** Materialwirtschaft *f;* ~ **de bibliothèque** INFORM Bibliotheksverwaltung *f;* ~ **des commandes** ECON Auftragssteuerung *f;* ~ **des eaux** Wasserwirtschaft *f;* ~ **d'entreprises** Unternehmensführung *f,* Betriebswirtschaft *f;* ~ **(science)** Betriebswirtschaftslehre *f;* ~ **de fait** JUR Geschäftsführung *f* ohne Auftrag *(Fachspr.);* ~ **des fonds** Mittelverwaltung *f;* ~ **du matériel** Materialwirtschaft *f;* ~ **du personnel** Personalwirtschaft *f;* ~ **des stocks** Lagerwirtschaft *f,* Bestandshaltung *f,* Vorratswirtschaft *f;* ~ **optimale des stocks** optimale Bestandshaltung; ~ **des tâches**

gestionnaire–glacé

INFORM Auftragsverwaltung *f*
gestionnaire[1] [ʒɛstjɔnɛʀ] **I.** *adj* geschäftsführend
II. *m* ❶ *(cadre)* Geschäftsführer *m*
❷ INFORM Manager *m*; ~ **de mémoire étendue** Erweiterungsspeicher-Manager
◆ ~ **de démarrage** Boot-Manager *m*; ~ **de fichiers** Dateimanager *m*; ~ **des tâches** Auftragsverwalter *m*; ~ **Web** Webmaster *m*
gestionnaire[2] [ʒɛstjɔnɛʀ] *f* Geschäftsführerin *f*
gestuel(le) [ʒɛstɥɛl] *adj* gestisch; **langage** ~ Gebärdensprache *f*
gestuelle [ʒɛstɥɛl] *f (expression par gestes)* Gestik *f*
geyser [ʒɛzɛʀ] *m* ❶ *(source)* Geysir *m*
❷ *fig* Fontäne *f*
ghetto [geto] *m* Getto *nt*; ~ **de[s] pauvres** Armengetto; ~ **noir** Schwarzengetto
ghettoïsation [getoizasjɔ̃] *f* G[h]ettoisierung *f (geh)*
ghettoïser [getoize] <1> *vt* g[h]ettoisieren, in ein G[h]etto sperren
G.I. [dʒiaj] *m abr de* **Government Issue** G.I. *m*
G.I.A. [ʒeia] *m abr de* **groupe islamique armé** bewaffnete islamische Gruppe
gibbon [ʒibɔ̃] *m* Gibbon *m*
gibecière [ʒib(ə)sjɛʀ] *f vieilli* Umhängetasche *f*; *d'un chasseur* Jagdtasche
gibelotte [ʒiblɔt] *f Kaninchenfrikassee in Weißwein*
giberne [ʒibɛʀn] *f* CHASSE Patronentasche *f*
gibet [ʒibɛ] *m* Galgen *m*; **condamné(e) au** ~ zum Tod durch den Strang [*o* durch Hängen] verurteilt
gibier [ʒibje] *m* ❶ *(animaux)* Wild *nt*; **gros** ~ Hochwild *nt*; **menu** [*o* **petit**] ~ Niederwild *nt*
❷ *(viande)* Wild *nt*
❸ *(personnes)* Beute *f*, Opfer *nt*
◆ ~ **à plumes** Federwild *nt*, Flugwild; ~ **à poil** Haarwild *nt*
◆ ~ **d'eau** Wasserwild *nt*; ~ **de potence** Galgenvogel *m (fam)*
giboulée [ʒibule] *f* Schauer *m*; ~**s de grêle/neige/pluie** Hagel-/Schnee-/Regenschauer *Pl*; ~**s de mars** Aprilschauer, Aprilwetter *nt*
giboyeux, -euse [ʒibwajø, -øz] *adj* wildreich
gibus [ʒibys] *m* Klappzylinder *m*
giclée [ʒikle] *f* Spritzer *m*; *d'encre* Klecks *m*; *de vapeur* Strahl *m*
gicler [ʒikle] <1> **I.** *vt* CH *(éclabousser)* bespritzen
II. *vi* ❶ *(jaillir) eau*: herausquellen; *sang*: herausquellen; *vapeur*: herausströmen; *boue*: aufspritzen; ~ **du tuyau** aus dem Rohr herausspritzen
❷ *fam (être renvoyé)* abzischen können *(fam)*, fliegen *(fam)*
gicleur [ʒiklœʀ] *m* Vergaserdüse *f*
gifle [ʒifl] *f* ❶ *(claque)* Ohrfeige *f*; **une bonne** ~ eine kräftige [*o* anständige] Ohrfeige; **donner une** ~ **à qn** jdm eine Ohrfeige geben; **flanquer une** ~ **à qn** jdm eine knallen [*o* runterhauen] *(fam)*
❷ *(affront)* Ohrfeige *f (fig)*, Schlag *m* ins Gesicht *(fig)*
gifler [ʒifle] <1> *vt* ❶ *(donner une gifle)* ohrfeigen
❷ *(frapper violemment)* **la pluie gifle les vitres** der Regen peitscht an [*o* gegen] die Scheiben; **la pluie lui giflait la figure** der Regen peitschte ihm/ihr ins Gesicht
❸ *(humilier)* ~ **qn** für jdn ein Schlag ins Gesicht sein *(fig)*
gigahertz [ʒigaɛʀts] *m inv* PHYS Gigahertz *nt*
gigantesque [ʒigɑ̃tɛsk] *adj* riesig, gigantisch
gigantisme [ʒigɑ̃tism] *m* ❶ MED *(krankhafter)* Riesenwuchs, Gigantismus *m (Fachspr.)*; **souffrir de** ~ an Riesenwuchs [*o* Gigantismus] *(Dat)* leiden
❷ *(caractère démesuré)* Riesenhaftigkeit *f*, gigantisches Ausmaß; *d'une ville* riesenhafte Ausdehnung; *d'une bêtise* riesiges Ausmaß
giga-octet [ʒigaɔktɛ] *m* Gigabyte *nt*
G.I.G.N. [ʒeiʒeɛn] *m abr de* **Groupe d'intervention de la gendarmerie nationale** *Spezialeinheit zur Bekämpfung des Terrorismus*
gigogne *v.* **lit, poupée, table**
gigolo [ʒigolo] *m péj* Gigolo *m (pej)*
gigot [ʒigo] *m* Keule *f*, Schlögel *m* (A); ~ **d'agneau/de chevreuil/de mouton** Lamm-/Reh-/Hammelkeule
gigoter [ʒigɔte] <1> *vi fam* herumzappeln *(fam)*; *bébé*: strampeln
gigue[1] [ʒig] *f fam (fille)* **une [grande]** ~ eine Bohnenstange *(hum fam)*
gigue[2] [ʒig] *f* MUS Gigue *f*
▶ **danser la** ~ herumspringen
gilde *v.* **guilde**
gilet [ʒilɛ] *m* ❶ *(vêtement)* Weste *f*; ~ **de pêcheur** Anglerweste, Fischerweste
❷ *(lainage)* Strickjacke *f*; ~ **de laine** Wolljacke *f*
▶ **venir pleurer dans le** ~ **de qn** sich bei jdm ausheulen *(fam)*
◆ ~ **de sauvetage** Schwimmweste *f*; ~ **pare-balles** kugelsichere Weste
gin [dʒin] *m* Gin *m*
gingembre [ʒɛ̃ʒɑ̃bʀ] *m* Ingwer *m*
gingival(e) [ʒɛ̃ʒival, o] <-aux> *adj* Zahnfleisch-; **pâte** ~**e** Zahnpasta *f*

INFORM Auftragsverwaltung *f*
gingivite [ʒɛ̃ʒivit] *f* Zahnfleischentzündung *f*
girafe [ʒiʀaf] *f* Giraffe *f*
girafeau [ʒiʀafo] <x>, **girafon** [ʒiʀafɔ̃] *m* ZOOL Giraffenjunge(s) *nt*
girandole [ʒiʀɑ̃dɔl] *f* ❶ *(gerbe)* Garbe *f*
❷ *(chandelier de forme pyramidale)* mehrarmiger Leuchter
❸ *(guirlande)* Lichterkette *f*
giratoire [ʒiʀatwaʀ] *adj sens* ~ Kreisverkehr *m*; **danse** ~ Rundtanz *m*
girl [gœʀl] *f* Girl *nt*
girlie [gœʀli] *adj inv* Girlie-
girofle *v.* **clou**
giroflée [ʒiʀɔfle] *f* Goldlack *m*
girolle [ʒiʀɔl] *f* Pfifferling *m*, Eierschwamm *m* (A), Eierschwammerl *nt* (A)
giron [ʒiʀɔ̃] *m* Schoß *m*
▶ **pleurer dans le** ~ **de qn** *fam* sich bei jdm ausheulen *(fam)*
girond(e) [ʒiʀɔ̃, 5d] *adj* ❶ mollig *(fam)*, rundlich
❷ *fam* hübsch; *vieilli homme* gut gebaut
girondin(e) [ʒiʀɔ̃dɛ̃, in] *adj* ❶ GEOG [aus] der Gironde
❷ HIST **le parti** ~ die Girondistenpartei
girouette [ʒiʀwɛt] *f* ❶ *(objet)* Wetterfahne *f*, Wetterhahn *m*
❷ *fam (personne versatile)* unbeständiger Mensch; **être une vraie** ~ unbeständig sein
gisant [ʒizɑ̃] **I.** *part prés de* **gésir**
II. *m* ART liegende Figur *(einen Toten darstellende Plastik auf einem Hochgrab)*
gisement [ʒizmɑ̃] *m* ❶ MIN Vorkommen *nt*; ~ **métallifère** [*o* **minier**] Erzvorkommen, Erzlager *nt*; ~ **de matières premières** Rohstoffvorkommen, Rohstofflager *nt*; ~ **de potasse** Kalivorkommen, Kalilager; ~ **de cuivre/de houille** Kupfer-/Kohlevorkommen
❷ *fig* **le** ~ **électoral** das Wählerpotenzial
gitan(e) [ʒitɑ̃, an] **I.** *adj* Zigeuner-; **danse** ~**e** Zigeunertanz *m*
II. *m(f)* Zigeuner(in) *m(f)*
gîte[1] [ʒit] *m* ❶ *(abri)* Unterkunft *f*
❷ *(terrier)* Lager *m*
❸ MIN Lager[stätte *f*] *nt*
❹ TOURISME ~ **rural** Ferienunterkunft *f* auf dem Lande
◆ ~ **d'étape** [Wander]hütte *f*; ~ **à la noix** Schwanzstück *nt*
gîte[2] [ʒit] *f* NAUT Schlagseite *f*
▶ **donner de la** ~ Schlagseite haben
gîter [ʒite] <1> *vi (être incliné)* Schlagseite haben; ~ **dangereusement** schwere Schlagseite haben
givrage [ʒivʀaʒ] *m* ❶ *(action)* Vereisen *nt*, Vereisung *f*
❷ *(résultat)* Vereisung *f*
givrant(e) [ʒivʀɑ̃, ɑ̃t] *adj* **brouillard** ~ raureifbildender Nebel
givre [ʒivʀ] *m (cristaux)* [Rau]reif *m*; *(dépot glissant)* Reifglätte *f*
givré(e) [ʒivʀe] *adj* ❶ *(couvert de givre)* bereift; *fenêtre* mit Eisblumen überzogen, vereist; *arbre* mit [Rau]reif überzogen
❷ *fam (fou)* **être** ~**(e)** einen Knall haben *(fam)*
❸ GASTR **citron** ~/**orange** ~**e** Zitronen-/Orangensorbet *nt (das in der vereisten Schale der Frucht serviert wird)*; **verre** ~ Glas *nt* mit Zuckerrand
givrer [ʒivʀe] <1> **I.** *vt* bereifen; mit Raureif überziehen *arbre*
II. *vi, vpr* [**se**] ~ vereisen
glabre [glabʀ] *adj* bartlos
glaçage [glasaʒ] *m* ❶ *(action) d'une photographie* Glanztrocknen *nt*; *d'un tissu* Appretieren *nt*; *d'un papier* Satinieren *nt*
❷ *(résultat) d'une photographie* Hochglanz *m*; *d'un tissu* Glanzappretur *f*; *d'un papier* Satinierung *f*
❸ GASTR Glasieren *nt*; *des fruits, marrons* Kandieren *nt*
glaçant(e) [glasɑ̃, ɑ̃t] *adj* ❶ *vieilli vent* eisig
❷ *fig manières* unterkühlt, frostig
glace[1] [glas] *f* ❶ *(eau congelée)* Eis *nt*; ~ **artificielle** Kunsteis
❷ *pl (banquise)* ewiges Eis; ~**s polaires** Polareis *nt*; **être bloqué(e) par** [*o* **pris(e) dans**] **les** ~**s** im Eis festsitzen
❸ GASTR [Speise]eis *nt*; ~ **au chocolat** Schokolade[n]eis *nt*; ~ **à la fraise** Erdbeereis
❹ *(préparation pour glaçage)* Zuckerguss *m*
▶ **rompre la** ~ das Eis zum Schmelzen bringen [*o* brechen]; **la** ~ **est rompue** das Eis ist gebrochen
glace[2] [glas] *f* ❶ *(miroir)* Spiegel *m*
❷ *(plaque de verre)* [Glas]scheibe *f*
◆ ~ **à main** Handspiegel *m*
glacé(e) [glase] *adj* ❶ *(recouvert de glace)* vereist
❷ *(très froid)* eiskalt, eisig; *boisson* eiskalt, eisgekühlt; *personne* durch[ge]froren; **eau** ~**e** Eiswasser *nt*; **servir** ~ eisgekühlt servieren
❸ GASTR *(recouvert d'un glaçage) fruit, marrons* kandiert; *gâteau* mit Zuckerguss, **café**/**chocolat** ~/**crème** ~**e** Eiskaffee *m*/Eisschokolade *f*/Eis[krem *f*] *nt*
❹ *(recouvert d'un apprêt brillant)* glanzappretiert; **papier** ~ Glanzpapier *nt*; **cuir** ~ Glacéleder *nt*, Glaceeleder

⑤ *(inamical) accueil* frostig; *regard* eiskalt
glacer [glase] <2> **I.** *vt* ❶ *(rafraîchir)* [**faire**] ~ **qc** etw kalt stellen
❷ *(pénétrer de froid)* zu Eis erstarren lassen; **ce vent glace les oreilles** bei diesem Wind bekommt man eiskalte Ohren
❸ *(recouvrir d'un glaçage)* mit Zuckerguss überziehen *gâteau;* kandieren *fruits, marrons;* glasieren *viande*
❹ *(impressionner)* ~ **qn d'effroi** jdn vor Schreck *(Dat)* erstarren lassen
II. *vpr* **se** ~ erstarren, gefrieren; **le sang se glace dans ses veines** das Blut erstarrt ihm/ihr in den Adern
glaciaire [glasjɛʀ] *adj* **période** ~ Eiszeit *f;* **érosion** ~ Gletschererosion *f;* **lac** ~ Glazialsee *m*
glacial(e) [glasjal, jo] <s *o* -aux> *adj* ❶ *(très froid)* eiskalt, eisig; **froid** ~ eisige Kälte
❷ *(relatif aux régions polaires)* **la zone** ~ **e** die kalte Zone; **l'océan** ~ **arctique/antarctique** das Nordpolar-/Südpolarmeer
❸ *(inamical) air, silence, ton* eisig; *sourire, accueil* frostig; **être d'un abord** ~ eiskalt sein
glaciation [glasjasjɔ̃] *f* Glazial[zeit *f*] *nt*
glacier [glasje] *m* ❶ GEOL Gletscher *m*
❷ *(fabricant de glaces)* Eiskonditor *m*
❸ *(gérant)* Inhaber *m* einer Eisdiele
❹ *(marchand de glaces)* Eisverkäufer(in) *m(f)*
glacière [glasjɛʀ] *f* ❶ *(chambre froide)* Eisschrank *m*
❷ *(réfrigérateur portable)* Kühlbox *f*
❸ *(lieu très froid)* Eiskeller *m (fam)*
glacis [glasi] *m* ❶ POL Pufferzone *f*
❷ MIL Glacis *nt*
❸ ART Lasur *f*
glaçon [glasɔ̃] *m* ❶ *(cube de glace)* Eiswürfel *m*
❷ *(morceau de glace)* Eisklumpen *m*, Eisscholle *f*
❸ *fam (personne)* Eisberg *m*
❹ *(membre froid)* **mes pieds sont de vrais** ~**s** meine Füße sind richtige Eisklötze *(fam)*
❺ CAN *(stalactite de glace)* Eiszapfen *m*
gladiateur [gladjatœʀ] *m* Gladiator *m*
glaïeul [glajœl] *m* Gladiole *f*
glaire [glɛʀ] *f* ❶ *vieilli* rohes Eiweiß
❷ MED *cervicale* Schleim *m*
glaires [glɛʀ] *fpl* Schleim *m*
glaise [glɛz] *f* ❶ *(argile)* Lehm *m*
❷ ART Töpfererde *f;* ~ **à modeler** [Modellier]ton
glaiseux, -euse [glɛzø, -øz] *adj* lehmig
glaisière [glɛzjɛʀ] *f* Tongrube *f*
glaive [glɛv] *m* Schwert *nt;* **le** ~ **de la justice** das Schwert der Gerechtigkeit
glam [glam] *adj inv fam* glamourös
glamour [glamuʀ] *m* Glamour *m o nt*
glamoureux, -euse [glamuʀø, -øz] *adj* glamourös
glamouriser [glamuʀize] <1> *vt* ~ **qc** einer S. *(Dat)* Glamour verleihen
gland [glɑ̃] *m* ❶ BOT Eichel *f*
❷ ANAT Eichel *f*
❸ *(ornement)* Troddel *f*
glande [glɑ̃d] *f* Drüse *f;* ~**s endocrines** innersekretorische Drüsen; ~**s exocrines** Drüsen mit äußerer Sekretion; ~**s hormonales** Hormondrüsen; ~ **lacrymale/mammaire** Tränen-/Brustdrüse; ~ **parotide** Ohrspeicheldrüse; ~ **salivaire/sébacée** Speichel-/Talgdrüse; ~**s surrénales** Nebennieren *Pl;* **avoir des** ~**s** *fam* geschwollene Drüsen haben
glander [glɑ̃de] <1> *vi fam (ne rien faire)* herumgammeln *(fam)*, [he]rumhängen *(fam); (traîner)* [he]rumlungern *(fam)*
glandeur, -euse [glɑ̃dœʀ, -øz] *m, f fam* Nichtstuer(in) *m(f)*
glandouiller *v.* **glander**
glandulaire [glɑ̃dylɛʀ] *adj* ❶ *(de la forme d'une glande)* drüsig
❷ *(concernant les glandes)* Drüsen-; **troubles** ~**s** Drüsenfunktionsstörungen *Pl*
glandule [glɑ̃dyl] *f* MED Glandula *f (Fachspr.)*
glaner [glane] <1> *vt* ❶ AGR *(ramasser)* [nach]lesen
❷ *(recueillir)* zusammentragen; **réussir à** ~ **quelques renseignements** einiges in Erfahrung bringen können
glaneur, -euse [glanœʀ, -øz] *m, f* Ährenleser(in) *m(f)*
glapir [glapiʀ] <8> *vi* ❶ *renard:* bellen; *chiot:* kläffen; *lapin:* durchdringend pfeifen
❷ *péj* kreischen
glapissement [glapismɑ̃] *m du renard* Bellen *nt; du chiot* Kläffen *nt; du lapin* durchdringendes Pfeifen; *d'une personne* Kreischen *nt*
Glaris [glaʀis] Glarus *nt*
glas [glɑ] *m* Totengeläut *nt;* **sonner le** ~ die Totenglocke läuten; "**Pour qui sonne le** ~" "Wem die Stunde schlägt"
▶ **sonner le** ~ **de qc** das Ende einer S. *(Gen)* ankündigen
glasnost [glasnɔst] *f* Glasnost *f*

glaucome [glokom] *m* grüner Star
◆ ~ **à angle formé** MED Engwinkelglaukom *nt*
glauque [glok] *adj* ❶ *(verdâtre)* graugrün; **la lumière** ~ **du petit jour** das fahle Licht des anbrechenden Tages
❷ *(lugubre)* düster; **une atmosphère** ~ eine triste Atmosphäre
❸ *fam* ungemütlich, heruntergekommen; **un endroit** ~ ein zwielichtiger Ort
glèbe [glɛb] *f* LITTER Scholle *f*
glinglin *v.* **saint-glinglin**
glissade [glisad] *f* ❶ *(action de glisser par jeu)* Schlittern *nt*
❷ *(dérapage accidentel)* Ausrutschen *nt;* **attention aux** ~ **s!** Vorsicht Rutschgefahr!
glissant(e) [glisɑ̃, ɑ̃t] *adj* ❶ *(qui glisse)* glatt; *poisson, savon* glitschig *(fam); chaussée, sol* rutschig, glatt; **chaussée** [**mouillée et**] ~**e** regenglatte Fahrbahn; **attention, chaussée** ~**e** Vorsicht, Straßenglätte
❷ *(dangereux)* **s'aventurer sur un terrain** ~ sich auf schwankenden Boden begeben *(fig)*
glisse [glis] *f* ❶ *(façon de glisser)* Gleiten *nt*
❷ *(qualité du ski)* Gleitfähigkeit *f*
❸ CH *(luge)* Schlitten *m*
glissement [glismɑ̃] *m* ❶ *(action de glisser)* Rutschen *nt; d'une barque* Gleiten *nt; des skis* Gleitfähigkeit *f*
❷ *(bruit)* leises Geräusch
❸ *(évolution)* Ruck *m;* ~ **à gauche/droite** Links-/Rechtsruck
◆ ~ **du cours** ECON Kursverschiebung *f;* ~ **du cours vers le bas** Kursrutsch *m;* ~ **de sens** Bedeutungsverschiebung *f;* ~ **de terrain** Erdrutsch *m*
glisser [glise] <1> **I.** *vi* ❶ *(être glissant)* rutschig [*o* glatt] sein; **ça glisse!** es ist glatt!
❷ *(avancer)* gleiten; ~ **dans l'eau** *poisson, nageur:* im Wasser gleiten; ~ **sur l'eau/la neige/la piste de danse** über das Wasser/den Schnee/die Tanzfläche [hin]gleiten; ~ **sur la rampe de l'escalier** das Treppengeländer [bäuchlings] runterrutschen *(fam);* **faire** ~ **qc sur la glace** etw über die Eisfläche gleiten lassen; **de gros nuages glissent dans le ciel** große Wolken ziehen am Himmel [dahin]
❸ *(tomber) bretelle, pantalon:* herunterrutschen; ~ [**le long**] **de qc** von etw abrutschen; **une larme glissa le long de sa joue** eine Träne kullerte ihm/ihr über die Wange; **se laisser** ~ sich hinabgleiten [*o* hinunterrutschen] lassen; **se laisser** ~ **de la chaise** vom Stuhl heruntergleiten; **laissez-vous simplement** ~ **sur le dos/le ventre** rutschen Sie einfach auf dem Rücken/Bauch hinunter; **il fit** ~ **l'argent dans sa poche** er ließ das Geld in die Tasche gleiten
❹ *(déraper)* ~ **sur qc** *personne:* auf etw *(Dat)* ausrutschen; *véhicule:* auf etw *(Dat)* [weg]rutschen [*o* ins Rutschen kommen]; **mon pied a glissé** ich bin [mit dem Fuß] ausgerutscht; **le couteau a glissé sur le bois** das Messer ist am Holz abgerutscht
❺ *(coulisser)* ~ **sur qc** auf etw *(Dat)* gleiten, sich auf etw *(Dat)* schieben lassen
❻ *(échapper de)* ~ **de qc** aus etw [heraus]rutschen, von etw [herunter]rutschen; **le verre m'a glissé des mains** das Glas ist mir aus den Händen gerutscht; **les boucles d'oreille m'ont glissé entre les doigts** die Ohrringe sind mir durch die Finger geglitten; **le ballon lui a glissé entre les jambes** der Ball ist ihm durch die Beine [hindurch]gerutscht
❼ *(effleurer)* ~ **sur qc** über etw *(Akk)* gleiten; **un sourire glissa sur son visage** ein Lächeln huschte über sein/ihr Gesicht
❽ *(ne pas faire impression)* ~ **sur qn** *critique, remarque:* von jdm abgleiten
❾ *(ne pas insister)* **glissons!** darüber wollen wir schnell hinweggehen!
❿ *(pénétrer furtivement)* **une lueur glissa par la porte** es drang schwaches Licht durch die Tür
⓫ *(évoluer lentement)* ~ **de qc à/dans/vers qc** von etw in etw *(Akk)* abgleiten [*o* abrutschen]; **l'ensemble des électeurs a glissé vers la gauche** bei den Wählern hat es einen Linksruck gegeben
II. *vt* ❶ *(introduire)* ~ **qc à qn** jdm etw zuschieben; ~ **qc dans/derrière/entre/sous qc** etw in/hinter/zwischen/unter etw *(Akk)* schieben; ~ **des proverbes dans la conversation** Sprichwörter in die Unterhaltung einfließen lassen; ~ **à qn un regard en coulisse** jdm einen verstohlenen Blick zuwerfen
❷ *(dire discrètement)* ~ **qc à qn** jdm etw zuflüstern
III. *vpr* ❶ *(s'introduire)* **se** ~ schlüpfen; **se** ~ **dans la maison/le jardin** ins Haus/in den Garten [herein]schleichen
❷ *(s'insinuer)* **se** ~ **dans qc** sich in etw *(Akk)* [ein]schleichen; **le doute commence à se** ~ **dans mon esprit** langsam beschleichen mich Zweifel
glissière [glisjɛʀ] *f* Laufschiene *f*, Rollschiene *f*
◆ ~ **de sécurité** Leitplanke *f*
global(e) [glɔbal, o] <-aux> *adj* demande gesamtwirtschaftlich; **perspective** ~ **e** ganzheitliche Sicht; **vue** ~ Überblick *m*, Übersicht *f;* **traiter un problème en termes globaux** ein Problem global abhandeln; **revenir à une somme** ~**e de mille euros** insgesamt

globalement [glɔbalmã] *adv* alles in Allem, insgesamt; **condamner qc ~** etw pauschal verurteilen
globalisation [glɔbalizasjɔ̃] *f* Pauschalisierung *f*
globaliser [glɔbalize] <1> *vt* pauschalisieren
globalité [glɔbalite] *f* Gesamtheit *f*, Totalität *f*
globe [glɔb] *m* ❶ *(sphère)* Kugel *f*; **~ électrique** Kugelleuchte *f*
❷ *(Terre)* **~ [terrestre]** Globus *m*, Erdkugel *f*
❸ ANAT **~ oculaire** Augapfel *m*
globe-trotter [glɔbtrɔtœr, -trɔter] <globe-trotters> *mf* Globetrotter *m*
globine [glɔbin] *f* MED, BIO Globin *nt (Fachspr.)*
globulaire [glɔbylɛr] I. *adj* ❶ *(de la forme d'un globe)* kugelförmig
❷ *(concernant les globules)* Blutkörperchen-
II. *f* BOT Kugelblume *f*
globule [glɔbyl] *m* **~ [sanguin]** Blutkörperchen *nt*; **~ blanc/rouge** weißes/rotes Blutkörperchen
globuleux, -euse [glɔbylø, -øz] *adj* **yeux ~** hervorstehende Augen
globuline [glɔbylin] *f* MED, BIO Globulin *nt*
gloire [glwar] *f* ❶ *(renommée, prestige)* Ruhm *m*; **avide de ~** ruhmsüchtig
❷ *(mérite)* Verdienst *nt*; **s'attribuer la ~ de cette découverte** das Verdienst für diese Entdeckung in Anspruch nehmen
❸ *(personne)* Berühmtheit *f*; **vieille ~** Star *m* der Vergangenheit; **les vieilles ~s** die ehemaligen Größen
▶ **en pleine ~** auf dem Gipfel seines/ihres Ruhms; **c'est pas la ~ !** *fam* das ist nichts Berühmtes! *(fam)*; **tirer ~ de qc** sich einer S. *(Gen)* rühmen; **à la ~ de qn/qc** zu jds Ehre/um etw zu ehren; **à la ~ de Dieu** zur Ehre Gottes; **~ à Dieu** Ehre sei Gott; **pour la ~** aus reinem Idealismus
gloria [glɔrja] *m inv* REL Gloria *nt*
gloriette [glɔrjɛt] *f (pavillon)* Gloriette *f*
glorieusement [glɔrjøzmã] *adv* ruhmreich, rühmenswert, ruhmwürdig; **annoncer qc ~** etw stolz verkünden
glorieux, -euse [glɔrjø, -jøz] *adj* ❶ *(qui donne la gloire)* ruhmreich; **action** ruhmvoll, rühmenswert
❷ *péj (fier)* eingebildet; **~ de qc/de faire qc** stolz auf etw/darauf, etw zu tun
▶ **ne pas être ~** nicht besonders rühmlich sein
glorification [glɔrifikasjɔ̃] *f* Glorifizierung *f*
glorifier [glɔrifje] <1a> I. *vt* ❶ ehren *mémoire*; verherrlichen *héros, victoire*; **~ Dieu** Gott [lob]preisen
II. *vpr* **se ~ de qc** sich einer S. *(Gen)* rühmen; **se ~ d'avoir fait qc** sich rühmen, etw getan zu haben
gloriole [glɔrjɔl] *f* Selbstgefälligkeit *f*; **par pure ~** aus reiner Selbstgefälligkeit
glose [gloz] *f* ❶ *(annotation)* Glosse *f*; **~ interlinéaire** Interlinearglosse
❷ *(commentaire)* d'une commère, d'un bavard spöttische [*o* hämische] Bemerkung
gloser [gloze] <1> *vi* **~ sur qn/qc** über jdn/etw seine Bemerkungen machen
gloss [glɔs] *m* Lipgloss *nt*
glossaire [glɔsɛr] *m* Glossar *nt*
glotte [glɔt] *f* Stimmritze *f*
glouglou [gluglu] *m fam* Gluckern *nt (fam)*; **faire ~** gluckern *(fam)*
glouglouter [gluglute] <1> *vi* dinde: kollern
gloussement [glusmã] *m* ❶ *(cri de la poule)* Glucken *nt*
❷ *fam (petit rire)* Glucksen *nt*
glousser [gluse] <1> *vi* ❶ *poule:* glucken
❷ *fam personne:* glucksen
glouton(ne) [glutɔ̃, ɔn] I. *adj* gefräßig, verfressen *(fam)*; **appétit ~** unbändiger Appetit
II. *m(f)* Vielfraß *m (fam)*
gloutonnement [glutɔnmã] *adv* gierig
gloutonnerie [glutɔnri] *f* Gefräßigkeit *f*
glu [gly] *f* ❶ *(colle)* Leim *m*
❷ *fam (personne)* Klette *f (fam)*
gluant(e) [glyã, ãt] *adj (collant)* klebrig; **riz ~** klebriger Reis
glucide [glysid] *m* Kohle[n]hydrat *nt*
glucomètre [glykɔmɛtr] *m* TECH Mostwaage *f*
glucose [glykoz] *m* Traubenzucker *m*
glutamate [glytamat] *m* CHIM, GASTR Glutamat *nt*
glutamine [glytamin] *f* BIO, CHIM Glutamin *nt*
gluten [glytɛn] *m* Gluten *nt*; **allergie au ~** Glutenallergie *f*; **produits [alimentaires] sans ~** glutenfreie Kost
glycémie [glisemi] *f* Blutzucker *m*
glycérine [gliserin] *f* Glyzerin *nt*
glycine [glisin] *f* Glyzinie *f*
glycogène [glikɔʒɛn] *m* MED, BIO Glykogen *nt*
glycosurie [glikozyri] *f* MED Glykosurie *f (Fachspr.)*

glyptothèque [gliptɔtɛk] *f* Glyptothek *f*
G.M.T. [ʒeɛmte] *abr de* **Greenwich mean time** WEZ; **à 15 h ~** um 15 Uhr WEZ
gnangnan [ɲɑ̃ɲɑ̃] *adj inv fam* **être ~** *personne:* eine Tranfunzel sein *(fam)*; *musique, histoire:* lahm sein *(fam)*
gnaque [nak] *f fam* Biss *m (fam)*; **avoir la ~** [den richtigen] Biss haben *(fam)*
gnaule *v.* **gnôle**
gneiss [gnɛs] *m* Gneis *m*
gniôle *v.* **gnôle**
gnocchi [nɔki] *mpl* Gnocchi *Pl (italienische Gries- oder Kartoffelklößchen)*
gnognot[t]e [nɔɲɔt] *f fam* ▶ **c'est/c'est pas de la ~** das ist wertloses Zeug/das ist nicht von Pappe *fam*
gnôle [nol] *f fam* Schnaps *m (fam)*
gnome [gnom] *m* Gnom *m*
gnon [ɲɔ̃] *m fam* Schlag *m*, Hieb *m*; **s'envoyer des ~s** sich [gegenseitig] Hiebe versetzen; **flanquer un ~ à qn** jdm eine verpassen *(fam)*; **prendre un ~** eine [*o* eins] verpasst kriegen *(fam)*
gnou [gnu] *m* ZOOL Gnu *nt*
go [go] ▶ **tout de ~** *fam* mir nichts, dir nichts *(fam)*
Go *abr de* **giga-octet** GB *nt*
G.O. [ʒeo] *fpl abr de* **grandes ondes** LW *f*
goal [gol] *m* Torwart *m*, Torhüter *m*
gobelet [gɔblɛ] *m* ❶ *(pour boire)* Becher *m*; **~ en carton/en plastique** Papp-/Plastikbecher
❷ *(pour lancer les dés)* [Würfel]becher
gobe-mouche [gɔbmuʃ] <gobe-mouches> *m* ❶ ZOOL Fliegenschnäpper *m*
❷ *fig vieilli fam* Einfaltspinsel *m (pej fam)*
gober [gɔbe] <1> *vt* ❶ *(avaler)* schlürfen *huître;* ausschlürfen *œuf*
❷ *fig fam (croire naïvement)* fressen *(fig fam)*
goberger [gɔbɛrʒe] <2a> *vpr fam* **se ~** ❶ *(faire bonne chère)* schlemmen, sich *(Dat)* den Bauch vollschlagen *(fam)*
❷ *(se prélasser)* es sich *(Dat)* wohl sein lassen
gobie [gɔbi] *m* ZOOL Grundel *f*
godailler *v.* **goder**
godasse [gɔdas] *f fam* Schuh *m*, Treter *m (fam)*
godemiché [gɔdmiʃe] *m* Godemiché *m*
goder [gɔde] <1> *vi* [unerwünschte] Falten werfen
godet [gɔdɛ] *m* ❶ *(gobelet)* Becher *m*
❷ *(pour la peinture)* Farbnapf *m*
❸ *fam (verre)* Glas *nt*; **tu viens boire un ~ ?** gehst du einen mit mir trinken? *(fam)*
❹ TECH d'une pelle mécanique Löffel *m;* d'une pelleteuse mécanique Schaufel *f*; **transporteur à ~s** [Förder]becher *m*; **excavateur à ~s** Eimer *m*
❺ COUT eingesetzte Falte; **une jupe à ~s** ein Glockenrock *m*
godiche [gɔdiʃ] I. *adj fam* ❶ *(niais)* dämlich *(fam)*
❷ *(maladroit)* unbeholfen
II. *f fam* Tölpel *m*, Depp *m (fam)*
godille [gɔdij] *f* ❶ *(aviron)* Wrickriemen *m*, Wriggriemen *m*
❷ SKI Wedeln *nt*; **faire la ~** wedeln
▶ **à la ~** schlampig, liederlich
godiller [gɔdije] <1> *vi* ❶ NAUT wricken, wrigge[l]n
❷ SKI wedeln
godillot [gɔdijo] *m* ❶ *vieilli fam (grosse chaussure)* Treter *m (fam)*
❷ *(partisan inconditionnel)* Vasall *m*
godiveau [gɔdivo] <x> *m* GASTR Fleischklößchen *nt*
godron [gɔdrɔ̃] *m* ART, ARCHIT Eierleiste *f*
goéland [gɔelɑ̃] *m* große Möwe
goélette [gɔelɛt] *f* Schoner *m*
goémon [gɔemɔ̃] *m* Tang *m*
gogo[1] [gogo] *m* Einfaltspinsel *m*
gogo[2] [gogo] ▶ **à ~** *fam* in rauen Mengen *(fam)*
go-go dancer [gogodɑ̃nsœr] *mf* Go-go-Tänzer(in) *m(f)*
gogol(e) [gogɔl] *adj fam* bescheuert
goguenard(e) [gɔg(ə)nar, ard] *adj* spöttisch
goguenardise [gɔg(ə)nardiz] *f* Spott *m*, spöttische Art
goguette [gɔgɛt] *f* ▶ **en ~** *fam (gai)* gut aufgelegt; *(éméché)* angeheitert, angesäuselt *(fam)*
goinfre [gwɛ̃fr] I. *adj* verfressen *(fam)*
II. *mf péj* Fresssack *m (pej fam)*
goinfrer [gwɛ̃fre] <1> *vpr fam* **se ~ de qc** sich *(Dat)* den Bauch mit etw vollschlagen *(fam)*
goinfrerie [gwɛ̃frəri] *f péj* Gefräßigkeit *f*, Verfressenheit *f (fam)*
goitre [gwatr] *m* Kropf *m*
goitreux, -euse [gwatrø, -øz] I. *adj* kropfig
II. *m, f* an einem Kropf Leidende(r) *f(m)*
golden [gɔldɛn] *f* Golden Delicious *m*
golf [gɔlf] *m* Golf *nt*; Golfspiel *nt*; **~ miniature** Minigolf *nt*
golfe [gɔlf] *m* Golf *m*; **le ~ de Botnie** der Bottnische Meerbusen; **le ~ de Gascogne** die Biscaya; **le ~ Persique, le Golfe** der [Per-

sische] Golf; **État du Golfe** Golfstaat *m*
golfeur, -euse [gɔlfœʀ, -øz] *m, f* Golf[spiel]er(in) *m(f)*
gomina [gɔmina] *f vieilli* Pomade *f*
gominer [gɔmine] <1> *vpr* **se ~** sich *(Dat)* Pomade ins Haar tun
gommage [gɔmaʒ] *m* ❶ *(effacement)* Ausradieren *nt*
❷ *(nettoyage de la peau)* Peelen *nt*
gomme [gɔm] *f* ❶ *(substance)* Gummi *m o nt*, Gummiharz *nt;* **~ arabique** Gummiarabikum *nt*
❷ *(objet)* [Radier]gummi *m o nt;* **~ à encre** Tintenradierer *m*
▶ **mettre toute la ~** *fam* voll Stoff geben *(fam)*
◆ **~ à mâcher** CAN *(chewing-gum)* Kaugummi *m o nt*
gommé(e) [gɔme] *adj* gummiert
gommer [gɔme] <1> *vt* ❶ *(effacer)* ausradieren, wegradieren
❷ *(faire disparaître)* **~ qc de sa mémoire** etw aus seinem Gedächtnis streichen
❸ *(enduire)* gummieren
gomme-résine [gɔmʀezin] <gommes-résines> *f* Gummiharz *nt*
gommette [gɔmɛt] *f* farbige Etikette
gommier [gɔmje] *m* Baum, aus dem Gummiharz gewonnen werden kann
gonade [gɔnad] *f* BIO Keimdrüse *f*, Gonade *f (Fachspr.)*
gond [gɔ̃] *m* [Tür]angel *f*
▶ **sortir qn de ses ~s** jdn zum Explodieren bringen; **sortir de ses ~s** [vor Wut] außer sich geraten
gondolage [gɔ̃dɔlaʒ] *m du papier* Sichwellen *nt; du bois* Sichwerfen *nt*
gondolant(e) [gɔ̃dɔlɑ̃, ɑ̃t] *adj fam* zum Kugeln *(fam)*
gondole [gɔ̃dɔl] *f* ❶ *(barque)* Gondel *f*
❷ COM Gondel *f*
gondolement *v.* gondolage
gondoler [gɔ̃dɔle] <1> **I.** *vi carton, papier:* sich wellen; *planche:* sich wellen, sich verziehen; *tôle:* sich verbiegen
II. *vpr* ❶ *(se déformer)* **se ~** *carton, papier:* sich wellen; *planche:* sich wellen, sich verziehen; *tôle:* sich verbiegen
❷ *fam (rire)* **se ~** sich vor Lachen biegen *(fam)*
gondolier, -ière [gɔ̃dɔlje, -jɛʀ] *m, f* Gondoliere *m*
gonflable [gɔ̃flabl] *adj* aufblasbar
gonflage [gɔ̃flaʒ] *m des pneus* Aufpumpen *nt; d'un ballon* Aufblasen *nt*
gonflant [gɔ̃flɑ̃] *m* Volumen *nt;* **donner du ~ aux cheveux** dem Haar Volumen geben
gonflant(e) [gɔ̃flɑ̃, ɑ̃t] *adj* ❶ *(bouffant)* chevelure, cheveux locker und füllig; **pour obtenir une chevelure plus ~e** um mehr Volumen in das Haar zu bekommen
❷ *fam (exaspérant)* nervtötend
gonflé(e) [gɔ̃fle] *adj* ❶ *(enflé)* [an]geschwollen; **des yeux ~s** verquollene Augen; **il a le visage tout ~ par la cortisone** durch das Kortison hat er ein ganz aufgedunsenes Gesicht
❷ *(exagéré)* übertrieben; *incident* aufgebauscht
❸ *fam (culotté)* dreist, frech
gonflement [gɔ̃fləmɑ̃] *m* ❶ *d'un pneu* Aufpumpen *nt; d'un ballon* Aufblasen *nt; d'une plaie, d'un organe* Schwellung *f; d'un tissu* [An]schwellung *f;* **provoquer un ~ du visage** zu einem aufgedunsenen Gesicht führen; **~ d'un/du ganglion lymphatique** MED Lymphknotenschwellung *f*
❷ *(augmentation) des effectifs* Erhöhung *f; de l'épargne* Anwachsen *nt;* **~ du crédit** Aufblähung *f* des Kreditvolumens
❸ *(surestimation) d'une facture, note de frais* Frisieren *nt (fam); d'un incident* Aufbauschen *nt*
gonfler [gɔ̃fle] <1> **I.** *vt* ❶ *(remplir)* aufpumpen *pneus;* aufblasen *ballon;* **le vent gonfle les voiles** der Wind bläht die Segel; **~ la poitrine/les poumons** tief einatmen [o Luft holen]; **l'orage a gonflé la rivière** durch das Gewitter ist der Fluss angeschwollen; **~ qn d'espoir** jdn mit Hoffnung erfüllen
❷ *(enfler)* **le manque de sommeil avait gonflé ses yeux** weil er/sie so wenig geschlafen hatte, waren seine/ihre Augen ganz verquollen; **le chagrin lui gonflait le cœur** vor Kummer war es ihm/ihr ganz schwer ums Herz
❸ *(accroître)* erhöhen *effectifs;* vergrößern *somme;* erhöhen *budget;* **venir ~ les rangs des fans** zu dem Kreis der Fans hinzukommen
❹ *(surestimer)* hochtreiben *prix, valeur, facture;* übertreiben *chiffres, importance;* aufbauschen *incident*
❺ *fam (exaspérer)* gründlich nerven *(fam)*
❻ TECH auf Höchstleistung trimmen *voiture;* **~ un moteur** *personne:* einen Motor frisieren; *produit:* sich leistungssteigernd auf einen Motor auswirken
▶ **les ~ à qn** *fam* jdm auf den Wecker gehen *(fam)*
II. *vi bois:* [auf]quellen; *membre:* anschwellen, dick werden; *pâte:* aufgehen; *riz:* quellen; *dépenses, effectifs, volume:* zunehmen, ansteigen; **faire ~ le prix de l'essence** die Benzinpreise in die Höhe treiben; **faire** [o **laisser**] **~ le riz/la pâte** den Reis quellen/den Teig gehen lassen; **la levure fait ~ la pâte** Hefe lässt den Teig aufgehen

III. *vpr (grossir)* **se ~** *poitrine:* schwellen; *voiles:* sich [auf]blähen; *rivière:* anschwellen; *ballon:* sich füllen
gonflette [gɔ̃flɛt] *f péj fam* ❶ *(culturisme)* Bodybuilding *nt*
❷ *(musculation)* Muskelpakete *Pl*
gonfleur [gɔ̃flœʀ] *m* Luftpumpe *f*
gong [gɔ̃(g)] *m* Gong *m;* **coup de ~** Gongschlag *m*
goniomètre [gɔnjɔmɛtʀ] *m* Winkelmesser *m*, Goniometer *m (Fachspr.)*
gonocoque [gɔnɔkɔk] *m* Gonokokkus *m*
gonzesse [gɔ̃zɛs] *f péj fam* ❶ *(femme)* Tussi *f (pej fam);* **ma ~** meine Tussi *(fam)*, meine Olle *(DIAL sl)*
❷ *(homme)* Schlappschwanz *m (pej sl)*
goodwill [gudwil] *m* ECON Goodwill *m*
gordien [gɔʀdjɛ̃] *adj* gordisch; *v. a.* **nœud**
gore [gɔʀ] *adj inv* Horror-
goret [gɔʀɛ] *m* ❶ *(porcelet)* Ferkel *nt*, Läufer *m*
❷ *(enfant sale)* Ferkel *nt (fam)*
goretex® [gɔʀtɛks] *m* Goretex® *nt*
gorge [gɔʀʒ] *f* ❶ ANAT Hals *m;* **avoir mal à la ~** Halsschmerzen haben; **s'éclaircir/se racler la ~** sich räuspern; **saisir qn à la ~** jdn an der Kehle packen
❷ *littér (seins)* Busen *m*, Brust *f*
❸ GEOG Schlucht *f;* **les ~s du Verdon** die Verdon-Schlucht
❹ TECH *d'une poulie* Rille *f; d'une serrure* Zuhaltung *f*
▶ **faire des ~s chaudes de qc** *fam* sich in Klatschereien über etw (Akk) ergehen *(fam);* **des commères en font des ~s chaudes** Klatschtanten zerreißen sich die Mäuler darüber *(fam);* **à ~ déployée** [o **pleine ~**] aus vollem Hals, aus Leibeskräften; **qn a la ~ nouée** [o **serrée**] jdm ist die Kehle wie zugeschnürt, jd hat einen Kloß im Hals *(fam);* **monter à la ~ de qn** sich jds Kehle entringen *(poet);* **un sanglot m'est monté à la ~** ich schluchzte laut auf; **prendre qn à la ~** *(empêcher de respirer) fumée:* jdn im Hals [o in der Kehle] kratzen; *odeur:* jdn in der Nase beißen; *(émouvoir)* jdn zutiefst erschüttern; *(gêner financièrement)* jdm das Messer an die Kehle setzen *(fam);* **rester à qn en travers de la ~** jdm im Hals[e] steckenbleiben; **sauter à la ~ de qn** jdm an die Kehle [o Gurgel] springen
gorge-de-pigeon [gɔʀʒdəpiʒɔ̃] *adj inv* taubenblau
gorgée [gɔʀʒe] *f* Schluck *m;* **boire une grande/petite ~ de qc** einen kräftigen/kleinen Schluck aus etw nehmen; **boire qc à grandes/petites ~s** etw mit hastigen Schlucken/in kleinen Schlucken [o schlückchenweise] trinken
gorger [gɔʀʒe] <2a> **I.** *vt* ❶ *(gaver)* stopfen *oie;* **~ un enfant de sucreries** ein Kind mit Süßigkeiten vollstopfen *(fam)*
❷ *(remplir)* **fruits gorgés de soleil** von der Sonne verwöhnte Früchte *Pl;* **terre gorgée d'eau** wasserdurchtränkte Erde; **être gorgé(e) de souvenirs** von Erinnerungen innerlich ganz erfüllt sein
II. *vpr* **se ~ d'air pur** seine Lungen mit guter Luft vollpumpen *(fam)*
gorgonzola [gɔʀgɔ̃zɔla] *m* Gorgonzola *m*
gorille [gɔʀij] *m* ❶ *(singe)* Gorilla *m*
❷ *fam (garde du corps)* Gorilla *m (fam)*
gosette [gozɛt] *f* BELG *mit Obst gefülltes Hefegebäck;* **~ aux pommes** ≈ Apfeltasche *f*
gosier [gozje] *m* Kehle *f; d'un oiseau* Schlund *m*
▶ **se rafraîchir** [o **s'humecter**] **le ~** etwas gegen seine trockene [o ausgedörrte] Kehle tun
gospel [gɔspɛl] *m* Gospel *m o nt*, Gospelsong *m*
gosse [gɔs] *mf fam* Kind *nt*, Kleine(r) *f(m) (fam)*
▶ **être beau/belle ~** ein hübsches Kind sein; **pauvre ~** armes Kind; **sale ~** Rotzbengel *m (fam);* **faire un ~ à qn** jdm ein Kind machen *(fam);* **faire des ~s** Kinder machen *(fam)*
◆ **~ de riches** *péj* Kinder reicher Eltern; **va donc, eh ~ de riches!** hau doch ab, du verwöhnter Kapitalistenbalg! *(fam)*
gothique [gɔtik] **I.** *adj* gotisch; *écriture* ~ Fraktur[schrift] *f*
II. *m* Gotik *f;* **~ primitif/rayonnant/flamboyant** Früh-/Hoch-/Spätgotik *f*
gouache [gwaʃ] *f* ❶ *(peinture à l'eau)* Temperafarbe *f*
❷ *(tableau)* Gouache *f (Fachspr.)*
gouaille [gwaj] *f fam* Spottlust *f*, derber Spott; **la ~ parisienne** der Hang der Pariser zu beißendem Spott
gouailleur, -euse [gwajœʀ, -øz] *adj fam* spöttisch; **personne gouailleuse** Spötter(in) *m(f)*
gouape [gwap] *f arg (voyou)* Schlägertype *f (fam);* **une petite ~** ein kleiner Ganove
gouda [guda] *m* Gouda *m*
goudou [gudu] *f hum fam* Lesbe *f (fam)*
goudron [gudʀɔ̃] *m* Teer *m; (pour des routes)* Asphalt *m;* **~ de houille** Steinkohlenteer *m*
goudronnage [gudʀɔnaʒ] *m* Teeren *nt*
goudronné(e) [gudʀɔne] *adj* geteert; **carton ~** Teerpappe *f;* **toile ~e** Teerleinwand *f*

goudronner [gudʀɔne] <1> vt teeren *route*
goudronneuse [gudʀɔnøz] f Teermaschine f
goudronneux, -euse [gudʀɔnø, -øz] adj teerartig
gouffre [gufʀ] m ❶ GEOG, GEOL Abgrund m, Schlund m
  ❷ *(abîme insondable)* Abgrund m; **être dans un ~ de désespoir** in tiefster Verzweiflung sein; **~ de malheurs/misères** abgrundtiefes Unglück/abgrundtiefe Not; **~ béant** gähnender Abgrund; **un ~ se creuse** ein Abgrund tut sich auf; **toucher le fond du ~** am Boden zerstört sein
  ▸ **être un ~ [financier]** ein Fass ohne Boden sein *(fig)*
gouge [guʒ] f Hohlbeitel m
gougeon [guʒɔ̃] m TECH Schraubenbolzen m
  ◆ **~ de fixation** Knebelbolzen m
gougnafier [guɲafje] m *fam* Trottel m *(pej fam)*
gouine [gwin] f *péj pop* Lesbe f
goujat [guʒa] m Rüpel m, Flegel m
goujaterie [guʒatʀi] f Rüpelhaftigkeit f, Flegelhaftigkeit f
goujon¹ [guʒɔ̃] m *(poisson)* Gründling m
  ▸ **taquiner le ~** *fam* angeln
goujon² [guʒɔ̃] m AUT Radschraube f
goulache [gulaʃ] m o f Gulasch m o nt; **~ [de bœuf]** Rindergulasch, Rindsgulasch (A, SDEUTSCH)
goulafre [gulafʀ] m NORD, BELG *(glouton)* Vielfraß m
goulag [gulag] m HIST Gulag m
goulasch v. **goulache**
goulée [gule] f *fam d'une bouteille* großer Schluck m; *de purée* Mund m voll
goulet [gulɛ] m ❶ NAUT enge Hafeneinfahrt
  ❷ GEOG, a. *fig* Engpass m; **~ dans l'approvisionnement** Versorgungsengpass
  ◆ **~ d'étranglement** *fig* Engpass m
gouleyant(e) [gulɛjɑ̃, ɑ̃t] adj ❶ *vin* süffig
  ❷ *fig* angenehm
goulot [gulo] m *d'une bouteille* Hals m; **boire au ~** aus der Flasche trinken
  ◆ **~ d'étranglement** *fig* Engpass m
goulu(e) [guly] adj *personne* gefräßig; *regard* gierig; *baiser* heiß, feurig
goulûment [gulymɑ̃] adv gierig
goupille [gupij] f Stift m, Splint m
goupiller [gupije] <1> I. vt ❶ *fam* ausbrüten, aushecken *(fam)*; **bien/mal ~ son coup** die Sache geschickt/nicht sehr geschickt einfädeln *(fam)*; **bien/mal goupillé(e)** geschickt/nicht sehr geschickt eingefädelt *fam* [o in die Wege geleitet] *fam*; *(construit) machine* gut/schlecht konstruiert
  ❷ TECH **~ qc sur qc** etw mit einem Splint an etw *(Dat)* befestigen
  II. vpr *fam* **bien/mal se ~** gut/schlecht ablaufen *(fam)*, klappen/nicht klappen *(fam)*
goupillon [gupijɔ̃] m ❶ REL Weih[wasser]wedel m
  ❷ *(brosse)* Flaschenbürste f
gourance [guʀɑ̃s], **gourante** [guʀɑ̃t] f *fam* Patzer m *(fam)*
gourbi [guʀbi] m ❶ *(habitation africaine simple)* einfache Lehmhütte in Nordafrika
  ❷ *péj fam* Bruchbude f *(fam)*
gourd(e) [guʀ, guʀd] adj *doigt* starr [o steif] vor Kälte, steifgefroren
gourde [guʀd] f ❶ Trinkflasche f; MIL Feldflasche f
  ❷ *fam (personne)* Dussel m *(fam)*
gourdin [guʀdɛ̃] m ❶ *(bâton)* Knüppel m, Prügel m
  ❷ *arg (érection)* **matinal** Wasserlatte f *(sl)*
gourer [guʀe] vpr *fam* sich vertun, danebentippen *(fam)*; **se ~ de train/de jour/de personne** sich im Zug/im Tag/in der Person vertun *(fam)*; **là tu t'es bien gouré(e)** da hast du ganz schön danebengetippt! *(fam)*
gourmand(e) [guʀmɑ̃, ɑ̃d] I. adj ❶ *personne* **~ e** Gourmand m, Schlemmer m; *(de sucreries)* Naschkatze f *(fam)*; **être ~** ein Gourmand [o Schlemmer] sein; **être ~ de gâteaux** für sein Leben gern Torte essen; **vague ~ e** Fresswelle f *(sl)*
  ❷ *(avide) bouche, regard* gierig; **être ~ (e) de flatteries** auf Schmeicheleien erpicht sein
  ❸ *(qui exige trop d'argent)* geldgierig
  II. m(f) Gourmand m, Schlemmer(in) m(f); *(qui aime les sucreries)* Naschkatze f *(fam)*
gourmandise [guʀmɑ̃diz] f ❶ *sans pl* Schwelgerei f; *(défaut)* Gier[igkeit f] f; **manger par/avec ~** aus purer Lust/gierig essen
  ❷ *sans pl (avidité)* **avec ~** gierig
  ❸ *pl (friandises)* Leckereien Pl
gourme [guʀm] ▸ **jeter sa ~** sich *(Dat)* die Hörner Pl abstoßen
gourmet [guʀmɛ] m Gourmet m, Feinschmecker(in) m(f); **fin ~** großer Feinschmecker/große Feinschmeckerin
gourmette [guʀmɛt] f Gliederarmband nt [mit Namensplakette]
gourou [guʀu] m Guru m
gousse [gus] f **~ de vanille** Vanilleschote f; **d'ail** Knoblauchzehe f; **d'échalote** Schalotte f
gousset [gusɛ] m Uhrtasche f

goût [gu] m ❶ *sans pl (sens)* Geschmack m, Geschmackssinn m; **troubles du ~** [o **gustatifs**] Geschmacksstörung f; **les organes du ~** die Geschmacksorgane; **être amer(-ère) au ~** bitter schmecken, bitter im Geschmack sein
  ❷ *sans pl (saveur)* Geschmack m; **~ de banane/de citron/de fraise** Bananen-/Zitronen-/Erdbeergeschmack; **~ de gibier** Wildgeschmack; **sans ~** geschmacklos, ohne Geschmack; **avoir ~ sans ~** nach nichts schmecken; **avoir du ~** einen guten [Eigen]geschmack haben; **avoir un ~** komisch/schlecht schmecken; **avoir un ~ de brûlé/de vinaigre** verbrannt/nach Essig schmecken; **laisser un mauvais ~** einen üblen Nachgeschmack hinterlassen; **relever le ~ de qc** einer S. *(Dat)* die richtige Würze geben
  ❸ *sans pl (envie)* Lust f; **~ d'écrire** Spaß m [o Freude f] am Schreiben; **~ d'entreprendre** Unternehmungslust; **~ de vivre** Lebenslust, Lebensfreude; **~ du voyage** Reiselust; **par ~** zum Vergnügen; **prendre ~ à qc** Geschmack [o Gefallen] an etw *(Dat)* finden; **reprendre ~ à qc** wieder Spaß [o Freude] an etw *(Dat)* haben; **ne trouver ~ à rien** zu nichts Lust haben; **ne plus avoir ~ à la vie** keine Freude mehr am Leben haben; **ne plus avoir ~ à rien** zu nichts mehr Lust haben
  ❹ *sans pl (penchant)* **~ des couleurs** Farbensinn m; **avoir le ~ de l'ordre/un ~ très vif pour l'ordre** Sinn/sehr viel Sinn für Ordnung haben; **~ des responsabilités** Verantwortungsbewusstsein nt; **~ du risque** Risikobereitschaft f; **investisseur qui a le ~ du risque** risikofreudiger Investor; **~ pour les mathématiques** Interesse nt an der Mathematik; **~ pour la boisson** Vorliebe f für den Alkohol; **c'est affaire de ~** das ist Geschmackssache
  ❺ *pl (préférences)* Geschmack m; **les ~ s sexuels de qn** jds sexuelle Vorlieben; **avoir des ~ s de luxe** einen Hang zum Luxus haben
  ❻ *sans pl (jugement)* Geschmack m; **avec ~** geschmackvoll, mit Geschmack; **avoir du ~** Geschmack haben; **avoir bon/mauvais ~** einen guten/schlechten Geschmack haben; **être de bon/mauvais ~** geschmackvoll/geschmacklos sein; **être du ~ de qn** nach jds Geschmack sein; **trouver qn/qc à son ~** jdn/etw nach seinem Geschmack finden; **c'est une femme de ~** sie ist eine Frau mit Geschmack
  ❼ *(avis)* **à mon ~** meiner Meinung nach, meines Erachtens
  ▸ **des ~ s et des couleurs, on ne discute pas** [o **ne dispute point**] *prov* über [den] Geschmack lässt sich nicht streiten *(prov)*; **être au ~ du jour** modisch sein; **se mettre au ~ du jour** mit der Mode gehen; **tous les ~ s sont dans la nature** *prov* die Geschmäcker sind verschieden *(prov fam)*; **chacun ses ~ s** *prov* jeder nach seinem Geschmack
goûter [gute] <1> I. vi ❶ *enfant:* [nachmittags] eine Kleinigkeit essen
  ❷ *(prendre de)* **~ à qc** etw probieren
  ❸ *fig* **~ aux plaisirs de la vie** die Freuden des Lebens kennen lernen
  ❹ *fig vieilli (faire l'expérience de)* **~ d'un métier** in einem Beruf seine Erfahrungen machen; **~ de la prison** das Gefängnis von innen kennen lernen
  ❺ BELG, CAN *(plaire par le goût)* gut schmecken
  II. vt ❶ probieren *fromage, vin*
  ❷ *(savourer)* genießen
  ❸ *littér (apprécier)* schätzen, lieben
  ❹ BELG, CAN *(avoir le goût de)* **~ qc** nach etw schmecken
  III. m kleine Zwischenmahlzeit f [am Nachmittag]
goutte [gut] f ❶ Tropfen m; **~ d'eau** Wassertropfen, Wasserperle f; **~ à ~** tropfenweise, tröpfchenweise; **suer à grosses ~s** vor Schweiß triefen; **il pleut à grosses ~s** es regnet stark; **qn a la ~ au nez** *fam* jdm läuft die Nase *(fam)*
  ❷ *sans pl (petite quantité)* **~ d'huile/de kirsch** Tropfen m Öl/Schluck m Kirschwasser
  ❸ *pl* PHARM Tropfen Pl; **~s pour le nez/l'estomac** Nasen-/Magentropfen
  ❹ *fam (eau-de-vie)* Schnaps m; **boire la** [o **une**] **~ avec qn** ein Schnäpschen mit jdm trinken
  ❺ MED Gicht f; **avoir la ~** Gicht haben
  ▸ **c'est la ~ d'eau qui fait déborder le vase** *prov* das ist der Tropfen, der das Fass zum Überlaufen bringt; **c'est une ~ d'eau dans la mer** das ist nur ein Tropfen auf den heißen Stein; **se ressembler comme deux ~s d'eau** sich gleichen wie ein Ei dem anderen; **passer entre les ~s** nicht/kaum nass werden
goutte-à-goutte [gutagut] m inv MED Tropf m; **faire un ~ à qn** jdm einen Tropf anlegen; **alimenter qn au ~** jdn künstlich ernähren
gouttelette [gutlɛt] f Tröpfchen nt
goutter [gute] <1> vi *liquide, robinet:* tropfen; *canalisation:* undicht sein; **le toit/le plafond goutte** es tropft durch das Dach/von der Decke
goutteux, -euse [gutø, -øz] I. adj gichtig
  II. m, f Gichtkranke(r) f(m)

gouttière [gutjɛʀ] *f* ❶ *(chéneau)* Dachrinne *f*
❷ MED Schiene *f*
❸ AUT Regenleiste *f*
gouvernable [guvɛʀnabl] *adj* regierbar
gouvernail [guvɛʀnaj] *m* ❶ NAUT, AVIAT Ruder *nt*; **être au ~** am Ruder sein [*o* sitzen]; **~ de direction** *d'un avion* Seitenruder
❷ *(direction)* Steuer *nt (fig)*; **tenir le ~** das Steuer fest in der Hand haben; **abandonner le ~** das Steuer aus der Hand geben
gouvernant(e) [guvɛʀnɑ̃, ɑ̃t] *adj classe* herrschend; **parti ~** regierende Partei, Regierungspartei
gouvernante [guvɛʀnɑ̃t] *f* ❶ Haushälterin *f*
❷ *(préceptrice)* Gouvernante *f*, Erzieherin *f*
gouvernants [guvɛʀnɑ̃] *mpl* POL Entscheidungsträger *Pl*
gouverne [guvɛʀn] *f* ❶ **pour ta [propre] ~** zu deiner Orientierung
❷ *(dispositif)* **~ de direction** *d'un avion* Seitenruder *nt*
gouvernement [guvɛʀnəmɑ̃] *m* ❶ Regierung *f*; **entrer au ~** an die Regierung kommen; **être au ~** an der Regierung sein; **constituer** [*o* **former**] **le ~** die Regierung bilden; **~ provisoire** Interimsregierung, Interimskabinett *nt*; **~ révolutionnaire** Revolutionsregierung; **~ civil** Zivilregierung; **sous un ~ socialiste** unter einer sozialistischen Regierung; **renverser** [*o* **faire tomber**] **un ~** eine Regierung stürzen; **troupes fidèles au ~** regierungstreue Truppen; **faire preuve de loyauté** [*o* **de fidélité**] **envers le ~** sich regierungstreu verhalten; **être favorable/défavorable** [*o* **hostile**] **au ~** regierungsfreundlich/regierungsfeindlich eingestellt sein; **camp des sympathisants du ~** Regierungslager *nt*; **de la part du ~** von Regierungsseite
❷ *(régime)* Regierungsform *f*; **mode** [*o* **forme**] **de ~** Regierungssystem *nt*
❸ *sans pl (action)* Regieren *nt*
gouvernemental(e) [guvɛʀnəmɑ̃tal, o] <-aux> *adj* ❶ *(relatif au gouvernement)* politique, coalition, délégation, troupes Regierungs-; **affaires ~es** Regierungsgeschäfte *Pl*; **député ~/députée ~e** Abgeordnete(r) der Regierungspartei; **décision ~e** [*o* **ministérielle**] Kabinettsentscheidung *f*; **pouvoir ~** Regierungsgewalt *f*; **armées ~es** Regierungstruppen *Pl*
❷ *(qui soutient le gouvernement) journal* regierungsfreundlich
gouverner [guvɛʀne] <1> I. *vi* ❶ regieren
❷ NAUT steuern
II. *vt* ❶ POL regieren
❷ *(maîtriser)* beherrschen *sentiments, raison;* bestimmen *motif*
❸ NAUT steuern
❹ GRAM regieren
III. *vpr* **se ~ soi-même** sich selbst regieren
gouverneur [guvɛʀnœʀ] *m* Gouverneur *m*; **~ militaire** Militärgouverneur
goyave [gɔjav] *f* Gua[ja]ve *f*
G.P.L. [ʒepeɛl] *m abr de* **gaz de pétrole liquéfié** Flüssiggas *nt*
GPS [ʒepeɛs] *m abr de* **Global Positioning System** INFORM GPS *nt*
G.R. [ʒeɛʀ] *m abr de* **sentier de grande randonnée** markierter französischer Wanderweg
grabat [gʀaba] *m* einfache Liege *f*
grabataire [gʀabatɛʀ] I. *adj* bettlägerig
II. *m, f* Bettlägerige(r) *f(m)*
grabuge [gʀabyʒ] *m* **faire du ~** *fam* Krach schlagen *(fam)*; **il y a du ~** *fam* es kracht *(fam)*
grâce [gʀɑs] *f* ❶ *sans pl d'une personne, d'un mouvement* Anmut *f*, Grazie *f*; *d'un paysage* Reiz *m*; *d'un fleur* Schönheit *f*; **avoir de la ~** anmutig sein; **avec ~** anmutig, graziös; **parler** charmant
❷ *sans pl (faveur)* Gunst *f*; **accorder une ~ à qn** jdm eine Gunst erweisen; **chercher les bonnes ~s de qn** jds Gunst [*o* Wohlwollen] zu gewinnen suchen; **demander une ~ à qn** jdn um einen Gefallen bitten; **être dans les bonnes ~s** [*o* **en ~ auprès**] **de qn** in jds Gunst stehen; **faire ~ à qn** jdm Gnade gewähren; **obtenir une ~** einen Gunstbeweis erfahren; **trouver ~ aux yeux de** [*o* **auprès de**] [*o* **devant**] **qn** Gnade vor jdm [*o* vor jds Augen] finden
❸ *sans pl (clémence)* Gnade *f*; **crier/demander ~** um Gnade bitten/flehen
❹ *sans pl* REL Gnade *f*; **action de ~** Danksagung *f*; **la ~ de Dieu** die Gnade Gottes
❺ JUR Begnadigung *f*; **la ~ accordée à un prisonnier** die Begnadigung eines Häftlings; **se pourvoir en ~** ein Gnadengesuch einreichen
❻ *(inspiration)* Begnadetsein *nt*; **avoir la ~** begnadet sein
▶ **~ à Dieu** *littér* Gott sei [Lob und] Dank; **à la ~ de Dieu** aufs Geratewohl, auf gut Glück; *(exclamation)* komme, was wolle!; **faire qc avec** [*o* **de**] **bonne/mauvaise ~** etw bereitwillig/widerwillig [*o* gern/ungern] tun; **faire ~ à qn de qc** jdm etw erlassen; *(épargner)* jdm etw ersparen; **rendre ~ à qn** jdm Dank sagen; **à lui/elle** dank seiner/ihrer, dank ihm/ihr; **à qc** dank einer S. *(Dat o Gen)*

Land und Leute

Wenn in Frankreich ein neuer Staatspräsident gewählt worden ist, lässt dieser – kurz nach seinem Amtsantritt – oft in irgendeiner Form **grâce** walten: Er verkürzt zum Beispiel die Haftstrafen junger Gefangener oder er zeigt Nachsicht mit den Verkehrssündern, indem er durch eine *amnistie* alle Strafzettel gegenstandslos werden lässt, die an einem bestimmten Tag ausgestellt worden sind.

gracier [gʀasje] <1a> *vt* begnadigen
gracieusement [gʀasjøzmɑ̃] *adv* ❶ *(avec grâce) sourire* charmant
❷ *(aimablement)* freundlich
❸ *(gratuitement)* unentgeltlich
gracieux, -euse [gʀasjø, -jøz] *adj* ❶ anmutig, graziös
❷ *(aimable)* freundlich
❸ *(gratuit)* kostenlos
gracile [gʀasil] *adj littér* grazil *(geh)*, zierlich
gradation [gʀadasjɔ̃] *f* ❶ allmähliche [*o* schrittweise] Steigerung
❷ ART Abstufung *f*, Abtönung *f*
❸ LITTER Gradation *f*
❹ MUS **~ des notes** *(montante/descendante)* steigende/fallende Tonfolge
grade [gʀad] *m* ❶ ADMIN, MIL Dienstgrad *m*; UNIV Grad *m*; **~ universitaire** akademischer Grad; **~ de capitaine** Rang *m* eines Hauptmanns; **~ de militaire du rang** Mannschaftsdienstgrad; **~ d'officier** Offiziersdienstgrad; **le plus ancien dans le ~** der Dienstälteste, der Rangälteste; **avancer** [*o* **monter**] **en ~** befördert werden; **être admis(e) au ~ de docteur** den Doktorgrad [*o* die Doktorwürde] erlangen
❷ GEOM Gon *nt*
❸ TECH Viskosität *f*
▶ **en prendre pour son ~** *fam* eins aufs Dach bekommen [*o* kriegen] *(fam)*
gradé(e) [gʀade] *m(f)* unterer Dienstgrad
gradient [gʀadjɑ̃] *m* Gradient *m*; **~ de pression** Druckgradient
gradin [gʀadɛ̃] *m souvent pl* ❶ *d'un stade, théâtre* [Zuschauer]ränge *Pl*
❷ *(plan d'un terrain)* **cultures en ~s** Terrassenanbau *m*
gradualisme [gʀadyalism] *m* ECON Gradualismus *m (Fachspr.)*
graduation [gʀaduasjɔ̃] *f (échelle)* Gradeinteilung *f*; INFORM Skalierung *f*
gradué(e) [gʀadɥe] *adj* ❶ mit einer Skala [*o* Gradeinteilung]; **verre ~** Messbecher *m*
❷ *(progressif)* abgestuft
graduel(le) [gʀadɥɛl] *adj introduction* schrittweise, stufenweise; *amélioration, aggravation* allmählich; **difficultés ~les** steigender Schwierigkeitsgrad; **par des efforts ~s** durch allmähliche Leistungssteigerung
graduellement [gʀadɥɛlmɑ̃] *adv* Schritt für Schritt, schrittweise; *(peu à peu)* allmählich
graduer [gʀadɥe] <1> *vt* ❶ allmählich steigern; **les difficultés sont graduées** der Schwierigkeitsgrad steigt
❷ *(diviser en degrés)* graduieren, in Einheiten unterteilen; INFORM skalieren
graffiter [gʀafite] <1> *vt* ❶ *(couvrir de graffitis)* mit Graffiti versehen *palissade, mur*
❷ *(représenter sous forme de graffitis)* als Graffiti darstellen
graffiti [gʀafiti] <[s]> *m* ❶ Graffiti *nt*; **couvrir de ~[s]** mit Graffiti besprühen
❷ ARCHEOL Graffito *nt*
graille [gʀaj] *f fam* Essen *nt*, Futter *nt (fam)*
grailler [gʀaje] <1> *vi* ❶ *corneille:* krächzen
❷ *fam (manger)* futtern *(fam)*
graillon [gʀajɔ̃] *m* ❶ Geruch *m* von Bratfett; **sentir le ~** nach angebranntem Fett riechen
❷ *fam (crachat)* Spucke *f (fam)*
graillonner [gʀajɔne] <1> *vi fam* [aus]spucken
grain [gʀɛ̃] *m* ❶ *sing o pl* Korn *nt*; **~ de blé** Weizenkorn
❷ *(semence comestible)* Korn *nt*, Getreide *nt*
❸ *(graine)* Körnchen *nt*; *d'un fruit* [Obst]kern *m*; **~ de café** Kaffeebohne *f*; **~ de groseille/de cassis** Preisel-/Johannisbeere *f*; **~ de poivre/de moutarde** Pfeffer-/Senfkorn *nt*; **~ de raisin** [Wein]traube *f*; **en ~s** *café, poivre* ungemahlen; **donner du ~ aux poules** die Hühner mit Körnern füttern
❹ *(particule)* Korn *nt*, Körnchen *nt*; **~ de poussière** Staubkorn
❺ *(texture) d'une pierre, d'un papier* Korn *nt*; *de la peau* Beschaffenheit *f*; *d'un cuir* Narbe *f*, Narben *m*; *d'une étoffe* Textur *f*; **soie gros ~** grobe Seide
❻ *sans pl (petite quantité)* Spur *f*, Quäntchen *nt*; **un ~ de vérité** ein Körnchen Wahrheit; **pas un ~ de bon sens** kein Funken Verstand
❼ METEO *(coup de vent)* Bö[e] *f*; *(averse soudaine)* [Regen]schauer *m*, [Regen]guss *m*
▶ **séparer le bon ~ de l'ivraie** *prov* die Spreu vom Weizen tren-

nen; **~ de sable** Sandkorn *nt; fig* Störfaktor *m;* **être un ~ de sable dans l'engrenage** Sand im Getriebe sein; **mettre** [*o* **mêler**] **son ~ de sel** *fam* seinen Senf dazugeben *(fam);* **avoir un** [**petit**] **~ *fam*** eine Meise haben *(fam);* **veiller au ~** auf der Hut sein, sich vorsehen
◆ **~ de beauté** Schönheitsfleck *m,* Leberfleck *m;* **~ de milium** Hautgrieß *m*
graine [gʀɛn] *f* Samen *m;* bot Samen *m,* Samenkorn *nt;* agr Saatgut *nt;* **~ de pin** Kiefernsamen; **~ de tournesol** Sonnenblumenkern *m;* **~s oléagineuses** Ölsaat *f*
▶ **~ de voyou** Teufelsbrut *f;* **être de la mauvaise ~** ein sauberes Früchtchen sein *(iron fam);* **casser la ~** *fam* futtern *(fam);* **monter en ~** *plante:* ins Kraut schießen; *fam enfant:* in die Höhe schießen *(fam);* **en prendre de la ~** *fam* sich *(Dat)* daran ein Beispiel nehmen
graineterie [gʀɛn(ə)tʀi] *f* Samenhandlung *f*
grainetier, -ière [gʀɛntje, -jɛʀ] *m, f* Getreide- und Futtermittelhändler(in) *m(f)*
graissage [gʀɛsaʒ] *m* Schmieren *nt;* **huile de ~** Schmieröl *nt*
graisse [gʀɛs] *f* ❶ *sans pl* physiol, gastr Fett *nt;* **~ d'oie/de porc** Gänse-/Schweinefett; **~ de bœuf** Rinderfett, Rindsfett (A, sdeutsch), Rinderschmalz *nt,* Rindsschmalz (A, sdeutsch)
❷ *pl (matières grasses)* Fette *Pl;* **~s végétales/animales** pflanzliche/tierische Fette
❸ *(lubrifiant)* Schmierfett *nt*
◆ **~ à frire** Bratfett *nt;* **~ à traire** Melkfett *nt;* **~ de dépôt** bio, med Depotfett *nt*
graisser [gʀese] <1> *vt* ❶ einfetten *bottes, poêle;* schmieren *engrenage, voiture*
❷ *(salir)* fettig machen
graisseux, -euse [gʀesø, -øz] *adj* ❶ fettig; *cahier, nappe* speckig
❷ physiol tissu **~** Fettgewebe *nt*
graminée [gʀamine] *f* ❶ *(herbe)* Gras *nt*
❷ *pl* Süßgräser *Pl (Fachspr.)*
grammage [gʀamaʒ] *m* typ Grammgewicht *nt;* **~ du papier** Papiergewicht
grammaire [gʀa(m)mɛʀ] *f* ❶ *sans pl (ensemble des règles et leur étude)* Grammatik *f,* Sprachlehre *f*
❷ *(ouvrage)* [**livre de**] **~** Grammatik *f,* Sprachlehre *f;* **~ scolaire** Schulgrammatik; **livre de ~ latine** Lateingrammatik
grammairien(ne) [gʀa(m)mɛʀjɛ̃, jɛn] *m(f)* Grammatiker(in) *m(f)*
grammatical(e) [gʀamatikal, o] <-aux> *adj analyse* grammatisch, grammatikalisch; *phrase* grammatisch [*o* grammatikalisch] richtig; **exercice ~** Grammatikübung *f*
grammaticalement [gʀamatikalmɑ̃] *adv* grammatisch, grammatikalisch
gramme [gʀam] *m* Gramm *nt;* **il/elle n'a pas un ~ de graisse** an ihm/ihr ist kein Gramm Fett
▶ **ne pas avoir un ~ de bon sens** [*o* **de jugeote**] *fam* keinen Funken [*o* nicht für fünf Pfennig] Verstand haben *(fam)*
grand(e) [gʀɑ̃, gʀɑ̃d] I. *adj antéposé* ❶ groß; *arbre* hoch; *jambe, avenue* lang; **~ format** Großformat *nt;* **Anne est déjà trop ~e pour le manteau/les chaussures** Anne ist aus dem Mantel/den Schuhen schon herausgewachsen
❷ *(plus âgé)* groß
❸ *(nombreux) famille, foule, choix* groß
❹ *(extrême) menteur, rêveur* groß; *buveur, fumeur, mangeur* stark; *travailleur* tüchtig; *collectionneur* eifrig; **~ blessé/malade/invalide** Schwerverletzter/-kranker/-behinderter; **~ brûlé** Mensch *m* mit schweren Verbrennungen; **faire un ~ froid** sehr kalt sein; **pendant les ~es chaleurs/~s froids** während der großen Hitze/Kälte; **être d'une ~e jeunesse/vieillesse** sehr jung/alt sein
❺ *(bien rempli)* **un ~ verre d'eau** ein volles [*o* ganzes] Glas Wasser
❻ *(intense) joie* groß; *bruit, cri, rire* laut; *vent* heftig, stark; **coup de poing** gewaltig; *soupir* tief; **~e marée** Springflut *f;* **avoir ~ besoin** dringend brauchen
❼ *(important, fameux)* groß; *vin* besondere(r, s); **~ entreprise** Großunternehmen *nt;* **le ~ jour/moment** der große Tag/Augenblick
❽ *(respectable)* nobel; **~e dame/~ monsieur** große Dame/hoher Herr; **la ~e dame de la chanson** die Grande Dame des Chansons
❾ *(généreux) âme, cœur* groß; **~s sentiments** edle Gesinnung
❿ *(exagéré)* **employer de ~s mots** große Worte machen; **faire de ~es phrases** große Reden schwingen; **faire de ~s gestes** wild gestikulieren; **prendre de ~s airs** vornehm tun
▶ **au ~ jamais** nie und nimmer
II. *adv* **ouvrir tout ~** *qc* [*o qc* tout(e) **~**] etw ganz weit aufmachen; **voir ~** großzügig planen; **le mariage se fera en ~** die Hochzeit wird im großen Stil [*o* groß *fam*] gefeiert
III. *m(f)* ❶ Große(r) *f(m);* **jeu pour petits et ~s** Spiel für Groß und Klein
❷ *(célébrité)* **un ~ du football/de la linguistique** ein bedeutender Fußballspieler/Sprachwissenschaftler

❸ *p!* pol **les sept Grands** die sieben großen Industrienationen
❹ *p!* econ **les ~s de l'informatique** die Spitzenunternehmen der Computerbranche

---

Land und Leute

Die **grandes écoles** sind Hochschulen unterschiedlicher Fachrichtungen. Um an ihnen studieren zu können, muss man bereits ein zweijähriges Universitätsstudium oder einen ebenso langen Vorbereitungskurs *(les classes préparatoires)* vorweisen können. Außerdem muss man sich einem strengen Auswahlverfahren stellen. Die Absolventinnen und Absolventen dieser Elitehochschulen sind bei der Besetzung von Führungspositionen in Politik und Wirtschaft sehr gefragt.

---

grand-angle [gʀɑ̃tɑ̃gl] <grands-angles> *m* phot Weitwinkelobjektiv *nt,* Weitwinkel *nt (fam)* **grand-angulaire** [gʀɑ̃tɑ̃gylɛʀ] <grands-angulaires> *m* Weitwinkelobjektiv *nt,* Weitwinkel *nt (fam)* **grand-chose** [gʀɑ̃ʃoz] **pas ~** nicht viel; **plus ~** nicht mehr viel; **pas ~ de bon/de vrai** nicht viel Gutes/Wahres **grand-croix** [gʀɑ̃kʀwa] I. <grand-croix> *f (décoration)* Großkreuz *nt* II. <grands-croix> *m (personne)* Träger *m* des Großkreuzes **grand-duc** [gʀɑ̃dyk] <grands-ducs> *m* Großherzog *m* **grand-ducal** [gʀɑ̃dykal] *adj* belg *(luxembourgeois)* aus dem Großherzogtum [Luxemburg] **grand-duché** [gʀɑ̃dyʃe] <grands-duchés> *m* Großherzogtum *nt*
Grande-Bretagne [gʀɑ̃dbʀətaɲ] *f* **la ~** Großbritannien *nt*
grande-duchesse [gʀɑ̃ddyʃɛs] <grandes-duchesses> *f* Großherzogin *f*
grandement [gʀɑ̃dmɑ̃] *adv* ❶ sehr; *avoir raison* völlig; **avoir ~ tort** schwer im Unrecht sein; **contribuer ~ à** einen großen Beitrag leisten zu; **il est ~ l'heure** es ist höchste Zeit
❷ *(généreusement) loger* großzügig; *agir* großmütig
grande-princesse [gʀɑ̃dpʀɛses] *f (Princesse de la famille impériale de Russie)* Großfürstin *f*
grandeur [gʀɑ̃dœʀ] *f* ❶ *sans pl* Größe *f;* **être de la ~ de** *qc* so groß wie etw sein; **de quelle ~ est…?** wie groß ist …?; **de même ~** gleich groß; **de toutes les ~s** in allen Größen; **~ moyenne** Durchschnittsgröße
❷ *sans pl (importance, puissance)* Größe *f*
❸ *(générosité)* [menschliche] Größe; **~ d'âme** Seelengröße *f*
▶ **de première ~** gewaltig *(fam)*
◆ **~ nature** *adj inv* lebensgroß, in Lebensgröße
grand-faim [gʀɑ̃fɛ̃] *f* ▶ **avoir ~** großen Hunger haben **grand-guignolesque** [gʀɑ̃ɡiɲɔlɛsk] <grand-guignolesques> *adj* schauerlich
grandiloquence [gʀɑ̃dilɔkɑ̃s] *f sans pl* hochtrabende [*o* schwülstige] Ausdrucksweise
grandiloquent(e) [gʀɑ̃dilɔkɑ̃, ɑ̃t] *adj* schwülstig; *personne* hochtrabend [*o* schwülstig] redend
grandiose [gʀɑ̃djoz] *adj* großartig
grandir [gʀɑ̃diʀ] <8> I. *vi* ❶ wachsen; **~ de dix centimètres** zehn Zentimeter wachsen [*o* größer werden]
❷ *(passer son enfance)* aufwachsen; **~ sans frère et sœur** geschwisterlos aufwachsen
❸ *(devenir plus mûr)* reifer werden
❹ *(augmenter)* wachsen; *foule:* anwachsen; **l'obscurité grandit** es wird [immer] dunkler
❺ *(s'élever)* **sortir grandi(e) de** *qc* gestärkt aus etw hervorgehen; **~ en beauté/sagesse/vertu** schöner/weiser/tugendhafter werden
II. *vt* ❶ größer machen [*o* erscheinen lassen] *personne;* vergrößern *chose*
❷ *(exagérer)* aufbauschen
❸ *(ennoblir)* qc grandit qn jd gewinnt durch etw
III. *vpr* ❶ **se ~** sich größer machen
❷ *(s'élever)* **se ~ par** *qc* durch etw gewinnen
grandissant(e) [gʀɑ̃disɑ̃, ɑ̃t] *adj* wachsend; *foule* anwachsend
grandissime [gʀɑ̃disim] *adj fam* riesig *(fam)*
grand-maman [gʀɑ̃mamɑ̃] <grands-mamans> *f fam* Großmama *f (fam),* Oma *f (fam)* **grand-mère** [gʀɑ̃mɛʀ] <grand[s]-mères> *f* Großmutter *f,* Oma *f (fam)* ▶ **il ne faut pas pousser ~ dans les orties** nun mach[t] mal halblang **grand-messe** [gʀɑ̃mɛs] <grand[s]-messes> *f* Hochamt *nt* **grand-oncle** [gʀɑ̃tɔ̃kl] <grands-oncles> *m* Großonkel *m* **grand-papa** [gʀɑ̃papa] <grands-papas> *m fam* Großpapa *m (fam),* Opa *m (fam)* **grand-peine** [gʀɑ̃pɛn] ▶ **avoir ~ à faire** qc Mühe haben, etw zu tun; **à ~** mit Mühe und Not, mit großer Mühe **grand-père** [gʀɑ̃pɛʀ] <grands-pères> *m* Großvater *m,* Opa *m (fam)* **grand-prince** [gʀɑ̃pʀɛ̃s] *m (Prince de la famille impériale de Russie)* Großfürst *m* **grand-route** [gʀɑ̃ʀut] <grands-routes> *f* Landstraße *f* **grand-rue** [gʀɑ̃ʀy] <grands-rues> *f* Hauptstraße *f* **grand-soif** [gʀɑ̃swaf] *f* ▶ **avoir ~** große Durst haben
grands-parents [gʀɑ̃paʀɑ̃] *mpl* Großeltern *Pl*

grand-tante [gʀɑ̃tɑ̃t] <grands-tantes> f Großtante f **grand--voile** [gʀɑ̃vwal] <grand[s]-voiles> f Großsegel nt
grange [gʀɑ̃ʒ] f Scheune f
granit[e] [gʀanit] m Granit m
granité [gʀanite] m ❶ (tissu) Krepp nt
 ❷ (sorbet) Eis nt mit kleinen Stückchen
granité(e) [gʀanite] adj körnig
granitique [gʀanitik] adj sol ~ Granitboden m, granithaltiger Boden
granivore [gʀanivɔʀ] I. adj Körner fressend
 II. m Körnerfresser m
granny [gʀani] f Granny Smith m
granulaire [gʀanylɛʀ] adj ❶ spéc roche granulös
 ❷ ANAT tissu ~ Granulationsgewebe nt
granulat [gʀanyla] m CONSTR Zuschlag m, Zuschlagstoffe Pl
granulation [gʀanylasjɔ̃] f ❶ MED, BIO Körnung f
 ❷ sans pl TECH (action) Granulieren nt; PHOT Körnen nt
 ❸ TECH (surface) Granulierung f; PHOT Körnung f
granule [gʀanyl] m ❶ Körnchen nt
 ❷ PHARM Granulum nt (Fachspr.)
granulé [gʀanyle] m Granulat nt
granulé(e) [gʀanyle] adj körnig; surface körnig, gekörnt
granuler [gʀanyle] <1> vt granulieren
granuleux, -euse [gʀanylø, -øz] adj körnig, gekörnt; cuir genarbt, großporig; peau, roche rau
granulocyte [gʀanylɔsit] m MED Granulozyt m
granulome [gʀanylom] m MED Granulom nt (Fachspr.); ~ **malin** malignes Granulom
graphe [gʀaf] m Graph m
graphème [gʀafɛm] m Graphem nt
grapheur [gʀafœʀ] m Grafikprogramm nt
graphie [gʀafi] f Schreibweise f, Schreibung f
graphique [gʀafik] I. adj ❶ arts ~s Grafik f
 ❷ INFORM grafisch; **carte** ~ Grafikkarte f; **à vocation** ~ grafisch orientiert
 II. m Schaubild nt, Grafik f; ~ **en couleurs** Farbgrafik
 ♦ ~ **à barre** Balkendiagramm nt; ~ **de courbes** INFORM Liniengrafik f
graphiquement [gʀafikmɑ̃] adv grafisch
graphisme [gʀafism] m ❶ sans pl (écriture individuelle) Handschrift f, Schriftzüge Pl; (aspect d'une lettre) Schriftbild nt
 ❷ ART sans pl grafische [o zeichnerische] Gestaltung f; d'un artiste Zeichenstil m, Grafikstil m
graphiste [gʀafist] mf Grafiker(in) m(f)
graphite [gʀafit] m Graphit m
graphologie [gʀafɔlɔʒi] f sans pl Graphologie f
graphologue [gʀafɔlɔg] mf Graphologe m/Graphologin f
grappa [gʀapa] f GASTR Grappa m o f
grappe [gʀap] f ❶ Traube f; **une** ~ **de raisin** eine Weintraube
 ❷ (assemblage serré) **une** ~ **de personnes** eine Menschentraube, eine Traube Menschen; **une** ~ **d'oignons** ein dicker Bund Zwiebeln
grappillage [gʀapijaʒ] m ❶ des fruits [Ab]pflücken nt, [Nach]lese f
 ❷ fig des idées, nouvelles Aufschnappen nt (fam)
grappiller [gʀapije] <1> vt ❶ einzeln [ab]pflücken fruits, fleurs
 ❷ (recueillir) mitbekommen (fam) connaissances; aufschnappen (fam) nouvelles, idées; herausschlagen (fam) argent
grappin [gʀapɛ̃] m ❶ Haken m
 ❷ NAUT d'une embarcation [Dregg]anker m
 ❸ PECHE Gaff nt
 ▸ **mettre le** ~ **sur qn** fam jdn nicht aus den Klauen lassen (fam); **mettre le** ~ **sur qc** fam sich (Dat) etw unter den Nagel reißen (fam)
 ♦ ~ **d'abordage** PECHE Gaffhaken m
gras [gʀa] I. m ❶ sans pl GASTR Fett nt, Fette(s) nt
 ❷ sans pl (graisse) Fett nt; **tache de** ~ Fettfleck m; **couvert de** ~ fettig
 ❸ sans pl (partie charnue) ~ **de la jambe** Wade f
 II. adv ❶ manger fett
 ❷ (d'une voix pâteuse) rire ordinär, dreckig (fam)
gras(se) [gʀa, gʀas] adj ❶ fett; **acides** ~ Fettsäuren m; **40 % de matières** ~**ses** 40 % Fett nt; **l'huile et le beurre sont des matières** ~**ses** Öl und Butter sind Fette; **corps** ~ Fett[stoff] nt
 ❷ (gros) dick, fett (pej); visage, main fleischig; vache, poulet fett
 ❸ (graisseux) fettig; chaussée, roche glitschig; terre, boue lehmig
 ❹ TYP **en** [**caractère**] ~ (écrit) in dicken Lettern, (imprimé) in Fettdruck, fett gedruckt
 ❺ BOT **plante** ~**se** Fettpflanze f, Sukkulente f
 ❻ (pâteux) voix rau, belegt; rire ordinär, dreckig (fam); **toux** schleimig
gras-double [gʀadubl] <gras-doubles> m Kaldaunen Pl, Kutteln Pl
grassement [gʀasmɑ̃] adv ❶ rire ordinär, dreckig (fam)
 ❷ (largement) payer reichlich
 ▸ **vivre** ~ péj wie die Made im Speck leben (fam)
grasseyer [gʀaseje] <1> vi das R [als Zäpfchen-R] in der Kehle sprechen
grassouillet(te) [gʀasujɛ, jɛt] adj fam pummelig (fam)
gratifiant(e) [gʀatifjɑ̃, jɑ̃t] adj travail befriedigend; **effet** ~ Anreiz m
gratification [gʀatifikasjɔ̃] f Gratifikation f; ~ **de fin d'année** ≈ Weihnachtsgeld nt; ~ **d'office** Zwangsbeglückung f (A, CH)
gratifier [gʀatifje] <1a> vt ~ **qn d'un pourboire/d'une récompense** jdm ein Trinkgeld/eine Belohnung zuteilwerden lassen; ~ **qn d'un sourire** jdm ein Lächeln schenken; ~ **qn d'une amende/paire de gifles** jdm einen Strafzettel/eine Ohrfeige verpassen (fam); ~ **qn d'office** jdn zwangsbeglücken (A, CH)
gratin [gʀatɛ̃] m ❶ GASTR Gratin nt; (croûte) Kruste f; **au** ~ überbacken, gratiniert; ~ **de pommes de terre** Kartoffelauflauf m, Kartoffelgratin
 ❷ sans pl fam (haute société) **le** ~ die Crème de la Crème (iron); **tout le** ~ **de la ville** alles, was in der Stadt Rang und Namen hat (fam); ~ **politique** Politprominenz f (fam)
gratiné(e) [gʀatine] adj ❶ überbacken, gratiniert
 ❷ fam (extraordinaire) raclée anständig (fam); aventure verrückt (fam)
gratinée [gʀatine] f mit Käse überbackene Zwiebelsuppe
gratiner [gʀatine] <1> I. vi überbacken werden
 II. vt (faire) ~ **qc** etw überbacken, etw gratinieren
gratis [gʀatis] I. adj fam kostenlos, unentgeltlich; **c'est** ~ das ist kostenlos [o gratis]; **billet** ~ Freikarte f
 II. adv fam umsonst, gratis
gratitude [gʀatityd] f sans pl Dankbarkeit f; **témoigner sa** ~ **à qn** jdm seine Dankbarkeit beweisen
gratos [gʀatos] adj inv fam gratis, umsonst
gratouiller [gʀatuje] <1> <1> vt fam jucken; **ça gratouille?** fam juckt es?
grattage [gʀataʒ] m ❶ Abkratzen nt; d'un mot Ausradieren nt
 ❷ (au jeu) Rubbeln nt
gratte [gʀat] f ❶ AGR Hacke f
 ❷ fam (profit) **faire de la** ~ ein paar Piepen abstauben (fam)
 ❸ fam (guitare) Klampfe f (fam)
gratte-ciel [gʀatsjɛl] m inv Wolkenkratzer m **gratte-cul** [gʀatky] <gratte-culs> m Hagebutte f
grattement [gʀatmɑ̃] m sans pl Kratzen nt
gratte-papier [gʀatpapje] <gratte-papier[s]> mf péj schlecht bezahlter Kopist
gratter [gʀate] <1> I. vi ❶ (démanger) kratzen
 ❷ (récurer) scheuern
 ❸ (grincer) plume, disque: kratzen
 ❹ (griffer) ~ **à la porte/fenêtre** an der Türe/am Fenster kratzen
 ❺ fam (aller au-delà de l'apparence) dahinterschauen, daran kratzen (fam)
 ❻ fam (jouer un peu) ~ **de la guitare** mehr schlecht als recht Gitarre spielen (fam)
 II. vt ❶ (frotter) [herum]kratzen an (+ Dat) boutons; (en entamant) abkratzen plancher, mur, table; schaben carottes; anzünden allumette; ~ **le dos à qn** jdm den Rücken kratzen, jdn am Rücken kratzen
 ❷ (faire ses griffes) kratzen an (+ Dat) arbre; (fouiller, remuer) scharren auf (+ Dat) sol
 ❸ (enlever) abkratzen, wegkratzen; ausradieren mot
 ❹ (démanger) ~ **qn** pull, étoffe: jdn kratzen; cicatrice: jdn jucken; **ça me gratte à la jambe** mich juckt es am Bein
 ❺ fam (prélever) ~ **cent euros sur qc** bei etw hundert Euro herausschlagen (fam)
 III. vpr **se** ~ **jusqu'au sang** sich blutig kratzen; **se** ~ **qc** sich (Dat) etw kratzen, sich an etw (Dat) kratzen
 ▸ **tu peux toujours te** ~ **!** fam du kannst mich mal! (fam)
gratteux [gʀatø] m CAN (billet de loterie) Rubbellos nt
grattoir [gʀatwaʀ] m ❶ (outil) Schaber m, Kratzer m
 ❷ (surface) Reibfläche f
grat(t)ouiller [gʀatuje] vt fam kratzen
gratuit(e) [gʀatɥi, ɥit] adj ❶ entrée frei; consultation kostenlos, unentgeltlich; prestation unentgeltlich; **supplément** ~ Gratisbeilage f; **enseignement** ~ kostenloser Schulbesuch; **à titre** ~ kostenlos, gratis
 ❷ (non motivé) affirmation willkürlich; supposition ungerechtfertigt; accusation grundlos; acte unmotiviert; cruauté unnötig
gratuité [gʀatɥite] f ❶ sans pl ~ **de l'enseignement** Schulgeldfreiheit f; ~ **des soins médicaux** kostenlose medizinische Behandlung
 ❷ sans pl fig d'une affirmation Willkürlichkeit f; d'une hypothèse Unbegründetheit f; d'un acte Unmotiviertheit f
gratuitement [gʀatɥitmɑ̃] adv ❶ kostenlos; entrer, voyager ohne etwas zu bezahlen

② *(sans motif) affirmer* willkürlich; *supposer* ungerechtfertigterweise; *agir* unmotiviert; **risquer ~ sa vie** grundlos sein Leben aufs Spiel setzen; **commettre ~ un crime** ohne Motiv ein Verbrechen begehen
gratuitiel [gʀatɥisjɛl] *m* CAN Freeware *f*
gravats [gʀava] *mpl* [Bau]schutt *m*
grave [gʀav] I. *adj* ❶ ernst; *assemblée* feierlich; *magistrat* würdevoll; **très ~** tiefernst; **faire qc le visage ~** etw mit ernstem Gesicht tun
② *(lourd de conséquences) état, situation, question* ernst; *accident, maladie, responsabilité* schwer; *avertissement, menace, ennuis* ernsthaft; *faute, raison* schwerwiegend, gravierend; *nouvelles* schlimm; *sanction* hart; **blessé ~** Schwerverletzter *m*; **des choses ~s** etwas Ernstes; **ce n'est pas ~** das ist nicht schlimm
❸ GRAM **accent ~** *(im Französischen)* Accent *m* grave; LING Gravis *m*
❹ *(bas) son, note* tief; *voix* tief, dunkel
❺ *fam (troublé mentalement)* daneben *(fam)*
II. *m souvent pl* ❶ *d'une voix* tiefe Lage *f*
② AUDIOV **les ~s et les aigus** die Tiefen und Höhen
graveleux, -euse [gʀavlø, -øz] *adj* ❶ *(qui contient du gravier)* kiesig
② *propos, sujet* sehr anstößig, zotig
gravement [gʀavmɑ̃] *adv* ❶ ernst; *marcher* würdevoll
② *(de manière importante)* schwer; **être ~ menacé(e)/malade** schwer [*o* ernstlich] bedroht/krank sein
graver [gʀave] <1> I. *vt* ❶ **~ qc sur/dans qc** etw in etw *(Akk)* [ein]ritzen
② ART **~ qc sur cuivre/sur bois** etw in Kupfer *(Akk)* stechen/in Holz *(Akk)* schneiden; **être gravé(e) à l'eau-forte** radiert sein/werden
❸ *(rendre durable)* **~ qc dans sa mémoire** [*o son esprit*] sich *(Dat)* etw fest einprägen
❹ INFORM brennen **CD, CD-ROM**
II. *vpr* **se ~ dans la mémoire de qn** sich jdm fest einprägen, sich jdm tief ins Gedächtnis [ein]graben
graveur [gʀavœʀ] *m* ❶ **~ de CD-ROM** CD-ROM-Brenner *m*
② ART Graveur *m*; **~ à l'eau-forte** Radierer *m*
graveuse [gʀavøz] *f* ART Graveurin *f*; **~ à l'eau-forte** Radiererin *f*
gravide [gʀavid] *adj* MED trächtig
gravidité [gʀavidite] *f* MED Gravidität *f (Fachspr.)*
gravier [gʀavje] *m* ❶ *a.* GEOL Kies *m*; **allée de ~** Kiesweg *m*
② *(petit caillou)* [kleiner] Kieselstein, [kleiner] Kiesel; **revêtement en ~s** Schotterdecke *f*
❸ GEOL Kies *m*
gravillon [gʀavijɔ̃] *m* ❶ *sans pl (sur route)* Splitt *m*; *(dans un jardin)* Kies *m*; **attention, risque de projection de ~s!** Vorsicht Rollsplitt!
② *souvent pl (petit caillou)* Kieselstein *m*
gravir [gʀaviʀ] <8> I. *vt* ❶ [hinauf]klettern auf *(+ Akk) côte, colline*; **~ la/une montagne** bergwärts wandern; **~ la montagne à grand peine** sich auf den Berg hinaufquälen
② *(franchir)* **~ les échelons de la hiérarchie professionnelle/sociale** beruflich/gesellschaftlich aufsteigen
II. *vi* **~ péniblement** sich hinaufarbeiten; **~ en se faufilant** hinaufschleichen
gravissime [gʀavisim] *adj maladie* sehr ernst; *erreur* gravierend
gravitation [gʀavitasjɔ̃] *f sans pl* Gravitation *f*, Massenanziehung *f*; **loi de la ~ universelle** Gravitationsgesetz *nt*
gravité [gʀavite] *f* ❶ *sans pl* Ernst *m*; **avec ~ regarder** mit ernster Miene; *parler* ernst
② *sans pl (importance, caractère dangereux) d'une situation* Ernst *m*; *d'une faute* Schwere *f*; *d'une catastrophe, sanction* Ausmaß *nt*; **sinistre de ~ moyenne** mittelschweres Unglück; **accident sans ~** leichter Unfall; **la ~ des problèmes** der Problemdruck; **voir la ~ du problème** sehen, wie ernst das Problem ist
❸ *sans pl* PHYS Schwerkraft *f*; **les lois de la ~** die Gesetze der Schwerkraft
graviter [gʀavite] <1> *vi* ❶ PHYS, ASTRON **~ autour de qc** sich um etw drehen, um etw kreisen
② *fig* **~ autour du ministre** sich ständig im [Um]kreis des Ministers aufhalten; **~ dans l'orbite d'une grande puissance** *pays:* im Einflussbereich einer Großmacht sein
gravure [gʀavyʀ] *f* ❶ *sans pl (technique)* Gravieren *nt*; *(à l'eau-forte)* Radieren *nt*; **~ sur cuivre** Kupferstich *m*, Kupferstichverfahren *nt*
② *(œuvre)* Gravur *f*; *(sur cuivre)* Kupferstich *m*; *(sur bois)* Holzschnitt *m*; *(à l'eau-forte)* Radierung *f*; **~ en or** Goldprägung *f*
❸ *(reproduction)* Stich *m*
❹ INFORM *(action de graver)* Brennen *nt*; *(processus)* Brennvorgang *m*
◆ **~ de mode** Modezeichnung *f*
gré [gʀe] ▶ **de ~ ou de force** wohl oder übel; **de bon ~** bereitwillig; **bon ~ mal ~** wohl oder übel; **de mauvais ~** widerwillig; **de mon/son plein ~** freiwillig, aus freien Stücken; **savoir ~ à qn de qc** *soutenu* jdm für etw verbunden sein *(geh)*; **trouver qn/qc à son ~** jdn/etw nach seinem Geschmack finden; **au ~ de qn** *(de l'avis de)* jds Meinung [*o* Ansicht] *(Dat)* nach; *(selon les désirs de)* nach jds Wünschen; **au ~ de sa fantaisie** nach Lust und Laune; **au ~ des événements/circonstances** je nach den Ereignissen/Umständen; **contre le ~ de qn** gegen jds Willen
grèbe [gʀɛb] *m* ZOOL Taucher *m*
grec [gʀɛk] *m* **le ~ ancien/moderne** Alt-/Neugriechisch *nt*, das Alt-/Neugriechische; *v. a.* **allemand**
grec, grecque [gʀɛk] *adj* griechisch; **légumes à la ~que** Gemüse mit Olivenöl und Kräutern
Grec, Grecque [gʀɛk] *m, f* Grieche *m*/Griechin *f*
Grèce [gʀɛs] *f* **la ~** Griechenland *nt*
gréco-latin(e) [gʀekolatɛ̃, in] <gréco-latins> *adj* griechisch-lateinisch **gréco-romain(e)** [gʀekoʀɔmɛ̃, ɛn] <gréco-romains> *adj* griechisch-römisch
grecque [gʀɛk] *f (ornement)* Mäander *m*
gredin(e) [gʀədɛ̃, in] *m(f) fam* Schurke *m*/Schurkin *f*
gréement [gʀemɑ̃] *m sans pl* ❶ NAUT Takelung *f*, Auftakeln *nt*
② *(matériel)* Takelage *f*
gréer [gʀee] <1> *vt* NAUT auftakeln
greffage [gʀefaʒ] *m sans pl* Veredelung *f*, Pfropfen *nt*, Pfropfung *f*
greffe[1] [gʀɛf] *f* ❶ BOT Veredelung *f*, Pfropfen *nt*, Pfropfung *f*; *(greffon)* Pfropfreis *nt*, Edelreis
② MED Transplantation *f*, Verpflanzung *f*; **~ du cœur/d'organe** Herz-/Organverpflanzung, Herz-/Organtransplantation; **~ vasculaire** Gefäßtransplantation; **~ de la cornée** Hornhauttransplantation; **~ de tissu[s]** Gewebetransplantation; **la ~ a pris** die Transplantation ist gelungen
greffe[2] [gʀɛf] *m d'un tribunal* Geschäftsstelle *f*, Kanzlei *f*
greffer [gʀefe] <1> I. *vt* ❶ BOT veredeln; **~ qc sur qc** etw auf etw *(Akk)* propfen; **~ en écusson** okulieren
② MED **~ qc à qn** jdm etw transplantieren
II. *vpr* **se ~ sur qc** zu etw hinzukommen
greffier, -ière [gʀefje, -jɛʀ] *m, f* Justizbeamter *m*/-beamtin *f*
greffoir [gʀefwaʀ] *m* Okuliermesser *nt*
greffon [gʀefɔ̃] *m* ❶ BOT Pfropfreis *nt*, Edelreis
② MED Transplantat *nt*
grégaire [gʀegɛʀ] *adj* **instinct** [*o* **tendance**] **~** Herdentrieb *m*
grège [gʀɛʒ] *adj* ekrü; **soie ~** Grège[seide *f*] *f*
grégorien [gʀegɔʀjɛ̃] *m* gregorianischer Gesang
grégorien(ne) [gʀegɔʀjɛ̃, jɛn] *adj* gregorianisch
grêle[1] [gʀɛl] *adj membre, silhouette* dürr; *apparence* schmächtig; *son, voix* dünn
grêle[2] [gʀɛl] *f a. fig* Hagel *m*; **~ de pierres/balles** Stein-/Kugelhagel; **une ~ de coups/d'injures s'abat sur qn** Schläge prasseln/eine Flut von Beleidigungen geht auf jdn nieder
grêlé(e) [gʀele] *adj* pockennarbig
grêler [gʀele] <1> *vi impers* **il grêle** es hagelt
grêlon [gʀelɔ̃] *m* Hagelkorn *nt*
grelot [gʀəlo] *m* kleine Glocke, Glöckchen *nt*
grelottement [gʀəlɔtmɑ̃] *m* [leichtes] Zittern; *(plus fort)* Schlottern *nt*; **~ de fièvre** Schüttelfrost *m*
grelotter [gʀəlɔte] <1> *vi* ❶ **~ de qc** *(légèrement/fortement)* vor etw *(Dat)* zittern/schlottern; **~ de fièvre** Schüttelfrost haben
② *littér (résonner)* klingeln, läuten
greluche [gʀəlyʃ] *f péj fam* Tussi *f*
grenade [gʀənad] *f* ❶ BOT Granatapfel *m*
② MIL Granate *f*; **~ à fusil** Gewehrgranate
grenadier [gʀənadje] *m* ❶ *(arbre)* Granatapfelbaum *m*
② MIL Grenadier *m*
grenadin [gʀənadɛ̃] *m* ❶ BOT eine rote Nelkenart
② GASTR gespickte, gebratene Kalbsnuss
grenadine [gʀənadin] *f* Grenadine *f*; **diabolo ~** Limonade mit Granatapfelsirup
grenaille [gʀənaj] *f sans pl* Schrot *nt o m*
grenat [gʀəna] I. *m* Granat *m*
II. *adv inv* granatfarben
grener [gʀəne] <4> *vt* anrauen *cuir*
grenier [gʀənje] *m* ❶ *d'une ferme* Speicher *m*; **~ à blé** [*o* **à céréales**] Kornspeicher, Getreidespeicher; **~ à foin** [*o* **fourrage**] Heuboden *m*
② *(combles) d'une maison* Speicher *m*, [Dach]boden *m*; *(utilisé pour sécher le linge)* Trockenboden
❸ *littér (région fertile)* Kornkammer *f (liter)*
grenouillage [gʀənujaʒ] *m fam* Schiebung *f (fam)*
grenouille [gʀənuj] *f* ❶ Frosch *m*
② *fam (symbole météorologique)* Wetterfrosch *m*
◆ **~ de bénitier** *fam* Betbruder *m*/-schwester *f (fam)*
grenouillère [gʀənujɛʀ] *f* Strampelhose *f*
grenouille-taureau [gʀənujtoʀo] <grenouilles-taureaux> *f*

Ochsenfrosch *m*
grenu(e) [grəny] *adj peau, roche* rau; *marbre, papier* körnig, gekörnt; *cuir* genarbt
grès [grɛ] *m* ❶ *(roche)* Sandstein *m;* ~ **siliceux/ferrugineux** Kiesel-/Eisensandstein
❷ *(terre glaise)* Steingut *nt*
❸ *(poterie)* Steingut *nt,* Steinzeug *nt;* **cruche de** [*o* **en**] ~ Steinkrug *m*
grésil [grezil] *m sans pl* Graupeln *Pl;* **pluie mêlée de** ~ Graupelschauer *m*
grésillement [grezijmã] *m d'une radio, d'un téléphone* Rauschen *nt; de la friture* Brutzeln *nt*
grésiller[1] [grezije] <1> *vi huile, friture:* brutzeln; **la radio/le disque/téléphone grésille** es rauscht im Sender/bei der Wiedergabe/in der Leitung
grésiller[2] [grezije] <1> *vi impers* graupeln; **il grésille** es graupelt
grève [grɛv] *f* ❶ Streik *m;* **appel à la** ~ Streikaufruf *m;* **déclenchement d'une** ~ Streikausbruch *m;* ~ **générale** Generalstreik; ~ **sauvage** wilder Streik; ~ **surprise/sur le tas** Blitz-/Sitzstreik; ~ **tournante** Streik, bei dem sich die Belegschaftsgruppen abwechseln; **être en** ~, **faire** ~ streiken; **se mettre en** ~ in den Streik [*o* Ausstand] treten; **en** ~ *entreprise* bestreikt; *ouvrier* streikend
❷ *soutenu (rivage)* Gestade *nt (poet)*
◆ ~ **d'avertissement** Warnstreik *m;* ~ **de la faim** Hungerstreik *m;* **faire la** ~ **de la faim** einen Hungerstreik durchführen; ~ **du zèle** Bummelstreik *m*
grever [grəve] <4> *vt* ~ **qn/qc de qc** jdn/etw mit etw belasten; ~ **qc d'usufruit** JUR etw mit einem Nießbrauch belasten; **grevé(e) d'une hypothèque** mit einer Hypothek belastet
gréviste [grevist] *mf* Streikende(r) *f(m);* ~ **s de la faim** Menschen *Pl* im Hungerstreik
gribiche [gribiʃ] *adj* GASTR **sauce** ~ Vinaigrette mit sauren Gurken, Kapern, Kräutern und gehacktem Ei
gribouillage [gribujaʒ] *m* Gekritzel *nt;* **faire des** ~ **s sur qc** etw bekritzeln
gribouiller [gribuje] <1> *I. vi* ~ **sur qc** auf etw *(Akk o Dat)* kritzeln
II. vt ~ **qc sur qc** etw auf etw *(Akk)* kritzeln; ~ **qc à qn** jdm etw [hin]kritzeln
gribouilleur, -euse [gribujœR, -jøz] *m, f péj (écrivain)* Schreiberling *m (pej); (peintre)* Farbenkleckser(in) *m(f) (pej)*
gribouillis *v.* **gribouillage**
grief [gRijɛf] *m* Klage[punkt *m*] *f,* Beschwerde *f;* **avoir** [*o* **nourrir soutenu**] **des** ~ **s contre qn** einen Groll auf jdn haben [*o* gegen jdn hegen *geh*]; **faire** ~ **à qn de qc/d'avoir fait qc** *soutenu* jdm etw vorwerfen/jdm vorwerfen, etw getan zu haben; **formuler** [*o* **exposer**] **ses** ~ **s contre qn** seine Beschwerden [*o* Klagen] gegen jdn vorbringen
grièvement [grijɛvmã] *adv* schwer
griffe [grif] *f* ❶ *d'un animal* Kralle *f;* **faire ses** ~ **s** die Krallen wetzen
❷ *(marque)* Markenzeichen *nt,* Zeichen *nt* des Herstellers; *(signature)* Unterschrift *f*
❸ BELG *(égratignure)* Kratzer *m*
▶ **toutes** ~ **s dehors** aggressiv; **arracher qn des** ~ **s de qn** jdn aus jds Klauen befreien; **être entre les** ~ **s** [*o* **sous la** ~] **de qn** in jds Klauen *(Dat)* sein; **montrer les** ~ **s** die Krallen zeigen; **porter la** ~ **de qn** jds Stempel tragen; **reconnaître la** ~ **de qn** jds Handschrift erkennen; **rentrer ses** ~ **s** einlenken; **forcer qn à rentrer ses** ~ **s** jdn zum Einlenken zwingen; **faire rentrer ses** ~ **s à qn** jdn versöhnlich stimmen; **tomber entre les** ~ **s** [*o* **sous la** ~] **de qn** in jds Klauen *(Akk)* geraten
griffé(e) [grife] *adj* **vêtements** ~ **s** Markenkleidung *f*
griffer [grife] <1> *I. vt* kratzen *personne;* zerkratzen *jambes, visage, voiture*
II. vi kratzen; **attention, ça griffe!** Achtung, Dornen!
griffon [grifɔ̃] *m* ❶ *(chien)* Griffon *m*
❷ *(vautour)* [Gänse]geier *m*
❸ MYTH Greif *m*
griffonnage [grifɔnaʒ] *m* Gekritzel *nt*
griffonner [grifɔne] <1> *I. vt* ❶ krakeln *(pej fam),* klieren (NDEUTSCH); ~ **sur qc** auf etw *(Akk o Dat)* kritzeln
II. vt krakeln *(pej fam),* klieren (NDEUTSCH); ~ **qc sur qc** etw auf etw *(Akk)* kritzeln; ~ **qc à qn** jdm etw hinkritzeln
griffu(e) [grify] *adj* ❶ *(qui a des griffes)* mit Krallen
❷ *(qui griffe)* kratzig
griffure [grifyR] *f (égratignure)* Kratzer *m*
grifton *v.* **griveton**
grignotage [grinɔtaʒ] *m* ❶ *(action de manger)* Knabbern *nt*
❷ *(réduction) des libertés* Beschneiden *nt; du capital, des salaires* Aufzehren *nt (fig); des espaces* allmähliches Verschwinden *nt; de la majorité* Untergraben *nt (fig)*
grignotement [grinɔtmã] *m* Knabbern *nt*

grignoter [grinɔte] <1> *I. vi personne:* eine Kleinigkeit essen, eine Zwischenmahlzeit einnehmen; *animal:* knabbern
II. vt ❶ *personne:* knabbern
❷ *(ronger) animal:* [herum]knabbern an *(+ Dat); (manger entièrement)* fressen
❸ *(restreindre)* beschneiden *libertés;* aufzehren *capital;* einschränken *espaces*
❹ *(rattraper)* einholen *concurrent;* aufholen *retard*
❺ *(recueillir ça et là)* ergattern *(fam) argent;* herausschlagen *(fam) avantages, droits*
grigou [grigu] *m fam* Geizkragen *m (fam)*
grigri, gri-gri [grigri] <gris-gris> *m* Talisman *m*
gril [gril] *m* Grill *m;* ~ **de table** Tischgrill; **faire cuire qc sur le** [*o* **au**] ~ etw grillen; **cuit sur le** ~ gegrillt
▶ **être sur le** ~ *fam* auf heißen [*o* glühenden] Kohlen sitzen *(fam)*
grillade [grijad] *f* Gegrillte(s) *nt; (steak)* Grillsteak *nt;* **faire des** ~ **s** grillen; ~ **de porc** Schweinesteak
grillage [grijaʒ] *m (treillis)* [Draht]gitter *nt; (clôture)* Drahtzaun *m;* ~ **en bois** Holzgitter
grillager [grijaʒe] <2a> *vt* vergittern *fenêtre;* einzäunen *jardin*
grille [grij] *f* ❶ *(clôture)* Drahtzaun *m; (porte)* Gittertür *f; (barreaux)* Torgitter *nt*
❷ *(treillis)* Gitter *nt; d'un château fort* Fallgitter; *d'un four, poêle à charbon* [Feuer]rost *m; d'un radiateur de voiture, d'aération* Luftschlitz *m;* ~ **filtrante** *d'un robinet* Haarsieb *nt*
❸ *(planning)* ~ **d'horaires** [*o* **des horaires**] Stundenplan *m;* ~ **des horaires des trains** [Zug]fahrplan *m;* ~ **des rémunérations** Besoldungs-/Gehaltstabelle *f;* ~ **des tarifs** Tariftabelle; ~ **des programmes de radio/télévision** Radio-/Fernsehprogramm *nt*
❹ JEUX ~ **de loto** Lottoschein *m;* ~ **de mots croisés** Kreuzworträtsel *nt*
❺ *(système d'analyse)* Entschlüsselungsschema *nt;* ~ **quadrillée** Gitternetz *nt*
❻ ELEC Gitter *nt*
◆ ~ **d'égout** Gullydeckel *m,* Kanaldeckel
grille-pain [grijpɛ̃] *m inv* Toaster *m*
griller [grije] <1> *I. vi* ❶ *viande, poisson:* gegrillt werden; *pain:* geröstet [*o* getoastet] werden; **faire** ~ grillen; rösten *café, châtaignes;* rösten, toasten *pain;* **mettre de la viande à** ~ Fleisch auf den Grill legen
❷ *(être impatient)* ~ **d'envie** [*o* **d'impatience**] **de faire qc** darauf brennen, etw zu tun
❸ *fam (avoir chaud)* vor Hitze fast umkommen *(fam)*
II. vt ❶ grillen; rösten *café, châtaignes;* rösten, toasten *pain*
❷ *(détruire) soleil, feu:* verbrennen; **le gel a grillé les bourgeons** die Knospen sind erfroren
❸ ELEC **être grillé(e)** *fam* durchgebrannt sein
❹ *fam (devancer)* überrunden *coureur;* überfahren *feu rouge*
❺ *fam (fumer)* paffen *(fam)*
▶ **être grillé(e) auprès de qn** *pop* bei jdm unten durch sein *(fam)*
grillon [grijɔ̃] *m* Grille *f;* **le** ~ **chante** die Grille zirpt
grimaçant(e) [grimasɑ̃, ɑ̃t] *adj* [fratzenhaft] verzerrt
grimace [grimas] *f* ❶ Grimasse *f,* Fratze *f;* **faire la** ~ das Gesicht verziehen; **faire des** ~ **s** Grimassen schneiden; ~ **de douleur/colère** schmerzverzerrtes/wutverzerrtes Gesicht; ~ **de dégoût** angewiderte Miene
❷ *(pli)* **faire une** ~ Falten/eine Falte werfen
grimacer [grimase] <2> *vi* ❶ Grimassen schneiden; ~ **de douleur** das Gesicht vor Schmerz *(Dat)* verziehen; **le soleil le fait** ~ wegen der Sonne blinzelt er
❷ *(faire un pli)* Falten/eine Falte werfen
grimage [grimaʒ] *m* THEAT *(maquillage)* Schminken *nt; (résultat)* Maske *f*
grimer [grime] <1> *vt, vpr* ~ **qn/se** ~ jdn/sich schminken
grimoire [grimwar] *m* ❶ Zauberbuch *nt*
❷ *(écrit inintelligible/illisible)* unverständliches Schriftstück/Hieroglyphen *Pl*
grimpant(e) [grɛ̃pɑ̃, ɑ̃t] *adj* **rosier** ~ Kletterrose *f*
grimpée [grɛ̃pe] *f* Aufstieg *m; (à vélo)* Bergfahrt *f;* **la** ~ **du col** der Aufstieg/die Fahrt zum Pass
grimper [grɛ̃pe] <1> *I. vi* ❶ *(vu d'en haut/d'en bas)* herauf-/hinaufklettern; **sur une paroi** eine Felswand hinaufklettern; ~ **sur le toit/à** [*o* **dans**] **l'arbre/à l'échelle** auf das Dach/den Baum/die Leiter klettern; ~ **à l'assaut de l'Everest** auf den Gipfel des Everest erklimmen; **en rampant** *serpent:* heraufkriechen
❷ *(pousser)* ~ [**au mur**] *plante:* sich [an der Mauer] hochranken; ~ **le long de qc** *plante:* sich an etw *(Dat)* emporranken
❸ *(s'élever)* ~ **dans la montagne** *route:* bergauf führen, ansteigen; **ça grimpe dur!** es geht steil bergauf!
❹ *fam (augmenter rapidement)* klettern *(fig)*
II. vt ❶ *(vu d'en haut/d'en bas)* hochkommen/hinaufsteigen *escalier;* ~ **la côte** den Abhang hochkommen/hinaufklettern; *(à vélo, en voiture)* den Abhang hochkommen/hinauffahren

III. *m* SPORT Klettern *nt* [mit dem Seil]
grimpereau [gʀɛ̃pʀo] <x> *m* ZOOL Baumläufer *m*
grimpette [gʀɛ̃pɛt] *f fam* kurzer Aufstieg
grimpeur, -euse [gʀɛ̃pœʀ, -øz] **I.** *adj* oiseau ~ Klettervogel *m*
II. *m, f* ❶ Kletterer *m*/Kletterin *f*
❷ *(cycliste)* Bergfahrer(in) *m(f)*
grinçant(e) [gʀɛ̃sɑ̃, ɑ̃t] *adj* ❶ *charnière* quietschend; *voix, musique, ton* schrill
❷ *(aigre) ironie, humour* beißend
grincement [gʀɛ̃smɑ̃] *m* d'*une roue, porte* Quietschen *nt;* d'*une plume* Kratzen *nt*
◆ ~ **de dents** Zähneknirschen *nt*
grincer [gʀɛ̃se] <2> *vi* quietschen; *parquet:* knarren; *craie:* kratzen
▶ ~ **des** dents mit den Zähnen knirschen
grincheux, -euse [gʀɛ̃ʃø, -øz] **I.** *adj enfants* quengelig *(fam); personne* mürrisch, griesgrämig; **être d'humeur grincheuse** mürrisch/griesgrämig sein
II. *m, f* Griesgram *m*
gringalet [gʀɛ̃galɛ] *m péj* mickriges Kerlchen *(pej fam)*
gringe [gʀɛ̃ʒ] *adj* CH *(grincheux)* griesgrämig
griot(te) [gʀijo, ɔt] *m(f)* Griot *m (Afrikaner, der die Geschichte seines Volkes in Versen und Gesängen überliefert)*
griotte [gʀijɔt] *f* Sauerkirsche *f,* Weichselkirsche (DIAL), Weichsel *f* (A); **tarte aux ~s** Sauerkirschkuchen *m;* **confiture/jus de ~s** Sauerkirschmarmelade *f*/-saft *m*
grippage [gʀipaʒ] *m* Klemmen *nt,* Festsitzen *nt;* d'*un moteur* Festfressen *nt;* d'*un système* Stockung *f*
grippal(e) [gʀipal, o] <-aux> *adj état* grippal; **virus ~** Grippevirus *m*
grippe [gʀip] *f* Grippe *f;* ~ **intestinale** Darmgrippe; **épidémie de ~** Grippeepidemie *f,* Grippewelle *f;* **attraper la ~** die Grippe bekommen, sich *(Dat)* die Grippe holen *(fam);* **avoir la ~** [die] Grippe haben, grippekrank sein; ~ **du poulet** *fam* Geflügelpest *f*
▶ **prendre** qn **en ~** jdn nicht mehr riechen können *(fig fam)*
grippé(e) [gʀipe] *adj* grippekrank; **être ~(e)** [die] Grippe haben
gripper [gʀipe] <1> *vi, vpr* [**se**] ~ klemmen, festsitzen; *moteur:* sich festfressen; *système:* stocken
grippe-sou [gʀipsu] <grippe-sous> **I.** *m fam* Pfennigfuchser(in) *m(f) (fam)*
II. *adj inv fam* **être assez ~** ein ganz schöner Pfennigfuchser sein *(fam)*
gris [gʀi] *m* Grau *nt*
gris(e) [gʀi, gʀiz] *adj* ❶ grau; *ciel, jour* [regen]grau; ~ **foncé** *inv* dunkelgrau, schwarzgrau; ~ **acier** *inv* stahlgrau; ~ **ardoise/souris** *inv* schiefer-/mausgrau; ~ **sale** *inv* schmutzig grau; ~ **verdâtre** *inv* feldgrau; **ton ~** Grauton *m,* grauer Ton; **cheval ~ pommelé** Apfelschimmel *m;* **~(e) de poussière** staubig, staubbedeckt
❷ METEO *(couvert)* grau; *temps* trüb
❸ *(morne) vie* öde; *pensées* düster
grisaille [gʀizaj] *f* ❶ *sans pl* Öde *f,* Eintönigkeit *f;* **de la vie** Farblosigkeit *f;* **la ~ de la vie quotidienne** der graue Alltag
❷ *(couleur) de l'aube, du paysage* Grau *nt;* **les ~ de l'hiver** das winterliche Grau
grisant(e) [gʀizɑ̃, ɑ̃t] *adj vin, succès* berauschend; *odeur, parfum, femme* betörend
grisâtre [gʀizɑtʀ] *adj* ❶ gräulich
❷ *(morne) vie* öde
grisbi [gʀizbi] *m arg* Zaster *m (sl)*
gris-bleu [gʀiblø] *adj inv* blaugrau
grisé [gʀize] *m* Schraffur *f,* Schraffierung *f,* schraffierte Fläche
griser [gʀize] <1> **I.** *vt, vi* ❶ ~ qn *vin:* jdn betrunken machen, jdm in den Kopf steigen
❷ *(exciter)* berauschen; **se laisser ~ par la vitesse** dem Geschwindigkeitsrausch verfallen
❸ *(flatter)* qn *flatteries, succès:* jdm zu Kopf steigen; *bonheur:* jdn berauschen; **elle se laisse ~ par le succès** der Erfolg steigt ihr zu Kopf[e]; ~ qn **de** qc jdn durch etw mitreißen
II. *vpr* ❶ **se ~** sich betrinken; *(légèrement)* sich beduseln *(fam);* **se ~ avec** qc sich mit etw betrinken
❷ *(s'étourdir)* **se ~ de** qc sich an etw *(Dat)* berauschen
❸ *(s'exalter)* **se ~ de** qc sich von etw mitreißen lassen
griserie [gʀizʀi] *f sans pl (état)* Rausch *m; (action)* Berauschen *nt;* ~ **du pouvoir/succès** Macht-/Erfolgsrausch
gris-gris *v.* **grigri**
grison [gʀizɔ̃] *m* ZOOL Grautier *m*
Grison(ne) [gʀizɔ̃, ɔn] *m(f)* Graubündner(in) *m(f)*
grisonnant(e) [gʀizɔnɑ̃, ɑ̃t] *adj personne* leicht ergraut; *cheveux, tempes* grau meliert
grisonnement [gʀizɔnmɑ̃] *m sans pl* leichter Grauton; *(action)* Grauwerden *nt;* **avoir un léger ~ sur les tempes** leicht ergraute Schläfen haben
grisonner [gʀizɔne] <1> *vi* ergrauen, grau werden
Grisons [gʀizɔ̃] *mpl* **les ~** Graubünden *nt*

grisou [gʀizu] *m* Grubengas *nt,* Schlagwetter *nt;* **coup de ~** Schlagwetterexplosion *f*
gris-vert [gʀivɛʀ] *adj inv* graugrün
grive [gʀiv] *f* Drossel *f;* ~ **musicienne** Singdrossel
▶ **faute de ~s, on mange des** merles *prov* in der Not frisst der Teufel Fliegen *(fam);* soûl(e) **comme une ~** sternhagelvoll *(fam)*
grivèlerie [gʀivɛlʀi] *f sans pl* Zechprellerei *f*
griveton [gʀivtɔ̃] *m pop* Landser *m (fam)*
grivois(e) [gʀivwa, waz] *adj* schlüpfrig, anzüglich
grivoiserie [gʀivwazʀi] *f (parole, histoire)* schlüpfrige [*o* anzügliche] Geschichte; *(attitude, geste)* Anzüglichkeit *f*
grizzli, grizzly [gʀizli] *m* Grislibär *m,* Grizzlybär, Grizzly *m*
grog [gʀɔg] *m* Grog *m*
groggy [gʀɔgi] *adj inv* ❶ *fam (épuisé)* groggy *(fam); (ivre)* benebelt *(fam)*
❷ BOXE groggy *(fam),* schwer angeschlagen
grognard [gʀɔɲaʀ] *m* HIST Soldat der Napoleonischen Garde
grogne [gʀɔɲ] *f sans pl fam* Murren *nt*
grognement [gʀɔɲmɑ̃] *m* ❶ *du cochon, sanglier* Grunzen *nt;* de *l'ours* Brummen *nt; du chien* Knurren *nt*
❷ *(bougonnement)* d'*une personne* Murren *nt,* Gemurre *nt;* **parler par ~s** vor sich *(Akk)* hin schimpfen
grogner [gʀɔɲe] <1> **I.** *vi* ❶ *chien:* knurren; *cochon, sanglier:* grunzen; *ours:* brummen
❷ *(ronchonner)* murren; *enfant:* quengeln *(fam);* ~ **contre** [*o* **après**] qn über jdn maulen *(fam);* **être toujours à ~ après** qn ständig an jdm herummeckern *(fam)*
II. *vt* vor sich *(Akk)* hin schimpfen *insultes*
▶ ~ **des injures contre** qn gegen jdn leise Flüche ausstoßen
grognon(ne) [gʀɔɲɔ̃, ɔn] *adj* mürrisch; *enfant* quengelig; **vieil homme ~** *fam* alter Brummbär
groin [gʀwɛ̃] *m* ❶ *du porc* Schnauze *f; du sanglier* Rüssel *m*
❷ *fam (visage laid)* Fratze *f*
gro(l)le [gʀɔl] *f fam* Latschen *m (fam)*
grommeler [gʀɔmle] <3> **I.** *vi* ❶ *sanglier:* grunzen
❷ *(bougonner)* murren; ~ **dans sa barbe** vor sich *(Akk)* hin murmeln
II. *vt* ~ **des injures contre** qn gegen jdn leise Flüche ausstoßen
grommellement [gʀɔmɛlmɑ̃] *m* ❶ *du sanglier* Grunzen *nt*
❷ *(bougonnement)* Gemurmel *nt; (mécontentement)* Murren *nt,* Gemurre *nt*
grondement [gʀɔ̃dmɑ̃] *m* ❶ d'*un chien* Knurren *nt*
❷ *(bruit sourd et prolongé)* d'*un canon* Donner *m; du tonnerre* Grollen *nt;* d'*un torrent* Brausen *nt,* Tosen *nt;* d'*un moteur* Dröhnen *nt;* **les ~s de colère de la foule** das Toben der wütenden Menge
gronder [gʀɔ̃de] <1> **I.** *vi* ❶ *chien:* knurren
❷ *(produire un bruit)* grollen; *canon:* donnern
❸ *(être menaçant) conflit:* sich zusammenbrauen; *irritation:* sich breitmachen; *émeute:* sich anbahnen
II. *vt* ausschimpfen, schimpfen mit *personne;* **tu vas te faire ~** man wird dich ausschimpfen
gronderie [gʀɔ̃dʀi] *f fam* Schelte *f*
grondeur, -euse [gʀɔ̃dœʀ, -øz] *adj* ❶ **d'un ton ~** in wütendem Ton; **être ~(-euse)** *personne:* verärgert sein; *voix:* verärgert klingen
❷ *(bruyant) torrent,* vent tosend, brausend
grondin [gʀɔ̃dɛ̃] *m* ZOOL Knurrhahn *m;* **rouget ~** Kuckucks-Knurrhahn *m*
groom [gʀum] *m* Hausdiener *m; (jeune employé)* Page *m,* Hoteljunge *m*
gros [gʀo] **I.** *m* ❶ Dicke(r) *m;* ~ **plein de soupe** *péj* Fettkloß *m (pej fam),* Fettwanst *m (pej fam)*
❷ *souvent pl fam (riche)* Reiche(r) *m*
❸ *hum fam (expression affective)* **mon ~** mein Dickerchen *nt (fam)*
❹ *sans pl* COM Großhandel *m;* **commerçant en ~** Großhändler *m;* **entreprise de ~** Großhandelsunternehmen *nt;* **indice des prix de ~ et de détail** Groß- und Einzelhandelsindex *m;* **pratiquer des prix de ~** zu Großhandelspreisen verkaufen
❺ *sans pl (la plus grande partie)* **le ~ du travail** die Hauptarbeit, der Großteil der Arbeit; **le ~ de l'assistance** die große Mehrheit des Publikums; **le ~ de la troupe** das Gros der Truppe; **le ~ de l'orage est passé** der schlimmste Sturm ist vorbei; **faire le plus ~** das Gröbste machen
▶ **acheter/vendre** qc **en ~** etw en gros [*o* im Großen] kaufen/verkaufen; **coûter en ~ cent euros** ungefähr hundert Euro kosten; **avoir raison en ~** im Großen und Ganzen Recht haben; **expliquer en ~** in groben Zügen erklären
II. *adv* ❶ viel; *jouer, parier* mit hohem Einsatz; **je donnerais ~ pour savoir...** viel darum geben, wenn ich wüsste …
❷ *(en grand format) écrire* groß; *voir* vergrößert
▶ **il y a ~ à** parier **qu'il/qu'elle va perdre** ich gehe jede Wette ein, dass er/sie verlieren wird
gros(se) [gʀo, gʀos] *adj* ❶ *a. antéposé* dick; *manteau, couverture* dick, schwer; *poitrine, lèvres* voll; *rate, foie* vergrößert; ~ **comme**

une cerise kirschgroß; ~ comme un caillou/une pomme so groß wie ein Kieselstein/ein Apfel, von der Größe eines Kieselstein[e]s/eines Apfels; ~ comme le poing faustgroß ❷ *antéposé (de taille supérieure)* groß; **gibier** ~ Großwild *nt;* **en** ~ **caractères** in großen Buchstaben [*o* Lettern] ❸ *a. antéposé (corpulent) personne* dick; **une ~se dondon** *fam* eine dicke Nudel *(fam);* ~(**se**) **comme une boule** kugelrund ❹ *antéposé (intense)* averse, chute de neige stark; récolte reich; sécheresse lang; appétit, morceau groß; fièvre, rhume stark; soupir tief, schwer; voix laut ❺ *antéposé (considérable)* faute, dépenses, affaire groß; *(généreusement mesuré)* quart d'heure, kilo gut; **acheter par** [*o* **en**] **~ses quantités** große Mengen [*o* en gros] kaufen ❻ *antéposé (important)* dégâts, opération schwer; ~ **client** Großkunde *m;* ~ **consommateur** Großverbraucher *m* ❼ *antéposé (extrême)* buveur, mangeur stark; joueur eifrig; fainéant groß; ~ **malin, va!** du Schlaumeier [*o* Schlauberger]! *(fam);* ~ **bêta** [*o* **nigaud**]! *fam* du Dummkopf! *(fam)* ❽ *antéposé (peu raffiné)* grob; plaisanterie grob, derb; rire laut; bon sens einfach; ~ **rouge** billiger Rotwein ❾ *(incroyable)* histoire übertrieben; **c'est un peu ~!** das ist ganz schön dick aufgetragen! *(fam); (scandaleux)* das ist ein starkes Stück! *(fam)* ❿ *antéposé (de base)* travaux schwer, grob; **~se industrie** Schwerindustrie *f;* ~ **œuvre** Rohbau *m* ⓫ *(plein de)* ~ **de chagrin** voller Kummer; ~ **de conséquences** folgenschwer; **les yeux ~ de larmes** mit Tränen in den Augen; **le cœur ~ de désirs** das Herz voller Wünsche ⓬ NAUT *mer* bewegt; *rivière* angestiegen, angeschwollen

gros-bec [gʀobɛk] <gros-becs> *m* ORN Kernbeißer *m;* ~ **casse-noyaux** Kirschkernbeißer **gros-cul** [gʀoky] <gros-culs> *m fam* Brummi *m (fam)*

groseille [gʀozɛj] I. *f* [rote] Johannisbeere *f,* Ribisel *f* (A); **confiture de ~s** [rote] Johannisbeermarmelade
II. *app inv* hellrot
◆ **~ à maquereau** Stachelbeere *f*

groseillier [gʀozeje] *m* Johannisbeerstrauch *m*
◆ **~ à maquereau** Stachelbeerstrauch *m*

gros-grain [gʀogʀɛ̃] <gros-grains> *m* TEXTIL *(ruban)* Seidenripsband *nt; (tissu)* Seidenrips *m* **Gros-Jean** [gʀoʒɑ̃] ▶**être ~ comme devant** *fam* [genau]so klug wie vorher sein **gros-porteur** [gʀopɔʀtœʀ] <gros-porteurs> I. *adj* avion ~ Groß[raum]flugzeug *nt* II. *m* Großraumflugzeug *nt*

grosse [gʀos] *f* ❶ Dicke *f*
❷ *souvent pl fam (riche)* Reiche *f*
❸ *hum fam (expression affective)* **ma** ~ mein Dickerchen *nt (fam)*

grossesse [gʀosɛs] *f* Schwangerschaft *f;* ~ **extra-utérine** Bauchhöhlenschwangerschaft *f;* **test de** ~ Schwangerschaftstest *m;* **interruption volontaire de** ~ Schwangerschaftsabbruch *m*

grosseur [gʀosœʀ] *f* ❶ Dicke *f;* **de la ~ d'un caillou/d'une pomme** von der Größe eines Kieselstein[e]s/Apfels; **de la ~ du poing** faustgroß, faustdick
❷ *sans pl (épaisseur) d'un mur, bâton* Dicke *f; d'un fil* Stärke *f*
❸ *(embonpoint)* [Leibes]fülle *f;* **être d'une ~ maladive** an Fettleibigkeit *(Dat)* leiden
❹ *(tumeur)* Schwellung *f*

grossier, -ière [gʀosje, -jɛʀ] *adj* ❶ grob; *instrument* primitiv; *réparation* notdürftig; *imitation* schlecht; *aliment* nicht raffiniert; **lavage ~** Grobwäsche *f*
❷ *(approximatif)* grob; **structure grossière** *d'un cheveu, minéral, tissu* Grobstruktur
❸ *postposé (pas très fin)* traits grob; *manières* ungehobelt *(fig); personne* unkultiviert; **être un homme ~ dans ses manières** ein Mann mit ungeschliffenen Manieren sein; **c'est un esprit ~** er/sie ist ungehobelt *(fig)*
❹ *(stupide)* ruse, plaisanterie plump; *mensonge* grob, plump; *faute* krass; *erreur* schwer
❺ *(malpoli) personne* flegelhaft, rüpelhaft; *postposé (vulgaire)* derb; *langage, geste, plaisanterie* derb, obszön; **se montrer ~ envers qn** sich jdm gegenüber unmöglich benehmen; **quel ~ personnage!** was für ein Flegel [*o* Rüpel]!
❻ *postposé littér (bas)* niedrig

grossièrement [gʀosjɛʀmɑ̃] *adv* ❶ *esquisser, tisser* grob; *emballer, réparer* notdürftig; *exécuter* oberflächlich; *imiter* schlecht
❷ *(lourdement) se tromper* schwer, gewaltig *(fam)*
❸ *(approximativement)* **calculer ~** grob überschlagen
❹ *(de façon impolie)* flegelhaft, rüpelhaft; *répondre* grob; *insulter* wüst

grossièreté [gʀosjɛʀte] *f* ❶ *sans pl* Grobheit *f; (plus fort)* Flegelhaftigkeit *f,* Rüpelhaftigkeit *f;* **agir avec ~** sich wie ein Flegel verhalten; **répondre avec ~** grob antworten
❷ *(remarque)* Grobheit *f;* **débiter des ~s** unflätig daherreden
❸ *sans pl (rusticité) d'une étoffe* derbe Beschaffenheit, Grobheit *f; de l'exécution* Oberflächlichkeit *f; de la fabrication* Primitivität *f,* Einfachheit *f; du travail* grobe Ausführung
❹ *sans pl (manque de finesse) des traits* Grobheit *f; (manque de subtilité) d'un mensonge, des manières* Plumpheit *f*

grossir [gʀosiʀ] <8> I. *vi* ❶ *personne, animal:* zunehmen, dicker werden; *point:* größer werden; *fruit:* wachsen; **~ du visage** im Gesicht zunehmen, im Gesicht voller werden; **aliment qui fait ~** *fam* Dickmacher *m (fam)*
❷ *(enfler) nuage:* größer werden; *rivière:* anschwellen; *bosse:* größer werden, anschwellen; *ganglions, tumeur:* wachsen, größer werden
❸ *(augmenter)* anwachsen; *foule:* größer werden; *nombre:* zunehmen
❹ *(s'amplifier) bruit faible:* lauter werden; *bruit fort:* anschwellen; *information, nouvelle:* immer mehr Gewicht bekommen
II. *vt* ❶ dick machen; *loupe, miroir:* vergrößern; **~ dix fois** zehnfach [*o* auf das Zehnfache] vergrößern
❷ *(faire augmenter de volume)* vermehren *capital, économies;* in die Höhe treiben *note de frais, facture;* **~ sa voix** seine Stimme verstärken; **le sucre fait ~** Zucker macht dick
❸ *(faire augmenter en nombre)* anwachsen lassen *foule, nombre de chômeurs;* verstärken *équipe*
❹ *(exagérer)* übertreiben, aufbauschen *événement, fait;* **~ un danger** eine Gefahr größer erscheinen lassen

grossissant(e) [gʀosisɑ̃, ɑ̃t] *adj* ❶ *flot* ansteigend; *foule, nombre* größer werdend
❷ *(qui fait paraître plus gros) miroir, verre* Vergrößerungs-

grossissement [gʀosismɑ̃] *m* ❶ *d'une personne* Gewichtszunahme *f; d'un muscle* Größerwerden *nt*
❷ OPT Vergrößerung *f;* **fonction de ~** INFORM Lupenfunktion *f*
❸ *(enflure)* Anschwellen *nt; d'une tumeur* Größerwerden *nt*
❹ *(augmentation de volume) d'un fleuve* Anschwellen *nt; d'une fortune* Vergrößerung *f,* Vermehrung *f;* **~ du capital** Kapitalzuwachs *m*
❺ *(augmentation en nombre)* Anwachsen *nt*
❻ *(exagération)* Aufbauschen *nt*

grossiste [gʀosist] I. *adj* épicier ~ Lebensmittelgroßhändler *m*
II. *mf* Grossist(in) *m(f),* Großhändler(in) *m(f)*

grosso modo [gʀosomɔdo] *adv expliquer, décrire* in groben Zügen; *calculer, estimer* ungefähr; **il s'agit de...** im Großen und Ganzen [*o* im Wesentlichen] handelt es sich um ...; **il y avait cent personnes ~** grob gerechnet waren es hundert Leute

grotesque [gʀɔtɛsk] I. *adj* grotesk; **de façon** [*o* **de manière**] **~** groteskerweise
II. *m* Groteske(s) *nt*

grotesquement [gʀɔtɛskəmɑ̃] *adv* grotesk

grotte [gʀɔt] *f* Höhle *f; (artificielle, peu profonde)* Grotte *f*

grouillant(e) [gʀujɑ̃, jɑ̃t] *adj* ❶ *foule, masse* wimmelnd; **le marché est ~ de monde/d'activité** auf dem Markt wimmelt es von Menschen/herrscht reges Treiben
❷ *(populeux)* voll; **le bistrot est ~ de monde** im Bistro wimmelt es von Leuten

grouillement [gʀujmɑ̃] *m* Gewimmel *nt*

grouiller [gʀuje] <1> I. *vi* ❶ *(s'agiter)* **~ dans toutes les directions** *foule:* lebhaft durcheinanderlaufen; **la fourmilière grouille** im Ameisenhaufen wimmelt es
❷ *(être plein de)* **~ de vers/de pucerons** von Würmern/von Läusen wimmeln; **la place grouille de touristes** auf dem Platz wimmelt es von Touristen
II. *vpr fam* **se ~** schnell machen *(fam);* **allez, grouille-toi!** los, Beeilung! *(fam)*

groupal(e) [gʀupal] *adj* Gruppen-

groupe [gʀup] *m* ❶ *de personnes, choses, d'animaux* Gruppe *f;* **~ de badauds/de manifestants** Gruppe von Schaulustigen/Demonstranten; **~ terroriste** Terrorgruppe *f;* **réduction de ~** Gruppenermäßigung *f;* **thérapie/discipline de ~** Gruppentherapie *f*/-disziplin *f;* **travail en ~** Gruppenarbeit *f,* Teamarbeit *f;* **voyage en ~** Gruppen-/Gesellschaftsreise *f;* **par ~s** in Gruppen; **par ~s de trois/quatre** in Dreier-/Vierergruppen; **~ de maisons** Häusergruppe; **~ d'arbres** Gruppe von Bäumen, Baumgruppe; **~ de marchandises principal** Hauptwarengruppe
❷ *(association)* Gruppe *f;* **~ d'études/de travail** Forschungs-/Arbeitsgruppe; **~ de recensement** ECON Erfassungsgruppe; **~ littéraire** Literatengruppe; **~ musical** Musikensemble *nt;* **~ de théâtre** Theatergruppe; **cabinet de ~** Gemeinschaftspraxis *f*
❸ POL **~ politique** [*o* **parlementaire**] ≈ Fraktion *f,* Klub *m* (A); **les ~s de la majorité/d'opposition** die Fraktionen der Regierungs-/Oppositionsparteien; **réunion du ~ parlementaire** Fraktionssitzung *f,* Klubsitzung (A)
❹ *(division, classification) des verbes* [Konjugations]gruppe *f;* **~ des félins** Familie *f* der Katzen
❺ TECH **~ électrogène/frigorifique** Strom-/Kühlaggregat *nt*
❻ ECON Konzern *m;* **grand ~** Großkonzern; **~ financier** Bankenkonzern, Finanzkonsortium *nt;* |**grand**|, **~ industriel** Unternehmensgruppe *f,* Industriekonzern; **~ industriel dans le domaine de la restauration rapide** Fastfood-Konzern; **~ industriel de fabrication d'armes** Rüstungskonzern, **~ pétrolier** Ölkonzern; **~ de sociétés hiérarchisées** Vertikalkonzern *(Fachspr.)*

⑦ MED ~ **sanguin** Blutgruppe f
⑧ JUR ~ **d'inventions brevetées** Patentfamilie f
⑨ SCOL ~ **scolaire** Schulzentrum nt
⑩ GRAM ~ **verbal** Satzaussage f
◆ ~ **de discussion** INFORM Chatgroup f, Chat-Group; ~ **de pression** Lobby f; ~ **à risque[s]** Risikogruppe f
groupement [gʀupmɑ̃] m ① *(réunion)* ~ **de capitaux** Kapitalzusammenlegung f; ~ **d'entreprises** Zusammenschluss m mehrerer Unternehmen, Unternehmensverband m; ~ **d'usines** Zusammenschluss mehrerer Fabriken; ~ **de producteurs** Erzeugergemeinschaft f; ~ **de partis politiques** Parteienzusammenschluss; ~ **économique** Wirtschaftsverband m, Wirtschaftsvereinigung; ~ **égalitaire** ECON Gleichordnungskonzern m *(Fachspr.)*; ~ **syndical/professionnel** Gewerkschafts-/Berufsverband
② *(action)* Einteilung f in Gruppen *(Akk)*
◆ ~ **d'achat** Einkaufsgenossenschaft f, Einkaufsgemeinschaft f *(Zusammenschluss mehrerer Unternehmen, Unternehmensmitarbeiter oder Privatpersonen mit dem Ziel, als Großabnehmer Einkäufe zu tätigen)*; ~ **d'intérêts** Interessenvereinigung f; ~ **d'intérêt économique** wirtschaftlicher Interessenverband; ~ **européen d'intérêt économique** europäische wirtschaftliche Interessenvereinigung; ~ **de personnes** *(ressources humaines)* Personaldecke f
grouper [gʀupe] <1> I. vt ① in Gruppen einteilen [o aufteilen] *personnes, objets, idées*; zusammenlegen *ressources, moyens*
② *(classer)* ~ **ses idées** seine Ideen ordnen; ~ **par couleurs/formes** nach Farben/Formen ordnen; ~ **dans une catégorie** in eine Kategorie einordnen
II. vpr **se** ~ eine Gruppe bilden; *personnes, partis:* sich zusammenschließen; **se** ~ **autour de qn** sich um jdn gruppieren
groupe-test [gʀuptɛst] <groupes-tests> m Versuchsgruppe f
groupie [gʀupi] mf Groupie nt
groupuscule [gʀupyskyl] m péj Splittergruppe f
gruau [gʀyo] m Grütze f; **~ de farine** Auszugsmehl nt, feinstes Weizenmehl
grue [gʀy] f ① ORN Kranich m; ~ **couronnée** Kronenkranich
② péj vieilli fam *(prostituée)* Nutte f (sl)
③ CONSTR, NAUT Kran m; ~ **de chargement** Ladekran
④ CINE ~ **américaine de prise de vue** Kamerakran m
gruger [gʀyʒe] <2a> vt ① betrügen; *(voler)* ausnehmen; **se faire ~ par qn** von jdm betrogen/ausgenommen werden
② CAN *(grignoter)* knabbern
grume [gʀym] m ① *(grain de raisin)* Weinbeere f
② *(écorce)* Baumrinde f
grumeau [gʀymo] <x> m Klumpen m; *de farine, sel* Klümpchen m; **faire [o former] des ~x** klumpen, klumpig werden
grumeleux, -euse [gʀym(ə)lø, -øz] adj GASTR klumpig
② fig peau uneben; *fruit, chair* körnig
grutier, -ière [gʀytje, -jɛʀ] m, f Kranführer(in) m(f)
gruyère [gʀyjɛʀ] m Greyerzer m, Gruyère m
Guadeloupe [gwadlup] f **la ~** [die Insel] Guadeloupe nt
guadeloupéen(ne) [gwadlupeɛ̃, ɛn] adj aus Guadeloupe
Guadeloupéen(ne) [gwadlupeɛ̃, ɛn] m(f) Einwohner(in) m(f) von Guadeloupe
guano [gwano] m ZOOL Guano m; *(provenant de poissons)* Fisch-Guano
guarani [gwaʀani] adj inv den paraguayischen Indianerstamm der Guarani betreffend
gué [ge] m Furt f; **passer [o traverser] une rivière à ~** eine Furt durchqueren
guéguerre [gegɛʀ] f fam Kleinkrieg m
guenilles [gənij] fpl Lumpen Pl, zerlumpte Kleidung; **en [o vêtu(e) de]** ~ in Lumpen [gekleidet]
guenon [gənɔ̃] f ① ZOOL Affenweibchen nt, Äffin f
② fam *(femme laide)* Vogelscheuche f *(fam)*
guépard [gepaʀ] m ZOOL Gepard m
guêpe [gɛp] f Wespe f
guêpier [gepje] m ① Wespennest nt
② ORN Bienenfresser m
▸ **se fourrer [o tomber] dans un ~** in Schwierigkeiten geraten [o kommen]
guêpière [gepjɛʀ] f Torselett nt
guère [gɛʀ] adv ① *(pas beaucoup, pas très)* **ne manger/voir/parler ~** fast gar nichts [o kaum etwas] essen/sehen/sagen; **ne ~ parler de qn** kaum von jdm sprechen; **ne plus ~ lire** kaum noch lesen; **n'être ~ poli(e)/raisonnable** nicht gerade [o nicht besonders] höflich/vernünftig sein; **n'aimer ~ l'art moderne** moderne Kunst nicht so gerne mögen; **ne ~ se soucier de l'avenir** sich kaum [o nicht sehr] um die Zukunft sorgen; **il n'y a ~ de monde ici** es ist kaum jemand da; **ça ne va ~ mieux** es geht mir/ihm/... nicht viel besser; **ce n'est ~ pire** das ist nicht viel schlimmer; **on ne lui donne ~ plus de 40 ans** man schätzt ihn/sie auf knapp über 40, er/sie sieht kaum älter als 40 aus; ~ **plus** kaum mehr; **elle doit avoir 40 ans, ~ plus** sie ist sicher 40, aber kaum [o nicht viel] älter; ~ **plus raisonnable/aimable qu'avant** nicht viel vernünftiger/liebenswürdiger als vorher
② *(pas souvent)* **ne faire plus ~ qc** etw nicht mehr oft tun, etw nur noch selten tun; **cela ne se dit ~** das wird kaum gebraucht
③ *(pas longtemps)* **ça ne dure ~** das dauert nicht lange
④ *(seulement)* **je ne peux ~ demander qu'à mes parents** ich kann höchstens meine Eltern fragen; **il n'y a ~ que toi qui pourrait aider** nur du könntest helfen
guéri(e) [geʀi] adj wieder gesund, auskuriert; **il est ~ des voyages organisés** fig von organisierten Reisen ist er kuriert
guéridon [geʀidɔ̃] m rundes[, einbeiniges] Tischchen; *(style bistro)* Bistrotisch m
guérilla [geʀija] f Guerillakrieg m
guérillero, guérilléro [geʀijeʀo] m Guerillero m, Untergrundkämpfer(in) m(f)
guérir [geʀiʀ] <8> I. vt ① heilen *personne, animal*; heilen, kurieren *maladie*; ~ **qn de son mal de dos/sa grippe** jdn von seinen Rückenschmerzen/seiner Grippe heilen [o kurieren]
② *(délivrer, ôter)* ~ **qn de sa peur/sa timidité** jdn von seiner Angst/Schüchternheit heilen [o befreien]; ~ **qn de ses soucis/de sa peine** jdn von seinen Sorgen/seinem Kummer befreien; **être guéri(e) d'une habitude** eine Gewohnheit abgelegt haben; **elle est guérie de son habitude de fumer** sie hat sich *(Dat)* das Rauchen abgewöhnt; **le temps guérit tous les chagrins** prov [die] Zeit heilt alle Wunden
II. vi ① MED *personne:* wieder gesund werden; *plaie:* [zu]heilen; *blessure:* [ver]heilen; *rhume:* ausheilen, weggehen; **il est guéri de son rhume** sein Schnupfen ist auskuriert
② *(disparaître) chagrin, douleur morale:* vergehen
III. vpr ① **se** ~ *maladie:* sich heilen [o erfolgreich behandeln] lassen; *plaie:* [zu]heilen; *blessure:* [ver]heilen; **se ~ soi-même** sich selbst heilen [o kurieren]; **se ~ par qc** *(avec soi)* mit etw heilen [o kurieren]; *maladie, blessure:* sich mit etw heilen [o erfolgreich behandeln] lassen
② fig **se ~ de qc** sich *(Dat)* etw abgewöhnen, sich von etw frei machen; **se ~ de l'alcoolisme** seine Alkoholabhängigkeit überwinden; **se ~ d'une habitude/de ses illusions** eine Gewohnheit/seine Illusionen aufgeben
guérison [geʀizɔ̃] f ① *(processus)* Genesung f; **d'une blessure** Heilung f; **être en bonne voie de ~** *personne:* sich auf dem Weg der Besserung befinden; *blessure:* gut verheilen
② *(action)* Heilung f
③ fig ~ **de son chagrin/de sa timidité** Überwindung f seines Kummers/seiner Schüchternheit; ~ **d'une obsession/d'une passion** Befreiung f von einem Zwang/einer Leidenschaft
guérissable [geʀisabl] adj *maladie* heilbar; **être ~** *personne:* geheilt werden können; *plaie:* [ver]heilen können/werden
guérisseur, -euse [geʀisœʀ, -øz] m, f Heilpraktiker(in) m(f); *(rebouteux)* Heiler(in) m(f)
guérite [geʀit] f ① MIL Schilderhäuschen nt
② CONSTR Baubude f
guerre [gɛʀ] f ① Krieg m; ~ **atomique/bactériologique** atomarer/bakteriologischer Krieg; ~ **civile/mondiale** Bürger-/Weltkrieg; ~ **froide** Kalter Krieg; ~ **nucléaire** Nuklearkrieg; ~ **préventive** Präventivkrieg; ~ **des bombes** Bombenkrieg; ~ **de colonisation** Kolonialkrieg; ~ **d'invasion** Invasionskrieg; **les ~s de coalition** HIST die Koalitionskriege; ~ **éclair** fam Blitzkrieg; **la Grande ~, la ~ de 14** der Erste Weltkrieg; ~ **sainte** Heiliger Krieg; **en ~ avec [o contre] qn/qc** im Krieg[szustand] mit jdm/etw; **entrer en ~ contre un pays** in den Krieg gegen ein [anderes] Land ziehen; **faire la ~ à un pays** gegen jdn/ein Land Krieg führen; **aller à la ~, partir pour la ~** in den Krieg ziehen; **se préparer à la ~** zum Krieg rüsten, Kriegsvorbereitungen treffen; **mourir à la ~** [im Krieg] fallen, im Krieg umkommen; **année avant la ~** Vorkriegsjahr; **fin de la ~** Kriegsschluss m, Kriegsende nt; **bon(ne) pour la ~** kriegstauglich; **personne touchée par la ~** Kriegsgeschädigte(r) f(m); **dégâts dus à la ~** kriegsbedingte Schäden
② fig Krieg m; ~ **des prix** Preiskrieg, Preiskampf m; ~ **douanière/économique** Zoll-/Wirtschaftskrieg; ~ **idéologique** Glaubenskrieg; ~ **psychologique** Psychokrieg *(fam)*; **déclarer la ~ à qc** einer S. *(Dat)* den Kampf ansagen; **faire la ~ à qc** etw bekämpfen, einen Kampf gegen etw führen; **partir en ~ contre qc** gegen etw zu Felde ziehen
▸ **procédé/mesure de bonne ~** legitimes Verfahren/legitime Maßnahme; *(fair-play)* faires Verfahren/faire Maßnahme; **de lasse j'ai cédé/abandonné** ich war es [einfach] leid und habe eben nachgegeben/und habe es aufgegeben; **à la ~ comme à la ~** es gibt Schlimmeres; gelobt sei, was hart macht *(iron)*
◆ ~ **d'agression** Offensivkrieg m; ~ **d'anéantissement** Vernichtungskrieg m; ~ **des bandes** Bandenkrieg m; ~ **de conquête** Raubkrieg m; ~ **de Corée** Koreakrieg m; ~ **des étoiles** Krieg m

der Sterne; ~ **de positions** Stellungskrieg *m;* ~ **de Religion** Glaubenskrieg *m;* ~ **de siège** Belagerungskrieg *m;* ~ **des tranchées** Grabenkrieg *m,* Grabenkampf *m;* ~ **d'Irak** Irak-Krieg *m;* ~ **du Vietnam** Vietnamkrieg *m*
guerrier, -ière [gɛʀje, -jɛʀ] I. *adj* ❶ *soutenu chant* ~ Kriegslied *nt;* **ses exploits** ~**s** seine Heldentaten, die er im Krieg vollbracht hat ❷ *(belliqueux) air, humeur, nation* kriegerisch
II. *m, f* Krieger(in) *m(f)*
guerroyer [gɛʀwaje] <6> *vi* ~ **contre qn** gegen jdn Krieg führen
guet [gɛ] ▶ **faire le** ~ aufpassen; *cambrioleur:* Schmiere stehen *(sl)*
guet-apens [gɛtapɑ̃] *m inv* Hinterhalt *m;* **attirer qn dans un** ~ jdn in einen Hinterhalt locken; **tomber dans un** ~ in einen Hinterhalt geraten
guêtre [gɛtʀ] *f* Gamasche *f; d'un alpiniste* Schneegamasche
guetter [gete] <1> *vt* ❶ *(épier)* ~ **une victime/une proie** einem Opfer/einer Beute auflauern; ~ **les allées et venues du suspect** beobachten, wann der Verdächtige kommt und geht; ~ **tout autour de soi** umherspähen
❷ *(attendre)* abwarten *occasion, signal;* ~ **qn/qc** nach jdm/etw Ausschau halten, [gespannt] auf jdn/etw warten; ~ **l'arrivée/le passage/la sortie de qn** [ab]warten, dass jd [an]kommt/vorbeikommt/herauskommt
❸ *(menacer)* ~ **qn** *maladie:* jdn bedrohen; *danger, mort:* auf jdn lauern
guetteur [getœʀ] *m* ❶ HIST [Turm]wächter *m,* Späher *m*
❷ MIL Wach[t]posten *m; (éclaireur)* Späher *m*
gueulante [gœlɑ̃t] *f arg (cris de protestation)* Protestgeschrei *nt*
▶ **pousser sa** ~ *fam* Krach schlagen *(fam);* **pousser une** ~ **contre qn** auf jdn eine Schimpfkanonade loslassen *(fam)*
gueulard(e) [gœlaʀ] I. *adj fam personne* laut; *musique* dröhnend; **être** ~**(e)** immer [wie verrückt *fam*] brüllen
II. *m(f) fam* Schreier(in) *m(f); (enfant)* Schreihals *m (fam)*
gueule [gœl] *f* ❶ *d'un animal* Maul *nt*
❷ *fam (figure)* Gesicht *nt,* Visage *f (sl),* Fresse *f (vulg);* **avoir une bonne** ~ sympathisch aussehen; **avoir une sale** ~ *(être laid)* potthässlich sein *(fam); (ne pas être sympa)* fies aussehen *(fam);* **avoir une drôle de** ~ *fam* komisch aussehen *(fam)*
❸ *fam (bouche)* Klappe *f (fam),* Schnauze *f (sl);* **avoir une grande** ~ eine große Klappe haben *(fam);* **fermer sa** ~ die Klappe halten *(fam)*
❹ *(ouverture) d'un canon* Mündung *f; d'un four* Öffnung *f; d'une fleur* [rachenförmige] Öffnung
▶ **avoir la** ~ **de bois** *fam* einen Kater [*o* Hangover] haben *(fam);* **avoir** [*o* **faire**] **une** ~ **d'enterrement** *fam* mit [einer] Trauermiene herumlaufen *(fam);* **se jeter** [*o* **se précipiter**] **dans la** ~ **du loup** *(risquer des ennuis)* sich in Teufels Küche bringen *(fam); (aller voir qn qu'on craint)* sich in die Höhle des Löwen wagen; **être une fine** ~ *fam* ein Leckermaul sein *(fam);* **être une grande** ~ *fam* ein Großmaul [*o* eine Großschnauze] sein *(fam);* **se mettre plein la** ~ *fam* ganz schön reinhauen *(fam);* **avoir de la** ~ *fam* [absolute] Spitze sein *(fam);* **casser la** ~ **à qn** *fam* jdm eins in die Fresse hauen *(sl);* **se casser la** ~ *fam (tomber) personne:* hinfliegen *(fam); objet:* runterfliegen *(fam); (échouer) personne:* auf die Nase fallen *(fam); affaire, projet:* ein Reinfall [*o* Flop] sein *(fam);* **se casser la** ~ **dans l'escalier** *fam* die Treppe herunterfliegen *(fam);* **faire la** ~ **à qn** *fam* auf jdn sauer sein *(fam);* **faire une sale** ~ *fam* stinksauer sein *(fam);* **se fendre la** ~ *fam* sich kaputtlachen *(fam);* **se foutre de la** ~ **de qn** *fam (se moquer de qn)* sich über jdn kaputtlachen *(fam); (traiter qn avec culot)* jdn veräppeln *(fam);* **s'en payer la** ~ *(vulg);* **se soûler la** ~ *fam* sich besaufen *(sl)*
gueule-de-loup [gœldəlu] <gueules-de-loup> *f* BOT Löwenmäulchen *nt,* Löwenmaul *nt,* Froschgoscherl *nt* (A)
gueulement [gœlmɑ̃] *m fam* Gebrüll *nt; (cri de colère)* Gezeter *nt (pej),* Geschrei *nt;* **pousser des** ~**s** [vor Schmerzen] brüllen
gueuler [gœle] <1> I. *vi fam* ❶ [herum]schreien *(fam)*
❷ *(chanter fort)* grölen *(fam)*
❸ *(hurler de douleur)* ~ **de qc** vor etw *(Dat)* brüllen; **la douleur le fait** ~ er brüllt vor Schmerz
❹ *(protester)* [herum]meckern *(fam);* ~ **contre qn/qc** über jdn/etw meckern *(fam); (plus fort)* gegen jdn/etw wettern *(fam)*
❺ *(faire marcher fort)* **faire** ~ **la radio** das Radio auf volle Lautstärke stellen
▶ **ça va** ~**!** *fam* dann gibt's Zoff! *(fam)*
II. *vt fam* brüllen *ordre;* grölen *chanson*
gueuleton [gœltɔ̃] *m fam* [tolles] Fressgelage *(fam);* **la mode du** ~ die Fresswelle *(sl)*
gueuletonner [gœltɔne] <1> *vi fam (bien manger)* schlemmen; *(faire un gueuleton)* ein Fressgelage machen *(sl)*
gueuse[1] [gøz] *f vieilli (prostituée)* Dirne *f*
▶ **courir la** ~ *vieilli* sich mit zweifelhaften Frauen herumtreiben
gueuse[2] [gøz] *f* belgische Starkbiersorte
gueux [gø] *m vieilli (vagabond)* Landstreicher *m; (miséreux)* Bettler *m*

gueuze *v.* **gueuse**[2]
gugusse [gygys] *m (clown)* Komiker *m; péj fam (charlot)* Komiker *m,* Clown *m*
▶ **faire le** ~, **jouer les** ~**s** herumalbern
gui [gi] *m* BOT Mistel *f*
guibol[l]e [gibɔl] *f fam* Hachse *f (fam);* **une belle paire de** ~**s!** tolle Beine! *(fam)*
guichet [giʃɛ] *m* ❶ Schalter *m; d'un théâtre, cinéma* Kasse *f;* ~ **d'une/de la compagnie aérienne** Flugschalter; ~ **des bagages** Gepäckaufgabe *f*
❷ *(petite fenêtre)* Fensterchen *nt,* [kleine] Öffnung *f*
❸ FIN ~ **automatique** [**d'une banque**] Geldautomat *m*
▶ **jouer à** ~ **s fermés** vor ausverkauftem Haus spielen
guichetier, -ière [giʃ(ə)tje, -jɛʀ] *m, f* Schalterbeamte(r) *m/-*beamtin *f; d'un théâtre, cinéma* Kassierer(in) *m(f)*
guidage [gidaʒ] *m* ❶ TECH Führung *f*
❷ AVIAT Steuerung *f*
guide[1] [gid] *m* ❶ Führer *m;* ~ **touristique** Reiseführer, Reiseleiter, Reiseleitung *f;* ~ **de montagne/de musée** Berg-/Museumsführer; **servir de** ~ **à qn** für jdn den Führer spielen, jdn herumführen
❷ *(conseiller)* Ratgeber *m*
❸ *(livre)* Führer *m; (conseils pratiques)* Handbuch *nt,* Ratgeber *m;* ~ **touristique/gastronomique** Reise-/Restaurantführer; ~ **d'art/des concerts/des opéras** Kunst-/Konzert-/Opernführer; ~ **de l'étudiant** Studienführer; ~ **de l'utilisateur** INFORM Benutzerhandbuch
❹ TECH Führungsvorrichtung *f,* Führungsschiene *f;* ~ **de coupe à 45°** Gehrungsanschlag *m (Fachspr.)*
guide[2] [gid] *f* ❶ Führerin *f;* ~ **touristique** Reiseführerin
❷ *(conseillère)* Ratgeberin *f*
❸ *souvent pl (rênes)* Zügel *Pl*
guide-interprète [gidɛ̃tɛʀpʀɛt] <guides-interprètes> *mf* Fremdenführer(in) *m(f)* und Dolmetscher(in) *m(f)*
guider [gide] <1> I. *vt* ❶ führen
❷ *(indiquer le chemin)* ~ **qn** jdm den Weg weisen [*o* zeigen]
❸ *(conseiller)* ~ **qn** jdn beraten, jdm zur Seite stehen; ~ **qn dans ses recherches** jdn bei seinen Forschungen beraten; ~ **les pas de qn** jds Schritte lenken
❹ *a. fig (diriger)* steuern, lenken; **se laisser** ~ **par qc** sich von etw leiten lassen
II. *vpr* **se** ~ **sur qc** sich nach etw richten
guides [gid] *fpl d'un cheval* Zügel *Pl*
▶ **conduire à grandes** ~ sehr schnell fahren; **mener sa vie à grandes** ~ auf großem Fuß leben
guidon [gidɔ̃] *m* Lenker *m,* Lenkstange *f;* ~ **de course** Rennlenker
guigne[1] [giɲ] *m* ▶ **se soucier de qn/qc comme d'une** ~ *fam* sich nicht die Bohne um jdn/etw kümmern *(fam)*
guigne[2] [giɲ] *f fam* Pech *nt;* **avoir la** ~ Pech haben; **porter la** ~ **à qn** jdm Unglück bringen
guigner [giɲe] <1> *vt* ❶ ~ **qn/qc** einen verstohlenen Blick auf jdn/etw werfen, nach jdm/etw schielen *(fam)*
❷ *(convoiter)* ~ **qn** ein Auge auf jdn werfen [*o* haben] *(fam);* ~ **qc** es auf etw *(Akk)* abgesehen haben, nach etw schielen *(fam)*
guignol [giɲɔl] *m* ❶ Kasper *m,* Kasperle *nt o m* (SDEUTSCH)
❷ *(théâtre)* Kaspertheater *nt,* Kasperletheater *nt* (SDEUTSCH)
❸ *(personne)* Kasper *m,* Clown *m;* **faire le** ~ herumalbern; ~ **de la classe** Klassenkasper, Klassenclown

---

Land und Leute

Guignol ist eine Figur des französischen Marionettentheaters. Aus Italien kommend, hielt er Ende des 18. Jahrhunderts zunächst Einzug in Lyon. **Guignol** und sein Freund *Gnafron* symbolisieren mit ihrem Sprachwitz „Volkes Stimme".

---

guignolet [giɲɔlɛ] *m* ~ **kirsch** Kirschlikör *m*
guilde [gild] *f* ❶ HIST Gilde *f*
❷ *(association commerciale)* Innung *f,* Verband *m*
guili [gili] *m* **faire des** ~**s à qn** *fam* [bei] jdm killekille machen *(fam)*
guili-guili [giligili] *inv* **faire** ~ **à qn** *fam* [bei] jdm killekille machen *(fam);* ~**!** killekille! *(fam)*
Guillaume [gijo:m(ə)] *m* ❶ Wilhelm *m*
❷ HIST **le Conquérant** Wilhelm der Eroberer
guillemets [gijmɛ] *mpl* Anführungszeichen *Pl; (dans la typographie allemande)* Gänsefüßchen *Pl (fam),* Anführungszeichen *Pl;* **mettre qc entre** ~ etw in Anführungszeichen setzen; **ouvrez/fermez les** ~**!** Anführungszeichen unten/oben!
▶ **entre** ~ in Anführungszeichen
guillemot [gijmo] *m* ZOOL Lumme *f*
guilleret(te) [gijʀɛ, ɛt] *adj* ❶ *(gai)* munter *(fam);* **être tout(e)** ~**(te) à l'idée de faire qc** ganz aufgekratzt bei dem Gedanken sein, etw zu tun

❷ *(leste) propos* keck
guillotine [gijɔtin] *f* Guillotine *f*, Fallbeil *nt*
guillotiner [gijɔtine] <1> *vt* guillotinieren, mit der Guillotine hinrichten
guimauve [gimov] *f* ❶ **pâte de ~** den Marshmallows ähnelnde Süßigkeit aus Schaumzucker
 ❷ BOT Eibisch *m*
 ❸ *(mièvrerie)* Schmalz *m*, Kitsch *m*; **histoire/film à la ~** schmalzige Geschichte/schmalziger Film *(pej)*; **chanson à la ~** schnulziges Lied *(pej)*
 ▶ **être mou(molle) comme de la ~** träge [*o* tranig *fam*] sein; **sa main est molle comme de la ~** er/sie hat einen schlaffen Händedruck
guimbarde [gɛ̃baʀd] *f* ❶ MUS Maultrommel *f*
 ❷ *fam (voiture)* [alte] Klapperkiste *(fam)*
guimpe [gɛ̃p] *f* [Nonnen]schleier *m*
guincher [gɛ̃ʃe] <1> *vi fam* schwofen *(sl)*
guindé(e) [gɛ̃de] *adj personne, attitude* steif, verkrampft; *style* geschraubt; **prendre un air ~** sich verkrampfen
guinder [gɛ̃de] <1> I. *vt* ❶ NAUT hochhieven *mât, charge*
 ❷ *(donner un aspect guindé) allure, vêtements:* steif [*o* verkrampft] wirken lassen
 II. *vpr* **se ~** ❶ sich verkrampfen
 ❷ *(devenir emphatique) style:* steif [*o* gekünstelt] werden
Guinée [gine] *f* **la ~** Guinea *nt*
guingois [gɛ̃gwa] ▶ **tout va de ~** *fam* alles läuft [*o* geht] schief *(fam)*; **de ~** schief
guinguette [gɛ̃gɛt] *f* Heurige *m* (A) *Gartenwirtschaft und Tanzlokal außerhalb der Stadt*
guiper [gipe] <1> *vt* ❶ TEXTIL umspinnen *franges*
 ❷ ELEC ummanteln *fil électrique*
guipure [gipyʀ] *f* TEXTIL Gipürespitze *f*
guirlande [giʀlɑ̃d] *f* Girlande *f*; **~ de papier/de fleurs** Papier-/Blumengirlande; **~ lumineuse** Lichterkette *f*
guise [giz] ▶ **à ma/sa ~** wie es mir/ihm/ihr gefällt [*o* passt]; **à votre ~!** [ganz] wie Sie wollen!; **en ~ d'encouragement/de récompense** als [*o* zur] Ermutigung/Belohnung
guitare [gitaʀ] *f* Gitarre *f*; **~ électrique/sèche** elektrische/akustische Gitarre
 ◆ **~ de concert** Konzertgitarre *f*
guitariste [gitaʀist] *mf* Gitarrenspieler(in) *m(f)*; *(de profession)* Gitarrist(in) *m(f)*
gunite [gynit] *f* CONSTR Spritzbeton *m*
guppy [gypi] <s *o* guppies> *m* Guppy *m*
gus [gys] *m fam* Kerl *m (fam)*, Typ *m (fam)*; **ce drôle de ~** dieser komische Heini *(fam)*
gustatif, -ive [gystatif, -iv] *adj nerf, papille* Geschmacks-
guttural(e) [gytyʀal, o] <-aux> *adj* ❶ *langue* guttural; *son, voix* kehlig, guttural; *toux* tief
 ❷ PHON **consonne ~e** Gutturallaut *m*
gutturale [gytyʀal] *f* PHON Gutturallaut *m*
Guyane [gɥijan] *f* **la ~** Guyana *nt*
gym *abr de* **gymnastique**
gymkhana [ʒimkana] *m* Geschicklichkeitswettbewerb *m*; AUT Geschicklichkeitsfahren *nt*
gymnase [ʒimnɑz] *m* ❶ SPORT Turnhalle *f*
 ❷ CH *(lycée)* Gymnasium *nt*
gymnaste [ʒimnast] *mf* Turner(in) *m(f)*; **~ artistique** Kunstturner(in); **équipe de ~s** Turn[er]mannschaft *f*
gymnastique [ʒimnastik] *f* ❶ *(éducation physique)* Turnen *nt*, Turnunterricht *m*; **appareil de ~** Turngerät *nt*; **faire de la ~** turnen, Gymnastik machen; **professeur de ~** Turnlehrer(in) *m(f)*; **vêtements de ~** Turnkleidung *f*
 ❷ *(exercices physiques)* Gymnastik *f*; **~ corrective** Heilgymnastik *f*; **faire de la ~** Gymnastik machen
 ❸ *(discipline)* Kunstturnen *nt*; **faire de la ~** turnen
 ❹ *fig* **~ intellectuelle** [*o* **de l'esprit**] geistiges Training; **~ de la pensée** Denkarbeit *f*, Kopfarbeit
 ❺ *(contorsion)* Verrenkungen *Pl*
gymnote [ʒimnɔt] *m* ZOOL Zitteraal *m*
gynécée [ʒinese] *f* ❶ HIST *(appartement)* Frauengemach *nt*
 ❷ BOT Stempel *m*
gynéco *abr de* **gynécologue**
gynécologie [ʒinekɔlɔʒi] *f* MED Frauenheilkunde *f*, Gynäkologie *f*
gynécologique [ʒinekɔlɔʒik] *adj* MED gynäkologisch, frauenärztlich; *troubles* Unterleibs-
gynécologue [ʒinekɔlɔg] *mf* MED Frauenarzt *m*/-ärztin *f*, Gynäkologe *m*/Gynäkologin *f*
gypaète [ʒipaɛt] *m* ZOOL Bartgeier *m*, Lämmergeier *m*
gypse [ʒips] *m* Gips *m*
gyromètre [ʒiʀɔmɛtʀ] *m* Kurskreisel *m*
gyrophare [ʒiʀofaʀ] *m* AUT Blaulicht *nt*, Rundumlicht *nt (Fachspr.)*
gyropilote [ʒiʀopilɔt] *m* AVIAT Autopilot *m*
gyroscope [ʒiʀɔskɔp] *m* TECH Gyroskop *m*
gyroscopique [ʒiʀɔskɔpik] *adj* Kreisel-; **compas ~** Kreiselkompass *m*

H h

H, h [aʃ, ´aʃ] *m inv* H *nt*/h *nt*; **le ~ aspiré** das aspirierte [*o* behauchte] H; **le ~ muet** das stumme H
h *abr de* **heure: il est 3 h de l'après-midi** es ist 3 Uhr nachmittags
ha *abr de* **hectare** ha
habile [abil] *adj* ❶ *personne, mains* geschickt; *coup de crayon* gekonnt; **être ~ de ses mains/de ses** [**dix**] **doigts** geschickte Hände/Finger haben, geschickt sein; **être ~ au tricot/à tapisser** gut stricken/tapezieren können
 ❷ *(diplomatique)* geschickt; *démarche, tactique* klug; **il serait plus ~ de faire/de ne pas faire cela** es wäre klüger, das zu tun/nicht zu tun
 ❸ *(malin)* schlau, clever
 ❹ *(bien fait) film, pièce de théâtre* gut [gemacht]
 ❺ JUR **être ~ à faire qc** befähigt [*o* berechtigt] sein, etw zu tun; **être ~ à succéder à qn** erbfähig sein
habilement [abilmɑ̃] *adv* geschickt; *agir, se conduire, jouer* klug, geschickt; *tromper, fausser* gekonnt, geschickt
habileté [abilte] *f* ❶ *d'un artisan, artiste* Geschicklichkeit *f*, Geschick *nt*; *d'une dactylo, d'un voleur, prestidigitateur* Fingerfertigkeit *f*; *d'un musicien, orfèvre* Kunstfertigkeit *f*; **~ manuelle** handwerkliche Geschicklichkeit; **son ~ à faire qc** die Geschicklichkeit, mit der er/sie etw tut
 ❷ *(diplomatie)* Geschick *nt*
 ❸ *(ruse)* Raffiniertheit *f*, Raffinesse *f*
habilitation [abilitasjɔ̃] *f* ❶ JUR Ermächtigung *f*; **~ à disposer par testament** Testierfähigkeit *f (Fachspr.)*; **~ à prononcer une interdiction** Untersagungsermächtigung *(Fachspr.)*
 ❷ *(autorisation officielle)* Befugnis *f*, Ermächtigung *f*; **~ à négocier une convention collective** Tariffähigkeit *f*
habiliter [abilite] <1> *vt* **~ qn à faire qc** jdn ermächtigen, etw zu tun; **être habilité(e) à faire qc** ermächtigt sein, etw zu tun; **être habilité(e) à négocier une convention collective** tariffähig sein; **non habilité(e) à disposer** JUR nicht rechtsfähig *(Fachspr.)*; **personne habilitée à signer** COM Zeichnungsberechtigte(r) *(Fachspr.)*; **personne habilitée à disposer** JUR Verfügungsberechtigte(r) *f(m) (Fachspr.)*; **personne habilitée à recevoir une notification** Zustellungsbevollmächtigte(r) *(Fachspr.)*
habillage [abijaʒ] *m* ❶ Anziehen *nt*, Ankleiden *nt*
 ❷ TECH *(action de recouvrir)* Verkleidung *f*; *d'un produit* Verpackung *f*; *d'une bouteille* Etikettierung *f* und Versiegelung *f*; *d'un appareil, d'une montre* Einmontieren *nt* [in das/ein Gehäuse *nt*]
 ❸ AUT **~ intérieur** Innenausstattung *f*
habillé(e) [abije] *adj* ❶ **être ~(e) d'un short/d'une chemise** Shorts/ein Hemd tragen; **être bien/mal ~(e)** gut/schlecht gekleidet [*o* angezogen] sein; **l'acteur le mieux ~** der bestgekleidete Schauspieler; **l'actrice la mieux ~e** die bestgekleidete Schauspielerin; **se coucher tout ~** sich mit den Kleidern ins Bett legen
 ❷ *(chic) robe, chaussures* schick, festlich; **être très ~(e)** sehr schick [*o* festlich] sein; **être trop** [**bien**] **~** overdressed sein *(geh)*
habillement [abijmɑ̃] *m* ❶ Einkleiden *nt*, [Neu]einkleidung *f*
 ❷ *(ensemble des vêtements)* Kleidung *f*; **industrie de l'~** Bekleidungsindustrie *f*
habiller [abije] <1> I. *vt* ❶ anziehen; **~ qn en bleu/laine** jdm blaue Kleidung [*o* Sachen *fam*]/Wollsachen anziehen
 ❷ *(déguiser)* **~ qn en qc** jdn als etw verkleiden
 ❸ *(fournir en vêtements)* einkleiden *recrues, enfants*; einkleiden, mit Kleidung versorgen *nécessiteux*; **se faire ~ par** [*o* **chez**] **qn** bei jdm arbeiten lassen

❹ *(recouvrir, décorer)* beziehen *fauteuil;* verkleiden *mur*
II. *vpr* ❶ **s'~** sich anziehen; *(mettre des vêtements de cérémonie)* sich fein machen; **s'~ à la mode** sich modisch anziehen; **s'~ court/long** kurz/lang tragen; **s'~ de** [o **en**] **noir/blanc** schwarze/weiße Kleidung [o Sachen *fam*] tragen; **ne pas savoir s'~** keinen Schick haben
❷ *(se déguiser)* **s'~ en qc** sich als etw verkleiden
❸ *(acheter ses vêtements)* **s'~ chez qn** sich bei jdm einkleiden, seine Kleidung bei jdm kaufen; **s'~ de neuf** sich neu einkleiden
habilleur, -euse [abijœʀ, -jøz] *m, f* THEAT Garderobier *m*/Garderobiere *f*
habit [abi] *m* ❶ *pl* Kleidung *f;* Kleider *Pl;* **~s du dimanche/de deuil** Sonntags-/Trauerkleidung *f;* **~s de travail** Arbeitskleidung, Arbeitssachen *Pl*
❷ *(costume de fête)* Frack *m;* **l'~ est obligatoire** [o **de rigueur**] es besteht Frackzwang
❸ *(uniforme)* **~ militaire** Uniform *f;* **~ de prêtre** Priestergewand *nt;* **~ religieux** Ordenstracht *f;* **~ de magistrat** Richterrobe *f*
▶ **l'~ ne fait pas le moine** *prov* der Schein trügt
habitable [abitabl] *adj* bewohnbar; **ce quartier n'est plus ~ in diesem Viertel** kann man nicht mehr wohnen
habitacle [abitakl] *m* ❶ *d'une voiture* Fahrgastraum *m,* Fahrgastzelle *f*
❷ AVIAT *(poste de pilotage)* [Piloten]kanzel *f,* Cockpit *nt; (poste d'équipage)* Besatzungsraum *m*
❸ NAUT Kompasshaus *nt*
❹ ESPACE Raumkabine *f*
habitant(e) [abitɑ̃, ɑ̃t] *m(f)* ❶ Einwohner(in) *m(f); d'une maison,* île Bewohner(in) *m(f);* **les ~s de la maison** die Hausbewohner; **~(e) du Nord** Nordländer(in) *m(f)*
❷ *poét (occupants)* **~ de l'Olympe/des bois** Bewohner(in) *m(f)* des Olymps/des Waldes *(Gen)*
▶ **loger chez l'~** privat wohnen, privat untergebracht sein
habitat [abita] *m* ❶ BOT Standort *m*
❷ ZOOL [natürlicher] Lebensraum
❸ GEOG Siedlungsweise *f,* Siedlungsform *f;* **~ rural/urbain** ländliche/städtische Siedlung; **~ sédentaire/nomade** sesshafte/nomadische Lebensweise
❹ *(conditions de logement)* Wohnverhältnisse *Pl; (lieu d'habitation)* Wohnort *m; (type d'habitat)* Wohnweise *f; (architecture)* Bauweise *f;* **l'~ social** der soziale Wohnungsbau
❺ *(domaine, secteur)* Siedlungswesen *nt*
habitation [abitasjɔ̃] *f* ❶ *(fait de loger)* Wohnen *nt;* **les conditions d'~** die Wohnverhältnisse; **des locaux à usage d'~** Wohnraum *m,* Wohnungen *Pl*
❷ *(demeure)* Wohnung *f; (logis)* Behausung *f*
♦ **~ à loyer modéré** Block *m* mit Sozialwohnungen
habiter [abite] <1> I. *vi* wohnen; **~ à la campagne/en ville/à Rennes** auf dem Land/in der Stadt/in Rennes wohnen [o leben]; **~ au numéro 17** in [der] Nummer 17 wohnen; **~ seul(e)/avec qn/chez qn** allein/mit jdm zusammen/bei jdm wohnen; **~ dans un appartement/une maison** in einer Wohnung/einem Haus wohnen
II. *vt* ❶ **~ une maison/la banlieue/la campagne** in einem Haus/in der Vorstadt/auf dem Land wohnen; **~ le 17, rue Leblanc** in der Rue Leblanc Nummer 17 wohnen; **être habité(e)** bewohnt sein; **la maison n'a pas l'air habitée** das Haus sieht nicht bewohnt aus
❷ *fig soutenu* **~ qn/qc** in jdm/etw leben
habitude [abityd] *f* ❶ *(accoutumance, pratique)* Gewohnheit *f; (manie)* Angewohnheit *f;* **mauvaise ~** schlechte [An]gewohnheit, Unart *f;* **avoir l'~ de qc** an etw *(Akk)* gewöhnt sein/etw gewohnt sein; *(s'y connaître)* sich mit/in etw *(Dat)* auskennen; **avoir l'~ de faire qc** etw gewöhnlich tun/[es] gewohnt sein, etw zu tun; **perdre l'~ de faire qc** es nicht mehr gewohnt sein, etw zu tun; **faire perdre une ~ à qn** jdm etw abgewöhnen; **prendre l'~ de faire qc** sich *(Dat)* angewöhnen, etw zu tun; es sich *(Dat)* zur Gewohnheit machen, etw zu tun; **ce n'est pas son ~** [o **dans ses ~s**] **d'être en retard** normalerweise ist er/sie nicht unpünktlich; **à son ~** wie es so seine/ihre Gewohnheit ist, wie gewöhnlich; **d'~** gewöhnlich, normalerweise; **faire qc comme d'~** wie es wie gewöhnlich [o immer] tun; **meilleur(e)/plus tôt que d'~** besser/früher als sonst [o gewöhnlich]; **par ~** aus [reiner] Gewohnheit
❷ *(coutume)* Brauch *m,* Gepflogenheit *f (geh);* **l'~ veut que qn fasse qc** es ist Brauch [o üblich], dass jd etw tut
▶ **l'~ est une seconde nature** *prov* der Mensch ist ein Gewohnheitstier *(hum)*
♦ **~s des consommateurs** Verbrauchergewohnheiten *Pl;* **~s de consommation** Konsumgewohnheiten *Pl*
habitué(e) [abitye] *m(f) d'un magasin* Stammkunde *m*/-kundin *f; d'un café, restaurant* Stammgast *m;* **c'est un ~ de la maison** *(un ami)* er ist ein Freund des Hauses; *(un client)* er ist [bei uns] Stammkunde; **~ des troquets** *fam* Kneipengänger(in) *m(f) (fam)*

habituel(le) [abityɛl] *adj* ❶ üblich; **à l'heure ~le** zur gewohnten Zeit; **il est ~ de faire qc** es ist allgemein üblich, etw zu tun; **c'est le coup ~!** das ist mal wieder typisch!; **ne pas être dans son état ~** nicht so wie sonst sein
❷ *(familier)* altgewohnt
habituellement [abityɛlmɑ̃] *adv* gewöhnlich; *(d'habitude)* normalerweise, in der Regel; *(selon la coutume)* gewohnheitsgemäß
habituer [abitye] <1> I. *vt* ❶ **~ qn à qc** jdn an etw *(Akk)* gewöhnen; **~ qn/un animal à faire qc** jdn/ein Tier daran gewöhnen, etw zu tun
❷ *(avoir l'habitude)* **être habitué(e) à qc** an etw *(Akk)* gewöhnt sein; **être habitué(e) à faire qc** es gewohnt [o daran gewöhnt] sein, etw zu tun; **j'y suis habitué(e)** ich bin es gewohnt, ich bin daran gewöhnt
II. *vpr* **s'~ à qn/qc** sich an jdn/etw gewöhnen
❷ *(prendre l'habitude)* **s'~ à qc** sich an etw *(Akk)* gewöhnen; **s'~ à faire qc** [es] sich *(Dat)* angewöhnen, etw zu tun
hâblerie [ˈɑblǝʀi] *f* Protzerei *f*
hâbleur, -euse [ˈɑblœʀ, -øz] I. *adj* prahlerisch, aufschneiderisch
II. *m, f* Prahler(in) *f,* Aufschneider(in) *m(f)*
hachage [ˈaʃaʒ] *m de légumes, fines herbes* Hacken *nt; de la viande* Durchdrehen *nt*
hache [ˈaʃ] *f (à manche long)* Axt *f; (à manche court)* Beil *nt;* **~ de pierre** Steinaxt
▶ **déterrer/enterrer la ~ de guerre** das Kriegsbeil ausgraben/begraben; **mettre la ~ dans qc** CAN *(détruire qc)* etw zerstören; **taillé(e) à la ~** [o **à coups de ~**] grob [geschnitten]
haché [ˈaʃe] *m sans pl* Gehackte(s) *nt,* Hackfleisch *nt*
haché(e) [ˈaʃe] *adj* ❶ *fines herbes, légumes* klein gehackt; **viande ~e** Hackfleisch *nt,* Gehackte(s) *nt;* **bifteck ~** Hacksteak *nt*
❷ *fig style, phrases* abgehackt
hache-légumes [ˈaʃlegym] *m inv* Gemüseschneidemaschine *f,* Gemüseschneider *m; (grille)* Schneid[e]werk *nt* **hache-paille** [ˈaʃpaj] *m inv* Häckselmaschine *f,* Häcksler *m*
hacher [ˈaʃe] <1> *vt* ❶ zerkleinern, [klein] hacken *fines herbes, légumes;* durch [den Wolf] drehen *viande;* **~ menu les fines herbes** die Kräuter fein hacken [o wiegen]
❷ *(entrecouper)* unterbrechen *phrase, discours*
▶ **qn se ferait** [o **laisserait**] **en morceaux pour qn/qc** jd würde sich für jdn/etw in Stücke reißen lassen
hachette [ˈaʃɛt] *f (à manche long)* kleine Axt; *(à manche court)* kleines Beil
hache-viande [ˈaʃvjɑ̃d] *m inv* Fleischwolf *m,* Faschiermaschine *f* (A)
hachis [ˈaʃi] *m* ❶ *(chair à saucisse)* Mett *nt*
❷ *(plat)* **~ de légumes/de viande** klein gehacktes Gemüse/Fleisch; **~ de poisson** klein gehackter Fisch; **~ de fines herbes et d'oignons** gemischte fein gehackte Kräuter und Zwiebeln
♦ **~ Parmentier** ≈ Hackfleisch-Kartoffelpüree-Auflauf *m,* ≈ Hackfleisch-Kartoffelpüree-Gratin *nt*
hachisch *v.* **haschich**
hachoir [ˈaʃwaʀ] *m* ❶ Hackbeil *nt; (avec lame courbe)* Wiegemesser *nt*
❷ *(machine)* **~ à légumes** Gemüseschneidemaschine *f,* Gemüseschneider *m;* **~ à viande** Fleischwolf *m*
❸ *(planche)* Hackbrett *nt*
hachurer [ˈaʃyʀe] <1> *vt* schraffieren
hachures [ˈaʃyʀ] *fpl* Schraffur *f,* Schraffierung *f*
hacker [ˈakœʀ] *m* INFORM Hacker *m,* Codecracker *m*
HAD [ˈaʃade] *f abr de* **hospitalisation à domicile** ≈ medizinische Versorgung beim Patienten zu Hause
haddock [ˈadɔk] *m* geräucherter Schellfisch
hagard(e) [ˈagaʀ, ˈaʀd] *adj* verstört; **avoir l'air ~** [ganz] verstört aussehen; **regarder autour de soi, l'œil ~** verstört um sich blicken
hagiographie [aʒjɔgʀafi] *f* Hagiographie *f*
haie [ˈɛ] *f* ❶ Hecke *f;* **~ de rosiers** Rosenhecke; **~ vive** [grüne] Hecke; **~ de jardin** Gartenhecke, Gartenhag *m* (CH)
❷ SPORT Hürde *f;* **course de ~s** Hürdenlauf *m; (équitation)* Hindernisrennen *nt;* **gagner aux 110 mètres ~s** den Hürdenlauf über 110 Meter gewinnen
❸ *(rangée) de personnes* Reihe *f;* **former** [o **faire**] **une ~** sich [in einer Reihe] aufstellen; **faire** [o **former**] **la ~** ein Spalier bilden/Spalier stehen; **~ de policiers** Absperrkette *f* der Polizei
♦ **~ d'honneur** Ehrenspalier *nt*
haillon [ˈajɔ̃] *m gén pl* Lumpen *Pl*
haine [ˈɛn] *f* ❶ Hass *m;* **~ de qc** Hass auf etw *(Akk)* [o gegen etw]; **~ des classes/des hommes** Klassen-/Männerhass; **~ de l'État** Staatsfeindlichkeit *f;* **par ~ de qn/qc** aus Hass auf [o gegen] jdn/etw; **avoir de la ~ pour qn** jdn hassen; **prendre qn/qc en ~** anfangen, jdn/etw zu hassen
❷ *pl (rivalités)* Hass *m*
haineusement [ˈɛnøzmɑ̃] *adv regarder* hasserfüllt; *parler* voller

Hass, gehässig; **répondre** ~ eine gehässige Antwort geben
haineux, -euse [´ɛnø, -øz] *adj (plein de haine)* hasserfüllt; *(plein de méchanceté)* gehässig; *joie* hämisch, boshaft
haïr [´aiʀ] <*irr*> **I.** *vt* hassen; **~ de faire qc** es hassen, etw zu tun; **se faire ~ de qn** sich bei jdm verhasst machen
II. *vpr* **se ~ soi-même** sich selbst hassen; **ils se haïssent** sie hassen sich; **je me hais d'avoir cédé** ich hasse mich, weil ich nachgegeben habe
haïssable [´aisabl] *adj personne* hassenswert; *comportement* verabscheuungswürdig; *temps* abscheulich
halage [´alaʒ] *m* ❶ *(par un bateau)* Schleppen *nt*; *(par des hommes, des chevaux)* Treideln *nt*
❷ CAN *(action de sortir le bois)* Abtransport *m* von Holzstämmen
hâle [´al] *m* [Sonnen]bräune *f*
hâlé(e) [´ale] *adj* [sonnen]gebräunt; **teint ~** gebräuntes Gesicht
haleine [alɛn] *f* Atem *m*; **mauvaise ~** Mundgeruch *m*; **avoir [une] mauvaise ~** Mundgeruch haben, aus dem Mund riechen; **perdre ~** außer Atem kommen; **reprendre ~** Luft holen; *(s'arrêter)* verschnaufen; **être hors d'~** außer Atem sein
◆ **de longue ~** langwierig; **parler/discuter à perdre ~** ohne Unterbrechung reden/diskutieren; **rire/courir à perdre ~** lachen/laufen, dass jdm die Luft wegbleibt; **tenir qn en ~** jdn in Atem halten
haler [´ale] <1> *vt* ❶ NAUT einholen
❷ *(remorquer)* treideln *péniche*
❸ CAN *(tirer)* ziehen
hâler [´ale] <1> *vt* bräunen; **son teint est hâlé par le soleil** sein/ihr Gesicht ist sonnengebräunt
haletant(e) [´al(ə)tɑ̃, ɑ̃t] *adj personne, respiration* keuchend; *chien* hechelnd; *cheval* schnaubend; **je voyais sa poitrine ~** ich sah, wie seine/ihre Brust sich schnell hob und senkte; **être ~(e)** *personne:* keuchen; *chien:* hecheln; *cheval:* schnauben; **être ~(e) de soif/de curiosité** [fast] vor Durst/vor Neugier vergehen
halètement [´alɛtmɑ̃] *m d'une personne* Keuchen *nt*; *d'un asthmatique* Kurzatmigkeit *f*; *d'un chien* Hecheln *nt*; *d'un cheval* Schnauben *nt*
haleter [´al(ə)te] <4> *vi coureur:* keuchen, nach Luft schnappen; *chien:* hecheln; **~ de soif/de curiosité** [fast] vor Durst/Neugier vergehen
hall [´ol] *m* Halle *f*; *(entrée)* Eingangshalle, Vestibül *nt (geh)*; **~ d'hôtel/de l'hôtel** Hotelhalle; **~ de la gare/de l'aéroport** Bahnhofs-/Flughafenhalle
◆ **~ d'accueil** Empfangsbereich *m*
hallage [´alaʒ] *m* Marktgebühr *f*, Marktgeld *nt*
hallali [alali] *m* Halali *nt*
▶ **sonner l'~** das Halali blasen
halle [´al] *f* ❶ *(marché couvert)* Markthalle *f*; **~ aux bestiaux/au vin** *(marché)* Vieh-/Weinmarkt *m*
❷ *pl (marché d'une ville)* Markthallen *Pl*; **les Halles** HIST die Pariser Markthallen
❸ *(hangar)* Halle *f*; **~ de montage/des machines** Montage-/Maschinenhalle
❹ CH *(bâtiment couvert)* **~ de gymnastique** Turnhalle *f*
hallebarde [´albaʀd] *f* Hellebarde *f*
▶ **il pleut** [*o* **tombe**] **des ~s** *fam* es gießt in Strömen *(fam)*
hallucinant(e) [a(l)lysinɑ̃, ɑ̃t] *adj ressemblance* verblüffend; *spectacle* umwerfend, atemberaubend; **ta ressemblance avec lui est ~e** du siehst ihm verblüffend ähnlich
hallucination [a(l)lysinasjɔ̃] *f* ❶ MED Halluzination *f*
❷ *(vision)* Halluzination *f*, Sinnestäuschung *f*; **tu as des ~s!** du leidest wohl an Halluzinationen!
hallucinatoire [a(l)lysinatwaʀ] *adj* halluzinatorisch
halluciné(e) [a(l)lysine] **I.** *adj* ❶ *drogué, fou* an Halluzinationen *(Dat)* leidend, halluzinierend; **être ~(e)** an Halluzinationen *(Dat)* leiden, Halluzinationen haben
❷ *(bizarre) air, regard* irr
II. *m(f)* ❶ MED halluzinierende(r) Geisteskranke(r) *f(m)*; **un ~/une ~e** ein Mann, der/eine Frau, die an Halluzinationen *(Dat)* leidet
❷ *(visionnaire)* Spinner(in) *m(f) (fam)*
halluciner [a(l)lysine] <1> *vi* halluzinieren; **j'hallucine!** *fam* ich glaube, ich spinne! *(fam)*
hallucinogène [a(l)lysinɔʒɛn] **I.** *adj* halluzinogen
II. *m* Halluzinogen *nt (Fachspr.)*
halo [´alo] *m* Lichthof *m*; *d'un astre, de la lune* Hof *m*, Halo *m (Fachspr.)*; PHOT Lichthof
halogène [alɔʒɛn] **I.** *m* Halogen *nt*
II. *app* Halogen-; **lampe/phare ~** Halogenlampe *f*/-scheinwerfer *m*
halte [´alt] **I.** *f* ❶ Halt *m*, Zwischenhalt *m*; CH *(repos)* Pause *f*; MIL Marschpause; **faire une ~** *(s'arrêter)* haltmachen; *(se reposer)* eine Pause machen, eine Pause einlegen *(fam)*
❷ CHEMDFER Haltepunkt *m*
II. *interj* **~!** halt!, stopp! *(fam)*; *(attention!)* Moment mal!; **~-là!**

Qui va là? MIL halt! Wer da?
▶ **dire ~ à qc** das Ende einer S. *(Gen)* fordern; **~ au chômage!** Schluss mit der Arbeitslosigkeit!
halte-garderie [´altgaʀdəʀi] <haltes-garderies> *f* ≈ Kinderparadies *nt*
haltère [altɛʀ] *m* Hantel *f*; **faire des ~s** mit Hanteln trainieren
haltérophile [alteʀɔfil] *mf* Gewichtheber(in) *m(f)*
haltérophilie [alteʀɔfili] *f* Gewichtheben *nt*
hamac [´amak] *m* Hängematte *f*
hamadryas [´amadʀijas] *m* ZOOL Mantelpavian *m*
hamamélis [amamelis] *m* BOT Hamamelis *f*; **eau d'~** Hamameliswasser *nt*
Hambourg [´abuʀ] Hamburg *nt*
hambourgeois [´abuʀʒwa] *m* **le ~** Hamburgerisch *nt*, das Hamburgerische; *v. a.* **allemand**
hambourgeois(e) [´abuʀʒwa, waz] *adj* hamburgerisch, Hamburger
Hambourgeois(e) [´abuʀʒwa, waz] *m(f)* Hamburger(in) *m(f)*
hamburger [´abuʀgœʀ, ´abœʀgœʀ] *m* GASTR Hamburger *m*
hameau [´amo] <x> *m* Weiler *m*
hameçon [amsɔ̃] *m* Angelhaken *m*; **mordre à l'~** *poisson:* anbeißen; **~ courbé** Rundbogenhaken; **ouverture de l'~** Hakeninnenweite *f*
▶ **mordre à** [*o* **gober**] **l'~** anbeißen *(fam)*
◆ **~ à œillet** PECHE Öhrhaken *m*; **~ à palette** PECHE Plättchenhaken *m*; **~ à tête en plomb** PECHE Bleikopfhaken *m*
hameçonnage [amsɔnaʒ] *m* INFORM Phishing *nt*
hammam [´amam] *m* Hammam *m (Badehaus im Vorderen Orient)*
hampe¹ [´ɑ̃p] *f* ❶ *d'une lance* Schaft *m*; *d'un drapeau* Stange *f*
❷ BOT Schaft *m*
❸ *(trait vertical)* senkrechter [Haupt]strich; *de f, h, l* Oberlänge *f*; *de g, p, q* Unterlänge
hampe² [´ɑ̃p] *f* ❶ *(poitrine) d'un cerf* Brust *f*
❷ *(ventre) d'un bœuf* Querrippe *f*
hamster [´amstɛʀ] *m* ZOOL Hamster *m*
han [´ɑ̃] **I.** *m* ächzender Laut, Stöhnen *nt*; **soulever qn/qc avec un ~** jdn/etw laut ächzend [*o* stöhnend] hochheben; **pousser** [*o* **faire**] **un ~** ächzen, stöhnen
II. *interj* ah
hanche [´ɑ̃ʃ] *f* Hüfte *f*; *(articulation)* Hüftgelenk *nt*; **elle a une prothèse de la hanche** sie hat ein künstliches Hüftgelenk; **balancer les ~s** sich in den Hüften wiegen *(geh)*; **rouler** [*o* **tortiller**] **les ~s** mit den Hüften wackeln; **être fort(e) des ~s** breite Hüften haben; **j'aimerais maigrir un peu [au niveau] des ~s** ich würde gern ein bisschen in der Hüftpartie abnehmen
handball, hand-ball [´adbal] *m* Handball *m*; **~ en plein air** Feldhandball
handballeur, -euse [´adbalœʀ, -øz] *m, f* Handballspieler(in) *m(f)*, Handballer(in) *m(f) (fam)*
handicap [(´)ɑ̃dikap] *m* ❶ SPORT Handikap *nt*, Vorgabe *f*; **course à ~** Handikaprennen *nt*
❷ MED, PSYCH Behinderung *f*
❸ *(désavantage)* Handikap *nt*; *(retard)* Rückstand *m*
handicapé(e) [´ɑ̃dikape] **I.** *adj* behindert
II. *m(f)* Behinderte(r) *f(m)*; **~(e) mental(e)/moteur** geistig-/motorisch Behinderte(r) *f(m)*; **~(e) physique** Körperbehinderte(r) *f(m)*
handicaper [´ɑ̃dikape] <1> *vt* **~ qn/qc dans qc** für jdn/etw bei etw ein Handikap sein, jdn/etw in etw *(Dat)*/bei etw benachteiligen [*o* behindern]
handisport [´ɑ̃dispɔʀ] **I.** *adj* Jeux olympiques Behinderten-
II. *m* Behindertensport *m*
hangar [´ɑ̃gaʀ] *m* ❶ AGR, CHEMDFER [offener] Schuppen; **~ en bois** Holzschuppen
❷ *(entrepôt)* Lagerschuppen *m*, Lagerhalle *f*; **~ de marchandises** Güterhalle, Güterschuppen
❸ AVIAT, NAUT **~ à avions** Hangar *m*, Flugzeughalle *f*; **~ à bateaux** Bootshaus *nt*, Bootsschuppen *m*; **~ pour ballons dirigeables** Luftschiffhalle *f*
❹ CAN *(abri pour le bois de chauffage)* Schuppen *m* für Brennholz
hanneton [´an(ə)tɔ̃] *m* ZOOL Maikäfer *m*; **~ des roses** Rosenkäfer
▶ **ne pas être piqué(e) des ~s** *péj* nicht von Pappe sein *(fam)*
Hanovre [´anɔvʀ] Hannover *nt*
Hanse [´ɑ̃s] *f* HIST Hanse *f*
hanséatique [´ɑ̃seatik] *adj* hanseatisch, Hanse-; *ligue, ville* Hansestādte-
hanter [ɑ̃te] <1> *vt* ❶ **~ qc** *fantôme, esprit:* in etw *(Dat)* spuken [*o* umgehen]; **qc est hanté(e) par qc** in etw *(Dat)* geht etw um; **ce château est hanté** in diesem Schloss spukt es
❷ *(fréquenter)* **~ un café/les tripots** in einem Café/Spielhöllen verkehren
❸ *(obséder)* **~ qn** jdn verfolgen, jdm keine Ruhe lassen; **~ le sommeil de qn** jdn noch im Schlaf verfolgen; **être hanté(e) par l'idée/le désir de faire qc** von dem Gedanken/dem Wunsch be-

herrscht sein, etw zu tun; **il était hanté par le souvenir de sa femme** die Erinnerung an seine Frau ließ ihn nicht los
hantise [´ɑ̃tiz] *f* ~ **de qc** [panische] Angst vor etw *(Dat)*; **il a la ~ des examens** er hat panische Angst [*o* ihm graut] vor Prüfungen *(Dat)*
happening [´ap(ə)niŋ] *m* Happening *nt*
happer [´ape] <1> *vt* ❶ *train, voiture:* erfassen; **se faire ~ par un train/une voiture** von einem Zug/Auto erfasst werden
❷ *(attraper) animal:* schnappen
happy end [´apiɛnd] <happy ends> *m o f* Happyend *nt*
happy few [´apifju] *mpl inv* Happy Few *Pl*
hara-kiri [´arakiri] *m sans pl* Harakiri *nt;* [**se**] **faire ~** Harakiri begehen [*o* machen]
harangue [´arɑ̃g] *f* ❶ [feierliche] Rede
❷ *(sermon)* [endlose] Strafpredigt [*o* Moralpredigt]
haranguer [´arɑ̃ge] <1> *vt* ~ **qn** eine [feierliche] Ansprache an jdn halten
haras [´arɑ] *m* Gestüt *nt*
harassant(e) [arasɑ̃, ɑ̃t] *adj* ermüdend, aufreibend; *journée* [sehr] anstrengend
harassé(e) [´arase] *adj* erschöpft, ausgelaugt
harasser [´arase] <1> *vt* **être harassé(e) de travail** mit Arbeit überhäuft [*o* eingedeckt *fam*] sein/werden
harcelant(e) [´arsəlɑ̃, ɑ̃t] *adj personne* lästig, aufdringlich; *question* lästig; *soucis* quälend
harcèlement [´arsɛlmɑ̃] *m* ❶ MIL Störmanöver *nt;* **guerre de ~** Kleinkrieg *m;* **tir de ~** Störfeuer *nt*
❷ *(tracasserie)* Belästigung *f;* **~ téléphonique** Telefonterror *m;* **~ sexuel** sexuelle Belästigung
harceler [´arsəle] <4> *vt* ❶ **~ qn** jdn bedrängen, jdm zusetzen; **~ un animal** Jagd auf ein Tier machen, einem Tier [hartnäckig] nachstellen
❷ MIL dauernd angreifen *ennemi, ville*
❸ *(importuner)* belästigen; **~ qn pour obtenir qc** jdn bedrängen, um etw zu bekommen; **~ qn de questions/d'exigences** jdn mit Fragen/Forderungen bedrängen; **être harcelé(e) de soucis** von Sorgen gequält sein/werden
hardcore [´ardkɔr] **I.** *adj scène* gewaltpornographisch
II. *m* ❶ *(film, roman)* Gewaltporno *m (fam)*
❷ *(pornographie)* Gewaltpornografie *f*
harde [´ard] *f* Rudel *nt;* **en ~** rudelweise
hardes [´ard] *fpl péj* Klamotten *Pl (fam);* CAN *(vêtements)* Kleidung *kein Pl*
hardi(e) [´ardi] *adj* ❶ *personne* kühn, mutig; *réponse* mutig, beherzt; *entreprise, projet* kühn, gewagt
❷ *(vieilli (osé) décolleté, scène* gewagt; *fille* verwegen
❸ *(original) imagination, pensée* kühn; *style, talent* eigenwillig
hardiesse [´ardjɛs] *f* ❶ Kühnheit *f,* Unerschrockenheit *f; (caractère d'une personne hardie)* Furchtlosigkeit *f;* **avoir** [*o* **montrer**] **de la ~** Unerschrockenheit beweisen [*o* zeigen]
❷ *(originalité)* Kühnheit *f,* Eigenwilligkeit *f*
❸ *pl (libertés)* **~s du langage** freche Ausdrücke *Pl;* **les ~s de son style** sein/ihr gewagter Stil
hardiment [´ardimɑ̃] *adv* ❶ *(courageusement)* kühn, beherzt
❷ *(carrément) parler* geradeheraus *(fam); regarder* unerschrocken
❸ *(à la légère) partir, s'engager* unüberlegt
❹ *(effrontément)* dreist
hardware [´ardwɛr] *m* INFORM Hardware *f*
harem [´arɛm] *m* Harem *m*
hareng [´arɑ̃] *m* Hering *m;* **~ saur** Bückling *m*
▶ **être maigre** [*o* **sec**] **comme un ~** [**saur**] *fam* spindeldürr sein; **être serré(e)s comme des ~s** *fam* wie die Heringe sitzen/stehen *(fam)*
harengère [´arɑ̃ʒɛr] *f péj* lautes, ordinäres Weib; **crier comme une ~** keifen wie ein Marktweib
hargne [´arɲ] *f (comportement agressif)* Gereiztheit *f,* Bissigkeit *f; (colère)* Zorn *m; (méchanceté)* Gehässigkeit *f;* **avoir de la ~ contre qn/qc** jdn/etw nicht ausstehen können; **avec ~** *(agressif)* gereizt, bissig; *(méchant)* gehässig
hargneusement [´arɲøzmɑ̃] *adv répondre* gereizt, bissig; *critiquer* scharf; *aboyer* bösartig
hargneux, -euse [´arɲø, -øz] *adj (agressif) personne, ton* gereizt, unwirsch; *(méchant)* gehässig, bissig; *critique* bissig; *humeur* gereizt; *caractère* zänkisch; *chien* bissig, bösartig
haricot [´ariko] *m* ❶ *(légume)* Bohne *f;* **~ blanc** weiße Bohne; **~ sec** dicke Bohne; **~ vert** grüne Bohne, Fisole *f (A); (très fin)* Prinzessbohne; **~ à écosser** Stangenbohne *f;* **~ mange-tout** [mittelfeine] grüne Bohne
❷ MED Nierenschale *f*
▶ **c'est la fin des ~s!** *fam* jetzt hört alles auf!
▶ **~ d'Espagne** Feuerbohne *f;* **~ de mouton** GASTR Hammelragout *nt*
haridelle [´aridɛl] *f* Schindmähre *f (pej)*

harissa [(´)arisa] *f* GASTR Harissa *nt (pikante maghrebinische Soße aus Peperoni und Öl, als Beilage zu Couscous)*
harki [´arki] *m algerischer Soldat in einer Hilfstruppe der französischen Armee*
harmonica [armɔnika] *m* ❶ [Mund]harmonika *f*
❷ CH, BELG Ziehharmonika *f*
harmonie [armɔni] *f* ❶ MUS Harmonie *f; (science)* Harmonielehre *f;* **théorie de l'~ et du contrepoint** Satzlehre
❷ *(fanfare)* Blasorchester *nt*
❸ POES, LITTER Harmonie *f,* Wohlklang *m*
❹ ART Harmonie *f*
❺ *(accord) d'un couple* Harmonie *f; des vues, sentiments* Übereinstimmung *f;* **vivre en bonne/parfaite ~** in guter/völliger Harmonie [miteinander] leben; **être en ~ avec qc** gut zu etw passen, gut mit etw harmonieren; *idées, opinion:* mit etw in Einklang stehen; **mettre qc en ~ avec qc** etw auf etw *(Akk)* abstimmen; **personne en constante recherche d'~** harmoniesüchtiger Mensch
harmonieusement [armɔnjøzmɑ̃] *adv* harmonisch
harmonieux, -euse [armɔnjø, -jøz] *adj* harmonisch; *instrument, voix* wohlklingend; *style* angenehm
harmonique [armɔnik] *adj* harmonisch
harmonisation [armɔnizasjɔ̃] *f* ❶ *d'une chanson* Harmonisierung *f; des instruments* Stimmen *nt;* **~ des couleurs** Farbabstimmung *f*
❷ ECON, JUR Harmonisierung *f,* Angleichung *f;* **~ intérieure** Binnenangleichung; **~ du droit** Rechtsangleichung; **~ de l'imposition sur le chiffre d'affaires** Umsatzsteuerharmonisierung; **~ des niveaux** Niveauangleichung; **~ des salaires** Lohnanpassung *f*
◆ **~ des conditions de concurrence** Angleichung *f* der Wettbewerbsbedingungen; **~ des monnaies** Angleichung *f* der Währungen
harmoniser [armɔnize] <1> **I.** *vt* ❶ miteinander in Einklang bringen *intérêts, idées;* aufeinander abstimmen *actions, couleurs;* **~ qc avec qc** etw in Einklang mit etw bringen; **~ la couleur des rideaux avec celle de la moquette** Vorhänge und Teppichboden farblich aufeinander abstimmen
❷ MUS harmonisieren
II. *vpr* **s'~** [miteinander] harmonieren; **s'~ avec qc** mit etw harmonieren, gut zu etw passen
harmonium [armɔnjɔm] *m* MUS Harmonium *nt*
harnachement [´arnaʃmɑ̃] *m* ❶ Anschirren *nt*
❷ *(harnais)* Geschirr *nt*
❸ *fam (accoutrement)* [schwere] Montur *(fam)*
harnacher [´arnaʃe] <1> **I.** *vt* ❶ anschirren *animal*
❷ *péj* **être harnaché(e) de qc** mit etw ausstaffiert sein
II. *vpr* **se ~** *alpiniste, chasseur:* in die [*o* seine] Montur steigen *(fam)*
harnais [´arnɛ] *m* ❶ *d'un cheval, bœuf* Geschirr *nt*
❷ *(pour bébés)* Laufgeschirr *nt*
❸ *(sangles) d'un parapentiste, plongeur* Gurtwerk *nt,* Gurtzeug *nt*
▶ **être blanchi(e) sous le ~** im Dienst ergraut sein
harnois CAN *v.* harnais
haro [´aro] *m* ▶ **crier ~ sur le baudet** sich [lauthals] entrüsten
harpagon [arpagɔ̃] *m* Geizhals *m (pej)*
harpe [´arp] *f* MUS Harfe *f*
harpie [´arpi] *f* ORN Harpyie *f*
▶ **vieille ~** *péj* alter Drachen *(fam)*
harpiste [´arpist] *mf* Harfenspieler(in) *m(f); (de profession)* Harfenist(in) *m(f)*
harpon [´arpɔ̃] *m* ❶ PECHE Harpune *f*
❷ CONSTR Klammer *f,* Haken *m*
harponnage [´arpɔnaʒ] *m,* **harponnement** [´arpɔnmɑ̃] *m* Harpunieren *nt*
harponner [´arpɔne] <1> *vt* ❶ PECHE harpunieren
❷ *fam (attraper)* erwischen [*o* schnappen] *(fam) malfaiteur;* **se faire ~ par un représentant** von einem Vertreter aufgehalten werden
hasard [´azar] *m* ❶ Zufall *m;* **par un malheureux/curieux ~** durch einen unglücklichen/merkwürdigen Zufall; **dû(due) au ~** *découverte* zufallsbedingt; **choix fait par ~** zufallsabhängige Wahl
❷ *(fatalité)* Zufall *m,* Schicksal *nt;* **le ~ a voulu que qn fasse qc** der Zufall wollte es [*o* es traf sich], dass jd etw tut; **les caprices du ~** die Launen des Schicksals; **ne rien laisser au ~** nichts dem Zufall überlassen; **s'en remettre** [*o* **s'abandonner**] **au ~** es dem Zufall überlassen; **il faut faire la part du ~** man muss [immer] mit Überraschungen rechnen
❸ *pl (aléas)* **les ~s de la guerre** die Wirren *Pl* des Krieges; **les ~s de la vie** die Wechselfälle *Pl* des Lebens
▶ **le ~ fait bien les choses** *prov* Glück muss der Mensch haben; **à tout ~** für alle Fälle; **demander/essayer qc à tout ~** etw auf gut Glück fragen/versuchen; **marcher/prendre une route au ~** aufs Geratewohl losmarschieren/eine Straße nehmen; **prendre un livre/exemple au ~** ein beliebiges Buch/Beispiel herausgreifen; **au ~ d'une rencontre** anlässlich einer zufälligen Begegnung; **comme par ~** *iron* [ganz] zufällig; **par ~** zufällig; **tout à fait par ~**

rein zufällig
hasarder [´azaʀde] <1> I. vt ❶ *(tenter, avancer)* wagen *démarche, remarque, question;* ~ **une hypothèse** es wagen, eine Hypothese aufzustellen
❷ *littér (risquer)* aufs Spiel setzen *fortune, vie*
II. *vpr* ❶ **se ~ dans un quartier/la rue** sich in ein Viertel/auf die Straße wagen
❷ *(se risquer à)* **se ~ à faire qc** es wagen, etw zu tun
hasardeux, -euse [´azaʀdø, -øz] *adj* gewagt, riskant; *affirmation* kühn
hasch [´aʃ] *m abr de* **haschich** *fam* Hasch *nt (fam)*
haschich, haschisch [´aʃiʃ] *m* Haschisch *nt o m*
hase [´az] *f* ZOOL Häsin *f*
hassidisme [´asidism] *m* Chassidismus *m*
hâte [´at] *f* Eile *f,* Hast *f;* **à la ~** hastig, auf die Schnelle *(fam);* **en toute ~** schnell, in aller Eile; **sortir en toute ~** hinauseilen; **sans ~** gemächlich; **avoir ~ de faire qc, n'avoir qu'une ~, c'est de faire qc** es kaum erwarten können, etw zu tun; **mettre de la ~ à faire qc** sich beeilen, etw zu tun
hâter [´ate] <1> I. *vt* beschleunigen
II. *vpr* **se ~** sich beeilen; **se ~ vers qc** zu etw eilen; **se ~ de faire qc** etw schnell tun
hâtif, -ive [´atif, -iv] *adj* ❶ *décision, réponse* übereilt, überstürzt; *conclusion* voreilig; *travail* zu hastig gemacht; **c'est un travail ~** diese Arbeit ist zu hastig gemacht worden
❷ *(précoce) croissance, développement* zu schnell; *fruit, légume* sehr früh [reifend]
hâtivement [´ativmɑ̃] *adv conclure, décider* übereilt; *répondre* hastig; *partir* überstürzt; *travailler* zu hastig
hauban [´obɑ̃] *m d'un voilier* Want *f (Fachspr.); d'un chapiteau de cirque* Stützstange *f; d'un pont* Schrägseil *nt,* Abspannseil *nt*
hausse [´os] *f* ❶ *(action d'augmenter)* Anheben *nt,* Anhebung *f;* **~ des cours** Kurssteigerung *f;* **~ des prix** Anhebung der Preise, Preissteigerung; **~ illicite des prix** Preistreiberei *f;* **~ des salaires** *(en parlant des ouvriers)* Lohnanhebung *f; (en parlant des employés)* Gehaltsanhebung; **~ de la taxe sur les hydrocarbures** Anhebung der Mineralölsteuer
❷ *(processus) du coût de la vie, des salaires, de la température* Anstieg *m; des prix, cours* Anstieg, Anziehen *nt;* **~ de production** Produktionsanstieg; **forte ~** ECON kräftige [wirtschaftliche] Aufwärtsentwicklung; **être en nette ~** spürbar [*o* deutlich] steigen; **~ de la Bourse** Anstieg der Börsenkurse, Hausse *f (Fachspr.);* **jouer à la ~** auf Hausse spekulieren; **tendance à la ~, mouvement de ~** Aufwärtsbewegung *f*
haussement [´osmɑ̃] *m* **~ d'épaules** Achselzucken *nt,* Schulterzucken *nt*
hausser [´ose] <1> I. *vt* ❶ *(surélever)* erhöhen *mur;* aufstocken *maison*
❷ *(amplifier)* **~ le ton/la voix** den Ton/die Stimme heben
❸ *(augmenter)* erhöhen *impôts;* heraufsetzen, erhöhen *prix*
❹ *(soulever)* heben, hochziehen *sourcils;* **~ les épaules** mit den Schultern [*o* Achseln] zucken
❺ *fig* **cela ne le hausse pas dans mon estime** das lässt ihn nicht in meinem Ansehen steigen
II. *vpr* ❶ **se ~ de toute sa taille** sich zu seiner vollen Größe aufrichten; **se ~ sur la pointe des pieds** sich auf die Zehenspitzen stellen
❷ *(s'élever)* **se ~ au niveau de qn** jds Niveau erreichen
haussier [´osje] *m* BOURSE Haussier *m (Fachspr.)*
haussière [osjɛʀ] *f* NAUT Trosse *f*
haut [´o] I. *adv* ❶ *monter, sauter, voler* hoch
❷ *(ci-dessus)* **voir plus ~** siehe [weiter] oben
❸ *(loin dans le temps)* **remonter très ~ dans l'histoire** weit in der Geschichte zurückgehen
❹ *(fort) lire, parler, penser* laut
❺ *(franchement)* laut [und deutlich]; **dire tout ~ ce que les autres pensent tout bas** aussprechen [*o* sagen], was die anderen denken
❻ *(à un haut degré)* **un fonctionnaire ~ placé** ein hoher Beamter; **viser trop ~** zu hoch hinaus wollen; **placer qn très ~ dans son estime** jdn hoch achten
❼ MUS **chanter trop ~** zu hoch singen; **ta voix monte ~** deine Stimme steigt hoch
▶ **parler ~ et clair** [laut und] deutlich reden; *(sans ambiguïté)* eine deutliche Sprache sprechen; **pendre qn ~ et court** jdn kurzerhand aufhängen; **regarder/traiter qn de ~** jdn von oben herab betrachten/behandeln; **tomber de ~** sehr überrascht sein, aus allen Wolken fallen *(fam);* **voir les choses de ~** die Dinge gelassen sehen; **ne pas voler ~** ziemlich blöd sein *(fam);* **d'en ~** von oben; **en ~** *(sans mouvement)* oben; *(avec mouvement)* nach oben; **jusqu'en ~** bis nach oben; **regarde en ~** sieh [*o* schau] mal nach oben; **de bas en ~** von unten nach oben; **en ~ de** oben in/auf (+ *Dat*); **vivre en ~ de l'immeuble** im oberen Teil [*o* auf der letzten Etage] des Gebäudes wohnen
II. *m* ❶ Höhe *f;* **avoir un mètre de ~** einen Meter hoch sein
❷ *(altitude)* Höhe *f;* **être à un mètre de ~** sich in einem Meter Höhe befinden; **appeler du ~ de la tribune/du balcon** von der Tribüne/vom Balkon herunterrufen; **tomber du ~ de l'arbre** vom Baum herunterfallen
❸ *(opp: bas) d'une caisse, d'un mur* oberer Teil; *d'un pyjama* Oberteil *nt;* **l'étagère du ~** das oberste Regalbrett; **les pièces du ~** die Zimmer im oberen Stockwerk; **les voisins du ~** die Nachbarn von oben; **~ de page** Seitenanfang *m;* **placer qc en ~ de page** etw an den Seitenanfang stellen
❹ *(sommet) d'un arbre* Wipfel *m; d'une montagne* Gipfel *m*
▶ **des ~s et des bas** Höhen und Tiefen; **il a des ~s et des bas [de santé]** mal geht es ihm besser, mal wieder schlechter; **du/de ~ en bas** von oben bis unten; **atteindre le ~ de l'échelle [sociale]** es bis nach ganz oben schaffen *(fam);* **tenir le ~ du pavé** zur Spitzenklasse gehören
◆ **~ de gamme** obere Preisklasse, Produkte *Pl* der oberen Preisklasse; **voiture ~ de gamme** Wagen *m* der Luxusklasse
haut(e) [´o, ´ot] *adj* ❶ hoch; **être ~(e) de trois/dix mètres** drei/zehn Meter hoch sein; **être ~(e) de plafond** eine hohe Decke haben; **~(e) sur pattes** langbeinig; **de ~e taille** groß; **le plus ~ étage** das oberste Stockwerk
❷ *(en position élevée) nuages* hoch
❸ NAUT **naviguer le pavillon ~** mit gehisster Flagge fahren; **marée ~e** Flut *f;* **la mer est ~e** es ist Flut; **quand la mer est ~e** bei Flut; **en ~e mer** auf hoher See; **les ~es eaux** das Hochwasser
❹ GEOG *montagne, plateau* Hoch-; *Rhin* Ober-; **la ville ~e** die Oberstadt
❺ *(ancien)* **le ~ Moyen-Âge** das Frühmittelalter, das frühe Mittelalter; **la ~e Antiquité** die Frühantike
❻ *(intense, fort) ton, voix* hoch; *densité* groß; *fréquence, tension* Hoch-; *pression, température* Hoch-; **à voix ~e, à ~e voix** laut, mit lauter Stimme; **courant à ~e tension** Starkstrom *m*
❼ *(élevé) cours, prix, salaire* hoch; **le prix de l'or est au plus ~** Gold erzielt Höchstpreise
❽ *(supérieur)* **~e bourgeoisie** Großbürgertum *nt;* **~ commissaire** Hochkommissar *m;* **~ commandement** Oberkommando *nt;* **~ fonctionnaire** ein hoher Beamter; **la ~e finance** die Hochfinanz; **la ~e société** die Oberschicht, die High Society; **au plus ~ niveau** auf höchster Ebene; **en ~ lieu** höheren Orts, an höherer Stelle; **de ~e naissance** von hoher Abkunft; **la ~e noblesse** der Hochadel; **de ~ rang** von hohem Rang, hochrangig; **les ~es mathématiques** [die] höhere Mathematik; **la ~e coiffure/~e couture** die Haute Coiffure/Haute Couture
❾ *(très grand)* hoch; **~e trahison** Hochverrat *m;* **~e estime** [*o* considération] Hochachtung *f;* **jouir d'une ~e considération** sehr [*o* hoch] geschätzt werden; **avoir une ~e idée** [*o* opinion] **de qn/qc** von jdm/etw eine hohe Meinung haben; **faire preuve d'une ~e intelligence** äußerst [*o* höchst] intelligent sein; **être de la plus ~e importance** äußerst wichtig sein, von größter Wichtigkeit [*o* Bedeutung] sein; **instrument de ~e précision** Präzisionsgerät *nt,* Feinmessgerät *nt*
❿ *(héroïque)* **les ~s faits** die Heldentaten
⓫ LING **le ~ allemand** [das] Hochdeutsch; HIST [das] Althochdeutsch
hautain(e) [´otɛ̃, ɛn] *adj personne* hochmütig, eingebildet; *air, manière, ton* hochmütig, herablassend
hautbois [´obwa] *m* MUS Oboe *f*
hautboïste [´obɔist] *m,f* Oboist(in) *m(f)*
haut-de-forme [´od(ə)fɔʀm] *m inv* Zylinder *m*
haute [´ot] *f fam* Hautevolee *f,* High Society *f;* **faire partie [des gens] de la ~** zur Hautevolee gehören
Haute-Bavière [´otbavjɛʀ] *f* **la ~** Oberbayern *nt*
haute-fidélité [´otfidelite] I. *f sans pl* Highfidelity *f*
II. *adj inv* chaîne Hi-Fi-
hautement [´otmɑ̃] *adv* äußerst, höchst; **pays ~ industrialisé** hochindustrialisiertes Land; **travailleur ~ qualifié** hochqualifizierter Arbeiter; **affaire ~ politique** hochpolitische Angelegenheit
hauteur [´otœʀ] *f* ❶ *a.* GEOM *d'une montagne, tour, d'un mur* Höhe *f;* **faire trois/dix mètres de ~** eine Höhe von drei/zehn Metern haben, drei/zehn Meter hoch sein; **le mur a une ~ de sept mètres** [*o* **a sept mètres de ~**] die Mauer ist sieben Meter hoch; **quelle est la ~ de ce mur?** wie hoch ist diese Mauer?; **la ~ est de trois/dix mètres** die Höhe beträgt drei/zehn Meter; **~ minimale** Mindesthöhe; **~ totale** *d'un bâtiment, navire* Gesamthöhe; **~ de page** Seitenlänge *f*
❷ *(altitude)* Höhe *f;* **prendre/perdre de la ~** an Höhe gewinnen/verlieren
❸ SPORT Höhe *f;* **~ record** Rekordhöhe; **saut en ~** Hochsprung *m*
❹ *(même niveau)* **être à ~ d'appui/des yeux/d'homme** in Brust-/Augen-/Kopfhöhe sein; **quand ils arrivèrent à ma ~** als sie mit mir auf gleicher Höhe waren; **à la ~ du carrefour/du port** in Höhe der Kreuzung/des Hafens

❻ *(colline)* Anhöhe *f*, Hügel *m*
❻ *(noblesse)* Größe *f*
❼ *(arrogance)* Hochmut *m*; **parler avec ~** in herablassender [*o* hochmütiger] Weise sprechen
▶ **être/ne pas être à la ~** fähig/unfähig sein, den Anforderungen entsprechen/nicht entsprechen; **être à la ~ de qn/qc** jdm/einer S. gewachsen sein
haut-fond [´ofɔ̃] <hauts-fonds> *m* Untiefe *f* **haut-le-cœur** [´ol(ə)kœʀ] *m inv* Übelkeit *f*; **il a un ~** ihm ist schlecht [*o* übel] **haut-le-corps** [´ol(ə)kɔʀ] *m inv* Aufschrecken *nt*; **avoir un ~** hochfahren **haut-lieu** [´oljø] <hauts-lieux> *m* Hochburg *f* **Haut-Palatinat** [´opalatina] *m* **le ~** die Oberpfalz **haut-parleur** [´opaʀlœʀ] <haut-parleurs> *m* Lautsprecher *m* **haut-relief** [´oʀəljɛf] <hauts-reliefs> *m* Hochrelief *nt*
Haut-Rhin [´oʀɛ̃] *m* **le ~** der Oberrhein
havanais(e) [´avanɛ, ɛz] *adj* Havanner
Havanais(e) [´avanɛ, ɛz] *m(f)* Havanner(in) *m(f)*
havane [´avan] I. *adj inv* hellbraun
II. *m (cigare)* Havanna[zigarre *f*] *f*; *(tabac)* Havanna[tabak *m*] *m*
Havane [´avan] *f* **la ~** Havanna *nt*
hâve [´av] *adj personne* abgezehrt; *visage*, *teint* eingefallen
havre [´avʀ] *m* [natürlicher] Hafen
◆ **~ de paix** Oase *f* des Friedens
havresac [´avʀəsak] *m* MIL Tornister *m*; *(sac à dos)* Rucksack *m*
hayon [´ɛjɔ̃] *m* AUT Heckklappe *f*
hé [he, ´e] *interj (pour appeler)* he *(fam)*, he, du da/Sie da *(fam)*; **~ !** *(appréciation, intérêt)* alle Achtung!, Donnerwetter!; *(moquerie, ironie)* ha! ha!; **~ oui!** so ist es!; **~ bien! En voilà des manières** na [*o* also], so was! Das sind ja schöne Manieren
heaume [´om] *m* Helm *m*
hebdo [ɛbdo] *m fam abr de* **hebdomadaire** Wochenzeitschrift *f*
hebdomadaire [ɛbdɔmadɛʀ] I. *adj réunion* wöchentlich; *revue* Wochen-; **"fermeture ~ le lundi"** „montags geschlossen"; **mon jour de repos ~ est le mardi** dienstags habe ich meinen freien Tag; **rendre une visite ~ à qn** jdn einmal pro Woche besuchen
II. *m* Wochenzeitschrift *f*
hebdomadairement [ɛbdɔmadɛʀmɑ̃] *adv* einmal in der Woche
hébergement [ebɛʀʒəmɑ̃] *m* Unterbringung *f*; **foyer d'~ collectif** Gemeinschaftsunterkunft *f*
héberger [ebɛʀʒe] <2a> *vt* ❶ beherbergen, unterbringen *ami, sinistré, touriste*; **nous pouvons t'~** du kannst bei uns übernachten; **être hébergé(e) par/chez qn** bei jdm eine Unterkunft finden
❷ *(accueillir)* aufnehmen *refugiés, immigrés*
hébété(e) [ebete] *adj personne* benommen, stumpfsinnig; *air, regard* dumpf; **yeux ~s** stumpf blickende Augen; **être ~(e) de douleur/fatigue** jd ist [wie] benommen [*o* betäubt] vor Schmerz/Müdigkeit; **être ~(e) par l'alcool/de la drogue** vom Alkohol/von Drogen benommen sein
hébétement [ebetmɑ̃] *m* Benommenheit *f*; **état d'~** Zustand *m* der Benommenheit
hébétude [ebetyd] *f* LITTER Abgestumpftheit *f*
hébraïque [ebʀaik] *adj* hebräisch
hébreu [ebʀø] <x> I. *adj* hebräisch
II. *m sans pl* **l'~** Hebräisch *nt*, das Hebräische; *v. a.* **allemand**
▶ **c'est de l'~ pour qn** das sind böhmische Dörfer für jdn
Hébreux [ebʀø] *mpl* **les ~** die Hebräer
H.E.C. [´aʃøse] *abr de* [École des] hautes études commerciales Elitehochschule für Betriebswirtschaft
hécatombe [ekatɔ̃b] *f* ❶ Blutbad *nt*, Massaker *nt*
❷ *(échec lors d'un examen)* gnadenlose Auswahl; *(lors des élections)* verheerende Niederlage
hectare [ɛktaʀ] *m* Hektar *m o nt*
hecto *abr de* **hectolitre**
hectogramme [ɛktɔgʀam] *m* Hektogramm *nt*
hectolitre [ɛktɔlitʀ] *m* Hektoliter *m*
hectomètre [ɛktɔmɛtʀ] *m* Hektometer *m o nt*
hectowatt [ɛktɔwat] *m* ELEC Hektowatt *nt*
hédonisme [edɔnism] *m* Hedonismus *m*
hédoniste [edɔnist] I. *adj* hedonistisch
II. *mf* Hedonist(in) *m(f)*
hégélianisme [eʒeljanism] *m* PHILOS Hegelianismus *m*
hégémonie [eʒemɔni] *f* Hegemonie *f*; **guerre d'~** Hegemonialkrieg *m*; **système d'~** Herrschaftssystem *nt*
hégire [eʒiʀ] *f* REL Hedschra *f*
hein [´ɛ̃] *interj fam* ❶ *(comment?)* was?, hä? *(fam)*
❷ *(renforcement de l'interrogation)* **que vas-tu faire, ~?** und, was machst du nun?
❸ *(marque l'étonnement)* **~? Qu'est-ce qui se passe?** nanu? [*o* eh! *fam*] Was ist denn da los?
❹ *(n'est-ce pas?)* **tu en veux bien, ~?** du willst doch, oder? *(fam)*
hélas [elɑs] *interj soutenu* ach, leider; **~ oui/non!** ja/nein, leider!
▶ **~, trois fois ~!** leider Gottes!
Hélène [elɛn(ə)] *f* ❶ Helene *f*

❷ MYTH, HIST Helena *f*; **Sainte ~** Heilige Helena
héler [´ele] <5> *vt* ❶ **~ un porteur/taxi** einen Gepäckträger/ein Taxi [herbei]rufen; *(en faisant un signe)* einen Gepäckträger/ein Taxi herbeiwinken
❷ NAUT **~ un bateau** ein Schiff anrufen [*o* anpreien *Fachspr.*]
hélianthe [eljɑ̃t] *m* BOT Sonnenblume *f*, Helianthus *m (Fachspr.)*
hélice [elis] *f* ❶ TECH *d'un ventilateur* Flügelrad *nt*; *d'un avion* Propeller *m*, Luftschraube *f*; *d'un bateau* [Schiffs]schraube *f*; **propulseur à ~** Propellerantrieb *m*
❷ ARCHIT Schnecke *f*
❸ GEOM Spirale *f*; **escalier en ~** Wendeltreppe *f*
hélico [eliko] *m fam abr de* **hélicoptère** Heli *m (sl)*
hélicoïdal(e) [elikɔidal, o] <-aux> *adj a.* TECH *escalier* spiralförmig
hélicoptère [elikɔptɛʀ] *m* Hubschrauber *m*; **~ de transport** Transporthubschrauber; **~ de sauvetage** Bergungshubschrauber
héligare [eligaʀ] *f* Hubschrauberflughafen *m*
héliograveur, -euse [eljɔgʀavœʀ, -øz] *m, f* Druckformhersteller(in) *m(f)* im Tiefdruck
héliogravure [eljɔgʀavyʀ] *f* TYP Tiefdruckverfahren *nt*, Heliogravüre *f (Fachspr.)*
héliomarin(e) [eljɔmaʀɛ̃, in] *adj cure* auf der Heilkraft von Sonne und Seeluft basierend, die Heilkraft von Sonne und Seeluft nutzend; **établissement/sanatorium ~** Sanatorium am Meer, das auf Heliotherapie spezialisiert ist
héliothérapie [eljoteʀapi] *f* Heliotherapie *f*
héliotrope [eljɔtʀɔp] *m* BOT Heliotrop *nt*, Sonnenwende *f*
héliport [elipɔʀ] *m* Hubschrauberlandeplatz *m*, Heliport *m*
héliportage [elipɔʀtaʒ] *m* Hubschraubertransport *m*
héliporté(e) [elipɔʀte] *adj blessé, troupe* per Hubschrauber befördert; *commando, opération, sauvetage* Hubschrauber-
hélitreuillage [elitʀœjaʒ] *m* Rettung *f* mit dem Hubschrauber
hélium [eljɔm] *m* CHIM Helium *nt*
hélix [eliks] *m* ❶ ANAT Helix *f*
❷ ZOOL Schnecke *f*
hellène [ɛllɛn, elɛn] *adj* hellenisch
Hellène [ɛllɛn, elɛn] *mf* **les ~s** die Hellenen
hellénique [elenik, ɛllenik] *adj* hellenisch, altgriechisch
hellénisme [elenism, ɛllenism] *m* ❶ LING Gräzismus *m*
❷ HIST Hellenismus *m*, Griechentum *nt*
helléniste [elenist, ɛllenist] *mf* Hellenist(in) *m(f)*, Gräzist(in) *m(f)*
helvète [ɛlvɛt] *adj* helvetisch
Helvète [ɛlvɛt] *mf* Helvetier(in) *m(f)*
helvétique [ɛlvetik] *adj* schweizerisch, Schweizer; **la Confédération ~** die Schweizer Eidgenossenschaft
helvétisme [ɛlvetism] *m* Helvetismus *m*
hem [hɛm, ´ɛm] *interj* ❶ *(hé, holà)* he [da] *(fam)*
❷ *(hein)* wie, he *(fam)*
❸ *(hum)* hm hm
hémangiome [emɑ̃ʒjom] *m* MED Hämangiom *nt*
hématie [emasi] *f* MED rotes Blutkörperchen, Erythrozyt *m (Fachspr.)*
hématite [ematit] *f* GEOL Hämatit *m*
hématologie [ematɔlɔʒi] *f* MED Hämatologie *f*
hématologiste [ematɔlɔʒist], **hématologue** [ematɔlɔg] *mf* MED Hämatologe *m*/Hämatologin *f*
hématome [ematom] *m* MED Bluterguss *m*, Hämatom *nt (Fachspr.)*; **~ orbital** Brillenhämatom *nt*
hématurie [ematyʀi] *f* MED Hämaturie *f (Fachspr.)*
héméralopie [emeʀalɔpi] *f* MED Nachtblindheit *f*
hémicycle [emisikl] *m* ❶ *d'un théâtre, parlement* Halbrund *nt*; **en ~** halbkreisförmig
❷ *(salle)* halbrunder Saal mit ansteigenden Sitzreihen; **de l'Assemblée nationale** Plenarsaal *m*
hémiplégie [emipleʒi] *f* MED halbseitige Lähmung, Hemiplegie *f (Fachspr.)*
hémiplégique [emipleʒik] I. *adj* MED halbseitig gelähmt
II. *mf* MED halbseitig Gelähmte(r) *f(m)*
hémisphère [emisfɛʀ] *m* ❶ Halbkugel *f*
❷ GEOG [Erd]halbkugel *f*, Hemisphäre *f (Fachspr.)*; **~ nord/boréal** nördliche Halbkugel [*o* Hemisphäre]; **~ sud/austral** südliche Halbkugel [*o* Hemisphäre]
❸ ASTRON [Himmels]halbkugel *f*, Hemisphäre *f (Fachspr.)*
❹ ANAT Gehirnhälfte *f*, Hemisphäre *f (Fachspr.)*
hémisphérique [emisfeʀik] *adj* halbkugelförmig
hémistiche [emistiʃ] *m* Halbvers *m*, Hemistichium *nt (Fachspr.)*
hémochromatose [emokʀɔmatoz] *f* MED Eisenspeicherkrankheit *f*
hémodyalise [emodjaliz] *f* MED Hämodialyse *f*
hémoglobine [emɔglɔbin] *f* MED Hämoglobin *nt*, Blutfarbstoff *m*
hémogramme [emɔgʀam] *m* MED Blutwert *m*
hémolyse [emoliz] *f* MED Hämolyse *f*; **hépatique ~** hepatische Hämolyse; **réaction d'~** Hämolysereaktion *f*
hémopathie [emopati] *f* MED Blutkrankheit *f*

hémophile [emɔfil] **I.** *adj* MED an der Bluterkrankheit leidend, hämophil *(Fachspr.)*; **être ~** Bluter sein
II. *m* MED Bluter *m*
hémophilie [emɔfili] *f* MED Bluterkrankheit *f*, Hämophilie *f (Fachspr.)*
hémorragie [emɔraʒi] *f* ❶ MED [starke] Blutung, Hämorrhagie *f (Fachspr.)*; **~ permanente** Dauerblutung; **~ secondaire** Nachblutung; **~ cérébrale/intestinale** Hirn-/Darmblutung
❷ *(perte) (en hommes)* Aderlass *m; (émigration)* [massenhafte] Abwanderung, Exodus *m; de capitaux, devises* Abfließen *nt* [ins Ausland]; **~ démographique** Bevölkerungsschwund *m*
hémorroïdal(e) [emɔrɔidal, o] <-aux> *adj sang, varice* hämorrhoidal; *veine* Mastdarm-
hémorroïde [emɔrɔid] *f gén pl* MED Hämorrhoide *f*
hémostase [emɔstaz] *f* MED Hämostase *f (Fachspr.)*; **~ spontanée** Blutstillstand *m;* **~ provoquée** Blutstillung *f*
henné [´ene] *m* Henna *f o nt*
hennin [´enɛ̃] *m* HIST Hennin *m*, Hörnerhaube *f*
hennir [´enir] <8> *vi* wiehern
hennissement [´enismɑ̃] *m* Wiehern *nt*, Gewieher *nt*
Henri [ɑ̃ri] *m* ❶ Heinrich *m*, Heinz *m*
❷ HIST **~ IV** Heinrich IV., Heinrich der Vierte
hep [´ɛp, hɛp] *interj fam*, hallo
héparine [eparin] *f* MED, PHARM Heparin *nt*
hépatique [epatik] **I.** *adj* Leber-; **maladie ~** [*o* **du foie**] Leberkrankheit *f*; **insuffisance ~** Leberschaden *m;* **colique ~** Gallenkolik *f*
II. *mf* MED Leberkranke(r) *f(m)*
hépatite [epatit] *f* MED Leberentzündung *f*, Hepatitis *f (Fachspr.)*; **~ virale** infektiöse Leberentzündung, Virushepatitis *f (Fachspr.)*; **~ aiguë/chronique** akute/chronische Hepatitis
heptagone [ɛptagon, ɛptagɔn] *m* Siebeneck *nt*, Heptagon *nt (Fachspr.)*
heptathlon [ɛptatlɔ̃] *m* SPORT Siebenkampf *m*
héraldique [eraldik] **I.** *adj* Wappen-, heraldisch; **science ~** Wappenkunde *f*
II. *f* Wappenkunde *f*, Heraldik *f (Fachspr.)*
héraut [´ero] *m* Herold *m*
herbacé(e) [ɛrbase] *adj* krautig; **plante ~e** krautige Pflanze, Kraut *nt*
herbage [ɛrbaʒ] *m* ❶ Gras *nt*, Grünfutter *nt*
❷ *(pâturage)* Weide *f*
herbager [ɛrbaʒe] <2a> *vt* weiden [lassen] *animaux*
herbager, -ère [ɛrbaʒe, -ʒɛr] AGR **I.** *adj paysage* Weide-
II. *m, f* Viehwirt(in) *m(f)*
herbe [ɛrb] *f* ❶ BOT Gras *nt;* **mauvaise ~** Unkraut *nt;* **~ ornementale** Ziergras
❷ *(en tant que végétation couvrante)* Grasbewuchs *m*
❸ MED, GASTR Kraut *nt;* **~ aromatique** [*o* **odorante**] Gewürzkraut; **fines ~s**, **~s de cuisine** Küchenkräuter *Pl; (cultivées au jardin)* Gartenkräuter; **~s médicinales** [*o* **officinales**] Heilkräuter
❹ *arg (drogue)* Hasch *nt (fam)*
▶ **couper l'~ sous le[s] pied[s] de qn** jdn aus dem Feld schlagen; **être de la mauvaise ~** ein Nichtsnutz sein; **pousser comme de la mauvaise ~** in die Höhe schießen; **pianiste/poète en ~** angehender Pianist/Dichter; **champ/céréales en ~** noch grünes Feld/Getreide
◆ **~ s de Provence** Kräuter *Pl* der Provence
herbeux, -euse [ɛrbø, -øz] *adj* grasbewachsen
herbicide [ɛrbisid] **I.** *adj* **produit ~** Unkrautbekämpfungsmittel *nt*, Pflanzengift *nt*
II. *m* Unkrautbekämpfungsmittel *nt*, Pflanzengift *nt*
herbier [ɛrbje] *m* Herbarium *nt; (ouvrage)* illustriertes Botanikbuch zur Pflanzenbestimmung
herbivore [ɛrbivɔr] **I.** *adj* Pflanzen fressend; **être ~** ein Pflanzenfresser sein
II. *m* Pflanzenfresser *m*
herboriser [ɛrbɔrize] <1> *vi* Pflanzen sammeln, botanisieren
herboriste [ɛrbɔrist] *mf* [Heil]kräuterhändler(in) *m(f)*
herboristerie [ɛrbɔristəri] *f* [Heil]kräuterladen *m*
hercule [ɛrkyl] *m* ❶ Herkules *m;* **avoir une force d'~** ein [wahrer] Herkules sein
❷ *(lutteur de foire)* Kraftmensch *m*
Hercule [ɛrkyl(ə)] *m* Herkules *m*, Herakles *m*
▶ **être fort(e) comme ~** stark wie ein Bär sein
herculéen(ne) [ɛrkyleɛ̃, ɛn] *adj* Herkules-; **force ~ne** Bärenkräfte *Pl*
hère [´ɛr] *m* ▶ **pauvre ~** armer Teufel [*o* Schlucker]
héréditaire [ereditɛr] *adj* ❶ BIO *(transmissible)* erblich; *(transmis)* ererbt; **caractères ~s** Erbanlagen *Pl;* **maladie ~** Erbkrankheit *f*, erbliche Krankheit; **patrimoine ~** Erbgut *nt;* **c'est ~** das ist erblich
❷ JUR *biens, droit, monarchie* Erb-; *titre* erblich
❸ *fig aversion, haine* tiefsitzend; *ennemi, inimitié* Erb-

hérédité [eredite] *f* ❶ *a.* JUR *(caractère héréditaire)* Erblichkeit *f;* **droit d'~** Erbanspruch *m;* **par voie d'~** durch Erbfolge
❷ BIO, MED *(transmission)* Vererbung *f; (manière de transmettre)* Erbgang *m; (patrimoine héréditaire)* Erbanlagen *Pl;* **théorie de l'~** Vererbungstheorie *f*
hérésie [erezi] *f* ❶ REL Ketzerei *f*, Häresie *f (Fachspr.)*
❷ *(opinion scandaleuse)* Ketzerei *f*
❸ *(comportement scandaleux)* Freveltat *f (geh)*
hérétique [eretik] **I.** *adj* ❶ REL ketzerisch, häretisch *(Fachspr.)*
❷ *(opp: conformiste)* ketzerisch; **penseur ~** Ketzer *m*, Abweichler *m*
II. *mf* ❶ REL Ketzer(in) *m(f)*, Häretiker(in) *m(f) (Fachspr.)*
❷ *(dissident)* Ketzer(in) *m(f)*
hérissé(e) [´erise] *adj* ❶ *plumes, poil, cheveux* gesträubt; *barbe* struppig; **~(e) de poils** behaart
❷ *(piquant) cactus, tige* stachelig; **~(e) de clous** mit Nägeln gespickt
❸ *(parsemé)* **~(e) de difficultés/d'obstacles** voller Schwierigkeiten/Hindernisse
hérissement [´erismɑ̃] *m* ❶ *des poils, des plumes* Sträuben *nt*
❷ *(disposition)* Aufstellung *f*
hérisser [´erise] <1> **I.** *vt* sträuben *poils, plumes;* aufrichten *piquants*
❷ *(faire dresser)* **le froid/la peur lui hérisse les poils** vor Kälte/Angst sträuben sich ihm/ihr die Haare
❸ *(se dresser sur)* **~ un mur** *clous, tessons:* [spitz] aus einer Mauer hervorragen
❹ *(garnir de choses pointues)* **~ de créneaux/clous** mit Zinnen/Nägeln versehen
❺ *(remplir)* **~ qc de qc** etw mit etw spicken; **de nombreuses citations/fautes hérissent le texte** der Text ist mit Zitaten/Fehlern gespickt
❻ *(irriter)* aufbringen, wütend machen
II. *vpr* **se ~** ❶ *(se dresser)* **ses poils se hérissent** ihm/ihr sträuben sich die Haare; **ses cheveux se hérissent de peur** vor Angst stehen ihm/ihr die Haare zu Berge
❷ *(dresser ses poils, plumes) chat, chien:* sein Fell sträuben; *oiseau:* sein Gefieder sträuben, sich aufplustern; *porc-épic:* seine Stacheln aufrichten
❸ *(se fâcher)* wütend werden, hochfahren; **se ~ facilement** schnell aufgebracht sein
hérisson [´erisɔ̃] *m* ❶ ZOOL Igel *m*
❷ *péj (personne)* unzugänglicher Mensch
❸ *(égouttoir à bouteilles)* Abtropfgestell *nt* für Flaschen
❹ AGR Stachelwalze *f*
héritage [eritaʒ] *m* ❶ Erbschaft *f;* **laisser** [*o* **transmettre**] **qc en ~ à qn** jdm etw vererben; **~ de plusieurs millions** Millionenerbschaft *f;* **grevé** JUR Vorerbschaft *(Fachspr.)*
❷ *fig d'une civilisation, de coutumes, croyances* Erbe *nt*
hériter [erite] <1> **I.** *vi* ❶ **~ de qn** von jdm erben; **il a hérité de son oncle** er hat von seinem Onkel geerbt; **~ de la maison de qn** jds Haus erben
❷ *(par hérédité)* **~ du talent/des défauts de qn** Talent/Fehler von jdm erben
❸ *(recevoir)* **~ de qc** etw erben
II. *vt* ❶ erben
❷ *(par hérédité)* **~ qc de qn** etw von jdm erben; **j'ai hérité cette maladie de mon père** ich habe diese Krankheit von meinem Vater geerbt
héritier, -ière [eritje, -jɛr] *m, f* ❶ Erbe *m*/Erbin *f;* **~(-ière) de la couronne** Thronerbe/-erbin; **~(-ière) de plusieurs millions** Millionenerbe/-erbin; **~ de substitution** JUR Ersatzerbe
❷ *fig d'une civilisation, tradition* Erbe *m*
❸ *fam (enfant)* Stammhalter *m*
hermaphrodite [ɛrmafrodit] **I.** *adj* zwittrig, zweigeschlechtig; *plante* Zwitter-; *dieu* hermaphroditisch
II. *m* ❶ Hermaphrodit *m*
❷ BIO Zwitter *m*, Hermaphrodit *m (geh)*
hermétique [ɛrmetik] *adj* ❶ *fermeture, joint* hermetisch; *(à l'air)* luftdicht; *(à l'eau)* wasserdicht; *(au vent)* winddicht; **récipient ~** hermetisch verschlossener Behälter
❷ *(impénétrable) œuvre, poésie* vieldeutig, hermetisch *(geh); écrivain* schwerverständlich; *visage* verschlossen
hermétiquement [ɛrmetikmɑ̃] *adv* hermetisch; **ces nouvelles fenêtres se ferment ~** diese neuen Fenster schließen völlig winddicht
hermétisme [ɛrmetism] *m d'une poésie* Hermetismus *m (geh)*
hermine [ɛrmin] *f* ❶ ZOOL Hermelin *nt*
❷ *(fourrure)* Hermelin *nt*
herniaire [´ɛrnjɛr] *adj* Bruch-
hernie [´ɛrni] *f* ❶ MED (Eingeweide]bruch *m*, Hernie *f (Fachspr.);* **attraper une ~** sich *(Dat)* einen Bruch heben; **~ discale** Bandscheibenvorfall *m;* **~ congénitale** angeborene Hernie; **~ étranglée**

eingeklemmter Bruch; **~ ombilicale** Nabelbruch
❷ *(excroissance) d'un pneu* Wulst *m*
Hérode [eʀɔd(ə)] *m* Herodes *m*
▶ **être vieux(vieille) comme ~** *fam* von Anno dazumal sein *(fam)*
héroïne[1] [eʀɔin] *f (drogue)* Heroin *nt*
héroïne[2] *v.* **héros**
héroïnomane [eʀɔinɔman] **I.** *adj* heroinsüchtig
II. *mf* Heroinsüchtige(r) *f(m)*
héroïque [eʀɔik] *adj* ❶ heldenhaft, heroisch
❷ *(légendaire)* **les temps ~s** [*o* **l'époque ~**] **du cinéma/de l'aviation** die Pionierzeit des Films/der Luftfahrt
héroïquement [eʀɔikmɑ̃] *adv* heldenhaft, heroisch
héroïsme [eʀɔism] *m* Heldenmut *m,* Heroismus *m;* **acte d' ~** Heldentat *f,* heroische Tat
héron [´eʀɔ̃] *m* ORN Reiher *m*
héros, héroïne [´eʀo, ´eʀɔin] *m, f* ❶ *d'un événement* Hauptperson *f; d'un livre, film* Held(in) *m(f);* **~/héroïne de cinéma** Kinoheld(in); **~/héroïne de roman** Romanheld(in); **~/héroïne du jour** Held(in) *m(f)* des Tages
❷ *(personne courageuse)* Held(in) *m(f);* **~ national/héroïne nationale** Nationalheld(in) *m(f)*
❸ MYTH Heros *m,* Heroe *m*/Heroin *f (geh)*
herpès [ɛʀpɛs] *m* MED Herpes *m;* **~ génital** Herpes im Genitalbereich
herse [´ɛʀs] *f* ❶ AGR Egge *f*
❷ *(grille d'entrée) d'une forteresse* Fallgitter *nt*
herser [´eʀse] <1> *vt* AGR eggen *terre, champ*
hertz [ɛʀts] *m* Hertz *m*
hertzien(ne) [ɛʀtsjɛ̃, jɛn] *adj* hertzsche(r, s); **ondes ~nes** hertzsche Wellen
hésitant(e) [ezitɑ̃, ɑ̃t] *adj* ❶ *personne* zögernd, unentschlossen; *électeur* unentschlossen; *caractère* unschlüssig; **être ~(e)** *Bourse:* zurückhaltend sein
❷ *(peu assuré) pas, geste* zögernd; *voix* zögernd, stockend
hésitation [ezitasjɔ̃] *f* ❶ Zögern *nt* kein Pl, Unschlüssigkeit *f;* **ne plus avoir d' ~s** keine Bedenken mehr haben; **après bien des ~s** nach langem Zögern; **avec/sans ~** zögernd/ohne Zögern; **sans la moindre ~** ohne [auch nur] im Geringsten zu zögern
❷ *(arrêt)* **réciter/parler avec/sans ~** zögernd [*o* stockend]/ohne zu stocken vortragen/sprechen; **marquer un temps d' ~** einen Augenblick innehalten; **avoir un moment d' ~** einen Moment zögern [*o* stocken]
hésiter [ezite] <1> *vi* ❶ zögern, zaudern *(geh);* **sans ~** ohne zu zögern; **~ entre plusieurs possibilités** zwischen mehreren Möglichkeiten schwanken; **~ sur qc** sich *(Dat)* [noch] unschlüssig über etw *(Akk)* sein; **~ à faire qc** sich nicht entschließen können, etw zu tun; es nicht wagen, etw zu tun; **je n'hésiterai pas à appeler la police!** ich werde ohne Bedenken die Polizei rufen!; **n'hésitez pas à dire toute la vérité** sagen Sie ruhig die ganze Wahrheit; **je ne sais pas ... j'hésite** ich weiß nicht ... ich bin mir noch nicht sicher
❷ *(marquer un arrêt) (en parlant)* stocken; *animal:* plötzlich langsam machen
Hesse [´ɛs] *f* **la ~** Hessen *nt*
hétéro [eteʀo] *abr de* **hétérosexuel(le) I.** *adj fam* hetero *(fam)*
II. *mf fam* Hetero *mf (fam)*
hétéroclite [eteʀɔklit] *adj ensemble, objets* [bunt] zusammengewürfelt; *œuvre, bâtiment* uneinheitlich
hétérogène [eteʀɔʒɛn] *adj* heterogen
hétérogénéité [eteʀɔʒeneite] *f* Heterogenität *f*
hétérosexualité [eteʀɔsɛksɥalite] *f* Heterosexualität *f*
hétérosexuel(le) [eteʀɔsɛksɥɛl] **I.** *adj* heterosexuell
II. *m(f)* Heterosexuelle(r) *f(m)*
hêtraie [´etʀɛ] *f* Buchenhain *m*
hêtre [´ɛtʀ] *m* ❶ BOT Buche *f*
❷ *(bois)* Buche[nholz *nt*] *f*
heu [´ø] *interj* ❶ äh; **vous êtes Madame, ~ ... Madame Giroux!** Sie sind Frau, äh ... – Frau Giroux!
❷ *(embarras)* hm; **~ ... comment dirais-je?** hm ... wie soll ich sagen?
❸ *(doute)* ho, ho!; **~!... Tu es bien certain(e) que...?** ho, ho! ... Bist du sicher, dass ...?
heur [œʀ] ▶ **avoir l' ~ de plaire à qn** *vieilli* das Glück haben, jdm zu gefallen
heure [œʀ] *f* ❶ Stunde *f;* **une ~ et demie** anderthalb Stunden; **avoir une ~/deux ~s de libre** eine Stunde/zwei Stunden freihaben; **durer des/trois ~s Stunden** [*o* stundenlang]/drei Stunden dauern; **dans les 24 ~s** innerhalb von [*o* binnen] 24 Stunden; **24 ~s sur 24** rund um die Uhr; **pendant deux ~s** zwei Stunden [lang]; **des ~s [entières]** stundenlang; **coûter cent euros l' ~** hundert Euro pro Stunde kosten
❷ *(heure de travail)* [Arbeits]stunde *f;* **~ supplémentaire** [*o sup fam*] Überstunde *f;* **faire des ~s supplémentaires** *personne:* Überstunden machen [*o* leisten *form*]; *usine:* Sonderschichten fahren; **journée de huit ~s** Achtstundentag *m;* **travailler/être payé(e) à l' ~** stundenweise arbeiten/bezahlt werden; **gagner cent euros l' ~** hundert Euro pro Stunde verdienen; **il y en a pour trois ~s de travail** das sind drei Stunden Arbeit
❸ *(heure de cours)* [Schul]stunde *f,* [Unterrichts]stunde; **~ de calcul** Rechenstunde, Rechnungsstunde (CH); **~ de violon** Violinstunde; **deux ~s d'allemand** zwei Stunden Deutsch[unterricht]
❹ *(indication chiffrée)* **dix ~s du matin/soir** zehn Uhr morgens/abends; **à trois ~s** um drei [Uhr]; **il est trois ~s/trois ~s et demie** es ist drei [Uhr]/halb vier; **vers trois ~s et quart/moins le quart** gegen Viertel nach/vor drei; **il est deux ~s passées** es ist nach zwei [Uhr]
❺ *(point précis du jour)* **quelle ~ est-il?** wie viel Uhr [*o* wie spät] ist es?; **vous avez l' ~, s'il vous plaît?** können Sie mir bitte sagen, wie spät es ist?; **à quelle ~?** um wie viel Uhr?; **demander l' ~ à qn** jdn fragen, wie viel Uhr [*o* wie spät] es ist; **se fixer une ~** eine Uhrzeit festlegen; **se tromper d' ~** sich in der Uhrzeit irren; **à la même ~** zur selben Zeit; **toutes les ~s** stündlich; **à cette ~** BELG *(maintenant, présentement)* jetzt; **~ légale** Normalzeit *f;* **il est midi, ~ de Paris** es ist 12 Uhr Pariser Ortszeit
❻ *(distance)* **être à deux/trois ~s de qc** zwei/drei Stunden von etw entfernt sein; **être à une ~ de route/de train/de marche de qc** eine Auto-/Zug-/Wegstunde von etw entfernt sein
❼ *(moment dans la journée)* **à la première ~** in aller Frühe; **aux premières ~s du jour** in den frühen Morgenstunden; **à ~ fixe** zu einer bestimmten Zeit; **vers cette ~-là** um diese Zeit; **à toute ~** jederzeit; **être ouvert(e) à toute ~** durchgehend geöffnet sein; **repas chauds servis à toute ~** durchgehend warme Küche; **d'~ en ~** von Stunde zu Stunde; **c'est l' ~ de partir** es ist Zeit zu gehen; **c'est de nouveau l' ~ de travailler!** jetzt ist wieder Arbeit angesagt! *(fam);* **l' ~ de la fermeture** *(d'un magasin)* Ladenschluss *m; (d'un café, restaurant)* Polizeistunde *f;* **à l' ~ du déjeuner** in der Mittagszeit; **aux ~s de** [*o* **des**] **repas/de bureau** während der Essenszeit/der Bürostunden; **il est l' ~ de faire qc** es ist Zeit, etw zu tun; **jusqu'à une ~ avancée** bis spät in die Nacht; **arriver/commencer avant l' ~** vor der [vereinbarten] Zeit [*o* vorzeitig] ankommen/anfangen
❽ *(moment dans le cours des événements)* **des ~s mémorables** denkwürdige Stunden; **traverser des ~s critiques/difficiles** schwierige Zeiten durchmachen; **problèmes de l' ~** aktuelle [*o* akute] Probleme; **l' ~ est grave** die Lage ist ernst; **l' ~ est au dialogue** es ist an der Zeit, miteinander zu reden; **l' ~ est venue de faire qc** der Augenblick ist gekommen, etw zu tun; es ist an der Zeit, etw zu tun; **à l' ~ actuelle/qu'il est** *(en ce moment précis)* jetzt, im Augenblick; *(à l'époque actuelle)* zurzeit, gegenwärtig; **à l' ~ électronique/atomique** im Elektronik-/Atomzeitalter; **Sydney à l' ~ olympique** Sydney im Zeichen der Olympischen Spiele; **à l' ~ des réformes/économies** in einer Zeit der Reformen/Sparmaßnahmen; **pour l' ~** *soutenu* gegenwärtig, zur Stunde *(geh)*
▶ **avoir eu son ~ de gloire** seine Glanzzeit gehabt haben; **l' ~ H** die Stunde X; **à l' ~ du laitier** am frühen Morgen; **de bonne ~** *(tôt)* früh [am Morgen]; *(précocement)* frühzeitig; **tu peux te lever de bonne ~ pour...** *fam* da musst du früher aufstehen, wenn du ...; **à la bonne ~!** recht so!, bravo!; **[les nouvelles de] dernière ~** letzte [*o* allerneueste] Meldungen; **en dernière ~, on nous apprend que qn a fait qc** letzten Meldungen zufolge soll jd etw getan haben; **de la première ~** der ersten Stunde; **il attend son ~** er wartet, dass seine Stunde kommt; **ne pas avoir d' ~** *(dans la profession)* keine festen Zeiten haben; *(dans la vie privée)* sich an keine festen Zeiten halten; **je ne vous demande pas l' ~ qu'il est!** *fam* ich habe Sie nicht nach Ihrer Meinung gefragt!; **l' ~ c'est l' ~** *(l'horaire est respecté)* die [Arbeits]zeit wird eingehalten; *(il faut être exact)* Pünktlichkeit ist alles; **c'est l' ~ de qn** es ist jds [gewohnte] Zeit; *(c'est son heure de chance, de gloire)* jds Stunde ist gekommen; **être bricoleur(-euse) à ses ~s** von Zeit zu Zeit [ganz gern] basteln; **votre ~ sera la mienne** ich richte mich ganz nach Ihnen; **sa dernière ~ a sonné** seine/ihre letzte Stunde hat geschlagen; **son ~/l' ~ de qn est venue** [*o* **arrivée**] seine/ihre/jds Stunde ist gekommen; **venir à son ~** zur rechten Zeit [*o* im richtigen Moment] kommen; **être/ne pas être à l' ~** *personne:* pünktlich/unpünktlich sein; *montre:* richtig [*o* genau]/falsch gehen; **à l' ~ indienne/anglaise** auf indische/englische Art; **tout à l' ~** *(il y a peu de temps)* [so]eben, vorhin; *(dans peu de temps)* gleich; **à tout à l' ~!** bis gleich!; **être mort(e) avant l' ~** frühzeitig [*o* allzufrüh] verstorben sein; **sur l' ~** auf der Stelle
◆ **~s d'affaires** CAN Öffnungszeiten *Pl;* **~s d'affluence** TRANSP Hauptverkehrszeit *f,* Stoßzeit; COM Hauptgeschäftszeit; **~s de bureau** Bürozeiten *Pl;* **en dehors des ~s de bureau** außerhalb der Bürozeiten; **~ de diffusion** Sendezeit *f;* **~ d'été** Sommerzeit *f;* **~ de Greenwich** Greenwicher Zeit *f;* **~ d'hiver** Winterzeit *f;* **~ de levée** Leerungszeit *f;* **~s d'ouverture** Öffnungszeiten *Pl; d'un magasin* Verkaufszeit *f,* Verkaufszeiten; **~s d'ouverture du maga-**

sin Ladenöffnungszeiten *Pl*; **~s de pointe** Rushhour *f*; TRANSP Spitzen[verkehrs]zeit *f*; COM Hauptgeschäftszeit; TELEC Spitzen[verbrauchs]zeit; **~s de réception [au public]** Öffnungszeiten *Pl* [für den Publikumsverkehr]; **~ de travail** Arbeitsstunde *f*; **~ de vérité** Stunde *f* der Wahrheit

Land und Leute
Es gibt in Frankreich kein förmliches Ladenschlussgesetz und damit keine offiziellen **heures de fermeture**. Die Öffnungszeiten der Geschäfte sind nicht einheitlich geregelt, sondern vielmehr dem Ermessen der Geschäftsinhaber oder -betreiber überlassen. Gesetzlich beziehungsweise tariflich geregelt ist die Wochenarbeitszeit der Menschen, die im Einzelhandel beschäftigt sind.

heureusement [øRøzmã] *adv* ❶ zum Glück, glücklicherweise, angenehmerweise
❷ *(c'est heureux)* **~ pour moi/lui** zu meinem/seinem Glück; **~ que qn a fait qc** *fam* ein Glück, dass jd etw getan hat
❸ *(favorablement)* **se terminer ~** gut ausgehen, glücklich enden
heureux, -euse [øRø, -øz] I. *adj personne, vie, souvenir* glücklich; **être ~(-euse) de qc/de faire qc** sich über etw *(Akk)* freuen/sich freuen, etw zu tun; glücklich über etw *(Akk)* sein/froh sein, etw zu tun; **~(-euse) de vous revoir!** [es] freut mich, Sie wiederzusehen!; **être ~(-euse) que qn fasse qc** sich freuen [*o* froh sein], dass jd etw tut
❷ *(chanceux)* glücklich; **s'estimer ~(-euse) de faire qc/que qn fasse qc** froh sein [*o* von Glück sagen] können, etw tun zu können/dass jd etw tut; **être ~(-euse) au jeu/en amour** Glück im Spiel/in der Liebe haben
❸ *(favorable) issue, coïncidence* glücklich; *circonstances* günstig; *résultat* erfreulich; **par un ~ hasard** durch einen glücklichen Zufall; **~ présage** gutes Omen; **c'est [***o* **il est] ~ pour qn que qn fasse qc** das [*o* es] ist ein Glück für jdn, dass jd etw tut
❹ *(bon) atmosphère, dispositions* fröhlich, gut; **~ caractère** heiteres Gemüt; **c'est une heureuse nature** er/sie ist eine Frohnatur
❺ *(réussi) formule, réponse* treffend; *trouvaille, choix* glücklich; *effet* günstig; *mélange* gelungen
▸ **encore ~!** zum Glück!, gut! **encore ~ que tu y aies pensé!** ein Glück [*o* gut], dass du daran gedacht hast!
II. *m, f* ▸ **faire un ~/une heureuse** *fam* jemandem eine Freude machen
heuristique [øRistik] I. *adj* heuristisch
II. *f* Heuristik *f*
heurt [′œR] *m* ❶ Zusammenstoß *m*, Reiberei *f*; **se dérouler sans ~s** reibungslos verlaufen; **ne pas aller sans ~s** *amitié, mariage*: nicht ohne Reibereien verlaufen *(fam)*; *négociations, réunions*: nicht reibungslos verlaufen
❷ *soutenu (impact, coup) d'un portail, d'une fenêtre* Schlagen *nt*
heurté(e) [′œRte] *adj tons* nicht harmonierend; *discours* abgehackt; *style* holprig
heurter [′œRte] <1> I. *vi* **~ à la porte/fenêtre** an die Tür/ans Fenster klopfen
II. *vt* ❶ **~ qn** *personne*: jdn anstoßen, mit jdm zusammenstoßen; *(en voiture)* jdn anfahren; *voiture*: jdn streifen, jdn anfahren; **~ qc** *personne*: gegen etw stoßen; *(en tombant)* auf etw *(Akk)* aufschlagen; *objet*: auf etw *(Akk)* [auf]prallen; *voiture*: gegen [*o* an] etw *(Akk)* fahren; **~ sa tête/son front contre qc** mit dem Kopf/der Stirn gegen etw stoßen
❷ *(choquer)* brüskieren, vor den Kopf stoßen *personne*; verletzen *sentiments, amour-propre*
❸ *(être en opposition avec)* verstoßen gegen *intérêts, convenances*; erschüttern *préjugés, opinions*; **~ qn de front** jdn offen [*o* direkt] angreifen
III. *vpr* ❶ **se ~ à qc** auf etw *(Akk)* stoßen, mit etw konfrontiert sein/werden; **se ~ à un problème insoluble** vor einem unlöslichen Problem stehen
❷ *(se cogner contre)* **se ~** *véhicules*: zusammenstoßen, aufeinanderprallen; **se ~ à** [*o* **contre**] **qn** mit jdm zusammenstoßen; **se ~** [*o* **contre**] **qc** gegen etw stoßen; **les idées se heurtent dans ma tête** die Gedanken überschlagen sich in meinem Kopf
❸ *(entrer en conflit)* **se ~** *choses, couleurs*: nicht zusammenpassen; **se ~ avec qn** mit jdm aneinandergeraten [*o* einen Zusammenstoß haben]
heurtoir [′œRtwaR] *m* ❶ *d'une porte* Türklopfer *m*
❷ TECH *(butoir)* Anschlag *m*; *(pour la porte)* Türstopper *m*; CHEM DE FER Prellbock *m*
hévéa [evea] *m* BOT Kautschukbaum *m*
hexadécimal(e) [εgsadesimal, o] <-aux> *adj* hexadezimal; **code ~** Hexadezimalcode *m*; **système ~** Hexadezimalsystem *nt*, Sedezimalsystem *(Fachspr.)*; **éditeur ~** Hex-Editor *m (Fachspr.)*
hexaèdre [εgzaεdʀ] GEOM I. *adj* sechseckig
II. *m* Sechseck *nt*
hexagonal(e) [εgzagɔnal, o] <-aux> *adj* ❶ sechseckig, hexagonal

❷ *(concernant l'Hexagone français)* problème, frontières [gesamt]französisch, national
hexagone [εgzagon, εgzagɔn] *m* Sechseck *nt*, Hexagon *nt*, Sechskant *nt* *o* *m*

Land und Leute
Die Umrisse Frankreichs ähneln einem Sechseck, weshalb der Begriff **l'Hexagone** häufig an Stelle von *la France* verwendet wird.

hexamètre [εgzamεtR] *m* Hexameter *m*
Hezbollah [′εsbɔl(l)a] *m* REL, POL ❶ *(groupement)* Hisbollah *f*
❷ *(partisan)* Hisbollah *m*
hg *abr de* **hectogramme** hg
hiatus [′jatys] *m* ❶ *a.* LING Hiatus *m*
❷ *(décalage)* **~ entre la théorie et les faits** Kluft *f* zwischen der Theorie und den Tatsachen
hibernal(e) [ibεRnal, o] <-aux> *adj* Winter-; **sommeil ~** Winterschlaf *m*
hibernation [ibεRnasjɔ̃] *f* ❶ Winterschlaf *m*; **entrer en ~** seinen Winterschlaf beginnen; **~ artificielle** Hibernation *f*, [künstlich herbeigeführter] Heilschlaf
❷ *(inactivité)* Ruhephase *f*
hiberner [ibεRne] <1> *vi* Winterschlaf halten
hibiscus [ibiskys] *m* BOT Hibiskus *m*
hibou [′ibu] <x> *m* ORN Eule *f*
hic [′ik] *m* *fam* Haken *m (fam)*; **il y a un ~** es gibt einen Haken [dabei]; **voilà le ~!** da liegt der Haken [*o* der Hase im Pfeffer]!; **le ~, c'est que qn fait qc** der Haken bei der Sache ist, dass jd etw tut
hideur [′idœR] *f* *d'un crime, d'une action* Abscheulichkeit *f*; *d'une personne* Hässlichkeit *f*
hideusement [′idøzmã] *adv* scheußlich
hideux, -euse [′idø, -øz] *adj vêtement, objets* grässlich, scheußlich; *visage, corps* hässlich; *monstre, être* abscheulich; *spectacle* grauenhaft
hier [jεR] *adv* ❶ gestern; **~ [au] soir/~ matin** gestern Abend/gestern Morgen [*o* Vormittag]; **la journée/la matinée d'~** der gestrige Tag/Vormittag; **la réunion d'~** die Versammlung von gestern
❷ *(passé récent)* **ne se connaître que d'~** sich erst seit kurzem [*o* noch nicht lange] kennen; **ne pas dater d'~** nicht neu sein
hiérarchie [jeRaRʃi] *f* Hierarchie *f*, Rangordnung *f*; **~ sociale** soziale Rangordnung; **~ militaire/administrative** Militär-/Verwaltungshierarchie; **~ des valeurs morales** moralische Werteordnung
hiérarchique [′jeRaRʃik] *adj* hierarchisch; **chef/supérieur ~** [Dienst]vorgesetzte(r) *f(m)*; **ordre ~** hierarchische Ordnung, Rangordnung *f*; **par la voie ~** auf dem Dienstweg
hiérarchisation [′jeRaRʃizasjɔ̃] *f* hierarchische Anordnung *f*
hiérarchiser [′jeRaRʃize] <1> *vt* gewichten, in eine Rangordnung bringen *problèmes, besoins*; **être hiérarchisé(e)** *société, milieu*: hierarchisch aufgebaut [*o* gegliedert] sein
hiératique [jeRatik] *adj* ❶ REL, ART sakral
❷ *(solennel)* feierlich
hiéroglyphe [′jeRoglif] *m* *a. fig* Hieroglyphe *f*
hi-fi [′ifi] I. *adj inv* Hi-Fi-; **chaîne ~** Hi-Fi-Anlage *f*
II. *f sans pl* Hi-Fi *f*, Highfidelity *f*; **le marché de la ~** der Hi-Fi-Markt
high tech [′ajtεk] I. *adj inv* hochtechnologisch, der [*o* des] Hightech
II. *f sans pl* Hightech *f* *o* *nt*, Hochtechnologie *f*
hi-han [′iã] *interj inv* iah; **pousser des ~** iah schreien
hilarant(e) [ilaRã, ãt] *adj* sehr komisch [*o* lustig], urkomisch; **c'était ~!** das war urkomisch [*o* zum Lachen]!
hilare [ilaR] *adj* ausgelassen fröhlich, quietschfidel *(fam)*; *visage* strahlend
hilarité [ilaRite] *f* Heiterkeit *f*, Gelächter *nt*; **déclencher [*o* **déchaîner] l'~ générale** allgemeine Heiterkeit auslösen
Himalaya [imalaja] *m* l'~ der Himalaja
himalayen(ne) [imalajɛ̃, jεn] *adj* ❶ *(de l'Himalaya)* Himalaja-
❷ *fig (immense)* riesig
hindi [′indi, indi] *m* Hindi *nt*; *v. a.* allemand
hindou(e) [ɛ̃du] *adj* hinduistisch, Hindu-
Hindou(e) [ɛ̃du] *m(f)* REL Hindu *m*
hindouisme [ɛ̃duism] *m* Hinduismus *m*
hip [′ip] *interj* **~ ~ ~!** hourra! hipp, hipp, hurra!
hip-hop [′ipɔp] *inv* I. *adj* Hip-Hop-
II. *m* Hip-Hop *m*
hippie [′ipi] <s> I. *adj* Hippie-
II. *mf* Hippie *m*, Blumenkind *nt*
hippique [ipik] *adj* Pferde-; **concours ~** Reit- [und Fahr]turnier *nt*
hippisme [ipism] *m* Pferdesport *m*
hippocampe [ipokãp] *m* ZOOL Seepferdchen *nt*
hippocratique [ipokratik] *adj* hippokratisch; **la médecine ~** die

hippokratische Medizin
hippocratisme [ipɔkʀatism] *m* hippokratische Medizin
hippodrome [ipodʀom] *m (pour courses hippiques)* [Pferde]rennbahn *f*, Rennplatz *m*; *(pour concours hippiques)* Turnierplatz *m*
hippopotame [ipɔpɔtam] *m* Nilpferd *nt*, Flusspferd *nt*
hippy *v.* hippie
hirondelle [iʀɔ̃dɛl] *f* ORN Schwalbe *f*
▶ **une ~ ne fait pas le printemps** *prov* eine Schwalbe macht noch keinen Sommer *(prov)*
◆ **~ de mer** Seeschwalbe *f*
hirsute [iʀsyt] *adj tête* zerzaust; *barbe* struppig; *personne* mit zottellgen [*o* zerzausten] Haaren
hispanique [ispanik] *adj* hispanisch, spanisch; **institut d'études ~s** Institut *nt* für Hispanistik
hispanisant(e) *v.* hispaniste
hispanisme [ispanism] *m* LING Hispanistik *f*
hispaniste [ispanist] *mf* LING Hispanist(in) *m(f)*
hispano-américain [ispanoameʀikɛ̃] *m* l'~ Hispanoamerikanisch *nt*, das Hispanoamerikanische; *v. a.* **allemand hispano--américain(e)** [ispanoameʀikɛ̃, ɛn] <hispano-américains> *adj* hispanoamerikanisch **Hispano-américain(e)** [ispanoameʀikɛ̃, ɛn] <Hispano-américains> *m(f)* Hispanoamerikaner(in) *m(f)*
hispanophone [ispanɔfɔn] **I.** *adj population* spanischsprachig, spanischsprechend
II. *m, f* Spanischsprechende(r) *f(m)*
hisser [´ise] <1> **I.** *vt* ❶ hissen *drapeau;* hissen, setzen *voiles;* aufrichten *mât;* **hissez les voiles!** setzt die Segel!
❷ *(tirer en haut)* hochziehen, hochhieven *personne;* **~ une lourde caisse dans le camion** eine schwere Kiste auf den Lkw hochwuchten *(fam)*
II. *vpr* ❶ *(grimper)* **se ~ sur le mur/toit** sich auf die Mauer/das Dach hochziehen [*o* hochhieven]; **se ~ sur la pointe des pieds** sich auf die Zehenspitzen stellen
❷ *(s'élever)* **se ~ au pouvoir/à la première place** sich in eine Machtposition hocharbeiten/auf den ersten Platz vorarbeiten
histamine [istamin] *f* BIO, CHIM, MED Histamin *nt*
histocompatabilité [istokɔ̃patibilite] *f* BIO, MED Histokompatibilität *f (Fachspr.);* **antigènes d'~** Gewebeverträglichkeitsantigene *nt (Fachspr.)*
histoire [istwaʀ] *f* ❶ *(science, événements) sans pl* Geschichte *f;* **~ ancienne/moderne/contemporaine** Alte/Neue/Neueste Geschichte; **~ sainte** Biblische Geschichte; **livre/professeur/cours d'~** Geschichtsbuch/-lehrer/-unterricht; **j'ai ~ à huit heures** um acht [Uhr] habe ich Geschichte [*o* Geschichtsunterricht]; **l'~ jugera** die Geschichte wird ihr Urteil fällen; **rester dans l'~** in die Geschichte eingehen
❷ *(étude du passé) d'un château, pays, d'une ville* Geschichte *f; d'une expression* [Entstehungs]geschichte; **cours d'~-géo[graphie]** Geschichtsunterricht *m;* **~ de France/de la Révolution Française** Geschichte Frankreichs/der Französischen Revolution; **~ de l'art** Kunstgeschichte; **explication relative à l'~ de l'art** kunstgeschichtliche Erläuterung; **du point de vue de l'~ de l'art...** kunstgeschichtlich gesehen, ...; **~ des idées** Ideengeschichte; **étudier un sujet du point de vue de l'~ des idées** ein Thema ideengeschichtlich untersuchen; **~ du théâtre** Theatergeschichte; **~ littéraire** Literaturgeschichte; **~ militaire** Militärgeschichte, Kriegsgeschichte; **~ naturelle** Naturgeschichte; **musée d'~ naturelle** naturgeschichtliches Museum; **études relatives à l'~ naturelle** naturgeschichtliche Studien; **œuvre sur l'~ des religions** religionsgeschichtliches Werk; **question importante du point de vue de l'~ des religions** religionsgeschichtlich wichtige Frage; **~ universelle** Universalgeschichte; **encyclopédie d'~ universelle** universalgeschichtliche Enzyklopädie; **raconter l'~ de qn/de sa vie** jds/seine Lebensgeschichte erzählen
❸ *(récit)* Geschichte *f; (conte)* Märchen *nt; (blague)* Witz *m;* **~ pour [les] enfants** Kindergeschichte; **~ sans paroles** [Geschichte] ohne Worte; **livre d'~s** Märchenbuch *nt;* **~ drôle** lustige Geschichte; **~ vraie** wahre Geschichte; **~ d'un animal/d'animaux** Tiergeschichte, Tiererzählung *f;* **~ de brigands** Räubergeschichte; **~ d'une/de la famille** Familiengeschichte; **~ de guerre/d'horreur** Kriegs-/Horrorgeschichte; **l'~ veut que qn ait fait qc** wie man erzählt, soll jd etw getan haben
❹ *(propos mensonger)* [erfundene] Geschichte, [Lügen]märchen *nt;* **~ à dormir debout** unwahrscheinliche Geschichte; **des ~s à dormir debout** [reinste] Lügenmärchen; **des ~s de bonnes femmes** *péj* Tratschgeschichten *Pl (fam);* **raconter des ~s** Märchen erzählen, schwindeln; **ce sont des ~s!** das stimmt doch alles gar nicht!
❺ *fam (affaire)* Geschichte *f (fam),* Sache *f;* **horrible ~** Horrorgeschichte *(fam);* **~ d'argent/de femmes** Geld-/Frauengeschichte; **l'~ des portefeuilles volés** die Sache [*o* Geschichte] mit den gestohlenen Brieftaschen; **il lui est arrivé une drôle d'~/une sale ~** ihm ist [da] eine [ganz] seltsame/unangenehme Geschichte [*o* Sache] passiert; **qu'est-ce que c'est que cette ~?** was heißt [*o* soll] das denn schon wieder?; **qu'est-ce que cette ~ de**

départ/restaurant? was heißt hier Abfahrt/Restaurant?; **le meilleur de l'~** der Witz bei [*o* an] der Sache; **c'est une tout autre ~** das ist eine ganz andere Sache, das steht auf einem anderen Blatt; **c'est toute une ~...** das ist eine lange Geschichte ...; **c'est toute une ~ quand il part** das ist vielleicht ein Theater, wenn er weggeht; **c'est toujours la même ~, avec toi!** es ist immer das alte Lied mit dir!; **quelle ~!** na so etwas!
❻ *fam (complications)* Schwierigkeiten *Pl,* Scherereien *Pl; (problèmes)* Ärger *m,* Streit *m;* **faire des ~s à qn** jdm Scherereien [*o* Schwierigkeiten] machen; **chercher des ~s à qn** *fam* mit jdm Streit suchen, sich mit jdm anlegen; **faire toute une ~** [*o* **des ~s**] **pour qc** ein [furchtbares] Theater wegen etw machen; **une femme/un homme à ~s** eine zänkische Frau/ein streitsüchtiger Mann; **carrière/vie sans ~s** problemlose Karriere/problemloses Leben; **personne sans ~s** unauffällige Person; [**allons** [*o* **allez**]**,**] **pas d'~s!** keine Ausrede!
▶ **c'est de l'~ ancienne** das ist schon längst vorbei [*o* lange her]; **~ marseillaise** *(en parlant de la chasse)* ≈ Jägerlatein *nt; (en parlant de la pêche)* ≈ Anglerlatein; **la petite ~** Ereignisse *Pl* am Rande der Weltgeschichte; **pour la petite ~** am Rande bemerkt, nebenbei gesagt; **~ de faire qc** *fam* einfach nur, um etw zu tun; **~ de!** einfach nur so!
◆ **~ de fous** verrückte [*o* unglaubliche] Geschichte; **c'est une ~ de fous!** das ist der reinste Witz!
histologie [istɔlɔʒi] *f* BIO Histologie *f (Fachspr.)*
histologique [istɔlɔʒik] *adj* MED histologisch; **faire l'examen ~ d'un appendice** einen Blinddarm histologisch untersuchen
histologiste *mf* MED Histologe *m*/Histologin *f*
historicité [istɔʀisite] *f* Historizität *f*
historien(ne) [istɔʀjɛ̃, jɛn] *m(f)* ❶ Historiker(in) *m(f),* Geschichtswissenschaftler(in) *m(f);* **~(ne) du droit/de l'économie** Rechts-/Wirtschaftshistoriker(in)
❷ *(étudiant en histoire)* Geschichtsstudent(in) *m(f)*
historiette [istɔʀjɛt] *f* Histörchen *nt*
historiographe [istɔʀjɔgʀaf] *mf* Historiograph(in) *m(f) (geh)*
historiographie [istɔʀjɔgʀafi] *f* ❶ *(discipline)* Historiographie *f (geh)*
❷ *(ensemble d'ouvrages)* Geschichtsschreibung *f*
historique [istɔʀik] **I.** *adj* historisch; *ouvrage, étude* historisch, Geschichts-; **c'est ~** das ist historisch belegt
II. *m d'un mot, d'une institution* [Entstehungs]geschichte *f; d'une affaire* chronologischer Überblick; **faire l'~ d'un dossier** einen chronologischen Überblick über einen Vorgang geben
historiquement [istɔʀikmɑ̃] *adv* historisch
histrion [istʀijɔ̃] *m péj littér* Schmierenkomödiant(in) *m(f) (pej)*
hitlérien(ne) [itleʀjɛ̃, jɛn] **I.** *adj Allemagne, parti* Hitler-; **les jeunesses ~nes** die Hitlerjugend
II. *m(f)* Hitleranhänger(in) *m(f)*
hitlérisme [itleʀism] *m* Hitlerismus *m*
hit-parade [´itpaʀad] <hit-parades> *m* ❶ Hitparade *f;* **premier/-ière] au ~** Nummer eins in der Hitparade
❷ *fig* Hitliste *f;* **au ~ de la politique/des livres d'enfants** in der Hitliste der beliebtesten Politiker/Kinderbücher; **au ~ financier** in der [Rang]liste der Spitzenverdiener
HIV [´aʃive] *m abr de* **human immunodeficiency virus** HIV *m*
hiver [ivɛʀ] *m* Winter *m;* **nous étions en ~, c'était l'~** es war Winter; **au plus fort de l'~** mitten im [strengsten] Winter; **il fait un temps d'~** es ist Winterwetter, es ist winterliches Wetter
hivernage [ivɛʀnaʒ] *m* ❶ NAUT *(période)* Überwinterung *f*
❷ AGR *du bétail* Überwintern *nt*
hivernal(e) [ivɛʀnal, o] <-aux> *adj* winterlich; *brouillard, pluies* winterlich, Winter-; **il fait un froid ~** es ist winterlich kalt
hivernale [ivɛʀnal] *f* Winterbesteigung *f*
hiverner [ivɛʀne] <1> *vi navires, troupes, animaux:* überwintern
hl *abr de* **hectolitre** hl
H.L.M. [´aʃɛlɛm] **I.** *m o f inv abr de* **habitation à loyer modéré** Block *m* mit Sozialwohnungen; **habiter** [**dans**] **un ~** in einem Block mit Sozialwohnungen wohnen
II. *app inv* **cité ~** Siedlung *f* mit Sozialwohnungen

> **Land und Leute**
> Als **H.L.M.** bezeichnet man Wohnblöcke mit Sozialwohnungen. Viele von ihnen wurden in den Vorstädten, den *banlieues* der Großstädte, Anfang der Sechzigerjahre erbaut, weil Wohnraum für sozial Schwächere geschaffen werden sollte.

hm *abr de* **hectomètre** hm
ho [´o] *interj* he [Sie/du]!; **~ ~!** *(pour appeler de très loin)* hallo, hallo!
hobby [´ɔbi] <hobbies> *m* Hobby *nt*
hobereau [´ɔbʀo] <x> *m* ❶ ZOOL Baumfalke *m*
❷ *péj (personne)* Krautjunker *m (pej)*
❸ *(chevalier)* Rittergutsbesitzer *m*

hochement [ˈɔʃmɑ̃] m ◆ ~ **de tête** *(pour approuver)* Kopfnicken nt; *(pour désapprouver)* Kopfschütteln nt; **approuver d'un ~ de tête** zustimmend nicken

hocher [ˈɔʃe] <1> vt ~ **la tête** *(pour approuver)* [mit dem Kopf] nicken; *(pour désapprouver)* den Kopf schütteln

hochet [ˈɔʃɛ] m Rassel f

hockey [ˈɔkɛ] m Hockey nt; **équipe/match/terrain de ~** Hockeymannschaft f/-spiel nt/-feld nt
◆ ~ **sur gazon** [Feld]Hockey nt; ~ **sur glace** Eishockey nt; ~ **sur patins** [à roulettes] Rollhockey nt

hockeyeur, -euse [ˈɔkɛjœʀ, -øz] m, f *(jouant sur gazon)* Hockeyspieler(in) m(f), jouant sur glace, Eishockeyspieler(in)

holà [ˈɔla] I. *interj* ~! [Pas si vite!] halt!, stopp!, langsam!
II. m ◆ **mettre le ~ à** qc einer S. *(Dat)* ein Ende setzen

holding [ˈɔldiŋ] m o f Holdinggesellschaft f, Holding f, Auffanggesellschaft; ~ **de participation** Beteiligungsholding

hold-up [ˈɔldœp] m inv [bewaffneter] Raubüberfall

hollandais [ˈɔllɑ̃dɛ] m **le ~** Niederländisch nt, das Niederländische; v. a. **allemand**

hollandais(e) [ˈɔllɑ̃dɛ, ɛz] adj holländisch

Hollandais(e) [ˈɔllɑ̃dɛ, ɛz] m(f) Holländer(in) m(f)

hollande [ˈɔllɑ̃d] m Holländer [Käse] m

Hollande [ˈɔllɑ̃d] f **la ~** Holland f

hollywoodien(ne) [ˈɔliwudjɛ̃, jɛn] adj ❶ *(de Hollywood)* Hollywood-; **star ~ne** Hollywoodstar m
❷ *(luxueux)* nobel

holocauste [olokost] m ❶ REL Brandopfer nt; **offrir un animal en ~** ein Tier als [Brand]opfer darbringen
❷ *(génocide)* Holocaust m

hologramme [ɔlɔgʀam] m Hologramm nt

holographie [ɔlɔgʀafi] f Holographie f

homard [ˈɔmaʀ] m Hummer m; **chair de ~** Hummerfleisch nt

home [ˈom] m BELG *(centre d'hébergement)* Heim nt

home cinéma [ˈomsinema] <home cinemas> m Heimkino nt, Home-Cinema nt

homélie [ɔmeli] f REL littér Homilie f (geh)

homéopathe [ɔmeɔpat, omeopat] I. mf Homöopath(in) m(f)
II. app **médecin ~** homöopathischer Arzt

homéopathie [ɔmeɔpati] f Homöopathie f

homéopathique [ɔmeɔpatik] adj homöopathisch

homéostasie [ɔmeɔstazi] f MED Homöostase f *(Fachspr.)*

homéotherme [ɔmeɔtɛʀm] BIO I. adj warmblütig
II. m Warmblüter m

Homère [ɔmɛːʀ(ə)] m HIST Homer m

homérique [ɔmeʀik] adj ❶ *poèmes* homerisch
❷ *fig rire* homerisch, schallend

home-trainer [ˈomtʀɛnœʀ] <home-trainers> m Heimtrainer m

homicide [ɔmisid] m Tötung f, Totschlag m; ~ **par imprudence** [o **involontaire**] fahrlässige Tötung; ~ **volontaire** vorsätzliche Tötung, Totschlag m

hominidés [ɔminide] mpl BIO Hominiden Pl; **le groupe des ~s** die Gruppe der Hominiden

hominiens [ɔminjɛ̃] mpl BIO Hominiden Pl

hommage [ɔmaʒ] m ❶ *(Würdigung)* f, Huldigung f *(geh), (œuvre ou manifestation en l'honneur de qn)* Hommage f; **à la science** Würdigung der Wissenschaft, Huldigung an die Wissenschaft; **concert en ~ au compositeur** Konzert nt als Hommage für den Komponisten; **rendre ~ à qn** jds Verdienste würdigen; **rendre un dernier ~ à qn** jdm die letzte Ehre erweisen; **rendre ~ au talent/à l'initiative de qn** jds Talent/Initiative würdigen
❷ *pl soutenu (compliments)* **mes ~s, Madame!** habe die Ehre, gnädige Frau!; *(au revoir)* ich empfehle mich, gnädige Frau!; **présentez mes ~s à votre épouse** meine Empfehlung an Ihre Frau Gemahlin] *(geh)*
❸ *(offrande)* **en ~ de gratitude** soutenu als Ausdruck m der Dankbarkeit; **faire ~ d'un livre à qn** jdm ein Buch widmen
◆ ~ **de l'auteur** *(livre)* Dedikationsexemplar nt [des Autors]; *(dédicace)* Widmung f; **avec un ~ de l'auteur** mit einer Widmung des Autors; ~ **de l'éditeur** *(livre)* Dedikationsexemplar nt [des Verlegers]; *(dédicace)* Widmung f

homme [ɔm] m ❶ Mann m; **jeune ~** junger Mann; **voix d'~** Männerstimme f; **coiffeur pour ~s** Herrenfriseur m; **vêtements d'~** [o **pour ~s**] Herren[be]kleidung f; **s'habiller en ~** Männerkleidung tragen; **se retrouver entre ~s** chaque jeudi soir jeden Donnerstag einen Herrenabend machen; **bel ~** gutaussehender Mann; **~ de goût/cœur** Mann mit Geschmack/Herz; ~ **de génie/d'esprit** genialer/geistvoller Mann, Mann von Genie/von Geist; ~ **d'honneur** Ehrenmann; ~ **de théâtre** Theatermann *(fam)*; ~ **politique** Politiker m; ~ **public** Mann der Öffentlichkeit; ~ **d'aujourd'hui** moderner Mann; **l'~ fort du régime/de l'entreprise** der starke Mann [o die Nummer eins *fam*] des Regimes/der Firma
❷ *(être humain)* Mensch m; **l'~ de Neandertal** der Neandertaler; **les droits de l'~** die Menschenrechte; **petits ~s verts** kleine grüne Männchen [o Männlein]; **être un autre ~** ein ganz anderer Mensch [geworden] sein; **un ~ à la mer!** Mann über Bord!
❸ *(adulte)* Mann m; ~ **mûr** reifer Mann; ~ **dans la force de l'âge** Mann im besten Alter; ~ **d'un certain âge** älterer Herr; **vieil ~** alter Mann; **parvenu à l'âge d'~, il...** als er erwachsen geworden war, ... er; **faire de qn un ~** aus jdm einen Mann machen
❹ *(viril moralement, sexuellement)* [richtiger] Mann; *(sexuellement)* Mann m; **sois un ~!** sei ein Mann!; **si t'es un ~!** wenn du ein Mann bist!; *iron* wenn du dich traust!
❺ *pl (soldats, personnel)* Männer Pl, Leute Pl *(fam)*; **être un meneur d'~s** eine Führernatur sein; **un bataillon/une armée de huit cents ~s** eine 800 Mann starke Truppe/Armee von 800 Mann
▶ **autant d'~s, autant d'avis** prov tausend Köpfe, tausend Meinungen; **l'~ propose, [et] Dieu dispose** prov der Mensch denkt, Gott lenkt; **l'~ est un loup pour l'~** prov der Mensch ist sich selbst der ärgste Feind; **un ~ averti en vaut deux** prov ein gewarnter Mann verhält sich klüger; **l'~ du moment** [genau] der richtige Mann; **l'~ des neiges** der Yeti, der Schneemensch; **l'~ de la rue** der Mann auf der Straße; **l'~ de la situation** der geeignete Mann; **l'~ sa vie** der Mann ihres Lebens; ~ **à tout faire** Mann m für alles; *(qui remplit les tâches ingrates)* Mädchen nt für alles, Kofferträger m *(fam)*; **être ~ à faire qc** [ganz] der Typ-/Mann sein, etw zu tun; **ne pas nourrir son ~** seinen Mann nicht ernähren; **je suis votre ~** ich bin genau der richtige Mann; **parler d'~ à ~** von Mann zu Mann reden; **s'expliquer/régler qc d'~ à ~** etw unter Männern besprechen/regeln; *hum (entre femmes)* etw unter uns Frauen besprechen/regeln
◆ ~ **à femmes** Frauenheld m; ~ **au foyer** Hausmann m; ~ **d'action** Mann m der Tat; ~ **d'affaires** Geschäftsmann m; ~ **des cavernes** Höhlenmensch m; ~ **de confiance** Vertrauensmann m; ~ **de dialogue** Mann m des Dialoges; ~ **d'église** Kirchenmann m; ~ **d'équipage** Mitglied nt der Schiffsmannschaft; **les ~s d'équipage** die Besatzung, die Schiffsmannschaft; ~ **d'État** Staatsmann m; ~ **d'intérieur** häuslicher Mann; ~ **de lettres** Literat m, Schriftsteller m; ~ **de loi** Jurist m; ~ **de main** Handlanger m; *(dans des besognes criminelles)* Handlanger, Helfershelfer m; ~ **du monde** Mann m von Welt; **des ~s du monde** Männer Pl der feinen Gesellschaft; ~ **de paille** Strohmann m; ~ **de peine** Hilfsarbeiter m; ~ **de plume** Schriftsteller m, Mann m der Feder *(geh)*; ~ **de science** Wissenschaftler m, Mann m der Wissenschaft; ~ **de service** *(pour le nettoyage)* Putzmann m; *(à la cantine)* Kantinengestellter m *(an der Essensausgabe)*; ~ **de terrain** Mann m mit praktischer Erfahrung, praxiserfahrener Mann; ~ **de la terre** naturverbundener Mensch; ~ **de troupe** gemeiner Soldat

homme-grenouille [ɔmgʀənuj] <hommes-grenouilles> m Froschmann m; **elle est ~ dans la marine militaire** sie ist Taucherin bei der Marine **homme-orchestre** [ɔmɔʀkɛstʀ] <hommes-orchestres> m ❶ Einmannorchester nt ❷ *(personne qui fait tout)* Allrounder m; **jouer les hommes-orchestres** den Allrounder spielen **homme-sandwich** [ɔmsɑ̃dwitʃ] <hommes-sandwichs> m Sandwichmann m

homo [omo] fam abr de **homosexuel(le)** I. adj homo *(fam)*; **être ~** homo sein
II. mf Homo m/Lesbe f *(fam)*

homogène [ɔmɔʒɛn] adj *mélange, substance* homogen; *ensemble, classe, dictionnaire* homogen, einheitlich

homogénéisation [ɔmɔʒeneizasjɔ̃] f a. TECH Homogenisierung f

homogénéiser [ɔmɔʒeneize] <1> vt ❶ homogenisieren; vereinheitlichen *programme, production;* einander angleichen *niveaux, produits*
❷ GASTR, CHIM homogenisieren

homogénéité [ɔmɔʒeneite] f ❶ *d'une substance* Homogenität f
❷ *fig d'une œuvre* Homogenität, Einheit[lichkeit] f; **n'avoir aucune ~** völlig uneinheitlich sein

homographe [ɔmɔgʀaf] I. adj LING gleich geschrieben
II. m LING Homograph m

homologation [ɔmɔlɔgasjɔ̃] f JUR Beglaubigung f; *d'un jugement étranger* Anerkennung f; *d'un produit, objet* Typprüfung f
◆ ~ **du tribunal** gerichtliche Bestätigung f

homologie [ɔmɔlɔʒi] f ❶ Entsprechung f; ~ **entre des personnes/choses** Homologie f zwischen Menschen/Dingen
❷ MATH Homologie f, Übereinstimmung f; ANAT Homologie

homologue [ɔmɔlɔg] I. adj ❶ MATH, GEOG, CHIM homolog
❷ *(équivalent)* entsprechend; **être ~ de qc** einer S. *(Dat)* entsprechen, das Gegenstück von etw sein
II. mf Pendant nt, Gegenstück nt; *(collègue)* Kollege m/Kollegin f

homologuer [ɔmɔlɔge] <1> vt ❶ [amtlich/staatlich] genehmigen *prix;* [offiziell] anerkennen [o bestätigen] *record, performance*
❷ *(déclarer conforme aux normes)* als den Normen entsprechend erklären, [amtlich/staatlich] zulassen *harnais de sécurité, siège-auto, voiture;* **être homologué(e)** den [gesetzlichen] Normen entsprechen; *(conforme aux normes de sécurité)* den Sicherheitsnormen

entsprechen
③ JUR beglaubigen *acte;* [gerichtlich/offiziell] bestätigen *sentence;* [offiziell] billigen *transaction*
homonyme [ɔmɔnim] **I.** *adj* LING homonym, gleich lautend; **être ~ de qc** die gleiche Lautung [*o* Aussprache] wie etw haben
II. *m* ❶ LING Homonym *nt*
❷ *(personne)* Namensvetter *m*/-schwester *f*
homonymie [ɔmɔnimi] *f* LING Homonymie *f*
homoparental(e) [ɔmoparɑ̃tal] *adj* Homo-; **famille ~e** Homo-Familie *f*
homophone [ɔmɔfɔn] **I.** *adj* ❶ LING homophon, gleichlautend
❷ MUS homophon
II. *m* LING Homophon *nt*
homophonie [ɔmɔfɔni] *f* ❶ LING Homophonie *f;* **~ entre deux substantifs** lautliche Übereinstimmung zwischen zwei Substantiven
❷ MUS Homophonie *f*
homosexualité [ɔmɔsɛksyalite] *f* Homosexualität *f*
homosexuel(le) [ɔmɔsɛksɥɛl] **I.** *adj* homosexuell
II. *m(f)* Homosexuelle(r) *f(m)*
hongre [´ɔ̃gʀ] **I.** *adj cheval* kastriert; **poulain ~** Fohlenwallach *m*
II. *m* Wallach *m*
Hongrie [´ɔ̃gʀi] *f* **la ~** Ungarn *nt*
hongrois [´ɔ̃gʀwa] *m* **le ~** Ungarisch *nt,* das Ungarische; *v. a.* **allemand**
hongrois(e) [´ɔ̃gʀwa, waz] *adj* ungarisch
Hongrois(e) [´ɔ̃gʀwa, waz] *m(f)* Ungar(in) *m(f)*
honnête [ɔnɛt] *adj* ❶ *personne* ehrlich, anständig; *commerçant, entreprise* redlich, korrekt; **il y a encore des gens ~s!** es gibt doch noch anständige [*o* ehrliche] Leute!
❷ *(franc) personne* ehrlich, aufrichtig; **être ~ avec qn/soi-même** zu jdm ehrlich/ehrlich gegen sich selbst sein; **soyez ~ avec vous- même!** machen Sie sich *(Dat)* doch nichts vor!; **pour être ~** um ehrlich zu sein, ehrlich gesagt
❸ *(honorable) conduite* anständig; *intention, propos* ehrlich; *méthodes* korrekt; **il serait plus ~ de lui dire la vérité** es wäre korrekter, ihm/ihr die Wahrheit zu sagen
❹ *(vertueux) femme, fille* anständig
❺ *(acceptable) travail, résultat* anständig, recht ordentlich; *prix* angemessen; *repas* akzeptabel, ordentlich *(fam);* *marché* korrekt; **moyenne ~** recht ordentlicher Durchschnitt
honnêtement [ɔnɛtmɑ̃] *adv* ❶ *(sincèrement)* ehrlich; **~!** [ganz] ehrlich, ehrlich gesagt; **~?** *(sois/soyez honnête)* sei/seien Sie mal ehrlich!, sag/sagen Sie mal ehrlich!
❷ *(convenablement) payer, gagner sa vie* anständig, [recht] gut [*o* ordentlich] *(fam);* **~ payé(e)** anständig [*o* korrekt] bezahlt
❸ *(loyalement, avec probité) prévenir* anständigerweise; *gérer une affaire* auf ehrliche [*o* anständige] Weise
honnêteté [ɔnɛtte] *f* ❶ Ehrlichkeit *f;* *(en affaire, en pensée)* Redlichkeit *f;* **être d'une ~ scrupuleuse** absolut ehrlich sein; **être d'une parfaite ~** hochanständig sein; **~ intellectuelle** intellektuelle Redlichkeit *f;* **être d'une grande ~ intellectuelle** unbestechlich in seinen Ansichten sein
❷ *(franchise)* Ehrlichkeit *f,* Aufrichtigkeit *f;* **ayez l'~ de faire qc** seien Sie so ehrlich, etw zu tun; **répondre en toute ~** ehrlich und offen antworten; **en toute ~, je n'en sais rien!** ganz ehrlich gesagt, ich weiß nichts [davon]!
❸ *(honorabilité) conduite, d'un procédé* Anständigkeit *f,* Korrektheit *f;* *d'une intention* Ehrenhaftigkeit *f*
honneur [ɔnœʀ] *m* ❶ *sans pl* Ehre *f;* **homme sans ~** Mann *m* ohne Ehrgefühl; **avoir le sens de l'~** Ehrgefühl besitzen [*o* haben]; **question d'~** Ehrensache *f;* **pour l'~** um der Ehre willen; **sur l'~** auf Ehre und Gewissen; **promettre sur l'~ que qn a fait qc** sein Ehrenwort [dafür] geben, dass jd etw getan hat
❷ *sans pl (réputation)* Ehre *f,* Ansehen *nt; vieilli (chasteté) d'une femme* Ehre *(veraltet);* **~ familial** [*o* **de la famille**] Familienehre; **~ professionnel** Berufsehre; **être/faire l'~ de qn/qc** jdm/einer S. [alle] Ehre machen; **faire ~ à qn** jdm Ehre machen, jdm; **l'~ est sauf** die Ehre ist gerettet; **il en va de mon/votre ~!** es geht um meine/Ihre Ehre!; **avide d'~s** ehrsüchtig
❸ *(privilège)* Ehre *f;* **avoir l'~ de [faire] qc** die Ehre haben, etw zu tun; **j'ai eu l'~ de recevoir sa visite** er/sie hat mich mit seinem/ihrem Besuch beehrt; **nous avons l'~ de vous faire part de la naissance/du mariage ...** *form* wir beehren uns [*o* haben die Ehre], die Geburt/die Vermählung ... bekanntgeben *(form);* **j'ai l'~ de solliciter un poste de ...** *form* [hiermit] bewerbe ich mich um die Stelle als ...; **j'ai l'~ de vous informer que qn a fait qc** *form* ich freue mich, Ihnen mitteilen zu können, dass jd etw getan hat; **faire l'~ à qn de faire qc** *form* jdm die Ehre erweisen, etw zu tun *(form);* **voulez-vous nous faire l'~ de ...** *form* es wäre uns eine Ehre, wenn Sie ... *(form),* wir würden uns freuen, wenn Sie ...; **à qui ai-je l'~?** *soutenu* mit wem habe ich die Ehre?; **que me vaut l'~ de qc?** *form* was verschafft mir die Ehre einer S. *(Gen)*?; **~ aux dames** die Damen zuerst; **à toi/vous l'~!** du darfst/Sie dürfen anfangen!
❹ *pl (marques de distinctions)* Ehren *Pl,* Ehrungen *Pl;* **comblé(e)/couvert(e) d'~** mit Ehren überhäuft; **parvenir aux plus grands ~s** zu höchsten Würden gelangen; **avec tous les ~s dus au rang de qn** mit allen jdm gebührenden Ehren; **rendre les ~s** MIL [jdm] die militärischen Ehren erweisen; **rendre les derniers ~s à qn** *form* jdm die letzte Ehre erweisen
❺ CARTES Honneurs *Pl*
❻ *(considération)* **faire un grand ~ à qn en faisant qc** jdm eine große Ehre erweisen, indem man etw tut; **c'est beaucoup** [*o* **trop**] **d'~** [**que vous me faites**]! *iron* das ist der Ehre [*o* des Guten] zu viel! *(iron);* **c'est lui faire trop d'~** damit erweist man ihm zu viel Ehre, so viel Aufmerksamkeit hat er nicht verdient
▸ **avec les ~s de la guerre** in [allen] Ehren, ehrenvoll; **s'en sortir/tirer même avec les ~s de la guerre** sogar noch ganz gut dabei wegkommen; **faire les ~s de la maison à qn** jdn gebührend [bei sich] empfangen; *(faire visiter les lieux)* jdn durch sein Haus/seine Wohnung führen; **qn/qc a les ~s de la première page** jdm/einer S. ist/wird die erste Seite gewidmet, jd/etw steht [*o* erscheint] auf der ersten Seite; **être à l'~** *(être célébré)* hoch im Kurs [*o* in der Gunst] stehen; **faire à un repas** sich *(Dat)* ein Essen gut schmecken lassen; **faire ~ à ses engagements** [*o* **obligations**] seine Verpflichtungen einhalten; **faire ~ à sa signature** zu seiner Unterschrift stehen; **re|mettre qc en ~** S. *(Dat)* zu neuen Ehren verhelfen, etw wieder zu Ehren bringen; **être/rester en ~** *coutume, procédé:* noch in Ehren gehalten werden; *œuvre:* noch in Ehren gehalten werden, weiterhin [große] Anerkennung genießen; *style, mode:* noch sehr beliebt sein; **en l'~ de qn** zu jds Ehren; **en l'~ de qc** zu Ehren [*o* anlässlich] einer S. *(Gen);* **en quel ~?** *hum* wozu?, aus welchem [besonderen] Anlass?
honnir *v.* **mal**
honorabilité [ɔnɔʀabilite] *f* Ehrenhaftigkeit *f; d'une personne* Ehrbarkeit *f*
honorable [ɔnɔʀabl] *adj* ❶ *sentiments, conduite, intentions* ehrenhaft; *personne, famille* ehrenwert, achtbar; *profession* ehrbar; **~ compagnie** ehrenwerte Gesellschaft; **mon ~ confrère** mein verehrter [*o* werter *hum*] Herr Kollege
❷ *(suffisant) moyenne, résultat, note* ganz gut [*o* ordentlich]; *fortune* ansehnlich; *performance* medaillenverdächtig
honorablement [ɔnɔʀabləmɑ̃] *adv* ❶ auf ehrenhafte [*o* anständige] Weise; **être ~ connu(e)** als ehrenhafter Mensch bekannt sein
❷ *(convenablement)* recht ordentlich [*o* gut]
honoraire [ɔnɔʀɛʀ] **I.** *adj membre, président* Ehren-; *professeur* emeritiert; *conseiller, notaire* ehrenamtlich
II. *mpl* Honorar *nt;* **verser des ~s** Honorar [be]zahlen; **~s d'un/de l'avocat** JUR Anwaltshonorar
honorer [ɔnɔʀe] <1> **I.** *vt* ❶ ehren; **vous m'honorez!** ich fühle mich geehrt!; **mon honoré collègue** *form* mein verehrter [Herr] Kollege *(form)*
❷ *(faire honneur)* **~ qn** *sentiments, conduite:* jdn ehren, jdm Ehre machen; **votre visite m'honore** Ihr Besuch ehrt mich [*o* ist für mich eine Ehre]
❸ *(gratifier)* **~ qn de son amitié/sa confiance** jdn durch seine Freundschaft/sein Vertrauen ehren; **~ qn de sa présence** jdn mit seiner Anwesenheit beehren; **~ qn d'une distinction** jdn mit einer Auszeichnung ehren; **je suis très honoré(e) de faire votre connaissance** *form* es ist mir eine Ehre, Sie kennen zu lernen *(geh)*
❹ *(célébrer)* **~ la mémoire de qn** jds Andenken in Ehren halten
❺ *(respecter)* stehen zu; **~ sa signature, parole;** **~ ses engagements** seinen Verpflichtungen nachkommen, seine Verpflichtungen einhalten
❻ COM einlösen *chèque, traite*
II. *vpr* **s'~ d'être qc** sich rühmen [*o* stolz [darauf] sein], etw zu sein
honorifique [ɔnɔʀifik] *adj* Ehren-, ehrenamtlich
honoris causa [ɔnɔʀiskoza] *adj honoris causa,* Ehren-
honte [´ɔ̃t] *f* ❶ Schande *f,* Odium *nt* (geh); **la ~ d'un échec/d'un refus** die Schande [*o* die Schmach] einer Niederlage/einer Ablehnung; **être/faire la ~ de qc** eine Schande für etw sein/einer S. *(Dat)* Schande machen [*o* bringen]; **être la ~ de la famille** der Schandfleck der Familie sein; **c'est une ~ de faire qc** es ist eine Unverschämtheit, etw zu tun; **quelle ~!** was für eine Schande!; **[c'est] la ~!** *fam* so eine Blamage!
❷ *sans pl (sentiment d'humiliation)* Scham *f;* **avoir ~, éprouver de la ~** sich schämen; *adolescent:* sich genieren; **avoir ~ de qn/qc** sich für jdn/etw *(Gen)* schämen; **rougir de ~** vor Scham erröten; **qn/qc fait ~ à qn** jd schämt sich für jdn/etw; **tu devrais avoir ~ de toi!** du solltest dich schämen!
▸ **avoir toute ~ bue** jegliches Schamgefühl verloren haben;

fausse ~ falsche Scham; **allons, il n'y a pas de fausse ~ à avoir!** nun los, nur keine falsche Scham!; **faire** ~ **à qn** jdm ein schlechtes Gewissen machen; **mourir de** ~ sich zu Tode schämen
honteusement [´ɔ̃tøzmɑ̃] adv ❶ *se conduire* schändlich; *s'excuser, regarder* beschämt
❷ *(scandaleusement) mal payer, exagérer* unverschämt, unerhört
honteux, -euse [´ɔ̃tø, -øz] adj ❶ être ~ (-euse) de qc sich einer S. *(Gen)* schämen, beschämt über etw *(Akk)* sein
❷ *(cause de déshonneur)* beschämend; *défaite, accusation* schmachvoll; *acte, attitude* schändlich; *fuite* schmählich; **c'|o il| est ~ de faire qc** es ist eine Schande, etw zu tun; **c'est ~ !** das ist empörend [o unerhört]!
❸ *(qui cache de d'être qc) partisan, communiste* heimlich
hooligan [´uligan] m Hooligan m
hooliganisme [´uliganism] m Rowdytum nt
hop [´ɔp] interj ❶ hopp; **allez,** ~ **!** los, hopp, hopp!; ~ **là!** hoppla!, hopsa!
❷ *(pour marquer une action brusque)* hopp, husch
hôpital [ɔpital, o] <-aux> m Krankenhaus nt, Klinik f; ~ **pour enfants** Kinderkrankenhaus, Kinderklinik; ~ **psychiatrique** psychiatrische Klinik; ~ **militaire** [Militär]lazarett nt, Militärhospital; ~ **de jour pour personnes âgées** Tagesstätte f
hoquet [´ɔkɛ] m Schluckauf m kein Pl; *(un ou plusieurs)* Schluckzer m; **avoir le** ~ den Schluckauf haben; **avoir un** ~ **de surprise/de peur** vor Überraschung/Angst [tief] schlucken
hoqueter [´ɔkte] <3> vi den Schluckauf haben; *(sangloter)* schluchzen
Horace [ɔras(ə)] m HIST Horaz m
horaire [ɔrɛr] I. adj Stunden-, pro Stunde; **tarif ~ de location** Mietgebühr f pro Stunde
II. m ❶ *(emploi du temps)* Zeitplan m; ~ **de travail** Arbeitsplan m; **avoir un ~ très chargé** einen vollen Terminkalender haben; **avoir un ~ souple** nicht an eine feste Arbeitszeit gebunden sein; ~ **mobile** [o **flexible**] gleitende Arbeitszeit
❷ *(tableau) des trains, bus* Fahrplan m; *des vols* Flugplan m; *des cours* Stundenplan m; **en avance sur l'**~ früher als im Fahrplan/Flugplan/Stundenplan angegeben
❸ *(heure)* ~ **de départ** *d'un bus, train* Abfahrt[s]zeit; *d'un avion* Abflugzeit f; *d'un bateau* Abfahrt[s]zeit, Abgangszeit
horde [´ɔrd] f Horde f
horions [´ɔrjɔ̃] m Schläge Pl; **recevoir des** ~ Prügel beziehen
horizon [ɔrizɔ̃] m ❶ *sans pl a.* ASTRON Horizont m
❷ *(étendue)* Aussicht f, [Aus]blick m; ~ **de collines** Hügellandschaft f; **embrasser un vaste** ~ einen weiten [Aus]blick haben; **qn a qc pour tout** ~ jds [ganze] Aussicht beschränkt sich auf etw *(Akk)*; **changer d'**~ die [gewohnte] Umgebung wechseln; **avoir besoin de changer d'**~ [einen] Tapetenwechsel brauchen *(fam)*
❸ *(perspectives)* Horizont m; **élargir son ~ de qn** seinen Horizont erweitern; **l'**~ **politique/international** der politische/internationale Horizont; **ouvrir des ~s insoupçonnés/nouveaux à qn** jdm ungeahnte/neue Möglichkeiten [o Perspektiven] eröffnen; **se profiler/se dessiner à l'**~ am Horizont abzeichnen; **l'**~ **économique s'assombrit** das Konjunkturklima trübt sich; **à l'**~ **2010** gegen [o um] das Jahr 2010
horizontal(e) [ɔrizɔ̃tal, o] <-aux> adj waag(e)recht, horizontal
horizontale [ɔrizɔ̃tal] f ❶ MATH Waag[e]rechte f
❷ *(position)* **à l'**~ in der Horizontalen; **être à l'**~ waagerecht [o horizontal] sein/liegen; **être posé(e) à l'**~ waagerecht [o flach] liegen; **se lire à l'**~ sich waagerecht lesen
horizontalement [ɔrizɔ̃talmɑ̃] adv waag[e]recht, horizontal
horloge [ɔrlɔʒ] f ❶ Uhr f; ~ **murale** Wanduhr; ~ **réglée à l'heure locale** Normaluhr; ~ **du clocher** Kirchturmuhr; ~ **d'église/de l'église** Kirchenuhr; ~ **de la gare** Bahnhofsuhr
❷ INFORM Uhr f; Zeitgeber m
❸ BIO, MED ~ **intime/biologique** innere/biologische Uhr; ~ **physiologique** Biorhythmus m
▶ ~ **parlante** Zeitansage f; **qn est réglé(e) comme une** ~ bei jdm geht alles genau auf die Minute
♦ ~ **de parquet** Standuhr f
horloger, -ère [ɔrlɔʒe, -ɛr] I. adj Uhren-
II. m, f Uhrmacher(in) m(f); *(fabricant d'horloges)* Uhrenhersteller(in) m(f); ~ **bijoutier/horlogère bijoutière** Juwelier(in) m(f); **le métier d'**~ das Uhrmacherhandwerk
horlogerie [ɔrlɔʒri] f ❶ *(commerce)* Uhrenhandel m
❷ *(industrie)* Uhrenindustrie f
❸ *(technique)* Uhrmacherei f
❹ *(fabrique)* Uhrenfabrik f
❺ *(mécanisme)* **pièces d'**~ Uhrenteile Pl
❻ *(magasin)* Uhrengeschäft nt, Uhrenladen m; ~ **bijouterie** Uhren- und Schmuckgeschäft
hormis [´ɔrmi] prép littér~ **qn/qc** mit Ausnahme einer Person/einer S. *(Gen)*, bis auf jdn/etw
hormonal(e) [ɔrmɔnal, o] <-aux> adj hormonal, hormonell; *traitement, troubles* Hormon-; **insuffisance ~e** Hormonmangel m
hormone [ɔrmɔn] f Hormon nt; ~**s de croissance** Wachstumshormone; ~ **de l'hypophyse** Hypophysenhormon; ~ **d'une/de glande génitale** Keimdrüsenhormon; ~ **sexuelle** Sexualhormon nt, Geschlechtshormon; ~ **thyroïdienne** Schilddrüsenhormon
horodateur [ɔrɔdatœr] m Parkscheinautomat m
horoscope [ɔrɔskɔp] m Horoskop nt; **tirer l'**~ **de** [o **à**] **qn** jdm das Horoskop stellen
horreur [ɔrœr] f ❶ ~ **de la violence/médiocrité/des disputes** Abscheu m vor der Gewalt/Mittelmäßigkeit/vor Streitigkeiten; **vision d'**~ abscheulicher Anblick; **inspirer de l'**~ **à qn** jdm Abscheu [o Widerwillen] einflößen
❷ *(sensation d'épouvante, de dégoût)* Entsetzen nt, Schrecken m; **cri/hurlement d'**~ Entsetzensschrei m, Schrei m des Entsetzens; **film d'**~ Horrorfilm m; **faire** ~ **à qn** Widerwillen bei jdm erregen, jdn anwidern; *paroles, idées:* bei jdm Entsetzen hervorrufen; **un crime qui fait** ~ ein abscheuliches [o Abscheu erregendes] Verbrechen; **la viande lui fait** ~ er hat einen Widerwillen gegen Fleisch; **cet homme lui fait** ~ dieser Mann ist ihm/ihr zuwider; **être frappé(e)/saisi(e) d'**~ von Grauen [o Entsetzen] gepackt sein
❸ *(atrocité) d'un crime, supplice* Abscheulichkeit f, Grauenhaftigkeit f; **les ~s de la guerre** die Schrecken [o Gräuel[taten]] des Krieges; **et pour comble de l'**~**, il...** und das Allerschlimmste [o Entsetzlichste] [bei der Sache] war, dass er ...
❹ *(aversion)* **avoir** ~ **de qn/qc** jdn/etw verabscheuen; *(détester)* jdn/etw nicht ausstehen können; **avoir une sainte** ~ **de qc** eine ausgesprochene Abneigung gegen etw haben; **avoir** ~ **de faire qc** es hassen, etw zu tun; **avoir** ~ **que qn fasse qc** *ne supporter)* es nicht ertragen können [o es hassen], wenn jd etw tut; **avoir qn/qc en** ~ jdn/etw nicht mögen; **prendre qn/qc en** ~ jdn/etw nicht mehr ausstehen können
❺ *fam (chose laide)* Scheußlichkeit f; *(femme laide)* Schreckschraube f *(fam)*; *(personne à éviter)* Ekel nt *(fam)*; **quelle ~ !** *fam* wie schrecklich!, wie entsetzlich!; *(que c'est moche)* wie grässlich!; *(c'est dégoûtant)* wie ekelhaft!
❻ *pl (grossièretés, actions infâmes)* Abscheulichkeiten Pl, scheußliche [o grässliche] Dinge Pl; **débiter des ~s sur qn** schreckliche [o grässliche] Dinge über jdn erzählen
horrible [ɔribl] adj ❶ *acte, crime* abscheulich, grauenhaft; *spectacle, scène* grauenhaft, Grauen erregend; *accident, blessure, cris* schrecklich, entsetzlich; **c'est ~ de penser que qn a fait qc** es ist entsetzlich [o schrecklich], wenn man daran denkt, dass jd etw getan hat
❷ *(extrême) peur, douleur, chaleur* schrecklich, fürchterlich
❸ *(très laid)* abscheulich, grässlich; *(très mauvais) repas, temps* scheußlich; ~ **à voir/entendre** entsetzlich [o schrecklich] anzusehen/zu hören
horriblement [ɔribləmɑ̃] adv *triste, cher, chaud, mal* furchtbar, schrecklich
horrifiant(e) [ɔrifjɑ̃, ɑ̃t] adj entsetzlich
horrifier [ɔrifje] <1a> vt ~ **qn** jdn entsetzen; **être horrifié(e) de** [o **par**] **qc** entsetzt über etw *(Akk)* sein; **être horrifié(e) à l'idée que qn fasse qc/que qn ait fait qc** mit Entsetzen daran denken, dass jd etw tut/dass jd etw getan hat
horripilant(e) [ɔripilɑ̃, ɑ̃t] adj in den Wahnsinn treibend
horripiler [ɔripile] <1> vt fam wahnsinnig machen, auf die Palme bringen *(fam)*
hors [´ɔr] prép ❶ *(à l'extérieur de)* **habiter/vivre ~ de qc** außerhalb einer S. *(Gen)* wohnen/leben
❷ *(vers l'extérieur)* **tomber ~ de qc** *(en se rapprochant)* aus etw herausfallen; **être projeté(e) ~ de qc** *(en se rapprochant)* aus etw herausgeschleudert werden; **se précipiter ~ de qc** *(en s'éloignant)* aus etw hinausstürzen; ~ **d'ici!** hinaus!, raus hier! *(fam)*; **une fois ~ de l'eau, elle...** als sie aus dem Wasser heraus war, ...
❸ *(à l'écart de)* ~ **de comparaison** nicht zu vergleichen; ~ **de danger** außer Gefahr; **être ~ de proportion** [o **mesure**] **avec qc** in keinem Verhältnis zu etw stehen; **vivre ~ de la réalité** wirklichkeitsfremd sein; **vivre ~ de son temps** in einem anderen Zeitalter leben; **une exposition ~ des sentiers battus** eine [ganz] aus dem Rahmen fallende Ausstellung; ~ **contrat** außervertraglich; ~ **entreprise** außerbetrieblich
❹ *(au-delà de)* ~ **d'atteinte/de portée** außer Reichweite; **à garder ~ de la portée des enfants** für Kinder unzugänglich aufbewahren; ~ **de combat** kampfunfähig, außer Gefecht; ~ **d'usage,** ~ **[de] service** außer Betrieb
▶ ~ **de prix** unerschwinglich; **mettre qn ~ de lui** jdn aus der Fassung bringen; **être ~ de soi** außer sich sein
hors-bord [´ɔrbɔr] m inv ❶ *(moteur)* Außenbordmotor m ❷ *(bateau)* Sportboot nt, Außenborder m *(fam)* **hors-concours** v. **concours hors-d'œuvre** [ɔrdœvr] m inv Vorspeise f, Horsd'œuvre nt **hors-jeu** [´ɔrʒø] m inv FBALL Abseits nt **hors-la-loi** [´ɔrlalwa] m inv Bandit(in) m(f), Gesetzlose(r) f(m)

hors-piste [ˈɔʀpist] *m inv* **faire du ~** Freeriding *nt (außerhalb der erlaubten Skipiste fahren)* **hors-texte** [ˈɔʀtɛkst] *m inv* TYP Einschaltbild *nt (Fachspr.)*
hortensia [ɔʀtɑ̃sja] *m* BOT Hortensie *f*
horticole [ɔʀtikɔl] *adj* Garten|bau|-; **exposition ~** Gartenbauausstellung *f*; **instruments ~s** Gartengeräte *Pl*
horticulteur, -trice [ɔʀtikyltœʀ, -tʀis] *m, f* Gärtner(in) *m(f)*
horticulture [ɔʀtikyltyʀ] *f (production)* Gartenbau *m; (jardinage)* Gärtnerei *f*
hosanna [ozan(n)a] *m* REL Hosianna *nt*
hospice [ɔspis] *m* [Alters]pflegeheim *nt*
▶ **finir à l'~** *péj* im Armenhaus enden
◆ **~ de vieillards** Altersheim *nt* für arme Leute
hospitalier, -ière [ɔspitalje, -jɛʀ] *adj* ❶ Krankenhaus-; **personnel ~** Pflegepersonal *nt*; **établissement ~** Krankenhaus *nt*
❷ *(accueillant) personne, famille* gastfreundlich, gastfrei; *maison, ville* gastlich
hospitalisation [ɔspitalizasjɔ̃] *f (action)* Einweisung *f* ins Krankenhaus, Krankenhausunterbringung *f*; *(séjour)* Krankenhausaufenthalt *m*
▶ **à domicile** ärztliche Betreuung zu Hause
hospitaliser [ɔspitalize] <1> *vt* **~ qn** jdn in ein Krankenhaus einweisen; **faire ~ qn** jdn in ein Krankenhaus bringen [*o* einweisen] lassen; **être hospitalisé(e)** ins Krankenhaus eingewiesen werden; *(séjourner)* im Krankenhaus sein [*o* liegen]
hospitalité [ɔspitalite] *f* Gastfreundlichkeit *f*, Gastlichkeit *f*; **accueil plein d'~** sehr gastfreundlicher Empfang; **donner [o offrir] l'~ à qn** jdm Gastfreundschaft gewähren, jdn bei sich aufnehmen
hostie [ɔsti] *f* REL Hostie *f*
hostile [ɔstil] *adj forces, nature* feindlich; *foule, milieu* feindlich [gesinnt]; *attitude, accueil, regard* feindselig; **être ~ à qc** *sinnv* etw. *(Dat)* ablehnend [*o* feindlich] gegenüberstehen, gegen etw sein; **personne ~ au[x] plaisir[s]** lustfeindlicher Mensch; **politique ~ aux intérêts des ouvriers** arbeiterfeindliche Politik; **installation ~ à la protection de l'environnement** umweltfeindliche Anlage; **être ~ à qn** jdm nicht wohlgesinnt sein; **remarque ~ aux hommes** männerfeindliche Bemerkung; **être ~ aux hommes** männerfeindlich eingestellt sein; **population ~ aux touristes** touristenfeindliche Bevölkerung
hostilité [ɔstilite] *f* ❶ *d'une personne* Feindseligkeit *f*, Feindlichkeit *f*; *de la nature* Feindlichkeit *f*; **manifester de l'~ à l'égard de qn** sich [jdm gegenüber] feindselig [*o* ablehnend] zeigen; **s'attirer l'~ de qn** sich *(Dat)* jds Feindschaft zuziehen
❷ *pl* MIL **les ~s** die Kampfhandlungen *Pl*; **ouvrir les ~s** den Kampf eröffnen; **cesser les ~s** die Kampfhandlungen einstellen
hosto [ɔsto] *m fam (hôpital)* Krankenhaus *nt*
hot-dog [ˈɔtdɔg] <hot-dogs> *m* GASTR Hotdog, Hot Dog *m o nt*
hôte¹ [ot] I. *m* ❶ *d'une personne, ville* Gast *m*; *d'un logement* Bewohner *m*; *(à l'hôtel)* [Hotel]gast; **~ payant** zahlender Gast
❷ *soutenu (maître de maison)* Gastgeber *m*, Herr *m* des Hauses
❸ INFORM Host *m (Fachspr.)*
II. *app* **adaptateur ~** INFORM Hostadapter *m (Fachspr.)*
hôte² [ot] *f d'une personne, ville* Gast *m*; *d'un logement* Bewohnerin *f*; *(à l'hôtel)* [Hotel]gast; **~ payante** zahlender Gast
hôtel [ɔtɛl, otɛl] *nt* ❶ *(auberge)* Hotel *nt*; **descendre/coucher à l'~** im Hotel absteigen/übernachten; **~ thermal** Kurhotel; **~ trois/cinq étoiles** Drei-/Fünfsternehotel; **de [la] gare/de l'aéroport** Bahnhofs-/Flughafenhotel; **~ de luxe** First-Class-Hotel, Nobelhotel; **~ de passe** Stundenhotel; **bar d'~** Hotelbar *f*; **directeur(-trice) d'~** Hoteldirektor(in) *m(f)*; **gérant(e) d'~** *personne diplômée en gestion hôtelière* Hotelfachmann *m*/-fachfrau *f*; **employé(e) d'~** Hotelangestellte(r) *f(m)*
❷ *(demeure citadine)* **~ particulier** Patrizierhaus *nt*, herrschaftliches Stadthaus
◆ **~ Matignon** Amtssitz des französischen Premierministers; **~ de la Monnaie** Münzstätte *f*; **~ des ventes** Auktionsgebäude *nt*; **~ de ville** Rathaus *nt*
hôtel-Dieu [otɛldjø, ɔtɛldjø] <hôtels-Dieu> *m* Hospiz *nt* für Kranke
hôtelier, -ière [otalje, ɔtalje, -jɛʀ] I. *adj* Hotel-; **école hôtelière** Hotelfachschule *f*; **industrie hôtelière** Hotel- und Gaststättengewerbe *nt*; **profession hôtelière** Hotelfach *nt*
II. *m, f* Hotelbesitzer(in) *m(f)*, Hotelier *m*
hôtellerie [otɛlʀi, ɔtɛlʀi] *f (profession)* Hotelgewerbe *nt*
hôtel-restaurant [ɔtɛlʀɛstɔʀɑ̃, otɛlʀɛstɔʀɑ̃] <hôtels-restaurant> *m* Hotel *nt* mit Restaurant
hôtesse [otɛs] *f soutenu (maîtresse de maison)* Gastgeberin *f*, Dame *f* des Hauses
◆ **~ d'accueil** *(d'une entreprise)* Empfangssekretärin *f*, Dame *f* am Empfang; *(d'un un hôtel)* Empfangsdame *f*; *(dans une exposition)* Hostess *f*; **~ de l'air** Stewardess *f*
hot-line [ˈɔtlajn] *f* Hotline *f*

hotte [ˈɔt] *f* ❶ *d'une cheminée* Rauchfang *m*; **~ aspirante** [Dunst]abzugshaube *f*
❷ *(panier)* Kiepe *f*; **~ [de viticulteur]** Butte *f*, Bütte *f* (SDEUTSCH); **~ du Père Noël** Sack *m* des Weihnachtsmanns
hottentot(e) [ˈɔtɑ̃to, ɔt] *adj* hottentottisch
Hottentot(e) [ˈɔtɑ̃to, ɔt] *m(f)* Hottentotte *m*/Hottentottin *f*
hou [ˈu] *interj* ❶ *(pour faire honte)* pfui; *(pour conspuer)* buh; **~, le vilain!** pfui, [schäm dich,] du böser Junge!
❷ *(pour faire peur)* hu
▶ **~, ~!** hallo!, huhu! *(fam)*
houblon [ˈublɔ̃] *m* Hopfen *m*; **champ de ~** Hopfenfeld *nt*; **culture/floraison du ~** Hopfenanbau *m*/-blüte *f*
houblonnier, -ière [ˈublɔnje, -jɛʀ] AGR I. *adj* Hopfen-; **région houblonnière** Hopfenregion *f*
II. *m, f* Hopfenbauer *m*/Hopfenbäuerin *f*
houblonnière [ˈublɔnjɛʀ] *f* Hopfenfeld *nt*
houe [ˈu] *f* Hacke *f*
houille [ˈuj] *f* Steinkohle *f*; **extraction de la ~** Kohleförderung *f*; **gisement de ~** Kohlelager *nt*; **mine de ~** Kohlengrube *f*
◆ **~ blanche** weiße Kohle, Wasserkraft *f*
houiller, -ère [ˈuje, -ɛʀ] *adj* Steinkohlen-; *terrain* steinkohlenhaltig; **bassin ~** [Stein]kohlenbecken *nt*, [Stein]kohlenrevier *nt*; **exploitation houillère** Kohlenabbau *m*
houillère [ˈujɛʀ] *f* [Stein]kohlenbergwerk *nt*, Kohlengrube *f*
houle [ˈul] *f* Seegang *m*; **forte ~** hoher [*o* starker] Seegang
houlette [ˈulɛt] *f* Hirtenstab *m*
▶ **être sous la ~ de qn** unter jds Führung [*o* Leitung] *(Dat)* stehen/sein
houleux, -euse [ˈulø, -øz] *adj* ❶ *mer* bewegt, stürmisch
❷ *(troublé) séance* turbulent; *salle* unruhig
houligan *v.* **hooligan**
houp [ˈup] *interj* hopp
houppe [ˈup] *f* **~ de cheveux** [Haar]büschel *nt*
houppelande [ˈuplɑ̃d] *f* Houppelande *f (langes, glockenförmiges Obergewand des Mannes)*
houppette [ˈupɛt] *f* Puderquaste *f*
hourdis [ˈuʀdi] *m* CONSTR *(dans un colombage)* Mauerwerk *nt*; *(dans un sol)* Estrich *m*
hourra [ˈuʀa] I. *interj* hurra
II. *m* Hurra *nt*; **des ~s** Hurrarufe *Pl*; **pousser des ~s** in Hurrageschrei ausbrechen; **un immense ~ salue qn** jd wird mit gewaltigem Hurra[geschrei] begrüßt
house-boat [ˈausbot] <house-boats> *m* Hausboot *nt*
houspiller [ˈuspije] <1> *vt* ausschimpfen
housse [ˈus] *f* [Schutz]hülle *f*; **~ en tissu** Stoffbezug *m*; **~ de couette** Bettbezug *m*; **~ de coussin** Kissenhülle *f*; **~ de penderie** Kleider[schutz]hülle *f*; **~ de protection** Schonauflage *f*; **~ de siège** [Schon]bezug; *(pour décorer)* Überwurfdecke *f*
houx [ˈu] *m* BOT Stechpalme *f*, Ilex *f*
hovercraft [ˈɔvœʀkʀaft] *m* Luftkissenfahrzeug *nt*, Hovercraft *nt*
H.S. [aʃɛs] *abr de* **hors service** ▶ **être ~** *fam* groggy sein *(fam)*
H.T. [aʃte] *abr de* **hors taxes** ohne MwSt.
HTML [aʃteɛmɛl] INFORM I. *m abr de* **Hypertext Mark-up Language** HTML *nt*
II. *app* **document ~** HTML-Dokument *nt*; **éditeur ~** HTML-Editor *m*
hublot [ˈyblo] *m d'un bateau* Bullauge *nt*; *d'un avion* [Seiten]fenster *nt*; *d'un appareil ménager* [Sicht]fenster *nt*
huche [ˈyʃ] *f* Kasten *m*
◆ **~ à pain** Brotkasten *m*; **~ à pétrir** Backtrog *m*, Backmulde *f*
hue [ˈy] *interj (avancer)* hü!; *(tourner à droite)* hott!
huées [ˈye] *fpl (cris de réprobation)* Protestgeschrei *nt*, Buhrufe *Pl*; *(cris de dérision)* Hohngelächter *nt*
huer [ˈye] <1> *vt* auspfeifen, ausbuhen *(fam) orateur, acteur, pièce*; **se faire ~** ausgepfiffen [*o* ausgebuht *fam*] werden
huguenot(e) [ˈygno, ɔt] *m(f)* Hugenotte *m*/Hugenottin *f*
huilage [ɥilaʒ] *m (trempage dans l'huile)* Tränken *nt* in Öl; *(graissage)* Schmieren *nt*
huile [ɥil] *f* ❶ *(aliment, extrait)* Öl *nt*; **~ d'olive/de tournesol** Oliven-/Sonnenblumenöl; **~ de lin** Leinöl *nt*; **~ alimentaire/à salade** Speise-/Salatöl; **~ essentielle de camomille** Kamillenöl; **~ végétale** Pflanzenöl; **~ vierge** kaltgepresstes Öl; **~ pour friture** Frittieröl; **cuisiner à l'~** in/mit Öl braten; **extraction d'~** Ölgewinnung *f*
❷ *(hydrocarbure)* [Motor]öl *nt*; **élimination des ~s de vidange** Altölbeseitigung *f*; **quel type d'~ moteur utilisez-vous?** welche Ölsorte verwenden Sie?
❸ *(produit de beauté)* **~ solaire** Sonnenöl *nt*
❹ ART *(peinture à l'huile)* **une ~** ein Ölgemälde; **peint(e) à l'~** in Öl gemalt
❺ *fam (notabilité)* hohes Tier *(fam)*; **les ~s** die Honoratioren
▶ **jeter de l'~ sur le feu** Öl ins Feuer gießen; **les saintes ~s** geweihtes Öl

◆ ~ **de bain** Ölbad nt; ~ **de coco** Kokosöl nt; ~ **de coude** fam Mumm m (fam); ~ **de foie de morue** Lebertran m; ~ **de graissage** Schmieröl nt; ~ **de paraffine** Paraffinöl nt; ~ **de table** Tafelöl nt
huilé(e) [ɥile] adj **bien ~(e)** gut laufend [o funktionierend]
huiler [ɥile] <1> vt ölen, [mit Öl] schmieren mécanisme, serrure; einölen, [ein]fetten cocotte, moule
huilerie [ɥilʀi] f (usine) Ölmühle f
huileux, -euse [ɥilø, -øz] adj péj ❶ plat, surface ölig
❷ (oléagineux) liquide ölartig
❸ (gras) cheveux, peau fettig
❹ (pollué) **des eaux huileuses** ölverschmutzte Gewässer
huilier [ɥilje] m Essig-und-Öl-Ständer m, Menage f
huilier, -ière [ɥilje, -jɛʀ] adj Öl-; **industrie huilière** Ölindustrie f
huis [ɥi] ▶ **à ~ clos** hinter verschlossenen Türen, in geheimer Sitzung; JUR unter Ausschluss der Öffentlichkeit; **demander le ~ clos** den Antrag auf Ausschluss der Öffentlichkeit stellen
huisserie [ɥisʀi] f d'une porte, fenêtre Rahmen m
huissier [ɥisje] m ❶ (officier ministériel) Gerichtsvollzieher(in) m(f), Exekutor(in) m(f) (A)
❷ (appariteur) du sénat, parlement Amtsdiener(in) m(f); de la faculté Pförtner(in) m(f)
◆ ~ **de justice** Gerichtsvollzieher(in) m(f)
huit [´ɥit, devant une consonne ´ɥi] I. num ❶ acht; **dans ~ jours** heute in acht Tagen, in einer Woche; **demain/lundi en ~** morgen/Montag in acht Tagen [o in einer Woche]; ~ **jours de vacances** acht Tage Urlaub, eine Woche Urlaub
❷ (dans l'indication de l'âge, la durée) **avoir/avoir bientôt ~ ans** acht [Jahre alt] sein/werden; **enfant de ~ ans** Achtjährige(r) f(m); **période de ~ ans** Zeitraum m von acht Jahren
❸ (dans l'indication de l'heure) **il est ~ heures** es ist acht [Uhr]
❹ (dans l'indication de la date) **le ~ mars** geschrieben: **le 8 mars** der achte März écrit: der 8. März
❺ (dans l'indication de l'ordre) **arriver ~ ou neuvième** als Achte(r) oder Neunte(r) kommen
❻ (dans les noms de personnages) **Henri ~** geschrieben: **Henri VIII** Heinrich der Achte écrit: Heinrich VIII.
II. m inv ❶ Acht f
❷ (numéro) Nummer f acht, Acht f
❸ TRANSP Linie f acht, Nummer f acht, Acht f (fam)
❹ JEUX Acht f
❺ SCOL **avoir ~** [sur dix/sur vingt] ≈ eine Zwei/eine Fünf haben
❻ (aviron à huit rameurs) **un ~ avec/sans barreur** ein Achter mit/ohne Steuermann
▶ **le grand ~** die Achterbahn
III. f (table, chambre ... numéro huit) Acht f; v. a. **cinq**
huitaine [´ɥitɛn] f ❶ **une ~ de personnes/pages** etwa [o ungefähr] acht Personen/Seiten
❷ (une semaine) **remettre qc à ~** etw um acht Tage [o eine Woche] verschieben; **être remis(e) à ~** um acht Tage [o eine Woche] verschoben sein/werden; jugement, cause: um acht Tage [o eine Woche] vertagt sein/werden; **dans une ~** in ungefähr [o etwa] acht Tagen [o einer Woche]; **sous ~** binnen acht Tagen [o einer Woche]; **recevoir qc sous ~** etw innerhalb der nächsten Woche bekommen
huitante [´ɥitãt] num CH achtzig; v. a. **cinq, cinquante**
huitième [´ɥitjɛm] I. adj antéposé achte(r, s)
II. mf **le/la ~** der/die/das Achte
III. m ❶ (fraction) Achtel nt
❷ (étage) achter Stock, achte Etage
❸ (arrondissement) achtes Arrondissement
◆ ~ **de finale** Achtelfinale nt; v. a. **cinquième**
huitièmement [´ɥitjɛmmã] adv achtens
huître [ɥitʀ] f Auster f
huîtrier, -ière [ɥitʀije, -jɛʀ] I. adj Austern-
II. m, f Austernzüchter(in) m(f)
huîtrière [ɥitʀijɛʀ] f PECHE Austernbank f, Austernpark m
hulotte [´ylɔt] f ORN Waldkauz m
hululement [´ylylmã] m Schrei m
hululer [´ylyle] <1> vi oiseau de nuit: schreien
hum [´œm] interj (pour exprimer le doute, la gêne, une réticence) hm
▶ **~, ~!** (pour s'éclaircir la voix, attirer l'attention) hm, hm; (pour exprimer le doute) so, so
humain(e) [ymɛ̃, ɛn] adj ❶ (être humain) Mensch m; **les ~s** die Menschen Pl, die Menschheit
❷ (ce qui appartient à l'homme) **l'~** das Humane, das Menschliche
humain(e) [ymɛ̃, ɛn] adj ❶ menschlich; chair, vie, dignité Menschen-; **les êtres ~s** die Menschen; **l'espèce ~e** der Mensch; **justice ~e** irdische Gerechtigkeit; **foncièrement ~** urmenschlich; **c'est ~!** das ist doch menschlich!; **c'est la nature ~e qui veut que qn fasse qc** es liegt in der Natur des Menschen, dass jd etw tut; **ne plus rien avoir d'~** nichts Menschliches mehr an sich (Dat) haben

❷ (compatissant, sensible) menschlich, human; **son film est ~, drôle...** sein Film ist aus dem Leben gegriffen, lustig ...
humainement [ymɛnmã] adv ❶ traiter menschlich, menschenwürdig
❷ (avec les capacités humaines) ~ **parlant** nach menschlichem Ermessen; **faire tout ce qui est ~ possible** alles Menschenmögliche tun
humanisation [ymanizasjɔ̃] f Humanisierung f
humaniser [ymanize] <1> I. vt humanisieren, menschenwürdiger gestalten conditions de vie, travail
II. vpr **s'~** menschlich[er] [o human[er]] werden; (devenir plus sociable) umgänglich[er] werden
humanisme [ymanism] m Humanismus m
humaniste [ymanist] I. adj humanistisch
II. mf Humanist(in) m(f)
humanitaire [ymanitɛʀ] adj philosophie, sentiments human, menschenfreundlich; organisation, aide humanitär; **colis ~s** Hilfsgüterpakete Pl, Carepakete Pl
humanitarisme [ymanitaʀism] m péj Humanitätsduselei f (pej)
humanité [ymanite] f ❶ Menschheit f
❷ sans pl (bonté) Menschlichkeit f; **faire preuve d'une grande ~** sich äußerst menschlich zeigen; **traiter qn avec ~** jdn menschlich [o human] behandeln; **geste d'~** menschliche [o humane] Geste
humanités [ymanite] fpl BELG (études secondaires) Sekundarunterricht m
humanoïde [ymanɔid] I. adj menschenähnlich
II. m menschenähnliches Wesen
humble [œ̃bl] adj ❶ postposé personne unscheinbar
❷ (déférent) personne, voix, manières ehrfurchtsvoll, ehrfürchtig; **très ~** demut[s]voll; **se faire ~** sich untertänig [o unterwürfig] geben
❸ antéposé (modeste, pauvre) gens, origine einfach; fonctionnaire, employé einfach, klein
❹ antéposé (sans prétention) einfach; demeure, cadeau, vie einfach, bescheiden; travaux niedrig
humblement [œ̃blǝmã] adv ❶ demütig; **très ~** demut[s]voll; **faire ~ remarquer que qn a fait qc** in aller Bescheidenheit darauf aufmerksam machen, dass jd etw getan hat
❷ (sans prétention) vivre bescheiden, in aller Bescheidenheit
humecter [ymɛkte] <1> I. vt anfeuchten doigts, timbre; anfeuchten, einsprengen linge
II. vpr **s'~ le front/les lèvres/mains** sich (Dat) die Stirn/die Lippen/die Hände befeuchten; **ses yeux s'humectent** seine/ihre Augen werden feucht
humer [´yme] <1> vt [tief] einatmen air frais, odeur; riechen an (+ Dat) plat; **~ l'air** animal: schnuppern
humérus [ymeʀys] m ANAT Oberarmknochen m
humeur[1] [ymœʀ] f ❶ (état d'âme, envie) Stimmung f, Laune f; **bonne/mauvaise ~** gute/schlechte Laune [o Stimmung]; **~ du jour** Tagesform f; **être de bonne/mauvaise ~** gut/schlecht gelaunt [o aufgelegt] sein; **mettre qn de bonne ~** jdn in gute Laune versetzen; **la maison est toujours pleine de bonne ~** im Haus herrscht immer gute Stimmung; **être/se sentir d'~ à faire qc** dazu aufgelegt sein, etw zu tun; Lust haben, etw zu tun; **l'~ prend qn de faire qc** jdn überkommt die Lust, etw zu tun; **je ne suis pas d'~ à rire** mir ist nicht nach Lachen [o zum Lachen] zumute
❷ (tempérament) Wesen nt, Naturell nt; **un enfant plein de bonne ~** ein Kind von heiterem Naturell; **incompatibilité d'~** Unvereinbarkeit f der Charaktere; **il y a incompatibilité d'~ entre eux** vom Wesen her sind sie [grund]verschieden
❸ (irritation) Laune; **répondre avec ~** verstimmt [o unwirsch] antworten; **dans un mouvement d'~** in einer Anwandlung von schlechter Laune
▶ **être d'une ~ de dogue** mit dem linken Fuß [zuerst] aufgestanden sein; **d'~ batailleuse** streitsüchtig, zum Streiten aufgelegt; **d'~ capricieuse** launenhaft; **d'~ égale/inégale** ausgeglichen/launisch; **d'~ maussade** schlecht gelaunt; **être d'~ noire** in düsterer Stimmung sein; **qn est d'~ chagrine/joyeuse** jdm ist traurig/fröhlich zumute; **passer son ~ sur qn** seine schlechte Laune an jdm auslassen
humeur[2] [ymœʀ] f **~ aqueuse** [Augen]kammerwasser nt; **~ vitrée** Glaskörperflüssigkeit f
humide [ymid] adj ❶ feucht; **être ~ de rosée** taufeucht sein
❷ (qui a été mouillé) nass; yeux feucht; **regard ~** tränenfeuchter Blick
❸ (moite) mains feucht; (de sueur) verschwitzt; **front ~ de sueur** schweißnasse Stirn; **avoir le corps ~ de sueur** schweißgebadet sein
❹ (suintant d'humidité) cave, mur feucht
❺ METEO climat feucht; temps nass; région mit feuchtem Klima; saison regenreich; **il fait une chaleur/un froid ~** es ist feuchtwarm/nasskalt
humidificateur [ymidifikatœʀ] m Luftbefeuchter m; ~ **de tim-**

bres Briefmarkenanfeuchter
humidifier [ymidifje] <1a> *vt* anfeuchten, befeuchten; ~ **l'air** der Luft *(Dat)* Feuchtigkeit zuführen
humidité [ymidite] *f* Feuchtigkeit *f*; ~ **de l'air** [*o* **atmosphérique**] Luftfeuchtigkeit; **tâche d'~** Stockfleck *m*; **craint l'~** trocken aufbewahren; **à protéger de l'~** vor Feuchtigkeit schützen
humiliant(e) [ymiljɑ̃, jɑ̃t] *adj* demütigend, erniedrigend; *échec* schimpflich; *aveu* beschämend; **c'est ~!** das ist demütigend!
humiliation [ymiljasjɔ̃] *f* ① *sans pl* Demütigung *f*, Erniedrigung *f*; **ressentir une profonde ~** sich tief gedemütigt fühlen
② *(affront)* Kränkung *f*; **infliger les pires ~s à qn** jdn schwer kränken; **essuyer une ~** eine Demütigung [*o* Kränkung] erfahren
humilier [ymilje] <1a> I. *vt* demütigen, erniedrigen; **se sentir humilié(e) par qc** sich durch etw gedemütigt [*o* erniedrigt] fühlen
II. *vpr* **s'~ devant qn** sich vor jdm demütigen [*o* erniedrigen]
humilité [ymilite] *f* Demut *f*; **avec ~** demütig; **avec une grande ~** demut[s|voll; **demander pardon en toute ~** demütig um Verzeihung bitten; **avouer qc en toute ~** etw demütig gestehen; **dire qc en toute ~** etw in aller Bescheidenheit sagen
humoral(e) [ymɔral, o] <-aux> *adj* MED humoral *(Fachspr.)*
humoriste [ymɔrist] *mf* Humorist(in) *m(f)*, Comedian *m*
humoristique [ymɔristik] *adj* humoristisch
humour [ymur] *m* Humor *m*; **~ noir** schwarzer Humor; **avoir le sens de l'~** Sinn für Humor haben, humorvoll sein; **faire de l'~** Späße [*o* Witze] machen; **manquer d'~** keinen [Sinn für] Humor haben
humus [ymys] *m* Humus *m*; **couche d'~** Humusschicht *f*; **sol pauvre en ~** humusarmer Boden
hune [ˈyn] *f* NAUT Mars *m*
hunier [ˈynje] *m* NAUT Marssegel *nt*
Huns [œ̃] *mpl* HIST Hunnen *Pl*
huppe [ˈyp] *f* Haube *f*, Schopf *m*
huppé(e) [ˈype] *adj* ① ZOOL Hauben-; **alouette ~e** Haubenlerche *f*
② *fam (de haut rang)* personne, restaurant vornehm, piekfein *(fam)*
hure [ˈyr] *f* ① Kopf *m*; **~ du sanglier** Wildschweinkopf
② GASTR Presskopf *m*
hurlant(e) [ˈyrlɑ̃, ɑ̃t] *adj* brüllend, schreiend
hurlement [ˈyrləmɑ̃] *m d'une personne* Schrei *m*; *de la foule* Geschrei *nt*; *des loups, du vent, d'une sirène* Heulen *nt*; *d'un chien* Heulen, Jaulen *nt*; **les ~s** das Gebrüll [*o* Geschrei]; **~s de douleur/de joie** Schmerzens-/Freudenschreie *Pl*; **pousser un ~** einen Schrei ausstoßen
hurler [ˈyrle] <1> I. *vi* ① *personne:* brüllen, schreien; *animal:* heulen; *chien:* heulen, jaulen; **~ de rage** *personne:* vor Wut schreien [*o* brüllen]
② *(dire en criant)* schreien, brüllen
③ *(produire un son semblable à un hurlement)* vent, tempête, sirène: heulen; radio: plärren; freins: kreischen
II. *vt* hinausschreien, hinausbrüllen *paroles, injures:* ausstoßen *menaces;* grölen *chanson*
hurleur [ˈyrlœr] *m* ZOOL Brüllaffe *m*
hurleur, -euse [ˈyrlœr, -øz] *adj* brüllend, schreiend
hurluberlu(e) [yrlybɛrly] *m(f) fam* Luftikus *m (fam)*
hurrah *v.* hourra
husky [ˈœski] <huskys *o* huskies> *m* Husky *m*, Eskimohund *m*
hussard [ˈysar] *m* Husar *m*
hussarde [ˈysard] ▶ **prendre des décisions à la ~** ohne Rücksicht Entscheidungen treffen; **aventure/amours à la ~** Abenteuer/Liebschaften auf die Schnelle
hutte [ˈyt] *f* Hütte *f*
hW *abr de* **hectowatt** hW
hybridation [ibridasjɔ̃] *f* BIO Bastardierung *f*, Hybridisierung *f (Fachspr.)*
hybride [ibrid] I. *adj* ① BIO hybrid, Bastard-; **plante ~** Bastardpflanze *f*
② *(composite)* gemischt, hybrid; **solution ~** unbefriedigende Kompromisslösung; **c'est une œuvre ~** dieses Werk ist eine Mischform
③ LING hybrid
II. *m* BIO Hybride *m o f*, Bastard *m*
hydracide [idrasid] *m* CHIM Hydrazin *nt*
hydrant [idrɑ̃] *m* CH *(borne d'incendie)* Überflurhydrant *m*
hydratant(e) [idratɑ̃, ɑ̃t] *adj* Feuchtigkeits-, feuchtigkeitsspendend; **crème ~e** Feuchtigkeitscreme, feuchtigkeitsspendende Creme
hydratation [idratasjɔ̃] *f* Hydratation *f*, Feuchtigkeitsversorgung *f*; **crème qui maintient une bonne ~ de la peau** feuchtigkeitsspeichernde Creme
② CHIM Hydra[ta]tion *f*
hydrate [idrat] *m* CHIM Hydrat *nt*; **~ de calcium** Löschkalk *m*, gelöschter Kalk; **~ de carbone** Kohle[n]hydrat *m*

hydrater [idrate] <1> I. *vt* ① COSMET mit Feuchtigkeit versorgen, hydratisieren *(Fachspr.)*; **peau bien hydratée** feuchtigkeitshaltige Haut
② CHIM hydratisieren, mit Wasser verbinden; **de la chaux hydratée** gelöschter Kalk
II. *vpr* ① **s'~ qc** etw mit Feuchtigkeit versorgen
② CHIM **s'~** hydratisieren, ein Hydrat bilden
hydraulique [idrolik] I. *adj* ① *frein, machine* hydraulisch
② *(relatif à l'eau)* installation, travaux Kanalisations-; **énergie ~** Wasserkraft *f*; **turbine à énergie ~** wassergetriebene Turbine
II. *f sans pl* Hydraulik *f*
hydravion [idravjɔ̃] *m* Wasserflugzeug *nt*
hydre [idr] *f* ① MYTH Hydra *f*
② ZOOL Hydra *f*; **~ d'eau douce** Süßwasserpolyp *m*
③ *fig littér* **l'~ du racisme** das nicht auszurottende Übel des Rassismus
hydrocarbure [idrokarbyr] *m* CHIM Kohlenwasserstoff *m*; **composé de ~** Kohlenwasserstoffverbindung *f*
hydrocéphale [idrosefal] I. *adj* MED mit einem Wasserkopf
II. *mf* MED Wasserkopf *m*
hydrocéphalie [idrosefali] *f* MED Wasserkopf *m*, Hydrozephalus *m (Fachspr.)*
hydrocution [idrokysjɔ̃] *f* Kaltwasserschock *m*
hydrodynamique [idrodinamik] PHYS I. *adj* hydrodynamisch
II. *f* Hydrodynamik *f*
hydroélectrique, hydro-électrique [idroelɛktrik] *adj* hydroelektrisch; **centrale ~** Wasserkraftwerk *nt*
hydrofuge [idrofyʒ] *adj* wasserabweisend
hydrogénation [idroʒenasjɔ̃] *f* CHIM, TECH Hydrierung *f*
hydrogène [idroʒɛn] *m* CHIM Wasserstoff *m*; **~ lourd** schwerer Wasserstoff
hydrogéné(e) [idroʒene] *adj* hydriert
hydroglisseur [idroglisœr] *m* Gleitboot *nt*
hydrographie [idrografi] *f* Gewässerkunde *f*, Hydrographie *f (Fachspr.)*
hydrolipidique [idrolipidik] *adj* film ~ Säureschutzmantel *m*
hydrologie [idroloʒi] *f* Hydrologie *f*
hydrolyse [idroliz] *f* CHIM Hydrolyse *f*
hydromel [idromɛl] *m* Met *m*
hydrophile [idrofil] *adj* CHIM hydrophil *(Fachspr.)*; coton ~ [besonders] saugfähig
hydrophobe [idrofɔb] *adj* ① MED krankhaft wasserscheu
② CHIM *(qui n'est pas mouillé par l'eau)* fibre wasserabweisend, hydrophob *(Fachspr.)*
hydrophylacée [idrofilase] *f* BOT Wasserblattgewächs *nt*
hydroptère [idrɔptɛr] *m* Tragflächenboot *nt*
hydropulseur [idrɔpylsœr] *m* Munddusche *f*
hydrosphère [idrɔsfɛr] *f* GEOG Wasserhülle *f*, Hydrosphäre *f (Fachspr.)*
hydrostatique [idrɔstatik] PHYS I. *adj* hydrostatisch
II. *f* Hydrostatik *f*
hydrothérapie [idroterapi] *f* MED Wasserbehandlung *f*, Wasserheilverfahren *nt*, Hydrotherapie *f (Fachspr.)*
hydroxyde [idrɔksid] *m* CHIM Hydroxyd *nt*, Hydroxid *nt*
hyène [jɛn, ˈjɛn] *f* ZOOL Hyäne *f*
hygiaphone® [iʒjafɔn] *m* Sprechmembran *f (bei Schaltern)*; **veuillez parler devant l'~** sprechen Sie bitte durch die Schalteröffnung!
hygiène [iʒjɛn] *f sans pl* ① Hygiene *f*, Gesundheitslehre *f*
② *(pratique)* Hygiene *f*, Sauberkeit *f*; **avoir de l'~** auf Sauberkeit [*o* Hygiene] bedacht sein; **manquer d'~** nicht sehr auf Hygiene bedacht sein; **~ publique** öffentliche Gesundheitspflege
③ *(bonnes conditions sanitaires)* Hygiene *f*, Sauberkeit *f*; **locaux sans ~** Räume ohne jegliche Hygiene; **les services d'~** das Gesundheitsamt
④ *(soin)* des cheveux, du bébé Pflege *f*; **articles d'~** [Körper]pflegemittel *Pl*; **~ buccale** [*o* **bucco-dentaire**] Mund- und Zahnpflege; **~ corporelle** Körperpflege; **~ intime** Intimpflege
▶ **~ alimentaire** [gesunde] Ernährung[sweise]; **~ mentale** geistiger Gesundheitszustand
▶ **~ de vie** gesunde Lebensweise
hygiénique [iʒjenik] *adj* ① hygienisch; **papier ~** Toilettenpapier *nt*
② *(sain)* Gesundheits-; **promenade ~** Gesundheitsspaziergang *m*
hygiéniste [iʒjenist] *mf* Hygieniker(in) *m(f)*
hygromètre [igrɔmɛtr] *m* METEO Luftfeuchtigkeitsmesser *m*, Hygrometer *nt (Fachspr.)*
hygrométrie [igrɔmetri] *f* Luftfeuchtigkeitsmessung *f*, Hygrometrie *f (Fachspr.)*
hymen [imɛn] *m* ANAT Jungfernhäutchen *nt*, Hymen *nt*
hyménoptères [imenɔptɛr] *mpl* BIO Hautflügler *Pl*, Hymenopteren *Pl (Fachspr.)*
hymne [imn] *m* ① Hymne *f*, Lobgesang *m*; **~ religieux** geistlicher Lobgesang; **~ à la nature/à la liberté** Hymne an die Natur/an die

Freiheit; **chanter un ~ à la nature/à la croissance** das Hohelied der Natur/des Wachstums singen
❷ *(chant solennel en l'honneur de la patrie)* Hymne *f;* **~ national** Nationalhymne
hype [´ajp] *f* Hype *m;* **faire partie de la ~** hip sein
hyper¹ [ipɛʀ] *adv fam* **~ cool** supercool *(fam)*
hyper² *abr de* **hypermarché**
hyperacidité [ipɛʀasidite] *f* **~ gastrique** Übersäuerung *f* des Magens
hyperactivité [ipɛʀaktivite] *f* Überaktivität *f*
hyper-bête [ipɛʀbɛt] <hyper-bêtes> *adj fam* kreuzdumm *(fam)*
hyperbole [ipɛʀbɔl] *f* MATH, LITTER Hyperbel *f;* **s'exprimer par ~** sich in Hyperbeln ausdrücken
hyperbolique [ipɛʀbɔlik] *adj* ❶ *courbe* hyperbolisch; **fonction ~** Hyperbelfunktion *f*
❷ LITTER hyperbolisch
hypercher, -chère [ipɛʀʃɛʀ] *adj fam* schweineteuer *(fam)*
hypercorrect(e) [ipɛʀkɔʀɛkt] *adj* LING hyperkorrekt; **prononcer un mot de façon ~e** ein Wort hyperkorrekt aussprechen
hyper-critique [ipɛʀkʀitik] *adj fam* hyperkritisch *(fam)*
hyperémie [ipɛʀemi] *f* MED Hyperämie *f (Fachspr.)*
hyperémotivité [ipɛʀemɔtivite] *f* übermäßige Emotivität
hyperglycémie [ipɛʀglisemi] *f* MED erhöhter Blutzuckergehalt, Hyperglykämie *f (Fachspr.)*
hyperlien [ipɛʀljɛ̃] *m* INFORM Hyperlink *m*
hyperlong, -longue [ipɛʀlɔ̃, 5g] *adj fam* ultralang *(fam)*
hyper-mal [ipɛʀmal] *adv* **se sentir ~** sich kreuzelend fühlen
hyper-malheureux, -euse [ipɛʀmalørø, -øz] *adj fam* kreuzunglücklich *(fam),* **hyper-malin, hyper-maligne** [ipɛʀmalɛ̃, malin] *adj fam* oberschlau *(iron fam);* **arrête de jouer les ~s!** red' nicht so oberschlau daher! *(iron fam)*
hypermarché [ipɛʀmaʀʃe] *m* großer Supermarkt
hypermétrope [ipɛʀmetʀɔp] **I.** *adj* weitsichtig
II. *mf* Weitsichtige(r) *f(m)*
hypermétropie [ipɛʀmetʀɔpi] *f* Weitsichtigkeit *f*
hypernerveux, -euse [ipɛʀnɛʀvø, -øz] *adj fam* übernervös, hypernervös *(fam)*
hyperonyme [ipɛʀɔnim] *m* Oberbegriff *m*
hyper-précis(e) [ipɛʀpʀesi] *adj fam* hypergenau *(fam)*
hyperpuissance [ipɛʀpɥisɑ̃s] *f* Supermacht *f*
hyperréalisme [ipɛʀʀealism] *m* ART Hyperrealismus *m*
hyper-rigoureux, -euse [ipɛʀʀiguʀø, øz] *adj fam (sévère)* hypergenau *(fam),* **hyper-sage** [ipɛʀsaʒ] <hyper-sages> *adj* kreuzbrav **hyper-sélect(e)** [ipɛʀsɛlɛkt] *adj fam* stinkvornehm *(fam)*
hypersensibilité [ipɛʀsɑ̃sibilite] *f a.* MED Überempfindlichkeit *f;* **réaction d'~** Überempfindlichkeitsreaktion *f*
hypersensible [ipɛʀsɑ̃sibl] *adj personne* überempfindlich, hyperempfindlich *(fam),* hypersensibel *(fam);* **perception** hypersensibel *(fam)*
hypersimple [ipɛʀsɛ̃pl] *adj fam* supereinfach *(fam)*
hypersustentateur, -trice [ipɛʀsystɑ̃tatœʀ, -tʀis] *adj* AVIAT Hyperauftriebs-; **volets ~s** Klappen *Pl* für den Hyperauftrieb
hypertendu(e) [ipɛʀtɑ̃dy] *adj fam* ❶ *(très stressé)* **être ~(e)** *personne:* überreizt sein
❷ *(difficile)* **être ~(e)** *ambiance:* sehr angespannt sein
hypertension [ipɛʀtɑ̃sjɔ̃] *f* MED erhöhter Blutdruck, Hypertonie *f (Fachspr.);* **faire de l'~** hohen Blutdruck haben
hypertexte [ipɛʀtɛkst] *m* INFORM Hypertext *m*
hyperthermie [ipɛʀtɛʀmi] *f* MED Hyperthermie *f (Fachspr.)*
hypertonie [ipɛʀtɔni] *f* MED Hypertonie *f (Fachspr.)*
hypertrophie [ipɛʀtʀɔfi] *f* MED, BIO [übermäßige] Vergrößerung, Hypertrophie *f;* **~ cardiaque** *[o* **du cœur]** Herzvergrößerung *f,* Herzhypertrophie *f (Fachspr.)*
hypertrophié(e) [ipɛʀtʀɔfje] *adj* ❶ MED *organe* hypertroph *(Fachspr.)*
❷ *fig* übersteigert, aufgebläht
hyperventilation [ipɛʀvɑ̃tilasjɔ̃] *f* MED Hyperventilation *f (Fachspr.)*
hypervite [ipɛʀvit] *adv fam* **compter, courir** superschnell *(fam)*
hypnose [ipnoz] *f* Hypnose *f*
hypnotique [ipnɔtik] *adj* hypnotisch; *sujet* hypnotisierbar
hypnotisant [ipnɔtizɑ̃] *m* PHARM Hypnotikum *nt (Fachspr.)*
hypnotiser [ipnɔtize] <1> *vt* ❶ hypnotisieren, in Hypnose versetzen
❷ *(fasciner)* hypnotisieren; **être hypnotisé(e) par qc** durch/von etw [wie] hypnotisiert *[o* gebannt] sein; **se laisser ~ par qn/qc** sich von jdm/etw blenden lassen
hypnotiseur, -euse [ipnɔtizœʀ, -øz] *m, f* Hypnotiseur(in) *m(f)*
hypoallergénique [ipoalɛʀʒenik], **hypoallergique** [ipoalɛʀʒik] *adj* MED, PHARM antiallergisch, hypoallergen *(Fachspr.)*
hypocagne [ipokaɲ] *f fam* erstes Jahr der zweijährigen Vorbereitungsklasse für die École Normale Supérieure

hypocalorique [ipokalɔʀik] *adj* kalorienarm
hypocondriaque [ipokɔ̃dʀijak] **I.** *adj a.* MED, PSYCH *péj personne* hypochondrisch *(geh)*
II. *mf péj* eingebildete(r) Kranke(r) *f(m),* Hypochonder *m (geh)*
hypocrisie [ipɔkʀizi] *f* Heuchelei *f,* Scheinheiligkeit *f*
hypocrite [ipɔkʀit] **I.** *adj* heuchlerisch, scheinheilig, pharisäerhaft *(pej);* **d'un air ~** mit heuchlerischer Miene
II. *mf* Heuchler(in) *m(f),* Scheinheilige(r) *f(m);* **faire l'~** heucheln, scheinheilig tun
hypocritement [ipɔkʀitmɑ̃] *adv* heuchlerisch, scheinheilig, pharisäerhaft *(pej)*
hypoderme [ipɔdɛʀm] *m* MED Unterhaut *f*
hypodermique [ipodɛʀmik] *adj* ANAT, MED subkutan; **faire une injection ~** eine subkutane Injektion vornehmen; **injection ~ des rides** Faltenunterspritzung *f*
hypogastre [ipɔgastʀ] *m* ANAT Unterleib *m,* Hypogastrium *nt (Fachspr.)*
hypogastrique [ipɔgastʀik] *adj* ANAT Unterleibs-; **ennuis ~s** Unterleibsbeschwerden *Pl*
hypoglycémie [ipoglisemi] *f* MED verminderter Blutzuckergehalt, Unterzuckerung *f,* Hypoglykämie *f (Fachspr.)*
hypokhâgne *v.* **hypocagne**
hyponyme [iponim] *m* Unterbegriff *m;* LING Hyponym *nt (Fachspr.)*
hypophyse [ipɔfiz] *f* ANAT Hirnanhangdrüse *f,* Hypophyse *f*
hypotaupe [ipotop] *f* Vorstufe zur mathematischen Vorbereitungsklasse für eine "Grande École"
hypotendu(e) [ipotɑ̃dy] **I.** *adj* mit zu niedrigem Blutdruck
II. *m(f)* an zu niedrigem Blutdruck Leidende(r) *f(m),* Hypotoniker *m (Fachspr.)* **hypotension** [ipotɑ̃sjɔ̃] *f* MED [zu] niedriger Blutdruck, Hypotonie *f (Fachspr.)*
hypoténuse [ipotenyz] *f* MATH Hypotenuse *f*
hypothalamus [ipɔtalamys] *m* ANAT Hypothalamus *m*
hypothécable [ipɔtekabl] *adj* hypothekarisch
hypothécaire [ipɔtekɛʀ] *adj* hypothekarisch [gesichert], Hypotheken-; **garantie ~** Hypothekensicherheit *f,* hypothekarische Sicherheit *f;* **dette ~** Hypothekenschuld *f;* **prêt ~** hypothekarisch gesichertes Darlehen; **crédit ~** Hypothekarkredit *m*
hypothénar [ipɔtenaʀ] *m* Daumenballen *m*
hypothèque [ipɔtɛk] *f* Hypothek *f;* JUR Grundpfandrecht *nt (Fachspr.);* **prendre une ~ sur qc** eine Hypothek auf etw (Akk) aufnehmen; **rembourser** *[o* **payer] une ~** eine Hypothek abtragen *[o* tilgen]; **être grevé(e) d'~s** mit Hypotheken belastet sein; **~ constatée par un titre au porteur** Briefhypothek; **~ inscrite** Buchhypothek; **~ judiciaire** Zwangshypothek; **~ légale** Legalhypothek; **~ maximale** Höchstbetragshypothek; **première ~** Ersthypothek; **~ de biens fonciers** Grundstücksbelastung *f;* **~ de rang postérieur** nachstellige Hypothek; **~ en garantie d'un prêt** Darlehenshypothek; **~ en faveur du propriétaire du fonds** Eigentümerhypothek; **~ sur biens immeubles** hypothekarische Belastung von unbeweglichen Gütern; **~ sur les crédits à la construction** Baugelderhypothek; **~ sur fonds de terre** Hypothek auf Grund und Boden; **~ sur des terrains** Hypothek auf Grund und Boden; **~ reposant sur plusieurs biens fonciers** Gesamthypothek
hypothéquer [ipɔteke] <5> *vt* ❶ hypothekarisch *[o* mit einer Hypothek] belasten *maison, bien immobilier;* hypothekarisch *[o* durch eine Hypothek] sichern *créance;* **non hypothéqué(e)** hypothekenfrei
❷ *(engager)* **~ l'avenir** die Zukunft [im Voraus] belasten
hypothermie [ipotɛʀmi] *f* Unterkühlung *f;* MED Hypothermie *f (Fachspr.)*
hypothèse [ipɔtɛz] *f* ❶ Hypothese *f,* Annahme *f;* **faire** *[o* **formuler] une ~ sur qc** eine Hypothese aufstellen; **faire des ~s sur qc** über etw (Akk) Vermutungen anstellen; **on peut émettre l'~ que qn a fait qc** man kann/könnte annehmen, dass jd etw getan hat
❷ *(éventualité, cas)* **~ d'une coïncidence/d'un accident** Möglichkeit *f* eines Zufalls/eines Unfalls; **avancer l'~ d'un suicide** einen Selbstmord vermuten; **on ne peut écarter cette ~** diese Hypothese *[o* Möglichkeit] ist nicht auszuschließen; **dans l'~ où** angenommen, dass; **dans cette ~** in diesem Fall; **dans la meilleure des ~s** im günstigsten Fall
❸ LOGIQUE, SCI Hypothese *f;* **formulons** *[o* **posons] l'~ que qn fait qc** nehmen wir einmal an, dass jd etw tut
◆ **~ de travail** Arbeitshypothese *f*
hypothétique [ipɔtetik] *adj* ❶ LOGIQUE, SCI hypothetisch
❷ *(incertain) succès, réponse* fraglich; *héritage* hypothetisch
hypothétiquement [ipɔtetikmɑ̃] *adv* hypothetisch, als Hypothese
hypotonie [ipɔtɔni] *f* MED **~** [**musculaire**] Hypotonie *f (Fachspr.)*
hysope [izɔp] *m* BOT Ysop *m*
hystérectomie [isteʀɛktɔmi] *f* MED Hysterektomie *f (Fachspr.)*

hystérie [isteʀi] *f* Hysterie *f*; ~ **collective** Massenhysterie; **piquer une crise d'~** einen hysterischen Anfall kriegen *(fam)*; **c'est de l'~!** das ist reine Hysterie!

hystérique [isteʀik] **I.** *adj* hysterisch **II.** *mf* Hysteriker(in) *m(f)*, Wahnsinnige(r) *f(m)*

hystérographie [isteʀɔgʀafi] *f* MED Hysterogramm *nt (Fachspr.)*

Hz *abr de* **hertz** Hz

I i

I, i [i] *m inv* I I *nt*; *i. nt*; ~ **accent circonflexe** I Accent circonflexe, i Zirkumflex; ~ **tréma** i [mit] Trema
▶ **droit(e) comme un ~** kerzengerade, [gerade] wie eine Eins *(fam)*

IAC [iase] *f* MED *abr de* **insémination artificielle entre conjoints** homologe Insemination *f*

IAD [iade] *f* MED *abr de* **insémination artificielle avec donneur** heterologe Insemination *f*

iambe [jɑ̃b] *m* POES Jambus *m; pl* Jambendichtung *f*

Ibères [ibɛʀ] *mpl* Iberer *Pl*

ibérique [ibeʀik] *adj* iberisch

Ibérique [ibeʀik] *mf* Iberer(in) *m(f)*

ibid. [ibid] *adv abr de* **ibidem** ibid., ib.

ibidem [ibidɛm] *adv* ibidem

ibis [ibis] *m* ORN Ibis *m*

Icare [ikaʀ(ə)] *m* MYTH Ikarus *m*

iceberg [ajsbɛʀg, isbɛʀg] *m* Eisberg *m*

ichtyologie [iktjɔlɔʒi] *f* Fischkunde *f*, Ichthyologie *f (Fachspr.)*

ici [isi] *adv* ❶ *(en ce lieu)* hier; **c'est ~ que qn a fait qc** hier hat jd etw getan; **~ et là** hier und da; **ils sont ~ depuis des générations** sie sind hier seit Generationen ansässig; **Madame la directrice, ~ présente, va ...** die [hier] anwesende Direktorin wird ...; **signez ~ en bas de page** unterschreiben Sie hier unten auf der Seite
❷ *(de ce lieu)* **d'~** von hier, hiesig; **être d'~** von hier sein [*o* stammen]; **les gens d'~** die Leute aus dieser Gegend, die Einheimischen; **par ~** hier [in der Gegend]; **d'~ à Paris/au musée** von hier bis Paris/zum Museum; **près d'~** in der Nähe; **loin d'~** weit von hier [entfernt]; **à partir d'~** von hier an [*o* ab]; **sortez d'~!** raus hier!; **par ~ la sortie!** hier entlang geht's zum Ausgang!
❸ *(vers ce lieu)* hierher; **viens ~ immédiatement!** komm sofort [hier]her!; **jusqu'~** bis hierher; **par ~** hier entlang; *(monter)* hier hinauf; *(descendre)* hier hinunter; **passer par ~** hier vorbeikommen
❹ *(temporel)* **jusqu'~** bis jetzt; **d'~** von jetzt an; **d'~ peu** bald, in Kürze; **d'~ là** bis dahin; **d'~ [à] 2010/[à] demain/[à] lundi** bis 2010/morgen/Montag; **d'~ [à] la semaine prochaine** bis zur nächsten Woche; **d'~ une semaine/quelques semaines** in einer Woche/einigen Wochen; **d'~ [à ce] qu'il accepte, cela peut durer** [das] er akzeptiert, das kann dauern; **mais d'~ à ce qu'il abandonne, je n'aurais jamais imaginé!** aber dass er [so einfach] aufgibt, das hätte ich nie gedacht!
❺ TELEC, AUDIOV **~, Jeanne Dalbret** *(à l'appareil)* hier [ist] Jeanne Dalbret, Jeanne Dalbret [am Apparat]; *(au studio)* Jeanne Dalbret [am Mikrofon]

ici-bas [isibɑ] *adv hum* hier unten [*o* auf dieser Erde]; **les choses d'~** die irdischen Dinge

icône [ikon] *f* ❶ ART, REL Ikone *f*
❷ INFORM Icon *nt*; **cliquer sur une ~** ein Icon anklicken

iconique [ikɔnik] *adj* ❶ HIST naturgetreu
❷ LING *mot* bildhaft

iconoclaste [ikɔnɔklast] *mf* Bilderstürmer(in) *m(f)*, Ikonoklast *m*

iconographie [ikɔnɔgʀafi] *f* ❶ *d'une œuvre* Illustration *f*, Bebilderung *f*; **index et ~ d'un livre** Index *m* und Abbildungsverzeichnis *nt* eines Buches
❷ *(ensemble) du Moyen-Âge, d'une église* Bilddokumentation *f*, Sammlung *f* von Bildwerken

ictère [iktɛʀ] *m* MED Gelbsucht *f*

id. [id] *abr de* **idem** id.

idéal [ideal, o] <-aux *o* s> *m* ❶ Ideal *nt*; **~ de justice/liberté** ideale Vorstellung von Gerechtigkeit/Freiheit; **~ de beauté** Schönheitsideal; **personne sans ~** Mensch *m* ohne Ideale
❷ **sans pl** *(le mieux)* **l'~ serait que qn fasse qc** das Ideale [*o* Beste] wäre, wenn jd etw tun würde; **dans l'~** im Idealfall

idéal(e) [ideal, o] <-aux *o* s> *adj* ❶ *(parfait)* ideal; **solution ~e** ideale Lösung, Ideallösung; **beauté ~e** ideale [*o* vollkommene] Schönheit; **vacances ~es** Traumurlaub *m*
❷ *(imaginaire)* monde, société ideal

idéalement [idealmɑ̃] *adv* ideal; **~ beau(belle)** von vollkommener Schönheit

idéalisation [idealizasjɔ̃] *f* Idealisierung *f*

idéaliser [idealize] <1> *vt* idealisieren; *(idolâtrer)* zu einer Idealfigur verklären

idéalisme [idealism] *m* Idealismus *m*

idéaliste [idealist] *mf* Idealist(in) *m(f)*

idée [ide] *f* ❶ *(projet, inspiration)* Idee *f*; *(suggestion)* Idee, Einfall *m*; **~ lumineuse** glänzende Idee; **~ subite** Gedankenblitz *m (fam)*; **être plein(e) d'~s** voller Ideen [*o* Einfälle] stecken; **avoir une ~** eine Idee haben; **donner l'~ à qn de faire qc** jdn auf die Idee bringen, etw zu tun; **quelle drôle d'~!** [was für eine] komische Idee!, wie kommst du/kommt er/sie/... denn da drauf! *(fam)*; **tu as de ces ~s!** du hast [vielleicht] Ideen! *(fam)*
❷ *(opinion)* Meinung *f*, Ansicht *f*; **~s politiques/révolutionnaires** politische/revolutionäre Ansichten [*o* Ideen] *Pl*; **avoir les/des ~s larges** liberale Ansichten haben; **avoir des ~s personnelles sur qc** eigene Ansichten über etw (*Akk*) haben; **avoir une haute ~ de qn/soi-même** eine hohe Meinung von jdm/von sich selbst haben; **se faire une ~ de qc** in etw (*Akk*) reinriechen [*o* reinschnuppern] *(fam)*
❸ *(pensée)* Gedanke *m*; **~ fondamentale** Kerngedanke; **à l'~ d'être tout seul** bei dem Gedanken [daran], ganz allein zu sein; **à l'~ qu'il est malade** bei dem Gedanken [daran], dass er krank ist; **à l'~ qu'elle ait pu faire ça** bei dem Gedanken [daran], dass sie dies hätte tun können; **sauter d'une ~ à l'autre** Gedankensprünge machen; **se faire à l'~ que qn est mort** sich an den Gedanken gewöhnen [*o* sich damit abfinden], dass jd tot ist; **avoir une ~ [de] derrière la tête** *fam* einen Hintergedanken haben; **se changer les ~s** auf andere Gedanken kommen
❹ *(concept, notion)* Idee *f*; **~ reçue** überkommene Vorstellung; **~ de qc** Vorstellung *f* von etw; **~ de l'infini/du nombre** Unendlichkeits-/Zahlenbegriff *m*; **~ du beau/du bien chez Platon** Idee [*o* Begriff *m*] des Schönen/des Guten bei Platon; **avoir une certaine ~ de qc** eine ganz bestimmte Vorstellung von etw haben; **se faire une ~ de qc** sich (*Dat*) eine Vorstellung [*o* einen Begriff] von etw machen; **ne pas avoir la moindre ~ de qc** nicht die geringste [*o* leiseste] Ahnung von etw haben; **donner une ~ de qc à qn** jdm eine Vorstellung von etw geben; **donner des ~s à qn** *fam* jdn auf dumme Gedanken bringen [können]; **avoir ~ de ce que qn a fait qc** sich (*Dat*) vorstellen können, dass jd etw getan hat; **ne pas avoir ~!, a-t-on ~!** das ist unvorstellbar [*o* unglaublich]!; **tu n'as pas ~ de ce que qn a fait** du kannst dir nicht vorstellen, was jd getan hat
❺ *(esprit)* **ne pas avoir plus d'~ que qn a fait qc** nicht mehr Verstand als ... haben; **sors-toi de l'~ que qn a fait qc** schlag es dir aus dem Kopf [*o* Sinn], dass jd etw getan hat; **ça m'est sorti de l'~** das ist mir völlig entfallen; **on ne m'ôtera pas de l'~ que qn a fait qc** man wird mich nicht davon abbringen, dass jd etw getan hat; **avoir [dans l'] ~ que qn a fait qc** den Eindruck haben, dass jd etw getan hat; **se mettre dans l'~ que qn a fait qc** sich (*Dat*) in Kopf setzen, dass jd etw getan hat; **qc revient à l'~ de qn** etw kommt jdm in den Sinn.
❻ *(thème)* Idee *f*; **~ générale d'un film/roman** Grundidee eines Films/Buches; **prendre une ~ dans qc** eine Idee in etw (*Dat*) aufgreifen
▶ **~ fixe** Zwangsvorstellung *f*, fixe Idee; **~s noires** trübsinnige [*o* düstere] Gedanken *Pl*; **se faire des ~s** *(s'imaginer des choses)* sich *(Dat)* unnütz Sorgen machen; *(se faire des illusions)* sich *(Dat)* falsche Hoffnungen machen; **pour fixer les ~s** zur Veranschaulichung; **vivre à son ~** leben wie jd es für richtig hält; **peindre à son ~** nach seinen [eigenen] Vorstellungen malen; **en ~** in der Einbildung
♦ **~ de génie** geniale Idee; *iron* glorreiche Idee

idée-cadeau [idekado] <idées-cadeau> *f* Geschenkidee *f*, Geschenktipp *m* **idée-force** [idefɔʀs] <idées-force> *f* tragende [*o* grundlegende] Idee **idée-vacances** [idevakɑ̃s] <idées-vacances> *f* Ferientipp *m*

idem [idɛm] *adv (de même)* idem, dasselbe; *fam (itou)* ebenso, auch

identifiable [idɑ̃tifjabl] *adj* identifizierbar

identifiant [idɑ̃tifjɑ̃] *m* INFORM [Anschluss]kennung *f*; **~ de connexion** Internet-Adresse *f*

identification [idɑ̃tifikasjɔ̃] *f* ❶ Identifizierung *f*; **~ des avions** Flugzeugerkennung *f*

exprimer son ignorance	
exprimer son ignorance	**Nichtwissen ausdrücken**
Je ne sais pas (non plus)./Je sais pas. *(fam)*	Das weiß ich (auch) nicht./Weiß nicht. *(fam)*
Aucune idée.	Keine Ahnung. *(fam)*/Habe keinen blassen Schimmer. *(fam)*
Je regrette, mais je n'y connais rien.	Ich kenne mich da leider nicht aus.
Là, tu m'en demandes/vous m'en demandez trop.	Da bin ich überfragt.
Je ne suis pas au courant.	Darüber weiß ich nicht Bescheid.
Je n'ai pas connaissance du nombre exact.	Die genaue Anzahl entzieht sich meiner Kenntnis. *(geh)*
Comment pourrais-je le savoir ?	Woher soll ich das wissen?

❷ PSYCH ~ **à qn** Identifikation *f* mit jdm
identifier [idɑ̃tifje] <1a> I. *vt* ❶ ~ **qn** jdn identifizieren, jds Identität feststellen
❷ *(déterminer la nature de)* bestimmen, einordnen *plantes, bruit*; identifizieren *véhicule, voix, empreintes*
❸ *(assimiler à)* ~ **qn/qc à** [*o* **avec**] **qn/qc** jdn/etw mit jdm/etw identifizieren [*o* gleichsetzen]
II. *vpr* **s'** ~ **à** [*o* **avec**] **qn/qc** sich mit jdm/etw identifizieren
identique [idɑ̃tik] *adj* identisch; **un véhicule** ~ ein Fahrzeug des gleichen Typs; **être** ~ **à qc** identisch mit etw sein; **il reste toujours** ~ **à lui-même** er bleibt sich *(Dat)* immer [selbst] treu
identiquement [idɑ̃tikmɑ̃] *adv (opp: différemment)* identisch, [vollkommen] gleich
identité [idɑ̃tite] *f* ❶ *d'une personne* Identität *f*; **décliner son** ~ **à qn** sich jdm gegenüber ausweisen; **établir/vérifier l'** ~ **de qn** jds Personalien [*o* Identität] feststellen/überprüfen; **sous une fausse** ~ unter falschem Namen
❷ *(similitude)* Übereinstimmung *f*; **il y a** ~ **entre qc et une chose** etw gleicht einer S. *(Dat)*
❸ MATH Identität *f*
❹ JUR Nämlichkeit *f*
▸ ~ **judiciaire** Erkennungsdienst *m* [der Polizei]
◆ ~ **d'entreprise** ECON Corporate Identity *f*
idéogramme [ideɔgʀam] *m* Ideogramm *nt*
idéologie [ideɔlɔʒi] *f* Ideologie *f*, Gedankengut *nt*
idéologique [ideɔlɔʒik] *adj* ideologisch
idéologue [ideɔlɔg] *mf* Ideologe *m*/Ideologin *f*
I.D.H.E.C. [idɛk] *m abr de* **Institut des hautes études cinématographiques** *[staatliche] Filmhochschule*
idiolecte [idjɔlɛkt] *f* LING Idiolekt *m (Fachspr.)*
idiomatique [idjɔmatik] *adj* idiomatisch
idiome [idjɔm] *m* Idiom *nt*
idiosyncrasie [idjosɛ̃kʀazi] *f* MED, PSYCH Idiosynkrasie *f*
idiot(e) [idjo, idjɔt] I. *adj* dumm, blöd[e] *(fam)*; *action* idiotisch; **ce type est complètement** ~ der Typ ist ein Vollidiot *(fam)*
▸ **ne pas vouloir mourir** ~(**e**) nicht dumm sterben wollen *(fam)*
II. *m(f)* Idiot(in) *m(f)*; **tu me prends pour un** ~/**une** ~ **e?** hältst du mich für blöd? *(fam)*; **faire l'** ~(**e**) *(faire mine de ne pas comprendre)* sich dumm stellen; *(vouloir amuser)* Blödsinn machen; *(se conduire stupidement)* sich wie ein Idiot benehmen
◆ ~ **du village** *fam* Dorftrottel *m (fam)*
idiotie [idjɔsi] *f* ❶ Dummheit *f*; *d'une personne* Dummheit, Blödheit *f (fam)*; *d'une réflexion* Blödsinnigkeit *f*; **dire des** ~ **s** nur dummes Zeug reden *(fam)*; **faire des** ~ **s** Dummheiten machen; **avoir l'** ~ **de faire qc** so dumm sein etw zu tun
idiotisme [idjɔtism] *m* Idiotismus *m*
idoine [idwan] *adj iron* passend, geeignet; ~ **à qc** genau richtig [*o* passend] für etw
idolâtre [idolɑtʀ] I. *adj* ❶ *(qui rend un culte aux idoles)* götzendienerisch
❷ *littér (qui voue une sorte de culte à qn, qc)* abgöttisch; **vouer à qn un amour** ~ jdn abgöttisch lieben
II. *mf* Götzendiener(in) *m(f)*
idolâtrer [idolɑtʀe] <1> *vt littér* abgöttisch lieben, vergöttern
idolâtrie [idolɑtʀi] *f* ❶ Götzendienst *m*
❷ *(amour passionné)* abgöttische Liebe
idole [idol] *f* ❶ *(image, statue)* Götze *m*, Götzenbild *nt*
❷ *(vedette)* Idol *nt*; ~ **des jeunes** Teenageridol; ~ **de la** [**musique**] **pop** Popidol; **faire de qn son** ~ jdn zu seinem Idol machen
❸ *(personne idolâtrée)* Idealgestalt *f*, Abgott *m*
IDS [idees] *f abr de* **initiative de défense stratégique** SDI *f*
idylle [idil] *f* ❶ Idylle *f*
❷ *(amour tendre)* romantische Liebe; **l'** ~ **d'un été** eine Sommerliebe

idyllique [idilik] *adj* idyllisch
i.e. *abr de* **id est** i.e.
if [if] *m* Eibe *f*, Taxus *m (Fachspr.)*; **haie d'** ~ **s** Eibenhecke *f*, Taxushecke *(Fachspr.)*
IFOP [ifɔp] *m abr de* **institut français d'opinion publique** *französisches Meinungsforschungsinstitut*
Ifremer [ifʀəmɛʀ] *m abr de* **institut français de recherche pour l'exploitation de la mer** *französische Forschungseinrichtung für die Nutzung der Meere*
IGF [iʒeɛf] *m abr de* **impôt sur les grandes fortunes** ≈ Vermögenssteuer
igloo, iglou [iglu] *m* Iglu *nt o m*
IGN [iʒeɛn] *m abr de* **institut géographique national** *nationales geographisches Institut*
igname [iɲam, ignam] *f* BOT Jamswurzel *f*
ignare [iɲaʀ] *adj* völlig unwissend [*o* ungebildet]; **être** ~ **en qc** von etw keine Ahnung haben
igné(e) [iɲe, igne] *adj* ❶ *littér* brennend; *substance* brennbar
❷ GEOL *roches* eruptiv
ignifuge [iɲifyʒ, ignifyʒ] I. *adj coffre-fort, récipient, bâtiment* feuersicher; *produit* feuerabweisend
II. *m* Flammenhemmstoff *m*
ignifugeant [iɲifyʒɑ̃, igni-] *m* Flammenhemmstoff *m*
ignifugeant(e) [iɲifyʒɑ̃, ʒɑ̃t, igni-] *adj* flammenhemmend
ignifuger [iɲifyʒe, ignifyʒe] <2a> *vt* feuerfest machen
ignition [iɲisjɔ̃, ignisjɔ̃] *f* CHIM Verbrennung *f*; **substance en** ~ verbrennende Substanz
ignoble [iɲɔbl] *adj* ❶ gemein, niederträchtig; *procédé* scheußlich; *propos* ~ **s** Gemeinheiten *Pl*
❷ *(répugnant) nourriture* widerlich, ekelhaft; **vivre dans un** ~ **taudis** in einem menschenunwürdigen Loch hausen
ignoblement [iɲɔbləmɑ̃] *adv* ❶ gemein, niederträchtig
❷ *(très mal)* entsetzlich schlecht
ignominie [iɲɔmini] *f soutenu* ❶ *(acte)* Schandtat *f*, Odium *nt (geh)*
❷ *(opprobre)* Schande *f*; **se couvrir d'** ~ sich mit Schande bedecken
ignominieusement [iɲɔminjøzmɑ̃] *adv soutenu* schändlich; **tromper qn** ~ jdn auf schändliche Weise betrügen
ignominieux, -euse [iɲɔminjø, -jøz] *adj soutenu* schändlich
ignorance [iɲɔʀɑ̃s] *f* ❶ *(manque d'instruction)* Unwissenheit *f*
❷ *(méconnaissance)* Unkenntnis *f*; **dans l'** ~ **de qc** in Unkenntnis einer S. *(Gen)*; **par** ~ aus Unkenntnis
❸ *(inobservation) d'une loi, règle* Missachten *nt*; ~ **des lois** JUR Rechtsblindheit *f (Fachspr.)*
ignorant(e) [iɲɔʀɑ̃, ɑ̃t] I. *adj* ❶ unwissend; **être** ~(**e**) **en qc** sich in etw *(Dat)* nicht auskennen
❷ *(qui n'est pas au courant)* **être** ~(**e**) **des événements** über die Ereignisse *(Akk)* nicht informiert sein
II. *m(f)* Ignorant(in) *m(f)*; **faire l'** ~(**e**) sich dumm stellen, den Ahnungslosen spielen; **parler en** ~(**e**) **de qc** von etw wie der Blinde von der Farbe reden
ignoré(e) [iɲɔʀe] *adj* ❶ unbekannt; *terre* unerforscht, unbekannt
❷ *(tenu pour négligeable)* ignoriert
ignorer [iɲɔʀe] <1> I. *vt* ❶ nicht kennen; **ne pas** ~ **qc** etw sehr wohl kennen; **n'** ~ **rien de qc** etw sehr wohl wissen
❷ *(négliger)* ignorieren, nicht beachten
▸ **nul n'est censé** ~ **la loi** Unkenntnis schützt vor Strafe nicht; **afin que nul n'en ignore** zur allgemeinen Beachtung, damit jedermann es wisse
II. *vpr* ❶ *(ne pas connaître sa nature)* **il est un poète qui s'ignore** er ist ein Dichter, ohne es zu wissen; **il est un malade qui s'ignore** er weiß nichts von seiner Krankheit
❷ *(feindre de ne pas se connaître)* sich [*o* einander *geh*] ignorieren

❸ *(devoir être connu)* **cela ne s'ignore pas** das sollte man kennen
IGS [iʒeɛs] *f abr de* **inspection générale des services** *allgemeine Überprüfung der Dienststellen*
iguane [igwan] *m* Leguan *m*
ikebana [ikebana] *m* Ikebana *nt*
il [il] *pron pers* ❶ *(se rapportant à une personne)* er; **~ est grand** er ist groß
❷ *interrog, ne se traduit pas* **Louis a-t-~ ses clés?** hat Louis seine Schlüssel?; **l'hôtel a-t-~ un jardin?** hat das Hotel einen Garten?; **le courrier est-~ arrivé?** ist die Post schon da [*o* gekommen]?
❸ *(se rapportant à un animal ou objet masc)* er/sie/es; **~ est beau, ce costume** der Anzug ist schön; **regarde le soleil, ~ se couche** sieh mal, die Sonne geht unter; **~ est assez petit, ce cheval** dieses Pferd ist ziemlich klein
❹ *impers* es; **~ est possible qu'elle fasse une promenade** es ist möglich, dass sie spazieren geht; **~ pleut** es regnet; **~ faudrait que je descende en ville** ich müsste in die Stadt fahren; **~ y a deux ans** vor zwei Jahren; **~ paraît qu'elle a fait une bêtise** es scheint, dass sie eine Dummheit gemacht hat; *v. a.* **avoir**
île [il] *f* ❶ Insel *f*; **~ déserte** einsame Insel; **~ des mers du Sud** Südseeinsel; **voyage d'~ en ~** Inselhopping *nt*
◆ GASTR **~ flottante** *Vanillesoße mit darauf schwimmendem pochiertem Eischnee*
◆ **~ de Beauté** Korsika *nt*; **~ de Pâques** Osterinsel *f*
Île-de-France [ildəfʀɑ̃s] *f* l'~ de l'Île-de-France
iléon [ile5] *m* ANAT Ileum *nt* (Fachspr.)
îles [il] *fpl* **les ~** *(Antilles)* die Antillen
iliaque [iljak] *adj* ANAT **os ~** Hüftknochen *m*
îlien(ne) [iljẽ, jɛn] NORD **I.** *adj* insular
II. *m(f)* Insulaner(in) *m(f)*
ilion [iljɔ̃] *m* ANAT Darmbein *nt*
illégal(e) [i(l)legal, o] <-aux> *adj* illegal
illégalement [i(l)legalmɑ̃] *adv* illegal, unrechtmäßigerweise; **agir ~** rechtswidrig handeln
illégalité [i(l)legalite] *f* ❶ Illegalität *f*
❷ JUR Rechtswidrigkeit *f*; **~ d'une ingérence** Rechtswidrigkeit eines Eingriffs
illégitime [i(l)leʒitim] *adj* ❶ *(non conforme au droit)* unrechtmäßig, illegitim *(geh)*
❷ *(hors mariage)* **enfant** unehelich, nicht ehelich
❸ *(non justifié)* ungerechtfertigt
illégitimement [i(l)leʒitimmɑ̃] *adv* ❶ JUR auf unrechtmäßige Weise; **les enfants qu'il avait eus ~** seine unehelichen Kinder
❷ *(injustement)* ungerechtfertigterweise
illégitimité [i(l)leʒitimite] *f* Unrechtmäßigkeit *f*, Illegitimität *f* *(geh)*
illettré(e) [i(l)letʀe] **I.** *adj* analphabetisch
II. *m(f)* Analphabet(in) *m(f)*
illettrisme [i(l)letʀism] *m* Analphabetentum *nt*
illicite [i(l)lisit] *adj* unerlaubt, unzulässig; **concurrence ~** unlauterer Wettbewerb
illicitement [i(l)lisitmɑ̃] *adv* verbotenerweise
illico [i(l)liko] *adv fam* auf der Stelle
▶ **~ presto** dalli, dalli *(fam)*
illimité(e) [i(l)limite] *adj* ❶ *(sans bornes)* unbegrenzt; **confiance** grenzenlos; **pouvoirs** uneingeschränkt; **reconnaissance** unendlich
❷ *(indéterminé)* **durée** unbegrenzt; **débat ~** Open-End-Diskussion *f*; **congé** unbefristet
illisibilité [i(l)lizibilite] *f* ❶ *(opp: lisibilité) d'une écriture* Unleserlichkeit *f*
❷ *(opp: lisibilité) d'un ouvrage* Unlesbarkeit *f*
illisible [i(l)lizibl] *adj* ❶ **écriture** unleserlich
❷ *(incompréhensible)* **article, roman** nicht lesbar
illisiblement [i(l)lizibləmɑ̃] *adv* unleserlich
illogique [i(l)lɔʒik] *adj* unlogisch
illogiquement [i(l)lɔʒikmɑ̃] *adv* unlogisch
illogisme [i(l)lɔʒism] *m* Mangel *m* an Logik; **comporter de nombreux ~s** voller logische Fehler sein
illumination [i(l)lyminasjɔ̃] *f* ❶ *(action d'éclairer) d'une rue, d'un quartier* Beleuchtung *f*; *(au moyen de projecteurs)* Anstrahlung *f*
❷ *pl (lumières festives)* Festbeleuchtung *f*
❸ *(inspiration subite)* Erleuchtung *f*
illuminé(e) [i(l)lymine] **I.** *adj* ❶ *(très éclairé)* festlich beleuchtet; *(au moyen de projecteurs)* angestrahlt
❷ *(radieux)* **visage** strahlend
❸ *péj (chimérique)* **personne** träumerisch, schwärmerisch
II. *m(f) péj (visionnaire)* Fantast(in) *m(f)*
illuminer [i(l)lymine] <1> **I.** *vt* ❶ **personne:** beleuchten; **lustre:** erleuchten; **éclair:** erhellen
❷ *(faire resplendir)* **la colère illumine ses yeux** Zorn blitzt aus seinen/ihren Augen; **la fierté/la joie illumine ses traits** er/sie strahlt vor Stolz/Freude
II. *vpr* **s'~** ❶ *(s'éclairer vivement)* **vitrine:** beleuchtet werden;

monument: angestrahlt werden
❷ *(resplendir)* **personne:** strahlen; **à cette nouvelle, son visage s'est illuminé** bei der Nachricht strahlte er/sie übers ganze Gesicht; **ses yeux s'illuminaient de joie/colère** seine/ihre Augen strahlten vor Freude/blitzten vor Zorn
illusion [i(l)lyzjɔ̃] *f* ❶ *(erreur des sens)* Täuschung *f*; **~ de qc** Illusion *f* von etw; **donner l'~ de qc** die Illusion von etw vermitteln
❷ *(croyance fausse)* Illusion *f*; **donner à qn l'~ de faire qc** jdm die Illusion vermitteln, etw zu tun; **faire ~ sur qn** jdn täuschen; **se faire des ~s sur qn/qc** sich *(Dat)* über jdn/etw Illusionen machen
▶ **~ scénique** Raumillusion *f*
◆ **~ d'optique** optische Täuschung
illusionner [i(l)lyzjɔne] <1> **I.** *vpr* **s'~ sur qn/qc** sich *(Dat)* über jdn/etw Illusionen machen
II. *vt* **~ qn sur qc** jdn über etw *(Akk)* täuschen
illusionnisme [il(l)yzjɔnism] *m* Kunst *f* der Illusion, Zauberkunst *f*
illusionniste [i(l)lyzjɔnist] *mf* Zauberkünstler(in) *m(f)*
illusoire [i(l)lyzwaʀ] *adj* illusorisch, trügerisch; **promesse** leer; **rêve ~** Wunschtraum *m*
illustrateur, -trice [i(l)lystratœʀ, -tʀis] *m, f* Illustrator(in) *m(f)*; *(métier non-artistique)* Gebrauchsgrafiker(in) *m(f)*
illustratif, -ive [i(l)lystʀatif, -iv] *adj* illustrativ; **être ~ (-ive) de qc** etw illustrieren, etw veranschaulichen
illustration [i(l)lystʀasjɔ̃] *f* ❶ *(dessin, exemple)* Illustration *f*; **~ graphique** Gebrauchsgrafik *f*
❷ *(action d'illustrer)* Illustrierung *f*
illustre [i(l)lystʀ] *adj* berühmt
illustré [i(l)lystʀe] *m* Illustrierte *f*
illustré(e) [i(l)lystʀe] *adj* illustriert; **journal ~** Illustrierte *f*
illustrer [i(l)lystʀe] <1> **I.** *vt* ❶ *(orner)* **~ qc de qc** etw mit etw illustrieren
❷ *(enrichir)* **~ qc de [o par] qc** etw durch etw illustrieren [*o* veranschaulichen]
II. *vpr* **s'~** ❶ *(se rendre célèbre)* sich *(Dat)* einen Namen machen
❷ *péj (se faire remarquer)* auffallen
îlot [ilo] *m* ❶ kleine Insel
❷ *(pâté de maisons)* Häuserblock *m*
❸ *(groupe isolé)* Insel *f*
▶ **~ directionnel** Verkehrsinsel *f*
◆ **~s de Langerhans** ANAT Langerhans-Inseln *Pl*; **~ de verdure** kleine Grünanlage
îlotage [ilɔtaʒ] *m Einteilung einer Stadt oder eines Stadtviertels in Bezirke, die ein îlotier überwacht*
îlotier, -ière [ilɔtje, -jɛʀ] *m, f* ≈ Kontaktbereichsbeamte(r) *m/*-beamtin *f* *(für einen bestimmten Bezirk zuständiger Polizist)*
ils [il] *pron pers* ❶ sie; **~ sont grands** sie sind groß; **regarde les papillons comme ~ sont beaux** sieh mal, wie schön die Schmetterlinge sind
❷ *interrog, ne se traduit pas* **les garçons sont-~ là?** sind die Jungen da?; **les arbres ont-~ des feuilles?** haben die Bäume Blätter?
IMA [ima] *m abr de* **institut du monde arabe** *arabisches Institut*
image [imaʒ] *f* ❶ Bild *nt*; **se faire une ~ de qn/qc** sich ein Bild von jdm/etw machen; **s'exprimer par ~s** in Bildern *(Dat)* sprechen; **~ pieuse** Heiligenbild; **~ d'animal/d'animaux** Tierbild; **~ en/de rêve** Traumbild
❷ *(reflet)* Spiegelbild *nt*
❸ *a.* INFORM *(sur un écran)* Abbildung *f*, Bild *nt*; **~ télévisée** Fernsehbild; **~ tridimensionnelle** Drei-D-Abbildung
❹ *(réputation)* **~ négative** *d'une ville, entreprise* Negativimage *nt*; **se débarrasser d'une ~ négative** ein Negativimage loswerden
▶ **sage comme une ~** sehr artig; **être l'~ de qn** ganz jds Ebenbild sein; **à l'~ de qn/qc** so wie jd/etw; **Dieu nous a fait à son ~** Gott [er]schuf uns nach seinem Bilde
◆ **~ d'Épinal** Bilderbogen *m* von Epinal; *fig* [naives] Klischee; **~ de marque** Image *nt*; *d'un produit* Markenimage *nt*; **~ de synthèse** Computergrafik *f*
imagé(e) [imaʒe] *adj* **langage, style** anschaulich, bilderreich
imagerie [imaʒʀi] *f* TECH, MED Bildherstellung *f*
▶ **~ populaire** landläufige Meinung
imaginable [imaʒinabl] *adj* vorstellbar, denkbar
imaginaire [imaʒinɛʀ] **I.** *adj* ❶ imaginär; **crainte, maladie** eingebildet; **idée,** *but* traumtänzerisch *(pej)*; **animal ~** Fabeltier *nt*; **monde ~** Traumwelt *f*; **vivre dans un monde ~** traumtänzerisch durchs Leben gehen
❷ MATH imaginär
II. *m* **l'~** das Imaginäre
imaginatif, -ive [imaʒinatif, -iv] *adj* fantasievoll, einfallsreich
imagination [imaʒinasjɔ̃] *f* ❶ *(représentation de l'esprit)* Vorstellungskraft *f*; **dépasser l'~** die Vorstellungskraft übersteigen; **en ~** in Gedanken
❷ *(invention)* Fantasie *f*; **vous ne manquez pas d'~!** Sie haben

wohl zu viel Fantasie!
❸ *souvent pl (idée chimérique)* Fantasie[n *Pl*] *f*
imaginer [imaʒine] <1> I. *vt* ❶ *(se représenter)* sich *(Dat)* vorstellen; **ne pas ~ que qn puisse faire qc** sich *(Dat)* nicht vorstellen können, dass jd etw tun kann
❷ *(croire, supposer)* glauben, annehmen; **~ que qn a [o ait] fait qc** vermuten, dass jd etw getan hat
❸ *(inventer)* sich *(Dat)* ausdenken
❹ *(concevoir l'idée de)* **~ de faire qc** in Erwägung ziehen, etw zu tun
II. *vpr* ❶ *(se représenter)* **s'~ qn/qc autrement** sich *(Dat)* jdn/etw anders vorstellen
❷ *(se voir)* **s'~ à la plage/dans vingt ans** sich [in Gedanken] am Strand/in zwanzig Jahren sehen
❸ *(croire faussement)* **s'~ qc** sich *(Dat)* etw einbilden; **s'~ faire qc/que qn fait qc** sich *(Dat)* einbilden, etw zu tun/dass jd etw tut
imam [imam] *m* Imam *m*
imbattable [ɛ̃batabl] *adj champion, équipe* unschlagbar; *prix* nicht zu unterbieten; *record* nicht zu überbieten
imbécile [ɛ̃besil] I. *adj* sehr dumm, blöd[e] *(fam)*
II. *mf* Idiot(in) *m(f)*, Dummkopf *m (fam)*; **faire l'~** *(vouloir paraître stupide)* sich dumm stellen; *(se conduire stupidement)* sich blöd benehmen *(fam)*
▶ **il n'y a que les ~s qui ne changent pas d'avis** nur die Dummen lernen nichts dazu
imbécillité [ɛ̃besilite] *f* ❶ *(manque d'intelligence, action stupide)* Dummheit *f*
❷ *(chose stupide)* Blödsinn *m (fam)*; **il ne dit que des ~s** er redet nur Blödsinn *(fam)*
imberbe [ɛ̃bɛʀb] *adj* bartlos
imbiber [ɛ̃bibe] <1> I. *vt* ❶ [durch]tränken; **des chaussures imbibées d'eau** völlig durchnässte Schuhe; **imbibé(e) de sang** mit Blut getränkt
❷ *péj fam* **être imbibé(e) d'alcool** sturzbetrunken sein *(fam)*
II. *vpr* ❶ **s'~ de qc** sich mit etw vollsaugen
❷ *péj fam* **s'~ d'alcool** sich volllaufen lassen *(fam)*
imbrication [ɛ̃bʀikasjɔ̃] *f* ❶ CONSTR *(chevauchement)* sich überlappende Anordnung
❷ *(enchevêtrement)* Ineinandergreifen *nt*; **des problèmes** Verkettung *f*
imbriquer [ɛ̃bʀike] <1> I. *vt* ineinanderschieben *pièces;* schuppenartig anordnen *tuiles;* **être imbriqué(e) dans qc** in etw *(Akk)* eingelassen sein
II. *vpr* **s'~** ❶ *(se chevaucher) plaques, tuiles:* schuppenartig angeordnet werden/sein, sich überlappen
❷ *(s'enchevêtrer)* eng miteinander verknüpft sein; **s'~ dans qc** erschwerend zu etw hinzukommen
imbroglio [ɛ̃bʀɔglijo, ɛ̃bʀɔljo] *m* Durcheinander *nt,* verfahrene Situation
◆ **~ de chiffres** Zahlenwerk *nt*
imbu(e) [ɛ̃by] *adj souvent péj* **~ de soi-même** von sich selbst überzeugt *[o* eingenommen]; **être ~(e) de préjugés** voller Vorurteile sein; **être ~(e) de principes** lauter Prinzipien haben
imbuvable [ɛ̃byvabl] *adj* ❶ *(boisson)* ungenießbar, nicht trinkbar
❷ *fig fam (détestable)* unerträglich
IMC [iɛmse] *m* MED *abr de* **infirme moteur cérébral** Behinderung der Motorik
IME [iɛmø] *m abr de* **Institut monétaire européen** EWI *nt*
imitable [imitabl] *adj* nachahmbar; **sa signature est facilement ~** seine Unterschrift ist leicht nachzumachen
imitateur, -trice [imitatœʀ, -tʀis] *m, f* ❶ Nachahmer(in) *m(f)*; **~(-trice) de cris d'animaux** Tierstimmenimitator(in) *m(f)*
❷ *(comédien)* Imitator(in) *m(f)*
imitatif, -ive [imitatif, -iv] *adj* nachahmend
imitation [mitasjɔ̃] *f* ❶ Imitation *f,* Nachahmung *f;* **à l'~ de qn/qc** nach jds Vorbild/nach dem Vorbild einer S.
❷ *(plagiat)* schlechte Kopie, Imitation *f*
❸ *(contrefaçon) d'une signature* Fälschung *f;* **[en] ~** Imitat *nt,* Falsifikat *nt (geh)*
❹ JUR Nachahmen *nt;* **~ d'une marque déposée** Nachahmung eines eingetragenen Warenzeichens
▶ **pâle ~** farbloser Abklatsch
◆ **~ cuir** Lederimitat *nt*
imiter [imite] <1> *vt* ❶ nachahmen
❷ *(prendre pour modèle)* **~ sa mère/son père** seiner Mutter/seinem Vater nacheifern; **un exemple à ~** ein nachahmenswertes Beispiel
❸ *(singer, reproduire)* nachmachen; fälschen *signature*
❹ *(avoir l'aspect de)* **~ qc** einer S. *(Dat)* nachempfunden sein
immaculé(e) [imakyle] *adj* ❶ makellos; **être d'une blancheur ~e** *[o* **d'un blanc ~]** blütenweiß sein
❷ *âme* rein; *honneur* unbefleckt; *réputation* makellos
immanence [imanɑ̃s] *f* PHILOS Immanenz *f*

immanent(e) [imanɑ̃, ɑ̃t] *adj* immanent, innewohnend
immangeable [ɛ̃mɑ̃ʒabl] *adj* ungenießbar
immanquable [ɛ̃mɑ̃kabl] *adj* ❶ *(inévitable)* unvermeidbar
❷ *(infaillible) cible* nicht zu verfehlen; *vieilli méthode, moyen, procédé* unfehlbar
immanquablement [ɛ̃mɑ̃kabləmɑ̃] *adv* unvermeidbar, zwangsläufig
immatérialité [i(m)mateʀjalite] *f (opp: matérialité)* Immaterialität *f*
immatériel(le) [i(m)mateʀjɛl] *adj* ❶ immateriell
❷ *(léger, aérien)* ätherisch
immatriculation [imatʀikylasjɔ̃] *f* ❶ *d'un étudiant* Einschreibung *f,* Immatrikulation *f;* **~ à la Sécurité sociale** Anmeldung *f* bei der Sozialversicherung; **~ d'un commerçant au registre du commerce** Eintragung *f* eines Händlers in das Handelsregister
❷ AUT *d'un véhicule* Zulassung *f;* **première ~** Erstzulassung; **soumis(e) à ~** zulassungspflichtig; **non soumis(e) à ~** zulassungsfrei
immatriculer [imatʀikyle] <1> *vt* registrieren, eintragen; **se faire ~ à l'université** sich an der Universität einschreiben *[o* immatrikulieren]; **faire ~ une voiture** ein Auto anmelden; **être immatriculé(e)...** *voiture:* auf das amtliche Kennzeichen ... zugelassen sein; **être immatriculé(e) dans la Manche** im Departement Manche zugelassen sein; **ce véhicule doit être/ne doit pas être immatriculé** dieses Fahrzeug ist zulassungspflichtig/zulassungsfrei
immature [imatyʀ] *adj* unreif
immaturité [imatyʀite] *f* Unreife *f*
immédiat [imedja] *m* unmittelbare Zukunft
▶ **dans** *[o* **pour] l'~** im Augenblick
immédiat(e) [imedja, jat] *adj* ❶ *(très proche)* unmittelbar, *contact, voisin* direkt; *soulagement, effet* sofortig; *avenir* unmittelbar [bevorstehend]
❷ *(sans intermédiaire)* unmittelbar, direkt; **faire partie de la parenté ~e** zur nächsten Verwandtschaft gehören; **ville sous l'autorité ~e de l'Empire** HIST reichsunmittelbare *[o* reichsfreie] Stadt
❸ *(qui s'impose) question* dringlich; **mesures ~es** Sofortmaßnahmen *Pl*
immédiatement [imedjatmɑ̃] *adv* ❶ sofort, unverzüglich
❷ *(sans intermédiaire)* unmittelbar, direkt
immémorial(e) [i(m)memɔʀjal, jo] <-aux> *adj soutenu* uralt; **depuis des temps immémoriaux** seit Menschengedenken
immense [i(m)mɑ̃s] *adj* ❶ *mer* unermesslich weit; *espace, monde* unermesslich groß
❷ *(énorme) avantage, influence, mérite* unglaublich; *fortune, foule, chantier* riesig; *chagrin, gloire* ungeheuer
immensément [i(m)mɑ̃semɑ̃] *adv riche* ungeheuer
immensité [i(m)mɑ̃site] *f* ❶ *d'une plaine, de la mer* unermessliche Weite; *de l'univers* Unendlichkeit *f*
❷ *(énormité)* unglaubliches Ausmaß; **devant l'~ de la tâche** vor dieser gewaltigen Aufgabe
immergé(e) [imɛʀʒe] *adj rocher, terres* unter Wasser liegend; *câble* unter Wasser verlegt; **reposer ~(e) à plus de mille mètres de fond** mehr als tausend Meter tief unter Wasser liegen
immerger [imɛʀʒe] <2a> I. *vt* **~ un câble sous l'eau** ein Kabel unter Wasser verlegen; **~ un trésor/corps dans qc** einen Schatz/einen Körper in etw *(Dat)* versenken; **~ des déchets radioactifs dans qc** radioaktive Abfälle in etw *(Dat)* verklappen *(Fachspr.)*
II. *vpr* **s'~ sous-marin:** tauchen
immérité(e) [imeʀite] *adj* unverdient
immersion [imɛʀsjɔ̃] *f* Eintauchen *nt; d'un câble* Verlegen *nt* unter Wasser; *d'un sous-marin* [Unter]tauchen *nt; de déchets radioactifs* Verklappung *f (Fachspr.); des terres* Überflutung *f*
immettable [ɛ̃metabl] *adj vêtement* nicht tragbar
immeuble [imœbl] I. *adj* unbeweglich; **biens ~s** Immobilien *Pl,* Liegenschaften *Pl*
II. *m* ❶ [Wohn]haus *nt,* Gebäude *nt*
❷ *gén pl* JUR Immobilien *Pl,* Liegenschaften *Pl;* **~ servant à un fonds de commerce** Betriebsgrundstück *nt*
◆ **~ de bureaux** Bürogebäude *nt;* **~ en copropriété** Haus *nt* mit Eigentumswohnungen; **~ à usage locatif** *[o* **de rapport]** Mietshaus *nt*
immigrant(e) [imigʀɑ̃, ɑ̃t] I. *adj* **les populations ~es** die Einwanderer, die Immigranten
II. *m(f)* Einwanderer *m*/Einwanderin *f,* Immigrant(in) *m(f)*
immigration [imigʀasjɔ̃] *f* Einwanderung *f,* Immigration *f*
immigré(e) [imigʀe] I. *adj* eingewandert, immigriert; **travailleur ~** Gastarbeiter *m*
II. *m(f)* Einwanderer *m*/Einwanderin *f,* Immigrant(in) *m(f);* **~(e) de la deuxième/troisième génération** Einwanderer(in) der zweiten/dritten Generation
immigrer [imigʀe] <1> *vi* immigrieren, einwandern
imminence [iminɑ̃s] *f d'un départ, événement* unmittelbares Bevorstehen; **l'~ du danger/conflit** die drohende Gefahr/der dro-

hende Konflikt
imminent(e) [iminã, ãt] *adj* unmittelbar bevorstehend; *conflit, danger* drohend; **être ~ (e)** unmittelbar bevorstehen; *conflit, danger:* drohen

immiscer [imise] <2> *vpr* **s'~ dans qc** sich in etw *(Akk)* einmischen

immixtion [imiksjɔ̃] *f* - **dans qc** Einmischung *f* in etw *(Akk)*

immobile [i(m)mɔbil] *adj* ❶ unbeweglich; *personne* unbeweglich, reg[ungs]los; *partie, pièce* fest
❷ *(qui n'évolue pas)* starr, unbeweglich

immobilier [imɔbilje] *m* Immobiliengeschäft *nt;* [**commerce de l']~** Immobilienhandel *m;* **marché de l'~** Immobilienmarkt *m;* **travailler dans l'~** im Immobiliengeschäft sein

immobilier, -ière [imɔbilje, -jɛʀ] *adj agent, annonce, société, vente, ensemble* Immobilien-; *placement* in Immobilien; *crédit, saisie* Immobiliar-; *crise* im Immobiliengeschäft; *revenus* aus Immobilien; **biens ~s** Immobilien *Pl;* **commerce/marché ~** Immobilienhandel *m/*-markt *m;* **promoteur ~** Bauträger *m,* Bauherr *m*

immobilisation [imɔbilizasjɔ̃] *f* ❶ *(action de s'arrêter)* Stehenbleiben *nt; (résultat)* Stillstehen *nt;* **attendez l'~ totale du convoi!** warten Sie [so lange], bis der Zug stillsteht!; **entraîner l'~ de la circulation** den Verkehr zum Erliegen bringen
❷ MED *d'un membre, d'une fracture* Ruhigstellung *f,* Immobilisation *f (Fachspr.),* Immobilisierung *f (Fachspr.)*
❸ SPORT Haltegriff *m*
❹ JUR Immobilisierung *f (Fachspr.)*
❺ FIN, ECON **~ de capitaux** feste Kapitalanlage; **~ corporelle** Sachanlage; **~s corporelles** Betriebs- und Geschäftsausstattung *f;* **~s financières** Finanzanlagen

immobiliser [imɔbilize] <1> **I.** *vt* ❶ anhalten, stoppen *camions;* zum Erliegen bringen, lahmlegen *circulation*
❷ *(paralyser)* lähmen *personne;* **~ qn de peur** jdn vor Angst erstarren lassen
❸ MED ruhig stellen, immobilisieren *(Fachspr.) membre; fracture, grippe:* lahmlegen
❹ SPORT im Haltegriff halten
❺ JUR immobilisieren *(Fachspr.)*
❻ FIN fest anlegen *argent;* **~ des capitaux** Mittel binden
II. *vpr* **s'~** *personne, machine, train:* stehen bleiben; *voiture:* liegen bleiben; *circulation, échanges commerciaux:* zum Erliegen kommen; *économie:* ins Stocken geraten; **s'~ de peur** vor Angst erstarrt sein; **s'~ de surprise** vor Freude wie gelähmt sein

immobilisme [imɔbilism] *m* Fortschrittsfeindlichkeit *f*
immobiliste [imɔbilist] **I.** *adj* fortschrittsfeindlich
II. *mf* Feind(in) *m(f)* des Fortschritts

immobilité [imɔbilite] *f* ❶ Reg[ungs]losigkeit *f; des traits* Unbewegtheit *f,* Starrheit *f*
❷ *(absence de changement)* Starre *f,* Unbeweglichkeit *f; d'une situation* Festgefahrenheit *f*

immodéré(e) [imɔdere] *adj désir, usage* unmäßig; *consommation* maßlos; *dépenses, prix* übermäßig hoch; *prétentions* überzogen

immodérément [imɔderemã] *adv* unmäßig, maßlos

immodestie [imɔdɛsti] *f* Opferung *f*

immolation [imɔlasjɔ̃] *f* Opferung *f*

immoler [imɔle] <1> **I.** *vt* **~ qn/un animal à qn/qc** jdm/einer S. jdn/ein Tier opfern
❷ *littér (massacrer)* hinmorden *(liter)*
❸ *littér (sacrifier)* **~ qn/qc à** [*o* **pour**] **qc** jdn/etw einer S. *(Dat)* opfern
II. *vpr littér* **s'~** sich opfern; **s'~ par le feu** sich selbst verbrennen

immonde [i(m)mɔ̃d] *adj* ❶ *(d'une saleté extrême)* widerwärtig, ekelhaft
❷ *(répugnant) crime, personne* gemein, niederträchtig; *action* schändlich; *propos* schmutzig, unanständig

immondices [i(m)mɔ̃dis] *fpl* Müll *m,* Unrat *m*

immoral(e) [i(m)mɔʀal, o] <-aux> *adj* ❶ unmoralisch, immoralisch *(geh); conduite* unsittlich; *personne* sittenlos, unmoralisch
❷ JUR sittenwidrig; **~ de manière ~ e** *se comporter* sittenwidrig

immoralisme [i(m)mɔʀalism] *m* Unmoral *f,* PHILOS Immoralismus *m,* Gesinnungslosigkeit *f (pej)*

immoralité [i(m)mɔʀalite] *f* ❶ *(caractère)* Unsittlichkeit *f; d'une politique, société* Unmoral *f*
❷ *(comportement)* unsittliches [*o* unmoralisches] Verhalten
❸ JUR Sittenwidrigkeit *f*

immortaliser [imɔʀtalize] <1> **I.** *vt* unsterblich machen
II. *vpr* **s'~ par qc** durch etw unsterblich werden

immortalité [imɔʀtalite] *f* Unsterblichkeit *f,* Immortalität *f (geh)*

immortel [imɔʀtɛl] *m (académicien)* Mitglied der Académie Française

immortel(le) [imɔʀtɛl] *adj* ❶ unsterblich
❷ *soutenu amour, gloire, monument* unvergänglich, ewig; *souvenir, principe* unauslöschlich; *personne* unvergessen

immortelle [imɔʀtɛl] *f* ❶ *(académicienne)* Mitglied der Académie Française
❷ *(fleur)* Strohblume *f*

immotivé(e) [i(m)mɔtive] *adj* grundlos, unbegründet

immuabilité [imɥabilite] *f* JUR Unwandelbarkeit *f;* **~ du régime matrimonial** Unwandelbarkeit des Güterstandes

immuable [imɥabl] *adj* unveränderlich; *sourire* ständig; **rester ~ dans ses convictions** in seinen Überzeugungen unerschütterlich sein

immuablement [imɥabləmã] *adv couler* unaufhörlich; *fidèle* unverändert; **être ~ fidèle à ses convictions** seinen Überzeugungen immer treu bleiben

immunisant(e) [imynizã, ãt] *adj produit* immunisierend

immunisation [imynizasjɔ̃] *f* MED Immunisierung *f;* **~ passive** passive Immunisierung

immuniser [imynize] <1> *vt a. fig* **~ qn contre qc** jdn gegen etw immun machen; **être immunisé(e) contre qc** gegen etw immun sein

immunitaire [imynitɛʀ] *adj* **système ~** Immunsystem *nt;* **processus ~** Immunisierung *f*

immunité [imynite] *f* ❶ MED Immunität *f;* **~ acquise/naturelle** erworbene/angeborene Immunität; **~ spécifique/non spécifique** spezifische/unspezifische Immunität
❷ POL, JUR Immunität *f,* Exemtion *f (Fachspr.);* **~ diplomatique** diplomatische Immunität; **~ fiscale** Steuerfreiheit *f*

immunobiologie [imynobiɔlɔʒi] *f* Immunbiologie *f*

immunocyte [imynosit] *m* MED Immunozyt *m (Fachspr.)*

immunodéficience [imynodefisjãs] *f* MED Immunschwäche *f,* Immundefekt *m*

immunodépresseur [imynodepʀesœʀ] *m* Immundepressivum *nt*

immunodépressif, -ive [imynodepʀesif, -iv] *adj* immundepressiv; **médicament ~** Immundepressivum *nt*

immunoglobuline [imynoglɔbylin] *f* MED Immunglobulin *nt*

immunologie [imynɔlɔʒi] *f* Immunologie *f*

immunologique [imynɔlɔʒik] *adj réaction, examen, complication* immunologisch; **sur le plan ~ cette opération pose un problème** immunologisch gesehen ist diese Operation problematisch

immunoréaction [imynoʀeaksjɔ̃] *f* MED Immunreaktion *f*

immunosuppression [imynosypʀesjɔ̃] *f* MED Immunsuppression *f (Fachspr.)*

immunothérapie [imynoteʀapi] *f* Immuntherapie *f*

immutabilité [imytabilite, immytabilite] *f* Unwandelbarkeit *f*

impact [ɛ̃pakt] *m* ❶ *d'une balle* Einschuss *m; d'un obus* Einschlag *m; (sur la terre, sur un mur)* Aufschlag *m;* **point d'~** *(d'une balle)* Einschussstelle *f; (d'un obus)* Einschlagstelle *f;* **sans ~** imprimante anschlagfrei
❷ *(influence)* Einfluss *m;* **~ publicitaire/médiatique** Werbe-/ Medienwirksamkeit *f;* **avoir d'~ sur qn/qc** Einfluss auf jdn/ etw haben; *intervention, nouvelle:* sich auf jdn/etw auswirken; **avoir moins d'~** *dramatique:* weniger wirkungsvoll sein
◆ **~ des intérêts** FIN Zinsdelle *f*

impair [ɛ̃pɛʀ] *m* ❶ ungerade Zahl; **miser sur l'~** *(à la roulette)* auf Impair setzen
❷ *(gaffe)* Fauxpas *m;* **commettre** [*o* **faire**] **un ~** einen Fauxpas begehen

impair(e) [ɛ̃pɛʀ] *adj* ungerade; *organe* unpaarig; **vers ~** Vers mit ungerader Silbenzahl

impala [impala] *m* ZOOL Impala *f*

impalpable [ɛ̃palpabl] *adj poussière* ganz fein; *danger, sentiment* nicht greifbar

imparable [ɛ̃paʀabl] *adj argument* unwiderlegbar; *riposte* schlagfertig; *coup* unabwendbar; *tir* unhaltbar

impardonnable [ɛ̃paʀdɔnabl] *adj erreur, faute* unverzeihlich; *crime* unentschuldbar; **elle est ~ de se tromper encore** es ist unverzeihlich [von ihr], dass sie sich erneut irrt

imparfait [ɛ̃paʀfɛ] *m* Imperfekt *nt;* **à l'~** im Imperfekt
◆ **~ de l'indicatif** Indikativ *m* Imperfekt; **~ du subjonctif** Subjonctiv *m* Imperfekt

imparfait(e) [ɛ̃paʀfɛ, ɛt] *adj* ❶ *(défectueux)* unvollkommen; *être, personne* nicht perfekt, unvollkommen; *œuvre, roman* unausgereift; *prononciation* mangelhaft
❷ *(incomplet, inachevé)* unvollendet; *connaissances* unzulänglich, lückenhaft

imparfaitement [ɛ̃paʀfɛtmã] *adv* ❶ *(partiellement)* nur teilweise, unvollkommen
❷ *(médiocrement)* unzulänglich

impartial(e) [ɛ̃paʀsjal, jo] <-aux> *adj arbitre, juge, verdict* unparteiisch; *historien* unvoreingenommen; *critique* objektiv

impartialement [ɛ̃paʀsjalmã] *adv* unvoreingenommen; *juger* unparteiisch

impartialité [ɛ̃paʀsjalite] *f d'un historien* Unvoreingenommenheit *f; d'une/d'un critique* Objektivität *f;* **rendre un jugement avec ~** ein unparteiisches Urteil sprechen; **en toute ~** ganz unvoreingenommen [*o* objektiv]

impartir [ɛ̃paʀtiʀ] <8> vt ❶ littér (attribuer) le temps qui nous est imparti die Zeit, die uns zur Verfügung steht; **les dons que la nature lui a impartis** die Fähigkeiten, mit denen die Natur ihn/sie ausgestattet hat
❷ ADMIN, JUR bewilligen; gewähren délai; ~ **des pouvoirs à qn** jdm Befugnisse einräumen [o erteilen]
impasse [ɛ̃pas] f a. fig Sackgasse f; **s'engager dans une** ~ in eine Sackgasse geraten; **être dans l'**~ in einer Sackgasse stecken; ~ **budgétaire** vieilli Haushaltsdefizit nt
▶ **faire l'**~ **sur qc** etw auslassen [o überspringen]
impassibilité [ɛ̃pasibilite] f d'une personne Gefasstheit f, Unerschütterlichkeit f; d'un visage Unbewegtheit f, d'un regard Undurchdringlichkeit f; **garder son** ~ die [o seine] Fassung bewahren
impassible [ɛ̃pasibl] adj visage unbewegt; personne unerschütterlich, gefasst; (peu émotif) gefühlsarm; **rester** ~ die Fassung bewahren
impassiblement [ɛ̃pasibləmɑ̃] adv unbewegt; réagir gefasst
impatiemment [ɛ̃pasjamɑ̃] adv ungeduldig
impatience [ɛ̃pasjɑ̃s] f Ungeduld f; **bouillir** [o **brûler**] **d'** ~ **faire qc** darauf brennen, etw zu tun (fam); **avec** ~ ungeduldig
impatiens [ɛ̃pasjɛ̃s] f BOT Springkraut nt, Impatiens f (Fachspr.)
impatient(e) [ɛ̃pasjɑ̃, jɑ̃t] I. adj ungeduldig; **être** ~ **(e) de faire qc** darauf brennen [o es kaum erwarten können], etw zu tun
II. m(f) Ungeduldige(r) f(m)
impatienter [ɛ̃pasjɑ̃te] <1> I. vt ~ **qn avec** [o **par**] **qc** jdn mit etw ungeduldig machen; **vous commencez à m'**~ ich bin mit meiner Geduld bald am Ende
II. vpr **s'**~ **de qc** wegen etw ungeduldig werden [o die Geduld verlieren]; **s'**~ **contre qn/qc** sich über jdn/etw aufregen
impavide [ɛ̃pavid] adj littér furchtlos, unerschrocken
impayable [ɛ̃pɛjabl] adj ❶ vieilli unbezahlbar
❷ fam (drôle) köstlich, zum Schießen (fam)
impayé [ɛ̃peje] m ausstehende Zahlung
impayé(e) [ɛ̃peje] adj facture unbezahlt, offen; chèque, traite nicht eingelöst
impec [ɛ̃pɛk] adj inv fam abr de **impeccable** optimal (fam)
impeccable [ɛ̃pekabl] adj ❶ (très propre) tadellos; propreté, brillant streifenfrei
❷ (irréprochable) vorbildlich; attitude, conduite tadellos
❸ fam (parfait) ~ **!** astrein! (fam), Spitze! (fam)
impeccablement [ɛ̃pekabləmɑ̃] adv tadellos; se tenir vorbildlich, tadellos
impédance [ɛ̃pedɑ̃s] f ELEC Impedanz f (Fachspr.)
impénétrable [ɛ̃penetrabl] adj ❶ undurchdringlich; **être** ~ **aux balles** kugelsicher sein
❷ (mystérieux) unergründlich
❸ (fermé) visage, air undurchdringlich; personne undurchschaubar; **avoir un caractère** ~ schlecht zu durchschauen sein; **il est** ~ **à ce qui l'entoure** er ist für seine Umgebung unempfänglich
impénitence [ɛ̃penitɑ̃s] f REL Unbußfertigkeit f
impénitent(e) [ɛ̃penitɑ̃, ɑ̃t] adj unverbesserlich; **être un fumeur** ~ das Rauchen einfach nicht lassen können
impensable [ɛ̃pɑ̃sabl] adj undenkbar
imper [ɛ̃pɛʀ] m fam abr de **imperméable** Regenmantel m
impératif [ɛ̃peʀatif] m ❶ souvent pl (nécessité) dringendes [o zwingendes] Erfordernis; **des** ~ **s d'horaire nous obligent ...** aus zeitlichen Gründen sind wir gezwungen ...; **les** ~ **s de la mode veulent que** + subj die Mode schreibt vor, dass
❷ LING Imperativ m
impératif, -ive [ɛ̃peʀatif, -iv] adj ❶ mandat imperativ; consigne, ordre strikt f
❷ (qui s'impose) besoins vordringlich; nécessité dringend; **rendre qc** ~ etw dringend erforderlich machen
❸ (autoritaire) gebieterisch
❹ LING **forme impérative** Imperativ m
impérativement [ɛ̃peʀativmɑ̃] adv ❶ (obligatoirement) unbedingt, imperativ (geh); **il faut** ~ **que qn fasse qc** es ist unerlässlich, dass jd etw tut
❷ (nécessairement) notwendigerweise
❸ (avec autorité) gebieterisch; demander imperativ
impératrice [ɛ̃peʀatʀis] f Kaiserin f
imperceptible [ɛ̃pɛʀsɛptibl] adj ❶ nicht wahrnehmbar; **être** ~ **à qn** für jdn nicht wahrnehmbar sein; **être** ~ **à l'oreille** nicht hörbar sein; **être** ~ **à l'œil** für das menschliche Auge nicht erkennbar sein
❷ (infime, minime) kaum wahrnehmbar, unmerklich
imperceptiblement [ɛ̃pɛʀsɛptibləmɑ̃] adv unmerklich
imperdable [ɛ̃pɛʀdabl] adj match, procès [bereits] gewonnen
imperfection [ɛ̃pɛʀfɛksjɔ̃] f ❶ sans pl Unvollkommenheit f
❷ souvent pl (défaut) d'une matière Fehler m, Mängel Pl; d'un roman, plan Schwachstelle f; d'un visage, de la peau Unebenheit f
impérial(e) [ɛ̃peʀjal, jo] <-aux> adj ❶ sceptre, pouvoir kaiserlich; **dignité** ~ **e** Kaiserwürde f
❷ (dominateur, altier) herrisch

impériale [ɛ̃peʀjal] f **un bus à** ~ ein Doppeldeckerbus m
impérialisme [ɛ̃peʀjalism] m Imperialismus m
impérialiste [ɛ̃peʀjalist] I. adj imperialistisch
II. mf Imperialist(in) m(f)
impérieusement [ɛ̃peʀjøzmɑ̃] adv ❶ (impérativement) dringend
❷ (instamment) inständig
impérieux, -euse [ɛ̃peʀjø, -jøz] adj ❶ (autoritaire) herrisch, gebieterisch
❷ a. JUR (pressant) dringend; nécessité, motif zwingend; réalité unausweichlich; **rendre qc** ~ etw dringend notwendig machen
impérissable [ɛ̃peʀisabl] adj unvergänglich
imperméabilisation [ɛ̃pɛʀmeabilizasjɔ̃] f Imprägnieren nt
imperméabiliser [ɛ̃pɛʀmeabilize] <1> vt imprägnieren; **produit imperméabilisant** Imprägniermittel nt
imperméabilité [ɛ̃pɛʀmeabilite] f ❶ Wasserundurchlässigkeit f
❷ (insensibilité) Unempfänglichkeit f, Unzugänglichkeit f
imperméable [ɛ̃pɛʀmeabl] I. adj ❶ sol, matériel, couche wasserundurchlässig; tissu, toile wasserdicht; vêtement, tente regendicht; emballage feuchtigkeitsbeständig
❷ (insensible) ~ **à des arguments** für Argumente unzugänglich; ~ **à l'art/à un sentiment** für die Kunst/ein Gefühl unempfänglich
❸ MED, CHIM **membrane** impermeabel (Fachspr.)
II. m Regenmantel m; ~ **en caoutchouc** Gummimantel
impersonnalité [ɛ̃pɛʀsɔnalite] f ❶ GRAM d'un verbe Unpersönlichkeit f
❷ (objectivité) d'un jugement Unparteilichkeit f
impersonnel(le) [ɛ̃pɛʀsɔnɛl] adj ❶ unpersönlich
❷ (qui ne concerne pas une personne) allgemeingültig
impertinemment [ɛ̃pɛʀtinamɑ̃] adv (effrontément) unverschämt
impertinence [ɛ̃pɛʀtinɑ̃s] f Unverschämtheit f; **avec** ~ unverschämt; **arrête tes** ~ **s!** sei nicht so unverschämt!
impertinent(e) [ɛ̃pɛʀtinɑ̃, ɑ̃t] I. adj unverschämt, frech
II. m(f) unverschämter Mensch
imperturbabilité [ɛ̃pɛʀtyʀbabilite] f Unerschütterlichkeit f
imperturbable [ɛ̃pɛʀtyʀbabl] adj unerschütterlich; **il est d'un caractère** ~ ihn kann nichts erschüttern, er ist unerschütterlich
imperturbablement [ɛ̃pɛʀtyʀbabləmɑ̃] adv unerschütterlich
impétigo [ɛ̃petigo] m Eiterflechte f, Impetigo f (Fachspr.)
impétueusement [ɛ̃petɥøzmɑ̃] adv littér ungestüm, stürmisch
impétueux, -euse [ɛ̃petɥø, -øz] adj ❶ (fougueux) ungestüm; caractère, personne, jeunesse stürmisch, hitzig, ungestüm; orateur feurig
❷ littér (tumultueux) heftig; vent, ouragan heftig, sehr stark; torrent reißend; rythme mitreißend
impétuosité [ɛ̃petɥozite] f soutenu ❶ (fougue) Ungestüm nt (veraltet); d'une passion Heftigkeit f
❷ (violence) Heftigkeit f; d'un ouragan, d'une tempête Gewalt f, Heftigkeit f
impie [ɛ̃pi] I. adj soutenu gottlos
II. mf soutenu f(m)
❷ (blasphémateur) Gotteslästerer m/-lästerin f
impiété [ɛ̃pjete] f soutenu ❶ Gottlosigkeit f
❷ (blasphème) Gotteslästerung f
impitoyable [ɛ̃pitwajabl] adj unerbittlich; personne hartherzig, unerbittlich; jugement unbarmherzig; critique schonungslos; haine erbittert; regard mitleid[s]los
impitoyablement [ɛ̃pitwajabləmɑ̃] adv mitleid[s]los, schonungslos
implacable [ɛ̃plakabl] adj ennemi, juge, destin unerbittlich; soleil, mal erbarmungslos; film, critique schonungslos
implacablement [ɛ̃plakabləmɑ̃] adv unerbittlich; critiquer schonungslos; **être** ~ **brûlant** soleil: erbarmungslos brennen; **analyser** ~ **les comptes** die Abrechnungen mit peinlicher Genauigkeit prüfen
implant [ɛ̃plɑ̃] m Implantat nt; ~ **capillaire** Haarimplantat nt
implantation [ɛ̃plɑ̃tasjɔ̃] f ❶ a. JUR (action d'implanter) Ansied[e]lung f; **d'une société** Betriebsansiedlung; ~ **industrielle** Industrieansiedlung; ~ **sans titre** Ansiedlung ohne Rechtstitel
❷ (processus) Ansied[e]lung f; d'une population Sesshaftwerden nt
❸ MED Implantation f
implanter [ɛ̃plɑ̃te] <1> I. vt ❶ ansiedeln; **être implanté(e)** industrie: angesiedelt sein; personne: sesshaft sein; arbre: eingepflanzt sein; système: eingeführt sein
❷ (enraciner) **être implanté(e) dans qc** habitudes, préjugés: tief in etw (Dat) verwurzelt sein
❸ MED ~ **qc à qn** jdm etw einpflanzen [o implantieren]
II. vpr **s'**~ ❶ sich ansiedeln; parti politique: Fuß fassen
❷ (s'installer) idées, préjugés: sich festsetzen; usages: sich einbürgern
implémentation [ɛ̃plemɑ̃tasjɔ̃] f INFORM d'un logiciel Implementierung f
implémenter [ɛ̃plemɑ̃te] vt INFORM implementieren

implication [ɛ̃plikasjɔ̃] f ❶ gén pl (conséquence) Auswirkung f, Folge f
❷ LOGIQUE, MATH Implikation f
❸ (mise en cause) ~ de qn dans qc jds Verwicklung f in etw (Akk)
implicite [ɛ̃plisit] adj implizit; mais c'était le sens ~ de ses propos aber das war es, was er eigentlich damit gemeint hatte
implicitement [ɛ̃plisitmɑ̃] adv implizit; convenir stillschweigend
impliquer [ɛ̃plike] <1> I. vt ❶ bedeuten, heißen
❷ (demander) voraussetzen; erfordern de la concentration
❸ (mêler) ~ qn dans qc jdn in etw (Akk) verwickeln
❹ (avoir pour conséquence) implizieren
❺ LOGIQUE, MATH implizieren
II. vpr s'~ dans qc sich für etw einsetzen
implorant(e) [ɛ̃plɔrɑ̃, ɑ̃t] adj littér flehend, flehentlich (geh)
implorer [ɛ̃plɔre] <1> vt ❶ ~ qn de faire qc jdn anflehen, etw zu tun
❷ (solliciter) ~ qc um etw flehen; ~ pardon um Verzeihung flehen, inständig um Verzeihung bitten
imploser [ɛ̃ploze] <1> vi implodieren
implosion [ɛ̃plozjɔ̃] f Implosion f
impoli(e) [ɛ̃pɔli] I. adj unhöflich; ~(e) envers qn unhöflich jdm gegenüber
II. m(f) unhöflicher Mensch
impoliment [ɛ̃pɔlimɑ̃] adv unhöflich
impolitesse [ɛ̃pɔlitɛs] f Unhöflichkeit f; avec ~ unhöflich
impondérable [ɛ̃pɔ̃derabl] I. adj événement unvorhersehbar; facteurs ~s Unwägbarkeiten Pl
II. m gén pl Unwägbarkeiten Pl
impopulaire [ɛ̃pɔpylɛr] adj unpopulär, unbeliebt; se rendre ~ sich unbeliebt machen
impopularité [ɛ̃pɔpylarite] f Unbeliebtheit f
import [ɛ̃pɔr] m abr de **importation** Import m
importable[1] [ɛ̃pɔrtabl] adj (qu'on peut importer) importierbar, einführbar
importable[2] [ɛ̃pɔrtabl] adj (immettable) nicht tragbar; ce complet est devenu ~ den Anzug kann man nicht mehr tragen
importance [ɛ̃pɔrtɑ̃s] f ❶ (rôle) Bedeutung f, Wichtigkeit f; d'une personne Einfluss m, Ansehen nt; de la dernière ~ höchst [o äußerst] wichtig; accorder [o attacher] de l'~ à qc einer S. (Dat) Bedeutung beimessen; se donner de l'~ péj sich wichtigmachen (pej), sich aufspielen (pej); être d'~ von Bedeutung sein; minimiser l'~ de qc die Bedeutung einer S. (Gen) herunterspielen; prendre de l'~ an Bedeutung gewinnen; sans ~ unwichtig, bedeutungslos; question d'une/d'~ capitale überlebenswichtige Frage
❷ (ampleur) Ausmaß nt; des dégâts, d'un sinistre Umfang m, Ausmaß n; d'une production Menge f; d'une population Größe f; d'une somme Höhe f; des effectifs Stärke f
important [ɛ̃pɔrtɑ̃] m ❶ Wichtige(s) nt, Hauptsache f
❷ faire l'~ péj sich wichtigmachen (pej fam), angeben (pej fam)
important(e) [ɛ̃pɔrtɑ̃, ɑ̃t] adj ❶ wichtig, bedeutend; personnage einflussreich, wichtig; ~(e) pour l'économie question, décision wirtschaftsrelevant
❷ (gros) beträchtlich, beachtlich; dégâts, retard erheblich; somme beachtlich, ansehnlich; ventes, stock de pièces détachées umfangreich; nos ~es relations internationales unsere umfangreichen internationalen Beziehungen
❸ péj wichtigtuerisch (pej fam), angeberisch (pej fam); prendre des airs ~s sich wichtigmachen (pej fam)
importante [ɛ̃pɔrtɑ̃t] f faire l'~ péj sich wichtigmachen (pej fam), angeben (pej fam)
importateur, -trice [ɛ̃pɔrtatœr, -tris] I. adj un pays ~ de blé ein Getreide importierendes [o einführendes] Land
II. m, f Importeur(in) m(f), Importhändler(in) m(f); ~(-trice) de tabac Tabakimporteur(in)
importation [ɛ̃pɔrtasjɔ̃] f ❶ Import m, Einfuhr f; ~ de blé [o de froment] Weizenimport; ~ de marchandises Wareneinfuhr; ~ pétrolière [o de pétrole] Ölimport; ~ de riz/de viande Reis-/Fleischimport; produit d'~ Einfuhrgut nt; marchandise d'~ Importware f, Importgut nt; viande/cigare/licence d'~ Importfleisch nt/-zigarre f/-erlaubnis f; société d'~ Importfirma f, Importgeschäft nt; croissance [o augmentation] des ~s Importzuwachs m; les ~s die Importe, das Importgeschäft
❷ INFORM Import m; ~ de données Datenimport
❸ pl (ce qui est importé) Importe Pl, Importwaren Pl; ~s privées Privateinfuhren Pl
❹ (introduction) Einführung f; d'une maladie Einschleppung f
♦ ~ de stabilisation ECON Stabilitätsimport m
importer[1] [ɛ̃pɔrte] <1> vt ❶ COM, INFORM importieren; viande importée Importfleisch nt; pétrole importé Importöl nt
❷ (introduire) einführen; einschleppen maladie; être importé(e) de France/d'Afrique aus Frankreich/Afrika eingeführt werden; mode: aus Frankreich/Afrika herüberkommen
importer[2] [ɛ̃pɔrte] <1> vi ❶ (être important) zählen, wichtig sein;

~ peu/beaucoup geringer/großer Bedeutung sein; la seule chose qui importe, c'est que ... das einzige, was zählt [o wichtig ist], ist; peu importe[nt] les difficultés! ganz gleich, welche Schwierigkeiten sich mir in den Weg stellen werden!; qu'importe... was bedeutet [o macht] schon ...; il importe de faire qc es ist wichtig, etw zu tun; peu importe que qn fasse qc es spielt keine Rolle, ob jd etw tut; qu'importe que ... was spielt es schon für eine Rolle, ob ...; qu'importe si qn fait qc was macht es schon, wenn jd etw tut
❷ (intéresser) ~ à qn jdm [o für jdn] wichtig sein; ~ fort peu à qn jdn überhaupt nicht interessieren; ce qui m'importe, c'est ... was für mich zählt, ist ...; que m'importe! was geht mich das schon an!
▶ n'importe comment (par tous les moyens) irgendwie; n'importe lequel/laquelle irgendeiner/irgendeine; n'importe (cela m'est égal) [ist mir] egal; (néanmoins) nichtsdestotrotz; n'importe où (indiquant le lieu) irgendwo; (indiquant la direction) irgendwohin; suivre qn n'importe où jdm überallhin folgen; n'importe quand irgendwann; vous pouvez venir n'importe quand Sie können kommen, wann Sie wollen; n'importe quel.../quelle... irgendein/irgendeine ...; acheter à n'importe quel prix zu jedem Preis kaufen; n'importe quel élève jeder x-beliebige Schüler; n'importe qui irgendwer; n'importe qui pourrait... jeder x-beliebige könnte ...; n'importe quoi irgendwas; dire n'importe quoi (des bêtises) Unsinn reden
import-export [ɛ̃pɔrɛkspɔr] <imports-exports> m Import-Export m
importun(e) [ɛ̃pɔrtœ̃, yn] I. adj soutenu arrivée, visite, visiteur ungelegen; curiosité, demande aufdringlich; plainte, lamentation unangebracht
II. m(f) soutenu aufdringlicher Mensch
importuner [ɛ̃pɔrtyne] <1> vt soutenu ~ qn jdn belästigen; bruit: jdm lästig sein
imposable [ɛ̃pozabl] adj revenus steuerpflichtig, besteuerbar; être ~ der Besteuerung (Dat) unterliegen; n'être pas ~ steuerlich nicht veranlagt werden
imposant(e) [ɛ̃pozɑ̃, ɑ̃t] adj ❶ imposant; stature stattlich; bâtiment, monument gewaltig
❷ (très important) beachtlich; somme ansehnlich; mise en scène, spectacle grandios
imposé(e) [ɛ̃poze] adj prix, date vorgeschrieben; à prix ~ preisgebunden; le minimum ~ par la loi der gesetzlich vorgeschriebene Mindestsatz
imposer [ɛ̃poze] <1> I. vt ❶ (exiger) erfordern décision; verlangen repos; ~ qc à qn jdn zu etw zwingen, etw von jdm erfordern [o verlangen], jdm etw aufoktroyieren (geh)
❷ (prescrire) fordern, verlangen; festsetzen date; ~ des restrictions commerciales Handelsbeschränkungen verhängen; on impose le couvre-feu eine Ausgangssperre wird verhängt; ~ qc à qn jdm etw auferlegen; ~ à qn de faire qc von jdm verlangen, etw zu tun
❸ (faire accepter de force) ~ le silence à qn jdm Ruhe gebieten; ~ sa volonté à qn jdm gegenüber seinen Willen durchsetzen, jdm seinen Willen aufzwingen; il sait ~ son autorité er weiß sich durchzusetzen
❹ (faire reconnaître) durchsetzen, bekannt machen produit
❺ FIN steuerlich veranlagen personne; besteuern revenu, marchandise; être imposé(e) sur qc personne: nach etw steuerlich veranlagt werden; revenu, marchandise: nach etw besteuert werden; imposé(e) selon le tarif en vigueur tarifbesteuert; ~ qn trop fortement jdn zu hoch veranlagen; être imposé(e)s séparément/en commun sich getrennt/gemeinsam veranlagen lassen
II. vi (inspirer le respect) en ~ à qn par qc jdm durch [o mit] etw imponieren; s'en laisser ~ par qn/qc sich von jdm/etw beeindrucken lassen
III. vpr ❶ (devenir indispensable) s'~ à qn prudence, repos: zwingend geboten sein; solution: sich jdm aufdrängen; ça s'impose das ist ein Muss; ça ne s'imposait vraiment pas das wäre doch wirklich nicht nötig gewesen
❷ (être importun) s'~ sich aufdrängen
❸ (se faire reconnaître) s'~ sich durchsetzen; s'~ contre qn SPORT sich gegen jdn behaupten
❹ (se donner comme devoir) s'~ qc sich (Dat) etw zur Pflicht machen; il s'est imposé de ne plus fumer er hat sich (Dat) vorgenommen, nicht mehr zu rauchen
imposition [ɛ̃pozisjɔ̃] f Besteuerung f; d'une personne steuerliche Veranlagung f; additionnelle Hinzurechnungsbesteuerung; ~ calculée sur la base des créances contractuelles Soll-Besteuerung; ~ commune gemeinsame Veranlagung; ~ conjointe Zusammenveranlagung; ~ directe Direktbesteuerung; ~ distincte des époux Getrenntveranlagung [von Ehegatten]; ~ élevée hohe Besteuerung; ~ familiale Familienbesteuerung; ~ intégrale Vollbesteuerung; ~ multiple Mehrfachbesteuerung; ~ progressive Staf-

impossibilité – imprévoyant

felbesteuerung, gestaffelte Besteuerung; ~ **réelle** Ist-Besteuerung; ~ **réelle minimale** Mindest-Ist-Besteuerung; ~ **séparée** getrennte Veranlagung; ~ **séparée mais égale des époux** Ehegatten-Splitting *nt;* ~ **du bénéfice apparent** Scheingewinnbesteuerung; ~ **de la valeur d'usage** Nutzungswertbesteuerung; ~ **sur le lieu d'exploitation** Betriebsstättenbesteuerung
♦ ~ **des bénéfices** Gewinnbesteuerung *f;* ~ **des entreprises** Unternehmensbesteuerung *f;* ~ **des époux** Ehegattenbesteuerung *f;* ~ **des mains** REL Handauflegung *f;* ~ **des marges** Margenbesteuerung *f (Fachspr.);* ~ **par ménage** Haushaltsbesteuerung *f;* ~ **à la source** Quellenbesteuerung *f*
impossibilité [ɛ̃pɔsibilite] *f a.* JUR Unmöglichkeit *f;* ~ **juridique** rechtliche Unmöglichkeit; ~ **matérielle** faktische Unmöglichkeit; ~ **ultérieure** [*o* **a posteriori**] nachträgliche Unmöglichkeit; **il y a** ~ **à ce que qn fasse qc** es ist unmöglich, dass jd etw tut; **il n'y a aucune** ~ **à ce que qn fasse qc** es steht dem nichts im Wege, dass jd etw tut; **il est** [*o* **se trouve**] **dans l'** ~ **de faire qc** er ist außerstande [*o* außer Stande], etw zu tun; **mettre qn dans l'** ~ **de faire qc** es jdm unmöglich machen, etw zu tun
♦ ~ **d'exécution** JUR Unmöglichkeit *f* der Erfüllung *(Fachspr.)*
impossible [ɛ̃pɔsibl] **I.** *adj* ❶ unmöglich; **être** ~ **à qn** jdm unmöglich [*o* nicht möglich] sein
❷ *(insupportable)* unmöglich; **rendre la vie** ~ **à qn** jdm das Leben unerträglich machen
❸ *fam (invraisemblable) (fam);* **à des heures** ~ **s** zu den unmöglichsten Tages- und Nachtzeiten
▶ ~ **n'est pas français** *prov* nichts ist unmöglich *(prov)*
II. *m* Unmögliche(s) *nt;* **tenter l'** ~ alles nur Mögliche versuchen; **faire l'** ~ **pour qn/qc** das Menschenmögliche für jdn/etw tun
▶ **à l'** ~ **nul n'est tenu** *prov* man kann von niemandem Unmögliches verlangen; **par** ~ **si par** ~ **je ne pouvais ...** wenn ich aus irgendwelchen unerfindlichen Gründen ... nicht kann; **si par** ~ **elle ...** sollte sie wie durch ein Wunder doch ...
imposte [ɛ̃pɔst] *f d'une porte, fenêtre* Oberlicht *nt*
imposteur [ɛ̃pɔstœʀ] *m* Betrüger(in) *m(f),* Hochstapler(in) *m(f)*
imposture [ɛ̃pɔstyʀ] *f littér* Betrug *m,* Hochstapelei *f*
impôt [ɛ̃po] *m* Steuer *f;* ~ **s dus** fällige Steuern; **payer/acquitter des** ~ **s** Steuern abführen/entrichten; **assujetti(e)** [*o* **soumis(e)**] **à l'** ~ steuerpflichtig; **exonéré(e) d'** ~ *revenus* steuerfrei; *personne* von der Steuer befreit; ~ **s communaux** kommunale Steuern; ~ **écologique** Ökosteuer, Umweltsteuer; ~ **s exceptionnels** außerordentliche Abgaben *Pl;* ~ **foncier** Grundsteuer; ~ **s locaux** Kommunalsteuern; ~ **personnel** Personalsteuer, Personensteuer; ~ **prélevé** [*o* **perçu**] [*o* **retenu**] **à la source** Abzugssteuer, Quellensteuer; ~ **progressif** FISC Progressivsteuer; ~ **réel** Objektsteuer, Realsteuer; ~ **supplémentaire** Nachsteuer, *(exceptionnel)* Sondersteuer; ~ **unique** Einheitssteuer; ~ **sur les bénéfices exceptionnels** Mehrgewinnsteuer; ~ **sur les bénéfices industriels et commerciaux** Gewerbeertragssteuer; ~ **s sur la fortune et le revenu** Besitzsteuern; ~ **sur les jetons de présence et les tantièmes** Tantiemesteuer; ~ **sur la marge brute d'autofinancement** Cashflow-Steuer *(Fachspr.);* ~ **sur la masse salariale** Lohnsummensteuer; ~ **sur les opérations boursières** Börsenumsatzsteuer; ~ **sur le revenu mobilier** Kapitalertrag[s]steuer; ~ **sur le revenu des personnes physiques** veranlagte Einkommen[s]steuer; ~ **sur le revenu du capital** Kapitaleinkommensteuer; ~ **sur les revenus fonciers** Grundertragssteuer
♦ ~ **s d'exploitation** Betriebssteuer *f;* ~ **de solidarité** Solidarzuschlag *m;* ~ **de solidarité sur la fortune** Vermögensteuer-Solidarzuschlag *m;* ~ **sur l'accroissement de la valeur** Wertzuwachssteuer *f;* ~ **sur l'alcool** Branntweinsteuer *f;* ~ **sur les automobiles** Kfz-Steuer *f;* ~ **sur les bénéfices** Ertrag[s]steuer *f;* ~ **sur les bénéfices des sociétés** Körperschaftsteuer *f;* ~ **sur les biens de mainmorte** Tote-Hand-Steuer *f (Fachspr.);* ~ **sur la bière** Biersteuer *f;* ~ **sur le café** Kaffeesteuer *f;* ~ **sur le capital** Vermögenssteuer *f,* Kapitalsteuer *f;* ~ **sur le capital d'exploitation** Gewerbekapitalsteuer *f;* ~ **sur le chiffre d'affaires** Umsatzsteuer *f;* ~ **sur le chiffre d'affaires à l'importation** Erwerbssteuer *f;* ~ **sur les dépenses** Aufwandssteuer *f,* Ausgabensteuer *f;* ~ **sur l'emballage** Verpackungssteuer *f;* ~ **sur les entreprises** Unternehmenssteuer *f;* ~ **sur la fortune** Vermögenssteuer *f;* ~ **sur l'héritage** Erbschaft[s]steuer *f;* ~ **sur les investissements** Investitionssteuer *f;* ~ **sur les libéralités** Vermächtnissteuer *Pl;* ~ **sur les plus-values** Wertzuwachssteuer *f;* ~ **sur le rendement d'exploitation** Betriebsleistungssteuern *Pl;* ~ **sur la résidence secondaire** Zweitwohnungssteuer *f;* ~ **sur le revenu** Einkommen[s]steuer *f;* ~ **sur les salaires** Lohnsteuer *f;* ~ **sur le sel** Salzsteuer *f;* ~ **sur les sociétés** Unternehmenssteuer *f;* ~ **sur les superbénéfices** Mehrgewinnsteuer *f;* ~ **sur les transferts de capitaux** Kapitalverkehrssteuer *f;* ~ **s sur l'utilisation du revenu** Einkommensverwendungssteuern *Pl*

> **Land und Leute**
> In Frankreich werden die **impôts** der Beschäftigten nicht bei den monatlichen Lohn- und Gehaltszahlungen einbehalten. Die Steuerpflichtigen können zunächst über dieses Geld noch verfügen, müssen es am Jahresende aber rückwirkend für das gesamte Jahr bezahlen.

impotence [ɛ̃pɔtɑ̃s] *f* [Geh]behinderung *f*
impotent(e) [ɛ̃pɔtɑ̃, ɑ̃t] **I.** *adj* bewegungsunfähig; **il a le bras droit** ~ sein rechter Arm ist steif
II. *m(f)* [Körper]behinderte(r) *f(m)*
impraticable [ɛ̃pʀatikabl] *adj* ❶ *route, piste* unbefahrbar; *sentier, terrain* nicht begehbar; *terrain de sport* unbespielbar
❷ *(irréalisable)* undurchführbar, nicht durchführbar; *méthode* [in der Praxis] nicht anwendbar
imprécation [ɛ̃pʀekasjɔ̃] *f soutenu* Fluch *m,* Verwünschung *f*
imprécis(e) [ɛ̃pʀesi, iz] *adj* ungenau; *souvenir, contour* undeutlich; *limites* unklar; *évaluation* ungefähr; **n'avoir que des souvenirs fort** ~ **de qc** sich an etw nur noch dunkel erinnern
imprécision [ɛ̃pʀesizjɔ̃] *f* ❶ Ungenauigkeit *f*
❷ *(vague) des souvenirs* Undeutlichkeit *f; des contours* Verschwommenheit *f,* Undeutlichkeit; *d'un renseignement, signalement* Ungenauigkeit *f*
imprégnation [ɛ̃pʀeɲasjɔ̃] *f* ❶ *d'une étoffe, d'un bois* Imprägnierung *f*
❷ *(pénétration)* Beeinflussung *f,* Durchdringung *f*
❸ *(alcoolémie)* ~ **alcoolique** Alkoholspiegel *m* im Blut, Blutalkohol *m*
imprégner [ɛ̃pʀeɲe] <5> **I.** *vt* ❶ imprägnieren, tränken *bois, étoffe;* ~ **un tampon de qc** einen Wattebausch mit etw tränken; ~ **une pièce** *odeur:* ein Zimmer erfüllen; **une maison tout(e) imprégnée de lumière** ein lichtdurchflutetes Haus
❷ *(marquer d'une empreinte) atmosphère:* ergreifen; *sentiment:* erfüllen; **imprégné(e) de préjugés** von Vorurteilen geprägt; **imprégné(e) d'un souvenir** von einer Erinnerung erfüllt; **une lettre imprégnée d'ironie** ein Brief voller Ironie; **l'amertume imprégnait ses paroles** aus seinen Worten sprach Bitterkeit
II. *vpr* ❶ **s'** ~ **d'eau** sich mit Wasser voll saugen; **s'** ~ **d'une odeur** einen Duft annehmen; **s'** ~ **d'huile solaire** sich mit Sonnenöl einreiben
❷ *(assimiler)* **s'** ~ **de qc** von etw beeinflusst werden; **se laisser** ~ **de qc** sich von etw beeinflussen lassen; **pour s'** ~ **d'une langue étrangère ...** wenn man völlig in eine Fremdsprache eintauchen will ...
imprenable [ɛ̃pʀənabl] *adj forteresse, château* uneinnehmbar; *vue* unverbaubar
imprésario [ɛ̃pʀezaʀjo, ɛ̃pʀesaʀjo, -rii] <s *o* **imprésarii**> *m* [Theater-, Konzert]agent *m,* Impresario *m*
imprescriptible [ɛ̃pʀeskʀiptibl] *adj* ❶ *biens* unverjährbar
❷ *(immuable) droits* unantastbar
impression [ɛ̃pʀesjɔ̃] *f* ❶ *(sentiment)* Eindruck *m;* **faire une forte** ~ **sur qn** auf jdn großen Eindruck machen, jdn stark beeindrucken; **laisser à qn une** ~ bei jdm einen Eindruck hinterlassen; **une bonne/mauvaise** ~ **de qn/qc** ein guter/schlechter Eindruck von jdm/etw; **j'ai** ~ **que ...** das Gefühl [*o* der Eindruck], dass jd etw tut, ...; **donner à qn l'** ~ **de faire qc** auf jdn den Eindruck machen, etw zu tun
❷ *(action d'imprimer des textes)* Drucken *nt,* Druck *m;* **être à l'** ~ im Druck sein; **nouvelle** ~ *(réimpression)* Nachdruck; ~ **en arrière-plan** INFORM Hintergrunddrucken; ~ **sur rotatives** Rollendruck
❸ *(action d'imprimer des tissus ou des papiers peints)* Druck *m,* Drucken *nt,* Bedrucken; ~ **de papiers peints** Tapetendruck; ~ **textile** Textildruck
❹ *(première couche)* Grundierung *f*
▶ ~ **de déjà-vu** Déjà-vu-Erlebnis *nt,* Déjà-vu-Gefühl *nt*
impressionnable [ɛ̃pʀesjɔnabl] *adj* empfindsam, sensibel
impressionnant(e) [ɛ̃pʀesjɔnɑ̃, ɑ̃t] *adj* ❶ beeindruckend, eindrucksvoll
❷ *(considérable)* beachtlich, beträchtlich
impressionner [ɛ̃pʀesjɔne] <1> *vt* ❶ ~ **qn** jdn beeindrucken, jdm Eindruck machen; *films d'horreur:* jdm Angst machen; **être impressionné(e) par qn/qc** von jdm/etw beeindruckt sein; **se laisser** ~ **par qn/qc** sich von jdm/etw beeindrucken lassen
❷ PHOT belichten
impressionnisme [ɛ̃pʀesjɔnism] *m* Impressionismus *m*
impressionniste [ɛ̃pʀesjɔnist] **I.** *adj* impressionistisch
II. *mf* Impressionist(in) *m(f)*
imprévisible [ɛ̃pʀevizibl] **I.** *adj* unvorhersehbar, nicht voraussehbar; *personne* unberechenbar
II. *m* l' ~ das Unvorhersehbare
imprévoyance [ɛ̃pʀevwajɑ̃s] *f* Sorglosigkeit *f;* **quelle** ~ ! wie kurzsichtig!
imprévoyant(e) [ɛ̃pʀevwajɑ̃, jɑ̃t] *adj* sorglos, kurzsichtig

imprévu [ɛ̃pʀevy] m ❶ *(ce à quoi on ne s'attend pas)* l'~ das Unvorhergesehene, das Unerwartete; **j'aime** l'~ ich liebe Überraschungen *Pl*; **des vacances pleines d'~s** Ferien *Pl* voller Überraschungen

❷ *(incident fâcheux)* Zwischenfall *m*; **il y a eu un ~** es ist etwas Unvorhergesehenes dazwischengekommen; **en cas d'~** falls etwas dazwischenkommt

imprévu(e) [ɛ̃pʀevy] *adj* unvorhergesehen, unerwartet
imprimabilité [ɛ̃pʀimabilite] *f* INFORM Bedruckbarkeit *f*
imprimable [ɛ̃pʀimabl] *adj* INFORM *page, papier* bedruckbar
imprimante [ɛ̃pʀimɑ̃t] *f* INFORM Drucker *m*; **~ graphique/matricielle/thermique** Grafik-/Matrix-/Thermodrucker; **~ thermique** Thermodrucker; **~ par ligne/par page** Zeilen-/Seitendrucker
◆ **~ à aiguilles** Nadelmatrixdrucker *m*; **~ à bulles** Bubble-Jet-Drucker *m*; **~ à impact** Anschlagdrucker *m*; **~ à jet d'encre** Tintenstrahldrucker *m*; **~ à jet d'encre couleur** Farbtintenstrahldrucker *m*; **~ [à] laser** Laserdrucker *m*; **~ laser couleur** Farblaserdrucker *m*; **~ à marguerite** Typenraddrucker *m*; **~ de table** Arbeitsplatzdrucker *m*

imprimé [ɛ̃pʀime] *m* ❶ POST Drucksache *f*

❷ *(formulaire)* [vorgedrucktes] Formular; **~ en continu** Endlosformular

❸ *(tissu)* bedruckter Stoff

❹ *(ouvrage imprimé)* Gedruckte(s) *nt*, Druckwerk *nt*

imprimé(e) [ɛ̃pʀime] *adj* ❶ *livre, ouvrage* gedruckt

❷ *étoffe, tissu* bedruckt

imprimer [ɛ̃pʀime] <1> I. *vt* ❶ drucken; bedrucken *tissu*

❷ *(publier)* veröffentlichen

❸ *(marquer)* **~ ses empreintes sur la vitre** [seine] Abdrücke auf der Scheibe hinterlassen; **~ ses pas sur la neige** Spuren im Schnee hinterlassen

❹ *(donner)* **~ une impulsion à qc** einer S. *(Dat)* einen Impuls geben; **~ de l'énergie/des oscillations à qc** Energie/Schwingungen auf etw *(Akk)* übertragen

❺ INFORM ausdrucken *lettre, fichier*

II. *vpr (s'inscrire)* **s'~ dans la mémoire de qn** sich jdm einprägen, sich jdm ins Gedächtnis eingraben

imprimerie [ɛ̃pʀimʀi] *f* ❶ Buchdruck *m*, Buchdruckerkunst *f*

❷ *(établissement)* [Buch]druckerei *f*

imprimeur, -euse [ɛ̃pʀimœʀ, -øz] *m, f* ❶ *(ouvrier)* [Buch]drucker(in) *m(f)*

❷ *(propriétaire)* **le manuscrit est chez l'~** das Manuskript ist in der Druckerei

improbabilité [ɛ̃pʀɔbabilite] *f* Unwahrscheinlichkeit *f*
improbable [ɛ̃pʀɔbabl] *adj* unwahrscheinlich
improductif, -ive [ɛ̃pʀɔdyktif, -iv] I. *adj* ❶ *population* nicht erwerbstätig; *personnel* unproduktiv; *entreprise, placement* unwirtschaftlich, unrentabel; *opération boursière* ertraglos; **capital ~** totes Kapital

❷ *(stérile) terre* unfruchtbar, ertraglos; *efforts* fruchtlos

II. *m, f* Nichterwerbstätige(r) *f(m)*

impromptu [ɛ̃pʀɔ̃pty] *m* ❶ LITTER Improvisation *f*

❷ MUS Impromptu *nt*

impromptu(e) [ɛ̃pʀɔ̃pty] *adj repas* improvisiert; **discours ~** Rede *f* aus dem Stegreif; **visite ~e** Überraschungsbesuch *m*

imprononçable [ɛ̃pʀɔnɔ̃sabl] *adj* unaussprechlich
impropre [ɛ̃pʀɔpʀ] *adj* ❶ nicht treffend; **employer un terme ~** einen falschen Begriff verwenden

❷ *(inapte)* ungeeignet; **~ à la consommation** nicht zum Verzehr geeignet; **~ au service militaire** [wehrdienst]untauglich; **~ au vol/à la navigation** flug-/seeuntüchtig

improprement [ɛ̃pʀɔpʀəmɑ̃] *adv* nicht korrekt; **s'exprimer ~** sich falsch ausdrücken

impropriété [ɛ̃pʀɔpʀijete] *f* ❶ falsche Anwendung, falscher Gebrauch

❷ *(terme inadéquat)* falsch gebrauchter Begriff

improvisateur, -trice [ɛ̃pʀɔvizatœʀ, -tʀis] *m, f* Improvisator(in) *m(f)*; **avoir un talent d'~** ein Improvisationstalent sein; **être bon ~/bonne improvisatrice** ein großes Improvisationstalent sein

improvisation [ɛ̃pʀɔvizasjɔ̃] *f* Improvisation *f*; **avoir une faculté d'~** gut improvisieren können

improvisé(e) [ɛ̃pʀɔvize] *adj* improvisiert; **excursion** spontan
improviser [ɛ̃pʀɔvize] <1> I. *vt* ❶ improvisieren; erfinden *excuse*

❷ *(pourvoir d'une fonction)* **~ qn infirmier/maître d'hôtel** jdn vorübergehend als Sanitäter/Oberkellner einsetzen [*o* einspringen lassen *fam*]

II. *vi* improvisieren

III. *vpr* ❶ **s'~** improvisiert werden; **un tel discours ne s'improvise pas** eine solche Rede hält man nicht aus dem Stegreif

❷ *(devenir sans préparation)* **s'~ infirmière** als Krankenschwester einspringen *(fam)*; **on ne s'improvise pas artiste** man wird nicht von einem auf den anderen Tag Künstler

improviste [ɛ̃pʀɔvist(ə)] ▶ **à l'~** *(inopinément)* unerwartet, überraschend; *(sans préparation)* auf die Schnelle *(fam)*; **prendre qn à l'~** jdn überraschen; **arriver à l'~** unangemeldet vorbeikommen

imprudemment [ɛ̃pʀydamɑ̃] *adv* unvorsichtig
imprudence [ɛ̃pʀydɑ̃s] *f* ❶ Unvorsichtigkeit *f*, Leichtsinn *m*; **avoir l'~ de faire qc** so unvorsichtig sein, etw zu tun; **regretter l'~ de ses propos** seine vorschnellen Äußerungen bedauern

❷ JUR Fahrlässigkeit *f*; **par ~** fahrlässig; **agir par ~** fahrlässig handeln

imprudent(e) [ɛ̃pʀydɑ̃, ɑ̃t] I. *adj* ❶ *personne* unvorsichtig, leichtsinnig

❷ *(dangereux)* unvorsichtig; *action, parole* unbesonnen

II. *m(f)* unvorsichtiger [*o* leichtsinniger] Mensch

impubère [ɛ̃pybɛʀ] *adj* vorpubertär
impubliable [ɛ̃pyblijabl] *adj* nicht [*o* unmöglich] zu veröffentlichen

impudemment [ɛ̃pydamɑ̃] *adv* unverschämt, schamlos
impudence [ɛ̃pydɑ̃s] *f* Unverschämtheit *f*, Schamlosigkeit *f*; **avoir l'~ de faire qc** die Unverschämtheit besitzen, etw zu tun
impudent(e) [ɛ̃pydɑ̃, ɑ̃t] I. *adj* ❶ unverschämt; *personne, geste* schamlos; *mensonge* dreist

II. *m(f) (homme)* unverschämter Kerl; *(femme)* unverschämte [*o* schamlose] Person

impudeur [ɛ̃pydœʀ] *f* Mangel *m* an Schamgefühl; *(indécence morale)* Schamlosigkeit *f*

impudicité [ɛ̃pydisite] *f littér* Schamlosigkeit *f*
impudique [ɛ̃pydik] *adj geste, acte, attitude* schamlos; *regard* lüstern

impuissance [ɛ̃pɥisɑ̃s] *f* ❶ Machtlosigkeit *f*, Ohnmacht *f*; **être dans l'~ de faire qc** nicht in der Lage sein, etw zu tun; **être réduit(e) à l'~** machtlos sein; **les malfaiteurs furent rapidement réduits à l'~** die Täter konnten schnell unschädlich gemacht werden

❷ *(sur le plan sexuel)* Impotenz *f*

impuissant [ɛ̃pɥisɑ̃] *m* Impotente(r) *m*
impuissant(e) [ɛ̃pɥisɑ̃, ɑ̃t] *adj* ❶ machtlos, ohnmächtig; *effort* ineffektiv, fruchtlos; **être ~(e) face à qc** angesichts einer S. machtlos sein; **~(e) à faire qc** nicht in der Lage sein, etw zu tun

❷ *(sexuellement)* impotent

impulser [ɛ̃pylse] <1> *vt* anregen, in Schwung bringen; **~ un secteur industriel** einen Industriezweig ankurbeln

impulsif, -ive [ɛ̃pylsif, -iv] I. *adj* impulsiv, unüberlegt

II. *m, f* impulsiver Mensch

impulsion [ɛ̃pylsjɔ̃] *f* ❶ *(élan, penchant)* Impuls *m*; **~ irrésistible à qc** unbezähmbarer Drang zu etw; **~ irrésistible à faire qc** unbezähmbarer Drang, etw zu tun; **déclencher une ~** einen Impuls auslösen

❷ TECH, ELEC, INFORM Impuls *m*; **~ du/d'un laser** Laserimpuls; **~s électriques numériques** elektrische digitale Impulse; **~s sonores analogiques** akustische analoge Impulse

❸ *(incitation)* Anstoß *m*; **donner une ~ à qc** einer Sache *(Dat)* Auftrieb geben [*o* verleihen], etw ankurbeln; **~ à la croissance** Wachstumsimpuls *m*; **~s à l'offre** Angebotsimpulse

▶ **sous l'~ de qn** auf jds Betreiben [*o* Veranlassung]; **sous l'~ d'un sentiment** von einem Gefühl getrieben; **agir sous l'~ de la vengeance** von Rache getrieben handeln

◆ **~ d'horloge** INFORM Taktgenerator *m*

impulsivement [ɛ̃pylsivmɑ̃] *adv* impulsiv, unüberlegt
impulsivité [ɛ̃pylsivite] *f* Impulsivität *f*, Unüberlegtheit *f*
impunément [ɛ̃pynemɑ̃] *adv* ungestraft
impuni(e) [ɛ̃pyni] *adj* ungestraft
impunité [ɛ̃pynite] *f* Straffreiheit *f*; **elle est assurée de l'~** ihr wird/ist Straffreiheit zugesichert; **se croire assuré(e) de l'~** glauben, ohne Strafe davonzukommen *(fam)*; **faire qc en toute ~** etw ganz ungestraft tun

impur(e) [ɛ̃pyʀ] *adj* ❶ unrein; *eau* schmutzig, verschmutzt; *air* schlecht, verunreinigt; *race* nicht rein

❷ REL *animal* unrein

❸ *soutenu (immoral)* unkeusch *(veraltet)*, unzüchtig *(veraltet)*; *pensée* unmoralisch

impureté [ɛ̃pyʀte] *f* ❶ Verschmutzung *f*; **à cause de l'~ de l'air** wegen der schlechten [*o* verunreinigten] Luft

❷ *gén pl (saletés, scories)* Unreinheit *f*

❸ *soutenu (immoralité)* Unkeuschheit *f (veraltet)*, Unzüchtigkeit *f (veraltet)*

imputable [ɛ̃pytabl] *adj* ❶ *(attribuable)* **~ à qn/qc** jdm/einer S. zuzuschreiben; **être ~ à la municipalité** Sache *f* der Stadt[verwaltung] sein

❷ FIN *somme* anzurechnend, aufrechenbar; **être ~ sur** [*o* **à**] **qc** auf etw *(Akk)* anzurechnen sein

imputation [ɛ̃pytasjɔ̃] *f* ❶ *(accusation)* Beschuldigung *f*, Anschuldigung *f*

❷ FIN *(affectation)* **~ d'une somme à qc** Anrechnung *f* eines Betrags auf etw *(Akk)*; **~ d'un chèque à qc** Verrechnung *f* eines

Schecks mit etw
♦ ~ **des coûts** Kostenverrechnung *f;* ~ **du dommage** Schadenszurechnung *f;* ~ **de l'impôt** Steueranrechnung *f*
imputer [ɛ̃pyte] <1> *vt* ❶ ~ **la faute à qn/qc** den Fehler jdm/einer S. zuschreiben; ~ **une défaite à qn/qc** eine Niederlage auf jdn/etw zurückführen
❷ FIN *(porter en compte)* ~ **qc à un budget** etw auf einen Etat anrechnen; ~ **qc sur les frais généraux** etw bei den Gemeinkosten verbuchen
imputrescible [ɛ̃pytʀesibl] *adj* unverweslich, nicht verfaulend; *matériau* fäulnisbeständig
in [in] *adj inv fam* in *(fam)*
INA [ina] *m abr de* **institut national de l'audiovisuel** nationales Institut der audiovisuellen Medien
inabordable [inabɔʀdabl] *adj* ❶ *personne* unzugänglich, unnahbar; *lieu* nicht erreichbar; **la côte/l'île est** ~ die Küste/Insel kann nicht angelaufen werden
❷ *(trop cher)* unerschwinglich
inaccentué(e) [inaksɑ̃tɥe] *adj* unbetont
inacceptable [inakseptabl] *adj* nicht akzeptabel, inakzeptabel *(geh);* *projet, proposition* unannehmbar
inaccessible [inaksesibl] *adj* ❶ *sommet* nicht ersteigbar; ~ **à qn/qc** für jdn/etw unerreichbar; **être ~ aux bateaux** *île, côte:* per Schiff nicht erreichbar sein
❷ *(inabordable) personne* unzugänglich, unnahbar
❸ *(insensible)* **être ~ à qc** für etw unempfänglich sein
❹ *(trop cher)* unerschwinglich; **les loyers sont ~s** die Mieten sind horrend
❺ *(incompréhensible)* unbegreiflich; *poème* unverständlich, hermetisch
inaccoutumé(e) [inakutyme] *adj* ❶ *(inhabituel)* ungewohnt; ~(e) **à qc** *soutenu* [an] etw *(Akk)* nicht gewöhnt
❷ *(exceptionnel)* ungewöhnlich
inachevé [inaʃ(ə)ve] *m* **laisser un goût d'~** den Eindruck des Unfertigen hinterlassen; **avoir une impression** [*o* **un sentiment**] **d'~** das Gefühl haben, dass noch etwas fehlt
inachevé(e) [inaʃ(ə)ve] *adj* unfertig; **la symphonie ~e de Schubert** die Unvollendete von Schubert
inachèvement [inaʃɛvmɑ̃] *m* Unfertigkeit *f*
inactif, -ive [inaktif, -iv] **I.** *adj* ❶ *(oisif)* untätig; **ne pas passer ~** nicht untätig [*o* tatenlos] bleiben; *(au repos) personne* nicht arbeitend; **être ~** *personne:* nicht arbeiten können; *machine:* stillstehen; *commerce:* stagnieren, nicht florieren
❷ *(inefficace)* unwirksam
❸ INFORM *fenêtre* inaktiv
II. *m, f* Nichterwerbstätige(r) *f(m)*, Nichtberufstätige(r) *f(m)*
inaction [inaksjɔ̃] *f* Untätigkeit *f*, Nichtstun *nt*
inactivité [inaktivite] *f* ❶ *d'une personne* Untätigkeit *f;* *d'un commerce, des affaires* Stagnation *f*, Stillstand *m*
❷ ADMIN **en ~ partielle** im einstweiligen Ruhestand
inactuel(le) [inaktɥɛl] *adj* inaktuell, nicht zeitgemäß
inadaptable [inadaptabl] *adj* nicht anpassungsfähig [*o* -bereit], nicht integrierbar
inadaptation [inadaptasjɔ̃] *f* ~ **à qc** mangelnde Anpassung[sfähigkeit] an etw *(Akk)*
inadapté(e) [inadapte] **I.** *adj* ❶ *médicament* unwirksam; ~(e) **à qc** ungeeignet für etw; **mener une vie ~e à ses ressources** über seine Verhältnisse leben
❷ PSYCH verhaltensgestört
II. *m(f)* Verhaltensgestörte(r) *f(m)*
inadéquat(e) [inadekwa, kwat] *adj soutenu* inadäquat, unangemessen; ~(e) **à qc** einer S. *(Dat)* nicht angemessen [*o* unangemessen]
inadéquation [inadekwasjɔ̃] *f d'un mot, d'une mesure* Unangemessenheit *f*
inadmissible [inadmisibl] *adj* ❶ untragbar; **il est ~ que tout n'ait pas été tenté** es ist skandalös, dass nicht alles versucht wurde
❷ *(irrecevable) preuve, témoignage* unzulässig
inadvertance [inadvɛʀtɑ̃s] *f soutenu (erreur d'inattention)* Versehen *nt;* **ces fautes d'orthographe ne sont que des ~s** diese Rechtschreibfehler sind nur Flüchtigkeitsfehler; **par ~** aus Versehen, versehentlich
INALCO [inalko] *m abr de* **institut national des langues et civilisations orientales** nationales Orientinstitut
inaliénabilité [inaljenabilite] *f* Unabdingbarkeit *f*
inaliénable [inaljenabl] *adj* unveräußerlich
inaltérable [inalteʀabl] *adj* ❶ unveränderlich; ~ **au lavage/à la lumière** *couleur* wasch-/lichtecht; **à l'air/la chaleur** *substance* luft-/hitzebeständig
❷ *(immuable)* unveränderlich, bleibend; *santé* unverwüstlich *(fam);* **rester ~** *sentiment:* bestehen bleiben; **être d'un ~ optimisme** sich *(Dat)* seinen Optimismus durch nichts nehmen lassen

inamical(e) [inamikal, o] <-aux> *adj* unfreundlich, feindselig
inamovibilité [inamɔvibilite] *f* Unkündbarkeit *f*
inamovible [inamɔvibl] *adj* ❶ unkündbar; *fonctionnaire* auf Lebenszeit
❷ *hum (éternel) chapeau, sourire* ewig; **être vraiment ~** *personne:* schon mit zum Inventar gehören *(fam)*
inanimé(e) [inanime] *adj* ❶ *(sans vie)* unbelebt
❷ *(évanoui)* leblos
inanité [inanite] *f* Belanglosigkeit *f;* *d'un discours, exposé* Gehaltlosigkeit *f;* *d'une querelle* Sinnlosigkeit *f,* Nichtigkeit *f;* *des efforts* Vergeblichkeit *f*
inanition [inanisjɔ̃] *f* **mourir** [*o* **tomber**] **d'~** an Entkräftung *f* sterben
▸ **se laisser mourir d'~** vor Hunger umkommen *(fam)*
inaperçu(e) [inapɛʀsy] *adj* ❶ unbemerkt bleiben; **tu ne vas pas passer ~(e), comme ça!** so fällst du bestimmt auf!; **cet entretien passé presque ~ à l'étranger** dieses Gespräch, von dem das Ausland kaum Notiz genommen hat
inappétence [inapetɑ̃s] *f* ❶ MED Appetitlosigkeit *f*
❷ PSYCH *[sexuelles]* Desinteresse *nt,* Lustlosigkeit *f*
inapplicable [inaplikabl] *adj* nicht anwendbar; *théorie* nicht umsetzbar; *mesure* nicht durchführbar; ~ **à qc** nicht anwendbar auf etw *(Akk);* **être ~ à la réalité** *mesure:* in der Praxis nicht durchführbar sein
inappliqué(e) [inaplike] *adj* ❶ faul, nachlässig
❷ *(pas mis en pratique)* nicht angewandt
inappréciable [inapʀesjabl] *adj* ❶ unschätzbar
❷ *(difficile à évaluer)* verschwindend klein
inapproprié(e) [inapʀɔpʀije] *adj (opp: approprié)* ungeeignet
inapte [inapt] *adj* ❶ unfähig; ~ **à faire qc** unfähig dazu, etw zu tun; ~ **au travail** arbeitsunfähig, arbeitsuntüchtig; ~ **au vol/à la navigation** flug-/seeunfähig; **personne ~ à la fonction de direction** führungsschwacher Mensch
❷ MIL *[wehrdienst]untauglich*
inaptitude [inaptityd] *f* ❶ mangelnde Eignung, Unfähigkeit *f;* ~ **à qc** Unfähigkeit zu etw; ~ **à faire qc** Unfähigkeit, etw zu tun
❷ MIL *[Wehrdienst]untauglichkeit f*
inarticulé(e) [inaʀtikyle] *adj* unartikuliert, undeutlich
inassimilable [inasimilabl] *adj* ❶ *(indigestible)* unverdaulich
❷ *(incompréhensible) notion, connaissance* nicht verständlich
❸ *(inadaptable) ethnie, immigrant* nicht assimilierbar *(geh)*
inassouvi(e) [inasuvi] *adj littér personne* ungesättigt; *appétit, colère, désir* unbefriedigt; *faim, passion, ambition, haine* ungestillt; **être toujours ~(e)** *animal:* unersättlich sein, permanent hungrig sein
inassouvissable [inasuvisabl] *adj littér (insatiable)* unersättlich, unstillbar
inassouvissement [inasuvismɑ̃] *m littér (insatisfaction)* Unstillbarkeit *f*
inattaquabilité [inatakabilite] *f* Unanfechtbarkeit *f*
inattaquable [inatakabl] *adj* ❶ *forteresse* uneinnehmbar; *personne, point de vue* unangreifbar; *argument* unwiderlegbar; *jugement, thèse* unanfechtbar
❷ *(irréprochable)* untadelig; *conduite* einwandfrei, tadellos; **être d'une vertu ~** einen untadeligen Lebenswandel haben
inatteignable [inatɛɲabl] *adj (inaccessible)* unerreichbar
inattendu [inatɑ̃dy] *m* **l'~** das Unerwartete
inattendu(e) [inatɑ̃dy] *adj* unerwartet, unvorhergesehen; **c'est vraiment ~ de sa part** das hatte man von ihm/ihr wirklich nicht erwartet
inattentif, -ive [inatɑ̃tif, -iv] *adj* unaufmerksam; ~(-ive) **à qc** *(insouciant de)* unachtsam einer S. *(Dat)* gegenüber
inattention [inatɑ̃sjɔ̃] *f (distraction)* Unaufmerksamkeit *f;* **faute d'~** Flüchtigkeitsfehler *m;* **un instant/une minute d'~** ein Moment/eine Minute der Unaufmerksamkeit; **par ~** aus Versehen
inaudible [inodibl] *adj* nicht hörbar, unhörbar; *péj* nicht anzuhören *(pej);* **ici, les émissions de cette station sont ~s** hier kann man diesen Sender nicht empfangen; **cette musique est vraiment ~** diese Musik kann man sich *(Dat)* wirklich nicht anhören
inaugural(e) [inogyʀal, o] <-aux> *adj* ❶ **cérémonie ~e** Eröffnungszeremonie *f;* **discours ~** *d'un congrès* Eröffnungsrede *f,* Eröffnungsvortrag *m; d'un professeur d'université* Antrittsvorlesung *f;* **vol ~** Jungfernflug *m*
inauguration [inogyʀasjɔ̃] *f* ❶ *d'une exposition, ligne aérienne* feierliche Eröffnung; *d'une statue, plaque commémorative, d'un monument* Enthüllung *f; d'une usine, route, de locaux* Einweihung *f*
❷ *littér (commencement) d'une politique, période* Einleitung *f;* ~ **d'une ère nouvelle** Beginn *m* einer neuen Ära, Auftakt *m* zu einer neuen Ära
inaugurer [inogyʀe, inɔgyʀe] <1> *vt* ❶ *[feierlich]* eröffnen *exposition, ligne aérienne;* enthüllen *monument, plaque commémorative;* einweihen *bâtiment, usine, locaux, école;* [für den Verkehr] freigeben *route*

❷ *(introduire)* einleiten *période, politique, ère;* einführen *méthode*
❸ *(utiliser pour la première fois)* einweihen *maison, machine, voiture*
inauthenticité [inotɑ̃tisite, inɔ̃tɑ̃tisite] *f d'un document* Unechtheit *f*
inauthentique [inotɑ̃tik] *adj ouvrage* unecht; *fait, rapport* unverbürgt
inavouable [inavwabl] *adj* nicht hinnehmbar; *mœurs* unerhört; *motifs* unmoralisch; *bénéfices* unlauter
inavoué(e) [inavwe] *adj sentiment, amour* uneingestanden; *acte, crime* nicht gestanden
INC [iɛ̃nse] *m abr de* **institut national de la consommation** *nationales Institut für Konsumverhalten*
inca [ɛ̃ka] *adj* l'**Empire** ~ das Reich der Inkas
incalculable [ɛ̃kalkylabl] *adj* ❶ *(considérable)* beträchtlich, beachtlich; *nombre* unermesslich groß
❷ *(imprévisible)* unabsehbar, unberechenbar; **les difficultés risquent d'être ~s** die Probleme drohen uns über den Kopf zu wachsen
incandescence [ɛ̃kɑ̃desɑ̃s] *f* [Weiß]glühen *nt;* **chauffer qc jusqu'à l'~** etw erhitzen, bis es glüht; **lampe à ~** Glühlampe *f;* **manchon à ~** Glühstrumpf *m;* **en ~** [weiß] glühend
incandescent(e) [ɛ̃kɑ̃desɑ̃, ɑ̃t] *adj* ❶ [weiß] glühend; **filament ~** Glühfaden *m*
❷ *littér (ardent)* glühend; *imagination* lebhaft
incantation [ɛ̃kɑ̃tasjɔ̃] *f* Beschwörungsformel *f,* Zauberformel *f*
incantatoire [ɛ̃kɑ̃tatwaʀ] *adj* beschwörend; **danse/chant ~** Beschwörungstanz *m*/-gesang *m*
incapable [ɛ̃kapabl] **I.** *adj* ❶ unfähig; **c'est un homme tout à fait ~** er ist völlig unfähig; **être ~ de qc** zu etw nicht fähig [*o* imstande] sein; **être ~ de faire qc** nicht fähig [*o* imstande] sein, etw zu tun; *voiture, machine:* etw nicht tun können
❷ JUR ~ **juridiquement** rechtsunfähig; **déclarer qn ~ juridiquement** jdn für rechtsunfähig erklären; **~ de contracter** vertragsunfähig, geschäftsunfähig; **devenir ~ de contracter** geschäftsunfähig werden; **~ d'ester en justice** prozessunfähig
II. *mf* unfähiger Mensch; JUR Geschäftsunfähige(r) *f(m),* Entmündigte(r) *f(m)*
incapacité [ɛ̃kapasite] *f* ❶ Unfähigkeit *f;* **~ de** [*o* **à**] **faire qc** Unfähigkeit, etw zu tun; **~ à naviguer** Seeuntüchtigkeit *f;* **être dans l'~ de faire qc** nicht imstande [*o* in der Lage] sein, etw zu tun
❷ *(convalescence)* Arbeitsunfähigkeit *f;* **j'ai eu trois mois d'~** ich war drei Monate lang arbeitsunfähig [*o* krank geschrieben]; **~ partielle** verminderte Arbeitsunfähigkeit; **~ permanente/totale** dauernde/völlige Erwerbsunfähigkeit
❸ JUR **~ contractuelle** Geschäftsunfähigkeit *f;* **~ d'ester en justice** Prozessunfähigkeit
◆ **~ d'exercice** Geschäftsunfähigkeit *f;* **~ de jouissance** eingeschränkte Geschäftsfähigkeit; **~ de travail** Arbeitsunfähigkeit *f,* Erwerbsunfähigkeit
incarcération [ɛ̃kaʀseʀasjɔ̃] *f* Inhaftierung *f*
incarcérer [ɛ̃kaʀseʀe] <5> *vt* inhaftieren
incarnat [ɛ̃kaʀna] *m* Hellrot *nt*
incarnat(e) [ɛ̃kaʀna, at] *adj* hellrot
incarnation [ɛ̃kaʀnasjɔ̃] *f* ❶ Inkarnation *f,* Fleischwerdung *f*
❷ *(personnification)* Inkarnation *f (geh),* Personifizierung *f;* **l'~ de la force masculine** das Urbild männlicher Kraft; **être l'~ de la générosité** die Großzügigkeit in Person sein; **elle est l'~ de la beauté féminine** sie ist das Inbild der schönen Frau *(geh)*
incarné(e) [ɛ̃kaʀne] *adj* ❶ fleischgeworden, menschgeworden
❷ *(personnifié)* in Person, leibhaftig
❸ MED *ongle* eingewachsen
incarner [ɛ̃kaʀne] <1> **I.** *vt* verkörpern
II. *vpr* ❶ REL **s'~ dans** [*o* **en**] **qn/qc** in jdm/etw leibhaftig werden
❷ *(se matérialiser)* **s'~ en qn/dans qc** auf jdn/etw gerichtet sein; **leur idéal s'est incarné dans cette nouvelle secte** diese neue Sekte verkörpert ihr Ideal
❸ *(entrer dans la chair)* **s'~ ongle:** [ins Fleisch] einwachsen
incartade [ɛ̃kaʀtad] *f* Streich *m,* Eskapade *f; d'un cheval* Sprung *m* zur Seite; **à la moindre/première ~** schon beim geringsten Verstoß
Incas [ɛ̃ka] *mpl* **les ~** die Inkas
incassable [ɛ̃kɑsabl] *adj vitrage, boule de Noël* unzerbrechlich, bruchfest, bruchsicher
incendiaire [ɛ̃sɑ̃djɛʀ] **I.** *adj* ❶ **bombe ~** Brandbombe *f;* **projectiles ~s** Brandgeschosse *Pl;* **mélange ~** Brandsatz *m*
❷ *(virulent) article, discours* aufwieglerisch, Hetz-; *lettre* bissig, wütend; **propos ~s** Hetzreden *Pl*
❸ *(aguicheur) femme, œillade* aufreizend; *lettre* leidenschaftlich
II. *mf* ❶ Brandstifter(in) *m(f)*
❷ *(agitateur)* Hetzer(in) *m(f)*
incendie [ɛ̃sɑ̃di] *m* ❶ [Groß]feuer *nt,* [Groß]brand *m; (dans une pièce)* Zimmerbrand

❷ *poét (rougeoiement)* glühendes Rot
❸ *littér (bouleversement)* **l'~ de la révolte se propage** der Unruheherd dehnt sich aus
▶ **~ criminel** Brandstiftung *f*
◆ **~ de forêt** Waldbrand *m*
incendié(e) [ɛ̃sɑ̃dje] **I.** *adj* ❶ *(détruit)* abgebrannt
❷ *(ruiné)* brandgeschädigt
II. *m(f)* Brandopfer *nt*
incendier [ɛ̃sɑ̃dje] <1a> *vt* ❶ in Brand setzen, anzünden
❷ *poét (faire rougeoyer)* in ein glühendes Rot tauchen
❸ *littér (brûler)* **la fièvre lui incendiait les joues** seine/ihre Wangen glühten vor Fieber
❹ *littér (enflammer)* ein Feuer entfachen in *personne;* beflügeln *imagination*
❺ *fam (engueuler)* anschreien, anschnauzen *(fam);* **se faire ~ par qn** von jdm angeschrien [*o* angeschnauzt *fam*] werden
incertain [ɛ̃sɛʀtɛ̃] *m* **l'~** das Ungewisse
incertain(e) [ɛ̃sɛʀtɛ̃, ɛn] *adj* ❶ unsicher; *(indécis)* unschlüssig; **être ~(e) sur la conduite à suivre** unsicher sein, wie man sich verhalten soll; **être ~(e) de pouvoir faire qc** nicht sicher sein, ob man etw tun kann
❷ *(vague)* unbestimmt; *contours* verschwommen; *lumière* schwach; *limite* unscharf
❸ *(douteux)* ungewiss; *affaire, profit* unsicher; *temps* veränderlich, unbeständig; *origine* unbestimmt; **la date est encore ~e** das Datum steht noch nicht fest
incertitude [ɛ̃sɛʀtityd] *f* ❶ Ungewissheit *f; d'une réponse* Unbestimmtheit *f; d'une personne* Unsicherheit *f;* **laisser qn dans l'~** jdn im Ungewissen lassen
❷ *gén pl (aléa)* Unsicherheitsfaktoren *Pl*
incessamment [ɛ̃sesamɑ̃] *adv* unverzüglich
incessant(e) [ɛ̃sesɑ̃, ɑ̃t] *adj a. antéposé* unaufhörlich; *réclamations, critiques, coups de fil* ständig; *bruit, pluie* anhaltend, andauernd; *efforts* stetig
incessible [ɛ̃sesibl] *adj* JUR nicht abtretbar; *droit, privilège, titre* unveräußerlich
inceste [ɛ̃sɛst] *m* Inzest *m,* Blutschande *f*
incestueux, -euse [ɛ̃sɛstɥø, -øz] *adj* inzestuös, blutschänderisch; **un couple ~** ein Paar, das Inzest begeht
inchangé(e) [ɛ̃ʃɑ̃ʒe] *adj* unverändert
inchauffable [ɛ̃ʃofabl] *adj* schwer heizbar
inchavirable [ɛ̃ʃaviʀabl] *adj* NAUT unsinkbar
incidemment [ɛ̃sidamɑ̃] *adv* nebenbei, beiläufig
incidence [ɛ̃sidɑ̃s] *f* ❶ Auswirkung *f;* **n'avoir aucune ~ sur qc** keine Auswirkungen auf etw *(Akk)* haben; **ne pas avoir d'~ sur le[s] coût[s]** *réforme, solution:* kostenneutral sein; **avoir peu d'~ sur le procès** JUR prozessunerheblich sein; **l'~ de cette réforme sur l'essor de l'économie** die Auswirkungen dieser Reform auf den Wirtschaftsaufschwung
❷ PHYS Einfall *m,* Inzidenz *f (Fachspr.)*
incident [ɛ̃sidɑ̃] *m* ❶ Zwischenfall *m;* **sans ~** reibungslos
❷ *(événement sans importance)* Vorfall *m*
❸ TECH **~ technique** Betriebsstörung *f;* **utilisation sans ~** störungsfreie Benutzung
▶ **l'~ est clos** der Fall ist erledigt
◆ **~ de parcours** kleine Panne
incident(e) [ɛ̃sidɑ̃, ɑ̃t] *adj* ❶ beiläufig; *question, remarque* Zwischen-
❷ JUR *faits* Neben-; *jugement, procédure* Zwischen-; **demande ~e** Zwischenklage *f*
❸ PHYS *rayon* Einfalls-, Inzidenz- *(Fachspr.)*
incinérateur [ɛ̃sineʀatœʀ] *m* Verbrennungsofen *m; (pour collectivités)* Verbrennungsanlage *f*
incinération [ɛ̃sineʀasjɔ̃] *f* Verbrennung *f; d'un cadavre* Feuerbestattung *f,* Einäscherung *f;* **~ des ordures ménagères** Müllverbrennung *f*
incinérer [ɛ̃sineʀe] <5> *vt* einäschern *cadavre;* verbrennen *ordures ménagères*
incise [ɛ̃siz] *f* GRAM Zwischensatz *m,* eingeschobener Satz
inciser [ɛ̃size] <1> *vt* aufschneiden *abcès;* einschneiden *écorce;* einritzen *peau*
incisif, -ive [ɛ̃sizif, -iv] *adj* bissig; *critique, ironie* beißend
incision [ɛ̃sizjɔ̃] *f* Einschnitt *m,* Einkerbung *f;* MED [Ein]schnitt *m*
incisive [ɛ̃siziv] *f* Schneidezahn *m,* Vorderzahn
incitatif, -ive [ɛ̃sitatif, -iv] *adj* **aide/mesure incitative** Förderungsmittel *Pl*/-maßnahme *f*
incitation [ɛ̃sitasjɔ̃] *f* ❶ Ansporn *m;* **~ à la guerre** *péj* Kriegshetze *f (pej)*
❷ JUR Anstiftung *f,* Verleitung *f;* **~ au crime** Anstiftung zum Verbrechen; **~ au faux témoignage** Verleitung zur Falschaussage; **~ à la rupture du contrat** Verleitung zum Vertragsbruch
❸ FISC Anreiz *m;* **~ fiscale** Steueranreiz, fiskalischer Anreiz *(Fachspr.);* **~s de l'État** staatliche Anreize

inciter [ɛ̃site] <1> vt ~ **qn à l'action/au travail** jdn zum Handeln/zur Arbeit ermuntern; ~ **qn à l'achat** jdn zum Kaufen verführen; ~ **à l'investissement** Investitionsanreize schaffen; ~ **qn à la méfiance** jdm Misstrauen einflößen
incivil(e) [ɛ̃sivil] adj littér comportement, personne ungehobelt (pej)
incivique [ɛ̃sivik] mf BELG (collaborateur) Kollaborateur(in) m(f)
inclassable [ɛ̃klasabl] adj (hors catégorie) schwer einzuordnen; (admirable) herausragend
inclément(e) [ɛ̃klemɑ̃, ɑ̃t] adj ❶ vieilli juge unbarmherzig ❷ fig littér temps unfreundlich
inclinable [ɛ̃klinabl] adj verstellbar
inclinaison [ɛ̃klinɛzɔ̃] f ❶ (déclivité) d'une pente, route Gefälle nt; d'un toit, mur Schräge f
❷ (position penchée) Schrägstellung f, Schräglage f; d'un navire Schlagseite f; de la tête geneigte Haltung; d'une tour Neigung f
❸ ASTRON, GEOM Inklination f
inclination [ɛ̃klinasjɔ̃] f ❶ Neigung f; ~ **à** [o **pour**] **qc** Neigung zu etw; ~ **à faire qc** Neigung, etw zu tun
❷ (affection) [Zu]neigung f; ~ **pour qn** Zuneigung zu jdm
❸ (geste) Verneigung f, Verbeugung f
incliné(e) [ɛ̃kline] adj ❶ pente, terrain abschüssig; toit schräg; plan ~ schiefe Ebene
❷ (penché) schief; arbre, tête geneigt; ~(e) **vers qc** gegen etw geneigt
incliner [ɛ̃kline] <1> I. vt ❶ beugen buste, corps; schräg halten bouteille; verstellen dossier d'une chaise; auf die Seite legen navire; ~ **la tête** den Kopf neigen; (pour acquiescer) nicken; **inclinez le corps en avant!** beugt euch/beugen Sie sich nach vorne!
❷ littér (inciter) ~ **qn à qc** jdn zu etw veranlassen; ~ **qn à faire qc** jdn veranlassen, etw zu tun; **tout m'incline à penser qu'il viendra** alles bringt mich zu der Annahme, dass er kommen wird
II. vi ❶ (pencher pour) ~ **à qc** zu etw neigen [o tendieren]; **j'incline à penser que c'est vrai** ich neige zu der Ansicht, dass das wahr ist
❷ (inciter) ~ **à qc** zu etw einladen; ~ **à faire qc** dazu einladen, etw zu tun
III. vpr ❶ s'~ **devant qn/qc** sich vor jdm/etw verneigen
❷ (céder) s'~ **devant qn/qc** nachgeben, sich jdm/einer S. beugen
❸ SPORT s'~ **devant qn** jdm unterliegen
❹ (pencher) s'~ arbre, soleil: sich neigen; chemin, colline: abfallen; mur: schräg sein; navire: Schlagseite haben
inclure [ɛ̃klyʀ] <irr> vt ❶ (joindre, ajouter) ~ **qc dans qc** etw einer S. (Dat) beifügen; ~ **qc dans une enveloppe/liste** etw einem Brief beilegen/einer Liste hinzufügen; ~ **qc dans un contrat** etw in einen Vertrag aufnehmen
❷ (contenir, comprendre) einschließen
inclus(e) [ɛ̃kly, ɛ̃klyz] adj ❶ einschließlich (+ Gen); **jusqu'au dix mars** ~ bis einschließlich zehnten März; **le service est** ~ die Bedienung ist inbegriffen
❷ (ajouté) ~(e) **dans qc** einer S. (Dat) beigefügt; **le billet de cent euros** ~ **dans l'enveloppe** der beiliegende Hundert-Euro-Schein
❸ MATH ~(e) **dans qc** in etw (Dat) enthalten
inclusion [ɛ̃klyzjɔ̃] f ❶ ~ **dans qc** Einbeziehung f in etw (Akk)
❷ ANAT **c'est une ~ de dent de sagesse** der Weisheitszahn ist impaktiert (Fachspr.)
inclusivement [ɛ̃klyzivmɑ̃] adv einschließlich
incoercible [ɛ̃kɔɛʀsibl] adj littér nicht zu bändigen; désir unstillbar; besoin, toux nicht zu unterdrücken; rire hemmungslos
incognito [ɛ̃kɔɲito] I. adv inkognito
II. m Inkognito nt; **garder l'~** sein Inkognito wahren; **dans l'~** inkognito
incohérence [ɛ̃kɔeʀɑ̃s] f ❶ de propos, d'une œuvre Zusammenhang[s]losigkeit f; d'une conduite, personne Inkonsequenz f; d'un raisonnement Inkohärenz f (geh)
❷ (illogisme) Ungereimtheit f; (contradiction) Widerspruch m
incohérent(e) [ɛ̃kɔeʀɑ̃, ɑ̃t] adj ungereimt; texte, histoire unzusammenhängend, inkohärent (geh); comportement inkonsequent; gestes unmotiviert
incollable [ɛ̃kɔlabl] adj ❶ **du riz** ~ Reis, der nicht klebt
❷ fam. (imbattable) unschlagbar; ~ **en qc** [o **sur qc**] unschlagbar in etw (Dat)
incolore [ɛ̃kɔlɔʀ] adj farblos; sourire matt
incomber [ɛ̃kɔ̃be] <1> vi ~ **à qn** jdm zufallen; devoirs, responsabilité, travail: jdm obliegen; frais, réparations: zu jds Lasten gehen
incombustible [ɛ̃kɔ̃bystibl] adj nicht brennbar
incommensurable [ɛ̃kɔmɑ̃syʀabl] adj unermesslich; bêtise maßlos
incommodant(e) [ɛ̃kɔmɔdɑ̃, ɑ̃t] adj unangenehm; bruit störend
incommode [ɛ̃kɔmɔd] adj ❶ unbequem
❷ (peu pratique) unpraktisch; heure ungünstig; outil unzweckmäßig
incommodément [ɛ̃kɔmɔdemɑ̃] adv ❶ installé, logé unbequem
❷ (de façon peu pratique) unzweckmäßig; situé ungünstig

incommoder [ɛ̃kɔmɔde] <1> vt ~ **qn** bruit, fumée: jdn stören; chaleur: jdm unangenehm sein/werden; **j'étais incommodé(e) par le bruit** der Lärm störte mich
incommodité [ɛ̃kɔmɔdite] f littér ❶ d'un logement, d'un meuble Unzweckmäßigkeit f
❷ (désagrément) Unannehmlichkeit f
incommunicabilité [ɛ̃kɔmynikabilite] f Verständigungsschwierigkeiten Pl
incommunicable [ɛ̃kɔmynikabl] adj ❶ caractères, droits, privilèges unübertragbar
❷ pensée, sentiment unbeschreibbar
incomparable [ɛ̃kɔ̃paʀabl] adj unvergleichlich
incomparablement [ɛ̃kɔ̃paʀabləmɑ̃] adv jouer, chanter unübertrefflich; ~ **bien** unvergleichlich gut; ~ **mieux** ungleich besser
incompatibilité [ɛ̃kɔ̃patibilite] f ❶ Unvereinbarkeit f; de caractère Unverträglichkeit f; ~ **entre des personnes** Unverträglichkeit von Menschen; ~ **entre des choses** Unvereinbarkeit von Dingen; ~ **des groupes sanguins** Unverträglichkeit der Blutgruppen, Blutgruppeninkompatibilität f (Fachspr.); **il y a** ~ **entre deux fonctions** die beiden Ämter sind nicht miteinander zu vereinbaren
❷ INFORM Inkompatibilität f
incompatible [ɛ̃kɔ̃patibl] adj ❶ unvereinbar; caractères unverträglich; groupes sanguins, médicaments unverträglich; ~s **entre eux** nicht miteinander vereinbar; ~ **avec qc** unvereinbar mit etw
❷ INFORM nicht kompatibel
incompétence [ɛ̃kɔ̃petɑ̃s] f ❶ Inkompetenz f; ~ **en** [o **dans**] **qc** mangelnder Sachverstand in etw (Dat)
❷ JUR Unzuständigkeit f
incompétent(e) [ɛ̃kɔ̃petɑ̃, ɑ̃t] adj ❶ inkompetent; **être ~(e) en** [o **dans**] [o **sur**] **qc** sich in etw (Dat) nicht auskennen
❷ JUR nicht zuständig; tribunal unzuständig; **se déclarer ~(e)** sich für unzuständig erklären
incomplet, -ète [ɛ̃kɔ̃plɛ, -ɛt] adj unvollständig; œuvre, travail unvollendet; culture, vues lückenhaft; mesures unzulänglich
incomplètement [ɛ̃kɔ̃plɛtmɑ̃] adv nicht vollständig; renseigné ungenügend
incompréhensible [ɛ̃kɔ̃pʀeɑ̃sibl] adj ❶ (déconcertant) unverständlich; personne undurchschaubar
❷ (inintelligible) unverständlich
❸ (impénétrable) unbegreiflich; mystère rätselhaft
incompréhensif, -ive [ɛ̃kɔ̃pʀeɑ̃sif, -iv] adj verständnislos; **se montrer ~ à l'égard de qn** kein Verständnis für jdn zeigen; **se montrer ~ envers qn** jdm mit Verständnislosigkeit begegnen
incompréhension [ɛ̃kɔ̃pʀeɑ̃sjɔ̃] f Unverständnis nt, Verständnislosigkeit f; ~ **entre deux personnes** fehlendes Verständnis zwischen zwei Menschen
incompressible [ɛ̃kɔ̃pʀesibl] adj FIN, JUR nicht einschränkbar; **une peine** ~ **de dix ans de détention criminelle** eine Gefängnisstrafe von zehn Jahren ohne Haftminderung
incompris(e) [ɛ̃kɔ̃pʀi, iz] I. adj nicht verstanden; œuvre d'art unverstanden; artiste, génie verkannt
II. m(f) Unverstandene(r) f(m), verkannter Künstler/verkannte Künstlerin
inconcevable [ɛ̃kɔ̃svabl] adj (inimaginable) unvorstellbar; (incompréhensible) unbegreiflich; (incroyable) unglaublich; **il est ~ d'imaginer que ce sera ainsi** es ist unvorstellbar, dass es so sein wird
inconciliable [ɛ̃kɔ̃siljabl] adj intérêts, tendances unvereinbar; personnes unversöhnlich
inconditionnel(le) [ɛ̃kɔ̃disjɔnɛl] I. adj bedingungslos; **être ~(le) de qn/qc** hundertprozentig für jdn/etw sein
II. m(f) begeisterter Anhänger/begeisterte Anhängerin; **un ~ des sports d'hiver** ein begeisterter Wintersportler
inconditionnellement [ɛ̃kɔ̃disjɔnɛlmɑ̃] adv bedingungslos
inconduite [ɛ̃kɔ̃dɥit] f unmoralischer Lebenswandel
inconfort [ɛ̃kɔ̃fɔʀ] m ❶ d'un logement Mangel m an Komfort; d'un siège Unbequemlichkeit f
❷ (délicat) d'une position, situation Misslichkeit f
inconfortable [ɛ̃kɔ̃fɔʀtabl] adj ❶ maison ohne Komfort; lit, siège, position unbequem
❷ situation misslich
inconfortablement [ɛ̃kɔ̃fɔʀtabləmɑ̃] adv unbequem
incongru(e) [ɛ̃kɔ̃gʀy] adj unpassend; ton ungehörig; situation merkwürdig; conversation absurd
incongruité [ɛ̃kɔ̃gʀɥite] f d'une remarque Unangebrachtheit f; d'un geste, d'une parole Unschicklichkeit f; d'un ton Ungehörigkeit f; d'une situation Merkwürdigkeit f; d'un enfant Unartigkeit f; **commettre** [o **faire**] **des ~s** sich unschicklich benehmen
inconnaissable [ɛ̃kɔnɛsabl] I. adj unergründlich; **l'avenir nous est ~** wir kennen die Zukunft nicht
II. m **l'~** PHILOS das Unergründliche
inconnu [ɛ̃kɔny] m ❶ (personne) Unbekannte(r) m; **devant des ~s** vor Fremden; **être un ~ pour qn** für jdn ein Fremder sein

② *(ce qui est inconnu)* l'~ das Unbekannte
▶ **illustre** ~ *iron* völlig Unbekannter
inconnu(e) [ɛ̃kɔny] *adj* ❶ unbekannt; **il est ~ ici** er ist hier nicht bekannt
② *(nouveau)* unbekannt; *joie* nie gekannt; *odeur, parfum* ungewöhnlich
inconnue [ɛ̃kɔny] *f* ❶ Unbekannte *f*; **être une ~ pour qn** für jdn eine Fremde sein
② *(élément inconnu)* unbekannte Größe
❸ MATH Unbekannte *f*
inconsciemment [ɛ̃kɔ̃sjamɑ̃] *adv* ❶ *(sans s'en rendre compte)* unbewusst
② *(à la légère)* unüberlegt, leichtsinnig, leichtsinnigerweise
inconscience [ɛ̃kɔ̃sjɑ̃s] *f* ❶ *(évanouissement)* Bewusstlosigkeit *f*
② *(légèreté)* Leichtsinn *m*
❸ *(irresponsabilité)* Leichtfertigkeit *f*
❹ *(ignorance)* l'~ **du danger** das Unwissen um die Gefahr
inconscient [ɛ̃kɔ̃sjɑ̃] *m* ❶ *(fou)* Geistesgestörte(r) *m*
② *(irresponsable)* Leichtsinnige(r) *m*
❸ PSYCH Unbewusste(s) *nt*
inconscient(e) [ɛ̃kɔ̃sjɑ̃, jɑ̃t] *adj* ❶ *(évanoui)* bewusstlos
② *(qui ne se rend pas compte)* leichtsinnig; **être ~(e) de qc** sich *(Dat)* einer S. *(Gen)* nicht bewusst sein
❸ *(machinal, irréfléchi)* unbewusst; *effort, élan* spontan; PSYCH unbewusst
inconsciente [ɛ̃kɔ̃sjɑ̃t] *f* ❶ *(folle)* Geistesgestörte *f*
② *(irresponsable)* Leichtsinnige *f*
inconséquence [ɛ̃kɔ̃sekɑ̃s] *f* ❶ Inkonsequenz *f*; *d'une théorie, d'un raisonnement* Unlogik *f*
② *(légèreté)* Leichtsinnigkeit *f*
❸ *(acte irréfléchi)* Gedankenlosigkeit *f*; **agir avec ~** sich folgewidrig verhalten
inconséquent(e) [ɛ̃kɔ̃sekɑ̃, ɑ̃t] *adj* ❶ inkonsequent; *raisonnement* unlogisch; *comportement* folgewidrig
② *(irréfléchi)* unüberlegt; *personne* unüberlegt handelnd
inconsidéré(e) [ɛ̃kɔ̃sideʀe] *adj* unbesonnen
inconsidérément [ɛ̃kɔ̃sideʀemɑ̃] *adv* ohne zu überlegen, leichtsinnigerweise
inconsistance [ɛ̃kɔ̃sistɑ̃s] *f d'une argumentation* Unhaltbarkeit *f*, mangelnde Stichhaltigkeit; *d'un caractère* Haltlosigkeit *f*; *d'un roman, scénario* Inhaltslosigkeit *f*
inconsistant(e) [ɛ̃kɔ̃sistɑ̃, ɑ̃t] *adj* ❶ *(fragile, léger)* argumentation unhaltbar, nicht stichhaltig; *espoir* falsch; *programme, scénario* inhaltslos
② *(mou)* caractère, personne haltlos
❸ *(trop liquide)* wäss(e)rig; *crème* zu dünn
inconsolable [ɛ̃kɔ̃sɔlabl] *adj* untröstlich; **~ de qc** untröstlich über etw *(Akk)*
② *chagrin, malheur, peine* unermesslich
inconstance [ɛ̃kɔ̃stɑ̃s] *f* ❶ *(versatilité)* Unbeständigkeit *f*
② *(infidélité) d'un amant, d'une maîtresse* Flatterhaftigkeit *f*; **l'~ de son humeur** seine/ihre Launenhaftigkeit
❸ *(incertitude) de la fortune* Unbeständigkeit *f*
inconstant(e) [ɛ̃kɔ̃stɑ̃, ɑ̃t] *adj* ❶ *(versatile)* wankelmütig; *amant, maîtresse* flatterhaft
② *(incertain)* unbeständig
inconstitutionnel(le) [ɛ̃kɔ̃stitysjɔnɛl] *adj* JUR verfassungswidrig
inconstructible [ɛ̃kɔ̃stʀyktibl] *adj terrain* nicht bebaubar
incontestable [ɛ̃kɔ̃tɛstabl] *adj* unbestreitbar; *principe, réussite, droit* unbestritten; *fait, preuve* nicht zu leugnen; *qualité* einwandfrei; **il est ~ que c'est cher** es ist nicht zu leugnen, dass es teuer ist
incontestablement [ɛ̃kɔ̃tɛstabləmɑ̃] *adv* zweifellos
incontesté(e) [ɛ̃kɔ̃tɛste] *adj* ❶ unbestritten; *champion, leader* unangefochten; *personne* allgemein anerkannt
② JUR nicht streitig
incontinence [ɛ̃kɔ̃tinɑ̃s] *f* MED **~ [d'urine]**, **~ [urinaire]** unkontrollierter Harnfluss, [Harn]inkontinenz *f (Fachspr.)*; **~ nocturne** Bettnässen *nt*; **souffrir d'~** an Inkontinenz *(Dat)* leiden
incontinent(e) [ɛ̃kɔ̃tinɑ̃, ɑ̃t] *adj* an Inkontinenz *(Dat)* leidend *(Fachspr.)*; **être ~** *enfant:* Bettnässer *m* sein, einnässen
incontournable [ɛ̃kɔ̃tuʀnabl] *adj* unvermeidlich; *fait, exigence* unumgänglich; **ce problème est ~** an diesem Problem kommt niemand vorbei; **cet homme est ~** an diesem Mann führt kein Weg vorbei; **le caractère ~ de ces événements** die Zwangsläufigkeit dieser Ereignisse
incontrôlable [ɛ̃kɔ̃tʀolabl] *adj* ❶ nicht nachprüfbar
② *(irrépressible)* unkontrollierbar; *besoin, envie, passion* unbezwingbar; *attirance* unwiderstehlich; *mouvement* unwillkürlich
❸ *(ingouvernable)* unkontrollierbar; **devenir ~** außer Kontrolle geraten
incontrôlé(e) [ɛ̃kɔ̃tʀole] *adj* unkontrolliert
inconvenance [ɛ̃kɔ̃v(ə)nɑ̃s] *f* ❶ *d'une proposition, question, situation* Unschicklichkeit *f*

② *(action, parole)* Unanständigkeit *f*
inconvenant(e) [ɛ̃kɔ̃v(ə)nɑ̃, ɑ̃t] *adj* ❶ *(déplacé)* conduite, proposition unpassend
② *(indécent)* unanständig
inconvénient [ɛ̃kɔ̃venjɑ̃] *m* ❶ *(opp: avantage)* Nachteil *m*; *d'une situation* negative Begleiterscheinung
② *gén pl (conséquence fâcheuse)* unangenehme Folge
❸ *(obstacle)* **l'~, c'est que c'est cher** das Problem ist, dass es teuer ist
▶ **il n'y a pas d'~ à faire qc/à ce que qc soit fait** es spricht nichts dagegen, etw zu tun/dass etw getan wird; **ne pas voir d'~ à qc/à faire qc/à ce que qn fasse qc** nichts gegen etw haben/dagegen haben, etw zu tun/dagegen haben, dass jd etw tut; **sans ~** ohne Weiteres; *(sans danger)* ohne Risiko
inconvertible [ɛ̃kɔ̃vɛʀtibl] *adj monnaie* nicht eintauschbar
incoordination [ɛ̃kɔɔʀdinasjɔ̃] *f spéc* d'opérations militaires, de services administratifs mangelnde Koordination *f*
② MED Koordinationsstörung *f*
incorporable [ɛ̃kɔʀpɔʀabl] *adj* MIL wehrpflichtig
incorporation [ɛ̃kɔʀpɔʀasjɔ̃] *f* ❶ Vermengung *f*; **~ du sucre dans la pâte** Vermengung des Zuckers mit dem Teig
② *(annexion)* Eingliederung *f*; **l'~ d'une minorité dans une communauté** die Integration einer Minderheit in eine Gemeinschaft
❸ MIL Einziehung *f*, Einberufung *f*
incorporé(e) [ɛ̃kɔʀpɔʀe] *adj* TECH eingebaut
incorporel(le) [ɛ̃kɔʀpɔʀɛl] *adj* körperlos
incorporer [ɛ̃kɔʀpɔʀe] <1> **I.** *vt* ❶ GASTR, TECH *(mélanger)* unterheben *blancs battus en neige;* **~ qc à qc** einer S. *(Dat)* etw beimengen [*o* beimischen]; **~ du sucre à la pâte** dem Teig Zucker beimengen
② *(intégrer)* **~ qn/qc dans** [*o* à] **qc** jdn/etw in etw *(Akk)* einschließen; **~ un groupe** eine Gruppe eingliedern; **~ un paragraphe** einen Paragraphen einfügen; **~ un territoire dans qc** ein Gebiet an etw *(Akk)* anschließen; **~ qn dans sa famille** jdn in seine Familie aufnehmen; **~ qc dans un récit** etw in eine Erzählung einbauen
❸ MIL **~ qn dans qc** jdn zu etw einziehen [*o* einberufen]
II. *vpr* **s'~ à qc** *personne:* sich in etw *(Akk)* einfügen [*o* eingliedern]; *liquide, substance:* sich mit etw vermengen
incorrect(e) [ɛ̃kɔʀɛkt] *adj* ❶ *expression, style* nicht richtig; *montage* fehlerhaft; **une lecture ~e** ein ungenaues Durchlesen
② *(inconvenant)* unpassend; *langage, ton* unangemessen
❸ *(impoli)* ungehörig; **se montrer ~(e)** sich unkorrekt verhalten
❹ *(déloyal)* **~(e) en qc/avec qn** nicht seriös in etw *(Dat)*/mit jdm
❺ *(inconvenable)* stockage unsachgemäß
incorrectement [ɛ̃kɔʀɛktəmɑ̃] *adv* ❶ *(de façon défectueuse)* fehlerhaft
② *(de façon inconvenante)* unkorrekt
incorrection [ɛ̃kɔʀɛksjɔ̃] *f* ❶ *(faute)* Fehler *m*
② *(manque de correction) de style* Unkorrektheit *f*; *de langage* Fehlerhaftigkeit *f*
❸ *(impolitesse)* Ungehörigkeit *f*
incorrigible [ɛ̃kɔʀiʒibl] *adj a. antéposé* unverbesserlich
incorruptibilité [ɛ̃kɔʀyptibilite] *f* ❶ Unbestechlichkeit *f*
② *(caractère inaltérable) d'un matériau, d'une substance* Haltbarkeit *f*
incorruptible [ɛ̃kɔʀyptibl] **I.** *adj* ❶ unbestechlich
② *matériau, substance* haltbar; **un bois rendu ~ à l'humidité** imprägniertes Holz
II. *mf* Unbestechliche(r) *f(m)*
incoterms [ɛ̃kotɛʀm] *mpl abr de* **International Commercial Terms** ECON Incoterms *Pl*
incrédibilité [ɛ̃kʀedibilite] *f* Unglaubwürdigkeit *f*
incrédule [ɛ̃kʀedyl] **I.** *adj* ungläubig, kleingläubig *(pej)*; **rester ~** es einfach nicht glauben
II. *mf* Kleingläubige(r) *f(m) (pej)*
incrédulité [ɛ̃kʀedylite] *f* Unglaubigkeit *f*, Kleingläubigkeit *f (pej)*; **avec ~** ungläubig
incrément [ɛ̃kʀemɑ̃] *m* INFORM Inkrement *nt (Fachspr.)*
increvable [ɛ̃kʀəvabl] *adj* ❶ *fam personne* nicht kleinzukriegen *(fam)*; *appareil, voiture* unverwüstlich; **être vraiment ~** wirklich nicht totzukriegen sein *(fam)*
② *pneu* pannensicher; **un ballon ~** ein Ball, der nicht kaputtgeht
incriminer [ɛ̃kʀimine] <1> *vt* ❶ beschuldigen
② *(mettre en cause)* verantwortlich machen; in Zweifel ziehen *honnêteté;* **être incriminé(e)** beanstandet werden; **la chose incriminée** die besagte Sache
incrochetable [ɛ̃kʀɔʃ(ə)tabl] *adj* einbruchsicher; **serrure ~** Sicherheitsschloss *nt*
incroyable [ɛ̃kʀwajabl] *adj a. antéposé* ❶ *(extraordinaire)* unglaublich, ungeheuerlich; **c'est ~ de voir à quel point tout a changé** es ist unglaublich, wie sehr sich alles verändert hat

➋ *(bizarre)* unglaublich; **si ~ que cela puisse paraître** so unwahrscheinlich das auch scheinen mag
▶ **~ mais vrai** kaum zu glauben, aber wahr
incroyablement [ɛ̃kʀwajabləmɑ̃] *adv* unglaublich
incroyance [ɛ̃kʀwajɑ̃s] *f* Unglaube[n] *m*
incroyant(e) [ɛ̃kʀwajɑ̃, jɑ̃t] **I.** *adj* ungläubig, nicht gläubig
II. *m(f)* Ungläubige(r) *f(m)*
incrustation [ɛ̃kʀystasjɔ̃] *f* ❶ ART, COUT Einlegearbeit *f*, Intarsien *Pl*; *d'un édifice* Ornament *nt*
❷ MINER Ablagerung *f*; *d'une chaudière* Kesselstein *m*
❸ INFORM Pop-up Fenster *nt*
▶ **en ~** AUDIOV eingeblendet
incruster [ɛ̃kʀyste] <1> **I.** *vt* ❶ ART mit Einlegearbeit verzieren; **~ qc de diamants/mosaïques** etw mit [eingesetzten] Diamanten/[eingelegten] Mosaiken verzieren; **être incrusté(e) de qc** mit etw eingelegt sein
❷ *(entartrer)* **incrusté(e) de calcaire** verkalkt
II. *vpr* ❶ *fam (s'installer)* **s'~ chez qn** sich bei jdm einnisten
❷ *(adhérer fortement)* **s'~** *coquillage, odeur:* sich festsetzen
❸ *(se couvrir d'un dépôt)* **s'~ de qc** sich auf etw *(Dat)* festsetzen
❹ *(se graver)* **ce souvenir s'est incrusté dans ma mémoire** diese Erinnerung hat sich mir eingeprägt
incubateur [ɛ̃kybatœʀ] *m* ❶ MED Brutkasten *m*
❷ *(pour œufs)* Brutapparat *m*
incubation [ɛ̃kybasjɔ̃] *f* ❶ *(couvaison)* Bebrütung *f*
❷ MED Inkubationszeit *f*
incuber [ɛ̃kybe] <1> *vt* bebrüten *œufs*
inculpation [ɛ̃kylpasjɔ̃] *f* JUR Anklagepunkt *m*; **qn se trouve sous l'~ de qc** jdm wird etw zur Last gelegt; **sous l'~ de vol** unter Anklage wegen Diebstahls
inculpé(e) [ɛ̃kylpe] *m(f)* JUR Angeklagte(r) *f(m)*
inculper [ɛ̃kylpe] <1> *vt* **~ qn de qc** gegen jdn Anklage wegen einer S. *(Gen)* erheben
inculquer [ɛ̃kylke] <1> *vt* **~ qc à qn** jdm etw einprägen [*o* einbleuen *fam*]
inculte [ɛ̃kylt] *adj* ❶ brachliegend; **terres ~s** Brachland *nt*
❷ *(ignare)* ungebildet
incultivable [ɛ̃kyltivabl] *adj* nicht nutzbar
inculture [ɛ̃kyltyʀ] *f* Bildungsmangel *m*, Kulturlosigkeit *f*
incunable [ɛ̃kynabl] *m* TYP Inkunabel *f*
incurable [ɛ̃kyʀabl] **I.** *adj* ❶ MED unheilbar
❷ *(incorrigible)* unverbesserlich; *ignorance* unendlich; *paresse* chronisch
❸ *antéposé littér* unstillbar; *blessure* unheilbar; *amour* niemals versiegend *(geh)*
II. *mf* MED unheilbar Kranke(r) *f(m)*
incurie [ɛ̃kyʀi] *f* Unbekümmertheit *f*
incursion [ɛ̃kyʀsjɔ̃] *f* ❶ *(raid)* **l'~ des troupes ennemies dans le pays** der Einfall der feindlichen Truppen ins Land; **l'~ de pillards dans la région** der Überfall von Plünderern in der Gegend
❷ *(intrusion)* Eindringen *nt*
❸ *(passage rapide)* Ausflug *m*; **faire une ~ dans un domaine inconnu** sich auf ein unbekanntes Gebiet begeben
incurvé(e) [ɛ̃kyʀve] *adj* gebogen; *tracé* gekrümmt; *dossier* geschwungen; *côte* eingebuchtet; **être ~(e)** *rue:* eine Kurve machen; **un fauteuil à pieds ~s** ein Sessel mit geschwungenen Füßen
incurver [ɛ̃kyʀve] <1> **I.** *vt* biegen
II. *vpr* **s'~** *côte:* eingebuchtet sein; *route:* eine Kurve machen; *profil, surface:* sich wölben; *ligne:* sich krümmen
indatable [ɛ̃databl] *adj ouvrage* nicht datierbar
Inde [ɛ̃d] *f* ❶ GEOG **l'~** Indien *nt*, Vorderindien; **en ~** in Indien
❷ HIST **les ~s** Indien *nt*; **aux ~s** nach Indien; **route des ~s** Weg nach Indien
indéboulonnable [ɛ̃debulɔnablə] *adj fam* **être ~** sattelfest sein
indécemment [ɛ̃desamɑ̃] *adv* schamlos
indécence [ɛ̃desɑ̃s] *f* ❶ Anstößigkeit *f*; *d'une personne* Schamlosigkeit *f*; **avoir l'~ de faire qc** die Schamlosigkeit besitzen, etw zu tun
❷ *(inconvenance)* Ungehörigkeit *f*
❸ *pl (actes, propos)* Unanständigkeiten *Pl*
indécent(e) [ɛ̃desɑ̃, ɑ̃t] *adj* ❶ anstößig; *chanson, danse, geste, propos* anstößig; *personne* schamlos
❷ *(déplacé)* deplatziert; *joie* schamlos; *chance* unverschämt *(fam)*; **il est ~ que tu ries** es ist ungehörig, dass du lachst
indéchiffrable [ɛ̃deʃifʀabl] *adj* ❶ nicht zu entziffern; **un message ~** eine nicht zu entziffernde Nachricht
❷ *(incompréhensible)* schwer durchschaubar; *monde* unbegreiflich; *énigme* unlösbar; *visage* unergründlich
indéchirable [ɛ̃deʃiʀabl] *adj tissu* unzerreißbar
indécis(e) [ɛ̃desi, iz] **I.** *adj* ❶ unentschlossen; *marché* lustlos; **être ~(e) sur** [*o* **quant à**] **qc** sich *(Dat)* über etw *(Akk)* unschlüssig sein; **être ~(e) entre qc et qc** zwischen etw und etw *(Dat)* schwanken
❷ *(douteux)* unentschieden; *question* ungelöst; *résultat, victoire* un-

gewiss; *temps* wechselhaft
❸ *(indistinct)* *contours, forme* verschwommen
II. *m(f)* Unentschlossene(r) *f(m)*
indécision [ɛ̃desizjɔ̃] *f* Unentschlossenheit *f*; **~ sur** [*o* **quant à**] **qc** Unentschlossenheit in Bezug auf etw *(Akk)*; **dans l'~ il préfère attendre** wenn er unentschlossen ist, wartet er lieber ab; **être dans l'~ sur qc** sich *(Dat)* über etw *(Akk)* nicht schlüssig sein
indéclinable [ɛ̃deklinabl] *adj* undeklinierbar
indécomposable [ɛ̃dekɔ̃pozabl] *adj* ❶ *(qu'on ne peut décomposer)* nicht zerlegbar
❷ *fig (qu'on ne peut analyser)* untrennbar
indécrottable [ɛ̃dekʀɔtabl] *adj fam (incorrigible)* unverbesserlich
indéfectible [ɛ̃defɛktibl] *adj littér amour, attachement* unvergänglich; *confiance, volonté* unerschütterlich; *soutien, lien* beständig
indéfendable [ɛ̃defɑ̃dabl] *adj* ❶ nicht zu verteidigen
❷ *(insoutenable)* unvertretbar; *point de vue* unhaltbar
indéfini(e) [ɛ̃defini] *adj* ❶ *(indéterminé)* unbestimmt
❷ *(illimité)* *espace, nombre, progrès, temps* unbegrenzt
❸ GRAM unbestimmt; **adjectif ~** attributives Indefinitpronomen
indéfiniment [ɛ̃definimɑ̃] *adv* auf unbegrenzte Zeit
indéfinissable [ɛ̃definisabl] *adj* undefinierbar; *charme* eigener; *émotion, malaise, trouble* unerklärlich
indéformable [ɛ̃defɔʀmabl] *adj* formbeständig; *voiture, habitacle* formstabil; **être ~** *vêtement:* seine Form behalten
indéfrisable [ɛ̃defʀizabl] *f vieilli* Dauerwelle *f*
indélébile [ɛ̃delebil] *adj* ❶ nicht zu entfernen; *couleur* waschecht; *rouge à lèvres* kussecht, wischfest; **encre ~** dokumentenechte Tinte
❷ *impression, marque, souvenir* unauslöschlich
indélicat(e) [ɛ̃delika, at] *adj* ❶ *(malhonnête)* gewissenlos
❷ *(grossier)* taktlos; **tu as été très ~ en mentionnant le nom de Paul** es war nicht sehr zartfühlend von dir, Paul zu erwähnen
indélicatesse [ɛ̃delikatɛs] *f* ❶ Skrupellosigkeit *f*, Gewissenlosigkeit *f*
❷ *(grossièreté)* Taktlosigkeit *f*
indémaillable [ɛ̃demajabl] *adj vieilli bas, jersey* maschenfest; **en ~** aus maschenfestem Gewebe
indemne [ɛ̃dɛmn] *adj* unversehrt; **sortir ~ de qc** etw ohne Schaden überstehen; **sortir ~ de l'accident** bei dem Unfall nicht verletzt werden
indemnisable [ɛ̃dɛmnizabl] *adj* zu entschädigen; **les dommages sont ~** *s* für die Schäden ist aufzukommen
indemnisation [ɛ̃dɛmnizasjɔ̃] *f* Schaden[s]ersatz *m*; *d'un associé* Abfindung *f*; *(dédommagement versé par l'État)* Entschädigung *f*; **~ salariale** Entschädigung für den Verdienstausfall; **~ des dommages de guerre** Reparationszahlungen *Pl* für die Kriegsschäden; **~ de la valeur matérielle** ECON Sachwertabfindung; **~ pour le reste de la dette** ECON Ausfallentschädigung
indemniser [ɛ̃dɛmnize] <1> *vt* **~ qn de qc** jdm etw erstatten; **j'ai été indemnisé(e)** man hat mir die Kosten erstattet
❷ *(régler un sinistre)* **~ qn pour qc** jdm Schaden[s]ersatz für etw leisten; *État:* jdn für etw entschädigen; *assurances, assureur:* [jdm] den Schaden für etw zahlen; **~ qn par qc** FIN jdm etw als Abstandsgeld zahlen
❸ COM bonifizieren
indemnité [ɛ̃dɛmnite] *f* ❶ *a.* JUR *(réparation)* Schaden[s]ersatz *m*; *(payé par l'État)* Entschädigung *f*; *(forfait)* Abfindung *f*; FIN Abstandsgeld *nt*; **~ compensatrice** Abgeltung *f*, Ausgleichsleistung *f*; **~ compensatrice de dommages et intérêts** Abgeltung von Schadensansprüchen; **~ globale** Globalentschädigung; **~ spéciale** Sondervergütung *f*; **~ versée à l'associé retrayant d'une société** Abfindungsguthaben *nt*; **~ de dommages et intérêts pour non-exécution de l'obligation** Schadenersatz wegen Nichterfüllung; **~ en valeur comptable** Buchwertabfindung *(Fachspr.)*; **~ pour dépenses supplémentaires** Mehraufwandsentschädigung; **~ pour frais professionnels** Dienstaufwandsentschädigung
❷ *(prime)* Zulage *f*; *d'un maire, conseiller régional* Bezüge *Pl*; *(journalière)* Krankengeld *nt*; *(en cas de maternité)* Mutterschaftshilfe *f*
❸ POL **~ parlementaire** Diäten *Pl*; **~s parlementaires annuelles** Jahresbezüge *Pl*
❹ COM Bonifikation *f*
◆ **~ en argent** Geldentschädigung *f*; **~ en capital** Kapitalabfindung *f*; **~ de chômage** Arbeitslosengeld *nt*; **~ de déplacement** Reisekostenvergütung *f*; **~ des frais** Aufwendungsentschädigung *f*; **~ de guerre** Kriegsentschädigung *f*; **~ de licenciement** Entlassungsabfindung *f*, Entlassungsentschädigung *f*, Kündigungsentschädigung *f*; **~ de logement** Wohnungsgeld *nt*; **~ de période d'attente** Karenzentschädigung *f*
indémodable [ɛ̃demɔdabl] *adj vêtement* zeitlos
indémontable [ɛ̃demɔ̃tabl] *adj* **qc est ~** etw kann nicht auseinandergenommen werden; *(ne peut pas être enlevé)* etw kann nicht abmontiert werden
indémontrable [ɛ̃demɔ̃tʀabl] *adj* nicht beweisbar

indéniable [ɛ̃denjabl] *adj* unleugbar; **il est ~ que c'est vrai** es lässt sich nicht leugnen [*o* bestreiten], dass es wahr ist

indéniablement [ɛ̃denjabləmɑ̃] *adv* zweifellos

indépendamment [ɛ̃depɑ̃damɑ̃] *adv (en dehors de cela)* unabhängig davon
▶ **~ de qc** *(outre)* zusätzlich zu etw; *(abstraction faite de)* ungeachtet einer S. *(Gen)*; *(sans dépendre de)* unabhängig von etw

indépendance [ɛ̃depɑ̃dɑ̃s] *f* ❶ *(liberté)* Unabhängigkeit *f*; **~ d'idées** Eigenständigkeit *f* der Gedanken; **de caractère** Charakterstärke *f*; **en toute ~ d'esprit** ganz unvoreingenommen
❷ *(autonomie, souveraineté)* Unabhängigkeit *f*; **la guerre de l'~ grecque** der Griechische Freiheitskrieg; **accéder à l'~** die Unabhängigkeit erlangen; **proclamer son ~** seine Unabhängigkeit erklären
❸ *(absence de dépendance)* **l'~ de ces deux événements** die Unabhängigkeit dieser beiden Ereignisse [voneinander]

indépendant [ɛ̃depɑ̃dɑ̃] *m* ART, POL **les Indépendants** die Unabhängigen

indépendant(e) [ɛ̃depɑ̃dɑ̃, ɑ̃t] *adj* ❶ unabhängig; *(qui se débrouille tout seul)* selb(st)ständig; *(qui est son propre maître)* eigenständig
❷ *(souverain)* unabhängig
❸ *(à son compte)* selb(st)ständig; *artiste, architecte, photographe* freischaffend; *collaborateur, journaliste* frei
❹ *(indocile)* eigenwillig
❺ *(séparé) chambre* separat; *questions, systèmes* voneinander unabhängig; *roues* mit Einzelaufhängung
❻ *(sans liaison avec)* **~(e) de qn/qc** von jdm/etw unabhängig; **pour des raisons ~es de notre volonté** aus Gründen, die außerhalb unserer Kontrolle liegen

indépendante [ɛ̃depɑ̃dɑ̃t] *f* GRAM Hauptsatz *m*

indépendantiste [ɛ̃depɑ̃dɑ̃tist] I. *adj* POL separatistisch; *mouvement, parti* Unabhängigkeits-
II. *mf* Separatist(in) *m(f)*; **chef des ~s** Anführer(in) *m(f)* der Separatisten

indéracinable [ɛ̃deʀasinabl] *adj* tiefsitzend; *préjugé* unausrottbar; *personne* nicht wegzudenken

indéréglable [ɛ̃deʀeglabl] *adj* TECH *mécanisme* absolut zuverlässig; **l'horloge est ~** die Uhr geht immer genau

indescriptible [ɛ̃dɛskʀiptibl] *adj a. antéposé* unbeschreiblich

indésirable [ɛ̃deziʀabl] I. *adj* unerwünscht
II. *mf* unerwünschte Person

indestructible [ɛ̃dɛstʀyktibl] *adj* unzerstörbar; *tissu* unverwüstlich; *foi, solidarité* unerschütterlich; *liaison, amour* dauerhaft; *personne* nicht unterzukriegen *(fam)*; **impression ~** bleibender Eindruck

indétectable [ɛ̃detɛktabl] *adj* [über Radar] nicht erfassbar; *erreur* unauffindbar

indéterminable [ɛ̃detɛʀminabl] *adj* ❶ SCI *grandeur* unbestimmt
❷ *(indéfinissable)* unbestimmbar

indétermination [ɛ̃detɛʀminasjɔ̃] *f* ❶ *(indécision)* Unentschlossenheit *f*; *(permanente)* Entschlusslosigkeit *f*
❷ *(imprécision)* Unbestimmtheit *f*

indéterminé(e) [ɛ̃detɛʀmine] *adj* ❶ *(non précisé)* unbestimmt; *date* nicht festgesetzt; MATH unbestimmt
❷ *(incertain)* unbestimmt; *sens, termes* vage
❸ *(indistinct)* verschwommen
❹ *(indécis)* **être ~(e) sur qc** sich *(Dat)* in Bezug auf etw *(Akk)* noch nicht sicher sein, in Bezug auf etw *(Akk)* unentschlossen sein

indétrônable [ɛ̃detʀonablə] *adj* unschlagbar; **être ~** fest im Sattel sitzen

index [ɛ̃dɛks] *m* ❶ *(doigt)* Zeigefinger *m*
❷ *a.* INFORM *(table alphabétique)* Verzeichnis *nt*, Index *m*; **~ des mots-clés** Stichwortverzeichnis
❸ *(repère mobile)* Zeiger *m*
❹ REL **l'Index** der Index
▶ **être à l'Index** auf dem Index stehen; **mettre qc à l'~** *(condamner)* etw auf den Index setzen, etw indizieren; *(boycotter)* etw auf die schwarze Liste setzen

indexation [ɛ̃dɛksasjɔ̃] *f* ECON, FIN Indexierung *f*, Indexbindung *f*; JUR Wertsicherung *f*

indexé(e) [ɛ̃dɛkse] *adj* ECON, FIN indexgebunden, an den/einen Index gekoppelt; **~(e) sur le salaire** *retraite* lohnbezogen

indexer [ɛ̃dɛkse] <1> *vt* ❶ ECON, FIN **~ qc sur qc** etw an etw *(Akk)* koppeln
❷ JUR indexieren

indic [ɛ̃dik] *m arg abr de* **indicateur** [de police] Spitzel *m*

indicateur [ɛ̃dikatœʀ] *m* ❶ **~ de police** Polizeispitzel *m*
❷ CHEMDFER Kursbuch *nt*
❸ *(index)* **~ des rues** Straßenverzeichnis *nt*
❹ TECH Anzeiger *m*, Messgerät *nt*
❺ ECON, BOURSE Indikator *m*; **~ conjoncturel** [*o* **économique**] Wirtschaftsindikator, Konjunkturindikator; **~ de masse monétaire** Geldmengenindikator
◆ **~ de niveau d'eau** Wasserstandsanzeiger *m*; **~ de pression** Druckmesser *m*; **~ de pression d'huile** MECANAUT Öldruckanzeige *f*, Öldruckmesser *m*; **~ de production** Produktionsziffer *f*; **~ de tendance** Börsenindex *m*; **~ de vitesse** Geschwindigkeitsmesser *m*, Tachometer *m*; *(aiguille)* Tachometernadel *f*; *(dans un avion)* Fahrtmesser

indicateur, -trice [ɛ̃dikatœʀ, -tʀis] *adj panneau, plaque* Hinweis-; *poteau* ~ Wegweiser *m*; **tableau ~** Anzeigetafel *f*; **borne indicatrice** Markierungsstein *m*

indicatif [ɛ̃dikatif] *m* ❶ TELEC Vorwahl *f*, Vorwahlnummer *f*, Vorwählnummer; **~ départemental** ≈ Ortskennzahl *f*
❷ TV, RADIO Erkennungsmelodie *f*; *(jingle)* Titelmelodie *f*
❸ GRAM Indikativ *m*, Wirklichkeitsform *f*; **à l'~** im Indikativ

indicatif, -ive [ɛ̃dikatif] *adj* ❶ *(qui renseigne)* annähernd; *vote* aufschlussreich; **prix ~** Richtpreis *m*; **à titre ~** zur Kenntnisnahme; **ce chiffre n'est qu'~** das ist nur ein Näherungswert
❷ LING **mode ~** Indikativ *m*, Wirklichkeitsform *f*

indication [ɛ̃dikasjɔ̃] *f* ❶ Hinweis *m*, Auskunft *f*; **~ sur qc** Hinweis auf etw *(Akk)*; **~s détaillées** detaillierte Angaben *Pl*; **sur les ~s de qn** auf jds Angaben hin; **~ de l'heure** Uhrzeitangabe *f*
❷ *d'une adresse, d'un numéro, prix, de références* Angabe *f*; **d'un virage dangereux** Signalisierung *f*
❸ *(prescription)* Anweisung *f*; **~ scénique** Regieanweisung *f*
❹ *(indice)* Hinweis *m*; **~ de qc** Hinweis auf etw *(Akk)*, Anzeichen *nt* für etw
❺ MED Indikation *f*
❻ JUR **~ d'une fausse identité** Identitätstäuschung *f*; **~ par une partie de ses moyens de preuve** Beweisantritt *m*
▶ **sauf ~ contraire** wenn nichts Gegenteiliges verlautet
◆ **~ du cours** ECON Kursangabe *f*; **~ d'erreur** Fehlermeldung *f*; **~ d'origine** JUR, COM Ursprungsbezeichnung *f*, Ursprungsvermerk *m*, Herkunftsangabe *f*; **~ de prix** Preisangabe *f*; **~ de provenance** JUR, COM Herkunftsbezeichnung *f*, Herkunftsangabe *f*

indicatrice [ɛ̃dikatʀis] *f* **~ de police** Polizeispitzel *m*

indice [ɛ̃dis] *m* ❶ Anzeichen *nt*; *(constatation)* Zeichen *nt*
❷ *(trace)* Spur *f*
❸ JUR Indiz *nt*; **série d'~s** Indizienkette *f*
❹ ECON, FIN Indexzahl *f*; ADMIN Besoldungsgruppe *f*; **~ boursier** Börsenindex *m*; **~ global** Gesamtindex; **~ Nikkei** Nikkei-Index; **~ mensuel des prix** monatlicher Preisindex; **~ planifié** Planauflage *f*, Planaufgabe *f*; **~ de l'impôt foncier** Grundsteuermessbetrag *m*; **~ des prix des matières premières** Rohstoffpreisindex
❺ MATH Index *m*
◆ **~ de branche** Branchenindex *m*; **~ du coût de la vie** Preisindex *m* für die Lebenshaltung, Lebenshaltungskostenindex; **~ d'écoute** RADIO, TV Einschaltquote *f*; **~s des finances** finanzwirtschaftliche Kennzahlen *Pl*; **~ de l'impôt** Steuermessbetrag *m*; **~ d'octane** AUT Oktanzahl *f*; **~ de performance** FIN Leistungskriterium *nt*, Performance-Index *m* *(Fachspr.)*; **~ des prix** Preisindex *m*, Preissteigerungsrate *f*; **~ de rendement** Leistungskriterium *nt*

indiciaire [ɛ̃disjɛʀ] *adj* **grille ~** Besoldungsstaffelung *f*; **classement ~** Einstufung *f* in eine Besoldungsgruppe

indicible [ɛ̃disibl] I. *adj littér* unaussprechlich; *charme* unbeschreiblich
II. *m littér* **l'~** das Unaussprechliche

indien(ne) [ɛ̃djɛ̃, jɛn] *adj* ❶ *(d'Inde)* indisch
❷ *(d'Amérique)* indianisch

Indien(ne) [ɛ̃djɛ̃, jɛn] *m(f)* ❶ *(habitant de l'Inde)* Inder(in) *m(f)*
❷ *(indigène d'Amérique)* Indianer(in) *m(f)*; **d'Amérique du Sud** Indio *m*/Indiofrau *f*

indifféremment [ɛ̃difeʀamɑ̃] *adv* in gleicher Weise, unterschiedslos

indifférence [ɛ̃difeʀɑ̃s] *f* ❶ Gleichgültigkeit *f*; **~ pour** [*o* **à l'égard de**] **qn/qc** Gleichgültigkeit jdm/einer S. gegenüber
❷ *(manque d'intérêt)* Desinteresse *nt*; **~ en qc** Desinteresse an etw *(Dat)*
❸ *(détachement)* Teilnahmslosigkeit *f*

indifférencié(e) [ɛ̃difeʀɑ̃sje] *adj* unterschiedslos

indifférent(e) [ɛ̃difeʀɑ̃, ɑ̃t] I. *adj* ❶ *(insensible) attitude, personne* gleichgültig; *regard, visage* unbeteiligt; **une mère ~e** eine gefühllose Mutter; **être ~(e) à qc** einer S. *(Dat)* gleichgültig gegenüberstehen; **être ~(e) à une personne** kein Interesse an einem Menschen zeigen; **laisser qn ~** jdn unberührt lassen
❷ *(égal)* **être ~(e) à qn** *personne:* jdm gleichgültig sein; *choix, sort, avis:* jdm gleich[gültig] *fam* sein; **il est ~ à qn de faire qc** es ist jdm gleichgültig, ob er etw tut; **il est ~ à qn que qc se fasse ou pas** es ist jdm gleichgültig, ob etw getan wird oder nicht
❸ *(sans importance)* belanglos; *renseignement* unwichtig
II. *m(f)* Gleichgültige(r) *f(m)*

indifférer [ɛ̃difeʀe] <5> *vt* nicht tangieren *(geh)*

indigence [ɛ̃diʒɑ̃s] *f* ❶ Bedürftigkeit *f*; **dans l'~** in Not

indigène [ɛ̃diʒɛn] I. adj ❶ einheimisch; **les populations ~s** die Einheimischen
❷ *(opp: blanc)* eingeboren; **ville ~** Stadtteil *m* der Eingeborenen
❸ BOT, ZOOL heimisch
II. *mf* ❶ Einheimische(r) *f(m)*
❷ *(opp: blanc)* Eingeborene(r) *f(m)*
indigent(e) [ɛ̃diʒɑ̃, ʒɑ̃t] I. adj ❶ *personne* bedürftig
❷ *(faible) style; imagination* gering
II. *m(f)* Bedürftige(r) *f(m)*
indigeste [ɛ̃diʒɛst] adj ❶ *cuisine, nourriture* ungenießbar, schwer verdaulich, unverdaulich
❷ *fig érudition, lecture, ouvrage, roman* schwer verdaulich
indigestion [ɛ̃diʒɛstjɔ̃] *f* Magenverstimmung *f;* **avoir une ~ de qc** nicht mehr etw den Magen verdorben haben *(fam)*
indignation [ɛ̃diɲasjɔ̃] *f* Empörung *f,* Entrüstung *f;* **se détourner avec ~** sich indigniert abwenden *(geh)*
indigne [ɛ̃diɲ] adj ❶ **être ~ de qn/qc** jds/einer S. nicht würdig sein; **être ~ de faire qc** es nicht wert sein, etw zu tun
❷ *(inconvenant)* **être ~ de qn** *action, attitude, sentiment:* unter jds Würde *(Dat)* sein, jds nicht würdig sein
❸ *(odieux)* unwürdig, schändlich; **mère ~** Rabenmutter *f;* **époux/fils ~** Ehegatte/Sohn, der diesen Namen nicht verdient
indigné(e) [ɛ̃diɲe] adj empört, entrüstet, indigniert *(geh);* **~(e) de qc** entrüstet über etw *(Akk)*
indignement [ɛ̃diɲ(ə)mɑ̃] adv schändlich
indigner [ɛ̃diɲe] <1> I. vt empören
II. vpr **s'~ contre qn/contre** [*o* **de**] **qc** sich über jdn/etw empören [*o* entrüsten]; **s'~ de faire qc/[de ce] que qc se produise** sich darüber empören [*o* entrüsten], etw zu tun/dass etw geschieht
indignité [ɛ̃diɲite] *f* ❶ *(bassesse)* Unwürdigkeit *f*
❷ *(traitement, acte)* Schändlichkeit *f,* Gemeinheit *f*
indigo [ɛ̃digo] I. *m* Indigo *m o nt*
II. app inv indigo[blau]
indiqué(e) [ɛ̃dike] adj ❶ angebracht, ratsam
❷ *(adéquat)* geeignet; **être tout(e) ~(e)** genau das Richtige sein; **le Louvre est le lieu tout ~** der Louvre ist genau der richtige Ort
❸ *(fixé)* angegeben; *date* festgelegt
indiquer [ɛ̃dike] <1> vt ❶ *personne:* zeigen; *écriteau, flèche, horloge:* anzeigen; **~ qn/qc de la main** mit dem Finger auf jdn/etw deuten; **~ que c'est là** anzeigen, dass es da ist; **qu'indique le panneau?** was steht auf dem Schild?
❷ *(recommander)* nennen
❸ *(dire)* angeben; *(expliquer)* erklären; **~ à qn comment y aller/ce que cela représente** jdm sagen, wie er dorthin kommt/was das darstellt
❹ *(révéler)* hinweisen auf *(+ Akk),* anzeigen; **~ que qn est passé** anzeigen [*o* darauf hinweisen], dass jd vorübergegangen ist; **rien n'indique qu'il est** [*o* **soit**] **parti** nichts deutet darauf hin, dass er gegangen ist; **tout indique qu'il n'est plus là** alles deutet darauf hin, dass er nicht mehr da ist
❺ *(marquer)* kennzeichnen, kenntlich machen
indirect(e) [ɛ̃diʀɛkt] adj indirekt; **par des moyens ~s** auf Umwegen
indirectement [ɛ̃diʀɛktəmɑ̃] adv indirekt, auf indirekte Weise
indiscernable [ɛ̃disɛʀnabl] adj nicht zu unterscheiden; *différences, nuances* nicht erkennbar
indiscipline [ɛ̃disiplin] *f* Disziplinlosigkeit *f;* **acte d'~** disziplinloses Verhalten; **pour ~** wegen disziplinlosen Verhaltens
indiscipliné(e) [ɛ̃disipline] adj undiszipliniert; *cheveux* ungebändigt
indiscret, -ète [ɛ̃diskʀɛ, ɛt] I. adj ❶ *yeux, personne* neugierig
❷ *(bavard)* indiskret, schwatzhaft; **commérages ~s** Klatsch *m*
❸ *(inconvenant)* indiskret; *familiarité, démarche* zudringlich, plump; *présence* lästig
II. *m, f (personne bavarde)* schwatzhafter Mensch; *(personne curieuse)* Neugierige(r) *f(m)*
indiscrètement [ɛ̃diskʀɛtmɑ̃] adv ❶ *(de façon importune)* indiskreterweise
❷ *(par des bavardages)* durch Schwatzhaftigkeit
indiscrétion [ɛ̃diskʀesjɔ̃] *f* ❶ Indiskretion *f;* **sans ~, peut-on savoir si ...?** kann man – ohne indiskret sein zu wollen – erfahren, ob ...?
❷ *(tendance à divulguer)* Indiskretion *f,* Schwatzhaftigkeit *f*
❸ *(acte, bavardage)* Indiskretion *f,* indiskrete Äußerung; **commettre beaucoup d'~s** sehr indiskret sein
indiscutable [ɛ̃diskytabl] adj *fait* unumstößlich; *succès, supériorité, réalité* unbestreitbar; *personne, crédibilité* über jeden Zweifel erhaben; *témoignage* hieb- und stichfest; **il est ~ que** es besteht kein Zweifel darüber, dass
indiscutablement [ɛ̃diskytabləmɑ̃] adv zweifellos, fraglos
indiscuté(e) [ɛ̃diskyte] adj unbestritten
indispensable [ɛ̃dispɑ̃sabl] I. adj unbedingt notwendig; *précautions* unerlässlich; *devoir* unvermeidlich; *objet, personne* unentbehrlich; **savoir se rendre ~** sich unentbehrlich machen; **il est ~ de faire qc/que qc soit fait** man muss unbedingt etw tun/es muss unbedingt etw getan werden; **il est ~ que nous prenions une assurance** wir müssen unbedingt eine Versicherung abschließen; **être ~ à qn/qc** [*o* **pour qc**] für jdn unentbehrlich/für etw unerlässlich sein
II. *m* **l'~** das Nötigste; **faire l'~** das Notwendigste tun
indisponibilité [ɛ̃disponibilite] *f d'une personne* mangelnde Verfügbarkeit; SPORT Ausfall *m*
indisponible [ɛ̃disponibl] adj nicht verfügbar; SPORT nicht einsetzbar
indisposé(e) [ɛ̃dispoze] adj ❶ unpässlich
❷ *euph femme* unwohl *(veraltet)*
indisposer [ɛ̃dispoze] <1> vt ❶ verstimmen; **~ les gens contre soi** die Leute gegen sich aufbringen
❷ *(incommoder)* **la chaleur indispose qn** jd verträgt die Hitze schlecht; **l'odeur l'indispose** von dem Geruch wird [es] ihm/ihr schlecht
indisposition [ɛ̃dispozisjɔ̃] *f* ❶ Unpässlichkeit *f*
❷ *euph (règles)* Unwohlsein *nt (veraltet)*
indissociable [ɛ̃disɔsjabl] adj nicht voneinander zu trennen; *amants, amis* unzertrennlich; **être ~ de qc** untrennbar mit etw verbunden sein
indissolubilité [ɛ̃disɔlybilite] *f* Unauflöslichkeit *f,* Unauflösbarkeit *f; d'une association* Unauflösbarkeit *f*
indissoluble [ɛ̃disɔlybl] adj unauflöslich, unauflösbar
indissolublement [ɛ̃disɔlybləmɑ̃] adv unauflöslich; **des problèmes ~ liés** aufs Engste miteinander verknüpfte Probleme
indistinct(e) [ɛ̃distɛ̃, ɛ̃kt] adj ❶ *murmure, vision* undeutlich; *couleur* undefinierbar; *objet* nicht deutlich erkennbar; *voix* nicht deutlich wahrnehmbar
❷ *impression* oberflächlich; *projet* unausgereift; *sentiment* unbestimmt; *souvenir* blass
indistinctement [ɛ̃distɛ̃ktəmɑ̃] adv ❶ ohne Unterschied, gleichermaßen
❷ *prononcer, apercevoir* undeutlich
indium [ɛ̃djɔm] *m* CHIM Indium *nt*
individu [ɛ̃dividy] *m* ❶ Person *f,* menschliches Wesen; *péj* Individuum *nt;* **drôle d'~** komischer Kauz
❷ SOCIOL, BIO Individuum *nt*
individualisation [ɛ̃dividɥalizasjɔ̃] *f* Individualisierung *f;* **~ de la peine** dem Einzelfall angepasstes Strafmaß
individualisé(e) [ɛ̃dividɥalize] adj individuell; *style* persönlich geprägt; *groupe musical* mit eigenem Stil; *voiture, appartement* auf individuelle Bedürfnisse abgestimmt; *salaire* leistungsbezogen
individualiser [ɛ̃dividɥalize] <1> I. vt ❶ dem Einzelfall anpassen *attitude;* auf individuelle Bedürfnisse abstimmen *appartement, voiture;* JUR dem Einzelfall anpassen *peine;* **~ son style** einer S. *(Dat)* eine eigene Prägung geben
❷ *(particulariser)* voneinander unterscheiden
II. vpr **s'~** *(se différencier) cellule:* eine neue Einheit bilden; *forme, manière, style:* individuell werden; *(s'accentuer)* eigener werden
individualisme [ɛ̃dividɥalism] *m* Individualismus *m*
individualiste [ɛ̃dividɥalist] I. adj ❶ PHILOS individualistisch
❷ *péj* egozentrisch
II. *mf* ❶ Individualist(in) *m(f)*
❷ *péj* Egozentriker(in) *m(f)*
individualité [ɛ̃dividɥalite] *f* ❶ Persönlichkeit *f*
❷ PHILOS *(unité)* Wesenseinheit *f; (caractère)* Individualität *f; (être)* Einzelwesen *nt*
❸ *(particularité)* Eigenart *f;* **un style d'une forte ~** ein ganz eigener Stil
individuel(le) [ɛ̃dividɥɛl] I. adj persönlich; *propriété* privat, Privat-, persönlich; *responsabilité, initiative* eigen, Eigen-; *épreuve, réclamation* einzeln; *destin, cas* Einzel-; **maison ~le** Einfamilienhaus *nt;* **sport ~** Einzelwettkampf *m*
II. *m(f) (sportif)* Einzelkämpfer(in) *m(f)*
individuellement [ɛ̃dividɥɛlmɑ̃] adv einzeln
indivis(e) [ɛ̃divi[z], iz] adj JUR gemeinschaftlich; **copropriétaires ~** Gesamthänder *Pl;* **succession ~e** ungeteilte Erbengemeinschaft *f,* ungeteilter Nachlass *m*
▶ **par ~** gemeinschaftlich
indivisibilité [ɛ̃divizibilite] *f* Unteilbarkeit *f*
indivisible [ɛ̃divizibl] adj unteilbar
indivision [ɛ̃divizjɔ̃] *f* JUR Gesamthandsgemeinschaft *f*
▶ **en ~** gesamthänderisch verwaltet
Indochine [ɛ̃doʃin] *f* HIST **l'~** Indochina *nt*
indochinois(e) [ɛ̃doʃinwa, waz] adj HIST indochinesisch
Indochinois(e) [ɛ̃doʃinwa, waz] *m(f)* HIST Indochinese *m*/-chinesin *f*
indocile [ɛ̃dɔsil] adj aufsässig; *cheval* störrisch; *pensée* widerspenstig

indocilité [ɛ̃dɔsilite] f Unbelehrbarkeit f; *d'un animal* störrisches Wesen
indo-européen [ɛ̃doœʀɔpeɛ̃] m l'~ Indoeuropäisch nt, das Indoeuropäische, Indogermanisch nt, das Indogermanische **indoeuropéen(ne)** [ɛ̃doœʀɔpeɛ̃, ɛn] <indo-européens> adj indoeuropäisch, indogermanisch **Indo-européen(ne)** [ɛ̃doœʀɔpeɛ̃, ɛn] <Indo-européens> m(f) Indogermane m/-germanin f, Indoeuropäer(in) m(f)
indolence [ɛ̃dɔlɑ̃s] f Trägheit f
indolent(e) [ɛ̃dɔlɑ̃, ɑ̃t] I. adj träge, indolent *(geh); caractère* phlegmatisch; *geste* lässig
II. m(f) Phlegmatiker(in) m(f)
indolore [ɛ̃dɔlɔʀ] adj schmerzlos; *plaie, tumeur* nicht schmerzend; être ~ nicht wehtun
indomptable [ɛ̃dɔ̃tabl] adj ❶ *animal* unzähmbar; *peuple* nicht zu bändigen; *hum femme* widerspenstig
❷ *tempérament* unbändig; *volonté, caractère* unbeugsam; *orgueil* nicht zu brechen
indompté(e) [ɛ̃dɔ̃te] adj ❶ wild; *cheval* ungezähmt; *peuple* ungebändigt
❷ *joie* unbändig; *courage* ungebrochen
Indonésie [ɛ̃dɔnezi] f l'~ Indonesien nt
indu(e) [ɛ̃dy] adj ❶ unpassend; **à des heures ~es** zu unpassender Zeit
❷ *optimisme, reproches* unbegründet; *réclamation* unberechtigt
indubitable [ɛ̃dybitabl] adj unzweifelhaft; **il est ~ que c'est le meilleur** es steht außer Zweifel, dass das [o es] das Beste ist
indubitablement [ɛ̃dybitablǝmɑ̃] adv ganz ohne Zweifel
inducteur [ɛ̃dyktœʀ] m Induktionsapparat m, Induktor m
inducteur, -trice [ɛ̃dyktœʀ, -tʀis] adj *circuit, courant, champ, flux* Induktions-
inductif, -ive [ɛ̃dyktif, -iv] adj induktiv
induction [ɛ̃dyksjɔ̃] f Induktion f; **par ~** durch Induktionsschluss
induire [ɛ̃dɥiʀ] <irr> vt ❶ ~ **qn à faire qc** jdn dazu treiben, etw zu tun; *(à quelque chose de négatif)* jdn dazu verleiten, etw zu tun; **~ qn en erreur** jdn in die Irre führen
❷ *(tirer comme conclusion)* **~ qc de qc** etw aus etw schließen; **~ de qc que l'hypothèse est bonne** aus etw schließen, dass die Annahme richtig ist
❸ *(provoquer)* herbeiführen; **induit(e) par la récession** recul de la demande, déficit rezessionsbedingt
induit [ɛ̃dɥi] m ELEC Anker m
induit(e) [ɛ̃dɥi, ɥit] adj ELEC *circuit, fil* induziert; **courant ~** Induktionsstrom m
indulgence [ɛ̃dylʒɑ̃s] f ❶ Nachsicht f; **~ pour** [o **envers**] **qn/ pour qc** Nachsicht gegenüber jdm/etw
❷ *(bienveillance)* Wohlwollen nt; **avec ~** wohlwollend; **sans ~** unerbittlich
❸ REL Ablass m; **pratique des ~s** Ablasshandel m
indulgent(e) [ɛ̃dylʒɑ̃, ʒɑ̃t] adj ❶ nachsichtig; **être ~(e) envers l'accusé** gegenüber dem Angeklagten Milde walten lassen
❷ *(bienveillant)* wohlwollend
indûment [ɛ̃dymɑ̃] adv unberechtigt[erweise], unrechtmäßigerweise
industrialisation [ɛ̃dystʀijalizasjɔ̃] f Industrialisierung f; **~ de qc** Produktionsbeginn m [o Produktionsaufnahme f] für etw
industrialiser [ɛ̃dystʀijalize] <1> I. vt industrialisieren *région, pays, agriculture;* vermarkten *découverte;* **un nouveau produit** die Produktion eines neuen Produkts aufnehmen; **être industrialisé(e)** industrialisiert sein; **les pays industrialisés** die Industriestaaten Pl
II. vpr **s'~** ❶ *pays, région, secteur:* industrialisiert werden
❷ *(se fabriquer en série)* industriell hergestellt werden
industrie [ɛ̃dystʀi] f ❶ *(secteur)* Industrie f, produzierendes Gewerbe; **grande/petite ~** Groß-/Kleinindustrie f; **~ haute technologie** Hightechindustrie f; **moyenne ~** mittelständische Industrie; **~ légère/lourde** Leicht-/Schwerindustrie; **~ successive** Nachfolgeindustrie
❷ *(secteur spécialisé)* Industriezweig m; **~ alimentaire** Lebensmittelindustrie f; **~ agro-alimentaire** Nahrungs- und Genussmittelindustrie; **~ automobile** Automobilindustrie, Kraftfahrzeugindustrie; **~ alimentaire** Nahrungsmittelindustrie; **~ charbonnière** Kohlenindustrie; **~ cinématographique** [o **du cinéma**] Filmindustrie, Filmwirtschaft f, Filmgewerbe nt; **~ électrotechnique** elektrotechnische Industrie; **~ extractive** Gewinnungsbetrieb m; **~ lourde** Schwerindustrie; **~ pétrolière** Ölindustrie; **~ du charbon et de l'acier** Montanwirtschaft, Montanindustrie; **~ de la construction automobile** Fahrzeugindustrie; **~ des matières premières** Grundstoffindustrie; **~ de la potasse** Kaliindustrie; **~ des produits manufacturés** Fertigungsindustrie; **~ de récupération et de recyclage des déchets** Abfallindustrie; l'**~ de transformation** die Metall verarbeitende Industrie; l'**~ [de transformation du] plastique** die Kunststoff verarbeitende Industrie; l'**~ de la transformation du papier** die Papier verarbeitende Industrie
◆ **~ d'avenir** Zukunftsindustrie f; **~ de biens de la communication** Kommunikationsindustrie f; **~ de biens de consommation** Konsumgüterindustrie f; **~ de biens d'équipement** Investitionsgüterindustrie f; **~ du cuir** Lederwarenindustrie f; **~ du disque** Musikindustrie f; *(à l'époque des vinyles)* Schallplattenindustrie f; **~ d'exportation** Exportindustrie f; **~ de l'information** Informationsindustrie f; **~ du jouet** Spielzeugindustrie f; **~ du livre** Buch- und Pressewesen nt; **~ des loisirs** Freizeitindustrie f; **~ des médias** Medienindustrie f; **~ du meuble** [o **de l'ameublement**] Möbelindustrie f; **~ du papier** Papierindustrie f; **~ de pointe** Hochtechnologieindustrie f; **~ de retraitement des déchets** Reststoffwirtschaft f; **~ de sous-traitance** Zulieferindustrie f; **~ des spectacles** [o **des loisirs**] Vergnügungsindustrie; **~ de transformation** verarbeitende Industrie, verarbeitendes Gewerbe, Verarbeitungsindustrie f; **~ du travail du bois** Holzverarbeitungsindustrie f
industrie-clé [ɛ̃dystʀikle] <industries-clés> f Schlüsselindustrie f
industriel(le) [ɛ̃dystʀijɛl] I. adj industriell; *fabrication, production* industriell, fabrikmäßig; *équipement, produit, région, secteur, entreprise, société, zone* Industrie-; **pain ~** industriell hergestelltes Brot; **véhicule ~** Nutzfahrzeug nt
II. m(f) Industrielle(r) f(m); **grand(e) ~(le)** Großindustrielle(r), Großunternehmer(in) m(f)
industriellement [ɛ̃dystʀijɛlmɑ̃] adv ❶ *produire, fabriquer* industriell, fabrikmäßig
❷ *(dans le domaine industriel)* was die Industrie betrifft
industrieux, -euse [ɛ̃dystʀijø, -jøz] adj littér geschickt
inébranlable [inebʀɑ̃labl] adj ❶ *position* sicher; *bataillon, garde* standfest; *construction, masse, objet* stabil
❷ *(inflexible)* unerschütterlich; *résolution* fest; **qn est ~ dans sa résolution** jds Entschluss ist unwiderruflich; **être ~ dans ses convictions** von seiner Meinung felsenfest überzeugt sein
inécouté(e) [inekute] adj ▶ **rester ~(e)** *paroles, appels:* ungehört bleiben; *avis, conseil:* unbeachtet bleiben
INED [inɛd] m abr de **institut national d'études démographiques** nationales Institut für Demographie
inédit [inedi] m ❶ unveröffentlichtes Werk
❷ *(chose nouvelle)* Neuheit f, etwas ganz Neues
inédit(e) [inedi, it] adj ❶ unveröffentlicht
❷ *(nouveau)* ganz neu
inéducable [inedykabl] adj *enfant* schwer erziehbar; *peuple* unbelehrbar
ineffable [inefabl] adj a. antéposé littér unsäglich *(geh)*, unsagbar
ineffaçable [inefasabl] adj ❶ *empreinte, trace, couleur* nicht zu entfernen
❷ *(inoubliable)* unauslöschlich; *souvenir* unvergesslich
inefficace [inefikas] adj unwirksam, wirkungslos, ineffizient *(geh); démarche* erfolglos; *employé* unfähig; *machine* nicht leistungsfähig
inefficacement [inefikasmɑ̃] adv ohne Wirkung; *travailler* ineffizient
inefficacité [inefikasite] f Wirkungslosigkeit f; *d'une démarche, d'un secours* Erfolglosigkeit f; *d'un pouvoir, service administratif* Ineffizienz f; *d'un cadre* Unfähigkeit f; *d'un ouvrier* Unproduktivität f
inégal(e) [inegal, o] <-aux> adj ❶ ungleich; **de grandeur ~e** von ungleicher Größe
❷ *(irrégulier)* ungleichmäßig; *sol, surface* uneben
❸ *(changeant)* unausgeglichen, **être d'une humeur ~e** unausgeglichen sein
❹ *œuvre* von unterschiedlicher Qualität; *style* wechselhaft; **être ~(e)** *artiste, écrivain:* nicht immer gleich gut sein
inégalable [inegalabl] adj *qualité* unerreichbar
inégalé(e) [inegale] adj unerreicht, unübertroffen
inégalement [inegalmɑ̃] adv ungleich
inégalitaire [inegalitɛʀ] adj **une société ~** eine Gesellschaft, die große soziale Unterschiede aufweist; **politique fiscale ~** unsoziale Steuerpolitik
inégalité [inegalite] f ❶ Ungleichheit f
❷ POL soziale Ungleichheit
❸ *(disproportion)* Ungleichheit f; *des forces* Missverhältnis nt; **~ des chances** Chancenungleichheit; **~ entre l'offre et la demande** Diskrepanz f [o Missverhältnis] zwischen Angebot und Nachfrage
❹ *(irrégularité)* Unregelmäßigkeit f; *du sol, d'une surface* Unebenheit f
❺ *(inconstance)* Unausgeglichenheit f; *d'humeur* Wechselhaftigkeit f
❻ *d'un style* Wechselhaftigkeit f; *d'une œuvre* unterschiedliche Qualität
❼ MATH Ungleichung f
inélégance [inelegɑ̃s] f ❶ Mangel m an Eleganz
❷ *(manque de courtoisie)* Unhöflichkeit f, Taktlosigkeit f

inélégant(e) [inelegã, ãt] *adj* ❶ unelegant
❷ *(discourtois)* unhöflich, taktlos
inéligibilité [ineliʒibilite] *f* Nichtwählbarkeit *f*; **être frappé(e) d'~** für nicht wählbar erklärt werden
inéligible [ineliʒibl] *adj* nicht wählbar
inéluctable [inelyktabl] *adj* unausweichlich; *destin, sort, mort* unabwendbar
inéluctablement [inelyktabləmã] *adv* unausweichlich
inemployé(e) [inãplwaje] *adj* unbenutzt; *moyens, talents* ungenutzt
inénarrable [inenaʀabl] *adj* unbeschreiblich
inentamable [inãtamabl] *adj* untrübbar, durch nichts zu trüben; *conviction* felsenfest
inéprouvé(e) [inepʀuve] *adj* unerprobt; *vertu* noch nie auf die Probe gestellt; *émotion, sentiment* bisher unbekannt
inepte [inɛpt] *adj* dumm
ineptie [inɛpsi] *f* Dummheit *f*
inépuisable [inepɥizabl] *adj* ❶ unerschöpflich; *source* nie versiegend, unerschöpflich; *terre* dauerhaft fruchtbar
❷ *indulgence, patience* unendlich; *curiosité* unstillbar
inéquation [inekwasjɔ̃] *f* MATH Ungleichung *f*
inéquitable [inekitabl] *adj* ❶ ungerecht
❷ JUR *exigence* unbillig
inerte [inɛʀt] *adj* ❶ *corps* leblos; *membre* gefühllos; *proie* reg[ungs]los
❷ *(apathique)* unbeteiligt; **un visage ~** eine unbewegte Miene
❸ PHYS *liquide* inert; *matière* träge, inert; *gaz* Inert-
❹ ECON *marché* träge
inertie [inɛʀsi] *f* ❶ Passivität *f*, Unbeteiligtheit *f*; *d'un service administratif* Trägheit *f*
❷ *(caractère de ce qui ne donne pas signe de vie) d'un corps* Leblosigkeit *f*
❸ PHYS Trägheit *f*
inespéré(e) [inɛspeʀe] *adj* ❶ *chance, secours, succès* unverhofft
❷ *profit* unerwartet hoch; *résultat* unerwartet gut
inesthétique [inɛstetik] *adj* unästhetisch
inestimable [inɛstimabl] *adj* unschätzbar; *objet* von unschätzbarem Wert
inévitable [inevitabl] **I.** *adj* ❶ *(certain, fatal)* unvermeidlich; *accident* unabwendbar; **le caractère ~ des événements** die Zwangsläufigkeit der Ereignisse
❷ *(nécessaire)* nicht zu vermeiden, unvermeidbar; *opération* unumgänglich; **il est ~ que cela se produise** es ist nicht zu vermeiden, dass das vorkommt
❸ *antéposé hum (habituel)* unvermeidlich
II. *m* **l'~** das Unvermeidliche
inévitablement [inevitabləmã] *adv* zwangsläufig
inexact(e) [inɛgzakt] *adj* ❶ *calcul, renseignement, résultat* ungenau; *théorie* unrichtig; **de manière ~** unrichtigerweise
❷ *traduction, citation, récit* ungenau; **très ~(e)/le plus ~** völlig falsch; **non, c'est ~** nein, das stimmt nicht; **il est ~ de faire qc** es ist nicht [ganz] richtig, etw zu tun
❸ *personne* unpünktlich
inexactement [inɛgzaktəmã] *adv* ungenau
inexactitude [inɛgzaktityd] *f* ❶ *(caractère erroné)* Unrichtigkeit *f*, Inkorrektheit *f*
❷ *(manque de précision)* Ungenauigkeit *f*
❸ *gén pl (erreur) (dans un discours, un témoignage)* Unrichtigkeit *f*, Inkorrektheit *f*; *(dans un devoir)* Fehler
❹ *(manque de ponctualité)* Unpünktlichkeit *f*
inexcusable [inɛkskyzabl] *adj* unverzeihlich; *personne* nicht zu entschuldigen; **qn est ~ de faire qc** es ist unverzeihlich von jdm, etw zu tun
inexécutabilité [inɛgzekytabilite] *f* Unausführbarkeit *f*
inexécutable [inɛgzekytabl] *adj* nicht ausführbar; JUR nicht vollstreckbar
inexécution [inɛgzekysjɔ̃] *f* JUR **~ d'une obligation contractuelle** Forderungsverletzung *f*; **~ de l'opération** Nichtausführung *f* des Geschäfts
inexistant(e) [inɛgzistã, ãt] *adj* ❶ nicht vorhanden, inexistent *(geh)*; **la télévision était encore ~e** das Fernsehen existierte noch nicht, es gab noch kein Fernsehen
❷ *(imaginaire)* nicht vorhanden
❸ *péj (nul)* bedeutungslos; *résultat* gleich Null, bedeutungslos; *aide* unnütz
inexistence [inɛgzistãs] *f* ❶ Nichtvorhandensein *nt*
❷ *(nullité)* Nichtigkeit *f*
inexorable [inɛgzɔʀabl] *adj* ❶ *(impitoyable)* unerbittlich; *volonté* eisern
❷ *(inéluctable)* verhängnisvoll; *vieillesse, fuite du temps* unabwendbar
inexorablement [inɛgzɔʀabləmã] *adv* unweigerlich
inexpérience [inɛkspeʀjãs] *f* Unerfahrenheit *f*; **~ de qn/qc** Unerfahrenheit mit jdm/in etw *(Dat)*
inexpérimenté(e) [inɛkspeʀimãte] *adj* ❶ unerfahren; *alpiniste* ungeübt, unerfahren; *mains* ungeübt
❷ *(non encore mis à l'épreuve)* unerprobt
inexpiable [inɛkspjabl] *adj* ❶ *(impardonnable) crime, faute* nicht wieder gut zu machen
❷ *(implacable) haine* wild; *guerre, lutte* gnadenlos
inexplicable [inɛksplikabl] **I.** *adj* unerklärlich; **de façon ~** unerklärlicherweise
II. *m* **l'~** das Unerklärliche
inexplicablement [inɛksplikabləmã] *adv* auf unerklärliche Weise
inexpliqué(e) [inɛksplike] *adj* nicht geklärt; *catastrophe, disparition* nicht aufgeklärt, nicht geklärt
inexploitable [inɛksplwatabl] *adj documents* nicht verwertbar; *gisement* nicht abbaufähig; *richesses* nicht nutzbar
inexploité(e) [inɛksplwate] *adj gisement, richesses* nicht ausgebeutet; *talent* ungenutzt
inexploré(e) [inɛksplɔʀe] *adj* unerforscht
inexpressif, -ive [inɛkspʀesif, -iv] *adj regard, visage* ausdruckslos; *mots* nichtssagend; *acteur, musique, style* ohne Ausdruckskraft
inexprimable [inɛkspʀimabl] **I.** *adj* unaussprechlich; *surprise, soulagement, émotion* unbeschreiblich
II. *m* **l'~** das Unaussprechliche
inexprimé(e) [inɛkspʀime] *adj* unausgesprochen
inexpugnable [inɛkspynabl] *adj* soutenu uneinnehmbar
inextensible [inɛkstãsibl] *adj tissu* undehnbar
in extenso [inɛkstɛ̃so] **I.** *adv* in extenso *(geh)*, in voller Länge
II. *adj inv* ausführlich, vollständig
inextinguible [inɛkstɛ̃gibl] *adj littér* unstillbar; *rire* unaufhörlich; *fureur, haine* grenzenlos
in extremis [inɛkstʀemis] **I.** *adv* im letzten Augenblick
II. *adj inv sauvetage, succès* in letzter Minute
inextricable [inɛkstʀikabl] *adj* ❶ *a. antéposé (enchevêtré)* unentwirrbar; *labyrinthe, dédale* unüberschaubar
❷ *(embrouillé) affaire* verwickelt, verzwickt; *situation* verzwickt, verworren; *problème* unlösbar; *complications* undurchschaubar
inextricablement [inɛkstʀikabləmã] *adv* auswegslos
infaillibilité [ɛ̃fajibilite] *f* Unfehlbarkeit *f*; **prétendre à l'~** behaupten, unfehlbar zu sein
infaillible [ɛ̃fajibl] *adj* ❶ unfehlbar; *instrument* zuverlässig; *signe* untrüglich
❷ *(prévu)* sicher; *accident* vorprogrammiert
❸ *(qui ne peut se tromper)* unfehlbar; *instinct* untrüglich
infailliblement [ɛ̃fajibləmã] *adv* unweigerlich, mit Sicherheit
infaisable [ɛ̃fəzabl] *adj* nicht machbar
infalsifiable [ɛ̃falsifjabl] *adj* fälschungssicher
infamant(e) [ɛ̃famã, ãt] *adj* übel; *supplice* entehrend; **peine ~e** Ehrenstrafe *f*; **il n'est pas ~ de faire qc** es ist keine Schande, etw zu tun
infâme [ɛ̃fam] *adj a. antéposé* ❶ *(honteux, indigène) acte, conduite, trahison* schändlich; *métier* ehrlos; *entremetteur, spéculateur* gewissenlos
❷ *(odieux)* niederträchtig
❸ *(répugnant)* abscheulich, Ekel erregend; *logis, hôtel* übel
infamie [ɛ̃fami] *f* ❶ *(déshonneur)* Schande *f*
❷ *(bassesse)* Niederträchtigkeit *f*
❸ *(calomnie, action)* Gemeinheit *f*
infant(e) [ɛ̃fã, ãt] *m(f)* Infant(in) *m(f)*
infanterie [ɛ̃fãtʀi] *f* MIL Infanterie *f*, Bodenkampftruppen *Pl*; **régiment/position/école d'~** Infanterieregiment *nt*/-stellung *f*/-schule *f*
infanticide [ɛ̃fãtisid] **I.** *adj* **père/mère ~** Kindesmörder *m*/Kindesmörderin *f*
II. *mf* Kindesmörder(in) *m(f)*
III. *m (meurtre)* Kindesmord *m*
infantile [ɛ̃fãtil] *adj* ❶ MED, PSYCH Kinder-
❷ *(puéril)* kindisch, infantil *(geh)*
infantilisant(e) [ɛ̃fãtilizã, ãt] *adj* verdummend
infantiliser [ɛ̃fãtilize] <1> *vt* verdummen
infantilisme [ɛ̃fãtilism] *m* ❶ kindisches Benehmen; **ça serait de l'~** das wäre kindisch
❷ MED, PSYCH Infantilismus *m (Fachspr.)*
infarctus [ɛ̃faʀktys] *m* MED Infarkt *m*, Koronarinfarkt *m (Fachspr.)*; **~ pulmonaire** Lungeninfarkt; **subir un ~** einen Infarkt erleiden
♦ **~ du myocarde** Herzinfarkt *m*, Myokardinfarkt *m (Fachspr.)*
infatigable [ɛ̃fatigabl] *adj* unermüdlich; *amour, patience* unendlich
infatigablement [ɛ̃fatigabləmã] *adv* unermüdlich
infatuation [ɛ̃fatɥasjɔ̃] *f* Selbstgefälligkeit *f*
infatué(e) [ɛ̃fatɥe] *adj* eingebildet; **être ~(e) de soi-même** von sich *(Dat)* eingenommen sein
infécond(e) [ɛ̃fekɔ̃, õd] *adj* soutenu ❶ *animal, plante, terre* unfruchtbar; *femme* steril
❷ *théorie, travail* unergiebig; *esprit* unproduktiv

infécondité [ɛ̃fekɔ̃dite] f Unfruchtbarkeit f
infect(e) [ɛ̃fɛkt] adj ❶ widerlich, Ekel erregend; *nourriture* ekelhaft; *lieu, logement* übel
❷ *auteur, film, spectacle* unter aller Kanone *(fam)*, mies *(fam)*; *temps* scheußlich
❸ *fam (ignoble)* gemein, fies *(fam)*
infecter [ɛ̃fɛkte] <1> I. vt ❶ MED anstecken, infizieren *personne;* infizieren *blessure, plaie;* **être infecté(e)** infiziert sein
❷ *vieilli* ~ **qn/qc de qc** jdn/etw mit etw verpesten
II. *vpr* MED **s'~** sich entzünden
infectieux, -euse [ɛ̃fɛksjø, -jøz] adj ansteckend; *complications* infektiös; **agent** ~ Infektionserreger *m;* **maladie infectieuse** Infektionskrankheit f; **germe** ~ Krankheitskeim *m*
infection [ɛ̃fɛksjɔ̃] f ❶ Infektion f, Entzündung f; ~ **aiguë/chronique** akute/chronische Infektion; ~ **opportuniste** Zweiterkrankung f; ~ **de la/d'une plaie** Wundinfektion; ~ **de l'utérus** Uterusentzündung; ~ **des voies urinaires** Harnwegsinfektion
❷ *(contamination)* Infektion f, Infizierung f, Ansteckung f
❸ *(puanteur)* Gestank *m*
inféoder [ɛ̃feɔde] <1> I. vt HIST belehnen; ~ **qn/qc à qn/qc** jdn/etw jdm/einer S. unterordnen; **se laisser** ~ **à qc** sich von etw abhängig machen lassen
II. *vpr* **s'~ à qn/qc** sich in jds Abhängigkeit *(Akk)*/in die Abhängigkeit einer S. *(Gen)* begeben
inférence [ɛ̃feʀɑ̃s] f ❶ *(déduction)* logische Schlussfolgerung f
❷ INFORM **moteur d'~** Prozessor *m;* ~ **par seconde** Rechenleistung pro Sekunde
inférer [ɛ̃feʀe] <5> vt *littér* ~ **qc de qc** etw aus etw *(Dat)* folgern *[o* schließen*];* ~ **de qc que ...** aus etw folgern *[o* schließen*],* dass ...
inférieur(e) [ɛ̃feʀjœʀ] I. adj ❶ *étage, membres, planètes* untere(r, s); *niveau* tiefer[liegend], untere(r, s); *lèvre, mâchoire* Unter-; *(dans la hiérarchie) classes sociales, échelon* untere(r, s); *animaux, végétaux* niedere(r, s); **le cours** ~ **de la Seine** der Unterlauf der Seine
❷ *(en qualité)* niedriger; *intelligence* geringer; **être** ~**(e) à qn** jdm unterlegen sein; **être à qc** hinter etw *(Dat)* zurückbleiben; **se sentir** ~**(e)** sich minderwertig fühlen; ~**(e) en qc** an etw *(Dat)* unterlegen; ~**(e) en intelligence** geistig unterlegen
❸ *(en quantité)* geringer; ~**(e) à qn/qc** geringer als jd/etw; **huit est** ~ **à dix** acht ist kleiner als zehn; ~**(e) en qc** geringer an etw *(Dat);* ~**(e) au barème tarifaire** *rémunération* untertariflich; ~**(e) en nombre** zahlenmäßig unterlegen
II. *m(f)* Untergebene(r) *f(m);* **être l'~(e) de qn en qc** jdm in etw *(Dat)* unterlegen sein
inférioriser [ɛ̃feʀjɔʀize] vt ❶ *(complexer)* erniedrigen
❷ *(rabaisser)* heruntermachen *(fam)*
infériorité [ɛ̃feʀjɔʀite] f ❶ Unterlegenheit f; *(moindre valeur)* Minderwertigkeit f; ~ **en poids** geringeres Gewicht
❷ *(subordination)* Untergebenheit f
infernal(e) [ɛ̃fɛʀnal, o] <-aux> adj ❶ MYTH höllisch; *divinité* der Hölle; **puissance** ~**e** Höllenmacht f
❷ *(diabolique) complot, entreprise* teuflisch; **machine** ~**e** Höllenmaschine f
❸ *(insupportable) sort, temps* schrecklich, fürchterlich; **cet enfant est** ~ dieses Kind ist ein kleiner Teufel *[o* einfach schrecklich*]*
❹ *(endiablé)* höllisch; *logique, progrès* teuflisch; **cycle** ~ Teufelskreis *m;* **un rythme** ~ ein Höllentempo
infertile [ɛ̃fɛʀtil] adj unfruchtbar
infertilité [ɛ̃fɛʀtilite] f MED Infertilität f
infestation [ɛ̃fɛstasjɔ̃] f Befall *m*
infester [ɛ̃fɛste] <1> vt ❶ ~ **qc** *brigands, troupes:* etw unsicher machen, etw heimsuchen
❷ *(envahir)* ~ **une région/maison** *animaux:* in eine Gegend/ein Haus einfallen *[o* eindringen*]*
❸ MED ~ **qc** *parasites:* etw überschwemmen
infeutrable [ɛ̃føtʀabl] adj nicht [ver]filzend
infidèle [ɛ̃fidɛl] I. adj ❶ untreu, treulos; **être** ~ **à qn** jdm untreu sein; ~ **à sa parole/ses devoirs** wortbrüchig/pflichtvergessen
❷ *(inexact)* unzuverlässig; *mémoire* schlecht; *narrateur, traduction* ungenau; *récit* nicht wahrheitsgetreu; **être** ~ ungenau sein; **ma mémoire est** ~ mein Gedächtnis lässt mich im Stich
❸ REL ungläubig
II. *mf* ❶ *littér* Treulose(r) *f(m)*
❷ REL Ungläubige(r) *f(m)*
infidélité [ɛ̃fidelite] f ❶ *sans pl (absence de fidélité dans les sentiments)* Treulosigkeit f, Untreue f
❷ *(action) d'un ami* Treulosigkeit f, Treuebruch *m; d'un conjoint* Treulosigkeit, Treuebruch, Untreue f; **faire des** ~**s à qn** jdm untreu werden/sein
❸ *sans pl* REL Unglaube *m,* Ungläubigkeit f
❹ *(inexactitude)* Unzuverlässigkeit f; *d'une description* Ungenauigkeit f; ~ **à la description des faits** Abweichung f von den Tatsachen
infiltration [ɛ̃filtʀasjɔ̃] f ❶ *d'un liquide* Einsickern *nt; d'un gaz* Eindringen *nt*
❷ MED Infiltration f
❸ *(noyautage) des partisans* Infiltration f; *d'idées subversives, de groupes* Unterwanderung f *kein Pl,* Infiltration; **pénétrer par** ~ sich einschleusen
infiltrer [ɛ̃filtʀe] <1> I. vt unterwandern
II. *vpr* ❶ **s'~** eindringen; *liquide:* einsickern; *lumière:* einfallen; *vent:* hereinblasen
❷ MED **s'~** infiltrieren
❸ *(noyauter)* **s'~ dans qc** in etw *(Akk)* eindringen, sich in etw *(Akk)* einschleusen; *intrigant:* sich in etw *(Akk)* einmischen; *idées:* etw *(Akk)* durchdringen; *corruption, népotisme:* sich in etw *(Dat)* ausbreiten
infime [ɛ̃fim] adj ❶ winzig [klein]; *minorité* verschwindend [klein]; *quantité* gering; *détail* kleinste(r, s)
❷ *(situé au plus bas d'une hiérarchie) condition, rang* niedrig; *personne* unbedeutend
infini [ɛ̃fini] *m* ❶ Unendlichkeit f
❷ MATH **l'~** das Unendliche
❸ *(le divin)* **l'~** das Unendliche
▸ **à l'~** endlos; MATH bis ins Unendliche; *être varié* unendlich; **ciel d'azur à l'~** strahlend blauer Himmel
infini(e) [ɛ̃fini] adj ❶ *(qui n'a pas de limite)* unendlich
❷ MATH unendlich
❸ *(immense) distance, nombre* unendlich [groß]; *étendue, durée, longueur* endlos; *foule* unüberschaubar
❹ *(extrême)* unendlich; *reconnaissance* grenzenlos; *richesses* unermesslich
❺ *(interminable) lutte, propos, temps* endlos, ewig
infiniment [ɛ̃finimɑ̃] adv ❶ unendlich; *vaste* grenzenlos; **plus grand, plus petit** [unendlich] viel
❷ *(extrêmement)* außerordentlich; *regretter* unendlich
❸ *(beaucoup de)* ~ **de tendresse/d'attention** unendlich viel Zärtlichkeit/Aufmerksamkeit
infinité [ɛ̃finite] f ❶ Unendlichkeit f, Endlosigkeit f
❷ *(très grand nombre)* **une** ~ **de choses** eine Unmenge von Dingen
❸ MATH **une** ~ **de points** eine unendliche Menge von Punkten
infinitésimal(e) [ɛ̃finitezimal, o] <-aux> adj ❶ MATH **calcul** ~ Infinitesimalrechnung f
❷ *(infime) dose, quantité* winzig, unendlich klein
infinitif [ɛ̃finitif] *m* Infinitiv *m,* Grundform f
◆ ~ **de narration** historischer *[o* erzählender*]* Infinitiv
infinitif, -ive [ɛ̃finitif, -iv] adj **proposition infinitive** Infinitivsatz *m;* **le mode** ~ der Infinitiv
infinitive [ɛ̃finitiv] f Infinitivsatz *m*
infinitude [ɛ̃finityd] f Endlosigkeit f
infirmatif, -ive [ɛ̃fiʀmatif, -iv] adj JUR für nichtig erklärend; **arrêt** ~ **d'une décision** Nichtigkeitsurteil zu einer Entscheidung
infirme [ɛ̃fiʀm] I. adj *(à la suite d'un accident)* behindert, invalide; *(pour cause de vieillesse)* gebrechlich, [alters]schwach; ~ **de qc** gelähmt an etw *(Dat)*
II. *mf* Behinderte(r) *f(m)*
◆ ~ **de guerre** Kriegsversehrte(r) *f(m),* Kriegsbeschädigte(r) *f(m); (invalide)* Kriegsinvalide *m;* ~ **du travail** Berufsunfähige(r) *f(m); (invalide)* Arbeitsunfähige(r) *f(m)*
infirmer [ɛ̃fiʀme] <1> vt ❶ widerlegen
❷ JUR für ungültig erklären, annullieren *décision;* aufheben *jugement*
infirmerie [ɛ̃fiʀməʀi] f Krankenstation f; *d'une école* Krankenzimmer *nt; d'une caserne* Krankenrevier *nt,* Sanitätsstation f
infirmier, -ière [ɛ̃fiʀmje, -jɛʀ] *m, f* Krankenpfleger *m*/-schwester f; **école d'infirmières** Krankenpflegeschule f; ~**(-ière) militaire** Sanitäter(in) *m(f);* **infirmière de bloc opératoire** OP-Schwester f; ~**(-ière) de nuit** Nachtpfleger *m*/-schwester f; **infirmière anesthésiste** Narkoseschwester f; **infirmière puéricultrice** Kinderkrankenschwester, Kinderschwester; ~ **de la Croix Rouge** Rotkreuzschwester f
infirmité [ɛ̃fiʀmite] f ❶ Behinderung f
❷ *(imperfection)* Schwäche f, Mangel *m;* **les** ~**s du langage** die sprachlichen Schwächen *[o* Mängel*]*
inflammable [ɛ̃flamabl] adj feuergefährlich, leicht entflammbar
inflammation [ɛ̃flamasjɔ̃] f Entzündung f; ~ **de la gorge/des bronches** Halsentzündung/Entzündung der Bronchien, Bronchitis f; ~ **de la rétine** Netzhautentzündung; ~ **de l'utérus** Gebärmutterentzündung; ~ **du lit de l'ongle** Nagelbettentzündung
inflammatoire [ɛ̃flamatwaʀ] adj entzündlich; **foyer** ~ Entzündungsherd *m;* **état** ~ Entzündung f
inflation [ɛ̃flasjɔ̃] f ❶ Inflation f; ~ **galopante/rampante** galoppierende/schleichende Inflation; ~ **induite par les coûts salariaux** lohnkosteninduzierte Inflation; ~ **zéro** Nullinflation; ~ **par les coûts/les salaires** Kosten-/Lohninflation
❷ *(augmentation excessive)* rapide Zunahme; ~ **criminelle** rapider Anstieg der Kriminalität; ~ **verbale** Wortschwall *m,* Redeflut f

information

demander des informations

Quel est le chemin le plus direct pour aller à la gare?

Pourriez-vous me donner l'heure?

Est-ce qu'il y a un café près d'ici?

Est-ce que l'appartement est encore à louer?

Connais-tu un bon dentiste?

Est-ce que tu t'y connais, en voitures?

Est-ce que tu en sais plus sur cette histoire?

Informationen erfragen

Wie komme ich am besten zum Hauptbahnhof?

Können Sie mir sagen, wie spät es ist?

Gibt es hier in der Nähe ein Café?

Ist die Wohnung noch zu haben?

Kennst/Weißt du einen guten Zahnarzt?

Kennst du dich mit Autos aus?

Weißt du Näheres über diese Geschichte?

---

inflationniste [ɛ̃flasjɔnist] *adj* inflationistisch; **danger ~** Inflationsgefahr *f*

infléchi(e) [ɛ̃fleʃi] *adj* PHON **voyelle ~e** umgelauteter Vokal, Umlaut *m*

infléchir [ɛ̃fleʃiʀ] <8> I. *vt* ❶ PHYS brechen, ablenken *rayon lumineux*
❷ *(modifier la direction de)* modifizieren; revidieren *sa politique*
II. *vpr* **s'~** ❶ *étagère:* sich [durch]biegen
❷ *(changer de direction)* eine Biegung [o einen Bogen] machen; *politique:* sich wandeln; *courbe:* zu fallen beginnen; *tendance:* umschlagen

infléchissement [ɛ̃fleʃismã] *m* [Ab]änderung *f*, Modifizierung *f*; *d'une politique* Richtungswechsel *m*

inflexible [ɛ̃flɛksibl] *adj* unbeugsam, unnachgiebig; *loi, règle* unumstößlich; *résolution* unabänderlich, endgültig; *sévérité* unerbittlich; *volonté* unbeugsam; *résistance* unüberwindlich; *sentiment moral* rigoros; **demeurer ~ dans qc** unnachgiebig auf etw *(Dat)* beharren

inflexiblement [ɛ̃flɛksibləmã] *adv* ❶ unerbittlich, unnachgiebig
❷ *(inébranlablement)* unerschütterlich

inflexion [ɛ̃flɛksjɔ̃] *f* ❶ *du tronc, corps* Beugen *nt*; *de la tête* Neigen *nt*
❷ *(modification) de la voix* veränderter Klang
❸ PHON Umlaut *m*
❹ *(changement de direction)* Biegung *f*, Krümmung *f*; *d'un rayon* Ablenkung *f*; *d'une politique* Richtungswechsel *m*; **faire subir des ~s à qc** Änderungen [o Modifizierungen] bei etw bewirken

infliger [ɛ̃fliʒe] <2a> *vt* ❶ **~ une amende à qn pour qc** gegen jdn wegen etw eine Geldbuße verhängen; **~ un châtiment à qn** jdn züchtigen; **~ une peine à qn** eine Strafe über jdn verhängen
❷ *(faire subir)* zufügen; versetzen *coups;* auferlegen *(hum) politique;* **~ un récit à qn** jdn mit einem Bericht behelligen; **sa présence à qn** sich jdm aufdrängen; **~ un affront à qn** jdn bloßstellen, jdn kränken

inflorescence [ɛ̃flɔʀesɑ̃s] *f* Blütenstand *m*

influençable [ɛ̃flyɑ̃sabl] *adj* beeinflussbar; **c'est un homme très ~** er ist sehr leicht zu beeinflussen

influence [ɛ̃flyɑ̃s] *f* ❶ Einfluss *m*; *des mesures* [Aus]wirkung *f*; *d'un médicament* Wirkung; **des luttes d'~** Machtkämpfe *Pl*; **sous l'~ de la colère** im Zorn; **sous l'~ de la boisson** unter Alkoholeinfluss
❷ *(autorité)* Einfluss *m*; **avoir de l'~** einflussreich sein; **avoir/exercer de l'~ sur qn/qc** auf jdn/etw Einfluss haben/ausüben; *chose:* auf jdn/etw Einfluss/Auswirkungen haben; **subir l'~ de qn** unter jds Einfluss *(Dat)* stehen; **sous ~** unter fremdem Einfluss; **~ du/d'un groupe** Gruppenzwang *m;* **~ illégitime sur un jury** unzulässige Beeinflussung einer Jury *(Gen);* **~ sur le marché** Marktbeeinflussung
◆ **~ des besoins** FIN Bedarfsbeeinflussung *f*

influencer [ɛ̃flyɑ̃se] <2> *vt* beeinflussen; *mesures:* sich auswirken auf *(+ Akk)*

influent(e) [ɛ̃flyɑ̃, ɑ̃t] *adj* einflussreich

influer [ɛ̃flye] <1> *vi* **~ sur qc** *personne:* etw beeinflussen, Einfluss auf etw *(Akk)* nehmen; *chose:* etw beeinflussen, sich auf etw *(Akk)* auswirken

influx [ɛ̃fly] *m* **~ nerveux** Reizleitung *f*, Nervenleitung; [trajet de l']~ **nerveux** Erregungsleitung

info [ɛ̃fo] I. *f fam abr de* **information** Meldung *f*; **une ~ non-stop** Non-Stop-Nachrichten *Pl*; **les ~s** die Nachrichten
II. *app* **soirée ~** Infoabend *m (fam)*

infographie® [ɛ̃fɔgʀafi] *f* INFORM Grafikverarbeitung *f*, elektronische Bilderzeugung; **~ par quadrillage** Rastergrafik *f*

infographiste [ɛ̃fɔgʀafist] *mf* Computergrafiker(in) *m(f)*

infogroupe [ɛ̃fogʀup] *m* INFORM Newsgroup *f*, Nachrichtenforum *nt*

in-folio [infɔljo] I. *adj inv livre* in Folio; **format/volume ~** Folioformat *nt*/-band *m*
II. *m inv* Foliant *m*

infonaute [ɛ̃fonot] *adj* Internet-

infondé(e) [ɛ̃fɔ̃de] *adj* unbegründet

informateur, -trice [ɛ̃fɔʀmatœʀ, -tʀis] *m, f* Informant(in) *m(f)*; *(indicateur)* Spitzel *m;* **~ principal/informatrice principale** Hauptinformant(in)

informaticien(ne) [ɛ̃fɔʀmatisjɛ̃, jɛn] *m(f)* Informatiker(in) *m(f)*

informatif, -ive [ɛ̃fɔʀmatif, -iv] *adj (riche en informations)* informativ; *(destiné à informer) publicité* informativ; **brochure/réunion informative** Informationsbroschüre *f*/-treffen *nt*

information [ɛ̃fɔʀmasjɔ̃] *f* ❶ *(renseignement)* Information *f*, Auskunft *f;* **prendre des ~s sur qn/qc** Auskünfte über jdn/etw einholen; **aller aux ~s** sich erkundigen; **pour ton/votre ~** zu deiner/Ihrer Information; **~ secrète** Geheiminformation; **fiche/visite d'~** Informationsblatt *nt*/-besuch *m;* **service/centre d'~** Informationsdienst *m*/-zentrum *nt;* **manque d'~[s]** Informationsdefizit *nt;* **~ au consommateur** Verbraucheraufklärung *f*
❷ *souvent pl (nouvelles)* Meldung *f*, Nachricht *f;* **~s de vingt heures** Achtuhrnachrichten; **~s régionales** Regionalnachrichten; **~s routières** Verkehrsmeldungen, Verkehrsbericht *m;* **~s sportives** Sportmeldungen, Meldungen vom Sport; **magazine d'~** [o de l'~] Nachrichtenmagazin *nt*
❸ *sans pl a.* JUR *(fait d'informer)* Information *f;* **~ concernant les voies de recours** Rechtsbehelfsbelehrung *f;* **~ quant à la protection de l'accusé(e)** Belehrung zum Schutz des/der Beschuldigten; **assurer l'~ de qn en matière de qc** sicherstellen, dass jd zu etw/über etw *(Akk)* Informationen erhält; **faire de l'~** Informationsarbeit *f* leisten
❹ *(ensemble des médias)* Nachrichtenwesen *nt*
❺ JUR *(enquête, instruction)* Untersuchung *f*, Ermittlung *f;* **~ judiciaire** [gerichtliche] Untersuchung; **ouvrir une ~ contre qn** Ermittlungen [o eine Untersuchung] gegen jdn einleiten
❻ *pl* INFORM, TECH Daten *Pl*
❼ BIO Information *f*
▶ **faire cracher des ~s à qn** *fam* Informationen aus jdm herauskitzeln *(fam)*

informatique [ɛ̃fɔʀmatik] I. *adj connaissances, recherche* Informatik-; *industrie, magasin* Computer-; **application ~** Computeranwendung *f;* **saisie ~** Datenerfassung *f;* **installations ~s** Computeranlage *f;* **ensembles ~s** vernetzte Datenverarbeitungsanlagen; **l'ingénierie ~** die Systemplanung
II. *f* Informatik *f*, [elektronische] Datenverarbeitung, EDV *f;* **~ théorique** Computerforschung *f*, Computerwissenschaft *f;* **les réseaux d'~** die Vernetzung in der EDV

informatisation [ɛ̃fɔʀmatizasjɔ̃] *f de l'information* Computerisierung *f; d'une entreprise* Umstellung *f* auf EDV

informatisé(e) [ɛ̃fɔʀmatize] *adj gestion, poste de travail* computerisiert; **fichier ~** Computerdatei *f;* **système ~** Computersystem *nt*, EDV-System; **communication ~e** Computerkommunikation *f*, Kommunikation per Computer

informatiser [ɛ̃fɔʀmatize] <1> I. *vt* computerisieren *information, secteur;* auf EDV [o Computer] umstellen *gestion, entreprise*
II. *vpr* **s'~** auf EDV umgestellt werden

informe [ɛ̃fɔʀm] *adj* ❶ formlos; *silhouette* undeutlich
❷ *(ébauché)* unfertig; *brouillon* unausgereift; *plan* unausgegoren
❸ *(laid) être, vêtement* unförmig

informé [ɛ̃fɔʀme] *m* **jusqu'à plus ample ~** bis auf Weiteres; JUR bis zur weiteren Ermittlung der Umstände

informel(le) [ɛ̃fɔʀmɛl] *adj (inorganisé)* informell; *bande* unorganisiert; *(sans caractère officiel)* inoffiziell

informer [ɛ̃fɔʀme] <1> I. *vt* **~ qn de** [o **sur**] **la région** *journal, personne:* jdn über die Gegend informieren [o unterrichten]; **~ qn que** **qn a fait qc** jdm mitteilen [o jdn darüber informieren] [o jdn davon

in Kenntnis setzen], dass jd etw getan hat; **être informé(e) de qc** über etw *(Akk)* informiert sein; **des personnes/milieux bien informé(e)s** gut informierte [*o* gut unterrichtete] Leute/Kreise; **tenir qn informé(e)** jdn auf dem Laufenden halten; **être mieux informé(e)** einen Informationsvorsprung haben
II. *vi* ❶ informieren, Informationen liefern
❷ JUR *(ouvrir une information)* ~ **sur l'affaire contre qn** in der Angelegenheit gegen jdn ermitteln; ~ **contre qn** gegen jdn ermitteln
III. *vpr* **s'~ de qc** sich über etw *(Akk)* informieren, sich nach etw erkundigen; **s'~ sur qn** Erkundigungen über jdn einziehen; **s'~ si qn a fait qc** fragen [*o* sich erkundigen], ob jd etw getan hat
informulé(e) [ɛ̃fɔʀmyle] *adj* unausgesprochen
infortune [ɛ̃fɔʀtyn] *f littér (malheur)* Unglück *nt; (adversité)* Missgeschick *nt*
infortuné(e) [ɛ̃fɔʀtyne] I. *adj littér* unglücklich, unglückselig
II. *m(f) littér* Unglückselige(r) *f(m)*
infotainment [infotɛnmɛnt] *m* Infotainment *nt*
infra [ɛ̃fʀa] *adv* **voir ~** siehe [weiter] unten
infraction [ɛ̃fʀaksjɔ̃] *f* Vergehen *nt*, Delikt *nt;* ~ **douanière** Zollstraftat *f;* ~ **fiscale** Steuerdelikt, Steuerstraftat, Steuerordnungswidrigkeit *f;* ~ **minime** Bagatellstrafsache *f;* **à une marque de fabrication** Verletzung *f* eines Warenzeichens; ~ **à la réglementation relative à l'établissement des bilans** Bilanzdelikt; **être** [*o* **se mettre**] **en ~ avec qc** sich wegen etw strafbar machen; **commettre une ~ à une marque de fabrication** ein Warenzeichen verletzen
◆ ~ **au bilan** Bilanzierungsverstoß *m;* ~ **au code de la route** Verkehrsdelikt *nt,* Verkehrswidrigkeit *f;* ~ **de douane** Zollvergehen *nt;* ~ **à la loi** Gesetzesverstoß *m,* Gesetzesübertretung *f*
infranchissable [ɛ̃fʀɑ̃ʃisabl] *adj* unüberwindlich, unüberwindbar
infrarouge [ɛ̃fʀaʀuʒ] I. *adj* infrarot; *film, pellicule* Infrarot-; **rayons ~ s** Infrarotstrahlen
II. *m (rayons)* Infrarotstrahlung *f;* **chauffage/gril à ~** [*s*] Infrarotheizung *f/-grill m;* **système à ~ s** Infrarotanlage *f;* **le médecin m'a prescrit dix séances de traitement aux ~ s** die Ärztin hat mir zehn Infrarotbestrahlungen verschrieben
infrason [ɛ̃fʀasɔ̃] *m* Infraschall *m*
infrastructure [ɛ̃fʀastʀyktyʀ] *f* ❶ Infrastruktur *f;* ~ **routière** Straßennetz *nt;* ~ **s commerciales** Einkaufsmöglichkeiten *Pl;* ~ **sportive** Sportanlagen *Pl;* ~ **médicale** medizinische Versorgung
❷ *(fondations)* Unterbau *m*
❸ *(installations au sol)* Bodeninstallationen *Pl*
infréquentable [ɛ̃fʀekɑ̃tabl] *adj péj personne* geächtet; *pays* nicht zu bereisen; **qn/qc est devenu(e) ~** man meidet jdn/etw [besser]; **se rendre ~** sich ins Abseits manövrieren
infroissable [ɛ̃fʀwasabl] *adj* knitterfrei
infructueux, -euse [ɛ̃fʀyktɥø, -øz] *adj* fruchtlos, erfolglos
infus(e) [ɛ̃fy, yz] *adj littér* angeboren
▶ **avoir la science ~ e** *iron* die Weisheit mit Löffeln gefressen haben
infuser [ɛ̃fyze] <1> I. *vt* ❶ ziehen lassen
❷ *(communiquer)* einflößen *courage*
II. *vi tisane, thé:* ziehen
infusion [ɛ̃fyzjɔ̃] *f* ❶ Kräutertee *m;* ~ **de camomille** Kamillentee *m;* ~ **de valériane** Baldriantee; ~ **pour la vésicule biliaire** Gallentee
❷ *(action d'infuser)* Aufgießen *nt*
ingénier [ɛ̃ʒenje] <1a> *vpr* **s'~ à faire qc** mit allen Mitteln versuchen, etw zu tun
ingénierie [ɛ̃ʒeniʀi] *f* Engineering *nt (Fachspr.),* Projektplanung *f;* ~ **financière** Finanzengineering; **une entreprise d'~** ein Ingenieurbüro; ~ **génétique** Gentechnologie *f*
ingénieur [ɛ̃ʒenjœʀ] *f* Ingenieur(in) *m(f);* ~ **général** leitende(r) Ingenieur/leitende Ingenieurin; ~ **en chef** Oberingenieur(in); ~ **agronome** Diplomlandwirt(in) *m(f);* ~ **chimiste** Chemieingenieur(in); ~ **civil** Ingenieur(in) in der Privatwirtschaft; ~ **en écologie** Umweltingenieur(in); ~ **économiste** Wirtschaftsingenieur(in); ~ **textile** Textilingenieur(in); ~ **en aéronautique** Flugtechniker(in) *m(f);* ~ **en bâtiment** Hochbauingenieur(in); ~ **système** INFORM Systemanalytiker(in) *m(f)*
◆ ~ **de l'État** bei einer Behörde angestellter Ingenieur/angestellte Ingenieurin; ~ **des Eaux et Forêts** Forstwirtschaftsingenieur(in) *m(f);* ~ **des Mines** Berg[bau]ingenieur(in) *m(f);* ~ **des Ponts et Chaussées** Straßenbauingenieur(in) *m(f),* Tiefbauingenieur(in); ~ **des Travaux Publics** Hochbauingenieur(in) *m(f);* ~ **du son** Toningenieur(in) *m(f)*
ingénieur-conseil [ɛ̃ʒenjœʀkɔ̃sɛj] <ingénieurs-conseils> *m* beratender Ingenieur *m/*beratende Ingenieurin *f*
ingénieusement [ɛ̃ʒenjøzmɑ̃] *adv* geschickt, mit viel Geschick *nt*
ingénieux, -euse [ɛ̃ʒenjø, -jøz] *adj invention, machine* genial; *idée, explication* genial, glänzend; *esprit, personne* erfinderisch, einfallsreich; *bricoleur* geschickt, findig; **le besoin rend ~** Not macht erfinderisch *(prov)*

ingéniosité [ɛ̃ʒenjozite] *f d'une machine, d'un projet* Genialität *f; d'une personne* Einfallsreichtum *m;* **déployer des trésors d'~** ungeahnten Einfallsreichtum entwickeln
ingénu [ɛ̃ʒeny] *m* Naivling *m*
ingénu(e) [ɛ̃ʒeny] *adj (sans malice)* offen, aufrichtig; *(naïf)* naiv, arglos
ingénue [ɛ̃ʒeny] *f* ❶ Naivling *m*
❷ THEAT Naive *f;* **jouer les ~ s** die Naive spielen
ingénuité [ɛ̃ʒenɥite] *f* ❶ *(innocence)* Unschuld *f*
❷ *(naïveté)* Arglosigkeit *f*
ingénument [ɛ̃ʒenymɑ̃] *adv* ❶ *(innocemment)* offen
❷ *(naïvement)* arglos
ingérable [ɛ̃ʒeʀabl] *adj situation* unkontrollierbar; *établissement* schwer zu führen
ingérence [ɛ̃ʒeʀɑ̃s] *f* Einmischung *f; d'un magistrat* Interessensverflechtung *f;* ~ **dans qc** Einmischung in etw *(Akk)*
ingérer [ɛ̃ʒeʀe] <5> I. *vt* einnehmen *médicament;* zu sich nehmen *aliment*
II. *vpr* **s'~ dans qc** sich in etw *(Akk)* einmischen
ingestion [ɛ̃ʒɛstjɔ̃] *f d'un médicament* Einnahme *f;* ~ **d'un aliment** Nahrungsaufnahme *f;* **avoir des difficultés d'~** Schluckbeschwerden haben
ingouvernable [ɛ̃guvɛʀnabl] *adj pays, peuple* unregierbar; *parlement* mehrheitsunfähig
ingrat(e) [ɛ̃gʀa, at] I. *adj* ❶ ~ **(e) envers qn** undankbar jdm gegenüber
❷ *(infructueux) métier, sujet* undankbar; *sol* karg, unfruchtbar; *vie* mühevoll, mühselig
❸ *(dépourvu de charme) visage* wenig anziehend, unattraktiv
II. *m(f)* Undankbare(r) *f(m),* undankbarer Mensch
ingratitude [ɛ̃gʀatityd] *f* Undank *m,* Undankbarkeit *f;* **faire preuve d'~** sich als undankbar erweisen
ingrédient [ɛ̃gʀedjɑ̃] *m d'un mélange* Bestandteil *m; d'une recette* Zutat *f; d'un médicament* Ingredienz *f (Fachspr.)*
inguérissable [ɛ̃geʀisabl] *adj maladie* unheilbar; *plaie* nicht heilend; *douleur* unstillbar; *chagrin* unendlich; *habitude, vice* unverbesserlich; **être ~** *chagrin, douleur:* durch nichts zu besänftigen sein
inguinal(e) [ɛ̃gɥinal, o] <-aux> *adj* ANAT Leisten-; **canal ~** Leistenkanal *m;* **distorsion/hernie ~ e** Leistenzerrung */-*bruch *m*
ingurgiter [ɛ̃gyʀʒite] <1> *vt* ❶ verschlingen, hinunterschlingen *nourriture;* in sich *(Akk)* hineinschütten *boisson;* **faire ~ qc à qn** jdm etw verabreichen
❷ *(apprendre)* pauken *connaissances, science;* **faire ~ un poème à qn** jdm ein Gedicht eintrichtern *(fam)*
inhabile [inabil] *adj littér* ❶ *(qui manque de diplomatie)* ungeschickt; *personne* ungeschickt, ungewandt; *démarche* unangebracht
❷ *(maladroit manuellement)* unbeholfen, linkisch
inhabileté [inabilte] *f littér d'une démarche* Ungeschicktheit *f; d'une personne* Ungeschicklichkeit *f,* Unbeholfenheit *f*
inhabitable [inabitabl] *adj* unbewohnbar
inhabité(e) [inabite] *adj* unbewohnt; *appartement* unbewohnt, leer stehend
inhabituel(le) [inabitɥɛl] *adj* ungewohnt, ungewöhnlich; **un prix ~ dans la branche** ein branchenunüblicher Preis
inhalateur [inalatœʀ] *m* Inhalationsapparat *m,* Inhalator *m*
inhalateur, -trice [inalatœʀ, -tʀis] *adj* **appareil ~** Inhalationsapparat *m,* Inhalator *m*
inhalation [inalasjɔ̃] *f* ❶ *(aspiration)* Einatmen *nt*
❷ MED Inhalation *f;* **appareil d'~** Inhalationsgerät *nt;* **faire une ~ / des ~ s** inhalieren
inhaler [inale] <1> *vt* MED einatmen, inhalieren
inhérent(e) [ineʀɑ̃, ɑ̃t] *adj* **être ~ (e) à qc** einer S. *(Dat)* innewohnen; PHILOS einer S. *(Dat)* inhärent sein
inhibé(e) [inibe] *adj (complexé)* gehemmt
inhiber [inibe] <1> *vt* lähmen *défense naturelle, volonté;* dämpfen *agressivité, élan*
inhibiteur, -trice [inibitœʀ, -tʀis] *adj* hemmend; **devenir/être ~ (-trice)** hemmend wirken
inhibition [inibisjɔ̃] *f* Hemmung *f; d'un processus psychique* Hemmung, Gehemmtheit *f;* **avoir des ~ s émotives** seelische [*o* psychische] Hemmungen haben
inhospitalier, -ière [inɔspitalje, -jɛʀ] *adj* ungastlich; *lieu* unwirtlich; *peuple* wenig gastfreundlich; *chambre* unwohnlich
inhumain(e) [inymɛ̃, ɛn] *adj* unmenschlich, inhuman *(geh)*
inhumanité [inymanite] *f* Unmenschlichkeit *f,* Inhumanität *f (geh)*
inhumation [inymasjɔ̃] *f* Beerdigung *f,* Bestattung *f (geh),* Beisetzung *f (form);* **frais d'~** Beerdigungskosten *Pl,* Bestattungskosten *Pl*
inhumer [inyme] <1> *vt* bestatten *(geh),* beisetzen *(form)*
inimaginable [inimaʒinabl] *adj* unvorstellbar
inimitable [inimitabl] *adj* unnachahmlich

inimitié [inimitje] *f littér* Feindschaft *f*, Feindseligkeit *f*; **~ de longue date** Erzfeindschaft
ininflammable [inɛ̃flamabl] *adj gaz, liquide* nicht brennbar; *matière, tissu* feuerfest, feuerbeständig
inintelligemment [inɛ̃teliʒamɑ̃] *adv* unklug, ohne Sinn und Verstand
inintelligence [inɛ̃teliʒɑ̃s] *f* Mangel *m* an Intelligenz, Begriffsstutzigkeit *f*
inintelligent(e) [inɛ̃teliʒɑ̃, ʒɑ̃t] *adj* nicht besonders intelligent; *personne* begriffsstutzig
inintelligibilité [inɛ̃teliʒibilite] *f d'un texte* Unverständlichkeit *f*
inintelligible [inɛ̃teliʒibl] *adj* unverständlich
inintéressant(e) [inɛ̃teresɑ̃, ɑ̃t] *adj* uninteressant
ininterrompu(e) [inɛ̃terɔ̃py] *adj* ununterbrochen; *vacarme* ständig; *sommeil* ungestört; *spectacle* ohne Unterbrechung
inique [inik] *adj* [höchst] ungerecht
iniquité [inikite] *f* Ungerechtigkeit *f*; JUR Unbilligkeit *f*; **commettre des ~s** *juge:* ungerechte Urteile fällen
initial(e) [inisjal, jo] <-aux> *adj* anfänglich; *cause, état* ursprünglich; *choc, feuillets* erste(r, s); **lettre ~e** Anfangsbuchstabe *m*; **position ~e** Ausgangsposition *f*; **situation ~e** Ausgangslage *f*
initiale [inisjal] *f* Anfangsbuchstabe *m*; **les ~s** Initialen *Pl*
initialement [inisjalmɑ̃] *adv* anfänglich, am Anfang
initialisation [inisjalizasjɔ̃] *f* INFORM Initialisierung *f*
initialiser [inisjalize] <1> *vt* INFORM initialisieren *programme, banque de données*
initiateur, -trice [inisjatœʀ, -tʀis] *m, f* ① Initiator(in) *m(f) (geh)*, Urheber(in) *m(f)*, Impulsgeber(in) *m(f)*; *d'une organisation* Initiator(in), [Be]gründer(in) *m(f)*; *(en parlant de la mode)* Trendsetter(in) *m(f)*
② COM **~(-trice) d'une/de l'offre** Offerent(in) *m(f) (Fachspr.)*
initiation [inisjasjɔ̃] *f* ① Einführung *f*; **~ pratique** praktische Unterweisung; **~ à qc** Einführung *[o* Einweihung *f]* in etw *(Akk)*; **cours d'~** Anfängerkurs *m*
② SOCIOL, REL Initiation *f*, Initiierung *f*; **rituel d'~** Initiationsritus *m*
initiatique [inisjatik] *adj* ① **être ~** der Einführung dienen
② REL **rites ~s** Initiationsriten *Pl*
initiative [inisjativ] *f* ① Einfall *m*, Idee *f*; **avoir l'~ de qc** die Idee zu etw haben; **~ privée** Privatinitiative *f*; **de sa/leur propre ~** aus eigenem Antrieb; **prendre des ~s** die Initiative ergreifen; **à** *[o* **sur]** **l'~ de qn** auf jds Initiative *[o* Anregung] *(Akk)* [hin]
② *(trait de caractère)* Initiative *f*, Unternehmungsgeist *m*; **avoir de l'~** Initiative *[o* Unternehmungsgeist] besitzen
◆ **~ de paix** Friedensinitiative *f*; **~ de quartier** Nachbarschaftsinitiative *f*
initié(e) [inisje] I. *adj* eingeweiht
II. *m(f)* Eingeweihte(r) *f(m)*; **information d'~** BOURSE Insiderinformation *f*
initier [inisje] <1a> I. *vt* ① **~ qn à un art** jdn in eine Kunst einführen; **~ qn à un secret** jdn in ein Geheimnis einweihen
② *(impulser)* in die Wege leiten, initiieren *(geh)*
③ REL **~ qn à qc** jdn in etw *(Akk)* einweihen
II. *vpr* **s'~ à qc** Anfangskenntnisse in etw *(Dat)* erwerben; **s'~ à un métier** sich einarbeiten
injectable [ɛ̃ʒɛktabl] *adj* einspritzbar; *médicament* injizierbar *(Fachspr.)*; **sous forme ~** als Injektionslösung *f*
injecté(e) [ɛ̃ʒɛkte] *adj* ▶ **~(e) de sang** *yeux* blutunterlaufen; *face, visage* hochrot
injecter [ɛ̃ʒɛkte] <1> *vt* ① einspritzen
② MED **~ un sérum à qn dans le bras** jdm ein Serum in den Arm injizieren *Fachspr.* [*o* spritzen]; **~ des hormones à qn** jdm eine Hormonspritze geben
③ *(fournir un apport financier)* investieren *somme*
injecteur [ɛ̃ʒɛktœʀ] *m* AUT Einspritzdüse *f*, Einspritzventil *nt*
injection [ɛ̃ʒɛksjɔ̃] *f* ① TECH *d'un liquide* Einspritzen *nt*, Einspritzung *f*; **de l'air** Einpumpen *nt*; **~ d'essence** Benzineinspritzung *f*; **moteur à ~** Einspritzmotor *m*; **voiture à ~** Auto *nt* mit Einspritzmotor, Einspritzer *m*
② MED *(piqûre)* Spritze *f*, Injektion *f (Fachspr.)*; **~ de sérum** Seruminjektion; **~ létale** Giftspritze *(fam)*; **~ d'hormones** Hormonspritze; **~ intraveineuse/souscutanée** intravenöse/subkutane Injektion
③ FIN *(apport financier)* **~ de capitaux** Finanzspritze *f*, Geldspritze; **~ de crédits** Kreditspritze; **~ de fonds publics** Finanzspritze aus öffentlichen Mitteln
injoignable [ɛ̃ʒwaɲabl] *adj* nicht erreichbar
injonction [ɛ̃ʒɔ̃ksjɔ̃] *f* ① *littér* Weisung *f (geh)*, Anweisung *f*
② JUR Anordnung *f*; **~ de faire qc** Aufforderung *f*, etw zu tun; ADMIN Weisung *f*, etw zu tun; **~ de ne pas faire** Unterlassungsanordnung
◆ **~ de paiement** Einzahlungsaufforderung *f*
injouable [ɛ̃ʒwabl] *adj* **être ~** *morceau de musique, pièce:* nicht spielbar sein; *terrain:* unbespielbar *[o* nicht bespielbar] sein

injure [ɛ̃ʒyʀ] *f* ① Beleidigung *f*, Beschimpfung *f*; **abreuver qn d'~s** jdn mit Beleidigungen überschütten; **échanger des ~s** sich [gegenseitig] Beleidigungen an den Kopf werfen; **en venir aux ~s** sich beleidigend *[o* ausfällig] werden
② *(affront)* Affront *m (geh)*; **faire ~ à qn** *vieilli* jdn beleidigen; **faire ~ à qn l'~ de faire qc** jdn kränken, indem man etw tut
injurier [ɛ̃ʒyʀje] <1a> I. *vt* beleidigen, beschimpfen; beschmutzen *mémoire*
II. *vpr* **s'~** sich [gegenseitig] beleidigen *[o* beschimpfen]
injurieux, -euse [ɛ̃ʒyʀjø, -jøz] *adj* beleidigend
injuste [ɛ̃ʒyst] *adj* ungerecht; *colère, soupçon* ungerecht, ungerechtfertigt; **de façon ~** ungerechtfertigterweise
injustement [ɛ̃ʒystəmɑ̃] *adv (à tort)* zu Unrecht; *(iniquement)* ungerechterweise, ungerechtfertigterweise
injustice [ɛ̃ʒystis] *f* Ungerechtigkeit *f*; **avec ~** ungerecht
injustifiable [ɛ̃ʒystifjabl] *adj* durch nichts zu rechtfertigen, unentschuldbar
injustifié(e) [ɛ̃ʒystifje] *adj* ungerechtfertigt
inlassable [ɛ̃lasabl] *adj* unermüdlich; *patience* unendlich
inlassablement [ɛ̃lasabləmɑ̃] *adv* unermüdlich
inlay [inlɛ] *m* Inlay *nt*
inline skater [inlajnsketœʀ] <inline skaters> *mf* Inliner(in) *m(f)*, Inlineskater(in) *m(f)*
inline skating [inlajnsketiŋ] *m* Inlineskating *nt*
inné(e) [i(n)ne] *adj* angeboren; **être ~(e) en qn** jdm angeboren sein
innervation [inɛʀvasjɔ̃] *f* ANAT Innervation *f (Fachspr.)*
innerver [inɛʀve] <1> *vt* mit Nerven versorgen, innervieren *(Fachspr.)*
innocemment [inɔsamɑ̃] *adv* in aller Unschuld; *(sans penser à mal)* unschuldig
innocence [inɔsɑ̃s] *f* ① Unschuld *f*; **clamer son ~** seine Unschuld beteuern
② *(candeur)* Unschuld *f*; *(naïveté)* Arglosigkeit *f*; **abuser de l'~ de qn** jds Arglosigkeit ausnutzen; **en toute ~** in aller Unschuld
③ *(caractère inoffensif)* Harmlosigkeit *f*
innocent(e) [inɔsɑ̃, ɑ̃t] I. *adj* ① unschuldig; **être ~(e) de qc** einer S. *(Gen)* nicht schuldig sein
② *(anodin)* harmlos; *jeux, plaisanterie* harmlos, unschuldig
③ *(candide) air* unschuldig; *personne* unschuldig, unverdorben
④ *(naïf) personne* naiv, arglos
⑤ *(inoffensif) remède, manie* harmlos; **l'article n'est pas ~** hinter dem Artikel steckt mehr; **ce n'est pas ~ si qn fait qc** jd tut etw nicht ohne Hintergedanken
II. *m(f)* ① Unschuldige(r) *f(m)*; **faire l'~/l'~e** den Unschuldigen/die Unschuldige spielen
② *(personne niaise)* Naivling *m*/Unschuldslamm *nt*
▶ **aux ~s les mains pleines** *prov* den Seinen gibt's der Herr im Schlaf *(prov)*; **les saints Innocents** REL die Unschuldigen Kinder [von Bethlehem]
innocenter [inɔsɑ̃te] <1> *vt* ① **~ qn de vol** jdn vom Diebstahl entlasten
② *(excuser)* entschuldigen
innocuité [inɔkɥite] *f d'une substance* Unschädlichkeit *f*, Harmlosigkeit *f*, Gefahrlosigkeit *f*; *d'un remède* Unbedenklichkeit *f*
innombrable [i(n)nɔ̃bʀabl] *adj* unzählig, zahllos *attr*
innommable [i(n)nɔmabl] *adj* unbeschreiblich
innovateur, -trice [inɔvatœʀ, -tʀis] I. *adj méthode* neu, innovativ; *politique* innovativ, der Erneuerung; **une action innovatrice** eine Neuerung, eine Innovation; **être ~(-trice)** neu *[o* innovativ] sein
II. *m, f* Neuerer *m*/Neuerin *f*, Innovator(in) *m(f)*
innovation [inɔvasjɔ̃] *f* Neuerung *f*; ECON, TECH, SOCIOL Neuerung, Innovation *f*; **~ produit** Produktinnovation
innover [inɔve] I. *vt* kreieren, neu einführen
II. *vi* **~ en [matière de] qc** Neuerungen in etw *(Dat)* einführen
inobservable [inɔpsɛʀvabl] *adj* nicht zu erkennen, nicht sichtbar
inobservance [inɔpsɛʀvɑ̃s] *f littér* Nicht[be]achtung *f*; *des règles* Missachtung *f*
inobservation [inɔpsɛʀvasjɔ̃] *f littér* Missachtung *f*
inoccupation [inɔkypasjɔ̃] *f littér d'une personne* Untätigkeit *f*, Müßiggang *m (geh)*
inoccupé(e) [inɔkype] *adj* ① **place** frei; *terrain* unbebaut; *maison* leer[stehend], unbewohnt
② *(oisif)* untätig
in-octavo [inɔktavo] TYP I. *adj inv format* Oktav-
II. *m* Oktav *nt*
inoculation [inɔkylasjɔ̃] *f* MED Inokulation *f (Fachspr.)*; **~ d'un vaccin** Impfung *f*, Inokulation eines Impfstoffs *(Fachspr.)*; **~ d'un virus** Infizierung *f* mit einem Virus, Inokulation eines Virus *(Fachspr.)*
inoculer [inɔkyle] <1> *vt* ① MED **~ qc à qn** jdn mit etw infizieren; **~ un vaccin à qn** jdn impfen

② *(transmettre)* ~ **qc à qn** *(involontairement)* jdn mit etw anstecken; *(volontairement)* etw auf jdn übertragen; **~ une doctrine/un vice à qn** jdn mit einer Doktrin/einem Laster infizieren

inodore [inɔdɔʀ] *adj* geruchlos; *procédé* geruchsneutral; **être ~** nicht duften; **nettoyer qc de manière ~** etw geruchsneutral reinigen

inoffensif, -ive [inɔfɑ̃sif, -iv] *adj* harmlos; *animal, piqûre* harmlos, ungefährlich; *remède* unbedenklich

inondable [inɔ̃dabl] *adj* überschwemmungsgefährdet

inondation [inɔ̃dasjɔ̃] *f* ❶ Überschwemmung *f*; *d'un fleuve* Hochwasser *nt*; **risque d'~** Überschwemmungsrisiko *nt*; **grandes ~s** Überschwemmungskatastrophe *f*

◆ ② *(afflux massif de machandises, de produits)* Flut *f*, Schwemme *f*
◆ **~ du marché** Marktschwemme *f*

inonder [inɔ̃de] <1> I. *vt* ❶ überschwemmen, unter Wasser setzen; **être inondé(e)** *personne:* Opfer *nt* einer Überschwemmung sein, hochwassergeschädigt sein; *lieu:* überschwemmt sein, unter Wasser stehen

② *(tremper)* ~ **qn/qc** *personne:* jdn/etw überschütten; *liquide:* über jdn/etw strömen; **inondé(e) de larmes** tränenüberströmt; **inondé(e) de sueur** schweißgebadet

❸ *(submerger)* strömen durch *(+ Akk) rue;* **~ un ami de qc** einen Freund mit etw überhäufen [*o* überschütten]; **~ un pays de qc** ein Land mit etw überschwemmen

④ *(pénétrer)* odeur: erfüllen; *lumière, sentiment:* durchfluten; **être inondé(e) de lumière/soleil** *pièce:* licht-/sonnendurchflutet sein; *paysage:* licht-/sonnenüberflutet sein

II. *vpr* **s'~ de qc** sich mit etw überschütten

inopérable [inɔpeʀabl] *adj* inoperabel; **être ~** inoperabel sein, nicht operiert werden können

inopérant(e) [inɔpeʀɑ̃, ɑ̃t] *adj* unwirksam, wirkungslos; **être ~(e)** *remède:* nicht wirken; *mesure:* nicht greifen

inopiné(e) [inɔpine] *adj* unerwartet, unvermutet; **être ~(e)** unerwartet [*o* unvermutet] kommen

inopinément [inɔpinemɑ̃] *adv* unerwartet, unvermutet, erstaunlicherweise

inopportun(e) [inɔpɔʀtœ̃, yn] *adj demande* ungelegen; *remarque* unpassend; **qc est ~** etw kommt ungelegen

inopportunément [inɔpɔʀtynemɑ̃] *adv* zu einem unpassenden [*o* ungeeigneten] Zeitpunkt, ungelegen

inopportunité [inɔpɔʀtynite] *f* Ungelegenheit *f*; **sentir l'~ de qc** merken, dass etw ungelegen kommt

inopposabilité [inɔpozabilite] *f* JUR **~ de l'exception** Ausschluss *m* der Einrede

inorganique [inɔʀganik] *adj* anorganisch

inorganisation [inɔʀganizasjɔ̃] *f* *d'une personne* Unorganisiertheit *f*, mangelndes Organisationsvermögen; *d'une réunion, d'un organisme* Mangel *m* an Organisation, Desorganisation *f (geh)*

inorganisé(e) [inɔʀganize] *adj a.* SCI ❶ nicht organisiert, unorganisiert

② *(brouillon)* unmethodisch

❸ *(qui n'appartient à aucun parti ou syndicat)* [parteilich/gewerkschaftlich] nicht organisiert

inoubliable [inublijabl] *adj* unvergesslich

inouï(e) [inwi] *adj* ❶ unerhört, unglaublich

② *fam (formidable)* **être ~(e)** *personne:* unglaublich sein

inox [inɔks] *abr de* **inoxydable** I. *m inv* Edelstahl, rostfreier Stahl; **casserole en ~** Topf *m* aus Edelstahl [*o* nicht rostendem Stahl]

II. *app inv acier* rostfrei; *cuve, tambour* aus Edelstahl, aus rostfreiem Stahl

inoxydable [inɔksidabl] *adj acier* rostfrei, rostend, rostbeständig

in petto [inpeto] *adv* insgeheim, im Stillen

input [input] *m* Input *m o nt*

inqualifiable [ɛ̃kalifjabl] *adj* unbeschreiblich; *agression* abscheulich

in-quarto [inkwaʀto] TYP I. *adj inv format* Quart-
II. *m* Quart *nt*

inquiet, -ète [ɛ̃kjɛ, -ɛt] I. *adj* ❶ beunruhigt; *caractère, personne* ängstlich; **c'est un caractère ~** er/sie hat ein ängstliches Gemüt; **ne sois pas ~(-ète)** mach dir keine Sorgen; **être ~(-ète) de qc** wegen etw beunruhigt sein; **être ~(-ète) au sujet de** [*o pour*] **la fille/la maison** wegen des Mädchens/des Hauses beunruhigt sein; **qn est ~ que qn fasse qc** jd fürchtet, dass jd etw tut

② *(qui trahit l'appréhension)* ängstlich; *regard, attente* bang; *geste* unsicher

II. *m, f* [ewig] besorgter Mensch

inquiétant(e) [ɛ̃kjetɑ̃, ɑ̃t] *adj* ❶ beunruhigend, Besorgnis erregend; **devenir ~(e)** [allmählich] beunruhigende [*o* Besorgnis erregende] Formen annehmen

② *(patibulaire)* Furcht erregend, Furcht einflößend

inquiéter [ɛ̃kjete] <5> I. *vt* ❶ **~ qn** jdn beunruhigen, jdm Sorgen machen

② *(harceler)* **être inquiété(e)** *personne:* behelligt werden; *chose:* heimgesucht werden

❸ SPORT *(menacer)* in Bedrängnis [*o* Schwierigkeiten] bringen

II. *vpr* ❶ **s'~** sich beunruhigen, sich *(Dat)* Sorgen [*o* Gedanken] machen

② *(s'enquérir)* **s'~ de qn/qc** sich nach jdm/etw erkundigen

❸ *(se soucier de)* **s'~ au sujet de** [*o* **pour**] **la fille/la maison** sich *(Dat)* des Mädchens/des Hauses wegen Sorgen machen; **~ de savoir si/qui...** sich *(Dat)* Gedanken darüber machen, ob/wer ...; **il s'inquiète de voir une ambulance** er ist beunruhigt [*o* besorgt] darüber, einen Krankenwagen zu sehen

inquiétude [ɛ̃kjetyd] *f* ❶ Beunruhigung *f kein Pl,* Sorge *f*; **plonger qn dans l'~** jdn in Beunruhigung versetzen; **avoir** [*o* **éprouver**] **des ~s sur** [*o* **au sujet de**] **la fille/la maison** sich *(Dat)* des Mädchens/des Hauses wegen Sorgen machen; **causer de l'~/des ~s à qn** jdm Sorge/Sorgen machen, für jdn Grund zur Besorgnis [*o* Beunruhigung] sein; **nourrir des ~s pour le directeur/le jeu** sich *(Dat)* um den Direktor/das Spiel Sorgen machen; **soyez sans ~** machen Sie sich *(Dat)* keine Sorgen; **être sans ~ sur qc** keine Sorgen mit etw haben

② PHILOS **~ métaphysique** die letzten Fragen

inquisiteur, -trice [ɛ̃kizitœʀ, -tʀis] I. *adj* forschend, inquisitorisch *(geh)*; *ton, regard* streng; *questions* bohrend

II. *m, f a.* HIST, REL *péj* Inquisitor(in) *m(f)*; **Grand ~** Großinquisitor

inquisition [ɛ̃kizisjɔ̃] *f a.* HIST, REL *péj* l'Inquisition die Inquisition

INRA [inʀa] *m abr de* **institut national de la recherche agronomique** nationales Institut für Agrarforschung

inracontable [ɛ̃ʀakɔ̃tabl] *adj histoire* nicht wiederholbar; *événement* nicht mit Worten zu beschreiben

INRI [inʀi] *abr de* **Iesus Nazarenus Rex Iudaeorum** INRI

insaisissabilité [ɛ̃sezisabilite] *f* JUR Unpfändbarkeit *f*

insaisissable [ɛ̃sezisabl] *adj* ❶ nicht zu fassen

② *fam (qu'on ne parvient pas à rencontrer)* nicht zu erwischen *(fam)*

❸ *(qui échappe à toute influence)* **être ~** nicht zu fassen sein

④ *(imperceptible)* nicht wahrnehmbar; *ton* unhörbar; **les différences les plus ~s** die geringsten Unterschiede

❺ *(fuyant)* rêve sich verflüchtigend; *horizon* unendlich

❻ JUR *rente, salaire* pfändungsfrei; *bien* unpfändbar

insalubre [ɛ̃salybʀ] *adj climat* ungesund, gesundheitsschädlich; *quartier* verslumt, heruntergekommen

insalubrité [ɛ̃salybʀite] *f d'un climat* Unzuträglichkeit *f*, Gesundheitsschädlichkeit *f*; *d'un logement* gesundheitsgefährdender Zustand; *d'un quartier* Verslumung *f*

insanité [ɛ̃sanite] *f d'une personne* Unvernunft *f*; *d'un propos, acte* Unsinn *m*, Unsinnigkeit *f*; **se répandre en ~s sur le compte de qn** abwegiges [*o* absurdes] Zeug über jdn verbreiten; **dire des ~s** Unsinn von sich geben

insatiable [ɛ̃sasjabl] *adj* unersättlich; *soif* unstillbar; *curiosité* nicht zu befriedigen

insatisfaction [ɛ̃satisfaksjɔ̃] *f* **~ devant qc** Unzufriedenheit *f* mit etw

insatisfait(e) [ɛ̃satisfɛ, ɛt] I. *adj* ❶ **~(e) de qn/qc** unzufrieden mit jdm/etw

② *(inassouvi)* unbefriedigt

II. *m(f)* **éternel ~/éternelle ~e** ewig Unzufriedene(r) *f(m)*

inscription [ɛ̃skʀipsjɔ̃] *f* ❶ Inschrift *f*; **~ funéraire** Grabinschrift; **~ d'un poteau indicateur** Aufschrift *f* auf einem Wegweiser

② *a.* JUR *(action d'inscrire sur une liste)* Anmeldung *f*, Einschreibung *f*, Eintragung *f*; **les ~s sont closes le 31 mars** Anmeldeschluss *m* ist der 31. März; **~ de qn à une école/un concours** jds Anmeldung in einer Schule/zu einem Wettbewerb; **son ~ au club** sein/ihr Eintritt *m* in den Club; **procéder à l'~ de qc à l'ordre du jour** etw in die Tagesordnung aufnehmen; **~ hypothécaire** Hypothekeneintragung; **~ maritime** ≈ Seemannsamt *nt;* **~ officielle** amtliche Eintragung; **~ parallèle** Parallelanmeldung; **~ provisoire/en attente** schwebende/anhängige Anmeldung; **~ au bilan** Ausweis *m* in der Bilanz; **~ au passif du bilan commercial/du bilan de capitaux** Passivierung *f* der Handelsbilanz/Kapitalbilanz; **~ au livre foncier** Grundbucheintragung; **~ au registre du commerce** [**et des sociétés**] Eintragung ins Handelsregister; **~ de l'accession à un terrain** Zuschreibung *f* eines Grundstücks; **~ d'une fixation des limites de la responsabilité au registre de commerce** Eintragung einer Haftungsbeschränkung in das Handelsregister; **~ d'une hypothèque** Hypothekenbestellung *f*; **~ dans le registre de conservation des hypothèques** Grundbucheintragung; **~ en termes de coûts** kostenmäßiger Ausweis

◆ **~ de** [*o* **en**] **faux** JUR Anfechtung *f* der Echtheit einer Urkunde; **~ au passif** FIN Passivierung *f*

inscrire [ɛ̃skʀiʀ] <*irr*> I. *vt* ❶ **~ qc dans** [*o* **sur**] **un carnet** [sich *(Dat)*] etw in einem Heft aufschreiben [*o* notieren]; **~ qc sur une enveloppe** etw auf einen Briefumschlag schreiben; **~ qc à l'ordre**

insatisfaction/irritation	
exprimer l'insatisfaction	**Unzufriedenheit ausdrücken**
Cela ne répond pas à mes attentes.	Das entspricht nicht meinen Erwartungen
J'aurais espéré que vous vous donniez plus de mal.	Ich hätte erwartet, dass Sie sich nun mehr Mühe geben.
Nous n'en avions pas convenu ainsi.	So hatten wir es nicht vereinbart.
exprimer l'irritation	**Verärgerung ausdrücken**
C'est incroyable/inouï!	Das ist (ja) unerhört!
Mais c'est une honte!/Quel culot!/Quelle impertinence!	Eine Unverschämtheit ist das!/So eine Frechheit!
Alors là, c'est le bouquet/le comble!	Das ist doch wohl die Höhe!
Mais ce n'est pas vrai/possible!	Das darf doch wohl nicht wahr sein!
C'est énervant!/Ça commence à m'énerver!	Das nervt! *(fam)*
C'est/Ça devient insupportable!	Das ist ja nicht mehr zum Aushalten! *(fam)*

du jour etw auf die Tagesordnung setzen; ~ qc au budget etw als Posten im Budget verbuchen; **être inscrit(e) dans** [*o* **sur**] **qc** auf etw *(Dat)* stehen; **être inscrit(e) dans ma mémoire** sich fest eingeprägt haben; **être inscrit(e) sur son visage** auf seinem/ihrem Gesicht geschrieben stehen

② *(porter sur une liste)* ~ **qn à une école/dans un club** jdn an einer Schule/einem Verein anmelden; ~ **qn sur une liste** jdn in eine Liste eintragen; *(pour prendre rendez-vous)* jdn auf einer Liste vormerken; **être inscrit(e) à la faculté** an der Universität eingeschrieben [*o* immatrikuliert] sein; **être inscrit(e) sur une liste** auf einer Liste stehen [*o* eingetragen sein]; **être inscrit(e) dans un club** Mitglied in einem Club sein; **être inscrit(e) à une auto-école** Fahrstunden nehmen

③ GEOM beschreiben *cercle*

④ SPORT erzielen *but, point*

II. *vpr* ① **s'~ à une école** sich an einer Schule anmelden; **s'~ à une faculté** sich an einer Universität einschreiben; **s'~ à un parti/club** einer Partei/einem Club beitreten; **s'~ sur une liste** sich in eine [*o* auf einer] Liste eintragen; **se faire ~ au tennis** sich zum Tennis anmelden

② *(s'insérer dans)* **s'~ dans le cadre de qc** *décision, mesure, projet:* im Rahmen von etw geschehen [*o* erfolgen]

③ GEOM **s'~ dans qc** einer S. *(Dat)* [*o* in etw *(Akk)*] einbeschrieben werden

④ *(apparaître sous forme d'inscription)* **s'~ sur l'écran** auf dem Bildschirm erscheinen; **s'~ sur une enseigne lumineuse** auf einer Leuchtreklame zu lesen sein

inscrit(e) [ɛ̃skʀi, it] **I.** *part passé de* **inscrire**

II. *adj* ① *candidat* gemeldet; *député* zu einer Fraktion gehörig, fraktionsgebunden; *électeur* in die Wählerliste eingetragen; *orateur* in die Rednerliste eingetragen

② GEOM einbeschrieben

III. *m(f)* Angemeldete(r) *f(m)*; *(sur une liste électorale)* Wahlberechtigte(r) *f(m)*; *(membre d'un parti)* eingetragenes Parteimitglied; *(étudiant)* immatrikulierter Student/immatrikulierte Studentin; *(candidat à un examen)* gemeldeter Kandidat/gemeldete Kandidatin; ~ **maritime** beim Seemannsamt gemeldeter Seemann

insecte [ɛ̃sɛkt] *m* Insekt *nt*; **espèce/larve d'~** Insektenart *f*/-larve *f*; **collection/société d'~s** Insektensammlung *f*/-staat *m*; ~ **aquatique** Wasserinsekt; ~ **aptère** primitiv Urinsekt

insecticide [ɛ̃sɛktisid] **I.** *adj* **poudre** ~ Insektenpulver *nt*

II. *m* Insekten[vertilgungs]mittel *nt*, Insektenbekämpfungsmittel, Insektizid *nt (Fachspr.)*; *(poudre)* Insektenpulver *nt*

insectivore [ɛ̃sɛktivɔʀ] **I.** *adj* Insekten fressend; *plante* Fleisch fressend

II. *m* Insektenfresser *m*

insécurité [ɛ̃sekyʀite] *f* Unsicherheit *f*

INSEE [inse] *m abr de* **institut national de la statistique et des études économiques** nationales Institut für Statistik und Wirtschaftsplanung

inséminateur, -trice [ɛ̃seminatœʀ, -tʀis] *m, f* Besamungstierarzt *m*/-ärztin *f*, Inseminator(in) *m(f) (Fachspr.)*

insémination [ɛ̃seminasjɔ̃] *f d'une femme* Befruchtung *f*, Insemination *f (Fachspr.)*; *d'un animal* Besamung *f*, Insemination *f*

inséminer [ɛ̃semine] <1> *vt* inseminieren *(Fachspr.)*, künstlich befruchten *femme*; inseminieren *(Fachspr.)*, besamen *animal*

insensé(e) [ɛ̃sɑ̃se] **I.** *adj* ① absurd; *personne* verrückt; *acte* unsinnig [*o* wahnwitzig]

② *(extravagant)* architecture, mobilier fantastisch, exzentrisch

▶ **c'est** ~ ! das ist Unsinn [*o* verrückt]!

II. *m(f) littér* Verrückte(r) *f(m)*, Irre(r) *f(m)*

insensibilisation [ɛ̃sɑ̃sibilizasjɔ̃] *f* örtliche Betäubung, Lokalanästhesie *f (Fachspr.)*

insensibiliser [ɛ̃sɑ̃sibilize] <1> *vt* ① narkotisieren *personne;* betäuben *doigt, dent*

② *fig* **être insensibilisé(e) à qc** einer S. *(Dat)* gegenüber abgestumpft sein

insensibilité [ɛ̃sɑ̃sibilite] *f* ① *(physique)* Unempfindlichkeit *f*, Empfindungslosigkeit *f*; ~ **à la douleur/au froid** Schmerz-/Kälteunempfindlichkeit

② *(morale)* Gefühllosigkeit *f*, Empfindungslosigkeit *f*, mangelnde Sensibilität; ~ **à la misère** Gleichgültigkeit *f* gegenüber der Armut

insensible [ɛ̃sɑ̃sibl] *adj* ① **être** ~ *personne:* nichts spüren; *lèvres, membre:* gefühllos [*o* taub] sein; ~ **à la douleur/chaleur** schmerz-/wärmeunempfindlich

② *(moralement)* gefühllos, empfindungslos; ~ **aux compliments** gleichgültig gegenüber Komplimenten; **laisser qn** ~ jdn gleichgültig lassen

③ *(imperceptible)* kaum wahrnehmbar; *variations* unmerklich; *pouls* kaum spürbar

④ ECON, FIN ~ **aux variations conjoncturelles** *politique, mesure* konjunkturneutral; *secteur* konjunktursicher

insensiblement [ɛ̃sɑ̃siblǝmɑ̃] *adv (imperceptiblement)* unmerklich; *(progressivement)* ganz allmählich

inséparable [ɛ̃sepaʀabl] **I.** *adj* ① *amis* unzertrennlich; *idées* eng miteinander verknüpft; **être ~ de qc** mit etw untrennbar verbunden sein

② *antéposé hum (éternel)* unvermeidlich, obligat *(geh)*

II. *mpl* **les ~s** die Unzertrennlichen

inséparablement [ɛ̃sepaʀabləmɑ̃] *adv* untrennbar; **faire qc ~** etw immer gemeinsam tun

insérer [ɛ̃seʀe] <5> **I.** *vt* ① einfügen; aufnehmen *argument;* einfügen *clause;* aufgeben *annonce*

② INFORM einfügen

③ *(glisser)* ~ **qc dans un dossier/album** etw in eine Akte legen/ein Album stecken; ~ **une photo sous un cadre** eine Fotografie rahmen [*o* in einen Rahmen stecken]

II. *vpr* **s'~ dans qc** *personne:* sich in etw *(Akk)* integrieren [*o* einfügen]; *objet:* sich in etw *(Akk)* einsetzen lassen; *événement:* im Rahmen einer S. *(Gen)* stattfinden

INSERM [inseʀm] *m abr de* **institut national de la santé et de la recherche médicale** nationales Institut für Gesundheit und medizinische Forschung

insert [ɛ̃seʀ] *m* ① MEDIA Insert *nt*

② TECH Heizeinsatz *m*

insertion [ɛ̃seʀsjɔ̃] *f* ① ~ **dans qc** *d'une clause, formule* Einfügen *nt* [*o* Aufnahme *f*] in etw *(Akk)*; *d'une annonce* Aufgeben *nt* in etw *(Dat)*; *d'un article* Veröffentlichung *f* in etw *(Dat)*; *d'un vaccin* Einspritzen *nt* unter etw *(Akk)*

② *(intégration)* Eingliederung *f*, Integration *f*; ~ **sociale** [Wieder]eingliederung in die Gesellschaft; **centre [d'hébergement et] d'~** Übergangslager *nt*

insidieusement [ɛ̃sidjøzmɑ̃] *adv* ① hinterhältig, auf hinterlistige Weise

② MED schleichend

insidieux, -euse [ɛ̃sidjø, -jøz] *adj* ① *question, promesse* hinterhältig; *personne, manières* hinterhältig, hinterlistig

② *(imperceptible)* schleichend

❸ *(pénétrant) odeur* durchdringend
❹ MED *maladie* heimtückisch
insigne¹ [ɛ̃siɲ] *adj littér* [ganz] besondere(r, s)
insigne² [ɛ̃siɲ] *m* Abzeichen *nt; d'un ordre* Ehrenzeichen *nt; pl d'une fonction* Insignien *Pl;* ~ **commercial** Geschäftsabzeichen; ~ **du parti** Parteiabzeichen; ~ **de l'association** Vereinsabzeichen
insignifiance [ɛ̃siɲifjɑ̃s] *f* Bedeutungslosigkeit *f; d'un visage, paysage* Reizlosigkeit *f*
insignifiant(e) [ɛ̃siɲifjɑ̃, jɑ̃t] *adj* unbedeutend, unwichtig; *paroles* belanglos; *visage* nichtssagend; *allure* unscheinbar
insinuant(e) [ɛ̃sinɥɑ̃, ɑ̃t] *adj* schmeichlerisch
insinuation [ɛ̃sinɥasjɔ̃] *f* ❶ Andeutung *f,* Anspielung *f;* **procéder par** ~ **(s)** Andeutungen fallen lassen [*o* machen]
❷ *(accusation sournoise)* Unterstellung *f*
insinuer [ɛ̃sinɥe] <1> I. *vt (laisser entendre)* andeuten, zu verstehen geben; *(accuser)* unterstellen
II. *vpr* ❶ **s'~ dans** qc in etw *(Akk)* [ein]dringen
❷ *(se glisser)* **s'~ dans** *qc personne:* sich durch etw schlängeln; *idée, sentiment:* sich in etw *(Akk)* einschleichen; **s'~ dans l'esprit de qn** jdn beschleichen; **s'~ dans les bonnes grâces de qn** sich bei jdn einschmeicheln
insipide [ɛ̃sipid] *adj* ❶ geschmacklos; *boisson, mets* fad[e]; **être** ~ fad[e] [*o* nach nichts] schmecken
❷ *(ennuyeux)* fad[e], langweilig
insistance [ɛ̃sistɑ̃s] *f* ❶ Beharrlichkeit *f,* Hartnäckigkeit *f;* ~ **à faire qc** Beharrlichkeit [*o* Hartnäckigkeit], wenn es darum geht, etw zu tun; ~ **à ne pas faire qc** hartnäckige Weigerung, etw zu tun; **avec** ~ beharrlich, hartnäckig
insistant(e) [ɛ̃sistɑ̃, ɑ̃t] *adj* dringend; *ton* drängend; *rumeur* hartnäckig; *regard* eindringlich; *curiosité* aufdringlich
insister [ɛ̃siste] <1> *vi* ❶ nicht nachgeben; **inutile d'~** gib's auf/geben Sie es auf; **je n'ai pas insisté** ich habe nicht weiter darauf bestanden; ~ **à** [*o* **pour**] **faire qc** darauf bestehen, etw zu tun
❷ *(persévérer)* nicht aufgeben, durchhalten
❸ *(mettre l'accent sur)* **sur qc** etw betonen
▶**sans** ~ ohne besonderen Nachdruck
insociable [ɛ̃sɔsjabl] *adj* ungesellig, insoziabel
insolation [ɛ̃sɔlasjɔ̃] *f* ❶ Sonnenscheindauer *f,* Insolation *f (Fachspr.)*
❷ *(coup de chaleur)* Sonnenstich *m*
❸ *(exposition à la lumière solaire)* Sonnenbaden *nt*
❹ PHOT Belichtung *f*
insolemment [ɛ̃sɔlamɑ̃] *adv* ❶ respektlos, frech
❷ *(d'une façon provocante)* unverschämt
insolence [ɛ̃sɔlɑ̃s] *f* ❶ Respektlosigkeit *f,* Frechheit *f;* **avec** ~ respektlos, frech
❷ *(propos irrespectueux)* respektlose [*o* freche] Bemerkung, Frechheit
❸ *(arrogance)* Unverschämtheit *f,* Anmaßung *f*
insolent(e) [ɛ̃sɔlɑ̃, ɑ̃t] I. *adj* ❶ respektlos, frech
❷ *(arrogant)* anmaßend; *exigence* unverschämt
❸ *(provocant)* unverschämt; *corps, beauté* aufreizend
II. *m(f)* respektlose [*o* freche] Person; **petit ~/petite ~e** kleiner Frechdachs
insolite [ɛ̃sɔlit] *adj (inhabituel)* ungewöhnlich, außergewöhnlich
insolubilité [ɛ̃sɔlybilite] *f* ❶ Unlöslichkeit *f;* ~ **d'une poudre dans l'eau** Wasserunlöslichkeit eines Pulvers
❷ *(état de ce qui ne peut être résolu)* Unlösbarkeit *f*
insoluble [ɛ̃sɔlybl] *adj* ❶ unlöslich; *substance* wasserunlöslich
❷ *(qui ne peut être résolu)* unlösbar
insolvabilité [ɛ̃sɔlvabilite] *f* Zahlungsunfähigkeit *f,* Insolvenz *f (form),* Illiquidität *f (Fachspr.)*
insolvable [ɛ̃sɔlvabl] I. *adj* zahlungsunfähig, insolvent *(form);* **déclarer qn** ~ jdn für zahlungsunfähig erklären; **devenir** ~ zahlungsunfähig werden
II. *mf* Zahlungsunfähige(r) *f(m)*
insomniaque [ɛ̃sɔmnjak] I. *adj* an Schlaflosigkeit *(Dat)* leidend; **être** ~ Schlafstörungen haben
II. *mf* an Schlaflosigkeit *(Dat)* leidender Mensch
insomnie [ɛ̃sɔmni] *f* Schlaflosigkeit *f;* **avoir des ~s** Schlafstörungen haben, unter Schlafstörungen *(Dat)* leiden
insondable [ɛ̃sɔ̃dabl] *adj abîme* bodenlos, unermesslich tief; *mystère, pensée* unergründlich; *douleur* unermesslich, grenzenlos; *bêtise* bodenlos
insonore [ɛ̃sɔnɔʁ] *adj* schalldämmend; *cloison* schalldämmend, schalldicht
insonorisation [ɛ̃sɔnɔʁizasjɔ̃] *f* Schalldämmung *f,* Schallisolierung *f*
insonorisé(e) [ɛ̃sɔnɔʁize] *adj* schalldicht, schallisoliert
insonoriser [ɛ̃sɔnɔʁize] <1> *vt* schalldicht machen, gegen Schall isolieren
insouciance [ɛ̃susjɑ̃s] *f* Unbekümmertheit *f,* Sorglosigkeit *f;* **vivre dans l'~** ein sorgloses [*o* unbekümmertes] Leben führen

insouciant(e) [ɛ̃susjɑ̃, jɑ̃t] I. *adj* unbekümmert; *vie* unbekümmert, sorgenfrei; **être ~(e) du lendemain** in den Tag hinein leben; **être ~(e) du danger** sich keine Gedanken über die Gefahr machen
II. *m(f)* sorgloser Mensch; *péj* leichtsinniger Mensch
insoucieux, -euse [ɛ̃susjø, -jøz] *adj littér* sorgenfrei, unbekümmert
insoumis(e) [ɛ̃sumi, iz] I. *adj* ❶ widerspenstig, aufsässig
❷ *(en rébellion)* nicht unterworfen; MIL *(déserteur)* fahnenflüchtig, verweigernd; **le Maroc** ~ das freie Marokko
II. *m(f)* Aufständische(r) *f(m),* Rebell(in) *m(f);* MIL Deserteur *m,* Verweigerer *m*
insoumission [ɛ̃sumisjɔ̃] *f* Widerstand *m; d'une personne* Widerstand, Aufsässigkeit *f;* MIL Fahnenflucht *f,* Verweigerung *f;* **acte d'~** widersetzliche Handlung
insoupçonnable [ɛ̃supsɔnabl] *adj* über jeden Verdacht [*o* Zweifel] erhaben
insoupçonné(e) [ɛ̃supsɔne] *adj* ungeahnt, unerwartet; **~(e) de tous** ohne dass es jemand ahnt [*o* vermutet]
insoutenable [ɛ̃sutnabl] *adj* ❶ unhaltbar, nicht haltbar *präd*
❷ *(insupportable)* unerträglich
inspecter [ɛ̃spɛkte] <1> *vt* ❶ kontrollieren *bagages;* beurteilen *fonctionnaire;* ~ **un professeur** den Unterricht eines Lehrers begutachten
❷ *(examiner attentivement)* inspizieren, absuchen *lieu;* inspizieren, untersuchen *objet;* inspizieren, [eingehend] mustern *personne*
inspecteur, -trice [ɛ̃spɛktœʁ, -tʁis] *m, f* Inspektor(in) *m(f); (testant la qualité d'un restaurant)* Testesser(in) *m(f);* ~ **(-trice) des écoles maternelles** Schulrat *m/*-rätin *f (für den Vorschulbereich);* ~ **général/inspectrice générale** SCOL ≈ Regierungsschulrat *m/*-rätin *f (für alle Lehrer eines Faches zuständiger Beamter bei der Schulbehörde);* ~ **pédagogique régional/inspectrice pédagogique régionale** SCOL ≈ Oberschulrat *m/*-rätin *f (für die Lehrer eines Faches in einer Region zuständiger Beamter);* ~ **(-trice) primaire** Schulrat *m/*-rätin *f (für den Grundschulbereich)*
▶ ~ **des travaux finis** *hum* Drückeberger(in) *m(f) (pej fam)*
◆ ~ **(-trice) d'Académie** SCOL ≈ Schulamtsdirektor(in) *m(f);* ~ **des finances** ≈ Generalinspektor *m;* ~ **(-trice) de police** Polizeiinspektor(in) *m(f);* ~ **des Ponts et Chaussées** ≈ Oberregierungsbaurat *m (Leiter der obersten Straßenaufsichtsbehörde);* ~ **(-trice) du travail** Gewerbeaufsichtsbeamte(r) *m/*-beamtin *f*
inspection [ɛ̃spɛksjɔ̃] *f* ❶ Kontrolle *f, des lieux* Inspizierung *f;* ~ **des bagages** Gepäckkontrolle; ~ **en règle** gründliche Kontrolle [*o* Überprüfung]; **faire l'~ de qc** etw kontrollieren [*o* durchsuchen] [*o* inspizieren]
❷ *(visite d'un inspecteur)* Inspektion *f; d'un professeur* [Unterrichts]besuch *m*
❸ *(corps de fonctionnaires)* Behörde *f;* ~ **des Finances** Finanzaufsichtsbehörde; ~ **du Travail** Gewerbeaufsichtsbehörde; ~ **des monuments historiques** Denkmalamt *nt;* ~ **académique** ≈ Oberschulamt *nt;* ~ **générale** SCOL oberste Schulaufsichtsbehörde; ~ **primaire** SCOL Schulaufsichtsbehörde für den Grundschulbereich; ~ **régionale** SCOL ≈ Schulamt *nt*
❹ JUR Beschau *f;* ~ **judiciaire** Besichtigung *f* durch das Gericht; ~ **des dommages** Schadensbesichtigung
inspirant(e) [ɛ̃spiʁɑ̃, ɑ̃t] *adj* **être ~(e)** inspirierend sein
inspirateur, -trice [ɛ̃spiʁatœʁ, -tʁis] I. *adj* ❶ inspirierend; **un vent ~ a soufflé sur lui** ihn hat die Muse geküsst *(hum)*
❷ ANAT **muscles ~s** Atemmuskeln *Pl*
II. *m, f* ❶ *d'une décision* Inspirator(in) *m(f) (geh); d'une personne* Vorbild *nt; d'une décision* Initiator(in) *m(f) (geh),* Ideengeber(in) *m(f); d'une doctrine* Vordenker(in) *m(f);* **être l'~(-trice) de qn/qc** für jdn/etw Vorbild sein; **être l'~(-trice) d'une décision** *personne:* eine Entscheidung initiieren *(geh); chose:* eine Entscheidung beeinflussen
❷ *gén f (égérie)* Muse *f*
❸ *(instigateur)* Anstifter(in) *m(f),* Urheber(in) *m(f)*
inspiration [ɛ̃spiʁasjɔ̃] *f* ❶ *(idée)* Eingebung *f,* Einfall *m;* **avoir la bonne/mauvaise ~ de faire qc** gut/schlecht beraten sein, etw zu tun
❷ *(instigation)* ~ **de qc** Anregung *f* [*o* Anstoß *m*] für etw
❸ *(souffle créateur)* Inspiration *f;* ~ **poétique** dichterische Inspiration [*o* Eingebung]; ~ **céleste** himmlische Erleuchtung; **chercher l'~** auf eine Eingebung warten; **suivre son ~** seiner Eingebung folgen
❹ PHYSIOL Atemzug *m; (opp: expiration)* Einatmen *nt,* Inspiration *f;* **faire** [*o* **prendre**] **une grande ~** tief einatmen
▶ **selon l'~ du moment** nach Lust und Laune; **d'~ médiévale/orientale** vom Mittelalter/orientalisch inspiriert [*o* beeinflusst]; **sous l'~ de qn/qc** unter jds Einfluss *(Dat)/*unter dem Einfluss einer S. *(Gen)*
inspiré(e) [ɛ̃spiʁe] *adj* ❶ genial; REL erleuchtet; **être ~(e)** inspiriert

sein
② *(suggéré par)* ~ (e) de qc von etw beeinflusst; *mode, œuvre* von etw beeinflusst, von etw inspiriert
③ *(avisé)* être bien/mal ~ (e) de faire qc gut/schlecht [*o* nicht gut] beraten sein, etw zu tun

inspirer [ɛ̃spiʀe] <1> I. *vt* ❶ ANAT einatmen
❷ *(susciter)* ~ du dégoût/de l'inquiétude Ekel/Besorgnis erregend [*o* beunruhigend] sein; ~ de la confiance *personne*: Vertrauen einflößen, Vertrauen erweckend sein; ~ du respect/de l'horreur Respekt/Furcht einflößend sein; ~ le dégoût à qn jdm Ekel einflößen; ~ l'inquiétude à qn jdm Grund [*o* Anlass] zur Beunruhigung geber.; ~ la prudence à qn jdn zur Vorsicht mahnen; ~ de l'amour/de la vengeance à qn in jdm Liebe[sgefühle]/Rachegefühle wecken
❸ *(suggérer)* ~ l'achat à qn jdn zum Kauf veranlassen; ~ un acte à qn jdn zu einer Handlung überreden; ~ une idée à qn jdn auf eine Idee bringen; ~ un roman à qn jdn zu einem Roman inspirieren; ~ à qn de faire qc jdn [dazu] veranlassen [*o* überreden], etw zu tun
❹ *(être à l'origine de)* veranlassen; anregen *décision:* anzetteln, anstiften *conjuration;* inspirieren *œuvre;* als Vorbild [*o* Modell] dienen für *personnage de roman;* être inspiré(e) par qc *chose:* von etw beeinflusst [*o* inspiriert] [*o* diktiert] sein; être inspiré(e) par qn *opération, attentat, conjuration:* von jdm angestiftet [*o* angezettelt] sein
❺ *(rendre créatif)* inspirieren
❻ *fam (plaire à)* begeistern
❼ REL, MYTH ~ qn durch jdn sprechen
❽ *(influencer)* ~ qn jdn beeinflussen; jdm sagen, was er zu tun hat
❾ *(insuffler)* ~ de l'air à qn/qc jdm/einer S. Luft zuführen; ~ de l'air dans qc Luft in etw *(Akk)* [hinein]blasen
II. *vpr* s'~ de qn/qc sich von jdm/etw inspirieren [*o* anregen] lassen, sich an jdm/etw orientieren; *film, livre:* einer S. *(Dat)* als Vorlage dienen; un film qui s'inspire d'un roman ein Film nach der Vorlage eines Romans [*o* nach einem Roman]
III. *vi* einatmen; inspirez, soufflez! *(chez le docteur)* einatmen, ausatmen!

instabilité [ɛ̃stabilite] *f* ❶ *d'une opinion, d'un sentiment, caractère, du temps* Unbeständigkeit *f; d'une personne (dans son comportement)* Wechselhaftigkeit *f; (dans son état mental)* Labilität *f;* ~ des prix Preisschwankungen *Pl;* ~ d'humeur Launenhaftigkeit *f*
❷ *(précarité)* mangelnde Stabilität, Instabilität *f; d'une situation* Unsicherheit *f;* ~ ministérielle ständiger Wechsel der Minister
❸ *(mobilité)* nichtsesshafte Lebensweise

instable [ɛ̃stabl] I. *adj* ❶ *(variable) temps* wechselhaft, unbeständig
❷ *(qui ne tient pas en place) personne* rastlos; *(qui change constamment de comportement)* unbeständig; *(incapable de se maintenir dans un état mental)* labil
❸ *(précaire) régime politique* instabil; *paix, situation* unsicher; *objet* wackelig
❹ *(mobile) tribu nomade* nichtsesshaft
❺ CHIM instabil
II. *mf* labiler Mensch; *(enfant)* unausgeglichenes Kind

installateur, -trice [ɛ̃stalatœʀ, -tʀis] *m, f* Installateur(in) *m(f)*

installation [ɛ̃stalasjɔ̃] *f* ❶ Installation *f,* Anschluss *m; d'une machine* Montage *f; d'un campement, meuble* Aufstellen *nt; des troupes* Einquartierung *f; d'un port* Bau *m;* ~ de l'eau/du gaz Wasser-/Gasinstallation
❷ INFORM Installation *f;* ~ de/du programme Programminstallation; ~ initiale Erstinstallation
❸ *gén pl (objets mis en place)* Anlagen *Pl,* Einrichtungen *Pl;* ~ s [et appareils] *(en parlant d'une entreprise)* Betriebseinrichtungen, Betriebsanlagen; ~ s électriques/industrielles Elektro-/Industrieanlagen; ~ s fabriquées par l'entreprise selbst erstellte Anlagen; ~ minimisant le volume de travail arbeitssparende Einrichtung; ~ permettant des économies de main d'œuvre arbeitssparende Einrichtung; ~ s portuaires/sanitaires Hafen-/Sanitäranlagen; ~ s techniques technische Anlagen; ~ téléphonique Telefonanlage; ~ de fortune behelfsmäßige [*o* notdürftige] Einrichtung
❹ *(entrée en fonctions)* [Amts]einsetzung *f; d'un évêque* Investitur *f,* [Amts]einsetzung *f*
❺ *(emménagement)* Einzug *m*
◆ ~ de chargement Verladeeinrichtung *f;* ~ de chauffage Feuerungsanlage *f;* ~ s de production Fertigungsanlagen *Pl;* ~ de sprinkler[s] Regenanlage *f*

installé(e) [ɛ̃stale] *adj* ❶ *(aménagé) appartement, atelier* eingerichtet; être bien ~ (e) sich gemütlich eingerichtet haben
❷ *(qui jouit d'une situation confortable)* etabliert; c'est un homme ~ er ist ein gemachter Mann; être ~ (e) sich etabliert haben

installer [ɛ̃stale] <1> I. *vt* ❶ installieren, verlegen *câbles, tuyaux;* anschließen *téléphone;* aufstellen *meuble;* aufschlagen [*o* aufbauen] *tente;* aufhängen, anbringen *rideaux;* aufstellen *barrage;* installieren *fourneau;* ~ l'eau courante/l'électricité à qn jdm einen Wasser-/Stromanschluss legen
❷ *(aménager)* ~ la pièce en séjour den Raum als Wohnraum einrichten
❸ *(caser, loger)* unterbringen *personne;* einsetzen *objet;* ~ qn dans un fauteuil jdn in einen Sessel setzen; ~ qn dans un lit jdn in ein Bett legen; être installé(e) en Bretagne sich in der Bretagne niedergelassen haben
❹ *(établir officiellement)* einsetzen
II. *vpr* ❶ s'~ sich setzen; *(commodément)* es sich *(Dat)* bequem machen
❷ *(se loger)* s'~ sich einrichten; s'~ chez qn sich bei jdm einquartieren
❸ *(s'établir)* s'~ sich niederlassen; *médecin:* sich niederlassen, eine Praxis eröffnen; *commerçant:* ein Geschäft eröffnen; *patron d'un restaurant:* ein Restaurant eröffnen; *cirque:* seine Zelte aufschlagen; s'~ à la campagne aufs Land ziehen; partir s'~ en Allemagne nach Deutschland rübermachen (DIAL)
❹ *(se fixer)* s'~ *froid:* sich halten; s'~ dans le mensonge sich in einem Lügengespinst verstricken *(geh)*

instamment [ɛ̃stamɑ̃] *adv* dringend, inständig

instance [ɛ̃stɑ̃s] *f* ❶ *gén pl* Instanz *f, d'un parti* Instanz, Gremium *nt;* ~ s dirigeantes Führungsinstanzen, Führungsgremien; ~ s juridiques Gerichtsinstanzen, Rechtsinstanzen; émaner des plus hautes ~ s von oberster Stelle kommen
❷ JUR *(poursuite en justice)* Verfahren *nt;* introduire une ~ ein Verfahren anstrengen; être en ~ anhängig sein *(Fachspr.);* en ~ de jugement prozesshängig *(Fachspr.);* être en ~ de divorce in Scheidung leben
❸ *(insistance)* Drängen *nt kein Pl,* dringende Bitte; avec ~ dringend; faire des ~ s à qn de faire qc jdn dringend [*o* inständig] [darum] bitten, etw zu tun; sur [*o* devant] les ~ s de qn auf jds Drängen *(Akk)* [hin]
▶être en ~ de qc kurz vor etw *(Dat)* stehen; être en ~ *(non résolu)* in der Schwebe sein; être en ~ à la poste *courrier, lettre:* auf der Post [abholbereit] liegen
◆ ~ d'appel Berufungsverfahren *nt;* ~ de cassation Revisionsinstanz *f;* ~ de recours Beschwerdeinstanz *f,* Rechtsmittelinstanz

instant [ɛ̃stɑ̃] *m* Augenblick *m;* ~ de faiblesse/plaisir Augenblick [*o* Moment *m*] der Schwäche/Freude; avoir un ~ de répit einen Augenblick [*o* einen Moment] Ruhe haben; à chaque [*o* tout] ~ ständig, alle Augenblicke; mes/tes derniers ~ s die letzten Augenblicke meines/deines Lebens; ~ fatal Moment, in dem der Tod eintritt; au même ~ im selben Augenblick [*o* Moment]; vivre dans l'~ nur den Augenblick leben; à l'~ [même] *(juste avant)* [gerade] eben, gerade; *(juste après)* sofort, augenblicklich; à l'~ où qn a fait qc im selben Augenblick [*o* Moment] als jd etw getan hat; dans l'~ [même] sofort, augenblicklich; dans un ~ gleich, sofort; dès l'~ que qn a fait qc sobald [*o* wenn] jd etw getan hat; dès l'~ où qn a fait qc *(puisque)* da [ja] jd etw getan hat; *(dès que)* sobald [*o* schon] gleich als] jd etw getan hat; de tous les ~ s ständig; d'un ~ à l'autre jeden Augenblick [*o* Moment], gleich; en un ~ im Nu; par ~ s ab und zu; pour l'~ im Augenblick [*o* Moment]; pendant un ~ einen Augenblick [*o* Moment] lang; un ~ ! einen Augenblick [*o* Moment]!

instant(e) [ɛ̃stɑ̃, ɑ̃t] *adj soutenu* dringend; *prière* dringend, inständig; envie heftig; se faire ~ (e) immer dringender werden; *envie:* immer heftiger werden; *prière:* immer inständiger werden

instantané [ɛ̃stɑ̃tane] *m* PHOT Momentaufnahme *f*

instantané(e) [ɛ̃stɑ̃tane] *adj* ❶ unmittelbar; *mort* augenblicklich; *réponse* prompt; être ~ (e) *réponse:* prompt [*o* sofort] kommen; *mort:* sofort eintreten; l'effet d'un médicament est ~ eine Arznei wirkt sofort
❷ GASTR potage ~ /soupe ~ e lösliche Suppe, Instantsuppe *f;* café ~ löslicher Kaffee, Pulverkaffee *m,* Instantkaffee *m;* sauce ~ e Instantsoße *f*

instantanément [ɛ̃stɑ̃tanemɑ̃] *adv* sofort, augenblicklich

instar [ɛ̃staʀ] ▶ à l'~ de qn [genau] wie jd, jds Beispiel *(Dat)* folgend

instauration [ɛ̃stɔʀasjɔ̃] *f* Einführung *f; d'un gouvernement* Bildung *f; d'une mentalité* Prägung *f; d'un processus* Einleitung *f*

instaurer [ɛ̃stɔʀe] <1> I. *vt* bilden *gouvernement;* kreieren *mode;* knüpfen *liens;* einleiten *processus*
II. *vpr* s'~ sich einbürgern, sich etablieren; *état d'esprit:* sich breitmachen; *doute:* sich einnisten; s'~ entre des personnes *collaboration:* zwischen Menschen zustande kommen; *débat:* zwischen Menschen in Gang kommen

instigateur, -trice [ɛ̃stigatœʀ, -tʀis] *m, f* ~ (-trice) d'un complot Anstifter(in) *m(f)* zu einem Komplott, Verantwortliche(r) *f(m)* für ein Komplott

instigation [ɛ̃stigasjɔ̃] *f* Anstiftung *f,* Aufhetzung *f;* obéir aux ~ s de qn sich von jdm aufhetzen lassen; ~ à la haine Aufhetzung [zu Hassbekundungen]; ~ à la violence Aufhetzung [*o* Anstiftung] zu

Gewalttaten; **à** [*o* **sur**] **l'~ de qn** auf jds Betreiben *nt* [*o* Veranlassung *f*] *(Akk)*
instiguer [ɛ̃stige] *vt* **~ qn à faire qc** BELG *(pousser qn à faire qc)* jdn verleiten [*o* dazu bringen] etw zu tun
instiller [ɛ̃stile] <1> *vt* **~ un médicament dans un verre** eine Arznei in ein Glas träufeln
instinct [ɛ̃stɛ̃] *m* ❶ Instinkt *m*; **~ grégaire/sexuel** Herden-/Geschlechtstrieb *m*; **~ inné** Urtrieb; **~ maternel** Mutterinstinkt; **~ de propriété** Revierverhalten, Territorialverhalten *nt*; **d'**[*o* **par**] **~** instinktiv

❷ *(sentiment spontané)* Instinkt *m*; **les ~s** die Triebe; **mauvais/plus bas ~s** niedere/niedrigste Triebe [*o* Instinkte]; **~s voyageurs** Reiselust *f*; **~ des affaires** Geschäftssinn *m*, [sicheres] Gespür für gute Geschäfte; **avoir l'~ de la musique** musikalisch [begabt] sein; **femme politique qui a un bon ~** instinktsichere Politikerin
instinctif, -ive [ɛ̃stɛ̃ktif, -iv] *adj* spontan; *geste, sentiment* spontan, instinktiv; *réaction, comportement* instinktmäßig
instinctivement [ɛ̃stɛ̃ktivmɑ̃] *adv* instinktiv; *réagir, se comporter* instinktmäßig
instit [ɛ̃stit] *mf fam abr de* **instituteur**(-**trice**) [Grundschul]lehrer(in) *m(f)*
instituer [ɛ̃stitɥe] <1> I. *vt* ❶ einführen, einrichten *organisation, ordre*

❷ ADMIN, JUR *(établir en fonction)* einsetzen; REL einsetzen, investieren *évêque*

❸ *(nommer par testament)* **~ qn héritier** jdn zum Erben einsetzen
II. *vpr* ❶ **s'~** sich bilden; *régime:* sich etablieren; *habitude:* sich einbürgern

❷ *(s'ériger en)* **s'~ qn** sich zu jdm machen
institut [ɛ̃stity] *m* Institut *m*; **~ central** Zentralinstitut; **~ financier** Finanzinstitut; **Institut monétaire européen** Europäisches Währungsinstitut; **~ universitaire** Universitätsinstitut; **~ universitaire de formation des maîtres** pädagogische Hochschule; **Institut universitaire de technologie** Fachhochschule; **~ d'études conjoncturelles** Konjunkturforschungsinstitut; **~ d'études économiques** Wirtschaftsforschungsinstitut; **Institut** [**de France**] die fünf französischen Akademien für Wissenschaft und Kunst
◆ **~ de beauté** Schönheitssalon *m*, Kosmetikinstitut *nt*; **~ de recherche** Forschungsinstitut *nt*
instituteur, -trice [ɛ̃stitytœʀ, -tʀis] *m, f* [Grundschul]lehrer(in) *m(f);* **~ spécialisé/institutrice spécialisée** Sonderschullehrer(in) *m(f);* **formation des ~s** [Grundschul]lehrerausbildung *f*; **~s en sureffectif** Überschuss *m* an [Grundschul]lehrern; **manque** [*o* **pénurie**] **d'~s** Mangel *m* an [Grundschul]lehrern
institution [ɛ̃stitysjɔ̃] *f* ❶ *(établissement d'enseignement)* Institut *nt*

❷ *(création, fondation)* Einrichtung *f*, Gründung *f*; **d'un régime** Errichtung *f*; *d'une relation* Knüpfen *nt*; *d'une mesure, d'un usage* Einführung *f*; **être d'~ apostolique/humaine** apostolischen/menschlichen Ursprungs sein; **être une ~** *iron* eine Institution sein

❸ *(chose instituée)* Einrichtung *f*; *a.* POL Institution *f*

❹ JUR *d'un héritier, légataire* Einsetzung *f*; **~ d'un bénéficiaire** Einsetzung eines Begünstigten

❺ REL *d'un ecclésiastique* Einsetzung *f*, Investitur *f*
◆ **~ d'héritier** JUR Erbeinsetzung *f*
institutionnalisation [ɛ̃stitysjɔnalizasjɔ̃] *f* Institutionalisierung *f*
institutionnaliser [ɛ̃stitysjɔnalize] <1> I. *vt* institutionalisieren
II. *vpr* **s'~** zur Institution werden
institutionnel(le) [ɛ̃stitysjɔnɛl] *adj* institutionell
instructeur, -trice [ɛ̃stʀyktœʀ, -tʀis] I. *adj* ❶ MIL **officier ~** Ausbildungsoffizier *m*

❷ JUR **juge ~** Untersuchungsrichter(in) *m(f)*
II. *m, f* MIL [Rekruten]ausbilder(in) *m(f)*
instructif, -ive [ɛ̃stʀyktif, -iv] *adj* lehrreich, instruktiv *(geh)*, informativ *(geh)*
instruction [ɛ̃stʀyksjɔ̃] *f* ❶ *vieilli* Bildungswesen *nt*, Schulwesen; MIL Ausbildung *f*; **~ primaire** Primarstufe *f*, Grundschule *f*; **~ secondaire** Sekundarstufe *f*, weiterführende Schulen *Pl*; **~ civique** Gemeinschaftskundeunterricht *m*, Gemeinschaftskunde *f*; (en R.D.A.) ≈ Staatsbürgerkunde *f*; **~ civique et sociale** Gesellschaftslehre *f*; **~ religieuse** Religionsunterricht *m*; **l'~ en France est gratuite** der Schulbesuch ist in Frankreich unentgeltlich

❷ *(connaissances)* Wissen *nt*; *(culture)* Bildung *f*; **avoir de l'~** Bildung haben

❸ *souvent pl a.* MIL *(prescription)* Anweisung *f*, Instruktion *f*; ADMIN Verordnung *f*; *(interne)* Dienstanweisung, Direktive *f*; **~ relative à l'exécution** JUR Vollstreckungsanweisung; **sur ~ de qn** JUR auf jds [An]weisung *(Akk)*

❹ INFORM Befehl *m*; **~ arithmétique** Rechenbefehl; **~ du programme** Programmbefehl

❺ *gén pl (explication)* Anleitung *f*; *(mode d'emploi)* Gebrauchsanweisung *f*, Gebrauchsanleitung; **~s de lavage** Waschanleitung; **~ judiciaire** Rechtsbelehrung

❻ JUR *(enquête)* Ermittlungsverfahren *nt*, Voruntersuchung *f*; **ouvrir une ~** Voruntersuchungen [*o* ein Ermittlungsverfahren] einleiten
◆ **~ d'action** JUR Handlungsanweisung *f*; **~ d'arrêt** Haftanordnung *f*; **~ de configuration** INFORM Konfigurationsbefehl *m*; **~ pour l'expédition** Versandanweisung *f*; **~ de procédure** JUR Verfahrensanweisung *f*; **~ de saut** INFORM Sprungbefehl *m*; **~ de service** Dienstanweisung *f*
instruire [ɛ̃stʀɥiʀ] <*irr*> I. *vt* ❶ **~ les enfants sur qc** die Kinder über etw *(Akk)* belehren, die Kinder etw lehren *(geh)*; **~ qn dans une science** jdn in eine Wissenschaft einweisen, jdn in einem wissenschaftlichen Fach unterrichten

❷ *(informer)* **~ qn d'une nouvelle** jdn von einer Neuigkeit [*o* über eine Neuigkeit] unterrichten, jdn über eine Neuigkeit informieren

❸ JUR ermitteln in *(+ Dat) affaire;* **~ contre qn** gegen jdn ermitteln
II. *vi chose:* bilden
III. *vpr* ❶ **s'~ dans une langue** sich in einer Sprache bilden, sich *(Dat)* Wissen über eine Sprache aneignen

❷ JUR **qc s'instruit** in etw *(Dat)* wird ermittelt
instruit(e) [ɛ̃stʀɥi, it] *adj* gebildet
instrument [ɛ̃stʀymɑ̃] *m* ❶ Werkzeug *nt*; **~ de travail** Arbeitsgerät *nt*; **~ de chirurgie** chirurgisches Instrument

❷ MUS **~ de musique** Musikinstrument *nt*; **~ à cordes/percussion/vent** Streich-/Schlag-/Blasinstrument; **jouer d'un ~** ein [Musik]instrument spielen

❸ *(moyen)* Instrument *nt*, Werkzeug *nt*; **~ de la politique monétaire** geldpolitische Maßnahme; **~ de propagande/sélection** Propaganda-/Selektionsinstrument; **être l'~ de qn** jds Werkzeug sein
◆ **~ d'adhésion** Beitrittsurkunde *f*; **~ d'approbation** Genehmigungszertifikat *nt*; **~ de bord** [Bord]instrument *nt*; **~ du contrat** JUR Vertragsurkunde *f*
instrumental(e) [ɛ̃stʀymɑ̃tal, o] <-**aux**> *adj* ❶ instrumentell *(geh)*

❷ MUS instrumental; *morceau, soliste, version* Instrumental-; **ensemble/musique ~e** Instrumentalensemble *nt/*-musik *f*; **épreuve de facture ~e** Prüfung *f* im Instrumentenbau *m*
instrumentation [ɛ̃stʀymɑ̃tasjɔ̃] *f* MUS Instrumentierung *f*, Instrumentation *f*
instrumenter [ɛ̃stʀymɑ̃te] <1> I. *vt* TECH mit [technischen] Instrumenten ausrüsten *installation*
II. *vi* JUR juristische Mittel anwenden
instrumentiste [ɛ̃stʀymɑ̃tist] *mf* MUS Instrumentalist(in) *m(f)*
insu [ɛ̃sy] *m* **à l'~ de qn** *(en cachette)* ohne jds Wissen; *(inconsciemment)* ohne dass jd es [be]merkt; **à l'~ de tout le monde** [von allen] unbemerkt
insubmersible [ɛ̃sybmɛʀsibl] *adj* unsinkbar; **être ~** nicht sinken [können], unsinkbar sein
insubordination [ɛ̃sybɔʀdinasjɔ̃] *f* Ungehorsam *m*; MIL Gehorsamsverweigerung *f*, Insubordination *f*; **~ ouvrière** Arbeitsverweigerung *f*, Verweigerungshaltung *f* der Arbeiter
insubordonné(e) [ɛ̃sybɔʀdɔne] *adj* ungehorsam; *militaire, troupes* den Gehorsam verweigernd
insuccès [ɛ̃syksɛ] *m* Misserfolg *m*
insuffisamment [ɛ̃syfizamɑ̃] *adv* unzureichend, ungenügend; **travailler/dormir ~** nicht genügend [*o* nicht genug] arbeiten/schlafen
insuffisance [ɛ̃syfizɑ̃s] *f* ❶ **~ de qc** Knappheit *f* an etw *(Dat)*, Mangel *m* an etw *(Dat)*; **~ de la récolte** schlechte Ernte

❷ *(faiblesse)* Schwäche *f*; *(médiocrité)* Unzulänglichkeit *f*

❸ MED Insuffizienz *f (Fachspr.);* **~ hépatique** Leberinsuffizienz *(Fachspr.);* **~ valvulaire** Herzklappenfehler *m*; **~ rénale aiguë** akutes Nierenversagen; **~ rénale au stade terminal** Nierenversagen
insuffisant(e) [ɛ̃syfizɑ̃, ɑ̃t] *adj* ❶ *moyens, personnel* nicht genügend, zu wenig; *nombre, dimension* nicht groß genug, nicht ausreichend; **être en nombre ~** nicht genügend Leute [*o* zu wenig[e] [Leute]] sein; **être ~(e)** nicht ausreichen; *nombre, dimension:* nicht groß genug sein

❷ *(en qualité)* unzureichend; *employé* unzulänglich; *candidat, élève* zu schwach; *travail* ungenügend, unzulänglich
insuffler [ɛ̃syfle] <1> *vt* ❶ **~ de l'air dans les pneus** Luft in die Reifen pumpen; **~ de l'air/de l'oxygène dans les poumons de qn** jdn [künstlich]/mit Sauerstoff beatmen

❷ *(inspirer)* **~ de la peur/du courage à qn** jdn Angst/Mut *(Akk)* einflößen; **~ de l'amour à qn** jdn mit Liebe erfüllen; **~ de la vengeance à qn** jdn auf Rachegedanken bringen
insulaire [ɛ̃sylɛʀ] I. *adj climat, faune, flore, royaume* Insel-; **administration ~** Inselverwaltung *f*; **peuple/État ~** Inselvolk *nt/*-staat *m*; **population/république ~** Inselbevölkerung *f/*-republik *f*
II. *mf* Inselbewohner(in) *m(f);* *pl* Inselbewohner *Pl*, Inselbevölkerung *f*

insularité [ɛ̃sylaʀite] f Inselage f
insuline [ɛ̃sylin] f Insulin nt; **~ humaine** Humaninsulin
insultant(e) [ɛ̃syltɑ̃, ɑ̃t] adj air, personne unverschämt; paroles, soupçon beleidigend; ton unverschämt, beleidigend; **être ~(e) pour qn/qc** beleidigend für jdn/etw sein
insulte [ɛ̃sylt] f (injure) Beleidigung f; (affront) Beleidigung, Kränkung f; **~ à la mémoire/religion** Verunglimpfung f des Andenkens/Glaubens; **faire ~ à qn/qc** jdn/etw beleidigen
insulter [ɛ̃sylte] <1> I. vt verunglimpfen, beleidigen
II. vpr **s'~ personnes:** sich [gegenseitig] beleidigen [o beschimpfen]
insupportable [ɛ̃sypɔʀtabl] adj ❶ unerträglich
❷ (désagréable) caractère unausstehlich
insupporter [ɛ̃sypɔʀte] <1> vt fam **~ qn** jdm auf die Nerven gehen (fam)
insurgé(e) [ɛ̃syʀʒe] I. adj aufständisch, rebellierend
II. m(f) Aufständische(r) f(m), Rebell(in) m(f)
insurger [ɛ̃syʀʒe] <2a> vpr ❶ **s'~ contre qn/qc** sich gegen jdn/etw auflehnen [o erheben]
❷ (protester) **s'~ contre qc** gegen etw aufbegehren [o protestieren], sich gegen etw wehren
insurmontable [ɛ̃syʀmɔ̃tabl] adj unüberwindbar, unüberwindlich
insurpassable [ɛ̃syʀpɑsabl] adj unübertrefflich; performance, bêtise unschlagbar; **être ~** nicht zu übertreffen sein; performance, bêtise: unschlagbar [o nicht zu schlagen] sein
insurrection [ɛ̃syʀɛksjɔ̃] f Aufstand m, Erhebung f
insurrectionnel(le) [ɛ̃syʀɛksjɔnɛl] adj force aufständisch, des Aufstands; gouvernement der Aufständischen; **mouvement ~** Aufstand m
intact(e) [ɛ̃takt] adj ❶ objet unversehrt, intakt; argent vollständig; produit einwandfrei; richesse unberührt; **caractère ~ d'un paysage** Urtümlichkeit f
❷ (qui n'a pas souffert) honneur, réputation unversehrt, makellos; principes unverletzt; **maintenir** [o garder] **un principe ~** ein Prinzip hochhalten
intangibilité [ɛ̃tɑ̃ʒibilite] f Unantastbarkeit f, Unverletzlichkeit f
intangible [ɛ̃tɑ̃ʒibl] adj constitution, principe unantastbar, unverletzlich; objectif unverrückbar
intarissable [ɛ̃taʀisabl] adj unerschöpflich; eau, puits unerschöpflich, nie versiegend; pleurs unstillbar; personne, verve unermüdlich; bavard nicht zu bremsen (fam); **être ~ sur qc** bei etw kein Ende finden, bei etw nicht zu bremsen sein (fam)
intégral(e) [ɛ̃tegʀal, o] <-aux> adj vollständig; audition, texte ungekürzt; horreur total; **bronzage ~** nahtlose [o streifenfreie] Bräune; **nu ~** völlige Nacktheit; **paiement/versement ~** Auszahlung f in voller Höhe
intégrale [ɛ̃tegʀal] f ❶ MATH Integral nt
❷ LITTER Gesamtausgabe f; MUS Gesamtaufnahme f
intégralement [ɛ̃tegʀalmɑ̃] adv vollständig, ganz; **~ bronzé(e)** streifenfrei braun
intégralité [ɛ̃tegʀalite] f Gesamtheit f, Vollständigkeit f; **dans son ~** vollständig; bâtiment, projet in seiner/ihrer Gesamtheit, in seinem/ihrem ganzen Umfang; **en ~** ganz, vollständig
intégrant(e) [ɛ̃tegʀɑ̃, ɑ̃t] adj ▶ **être une** [o **faire**] **partie ~e de qc** fest zu etw gehören, integraler [o fester] Bestandteil einer S. (Gen) sein
intégration [ɛ̃tegʀasjɔ̃] f ❶ ECON, POL, SOCIOL Integration f
❷ (assimilation) **~ dans qc** Integration f [o Eingliederung f] in etw (Akk); **processus d'~** Integrationsprozess m
❸ (mise en place) d'une instance de contrôle Zwischenschaltung f
❹ ECON (concentration) vertikale Konzentration, vertikaler Zusammenschluss
❺ UNIV fam (admission) **~ à qc** Aufnahme f in etw (Akk)
❻ INFORM Integration f
intégrationniste [ɛ̃tegʀasjɔnist] POL I. adj integrationistisch
II. mf Integrationist(in) m(f)
intègre [ɛ̃tegʀ] adj vie ehrenhaft, unbescholten; personne integer, ehrenhaft, unbescholten; juge unbestechlich
intégré(e) [ɛ̃tegʀe] adj integriert; **~(e) à** [o **dans**] **qc** in etw (Akk) integriert; **une cuisine ~e** eine Einbauküche f
intégrer [ɛ̃tegʀe] <5> I. vt ❶ aufnehmen; übernehmen idée, technique; einspeisen, übertragen données; **~ un livre à** [o **dans**] **une liste** ein Buch in eine Liste integrieren [o aufnehmen]; **un ordinateur avec carte son intégrée** ein Computer mit integrierter Soundkarte
❷ (entrer dans) eintreten in (+ Akk) organisme; **~ le secteur agricole** ingénieurs: in die Landwirtschaft gehen
❸ (mettre en place) zwischenschalten instance de contrôle
❹ MATH integrieren fonction
II. vi UNIV fam **~ à une grande école** in eine Hochschule aufgenommen werden
III. vpr **s'~ à** [o **dans**] **qc** personne: sich in etw (Akk) integrieren [o eingliedern]; chose: sich in etw (Akk) integrieren, sich an etw

(Akk) anpassen
intégrisme [ɛ̃tegʀism] m Fundamentalismus m
intégriste [ɛ̃tegʀist] I. adj fundamentalistisch
II. mf Fundamentalist(in) m(f)
intégrité [ɛ̃tegʀite] f ❶ d'une vie Ehrbarkeit f, Unbescholtenheit f; d'une personne Integrität f, Ehrbarkeit, Unbescholtenheit; d'un juge, de la justice Unbestechlichkeit f
❷ (intégralité) d'une personne Unversehrtheit f; d'un honneur Makellosigkeit f; d'un édifice, d'une œuvre Gesamtheit f; d'un territoire Integrität f; **conserver l'~ de qc** etw als Ganzes [aufrecht]erhalten; **conserver l'~ de ses facultés** im Vollbesitz seiner geistigen Kräfte sein
intellect [ɛ̃telɛkt] m Intellekt m
intellectualiser [ɛ̃telɛktɥalize] <1> vt intellektualisieren
intellectualisme [ɛ̃telɛktɥalism] m Intellektualismus m
intellectuel(le) [ɛ̃telɛktɥɛl] I. adj ❶ intellektuell, geistig; fatigue geistig; **travail ~** geistige Arbeit, Kopfarbeit f; **vie ~le** Geistesleben nt, geistiges Leben
❷ (opp: manuel) **travailleur ~** Kopfarbeiter m
II. m(f) Intellektuelle(r) f(m); **les ~s** die Intelligenzschicht, die Intelligentsia
intellectuellement [ɛ̃telɛktɥɛlmɑ̃] adv geistig, intellektuell
intelligemment [ɛ̃teliʒamɑ̃] adv intelligent, klug
intelligence [ɛ̃teliʒɑ̃s] f ❶ Intelligenz f; pl intellektuelle [o geistige] Fähigkeiten Pl; **~ artificielle** künstliche Intelligenz; **au niveau** [o **pour ce qui est**] **de l'~** intelligenzmäßig (fam)
❷ (clairvoyance) Klugheit f, Intelligenz f; **avec ~** klug, intelligent; **faire preuve de beaucoup d'~** sich als äußerst klug erweisen
❸ (compréhension) **~ d'une personne** Verständnis nt eines Menschen
❹ (personne) intelligenter Mensch
❺ (complicité secrète) **entretenir des ~s avec l'ennemi** heimlich mit dem Feind in Verbindung stehen; **avoir des ~s dans la place** Informanten [o Verbindungsleute] eingeschleust haben; **vivre en bonne/mauvaise ~ avec qn** in gutem Einvernehmen mit jdm leben/ein gespanntes Verhältnis zu jdm haben; **agir/être d'~ avec qn** im Einvernehmen mit jdm handeln/sich (Dat) mit jdm einig sein; **d'~** regard, signe verschwörerisch
intelligent(e) [ɛ̃teliʒɑ̃, ɑ̃t] adj personne, choses intelligent, klug; **foncièrement ~** personne, proposition grundgescheit; **le plan le plus ~** [**de tous**] der allerklügste Plan; **la réponse la plus ~e** [**de toutes**] die allerklügste Antwort; **être le plus ~** [**de tous**]/**la plus ~e** [**de toutes**] am allerklügsten [o der/die Allerklügste] sein; **c'est le plus ~** das ist das Allerklügste; **le plus ~, c'est de ne pas se laisser provoquer** am allerklügsten ist es, sich nicht provozieren zu lassen; **c'est ~!** iron das ist [ja] intelligent! (iron)
intelligentsia [ɛ̃teliʒɛnsja, inteligɛnsja] f Intelligenz f, Intelligentsia f, Intelligenzschicht f
intelligibilité [ɛ̃teliʒibilite] f Verständlichkeit f; **manquer d'~** unverständlich sein
intelligible [ɛ̃teliʒibl] adj verständlich, vernehmbar, hörbar; **qc est ~ à qn** etw ist jdm verständlich, jd versteht etw
intelligiblement [ɛ̃teliʒiblǝmɑ̃] adv s'exprimer verständlich; parler verständlich, deutlich
intello [ɛ̃telo] mf péj fam abr de **intellectuel** Intelligenzler(in) m(f) (pej)
intempérance [ɛ̃tɑ̃peʀɑ̃s] f Maßlosigkeit f, Unmäßigkeit f; (gloutonnerie) Unmäßigkeit f, Völlerei, Fresssucht f; (ivrognerie) Trunksucht f; **~ sexuelle** zügelloses Sexualleben
◆ **~ de langage** littér (volubilité) Redefreudigkeit f; (écarts) zügelloses Reden
intempérant(e) [ɛ̃tɑ̃peʀɑ̃, ɑ̃t] adj ❶ fresssüchtig, verfressen; (ivrogne) trunksüchtig; (sexuellement) sexbesessen
❷ (excessif) unmäßig, maßlos
intempéries [ɛ̃tɑ̃peʀi] fpl schlechtes Wetter; **bouchon dû aux ~** witterungsbedingter Stau; **quelques perturbations peuvent se produire à cause des ~** es kann witterungsbedingt zu Störungen kommen
intempestif, -ive [ɛ̃tɑ̃pɛstif, -iv] adj ❶ allusion, gaieté unpassend; zèle blind; curiosité, demande unbequem
❷ littér (à contretemps) unzeitgemäß
❸ (accidentel) alarme zur Unzeit ausgelöst
intemporel(le) [ɛ̃tɑ̃pɔʀɛl] adj zeitlos; **valeur ~le** Ewigkeitswert m; **mener une existence ~le** außerhalb seiner Zeit leben
intenable [ɛ̃t(ǝ)nabl] adj ❶ unerträglich
❷ (indéfendable) unhaltbar
❸ (insupportable) adulte renitent; classe renitent, aufsässig; enfant aufsässig, widerspenstig; **être ~** nicht zu bändigen sein
intendance [ɛ̃tɑ̃dɑ̃s] f ❶ Verwaltung f; MIL Logistik f; **~ universitaire** Universitätsverwaltung
❷ (bureaux de l'intendant) Verwaltung f
❸ fam (questions matérielles et économiques) Management nt (fam); **faire** [o **s'occuper**] **de l'~** sich ums Management kümmern

intention

exprimer l'intention	Absicht ausdrücken
J'ai l'intention de déposer une plainte contre l'entreprise.	Ich beabsichtige, eine Klage gegen die Firma zu erheben.
J'envisage/Je projette de faire un voyage en Italie l'année prochaine.	Ich habe für nächstes Jahr eine Reise nach Italien vor/geplant.
Je me suis mis en tête de passer la licence de pilote.	Ich habe mir in den Kopf gesetzt, den Pilotenschein zu machen.
Je vais tapisser le salon, ce mois-ci.	Ich werde diesen Monat noch das Wohnzimmer tapezieren.
exprimer le manque d'intention	**Absichtslosigkeit ausdrücken**
Ça ne me viendrait pas à l'idée.	Das liegt mir fern.
Je n'ai pas l'intention de te donner des ordres.	Ich habe nicht die Absicht, dir irgendwelche Vorschriften zu machen.
Je ne l'ai pas fait exprès.	Das war nicht von mir beabsichtigt.
demander l'intention	**nach einer Absicht fragen**
Que voulez-vous faire avec cela ?	Was bezwecken Sie damit?
À quoi ça sert, tout ça ?	Was hat das alles für einen Zweck?
Que voulez-vous dire ?	Was wollen Sie damit behaupten/sagen?

▶ l'~ **suit** die konkrete Umsetzung ist gesichert
intendant [ɛ̃tɑ̃dɑ̃] m ❶ Verwaltungsdirektor m
❷ *(régisseur)* Verwalter m; *d'une entreprise* Verwaltungsdirektor m
❸ HIST Intendant m
❹ MIL Quartiermeister m *(veraltet)*, für die Versorgung der Truppen zuständiger Generalstabsoffizier
intendante [ɛ̃tɑ̃dɑ̃t] f ❶ Verwaltungsdirektorin f
❷ *(régisseur)* Verwalterin f; *d'une entreprise* Verwaltungsdirektorin f
intense [ɛ̃tɑ̃s] adj ❶ intensiv; *couleur* intensiv, kräftig; *lumière* intensiv, hell; *joie* groß; *chaleur* groß, stark; *froid* streng, eisig; *douleur, vibrations* heftig, stark
❷ *(dense) activité* rege; *circulation* dicht, stark
intensément [ɛ̃tɑ̃semɑ̃] adv *regarder, vivre* intensiv; *travailler* intensiv, konzentriert; *battre* heftig
intensif [ɛ̃tɑ̃sif] m LING Verstärkungswort nt, Intensivum nt
intensif, -ive [ɛ̃tɑ̃sif, -iv] adj ❶ *entraînement, travail, études, formation* intensiv; *stage, thérapie* Intensiv-; *propagande* massiv; *soins* intensiv, gründlich; **séminaire ~** Kompaktseminar nt; **traitement ~** *(shampoing)* Intensivkur f
❷ AGR *agriculture* intensiv, Intensiv-; **culture intensive** Intensivanbau m; **élevage ~** Intensiv[tier]haltung f
❸ LING **mot ~** verstärkendes Wort, Verstärkungswort nt; **verbe ~** intensives Verb, Intensivum nt
intensification [ɛ̃tɑ̃sifikasjɔ̃] f Intensivierung f; *d'une lutte* Intensivierung, Verstärkung f; *des efforts, de la production* Intensivierung, Steigerung f
intensifier [ɛ̃tɑ̃sifje] <1a> I. vt intensivieren; intensivieren, steigern *efforts, production*; beschleunigen *chute des cours*
II. *vpr* s'~ an Intensität zunehmen, sich verstärken; *sentiment*: an Intensität zunehmen, sich verstärken, heftiger [o stärker] werden; *production*: sich steigern, gesteigert werden; **le froid s'intensifie** es wird immer kälter
intensité [ɛ̃tɑ̃site] f ❶ *d'un regard, de la chaleur* Intensität f; *d'une sensation* Stärke f; *d'un sentiment* Intensität, Stärke f; *de la lumière* Intensität, Helligkeit f; *d'une tempête, du vent* Stärke, Heftigkeit f; *du froid* Strenge f; **~ lumineuse** Lichtstärke f; **de faible/d'une grande ~** schwach/stark; *sentiment, vent* schwach/heftig; *lumière* schwach/hell; **moment** schwach/stark; **augmenter/diminuer d'~** stärker/schwächer werden; *sentiment*: stärker [o heftiger]/schwächer werden; *tempête, tremblement de terre, vent*: stärker/schwächer werden, heftiger werden/nachlassen; *lumière*: heller/schwächer werden; *fièvre*: steigen/fallen
❷ ELEC Stromstärke f; **courant de faible/d'une grande ~** Schwach-/Starkstrom m
❸ ECON **~ capitalistique** Kapitalintensität f; **~ d'utilisation des moyens de production** Arbeitsmittelintensität f
◆ **~ de couleur** INFORM, TYP Farbtiefe f
intensivement [ɛ̃tɑ̃sivmɑ̃] adv intensiv
inter [ɛ̃tɛʀ] <1> vt JUR **~ un procès à** [o **contre**] **qn** gerichtlich gegen jdn vorgehen, einen Prozess gegen jdn anstrengen [o in die Wege leiten]; **~ une action en justice contre qn** gegen jdn einen Prozess anstrengen; **~ une action en paiement** auf Erfüllung

klagen; **~ un recours sur des questions de fond** [o **de droit**] eine Rechtsbeschwerde einlegen
intention [ɛ̃tɑ̃sjɔ̃] f ❶ Absicht f, Intention f *(geh)*; **~ dolosive** Täuschungsabsicht; **une histoire part d'une bonne ~** einer Geschichte *(Dat)* liegt eine gute Absicht zugrunde; **agir dans une bonne ~** in guter Absicht handeln; **avoir de bonnes/mauvaises ~s à l'égard de qn** es gut [mit jdm] meinen/etwas gegen jdn im Schilde führen; **avec les meilleures ~s du monde** in der allerbesten Absicht; **avoir l'~ de faire qc** vorhaben [o die Absicht haben], etw zu tun; **ne pas avoir** [o **n'avoir nullement**] **l'~ de faire qc** nicht die Absicht haben [o [gar] nicht daran denken], etw zu tun; **il n'entre** [o **n'est**] **pas dans les ~s de qn de faire qc** es liegt nicht in jds Absicht *(Dat)* [o jd denkt nicht daran], etw zu tun; **c'est l'~ qui compte** der gute Wille zählt; **sans ~** unabsichtlich; **c'était sans ~** es war keine Absicht
❷ *(but)* **à cette ~** zu diesem Zweck
▶ **à l'~ de qn** für jdn [gedacht]; REL *messe, prière* für jdn; **organiser une promenade à l'~ de qn** einen Spaziergang für jdn organisieren
◆ **~ d'enrichissement** Bereicherungsabsicht f; **~ d'escroquerie** Betrugsabsicht f; **~ de production de revenus** JUR Einkünfteerzielungsabsicht f *(Fachspr.)*; **~ de vol** Diebstahlsvorsatz m
intentionné(e) [ɛ̃tɑ̃sjɔne] adj **être bien/mal ~(e) à l'égard de qn** jdm wohlgesinnt/übelgesinnt sein; **il a l'air mal ~** er sieht aus, als führe er etwas im Schilde
intentionnel(le) [ɛ̃tɑ̃sjɔnɛl] adj absichtlich, absichtsvoll *(geh)*; **être ~(le)** Absicht f sein; JUR Vorsatz m sein
intentionnellement [ɛ̃tɑ̃sjɔnɛlmɑ̃] adv absichtlich, mit Absicht f, absichtsvoll *(geh)*; JUR vorsätzlich, mit Vorsatz m
inter [ɛ̃tɛʀ] m ❶ TELEC abr de **interurbain** Fernamt nt
❷ FBALL abr de **intérieur** Mittelfeldspieler(in) m(f)
interactif, -ive [ɛ̃tɛʀaktif, -iv] adj interaktiv; **programme ~** Dialogprogramm nt
interaction [ɛ̃tɛʀaksjɔ̃] f ❶ *(action réciproque)* Wechselwirkung f; **~ des forces** Zusammenspiel nt der Kräfte; **en ~** in Wechselwirkung
❷ SOCIOL, INFORM Interaktion f; **en ~** interaktiv *(Fachspr.)*
interactivité [ɛ̃tɛʀaktivite] f INFORM Interaktivität f
interafricain(e) [ɛ̃tɛʀafʀikɛ̃, ɛn] adj interafrikanisch
interagir [ɛ̃tɛʀaʒiʀ] <8> vi interagieren
interallié(e) [ɛ̃tɛʀalje] adj interalliiert
interbancaire [ɛ̃tɛʀbɑ̃kɛʀ] adj Interbanken-; **carte ~** ≈ ec-Karte f (Karte mit Abhebungsmöglichkeiten bei allen Banken)
interbibliothèques adj inv **prêt ~** Fernleihe f; **commander un livre par le prêt ~** ein Buch über [die] Fernleihe bestellen
intercalaire [ɛ̃tɛʀkalɛʀ] I. adj **jour ~** Schalttag m; **feuillet ~** Trennblatt nt; **fiche ~** Einlage f
II. m Trennblatt nt
intercaler [ɛ̃tɛʀkale] <1> I. vt einbauen *citation, exemple*; **~ une feuille dans un livre/entre la page 38 et 39** ein Blatt in ein Buch/zwischen die Seiten 38 und 39 einschieben [o einlegen]; **~ un rendez-vous dans une semaine/entre deux dates** in ei-

interdire	
interdire	**verbieten**
Tu n'as pas le droit de regarder la télévision, aujourd'hui.	Du darfst heute nicht fernsehen.
Il n'en est pas question.	Das kommt gar nicht in Frage.
Ne touche pas à mon ordinateur!	Finger weg von meinem Computer! *(fam)*
Ne touche pas à mon journal intime!	Lass die Finger von meinem Tagebuch! *(fam)*
Je ne peux pas tolérer/accepter ça.	Das kann ich nicht zulassen.
Je vous interdis de me parler sur ce ton!	Ich verbiete Ihnen diesen Ton!
Arrêtez, je vous prie.	Bitte unterlassen Sie das. *(form)*

ner Woche/zwischen zwei Terminen eine Verabredung einschieben [*o* unterbringen]
II. *vpr* s'~ **dans une liste** sich in eine Liste einreihen; **s'~ entre des personnes** *coureur:* sich zwischen Personen platzieren
intercantonal(e) [ɛ̃tɛʀkɑ̃tɔnal, o] <-aux> *adj* interkantonal (CH)
intercéder [ɛ̃tɛʀsede] <5> *vi* ~ **pour** [*o* **en faveur de**] **qn auprès de qn** sich bei jdm für jdn einsetzen [*o* verwenden]
intercellulaire [ɛ̃tɛʀselylɛʀ] *adj* BIO interzellular, interzellulär
intercepter [ɛ̃tɛʀsɛpte] <1> *vt* abfangen *objet, personne;* abhören *message radio, téléphone;* abhalten, abschirmen *lumière;* stellen *suspect;* anhalten, stoppen *véhicule;* aufbringen *bateau*
interception [ɛ̃tɛʀsɛpsjɔ̃] *f d'un ballon, ennemi, message* Abfangen *nt; d'un message radio, du téléphone* Abhören *nt; de la chaleur, d'un rayon* Abhalten *nt; d'un véhicule* Anhalten *nt,* Stoppen *nt; d'un bateau* Aufbringen *nt;* l'~ **de qn/qc** das Abfangen durch jdn/etw
intercesseur [ɛ̃tɛʀsɛsœʀ] *m a.* LITTER, REL Fürsprecher(in) *m(f);* **être ~ auprès de l'administration** Vermittler bei der Verwaltung sein
intercession [ɛ̃tɛʀsesjɔ̃] *f littér* Vermittlung *f,* Fürsprache *f;* REL Fürbitte *f*
interchangeabilité [ɛ̃tɛʀʃɑ̃ʒabilite] *f* INFORM *d'un lecteur de disquettes* Austauschbarkeit *f*
interchangeable [ɛ̃tɛʀʃɑ̃ʒabl] *adj* austauschbar
interclasse [ɛ̃tɛʀklɑs] **I.** *m* SCOL Fünfminutenpause *f,* kleine Pause **II.** *app match* zwischen den Klassen; **tournoi ~** Schulturnier *nt*
interclubs [ɛ̃tɛʀklœb] *adj inv* zwischen mehreren Vereinen
intercommunal(e) [ɛ̃tɛʀkɔmynal, o] <-aux> *adj* gemeindeübergreifend, interkommunal *(geh)*
intercommunautaire [ɛ̃tɛʀkɔmynotɛʀ] *adj* **décisions ~s** EU-Entscheidungen *Pl,* innergemeinschaftliche Entscheidungen
interconfessionnel(le) [ɛ̃tɛʀkɔ̃fesjɔnɛl] *adj* interkonfessionell *(geh);* **école ~le** Gemeinschaftsschule *f*
interconnecter [ɛ̃tɛʀkɔnɛkte] <1> *vt* zusammenschalten, verbinden
interconnexion [ɛ̃tɛʀkɔnɛksjɔ̃] *f* Zusammenschaltung *f*
intercontinental(e) [ɛ̃tɛʀkɔ̃tinɑ̃tal, o] <-aux> *adj arme, vol* Interkontinental-; *relations* zwischen den Kontinenten, interkontinental; **ligne aérienne ~e** Interkontinentalfluglinie *f;* **missile ~** Interkontinentalrakete *f*
intercostal(e) [ɛ̃tɛʀkɔstal, o] <-aux> *adj* MED interkostal *(Fachspr.);* **douleurs ~es** Schmerzen *Pl* im Brustraum, Interkostalneuralgie *f (Fachspr.)*
interculturel(le) [ɛ̃tɛʀkyltyʀɛl] *adj* interkulturell
interdentaire [ɛ̃tɛʀdɑ̃tɛʀ] *adj* Interdental-; **brossette** [*o* **brosse**] **~** Interdentalbürste *f*
interdépartemental(e) [ɛ̃tɛʀdepaʀtəmɑ̃tal, o] <-aux> *adj* departementübergreifend, interdepartemental (CH); *compétition* zwischen den Departements, departementübergreifend; **être ~(e)** mehrere Departements einbeziehen
interdépendance [ɛ̃tɛʀdepɑ̃dɑ̃s] *f des peuples, régions* gegenseitige Abhängigkeit; *des problèmes* Verflechtung *f,* Interdependenz *f (geh);* **du marché** Marktverflechtung *f*
interdépendant(e) [ɛ̃tɛʀdepɑ̃dɑ̃, ɑ̃t] *adj peuples, régions* voneinander abhängig; *problèmes* miteinander verflochten, interdependent *(geh);* **être ~(e) von den anderen abhängig sein, von den anderen abhängen**
interdiction [ɛ̃tɛʀdiksjɔ̃] *f* ❶ *a.* JUR Verbot *nt;* **lever une ~** ein Verbot aufheben; **décider l'~ d'un jeu à qn** beschließen, jdm ein Spiel zu verbieten; **faire qc malgré l'~** unerlaubterweise etw tun; **~ d'un film aux enfants** Verbot eines Films für Kinder; **~ de stationnement aux camions** Parkverbot für LKW; **~ de faire du commerce/de la publicité** Handels-/Werbeverbot; **"~ de stationner/de fumer"** „Parken/Rauchen verboten"; **"~ de pénétrer sur le chantier"** „Betreten der Baustelle verboten"; **~ frappant la création de cartels** Kartellverbot; **~ de déni de justice** Rechtsverweigerungsverbot; **~ de faire un discours en public** Redeverbot; **~ de grever d'une charge** Belastungsverbot; **~ des jeux de hasard** Glücksspielverbot; **~ de manifester** Demonstrationsverbot *nt;* **décréter** [*o* **imposer**] **une ~ de manifester** ein Demonstrationsverbot verhängen; **~ de mesures disciplinaires** Maßregelungsverbot; **~ d'octroyer ou de recevoir des subventions** Subventionsverbot; **~ des opérations jumelées** Kopplungsverbot; **~ de se produire en public** Auftrittsverbot; **~ de se réunir** Versammlungsverbot; **imposer une ~ de se réunir** ein Versammlungsverbot verhängen; **~ de sortir** Ausgehverbot; **~ de vente** Verkaufsverbot; **~ de verser des indemnités pour risques de responsabilité** Auslösungsverbot für Haftrisiken; **~ de verser des indemnités pour violation de brevet** Auslösungsverbot für Patentverletzungen; **~ de verser des indemnités pour impôts** Auslösungsverbot für Steuern; **~ judiciaire** Entmündigung *f;* **~ légale** Aberkennung *f* der bürgerlichen Rechte
❷ *(suspension) d'un officier ministériel* Suspendierung *f,* Suspension *f; d'un prêtre* Inderdikt *nt;* **frappé(e) d'~** *officier ministériel, fonctionnaire* [vom Dienst] suspendiert; *prêtre* mit einem Interdikt belegt

◆ **~ à la fraude** Umgehungsverbot *nt;* **~ d'abus** Missbrauchsverbot *nt;* **~ d'abus du marché** Marktmissbrauchsverbot *nt;* **~ d'accepter** Annahmeverbot *nt;* **~ d'agrément** Zulassungssperre *f;* **~ d'autorisation** Zulassungssperre *f;* **~ de boycottage** Boykottverbot *nt;* **~ de cession** [*o* **de céder**] Abtretungsverbot *nt,* Veräußerungsverbot; **~ de chasser** Jagdverbot *nt;* **~ de compensation** [*o* **de compenser**] Verrechnungsverbot *nt,* Aufrechnungsverbot; **~ de comptabilisation à l'actif** ECON Aktivierungsverbot *nt;* **~ de comptabilisation au passif** ECON Passivierungsverbot *nt;* **~ de concurrence** Wettbewerbsverbot *nt,* Konkurrenzverbot; **~ de construire** Bauverbot *nt;* **~ de contracter** Kontrahierungsverbot *nt (Fachspr.);* **~ de cumul** Kumulierungsverbot *nt (Fachspr.);* **~ de désavantage** Benachteiligungsverbot *nt;* **~ de la discrimination** Diskriminierungsverbot *nt;* **~ de dissoudre** Auflösungsverbot *nt;* **~ de distribution** Vertriebsverbot *nt;* **~ de division du marché** Verbot *nt* der Marktaufspaltung; **~ de duperie** Irreführungsverbot *nt;* **~ d'emploi** Beschäftigungsverbot *nt;* **~ d'entrave** Behinderungsverbot *nt;* **~ d'équilibrer** ECON Saldierungsverbot *nt;* **~ d'exporter** Ausfuhrverbot *nt,* Exportverbot; **~ d'exproprier** Enteignungsverbot *nt;* **~ de fusions** Fusionsverbot *nt,* Untersagung *f* von Zusammenschlüssen; **~ d'imprimer** Druckverbot *nt;* **~ d'inscription au crédit** Kreditierungsverbot *nt;* **~ d'installation** JUR Errichtungsverbot *nt;* **~ d'intercession** Interzessionsverbot *nt (Fachspr.);* **~ d'intervention** Interventionsverbot *nt;* **~ de livraison et d'achat** JUR Bezugssperre *f;* **~ de mise en gage** Beleihungsverbot *nt;* **~ de modification** Änderungsverbot *nt;* **~ de paiement** Zahlungsverbot *nt;* **~ de paiement provisoire/définitive** vorläufiges/endgültiges Zahlungsverbot; **prononcer une ~ de paiement à l'encontre de qn** jdm ein Zahlungsverbot erteilen; **~ de recommandation** Empfehlungsverbot *nt;* **~ de restriction** Beschränkungsverbot *nt;* **~ de la rétroactivité** Rückwirkungsverbot *nt;* **~ de scission** Abspaltungsverbot *nt;* **~ de séjour** Aufenthaltsbeschränkung *f;* **~ de transiter** Durchfuhrverbot *nt*
interdire [ɛ̃tɛʀdiʀ] <*irr*> **I.** *vt* ❶ ~ **un jeu à qn** jdm ein Spiel verbieten [*o* untersagen *form*]; ~ **à qn de faire qc** es jdm verbieten [*o* untersagen *form*]
❷ *(empêcher)* im Keim ersticken *espoir;* ~ **qc à qn** jdm etw verbieten; *obstacle:* jdm etw unmöglich machen, jdm etw verwehren; **~ à qn de faire qc** jdm verbieten, etw zu tun; *obstacle:* jdn daran hindern, etw zu tun; verhindern, dass jd etw tut; **rien n'interdit de faire qc** nichts hindert einen daran, etw zu tun
❸ *(empêcher l'accès de)* **sa porte à qn** jdm das Haus verbieten
❹ JUR, REL [vom Dienst] suspendieren *huissier, officier ministériel;* mit einem Interdikt belegen, ein Interdikt verhängen über *prêtre*
II. *vpr* **s'~ qc/de faire qc** etw unterlassen/es unterlassen, etw zu

interdisciplinaire [ɛ̃tɛʀdisiplinɛʀ] *adj cours, études secondaires, formation* fächerübergreifend, fachübergreifend; *études supérieures* interdisziplinär; **former qn de manière ~** jdn fächerübergreifend [*o* fachübergreifend] ausbilden

interdisciplinarité [ɛ̃tɛʀdisiplinaʀite] *f* Interdisziplinarität *f*

interdit [ɛ̃tɛʀdi] *m* Verbot *nt;* **jeter** [*o* **prononcer**] **l'~ contre** [*o* **sur**] **qn** JUR jdn entmündigen; REL ein Interdikt über jdn verhängen, jdn mit einem Interdikt belegen

interdit(e)[1] [ɛ̃tɛʀdi, it] *adj* verboten; *film* indiziert; *sujet* unerwünscht; *pratiques commerciales* unerlaubt; **chantier ~** Betreten der Baustelle verboten; **~ à qn** für jdn verboten; *passage* **~ sauf aux riverains** Anlieger frei; **~ aux moins de 16 ans** frei ab 16; **~ aux chiens** Hunde nicht zugelassen; *magasin* Hunde müssen draußen bleiben; **~ au public** kein Zutritt; **zone ~ à la circulation** verkehrsfreie Zone; **il est ~ à qn de faire qc** es ist jdm verboten, etw zu tun; **être ~ d'antenne** Sendeverbot bekommen/haben, nicht gesendet werden dürfen; **être ~ de territoire** aus dem Landes verwiesen werden; **être ~ de séjour** eine Aufenthaltsbeschränkung auferlegt bekommen

interdit(e)[2] [ɛ̃tɛʀdi, it] *adj* sprachlos

interentreprises [ɛ̃tɛʀɑ̃tʀəpʀiz] *adj inv coopération, accord, solution, concept, planification* zwischen [den] Firmen, zwischenbetrieblich, firmenübergreifend

intéressant(e) [ɛ̃teʀesɑ̃, ɑ̃t] I. *adj* ❶ interessant; *performance* interessant, bemerkenswert; **chercher à se rendre ~(e)** sich interessant machen wollen; **ne pas être/être peu ~(e)** *péj* nichts wert/nichts Besonderes sein

❷ *(avantageux) prix, affaire* interessant; **~(e) pour qn** für jdn interessant; **il est ~ pour qn de faire qc** es ist interessant [*o* es lohnt sich] für jdn, etw zu tun; **être ~ à faire** es wert sein, getan zu werden; **c'est ~ à signaler** das ist erwähnenswert

❸ *(qui suscite la bienveillance)* interessant

II. *m(f)* **faire l'~(e)** *péj* sich interessant machen, sich aufspielen

intéressé(e) [ɛ̃teʀese] I. *adj* ❶ interessiert

❷ *(concerné)* betroffen

❸ *(qui recherche son intérêt personnel)* eigennützig, selbstsüchtig; **alliance ~e** Zweckbündnis *nt*

II. *m(f)* ❶ *(personne concernée)* Betroffene(r) *f(m)*

❷ *(personne qui s'intéresse à qc)* Interessierte(r) *f(m)*

❸ JUR Berechtigte(r) *f(m)*

intéressement [ɛ̃teʀesmɑ̃] *m* Gewinnbeteiligung *f*

intéresser [ɛ̃teʀese] <1> I. *vt* ❶ interessieren; **~ un enfant à un jeu** das Interesse eines Kindes für ein Spiel wecken; **être intéressé(e) à faire qc** daran interessiert sein, etw zu tun; **rien ne l'intéresse** er/sie interessiert sich für nichts; **cause toujours, tu m'intéresses!** *iron fam* von mir aus kannst du reden; *(fam)* **est-ce que ça t'intéresse** [*o* **t'intéresserait**] **de voir ce film?** hättest du Lust, in diesen Film zu gehen?

❷ *(faire bénéficier)* **~ les salariés à qc** die Arbeitnehmer an etw *(Dat)* beteiligen; **être intéressé(e) à/dans qc** an etw *(Dat)* beteiligt sein

❸ *(concerner) loi, mesure:* betreffen

II. *vpr* **s'~ à qn/qc** sich für jdn/etw interessieren

intérêt [ɛ̃teʀɛ] *m* ❶ *(attention)* Interesse *nt;* **~ pour qn/qc** Interesse für jdn/etw; **avec/sans ~** interessiert/ohne besonderes Interesse; **porter** [*o* **témoigner**] **de l'~ à qn** jdm Interesse entgegenbringen; **prêter ~ à qc** einer S. *(Dat)* Interesse entgegenbringen; **~ de l'acheteur/des acheteurs** Kaufinteresse; **absence d'~** Interesselosigkeit *f;* **principal** Hauptinteresse

❷ *(importance)* Bedeutung *f;* **du plus haut ~** äußerst bedeutsam; **être d'un ~ vital/capital** lebenswichtig/äußerst wichtig sein

❸ *(attrait) d'un film, livre* Reiz *m;* **sans aucun ~** *film, histoire* völlig uninteressant; *considérations, détail* völlig belanglos; *solution* völlig irrelevant; **gagner de l'~** interessanter werden; **perdre son ~** uninteressanter werden; **ne présenter aucun ~** *proposition:* uninteressant sein; **offrir peu d'~** *travail:* nicht sehr interessant sein; **ne pas trouver le moindre ~ à qc** einer S. *(Dat)* überhaupt nichts abgewinnen können

❹ *souvent pl (cause)* Interesse *nt;* **~ d'une partie** Parteiinteresse; **~s des salariés** Arbeitnehmerinteressen; **défendre les ~s de qn** jds Interessen vertreten; **~s assurables/assurés** versicherbare/versicherte Interessen; **~s communautaires** Gemeinschaftsinteressen; **dans l'~ général** im Sinne des Allgemeinwohls; **~s protégés par la loi** rechtlich geschützte Interessen; **~s publiques** öffentliche Belange *Pl;* **groupe** [*o* **groupement**] **d'~s** Interessengruppe *f;* **différence d'~s** Interessengegensatz *m;* **politique d'~s** Interessenpolitik *f;* **démarche basée sur une/la politique d'~s** interessenpolitischer Vorstoß

❺ a. JUR *(avantage)* Nutzen *m;* **ne pas voir l'~ de faire qc** nicht einsehen, welchen Nutzen es haben soll, etw zu tun *(fam);* **quel ~ y a-t-il à faire ça?** was nützt es uns, wenn wir das tun?; **trouver son ~ dans qc** bei etw auf seine Kosten kommen; **dans l'~ de son frère/entreprise** im Interesse seines Bruders/seiner Firma; **tu devrais te taire dans ton propre ~** es wäre besser für dich, du würdest schweigen; **elle a tout ~ à refuser** sie sollte wirklich ablehnen; **par ~** eigennützig; **~ spéculatif** Spekulationsinteresse *nt;* **~ des cocontractants à l'exécution** [**de l'obligation**] Erfüllungsinteresse *(Fachspr.);* **~ du créancier** Gläubigerinteresse; **~ de la jouissance** Nutzungsinteresse *(Fachspr.);* **~ de** [*o* **à**] **la protection juridique** Rechtsschutzinteresse

❻ *souvent pl (rendement)* Zins *m;* **six pour cent d'~** sechs Prozent Zinsen; **à ~** *prêt* verzinslich; **avec ~** [**s**] verzinslich; **avec ~ annuel de dix pour cent** mit zehn Prozent Jahreszins; **sans ~** [**s**] zinsfrei, zinslos; **~s compensatoires** Ausgleichszinsen; **~s créditeurs** Aktivzinsen; **~s débiteurs** Soll-Zinsen, Aktivzinsen; **~s débiteurs minimums** Mindestsollzinsen; **~s dûs à l'échéance** Fälligkeitszinsen; **~s encaissés** Ertragszinsen, Habenzinsen; **~ intercalaire** Agio *nt* auf Darlehen; **~s moratoires** Verzugszinsen; **~ moyen/réel** durchschnittliche/effektive Verzinsung; **~ des avances sur titres** Lombardzins; **~s d'une dette permanente** Dauerschuldzinsen; **~s sur le montant du litige** Prozesszinsen

❼ *pl (part)* **avoir des ~s dans une affaire** an einem Geschäft beteiligt sein

❽ *(utilité)* **être d'~ public** von öffentlichem Interesse sein

▶ [**il**] **y a ~!** *fam (et comment)* und ob!; *(ça vaut mieux)* das will ich hoffen!

◆ **~s du capital** Kapitalzinsen *Pl;* **~s du crédit** Kreditzinsen *Pl;* **~s des emprunts** Aufwandszinsen *Pl;* **~s pour retard** Säumniszinsen *Pl;* **~s de soustraction** Hinterziehungszinsen *Pl*

interface [ɛ̃tɛʀfas] *f* INFORM Schnittstelle *f;* **~ matérielle** Hardware-Schnittstelle; **~ parallèle** parallele Schnittstelle, Parallelschnittstelle; **~ ordinateur-imprimante** Druckerschnittstelle; **~ API** Programmierschnittstelle; **~ série** serielle Schnittstelle; **~ utilisateur** Benutzeroberfläche *f;* **~** [**utilisateur**] **graphique** graphische Benutzerschnittstelle [*o* Benutzeroberfläche]

interférence [ɛ̃tɛʀfeʀɑ̃s] *f* ❶ PHYS Interferenz *f;* TV, RADIO Überlagerung *f;* **cette chaîne fait des ~s avec une autre** dieser Sender überlagert einen anderen; **phénomène d'~** Interferenzerscheinung *f*

❷ *(conjonction)* Zusammenspiel *nt;* *(ingérence)* Einmischung *f;* **il y a eu ~ entre police et gendarmerie** Polizei und Gendarmerie haben sich gegenseitig behindert

interférent(e) [ɛ̃tɛʀfeʀɑ̃, ɑ̃t] *adj* PHYS Interferenz-; **couleur ~e** Interferenzfarbe *f*

interférer [ɛ̃tɛʀfeʀe] <5> *vi* ❶ *initiatives:* sich gegenseitig schaden; *domaines:* sich überschneiden; **~ avec qc** mit etw in Konflikt geraten; **~ dans qc** in etw *(Akk)* eingreifen

❷ *(intervenir)* **~ dans qc** *personne:* sich in etw *(Akk)* einmischen

❸ PHYS interferieren *(Fachspr.)*

interféron [ɛ̃tɛʀfeʀɔ̃] *m* MED Interferon *nt*

intergalactique [ɛ̃tɛʀgalaktik] *adj* ASTRON intergalaktisch

interglaciaire [ɛ̃tɛʀglasjɛʀ] *adj* interglazial; **période ~** Interglazialzeit *f,* Interglazial *nt (Fachspr.)*

intergouvernemental(e) [ɛ̃tɛʀguvɛʀnəmɑ̃tal, o] <-aux> *adj* zwischenstaatlich

intérieur [ɛ̃teʀjœʀ] *m* ❶ Innere(s) *nt;* **à l'~** *(dedans)* innen; *(dans la maison)* drinnen; **à l'~ d'une noix** im Inneren einer Walnuss; **à l'~ du magasin/de la ville** im Geschäft/in der Stadt; **à l'~ du monde arabe** in der arabischen Welt; **être fermé(e) de l'~** von innen verschlossen sein; **~ de la chaussure** Innenschuh *m*

❷ *(aménagement) d'une maison, d'un magasin* Inneneinrichtung *f*

❸ *(logement) nt;* **femme d'~** tüchtige Hausfrau *f*

❹ *(espace, pays)* Landesinnere *nt;* **~** [**du/d'un pays**] Binnenland *nt;* **à l'~ des terres** im Landesinneren

❺ *(ministère)* **à l'Intérieur** im Innenministerium *nt*

intérieur(e) [ɛ̃teʀjœʀ] *adj* ❶ *(opp: extérieur)* Innen-

❷ *(concernant un pays) affaires* innere(r,s); *politique* Innen-; *communication, vol, demande* Inlands-; *commerce, marché* Binnen-, nenländisch; *développement* binnenwirtschaftlich; **dette ~e** Inlandsverschuldung *f*

❸ PSYCH *sentiment, voix* innere(r, s); *monde, vie* Innen-; THEAT, CINE *jeu* verinnerlicht

intérieurement [ɛ̃teʀjœʀmɑ̃] *adv* ❶ *(au-dedans)* innen

❷ *(dans l'esprit) rire, se révolter* innerlich

intérim [ɛ̃teʀim] *m* ❶ *(fonction)* Vertretung *f;* **par ~** *(provisoirement)* in Vertretung; *directeur, ministre* stellvertretend; **assurer** [*o* **faire**] **l'~** die Vertretung übernehmen; **faire de l'~** [*o* **des ~s**] als Aushilfe arbeiten

❷ *(durée)* Übergangszeit *f*

❸ *(organisation)* befristete Arbeit; **travail par ~** Zeitarbeit *f;* **agence de travail par ~** Zeitarbeitsagentur *f*

intérimaire [ɛ̃teʀimɛʀ] I. *adj* ❶ *(par intérim) directeur, ministre* stellvertretend; *gouvernement* Übergangs-; *charge, fonction* interimistisch *(geh)*

❷ *(temporaire)* **employé(e)/salarié(e)** ~ Zeitarbeitnehmer(in) *m(f);* **secrétaire** ~ Aushilfssekretärin *f;* **cuisinier(-ière)** ~ Aushilfskoch *m/*-köchin *f*
II. *mf* ❶ *(remplaçant)* Vertretung *f*
❷ *(employé intérimaire)* Aushilfskraft *f*
interindividuel(le) [ɛ̃tɛʀɛ̃dividɥɛl] *adj* PSYCH interindividuell
intérioriser [ɛ̃teʀjɔʀize] <1> *vt* ❶ *(opp: extérioriser)* nach außen hin nicht zeigen *réactions, sentiment;* für sich behalten *problèmes*
❷ *(s'approprier)* verinnerlichen
interjection [ɛ̃tɛʀʒɛksjɔ̃] *f* Interjektion *f*
interligne [ɛ̃tɛʀliɲ] *m* Zeilenzwischenraum *m;* MUS Zwischenraum *m* [zwischen Notenlinien]; **double** ~ doppelter Zeilenabstand
interlinéaire [ɛ̃tɛʀlineɛʀ] *adj* LITTER interlinear; **version** ~ Interlinearversion *f*
interlingual(e) [ɛ̃tɛʀlɛ̃gwal, o] <-aux> *adj* LING interlingual *(Fachspr.)*
interlinguistique [ɛ̃tɛʀlɛ̃gɥistik] *f* LING Interlinguistik *f (Fachspr.)*
interlocuteur, -trice [ɛ̃tɛʀlɔkytœʀ, -tʀis] *m, f* Gesprächspartner(in) *m(f);* POL, COM Verhandlungspartner(in)
interlope [ɛ̃tɛʀlɔp] *adj* ❶ *(à l'air suspect) personnage* zwielichtig, suspekt
❷ *(illégal) commerce* illegal
interloqué(e) [ɛ̃tɛʀlɔke] *adj* fassungslos
interloquer [ɛ̃tɛʀlɔke] <1> *vt* aus der Fassung bringen; **être interloqué(e) par qc** fassungslos über etw *(Akk)* sein
interlude [ɛ̃tɛʀlyd] *m* ❶ MUS Zwischenspiel *nt,* Interludium *nt (Fachspr.)*
❷ THEAT Zwischenspiel *nt*
❸ TV Programmfüller *m*
intermède [ɛ̃tɛʀmɛd] *m* ❶ MUS Einlage *f;* ~ **musical** Zwischenmusik *f*
❷ THEAT Einlage *f,* Zwischenspiel *m*
❸ *(interruption)* Zwischenspiel *nt*
intermédiaire [ɛ̃tɛʀmedjɛʀ] I. *adj* intermediär *(geh); espace, niveau, couleur, ton* Zwischen-; *époque, solution* Übergangs-; **position** ~ *d'un fauteuil* mittlere Stellung; **position ~ entre un parti et l'autre** POL Position, die zwischen der einen und der anderen Partei liegt
II. *mf* ❶ *(médiateur)* Vermittler(in) *m(f),* Verbindungsglied *nt;* FIN Vermittlungsagent(in) *m(f);* ~ **financier** Kapitalvermittler(in), Kreditvermittler(in); ~ **à un contrat** Vertragsvermittler(in) *m(f);* **rôle d'~** Vermittlerrolle *f*
❷ COM Zwischenhändler(in) *m(f);* ~ [**commercial**] **pour la vente au détail** Detailzwischenhändler(in)
III. *m* Zwischenglied *nt;* **par l'~ de qn/qc** über [*o* durch] jdn/etw; **sans ~** direkt
◆ **~ de vente** Absatzvermittler(in) *m(f)*
interminable [ɛ̃tɛʀminabl] *adj* endlos
interminablement [ɛ̃tɛʀminabləmɑ̃] *adv* endlos
interministériel(le) [ɛ̃tɛʀministeʀjɛl] *adj* interministeriell *(geh)*
intermittence [ɛ̃tɛʀmitɑ̃s] *f* Unregelmäßigkeit *f;* **par ~** ab und zu, intermittierend *(geh)*
intermittent(e) [ɛ̃tɛʀmitɑ̃, ɑ̃t] *adj* intermittierend *(geh); travail* unregelmäßig; *douleur* zeitweilig aussetzend
intermoléculaire [ɛ̃tɛʀmɔlekylɛʀ] *adj* CHIM, PHYS intermolekular
internat [ɛ̃tɛʀna] *m* ❶ SCOL Internat *nt,* Internatsschule *f*
❷ MED *(formation)* ≈ Facharztausbildung *f; (concours)* Zulassungsprüfung zur Facharztpraktikumsstelle
international [ɛ̃tɛʀnasjɔnal, o] <-aux> *m* SPORT Nationalspieler *m*
international(e) [ɛ̃tɛʀnasjɔnal, o] <-aux> *adj* international; *commerce, problème* international, grenzüberschreitend; *train* Fern-; **match ~** Länderspiel *nt;* **communication ~e** Auslandsgespräch *nt;* **vol ~** Auslandsflug *m;* **fret ~** Auslandsfracht *f*
internationale [ɛ̃tɛʀnasjɔnal] *f* ❶ SPORT Nationalspielerin *f*
❷ POL **l'Internationale** die Internationale
internationalement [ɛ̃tɛʀnasjɔnalmɑ̃] *adv* auf internationaler Ebene; *connu* international
internationalisation [ɛ̃tɛʀnasjɔnalizasjɔ̃] *f* Internationalisierung *f*
internationaliser [ɛ̃tɛʀnasjɔnalize] <1> I. *vt* internationalisieren; auf internationaler Ebene führen *débat*
II. *vpr* s'~ sich international ausweiten
internationalisme [ɛ̃tɛʀnasjɔnalism] *m* Internationalismus *m*
internationaliste [ɛ̃tɛʀnasjɔnalist] I. *adj* internationalistisch
II. *mf* Vertreter(in) *m(f)* des Internationalismus
internaute [ɛ̃tɛʀnot] I. *adj* Internet-
II. *mf* Internetsurfer(in) *m(f),* Internetnutzer(in) *m(f),* Internetbenutzer(in); ~ **novice** Newbie *mf (fam)*
interne [ɛ̃tɛʀn] I. *adj partie* Innen-; *structure, hémorragie* innere(r, s); *problème, concours, promotion* intern; **information ~** Insiderinformation *f;* **affaire ~** [à l'Église]/[au parti] innerkirchliche/innerparteiliche Angelegenheit; **débats ~s** [au sein] **du parti** parteiin-

terne Debatten; **régler qc de manière ~** etw innerbetrieblich regeln
II. *mf* ❶ SCOL Internatsschüler(in) *m(f)*
❷ MED ≈ AIP *mf,* Facharzt *m/*-ärztin *f* in der Ausbildung
interné(e) [ɛ̃tɛʀne] *adj* interniert; *malade mental* [in eine geschlossene Anstalt] eingewiesen
internement [ɛ̃tɛʀnəmɑ̃] *m* POL Internierung *f;* MED Einweisung *f* [in eine geschlossene Anstalt]
interner [ɛ̃tɛʀne] <1> *vt* ❶ POL ~ **qn dans un camp** jdn in einem Lager internieren
❷ MED [in eine geschlossene Anstalt] einweisen
internet [ɛ̃tɛʀnɛt] *m* Internet *nt;* **accéder à l'~** ins Internet kommen; **transférer des fichiers sur l'~** Dateien via Internet übertragen; **commercer sur l'~** im Internet Handel treiben; **naviguer dans l'~** im Internet surfen
Internet [ɛ̃tɛʀnɛt] *m* Internet *nt;* **accéder à ~** ins Internet kommen; **naviguer dans ~** im Internet surfen; **mettre des informations sur ~** Informationen ins Internet stellen; **transférer des fichiers sur ~** Dateien via Internet übertragen; **commercer** [*o* **faire du commerce**] **sur ~** im Internet [*o* per Internet] Handel treiben; **faire de la publicité sur ~** im Internet werben
internetais [ɛ̃tɛʀnɛtɛ] *adj* Internet-
interpellation [ɛ̃tɛʀpelasjɔ̃] *f* ❶ *(arrestation)* vorläufige Festnahme *(zur Überprüfung der Personalien);* **il y a eu une dizaine d'~s** ungefähr zehn Personen wurden festgenommen
❷ *(interrogation)* Befragung *f;* POL Interpellation *f*
❸ *(apostrophe)* Anpöbeln *nt*
interpeller [ɛ̃tɛʀpəle] <1> I. *vt* ❶ *(arrêter) police:* zur Überprüfung der Personalien vorübergehend festnehmen
❷ *(sommer de s'expliquer)* ~ **un témoin sur un accident** einem Zeugen zu einem Unfall Fragen stellen
❸ *(apostropher)* ~ **qn** jdm etwas zurufen; *(avec brusquerie)* jdn anfahren
❹ *(susciter un écho) livre, problème:* betroffen machen
❺ POL interpellieren
II. *vpr* **s'~** *(s'apostropher)* sich [gegenseitig] anherrschen
interpénétration [ɛ̃tɛʀpenetʀasjɔ̃] *f* Verflechtung *f,* gegenseitige Durchdringung *f*
interphone® [ɛ̃tɛʀfɔn] *m* Sprechanlage *f;* **parler à qn par l'~** mit jdm über die Sprechanlage sprechen; ~ **portable** Babyfon *nt*
interplanétaire [ɛ̃tɛʀplanetɛʀ] *adj* interplanetarisch, interplanetar
Interpol [ɛ̃tɛʀpɔl] *m* Interpol *f*
interpolation [ɛ̃tɛʀpɔlasjɔ̃] *f* SCI, MATH *(action d'interpoler)* Interpolieren *nt (Fachspr.); (résultat)* Interpolation *f (Fachspr.);* **faire une ~/des ~s** interpolieren
interpoler [ɛ̃tɛʀpɔle] <1> *vt* SCI, MATH interpolieren *valeur, nombre, texte*
interposé(e) [ɛ̃tɛʀpoze] *adj* **par personne ~e/personnes ~es** über einen Mittelsmann/über Mittelsleute
interposer [ɛ̃tɛʀpoze] <1> I. *vt* dazwischen stellen/setzen/legen; ~ **qc entre le lit et le lavabo** etw zwischen Bett und Waschbecken stellen
II. *vpr* **s'~ dans qc** in etw *(Akk)* eingreifen
❷ *(se placer)* **s'~** dazwischen treten; **s'~ entre deux personnes** sich zwischen zwei Menschen stellen
interposition [ɛ̃tɛʀpozisjɔ̃] *f* ❶ *(intervention)* Eingreifen *nt*
❷ *(fait de se placer)* Dazwischentreten *nt*
interprétable [ɛ̃tɛʀpʀetabl] *adj (compréhensible)* nachvollziehbar; **être difficilement ~** *morceau de musique:* schwer zu spielen sein; *texte, toile:* schwer interpretierbar sein
interprétariat [ɛ̃tɛʀpʀetaʀja] *m (activité)* Dolmetschen *nt; (profession)* Dolmetscherberuf *m;* **école d'~** Dolmetscherschule *f*
interprétatif, -ive [ɛ̃tɛʀpʀetatif, iv] *adj soutenu analyse, méthode* interpretativ *(geh)*
interprétation [ɛ̃tɛʀpʀetasjɔ̃] *f* ❶ Interpretation *f;* **donner une nouvelle ~ d'un conte** ein Märchen neu deuten; ~ **d'un/du rôle** Rolleninterpretation; **erreur d'~** interpretatorischer Fehler *(geh)*
❷ *(jeu d'un musicien)* Interpretation *f,* Vortrag *m;* ~ **au piano** Klaviervortrag
❸ JUR *d'une loi* Auslegung *f;* ~ **erronée** falsche Auslegung; ~ **du contrat** Vertragsauslegung
❹ *(action de traduire)* Dolmetschen *nt*
◆ ~ **de données** Datenauswertung *f;* ~ **des rêves** Traumdeutung *f;* ~ **de testament** Testamentsauslegung *f*
interprète [ɛ̃tɛʀpʀɛt] *mf* ❶ MUS Interpret(in) *m(f);* CINE, THEAT Darsteller(in) *m(f)*
❷ *(traducteur)* Dolmetscher(in) *m(f);* **faire l'~, servir d'~** dolmetschen; ~ **judiciaire** Gerichtsdolmetscher(in); ~ **de conférences** Konferenzdolmetscher(in)
❸ *(porte-parole)* Fürsprecher(in) *m(f)*
interpréter [ɛ̃tɛʀpʀete] <5> I. *vt* ❶ MUS interpretieren; CINE, THEAT darstellen *personnage;* spielen *rôle*
❷ *(expliquer)* interpretieren *texte;* deuten *rêve;* ~ **strictement une**

interrompre	
interrompre quelqu'un	**jemanden unterbrechen**
Je suis désolé(e) de vous interrompre, …	Entschuldigen Sie bitte, dass ich Sie unterbreche, …
Si je peux me permettre de vous interrompre un instant : …	Wenn ich Sie einmal kurz unterbrechen dürfte : …
indiquer que l'on veut continuer de parler	**anzeigen, dass man weitersprechen will**
Un moment, je n'ai pas fini.	Moment, ich bin noch nicht fertig.
Laisse-moi finir, s'il te plaît!/Pourrais-tu me laisser finir, s'il te plaît?	Lässt du mich bitte ausreden?/Könntest du mich bitte ausreden lassen?
Laissez-moi finir, s'il vous plaît!	Lassen Sie mich bitte ausreden!
Laissez-moi terminer ce point, s'il vous plaît.	Lassen Sie mich bitte diesen Punkt noch zu Ende führen.
demander la parole	**ums Wort bitten**
Puis-je dire quelque chose à ce propos?	Darf ich dazu etwas sagen?
Si je peux me permettre de dire quelque chose à ce propos : …	Wenn ich dazu noch etwas sagen dürfte : …

loi ein Gesetz eng auslegen; ~ **une loi de manière erronée** ein Gesetz falsch auslegen
❸ *(comprendre)* ~ **qc en bien/mal** etw positiv/negativ auslegen
❹ *(traduire)* ~ **qc en russe** etw ins Russische übersetzen
II. *vpr* **s'~ de plusieurs façons** sich auf verschiedene Weise interpretieren lassen, auf verschiedene Arten interpretierbar sein; *rêve:* sich auf verschiedene Weise deuten lassen
interpréteur [ɛ̃tɛʁpʁetœʁ] *m* INFORM Interpreter *m (Fachspr.)*
interprofessionnel(le) [ɛ̃tɛʁpʁɔfesjɔnɛl] *adj* berufsübergreifend
interrégional(e) [ɛ̃tɛʁeʒjɔnal, o] <-aux> *adj* überregional
interro [ɛ̃tɛʁo] *f fam abr de* **interrogation** [Klassen]arbeit *f*; ~ **de maths** Mathearbeit *f (fam)*
interrogateur, -trice [ɛ̃tɛʁɔgatœʁ, -tʁis] I. *adj* fragend
II. *m, f* Prüfer(in) *m(f)*
interrogatif [ɛ̃tɛʁɔgatif] *m* Fragewort *nt*
interrogatif, -ive [ɛ̃tɛʁɔgatif, -iv] *adj* ❶ *air, regard* fragend
❷ GRAM Frage-, interrogativ *(Fachspr.)*; **adverbe** ~ Interrogativadverb *nt*; **pronom** ~ Interrogativpronomen *nt*, Interrogativum *nt*
interrogation [ɛ̃tɛʁɔgasjɔ̃] *f* ❶ *(question)* Frage *f*; ~ **directe/indirecte** direkte/indirekte Frage
❷ SCOL Test *m*; ~ **écrite** Arbeit *f*; ~ **écrite de mathématiques** Mathematikarbeit *f*; ~ **orale** mündliche Prüfung
❸ *(action de questionner)* Befragung *f*
❹ INFORM Abfrage *f*; ~ **d'un/de fichier** Dateiabfrage
interrogative [ɛ̃tɛʁɔgativ] *f* Fragesatz *m*
interrogatoire [ɛ̃tɛʁɔgatwaʁ] *m* Vernehmung *f*; ~ [**du prévenu/du témoin**] Beteiligtenvernehmung; **subir un** ~ verhört werden
interrogeable [ɛ̃tɛʁɔʒabl] *adj* ~ **à distance** *répondeur* mit Fernabfrage
interroger [ɛ̃tɛʁɔʒe] <2a> I. *vt* ❶ ~ **qn sur un sujet** jdn über ein Thema stellen; *(pour un sondage)* jdn über ein Thema befragen; *police:* jdn wegen eines Vorwurfs vernehmen; SCOL jdn über einen Stoff abfragen; *(par écrit)* jdn eine Arbeit über einen Stoff schreiben lassen; ~ **qn du regard** jdn fragend ansehen; ~ **qn sur son alibi** jdm Fragen zu seinem Alibi stellen; **dix pour cent des personnes interrogées** zehn Prozent der Befragten
❷ *(consulter)* abfragen *banque de données, répondeur*
❸ *(examiner)* analysieren; prüfend betrachten *ciel;* [mit den Augen] absuchen *horizon;* befragen *conscience*
II. *vpr* **s'~ sur qn/qc** sich *(Dat)* Fragen über jdn/etw stellen
interrompre [ɛ̃tɛʁɔ̃pʁ] <irr> I. *vt* ❶ *(couper la parole, déranger)* ~ **qn dans un discours** jdn bei einer Rede unterbrechen
❷ *(arrêter)* unterbrechen *activité;* abbrechen *grossesse;* brechen *silence;* **être interrompu(e)** *trafic:* lahmliegen
II. *vpr* **s'~** *personne:* innehalten; *discussion, film:* unterbrochen werden; *conversation:* stocken; **ne vous interrompez pas pour moi!** lassen Sie sich von mir nicht stören!
interrupteur [ɛ̃tɛʁyptœʁ] *m* Schalter *m*; ~ **multiple** Serienschalter
interruption [ɛ̃tɛʁypsjɔ̃] *f* ❶ a. INFORM *(arrêt provisoire)* Unterbrechung *f*; *(arrêt définitif)* Abbruch *m*; **décider l'~ du match** entscheiden, das Spiel abzubrechen; ~ **de courant** Stromausfall *m*; ~ **d'exploitation** Betriebsunterbrechung; ~ **de la production** Produktionsunterbrechung/-einstellung *f*; ~ **du programme** Programmunterbrechung/-abbruch *f*; ~ **de travail** *(grève)* Arbeitsniederlegung *f*; **sans ~** ununterbrochen; **"magasin ouvert sans ~**

"Geschäft durchgehend geöffnet"; **une ~ de deux heures/trois mois** eine zweistündige/dreimonatige Unterbrechung
❷ *(interruption d'un discours)* Unterbrechung *f*
❸ *souvent pl (paroles)* Zwischenruf *m*
◆ ~ **[volontaire] de grossesse** Schwangerschaftsabbruch *m*; ~ **de la prescription** JUR Hemmung *f* der Verjährung, Verjährungsunterbrechung *f*
intersaison [ɛ̃tɛʁsezɔ̃] *f* ❶ Zwischensaison *f*, Übergangszeit *f*
❷ SPORT Spielpause *f*
intersection [ɛ̃tɛʁsɛksjɔ̃] *f* ❶ *de routes* Kreuzung *f*; *de voies ferrées* Kreuzungspunkt *m*
❷ GEOM Schnittpunkt *m*
intersidéral(e) [ɛ̃tɛʁsideʁal, o] <-aux> *adj* ASTRON interstellar
interstellaire [ɛ̃tɛʁstelɛʁ] *adj* interstellar
interstice [ɛ̃tɛʁstis] *m* Spalt *m*
intersubjectif, -ive [ɛ̃tɛʁsybʒɛktif, -iv] *adj* PSYCH intersubjektiv *(Fachspr.)*
intersubjectivité [ɛ̃tɛʁsybʒɛktivite] *f* PSYCH Intersubjektivität *f (Fachspr.)*
intersyndical(e) [ɛ̃tɛʁsɛ̃dikal, o] <-aux> *adj* gewerkschaftsübergreifend
intersyndicale [ɛ̃tɛʁsɛ̃dikal] *f* übergewerkschaftliche Versammlung
intertitre [ɛ̃tɛʁtitʁ] *m* Zwischentitel *m*
intertropical(e) [ɛ̃tɛʁtʁɔpikal, o] <-aux> *adj* subtropisch
interurbain [ɛ̃tɛʁyʁbɛ̃] *m* Fernmeldeamt *nt*
interurbain(e) [ɛ̃tɛʁyʁbɛ̃, ɛn] *adj* zwischenstädtisch, interurban (A); *communication* Fern-; *poste téléphonique* für Ferngespräche; *trafic* Überland-
intervalle [ɛ̃tɛʁval] *m* ❶ *(écart)* Abstand *m*; *(espace de temps)* Zeit[spanne] *f*; ~ **de temps** Zeit[spanne] *f*; **à ~s réguliers** in regelmäßigen Abständen, turnusmäßig; **à huit jours d'~** innerhalb von acht Tagen; **dans l'~** in der Zwischenzeit; **faire qc par ~s** etw von Zeit zu Zeit tun; **entraînement par ~s** Intervalltraining *nt*
❷ MUS Intervall *nt*
intervenant(e) [ɛ̃tɛʁvənɑ̃, ɑ̃t] *m(f)* ❶ *(participant)* Beteiligte(r) *f(m)*; *(orateur)* Redner(in) *m(f)*
❷ JUR Streithelfer(in) *m(f)*
intervenir [ɛ̃tɛʁvəniʁ] <9> *vi* ❶ *police, pompiers:* eingreifen; ~ **dans un débat** in eine Debatte eingreifen; ~ **dans une affaire** sich in eine Angelegenheit einmischen; ~ **en faveur d'un collègue/contre un collègue auprès de qn** sich für einen Kollegen/sich nicht für einen Kollegen bei jdm einsetzen
❷ *(prendre la parole)* sich einschalten
❸ *(survenir) accord:* zustande [*o* zu Stande] kommen; *contre-temps:* dazwischenkommen; *fait:* eintreten
intervention [ɛ̃tɛʁvɑ̃sjɔ̃] *f* ❶ *d'un ministre, service* Eingreifen *nt*; ~ **restrictive** restriktiver Eingriff; ~**s dirigistes** dirigistische Eingriffe
❷ MIL Intervention *f*; ~ **armée** bewaffnete Intervention; **guerre d'~** Interventionskrieg *m*; ~ **militaire de l'ennemi** Feindeinwirkung *f*; **être détruit(e) par l'~ militaire de l'ennemi** *avion, navire, positions:* durch Feindeinwirkung zerstört werden
❸ *(prise de parole)* [Rede]beitrag *m*
❹ MED Eingriff *m*; *(grave)* Operation *f*; ~ **chirurgicale au niveau du larynx** Kehlkopfoperation

⑤ JUR Streithilfe *f*; **~ forcée** Beiladung *f*
◆ **~ de quasi-expropriation** JUR enteignungsgleicher Eingriff
interventionnisme [ɛ̃tɛʀvɑ̃sjɔnism] *m* ECON Interventionismus *m*; POL Sicheinmischen *nt*
interventionniste [ɛ̃tɛʀvɑ̃sjɔnist] I. *adj politique* interventionistisch
II. *mf* Interventionist(in) *m(f)*
interversion [ɛ̃tɛʀvɛʀsjɔ̃] *f des lettres, mots* Umstellung *f*; **~ des rôles** Rollentausch *m*
intervertébral(e) [ɛ̃tɛʀvɛʀtebʀal, o] <-aux> *adj* ANAT **disque ~** Bandscheibe *f*, Zwischenwirbelscheibe
intervertir [ɛ̃tɛʀvɛʀtiʀ] <8> *vt* umstellen *mots*; tauschen *rôles*
interview [ɛ̃tɛʀvju] *f* Interview *nt*
interviewé(e) [ɛ̃tɛʀvjuve] *m(f)* Interviewte(r) *f(m)*
interviewer[1] [ɛ̃tɛʀvjuve] <1> *vt* interviewen
interviewer[2] [ɛ̃tɛʀvjuvɛʀ] *m*, **intervieweur, -euse** [ɛ̃tɛʀvjuvœʀ, -øz] *m, f* Interviewer(in) *m(f)*
intestat [ɛ̃tɛsta] JUR ▸ **mourir ~** sterben ohne ein Testament zu hinterlassen
intestin [ɛ̃tɛstɛ̃] *m souvent pl* Darm *m meist Sing*; **~ grêle** Dünndarm; **gros ~** Dickdarm; **les ~s** das Gedärm
intestin(e) [ɛ̃tɛstɛ̃, -tin] *adj littér guerre, querelle* intern
intestinal(e) [ɛ̃tɛstinal, o] <-aux> *adj* Darm-; **maladie ~e** Darmkrankheit *f*; **le transit ~** die Verdauung
intifada [intifada] *f* POL Intifada *f*
intimation [ɛ̃timasjɔ̃] *f* JUR Vorladung *f*; *(mise en demeure)* Inverzugsetzung *f (Fachspr.)*
intime [ɛ̃tim] I. *adj* ① intim; *chagrin* geheim; *hygiène, toilette* Intim-; **vie ~** Privatleben *nt*, Intimleben; **caresse ~** Intimität *f*; **journal ~** Tagebuch *nt*; **la personnalité ~ de ... ...** als Privatperson
② *(privé) cérémonie* im engen Kreis; *dîner* zu zweit
③ *(confortable) atmosphère, lieu* gemütlich; **faire ~** gemütlich wirken
④ *(étroit, proche) ami* eng; *rapports, relations* intim; *relation, union* innig; **être ~ avec qn** mit jdm eng befreundet sein
⑤ *littér (profond) nature, structure* innerste(r, s); **mon impression/sentiment ~, c'est que qn a fait qc** mein Gefühl sagt mir, dass jd etw getan hat
II. *mf* enger Freund/enge Freundin
intimement [ɛ̃timmɑ̃] *adv* ① *(profondément)* **je suis ~ convaincu(e)** [*o* **persuadé(e)**] **que qn a fait qc** ich bin fest davon überzeugt, dass jd etw getan hat
② *(étroitement)* **des idées/personnes ~ liées** sehr eng miteinander verknüpfte Gedanken/miteinander befreundete Menschen
intimer [ɛ̃time] <1> *vt* **à un subordonné** [**l'ordre**] **de faire qc** einem Untergebenen befehlen, etw zu tun
intimidant(e) [ɛ̃timidɑ̃, ɑ̃t] *adj* einschüchternd
intimidation [ɛ̃timidasjɔ̃] *f* Einschüchterung *f*; **manœuvres d'~** Drohkulisse *f*; **des tentatives d'~** Einschüchterungsversuche *Pl*
intimider [ɛ̃timide] <1> *vt* einschüchtern
intimiste [ɛ̃timist] *adj œuvre, sujet* persönlich; **peintre ~** Künstler *m*, der Interieurs malt
intimité [ɛ̃timite] *f* ① *(vie privée)* Privatleben *nt*; **dans l'~** privat; **dans la plus stricte ~** im engsten Familienkreis
② *(relation étroite)* Vertrautheit *f*
③ *(confort) d'un salon* gemütliche Atmosphäre
intitulé [ɛ̃tityle] *m d'un livre* Titel *m*; *d'un chapitre, texte* Überschrift *f*; *d'une loi* Betitelung *f*; *d'un jugement* Rubrum *nt*
◆ **~ de compte** Kontobezeichnung *f*
intituler [ɛ̃tityle] <1> I. *vt* **~ un livre "Mémoires"** einem Buch den Titel „Memoiren" geben; **être intitulé(e) "Mémoires"** den Titel „Memoiren" tragen
II. *vpr* **s'~ "Mémoires"** den Titel „Memoiren" tragen
intolérable [ɛ̃tɔleʀabl] *adj* unerträglich; *pratique* inakzeptabel
intolérance [ɛ̃tɔleʀɑ̃s] *f* ① *(sectarisme)* Intoleranz *f*
② MED **à qc** überempfindliche [*o* allergische] Reaktion auf etw *(Akk)*; **faire une ~ à la cortisone** Cortison nicht vertragen
intolérant(e) [ɛ̃tɔleʀɑ̃, ɑ̃t] *adj* intolerant
intonation [ɛ̃tɔnasjɔ̃] *f* ① *souvent pl* Ton[fall *m*] *m*; **les ~s de sa voix** der Klang seiner Stimme; **prendre des ~s douces en parlant à qn** sanft mit jdm sprechen; **trouver les ~s justes** den richtigen Ton treffen
② LING *(accent)* Betonung *f*; *(distribution des accents)* Intonation *f*
③ MUS Intonation *f*
intouchable [ɛ̃tuʃabl] I. *adj fig* unantastbar; **il se croyait ~** glaubte, man könne ihm nichts anhaben
II. *mf* Unberührbare(r) *f(m)*, Säulenheilige(r) *f(m)*
intox[e] [ɛ̃tɔks] *f fam abr de* **intoxication** Augenwischerei *f*; **faire de l'~** manipulieren
intoxication [ɛ̃tɔksikasjɔ̃] *f* ① *(empoisonnement)* Vergiftung *f*; **~ alimentaire** Lebensmittelvergiftung *f*; **~ due à la consommation de poisson/de viande** Fisch-/Fleischvergiftung *f*; **~ au mercure/au fluor** Quecksilber-/Fluorvergiftung *f*

② *(influence)* Manipulation *f*
intoxiqué(e) [ɛ̃tɔksike] *adj* **être ~ (e) par une substance/un aliment** sich durch einen Stoff/ein Nahrungsmittel vergiftet haben; **être ~ (e) par une drogue** drogenabhängig sein; **être ~ (e) par la télé** fernsehsüchtig sein; **être ~ (e) par la publicité** durch die Werbung manipuliert sein
intoxiquer [ɛ̃tɔksike] <1> I. *vt* ① *(empoisonner)* vergiften; **être légèrement intoxiqué(e)** *pompier:* eine leichte Rauchvergiftung erleiden
② *(pervertir) émission, télévision:* verderben; *publicité, publicitaire:* manipulieren
II. *vpr* **s'~** sich vergiften; **s'~ au mercure** sich *(Dat)* eine Quecksilbervergiftung zuziehen
intracellulaire [ɛ̃tʀaselylɛʀ] *adj* BIO intrazellulär, interzellulär
intracommunautaire [ɛ̃tʀakɔmynotɛʀ] *adj (en parlant de l'Union européenne)* innereuropäisch; *échanges* zwischen den EU-Staaten
intradermique [ɛ̃tʀadɛʀmik] I. *adj* intrakutan *(Fachspr.)*
II. *f* intrakutane Injektion
intrados [ɛ̃tʀado] *m* ARCHIT Laibung *f*
intraduisible [ɛ̃tʀadɥizibl] *adj auteur, expression* unübersetzbar; *réaction, sentiment* unbeschreibbar
intraitable [ɛ̃tʀɛtabl] *adj caractère, personne* unnachgiebig; *adversaire* unerbittlich; **~ sur le règlement** unerbittlich in Bezug auf die Vorschriften
intra-muros [ɛ̃tʀamyʀos] I. *adj sans pl* **Paris ~** das innere Stadtgebiet von Paris; **visite ~** Besichtigung *f* der Innenstadt
II. *adv habiter, se dérouler* im Stadtzentrum
intramusculaire [ɛ̃tʀamyskylɛʀ] *adj* intramuskulär; **faire une injection ~ d'un médicament** ein Mittel intramuskulär injizieren
intranet [ɛ̃tʀanɛt] *m* INFORM Intranet *nt*
intransférabilité [ɛ̃tʀɑ̃sfeʀabilite] *f* Unübertragbarkeit *f*
intransigeance [ɛ̃tʀɑ̃ziʒɑ̃s] *f* Unnachgiebigkeit *f*
intransigeant(e) [ɛ̃tʀɑ̃ziʒɑ̃, ʒɑ̃t] *adj attitude, personne* unnachgiebig; *adversaire* unerbittlich; *morale* starr
intransitif, -ive [ɛ̃tʀɑ̃zitif, -iv] *adj* intransitiv
intransitivement [ɛ̃tʀɑ̃zitivmɑ̃] *adv* intransitiv
intransmissible [ɛ̃tʀɑ̃smisibl] *adj caractère acquis* nicht vererbbar; *droit* nicht übertragbar
intransportable [ɛ̃tʀɑ̃spɔʀtabl] *adj chose* nicht transportabel; *personne* nicht transportfähig
intra-utérin(e) [ɛ̃tʀayteʀɛ̃, in] *adj* intrauterin *(Fachspr.)*; **développement ~** *d'un fœtus* Entwicklung *f* in der Gebärmutter
intraveineuse [ɛ̃tʀavɛnøz] *f* intravenöse Injektion
intraveineux, -euse [ɛ̃tʀavɛnø, -øz] *adj* intravenös
intrépide [ɛ̃tʀepid] *adj* ① *(courageux)* unerschrocken
② *(audacieux)* waghalsig
intrépidité [ɛ̃tʀepidite] *f* Unerschrockenheit *f*, Furchtlosigkeit *f*; *(audace)* Tollkühnheit *f*
intrigant(e) [ɛ̃tʀigɑ̃, ɑ̃t] I. *adj* intrigant
II. *m(f)* Intrigant(in) *m(f)*
intrigue [ɛ̃tʀig] *f* ① CINE, LITTER, THEAT *(fait, action)* Handlung *f*; *(déroulement)* Handlungsverlauf *m*; **~ de/du roman** Romanhandlung; **~ extérieure/intérieure** äußere/innere Handlung
② *(manœuvre)* Intrige *f*; **~s politiques** politische Intrigen; **les ~s** *(système)* die Intrigenwirtschaft *(pej)*
③ *(liaison)* **~ amoureuse** Liebesabenteuer *nt*
intriguer [ɛ̃tʀige] <1> I. *vt (travailler qn)* beschäftigen; *(piquer la curiosité)* neugierig machen; **être intrigué(e)** rätseln; **intrigués, les policiers tentaient ...** da die Polizisten stutzig geworden waren, versuchten sie ...
II. *vi* intrigieren
intrinsèque [ɛ̃tʀɛ̃sɛk] *adj* ① eigentliche(r, s)
② PSYCH, SCI intrinsisch
intrinsèquement [ɛ̃tʀɛ̃sɛkmɑ̃] *adv* an sich
introducteur, -trice [ɛ̃tʀɔdyktœʀ, -tʀis] *m, f* **l'~ de qc** der[jenige], der etw einführt; **être l'~ (-trice) de qc** etw einführen
introductif, -ive [ɛ̃tʀɔdyktif, -iv] *adj* einleitend
introduction [ɛ̃tʀɔdyksjɔ̃] *f* ① *(entrée en matière)* Einleitung *f*; **chapitre d'~** einleitendes Kapitel; **quelques mots** [*o* **paroles**] **d'~** ein paar einleitende Worte; **en ~** einleitend
② *(action d'introduire) d'un objet, de nourriture* Einführen *nt*; **l'~ de la peste en Europe** das Einschleppen der Pest nach Europa
③ *(adoption) d'une réforme, d'un produit* Einführung *f*
④ *(initiation)* **~ à une discipline** Einführung *f* in ein Fach
◆ **~ en Bourse** Börsengang *m*; **~ de l'instance** Klageerhebung *f*; **~ de la procédure** Verfahrenseinleitung *f*
introduire [ɛ̃tʀɔdɥiʀ] <irr> I. *vt* ① *(faire entrer)* **~ qn dans une pièce** jdn in ein Zimmer führen; **~ qn chez une famille** jdn bei einer Familie einführen; **~ une clé dans qc** einen Schlüssel in etw *(Akk)* stecken; **~ une pièce de monnaie dans qc** ein Geldstück in etw *(Akk)* werfen; **~ du pastis en contrebande** Pastis einschmuggeln

② *(faire adopter)* aufbringen *mode*
③ *(débuter)* einleiten *discours, dissertation*
II. *vpr* ① *(se faire admettre)* **s'~ dans une famille/un milieu** sich in einer Familie/einem Umfeld einführen
② *(s'infiltrer)* **s'~ dans une maison** in ein Haus eindringen; **s'~ au milieu des invités** sich unter die Gäste schmuggeln; **s'~ dans qc** *eau, fumée:* in etw *(Akk)* dringen; *impureté:* in etw *(Akk)* kommen
③ *(se mettre)* **s'~ qc dans le nez/les oreilles** sich *(Dat)* etw in die Nase/die Ohren stecken; **s'~ qc dans le vagin** etw in die Scheide einführen
④ *(être adopté)* **s'~ dans un pays** *usage, mode:* sich in einem Land durchsetzen
intronisation [ɛ̃tʀɔnizasjɔ̃] *f d'un évêque, pape* Inthronisation *f; d'un roi* Thronerhebung *f; d'un gouvernement* Einsetzung *f; d'une personne* Amtseinführung *f;* **cérémonie d'~** *d'un recteur d'université* Inauguration *f (geh)*
introniser [ɛ̃tʀɔnize] <1> *vt* inthronisieren; **~ qn président** jdn feierlich als Präsidenten einsetzen
introspection [ɛ̃tʀɔspɛksjɔ̃] *f* PSYCH Selbstbeobachtung *f,* Introspektion *f (Fachspr.)*
introuvable [ɛ̃tʀuvabl] *adj* ① *(perdu) chose, personne* unauffindbar
② *(rare)* nicht [mehr] aufzutreiben *(fam)*
introversion [ɛ̃tʀɔvɛʀsjɔ̃] *f* Introvertiertheit *f*
introverti(e) [ɛ̃tʀɔvɛʀti] I. *adj* introvertiert
II. *m(f)* introvertierter Mensch
intrus(e) [ɛ̃tʀy, yz] I. *adj* nicht dazugehörig; **visiteur ~** ungebetener Gast
II. *m(f)* Eindringling *m*
▶ **cherchez l'~** wer/was gehört nicht dazu [*o* fällt hier aus der Reihe]?
intrusion [ɛ̃tʀyzjɔ̃] *f* **~ dans une maison** Eindringen *nt* in ein Haus; **~ dans une discussion** Einmischung *f* in eine Diskussion; **faire ~ chez qn/dans une maison** bei jdm/in ein Haus eindringen
intubation [ɛ̃tybasjɔ̃] *f* MED Intubation *f (Fachspr.)*
intuitif, -ive [ɛ̃tɥitif, -iv] I. *adj* intuitiv
II. *m, f* intuitiver Mensch
intuition [ɛ̃tɥisjɔ̃] *f* Intuition *f;* **~ féminine** weibliche Intuition; **procéder par ~** intuitiv vorgehen
intuitivement [ɛ̃tɥitivmɑ̃] *adv* intuitiv
inuit [inɥit] *adj inv* Eskimo-; **la culture ~** die Kultur der Inuit
inuline [inylin] *f* PHARM Inulin *f (Fachspr.)*
inusable [inyzabl] *adj a. fig fam* unverwüstlich
inusité(e) [inyzite] *adj* ungebräuchlich
inutile [inytil] I. *adj* unnötig, *parole, effort, mesure* zwecklos; *précaution, alarme* überflüssig; *personne* unnütz; **être ~ à qn** jdm nicht von Nutzen sein; **se sentir ~** sich *(Dat)* überflüssig vorkommen; **si ma présence est ~, ...** wenn ich nicht benötigt werde, ...; **il est/n'est pas ~ de faire qc/que qn fasse qc** es ist unnötig/es wäre angebracht, etw zu tun/dass jd etw tut; **~ d'espérer de l'aide** zwecklos, auf Hilfe zu hoffen; **~ de te/vous dire que qn a fait qc** ich brauche dir/Ihnen wohl nicht zu sagen, dass jd etw getan hat; **~ d'insister!** spar dir/sparen Sie sich die Mühe!
II. *m* **l'~** das Unnütze
III. *mf* Schmarotzer(in) *m(f)*
inutilement [inytilmɑ̃] *adv* ① *(sans utilité)* unnötig, unnützerweise, unsinnigerweise
② *(en vain)* vergeblich
inutilisable [inytilizabl] *adj (qui n'offre aucune utilité)* unbrauchbar; *(dont on ne peut se servir)* nicht benutzbar; **mon ordinateur est actuellement ~** ich kann meinen Computer zurzeit nicht benutzen
inutilisé(e) [inytilize] *adj (dont on ne se sert pas)* unbenutzt; *(dont on ne profite pas) ressources, talent* ungenutzt
inutilité [inytilite] *f* Nutzlosigkeit *f;* **j'ai compris l'~ de ma présence ici** ich habe verstanden, dass ich hier überflüssig bin
invaincu(e) [ɛ̃vɛ̃ky] *adj sportif* ungeschlagen; *sommet* unbezwungen
invalidation [ɛ̃validasjɔ̃] *f* Annullierung *f,* JUR Ungültigkeitserklärung *f;* **~ d'un député** Annullierung der Wahl eines Abgeordneten
invalide [ɛ̃valid] I. *adj* invalid[e]; **personne ~** Invalide *mf*
II. *mf* Invalide *m(f);* **~ de guerre** Kriegsinvalide *m;* **~ du travail** Arbeitsinvalide
invalider [ɛ̃valide] <1> *vt* ① JUR, POL rechtsungültig machen; für ungültig erklären *testament;* annullieren *élection;* **~ un député** die Wahl eines Abgeordneten für ungültig erklären; **le député invalidé** der Abgeordnete, dessen Wahl für ungültig erklärt worden ist
② MED zum Invaliden machen
invalidité [ɛ̃validite] *f* ① *d'une personne* Erwerbsunfähigkeit *f;* **~ à cent pour cent** Vollinvalidität *f;* **pension d'~** Invalidenrente *f;* **les personnes atteintes d'une ~ de 40 %** Personen, die zu 40 % erwerbsunfähig sind

② JUR Ungültigkeit *f;* **~ juridique** Rechtsunwirksamkeit *f;* **~ provisoire/partielle** schwebende/teilweise Unwirksamkeit; **~ d'un acte** Unwirksamkeit eines Rechtsgeschäfts; **frapper qc d'~** etw für ungültig erklären
invariabilité [ɛ̃vaʀjabilite] *f* Unveränderlichkeit *f*
invariable [ɛ̃vaʀjabl] *adj* ① LING unveränderlich
② *(qui ne change pas)* unverändert
③ *(qu'on ne peut changer)* unveränderlich
invariablement [ɛ̃vaʀjabləmɑ̃] *adv* unweigerlich; **être ~ en retard** immer zu spät kommen
invasif, -ive [ɛ̃vazif, -iv] *adj* MED *examen, technique* invasiv; **examiner/traiter qn de façon invasive** jdn invasiv untersuchen/behandeln
invasion [ɛ̃vazjɔ̃] *f* ① MIL *a. fig* Invasion *f;* **~ d'insectes** Insektenplage *f,* Insektenbefall *m;* **~ de rats** Rattenplage *f;* **~ de touristes** Touristeninvasion
invective [ɛ̃vɛktiv] *f* Beleidigung *f*
invectiver [ɛ̃vɛktive] <1> I. *vt* beleidigen
II. *vpr* **s'~** sich gegenseitig beleidigen
invendable [ɛ̃vɑ̃dabl] *adj* unverkäuflich; **être ~** sich nicht verkaufen lassen
invendu(e) [ɛ̃vɑ̃dy] I. *adj* nicht verkauft
II. *mpl* Restposten *Pl;* PRESSE nicht verkaufte Exemplare *Pl*
inventaire [ɛ̃vɑ̃tɛʀ] *m* ① Bestandsverzeichnis *nt;* **~ des biens** [*o* **du patrimoine**] Vermögensaufstellung *f*
② COM Inventur *f;* **faire l'~** Inventur machen
③ *(revue)* Bestandsaufnahme *f*
inventer [ɛ̃vɑ̃te] <1> *vt* erfinden; **ça ne s'invente pas** das ist [wirklich] nicht erfunden
inventeur, -trice [ɛ̃vɑ̃tœʀ, -tʀis] *m, f a.* JUR Erfinder(in) *m(f);* **~ (-trice) unique** Einzelerfinder(in) *m(f);* **ce sont les ~s de ce procédé** sie haben dieses Verfahren entwickelt
inventif, -ive [ɛ̃vɑ̃tif, -iv] *adj* erfinderisch
invention [ɛ̃vɑ̃sjɔ̃] *f* ① *a.* JUR *(création, découverte)* Erfindung *f; d'une technique opératoire, méthode* Entwicklung *f;* **~ faite par un salarié** Betriebserfindung; **~ précurseur** Pioniererfindung; **~ tenue secrète** Geheimpatent *nt;* **~ de service** Diensterfindung; **l'~ de ce procédé date de 1850** dieses Verfahren wurde 1850 erfunden; **de mon/son ~** von mir/ihm [*o* ihr] erfunden
② *(imagination)* Einfallsreichtum *m*
③ *(mensonge)* Erfindung *f;* **c'est une ~ de sa part!** das hat er/sie erfunden!; **ce sont des ~s pures et simples!** das ist alles erlogen!
◆ **~ de salarié** JUR Arbeitnehmererfindung *f*
inventivité [ɛ̃vɑ̃tivite] *f* Einfallsreichtum *m*
inventorier [ɛ̃vɑ̃tɔʀje] <1a> *vt* ① auflisten *problèmes;* **~ les documents** ein Verzeichnis der Dokumente erstellen
② COM inventarisieren
invérifiable [ɛ̃veʀifjabl] *adj* nicht überprüfbar
inversable [ɛ̃vɛʀsabl] *adj meuble d'enfant, chaise* kippsicher; **poser le barbecue de telle sorte qu'il soit ~** den Grill kippsicher aufstellen
inverse [ɛ̃vɛʀs] I. *adj* entgegengesetzt; *évolution, phénomène* gegenläufig; **en proportion ~ de qc** indirekt proportional zu etw
II. *m* Gegenteil *nt;* **c'est l'~ qui est vrai** in Wahrheit ist es genau umgekehrt; **à l'~** hingegen; **à l'~ de qn/qc** im Gegensatz zu jdm/etw
inversement [ɛ̃vɛʀsəmɑ̃] *adv* hingegen; **et/ou ~** und/oder umgekehrt
inverser [ɛ̃vɛʀse] <1> I. *vt* umstellen *mots, phrases;* tauschen *rôles;* umkehren *évolution, mouvement;* umpolen *courant électrique;* **~ l'ordre des mots** die Wortstellung ändern; **être inversé(e)** *tendance:* gegenläufig sein; *règle:* ins Gegenteil verkehrt sein; *image:* spiegelverkehrt sein
II. *vpr* **s'~** *mouvement, tendance:* sich umkehren
inversion [ɛ̃vɛʀsjɔ̃] *f* Umkehrung *f;* LING Inversion *f*
invertébré [ɛ̃vɛʀtebʀe] *m* wirbelloses Tier; **les ~s** die Wirbellosen
inverti(e) [ɛ̃vɛʀti] I. *adj* CHIM **sucre ~** Invertzucker *m*
II. *m(f)* Homosexuelle(r) *f(m)*
investigateur, -trice [ɛ̃vɛstigatœʀ, -tʀis] I. *adj* forschend; *esprit, tempérament* Forscher-
II. *m, f* Ermittler(in) *m(f)*
investigation [ɛ̃vɛstigasjɔ̃] *f* ① Ermittlung *f;* **journalisme d'~** Enthüllungsjournalismus *m;* **~ scientifique** Forschung *f*
② *pl (recherches sur une entreprise)* Betriebserkundungen *Pl*
investir [ɛ̃vɛstiʀ] <8> I. *vt* ① FIN **~ son argent dans qc** sein Geld in etw *(Akk)* investieren
② *fig* **~ du temps/du travail dans qc** Zeit/Arbeit in etw *(Akk)* investieren
③ *(prendre d'assaut) armée, troupes:* belagern; *police:* besetzen; *(encercler)* umzingeln; *chars:* einkreisen; *touristes, loubards:* sich ausbreiten in *(+ Dat)*
④ *(pouvoir)* **~ qn d'une fonction** jdn mit einer Funktion betrau-

inviter

inviter	einladen
Viens me voir, ça me ferait très plaisir.	**Besuch mich doch,** ich würde mich sehr freuen.
Je fais une fête samedi prochain. **Tu viens aussi?**	Nächsten Samstag mache ich eine Party. **Kommst du auch?** *(fam)*
Puis-je vous inviter à un repas/dîner d'affaires?	**Darf ich Sie zu** einem Arbeitsessen **einladen**?
J'aimerais vous inviter à dîner.	**Ich würde Sie gern** zum Abendessen **einladen**.

en; ~ **qn de pouvoirs supplémentaires** jdm zusätzliche Befugnisse erteilen; ~ **qn de sa confiance** jdm sein volles Vertrauen schenken; **être investi(e) de qc** über etw *(Akk)* verfügen
II. *vi* ❶ FIN investieren; ~ **dans de nouvelles machines** sein Geld in neuen Maschinen anlegen
❷ PSYCH Kraft investieren; **beaucoup ~ dans un enfant/son métier** viel Kraft in ein Kind/seinen Beruf investieren
III. *vpr* **s'~ dans qc** sich bei etw engagieren; **s'~ énormément [dans qc]** sich [in etw *(Akk)*] reinhängen *(fam)*
investissement [ɛ̃vɛstismɑ̃] *m* ❶ ECON, FIN Investition *f;* ~ **direct/ initial/secondaire** Direkt-/Anfangs-/Folgeinvestition; ~ **à court/ long terme** kurzfristige/langfristige Investition; ~ **à l'étranger** Auslandsanlage *f;* ~ **à intérêts fixes** festverzinsliche Kapitalanlage; **~s en cours** laufende Investitionen; ~ **de capitaux externe** außerbetriebliche Kapitalanlage; ~ **par capitaux étrangers** Fremdinvestition; ~ **pour la poursuite du projet** Fortführungsinvestition; **budget/capital d'~** Investitionshaushalt *m*/-kapital *nt;* **dépenses d'~** Investitionskosten *Pl;* **faire des ~s rentables** Gewinn bringend investieren; **les ~s** die Investitionen; *(en tant que phénomène économique global)* die Investitionstätigkeit; **en ce moment l'~ est faible** im Moment ist nur eine schwache Investitionstätigkeit zu verzeichnen
❷ *(engagement)* ~ **de qn dans une activité** jds Engagement *nt* bei einer Aktivität
❸ *(prise)* Besetzung *f;* MIL *(siège)* Belagerung *f*
❹ *pl (bien)* **~s mobiliers/immobiliers** bewegliches/unbewegliches Anlagevermögen
◆ **~ de base** Grundinvestition *f;* **~ de capitaux** Kapitalanlage *f;* ~ **de création** Gründungsinvestition *f;* ~ **de démarrage** ECON Vorlaufinvestition *f;* ~ **d'équipement** Ausrüstungsinvestition *f;* ~ **d'extension** Erweiterungsinvestition *f;* ~ **de rationalisation** Rationalisierungsinvestition *f;* **~s de recherches** Forschungsinvestitionen *Pl;* ~ **de remplacement** Ersatzinvestition *f*
investisseur [ɛ̃vɛstisœʀ] *m* Investor(in) *m(f)*, Investitionsträger(in) *m(f)*
investiture [ɛ̃vɛstityʀ] *f* **obtenir l'~ de son parti** von seiner Partei aufgestellt werden
invétéré(e) [ɛ̃vetere] *adj* unverbesserlich; **être un alcoolique/ fumeur ~** Gewohnheitstrinker/-raucher sein
invincibilité [ɛ̃vɛ̃sibilite] *f* Unbesiegbarkeit *f*
invincible [ɛ̃vɛ̃sibl] *adj personne, armée* unbesiegbar; *courage, détermination* unerschütterlich; *argument* unwiderlegbar; *dégoût, peur, difficulté* unüberwindbar; *charme, envie* unwiderstehlich; *sommeil* unbezwingbar
invinciblement [ɛ̃vɛ̃sibləmɑ̃] *adv soutenu* unwiderstehlich
inviolabilité [ɛ̃vjɔlabilite] *f du domicile* Unverletzlichkeit *f;* ~ **parlementaire** Immunität *f*
inviolable [ɛ̃vjɔlabl] *adj* unantastbar; *parlementaire, diplomate* immun; *coffre-fort, serrure* einbruchsicher; *forteresse* uneinnehmbar
inviolé(e) [ɛ̃vjɔle] *adj* ungeschändet
invisibilité [ɛ̃vizibilite] *f* Unsichtbarkeit *f*
invisible [ɛ̃vizibl] **I.** *adj* ❶ unsichtbar; *danger* nicht erkennbar; *phénomène* nicht wahrnehmbar; ~ **à l'œil nu** mit dem bloßen Auge nicht erkennbar
❷ *(opp: approchable) personne* nicht anzutreffen; **un député ~ ein** Abgeordneter, der nie anzutreffen ist; **être devenu(e) ~** sich nicht mehr blicken lassen
❸ ECON *transaction, opération* unsichtbar
II. *m* **l'~** das Unsichtbare
invitation [ɛ̃vitasjɔ̃] *f* ❶ Einladung *f;* ~ **à une manifestation/au restaurant/à déjeuner** Einladung zu einer Demonstration/ins Restaurant/zum Mittagessen; **sans ~** ohne Einladung
❷ *(incitation)* ~ **à qc/faire qc** Aufforderung *f* zu etw/, etw zu tun; **à** [*o sur*] **de qn** *(à la prière de)* auf jds Bitte *(Akk)* hin; *(aux ordres de)* auf jds Aufforderung *(Akk)* hin
▶ **merci pour l'~** *hum* [ich] danke für Obst und Südfrüchte *(fam)*
invite[1] [ɛ̃vit] *m* INFORM Eingabeaufforderung *f,* Prompt *m (Fachspr.)*
invite[2] [ɛ̃vit] *f* Ermutigung *f*
invité(e) [ɛ̃vite] **I.** *m(f)* Gast *m; (à un anniversaire)* Geburtstagsgast; **~(e) d'honneur** Ehrengast; **~(e) à une partie de chasse** Jagdgast
II. *app* **professeur ~(e)** Gastprofessor(in) *m(f);* **conférencier ~/ conférencière ~e** Gastredner(in) *m(f)*
inviter [ɛ̃vite] <1> **I.** *vt* ❶ *(convier)* einladen; **vous venez? C'est moi qui invite!** kommt ihr mit? Ich lade euch ein!; ~ **qn à un anniversaire** jdn zu einem Geburtstag einladen; ~ **qn chez soi** jdn zu sich [nach Hause] einladen; ~ **qn à danser** jdn zum Tanz auffordern; ~ **qn à dîner** jdn zum Abendessen einladen
❷ *(prier)* ~ **qn à faire qc** jdn bitten, etw zu tun; *(avec insistance/ autorité)* jdn auffordern, etw zu tun; ~ **qn à entrer** jdn hineinbitten; **être invité(e) à faire qc** ersucht werden, etw zu tun; ~ **fortement qn à se taire** *iron* jdn zum Schweigen vergattern *(fam)*
❸ *(inciter à)* ~ **qn à une discussion** jdn zu einer Diskussion einladen; ~ **qn à faire qc** jdn einladen, etw zu tun; ~ **à la réflexion** *événements:* nachdenklich stimmen
II. *vpr* **s'~ à un anniversaire** sich selbst zu einem Geburtstag einladen
invité-surprise, invitée-surprise [ɛ̃vitesyʀpʀiz] <invités-surprise> *m, f* Überraschungsgast *m*
in vitro [invitʀo] *adj, adv inv* im Reagenzglas [durchgeführt], in vitro *(Fachspr.)*
invivable [ɛ̃vivabl] *adj* unerträglich
in vivo [invivo] *adj, adv inv* am [lebenden] Objekt, in vivo *(Fachspr.);* **procéder à une expérience ~** einen Versuch in vivo durchführen
involontaire [ɛ̃vɔlɔ̃tɛʀ] *adj spectateur, témoin* unfreiwillig; *erreur, réflexion* unbeabsichtigt; *mouvement* unwillkürlich
involontairement [ɛ̃vɔlɔ̃tɛʀmɑ̃] *adv* unabsichtlich
invoquer [ɛ̃vɔke] <1> *vt* ❶ *(se servir de)* vorbringen *raison, excuse;* geltend machen *circonstance atténuante;* benutzen *prétexte;* ~ **le prétexte de qc** etw als Vorwand nehmen
❷ *soutenu (implorer)* anrufen *Dieu;* bitten um *aide*
invraisemblable [ɛ̃vʀɛsɑ̃blabl] *adj* ❶ *(qui ne semble pas vrai) histoire, argument* unglaubwürdig
❷ *(incroyable)* unglaublich; *vêtement, couleur* unmöglich
invraisemblance [ɛ̃vʀɛsɑ̃blɑ̃s] *f* Unglaubwürdigkeit *f; (contradiction)* Ungereimtheit *f*
invulnérabilité [ɛ̃vylneʀabilite] *f* Unverwundbarkeit *f*
invulnérable [ɛ̃vylneʀabl] *adj* unverwundbar; ~ **aux attaques** gegen Angriffe gefeit
iode [jɔd] *m* Jod *nt*
iodé(e) [jɔde] *adj eau, air* jodhaltig
iodler *v.* **jodler**
iodure [jɔdyʀ] *m* CHIM Jodid *nt*
ion [jɔ̃] *m* Ion *nt*
ionien(ne) [jɔnjɛ̃, jɛn] *adj* HIST, GEOG ionisch
ionique[1] [jɔnik] *adj* ARCHIT *ordre* ionisch
ionique[2] [jɔnik] *adj* PHYS *charge* ionisierend
ionisant(e) [jɔnizɑ̃, ɑ̃t] *adj* ionisierend
ionisation [jɔnizasjɔ̃] *f* Ionisation *f*
ioniseur [jɔnizœʀ] *m* Ionisator *m*
ionogramme [jɔnogʀam] *m* MED Elektrolythaushalt *m*
ionosphère [jɔnɔsfɛʀ] *f* GEOL Ionosphäre *f kein Pl (Fachspr.)*
iota [jɔta] *m* Jota *nt (geh)*
ipéca [ipeka] *m* PHARM *abr de* **ipécacuana** Ipekakuanha *f,* Brechwurz *f*
IPS [ipɛɛs] *m abr de* **indice de protection solaire** [Licht]schutzfaktor *m*
ipso facto [ipsofakto] *adv* ipso facto *(Fachspr.),* automatisch
Irak [iʀak] *m* **l'~** der Irak; **aller en ~** in den Irak fahren/fliegen; **vivre en ~** im Irak leben
irakien(ne) [iʀakjɛ̃, jɛn] *adj* irakisch
Irakien(ne) [iʀakjɛ̃, jɛn] *m(f)* Iraker(in) *m(f)*
Iran [iʀɑ̃] *m* **l'~** der Iran; **aller en ~** in den Iran fahren/fliegen; **vivre en ~** im Iran leben
iranien(ne) [iʀanjɛ̃, jɛn] *adj* iranisch
Iranien(ne) [iʀanjɛ̃, jɛn] *m(f)* Iraner(in) *m(f)*
Iraq *v.* **Irak**
irascibilité [iʀasibilite] *f littér* Jähzorn *m*
irascible [iʀasibl] *adj* jähzornig

IRC [iɛʀse] *m* INFORM *abr de* **Internet Relay Chat** IRC *m (Fachspr.)*
iridié(e) [iʀidje] *adj* TECH *métal* mit Iridium legiert
iridium [iʀidjɔm] *m* CHIM Iridium *nt*
iris [iʀis] *m* ANAT, BOT Iris *f*
irisation [iʀizasjɔ̃] *f gén pl* Schillern *nt kein Pl*
irisé(e) [iʀize] *adj* schillernd
irlandais(e) [iʀlɑ̃dɛ, ɛz] *adj* irisch
Irlandais(e) [iʀlɑ̃dɛ, ɛz] *m(f)* Ire *m/*Irin *f*
Irlande [iʀlɑ̃d] *f* l'~ Irland *nt;* l'~ **du Nord** Nordirland; **vivre en ~ du Nord** in Nordirland leben; **aller en ~ du Nord** nach Nordirland fahren/fliegen
IRM [iɛʀɛm] *f* MED *abr de* **imagerie par résonance magnétique** [Kernspin]tomographie *f;* ~ **cérébrale** Echoenzephalographie *f*
ironie [iʀɔni] *f* Ironie *f;* **dire qc par** ~ etw ironisch meinen; ~ **du sort** Ironie des Schicksals
ironique [iʀɔnik] *adj* ironisch
ironiquement [iʀɔnikmɑ̃] *adv* ironisch
ironiser [iʀɔnize] <1> *vi* ~ **sur qn/qc** über jdn/etw spötteln, jdn/etw ironisieren *(geh)*
ironman [ajʀɔnman] *m* SPORT Ironman *m*
iroquois [iʀɔkwa] *m (coiffure)* Irokesenschnitt *m*
iroquois(e) [iʀɔkwa, waz] *adj* irokesisch
Iroquois(e) [iʀɔkwa, waz] *m(f)* Irokese *m/*Irokesin *f*
irradiant(e) [iʀadjɑ̃, -ɑ̃t] *adj douleur* ausstrahlend; **être ~(e)** ausstrahlen
irradiation [iʀadjasjɔ̃] *f* ❶ PHYS Bestrahlung *f;* ~ **neutronique** Neutronenstrahlung *f;* ~ **par les rayons X** Röntgenbestrahlung *f;* ~ **aux rayons ultraviolets** Ultraviolettstrahlung *f*
❷ MED *d'une douleur* Ausstrahlen *nt*
irradié(e) [iʀadje] I. *adj* strahlenkrank
II. *m(f)* Strahlenkranke(r) *f(m)*
irradier [iʀadje] <1a> I. *vi douleur:* ausstrahlen; *lumière:* strahlen
II. *vt* ❶ *(traiter)* bestrahlen; **le radium irradie qn/qc** jd/etw wird mit Radium bestrahlt
❷ *(brûler par irradiation)* verstrahlen; **être irradié(e)** verstrahlt werden/sein; **personne irradiée** Strahlenopfer *nt*
irraisonné(e) [iʀɛzɔne] *adj* irrational; *geste* unüberlegt
irrationalisme [iʀasjɔnalism] *m* Irrationalismus *m*
irrationnel [iʀasjɔnɛl] *m* l'~ das Irrationale
irrationnel(le) [iʀasjɔnɛl] *adj* irrational
irrattrapable [iʀatʀapabl] *adj* nicht wiedergutzumachen
irréalisable [iʀealizabl] *adj* nicht realisierbar
irréalisme [iʀealism] *m* mangelnde Wirklichkeitsnähe
irréaliste [iʀealist] *adj* unrealistisch
irréalité [iʀealite] *f* Irrealität *f*
irrecevabilité [iʀəs(ə)vabilite] *f* Unzulässigkeit *f*
irrecevable [iʀəs(ə)vabl] *adj* unzulässig
irréconciliable [iʀekɔ̃siljabl] *adj* unversöhnlich
irrécouvrable [iʀekuvʀabl] *adj* JUR, ECON *dettes, demande d'argent, créance* uneinbringlich
irrécupérable [iʀekypeʀabl] *adj* ❶ *voiture, ferraille* nicht mehr brauchbar; **être ~** *voiture, réfrigérateur:* nicht mehr zu reparieren sein
❷ *(incorrigible) jeunesse* verloren; **un drogué/alcoolique ~** ein Drogenabhängiger/Alkoholiker, dem man nicht helfen kann
irrécusable [iʀekyzabl] *adj juge, témoin* nicht ablehnbar; *témoignage* nicht anfechtbar; *preuve* unwiderlegbar
irréductible [iʀedyktibl] I. *adj* ❶ *ennemi, personne* unbezwingbar; *obstacle* unüberwindbar; *opposition* unnachgiebig; *volonté* eisern
❷ MATH *équation* irreduzibel; **une fraction ~** ein Bruch, der sich nicht weiter kürzen lässt
❸ MED *fracture, hernie* der/die sich nicht einrichten lässt
II. *mf* Unbelehrbare(r) *f(m)*
irréductiblement [iʀedyktiblemɑ̃] *adv* ganz und gar
irréel [iʀeɛl] *m* GRAM Irrealis *m*
irréel(le) [iʀeɛl] *adj* ❶ irreal
❷ GRAM **le mode ~** der Irrealis
irréfléchi(e) [iʀefleʃi] *adj* unüberlegt; *personne* unbesonnen; *(spontané)* spontan
irréflexion [iʀeflɛksjɔ̃] *f* Unüberlegtheit *f;* **faire une erreur d'~** SCOL einen Leichtsinnsfehler [*o* Flüchtigkeitsfehler] machen
irréfutable [iʀefytabl] *adj* unwiderlegbar
irrégularité [iʀegylaʀite] *f* ❶ *(inégalité)* Ungleichmäßigkeit *f;* des traits Unregelmäßigkeit *f; pl d'une surface, d'un terrain* Unebenheit *f*
❷ *(manque de régularité) d'un élève, d'une équipe* schwankende Leistungen *Pl;* l'~ **de ses résultats** seine/ihre schwankenden Leistungen
❸ *gén pl (illégalité)* Unregelmäßigkeit *f; d'une situation* Regelwidrigkeit *f*
❹ GRAM Unregelmäßigkeit *f*
irrégulier, -ière [iʀegylje, -jɛʀ] *adj* ❶ *(inégal)* unregelmäßig; *écriture* ungleichmäßig; *terrain* uneben; **avoir des horaires ~s** keine festen Zeiten haben

❷ *(discontinu) rythme, vitesse* ungleichmäßig; *sommeil* unruhig; *effort, travail* nicht regelmäßig; *(instable) élève, sportif* nicht konstant; *résultats* schwankend
❸ *(illégal) absence, opération, situation* regelwidrig; *procédure* fehlerhaft; **des opérations irrégulières** Unregelmäßigkeiten *Pl*
❹ GRAM *pluriel, verbe* unregelmäßig
irrégulièrement [iʀegyljɛʀmɑ̃] *adv* ❶ *(inégalement)* unregelmäßig
❷ *(illégalement)* **être en France illegal;** *expulser* nicht ordnungsgemäß; *s'absenter* unerlaubt
irréligieux, -euse [iʀeliʒjø, -øz] *adj* irreligiös, ungläubig
irréligiosité [iʀeliʒjozite] *f* Gottlosigkeit *f*
irrémédiable [iʀemedjabl] I. *adj aggravation* unaufhaltsam; *défaite* endgültig; *erreur, défaut* nicht wiedergutzumachen; *mal* unheilbar; *malheur* unabänderlich; *situation* hoffnungslos
II. *m* l'~ das Schlimmste
irrémédiablement [iʀemedjabləmɑ̃] *adv* hoffnungslos
irrémissible [iʀemisibl] *adj (impardonnable)* unverzeihlich; *(irrémédiable)* nicht wiedergutzumachen
irremplaçable [iʀɑ̃plasabl] *adj* unersetzbar; *instant* einzigartig
▶ **nul n'est ~** *prov* jeder Mensch ist ersetzbar
irréparable [iʀepaʀabl] I. *adj objet, machine* nicht mehr zu reparieren; *dommage, erreur* nicht wiedergutzumachen; *perte* unersetzbar
II. *m* l'~ das Schlimmste
irrépréhensible [iʀepʀeɑ̃sibl] *adj* untadelig
irrépressible [iʀepʀesibl] *adj* unbändig
irréprochable [iʀepʀɔʃabl] *adj* einwandfrei; *vie, mère* mustergültig
irrésistible [iʀezistibl] *adj* ❶ unwiderstehlich; *désir* unbändig; *passion* unbezähmbar; *logique* [be]zwingend
❷ *(qui fait rire)* sehr lustig; **être ~** *personne:* urkomisch sein
irrésistiblement [iʀezistibləmɑ̃] *adv attirer, évoquer* unwiderstehlich; *avancer* unaufhaltsam
irrésolu(e) [iʀezɔly] *adj personne, caractère* unentschlossen; *problème, question* ungelöst
irrésolution [iʀezɔlysjɔ̃] *f soutenu* Unentschlossenheit *f*
irrespect [iʀɛspɛ] *m* ~ **envers qn** Respektlosigkeit *f* jdm gegenüber
irrespectueux, -euse [iʀɛspɛktyø, -øz] *adj* respektlos; **être ~(-euse) envers qn** jdm gegenüber respektlos sein; **être ~(-euse) de qc** etw nicht respektieren
irrespirable [iʀɛspiʀabl] *adj* unerträglich; *gaz* irrespirabel *(Fachspr.)*
irresponsabilité [iʀɛspɔ̃sabilite] *f* Verantwortungslosigkeit *f;* JUR Unzurechnungsfähigkeit *f*
irresponsable [iʀɛspɔ̃sabl] I. *adj comportement* unverantwortlich; *personne* verantwortungslos; JUR unzurechnungsfähig
II. *mf* Verantwortungslose(r) *f(m)*
irrétrécissable [iʀetʀesisabl] *adj* **tissu ~ au lavage** Stoff, der beim Waschen nicht einläuft; **ce jean est garanti ~** diese Jeans läuft garantiert nicht ein
irrévérence [iʀeveʀɑ̃s] *f* Respektlosigkeit *f*
irrévérencieux, -euse [iʀeveʀɑ̃sjø, -jøz] *adj littér* respektlos; *remarque, geste* despektierlich *(geh)*
irréversibilité [iʀevɛʀsibilite] *f* Unumkehrbarkeit *f,* Irreversibilität *f (Fachspr.)*
irréversible [iʀevɛʀsibl] I. *adj* nicht rückgängig zu machen; *maladie, processus biologique/chimique* irreversibel *(Fachspr.)*
II. *m* l'~ das Unabänderliche
irrévocable [iʀevɔkabl] *adj jugement, acceptation* unwiderruflich; *décision* endgültig; *volonté* unumstößlich
irrévocablement [iʀevɔkabləmɑ̃] *adv* unwiderruflich
irrigable [iʀigabl] *adj* AGR bewässerbar
irrigation [iʀigasjɔ̃] *f* Bewässerung *f;* **canal d'~** Bewässerungskanal *m*
irriguer [iʀige] <1> *vt* ❶ AGR bewässern
❷ MED mit Blut versorgen; **être irrigué(e)** durchblutet sein/werden
irritabilité [iʀitabilite] *f (coutumière)* Reizbarkeit *f; (momentanée)* Gereiztheit *f*
irritable [iʀitabl] *adj* reizbar; **elle est très ~ aujourd'hui** sie ist heute sehr gereizt
irritant(e) [iʀitɑ̃, ɑ̃t] *adj* ❶ *(agaçant)* nervtötend
❷ MED reizauslösend; **substance ~e** Reizstoff *m*
irritation [iʀitasjɔ̃] *f* ❶ *(énervement)* Gereiztheit *f*
❷ MED Reizung *f;* ~ **cutanée** [*o* **de la peau**] Hautreizung *f;* ~ **de la gorge** Halsentzündung *f*
irrité(e) [iʀite] *adj* ❶ gereizt; **être ~(e) contre qn** verärgert über jdn sein
❷ MED entzündet
irriter [iʀite] <1> I. *vt* ❶ *(énerver)* ~ **qn** jdm auf die Nerven gehen; **je ne voulais pas vous ~** ich wollte Sie nicht verärgern

② MED reizen; **ce produit n'irrite pas la peau** dieses Mittel ist sehr hautfreundlich
③ COM verstimmen *marché*
II. *vpr* ① **s'~ de qc/contre qn** sich über etw/jdn aufregen
② MED **s'~** sich entzünden
irruption [iʀypsjɔ̃] *f d'une personne* plötzliches Auftauchen; *d'une guerre* Ausbruch *m*; **faire ~** *personne:* hereinstürmen; *chose:* hereinbrechen
isabelle [izabɛl] *adj inv* isabellfarbig; **cheval ~** Isabelle *f*
isard [izaʀ] *m* ZOOL Gämse *f (nur in den Pyrenäen vorkommende Art)*
ISBN [iɛsbeɛn] *m abr de* **International Standard Book Number** ISBN *f*
Isengrin *v.* **Ysengrin**
Iseult, Iseut [izø] *f* Isolde *f*
ISF [iɛsɛf] *m abr de* **impôt de solidarité sur la fortune** ≈ Sondersteuer *f (Solidaritätssteuer, die auf das Vermögen ausgerichtet ist)*
islam [islam] *m* Islam *m*; **l'Islam** die islamische Welt
islamique [islamik] *adj* islamisch
islamisation [islamizasjɔ̃] *f* REL Islamisierung *f*
islamiser [islamize] *vt* REL islamisieren
islamisme [islamism] *m* Islamismus *m*
islamiste [islamist] REL I. *adj* islamisch; **militant ~** militanter Islamist *m*
II. *mf* Islamist(in) *m(f)*
islandais [islɑ̃dɛ] *m* l'~ Isländisch *nt*, das Isländische; *v. a.* **allemand**
islandais(e) [islɑ̃dɛ, ɛz] *adj* isländisch
Islandais(e) [islɑ̃dɛ, ɛz] *m(f)* Isländer(in) *m(f)*
Islande [islɑ̃d] *f* l'~ Island *nt*; **aller en ~** nach Island fliegen; **vivre en ~** in Island leben
ISO [izo] *f abr de* **International Standardizing Organization** ISO *f*
isobare [izobaʀ] *f* Isobare *f*
isocèle [izɔsɛl] *adj* gleichschenklig
isohypse [izɔips] *adj* GEOG **|ligne| ~** Isohypse *f (Fachspr.)*
isolable [izɔlabl] *adj* isolierbar
isolant [izɔlɑ̃] *m* Isoliermaterial *nt*; **~ électrique** Isolator *m*; **~ thermique et phonique** wärme- und schalldämmendes Material; **~ d'étanchéité** Abdichtungsmaterial *nt*
isolant(e) [izɔlɑ̃, ɑ̃t] *adj* CONSTR wärme- und schalldämmend; ELEC Isolier-
isolateur [izɔlatœʀ] *m* ELEC Isolator *m*
isolation [izɔlasjɔ̃] *f* Isolierung *f*; **~ électrique** Isolierung *f*; **~ extérieure** Außendämmung *f*; **~ phonique/thermique** Schall-/Wärmedämmung *f*
isolationnisme [izɔlasjɔnism] *m* Isolationismus *m*
isolationniste [izɔlasjɔnist] *adj* isolationistisch
isolé(e) [izɔle] *adj* ① *(éloigné) endroit* abgelegen; *maison, ferme* einsam gelegen, abseitig *(geh)*
② *(seul) personne* isoliert; *maison* alleinstehend; *bâtiment, arbre* frei stehend; **vivre très ~(e)** sehr zurückgezogen leben
③ *(unique)* einzeln; *(rare)* vereinzelt; **ce cas n'est pas ~** dies ist kein Einzelfall
④ CONSTR, ELEC isoliert
isolement [izɔlmɑ̃] *m* ① *(solitude) d'une personne* Einsamkeit *f*; *d'un lieu, d'une maison* Abgeschiedenheit *f*; *d'un détenu, malade* Isolation *f*; **vivre dans un ~ complet** vollkommen zurückgezogen leben
② ELEC, CONSTR Isolierung *f*
③ POL *d'un pays* Isolation *f*
isolément [izɔlemɑ̃] *adv* einzeln; **chaque problème pris ~** jedes Problem für sich genommen
isoler [izɔle] <1> I. *vt* ① *(séparer des autres)* isolieren *malade, prisonnier*; **~ un quartier** *police:* ein Viertel [ab]sperren; **être isolé(e) du reste du monde** *village:* von der restlichen Welt abgeschieden sein
② CONSTR, ELEC **~ qc de l'humidité** etw gegen Feuchtigkeit isolieren; **~ qn de radioactivité** TECH jdn vor Radioaktivität *(Dat)* schützen
③ BIO, CHIM isolieren *virus, bactérie, gène*
④ *(considérer à part)* isoliert betrachten
II. *vi* **~ de qc** *matériau:* gegen etw isolieren
III. *vpr* **s'~ de qn/qc** sich von jdm/etw absondern; **s'~ du monde** sich von der Welt abkehren
isoloir [izɔlwaʀ] *m* Wahlkabine *f*
isomère [izɔmɛʀ] SCI I. *adj* isomer
II. *m* Isomer[e] *nt*; **le diamant est l'~ du charbon** der Diamant ist

ein Isomer der Kohle
isomérie [izɔmeʀi] *f* CHIM Isomerie *f*; **~ nucléaire** Nuklearisomerie *f*
isomorphe [izɔmɔʀf] *adj* CHIM, MATH, LING isomorph
isotherme [izɔtɛʀm] I. *adj* ① **bouteille ~** Thermosflasche® *f*; **camion/sac ~** Kühlwagen *m*/-tasche *f*
② METEO isotherm
II. *f* METEO Isotherme *f*
isotope [izɔtɔp] *m* SCI Isotop *nt*
Israël [isʀaɛl] *m* Israel *nt*; **l'État d'~** der Staat Israel, der israelische Staat
israélien(ne) [isʀaeljɛ̃, jɛn] *adj* israelisch
Israélien(ne) [isʀaeljɛ̃, jɛn] *m(f)* Israeli *mf*
israélite [isʀaelit] I. *adj* israelitisch
II. *mf* Israelit(in) *m(f)*
issu(e) [isy] *adj* ① *(né de)* **~(e) de qc** aus etw stammend; **être ~(e) d'une famille modeste** aus einer einfachen Familie stammen; **être ~(e) de sang royal** königlicher Abstammung sein; **parti ~ du SED** Nachfolgepartei *f* der SED; **États ~s de l'URSS** Nachfolgestaaten *Pl* der UdSSR
② *(résultant de)* **être ~(e) de qc** aus etw entstanden [*o* hervorgegangen] sein
issue [isy] *f* ① *(sortie)* Ausgang *m*; **~ de secours** Notausgang; *d'un bus, train* Notausstieg *m*; **chemin/route/voie sans ~** Sackgasse *f*
② *(solution)* Auswegm; **sans ~** *problème* unlösbar; *situation* ausweglos; *avenir* aussichtslos
③ *(fin)* Ausgang *m*; **avoir une ~ fatale/heureuse** ein fatales/glückliches Ende nehmen; **à l'~ de qc** nach etw
isthme [ism] *m* Landenge *f*
italianisant(e) [italjanizɑ̃, ɑ̃te] *m,f (linguiste)* Italianist(in) *m(f)*
italianiser [italjanize] *vt a.* LING italianisieren
Italie [itali] *f* l'~ Italien *nt*; **l'~ centrale** Mittelitalien; **la plus grande ville d'~ centrale** die größte Stadt in Mittelitalien; **l'~ du Nord** Norditalien; **région de l'~** [*o* d'~] **du Nord** norditalienische Gegend
italien [italjɛ̃] *m* l'~ Italienisch *nt*, das Italienische; **connaissances en ~** Italienischkenntnisse *Pl*; *v. a.* **allemand**
italien(ne) [italjɛ̃, jɛn] *adj* italienisch
Italien(ne) [italjɛ̃, jɛn] *m(f)* Italiener(in) *m(f)*
italique [italik] I. *adj caractère, lettre* kursiv
II. *m* Kursivschrift *f*; **en ~[s]** kursiv, in Kursivschrift
Italo-américain(e) [italoameʀikɛ̃, ɛn] *m,f* Italoamerikaner(in) *m(f)*
item¹ [itɛm] *adv* COM ebenso
item² [itɛm] *m (élément minimal)* Item *nt*
itératif, -ive [iteratif, -iv] *adj* JUR, MATH, GRAM iterativ
itinéraire [itineʀɛʀ] *m* ① Route *f*
② *fig* Werdegang *m*; **~ biographique** Lebensweg *m*
◆ **~ de délestage** Umleitung *f*
itinérant(e) [itineʀɑ̃, ɑ̃t] I. *adj* Wander-; **théâtre ~** Wanderbühne *f*
II. *m(f)* CAN *(S.D.F)* Obdachlose(r) *f(m)*
I.U.F.M. [iyɛfɛm] *m abr de* **institut universitaire de formation des maîtres** ≈ PH *f*
I.U.T. [iyte] *m abr de* **institut universitaire de technologie** ≈ TH *f*
I.V.G. [iveʒe] *f abr de* **interruption volontaire de grossesse** Schwangerschaftsabbruch *m*
ivoire [ivwaʀ] *m* ① Elfenbein *nt*; **en ~, d'~** aus Elfenbein
② ANAT Zahnbein *nt*
ivoirien(ne) [ivwaʀjɛ̃, jɛn] *adj* der Elfenbeinküste; **l'économie ~ne** die Wirtschaft der Elfenbeinküste
Ivoirien(ne) [ivwaʀjɛ̃, jɛn] *m(f)* Staatsangehörige(r) *f(m)* der Elfenbeinküste
ivraie [ivʀɛ] *f* BOT Kornrade *f*
◆ **séparer le bon grain de l'~** die Spreu vom Weizen trennen
ivre [ivʀ] *adj* ① betrunken; **légèrement ~** angetrunken; **~ mort(e)** völlig betrunken
② *fig* **~ de fatigue** schlaftrunken; **~ de sang** blutrünstig; **~ de colère/vengeance** blind vor Wut/Rache
ivresse [ivʀɛs] *f* ① **~ au volant** Trunkenheit *f* am Steuer; **en état d'~** in betrunkenem Zustand
② *(exaltation)* Taumel *m*, Rausch *m*; **~ amoureuse** Liebesrausch; **état d'~** rauschhafter Zustand; **~ de la victoire** Siegestaumel; **dans l'~ du succès** im Erfolgsrausch
ivrogne [ivʀɔɲ] *mf* Säufer(in) *m(f) (pej)*
ivrognerie [ivʀɔɲʀi] *f* Trunksucht *f*
ivrognesse [ivʀɔɲɛs] *f pop* Säuferin *f (vulg)*
ixième [ˈiksjɛm] *adj* zigfach, zigmal; **faire qc pour la ~ fois** etw zum x-ten Mal tun

J j

J, j [ʒi] *m inv* J *nt*/j *nt*
jabot [ʒabo] *m* ❶ ORN Kropf *m*
  ❷ COUT Jabot *nt*
jacassement [ʒakasmã] *m* ❶ *d'une pie* Geschrei *nt*
  ❷ *(bavardage) des élèves* Geschrei *nt,* Gequatsche *nt (fam)*
jacasser [ʒakase] <1> *vi* ❶ *pie:* schreien
  ❷ *(parler)* schnattern *(fam)*
jachère [ʒaʃɛʀ] *f* AGR *(procédé)* Brachlegen *nt; (terre)* Brachland *nt;* **laisser une terre en ~** ein Feld brachliegen lassen; **programme de mise en ~** Flächenstilllegungsprogramm *nt*
jacinthe [ʒasɛ̃t] *f* Hyazinthe *f*
jack [(d)ʒak] *m* Buchse *f*
jackpot [dʒakpɔt] *m* Jackpot *m;* **gagner le ~** den Jackpot knacken *(fam)*
jacobin(e) [ʒakɔbɛ̃, in] *adj* POL zentralistisch
Jacobin(e) [ʒakɔbɛ̃, in] *m(f)* HIST Jakobiner(in) *m(f)*
jacquard [ʒakaʀ] I. *m* Jacquard *m*
  II. *app inv pull, tissu* Jacquard-
jacquerie [ʒakʀi] *f* Bauernaufstand *m*
Jacques [ʒak] *m* ❶ Jakob *m*
  ❷ REL Jakobus *m*
jacter [ʒakte] <1> *vi fam* quasseln *(fam)*
jacuzzi® [ʒakyzi] *m* Whirlpool® *m,* Jacuzzi® *m*
jade [ʒad] *m* Jade *m o f;* **en/de ~** aus Jade; **des yeux couleur ~** jadegrüne Augen
jadis [ʒadis] *adv* früher
jaguar [ʒagwaʀ] *m* Jaguar *m*
jaillir [ʒajiʀ] <8> *vi* ❶ emporschießen; *liquide, vapeur:* herausströmen, herausquellen; *sang, larmes:* hervorquellen; *flammes:* emporschlagen; *éclair:* aufleuchten; **~ d'un tuyau** *eau:* aus einem Rohr herausschießen; **~ d'une fontaine** *eau:* aus einem Springbrunnen emporschießen; **~ dans qc** *eau:* in etw *(Akk)* hineinschießen; **les éclairs jaillissent dans le ciel** die Blitze zucken über den Himmel
  ❷ *(fuser)* **~ de toutes parts** *rires:* von allen Seiten erschallen
  ❸ *(surgir) personnes, foule:* herausströmen, herausquellen; **~ de qc** *personne, ombre:* plötzlich aus etw auftauchen
  ❹ *(se manifester)* **~ de qc** *vérité:* aus etw hervorbrechen; **~ dans qc** *solution, idée:* in etw *(Dat)* aufblitzen
jaillissement [ʒajismã] *m de liquide, pétrole* Hochschießen *nt; de sang, larmes* Hervorquellen *nt; de flammes* Emporschlagen *nt*
jais [ʒɛ] *m* MINER Gagat *m,* Jett [*o* Jet] *m o nt (Fachspr.);* **des bijoux en ~** Schmuck *m* aus Gagat
  ▶ **noir(e) comme du ~** kohlrabenschwarz; **de ~** tiefschwarz
jalon [ʒalɔ̃] *m* ❶ *(piquet)* Pflock *m*
  ❷ *souvent pl (repère)* Schritt *m;* **poser les ~s de qc** den Grundstein für etw legen
jalonnement [ʒalɔnmã] *m* Abstecken *nt*
jalonner [ʒalɔne] <1> *vt* ❶ *(tracer)* abstecken *itinéraire, terrain*
  ❷ *(border) balises, piquets:* markieren; **~ la route** *arbustes:* die Straße säumen
  ❸ *(se présenter tout au long) échecs, succès:* prägen
jalousement [ʒaluzmã] *adv* ❶ *(avec envie)* neidisch
  ❷ *(soigneusement)* sorgsam
jalouser [ʒaluze] <1> I. *vt* neidisch sein auf (+ *Akk*)
  II. *vpr* **se ~** neidisch aufeinander sein
jalousie¹ [ʒaluzi] *f* ❶ *(en amour, amitié)* Eifersucht *f;* **être d'une ~ maladive** krankhaft eifersüchtig sein
  ❷ *(envie)* **professionnelle** Konkurrenzneid *m;* **crever de ~** *fam* vor Neid *(Dat)* platzen *(fam)*
  ❸ *pl (mesquineries)* Eifersüchteleien *Pl*
jalousie² [ʒaluzi] *f (volet)* Jalousie *f*
jaloux, jalouse [ʒalu, uz] I. *adj* ❶ *(possessif en amour, amitié)* eifersüchtig; **~ de qn** eifersüchtig auf jdn; **elle n'est plus jalouse de son mari** ihr Mann weckt in ihr keine Eifersuchtsgefühle mehr
  ❷ *(envieux)* neidisch; **~ de qn/qc** neidisch auf jdn/etw
  ❸ *(très attaché)* **être ~ (jalouse) de sa réputation/son indépendance** sorgsam auf seinen Ruf/seine Unabhängigkeit bedacht sein
  II. *m, f* ❶ *(en amour, amitié)* Eifersüchtige(r) *f(m)*
  ❷ *(envieux)* Neider(in) *m(f);* **faire des ~ (être envié)** Neid erregen; **comme ça, il n'y a/aura pas de ~!** so gibt es wenigstens keine Streitigkeiten!
jamaïcain(e), jamaïquain(e) [ʒamaikɛ̃, ɛn] *adj* jamaikanisch
Jamaïquain(e) [ʒamaikɛ̃, ɛn] *m(f)* Jamaikaner(in) *m(f)*
Jamaïque [ʒamaik] *f* **la ~** Jamaika *f;* **aller en ~** nach Jamaika fahren/fliegen; **vivre en ~** auf Jamaika leben
jamais [ʒamɛ] *adv* ❶ **ne ... jamais** *(à aucun moment du passé)* [noch] nie, [noch] niemals; *(à aucun moment du futur)* nie, niemals; **je ne l'ai ~ vue** ich habe sie noch nie gesehen; **je n'ai ~ vu quelqu'un d'aussi égoïste** ich bin noch nie jemandem begegnet, der so egoistisch ist; **changerez-vous d'idée? – Jamais!** werden Sie Ihre Ansicht ändern? – Niemals!; **ne ~ plus, ne plus ~** nie wieder, nie mehr; **~ plus** *fam,* **plus ~** *fam* nie mehr; **plus ~** [*o* **jamais plus**] **je ne lui adresserai la parole** ich werde nie wieder mit ihm/ihr reden
  ❷ *un jour passé ou futur* je[mals]; **le plus beau film que j'ai ~ vu** der schönste Film, den ich je gesehen habe; **si ~ elle te donne de l'argent** wenn sie dir je[mals] Geld gibt
  ❸ *(seulement)* **ne ... que** nur, lediglich; **je n'ai ~ reçu que cent euros pour ce travail** für diese Arbeit habe ich nur hundert Euro bekommen; **ça ne fait ~ que deux heures qu'il est parti** er ist [doch] erst vor zwei Stunden gegangen
  ❹ *(dans une comparaison)* **pire/meilleur(e) que ~** schlimmer/besser als je zuvor
  ▶ **on ne sait ~!** man kann nie wissen!; **à [tout] ~ soutenu** für immer
jambage [ʒãbaʒ] *m* ❶ *d'une porte, d'une cheminée* Pfosten *m,* Träger *m*
  ❷ *d'une lettre alphabétique* Fuß *m*
jambe [ʒãb] *f* Bein *nt; (de pantalon)* [Hosen]bein; **~ articulée** [*o* **artificielle**] [Bein]prothese *f;* **~s arquées** Dackelbeine *Pl (hum fam);* **elle était là, les ~s croisées** sie saß mit übereinandergeschlagenen Beinen da; **se dégourdir** [*o* **se dérouiller**] **les ~s** sich *(Dat)* die Beine vertreten; **ne plus tenir sur ses ~s** sich nicht mehr auf den Beinen halten können; **tirer** [*o* **traîner**] **la ~** das Bein nachziehen
  ▶ **avoir des ~s de vingt ans** noch gut zu Fuß sein; **prendre ses ~s à son cou** die Beine unter die Arme nehmen; **ça me fait une belle ~!** *iron fam* was nützt mir das schon?; **avoir dix kilomètres dans les ~s** zehn Kilometer gelaufen sein; **ne plus avoir de ~s** *fam* kaum noch laufen können; **il est encore/toujours dans mes ~s** ich habe ihn wieder/dauernd zwischen den Füßen *(fam);* **tenir la ~ à qn** *fam* jdn aufhalten; **à toutes ~s** Hals über Kopf *(fam);* **faire/traiter qc par-dessus la ~** etw auf die Schnelle erledigen/abhandeln *(fam);* **traiter qn par-dessus la ~** jdn kaum Beachtung schenken
  ◆ **~ de bois** Holzbein *nt*
jambière [ʒãbjɛʀ] *f* Beinschutz *m*
jambon [ʒãbɔ̃] *m* Schinken *m;* **sandwich au ~** Schinkensandwich *m;* **~ à l'os** Knochenschinken; **~ de Parme** Parmaschinken; **~ de Paris** gekochter Schinken
jambonneau [ʒãbɔno] <x> *m* Eisbein *nt*
jam-session [dʒamsɛsjɔ̃] <~-~s> *f* MUS Jamsession *f*
jante [ʒãt] *f* Felge *f;* **~ en alliage** Leichtmetallfelge; **taille de ~** Felgengröße *f*
janvier [ʒãvje] *m* Januar *m,* Jänner *m* (A); *v. a.* **août**
Japon [ʒapɔ̃] *m* **le ~** Japan *nt*
japon [ʒapɔ̃] *m* [*papier*] japon Japanpapier *nt*
japonais [ʒapɔnɛ] *m* **le ~** Japanisch *nt,* das Japanische; *v. a.* **allemand**
japonais(e) [ʒapɔnɛ, ɛz] *adj* japanisch
Japonais(e) [ʒapɔnɛ, ɛz] *m(f)* Japaner(in) *m(f)*
jappement [ʒapmã] *m* Kläffen *nt kein Pl*
japper [ʒape] <1> *vi chien:* kläffen, belfern *(pej fam); chacal:* heulen
jaquette [ʒakɛt] *f* ❶ *d'un livre* [Schutz]umschlag *m*
  ❷ COUT *(pour homme)* Cut *m; vieilli (pour femme)* Jacke *f*
  ❸ MED Jacketkrone *f*
jardin [ʒaʀdɛ̃] *m* ❶ Garten *m;* **~ de fleurs** Blumengarten; **~ ouvrier** Schrebergarten, Kleingarten; **~s ouvriers** *(en tant qu'ensemble)* Kleingartenanlage *f,* Schrebergartenkolonie *f;* **~ potager** Gemüsegarten; **table de ~** Gartentisch *m;* **faire le/son ~** sich um den/seinen Garten kümmern
  ❷ *(parc)* **~ public** Park *m,* Stadtgarten *m;* **~ botanique/zoologique** botanischer/zoologischer Garten; **~ à l'anglaise/à la française** englischer/französischer Garten; **~ ornemental** [*o* **d'ornement**] Gartenanlage *f*
  ▶ **~ secret** tiefstes Innere(s) *nt*
  ◆ **~ d'enfants** Kindergarten; **~ d'hiver** Wintergarten *m*
jardinage [ʒaʀdinaʒ] *m* Gartenarbeit *f;* **faire du ~** im Garten arbeiten; **amateur de ~** Gartenfreund(in) *m(f);* **centre [commercial] de ~** Gartencenter *nt*
jardiner [ʒaʀdine] <1> *vi* im Garten arbeiten
jardinerie [ʒaʀdinʀi] *f (rayon)* Gartenzubehör *nt; (magasin)* Gartencenter *nt*
jardinet [ʒaʀdinɛ] *m* Gärtchen *nt*

jardinier [ʒaʀdinje] m Gärtner m
jardinier, -ière [ʒaʀdinje, -jɛʀ] adj plante Garten-
jardinière [ʒaʀdinjɛʀ] f ❶ Gärtner f
❷ GASTR ~ |de légumes| Gemüseallerlei nt
❸ (bac à plantes) Blumenkasten m; ~ de balcon Balkonkasten m
♦ ~ d'enfants Kindergärtnerin f
jargon [ʒaʀgɔ̃] m péj ❶ (charabia) Kauderwelsch nt
❷ (langue technique) Jargon m; ~ médical/politique Mediziner-/Politikerjargon; ~ des cuisiniers Küchenlatein nt
❸ (langue technique incompréhensible) Fachchinesisch nt (pej)
jarre [ʒaʀ] f Tonkrug m
jarret [ʒaʀɛ] m (chez l'homme) Kniekehle f; (chez l'animal) Sprunggelenk nt; ~ de veau Kalbshachse f, Kalbsstelze f (A)
jarretelle [ʒaʀtɛl] f Straps m
jarretière [ʒaʀtjɛʀ] f Strumpfband nt
jars [ʒaʀ] m Gänserich m
jaser [ʒaze] <1> vi ~ sur qn/qc über jdn/etw klatschen; faire ~ qn chose: bei jdm zu Gerede führen; ça jase fam es wird geklatscht
jasmin [ʒasmɛ̃] m Jasmin m
jaspe [ʒasp] m ❶ (minéral) Jaspis m
❷ (objet d'art) Schmuckstück aus Jaspis
jaspé(e) [ʒaspe] adj jaspisähnlich
jatte [ʒat] f DIAL Schale f
jauge [ʒoʒ] f ~ |d'essence| Benzinuhr f; ~ de carburant Kraftstoffanzeige f; ~ |de niveau| d'huile Ölstandanzeiger m
jauger [ʒoʒe] <2a> vt ❶ TECH messen
❷ (apprécier) einschätzen
❸ NAUT (contenir) ~ mille tonneaux einen Tonnengehalt von tausend Registertonnen haben
jaunâtre [ʒonɑtʀ] adj gelblich
jaune [ʒon] I. adj gelb; ~ d'or inv goldgelb; ~ paille inv strohgelb; ~ tendre/cru inv zart-/grellgelb; ~ serin inv kanariengelb; ~ flashant inv fam knallgelb (fam)
II. adv ▸ rire ~ gezwungen lachen
III. m, m ❶ Gelb nt; le ~ est ma couleur préférée Gelb ist meine Lieblingsfarbe; ~ pâle/foncé Blass-/Dunkelgelb; ~ citron/paille Zitronen-/Strohgelb; en ~ habillé, peint gelb; peindre qc en ~ cru etw grellgelb streichen; tirer sur le ~ gelbstichig sein; illustration qui tire sur le ~ gelbstichige Abbildung
❷ (partie d'un œuf) ~ |d'œuf| Eigelb nt
❸ (Asiatique) Asiat m
❹ péj (briseur de grève) Streikbrecher m
jaune³ [ʒon] f ❶ (Asiatique) Asiatin f
❷ péj (briseuse de grève) Streikbrecherin f
jaunir [ʒoniʀ] <8> I. vi gelb werden; papier, rideaux: vergilben
II. vt lumière, soleil: vergilben; nicotine: gelb färben
jaunisse [ʒonis] f Gelbsucht f
▸ en faire une ~ fam sich grün und blau ärgern (fam)
jaunissement [ʒonismɑ̃] m Gelbwerden nt; de rideaux, d'un papier Vergilben nt
java [ʒava] f für den „bal musette" typischer Tanz
▸ faire la ~ fam einen draufmachen (fam)
Java [ʒava] m INFORM Java nt; un programme écrit en ~ ein in Java geschriebenes Programm
javanais(e) [ʒavanɛ, ɛz] adj javanisch
Javanais(e) [ʒavanɛ, ɛz] m(f) Javaner(in) m(f)
javel [ʒavɛl] f sans el Chlorbleiche f
javelliser [ʒavelize] <1> vt mit Eau de Javel desinfizieren; être javellisé(e) sol: mit Chlorwasser gereinigt werden/sein
javelot [ʒavlo] m Speer m
jazz [dʒaz] m Jazz m; |musique de| ~ Jazzmusik f; musicien(ne) de ~ Jazzmusiker(in) m(f), Jazzer(in) m(f); fan/concert de ~ Jazzfan m/-konzert nt; jouer du ~ jazzen
jazzman [dʒazman, -mɛn] <-s o -men> m Jazzmusiker m, Jazzer m
jazzwoman [dʒazwɔman, pl -wɔman, -wɔmɛn] <-s o -women> f Jazzmusikerin f, Jazzerin f
je [ʒə, ʒ] <j'> I. pron pers ich; moi, ~ m'appelle Jean ich heiße Jean; que vois-~? was sehe ich [da]?
II. m sans pl LING Ichform f
❷ (ego) Ich nt
jean [dʒin] m ❶ (tissu) Jeansstoff m; chemise/jupe/ensemble en ~ Jeanshemd nt/-rock m/-anzug m; sièges de voiture recouverts de ~ mit Jeansstoff bezogene Autositze Pl
❷ sing o pl (pantalon) Jeans Pl
II. adj une chemise couleur ~ ein jeansfarbenes Hemd
Jean [ʒɑ̃] m ❶ Hans m, Johannes m
❷ HIST ~ sans peur Johann ohne Furcht
❸ REL ~ l'Évangéliste Johannes der Evangelist
Jean-Baptiste [ʒɑ̃batist(ə)] m ❶ Johann Baptist m
❷ REL Johannes der Täufer
jean-foutre [ʒɑ̃futʀ] m inv fam Taugenichts m
Jeanne [ʒa:n(ə)] f ❶ Johanna f, Hanna f, Hanne f
❷ HIST ~ d'Arc die heilige Johanna

jeannette [ʒanɛt] f Ärmel[bügel]brett nt
jeep® [dʒip] f Jeep® m; ~ lunaire Mondauto nt
je-m'en-foutisme [ʒ(ə)mɑ̃futism] m sans pl fam Wurstigkeit f (fam), Null-Bock-Einstellung f (fam); (sans souci du lendemain) Nach-mir-die-Sintflut-Haltung f (fam) **je-m'en-foutiste** [ʒ(ə)mɑ̃futist] <je-m'en-foutistes> fam I. adj elle est plutôt ~ ihr ist alles wurscht [o piepegal] (fam) II. mf c'est une génération de ~s das ist eine Generation, der alles egal ist (fam)
je-ne-sais-quoi [ʒən(ə)sɛkwa] m inv un ~ ein Ich-weiß-nicht-was nt; elle a un ~ sie hat das gewisse Etwas
jérémiade [ʒeʀemjad] f souvent pl fam Gejammer nt kein Pl (fam)
jerk [dʒɛʀk] m sans pl Jerk m
jerrican[e], jerrycan [(d)ʒeʀikan] m Benzinkanister m
jersey [ʒɛʀze] m ❶ (tissu) Jersey m; ~ de laine/soie Woll-/Seidenjersey
❷ (tricot) Jersey nt; être tricoté(e) en ~ endroit glatt rechts gestrickt sein
Jersey [ʒɛʀze] l'île de ~ die Insel Jersey
jésuite [ʒezɥit] I. adj jesuitisch; père ~ Jesuitenpater m
II. m REL Jesuit m; collège de ~s Jesuitenschule f
jésuitique [ʒezɥitik] adj péj jesuitisch (pej); morale ~ Jesuitenmoral f (pej)
jésus [ʒezy] m ❶ (statue) Jesus m
❷ (comme enfant) Jesuskind nt
❸ (enfant sage) Engel m; mon petit ~ mein Engelchen
Jésus [ʒezy] m REL Jesus m
▸ doux ~! [mein] Gott!, du liebe Zeit! (fam)
Jésus-Christ [ʒezykʀi] m Jesus Christus m; la naissance de ~ die Geburt Jesu Christi; après/avant ~ nach/vor Christus [o Christi Geburt]
jet¹ [ʒɛ] m ❶ d'un tuyau Düse f; ~ dentaire Munddusche f
❷ (action) Werfen nt; d'un filet Auswerfen
❸ (résultat) Wurf m; d'une bombe Abwerfen, Abwurf; le passant a reçu un ~ de gravillons der Passant bekam eine Ladung Splitt ab
❹ (distance parcourue) Wurf m; un ~ de cent mètres ein Hundertmeterwurf; à un ~ de pierre [nur] einen Steinwurf [o Katzensprung fam] entfernt
❺ (jaillissement) Strahl m; ~ de vapeur Dampfstrahl
❻ METAL [Ab]guss m; d'un seul ~ aus einem Guss
❼ BOT (nouvelle pousse) Trieb m, Sproß m
❽ (tige) Zweig m
▸ à ~ continu ununterbrochen, unaufhörlich; le premier ~ der Rohentwurf, die Rohfassung; (en parlant d'un manuscrit) das Rohmanuskript; (en parlant d'une traduction ou version) die Rohübersetzung; du premier ~ auf Anhieb, beim ersten Versuch; écrire/traduire d'un [seul] ~ in einem Zug[e] schreiben/übersetzen
♦ ~ d'eau |Wasser|fontäne f
jet² [dʒɛt] m AVIAT Jet m, Düsen[verkehrs]flugzeug nt
jetable [ʒ(ə)tabl] adj Wegwerf-, Einweg-; bouteille ~ Einwegflasche f, Ex-und-hopp-Flasche (pej fam)
jeté [ʒ(ə)te] m ❶ (action) Werfen nt
❷ (résultat) Wurf m
❸ (au tricot) [Maschen]umschlag m; faire des ~s Maschen aufnehmen
❹ (pas de danse) Jeté nt
♦ ~ de canapé Couchdecke f; ~ de lit Bettüberwurf m; ~ de table Tischläufer m
jetée [ʒ(ə)te] f |Hafen|mole f
jeter [ʒ(ə)te] <3> I. vt ❶ (lancer) werfen; ~ une pièce dans une fontaine eine Münze in einen Brunnen [hinein]werfen; ~ un mégot par terre fam eine Zigarettenkippe wegschnippen (fam)
❷ (lancer avec force) schleudern; ~ les dés würfeln
❸ (envoyer pour donner) ~ un ballon à qn jdm einen Ball zuwerfen; ~ qc à un animal einem Tier etw [zum Fraß] vorwerfen
❹ (projeter) ~ le vase contre le mur die Vase gegen [o an] die Wand schleudern; ~ qc à son copain mit etw nach seinem Kumpel werfen; ~ qn/qc sur la côte tempête, mer: jdn/etw an Land spülen
❺ (laisser tomber) fallen lassen pistolet: auswerfen sonde, grappin; auslegen bouée; ~ l'ancre den Anker [aus]werfen, vor Anker gehen, ankern; ~ ses cartes die Karten hinwerfen, aufhören zu spielen
❻ (se débarrasser de) wegwerfen épluchures, vieux journaux; weggießen, wegschütten, wegkippen aussi outien liquide; abwerfen lest; être bon(ne) à ~ voiture: schrottreif sein; objet: reif für die Mülltonne sein; ~ qc par terre etw auf den Boden werfen; ~ un liquide par terre eine Flüssigkeit verschütten [o vergießen]
❼ fam (vider) hinauswerfen, hinausschmeißen (fam) importun; feuern (fam), hinausschmeißen (fam) employé; ~ qn sur le pavé [o dans la rue] jdn vor die Tür [o auf die Straße] setzen
❽ (pousser) ~ qc dans l'escalier etw die Treppe herunterstoßen; ~ qn à terre/dans la rivière jdn zu Boden/in den Fluss werfen; ~ qn en prison jdn ins Gefängnis werfen

⑨ *(mettre rapidement)* werfen; **~ qc sur ses épaules** sich *(Dat)* etw überwerfen
⑩ *(mettre en place)* schlagen *pont de fortune;* NAUT ausfahren *passerelle;* **~ les bases/fondements de qc** den Grundstein zu etw legen
⑪ *(émettre)* sprühen *étincelles;* **~ des feux** blitzen; **~ un vif éclat** glänzen; **~ des reflets dorés** golden schimmern
⑫ *(répandre)* stiften *trouble, discorde;* verbreiten, stiften *désordre, terreur;* **~ le trouble dans les esprits** die Geister verwirren; **~ la panique au sein d'un groupe** eine Gruppe von Menschen in Panik versetzen; **~ la faute sur qn** jdm [die] Schuld geben, die Schuld auf jdn abwälzen; **~ le discrédit sur qn** jdn in Verruf [*o* Misskredit] bringen; **~ la honte sur qn** jdm Schande machen
⑬ *(plonger)* **~ qn dans l'embarras/la confusion** jdn in große Verlegenheit/Verwirrung bringen; **~ qn dans l'angoisse** jdn in Panik versetzen; **~ qn dans la stupeur/perplexité** jdn tief betroffen/völlig ratlos machen; **~ qn dans les dettes/le désespoir** jdn in Schulden/tiefe Verzweiflung stürzen
⑭ *(dire)* ausstoßen *cris;* fallen lassen *remarque;* **~ des insultes à qn** jdm Beleidigungen an den Kopf werfen; **~ des menaces à qn** jdm drohen
⑮ *(bouger)* werfen *tête, poings*
▶ **~ un regard/[coup d']œil à qn** jdm einen Blick zuwerfen, ein Auge auf jdn werfen; *(pour surveiller)* einen Blick auf jdn werfen, ein Auge auf jdn haben; **en ~** *fam* was hermachen *(fam);* **n'en jetez plus [la cour est pleine]** *fam* hören Sie auf damit, lassen Sie das [sein] [*o* es gut sein]
II. *vpr* ❶ **se ~ de côté** beiseitespringen, zur [*o* auf die] Seite; **se ~ en arrière** zurückspringen; **se ~ à genoux/à plat ventre** sich auf die Knie/flach hinwerfen; **se ~ au cou de qn** jdm um den Hals fallen; **se ~ aux pieds de qn** sich jdm zu Füßen werfen, sich vor jdm niederwerfen; **se ~ dans les bras de qn** sich jdm in die Arme werfen; **se ~ sur qn/la nourriture** sich auf jdn/das Essen stürzen, über jdn/das Essen herfallen; **se ~ sur un lit** sich auf ein Bett werfen [*o* fallen lassen]; **se ~ sous les roues d'une voiture/d'un train** sich vor ein Auto/einen Zug werfen; **se ~ d'un pont/par la fenêtre/dans le précipice** sich von einer Brücke/aus dem Fenster/in den Abgrund stürzen; **se ~ à l'eau** ins Wasser gehen, sich ertränken; **la voiture s'est jetée contre un arbre** der Wagen prallte gegen einen Baum
❷ *(s'engager)* **se ~ à l'assaut de qn** jdn stürmen; **se ~ dans une entreprise/aventure** sich in ein Unternehmen/Abenteuer stürzen; **se ~ dans la politique/les affaires** in die Politik/das Geschäft einsteigen; **se ~ dans de grands discours** sich in großen Reden ergehen
❸ *(déboucher dans)* **se ~ dans qc** in etw *(Akk)* münden
❹ *(être jetable)* **se ~** weggeworfen werden
❺ *(s'envoyer)* **se ~ des injures à la figure** sich *(Dat)* Beleidigungen an den Kopf werfen

jeteur, -euse [ʒ(ə)tœʀ, -øz] *m, f* ◆ **~(-euse) de sort** *jd,* der den bösen Blick hat

jeton [ʒ(ə)tɔ̃] *m* ❶ JEUX Jeton *m,* Spielmarke *f,* Spielmünze *f*
❷ *(plaque à la roulette)* Chip *m*
❸ TELEC Jeton *m,* Telefonmarke *f*
▶ **faux ~** *fam* falscher Fuffziger *(fam);* **vieux ~** *fam* alter Trottel *(fam);* **avoir les ~s** *fam* Manschetten [*o* Muffe] haben *(fam);* **donner** [*o* **ficher**] **les ~s à qn** *fam* jdm Angst machen, jdn ins Bockshorn jagen *(fam)*
◆ **~ de présence** Sitzungsgeld *nt,* Tagegeld *nt,* Anwesenheitsvergütung *f*

jet-stream [dʒɛtstʀim] <~-~s> *m* METEO Jetstream *m*

jeu [ʒø] <x> *m* ❶ *(fait de s'amuser)* Spielen *nt,* Spiel *nt;* **par ~** zum [*o* aus] Spaß
❷ *(jeu avec règles)* Spiel *nt;* **~ de dames/de dés** Dame-/Würfelspiel; **jouer le ~** sich an die Spielregeln halten; **~ collectif** Mannschaftsspiel; **~ éducatif** Lernspiel; **~ radiophonique/télévisé** Quizsendung *f* [*o* Ratespiel] im Rundfunk/Fernsehen; **c'est pas du ~!** *fam* das ist unfair!
❸ *(matériel, cartes, boîte)* Spiel *nt;* **~ de badminton** Federballspiel; **~ de cartes** Kartenspiel; **~ de construction** Baukasten *m*
❹ *(partie)* Spiel *nt,* Partie *f;* **on fait encore un ~?** spielen wir noch eine Runde [*o* Partie]?; **qui mène le ~?** wer führt?; **faire le ~** das Spiel machen; **avoir du ~/un beau ~** gute Karten haben
❺ *(manière de jouer)* Spiel *nt;* **~ collectif** *de sportifs, musiciens* Zusammenspiel; **~ offensif** Offensivspiel; **avoir un ~ défensif** defensiv spielen
❻ *(lieu du jeu)* **~ de boules** Bouleplatz *m;* **~ de quilles** Kegelbahn *f;* **terrain de ~x** Spielplatz *m;* SPORT Spielfeld *nt;* **le ballon est hors ~** der Ball ist im Aus; **remettre le ballon en ~** den Ball einwerfen; **mettre qn hors ~** jdn vom Platz stellen
❼ *(jeu d'argent)* **avoir la passion du ~** ein Spieler/eine Spielerin sein; **faites vos ~x!** machen Sie Ihr Spiel!; **se ruiner au ~** sein ganzes Vermögen verspielen
❽ TECH Spiel *nt;* **avoir du ~** [zu viel] Spiel haben; **le ~ de la pédale d'embrayage/de la soupape** das Kupplungs-/Ventilspiel; **le libre ~ des articulations** die uneingeschränkte Beweglichkeit der Gelenke
❾ *(série)* **~ d'aiguilles** Satz *m* Stricknadeln; **~ d'avirons** Ruderwerk *nt;* **~ de clés** Satz *m* Schlüssel; **~ de voiles** Stell *nt* Segel; **un ~ d'épreuves d'imprimerie** ein Satz Druckfahnen
❿ *(interaction)* **~ des alliances/institutions** Zusammenspiel *nt* von Bündnissen/Institutionen; **~ de l'offre et de la demande** Gesetz *nt* von Angebot und Nachfrage
⓫ *(manège) du destin, de la vie* Spiel *nt;* **~ de l'amour** Liebesspiel
⓬ *(habileté)* **jouer double ~** ein doppeltes Spiel spielen; **ce petit ~** das Spielchen; **continue ce petit ~ et tu verras** mach nur so weiter, und du wirst schon sehen
⓭ *(action facile)* **c'est un ~ d'enfant** das ist [doch] ein Kinderspiel [*o* kinderleicht]; **c'est un ~ pour elle** [*o* **elle se fait un ~**] **de faire qc** für sie ist es ein Kinderspiel [*o* ein Leichtes] etw zu tun; **avoir beau ~** leichtes Spiel haben; **tu as beau ~ de critiquer** du hast es leicht kritisieren
▶ **heureux au ~, malheureux en** *amour prov* Glück im Spiel, Pech in der Liebe; **le ~ ne** [*o* **n'en**] **vaut pas la chandelle** *prov* das ist nicht der Mühe wert, es lohnt sich nicht; **les forces [mises] en ~** die betroffenen Kräfte; **~[x] de main[s], ~[x] de vilain[s]** *prov* das Spiel wird noch böse enden; **jouer franc ~** mit offenen Karten spielen; **jouer le grand ~** alle Register ziehen; **jouer gros ~** *(miser beaucoup d'argent)* hoch [*o* mit hohem Einsatz] spielen; *(risquer gros)* viel riskieren; **se prendre à son propre ~** in die eigene Falle gehen; **être** [*o* **faire**] **vieux ~** altmodisch [*o* von gestern *fam*] sein; **[bien] cacher son ~** sich *(Dat)* nicht in die Karten sehen lassen; **dévoiler** [*o* **abattre**] **son ~** die [*o* seine] Karten aufdecken [*o* offen auf den Tisch legen]; **entrer dans le ~ de qn** jds Spiel mitspielen; **je ne veux pas entrer dans ton ~** lass mich aus dem Spiel; **entrer en ~** les facteurs qui entrent en **~** die Faktoren, die eine Rolle spielen; die relevanten Faktoren *(geh);* **entrer en ~ dans une affaire** in einer Angelegenheit eine Rolle spielen; **qn entre en ~** jd tritt in Erscheinung [*o* kommt ins Spiel]; **être [mis(e)] en ~** auf dem Spiel stehen; **faire le ~ de qn** jdm in die Hände arbeiten, [ungewollt] jds Interessen *(Dat)* dienen; **les ~x sont faits** *(les dés sont jetés)* die Würfel sind gefallen; *(au casino)* nichts geht mehr; **lire dans** [*o* **voir clair dans**] **le ~ de qn** jds Spiel durchschauen; **mettre son honneur/argent/sa vie en ~** seine Ehre/sein Geld/Leben aufs Spiel setzen; **mettre ses possibilités/ressources en ~** seine Möglichkeiten/Mittel aufbieten; **mettre ses moyens en ~** seine Mittel einsetzen; **se piquer** [*o* **se [laisser] prendre**] **au ~** auf den Geschmack kommen, [plötzlich] Gefallen an der Sache finden
◆ **~ d'adresse** Geschicklichkeitsspiel *nt;* **~ de Bourse** Börsengeschäfte *Pl;* **~ de caractères** TYP, INFORM Zeichensatz *m,* Zeichenvorrat *m;* **~ de caractères graphiques** INFORM Grafikzeichensatz; **~ d'eau** Wasserspiel *nt;* **~ d'écritures** [Um]buchung *f;* **~ d'équipe** Mannschaftsspiel *nt;* **~ d'esprit** Scherz *m;* **~ des forces** Kräftespiel *nt;* **~ de hasard** Glücksspiel *nt;* **~ de jambes** Beinarbeit *f;* **~ de lumière** Lichtspiel *nt;* **~ de massacre** Wurfbude *f,* Wurfspiel *nt;* **~ de mots** Wortspiel *nt;* **~ sur ordinateur** Computerspiel *nt;* **~ d'orgues** Orgelregister *nt;* **~ [tableau électrique]** Schaltpult *nt;* **~ de patience** Geduldsspiel *nt;* **~ de physionomie** Mienenspiel *nt;* **~ de piste** Schnitzeljagd *f;* **~ de puces** INFORM Chipsatz *m;* **~ de rôle[s]** Rollenspiel *nt;* **~ de société** Gesellschaftsspiel *nt;* **~x de stratégie** MIL Planspiel *nt;* **~ vidéo** Computerspiel *nt*

jeu-concours [ʒøkɔ̃kuʀ] <jeux-concours> *m* Preisausschreiben *nt*

jeudi [ʒødi] *m* Donnerstag *m;* **~ saint** Gründonnerstag; *v. a.* **dimanche**

jeun [ʒœ̃] **à ~** nüchtern; **venez à ~** kommen Sie nüchtern; **médicament à prendre à ~** Medikament auf nüchternen Magen einnehmen; **complètement à ~** stocknüchtern *(fam)*

jeune [ʒœn] I. *adj* ❶ *(peu âgé)* **enfant** klein; **animal** klein, jung; **forêt, gibier** Jung-; **une œuvre du ~ Picasso** ein Jugendwerk Picassos; **elle n'est plus très ~** sie ist nicht mehr die Jüngste
❷ *antéposé (cadet)* **sa ~ sœur** seine/ihre kleine Schwester; **le ~ Durandol** der junge Durandol
❸ *antéposé (moins âgé que la moyenne)* jung; **dirigeant d'entreprise** Jungunternehmer *m*
❹ *(inexpérimenté)* unerfahren; **être ~ dans le métier** ein Neuling sein; **~ diplômé de l'enseignement supérieur** Jungakademiker(in) *m(f)*
❺ *postposé (qui fait jeune)* jugendlich; **avoir l'air ~** *(frais, dynamique)* jugendfrisch aussehen *(geh);* **avoir le caractère ~** jung [geblieben] sein; **il a le corps ~** er hat die Figur eines jungen Mannes
❻ *antéposé (d'enfance, d'adolescence)* **dès son plus ~ âge** schon als Kind; **dans ses ~s années** [*o* **son ~ temps**] in seiner/ihrer Jugend

joie/enthousiasme	
exprimer sa joie	**Freude ausdrücken**
Je suis content(e) que tu sois venu(e)!	Wie schön, dass du gekommen bist!
Je suis très heureux(-euse) de vous revoir.	Ich bin sehr froh, dass wir uns wiedersehen.
Vous m'avez fait très plaisir.	Sie haben mir damit eine große Freude bereitet.
exprimer son enthousiasme	**Begeisterung ausdrücken**
Fantastique!	Fantastisch!
Génial!/Dingue! *(fam)*/Super! *(fam)*/Cool! *(fam)*/Trop cool! *(fam)*	Toll! *(fam)*/Wahnsinn! *(fam)*/Super! *(fam)*/Cool! *(sl)*/Krass! *(sl)*
Je suis dingue de ce chanteur *(fam)*.	Auf diesen Sänger fahre ich voll ab. *(sl)*
Je craque complètement.	Ich bin ganz hin und weg. *(fam)*
J'ai vraiment été emballé(e) par sa représentation.	Ihre/Seine Darbietung hat mich richtig mitgerissen.

❼ *postposé (nouveau) industrie, pays, vin* jung
❽ *(comme un jeune)* faire ~ jung aussehen; s'habiller ~ sich jugendlich kleiden
▶ c'est un peu ~! *fam* das ist ganz schön knapp! *(fam)*
II. *mf* ❶ junger Mann/junge Frau
❷ *pl (jeunes gens)* Jugendliche *mf;* club/bande de ~s Jugendklub *m*/-bande *f*
jeûne [ʒøn] *m* ❶ REL Fasten *nt;* observer [*o* pratiquer] le ~ du carême die Fastenzeit beachten
❷ MED Fasten, Fastenkur *f;* ~ thérapeutique therapeutisches Fasten
jeûner [ʒøne] <1> *vi* ❶ REL fasten
❷ MED hungern, fasten; *animal:* nicht fressen; faire ~ qn *médecin:* jdm eine Fastenkur verordnen
jeunesse [ʒœnɛs] *f* ❶ *(état)* Jugend *f; (fait d'être jeune)* Jungsein *nt;* n'être plus de la première [*o* de prime] ~ nicht mehr der/die Jüngste sein
❷ *(période)* Jugend *f,* Jugendzeit *f;* dans ma ~ in meiner Jugend; camarade de ~ Jugendgefährte(in) *m(f);* œuvre de ~ Jugendwerk *nt*
❸ *(personne jeune)* junges Ding *(fam); (personnes jeunes)* Jugend *f;* organisation/association de [la] ~ Jugendorganisation *f*/-verband *m;* musique/programme/littérature pour la ~ Jugendmusik *f*/-programm *nt*/-literatur *f*
❹ *(nouveauté)* d'un vin, d'une eau-de-vie junges Alter
❺ *(fraîcheur)* Jugendlichkeit *f,* Frische *f;* avoir un air de ~ jugendlich aussehen; être plein(e) de ~ voll jugendlichem Elan stecken; être d'une grande ~ de cœur im Herzen sehr jung geblieben sein
▶ si ~ savait, si vieillesse pouvait *prov* ≈ wenn die Jugend wüsste und das Alter könnte; seconde ~ zweiter Frühling; il faut que ~ se passe *prov* Jugend muss sich austoben
jeunet(te) [ʒœnɛ, ɛt] *adj fam* reichlich jung
jeûneur, -euse [ʒønœʀ, -øz] *m, f* Fastende(r) *f(m)*
jeunot(te) [ʒœno, ɔt] I. *adj* reichlich jung; un enfant tout ~ ein ganz kleines Kind
II. *m(f) fam* junges Bürschchen *m*/junges Ding *f (fam)*
jig [(d)ʒig] *m* PECHE Jig *nt o m (Fachspr.)*
jingle [dʒingœl] *m* Jingle *m;* (indicatif d'une émission) Erkennungsmelodie *f*
J.O.[1] [ʒio] *mpl abr de* Jeux olympiques Olympische Spiele *Pl*
J.O.[2] [ʒio] *m sans pl abr de* Journal officiel ≈ Amtsblatt *nt,* ≈ [Bundes]gesetzblatt *nt*
joaillerie [ʒɔajʀi] *f* ❶ *(bijouterie)* Juweliergeschäft *nt*
❷ *(art, métier)* Juwelierhandwerk *nt,* Juwelierkunst *f;* apprendre la ~ das Juwelierhandwerk erlernen
❸ *(marchandises)* Juwelierwaren *Pl,* Schmuckwaren *Pl*
joaillerie-orfèvrerie [ʒɔajʀiɔʀfɛvʀəʀi] <joailleries-orfèvreries> *f* Juwelier- und Goldwarengeschäft *nt*
joaillier, -ière [ʒɔaje, -jɛʀ] I. *m, f* Juwelier(in) *m(f)*
II. *app* ouvrier-~ Goldschmied(in) *m(f)*
joaillier-orfèvre, joaillière-orfèvre [ʒɔajeɔʀfɛvʀ, ʒɔajɛʀɔʀfɛvʀ] <joailliers-orfèvres> *m, f* Juwelier(in) *m(f)* und Goldschmied(in)
job [dʒɔb] *m fam* Job *m (fam);* ~ de vacances Ferienjob *(fam),* Ferienarbeit *f,* Ferialarbeit *(A)*
◆ ~ d'appoint Zweitberuf *m*
Job [ʒɔb] ▶ être pauvre comme ~ bettelarm sein, arm wie eine Kirchenmaus sein *(fam)*
jobard(e) [ʒɔbaʀ, aʀd] I. *adj personne* leichtgläubig, einfältig; *air* dämlich
II. *m(f)* Trottel *m,* Dummkopf *m*

jobardise [ʒɔbaʀdiz] *f* Leichtgläubigkeit *f,* Einfältigkeit *f*
job-hopping, job hopping [dʒɔbɔpiŋ] *m* Jobhopping *nt*
jockey [ʒɔkɛ] *m* Jockei *m,* Jockey *m,* Rennreiter(in) *m(f)*
Joconde [ʒɔkɔ̃:d(ə)] *f* la ~ die Mona Lisa
jodler [jɔdle] <1> *vi* jodeln
jogger [(d)ʒɔgœʀ] *m* Sportschuh *m* [mit dicker Sohle]
jogging [(d)ʒɔgiŋ] *m* ❶ Jogging *nt;* faire du ~ joggen; pantalon de ~ Jogginghose *f*
❷ *(survêtement)* Jogginganzug *m*
joie [ʒwa] *f* ❶ Freude *f;* avec ~ freudig, erfreut, mit Freuden; ~ de vivre/créer Lebens-/Schaffensfreude *f;* ~ de posséder Besitzerstolz *m;* cri/éruption de ~ Freudenschrei *m*/-ausbruch *m;* à ma grande ~ zu meiner großen Freude; pour la plus grande ~ de tous zur größten Freude aller; être au comble de la [*o* fou de] ~ außer sich vor Freude sein, sich wahnsinnig freuen; nager dans la ~ in eitel Wonne [*o* Freude] schwimmen; être [*o* faire] la ~ de qn jdm Freude bereiten [*o* machen]; faire la ~ à qn de faire qc jdm die Freude machen [*o* bereiten] etw zu tun; je me fais une telle ~ de faire qc es ist mir eine derart große Freude etw zu tun; pleurer de ~ vor Freude weinen, Freudentränen vergießen; sauter de ~ Freudensprünge machen; être en ~ vergnügt [*o* fröhlich] sein; mettre qn en ~ jdn erheitern, jdn fröhlich machen [*o* stimmen]
❷ *pl (plaisirs)* Freuden *Pl (geh);* sans ~s freudlos; ~s de la paternité Vaterfreuden; ~s du monde/paradis irdische/paradiesische Freuden
▶ c'est pas la ~! *fam* da gibt's nichts zu lachen!
joignable [ʒwaɲabl] *adj* erreichbar
joindre [ʒwɛ̃dʀ] <*irr*> I. *vt* ❶ *(faire se toucher)* zusammenfügen, aneinanderfügen; falten *mains;* zusammenschlagen *talons;* ~ un morceau à qc ein Stück an etw *(Akk)* fügen
❷ *(relier)* miteinander verbinden; ~ l'autoroute à qc die Autobahn mit etw verbinden
❸ *(rassembler)* ~ des efforts gemeinsame Anstrengungen machen; ~ des moyens alle Hilfsmittel zusammennehmen
❹ *(ajouter)* ~ qc à un dossier einer Akte etw beifügen; ~ qc à une lettre etw in einem Brief mitschicken, einem Brief etw beifügen; ~ le geste à la parole seinen Worten Taten folgen lassen
❺ *(allier)* ~ une qualité à une autre eine Eigenschaft mit einer anderen verbinden [*o* vereinen]
❻ *(atteindre)* erreichen *personne*
II. *vi fenêtre, porte:* dicht sein, gut schließen; *lattes:* fugendicht sein
III. *vpr* ❶ *(se mêler)* se ~ à qn/qc sich jdm/einer S. anschließen; ne mangez pas tout seul, joignez-vous à nous essen Sie doch nicht allein, setzen Sie sich zu uns [*o* leisten Sie uns Gesellschaft]
❷ *(s'associer)* se ~ à un parti einer Partei *(Dat)* beitreten, in eine Partei eintreten; se ~ à un collègue pour faire qc sich mit einem Kollegen zusammentun um etw zu tun
❸ *(participer à)* se ~ à une conversation sich an einer Unterhaltung *(Dat)* beteiligen
❹ *(se toucher)* se ~ sich berühren
joint[1] [ʒwɛ̃] *m* ❶ TECH *(espace)* [Trenn]fuge *f*
❷ *(garniture)* d'un couvercle, robinet Dichtung *f;* ~ en caoutchouc/en bitume Gummi-/Bitumendichtung; ~ isolant [en caoutchouc] AUT Dichtungsprofil *nt*
▶ chercher/trouver le ~ einen Weg [*o* eine Lösung] suchen/finden; elle a trouvé le ~ sie hat den Dreh [*o* Bogen] raus *(fam)*
◆ ~ de cardan Kardangelenk *nt,* Kreuzgelenk *nt;* ~ de carter Ölwannendichtung *f;* ~ de culasse Zylinderkopfdichtung *f;* ~ d'étanchéité Flachdichtung *f;* ~ de portière Türdichtung *f*

joint² [ʒwɛ̃] *m fam* Joint *m*
joint(e) [ʒwɛ̃, ɛ̃t] I. *part passé de* **joindre**
II. *adj* ❶ *mains* gefaltet; *pieds* geschlossen
❷ *(commun) efforts* gemeinsam; *compte* Gemeinschafts-, gemeinsam
❸ *(ajouté)* **pièce ~e** Anlage *f*; **lettre ~e au paquet** dem Paket beigefügter Brief
❹ *(qui n'a pas de jeu)* **bien/mal ~** dicht/undicht
❺ *(bien assemblés) lattes, planches* verfugt, fest miteinander verbunden
jointif, -ive [ʒwɛ̃tif, -iv] *adj lattes, planches* fugendicht
jointure [ʒwɛ̃tyʀ] *f* ❶ ANAT Gelenk *nt*; **~ du genou/poignet** Knie-/Handgelenk; **faire craquer les ~s de ses doigts** mit den Fingern knacken
▶ TECH Verbindungsstelle *f*, Fuge *f*
joint venture [dʒɔjntvɛntʃœʀ] <joint ventures> *f* Jointventure *nt*, Gemeinschaftsunternehmen *nt*
jojo [ʒoʒo] I. *m* ▶ **être un affreux ~** ein ganz übler Bursche sein
II. *adj inv fam (joli)* **ne pas être ~** nicht gerade umwerfend sein *(fam)*
jojoba [ʒɔʒɔba] *m* BOT Jojoba *f*; **huile de ~** Jojobaöl *nt*
joker [(d)ʒɔkɛʀ] *m* Joker *m*
joli(e) [ʒɔli] *adj* ❶ hübsch, fesch (A *fam*); *intérieur, vêtement* nett, hübsch; *chanson* nett; *voix* angenehm, hübsch; *objet* schön
❷ *(considérable)* [ganz] beachtlich, prima *(fam)*; *position* gut, prima *(fam)*; **une ~e somme** ein nettes [o hübsches] Sümmchen *(fam)*
❸ *iron* **un ~ monsieur** ein [ziemlich] übler Patron [o Kunde] *(fam)*; **un ~ coco** ein sauberes Früchtchen *(fam)*; **un ~ gâchis** ein schöner Schlamassel *(fam)*; **c'est du ~ travail!** da hast du [o habt ihr] ja was Schönes angerichtet! *(fam)*; **c'est du ~!** das ist ja reizend [o eine schöne Bescherung]! *(fam)*; **c'est bien ~, mais ...** das ist [ja] alles schön und gut, aber ...; **c'est pas ~ ~!** das ist aber gar nicht schön!; **c'est [pas] ~ de faire qc!** man tut etw doch nicht!; **faire du ~** etwas Schönes anrichten; **le plus ~ de l'histoire, c'est qu'elle est vraie** das Schönste an [o bei] der Geschichte ist, dass sie wahr ist
joliesse [ʒɔljɛs] *f littér* Anmut *f*
joliment [ʒɔlimɑ̃] *adv* ❶ *(agréablement)* hübsch, nett; **elle a ~ dit son poème** sie hat ihr Gedicht schön aufgesagt
❷ *(considérablement)* ganz schön *(fam)*
❸ *iron* schön; **tu as ~ travaillé!** du hast ja wirklich saubere Arbeit geleistet!
jonc [ʒɔ̃] *m* Binse *f*; **canne de ~** Rohrstock *m*
jonchée [ʒɔ̃ʃe] *f* **~ de fleurs/feuilles** Teppich *m* aus Blumen/Blättern
joncher [ʒɔ̃ʃe] <1> I. *vt* bedecken; verstreut liegen auf (+ *Dat*) *lit*; **~ le sol de débris** den Boden mit Trümmern übersäen; **~ le chemin de fleurs** Blumen auf den Weg streuen
II. *vpr* **se ~ de qc** sich mit etw bedecken
jonction [ʒɔ̃ksjɔ̃] *f* ❶ *de routes* Einmündung *f*; *de canaux, fleuves* Zusammenfluss *m*; *de voies ferrées* Weiche *f*; **gare de ~** Eisenbahnknotenpunkt *m*; **à la ~ de la route et de la voie ferrée** an der Stelle, an der die Landstraße auf die Bahnlinie trifft
❷ ELEC Verbindung *f*
❸ MIL Vereinigung *f*; **opérer une ~** sich vereinigen
jongler [ʒɔ̃gle] <1> *vi* jonglieren; **~ avec les idées/chiffres** mit Ideen/Zahlen jonglieren; **~ avec les difficultés** mit Schwierigkeiten spielend fertig werden
jonglerie [ʒɔ̃gləʀi] *f* ❶ *péj (manœuvre)* Hokuspokus *m*, fauler Zauber; **ses ~s m'agacent** seine/ihre faulen Tricks nerven mich *(fam)*
jongleur, -euse [ʒɔ̃glœʀ, -øz] *m, f* Jongleur *m*/Jongleuse *f*; **c'est un habile ~ de mots** er jongliert geschickt mit Worten
jonque [ʒɔ̃k] *f* Dschunke *f*
jonquille [ʒɔ̃kij] I. *f* Osterglocke *f*
II. *adj inv* hellgelb
Jordanie [ʒɔʀdani] *f* **la ~** Jordanien *nt*
jordanien(ne) [ʒɔʀdanjɛ̃, jɛn] *adj* jordanisch
Jordanien(ne) [ʒɔʀdanjɛ̃, jɛn] *m(f)* Jordanier(in) *m(f)*
jouable [ʒwabl] *adj* ❶ spielbar, *pièce* aufführbar, spielbar
❷ *(faisable)* **c'est ~** das ist machbar
joual [ʒwal] *m* **le ~** Frankokanadisch *nt*, das Frankokanadische; *v. a.* **allemand**
joual(e) [ʒwal] <s> *adj* frankokanadisch; *v. a.* **allemand**
joue [ʒu] *f* ❶ ANAT Backe *f*, Wange *f (geh)*; **~ rebondies** Pausbacken *Pl*; **avoir les ~s creuses** hohlwangig sein; **~ contre [o à] ~** Wange an Wange
❷ *pl (parois latérales) d'un fauteuil, canapé* Wangen *Pl*; *d'une poulie* Backen *Pl*
▶ **se caler les ~s** *fam* tüchtig drauflosessen [o futtern] *(fam)*, reinhauen *(fam)*; **en ~!** legt an!; **mettre son fusil en ~** sein Gewehr anlegen [o in Anschlag bringen]; **tenir qn/qc en ~** auf jdn/etw angelegt haben
jouer [ʒwe] <1> I. *vi* ❶ spielen; **~ avec une balle** mit einem Ball spielen; **~ avec l'idée de faire qc** mit dem Gedanken spielen etw zu tun; **continuer à ~** weiterspielen; **faire ~ qn** Spiele für jdn veranstalten; **à toi/vous de ~!** du bist/ihr seid dran, du bist/ihr seid an der Reihe!
❷ *fig* **~ avec des sentiments** mit den Gefühlen spielen; **ne joue pas avec ces choses-là!** diese Dinge solltest du nicht auf die leichte Schulter nehmen!; **c'est pour ~** das war ein Witz [o sollte ein Scherz sein]
❸ SPORT **~ au foot/tennis** Fußball/Tennis spielen; **~ contre qn** gegen jdn spielen
❹ MUS **~ du piano/violon** Klavier/Geige spielen
❺ THEAT, CINE **dans qc** in etw *(Dat)* spielen
❻ *(affecter d'être)* **~ à qn** jdn spielen
❼ BOURSE **~ à la Bourse/sur les valeurs** an der Börse/mit Wertpapieren spekulieren
❽ *(miser)* **~ sur qc** auf etw *(Akk)* setzen
❾ *(risquer)* **~ avec sa vie/santé** mit seinem Leben/seiner Gesundheit spielen
❿ *(utiliser)* **~ de son influence** seinen Einfluss geltend machen; **~ du couteau** zum Messer greifen
⓫ *(faire des effets)* **le soleil joue dans le feuillage** die Sonnenstrahlen spielen im Laub
⓬ *(avoir du jeu)* Spiel haben
⓭ *(intervenir) mesure*: gelten; *relations*: greifen, wirken; **faire ~ ses relations** seine Beziehungen spielen lassen; **faire ~ une clause** eine Klausel anwenden
▶ **ça a joué en ma faveur** das hat sich positiv für mich ausgewirkt; **bien joué!** gut so!, gut gemacht!; **~ serré** höllisch aufpassen
II. *vt* ❶ [aus]spielen *carte*; ziehen [mit] *pion*; **je joue atout cœur** Herz ist Trumpf
❷ *fig* geben *revanche*
❸ *(miser)* setzen auf (+ *Akk*)
❹ *(risquer)* riskieren *somme d'argent, sa tête*; aufs Spiel setzen *réputation*
❺ MUS [vor]spielen *chanson*
❻ THEAT, CINE spielen *pièce, rôle*; **quelle pièce joue-t-on au théâtre?** welches Stück wird im Theater gespielt [o gegeben]?
❼ *(feindre)* **~ la surprise** die Überraschung vortäuschen [o vorspielen]; **~ la victime/le héros** das Opfer/den Helden spielen; **~ la comédie** Theater spielen; **~ les spécialistes** péj fam den Fachmann heraushängen *(fam)*
▶ **rien n'est encore joué** noch ist nichts entschieden
III. *vpr* ❶ *(se moquer)* **se ~ de qn** jdn zum Besten halten [o haben]; **se ~ des lois** sich über das Gesetz hinwegsetzen; **se ~ des difficultés** Schwierigkeiten spielend meistern, mit Schwierigkeiten spielend fertig werden
❷ *(être joué)* **se ~** gespielt werden; *film*: laufen, gespielt werden; *spectacle*: gegeben werden
❸ *(se dérouler)* **se ~** *crime, drame*: sich abspielen
❹ *(se décider)* **se ~ dans les prochaines heures** sich in den nächsten Stunden entscheiden
▶ **en se jouant** spielend, mühelos
jouet [ʒwɛ] *m* ❶ Spielzeug *nt*; **~ en bois** Holzspielzeug; **les ~s** das Spielzeug, die Spielsachen *Pl*; **marchand de ~s** Spielwarenhändler *m*
❷ *(proie)* **être le ~ du vent/des vagues** der Spielball des Windes/der Wellen sein; **être le ~ d'une illusion/hallucination** das Opfer einer Illusion/Halluzination sein
❸ *(marionnette)* **être le ~ d'une femme** das Spielzeug einer Frau sein
jouette [ʒwɛt] *adj* BELG *(qui ne pense qu'à jouer)* verspielt
joueur, -euse [ʒwœʀ, -øz] I. *adj animal, enfant* verspielt; **avoir un tempérament ~** immer zu Späßen aufgelegt sein; *enfant*: gern spielen, eine Spielratte sein *(hum fam)*
II. *m, f* JEUX, SPORT Spieler(in) *m(f)*; **~(-euse) de cartes/de golf** Karten-/Golfspieler(in); **~ de tennis professionnel/joueuse de tennis professionnelle** Tennisprofi *m*; **~(-euse) de terrain** Feldspieler(in) *m(f)*; **~(-euse) de la nouvelle génération** Nachwuchsspieler(in) *m(f)*; **super ~** *fam* Klassespieler(in) *(fam)*; **se montrer beau ~** ein fairer Spieler sein; **être mauvais ~** ein schlechter Verlierer sein; **c'est un ~ heureux/malchanceux** er hat Glück/Pech im Spiel
joufflu(e) [ʒufly] *adj* pausbäckig, pausbackig
joug [ʒu] *m* ❶ AGR Joch *nt*
❷ *(contrainte) d'une loi* Zwang *m*; *du mariage, travail* Joch *nt (geh)*; **briser [o secouer] le ~** das Joch abschütteln; **mettre qn sous le ~** jdn unterjochen; **tomber sous le ~ de qn** von jdm unterjocht werden
jouir [ʒwiʀ] <8> *vi* ❶ *(apprécier)* **~ de la vie/du soleil** das Leben/die Sonne genießen; **~ de sa victoire** seinen Sieg auskosten [o genießen]; **faire ~ qn** *fam* jdm großes Vergnügen machen [o bereiten], jdm einen Heidenspaß [o Riesenspaß] machen *(fam)*
❷ *(avoir l'avantage de)* **~ de privilèges/d'avantages** Privilegien/

Vorteile genießen; ~ **d'une bonne santé** sich guter Gesundheit erfreuen; ~ **de l'estime générale** die allgemeine Hochachtung genießen; ~ **de droits** Rechte genießen, im Besitz [*o* Genuss] von Rechten sein. ~ **d'une réputation intacte** einen guten Ruf haben; ~ **d'un bien** Inhaber(in) eines Gutes sein *m*; ~ **d'une fortune** vermögend sein; ~ **de toutes ses facultés** im Vollbesitz seiner geistigen Kräfte sein; ~ **d'une grande faveur auprès de qn** bei jdm sehr beliebt sein, sich großer Beliebtheit erfreuen; ~ **d'un bon climat** ein gutes Klima haben; **l'appartement jouit d'une belle vue** von der Wohnung aus hat man einen schönen Blick

❸ *(sexuellement)* einen Orgasmus haben; **faire ~ qn** jdn zum Orgasmus bringen

jouissance [ʒwisɑ̃s] *f* ❶ *(plaisir)* Vergnügen *nt*, Freude *f*; **être avide de ~s** vergnügungssüchtig [*o* genusssüchtig] sein

❷ *(usage)* **la ~ d'un immeuble/jardin** die Nutzung eines Gebäudes/eines Gartens; **maison à vendre avec ~ immédiate** Haus zur sofortigen Nutzung zu verkaufen; **être en pleine ~ de ses facultés mentales** voll zurechnungsfähig sein

❸ JUR ~ **usufruitière** Nutznießung *f*, Nießbrauch *m*; ~ **d'un droit** [**à une propriété**] Besitztitel *m*; ~ **de son droit/privilège** Genuss *m* seines Rechts/Privilegs; **entrer en ~ de qc** in den Genuss einer S. *(Gen)* kommen; **ne pas avoir la ~ de ses droits civiques** nicht rechtsfähig sein

❹ FIN Dividendenanspruch *m*, Gewinnberechtigung *f*, Zinsgenuss *m*; **action de ~** Genussaktie *f*

❺ *(orgasme)* Orgasmus *m*

jouisseur, -euse [ʒwisœr, -øz] **I.** *adj femme* sinnlich; **homme ~** Genießer *m*

II. *m*, *f* Gen*u*ssmensch *m*, Genießer(in) *m(f)*

jouissif, -ive [ʒwisif, -iv] *adj* ❶ *(plaisant)* sehr erfreulich

❷ *iron (pénible)* sehr amüsant *(iron)*

joujou [ʒuʒu] <x> *m enfantin* Spielzeug *nt*; **faire ~ avec qc** mit etw spielen

joule [ʒul] *m* Joule *nt*

jour [ʒuʀ] *m*: ❶ *(24 heures)* Tag *m*; **par ~** täglich, pro Tag; **tous les ~s** täglich, jeden Tag; **star d'un ~** Eintagsfliege *f*; **ça ne se fait pas en un ~** so schnell geht das auch wieder nicht *(fam)*

❷ *(opp: nuit)* Tag *m*; **dormir le ~** während des Tages [*o* tagsüber] [*o* am Tag[e]] schlafen; **être** [*o* **travailler**] **de ~** Tagschicht [*o* Tagdienst] haben

❸ *(opp: obscurité)* Tageslicht *nt*; **au ~** bei Tageslicht; **faux ~** Zwielicht *nt*; **il fait grand ~** es ist taghell; **le ~ baisse/se lève** es wird dunkel/hell, der Tag neigt sich/bricht an *(geh)*; **~ naissant** Morgengrauen *nt*; **au petit ~** bei Tagesanbruch, im Morgengrauen; **sous un ~ favorable/défavorable** in einem günstigen/ungünstigen Licht

❹ *(jour précis)* Tag *m*; **~ férié** Feiertag *m*; **~ férié légal/religieux** gesetzlicher/kirchlicher Feiertag; **~ d'hiver** Wintertag; **~s gras** Karnevalstage; **le ~ J** der Tag X; **le ~ de Noël** am Weihnachtstag; **les ~s de marché** an Markttagen; **les ~s de pluie/de tempête** bei Regen/Sturm; **un ~ qu'il pleuvra** wenn es einmal regnet; **saint/curiosité du ~** Heiliger/Neuigkeit des Tages; **mode/plat du ~** Tagesmode/-essen; **goût du ~** heutiger Geschmack, Zeitgeist; **œuf du ~** frisch gelegtes Ei; **produits du ~** frische Produkte; **nouvelles du ~** neueste Nachrichten; **être dans un bon/mauvais ~** [*o* **dans un de ses bons/mauvais ~s**] einen [*o* seinen] guten/schlechten Tag haben; **notre entretien de ce ~** unser heutiges Gespräch; **à ~ fixe** zu einem festgesetzten Termin, an einem bestimmten Tag; **~ pour ~** auf den Tag [genau]; **tenue/vêtements des grands ~s** Festtagskleidung *f*

❺ *(période vague)* Tag *m*; **à ce ~** bis heute; **à un de ces ~s!** *fam* bis bald!; **un de ces ~s** demnächst, in den nächsten Tagen; **au ~ d'aujourd'hui** *fam*, **de nos ~s** heute, heutzutage; **l'autre ~** *fam* neulich, vor kurzem; **un ~ ou l'autre** früher oder später, über kurz oder lang; **robe/habit de tous les ~** Alltagskleidung *f*; **histoire de tous les ~s** Alltäglichkeit *f*; **c'est du tous les ~s** *fam* das gibt's [doch] alle Tage *(fam)*; **tous les ~s que [le bon] Dieu fait** tagaus, tagein

❻ *pl soutenu (vie)* **ses ~s sont comptés** seine/ihre Tage sind gezählt; **finir ses ~s à l'hospice** sein Leben im Altersheim beenden; **vieux ~s** Alter *nt*

❼ *(interstice)* Spalte *f*; **clôture à ~** Lattenzaun *m*

❽ COUT Hohlsaum *m*; **broderie à ~s** Ajourarbeit *f*

▶ **c'est pas tous les ~s fête** *fam (on n'a pas toujours lieu de se réjouir)* es gibt nicht immer was zu feiern *(fam)*; *(il faut profiter du bon temps)* man muss die Feste feiern, wie sie fallen; **tout vient à son ~ et à son heure** alles zu seiner Zeit; **c'est le ~ et la nuit** das ist [ein Unterschied] wie Tag und Nacht; **être comme le ~ et la nuit** grundverschieden sein; **à chaque ~ suffit sa peine** *prov* morgen ist auch noch ein Tag; **d'un ~ à l'autre** *(soudain)* von einem Tag auf den anderen; *(sous peu)* jeden Tag; **dans les bons comme dans les mauvais ~s** in guten wie in schlechten Zeiten; **au grand ~** vor aller Augen, in aller Öffentlichkeit; **émerger** [*o* **apparaître**] **au grand ~** ans [Tages]licht [*o* an den Tag] kommen; **étaler qc au grand ~** etw offen zur Schau stellen; **exposer qc au grand ~** etw offen darlegen; **donner ses huit ~s** *(démissionner)* kündigen; **donner ses huit ~s à qn** *(renvoyer)* jdn entlassen, jdm kündigen; **se montrer sous son meilleur ~** sich von seiner Schokoladenseite zeigen *(fam)*; **ne connaître qn que sous son meilleur ~** jdn nur von seiner Schokoladenseite kennen *(fam)*; **se montrer sous son vrai ~** sein wahres Gesicht zeigen; **donner le ~ à qn** jdm das Leben schenken; **donner le ~ à qc** etw nach sich ziehen können; **être à ~ dans qc** mit etw auf dem neuesten Stand sein; **se faire ~** *soutenu* sich *(Dat)* Bahn brechen, zum Durchbruch kommen; *vérité*: ans [Tages]licht [*o* an den Tag] kommen; *défaut*: ans Licht kommen, **il fera ~ morgen** ist auch noch ein Tag; **mettre à ~** aktualisieren, auf den neuesten Stand bringen; INFORM aktualisieren, updaten *(Fachspr.)*; **se mettre à ~ dans qc** seinen Rückstand in etw *(Dat)* aufholen; **mettre au ~** zutage fördern; **mettre des antiquités au ~** Antiquitäten ausgraben; **percer qn/qc à ~** jdn/etw durchschauen; **les ~s se suivent et ne se ressemblent pas** *prov* kein Tag gleicht dem anderen; **voir le ~** das Licht der Welt erblicken *(geh)*, geboren werden; **ne plus voir le ~ dans qc** *fam* bei etw den Überblick verlieren; nicht mehr wissen, wo bei etw hinten und vorne ist *(fam)*; **au ~ le ~** *(sans souci du lendemain)* in den Tag hinein; *(précairement)* von der Hand in den Mund; *(cas par cas)* von Fall zu Fall

◆ **~ de compensation** ECON Verrechnungstag *m*; **~ de l'échéance** Fälligkeitstag *m*; **~ d'établissement du bilan** Bilanzstichtag *m*; **~ du Jugement dernier** Tag *m* des Jüngsten Gerichts; **~ de liquidation** Abrechnungstag *m*; **~ des Morts** Allerseelen *nt*, Allerseelentag *m*; **~ de référence d'évaluation** FIN Bewertungsstichtag *m*; **~ des Rois** Dreikönigsfest *nt*, Dreikönigstag *m*; **~ du Seigneur** Tag *m* des Herrn; **~ du tirage** FIN Ziehungstag *m*; **~ de transfert** Übergangsstichtag *m*; **~ de vacances** Ferientag *m*, Ferialtag (A)

journal [ʒuʀnal, o] <-aux> *m* ❶ *(quotidien)* [Tages]zeitung *f*; *(hebdomadaire)* [Wochen]zeitung *f*; *(local)* Anzeiger *m*; **~ du matin** Morgenzeitung; **~ du soir** Abendzeitung, Abendblatt *nt*; **~ de l'usine** Werkszeitung; **~ gratuit de petites annonces** Gratisanzeiger (CH); **~ local** Lokalblatt; **~ mural** Wandzeitung; **~ officiel ≈ [Bundes]gesetzblatt; **~ spécialisé** Fachblatt; **~ de mode** Modemagazin *nt*, Modezeitschrift; **~ de province** *péj* Provinzblatt *nt (pej)*; **c'est dans le ~** das steht in der Zeitung; **un ~ qui a un grand nombre de lecteurs** eine viel gelesene Zeitung

❷ *(bureaux)* Zeitung *f*

❸ ECON, COM Journal *nt*

❹ *(mémoire)* **~** [**intime**] Tagebuch *nt*; **tenir un ~ de voyage** ein Reisetagebuch führen

❺ *(média non imprimé)* Zeitung *f*; **~ sur écran** INFORM Bildschirmzeitung; **~ en ligne** Online-Zeitung; **~ filmé** Wochenschau *f*; **~ lumineux** Nachrichten *Pl* in Leuchtschrift [*o* Wanderschrift]; **~ parlé/télévisé** [Rundfunk-/Fernseh]nachrichten *Pl*; **regarder plusieurs journaux télévisés** sich *(Dat)* mehrere Nachrichtensendungen ansehen; **~ de la nuit** Spätnachrichten *Pl*

◆ **~ de bord** NAUT Logbuch *nt*, Schiffstagebuch

journalier, -ière [ʒuʀnalje, -jɛʀ] **I.** *adj* täglich; *salaire, gain* Tages-

II. *m*, *f* AGR Tagelöhner(in) *m(f)*

journaliser [ʒuʀnalize] <1> *vt* INFORM protokollieren

journalisme [ʒuʀnalism] *m* Journalismus *m*

journaliste [ʒuʀnalist] *mf* Journalist(in) *m(f)*; **~ de presse écrite** Zeitungsjournalist(in); **~ à la radio** Rundfunkjournalist(in); **~ de** [*o* **à la**] **télévision** Fernsehjournalist(in), TV-Journalist(in); **~ spécialisée en économie** Wirtschaftsjournalist(in); **~ sportif(-ive)** Sportjournalist(in); **~ parlementaire** parlamentarischer Berichterstatter/parlamentarische Berichterstatterin

journalistique [ʒuʀnalistik] *adj* journalistisch; *style* Zeitungs-, journalistisch

journée [ʒuʀne] *f* ❶ Tag *m*; **~ d'été** Sommertag; **pendant** [*o* **durant**] **la ~** tagsüber; **ce fut une chaude ~** das war ein Tag, an dem es heiß herging

❷ *(temps de travail)* Arbeitstag *m*; **~ de huit heures** Achtstundentag; **~ de grève** Streiktag; **~ continue** durchgehende Arbeitszeit

❸ *(salaire)* Tagelohn *m*

❹ *(recette)* Tageseinnahmen *Pl*; **faire une ~/des ~s** im Tag[e]lohn [*o* als Tagelöhner(in)] arbeiten; **travailler à la ~** tageweise arbeiten; **payer à la ~** nach Tagen [*o* tageweise] bezahlen; **se faire une bonne ~** gutes Geld verdienen

❺ *(distance)* **~ de marche/voyage** Tage[s]marsch *m*/-reise *f*; **c'est à trois ~s de train** man braucht [*o* fährt] mit dem Zug drei Tage dorthin

▶ **~ porte[s] ouverte[s]** Tag *m* der offenen Tür; **toute la sainte ~** den lieben, langen Tag; **avoir gagné sa ~** *iron* sich *(Dat)* sein Geld [heute] verdient haben

◆ **~ d'action** Aktionstag *m*; **~s d'études** Studientage *Pl*

journellement [ʒuʀnɛlmɑ̃] *adv* täglich; **cela se voit ~** das sieht

joute [ʒut] f ❶ HIST Tjost m o f, Turnier nt
❷ SPORT ~ **nautique** Fischerstechen nt, Schifferstechen
❸ *(rivalité)* Wettstreit m; ~ **oratoire** Wortgefecht nt, Rededuell nt; **le Premier ministre et son rival se sont livré une** ~ **oratoire** [o **verbale**] *soutenu* der Premierminister hat sich *(Dat)* mit seinem Herausforderer ein Rededuell geliefert

jouvence [ʒuvɑ̃s] f **cure**/**eau de** ~ Verjüngungskur f/-elixier nt

jouvenceau, -celle [ʒuvɑ̃so, -sɛl] <x> m, f *hum* Jüngling m/Maid f

jouxter [ʒukste] <1> vt *littér* säumen *(geh)* chemin, rivière

jovial(e) [ʒɔvjal, jo] <s o -aux> adj fröhlich, heiter

jovialement [ʒɔvjalmɑ̃] adv heiter, fröhlich; *saluer* freundlich, herzlich

jovialité [ʒɔvjalite] f Fröhlichkeit f, Heiterkeit f; **être plein(e) de** ~ ein. sehr fröhlicher [o heiterer] Mensch sein; **saluer avec** ~ freundlich [o herzlich] grüßen

joyau [ʒwajo] <x> m ❶ *(bijou)* Juwel nt; ~ **x de la couronne** Kronjuwelen Pl
❷ *fig* Kleinod nt, Juwel nt; *d'une collection* Renommierstück nt *(geh)*

joyeusement [ʒwajøzmɑ̃] adv fröhlich, vergnügt

joyeux, -euse [ʒwajø, -jøz] adj *chant* fröhlich; *personne* vergnügt, fröhlich, lustig; *bande, compagnie* lustig; **être de joyeuse humeur** froh [o gut] gelaunt sein; **il est tout** ~ **à l'idée de faire qc** er ist überglücklich bei dem Gedanken etw zu tun; **joyeuse fête!** frohes Fest!; ~ **anniversaire!** herzlichen Glückwunsch zum Geburtstag!

joystick [ʒɔjstik] m Joystick m

jubé [ʒybe] m ARCHIT Lettner m

jubilation [ʒybilasjɔ̃] f Jubel m

jubiler [ʒybile] <1> vi ❶ *fam* sich unheimlich freuen *(fam)*
❷ *(se réjouir vivement)* jubeln, jubilieren *(geh)*

jucher [ʒyʃe] <1> I. vt ~ **un enfant sur qc** ein Kind [hoch] oben auf etw *(Akk)* stellen/setzen/legen; **être juché(e) sur qc** hoch oben auf etw *(Dat)* sitzen
II. vi *oiseau:* [hoch] oben sitzen; *personne:* [hoch] oben wohnen
III. *vpr* **se** ~ **sur qc** sich [hoch] oben auf etw *(Akk)* setzen

judaïque [ʒydaik] adj jüdisch; *loi* mosaisch

judaïsme [ʒydaism] m Judaismus m, jüdische Religion

judas [ʒyda] m ARCHIT Guckloch nt, Spion m

Judas [ʒyda] m Judas m

judéo-chrétien(ne) [ʒydeokretjɛ̃, jɛn] <judéo-chrétiens> adj jüdisch-christlich

judiciaire [ʒydisjɛʀ] adj ❶ *(relatif à la justice) institution* richterlich; *tribunal* ordentlich; *autorité* Justiz-; *police* Kriminal-; *pouvoir* ~ Judikative f; **appareil** ~ Gerichtswesen nt; **organisation** ~ Gerichtsverfassung f; **voie** ~ Gerichtsweg m
❷ *(qui se fait en justice) enquête, expertise* gerichtlich; *acte* Gerichts-, gerichtlich; *décision* Gerichts-; *erreur* Justiz-; *casier* Straf-; **vente** ~ Zwangsversteigerung f; **aide** ~ Prozesskostenbeihilfe f

judiciairement [ʒydisjɛʀmɑ̃] adv gerichtlich; **être vendu(e)/liquidé(e)** ~ zwangsversteigert/zwangsliquidiert werden; **conseiller qn** ~ jdn in Rechtsangelegenheiten beraten; **assister qn** ~ jdn von den Prozesskosten befreien; **informer** ~ gerichtliche Ermittlungen [o Erhebungen] anstellen

judicieusement [ʒydisjøzmɑ̃] adv ❶ sinnig; *conseiller* klug, gut; **employer son temps** ~ seine Zeit sinnvoll verwenden
❷ *iron (par mégarde, par bêtise)* sinnigerweise *(iron)*

judicieux, -euse [ʒydisjø, -jøz] adj klug, gescheit, vernünftig; *raisonnement* treffend, stichhaltig

judo [ʒydo] m Judo nt; **faire du** ~ Judo machen; **prise de** ~ Judogriff m

judoka [ʒydoka] mf Judoka m

juge [ʒyʒ] mf ❶ *(magistrat)* Richter(in) m(f); **Madame la** ~ Frau Richterin; ~ **commercial(e)** Handelsrichter(in); ~ **non professionnel(le)** Laienrichter(in); ~ **suppléant(e)** Hilfsrichter(in); ~ **unique** Einzelrichter(in); ~ **de commune** CH *(dans le canton de Valois)* Friedensrichter(in) (CH); ~ **des enfants** Jugendrichter(in); ~ **de paix** CH *(dans les cantons de Fribourg, Genève et Vaud)* Friedensrichter(in) (CH); ~ **de l'application des peines** Richter(in), die den Strafvollzug oder die Strafvollstreckung überwacht; **devant le** ~ vor Gericht; **aller devant le[s]** ~[s] vor Gericht gehen
❷ *(arbitre)* Richter(in) m(f); **je vous laisse** [o **en fais**] ~ ich überlasse es Ihnen; **ils sont seuls** ~s **de ce qu'ils doivent faire** sie müssen selbst wissen, was zu tun ist; **être bon**/**mauvais** ~ die Sache gut/schlecht beurteilen können
❸ SPORT ~ **d'arrivée**/**de ligne de fond**/**de touche** Ziel-/Grundlinien-/Linienrichter(in) m(f)
❹ JEUX ~ **d'un concours** Preisrichter(in) m(f)
▸ **être [à la fois]** ~ **et partie** befangen sein; **se faire** [o **s'ériger en**] ~ **de qn** sich zum Richter über jdn aufwerfen

◆ ~ **d'appel** Berufungsrichter(in) m(f); ~ **d'instance** Friedensrichter(in) m(f); ~ **d'instruction** Untersuchungsrichter(in) m(f)

jugé [ʒyʒe] ▸**au** ~ nach Augenmaß; *(environ)* ungefähr; **répondre au** ~ raten

jugeable [ʒyʒabl] adj aburteilbar

juge-arbitre [ʒyʒaʀbitʀ] <juges-arbitres> m Schiedsrichter(in) m(f)

juge-commissaire [ʒyʒkɔmisɛʀ] <juges-commissaires> mf beauftragter Richter/beauftragte Richterin

jugement [ʒyʒmɑ̃] m ❶ *(action de juger)* Verurteilung f; *d'un accusé* Aburteilung; ~ **partiel** Teilverurteilung; **poursuivre qn en** ~ jdn vor Gericht bringen, jdn verklagen; **faire passer qn en** ~ jdn vor Gericht stellen; **une affaire passe en** ~ ein Fall wird verhandelt
❷ *(décision judiciaire, sentence)* [Gerichts]urteil nt, Gerichtsentscheidung f, Rechtsspruch m; ~ **dans un procès** Prozessurteil; ~ **concernant l'attribution de dommages et intérêts** Schadenersatzurteil; ~ **constatant la renonciation du demandeur à son droit** Verzichtsurteil *(Fachspr.)*; ~ **constitutif de droit[s]** Gestaltungsurteil *(Fachspr.)*; ~ **déclaratif**/**définitif** Feststellungs-/Endurteil *(Fachspr.)*; ~ **déclaratif de faillite** [o **d'ouverture de la faillite**] Konkurseröffnungsbeschluss m; ~ **étranger** ausländische Gerichtsentscheidung; ~ **interlocutoire**/**interprétatif** Zwischen-/Auslegungsurteil *(Fachspr.)*; ~ **relatif à une**/**à l'obligation de ne pas faire** Unterlassungsurteil *(Fachspr.)*; ~ **rendu en appel** Berufungsurteil
❸ *(opinion)* Urteil n; ~ **de valeur** Werturteil; ~ **hâtif** Vorverurteilung f; **porter des** ~s **trop rapides** [o **sommaires**] **sur qn/qc** vorschnell über jdn/etw urteilen
❹ *(discernement)* Urteilsfähigkeit f, Urteilsvermögen nt, Urteilskraft f; **avoir du** ~ Urteilsvermögen haben; **il manque de** ~ es fehlt ihm an Urteilsvermögen [o Urteilsfähigkeit]; **erreur de** ~ Fehleinschätzung f, falsche Beurteilung

◆ ~ **par défaut** [Ver]säumnisurteil nt; ~ **d'expédient** JUR Anerkenntnisurteil nt *(Fachspr.)*; ~ **d'expropriation** Enteignungsbeschluss m *(Fachspr.)*; ~ **de forclusion** Ausschlussurteil nt *(Fachspr.)*; ~ **de reconnaissance** Anerkennungsurteil nt; ~ **de rejet** Klageabweisung f

Jugement [ʒyʒmɑ̃] m ~ **dernier** Jüngstes Gericht
▸ ~ **de Salomon** salomonisches Urteil

jugeote [ʒyʒɔt] f *fam* Grips m *(fam)*, Köpfchen nt *(fam)*
▸ **ne pas avoir pour deux sous de** ~ nicht für fünf Pfennig Verstand haben *(fam)*

juger[1] [ʒyʒe] <2a> I. vt ❶ JUR ~ **un procès**/**litige** in einem Prozess/einer Streitsache entscheiden; ~ **qn pour vol** jdn wegen Diebstahls verurteilen; ~ **qn coupable** jdn für schuldig befinden; ~ **en faveur de la partie demanderesse** für den Kläger/die Klägerin entscheiden
❷ *(arbitrer)* entscheiden; schlichten *différend*; **à toi de** ~ **si c'est nécessaire** du musst entscheiden [o beurteilen], ob das nötig ist
❸ *(porter une appréciation)* beurteilen *livre, situation*; ~ **qn d'après qc** jdn nach etw beurteilen
❹ *(estimer)* ~ **qn stupide**/**qc ridicule** jdn für dumm/etw für lächerlich halten; ~ **nécessaire**/**malhonnête de faire qc** es für nötig/unehrlich halten etw zu tun; ~ **que c'est bien** der Meinung [o Ansicht] sein, dass es gut ist; ~ **qu'il est nécessaire de faire qc** es für notwendig erachten, etw zu tun
II. vi ❶ JUR entscheiden; **le tribunal jugera** das Gericht wird darüber befinden [o über das Urteil sprechen]
❷ *(arbitrer)* ~ **de qc** etw schlichten
❸ *(estimer)* ~ **de qc** etw beurteilen; **autant qu'on puisse en** ~ soweit man das beurteilen kann; **jugez-en par vous-même** urteilen Sie selbst; **à en** ~ **par** nach etw zu urteilen
❹ *(s'imaginer)* ~ **de qc** sich *(Dat)* etw vorstellen [o denken] können
III. vpr ❶ JUR **se** ~ verhandelt werden
❷ *(s'estimer)* **se** ~ **incapable**/**trop jeune** sich für unfähig/zu jung halten; **se** ~ **perdu(e)** sich verloren glauben [o wähnen *geh*]

juger[2] v. jugé

jugulaire [ʒygylɛʀ] I. adj Jugular-
II. f ANAT Drosselvene f, Jugularvene f

juguler [ʒygyle] <1> vt ❶ eindämmen *inflation*; senken *fièvre*; niederschlagen, niederwerfen *révolte*; unterdrücken *désir, personne*

juif, -ive [ʒɥif, -iv] adj jüdisch; *quartier* Juden-

Juif, -ive [ʒɥif, -iv] m, f Jude m/Jüdin f
▸ **le** ~ **errant** der Ewige Jude

juillet [ʒɥijɛ] m Juli m; v. a. **août**

juillettiste [ʒɥijetist] mf Juliurlauber(in) m(f)

juin [ʒɥɛ̃] m Juni m; v. a. **août**

juke-box [dʒukbɔks] m inv Jukebox f

jules [ʒyl] m fam ❶ *(amoureux)* Kerl m *(fam)*, Typ m *(fam)*
❷ *(mari)* bessere Hälfte *(fam)*

julienne [ʒyljɛn] f GASTR ❶ *(filaments minces)* Julienne f, in feine Streifen geschnittenes Gemüse; **en** ~ in feinen Streifen

② *(potage)* Juliennesuppe *f*
Juliette [ʒyljɛt(ə)] *f* Julia *f*
jumbo-jet [dʒœmbodʒɛt] <jumbo-jets> *m* Jumbo(jet) *m*
jumeau [ʒymo] *m* ① Zwilling *m*; **de vrais/de faux ~x** eineiige/ zweieiige Zwillinge; **recherche sur les ~x** Zwillingsforschung *f*
② *(frère)* Zwillingsbruder *m*
③ *(sosie)* Doppelgänger *m*; **se ressembler comme deux ~x** sich *(Dat)* zum Verwechseln ähnlich sehen
④ GASTR *(morceau de viande)* Schulterstück *nt*
jumeau, -elle [ʒymo, ɛl] <x> *adj* Zwillings-; **des lits ~x** zwei [gleiche] Einzelbetten; **des maisons jumelles** ein Doppelhaus *nt*
jumelage [ʒymlaʒ] *m* Partnerschaft *f*; ~ **de deux villes** Städtepartnerschaft *f*
jumelé(e) [ʒym(ə)le] *adj* Zwillings-
jumeler [ʒymle] <3> *vt* ① POL zu Partnerstädten machen *villes*; **être jumelées** Partnerstädte sein
② TECH verstärken *mât, vergue*; verkuppeln *poutre*; **roues jumelées** Doppelrad *nt*; **pneus jumelés** Zwillingsreifen *Pl*; **bielles jumelées** Gabelpleuel *m*
jumelle [ʒymɛl] *f* ① Zwilling *m*; **de vraies/fausses ~s** eineiige/ zweieiige Zwillinge
② *(sœur)* Zwillingsschwester *f*
③ *(sosie)* Doppelgängerin *f*; **se ressembler comme deux ~s** sich *(Dat)* zum Verwechseln ähnlich sehen
jumelles [ʒymɛl] *fpl* OPT Fernglas *nt*, Feldstecher *m*
◆ ~ **de théâtre** [*o* **de spectacle**] Opernglas *nt*, Theaterglas, Operngucker *m (fam)*
jument [ʒymɑ̃] *f* Stute *f*
jumping [dʒœmpiŋ] *m* Springreiten *nt*, Jagdspringen *nt*
jungle [ʒœ̃gl, ʒɔ̃gl] *f* ① *(forêt vierge)* Dschungel *m*
② *(embrouillamini)* Dickicht *nt*, Dschungel *m*; ~ **fiscale** Steuerdickicht, Steuerdschungel
junior [ʒynjɔʀ] I. *adj catégorie, équipe* Junioren-; **joueurs ~s** Junioren *Pl*; **mode ~** Mode *f* für die Jugend
II. *mf* Junior(in) *m(f)*; **champion(ne) ~** Juniorenmeister(in) *m(f)*; **championnat/équipe des ~s** Juniorenmeisterschaft *f*/-mannschaft *f*
junk-food [dʒœnkfud] *m* Junk-Food *nt*
junkie [dʒœnki] I. *mf fam* Junkie *m (fam)*
II. *adj fam* drogenabhängig
junte [ʒœ̃t] *f* Junta *f*
jupe [ʒyp] *f* Rock *m*; ~ **droite** enger Rock; ~ **longue** langer Rock; *(jusqu'aux chevilles)* Maxirock; ~ **plissée** Faltenrock; *(à plis très fins)* Plisseerock
▶ **être** [*fourré(e)*] **dans les ~s de sa mère** *fam* [immer noch] an Mutters Rockzipfel hängen
◆ ~ **fourreau** Etuirock *m*; ~ **à lés** Bahnenrock *m*; ~ **portefeuille** Wickelrock *m*
jupe-culotte [ʒypkylɔt] <jupes-culottes> *f* Hosenrock *m* **jupe--portefeuille** [ʒyppɔʀtəfœj] <jupes-portefeuille> *f* Wickelrock *m*
jupette[1] [ʒypɛt] *f* Röckchen *nt*
jupette[2] [ʒypɛt] *f fam* unter Premierminister Alain Juppé eingebrachtes und verabschiedetes Gesetz
Jupiter [ʒypitɛʀ] *m* ASTRON, MYTH Jupiter *m*
jupon [ʒypɔ̃] *m* Unterrock *m*
▶ **courir le ~** ein Schürzenjäger sein
Jura [ʒyʀa] *m* **le ~** der Jura
jurassien(ne) [ʒyʀasjɛ̃, jɛn] *adj* Jura-; **montagne ~ne** Juragebirge *nt*, Jura *m*
Jurassien(ne) [ʒyʀasjɛ̃, jɛn] *m(f)* Bewohner(in) *m(f)* des Jura, Jurassier(in) *m(f)*
jurassique [ʒyʀasik] I. *adj* GEOL **période ~** Jura *m*; **terrain/système ~** Juraformation *f*
II. *m* GEOL Jura *m*, Juraformation *f*
juré(e) [ʒyʀe] I. *adj ennemi* erklärt; *haine* unversöhnlich
II. *m(f)* JUR Geschworene(r) *f(m)*
jurer [ʒyʀe] <1> I. *vt* ① *(promettre)* ~ **qc à ses parents** seinen/ ihren Eltern etw schwören [*o* geloben *geh*]; ~ **à ses parents de faire qc** seinen/ihren Eltern schwören [*o* geloben *geh*] etw zu tun; ~ **à qn que c'est la vérité** jdm schwören [*o* geloben *geh*], dass die Wahrheit ist; **faire ~ à un collègue de faire qc** einen Kollegen schwören lassen, dass er etw tut
② *(affirmer)* **pouvez-vous me ~ les avoir vus?** können Sie beschwören, dass Sie sie gesehen haben?; **je te/vous jure que oui!** ja, wirklich!; **je te/vous jure que non!** nein, wirklich nicht!
③ *(se promettre)* ~ **la ruine/mort de qn** schwören jdn zu ruinieren/töten; **il a juré la mort de son ennemi** er hat den Tod seines Feindes [*o* seinem Feind den Tod] geschworen; ~ **de faire qc** schwören etw zu tun; ~ **de se venger** Rache schwören
④ *(croire)* **on jurerait/j'aurais juré que c'était toi** man möchte schwören/ich hätte geschworen, dass du das warst; **ne ~ que par qn/qc** auf jdn/etw schwören
▶ **je te/vous jure!** *fam* also ehrlich *fam*!

II. *vi* ① *(pester)* ~ **contre** [*o* **après**] **qn/qc** über [*o* auf] jdn/etw fluchen, gegen jdn/etw wettern
② *(détonner)* ~ **avec qc** nicht zu etw passen; **ces couleurs jurent entre elles** diese Farben beißen sich
③ *(certifier de)* ~ **de qc** etw beteuern
④ *(affirmer)* **elle en jurerait** sie könnte darauf schwören; **je n'en jurerais pas** ich könnte es nicht beschwören
⑤ *(croire)* **il ne faut ~ de rien** man kann nie wissen
III. *vpr* ① *(se promettre mutuellement)* **se ~ qc** sich *(Dat)* [*o* einander] etw schwören
② *(décider)* **se ~ de faire qc** sich *(Dat)* fest vornehmen etw zu tun
juridiction [ʒyʀidiksjɔ̃] *f* ① *(compétence)* Gerichtsbarkeit *f*; ~ **arbitrale** Schiedsgerichtsbarkeit; ~ **gracieuse** freiwillige Gerichtsbarkeit; ~ **prud'hommale** Arbeitsgerichtsbarkeit; ~ **des mineurs** Jugendgerichtsbarkeit
② *(tribunal)* Gericht *nt*, Instanz *f*; ~ **civile** Zivilgericht; ~ **compétente de la partie demanderesse** Klägergerichtsstand *m*; **le tribunal de Berlin est la ~ compétente** Gerichtsstand ist Berlin; ~ **disciplinaire** Disziplinargericht; **avoir recours à la ~ supérieure** die höhere Instanz anrufen
③ *(ressort)* Zuständigkeitsbereich *m*, Zuständigkeit *f*; **le tribunal de votre ~** das für Sie zuständige Gericht
◆ ~ **d'appel** Berufungsgerichtsbarkeit *f*; ~ **de la concurrence** Kartellgerichtsbarkeit *f*; ~ **de droit commun** ordentliches Gericht; ~ **d'exception** Sondergericht *nt*, Ausnahmegericht *nt*; ~ **d'instruction** Ermittlungsgericht *nt*
juridictionnel(le) [ʒyʀidiksjɔnɛl] *adj* JUR *pouvoir* richterlich
juridique [ʒyʀidik] *adj* ① *(judiciaire)* gerichtlich, auf dem Rechtsweg
② *(qui a rapport au droit)* juristisch, Rechts-; *notion, terme* juristisch, rechtssprachlich; *étude* rechtswissenschaftlich; *statut* rechtlich; *jargon* ~ Rechtssprache *f*; **vide ~** Gesetzeslücke *f*; **du point de vue ~** juristisch gesehen; **faire des études ~s** Jura studieren; **exprimer qc en termes ~s** etw rechtssprachlich ausdrücken; **discipline ~** Rechtsdisziplin *f*; **interprétation/position/réglementation ~** Rechtsauslegung *f*/-position *f*/-bestimmung; **point de vue ~** Rechtsstandpunkt *m*; **examiner qc d'un point de vue ~** etw rechtswissenschaftlich untersuchen
juridiquement [ʒyʀidikmɑ̃] *adv* ① *(en justice)* gerichtlich; **demander ~** vor Gericht
② *(du point de vue du droit)* juristisch gesehen; **qui engage ~** rechtsverbindlich
◆ ~ **et de fait** JUR rechtlich und tatsächlich
juridisme [ʒyʀidism] *m* übertriebene Gesetzestreue
jurisconsulte [ʒyʀiskɔ̃sylt] *mf* Rechtsberater(in) *m(f)*, Jurist(in) *m(f)*
jurisprudence [ʒyʀispʀydɑ̃s] *f* Rechtsprechung *f*; JUR Judikative *f*; **faire ~** als Grundsatzurteil gelten
juriste [ʒyʀist] *mf* Jurist(in) *m*, Rechtswissenschaftler(in) *m(f)*; ~ **d'entreprise** Wirtschaftsjurist(in)
juron [ʒyʀɔ̃] *m* Fluch *m*
jury [ʒyʀi] *m* ① JUR Geschworene(n) *Pl*; **président du ~** Obmann *m* der Geschworenen
② SPORT, LITTER, ART Jury *f*, Preisgericht *nt*
③ SCOL, UNIV Prüfungskommission *f*
jus [ʒy] *m* ① **d'un fruit, d'une viande** Saft *m*; ~ **de pomme/de raisin/de rhubarbe** Apfel-/Trauben-/Rhabarbersaft; **être plein(e) de ~** saftig sein; **rendre du ~** saften, Saft abgeben
② *pop (café)* Kaffee *m*; **c'est du vrai ~ de chaussette** *fam* das ist reinstes Spülwasser *(fam)*
③ *fam (courant)* Saft *m (fam)*
▶ **avoir du ~ de navet dans les veines** keinen Saft in den Knochen haben; ~ **de la treille** [*o* **vigne**] *fam* Wein *m*, Rebensaft *m (geh)*; **laisser cuire** [*o* **mijoter**] **qn dans son ~** *fam* jdn im eigenen Saft schmoren lassen *(fam)*; **ça vaut le ~!** *fam* das bringt's *fam*!; **au ~!** *fam* [ab] ins Wasser! *(fam)*
◆ ~ **de fruit** Fruchtsaft *m*, Obstsaft
jusqu'au-boutisme [ʒyskobutism] *m sans pl* Durchhalten *nt* bis zum Ende, Durchhaltepolitik *f*
jusqu'au-boutiste [ʒyskobutist] I. *adj* **être ~** *personne*: immer bis zum Äußersten [*o* aufs Ganze] gehen *(fam)*; **politique ~** Durchhaltepolitik *f*
II. *mf* Vertreter(in) *m(f)* der harten Linie
jusque [ʒysk] <jusqu'> I. *prép* ① *(limite de lieu)* bis; **ils ont grimpé jusqu'à 3000 m** sie sind bis auf 3000 m gestiegen; **jusqu'aux genoux** bis zu den Knien [*o* an die Knie]; **viens jusqu'ici!** komm bis hierher!; **va ~-là!** geh bis dorthin!; **jusqu'où** bis wohin
② *(limite de temps)* bis; **jusqu'à maintenant** bis jetzt, bis zum heutigen Tage; **jusqu'à midi/au soir** bis Mittag/bis zum Abend; **jusqu'à quand?** bis wann?, wie lange?; **jusqu'alors** bis zu jenem Tag; **jusqu'au moment où** solange bis; **jusqu'en mai** bis Mai; **jusqu'ici** bis zum heutigen Tage, bis heute; ~-**là** bis dahin
③ *(y compris)* sogar, bis; **tous jusqu'au dernier** alle ohne Ausnah-

me; ~ **dans** sogar im/in der

④ *(au plus)* **jusqu'à concurrence de mille euros** bis zu tausend Euro; **jusqu'à dix personnes** bis zu zehn Personen

⑤ *(limite)* **jusqu'à un certain point** bis zu einem gewissen Punkt; **jusqu'à quel point** wie sehr, in welchem Maße; **~-là** so weit; **jusqu'où** wie weit

⑥ *(assez pour)* **elle a mangé jusqu'à en être malade** sie hat gegessen, bis es ihr schlecht war; **il va jusqu'à prétendre que c'est moi** er geht so weit zu behaupten, dass ich es bin; **amour paternel poussé jusqu'à la passion** bis zur Leidenschaft gesteigerte Vaterliebe

▸ **elle en a ~-là!** *fam* ihr steht es bis oben [*o* bis hier]! *(fam)*; **s'en mettre ~-là** *fam* sich *(Dat)* den Bauch bis oben hin vollschlagen *(fam)*

II. *conj* **jusqu'à ce qu'il vienne** bis er kommt

justaucorps [ʒystokɔʀ] *m* ① SPORT Bodysuit *m*, Body *m* *(fam)*; **~ de gymnastique** Gymnastikanzug *m*, Turnanzug

② HIST *(pourpoint)* [Leder]wams *nt*

juste [ʒyst] I. *adj* ① *(équitable)* gerecht; **condition** fair; **ce n'est pas ~ de faire qc** es ist ungerecht etw zu tun; **il faut être ~ et reconnaître que c'est vrai** gerechterweise muss man anerkennen, dass es stimmt

② *(anteposé) (fondé)* berechtigt; **elle a de ~s raisons de se réjouir** sie hat guten [*o* allen] Grund zur Freude

③ *(trop court)* **vêtement** zu kurz

④ *(trop étroit)* zu eng; **ouverture** schmal, klein

⑤ *(à peine suffisant)* knapp

⑥ *(exact)* richtig; **heure** genau; **c'est ~!** das stimmt [*o* ist richtig]!; **le calcul est ~** die Rechnung stimmt; **à 8 heures ~** [*s*] Punkt [*o* Schlag] 8 Uhr, genau [*o* pünktlich] um 8 Uhr; **elle se fait une idée ~ de ce qui l'attend** sie weiß genau, was sie erwartet; **apprécier qc à sa ~ valeur** [*o* **à son ~ prix**] etw nach seinem wahren Wert beurteilen

⑦ *(pertinent)* treffend, passend

⑧ MUS richtig; **il a une voix ~** er singt richtig; **le piano n'est pas ~** das Klavier ist verstimmt

II. *m* REL Gerechte(r) *f(m)*

III. *adv* ① *(avec exactitude)* richtig; **viser, tirer** genau; **penser** folgerichtig; **raisonner** treffend; **voir ~** richtig sehen; **parler ~** die richtigen Worte finden; **dire ~** Recht haben; **deviner/tomber ~** ins Schwarze [*o* den Nagel auf den Kopf *fam*] treffen; **le calcul tombe ~** die Rechnung geht auf

② *(exactement)* [ganz] genau; **il habite ~ à côté** er wohnt direkt nebenan/daneben; **~ après que ce sera passé** direkt nachdem das vorbei sein wird; **~ quand il est arrivé** gerade als er [an]gekommen ist; **il a plu ~ ce qu'il fallait** es hat gerade genug geregnet

③ *(seulement)* bloß, nur

④ *(à peine)* mesurer, prévoir knapp; **au plus ~** ganz knapp; **c'était [du] ~!** das war knapp!; **cela entre ~** das passt [*o* geht] gerade noch hinein; **tout ~** gerade noch, mit Ach und Krach *(fam)*; **il est arrivé bien ~** er kam in letzter Minute

▸ **être un peu ~** *fam (avoir peu d'argent)* ein bisschen knapp bei Kasse sein *(fam)*; **au ~** eigentlich; **comme de ~** wie üblich

justement [ʒystamɑ̃] *adv* ① *(à bon droit)* zu Recht

② *(pertinemment)* remarquer richtig; penser [folge]richtig; raisonner treffend

③ *(exactement)* genau

④ *(précisément)* gerade

⑤ *(à plus forte raison)* genau; **~, c'est pourquoi je t'avertis** gerade [*o* eben] darum warne ich dich [ja]

justesse [ʒystɛs] *f* ① *(précision)* Genauigkeit *f*; *d'une réponse, note* Richtigkeit *f*; *d'une oreille* Schärfe *f*; **~ du tir** Treffsicherheit *f*; **des calculs d'une grande ~** sehr genaue Berechnungen *Pl*; **chanter avec ~** richtig singen

② *(pertinence)* Richtigkeit *f*; *d'une expression* Korrektheit *f*; *d'une remarque* Zutreffen *nt*; *d'un raisonnement* Stichhaltigkeit *f*, Triftigkeit *f*; **manquer de ~** nicht ganz zutreffend sein; **s'exprimer avec ~** den richtigen Ton treffen

▸ **de ~** ganz knapp; **catastrophe évitée de ~** Beinahekatastrophe *f*

justice [ʒystis] *f* ① *(principe moral, respect des droits)* Gerechtigkeit *f*; **~ de la cause** Fallgerechtigkeit *(Fachspr.)*; **sens de la ~** Gerechtigkeitssinn *m*; **agir avec ~** gerecht handeln; **faire régner la ~** Gerechtigkeit walten lassen

② *(loi)* Gesetz *nt*, Recht *nt*; **rendre la ~** Recht sprechen; **obtenir ~** zu seinem Recht kommen

③ *(système et appareil judiciaires)* Gerichtswesen *nt*, Rechtswesen; **l'organisation de la ~ en Allemagne** die deutsche Gerichtsverfassung

④ *(juridiction)* Gerichtsbarkeit *f*, Justiz *f*; **~ administrative/commerciale/civile** Verwaltungs-/Handels-/Zivilgerichtsbarkeit; **~ arbitraire** Willkürjustiz; **~ militaire** Militärjustiz; **en ~** vor [*o* bei] Gericht; **par voie de ~** auf gerichtlichem Wege; **poursuivre qn en ~** jdn gerichtlich verfolgen; **assigner qn en ~** jdn vorladen, jdn vor Gericht laden

▸ **~ à deux vitesses** Klassenjustiz *f*; **en bonne** [*o* **toute**] **~** mit gutem [*o* vollem] Recht; **être raide comme la ~** *fam* zugeknöpft sein; **ce n'est que ~** das ist nur recht und billig; **faire** [*o* **rendre**] **~ à qn/qc** jdm/einer S. Gerechtigkeit [*o* Recht] widerfahren lassen *(geh)*; **faire ~ à son courage/mérite** seinen Mut/seine Tüchtigkeit anerkennen; **il faut lui rendre cette ~** das muss man ihm/ihr lassen; **se faire ~** *(se suicider)* sich selbst richten *(geh)*; *(se venger)* sich *(Dat)* selbst Recht verschaffen; **faire ~ des promesses de qn** jds Versprechen Lügen strafen; **faire ~ des mensonges de qn** jds Lügen an den Tag bringen

◆ **~ de paix** Friedensgericht *nt*

Justice [ʒystis] *f (allégorie)* Justitia *f*

justiciable [ʒystisjabl] *adj* ① JUR justiziabel; **être ~ de qc** der Zuständigkeit einer S. *(Gen)* unterliegen, der Gerichtsbarkeit einer S. *(Gen)* unterworfen sein

② *(qui peut être jugé par)* **être ~ de qn** jds Urteil *(Dat)* unterliegen

③ *(qui relève de)* **être ~ de qc** einer S. *(Gen)* bedürfen

justicier, -ière [ʒystisje, -jɛʀ] *m, f* ① *(redresseur de torts)* Verfechter(in) *m(f)* der Gerechtigkeit; **se poser en ~** sich zum Richter aufwerfen

② *(vengeur)* Racheengel *m*

justifiable [ʒystifjabl] *adj* vertretbar; **être ~** gerechtfertigt werden können

justificatif [ʒystifikatif] *m* ① *(preuve)* Beweisstück *nt*, Beweis *m*

② PRESSE Belegexemplar *nt*

③ ECON Rechnungsbeleg *m*; **~ extérieur** Fremdbeleg

◆ **~ de l'identité** [*o* **d'identité**] Ausweis[papier *nt*] *m*; **~ de qualification** Qualifikationsnachweis *m*

justificatif, -ive [ʒystifikatif, -iv] *adj* PRESSE *exemplaire* Beleg-; **pièce justificative, document ~** Beleg *m*, Beweisstück *nt*

justification [ʒystifikasjɔ̃] *f* ① *d'un acte, d'une conduite* Rechtfertigung *f*

② *(preuve)* Beweis *m*, Nachweis *m*; *d'un paiement* Beleg *m*

③ TYP, INFORM Justierung *f*

justifier [ʒystifje] <1a> I. *vt* ① *(donner raison à)* rechtfertigen; bestätigen espérances, point de vue; **ma prudence est justifiée par les événements** die Geschehnisse rechtfertigen meine Vorsicht

② *(expliquer)* rechtfertigen; **rien ne justifie tes craintes, tes craintes ne sont pas justifiées** deine Befürchtungen sind unbegründet [*o* nicht gerechtfertigt]

③ *(disculper)* rechtfertigen

④ *(prouver)* **~ une créance** den Beweis für eine Forderung liefern, eine Forderung belegen; **pouvez-vous ~ vos affirmations?** können Sie Ihre Behauptungen beweisen?

⑤ TYP, INFORM justieren, bündig machen; **justifié(e) à droite/à gauche** rechts-/linksbündig

II. *vi* **~ d'un paiement** eine Zahlung belegen; **~ de son identité** sich ausweisen

III. *vpr* ① *(se disculper)* **se ~** sich rechtfertigen; **se ~ de qc auprès de qn** sich wegen etw vor jdm rechtfertigen

② *(s'expliquer)* **se ~ par qc** sich durch etw rechtfertigen lassen, durch etw zu rechtfertigen sein

jute [ʒyt] *m* Jute *f*; **sac de ~** Jutesack *m*

juter [ʒyte] <1> *vi* tropfen, saften

juteux, -euse [ʒytø, -øz] *adj* ① *fruit* saftig

② *fam (lucratif)* einträglich, lukrativ

juvénile [ʒyvenil] *adj* jugendlich

juxtaposé(e) [ʒykstapoze] *adj* ① nebeneinanderliegend, nebeneinanderstehend; *idées* gegenübergestellt

② GRAM, LING **mots ~s** Juxtaposition *f*; **propositions ~es** unverbundene Satzreihe *f*

juxtaposer [ʒykstapoze] <1> *vt* aneinanderreihen mots, objets; **~ qc à** [*o* **et**] **qc** etw an etw *(Akk)* reihen

juxtaposition [ʒykstapozisjɔ̃] *f* Aneinanderreihung *f*; **la ~ de plusieurs idées** die Gegenüberstellung von mehreren Ideen

K k

K, k [kɑ] *m inv* K *nt*/k *nt*
K ❶ CHIM *abr de* **potassium** (**kalium**) K
❷ PHYS *abr de* **kelvin** K
kabbale [kabal] *f* Kabale *f*
kabyle [kabil] *adj* kabylisch
Kabyle [kabil] *mf* Kabyle *m*/Kabylin *f*
kafkaïen(ne) [kafkajɛ̃, jɛn] *adj* kafkaesk
kaki¹ [kaki] *m* BOT Kakipflaume *f*
kaki² [kaki] **I.** *adj inv* k[h]akifarben
II. *m sans pl* K[h]aki *nt*
kalachnikov [kalaʃnikɔf] *f* MIL Kalaschnikow *f*
kaléidoscope [kaleidɔskɔp] *m* Kaleidoskop *nt*
kamikaze [kamikaz] **I.** *adj* Kamikaze-; **opération** ~ Kamikazeangriff *m*
II. *m* ❶ *(pilote)* Kamikazeflieger *m*, Kamikazepilot *m*
❷ *(avion)* Kamikazeflugzeug *nt*
❸ *fam (conducteur)* ~ **du volant** Kamikazefahrer(in) *m(f)* *(fam)*
kanak(e) [kanak] **I.** *adj* der Kanaken *(Gen)*
II. *m(f)* Kanake *m*/Kanakin *f*
kangourou [kɑ̃guʀu] *m* Känguru *nt*
kantien(ne) [kɑ̃tjɛ̃, jɛn] *adj philosophie, morale* Kants; **la méthode** ~**ne** die Methode Kants
kantisme [kɑ̃tism] *m* PHILOS die Philosophie Kants
kaolin [kaɔlɛ̃] *m* Kaolin *nt*, Porzellanerde *f*
kapok [kapɔk] *m* Kapok *m*
karaoké [kaʀaɔke] *m* Karaoke *nt*
karaté [kaʀate] *m* Karate *nt*
karatéka [kaʀateka] *mf* Karateka *m*
karbau [kaʀbo] <x> *m* ZOOL Wasserbüffel *m*
karma [kaʀma] *m* Karma *nt*
karst [kaʀst] *m* GEOG, GEOL Karst *m*
kart [kaʀt] *m* [Go-]Kart *m*
karting [kaʀtiŋ] *m* Gokart-Sport *m*; **piste de** ~ Gokart-Bahn *f*
kascher [kaʃɛʀ] *adj inv viande, boucherie* koscher
kayak [kajak] *m* ❶ *(canot)* Kajak *m o nt*; **ballade en** ~ Wasserwanderung *f*
❷ *(sport)* Kajakfahren *nt*, Wasserwandern *nt*
kayakiste [kajakist] *mf* Kajaksportler(in) *m(f)*
kb [kabe] *m abr de* **Kilobit** INFORM KBit *nt*
kebab, kébab [kebab] *m* GASTR Kebab *m*
kéfir *v.* **képhir**
kelvin [kɛlvin] *m* Kelvin *nt*
kendo [kɛndo] *m* SPORT Kendo *nt*
Kenya [kenja] *m* **le** ~ Kenia *nt*
kényan(e) [kenjɑ̃, an] *adj* keniisch
Kényan(e) [kenjɑ̃, an] *mf* Kenianer(in) *m(f)*
képhir [kefiʀ] *m* Kefir *m*
képi [kepi] *m* Käppi *nt*
kérabau *v.* **karbau**
kératine [keʀatin] *f* BIO Keratin *nt*
kératite [keʀatit] *f* MED Keratitis *f (Fachspr.)*
kératoplastie [keʀatoplasti] *f* MED Keratoplastik *f (Fachspr.)*
kermesse [kɛʀmɛs] *f* ❶ Wohltätigkeitsbasar *m*
❷ BELG, NORD *(ducasse)* Kirmes *f*, Kirchweih *f*
kérosène [keʀozɛn] *m* Kerosin *nt*
ketchup [kɛtʃœp] *m* Ketschup *m o nt*
keuf [kœf] *m arg* Bulle *m (pej sl)*
keum [kɛm] *m arg* Typ *m (sl)*, Kerl *m (fam)*; **mon** ~ *fam* mein Kerl *(fam)*, mein Oller (DIAL *sl*)
kg *m abr de* **kilogramme** kg
khâgne [kaɲ] *f fam* Klasse *f*, in der man sich nach dem Baccalauréat auf die Aufnahmeprüfung an der „École normale supérieure (lettres)" vorbereitet
khâgneux, -euse [kaɲø, -øz] *m, f fam* Student, der/Studentin, die die „Khâgne" besucht
khmer [kmɛʀ] *m* **le** ~ Khmer *nt*; *v. a.* **allemand**
khmer, khmère [kmɛʀ] *adj* République Khmer-; *art, temple* der Khmer *(Gen)*
Khmer, Khmère [kmɛʀ] *m, f* Khmer *mf*
khôl [kol] *m* Kajal[stift *m*] *nt*
kHz *m abr de* **kilohertz** kHz *nt*
kibboutz [kibuts] <kibboutz> *m* Kibbuz *m*
kibboutznik [kibutsnik] *m* Kibbuznik *m*
kick [kik] *m* Kickstarter *m*; **démarrer une moto au** ~ ein Motorrad mit dem Kickstarter anlassen
kick-boxing, kick boxing [kikbɔksiŋ] *m* Kickboxen *nt*
kidnapper [kidnape] <1> *vt* kidnappen, entführen; **se faire** ~ **par qn** von jdm gekidnappt [*o* entführt] werden

kidnappeur, -euse [kidnapœʀ, -øz] *m, f* Kidnapper(in) *m(f)*, Entführer(in) *m(f)*
kidnapping [kidnapiŋ] *m* Kidnapping *nt*
kif [kif] *m* Kif *m*
kif-kif [kifkif] *m inv* ▶ **c'est** ~ [**bourricot**] *fam* das ist Jacke wie Hose, das ist gehüpft wie gesprungen *(fam)*
kiki [kiki] *m fam (gorge)* **serrer le** ~ **à qn** jdm die Gurgel zudrücken
▶ **c'est parti, mon** ~ jetzt geht's los [*o* rund] *(fam)*
kil [kil] *m* ◆ ~ **de rouge** *pop* Liter *m* Rotwein
killeuse [kilœz] *f fam [absolute]* Powerfrau *f*
kilo [kilo] *m abr de* **kilogramme** Kilo *m*; **vendre qc au** ~ etw kiloweise verkaufen
~ **ohm** PHYS, ELEC Kiloohm *nt*; ~ **volt** PHYS, ELEC Kilovolt *nt*
kilobit [kilobit] *m* INFORM Kilobit *nt*
kilogramme [kilɔgʀam] *m* Kilogramm *nt*
kilohertz [kiloɛʀts] *m* Kilohertz *nt*
kilométrage [kilɔmetʀaʒ] *m d'un parcours, d'une route* Kilometrieren *nt*, Kilometrierung *f*; *d'une voiture* Kilometerstand *m*, Kilometerzahl *f*
kilomètre [kilɔmɛtʀ] *m* ❶ *(mille mètres)* Kilometer *m*; **cent** ~**s à l'heure** [*o* ~**-s-heure**] hundert Stundenkilometer; ~ **carré** Quadratkilometer *m*
❷ TRANSP *(partie d'un trajet)* ~ **parcouru**/**à parcourir** Fahrkilometer *m*; ~ **de rivière parcouru**/**à parcourir** Flusskilometer; ~ **parcouru**/**à parcourir en vol** Flugkilometer; **au** ~ **120,7 de la voie ferrée** beim Bahnkilometer 120,7
▶ **bouffer du** ~ *fam* Kilometer fressen *(fam)*
kilomètre-heure [kilɔmɛtʀœʀ] <kilomètres-heure> *m* Stundenkilometer *m*
kilométrique [kilɔmetʀik] *adj borne, mesure, prix de revient* Kilometer-; *distance* in Kilometern
kilo-octet [kiloɔktɛ] *m* Kilobyte *nt*
kilotonne [kilotɔn] *f* Kilotonne *f*
kilowatt [kilowat] *m* Kilowatt *nt*
kilowattheure [kilowatœʀ] *m* Kilowattstunde *f*
kilt [kilt] *m* Kilt *m*
kimono [kimɔno] **I.** *m* Kimono *m*
II. *app inv manches* Kimono-; *robe* im Kimonoschnitt
kiné [kine] *mf*, **kinési** [kinezi] *mf fam abr de* **kinésithérapeute** Krankengymnast(in) *m(f)*
kinésithérapeute [kineziteʀapøt] *mf* Krankengymnast(in) *m(f)*, Heilgymnast(in) *m(f)*
kinésithérapie [kineziteʀapi] *f* Krankengymnastik *f*, Heilgymnastik *f*
kinesthésie [kinɛstezi] *f* Kinästhesie *f*
kiosque [kjɔsk] *m* ❶ *(petit pavillon)* Gartenhäuschen *nt*; ~ **à musique** Musikpavillon *m*, Konzertpavillon
❷ *(lieu de vente)* Kiosk *m*; *(au marché)* Stand *m*; *(baraque)* Verkaufsbude *f*; ~ **à friandises** Süßigkeitenstand; ~ **à journaux**/**de fleuriste** Zeitungs-/Blumenkiosk, Zeitungs-/Blumenstand; ~ **de vente** Verkaufspavillon *m*
❸ MEDIA ~ **téléphonique** telefonischer Auskunftsdienst
❹ *(minitel)* ~ **télématique** Forum *nt*
kipper [kipœʀ] *m* GASTR Bückling *m*
kir® [kiʀ] *m* Kir *m (Aperitif aus Weißwein und schwarzem Johannisbeerlikör)*; ~ **royal** Kir royal *(Aperitif aus Champagner und schwarzem Johannisbeerlikör)*
kirsch [kiʀʃ] *m* Kirschwasser *nt*, Kirschgeist *m*
kit [kit] *m* ❶ [Fertig]bausatz *m*, Fertigteile *Pl*; **en** ~ als [Fertig]bausatz; ~ **complémentaire** INFORM Nachrüstbausatz
❷ TELEC ~ **mains libres** Headset *nt*; *(dans une voiture)* Freisprechanlage *f*
kitchenette [kitʃanɛt] *f* Kochnische *f*, Kochecke *f*
kitesurf [kajtsœʀf] *m* Kitesurfen *nt*; **faire du** ~ kitesurfen
kit[s]ch [kitʃ] **I.** *adj inv* kitschig
II. *m inv* Kitsch *m*
kiwi [kiwi] *m* ❶ *(fruit)* Kiwi *f*
❷ *(oiseau)* Kiwi *m*
klaxon [klaksɔn] *m* Hupe *f*; **donner un petit coup de** ~ kurz hupen
klaxonner [klaksɔne] <1> **I.** *vi* hupen
II. *vt fam* anhupen; **klaxonne-le!** hup mal!
kleenex® [klinɛks] *m* Tempotaschentuch® *nt*, Tempo® *nt (fam)*
kleptomane [klɛptɔman] **I.** *adj* kleptomanisch; **elle est** ~ sie ist Kleptomane *m*/Kleptomanin *f*
II. *mf* Kleptomane *m*/Kleptomanin *f*
kleptomanie [klɛptɔmani] *f* Kleptomanie *f*

km *abr de* **kilomètre** km
km/h *abr de* **kilomètre-heure** km/h
km² *abr de* **kilomètre carré** km²
knock-out [(k)nɔkaut] **I.** *adj inv* knock-out, k. o.; **mettre ~** k. o. schlagen
II. *m inv* K. o. *m*, K.-o.-Schlag *m*
knout [knut] *m* Knute *f*; **coup de ~** Peitschenhieb *m*
ko [kao] *m abr de* **kilo-octet** INFORM KByte *nt*
Ko [kao] *m abr de* **kilo-octet** INFORM KB *nt*
K.-O. [kao] *abr de* **knock-out I.** *adj inv fam* ❶ *(assommé)* benommen; SPORT k. o.; **mettre qn ~** jdn k. o. schlagen, jdn außer Gefecht setzen; **le choc l'a mis ~** der Schlag hat ihn umgeworfen
❷ *(épuisé)* k. o. *(fam)*, [fix und] fertig *(fam)*; **mettre qn ~** jdn [total] fertigmachen *(fam)*
II. *m inv fam* K. o. *m*, K.-o.-Schlag *m*; **subir un ~** eine K.-o.-Niederlage einstecken
koala [kɔala] *m* Koalabär *m*, Koala *m*
kohol *v.* **khôl**
kola [kɔla] *m o f* BOT ❶ *(graine de cola)* Kolanuss *f*
❷ *(produit extrait de la noix de kola)* Koffein *nt*
❸ *(boisson)* **liqueur de ~** Cola *nt o f*
kolkhoze [kɔlkoz] *m* Kolchose *f*
kolkhozien(ne) [kɔlkozjɛ̃, jɛn] **I.** *adj économie, exploitation* Kolchos-
II. *m(f)* Kolchosbauer *m*/Kolchosbäuerin *f*
kopeck [kɔpɛk] *m* Kopeke *f*
▶ **pas un ~** *fam* kein Pfennig *m*
korrigan(e) [kɔʀigã, an] *m(f)* böses Wesen in bretonischen Märchen
kosovar [kɔsɔvaʀ] *adj* kosovarisch, aus [dem] Kosovo

Kosovar(e) [kɔsɔvaʀ] *m(f)* Kosovare *m*/Kosovarin *f*
Kosovo [kɔsɔvo] *m* **le ~** das [o der] Kosovo
kouglof [kuglɔf] *m* Gugelhopf *m*, Gugelhupf *m*
Koweït [kɔwɛt] *m* **le ~** Kuwait *nt*
koweïtien(ne) [kɔwɛtjɛ̃, jɛn] *adj* kuwaitisch
Koweïtien(ne) [kɔwɛtjɛ̃, jɛn] *m(f)* Kuwaiter(in) *m(f)*
krach [kʀak] *m* ❶ BOURSE Börsenkrach *m*
❷ *(faillite)* Konkurs *m*, Bankrott *m*
kraft *v.* **papier**
Kremlin [kʀɛmlɛ̃] *m* **le ~** der Kreml
krill [kʀil] *m inv* Krill *m*
krypton [kʀiptɔ̃] *m* Krypton *nt*
Ku Klux Klan [kyklyksklã] *m* Ku-Klux-Klan *m*
kummel [kymɛl] *m inv* Kümmel *m*
kumquat [kɔmkwat, kumkwat] *m* ❶ *(fruit)* Kumquat *f*
❷ *(arbre)* Kumquatbaum *m*
kung-fu [kuŋfu] *m inv* SPORT Kung-Fu *nt*
kurde [kyʀd] **I.** *adj* kurdisch
II. *m* **le ~** Kurdisch *nt*, das Kurdische; *v. a.* **allemand**
Kurde [kyʀd] *m, f* Kurde *m*/Kurdin *f*
Kurdistan [kyʀdistã] *m* **le ~** Kurdistan *nt*
Kuwait *v.* **Koweït**
kW *abr de* **kilowatt** kW
kWh *abr de* **kilowattheure** kWh
kyrie [kiʀje] *m inv* Kyrie[eleison *nt*] *nt*
kyrielle [kiʀjɛl] *f fam* **une ~ d'enfants** eine Reihe Kinder; **une ~ d'injures/de bêtises** eine [ganze] Reihe [von] Beleidigungen/Dummheiten; **ils sont une ~ à postuler pour ce poste** sie haben sich in Scharen um diese Stelle beworben
kyste [kist] *m* Zyste *f*

L

L, l [ɛl] *m inv* ❶ L *nt*/l *nt*
❷ *(forme)* **en L** L-förmig
l *abr de* **litre** l
la¹ [la] <*devant une voyelle ou un h muet* l'> **I.** *art déf* der/die/das; **~ mouche/~ puce/~ poule** die Mücke/der Floh/das Huhn
II. *pron pers* ❶ *(se rapportant à une personne fém)* **il ~ voit/l'aime** er sieht/liebt sie; **il ~ suit/l'aide** er folgt/hilft ihr
❷ *avec laisser* sie; **il ~ laisse conduire la voiture** er lässt sie das Auto fahren
❸ *(se rapportant à un animal ou un objet fém)* **là-bas, il y a une mouche/puce/poule, ~ vois-tu?** da drüben ist eine Mücke/ein Floh/ein Huhn, siehst du sie/ihn/es?; **où est ma montre/ceinture? Je ne ~ trouve pas!** wo ist meine Uhr/mein Gürtel? Ich finde sie/ihn nicht!; **cette mouche/puce/poule, je l'ai aidée à sortir de l'eau** der Mücke/dem Floh/dem Huhn habe ich aus dem Wasser geholfen
❹ *avec un présentatif* sie; **~ voici** [*o* **voilà**]**!** hier [*o* da] ist sie!; **~ voilà toute propre** jetzt ist sie [wieder] sauber
la² [la] *m inv* MUS A *nt*, a *nt*; **le ~ du diapason** der Kammerton A; **donner le ~** den Stimmton [*o* den Kammerton] angeben; *v. a.* **do**
là¹ [la] *adv* ❶ *(avec déplacement à distance)* dorthin, dahin
❷ *(avec déplacement à proximité)* hierher; **passer par ~** da [*o* dort] entlang gehen/fahren; **de ~** von dort [aus] [*o* da [aus]]
❸ *(sans déplacement à distance)* dort, da
❹ *(sans déplacement à proximité)* hier; *(à la maison)* da, zu Hause; **[quelque part] par ~** hier irgendwo; **il y a ~ une contradiction dans ce qu'il dit** dort [o da[rin]] liegt die Schwierigkeit; **~ contre** *vieilli* [da] dagegen
❺ *(à ce moment-là)* da; **à partir de ~** von da an; **jusque ~** bis dahin
❻ *(en ce moment)* da
❼ *(alors)* also da [*o* dann]
❽ *(dont il est question)* **cette histoire-~** diese Geschichte [da]
▶ **qn en est ~ que** so weit es so weit gekommen ist; **les choses en sont ~** so stehen die Dinge; **tout est ~** *(c'est l'essentiel)* das ist die Hauptsache
là² [la] *interj* na; **~, ~** na, na; schon gut
là-bas [laba] *adv* ❶ *(avec déplacement dans une direction)* dorthin, dahin
❷ *(avec déplacement dans une direction)* dort, da
❸ *(sans déplacement)* dort
label [labɛl] *m* ❶ *(marque de qualité)* Handelsmarke *f*, Schutzmarke; **~ pure laine vierge** Wollsiegel *nt*; **~ écologique** Ökolabel *nt*
❷ *(signe distinctif)* Markenzeichen *nt;* ECON Handelszeichen
◆ **~ d'authenticité** Echtheitszeichen *nt;* **~ de garantie** Qualitätsgarantie *f;* **~ d'origine** Ursprungszeugnis *nt;* **~ de qualité** Gütezeichen *nt*
labelliser [labelize] <1> *vt* mit einem Gütesiegel versehen
labeur [labœʀ] *m littér* [harte [*o* mühsame]] Arbeit
labiacées [labjase] *fpl* BOT Lippenblütler *Pl*
labial(e) [labjal, jo] <-aux> *adj* ❶ ANAT labial; **mouvement ~** Lippenbewegung *f*
❷ LING Labial-
labiale [labjal] *f* Labial[laut *m*] *m*
labié(e) [labje] *adj* BOT *plantes* lippenförmig
labiées [labje] *fpl* BOT Lippenblütler *Pl*
labiodental(e) [labjodãtal, o] <-aux> *adj* PHON *consonne* Labiodental-, labiodental
labo [labo] *m fam abr de* **laboratoire** Labor *nt;* **~ photo** Photolabor
laborantin(e) [labɔʀãtɛ̃, in] *m(f)* Laborant(in) *m(f)*
laboratoire [labɔʀatwaʀ] *m* ❶ *(salle)* Labor *nt;* **~ de chimie/de physique** Chemie-/Physiklabor; **~ de langues** Sprachlabor; **~ de fabrication de drogues** Drogenlabor; **~ d'essais** Versuchslabor; **~ secret** Geheimlabor; **~ spatial** Raumlabor; **en ~** im Labor; **produit de ~** Laborprodukt *nt;* **animal de ~** Versuchstier *nt*
❷ *(ensemble de chercheurs)* Labor *nt*
◆ **~ d'analyses** diagnostisches Labor; **~ de recherche[s]** Forschungslabor *nt*
laborieusement [labɔʀjøzmã] *adv* mühsam; **argent ~ gagné** mühsam verdientes Geld
laborieux, -euse [labɔʀjø, -jøz] *adj* ❶ mühsam; *recherche* mühsam, langwierig; *digestion* träge; **eh bien, c'est ~ !** *fam* das dauert!
❷ *(travailleur) classes, masses* arbeitend; *personne* arbeitsam; **vie ar**beitsreich; **la population de cette région est laborieuse** die Bewohner dieser Gegend arbeiten hart
labour [labuʀ] *m* ❶ Bodenbearbeitung *f*, [Feld-]arbeit *f*
❷ *(avec une charrue)* Pflügen *nt;* **cheval de ~** Ackergaul *m*
❸ *pl (terres labourées)* gepflügter Boden
labourable [labuʀabl] *adj* bestellbar, kultivierbar
labourage [labuʀaʒ] *m* Ackerbau *m; d'une terre, d'un sol* Bearbeitung *f*, Bestellung *f*
labourer [labuʀe] <1> *vt* ❶ AGR [um]pflügen
❷ *(creuser)* aufwühlen; **l'ancre laboure** der Anker wühlt den Boden auf
❸ *fig* **un front labouré de rides** eine von Falten zerfurchte Stirn;

les lanières labourent les épaules à qn die Riemen schneiden sich [tief] in jds Schultern *(Akk)* ein
II. *vi* pflügen
III. *vpr* **se ~** sich *(Dat)* zerkratzen

laboureur, -euse [labuʀœʀ, -øz] *m, f f peu usité littér* ❶ Feldarbeiter(in) *m(f)*
❷ *(paysan)* Landmann *m*/Landfrau *f (veraltet geh)*

labrador [labʀadɔʀ] *m* ❶ *(chien de chasse)* Labrador[hund] *m*
❷ MIN Labrador[it] *m*

labyrinthe [labiʀɛ̃t] *m* ❶ Labyrinth *nt*
❷ *(complication)* Labyrinth *nt*, Gewirr *nt*, Wirrwarr *m*

lac [lak] *m* See *m*; **~ de montagne** Gebirgssee; **le ~ Majeur** der Lago Maggiore; **le ~ Supérieur** der Obere See; **le ~ de Constance** der Bodensee; **le ~ Léman** [*o* **de Genève**] der Genfer See; **le ~ de Neuchâtel** der Neuenburger See; **le ~ des Quatre-Cantons** der Vierwaldstätter See
▶ **être/tomber dans le ~** *fam* ins Wasser fallen, den Bach runtergehen *(fam)*

laçage [lasaʒ] *m* Binden *nt*, Schnüren *nt*; *d'un corset* Schnüren

lacer [lase] <2> I. *vt* [zu]binden *chaussure, lacet*; schnüren *corset*
II. *vpr* **se ~ devant** *chaussures*: vorne gebunden [*o* geschnürt] werden; *bustier, corset*: vorne geschnürt werden

lacération [laseʀasjɔ̃] *f* ❶ *(déchirement) d'une affiche* Abreißen *nt*; *d'un tissu* Zerreißen *nt*
❷ MED Einriss *m*, Lazeration *f (Fachspr.)*

lacérer [laseʀe] <5> *vt* ❶ *(déchirer)* zerreißen
❷ *(taillader)* **~ qc à qn** jdm etw zerschneiden

lacet [lasɛ] *m* ❶ *d'une botte, chaussure* Schnürsenkel *m*; *d'un corset, d'une robe* Schnürband *nt*; **qn casse son ~** jdm reißt der Schnürsenkel; **à ~s** geschnürt; **des chaussures à ~s** Schnürschuhe *Pl*
❷ *(virage)* Serpentine *f*; *d'une rivière* Schleife *f*; **en ~** in Serpentinen; **route en ~[s]** Serpentinenstraße *f*
❸ *(oscillation)* Schlingern *nt*
❹ *(piège)* Schlinge *f*; **prendre au ~** mit [*o* in] der Schlinge fangen

lâchage [lɑʃaʒ] *m fam (abandon)* Aufgabe *f*, Fallenlassen *nt*

lâche [lɑʃ] I. *adj* ❶ *(poltron, méprisable)* feige
❷ *(détendu) corde, nœud, vêtement* locker
❸ *(peu rigoureux)* locker, lasch *(fam)*
II. *mf* ❶ *(poltron)* Feigling *m*, Angsthase *m (fam)*
❷ *(femme méprisable)* niederträchtige Person
❸ *(homme méprisable)* gemeiner Kerl

lâchement [lɑʃmɑ̃] *adv* ❶ *(peureusement)* feige
❷ *(de façon méprisable)* auf gemeine [*o* niederträchtige] *[Art und]* Weise

lâcher [lɑʃe] <1> I. *vt* ❶ *(laisser aller involontairement)* loslassen, fallen lassen; fliegen lassen *oiseau, pigeon*; [o steigen] lassen *ballon*; herausrutschen *juron*; **qn lâche un cri/juron** jdm entfährt ein Schrei/Fluch; **voilà le grand mot lâché!** jetzt ist es raus [*o* ausgesprochen] !
❷ *(laisser aller délibérément)* loslassen; von sich geben *bêtise, mot*; ausstoßen *juron*; abwerfen *bombe*; abfeuern *bordée*; verbreiten *information*
❸ *fam (abandonner)* aufgeben; **~ qc pour qn/qc** etw für jdn/etw fallen [*o* sausen *fam*] lassen; **~ qn pour qn/qc** jdn wegen jdn/etw fallen [*o* sitzen *fam*] lassen; **~ une occasion** sich *(Dat)* eine Gelegenheit entgehen lassen; **la voiture/le moteur lâche qn** das Auto/der Motor lässt jdn im Stich; **ne pas ~ qn rhume:** jdn nicht loslassen; *idée:* jdn nicht loslassen, jdm nicht aus dem Kopf gehen; **tout ~** *fam* alles hinwerfen [*o* hinschmeißen] *(fam)*, alles sausen lassen *(fam)*
❹ SPORT *arg* **~ qn/qc** jdn/etw hinter sich *(Dat)* lassen, jdn/etw abhängen *(fam)*
▶ **lâche-moi avec ça!** *fam* lass mich damit in Ruhe [*o* in Frieden]! *(fam)*
II. *vi* versagen; *corde:* nachgeben; *nœud:* sich lösen; *fam personne:* schlapp machen *(fam)*
III. *m de ballons* Steigenlassen *nt*; **~ de pigeons** Auflassen *nt* der Tauben

lâcheté [lɑʃte] *f* ❶ *(couardise)* Feigheit *f*; **faire preuve d'une grande ~** äußerste Feigheit an den Tag legen; **par ~** aus Feigheit
❷ *(bassesse)* Gemeinheit *f*, Niederträchtigkeit *f*

lâcheur, -euse [lɑʃœʀ, -øz] *m, f fam* treulose Tomate *(fam)*, Drückeberger *m (pej)*

lacis [lasi] *m* Geflecht *nt*, Gewirr *nt*; *de veines* Netz *nt*; **~ de branches** Geflecht aus Zweigen; **~ de ruelles** Straßengewirr

laconique [lakɔnik] *adj* knapp, kurz und bündig; *réponse* lakonisch; *personne* einsilbig

laconiquement [lakɔnikmɑ̃] *adv* lakonisch, kurz und bündig

lacrymal(e) [lakʀimal, o] <-aux> *adj* Tränen-; **liquide ~**, **sécrétion ~e** Tränenflüssigkeit *f*

lacrymogène [lakʀimɔʒɛn] *adj* **gaz ~** Tränengas *nt*; **grenade ~** Tränengasbombe *f*

lacs [lak] *m (nœud)* Schlinge *f*

lactaire [laktɛʀ] *m* Milchling *m*, Reizker *m*

lactalbumine [laktalbymin] *f* CHIM Milcheiweiß *nt*, Laktalbumin *nt (Fachspr.)*

lactase [laktaz] *f* BIO, CHIM Laktase *f*

lactation [laktasjɔ̃] *f* MED, BIO Milchabsonderung *f*, Milcherzeugung *f*, Laktation *f (Fachspr.)*; **avoir une ~ insuffisante** nicht genügend Milch haben

lacté(e) [lakte] *adj* ❶ GASTR *bouillie* Milch-; **régime ~** Milchkost *f*
❷ MED **fièvre ~e** Milchfieber *nt*
❸ *littér (d'aspect laiteux)* milchig

lactifère [laktifɛʀ] *adj* Milch-, milchhaltig

lactique [laktik] *adj* Milch-; **acide ~** Milchsäure *f*; **les ferments ~s** Milchsäurebakterien *Pl*

lacto[densi]mètre [laktɔ(dɑ̃si)mɛtʀ] *m* TECH Lakto[densi]meter *nt*, Galaktometer *nt*

lactose [laktoz] *m o f* CHIM, MED Milchzucker *m*, Laktose *f (Fachspr.)*

lacunaire [lakynɛʀ] *adj littér* lückenhaft

lacune [lakyn] *f* Lücke *f*; **présenter des ~s** Lücken haben [*o* aufweisen]; **combler une ~/ses ~s** eine Lücke/seine Lücken füllen; **~ dans le plan de financement** Finanzierungslücke; **~ dans le système fiscal** Steuergesetzlücke; **~ juridique** Gesetzeslücke; *(injustice)* Gerechtigkeitslücke

lacustre [lakystʀ] *adj* in Seen vorkommend; **région ~** Seengebiet *nt*; **cité ~** Pfahlbautendorf *nt*

lad [lad] *m* Stallbursche *m*

là-dedans [lad(ə)dɑ̃] *adv* ❶ *(indiquant le lieu)* da drin; **je ne reste pas ~** ich bleibe nicht hier drin ❷ *(indiquant la direction)* da hinein, da rein *(fam)* ❸ *fig* **n'avoir rien à voir ~** nichts damit zu tun haben; **pourquoi me suis-je embarqué(e) ~?** warum hab ich mich nur darauf eingelassen? **là-dessous** [lad(ə)su] *adv* darunter, da drunter *(fam)*; *fig* dahinter; **qu'y a-t-il ~?** was steckt [*o* verbirgt sich] dahinter? **là-dessus** [lad(ə)sy] *adv* ❶ *(direction, ici)* hier hin-/herauf ❷ *(direction, là-bas)* dort [*o* da] hin-/herauf ❸ *(lieu)* darauf ❹ *(à ce sujet)* darüber; **compte ~** verlass dich d[a]rauf ❺ *(sur ce)* daraufhin, damit

ladite *v.* **ledit**

ladre [lɑdʀ] I. *adj littér* geizig
II. *mf littér* Geizhals *m (pej)*

ladrerie [lɑdʀəʀi] *f littér* Geiz *m*

lagon [lagɔ̃] *m* Lagune *f*

lagopède [lagɔpɛd] *m* Schneehuhn *nt*

lagune [lagyn] *f* Lagune *f*

là-haut [lao] *adv* ❶ *(au-dessus) (direction)* dort [*o* da] hinauf; *(lieu)* dort [*o* da] oben
❷ *(dans le ciel)* dort [*o* da] oben

La Haye [la´ɛ] Den Haag

lai [lɛ] *m* LITTER Lai *m (mittelalterliche Verserzählung)*

laïc, laïque *v.* **laïque**

laïcisation [laisizasjɔ̃] *f* Entkonfessionalisierung *f*, Laizisierung *f (Fachspr.)*

laïciser [laisize] <1> *vt* entkonfessionalisieren, laizisieren *(Fachspr.)*

laïcité [laisite] *f* Trennung *f* von Kirche und Staat, Laizismus *m (Fachspr.)*; **de l'enseignement** religiöse Neutralität

Land und Leute

In Frankreich herrscht seit 1905 das Prinzip der **laïcité**, also der gesetzlichen Trennung von Kirche und Staat. Dies bedeutet zum Beispiel, dass es keine Kirchensteuer gibt und in den staatlichen Schulen kein Religionsunterricht stattfindet.

laid [lɛ] *m* Hässliche(s) *nt*

laid(e) [lɛ, lɛd] *adj* ❶ *(opp: beau)* hässlich; **être ~ à faire peur** zum Fürchten aussehen *(fam)*
❷ *(moralement) action, défaut* hässlich, unschön; **une action ~e** etwas Hässliches

laideron [lɛdʀɔ̃] *m* hässliches Mädchen, hässliches Entlein *(fam)*

laideur [lɛdœʀ] *f* ❶ Hässlichkeit *f*; **les ~s de la guerre** die hässlichen Seiten des Krieges
❷ *soutenu (bassesse)* Hässlichkeit *f*, Gemeinheit *f*; **dans toute sa ~** in seiner/ihrer ganzen Hässlichkeit

laie [lɛ] *f* Wildsau *f*, Bache *f*

lainage [lɛnaʒ] *m* ❶ *(étoffe)* Wollstoff *m*
❷ *(vêtement)* Wollene(s) *nt*, Wollsachen *Pl*; **jupe en/de ~** Strickrock *m*; **mettre un ~** etwas Warmes anziehen

laine [lɛn] *f* ❶ *(matériau)* Wolle *f*; **en ~** aus Wolle, wollen; **gilet de ~** Wolljacke *f*, Strickjacke *f*; **filer la ~** Wolle spinnen; **~ brute** Rohwolle; **~ vierge** reine Schurwolle
❷ *(vêtement)* **une petite ~** etwas Warmes
▶ **se laisser manger** [*o* **tondre**] **la ~ sur le dos** sich *(Dat)* das Hemd über den Kopf ziehen lassen
◆ ~ **d'acier** Stahlwolle *f*; **~ à tricoter** Strickwolle *f*; **~ de verre**

Glaswolle f
lainer [lene] <1> vt aufrauen *lainage*
laineux, -euse [lɛnø, -øz] *adj* wollig; *feuille, plante* wollig, behaart
lainier, -ière [lɛnje, -jɛʀ] I. *adj industrie, production* Woll- II. *m, f* ❶ *(marchand, producteur)* Wollhändler(in) *m(f)* ❷ *(ouvrier)* Woll[spinnerei]arbeiter(in) *m(f)*
laïque [laik] I. *adj* ❶ POL *(opp: confessionnel)* laizistisch, nicht konfessionell ❷ REL *(opp: ecclésiastique)* weltlich, Laien-; **vie** ~ weltliches Leben; **mouvement** ~ Laienbewegung *f* II. *mf* Laie *m*; **géré(e) par des ~s** von Laien geführt
laisse [lɛs] *f* ❶ *(lanière)* Leine *f*; **tenir un animal en** ~ ein Tier an der Leine führen [*o* halten] ❷ *fig* **tenir qn en** ~ jdn an der Leine halten, jdn gängeln
laissées [lese] *fpl* CHASSE *d'un sanglier* Losung *f*
laissé-pour-compte [lesepuʀkɔ̃t] *m* <laissés-pour-compte> ❶ *(exclu)* Abgeschobene(r) *m* ❷ COM *(marchandise retournée)* zurückgesandte Ware, Retourware *f (Fachspr.)* ❸ *(invendable)* Restposten *m*
laissé-pour-compte, laissée-pour-compte [lesepuʀkɔ̃t] <laissés-pour-compte> *adj* ❶ *(rejeté) personne* abgeschoben; **enfants laissés-pour-compte du système scolaire** am Schulsystem gescheiterte Kinder ❷ COM *(refusé)* nicht angenommen
laisser [lese] <1> I. *vt* ❶ lassen; ~ **qn indifférent** jdn gleichgültig lassen; ~ **qn perplexe** jdn perplex machen; ~ **qn tranquille** jdn in Ruhe lassen; ~ **qn dans l'ignorance/le doute** jdn in Unwissenheit/im Zweifel lassen; **je te/vous laisse!** ich gehe jetzt!; **je l'ai laissé en pleine forme** als ich ihn verließ, war er in bester Form; ~ **un pays dans la misère** ein Land in Elend zurücklassen ❷ *(accorder)* lassen *choix;* ~ **la vie à qn** jdn leben [*o* am Leben] lassen ❸ *(ne pas prendre)* [stehen] lassen; übrig lassen, stehen lassen *dessert;* ~ **une route à sa droite** eine Straße rechts liegen lassen ❹ *(réserver)* übrig lassen *part de tarte;* freihalten *chambre;* ~ **qc à qn** etw für jdn übrig lassen/freihalten ❺ *(quitter)* verlassen *ami, épouse;* hinterlassen *veuve;* hinter sich *(Dat)* lassen *métier;* **je te/vous laisse!** ich gehe jetzt!; **je l'ai laissé en pleine forme** als ich ihn verließ, war er in bester Form; ~ **un pays dans la misère** ein Land in Elend zurücklassen ❻ *(déposer)* absetzen *personne* ❼ *(oublier)* liegen lassen, vergessen ❽ *(perdre)* ~ **sa vie au combat** sein Leben im Kampf lassen ❾ *(produire)* hinterlassen *traces, auréoles;* **l'opération n'a laissé aucune séquelle** die Operation blieb ohne Folgen/Nachwehen; **qc ne doit pas** ~ **de trace** etw darf keine Spuren hinterlassen ❿ *(remettre)* hinterlassen *message;* lassen *voiture;* [über]lassen *maison;* überlassen *cas, affaire;* ~ **ses clés/un pourboire à qn** jdm seine Schlüssel/ein Trinkgeld lassen; ~ **ses enfants à qn** seine Kinder bei jdm lassen; **laisse-moi le soin de ...** überlass es mir, zu ... ⓫ *(léguer)* hinterlassen
II. *aux* ⓵ **se** ~ **boire** *vin:* sich trinken lassen, nicht übel sein ❷ *(permettre)* ~ **qn/qc faire qc** jdn/etw etw tun lassen; ~ **rentrer qn** jdn reinlassen [*o* reinkommen lassen]; ~ **voir sa peur** seine Angst zeigen *(fam)*
▸ ~ **faire** die Dinge laufen lassen *(fam);* **laisse faire le temps!** die Zeit wird das Ihre tun!; **se** ~ **faire** *(subir)* sich *(Dat)* alles gefallen lassen *(fam);* **laisse-toi faire!** *(pour décider qn)* sei doch nicht so!; **se** ~ **vivre** vor sich hin leben
laisser-aller [leseale] *m inv* Nachlässigkeit *f* **laisser-faire** [lesefɛʀ] *m inv* Laisser-faire-Stil *m f*, Gewährenlassen *nt*
laissez-passer [lesepase] *m inv* ❶ JUR Zollfreischein *m* ❷ *(autorisation)* Passierschein *m*
lait [lɛ] *m* ❶ Milch *f*; ~ **de vache** Kuhmilch; ~ **condensé** Kondensmilch; ~ **concentré** *(en boîte)* Büchsenmilch; **tube de** ~ **concentré** Tubenmilch; ~ **cru** Rohmilch; ~ **entier** Vollmilch; ~ **longue conservation** haltbare Milch; ~ **U.H.T.** H-Milch; **petit** ~ Molke *f*; **chocolat au** ~ Milchschokolade *f* ❷ *(liquide laiteux)* Milch *f*; ~ **de beauté** Schönheitsmilch; ~ **pour le visage** Gesichtsmilch; ~ **de chaux** Kalkschlacke *f* ▸ **boire du** ~ sichtlich zufrieden sein; **se boire comme du petit** ~ sich wie Wasser trinken [*o* trinken lassen]
◆ ~ **en poudre** Milchpulver *nt*, Trockenmilch *f*; ~ **de poule** Milch mit Eigelb und Zucker; ~ **de toilette** *(pour le corps)* Körpermilch *f*; *(pour le visage)* Gesichtsmilch
laitage [lɛtaʒ] *m* Milchprodukt *nt*
laitance [lɛtɑ̃s] *f* [Fisch]milch *f*
laité(e) [lete] *adj poisson* ~ Milch[n]er *m*
laiterie [lɛtʀi] *f* ❶ *(industrie)* Molkerei *f* ❷ *(secteur économique)* Molkereiwesen *nt*, Milchwirtschaft *f*
laiteux, -euse [lɛtø, -øz] *adj* milchig
laitier [letje] *m* TECH Schlacke *f*
laitier, -ière [letje, -jɛʀ] I. *adj* Milch-; **coopérative laitière** Molke-

reigenossenschaft *f* II. *m, f* Milchhändler(in) *m(f)*, Milchmann *m*/-frau *f*
laitière [letjɛʀ] *f (vache)* Milchkuh *f*
laiton [lɛtɔ̃] *m* Messing *nt;* **fil de** ~ Messingdraht *m;* **lit en** ~ Messingbett *nt*
laitue [lety] *f* Lattich *m;* ~ **cultivée** Kopfsalat *m*
laïus [lajys] *m fam* ❶ *(discours, allocution)* Rede *f*, Ansprache *f;* **faire un** ~ eine Rede [*o* Ansprache] halten; **faire tout un** ~ **à qn** jdm eine Predigt halten *(fam)* ❷ *(propos vagues et emphatiques)* Sonntagsrede *f (pej);* **faire son** ~ eine Sonntagsrede halten *(pej)*
lama [lama] *m* ❶ *(animal)* Lama *nt;* **laine de** ~ Lamawolle *f* ❷ *(moine)* Lama *m*
lamantin [lamɑ̃tɛ̃] *m* Seekuh *f*, Lamantin *m (Fachspr.)*
lamaserie [lamazʀi] *f* Lamakloster *nt*
lambada [lɑ̃bada] *f* Lambada *m*
lambeau [lɑ̃bo] <x> *m* ❶ *(morceau déchiré)* Fetzen *m;* ~ **de papier/de peau** Papier-/Hautfetzen; **en** ~**x** in Fetzen; **mettre qc en** ~**x** etw zerfetzen ❷ *fig* **les** ~**x d'un empire** die Überreste eines Reiches
lambic [lɑ̃bik] *f* Krickenbier *nt*
lambin(e) [lɑ̃bɛ̃, in] I. *adj* lahm *(fam)*, vertrödelt *(fam)* II. *m(f) vieilli* Bummelant(in) *m(f) (fam)*
lambiner [lɑ̃bine] <1> *vi* [herum]trödeln
lambrequin [lɑ̃bʀəkɛ̃] *m* ❶ *d'un casque* Helmdecke *f* ❷ COUT Lambrequin *m;* *(cantonnière)* Schabracke *f*
lambris [lɑ̃bʀi] *m* ❶ *(boiserie)* Täfelung *f;* **revêtir de** ~ täfeln; **en** ~ getäfelt ❷ *(en stuc, marbre)* Verkleidung *f*
lambrisser [lɑ̃bʀise] <1> *vt* ❶ *(de boiserie)* täfeln, paneelieren; **lambrissé(e) de bois** holzgetäfelt; **lambrissé(e) de chêne** mit Eiche getäfelt ❷ *(avec du plâtre)* mit Gips verputzen
lambswool [lɑ̃bswul] *m* Lambswool *m*
lame [lam] *f* ❶ Klinge *f;* ~ **de couteau** Messerklinge; ~ **de rasoir** Rasierklinge; ~ **de scie** Sägeblatt *nt;* ~ **de scie circulaire** Kreissägeblatt ❷ *(pièce plate)* [Metall]plättchen *nt; d'une persienne* Lamelle *f; d'un xylophone (en bois)* Holzstab *m; (en métal)* Metallplättchen *nt;* ~ **de parquet** Parkettstab *m;* ~ **de ressort** Federblatt *nt;* ~**s métalliques du convecteur** metallene Rippen *Pl* des Heizkörpers ❸ *(plaque de verre)* Glasplättchen *nt; d'un microscope* Objektträger *m* ❹ *(vague)* Welle *f*, Woge *f*
▸ **fine** ~ geschickter Fechter/geschickte Fechterin
◆ ~ **de fond** Grundsee *f; (phénomène)* gewaltige Woge
lamé [lame] *m* Lamé *m;* **robe en** ~ Lamékleid *nt;* **en** ~ **argent/or** aus Silber-/Goldlamé
lamé(e) [lame] *adj* mit Lamé durchwirkt; **tissu** ~ **argent/or** Silber-/Goldlamé *nt*
lamelle [lamɛl] *f* ❶ Lamelle *f*, Blättchen *nt; d'une jalousie* Lamelle; *d'un radiateur* Rippe *f; d'un microscope* Deckglas *nt* ❷ *(tranche fine)* dünne Scheibe, Scheibchen *nt;* ~ **de verre** Glasplättchen *nt* ❸ BOT *d'un champignon* Lamelle *f;* **champignons à** ~**s** Blätterpilze *Pl*
lamellé-collé [lamɛle(kɔle)] <lamellés-collés> *m* Sperrholz *nt*, Schichtholz *nt*
lamellibranches [lamelibʀɑ̃ʃ] *mpl* ZOOL Muscheln *Pl*, Lamellibranchiata *Pl (Fachspr.)*
lamentable [lamɑ̃tabl] *adj* ❶ *état, mine* jämmerlich; *ton, voix* kläglich; *résultats, travail* dürftig; *salaire* kümmerlich; **en maths, il est absolument** ~ in Mathe ist er der absolute Niete *(fam);* **un jeu de mots** ~ ein dürftiges Wortspiel ❷ *(honteux) histoire, comportement* erbärmlich; *personne* erbärmlich, kläglich
lamentablement [lamɑ̃tabləmɑ̃] *adv* ❶ *(de façon pitoyable)* jämmerlich ❷ *(de façon minable)* kläglich; **échouer** ~ jämmerlich [*o* kläglich] scheitern; **jouer** ~ erbärmlich schlecht spielen
lamentation [lamɑ̃tasjɔ̃] *f gén pl* Jammern *nt kein Pl,* Gejammer *nt kein Pl,* Klage *f*
lamenter [lamɑ̃te] <1> *vpr* **se** ~ **sur qc** über etw *(Akk)* klagen [*o* jammern]; **se** ~ **d'avoir à faire/fait qc** sich darüber beklagen etw tun zu müssen/etw getan zu haben
lamento [lamɛnto] *m* MUS Lamento *nt*
lamier [lamje] *m* BOT Taubnessel *f*
lamifié [lamifje] *m* Laminat *nt*, Schichtpressstoff *m*
laminage [laminaʒ] *m* ❶ TECH Walzen *nt;* ~ **à chaud/à froid** Warm-/Kaltwalzen; **opération de** ~ Walzvorgang *m* ❷ *(écrasement)* Überrollen *nt*
laminaire[1] [laminɛʀ] *f* BOT Blatttang *m*, Ledertang *m*
laminaire[2] [laminɛʀ] *adj* ❶ MINER *cassure* plattig

laminer–langage

② PHYS *écoulement* laminar
laminer [lamine] <1> vt ① TECH walzen; **~ à chaud/à froid** warm/kalt walzen
② (*écraser*) niederwalzen; brechen *résistance*; **se faire ~ par qn** (*équipe, parti, troupe:*) von jdm überrollt werden; **être laminé(e)** stehend k.o. sein (*fam*)
lamineur, -euse [laminœʀ, -øz] TECH **I.** *adj* **cylindre ~** Walzzylinder *m*
II. *m, f* Walzwerker(in) *m(f)*
laminoir [laminwaʀ] *m* IND Walzwerk *nt*
lampadaire [lɑ̃padɛʀ] *m* ① (*lampe sur pied*) Stehlampe *f*; **~ à vasque** Deckenfluter *m*
② (*réverbère*) [Straßen]laterne *f*
③ (*sur l'autoroute*) Straßenbeleuchtung *f*
lampant(e) [lɑ̃pɑ̃, ɑ̃t] *adj* **pétrole ~** Petroleum *nt*
lamparo [lɑ̃paʀo] *m* PÊCHE Laterne *f*; **au ~** mit Laternen
lampe [lɑ̃p] *f* ① Lampe *f*; **~ électrique** Taschenlampe *f*; **~ témoin** Kontrolllampe, Kontrolllicht *nt*, Kontrollleuchte *f*; TECH Prüflampe; **~ témoin des phares antibrouillard** Nebellichtkontrollleuchte, Nebellichtkontrolle *f*; **~ à infrarouge[s]** Bestrahlungslampe, Infrarotstrahler *m*; **~ à rayons ultraviolets** Bestrahlungslampe; **~ d'architecte** Architektenleuchte, Architektenlampe *f*; **~ de cuisine** Küchenlampe; **~ d'entrée** [o **de vestibule**] Dielenlampe
② (*ampoule*) [Glüh]birne *f*; **~ à arc** Bogenlampe *f*; **~ à incandescence** Glühlampe; **~ à flash** Blitzlichtbirne; **~ fluorescente** Neon-/Leuchtstoffröhre *f*
▶ **s'en mettre** [o **foutre**] **plein la ~** *fam* sich (*Dat*) den Bauch [o die Wampe] vollschlagen (*fam*)
◆ **~ tiffany** Tiffanylampe *f*
◆ **~ à bronzer** Höhensonne *f*; **~ à pétrole** Petroleumlampe *f*, Öllampe *f*; **~ à souder** Lötlampe *f*
◆ **~ de bureau** Schreibtischlampe *f*; **~ de chevet** Nachttischlampe *f*; **~ de poche** Taschenlampe *f*
lampée [lɑ̃pe] *f fam* Schluck *m*, Zug *m*; **une bonne ~** ein kräftiger Schluck; **à grandes ~s** in langen Zügen
lamper [lɑ̃pe] <1> *vt fam* [runter]kippen (*fam*)
lampe-tempête [lɑ̃ptɑ̃pɛt] <lampes-tempêtes> *f* Sturmlaterne *f*
lampion [lɑ̃pjɔ̃] *m* Lampion *m*, Laterne *f*
lampiste [lɑ̃pist] *mf peu usité p/m* kleiner Mann; **encore une fois, on s'en prend au ~** immer auf die Kleinen (*fam*)
lamproie [lɑ̃pʀwa] *f* Neunauge *nt*, Lamprete *f* (*Fachspr.*)
LAN [lan] *m abr de* **Local Area Network** INFORM LAN *nt*
lance [lɑ̃s] *f* ① (*arme*) Lanze *f*
② (*tuyau*) Schlauch *m*
▶ **rompre une ~** [o **des ~s**] **avec** [o **contre**] **qn** ein Wortgefecht [o einen Wortstreit] mit jdm haben
◆ **~ d'arrosage** Spritzdüse *f*; **~ à eau** [Leiter]strahlrohr *nt*; **~ d'incendie** Feuerspritze *f*
lancée [lɑ̃se] *f* ① Schwung *m*, Elan *m*; **sur ma/sa ~** mit dem gleichen Schwung; **le pétrole, sur sa ~, va bientôt atteindre ...** wenn der Preisaufschwung anhält [o wenn der Trend so bleibt], wird das Erdöl bald ... kosten
lance-flammes [lɑ̃sflam] *m inv* Flammenwerfer *m* **lance-fusées** [lɑ̃sfyze] *m inv* Raketenwerfer *m* **lance-grenades** [lɑ̃sgʀənad] *m* Granatwerfer *m*
lancement [lɑ̃smɑ̃] *m* ① *d'un bateau* Stapellauf *m*; *d'une fusée* Abschuss *m*, Start *m*; *d'un satellite* Start *m*; **~ de la/d'une fusée** Raketenstart
② COM, ÉCON Einführung *f*, Herausbringen *nt*; **~ de la fabrication de série** Serienanlauf *m*; **le ~ d'un parfum** die Präsentation eines Parfums; **~ d'une société en Bourse** Gesellschaftsgründung *f*; **prix de ~** Einführungspreis *m*
③ INFORM Start *m*; **~ d'un/du programme** Programmstart
lance-missiles [lɑ̃smisil] **I.** *m inv* Raketenabschussrampe *f* **II.** *app inv sous-marin* raketenbestückt; **vaisseau ~** Raketenschnellboot *nt*
lance-pierre [lɑ̃spjɛʀ] <lance-pierres> *m* Steinschleuder *f*
▶ **manger au** [o **avec un**] **~** *fam* herunterschlingen (*fam*)
lancer¹ [lɑ̃se] <2> **I.** *vt* ① werfen; hoch werfen, in die Höhe werfen *jambe;* hochschießen *fusée;* versetzen *coup;* **~ qc à qn** jdm etw zuwerfen; **~ qc en l'air** etw hinaufwerfen; **~ des gifles** Ohrfeigen austeilen [o geben]; **ses yeux lancent des éclairs** seine/ihre Augen blitzen; **missile lancé à partir d'un sous-marin** U-Boot-gestützte Rakete
② (*envoyer*) **~ qc** *avion:* etw abwerfen; *canon:* etw abfeuern; *volcan:* etw ausstoßen
③ (*faire connaître*) herausbringen; bekannt machen *acteur, chanteur;* einführen, aufbringen *mode;* aufbringen *idée;* auf die Bühne bringen *pièce;* anlaufen lassen *film;* **c'est Paris qui lance la mode** Paris macht die Mode
④ (*donner de l'élan*) in Schwung [o Fahrt] bringen; antreiben *animal;* anlassen, anwerfen *moteur, voiture;* in Schwung versetzen *balancier;* auf den Markt bringen *marque, produit;* einfädeln *affaire;* ins Leben rufen *entreprise;* auflegen *emprunt, souscription;* **~ qn/un animal sur qn** jdn/ein Tier auf jdn hetzen; **~ la police sur qn/qc** die Polizei auf jdn/etw ansetzen; **~ une balançoire** einer Schaukel (*Dat*) Schwung geben; **quand un cheval est lancé, ...** wenn ein Pferd in vollem Galopp ist, ...; **départ lancé** fliegender Start; **~ qn sur une idée** jdn auf eine Idee (*Akk*) bringen; **quand il est lancé, on ne l'arrête plus** wenn er erst einmal in Fahrt ist [o wenn er richtig losgelgt], ist er nicht mehr zu bremsen (*fam*)
⑤ (*inaugurer*) einführen *programme;* eröffnen *foire;* einleiten *campagne;* vom Stapel lassen *bateau;* aufziehen, anlaufen lassen *projet*
⑥ (*envoyer*) in Umlauf setzen [o bringen], verbreiten *nouvelle;* stellen *ultimatum;* verschicken *invitation;* ausstellen, erlassen *mandat;* **~ une proposition** einen Vorschlag machen
⑦ (*émettre*) ausstoßen, von sich geben *cri;* aussprechen *accusation, menace, avertissement;* ergehen lassen *appel;* **~ un juron à qn** jdm einen Fluch an den Kopf werfen (*fam*); **~ un appel/avertissement à qn** einen Appell/eine Warnung an jdn richten; **~ une accusation contre qn** eine Beschuldigung gegen jdn vorbringen
⑧ INFORM starten *application, programme*
II. *vpr* ① (*se précipiter*) **se ~ sur le lit** sich auf das Bett werfen; **se ~ à la poursuite de qn** sich an jds Verfolgung (*Akk*) machen; **allez, lance-toi!** los, spring!
② (*s'engager*) **se ~ dans qc** sich in etw (*Akk*) stürzen; **se ~ dans la bagarre** sich auf die Schlägerei einlassen; **se ~ dans un projet** ein Projekt angehen; **se ~ dans une aventure** sich in ein Abenteuer (*Akk*) stürzen; **se ~ dans une discussion** sich auf eine Diskussion einlassen; **je me lance!** ich wag's!; **se ~ dans le cinéma** sein Glück im Film[geschäft] versuchen; **se ~ dans la lecture d'un roman** sich an die Lektüre eines Romans wagen
③ (*prendre son élan*) **se ~** Schwung holen
④ (*faire carrière*) **se ~** sich (*Dat*) einen Namen machen; *artiste:* sich (*Dat*) einen Namen machen, [groß] herauskommen
lancer² [lɑ̃se] *m* ① SPORT Wurf *m*; **du poids** Stoß *m*; **~ de javelot** Speerwerfen *nt*
② PÊCHE Spinnangeln *nt*; **pêche au ~** Flugangeln, Fliegenfischen *nt;* **canne de ~** Fliegenrute *f* (*Fachspr.*), Spinnrute (*Fachspr.*); **moulinet de ~** Fliegenrolle *f* (*Fachspr.*); **fil de ~** Fliegenschnur (*Fachspr.*); **fil de ~ en double fuseau** doppelt verjüngte Fliegenschnur
lance-roquettes [lɑ̃sʀɔkɛt] *m inv* ① (*contre avions*) Flugabwehrraketenwerfer *m* ② (*contre blindés*) Panzerfaust *f* **lance-torpilles** [lɑ̃stɔʀpij] *m inv* Torpedoausstoßrohr *nt*
lancette [lɑ̃sɛt] *f* Lanzette *f*
lanceur [lɑ̃sœʀ] *m* ① (*sportif*) Werfer *m*; **~ de poids** Kugelstoßer *m*
② (*initiateur*) Initiator *m*
③ (*fusée*) Trägerrakete *f*
◆ **~ de mode** Trendsetter *m*
lanceuse [lɑ̃søz] *f* ① (*sportive*) Werferin *f*; **~ de poids** Kugelstoßerin *f*
② (*initiatrice*) Initiatorin *f*
◆ **~ de mode** Trendsetterin *f*
lancier [lɑ̃sje] *m* HIST (*cavalier*) Lanzenreiter *m*
lancinant(e) [lɑ̃sinɑ̃, ɑ̃t] *adj* ① (*cuisant*) *douleur* stechend
② (*obsédant*) *pensée, souvenir* quälend; *air, musique* eindringlich; *regret* schmerzlich
lanciner [lɑ̃sine] <1> *vt* **~** *pensée:* quälen
lançon [lɑ̃sɔ̃] *m* ZOOL Sandaal *m*
Land [lɑ̃d, lɛndœʀ] <Länder> *m* [Bundes]land *nt*
landais(e) [lɑ̃dɛ, ɛz] *adj* der Landes (*Gen*); **courses ~es** *im* Südwesten Frankreichs praktizierte Art des Stierkampfs, bei dem die Tiere jedoch nicht getötet werden
landau [lɑ̃do] <s> *m* ① Kinderwagen *m*; **~ en rotin** Korbwagen
② (*voiture à cheval*) Landauer *m*
lande [lɑ̃d] *f* ① Heide[land *nt*] *f;* **la ~ de Lunebourg** die Lüneburger Heide
② (*végétation*) Gestrüpp *nt*
Landes [lɑ̃d] *fpl* **les ~** die Landes (*Landschaft im Südwesten Frankreichs*)
langage [lɑ̃gaʒ] *m* ① Sprache *f*; **~ des sourds-muets** Taubstummensprache; **~ des animaux/des fleurs** Tier-/Blumensprache *f*
② (*vocabulaire*) Sprache *f*, Ausdrucksweise *f*; (*discours*) Rede *f*; **~ parlé** Umgangssprache *f*; **elle m'a tenu un ~ étonnant** sie hat mir erstaunliche Dinge gesagt
③ (*jargon*) Sprache *f*, Jargon *m* (*pej*); **~ des jeunes** Jugendsprache *f;* **~ philosophique/scientifique** philosophische/wissenschaftliche Sprache; **~ administratif** Behördensprache *f;* **en ~ administratif/technique** in der Verwaltungs-/Fachsprache
④ INFORM Sprache *f*; **~ évolué** höhere Programmiersprache; **~ informatique** Computersprache *f*; **~ auteur** Autorensprache *f*; **~ machine** Maschinensprache, maschinenorientierte Programmiersprache; **~ de commande/de compilateur** Befehls-/Compilersprache; **~ de description de page** Seitenbeschreibungssprache; **~ de programmation** Programmiersprache; **~ de programmation orienté** anwendungsorientierte Programmiersprache

▶ ~ **de charretier** ungehobelte Sprache; **le ~ du cœur** die Sprache des Herzens; **tenir un double ~ à qn** mit jdm ein falsches Spiel treiben
langagier, -ière [lɑ̃gaʒje, -jɛʀ] *adj* sprachlich
lange [lɑ̃ʒ] *m* ❶ Wickeltuch *nt*
❷ *pl vieilli (couches)* Windeln *Pl*
langer [lɑ̃ʒe] <2a> *vt* wickeln
langoureusement [lɑ̃guʀøzmɑ̃] *adv* verliebt
langoureux, -euse [lɑ̃guʀø, -øz] *adj regard, air, ton* schmachtend; *pose* verführerisch
langouste [lɑ̃gust] *f* Languste *f*
langoustier [lɑ̃gustje] *m* Fischerboot *nt* für den Langustenfang
langoustine [lɑ̃gustin] *f* Kaisergranat[hummer *m*] *m*
langue [lɑ̃g] *f* ❶ ANAT, GASTR Zunge *f*; **tirer la ~ à qn** jdm die Zunge herausstrecken; **~ de bœuf** Ochsenzunge, Rinderzunge, Rindszunge (A, SDEUTSCH); **~ de veau** Kalbszunge
❷ MED **~ rouge** Himbeerzunge *f (Fachspr.)*
❸ *(langage)* Sprache *f*; **~ du barreau** Rechtssprache *f*; **~ classique** ≈ Bühnensprache; **~ commerciale** Handelssprache *f*; **écrite/parlée** geschriebene/gesprochene Sprache; **~ étrangère/maternelle** Fremd-/Muttersprache; **~ officielle** Amtssprache; **~ secrète** Geheimsprache; **~ vivante** lebende Sprache; **~ d'un peuple civilisé** Kultursprache *f*; **faute de ~** sprachlicher Fehler; **~ verte** Slang *m*; **passer dans la ~** in den Sprachgebrauch Eingang finden
❹ *(objet en forme de langue)* Zunge *f*; **~ glaciaire** Gletscherzunge; **~ de terre** Landzunge; **~ de feu** *(horizontale)* Feuerzunge; *(verticale)* Feuersäule *f*
▶ **tourner sept fois sa ~ dans sa bouche avant de parler** nachdenken, bevor man spricht; **donner sa ~ au chat** das Raten aufgeben; **ne pas avoir la ~ dans sa poche** nicht auf den Mund gefallen sein; **avoir la ~ chargée** eine belegte Zunge haben; **être mauvaise ~** ein Lästermaul sein *(fam)*; **les mauvaises ~s prétendent que c'est vrai** böse Zungen behaupten, dass es wahr ist; **~ pâteuse** trockener Mund; **j'ai la ~ pâteuse** die Zunge klebt mir am Gaumen; **avoir la ~ bien pendue** ein großes [*o* tüchtiges] Mundwerk haben; **qn a avalé [o perdu] sa ~** *fam* jdm hat es die Sprache verschlagen *(fam)*; **délier la ~ à qn** jdn zum Sprechen [*o* Reden] bringen, jdm die Zunge lösen; **se mordre la ~ d'avoir fait qc** *(Dat)* am liebsten die Zunge abbeißen, weil man etw getan hat; **retrouver sa ~** seine [*o* die] Sprache wiederfinden; **tenir sa ~** seine Zunge im Zaum halten, seinen [*o* den] Mund halten; **tirer la ~** *fam (être dans le besoin)* sich einschränken müssen; *(financièrement)* knapsen müssen *(fam)*; *(avoir soif)* [vor Durst] die Zunge zum Hals heraushängen *(fam)*
◆ **~ de bois** Phrasendrescherei *f (fam)*; **pratiquer la ~ de bois** leere Phrasen dreschen; **~ de procédure** JUR Verfahrenssprache *f*; **~ de vipère** böse [*o* spitze] Zunge

Land und Leute

In Belgien gibt es drei **langues officielles**: Flämisch, Französisch und Deutsch. Die Amtssprachen der Schweiz sind Deutsch, Französisch, und Italienisch; in Kanada sind es Englisch und Französisch.

langue-de-chat [lɑ̃gdəʃa] <langues-de-chat> *f* Katzenzunge *f (Feingebäck)*
Languedoc [lɑ̃g(ə)dɔk] *m* **le ~** das Languedoc
languedocien(ne) [lɑ̃g(ə)dɔsjɛ̃, jɛn] *adj* des Languedoc; **dialecte ~** Dialekt *m* des Languedoc
languette [lɑ̃gɛt] *f* ❶ *(patte) d'une chaussure* Zunge *f*; *d'une boîte* Lasche *f*
❷ MUS *(anche)* Zunge
❸ *(en menuiserie)* Stift *m*, Zapfen *m*
langueur [lɑ̃gœʀ] *f* ❶ *(mélancolie)* Wehmut *f*, Herzschmerz *m (iron)*
❷ *(torpeur)* Mattheit *f*, Mattigkeit *f*
languir [lɑ̃giʀ] <8> I. *vi* ❶ *(s'enliser) conversation:* sich hinziehen, stocken; *intérêt:* verebben
❷ *(patienter)* ausharren; **faire ~ qn** jdn schmachten lassen
❸ *littér (s'étioler)* **~ d'amour** sich in Liebe *(Dat)* verzehren *(geh)*; **~ d'ennui** vor Langeweile vergehen
II. *vpr* **se ~ de qn** sich nach jdm sehnen
languissant(e) [lɑ̃gisɑ̃, ɑ̃t] *adj* ❶ *action, récit, ton* schleppend; *conversation* schleppend, stockend; *regard* schmachtend; **ton de voix ~** schleppende Stimme
❷ *(défaillant) affaires* schleppend; *personne* dahinschmachtend [*o* siechend] *(pej)*; *santé* dahinschwindend
lanière [lanjɛʀ] *f* Riemen *m*; **~ en [*o* de] cuir** Lederriemen; **découper qc en ~s** etw in Streifen *(Akk)* schneiden
lanoline [lanɔlin] *f* Lanolin *nt*, Wollfett *nt*; **savon à la ~** Lanolinseife *f*

lan[-]party [lanpaʀti] *f inv* INFORM LAN-Party *f (fam)*; **organiser une ~** eine LAN-Party veranstalten
lanterne [lɑ̃tɛʀn] *f* Laterne *f*; **~ vénitienne** Lampion *m*
▶ **~ rouge** Schlusslicht *nt*; **éclairer la ~ de qn** jdn aufklären
lanterneau [lɑ̃tɛʀno] <x> *m* ❶ *(dans une coupole)* Laterne *f*
❷ *(cage vitrée)* Oberlicht *nt*
lanterner [lɑ̃tɛʀne] <1> *vi* ❶ *(traîner)* [herum]trödeln *(fam)*
❷ *(attendre)* **faire ~ qn** jdn warten lassen
lanternon [lɑ̃tɛʀnɔ̃] *m* kleine Laterne *f*
lanthane [lɑ̃tan] *m* Lanthan *nt*
laotien(ne) [laosjɛ̃, jɛn] *adj* laotisch
lapalissade [lapalisad] *f* Binsenweisheit *f*
lapement [lapmɑ̃] *m* Schlabbern *nt (fam)*
laper [lape] <1> *vt* schlabbern *(fam); personne:* schlürfen
lapereau [lapʀo] <x> *m* junges Kaninchen
lapidaire [lapidɛʀ] I. *adj* ❶ lapidar, kurz und bündig
❷ *(sur pierre) inscription* in Stein gehauen; **musée ~** Lapidarium *nt (Fachspr.)*
II. *mf* Steinschneider(in) *m(f)*
lapidation [lapidasjɔ̃] *f* Steinigung *f*
lapider [lapide] <1> *vt* ❶ *(attaquer)* mit Steinen bewerfen
❷ *(tuer)* steinigen
lapin [lapɛ̃] *m* ❶ ZOOL, GASTR Kaninchen *nt*; **~ domestique** Hauskaninchen; **~ nain** Zwergkaninchen
❷ *(fourrure)* Kaninchenfell *nt*, Kanin *nt (Fachspr.)*
❸ *(terme affectueux)* **mon petit ~** mein kleines Häschen
▶ **le coup du ~** der Dolchstoß; **chaud ~** *fam* geiler Bock *(fam)*; **poser un ~ à qn** *fam* jdn versetzen; **comme un ~** blitzschnell; **courir comme un ~** [davon]flitzen, [davon]sausen
◆ **~ de garenne** Wildkaninchen *nt*
lapine [lapin] *f* ❶ ZOOL weibliches Kaninchen
❷ *fig fam* **c'est une vraie ~!** die ist vielleicht gebärfreudig! *(fam)*
lapinisme [lapinism] *m* BELG *fam* d'un peuple, d'un couple exzessive Fruchtbarkeit *f*; d'une femme Gebärfreudigkeit *f*
lapis[-]lazuli [lapis(lazyli)] *m inv* Lapislazuli *m*
lapon(e) [lapɔ̃, ɔn] *adj* lappländisch
Lapons [lapɔ̃] *mpl* Lappen *Pl*
laps [laps] *m* **~ de temps** Zeitraum *m*, Zeitrahmen *m*, Zeit *f*
lapsus [lapsys] *m* Lapsus *m*; **~ révélateur** freudscher Versprecher; **faire un ~** *(en parlant)* sich versprechen; *(en écrivant)* sich verschreiben
laquage [lakaʒ] *m* Lackieren *nt*
laquais [lakɛ] *m* ❶ Lakai *m*, Diener *m*
❷ *vieilli (larbin)* Lakai *m*
laque¹ [lak] *m (objet)* Lackarbeit *f*
laque² [lak] *f* ❶ *(pour les cheveux)* [Haar]spray *nt o m*, Haarlack *m*; **bombe de ~** Haarspraydose *f*
❷ *(peinture)* Lack *m*, Lackfarbe *f*; **produit nettoyant spécial ~** Lackreiniger *m*
❸ ART *(vernis)* Lack *m*; **art de la ~** *(technique)* Lackarbeit *f*
❹ ZOOL *(latex)* Latex *m*; **arbre à ~** Lackbaum *m*
◆ **~ de finition** Decklack *m*
laqué(e) [lake] *adj* ❶ lackiert
❷ GASTR *porc* glasiert; **canard ~** Pekingente *f*
laquelle *v.* lequel
laquer [lake] <1> *vt* **~ qc en blanc/noir** etw weiß/schwarz lackieren
larbin [laʀbɛ̃] *m péj fam* Lakai *m*; **mentalité de ~** Untergebenenmentalität *f*
larcin [laʀsɛ̃] *m littér* kleiner Diebstahl, Dieberei *f*
lard [laʀ] *m* Speck *m*; **~ gras** Bauchspeck; **~ maigre** durchwachsener Speck; **~ de poitrine** ≈ Schweinebauch *m*
▶ **ne pas savoir si c'est du ~ ou du cochon** nicht wissen, woran man ist; **n'être ni ~ ni cochon** weder Fisch noch Fleisch sein *(fam)*; **gros ~** Fettwanst *m (fam)*; **[se] faire du ~** *fam* sich auf die faule Haut legen; **rentrer dans le ~ à qn** *fam* es mit jdm zu tun kriegen *(fam)*
larder [laʀde] <1> *vt* ❶ GASTR spicken
❷ *(blesser)* **~ qn d'une lance** jdn mit einer Lanze durchbohren; **les bras lardés de piqûres de seringue** von Nadeleinstichen zerstochene Arme
lardon [laʀdɔ̃] *m* ❶ GASTR Speckwürfel *m*; **~ frit** Griebe *f*, Grammel *f* (A)
❷ *fam (enfant)* Balg *m o nt (fam)*, Blag *nt (fam)*
largable [laʀgabl] *adj* abwerfbar; **être ~** abgeworfen werden können; **les parachutistes ne sont pas ~s** die Fallschirmspringer können nicht abgesetzt werden
largage [laʀgaʒ] *m* Abwurf *m*; **opérer un ~ de troupes** Truppen absetzen; **opérer un ~ de matériel** Material abwerfen
large [laʀʒ] I. *adj* ❶ breit; *cercle* weit; **être ~ de carrure/d'épaules** breitschultrig sein; **être ~ de dos** einen breiten Rücken haben; **~ de dix mètres** zehn Meter breit
❷ *(ample) vêtement* weit

❸ *(important)* breit; **champ d'action**, *diffusion* weit; *mesure, part, succès* groß; *concessions* weitgehend; **un ~ débat** eine ausführliche Debatte; **de ~ s extraits** umfassende Auszüge *Pl*
❹ *(ouvert)* **acception, sens** weit; *idées* großzügig; *esprit* offen; *conscience* weit; **une conception ~ de la morale** liberale Moralvorstellungen *Pl*; **avoir les idées ~s** liberale Vorstellungen haben; **~ d'esprit/d'idées** offen
❺ *(généreux)* großzügig
II. *adv* **calculer, voir** großzügig; **s'habiller ~** etwas zu große Kleider kaufen *(fam)*; **se porter ~** weit getragen werden; **ces bottes chaussent ~** diese Stiefel fallen groß aus
▶ **ne pas en mener ~** *fam* es mit der Angst zu tun kriegen *(fam)*; **ratisser ~** auf Wählerfang gehen
III. *m* ❶ *(haute mer)* offenes Meer, offene See; **au ~** auf offenem Meer, auf offener See; **le grand ~** das weite Meer, die offene See; **le vent du grand ~** der weite Meereslufṭ; **avoir besoin de l'air du [grand] ~** die Luft des weiten Meeres [*o* frische Luft *fig*] benötigen
❷ *(largeur)* ~ breit; **un champ de 30 mètres de ~** ein Feld von 30 Meter[n] Breite, ein 30 Meter breites Feld
▶ **être au ~** *(être à l'aise)* sich wohl fühlen; *(dans un vêtement)* bequem angezogen sein; *(dans un appartement)* Platz haben; *(financièrement)* Luft haben *(fam)*; **gagner le ~** aufs offene Meer [hinaus]fahren; **prendre le ~** *fam (s'enfuir)* das Weite suchen; *(s'esquiver)* sich aus dem Staub machen *(fam)*; **au ~ de la côte** vor der Küste
largement [laʀʒəmã] *adv* ❶ weit; **une opinion ~ répandue** eine weit verbreitete Meinung
❷ *(amplement)* bei weitem; **vous avez ~ le temps** Sie haben reichlich Zeit; **Marseille est ~ premier** Marseille führt mit Abstand; **~ assez** weitaus genug; **~ trop** viel zu viel; **déborder ~ du sujet** weit über das Thema hinausgehen
❸ *(généreusement)* reichlich; **indemniser, récompenser** reichlich, großzügig; **poivrer ~** kräftig pfeffern
❹ *(au minimum)* mindestens, gut; **il est ~ onze heures** es ist längst elf Uhr
❺ *fam (assez)* **c'est ~ suffisant** das reicht gut; **il y en a déjà ~ es** ist schon genug davon da
largesse [laʀʒɛs] *f* ❶ *pl (dons)* Zuwendungen *Pl*; *d'un individu* großzügige Gaben *Pl*; **faire des ~s** großzügig sein
❷ *soutenu (générosité)* Großzügigkeit *f*
largeur [laʀʒœʀ] *f* **①** Breite *f*; **couper qc dans la ~** etw der Breite nach schneiden; **à ~ réglable** größenverstellbar; **~ de page** Seitenbreite; **~ de/du papier** Papierbreite
❷ *(opp: mesquinerie)* **~ d'esprit** [*o* **d'idées**] liberale Gesinnung; **~ de vues** Aufgeschlossenheit *f*
▶ **dans les grandes ~s** *fam* gewaltig *(fam)*, gründlich *(fam)*
◆ **~ de trait** INFORM Linienbreite *f*; **TYP** Linienstärke *f*
largo [laʀgo] MUS **I.** *adv* largo
II. *m* Largo *nt*
larguer [laʀge] <1> *vt* **①** NAUT losmachen; herunterlassen *échelle*; klarmachen *voile*
❷ AVIAT abwerfen; absetzen *parachutistes, troupes*; sprühen *eau, insecticide*
❸ *fam (laisser tomber)* fallen [*o* sausen *fam*] lassen, hinschmeißen *(fam) projets, travail*; **~ un ami** mit einem Freund Schluss machen; **~ un employé** einen Angestellten hinauswerfen; **se faire ~ par qn** von jdm den Laufpass kriegen *(fam)*; *(être renvoyé)* [von jdm] rausgeschmissen werden *(fam)*; **je largue tout!** ich schmeiß alles hin! *(fam)*
❹ SPORT hinter sich *(Dat)* lassen, abhängen
❺ *fig* **être largué(e)** *(ne plus comprendre)* hinterher sein
larme [laʀm] *f* ❶ Träne *f*; **adieux pleins de ~s** tränenreicher Abschied; **~s de joie** Freudentränen; **en ~s** in Tränen [aufgelöst]; **cela vous tire les ~s** das treibt einem die Tränen in die Augen
❷ *fam (goutte)* Tropfen *m*; **une ~ de champagne?** ein Schlückchen *nt* Champagner?
▶ **verser [***o* **pleurer] toutes les ~s de son corps** sich *(Dat)* die Augen ausweinen [*o* aus dem Kopf weinen]; **avoir la ~ à l'œil** weinen wollen; **avoir des ~s dans la voix** mit tränenerstickter Stimme sprechen; **avoir les ~s aux yeux** jdm Tränen in den Augen haben; **les ~s lui viennent aux yeux** jdm kommen die Tränen; **pleurer à chaudes ~s** heiße Tränen vergießen; **avoir la ~ facile** beim geringsten Anlass in Tränen ausbrechen; **y aller de sa [petite] ~** vor Rührung weinen; **écraser une ~** eine Träne zerdrücken *(fam)*; **fondre en ~s** in Tränen ausbrechen; **rire aux ~s** Tränen lachen
◆ **~s de crocodile** *fam* Krokodilstränen *Pl*
larmoiement [laʀmwamã] *m* **①** MED Tränen *nt* [der Augen]
❷ *gén pl (pleurnicheries)* Geflenne *nt kein Pl (fam)*
larmoyant(e) [laʀmwajã, jãt] *adj* rührselig *(fam)*; *ton, voix, personne* weinerlich; *œil* tränend; **comédie ~e** Rührstück *nt*
larmoyer [laʀmwaje] <6> *vi* ❶ *œil:* tränen; *voix:* weinerlich sein; **l'affaire fait ~ qn** die Angelegenheit treibt jdm die Tränen in die Augen
❷ *(pleurnicher)* **~ sur qc** über etw *(Akk)* jammern
larron [laʀɔ̃] *m vieilli* Dieb *m*
▶ **s'entendre comme ~s en foire** wie Pech und Schwefel zusammenhalten; **le troisième ~** *littér* der lachende Dritte
larvaire [laʀvɛʀ] *adj* ❶ ZOOL Larven-
❷ *(primitif)* unterentwickelt; **être à l'état ~** unterentwickelt [*o* im Anfangsstadium] sein
larve [laʀv] *f* ❶ ZOOL Larve *f*; **~ d'insecte** Insektenlarve
❷ *péj fam (chiffe molle)* Waschlappen *m (fam)*
❸ *(personne déchue)* menschliches Wrack
larvé(e) [laʀve] *adj* ❶ *(latent)* état latent; *conflit* schwelend; *inflation* schleichend; *guerre* verdeckt; *dictature, opposition* verkappt
❷ MED heimtückisch, versteckt; *fièvre* schleichend
laryngé(e) [laʀɛ̃ʒe] *adj*, **laryngien(ne)** [laʀɛ̃ʒjɛ̃, jɛn] *adj* Kehlkopf-
laryngite [laʀɛ̃ʒit] *f* Kehlkopfentzündung *f*, Laryngitis *f (Fachspr.)*
laryngologie [laʀɛ̃gɔlɔʒi] *f* MED Laryngologie *f*
laryngoscopie [laʀɛ̃gɔskɔpi] *f* MED Kehlkopfspiegelung *f*
larynx [laʀɛ̃ks] *m* Kehlkopf *m*, Larynx *m (Fachspr.)*
las(se) [lɑ, lɑs] *adj* ❶ *personne* müde, abgespannt; *geste* müde
❷ *littér* **être ~ de qc** einer S. *(Gen)* müde sein, einer S. *(Gen)* überdrüssig sein; **être ~ de faire qc** es müde [*o* leid] sein etw zu tun; **~ de la guerre** kriegsmüde; **~ de vivre** lebensmüde
lasagne [lazaɲ] *f* Lasagne *f*
lascar [laskaʀ] *m fam* Schlauberger *m (fam)*
lascif, -ive [lasif, -iv] *adj* lasziv
lascivement [lasivmã] *adv* lasziv
lasciveté [lasivte] *f*, **lascivité** [lasivite] *f littér* Laszivität *f*, Sinnlichkeit *f*
laser [lazɛʀ] **I.** *m abr de* **light amplification by stimulated emission of radiation** PHYS, TECH, MED *(générateur)* Laser *m*, Laserkanone *f*; **opérer une couperose au ~** geplatzte Äderchen lasern
II. *app* Laser-; **platine ~** Laserplatte *f*
lasérothérapie [lazeʀoteʀapi] *f* Laserstrahlenbehandlung *f*, Laserstrahlentherapie *f*
lassant(e) [lɑsɑ̃, ɑ̃t] *adj* ermüdend; *reproches* zermürbend; **les enfants, vous êtes ~s!** Kinder, ihr strapaziert meine Nerven!
lasser [lɑse] <1> **I.** *vt* ermüden; überstrapazieren *patience*; **~ qn** jdm auf die Nerven fallen; **être lassé(e) de qc** einer S. *(Gen)* müde sein, einer S. *(Gen)* überdrüssig sein, etw satthaben *(fam)*; **être lassé(e) de tout** alles satthaben *(fam)*; **être lassé(e) de faire qc** es müde [*o* leid] sein, etw zu tun
II. *vpr* **se ~ de qc** einer S. *(Gen)* müde [*o* überdrüssig] werden; **je ne me lasse pas de ce film** ich kann von diesem Film nicht genug bekommen; **se ~ de faire qc** es müde werden, etw zu tun; **sans se ~** ohne es sattzukriegen *(fam)*
lassitude [lasityd] *f* ❶ *(fatigue physique)* Müdigkeit *f*, Mattigkeit *f*, Ermattung *f (geh)*
❷ *(fatigue morale)* Überdruss *m*, Lustlosigkeit *f*; **abandonner par ~** aus Überdruss aufgeben; **accepter par ~** um des [lieben] Friedens willen zustimmen *(fam)*
lasso [laso] *m* Lasso *m o nt*; **prendre au ~** mit dem Lasso [ein]fangen
lasure [lazyʀ] *f* Lasur *f*
latence [latãs] *f* ❶ MED Latenz *f*; **période de ~** Latenzzeit *f*, Inkubationszeit *f*; PSYCH Latenzperiode *f*
❷ POL **phase/temps de ~** Phase *f* gespannter Ruhe
latent(e) [latã, ãt] *adj* latent; *antagonisme, conflit* unterschwellig; *complicité* heimlich; **à l'état ~** unterschwellig; **contenu ~ d'un rêve** verschlüsselte Bedeutung eines Traumes
latéral(e) [lateʀal, o] <-aux> *adj* ❶ *(de côté)* Seiten-, seitlich; **rue/entrée ~e** Seitenstraße *f*/-eingang *m*; **chemin/canal ~** Seitenweg *m*/-kanal *m*
❷ SPORT **jeu ~** Flügelspiel *nt*, Spiel *nt* über Außen; **arrière ~** Außenverteidiger *m*
latérale [lateʀal] *f* PHON Lateral[laut *m*] *m*
latéralement [lateʀalmã] *adv* seitlich, von der Seite
latéralisation [lateʀalizasjɔ̃] *f* ANAT, MED Lateralisierung *f (Fachspr.)*, Lateralisation *f (Fachspr.)*
latéralisé(e) [lateʀalize] *adj* ANAT, MED **bien/mal ~(e)** gut/schlecht lateralisiert *(Fachspr.)*
latérite [lateʀit] *f* MINER Laterit *m*
latex [latɛks] *m* BOT Latex *m*, Milchsaft *m*; **enduire de ~** latexieren
latifundiaire [latifɔ̃djɛʀ] *adj* Latifundien-; **propriétés ~s** Latifundien *Pl*; **exploitation ~** Latifundienwirtschaft *f*
latin [latɛ̃] *m* **le ~** Latein *nt*, das Lateinische; **cours de ~** Lateinunterricht *m*; **le ~ d'église** Kirchenlatein *nt*, das Kirchenlateinische; **texte en ~ d'église** kirchenlateinischer Text; **~ médiéval** Mittellatein; **forme du ~ médiéval** mittellateinische Form; *v. a.* **allemand**
▶ **~ de cuisine** Küchenlatein *nt*; **y perdre son ~** mit seinem Latein am Ende sein; **c'est à y perdre son ~** das ist ja zum Verrückt-

latin(e) [latɛ̃, in] *adj* ❶ LING lateinisch; **grammaire ~e** Lateingrammatik *f*, lateinische Grammatik; **thème ~** Lateinübersetzung *f*, Übersetzung ins Lateinische; **version ~e** Lateinübersetzung, Übersetzung aus dem Lateinischen
  ❷ GEOG, HIST lateinisch; *civilisation, histoire* römisch
  ❸ *(opp: anglo-saxon)* romanisch; *tempérament* südländisch
  ❹ REL *(opp: orthodoxe)* römisch-katholisch; *croix* lateinisch
Latin [latɛ̃] *m* ❶ *(latiniste)* Latiner(in) *m(f)*
  ❷ HIST Römer(in) *m(f)*
  ❸ GEOG *(opp: Anglo-saxons)* Südländer(in) *m(f)*
latiniser [latinize] <1> *vt* latinisieren
latinisme [latinism] *m* Latinismus *m*
latiniste [latinist] *mf* ❶ *(étudiant, élève)* Lateiner(in) *m(f)*, Lateinschüler(in) *m(f)*
  ❷ *(spécialiste)* Latinist(in) *m(f)*
latinité [latinite] *f* ❶ *(caractère)* südländische Art
  ❷ HIST lateinische Welt [*o* Kultur]
latino-américain(e) [latinoamerikɛ̃, ɛn] <latino-américains> *adj* lateinamerikanisch **Latino-américain(e)** [latinoamerikɛ̃, ɛn] <Latino-américains> *m(f)* Lateinamerikaner(in) *m(f)*
latitude [latityd] *f* ❶ GEOG Breite *f*
  ❷ *(degré)* Breitengrad *m;* **~ nord/sud** nördliche/südliche Breite; **être à 45° de ~ nord** auf 45° nördlicher Breite liegen
  ❸ *pl (régions)* Breiten *Pl;* **sous nos ~s** in unseren Breiten
  ❹ *(liberté)* [Handlungs]spielraum *m*, [Handlungs]freiheit *f;* **toute ~ freie Hand; ~ d'appréciation** Ermessensspielraum
latrines [latʀin] *fpl* Latrine *f*
latte [lat] *f* ❶ Latte *f*
  ❷ *pl* SKI *fam* Bretter *Pl (fam)*
  ▶ **coup de ~** *fam* [Fuß]tritt *m*
latté [late] *m (panneau latté)* Tischlerplatte *f*
latté(e) [late] *adj* plafond mit Holz verkleidet; *panneau* aus Holzlatten verleimt
latter [late] <1> *vt* mit Holz verkleiden *plafond*
lattis [lati] *m* Lattengestell *nt*
laudanum [lodanɔm] *m* Laudanum *nt*
laudateur, -trice [lodatœʀ, -tʀis] *m, f littér* Lobredner(in) *m(f);* **n'écoutez pas les ~s** hört nicht auf die Schmeichler
laudatif, -ive [lodatif, -iv] *adj* lobend
lauréat(e) [lɔʀea, at] I. *adj* preistragend; **les élèves/étudiants ~s** die [mit einem Preis] ausgezeichneten Schüler/Studenten
  II. *m(f)* Preisträger(in) *m(f);* **~(e) du prix Nobel** Nobelpreisträger(in) *m(f)*
laurier [lɔʀje] *m* ❶ BOT Lorbeer[baum *m*] *m*
  ❷ GASTR Lorbeer *m*
  ❸ *pl (gloire)* Lorbeeren *Pl;* **~s de la victoire** Siegeslorbeeren; **se couvrir de ~s** Lorbeeren ernten; **s'endormir** [*o* **se reposer**] **sur ses ~s** sich auf seinen Lorbeeren ausruhen
laurier-cerise [lɔʀjes(ə)ʀiz] <lauriers-cerises> *m* Kirschlorbeer *m* **laurier-rose** [lɔʀjeʀoz] <lauriers-roses> *m* Oleander *m* **laurier-sauce** [lɔʀjesos] <lauriers-sauce> *m* echter Lorbeer **laurier-tin** [lɔʀjetɛ̃] <lauriers-tins> *m* Steinlorbeer *m*
lavable [lavabl] *adj* abwaschbar; *tissu, vêtement* waschecht; *fibre, laque* waschmittelbeständig; **~ en machine** maschinenwaschbar, waschmaschinenfest; **~ uniquement à la main** nur von Hand zu waschen, nur Handwäsche
lavabo [lavabo] *m* ❶ Waschbecken *nt*
  ❷ *pl (toilettes)* Toilette *f*
lavage [lavaʒ] *m* Wäsche *f*, Waschen *nt; des murs* Reinigung *f*, Abwischen *nt; du sol* Wischen *nt*, Putzen *nt; d'une plaie* Auswaschen *nt*, Reinigen *nt;* **~ du linge** Wäschewaschen *nt;* **~ en machine** Maschinenwäsche; **~ à 30°** 30-Grad-Wäsche; **au ~** beim Waschen; **au troisième ~** bei der dritten Wäsche; **~ du dessous de caisse** AUT Unterbodenwäsche
  ▶ **~ de cerveau** Gehirnwäsche *f;* **~ d'estomac** Magenspülung *f;* **~ de tête** *fam* Kopfwäsche *f (fam)*
lavallière [lavaljɛʀ] *f* Krawattenschal *m*, Künstlerschleife *f*
lavande [lavɑ̃d] I. *f* ❶ Lavendel *m*
  ❷ *(parfum)* [**eau de**] **~** Lavendelwasser *nt*
  II. *app inv* lavendelblau
lavandière [lavɑ̃djɛʀ] *f vieilli* Waschfrau *f*
lavandin [lavɑ̃dɛ̃] *m* Lavandinpflanze *f (Hybride aus Lavendel und Großem Speik)*
lavasse [lavas] *f fam* [dünne] Brühe *(fam);* **ce café, c'est de la vraie ~** das ist richtiger Blümchenkaffee *(fam)*
lave [lav] *f* Lava *f*
lavé(e) [lave] *adj* ❶ *(trop délayé) couleur* verwaschen
  ❷ ART *dessin* laviert
  ❸ *fig bleu* blassblau
lave-glace [lavglas] <lave-glaces> *m* Scheibenwaschanlage *f;* **donner un coup de ~** die Scheibe kurz ansprühen **lave-linge** [lavlɛ̃ʒ] *m inv* Waschmaschine *f;* **~ à chargement par le dessus** Toplader *m;* **~ à tambour** Trommelwaschmaschine *f* **lave-mains** [lavmɛ̃] *m inv* [kleines] Handwaschbecken
lavement [lavmɑ̃] *m* ❶ MED Einlauf *m;* **~ d'oreille** MED Ohrspülung *f*
  ❷ REL Waschung *f*
lave-phare [lavfaʀ] <lave-phares> *m* AUT Scheinwerferwaschanlage *f*
laver [lave] <1> I. *vt* ❶ waschen; spülen, abwaschen *vaisselle;* abwaschen, reinigen *mur;* wischen *sol;* reinigen *plaie;* **faire partir une tache en la lavant** einen Fleck wegwaschen; **~ qc à la main** etw von Hand waschen; **~ qc à la machine/au lave-linge** etw in [*o* mit] der Maschine/in [*o* mit] der Waschmaschine waschen; **~ qc au lave-vaisselle** etw in der Spülmaschine spülen; **~ qc à l'éponge** etw mit dem Schwamm reinigen; **~ qc à la serpillière** etw mit dem Scheuerlappen wischen; **~ qc au jet** etw abspritzen; **~ l'estomac à qn** jdm den Magen auspumpen
  ❷ *(disculper)* **~ qn d'un soupçon** jdn von einem Verdacht entlasten [*o* reinwaschen]; **~ un affront** eine Beleidigung rächen
  ❸ ART lavieren
  II. *vpr* ❶ **se ~** sich waschen; **se ~ qc** sich *(Dat)* etw waschen; **se ~ les dents** sich *(Dat)* die Zähne putzen
  ❷ *(être lavable)* gewaschen werden; **se ~ à 90°** sich bis 90° waschen lassen; **le cuir ne se lave pas** Leder lässt sich nicht waschen
  ❸ *(s'innocenter)* **se ~ de qc** sich von etw reinwaschen
laverie [lavʀi] *f;* **~ automatique** Waschsalon *m*
lavette [lavɛt] *f* ❶ *(chiffon)* Spültuch *nt*
  ❷ CH *(gant de toilette)* Waschlappen *m*
  ❸ *fig fam (personne)* Waschlappen *m (fig fam)*
laveur, -euse [lavœʀ, -øz] *m, f* ♦ **~(-euse) de carreaux** Fensterputzer(in) *m(f);* **~(-euse) de voitures** Autowäscher(in) *m(f)*
laveuse [lavøz] *f* CAN *(lave-linge)* Waschmaschine *f*
  ♦ **~ de** [*o* **à**] **vaisselle** CAN *fam (lave-vaisselle)* Geschirrspülmaschine *f*, Spülmaschine *f*
lave-vaisselle [lavvɛsɛl] *m inv* Geschirrspülmaschine *f*, Spülmaschine
lavis [lavi] *m* ❶ *(technique)* Laviertechnik *f;* **au ~** in Laviertechnik
  ❷ *(œuvre)* Lavur *f*, lavierte Zeichnung
lavoir [lavwaʀ] *m* Waschhaus *nt*
lawrencium [lɔʀɑ̃sjɔm] *m* Lawrencium *nt*
laxatif [laksatif] *m* Abführmittel *nt*, Laxativ[um] *nt (Fachspr.)*
laxatif, -ive [laksatif, -iv] *adj* abführend; **remède ~** Abführmittel *nt;* **être ~** abführend wirken
laxisme [laksism] *m* Laxheit *f*, laxe Haltung
laxiste [laksist] I. *adj* lax, locker
  II. *mf* jd, der eine laxe Haltung hat; **les ~s sont au pouvoir** die Vertreter eines laxen Führungsstils sind an der Regierung
layette [lejɛt] *f* Babywäsche *f*, Babykleidung *f;* **le rayon ~** die Abteilung für Babyausstattung
Lazare [lazaʀ(ə)] *m* Lazarus *m*
lazaret [lazaʀɛ] *m* Quarantänestation *f*
lazzi [lazi] *m* Spott *m;* **sous les ~s de la foule** unter dem Gespött der Menge
le <devant une voyelle ou un h muet l'> [lə] I. *art déf* der/die/das; **~ chien/~ chat/~ cochon** der Hund/die Katze/das Schwein
  II. *pron pers* ❶ *(se rapportant à une personne masc)* **elle ~ voit/l'aime** sie sieht/liebt ihn; **elle ~ suit/l'aide** sie folgt/hilft ihm
  ❷ *avec laisser* ihn; **il ~ laisse conduire la voiture** er lässt ihn das Auto fahren
  ❸ *(se rapportant à un animal ou un objet masc)* **là-bas, il y a un chien/chat/cochon, ~ vois-tu?** da drüben ist ein Hund/eine Katze/ein Schwein, siehst du ihn/sie/es?; **est mon porte-monnaie/sac? Je ne ~ trouve pas!** wo ist mein Geldbeutel/meine Tasche? Ich finde ihn/sie nicht!; **c'est ton chien/chat/cochon? Je l'ai aidé à sortir de l'eau** ist das dein Hund/deine Katze/dein Schwein? Ich habe ihm/ihr/ihm aus dem Wasser geholfen
  ❹ *(valeur neutre)* **tu es déçu(e), je ~ comprends** du bist enttäuscht, das verstehe ich; **je l'espère bien!** ich hoffe es [sehr]!
  ❺ *avec un présentatif* **et; ~ voici** [*o* **voilà**]**!** hier [*o* da] ist er!; **~ voilà tout propre** jetzt ist er [wieder] sauber
lé [le] *m d'une étoffe, d'un papier peint* Bahn *f*
L.E.A. [ɛləa] *abr de* **Langues étrangères appliquées** Studiengang in Frankreich, in dem neben lebenden Fremdsprachen landes- und berufsbezogenes Wissen vermittelt wird
leader [lidœʀ] I. *m* ❶ COM Marktführer *m;* **~** [**du chiffre**] **des ventes** *(entreprise, produit)* Umsatzspitzenreiter *m;* **occuper une place de ~** eine führende Stellung einnehmen
  ❷ SPORT Spitzenreiter(in) *m(f);* *(équipe)* Beste(r) *f(m)*, Stärkste(r) *f(m);* **il est ~ du classement** er ist Tabellenerster [*o* Tabellenführer *m*] *m*
  ❸ *(chef)* Führer(in) *m(f);* **~ syndical** Gewerkschaftsführer(in)
  II. *adj inv* **entreprise ~** führendes Unternehmen
  ♦ **~ du groupe** Bandleader *m*
leadership [lidœʀʃip] *m* Führungsrolle *f*, Führungsposition *f*, Spit-

zenposition, Spitzenstellung f
leasing [lizɪŋ] m Leasing nt; **conditions de ~** Leasingbedingungen Pl; **véhicule en ~** Leasingfahrzeug nt
léchage [leʃaʒ] m ① *rare (léchement)* Lecken nt
② *(fignolage)* Ausfeilen nt
lèche [lɛʃ] f fam Kriecherei f *(fam);* **faire de la ~ à qn** vor jdm kriechen *(fam)*
lèche-botte[s] [lɛʃbɔt] mf inv fam Kriecher(in) m(f) *(fam),* Speichellecker(in) m(f) *(pej);* **faire du ~ à qn** vor jdm kriechen *(fam)*
lèche-cul [lɛʃky] <lèche-culs> mf vulg Arschkriecher(in) m(f) *(vulg)*
lèchefrite [lɛʃfʁit] f Fettpfanne f
lécher [leʃe] <5> I. vt ① ablecken, abschlecken (SDEUTSCH, CH, A) *assiette, cuillère, visage;* auslecken *bol, plat;* auflecken *lait;* [sch]lecken *glace;* **~ la main à qn** jdm die Hand [ab]lecken
② *(effleurer)* ~ qc *vagues:* etw umspülen; *flammes:* an etw *(Dat)* emporzüngeln
③ *(fignoler)* ~ qc an etw *(Dat)* [herum]basteln; **être léché(e)** *œuvre, tableau:* ausgefeilt sein
II. vpr **se ~ qc** sich *(Dat)* etw ablecken; **un animal se lèche qc** ein Tier leckt sich *(Dat)* etw
lécheur, -euse [leʃœʁ, -øz] m, f péj Kriecher(in) m(f) *(fam),* Schleimer(in) m(f) *(sl)*
lèche-vitrines [lɛʃvitʁin] m sans pl ① *(courses)* Einkaufsbummel m
② *(après la fermeture des magasins)* Schaufensterbummel m; **faire du ~** einen Einkaufsbummel/Schaufensterbummel machen
lécithine [lesitin] f BIO Lezithin nt
leçon [l(ə)sɔ̃] f ① *(ce qu'il faut apprendre)* Lektion f; **~ d'histoire** Geschichtslektion
② *(cours)* Stunde f; **~ de musique/de physique** Musik-/Physikstunde; **prendre des ~s de piano/de danse** Klavier-/Tanzunterricht nehmen; **~ particulière** Privatstunde f; **une ~ de conduite** eine Fahrstunde; **les ~s de conduite** der Fahrunterricht
③ *(rattrapage)* Nachhilfestunde f
④ *(morale)* Lehre f, Lektion f; **les ~s de l'expérience** die Lehren, die man aus der Erfahrung zieht; **servir de ~ à qn** jdm eine Lehre sein; **tirer une** [o **la**] **~ de qc** aus etw eine [o die] Lehre ziehen; **que cela te serve de ~!** das möge [o soll] dir eine Lehre sein!
⑤ *(réprimande)* Lektion f; **donner une ~ à qn** jdm eine Lektion erteilen
▶ **avoir** [**bien**] **appris sa ~** *élève:* seine Lektion erhalten haben; *(répéter servilement)* sein Sprüchlein gut aufgesagt; **faire la ~ à qn** *(mettre en garde)* jdn ins Gebet nehmen *(fam);* *(réprimander)* jdm die Leviten lesen *(fam); professeur, parents:* jdm eine Strafpredigt [o eine Standpauke] halten *(fam);* **ne pas avoir de ~ de qc à recevoir de qn** sich *(Dat)* von jdm in etw *(Dat)* nichts sagen lassen müssen; **réciter sa ~** *(répéter servilement)* sich herbeten
lecteur [lɛktœʁ] m ① *(personne qui lit)* Leser m; **~ de/du roman** Romanleser
② *(personne qui fait la lecture)* Vorleser m
③ *(employé d'une maison d'édition)* [Verlags]lektor m
④ UNIV, SCOL Lektor m; **poste de ~** Lektorenstelle f
⑤ AUDIVO Lesegerät nt; **~ de son** Tonabnehmer m; **~ de cassettes** Kassettenrekorder m; **~ de CD** CD-Player m, CD-Spieler m; **~ de CD portable** tragbarer CD-Player, Diskman® m; **~ laser vidéo** Video-CD-Player
⑥ INFORM Laufwerk nt; **~ de bandes** Magnetbandleser m; **~ de cartes** [**perforées**] Lochkartenleser; **~ de cartouche** Bandlaufwerk; **~ de cartouche DAT** DAT-Streamer m; **~ de CD-ROM** CD-ROM-Laufwerk; **~ de démarrage** Boot-Laufwerk; **~ de disquettes** Diskettenlaufwerk; **~ du disque dur** Festplattenlaufwerk; **~** [**de**] **DVD** DVD-Laufwerk, DVD-Player m; **~** [**de**] **DVD-ROM** DVD-ROM-Laufwerk; **~ optique** Scanner m; **~ de LIMDOW** LIMDOW-Laufwerk; **introduire une disquette dans le ~** eine Diskette in das Laufwerk schieben [o einführen]
lectrice [lɛktʁis] f ① *(personne qui lit)* Leserin f; **~ de/du roman** Romanleserin
② *(personne qui fait la lecture)* Vorleserin f
③ *(employée d'une maison d'édition)* [Verlags]lektorin f
④ UNIV, SCOL Lektorin f; **poste de ~** Lektorinnenstelle f
lecture [lɛktyʁ] f ① Lesen nt; **apprendre la ~** lesen lernen; **aimer la ~** gern lesen; **être d'une ~ difficile** schwer zu lesen sein
② *(action de lire à haute voix)* Vorlesen nt; **avoir une ~ hésitante** zögernd vorlesen; **faire la ~ de qc à qn** jdm etw vorlesen; **en première/deuxième ~** POL in erster/zweiter Lesung; **donner ~ de qc** etw verlesen
③ *(façon d'interpréter)* Auslegung f, Lesart f
④ *(qc qui se lit)* Lektüre f, Lesestoff m; REL Lesung f; **j'ai emporté de la ~** ich habe Lesestoff [o etwas zum Lesen] mitgebracht; **mauvaises ~s** Schund[lektüre f] m
⑤ AUDIO, INFORM Lesen nt; **~ optique** optische Zeichenerkennung; **l'ordinateur a fait une erreur de ~** beim Lesen der Daten ist ein Fehler aufgetreten
ledit, ladite [lədi, ladit, ledi, ledit] <lesdit(e)s> adj antéposé der/die/das Genannte, besagte(r, s)
légal(e) [legal, o] <-aux> adj gesetzlich; *moyens, voies* gesetzlich, legal; *âge* gesetzlich [vorgeschrieben]; *cours* amtlich; **règle ~e** Gesetzesvorschrift f; **texte ~** Gesetzestext m; **fête ~e** gesetzlicher Feiertag; **l'heure ~e** Normalzeit f; **moyens légaux** Rechtsmittel Pl; **par les voies ~es** *(légalement)* auf legalem Wege; *(par les autorités)* auf dem Rechtsweg; **une décision ~e** eine rechtmäßige Entscheidung
légalement [legalmɑ̃] adv ① *(conformément à la loi)* legal, rechtmäßig; **j'ai agi ~** ich habe rechtmäßig gehandelt
② *(au vu de la loi)* vom rechtlichen Standpunkt aus gesehen; **il est ~ coupable** nach dem Gesetz ist er schuldig
légalisation [legalizasjɔ̃] f ① *d'un avortement, d'une drogue* Legalisierung f
② *(authentification)* amtliche Beglaubigung
légaliser [legalize] <1> vt ① *(autoriser)* legalisieren
② *(authentifier)* [amtlich] beglaubigen; **faire ~ qc** etw [amtlich] beglaubigen lassen
légalisme [legalism] m strikte Gesetzestreue, Legalismus m
légaliste [legalist] I. adj an Vorschriften starr festhaltend, legalistisch; **être très ~** starr an Vorschriften festhalten, das Gesetz strikt befolgen
II. mf Mensch, der starr an Vorschriften festhält [o das Gesetz strikt befolgt], Legalist(in) m(f), Paragraphenreiter(in) m(f) *(pej fam)*
légalité [legalite] f ① *(respect de la loi)* Legalität f, Gesetzlichkeit f; **sortir de la ~** sich außerhalb der Legalität bewegen; **rentrer dans la ~** wieder auf dem Boden des Gesetzes stehen
② *(régularité) d'un gouvernement, d'une loi* Rechtmäßigkeit f
légat [lega] m Gesandte(r) m
légataire [legatɛʁ] mf Erbe m/Erbin f; JUR Vermächtnisempfänger(in) m(f), Legatar(in) m(f) *(Fachspr.);* **~ universel(le)** Universalerbe m/-erbin f
légation [legasjɔ̃] f Gesandtschaft f, Legation f *(Fachspr.),* ständige Auslandsvertretung [eines Staates]
légendaire [leʒɑ̃dɛʁ] adj ① *(mythique) animal* Fabel-; *figure* Sagen-; *histoire* sagenhaft, legendär
② *(célèbre)* legendär
légende [leʒɑ̃d] f ① *(mythe)* Sage f, Legende f; **un personnage de ~** eine legendäre Gestalt
② *(explication) d'une carte, d'un plan* Legende f; *d'une photo* [Bild]unterschrift f; *(servant de lien entre les illustrations)* Zwischentext m
③ *(affabulation)* Märchen nt
▶ **entrer dans la ~** in die Geschichte eingehen
légender [leʒɑ̃de] <1> vt mit einer Legende versehen *carte, dessin*
léger, -ère [leʒe, -ɛʁ] adj ① *(opp: lourd)* leicht; *vêtement* leicht, dünn; **industrie légère** Leichtindustrie f; **poids ~** Leichtgewicht nt
② *(de faible intensité)* leicht; *peine* mild; *doute, soupçon* leicht, leise; *bruit* schwach; *couche de neige* dünn; *ironie* fein; **les blessés ~s** die Leichtverletzten
③ LITTER, MUS leicht; **musique légère** Unterhaltungsmusik f; **poésie légère** leichte [o heitere] Poesie
④ *(gracieux, délicat)* anmutig; *nuages* zart
⑤ *(insouciant)* unbeschwert; **d'un cœur ~** leichten Herzens
⑥ *(frivole) comportement, personne* unbesonnen, leichtfertig
⑦ *(volage, grivois) personne* frivol; *comportement, propos* lose; **femme légère** leichtes Mädchen; **mœurs légères** lose Sitten Pl
⑧ *péj (superficiel)* oberflächlich
▶ **à la légère** leichtfertig; **prendre tout à la légère** alles auf die leichte Schulter nehmen, alles leichtnehmen
légèrement [leʒɛʁmɑ̃] adv ① *(un peu)* etwas, ein bisschen
② *euph (vraiment)* leicht
③ *(avec des choses légères)* leicht; **s'habiller ~** etwas Leichtes anziehen
④ *(avec grâce, délicatement)* anmutig, leicht; **marcher plus ~** etwas leichtfüßiger gehen
⑤ *(sans gravité)* leicht; **~ handicapé(e)** leicht behindert
⑥ *(sans réfléchir)* unbesonnen, leichtfertig
légèreté [leʒɛʁte] f ① *(faible poids)* Leichtheit f, Leichtigkeit f
② *(faible intensité) d'une peine* Milde f
③ GASTR *d'un plat, repas, vin* Leichtheit f; **être d'une grande ~** sehr leicht sein
④ *(grâce, délicatesse)* Anmut f; *des couleurs* Sanftheit f, Zartheit f
⑤ *(insouciance)* Leichtfertigkeit f
⑥ *(grivoiserie)* Leichtfertigkeit f; *d'une histoire* Anzüglichkeit f
⑦ *(superficialité)* Oberflächlichkeit f
leggings [legins] mpl, **leggins** [legins] mpl Leggings Pl, Leggins
légiférer [leʒifeʁe] <5> vi Gesetze erlassen
légion [leʒjɔ̃] f ① HIST Legion f
② *(multitude)* Schar f, Heer nt; **être/ne pas être ~** zahlreich/nicht zahlreich sein, es wie Sand am Meer geben fam/dünn gesät

sein
Légion [leʒjɔ̃] *f* ❶ MIL **la ~ étrangère** die Fremdenlegion; **s'engager dans la ~** in die Fremdenlegion eintreten
❷ *(décoration)* **~ d'honneur** Ehrenlegion *f*; **recevoir la ~ d'honneur** zum Mitglied der Ehrenlegion ernannt werden

---
Land und Leute
Napoleon Bonaparte stiftete im Jahre 1802 den nationalen Orden **Légion d'honneur**, mit dem Zivilpersonen und Militärs auch heute noch für besondere Verdienste ausgezeichnet werden.

---

légionnaire [leʒjɔnɛʀ] **I.** *m* ❶ HIST Legionär *m*
❷ MIL Fremdenlegionär *m*
II. *mf (membre de la Légion d'Honneur)* Mitglied *nt* der Ehrenlegion
législateur, -trice [leʒislatœʀ, -tʀis] *m, f* Gesetzgeber(in) *m(f)*
législatif, -ive [leʒislatif, -iv] *adj* gesetzgebend; **pouvoir ~** gesetzgebende Gewalt; **élections législatives** Parlamentswahlen *Pl*
législation [leʒislasjɔ̃] *f (ensemble des lois)* Recht *nt*, Gesetzgebung *f*; **~ de la chasse** Jagdrecht; **~ communale** Kommunalrecht; **la ~ française** das französische Recht; **~ applicable aux conventions collectives** Tarif|vertrags|recht; **~ applicable aux produits pharmaceutiques** Arzneimittelrecht; **~ applicable aux subventions** Subventionsrecht; **~ cadre** Rahmengesetzgebung; **~ cambiaire** Wechselrecht; **~ criminelle** Strafrecht; **~ fiscale** Steuergesetzgebung; **~ minière** Bergrecht; **~ parallèle** Parallelgesetzgebung; **~ prohibitive** Verbotsgesetzgebung; **~ quant à l'établissement du bilan** Bilanzrecht; **~ réglementant les scissions** Spaltungsgesetz *nt*; **~ réglementant le statut des instituts bancaires d'épargne** Sparkassengesetz; **~ relative à l'abus** Missbrauchsgesetzgebung; **~ relative à l'assurance sociale** Sozialversicherungsrecht; **~ relative à la communauté d'États** Staatengemeinschaftsrecht; **~ relative à la concurrence** Wettbewerbsrecht; **~ relative à la dette fiscale** Steuerschuldrecht; **~ relative aux droits réels** Sachenrecht; **~ relative à l'établissement du bilan fiscal** Steuerbilanzrecht; **~ relative à la fixation de domicile** Aufenthaltsbestimmungsrecht; **~ relative au fret maritime** Seefrachtrecht; **~ relative aux lettres de changes et aux chèques** Wechsel- und Scheckrecht; **~ relative au louage d'ouvrage et d'industrie** Werkvertragsrecht; **~ relative au marché agricole** Agrarmarktrecht; **~ relative au nom commercial** Firmenrecht; **~ relative à la production et la distribution de produits alimentaires** Lebensmittelrecht; **~ relative à la publicité** Werberecht; **~ relative aux relations globales entre entrepreneurs et salariés** Betriebsverfassungsrecht; **~ relative à la réparation des dommages et intérêts** Schadenersatzrecht; **~ relative à la sécurité sociale** Sozialrecht; **~ relative à la sécurité du travail** Arbeitssicherheitsrecht; **~ relative aux valeurs mobilières** Wertpapierrecht; **~ routière** Straßenverkehrsrecht; **~ sociale** Sozialgesetzgebung; **~ usuraire** Wuchergesetzgebung; **~ sur les baux ruraux** Landpachtrecht; **~ sur les cartels** Kartellgesetzgebung, Kartellrecht; **~ sur les cartels communautaires** Gemeinschafts-Kartellrecht; **~ sur l'imposition des revenus étrangers** Außensteuerrecht; **~ sur les marchés financiers** Kapitalmarktgesetzgebung; **~ sur les sociétés anonymes** Aktienrecht; **~ en matière de chèque** Scheckrecht; **~ en matière de lettres de change** Wechselrecht; **~ en matière de responsabilité environnementale** Umwelthaftungsrecht; **~ en matière de voirie** Straßenrecht, Straßen- und Wegerecht
♦ **~ sur le contrôle des changes** Devisengesetzgebung *f*; **~ sur les devises** Devisenrecht *nt*; **~ de l'édition** Verlagsrecht *nt*; **~ sur l'espace** Weltraumrecht *nt*; **~ du travail** Arbeitsrecht *nt*
législatives [leʒislativ] *fpl* Parlamentswahlen *Pl*
législature [leʒislatyʀ] *f* Legislaturperiode *f*
légiste [leʒist] *mf* Jurist(in) *m(f)*
légitimation [leʒitimasjɔ̃] *f* ❶ POL Legitimation *f (geh)*
❷ JUR Ehelich|keits|erklärung *f*; **~ d'action/de l'action** Klagelegitimation *f*; **~ d'action/de l'action pour demande en déclaration de nullité** Klagelegitimation für Nichtigkeitsklagen
légitime [leʒitim] *adj* ❶ JUR rechtsgültig; *enfant* ehelich; **femme ~** Ehefrau *f*
❷ *(justifié)* berechtigt
légitimement [leʒitimmɑ̃] *adv* legitimerweise; JUR rechtmäßig; **on pourrait ~ en conclure que** es wäre durchaus gerechtfertigt [*o* rechtens], daraus zu schließen, dass
légitimer [leʒitime] <1> *vt* ❶ *(justifier)* rechtfertigen
❷ *(reconnaître)* für rechtmäßig erklären, legitimieren *(geh)* titre
❸ JUR legitimieren; als ehelich anerkennen [*o* erklären], legitimieren *enfant*; **être légitimé(e)** *enfant*: als ehelich erklärt werden; *union*: legitimiert [*o* rechtsgültig geschlossen] werden
légitimiste [leʒitimist] **I.** *adj parti* legitimistisch
II. *mf a.* HIST Legitimist(in) *m(f)*
légitimité [leʒitimite] *f* Rechtmäßigkeit *f*; **en toute ~** ganz legitim

legs [lɛ(g)] *m* ❶ JUR [Ersatz]vermächtnis *nt*; **~ conférant directement la propriété** Vindikationslegat *nt (Fachspr.)*; **faire un ~ à un musée** einem Museum ein Vermächtnis aussetzen
❷ *littér (héritage)* Erbe *nt*
léguer [lege] <5> *vt* ❶ JUR **~ qc à qn** jdm etw vermachen [*o* vererben] [*o* hinterlassen]
❷ *(transmettre)* hinterlassen *œuvre*; vererben *tradition*
légume [legym] **I.** *m* ❶ Gemüse *nt kein Pl*; **~ biologique** Biogemüse; **~s secs** Hülsenfrüchte *Pl*; **~s verts** grünes Gemüse; **bouillon de ~s** Gemüsebrühe *f*; **sorte de ~s** Gemüsesorte *f*
❷ *fam (malade)* **terminer sa vie à l'état de ~** vor seinem Tod nur noch vor sich *(Akk)* hin vegetieren
II. *f* ▶ **une grosse ~** *fam* ein hohes Tier *(fam)*
légumier [legymje] *m* ❶ *(pièce de vaisselle)* Gemüseschüssel *f*
❷ *(producteur de légumes)* Gemüseanbauer *m*
❸ BELG *(marchand de légumes)* Gemüsehändler *m*
légumier, -ière [legymje, -jɛʀ] *adj culture, fruit* Gemüse-
légumineuse [legyminøz] *f* ❶ Hülsenfrucht *f*
❷ *pl (famille de plantes)* Hülsenfrüchtler *Pl*
leitmotiv [lajtmɔtif, lɛtmɔtiv] <- *o* leitmotive> *m* Leitmotiv *nt*
Léman *v.* lac
lémuriens [lemyʀjɛ̃] *mpl* ZOOL Makis *Pl*, Lemuren *Pl*
lendemain [lɑ̃dmɛ̃] *m* ❶ *sans pl (jour suivant)* **le ~** am Tag darauf, am [darauf] folgenden Tag, tags darauf; **le ~ soir** am nächsten [*o* darauf folgenden] Abend
❷ *(temps qui suit)* **au ~ du mariage** kurz nach der Hochzeit
❸ *(avenir)* Zukunft *f*; **aventure sans ~** flüchtiges [Liebes]abenteuer
❹ *(conséquence)* Folge *f*
▶ **triste comme un ~ de fête** trostlos; **des ~s qui chantent** eine bessere Zukunft; **il ne faut pas** [*o* jamais] **remettre au ~ ce qu'on peut faire le jour même** *prov* was du heute kannst besorgen, das verschiebe nicht auf morgen
lénifiant(e) [lenifjɑ̃, jɑ̃t] *adj* [schmerz]lindernd; *propos* beschwichtigend
léninisme [leninism] *m* Leninismus *m*
léniniste [leninist] **I.** *adj* leninistisch
II. *mf* Leninist(in) *m(f)*
lent(e) [lɑ̃, lɑ̃t] *adj* ❶ langsam; *esprit* schwerfällig; *musique* getragen; **aller à pas ~s** langsam [*o* gemächlich] gehen; **il est ~ à comprendre** es dauert lange, ehe er begreift; **décidément, vous êtes ~s à comprendre!** ihr seid wirklich schwer von Begriff! *(pej)*
❷ *(qui met du temps à opérer)* langsam; *poison* schleichend
lente [lɑ̃t] *f* Nisse *f*
lentement [lɑ̃tmɑ̃] *adv* langsam
▶ **~, mais sûrement** langsam, aber sicher; **hâte-toi/hâtez-vous ~** Eile mit Weile *(prov)*
lenteur [lɑ̃tœʀ] *f* ❶ Langsamkeit *f*; *des travaux* schleppendes Vorangehen; **se déplacer avec ~** langsam gehen
❷ *pl (atermoiements)* Umständlichkeit *f*; **les ~s de l'administration** der schwerfällige Verwaltungsapparat
♦ **~ d'esprit** geistige Trägheit *f*
lentigo [lɑ̃tigo] *m* MED Lentigo *nt (Fachspr.)*
lentille [lɑ̃tij] *f* ❶ BOT Linse *f*
❷ *pl* GASTR Linsen *Pl*; **plat de ~s** Linsengericht *nt*
❸ OPT Linse *f*; **~ concave** Streulinse, Konkavlinse; **~ convexe** Sammellinse, Konvexlinse; **~s [cornéennes]** Kontaktlinsen *Pl*; **~s dures/souples** harte/weiche [Kontakt]linsen
♦ **~s de contact** Kontaktlinsen *Pl*
lentisque [lɑ̃tisk] *m* BOT Mastixstrauch *m*
lento [lɑ̃to] MUS **I.** *adv* lento
II. *m* Lento *nt*
Léonard [leɔnaʀ] *m* ❶ Leonhard *m*
❷ HIST **~ de Vinci** Leonardo da Vinci
léonin(e)¹ [leɔnɛ̃, in] *adj (qui évoque le lion)* löwenartig
❷ *fig société, partage* leoninisch
léonin(e)² [leɔnɛ̃, in] *adj* POES **vers ~** leoninischer Vers *m*, Leonitas *m*
léopard [leɔpaʀ] *m* ❶ Leopard *m*; **~ femelle** Leopardenweibchen *nt*
❷ *(fourrure)* Leopardenfell *nt*
L.E.P. [ɛløpe, lɛp] *m abr de* **lycée d'enseignement professionnel** Berufsschule *f*
lepénisme [løpenism] *m* Ideologie des Front National und seines Gründers Le Pen
lepéniste [løpenist] *mf* Anhänger(in) *m(f)* des Front National
lépidoptères [lepidɔptɛʀ] *mpl* Schmetterlinge *Pl*, Falter *Pl*
lépiote [lepjɔt] *f* BOT Schirmpilz *m*, Schirmling *m*
lépisme [lepism] *f* ZOOL Silberfischchen *nt*
lèpre [lɛpʀ] *f* ❶ MED Lepra *f*, Aussatz *m*; **atteint(e) de la ~** an Lepra erkrankt
❷ *(ce qui ronge)* **mur rongé de ~** vom Alter zerfressene Mauer
❸ *littér (mal)* Plage *f*
lépreux, -euse [lepʀø, -øz] **I.** *adj* ❶ MED leprakrank, leprös

lettre

Formule de début de lettre	Anrede in Briefen
Mon cher/Ma chère …,	Liebe/r …,
Salut, …!	Hallo, …!/Hi, …! *(fam)*
Cher Monsieur/Chère Madame …,	Lieber Herr …/Liebe Frau …,
Monsieur/Madame … *(form)*	Sehr geehrter Herr …/Sehr geehrte Frau …, *(form)*
Madame, Monsieur/Mesdames, Messieurs	Sehr geehrte Damen und Herren,
Formule de fin de lettre	**Schlussformeln in Briefen**
Salut! *(fam)*	Tschüss! *(fam)*/Ciao! *(fam)*
Je vous/t'embrasse bien fort.	Herzliche/Liebe Grüße *(fam)*
Grosses bises.	Viele Grüße
Je vous prie/Nous vous prions d'agréer, Madame …/Monsieur …, mes/nos très sincères salutations.	Mit (den) besten Grüßen
Je vous prie/Nous vous prions de croire, Madame …/Monsieur …, à l'assurance de mes/nos sentiments distingués. *(form)*	Mit freundlichen Grüßen *(form)*

(Fachspr.)
❷ *(rongé)* heruntergekommen; *édifice* verwahrlost
II. *m, f* Leprakranke(r) *f(m)*
▶ **traiter qn en** [*o* **comme un**] ~ jdn wie einen Aussätzigen behandeln
léproserie [lepRozRi] *f* Leprakrankenhaus *nt*
lepton [lɛptɔ̃] *m* PHYS Lepton *nt*
lequel, laquelle [ləkɛl, lakɛl, lekɛl] <lesquels, lesquelles> I. *pron interrog* ❶ *(se rapportant à une personne)* welcher/welche/welches; **regarde cette fille! – Laquelle?** sieh nur dieses Mädchen! – Welches?; **~/laquelle d'entre vous …?** wer von euch …?; **auxquels de ces messieurs devrai-je m'adresser?** an welche dieser Herren soll ich mich wenden?; **demandez à l'un de vos élèves, n'importe ~!** fragen Sie einen Ihrer Schüler, ganz gleich welchen! ❷ *(se rapportant à un animal, un objet)* welcher/welche/welches; **je ne sais lesquels prendre!** ich weiß nicht, welche ich nehmen soll!; **~ de ces chiens/flacons …?** welcher dieser Hunde/welches dieser Fläschchen …?
II. *pron rel* ❶ *(se rapportant à une personne)* der/die/das; **la concierge, laquelle …** die Hausmeisterin, die …; **la personne à laquelle je fais allusion** die Person, auf die [*o* welche] ich anspiele; **les grévistes, au nombre desquels il se trouve** die Streikenden, zu denen er zählt
❷ *(se rapportant à un animal, un objet)* der/die/das; **une maison, laquelle …** ein Haus, das …; **la situation délicate dans laquelle nous nous trouvons** die heikle Situation, in der [*o* welcher] wir uns befinden; **la liberté, au nom de laquelle …** die Freiheit, in deren Namen …
lérot [leRo] *m* ZOOL Gartenschläfer *m*
les [le] I. *art déf* die
II. *pron pers* ❶ *(se rapportant à des personnes)* **elle ~ voit/suit** sie sieht sie/folgt ihnen
❷ *avec laisser* sie; **il ~ laisse conduire la voiture** er lässt sie das Auto fahren
❸ *(se rapportant à des animaux ou objets)* **là-bas, il y a des chiens/des sacs, ~ vois-tu?** da drüben sind Hunde/Taschen, siehst du sie?; **ce sont tes chats? Je ~ ai aidés à sortir de l'eau** sind das deine Katzen? Ich habe ihnen aus dem Wasser geholfen
❹ *avec un présentatif* sie; **~ voici** [*o* **voilà**]! hier [*o* da] sind sie!; **~ voilà tout** [*o* **tous**] **propres/toutes propres** jetzt sind sie [wieder] sauber
lesbien(ne) [lɛzbjɛ̃, jɛn] *adj* lesbisch
lesbienne [lɛzbjɛn] *f* Lesbierin *f*
lesboche [lɛsbɔʃ] *f péj fam* Lesbe *f (fam)*
lèse-majesté *v.* crime
léser [leze] <5> *vt* ❶ *(désavantager)* benachteiligen; **être lésé(e)** benachteiligt sein/werden; JUR übervorteilt werden; **partie lésée** Geschädigte(r) *f(m)*, übervorteilte Partei
❷ *(nuire)* **~ les intérêts de qn** jds Interessen *(Dat)* schaden
❸ *(blesser)* verletzen
lésiner [lezine] <1> *vi* **~ sur qc** mit etw geizen
lésion [lezjɔ̃] *f* Verletzung *f;* **~ cérébrale** [Ge]hirnverletzung, [Ge]hirnschädigung *f;* **~s secondaires à long terme** Spätschäden *Pl;* **~ des cellules/de la peau** Zell-/Hautschädigung

◆ **~ de droits** wesentliche Beeinträchtigung von Rechten; **~ d'irradiation** MED Strahlenschädigung *f*
lésionnel(le) [lezjɔnɛl] *adj* MED Verletzungs-
lessivable [lesivabl] *adj* abwaschbar
lessivage [lesivaʒ] *m d'un mur* Abwaschen *nt; du sol* Schrubben *nt*
lessive [lesiv] *f* ❶ *(détergent)* Waschmittel *nt;* **~ en poudre/liquide** Waschpulver *nt*/flüssiges Waschmittel
❷ *(lavage)* Wäsche *f;* **jour de ~** Waschtag *m;* **faire la ~** [Wäsche] waschen
❸ *(linge à laver)* [Schmutz]wäsche *f*
lessiver [lesive] <1> *vt* ❶ schrubben *pièce, sol;* abwaschen *murs*
❷ *fam (épuiser)* **être lessivé(e)** total erledigt [*o* kaputt] sein *(fam)*
❸ *fam (dépouiller)* **se faire ~ au jeu** im Spiel um sein Geld gebracht werden
lessiveuse [lesivøz] *f* Waschkessel *m*
lest [lɛst] *m* Ballast *m;* **naviguer** [*o* **partir**] **sur son ~** *navire:* ohne Ladung fahren
▶ **jeter** [*o* **lâcher**] **du ~** Ballast abwerfen; *(faire des concessions)* Zugeständnisse machen
lestage [lɛstaʒ] *m* Trimmen *nt* von Ballast
leste [lɛst] *adj* ❶ *(vif)* behänd[e] *(geh);* **un vieillard encore ~** ein noch rüstiger Alter; **d'un pas ~** mit behänden Schritten *(geh)*
❷ *(grivois)* gewagt, pikant
lestement [lɛstəmɑ̃] *adv* behend *(geh);* **mener ~ une affaire** ein Geschäft zügig abwickeln
lester [lɛste] <1> I. *vt* ❶ *(garnir de lest)* Ballast laden, beschweren; **être lesté(e) de qc** mit etw beschwert sein
❷ *fam (remplir)* **~ ses poches** sich *(Dat)* die Taschen vollstopfen *(fam)*
II. *vpr fam* **se ~** sich vollstopfen *(fam);* **se ~ l'estomac** sich *(Dat)* den Bauch vollschlagen *(fam)*
létal(e) [letal, o] <-aux> *adj* BIO, MED letal *(Fachspr.)*
létalité [letalite] *f* MED Letalität *f (Fachspr.)*
letchi [lɛtʃi] *m* ❶ *(arbre)* Litschibaum *m*
❷ *(fruit)* Litschi *f,* Lychee *f*
léthargie [letaRʒi] *f* Lethargie *f;* **tomber en ~** in Lethargie verfallen; **sortir** [*o* **tirer**] **qn de sa ~** jdn aus seiner Lethargie herausreißen
léthargique [letaRʒik] *adj* ❶ *(engourdi)* lethargisch; **c'est un esprit ~** er/sie ist lethargisch; **mettre qn dans un état ~** *chaleur:* jdn ganz benommen [*o* lethargisch] machen
❷ MED lethargisch
letton [lɛtɔ̃] *m* **le ~** Lettisch *nt,* das Lettische; *v. a.* **allemand**
letton(e) [lɛtɔ̃, ɔn] *adj* lettisch
Letton(e) [lɛtɔ̃, ɔn] *m(f)* Lette *m*/Lettin *f*
Lettonie [lɛtɔni] *f* **la ~** Lettland *nt*
lettre [lɛtR] *f* ❶ *(missive)* Brief *m;* **~ circulaire** Serienbrief; **~ exprès** Eilbrief; **~ ouverte** offener Brief; **~ piégée** Briefbombe *f;* **~ port payé** Frankobrief; **~ publicitaire** Werbebrief; **~ recommandée avec avis de réception** Einschreibebrief mit Rückschein; **~ suivante** Folgeschreiben *nt;* **~ d'affaires/d'amour** Geschäfts-/Liebesbrief; **mettre une ~ à la poste** einen Brief aufgeben; **par ~** brieflich
❷ *(signe graphique)* Buchstabe *m;* **remplir en ~s capitales!** in

Großbuchstaben ausfüllen!; **c'est en grosses ~s dans les journaux** es steht ganz groß in den Zeitungen; **écrivez les mots en toutes ~s!** schreiben Sie die Wörter aus!

❸ *pl* UNIV *(opp: sciences)* Geisteswissenschaften *Pl*; **professeur de ~s** Professor(in) *m(f)* für Philologie; **section de ~s classiques/ modernes** Fachbereich *m* für Alt-/Neuphilologie; **homme/ femme de ~s** Privatgelehrte(r) *f(m) (veraltet)*

❹ *sans pl (sens strict)* **la ~ du règlement** der [genaue] Wortlaut der Bestimmungen; **la ~ du terme** der Wortsinn; **à la ~** aufs Wort [genau]; **prendre qc à la ~** etw [wort]wörtlich nehmen

❺ FIN **~ de change** Wechsel *m;* **~ de change à jour fixe** Präziswechsel *(Fachspr.);* **~ de change à trente jours** Usowechsel *(Fachspr.);* **~ de change avec lieux de création et de paiement distincts** Distanzwechsel *(Fachspr.);* **~ de change en blanc** Blankowechsel; **~ de change sur l'étranger** Exporttratte *f (Fachspr.);* **~ de change sur l'intérieur** Inlandswechsel

▶ **obtenir** [*o* **acquérir**] **ses ~s de noblesse** sich *(Dat)* einen Namen machen; **perdre ses ~s de noblesse** seinen [guten] Ruf einbüßen; **c'est à écrire en ~s d'or** das sollte mit goldenen Lettern geschrieben werden; **passer comme une ~ à la poste** *fam* reibungslos [*o* glatt] über die Bühne gehen; *proposition:* ohne weiteres angenommen [*o* akzeptiert] werden; **cinq ~s** *euph* Scheibenkleister *m (fam);* **rester ~ morte** unbeachtet bleiben; **en toutes ~s** *(opp: en chiffres)* in Worten; *(sans abréviation)* ausgeschrieben; *(écrit noir sur blanc)* schwarz auf weiß; *(sans doute possible)* klar und deutlich; **avant la ~** vorzeitig

♦ **~ de cachet** königlicher Haftbefehl; **~ de candidature** Bewerbungsschreiben *nt;* **~ de condoléances** Beileidsschreiben *nt;* **~ de confirmation** Bestätigungsschreiben *nt;* **~ de créance** Beglaubigungsschreiben *nt;* **~ de crédit** Kreditbrief *m;* **~ de crédit circulaire** Reisekreditbrief; **~ de démission** Kündigungsschreiben *nt;* **~ de gage** Pfandbrief *m;* **~ de gage hypothécaire** Hypothekenpfandbrief; **~ d'immunité des parlementaires** JUR Indemnitätsbrief *m;* **~ d'invitation** Einladungsschreiben *nt;* **~ de licenciement** Entlassungsschreiben *nt;* **~ de nomination** Ernennungsschreiben *nt;* **~ de rappel** Abberufungsschreiben *nt;* **~ de réclamation** Beschwerdebrief *m;* **~ de recommandation** Empfehlungsschreiben *nt;* **~ de transport** Frachtbrief *m;* **~ de transport aérien** Luftfrachtbrief; **~ de voiture** Warenbegleitschein *m;* CHEMDFER Bahnfrachtbrief *m;* **~ de voiture CIM** Eisenbahnfrachtbrief *m;* **~ de voiture de transit** Durchgangsfrachtbrief *m*

lettré(e) [letʀe] *adj* gebildet
lettre-avion [letʀavjɔ̃] <lettres-avions> *f* Luftpostbrief *m*
lettrine [letʀin] *f* TYP Kolumnentitel
leu *v.* queue
leucémie [løsemi] *f* MED Leukämie *f;* **~ aiguë/chronique** akute/chronische Leukämie
leucémique [løsemik] I. *adj* MED *personne* an Leukämie leidend; **être ~** an Leukämie leiden
II. *mf* MED Leukämiekranke(r) *f(m);* **c'est un/une ~** er/sie ist an Leukämie erkrankt
leucocyte [løkɔsit] *m* MED weißes Blutkörperchen, Leukozyt *m*
leucopénie [løkɔpeni] *f* MED Leukopenie *f (Fachspr.)*
leucorrhée [løkɔʀe] *f* MED Weißfluss *m,* Leukorrhö[e] *f (Fachspr.)*
leur[1] [lœʀ] *pron pers, inv* ❶ *(se rapportant à des personnes)* **je ~ ai demandé s'ils/si elles venaient** ich habe sie gefragt, ob sie kommen; **je ~ ai répondu que je venais** ich habe ihnen geantwortet, dass ich komme
❷ *(se rapportant à des animaux ou objets)* **ces sont tes chiens/ poules? tu ~ as donné à manger?** sind das deine Hunde/Hühner? hast du ihnen [schon] zu fressen gegeben?; **tu as vu mes sacs/ceintures comme ils/elles brillent? Je ~ ai donné un coup de brosse!** hast du gesehen, wie meine Taschen/Gürtel glänzen? Ich habe sie mit der Bürste poliert!
❸ *avec faire, laisser* sie; **il ~ laisse/fait conduire la voiture** er lässt sie das Auto fahren
❹ *avec être, devenir, sembler soutenu* **cela ~ semble bon** das erscheint ihnen gut; **son amitié ~ est chère** seine/ihre Freundschaft ist ihnen teuer *(geh);* **ça ~ est bon de rentrer au pays** es tut [ihnen] gut heimzukommen; **le café ~ devenait indispensable** sie konnten nicht mehr auf den Kaffee verzichten
❺ *fam (pour renforcer)* **elle va pas ~ faire une grippe maintenant?** sie wird denen doch jetzt keine Grippe ausbrüten wollen? *(hum fam)*
❻ *(avec un sens possessif)* **le cœur ~ battait fort** ihre Herzen schlugen heftig
leur[2] [lœʀ] <leurs> I. *dét poss* ihr(e); *pl* ihre; **les enfants et ~ père/mère** die Kinder und ihr Vater/ihre Mutter; **les arbres perdent ~s feuilles** die Bäume verlieren ihre Blätter; **à ~ avis** ihrer Meinung nach; **le chat se fuyait à ~ approche** die Katze lief weg, wenn sie näherkamen; **à ~ bénéfice/détriment** zu ihren Gunsten/ihrem Nachteil

II. *pron poss* ❶ **le/la ~** der/die/das ihre [*o* ihrige *veraltet geh*], ihre(r, s); **les ~s** die ihren [*o* ihrigen *veraltet geh*], ihre; **ce n'est pas notre valise, c'est la ~** das ist nicht unser Koffer, es ist der ihre [*o* es ist ihrer]; **cette maison est la ~** dies ist ihr Haus, dieses Haus gehört ihnen [*o* ist das ihre *geh*]
❷ *pl (ceux de leur famille)* **les ~s** ihre Angehörigen [*o* Familie], die Ihrigen *(geh); (leurs partisans)* ihre Anhänger, die Ihren *(geh);* **vous êtes des ~s** Sie gehören zu ihnen, Sie sind einer von ihnen
❸ *pl (partisans, disciples)* **eux et les ~s** sie und ihre Anhänger
III. *adj poss littér* **qc est ~** etw ist der/die/das ihre [*o* ihrige *veraltet geh*]; **cet objectif est ~** das ist ihr Ziel; **ces principes, ils les ont faits ~s** sie haben sich diese Prinzipien zu eigen gemacht
leurre [lœʀ] *m* ❶ *(artifice)* Trick *m,* Täuschungsmanöver *nt*
❷ MIL Attrappe *f*
❸ PÊCHE künstlicher Köder; **~ métallique** Pilker *m (Fachspr.);* **pêche au ~ métallique** Pilkerangeln *nt*
❹ CHASSE Federspiel *nt*
leurrer [lœʀe] <1> I. *vt* täuschen; **se laisser ~ par qc** sich von etw täuschen lassen
II. *vpr* **se ~** sich Illusionen hingeben, sich *(Dat)* etwas vormachen
leurs *v.* leur
levage [ləvaʒ] *m* ❶ GASTR *d'une pâte* Gehen *nt*
❷ *(action de soulever)* [An]heben *nt*
levain [ləvɛ̃] *m* ❶ *(pour pain)* Sauerteig *m; (pour gâteau)* Vorteig *m;* **pain au/sans ~** Sauerteigbrot/ungesäuertes Brot
❷ *(germe)* Keimzelle *f*
levant [ləvɑ̃] I. *adj v.* soleil
II. *m (est)* Osten *m,* Morgenland *nt*
levantin(e) [ləvɑ̃tɛ̃, in] *adj vieilli* levantinisch
levé [l(ə)ve] *m* ♦ **~ de terrain** Landvermessung *f*
levé(e) [l(ə)ve] *adj* ❶ *(haussé) poing, main* erhoben
❷ *(dressé) menhir* aufgestellt
❸ *(sorti du lit)* **être ~** auf sein
levée [l(ə)ve] *f* ❶ POST Leerung *f;* **heures de ~** Leerungszeiten *Pl*
❷ *(cessation)* Aufhebung *f*
❸ MIL *des troupes* Aushebung *f (veraltet); des recrues* Einberufung *f*
❹ ÉCON, JUR **~ d'hypothèque sur biens fonciers** Grundentlastung *f (Fachspr.)*
♦ **~ de boucliers** heftiger Widerstand; **~ du corps** Aussegnung *f* des/der Toten; **~ des impôts** Erhebung *f* von Steuern; **~ d'option** Abstandszahlung *f;* **~ des scellés** Entsiegelung *f;* **~ de terre** Erdaufschüttung *f*
lève-glace [lɛvglas] <lève-glaces> *m* Fensterheber *m*
lever [l(ə)ve] <4> I. *vt* ❶ *(soulever)* [hoch]heben; hochkurbeln *vitre d'une auto;* hochschieben *vitre dans un train;* hochziehen *store;* hochziehen, aufziehen *rideau de théâtre;* heben *jambe, tête, visage;* **~ le bras** *(pour prendre qc/pour saluer)* den Arm in die Höhe strecken/zum Gruß heben; **~ la main** die Hand heben; *(pour prendre la parole)* sich zu Wort melden; **~ le nez** [*o* **les yeux**] aufblicken; **~ le petit doigt** den kleinen Finger abspreizen; **ne pas ~ la tête** [*o* **le nez**] **de son livre** nicht von seinem Buch aufsehen [*o* aufblicken]
❷ *(sortir du lit)* aus dem Bett holen *enfant;* **~ un malade** einem Kranken beim Aufstehen helfen; **faire ~ qn** jdn zum Aufstehen bringen, jdn aus dem Bett holen
❸ *(faire cesser)* aufheben, schließen *séance;* zerstreuen *doute;* tilgen *hypothèque;* **être levé(e)** *séance:* geschlossen werden [*o* sein]; *résistances:* beseitigt werden [*o* sein]; **une ordonnance ~** eine Anordnung aufheben; **~ les restrictions commerciales** die Handelsbeschränkungen aufheben
❹ FIN, FISC aufbringen *capitaux;* erheben *impôt*
❺ MIL aufstellen *armée;* einziehen, einberufen *recrues*
❻ CHASSE *(avec un bruit)* aufscheuchen; *(avec un leurre)* anlocken
❼ *fam (draguer)* aufreißen *(sl)*
❽ *(établir)* erstellen *plan*
❾ CARTES **~ [les cartes]** die Karten an sich nehmen
II. *vpr* **se ~** ❶ *(se mettre debout)* sich erheben; **se ~ de table** vom Tisch aufstehen
❷ *(sortir du lit)* aufstehen; **il s'est levé** er ist aufgestanden [*o* auf *fam*]; **sitôt** [*o* **à peine**] **levé, il se mit au bureau** gleich nach dem Aufstehen [*o* kaum auf den Beinen,] setzte er sich an den Schreibtisch
❸ *(commencer à paraître) lune, soleil:* aufgehen; *jour, aube:* anbrechen
❹ *(se soulever) rideau:* aufgehen; *main:* sich erheben, sich heben
❺ *(commencer à s'agiter) mer:* unruhig werden; *vent:* aufkommen; *orage:* aufziehen
❻ *(devenir meilleur) temps:* aufklaren; *brouillard:* sich lichten
III. *vi* ❶ *(gonfler) pâte:* gehen; **faire ~ la pâte** *levure:* den Teig aufgehen lassen; **laisser** [*o* **faire**] **~ la pâte** *personne:* den Teig gehen lassen
❷ *(pousser)* sprießen, aufkeimen; *semence, plante:* aufgehen
IV. *m d'une personne* Aufstehen *nt;* **le ~ du roi** die Morgenaudienz

des Königs; **au ~ du soleil** bei Sonnenaufgang
◆ **~ du jour** Tagesanbruch *m;* **~ du** [*o* **de**] **rideau** Beginn *m* der Vorstellung; **avant le ~ du rideau** bevor der Vorhang aufgeht
lève-tard [lɛvtaʀ] *mf inv* Langschläfer(in) *m(f)*, Spätaufsteher(in) *m(f)* **lève-tôt** [lɛvto] *mf inv* Frühaufsteher(in) *m(f)* **lève-vitre** [lɛvvitʀ] <lève-vitres> *m* Fensterheber *m*

levier [ləvje] *m* ❶ *(pour soulever)* Hebel *m;* **faire ~ sur qc** den Hebel an etw *(Dat)* ansetzen; **faire ~ sur la pelle** den Schaufelstiel als Hebel nutzen
❷ *(tige de commande)* Hebel *m;* **~ d'aiguillage** Weichenhebel; **~ de commande/de** [**changement de**] **vitesse** Schalthebel; **~ d'embrayage/de frein** Kupplungs-/Handbremshebel; **~ de présélection** Wählhebel
❸ *(stimulant)* Antrieb *m*
▶ **être aux ~s de commande** das Steuer in der Hand haben
lévitation [levitasjɔ̃] *f* Levitation *f*
levraut [ləvʀo] *m* [Hasen]junge(s) *nt*
lèvre [lɛvʀ] *f* ❶ *de la bouche* Lippe *f;* **~ inférieure/supérieure** Unter-/Oberlippe; **personne/bouche aux ~s fines** schmallippiger Mensch/Mund; **avoir les ~s fines** schmallippig sein; **faire qc la cigarette aux ~s** etw mit der Zigarette im Mund tun
❷ *pl (parties de la vulve)* Schamlippen *Pl;* **grandes/petites ~s** äußere/innere [*o* große/kleine] Schamlippen
❸ *pl* MED *d'une plaie* Ränder *Pl*
▶ **être pendu(e) aux ~s de qn** an jds Lippen *(Dat)* hängen *(fam);* **qn a qc sur les** [*o* **au bord des**] **~s** jdm liegt etw auf der Zunge; **ne pas desserrer les ~s** den Mund nicht aufmachen *(fam);* **être sur toutes les ~s** in aller Munde sein
levrette [ləvʀɛt] *f* ❶ *(femelle du lévrier)* Windhündin *f*
❷ *(sorte petite du lévrier d'Italie)* [italienisches] Windspiel *nt*
lévrier [levʀije] *m* Windhund *m*
levure [l(ə)vyʀ] *f a.* CHIM Hefe *f,* Germ *f* (A); **~ de boulanger** frische Hefe, Backhefe; **~ de bière** Bierhefe; **~ alsacienne** [*o* **chimique**] Backpulver *nt*
lexical(e) [lɛksikal] <-aux> *adj* lexikalisch
lexicographie [lɛksikɔgʀafi] *f* Lexikographie *f*
lexicologie [lɛksikɔlɔʒi] *f* Lexikologie *f*
lexique [lɛksik] *m* ❶ *(dictionnaire bilingue)* Wörterbuch *nt; (dictionnaire technique, spécialisé)* Lexikon *nt*, Wörterbuch *nt; (en fin d'ouvrage)* Glossar *nt*
❷ *(vocabulaire)* Wortschatz *m,* Lexik *f (Fachspr.); d'un auteur, texte* Wortschatz
lézard [lezaʀ] *m* ❶ Eidechse *f;* **~ femelle** Eidechsenweibchen *nt;* **~ vert** Smaragdeidechse
❷ *(peau)* Eidechs[en]leder *nt*
▶ **faire le ~** *fam* sich in der Sonne räkeln *(fam)*
lézarde [lezaʀd] *f* Riss *m*
lézarder[1] [lezaʀde] <1> I. *vt* rissig machen *mur;* **être lézardé(e)** rissig sein, Risse/einen Riss haben
II. *vpr* **se ~** *mur:* rissig werden, Risse/einen Riss bekommen
lézarder[2] [lezaʀde] <1> *vi fam* faul in der Sonne liegen *(fam),* in der Sonne dösen *(fam)*
liaison [ljezɔ̃] *f* ❶ TELEC, MIL, TRANSP Verbindung *f;* **~ routière** Straßenverbindung, Verkehrsverbindung; **~ ferroviaire** Zugverbindung, [Eisen]bahnverbindung; **~ aérienne** Luftverbindung; *(régulière)* Flugdienst *m;* **~ express** Schnellverkehr *m;* **~ maritime** Seeverbindung, Schiffsverbindung; **~ régulière** *d'un navire, avion* Linendienst *m;* **~ radio/téléphonique** Funk-/Telefonverbindung; **être en ~ directe avec qn** direkt mit jdm verbunden sein; **entrer en ~ avec Tokyo** mit Tokio Verbindung aufnehmen; **mettre qn en ~ avec qn** jdn mit jdm in Verbindung bringen; **restons en ~!** bleiben wir [doch] in Verbindung!; **se tenir en ~ avec qn** mit jdm in Verbindung [*o* Kontakt] bleiben; **travailler en ~ étroite avec qn** mit jdm eng zusammenarbeiten
❷ *(enchaînement)* Zusammenhang *m;* **sans ~ avec le reste** in keinem Zusammenhang mit dem Rest; **il n'y a aucune ~ entre les deux événements** die beiden Ereignisse stehen in keinerlei Zusammenhang; **établir la ~ entre les deux crimes** die beiden Straftaten miteinander in Verbindung bringen
❸ PHON Liaison *f;* **faire la ~** die Liaison machen
❹ *(relation amoureuse)* Verhältnis *nt,* Liaison *f (geh);* **avoir/rompre une ~ avec qn** ein Verhältnis mit jdm haben/beenden
❺ GASTR Binden *nt;* **faire une ~ à l'œuf** mit einem Ei legieren
❻ MUS [Binde]bogen *m; (entre notes de même degré)* [Halte]bogen *m*
❼ INFORM *(par lien hypertexte)* Verlinkung *f*
◆ **~ de données** Datenübermittlung *f,* Datenverbindung *f;* **~ par modem** INFORM Modemverbindung *f*
liane [ljan] *f* Liane *f*
liant [ljɑ̃] *m* ❶ *d'un métal* Geschmeidigkeit *f,* Elastizität *f*
❷ *(substance) d'un vernis* Bindemittel *m*
liant(e) [ljɑ̃, ljɑ̃t] *adj* umgänglich, gesellig; **avoir l'esprit ~** kontaktfreudig sein

lias [ljas] *m* GEOL Lias *m o f*
liasse [ljas] *f de billets* Bündel *nt;* **en ~ de cent** in Bündeln zu je hundert; **mettre des factures en ~ de cent** Rechnungen zu Bündeln von je hundert schnüren; *de documents* Stoß *m,* Konvolut *nt (geh)*
Liban [libɑ̃] *m* **le ~** der Libanon
libanais(e) [libanɛ, ɛz] *adj* libanesisch
Libanais(e) [libanɛ, ɛz] *m(f)* Libanese *m*/Libanesin *f*
libations [libasjɔ̃] *fpl* ▶ **faire des ~** [*o* **de joyeuses ~**] Trinkgelage *nt* veranstalten
libelle [libɛl] *m (diatribe)* Schmähschrift *f,* Pamphlet *nt*
libellé [libele] *m* Wortlaut *m;* **lire le ~ de l'acte d'accusation** die Anklageschrift verlesen
libeller [libele] <1> *vt* ❶ *(remplir, rédiger)* ausstellen *chèque;* aufsetzen *contrat*
❷ *(formuler)* abfassen *demande*
❸ COM **libellé(e) à l'ordre** an Order lautend
libellule [libelyl] *f* ❶ *(insecte)* Libelle *f,* Wasserjungfer *f*
❷ PECHE Libelle *f*
liber [libɛʀ] *m* BOT *de la tige, racine* Siebteil *m,* Phloem *nt (Fachspr.)*
libérable [libeʀabl] *adj* vom Militärdienst freistellbar; **militaire ~** zu entlassender Soldat
libéral(e) [libeʀal, o] <-aux> I. *adj* ❶ ECON, POL liberal; **démocratie ~** frei; **économie ~e** freie Marktwirtschaft; **~ en matière d'économie** wirtschaftsliberal
❷ *(non salarié) activité* freiberuflich; **professions ~es** selb[st]ständige Berufe
❸ *(tolérant) parent* tolerant; *éducation* frei
II. *m(f)* POL Liberale(r) *f(m)*
libéralement [libeʀalmɑ̃] *adv* großzügig
libéralisation [libeʀalizasjɔ̃] *f* Liberalisierung *f*
libéraliser [libeʀalize] <1> *vt* liberalisieren
libéralisme [libeʀalism] *m* ❶ ECON, POL Liberalismus *m;* **~ économique** Wirtschaftsliberalismus; **être pour le ~ économique** wirtschaftsliberal eingestellt sein
❷ *(tolérance) d'une personne* Liberalität *f; d'un règlement* Großzügigkeit *f*
libéralité [libeʀalite] *f littér* ❶ *sans pl (générosité)* Großzügigkeit *f*
❷ *pl (dons)* Schenkung *f*
libérateur, -trice [libeʀatœʀ, -tʀis] I. *adj* befreiend
II. *m, f* Befreier(in) *m(f)*
libération [libeʀasjɔ̃] *f* ❶ *(mise en liberté) d'un détenu* [Haft]entlassung *f; d'un prisonnier politique* Freilassung *f;* **~ conditionnelle** bedingte Haftentlassung, bedingter Strafferlass
❷ *a. fig (délivrance)* Befreiung *f;* **la ~ de la femme** die Befreiung [*o* Emanzipation] der Frau; **la Libération** die Befreiung *(Frankreichs von deutscher Besatzung)*
❸ CHIM, PHYS, MED Freisetzung *f;* **médicament à ~ contrôlée** Depotpräparat *nt*
◆ **~ de dette** Schuldbefreiung *f;* **~ des prix** Freigabe *f* der Preise

Land und Leute

Die **Libération** ist die Befreiung Frankreichs von deutscher Besatzung am Ende des Zweiten Weltkrieges. Die Landung der Alliierten erfolgte am 6.6.1944.

libératoire [libeʀatwaʀ] *adj* JUR, FIN *paiement* schuldentilgend; **prélèvement ~** pauschaler Steuerabzug *m* an der Quelle [*o* pauschale Abschöpfung] *f*
libéré(e) [libeʀe] *adj (émancipé)* emanzipiert
libérer [libeʀe] <5> I. *vt* ❶ *(relâcher)* freilassen; [aus der Haft] entlassen *condamné;* **être libéré(e)** freigelassen werden; *condamné:* [aus der Haft] entlassen werden; **libéré(e) sous conditions** bedingt freigelassen
❷ *(renvoyer)* entlassen *soldat, élève*
❸ *(délivrer)* befreien; **~ qn d'entraves** jdn aus einer Zwangslage befreien
❹ *(décharger)* **~ qn d'une charge** jdm eine Last abnehmen; **~ qn d'une corvée** jdn von einer Last befreien; **~ qn de sa dette** jds Schulden tilgen; **~ qn d'une obligation** jdn aus einer Verantwortung entlassen; **~ qn d'une promesse** jdn von einem Versprechen entbinden
❺ *(dégager)* frei machen *voie;* lösen *levier;* **~ le cran de sûreté de l'arme** die Waffe entsichern
❻ *(rendre disponible)* räumen *chambre;* **~ des capitaux** Kapital freisetzen; **cela me libérerait un peu de temps** dadurch hätte ich mehr Zeit
❼ *(déclencher)* auslösen *émotion;* wachrufen *instinct*
❽ *(soulager)* ausschütten *cœur;* erleichtern *conscience*
❾ ECON liberalisieren *échanges;* freigeben *prix*
❿ PHYS freisetzen
II. *vpr* ❶ **se ~ de ses liens** sich von seinen Fesseln befreien; **se ~ de ses soucis** seine Sorgen abschütteln; **se ~ de ses angoisses**

sich von seinen Ängsten freimachen ❷ *(s'acquitter)* **se ~ d'une obligation** sich einer Verpflichtung *(Gen)* entledigen; **se ~ d'une dette** sich einer Schuld *(Gen)* entledigen ❸ *(se rendre libre)* **se ~** sich frei machen ❹ *(devenir vacant)* **se ~** *poste, place:* frei werden
libérien(ne) [libeʀjɛ̃, jɛn] *adj* liberianisch, liberisch
Libérien(ne) [libeʀjɛ̃, jɛn] *m(f)* Liberianer(in) *m(f)*, Liberier(in) *m(f)*
libériste [libeʀist] *mf* Drachenflieger(in) *m(f)*
libéro [libeʀo] *m* FBALL Libero *m*
libertaire [libɛʀtɛʀ] **I.** *adj* libertär *(geh)* **II.** *mf* Anarchist(in) *m(f)*
liberté [libɛʀte] *f* ❶ *sans pl (opp: oppression, emprisonnement)* Freiheit *f*; **privation de la ~** Freiheitsentzug *m*; **~ sous caution** Freilassung *f* gegen Kaution [*o* Sicherheitsleistung]; **mise en ~ d'un prisonnier politique** Freilassung *f* eines politischen Gefangenen; **en ~** *(opp: en captivité)* in Freiheit; *(opp: en prison)* auf freiem Fuß; **être en ~ provisoire/surveillée** vorläufig/auf Bewährung entlassen sein; **rendre la ~ à qn** jdn freilassen; **remettre qn/des animaux en ~** jdn/Tiere wieder freilassen ❷ *sans pl (loisir)* freie Zeit; **quelques heures/jours de ~** einige freie Stunden/Tage ❸ JUR *(droit)* Freiheit *f*; **~ contractuelle** Abschlussfreiheit, Vertragsfreiheit; **~ économique** wirtschaftliche Freiheit; **~s syndicales** gewerkschaftliche Rechte; **~ du choix de l'emploi** Arbeitsplatzwahlfreiheit; **~ de décider de faire valoir ses droits en justice** Dispositionsfreiheit *f (Fachspr.)*; **~ d'inscription au registre du commerce** Handelsregisterfreiheit; **~ des opérations de paiement** Freiheit des Zahlungsverkehrs; **~ du transport des marchandises** Güterverkehrsfreiheit ❹ *sans pl (indépendance)* Freiheit *f*, Unabhängigkeit *f* ❺ *sans pl (absence de contrainte)* Ungezwungenheit *f*; **~ d'esprit/de jugement** geistige Unabhängigkeit/freie Meinungsbildung; **~ de langage** ungezwungene Ausdrucksweise; **~ de mœurs/d'action** Sitten-/Handlungsfreiheit; **toute ~ de choix** völlig freie Wahl; **chacun a sa ~ de jugement** jeder kann selbst urteilen [*o* sich *(Dat)* selbst ein Urteil bilden]; **avoir toute ~ pour faire qc** *(avoir tout pouvoir)* bevollmächtigt sein, etw zu tun; **s'exprimer avec une grande ~** ganz zwanglos sprechen; **laisser toute ~ à qn** jdm völlige Handlungsfreiheit [*o* völlig freie Hand] lassen; **parler en toute ~** völlig frei [*o* offen] sprechen; **prendre la ~ de faire qc** sich *(Dat)* erlauben [*o* die Freiheit nehmen], etw zu tun; **reprendre sa ~** *(quitter son conjoint)* sich von seinem Partner trennen; *(rompre un engagement)* von einer Verpflichtung zurücktreten
▶ **Liberté, Égalité, Fraternité** Freiheit, Gleichheit, Brüderlichkeit; **prendre des ~s avec qn** *(être trop familier)* sich *(Dat)* jdm gegenüber Freiheiten herausnehmen; *(sexuellement)* jdm gegenüber zudringlich werden; **prendre des ~s avec qc** mit etw freizügig umgehen; **ne pas prendre la moindre ~ avec qc** sich ganz genau an etw *(Akk)* halten
◆ **~ d'appréciation** JUR Beurteilungsspielraum *m*; **~ d'association** Vereinsfreiheit *f*, Vereinigungsfreiheit; POL Koalitionsfreiheit; **~ de la circulation du capital** Kapitalverkehrsfreiheit; **~ de circulation des marchandises** Warenverkehrsfreiheit *f*; **~ du commerce** Gewerbefreiheit *f*; **des pratiques limitant la ~ du commerce** wettbewerbsbeschränkende Praktiken; **~ de** [**la**] **concurrence** Wettbewerbsfreiheit *f*; **~ de conscience** Glaubensfreiheit *f*; **~ du culte** Konfessionsfreiheit *f*; **~ de disposition** JUR Verfügungsfreiheit *f*; **~ d'entreprise** Unternehmerfreiheit *f*; **~ d'établissement** Niederlassungsfreiheit *f*; **~ d'expression** Meinungsfreiheit *f*; **~ de forme** Formfreiheit *f*; **~ d'importation** Einfuhrfreiheit *f*; **~ de l'information** Informationsfreiheit *f*; **~ de manipulation** Manipulationsfreiheit *f*; **~ du marché** Marktfreiheit *f*; **~ de mouvement** Bewegungsfreiheit *f*; *(marge de manœuvre)* Handlungsfreiheit; **~ d'opinion** Meinungsfreiheit *f*; **~ de la presse** Pressefreiheit *f*; **~ de la prestation de services** Dienstleistungsfreiheit *f*; **~ des prix** Preisfreiheit *f*; **~ de représentation** Darstellungswahlrecht *nt*; **~ de transit** Durchfuhrfreiheit *f*
libertin(e) [libɛʀtɛ̃] *adj personne* ausschweifend; *mœurs* locker; *roman* frivol; *propos* anzüglich; **adopter volontiers une attitude ~e** sich gern frivol geben
II. *m(f)* Libertin *m (geh)*
libertinage [libɛʀtinaʒ] *m d'une personne* ausschweifender [*o* unsolider] Lebenswandel, Zügellosigkeit *f*; *d'une œuvre* Frivolität *f*
libidineux, -euse [libidinø, -øz] *adj littér* lüstern
libido [libido] *f* Libido *f*; **~ accrue** *(chez un homme agé)* Johannistrieb *m (hum fam)*
libraire [libʀɛʀ] *mf* Buchhändler(in) *m(f)*
librairie [libʀeʀi] *f* Buchhandlung *f*, Buchladen *m*; **~ d'art** Kunstbuchhandlung; **en ~** im Buchhandel; **nouveautés parues en ~** Neuerscheinungen *Pl* auf dem Büchermarkt; **on ne trouve plus ce livre en ~** dieses Buch ist vergriffen [*o* nicht mehr im Handel]

librairie-papeterie [libʀeʀipapetʀi] <librairies-papeteries> *f* Buch- und Schreibwarenhandlung *f*
libre [libʀ] *adj* ❶ *a.* POL frei; **être ~** *prisonnier:* frei [*o* auf freiem Fuß] sein ❷ *(opp: contraint)* **elle est ~ de ses choix** sie hat die freie Auswahl; **~ à vous de refuser** Sie können ablehnen ❸ *(disponible) personne, place, main* frei; **ne pas être ~** *personne:* keine Zeit haben; **se rendre ~** sich *(Dat)* Zeit nehmen; **se rendre ~ dans la matinée** sich *(Dat)* den Vormittag freihalten; **avoir une seule main** [**de**] **~** nur eine Hand frei haben; **un seul jour de ~ dans la semaine** einen einzigen Tag pro Woche frei [*o* freien Tag pro Woche]; **si vous avez quelques heures de ~** sollten Sie ein paar Stunden zur Verfügung haben; **il n'y a plus une seule cabine/un seul mécanicien de ~** es ist keine einzige Kabine/kein einziger Mechaniker mehr frei ❹ *(opp: marié) personne* frei; **son cœur est ~** er/sie hat sein/ihr Herz noch nicht verschenkt ❺ *(sans contrainte)* frei; *manières* ungezwungen; *propos, mœurs* locker; *discussion* offen; *esprit, tête* klar; **être ~ de tout préjugé/engagement** keinerlei Vorurteile/Verpflichtungen haben ❻ *(opp: fidèle) interprétation* frei ❼ *(opp: entravé) cheveux* offen; **sa respiration est plus ~** er/sie atmet freier; **laisser la taille/le cou ~** *robe:* nicht eng an der Taille/am Hals anliegen ❽ TECH *mécanisme* ausgerückt; **pignon/engrenage ~** Ritzel/Zahnradgetriebe, das frei durchdreht ❾ *(autorisé) entrée* frei; **parking ~ pour notre clientèle** kostenloser Kundenparkplatz; **~ accès à la mer** freier Zugang zum Meer ❿ *(opp: imposé)* frei; SCOL, UNIV wahlfrei; **exercices/figures ~s** SPORT Kürübungen *Pl*/Kür *f*; **le sujet de la dissertation est ~** das Thema der Abhandlung kann frei gewählt werden ⓫ COM, FIN *commerce* frei; *prix* unverbindlich; **~ circulation de capitaux** freier Kapitalverkehr
libre arbitre [libʀaʀbitʀ] *m sans pl* freier Wille, Willensfreiheit *f*
libre-échange [libʀeʃɑ̃ʒ] <libres-échanges> *m* Freihandel *m*, freier Handel [*o* Markt]; **zone de ~** Freihandelszone *f*
libre-échangiste [libʀeʃɑ̃ʒist] <libres-échangistes> ECON **I.** *adj politique* Freihandels- **II.** *mf* Anhänger(in) *m(f)* einer Freihandelspolitik
librement [libʀəmɑ̃] *adv traduire* frei; *s'exprimer* ungezwungen; **respirer plus ~** freier atmen; **avec lui, on peut parler ~ mit** ihm kann man [ganz] offen reden
libre penseur, -euse [libʀəpɑ̃sœʀ, -øz] <libres penseurs> *m, f* Freidenker(in) *m(f)*, Freigeist *m*
libre-service [libʀəsɛʀvis] <libres-services> *m* ❶ [**magasin**] **~** Selbstbedienungsgeschäft *nt*, Selbstbedienungsladen *m*, SB-Laden, SB-Markt *m* ❷ *(restaurant)* Selbstbedienungsrestaurant *nt* ❸ *sans pl (système de vente)* Selbstbedienung *f*
librettiste [libʀetist] *mf* Librettist(in) *m(f)*
Libye [libi] *f* **la ~** Libyen *nt*
libyen(ne) [libjɛ̃, jɛn] *adj* libysch
Libyen(ne) [libjɛ̃, jɛn] *m(f)* Libyer(in) *m(f)*
lic. *m abr de* **licencié** CH lic. (CH)
lice [lis] ▶ **entrer en ~** in Aktion treten
licence [lisɑ̃s] *f* ❶ UNIV Licence *f (akademischer Grad nach mindestens dreijährigem Studium)*, Lizentiat *nt* (CH) *(akademischer Abschlussgrad der geisteswissenschaftlichen und juristisch-volkswirtschaftlichen Fakultäten)*; **~ ès sciences/ès lettres** Licence der Naturwissenschaften/der Geisteswissenschaften; **~ en droit** Licence der Rechtswissenschaften; **faire une ~ d'allemand** eine Licence in Deutsch machen ❷ SPORT Lizenz *f*; **joueur titulaire d'une ~** Lizenzspieler *m* ❸ JUR, ECON, ADMIN Lizenz *f*; *(document)* Berechtigungspapier *nt (Fachspr.)*; **~ de débit de boisson** Schankkonzession *f*; **~ de pêche** Angelschein *m*; **~ exclusive/forfaitaire/obligatoire** Allein-/Pauschal-/Zwangslizenz; **~ obligatoire d'office** Zwangslizenz von Amts wegen; **~ pour le commerce extérieur** Außenhandelslizenz; **sans ~** lizenzfrei; **payer une ~ annuelle** eine jährliche Lizenzgebühr zahlen; **fabriqué(e) sous ~** in Lizenz hergestellt ❹ *(liberté)* **~ poétique** dichterische Freiheit ❺ *sans pl littér (caractère licencieux)* Sittenlosigkeit *f*; *péj* Gesinnungslosigkeit *f (pej)*; **~ des mœurs** Verfall *m* der Sitten
◆ **~ de brevet** Patentlizenz *f*; **~ de commercialisation** Vertriebslizenz *f*; **~ d'exploitation** Betriebserlaubnis *f*, Betriebsgenehmigung *f*; **~ d'exportation** Ausfuhrgenehmigung *f*, Exportlizenz *f*; **~ de fabrication** Herstellungslizenz *f*; **~ d'importation** Einfuhrgenehmigung *f*, Importlizenz *f*, Importerlaubnis *f*; **~ de procédure** Verfahrenslizenz *f*; **~ d'usage** Gebrauchslizenz *f*

Land und Leute

Die **licence** ist ein akademischer Grad, den man in Frankreich nach mindestens dreijährigem Studium und in Belgien nach vier

Jahren Studium erwerben kann. In der Schweiz ist sie ein akademischer Abschlussgrad der geisteswissenschaftlichen und juristisch-volkswirtschaftlichen Fakultäten.

licencié(e) [lisãsje] **I.** adj UNIV mit Licence; **être ~ die Licence haben**; **être ~ en droit/en allemand** eine Licence in Jura/in Deutsch haben; **être ~ ès** [o **de**] **sciences** eine Licence der Naturwissenschaften haben
II. m(f) ❶ UNIV Lizentiat(in) m(f) (CH); ~(e) **en droit** jd, der eine Licence in Jura hat; ~(e) **ès** [o **de**] **lettres** jd, der eine Licence der Geisteswissenschaften hat
❷ SPORT Lizenzspieler(in) m(f); **être(e) ~ de tennis** eine Lizenz als Tennisspieler(in) haben
licenciement [lisãsimã] m Entlassung f; **~s** Entlassungen, Personalfreisetzung f (euph); **~ abusif** unrechtmäßige [o widerrechtliche] Entlassung; **~ collectif** Massenentlassung; **~ économique** konjunkturbedingte Entlassung; **~ illégal/sans préavis** widerrechtliche/fristlose Entlassung; **~ pour motif économique** betriebsbedingte Kündigung; **lettre de ~** Kündigung[sschreiben nt
licencier [lisãsje] <1a> vt entlassen
licencieux, -euse [lisãsjø, -jøz] adj littér œuvre anstößig; propos anzüglich; mœurs, vie zügellos
lichen [likɛn] m BOT Flechte f
lichette [liʃɛt] f ❶ fam **de pain** Scheibchen nt
❷ BELG (petite attache) d'un vêtement Aufhänger m
licite [lisit] adj zulässig
licol v. licou
licorne [likɔʀn] f Einhorn nt
◆ **~ de mer** Narwal m
licou [liku] m Halfter m o nt
lie [li] f ❶ (dépôt) [Boden]satz m; **~ de vin** Weinstein m
❷ (rebut) Abschaum m
◆ **~ de vin** v. lie-de-vin
lié(e) [lje] adj ❶ (proche) **être ~ avec qn** jdm nahestehen; **ils sont très ~s** sie stehen sich (Dat) sehr nahe
❷ MUS notes gebunden; notes de même degré gehalten
❸ JUR, ECON (en rapport avec) **à une/la commande** auftragsgebunden; **à la concurrence** situation, évolution wettbewerbsbedingt; **~ à la production** produktionsbedingt; **~ au site** standortbedingt; **~ à l'utilisation** verwendungsgebunden
Liechtenstein [liʃtɛnʃtajn] m **le ~** Liechtenstein
liechtensteinois(e) [liʃtɛnʃtajnwa, waz] adj liechtensteinisch
Liechtensteinois(e) [liʃtɛnʃtajnwa, waz] m(f) Liechtensteiner(in) m(f)
lied [lid] <er o s> m Lied nt
lie-de-vin [lidvɛ̃] adj inv weinrot
liège [ljɛʒ] m Kork m; **bouchon de ~** Korken m; **plaque/dalle de** [o **en**] **~** Korkplatte f; **semelle de** [o **en**] **~** Korksohle f; **~ aggloméré** Korkstein m
Liège [ljɛʒ] Lüttich nt
liégeois(e) [ljeʒwa, az] adj ❶ (de Liège) aus Lüttich, Lütticher
❷ **café ~** Eiskaffee m; **chocolat ~** Eisschokolade f
Liégeois(e) [ljeʒwa, az] m(f) Lütticher(in) m(f)
lien [ljɛ̃] m ❶ (attache) Band nt; (chaîne) Fessel f
❷ (rapport) Verbindung f; **~ entre deux/plusieurs choses** Zusammenhang m zwischen zwei/mehreren Dingen [o Verknüpfung f]; **il n'y a aucun ~ entre ces événements** diese Ereignisse sind in keiner Weise miteinander verknüpft; **sans aucun ~** ohne jeglichen [logischen] Zusammenhang; **être sans ~ avec qc** in keinem Zusammenhang mit etw stehen
❸ (ce qui unit) **~ affectif** gefühlsmäßige Bindung; **développer des ~s affectifs avec qn** sich mit jdm anfreunden; **nouer des ~s avec qn** sich mit jdm anfreunden; **nouer de tendres ~s** soutenu [zarte] Liebesbande knüpfen (geh); **se découvrir un ~ de plus** ie weitere Gemeinsamkeit entdecken; **j'ai gardé des ~s en France** ich habe noch Verbindungen nach Frankreich; **un ~ très fort l'attache à sa patrie** er/sie ist seiner/ihrer Heimat eng verbunden; **le ~ qui les unit, c'est la haine** ihr Hass verbindet sie
❹ pl (ce qui contraint) Fesseln Pl (geh)
❺ INFORM Link m
❻ JUR **~ exclusif** Exklusivbindung f
◆ **~ d'amitié** freundschaftliche Bande Pl (geh); **~ de cause à effet** Kausalzusammenhang m; **~ de cautionnement** Bürgschaftsverhältnis nt; **~ d'exclusivité** JUR Ausschließlichkeitsbindung f; **~s du mariage** eheliche Bande Pl (geh); **~ de parenté** Verwandtschaftsverhältnis nt; **quel est votre ~ de parenté?** wie sind Sie/seid ihr miteinander verwandt?; **~ de participation** Beteiligungsverhältnis nt; **~ de propriété** JUR Eigentumsbindung f; **~s du sang** Blutsbande Pl (geh); **~ de service** Dienstverhältnis nt; **~ de travail** Arbeitsverhältnis nt; **~ de travail temporaire** Aushilfsarbeitsverhältnis nt
lier [lje] <1a> **I.** vt ❶ (attacher) zusammenbinden choses; **~ qn à qc** jdn an etw (Akk) fesseln; **être lié(e)** personne: gefesselt sein; chose: zusammengebunden sein; (avec de la ficelle) zusammengeschnürt sein
❷ (assembler) binden notes; gebunden [aus]sprechen mots; **~ deux mots par un trait d'union** zwei Wörter mit einem Bindestrich verbinden
❸ GASTR legieren (Fachspr.)
❹ CONSTR binden
❺ (mettre en relation) **être lié(e) à qc** mit etw zusammenhängen [o im [o in] Zusammenhang stehen]; **tout est lié!** alles hängt zusammen!; **ces événements sont étroitement liés** diese Ereignisse sind eng miteinander verknüpft; **ces souvenirs sont liés à mon enfance** diese Erinnerungen sind an meine Kindheit geknüpft
❻ (unir) **~ qn/qc à qn/qc** jdn/etw mit jdm/etw verbinden; **être lié(e) à qn/qc** mit jdm/etw verbunden sein; **se sentir profondément lié(e) à sa terre natale** sich seiner Heimat tief verbunden fühlen
❼ (astreindre) **être lié(e) par contrat** durch Vertrag gebunden sein; **être lié(e) par un serment** durch einen Schwur gebunden sein
II. vpr ❶ **se ~ à** [o **avec**] **qn** sich mit jdm anfreunden; **ne pas se ~ facilement** nicht so leicht Freundschaft schließen
❷ JUR **se ~ par contrat** sich vertraglich binden
lierre [ljɛʀ] m Efeu m
liesse [ljɛs] f **en ~** laut jubelnd; **foule en ~** laut jubelnde Menge
lieu¹ [ljø] <x> m ❶ a. JUR Ort m; **~ public** öffentlicher Ort; **~ de débauche/de perdition** Ort der Ausschweifung/des Lasters [o Lasterhöhle] f; **~ de surveance du dommage** JUR Schadenseintrittsort (Fachspr.); **~ où le risque est situé** JUR Belegenheitsort (Fachspr.); **avez-vous noté la date et le ~ du rendez-vous?** haben Sie Zeit und Ort der Verabredung notiert?
❷ pl (endroit) Ort m; (locaux) Räumlichkeiten Pl; **en tous ~x** littér allerorts (geh); **sur les ~x de l'accident/du crime** am Unfall-/Tatort; **sur les ~x du tournage** am Drehort; **être déjà sur les ~x** police: sich bereits an Ort und Stelle [o vor Ort] befinden; **évacuer les ~x** eine Örtlichkeit räumen; bandit: den Tatort verlassen; **faire vider les ~x à qn** police: jdn vertreiben
❸ (endroit particulier) **~ saint** f (geh); **~ de la civilisation** Kulturstätte f (geh); **haut ~ de la Résistance/d'art** Hochburg f der Résistance/der Kunst; **les Lieux saints** die heiligen Stätten
❹ (dans une succession) **en premier/second/dernier ~** an erster/zweiter/letzter Stelle, als Erstes/Zweites/Letztes, zuerst/anschließend/schließlich; **ce n'est pas le ~ de faire qc** (il ne convient pas) es ist hier nicht angebracht, etw zu tun; (ce n'est pas l'endroit pour) es ist hier nicht der Ort, etw zu tun; (ce n'est pas le moment pour) es ist nicht der richtige Zeitpunkt, etw zu tun
❺ (place) **avoir ~** stattfinden; événement, accident: sich ereignen; **avoir ~ durant la 10ᵉ semaine calendaire** livraison: in der 10. Kalenderwoche erfolgen; **tenir ~ de qc à qn** jdm etw ersetzen; **au ~ de qc/de faire qc** [an]statt einer S. (Gen)/etw zu tun; **au ~ de cela** stattdessen
❻ (raison) **avoir tout ~ de faire qc** personne: allen Grund [o Anlass] haben, etw zu tun; chose: dazu angetan sein, etw zu tun (geh); **il y a tout ~ de faire qc** es ist durchaus angebracht, etw zu tun; **il n'y a pas ~ de s'inquiéter** es besteht kein Grund [o Anlass] zur Beunruhigung; **s'il y a ~** wenn nötig; **donner ~ à qc** (provoquer) zu etw führen; (fournir l'occasion de) den Anlass zu etw geben
▶ **en haut ~** höheren Ort[e]s, an höherer Stelle; **en ~ sûr** (à l'abri) in Sicherheit; (en prison) hinter Schloss und Riegel
◆ **~ d'action** Handlungsort m; **~ de la conclusion du contrat** JUR Abschlussort m; **~ de culte** Kultstätte f; **~ de distribution** Vertriebsort m; **~ d'établissement** Niederlassungsort m; **~ d'exécution** JUR Begehungsort m, Gebrauchsort, Leistungsort m; **~ d'exécution du mandat** Gebrauchsort der Vollmacht; **~ d'exécution de la prestation** Erfüllungsort m; **~ d'expédition** ECON Versendungsort m; **~ d'exploitation** FIN Betriebsort m, Betriebsstätte f; **~ de fabrication** Fertigungsstandort m; **~ de livraison** Lieferort m; **~ de loisirs** Vergnügungslokal nt, Vergnügungsbetrieb m; **~ de la manifestation** Veranstaltungsort m; **~ de naissance** Geburtsort m; **~ de paiement** ECON Zahlungsort m; **~ de pèlerinage** Wallfahrtsort m; **~ de perpétration** JUR Begehungsort m; **~ de la prestation** JUR Leistungsort m; **~ de rendez-vous** [o **de rencontre**] Treffpunkt m; **~ de séjour** Aufenthaltsort m; **~ de travail** Arbeitsstätte f, Arbeitsort m
lieu² [ljø] <s> m ZOOL Seelachs m; **~ jaune** Pollack m; **~ noir** Seelachs m
lieu commun [ljøkɔmɛ̃] <lieux communs> m [All]gemeinplatz m; (idée banale) Allerweltsweisheit f; péj (mot banal) Allerweltswort nt (pej)
lieu[-]dit [ljødi] <lieux[-]dits> m Ort, der/Stelle, die einen Flurnamen trägt; **le car s'arrête au ~ de la "Pierre du Diable"** der Bus hält am „Pierre du Diable"
lieue [ljø] f (mesure) Meile f; NAUT Seemeile

▶à cent ~s à la ronde in der ganzen Gegend; être à cent [o mille] ~s de faire qc meilenweit davon entfernt sein, etw zu tun; etw nicht im Geringsten tun

lieuse v. **moissonneur**

lieutenant [ljøt(ə)nɑ̃] m ❶ Oberleutnant m; (dans la marine militaire/marchande) Oberleutnant zur See/[Schiffs]offizier m; ~ de vaisseau Kapitänleutnant
❷ (adjoint) Gefolgsmann

lieutenant-colonel [ljøt(ə)nɑ̃kɔlɔnɛl] <lieutenants-colonels> m Oberstleutnant m

lièvre [ljɛvʀ] m ❶ ZOOL [Feld]hase m; **cuisse de** ~ Hasenkeule f
❷ SPORT (athlète) Schrittmacher m
▶**courir deux/plusieurs** ~**s à la fois** auf zwei/mehreren Hochzeiten tanzen; **courir comme un** ~ wie ein Wiesel laufen; **lever un** ~ ein heikles Thema berühren [o anschneiden]

lifter [lifte] <1> vt ❶ TENNIS – **une balle** einen Ball mit Topspin spielen; **un service lifté** ein Aufschlag m mit Topspin
❷ MED liften peau

liftier, -ière [liftje, -jɛʀ] m, f vieilli Fahrstuhlführer(in) m(f)

lifting [liftiŋ] m Facelifting nt, Gesichtsstraffung f; **se faire faire un** ~ sich liften lassen

ligament [ligamɑ̃] m ANAT Band nt

ligature [ligatyʀ] f ❶ MED (opération) Unterbindung f, Ligatur f (Fachspr.); (nœud) Ligatur; ~ **des trompes** Tubenligatur f
❷ BOT Anbinden nt
❸ TYP Ligatur f

ligaturer [ligatyʀe] <1> vt MED unterbinden

lige [liʒ] adj ❶ HIST vassal lehnspflichtig
❷ fig être ~ d'un parti bedingungsloser Anhänger einer Partei sein

light [lajt] adj inv boisson, cigarettes light

lignage [liɲaʒ] m TYP Zeilenzahl f

lignard [liɲaʀ] m Elektriker(in) m(f)

ligne [liɲ] f ❶ (trait) Strich m, Linie f; MATH Linie; ~ **droite/horizontale/verticale** gerade/waagrechte [o horizontale]/senkrechte [o vertikale] Linie; ~ **de la portée musicale** Notenlinie
❷ a. SPORT (limite réelle) Linie f; ~ **blanche continue/discontinue** durchgehende/unterbrochene weiße Linie [o Mittellinie]; ~ **d'arrivée** Ziellinie, Ziel nt; ~ **de départ** Startlinie, Start m; ~ **de but** Torlinie; (au rugby) Mallinie; ~ **de côté** Seitenlinie; ~ **de fond** (au tennis, volley-ball) Grundlinie; (au basket-ball) Endlinie; ~ **de service** Aufschlaglinie; ~ **de sortie de but** Torauslinie; ~ **de touche** (au football, basketball) Seitenlinie; (au rugby) Marklinie; **franchir la** ~ **la première** als Erste durchs Ziel gehen
❸ (limite imaginaire) ~ **de faîte** Kammlinie f; ~ **d'horizon** [o de l'horizon] Horizont m; ~ **de flottaison/de partage** Wasser-/Begrenzungslinie; ~ **de partage des eaux** Wasserscheide f; ~ [de l'équateur] Äquator m; ~ **de démarcation** Linie (Fachspr.)
❹ a. INFORM (suite de mots) Zeile f; **lettre de huit** ~**s** achtzeiliger Brief; ~ **par** ~ zeilenweise; **payé(e) à la** ~ pro Zeile bezahlt; **aller à la** ~ eine neue Zeile anfangen; **à la** ~! neue Zeile!, Absatz!; ~ **de commentaire** INFORM Kommentarzeile
❺ (trait de la main) Linie f; ~ **de cœur/vie** Herz-/Lebenslinie
❻ (forme) d'un nez Form f; d'un tailleur Schnitt m; d'une voiture, d'un meuble Linie f; ~ **mélodique** Melodie f
❼ sans pl (silhouette) [schlanke] Linie, Figur f; **avoir/garder la** ~ schlank sein/bleiben
❽ COUT Kollektion f; (ensemble de produits cosmétiques) Pflegelinie f, [Pflege]serie f
❾ (point) **les grandes** ~**s de l'ouvrage** die Leitgedanken des Werkes; **les** ~**s essentielles du projet** die Grundzüge des Projekts
❿ (direction) ~ **droite** Gerade f, gerader [Strecken]abschnitt m; **en** ~ **droite** geradewegs; **cinq kilomètres en** ~ **droite** fünf Kilometer Luftlinie
⓫ (voie) ~ [d'action] Vorgehensweise f; **quelle** ~ **d'action le parti envisage-t-il?** welchen Kurs wird die Partei einschlagen?; **indiquez-moi la** ~ **à suivre!** sagen Sie mir, wie ich vorgehen [o verfahren] soll!; ~ **directrice des négociations** Verhandlungslinie f; ~ **politique** politische Linie; **être/rester dans la** ~ **de qn/qc** linientreu [o auf jds Linie/auf der Linie einer S.] sein/bleiben (Gen); **être tout à fait dans la** ~ **du parti** treu der Parteilinie folgen
⓬ TRANSP Linie f, Strecke f; ~ **d'autobus/de car** Autobuslinie; ~ **de bus** Omnibuslinie; ~ **de chemin de fer** [Eisen]bahnstrecke f, [Eisen]bahnlinie; ~ **de métro** U-Bahn-Strecke; ~ **de banlieue** Vorortstrecke; ~ **maritime/aérienne** Schifffahrts-/Fluglinie; ~ **régulière** Linienverkehr m; **ce bus dessert une** ~ **régulière** dieser Bus fährt im Linienverkehr; **avion de** ~ Linienmaschine f; **bateau de** ~ [régulière] Linienschiff nt; **grande** ~ Fernstrecke; **trafic/transport/train grandes** ~**s** Fernverkehr/-transport/-zug; **les petites** ~ **de** ~ die Nahverkehrsverbindungen
⓭ PECHE Angelschnur f, Angelleine f, Posenangel f (Fachspr.); ~ **de fond** Grundangel f; **lancer la** ~ die Angel auswerfen; **pêcher à la** ~ angeln

⓮ ELEC, TELEC Leitung f; ~ [à] **haute/basse tension** Hochspannungs-/Niederspannungsleitung; ~ **téléphonique** Telefonleitung; ~ **collective** Gemeinschaftsanschluss m; **faire installer une** ~ **téléphonique** einen Telefonanschluss legen lassen; ~ **directe** (sans passer par un standard) Direktwahl f; ~ **info** fam Infoline f (fam); **être en** ~ gerade telefonieren [o sprechen]; **gardez la** ~! CAN (ne quittez pas) legen Sie nicht auf!, bleiben Sie dran! (fam); **parlez, vous êtes en** ~ **avec Tokyo** sprechen Sie bitte, Sie sind mit Tokio verbunden; **allô, qui est en** ~? hallo, mit wem spreche ich bitte?; **la** ~ **est mauvaise** die Verbindung ist schlecht
⓯ INFORM (liaison, connexion) **être/travailler en** ~ online sein/arbeiten; **être/travailler hors** ~ offline sein/arbeiten
⓰ (rangée) Reihe f; **en** ~ in einer Reihe; **se mettre en** ~ sich [in einer Reihe] aufstellen; **en** ~ **pour le départ!** zum Start aufstellen!; **la** ~ **d'avants/de demis** die Stürmer-/Läuferreihe; **la** ~ **des arrières** die Verteidigung; **première/deuxième/troisième** ~ Spieler(in) m(f) der ersten/zweiten/dritten Reihe
⓱ MIL Linie f, Front f; ~**s fortifiées** befestigte Stellungen Pl; ~ **Maginot** Maginotlinie
⓲ (filiation) ~ **ascendante/descendante** aufsteigende/absteigende Linie; **en** ~ **directe** [o droite] in direkter Linie [o geradlinig]
⓳ BELG (raie) ~ **des cheveux** Scheitel m
▶**la dernière** ~ **droite avant l'arrivée** die Zielgerade; **dans la dernière** ~ **droite avant l'arrivée** fig kurz vor dem Ziel; **c'est la dernière** ~ **droite avant l'arrivée** fig das ist der Endspurt (fam); **entrer en** ~ **de compte** eine Rolle spielen; **prendre** [o **faire entrer**] **qc en** ~ **de compte** personne: an etw (Akk) denken; projet: etw berücksichtigen; **dans les grandes** ~**s** im Großen und Ganzen; **décrire un projet dans ses grandes** ~**s** ein Vorhaben in groben Zügen umreißen; **mettre qn/qc sur la même** ~ **que qn/qc** jdn/etw mit jdm/etw gleichstellen [o vergleichen]; **en première** ~ MIL in vorderster Front; **lire entre les** ~**s** zwischen den Zeilen lesen; **monter en** ~ an die Front gehen [o rücken]; **hors** ~ (excellent) überragend; **sur toute la** ~ auf der ganzen Linie
♦ ~ **de charge** NAUT Ladelinie f; ~ **de commande** INFORM Befehlszeile f; ~ **de conduite** Grundsätze Pl, Prinzipien Pl; ~ **de crédit** FIN Kreditlinie f; ~ **de crédit documentaire** Rembourslinie f (Fachspr.); ~ **de démarcation** Grenzlinie f; ~ **de démarkationslinie**; ~ **de données** INFORM Datenleitung f; ~ **d'état** INFORM Statuszeile f; ~ **de feu** Schusslinie f; ~**s de force** Leitlinien Pl; PHYS [magnetische] Kraftlinien Pl, Feldlinien Pl; ~ **de mire** [o de visée] Visierlinie f; ~ **de programmation** INFORM Programmzeile f; ~ **de raccordement** Verbindungsleitung f; ~ **de soins** Pflegeserie f, Systempflege f; ~ **de tir** MIL Feuerlinie f

lignée [liɲe] f ❶ (descendance) Nachkommenschaft f; **le dernier d'une longue** ~ **de princes espagnols** der letzte Nachkomme eines alten spanischen Fürstengeschlechts
❷ (catégorie) Reihe f; **être de la** ~ **des grands poètes** zu den großen Dichtern gehören

ligner [liɲe] <1> vt linieren page

ligneux, -euse [liɲø, -øz] adj verholzt; fibres, matière holzig; **des plantes ligneuses** Holzgewächse Pl

ligniculture [liɲikyltyʀ] f Plantagenwirtschaft f

lignification [liɲifikasjɔ̃] f BOT des membranes Verholzung f

lignite [liɲit] m [junge] Braunkohle f

ligoter [ligɔte] <1> vt ❶ fesseln; ~ **qn à qc** jdn an etw (Akk) fesseln [o binden]
❷ (priver de liberté) **être ligoté(e)** unfrei sein

ligue [lig] f Liga f; **Ligue contre l'alcoolisme** Liga zur Bekämpfung des Alkoholismus; **Ligue des droits de l'homme** Liga für Menschenrechte; **Ligue des champions** FBALL Champions League f

liguer [lige] <1> I. vt **ils sont ligués contre moi** sie haben sich gegen mich verschworen
II. vpr **se** ~ **contre qn** sich gegen jdn verschwören; POL sich gegen jdn verbünden; **se** ~ **autour de qn** sich gemeinsam hinter jdn stellen

lilas [lila] I. m Flieder m; **cueillir du** [o des] ~ Flieder pflücken
II. adj inv lila

liliacées [liljase] fpl BOT Liliengewächse Pl

lilliputien(ne) [li(l)lipysjɛ̃, jɛn] I. adj winzig [klein]
II. m(f) Liliputaner(in) m(f)

limace [limas] f ❶ ZOOL Nacktschnecke f
❷ fam (lambin) Trödler(in) m(f)

limaçon [limasɔ̃] m ANAT Schnecke f

image [limaʒ] m Feilen nt; d'un couteau Schleifen nt

limaille [limaj] f ~ **de fer** Eisenfeilspäne Pl; **c'est de la** ~ das sind Feilspäne

limande [limɑ̃d] f Kliesche f
▶**être plate comme une** ~ fam flach wie ein Brett sein (fam)

limande-sole [limɑ̃dsɔl] <limandes-soles> f Rotzunge f

limbes [lɛ̃b] ▶**être dans les** ~ littér projet: noch im Werden [o noch nicht ausgereift] sein; science: noch in den Kinderschuhen stecken

limbique [lɛ̃bik] *adj* ANAT limbisch; **~ limbique** limbisches System
lime [lim] *f (outil)* Feile *f*; **~ à bois** Holzfeile; **~ à quatre pans** Vierkantfeile; **~ pierre ponce** Hornhautfeile
▶ **le dernier coup de ~** der letzte Schliff
◆ **~ à ongles** Nagelfeile *f*
limer [lime] <1> I. *vt* feilen *ongles, clé*; [glatt]feilen *métal, bois*; durchfeilen *barreau de cellule*; wegfeilen *aspérité*
II. *vpr* **se ~ les ongles** sich *(Dat)* die Nägel feilen
limette [limɛt] *f* BOT Limette *f*, Limone *f*
limeuse [limøz] *f (machine)* Feilmaschine *f*
limier [limje] *m* ❶ *(chien de chasse)* Bluthund *m*, Spürhund *m* ❷ *(détective)* Schnüffler *m (fam)*; **être un fin ~** eine feine Spürnase haben *(fam)*
liminaire [liminɛʀ] *adj* einführend; *note, discours* einleitend
limitatif, -ive [limitatif, -iv] *adj* einschränkend; *liste* abgeschlossen; **liste non-limitative** offene Liste
limitation [limitasjɔ̃] *f a.* JUR Einschränkung *f*; **~ apportée à la publicité** Werbebeschränkung *f*; **~ au droit de disposer en vertu d'une disposition du droit du travail** arbeitsrechtliche Veräußerungsbeschränkungen; **~ au droit de disposer en vertu d'une disposition du droit des biens** sachenrechtliche Veräußerungsbeschränkungen; **~ au droit de disposer en vertu d'une saisie-exécution** Veräußerungsbeschränkungen durch Zwangsvollstreckung; **~ des échanges extérieurs** Außenhandelsbeschränkungen; **~ de la liberté de concurrence** Wettbewerbsbeschränkung; **~ du pouvoir** Beschränkung der Macht; **~ de la procuration commerciale** Beschränkung der Handlungsvollmacht; **~ dans le temps** zeitliche Begrenzung; **~ dans le temps de l'offre** Angebotsbefristung *f*; **sans ~ de temps** unbefristet
◆ **~ à la jouissance** JUR Nutzungsbeschränkung *f*; **~ des armements** Rüstungsbegrenzung *f*; **~ de la compétence** Beschränkung *f* der Zuständigkeit; **~ de diffusion** JUR Verbreitungsbeschränkungen *Pl*; **~ de disposition** JUR Verfügungsbeschränkung *f*; **~ du dommage** Schadensminderung *f*; **~ du droit de disposer** Verfügungsbeschränkung *f*; **~ du droit de vote** Stimmrechtsbeschränkung *f*; **~ des naissances** Geburtenbeschränkung *f*; **~ des prix** Preisbegrenzung *f*; **~ de la propriété** Eigentumsbeschränkung *f*; **~ de responsabilité** Haftungsbegrenzung *f*, Haftungsbeschränkung *f*; **~ de responsabilité du fait de demande en réfaction d'une partie du prix évaluée forfaitairement** Haftungsbegrenzung für pauschalierte Minderungsansprüche; **~ des risques** Risikobegrenzung *f*; **~ du transit** Durchfuhrbeschränkung *f*; **~ de vente** Verkaufsbeschränkung *f*; **~ de vitesse** Geschwindigkeitsbegrenzung *f*
limite [limit] I. *adj* ❶ **~ âge** – Altersgrenze *f*, Höchstalter *nt*; **cas ~** Grenzfall *m*; **charge ~** Höchstlast *f*; **hauteur/largeur ~** maximale Höhe/Breite; **poids ~** [zulässiges] Höchstgewicht; **prix ~** Preisgrenze *f*, Preislimit *nt*; **vitesse ~** Höchstgeschwindigkeit *f*; **valeur ~ des gaz d'échappement** Abgasgrenzwert *m*
❷ *(à la limite du possible)* fast unmöglich; **ce cas me paraît ~** dieser Fall erscheint mir höchst unwahrscheinlich; **conditions ~s de survie** extreme Überlebensbedingungen *Pl*
❸ *fam (pas terrible)* **être ~** *personne:* nicht [gerade] umwerfend sein *(fam)*; *chose:* einen nicht vom Hocker hauen *(fam)*
II. *f* ❶ *(borne étendue)* Grenze *f*; *d'un terrain* Begrenzung *f*, Begrenzungslinie *f*; *d'une forêt, prairie* Rand *m*; *d'un lac* Ufer *nt*
❷ *(dans le temps)* Frist *f*; **~ pour les inscriptions** Einschreibefrist; **dans les ~s du temps qui m'est imparti** in der mir bewilligten Zeit [*o* vorgegebenen Frist]; **attendre la dernière ~ pour s'inscrire** sich in allerletzter Minute einschreiben
❸ *(borne)* Grenzen *Pl*; **connaître ses ~s** seine Grenzen kennen; **~ des coûts** Kostenrahmen *m*; **être à la ~ du supportable** kaum noch zu ertragen sein; **atteindre les ~s du ridicule** [bereits] ans Lächerliche grenzen; **dépasser les ~s** zu weit gehen; **franchement, cela passe les ~s du ridicule** das ist [ja nun] wirklich zu lächerlich; **il y a des ~s** [**à tout**] alles hat seine Grenzen; **il n'y a pas de ~ à la bêtise!** der Dummheit sind keine Grenzen gesetzt!; **dans les ~s de qc** im Rahmen einer S. *(Gen)*; **pour rester dans les ~s du sujet** um den Rahmen des Themas nicht zu sprengen; **dans les ~s de nos moyens** soweit es unsere Mittel erlauben; **aider dans les ~s** [*o* la] **du possible** helfen, so gut es geht; **dans une certaine ~** bis zu einem gewissen Grad; **jusqu'à la ~ de qc** bis zum Äußersten einer S. *(Gen)*; **jusqu'à la ~ de ses forces** bis zur Erschöpfung; **sans ~s** *ambition, vanité* maßlos; **pouvoir** uneingeschränkt
❹ *pl (seuil critique)* Grenzbereich *m*, Grenzsituation *f*; *d'un État, sportif, d'un groupe de la population* Belastungsgrenze *f*; [**dernières**] **~s** Leistungsgrenze
❺ MATH Grenzwert *m*, Limes *m (Fachspr.)*
▶ **à la ~** – na ja; **à la ~, je peux ...** im äußersten Fall [*o* wenn es wirklich sein muss,] kann ich ...; **à la ~, je ferais mieux de ...** wahrscheinlich wäre das das Beste, ich würde ...; **à la ~, on croirait que ...** man könnte fast meinen, ...; **à la ~, je peux accepter qu'il triche, mais pas qu'il vole!** dass er betrügt, kann ich gerade noch akzeptieren, aber nicht, dass er stiehlt!
◆ **~ d'âge** Alters[höchst]grenze *f*; **~ des avances sur titres** FIN Beleihungsgrenze *f*; **~ de charge** ECON Auslastungsgrenze *f*; **~ des coûts** Kostenlimit *nt*; **~ de crédit** Kreditlimit *nt*; **~ de crédit octroyé** Kreditgrenze *f*; **~ de croissance** Wachstumsgrenze *f*; **~ des eaux territoriales** Fischereigrenze *f*; **étendre la ~ des eaux territoriales** die Fischereigrenze ausweiten; **~ de l'endettement public** Verschuldungsgrenze *f*; **~ d'imposition** Steuergrenze *f*; **~s de la peine** Strafrahmen *m*; **~ des prix** Preisgrenze *f*; **~ des prix fixe/supérieure/inférieure** feste/obere/untere Preisgrenze; **~ de rendement** Ertragsgrenze *f*; **~ de responsabilité** JUR Haftungsgrenze *f*
limité(e) [limite] *adj* begrenzt; *sens* eng; **un devoir en temps ~** eine befristete [*o* zeitlich begrenzte] schriftliche Arbeit; **être ~ fam** *personne:* minderbemittelt sein; **être trop ~** *objectif:* zu eng gesteckt sein; **de manière ~e** in begrenztem Umfang; **n'avoir qu'une confiance ~e en qn** jdm nur bedingt vertrauen können
limiter [limite] <1> I. *vt* ❶ *(délimiter)* begrenzen
❷ *(restreindre)* einschränken; **~ qc à l'essentiel** etw auf das Wesentliche beschränken; **être limité(e) à qc** auf etw *(Akk)* begrenzt sein; **il faut à tout prix ~ les dégâts** der Schaden muss unbedingt begrenzt werden; **cela limite nos moyens d'action** das schränkt unsere Handlungsfreiheit ein
II. *vpr* ❶ *(s'imposer des limites)* **se ~ dans qc** sich in etw *(Dat)* einschränken; *(en mangeant, buvant)* sich in etw *(Dat)* mäßigen; *(dans son comportement)* sich bei etw zurückhalten
❷ *(se borner)* **se ~ à qc/à faire qc** sich auf etw *(Akk)* beschränken/darauf beschränken, etw zu tun; **mes ambitions se limitaient à survivre** das einzige, was ich wollte, war überleben
limiteur [limitœʀ] *m* ◆ **~ de vitesse** AUT Gaspedalsperre *f*, Tempomat *m*
limitrophe [limitʀɔf] *adj* angrenzend; **les pays ~s de la France** die Anrainerstaaten Frankreichs; **les villes ~s de l'Allemagne** die an Deutschland grenzenden Städte
limogeage [limɔʒaʒ] *m fam* Abhalftertung *f (fam)*
limoger [limɔʒe] <2a> *vt fam* kaltstellen *(fam)*
limon [limɔ̃] *m (terre)* Schlamm *m*
limonade [limɔnad] *f* Limonade *f*, Kracherl *nt* (A, SDEUTSCH)
limoneux, -euse [limɔnø, -øz] *adj* schlammig; **eaux limoneuses** schlammhaltiges Wasser
limousin(e) [limuzɛ̃, in] *adj* **la région ~e** die Gegend des Limousin; **la montagne ~e** das Gebirge im Limousin
Limousin(e) [limuzɛ̃, in] I. *m/f* **le ~** – das Limousin
II. *m, f* Bewohner(in) *m(f)* des Limousin
limousinage [limuzinaʒ] *m* TECH Mauerwerk *nt* aus Bruchsteinen
limousine [limuzin] *f* Limousine *f*, Reisewagen *m*; *(voiture de luxe)* Luxuslimousine
limpide [lɛ̃pid] *adj* ❶ *(pur)* klar; *regard* offen; *air* rein; **des yeux d'un bleu ~** wasserblaue Augen
❷ *(intelligible)* klar; **c'est ~, pourtant!** aber das ist doch sonnenklar! *(fam)*
limpidité [lɛ̃pidite] *f* ❶ *(pureté)* Klarheit *f*; *d'un regard* Offenheit *f*; *de l'air* Reinheit *f*; **la ~ de son regard** sein/ihr offener Blick; **avoir la ~ du cristal** *eau:* kristallklar sein
❷ *(clarté)* Klarheit *f*; *d'une explication* Anschaulichkeit *f*
lin [lɛ̃] *m* ❶ BOT Flachs *m*; **fibres de ~** Flachsfasern *Pl*
❷ TEXTIL Leinen *nt*; **le ~ est à la mode cette année** Leinen ist dieses Jahr Mode; **pantalon/robe de** [*o* **en**] **~** Leinenhose *f*/-kleid *nt*
linaigrette [linɛgʀɛt] *f* BOT Wollgras *nt*
linceul [lɛ̃sœl] *m* Leichentuch *nt*
linéaire [lineɛʀ] *adj* ❶ *(droit)* linear; **non ~** nichtlinear
❷ *(simple)* eindimensional; **vision trop ~ de la science** allzu vereinfachte Sicht der Wissenschaften
❸ ECON *amortissement* linear
linéament [lineamɑ̃] *m* ❶ *littér (ligne élémentaire)* Grundzug *m*
❷ *fig (ébauche)* Entwurf *m*
linge [lɛ̃ʒ] *m* ❶ *sans pl* Wäsche *f*; **petit ~** – Leibwäsche; **gros ~** – Bett- und Tischwäsche; **~ de rechange** [Unter]wäsche zum Wechseln; **~ à repasser** Bügelwäsche; **avoir du ~ sale** schmutzige Wäsche haben; **mettre du ~ à laver** Wäsche waschen; **~ délicat** *(dans le programme d'une machine à laver)* Schongang *m*; **~ lavable en machine** Maschinenwäsche
❷ *(morceau de tissu)* Tuch *nt*
▶ **laver son ~ sale en famille** seine schmutzige Wäsche nicht in der Öffentlichkeit waschen; **blanc(blanche)** [*o* **pâle**] **comme un ~** weiß [*o* bleich] wie die Wand, kreidebleich [*o* käsebleich] *(fam)*
◆ **~ de corps** Unterwäsche *f*, Leibwäsche *f*; **~ de maison** Haushaltswäsche *f*; **~ de table** Tischwäsche *f*; **~ de toilette** Handtücher *Pl*
lingerie [lɛ̃ʒʀi] *f* ❶ *sans pl* **~ féminine** Damenwäsche *f*; **~ de soie** seidene [Unter]wäsche
❷ *(local)* Wäschekammer *f*

lingette [lɛ̃ʒɛt] *f* Erfrischungstuch *nt*; *(pour bébés)* Pflegetuch

lingot [lɛ̃go] *m* ❶ *(lingot d'or)* [Gold]barren *m*
❷ *(masse de métal)* Block *m*; ~ **d'acier/de fonte** Stahlblock/Eisenblock

lingual(e) [lɛ̃gwal, o] <-aux> *adj* ❶ ANAT, MED *muscle* Zungen-; *abcès* lingual
❷ PHON **consonne** ~**e** Zungenlaut *m*, Lingual *m*

linguiste [lɛ̃gɥist] *mf* Linguist(in) *m(f)*

linguistique [lɛ̃gɥistik] **I.** *adj* ❶ *(relatif à la science du langage)* linguistisch
❷ *(relatif à la langue)* **communauté/famille** ~ Sprachgemeinschaft *f*/-familie *f*; **être d'ordre** ~ sprachlicher Natur sein
II. *f* Linguistik *f*

linguistiquement [lɛ̃gɥistikmɑ̃] *adv* sprachlich

liniment [linimɑ̃] *m* PHARM Liniment *nt*, Einreibemittel *nt*

lino [lino] *m abr de* **linoléum**

linoléum [linɔleɔm] *m* Linoleum *nt*

linon [linɔ̃] *m* TEXTIL *de coton* Linon *m*

linotte [linɔt] *f* Hänfling *m*
▸ **tête de** ~ Spatzenhirn *nt (fam)*; *(pour un adulte)* zerstreuter Professor *(hum fam)*

linotype [linɔtip] *m* TYP Linotype® *f*

linteau [lɛ̃to] <x> *m* ARCHIT Sturz *m*; *d'une cheminée* Sims *m*

lion [ljɔ̃] *m* Löwe *m*; **chasse au** ~ Löwenjagd *f*
▸ **tourner comme un** ~ **en cage** wie ein Tiger im Käfig auf und ab gehen; **se battre comme un** ~ wie ein Löwe kämpfen; **avoir mangé** [*o* **bouffé**] **du** ~ *fam* kaum zu bremsen sein *(fam)*

Lion [ljɔ̃] *m* ASTROL Löwe *m*; **être** [**du signe du**] ~ [ein] Löwe sein, im Zeichen des Löwen geboren sein

lionceau [ljɔ̃so] <x> *m* Löwenjunge(s) *nt*

lionne [ljɔn] *f* Löwin *f*

lipase [lipaz] *f* BIO, CHIM Lipase *f (Fachspr.)*

lipide [lipid] *m* BIO, CHIM Lipid *nt*

lipoïde [lipɔid] BIO, CHIM **I.** *adj substance* lipoid
II. *m* Lipoid *nt (Fachspr.)*

lipome [lipom] *m* MED Lipom *nt*

liposuccion [liposy(k)sjɔ̃] *f* MED Fettabsaugung *f*

lippu(e) [lipy] *adj* wulstig; **bouche** ~ **e** volle Lippen *Pl*

liquéfaction [likefaksjɔ̃] *f d'un gaz* Verflüssigung *f*

liquéfier [likefje] <1a> **I.** *vt* verflüssigen
II. *vpr* **se** ~ *gaz*: flüssig werden; *solide, personne*: schmelzen

liquette [likɛt] *f fam* Hemd *nt*

liqueur [likœʀ] *f* Likör *m*; ~ **de groseilles/de cassis** Johannisbeerlikör; ~ **d'anis/de cerises/de menthe** Anis-/Pfefferminz-/Kirschlikör

liquidateur, -trice [likidatœʀ, -tʀis] *m, f* Liquidator(in) *m(f)*, Abwickler(in) *m(f)*; ~ **judiciaire** Konkursverwalter *m*; **nommer qn** ~ jdn zum Abwickler bestellen; **instituer un** ~ einen Liquidator [*o* Abwickler] einsetzen

liquidation [likidasjɔ̃] *f* ❶ *(solde)* Ausverkauf *m*; ~ **totale du stock** Totalausverkauf, Räumungsverkauf
❷ JUR *d'une succession, d'un compte* Liquidation *f*; *d'une dette* Tilgung *f*; *d'un commerce, d'une société* Auflösung *f*, Abwicklung *f*; Auseinandersetzung *f*; ~ **forcée** Zwangsliquidation; ~ **judiciaire** Zwangsliquidation, gerichtliche Abwicklung [*o* Liquidation]; ~ **judiciaire de société** Gesellschaftskonkurs *m*; ~ **des biens d'une succession** Nachlasskonkurs; ~ **des dommages causés à un tiers** Drittschadensliquidation; ~ **d'une succession** Nachlassabwicklung; ~ **par ordonnance judiciaire** Liquidation durch Gerichtsbeschluss; ~ **sans négociation** stille Liquidation; **entrer en** ~ in Liquidation treten; **mettre qn en** ~ **judiciaire** das Konkursverfahren gegen jdn eröffnen
◆ ~ **des dettes** Schuldentilgung *f*; ~ **d'entreprise** Unternehmensliquidation *f*; ~ **de fin de mois** BOURSE Ultimoabrechnung *f*; ~ **du patrimoine** Vermögensauseinandersetzung *f*

liquide [likid] **I.** *adj* ❶ flüssig; **être trop** ~ *sauce*: zu dünn[flüssig] sein
❷ *fig capital* flüssig; **argent** ~ Bargeld *nt*
❸ LING liquid; **consonne** ~ Liquid *m*
II. *m* ❶ *(fluide)* Flüssigkeit *f*; **les** ~ **s et les solides** flüssige und feste Körper, Flüssiges und Festes; **consommer des** ~ **s** flüssige Nahrung zu sich nehmen
❷ *sans pl (argent)* Bargeld *nt*; **en** ~ in bar; **payer en** ~ [in] bar bezahlen
III. *f* PHON Liquid *m*
◆ ~ **de frein[s]** Bremsflüssigkeit *f*; ~ **de refroidissement** Kühlflüssigkeit *f*; ~ **vaisselle** Spülmittel *nt*

liquider [likide] <1> *vt* ❶ COM ausverkaufen *marchandise*; räumen *stock*
❷ *fam (se débarrasser)* ausschalten *adversaire*; sich *(Dat)* vom Hals schaffen *(fam) dossier*; **voilà une affaire [de] liquidée** so, das wäre erledigt
❸ *fam (tuer)* liquidieren; **se faire** ~ liquidiert werden
❹ *fam (finir)* austrinken *boisson*; aufessen *nourriture*; leer essen *assiette*
❺ JUR auflösen *société, compte*; tilgen *dette*

liquidité [likidite] *f* ❶ Liquidität *f*
❷ *pl* FIN Barmittel *Pl*, flüssige [*o* liquide] Mittel, Liquidität *f (Fachspr.)*; ~ **s internationales** internationale Liquidität; **faute de** ~ **s** mangels Barmittel

liquoreux, -euse [likɔʀø, -øz] *adj* likörartig; **vin** ~ Likörwein *m*

lire¹ [liʀ] <*irr*> **I.** *vi* ❶ lesen; **bien** ~ gut lesen; **savoir** ~ lesen können; **tu apprends à** ~ ? lernst du lesen?
❷ *(deviner)* ~ **dans les cartes** aus den Karten lesen; ~ **dans les lignes de la main de qn** jdm aus der Hand lesen; ~ **dans le cœur** in der Seele *(Dat)* lesen; ~ **dans les pensées de qn** jds Gedanken lesen
II. *vt* ❶ lesen *livre, auteur*; ~ **tout Proust** den ganzen Proust lesen; **faire** ~ **un auteur/livre à qn** jdm einen Autor/ein Buch zu lesen geben; **être à** ~ *ouvrage*: lesenswert sein; **c'est à** ~ ! das sollte man gelesen haben!; **être lu(e)** *auteur*: gelesen werden; **un auteur qui mérite d'être lu** ein Autor, den man lesen sollte; **l'auteur la plus lue** die meistgelesene Autorin; **le livre pour jeunes le plus lu** das meistgelesene Jugendbuch; **j'étais content(e) de la** ~ ich habe mich über ihren Brief gefreut; **en espérant vous/te** ~ **bientôt** in Erwartung Ihrer/deiner Nachricht [*o* Antwort]; **le lu et approuvé** *form* gelesen und genehmigt *(form)*; **à te** ~ nach dem, was du schreibst
❷ *(déchiffrer)* lesen [können]; ~ **le chinois** die chinesische Schrift lesen können; **que constate-t-on en lisant ce graphique?** was lässt sich aus dieser Grafik herauslesen?
❸ *(donner lecture)* verlesen; ~ **qc à qn** *(faire la lecture)* jdm etw [vor]lesen
❹ *(deviner)* ~ **l'avenir dans les lignes de la main** die Zukunft aus der Hand lesen; ~ **la joie dans les yeux** [*o* **le regard**] **de qn** Freude in jds Augen *(Dat)* erkennen; ~ **un désir dans les yeux de qn** jdm einen Wunsch von den Augen ablesen
III. *vpr* ❶ **se** ~ *ouvrage*: gelesen werden; **qc/ça se laisse** ~ etw/das lässt sich lesen [o kann man lesen]
❷ *(se déchiffrer)* **l'hébreu se lit de droite à gauche** das Hebräische wird von rechts nach links gelesen; **le braille se lit au toucher** die Blindenschrift wird ertastet
❸ *(se comprendre)* **se** ~ **comme un hommage** als Würdigung interpretiert werden können; **ce texte peut se** ~ **de deux manières** dieser Text kann auf zweierlei Weise verstanden werden
❹ *(se deviner)* **la surprise se lisait sur son visage** man konnte ihm/ihr die Überraschung vom Gesicht ablesen; **la douleur se lit sur ses traits** der Schmerz steht ihm/ihr im Gesicht geschrieben

lire² [liʀ] *f* HIST *(monnaie)* Lira *f*

lis [lis] *m* Lilie *f*

Lisbonne [lisbɔn] Lissabon *nt*

liseré [liz(ə)ʀe] *m*, **liséré** [lizeʀe] *m* Borte *f*

liseron [lizʀɔ̃] *m* BOT Winde *f*

liseur, -euse [lizœʀ, -øz] *m, f* Leser(in) *m(f)*; **grande liseuse de romans** eifrige Romanleserin; **c'est un** ~ **acharné** er ist ein Bücherwurm

liseuse [lizøz] *f* ❶ *(vêtement)* Bettjäckchen *nt*
❷ *(couvre-livre)* Buchhülle *f*
❸ *(petite lampe)* Leselampe *f*

lisibilité [lizibilite] *f* ❶ Lesbarkeit *f*
❷ *fig d'une politique* Nachvollziehbarkeit *f*
◆ ~ **du bilan** Bilanzklarheit *f*

lisible [lizibl] *adj* ❶ gut lesbar; *écriture* leserlich; **inscription peu** ~ schlecht lesbare Aufschrift; **être peu/ne pas être** ~ *signature*: unleserlich sein
❷ *(digne d'être lu)* lesenswert; **à peine** ~ kaum lesbar

lisiblement [liziblǝmɑ̃] *adv* leserlich; **veuillez écrire très** ~ schreiben Sie bitte sehr deutlich

lisier [lizje] *m* AGR Gülle *f*, Jauche *f* (SDEUTSCH, CH); **fosse de** ~ Gülle[n]grube *f* (SDEUTSCH, CH); **tonneau de** ~ Gülle[n]fass *nt* (SDEUTSCH, CH)

lisière [lizjɛʀ] *f* ❶ COUT Webkante *f*
❷ *(limite)* Rand *m*; *d'un champ* Rain *m*

lissage [lisaʒ] *m* ❶ *(action de lisser)* Glätten *nt*
❷ MATH, PHYS *d'une courbe* Glättung *f*

lisse [lis] *adj* glatt; *cuir* glatt, feinporig

lissé(e) [lise] *adj* ❶ *(rendu lisse) cheveux* geglättet
❷ *(revêtu de sucre) amandes* ~ **es** Mandeldragees *Pl*

lisser [lise] <1> **I.** *vt* glattstreichen; glätten *papier*
II. *vpr* **se** ~ **les cheveux/la moustache** sich *(Dat)* die Haare/den Bart glatt streichen

lisseur [lisœʀ] *m* Glätteisen *nt*

listage [listaʒ] *m* ❶ *sans pl (action)* Auflisten *nt*; *(par une imprimante)* Ausdrucken *nt*
❷ INFORM Auflistung *f*; *(document imprimé)* Ausdruck *m*

liste [list] *f* ❶ Liste *f*; INFORM Auflistung *f*; ~ **électorale** Wählerliste; ~ **des absents** Abwesenheitsliste; ~ **des abréviations** Abkürzungsverzeichnis *nt;* **~ des coloris** Farbtafel *f;* **~ des distributeurs** Verteilerliste; **~ des importations exonérées de droits de douane** Einfuhrfreiliste *(Fachspr.);* **~ des marchandises** Warenverzeichnis; **~ des participants** Teilnehmerliste; **~ des pièces de rechange** AUT Ersatzteilliste; **~ des prix** Preistafel *f,* Preisverzeichnis *nt;* **~ des références** Referenzliste; **~ noire des médicaments** ≈ Negativliste; **en tête/en fin de ~** [ganz] oben/unten auf der Liste; **faire la ~ de qc** [sich *(Dat)*] eine Liste [*o* Aufstellung] von etw machen; **les ~s des inscriptions sont closes** es werden keine Bewerber mehr aufgenommen

② *(nombre)* Reihe *f,* Zahl *f;* **la ~ de ses mérites est longue** er/sie hat eine ganze Reihe Vorzüge; **la ~ des mécontents s'allonge de jour en jour** die Zahl der Unzufriedenen steigt täglich weiter; **s'il fallait faire la ~ de tous ses défauts** wenn man all seine/ihre Fehler aufzählen [*o* auflisten] wollte

▶ **être sur la ~ noire** auf der schwarzen Liste stehen; **être sur la ~ rouge** *numéro de téléphone:* nicht im Telefonbuch stehen; *abonné:* eine Geheimnummer haben, nicht im Telefonbuch stehen

◆ **~ d'accessoires** Zubehörliste *f;* **~ d'adresses** Adressenliste *f;* **~ de chargement** Ladeliste *f;* **~ de colisage** Frachtliste *f;* **~ de contrôle** Prüfliste *f;* **~ de fichiers** INFORM Dateiliste *f;* **~ de mariage** Wunschliste *f*

listel [listɛl] *m* ① ARCHIT Stab *m*

② *(blason)* Devisenbinde *f*

lister [liste] <1> *vt* ① INFORM **~ qc** *(faire un listage)* etw ausdrucken; *(faire une liste)* etw auflisten

② *(mettre en liste)* auflisten *personnes, mots;* **~ les absents** die Abwesenheitsliste erstellen

listériose [listerjoz] *f* MED Listeriose *f*

listing [listiŋ] *m* Liste *f; (document imprimé)* Ausdruck *m;* **sortir un ~ des abonnés** die Abonnentenliste ausdrucken

lit [li] *m* ① Bett *nt;* **~ pour deux personnes** Doppelbett; **chambre d'hôtel à deux ~s** Zweibettzimmer *nt;* **un hôtel de cent ~s** ein Hotel mit hundert Betten; **~ improvisé** Matratzenlager *nt;* **~s jumeaux** [zwei (gleiche)] Einzelbetten; **~ pliant** Klappbett; **~ portatif** Kinderreisebett; **~s superposés** Etagenbett; **~ en mezzanine** Hochbett; **~ improvisé** [*o* **à même le sol**] Matratzenlager *nt;* **improviser un ~ à même le sol** ein Matratzenlager herrichten; **aller** [*o* **se mettre**] **au ~** ins [*o* zu] Bett gehen; **être au ~** im Bett sein; **faire le ~** das Bett machen; **mettre qn au ~** jdn ins [*o* zu] Bett bringen; **au ~!** [ab] ins Bett!

② *(couche)* **sur un ~ de mousse/de braises** auf einem Moospolster/einer Glutschicht

③ *(creux) d'un cours d'eau* Bett *nt;* **~ du ruisseau** Bachbett; **sortir de son ~** über die Ufer treten

▶ **faire ~ à part** getrennte Schlafzimmer haben; **du même/d'un autre ~** aus derselben/aus einer anderen Ehe; **du premier/second ~** aus erster/zweiter Ehe; **comme on fait son ~, on se couche** *prov* wie man sich bettet, so liegt man; **être tombé(e) du ~** *fam* aus dem Bett gefallen sein

◆ **~ à baldaquin** Himmelbett *nt;* **~ de camp** Feldbett *nt;* **~ d'enfant** Kinderbett *nt;* **~ de fortune** Notliege *f;* **~ d'hôpital** Krankenhausbett *nt;* **~ de mort** Sterbebett *nt*

litanie [litani] *f* ① *de plaintes* Leier *f (fam);* **c'est toujours la même ~** es ist immer die alte Leier [*o* das alte Lied] *(fam)*

② *pl* REL Litanei *f*

lit-cage [likaʒ] <lits-cages> *m* Klappbett *nt*

litchi [litʃi] *m* ① *(arbre)* Litschibaum *m*

② *(fruit)* Litschi[pflaume *f*] *f*

liteau¹ [lito] <x> *m* ① TECH Holzleiste *f*

② *(raie de couleurs)* Farbstreifen *m*

liteau² [lito] <x> *m* CHASSE **~ du loup** Wolfslager *nt*

literie [litʀi] *f (sommier et matelas)* Bettrost *m* und Matratze *f; (linge)* Bettwäsche *f;* **le rayon ~ de** die Bettenabteilung

litharge [litaʀʒ] *f* MINER, CHIM Bleiglätte *f*

lithiase [litjaz] *f* MED Lithiasis *f (Fachspr.);* **~ biliaire** Gallengrieß *m*

lithium [litjɔm] *nt* Lithium *nt*

litho [lito] *f fam abr de* **lithographie** Litho *nt (fam)*

lithographie [litɔgrafi] *f* ① *(estampe)* Lithographie *f*

② *sans pl (technique, art)* Lithographie *f*

lithographier [litɔgrafje] <1a> *vt* lithographieren

lithographique [litɔgrafik] *adj* lithographisch

lithotritie [litɔtrisi] *f* MED Gallensteinzertrümmerung *f*

lithuanien(ne) [litɥanjɛ̃, jɛn] *adj* litauisch

litière [litjɛʀ] *f* Streu *f; d'un cheval, d'une vache* [Ein]streu *f*

◆ **~ pour chats** Katzenstreu *f*

litige [litiʒ] *m (contestation)* Streit *m;* JUR Streitfall *m,* Rechtssache *f;* **~ commercial** Handelsstreit *m;* **point de ~** umstrittener Punkt; **point en ~** strittiger [*o* streitiger] Punkt; **attribuer le ~ à une chambre de tribunal** die Rechtssache einer Kammer zuweisen; **être en ~ avec qn** im Streit mit jdm sein; **régler un ~** einen Streit beilegen [*o* schlichten]

◆ **~ en cassation** JUR Revisionsfall *m;* **~ de la faillite** JUR Konkurssache *f*

litigieux, -euse [litiʒjø, -jøz] *adj* umstritten; JUR streitig, Streit-; **point** strittig

litispendance [litispɑ̃dɑ̃s] *f* JUR Anhängigkeit *f;* **avant la ~** vor Rechtshängigkeit *(Fachspr.);* **avant le début de la ~** vor Eintritt der Rechtshängigkeit

litispendant(e) [litispɑ̃dɑ̃, ɑ̃t] *adj* JUR rechtshängig *(Fachspr.)*

litorne [litɔʀn] *f* ZOOL Wacholderdrossel *f*

litote [litɔt] *f* Litotes *f;* **et quand je dis ..., c'est une ~!** *hum* und wenn ich ... sage, dann ist das noch stark untertrieben!

litre [litʀ] *m* ① Liter *m;* **un ~ d'eau/de lait** ein Liter Wasser/Milch

② *(bouteille)* Literflasche *f; (contenu)* Liter *m*

litron [litʀɔ̃] *m fam* Liter *m* Wein

littéraire [liteʀɛʀ] **I.** *adj* ① *(relatif à la littérature)* literarisch; **histoire ~** Literaturgeschichte *f;* **explication ~** Textinterpretation *f;* **langue ~** Schriftsprache *f;* **avoir des talents ~s** schriftstellerisch begabt sein

② *(opp: scientifique)* geisteswissenschaftlich; **avoir l'esprit ~** Sinn für Literatur haben

II. *mf (opp: scientifique)* schöngeistiger Mensch; *(étudiant, professeur)* Geisteswissenschaftler(in) *m(f)*

littéral(e) [liteʀal, o] <-aux> *adj* ① *traduction* wortgetreu; *copie* buchstabengetreu; **le sens ~ d'un mot** der eigentliche Sinn eines Wortes

② MATH *symbole* aus Buchstaben

littéralement [liteʀalmɑ̃] *adv* [wort]wörtlich; *(au sens fort)* buchstäblich; **être ~ épuisé(e)** im wahrsten Sinn erschöpft sein

littérature [liteʀatyʀ] *f* ① Literatur *f;* **~ clandestine** Untergrundliteratur; **~ enfantine/fantastique/féminine** Kinder-/Fantasy-/Frauenliteratur; **~ nationale/romanesque** National-/Romanliteratur; **~ du voyage/d'épouvante** Reise-/Horrorliteratur; **~ pour la jeunesse** Jugendliteratur

② *(métier)* Schriftstellerei *f*

③ *(bibliographie)* Literatur *f;* **il existe une abondante ~ sur le sujet** zu diesem Thema gibt es sehr viel Literatur

④ MUS Literatur *f;* **~ du violon** Violinliteratur

▶ **c'est de la ~** *péj* das ist doch nur Blabla *(fam)*

littoral [litɔʀal, o] <-aux> *m* Küstengebiet *nt;* **proche du ~** küstennah; **à proximité du ~** in Küstennähe

littoral(e) [litɔʀal, o] <-aux> *adj* Küsten-; **flore/faune ~e** Litoralflora *f/*-fauna *f*

Lituanie [litɥani] *f* **la ~** Litauen *nt*

lituanien [litɥanjɛ̃] *m* **le ~** Litauisch *nt,* das Litauische; *v. a.* **allemand**

lituanien(ne) [litɥanjɛ̃, jɛn] *adj* litauisch

Lituanien(ne) [litɥanjɛ̃, jɛn] *m(f)* Litauer(in) *m(f)*

liturgie [lityʀʒi] *f* Liturgie *f*

liturgique [lityʀʒik] *adj* liturgisch; **fête ~** kirchliches Fest

lit-valise [livaliz] <lits-valises> *m* Kinderreisebett *nt*

live [lajv] *adj inv* live

livide [livid] *adj* bleich; *lèvres* farblos; *lumière* fahl

lividité [lividite] *f d'un teint* extreme Blässe; **~ cadavérique** Leichenblässe *f*

living [liviŋ] *m,* **living-room** [liviŋʀum] <living-rooms> *m* Wohnzimmer *nt*

livrable [livʀabl] *adj* lieferbar; **à court terme** kurzfristig lieferbar; **à domicile** wird [ins Haus] geliefert; **~ franco domicile** frei Haus lieferbar

livraison [livʀɛzɔ̃] *f* ① *(action de livrer)* Lieferung *f,* Zustellung *f;* **~ directe** Direktlieferung; **~ par le rail** Bahnlieferung, Bahnzustellung; **~ franco domicile** Lieferung frei Haus, Frei-Haus-Lieferung; **~ à domicile** Lieferung ins Haus; **~ à terme** Terminlieferung; **~ fob** Fob-Lieferung *(Fachspr.);* **~ [de colis] de détail** Stückgutlieferung; **~ de marchandises** Warenlieferung; **~ contre paiement comptant** Lieferung gegen bar; **~ contre remboursement** Lieferung gegen Nachnahme

② *(marchandise livrée)* Lieferung *f;* **~ endommagée** fehlerhafte Lieferung; **~ partielle** Teillieferung; **~ non commandée** unbestellte Zusendung; **~ non-conforme à la commande** Aliudlieferung *(Fachspr.);* **~ successive** Sukzessivlieferung *(Fachspr.);* **~ supplémentaire** Mehrlieferung *(Fachspr.);* **~ de remplacement** Ersatzlieferung; **accepter la ~** die Lieferung abnehmen; **payable à la ~** zahlbar bei Lieferung; **prendre ~ de qc** etw abholen

③ *(numéro) d'une revue* Ausgabe *f*

livre¹ [livʀ] *m* ① Buch *nt;* **~ d'art** Kunstband *m;* **~ de cuisine** Kochbuch; **~ de droit** juristisches Handbuch; **~ d'enfant** [*o* **pour enfants**] Kinderbuch; **~ d'images** Bilderbuch; **~ de lecture** Lesebuch; **~ de prières** Gebetbuch; **~ de recettes** Rezeptbuch; **~ à succès** Bestseller *m;* **~ sur les animaux** Tierbuch

② *(livre scolaire)* **~ scolaire** [*o* **de classe**] Schulbuch *nt;* **~ [scolaire] d'allemand/d'anglais** Deutsch-/Englischbuch; **~ d'arithmétique** [*o* **de calcul**] Rechenbuch, Rechnungsbuch (CH); **~ de**

l'élève/du maître Schüler-/Lehrerausgabe f
③ sans pl (industrie) Buchwesen nt; salon du ~ Buchmesse f; l'industrie du ~ das Buch- und Druckgewerbe; syndicat du ~ Gewerkschaft für die Druck- und Papierindustrie
④ (partie) Band m; les ~s de Moïse die Bücher Mose
⑤ POL ~ blanc/noir Weiß-/Schwarzbuch nt
⑥ (registre) Buch nt; grand ~ pour biens matériels Hauptbuch für Sachkonten; ~ comptable [o de comptes] Rechnungsbuch; ~ de caisse Kassenbuch; ~s de commerce Geschäfts-/Handelsbücher; ~ de dépôt JUR Verwahrungsbuch; ~ des entrées Wareneinkaufsbuch; ~ des ventes Warenverkaufsbuch
▶ ~ d'or Goldenes Buch; à ~ ouvert mühelos; lire l'anglais/traduire Goethe à ~ ouvert fließend [o mühelos] englisch lesen/fließend Goethe übersetzen; parler comme un ~ sich gewählt ausdrücken
◆ ~ de bord NAUT Logbuch nt, Schiffstagebuch; ~ de chevet Lieblingslektüre f; ~ de poche Taschenbuch nt

livre² [livʀ] f ① (unité monétaire) Pfund nt
② (demi-kilogramme) Pfund nt; pain d'une ~ Einpfünder m; poisson de trois ~s Dreipfünder
③ CAN (0,453 kg) [kanadisches] Pfund nt
◆ ~ sterling Pfund nt Sterling

livre-cassette [livʀ(ə)kasɛt] <livres-cassettes> m Hörbuch nt
livre-culte [livʀəkylt] <livres-culte> m Kultbuch nt, kultiges Buch (fam)
livrée [livʀe] f Livree f
livrer [livʀe] <1> I. vt ① liefern commande; beliefern client; ~ dans les délais impartis termingerecht liefern; se faire ~ qc sich (Dat) etw liefern lassen
② (remettre) ~ qn à la police/à l'ennemi jdn der Polizei/dem Feind übergeben [o ausliefern]; être livré(e) à la justice der Gerechtigkeit überantwortet werden (geh)
③ (dénoncer) verraten
④ (abandonner) ~ qn à la mort jdn dem Tod überlassen; ~ le pays à l'anarchie das Land der Anarchie (Dat) preisgeben; être livré(e) au pillage der Plünderung (Dat) ausgeliefert sein; être livré(e) à soi-même personne, pays: sich (Dat) selbst überlassen sein
⑤ (dévoiler) preisgeben, verraten
II. vpr ① (se rendre) se ~ à qn sich jdm stellen
② (se confier) se ~ à qn sich jdm offenbaren; ne pas se ~ facilement sich nicht ohne weiteres öffnen
③ (se consacrer) se ~ à un sport/l'étude sich einer Sportart/seinen Studien (Dat) widmen; se ~ à des recherches scientifiques: forschen; se ~ à une enquête police: Nachforschungen anstellen; se ~ à ses occupations habituelles seinen gewohnten Beschäftigungen nachgehen; se ~ au commerce illicite de qc unerlaubten Handel mit etw betreiben
④ (s'abandonner) se ~ corps et âme à qn sich rückhaltlos [o mit Leib und Seele] jdm hingeben; se ~ aux pires excès sich den schlimmsten Exzessen hingeben; se ~ au désespoir sich der Hoffnungslosigkeit (Dat) überlassen

livresque [livʀɛsk] adj connaissances purement ~s, savoir purement ~ reines Buchwissen
livret [livʀɛ] m ① (registre) Heft nt; ~ de caisse d'épargne Sparkassenbuch nt; ~ de dépôt Depotbuch; ~ de famille Familienbuch; ~ de grossesse Mutter-Kind-Pass m (A); ~ scolaire Zeugnisheft nt, Zeugnis nt; ~ militaire Wehrpass m; ~ maritime Seefahrt[s]buch nt
② MUS Libretto nt, Textbuch nt; d'un CD Booklet nt; ~ d'un/de l'opéra Operntext m
livreur, -euse [livʀœʀ, -øz] m, f Lieferant(in) m(f); pays ~ de matières premières Rohstofflieferant
lob [lɔb] m SPORT Lob m
lobby [lɔbi] <lobbies o s> m Lobby f, Interessenvereinigung f; ~ agricole Agrarlobby; ~ de l'industrie automobile Autolobby; ~ de l'industrie du tabac Tabaklobby
lobbying [lɔbiiŋ] m Lobbyismus m
lobe [lɔb] m ① ANAT, MED Lappen m; ~ antérieur de l'hypophyse Adenohypophyse f
② BOT Lappen m
◆ ~ de l'oreille Ohrläppchen nt
lobé(e) [lɔbe] adj ① ARCHIT arc aus Kreisbögen gebildet
② BOT feuille gelappt
lober [lɔbe] <1> SPORT I. vi lobben, einen Lob schlagen
II. vt überlobben
lobule [lɔbyl] m ANAT ① (petit lobe) Läppchen nt
② souvent pl ~ pulmonaire Lungenlappen m
local [lɔkal, o] <-aux> m Raum m; des locaux (salles) Räumlichkeiten Pl; (bureaux) [Büro]räume Pl; ~ commercial Ladenlokal nt; ~ à usage de bureau Büroraum m; ~ à usage commercial Geschäftsraum m; ces locaux à usage commercial diese gewerblich genutzten Räume m; emmener qn dans les locaux de la police jdn mit aufs Revier nehmen
◆ ~ d'habitation Wohnraum m
local(e) [lɔkal, o] <-aux> adj örtlich; anesthésie lokal; journal, page Lokal-; intérêt, hebdomadaire lokal; coutume, dicton einheimisch; carte regional; industrie, population ortsansässig; arrivée à 1h30 heure ~e Ankunft 1 Uhr 30 Ortszeit; notabilités ~es Honoratioren Pl des Ortes; c'est une coutume ~e? ist das hier [so] üblich?
localement [lɔkalmɑ̃] adv (par endroits) stellenweise; (à un endroit précis) lokal
localisable [lɔkalizabl] adj lokalisierbar
localisation [lɔkalizasjɔ̃] f ① (action) Lokalisierung f; d'un avion, navire Ortung f
② (fait) Lokalisation f
③ (action de circonscrire) d'un conflit Lokalisierung f; d'un incendie Eindämmung f; ~ des erreurs et des défauts de production Fehlereingrenzung f
④ JUR Belegenheit f
localiser [lɔkalize] <1> I. vt ① (situer) lokalisieren; orten avion, navire; ~ qc sur la carte etw auf der Karte finden; ~ d'où vient le bruit herausfinden, woher das Geräusch kommt
② (circonscrire) eindämmen; eingrenzen région, secteur; être localisé(e) örtlich begrenzt sein
II. vpr se ~ conflit, épidémie: sich örtlich begrenzen
localité [lɔkalite] f Ort m; ~ frontalière [o frontière] Grenzort; ~ voisine Nachbarort
locataire [lɔkatɛʀ] mf Mieter(in) m(f); être ~ zur Miete wohnen
locatif [lɔkatif] m GRAM Lokativ m
locatif, -ive [lɔkatif, -iv] adj ① Miet-; logement à usage ~ Mietwohnung f; charges locatives Mietnebenkosten Pl
② GRAM préposition lokal; proposition locative Umstandssatz m des Ortes, Lokalsatz; le cas ~ der Lokativ
location [lɔkasjɔ̃] f ① (action de donner à louer) d'une habitation, d'un terrain Vermieten nt; d'une voiture, d'un bateau Verleih m; en ~ mietweise; donner en ~ vermieten appartement, voiture; vermieten, verpachten terrain; appartement en ~ saisonnière Ferien[miet]wohnung f; voiture de ~ Leihwagen m
② (action de prendre à louer) Mieten nt; prendre en ~ mieten appartement, voiture; mieten, pachten terrain
③ (loyer) Miete f
④ (maison à louer) prendre une ~ pour les vacances eine Unterkunft für die Ferien mieten
⑤ (réservation) [Platz]reservierung f
◆ ~ de stand Standmiete f; ~ de vélo Fahrradverleih m
location-vente [lɔkasjɔ̃vɑ̃t] <locations-ventes> f Leasing nt, Mietkauf m; en ~ auf Leasing-Basis
loch [lɔk] m TECH à hélices Log nt
loche [lɔʃ] f ZOOL Grundel f, Gründel f; ~ franche Schmerle f
◆ ~ d'étang Schlammpeizger m; ~ de rivière Steinbeißer m
lochies [lɔʃi] fpl MED Wochenfluss m
lock-out [lɔkaut] m inv Aussperrung f
lockouter, lock-outer [lɔkaute] <1> vt aussperren grévistes
locomoteur, -trice [lɔkɔmɔtœʀ, -tʀis] adj lokomotorisch; organe ~ Fortbewegungsorgan nt
locomotion [lɔkɔmosjɔ̃] f Fortbewegung f; muscles de la ~ lokomotorische Muskeln Pl
locomotive [lɔkɔmotiv] f ① TECH Lokomotive f; ~ à vapeur Dampflok[omotive] f; le conducteur de la ~ der Lokomotivführer
② (personne) treibende Kraft
locotracteur [lɔkotʀaktœʀ] m (locomotive) kleine Diesellok f
locuteur, -trice [lɔkytœʀ, -tʀis] m, f Sprecher(in) m(f); ~ natif/locutrice native Muttersprachler(in) m(f)
locution [lɔkysjɔ̃] f [Rede]wendung f; ~ adverbiale adverbialer Ausdruck; ~ figée feststehende Redewendung; ~ verbale Verbalphrase f
loden [lɔdɛn] m (tissu) Loden m; (manteau) Lodenmantel m
lœss [løs] m inv GEOL Löss m
loft [lɔft] m Loft m
logarithme [lɔgaʀitm] m Logarithmus m; table de ~s Logarithmentafel f; calcul des ~s Logarithmenberechnung f
loge [lɔʒ] f ① d'un concierge Loge f
② (pièce dans les coulisses) [Theater]garderobe f
③ (sièges dans une salle de spectacle) Loge f; ~ de théâtre Theaterloge
④ (association) des francs-maçons Loge f; frère de ~ Logenbruder m
▶ être aux premières ~s etw aus nächster Nähe miterleben
logeable [lɔʒabl] adj ① (habitable) chambre bewohnbar
② (qui a de la place) placard, sac geräumig
logement [lɔʒmɑ̃] m ① (habitation) Wohnung f; MIL Quartier nt, Unterkunft f; ~ de deux pièces Zweizimmerwohnung; ~ de fonction Dienstwohnung, Betriebswohnung; ~ provisoire [o de fortune] Behelfsunterkunft, Notquartier
② sans pl (action de loger) Unterbringung f; MIL Einquartierung f

❸ *(secteur)* Wohnungswesen *nt;* *(marché)* Wohnungsmarkt *m;* **crise du ~** Wohnungskrise *f;* **politique en matière de ~** Wohnungspolitik *f*
❹ TECH Gehäuse *nt;* *des billes* Lager *nt*
❺ INFORM Steckplatz *m*
loger [lɔʒe] <2a> I. *vi* ❶ *(séjourner) personne:* wohnen; **~ à l'hôtel Crillon** im Hotel Crillon übernachten
❷ *(tenir dans) vêtements, affaires:* hineinpassen
II. *vt* ❶ *(héberger)* unterbringen; einquartieren *militaires, troupes;* **être logé(e)** untergebracht sein; *militaires, troupes:* einquartiert sein
❷ *(placer)* unterbringen *personnes;* abstellen *valises, armoire*
❸ *(contenir)* **~ qn/qc** *hôtel, valise:* Platz für jdn/etw bieten
❹ *(envoyer avec une arme)* **~ la flèche en plein centre de la cible** mit dem Pfeil mitten ins Ziel treffen; **~ une balle dans la tête de qn** jdm eine Kugel in den Kopf jagen *(fam)*
III. *vpr* ❶ *(trouver un logement)* **se ~ chez un ami** bei einem Freund unterkommen
❷ *(se placer)* **aller se ~ dans un coin** *animal:* sich in einer Ecke verkriechen; **aller se ~ entre deux vertèbres** *ballon, balle:* zwischen zwei Wirbeln stecken bleiben
❸ *(s'installer)* **se ~ dans la tête/le cœur de qn** *sentiment, doute, remords:* sich in jds *(Gen)* Kopf/Herzen festsetzen
logeur, -euse [lɔʒœʀ, -ʒøz] *m, f* Vermieter(in) *m(f)*
loggia [lɔdʒja] *f* Loggia *f*
logiciel [lɔʒisjɛl] *m* INFORM Software *f,* Programm *nt;* **~ anti-virus** Antivirenprogramm, Virenscanner *m;* **~ libre** [*o* **gratuit**] Freeware *f;* **~ de courrier électronique** Mailprogramm; **~ de reconnaissance vocale** Spracherkennungssoftware; **~ standard** Standardsoftware; **~ supplémentaire** Zusatzprogramm; **~ du système** System-Software
◆ **~ d'application** Anwender-Software *f,* Anwendungssoftware *f;* **~ de base** Basissoftware *f;* **~ de dessin** Zeichenprogramm *nt;* **~ d'enchaînement** Bindeprogramm *nt (Fachspr.);* **~ d'enseignement** Lernprogramm *nt;* **~ d'entreprise** Branchensoftware *f;* **~ d'exploitation** Arbeitsprogramm *nt;* **~ d'installation** Installationsprogramm *nt;* **~ de jeux** Spielprogramm *nt,* Spielsoftware *f;* **~ de navigation** Browser *m;* **~ de numérisation** Digitalisierungsprogramm *nt;* **~ de PAO** DTP-Software *f;* **~ de peinture** Malprogramm *nt;* **~ de sauvegarde** Backup *nt;* **~ de test** Testsoftware *f;* **~ de traduction** Übersetzungsprogramm *nt,* Übersetzungssoftware *f;* **~ de traitement de texte** Textverarbeitungsprogramm *nt*
logicien(ne) [lɔʒisjɛ̃, jɛn] *m(f)* Logiker(in) *m(f)*
logique [lɔʒik] I. *adj* logisch; **ne pas être ~** sich *(Dat)* widersprechen
II. *f* PHILOS, MATH Logik *f;* **manquer de ~** der Logik *(Gen)* entbehren; **être dans la ~ des choses** in der Natur der Sache liegen; **en toute ~** logischerweise
logiquement [lɔʒikmɑ̃] *adv* ❶ *(normalement)* logischerweise
❷ *(rationnellement)* **penser ~** logisch denken
logis [lɔʒi] *m littér* Heimstatt *f (liter)*
logisticien(ne) [lɔʒistisjɛ̃, jɛn] *m(f)* ❶ *(spécialiste de la logique mathématique)* Logiker *m*
❷ *(spécialiste de la logistique)* Logistiker *m*
logistique [lɔʒistik] I. *adj* logistisch
II. *f* Logistik *f*
logo [logo] *m* Logo *m o nt*
logorrhée [lɔgɔʀe] *f* ❶ MED krankhafte Geschwätzigkeit *f,* Logorrhöe *f (Fachspr.)*
❷ *littér (discours abondant)* Wortschwall *m*
logo[type] [lɔgo(tip)] *m d'une entreprise* Logo *nt; d'un produit* Warenzeichen *nt*
loi [lwa] *f* ❶ *(prescription légale)* Gesetz *nt;* **~ additionnelle** Nachtragsgesetz; **~s annexes** Nebengesetze; **~s annexes relatives au droit de la concurrence** wettbewerbsrechtliche Nebengesetze; **~s antitrusts** Antitrustgesetze *(Fachspr.);* **~ budgétaire** Haushaltsgesetz; **~ civile** Zivilgesetz; **~ contre la concurrence déloyale** Gesetz gegen den unlauteren Wettbewerb; **~ fiscale** Steuergesetz; **~ Grammond** Grammondsches Gesetz; **~ pénale** Strafgesetz; **~ pénale économique** Wirtschaftsstrafgesetz; **~ prescriptive** Verjährungsgesetz; **~ protectrice** Schutzgesetz; **~ relative à l'abus** Missbrauchsgesetz; **~ relative aux abus de conseil juridique** Rechtsberatungsmissbrauchsgesetz; **~ relative à l'administration des finances** Finanzverwaltungsgesetz; **~ relative à l'application du droit** Rechtsanwendungsgesetz; **~ relative à l'assistance** Betreuungsgesetz; **~ relative à la conclusion de marchés** Kaufabschlussgesetz; **~ relative à la décartellisation** Entflechtungsgesetz; **~ relative au droit de jouissance** Nutzungsrechtsgesetz; **~ relative aux droits patrimoniaux** Vermögensgesetz; **~ relative à l'élimination et au traitement des déchets** Abfallbeseitigungsgesetz; **~ relative à une entente obligatoire** Zwangskartellgesetz; **~ relative aux entreprises** Unternehmensgesetz; **~ relative à l'évaluation unitaire des biens composant le patrimoine** Bewertungsgesetz; **~ relative à l'expropriation** Enteignungsgesetz; **~ relative aux faillites** Konkursgesetz; **~ relative à la fixation des prix** Preisgesetz; **~ relative aux frais judiciaires et dépens** Gerichtskostengesetz; **~ relative à l'imposition des transformations de sociétés** Umwandlungssteuergesetz; **~ relative à l'indemnisation des expropriés** Entschädigungsgesetz; **~ relative aux nouvelles espèces agroalimentaires** Sortenschutzgesetz; **~ relative aux opérations à crédit** Abzahlungsgesetz; **~ relative à l'organisation et à la police des Bourses** Börsengesetz; **~ relative au permis de séjour** Aufenthaltsgesetz; **~ relative à la procédure civile** Zivilprozessgesetz; **~ relative à la publicité** [*o* **publication**] Publizitätsgesetz; **~ relative aux remises sur les prix** Rabattgesetz; **~ relative aux sociétés anonymes** Aktienrecht *nt;* **~ relative aux taxes municipales** Kommunalabgabengesetz; **~ se référant à l'impôt annuel** Jahressteuergesetz; **~ se référant à la protection contre le licenciement** Kündigungsschutzgesetz; **les ~s de la guerre** das Kriegsrecht; **~ de décartellisation** Dekartellierungsgesetz; **~ d'introduction** Einführungsgesetz; **~ du marché** Marktgesetz; **~ de protection des consommateurs** Konsumentenschutzgesetz; **~ de suppression des entraves** Hemmnisbeseitigungsgesetz; **~ pour un cas particulier** Einzelfallgesetz; **~ sur l'aménagement du territoire** Raumordnungsgesetz; **~ sur la chasse** Jagdgesetz; **~ sur la cogestion** Mitbestimmungsgesetz; **~ sur le commerce extérieur** Außenwirtschaftsgesetz; **~ sur l'imposition des revenus étrangers** Außensteuergesetz; **~ sur les inhumations** Bestattungsgesetz; **~ sur le paiement à tempérament** Ratenzahlungsgesetz; **~ sur la pêche maritime** Fischereigesetz; **~ sur les prestations** Leistungsgesetz; **~ sur les produits alimentaires** Lebensmittelgesetz; **~ sur la protection des consommateurs** Verbraucherschutzgesetz; **~ sur la vente** Kaufgesetz; **se mettre hors la ~** sich strafbar machen; **proposer une ~** eine Gesetzesvorlage einbringen; **la ~ est la même pour tous** vor dem Gesetz sind alle [Menschen] gleich; **j'ai la ~ pour moi** das Gesetz ist [*o* steht] auf meiner Seite
❷ *(ordre imposé)* Gesetz *nt; (par Dieu)* Gebot *nt;* **dicter** [*o* **imposer**] **sa ~** befehlen; **absence de ~s** Gesetzlosigkeit *f;* **ériger qc en ~** von etw Gesetz erheben; **faire la ~** chez qn bei jdm befehlen; **se faire une ~ de faire qc** es sich *(Dat)* zur Pflicht machen, etw zu tun; **les tables de la Loi** die Gesetzestafeln; **~ du hasard** Zufallsprinzip *nt;* **faire qc en fonction de la ~ du hasard** etw nach dem Zufallsprinzip tun; **la ~ du moindre effort** das Prinzip des geringsten Arbeitsaufwandes; **la ~ du plus fort/de la jungle** das Gesetz des Stärkeren/des Dschungels; **c'est la ~ des séries** ein Unglück kommt selten allein
❸ PHYS, MATH, BIO Gesetz *nt;* **~ de Newton** Newtonsches Gesetz; **~ de la pesanteur** Gesetz der Schwerkraft; **~ de Mendel** Mendel-Regel *f;* **~ de l'hérédité** Vererbungsgesetz
▶ **la ~ est dure, mais c'est la ~** *prov* das Gesetz ist hart, aber so ist nun einmal das Gesetz; **nul n'est censé ignorer la ~** *prov* Unkenntnis *f* schützt vor Strafe nicht *(prov)*
◆ **la ~ du talion** das Prinzip „Auge um Auge, Zahn um Zahn"; das Prinzip, Gleiches mit Gleichem zu vergelten
loi-cadre [lwakadʀ] <lois-cadres> *f* Rahmengesetz *nt*
loin [lwɛ̃] I. *adv* ❶ *(à une grande distance)* weit; **c'est encore assez ~** das ist noch ziemlich weit; **les déserteurs sont déjà ~** die Deserteure sind schon über alle Berge; **je vais à la gare, suis-je encore ~?** ich will zum Bahnhof, ist das noch weit?; **au ~** in der Ferne; **de ~** von weitem
❷ *fig* weit; **il ira ~** er wird es weit bringen; **j'irais même plus ~** ich würde sogar noch weiter gehen; **voir plus ~ page 28** siehe Seite 28; **tu cherches la solution/le bonheur beaucoup trop ~** die Lösung/das Glück liegt viel näher; **être/ne pas être ~ de faire qc** weit/nicht weit davon entfernt sein, etw zu tun; **être vraiment ~ de s'attendre à une telle visite** nicht im Entferntesten mit einem solchen Besuch rechnen; **ne pas être ~ de se mettre en colère** nahe daran sein, wütend zu werden; **il y a/il n'y a pas ~ de qc à qc** zwischen etw *(Dat)* und etw *(Dat)* ist ein/kein großer Unterschied; **il y a ~ d'un projet à sa réalisation** von einem Plan bis zu seiner Verwirklichung ist es ein weiter Weg; **cette digression nous mènerait trop ~** diese Abschweifung würde uns zu weit vom Thema wegführen; **qc ne mène pas ~** mit etw kommt man nicht weit; **qc risque de me mener ~** etw wird Folgen für mich haben; **elle revient de ~** sie ist noch einmal davongekommen; **aller trop ~** zu weit gehen; **voir ~** weit vorausdenken; **de ~** *(de beaucoup)* bei weitem; **s'intéresser à qc de ~** *(très vaguement)* sich für etw nur am Rande interessieren; **s'occuper de qc de ~** sich mit etw nur am Rande beschäftigen; **suivre qn/qc de ~** jdm/etw aus der Ferne folgen; **n'être informé(e) de qc que de ~** nur grob von etw unterrichtet sein; **de là** [ganz] im Gegenteil; **de moi qc** etw liegt mir fern; **pas ~ de dix/mille** fast zehn/tausend
❸ *(passé depuis longtemps)* **nous sommes déjà ~ de l'été** der Sommer ist schon lange vorbei; **comme tout cela est ~!** wie lange

das alles schon her ist! ④ *(dans le futur)* weit weg; **les examens/vacances sont encore ~** bis zu den Prüfungen/Ferien ist noch viel Zeit; **il n'est pas [très] ~ de minuit** es ist fast Mitternacht; **de ~ en ~** von Zeit zu Zeit
▶ **~ s'en faut** weit gefehlt
II. *prép* ❶ *(spatial)* **aller/être/partir ~ de sa ville natale** weit weg von seiner Heimatstadt gehen/sein/gehen; **souhaiter être ~ d'une ville** sich von einer Stadt wegwünschen; **~ de l'agitation/de la civilisation** fernab vom Trubels/von der Zivilisation; **la maison est ~ du village** das Haus ist fernab vom Dorf gelegen
❷ *(au lieu de)* **~ de faire qc** weit entfernt davon, etw zu tun; **~ de cela** weit davon entfernt

lointain [lwɛ̃tɛ̃] *m* ❶ *soutenu* Ferne *f*; **dans le ~** in der Ferne
❷ *pl* ART Hintergrund *m kein Pl*

lointain(e) [lwɛ̃tɛ̃, ɛn] *adj* ❶ *(dans l'espace)* fern
❷ *(dans le temps) avenir* fern; *époque* weit zurückliegend; *souvenir* alt
❸ *(indirect)* entfernt; *cause* mittelbar; **rapport ~** loser Zusammenhang
❹ *(détaché, absent) personne* in Gedanken versunken; *regard* abwesend

loi-programme [lwapʁɔgʁam] <lois-programmes> *f* Rahmengesetz für ein langfristiges Programm im finanz- oder sozialpolitischen Bereich

loir [lwaʁ] *m* Siebenschläfer *m*
▶ **dormir comme un ~** wie ein Murmeltier schlafen

Loire [lwaʁ] *f* **la ~** die Loire

Loire-Atlantique [lwaʁatlɑ̃tik] *f* **la ~** die Loire-Atlantique *(französisches Departement)*

loisible [lwazibl] *adj soutenu* **il vous est ~ de faire qc** es steht Ihnen frei, etw zu tun

loisir [lwaziʁ] *m* ❶ *sing o pl (temps libre)* Freizeit *f kein Pl*; **heures** [*o* **moments**] **de ~** Freizeit *f*; **avoir des ~s** Freizeit haben; **avoir/ne pas avoir le ~ de faire qc** Zeit/keine Zeit haben, etw zu tun
❷ *(passe-temps)* Freizeitbeschäftigung *f*
▶ **tout à ~** in aller Ruhe

lolo [lolo] *m* ❶ *enfantin (lait)* Milch *f*
❷ *pop (sein)* Titten *Pl (sl)*

lombago *v.* **lumbago**

lombaire [lɔ̃bɛʁ] I. *adj* **région ~** Lendengegend *f*
II. *f* Lendenwirbel *m*

lombalgie [lɔ̃balʒi] *f* Lendenschmerzen *Pl*

lombes [lɔ̃b] *mpl* Lenden *Pl*

lombric [lɔ̃bʁik] *m* Regenwurm *m*

londonien(ne) [lɔ̃dɔnjɛ̃, jɛn] *adj* Londoner

Londonien(ne) [lɔ̃dɔnjɛ̃, jɛn] *m(f)* Londoner(in) *m(f)*

Londres [lɔ̃dʁ] London *nt*

long [lɔ̃] I. *adv* **qc en dit ~** etw besagt viel; **qc en dit ~ sur qc** etw sagt viel über etw *(Akk)*; **en savoir ~ sur qc** gut Bescheid wissen über etw *(Akk)*; **il voulait en savoir plus ~** er wollte mehr darüber wissen
II. *m* **en ~** in der Länge; **de ~ en large** auf und ab; **en ~ et en large** lang und breit; **en ~, en large et en travers** *fam* in allen Einzelheiten; **traiter un sujet en ~, en large et en travers** *fam* ein Thema tottreten *(fam)*; **tout au ~ du parcours** die ganze Strecke; **tout au ~ de sa vie/du récit** sein ganzes Leben lang/während des ganzen Berichts; **[tout] au ~ des jours** tagein, tagaus; **avoir deux kilomètres de ~** zwei Kilometer lang sein; **tomber de tout son ~** der Länge nach hinfallen; **courir tout du ~ de la rue** die ganze Straße entlanglaufen; **[tout] le ~ de la rivière/du mur** am ganzen Flussufer/an der ganzen Wand entlang

long, longue [lɔ̃, lɔ̃g] *adj* ❶ *a. antéposé (dans l'espace)* lang; **un ~ détour** ein großer Umweg; **~ de cinq kilomètres** fünf Kilometer lang; **trop ~ de dix centimètres** zehn Zentimeter zu lang
❷ *(qui descend jusqu'au sol) robe, jupe* bodenlang
❸ *antéposé (dans le temps) lang*; **une longue habitude** eine alte Gewohnheit; **ce sera ~** das wird lange dauern; **à longue échéance, à ~ terme** langfristig; **être ~ à faire qc** lange brauchen, um etw zu tun

long-courrier [lɔ̃kuʁje] <long-courriers> *m (avion)* Langstreckenflugzeug *nt; (bateau)* Hochseedampfer *m*

longe [lɔ̃ʒ] *f* ❶ *(pour attacher)* Leine *f; (pour mener)* Zügel *m; (pour faire travailler)* Longe *f*
❷ GASTR **~ de veau** Kalbsnierenbraten *m*

longer [lɔ̃ʒe] <2a> *vt* ❶ *(border)* **~ qc** *mur:* an etw *(Dat)* entlanglaufen; *sentier:* an etw *(Dat)* entlangführen; *rivière:* an etw *(Dat)* entlangfließen
❷ *(se déplacer le long de)* **~ qc** *bateau, véhicule:* an etw *(Dat)* entlangfahren; *piéton:* an etw *(Dat)* entlanggehen; *conducteur:* an etw *(Dat)* entlangfahren

longeron [lɔ̃ʒʁɔ̃] *m* TECH Längsträger *m; d'une charpente* Längsbalken *m*

longévité [lɔ̃ʒevite] *f* ❶ *(longue durée de vie)* Langlebigkeit *f*
❷ *(durée de vie)* Lebensdauer *f*

longiligne [lɔ̃ʒiliɲ] *adj personne* schmal und hochgewachsen; *voiture* langgezogen

longitude [lɔ̃ʒityd] *f* Länge *f*; **43° de ~ est/ouest** 43° östlicher/westlicher Länge

longitudinal(e) [lɔ̃ʒitydinal, o] <-aux> *adj* **axe ~** Längsachse *f*

longitudinalement [lɔ̃ʒitydinalmɑ̃] *adv* in Längsrichtung

longtemps [lɔ̃tɑ̃] *adv (un temps long)* lange; **voilà** [*o* **ça fait**] **~ que qn a fait qc** es ist lange her, dass jd etw getan hat; **il y a encore ~ à attendre?** muss ich/müssen wir noch lange warten?; **il y a ~** das ist schon lange her; **il y a très ~, ...** vor langer Zeit ...; **il y a ~ que j'ai fini, j'ai fini depuis ~** ich bin schon lange fertig; **il habite ici depuis ~**, **il y a ~ qu'il habite ici** er wohnt schon lange hier; **il n'y a pas ~ que j'ai déménagé** ich bin erst vor kurzem umgezogen; **ils ne me reverront pas avant ~** die sehen mich so bald nicht wieder; **tu reviendras dans ~?** *fam* kommst du bald wieder?; **en avoir pour ~** lange brauchen; **être à Paris pour ~** längere Zeit in Paris sein; **aussi ~ que tu veux** so lange wie Du willst; **aussi ~ qu'il le faudra** so lange wie nötig; **~ avant/après** lange [Zeit] vorher/danach; **~ avant/après qc** lange [Zeit] vor etw *(Dat)*/nach etw

longue [lɔ̃g] *f* LING langer Vokal; MUS lange Note; POES lange Silbe
▶ **à la ~** auf [die] Dauer

longuement [lɔ̃gmɑ̃] *adv* lange; *expliquer* lang und breit; *s'étendre sur un sujet* ausführlich; *étudier* eingehend; **une réponse ~ méditée** eine wohlbedachte Antwort

longuet [lɔ̃gɛ] *m* Baguettebrötchen *nt*

longuet(te) [lɔ̃gɛ, ɛt] *adj fam* **un peu ~** ein bisschen [zu] lang

longueur [lɔ̃gœʁ] *f* ❶ *(opp: largeur)* Länge *f*; **avoir dix centimètres de ~, avoir une** [*o* **être d'une**] **~ de dix centimètres** zehn Zentimeter lang sein, eine Länge von zehn Zentimetern haben; **plier qc en ~** etw der Länge nach falten; **~ totale** Gesamtlänge
❷ *(dimension)* Länge *f; d'un livre* Umfang *m*; **~ de la jupe** Rocklänge; **~ de la/de ligne** Zeilenlänge; **~ du bloc** INFORM Blocklänge
❸ *(durée)* Länge *f*; **tirer** [*o* **traîner**] **en ~** sich in die Länge ziehen; **faire traîner en ~** in die Länge ziehen; **à ~ d'année/de journée/de temps** das ganze Jahr/den ganzen Tag/die ganze Zeit
❹ *(longue durée) de négociations* Langwierigkeit *f; d'un travail* lange Dauer *f*; **la ~ de l'attente** die langen Wartezeiten
❺ *pl* LITTER, CINE Längen *Pl*
❻ SPORT Länge *f; (aux courses de chevaux)* Pferdelänge; **d'une ~** um eine Länge; **avoir une ~ d'avance sur qn** eine Länge Vorsprung vor jdm haben
❼ SPORT *(saut)* Weitsprung *m*
◆ **~ d'onde** Wellenlänge *f* ▶ **être sur la même ~ d'onde** *fam* auf der gleichen Wellenlänge sein *(fam)*

longue-vue [lɔ̃gvy] <longues-vues> *f* Fernrohr *nt*

look [luk] *m d'une personne* Look *m; d'un appartement* Note *f; d'un bâtiment* Gesicht *nt; d'un magazine* Aufmachung *f*; **~ de hippie** Schlabberlook; **~ de clodo** *péj* Gammellook *m (pej)*

looping [lupiŋ] *m* AVIAT Looping *m o nt*

lope [lɔp] *f péj fam*, **lopette** [lɔpɛt] *f péj fam* Tunte *f (fam)*

lopin [lɔpɛ̃] *m* **~ de terre** Stück *nt* Land

loquace [lɔkas] *adj* gesprächig

loquacité [lɔkasite] *f* Gesprächigkeit *f*

loque [lɔk] *f* ❶ *(vêtement)* Lumpen *m*; **en ~s** zerlumpt
❷ *péj (personne)* Wrack *nt*
❸ BELG *(morceau d'étoffe usé)* Lumpen *m*; **~ à reloqueter** *(serpillière)* Scheuertuch *nt*
❹ BELG *(peau à la surface du lait bouilli)* Haut *f*

loquet [lɔkɛ] *m* Riegel *m*; **mettre le ~** den Riegel vorschieben

loqueteux, -euse [lɔk(ə)tø, -øz] *adj* zerlumpt

lord [lɔʁ(d)] *m* Lord *m*

lordose [lɔʁdoz] *f* MED Rückgratverkrümmung *f*, Lordose *f (Fachspr.)*

lorgner [lɔʁɲe] <1> *vt* ❶ *(reluquer)* anstarren
❷ *(convoiter)* schielen nach; liebäugeln mit *poste*
❸ *(épier)* genau beobachten *personne, gestes*

lorgnette [lɔʁɲɛt] *f* Opernglas *nt*
▶ **regarder qc par le petit bout de la ~** etw zu einseitig sehen

lorgnon [lɔʁɲɔ̃] *m (face-à-main)* Lorgnon *nt; (pince-nez)* Kneifer *m*

loriot [lɔʁjo] *m* Pirol *m*

lorrain(e) [lɔʁɛ̃, ɛn] *adj* lothringisch

Lorrain(e) [lɔʁɛ̃, ɛn] *m(f)* Lothringer(in) *m(f)*

Lorraine [lɔʁɛn] *f* **la ~** Lothringen *f*

lors [lɔʁ] *adv* **~ de notre arrivée** bei unserer Ankunft; **~ d'un congrès** auf einem Kongress; **depuis ~** seitdem; **dès ~** *(à partir de ce moment-là)* seitdem; *(de ce fait)* folglich; **dès ~ que qn a fait qc** sobald jd etw getan hat

lorsque [lɔʁsk(ə)] <lorsqu'> *conj* **~ tu fais/feras qc** wenn du etw machst/machen wirst; **~ tu faisais/as fait qc** als du etw machtest/gemacht hast; **lorsqu'il fera beau, nous sortirons**

wenn das Wetter schön ist, werden wir hinausgehen
losange [lɔzɑ̃ʒ] *m* Raute *f*; **en [forme de] ~** rautenförmig
losangé(e) [lɔzɑ̃ʒe] *adj dessin* rautenförmig; *tissu* mit Rautenmuster
loser [luzœʀ] *m* Loser *m*
lot [lo] *m* ❶ *(prix)* Preis *m*; **gagner le gros ~** das große Los ziehen
❷ *(assortiment)* Stapel *m*; *(aux enchères)* Posten *m*, Los *nt (Fachspr.)*; **~ de deux** Doppelpack *m*; **dans le ~ des candidats à ce poste** unter den ganzen Bewerbern für diese Stelle; **un ~ de choses différentes** ein Satz *m* verschiedene Dinge; **un ~ de choses identiques** ein Set *nt* identischer Dinge
❸ *(parcelle)* Parzelle *f*; **morceler en ~s** parzellieren
❹ *soutenu (sort)* Los *nt (geh)*
❺ INFORM **traitement par ~s** Stapelverarbeitung *f*
❻ JUR *(part)* Anteil *m*
◆ **~ de consolation** Trostpreis *m*; **~ de prestations de services** Dienstleistungsbündel *nt*
loterie [lɔtʀi] *f* ❶ *(jeu)* Lotterie *f*; **gagner/perdre/jouer à la ~** in der Lotterie gewinnen/verlieren/spielen; **~ télévisée** Fernsehlotterie
❷ *(hasard)* Lotteriespiel *nt*
Lothaire [lɔtɛːʀ(ə)] *m* Lothar *m*
loti(e) [lɔti] *adj* **être bien/mal ~** es gut/schlecht getroffen haben
lotion [losjɔ̃] *f* Lotion *f*; **~ pour les mains** Handlotion; **~ capillaire** Haarwasser *nt*; **~ avant-rasage** Preshave-Lotion; **~ après-rasage** Aftershave-Lotion, Aftershave *nt*
lotionner [losjɔne] <1> *vt* einreiben *plaie, cheveux*
lotir [lɔtiʀ] <8> *vt* ❶ *(diviser en lots)* parzellieren; JUR aufteilen
❷ *(mettre en possession d'un lot)* **~ qn de qc** jdm etw vermachen
lotissement [lɔtismɑ̃] *m* ❶ *(ensemble immobilier)* Siedlung *f*
❷ *(division en lots)* Parzellierung *f*; JUR Aufteilung *f*
loto [lɔto] *m* ❶ *(jeu de société)* [Zahlen]loto *nt*, Lottospiel *nt*
❷ *(loterie)* **le tirage du Loto** die Ziehung der Lottozahlen; **jouer au Loto** Lotto *nt* spielen; **jouer au Loto sportif** Toto *nt* spielen; **gain au Loto sportif** Totogewinn *m*; **bulletin du Loto sportif** Totozettel *m*, Totoschein *m*; **point de vente du Loto sportif** ≈ Totoannahmestelle *f*
lotte [lɔt] *f* [Aal]quappe *f*
◆ **~ de mer** Seeteufel *m*
lotus [lɔtys] *m* Lotos *m*
louable[1] [lwabl] *adj (digne de louange)* lobenswert; **faire qc de manière ~** löblicherweise [*o* lobenswerterweise] etw tun
louable[2] [lwabl] *adj pièce, appartement, maison* zu vermieten
louage [lwaʒ] *m* d'un navire Charter *m*; *d'un immeuble, d'une voiture* Mietvertrag *m*; **~ d'animaux de ferme** Viehpacht *f*; **~ de services** Dienstleistungsvertrag *m*; **~ de main-d'œuvre** Arbeitnehmerüberlassung *f*
louange [lwɑ̃ʒ] *f* ❶ *soutenu (glorification)* Lobpreisung *f (geh)*; **digne de ~** lobenswert
❷ *gén pl (paroles)* Lobrede *f*
❸ *(gloire)* **chanter les ~s de qn/qc** ein Loblied auf jdn/etw singen
loubard(e) [lubaʀ, aʀd] *m(f) fam* Rowdy *m (fam)*
louche[1] [luʃ] *adj* ❶ *(douteux, suspect)* zwielichtig; *passé* zweifelhaft; *affaire, histoire* dubios; **il y a du ~ dans cette affaire** an der Sache stimmt etwas nicht; **un individu ~** eine zwielichtige Gestalt
❷ *(trouble) lumière* trüb; *regard* verschleiert
louche[2] [luʃ] *f (ustensile)* Schöpflöffel *m*, Kelle, *f*; **~ en bois** Holzkelle
▸ **serrer la ~ à qn** *fam* jdm die Flosse geben *(fam)*
loucher [luʃe] <1> *vi* ❶ MED schielen
❷ *fam (lorgner)* **~ sur qn** nach jdm schielen; **~ sur l'héritage/un poste** es auf das Erbe/eine Stelle abgesehen haben; **faire ~ qn** *vêtement, belle voiture:* jds Neid wecken
louer[1] [lwe] <1> I. *vt* ❶ *(vanter)* rühmen; **livre très loué** viel gerühmtes Buch; **femme auteur très louée** viel gelobte Autorin
❷ *(féliciter)* loben; **~ qn de [o pour] qc** jdn für etw loben; **~ qn de faire qc** jdn dafür loben, dass er etw tut
❸ REL *(glorifier)* preisen *la Providence, le Seigneur*
II. *vpr se ~ de qc* sich wegen etw glücklich preisen; **se ~ de faire qc** sich glücklich preisen, etw zu tun
louer[2] [lwe] <1> I. *vt* ❶ *(donner en location)* **~ qc à qn** jdm etw vermieten; **à ~** zu vermieten
❷ *(prendre en location)* mieten
❸ *(retenir, réserver)* reservieren lassen *chambre, place*; **~ deux places au théâtre** zwei Theaterkarten vorbestellen
II. *vpr se ~ appartement, voiture, chambre:* vermietet werden; *commis, employé, journalier:* sich verdingen *(veraltet)*
loueur, -euse [lwœʀ, -øz] *m, f* **~ de chambres/voitures** Vermieter *m* von Zimmern/Autos
loufiat [lufja] *m péj pop* Kellner *m*
loufoque [lufɔk] *adj fam* verrückt; *film, musique, roman* abgefahren *(fam)*

loufoquerie [lufɔkʀi] *f fam* Verrücktheit *f*; **ce type/cette histoire est d'une ~!** der Typ/die Geschichte ist irre! *(fam)*
Louis [lwi] *m* ❶ Ludwig *m*
❷ HIST **~ XIV** Ludwig XIV., Ludwig der Vierzehnte; **Saint ~** Ludwig der Heilige
louise-bonne [lwizbɔn] <louises-bonnes> *f (poire)* Gute Luise *f*
loukoum [lukum] *m* Lokum *nt*
loulou [lulu] *m fam* ❶ *(loubard)* Rowdy *m (fam)*
❷ *(terme d'affection)* Liebling *m*
louloute [lulut] *f fam (terme d'affection)* Liebling *m*
loup [lu] *m* ❶ *(mammifère)* Wolf *m*
❷ *fig* **jeune ~** ehrgeiziger junger Mann
❸ *(poisson)* Barsch *m*
❹ *(masque)* schwarze Halbmaske
❺ TYP Lücke *f*
❻ *fam (terme d'affection)* **mon ~** mein Liebling
▸ **mettre le ~ dans la bergerie** den Bock zum Gärtner machen; **quand on parle du ~ on en voit la queue** wenn man vom Teufel spricht, dann kommt er; **être connu(e) comme le ~ blanc** bekannt sein wie ein bunter Hund; **crier** [*o* **hurler**] **au ~** Alarm schlagen; **hurler avec les ~s** mit den Wölfen heulen; **les ~s ne se mangent pas entre eux** eine Krähe hackt der anderen kein Auge aus
◆ **~ de mer** ❶ *(marin)* alter Seebär ❷ *(poisson)* Barsch *m*
loupage [lupaʒ] *m fam* Flop *m (fam)*
loup-cervier [luseʀvje] <loups-cerviers> *m* ZOOL Nordluchs *m*
loupe [lup] *f* ❶ OPT Lupe *f*
❷ MED Grützbeutel *m*
❸ BOT Knorren *m*
▸ **examiner/regarder qc à la ~** etw genau unter die Lupe nehmen
loupé(e) [lupe] *m fam* ❶ TECH *(défaut)* Macke *f (fam)*
❷ *(erreur)* Patzer *m (fam)*
louper [lupe] <1> I. *vt fam* ❶ *(ne pas réussir)* verpatzen *(fam) examen*; verpfuschen *(fam) travail*; **qn loupe un gâteau** der Kuchen missglückt jdm; **qn loupe son suicide** jds Selbstmordversuch geht daneben *(fam)*; **faire ~** vermasseln *(fam)*; **être loupé(e) soirée:** in die Hose gegangen sein *(fam)*, *mayonnaise, gâteau*: nichts geworden sein *(fam)*, **loupé! daneben!** *(fam)*; **ben, c'est loupé!** tja, das war wohl nichts! *(fam)*
❷ *(manquer)* verpassen; verfehlen *cible*; **~ qn/le train de dix minutes** jdn/den Zug um zehn Minuten verpassen
II. *vi fam (échouer) projet, tentative:* danebengehen *(fam)*, **ça n'a pas loupé** das musste ja so kommen
III. *vpr (manquer son suicide)* **qn se loupe** jds Selbstmordversuch geht daneben *(fam)*
loup-garou [lugaʀu] <loups-garous> *m* Werwolf *m*
loupiot(e) [lupjo, jɔt] *m(f) fam* Kind *nt*, Gör *nt (pej fam)*
loupiote [lupjɔt] *f fam* Lämpchen *nt (fam)*
lourd(e) [luʀ, luʀd] I. *adj* ❶ *a. antéposé (de grand poids)* schwer *(pesant) jambes, paupières, tête* schwer; **avoir l'estomac ~** Magendrücken haben; **elle a le cœur ~** ihr ist es schwer ums Herz
❷ *a. antéposé (oppressant) chaleur* drückend; *nuages* dicht; *silence* beklemmend; **le temps est ~, il fait ~** es ist schwül
❸ *a. antéposé (important) impôts, dettes, charges* hoch; *perte* schwer; *équipement* umfangreich
❹ *a. antéposé (pénible) tâche* schwer; *thérapeutique* hart; **emploi du temps très ~** voller Stundenplan
❺ *(chargé)* **~ de menaces/de sous-entendus** voller Drohungen/Andeutungen; **~ de promesses** viel versprechend; **~ de signification** bedeutungsschwer; **époque lourde d'événements ~s de conséquences** schicksalsschwere Zeit; **prendre une décision ~e de conséquences** eine schicksalsschwere Entscheidung treffen
❻ *(gauche)* schwerfällig; *compliment, plaisanterie* plump
❼ *(opp: fin, délicat) silhouette* plump; *monument, statue* klobig; *parfum, vin* schwer; *odeur* stark; *nourriture* schwer verdaulich
❽ *a. antéposé (grave) faute, handicap, responsabilités* schwer
❾ *a. antéposé (sévère) défaite, peine* schwer
❿ *(profond) sommeil* tief
⓫ *(avec un équipement important)* **industrie ~e** Schwerindustrie *f*
⓬ *(dense) terre, liquide* schwer; **terrain ~** schwerer Boden
II. *adv* **peser ~** schwer wiegen
▸ **pas ~** *fam (pas beaucoup)* verdammt wenig[e] *(fam)*; **ben ça ne fait pas ~** *fam* also das ist verdammt wenig *(fam)*
III. *mpl* SPORT **les ~s** die Schwergewichtler *Pl*; **catégorie ~s** Schwergewicht *nt*
lourdaud(e) [luʀdo, od] I. *adj* trampelig *(fam)*
II. *m(f)* Trampel *m o nt (fam)*
lourde [luʀd] *f arg* Tür *f*
lourdement [luʀdəmɑ̃] *adv* schwer; *se tromper* gewaltig *(fam)*; *insister* hartnäckig; *imposer* hoch
lourder [luʀde] <1> *vt pop (virer)* feuern *(fam)*; **se faire ~ par qn**

von jdm gefeuert werden *(fam)*
lourdeur [luRdœR] *f* ❶ *(gaucherie)* Schwerfälligkeit *f;* **avec ~** schwerfällig
❷ *(lenteur) de l'administration* Langsamkeit *f*
❸ *(caractère massif)* Plumpheit *f*
❹ METEO Schwüle *f;* **la ~ du climat** das drückend schwüle Klima
◆ **~ s d'estomac** Magendrücken *nt*
lourdingue [luRdɛ̃g] *fam* **I.** *adj* tölpelhaft *(pej)*
II. *mf* Tölpel *m (pej)*
loustic [lustik] *m fam (drôle de zig)* komischer Vogel *(fam)*
loutre [lutR] *f* ❶ ZOOL Otter *m*
❷ *(fourrure)* Otter[n]fell *nt*
◆ **~ de mer** Meerotter *m*
Louvain [luvɛ̃] Löwen *nt*
louve [luv] *f* Wölfin *f*
louveteau [luvto] <x> *m* ❶ ZOOL junger Wolf
❷ *(jeune scout)* Wölfling *m*
louvoiement [luvwamɑ̃] *m* Winkelzug *m*
louvoyer [luvwaje] <6> *vi* ❶ *(tergiverser)* geschickt lavieren
❷ NAUT aufkreuzen
lover [lɔve] <1> **I.** *vpr* **se ~** sich einrollen
II. *vt* aufrollen *câble;* aufschießen *cordage*
loyal(e) [lwajal, jo] <-aux> *adj* loyal; *collaborateur, fonctionnaire* pflichtgetreu; *ami, services, sujet* treu; *adversaire, conduite, procédés* fair; **~ [envers l'État]** *fonctionnaire* staatstreu; **régler un différend à la ~** einen Streit auf faire Weise beilegen
loyalement [lwajalmɑ̃] *adv reconnaître* offen; *être dévoué* treu; *régler un différend, se battre* fair; **il m'a ~ remboursé les dégâts** er hat mir fairerweise den Schaden erstattet
loyalisme [lwajalism] *m d'une personne* Loyalität *f; des troupes* Regierungstreue *f;* **~ envers l'État** staatstreues Verhalten
loyaliste [lwajalist] **I.** *adj* loyal; *troupes* regierungstreu
II. *mpl* HIST Loyalisten *Pl*
loyauté [lwajote] *f* ❶ *(loyalisme)* Loyalität *f;* **conflit de ~** Loyalitätskonflikt *m*
❷ *(fair-play) d'un adversaire, procédé, d'une conduite* Fairness *f;* **reconnaître avec ~ sa faute** seinen Fehler offen zugeben
❸ JUR *de la concurrence* Lauterkeit *f*
loyer [lwaje] *m d'un appartement* Miete *f*, Mietzins *m* (SDEUTSCH, CH, A); *d'une ferme* Pacht *f;* **~ du/d'un local commercial** Ladenmiete; **~ annuel** Jahresmiete; **~ usuraire** Wuchermiete; **~ limité réglementé** Mietpreisbindung *f*
◆ **~ des stocks** ECON Bestandsmiete *f*
lpi [ɛlpei] *fpl abr de* **lignes par pouces** INFORM lpi *Pl*
lpm [ɛlpɛɛm] *fpl abr de* **lignes par minute** INFORM lpm *Pl*
L.S.D. [ɛlɛsde] *m abr de* **Lysergsäurediäthylamid** LSD *nt*
lubie [lybi] *f* Marotte *f (fam);* **avoir des ~s** Marotten haben *(fam)*
lubricité [lybRisite] *f d'une personne* Lüsternheit *f*
lubrifiant [lybRifjɑ̃] *m (pour une machine)* Schmiermittel *nt; (pour l'amour)* Gleitmittel
lubrifiant(e) [lybRifjɑ̃, jɑ̃t] *adj produit ~ (pour une machine)* Schmiermittel *nt; (pour l'amour)* Gleitmittel
lubrification [lybRifikasjɔ̃] *f d'un moteur* Schmieren *nt*, Schmierung *f*
lubrifier [lybRifje] <1a> *vt* schmieren
lubrique [lybRik] *adj* lüstern; *propos, scène, spectacle* obszön
Luc [lyk] *m* ❶ Lukas *m*
❷ REL **Saint ~** Lukas
lucane [lykan] *m* ZOOL Hirschkäfer *m*
lucarne [lykaRn] *f* ❶ *(petite fenêtre)* Dachfenster *nt; d'une entrée, d'un mur, cachot* Fensteröffnung *f*
❷ FBALL Torecke *f*, obere Ecke
lucide [lysid] *adj* ❶ *(clairvoyant) intelligence, jugement* scharfsinnig; *regard* scharfsichtig; **un esprit ~** ein heller Kopf
❷ *(conscient)* **l'accidenté est entièrement ~** der Verunglückte ist bei vollem Bewusstsein; **elle n'était déjà plus ~** sie hatte schon das Bewusstsein verloren
lucidement [lysidmɑ̃] *adv* scharfsichtig
lucidité [lysidite] *f* ❶ *(clairvoyance) d'un esprit* Klarheit *f; d'un jugement* Scharfsinnigkeit *f; d'un observateur* Scharfblick *m*
❷ *(conscience)* klares Bewusstsein; **des moments de ~** lichte Augenblicke
Lucifer [lysifɛR] *m* Luzifer *m*
luciole [lysjɔl] *f* Glühwürmchen *nt*
lucratif, -ive [lykRatif, -iv] *adj* lukrativ; *affaire* profitträchtig; *placement, épargne* zinsbringend; *journée* verkaufsstark; **journée peu lucrative** verkaufsschwacher Tag; **emploi ~** einträgliche Beschäftigung; **société à but ~** gewinnorientiertes Unternehmen; **travailler dans un but ~** gewinnorientiert arbeiten; **entreprise à but non ~** gemeinnütziges Unternehmen
lucre [lykR] *m péj* Profit *m*
luddisme [lydism] *m* Maschinenstürmerei *f*
ludiciel [lydisjɛl] *m* Computerspiel *nt*

ludique [lydik] *adj* **activités ~s** Spielen *nt*
ludoéducatif, -ive [lydɔedykatif, -iv] *adj* Edutainment-
ludothèque [lydɔtɛk] *f* Spielothek *f*
luette [lɥɛt] *f* Zäpfchen *nt*
lueur [lɥœR] *f* ❶ *(faible clarté)* Schein *m kein Pl; des braises* Glühen *nt kein Pl; du couchant* Glut *f kein Pl; de la ville* schwaches Licht; **à la ~ d'une bougie** beim Schein einer Kerze *(Gen);* **à la ~ de la raison** mit Hilfe der Vernunft
❷ *(éclat fugitif dans le regard)* **une ~ de colère/joie** eine Andeutung von Wut/Freude
❸ *(signe passager)* Funke[n] *m;* **une ~ d'intelligence** eine Spur von Intelligenz; **une ~ d'espoir** ein Hoffnungsschimmer *m*
luffa [lufa] *m* BOT *(plante)* Luffa *f; (éponge végétale)* Luffaschwamm *m*
luge [lyʒ] *f* Schlitten *m;* **faire de la ~** Schlitten fahren; **en ~ mit dem Schlitten; ~ de compétition** Rennschlitten, Rennrodel *m;* **~ de sauvetage** Rettungsschlitten
lugubre [lygybR] *adj* düster; *figure* finster; *personne* trübsinnig; **des pensées ~s** trübsinnige Gedanken
lugubrement [lygybRəmɑ̃] *adv* düster
lui [lɥi] *pron pers* ❶ *(se rapportant à une personne masc ou fém)* **je ~ ai demandé si** ich habe ihn/sie gefragt, ob; **je ~ ai répondu que** ich habe ihm/ihr geantwortet, dass
❷ *(se rapportant à un animal ou objet)* **c'est ton chien/chat? tu ~ as donné à manger?** ist das dein Hund/deine Katze? hast du ihm/ihr [schon] zu fressen gegeben?; **tu as vu mon porte-monnaie/sac comme il brille? Je ~ ai donné un coup de brosse!** hast du gesehen wie mein Geldbeutel/meine Tasche glänzt? Ich habe ihn/sie mit der Bürste poliert!
❸ *avec faire, laisser* **il ~ laisse/fait conduire la voiture** er lässt ihn/sie das Auto fahren
❹ *avec être, devenir, sembler soutenu* **cela ~ semble bon** das erscheint ihm/ihr gut; **mon amitié ~ est chère** meine Freundschaft ist ihm/ihr teuer *(geh);* **ça ~ est bon de rentrer au pays** es tut ihm/ihr gut heimzukommen; **le café ~ est devenu indispensable** er/sie konnte nicht mehr auf den Kaffee verzichten
❺ *fam (pour renforcer)* **~, épouser cette fille?** was, der will dieses Mädchen heiraten? *(fam);* **~, il n'a pas ouvert la bouche pour dire qu'il avait compris!** und der dachte, er hätte alles verstanden! *(fam);* **c'est ~ qui l'a dit** das hat der gesagt *(fam);* **c'est ~ que j'ai entendu à la radio** den habe ich im Radio gehört *(fam);* **je veux le voir, ~!** den möchte ich sehen!; **tu veux l'aider, ~?** dem möchtest du helfen?; **je les aime bien, elle et ~** ich mag sie beide, sie und ihn
❻ *(avec un sens possessif)* **le cœur ~ battait fort** sein/ihr Herz schlug heftig
❼ *avec une préposition* **avec ~** mit ihm/ihr; **sans ~** ohne ihn/sie/es; **à ~ seul** er allein; **la maison est à ~** das Haus gehört ihm; **c'est à ~ de décider** er muss entscheiden; **c'est à ~!** er ist dran!
❽ *dans une comparaison* er; **tu es comme ~** du bist wie er; **plus/aussi fort(e) que ~** stärker als er/genauso stark wie er
❾ *(soi, personne masc)* sich; **il ne pense qu'à ~** er denkt nur an sich *(Akk)*
lui-même [lɥimɛm] *pron pers* ❶ *(lui en personne)* **~ n'en savait rien** er selbst wusste nichts davon; **il se sent ~ heureux** er fühlt sich glücklich; **il l'a dit ~, c'est ~ qui l'a dit** er selbst hat es gesagt; **il est venu de ~** er ist von selbst [*o* von sich aus] gekommen; **M. Dubois? – Lui-même!** Herr Dubois? – Höchstpersönlich!
❷ *(en soi)* selbst, an sich; **il n'est pas mauvais en ~** er [selbst] ist nicht schlecht
❸ *(lui aussi)* ebenfalls, auch; **son père était ~ furieux** sein/ihr Vater war ebenfalls [*o* auch] sehr wütend
luire [lɥiR] *<irr> vi* ❶ *(briller) soleil:* scheinen; *étoile, lune:* leuchten; **le jour luit à travers la jalousie** das Tageslicht dringt durch die Jalousie
❷ *(réfléchir la lumière) feuilles:* leuchten; *lac, rosée:* glitzern; *casque, tuiles, cuivre:* blinken; **le lac luisait au soleil/sous la lune** der See glitzerte in der Sonne/im Mondlicht; **~ de propreté** vor Sauberkeit strahlen
❸ *(exprimer)* **~ de désir** *yeux:* vor Verlangen strahlen; **~ de colère/fièvre** *yeux:* vor Wut funkeln/fieberglänzend sein
❹ *fig littér* **un faible espoir luit encore** es besteht noch ein kleiner Hoffnungsschimmer
luisant [lɥizɑ̃] *m d'une étoffe, d'un satin* Glanz *m*
luisant(e) [lɥizɑ̃, ɑ̃t] *adj* glänzend; *arme* blitzend; *yeux (de joie)* leuchtend; *(de colère)* funkelnd; **~ de fièvre/de sueur** fieber-/schweißglänzend
lumbago [lœ̃bago] *m* Hexenschuss *m*
lumen [lymɛn] *m* PHYS Lumen *nt*
lumière [lymjɛR] *f* ❶ *(clarté naturelle, éclairage)* Licht *nt;* **~ blanche/noire** Weiß-/Schwarzlicht; **~ des étoiles/du soleil** Sternen-/Sonnenlicht; **~ du jour/de la lune** Tages-/Mondlicht; **~ du gaz** Gaslicht; **~ avant** *d'un vélo* Vorderlicht; **à la ~ d'une**

bougie im Schein einer Kerze; **avoir de la ~** *(du courant)* Licht haben; **donner de la ~** *fenêtre, ouverture:* Licht geben; **dû(due) aux effets de la ~** *vieillissement de la peau* lichtbedingt

② *pl (connaissances)* Wissen *nt*; **j'aurais besoin de vos ~s** ich bräuchte Ihren/euren Rat; **je n'ai aucune ~ sur la question** von dieser Sache habe ich keine Ahnung

③ *(personne intelligente)* **être/ne pas être une ~** ein heller Kopf/keine Leuchte sein *(fam)*; **une des ~s de son siècle** eine der Geistesgrößen seines/ihres Jahrhunderts; **les Lumières** LITTER die Aufklärung; **le siècle des Lumières** das Zeitalter der Aufklärung

④ *(ce qui permet de comprendre) de la foi, raison, de Dieu* Licht *nt*; **faire la ~ sur les agissements de qn** jds Machenschaften ans Licht bringen; **faire la ~ sur une affaire** Licht in eine Angelegenheit bringen; **jeter une ~ nouvelle sur qc** etw in ein anderes Licht rücken; **à la ~ des récents événements** in Anbetracht der jüngsten Ereignisse

⑤ *(ouverture) d'un canon* Zündloch *nt; d'une machine à vapeur* Öffnung *f*

▶ **être en pleine ~** im Rampenlicht stehen; **mettre qc en ~** *fig personne:* auf etw *(Akk)* aufmerksam machen; *fait, événement:* etw ans Licht bringen; **que la ~ soit! Et la ~ fut** BIBL es werde Licht! Und es ward Licht

lumignon [lymiɲɔ̃] *m* Lämpchen *nt*
luminaire [lyminɛʀ] *m* ① *(lampe)* Leuchte *f*; **~ intensif** Tiefstrahler *m*; **magasin de ~s** Lampengeschäft *nt*
② REL Kirchenleuchter *m*
luminescence [lyminesɑ̃s] *f* Lumineszenz *f*
luminescent(e) [lyminesɑ̃, ɑ̃t] *adj* lumineszierend
lumineusement [lyminøzmɑ̃] *adv expliquer* einleuchtend
lumineux, -euse [lyminø, -øz] *adj* ① *(qui répand la lumière)* leuchtend; *fontaine* angestrahlt; **enseigne lumineuse** Neonschild *nt*; **intensité lumineuse** Leuchtkraft *f*; **rayon ~** Lichtstrahl *m*
② *(brillant, éclatant) couleur, yeux* leuchtend; *regard* strahlend; *teint* frisch
③ *(clair) pièce, appartement* hell
④ *(compréhensible) explication* einleuchtend
⑤ *(génial) idée* glänzend; *intelligence* außergewöhnlich
luminosité [lyminozite] *f* ① *(éclat lumineux) du ciel, d'une couleur* Leuchten *nt*; **~ de la nuit** Nachtlicht *nt*
② *(clarté) d'une pièce, d'un appartement* Helligkeit *f*
③ PHOT, INFORM Helligkeit *f*; **il n'y a pas suffisamment de ~** es ist nicht hell genug
lump [lœp] *m* Seehase *m*
lunaire [lynɛʀ] I. *adj* ① ASTRON *fusée, carte* Mond-; **vol/voyage ~** Mondflug *m*/-fahrt *f*; **sol ~** Mondoberfläche *f*
② *(qui ressemble à la lune)* Mond-; **visage/paysage ~** Mondgesicht *nt*/Mondlandschaft *f*
③ *(extravagant) projet* utopisch; *rêve* unrealistisch; **personnage ~** Fantast(in) *m(f)*
II. *f* BOT Mondviole *f*
lunaison [lynɛzɔ̃] *f* Mondumlaufzeit *f*
lunatique [lynatik] *adj personne* launisch; *humeur* wechselhaft
lunch [lœntʃ] <[e]s> *m* Lunch *m*
lundi [lœdi] *m* Montag *m; v. a.* **dimanche**
◆ **~ de Pâques** Ostermontag *m;* **~ de Pentecôte** Pfingstmontag *m*
lune [lyn] *f* ① Mond *m*; **nouvelle/pleine ~** Neumond/Vollmond; **~ rousse** Zeit der späten Nachtfröste im April/Mai
② *(terme de spécialité astronomique)* **la Lune** der Mond
③ *(unité de temps)* **il y a [bien] des ~s** *vieilli littér* vor vielen Monden *(poet)*
④ *vieilli (satellite)* Mond *m*; **~ de Mars** Marsmond
▶ **con(ne) comme la ~** *pop* dumm wie die Nacht *(fam)*, **aboyer** [*o* **hurler**] **à la ~** den Mond anheulen; **décrocher la ~ pour qn** für jdn die Sterne vom Himmel holen; **demander la ~** Unmögliches verlangen; **être dans la ~** nicht bei der Sache sein; **promettre la ~ à qn** jdm das Blaue vom Himmel versprechen
◆ **~ de miel** *(après le mariage)* Flitterwochen *Pl*; *(harmonie parfaite)* große Harmonie
luné(e) [lyne] *adj fam* **être bien/mal ~** gut/schlecht gelaunt sein
lunetier, -ière [lyn(ə)tje, -jɛʀ] I. *adj* **industrie lunetière** Brillenindustrie *f*
II. *m, f* Brillenfabrikant(in) *m(f)*
lunette [lynɛt] *f* ① *pl (verres)* [**paire de**] **~s** Brille *f*, Augengläser *Pl* (A); **deuxième paire de ~s** Ersatzbrille *f*, Reservebrille; **~s noires** dunkle Brille; **~s 3D** Drei-D-Brille; **mettre ses ~s** die Brille aufsetzen
② *(instrument)* Fernrohr *nt*
③ *(petite fenêtre) d'un toit* Dachluke *f*; **~ arrière** AUT Heckscheibe *f*

▶ **mets tes ~s!** *fam* mach deine Augen auf!
◆ **~ d'approche** Fernrohr *nt;* **~s de plongée** Taucherbrille *f*; **~s de ski** Skibrille *f*; **~s de soleil** Sonnenbrille *f*; **~ des toilettes** Toilettensitz *m*; **~ des W.-C.** WC-Sitz *m*, WC-Brille *f (fam)*, Klosettbrille *(fam)*
lunetterie [lynɛtʀi] *f* ① *(commerce)* Brillenhandel *m*
② *(fabrication)* Brillenherstellung *f*
lunule [lynyl] *f* [Nagel]möndchen *nt*
lupanar [lypanaʀ] *m littér* Freudenhaus *nt (geh)*
lupin [lypɛ̃] *m* Lupine *f*
lupus [lypys] *m* MED Lupus *m (Fachspr.)*
lurette [lyʀɛt] *f* ▶ **il y a** [*o* **ça fait**] **belle ~ que qn a fait qc** *fam* es ist schon ewig her, dass jd etw getan hat *(fam)*; **depuis belle ~** *fam* schon seit ewigen Zeiten *(fam)*
luron [lyʀɔ̃, ɔn] *m* **joyeux ~** *fam* Lebemann *m*
lusophone [lyzɔfɔn] *adj* portugiesischsprachig
lustrage [lystʀaʒ] *m* Lüstrieren *nt*
lustral(e) [lystʀal, o] <-aux> *adj littér* reinigend, Reinigungs-
lustre[1] [lystʀ] *m* ① *(lampe)* Kronleuchter *m*; **~ de cristal** Kristallleuchter
② *a. fig soutenu (éclat)* Glanz *m*; **donner/redonner du ~ à qc** *(du brillant)* etw glänzend/wieder glänzend machen; *(du prestige)* einer S. *(Dat)* Glanz/neuen Glanz verleihen
lustre[2] [lystʀ] *m* **je ne l'ai pas vu depuis des ~s** ich habe ihn eine Ewigkeit nicht mehr gesehen
lustré(e) [lystʀe] *adj* glänzend
lustrer [lystʀe] <1> *vt* ① *(faire briller)* polieren *voiture;* lüstrieren *étoffe, cuir;* **sa fourrure/son poil** *animal:* sein Fell putzen
② *(user)* blankscheuern
lustrine [lystʀin] *f* Lüster *m*
lut [lyt] *m* **~ de vitrier** Fensterkitt *m*
lutéine [lytein] *f* BIO, CHIM Lutein *nt (Fachspr.)*
lutétium [lytesjɔm] *m* CHIM Lutetium *nt*
luth [lyt] *m* Laute *f*
Luther [lytɛːʀ] *m* Luther *m*
luthéranisme [lyteʀanism] *m* Luthertum *nt*
lutherie [lytʀi] *f* Geigenbau *m*
luthérien(ne) [lyteʀjɛ̃, jɛn] *adj* lutherisch; **culte ~** evangelischer Gottesdienst
Luthérien(ne) [lyteʀjɛ̃, jɛn] *m(f)* Lutheraner(in) *m(f)*
luthier [lytje] *m* Geigenbauer(in) *m(f)*
lutin [lytɛ̃] *m* ① *(farfadet)* Kobold *m*; **avoir l'air d'un ~** ein koboldhaftes Aussehen haben, koboldhaft wirken
② *(enfant espiègle)* Schlingel *m*
lutiner [lytine] <1> *vt* **~ qn** mit jdm schäkern
lutrin [lytʀɛ̃] *m* Lesepult *m*
lutte [lyt] *f* ① *(combat)* Kampf *m*; **~ contre/pour qn/qc** Kampf gegen/für jdn/etw; **~ anti-inflation** [*o* **contre l'inflation**] Inflationsbekämpfung *f*; **~ contre les épidémies/l'incendie** Seuchen-/Feuerbekämpfung; **~ contre les mauvaises herbes/la vermine** Unkraut-/Ungezieferbekämpfung; **~ antidrogue/anti-rats** Rauschgift-/Rattenbekämpfung; **~ pour l'augmentation des salaires** Lohnkampf; **~ pour la vie** Kampf ums Dasein; **être en ~ contre qn** gegen jdn kämpfen; **entrer en ~** den Kampf aufnehmen; **de haute ~** nach hartem Kampf; **projet de ~ contre le chômage des jeunes** Projekt *nt* zur Bekämpfung der Jugendarbeitslosigkeit
② *(antagonisme)* **~ de choses/entre des choses** Kampf *m* zwischen Dingen; **la ~ entre le devoir et la passion** der Kampf zwischen Pflicht und Leidenschaft
③ SPORT Ringkampf *m*; **~ libre** Freistilringen *nt*; **faire de la ~** ringen
◆ **~ des classes** Klassenkampf *m*
lutter [lyte] <1> *vi* ① *(combattre)* kämpfen; **~ contre la mort** mit dem Tod ringen; **~ contre le sommeil/le vent** gegen die Müdigkeit/den Wind ankämpfen
② *(mener une action)* kämpfen; **~ contre qc** etw bekämpfen; **~ contre l'inflation/la récession** die Inflation/Rezession bekämpfen; **~ pour qc/pour faire qc** für etw kämpfen/dafür kämpfen, etw zu tun
③ *(rivaliser)* **~ de bonté** versuchen, sich gegenseitig an Güte zu überbieten; **~ de vitesse** *personnes:* versuchen, sich an Schnelligkeit zu überbieten; *voiliers:* um die Wette fahren
lutteur, -euse [lytœʀ, -øz] *m, f* ① SPORT Ringkämpfer(in) *m(f)*
② *(battant)* Kämpfer(in) *m(f)*
lux [lyks] *m* Lux *nt*
luxation [lyksasjɔ̃] *f de l'épaule, la hanche* Auskugelung *f*
luxe [lyks] *m* ① Luxus *m*; **c'est du ~!** das ist Luxus!; **ce n'est pas du ~** *fam* das muss sein; **s'offrir** [*o* **se payer**] **le ~ de faire qc** es sich *(Dat)* leisten, etw zu tun; **je me suis payé le ~ de lui dire ce que je pensais de lui** *fig* ich habe mir erlaubt, ihm zu sagen, was ich von ihm halte
② *(profusion)* **un ~ de détails** eine Fülle von Einzelheiten; **un ~**

de précautions eine Menge Vorsichtsmaßnahmen
❸ *(luxueux)* **hôtel/article de ~** Luxushotel nt/Luxusartikel m; **magasin de ~** Geschäft mit Luxusartikeln; **train/voiture de ~** Zug/Wagen der Luxusklasse
Luxembourg [lyksãbuʀ] m ❶ *(pays)* **le ~** Luxemburg nt
❷ *(ville)* Luxemburg nt
❸ *(à Paris)* **le [palais du] ~** Sitz des französischen Senats; **le [jardin du] ~** Park in Paris
luxembourgeois(e) [lyksãbuʀʒwa, waz] adj luxemburgisch
Luxembourgeois(e) [lyksãbuʀʒwa, waz] m(f) Luxemburger(in) m(f)
luxer [lykse] <1> I. vt ~ **qc à qn** jdm etw ausrenken
II. vpr **se ~ l'épaule** sich die Schulter verrenken
luxueusement [lyksɥøzmã] adv luxuriös
luxueux, -euse [lyksɥø, -øz] adj a. antéposé luxuriös; **hôtel ~** Luxushotel nt
luxure [lyksyʀ] f littér Wollust f
luxuriance [lyksyʀjãs] f soutenu *de la végétation* Üppigkeit f
luxuriant(e) [lyksyʀjã, jãt] adj *végétation* üppig; *style* blumig
luxurieux, -euse [lyksyʀjø, -jøz] adj littér wollüstig
luzerne [lyzɛʀn] f Luzerne f
lycée [lise] m ❶ ≈ Gymnasium nt *(nur die Sekundarstufe II umfassend)*; **~ de filles** ≈ Mädchengymnasium; **aller au ~** aufs Gymnasium gehen; **être prof au ~** Lehrer(in) am Gymnasium sein; **~ agricole** ≈ landwirtschaftliches Gymnasium; **~ hôtelier** Hotelfachschule f; **~ professionnel** [o **technique**] technisches Gymnasium; **~ d'enseignement général et technologique** Gymnasium mit zusätzlichen technischen Fächern; **~ d'enseignement professionnel** ≈ Berufsfachschule f; **~ d'enseignement technique et professionnel** ≈ Fachoberschule f
❷ BELG *(établissement secondaire pour filles)* Mädchengymnasium nt

Land und Leute
Die französischen Schülerinnen und Schüler können im Anschluss an das *collège* – mit 15 oder 16 Jahren – das **lycée** besuchen. Es umfasst die drei Klassen *seconde*, *première* und *terminale* und endet mit dem *baccalauréat*, dem Abitur.

lycéen(ne) [liseɛ̃, ɛn] m(f) Gymnasiast(in) m(f)
lycra® [likʀa] m Lycra® nt
lymphangite [lɛ̃fãʒit] f MED Lymphgefäßentzündung f, Lymphangitis f *(Fachspr.)*
lymphatique [lɛ̃fatik] adj ❶ MED **système ~** Lymphsystem nt
❷ *(flegmatique) personne* phlegmatisch; *constitution* schwach; **tempérament ~** Phlegma nt
lymphe [lɛ̃f] f Lymphe f
lymphocyte [lɛ̃fɔsit] m Lymphozyt m
lynchage [lɛ̃ʃaʒ] m Lynchjustiz f
lyncher [lɛ̃ʃe] <1> vt lynchen
lynx [lɛ̃ks] m Luchs m
lyonnais(e) [ljɔnɛ, ɛz] adj aus Lyon [stammend]
lyophilisation [ljɔfilizasjɔ̃] f Gefriertrocknung f
lyophiliser [ljɔfilize] <1> vt gefriertrocknen; **être lyophilisé(e)** gefriergetrocknet sein; **café lyophilisé** Pulverkaffee m
lyre [liʀ] f Lyra f
lyrique [liʀik] adj ❶ LITTER lyrisch; *roman, film* stimmungsvoll; *écrivain* empfindsam; **poète ~** Lyriker(in) m(f)
❷ MUS *soprano* lyrisch; **art ~** Gesangskunst f; **soirée ~** Liederabend m; **théâtre ~** Musiktheater nt
❸ *(passionné) envolée, personne, ton* überschwänglich
lyrisme [liʀism] m ❶ LITTER Lyrik f; *d'un roman, film, d'une scène* gefühlsbetonte Stimmung; **le film est plein de ~** der Film ist sehr stimmungsvoll
❷ *(manière passionnée)* Überschwänglichkeit f
lys v. **lis**

M m

M, m [ɛm] m inv M nt/m nt
m [ɛm] abr de **mètre** m
M. <MM.> m abr de **Monsieur**: **M. Trouvé** Herr Trouvé
ma [ma, me] <mes> dét poss mein(e); **~ chaise/fleur/maison** mein Stuhl/meine Blume/mein Haus; **~ Sœur** Schwester
▶ **~ pauvre!** Sie/du arme!
maboul(e) [mabul] fam I. adj übergeschnappt *(fam)*; **être ~** ballaballa sein *(fam)*
II. m(f) Verrückte(r) f(m) *(fam)*
mac [mak] m arg abr de **maquereau** Zuhälter m
macabre [makabʀ] adj makaber; **humour ~** schwarzer Humor
macadam [makadam] m *(revêtement routier)* Makadam m o nt
macadamiser [makadamize] <1> vt makadamisieren
macaque [makak] m ❶ ZOOL Makak m; **~ rhésus** Rhesusaffe m
❷ *(personne)* hässlicher Kerl
macareux [makaʀø] m ZOOL Papageitaucher m
macaron [makaʀɔ̃] m ❶ GASTR Makrone f; **~ à la noix de coco** Kokosmakrone
❷ *(autocollant)* Aufkleber m; *(badge)* Abzeichen nt
❸ fam *(décoration)* Orden m
❹ *(coiffure)* Schnecke f
macaroni [makaʀɔni] m ❶ GASTR Makkaroni Pl
❷ péj fam *(Italien)* Makkaronifresser m *(pej fam)*
macchabée [makabe] m pop Leiche f
macédoine [masedwan] f ❶ GASTR **~ de fruits** Obstsalat m; **~ de légumes** Mischgemüse nt
Macédoine [masedwan] f **la ~** Makedonien nt
macédonien [masedɔnjɛ̃] m **le ~** Mazedonisch nt, Makedonisch nt, das Mazedonische [o Makedonische]; v. a. **allemand**
macédonien(ne) [masedɔnjɛ̃, jɛn] adj mazedonisch, makedonisch
Macédonien(ne) [masedɔnjɛ̃, jɛn] m(f) Mazedonier(in) m(f), Makedonier(in) m(f)
macération [maseʀasjɔ̃] f GASTR Einlegen nt; PHARM Mazeration f
macérer [maseʀe] <5> I. vi ❶ *(tremper longtemps)* **~ dans qc** GASTR in etw *(Dat)* eingelegt sein; PHARM in etw *(Dat)* mazerieren; **faire** [o **laisser**] **~ dans qc** GASTR in etw *(Akk)* einlegen; PHARM in etw *(Dat)* mazerieren lassen
❷ péj *(croupir)* **~ dans qc** in etw *(Dat)* herumhängen *(fam)*; **~ dans son jus** in seinem eigenen Saft schmoren
II. vt GASTR einlegen; PHARM mazerieren; **être macéré(e) dans qc** GASTR in etw *(Akk)* eingelegt sein; PHARM in etw *(Dat)* mazerieren
Mach [mak] m Mach nt; **à ~ 2/3** mit Mach 2/3
machaon [makaɔ̃] m ZOOL Schwalbenschwanz m
mâche [maʃ] f Feldsalat m, Ackersalat (SDEUTSCH), Vogerlsalat (A)
mâchefer [maʃfɛʀ] m Kohlenschlacke f
mâcher [maʃe] <1> vt ❶ *(broyer, mastiquer)* kauen
❷ TECH zerfetzen
machette [maʃɛt] f Machete f
Machiavel [makjavɛl] m ❶ HIST Machiavelli m
❷ LITTER Machiavellist m
machiavélique [makjavelik] adj machiavellistisch
machiavélisme [makjavelism] m Machiavellismus m
mâchicoulis [maʃikuli] m Pechnase f
machin [maʃɛ̃] m fam *(truc)* Dings nt *(fam)*; **des tas de ~s** eine Menge Zeugs *(fam)*
Machin [maʃɛ̃] m fam der Dings *(fam)*
machinal(e) [maʃinal, o] <-aux> adj mechanisch
machinalement [maʃinalmã] adv mechanisch
machination [maʃinasjɔ̃] f Intrige f; **de sombres ~s** dunkle Machenschaften Pl
machine [maʃin] f ❶ *(appareil)* Maschine f; **laver qc à la ~** etw in der Maschine waschen; **écrire/taper à la ~** Schreibmaschine schreiben; **taper qc à la ~** etw tippen; **tricoté(e) à la ~** maschinengestrickt; **le siècle de la ~** das Maschinenzeitalter
❷ *(locomotive)* Lokomotive f
❸ *(moto)* Maschine f *(fam)*
❹ *(organisation)* Apparat m; **~ économique/administrative/judiciaire** Wirtschafts-/Verwaltungs-/Justizapparat
❺ fig, péj *(automate)* Maschine f
▶ **faire un peu ~ arrière** einen kleinen Rückzieher machen
◆ **~ à affranchir** [o **timbrer**] Frankiermaschine f; **~ à bois** Holzmaschine f; **~ à café** Kaffeemaschine f; **~ à calculer** Rechenmaschine f, Rechnungsmaschine (CH); **~ à chiffrer** Chiffriermaschine f; **~ à coudre** Nähmaschine f; **~ à écrire** Schreibmaschine f; **~ à emballer** Verpackungsmaschine f; **~ à laver** Waschmaschine f; **~ à laver la vaisselle** [Geschirr]spülmaschine f; **~ à sous** Spielautomat m; **~ à vapeur** Dampfmaschine f
◆ **~ de guerre** Kriegsmaschine f, Kriegsmaschinerie f
Machine [maʃin] f fam die Dings *(fam)*

machine-outil [maʃinuti] <machines-outils> f Werkzeugmaschine f
machiner [maʃine] <1> vt péj (ourdir) aushecken (fam); anzetteln (fam) trahison
machinerie [maʃinʀi] f ❶ (équipement) Maschinen Pl
❷ (salle des machines) d'un navire Maschinenraum m; d'une usine Maschinenhalle f
machinisme [maʃinism] m Einsatz m von Maschinen
machiniste [maʃinist] mf ❶ THEAT Bühnenarbeiter(in) m(f); AUDIOV Bühnentechniker(in) m(f)
❷ (conducteur) Fahrer(in) m(f)
machisme [mat(t)ʃism] m [männlicher] Chauvinismus
machiste [mat(t)ʃist] I. adj [männlich-]chauvinistisch
II. m Chauvinist m
macho [matʃo] I. adj fam comportement ~ Machoverhalten nt (fam); **un homme** ~ ein Macho m (fam)
II. m fam Macho m (fam)
mâchoire [maʃwaʀ] f ❶ d'un mammifère Kiefer m; d'un insecte Kauwerkzeuge Pl; ~ **inférieure/supérieure** Unterkiefer/Oberkiefer
❷ pl TECH Backen Pl
▶ **bâiller à se décrocher la** ~ herzhaft gähnen
mâchonnement [maʃɔnmã] m Kauen nt
mâchonner [maʃɔne] <1> vt ❶ (mâcher sans avaler) kauen
❷ (mordiller) kauen an (+ Dat) cigare, crayon, paille, brin d'herbe
❸ (marmonner) murmeln
mâchouiller [maʃuje] <1> vt fam herumkauen auf (+ Dat) (fam)
mâchurer [maʃyʀe] <1> vt kauen an bouchon de stylo
maçon(ne) [masɔ̃, ɔn] I. adj **abeille/fourmi/guêpe ~ne** Arbeiterin f
II. m(f) ❶ (ouvrier) Maurer(in) m(f)
❷ (franc-maçon) Freimaurer(in) m(f)
maçonnage [masɔnaʒ] m Maurerarbeit f
maçonner [masɔne] <1> vt ❶ (construire) mauern mur; (jointoyer) ausfugen mur
❷ (crépir) ausmauern
❸ (boucher) zumauern portes, fenêtres
maçonnerie [masɔnʀi] f ❶ (ouvrage maçonné) Mauerwerk nt
❷ (secteur) Rohbausektor m
❸ (franc-maçonnerie) Freimaurerei f
maçonnique [masɔnik] adj **loge** ~ Freimaurerloge f
macramé [makʀame] m Makramee f
macreuse [makʀøz] f ❶ ORN Trauerente f
❷ GASTR Schulterstück nt vom Rind
macro [makʀo] INFORM fam I. f abr de **macro-instruction** Makro nt
II. app **fichier** ~ Makrodatei f
macrobiotique [makʀobiɔtik] I. adj makrobiotisch
II. f Makrobiotik f
macrocéphale [makʀosefal] adj MED großköpfig, makrozephal (Fachspr.)
macrocosme [makʀɔkɔsm] m LITTER, PHILOS Makrokosmos m
macroéconomie [makʀoekɔnɔmi] f Gesamtwirtschaft f, Makroökonomie f
macro-instruction [makʀoɛ̃stʀyksjɔ̃] <macro-instructions> f INFORM Makrobefehl m
macromolécule [makʀomɔlekyl] f CHIM Makromolekül nt
macroordinateur, macro-ordinateur [makʀoɔʀdinatœʀ] m INFORM Großrechner m, Mainframe m (Fachspr.)
macrophage [makʀɔfaʒ] m ZOOL, MED Makrophage m (Fachspr.)
macrophotographie [makʀofɔtɔgʀafi] f PHOT Makroaufnahme f
macroporeux, -euse [makʀopɔʀø, -øz] adj roche großporig
macro-programme [makʀopʀogʀam] <macro-programmes> m INFORM Makroprogramm nt
maculage [makylaʒ] m ❶ (barbouillage) Beschmieren nt
❷ TYP Schmutzspuren Pl
maculer [makyle] <1> vt ~ **de qc** mit etw beschmutzen; **être maculé(e) de sang** blutverschmiert sein; **des feuilles maculées** TYP Makulatur f
Madagascar [madagaskaʀ] f Madagaskar nt
madame [madam, medam] <mesdames> f ❶ (femme à qui on s'adresse) ~ meine Frau (veraltet geh), meine Dame (wird meist nicht übersetzt); iron Madame f; **bonjour ~, comment allez-vous?** guten Tag, wie geht es Ihnen?; **bonjour Madame Larroque** guten Tag, Frau Larroque; **bonjour mesdames** guten Tag, meine Damen; **Mesdames, mesdemoiselles, messieurs!** Meine Damen und Herren!
❷ (femme dont on parle) die gnädige Frau (veraltet); **ce matin, Madame Rey ne fera pas son cours** Frau Rey wird heute Morgen keinen Unterricht halten
❸ (profession) **Madame le professeur/la Présidente** Frau Lehrerin/Präsidentin
❹ (sur une enveloppe) **Madame Dupont** An Frau Dupont; **Monsieur et Madame Pujol** An Herrn und Frau Pujol
❺ (en-tête) **Madame,** Sehr geehrte Frau ... + Name; **Chère ~,** Liebe Frau ... + Name; (dans une lettre officielle) Sehr geehrte Frau ... + Name; **Madame, Mademoiselle, Monsieur, ...** Sehr geehrte Damen und Herren, ...
❻ <madames> fam (dame) Dame f; **jouer à la ~** die feine Dame spielen
madeleine [madlɛn] f GASTR Madeleine f
Madeleine [madlɛn] f Magdalena f
▶ **pleurer comme une ~** wie ein kleines Mädchen heulen
mademoiselle [mad(ə)mwazɛl, med(ə)mwazɛl] <mesdemoiselles> f ❶ (jeune femme à qui on s'adresse) ~ meine Dame (wird meist nicht übersetzt), gnädiges Fräulein (veraltet geh); **pardon ~ entschuldigen Sie; bonjour ~, comment allez-vous?** guten Tag, wie geht es Ihnen?; **bonjour Mademoiselle Labiche** guten Tag, Frau Labiche; **bonjour mesdemoiselles** Guten Tag, meine Damen; **Mesdames, mesdemoiselles, messieurs!** Meine Damen und Herren!
❷ (femme dont on parle) das gnädige Fräulein (veraltet geh); **ce matin, Mademoiselle Pujol ne fera pas son cours** Frau Pujol wird heute Morgen keinen Unterricht halten
❸ (sur une enveloppe) **Mademoiselle Ève Aporé** An Frau Ève Aporé; **Mesdemoiselles Anne et Paule Ichinel** An die Damen Anne und Paule Ichinel
❹ (en-tête) **~, ...** Sehr geehrte Frau + Name, ...; **Chère ~,** Liebe Frau + Name; (dans une lettre officielle) Sehr geehrte Frau + Name; **Madame, Mademoiselle, Monsieur, ...** Sehr geehrte Damen und Herren, ...

Land und Leute
Wird das Wort **mademoiselle** in der mündlichen Anrede allein verwendet oder zusammen mit einer Grußfloskel wie bonjour oder bonsoir; bleibt es unübersetzt: „Bonjour mademoiselle!" – „Guten Tag!"; „Et avec cela, mademoiselle ?" – „Was darf es sonst noch sein?" Auch in der schriftlichen Anrede wird es allein verwendet „Mademoiselle, ... – Sehr geehrte Frau Dupont/Frérot,..." (Die Namen Dupont und Frérot stehen hier beispielhaft.) In Frankreich wird sowohl im Alltag als auch behördlich immer noch zwischen der unverheirateten **mademoiselle** und der verheirateten madame unterschieden.

madère [madɛʀ] m Made[i]ra[wein m] m
Madère [madɛʀ] f Made[i]ra nt
madone [madɔn] f ❶ REL **la Madone** die Madonna
❷ (femme) Madonna f
madras [madʀas] m ❶ (étoffe) Madras m
❷ (foulard) Kopftuch nt aus Madras
madré(e) [madʀe] adj littér paysan schlau
Madrid [madʀid] Madrid nt
madrier [madʀije] m Bohle f
madrigal [madʀigal, o] <-aux> m Madrigal nt
madrilène [madʀilɛn] adj **le climat** ~ das Madrider Klima
Madrilène [madʀilɛn] mf Madrider(in) m(f)
maelström [malstʀøm] m Ma[h]lstrom m
maestria [maɛstʀija] f Bravour f; **avec** ~ meisterhaft
maestro [maɛstʀo] m Maestro m
maf[f]ia [mafja] f ❶ **la Maf[f]ia** die Mafia
❷ (bande) Mafia f; ~ **russe** Russenmafia (fam)
❸ péj fam (coterie) Filzokratie f (fam)
maf[f]ieux, -euse [mafjø, -jøz] adj Mafia-; **méthodes maf[f]ieuses** Mafiamethoden f
maf[f]ioso [mafjozo, i] <maf[f]iosi> m Mafioso m
magasin [magazɛ̃] m ❶ (boutique) Geschäft nt, Laden m; ~ **d'alimentation/de fleurs** Lebensmittel-/Blumengeschäft, Lebensmittel-/Blumenladen m; ~ **de café/de luminaires** Kaffee-/Lampengeschäft; ~ **de chaussures** Schuhgeschäft, Schuhladen; ~ **de tapis/de tissus** Teppich-/Textilgeschäft; ~ **spécialisé** Fachgeschäft, Spezialgeschäft; **grand ~** Kaufhaus nt; ~ **de location de skis** Skiverleih m; **courir** [o **faire**] **les ~s** die Geschäfte abklappern (fam); **tenir un ~** einen Laden haben
❷ COM (commerce) Warengeschäft nt (Fachspr.)
❸ (entrepôt) d'un port Lager nt; MIL Magazin nt; **en** ~ auf Lager; ~ **à blé** Kornspeicher m; ~ **d'armes** Waffenlager nt
❹ TECH, PHOT Magazin m
▶ **~ des accessoires** THEAT Requisitenkammer f; ~ **d'usine** Verkaufsstelle f in der Fabrik
magasinage [magazinaʒ] m ❶ COM Lagerung f
❷ CAN (shopping) Einkaufen nt
magasiner [magazine] <1> vi CAN Einkäufe machen, einkaufen
magasinier, -ière [magazinje, -jɛʀ] m, f Lagerverwalter(in) m(f)
magazine [magazin] m ❶ (revue) Magazin nt; ~ **d'actualités** politisches Magazin; ~ **d'art/de musique/de télévision** Kunst-/Musik-/Fernsehzeitschrift f; ~ **radio** Rundfunkzeitschrift; ~ **de mots**

croisés Kreuzworträtselheft *nt;* ~ **pour la clientèle/pour enfants** Kunden-/Kinderzeitschrift; ~ **sur les ordinateurs** PC-Zeitschrift; ~ **électronique** elektronische Zeitschrift; ~ **économique** Wirtschaftsmagazin; ~ **féminin** Frauenzeitschrift; ~ **masculin** Herrenmagazin
② *(émission)* Magazin *nt;* ~ **culturel** Kulturmagazin; ~ **télévisé** TV-Magazin
③ *(séquence)* allgemeine Informationen *Pl;* **partie** ~ allgemeiner Teil; **rubrique** ~ Rubrik *f* Verschiedenes
mage [maʒ] **I.** *m* ASTROL Magier *m*
II. *app* **les Rois** ~**s** die Heiligen Drei Könige
Maghreb [magʀɛb] *m* **le** ~ der Maghreb

Land und Leute

Mit **le Maghreb** werden die drei nordafrikanischen Länder Algerien, Marokko und Tunesien bezeichnet, die früher französische Kolonien waren und heute noch stark von den französischen Kultur durchdrungen sind. Aufgrund dieser Kolonialvergangenheit leben heute zahlreiche *Maghrébins* in Frankreich.

---

maghrébin(e) [magʀebɛ̃, in] *adj* nordafrikanisch
Maghrébin(e) [magʀebɛ̃, in] *m(f)* Nordafrikaner(in) *m(f)*
magicien(ne) [maʒisjɛ̃, jɛn] *m(f)* ① *(sorcier)* Zauberer *m/*Zauberin *f*
② *(illusionniste)* Zauberkünstler(in) *m(f)*
magie [maʒi] *f* ① *(pratiques occultes)* Magie *f;* **c'est de la** ~**!** das grenzt schon an Zauberei; **faire de la** ~ sich der Magie verschreiben; **comme par** ~ wie von selbst
② *(séduction)* Zauber *m*
magique [maʒik] *adj* ① *(surnaturel)* zauberkräftig; **pouvoir** ~ magische Kraft; **baguette** ~ Zauberstab *m;* **formule** ~ Zauberformel *f*
② *(merveilleux)* zauberhaft
magiquement [maʒikmɑ̃] *adv* auf rätselhafte Weise
magistère [maʒistɛʀ] *m* ① *(dignité)* Großmeisterwürde *f*
② *fig (autorité doctrinale)* Autorität *f*
③ CHIM, MED *(précipité)* Niederschlag *m*
④ *(diplôme)* Magister *m*
magistral(e) [maʒistʀal, o] <-aux> *adj* ① *(fameux, génial)* meisterhaft; *réussite* gewaltig
② *hum (grand) claque* schallend; *coup de pied* ordentlich; *raclée* gehörig; **un bide** ~ ein grandioser Flop
③ *(doctoral) ton, air* schulmeisterhaft
④ UNIV, SCOL *cours* ~ Vorlesung *f;* **enseignement** ~ Frontalunterricht *m*
⑤ PHARM **un médicament** ~ ein nach ärztlicher Anweisung anzufertigendes Medikament
magistralement [maʒistʀalmɑ̃] *adv* ① *(génialement)* meisterhaft
② *hum (complètement) se tromper, se planter* gründlich
magistrat(e) [maʒistʀa, at] *m(f)* ADMIN Verwaltungsbeamte(r) *m/*-beamtin *f;* JUR *Bezeichnung für den Richter oder den Staatsanwalt*
magistrature [maʒistʀatyʀ] *f* ① *(fonction judiciaire)* Amt des Richters oder des Staatsanwalts; **la** ~ **suprême** das höchste Amt im Staat
② *(corps des magistrats)* Richterschaft oder Staatsanwaltschaft
magma [magma] *m* ① GEOL Magma *nt*
② *(bouillie)* Matsch *m*
magnanerie [maɲanʀi] *f* Seidenraupenhaus *nt,* Seidenraupenzucht *f*
magnanime [maɲanim] *adj* großmütig; *pensées* edel
magnanimité [maɲanimite] *f* Großmut *m*
magnat [maɲa] *m péj* Magnat *m;* ~ **de l'industrie** Industriemagnat, Wirtschaftskapitän *m,* Tycoon *m (geh),* Industrieboss *m (fam);* ~ **du pétrole ou de la presse** Öl-/Zeitungsmagnat; ~ **de la finance** Finanzhai *m (péj fam)*
magner [maɲe] <1> *vpr fam* **se** ~ sich beeilen
magnésie [maɲezi] *f* Magnesia *f*
magnésium [maɲezjɔm] *m* Magnesium *nt*
magnétique [maɲetik] *adj* ① PHYS magnetisch; **bande** ~ Tonband *nt; d'un ordinateur* Magnetband; **champ** ~ Magnetfeld *nt;* **disque** ~ Diskette *f*
② *(occulte, de fascination)* **pouvoir** [*o* **puissance**] ~ magnetische Anziehungskraft
magnétiser [maɲetize] <1> *vt* ① PHYS magnetisieren
② *(fasciner)* fesseln
magnétiseur, -euse [maɲetizœʀ, -øz] *m, f* Magnetiseur(in) *m(f)*
magnétisme [maɲetism] *m* ① PHYS Magnetismus *m*
② *(fascination) subir le* ~ **de qn** von jdm gefesselt sein
magnéto [maɲeto] *m fam abr de* **magnétophone**
magnétocassette [maɲetokasɛt] *m* Kassettenrecorder *m*
magnéto-optique [maɲetoɔptik] <magnéto-optiques> PHYS
I. *adj* magneto-optisch
II. *f* PHYS Magnetooptik *f*

magnétophone [maɲetɔfɔn] *m (à cassettes)* Kassettenrecorder *m; (à bandes)* Tonbandgerät *nt*
magnétoscope [maɲetɔskɔp] *m* Videorekorder *m;* ~ **numérique** Digitalrekorder
magnétoscoper [maɲetɔskɔpe] <1> *vt* auf Video aufnehmen
magnificat [maɲifika] *m* Magnifikat *nt*
magnificence [maɲifisɑ̃s] *f* ① *(somptuosité)* Pracht *f;* **la** ~ **d'une réception** ein glanzvoller Empfang
② *soutenu (prodigalité)* Großzügigkeit *f*
magnifier [maɲifje] <1> *vt littér* ① *(glorifier)* preisen *(liter)*
② *(rendre plus grand, plus beau)* verherrlichen
magnifique [maɲifik] *adj a. antéposé* ① *(très beau)* wunderschön; *performance, acteur* hervorragend; *temps* herrlich
② *(somptueux) appartement* luxuriös; *réception* prunkvoll; *spectacle* großartig; *cadeau* großzügig; *femme* hinreißend
magnifiquement [maɲifikmɑ̃] *adv* hervorragend; *se tirer de* glänzend
magnitude [maɲityd] *f* ① GEOL ~ 1/2/3 Magnitude *f* 1/2/3
② ASTRON Größe *f*
magnolia [maɲɔlja] *m* Magnolie *f*
magnum [magnɔm] *m* große Flasche *f; de champagne* Magnum[flasche *f*] *f*
magot [mago] *m fam* Zaster *m kein Pl (fam);* **il a amassé un petit/joli** ~ er hat eine kleine/hübsche Summe gespart
magouillage [maguja3] *m,* **magouille** [maguj] *m péj fam* Mauschelei *f (fam);* **magouilles** unlautere Machenschaften *Pl;* **magouille électorale** Wahlmanipulation *f*
magouiller [maguje] <1> *vi* mauscheln *(fam)*
magouilleur, -euse [magujœʀ, -jøz] *fam* **I.** *adj* durchtrieben
II. *m, f* durchtriebener Fuchs/gerissenes Luder *(fam)*
magrébin(e) *v.* **maghrébin**
Magrébin(e) *v.* **Maghrébin**
magret [magʀɛ] *m* ~ **de canard** Entenbrust *f*
maharadjah [ma(a)ʀadʒa] *m* Maharadscha *m*
maharani [ma(a)ʀani] *f* Maharani *f*
mahatma [maatma] *m* Mahatma *m*
mah-jong [maʒɔ̃g] <mah-jongs> *m* Ma[h-]Jongg *nt*
Mahomet [maɔmɛt] *m* Mohammed *m*
mahométan(e) [maɔmetɑ̃, an] *adj vieilli* mohammedanisch
mahous(se) *v.* **maous**
mai [mɛ] *m* Mai *m;* **le 1ᵉʳ** ~ **, c'est la fête du travail** der 1. Mai ist der Tag der Arbeit
▶ **en** ~**, fais ce qu'il te plaît** *prov* im Mai kann man sich schon leicht anziehen; *v. a.* **août**
maïeur [majœʀ] *m* BELG *(maire)* Bürgermeister *m*
maïeutique [majøtik] *f* HIST, PHILOS Mäeutik *f*
maigre [mɛgʀ] **I.** *adj* ① *(opp: gros)* mager; *jambe* dünn; *joues, visage* schmal
② GASTR mager; *lard* durchwachsen; *bouillon* klar; **lait** ~ Magermilch *f*
③ *postposé* REL *jour, repas* fleischlos; **faire** ~ REL fasten
④ *antéposé (faible)* dürftig; *chance, espoir* gering; *profit* bescheiden
⑤ *a. antéposé (peu abondant) chevelure, végétation* spärlich; *récolte* mager; *repas* karg
⑥ *(aride) sol, terre* unergiebig
⑦ TYP *caractères* ~**s** magere Schrift; **en** ~ TYP in magerer Schrift
⑧ *postposé* CHIM **charbon/chaux** ~ Magerkohle *f*/Magerkalk *m*
II. *mf (personne)* Dünne(r) *m/*Dünne *f*
III. *m* ① *pl (basses eaux)* Untiefen *Pl*
② GASTR **le** ~ das magere Fleisch
maigrelet(te) [mɛgʀəlɛ, ɛt] *adj* etwas dünn
maigrement [mɛgʀəmɑ̃] *adv* **être** ~ **payé(e)** schlecht bezahlt sein
maigreur [mɛgʀœʀ] *f* ① *(opp: embonpoint)* Magerkeit *f;* **être d'une** ~ **effrayante** erschreckend mager sein
② *(pauvreté) d'un sol, d'une terre* Unergiebigkeit *f*
③ *(opp: abondance) d'un profit* Bescheidenheit *f; des ressources, revenus* geringe Höhe
④ *(rareté) de la végétation* Spärlichkeit *f*
maigrichon(ne) *v.* **maigrelet**
maigriot(te) *v.* **maigrelet**
maigrir [mɛgʀiʀ] <8> **I.** *vi* abnehmen; **il a maigri de figure** er ist im Gesicht schmaler geworden; **j'ai maigri de cinq kilos** ich habe fünf Kilo abgenommen
II. *vt* schlank machen
mail [mɛl] *m* INFORM E-Mail *f o nt*
mailing [melin] *m* Mailing *nt*
maille[1] [maj] *f* ① COUT Masche *f; d'un filet* Masche *f;* ~ **à l'endroit/ à l'envers** rechte/linke Masche; ~ **filée** Laufmasche; **filet à fines/à petites** ~**s** fein-/kleinmaschiges Netz
② *(maillon) d'une chaîne, armure* Glied *nt*
③ *(tissu tricoté)* **industrie de la** ~ Strickwarenindustrie *f*
▶ **glisser** [*o* **passer**] **entre les** ~**s** [**du filet**] durchs Netz schlüpfen;

je suis encore passé(e) entre les ~s du filet ich bin noch einmal davongekommen

maille² [maj] f ▸ **avoir ~ à partir avec qn** mit jdm aneinandergeraten

maillechort [majʃɔʀ] m Neusilber nt

mailler [maje] <1> vt CH (tordre) biegen branche; (fausser) verbiegen poutre
▸ **se ~ de rire** sich kugeln vor Lachen (fam), sich scheckig lachen (fam)

maillet [majɛ] m Holzhammer m

mailloche [majɔʃ] f ❶ TECH schwerer Holzhammer
❷ MUS d'une grosse caisse Schlegel m; d'un xylophone Klöppel m

maillon [majɔ̃] m (anneau) Glied nt
▸ **être un ~ de la chaîne** ein Glied in der Kette sein

maillot [majo] m ❶ (pour se baigner) (de femme) Badeanzug m; (d'homme) Badehose f; **se faire bronzer sans ~** sich textilfrei sonnen
❷ SPORT [Sport]trikot nt
❸ (sous-vêtement) Unterhemd nt
❹ fam (poils du pubis) Bikinizone f; **se faire faire le ~** sich (Dat) die Bikinizone epilieren lassen
◆ **~ de bain** (de femme) Badeanzug m; (d'homme) Badehose f; **~ de bain une pièce/deux pièces** Einteiler m/Bikini m; **~ de corps** Unterhemd nt, Unterziehhemd, Unterjacke f (Fachspr.)

main [mɛ̃] f ❶ ANAT Hand f; **~ d'homme/d'enfant** Männer-/Kinderhand; **un dessin fait de la ~ d'un enfant** eine Zeichnung von Kinderhand; **avoir** [o **tenir**] **qc bien en ~** etw fest in der Hand haben; **battre des ~s** in die Hände klatschen; **donner la ~ à qn** jdm die Hand geben; **se donner la ~** Händchen halten; **être adroit(e)** [o **habile**] **de ses ~s** fingerfertig sein; **passer de ~ en ~** von Hand zu Hand gehen; **prendre qn par la ~** jdn bei der Hand nehmen; **serrer la ~ à qn** jdm die Hand schütteln; **soigner en imposant les ~s** durch Handauflegen heilen; **tendre la ~ à qn** jdm die Hand reichen; **tenir qn par la ~** jdn an der Hand halten; **se tordre les ~s de désespoir** verzweifelt die Hände ringen; **signé(e) de sa propre ~** eigenhändig unterzeichnet; **cousu(e) ~** von Hand genäht; **fabriquer/tricoter qc à la ~** etw von Hand arbeiten/stricken; **être fait(e)** [à **la**] **~** handgearbeitet sein; **à ~ droite/gauche** rechter/linker Hand; **frein/sac à ~** Handbremse f/-tasche f; **écrire à la ~** mit der Hand schreiben; [**la**] **~ dans la ~** Hand in Hand; **de la ~** mit der Hand; **de la ~ même de l'auteur** vom Autor persönlich; **à deux ~s** mit beiden Händen; **à pleines ~s** mit vollen Händen; **jouer à quatre ~s** vierhändig spielen; **les ~s en l'air!**, **haut les ~s!** Hände hoch!
❷ (pouvoir) de Dieu, du destin Hand f; **tomber aux ~s de l'ennemi** dem Feind in die Hände fallen; **se trouver dans les ~s ennemies** ville, région: sich in Feindeshand befinden (veraltet geh)
❸ (symbole du mariage) Hand f; **demander la ~ d'une jeune fille** um die Hand eines Mädchens anhalten; **accorder la ~ de sa fille à qn** jdm seine Tochter zur Frau geben
❹ (style) d'un artiste, maître meisterliche Kunst; **de ~ de maître** von Meisterhand
❺ CARTES Blatt nt; **avoir la ~** ausspielen; **passer la ~** passen; **prendre la ~** am Zug sein
❻ FBALL Handspiel nt, Hand f
▸ **mettre la ~ au collet à qn** jdn beim Schlafittchen packen (fam); **donner un coup de ~ à qn** jdm behilflich sein; **passer la ~ dans le dos à qn** Honig ums Maul schmieren (fam); **avoir une ~ de fer dans un gant de velours** sanft, aber bestimmt auftreten; péj ein Wolf im Schafspelz sein; **j'en mettrais ma ~ au feu** dafür würde ich meine Hand ins Feuer legen; **flanquer sa ~ sur la figure de qn** fam jdm eine runterhauen (fam); **mettre la ~ à la pâte** fam selbst Hand anlegen; **avoir envie de mettre la ~ à la pâte** ranwollen (fam); **ne pas vraiment avoir envie de mettre la ~ à la pâte** nicht so recht ranwollen (fam); **devoir mettre la ~ à la pâte** fam ranmüssen (fam); **mettre la ~ au porte-monnaie** in die Tasche greifen; **rien dans les ~s, rien dans les poches** mit leeren Händen; **prendre qn la ~ dans le sac** jdn auf frischer Tat ertappen; **une attaque à ~ armée** ein bewaffneter Überfall; **faire ~ basse sur qc** sich (Dat) etw unter den Nagel reißen (fam); **en** [de] **bonnes ~s** in guten Händen; **courante** Handlauf m; **du cousu ~** Qualitätsarbeit f; **mettre la dernière ~ à qc** letzte Hand an etw (Akk) legen (geh); **j'applaudis des deux ~s** das begrüße ich sehr; **grand(e) comme la ~** lächerlich klein; **faire qc haut la ~** etw mit links machen (fam); **avoir la haute ~ sur qc** etw fest in der Hand haben; **avoir la ~ heureuse** eine glückliche Hand haben; **voter à ~ levée** durch Handzeichen abstimmen; **avoir les ~s libres** freie Hand haben; **avoir la ~ lourde sur qc** mit etw nicht gerade sparsam umgehen (fam); **ne pas y aller de ~ morte** ganz schön zuschlagen (fam); **à ~s nues** mit bloßen Händen; **petite ~** Schneiderlehrling m; **de première/seconde ~** aus erster/zweiter Hand; **remettre qc en ~s propres** etw persönlich überreichen; **avoir la ~ verte** ein Händchen für Pflanzen haben (fam); **commencer/partir les ~s vides** ohne etwas [o mittellos] anfangen/loslegen (fam); **revenir les ~s vides** mit leeren Händen zurückkommen; **avoir sous la ~** bei der Hand haben; **un objet change de ~** ein Objekt geht in andere Hände über [o wechselt den Besitzer]; **ils peuvent se donner la ~** hum sie können einander die Hand reichen (fam); **être aux ~s de qn** in jds Händen (Dat) sein; **se faire la ~** üben; **forcer la ~ à qn** jdn zwingen; **se frotter les ~s** sich (Dat) die Hände reiben; **je m'en lave les ~s!** ich wasche meine Hände in Unschuld!; **lever la ~ sur qn** die Hand gegen jdn erheben (geh); **manger dans la ~ de qn** jdm aus der Hand fressen (fam); **mettre la ~ sur qn/qc** (trouver) jdn/etw finden; (saisir) jdn ergreifen/etw beschlagnahmen; **passer la ~** (transmettre ses pouvoirs) die Verantwortung aus der Hand geben; **passe la ~!** gib's auf! (fam); **perdre la ~** aus der Übung kommen; **prendre/reprendre une affaire en ~** eine Angelegenheit in die Hand nehmen/wieder in den Griff bekommen; **se prendre par la ~** hum fam sich (Dat) einen Stoß geben (fam); **tendre la ~ à qn** (proposer son aide) jdm seine Hilfe anbieten; **qc lui tombe sous la ~** er/sie bekommt etw in die Finger (fam); **en venir aux ~s** handgreiflich werden; **de la ~ à la ~** direkt

mainate [mɛnat] m ZOOL Beo m

main-d'œuvre [mɛ̃dœvʀ] <mains-d'œuvre> f ❶ (ensemble des ouvriers, salariés) Arbeitskräfte Pl; **~ bon marché** [o **au rabais**] Billigkräfte; **~ non qualifiée** ungelernte Arbeitskräfte; **~ à temps partiel** Teilzeitkräfte ❷ (travail) coût de la **~** Arbeitskosten Pl; **procédé à fort coefficient de ~** arbeitsintensives Verfahren

main-forte [mɛ̃fɔʀt] f sans pl **prêter ~ à qn** jdm zu Hilfe kommen

mainlevée [mɛ̃l(ə)ve] f d'une hypothèque Löschung f; d'une saisie Aufhebung f

mainmise [mɛ̃miz] f ❶ Inbesitznahme f; **la ~ de l'État sur des territoires d'outre-mer** die staatliche Inbesitznahme überseeischer Gebiete
❷ JUR Durchgriff m (Fachspr.)

maint(e) [mɛ̃, mɛ̃t] adj gén pl, antéposé littér manch inv (geh), manche(r, s) (geh); **en ~s endroits** mancherorts (geh); **~es** [et **~ es**] **fois**, **à ~ es reprises** mehrfach

maintenance [mɛ̃tnɑ̃s] f a. INFORM Instandhaltung f, Wartung f; **~ permanente** laufende Instandhaltung [o Wartung]; **~ de/du programme** Programmwartung

maintenant [mɛ̃t(ə)nɑ̃] adv ❶ (en ce moment) jetzt; **dès ~** ab sofort; **~ que c'est prêt** jetzt, nachdem es fertig ist
❷ (actuellement) heute
❸ (désormais) von jetzt an
❹ en tête de phrase (cela dit) jetzt aber
❺ (pour exprimer une incertitude) aber ob; **je les ai vus plusieurs fois ensemble; ~, ça ne signifie pas grand-chose** ich habe sie mehrmals zusammen gesehen; aber das will natürlich nicht viel heißen

maintenir [mɛ̃t(ə)niʀ] <9> I. vt ❶ (conserver) aufrechterhalten paix, ordre, offre; beibehalten tradition, habitude; weiterlaufen lassen contrat; fortsetzen politique; **sa candidature** an seiner Kandidatur festhalten; **~ un rendez-vous** es beim vereinbarten Termin belassen; **~ qn dans son emploi de technicien** jdn als Techniker weiterbeschäftigen; **~ la situation de monopole** die Monopolstellung beibehalten
❷ (soutenir) stützen; **~ en équilibre** im Gleichgewicht halten; **il maintenait sa tête hors de l'eau** er hielt seinen Kopf über Wasser
❸ (contenir) zurückhalten; **le gouvernement veut ~ les prix** die Regierung will die Preise stabil halten
❹ (affirmer) **~ qc** an etw (Dat) festhalten; **~ que qc est vrai** dabei bleiben, dass etw wahr ist
II. vpr **se ~** sich halten; paix, institution: bestehen bleiben; santé, prix: stabil bleiben; action, cours: sich behaupten; **se ~ au second tour** candidat: sich in der zweiten Runde halten; **se ~ en surface** sich über Wasser halten

maintien [mɛ̃tjɛ̃] m ❶ (conservation) Aufrechterhaltung f; d'une décision Beibehaltung f; d'un contrat, des traditions Fortbestehen nt; des libertés, de la paix, d'un droit Wahrung f; **~ des droits aquis** Wahrung wohlerworbener Rechte, Besitzstandswahrung f; **~ d'un privilège fiscal** Steuervorteilswahrung f; **mesure de ~ de l'emploi** beschäftigungssichernde Maßnahme; **~ du salaire en période de maladie** (en parlant des ouvriers) Lohnfortzahlung f im Krankheitsfall; (en parlant des employés) Gehaltsfortzahlung im Krankheitsfall
❷ (attitude) Haltung f
❸ (soutien) Halt m
❹ (continuité) **le ~ d'une faible inflation** die anhaltend niedrige Inflation
◆ **~ de l'ordre** Aufrechterhaltung f der Ordnung; **~ de possession** JUR Inbesitzhalten nt; **~ des travaux de construction** Bauunterhaltung f

maire [mɛʀ] m Bürgermeister m, Ammann m (CH); d'une grande

ville Oberbürgermeister *m*
▶ **passer devant [Monsieur] le ~** *fam* in den Ehehafen einlaufen *(hum fam)*
mairesse [mɛʀɛs] *f* ❶ ADMIN *rare (femme maire)* Bürgermeisterin *f*; *d'une grande ville* Oberbürgermeisterin
❷ *vieilli (femme du maire)* Frau *f* des Bürgermeisters
mairie [meʀi] *f* ❶ *(hôtel de ville)* Rathaus *nt*
❷ *(administration)* Stadtverwaltung *f*
❸ *(fonction de maire)* Amt *nt* des Bürgermeisters
mais [mɛ] **I.** *conj* ❶ *(pour opposer deux séquences qui ne s'excluent pas)* aber; **intelligent, ~ paresseux** intelligent, aber faul; **oui, ~ il faut d'abord que je ...** ja, aber ich muss zuerst ...
❷ *(pour opposer deux séquences qui s'excluent)* sondern; **on n'est pas jeudi, ~ vendredi** heute ist nicht Donnerstag, sondern Freitag; **ce n'est pas bleu, ~ gris** das ist nicht blau, sondern grau
❸ *(dans une gradation)* **non seulement il arrive en retard, ~ en plus il ne s'excuse pas** nicht nur, dass er zu spät kommt, er entschuldigt sich noch nicht einmal
II. *adv* ❶ *(pourtant)* aber; **il n'est pas encore arrivé? Mais il est déjà 8 heures!** ist er noch nicht da? Es ist doch schon 8 Uhr!
❷ *(renforcement)* aber doch; **~ oui, bien sûr!** aber klar!; **~ si!** aber ja doch!; **~ non!** aber nein!; **~ aie confiance!** hab' doch Vertrauen!
❸ *(surprise)* also; **~ c'est pas possible!** also das ist doch nicht die Möglichkeit!; **~, vous n'avez pas encore mangé?** was, ihr habt noch nicht gegessen?
❹ *(impatience)* also; **~ enfin, combien de temps faut-il encore vous attendre?** also bitte, wie lange sollen wir denn noch auf euch warten?; **~ encore** aber davon abgesehen
❺ *fam (indignation)* **non ~, tu me prends pour ...** also hör mal, hältst du mich für ...; **ah ~!** also so etwas!
III. *m* Aber *nt*; **il n'y a pas de ~!** da gibt es kein Aber!
maïs [mais] *m* Mais *m*
maison [mɛzɔ̃] **I.** *f* ❶ *(habitation)* Haus *nt*; **être à la ~** zu Hause sein, zuhause sein (A, CH); **rentrer à la ~** nach Hause kommen, nachhause kommen (A, CH); **~ individuelle** Einfamilienhaus; **~ privée** Privathaus; **~ de poupée** Puppenhaus; **~ de devant** Vorderhaus *nt*
❷ *(centre)* Haus *nt*, Heim *nt*; **~ d'une/de l'association** Vereinsheim, Vereinshaus
❸ *(entreprise)* Firma *f*; **~ mère** Stammhaus *nt*, Stammbetrieb *m*, Hauptgeschäft *nt*; **~ d'exportation** Exportfirma *f*; **~ de vente par correspondance** Versandhaus; **grande ~ de vente par correspondance** Großversandhaus; **avoir quinze ans de ~** seit fünfzehn Jahren zur Firma gehören
❹ *(restaurant)* Haus *nt*
▶ **de bonne ~** aus gutem Hause; **~ close** Freudenhaus *nt*; **c'est gros comme une ~** das ist sonnenklar *(fam)*; **être de la ~** zur Familie gehören
II. *app inv* ❶ *(particulier à une maison)* hauseigen; **diplôme, ingénieur** betriebseigen; **esprit, genre** des Hauses
❷ *(opp: industriel)* **gâteau, pâté, tarte** hausgemacht
❸ *fam (terrible)* **bagarre, engueulade** ausgewachsen
◆ **~ d'arrêt** Gefängnis *nt*; **~ de commerce** Handelsgeschäft *nt*, Handelsfirma *f*; **~ de commission** Kommissionsfirma *f*; **~ de courtage** Maklerfirma *f*; **~ de couture** Modehaus *nt*; **~ de disques** Schallplattenfirma *f*; **~ d'édition** [Buch]verlag *m*; **~ d'édition de partitions musicales** Musikverlag; **~ d'édition spécialisée** Fachverlag; **~ d'édition spécialisée dans l'art** Kunstverlag; **~ de fous** *vieilli a. fig* Irrenhaus *nt (veraltet)*; **~ des jeunes et de la culture** Jugendzentrum *nt*; **~ de jeux** Spielkasino *nt*; **~ de maître** Herrenhaus *nt*; **~ de passe** Stundenhotel *nt*; **~ de repos** Sanatorium *nt*; **~ de retraite** Altersheim *nt*; **~ de santé** *vieilli* Nervenheilanstalt *f (veraltet)*
Maison [mɛzɔ̃] *f (famille noble, descendance)* **la ~ de Bourbon** die Bourbonen; **la ~ d'Autriche** das Haus Österreich
Maison-Blanche [mɛzɔ̃blɑ̃ʃ] *f* **la ~** das Weiße Haus
maisonnée [mɛzɔne] *f* Hausgemeinschaft *f*
maisonnette [mɛzɔnɛt] *f* Häuschen *nt*
maison-page [mɛzɔ̃paʒ] *f* INFORM Homepage *f*
maître [mɛtʀ] *m* ❶ *(chef, dirigeant)* Herr *m*; **~ des lieux** Besitzer *m*; **être ~ chez soi** der Herr im Hause sein; **être son propre ~** sein eigener Herr sein; **parler en ~** in gebieterischem Ton sprechen; **régner en ~** autoritär regieren; **grand ~ *(dans les ordres de chevalerie, la franc-maçonnerie)*** Großmeister *m*
❷ *(patron)* Chef *m*; *(chose qui nous dirige)* Lehrmeister *m*; **avoir trouvé son ~** seinen Meister gefunden haben
❸ *(enseignant)* [Grundschul]lehrer *m*; **~ auxiliaire** *(au collège, lycée)* Hilfslehrer *m*
❹ *(propriétaire) d'un chien* Herrchen *nt (fam)*
❺ *(artisan)* Meister(in) *m(f)*; **~ boucher** Fleischermeister(in), Metzgermeister(in) (SDEUTSCH, A); **~ cordonnier** Schuhmachermeister(in); **~ cuisinier** Küchenmeister(in) *m(f)*; **~ maçon** Mau-

rermeister(in); **coup de ~** Meisterleistung *f*
❻ *(artiste)* Meister *m*; **tableau de ~** Werk *nt* eines großen Meisters; **passer ~ dans l'art de faire qc** *fig* Meister darin sein etw zu tun *(iron)*; **c'est un grand ~ du jazz** er ist ein Großmeister des Jazz
❼ JUR **permettez-moi, cher Maître, ...** gestatten Sie, verehrter Herr Rechtsanwalt, ... *(Anrede eines Rechtsanwaltes oder Notars)*
❽ NAUT **premier ~** Hauptbootsmann *m*; **second ~** *(de première classe)* Bootsmann *m*; *(de deuxième classe)* Maat *m*
◆ **~ chanteur(-euse)** Erpresser(in) *m(f)*; **~ de conférences** Dozent *m*; **~ d'étage** Etagenkellner *m*; **~ d'hôtel** Oberkellner *m*; **~ de maison** Hausherr *m*, Herr des Hauses; **~ nageur** *(qui surveille une piscine, une plage)* Bademeister *m*; *(qui enseigne la natation)* Schwimmlehrer *m*; **~ d'œuvre** Bauleiter *m*; **~ à penser** Vordenker *m*; **être ~ à penser de qn** jds geistiges Vorbild sein
maître, maîtresse [mɛtʀ, mɛtʀɛs] *adj* ❶ *(principal)* **maîtresse poutre** Hauptträger *m*; **œuvre maîtresse** Hauptwerk *nt*; **la pièce maîtresse de la collection** das wichtigste Stück der Sammlung
❷ *(qui peut disposer de)* **être ~ de son destin** über sein Schicksal bestimmen; **être ~ (maîtresse) de soi** sich in der Gewalt haben; **être ~ de son temps** frei über seine Zeit verfügen können; **rester/se rendre ~ de la situation** Herr der Lage bleiben/werden
❸ *antéposé (intensif)* **une maîtresse femme** eine Frau, die die Zügel fest in der Hand hat; *(tigresse)* ein Vollblutweib *nt*
❹ CARTES **être ~ à cœur** mit Herz stechen
maître-assistant, maîtresse-assistante [mɛtʀasistɑ̃, mɛtʀɛsasistɑ̃t] <maîtres-assistants> *m, f* Dozent(in) *m(f)* **maître-autel** [mɛtʀotɛl] <maîtres-autels> *m* Hauptaltar *m* **maître-chanteur** [mɛtʀəʃɑ̃tœʀ] <maîtres-chanteurs> *m* ❶ *(racketteur)* Erpresser(in) *m(f)* ❷ *(musicien et poète)* Meistersinger *m* **maître-chien** [mɛtʀəʃjɛ̃] <maîtres-chiens> *m* Hundeführer(in) *m(f)* **maître-horloger** [mɛtʀɔʀlɔʒe] <maîtres-horlogers> *m* Uhrmachermeister(in) *m(f)*
maîtresse [mɛtʀɛs] *f* ❶ Geliebte *f*; **d'un roi** Mätresse *f*
❷ *(chef)* Herrin *f*; **~ des lieux** Besitzerin *f*
❸ *(patronne)* Chefin *f*
❹ *(enseignante)* [Grundschul]lehrerin *f*; **~ auxiliaire** *(au collège, lycée)* Hilfslehrerin *f*
❺ *(propriétaire) d'un chien* Frauchen *nt (fam)*
◆ **~ d'étage** Etagenkellnerin *f*; **~ de maison** Dame *f* des Hauses, Hausherrin *f*; **~ d'œuvre** Bauleiterin *f*
maîtrisable [mɛtʀizabl] *adj* bezwingbar; **une langue difficilement ~** eine schwer zu beherrschende Sprache
maîtrise [mɛtʀiz] *f* ❶ *(contrôle) d'une langue, d'un marché* Beherrschung *f*; *d'un désir* Bezwingung *f*; **~ de fabrication** Fertigungskontrolle *f*; **~ de l'inflation** Inflationsbeherrschung; **~ des mers/de l'air** See-/Luftherrschaft *f*; **~ d'un territoire** Herrschaft über ein Gebiet; **~ d'un véhicule** Kontrolle über ein Fahrzeug; **~ de soi** Selbstbeherrschung, Selbstkontrolle
❷ *(habileté)* Können *nt*
❸ UNIV *(examen)* Magisterprüfung *f*
❹ *(grade)* Magister[titel] *m*
❺ *(encadrement)* leitende Angestellte *Pl*
❻ MUS, REL *(manécanterie)* Kantorei *f*

Land und Leute

Der Studienabschluss der **maîtrise** wird im Anschluss an die *licence* nach vierjährigem Universitätsstudium und der Abgabe eines **mémoire (de maîtrise)**, einer Art Magisterarbeit, erworben. Er ist Voraussetzung für die Zulassung zu einem *C.A.P.E.S.*, einer *agrégation* und einem *doctorat*.

---

maîtriser [mɛtʀize] <1> **I.** *vt* ❶ *(dominer)* meistern *situation*; bewältigen *difficulté, tâche*; unter Kontrolle bringen *incendie, inflation, émeute*; beherrschen *langue, sujet*
❷ *(dompter)* überwältigen *forcené, agresseur*; niederkämpfen *adversaire*; bändigen *animal*
❸ *(contenir)* zügeln *émotion, passion*; kontrollieren *réactions, gestes*; unterdrücken *larmes, rire*
II. *vpr* **se ~** sich beherrschen
maïzena® [maizena] *f* Maizena® *nt*
majesté [maʒɛste] *f* ❶ *(beauté grandiose) de la nature, d'un palais, paysage* Erhabenheit *f*
❷ *(dignité) de Dieu* Majestät *f*; **la ~ de son allure** sein/ihr majestätischer Gang
❸ ART **le Christ en ~** der thronende Christus
Majesté [maʒɛste] *f (titre)* **Sa ~** Seine/Ihre Majestät; **Votre ~** Eure Majestät
majestueusement [maʒɛstɥøzmɑ̃] *adv* majestätisch
majestueux, -euse [maʒɛstɥø, -øz] *adj* majestätisch
majeur [maʒœʀ] *m* ANAT Mittelfinger *m*
majeur(e) [maʒœʀ] **I.** *adj* ❶ *(très important)* **ennui, difficulté, intérêt** sehr groß; **événement** wichtig

majeure–maladie 512

② *(le plus important)* wichtigste(r, s); **son défaut ~** sein/ihr Hauptfehler
③ *antéposé (la plupart)* **la ~e partie des habitants** die meisten Einwohner; **la ~e partie du temps** die meiste Zeit
④ JUR volljährig
⑤ *(apte à se diriger) peuple* mündig
⑥ MUS *intervalle, tierce* groß; **accord ~** Durakkord m; **do/ré/mi/fa ~** C-/D-/E-/F-Dur; **sonate en ré ~** Sonate in D-Dur
⑦ CARTES hoch
⑧ LOGIQUE **prémisse ~e** Hauptprämisse f
▶ **être ~(e)** et **vacciné(e)** *fam* kein kleines Kind mehr sein
II. *m(f)* JUR Volljährige(r) f(m)
majeure [maʒœʀ] f ① CARTES *(couleur)* Hauptfarbe f
② LOGIQUE Hauptsatz m
major [maʒɔʀ] m ① SCOL, UNIV Jahrgangsbeste(r) f(m)
② MIL Standortkommandant m; NAUT Kommandant m eines Flottenstützpunktes
majoration [maʒɔʀasjɔ̃] f FISC, ÉCON *d'un prix, des impôts* Erhöhung f; **~ de dix pour cent** Zuschlag m von zehn Prozent; **~ brute** Bruttoaufschlag m; **~ fiscale** Steuerzuschlag; **~ pour conjoint à charge** Ehegattenzuschlag
majordome [maʒɔʀdɔm] m Haushofmeister m
majorer [maʒɔʀe] <1> vt erhöhen; **~ une facture de trois pour cent** eine Rechnung um drei Prozent heraufsetzen
majorette [maʒɔʀɛt] f Majorette f
majoritaire [maʒɔʀitɛʀ] adj ① POL **scrutin ~** Mehrheitswahlrecht nt; **être ~** in der Mehrheit sein
② JUR, COM **associé ~** Mehrheitsgesellschafter m
majoritairement [maʒɔʀitɛʀmɑ̃] adv mehrheitlich
majorité [maʒɔʀite] f ① *des suffrages, voix* Mehrzahl f; *des membres présents* Mehrheit f; **~ absolue/relative** absolute/relative Mehrheit; **la ~ des deux tiers** die Zweidrittelmehrheit; **~ des suffrages exprimés** Stimmenmehrheit; **avoir la ~** die Mehrheit haben; **elle a été élue à une large ~** sie ist mit großer Mehrheit gewählt worden; **il a été élu à une ~ de cent voix** er ist mit einer Mehrheit von hundert Stimmen gewählt worden; **il y a une ~ de filles dans cette classe** die Mädchen sind in dieser Klasse in der Überzahl; **les élèves de cette classe sont en ~ des filles** die Schüler dieser Klasse sind überwiegend Mädchen; **les Français pensent dans leur ~ ...** die Mehrheit der Franzosen denkt ...; **dans la ~ des cas** in den meisten Fällen
② POL *(groupe)* **~ présidentielle** präsidentielle Mehrheit; **la ~ silencieuse** die schweigende Mehrheit
③ JUR Volljährigkeit f; **avoir atteint sa ~** volljährig geworden sein; **la ~ pénale** Strafmündigkeit f
◆ **~ du capital** Kapitalmehrheit f
majuscule [maʒyskyl] I. adj große(r, s); **lettre ~** Großbuchstabe m
II. f Großbuchstabe m; **en ~s [d'imprimerie]** in Blockschrift
maki [maki] m ZOOL Maki m
mal¹ [mal] I. adv ① *(opp: bien)* schlecht; **notre entreprise va ~** unserer Firma geht es schlecht; **~ respirer** schwer atmen
② *(pas au bon moment)* ungünstig; **~ choisi(e)** unpassend; **le moment est vraiment ~ choisi** das ist wirklich nicht der richtige Zeitpunkt
③ *(pas dans le bon ordre, de la bonne façon) placer* ungeschickt; *arranger* unpraktisch; **il s'y prend ~** er stellt sich ungeschickt an
④ *(pas dans de bonnes conditions)* **être ~ logé(e)/nourri(e)/soigné(e)** schlecht untergebracht/ernährt/gepflegt sein; **ça va ~ finir!** das wird böse enden!
⑤ *(de manière immorale) agir, se conduire* schlecht; **il a ~ tourné** er ist auf die schiefe Bahn geraten
⑥ *(de manière inconvenante)* **~ répondre** unverschämt antworten; **se tenir ~** sich schlecht benehmen
⑦ *(de manière erronée) comprendre, interpréter, informer, juger* falsch; *calculer, présenter* falsch; **je me suis ~ exprimé(e)** ich habe mich unklar ausgedrückt
⑧ *(de manière défavorable)* **être ~ vu(e)** nicht gern gesehen werden; **être ~ considéré(e)** schlecht durchdacht sein
⑨ *(en se vexant, fâchant)* **elle a ~ pris ma remarque** sie hat meine Bemerkung in den falschen Hals gekriegt *(fam)*
▶ **ça la fout ~** *pop* das macht einen miesen Eindruck *(fam)*; **~ lui en a pris de faire qc** er hat den Fehler gemacht etw zu tun; **pas ~** *avec ou sans nég (assez bien)* nicht schlecht; *(passablement, assez)* ziemlich; *sans nég fam (opp: très peu)* ganz schön *(fam)*; **elle est pas ~** *fam* sie sieht nicht schlecht aus; **pas ~;** **mais vous pouvez mieux faire** gar nicht so übel; aber Sie können Besseres leisten; **je m'en fiche pas ~** *c'est assez égal (fam)*; **il y a pas ~ d'accidents sur cette route** *fam* es passieren ziemlich viele Unfälle auf dieser Straße; *v. a.* **tomber, tourner**
II. *adj inv (mauvais, immoral, mal à propos)* schlecht; **faire quelque chose/ne rien faire de ~** etwas Böses/nichts Böses tun; **j'ai dit quelque chose de ~?** habe ich etwas Falsches gesagt?; **aller de ~ en pis** immer schlimmer werden

② *(malade) se porter, se sentir, se trouver* schlecht; **il est au plus ~** ihm geht es ganz schlecht
③ *(pas à l'aise)* **être ~** sich nicht wohl fühlen; **on est ~ sur ces chaises** auf diesen Stühlen sitzt man schlecht
④ *(en mauvais termes)* **être ~ avec qn** mit jdm zerstritten sein; **se mettre ~ avec qn** es mit jdm zu tun bekommen
mal² [mal, mo] <maux> m ① a. REL **le ~** das Böse kein Pl
② *sans pl (action, parole, pensée mauvaise)* Schlechte(s) nt kein Pl; **faire du ~ à qn** jdm schaden; **je n'en pense pas de ~** ich denke nicht schlecht darüber; **sans penser à ~** ohne sich *(Dat)* etwas Böses dabei zu denken; **dire du ~ de qn** schlecht über jdn sprechen; **dire du ~ de qc** nur Schlechtes über etw erzählen; **il n'y a pas de ~** das ist nicht schlimm; **il n'y a pas de ~ à qc** an etw *(Dat)* ist doch nichts Schlimmes; **il n'y a pas de ~ à faire qc** es ist doch nichts [Schlimmes] dabei etw zu tun; **tourner en ~** negativ auslegen; **je ne vois pas de ~ à ça** daran kann ich nichts Schlimmes finden
③ *sans pl (maladie, malaise)* Übel nt; **~ de l'air/de mer** Luft-/Seekrankheit f; **~ des transports** Reisekrankheit; **~ des montagnes** Höhenkrankheit, Höhenkoller m; **~ aigu des montagnes** Höhenkrankheit; **le Grand Mal** das Grand Mal; **~ d'altitude** Höhenkrankheit, Höhenrausch m
④ *(souffrance physique)* Schmerzen Pl; **~ de gorge/de tête** Hals-/Kopfschmerzen; **maux de ventre** Bauchschmerzen, Leibschmerzen; **~ de reins** Kreuzschmerzen, Kreuzweh nt *(fam)*; **avoir ~ au dos** Rückenschmerzen haben; **avoir ~ à la tête, avoir des maux de tête** Kopfschmerzen haben; **avoir ~ à la jambe** Schmerzen im Bein haben; **avoir ~ aux reins** Schmerzen in der Nierengegend haben, Kreuzschmerzen [o Kreuzweh *fam*] haben; **avoir ~ aux cheveux** *fam* einen Kater [o Hangover] haben *(fam)*; **avoir des maux d'estomac** Magenschmerzen haben; **il a ~ à la main** ihm tut die Hand weh; **se faire ~** sich *(Dat)* wehtun; **ces chaussures me font ~ aux pieds** diese Schuhe drücken
⑤ *(souffrance morale)* **faire ~** wehtun; **qn/qc me fait ~ au cœur** jd/etw tut mir leid; **qc me fait ~ au cœur** etw geht mir nur zu Herzen
⑥ *(calamité, inconvénient)* Übel nt; **~ foncier** Grundübel
⑦ *sans pl (peine)* Mühe f; **il a du ~ à supporter qc** er kann etw nur schwer ertragen; **se donner un ~ de chien pour faire qc** *fam* sich *(Dat)* irrsinnige Mühe geben, etw zu tun *(fam)*
⑧ *sans pl (dégât, désagrément)* Schaden m; **le travail ne fait pas de ~** Arbeit kann jdm nichts schaden *(fam)*; **prendre son ~ en patience** sich mit Geduld wappnen; **mettre qn à ~** übel mit jdm umspringen *(fam)*; **mettre qc à ~** etw zunichtemachen
⑨ *(manque)* **elle est en ~ de chance** ihr fehlt es an Glück *(Dat)*; **un peintre en ~ d'inspiration** ein Maler, dem es an Inspiration fehlt
▶ **elle ne ferait pas de ~ à une mouche** *fam* sie würde keiner Fliege etwas zuleide tun; **aux grands maux, les grands remèdes** *prov* große Übel müssen mit den entsprechenden Mitteln bekämpft werden; **honni soit qui ~ y pense** ein Schelm, der Böses dabei denkt *(geh)*; **on n'a rien sans ~** *prov* ohne Fleiß kein Preis; **le ~ est fait** das Unglück ist geschehen
◆ **~ d'amour** Liebesleid nt; **~ du pays** Heimweh nt; **avoir le ~ du pays** Heimweh haben, heimwehkrank sein; **~ des rayons** Strahlenkrankheit f; **~ du siècle** LITTER Weltschmerz m; **~ de vivre** Lebensüberdruss m; **~ du voyage** Reisekrankheit f
malabar [malabaʀ] m *fam* Muskelprotz m *(fam)*
malachite [malakit] f CHIM, MINER Malachit m
malade [malad] I. adj ① *(souffrant)* krank; **avoir l'air ~** krank aussehen; **tomber ~** krank werden; **être ~ du sida/cœur** aids-/herzkrank sein; **être ~ des reins** ein Rückenleiden haben
② *(bouleversé)* **~ de jalousie/d'inquiétude** krank vor Eifersucht/Sorge; **j'en ai été ~** *fam* das hat mich ganz krank gemacht *(fam)*
③ *fam (cinglé)* **être ~** spinnen *(fam)*
④ *(en mauvais état) économie, entreprise* angeschlagen
II. mf ① *(personne souffrante)* Kranke(r) f(m); **~ cardiaque** Herzkranke(r) f(m); **grand(e) ~** Schwerkranke(r) f(m); **~ incurable** Todkranke(r) f(m); **~ mental(e)** Geisteskranke(r) f(m); **~ d'amour** Liebeskranke(r) f(m); **~ des nerfs** Nervenkranke(r) f(m)
② *(patient)* Patient(in) m(f); **~ dialysé(e)** MED Dialysepatient(in)
▶ **comme un/une ~** *fam* wie ein Verrückter/eine Verrückte *(fam)*
maladie [maladi] I. f ① Krankheit f; **~ de cœur/de peau/du sang** Herz-/Haut-/Blutkrankheit; **~ du système nerveux** Nervenkrankheit; **~ infantile/mentale** Kinder-/Geisteskrankheit; **~ rénale** Nierenleiden nt; **~ cardio-vasculaire** Herz-Kreislauf-Erkrankung f; **~ sexuellement transmissible** Geschlechtskrankheit; **~ oculaire** Augenerkrankung f; **~ due au foehn** Föhnkrankheit; **être en ~** krankgeschrieben sein
② *(manie)* Manie f; **c'est chez elle une vraie ~** das ist eine richtige Manie bei ihr; **il a la ~ de tout ranger** er hat einen krankhaften Ordnungssinn
▶ **faire une ~ de qc** *fam (être très contrarié)* ein Drama aus etw

machen
II. *app inv* **assurance/caisse** ~ Krankenversicherung *f*/Krankenkasse *f*; **dépenses** ~ Gesundheitskosten *Pl*
◆ ~ **de Creutzfeldt-Jakob** Creutzfeldt-Jakob-Krankheit *f*; ~ **de la pomme de terre** Kartoffelkrankheit *f*; ~ **du sommeil** Schlafkrankheit *f*; ~ **de la vache folle** Rinderwahnsinn *m*, Rinderseuche *f*
maladif, -ive [maladif, -iv] *adj* ❶ *(souffreteux) personne* kränkelnd; *air, pâleur* kränklich
❷ *(maniaque) besoin, curiosité, peur* krankhaft
maladivement [maladivmɑ̃] *adv* krankhaft
maladresse [maladʀɛs] *f* ❶ *(gaucherie) d'un comportement, geste* Ungeschicklichkeit *f*; *de caresses, d'un style* Unbeholfenheit *f*
❷ *(bévue, gaffe)* Fauxpas *m*
maladroit(e) [maladʀwa, wat] I. *adj* ❶ *(opp: habile, leste) geste, personne* ungeschickt; *caresses, style* unbeholfen; **s'exprimer de façon ~ e** sich ungeschickt ausdrücken
❷ *fig parole, remarque* unpassend
❸ *(peu diplomate) personne* unbeholfen
II. *m(f)* ❶ *(personne malhabile)* Tollpatsch *m (fam)*
❷ *(gaffeur)* Tölpel *m*
maladroitement [maladʀwatmɑ̃] *adv (gauchement)* ungeschickt; **s'exprimer ~** sich unbeholfen ausdrücken
malaga [malaga] *m* ❶ *(vin)* Malaga[wein] *m*
❷ *(raisin)* Malagatraube *f*
mal-aimé(e) [maleme] <mal-aimés> *m(f)* Ungeliebte(r) *f(m)*
malais [malɛ] *m* **le ~** Malaiisch *nt*, das Malaiische; *v. a.* **allemand**
malais(e) [malɛ, ɛz] *adj* malaiisch
Malais(e) [malɛ] *mf* Malaie *m*/Malaiin *f*
malaise [malɛz] *m* ❶ MED Unwohlsein *nt*; **avoir un ~** ohnmächtig werden
❷ *(crise)* Unbehagen *nt*; **le ~ politique/social** die politischen/sozialen Missstände *Pl*; **le ~ étudiant/paysan** die Unzufriedenheit der Studenten/Bauern
malaisé(e) [maleze] *adj littér ascension, chemin* beschwerlich; *tâche* schwierig [zu bewältigen]; **il est ~ de finir** es ist [sehr] schwierig, aufzuhören
malandrin [malɑ̃dʀɛ̃] *m littér* Räuber(in) *m(f)*
malappris [malapʀi] *m vieilli* Flegel *m*
malaria [malaʀja] *f* Malaria *f*
malavisé(e) [malavize] *adj soutenu* **elle a été ~ e de refuser cette offre** es war unklug von ihr dieses Angebot abzulehnen
malaxage [malaksaʒ] *m du beurre* Kneten *nt*; *du ciment, mortier* Mischen *nt*
malaxer [malakse] <1> *vt* kneten *argile, beurre*; mischen *ciment, mortier*
malaxeur [malaksœʀ] *m* ~ **à béton** Betonmischmaschine *f*; ~ **de pâte** Teigrührmaschine *f*
malbouffe [malbuf] *f fam* ❶ *(Imbiss, Mahlzeit)* Junkfood *nt*
❷ *(Ernährungsweise)* Junkfood-Esserei *f (fam)*
malchance [malʃɑ̃s] *f* Pech *nt*; **jouer de ~** ein Pechvogel sein *(fam)*
malchanceux, -euse [malʃɑ̃sø, -øz] I. *adj personne* vom Pech verfolgt
II. *m, f* Pechvogel *m (fam)*
malcommode [malkɔmɔd] *adj vieilli* unpraktisch; *meuble* unzweckmäßig; *outil* unhandlich; *vêtement, horaires* unbequem
maldonne [maldɔn] *f* ❶ CARTES Fehler *m* beim Kartengeben; **il y a ~ !** falsch gegeben!
❷ *fig fam* so war das nicht gedacht!
mâle [mɑl] I. *adj* ❶ BIO *animal, fleur, organes* männlich; **léopard/merle** ~ Leoparden-/Amselmännchen *nt*
❷ TECH, ELEC **la pièce** ~ das männliche Teil; **le filetage ~** das Außengewinde
❸ *(viril, énergique)* männlich
II. *m* ❶ *(homme)* Mann *m*
❷ *(animal)* Männchen *nt*; ~ **reproducteur** *(chien)* Zuchtrüde *m*
❸ *fam (homme très viril)* **beau ~** ganzer Kerl *(fam)*
malédiction [malediksjɔ̃] *f* ❶ *(fatalité)* Fluch *m*
❷ *(malheur)* Unheil *nt*; **c'est une ~** es ist wie verhext *(fam)*
❸ *(action de maudire)* Verfluchung *f*
maléfice [malefis] *m soutenu* Fluch *m*
maléfique [malefik] *adj soutenu* Unheil bringend
malencontreusement [malɑ̃kɔ̃tʀøzmɑ̃] *adv* unpassenderweise; **il est intervenu fort ~ dans la discussion** er hat sich im unpassenden Augenblick in die Diskussion eingeschaltet
malencontreux, -euse [malɑ̃kɔ̃tʀø, -øz] *adj* unpassend
malentendant(e) [malɑ̃tɑ̃dɑ̃, ɑ̃t] *m(f)* Schwerhörige(r) *f(m)*
malentendu [malɑ̃tɑ̃dy] *m* Missverständnis *nt*; **dissiper un ~** ein Missverständnis beseitigen
mal-être [malɛtʀ] *m inv* ❶ *vieilli* Unwohlsein *nt*
❷ *(malaise social)* Unbehagen *nt*
malfaçon [malfasɔ̃] *f* ❶ *(à l'usine)* Fabrikationsfehler *m*
❷ *(mauvais travail)* mangelhafte Ausführung

malfaisant(e) [malfəzɑ̃, ɑ̃t] *adj* ❶ *(nuisible) animal* schädlich; *être* bösartig
❷ *(pernicieux) influence* schlecht; *pouvoir, esprit* böse
malfaiteur, -trice [malfɛtœʀ, -tʀis] *m, f* Übeltäter(in) *m(f)*
malfamé(e) [malfame] *adj café, quartier* berüchtigt, verrufen
malformation [malfɔʀmasjɔ̃] *f* MED Missbildung *f*; ~ **[congénitale]** Fehlbildung; ~ **cardiaque** [*o* **du cœur**] Herzfehler *m*; **avoir une ~ cardiaque congénitale** einen angeborenen Herzfehler haben
malfrat [malfʀa] *m fam* **un petit ~** ein kleiner Gauner
malgache [malgaʃ] I. *adj* madagassisch
II. **le ~** Madagassisch *nt*, das Madagassische; *v. a.* **allemand**
Malgache [malgaʃ] *mf* Madagasse *m*/Madagassin *f*
malgré [malgʀe] *prép* ❶ *(en dépit de)* trotz (+ *Dat o Gen*); ~ **tout** trotz allem
❷ *(contre le gré de)* ~ **moi/elle/lui** gegen meinen/ihren/seinen Willen; **j'ai décidé ~ mes parents ...** ich habe gegen den Willen meiner Eltern beschlossen ...
❸ *(sans le vouloir)* **j'ai entendu ~ moi ce que vous venez de dire** ohne zu wollen habe ich gehört, was Sie gerade gesagt haben
malhabile [malabil] *adj* ungeschickt
malheur [malœʀ] *m* ❶ *(événement pénible)* Unglück *nt*; **si jamais il m'arrivait ~** falls mir jemals etw zustoßen sollte
❷ *sans pl (adversité, malchance)* Unglück *nt*; **porter ~** Unglück bringen; **par ~** unglücklicherweise
❸ *(tort)* **avoir le ~ de faire qc** dummerweise etw tun
❹ *fam (inconvénient, ennui)* **le ~, c'est qu'il est** [*o* **soit**] **sourd** das Dumme ist, dass er taub ist *(fam)*
▶ **le ~ des uns fait le bonheur des autres** *prov* des einen Not ist des andern Brot; **à quelque chose ~ est bon** *prov* alles hat auch seine guten Seiten; **un ~ ne vient jamais seul** *prov* ein Unglück kommt selten allein *(prov)*; **faire un ~** *fam (faire un scandale)* gewalttätig werden; *(avoir un gros succès)* einen Riesenerfolg haben; [**ne**] **parle pas de ~ !** *fam* mal den Teufel nicht an die Wand! *(fam)*; **cette pluie/cet engin de ~** *fam (maudit)* dieser verdammte Regen/diese verdammte Maschine *(fam)*
malheureusement [malœʀøzmɑ̃] *adv* ❶ *(hélas)* leider
❷ *(désastreusement)* unglückseligerweise, unseligerweise *(geh)*
malheureux, -euse [malœʀø, -øz] I. *adj* ❶ *(qui souffre, désolé) personne, air* unglücklich
❷ *a. antéposé (regrettable, fâcheux)* unglücklich; *incident, erreur, suites* bedauerlich; *initiative, parole* ungeschickt; **si c'est pas ~ de faire ça!** *fam* wenn das keine Schande ist etw zu tun!
❸ *(malchanceux) candidat, joueur* glücklos; **être ~ au jeu/en amour** kein Glück im Spiel/in der Liebe haben
❹ *antéposé (insignifiant)* lächerlich; **une malheureuse pièce de deux euros** ein lumpiges Zweieurostück *(fam)*; **pas même un ~ coup de fil** nicht einmal ein Anruf
❺ *antéposé (infortuné) victime* unglücklich
II. *m, f* ❶ *(indigent)* Notleidende(r) *f(m)*
❷ *(infortuné)* Unglückselige(r) *f(m)*
malhonnête [malɔnɛt] *adj* ❶ *(indélicat, déloyal)* unehrlich
❷ *hum* **faire une proposition ~ à qn** jdm einen unanständigen Vorschlag machen
malhonnêtement [malɔnɛtmɑ̃] *adv agir* unehrlich; *gagner de l'argent* auf unehrliche Weise
malhonnêteté [malɔnɛtte] *f* ❶ *(opp: probité) d'une personne* Unehrlichkeit *f*
❷ *(déloyauté)* ~ **intellectuelle** Unehrenhaftigkeit *f*
mali [mali] *m* COM BELG *(déficit)* Defizit *nt*
Mali [mali] *m* **le ~**
malice [malis] *f* ❶ *(espièglerie)* Schalkhaftigkeit *f*; **avec ~** schelmisch; **une réponse pleine de ~** eine schelmische Antwort
❷ *(méchanceté)* Böswilligkeit *f*
malicieusement [malisjøzmɑ̃] *adv* schelmisch
malicieux, -euse [malisjø, -jøz] *adj réponse* schelmisch; *regard, sourire* verschmitzt; *enfant, personne* spitzbübisch
maligne *v.* **malin**
malignité [malipite] *f* ❶ *soutenu (méchanceté)* Boshaftigkeit *f*
❷ MED *d'une tumeur* Bösartigkeit *f*, malignität *f (Fachspr.)*
malin, maligne [malɛ̃, maliɲ] I. *adj* ❶ *(astucieux) personne* schlau; *sourire* verschmitzt; *air* pfiffig; **elle n'est pas très maligne** sie ist nicht sehr helle *(fam)*; **se croire ~** sich *(Dat)* schlau vorkommen *(fam)*; **c'est ~ !** *iron fam* wie intelligent!
❷ *a. antéposé (méchant) boshaft; influence* schlecht; **joie maligne** Schadenfreude *f*; **éprouver un ~ plaisir à faire qc** ein diebisches Vergnügen dabei empfinden etw zu tun
❸ MED *tumeur* bösartig
II. *m, f* ❶ *(personne astucieuse)* Schlaukopf *m (fam)*; **faire le ~/la maligne** sich aufspielen; **gros ~/grosse maligne!** *iron* Schlauberger! *m (fam)*; **petit ~/petite maligne** gerissener Kerl/gerissenes Luder *(fam)*
Malin [malɛ̃] *m (démon)* **le ~** das Böse

malingre [malɛ̃gʀ] *adj* schmächtig
malintentionné(e) [malɛ̃tɑ̃sjɔne] *adj* böswillig
malle [mal] *f* Überseekoffer *m*
▶ se <u>faire</u> la ~ *fam* abhauen *(fam)*; **mon parapluie s'est fait la ~** mein Regenschirm ist verschüttgegangen
malléabilité [maleabilite] *f* ❶ *d'une personne* Anpassungsfähigkeit *f*
❷ TECH *de l'argile* Knetbarkeit *f*; *d'un métal* Formbarkeit *f*
malléable [maleabl] *adj* ❶ *(souple) personne* anpassungsfähig
❷ TECH *argile* knetbar; *métal* weich
malléole [maleɔl] *f* Knöchel *m*
mallette [malɛt] *f* ❶ *(porte-documents)* Aktenkoffer *m*; **~ en aluminium léger** Luftkoffer
❷ BELG *(cartable d'écolier)* Schultasche *f*
mal-logé(e) [mallɔʒe] <mal-logés> *m(f)* notdürftig untergebrachte Person *f*; **les ~s et les sans-abris** die notdürftig Untergebrachten und die Obdachlosen
malmener [malməne] <4> *vt* ❶ *(rudoyer)* schlecht behandeln; **se faire ~** roh behandelt werden
❷ *(critiquer)* vernichtend kritisieren; **l'auteur/la pièce se fait ~** der Autor/das Stück wird vernichtend kritisiert
❸ MIL, SPORT *(bousculer)* **le boxeur/l'équipe s'est fait ~** der Boxer/die Mannschaft wurde hart bedrängt
malnutrition [malnytʀisjɔ̃] *f* Unterernährung *f*
malodorant(e) [malɔdɔʀɑ̃, ɑ̃t] *adj* übelriechend
malotru(e) [malɔtʀy] *m(f)* Rüpel *m*
malpoli(e) [malpɔli] **I.** *adj fam (mal élevé)* unhöflich; *enfant* ungezogen
II. *m(f) fam* unhöflicher Mensch
malpropre [malpʀɔpʀ] **I.** *adj (sale) mains, objet* schmutzig; *personne* schmuddelig *(fam)*
II. *mf fam* **traiter qn comme un/une ~** jdn wie den letzten Dreck behandeln *(sl)*
malpropreté [malpʀɔpʀəte] *f (saleté) des mains, d'un objet, lieu* Schmutzigkeit *f*; *d'une personne* Schmuddeligkeit *f (fam)*
malsain(e) [malsɛ̃, ɛn] *adj curiosité, imagination* krankhaft; **littérature ~e** Literatur, die einen schlechten Einfluss hat
malséant(e) [malseɑ̃, ɑ̃t] *adj littér* unschicklich *(geh)*
malsonnant(e) [malsɔnɑ̃, ɑ̃t] *adj littér propos* anstößig *(geh)*
malstrom *v.* **maelström**
malt [malt] *m* Malz *nt*; **whisky pur ~** Malt-Whisky *m*
maltais [maltɛ] *m* **le ~** Maltesisch *nt*, das Maltesische; *v. a.* **allemand**
maltais(e) [maltɛ, ɛz] *adj* maltesisch
Maltais(e) [maltɛ, ɛz] *m(f)* Malteser(in) *m(f)*
maltaise [maltɛz] *f (orange) kleine tunesische Orange*
Malte [malt] *f* **l'île de ~** die Insel Malta
malter [malte] <1> *vt* malzen, mälzen; *céréale*
malthusianisme [maltyzjanism] *m* ❶ HIST Malthusianismus *m*
❷ ECON Produktionsdrosselung *f*
maltose [maltoz] *m* BIO, CHIM Maltose *f*
maltraitance [maltʀɛtɑ̃s] *f* Misshandlung *f*
maltraiter [maltʀete] <1> *vt* ❶ *(brutaliser)* misshandeln
❷ *(malmener)* entstellen *langue*; verstoßen gegen *grammaire*
❸ *(critiquer)* heruntermachen *(fam) auteur*; verreißen *(fam) pièce*
malus [malys] *m* Malus *m*
malveillance [malvɛjɑ̃s] *f* ❶ *(hostilité)* Feindseligkeit *f*; **avec ~** feindselig
❷ *(intention de nuire)* böse Absicht
malveillant(e) [malvɛjɑ̃, ɑ̃t] *adj geste, personne* boshaft; *propos, remarque* gehässig
malvenu(e) [malvəny] *adj soutenu* ❶ *(déplacé) remarque, proposition* deplatziert
❷ *(peu qualifié)* **qn est ~ à** [*o de*] **faire qc** jd hat keinen Grund etw zu tun
malversation [malvɛʀsasjɔ̃] *f* LITTER *souvent pl* Veruntreuung *f*, Unterschlagung *f*
malvoisie [malvwazi] *m (vin)* Malvasier *m*
malvoyant(e) [malvwajɑ̃, ɑ̃t] *m(f)* Sehbehinderte(r) *f(m)*
maman [mamɑ̃] *f* ❶ *(mère)* Mutter *f*, Mutti *f (fam)*; **future ~** werdende Mutter; **jouer à la ~** Mama spielen
❷ *(appellation)* Mama *f*
mambo [mɑ̃(m)bo] *m* Mambo *m*
mamelle [mamɛl] *f* ANAT *de la chèvre, vache* Euter *nt o m*; *de la chienne, chatte, lapine* Zitze *f*
▶ **les** <u>deux</u> **~s de qc** *littér* die beiden Lebensgrundlagen einer S. *(Gen)*
mamelon [mam(ə)lɔ̃] *m* ❶ ANAT Brustwarze *f*
❷ GEOG Bergkuppe *f*
mamelonné(e) [mam(ə)lɔne] *adj paysage* hügelig
mamel[o]uk [mamluk] *m* Mameluck *m*
mamie [mami] *f fam* ❶ *(grand-mère)* Oma *f (fam)*
❷ *(appellation)* Oma, Omi *f (fam)*

mammaire [mamɛʀ] *adj* **glande ~** Brustdrüse *f*
mammifère [mamifɛʀ] *m* Säugetier *nt*
mammographie [mamɔgʀafi] *f* Mammographie *f*
mammouth [mamut] *m* Mammut *nt*
mammy *v.* **mamie**
mamours [mamuʀ] *mpl fam* ❶ *(câlins)* Zärtlichkeiten *Pl*; **faire des ~ à qn** mit jdm schmusen
❷ *(flatteries)* **faire des ~ à qn** jdm Honig ums Maul schmieren *(fam)*
mam'selle [mamzɛl] *f fam abr de* **mademoiselle**
manade [manad] *f* Herde *f (Rinder-, Stier- oder Pferdeherde in der Provence, Camargue)*
management [manadʒmɛnt, manaʒmɑ̃] *m* Management *nt*
manager [mana(d)ʒe] <2a> *vt* managen
manager, -euse [manadʒœʀ, -øz] *m, f* Manager(in) *m(f)*
manant [manɑ̃] *m* HIST *(roturier)* Bauer *m*/Bäuerin *f*
manche¹ [mɑ̃ʃ] *m* ❶ *(poignée) d'un outil, parapluie, d'une charrue* Griff *m*; *d'une casserole, fourchette, hache, d'un balai* Stiel *m*
❷ MUS *d'une guitare, d'un violon* Hals *m*
❸ GASTR *d'une côtelette, d'un gigot* Knochenende *nt*
▶ **jeter le ~ après la** <u>cognée</u> die Flinte ins Korn werfen; **être du côté du ~** *fam* auf der Seite des Stärkeren sein; **tomber sur un ~** *fam* eine harte Nuss zu knacken bekommen *(fam)*, auf Schwierigkeiten stoßen; **se débrouiller/s'y prendre** <u>comme</u> **un ~** *fam* sich linkisch anstellen
◆ **~ à balai** AVIAT *fam* Steuerknüppel *m*
manche² [mɑ̃ʃ] *f* ❶ *d'un vêtement* Ärmel *m*; **un chemisier à ~s courtes** eine Bluse mit kurzen Ärmeln, eine kurzärm[e]lige Bluse; **un chemisier à ~s longues** eine Bluse mit langen Ärmeln, eine langärm[e]lige Bluse; **sans ~s** ärmellos; **en ~s de chemise** in Hemdsärmeln
❷ TENNIS Satz *m*; CARTES Spiel *nt*; AUT, CYCLISME Runde *f*; SKI Durchlauf *m*; **en deux ~s** TENNIS in zwei Sätzen
❸ *fig* **première/seconde ~** erste/zweite Runde
▶ **faire la ~** *fam (mendier)* betteln; **retrousser ses ~s** [sich *(Dat)*] die Ärmel hochkrempeln
◆ **~ ballon** Puffärmel *m*; **~ kimono** Kimonoärmel; **~ raglan** Raglanärmel; **~ trois quarts** Dreiviertelarm *m*
◆ **~ à air** Windsack *m*
Manche [mɑ̃ʃ] *f* **la ~** der Ärmelkanal; **navigation sur la ~** Kanalschifffahrt *f*
manchette [mɑ̃ʃɛt] *f* ❶ *d'une chemise* Manschette *f*
❷ PRESSE Schlagzeile *f*, Zeitungsüberschrift *f*
❸ SPORT *(coup)* Schlag *m* mit dem Unterarm
❹ COUT Ärmelschoner *m*
❺ TECH Manschette *f*
manchon [mɑ̃ʃɔ̃] *m* ❶ Muff *m*
❷ TECH *(bague, cylindre)* Muffe *f*
❸ TECH *d'une lampe* Glühstrumpf *m*
manchot [mɑ̃ʃo] *m* ❶ *(personne amputée d'un bras)* Einarmige(r) *m*
❷ *(pingouin)* Pinguin *m*
manchot(e) [mɑ̃ʃo, ɔt] *adj* ❶ *(amputé d'un bras)* einarmig
❷ *fig* **ne pas être ~** *fam* nicht ungeschickt sein
manchote [mɑ̃ʃɔt] *f (personne amputée d'un bras)* Einarmige *f*
mandale [mɑ̃dal] *f pop* Backpfeife *f (fam)*
mandant(e) [mɑ̃dɑ̃, ɑ̃t] *m(f)* Mandant(in) *m(f)*; JUR Vollmachtgeber(in) *m(f)*
mandarin [mɑ̃daʀɛ̃] *m* ❶ HIST Mandarin *m*
❷ *péj (ponte)* Kulturbonze *m*
mandarinat [mɑ̃daʀina] *m* HIST Mandarinenwürde *f*
mandarine [mɑ̃daʀin] *f* Mandarine *f*
mandarinier [mɑ̃daʀinje] *m* Mandarinenbaum *m*
mandat [mɑ̃da] *m* ❶ *(mission)* Auftrag *m*; POL Mandat *nt*; **le ~ législatif** das Abgeordnetenmandat
❷ COM, FIN Postanweisung *f*, Geldanweisung *f*; **~ international** Auslandspostanweisung; **~ télégraphique** telegrafische Geldanweisung
❸ HIST Mandat *nt*; **territoire sous ~** Mandatsgebiet *nt*
❹ JUR, ECON Abschlussvollmacht *f*; **~ apparent** Anscheinsvollmacht; **~ exclusif** Alleinauftrag *m*; **~ implicite** Duldungsvollmacht, Duldungsprokura *f*; **~ individuel** Einzelprokura *f*; **d'ester en justice** Prozessvollmacht; **~ d'amener** Vorführungsbefehl *m (Fachspr.)*
◆ **~ d'arrêt** Haftbefehl *m*; **~ de comparution** gerichtliche Vorladung; **~ de débit** Belastungsvollmacht *f (Fachspr.)*; **~ de dépôt** Haftbefehl *m*; **~ d'expulsion** *(ordre de quitter un domicile)* Räumungsbefehl *m*; *(ordre de quitter un pays)* Ausweisungsbefehl; **~ de gérance** Betriebsführungsvertrag *m*; **~ de paiement** Zahlungsanweisung *f*; **~ de perquisition** Durchsuchungsbefehl *m*; **~ de saisie** Pfändungsauftrag *m*; **~ de soumission** Bietungsvollmacht *f (Fachspr.)*
mandataire [mɑ̃datɛʀ] *mf a.* JUR Bevollmächtigte(r) *f(m)*; **~ appa-**

rent(e) Anscheinsvertreter(in) *m(f) (Fachspr.)*; **~ ad litem** Prozessbevollmächtigte(r)
mandat-carte [mɑ̃dakaʀt] <mandats-cartes> *m* Postanweisung *f*
mandater [mɑ̃date] <1> *vt* ❶ JUR, POL **un avocat pour faire qc** einen Anwalt dazu bevollmächtigen etw zu tun; **être mandaté(e)** bevollmächtigt sein
❷ FIN *(payer)* überweisen
mandat-lettre [mɑ̃datɛtʀ] <mandats-lettres> *m* Postanweisung, die in einem Brief geschickt wird und auf der Post einzulösen ist
mandchou [mɑ̃tʃu] *m* le ~ Mandschurisch *nt*, das Mandschurische; *v. a.* allemand
mandchou(e) [mɑ̃tʃu] *adj* mandschurisch
Mandchou(e) [mɑ̃tʃu] *m(f)* Mandschure *m*/Mandschurin *f*
mander [mɑ̃de] <1> *vt vieilli* ❶ *(transmettre un ordre)* befehlen; **nous mandons que ...** + *subj* wir befehlen, dass ...
❷ *(convoquer)* ~ **qn** jdn rufen [*o* kommen] lassen; **on m'a mandé d'urgence** ich wurde dringend einbestellt [*o* gerufen]
❸ *(faire savoir)* ~ **qc à qn** jdm etw mitteilen
mandibule [mɑ̃dibyl] *f* ZOOL *(pièce buccale)* Mundwerkzeuge *Pl*
▶ **jouer des ~s** *fam* fressen *(vulg)*
mandoline [mɑ̃dɔlin] *f* Mandoline *f*
mandragore [mɑ̃dʀagɔʀ] *f* Mandragora *f*
mandrill [mɑ̃dʀil] *m* Mandrill *m*
mandrin [mɑ̃dʀɛ̃] *m* ❶ *d'une perceuse* Bohrfutter *nt*
❷ *(pièce mécanique)* Dorn *m*
manécanterie [manekɑ̃tʀi] *f* Knabenchor *m*
manège [manɛʒ] *m* ❶ *(attraction foraine)* Karussell *nt*; ~ **de chevaux de bois** Karussell mit Holzpferden; ~ **pour enfants** Kinderkarussell
❷ *(pour chevaux)* Reitbahn *f*
❸ *(agissements)* Hin und Her *nt*
❹ *(intrigue)* **je comprends son petit ~** ich durchschaue sein Spielchen *(fam)*
mânes [man] *mpl* REL Manen *Pl*
manette [manɛt] *f* ❶ TECH [Schalt]hebel *m*; **la ~ des gaz** der Gashebel
❷ *(de jeu informatique)* Joystick *m*
manganèse [mɑ̃ganɛz] *m* CHIM Mangan *nt*
mangeable [mɑ̃ʒabl] *adj* essbar
mangeaille [mɑ̃ʒaj] *f fam* Fraß *m (fam)*
mangeoire [mɑ̃ʒwaʀ] *f* Futterkrippe *f*
manger [mɑ̃ʒe] <2a> I. *vt* ❶ *(se nourrir de)* essen; *cannibale, animal:* fressen; **il continua à ~ sa pizza** er aß seine Pizza weiter; **mange ta soupe, je te prie!** iss jetzt bitte deine Suppe weiter!; **qu'y a-t-il à ~ ce soir?** was gibt es heute Abend zu essen?; **elle a mangé tous les biscuits de son frère** sie hat ihrem Bruder alle Kekse weggegessen; **les cygnes ont mangé tous les bouts de pain sans en laisser aux canards** die Schwäne haben den Enten alle Brotstückchen weggefressen
❷ *(ronger) mites, rouille, lèpre:* zerfressen
❸ *hum (dévorer)* **n'aie pas peur, je ne veux pas te ~!** keine Angst, ich werde dich schon nicht fressen!; ~ **des yeux** mit den Augen verschlingen
❹ *(dilapider)* vergeuden *capital, héritage*; verschlingen *temps, énergie*
❺ *(consommer beaucoup) machine, essence:* verbrauchen
❻ COM *(absorber)* schlucken *(fam)*
❼ *(envahir)* **sa barbe lui mange le visage** der Bart verdeckt sein Gesicht
❽ *fam (ne pas articuler)* verschlucken *mots*
▶ **il faut** ~ **pour vivre et non pas vivre pour** ~ *prov* man muss essen, um leben zu können, und nicht leben, um essen zu können
II. *vi personne:* essen; *animal:* fressen; **donner à** ~ **à un bébé/malade/aux vaches/lapins** ein Baby/einen Kranken/die Kühe/die Hasen füttern; **c'est l'heure de** ~ es ist Essenszeit; **inviter à** ~ zum Essen einladen; **continuer à** ~ *personne:* weiteressen; *animal:* weiterfressen; **si tu manges toujours autant, tu vas grossir** wenn du so weiterisst, wirst du zunehmen
III. *vpr* **qc se mange chaud/avec les doigts** etw wird warm/mit den Fingern gegessen
IV. *m fam (repas)* Essen *nt*
mange-tout [mɑ̃ʒtu] *app inv* **pois** ~ Zuckererbsen *Pl*; **haricots** ~ zarte Stangenbohnen *Pl*
mangeur, -euse [mɑ̃ʒœʀ, -ʒøz] *m, f* **gros** ~/**grosse mangeuse** starker Esser/starke Esserin; **être un** ~/**une mangeuse de pain/viande** gerne und viel Brot/Fleisch essen
mangouste [mɑ̃gust] *f (animal)* Manguste *f*
mangrove [mɑ̃gʀɔv] *f* BOT Mangrove *f*
mangue [mɑ̃g] *f* Mango *f*
manguier [mɑ̃gje] *m* Mangobaum *m*
maniabilité [manjabilite] *f* ❶ *d'une machine* leichte Bedienung; *d'une voiture* Wendigkeit *f*; *d'un appareil* leichte Handhabung; *d'un livre, outil* Handlichkeit *f*; **être d'une grande** ~ leicht zu bedienen sein

maniable [manjabl] *adj machine* leicht zu bedienen; *appareil* leicht zu handhaben; *livre, outil* handlich; *voiture* wendig
maniacodépressif, -ive [manjakodepʀesif, -iv] I. *adj* manisch-depressiv
II. *m, f* Manisch-Depressive(r) *f(m)*
maniaque [manjak] I. *adj* ❶ *(pointilleux) soin* pingelig *(fam)*; *personne* pedantisch
❷ MED, PSYCH *état, euphorie* manisch
II. *mf (personne trop méticuleuse)* Pedant(in) *m(f)*; **un ~ de l'ordre** ein Ordnungsfanatiker; **une ~ de la propreté** eine Sauberkeitsfanatikerin; **un ~ du travail** ein Workaholic
❷ MED, PSYCH *(malade)* Irre(r) *f(m)*; ~ **sexuel** Triebtäter *m*
maniaquerie [manjakʀi] *f* ❶ *(attachement à des habitudes)* Pedanterie *f*
❷ *(obsession du détail)* Spitzfindigkeit *f*
manichéen(ne) [manikeɛ̃, ɛn] I. *adj monde, vision* manichäisch
II. *m(f)* Manichäer(in) *m(f)*
manichéisme [manikeism] *m* Manichäismus *m*
manie [mani] *f* ❶ *(tic)* Tick *m*; **avoir la ~ de faire qc** die Manie haben etw zu tun
❷ *(obsession)* ~ **de la propreté** Sauberkeitsfimmel *m (fam)*; **la ~ de la persécution** der Verfolgungswahn
❸ MED, PSYCH Manie *f (Fachspr.)*
maniement [manimɑ̃] *m* ❶ *(manipulation)* Handhabung *f*; *d'un appareil, d'une machine* Bedienung *f*; *d'une voiture* Lenken *nt*; **d'un ~ facile/difficile** *machine, appareil:* leicht/schwer zu bedienen; *voiture:* leicht/schwer zu lenken; *objet, outil:* leicht/schwer zu handhaben
❷ *(gestion) des affaires* Führung *f*
❸ *(maîtrise) d'une langue* Beherrschen *nt*; **le ~ des mots** das Umgehen mit Worten
◆ ~ **d'armes** Gewehrgriffe *Pl*
manier [manje] <1a> *vt* ❶ *(se servir de, utiliser)* handhaben *objet, outil*; bedienen *appareil, machine*; **un appareil difficile à ~** ein schwer zu bedienendes Gerät
❷ *(manipuler, avoir entre les mains)* ~ **qn/qc** mit jdm/etw umgehen; **qn sait ~ un cheval** jd kann mit einem Pferd umgehen
❸ *(maîtriser)* ~ **une langue** eine Sprache beherrschen; ~ **l'ironie/l'humour** ein Meister der Ironie/des Humors sein
❹ *(gérer)* ~ **de grosses sommes d'argent** mit großen Geldbeträgen umgehen
manière [manjɛʀ] *f* ❶ *(façon)* Art *f*, Weise *f*, Art und Weise; ~ **d'agir/de s'exprimer** Handlungs-/Ausdrucksweise *f*; ~ **d'éduquer** Erziehungsstil *m*; **à la ~ ...** nach ... Art; **à la ~ de qn/qc** wie jd/etw; **à ma/sa ~** auf meine/seine/ihre Weise; **de ~ brutale/rapide** auf brutale/schnelle Art und Weise; **de ~ favorable au salarié** arbeitnehmerfreundlich; **de ~ préjudiciable à l'entreprise** geschäftsschädigend; **d'une certaine ~** in gewisser Weise; **d'une ~ générale** im Allgemeinen; **d'une ~ ou d'une autre** so oder so; **de toute ~** auf jeden Fall; **de ~ à faire qc, de ~ à ce que** ~ **de faire qc** *fam* um halt etw zu tun *(fam)*; **de ~ [à ce] qu'il soit satisfait** so, dass er zufrieden ist; **de quelle ~?** wie denn?; **en aucune ~** keineswegs
❷ *pl (comportement)* Manieren *Pl*; **faire des ~s** sich zieren; **en voilà des ~s!** das sind ja feine Manieren!; **je vais t'apprendre les bonnes ~s, moi!** dir werde ich Manieren beibringen!
❸ *(style) d'un artiste, écrivain* Stil *m*
❹ GRAM **complément de ~** Umstandsbestimmung *f* der Art und Weise
❺ *(comportement caractéristique, habituelle) d'une collectivité* ~ **de discuter** Gesprächskultur *f*; ~ **de se disputer** Streitkultur
▶ **la ~ forte** *(sévérité)* härtere Maßnahmen *Pl*; **employer la ~ forte** hart durchgreifen; **avoir la ~ den Dreh raushaben** *(fam)*
maniéré(e) [manjeʀe] *adj* gekünstelt; *ton, personne* affektiert
maniérisme [manjeʀism] *m* Manierismus *m*
manieur, -euse [manjœʀ, -jøz] *m, f* ~ (-**euse**) **de qc** jd, der/eine, die mit etw umgehen kann
◆ ~ **d'argent** *fig* Geschäftsmann *m*; ~ **d'hommes** Führungspersönlichkeit *f*
manif [manif] *f abr de* manifestation *fam* Demo *f (fam)*
manifestant(e) [manifɛstɑ̃, ɑ̃t] *m(f)* Demonstrant(in) *m(f)*
manifestation [manifɛstasjɔ̃] *f* ❶ POL Demonstration *f*
❷ *(événement)* Veranstaltung *f*; ~ **culturelle** Kulturveranstaltung; ~ **pendant le week-end** Wochenendveranstaltung
❸ *(expression) d'un sentiment* Äußerung *f*; *d'un désir, d'une humeur* Ausdruck *m*; *d'une maladie* Anzeichen *nt*; **des ~s de joie/de tendresse** Bekunden *nt* von Freude/von Zärtlichkeit; **des ~s d'amitié** Freundschaftsbekundung *f*
manifeste [manifɛst] I. *adj* offensichtlich; *vérité* offenkundig; **il est** ~ **qu'il le sait** es ist offensichtlich, dass er es weiß
II. *m* ❶ POL, LITTER, COM Manifest *nt*
❷ *(liste des marchandises)* Frachtliste *f*; *(pour fret aérien)* Luft-

frachtbrief
manifestement [manifɛstəmɑ̃] *adv* ganz offensichtlich
manifester [manifɛste] <1> I. *vt* zum Ausdruck bringen
  II. *vi* demonstrieren
  III. *vpr* se ~ ① *(se révéler)* sich äußern; *crise:* auftreten
  ② *(se faire connaître)* sich melden; *candidat:* sich vorstellen
  ③ *(s'exprimer)* sich äußern
  ④ *(se montrer)* erscheinen; **on a lancé un appel, mais personne ne s'est manifesté** es erging ein Aufruf, aber niemand ist erschienen
manigance [manigɑ̃s] *f gén pl* Machenschaften *Pl*
manigancer [manigɑ̃se] <2> *vt* aushecken *(fam)*
manille [manij] *f* ① *(jeu de cartes)* Kartenspiel, bei dem zwei gegen zwei spielen
  ② *(dix d'une couleur)* Name für die Zehnerkarte, die bei diesem Spiel Trumpf ist
  ③ TECH, NAUT Schäkel *m*
manillon [manijɔ̃] *m* JEUX Name für das Ass, die zweitwichtigste Karte im Kartenspiel „Manille"
manioc [manjɔk] *m* Maniok *m*
manipulable [manipylabl] *adj* manipulierbar
manipulateur, -trice [manipylatœʀ, -tʀis] I. *adj* TECH **bras ~** Greifarm *m*
  II. *m, f* ① TECH technischer Assistent *m*/technische Assistentin *f*; **manipulatrice en radiologie** Röntgenassistentin *f*
  ② *(prestidigitateur)* Zauberkünstler(in) *m(f)*
  ③ *péj* Manipulator(in) *m(f)*
manipulation [manipylasjɔ̃] *f* ① *d'une machine, d'un ordinateur* Bedienung *f*; *d'un outil* Handhabung *f*; *d'un produit, d'une substance* Umgehen *nt*
  ② *pl (expériences)* Versuche *Pl*; **les ~s génétiques** die Genmanipulation
  ③ *(prestidigitation)* Zauberkunststücke *Pl*
  ④ a. ECON *péj (manœuvre) de la foule, l'opinion* Manipulation *f*; **~s électorales** Wahlmanipulation; **~ des cours** Kursmanipulation; **~ du marché** Marktmanipulation
manipuler [manipyle] <1> *vt* ① handhaben *outil*; **~ un produit/une substance** mit einem Produkt/einer Substanz hantieren
  ② *péj (fausser)* manipulieren; fälschen *chiffres, écritures, résultats*
  ③ *(influencer)* manipulieren
manitou [manitu] *m* ① Manitu *m*
  ② *fig fam* **c'est lui, le grand ~ ici!** er ist hier der Häuptling! *(iron fam)*
manivelle [manivɛl] *f* Kurbel *f*; **~ de lève-glace** [*o* **de lève-vitre**] Fensterkurbel
manne [man] *f* ① REL Manna *nt*
  ② *fig* Gabe *f* des Himmels
  ③ *(panier)* Tragekorb *m*
mannequin [mankɛ̃] *m* ① *(présentateur de modèles)* Mannequin *nt*
  ② *(pour le tailleur)* Schneiderpuppe *f*
  ③ *(pour la vitrine)* Schaufensterpuppe *f*
  ④ *(pour le peintre, sculpteur)* Gliederpuppe *f*
mannequin-vedette [mankɛ̃vədɛt] <mannequins-vedettes> *m* Starmannequin *f*
manœuvrabilité [manœvʀabilite] *f* ① *(possibilité de manœuvrer)* Manövrierfähigkeit *f*
  ② *(facilité de manœuvrer)* Wendigkeit *f*
manœuvrable [manœvʀabl] *adj* ① *(maniable)* manövrierfähig
  ② *(facile à manier) véhicule, bateau* wendig
manœuvre [manœvʀ] *f* ① *(maniement) d'une machine* Bedienung *f*; *d'un véhicule* Lenken *nt*; **fausse ~** Bedienungsfehler *m*
  ② a. FIN *(action, tentative de manœuvrer)* Manöver *nt*; **~ baissière** Baissemanöver; **~ de Bourse** Börsenmanöver; **~ de diversion** Ablenkungsmanöver; **~ d'évitement** Ausweichmanöver; **faire une ~ pour se garer** ein Einparkmanöver durchführen
  ③ MIL *(exercice)* Manöver *nt*, Gefechtsübung *f*; *(longue marche)* Geländemarsch *m*
  ④ *péj (agissement, machination)* Machenschaften *Pl*; **les ~s dilatoires** das Hinhaltemanöver
  ▸ **ça y va** [*à*] **la ~** *fam* es geht ganz schön rund *(fam)*
  II. *m* Hilfsarbeiter(in) *m(f)*
manœuvrer [manœvʀe] <1> I. *vt* ① *(faire fonctionner)* bedienen *machine*; handhaben *outil*
  ② *(conduire)* steuern *véhicule*; **~ le bateau pour éviter les écueils** das Boot von den Klippen wegsteuern
  ③ *péj (manipuler)* manipulieren
  II. *vi* ① *(agir habilement)* geschickt vorgehen
  ② MIL *(faire l'exercice)* exerzieren
  ③ AUT manövrieren
manoir [manwaʀ] *m* Landsitz *m*
manomètre [manɔmɛtʀ] *m* Manometer *m*
manouche [manuʃ] *mf* Zigeuner(in) *m(f)*

manquant(e) [mɑ̃kɑ̃, ɑ̃t] I. *adj* ① *(en moins) numéro, pièce, somme* fehlend; *personne* abwesend; **la somme ~e** der Fehlbetrag
  ② *(épuisé) article* nicht vorrätig
  II. *m(f)* Fehlmenge *f*
manque[1] [mɑ̃k] *m* ① *d'une dent, d'un gène* Fehlen *nt*
  ② *(carence)* Mangel *m*; **~ de temps/de nourriture/de sommeil** Zeit-/Nahrungs-/Schlafmangel; **~ d'argent/de personnel/de matériel** Geld-/Personal-/Materialmangel; **~ d'intelligence/de sérieux** Mangel an Intelligenz/an Ernsthaftigkeit; **~ d'espace** Raumnot *f*; **~ d'idées** Gedankenarmut *f*, Ideenarmut; **~ d'imagination/d'intérêt/de respect** Fantasie-/Interesse-/Respektlosigkeit *f*; **~ d'instinct** Instinktlosigkeit *f*; **~ de jeunes** [*o* **de relève**] Nachwuchsmangel; **le ~ de chance** das Pech; **un enfant en ~ d'affection** ein Kind, dem es an Zuwendung fehlt
  ③ *pl (lacunes)* Lücken *Pl*
  ④ *(défauts)* Mängel *Pl*
  ⑤ *(vide)* Lücke *f*
  ⑥ MED *(privation)* Entzugserscheinungen *Pl*; **être en** [**état de**] **~** Entzugserscheinungen haben
  ⑦ *sans dét, inv* JEUX manque
  ◆ **~ à gagner** Einbuße *f*, Einnahmeausfall *m*; *(montant)* Ausfallbetrag *m*
  ◆ **~ d'approvisionnement** Versorgungslücke *f*; **~ d'informations** Informationsdefizit *nt*, Informationslücke *f*; **~ d'insuline** MED Insulinmangel *m*
manque[2] [mɑ̃k] *f* ▸ **à la ~** *fam* mies *(fam)*; **ce cycliste à la ~** so ein unfähiger Radfahrer
manqué(e) [mɑ̃ke] *adj* ① *occasion, rendez-vous* verpasst; *photo, roman, travail* misslungen
  ② *postposé iron fam* verhindert *(fam)*
manquement [mɑ̃kmɑ̃] *m* Vergehen *nt*; **~ grave** grobe Pflichtverletzung; **~ au**[**x**] **devoir**[**s**] Pflichtverletzung; **~ au devoir professionnel** Berufspflichtverletzung; **~ aux devoirs d'une charge** Amtspflichtverletzung; **~ à la discipline** Verstoß *m* gegen die Disziplin; **~ à une obligation** [*o* **aux obligations**] Pflichtverletzung; **~ à une/à l'obligation juridique** Rechtspflichtverletzung; **~ à la promesse de garantie** Verletzung des Garantieversprechens; **~ au règlement de service** Disziplinarvergehen
manquer [mɑ̃ke] <1> I. *vt* ① *(opp: atteindre)* verfehlen *cible, but*
  ② *(se venger, rendre la pareille)* **ne pas ~ qn** jdm kein Pardon geben; **la prochaine fois, je ne te manquerai pas** beim nächsten Mal bist du dran *(fam)*
  ③ *(opp: rencontrer)* verfehlen, verpassen
  ④ *(rater)* verpassen *bus, train, avion*; verfehlen *marche*
  ⑤ *(laisser passer)* **~ une occasion** eine Gelegenheit verpassen; **une occasion à ne pas ~** eine Gelegenheit, die man sich nicht entgehen lassen sollte
  ⑥ *(opp: réussir)* **~ un examen** eine Prüfung nicht bestehen, bei einer Prüfung durchfallen *(fam)*; **~ un virage** eine Kurve verfehlen; **qn manque un ouvrage/un plat** jdm misslingt [*o* missrät] ein Werk/ein Gericht; **qn manque une expérience** jdm misslingt [*o* missglückt] ein Versuch
  ⑦ *(opp: assister à)* verpassen, versäumen *film, séance, rendez-vous, réunion*; nicht gehen zu + *Dat* [*o* in + *Akk*], schwänzen *(fam) cours, école*; **~ la classe** [in Unterricht] fehlen; **un film qu'il ne faut pas ~** [*o* **à ne pas ~**] ein Film, den man gesehen haben muss
  ▸ **ne pas en ~ une** *fam* [aber auch!] in jedes Fettnäpfchen treten *(fam)*
  II. *vi* ① *(être absent)* fehlen
  ② *(faire défaut, être insuffisant)* **commencer à ~** allmählich ausgehen; **il me manque des idées/des arguments, les idées/les arguments me manquent** die Ideen/Argumente fehlen mir; **il me manque des moyens, les moyens me manquent** es fehlt mir an den Mitteln, die Mittel fehlen mir; **il me manque du temps/le courage, le temps/le courage me manque** es fehlt mir an der Zeit/am Mut, die Zeit/der Mut fehlt mir; **il manque un bouton à mon chemisier** an meiner Bluse fehlt ein Knopf; **il manque deux noms sur la liste** auf der Liste fehlen zwei Namen; **les mots me manquent** mir fehlen die Worte; **les occasions ne manquent pas** es gibt genug [*o* genügend] Gelegenheiten; **qc te manque pour faire qc** es fehlt dir etw [*o* dir fehlt etw], um etw zu tun
  ③ *(ne pas avoir assez de)* **qn/qc manque de qn/qc** jdm/einer S. fehlt jd/etw; **tu ne manques pas de toupet!** du bist ganz schön frech [*o* unverfroren]!; **cet élève m'a manqué de respect** dieser Schüler lässt es mir gegenüber an Respekt *(Dat)* fehlen, diesem Schüler mangelt es mir gegenüber an Respekt *(Dat)*; **la soupe manque de sel, ça manque de sel dans la soupe** [an] der Suppe fehlt [das] Salz; **ça manque de personnel dans l'entreprise** dem Unternehmen fehlt es an Personal; **les ouvriers qualifiés manquent de jeunes qui pourraient prendre la relève** bei den Facharbeitern herrscht Nachwuchsmangel
  ④ *(regretter de ne pas avoir)* **mes enfants/les livres me**

manquent die Kinder/Bücher fehlen mir, ich vermisse die Kinder/Bücher
⑤ *(rater) attentat, expérience, tentative:* scheitern, misslingen
⑥ *(ne pas respecter)* ~ **à sa parole/promesse** sein/ihr Wort/Versprechen nicht halten; ~ **à ses devoirs/obligations** seine/ihre Pflichten/Verpflichtungen nicht erfüllen; ~ **aux règles de la politesse** gegen die Umgangsformen verstoßen
⑦ *(faillir)* ~ [**de**] **faire qc** etw beinahe [*o* fast] tun; **elle avait manqué** [**de**] **mourir** sie wäre beinahe gestorben
⑧ *(ne pas omettre)* **ne pas** ~ **de faire qc** etw bestimmt [*o* auf jeden Fall] tun; nicht versäumen, etw zu tun; **saluez-le de ma part!** – **Je n'y manquerai pas** grüßen Sie ihn von mir! – Sie können sich darauf verlassen
▶ **ça n'a pas manqué!** das musste ja passieren!, es musste ja so kommen!; **il ne manquait plus que ça** das hat [jetzt] gerade noch gefehlt; **il ne manquerait plus que qn/qc fasse qc** das hätte [jetzt] gerade noch gefehlt, dass jd/etw etw tut
III. *vpr* ① *(rater son suicide)* **qn se manque** jds Selbstmordversuch misslingt
② *(ne pas se rencontrer)* **se** ~ **de cinq minutes** sich um fünf Minuten verfehlen [*o* verpassen]
mansarde [mɑ̃saʀd] *f* Mansarde *f*
mansardé(e) [mɑ̃saʀde] *adj* Dach-; **chambre** ~ **e** Mansardenzimmer *nt,* Dachzimmer *nt;* **la chambre est** ~ **e** das Zimmer hat schräge Wände
mansuétude [mɑ̃syetyd] *f littér* Nachsicht *f*
mante [mɑ̃t] *f* ① zool ~ [**religieuse**] Gottesanbeterin *f*
② *fig* ~ **religieuse** männermordender Vamp
manteau [mɑ̃to] <x> *m* ① *(vêtement)* Mantel *m;* ~ **d'homme** Herrenmantel; ~ **de pluie** Regenmantel; ~ **de fourrure** Fellmantel; *(élégant)* Pelzmantel; ~ **de** [*o* **en**] **tweed** Tweedmantel
② *fig soutenu* **un** ~ **de neige recouvre la campagne** die Erde trägt ein weißes Kleid *(liter)*
③ *(partie de cheminée)* Kamineinfassung *f*
④ GEOL Mantel *m*
▶ **sous le** ~ unter der Hand
mantille [mɑ̃tij] *f* Mantille *f*
manucure [manykyʀ] *f (personne, soins)* Maniküre *f*
manucurer [manykyʀe] <1> *vt* maniküren
manuel [manɥɛl] *m (livre didactique)* Lehrbuch *nt; (manuel d'utilisation)* Handbuch; ~ **scolaire** Schulbuch; ~ **de mathématiques/physique** Mathematik-/Physik[lehr]buch; ~ **d'instruction religieuse** ≈ Religionsbuch; ~ **de bricolage** Buch mit Heimwerkertipps
manuel(le) [manɥɛl] I. *adj* ① *(opp: intellectuel) métier, profession* handwerklich; *activité, travail* manuell; **travailleur** ~ jd, der mit den Händen arbeitet; **habileté** ~ **le** Handfertigkeit *f*
② *(opp: automatique)* manuell; **pompe à fonctionnement** [*o* **actionnement**] ~ handbetriebene Pumpe
II. *m(f) (personne) (qui travaille de ses mains)* jd, der mit den Händen arbeitet; *(personne douée de ses mains)* Bastler(in) *m(f)*
manuellement [manɥɛlmɑ̃] *adv* manuell; *actionner, fabriquer* manuell, von Hand
manufacture [manyfaktyʀ] *f* Manufaktur *f;* ~ **de porcelaines/tapisseries** Porzellanmanufaktur/Teppichweberei *f*
manufacturer [manyfaktyʀe] <1> *vt* verarbeiten; **produit manufacturé** industrielles Erzeugnis [*o* Produkt]
manufacturier, -ière [manyfaktyʀje, -jɛʀ] *adj industrie* herstellend
manu militari [manymilitaʀi] *adv* kurzerhand, ohne viel Federlesens; *(par la force physique)* gewaltsam
manuscrit [manyskʀi] *m* ① TYP Manuskript *nt*
② *(texte écrit à la main)* Handgeschriebene(s) *nt;* HIST Manuskript, Handschrift *f*
manuscrit(e) [manyskʀi, it] *adj (écrit à la main)* handschriftlich, handgeschrieben
manutention [manytɑ̃sjɔ̃] *f* ① *(manipulation)* Warenumschlag *m;* **les frais de** ~ die Lager- und Transportkosten
② *(local)* Lager *nt*
manutentionnaire [manytɑ̃sjɔnɛʀ] *mf* Lagerist(in) *m(f)*
maoïsme [maɔism] *m* Maoismus *m*
maoïste [maɔist] I. *adj* maoistisch
II. *mf* Maoist(in) *m(f)*
maori [maɔʀi] *m* **le** ~ Maori *nt,* das Maori; *v. a.* **allemand**
Maori(e) [maɔʀi] *m(f)* Maori *m*/Maorin *f*
maous(se) [maus] *adj fam* enorm *(fam);* **brochet** ~ Mordshecht *m (fam)*
mappemonde [mapmɔ̃d] *f* ① *(carte)* Weltkarte *f*
② *(globe terrestre)* Globus *m*
maquer [make] <1> *vt pop (être le souteneur de)* ~ **une femme** eine Frau anschaffen [*o* auf den Strich] schicken *(sl);* **être maquée** schon einen Macker haben *(sl); prostituée:* für einen Zuhälter arbeiten

maquereau¹ [makʀo] <x> *m* zool Makrele *f*
maquereau² [makʀo] <x> *m pop (souteneur)* Loddel *m (sl),* Zuhälter *m*
maquerelle [makʀɛl] *f pop* Puffmutter *f (fam)*
maquette [makɛt] *f* ① *(modèle réduit)* Modell *nt;* ~ **d'avion/de bateau** Flugzeug-/Schiffsmodell; *(jouet)* Modellflugzeug *nt/-*schiff *nt*
② TYP Umbruch *m; d'une couverture* Druckvorlage *f; d'un disque, d'une cassette* Probeaufnahme *f*
③ *(projet)* Entwurf *m*
④ ART Rohfassung *f*
maquettisme [makɛtism] *m* Modellbau *m*
maquettiste [makɛtist] *mf* ① ARCHIT, THEAT Modellbauer(in) *m(f); (menuisier)* Modellschreiner(in) *m(f)*
② PRESSE *(graphiste)* Grafiker(in) *m(f)*
maquignon(ne) [makiɲɔ̃, ɔn] *m(f) (marchand de chevaux)* Pferdehändler(in) *m(f); (de bovins)* Viehhändler(in)
maquignonnage [makiɲɔnaʒ] *m péj* Machenschaften *Pl;* **le** ~ **électoral** die Wahlmanipulation
maquillage [makijaʒ] *m* ① *(soins de beauté) (action)* Schminken *nt; (résultat)* Make-up *nt;* THEAT, CINE, TV Maske *f*
② *(produits de beauté)* Make-up *nt;* ~ **permanent** Permanent-Make-up; ~ **pour les yeux** Augen-Make-up; **trousse de** ~ Schminkbeutel *m,* Kosmetiktasche *f*
③ *(falsification) de documents, d'une pièce d'identité* Fälschung *f; d'une voiture* Frisieren *nt*
maquiller [makije] <1> I. *vt* ① *(farder)* schminken
② *(falsifier)* fälschen; *verdrehen vérité;* entstellen *faits;* frisieren *voiture;* ~ **un meurtre en suicide** einen Mord als Selbstmord kaschieren [*o* tarnen]
II. *vpr (se farder)* **se** ~ sich schminken; **se** ~ **les yeux** sich *(Dat)* die Augen schminken
maquilleur, -euse [makijœʀ, -jøz] *m, f* Maskenbildner(in) *m(f)*
maquis [maki] *m* ① BOT Macchia *f*
② *(groupe de résistance)* Partisanengruppe *f;* HIST französische Widerstandsbewegung *(gegen die deutsche Besatzung);* **prendre le** ~ sich den Partisanen anschließen
maquisard(e) [makizaʀ, aʀd] *m(f)* HIST französischer Widerstandskämpfer/französische Widerstandskämpferin *(gegen die deutsche Besatzung)*
marabout [maʀabu] *m* ① ORN Marabu *m*
② REL Marabut *m*
maracuja [maʀakuʒa, maʀakuja] *m* Maracuja *f*
maraîchage [maʀɛʃaʒ] *m* Gemüse[an]bau *m*
maraîcher, -ère [maʀeʃe, -ɛʀ] I. *adj* Gemüse-; **région maraîchère** Gemüseanbaugebiet *nt;* **produits** ~ **s** Erzeugnisse *Pl* aus dem Gemüseanbau
II. *m, f* Gemüseanbauer(in) *m(f),* [Gemüse]gärtner(in) *m(f)*
marais [maʀɛ] *m* ① GEOG Sumpf *m*
② *fig, péj (bourbier)* Sumpf *m*
③ *(quartier de Paris)* **le Marais** das Marais-Viertel
④ AGR ~ **salant** Salzgarten *m*
marasme [maʀasm] *m* ① *(stagnation)* [Konjunktur]flaute *f;* ~ **conjoncturel** konjunkturelle Talsohle; ~ **économique** geschäftliche [*o* wirtschaftliche] Flaute; ~ **des affaires** flaue Geschäftslage
② *(découragement)* [seelisches] Tief
marasquin [maʀaskɛ̃] *m* Maraschino *m*
marathon [maʀatɔ̃] I. *m* ① SPORT Marathon *m*
② *fig* Gewalttour *f (fam)*
II. *app* endlos
marathonien(ne) [maʀatɔnjɛ̃, jɛn] *m(f)* Marathonläufer(in) *m(f)*
marâtre [maʀɑtʀ] *f fig* Rabenmutter *f*
maraudage [maʀodaʒ] *m* Mundraub *m;* JUR Felddiebstahl *m*
maraude [maʀod] *f* Mundraub *m;* **aller à/être en** ~ auf [Diebes]tour gehen/sein; **des taxis en** ~ *(à la recherche de clients)* Taxis auf Kundensuche
marauder [maʀode] <1> *vi (chaparder)* stehlen
maraudeur, -euse [maʀodœʀ, -øz] *m, f* Dieb(in) *m(f)*
marbre [maʀbʀ] *m* ① *(pierre)* Marmor *m*
② *(objet, statue)* Marmorplastik *f*
③ *(plateau) d'une cheminée* Marmorsims *m; d'une commode* Marmorplatte *f*
④ TECH **passer une voiture au** ~ ein Auto richten lassen
⑤ TYP **sur le** ~ druckfertig
⑥ *fig* **cœur/visage de** ~ Herz aus Stein/steinernes Gesicht; **être/rester de** ~ ungerührt sein/bleiben
marbré(e) [maʀbʀe] *adj* ① *(veiné) écorce* gemasert
② GASTR **gâteau** ~ Marmorkuchen *m*
③ *papier, reliure* marmoriert
marbrer [maʀbʀe] <1> *vt* ① *(décorer de veines)* marmorieren; **gâteau marbré** Marmorkuchen *m*
② *(marquer de marques violacées)* **le froid lui marbrait le visage** sein/ihr Gesicht war blau vor Kälte; **être marbré(e)** *(par des*

coups) voller blauer Flecken sein; *(par le froid)* blau vor Kälte sein; **peau marbrée** *(vaisseaux visibles)* transparente Haut
marbrerie [maʀbʀəʀi] *f* ❶ *(industrie)* Marmorindustrie *f*, Marmor- und Natursteinindustrie
❷ *(atelier)* Steinmetzbetrieb *m*
marbrier, -ière [maʀbʀije, -ijɛʀ] I. *adj* Marmor- II. *m, f* Steinmetz(in) *m(f)*
marbrière [maʀbʀijɛʀ] *f* Marmorbruch *m*
marbrure [maʀbʀyʀ] *f* ❶ *(décoration) d'une boiserie, de la tranche d'un livre, d'un papier* Marmorierung *f*
❷ *(marque violacée)* blauer Fleck
marc [maʀ] *m* ❶ *(résidu)* Trester *Pl;* ~ **de pommes/raisins** Apfel-/Traubentrester; ~ **de café/thé** Kaffeesatz *m*/Teeblätter *Pl*
❷ *(eau de vie)* Tresterschnaps *m*, Trester *m*
Marc [maʀk] *m* ❶ Markus *m*, Mark *m*
❷ REL **Saint** ~ Markus
❸ HIST ~ **Aurèle** Mark Aurel
marcassin [maʀkasɛ̃] *m* ZOOL Frischling *m*
marcassite [maʀkasit] *f* MINER Markasit *m*
marcel [maʀsɛl] *m* COUT Muscleshirt *nt*
marchand(e) [maʀʃɑ̃, ɑ̃d] I. *adj* **marine** ~**e** Handelsmarine *f;* **navire** ~ Handelsschiff *nt;* **rue** ~**e** Geschäftsstraße *f;* **galerie** ~**e** Einkaufspassage *f;* **valeur** ~**e** Handelswert *m*, Verkehrswert; **stocks** ~**s** absatzfähige Bestände *Pl*
II. *m(f)* ❶ *(commerçant)* Händler(in) *m(f);* ~**(e) de bestiaux/de chaussures** Vieh-/Schuhhändler(in); ~**(e) de fruits** Obsthändler(in), Obstverkäufer(in); ~**(e) de fruits et légumes** Obst- und Gemüsehändler(in); ~**(e) de journaux** Zeitungsverkäufer(in) *m(f)*, Zeitungsmann *m*/-frau *f;* ~ **de marrons** Maronenverkäufer *m;* ~**(e) de meubles** Möbelhändler(in); ~**(e) de marrons** Kastanienverkäufer(in); ~**(e) de tapis** Teppichhändler(in); **péj** Geschäftemacher(in) *m(f);* **être un vrai** ~ **de tapis** groß im Feilschen sein; **une discussion de** ~ **de tapis** eine fruchtlose Diskussion; ~ **ambulant** Straßenhändler
❷ *fig* ~ **d'illusions** Scharlatan *m;* ~ **de rêve** Illusionist *m*
◆ ~**(e) de biens** Immobilienmakler(in) *m(f);* ~**(e) de canons** *péj* Waffenschieber(in) *m(f);* ~ **de sable** Sandmännchen *nt;* ~**(e) des quatre saisons** Obst- und Gemüsehändler(in) *m(f)*
marchandage [maʀʃɑ̃daʒ] *m* ❶ *(discussion)* Handeln *nt*, Feilschen *nt (pej)*
❷ *(tractation)* Mauschelei *f*, Kuhhandel *m (fam)*
❸ JUR Vermittlung *f* von Arbeit[skräften]
marchander [maʀʃɑ̃de] <1> I. *vt* ❶ ~ **le prix/un tapis** um den Preis/einen Teppich handeln *[o* feilschen *pej]*
❷ *(ne pas lésiner sur)* **ne pas** ~ **ses éloges/compliments à qn** nicht mit Lob/Komplimenten für jdn sparen *[o* geizen*];* **ne pas** ~ **ses efforts/sa peine** keine Anstrengung[en]/Mühe[n] scheuen
II. *vi* handeln, feilschen *(pej)*
marchandeur, -euse [maʀʃɑ̃dœʀ, -øz] *m, f* ❶ *(personne)* Feilscher(in) *m(f)*
❷ JUR Vermittler(in) *m(f)* von Arbeit[skräften]
marchandisage [maʀʃɑ̃dizaʒ] *m* Merchandising *nt*
marchandise [maʀʃɑ̃diz] *f* ❶ *(chose à vendre)* Ware *f;* ~ **discount** Billigware; ~ **déficitaire** Defizitware; ~ **pondéreuse** Schwergut *nt;* ~ **sacrifiée** Dumpingware; ~ **saisonnière/unique** Saison-/Einheitsware; ~ **de catégorie moyenne** Durchschnittsware; ~**s de gros tonnage** Massengüter *Pl;* ~ **de première nécessité** Waren des Grundbedarfs; ~ **de premier ordre** prima Ware *(Fachspr.);* ~ **destinée à l'exportation** Exportware
❷ *(stock, cargaison)* Ware *f;* ~**s disponibles** Lokowaren *(Fachspr.);* ~ **entreposée** Lagergut *nt;* ~ **livrée non conforme** Falschlieferung *f;* ~ **retournée** Retoure *f (Fachspr.);* ~ **à livraison immédiate** Promptware *(Fachspr.)*
❸ *péj (chose que l'on propose)* **faire valoir sa** ~ seine Ware anpreisen; **tromper sur la** ~ falsche Tatsachen vortäuschen
◆ ~ **à condition** Kommissionsgut *nt;* ~ **à transborder** Umladegut *nt;* ~ **de contrebande** Schleichware *f*, Schmuggelgut *nt;* ~ **d'échange** Austauschware *f;* ~**s d'exportation** Ausfuhrgüter *Pl*, Ausfuhrwaren *Pl;* ~ **de fin de série** Ramschware *f;* ~**s de remplacement** Ersatzware *Pl;* ~ **de stockage** Stapelgut *nt;* ~ **en commission** Kommissionsware *f;* ~**[s] en consignation** Konsignationsgut *nt (Fachspr.);* ~**s en retour** Rückwaren *Pl*
marche¹ [maʀʃ] *f* ❶ *(action)* Gehen *nt;* SPORT Lauf *m;* **se mettre en** ~ *personnes:* sich auf den Weg machen; *cortège, caravane:* sich in Bewegung setzen
❷ *(allure)* Gang *m; d'un navire* Fahrt *f*
❸ *(trajet)* Weg *m;* **une demi-heure de** ~ eine halbe Wegstunde
❹ MIL, POL, REL *(cortège)* Marsch *m;* ~ **de Pâques** Ostermarsch *m;* **ouvrir/fermer la** ~ an der Spitze/am Schluss des Zuges marschieren; **faire** ~ **sur qc** auf etw *(Akk)* zumarschieren; ~ **pacifique/silencieuse** Friedens-/Schweigemarsch; ~ **protestataire** *[o* **marche de protestation]** Protestmarsch *f;* ~ **d'entraînement** Gepäckmarsch
❺ *(mouvement continu) d'une étoile* Bahn *f; d'une caravane* Zug *m;*
d'un véhicule Fahrt *f;* **le sens de la** ~ die Fahrtrichtung; ~ **arrière** *d'un véhicule* Rückwärtsgang *m;* **en** ~ **arrière** rückwärts; **faire [une]** ~ **arrière** *véhicule, chauffeur:* rückwärtsfahren
❻ *(fonctionnement) d'une entreprise, horloge* Gang *m; d'une machine* Betrieb *m*, Laufen *nt;* **en** ~ im Gang; **moteur en** ~ laufender Motor; **être en** ~ laufen; **mettre une machine/un appareil en** ~ eine Maschine/ein Gerät in Gang bringen *[o* einschalten*];* **mettre une voiture/un moteur en** ~ einen Wagen starten/einen Motor anlassen
❼ MUS Marsch *m;* ~ **funèbre/militaire/nuptiale** Trauer-/Militär-/Hochzeitsmarsch
▶ **faire** ~ **arrière** einen Rückzieher machen; **être en** ~ *démocratie:* auf dem Vormarsch sein
◆ ~ **des affaires** JUR Geschäftsgang *m;* ~ **régulière des affaires** ordnungsmäßiger Geschäftsgang; **à suivre** Vorgehensweise *f*, Verfahrensweise *f*
marche² [maʀʃ] *f d'un escalier* Stufe *f; d'un véhicule* Trittbrett *nt*
marche³ [maʀʃ] *f* HIST *(province frontière)* Mark *f*
marché [maʀʃe] *m* ❶ *(lieu de vente)* Markt *m;* ~ **couvert** Markthalle *f;* **aller au** *[o* **faire son]** ~ auf den Markt gehen; ~ **aux bestiaux/aux fleurs** Vieh-/Blumenmarkt; ~ **aux fruits/aux poissons** Obst-/Fischmarkt; ~ **de produits frais** Frischwarenmarkt; ~ **des esclaves** HIST Sklavenmarkt
❷ *(l'offre et la demande)* Markt *m; (débouché)* Absatzmarkt; ~ **âprement disputé** heiß umkämpfter Markt; ~ **cible** Zielmarkt; **le Marché commun** der Gemeinsame [Europäische] Markt; ~ **dominé par l'acheteur/le vendeur** vom Käufer/Verkäufer beherrschter Markt; ~ **étranger** *[o* **extérieur]** Auslandsmarkt; ~ **fermé** geschlossener Markt; ~ **financier** Kreditmarkt, Finanzmarkt; ~ **financier européen** Eurokapitalmarkt; ~ **libre** freier Kapitalmarkt, Spotmarkt; ~ **noir** Schwarzmarkt; ~ **off-shore** Offshoremarkt *m;* ~ **ouvert/parallèle** offener/grauer Markt; ~ **public** öffentliches Beschaffungswesen; ~ **primaire/secondaire** Primär-/Sekundärmarkt; **second** ~ geregelter Markt; ~ **des devises** Sortenmarkt; ~ **des matières premières** Rohstoffmarkt; ~ **de recherche de capitaux** Kapitalbeschaffungsmarkt; ~ **spot** Spotmarkt; ~ **des valeurs à terme** Futures-Markt; ~ **des voitures d'occasion** Gebrauchtwagenmarkt; **le** ~ **unique** der Europäische Binnenmarkt; ~ **de gros pour détaillants** Einzelhandelsgroßmarkt; ~ **du transport maritime** Seetransportgeschäft *nt;* ~ **en baisse** schrumpfender Markt, Abflauen *nt* des Marktes; **un** ~ **de formation** *[o* **structure]** **monopolistique** ein monopolistisch geprägter *[o* strukturierter*]* Markt; **économie de** ~ Marktwirtschaft *f;* **prix pratiqué sur le** ~ marktüblicher Preis; **lancer qc sur le** ~ etw auf den Markt bringen *[o* werfen*];* **se disputer le** ~ um Marktanteile kämpfen
❸ FIN *(opérations financières)* ~ **interbancaire** Geldhandel *m;* ~ **avant-Bourse** Vorbörse *f;* ~ **libre** Freiverkehr *m; (avant-Bourse)* Vorbörse *f; (après-Bourse)* Nachbörse; **du** ~ **libre** *cours* vorbörslich/nachbörslich; ~ **libre réglementée** geregelter Freiverkehr; ~ **officiel** amtlicher Börsenhandel; ~ **à terme sur les devises** Devisenterminhandel; ~ **à terme des pommes de terre** Terminhandel *m* für Kartoffeln
❹ *(contrat)* Vertrag *m;* ~ **conditionnel** Konditionsgeschäft *nt;* ~ **de dupes** schlechter Tausch; **passer** *[o* **conclure]** **un** ~ **avec qn/qc** mit jdm/etw einen Vertrag *[o* ein Geschäft*]* abschließen; ~ **conclu!** [die Sache ist] abgemacht!; **c'est lui qui a emporté le** ~ er hat den Auftrag *[o* Zuschlag*]* bekommen
▶ **bon** ~ *inv* billig, preiswert; **à bon** ~ günstig, billig; **par-dessus le** ~ obendrein, zu allem Überfluss
◆ ~ **au comptant** FIN Kontantgeschäft *nt (Fachspr.)*, Kassamarkt *m (Fachspr.);* ~ **à option** JUR, BOURSE Nochgeschäft *nt (Fachspr.);* ~ **à option de donner/prendre** Nochgeschäft auf Geben/Nehmen; ~ **à la production** Erzeugermarkt *m;* ~ **aux puces** Flohmarkt *m;* ~ **à terme** BOURSE Terminhandel *m*, Terminmarkt *m;* ~ **à terme de marchandises** Warenterminbörse *f*
◆ ~ **d'approvisionnement** Beschaffungsmarkt *m;* ~ **de biens d'équipement** Investitionsgütermarkt *m;* ~ **des capitaux** Finanzmarkt *m;* ~ **des changes au comptant** Devisenkassamarkt *m (Fachspr.);* ~ **de couverture** Verkaufs-Deckungsgeschäft *nt;* ~ **du disponible** FIN Lokomarkt *m (Fachspr.);* ~ **des émissions** FIN Emissionsmarkt; ~ **de l'emploi** Arbeitsmarkt *m*, Stellenmarkt *m;* ~ **de l'énergie** Energiemarkt *m;* ~ **d'entrepôt** ECON Lagergeschäft *nt;* ~ **des eurodevises** Eurogeldmarkt *m*, Eurowährungsmarkt; ~ **des obligations hypothécaires** Pfandbriefmarkt *m;* ~ **de l'occasion** Secondhandmarkt *m;* ~ **des rentes** Rentenhandel *m*, Rentenmarkt *m;* ~ **de sous-traitance** Zuliefergeschäft *nt;* ~ **du travail** Arbeitsmarkt *m*
marchéage [maʀʃeaʒ] *m* COM Marktpolitik *f*
marchepied [maʀʃəpje] *m* ❶ *(marche) d'un train, tramway* Trittbrett *nt; d'une voiture moderne* Schweller *m*
❷ *(escabeau)* Trittleiter *f*
▶ **servir de** ~ **à qn** *personne:* jdm als Steigbügelhalter dienen;

poste, fonctione: jdm als Sprungbrett dienen

marcher [maʁʃe] <1> *vi* ❶ *(se déplacer)* gehen; *randonneur:* wandern; *soldat, bataillon:* marschieren; ~ **à reculons** rückwärtsgehen; **~ à la rencontre de qn** jdm entgegengehen; *(vu de la personne approchée)* jdm entgegenkommen; **continuer à** ~ weitergehen; *randonneur:* weiterwandern; *soldat, bataillon:* weitermarschieren; **l'enfant commence à** ~ das Kind fängt an zu laufen
❷ MIL **~ sur la ville/sur Paris** auf die Stadt/auf Paris zumarschieren
❸ *(poser le pied)* ~ **sur/dans qc** auf/in etw *(Akk)* treten; *(ne pas respecter)* etw mit Füßen treten; **défense de ~ sur les pelouses!** Rasen betreten verboten!
❹ *(être en activité)* métro, bus: fahren
❺ *(fonctionner)* laufen; *montre:* laufen, gehen; *télé, radio, machine:* laufen, an sein; **à l'essence/l'électricité** mit Benzin/Strom laufen [*o* betrieben werden]; **faire ~ un appareil** einen Apparat einschalten
❻ *(réussir) affaire, film:* laufen; *études:* vorangehen; *procédé:* funktionieren; **rien ne marche aujourd'hui** heute geht [*o* läuft] alles schief *(fam)*
❼ *fam (croire naïvement)* alles glauben [*o* fressen *fam*], auf alles reinfallen *(fam)*
❽ *fam (être d'accord)* **je marche** [**avec vous**] ich ziehe mit *(fam)*; **je ne marche pas!** da mache ich nicht mit!; **ça marche!** o.k.! *(fam)*, [ist] gebongt! *(fam)*
▶ **faire ~ qn** jdn auf den Arm nehmen *(fam)*

marcheur, -euse [maʁʃœʁ, -øz] *m, f* Läufer(in) *m(f)*; SPORT Geher(in) *m(f)*; POL Teilnehmer(in) *m(f)* eines Marsches

marcottage [maʁkɔtaʒ] *m* Absenken *nt*

marcotte [maʁkɔt] *f* BOT Absenker *m*

marcotter [maʁkɔte] <1> *vt* absenken

mardi [maʁdi] *m* Dienstag *m; v. a.* **dimanche**
▶ ~ **gras** Fastnachtsdienstag *m*, Faschingsdienstag

mare [maʁ] *f* ❶ *(eau stagnante)* [Wasser]tümpel *m;* **~ aux canards** Ententeich *m*
❷ *(grosse flaque d'eau)* [Wasser]pfütze *f,* [Wasser]lache *f*
❸ *(liquide répandu)* Pfütze *f,* Lache *f;* **~ de sang/d'huile** Blut-/Öllache

marécage [maʁekaʒ] *m* Sumpf *m*

marécageux, -euse [maʁekaʒø, -ʒøz] *adj* sumpfig; *plante* Sumpf-

maréchal(e) [maʁeʃal, o] <-aux> *m(f)* Marschall *m*
♦ **~ de camp** Feldmarschall *m;* **~ des logis** Unteroffizier *m;* **~ des logis-chef** Stabsunteroffizier *m*

maréchal-ferrant [maʁeʃalferɑ̃] <maréchaux-ferrants> *m* Hufschmied *m*

maréchaussée [maʁeʃose] *f hum* Gesetzeshüter *m*

marée [maʁe] *f* ❶ *(mouvements de la mer)* Ebbe *f* und Flut *f*, Tide *f*, Gezeiten *Pl;* **~ basse/haute** Ebbe/Flut, Niedrig-/Hochwasser *nt;* **à ~ basse/haute** bei Ebbe [*o* Niedrigwasser]/Flut [*o* Hochwasser]; **grande ~** Springflut
❷ *fig* **~ humaine** Menschenflut *f*, Menschenwoge *f;* **la ~ montante du chômage** der rasante Anstieg der Arbeitslosigkeit
❸ COM *(poissons et fruits de mer)* Fische *Pl* und Meeresfrüchte *Pl*
▶ ~ **noire** Ölpest *f*
♦ **~ d'équinoxe** Springtide zur Zeit der Tag- und Nachtgleichen

marégraphe [maʁegʁaf] *m* TECH Mareograph *m*

marelle [maʁɛl] *f* Himmel und Hölle *(ein Kinderspiel);* [jeu de] ~ **assise** Mühlespiel *nt*

marémoteur, -trice [maʁemɔtœʁ, -tʁis] *adj* Gezeiten-; **usine marémotrice** Gezeitenkraftwerk *nt*

marengo [maʁɛ̃go] *adj inv* GASTR **veau/poulet** [à la] ~ Kalbs-/Hähnchenragout *nt* à la Marengo

marennes [maʁɛn] *f* Marennes-Auster *f*

mareyeur, -euse [maʁɛjœʁ, -jøz] *m, f* [See]fischgroßhändler(in) *m(f)*

margaille [maʁgaj] *f* BELG *fam (bagarre)* Handgemenge *nt*
❷ *fig (désordre)* Tohuwabohu *nt*, Unordnung *f*

margarine [maʁgaʁin] *f* Margarine *f*

marge [maʁʒ] *f* ❶ *(espace blanc)* Rand *m;* **écrire qc dans la ~** etw auf den Rand schreiben; **être écrit(e) dans la ~** am Rand [*o* auf dem] Rand stehen
❷ *(espace, délai)* Spielraum *m;* **~ d'erreur** Fehlergrenze *f*, zulässige Abweichung
❸ COM, ECON **~** [**bénéficiaire**] Gewinnspanne *f*, Gewinnmarge *f;* **~ brute** Bruttomarge *f;* **~ concurrentielle** Wettbewerbsspielraum *m;* **~ inflationniste** Inflationsmarge; **~ plancher-plafond** Von-Bis-Spanne *f;* **~ tarifaire** Tarifspanne *f;* **~ du commerce de détail** Einzelhandelsspanne *f;* **~ préférentielle** [*o* **de préférence tarifaire**] Präferenzspanne *f;* **la ~ entre le cours au comptant et le cours offert** die Spanne zwischen Geld und Brief; **~ par rapport au prix indicatif** Richtpreisspanne
❹ TYP **Steg** *m;* **~ de tête** Kopfsteg *m;* **~ inférieure** Fußsteg *m;* **~ de grand/petit fond** Außen-/Bundsteg

❺ *fig* **en ~ de l'actualité** weitab vom Tagesgeschehen; **vivre en ~ de la société** am Rande der Gesellschaft leben
♦ **~ de bénéfice** Verdienstspanne *f;* **~ de bénéfice brute** Bruttoverdienstspanne *f;* **~ de la branche** Branchenspanne *f;* **~ de croissance** Wachstumsspielraum *m;* **~ de fluctuation** Schwankungsbereich *m;* **~ de négociation** Verhandlungsspielraum *m;* **~ de perte** Verlustspanne *f;* **~ de rendement** Renditespanne *f*

margelle [maʁʒɛl] *f* Rand *m*

margeur [maʁʒœʁ] *m (dispositif)* Randsteller *m*

marginal(e) [maʁʒinal, o] <-aux> I. *adj* ❶ *(accessoire)* marginal; *occupation, travail, rôle* Neben-; *phénomène* Rand-; **problème ~** Randproblem *nt*
❷ *(en marge de la société)* am Rande der Gesellschaft; **groupe** Rand-
❸ *(peu orthodoxe)* außerhalb der gesellschaftlichen Norm; **groupe** Aussteiger-
❹ *(consigné en marge)* **remarque ~e** Randbemerkung *f;* **note ~e** Randvermerk *m*, Randnotiz *f*
❺ ECON Grenz-
II. *m(f) (asocial)* Asoziale(r) *f(m); (en marge de la société)* Außenseiter(in) *m(f)*

marginalisation [maʁʒinalizasjɔ̃] *f* Ausgrenzung *f*

marginaliser [maʁʒinalize] <1> I. *vt* in den Hintergrund drängen; ausgrenzen *groupe social;* ins Abseits drängen *homme politique, parti politique*
II. *vpr* **se ~** sich ausgrenzen, sich abgrenzen

marginalité [maʁʒinalite] *f* Außenseitertum *nt*

margoulette [maʁgulɛt] *f* ▶ **se casser la ~** *fam* auf die Schnauze fliegen

margoulin(e) [maʁgulɛ̃, in] *m(f)* ❶ *(maquignon)* Geschäftemacher(in) *m(f)*
❷ BOURSE Börsenjobber *m*

margrave [maʁgʁav] *mf* HIST Markgraf *m*/Markgräfin *f*

marguerite [maʁgəʁit] *f* ❶ BOT Margerite *f*
❷ INFORM, TYP Typenrad *nt*

marguillier [maʁgije] *m* ❶ *vieilli* Kirchenvorstand *m;* **~ de l'église** Kirchenpfleger *m*
❷ *(sacristain)* Messner *m*, Küster *m*

mari [maʁi] *m* [Ehe]mann *m*

mariable [maʁjabl] *adj* heiratsfähig

mariage [maʁjaʒ] *m* ❶ *(institution)* Ehe *f; (union)* Heirat *f;* **~ blanc** Scheinehe, **~ de raison** Vernunftehe/-heirat; **demander qn en ~** um jds Hand anhalten; **faire un beau** [*o* **riche**] **~** eine gute Partie machen
❷ *(cérémonie)* Hochzeit *f;* [**cérémonie de**] **~** Trauung *f;* **~ civil/religieux** standesamtliche/kirchliche Trauung; **double ~** Doppelhochzeit; **~ par procuration** Ferntrauung
❸ *(vie conjugale)* Ehe *f;* **fêter les 25/10 ans de ~** silberne Hochzeit/den zehnten Hochzeitstag feiern
❹ *(de plusieurs choses)* Vereinigung *f; (combinaison)* Zusammenstellung *f*, Kombination *f;* **le ~ de ces couleurs** diese Farbkombination, diese Farbzusammenstellung

marial(e) [maʁjal] *adj* REL **culte ~** Marienkult *m*

Marianne [maʁjan] *f* POL Marianne *f (die Symbolfigur der frz. Republik)*

marié(e) [maʁje] I. *adj* verheiratet
II. *m(f)* ❶ *(le jour du mariage)* Bräutigam *m*/Braut *f;* **les ~s** das Brautpaar
❷ *(marié depuis peu)* **jeune ~(e)** frischgebackener Ehemann/frischgebackene Ehefrau; **les jeunes ~s** die jungen Eheleute, das junge [*o* jungverheiratete] Paar

Marie-Madeleine [maʁimad(ə)lɛn(ə)] *f* HIST, REL Maria Magdalena *f*

marier [maʁje] <1a> I. *vt* ❶ *(procéder au mariage de)* trauen
❷ *(donner en mariage)* **~ qn à** [*o* **avec**] **qn** jdn mit jdm verheiraten; **être bon(ne) à ~** im heiratsfähigen Alter sein
❸ CAN, BELG, NORD *(épouser)* heiraten
❹ *(combiner)* [miteinander] verbinden; kombinieren *couleurs, goûts, parfums;* **~ texte et graphiques** INFORM Text und Grafik mischen
II. *vpr* ❶ *(contracter mariage)* **se ~ avec qn** jdn heiraten; **avoir envie de se ~** heiratslustig sein; **homme qui a envie de se ~** heiratslustiger Mann; **personne désireuse de se ~** ehewilliger [*o* heiratswilliger] Mensch
❷ *(s'harmoniser)* **se ~** [**ensemble**] miteinander harmonieren, zusammenpassen; **se ~ à** [*o* **avec**] **qc** mit etw harmonieren, zu etw passen

marihuana, marijuana [maʁiʁwana] *f* Marihuana *nt*

marin [maʁɛ̃] *m* ❶ *(matelot)* Seemann *m*, Matrose *m*/Matrosin *f*
❷ *(navigateur)* Seefahrer *m;* **un peuple de ~s** eine Seefahrernation
♦ **~ d'eau douce** Süßwassermatrose *m*/-matrosin *f;* **~ pêcheur** Meeresfischer(in) *m(f)*

marin(e) [maʀɛ̃, in] *adj* ① *(relatif à la mer)* Meeres-; *air, carte, mille* See-; **sel ~** Meersalz *nt*
② *(relatif au marin) col, costume* Matrosen-
marina [maʀina] *f* Marina *f*
marinade [maʀinad] *f* Marinade *f*; **~ de saumon** marinierter Lachs
marine¹ [maʀin] *m* MIL *(soldat)* Marineinfanterist(in) *m(f)*; **les Marines** die Marinetruppen
marine² [maʀin] **I.** *f* ① Marine *f*; **~ marchande** [*o* **de commerce**] Handelsmarine, Handelsschifffahrt *f*; *(ensemble des navires)* Handelsflotte *f*; **~ de plaisance** Vergnügungsschifffahrt; **~ de guerre** Kriegsmarine
② ART Meeresbild *nt*
II. *adj inv* dunkelblau, marineblau
mariner [maʀine] <1> **I.** *vt* GASTR **~ qc dans qc** etw in etw *(Dat)* marinieren [*o* einlegen]
II. *vi* ① GASTR *aliment:* in [der] Marinade ziehen
② *fam (attendre)* schmoren *(fam)*; **pendant une heure** eine Stunde lang vor sich hin schmoren *(fam)*
marinier, -ière [maʀinje, -jɛʀ] *m, f* Binnenschiffer(in) *m(f)*
marinière [maʀinjɛʀ] **I.** *f (vêtement)* Matrosenbluse *f*
II. *app inv* GASTR [**à la**] ~ nach Seemannsart *(mit Weißwein und Zwiebeln zubereitet)*
marin-pêcheur [maʀɛ̃pɛʃœʀ] <marins-pêcheurs> *m* Hochseefischer *m*
mariolle [maʀjɔl] *m fam* Spaßvogel *m*; **faire le ~** den Clown spielen
marionnette [maʀjɔnɛt] *f* ① THEAT *(figurine à fils)* Marionette *f*; *(figurine à gaine)* [Hand]puppe *f*; [**pièce de**] **~s** Marionettenspiel *nt*
② *péj (personne manipulée)* Marionette *f*, Hampelmann *m (péj)*
marionnettiste [maʀjɔnetist] *mf* Puppenspieler(in) *m(f)*
marital(e) [maʀital, o] <-aux> *adj* JUR des Ehemanns
maritalement [maʀitalmɑ̃] *adv* **vivre ~** in einer eheähnlichen Lebensgemeinschaft zusammenleben
maritime [maʀitim] *adj* ① *(du bord de mer)* maritim; *province, région, ville* Küsten-; **climat ~** maritimes Klima, Seeklima *nt*
② *(relatif à la marine)* See-; *transport* zur See, zu Wasser; **commerce/route ~** Seehandel *m*/-route *f*; **compagnie ~** Schifffahrtsgesellschaft *f*; **radio ~** Seefunk *m*; **catastrophe ~** Schiffskatastrophe *f*
marivaudage [maʀivodaʒ] *m littér* Getändel *nt*
marjolaine [maʀʒɔlɛn] *f* Majoran *m*
mark [maʀk] *m* HIST *(monnaie)* Mark *f*; **le deutsche Mark** die deutsche Mark; **~ est-allemand** [*o* **de l'Est**] Ostmark
marketing [maʀketiŋ] *m* Marketing *nt*; **~ mix** Marketing-Mix *m*; **~ direct** Direktmarketing *nt*
marlou [maʀlu] *m pop* Lude *m (sl)*, Loddel *m (sl)*
marmaille [maʀmaj] *f fam* Rasselbande *f (fam)*
marmelade [maʀməlad] *f* **~ de pommes, d'abricots** Kompott *nt*; **~ d'oranges** Orangenmarmelade *f*, Orangenkonfitüre *f*
marmite [maʀmit] *f* [Koch]topf *m*; **~ à poisson** Fischkochtopf; **~ norvégienne** Kochkiste *f*
▶ **faire bouillir la ~** für den Lebensunterhalt sorgen
marmiton [maʀmitɔ̃] *m* Küchenjunge *m*
marmonnement [maʀmɔnmɑ̃] *m* Gemurmel *nt*
marmonner [maʀmɔne] <1> **I.** *vt* murmeln
II. *vi* vor sich *(Akk)* hin murmeln
marmoréen(ne) [maʀmɔʀeɛ̃, ɛn] *adj* ① GEOL Marmor-
② *littér pâleur, froideur* marmorn; *impassibilité, rigidité* steinern
marmot [maʀmo] *m* ① *fam (petit garçon)* Knirps *m (fam)*
② *pl (petits enfants)* Kinder[schar *f*] *Pl*
marmotte [maʀmɔt] *f* Murmeltier *nt*
▶ **dormir comme une ~** wie ein Murmeltier schlafen
marmotter [maʀmɔte] <1> **I.** *vt* murmeln
II. *vi* vor sich *(Akk)* hin murmeln
Marne [maʀn] *f* **la ~** die Marne
marne [maʀn] *f* Mergel *m*
marner [maʀne] <1> **I.** *vt* AGR mit Mergel düngen
II. *vi fam (trimer)* schuften *(fam)*
marneux, -euse [maʀnø, -øz] *adj* mergelig
Maroc [maʀɔk] *m* **le ~** Marokko *nt*
marocain(e) [maʀɔkɛ̃, ɛn] *adj* marokkanisch
Marocain(e) [maʀɔkɛ̃, ɛn] *m, f* Marokkaner(in) *m(f)*
maronite [maʀɔnit] **I.** *adj* REL maronitisch
II. *mf* REL Maronit(in) *m(f)*
maronner [maʀɔne] <1> *vi fam* maulen *(fam)*, meckern *(fam)*; **ça me fait ~ de faire qc** es fuchst [*o* wurmt] mich, dass ich etw tun muss *(fam)*
maroquin [maʀɔkɛ̃] *m (cuir)* Saffian[leder *nt*] *m*; *(cuir grené)* Maroquin *nt o m*
maroquinerie [maʀɔkinʀi] *f* ① *(boutique)* Leder[waren]geschäft *nt*
② *(fabrication)* Lederwarenindustrie *f*; *(commerce)* Lederwarenhandel *m*

③ *(articles en cuir)* Lederwaren *Pl*
maroquinier, -ière [maʀɔkinje, -jɛʀ] *m, f* ① *(commerçant)* Lederwarenhändler(in) *m(f)*
② *(fabricant)* Lederwarenhersteller(in) *m(f)*
marotte [maʀɔt] *f* Marotte *f*; **avoir la ~ de** [**faire**] **qc** die Marotte haben, etw zu tun; **le nettoyage est une ~ chez elle** sie hat einen Putzfimmel *(fam)*
maroufler [maʀufle] <1> *vt* aufziehen *peinture, toile*
marquage [maʀkaʒ] *m* ① a. COM *(action)* Kennzeichnung *f*, Kennzeichen *nt*; *d'un arbre* Markierung *f*, Markieren *nt*; **~ pour l'expédition** Versandmarkierung
② *(résultat)* Kennzeichnung *f*; *(sur un arbre)* Markierung *f*; *(sur la chaussée)* [Straßen]markierung; **~ au sol** Fahrbahnmarkierung
③ SPORT *(surveillance)* Decken *nt*
marquant(e) [maʀkɑ̃, ɑ̃t] *adj (important) fait, événement* bedeutsam, einschneidend; *personnage, œuvre* bemerkenswert; *souvenir* prägend; **caractéristique ~e** hervorstechendes Merkmal
marque [maʀk] *f* ① *(trace, empreinte)* Abdruck *m*, Spur *f*
② *(trace sur le corps)* de fatigue, d'un accident Spur *f*; de coups de fouet Striemen *m*; *(tache)* Fleck *m*, Mal *nt*; **j'ai encore la ~ là où je me suis cogné(e)** man sieht noch, wo ich mich gestoßen habe
③ *(repère)* Zeichen *nt*; SPORT Start *m*; **prendre ses ~s** SPORT *(se préparer)* seine Startvorbereitungen treffen; *coureur:* an den Start gehen; **à vos ~s!** auf die Plätze!
④ *(témoignage)* **~ de confiance/bonne volonté** Vertrauensbeweis *m*/Beweis *m* für die Gutwilligkeit; **~ de respect** [*o* **d'estime**] Ehrenbezeigung *f*; **~ de sympathie** Sympathiebeweis *m*, Sympathiebezeugung *f*
⑤ *(signe distinctif)* Kennzeichen *nt*; *(au fer rouge)* Brandzeichen *nt*; **la ~ du bon sens/du talent de l'artiste** Beweis *m* für den gesunden Menschenverstand/für das Talent des Künstlers; **porter la ~ de l'artiste/son génie** die Handschrift des Künstlers tragen/von seinem/ihrem Genie zeugen
⑥ *(mise en relief)* Markierung *f*
⑦ COM Marke *f*; **~ bien lancée** gut eingeführte Marke; **~ déposée** [eingetragenes] Warenzeichen, geschützte Bezeichnung; **inscrire qc en tant que ~ déposée** etw als Warenzeichen eintragen lassen; **produit de ~** Markenartikel *m*
⑧ *(insigne)* Abzeichen *nt*; **~ d'un/de l'éditeur** Verlagssignet *nt*
⑨ SPORT *(score)* [Punkte]stand *m*; **ouvrir la ~** den ersten Punkt machen; **la ~ était de 2 à 1** es stand 2:1
⑩ GRAM Merkmal *nt*; **la ~ du pluriel** das Pluralzeichen
▶ **trouver ses ~s** sich zurechtfinden; **personnage/invité de ~** bedeutende Persönlichkeit/bedeutender Gast
◆ **~ de fabrication** [*o* **de fabrique**] Warenzeichen *nt*; **déposer/radier/imiter une ~ de fabrication** [*o* **de fabrique**] ein Warenzeichen anmelden/löschen/nachahmen; **~ d'origine** [*o* **de provenance**] Herkunftszeichen *nt*; **~ de qualité** Qualitätsmarke *f*; **~ de réservation** LING Platzhalter *m*; **~ de service** Dienstleistungsmarke *f*
marqué(e) [maʀke] *adj* ① *(net) curiosité* ausgeprägt; *prédisposition, préférence* deutlich, ausgesprochen; *traits du visage* ausgeprägt, markant; *différence, distinction, changement, trait* deutlich
② POL *(engagé)* **être ~ à droite/à gauche** rechts[gerichtet]/links[gerichtet] sein, rechts-/linksorientiert sein
③ *(traumatisé)* **être ~(e)** vorbelastet sein
marquer [maʀke] <1> **I.** *vt* ① *(indiquer)* markieren; anzeigen *heure, degré*
② *(distinguer par un signe)* kennzeichnen, markieren; **~ d'un trait/d'une croix** anstreichen/ankreuzen; **~ un forçat/prisonnier au fer rouge** einen zur Zwangsarbeit verurteilten Sträfling/einen Häftling brandmarken; **~ un animal au fer rouge** ein Tier mit einem Brandzeichen versehen
③ *(laisser une trace sur)* Spuren hinterlassen auf *(+ Dat)*; **~ son époque** *personne, événement:* das Gesicht seiner Zeit prägen; **elle a le visage marqué par la fatigue/les soucis** ihr Gesicht ist von der Müdigkeit/den Sorgen gezeichnet
④ *(souligner)* schlagen *cadence, rythme;* unterstreichen *paroles;* feierlich begehen *événement;* **~ la poitrine/taille** *vêtement:* die Brust/Taille betonen; **pour ~ cet événement** zur Feier des Tages; **~ la cadence en frappant dans les mains** im Takt mitklatschen
⑤ *(représenter)* signalisieren *fin, étape, progrès*
⑥ *(respecter)* beachten *stop, feu rouge;* **~ un temps d'arrêt** *(dans un discours)* kurz unterbrechen; *(dans un mouvement)* innehalten
⑦ *(inscrire, noter)* **~ qc sur un papier/dans un agenda** etw auf einem Stück Papier/in einem Terminkalender notieren; **~ qn présent/absent** jdn als anwesend/abwesend vermerken [*o* notieren]; **le prix marqué** der angegebene Preis; **la date est marquée sur le pot** das Datum steht auf dem Topf
⑧ *(exprimer)* **~ sa sympathie/surprise à qn** jdm seine Sympathie/Überraschung zeigen [*o* zu erkennen geben]
⑨ SPORT schießen, erzielen *essai, but;* machen, erzielen *point*
⑩ SPORT *(surveiller de près)* decken

II. vi ❶ *(jouer un rôle important)* ~ **dans qc** einen bleibenden Eindruck in etw *(Dat)* hinterlassen; ~ **dans la vie de qn** jds Leben prägen; **un fait qui marquera dans l'histoire** ein Meilenstein in der Geschichte

❷ *(laisser une trace) bouteille:* Flecken machen; *tampon:* schreiben; *crayon:* schreiben; **rouge à lèvres qui ne marque pas** kussechter Lippenstift

▶ ~ **qn à la culotte** *fam (surveiller qn de très près)* jdm [dicht] auf die Pelle rücken *(fam)*; **qn/ça marque mal** *fam (fait mauvaise impression)* jd/das macht sich nicht gut *(fam)*
marqueté(e) [maʀkəte] *adj coffret* Intarsien-; ~ **d'ivoire** mit Intarsien aus Elfenbein
marqueterie [maʀkɛtʀi] *f* ART Einlegearbeit *f,* Intarsie *f*
marqueur [maʀkœʀ] *m* ❶ SPORT Torjäger *m;* (au basket) Korbjäger
❷ *(crayon)* Textmarker *m,* Leuchtstift *m*
❸ INFORM Tag *m*
marqueuse [maʀkøz] *f* SPORT Torjägerin *f;* (au basket) Korbjägerin
marquis [maʀki] *m* Marquis *m*
marquise [maʀkiz] *f* ❶ *(dame noble)* Marquise *f*
❷ *(auvent)* Markise *f*
marraine [maʀɛn] *f* ❶ *d'un enfant* Patentante *f,* Patin *f,* God[e]l *f* (A)
❷ *(à une inauguration)* Patin *f,* God[e]l *f* (A); **être** ~ **de qc** die Patenschaft für etw übernehmen
marrant(e) [maʀɑ̃, ɑ̃t] *adj fam* ❶ *(drôle, amusant)* witzig, ulkig; **c'est super** ~ *fam* das ist ein Riesenspaß *(fam)*
❷ *(bizarre)* **c'est** ~, ... komisch, ...
marre [maʀ] *adv fam* ▶ **en avoir** ~ **de qn/qc** von jdm/etw die Nase voll haben *(fam)*, jdn/etw satthaben *(fam)*; **en avoir** ~ **de faire qc** es satthaben, etw zu tun *(fam)*; **y en a** ~ jetzt ist es genug, jetzt reicht's
marrer [maʀe] ❶ *vpr* **se** ~ *fam* sich kaputtlachen *(fam)*, sich [halb] totlachen *(fam)*
II. *vi* **faire** ~ zum Lachen bringen; **tu me fais** ~ **avec tes histoires** *iron* über dich und deine Geschichten kann ich nur lachen
marri(e) [maʀi] *adj littér* untröstlich; **ne prends pas ce petit air** ~ **!** setz nicht so eine Leidensmiene auf!
marron [maʀɔ̃] **I.** *m* ❶ *(fruit)* Marone *f,* Esskastanie *f;* ~ **s glacés** kandierte [*o* glacierte] Maronen
❷ *fam (coup de poing)* Schlag *m,* Hieb *m;* **flanquer un** ~ **à qn** jdm eine runterhauen *fam* [*o* scheuern *sl*]
❸ *pop* **être** ~ *(dupé)* ganz schön alt aussehen *(sl)*
▶ **tirer les** ~ **s du feu** *(pour le profit d'autrui)* die Kastanien aus dem Feuer holen
II. *adj inv* kastanienbraun, rotbraun; *yeux* braun; ~ **doré** *teint, peau, croûte du pain* goldbraun; **une écharpe** ~ **foncé** ein dunkelbrauner Schal; **des chaussettes** ~ **chocolat** schokoladenbraune Socken
marron(ne) [maʀɔ̃, ɔn] *adj* ❶ *courtier, homme d'affaires* zwielichtig; **avocat** ~ Winkeladvokat *m;* **médecin** ~ Kurpfuscher *m*
❷ HIST *esclave, nègre* entlaufen
marronnier [maʀɔnje] *m* ❶ BOT ~ [**d'Inde**] [Ross]kastanie *f*
❷ PRESSE *arg* abgedroschenes, immer wiederkehrendes Thema
mars [maʀs] *m* März *m; v. a.* août
Mars [maʀs] *m* ❶ MYTH Mars *m*
❷ ASTRON Mars *m*
marseillais(e) [maʀsɛjɛ, jɛz] *adj (de Marseille)* Marseiller
Marseillaise [maʀsɛjɛz] *f (hymne national)* Marseillaise *f*

Land und Leute

Die **Marseillaise** ist seit 1795 die französische Nationalhymne. Sie wurde 1792 von C.J. Rouget de Lisle als Kriegslied für die Rheinarmee geschrieben. Während der Revolution wurde sie von einem Freiwilligenbataillon aus Marseille gesungen, als es in Paris einmarschierte, um an einer Volkserhebung teilzunehmen. So erhielt sie ihren Namen.

Marseille [maʀsɛj] Marseille *nt*
▶ **être de** ~ *(exagérer)* einem gerne übertreiben
marsouin [maʀswɛ̃] *m* ZOOL Tümmler *m*
marsupial [maʀsypjal, jo] <-aux> *m* ZOOL Beuteltier *nt*
marsupial(e) [maʀsypjal, jo] <-aux> *adj* Beutel-; **poche** ~ **e** Beutel *m;* **repli** ~ Bruttasche *f*
marteau [maʀto] <x> **I.** *m* ❶ *(outil)* Hammer *m;* ~ **pneumatique** Presslufthammer; **coup de** ~ Hammerschlag *m*
❷ *(heurtoir)* Türklopfer *m*
❸ SPORT Hammer *m; (discipline)* Hammerwerfen *nt,* Hammerwurf *m;* **lanceur de** ~ Hammerwerfer *m*
❹ MUS Hammer *m*
❺ *(pièce d'horlogerie) d'une horloge* Schlagwerk *nt*
❻ ANAT Hammer *m*
▶ **être entre le** ~ **et l'enclume** zwischen den Stühlen sitzen
II. *adj fam* plemplem *(fam)*
◆ ~ **de maçon** Maurerhammer *m;* ~ **de menuisier** Zimmermannshammer *m;* ~ **de percussion** MED Perkussionshammer *m;*
~ **à river** Schlosserhammer *m*
marteau-perforateur [maʀtopɛʀfɔʀatœʀ] <marteaux-perforateurs> *m* Bohrhammer *m*
marteau-pilon [maʀtopilɔ̃] <marteaux-pilons> *m* Maschinenhammer *m* **marteau-piolet** [maʀtopjɔlɛ] <marteaux-piolets> *m* Eishammer *m* **marteau-piqueur** [maʀtopikœʀ] <marteaux-piqueurs> *m* Schlagbohrer *m,* Schlagbohrmaschine *f;* MIN Abbauhammer
martel [maʀtɛl] *m* ▶ **se mettre** ~ **en tête** sich *(Dat)* Gedanken machen, sich verrückt machen
martelage [maʀtəlaʒ] *m* Hämmern *nt*
martèlement [maʀtɛlmɑ̃] *m* ❶ *(coups de marteau)* Hämmern *nt*
❷ *(bruit cadencé) des obus, pas* Dröhnen *nt;* ~ **de sabots des chevaux** Pferdegetrappel *nt*
marteler [maʀtəle] <4> *vt* ❶ *(façonner au marteau)* hämmern
❷ *(frapper)* ~ **la figure à qn** jds Gesicht mit Schlägen bearbeiten; ~ **le sol gelé** *pas:* auf dem gefrorenen Boden dröhnen; **ce bruit me martèle les tempes** dieser Lärm pocht mir in den Schläfen
❸ *(scander)* skandieren
martellement *v.* **martèlement**
martial(e) [maʀsjal, jo] <-aux> *adj* ❶ *(de guerrier) air* grimmig, streng; *allure* zackig, stramm
❷ *(de guerre)* **cour** ~ **e** Standgericht *nt;* **loi** ~ **e** Standrecht *nt;* **arts martiaux** Kampfsportarten *Pl*
martien(ne) [maʀsjɛ̃, jɛn] *adj* Mars-
Martien(ne) [maʀsjɛ̃, jɛn] *m(f)* Marsbewohner(in) *m(f)*
martinet[1] [maʀtinɛ] *m (fouet)* Klopfpeitsche *f*
martinet[2] [maʀtinɛ] *m* ORN Mauersegler *m*
martingale [maʀtɛ̃gal] *f* ❶ COUT Riegel *m; d'un imperméable* Gürtel *m*
❷ JEUX System *nt*
Martini® [maʀtini] *m* Martini® *m*
martiniquais(e) [maʀtinikɛ, ɛz] *adj* von Martinique
Martiniquais(e) [maʀtinikɛ, ɛz] *m(f)* Einwohner(in) *m(f)* von Martinique
Martinique [maʀtinik] *f* **la** ~ die Insel Martinique
martin-pêcheur [maʀtɛ̃pɛʃœʀ] <martins-pêcheurs> *m* ORN Eisvogel *m*
martre [maʀtʀ] *f* ZOOL Marder *m*
martyr(e) [maʀtiʀ] **I.** *adj enfant* misshandelt; *mère* geplagt; *pays, peuple, ville* geschunden
II. *m(f) (personne sacrifiée)* Märtyrer(in) *m(f);* **prendre des airs de** ~ eine Leidensmiene aufsetzen
martyre [maʀtiʀ] *m* ❶ REL Martyrium *nt*
❷ *(grande douleur)* Qual *f;* **souffrir le** ~ Höllenqualen leiden
martyriser [maʀtiʀize] <1> *vt* ❶ *(faire souffrir)* quälen, plagen, peinigen
❷ REL den Märtyrertod sterben lassen
marxisant(e) [maʀksizɑ̃, ɑ̃t] *adj* marxistisch angehaucht
marxisme [maʀksism] *m* Marxismus *m*
marxisme-léninisme [maʀksism(ə)leninism] *m sans pl* Marxismus-Leninismus *m*
marxiste [maʀksist] **I.** *adj* marxistisch
II. *mf* Marxist(in) *m(f)*
marxiste-léniniste [maʀksistleninist] <marxistes-léninistes>
I. *adj* marxistisch-leninistisch
II. *mf* Marxist-Leninist *m/*Marxistin-Leninistin *f*
mas [mɑ] *m* [Bauern]hof *m (in der Provence)*
mascara [maskaʀa] *m* Wimperntusche *f,* Mascara *f*
mascarade [maskaʀad] *f* ❶ *(bal masqué)* Kostümfest *nt,* Maskenball *m;* ART, HIST Maskenspiel *nt*
❷ *(accoutrement)* Maskerade *f*
▶ **être une vraie** ~ *procès:* eine einzige Farce sein
mascaret [maskaʀɛ] *m* turbulente Strömungen *Pl (ausgelöst durch die Gezeiten im Mündungsgebiet eines Flusses)*
mascotte [maskɔt] *f* Maskottchen *nt*
masculin [maskylɛ̃] *m* GRAM, POES Maskulinum *nt;* **être du/se mettre au** ~ männlich [*o* maskulin] sein/werden
masculin(e) [maskylɛ̃, in] *adj* ❶ *(mâle, viril)* männlich; *courage, métier, voix* Männer-; *allure, silhouette* maskulin; **elle a des manières** ~ **es** sie benimmt sich wie ein Mann
❷ *(composé d'hommes)* Männer-; *main-d'œuvre, population* männlich
❸ GRAM, POES männlich, maskulin; *rime* männlich, stumpf
masculiniser [maskylinize] <1> *vt* ❶ *(opp: féminiser)* ~ **qn** jdn vermännlichen, jdm einen männlichen Anstrich geben
❷ MED ~ **qn** *chirurgien:* bei jdm eine Geschlechtsumwandlung zum Mann vornehmen; *opération, hormone:* bei jdm zur Virilisierung führen
masculinité [maskylinite] *f* männliches Geschlecht
maso [mazo] *abr de* **masochiste I.** *adj inv fam* **être** ~ [ein] Maso sein *(fam)*
II. *mf inv fam* Maso *m (fam)*

masochisme [mazɔʃism] *m* Masochismus *m*
masochiste [mazɔʃist] **I.** *adj* masochistisch; **être ~** masochistisch veranlagt sein
II. *mf* Masochist(in) *m(f)*
masquable [maskabl] *adj* INFORM maskierbar
masquage [maskaʒ] *m* ❶ *(dissimulation)* Verschleierung *f*
❷ INFORM *de données* Ausblendung *f*
masque [mask] *m* ❶ THEAT Maske *f;* **~ en plâtre** Gipsmaske
❷ *(protection du visage)* [Schutz]maske *f; d'un ouvrier soudeur, plongeur* Brille *f; d'un escrimeur* Maske; *d'un apiculteur* [Imker]hut *m*
❸ *(apparence trompeuse)* Maske *f,* Deckmantel *m;* **arracher son ~ à qn** jdm die Maske vom Gesicht reißen, jdn entlarven
❹ *(air, face)* Miene *f;* **~ de tristesse** Trauermiene; **avoir un ~ impénétrable** keine Miene verziehen
❺ MED *(pour une anesthésie)* Narkosemaske *f; (du personnel soignant)* Mundschutz *m*
❻ *(couche de crème)* [Gesichts]maske *f;* **~ de beauté** Schönheitsmaske; **~ peeling** [*o* **exfoliant**] Peelingmaske; **~ purifiant** Reinigungsmaske; **se faire un ~** [**sur le visage**] sich *(Dat)* eine Gesichtspackung machen
❼ *(empreinte)* **~ mortuaire** Totenmaske *f*
❽ MIL Deckung *f*
❾ INFORM Maske *f;* **éditeur/générateur de ~s** Maskeneditor *m/-*generator *m*
◆ **~ à gaz** Gas[schutz]maske *f;* **~ à oxygène** Sauerstoffmaske *f*
~ d'anesthésie MED Narkosemaske *f;* **~ d'écran** INFORM Bildschirmmaske *f;* **~ de grossesse** Mutterflecken *Pl;* **~ de plongée** Tauchermaske *f;* **~ de saisie** INFORM Eingabemaske *f*
masqué(e) [maske] *adj* ❶ *(recouvert d'un masque)* maskiert; *bal, soirée* Masken-
❷ *(dissimulé) feux* abgeblendet; *virage, sortie* verdeckt
masquer [maske] <1> **I.** *vt* ❶ *(dissimuler)* verdecken; MIL tarnen; überdecken *goût, odeur;* abdunkeln *lumière;* verschleiern, verheimlichen *réalité, vérité*
❷ *(recouvrir d'un masque)* mit einer Maske bedecken *visage*
❸ INFORM ausblenden *données*
II. *vpr* ❶ *(mettre un masque)* **se ~** sich maskieren, sich *(Dat)* eine Maske aufsetzen; **se ~ le visage** sein Gesicht mit einer Maske bedecken
❷ *(se dissimuler)* **se ~ derrière/sous** qc sich hinter/unter etw *(Dat)* verstecken [*o* verbergen]
massacrant(e) [masakrɑ̃, ɑ̃t] *adj* **être d'humeur ~e** unausstehlich sein
massacre [masakʀ] *m* ❶ *(tuerie)* Massaker *nt,* Gemetzel *nt,* Blutbad *nt;* **le ~ des Arméniens/des baleines** das Massaker [*o* Gemetzel] an den Armeniern/Abschlachten der Wale; **envoyer les soldats/troupes au ~** die Soldaten/Truppen auf die Schlachtbank [*o* in den Tod] schicken
❷ *(travail mal fait)* Flickwerk *nt,* Stümperei *f;* **faire un ~** ein Flickwerk liefern, pfuschen *(fam)*
❸ JEUX **jeu de ~** Wurfspiel *nt*
massacrer [masakʀe] <1> **I.** *vt* ❶ *(tuer sauvagement)* niedermetzeln, hinmorden *(geh) population, peuple;* abschlachten *animaux*
❷ *fam (démonter, mettre à mal)* fertigmachen *(fam)*
❸ *fam (détériorer)* verhunzen *(fam)*
II. *vpr* **se faire ~** sich abschlachten lassen
massacreur, -euse [masakʀœʀ, -øz] *m, f* ❶ *(tueur)* Mörder(in) *m(f)*
❷ *(gâcheur)* Pfuscher(in) *m(f)*
massage [masaʒ] *m* Massage *f;* **~ cardiaque** Herzmassage; **~ en profondeur** Tiefenmassage *f;* **~ par tapotement** Klopfmassage
masse¹ [mas] *f* ❶ *(volume important)* Masse *f;* **~s d'eau** Wassermassen *Pl,* riesige Wasserflut; **~s d'air froid/chaud** kalte/warme Luftmassen *Pl;* **dans la ~** ART aus einem Stück
❷ *(grand nombre)* Menge *f,* Masse *f; des estivants, badauds* Flut *f;* **la grande ~ des Anglais/agriculteurs** die breite Masse der Engländer/Landwirte; **arriver en ~** *fam* rudelweise auftreten *(fam);* **quitter en ~ le pays** das Land in Scharen [*o* massenweise] verlassen; **l'arrivée en ~ des ouvriers** die herbeiströmenden Arbeitermassen; **des types comme lui, y en a pas ~** *fam* Typen wie ihn findest du nicht an jeder Ecke; **ce genre de films, ça me plaît pas des ~s** *fam* diese Art von Film gefällt mir nicht besonders
❸ *(contours flous)* Masse *f*
❹ *pl* POL *(peuple)* Massen *Pl;* **les ~s populaires** die [Volks]masse[n]; **culture de ~** Massenkultur *f*
❺ PHYS *(poids)* Masse *f;* **~ atomique** Atomgewicht *nt,* Kernmasse
❻ MUS **la ~ instrumentale/orchestrale** die Instrumente/das Orchester
❼ ELEC Masse *f; (câble)* Massekabel */nt;* **mettre à la ~** erden
❽ ECON **~ monétaire** Geldmenge *f,* Geldvolumen *nt;* **~ monétaire en circulation** Zahlungsmittelumlauf *m,* Zahlungsmittelvolumen; **~ salariale** Personalaufwand *m,* Lohn- und Gehaltsaufkommen *nt*
▶ **être à la ~** *fam* nicht ganz dicht sein *(fam);* **tomber comme une ~** *fam* wegsacken *(fam),* wie ein nasser Sack ins Bett fallen
◆ **~ de données** INFORM Datenmenge *f;* **~ de l'endettement** Schuldenmasse *f;* **~ des stocks** Bestandsmasse *f*
masse² [mas] *f (outil)* großer Hammer; **des coups de ~** Hammerschläge *Pl*
◆ **~ d'armes** HIST Morgenstern *m*
massepain [maspɛ̃] *m* Marzipan *nt*
masser¹ [mase] <1> **I.** *vt (grouper)* versammeln; zusammenziehen *troupes*
II. *vpr (se grouper)* **se ~** sich zusammenscharen
masser² [mase] <1> *vt (faire un massage à)* massieren
masseur, -euse [masœʀ, -øz] *m, f* Masseur(in) *m(f);* **masseuse [thaïlandaise]** Masseuse *f*
masseur-kinésithérapeute, masseuse-kinésithérapeute [masœʀkineziteʀapøt, -øz] *m, f* Physiotherapeut(in) *m(f)*
massicot [masiko] *m* Papierschneidemaschine *f*
massicoter [masikɔte] <1> *vt* zuschneiden
massif [masif] *m* ❶ BOT Beet *nt;* **~ de fleurs/rosiers** Blumen-/Rosenbeet
❷ GEOG Bergmassiv *nt;* **~ montagneux** Gebirgsstock *m (Fachspr.);* **le ~ du Mont-Blanc** das Mont-Blanc-Massiv
massif, -ive [masif, -iv] *adj* ❶ *carrure* massig, *bâtiment, meuble* wuchtig; *esprit* schwerfällig; *visage* grob[schlächtig]
❷ *(pur) argent, métal, or* massiv; **bois ~** massives Holz, Massivholz
❸ *(important)* massiv; bombardement heftig; *départ, arrivée, manifestation* Massen-; *dose* hoch
Massif Central [masif sɑ̃tʀal] *m* Zentralmassiv *nt*
massivement [masivmɑ̃] *adv* ❶ *(en nombre) démissionner, licencier* in großer Zahl; *partir* in Massen, massenweise; **la population a ~ répondu oui au référendum** die Bevölkerung hat sich mit großer Mehrheit für das Referendum ausgesprochen
❷ *(à haute dose)* in hoher Dosierung, in hohen Dosen
mass media [masmedja] *mpl* Massenmedien *Pl*
massue [masy] **I.** *f* Keule *f*
II. *app inv* überzeugend
mastic [mastik] **I.** *m* ❶ *(pâte)* Spachtelmasse *f; du menuisier* Kitt *m;* **~ de vitrier** Fensterkitt
❷ TYP Druckfehler *m*
II. *adj inv (beige clair)* kittfarben
masticage [mastikaʒ] *m d'une vitre, fuite* Kitten *nt; d'un trou* Spachteln *nt*
masticateur, -trice [mastikatœʀ, -tʀis] *adj* Kau-; **organes ~s** ANAT Kauwerkzeuge *Pl*
mastication [mastikasjɔ̃] *f* Kauen *nt;* **problèmes de ~** Kaubeschwerden *Pl*
masticatoire [mastikatwaʀ] **I.** *adj* Kau-
II. *m* Kaumasse *f*
mastiquer¹ [mastike] <1> *vt, vi* ANAT kauen
mastiquer² [mastike] <1> *vt* TECH verspachteln; kitten *vitre, fuite;* spachteln *trou*
mastite [mastit] *f* MED Brustdrüsenentzündung *f,* Mastitis *f (Fachspr.)*
mastoc [mastɔk] *adj inv fam personne* massig; *meuble, voiture, statue* wuchtig
mastodonte [mastodɔ̃t] *m* ❶ *(chose énorme)* Monstrum *nt*
❷ *fam (personne énorme)* Koloss *m,* Riesenbaby *nt (fam),* Trumm *nt* (DIAL)
❸ ZOOL Mastodon *nt*
mastoïde [mastɔid] *f* MED Warzenfortsatz *m*
mastroquet [mastʀɔkɛ] *m vieilli fam* ❶ *(café)* Schänke *f*
❷ *(tenancier de café)* [Schank]wirt(in) *m(f)*
masturbation [mastyʀbasjɔ̃] *f* Onanie *f,* Selbstbefriedigung *f,* Masturbation *f*
masturber [mastyʀbe] <1> **I.** *vt* befriedigen, masturbieren
II. *vpr* **se ~** onanieren, sich selbst befriedigen, masturbieren
m'as-tu-vu [matyvy] *mf inv fam* Angeber(in) *m(f)*
masure [mazyʀ] *f* baufälliges Haus, Bruchbude *f (fam)*
mat [mat] **I.** *adj inv* ECHECS **être ~** [schach]matt sein
II. *m* ECHECS Matt *nt*
mât [mɑ] *m* ❶ *(poteau)* Mast *m*
❷ NAUT Mast *m;* **grand ~** Großmast
◆ **~ d'antenne** Antennenmast *m;* **~ de charge** Lademast *m;* **~ de cocagne** Klettermast *m*
mat' [mat] *m fam abr de* **matin**
mat(e) [mat] *adj* ❶ *(sans reflet)* matt; **or/argent ~** Mattgold *nt/-*silber *nt*
❷ *(opp: pâle) peau, teint* dunkel
❸ *(sourd) bruit, son* dumpf
matador [matadɔʀ] *m* Matador *m*
mataf [mataf] *m arg* Matrose *m*
matamore [matamɔʀ] *m vieilli* Maulheld *m (fam),* Großmaul *nt (fam)*
▶ **faire le ~** das Maul aufreißen *(fam),* den Mund [ziemlich] voll

nehmen *(fam)*

match [matʃ] <[e]s> *m* Spiel *nt*, Match *nt*; ~ **de hockey** Hockeyspiel; ~ **de tennis de table/de tennis** Tischtennis-/Tennismatch; ~ **de boxe** Boxkampf *m*; ~ **local** Lokalderby *nt*; ~ **aller** Hinspiel; ~ **d'ouverture** Eröffnungsspiel; ~ **à rejouer** Wiederholungsspiel; ~ **de très haut niveau** Topspiel, Spitzenspiel; ~ **vedette** Schlagerspiel; ~ **nul** Unentschieden *nt*

maté [mate] *m* Mate *m*, Matetee *m*

matelas [matlɑ] *m* ❶ *(pièce de literie)* Matratze *f*; ~ **en mousse** Schaumgummimatratze, Schaumstoffmatratze; ~ **pneumatique** Luftmatratze

❷ *(couche épaisse)* ~ **de qc** Polster *nt* aus etw; **un** ~ **de billets de banque** ein finanzielles Polster

◆ ~ **à langer** Wickelmulde *f*; ~ **à ressorts** Federkernmatratze *f*

matelassé [mat(ə)lase] *m* Matelassé *m*

matelassé(e) [mat(ə)lase] *adj* ❶ *(capitonné) porte* gepolstert

❷ COUT *doublure, tissu* gesteppt; **manteau** ~ Steppmantel *m*

matelasser [matlase] <1> *vt* ❶ *(rembourrer)* polstern

❷ *(doubler)* wattieren

matelassier, -ière [matlasje, -jɛʀ] *m, f* Polsterer *m*/Polsterin *f*

matelot [matlo] *m* Matrose *m*

matelote [matlɔt] *f* GASTR Fischragout in Weinsoße

mater¹ [mate] <1> *vt* ❶ *(faire s'assagir)* zur Vernunft [*o* Räson] bringen

❷ *(réprimer, vaincre)* bezwingen; **in den Griff bekommen** *révolte, rébellion*

❸ ECHECS [schach]matt setzen

mater² [mate] <1> *vt arg (regarder)* anstarren, anglotzen *(sl) jolie fille*; glotzen auf (+ *Akk*) *(sl) belle voiture*; begaffen *ébats des couples*

mâter [mate] <1> *vt* NAUT bemasten

matérialisation [materjalizasjɔ̃] *f* ❶ *(concrétisation)* Realisierung *f*; *d'une idée* Realisierung, Umsetzung *f*; *d'un projet* Realisierung, Verwirklichung *f*

❷ PHYS *de l'énergie, d'un rayonnement* Materialisation *f*

matérialiser [materjalize] <1> I. *vt* ❶ *(concrétiser)* realisieren, verwirklichen; ~ **une idée** eine Idee in die Tat umsetzen

❷ *(signaliser)* markieren, kennzeichnen; ~ **sur l'écran** auf dem Bildschirm darstellen

❸ PHILOS materialisieren

II. *vpr se* ~ Gestalt annehmen; *projet*: verwirklicht werden

matérialisme [materjalism] *m* Materialismus *m*

matérialiste [materjalist] I. *adj a.* PHILOS materialistisch

II. *mf a.* PHILOS Materialist(in) *m(f)*

matérialité [materjalite] *f* ❶ *(caractère objectif)* Tatsächlichkeit *f*; ~ **des faits** Tatbestand *m*

❷ PHILOS Stofflichkeit *f*

matériau [materjo] <x> *m* ❶ *(matière)* Material *nt*, CONSTR Werkstoff *m*, Material

❷ *fig* Stoff *m*, Material *nt*; **réunir les ~x nécessaires à la rédaction d'une thèse** das [Ausgangs]material für eine Doktorarbeit sammeln

◆ ~ **de base** Grundwerkstoff *m*; ~ **x de construction** Baumaterial *nt*, Baustoffe *Pl*; ~ **de remplissage** Füllgut *nt*; ~**x en vrac** Schüttgut *nt*

matériel [materjɛl] *m* ❶ *(équipement)* Material *nt*; ~ **audiovisuel/scolaire** Video-/Schulmaterial, ~ **goulot** ECON Engpassmaterial; ~ **d'armement** Rüstungsgüter *Pl*; ~ **de base** Ausgangsmaterial; ~ **de bureau** Büroausstattung *f*, Büromaterial; ~ **de camping** Campingausrüstung *f*; ~ **d'exploitation** Betriebsmaterial; ~ **de pêche** Angelausrüstung, Angelzeug *nt*; ~ **de peinture** Malerausrüstung; ~ **de réparation** Reparaturmaterial; ~ **standard** Standardausrüstung; **le ~ demandé/mis à la disposition** das angeforderte/bereitgestellte Material

❷ *(assortiment proposé dans un magasin)* ~ **de bureau/de peinture** Büro-/Malerbedarf *m*; ~ **de sport** Sportartikel *Pl*; ~ **audiovisuel/scolaire** Videosortiment *nt*/Schulbedarf

❸ *(matériau de base)* [Ausgangs]material *nt*, Grundlagen *Pl*

❹ INFORM Hardware *f*; ~ **informatique** Hardware-Ausrüstung

◆ ~ **de guerre** Rüstungsgüter *Pl*, Kriegsmaterial *nt*

matériel(le) [materjɛl] *adj* ❶ *(concret) matériel, trace, preuve* konkret; **je n'ai pas eu le temps ~ d'y aller** ich hatte einfach nicht die Zeit, dort hinzugehen; **j'ai été dans l'impossibilité ~le de vous joindre** es war mir faktisch unmöglich, Sie zu erreichen

❷ *(qui concerne des objets) défaillance* Material-; *dégâts* materiell, Sach-; *organisation, problème* technisch

❸ *(basée sur les biens en nature) aide, avantages, besoins* materiell; **biens ~s** Sachgüter *Pl*

❹ *(qui concerne l'argent) ennui, difficulté, conditions* finanziell; **civilisation** materialistisch

❺ PHILOS *(immanent)* materiell, dinglich, stofflich

matériellement [materjɛlmɑ̃] *adv* ❶ *(sur le plan financier)* materiell

❷ *(pour des raisons matérielles)* faktisch; **je n'en ai ~ pas le temps** ich habe einfach keine Zeit

maternage [matɛʀnaʒ] *m* [mütterliche] Betreuung; *péj* Bemuttern *nt*

maternel(le) [matɛʀnɛl] *adj* ❶ *(de la mère)* Mutter-; *geste, tendresse, instinct* mütterlich

❷ *(du côté de la mère) grand-père, grand-mère* mütterlicherseits; **biens** von mütterlicher Seite

❸ *(pour la mère)* **protection ~le** Mutterschutz *m*

❹ SCOL **école ~le** Kindergarten *m*

maternelle [matɛʀnɛl] *f* Kindergarten *m*

maternellement [matɛʀnɛlmɑ̃] *adv* mütterlich

materner [matɛʀne] <1> *vt péj* bemuttern

maternité [matɛʀnite] I. *f* ❶ *(bâtiment)* Entbindungsheim *nt*

❷ BIO *(faculté d'engendrer)* Gebärfähigkeit *f*

❸ *(condition de mère)* Mutterschaft *f*

❹ ART *(tableau)* Mutter-und-Kind-Bild *nt*; *(de la vierge)* Madonnenbild *nt*

II. *app* Mutterschafts-; **congé** ~ Mutterschaftsurlaub *m*

mathématicien(ne) [matematisjɛ̃, jɛn] *m(f)* Mathematiker(in) *m(f)*

mathématique [matematik] *adj* ❶ *(relatif aux mathématiques)* mathematisch

❷ *(rigoureux)* mathematisch

mathématiquement [matematikmɑ̃] *adv* ❶ *(de façon mathématique)* mathematisch

❷ *(rigoureusement)* exakt, mathematisch

❸ *(si on réfléchit rigoureusement)* bei gründlicher Überlegung

mathématiques [matematik] *fpl* Mathematik *f*; **livre/cahier de** ~ Mathematikbuch *nt*/-heft *nt*; **le cours de** ~ die Mathematikstunde, der Mathematikunterricht; **connaissances en** ~ Mathematikkenntnisse *Pl*; ~ **s appliquées/pures** angewandte/reine Mathematik

matheux, -euse [matø, -øz] *m, f fam* ❶ *(élève/étudiant en maths)* Mathe-Schüler(in) *m(f)*/Mathe-Student(in) *m(f)*

❷ *(personne douée en maths)* Mathe-Experte *m*/-Expertin *f (fam)*

math[s] [mat] *fpl fam abr de* **mathématique** Mathe *f (fam)*; **livre/cahier de** ~ Mathebuch *nt*/-heft *nt (fam)*; **le cours de** ~ die Mathestunde *(fam)*, der Matheunterricht *(fam)*; **hier en** ~ gestern in der Mathestunde *(fam)*; ~ **sup** erstes Vorbereitungsjahr mit Schwerpunkt Mathematik für die Aufnahmeprüfung an einer Elitehochschule; ~ **spé** zweites Vorbereitungsjahr mit Schwerpunkt Mathematik für die Aufnahmeprüfung an einer Elitehochschule

matière [matjɛʀ] *f* ❶ *a.* ECON *(substance)* Material *nt*; **auxiliaire** Hilfsstoff *m*; ~**s consommables** Hilfs- und Betriebsstoffe; ~ **première** Rohstoff *m*, Urprodukt *nt*; ~**s premières et consommables** Roh-, Hilfs- und Betriebsstoffe; ~ **grasse** Fett *nt*; ~ **grasse butyrique** Milchfett; ~ **organique** organischer Stoff; ~ **plastique** Plastik *nt*; ~ **synthétique** Kunststoff; ~**s** [**fécales**] Fäkalien *Pl*

❷ PHILOS, PHYS Materie *f*

❸ *(sujet, thème)* Material *nt*, Stoff *m*; *d'une discussion* Gegenstand *m*, Thema *nt*; ~ **de/d'un roman** Romanstoff; **donner ~ à critique** Anlass zur Kritik geben; **donner ~ à discussion/à réflexion** Diskussionsstoff/Stoff zum Nachdenken liefern; **en ~ financière** in Sachen Finanzen, in finanziellen Angelegenheiten [*o* Dingen]; **en ~ de sport/de finances/d'impôts** was den Sport/die Finanzen/die Steuern betrifft [*o* angeht], in Sachen Sport/Finanzen/Steuern; **des décisions/prestations en ~ de qc** Entscheidungen/Leistungen bezüglich einer S. *(Gen)*; **en la ~** auf diesem Gebiet; **il y a ~ à qc/à faire qc** es gibt Grund zu etw/Grund, etw zu tun; **je ne trouve pas la ~ à rire/se réjouir** ich finde, da gibt es nichts zu lachen/keinen Grund zur Freude

❹ SCOL **Fach** *nt*; ~ **d'examen** Prüfungsfach; ~ **artistique** musisches Fach; ~ **spécialisée** Fachunterricht *m*

❺ ART Material *nt*; ~ **picturale** Bildmaterial

▶ **faire marcher sa ~ grise** seine grauen Zellen anstrengen

MATIF [matif] *m abr de* **marché à terme international de France** französische Terminbörse

matin [matɛ̃] *m* ❶ *(début du jour)* Morgen *m*; *(matinée)* Morgen, Vormittag *m*; ~ **d'hiver** Wintermorgen; **la récréation du** ~ die Vormittagspause, die morgendliche Pause; **l'équipe du** ~ die Tagschicht

❷ *(indication de l'heure)* **un** ~ eines Morgens; **le** ~ morgens, am Morgen; [**c'est par**] **un** ~ **de juillet** an einem Julimorgen; **du** ~ **au soir** von morgens bis abends; **de bon** ~ frühmorgens; **ce** ~ heute Morgen; **notre réunion de ce** ~ unsere Sitzung heute Morgen; **chaque** ~, **tous les** ~**s** jeden Morgen; **au petit** ~ im Morgengrauen; **six/onze heures du** ~ sechs Uhr morgens/elf Uhr vormittags; **mardi** ~ [**am**] Dienstagmorgen; **tous les lundis** ~[**s**] jeden Montagmorgen; **hier/demain** ~ gestern/morgen früh; ~ **et soir** morgens und abends; **à prendre** ~, **midi et soir** morgens, mittags und abends einnehmen

▶ **un de ces quatre** ~**s** eines Tages; **être du** ~ *(être en forme le matin)* ein Frühaufsteher sein; *(être de l'équipe du matin)* Früh-

mâtin–maya

schicht haben, vormittags Dienst haben
mâtin(e) [matɛ̃] m(f) großer Wachhund
matinal(e) [matinal, o] <-aux> adj ❶ (du matin) morgendlich; rosée, gymnastique, toilette Morgen- ❷ (qui se lève tôt) **être ~** (e) früh auf sein, früh auf den Beinen sein; (habituellement) ein Frühaufsteher/eine Frühaufsteherin sein
matiné(e) [matine] adj ❶ (bâtard) nicht reinrassig; **un épagneul ~ de dogue** eine Mischung aus Spaniel und Dogge ❷ (mélangé de) **un français ~ d'italien** eine Mischung aus Französisch und Italienisch
mâtiné(e) [matine] adj ❶ (métissé) **un épagneul ~ de dogue** eine Mischung aus Spaniel und Dogge ❷ (mêlé) gemischt; **un français ~ d'italien** eine Mischung aus Französisch und Italienisch
matinée [matine] f ❶ (matin) Vormittag m; **une belle ~ d'octobre** ein schöner Oktobermorgen; **toute la ~** den ganzen Vormittag [über]; **dans la ~** im Laufe des Vormittags; **lundi/mardi dans la ~, dans la ~ de lundi/mardi** im Laufe des Montag-/Dienstagvormittags ❷ MUS Matinee f; CINE, THEAT Frühvorstellung f, Nachmittagsvorstellung; **en ~** nachmittags
▸ **faire la grasse ~** spät aufstehen, ausschlafen
matines [matin] fpl REL Mette f
matois(e) [matwa, waz] adj littér paysan listig; air pfiffig
maton(ne) [matɔ̃, ɔn] m(f) arg [Gefängnis]wärter(in) m(f), Schließer(in) m(f)
matou [matu] m ZOOL Kater m
matraquage [matrakaʒ] m ❶ (coups de matraque) **le ~ des manifestants par la police** der Schlagstockeinsatz der Polizei gegen die Demonstranten ❷ MEDIA (intoxication) Dauerberieselung f; (publicitaire) aufdringliche Propaganda; **~ publicitaire** Dauerberieselung durch die Werbung; **résister au ~** sich nicht beeinflussen lassen
matraque [matrak] f Schlagstock m
matraquer [matrake] <1> vt ❶ (frapper) **~ qn** jdn niederknüppeln, jdn niederprügeln, mit einem Schlagstock auf jdn einschlagen ❷ (escroquer) betrügen; **se faire ~** betrogen werden ❸ MEDIA (répéter avec insistance) bombardieren auditeur, téléspectateur; aufdringliche Propaganda betreiben für, powern (fam) produit, chanson ❹ (critiquer) verreißen (fam)
matraqueur, -euse [matrakœʀ, -øz] I. adj publicité massenwirksam
II. m péj Rohling m, Schlägertyp m
matriarcal(e) [matrijarkal, o] <-aux> adj matriarchalisch
matriarcat [matrijarka] m Matriarchat nt
matrice [matris] f ❶ TECH, TYP Matrize f ❷ ADMIN Matrikel f; **~ cadastrale** Grundsteuerrolle f ❸ MATH Matrix f
◆ **~ de facteurs** ECON Faktorenmatrix f (Fachspr.)
matricide [matʀisid] I. mf (personne) Muttermörder(in) m(f)
II. m (crime) Muttermord m
matriciel(le) [matʀisjɛl] adj algèbre, calcul Matrizen-
matricule [matʀikyl] I. m ❶ ADMIN, MIL Kennnummer f; d'un militaire Personenkennziffer f
▸ **ça va barder pour ton/son ~** fam da kannst du/kann er/sie was erleben (fam)
II. f ADMIN Kartei f; de la faculté Matrikel f
III. app MIL, JUR **numéro ~** Kennnummer f; **registre ~** Wehrstammrolle f
matrimonial(e) [matʀimɔnjal, jo] <-aux> adj Ehe-; **agence ~e** Heiratsagentur f; **régime ~** Güterstand m, Güterregelung f
matrone [matʀɔn] f péj Matrone f
Matthieu [matjø] m ❶ Matthias m ❷ REL **Saint ~** Matthäus m
maturant(e) [matyʀɑ̃, ɑ̃tə] m(f) CH Maturand m (CH)
maturation [matyʀasjɔ̃] f ❶ Reifen nt; des fruits, du raisin Reifen, Reifwerden nt; d'un fromage Reifen, Reifung f; d'une cellule Reifung ❷ fig d'une théorie, idée, d'un talent [Heran]reifen
mature [matyʀ] adj (psychiquement) reif; (sexuellement) geschlechtsreif
mâture [matyʀ] f NAUT Bemastung f, Mastwerk nt
maturité [matyʀite] f ❶ BOT, BIO Reife f; **~ précoce** Frühreife; **venir à ~** heranreifen ❷ (plénitude) de l'intelligence Höhepunkt m; d'une aptitude, d'un talent Blüte f; **arriver à ~** sich entfalten ❸ CH (baccalauréat) Abitur nt, Maturität f (CH)
maudire [modiʀ] <8> vt verfluchen
maudit(e) [modi, it] I. adj ❶ antéposé (fichu) verdammt ❷ postposé (réprouvé) poète, écrivain verfemt; (funeste) verflucht; lieu, endroit verflucht, unheilvoll
II. m(f) ❶ (rejeté) Ausgestoßene(r) f(m) ❷ REL (damné) Verdammte(r) f(m)

maugréer [mogʀee] <1> vi vor sich hin schimpfen [o fluchen]
maure [mɔʀ] adj HIST maurisch
Maure, Mauresque [mɔʀ, mɔʀɛsk] m, f Maure m/Maurin f
mauresque [mɔʀɛsk] adj maurisch
Maurice [mɔʀis] app **l'île ~** die Insel Mauritius
mauricien(ne) [mɔʀisjɛ̃, jɛn] adj mauritisch
Mauritanie [mɔʀitani] f **la ~** Mauretanien nt
mauritanien(ne) [mɔʀitanjɛ̃, jɛn] adj mauretanisch
mausolée [mozɔle] m Mausoleum nt
maussade [mosad] adj griesgrämig; ciel grau; humeur schlecht; journée, paysage trist, trostlos; **temps ~** [o **d'automne**] Novemberwetter nt, tristes Wetter
mauvais [movɛ] I. adv **il fait ~** es ist schlechtes Wetter; **sentir ~** (avoir une odeur désagréable) nicht gut riechen
II. m ❶ (ce qui est mauvais) Schlechte(s) nt ❷ (personne) **les bons et les ~** die Guten und die Schlechten
mauvais(e) [movɛ, ɛz] adj ❶ antéposé (de qualité médiocre) schlecht; objet schlecht, minderwertig ❷ antéposé (déficient) schlecht; **avoir de ~es jambes** Probleme mit den Beinen haben; **la balle est ~e** TENNIS der Ball ist aus ❸ antéposé (peu doué) acteur, élève, parents schlecht; **être ~ en qc** in etw (Dat) schlecht sein ❹ antéposé (erroné) adresse, date, direction, méthode, moyens, numéro falsch, verkehrt; **faire le ~ choix** eine schlechte Wahl treffen ❺ antéposé (inadéquat) heure, jour, moment, date verkehrt, falsch; plaisanterie, excuse schlecht ❻ antéposé (dangereux) schwer, schlimm; **faire une ~e chute** schwer stürzen; **être ~ pour qn/qc** nicht gut für jdn/etw sein, jdm/etw schaden; **être ~ pour la santé** ungesund sein ❼ antéposé (défavorable) bulletin, critique, jugement, rapport schlecht ❽ antéposé (désagréable) schlecht; odeur schlecht, unangenehm; passe, posture schwierig, unangenehm; saison trist; **faire un ~ rêve** schlecht träumen; **c'est bon? – Pas ~** schmeckt's? – Nicht schlecht ❾ antéposé (immoral) fréquentation, relations, lecture schlecht; conduite ungut; instinct nieder, niedrig; **~e action** böse Tat; **ne pas avoir un ~ fond** im Grunde kein schlechter Mensch sein ❿ (méchant) intention, langue, personne, regard böse; sujet übel; sourire hämisch; **foncièrement ~** personne, comportement grundschlecht ⓫ (agité) **la mer est ~e** das Meer ist bewegt [o stürmisch] ⓬ antéposé JUR **~e exécution** Schlechterfüllung f; **~e livraison** Schlechtlieferung f
▸ **qn l'a** [o **la**] **trouve ~e** fam jdm stinkt's (fam)
mauve [mov] I. adj blasslila; **~ pâle** inv zartlila; **une plante aux fleurs ~ pâle** eine Pflanze mit zartlila Blüten
II. m (couleur) Blasslila nt
III. f BOT Malve f
mauviette [movjɛt] f (personne chétive) Schwächling m; fam (poule mouillée) Angsthase m (fam)
max [maks] m fam abr de **maximum**: **un ~** verdammt viel (fam); **s'éclater un ~** sich wahnsinnig amüsieren (fam)
maxi [maksi] I. adj inv ❶ (très long) [knöchel]lang, Maxi-; **jupe/robe ~** Maxirock m/-kleid nt ❷ fam (maximal) maximal
II. m (mode) Maxi nt, Maximode f
III. adv fam maximal; **trois jours ~** maximal drei Tage
maxibouteille [maksibutɛj] f große Flasche f
maxillaire [maksilɛʀ] m ANAT **~ [supérieur]** Oberkieferknochen m; **~ inférieur** Unterkieferknochen; **articulation ~** Kiefergelenk nt
maxima [maksima] mpl ECON Clearingspitzen Pl
maximal(e) [maksimal, o] <-aux> adj maximal; vitesse, température, peine Höchst-
maximalisation [maksimalizasjɔ̃] f INFORM Maximierung f
maximaliser [maksimalize] vt maximieren
maximaliste [maksimalist] adj **être ~** radikal sein
maxime [maksim] f Maxime f
Maximilien [maksimiljɛ̃] m Maximilian m
maximisation [maksimizasjɔ̃] f Maximierung f
maximiser [maksimize] <1> vt maximieren
maximum [maksimɔm, maksima] <s o **maxima**> I. adj maximal; rendement, tension, nombre, vitesse Höchst-; concentration, dose maximal, Höchst-, Maximal-
II. m Maximum nt, Höchstmaß nt; JUR Höchststrafe f; MATH Maximum; **~ de qc** Maximum an etw (Dat); **le froid a atteint son ~ cette nuit** die Temperatur hat heute Nacht ihren Tiefpunkt erreicht; **il fait le ~** er tut sein Möglichstes; **au [grand] ~** allerhöchstens; **éviter qc au ~** etw möglichst vermeiden; **utiliser qc au ~** bei etw bis an die Leistungsgrenze gehen; **charger qc au ~** etw maximal belasten; **s'amuser/s'éclater/travailler un ~** fam sich wahnsinnig amüsieren/unheimlich viel arbeiten (fam)
maya [maja] adj civilisation der Maya (Gen)

Mayas [maja] *mpl* Mayas *Pl*
mayen [majã] *m* CH *auf mittlerer Höhe gelegene Alm mit einer Almhütte*
Mayence [majɑ̃s] Mainz *nt*
mayeur BELG *v.* **maïeur**
mayonnaise [majɔnɛz] *f* Mayonnaise *f*, Majonäse *f*; **œuf dur ~ hartes Ei mit Mayonnaise**
mazagran [mazagrɑ̃] *m Kaffeegefäß aus Steingut*
mazot [mazo] *m* CH *kleines ländliches Gebäude*
mazout [mazut] *m* [Heiz]öl *nt*
mazoutage [mazutaʒ] *m* Ölverseuchung *f*
mazouter [mazute] <1> *vt* mit Öl verseuchen; **des oiseaux mazoutés** ölverseuchte Vögel
Mbit [embit] *m abr de* **Megabit** INFORM Mbit *nt*
MDA [ɛmdea] *m abr de* **Monochrome Display Adapter** INFORM MDA *m*
M^e *abr de* **Maître** ❼
me <*devant une voyelle et un h muet* m'> [mə] *pron pers* ❶ **il ~ voit/m'aime** er sieht/liebt mich; **il ~ suit/m'aide** er folgt/hilft mir; **il ~ demande/m'explique le chemin** er fragt mich nach dem Weg/erklärt mir den Weg
❷ *avec faire, laisser* mich; **elle ~ laisse/fait conduire la voiture** sie lässt mich das Auto fahren
❸ *avec être, devenir, sembler soutenu* **cela ~ semble bon** das erscheint mir gut; **son amitié m'est chère** seine/ihre Freundschaft ist mir teuer *(geh)*; **ça m'est bon de rentrer au pays** es tut [mir] gut heimzukommen; **le café ~ devenait indispensable** ich konnte nicht mehr auf Kaffee verzichten
❹ *avec les verbes pronominaux* **je ~ nettoie** ich mache mich sauber; **je ~ nettoie les ongles** ich mache mir die Nägel sauber; **je ~ fais couper les cheveux** ich lasse mir die Haare schneiden
❺ *fam (pour renforcer)* **tu vas pas ~ faire une grippe maintenant!** du wirst mir doch jetzt keine Grippe ausbrüten wollen! *(fam)*
❻ *(avec un sens possessif)* **le cœur ~ battait fort** mein Herz schlug heftig
❼ *avec un présentatif* ich; **~ voici** [*o* **voilà**]**!** hier [*o* da] bin ich!; **~ voilà tout propre** jetzt bin ich [wieder] sauber
mea-culpa [meakylpa] *m sans pl littér* Schuldbekenntnis *nt*
▶ **dire** [*o* **faire**] **son ~** sich schuldig bekennen
méandre [meɑ̃dʀ] *m* ❶ *d'un chemin, cours d'eau* Windung *f*, Biegung *f*
❷ *pl fig de la pensée* verschlungene Pfade *Pl*; *de la phrase* Schnörkel *Pl*; **les ~s de la diplomatie** die diplomatischen Winkelzüge
méat [mea] *m* ANAT **~ urinaire** Harnröhrenmündung *f*
mec [mɛk] *m fam* ❶ *Kerl m (fam)*, Typ *m (fam)*; **les ~s et les nanas** die Jungs und die Mädels *(fam)*; **super ~** Klassemann *m (fam)*; **pauvre ~** Blödmann *(fam)*
❷ *(compagnon)* Macker *m (fam)*, Kerl *m (fam)*; **mon ~** *fam* mein Oller (DIAL *sl)*
mécanicien(ne) [mekanisjɛ̃, jɛn] *m(f)* ❶ Mechaniker(in) *m(f)*; **~(ne) automobile** Kfz-Mechaniker(in); **~(ne) de l'air** [*o* **d'avion**] Flugzeugmechaniker(in); **~ navigant** Bordmechaniker, Bordingenieur *m*
❷ CHEMDFER Lokomotivführer(in) *m(f)*, Lokführer(in); **~(ne) de manœuvre** Rangierer(in) *m(f)*
mécanique [mekanik] I. *adj* ❶ mechanisch; **jouet ~** Spielzeug *nt* zum Aufziehen
❷ *fam (technique)* *difficulté* technisch; **j'ai des ennuis ~s** ich habe Ärger mit dem Motor
❸ *(machinal)* mechanisch, automatisch
II. *f* ❶ *(étude des machines)* Mechanik *f*; **avoir le génie de la ~** technisch begabt sein; **~ automobile** Kfz-Technik *f*
❷ *(mécanisme)* Mechanik *f*, Mechanismus *m*; **~ de précision** Feinmechanik
❸ *fam (machine)* Maschine *f*
❹ *fam (fonctionnement) du corps humain* Mechanismus *m (fam)*; **de la politique, des passions** Kräftespiel *nt*; **d'une entreprise** [Geschäfts]ablauf *m*; **~ de l'âme** seelischer Haushalt; **je ne me sens pas bien, la ~ est fatiguée** ich fühle mich nicht wohl, ich bin völlig erschöpft
▶ **rouler les** [*o* **des**] **~s** *fam* den starken Mann spielen *(fam)*
mécaniquement [mekanikmɑ̃] *adv* ❶ mechanisch, maschinell
❷ *(machinalement)* mechanisch
mécanisation [mekanizasjɔ̃] *f* Mechanisierung *f*, Technisierung *f*
mécaniser [mekanize] <1> I. *vt* mechanisieren
II. *vpr* **se ~** mechanisiert werden, auf mechanischen Betrieb umstellen
mécanisme [mekanism] *m* ❶ Mechanismus *m*
❷ ANAT, MED *du corps humain* Mechanismus *m*; **~ congénital** [*o* **inné**] angeborener Mechanismus; **~ déclenchant** Auslösemechanismus
❸ *(processus)* **~ psychologique** psychologischer Prozess [*o* Vorgang]; **~ biologique** biologischer Mechanismus; **le ~ de la parole**

der physiologische Sprechvorgang
❹ ECON **~ de la balance des paiements** Zahlungsbilanzmechanismus *m*
◆ **~ de change** Wechselkursmechanismus *m*; **mettre en place un ~ de change** einen Wechselkursmechanismus festlegen; **~ de contrôle** Kontrollmechanismus *m*; **~ de défense** Abwehrmechanismus *m*
mécano [mekano] *m fam abr de* **mécanicien** Mechaniker(in) *m(f)*
mécénat [mesena] *m* Mäzenatentum *nt*
◆ **~ [d'entreprise]** Sponsoring *nt*
mécène [mesɛn] *m* ❶ *(protecteur des arts)* **~ [des arts]** [Kunst]mäzen(in) *m(f)*
❷ *(personne qui soutient)* Förderer *m*/Förderin *f*, [Be]förderer/[Be]förderin *(selten)*
méchamment [meʃamɑ̃] *adv* ❶ böse, boshaft
❷ *fam (très)* unheimlich *(fam)*; *amoché* böse, übel; **être ~ en retard** ganz schön spät dran sein *(fam)*
méchanceté [meʃɑ̃ste] *f* ❶ *sans pl* Bosheit *f*, Boshaftigkeit *f*; **regarder qn avec ~** jdn böse ansehen; **il ne l'a pas dit par ~** er hat das nicht böse gemeint
❷ *(acte, parole)* Bosheit *f*; **faire des ~s à qn** gemein zu jdm sein
méchant(e) [meʃɑ̃, ɑ̃t] I. *adj* ❶ böse, boshaft; *enfant* ungezogen, böse *(fam)*; *animal* bösartig; **être ~ avec qn** gemein zu jdm sein; *enfant*: nicht lieb zu jdm sein; **attention, chien ~!** Vorsicht, bissiger Hund!, Warnung vor dem Hund!
❷ *antéposé (sévère)* böse; **soleil, mer** gefährlich
❸ *antéposé fam (extraordinaire)* wahnsinnig *(fam)*; **avoir un ~ look** unheimlich stark aussehen *(fam)*
▶ **qc/ce n'est pas bien ~** etw/das ist nicht weiter schlimm
II. *m(f)* Böse(r) *f(m)*; **Aline, tu es une ~e!** Aline, du bist böse [*o* ein böses Mädchen]!; **faire le ~/la ~e** den Bösen/die Böse spielen [*o* markieren] *(fam)*
mèche¹ [mɛʃ] *f* ❶ *d'une bougie* Docht *m*; *d'un fouet* Schnur *f*; *d'un archet* Bezug *m*; *d'une charge explosive* Zündschnur *f*, Lunte *f*
❷ *(touffe)* **~ de cheveux** [Haar]strähne *f*; *(en souvenir de qn)* Haarlocke *f*; **se faire faire des ~s** sich *(Dat)* Strähnchen machen lassen
❸ TECH *(foret)* Bohrer *m*; **~ à pointe/à spirale** Schlangen-/Spiralbohrer
❹ MED Drain *m*
▶ **découvrir** [*o* **éventer**] **la ~** der Sache auf die Spur kommen; **vendre la ~** das Geheimnis verraten [*o* ausplaudern]
mèche² [mɛʃ] *f* **être de ~ avec qn** *fam* mit jdm unter einer Decke stecken
méchoui [meʃwi] *m* ❶ *(mouton)* Hammel *m* am Spieß
❷ *(repas)* [am Spieß] gebratener Hammel; **faire un ~** einen Hammel braten
Mecklembourg-Poméranie occidentale [mɛklɑ̃buʀpɔmeranjɔksidɑtal] *m* **le ~** Mecklenburg-Vorpommern *nt*
mécompte [mekɔ̃t] *m gén pl soutenu (déception)* Enttäuschung *f*
méconduire [mekɔ̃dɥiʀ] *vpr* **se ~** BELG *(se conduire mal)* sich schlecht benehmen; **se ~ avec qn** sich jdm gegenüber schlecht benehmen
méconium [mekɔnjɔm] *m* MED Kindspech *nt*
méconnaissable [mekɔnɛsabl] *adj* **être [devenu(e)] ~** nicht [mehr] wiederzuerkennen sein; **la maladie l'a rendu ~** die Krankheit hat ihn bis zur Unkenntlichkeit entstellt; **se rendre ~** sich unkenntlich machen
méconnaissance [mekɔnɛsɑ̃s] *f* ❶ *littér* Verkennung *f*
❷ UR Unkenntnis *f*; **~ involontaire** [*o* **par négligence**] fahrlässige Urkenntnis; **~ des lois** Rechtsblindheit *f (Fachspr)*
méconnaître [mekɔnɛtʀ] <*irr*> *vt littér* ❶ *(mésestimer)* verkennen
❷ *(ignorer)* nicht kennen *faits, vérité*; **ne pas ~ que ce [ne] soit vrai** nicht verkennen, dass es wahr ist
❸ *(ne pas tenir compte de)* nicht beachten *loi, principe*; sich hinwegsetzen über (+ Akk) *usage*
méconnu(e) [mekɔny] *adj* verkannt
mécontent(e) [mekɔ̃tɑ̃, ɑ̃t] I. *adj* unzufrieden; **~ de qn/qc** unzufrieden mit jdm/etw; **il est ~ d'avoir raté son train** er ist unzufrieden, weil er den Zug verpasst hat; **elle n'est pas ~e de quitter la ville/que ce soit fini** sie ist nicht gerade unglücklich darüber, die Stadt zu verlassen/dass es vorbei ist
II. *m(f)* Nörgler(in) *m(f)*; POL Unzufriedene(r) *f(m)*; **c'est un perpétuel ~** er ist ewig unzufrieden
mécontentement [mekɔ̃tɑ̃tmɑ̃] *m* Unzufriedenheit *f*; **se sentir plein de ~** tiefe Unzufriedenheit fühlen
mécontenter [mekɔ̃tɑ̃te] <1> *vt* **~ qn** *(déplaire)* jdm missfallen; *(contrarier, irriter)* jdn verstimmen
mécréant(e) [mekʀeɑ̃, ɑ̃t] *m(f) vieilli fam* Ungläubige(r) *f(m)*
médaille [medaj] *f* ❶ Medaille *f*; **sportive susceptible d'obtenir une ~** medaillenverdächtige Sportlerin
❷ *(décoration)* Orden *m*; **~ du travail** vom Arbeitgeber verliehene

médaillé–méfier

Auszeichnung für langjährige Mitarbeit ❸ *(insigne d'identité) d'un chien* Marke *f*
◆ ~ **d'or** Goldmedaille *f*
médaillé(e) [medaje] **I.** *adj sportif* [mit einer Medaille] ausgezeichnet; *militaire* [mit einem Orden] ausgezeichnet, ordengeschmückt; *animal* preisgekrönt; **sportif susceptible d'être ~** medaillenverdächtiger Sportler
II. *m(f)* Träger(in) *m(f)* einer Medaille/eines Ordens; SPORT Medaillengewinner(in) *m(f)*
médaillon [medajɔ̃] *m* GASTR, ART Medaillon *nt*; **~ de chevreuil/de porc/de veau** Reh-/Schweine-/Kalbsmedaillon; **~ de saumon** Lachsmedaillon
médecin [medsɛ̃] *m* Arzt *m*/Ärztin *f*; **~ d'hôpital/de l'hôpital** Krankenhausarzt/-ärztin; **~ d'entreprise/de l'entreprise** Betriebsarzt *m*/-ärztin *f*; **~ du sport** [*o* **sportif**] Sportmediziner(in) *m(f)*; **~ du travail** Werkarzt/-ärztin *f*, Werksarzt/-ärztin (*A*); **examen pratiqué par le ~ du travail** werkärztliche [*o* werksärztliche *A*] Untersuchung; **se faire examiner par le ~ du travail** werkärztlich [*o* werksärztlich *A*] untersucht werden; **~ légiste** Gerichtsmediziner(in) *m(f)*; **les ~s** (*la profession médicale*) die Ärzteschaft
◆ **~ de campagne** Landarzt *m*/-ärztin *f*; *péj fam (médecin quelconque)* Feld-Wald-und-Wiesen-Doktor *m (fam)*; **~ de cure** Kurarzt *m*/-ärztin *f*; **~ de famille** Hausarzt *m*/-ärztin *f*; **~ d'entreprise** Betriebsarzt *m*/-ärztin *f*; **~ de permanence** Bereitschaftsarzt *m*/-ärztin *f*
médecin-chef [medsɛ̃ʃɛf] <**médecins-chefs**> *m* Chefarzt *m*/-ärztin *f*; **~ du régiment** Regimentsarzt/-ärztin
médecine [medsin] *f* ❶ *(science)* Medizin *f*; **faire des études de ~** Medizin studieren
❷ *(profession)* Arztberuf *m*; **exercer la ~** als Arzt tätig sein
❸ *(spécialité)* **~ douce** Naturheilkunde *f*, Naturheilverfahren *Pl*; **~ générale** Allgemeinmedizin *f*; **~ interne** innere Medizin; **~** [utilisant le rayon] **laser** Lasermedizin; **~ légale** Gerichtsmedizin; **~ nucléaire/préventive** Nuklear-/Präventivmedizin; **~ des urgences** Notfallmedizin; **~ réparatrice** Ersatzteilmedizin; **~ tropicale** Tropenmedizin; **~ vétérinaire** Tierheilkunde; **~ spécialisée dans les maladies dues à la pollution de l'environnement** Umweltmedizin
◆ **~ de reproduction** Reproduktionsmedizin *f*; **~ du travail** Arbeitsmedizin *f*
Médée [mede] *f* Medea *f*
média [medja] *m* Medium *nt*; **les ~s** die [Massen]medien; **pédagogie des ~s** Medienpädagogik *f*; **spécialiste en science des ~s** Medienwissenschaftler(in) *m(f)*
médian(e) [medjã, jan] *adj* **ligne ~e** Mittellinie *f*
médiane [medjan] *f* ❶ GEOM *d'un triangle* Seitenhalbierende *f*
❷ STATIST Medianwert *m*, Zentralwert
médiateur, -trice [medjatœʀ, -tʀis] **I.** *adj* ❶ vermittelnd; **commission médiatrice** Vermittlungsausschuss *m*
❷ GEOM Median-
II. *m, f* ❶ *(négociateur)* Vermittler(in) *m(f)*; **le ~ d'un conflit** der Schlichter [*o* Vermittler] in einem Konflikt; **rôle de ~** Vermittlerrolle *f*; **Médiateur européen** Europäischer Bürgerbeauftragter
❷ *(intercesseur)* Mittelsmann *m*
médiathèque [medjatɛk] *f* Mediothek *f*
médiation [medjasjɔ̃] *f* ❶ *d'un conflit* Schlichtung *f*; **~ des négociations** Vermittlung *f* bei den Verhandlungen; **proposition de ~** Vermittlungsvorschlag *m*; **proposer [***o* **offrir] sa ~ dans un conflit** anbieten, in einem Konflikt zu vermitteln
médiatique [medjatik] *adj image* durch die Medien bestimmt; *sport, événement* medienwirksam; *personne* telegen; **campagne ~** Medienkampagne *f*; **impact/opération ~** Einfluss *m*/Aktion *f* der Medien; **support ~** [Massen]medium *nt*; **être ~** medienwirksam sein
médiatisation [medjatizasjɔ̃] *f* Vermarktung *f* durch die Medien
médiatiser [medjatize] <1> *vt* in den Medien vermarkten; *(excessivement)* in den Medien hochspielen [*o* aufbauschen]; **être médiatisé(e)** *événement:* in den Medien verbreitet sein
médiatrice [medjatʀis] *f* GEOM Mittelsenkrechte *f*
médical(e) [medikal, o] <-aux> *adj* ❶ *(qui concerne la médecine)* études, recherches medizinisch
❷ *(qui concerne les médecins)* ärztlich; **ses succès médicaux** seine Erfolge als Arzt/ihre Erfolge als Ärztin; **jargon ~** Medizinerjargon *m*
médicalement [medikalmã] *adv* medizinisch [gesehen]
médicalisation [medikalizasjɔ̃] *f* ❶ *(action)* medizinische Ausstattung
❷ *(fait d'être médicalisé)* medizinische Betreuung; **~ de la mort/de la maternité** medizinische Betreuung der Sterbenden/der werdenden Mütter
médicaliser [medikalize] <1> *vt* ❶ *(équiper) bâtiment, ambulance* mit medizinischen Geräten ausstatten
❷ *(établir une assistance médicale)* eine medizinische Betreuung einrichten für
médicament [medikamã] *m* Arzneimittel *nt*, Medikament *nt*; **~ contre la diarrhée** Arzneimittel [*o* Medikament] gegen Durchfall; **~ pour le cœur** Herzmittel *(fam)*; **~ contenant de l'insuline** PHARM Insulinpräparat *nt*; **frais de ~s** Arzneimittelkosten *Pl*
médicamenteux, -euse [medikamãtø, -øz] *adj* heilend; **plante médicamenteuse** Heilpflanze *f*; **les propriétés médicamenteuses de qc** die Heilwirkung einer S. *(Gen)*
médication [medikasjɔ̃] *f* MED medikamentöse Behandlung, Medikation *f (Fachspr.)*
médicinal(e) [medisinal, o] <-aux> *adj* **plantes ~es** Arzneipflanzen *Pl*, Heilpflanzen *Pl*
médico-légal(e) [medikolegal, o] <**médico-légaux**> *adj* gerichtsmedizinisch **médico-social(e)** [medikosɔsjal, o] <**médico-sociaux**> *adj* **assistance ~e** ärztliche Betreuung *f*
médiéval(e) [medjeval, o] <-aux> *adj* mittelalterlich
médiéviste [medjevist] **I.** *adj* **universitaire ~** Mediävist(in) *m(f) (Fachspr.)*
II. *mf* Mediävist(in) *m(f) (Fachspr.)*
médina [medina] *f* muselmanisches Stadtviertel *nt*
médiocre [medjɔkʀ] **I.** *adj* ❶ *salaire* dürftig, mager
❷ *(de qualité insuffisante)* mittelmäßig; *œuvre, vers, film* zweitklassig; *sol* karg; *vie* bedeutungslos
❸ *(faible) élève, étudiant* schwach; **être ~ en anglais** schwach in Englisch sein
❹ *péj (peu intelligent)* mittelmäßig; *(mesquin)* kleinlich; **d'un intérêt ~** von geringem Interesse; **des esprits ~s** Kleingeister *Pl*
II. *mf* Durchschnittsmensch *m*; **s'adresser aux ~s** auf den Durchschnitt [*o* die breite Masse] ausgerichtet sein
III. *m* Mittelmäßigkeit *f*, Durchschnittlichkeit *f*
médiocrement [medjɔkʀəmã] *adv* ❶ *(assez peu)* nicht übermäßig
❷ *(assez mal)* mäßig, schlecht und recht
médiocrité [medjɔkʀite] *f* ❶ *(insuffisance en quantité)* Dürftigkeit *f*
❷ *(insuffisance en qualité)* Mittelmäßigkeit *f*; **d'une vie** Bedeutungslosigkeit *f*
médire [mediʀ] <*irr*> *vi* **~ de qn** über jdn lästern
médisance [medizãs] *f* üble Nachrede
médisant(e) [medizã, ãt] *adj commentaires* boshaft; **être ~ personne:** schlecht über andere reden, andere schlechtmachen; **tenir des propos ~s sur qn** schlecht über jdn reden; **c'est une personne ~e** er/sie ist ein Lästermaul
méditatif, -ive [meditatif, -iv] *adj* nachdenklich
méditation [meditasjɔ̃] *f* ❶ *(réflexion)* Nachsinnen *nt*, Nachdenken *nt*; **~ sur** [*o* **de**] **qc** Nachsinnen [*o* Nachdenken] über etw *(Akk)*
❷ REL Meditation *f*
méditer [medite] <1> **I.** *vi* ❶ *(réfléchir)* **~ sur qc** über etw *(Akk)* nachsinnen
❷ *(projeter)* **~ de faire qc** erwägen, etw zu tun
❸ REL meditieren
II. *vt* ❶ *(réfléchir sur)* **~ qc** über etw *(Akk)* nachsinnen
❷ *(projeter)* ersinnen; **~ sa vengeance** auf Rache sinnen
Méditerranée [mediteʀane] *f* **la [mer] ~** das Mittelmeer, das Mittelländische Meer
méditerranéen(ne) [mediteʀaneɛ̃, ɛn] **I.** *adj* Mittelmeer-, mittelländisch; *caractère* südländisch; **région/côte ~ne** Mittelmeerregion *f*/-küste *f*; **climat ~** Mittelmeerklima *nt*, mediterranes Klima
II. *m(f)* ❶ Südländer(in) *m(f)*
❷ *(du sud de la France)* Südfranzose *m*/-französin *f*
médium [medjɔm] *m* ❶ *(personne)* Medium *nt*
❷ MUS mittlere Lage, Mittellage *f*
médius [medjys] *m* Mittelfinger *m*
médoc [medɔk] *m (vin)* Medoc *m*
Médoc [medɔk] *m* **le ~** das Médoc[gebiet]
méduse [medyz] *f* Qualle *f*
méduser [medyze] <1> *vt* verblüffen, sprachlos machen; **être** [*o* **rester**] **médusé(e)** wie gelähmt sein
meeting [mitiŋ] *m* ❶ POL Versammlung *f*; *(en plein air)* Kundgebung *f*
❷ SPORT Veranstaltung *f*; **~ sportif** Sportveranstaltung *f*; **~ aérien** [*o* **d'aviation**] Flugschau *f*
méfait [mefɛ] *m* ❶ *(faute)* Missetat *f*
❷ *gén pl (conséquence néfaste) de l'alcool* verheerende Folgen *Pl*; *du journalisme* schädlicher Einfluss; **~s de la gelée** Frostschäden *Pl*
méfiance [mefjãs] *f* Misstrauen *nt*; **éveiller la ~ de qn** jds Misstrauen wecken; **dissiper la ~ de qn** jds Misstrauen zerstreuen
méfiant(e) [mefjã, jãt] *adj* misstrauisch; **être ~ à l'égard de qn** jdm gegenüber misstrauisch sein; **être ~ à l'égard d'un projet** einem Vorhaben misstrauisch gegenüberstehen
méfier [mefje] <1a> *vpr* ❶ *(être soupçonneux)* **se ~ de qn/qc** jdm/einer S. misstrauen

❷ *(faire attention)* **se ~** sich in Acht nehmen, auf der Hut sein; **méfiez-vous!** Vorsicht!, seien Sie/seid auf der Hut!
méforme [mefɔʀm] *f* schlechte körperliche Verfassung; **être en ~** nicht fit [*o* in Form] sein
méga[1] [mega] *adj fam* **être ~ in/out** mega-in/mega-out sein *(fam)*
méga[2] [mega] *m fam abr de* **mégaoctet** INFORM Megabyte *nt*
mégabit [megabit] *m* INFORM Megabit *nt*
mégadéception [megadesɛpsjɔ̃] *f fam* Riesenenttäuschung *f (fam)*
mégahertz [megaɛʀts] *m* PHYS Megahertz *nt*
mégahonte [megaɔ̃t] *f fam* Riesenblamage *f (fam)*
mégalithe [megalit] *m* Megalith *m*
mégalo [megalo] *adj fam abr de* **mégalomane** größenwahnsinnig
mégalomane [megalɔman] **I.** *adj* größenwahnsinnig, megaloman *(Fachspr.)*
II. *mf* Größenwahnsinnige(r) *f(m)*; **être un/une ~** größenwahnsinnig sein, an Größenwahn leiden
mégalomanie [megalɔmani] *f* Größenwahn *m*, Cäsarenwahn *m (liter)*, Megalomanie *f (Fachspr.)*
mégalopole *v.* **mégapole**
mégaoctet [megaɔktɛ] *m* INFORM Megabyte *nt*
méga-ohm [megaom] *m* PHYS, ELEC Megaohm *nt*
mégaphone [megafɔn] *m* Megaphon *nt*; **le ~ crie: ...** aus dem Megaphon tönt es: ...
mégapole [megapɔl] *f* Riesenstadt *f*, Megalopolis *f (geh)*
mégaportion [megapɔʀsjɔ̃] *f fam* Riesenportion *f (fam)*
mégarde [megaʀd] ▸ **par ~** aus Versehen
mégastar [megastaʀ] *f fam* Megastar *m (fam)*
méga-succès [megasykse] *m inv fam* Bombenerfolg *m (fam)*
mégatonne [megatɔn] *f* Megatonne *f*
mégatube [megatyb] *m fam* Megahit *m (fam)*
mégavolt [megavɔlt] *m* PHYS, ELEC Megavolt *nt*
mégawatt [megawat] *m* Megawatt *nt*
mégère [meʒɛʀ] *f* Furie *f*, Megäre *f (geh)*
mégisserie [meʒisʀi] *f* TECH *(traitement)* Weißgerbung *f*; *(industrie)* Weißgerberei *f*
mégohm *v.* **méga-ohm**
mégot [mego] *m fam* [Zigaretten]kippe *f (fam)*
mégoter [megɔte] <1> *vi fam* **sur qc** mit etw knauserig sein
méhari [meaʀi] <*s o* méharis> *m* Mehari *nt (schnellfüßiges Reitdromedar in Nordafrika)*
meilleur [mɛjœʀ] **I.** *adv* **sentir ~** besser riechen; **il fait ~** es ist wärmer [*o* angenehmer]
II. *m* ❶ **le ~** das Beste; **garder** [*o* **laisser**] **le ~ pour la fin** *(Dat)* das Beste für den Schluss aufsparen [*o* aufheben]; **le ~ de l'histoire, c'est que** das Beste an der Geschichte ist, dass
❷ *(personne)* **le ~ de la classe** der Beste in der Klasse; **que le ~ gagne** [*o* **l'emporte**]! möge der Beste gewinnen!
▸ **pour le ~ et pour le pire** auf Gedeih und Verderb; **donner le ~ de soi-même** sein Bestes geben; **prendre le ~** das Beste daraus machen
meilleur(e) [mɛjœʀ] *adj* ❶ *comp de* **bon** besser; **j'ai une ~e idée** ich habe eine bessere Idee; **avoir ~e mine** besser aussehen; **être de ~e humeur** besser gelaunt sein; **il est en ~e santé** ihm geht es besser; **acheter qc ~ marché** etw billiger [*o* preiswerter] kaufen; **il est ~ cavalier que son frère** er ist ein besserer Reiter [*o* reitet besser] als sein Bruder; **il n'y a rien de ~** es gibt nichts Besseres
❷ *superl* **le ~/la ~e élève** der beste Schüler/die beste Schülerin; **la ~e proposition** das beste Angebot; **obtenir le ~ prix** den günstigsten Preis aushandeln; **je vous adresse mes ~s vœux** ich wünsche Ihnen alles Gute
meilleure [mɛjœʀ] *f* **la ~ de la classe** die Beste in der Klasse
▸ **j'en passe, et des ~s** und so weiter und so fort
méjuger [meʒyʒe] <2a> **I.** *vi littér* **~ de qn/qc** jdn/etw unterschätzen [*o* verkennen]
II. *vt littér* verkennen
III. *vpr* **se ~** *(se sous-estimer)* sich unterschätzen; *(à dessein)* sich herabsetzen
mél [mɛl] *m abr de* **message électronique** INFORM Mail *f o nt*
mélamine [melamin] *f* Melaminharz *n*, Melamin *nt*
mélaminé(e) [melamine] *adj* kunststoffbeschichtet
mélancolie [melɑ̃kɔli] *f* ❶ Melancholie *f*, Schwermut *f*; **sombrer** [*o* **tomber**] **dans la ~** in Melancholie [*o* Schwermut] verfallen
❷ *(atmosphère)* Melancholie *f*
▸ **ne pas engendrer la ~** kein Kind von Traurigkeit sein
mélancolique [melɑ̃kɔlik] *adj caractère, personne, regard* melancholisch, schwermütig; *musique, paysage, yeux* melancholisch; *souvenir* melancholisch stimmend
mélancoliquement [melɑ̃kɔlikmɑ̃] *adv* traurig
mélanésien(ne) [melanezjɛ̃, jɛn] *adj* melanesisch
mélange [melɑ̃ʒ] *m* ❶ *(action)* Mischen *nt*, Mischung *f*
❷ *(résultat)* Gemisch *nt*, Mischung *f*; **~ d'eau et de sirop** Gemisch aus Wasser und Sirup; **~ de couleurs** Farbmischung; **~ car-**
buré [*o* **air-essence**] Gas-Luft-Gemisch; **~ de matières textiles** Materialmix *m*; **un ~ d'ethnies différentes** ein Völkergemisch
❸ *pl* LITTER *(variétés)* Sammelband *m*; *(en l'honneur de qn)* Festschrift *f*; **~s littéraires** literarische Schriften *Pl*
▸ **éviter les ~s** es vermeiden, [zu viel] durcheinander zu trinken; **faire des ~s** [zu viel] durcheinander trinken; **un bonheur sans ~** ungetrübtes Glück
◆ **~ des genres** LITTER [Stil]mischung *f*; *(attitude)* Durcheinander|mischen *nt*
mélangé(e) [melɑ̃ʒe] *adj* gemischt; **couleur ~e** Mischfarbe *f*
mélanger [melɑ̃ʒe] <2a> **I.** *vt* ❶ **~ du café et** [*o* **avec**] **du lait** Kaffee und [*o* mit] Milch [ver]mischen; **~ plusieurs choses ensemble** mehrere Dinge miteinander [ver]mischen
❷ *(mettre en désordre)* durcheinanderbringen
❸ *(confondre)* verwechseln, durcheinanderbringen
II. *vpr* **se ~** sich [ver]mischen
mélangeur [melɑ̃ʒœʀ] *m* [**robinet**] **~** Mischbatterie *f*
mélanine [melanin] *f* BIO Melanin *nt*
mélanome [melanɔm] *m* MED **~ malin** bösartiges Melanom
mélasse [melas] *f* ❶ *(résidu)* Melasse *f*
❷ *fam (brouillard)* Suppe *f (fam)*; *(mélange confus)* Mischmasch *m (fam)*
▸ **être dans la ~** *fam* in der Tinte sitzen *(fam)*
Melba *v.* **pêche**
mêlé(e) [mele] *adj* ❶ *(mélangé)* [miteinander] vermischt; **couleurs/races ~es** Mischfarben *Pl*/-rassen *Pl*; **voix ~es** Stimmengewirr *nt*; **du sucre ~ à du vin** Zucker und Wein vermischt; **une langue ~e de français et d'espagnol** eine Mischsprache aus Französisch und Spanisch
❷ *(composite) société* gemischt; *style* uneinheitlich, heterogen
❸ *(impliqué)* **être ~ à une affaire** in einen Skandal verwickelt sein
mêlée [mele] *f* ❶ *(corps à corps)* Handgemenge *nt*; *(dans un débat d'idées)* Gefecht *nt*
❷ *(conflit)* **~e politique** politische Kampfbahn [*o* Arena]; **entrer/se jeter dans la ~e** sich in den Kampf stürzen; **être/rester au-dessus de la ~e** sich heraushalten
❸ *(personnes mêlées)* Gewühl *nt*; *(choses mêlées)* Durcheinander *nt*, Wirrwarr *m*; **~e de plantes** Pflanzengewirr *nt*
❹ RUGBY Gedränge *nt*
mêler [mele] <1> **I.** *vt* ❶ *(mélanger)* [ver]mischen; vereinigen *voix*; vermengen, verrühren *ingrédients*; **~ des œufs et du sucre** die Eier und den [*o* mit dem] Zucker verrühren; **~ la réalité et la fiction** *récit*: eine Mischung aus Dichtung und Wahrheit sein
❷ *(ajouter)* **~ des détails pittoresques à un récit** in einen Bericht malerische Einzelheiten einflechten
❸ *(allier)* **~ l'utile à l'agréable** das Nützliche mit dem Angenehmen verbinden; **sa personnalité mêle la tendresse à la force** in ihrer/seiner Persönlichkeit verbinden sich Zärtlichkeit und Stärke
❹ *(mettre en désordre)* durcheinanderbringen, in Unordnung bringen; verwirren *fils*; mischen *cartes*
❺ *(impliquer)* **~ qn à qc** jdn in etw *(Akk)* verwickeln
II. *vpr* ❶ *(se mélanger)* **se ~** sich mischen; *voix*: sich vereinigen; **se ~ à** [*o* **avec**] **qc** sich mit etw mischen
❷ *(joindre)* **se ~ à un groupe** sich zu einer Gruppe gesellen; **se ~ à la foule** sich unter die Menge mischen
❸ *(participer)* **se ~ à la conversation/au jeu** am Gespräch teilnehmen/beim Spiel mitmachen
❹ *péj (s'occuper)* **se ~ de qc** sich in etw *(Akk)* einmischen; **il se mêle de ce qui ne le regarde pas** er kümmert sich um Dinge, die ihn nichts angehen; **mêle-toi de ce qui te regarde!** kümmere dich um deine eigenen Angelegenheiten!; **de quoi je me mêle?** *fam* und was geht dich/Sie das [eigentlich] an? *(fam)*
❺ *péj (avoir la prétention)* **le voilà qui se mêle de faire des vers!** und jetzt will er auch noch dichten!
mêle-tout [mɛltu] *m inv* BELG ❶ *(touche à tout)* jd, der alles anfasst
❷ *(personne qui se mêle de tout)* neugierige Person, die sich in alles einmischt
mélèze [melɛz] *m* Lärche *f*
méli-mélo [melimelo] <mélis-mélos> *m fam* Durcheinander *nt*
mélisse [melis] *f* Melisse *f*; **eau de ~** Melissengeist *m*
mélo [melo] **I.** *m péj fam abr de* **mélodrame** Melodram[a] *nt*
II. *adj inv péj fam abr de* **mélodramatique** melodramatisch
mélodie [melɔdi] *f* ❶ *(air)* Melodie *f*
❷ *(poème mis en musique)* Lied *nt*
❸ *fig* Melodie *f*; **~ de la phrase/du vers** Satz-/Versmelodie *f*
mélodieusement [melɔdjøzmɑ̃] *adv* melodisch
mélodieux, -euse [melɔdjø, -jøz] *adj* melodisch; *voix* melodiös, melodisch
mélodique [melɔdik] *adj* melodisch
mélodramatique [melɔdʀamatik] *adj* melodramatisch
mélodrame [melɔdʀam] *m* Melodram[a] *nt*
mélomane [melɔman] **I.** *adj* Musik liebend, musikbegeistert
II. *mf* Musikliebhaber(in) *m(f)*

melon [m(ə)lɔ̃] *m* Melone *f;* ~ **cantaloup** Netzmelone
♦ ~ **d'eau** Wassermelone *f*
mélopée [melɔpe] *f* ❶ HIST, MUS Rezitativ *nt*
❷ *(chant monotone)* Singsang *m*
melting-pot [mɛltiŋpɔt] <melting-pots> *m* Schmelztiegel *m*
membrane [mɑ̃bʀan] *f* Membran[e] *f;* ~ **basale** [*o* **basilaire**] ANAT Basalmembran *f,* Basilarmembran *f;* ~ **cellulaire** Zellmembran; ~ **conjonctive** Bindehaut *f*
membraneux, -euse [mɑ̃bʀanø, -øz] *adj* membranartig
membre [mɑ̃bʀ] I. *m* ❶ ANAT [Körper]glied *nt;* **les ~s** die Glieder, die Gliedmaßen; ~ **inférieur/supérieur** untere/obere Gliedmaße
❷ ZOOL ~ **antérieur/postérieur** vordere/hintere Gliedmaße, Vorder-/Hinterbein *nt*
❸ *(sexe masculin)* ~ **viril** männliches Glied
❹ *(adhérent) d'un parti, club* Mitglied *nt;* ~ **d'une/de l'association** Vereinsmitglied; ~ **d'un/du cartel** Kartellmitglied; ~ **du comité d'entreprise** ≈ Betriebsratsmitglied; ~ **d'une/de la commission** Kommisssionsmitglied; ~ **d'un/du conseil** Ratsmitglied; ~ **du conseil municipal** Gemeinderatsmitglied; ~ **du conseil de surveillance** Aufsichtsratsmitglied; ~ **du/d'un consortium** Konsortialmitglied; ~ **du personnel de l'usine** Werksangehörige(r) *f(m);* ~ **à part entière** Vollmitglied; ~ **organisateur** [d'une/de l'association sportive] Sportwart(in) *m(f);* ~ **permanent d'une/de l'association** Vereinsfunktionär(in) *m(f);* **commission de cinq/sept ~s** fünfköpfige/siebenköpfige Kommission; **les ~s les plus anciens du parti** die Uraltmitglieder der Partei
❺ MATH *d'une équation* Seite *f*
▶ **trembler de tous ses ~s** an allen Gliedern [*o* am ganzen Körper] zittern
II. *app* État ~ Mitgliedsstaat *m;* **pays ~** Mitgliedsland *nt*
♦ ~ **de phrase** Satzglied *nt*
membrure [mɑ̃bʀyʀ] *f* ❶ *littér d'une personne* Körperbau *m*
❷ CONSTR Gurt *m,* Gurtung *f*
❸ NAUT, ESPACE Spant *nt*
même [mɛm] I. *adj* ❶ *(identique)* **habiter le ~ quartier** in demselben [*o* im selben] Viertel wohnen; **il porte la ~ cravate/les ~s chaussures qu'hier** er trägt dieselbe Krawatte/dieselben Schuhe wie gestern; **cette ~ année** im selben Jahr; **deux enfants de [la] ~ taille** zwei gleich große Kinder; **une ~ quantité de fraises et de sucre** dieselbe Menge Erdbeeren und Zucker
❷ *(simultané)* **en [*o* dans le] ~ temps** zur gleichen Zeit; **du ~ coup** auf einen Schlag
❸ *(semblable)* gleich; **elle porte la ~ robe que sa sœur** sie trägt das gleiche Kleid wie ihre Schwester; **c'est la ~ chose** das ist das Gleiche
❹ *(en personne)* **être la gaieté/la bonne humeur ~** die Fröhlichkeit selbst [*o* in Person]/die personifizierte gute Laune sein
❺ *(pour renforcer)* **c'est cela ~** genau so ist es; **les murs ~[s] ont des oreilles** selbst die Mauern haben Ohren
II. *pron indéf* **le/la ~** *(une chose identique)* der-/die-/dasselbe; *(une chose semblable)* der/die/das Gleiche; **les ~s** *(des choses identiques/semblables)* dieselben/die gleichen
III. *adv* ❶ *(de plus, jusqu'à)* [ja] sogar; **il lui dit des injures et ~ la menaça** er beschimpfte und bedrohte sie sogar; ~ **pas** nicht einmal
❷ *(précisément)* **ici ~** genau an dieser Stelle; **et, par là ~, il s'accuse** und genau dadurch klagt er sich an; **je le ferai aujourd'hui ~** ich werde das heute noch tun
❸ *fam (en plus)* ~ **que c'est vrai** und es stimmt sogar; **il a pris ma voiture, ~ qu'il a eu un accident** er hat meinen Wagen genommen und auch noch einen Unfall gebaut
▶ **être à ~ de faire qc** imstande [*o* im Stande] [*o* in der Lage] sein, etw zu tun; **à ~ le sol** direkt auf der Erde, auf der nackten Erde; **vous de ~!** *soutenu* [danke,] ebenso!; **il en est [*o* il en va] de ~ pour qn/qc** dies gilt auch [*o* ebenso] für jdn/etw; **de ~ que son frère** [eben]so wie sein Bruder; **tout de ~** dennoch, trotzdem; **ce n'est tout de ~ pas des choses à dire!** solche Dinge sagt man doch nicht!; **tu aurais pu tout de ~ prévenir!** du hättest doch wirklich Bescheid sagen können!
mémé [meme] *f fam* ❶ *enfantin (grand-mère)* Oma *f*
❷ *péj (femme d'un certain âge)* [alte] Oma; **faire ~** *personne:* omahaft aussehen; *robe:* alt machen
mémento [memɛ̃to] *m* ❶ *(agenda)* Notizbuch *nt*
❷ *(livre)* Handbuch *nt,* Abriss *m*
❸ REL ~ **des vivants/des morts** Fürbitte *f* für die Lebenden/Toten
mémère [memɛʀ] *f fam* ❶ *enfantin (grand-mère)* Oma *f*
❷ *péj (femme d'un certain âge)* [alte] Oma; **faire ~** *personne:* omahaft aussehen; *robe:* alt machen
mémoire[1] [memwaʀ] *f* ❶ *(faculté de se souvenir)* Gedächtnis *nt,* Erinnerungsvermögen *nt;* **troubles de la ~** Gedächtnisstörung *f;* **souffrir de troubles de la ~** unter Gedächtnisstörungen *(Dat)* leiden; **avoir [une] bonne ~, avoir de la [*o* beaucoup de] ~** ein gutes Gedächtnis haben; **avoir [une] mauvaise ~, avoir peu de ~** ein schlechtes Gedächtnis haben; **avoir la ~ courte** ein kurzes Gedächtnis haben; **ne plus avoir de ~** vergesslich werden; **avoir la ~ des chiffres/dates** ein gutes Zahlengedächtnis/Gedächtnis für Daten haben; **avoir [*o* garder] qc en [*o* dans sa] ~** etw im Gedächtnis behalten; **ne plus avoir qc en ~** sich an etw *(Akk)* nicht mehr erinnern können; **avoir/garder qc présent à [*o* vivant dans] la ~** etw nicht vergessen haben/etw im Gedächtnis [*o* in Erinnerung] behalten; **si j'ai bonne ~** wenn mich mein Gedächtnis nicht täuscht; **faire qc de ~** etw aus dem Gedächtnis tun; **perdre la ~** *(en raison de l'âge)* vergesslich werden; *(en raison d'un accident)* das Gedächtnis verlieren; **rafraîchir la ~ à qn** jds Gedächtnis *(Dat)* nachhelfen; **se remettre qc en ~** sich *(Dat)* etw ins Gedächtnis zurückrufen
❷ *(souvenir)* ~ **de qn/qc** Erinnerung *f* an jdn/etw; **pour ~** informationshalber; **conserver [*o* garder] la ~ de qn/qc** die Erinnerung an jdn/etw bewahren; **faire qc à la ~ de qn** etw zum Gedenken [*o* Andenken] an jdn tun
❸ INFORM Speicher *m;* **une capacité de ~ de …** eine Speicherkapazität von …; ~ **auxiliaire** Zusatzspeicher; ~ **cache** Cache[speicher], Datenzwischenspeicher; ~ **centrale** Hauptspeicher, Primärspeicher; ~ **étendue** Erweiterungsspeicher; ~ **externe** externer Speicher, Externspeicher; ~ **interne** interner Speicher; ~ **LIFO** LIFO-Speicher; ~ **morte** [*o* **en lecture seule**] Fest[wert]speicher, Nurlesespeicher, ROM *m;* ~ **morte effaçable et programmable** EPROM *m;* ~ **paginée** Expansionsspeicher; ~ **virtuelle** virtueller Speicher; ~ **vive** [*o* **à accès direct**] Arbeitsspeicher, Schreib-Lese-Speicher, RAM *m;* ~ **flash** Flash-Speicher; ~ **RAM** RAM; ~ **ROM** ROM *m;* ~ **tampon** Zwischenspeicher, Pufferspeicher, Puffer *m;* **mettre qc en ~ tampon** etw zwischenspeichern; ~ **d'images** Bildspeicher; ~ **de masse** Massenspeicher; ~ **de rafraîchissement de l'image** Bildwiederholungspeicher; **mettre en ~** einlesen; *(sauvegarder)* [ab]speichern
▶ **avoir une ~ d'éléphant** ein Gedächtnis wie ein Elefant haben; **de ~ d'homme** seit Menschengedenken; **de ~ de chat** seit es Katzen gibt
♦ ~ **de programme** INFORM Programmspeicher *m*
mémoire[2] [memwaʀ] *m* ❶ *pl (journal)* Memoiren *Pl*
❷ *(dissertation)* [wissenschaftliche] Arbeit
❸ *(exposé)* Bericht *m;* JUR Gesuch *nt*
♦ ~ **de maîtrise** Magisterarbeit *f,* Diplomarbeit *f*
mémorable [memɔʀabl] *adj (qui fait date)* denkwürdig; *(inoubliable)* unvergesslich
mémorandum [memɔʀɑ̃dɔm] *m* ❶ *(note diplomatique)* Memorandum *nt*
❷ *(carnet de notes)* Notizbuch *nt*
mémorial [memɔʀjal, jo] <-aux> *m* ❶ *(monument)* Denkmal *nt;* **le ~ de La Fayette** das Denkmal [zu Ehren] La Fayettes
❷ *(écrit)* Chronik *f;* **Mémorial domestique** Familienchronik
mémorialiste [memɔʀjalist] *mf* Memoirenschreiber(in) *m(f)*
mémorisable [memɔʀizabl] *adj* ❶ einprägsam
❷ INFORM speicherbar
mémorisation [memɔʀizasjɔ̃] *f* ❶ [Auswendig]lernen *nt;* **difficultés de ~** Lernschwächen *Pl*
❷ INFORM Speicherung *f*
mémoriser [memɔʀize] <1> *vt* ❶ auswendig lernen, sich *(Dat)* einprägen [*o* merken]
❷ INFORM [ab]speichern
menaçant(e) [mənasɑ̃, ɑ̃t] *adj* ❶ drohend; **décision** bedrohlich; **geste ~** Drohgebärde *f*
❷ *(orageux) ciel, nuage* bedrohlich; **des nuages ~s** Gewitterwolken *Pl*
menace [mənas] *f* ❶ *(parole, geste)* Drohung *f;* ~ **de démission/de guerre** Rücktritts-/Kriegsdrohung; ~ **de punition** Androhung *f* von Strafe; ~ **de suicide** Selbstmorddrohung; ~ **de violence** Gewaltandrohung; ~ **s de mort** Morddrohungen *Pl;* **sous la ~ de qn/qc** unter jds Zwang *(Dat)*/unter dem Zwang einer S. *(Gen)*
❷ *(danger)* Bedrohung *f;* ~ **de guerre** [drohende] Kriegsgefahr; ~ **d'un tremblement de terre** [drohende] Gefahr eines Erdbebens; **des ~s d'orage** ein drohendes Gewitter, Gefahr *f* von Gewittern; ~ **pour l'environnement** Umweltgefährdung *f;* **installation qui représente une ~ pour l'environnement** umweltgefährdende Anlage
menacé(e) [mənase] *adj* bedroht, gefährdet; **ses jours sont ~s** sein Leben ist bedroht
menacer [mənase] <2> I. *vt* ❶ *(faire peur avec)* ~ **qn d'une arme/du poing** jdm mit einer Waffe/der Faust drohen
❷ *(faire des menaces de)* ~ **qn de mort/de faire qc** jdm mit dem Tod drohen/jdm androhen, etw zu tun; **il est menacé de prison** ihm droht Gefängnis
❸ *(constituer une menace pour)* bedrohen; gefährden *santé*
II. *vi orage, guerre, famine:* drohen; ~ **de faire qc** drohen, etw zu tun; **la pluie menace de tomber** der Regen kann jeden Moment losbrechen
ménage [menaʒ] *m* ❶ *(entretien de la maison)* Haushalt *m;* **faire**

le ~ sauber machen; **faire le ~ à fond** einen Großputz machen *(fam)*, ein Großreinemachen veranstalten *(fam)*; **faire des ~s** putzen gehen
❷ *(vie commune)* **se mettre en ~ avec qn** mit jdm zusammenziehen; **être** [*o* **vivre**] **en ~ avec qn** mit jdm zusammenleben
❸ *(couple)* Ehepaar *nt;* **à trois** Dreiecksverhältnis *nt*
❹ *(famille)* Haushalt *m;* JUR Hausstand *m;* **un ~ de cinq personnes** ein Haushalt mit fünf Personen
▸ **faire bon/mauvais ~** gut/nicht gut zusammenpassen; **faire bon/mauvais ~ avec qn/qc** sich gut/nicht gut mit jdm/etw vertragen
ménagement [menaʒmɑ̃] *m* ❶ *(réserve)* Schonung *f;* **sans ~** schonungslos, rücksichtslos
❷ *gén pl (égard)* **avec de grands ~s** mit großer Vorsicht
ménager [menaʒe] <2a> **I.** *vt* ❶ *(employer avec mesure)* sparsam umgehen mit *revenus, condiments;* schonen *forces, vêtements;* mäßigen *paroles*
❷ *(traiter avec égards) (pour raisons de santé)* schonen; *(par respect ou intérêt)* rücksichtsvoll behandeln; **~ la susceptibilité de qn** jdn rücksichtsvoll behandeln
❸ *(préparer)* **~ une surprise à qn** eine Überraschung für jdn bereithalten; **~ une entrevue à qn** eine Unterredung für jdn herbeiführen
❹ *soutenu (aménager)* aufstellen *meuble;* einrichten *pièce;* installieren *escalier*
II. *vpr* ❶ *(prendre soin de soi)* **se ~** sich schonen
❷ *(se réserver)* **se ~ du temps** sich *(Dat)* Zeit freihalten
ménager, -ère [menaʒe, -ɛʀ] *adj* **appareils ~s** Haushaltsgeräte *Pl;* **ordures ménagères** Hausmüll *m;* **produits ~s** Artikel *Pl* für den Haushaltsbedarf; **travaux ~s** Hausarbeit *f;* **arts ~s** Hauswirtschaft *f*
ménagère [menaʒɛʀ] *f* ❶ *(femme)* Hausfrau *f*
❷ *(service de couverts)* Besteckgarnitur *f*
ménagerie [menaʒʀi] *f* ❶ *(animaux)* Menagerie *f*
❷ *(lieu d'exposition)* Tiergehege *nt*
mendiant(e) [mɑ̃djɑ̃, jɑ̃t] **I.** *m(f)* Bettler(in) *m(f)*
II. *adj* REL **ordre ~** Bettelorden *m*
mendicité [mɑ̃disite] *f* ❶ *(action)* Betteln *nt*
❷ *(condition)* **réduire qn à la ~** jdn an den Bettelstab bringen
mendier [mɑ̃dje] <1a> **I.** *vi* betteln
II. *vt* betteln um *argent, pain;* erbetteln *voix, louanges*
mendigot(e) [mɑ̃digo, ɔt] *m(f) fam* Bettler(in) *m(f)*
menée [məne] *f* CH *(congère)* Schneewehe *f*
menées [məne] *fpl* Machenschaften *Pl*
mener [məne] <4> **I.** *vt* ❶ *(amener)* bringen; **~ un enfant à l'école/chez le médecin** ein Kind zur Schule/zum Arzt bringen; **~ sa voiture au garage** sein Auto in die Werkstatt bringen; **~ ses troupes au combat** seine Truppen in den Kampf führen
❷ *(conduire)* führen; **~ une entreprise à la ruine/faillite** ein Unternehmen in den Ruin/Bankrott führen; **~ un pays à la guerre** *dictateur, famine:* ein Land in den Krieg führen; **~ l'enquête dans une mauvaise direction** die Ermittlungen fehlleiten
❸ *(être en tête de)* anführen
❹ *(diriger)* leiten; führen *négociations*
❺ *(administrer)* führen; **~ une existence calme** ein ruhiges Leben führen
❻ *(faire agir)* leiten; **seul l'intérêt le mène** er handelt nur aus Eigeninteresse; **se laisser ~ par qn** sich von jdm leiten lassen; **les idées mènent le monde** Ideen regieren die Welt
❼ GÉOM ziehen; **~ une circonférence** einen Kreis beschreiben
II. *vi* **~ à qn/qc** zu jdm/etw führen; **dans le parc** *chemin, route:* in den Park hineinführen; **~ dans la vallée** *chemin, route:* ins Tal hinunterführen
❷ SPORT führen; **~ par deux à zéro** mit zwei zu null führen
ménestrel [menɛstʀɛl] *m* HIST [fahrender] Sänger, Spielmann *m*
ménétrier [menetʀije] *m* Dorfmusikant *m*
meneur, -euse [mənœʀ, -øz] *m, f* Anführer(in) *m(f);* *péj* Rädelsführer(in) *m(f);* *(animal)* Alphatier *m*
◆ **~ d'hommes** Führernatur *f;* **~ de jeu** SPORT Spielmacher *m;* RADIO, TV Spielleiter *m*
menhir [menir] *m* Menhir *m,* Hinkelstein *m*
méninge [menɛ̃ʒ] *f gén. pl* ANAT [Ge]hirnhaut *f*
▸ **se creuser les ~s** *fam* sich *(Dat)* das Hirn zermartern *(fam);* **ne pas se fatiguer les ~s** *fam* sein Hirn nicht übermäßig anstrengen *(fam)*
méningite [menɛ̃ʒit] *f* MED [Ge]hirnhautentzündung *f,* Meningitis *f (Fachspr.)*
▸ **ne pas risquer d'**[*o* **ne pas aller**|**attraper une ~** *fam* sein Hirn nicht überanstrengen *(fam)*
ménisque [menisk] *m* Meniskus *m*
ménopause [menopoz] *f* Wechseljahre *Pl,* Menopause *f (Fachspr.)*
menotte [mənɔt] *f* ❶ *fam (main d'enfant)* [Patsch]händchen *nt*

❷ *pl (entraves)* Handschellen *Pl;* **passer les ~s à qn** jdm Handschellen anlegen
mensonge [mɑ̃sɔ̃ʒ] *m* ❶ *(opp: vérité)* Lüge *f;* **pieux ~** fromme Lüge, Notlüge; **~ de la propagande** Propagandalüge; **raconter un ~/dire des ~s** lügen; **raconter un ~ à qn** jdn belügen; **c'est** [**bien**] **vrai, ce ~?** *hum* und das soll ich dir glauben?
❷ *sans pl (action, habitude)* Lügen *nt;* **il vit dans le ~** sein Leben besteht nur aus Lügen
mensonger, -ère [mɑ̃sɔ̃ʒe, -ɛʀ] *adj propos* erlogen, unwahr; *promesse* falsch; *publicité* irreführend
menstruation [mɑ̃stʀyasjɔ̃] *f* Periode *f,* Regel *f*
menstruel(le) [mɑ̃stʀyɛl] *adj* Menstruations-, menstrual *(Fachspr.);* **cycle ~** Menstruationszyklus *m;* **flux ~** Monatsblutung *f;* **troubles ~s** Menstruationsstörungen *Pl*
mensualisation [mɑ̃sɥalizasjɔ̃] *f* monatliche Zahlung
mensualiser [mɑ̃sɥalize] <1> *vt* ❶ *(rémunérer)* monatlich bezahlen [*o* entlohnen]
❷ *(verser chaque mois)* monatlich [be]zahlen
mensualité [mɑ̃sɥalite] *f* ❶ monatliche Zahlung, *(remboursement de crédit)* Monatsrate *f;* **~ d'un leasing** Leasingrate *f;* **la ~ du leasing** die monatliche Leasingrate; **payer par ~s** monatlich bezahlen; *(rembourser un crédit)* in Monatsraten abzahlen
❷ *(salaire)* [Monats]lohn *m,* [Monats]gehalt *nt*
mensuel [mɑ̃sɥɛl] *m* Monats[zeit]schrift *f*
mensuel(le) [mɑ̃sɥɛl] *adj* monatlich; **magazine ~** Monats[zeit]schrift *f*
mensuellement [mɑ̃sɥɛlmɑ̃] *adv* monatlich
mensuration [mɑ̃syʀasjɔ̃] *f* ❶ *(action de mesurer)* Maßnehmen *nt*
❷ *pl (dimensions du corps)* Maße *Pl;* **~s idéales** Idealmaße; **avoir les ~s idéales** Idealmaße haben
mental [mɑ̃tal] *m sans pl* geistige Verfassung; **avoir un bon ~** in guter psychischer Verfassung sein
mental(e) [mɑ̃tal, o] <-aux> *adj* ❶ *(psychique)* geistig
❷ *(intellectuel, de tête) prière* still; **opérations ~es** Denkvorgänge *Pl;* **troubles mentaux** Geistesstörungen *Pl;* **calcul ~** Kopfrechnen *nt*
mentalement [mɑ̃talmɑ̃] *adv* im Kopf
mentalité [mɑ̃talite] *f* Mentalität *f;* *(état d'esprit)* Denkart *f;* **~ de fonctionnaire** Beamtenmentalität; **~ de gaspillage** Wegwerfmentalität; **avoir une ~ mercantile** eine auf Profit denken
▸ **tu as une belle** [*o* **drôle de**] [*o* **sacrée**] **~!** *péj* du hast ja eine [reizende] Einstellung!
menteur, -euse [mɑ̃tœʀ, -øz] **I.** *adj personne, éloge* verlogen; **être ~** *personne:* verlogen sein, ein Lügner/eine Lügnerin sein
II. *m, f* Lügner(in) *m(f)*
menthe [mɑ̃t] **I.** *f* ❶ Minze *f;* **~ poivrée** Pfefferminze *f;* **tisane à la ~** Pfefferminztee *m;* **alcool de ~** Pfefferminz[likör *m*] *m*
❷ *(essence de menthe)* Pfefferminz *kein Art;* **bonbon à la ~** Pfefferminzbonbon *m*
❸ *(sirop, boisson)* Pfefferminzgetränk *nt*
II. *app* [*couleur*] **~** *pull, foulard* mintfarben; **cette écharpe est** [**de**] **couleur ~** dieser Schal ist mintfarben [*o* mint]
menthol [mɑ̃tɔl] *m sans pl* Menthol *nt*
mentholé(e) [mɑ̃tɔle] *adj* **cigarette ~e** Mentholzigarette *f*
mention [mɑ̃sjɔ̃] *f* ❶ *(fait de signaler)* Erwähnung *f;* **digne de ~** erwähnenswert; **faire ~ de qn/qc** jdn/etw erwähnen; **mériter une ~ spéciale** besonders erwähnt werden müssen
❷ *(indication)* Vermerk *m;* **~ confirmative** Bestätigungsvermerk; **~ franco** Frankovermerk; **rayer les ~s inutiles** Unzutreffendes bitte streichen
❸ SCOL, UNIV Auszeichnung *f;* **avec** [**la**] **~ bien** mit „gut"; **avec** [**la**] **~ honorable** mit „magna cum laude"
◆ **~ d'authentification** Beglaubigungsvermerk *m;* **~ de certification** Beglaubigungsvermerk *m;* **~ d'inspection** Besichtigungsvermerk *m;* **~ de l'inventeur** JUR Erfindernennung *f;* **~ de la radiation** Löschungsvermerk *m;* **~ de réception** ECON Empfangsvermerk *m;* **~ de rectification** Berichtigungsvermerk *m;* **~ d'urgence** Dringlichkeitsvermerk *m;* FIN Eilavis *m o nt;* **~ de validation** Gültigkeitsvermerk *m*
mentionner [mɑ̃sjɔne] <1> *vt* erwähnen; **un nom souvent mentionné** ein viel genannter Name
mentir [mɑ̃tiʀ] <10> *vi* ❶ lügen, schwindeln; **~ à qn** jdn belügen [*o* anschwindeln *fam*]; **sans ~** ungelogen
❷ *rare (être trompeur)* trügen
▸ **il ment comme il respire** er lügt wie gedruckt
menton [mɑ̃tɔ̃] *m* Kinn *nt;* **double ~** Doppelkinn, Goder *m* (A); **~ en galoche** vorspringendes Kinn
mentonnière [mɑ̃tɔnjɛʀ] *f* ❶ *(pour retenir une coiffure) (en cuir)* Kinnriemen *m;* *(en tissu)* Kinnband *nt*
❷ MUS Kinnstütze *f*
❸ HIST Kinnreff *nt*
mentor [mɛ̃tɔʀ] *m littér* Mentor *m*

menu [məny] *m* ❶ *(repas)* Menü *nt;* (au restaurant) [Tages]menü; ~ **gastronomique/touristique** Feinschmeckermenü/Menü im Angebot; **varier ses ~s** abwechslungsreich kochen
❷ *(carte)* (au restaurant) Speisekarte *f;* (à la cantine) Speiseplan *m;* **qu'y a-t-il au ~ ?, quel est le ~ aujourd'hui?** was gibt es heute zu essen?
❸ INFORM Menü *nt;* ~ **contextuel** Kontextmenü; ~ **démarrer** Startmenü; ~ **déroulant** Pulldown-Menü; ~ **objet** Objektmenü; ~ **Pop-up** Pop-up-Menü; ~ **système** Systemmenü; ~ **en structure arborescente** Baumstruktur-Menü
❹ *fam (programme) d'une réunion* Programm *nt;* **qu'est-ce qu'il y a au ~ de la soirée?** was steht für den Abend auf dem Programm?
◆ ~ **enfant** ≈ Kinderteller *m*

menu(e) [məny] I. *adj* ❶ *postposé (frêle) personne* zierlich; *jambes, bras* dünn; *taille* schmal
❷ *(qui a peu d'importance) détails, occupations* unwichtig, nebensächlich; *soucis, dépenses, difficultés* gering
❸ *(qui a peu de volume)* klein; *souliers* zierlich; *bruits* schwach; **à pas ~s** mit kleinen Schritten
II. *adv* **haché/coupé ~** fein gehackt/klein geschnitten

menuet [mənɥɛ] *m* Menuett *nt*

menuiserie [mənɥizʀi] *f* ❶ *sans pl (métier)* Tischlern *nt*, Schreinern *nt* (SDEUTSCH); **apprendre la ~** das Tischlerhandwerk erlernen
❷ *(atelier)* Tischlerei *f*, Schreinerei *f* (SDEUTSCH)

menuisier [mənɥizje] *m* Tischler(in) *m(f)*, Schreiner(in) *m(f)* (SDEUTSCH); **maître ~** Tischlermeister(in) *m(f)*, Schreinermeister(in) (SDEUTSCH)

méphitique [mefitik] *adj vapeurs* mefitisch

méprendre [mepʀɑ̃dʀ] <13> *vpr littér* **se ~ sur qn/qc** sich in jdm/etw täuschen; **elle s'est méprise sur le sens de mes paroles** sie hat mit missverstanden
▶ **à s'y ~** zum Verwechseln

mépris [mepʀi] *m* ❶ *(opp: estime)* Verachtung *f*; **avec ~** verächtlich; **avoir un ~ sans bornes pour qn** tiefe Verachtung für jdn empfinden; **porter un jugement de ~ sur qn/qc** sich über jdn/etw herabsetzend äußern
❷ *(opp: prise en compte)* Missachtung *f*; **vivre au** [*o* **dans le**] **~ de qc** etw missachten; **faire qc au ~ du qu'en-dira-t-on/du danger** etw ungeachtet des Geredes der Leute/der Gefahr tun; **faire qc au ~ de sa vie** bei etw sein Leben aufs Spiel setzen

méprisable [mepʀizabl] *adj* verachtenswert

méprisant(e) [mepʀizɑ̃, ɑ̃t] *adj* verächtlich; **être ~ de qn** *littér* jdn verachten

méprise [mepʀiz] *f* Irrtum *m*, Versehen *nt*; **par ~** irrtümlicherweise

mépriser [mepʀize] <1> *vt* ❶ *(opp: estimer)* verachten; verachten, gering schätzen *personne, richesse*
❷ *(opp: prendre en compte)* missachten *conventions, loi, avis;* nicht beachten *insultes*

mer [mɛʀ] *f* ❶ *(océan)* Meer *nt*, See *f*; **mettre un bateau à la ~** ein Boot zu Wasser lassen; **prendre la ~** in See stechen, auslaufen; **voyage par ~** Seereise *f*; **expédier par ~** auf dem Seeweg verschicken; **en haute** [*o* **pleine**] **~** auf hoher See, auf dem offenen Meer; **~ d'huile** spiegelglatte See; **~ du Nord** Nordsee *f*, **~ de Norvège** Nordmeer; **~s du Sud** Südsee
❷ *(bassin océanique)* **~ fermée** Binnenmeer *nt*; **~ d'Aral** Aralsee *m*; **~ de Chine** Chinesisches Meer; **~ des Sargasses** Sargassosee *f*; **~ Caspienne** Kaspisches Meer; **~ Égée** Ägäis *f*; **~ Morte** Totes Meer; **~ Noire/Rouge** Schwarzes/Rotes Meer; **~ Tyrrhénienne** Tyrrhenisches Meer
❸ *(littoral)* **passer ses vacances à la ~** seine Ferien am Meer [*o* an der See] verbringen; **aller à la ~** ans Meer [*o* an die See] fahren
❹ *(eau de mer)* Meerwasser *nt*, Meer *nt*
❺ *(marée)* **quand la ~ est basse/haute** bei Niedrig-/Hochwasser, bei Ebbe/Flut
❻ *(grande quantité)* **~ de documents** Unmenge *f* Unterlagen; **~ de colzas** Meer *nt* von Rapsfeldern; **~ d'amertume** tiefe Verbitterung; **~ de fleurs** Blumenmeer
❼ *(sur la Lune)* Meer *nt*, Mare *nt (Fachspr.)*
▶ **il avalerait** [*o* **boirait**] **la ~ et les poissons** er hat einen Riesendurst *(fam)*, er könnte einen ganzen See austrinken; **ce n'est pas la ~ à boire!** das ist doch nicht die Welt!

mercanti [mɛʀkɑ̃ti] *m péj* Geschäftemacher(in) *m(f) (fam)*; **les ~s de la guerre** die Kriegsgewinnler

mercantile [mɛʀkɑ̃til] *adj péj* profitgierig

mercantilisme [mɛʀkɑ̃tilism] *m* ❶ *péj littér* Profitgier *f*
❷ ECON, HIST Merkantilismus *m*

mercaticien(ne) [mɛʀkatisjɛ̃, jɛn] *m(f)* Marktforscher(in) *m(f)*

mercatique [mɛʀkatik] *f* Marketing *nt*

mercenaire [mɛʀsənɛʀ] I. *mf* Söldner(in) *m(f)*
▶ **travailler comme un ~** wie ein Sträfling schuften
II. *adj littér* **esprit ~** Geschäftssinn *m*, Geschäftstüchtigkeit *f*

mercerie [mɛʀsəʀi] *f* ❶ *(magasin)* Kurzwarenhandlung *f*
❷ *(commerce)* Kurzwarenhandel *m*
❸ *(ensemble des marchandises)* Kurzwaren *Pl*

mercerisé(e) [mɛʀsəʀize] *adj* merzerisiert

merceriser [mɛʀsəʀize] <1> *vt* TEXTIL mercerisieren, merzerisieren

merchandising [mɛʀʃɑ̃daziŋ, mɛʀʃɑ̃diziŋ] *m* Merchandising *nt*

merci [mɛʀsi] I. *interj* ❶ danke; **~ beaucoup/mille fois** vielen/tausend Dank; **~ bien** schönen Dank, danke schön; *(négatif)* [nein,] vielen Dank, danke; **~ à qn** jdm danke sagen; **~ à vous pour tout** ich danke Ihnen/euch für alles; **~ pour** [*o* **de**] **vos deux livres** danke für Ihre/eure beiden Bücher; **~ d'avoir arrosé les plantes/de porter cette lettre** danke fürs Blumen gießen/, dass du diesen Brief für mich aufgibst
❷ *(pour exprimer l'indignation, la déception)* na danke
II. *m* Dank *m;* **mille ~s** tausend Dank; **un grand ~ à vous de nous avoir aidés** herzlichen Dank dafür, dass ihr uns geholfen habt; **dis un grand ~ à Mamie pour le livre** bedank dich schön bei der Oma für das Buch; **il ne m'a jamais dit un ~** er hat mir nie ein Wort des Dankes gesagt
III. *f* **avoir** [*o* **tenir**] **qn à sa ~** jdn in seiner Gewalt haben; **être à la ~ de qn/qc** jdm/einer S. ausgeliefert sein; **un ouvrier à la ~ d'un licenciement** ein Arbeiter, der stets Gefahr läuft, entlassen zu werden; **à la ~ du vent** dem Wind preisgegeben; **sans ~** erbarmungslos, unbarmherzig

mercier, -ière [mɛʀsje, -jɛʀ] *m, f* Kurzwarenhändler(in) *m(f)*

mercredi [mɛʀkʀədi] *m* Mittwoch *m; v. a.* **dimanche**
◆ **~ des Cendres** Aschermittwoch *m*

mercure [mɛʀkyʀ] *m* Quecksilber *nt*

Mercure [mɛʀkyʀ] *f* ASTRON, MYTH Merkur *m*

mercuriale[1] [mɛʀkyʀjal] *f* BOT Bingelkraut *nt*

mercuriale[2] [mɛʀkyʀjal] *f* ❶ *(discours)* Eröffnungsrede eines Staatsanwalts nach der Sommerpause
❷ *fig littér* Verweis *m*

mercuriale[3] [mɛʀkyʀjal] *f* COM Marktbericht *m*

mercurochrome® [mɛʀkyʀokʀom] *m* Mercurochrom® *nt*, ≈ Jodtinktur *f*

merde [mɛʀd] I. *f* ❶ *vulg (excrément)* Scheiße *f (vulg);* **~s de chien** Hundescheiße *(vulg);* **marcher dans la ~** in Scheiße treten *(vulg)*
❷ *fam (ennui)* Scheiße *f (sl);* **en ce moment, je n'ai que des ~s** bei mir geht zurzeit alles in die Hose *(sl);* **laisser qn dans la ~** jdn in der Scheiße sitzen lassen *(sl);* **quelle ~!** Scheißspiel! *(sl)*
❸ *fam (saleté)* Dreck *m*
❹ *fam (personne, chose sans valeur)* Dreck *m (fam);* **ne pas se prendre pour une ~** *fam* sich für Wunder was halten *(fam);* **pour lui, on n'est que des ~s** für ihn sind wir doch nur [der letzte] Dreck *(fam);* **c'est de la ~, ce stylo** dieser Stift ist doch Mist *fam* [*o* Scheiße *vulg*]; **ordinateur de ~** *vulg* Scheißcomputer *m (fam)*
▶ **avoir de la ~ dans les yeux** *fam* Tomaten auf den Augen haben *(fam);* **être dans la ~ jusqu'au cou** *fam* bis zum Hals in der Scheiße stecken *(fam);* **foutre** [*o* **semer**] **la ~** ein Chaos veranstalten *(fam);* **temps/boulot de ~** *fam* Scheißwetter *nt*/Scheißarbeit *f (sl)*
II. *interj fam* ❶ **~ alors!** [verdammte] Scheiße! *(sl),* [verfluchte] Scheiße! *(sl);* **~ à celui qui lira** *fam* wer das liest, kann mich mal *(fam)*
❷ *(pour exprimer la surprise)* verdammt *(sl)*

merder [mɛʀde] <1> *vi fam personne:* Mist machen *(fam); chose:* schiefgehen *(fam),* schieflaufen *(fam);* **il y a quelque chose dans le moteur qui merde** *fam* mit dem Motor stimmt was nicht *(fam)*

merdeux, -euse [mɛʀdø, -øz] *fam* I. *m, f* ❶ *petit ~ (homme)* [arroganter] Lümmel *m (fam); (enfant)* Rotznase *f (fam);* **petite merdeuse** *(femme)* eingebildete Gans *(fam); (enfant)* Rotznase *f (fam)*
II. *adj* **se sentir tout ~/toute merdeuse** sich ganz beschissen fühlen *(sl)*

merdier [mɛʀdje] *m fam* ❶ *(désordre)* [totales *fam*] Chaos; *(pièce)* Saustall *m (fam)*
❷ *(situation complexe)* [totales *fam*] Chaos

merdique [mɛʀdik] *adj fam* beschissen *(sl),* mies *(fam);* **journée ~** [*o* **de merde**] Scheißtag *m (sl);* **match ~** [*o* **de merde**] Scheißspiel *m (sl)*

merdoyer [mɛʀdwaje] <6> *vi fam* ❶ *(en parlant)* herumstottern *(fam)*
❷ *(en agissant)* murksen *(fam),* Murks machen *(fam)*

mère [mɛʀ] I. *f* ❶ Mutter *f;* **~ poule** Glucke *f;* **~ adoptive** Adoptivmutter; **~ célibataire** allein erziehende Mutter; **~ porteuse** Leihmutter; **~ de l'enfant** Kindsmutter, Kindesmutter *(form);* **~ de deux enfants** Mutter von zwei Kindern [*o* zweier Kinder]; **être une vraie ~ pour qn** wie eine richtige Mutter zu jdm sein; **ne pas pouvoir être ~** keine Kinder bekommen können
❷ *(animal)* Muttertier *nt*, Alte *f*
❸ *fam (madame)* **la ~ Michel** die alte Michel *(fam);* **la pauvre ~ Dubois** die arme [alte] Dubois *(fam)*

④ REL **~ Angélique** Mutter *f* Angélique; **~ supérieure** Mutter Oberin; **ma ~** ehrwürdige Mutter
⑤ *(aïeule)* Urmutter *f*
▶ **être la ~ de qc** *littér (origine)* die Mutter einer S. *(Gen)* sein
II. *app* **langue ~** Grundsprache *f*; **maison ~** ECON Stammhaus *nt*; **fille ~** ledige Mutter; **cellule ~** Urzelle *f*
◆ **~ abbesse** Äbtissin *f*; **~ au foyer** Hausfrau *f* und Mutter *f*; **~ de famille** Mutter *f*; **~ de l'humanité** Urmutter *f*; **~ patrie** Vaterland *nt*

merguez [mɛʁgɛz] *f* kleine, scharf gewürzte Bratwurst aus Lammfleisch
méridien [meʁidjɛ̃] *m* Meridian *m*, Längenkreis *m*
◆ **~ de Greenwich** [*o* **d'origine**] Meridian *m* von Greenwich, Nullmeridian *m*
méridional(e) [meʁidjɔnal, o] <-aux> *adj* ① *(du Midi de la France)* südfranzösisch
② *(du Bassin méditerranéen)* mediterran; **être une caractéristique ~e** typisch südländisch sein
③ *(au sud, du sud)* südlich; **côte ~e d'un pays** Südküste *f* eines Landes
Méridional(e) [meʁidjɔnal, o] <-aux> *m(f)* ① *(du Midi de la France)* Südfranzose *m*/-französin *f*
② *(du Bassin méditerranéen)* Südländer(in) *m(f)*
meringue [məʁɛ̃g] *f* Baiser *nt*, Meringe *f*; **des ~s** Schaumgebäck *nt*
meringué(e) [məʁɛ̃ge] *adj* mit Baiserüberzug
mérinos [meʁinos] *m* ① *(mouton)* Merino *m*, Merinoschaf *nt*
② *(laine)* Merino[wolle *f*] *m*
merise [məʁiz] *f* Wildkirsche *f*, Vogelkirsche *f*
merisier [məʁizje] *m* ① *(arbre)* Wildkirsche *f*, Vogelkirsche *f*
② *(bois)* Kirschbaum[holz *nt*]; **en** [*o* **de**] **~** aus Kirschbaum[holz]
③ BOT CAN *(bouleau jaune)* Gelbbirke *f*, Amerikanische Birke *f*
méritant(e) [meʁitɑ̃, ɑ̃t] *adj* verdienstvoll
mérite [meʁit] *m* ① *(qualité, vertu de qn)* Verdienst *nt*; **avoir bien du ~** Verdienste haben; **scientifique qui a beaucoup de ~s** hochverdienter Wissenschaftler/hochverdiente Wissenschaftlerin; **il a le ~ de la sincérité** seine Aufrichtigkeit verdient Anerkennung; **elle a le ~ d'être sincère** es ist anerkennenswert, dass sie aufrichtig ist
② *sans pl (valeur)* Wert; **de ~** verdient
③ *(avantage d'un appareil, d'une organisation)* Vorzug *m*; **avoir le ~ de la simplicité/d'être simple** den Vorzug haben, einfach zu sein
④ *(distinction)* **le Mérite** ≈ der Verdienstorden
mériter [meʁite] <1> I. *vt* ① *(avoir droit à)* verdienen; **~ mieux** Besseres verdienen; **~ de réussir/d'être récompensé(e)** den Erfolg/eine Belohnung verdienen; **victoire bien méritée** hochverdienter Sieg
② *(valoir)* wert sein; **~ d'être vu(e)** sehenswert sein; **~ d'être pris(e) en compte** *données:* berücksichtigenswert sein; **cela mérite réflexion** darüber sollte man nachdenken
II. *vi littér* **il mérite [bien] de la patrie** er hat sich um sein Land verdient gemacht
méritoire [meʁitwaʁ] *adj* lobenswert, löblich; **faire qc de façon ~** anerkennenswerterweise etw tun
merlan [mɛʁlɑ̃] *m* Wittling *m*
merle [mɛʁl] *m* ① *f*; **~** [commun] Schwarzdrossel *f*
▶ **~ blanc** weißer Rabe; **siffler comme un ~** gut pfeifen können
merlu [mɛʁly] *m* Seehecht *m*
merluche [mɛʁlyʃ] *f* Stockfisch *m*
mérou [meʁu] *m* (brauner) Zackenbarsch, [großer] Sägebarsch
mérovingien(ne) [meʁɔvɛ̃ʒjɛ̃, jɛn] *adj* merowingisch
Mérovingien(ne) [meʁɔvɛ̃ʒjɛ̃, jɛn] *m(f)* Merowinger(in) *m(f)*
merveille [mɛʁvɛj] *f* Wunder *nt*; *d'une création* Meisterwerk *nt*; **les Sept Merveilles du monde** die sieben Weltwunder; **à ~** ausgezeichnet, wunderbar; **être une ~** [einfach] wunderbar sein; **être une ~ de précision** ein Wunder an Präzision *(Dat)* sein; **faire ~** Wunder wirken; **faire des ~s** Wunder vollbringen
▶ **être la huitième ~ du monde** das achte Weltwunder sein; **crier** [*o* **chanter**] **~ des Lobes voll sein**; **il n'y a pas de quoi chanter ~** es besteht kein Grund zum Jubeln
merveilleusement [mɛʁvɛjøzmɑ̃] *adv* wunderbar, wundervoll
merveilleux [mɛʁvɛjø] *m* **le ~** das Wunderbare; LITTER das Fantastische; **le ~ de qc** das Besondere an etw *(Dat)*
merveilleux, -euse [mɛʁvɛjø, -jøz] *adj* ① *(exceptionnel)* wunderbar; *(très beau)* wunderschön; **avec une facilité merveilleuse** unglaublich leicht
② *postposé (surnaturel, magique)* **monde ~/lampe merveilleuse** Wunderwelt *f*/-lampe *f*
mesa [meza] *f* GEOL *(plateau)* Tafelberg *m (aus Vulkangestein)*; *(plusieurs plateaux)* Tafelgebirge *nt (aus Vulkangestein)*
mésalliance [mezaljɑ̃s] *f* nicht standesgemäße Ehe *f*, Mesalliance *f*
mésange [mezɑ̃ʒ] *f* Meise *f*; **~ bleue** Blaumeise *f*; **~ charbonnière** Kohlmeise

mésaventure [mezavɑ̃tyʁ] *f* Missgeschick *nt*
mescaline [mɛskalin] *f* CHIM Meskalin *nt*
mésenchyme [mezɑ̃ʃim] *m* BIO, MED Mesenchym *nt (Fachspr.)*
mésentente [mezɑ̃tɑ̃t] *f* Unstimmigkeit *f*
mésentère [mezɑ̃tɛʁ] *m* ANAT Dünndarmgekröse *nt*, Mesenterium *nt (Fachspr.)*
mésestime [mezɛstim] *f littér* Geringschätzung *f*; **tenir en ~** geringschätzen
mésestimer [mezɛstime] <1> *vt littér* unterschätzen
mésintelligence [mezɛ̃teliʒɑ̃s] *f littér* Unfrieden *m*
mésocarpe [mezɔkaʁp] *m* BOT Mesokarpium *nt*
mésolithique [mezɔlitik] GEOL I. *adj industrie* mesolithisch
II. *m* Mesolithikum *nt*
Mésopotamie [mezɔpɔtami] *f* **la ~** Mesopotamien *nt*
mésopotamien(ne) [mezɔpɔtamjɛ̃, jɛn] *adj* mesopotamisch
Mésopotamien(ne) [mezɔpɔtamjɛ̃, jɛn] *m(f)* Mesopotamier(in) *m(f)*
mesquin(e) [mɛskɛ̃, in] *adj* ① *(étriqué) pensée, milieu* engstirnig; *vie* armselig
② *(avare)* schäbig, kleinlich; **ça fait ~** das ist schäbig
mesquinement [mɛskinmɑ̃] *adv* ① *(bassement)* schäbig; **critiquer ~ un ouvrage** ein Werk einer kleinlichen Kritik unterziehen
② *(chichement)* kleinlich
mesquinerie [mɛskinʁi] *f* ① *sans pl (étroitesse)* Engstirnigkeit *f*; **avec ~** kleinlich
② *sans pl (avarice)* Knauserei *f*
③ *(attitude, action)* Schäbigkeit *f*
mess [mɛs] *m* **~ [des officiers]** [Offiziers]messe *f*
message [mesaʒ] *m* ① *(nouvelle)* Nachricht *f*; **laisser un ~** eine Nachricht hinterlassen; **~ publicitaire** Werbespot *m*; **~ radio** *(message de radiotéléphonie)* Funkspruch *m*; **~ [à la] radio** Radiodurchsage *f*, Radiomeldung *f*
② *(note écrite)* Zettel *m*
③ *(communication solennelle)* kurze Ansprache; **prononcer un ~ de bienvenue** eine Begrüßungsansprache halten; **~ de nouvel an** Neujahrsbotschaft *f*
④ LING Nachricht *f*
⑤ *(thèse)* Aussage *f*
⑥ INFORM, TELEC Meldung *f*; *(courrier électronique)* Brief *m*; **~ électronique** E-Mail *f o nt*, elektronischer Brief; **un ~ signale que l'impression est en cours** es kommt die Meldung, dass der Druckvorgang läuft
◆ **~ d'avertissement** Warnmeldung *f*; **~ d'erreur** Fehlermeldung *f*; **~ de sympathie** Sympathieadresse *f*
messager, -ère [mesaʒe, -ɛʁ] *m, f* ① Bote *m*/Botin *f*
② *(signe annonciateur)* **être le ~/la messagère du printemps** der Vorbote des Frühlings sein
messagerie [mesaʒʁi] *f* Mailsystem *nt*; **~ électronique** elektronische Post, elektronischer Briefkasten; **~ rose** elektronischer Briefkasten für Kontaktanzeigen
messageries [mesaʒʁi] *fpl* ① *(service de transport)* Transportunternehmen *nt*; **~ aériennes** Luftfrachtagentur *f*
② *(transport rapide)* Eilzustelldienst *m*, Gütereilverkehr *m*
③ PRESSE Zeitungsvertriebsgesellschaft *f*
④ *(dans le domaine du téléachat)* Zustelldienst *m*
messe [mɛs] *f* ① Messe *f*, Gottesdienst *m*; **aller à la ~** in die Kirche gehen; **servir la ~** ministrieren; **~ du dimanche** Sonntagsgottesdienst; **~ de fin d'année** Jahresschlussandacht *f*
② MUS Messe *f*
▶ **~ basse** *péj (conciliabule)* Getuschel *nt (fam)*; **dire** [*o* **faire**] **des ~s basses** tuscheln *(fam)*; **~ noire** schwarze Messe, Satansmesse
◆ **~ de mariage** kirchliche Trauung; **~ de minuit** Christmette *f*; **~ des morts** [*o* **de requiem**] Totenmesse *f*, Seelenmesse; *(dans l'Église catholique)* Exequien *Pl*
messianique [mesjanik] *adj* messianisch
messie [mesi] *m* ① *(chez les juifs, les chrétiens)* **le Messie** der Messias
② *(sauveur)* Messias *m*, Erlöser *m*
▶ **être accueilli(e) comme le ~** *fam* wie der Retter in der Not empfangen werden; **attendre le ~** *fam* auf ein Wunder warten; **attendre qn comme le ~** *fam* sehnlichst auf jdn warten
messire [mesiʁ] *m* ① Euer Hochwohlgeboren
② *(titre réservé aux prêtres)* Euer Hochwürden
mesurable [məzyʁabl] *adj* messbar; **ne pas être ~** nicht zu ermessen [*o* abzuschätzen] sein
mesurage [məzyʁaʒ] *m* Messen *nt*
mesure [m(ə)zyʁ] *f* ① *(action) d'une surface* Messen *nt*, Messung *f*; **erreur de ~** Messfehler *m*
② *(dimension)* Maß *nt*; *de la température* Messwert *m*; **prendre la ~ de qn/qc** jdn/etw ausloten; **prendre les ~s d'une pièce** einen Raum ausmessen; **ses ~s** *(mensurations)* seine/ihre Maße; **prendre les ~s de qn** bei jdm Maß nehmen; **vêtements sur ~**

Maßkleidung *f*
③ *(évaluation)* **donner toute sa ~** all sein Können zeigen; **donner la ~ de son talent/ses capacités** sein wahres Können zeigen
④ *(unité)* Maß *nt*, Maßeinheit *f*; **~ de capacité/longueur** Hohl-/Längenmaß
⑤ *(récipient, contenu)* Maß *nt*; **~ à blé** Weizenmaß; **deux ~s d'avoine** zwei Maß Hafer
⑥ *(élément de comparaison)* Maß *nt*; **~ de qc** Bezugspunkt *m* [*o* Anhaltspunkt *m*] für etw; **la juste ~** das rechte Maß; **l'homme est la ~ de toutes choses** der Mensch ist das Maß aller Dinge
⑦ *(modération)* **avec ~** maßvoll; **manquer de ~ dans ses paroles** zu weit gehen
⑧ *(limite)* Maß *nt*; **outre ~** übermäßig; **sans ~** über alle Maßen; *ambition, orgueil* maßlos *(pej)*, unmäßig *(pej)*; *volonté, courage* äußerste(r, s); **passer** [*o* **dépasser**] **la ~** über das Maß hinausgehen; **perdre tout sens de la ~** jeglichen Sinn für das rechte Maß verlieren
⑨ *(disposition)* Maßnahme *f*; **~s concernant le commerce extérieur** Maßnahmen im Bereich des Außenhandels; **~ dirigiste** Lenkungsmaßnahme; **~ disciplinaire** Disziplinarstrafe *f*; **~ éducative** Erziehungsmaßnahme; **~ écologique/transitoire** Umwelt-/Übergangsmaßnahme; **~ d'aide** Hilfsmaßnahme; **~s de contingentement des devises** Devisenbewirtschaftungsmaßnahmen; **~s d'économie politique** wirtschaftspolitische Maßnahmen; **~ de gestion de la crise** Krisenmaßnahme; **~ de restriction à la concurrence** wettbewerbsbeschränkende Maßnahme; **~ de stimulation de l'activité économique** Wirtschaftsförderungsmaßnahme; **~ d'urgence** Sofortmaßnahme, Notmaßnahme; **~ pour la création d'emplois** Beschäftigungsmaßnahme; **par ~ d'économie** aus Sparsamkeitsgründen; **par ~ de prudence** vorsichtshalber; **prendre ses ~s** sich vorsehen, Vorkehrungen treffen; **prendre des ~s judiciaires** gerichtliche Maßnahmen ergreifen
⑩ MUS Takt *m*; **~ à deux temps** Zweivierteltakt; **~ à trois temps** Dreiertakt; **~ à quatre-huit/à six-huit** Vierachtel-/Sechsachteltakt; **composé(e) dans une ~ à six-huit** im Sechsachteltakt komponiert; **en ~** im Takt; **battre** [*o* **scander**] [*o* **taper**] **la ~** den Takt angeben; **perdre la ~** aus dem Takt kommen
⑪ LITTER, POES Versmaß *nt*, Metrum *nt*
▶ **pour faire bonne ~** um das Maß voll zu machen; **la ~ est comble** [*o* **pleine**] das Maß ist voll; **il n'y a pas de commune ~ entre qc et qc** man kann etw und etw nicht mit demselben Maßstab messen; **être sans commune ~ avec qc** mit etw nicht zu vergleichen sein; **à ~ nach und nach; à ~ que nous avancions, la forêt devenait plus épaisse** je weiter wir vordrangen, desto dichter wurde der Wald; **être à la ~ de qn** sich mit jdm messen können; **un rôle à la ~ de son talent** eine seinem/ihrem Talent angemessene Rolle; **dans la ~ du possible** im Rahmen des Möglichen; **dans une certaine ~** in gewissem Maße; **qn est en ~ de faire qc** jd ist imstande, etw zu tun; **sur ~** [**s**] *costume* maßgeschneidert, nach Maß; *confection, confectionner* maßgerecht, passgerecht; *emploi du temps, voyage* genau abgestimmt
◆ **~ de boycott** Boykottmaßnahme *f*; **~ de libéralisation** ECON Liberalisierungsmaßnahme *f*; **~ de liquidation** JUR Abwicklungsmaßnahme *f*; **~ de protection** Schutzbestimmungen *Pl*; **~s de protection contre l'incendie** Feuerschutzbestimmungen; **~ de rétorsion** JUR Retorsion *f (Fachspr.)*; **~ de sécurité** Sicherheitsmaßnahme *f*, Sicherheitsvorkehrung *f*; **par ~ de sécurité** aus Sicherheitsgründen

mesuré(e) [mazyʀe] *adj ton* gemäßigt; *pas* gemessen; *personne* besonnen, bedächtig; *croissance* verhalten; **être ~ dans ses paroles** seine Worte abwägen; **être ~ dans ses actions** mit Bedacht handeln

mesurer [mazyʀe] <1> I. *vi (avoir pour mesure)* messen; **~ 1,75 m** *personne* ich bin 1,75 m groß, ich bin 1,75 m groß sein; **~ un mètre de haut/de large/de long** einen Meter hoch/breit/lang sein; **combien mesures-tu?** wie groß bist du?; **cette pièce mesure quatre mètres sur cinq** dieser Raum misst vier mal fünf Meter [*o* ist vier mal fünf Meter groß]
II. *vt* ① *(déterminer les dimensions)* messen; vermessen *terrain*; ausmessen *pièce*; **~ à** *qn* jdn messen; **deux mètres de tissu** zwei Meter Stoff abmessen
② *(évaluer)* ermessen; abschätzen *danger, conséquences, risque*; **~ qn des yeux** [*o* **du regard**] jdn von oben bis unten mustern; **~ une action à** [*o* **d'après**] **ses résultats** eine Handlung an ihrem Ergebnis messen
③ *(limiter)* **~ de la nourriture à qn** jdn mit Lebensmitteln knapphalten; **ne pas ~ ses efforts** keine Mühe scheuen; **le temps nous est mesuré** unsere Zeit ist knapp bemessen
④ *(modérer)* mäßigen *paroles, propos*
III. *vpr* ① *(se comparer à)* **se ~ à** [*o* **avec**] *qn* sich mit jdm messen; **se ~ à des difficultés** Schwierigkeiten zu bewältigen haben; **les adversaires se mesurent des yeux** [*o* **du regard**] die Gegner messen sich mit Blicken

② *(être mesurable)* **se ~ en mètres/litres** in Metern/nach Litern gemessen werden

métabolique [metabɔlik] *adj* PHYSIOL, MED Stoffwechsel-

métabolisme [metabɔlism] *m* BIO, CHIM, MED Stoffwechsel *m*, Metabolismus *m (Fachspr.)*; **~ des graisses/des protéines** Fett-/Eiweißstoffwechsel; **~ des glucides** Kohlenhydratstoffwechsel; **~ cellulaire** BIO, CHIM Zellstoffwechsel; **~ lipidique** Lipidstoffwechsel

métacarpe [metakaʀp] *m* ANAT Mittelhand *f*

métacarpien [metakaʀpjɛ̃] *m* ANAT Mittelhandknochen *m*

métairie [meteʀi] *f* Pachtgut *nt*, Pachthof *m (der Pachtzins wird in Naturalabgaben geleistet)*

métal [metal, o] <-aux> *m* ① Metall *nt*, **en** [*o* **de**] **~** metallen, aus Metall; **~ brut** Rohmetall; **~ non-ferreux** Nichteisenmetall; **~ précieux** Edelmetall; **le ~ jaune** das Gold
② *sans pl* FIN Metallgeld *nt*, Hartgeld *nt*

métalangage [metalɑ̃gaʒ] *m*, **métalangue** [metalɑ̃g] *f* LING Metasprache *f*

métalinguistique [metalɛ̃gɥistik] *adj* metasprachlich

métallifère [metalifɛʀ] *adj* erzhaltig

métallique [metalik] *adj* ① *(en métal)* metallen, Metall-, aus Metall; **disque ~** Metallplatte *f*, Metallscheibe *f*; **câble ~** Metallkabel *nt*; **fil ~** Draht *m*
② *(qui rappelle le métal)* metallisch; **un son ~** ein metallisches Geräusch/metallischer Klang
③ FIN **monnaie ~** Hartgeld *nt*, Münzgeld *nt*; **encaisse ~** Münzbestand *m*

métallisation [metalizasjɔ̃] *f* TECH Metallisierung *f*; **~ sous vide** Bedampfung *f*

métallisé(e) [metalize] *adj* metallisch; **peinture ~e** Metallicklackierung *f*; *papier* **~** Metallpapier, metallicgrau/metallicblau *nt*; **gris/bleu ~** metallic-grau/metallic-blau, graumetallic/blaumetallic

métalliser [metalize] <1> *vt* ① TECH *(couvrir de métal)* metallisieren; **~ un miroir/une lentille sous vide** einen Spiegel/eine Linse bedampfen
② *(donner l'éclat du métal)* **~ qc** einer S. *(Dat)* metallischen Glanz geben

métallo [metalo] *m fam abr de* **métallurgiste** Metaller *m (fam)*

métallographie [metalɔgʀafi] *f* TECH Metallographie *f*

métalloïde [metalɔid] *m* CHIM Metalloid *nt (veraltet)*, Nichtmetall *nt*

métallurgie [metalyʀʒi] *f sans pl* ① *(industrie)* Metallindustrie *f*
② *(technique)* Hüttenkunde *f*, Metallurgie *f*
③ *(ensemble du secteur, de ses activités)* Hüttenwesen *nt*

métallurgique [metalyʀʒik] *adj* metallurgisch; **industrie ~** Metallindustrie *f*

métallurgiste [metalyʀʒist] *mf* ① *(ouvrier)* Metallarbeiter(in) *m(f)*, Stahlarbeiter(in)
② *(industriel)* Schwerindustrielle(r) *f(m)*

métamorphisme [metamɔʀfism] *m* Metamorphose *f*

métamorphose [metamɔʀfoz] *f* ① BIO, ZOOL **~ d'un animal en qc** Metamorphose *f* eines Tieres zu etw
② *sans pl (transformation)* Verwandlung *f*, Metamorphose *f (geh)*; **il s'est opéré en lui une véritable ~** er hat eine wahre Verwandlung durchgemacht; **la ~ d'une société agricole en une société industrielle** der Übergang von einer Agrargesellschaft zu einer Industriegesellschaft
③ MYTH Metamorphose *f*

métamorphoser [metamɔʀfoze] <1> I. *vt* ① *(changer en bien)* verwandeln
② MYTH **~ en animal/statue** in ein Tier/eine Statue verwandeln
II. *vpr* ① BIO, ZOOL **se ~ insecte, têtard** eine Metamorphose durchmachen, metamorphosieren *(Fachspr.)*
② *(changer de nature)* **se ~** eine Verwandlung durchmachen; **se ~ en qn** sich in jdn verwandeln

métaphore [metafɔʀ] *f* Metapher *f*

métaphorique [metafɔʀik] *adj* metaphorisch; **emploi ~** metaphorischer [*o* bildlicher] Gebrauch

métaphoriquement [metafɔʀikmɑ̃] *adv* metaphorisch, bildlich

métaphysique [metafizik] I. *adj* ① PHILOS metaphysisch
② *(abstrait)* abstrakt
II. *f* ① PHILOS Metaphysik *f*
② *sans pl (spéculations)* abstrakte Theorie

métastase [metastaz] *f* Metastase *f*

métatarse [metataʀs] *m* Mittelfuß *m*

métatarsien [metataʀsjɛ̃] *m* Mittelfußknochen *m*

métayage [metejaʒ] *m* Pacht *f (gegen Naturalabgaben)*

métayer, -ère [meteje, -ɛʀ] *m, f* Pachtbauer *m*/-bäuerin *f (den Pachtzins in Naturalabgaben leistend)*

métazoaire [metazɔɛʀ] *m* Vielzeller *m*, Metazoon *nt (Fachspr.)*

métempsycose [metɑ̃psikoz] *f sans pl* Seelenwanderung *f*, Metempsychose *f (Fachspr.)*

météo [meteo] I. *adj inv abr de* **météorologique** Wetter-

II. *f abr de* **météorologie** *(service)* Wetterdienst *m,* meteorologischer Dienst; *(bulletin)* Wetterbericht *m,* Wettervorhersage *f;* **~ marine** *(service)* Seewetterdienst; *(bulletin)* Seewetterbericht
météore [meteɔʀ] *m* Meteor *m*
▸ **passer comme un ~** eine steile, aber kurze Karriere machen
météorique [meteɔʀik] *adj* ASTRON Meteoriten-
météorite [meteɔʀit] *m o f* Meteorit *m*
météorologie [meteɔʀɔlɔʒi] *f* ❶ SCI Meteorologie *f,* Wetterkunde *f* ❷ *(organisme)* meteorologisches Institut, Wetteramt *nt*
météorologique [meteɔʀɔlɔʒik] *adj* Wetter-; *instrument, observations* meteorologisch; **station ~** Wetterstation *f;* **bulletin ~** Wetterbericht *m;* **carte ~** Wetterkarte *f;* **accident dû aux conditions ~s** witterungsbedingter Unfall
météorologiste [meteɔʀɔlɔʒist] *mf,* **météorologue** [meteɔʀɔlɔg] *mf* Meteorologe *m*/Meteorologin *f*
métèque [metɛk] *m péj vieilli (étranger)* Kanake *m (pej fam)*
méthacrylique [metakʀilik] *adj* CHIM **acide ~** Methacrylsäure *f;* **résine ~** Methacrylharz *m*
méthadone [metadɔn] *f* Methadon *nt*
méthane [metan] *m* Methan *nt,* Methangas *nt*
méthanier [metanje] *m* Gastanker *m,* NPG-Tanker *m* [für Methan]
méthanol [metanɔl] *m* CHIM Methanol *nt*
méthémoglobine [metemɔglɔbin] *f* MED Hämiglobin *nt*
méthode [metɔd] *f* ❶ a. ECON *(technique)* Methode *f,* Verfahren *nt;* **~ d'apprentissage du japonais** Methode zum Erlernen der japanischen Sprache; **~s commerciales** Handelsmethoden; **~ comptable** Rechenmethode, Rechenverfahren; **~ de production/de vente** Fertigungs-/Verkaufsmethode; **~ de classement des coûts [par fonctions]** Umsatzkostenverfahren; **~s informatiques appliquées à la gestion** Wirtschaftsinformatik *f;* **~ de la boîte noire** Black-box-Methode *(Fachspr.);* **~s de gangster** Gangstermethoden; **il a trouvé la bonne ~** er hat den richtigen Dreh gefunden *(fam)*
❷ *(manuel)* **~ de piano/de guitare** Klavier-/Gitarrenschule *f;* **~ de comptabilité** Einführung *f* in die Buchführung; **~ de langue** Sprachlehrbuch *nt*
❸ *sans pl fam (manière de faire)* Methode *f;* **chacun sa ~!** jeder auf seine Art!
❹ *sans pl (ordre, logique)* Methode *f,* System *nt;* **avoir beaucoup de ~** sehr methodisch sein; **avec/sans ~** methodisch/unmethodisch
❺ *sans pl* PHILOS, SCI Methode *f*
♦ **~ d'examen** Untersuchungsmethode *f;* **~ Ogino, ~ des températures** MED Temperaturmethode *f,* Kalendermethode; **~ de test** Testverfahren *nt*
méthodique [metɔdik] *adj* methodisch, systematisch
méthodiquement [metɔdikmɑ̃] *adv* methodisch, systematisch
méthodiste [metɔdist] **I.** *adj* methodistisch
II. *mf* Methodist(in) *m(f)*
méthodologie [metɔdɔlɔʒi] *f* Methodologie *f,* Methodik *f*
méthodologique [metɔdɔlɔʒik] *adj* methodologisch
méthyle [metil] *m* CHIM Methyl *nt*
méthylène [metilɛn] *m* Methylen *nt*
méthylique [metilik] *adj* **alcool ~** Methylalkohol *m*
méticuleusement [metikyløzmɑ̃] *adv* sorgfältig; *travailler, nettoyer* sorgfältig, gründlich
méticuleux, -euse [metikylø, -øz] *adj* ❶ *(minutieux) personne* sorgfältig, [peinlich] genau; **être ~ dans son travail** sorgfältig arbeiten
❷ *(fait avec minutie) travail* sorgfältig; *propreté* gründlich, peinlich; **prendre un soin ~ à qc** peinlich genau auf etw achten; **faire qc avec un soin ~** etw mit peinlicher Sorgfalt [*o* äußerst sorgfältig] tun
méticulosité [metikylozite] *f* [große] Sorgfalt, [peinliche] Genauigkeit
métier [metje] *m* ❶ *(profession)* Beruf *m;* (*d'un artisan)* Beruf, Handwerk *nt;* (*d'un commerçant)* Beruf, Gewerbe *nt;* **~ du bâtiment/de l'électricité** Bau-/Elektrohandwerk; **~ de menuisier/de peintre/de tailleur** Tischler-/Maler-/Schneiderhandwerk; **~ d'avenir** Zukunftsberuf, Beruf mit Zukunft; **~ d'entrepreneur** Unternehmertätigkeit *f;* **argot de ~** Fachjargon *m;* **être architecte de son ~** von Beruf Architekt sein; **apprendre/exercer un ~** einen Beruf erlernen/ausüben; **être du ~** vom Fach sein; **elle est depuis dix ans dans le ~** sie ist seit zehn Jahren im Beruf; **elle a appris le ~ de soudeuse** sie hat Schweißerin gelernt; **c'est son ~, après tout!** das ist schließlich ihr/sein Beruf [*o* Metier]!; **qu'est-ce que vous faites comme ~?** was machen Sie beruflich?; **quel ~ faites-vous?** was sind Sie von Beruf?
❷ *pl (ensemble de métiers)* **les ~s du bois/de la restauration** die Holz verarbeitenden Berufe *Pl*/Gastronomieberufe *Pl*
❸ *sans pl (secteur d'activité) d'une entreprise, firme* Tätigkeitsbereich *m*
❹ *sans pl (rôle)* **le ~ de mère/d'épouse de président** die Mut-

terrolle/Rolle als Präsidentengattin; **le ~ de roi** das Königsein; **faire son ~** seine Pflicht tun
❺ *sans pl (technique)* handwerkliches Können; *(habileté)* Geschick *nt;* **avoir du ~** sich auskennen, Berufserfahrung haben; **avoir vingt ans de ~** zwanzig Jahre Berufserfahrung haben; **connaître son ~** sein Handwerk [*o* seine Sache] verstehen
▸ **exercer le plus vieux ~ du monde** das älteste Gewerbe der Welt ausüben; **il n'y a pas de sot ~** *prov* jeder Beruf hat seinen Wert; **gâcher le ~** die Preise verderben; **c'est rien, c'est le ~ qui rentre** [das macht nichts,] aus Schaden wird man klug *(prov);* **chacun son ~** Schuster bleib bei deinen Leisten *(prov)*
❻ TECH, TEXTIL **[à tisser]** Webstuhl *m;* **~ à broder** Stickrahmen *m;* **~ Jacquard** Jacquardmaschine *f*
métis [metis] *m* ❶ *(personne)* Mischling *m*
❷ *(tissu)* Mischgewebe *nt*
métis(se) [metis] *adj personne* Mischlings-; *population* Mischgemischtrassig; **être ~** *personne:* ein Mischling sein
métissage [metisaʒ] *m* [Rassen]mischung *f*
métisse [metis] *f* Mischling *m*
métisser [metise] <1> *vt* ❶ *(unir par métissage)* mischen *population;* **être métissé(e)** gemischt sein
❷ *(croiser)* kreuzen *animal, plante;* **chien métissé** Mischling *m;* **plante métissée** Kreuzung *f*
métonymie [metɔnimi] *f* Metonymie *f*
métrage [metʀaʒ] *m* ❶ COUT Stoffmenge *f;* **un petit/grand ~ de soierie** ein kleines/großes Stück Seide; **quel ~ vous faut-il?** wie viele Meter brauchen Sie?
❷ *(mesure)* Vermessung *f;* **procéder au ~ de qc** etw vermessen
❸ CINE **court ~** Kurzfilm *m (unter zwanzig Minuten);* **long ~** Spielfilm *m;* **moyen ~** Film von mittlerer Länge *(zwischen 20 und 60 Minuten)*
mètre [mɛtʀ] *m* ❶ *(unité de mesure)* Meter *m o nt;* **~ cube/carré** Kubik-/Quadratmeter; **par cent ~s de fond** in hundert Metern Tiefe; **à cinquante ~s d'ici** in fünfzig Metern Entfernung
❷ *(instrument)* [Zenti]metermaß *nt;* **~ pliant** Zollstock *m;* **~ [à] ruban, ~ de couturière** Maßband *nt*
❸ SPORT **le 100/200/1500 ~s** die 100/200/1500 Meter; **courir le 100 ~s en dix secondes** die 100 Meter in zehn Sekunden laufen; **le 110 ~s haies** die 110 Meter Hürden; **le 4 fois 100 ~s** die 4 x 100-m-Staffel; **piquer un cent ~s** *fig fam* einen Spurt einlegen *(fam)*
❹ POES Metrum *nt,* Versmaß *nt*
♦ **~ des Archives** Urmeter *nt*
métrer [metʀe] <5> *vt* vermessen; abmessen *tissu*
métreur, -euse [metʀœʀ, -øz] *m, f* Bauleiter(in) *m(f)*
métrique [metʀik] **I.** *adj* SCI, LITTER metrisch
II. *f* LITTER Metrik *f,* Verslehre *f*
métrite [metʀit] *f* MED Gebärmutterentzündung *f,* Metritis *f (Fachspr.)*
métro [metʀo] *m abr de* **métropolitain** ❶ U-Bahn *f;* (*de Paris)* Metro *f;* **station de ~** U-Bahn-Haltestelle *f,* Metrostation *f;* **~ aérien** Hochbahn; **~ régional/express** Nahverkehrs-/Schnellbahn; **~ suspendu** Schwebebahn *f,* Hängebahn *f;* **en ~** mit der U-Bahn/Metro
❷ *(station)* U-Bahn-Haltestelle *f;* (*à Paris)* Metrostation *f*

Land und Leute

Die Pariser **métro** ist eine der ältesten U-Bahnen Europas: Sie besteht seit 1900. Die meisten Linien verkehren von etwa 5.30 Uhr morgens bis 0.30 Uhr nachts. Es gibt inzwischen auch fahrerlose U-Bahn-Linien, so z.B. in Lyon, bei denen alles vollautomatisch gesteuert wird, vom Öffnen und Schließen der Türen bis zur Regelung der Geschwindigkeit.

métronome [metʀɔnɔm] *m* Metronom *nt*
métropole [metʀɔpɔl] *f* ❶ *(grande ville)* Metropole *f;* **~ du cinéma** Kinometropole; **~ financière** Finanzmetropole
❷ *sans pl (pays)* Mutterland *nt*
métropolitain [metʀɔpɔlitɛ̃] *m* ❶ *form (métro)* Untergrundbahn *f;* (*de Paris)* Metro *f*
❷ REL Metropolit *m*
métropolitain(e) [metʀɔpɔlitɛ̃, ɛn] *adj* ❶ GEOG des Mutterlandes; **la France ~e** [das Mutterland] Frankreich
❷ REL **l'église ~e** die Metropolitankirche
mets [mɛ] *m* Speise *f*
mettable [mɛtabl] *adj* **cette veste n'est plus/est encore ~** diese Jacke kann man nicht mehr/noch anziehen
metteur, -euse [metœʀ, -øz] *m, f* ♦ **~ (-euse) en ondes** [Rundfunk]regisseur(in) *m(f);* **~ en pages** [Schrift]setzer(in) *m(f),* Metteur(in) *m(f);* **~ en scène** Regisseur(in) *m(f);* **~ en scène d'un/de l'opéra** Opernregisseur(in); **~ en scène de théâtre** Theaterregisseur(in), Theatermacher(in) *m(f) (fam)*
mettre [mɛtʀ] <irr> **I.** *vt* ❶ *(placer, poser)* tun; *(à plat, couché,*

horizontalement) legen; *(debout, verticalement)* stellen; *(assis)* setzen; *(suspendre)* hängen; ~ **les mains dans les poches** die Hände in die Taschen stecken; ~ **les mains en l'air** die Arme hochheben; ~ **les coudes sur la table** die Ellbogen auf den Tisch [auf]stützen; ~ **des invités dans la chambre d'amis** die Gäste im Fremdenzimmer unterbringen; ~ **un enfant au lit** ein Kind ins Bett bringen; ~ **les mains devant les yeux** die Hände vor die Augen halten; ~ **la tête à la fenêtre** den Kopf aus dem Fenster strecken [o stecken]; **où ai-je mis mes lunettes?** wo habe ich meine Brille hingetan [o hingelegt]?
② *(déposer, entreposer)* ~ **une voiture au garage/parking** ein Auto in die Garage/auf den Parkplatz bringen; ~ **de l'argent à la banque** Geld zur [o auf die] Bank bringen; ~ **à la fourrière** abschleppen; ~ **à l'abri** [o **en lieu sûr**] in Sicherheit bringen
③ *(jeter)* ~ **à la poubelle/au panier** in den Mülleimer/den Papierkorb werfen
④ *(ajouter)* ~ **deux sucres dans son café** zwei Stück Zucker in seinen Kaffee tun; ~ **trop de sel dans la soupe** die Suppe versalzen
⑤ *(répandre, étaler)* ~ **du beurre sur une tartine** Butter auf ein Brot streichen; ~ **du cirage sur ses chaussures** Schuhcreme auf seine Schuhe auftragen; ~ **de la crème sur ses mains** seine Hände eincremen; **se ~ de la crème sur la figure** sich *(Dat)* das Gesicht eincremen; ~ **de la sauce sur sa cravate** seine Krawatte mit Soße bekleckern
⑥ *(ajuster, adapter)* ~ **un manche à un balai** einen Stiel an einen Besen machen; ~ **un nouveau moteur** einen neuen Motor einbauen
⑦ *(coudre)* ~ **un bouton à une veste** an einer Jacke einen Knopf annähen; ~ **une pièce à un pantalon** einen Flicken auf eine Hose aufnähen
⑧ *(introduire)* stecken; ~ **la clef dans la serrure** einen Schlüssel in das Schloss stecken; ~ **une lettre dans une enveloppe** einen Brief in einen Umschlag stecken; ~ **un peu de fantaisie dans sa vie** ein bisschen Fantasie in sein Leben bringen
⑨ *(conditionner)* ~ **de la farine en sacs/du vin en bouteilles** Mehl in Säcke/Wein in Flaschen füllen
⑩ *(écrire)* schreiben; ~ **un nom sur une liste** einen Namen auf eine Liste setzen; ~ **une note à qn** jdm eine Note geben
⑪ *(nommer)* ~ **qn au service clients** jdn beim Kundendienst einsetzen
⑫ *(inscrire)* ~ **en pension** in Pension geben; ~ **ses enfants à l'école privée** seine Kinder auf eine Privatschule schicken
⑬ *(classer)* ~ **qn au nombre des meilleurs** jdn zu den Besten zählen; ~ **en première place** auf den ersten Platz setzen; ~ **au-dessus/en-dessous de qn/qc** höher/niedriger als jdn/etw einstufen
⑭ *(revêtir)* anziehen *vêtement, chaussures;* aufsetzen *chapeau, lunettes;* einsetzen *lentilles de contact;* auftragen, auflegen *maquillage;* anlegen *bijou;* anstecken *bague, broche;* ~ **souvent des pantalons** oft Hosen tragen; **ne ~ que du noir** nur schwarze Kleider tragen
⑮ *(consacrer)* ~ **deux heures/une journée à** [o **pour**] **faire un travail** zwei Stunden/einen Tag für eine Arbeit brauchen; ~ **ses forces à qc/faire qc** seine ganze Kraft auf etw *(Akk)* verwenden/darauf verwenden, etw zu tun; ~ **beaucoup de soin à qc/à faire qc** sich *(Dat)* große Mühe mit etw geben/[damit] geben, etw zu tun; ~ **ses espoirs dans un projet/une étude** seine Hoffnung in ein Projekt/eine Studie setzen; **elle a mis six mois à** [o **pour**] **répondre à ma lettre** es hat sechs Monate gedauert, bis sie auf meinen Brief geantwortet hat; **tu as mis le temps!** du hast dir aber Zeit gelassen!, das hat aber [lange] gedauert!
⑯ *(investir)* ~ **beaucoup d'argent/dix mille euros dans un projet/une maison** viel Geld/zehntausend Euro in ein Projekt/ein Haus stecken *(fam)*
⑰ *(placer dans une situation)* ~ **qn dans un drôle d'état** jdn arg mitnehmen; ~ **qn dans l'embarras/une situation délicate** jdn in eine peinliche Situation bringen; ~ **qn à l'aise** dafür sorgen, dass jd sich wohl fühlt; ~ **qn au régime** jdn auf Diät setzen
⑱ *(transformer)* ~ **au pluriel/au futur** in den Plural/ins Futur setzen; ~ **ses papiers/ses notes en ordre** seine Unterlagen/Notizen in Ordnung bringen; ~ **une longueur en centimètres** eine Länge in Zentimeter umrechnen; ~ **en allemand/anglais** ins Deutsche/Englische übersetzen; ~ **au propre** ins Reine schreiben; ~ **en forme** ausgestalten; ~ **en musique/en pages** vertonen/umbrechen
⑲ *(faire fonctionner)* anmachen, einschalten; ~ **la deux/les infos** das zweite Programm/die Nachrichten anmachen [o anmachen]; ~ **la radio/télé plus fort** das Radio/den Fernseher lauter stellen; ~ **la radio/télé plus bas** das Radio/den Fernseher leiser stellen
⑳ *(régler)* ~ **une montre à l'heure** eine Uhr stellen; ~ **le réveil à cinq heures** den Wecker auf fünf Uhr stellen
㉑ *(installer)* einbauen, aufhängen *rideaux;* verlegen *moquette, eau, électricité;* ~ **du papier peint sur les murs** die Wände tapezieren;

~ **de la peinture anti-rouille sur un banc** eine Bank mit Rostschutzfarbe streichen
㉒ *(faire)* ~ **à cuire/à chauffer/à bouillir** aufsetzen
㉓ *(envoyer)* ~ **une fléchette dans la cible** mit einem Pfeil ins Ziel treffen; ~ **le ballon dans les buts** den Ball ins Tor schießen; **je lui ai mis mon poing dans la figure** *fam* ich habe ihm/ihr eine reingehauen *(fam)*
㉔ *(admettre)* **mettons/mettez que qn ait fait qc** angenommen, dass jd etw getan hat; **mettons que je me suis trompé(e), et on n'en parle plus** sagen wir eben, ich habe mich geirrt, und Schwamm drüber *(fam)*
▶ ~ **à jour** INFORM aktualisieren, updaten *(Fachspr.)*
II. *vpr* ① *(se placer)* **se ~ debout/assis(e)** aufstehen/sich [hin]setzen; **se ~ à genoux/au garde-à-vous** sich hinknien/Haltung annehmen; **se ~ sur le côté/à droite de qn** *(debout)* sich auf jds Seite/rechts von jdm stellen; *(assis)* sich auf jds Seite/rechts von jdm setzen; *(couché)* sich auf jds Seite/rechts von jdm legen; **se ~ en travers** sich querstellen; **se ~ en travers du passage** den Weg versperren; **se ~ du côté du plus fort** sich auf die Seite des Stärkeren stellen; **se ~ à la disposition de qn/qc** sich jdm/etw zur Verfügung stellen; **se ~ dans une situation délicate** in eine peinliche Situation geraten; **il était si honteux qu'il ne savait plus où se ~** er wäre vor Scham am liebsten im Erdboden versunken
② *(placer sur soi)* **se ~ un œillet à la boutonnière** sich *(Dat)* eine Nelke ins Knopfloch stecken; **se ~ un chapeau/une couronne sur la tête** sich *(Dat)* einen Hut/eine Krone aufsetzen; **se ~ les doigts dans le nez** in der Nase bohren; **se ~ de l'encre sur les doigts** sich *(Dat)* die Finger mit Tinte beschmieren; **s'en ~ partout** sich völlig bekleckern *(fam)*; **mets-toi bien ça dans le crâne!** merke dir das [gut]!
③ *(se ranger)* **se ~ dans l'armoire/à droite** in den Schrank/rechts hinkommen [o hingehören]
④ *(porter)* **se ~ en pantalon/rouge** eine Hose anziehen/Rot tragen; **se ~ du parfum** sich parfümieren; **se ~ du rouge à lèvres** sich die Lippen schminken; **se ~ torse nu/en bras de chemise** das Hemd/die Jacke ausziehen; **je n'ai rien à me ~** ich habe nichts anzuziehen
⑤ *(commencer à)* **se ~ à faire qc** beginnen [o anfangen], etw zu tun; **se ~ à la peinture/au tricot** zu malen/stricken anfangen; **se ~ au russe** anfangen, Russisch zu lernen; **se ~ au travail** sich an die Arbeit machen; **bon, je m'y mets** los, packen wir's an
⑥ *(pour exprimer le changement d'état)* **se ~ au courant de qc** sich mit etw vertraut machen; **se ~ dans son tort** sich ins Unrecht setzen; **se ~ en colère** wütend werden; **se ~ en frais** sich in Unkosten stürzen; **se ~ en mouvement** sich in Bewegung setzen; **se ~ en rang/en file indienne** sich in einer Reihe/hintereinander aufstellen; **se ~ en rapport/relation avec qn** sich mit jdm in Verbindung setzen; **se ~ en route** sich auf den Weg machen; **se ~ en place** *réforme, nouvelle politique:* eingesetzt werden; **le temps se met au beau/à la pluie** es wird schön/fängt an zu regnen
⑦ *(se coincer)* **se ~ dans qc** in etw *(Akk)* geraten; **la ficelle s'est mise dans les rayons** die Schnur ist in die Speichen geraten
⑧ *fam* **se ~ avec qn** *(constituer une équipe)* sich mit jdm zusammentun; *(prendre parti pour)* sich auf jds Seite stellen; *(vivre avec)* mit jdm zusammenziehen; **ils se sont mis à cinq/à plusieurs** sie haben sich zu fünft/zu mehreren zusammengetan
⑨ *(boire trop)* **s'en ~ jusque-là** *fam* sich voll laufen lassen *(sl)*; *(manger trop)* sich den Bauch vollschlagen *(fam)*; **qu'est-ce qu'ils se mettent!** die hauen ganz schön drauf!
meuble [mœbl] **I.** *m* ① *(mobilier)* Möbelstück *nt*, Möbel *nt;* ~**s de bureau** Büromöbel *Pl*, Büroeinrichtung *f;* ~**s de cuisine** Küchenmöbel, Kücheneinrichtung; ~**s de salle de bain** Badezimmermöbel; ~**s de jardin** Gartenmöbel *Pl;* ~**s de rangement** Schränke *Pl;* ~ **hi-fi** Stereoturm *m*
② JUR bewegliches Gut
▶ **sauver les ~s** retten, was noch zu retten ist
II. *adj* ① *terre, sol* locker
② JUR beweglich
meublé [mœble] *m (chambre)* möbliertes Zimmer; *(appartement)* möblierte Wohnung
meublé(e) [mœble] *adj* möbliert; **appartement ~ en partie** teilmöblierte Wohnung; **habiter un appartement ~ en partie** teilmöbliert wohnen
meubler [mœble] <1> **I.** *vt* ① *(garnir de meubles)* einrichten, möblieren
② *(constituer le mobilier)* **un lit et une chaise meublent la chambre** in dem Zimmer stehen ein Bett und ein Stuhl
③ *(remplir)* überbrücken *silence;* in Gang halten *conversation;* ~ **sa solitude** seine Einsamkeit ausfüllen; ~ **sa mémoire de souvenirs** sein Gedächtnis mit Erinnerungen füllen
II. *vpr* **se ~** sich einrichten; **se ~ en style Louis XVI** sich im Louis XVI-Stil einrichten
meuf [mœf] *f arg* Tussi *f (sl);* **ma ~** meine Tussi *(fam)*, meine Olle

(DIAL sl)
meuglement [møgləmɑ̃] m d'un bovin Muhen nt
meugler [møgle] <1> vi muhen
meuh [mø] interj muh
meule[1] [møl] f ❶ d'un moulin Mühlstein m
❷ (pour aiguiser) Schleifstein m; (pour polir) Polierscheibe f
❸ GASTR Laib m; ~ **de fromage** Käselaib; **une ~ de gruyère** ein Laib Greyerzer [Käse]
meule[2] [møl] f ❶ AGR Schober m; ~ **de foin** Heuschober
❷ (tas de bois) [Kohlen]meiler m
meuler [møle] <1> vt abschleifen
meulière [møljɛR] f (pierre) Mühlsteinquarz m
meunerie [mønRi] f ❶ (industrie) Müllerei f
❷ (meuniers) Mühlenbetreiber Pl
meunier [mønje] m ❶ (minotier) Müller m
❷ ZOOL CAN (chevesne) Saugdöbel m; ~ **rouge** Alaska-Saugdöbel m
meunier, -ière [mønje, -jɛR] adj industrie Mühlen-
meunière [mønjɛR] I. f (femme du meunier) Müllerin f, Müllersfrau f
II. app truite/sole ~ Forelle/Seezunge Müllerinart
meurette [mœRɛt] f GASTR **des œufs en ~** pochierte Eier in Rotweinsoße
meurt-de-faim [mœRdəfɛ̃] mf inv vieilli Hungerleider m (fam)
meurtre [mœRtR] m Mord m; ~ **avec préméditation** vorsätzliche Tötung; **être accusé du ~ de sa femme** des Mordes an seiner Ehefrau angeklagt sein
meurtrier, -ière [mœRtRije, -ijɛR] I. adj mörderisch; accident, coup tödlich; carrefour, route lebensgefährlich
II. m, f Mörder(in) m(f); **~(-ière) en série** Serienmörder(in); **~ sexuel/meurtrière sexuelle** Sexualmörder(in)
meurtrière [mœRtRijɛR] f ARCHIT Schießscharte f
meurtrir [mœRtRiR] <8> I. vt ❶ (contusionner) zerquetschen; **le coup lui avait meurtri le visage** sein/ihr Gesicht war grün und blau geschlagen; **ses chaussures lui meurtrissaient les pieds** die Schuhe quetschten ihm/ihr die Füße ein; **il avait le dos meurtri par les coups** sein Rücken war von den Schlägen zerschunden
❷ (endommager) beschädigen fruits, légumes; **des fruits meurtris** Obst nt mit Druckstellen, fleckiges Obst
❸ soutenu (blesser moralement) tief verletzen; **les reproches lui meurtrissaient le cœur** die Vorwürfe schnitten ihm/ihr tief ins Herz; **avoir le cœur meurtri** zutiefst verletzt sein
II. vpr se ~ **le genou/le front** sich (Dat) das Knie/die Stirn aufschlagen
meurtrissure [mœRtRisyR] f ❶ (marque) Bluterguss m
❷ (tache sur des fruits, légumes) Fleck m, Druckstelle f
Meuse [mœz] f **la ~** die Maas
meute [møt] f a. fig Meute f
mévente [mevɑ̃t] f Absatzrückgang m, schlechter Absatz
mexicain(e) [mɛksikɛ̃, ɛn] adj mexikanisch
Mexicain(e) [mɛksikɛ̃, ɛn] m(f) Mexikaner(in) m(f)
Mexique [mɛksik] m **le ~** Mexiko nt
mézigue [mezig] pron pers arg mich, mir
mezzanine [mɛdzanin] f ❶ (étage) Zwischengeschoss nt, Mezzanin nt
❷ THEAT d'une salle de spectacle erster Rang; (place) Platz m im ersten Rang
❸ (fenêtre) Mezzaninfenster nt
❹ (lit) Hochbett nt
mezzo [mɛdzo] m, **mezzo-soprano** [mɛdzosopRano] <mezzo- -sopranos> I. m (voix) Mezzosopranstimme f, Mezzosopran m
II. f Mezzosopran m
MF [ɛmɛf] mpl HIST abr de **millions de francs** Mio F
mg abr de **milligramme** mg
Mgr abr de **Monseigneur** Mgr
mi [mi] m inv E nt, e nt; v. a. do
miam-miam [mjammjam] interj fam lecker, lecker (fam)
miaou [mjau] interj miau
mi-août [miut] f sans pl Mitte f August; **à la ~** Mitte August
miasme [mjasm] m gén pl [ungesunde] Ausdünstung, Miasma nt (geh)
miaulement [mjolmɑ̃] m Miauen nt
miauler [mjole] <1> vi miauen
mi-avril [miavRil] f sans pl Mitte f April; **à la ~** Mitte April **mi- -bas** [miba] <mi-bas> m Kniestrumpf m
mica [mika] m MINER Glimmer m
mi-carême [mikaRɛm] <mi-carêmes> f Mittfasten Pl
micelle [misɛl] f CHIM, PHYS Mizell nt, Mizelle f
miche [miʃ] f ❶ (pain) [Brot]laib m
❷ pl fam (fesses) Hintern m (fam), Po m (fam)
Michel-Ange [mikɛlɑ̃ːʒ(ə)] m Michelangelo m
mi-chemin [miʃmɛ̃] **à ~** auf halbem Weg; **n'être qu'à ~** erst die Hälfte des Weges hinter sich haben; **à ~ entre qc et qc** (à égale distance de) auf halbem Weg zwischen etw und etw (Dat); **s'arrê-**

ter à ~ fig auf halbem Weg [o mittendrin] aufgeben
micheton [miʃtɔ̃] m fam Freier m
Mickey [mikɛ] m Mickymaus f
mi-clos(e) [miklo, kloz] adj **un bourgeon ~** eine halb geschlossene Knospe
micmac [mikmak] m fam ❶ (manigance) Machenschaften Pl; **cette affaire de pots-de-vin est un sacré ~** diese Bestechungsgeldaffaire ist eine entsetzliche Mauschelei
❷ sans pl (affaire embrouillée) Wirrwarr m
micocoulier [mikokulje] m BOT Zürgelbaum m
mi-corps [mikɔR] **jusqu'à ~** bis zur Taille; **portrait à ~** Brustbild nt
mi-côte [mikot] **à ~** auf halber Höhe **mi-course** [mikuRs] **à ~** nach der Hälfte der Strecke
micro[1] [mikRo] m ❶ AUDIOV abr de **microphone** Mikro[fon nt] nt; **parler au ~** [o devant le] ~ ins Mikro[fon] sprechen
❷ INFORM fam abr de **micro-ordinateur** PC m; (petit) Kleincomputer m, Kleinrechner m
micro[2] [mikRo] f sans pl INFORM fam abr de **micro-informatique** Mikroinformatik f
microbalance [mikRobalɑ̃s] f TECH Mikrowaage f
microbe [mikRɔb] m ❶ BIO Mikrobe f
❷ fam (avorton) Wurm m, Zwerg m
microbien(ne) [mikRɔbjɛ̃, jɛn] adj mikrobiell
microbiologie [mikRobjɔlɔʒi] f sans pl Mikrobiologie f
microbiologiste [mikRobjɔlɔʒist] mf Mikrobiologe m/-biologin f
microcéphale [mikRosefal] SCI I. adj kleinköpfig, mikrozephal (Fachspr.)
II. mf Mikrozephale mf (Fachspr.)
microchimie [mikRoʃimi] f SCI Mikrochemie f
microchirurgie [mikRoʃiRyRʒi] f Mikrochirurgie f
microcircuit [mikRosiRkɥi] m Mikrochip m
microclimat [mikRoklima] m Mikroklima nt
microcosme [mikRɔkɔsm] m ❶ Mikrokosmos m
❷ (petite société) [in sich (Dat) geschlossene] Gruppe
micro-cravate [mikRokRavat] <micros-cravates> m Ansteckmikrofon nt
microdisquette [mikRodiskɛt] f INFORM Mikrodiskette f
microéconomie [mikRoekɔnɔmi] f Mikroökonomie f
microédition [mikRoedisjɔ̃] f INFORM Desktop-Publishing nt
microélectronique [mikRoelɛktRɔnik] I. adj circuit ~ integrierter Schaltkreis
II. f Mikroelektronik f
microfibre [mikRofibR] f TEXTIL Mikrofaser f
microfiche [mikRofiʃ] f Mikrofiche m o nt
microfilm [mikRofilm] m Mikrofilm m
microgramme [mikRogRam] m Mikrogramm nt
micro-informatique [mikRoɛ̃fɔRmatik] f Mikroinformatik f
micromètre [mikRomɛtR] m ❶ (mesure) Mikrometer m o nt
❷ (instrument) Messschraube f
micron [mikRɔ̃] m Mikrometer m
micro-onde [mikRoɔ̃d] <micro-ondes> f PHYS Mikrowelle f; **four à micro-ondes** Mikrowellenherd m **micro-ondes** [mikRoɔ̃d] m Mikrowellenherd m, Mikrowelle f (fam) **micro-ordinateur** [mikRoɔRdinatœR] <micro-ordinateurs> m PC m; (petit) Kleincomputer m, Kleinrechner m **micro-organisme** [mikRoɔRganism] <micro-organismes> m Mikroorganismus m
microphone [mikRofɔn] m Mikrofon nt
microphotographie [mikRofɔtɔgRafi] f Mikrofoto[grafie f] nt
micropilule [mikRopilyl] f Mikropille f
micro-pince [mikRopɛ̃s] f Mini-Haarklemme f
microplaquette [mikRoplakɛt] f Chip m
microporeux, -euse [mikRopoRø, -øz] adj roche feinporig
microprocesseur [mikRopRosesœR] I. m Mikroprozessor m
II. app puce ~ Mikroprozessorchip m
microprogramme [mikRopRogRam] m INFORM Mikroprogramm nt
micro-recensement [mikRoR(ə)sɑ̃smɑ̃] m STATIST Mikrozensus m
microscope [mikRɔskɔp] m Mikroskop nt; **~ électronique** Raster[elektronen]mikroskop nt; **observer au ~** durch das Mikroskop betrachten; **examiner au ~** unter dem Mikroskop untersuchen; fig genau [unter] die Lupe nehmen (fam)
microscopique [mikRɔskɔpik] adj ❶ (minuscule) winzig; différence haarfein
❷ SCI mikroskopisch [klein]
microsillon [mikRosijɔ̃] m Schallplatte f
microspore [mikRospɔR] m BOT , MED Mikrospore f
microstructure [mikRostRyktyR] f Mikrostruktur f
micro-trottoir [mikRotRɔtwaR] <micros-trottoirs> m Umfrage f auf der Straße
miction [miksjɔ̃] f MED Urinieren nt, Wasserlassen nt, Miktion f (Fachspr.); **troubles de la ~** Schwierigkeiten Pl beim Wasserlassen, Miktionsstörungen Pl (Fachspr.)

mi-cuisses [mikɥis] [**jusqu'**] à ~ bis über das Knie [*o* die Knie]
mi-décembre [midesɑ̃bʀ] *f sans pl* Mitte *f* Dezember; **à la ~** Mitte Dezember
MIDEM [midɛm] *m abr de* marché international du disque et de l'édition nationale *internationale Messe der Schallplattenfirmen und Musikverlage*
midi [midi] *m* ❶ *inv, sans art ni autre dét (heure)* zwölf [Uhr]; **il est ~ juste/et quart/moins dix** es ist genau zwölf [Uhr]/viertel nach/zehn vor zwölf; **à ~** um zwölf [Uhr]; *(entre midi et deux)* über Mittag; **entre ~ et deux** in der Mittagszeit, über Mittag; **mardi/demain ~** Dienstagmittag/morgen Mittag; **train de ~** Zwölfuhrzug *m*
❷ *(moment du déjeuner)* Mittag *m; (repas)* Mittagessen *nt;* **ce ~** heute Mittag; **le repas de ~** das Mittagessen; **qu'est-ce qu'on mange à ~ ?** was gibt es zum Mittagessen?
❸ *(sud)* Süden *m;* **être exposé(e) au ~** nach Süden liegen
▶ **chercher ~ à quatorze heures** die Dinge komplizierter machen als sie sind; **chacun voit ~ à sa porte** *prov* jeder sieht die Dinge so, wie er sie sehen möchte
Midi [midi] *m* Südfrankreich *nt;* **les gens du ~** die Leute aus Südfrankreich, die Südfranzosen; **un accent du ~** ein südfranzösischer Akzent
MIDI [midi] INFORM I. *abr de* Musical Instruments Digital Interface MIDI
II. *app* **appareil ~** MIDI-Gerät *nt;* **interface ~** MIDI-Schnittstelle *f*
midinette [midinɛt] *f péj* Backfisch *m;* **des lectures de ~** Jungmädchenlektüre *f*
mie [mi] *f sans pl* weiche(s) Innere(s) *nt (vom Brot),* Krume *f*
miel [mjɛl] *m* Honig *m;* **bonbon/pain d'épice au ~** Honigbonbon *nt/*-kuchen *m*
▶ **être** [**tout sucre**] **tout ~** zuckersüß sein
miellé(e) [mjele] *adj littér boisson* mit Honig verfeinert; *parfum* honigsüß
mielleux, -euse [mjɛlø, -øz] *adj attitude, air* übertrieben freundlich; *sourire, paroles, ton* zuckersüß
mien(ne) [mjɛ̃, mjɛn] I. *pron poss* ❶ **le ~/la ~ne** der/die/das Meine [*o* meine], meine(r, s); **les ~s** die Meinen [*o* meinen], meine; **ce n'est pas votre valise, c'est la ~ne** es ist nicht Ihr Koffer, es ist der Meine [*o* es ist meiner]; **cette maison est la ~ne** dies ist mein Haus, dieses Haus gehört mir, dieses Haus ist das Meinige [*o* das meine] (*geh*)
❷ *pl (ceux de ma famille)* **les ~s** meine Angehörigen [*o* Familie], die Meinen *(geh); (mes partisans)* meine Anhänger, die Meinen *(geh)*
▶ **à la** [**bonne**] **~ne!** *hum fam* auf mein Wohl!; **j'y mets du ~** ich tue, was ich kann; **j'y ai mis du ~** ich habe das Mein[ig]e getan, ich habe meinen Teil dazu beigetragen
II. *adj poss littér* **qc est ~** etw ist der/die/das Meine [*o* Meinige *veraltet geh*]; **cet objectif est ~** das ist mein Ziel; **ces principes, je les ai faits ~s** ich habe mir diese Prinzipien zu Eigen gemacht
miette [mjɛt] *f* ❶ *de pain, gâteau* Krümel *m;* **~ de gâteau/de pain** Kuchen-/Brotkrümel; **~ de tabac** Tabakkrümel; **ne pas en laisser une ~** kein Krümchen übrig lassen
❷ *(petit morceau, petite partie)* **être réduit(e) en ~s** *verre, porcelaine:* in tausend Stücke zersprungen sein; **mettre un verre/de la porcelaine en ~s** ein Glas/Porzellan zerschlagen; **mettre le bonheur/les espoirs de qn en ~s** jds Glück/jds Hoffnungen völlig zunichtemachen; **ne pas perdre une ~ d'un spectacle/film** sich von einer Vorstellung/einem Film nichts entgehen lassen; **ne pas perdre une ~ de la conversation** sich keine Silbe des Gesprächs entgehen lassen; **ne pas avoir une ~ de bon sens** nicht das kleinste bisschen gesunden Menschenverstand haben
▶ **ramasser les ~s** sich mit den Resten begnügen müssen
mieux [mjø] I. *adv comp de* **bon** ❶ *qn va ~* jdm geht es besser; **l'économie/le bâtiment va ~** die Wirtschaft/der Bausektor hat sich erholt; **pour ~ dire** besser gesagt; **on ferait ~ de réfléchir avant de parler** man sollte lieber erst denken, dann reden; **il aurait ~ fait d'attendre** er hätte lieber warten sollen [*o* besser gewartet]; **faire ~ que qn** jdn toppen *(fam);* **c'est ~ que rien** [das ist] besser als nichts; **elle le sait ~ que personne** sie weiß es selbst am besten; **aimer ~ faire qc** etw lieber tun; **plus il s'entraîne, ~ il joue** je mehr er trainiert, desto besser spielt er; **~ que jamais** besser denn je; **qn n'en fait que ~ qc** jd tut etw umso besser; **qn n'en aime qn que ~** jd liebt jdn umso mehr; **ne demander pas ~ que de faire qc** nichts lieber [tun] mögen, als etw tun
❷ *en loc conj* **d'autant ~ que qn fait qc** umso besser, als jd etw tut
❸ *en loc adv* **ce chapeau lui va on ne peut ~** dieser Hut steht ihm bestens; **il a tourné sa lettre on ne peut ~** er hätte seinen Brief nicht besser formulieren können; **à qui ~ ~** um die Wette; **de ~ en ~** immer besser; **changer en ~** sich zum Besseren wandeln; **c'est sa sœur en ~** sie sieht aus wie ihre Schwester, nur besser; **faute de ~** solange sich nichts Besseres findet; **tant ~ pour qn!**

umso besser für jdn!
▶ **il vaudrait ~ que qn fasse qc** es wäre besser, wenn jd etw täte; **il vaut ~ que qn fasse qc** es ist besser, wenn jd etw tut; **il vaut ~ faire qc, ~ vaut faire qc** es ist besser, etw zu tun; **qc vaut ~ que qc** etw ist besser als etw; **qn vaut ~ que qn** jd ist mehr wert als jd; **~ vaut tard que jamais** *prov* lieber [*o* besser] spät als nie; **~ vaut tenir que courir** *prov,* **un tiens vaut ~ que deux tu l'auras** besser ein Spatz in der Hand als eine Taube auf dem Dach; **il a terminé et, qui ~ est, en un temps record!** er ist fertig - und noch dazu in Rekordzeit!
II. *adv superl de* **bien** ❶ *avec un verbe* **c'est lui qui travaille le ~** er arbeitet am besten; **ce que j'aime le ~, c'est la glace à la fraise** am liebsten mag ich Erdbeereis; **c'est ce qu'on fait de ~** es gibt nichts Besseres; **c'est ce que qn pourrait faire de ~** es ist das Beste, was jd tun kann
❷ *avec un adjectif* **il est le ~ disposé** [*o* **prêt**] **à nous écouter** er wird uns am ehesten anhören; **elle est le ~ capable de réussir** sie ist am ehesten fähig, es zu schaffen; **cette classe regroupe les élèves les ~ doués** in dieser Klasse sind die begabtesten Schüler; **la femme la ~ habillée de Paris** die bestgekleidete Frau von Paris; **c'est le poste le ~ payé** es ist der bestbezahlte Arbeitsplatz; **un compliment des ~ tournés** ein besonders gelungenes Kompliment; **un exemple des ~ choisis** ein besonders gut gewähltes Beispiel
❸ *en locution verbale* **le ~ serait de ne rien dire** es wäre das Beste [*o* am besten], nichts zu sagen; **c'est le ~ à faire** das ist das Beste, was man tun kann; **faire de son ~** sein Bestes tun; **faire le ~** [*o* **du ~**] **qu'on peut** tun etw machen, so gut man kann; **faire au** [*o* **pour le**] **~** das Bestmögliche [*o* sein Bestes] tun; **tout va pour le ~** alles steht zum Besten
❹ *en locution adverbiale* **il travaille de son ~** er arbeitet so gut er kann; **je vais essayer de répondre de mon ~** ich werde versuchen, so gut wie möglich zu antworten; **vu le temps qu'il fait, au ~ il arrivera demain** bei dem Wetter wird er bestenfalls morgen kommen
❺ *en locution prépositionnelle* **au ~ des vos intérêts** in Ihrem Interesse
III. *adj comp de* **bien** ❶ *(en meilleure santé)* **le malade est** [*o* **va**] **~ que la semaine passée** dem Kranken geht es besser als letzte Woche; **il la trouve ~** er findet, sie sieht [wieder] besser aus
❷ *(plus agréable d'apparence)* **elle est ~ les cheveux courts** kurze Haare stehen ihr besser
❸ *(plus à l'aise)* **je suis** [*o* **me sens**] **~ à la campagne qu'à la ville** auf dem Land fühle ich mich wohler als in der Stadt; **vous serez ~ dans le fauteuil** im Sessel sitzen Sie bequemer
❹ *(préférable)* **c'est ~ ainsi** es ist besser so; **ce serait ~ de rentrer par le train** es wäre besser, mit dem Zug heimzufahren
IV. *adj superl de* **bien** ❶ *(le plus réussi)* **c'est avec les cheveux courts qu'elle est le ~** kurze Haare stehen ihr am besten; **c'est assis que je suis le ~** ich fühle mich am wohlsten, wenn ich sitze
❷ *en loc vb* **être au ~ avec qn** sich bestens mit jdm verstehen; **être au ~ de sa forme** in Bestform [*o* Höchstform] sein; **acheter/vendre qc au ~** etw bestens kaufen/verkaufen
V. *m* ❶ *(une chose meilleure)* **trouver ~** etwas Besseres finden; **comme crétin/excuse, on ne fait pas ~** *iron* einen größeren Dummkopf/eine dümmere Ausrede gibt es gar nicht; **il y a ~** es gibt Besseres; **s'attendre à ~** mehr [*o* etwas Besseres] erwarten; **en attendant ~** solange sich nichts Besseres findet; **qn n'a rien trouvé de ~ que de faire qc** jdm ist nichts Besseres eingefallen, als etw zu tun; **on ne fait rien de ~** es gibt nichts Besseres; **qui dit ~ ?** *(aux enchères)* wer bietet mehr?
❷ *(amélioration) (de l'état général)* **un léger** [*o* **petit**] **~** eine leichte Besserung; **il y a un ~** *(du travail scolaire)* es ist eine Besserung eingetreten, es geht schon besser; **il y a du ~** es gibt Fortschritte, man kann Fortschritte erkennen
▶ **le ~ est l'ennemi du bien** *prov* das Bessere ist des Guten Feind
mieux-être [mjøzɛtʀ] *m sans pl* größerer Wohlstand
mièvre [mjɛvʀ] *adj paroles, sourire* affektiert; *livre, peinture* kitschig; *personne* farblos
mièvrerie [mjɛvʀəʀi] *f* ❶ *sans pl (grâce fade) d'un propos, sourire* Banalität *f; d'une peinture, d'un roman* Rührseligkeit *f; d'une personne* Farblosigkeit *f*
❷ *souvent pl (propos, écrits)* Abgeschmacktheit *f; (attitude)* Gehabe *nt* kein *Pl*
mi-février [mifevʀije] *f sans pl* Mitte *f* Februar; **à la ~** Mitte Februar **mi-figue, mi-raisin** [mifig, miʀɛzɛ̃] süßsauer **mi-fin** [mifɛ̃] <mi-fins> *adj* mittelfein
mignard(e) [miɲaʀ, aʀd] *adj personne* niedlich, süß; *péj* affektiert; *manières* affektiert, geziert *(fam)*
mignardise [miɲaʀdiz] *f* ❶ *littér (délicatesse)* Finesse *(liter)*
❷ *péj (préciosité)* Geziertheit *f*
mignon(ne) [miɲɔ̃, ɔn] I. *adj* ❶ *(agréable à regarder)* niedlich, hübsch, knuffig *(fam);* **il est trop ~, le bébé** das Baby sieht wirk-

lich süß aus

② *fam (gentil)* lieb; **sois ~ne, prête-lui ta poupée** sei lieb und gib ihr/ihm deine Puppe

II. *m(f)* **mon ~/ma ~ne** mein Süßer/meine Süße

mignonnet(te) [miɲɔne, ɛt] *adj* süß, nett

migraine [migʀɛn] *f* MED Migräne *f*; Spannungskopfschmerz *m*; **avoir la ~** [eine] Migräne haben; **avoir une forte ~** einen starken Migräneanfall haben

migraineux, -euse [migʀɛnø, -øz] I. *adj* Migräne-; **être ~** unter Migräne *(Dat)* leiden

II. *m, f* Migränekranke(r) *f(m)*

migrant(e) [migʀã, ãt] I. *adj* **travailleur ~** Immigrant *m*; **population ~e** wandernde Bevölkerung

II. *m(f)* Immigrant(in) *m(f)*

migrateur [migʀatœʀ] *m (oiseau)* Zugvogel *m*

migrateur, -trice [migʀatœʀ, -tʀis] *adj* **oiseau ~** Zugvogel *m*

migration [migʀasjɔ̃] *f* ① *(déplacement)* Wanderung *f*, Migration *f (Fachspr.)*

② ZOOL *des oiseaux* Migration *f (Fachspr.)*, Zug *m*; *des anguilles, saumons* Wanderung *f*, Migration *f (Fachspr.)*; **~ des crapauds** Krötenwanderung

③ MED **~ d'une cellule** Wanderung *f*

◆ **~ de données** INFORM Datenmigration *f*

migratoire [migʀatwaʀ] *adj flux, mouvement* Wander[ungs]-, Migrations- *(Fachspr.)*

migrer [migʀe] <1> *vi oiseaux:* ziehen; *populations:* wandern

mi-hauteur [mi´otœʀ] **à ~** auf halber Höhe; **l'eau était à ~ das Wasser stand halb hoch mi-jambe[s]** [miʒãb] **à ~** an der Wade; **jusqu'à ~** bis zur Wade **mi-janvier** [miʒãvje] *f sans pl* Mitte *f* Januar; **à la ~** Mitte Januar

mijaurée [miʒɔʀe] *f* eingebildete Pute *(fam)*; **faire la ~** sich zieren

mijoter [miʒɔte] <1> I. *vt* ① *(faire cuire lentement)* auf kleiner Flamme kochen [*o* garen]

② *fam (manigancer)* ausbrüten *(fam)*; **~ de faire qc** sich mit dem Gedanken tragen, etw zu tun; **~ qc contre qn** etw gegen jdn im Schilde führen

II. *vi* ① *(cuire lentement)* köcheln; **faire ~ un ragoût** ein Ragout köcheln lassen

② *fam (attendre)* **laisser ~ qn** jdn schmoren lassen *(fam)*

mi-journée [miʒuʀne] <mi-journées> *f* Tagesmitte *f* **mi-juillet** [miʒɥijɛ] *f sans pl* Mitte *f* Juli; **à la ~** Mitte Juli **mi-juin** [miʒɥɛ̃] *f sans pl* Mitte *f* Juni; **à la ~** Mitte Juni

mikado [mikado] *m* Mikado *nt*

mil[1] [mil] *num* tausend; **en [l'an] ~ neuf cent soixante-trois** neunzehnhundertdreiundsechzig

mil[2] [mil] *m vieilli* Hirse *f*

milan [milã] *m* Milan *m*

Milan [milã] Mailand *nt*

milanais(e) [milanɛ, ɛz] *adj* ① *(de Milan)* Mailänder

② GASTR **escalope [à la] ~e** paniertes Schnitzel

Milanais(e) [milanɛ, ɛz] *m(f)* Mailänder(in) *m(f)*

mildiou [mildju] *m* Mehltau *m*

mile [majl] *m* [englische] Meile *f*

milice [milis] *f* ① *(troupe de police)* Miliz *f*

② MIL BELG *(armée belge)* belgische Armee *f*

③ MIL BELG *(service militaire)* Wehrdienst *m*

milicien [milisjɛ̃] *m* ① *(membre d'une milice)* Milizionär *m*

② HIST *(soldat)* Milizsoldat *m*

③ BELG *(appelé)* Wehrpflichtiger *m*

milicienne [milisjɛn] *f* Milizionärin *f*

milieu [miljø] <x> *m* ① *sans pl (dans l'espace)* Mitte *f*; **le ~ de la rue/pièce** die Mitte der Straße [*o* Straßenmitte]/des Zimmers; **en plein ~ de la rue** in der Mitte der Straße, mitten auf der Straße; **au ~ de la page/pièce** *(sans mouvement)* mitten auf der Seite/im Zimmer; *(avec mouvement)* mitten auf die Seite/ins Zimmer; **au ~** zwischendrin, zwischendrein *(fam)*; **être perdu(e) au ~ de** in der Menge umherirren; **au ~ des gens qui m'entouraient** unter all den Leuten um mich herum; **le bouton du ~** der Knopf in der Mitte, der mittlere Knopf; **couper/scier qc en son ~** etw in der Mitte durchschneiden/durchsägen

② *sans pl (dans le temps)* Mitte *f*; **au ~ de la nuit/de l'après-midi/du film** mitten in der Nacht/am Nachmittag/im Film; **arriver au beau** [*o* **en plein**] **~ du film/de la nuit** mitten in den Filmhineinplatzen/in der Nacht ankommen; **en ~ d'année** in der Jahresmitte; **vers le ~ de l'année** um die Jahresmitte; **le ~ du siècle** die Mitte des Jahrhunderts, die Jahrhundertmitte; **le ~ du vingtième siècle** die Mitte des zwanzigsten Jahrhunderts

③ *sans pl (moyen terme)* Mittelweg *m*, Mittelding *nt (fam)*

④ *(environnement)* Umwelt *f*; **préserver les ~x naturels** den natürlichen Lebensraum schützen

⑤ BIO Milieu *nt*; **~ de culture** Nährlösung *f*

⑥ CHIM Medium *nt*

⑦ SOCIOL Milieu *nt*, Umgebung *f*; **~ ambiant** Umgebung, Umfeld;

~x boursiers Börsenkreise *Pl*; **~ criminel** Verbrecherwelt *f*; **~ culturel** Kulturszene *f*; **~x économiques** [*o* **économistes**] Wirtschaftskreise *Pl*; **journal proche des ~x économiques** wirtschaftsnahe Zeitung; **les ~x populaires** die einfachen Bevölkerungsschichten; **les ~x proches du gouvernement** die regierungsnahen Kreise; **comme l'on peut l'apprendre des ~x proches du gouvernement ...** wie aus regierungsnahen Kreisen verlautet, ...; **~x terroristes** Terrorszene; **~x d'affaires** Geschäftswelt *f*; **~ des informaticiens** Informatikerszene; **~ des médias/de la drogue** Medien-/Rauschgiftszene; **~ éditorial** [*o* **de l'édition**] Verlagsszene

⑧ *sans pl (criminels)* **le ~** die Unterwelt

▶ **le juste ~** die goldene Mitte

◆ **~ de gamme** Mittelklasse *f*; **voiture ~ de gamme** Mittelklassewagen *m*; **~ de table** Tafelaufsatz *m*; **~ de terrain** SPORT Mittelfeldspieler(in) *m(f)*

militaire [militɛʀ] I. *adj* Militär-; *opération, discipline* militärisch; **service ~** Wehrdienst *m*, Militärdienst *m*; **salut ~** Salutieren *nt*, militärischer Gruß; **camp ~** Truppenübungsplatz *m*; **coup d'état ~** Militärputsch *m*; **les affaires ~s** das Militärwesen

II. *m* ① *(personne)* Soldat *m*; **les ~s** das Militär; **~ de carrière** Berufssoldat

② *(ensemble du domaine, de ses activités)* Militärwesen *nt*

III. *f* Soldatin *f*; **~ de carrière** Berufssoldatin

militairement [militɛʀmã] *adv* militärisch

militant(e) [militã, ãt] I. *adj* aktiv

II. *m(f) d'un parti, syndicat* aktives Mitglied; **les ~s de base** die aktive Basis; **une ~e communiste/chrétienne** eine aktive Kommunistin/Christin

militantisme [militãtism] *m* engagierte Haltung *f*

militarisation [militaʀizasjɔ̃] *f* Militarisierung *f*

militariser [militaʀize] *vpr* **se ~** ein Heer aufbauen

militariste [militaʀist] *péj* I. *adj* militaristisch

II. *mf* Militarist *m*

militer [milite] <1> *vi* ① *(être militant)* aktiv sein

② *(lutter)* **~ pour/contre qc** für/gegen etw kämpfen

③ *(plaider)* **~ en faveur de/contre qn/qc** *argument, comportement:* für/gegen jdn/etw sprechen

milium [miljɔm] *m* MED, COSMET Milium *nt*

milk-shake [milkʃɛk] <milk-shakes> *m* Milchshake *m*

millage [milaʒ] *m* CAN ① *(mesurage en milles)* Messen *nt* in Meilen

② AUT *d'un compteur* Meilenstand *m*

mille[1] [mil] I. *num* ① [ein]tausend; **deux/trois ~** zwei-/dreitausend; **~ un** tausend[und]eins; **~ un/deux euros** tausend[und]ein/-zwei Euro; **~ cent euros** tausendhundert Euro; **billet de ~ euros** Tausendeuroschein *m*

② *(dans l'indication de l'ordre)* **page ~** Seite tausend

③ *antéposé (nombreux)* tausend; **~ amitiés** viele Grüße; **~ mercis!** danke vielmals!, tausend Dank! *(fam)*; **~ regrets** [*o* **pardons**]! ich bitte tausendmal um Entschuldigung [*o* Verzeihung]!, es tut mir furchtbar leid!; **~ et un exemples/problèmes** tausend Beispiele/Probleme; **la quantité ~ fois plus importante** die tausendfache Menge; **je vous suis ~ fois redevable** ich schulde euch tausendfachen Dank *(fam)*; **je vous récompenserai de votre aide ~ fois plus** ich werde euch eure Hilfe tausendfach vergelten

II. *m inv* ① Tausend *f*

② *(numéro)* Nummer *f* tausend, Tausend *f*

③ COM *(quantité de mille objets)* **au ~** im Tausend; **un ~ d'épingles/de cigarettes** ein Tausend Nadeln/Zigaretten; **dépasser son centième ~** *roman:* eine Auflage von mehr als hunderttausend erreichen

④ *(cible)* Schwarze(s) *nt*, Zentrum *nt*; **mettre** [*o* **taper**] **[en plein] dans le ~** ins Schwarze treffen

▶ **des ~ et des cents** *fam* ein Vermögen *nt*; **je vous le donne en ~** das erraten Sie nie; **cinq pour ~ des recettes** fünf Promille der Einnahmen

III. *f (numéro mille)* Tausend *f*; *v. a.* **cinq, cinquante**

mille[2] [mil] *m* ① Meile *f*; **~ [marin]** Seemeile *f*; **~ parcouru/à parcourir en vol** Flugmeile

② CAN **~ anglais** englische Meile

millefeuille [milfœj] *m* Blätterteig-Creme-Schnitte

millénaire [milenɛʀ] I. *adj (très vieux)* uralt; *(âgé d'environ mille ans)* um die tausend Jahre alt; **être plusieurs fois ~** mehrere tausend Jahre alt sein

II. *m* ① Jahrtausend *nt*, Millenium *nt (geh)*

② *sans pl (anniversaire) d'un événement* tausendster Jahrestag; *(cérémonie)* Tausendjahrfeier *f*; **le deuxième ~ de la fondation d'une ville** der zweitausendste Jahrestag der Stadtgründung

millénarisme [milenaʀism] *m* REL Chiliasmus *m*

mille-pattes [milpat] *m inv* Tausendfüß(l)er *m*

millepertuis [milpɛʀtɥi] *m inv* Johanniskraut *nt*

mille-raies [milʀɛ] *m inv* Rippenstoff *m*; **velours ~** Cordsamt *m*

millésime [milezim] *m d'un vin* Jahrgang *m*; *d'une monnaie, d'un timbre* [Ausgabe]jahr *nt*

millésimé(e) [milezime] *adj vin* Jahrgangs-; **une bouteille de Bordeaux ~e** eine Flasche Bordeaux Jahrgangswein

millet [mijɛ] *m* ❶ *(céréale)* Hirse *f*
❷ MED, COSMET Milium *nt*

milliampère [miliɑ̃pɛʀ] *m* PHYS, ELEC Milliampere *nt*

milliard [miljaʀ] *m* Milliarde *f*; **un ~/deux ~s de personnes/de choses** eine Milliarde/zwei Milliarden Menschen/Dinge; **des ~s de personnes/de choses** Milliarden Pl von Menschen/Dingen; **projet de plusieurs ~s** Milliardenprojekt *nt*

milliardaire [miljaʀdɛʀ] **I.** *adj* **être ~** Milliardär(in) *m(f)* sein; **fabricant ~ en dollars** dollarschwerer Fabrikant
II. *mf* Milliardär(in) *m(f)*

milliardième [miljaʀdjɛm] **I.** *adj antéposé* [ein]milliardste(r, s)
II. *mf* **le/la ~** der/die/das Milliardste
III. *m (fraction)* Milliardstel *nt*; *v. a.* **cinquième**

millibar [milibaʀ] *m* Millibar *nt*

millième [miljɛm] **I.** *adj antéposé* tausendste(r, s)
II. *mf* **le/la ~** der/die/das Tausendste
III. *m (fraction)* Tausendstel *nt*; *v. a.* **cinquième**

millier [mil] *m* **un ~/deux ~s de personnes/choses** ungefähr [*o* um die] tausend/zweitausend Menschen/Dinge; **des ~s de personnes/choses** Tausende Pl von Menschen/Dingen; **des ~s et des ~s** Tausende und Abertausende Pl; **plusieurs dizaines de ~s de personnes** Zehntausende Pl von [*o* mehrere Zehntausend] Menschen; **recevoir des ~s de lettres, recevoir des lettres par ~s** bergeweise Post bekommen; **je ne sais combien de ~s de lettres** zigtausend Briefe, Zigtausende von Briefen *(fam)*; **vendre/ commander qc des ~s de fois** etw tausendfach verkaufen/bestellen; **par ~s** zu Tausenden

milligramme [miligʀam] *m* Milligramm *nt*

millilitre [mililitʀ] *m* Milliliter *m*

millimètre [milimɛtʀ] *m* Millimeter *m o nt*; **un** [film en] 8/16 ~s ein 8-/16-Millimeter-Film *m*
▶ **au ~ près** auf den Millimeter genau, millimetergenau

millimétré(e) [milimetʀe] *adj* **papier ~** Millimeterpapier *nt*

millimétrique [milimetʀik] *adj* **ondes ~s** Millimeterwellen Pl; **papier ~** Millimeterpapier *nt*

million [miljɔ̃] *m* Million *f*; **un ~/deux ~s de personnes/de choses** eine Million/zwei Millionen Menschen/Dinge; **des ~s de personnes/de choses** Millionen Pl von Menschen/Dingen; **des ~s de bénéfices** Millionengewinne Pl; **des ~s et des ~s** Tausende und Abertausende Pl; **quelques petits ~s** [d'euros] *fam* ein paar Milliönchen Pl *(fam)*; **projet de plusieurs ~s** Millionenprojekt *nt*; *v. a.* **cinq, cinquante**

millionième [miljɔnjɛm] **I.** *adj antéposé* millionste(r, s)
II. *mf* **le/la ~** der/die/das Millionste
III. *m (fraction)* Millionstel *nt*; *v. a.* **cinquième**

millionnaire [miljɔnɛʀ] **I.** *adj* **être ~** Millionär(in) *m(f)* sein; **je ne suis pas ~!** *fam* ich bin doch kein Millionär!
II. *mf* Millionär(in) *m(f)*

milliseconde [milis(ə)gɔ̃d] *f* Millisekunde *f*

millivolt [milivɔlt] *m* Millivolt *nt*

mi-long, mi-longue [milɔ̃, milɔ̃g] <mi-longs> *adj* halb lang **mi-lourd** [miluʀ] <mi-lourds> *m (catégorie)* Halbschwergewicht *nt*; *(sportif)* Halbschwergewicht, Halbschwergewichtler *m* **mi-mai** [mimɛ] *f sans pl* Mitte *f* Mai; **à la ~** Mitte Mai **mi-mars** [mimaʀs] *f sans pl* Mitte *f* März; **à la ~** Mitte März

mime [mim] **I.** *mf (acteur)* Pantomime *m*/Pantomimin *f*; *(imitateur)* Imitator(in) *m(f)*
II. *m sans pl (activité)* Pantomimik *f*, Pantomime *f*; **faire du ~** Pantomimen aufführen; **un spectacle de ~** eine Pantomime-Vorstellung

mimer [mime] <1> *vt* ❶ THEAT mimen
❷ *(imiter)* nachahmen

mimétisme [mimetism] *m* ❶ *sans pl (imitation)* Nachahmung *f*
❷ ZOOL Mimese *f*; *(imitation parfaite)* Mimikry *f*

mimi [mimi] **I.** *adj inv* süß
II. *m* ❶ *enfantin (chat)* Mieze[katze] *f (fam)*
❷ *fam (câlin)* Bussi *nt (fam)*
❸ *fam (mignonet)* Spätzchen *nt (fam)*

mimique [mimik] *f* ❶ *sans pl (jeu de physionomie)* Mimik *f* und Gestik *f*
❷ *(expression particulière)* **avoir une ~ expressive pour dire qc à qn** jdm etw durch Mimik deutlich zu verstehen geben

mimolette [mimɔlɛt] *f* holländische Käsesorte

mimosa [mimoza] *m* Mimose *f*

mi-moyen [mimwajɛ̃] <mi-moyens> *m (catégorie)* Weltergewicht *nt*; *(sportif)* Weltergewicht, Weltergewichtler *m*

MIN [min] *m abr de* **marché d'intérêt national** Markt für den Großhandel mit landwirtschaftlichen Produkten

minable [minabl] **I.** *adj* ❶ *(misérable) lieu* ärmlich; *aspect* schäbig
❷ *(médiocre)* erbärmlich; **il a été ~ au micro** er machte eine erbärmliche Figur, als er ins Mikro sprach
II. *mf* Null *f (fam)*, Niete *f (fam)*; **c'est une bande de ~s** das ist ein jämmerlicher Haufen *(fam)*

minaret [minaʀɛ] *m* Minarett *nt*

minauder [minode] <1> *vi* kokettieren, affektiert sein

minauderies [minodʀi] *fpl* geziertes [*o* affektiertes] Benehmen; **faire des ~ à qn** mit jdm kokettieren

mince [mɛ̃s] **I.** *adj* ❶ *(fin)* dünn; **lèvres ~s** schmale [*o* dünne] Lippen; **personne/bouche aux lèvres ~s** dünnlippiger Mensch/ Mund; **avoir les lèvres ~s** *personne, bouche:* dünnlippig sein
❷ *(élancé)* schlank
❸ *(modeste)* gering; *prétexte, preuve, résultat* dürftig; **ce n'est pas une ~ affaire** das ist keine Kleinigkeit; **l'intérêt de qc est bien ~** etw ist von ziemlich geringem Interesse [*o* nur mäßig interessant]
II. *adv* dünn; **peindre ~** Farbe dünn auftragen
III. *interj (pour exprimer le mécontentement)* **alors!** *fam* Scheibenkleister! *(fam)*, verflixt noch mal! *(fam)*; *(pour exprimer l'admiration)* **Mann[omann]!** *(fam)*

minceur [mɛ̃sœʀ] **I.** *f sans pl* ❶ *d'une feuille, couverture* Dünnheit *f*
❷ *(gracilité) d'une personne, de la taille* Schlankheit *f*; *des lèvres* Schmalheit *f*
❸ *(médiocrité) d'un résultat, de preuves* Dürftigkeit *f*
II. *app* **régime ~** Schlankheitsdiät *f*; **cuisine ~** schlanke Küche

mincir [mɛ̃siʀ] <8> *vi* dünner [*o* schlanker] werden

mine¹ [min] *f* ❶ *sans pl (aspect) (du visage)* Miene *f*, Gesicht[sausdruck] *m*] *nt*; **avoir une ~ renfrognée** eine saure Miene machen; **avoir une ~ épanouie** ein strahlendes Gesicht zeigen; **avoir bonne ~** gut aussehen; *iron fam (avoir l'air ridicule)* dumm dastehen; **avoir mauvaise/une petite ~** schlecht aussehen; **faire grise ~** ein verdrießliches Gesicht machen; **faire bonne/grise ~ à qn** nett/unfreundlich zu jdm sein; *(faire bon/mauvais accueil)* jdn freundlich/unfreundlich empfangen; **ne pas payer de ~** nach nichts aussehen
❷ *sans pl (allure)* Aussehen *nt*
❸ *pl (mimiques)* **faire des ~s** *péj enfant:* Theater machen *(fam)*; *femme:* ein Getue machen *(pej)*
▶ **avoir une ~ de papier mâché** kreideweiß sein; **faire ~ de faire qc** Miene machen, etw zu tun; **~ de rien** *fam* ganz unauffällig, einfach so; **~ de rien, il ne perdait rien de la conversation** ihm entging nichts von dem Gespräch, auch wenn es nicht so aussah

mine² [min] *f* ❶ *(gisement)* Lager *nt*, Lagerstätte *f*; *(souterraine)* Mine *f*, Lager, Lagerstätte; **une ~ à ciel ouvert** eine Mine über Tage, ein oberirdisches Lager; **une ~ souterraine** eine Mine unter Tage, ein unterirdisches Lager
❷ *(lieu aménagé)* Bergwerk *nt*, Mine *f*; **~ d'argent/de cuivre** Silber-/Kupferbergwerk, Silber-/Kupfermine; **~ de charbon** [*o* **de houille**] [Stein]kohlenbergwerk, [Stein]kohlenzeche *f*; **~ de diamant** Diamantenmine; **~ d'étain/de plomb** Zinn-/Bleibergwerk; **~ de sel** Salzbergwerk; **carreau de ~** Bergwerk; **puits de ~** Schacht *m*; **galerie de ~** Stollen *m*; **feu de ~** Grubenbrand *m*
❸ *(source)* **~ d'anecdotes** Fundgrube *f* für Anekdoten; **~ de renseignements** Informationsquelle *f*

mine³ [min] *f d'un crayon* Mine *f*; **~ de/du stylo** [**à**] **bille** Kugelschreibermine; **~ de couleur** Farbmine; **crayon à ~ dure/tendre** harter/weicher Bleistift

mine⁴ [min] *f* MIL Mine *f*; **~ antichar/antipersonnel/flottante** Panzerabwehr-/Tret-/Treibmine

miner [mine] <1> *vt* ❶ MIL verminen
❷ *(ronger)* aushöhlen; **l'humidité mine la pierre** die Feuchtigkeit höhlt den Stein aus
❸ *(affaiblir)* zermürben; **la maladie mine ses forces** die Krankheit zehrt seine Kräfte auf; **les excès ont miné sa santé** die Maßlosigkeit hat seine Gesundheit ruiniert; **être miné(e) par le remords/l'ambition** von Gewissensbissen/Ehrgeiz verzehrt werden; **~ par le stress** stressgeplagt
❹ *(détruire)* **un régime miné de l'intérieur** ein von innen her morsches Staatssystem
II. *vpr* **se ~** *fam (se faire du souci)* sich aufreiben

minerai [minʀɛ] *m* Erz *nt*; **~ d'aluminium/de cuivre** Aluminium-/Kupfererz; **~ d'étain/de fer/d'uranium** Zinn-/Eisen-/Uranerz; **~ brut** Roherz

minéral [mineʀal, o] <-aux> *m* Mineral *nt*

minéral(e) [mineʀal, o] <-aux> *adj* **sel** Mineral-; **règne** Mineralien-; **chimie ~e** anorganische Chemie
❷ **eau ~e** Mineralwasser *nt*; **eau ~e gazeuse** Mineralwasser mit Kohlensäure, Selter[s]wasser, saurer Sprudel (SDEUTSCH); **eau ~e plate** stilles Wasser

minéralier [mineʀalje] *m* Erzfrachter *m*

minéraliser [mineʀalize] <1> *vt* ❶ mineralisieren *métal*
❷ mit Mineralien anreichern *eau*; **eau minéralisée** Mineralwasser

minéralogie [mineʀalɔʒi] *f* Mineralogie *f*

minéralogique [mineralɔʒik] *adj* ❶ AUT **plaque** ~ Nummernschild *nt;* **numéro** ~ amtliches Kennzeichen
❷ MINER mineralogisch; **collection** ~ Mineraliensammlung *f*
minéralogiste [mineralɔʒist] *mf* Mineraloge *m*/Mineralogin *f*
minerval [minɛrval] *m* BELG *(frais de scolarité)* Schulgeld *nt*
minerve [minɛrv(ə)] *f* MED Zervikalstütze *f*
Minerve [minɛrv(ə)] *f* Minerva *f*
Mines [min] *fpl* ❶ UNIV **les** ~ Elitehochschule für Ingenieurwesen, mit Schwerpunkt Hüttenindustrie, Schwerindustrie, Geologie
❷ AUT **les** ~ ≈ der TÜV
minestrone [minɛstrɔn] *m* GASTR Minestrone *f*
minet [minɛ] *m* ❶ *fam (chat)* Mieze[katze *f*] *f (fam)*
❷ *(mot tendre)* **mon** [gros/petit] ~ mein Schätzchen
❸ *péj* Lackaffe *m (pej fam)*, Schickimicki *m (fam)*
minette [minɛt] *f* ❶ *fam (chat)* Mieze[katze *f*] *f (fam)*
❷ *(mot tendre)* **ma** [petite] ~ mein Schätzchen
❸ *(jeune fille)* Modepuppe *f*
mineur [minœʀ] *m* ❶ MIN Bergmann *m;* ~ **de fond** Grubenarbeiter *m*
❷ MIL Pionier *m*
mineur(e) [minœʀ] I. *adj* ❶ JUR minderjährig; **enfants** ~ **s** Minderjährige *Pl;* **être** ~ minderjährig sein
❷ *(peu important)* unwichtig; **œuvre, artiste** unbedeutend; **genre** untergeordnet
❸ MUS **mode** ~ Moll *nt,* Molltonart *f;* **do/ré/mi/fa** ~ c-/d-/e-/f-Moll; **en ré** ~ in d-Moll
❹ LOGIQUE **terme** ~ Mittelbegriff *m;* **proposition** ~ **e** Untersatz *m*
II. *m(f)* JUR Minderjährige(r) *f(m);* **interdit aux** ~ **s** frei ab 18 Jahren; **c'est une** ~ **e** sie ist minderjährig
mini [mini] I. *adj inv fam* **mode** Mini-
II. *adv* **s'habiller** ~ mini tragen
III. *m inv* INFORM *fam* Minicomputer *m*
miniature [minjatyʀ] I. *f* ART *(genre)* Miniaturmalerei *f;* (tableau) Miniatur *f;* (lettre) Initiale *f*
❷ *(modèle réduit)* Miniaturausgabe *f;* **en** ~ *(en réduction)* in Miniaturausgabe, im Miniaturformat, im Kleinformat
II. *app* **voiture** ~ Modellauto *nt;* **golfe** ~ Minigolf *m*
miniaturisation [minjatyʀizasjɔ̃] *f* Miniaturisierung *f,* Verkleinerung *f*
miniaturiser [minjatyʀize] <1> I. *vt* miniaturisieren, verkleinern
II. *vpr* **se** ~ immer kleiner werden
miniaturiste [minjatyʀist] *mf* Miniaturmaler(in) *m(f)*
minibar [minibaʀ] *m (dans un hôtel)* Minibar *f*
minibus [minibys] *m* Kleinbus *m*
minicassette [minikasɛt] *f* Minikassette *f*
minichaîne [miniʃɛn] *f* Kompakt[stereo]anlage *f*
mini-disque [minidisk] <mini-disques> *m* INFORM ~ **dur** Minifestplatte *f*
mini-disquette [minidiskɛt] <mini-disquettes> *f* INFORM Minidiskette *f;* **unité de** ~ Minidiskettenlaufwerk *nt*
minier, -ière [minje, -jɛʀ] *adj* **région** Bergbau-; *société* Bergwerks-; **exploitation minière** Bergbau *m;* **bassin** ~ Erzbecken *nt;* (où il y a des houillères) Kohlebecken *nt;* **catastrophe minière** Grubenunglück *nt;* **train** ~ Grubenbahn *f*
mini-État [minieta] <mini-États> *m* Zwergstaat *m*
mini-exploitation [minɛksplwatasjɔ̃] <mini-exploitations> *f* Zwergbetrieb *m*
minigolf [minigɔlf] *m* Minigolf *nt;* (terrain) Minigolfanlage *f*
mini-imprimante [miniɛ̃pʀimɑ̃t] <mini-imprimantes> *f* INFORM Minidrucker *m*
minijupe [miniʒyp] *f* Minirock *m*
minimal(e) [minimal, o] <-aux> *adj* ❶ *(le plus petit)* minimal; **température** ~ **e** Tiefsttemperatur *f*
❷ ART **art** ~ Minimal Art *f*
minimalisme [minimalism] *m* ❶ ART *(école de peinture)* Minimalismus *m*
❷ *(tactique)* Taktik der Minimalforderungen
minime [minim] I. *adj* unbedeutend; **dégâts, dépenses** gering; **un fait** ~ eine belanglose Tatsache
II. *mf* SPORT *(catégorie)* **les** ~ **s** die B-Jugend *(Altersklasse 14 bis 16 Jahre);* **être** ~ in der B-Jugend spielen; **champion(ne) de la catégorie** ~ **s et cadets** Jugendmeister(in) *m(f)*
mini-message [minimesaʒ] *m* SMS-Nachricht *f*
minimiser [minimize] <1> *vt* herunterspielen, kleinreden **problème, scandale;** ~ **la valeur de qn** jdn herabsetzen
minimum [minimɔm, minima] <s *o* minima> I. *adj* Mindest-; **température** ~ Tiefsttemperatur *f*
II. *m* ❶ *sans pl (plus petite quantité)* Minimum *nt,* Mindestmaß *nt;* **un** ~ **de points/risques** eine minimale Punktzahl/ein minimales Risiko; **un** ~ **d'imagination/d'intelligence** ein Mindestmaß [*o* Minimum] an Vorstellungskraft/Intelligenz; **un** ~ **de temps/travail** ein Minimum an Zeit/Arbeit; **avec un** ~ **de frais** mit einem minimalen Kostenaufwand; **le strict** ~ das Allernötigste;

~ **vital** Existenzminimum *nt;* **réduire au** ~ auf ein Minimum reduzieren; **s'il avait un** ~ **de savoir-vivre/d'argent** *fam* wenn er wenigstens ein bisschen Lebensart/Geld hätte
❷ *sans pl (somme la plus faible)* Minimum *nt,* Mindestbetrag *m*
❸ *sans pl (niveau le plus bas)* Tiefpunkt *m,* Tiefststand *m; (valeur la plus basse)* Tiefstwert *m*
❹ *pl (limite inférieure)* **des** ~ **s** [*o* **minima**] **de production** das Produktionsminimum
❺ *sans pl* JUR Mindeststrafe *f*
◆ ~ **vieillesse** Mindestrente *f*
mini-ordinateur [miniɔʀdinatœʀ] <mini-ordinateurs> *m* INFORM Minicomputer *m,* Minirechner *m;* ~ **à clavier** Mini-Notebook *nt*
mini-périphérique [minipeʀifeʀik] <mini-périphériques> *m* INFORM Miniperipherie *f*
minipilule [minipilyl] *f* Minipille *f*
miniski [miniski] *m* Miniski *m*
ministère [ministɛʀ] *m* ❶ *(bâtiment)* Ministerium *nt*
❷ *(cabinet, gouvernement)* Kabinett *nt;* (portefeuille) [Fach]ressort *nt,* Ministerium *nt;* **sous le** ~ [**de**] ... während der Amtszeit von ... [als Minister]
❸ REL *[geistliches]* Amt; **le** ~ **du prêtre** das Priesteramt
❹ JUR **par** ~ **d'avocat/d'huissier** durch einen Anwalt/Gerichtsvollzieher; **le** ~ **public** die Staatsanwaltschaft
◆ ~ **des Affaires étrangères** Außenministerium *nt;* ~ **de la Famille** Familienministerium *nt;* ~ **de l'Intérieur** Innenministerium *nt;* ~ **de la Propagande** HIST Propagandaministerium *nt;* ~ **de la Santé** Gesundheitsministerium *nt;* ~ **du Travail** Arbeitsministerium *nt*
ministériel(le) [ministeʀjɛl] *adj* ❶ *(d'un ministère, d'un ministre)* Minister-; **arrêté** ~ Ministerialerlass *m;* **portefeuille** ~ Geschäftsbereich *m* [eines Ministers]
❷ *(du gouvernement)* Regierungs-, Kabinetts-; **autorité** ~ **le** Regierungsgewalt *f;* **liste** ~ **le** Kabinettsliste *f;* **remaniement** ~ Kabinettsumbildung *f*
❸ *(du ministre)* des Ministers
ministrable [ministʀabl] I. *adj* ministrabel
II. *mf* Anwärter(in) *m(f)* auf einen Ministerposten
ministre [ministʀ] I. *mf* ❶ POL Minister(in) *m(f);* **Premier** ~ Premierminister(in) *m(f);* **Madame le** [*o* **la**] ~ Frau Ministerin; **elle est** [**le**] ~ **de la Santé et de la Famille** sie ist Gesundheits- und Familienministerin
❷ *(diplomate, ambassadeur)* Gesandte(r) *f(m);* ~ **plénipotentiaire** Generalbevollmächtigte(r) *f(m),* [bevollmächtigte(r)] Gesandte(r)
❸ REL ~ **du culte** Priester *m*
II. *app inv* **bureau** ~ Diplomatenschreibtisch *m;* **papier** ~ Kanzleipapier *nt*
◆ ~ **des Affaires étrangères** Außenminister(in) *m(f);* ~ **des Affaires européennes** Europaminister(in) *m(f);* ~ **d'État** Staatsminister(in) *m(f);* ~ **de l'Intérieur** Innenminister(in) *m(f);* ~ **des Transports** Verkehrsminister(in) *m(f)*

Land und Leute

Der französische **Premier ministre** ist Regierungschef und leitet die Regierungsgeschäfte. Er regiert für eine Legislaturperiode von fünf Jahren und ist zum Beispiel befugt, in Bereichen, die nicht gesetzlich geregelt sind, Verordnungen zu erlassen. An der Bildung der Regierung wirkt er mit, indem er dem Präsidenten Minister zur Ernennung oder Absetzung vorschlagen kann.

minitel® [minitɛl] *m (Informationssystem)* Minitel *nt; (Gerät)* Minitel-Terminal *nt;* **par** ~ über Minitel

Land und Leute

Das Informationssystem **minitel** hat sich seit den Achtzigerjahren weit verbreitet. Zu seinem Erfolg trug bei, dass für die Nutzung der vielfältigen Informationsdienste kein Computer erforderlich ist, sondern nur ein handliches Gerät, bestehend aus Bildschirm und Tastatur.
Zunächst konnte man Telefonnummern aus ganz Frankreich abfragen; später kamen zahlreiche gebührenpflichtige Serviceleistungen hinzu wie z. B. Fahrplanauskunft, Kartenvorverkauf oder Informationen über Unternehmen und Behörden.

minitéliste [minitelist] *mf* Minitel-Benutzer(in) *m(f)*
minium [minjɔm] *m* Mennige *f*
minivague [minivag] *f* leichte Dauerwelle
minoen(ne) [minɔɛ̃, ɛn] *adj art* minoisch
minois [minwa] *m* Gesichtchen *nt*
minoration [minɔʀasjɔ̃] *f* ❶ FISC ~ **des revenus imposables** Steuerverkürzung *f*
❷ ECON ~ **de la valeur d'usage** Brauchbarkeitsminderung *f*
minorer [minɔʀe] <1> *vt* ❶ *(diminuer la valeur)* herabsetzen, min-

dern, niedriger ansetzen *bénéfices*
② *(diminuer l'importance)* unterbewerten
minoritaire [minɔʀitɛʀ] **I.** *adj* Minderheits-; **opinion** ~ Meinung *f* einer Minderheit; **groupe** ~ Minderheitengruppe *f*; **ils sont** ~**s** sie sind in der Minderheit
II. *mf* POL **les** ~**s** die Minderheit; **les** ~ **s ethniques** die ethnischen Minderheiten
minorité [minɔʀite] *f* ❶ *(groupe)* Minderheit *f*, Minorität *f*; **droits/protection des** ~**s** Minderheitenrechte *Pl*/-schutz *m*; **être en** ~ in der Minderheit sein; **mettre en** ~ überstimmen
❷ *sans pl (petit nombre de)* **une** ~ **de téléspectateurs/lecteurs** eine Minderheit von Zuschauern/Lesern; **nous sommes une** ~ **de filles** wir Mädchen sind in der Minderheit; **une** ~ **de copies** eine kleine Anzahl von Arbeiten; **la** ~ **des copies** die wenigsten Arbeiten; **dans une** ~ **de cas** in den seltensten Fällen
❸ JUR Minderjährigkeit *f*; ~ **pénale** Strafunmündigkeit *f*
◆ ~ **de blocage** ECON Sperrminorität *f*, Sperrminderheit *f*
minoterie [minɔtʀi] *f (moulin)* [Getreide]mühle *f*; *(meunerie)* Müllerei *f*
minou [minu] *m* ❶ enfantin *(chat)* Mieze[katze *f*] *f (fam)*
❷ *(terme d'affection)* **mon** ~ mein Schatz
mi-novembre [minɔvɑ̃bʀ] *f sans pl* Mitte *f* November; **à la** ~ Mitte November
minuit [minɥi] *m sans pl, sans dét* Mitternacht *f*, zwölf Uhr nachts; **à** ~ **et demi** um halb ein Uhr [nachts], nachts um halb eins; **train de** ~ Zwölfuhrzug *m*
minus [minys] *mf fam* Null *f (fam)*, Niete *f (fam)*
minuscule [minyskyl] **I.** *adj* ❶ *(très petit)* winzig [klein]
❷ *(en écriture)* klein[geschrieben]; **lettres** ~ **s** Kleinbuchstaben *Pl*
II. *f* ❶ *(lettre)* Kleinbuchstabe *m*, kleiner Buchstabe, Minuskel *f (Fachspr.)*; **en** ~ **s** klein, in Kleinbuchstaben; **écrire un mot en** ~ **s** ein Wort kleinschreiben
❷ *(écriture)* Kleinschreibung *f*
minutage [minytaʒ] *m* [genauer] Zeitplan, Timing *nt*
minute [minyt] **I.** *f* ❶ *(unité de temps)* Minute *f*; ~ **de silence** Schweigeminute; **le village est à cinq** ~**s en voiture d'ici** das Dorf ist fünf Autominuten von hier entfernt
❷ *(instant)* Minute *f*; **la** ~ **de vérité** die Stunde der Wahrheit; **d'une** ~ **à l'autre** jeden Moment, jede Minute; **il n'y a pas une** ~ **à perdre** wir haben keine Minute zu verlieren; **à la** ~ *(à l'instant même)* auf der Stelle; ~**!** *fam* Augenblick [*o* Moment] [mal]! *(fam)*; **tu as une** ~**?** hast du mal eine Minute [*o* einen Augenblick] Zeit?; **je vous demande une** ~ **d'attention** ich bitte Sie einen Augenblick [*o* einen Moment] um Ihre Aufmerksamkeit
❸ JUR Original *nt*
❹ GEOM Minute *f*
▶ **attendre** [**jusqu'à**] **la dernière** ~ **pour faire qc** bis zur letzten Minute warten, bis man etw tut; **de dernière** ~ *information* allerneueste(r, s), topaktuell; *modification* ganz kurzfristig; **offre de dernière** ~ Last-Minute-Angebot *nt*; **tarif de dernière** ~ Last-Minute-Tarif *m*; **vol de dernière** ~ Last-Minute-Flug *m*; **diffuser des informations de dernière** ~ **[sur qc]** topaktuell [über etw *(Akk)*] berichten; **à la** ~ *près (très exactement)* auf die Minute genau; **je ne suis pas à une** ~ **près** es kommt mir nicht auf eine Minute an
II. *app inv* **clé** ~ Schlüsselnotdienst *m*; **talon** ~ Absatzschnellreparatur *m*
minuter [minyte] <1> *vt (organiser)* timen; durchorganisieren *emploi du temps*; ~ **une cérémonie/un travail** den Zeitplan für eine Zeremonie/eine Arbeit festlegen; **dans son emploi du temps, tout est minuté** auf seinem Terminkalender ist alles [auf die Minute] genau geplant
minuterie [minytʀi] *f* [Zeit]schaltuhr *f*
minuteur [minytœʀ] *m* Schaltuhr *f*, Timer *m*; ~ **de cuisine** Küchenwecker *m*
minutie [minysi] *f sans pl (précision)* Genauigkeit *f*; *(soin)* Sorgfalt *f*; **avec beaucoup de** ~ *(avec soin)* sehr sorgfältig; *(avec précision)* sehr genau
minutieusement [minysjøzmɑ̃] *adv (dans le détail)* [peinlich] genau; *(avec soin)* sorgfältig
minutieux, -euse [minysjø, -jøz] *adj* genau; *personne, examen* genau, gründlich, sorgfältig; *exposé* detailliert; **avec un soin** ~ mit äußerster Sorgfalt, äußerst gründlich; **faire une description minutieuse de qc** etw haargenau beschreiben
mioche [mjɔʃ] *mf fam* Kind *nt*; **les** ~ **s** die Gören *(fam)*
mi-octobre [miɔktɔbʀ] *f sans pl* Mitte *f* Oktober; **à la** ~ Mitte Oktober **mi-pente** [mipɑ̃t] **à** ~ mitten am Hang
MIPS [mips] *m* INFORM *abr de* **million d'instructions par seconde** MIPS
mirabelle [miʀabɛl] *f* ❶ *(fruit)* Mirabelle *f*
❷ *(eau-de-vie)* Mirabellenschnaps *m*
mirabellier [miʀabəlje] *m* Mirabellenbaum *m*
miracle [miʀakl] **I.** *m* Wunder *nt*; **le** ~ **économique** das Wirtschaftswunder; **un** ~ **de la technique** ein Wunderwerk; **un** ~

d'adresse/d'élégance ein Wunder an Geschicklichkeit/Eleganz; **faire des** ~**s** Wunder wirken [*o* vollbringen]; **crier au** ~ tun, als wäre es ein Wunder; **croire aux** ~**s** an [Zeichen und] Wunder glauben; **c'est un** ~ **qu'il s'en soit tiré** es ist ein Wunder, dass er davongekommen ist; **par** ~ wie durch ein Wunder
II. *app inv* Wunder-; **solution/recette** ~ Patentlösung *f*/-rezept *nt*
miraculé(e) [miʀakyle] **I.** *adj* durch ein Wunder geheilt
II. *m(f)* **c'est un** ~ *(d'une maladie)* er ist durch ein Wunder geheilt; *(d'un accident)* er hat wie durch ein Wunder überlebt
miraculeusement [miʀakyløzmɑ̃] *adv* wie durch ein Wunder; **elle a été** ~ **épargnée** sie ist wie durch ein Wunder verschont geblieben
miraculeux, -euse [miʀakylø, -øz] *adj* wunderbar, Wunder-; **l'apparition miraculeuse de la Vierge** das Wunder der Marienerscheinung; **produit/remède** ~ Wundermittel *nt*
mirador [miʀadɔʀ] *m (d'une prison)* Wach[t]turm *m*; *(à la chasse)* Hochsitz *m*, Kanzel *f (Fachspr.)*
mirage [miʀaʒ] *m* ❶ *(vision)* Luftspiegelung *f*, Fata Morgana *f*
❷ *(chimère)* Trugbild *nt*, Illusion *f*
miraud(e) [miʀo, od] *adj fam* kurzsichtig
mire [miʀ] *f* ❶ AUDIOV Testbild *nt*
❷ TECH *d'un arpenteur* Messlatte *f*
mirer [miʀe] <1> **I.** *vt* ❶ *(tester)* durchleuchten *œufs*
❷ *litter (regarder)* ~ **son visage dans l'eau** sein Spiegelbild im Wasser betrachten
II. *vpr littér* **se** ~ **dans l'eau** sein Spiegelbild im Wasser betrachten
mirettes [miʀɛt] *fpl fam* Augen *Pl*
mirifique [miʀifik] *adj hum* fantastisch; **promesse** ~ fantastisches Versprechen
mirliton [miʀlitɔ̃] *m* Tröte *f*
miro *v.* miraud
mirobolant(e) [miʀɔbɔlɑ̃, ɑ̃t] *adj fam* großartig, grandios
miroir [miʀwaʀ] *m* ❶ Spiegel *m*; ~ **grossissant** Vergrößerungsspiegel; *(pour le maquillage)* Kosmetikspiegel; *(pour le rasage)* Rasierspiegel; ~ **déformant** Zerrspiegel; ~ **dentaire** Zahnspiegel; ~ **magique** Zauberspiegel; ~ **des toilettes** Toilettenspiegel
❷ *(surface du miroir)* Spiegelfläche *f*
❸ *fig* Spiegel *m*; **le** ~ **de la réalité/de l'âme** der Spiegel der Wirklichkeit/der Seele
◆ ~ **aux alouettes** *(piège)* Lerchenfalle *f (mit Spiegeln, die in der Sonne reflektieren)*; ~ **de courtoisie** Make-up-Spiegel *m*
miroitant(e) [miʀwatɑ̃, ɑ̃t] *adj* ❶ *mer* glitzernd; *soie* schimmernd
❷ *fig style* verlockend
miroitement [miʀwatmɑ̃] *m* Glänzen *nt*, Schimmern *nt*
miroiter [miʀwate] <1> *vi* schimmern, glänzen; **faire** ~ **qc à qn** *fig* jdm etw in den leuchtendsten Farben ausmalen
miroiterie [miʀwatʀi] *f* ❶ *(magasin)* Spiegelglaserei *f*
❷ *(industrie)* Spiegelindustrie *f*
❸ commerce, Spiegelhandel *m*
miroitier, -ière [miʀwatje, -jɛʀ] *m, f* ❶ *(vendeur)* Spiegelhändler(in) *m(f)*
❷ *(producteur)* Spiegelhersteller(in) *m(f)*, Spiegelfabrikant(in) *m(f)*
mironton [miʀɔ̃tɔ̃], **miroton** [miʀɔtɔ̃] **un** [**bœuf**] ~ gekochtes Rindfleisch mit Zwiebeln
mis(e) [mi, miz] **I.** *part passé de* **mettre**
II. *adj* **bien** ~ gut gekleidet
misaine [mizɛn] *f d'un bateau* Fock *f*, Focksegel *nt*
misandrie [mizɑ̃dʀi] *f soutenu* Männerhass *m*
misanthrope [mizɑ̃tʀɔp] *mf* Menschenfeind(in) *m(f)*, Misanthrop *m (geh)*
mise [miz] *f* ❶ *a. fig* Einsatz *m*; **sauver la** ~ den Einsatz retten
❷ FIN [Kapital]einlage *f*
❸ *sans pl (habillement)* Kleidung *f*; **soigner sa** ~ sich gut anziehen
❹ *(fait de mettre)* ~ **aux enchères** Versteigerung *f*; ~ **à la porte** Hinauswurf *m (fam)*; ~ **à la retraite** Versetzung *f* in den Ruhestand; ~ **au travail du personnel** Personaleinsatz *m*; ~ **en application du contrat** Vertragsbeginn *m*; ~ **en boîtes** Abfüllen *nt* in Dosen, Eindosen *nt*; ~ **en bouteilles** Abfüllen in Flaschen, Abfüllung *f*; ~ **en chantier d'un bâtiment** Baubeginn *m* eines Gebäudes; ~ **en chantier d'une réforme** Inangriffnahme *f* einer Reform; ~ **en danger criminelle** Gefährdungsdelikt *nt*; ~ **en entrepôt douanier** Zolleinlagerung *f*; ~ **en facteurs** Zerlegung *f* in Faktoren; ~ **en liberté** Freilassung *f*; ~ **en marche** Inbetriebnahme *f*; ~ **en mémoire** INFORM Speichern *nt*; ~ **en œuvre** Verwirklichung *f*, Umsetzung *f*; ~ **en place d'un dispositif** Bereitstellung *f* einer Vorrichtung; ~ **en pratique** Umsetzung in die Praxis; ~ **en sacs** Verpacken *nt*, Abpacken *nt*; ~ **en service** Inbetriebnahme; ~ **en sûreté de la preuve** Beweissicherung *f*; ~ **en valeur** ECON Erschließung *f*; ~ **en valeur d'une région** Entwicklung *f* einer Region; ~ **en valeur des yeux/du regard** Betonung *f* der Augen; ~ **en vente** [Ausschreibung *f* zum] Verkauf *m*; ECON, FIN Feilhalten *nt*; ~ **sous tension** Anschluss *m* an das Stromnetz; ~ **hors tension** [**automatique**] [automatische] Stromabschaltung *f*

▶ **ne pas/plus être de** ~ nicht/nicht mehr angebracht sein
◆ ~ **à disposition** *de matériel de travail* Bereitstellung *f*; *de marchandises* Andienung *f*; ~ **à disposition de logements** Wohnraumbeschaffung *f*; ~ **à disposition de données** Datenbereitstellung; ~ **à l'épreuve** JUR Bewährung *f*; INFORM *d'un logiciel* Probelauf *m*; ~ **à feu** *d'une fusée* Zündung *f*; ~ **à jour** Aktualisierung *f*; INFORM Aktualisierung, Update *nt*; ~ **à mort** Tötung *f*; ~ **au niveau** INFORM Nachrüstung *f*; ~ **à pied** *(suspension)* Beurlaubung *f*, Suspendierung *f*; ~ **au point** *(explication)* Richtigstellung *f*, Erklärung *f*; *(éclaircissements)* Klarstellung *f*, PHOT Scharfstellung *f* [der Blende]; **faire la/une ~ au point sur l'image** das Bild scharf stellen; ~ **à prix** Preisfestsetzung *f*; ~ **à la retraite** Versetzung *f* in den Ruhestand
◆ ~ **de fonds** Geldeinlage *f*
◆ ~ **en bière** Einsargung *f*; ~ **en boîte** *fam* Lächerlichmachen *nt*; ~ **en circulation** ECON Inkursstellung *f (Fachspr.)*; ~ **en circulation d'une monnaie** Ausgabe *f* einer Währung; ~ **en circulation de fausse monnaie** Inverkehrbringen *nt* von Falschgeld; ~ **en demeure** JUR Inverzugsetzung *f*; ~ **en demeure de payer** [Ein]zahlungsaufforderung *f*; ~ **en disponibilité** Freistellung *f*, Beurlaubung *f*; ~ **en disponibilité de personnel** Freistellung von Arbeitskräften; ~ **en examen** Einleitung *f* eines Verfahrens; ~ **en gage** Beleihung *f*; ~ **en garde** Warnung *f*; ~ **en ondes** AUDIOV Spielleitung *f*, Inszenierung *f*; ~ **en page[s]** Umbruch *m*, Layout *nt*; ~ **en parallèle** INFORM Parallelisierung *f*; ~ **en plis** Wasserwelle *f*; **une ~ en plis, s'il vous plaît** Waschen und Legen, bitte; ~ **en recouvrement** FIN Inkassoanspruch *m*; ~ **en scène** CINE Regie *f*; THEAT Regie, Inszenierung *f*; *(dans la vie privée)* Theater *nt*, Show *f*; ~ **en scène d'un/de l'opéra** Opernregie; ~ **en scène de théâtre** Theaterregie

mi-septembre [misεptɑ̃bʀ] *f sans pl* Mitte *f* September; **à la ~** Mitte September

miser [mize] <1> I. *vi* ❶ *(parier sur)* ~ **sur un animal/sur le rouge** auf ein Tier wetten/auf Rot setzen; ~ **8 contre 1** 8 zu 1 wetten
❷ *fam (compter sur)* ~ **sur qn/qc pour faire qc** auf jdn/etw setzen um etw zu tun
❸ CH *(acheter aux enchères)* ersteigern; *(vendre aux enchères)* versteigern
II. *vt (jouer)* ~ **cent euros sur un cheval** hundert Euro auf ein Pferd setzen [*o* wetten]

misérable [mizeʀabl] I. *adj* ❶ *(pauvre) personne, famille* sehr arm; *logement, vêtements, aspect* armselig
❷ *(pitoyable)* erbärmlich; **je me sens bien** ~ ich fühle mich ziemlich elend
❸ *antéposé (malheureux)* armselig
II. *mf littér* Arme(r) *f(m)*, Notleidende(r) *f(m)*

misérablement [mizeʀabləmɑ̃] *adv* ❶ *(dans la pauvreté)* erbärmlich, armselig
❷ *(pitoyablement)* kläglich

misère [mizεʀ] *f* ❶ *(détresse matérielle)* Elend *nt* kein Pl, Not *f*; ~ **noire** große Not; **réduire qn à la ~** jdn ins Elend stürzen; **tirer qn de la ~** jdn aus einer Notlage befreien; **tomber dans la ~** in Not geraten
❷ *(détresse morale)* Elend *nt* kein Pl, Leid *nt* kein Pl
❸ *gén pl (souffrances)* Leiden *nt* kein Pl; **petites ~s** Wehwehchen *Pl (fam)*; **faire des ~s à qn** *fam* jdn ärgern
◆ **salaire/traitement de ~** kümmerliches Gehalt/miserable Behandlung; ~ **[de ~]!** gütiger Himmel!

miséreux, -euse [mizeʀø, -øz] I. *adj mendiant* Not leidend; *quartier* Elends-
II. *m*, *f* Bedürftige(r) *f(m)*, Arme(r) *f(m)*

miséricorde [mizeʀikɔʀd] *f littér (pardon)* Erbarmen *nt*; REL Barmherzigkeit *f*; **implorer la ~** um Gnade flehen
▶ ~**!** *vieilli* ojemine!, du lieber Gott!

miséricordieux, -euse [mizeʀikɔʀdjø, -jøz] *adj littér* gnädig; REL barmherzig

misogyne [mizɔʒin] I. *adj* frauenfeindlich
II. *m* Frauenfeind *m*

misogynie [mizɔʒini] *f* Frauenfeindlichkeit *f*, Frauenhass *m*

miss [mis] <es> *f* ❶ *inv (reine de beauté)* Miss *f*
❷ *(mademoiselle)* Fräulein *nt*

missel [misεl] *m* Messbuch *nt*, Missal[e] *nt (Fachspr.)*

missile [misil] *m* Rakete *f*; ~ **air-sol/air-mer/sol-air** Luft-Boden-/Luft-Wasser-/Boden-Luft-Rakete *f*; ~ **à longue portée** Fernlenkwaffe *f*; ~ **antimissile** Abwehrrakete; ~ **de croisière** Marschflugkörper *m*, Cruise-Missile *nt*

mission [misjɔ̃] *f* ❶ *(tâche)* Aufgabe *f*; ~ **culturelle/dangereuse** kulturelle/gefährliche Mission; ~ **diplomatique/économique/officielle** diplomatischer/wirtschaftlicher/offizieller Auftrag; ~ **aérienne** Flugeinsatz *m*; ~ **spatiale** Weltraummission *f*; ~ **accomplie!** Auftrag ausgeführt!; **confier une ~ à qn** jdm eine Aufgabe anvertrauen; **j'ai reçu ~ d'aller sur place** ich wurde angewiesen, mich dorthin zu begeben; **avec [pour] ~ de faire qc** mit dem Ziel [*o* mit der Zielsetzung], etw zu tun; **en ~** POL auf Dienstreise; COM auf Geschäftsreise
❷ *(délégation)* Delegation *f*; ~ **polaire** Polarexpedition *f*
❸ *(vocation)* Mission *f*
◆ ~ **de reconnaissance** MIL Aufklärungseinsatz *m*; AVIAT Aufklärungsflug *m*

missionnaire [misjɔnεʀ] *mf* Missionar(in) *m(f)*
missionner [misjɔne] <1> *vt (charger d'une mission)* beauftragen; *(envoyer en mission)* schicken
missive [misiv] *f soutenu* Schreiben *nt*
mistigri [mistigʀi] *m fam* Katze *f*, Mieze *f (fam)*
▶ **refiler le ~ à qn** alles auf jdn abwälzen, jdm alles zuschieben
mistoufle [mistufl] *f* ❶ *souvent pl fam (méchancetés)* Gemeinheiten *Pl*; **faire des ~s à qn** fies zu jdm sein *(fam)*
❷ *pop (misère)* **être dans la ~** völlig abgebrannt sein *(fig fam)*
mistral [mistʀal] <s> *m* Mistral *m*
mitage [mitaʒ] *m* Zersiedelung *f*
mitaine [mitεn] *f* Halbfingerhandschuh *m*; CAN *(moufle)* Fausthandschuh *m*
mitard [mitaʀ] *m arg* Knast *m (sl)*
mite [mit] *f* Motte *f*; **être mangé(e) des** [*o* **aux** *fam*] ~**s** mottenzerfressen sein; **protéger les textiles contre les ~s** die Textilien gegen Mottenfraß schützen; **vêtement traité contre les ~s** mottenechtes Kleidungsstück
mité(e) [mite] *adj* mottenzerfressen
mi-temps [mitɑ̃] I. *f inv* SPORT Halbzeit *f*
▶ **la troisième ~** *hum* die gemütliche Runde *(nach dem Spiel)*
II. *m inv (travail)* Halbtagsstelle *f*, Halbtagsjob *m (fam)*; **emploi/travail à ~** Halbtagsstelle/Halbtagsarbeit *f*; **travailler à ~** halbtags arbeiten
miter [mite] <1> *vpr se ~* von Motten zerfressen werden
miteux, -euse [mitø, -øz] I. *adj immeuble, lieu* heruntergekommen; *personne* armselig; *habit, meuble* schäbig
II. *m*, *f fam* armer Schlucker *(fam)*
mithridatiser [mitʀidatize] <1> *vt* immun machen
mitigation [mitigasjɔ̃] *f* ~ **de peine** Herabsetzung *f* des Strafmaßes
mitigé(e) [mitiʒe] *adj réaction* zwiespältig; *impression* unterschiedlich; *sentiments* gemischt; *accueil* kühl; *zèle* gedämpft; **un plaisir ~** ein halbes Vergnügen
mitiger [mitiʒe] <2a> *vt vieilli* mildern
mitigeur [mitiʒœʀ] *m* Mischbatterie *f*
mitochondrie [mitɔkɔ̃dʀi] *f* BIO Mitochondrium *nt (Fachspr.)*
mitonner [mitɔne] <1> I. *vt fam* GASTR zubereiten
❷ *(planifier)* von langer Hand [*o* sorgfältig] vorbereiten *affaire*; sorgen für, den Weg bahnen für *avenir*; ausklügeln *devoir, problème*
II. *vi fam* auf kleiner Flamme garen; *soupe:* vor sich hin köcheln
mitose [mitoz] *f* BIO Mitose *f (Fachspr.)*
mitoyen(ne) [mitwajε̃, jεn] *adj mur* Trenn-; *cloison* Trenn-, Zwischen-; **maisons ~nes** *(deux maisons)* Doppelhaushälften *Pl*; *(plusieurs maisons)* Reihenhäuser *Pl*; **être ~ avec** [*o* **de**] **qc** an etw *(Akk)* angrenzen
mitoyenneté [mitwajεnte] *f* Gemeineigentum *nt*; **en ~** in gemeinsamem Besitz
mitraillade [mitʀajad] *f* Maschinengewehrsalve *f*
mitraillage [mitʀajaʒ] *m* Beschuss *m*
mitraille [mitʀaj] *f* ❶ *(projectiles)* Geschosse *Pl*
❷ *(pluie de balles)* Kugelregen *m*
mitrailler [mitʀaje] <1> *vt* ❶ *(tirer)* beschießen, unter Beschuss nehmen
❷ *fam (photographier)* mit der Kamera unter Beschuss nehmen *(fam)*
mitraillette [mitʀajεt] *f* Maschinenpistole *f*
mitrailleur [mitʀajœʀ] I. *adj fusil, pistolet* Maschinen-
II. *m* Maschinengewehrschütze *m*, MG-Schütze *m*
mitrailleuse [mitʀajøz] *f* Maschinengewehr *nt*
mitral(e) [mitʀal, o] <-aux> *adj* **valvule ~e** ANAT Mitralklappe *f*
mitre [mitʀ] *f* REL Mitra *f*
mitron(ne) [mitʀɔ̃, ɔn] *m(f) (en boulangerie)* Bäckerlehrling *m*; *(en pâtisserie)* Konditorlehrling *m*
mi-voix [mivwa] ▶ **à ~** leise
mix [miks] *inv m* FIN ~ **de risques** Risikomischung *f*
mixage [miksaʒ] *m* Tonmischung *f*
mixer [mikse] <1> *vt* ❶ GASTR mixen
❷ AUDIOV mischen
mixeur [miksœʀ] *m* Mixer *m*
mixité [miksite] *f* Mischung *f* der Geschlechter; **la ~ de l'enseignement** die Koedukation, der Unterricht in gemischten Klassen
mixte [mikst] *adj* ❶ *(pour les deux sexes) chorale, classe, équipe* gemischt; *enseignement* in gemischten Klassen; *école* mit gemischten Klassen
❷ *(formé d'éléments différents) mariage, végétation* Misch-; *com-*

mission, salade gemischt; *cuisinière* Kombi-; *cargo* mit Personen- und Frachtverkehr; **société d'économie ~** gesellschaftliche Mischform
mixture [mikstyʀ] *f* ❶ CHIM, PHARM Mixtur *f*
❷ *péj (boisson)* Gebräu *nt*
M.J.C. [ɛmʒisi] *f abr de* **maison des jeunes et de la culture** Jugendzentrum *nt*
ml *abr de* **millilitre** ml
M.L.F. [ɛmɛlɛf] *m abr de* **mouvement de libération de la femme** Frauenbewegung *f*
Mlle [madmwazɛl] <s> *f abr de* **Mademoiselle: ~ Larroque** Frl. Larroque
MM. [mesjø] *mpl abr de* **Messieurs: ~ Martin et Durand** die Herren Martin und Durand; *v. a.* **monsieur**
mm *abr de* **millimètre** mm
Mme [madam] <s> *f abr de* **Madame: ~ Duchemin** Fr. Duchemin
mn *abr de* **minute** min
mnémonique [mnemɔnik] I. *adj signe* mnemonisch *(Fachspr.)*
II. *f* Mnemotechnik *f (geh)*, Mnemonik *f (Fachspr.)*
mnémotechnique [mnemɔtɛknik] *adj* mnemotechnisch *(geh)*; *moyen* ~ Eselsbrücke *f*
Mo [ɛmo] *m abr de* **méga-octet** INFORM MB *nt*, Mbyte *nt*
mob [mɔb] *f fam abr de* **mobylette**
mobile [mɔbil] I. *adj* ❶ *(opp: fixe)* beweglich; **l'échelle ~ des salaires** die gleitende Lohnskala
❷ *(non sédentaire) forces de police, troupes* mobil; *population* nicht sesshaft
❸ *(changeant) regard* unruhig; *yeux* flackernd
II. *m* ❶ *(motif)* le ~ de qc Motiv für etw; **avoir pour ~ l'argent/l'amour** das Geld/die Liebe als Triebfeder [*o* Anreiz] haben
❷ PHYS Körper *m* in Bewegung
❸ ART Mobile *m*
mobilier [mɔbilje] *m* ❶ *(ameublement)* Mobiliar *nt*, [Wohnungs]einrichtung *f*, Möbel *Pl;* ~ **de cuisine** Küchenmöbel; ~ **pour [les] enfants** Kindermöbel; ~ **pour chambre de jeune** Jugendzimmer *nt;* **faire partie du ~** *hum* zum Inventar gehören
❷ JUR *(biens meubles)* bewegliche Habe [*o* Güter], Mobilien *Pl*
❸ *(installations)* ~ **urbain** Stadtmöblierung *f (Parkbänke, Papierkörbe, Straßenlaternen, Toiletten)*
mobilier, -ière [mɔbilje, -jɛʀ] *adj* beweglich; *crédit, saisie* Mobiliar-; *vente* Fahrnis-; **cote mobilière** Wohnraumsteuer *f*
mobilisable [mɔbilizabl] *adj* ❶ *capital, énergie, ressources* verfügbar
❷ MIL mobilisierbar
mobilisateur, -trice [mɔbilizatœʀ, -tʀis] *adj mot d'ordre, slogan* motivierend; *sujet, thème* anregend
mobilisation [mɔbilizasjɔ̃] *f* ❶ *des énergie, personnes, ressources* Mobilisierung *f*
❷ MIL Mobilmachung *f*
mobiliser [mɔbilize] <1> I. *vt* ❶ *(mettre à contribution)* mobilisieren; **toute la famille était mobilisée** *hum* die ganze Familie wurde mobil gemacht *(fam)*
❷ *(motiver)* mobilisieren; wecken *ardeur*
❸ MIL mobil machen; einziehen *réservistes*
❹ FIN freisetzen *capitaux*
II. *vi* MIL mobil machen
III. *vpr* **se ~** aktiv werden; **se ~ contre le chômage** alle seine Kräfte gegen die Arbeitslosigkeit aufbieten; **se ~ pour la défense des droits de l'homme** sich für die Verteidigung der Menschenrechte starkmachen
mobilité [mɔbilite] *f* ❶ *(opp: immobilité) d'une personne, d'un membre* Beweglichkeit *f; de l'armée* Mobilität *f; du regard* Unruhe *f;* **la ~ des choses** der Wandel der Dinge; **avec une voiture, on a plus de ~** mit einem Auto ist man beweglicher [*o* mobiler]
❷ *(opp: sédentarité) de la population, main-d'œuvre* Mobilität *f*
mobinaute [mobinot] *mf* TELEC Handysurfer(in) *m(f)*
mobylette® [mɔbilɛt] *f* Mofa *nt*
mocassin [mɔkasɛ̃] *m* Mokassin *m*
moche [mɔʃ] *adj fam* ❶ *(laid)* hässlich
❷ *(regrettable)* scheußlich *(fam)*
mocheté [mɔʃte] *f fam* ❶ *(laideur)* Hässlichkeit *f*
❷ *(chose laide)* Scheußlichkeit *f (fam)*
❸ *(personne laide)* Vogelscheuche *f (fam)*
modal(e) [mɔdal, o] <-aux> *adj* ❶ LING Modal-
❷ MUS modal
modalité [mɔdalite] *f* ❶ *pl (procédure)* Modalitäten *Pl;* ~ **s d'application** Anwendungsarten *Pl;* ~ **s de crédit** Kreditmodalitäten; ~ **s d'émission** Emissionsmodalitäten; ~ **s d'inscription/d'entrée** Einschreibe-/Aufnahmeverfahren *nt;* ~ **s de paiement** Zahlungsweise *f*, Zahlungsmodalitäten
❷ MUS, JUR Modalität *f*
❸ LING **verbe de ~** Modalverb *nt*
mode¹ [mɔd] *m* ❶ *(méthode)* Methode *f*, Modus *m*

❷ GRAM Modus *m*
❸ MUS Tonart *f;* ~ **grégorien** Kirchentonart, Kirchenton *m*
❹ INFORM Modus *m;* ~ **assistant** Hilfemodus; ~ **connecté/déconnecté** Online-/Offline-Betrieb *m;* **travailler en ~ connecté/déconnecté** online/offline arbeiten; ~ **direct** Direktmodus; ~ **étendu** erweiterter Modus, Enhanced Mode *m (Fachspr.);* ~ **graphique** Zeichenmodus, Grafikmodus; ~ **normal** Normalmodus; ~ **séquentiel** Sequenzmodus; ~ **correction d'erreurs** Fehlerkorrekturmodus; **graphique en ~ point** bildpunktorientierte Grafik; ~ **refrappe** Überschreibmodus; ~ **standard** Standardmodus; ~ **texte** Textmodus; ~ **veille** Stand-by-Betrieb, Stand-by-Modus
◆ ~ **de communication** Kommunikationsweg *m;* **développer de nouveaux ~ s de communication** neue Kommunikationswege erschließen; ~ **d'écriture** INFORM Schreibmodus *m;* ~ **d'emploi** Gebrauchsanweisung *f;* ~ **d'évaluation** Bewertungsmethode *f;* ~ **d'expédition** Versandweg *m;* ~ **d'exploitation** AGR Nutzungsart *f;* ~ **d'expression** Ausdrucksweise *f;* ~ **de financement** Finanzierungsform *f;* ~ **de fonctionnement** INFORM Betriebsart *f;* ~ **de gouvernement** Regierungsform *f;* ~ **d'imposition** Besteuerungsart *f;* ~ **de lecture** INFORM Lesemodus *m;* ~ **de paiement** Zahlungsart *f;* ~ **[de] paysage** INFORM Querformat *nt;* ~ **de pensée** Denkweise *f;* ~ **de pensée orienté vers l'avenir** zukunftsorientiertes Denken; ~ **de production** Produktionsweise *f;* ~ **de réalisation** JUR *d'une invention* Ausführungsart *f;* ~ **de réalisation particulier** besondere Ausführungsart *f;* ~ **de sanction** Sanktionsmittel *nt;* ~ **de transfert** INFORM Transfermodus *m;* ~ **de transmission** INFORM Übertragungsmodus *m;* ~ **de transport** Verkehrsmittel *nt;* ~ **d'utilisation** Nutzungsart *f;* ~ **de vie** Lebensart *f*, Lebensweise *f*
mode² [mɔd] I. *f* ❶ Mode *f;* ~ **pour enfants** Kindermode; ~ **pour les sports d'hiver** Skimode; ~ **des chapeaux** Hutmode; **à la ~ [in]** Mode *m;* **suivre la ~** *(Dat)* folgen; **être habillé(e) à la dernière ~** nach der neuesten Mode gekleidet sein, topaktuell [*o* topmodisch] gekleidet sein; **être passé(e) de ~** aus der Mode gekommen sein; **revenir à la ~** wieder Mode werden, wieder in Mode kommen; ~ **rétro** Nostalgiewelle *f;* **phénomène de ~** Zeiterscheinung *f*
❷ *(métier)* Modebranche *f*
❸ GASTR **à la ~ de qc** nach der Art von etw
▶ **cousin à la ~ de Bretagne** weit entfernter Verwandter
II. *app* ❶ *tissu* modisch; **vêtements très ~** *fam* topmodische [*o* supermoderne] Kleidung; **s'habiller très ~** *fam* sich topmodisch [*o* supermodern] anziehen
❷ GASTR *bœuf* mit Karotten und Zwiebeln
◆ ~ **tricot** Maschenmode *f*
modelage [mɔd(ə)laʒ] *m* Modellierung *f*
modèle [mɔdɛl] I. *m* ❶ Vorbild *nt;* ~ **d'origine** Urbild *nt;* **être un ~ de courage/de vertu** ein Muster an Tapferkeit/Tugendhaftigkeit sein; **prendre ~ sur qn** sich an jdm ein Beispiel nehmen; **tu peux le/la prendre pour ~** du kannst dir an ihm/ihr ein Beispiel nehmen; **servir de ~ à qn** jdm als Vorbild dienen; **sur le ~ de qc** nach der Vorlage einer S. *(Gen)*
❷ GRAM Musterbeispiel *nt*
❸ TYP, INFORM Vorlage *f;* ~ **de/d'un document** Dokumentvorlage; ~ **de clavier** Tastaturschablone *f*
❹ COUT, ART Modell *nt*
❺ *(maquette)* Modell *nt;* ~ **réduit** Miniaturmodell; ~ **réduit de bateau/de voiture** Schiffs-/Automodell; ~ **en cire** Wachsmodell
❻ *(version)* Ausführung *f;* ~ **avec options** Sonderausführung
❼ *(produit, article, exemplaire)* Modell *nt;* ~ **concurrentiel/spécial** Konkurrenz-/Sondermodell; ~ **destiné à l'exportation** Exportmodell
❽ JUR Muster *nt;* ~ **déposé** [eingetragenes] Gebrauchsmuster; ~ **d'utilité** Gebrauchsmuster; ~ **d'utilité à titre subsidiaire** Hilfsgebrauchsmuster; ~ **esthétique** Geschmacksmuster; ~ **standard** Standardmuster, Standardtyp *m*
❾ *a.* PHYS, CHIM *(schéma)* Modell *nt;* ~ **nucléaire** Kernmodell; ~ **progressif** Stufenmodell
II. *adj (exemplaire)* vorbildlich; **comportement ~** nachahmenswürdiges [*o* nachahmenswertes] Verhalten; **usine/ferme ~** Musterbetrieb *m*
◆ ~ **d'amortissement** Abschreibungsmodell *nt;* ~ **de conduite** Verhaltensmuster *nt;* ~ **de fabrication** Herstellungsmuster *nt;* ~ **de montage** Fertigungsmuster *nt;* ~ **de présentation** Vorzeigemodell *nt*
modelé [mɔd(ə)le] *m d'un corps, d'une peinture, sculpture* Plastizität *f; du visage* Züge *Pl; du terrain* Relief *nt*
modeler [mɔd(ə)le] <4> I. *vt* ❶ *(pétrir)* modellieren *cire, terre, poterie, statue;* formen *pâte*
❷ *(façonner)* formen *caractère, relief, corps;* **être modelé(e) par qc** durch etw seine Form bekommen
II. *vpr* **se ~ sur qn/qc** sich an jdm/etw orientieren
modeleur, -euse [mɔd(ə)lœʀ, -øz] *m, f* ❶ *(artiste)* Bildhauer(in)

m(f)
② TECH Gießer(in) *m(f)*
modélisme [mɔdelism] *m* Modellbau *m*
modéliste [mɔdelist] *mf* ① COUT Modellzeichner(in) *m(f)*
② *(adepte du modélisme)* Modellbauer(in) *m(f)*
modem [mɔdɛm] *m abr de* **MOD**ulateur **DÉM**odulateur Modem *nt*
modérateur, -trice [mɔdeʀatœʀ, -tʀis] **I.** *adj action, influence* ausgleichend; *rôle* vermittelnd
II. *m, f* Mittler(in) *m(f)*; **jouer le rôle de ~/modératrice** die Vermittlerrolle übernehmen
modération [mɔdeʀasjɔ̃] *f* ① *(retenue)* Mäßigung *f*; **faire/consommer qc avec ~** etw in Maßen tun/genießen; **faire preuve de ~ dans ses réponses** sich bei seinen Antworten beherrscht zeigen
② *(ralentissement)* Abschwächung *f*, Mäßigung *f*; **~ des prix** Zurückhaltung *f* bei den Preisen
③ FIN Ermäßigung *f*; JUR Milderung *f*
modéré(e) [mɔdeʀe] **I.** *adj* ① *(raisonnable) vent* mäßig; *idées, opinion* gemäßigt; *loyer, prix* moderat, gemäßigt; *chaleur, froid* nicht extrem; *personne* maßvoll
② *(médiocre) désir, résultat* bescheiden; *enthousiasme, succès* mäßig; *optimisme* gemäßigt
II. *m(f)* POL Gemäßigte(r) *f(m)*
modérément [mɔdeʀemɑ̃] *adv* maßvoll
modérer [mɔdeʀe] <5> **I.** *vt* ① *(tempérer)* bremsen *personne, dépenses*; dämpfen *ambitions, colère*; zügeln *passion*; verringern *vitesse*; zurückschrauben *désirs*; **~ ses expressions** sich vorsichtig ausdrücken
II. *vpr* **se ~** sich mäßigen
moderne [mɔdɛʀn] **I.** *adj* modern; *pays* fortschrittlich; *idée* neuartig; **les temps ~s** die Neuzeit; **l'histoire ~** die Neuere Geschichte; **langues ~s** moderne Fremdsprachen; **lettres ~s** moderne Literatur
II. *m* ① ART Moderne *f*; **être meublé(e) en ~** modern eingerichtet sein
② LITTER moderner Autor/moderne Autorin
modernisateur, -trice [mɔdɛʀnizatœʀ, -tʀis] **I.** *adj* modernisierend; **volonté modernisatrice** Wunsch *m* nach Erneuerung
II. *m, f* Erneuerer *m*/Erneuerin *f*
modernisation [mɔdɛʀnizasjɔ̃] *f* Modernisierung *f*
moderniser [mɔdɛʀnize] <1> **I.** *vt* modernisieren
II. *vpr* **se ~** *ville, pays:* modern umgestaltet werden; *personne:* sich modern einrichten
modernisme [mɔdɛʀnism] *m* Modernismus *m*
moderniste [mɔdɛʀnist] **I.** *adj* modernistisch
II. *mf* Modernist(in) *m(f)*
modernité [mɔdɛʀnite] *f* Modernität *f*; *d'une institution* moderner Charakter; *d'une pensée* Neuartigkeit *f*
modern style [mɔdɛʀnstil] *m inv* Jugendstil *m*
modeste [mɔdɛst] **I.** *adj* bescheiden; *intelligence* mittelmäßig; *maison* einfach; **très ~** *personne* demut|s|voll; **avoir un air ~** ein schlichtes Äußeres haben; **être ~ dans ses exigences** in seinen Forderungen bescheiden sein; **personne trop ~** Tiefstapler(in) *m(f)*
II. *mf* unscheinbarer Mensch; **faire le ~** den Bescheidenen/die Bescheidene mimen
modestement [mɔdɛstəmɑ̃] *adv* in aller Bescheidenheit; *rougir* schamhaft; *vivre* bescheiden, einfach
modestie [mɔdɛsti] *f* Bescheidenheit *f*; *d'un air* Schlichtheit *f*; **la ~ de son attitude** seine/ihre Zurückhaltung; **pas de fausse ~** nur keine falsche Bescheidenheit
modeur, -euse [mɔdœʀ, -øz] *m, f (couturier)* Modeschaffende(r) *f(m)*
modicité [mɔdisite] *f d'un loyer, salaire, des prix* geringe Höhe
modifiable [mɔdifjabl] *adj* veränderbar; *conduite, personne* beeinflussbar; **le texte reste ~** der Text kann noch verändert werden
modificateur, -trice [mɔdifikatœʀ, -tʀis] *adj action, agent* Veränderung[en *Pl*] hervorrufend *f*
modificatif, -ive [mɔdifikatif, -iv] *adj* Änderungs-; **note modificative** Änderungsbescheid *m*
modification [mɔdifikasjɔ̃] *f* ① Änderung *f*, Veränderung *f*; **apporter** [*o* **faire**] **des ~s à qc** Veränderungen an etw *(Dat)* vornehmen
② JUR Abänderung *f*, Änderung; **contrat qui nécessite des ~s** abänderungsbedürftiger Vertrag; **~ contractuelle** Abbedingung *f*; **~ de fond** rechtserhebliche Änderung; **~ de la forme juridique** Änderung der Rechtsform, Rechtsformänderung; **~ de la forme sociale** ≈ Formwechselnde Umwandlung; **~ des règles de conflit** Kollisionsnormenwechsel *m*; **~ relative à la forme de la société** Betriebsänderung
◆ **~ du bilan** Bilanzänderung *f*; **~ du contrat** Vertragsänderung *f*; **~ des statuts** Satzungsänderung *f*
modifier [mɔdifje] <1> **I.** *vt* ① ändern; **réforme qui modifie les structures** strukturverändernde Reform
② GRAM näher definieren
③ INFORM modifizieren
II. *vpr* **se ~** sich ändern, sich wandeln
modifieur [mɔdifjœʀ] *m* INFORM Modifizierer *m*
modique [mɔdik] *adj* niedrig
modiquement [mɔdikmɑ̃] *adv* spärlich
modiste [mɔdist] *mf* Putzmacher(in) *m(f)*
modulable [mɔdylabl] *adj* veränderlich, veränderbar; *salle* umwandelbar; *meuble* verstellbar, erweiterungsfähig; *chaîne hi-fi* erweiterungsfähig, variabel zusammenstellbar
modulaire [mɔdylɛʀ] *adj a.* INFORM modular; *mesure* Modul-; **architecture/structure ~** modularer Aufbau
modularité [mɔdylaʀite] *f* INFORM Baukastenprinzip *nt*
modulateur [mɔdylatœʀ] *m* RADIO, TELEC Modulator *m*
modulateur, -trice [mɔdylatœʀ, -tʀis] *adj* modulierend
modulation [mɔdylasjɔ̃] *f* ① PHYS Modulation *f*; *(changement de ton)* Tonschwankung *f*
② MUS Modulation *f*
③ ART Farbabstufung *f*
④ *(adaptation)* **~ des prix** Preisangleichung *f*, Anpassung *f* der Preise
◆ **~ de fréquence** Frequenzmodulation *f*
module [mɔdyl] *m* ① *(élément d'un ensemble)* [Bau]element *nt*
② ESPACE Raumkapsel *f*
③ SCOL Kurs *m*
④ INFORM *du matériel* Bauteil *nt*; *d'un programme* Baustein *m*, Modul *nt*; **~ enfichable** [Ein]steckmodul; **~ supplémentaire** Zusatzmodul; **~ vocal** Sprachmodul; **~ de mémoire RAM** RAM-Speichermodul; **~ de programme** Programmmodul; **~ de texte** Textbaustein *m*
moduler [mɔdyle] <1> **I.** *vt* ① RADIO, MUS, TELEC modulieren
② *(adapter)* verändern, abändern; **~ ses horaires de travail** seine Arbeitszeit variabel gestalten; **les peines doivent être modulées en fonction des délits** das Strafmaß richtet sich nach dem Vergehen
③ INFORM aufeinander abstimmen *éléments du système, programmes*
II. *vi* MUS modulieren
modus operandi [mɔdysɔpeʀɑ̃di] *m inv* Modus Operandi *m*
modus vivendi [mɔdysvivɛ̃di] *m inv* Modus vivendi *m (geh)*
moelle [mwal, mwɛl] *f* ANAT, BOT Mark *nt*; **~ épinière** Rückenmark; **maladie de la ~ épinière** Rückenmarkerkrankung *f*
▶ **la substantifique ~** die Quintessenz, das Wesentliche; **jusqu'à la ~ pourri(e)** bis ins Mark, durch und durch; **gelé(e) jusqu'à la ~** durchgefroren bis auf die Knochen
moelleusement [mwɛløzmɑ̃] *adv* genüsslich; **~ installé(e) dans un canapé** gemütlich auf einem Sofa sitzend
moelleux [mwɛlø] *m* ① *d'un lit, coussin* Weichheit *f*; *d'un tapis* flauschige Beschaffenheit
② *(au goût) d'un vin* vollmundiger Geschmack
moelleux, -euse [mwɛlø, -øz] *adj* ① *(au toucher)* [kuschelig] weich; *tapis* flauschig
② *(au goût) vin* vollmundig
③ *(agréable) son, voix, timbre* warm
moellon [mwalɔ̃, mwɛlɔ̃] *m* Baustein *m*
mœurs [mœʀ(s)] *fpl* ① *(coutumes) d'une personne, société* Sitten und Bräuche *Pl*; *d'un animal* Verhaltensweisen *Pl*; **entrer dans les ~** Sitte werden; **mauvaise habitude:** einreißen
② *(règles morales)* Moral *f*; *(austères, dissolues)* Sitten *Pl*; **bonnes/mauvaises ~** gute Sitten/Sittenlosigkeit *f*, Anstand *m*/Lasterhaftigkeit *f*; **agir selon les bonnes ~** nach Treu und Glauben handeln; **aller à l'encontre des bonnes ~** gegen Treu und Glauben verstoßen; **une personne de bonnes/mauvaises ~** ein anständiger/liederlicher Mensch; **être contraire aux bonnes ~** gegen die guten Sitten verstoßen
③ *(façon de vivre)* Lebenswandel *m*
▶ **avoir des ~ particulières** *euph* vom anderen Ufer sein *(fam)*
mohair [mɔɛʀ] **I.** *m* Mohair *m*, Mohär *m*
II. *app inv* Mohair-, Mohär-
moi [mwa] **I.** *pron pers* ① *fam (pour renforcer)* **~, monter une entreprise?** was, ich soll ein Unternehmen gründen?; **~, je n'ai pas ouvert la bouche** ich habe den Mund nicht aufgemacht; **et ~ qui pensais avoir compris!** und ich dachte, ich hätte alles verstanden!; **c'est ~ qui l'ai dit** ich habe das gesagt; **c'est ~ que tu as entendu(e) à la radio** mich hast du im Radio gehört; **il veut me voir, ~!** mich möchte er sehen!; **il veut m'aider, ~?** mir möchte er helfen?
② *avec un verbe à l'impératif* **regarde-~** sieh mich an; **donne-~ ça!** gib es mir!
③ *avec une préposition* **avec/sans ~** mit mir/ohne mich; **à ~ seul(e)** ich allein; **la maison est à ~** das Haus gehört mir; **c'est à ~ de décider** ich muss entscheiden; **c'est à ~!** ich bin dran!
④ *dans une comparaison* ich; **tu es comme ~** du bist wie ich;

plus/aussi fort(e) que ~ stärker als ich/genauso stark wie ich
⑤ *(emphatique)* **c'est ~!** *(me voilà)* hier bin ich!; *(je suis le responsable)* ich [bin es]!; **et ~, alors?** *fam* ja, und ich?, und was ist mit mir?; **que ferais-tu si tu étais ~?** was würdest du an meiner Stelle tun?
▸ **à ~!** Hilfe!
II. *m* PHILOS, PSYCH Ich *nt*

moignon [mwaɲɔ̃] *m* Stummel *m*; *d'un bras, d'une jambe, dent* Stumpf *m*

moi-même [mwamɛm] *pron pers* ① *(moi en personne)* ~ **n'en savais rien** ich [selbst] wusste nichts davon; **je me sens ~ heureux(-euse)** ich fühle mich glücklich; **je l'ai dit ~, c'est ~ qui l'ai dit** ich [selbst] habe das gesagt; **je suis venu(e) de ~** ich bin von selbst [*o* von mir aus] [*o* aus eigenem Antrieb] gekommen
② *(moi aussi)* ebenfalls, auch; **j'étais ~ furieux(-euse)** ich war ebenfalls [*o* auch] sehr wütend

moindre [mwɛ̃dʀ] *adj antéposé* ① *(inférieur)* degré, étendue geringere(r, s); *inconvénient* kleinere(r, s); *prix* niedrigere(r, s); *qualité* mindere(r, s), schlechtere(r, s)
② *(le plus petit)* **le ~ bruit** das geringste Geräusch; **la ~ chance** die geringste Chance; **les ~s efforts** die geringsten Bemühungen; **le ~ détail** das kleinste Detail; **la ~ averse** der kleinste Regenschauer; **les ~s défauts** die kleinsten Mängel; **le ~ mal** das kleinere Übel; **pas** [*o* **non**] **des ~s** nicht der/die/das Geringste; **ne pas savoir faire la ~ division** die einfachste Teilungsaufgabe nicht lösen können; **ne pas avoir le ~ diplôme** nicht ein einziges Zeugnis vorzuweisen haben; **être partisan du ~ effort** sich nicht gerade umbringen; **ce serait la ~ des choses/des politesses** es wäre doch das Mindeste/ein Gebot der Höflichkeit; **le travail, c'est la ~ de ses soucis** die Arbeit ist die geringste seiner/ihrer Sorgen

moine [mwan] *m* ① REL Mönch *m*; **se faire ~** ins Kloster gehen
② ZOOL Kegelrobbe *f*

moineau [mwano] <x> *m* ORN Sperling *m*, Spatz *m*
▸ **manger comme un ~** wie ein Spatz essen

moinillon [mwanijɔ̃] *m fam* Mönchlein *nt* (*fam*), junger Mönch

moins [mwɛ̃] I. *adv* ① weniger; augmenter ~ langsamer steigen; rouler ~ vite langsamer fahren; ~ joli(e)/fort(e) que nicht so hübsch/stark wie, weniger hübsch/stark als; ~ cher(chère) günstiger; ~ de qc weniger von etw; ~ d'une heure nicht einmal eine Stunde; les enfants de ~ de douze ans Kinder unter zwölf Jahren; se situer à ~ de trois pour cent unter drei Prozent liegen; encore ~ noch weniger; ~ ... ~ ... je weniger ..., desto weniger ...; ~ ..., plus ... je weniger ..., desto mehr ...; rien n'est ~ ... nichts ist weniger ...; rien n'est ~ sûr! nichts ist unsicherer als das!
② *superl* **le ~** am wenigsten; **faire qc le ~** etw am wenigsten tun; **le ~ doué/la ~ aimée** der am wenigsten begabte/die am wenigsten beliebte; **le ~ bête de tous** der Intelligenteste von allen; **le ~ cher de tous** der Günstigste von allen; **des ~ flatteurs/agréables** von den am wenigsten schmeichelhaften/angenehmen; **le ~ de qc** der/die/das wenigste etw; **c'est elle qui dépense le ~ d'argent** sie gibt am wenigsten [*o* das wenigste] Geld aus; **en juin, nous avons le ~ de clients** im Juni haben wir die wenigsten Kunden
▸ **en ~ de deux** *fam* in null Komma nichts (*fam*), im Nu (*fam*); **on le serait à ~** man wäre es mindestens ebenso [*o* genauso]; **à ~ de qc** ausgenommen; **à ~ d'un retard imprévu/d'un accident** wenn nicht eine unvorhergesehene Verzögerung/ein Unfall eintritt; **à ~ de faire qc** wenn man nicht etw tut; **je n'y irai pas, à ~ de recevoir une invitation** ich werde nicht hingehen, wenn ich keine Einladung bekomme [*o* es sei denn, ich bekomme eine Einladung]; **à ~ que qn ne fasse qc** es sei denn, jd tut etw; **au ~** *(au minimum)* mindestens; *fam* (*je parie*) wetten, dass (*fam*); *(j'espère)* hoffentlich; [**tout**] **au ~** zumindest, wenigstens; **si au ~** wenn wenigstens; **d'autant ~** umso weniger; **de ~, en ~** weniger; **il a un an de ~ que moi** er ist ein Jahr jünger als ich; **de ~ en ~** immer weniger; **du ~** zumindest, wenigstens; **pour le ~** zumindest; **~ que rien** weniger als nichts
II. *prép* ① *(soustraction)* minus; **tous les pays ~ la France** alle Länder außer Frankreich
② *(heure)* vor; **il est midi ~ vingt/le quart** es ist zwanzig/Viertel vor zwölf
③ *(température)* minus; **il fait ~ trois** es hat drei Grad minus
▸ **il était ~ cinq** [*o* **une**] *fam* es war fünf vor zwölf (*fam*)
III. *m* ① *(minimum)* Mindeste(s) *nt*; **le ~ de matière** das wenigste Material; **le ~ de temps possible** so kurz wie möglich; **le ~ que je puisse faire, c'est ...** das Mindeste, was ich tun kann, ist ...
② *(signe)* Minuszeichen *nt*
③ *(plus jeune)* **les ~ de 11/18 ans** Kinder *Pl* unter 11/Jugendliche *Pl* unter 18 Jahren

moins-perçu [mwɛ̃pɛʀsy] <moins-perçus> *m* FIN Mindereinnahme *f meist Pl*

moins que rien [mwɛ̃kəʀjɛ̃] *mf inv fam* Nichtsnutz *m*, Taugenichts *m*

moins-value [mwɛ̃valy] <moins-values> *f* ① ECON *(baisse de la valeur)* Wertminderung *f*; *(perte de valeur)* Minderwert *m*; **~ mercantile** merkantiler Minderwert; **faire une ~ considérable** ein beträchtliches Verlustgeschäft machen
② FISC **~ fiscale** Steuerausfall *m*, Steuerdefizit *nt*

moire [mwaʀ] *f* COUT *(apprêt)* Moirierung *f*; *(tissu)* Moiréstoff *m*

moiré [mwaʀe] *m* Moiré *nt*

moiré(e) [mwaʀe] *adj soie* moiriert; *papier* marmoriert

moirer [mwaʀe] <1> *vt* moirieren *étoffe, soie*; marmorieren *métal, papier*

mois [mwa] *m* ① *(période)* Monat *m*; **~ d'hiver** Wintermonat; **~ calendaire** Kalendermonat; **le ~ de janvier/mars** der [Monat] Januar/März; **les ~ en r** die Monate mit R; **au ~ de janvier/d'août** im Januar/August; **voyage de plusieurs ~** mehrmonatige Reise; **être dans son deuxième ~** *femme:* im zweiten Monat sein; **le premier/cinq/dernier du/de ce ~** der Erste/Fünfte/Letzte des/dieses Monats
② *(salaire)* [Monats]gehalt *nt*
③ *(mensualité)* Monatsbeitrag *m*; *(loyer)* [Monats]miete *f*

Moïse [mɔiːz(ə)] *m* Moses *m*

moisi [mwazi] *m* Schimmel *m*

moisi(e) [mwazi] *adj* verschimmelt

moisir [mwaziʀ] <8> *vi* ① *(se gâter)* schimmeln
② *(être inutilisé)* voiture: vor sich hin rosten; *argent, capital:* brachliegen; *talent:* verkümmern; *meuble:* vermodern
③ *fam (croupir)* personne: herumhängen *fam*

moisissure [mwazisyʀ] *f* ① BOT Schimmelpilz *m*
② *(couche de moisi)* Schimmel *m*; *(action)* Schimmelprozess *m*, Schimmeln *nt*

moisson [mwasɔ̃] *f* ① *(action de récolter)* Ernte *f*; **~ du seigle** Roggenernte
② *(période)* Erntezeit *f*; **la ~ approche, les ~s approchent** die Erntezeit naht
③ *(grande quantité)* **une ~ de souvenirs/d'images** eine Menge [*o* Unzahl] von Erinnerungen/Bildern

moissonnage [mwasɔnaʒ] *m* Mähen *nt*

moissonner [mwasɔne] <1> I. *vt* ① AGR ernten; abernten *champ*
② *(recueillir)* sammeln *documents, images, souvenirs, idées;* ernten *lauriers;* zusammentragen *renseignements*
II. *vi* mähen

moissonneur, -euse [mwasɔnœʀ, -øz] *m*, *f* Erntearbeiter(in) *m(f)*

moissonneuse [mwasɔnøz] *f* Mähmaschine *f*

moissonneuse-batteuse [mwasɔnøzbatøz] <moissonneuses-batteuses> *f* Mähdrescher *m* **moissonneuse-lieuse** [mwasɔnøzljøz] <moissonneuses-lieuses> *f* Mähbinder *m*

moite [mwat] *adj* feucht; **~ d'humidité/de sueur** durchfeuchtet/schweißnass

moiteur [mwatœʀ] *f* Feuchtigkeit *f*

moitié [mwatje] *f* ① *(partie, milieu)* Hälfte *f*; **la ~ du temps/de l'année** die halbe Zeit/das halbe Jahr; **~ moins/plus** halb so viel/um die Hälfte mehr; **à ~ halb**; **à ~ chemin/prix** auf halber Strecke/zum halben Preis; **ne jamais rien faire à ~** nie halbe Sachen machen; **de ~** um die Hälfte; **pour ~** zur Hälfte; **~ ... ~ ...** halb ... halb ...
② *hum (épouse)* bessere Hälfte (*hum fam*)

moitié-moitié [mwatjemwatje] halbe-halbe; **faire ~** *fam* halbe-halbe machen (*fam*)

moka [mɔka] *m* GASTR ① *(café)* Mokka *m*
② *(gâteau)* Mokkatorte *f*

molaire¹ [mɔlɛʀ] *f* ANAT Backenzahn *m*

molaire² [mɔlɛʀ] *adj masse* molar

molasse [mɔlas] *f* GEOL Molasse *f*

mole [mɔl] *f* CHIM Mol *nt*

môle [mol] *m* ① *(digue)* [Hafen]mole *f*, Hafendamm *m*
② *(embarcadère)* Kai *m*

moléculaire [mɔlekylɛʀ] *adj* molekular; *formule, structure* Molekül-; **poids ~** Molekulargewicht *nt*/-masse *f*

molécule [mɔlekyl] *f* Molekül *nt*

molécule-gramme [mɔlekylgʀam] <molécules-grammes> *f vieilli* Mol *nt*

moleskine [mɔlɛskin] *f* Kunstleder *nt*, Moleskin *m o nt*

molester [mɔlɛste] <1> *vt* **~ qn** jdn belästigen; *(physiquement)* auf jdn einschlagen; **se faire ~ par qn** von jdm belästigt werden; *(physiquement)* von jdm verprügelt werden

moleté(e) [mɔl(ə)te] *adj* gerifft

molette [mɔlɛt] *f* ① *(outil)* Roulett *nt*
② *(pièce d'une mécanisme)* Rändelrad *nt*
③ *(roue de l'éperon)* Spornrad *nt*

mollah [mɔ(l)la] *m* Mulla(h) *m*

mollard [mɔlaʀ] *m pop* Spucke *f* (*fam*)

mollasse [mɔlas] I. *adj* ① *fam (mou)* tranig (*fam*), ohne Mumm (*fam*)

② *(flasque) chair* schlaff; *pâte* dünnflüssig
II. *f fam* Transuse *f (fam)*
mollasserie [mɔlasʀi] *f fam* Schlaffheit *f (fam)*
mollasson(ne) [mɔlasɔ̃, ɔn] I. *adj fam* tranfunzelig *(fam)*, tranig *(fam)*
II. *m(f) fam* Tranfunzel *f (fam)*
mollement [mɔlmɑ̃] *adv* ❶ *(confortablement)* allongé, installé gemütlich; *tomber* sanft; **les jours s'écoulent ~** die Tage schleppen sich dahin
② *(sans ardeur) protester, réagir* schwach, pflaumenweich; *péj fam*
mollesse [mɔlɛs] *f* ❶ *(indolence)* Trägheit *f*, Schwerfälligkeit *f*
② *(laxisme)* Laxheit *f*
③ *(douceur) d'un matelas, des contours, traits* Weichheit *f; d'une poignée de main* Schlaffheit *f*
mollet [mɔlɛ] *m* Wade *f*; **jupe qui descend jusqu'aux ~ s** wadenlanger Rock
▶ **~s de coq** Storchenbeine *Pl (fam)*
mollet(te) [mɔlɛ, ɛt] *adj* ❶ *soutenu (mou) lit* weich
② GASTR *œuf* weich; **pain ~** weiches Brötchen
molletière [mɔltjɛʀ] *f* [bande] **~** Wickelgamasche *f*
molleton [mɔltɔ̃] *m* Molton *m weiches, meist beidseitig gerautes Baumwollgewebe*
molletonné(e) [mɔltɔne] *adj gant, veste* mit Molton gefüttert
molletonner [mɔltɔne] <1> *vt* mit Molton füttern
mollir [mɔliʀ] <8> *vi* ❶ *(fléchir) personne:* nachgeben; *créancier, vendeur:* sich kulant zeigen; *ennemi:* zurückweichen; *courage:* schwinden; *jambes:* nachgeben, weich werden; **faire ~ qn** jdn zum Einlenken bringen
② *(perdre sa force) vent:* nachlassen
③ *(se ramollir) cire, beurre:* weich werden
mollo [mɔlo] *adv fam* ▶ **y aller ~** behutsam vorgehen; **~ !** *fam* sachte! *(fam)*, langsam!
mollusque [mɔlysk] *m* ZOOL Weichtier *nt*
molosse [mɔlɔs] *m* großer Wachhund
molybdène [mɔlibdɛn] *m* CHIM **le ~** Molybdän *nt*
môme [mom] *mf* ❶ *fam (enfant)* Fratz *m (fam)*; **quand j'étais tout(e) ~** als ich ein ganz kleiner Fratz war
② *pop (fille)* Gör[e] *f | nt (fam)*
moment [mɔmɑ̃] *m* ❶ *(court)* Moment *m*, Augenblick *m; (long)* Weile *f*; **un long ~** eine ganze Weile; **un ~ de détente/ réflexion/panique** ein Augenblick [*o* Moment] der Entspannung/Überlegung/Panik; **~ de bonheur** Glücksmoment *nt*; **au dernier/même ~** im letzten/in demselben Augenblick; **le dernier ~** die letzte Minute; **à ce ~-là** in dem Moment [*o* Augenblick]; **à certains ~s ..., à d'autres ~s ...** zuweilen [*o* manchmal] ..., dann wieder ...; **à [*o* pour] un ~** für einen kurzen Augenblick [*o* Moment]; **à quel ~ ?** wann?; **à tout/aucun ~** jederzeit/nicht einen Augenblick; **attendre qn/qc à tout ~** jeden Moment auf jdn/ etw warten; **au ~ de la chute du mur de Berlin** als die Berliner Mauer fiel; **au ~ de partir, je me suis aperçu(e) ...** als ich losfahren wollte, bemerkte ich ...; **au ~ où qn a fait qc** in dem Moment [*o* Augenblick], in dem jd etw getan hat; **avoir/ne pas avoir un [à soi]** eine/keine ruhige Minute haben; **dans un ~** gleich; **à mes/ ses ~s perdus** in meiner/seiner/ihrer freien Zeit; **dès le ~ [*o* à partir] du ~ où** sobald jd etw getan hat; **du ~ que qn fait qc** da ja jd etw tut; **du ~ que** die derzeitige Mode; **du ~ que qn fait qc** da ja jd etw tut; **d'un ~ à l'autre** jeden Moment [*o* Augenblick]; **en ce ~, pour le ~** im Moment, im Augenblick; **par ~s** ab und zu, momentweise; **sur le ~** im ersten Augenblick; **un ~ !** [einen] Moment [*o* Augenblick]!; **le ~ présent** der Augenblick; **être dans un de ses mauvais ~s** seine berühmten fünf Minuten haben *(fam)*; **passer un bon ~** eine gute [*o* schöne] Zeit verbringen; **avoir passé un mauvais [*o* sale] ~** etwas Unangenehmes hinter sich haben; **il vit ses derniers ~s** sein letztes Stündlein hat geschlagen; **c'est un mauvais ~ à passer** es kommen auch wieder bessere Zeiten; **ce fut un grand ~** das war ein wichtiges Ereignis; **ce fut un grand ~ de [*o* dans] sa vie** das war ein großer Augenblick in seinem/ihrem Leben
② *(occasion)* Gelegenheit *f*; **trouver [*o* attendre] le ~ opportun** den richtigen Augenblick [*o* Moment] abwarten; **le bon/mauvais ~** der richtige/ein ungünstiger Zeitpunkt [*o* Augenblick] [*o* Moment]; **le ~ venu** bei Gelegenheit, zu gegebener Zeit; **à un ~ donné [*o* précis]** plötzlich; **le ~ ou jamais** jetzt oder nie; **c'est le ~ de faire qc** es ist an der Zeit etw zu tun; **ce n'est pas le ~** es ist nicht der richtige Zeitpunkt [*o* Augenblick]
③ PHYS, CHIM **~ magnétique** Kernmoment *nt*
momentané(e) [mɔmɑ̃tane] *adj crise, fermeture, gêne* vorübergehend; *désir, ennui, problème* augenblicklich; *effort* kurzfristig; *arrêt, espoir* kurz, von kurzer Dauer
momentanément [mɔmɑ̃tanemɑ̃] *adv* zurzeit, momentan
momie [mɔmi] *f* HIST Mumie *f*; **forme de ~** mumienhafte Form; **air de ~** mumienhaftes Aussehen; **ressembler à une ~** mumienhaft aussehen
▶ **rester planté(e) comme une ~** dasitzen [*o* dastehen] wie ein Ölgötze *(fam)*
momification [mɔmifikasjɔ̃] *f* Mumifizierung *f*
momifier [mɔmifje] <1> I. *vt* mumifizieren
II. *vpr (se scléroser)* **se ~** unbeweglich werden; *esprit:* verkümmern
mon [mɔ̃, me] <**mes**> *dét poss* mein(e); **~ classeur/vase/ tableau** mein Ordner/meine Vase/mein Bild; **~ Dieu!** mein Gott!; **~ Père!** Vater!; **~ colonel/général/lieutenant!** Herr Oberst/General/Leutnant!; **à ~ avis** meiner Meinung nach
▶ **~ amour/chéri** Geliebte(r)/Liebling; **~ œil!** Holzauge sei wachsam!; **mes chers compatriotes, ...** liebe Mitbürgerinnen und Mitbürger, ...; **~ pauvre!** Sie/Du armer!
monacal(e) [mɔnakal, o] <-aux> *adj (monastique)* klösterlich, Kloster-; *(ascétique)* mönchisch
Monaco [mɔnako] Monaco *nt*
monarchie [mɔnaʀʃi] *f* Monarchie *f*; **~ constitutionnelle** konstitutionelle Monarchie
monarchique [mɔnaʀʃik] *adj* monarchisch; *État* mit einer Monarchie; **user de son autorité/pouvoir ~ reine:** von ihrer Autorität/ Macht als Monarchin Gebrauch machen
monarchisme [mɔnaʀʃism] *m* Monarchismus *m*
monarchiste [mɔnaʀʃist] I. *adj* monarchistisch
II. *mf* Monarchist(in) *m(f)*
monarque [mɔnaʀk] *m* Monarch(in) *m(f)*; **~ absolu** Alleinherrscher(in) *m(f)*
monastère [mɔnastɛʀ] *m* Kloster *nt; (installation, aménagement)* Klosteranlage *f*; **bibliothèque/cour/cave du ~** Klosterbibliothek *f*/-hof *m*/-keller *m*; **mur/porte du ~** Klostermauer *f*/-pforte *f*; **élève d'un ~** Klosterschüler *m*
monastique [mɔnastik] *adj ordres, habit* Mönchs-; *austérité, discipline* mönchisch; *architecture, simplicité* klösterlich; **vie ~** Klosterleben *nt*
monceau [mɔ̃so] <x> *m* ❶ *(tas)* Haufen *m*
② *(grande quantité)* Menge *f*; **un ~ de vieux livres** eine Menge alter Bücher; **des ~x de lettres** Unmengen *Pl* von Briefen
mondain [mɔ̃dɛ̃] *m* Mann *m* von Welt
mondain(e) [mɔ̃dɛ̃, ɛn] *adj vie, public* mondän, extravagant; *soirée, dîner* Gesellschafts-; *obligations, relations, réunion* gesellschaftlich; *plaisirs* weltlich; *personne* mit einem Hang zur mondänen Welt; **chronique ~e** Klatschspalte *f*
mondaine [mɔ̃dɛn] *f* ❶ Frau *f* von Welt
② *fam (police)* die Sitte[npolizei] *(fam)*
mondanité [mɔ̃danite] *f* ❶ *(goût pour la vie mondaine)* Hang *m* zur mondänen Welt
② *pl (la vie mondaine)* Extravaganz *f*, Mondänität *f*
monde [mɔ̃d] *m* ❶ *(Terre, univers)* Welt *f*; **le ~ entier** die ganze Welt; *(tous et toutes)* alle Welt; **tour du ~** Weltreise *f*; **courir le ~** in der Welt herumreisen; **être seul(e) au ~** [ganz] allein auf der Welt sein; **l'Ancien/le Nouveau Monde** die Alte/Neue Welt; **"La guerre des ~s"** „Der Krieg der Welten"
② *(société)* Welt *f*; **le ~ d'aujourd'hui** die Welt von heute, die heutige Welt
③ *(domaine)* Welt *f*; **~ animal** Tierwelt; **~ des idées** Gedankenwelt, Ideenwelt; **~ des médias/du rock** Medien-/Rockszene *f*; **~ du rêve** Traumwelt; **~ du théâtre** Theaterwelt; **le ~ des vivants** die Lebenden; **le ~ invisible** die Welt des Unsichtbaren
④ *(vie profane, séculaire)* **plaisirs du ~** irdische [*o* weltliche] Freuden *Pl*; **faire ses adieux au ~** der Welt (*Dat*) entsagen
⑤ *(groupe social)* **~ enseignant** die Lehrer; **dans le ~ intellectuel** in Intellektuellenkreisen *Pl*; **le ~ rural** die Landbevölkerung; **le ~ de la finance** die Finanzwelt; **le ~ du travail/des affaires** die Arbeits-/Geschäftswelt
⑥ *(foule)* Menschenmenge *f; (mouvementé)* Gewühl *nt*; **peu/ beaucoup de ~** wenig/viele Leute; **un ~ fou** eine riesige Menge; **pas grand ~** nicht viele Leute; **tout ce ~ !** die vielen Menschen!
⑦ *(tous et toutes)* **tout le ~ en parle** alle Welt [*o* jeder] spricht davon; **c'est à tout le ~** es ist für alle da
⑧ *(vie mondaine)* **un homme du ~** ein Mann von Welt
▶ **il y a du ~ au balcon** *fam* Welt *f*; **le ~ entier** schön viel Holz vor der Tür [*o* Hütte] *(fam)*; **c'est le ~ à l'envers** es ist eine verkehrte Welt; **l'autre ~** das Jenseits; **expédier qn dans l'autre ~** jdn ins Jenseits befördern; **en ce bas ~** hier, auf dieser Erde; **le beau [*o* grand] ~** die bessere Gesellschaft; **tout le ~ il est beau, tout le ~ il est gentil** *prov* Friede, Freude, Eierkuchen *(fam)*; **tout est pour le mieux dans le meilleur des ~s** *prov* es steht alles zum Besten; **je vais le mieux du ~** ich bin der glücklichste Mensch auf Erden; **pas le moins du ~** nicht im Geringsten; **ce n'est pas perdu pour tout le ~** nicht ohne Nutzen daraus ziehen; **le ~ est petit!** wie klein die Welt doch ist!; **être vieux(vieille) comme le ~** so alt sein wie die Welt; **être encore de ce ~** noch am Leben sein; **pour rien au ~** um keinen Preis, nicht um alles in der Welt *(fam)*; **ne plus être de ce ~** nicht mehr am Leben sein; **il y a un ~ entre ... et ...** es liegen Welten zwischen ... und ...; **c'est**

un ~! *fam* das ist doch der Hammer! *(fam)*; **depuis que le** ~ **existe** seit Anbeginn der Welt; **se faire** [tout] **un** ~ **de qc** ein Drama aus etw machen; **se faire** [tout] **un** ~ **de rien** aus einer Mücke einen Elefanten machen; **il faut de tout pour faire un** ~ *prov* es gibt eben solche und solche; **qn ferait tout au** ~ **pour qu'on vive en paix** jd würde alles tun, damit man in Frieden leben kann; **mettre qn au** ~ jdn zur Welt bringen; **qn se moque** [*o* **se fiche** *fam*] [*o* **se fout** *pop*] **du** ~ jdm ist alles [wurst]egal *fam* [*o* scheißegal *sl*]; **refaire le** ~ *(discuter)* große Worte machen; *(palabrer)* endlose Diskussionen führen; **ainsi va le** ~ so ist das nun einmal, das ist der Lauf der Dinge; **venir au** ~ auf die Welt kommen
monder [mɔ̃de] <1> *vt* schälen
Mondial [mɔ̃djal] *m* ❶ *(championnat du monde)* Weltmeisterschaft *f*
❷ *(salon international de l'automobile)* internationale Automobilausstellung [*in Frankreich*]
mondial(e) [mɔ̃djal, jo] <-aux> *adj* weltweit; *échelle, économie, guerre, population, politique, production* Welt-; *récession* weltweit
mondialement [mɔ̃djalmɑ̃] *adv* weltweit
mondialisation [mɔ̃djalizasjɔ̃] *f de la production, d'un conflit* Globalisierung *f*
mondialiser [mɔ̃djalize] <1> **I.** *vt* weltweit verbreiten
II. *vpr* **se** ~ sich weltweit verbreiten; *conflit, problème, échanges:* weltweite Ausmaße annehmen
mondialisme [mɔ̃djalism] *m* weltweite Verbreitung
mond[i]ovision [mɔ̃d(j)ovizjɔ̃] *f* Satellitenfernsehen *nt;* **être retransmis(e) en** ~ weltweit ausgestrahlt werden
monégasque [mɔnegask] *adj* monegassisch
Monégasque [mɔnegask] *mf* Monegasse *m/* Monegassin *f*
monétaire [mɔnetɛʀ] *adj* geldwirtschaftlich; *circulation, marché, masse, politique* Geld-; *système, stock, union, unité* Währungs-
monétarisme [mɔnetaʀism] *m* ECON Monetarismus *m*
monétique [mɔnetik] **I.** *adj* gestion mit Hilfe des elektronischen Zahlungsverkehrs
II. *f* elektronischer Zahlungsverkehr *m*
mongol [mɔ̃gɔl] *m* **le** ~ Mongolisch *nt,* das Mongolische; *v. a.* **allemand**
mongol(e) [mɔ̃gɔl] *adj* mongolisch
Mongol(e) [mɔ̃gɔl] *m(f)* Mongole *m/* Mongolin *f*
Mongolie [mɔ̃gɔli] *f* **la** ~ die Mongolei
mongolien(ne) [mɔ̃gɔljɛ̃, jɛn] **I.** *adj* MED mongoloid
II. *m(f)* MED Mongoloide(r) *f(m)*
mongolique [mɔ̃gɔlik] *adj* mongoloid; *région* mongolisch
mongolisme [mɔ̃gɔlism] *m* MED Mongolismus *m*
monisme [mɔnism] *m* PHILOS Monismus *m*
moniteur [mɔnitœʀ] *m* ❶ *(entraîneur)* Lehrer *m;* ~ **d'éducation physique** Sportlehrer
❷ *(dans une colonie de vacances)* Betreuer *m;* ~ **de colonies** [Ferien]betreuer, Jugendhelfer *m*, Jugendleiter *m*
❸ UNIV wissenschaftliche Hilfskraft *f*
❹ *(écran)* Monitor *m;* ~ **couleur** Farbmonitor; **à fréquence fixe** Festfrequenzmonitor; ~ **monochrome** Monochrommonitor; ~ **multifréquence** Multifrequenzmonitor; ~ **de 15 pouces** 15-Zoll-Monitor
◆ ~ **d'auto-école** Fahrlehrer *m;* ~ **d'équitation** Reitlehrer *m;* ~ **de golf** Golflehrer *m;* ~ **de ski** Skilehrer *m*
monitorat [mɔnitɔʀa] *m* ❶ *(formation)* Ausbildung *f* zum [Ferien]betreuer/zur [Ferien]betreuerin; **passer son** ~ eine Ausbildung als [Ferien]betreuer/[Ferien]betreuerin machen
❷ *(fonction)* [Ferien]betreuung *f*
monitrice [mɔnitʀis] *f* ❶ *(entraîneuse)* Lehrerin *f;* ~ **d'éducation physique** Sportlehrerin
❷ *(dans une colonie de vacances)* Betreuerin *f;* ~ **de colonies** [Ferien]betreuerin, Jugendhelferin *f*, Jugendleiterin *f*
❸ UNIV wissenschaftliche Hilfskraft
◆ ~ **d'auto-école** Fahrlehrerin *f;* ~ **d'équitation** Reitlehrerin *f;* ~ **de golf** Golflehrerin *f;* ~ **de ski** Skilehrerin *f*
monnaie [mɔnɛ] *f* ❶ ECON, FIN Geld *nt;* ~ **métallique** Hartgeldwährung *f;* ~ **scripturale** Giralgeld, Buchgeld, unbares Zahlungsmittel; ~ **d'ancrage** Ankerwährung; ~ **d'échange** Tauschmittel; **fausse** ~ Falschgeld; **battre** [*o* **frapper**] ~ *(billets)* Geld drucken; *(pièces)* Münzen prägen
❷ *(devise)* Währung *f;* ~ **commune** gemeinsame Währung, Gemeinschaftswährung; ~ **convertible** harte Währung; ~ **cotée** notierte Währung; ~ **électronique** E-Cash *m;* ~ **étrangère** Geldsorten *Pl,* Fremdwährung; ~ **faible/forte** weiche/harte Währung; ~ **fixe** Festwährung; ~ **internationale** Welthandelswährung; ~ **nationale** Landeswährung; **remplacement des ~s nationales** Ablösung *f* der Landeswährungen; ~ **unique** einheitliche Währung; ~ **à convertibilité limitée** beschränkt konvertierbare [*o* konvertible] Währung; ~ **de compte** Verrechnungswährung; ~ **de décompte** Abrechnungswährung; **adopter la ~ unique** die einheitliche Währung verwenden; **participer à l'introduction de la ~ unique** an der Einführung der einheitlichen Währung teilnehmen
❸ *(petites pièces)* Kleingeld *nt;* **menue** [*o* **petite**] ~ Kleingeld *nt;* **de la ~ de cent euros** hundert Euro in klein; **faire la ~ sur qc à qn** jdm etw wechseln; **faire de la ~ à qn** jdm Geld wechseln; **vous n'auriez pas de la ~?** haben Sie es nicht kleiner?; **ça va, j'ai la** ~ es geht, ich habe es passend
❹ *(argent rendu)* Wechselgeld *nt,* Rückgeld *nt;* ~ **sur cent euros** Wechselgeld auf hundert Euro; **rendre la** ~ [Wechselgeld] herausgeben
❺ *(pièce)* Münze *f*
▶ **rendre à qn la ~ de sa pièce** es jdm mit gleicher Münze heimzahlen; ~ **de singe** wertloses Geld; **être payé(e) en ~ de singe** mit leeren Versprechungen abgespeist werden; **c'est ~ courante** das ist [so] üblich; **passez la ~!** *fam* her mit dem Geld!
monnaie-du-pape [mɔnɛdypap] <monnaies-du-pape> *f* BOT Silberblatt *nt*
monnaie-or [mɔnɛɔʀ] <monnaies-or> *f* Goldwährung *f*
monnayable [mɔnɛjabl] *adj* ❶ *(vendable)* in Geld umsetzbar; **ne pas être** ~ *(ne rien rapporter)* kein Geld einbringen; *(ne pas être à vendre)* nicht zu verkaufen sein
❷ FIN *(convertible)* münzbar
monnayer [mɔneje] <7> **I.** *vt* ❶ *(tirer argent de)* zu Geld machen
❷ *(tirer profit)* ~ **qc** für etw Geld verlangen [*o* haben wollen]
II. *vpr* **se** ~ für Geld zu haben sein
monnayeur [mɔnɛjœʀ] *m* ❶ *(appareil)* Wechselautomat *m*
❷ *v.* **faux-monnayeur**
mono¹ [mɔno] *mf fam abr de* **moniteur(-trice)** Betreuer(in) *m(f)*
mono² [mɔno] **I.** *f abr de* **monophonie** Mono[phonie *f*] *nt;* **en** ~ mit monophoner Übertragung
II. *adj inv abr de* **monophonique** monophon, mono *(fam)*
monobloc [mɔnɔblɔk] **I.** *adj* aus einem Stück
II. *m* Zylinderblock *m*
monocaméralisme [mɔnɔkameʀalism] *m,* **monocamérisme** [mɔnɔkameʀism] *m* POL Einkammersystem *nt*
monochrome [mɔnɔkʀom] *adj* einfarbig, monochrom; **écran/ moniteur** ~ Schwarzweißbildschirm *m/* -monitor *m,* Monochrombildschirm/-monitor
monocle [mɔnɔkl] *m* Monokel *nt*
monocoque [mɔnɔkɔk] NAUT **I.** *adj* mit nur einem Rumpf
II. *m* Einrumpfboot *nt*
monocorde [mɔnɔkɔʀd] *adj* monoton; *discours* eintönig
monoculture [mɔnɔkyltyʀ] *f* Monokultur *f*
monocycle [mɔnɔsikl] *m* Einrad *nt*
monocyte [mɔnɔsit] *m* MED Monozyt *m*
monofil [mɔnofil] *m* PECHE Monofil *nt (Fachspr.),* Monofilschnur *f (Fachspr.)*
monogame [mɔnɔgam] *adj* monogam
monogamie [mɔnɔgami] *f* Monogamie *f*
monogamique [mɔnɔgamik] *adj* monogam[isch]
monogramme [mɔnɔgʀam] *m* Monogramm *nt*
monographie [mɔnɔgʀafi] *f* Monographie *f,* Einzeldarstellung *f*
monoï [mɔnɔj] *m inv* parfümiertes Kokosöl
monokini [mɔnokini] *m* Minibikini *m (oben ohne)*
monolingue [mɔnolɛ̃g] *adj* einsprachig
monolinguisme [mɔnɔlɛ̃gɥism] *m* Einsprachigkeit *f*
monolithe [mɔnɔlit] **I.** *adj* monolithisch
II. *m* Monolith *m*
monolithique [mɔnɔlitik] *adj* ❶ *parti, système* eine monolithische Einheit bildend
❷ ARCHIT monolithisch
monolithisme [mɔnɔlitism] *m* Gleichförmigkeit *f*
monologue [mɔnɔlɔg] *m* Monolog *m;* ~ **intérieur** innerer Monolog
monologuer [mɔnɔlɔge] <1> *vi* ❶ *(parler pour soi)* Selbstgespräche führen
❷ *(parler tout seul)* Monologe halten, monologisieren
monôme [mɔnom] *m* MATH Monom *nt*
monomère [mɔnɔmɛʀ] *m* CHIM Monomer *nt,* Monomere *nt (Fachspr.)*
monomoteur [mɔnɔmɔtœʀ] *m* einmotoriges Flugzeug
monomoteur, -trice [mɔnɔmɔtœʀ, -tʀis] *adj* einmotorig
mononucléaire [mɔnɔnykleɛʀ] *adj* BIO, MED mononukleär
mononucléose [mɔnɔnykleoz] *f* MED Pfeiffersches Drüsenfieber; ~ **infectieuse** Drüsenfieber *nt*
monoparental(e) [mɔnɔpaʀɑ̃tal, o] <-aux> *adj famille* mit nur einem Elternteil; *autorité* auf nur einen Elternteil beschränkt; **adulte** ~ alleinerziehende(r) *f(m)*
monophasé [mɔnofaze] *m* Einphasen-Wechselstrom *m*
monophasé(e) [mɔnofaze] *adj appareil, prise* einphasig; *courant* Einphasen-
monophonie [mɔnofɔni] *f* Monophonie *f*
monophonique [mɔnofɔnik] *adj* monophon

monoplace [mɔnoplas] **I.** *adj véhicule* einsitzig **II.** *m* AUT, AVIAT Einsitzer *m*
monoplan [mɔnoplɑ̃] *m* Eindecker *m*
monopole [mɔnɔpɔl] *m* ❶ ECON, JUR, FISC Monopol *nt*; **~ commercial** Handelsmonopol; **~ fiscal** Finanzmonopol, Steuerhoheit *f*; **~ illimité** unumschränktes Monopol; **~ mondial** Weltmonopol; **~ national** Inlandsmonopol; **~ du commerce extérieur** Außenhandelsmonopol; **~ d'État** staatliches Monopol; **~ de la frappe des monnaies** Münzhoheit; **~ du placement de la main-d'œuvre** Arbeitsvermittlungsmonopol; **~ de prestations de services** Dienstleistungsmonopol; **avoir le ~ de qc, exercer un ~ sur qc** das Monopol auf etw *(Akk)* haben
❷ *(exclusivité)* **le ~ de qc** das ausschließliche Recht auf etw *(Akk)*; **avoir le ~ de la vérité/du cœur** die ganze Wahrheit kennen/alle Leute auf seiner Seite haben; **tu n'as pas le ~ de l'intelligence** du hast die Intelligenz nicht für dich gepachtet *(fam)*
◆ **~ de l'émission** Emissionsmonopol *nt*; **~ de l'importation** [o **des importations**] Einfuhrmonopol *nt*, Importmonopol; **~ de l'interprétation** JUR Auslegungsmonopol *nt*; **~ des pouvoirs** Gewaltmonopol *nt*; **~ de production** Produktionsmonopol *nt*; **~ du réseau** ECON Netzmonopol *nt*; **~ des transports** Verkehrsmonopol *nt*
monopolisation [mɔnɔpɔlizasjɔ̃] *f* ❶ ECON Monopolisierung *f*, Marktbeherrschung *f*
❷ *(accaparement)* Beschlagnahmung *f*
❸ JUR Monopolisierung *f*
monopoliser [mɔnɔpɔlize] <1> *vt* ❶ ECON, JUR monopolisieren
❷ *(accaparer)* in Beschlag nehmen, ganz für sich belegen; auf sich ziehen, ganz für sich beanspruchen *attention*; an sich *(Akk)* reißen *parole*
monopoliste [mɔnɔpɔlist] *m* JUR Monopolist *m*
monopolist[iqu]e [mɔnɔpɔlistik] *adj* monopolistisch; **se comporter de manière ~** sich monopolistisch gebärden [o aufführen]
monopsone [mɔnɔpsɔn] *m* COM *spéc* Nachfragemonopol *nt*
monorail [mɔnɔʀaj] **I.** *m* Einschienenbahn *f*
II. *adj inv* einer Einschienenbahn; **train ~** Einschienenbahn *f*
monosaccharide [mɔnɔsakaʀid] *m* BIO, CHIM Monosa[c]charid *nt*
monoski [mɔnɔski] *m* Monoschi *m*, Monoski *m*
monospace [mɔnɔspas] *m* Großraumlimousine *f*, Van *m*
monosyllabe [mɔnɔsi(l)lab] *m* LING Einsilb[l]er *m*; **par ~s** einsilbig
monosyllabique [mɔnɔsi(l)labik] *adj* einsilbig
monothéisme [mɔnɔteism] *m* Monotheismus *m*
monothéiste [mɔnɔteist] **I.** *adj* monotheistisch
II. *mf* Monotheist(in) *m(f)*
monotone [mɔnɔtɔn] *adj* monoton; *spectacle, style, paysage, vie, existence* eintönig
monotonie [mɔnɔtɔni] *f d'un discours, son, d'une voix* Monotonie *f*; *de l'existence, d'un paysage, spectacle* Eintönigkeit *f*; *d'un paysage, spectacle* Eintönigkeit *f*; *de l'existence, la vie* Farblosigkeit *f*, Eintönigkeit
monotype [mɔnɔtip] *m* ❶ ART Monotypie *f*
❷ TECH Monotype® *f*
monovalent(e) [mɔnɔvalɑ̃, ɑ̃t] *adj* einwertig
monoxyde [mɔnɔksid] *m* CHIM Monoxid *nt*, Monoxyd *nt*; **~ de carbone** Kohlenmonoxid; **intoxication au ~ de carbone** Kohlenmonoxidvergiftung *f*
monseigneur [mɔ̃sɛɲœʀ, mesɛɲœʀ] <messeigneurs> *m pl peu usité* REL **Monseigneur!** [Eure] Eminenz!; *(à un prélat)* Monsignore!
monsieur [məsjø, mesjø] <messieurs> *m* ❶ *(formule d'adresse orale)* **pardon ~,...** entschuldigen Sie, ..., verzeihen Sie, mein Herr, ... *(geh)*; **Monsieur Dupont, ...** Herr Dupont, ...; **bonjour ~, comment allez-vous?** guten Tag, wie geht es Ihnen?; **bonjour Monsieur Pujol** guten Tag, Herr Pujol; **Messieurs dames** meine Damen und Herren; **messieurs** meine Herren; **messieurs et chers collègues ...** sehr verehrte Herren und liebe Kollegen ...; **Monsieur le Professeur Dupont/le Président François** [Herr] Professor Dupont/Präsident François; **Monsieur le Ministre** Herr Minister
❷ *(formule d'adresse écrite)* **Monsieur,...** Sehr geehrter Herr Meier/Müller/Schröder/...; **Cher ~,...** Lieber Herr Meier/Müller/Schröder/...; **Madame, Monsieur,...** Sehr geehrte Damen und Herren, ...; **Monsieur Vincent Pujol** *(inscription sur une enveloppe)* Herrn Vincent Pujol
❸ *(partie d'un sobriquet)* **Monsieur environnement/qualité de la vie** der Mann für Umweltfragen/Fragen der Lebensqualität; **Monsieur Météo** der Wetterfrosch; **Monsieur Tout-le-monde** Herr *m* Jedermann, Otto-Normalverbraucher *m*; **~ Untel** Herr So-wieso
❹ *(un homme)* **un ~** ein Herr *m*; **le ~ enfantin** der Mann
❺ *fam (terme affectueux)* **mon bon** [o **pauvre**] **~** mein Guter
monstre [mɔ̃stʀ] **I.** *m* ❶ *(animal fantastique)* Ungeheuer *nt*

❷ *(personne) (laide)* Missgestalt *f*; *(moralement abjecte)* Ekel *nt*; **~ d'égoïsme** widerlicher Egoist; **~ de cruauté** Rohling *m*; **~ sanguinaire** Bluthund *m*
❸ *(construction laide)* Ungetüm *nt*, Monstrum *nt*
❹ BIO, ZOOL Missgeburt *f*
▶ **~ sacré** CINE, THEAT Größe *f* aus der Welt des Films/Theaters
II. *adj fam* wahnsinnig *(fam)*; **activité ~** Riesenbetrieb *m (fam)*; **travail ~** Wahnsinnsarbeit *f (fam)*
monstrueusement [mɔ̃stʀyøzmɑ̃] *adv* ❶ *antéposé (prodigieusement)* unheimlich
❷ *(ignoblement)* widerwärtig, abscheulich
monstrueux, -euse [mɔ̃stʀyø, -øz] *adj* ❶ *(difforme)* missgestaltet
❷ *(colossal)* riesig
❸ *(ignoble)* ungeheuer[lich]; *crime* abscheulich; *égoïsme, orgueil, méchanceté, cruauté* unerhört
monstruosité [mɔ̃stʀyozite] *f* ❶ *(caractère ignoble) des intentions* Schändlichkeit *f*; *d'un crime* Abscheulichkeit *f*; *d'un acte, comportement, de propos, paroles* Ungeheuerlichkeit *f*; *d'une guerre* Gräuel *Pl*
❷ MED Missbildung *f*
mont [mɔ̃] *m* ❶ GEOG Berg *m*; **le ~ Sinaï** der [Berg] Sinai; **le ~ Cervin** das Matterhorn; **le ~ Blanc** der Montblanc; **les ~s d'Auvergne** die Berge der Auvergne
❷ *littér (montagne)* Berg *m*
▶ **promettre ~s et merveilles** das Blaue vom Himmel versprechen; **être toujours par ~s et par vaux** ständig auf Achse sein *(fam)*
◆ **~ des Oliviers** Ölberg *m*; **~ de Vénus** ANAT Venusberg *m*, Venushügel *m*
montage [mɔ̃taʒ] *m* ❶ *(assemblage) d'un appareil* Montage *f*; *d'un bijou* Fassung *f*; *d'une pièce de vêtement* Annähen *nt*; *d'une tente* Aufstellen *nt*
❷ *(travail de montage)* Montagearbeit *f*
❸ AUDIOV, THEAT, TYP Montage *f*; *d'une maquette* Bauen *nt*; *d'une opération, d'un ouvrage* Ausführung *f*; *d'une page* Gestaltung *f*; *d'une pièce de théâtre* Einrichtung *f*; *d'un film* Schnitt *m*; *d'une exposition* Zusammenstellung *f*; **~ financier** Finanzierung *f*
❹ PECHE Rig *nt (Fachspr.)*; **~ de bas de ligne** Angelmontage *f (Fachspr.)*; **~ au cheveu** Haar-Rig *(Fachspr.)*; **~ paternoster** Paternosterangel *f (Fachspr.)*
montagnard(e) [mɔ̃taɲaʀ, aʀd] **I.** *adj peuple* Berg-; **coutume ~e** Brauch *m* der Bergbewohner; **paysage ~** Berglandschaft *f*; **la vie ~e** das Leben in den Bergen
II. *m(f)* Bergbewohner(in) *m(f)*
montagne [mɔ̃taɲ] *f* ❶ *(mont)* Berg *m*; *(région)* Gebirge *nt*; **les ~s das Gebirge**; **~s Rocheuses** Rocky Mountains *Pl*; **en ~** im Gebirge; **excursion en ~** Bergtour *f*; **en haute ~** im Hochgebirge; **habiter la ~** im Gebirge [o in den Bergen] wohnen; **aller à la ~** in die Berge gehen/fahren
❷ *(grande quantité)* **~ de livres/de tartes** Bücher-/Kuchenberg *m*; **~ de dettes** Schuldenberg; **~ de lettres** Berg [o Berge *Pl*] von Briefen; **recevoir des ~s de lettres** bergeweise Post bekommen; **dans la cave, la police a trouvé des ~s de marchandises volées** die Polizei hat in dem Keller bergeweise gestohlene Ware gefunden
▶ **c'est la ~ qui accouche d'une souris** der Berg hat gekreißt und eine Maus geboren; **gros comme une ~** *fam* klar wie Kloßbrühe *(fam)*; **~s russes** Achterbahn *f*; **qn ferait battre des ~s** jd stiftet Unfrieden; **[se] faire une ~ de qc/rien** aus etw ein Drama machen/aus einer Mücke einen Elefanten machen; **soulever des ~s** Berge versetzen
montagneux, -euse [mɔ̃taɲø, -øz] *adj* Berg-, Gebirgs-
montant [mɔ̃tɑ̃] *m* ❶ *a.* FIN, ECON *(somme)* Betrag *m*; **~ brut/net** Brutto-/Nettobetrag; **~ bloqué** Sperrbetrag; **~ ferme** Festbetrag; **~ garanti** Garantiebetrag; **~ maximal** Spitzenbetrag; **~ maximum de la garantie** Haftungsobergrenze *f*; **~ minimum d'un virement** Mindesthöhe *f*; **~ nominal** Nennbetrag, Nominalbetrag; **~ total d'un crédit** Gesamthöhe *f*; **~ total des dommages** Gesamtschaden *m*; **~ total des pensions** Rentenbestand *m*; **~ total de la production** Produktionsaufkommen *nt*; **~ de la comptabilité nationale** Gesamtrechnungsbetrag; **~ d'un prêt** Darlehensbetrag; **~ en espèces** Barbetrag
❷ *(pièce verticale) d'un lit, d'une porte, fenêtre* Pfosten *m*; *d'une échelle* Holm *m*; FBALL Pfosten
◆ **~ de l'acompte** Anzahlungsbetrag *m*; **~ de l'acquisition** Anschaffungsbetrag *m*; **~ de l'amortissement** Abschreibungsbetrag *m*; **~ de base** Grundbetrag *m*; **~ du crédit** Kreditbetrag *m*, Kredithöhe *f*; **diminuer/dépasser le ~ du crédit** den Kreditbetrag kürzen/überschreiten; **~ de la facture** Rechnungsbetrag *m*; **~ de la facture globale** Gesamtrechnungsbetrag; **~ d'ouverture** Eröffnungsbetrag *m*; **~ du remboursement** Erstattungsbetrag *m*; **~ du salaire** Gehaltshöhe *f*; **~ du sinistre** [o **des sinistres**] Scha-

denshöhe *f*

montant(e) [mɔ̃tɑ̃, ɑ̃t] *adj* ❶ *chemin* ansteigend; *colonne* aufsteigend; *mouvement* aufwärts-; MIL dienstnatretend; **marée ~ e** Flut *f*; **la génération/technocratie ~ e** die junge Generation/die jungen Technokraten *Pl*

❷ *(décolleté) corsage, robe* hochgeschlossen; *chaussures* hoch; **col ~** Stehkragen *m*

❸ MUS *phrase musicale* aufsteigend

mont-blanc [mɔ̃blɑ̃] <monts-blancs> *m* GASTR Kastaniencreme mit Sahnehaube

Mont-Carmel [mɔ̃kaʀmɛl] *m* ❶ GEOG **le ~** der [Berg] Karmel

❷ REL **ordre du ~** Karmeliterorden *m*; **église/monastère de l'ordre du ~** Karmeliterkirche *f*/-kloster *nt*

mont-de-piété [mɔ̃d(ə)pjete] <monts-de-piété> *m vieilli* Pfandleihe *f*, Pfandleihanstalt *f*

monte [mɔ̃t] *f* ❶ *(manière de monter un cheval)* Reitweise *f*

❷ ZOOL Decken *nt*; **mener un animal à la ~** ein Tier decken lassen

monté(e) [mɔ̃te] *adj (à cheval)* beritten

▸ **être bien/mal ~(e) en qc** gut/schlecht versorgt mit etw sein; **je suis/nous voilà bien ~(s)!** ich bin/wir sind ganz schön angeschmiert!; **être ~(e) contre qn** nicht gut auf jdn zu sprechen sein

monte-charge [mɔ̃tʃaʀʒ] *m inv* Lastenaufzug *m*

montée [mɔ̃te] *f* ❶ *(fait de croître) des eaux* Ansteigen *nt*, Anstieg *m*; *de la colère* Anwachsen *nt*; *d'un danger* Größerwerden *nt*; *du mécontentement, de l'intolérance, la violence* Zunahme *f*; *de l'islam* wachsende Einflussnahme; *d'un parti* Aufstieg *m*; **~ en puissance** *d'un moteur* Beschleunigung *f*; *d'une idéologie* zunehmende Bedeutung; **la ~ des prix/de la température** der Preis-/Temperaturanstieg, das Ansteigen der Preise/Temperaturen

❷ *(poussée) de la sève* Aufsteigen *nt*

❸ *(côte, pente)* Steigung *f*; **en haut de la ~** auf der Anhöhe

❹ *(action de monter, d'escalader) d'un escalier* Hinaufsteigen *nt*; *(vu d'en haut)* Heraufsteigen *nt*; *d'un ascenseur* Hinauffahren *nt*; *d'un téléférique* Bergfahrt *f*; *(ascension) d'un avion, ballon* Aufstieg *m*

monténégrin(e) [mɔ̃tenegʀɛ̃, in] *adj* montenegrinisch, aus Montenegro

Monténégrin(e) [mɔ̃tenegʀɛ̃, in] *m(f)* Montenegriner(in) *m(f)*
Monténégro [mɔ̃tenegʀo] *m* **le ~** Montenegro
monte-plats [mɔ̃tpla] *m inv* Speiseaufzug *m*

monter [mɔ̃te] <1> **I.** *vi* ❶ **+** *être (grimper)* hinaufsteigen; *(vu d'en haut)* heraufsteigen; *alpiniste:* aufsteigen; *voiture, camion, bus:* herauffahren; **aider qn à ~** jdm hinaufhelfen; **~ péniblement** *personne:* sich hinaufquälen; *voiture, camion, bus:* heraufkriechen; **avoir le droit de ~** heraufdürfen *(fam)*; **~ sur** [*o* **à**] **une échelle** auf eine Leiter steigen; **~ sur la table** auf den Tisch steigen; **~ sur le vélo** aufs Fahrrad steigen, sich aufs Fahrrad setzen; **~ sur le trône** auf den Thron besteigen; **~ à une tribune/en chaire** zum Rednerpult hinaufsteigen/auf die Kanzel steigen; **~ dans sa chambre** in sein Zimmer [*o* auf sein Zimmer] gehen; **~ sur le ring** in den Ring steigen; **~ par l'ascenseur** mit dem Aufzug hinauffahren; *(vu d'en haut)* mit dem Aufzug hochkommen; **~ jusqu'à qc** *eau, pile, bas, robe:* bis etw reichen; **~ à 200 km/h** es auf 200 km/h bringen; **~ à mille mètres d'altitude** auf tausend Meter aufsteigen

❷ *(chevaucher)* **~ à cheval** reiten; **~ à bicyclette/moto** sich auf ein Fahrrad/Motorrad setzen

❸ **+** *être (prendre place dans)* einsteigen in *(+ Akk)*; **~ en bateau** an Bord eines Schiffes gehen; **en montant dans le bus/la voiture** beim Einsteigen in den Bus/das Auto

❹ **+** *être (aller vers le nord)* hochfahren

❺ **+** *être (s'élever) avion, brouillard, flammes:* aufsteigen; *route, chemin:* ansteigen; *soleil:* aufgehen; **la forêt monte jusqu'au sommet** der Wald zieht sich bis zum Gipfel hinauf

❻ **+** *avoir o être (augmenter de niveau) baromètre, mer, niveau:* steigen; *lait:* überkochen; *sève:* aufsteigen; *impatience, mécontentement, colère, bruits:* wachsen; **les larmes lui montent aux yeux** Tränen steigen ihm/ihr in die Augen

❼ **+** *avoir o être (augmenter) actions, croissance, prix:* steigen; *pression:* steigen, zunehmen

❽ **+** *être (passer à l'aigu) ton, voix:* höher werden

❾ **+** *avoir o être (faire une ascension sociale)* aufsteigen; **c'est une étoile qui monte** er/sie ist gerade im Kommen

II. *vt* **+** *avoir* ❶ *(gravir) personne:* hinaufgehen, hinaufsteigen, hochsteigen; *(vu d'en haut)* heraufsteigen, heraufkommen; steigen auf *(+ Akk) échelle, rampe; appareil:* hinaufführen; *(vu d'en haut)* heraufführen

❷ *(porter en haut) (vu d'en bas)* hochbringen, hinaufbringen *courrier, petit déjeuner;* hochtragen, hinauftragen *valise, meuble; (vu d'en haut)* heraufbringen, heraufholen *courrier, petit déjeuner, bagages;* herauftragen *valise, meuble;* **~ qc à qn** *machine:* jdm etw hinauf-/herauftbefördern; **faire ~ qn** nach oben bitten; **~ péniblement un piano au premier étage** ein Klavier in den ersten Stock hochwuchten *(fam)*

❸ GASTR schlagen

❹ *(chevaucher)* reiten

❺ *(couvrir)* besteigen, bespringen

❻ *(augmenter)* anheben *prix;* **faire ~** hinauftreiben *cours;* **~ le son** lauter drehen

❼ *(organiser)* in die Wege leiten *affaire;* gründen *association;* ausführen *opération;* ausarbeiten *projet;* aufführen *pièce de théâtre;* drehen *film;* inszenieren *spectacle*

❽ *(fomenter)* schmieden *complot;* landen *coup;* aushecken *histoire*
❾ TECH *(assembler, installer)* aufstellen *échafaudage, machine, tente;* bauen *maison;* hochziehen *mur;* aufziehen, montieren *pneu;* **~ une pierre sur une bague** einen Stein auf einem Ring einfassen

❿ *(équiper)* **~ qn en bois/ménage** jdn mit Holz/Haushaltsartikeln versorgen [*o* eindecken]

⓫ *(exciter)* **~ le coup à qn** jdn aufbringen

III. *vpr* ❶ *(atteindre)* **se ~ à mille euros** sich auf tausend Euro belaufen

❷ *(se pourvoir en)* **se ~ en bois/ménage** sich mit Holz/Haushaltsartikeln eindecken [*o* versorgen]

monteur, -euse [mɔ̃tœʀ, -øz] *m, f* ❶ TECH Monteur(in) *m(f);* **~ électricien** Elektromonteur; **~ -ajusteur** Monteur; **~ -mécanicien** Maschinenschlosser *m*

❷ CINE Cutter(in) *m(f)*, Schnittmeister(in) *m(f);* TYP [Schrift]setzer(in) *m(f)*

montgolfière [mɔ̃gɔlfjɛʀ] *f* Heißluftballon *m*
monticule [mɔ̃tikyl] *m (colline)* Hügel *m*, Anhöhe *f;* **~ de pierre/de sable** Stein-/Sandhaufen *m;* **~ de terre** Erdhügel
montmorency [mɔ̃mɔʀɑ̃si] *f inv* Sauerkirsche *f*
montrable [mɔ̃tʀabl] *adj* vorzeigbar
montre¹ [mɔ̃tʀ] *f* ❶ Uhr *f;* **~ analogique** Analoguhr; **~ digitale** [*o* **numérique**] Digitaluhr; **~ d'enfant** Kinderuhr

▸ **~ en main** auf die Minute genau
◆ **~ à quartz** Quarzuhr *f*
◆ **~ de précision** Präzisionsuhr *f*

montre² [mɔ̃tʀ] *f* ▸ **faire ~ de qc** *littér* etw zeigen [*o* beweisen]; *(faire étalage)* etw zur Schau stellen

Montréal [mɔ̃ʀeal] Montreal *nt*
montréalais(e) [mɔ̃ʀeale, ɛz] *adj* aus Montreal
Montréalais(e) [mɔ̃ʀeale, ɛz] *m(f)* Einwohner(in) *m(f)* von Montreal

montre-bracelet [mɔ̃tʀabʀaslɛ] <montres-bracelets> *f* Armbanduhr *f*

montrer [mɔ̃tʀe] <1> **I.** *vt* ❶ **~ le copain/l'album à qn** jdm den Kumpel/das Album zeigen; **~ la ville/un appartement à qn** jdm die Stadt/eine Wohnung zeigen; **~ le chemin à qn** jdm den Weg zeigen [*o* weisen]; **~ qn/qc du doigt** mit dem Finger auf jdn/etw zeigen

❷ *(laisser voir)* [vor]zeigen; [vor]zeigen *passeport;* zeigen *déception, joie*

❸ *(exhiber)* vorführen
❹ *(indiquer)* anzeigen *direction;* **~ la sortie** auf den Ausgang zeigen
❺ *(décrire)* zeigen, darstellen; **le tableau montre un paysage nocturne** das Bild zeigt eine nächtliche Landschaft [*o* stellt eine nächtliche Landschaft dar]

❻ *(révéler)* zeigen; **~ la popularité d'un parti** zeigen, wie beliebt eine Partei ist; **~ que c'est exact** zeigen, dass es stimmt; **le film montre la cruauté de la guerre** der Film zeigt die Grausamkeit des Krieges

❼ *(apprendre)* **~ à qn comment on répare un moteur** jdm zeigen, wie man einen Motor repariert; **l'expérience montre que/combien c'est difficile** die Erfahrung zeigt, dass es schwierig ist/wie schwierig es ist

II. *vpr* ❶ *(se faire voir mutuellement)* **se ~ qc** sich *(Dat)* etw zeigen
❷ *(apparaître)* **se ~** sich zeigen, sich sehen lassen; **se ~ en public** sich in der Öffentlichkeit zeigen [*o* sehen lassen]
❸ *(se présenter)* **se ~ à son avantage** sich von seiner guten Seite zeigen; **se ~ à la hauteur de sa tâche** sich seiner Aufgabe gewachsen zeigen
❹ *(se manifester)* **se ~ à l'usage** sich beim Gebrauch zeigen
❺ *(se révéler)* **se ~ généreux/courageux** sich großzügig zeigen/Mut zeigen; **se ~ reconnaissant(e)** sich dankbar zeigen

montreur, -euse [mɔ̃tʀœʀ, -øz] *m, f* ◆ **~(-euse) de marionnettes** Puppenspieler(in) *m(f);* **~(-euse) d'ours** Bärenführer(in) *m(f)*

monture [mɔ̃tyʀ] *f* ❶ Reittier *nt*
❷ OPT Gestell *nt*
❸ *(en orfèvrerie) d'une bague, pierre* Fassung *f;* **~ ajourée** Ajourarbeit *f*

▸ **qui veut voyager loin ménage sa ~** *prov* wer weit reisen will, schont sein Fuhrwerk

monument [mɔnymɑ̃] *m* ❶ *(mémorial)* Denkmal *nt;* **~ national** Nationaldenkmal; **~ funéraire** Grabmal

❷ *(édifice)* Monument *nt*, Kulturdenkmal *nt;* **être classé(e) ~ historique** unter Denkmalschutz stehen; **~ public** öffentliches Bau-

werk
- ③ *fig fam* **être un ~ d'orgueil/de bêtise** ungeheuer stolz/dumm sein
- ④ *soutenu (chef-d'œuvre)* **~ de la littérature** Literaturdenkmal *nt*
- ◆ **~ aux morts** Ehrenmal *nt* für die Toten; *(aux soldats morts pendant la guerre)* Kriegerdenkmal *nt*

monumental(e) [mɔnymɑ̃tal, o] <-aux> *adj* ❶ monumental, gewaltig
- ② *fam (énorme)* erreur gewaltig *(fam)*; orgueil unbändig; **être d'une bêtise ~e** entsetzlich dumm sein

moquer [mɔke] <1> *vpr* ❶ **se ~ de qn/qc** sich über jdn/etw lustig machen, jdn/etw verulken; **se faire ~ de soi** ausgelacht werden
- ② *(ne pas faire cas de)* **l'enfant se moque de qn/qc** dem Kind ist jd/etw gleichgültig; **se ~ du qu'en dira-t-on** sich nicht um das Gerede der Leute kümmern; **il se moque de faire qc** es macht ihm nichts aus etw zu tun; **elle se moque que ce soit trop tard** sie schert sich nicht darum, dass es zu spät ist; **je m'en moque pas mal** das ist mir völlig egal *(fam)*
- ③ *(essayer de tromper)* **se ~ de qn** jdn zum Narren halten

moquerie [mɔkʀi] *f* Spott *m*; **les ~s** Gespött *nt*; **être en butte à la ~ de ses camarades** das Gespött seiner Kameraden sein

moquette [mɔkɛt] *f* Teppichboden *m*

moquetter [mɔkete] <1> *vt* mit Teppichboden auslegen

moqueur, -euse [mɔkœʀ, -øz] **I.** *adj air* spöttisch; **être très ~** sich gerne lustig machen; **être d'humeur moqueuse** zum Spotten aufgelegt sein
II. *m, f* Spötter(in) *m(f)*

moraine [mɔʀɛn] *f* Moräne *f*

moral [mɔʀal, o] <-aux> *m* ❶ Stimmung *f*, Moral *f*; **le ~ de l'armée** die Moral in der Truppe; **le ~ de la population** die Stimmung in der Bevölkerung; **comment va le ~?** wie ist die Stimmung?; **le ~ est bas/bon** die Stimmung ist schlecht/gut
- ② *(vie psychique)* Geisteszustand *m*
- ▶ **avoir un ~ d'acier** eine eiserne Moral haben; **avoir le ~ à zéro** einen seelischen Tiefpunkt haben; **avoir le ~** *(être optimiste)* zuversichtlich sein; **ne pas avoir le ~** niedergeschlagen sein; **garder le ~** zuversichtlich bleiben; **remonter le ~ à qn** jdm wieder Mut machen; **saper le ~ à qn** jdm den Mut nehmen

moral(e) [mɔʀal, o] <-aux> *adj* ❶ *(qui concerne les mœurs)* moralisch
- ② *(relatif à l'esprit)* seelisch; *force* innere(r, s)
- ③ *(éthique)* moralisch; *problème* ethisch
- ④ JUR *dommage* immateriell

morale [mɔʀal] *f* ❶ Moral *f*
- ② PHILOS *(éthique)* Morallehre *f*
- ▶ **faire la ~ à qn** jdm eine Moralpredigt halten

moralement [mɔʀalmɑ̃] *adv* ❶ *(sur le plan spirituel)* seelisch, innerlich
- ② *(relatif, conformément à la morale)* moralisch; *agir, se conduire* moralisch einwandfrei

moralisateur, -trice [mɔʀalizatœʀ, -tʀis] **I.** *adj enseignement, influence* moralisch; *histoire, récit* erbaulich; *personne, ton, discours* moralisierend
II. *m, f* Moralprediger(in) *m(f)*

moralisation [mɔʀalizasjɔ̃] *f* **~ de la vie publique** Stärkung *f* der öffentlichen Moral

moraliser [mɔʀalize] <1> **I.** *vi* moralisieren
II. *vt* moralisch rechtfertigen

moralisme [mɔʀalism] *m* Moralismus *m*

moraliste [mɔʀalist] **I.** *adj personne* moralisierend; *attitude* moralistisch
II. *mf* Moralist(in) *m(f)*

moralité [mɔʀalite] *f* ❶ moralische Gesinnung; **d'une haute ~** von einwandfreier Moral; **sans ~** ohne jede Moral; **certificat de ~** Leumundszeugnis *nt*
- ② *(valeur morale)* moralischer Wert
- ③ *(leçon)* Moral *f*

moratoire [mɔʀatwaʀ] **I.** *adj intérêts* **~s** Verzugszinsen *Pl*
II. *m* Zahlungsaufschub *m*, Moratorium *nt (Fachspr.)*

morbide [mɔʀbid] *adj* ❶ *(malsain) idée, goût, littérature* morbid; *curiosité, imagination* krankhaft
- ② MED *état* krankhaft

morbidité [mɔʀbidite] *f* ❶ Krankhaftigkeit *f*; *d'un film* Perversität *f*
- ② MED Morbidität *f*

morbleu [mɔʀblø] *interj euph vieilli* ~! Herrgottssakrament!

morceau [mɔʀso] <x> *m* ❶ Stück *nt*; **gros ~** Trumm *nt* (DIAL); **sucre en ~x** Würfelzucker *m*; **être brisé(e) en mille ~x** in tausend Stücke zersprungen sein; **éclater en ~x** in Stücke gehen; **couper qc en ~x** etw in Stücke schneiden; **~ qui reste** Reststück; **mettre un livre en ~x** ein Buch zerreißen; **par petits ~x** brockenweise, bröckchenweise; **~ par ~** Stück für Stück
- ② *(viande)* **bas ~x** Stücke minderer Qualität; **bons** [*o* **fins**] **~x** Leckerbissen *Pl*
- ③ MUS Stück *nt*; **~ pour piano** Klavierstück
- ④ LITTER Stück *nt*, Abschnitt *m*; **~x choisis** ausgewählte Texte
- ▶ **cracher** [*o* **lâcher**] **le ~** *fam* auspacken *(fam)*; **qn se ferait couper en ~x pour un ami** jd würde sich für einen Freund in Stücke reißen lassen; **qn se ferait couper en ~x plutôt que de faire qc** jd würde sich lieber vierteilen lassen als etw zu tun; **manger** [*o* **prendre**] **un ~** einen Happen essen; **recoller les ~x** die Scherben wieder zusammenkitten
- ◆ **~ de bravoure** Bravourstück *nt*, Glanzstück; **~ de choix** erstklassiges Stück; **~ de roi** Leckerbissen *m*

morceler [mɔʀsəle] <3> **I.** *vt* zerstückeln; aufteilen *terrain, héritage*
II. *vpr* **se ~** *propriété, terrain:* sich aufteilen lassen

morcellement [mɔʀsɛlmɑ̃] *m* ❶ *de terres, d'un terrain* Aufteilung *f*, Zerstückelung *f*
- ② *(dispersion)* Zersplitterung *f*
- ③ HIST **du/d'un territoire en petits États** Kleinstaaterei *f*

mordant [mɔʀdɑ̃] *m* ❶ *d'une scie, d'un couteau* Schärfe *f*
- ② *(piquant) d'un style, d'une réplique* Lebendigkeit *f*
- ③ *(fougue, énergie) d'une personne, équipe* Schneid *m*
- ④ CHIM Ätzmittel *nt*
- ▶ **avoir du ~** *personne:* Schwung haben; *œuvre, livre:* spritzig sein

mordant(e) [mɔʀdɑ̃, ɑ̃t] *adj* ❶ beißend; *personne, trait d'esprit* bissig; *ton, voix* schneidend; *vent* scharf
- ② *(qui entame) acide* ätzend; *lime* scharf
- ③ CHASSE *bête* **~e** Beißer *m*

mordicus [mɔʀdikys] *adv fam* hartnäckig

mordillement [mɔʀdijmɑ̃] *m* Herumnagen *nt*, Herumknabbern *nt*

mordiller [mɔʀdije] <1> *vt* **~ qc** an etw *(Dat)* knabbern, auf etw *(Dat)* [herum]beißen; **~ son crayon** an seinem Bleistift kauen

mordoré(e) [mɔʀdɔʀe] *adj* goldbraun

mordre [mɔʀdʀ] <14> **I.** *vi* ❶ beißen
- ② *(se laisser prendre)* anbeißen; **~ à l'appât** *poisson:* anbeißen; *fig* sich ködern lassen
- ③ *(prendre goût)* **~ à qc** an etw *(Dat)* Gefallen finden
- ④ *(saisir avec les dents)* **~ dans qc** in etw *(Akk)* [hinein]beißen
- ⑤ *(pénétrer)* **~ dans qc** sich in etw *(Akk)* bohren
- ⑥ *(empiéter)* **~ sur qc** auf etw *(Akk)* übergreifen; **la voiture mord sur la ligne continue** das Auto fährt über die weiße Linie
- ⑦ *(engrener)* **le pignon mord** das Ritzel greift
II. *vt* ❶ beißen; **~ qn à l'oreille/la jambe** jdm/jdn ins Ohr/Bein beißen; **~ le doigt de qn** jdm/jdn in den Finger beißen; **~ un poulet à mort** *renard:* ein Huhn totbeißen
- ② *(entamer)* **~ la surface** *acide:* die Oberfläche zerfressen
- ③ *(s'enfoncer dans)* **la vis mord le mur** die Schraube bohrt sich in die Wand; **la lime mord le métal** die Feile frisst sich in das Metall
- ④ *(piquer)* **le froid/vent mord la peau** die Kälte/der Wind schneidet in die Haut
- ⑤ *(empiéter sur)* **le joueur a mordu la démarcation** der Spieler hat die Linie übertreten; **le ballon a mordu la bordure** der Ball hat den Rand berührt
III. *vpr se* **~** sich beißen; **se ~ la langue/les joues** sich *(Dat)* auf die Zunge/in die Wange beißen

mordu(e) [mɔʀdy] **I.** *part passé de* **mordre**
II. *adj* ❶ *(amoureux)* **être ~** bis über die [*o* beide] Ohren verliebt sein
- ② *fam (passionné)* **être ~ de qc** von etw begeistert sein
- **III.** *m(f) fam* **~(e) de musique/de sport** Musik-/Sportfan *m*; **~(e) d'ordinateur** Computerfreak *m*

moresque [mɔʀɛsk] *adj architecture, palais* maurisch

morfal(e) [mɔʀfal] <s> **I.** *adj fam* gefräßig
II. *m(f) fam* Vielfraß *m (fam)*

morfondre [mɔʀfɔ̃dʀ] <14> *vpr* **se ~** ❶ vor Langeweile vergehen
- ② *(languir)* Trübsal blasen; **être morfondu(e)** bedrückt sein

morfondu(e) [mɔʀfɔ̃dy] **I.** *part passé de* **morfondre**
II. *adj air* bedrückt

morgue[1] [mɔʀg] *f littér (attitude)* Überheblichkeit *f*, Dünkel *m*; **répondre avec ~** herablassend antworten

morgue[2] [mɔʀg] *f* ❶ *(institut médico-légal)* Leichenschauhaus *nt*
- ② *(salle d'hôpital)* Leichenkammer *f*

moribond(e) [mɔʀibɔ̃, ɔ̃d] **I.** *adj* **être ~** dem Tod nahe sein; *(agonisant)* im Sterben liegen
II. *m(f)* Sterbende(r) *f(m)*

moricaud(e) [mɔʀiko, od] **I.** *adj fam* dunkelhäutig
II. *m(f) péj* Schwarze(r) *f(m)*, Dunkelhäutige(r) *f(m)*

morigéner [mɔʀiʒene] <5> *vt* schelten; **se faire ~ par qn** von jdm gescholten [*o* zurechtgewiesen] werden

morille [mɔʀij] *f* Morchel *f*

mormon(e) [mɔʀmɔ̃, ɔn] *adj* Mormonen-

Mormon(e) [mɔʀmɔ̃, ɔn] *m(f)* Mormone *m*/Mormonin *f*

morne [mɔʀn] *adj* trübselig; *vie, paysage* trist; **regarder qn d'un œil ~** jdn mit trübem Blick ansehen

mornifle [mɔʀnifl] *f arg* Maulschelle *f (fam)*
morose [mɔʀoz] *adj personne, air* verdrießlich; *temps, situation* schlecht; *marché* lustlos, schlecht
morosité [mɔʀozite] *f* ① Verdrossenheit *f*, Katerstimmung *f*; ~ **économique** schlechte Wirtschaftslage
② *littér (caractère morose)* Niedergeschlagenheit *f*
Morphée [mɔʀfe] *m* Morpheus *m*
morphème [mɔʀfɛm] *m* LING Morphem *nt*
morphine [mɔʀfin] *f* Morphium *nt*, Morphin *nt (Fachspr.)*
morphinomane [mɔʀfinɔman] **I.** *adj* morphiumsüchtig
II. *mf* Morphiumsüchtige(r) *f(m)*
morphologie [mɔʀfɔlɔʒi] *f* Morphologie *f*
morphologique [mɔʀfɔlɔʒik] *adj* morphologisch
morphologiquement [mɔʀfɔlɔʒikmɑ̃] *adv* morphologisch
morpion [mɔʀpjɔ̃] *m* ① *fam (pou)* Filzlaus *f*
② JEUX *Schreibspiel auf Rechenpapier*
③ *péj fam (petit garçon)* Lausebengel *m (fam)*
mors [mɔʀ] *m* Kandare *f*
▶ **prendre le ~ aux dents** *cheval*: durchgehen; *personne*: (s'emporter) aufbrausen; *(s'y mettre avec énergie)* sich ins Zeug legen *(fam)*
morse[1] [mɔʀs] *m* ZOOL Walross *nt*
morse[2] [mɔʀs] **I.** *m* Morsezeichen *Pl*; **envoyer un message en ~** eine Nachricht morsen
II. *adj* **l'alphabet ~** das Morsealphabet
morsure [mɔʀsyʀ] *f* ① *(action de mordre)* Biss *m*
② *(plaie)* Bisswunde *f*; *d'un insecte* Stich *m*
③ *(effet nuisible)* **la ~ du gel** der beißende Frost
mort [mɔʀ] *f* ① Tod *m*; ~ **par accident** Tod durch Unfall; ~ **par faute non-intentionnelle** Tod durch Fahrlässigkeit; ~ **par irradiation** Strahlentod; ~ **cérébrale** [Ge]hirntod; **la ~ clinique** der klinische Tod; **condamner qn à [la peine de]** ~ jdn zum Tode verurteilen; **frapper qn à** ~ jdn totschlagen; **attraper la** ~ *fam* sich *(Dat)* den Tod holen; **se donner la** ~ sich umbringen; **frôler [*o* risquer] la** ~ knapp dem Tod entgehen; **être blessé(e) à** ~ tödlich verletzt sein; **jusqu'à ce que** ~ **s'ensuive** bis der Tod eintritt; **trouver la** ~ **dans qc** bei etw den Tod finden; ~ **au tyran!** Tod dem Tyrannen!; **à** ~ **à** ~ **!** bringt ihn/sie um!; **à** ~ **l'arbitre!** nieder mit dem Schiedsrichter!; **à** ~ **la sorcière!** Tod der Hexe!
② *(personnification)* **la Mort** der Tod
③ *(destruction)* Ende *nt*, Untergang *m*; **qc signifie la ~ d'une branche d'activité** etw wird zum Branchenkiller *(fam)*
▶ **faire qc la** ~ **dans l'âme** etw schweren Herzens tun; **la blanche** der weiße Tod; **être fâché(e) à** ~ **avec qn** mit jdm völlig zerstritten sein; **s'ennuyer à** ~ sich tödlich langweilen; **freiner à** ~ scharf bremsen; **en vouloir à** ~ **à qn** jdn auf den Tod hassen
mort(e) [mɔʀ, mɔʀt] **I.** *part passé de* **mourir**
II. *adj* ① *personne* tot
② *fam (épuisé)* **être ~ [total]** erledigt sein *(fam)*; **être ~ de fatigue** todmüde sein
③ *(avec un fort sentiment de)* **être ~ de honte/peur** vor Scham/Angst [fast] sterben
④ BIO *branche, arbre* tot; *feuilles* welk; *tissu, cellule* abgestorben
⑤ *(éteint) yeux, regard* tot; *feu* erloschen
⑥ *(sans animation)* wie ausgestorben; *saison* still
⑦ *(qui n'existe plus) langue* tot; *civilisation* ausgestorben; *amours* vergangen; **le passé est ~/l'amitié est ~e** die Vergangenheit/Freundschaft ist [aus und] vorbei
⑧ *(hors d'usage) piles* leer; **le moteur est ~** der Motor hat ausgedient
▶ **être ~(e) et enterré(e)** tot und begraben sein; ~ **ou vif/~e ou vive** tot oder lebendig; **être laissé(e) pour ~(e)** vermisst werden; **tomber raide ~(e)** auf der Stelle tot umfallen
III. *m(f)* ① Tote(r) *f(m)*; ~ **par irradiation** Strahlentote(r) *f(m)*; **les ~s de la guerre** die Gefallenen
② *(dépouille)* Leiche *f*
▶ **être un ~ en sursis** dem sicheren Tod entgegengehen; **être un ~ vivant** eine wandelnde Leiche sein; **être blanc comme un ~/blanche comme une ~e** leichenblass sein; **faire le ~** *(comme si on était mort)* sich tot stellen; *(ne pas réagir, ne pas répondre)* nichts von sich hören lassen
mortadelle [mɔʀtadɛl] *f* Mortadella *f*
mortaise [mɔʀtɛz] *f* ① *(en menuiserie)* Zapfenloch *nt*
② *(en serrurerie)* Steckschlossöffnung *f*
mortalité [mɔʀtalite] *f* Sterblichkeit *f*; **le taux de ~** die Sterblichkeitsrate
mort-aux-rats [mɔʀoʀa] *f inv* Rattengift *nt*
morte-eau [mɔʀto] <mortes-eaux> *f* Nippflut *f*
mortel(le) [mɔʀtɛl] **I.** *adj* ① *(sujet à la mort)* sterblich
② *(causant la mort)* tödlich
③ *(extrême) frayeur, haine, jalousie* tödlich; *pâleur* Leichen-; *froid, chaleur* mörderisch; *ennemi* Tod-
④ *fam (ennuyeux)* sterbenslangweilig

⑤ *(pénible) silence* eisig; *attente* qualvoll
⑥ REL **péché ~** Todsünde *f*
II. *m(f) souvent pl* Sterbliche(r) *f(m)*; **heureux ~/heureuse ~le** *fam* glückliche(r) Sterbliche(r) *f(m)*
mortellement [mɔʀtɛlmɑ̃] *adv* ① tödlich
② *(extrêmement) vexé* tödlich; ~ **ennuyeux(-euse)** sterbenslangweilig
morte-saison [mɔʀt(ə)sɛzɔ̃] <mortes-saisons> *f* Nebensaison *f*
mortier [mɔʀtje] *m* ① CONSTR Mörtel *m*
② GASTR, PHARM Mörser *m*
③ MIL Mörser *m*; *(obusier)* Granatwerfer *m*, Mörser *m*
mortifiant(e) [mɔʀtifjɑ̃, jɑ̃t] *adj* ① *(qui châtie le corps)* strafend
② *(humiliant)* demütigend
mortification [mɔʀtifikasjɔ̃] *f* ① Kränkung *f*
② *(pénitence)* Kasteiung *f*
mortifier [mɔʀtifje] <1a> *vt* kränken; **être mortifié(e)** *(humilié)* gedemütigt sein, sich gekränkt fühlen; *(puni)* gestraft sein
mortinatalité [mɔʀtinatalite] *f* Zahl *f* der Totgeburten
mort-né(e) [mɔʀne] <mort-nés> **I.** *adj enfant* tot geboren; *projet, entreprise* aussichtslos
II. *m(f)* Totgeburt *f*
mortuaire [mɔʀtɥɛʀ] **I.** *adj rites, cérémonie* Trauer-; *chambre, registre, habits* Sterbe-; *chapelle* Friedhofs-; *messe* Toten-; **couronne ~** [Grab]kranz *m*; **salon ~** CAN Bestattungsinstitut *nt*
II. *f* BELG *(maison du défunt)* Haus *nt* des Verstorbenen
morue [mɔʀy] *f* ① *séchée* Stockfisch *m*; ~ **fraîche** Kabeljau *m*; ~ **fumée** Haddock *m*; **huile de foie de ~** Lebertran *m*
② *vulg (prostituée)* Nutte *f (pej sl)*
morutier [mɔʀytje] *m* ① *(pêcheur)* Kabeljaufischer *m*
② *(bateau-usine)* Kabeljaufänger *m*
morutier, -ière [mɔʀytje, -jɛʀ] *adj* **industrie morutière** Kabeljau verarbeitende Industrie; **port ~** Fischereihafen *m* für Kabeljau
morve [mɔʀv] *f* Nasenschleim *m*, Rotz *m (vulg)*
morveux, -euse [mɔʀvø, -øz] **I.** *adj nez* laufend; *enfant* rotznäsig *(pej vulg)*
II. *m, f péj fam* Rotznase *f (pej vulg)*
mosaïque [mɔzaik] *f* ① *(image)* Mosaik *nt*
② *fig* ~ **de peuples** Völkergemisch *nt*
mosaïsme [mɔzaism] *m* REL Judentum *nt*
Moscou [mɔsku] Moskau *nt*
moscovite [mɔskɔvit] *adj* Moskauer, moskauisch
Moscovite [mɔskɔvit] *mf* Moskauer(in) *m(f)*
Moselle [mozɛl] *f* **la ~** die Mosel
mosquée [mɔske] *f* Moschee *f*
mot [mo] *m* ① Wort *nt*; ~ **étranger** Fremdwort; ~ **composé** zusammengesetztes Wort, Kompositum *nt (Fachspr.)*
② *(moyen d'expression)* Wort *nt*; **les ~s me manquent** mir fehlen die Worte; **chercher ses ~s** nach Worten suchen; **c'est le ~ juste** das ist der passende Ausdruck; **à [o sur] ces ~s** auf diese Worte hin, bei diesen Worten; ~ **pour ~** Wort für Wort
③ *(message)* **un ~** ein paar Worte *[o* Zeilen] *Pl*; **un ~ d'excuse** eine Entschuldigung; **un ~ de félicitations** ein Glückwunsch; **laisser un ~ à qn** jdm eine Nachricht hinterlassen
④ *(parole mémorable)* Wort *nt*, Ausspruch *m*; **les ~s de qn** jds Worte *Pl*
⑤ JEUX **faire des ~s croisés/fléchés** Kreuzworträtsel lösen
▶ **le fin ~ de l'affaire/de l'histoire** der wahre Sachverhalt der Affäre/Geschichte; **qn a un ~ sur le bout de la langue** jdm liegt ein Wort auf der Zunge; **au bas ~** mindestens; **bon ~** Bonmot *nt*; **à ~s couverts** durch die Blume; **à demi ~** ohne viel Worte; **nous nous comprenons à demi ~** wir verstehen uns ohne viel Worte; **avoir le dernier ~** das letzte Wort haben; **c'est mon dernier ~** das ist mein letztes Wort; **je n'ai pas encore dit mon dernier ~** das letzte Wort ist noch nicht gesprochen; **aller dire deux ~s à qn** mit jdm ein Wörtchen zu reden haben; **expliquer/raconter qc en deux ~s** etw mit wenigen Worter. erklären/erzählen; **bref, en deux ~s** kurz gesagt, mit einem Wort; **c'est un bien grand ~** das ist ein übertriebener Ausdruck; **gros ~** Kraftausdruck *m*; **pas un traître ~** kein Sterbenswörtchen; **ne pas comprendre un traître ~ de qc** nicht die Bohne von etw verstehen *(fam)*; **n'avoir qu'un ~ à dire** nur ein Wort zu sagen brauchen; **avoir son ~ à dire** [auch noch] ein Wörtchen mitzureden haben; **qui ne dit ~ consent** *prov* schweigen heißt zustimmen; **sans ~ dire** wortlos; **se donner [*o* passer] le ~** sich absprechen; **avoir des ~s avec qn** *fam* einen Wortwechsel mit jdm haben; **en jouant sur les ~s** haarspalterisch *(pej)*; **ne pas mâcher ses ~s** kein Blatt vor den Mund nehmen; **ne pas en penser un [*o* le premier] ~** es nicht ernst meinen; **peser ses ~s** seine Worte wägen; **ne pas piper [un] ~** keinen Ton *[o* Pieps *fam]* sagen; **placer un ~** zu Wort kommen; **prendre qn au ~** jdn beim Wort nehmen; **avoir toujours le ~ pour rire** immer zum Scherzen aufgelegt sein; **je lui en toucherai un ~ [*o* deux ~s]** ich werde ihn darauf ansprechen; **à ~** wortwörtlich; **c'est du ~ à ~** das ist eine wörtliche Übersetzung; **tra-**

duire qc ~ à ~ etw wörtlich übersetzen; **en un ~** [**comme en cent**] mit einem Wort, kurz gesagt
◆ ~ **d'entrée** Stichwort *nt;* ~ **d'ordre** Parole *f;* **d'ordre de grève** Streikaufruf *m;* ~ **de passe** INFORM Passwort *nt,* Kennwort *nt;* ~ **de passe pour le démarrage** Boot-Passwort; ~ **de passe de messagerie** Mail-Passwort
motard(e) [mɔtaʀ] *m(f) fam (motocycliste)* Motorradfahrer(in) *m(f); (policier)* motorisierter Polizist/motorisierte Polizistin
mot-clé [mokle] <mots-clés> *m (code)* Schlüsselwort *nt; (dans un dictionnaire)* Stichwort *nt*
motel [mɔtɛl] *m* Motel *nt*
motet [mɔte] *m* MUS *de Bach* Motette *f*
moteur [mɔtœʀ] **I.** *m* ❶ Motor *m; d'un véhicule* [Fahrzeug]motor; *d'un avion* Flug[zeug]motor; ~ [**à**] **essence** Benzinmotor; ~ **diesel** Dieselmotor; ~ **à gaz** Gasmotor; ~ **à carburateur** Vergasermotor; ~ **à injection/à explosion** Einspritz-/Explosionsmotor; ~ [**à**] **quatre-temps** Viertaktmotor, Viertakter *m (fam);* ~ [**à**] **quatre cylindres** Vierzylindermotor, Vierzylinder *m (fam);* ~ **en ligne** [*o* à **cylindres en ligne**] Reihenmotor; ~ **à réaction** Triebwerk *nt;* **bateau à** ~ **à réaction** düsengetriebenes Schnellboot; ~ **en V** V-Motor; ~ **aspiré** Saugmotor; ~ **universel** ELEC Universalmotor
❷ *(cause)* ~ **de l'activité économique** Konjunkturmotor *m;* ~ **de la croissance** Wachstumsmotor; **être le** ~ **de qc** *cor.sommation, concurrence:* der Antrieb für etw sein; *personne:* die treibende Kraft für etw sein
II. *app* **frein** ~ Motorbremse *f*
◆ ~ **de recherche** INFORM Suchmaschine *f*
moteur, -trice [mɔtœʀ, -tʀis] *adj muscle, nerf* motorisch, Bewegungs-; *force, roue* Antriebs-
moteur-fusée [mɔtœʀfyze] <moteurs-fusées> *m* Raketenmotor *m*
motif [mɔtif] *m* ❶ *a.* JUR [Beweg]grund *m;* ~ **de l'exclusion** Ausschließungsgrund; **pour** ~ **économique** *licenciement* betriebsbedingt
❷ *pl (dans un jugement)* Urteilsbegründung *f*
❸ *(ornement)* Motiv *nt,* Muster *nt;* ~ **de fleurs** Blumenmuster; ~ **à petites fleurs** Millefleurs *nt (Fachspr.);* ~ **du/d'un tapis** Teppichmuster
❹ *(modèle)* Motiv *nt,* Vorlage *f*
◆ ~ **d'appel** Berufungsgrund *m;* ~ **de la décision** Entscheidungsgrund *m;* ~ **de désistement** Rücktrittsgrund *m;* ~ **de dispense** Befreiungsgrund *m;* ~ **d'extinction** Erlöschensgrund *m;* ~ **de justification** JUR Rechtfertigungsgrund *m;* ~ **de licenciement** Entlassungsgrund *m;* ~ **de l'opposition** Einspruchsbegründung *f;* ~ **de reprise** Rücknahmegrund *m;* ~ **de résiliation** Rücktrittsgrund *m;* ~ **de retrait** Rücknahmegrund *m*
motilité [mɔtilite] *f* MED Motilität *f (Fachspr.)*
motion [mosjɔ̃] *f* Antrag *m*
◆ ~ **de censure** Misstrauensantrag *m*
motivant(e) [mɔtivɑ̃, ɑ̃t] *adj* motivierend; *atmosphère, climat* leistungsfördernd
motivation [mɔtivasjɔ̃] *f* ❶ Motivation *f;* ~ **de qc** Grund *m* für etw; ~ **de la demande** Klagebegründung *f*
❷ ECON **lettre de** ~ Bewerbungsschreiben *nt;* **recherche de** ~ Motivforschung *f*
motivé(e) [mɔtive] *adj* ❶ *(justifié)* begründet; **absence non** ~**e** unentschuldigtes Fehlen
❷ *(stimulé) personne* motiviert
motiver [mɔtive] <1> *vt* ❶ begründen; ~ **la prétention** den Klageanspruch begründen
❷ *(servir de motif)* die Ursache sein für
❸ *(stimuler)* motivieren; ~ **qn à faire qc** jdn dazu motivieren etw zu tun; **être motivé(e) par qc** durch etw motiviert sein
moto [moto] *f abr de* **motocyclette** Motorrad *nt,* Maschine *f;* ~ **de compétition** Rennmaschine; **faire de la** ~ biken
motocross, moto-cross [motokʀɔs] *m inv* Moto-Cross *nt*
motoculteur [motokyltœʀ] *m* Gartenfräse *f*
motocycle [motosikl] *m* Kraftrad *nt*
motocyclette [motosiklɛt] *f vieilli* Motorrad *nt*
motocyclisme [motosiklism] *m* Motorradsport *m*
motocycliste [motosiklist] **I.** *adj* Motorrad-
II. *mf* Motorradfahrer(in) *m(f)*
motonautisme [motonotism] *m* Motorbootsport *m*
motoneige [motonɛʒ] *f* Motorschlitten *m,* Schneemobil *nt*
motorisation [motoʀizasjɔ̃] *f* Motorisierung *f*
motorisé(e) [motoʀize] *adj* motorisiert; **véhicule/engin** ~ Motorfahrzeug *nt;* **avion** ~ Motorflugzeug *nt*
motoriser [motoʀize] <1> *vt* ❶ motorisieren
❷ *fam (avoir une voiture)* **être motorisé(e)** motorisiert sein *(fam)*
motrice [mɔtʀis] *f* Triebwagen *m,* Motorwagen
motricité [mɔtʀisite] *f* PHYSIOL Bewegungsmotorik *f; (réflexes)* Reflexbewegungen *Pl*
mots-croisiste [mokʀwazist] <mots-croisistes> *mf* Kreuzworträtselfan *m*
motte [mɔt] *f de beurre* Klumpen *m; de gazon* Sode *f;* ~ **de terre** Erdscholle *f*
motus [mɔtys] *interj vieilli* ▶ ~ [**et bouche cousue!**] Mund halten und nichts verraten!
mot-valise [movaliz] <mots-valises> *m* Kofferwort *nt (aus mehreren Wortteilen verschmolzenes Wort)*
mou¹ [mu] *m* Lunge *f (als Teil der Innereien),* Beuschel *nt (A)*
▶ **rentrer dans le** ~ **à qn** *fam* über jdn herfallen
mou² [mu] *m* ❶ *fam (personne)* Weichling *m*
❷ *(qualité)* Weiche(s) *nt*
▶ **avoir du** ~ locker sein; **donner du** ~ lockern
mou, mol, molle [mu, mo, mɔl] **I.** *adj* ❶ weich; *beurre* streichfähig; *neige* nass; *ressort* ausgeleiert; **chapeau** ~ Schlapphut *m*
❷ *(flasque)* schlaff
❸ *(amorphe, faible) personne, geste* schlaff; *résistance, protestations* schwach, pflaumenweich *(pej fam)*
❹ *(sourd) bruit* dumpf
❺ METEO schwül, drückend
II. *adv* **jouer** lahm, kraftlos; *dessiner* nicht energisch
mouais [mwɛ] *interj fam* mhm *(fam),* hm *(fam)*
mouchard [muʃaʀ] *m* ❶ *(rapporteur)* Petzer *m (fam)*
❷ *péj (indicatrice de police)* Spitzel *m*
❸ *(appareil)* elektronisches Aufzeichnungsgerät; *d'un avion* Flugschreiber *m*
mouchardage [muʃaʀdaʒ] *m péj fam* Verpetzen *nt (fam)*
moucharde [muʃaʀd] *f* ❶ *(rapporteuse)* Petze *f (fam)*
❷ *péj (indicatrice de police)* Spitzel *m*
moucharder [muʃaʀde] <1> **I.** *vt fam* petzen
II. *vt fam* verpetzen; *(à la police)* verpfeifen *(fam)*
mouche [muʃ] *f* ❶ *(insecte)* Fliege *f*
❷ PECHE Fliege *f;* ~ **artificielle** Kunstfliege, künstliche Fliege; ~ **noyée/sèche** Nass-/Trockenfliege
❸ *(centre) d'une cible* Schwarze(s) *nt*
❹ *(en cosmétique)* Schönheitspflästerchen *nt,* Mouche *f (geh)*
❺ SPORT Spitze *f*
▶ **on ne prend** [*o* **attrape**] **pas les** ~**s avec du vinaigre** mit Speck fängt man Mäuse *(prov);* **être une fine** ~ pfiffig sein *(fam);* **enculer les** ~**s** *fam* Haarspalterei betreiben; **faire** ~ ins Schwarze treffen; **gober les** ~**s** *fam* Löcher in die Luft gucken *(fam);* **tomber** [*o* **mourir**] **comme des** ~**s** wie die Fliegen umfallen [*o* sterben]; **quelle** ~ **le/la pique?, quelle** ~ **l'a piqué(e)?** was ist in ihn/sie gefahren?; **prendre la** ~ einschnappen *(fam)*
◆ ~ **du vinaigre** Essigfliege *f*
moucher [muʃe] <1> **I.** *vt* ❶ ~ **son nez** sich schnäuzen, sich *(Dat)* die Nase putzen; ~ [**le nez à**] **qn** jdm die Nase putzen
❷ *fam (rembarrer)* zusammenstauchen *(fam)*
❸ *(raccourcir la mèche)* ~ **une chandelle** den Docht einer Kerze kürzen
II. *vpr* **se** ~ [**le nez**] sich schneuzen, sich *(Dat)* die Nase putzen
moucheron [muʃʀɔ̃] *m* ❶ ZOOL *(kleine)* Mücke
❷ *fam (petit enfant)* Knirps *m (fam),* Steppke *m (fam)*
moucheté(e) [muʃte] *adj animal, pelage* gesprenkelt; *poisson* gefleckt; *tissu* getupft; *laine* meliert
moucheter [muʃ(ə)te] <1> *vt* ❶ *(parsemer de taches)* sprenkeln, tüpfeln
❷ SPORT mit einem Spitzenknopf versehen *fleuret*
mouchetis [muʃ(ə)ti] *m* CONSTR *mit der Bürste aufgetragener körniger Putz*
moucheture [muʃtyʀ] *f* ZOOL Sprenkelung *f,* Flecken *Pl*
mouchoir [muʃwaʀ] *m* Taschentuch *nt*
▶ **arriver** [*o* **se tenir**] **dans un** ~ knapp hintereinander durchs Ziel gehen
◆ ~ **en papier** Papiertaschentuch *nt;* ~ **de poche** Taschentuch *nt;* ~ **en tissu** Stofftaschentuch *nt*
moudjahidin [mudʒaidin] *mpl* Mudschaheddin *Pl*
moudre [mudʀ] <*irr*> *vt* mahlen
moue [mu] *f* schiefes Gesicht; ~ **boudeuse** Schmollmund *m;* **faire la** ~ **à qc** bei etw ein schiefes Gesicht ziehen; **faire une** ~ **de dégoût** mit Abscheu die Mundwinkel verziehen
mouette [mwɛt] *f* Möwe *f;* ~ **rieuse** Lachmöwe
moufeter [mufte] <1> *vi fam* **qn n'a pas moufeté** jd hat keinen Mucks von sich gegeben *(fam);* **sans** ~ ohne aufzumucken *(fam)*
mouf[f]ette [mufɛt] *f* Stinktier *nt,* Skunk *m*
moufle [mufl] *f* Fausthandschuh *m,* Fäustling *m*
mouflet(te) [muflɛ, ɛt] *m(f) fam* kleines Kind
mouflon [muflɔ̃] *m* Mufflon *m*
moufter *v.* moufeter
mouillage [mujaʒ] *m* ❶ *(action de mouiller)* Anfeuchten *nt*
❷ *(coupage)* Panschen *nt,* Verdünnen *nt*
❸ NAUT *(emplacement)* Ankerplatz *m;* **rester au** ~ weiterhin vor Anker liegen
❹ NAUT *(mise à l'eau) d'un navire* Verankern *nt; d'une mine* Legen *nt;*

le ~ de l'ancre das Ankern

mouillé [muje] *m* nasse Stelle; **le chien sent le ~** der nasse Hund riecht

mouillé(e) [muje] *adj* ❶ *(trempé)* nass; **~ de sueur** schweißnass; **rue/terre ~e [par la pluie]** [regen]feuchte Straße/Erde; **chaussée ~e par la pluie** regennasse Fahrbahn
❷ *(plein d'émotion) voix* bewegt
❸ *(plein de larmes) regard, yeux* [tränen]feucht, tränennass
❹ PHON *l*, *n* mouilliert

mouiller [muje] <1> I. *vt* ❶ nass machen
❷ *(tremper)* durchnässen; **se faire ~** nass werden
❸ GASTR **~ un rôti avec du bouillon** einen Braten mit Brühe begießen
❹ NAUT verankern *navire;* auswerfen *ancre;* legen *mines*
❺ *fam (compromettre)* **~ qn dans qc** jdn in etw *(Akk)* hineinziehen
II. *vi* ❶ vor Anker gehen, ankern
❷ *pop (avoir peur)* [vor Angst] in die Hosen machen *(sl)*
III. *vpr* ❶ **se ~** nass werden; **se ~ les mains** sich *(Dat)* die Hände nass machen
❷ *(se tremper)* **se ~** sich nass machen; **se ~ les jambes** die Beine ins Wasser tauchen
❸ *(s'humecter)* **les yeux se mouillent** die Augen werden feucht
❹ *fam (se compromettre)* **se ~ dans qc** sich in etw *(Akk)* hineinziehen lassen
❺ *fam (s'engager)* **se ~ pour qn/pour faire qc** sich ins Zeug legen für jdn/um etw zu tun *(fam)*

mouillette [mujɛt] *f* Brotschnittchen zum Eintunken

mouilleur [mujœʀ] *m* ❶ *(humecteur) de timbres* Briefmarkenbefeuchter *m*
❷ *(bateau)* **~ de mines** Minenleger *m*

mouise [mwiz] *f fam* Elend *nt*, Misere *f*
▶ **être dans la ~** in der Patsche [*o* Klemme] sitzen *(fam)*

moukère [mukɛʀ] *f vieilli pop* Weib *nt (veraltet)*

moulage [mulaʒ] *m* ❶ *(action de mouler)* Gießen *nt*
❷ *(empreinte, objet)* Abguss *m;* **prendre un ~ de qc** von etw einen Abguss machen; **~ au plâtre** Gipsabguss; **~ en bronze** Bronzeguss

moulant(e) [mulɑ̃, ɑ̃t] *adj* engaliegend

moule[1] [mul] *m* ❶ Form *f*
❷ *(jouet)* **~ [à sable]** Sandförmchen *nt*
❸ GASTR [Kuchen]form *f;* **~ à cake** Kastenform
❹ *(empreinte)* Abdruck *m*
❺ *(modèle)* **être fait(e) sur le même ~** nach demselben Muster gemacht sein
▶ **être coulé(e)** [*o* **fait(e)**] **dans le même ~** aus demselben Holz geschnitzt sein

moule[2] [mul] *f* ❶ ZOOL Miesmuschel *f;* **~s marinières** *Miesmuscheln in Weinsud mit Kräutern gekocht;* **chair de la/de ~** Muschelfleisch *nt*
❷ *fam (nigaud)* Trottel *m (fam)*

mouler [mule] <1> *vt* ❶ formen
❷ *(prendre un moulage de)* **~ un buste** einen Abdruck von einer Büste machen
❸ *(coller à)* **~ les jambes** eng an den Beinen anliegen; **des vêtements qui moulent le corps** eng anliegende Kleidungsstücke
❹ *(adapter)* **~ la coiffure sur la mode** die Frisur nach der Mode ausrichten

mouleur [mulœʀ] *m* TECH Former(in) *m(f)*

moulin [mulɛ̃] *m* Mühle *f*
▶ **être un ~ à paroles** *fam* reden wie ein Wasserfall *(fam);* **se battre contre des ~s à vent** gegen Windmühlen kämpfen; **on entre ici comme dans un ~** hier geht es zu wie in einem Taubenschlag
◆ **~ à café** Kaffeemühle *f;* **~ à légumes** Passiersieb *nt;* **~ à vent** Windmühle *f*

mouliner [muline] <1> *vt* ❶ GASTR passieren
❷ INFORM *fam* verarbeiten
❸ TECH **soie moulinée** mulinierte [*o* gezwirnte] Seide

moulinet [mulinɛ] *m* PECHE Rolle *f;* **~ fixe** Stationärrolle *(Fachspr.);* **~ à tambour fixe** Kapselrolle *(Fachspr.);* **~ à multiplication** [*o* **à action simple**] Multirolle *(Fachspr.)*
▶ **faire des ~s avec qc** etw durch die Luft wirbeln

moulinette® [mulinɛt] *f* Küchenmaschine *f;* **passer à la ~** passieren

moulu(e) [muly] I. *part passé de* **moudre**
II. *adj* ❶ gemahlen; **~ grossièrement** *café* grob gemahlen, grobpulverig
❷ *fam (fourbu)* **être ~ [de fatigue]** wie gerädert sein

moulure [mulyʀ] *f* Zierleiste *f*

moumoute [mumut] *f fam* ❶ falsches Haarteil
❷ *(veste)* Weste *f* aus Schafspelz

mouquère *v.* **moukère**

mourant(e) [muʀɑ̃, ɑ̃t] I. *adj* ❶ *personne* sterbend; **être ~** im Sterben liegen
❷ *(faiblissant)* schwächer werdend; *musique, son* verklingend; *feu, lumière* verlöschend
II. *m(f)* Sterbende(r) *f(m)*

mourir [muʀiʀ] <*irr*> I. *vi* + *être* ❶ *personne, animal:* sterben; *plante:* absterben, eingehen; *fleuve:* umkippen; **~ de qc** *personne:* an etw *(Dat); animal:* an etw *(Dat)* sterben [*o* eingehen]; **~ d'un cancer** an Krebs sterben; **~ de ses blessures** seinen Verletzungen erliegen; **~ de chagrin** vor Kummer sterben; **~ de faim** verhungern; **~ de soif** verdursten; **~ de froid** erfrieren; **~ dans un accident de voiture** bei einem Autounfall ums Leben kommen; **il est mort assassiné/empoisonné** er ist ermordet/vergiftet worden; **elle est morte noyée** sie ist ertrunken; **le chat est mort écrasé par un camion** die Katze ist von einem Lastwagen überfahren worden; **~ subitement** wegsterben *(fam);* **son mari est mort subitement** plötzlich starb ihr der Mann weg *(fam)*
❷ *(venir de mourir)* **être mort(e)** tot sein
❸ *(tuer)* **faire ~** töten; **tu vas faire ~ ta mère de chagrin** du bringst deine Mutter vor lauter Kummer noch ins Grab
❹ *(abandonner à la mort)* **laisser ~ qn** jdn sterben lassen; **laisser ~ une plante/un animal** eine Pflanze/ein Tier eingehen lassen; **se laisser ~** zugrunde gehen
❺ *(disparaître peu à peu) métier, civilisation, langue:* verschwinden; *agriculture, petit commerce:* eingehen; *feu, flamme:* erlöschen; *voix, bruit:* verklingen; **laisser ~ le feu** das Feuer ausgehen lassen
▶ **c'est à ~ de rire** das ist zum Totlachen; **à ~ se sentir malade à ~** sich sterbenskrank [*o* sterbenselend] fühlen; **c'est d'une tristesse à ~** das ist todtraurig; **s'ennuyer à ~** sich tödlich langweilen
II. *vpr littér* **se ~** im Sterben liegen; **se ~ d'amour** vor Liebe vergehen

mouroir [muʀwaʀ] *m péj* Sterbeheim *nt*

mouron [muʀɔ̃] *m* ▶ **se faire du ~** *fam* sich Sorgen machen

mouscaille [muskaj] *f* ▶ **être dans la ~** *fam* in der Tinte *fam* [*o* in der Scheiße *sl*] sitzen

mousquet [muskɛ] *m* Muskete *f*

mousquetaire [muskətɛʀ] *m* Musketier *m*

mousqueton [muskətɔ̃] *m* ❶ *(arme à feu)* Karabiner *m; (ancienne)* Muskete *f*
❷ *(boucle) de parachute, d'alpiniste, d'un foc* Karabinerhaken *m*

moussaillon [musajɔ̃] *m fam* kleiner Schiffsjunge

moussaka [musaka] *f* Moussaka *f (griechische Spezialität aus Hackfleisch und Auberginen)*

moussant(e) [musɑ̃, ɑ̃t] *adj* Schaum-

mousse[1] [mus] *m* Schiffsjunge *m*

mousse[2] [mus] I. *f* ❶ Schaum *m*
❷ BOT Moos *nt*
❸ GASTR Mousse *f*
❹ *(matière)* Schaumstoff *m*
❺ *(en cosmétique)* Schaum *m;* **~ coiffante** [*o* **de coiffage**] Haarschaum
II. *app inv* **vert ~** moosgrün; **caoutchouc ~** Schaumgummi *m*
◆ **~ au chocolat** Mousse au Chocolat *f;* **~ à raser** Rasierschaum *m*

mousseline [muslin] I. *f* Musselin *m;* **une ~** ein Musselinstoff
II. *app inv* **pommes ~** schaumiges Kartoffelpüree; **sauce ~** Sauce hollandaise *f* mit Sahne

mousser [muse] <1> *vi* ❶ schäumen; **faire ~** zum Schäumen bringen
❷ *fam (vanter)* **faire ~ qn/qc** für jdn/etw die Werbetrommel rühren; **se faire ~ auprès de qn** sich bei jdm in ein günstiges Licht setzen

mousseron [musʀɔ̃] *m* Ritterling *m*

mousseux [musø] *m* Schaumwein *m*

mousseux, -euse [musø, -øz] *adj* schäumend

mousson [musɔ̃] *f* Monsun *m*

moussu(e) [musy] *adj* moosbewachsen

moustache [mustaʃ] *f* ❶ *d'un homme* Schnurrbart *m*, Oberlippenbart; **porter la ~** [*o* **des ~s**] einen Schnurrbart tragen
❷ *(duvet de la lèvre supérieure) d'une femme* Damenbart *m*
❸ *pl (poils tactiles) d'un chat* Schnurrhaare *Pl*
❹ *(trace autour des lèvres)* Bart *m*

moustachu [mustaʃy] *m* Mann mit Schnurrbart

moustachu(e) [mustaʃy] *adj homme* schnurrbärtig; *lèvre supérieure* bärtig

moustiquaire [mustikɛʀ] *f* ❶ *(rideau)* Moskitonetz *nt*
❷ *(à la fenêtre)* Fliegenfenster *nt*
❸ *(à la porte)* Fliegengitter *nt*

moustique [mustik] *m* ❶ ZOOL Stechmücke *f*
❷ *(sous les tropiques)* Moskito *m*
❸ *péj (enfant)* Knirps *m; (personne malingre)* Würmchen *nt*

moût [mu] *m du vin* Most *m*, Sauser *m (*CH*); de la bière* Würze *f*

moutard [mutaʀ] *m fam* ❶ Knirps *m (fam)*
❷ *pl (enfants)* Kinder *Pl*

moutarde [mutaʀd] I. *f* Senf *m;* **~ fine** Delikatesssenf

▶ **la ~ monte au nez de qn** der Ärger steigt in jdm hoch
II. *app inv* senf-
◆ **~ à l'ancienne** Senf *m* mit ganzen Pfefferkörnern; **~ de Dijon** Dijon-Senf *m*, extrascharfer Senf
moutardier [mutaʀdje] *m* ❶ *(fabricant)* Senffabrikant *m*
❷ *(récipient)* Senftopf *m*
mouton [mutɔ̃] *m* ❶ ZOOL Schaf *nt;* **~ à laine** Wollschaf *m*
❷ *(mâle châtré)* Hammel *m*
❸ GASTR Hammelfleisch *nt*, Hammel *m*
❹ *(peau)* [**peau de**] **~** Schaf[s]pelz *m;* **une veste en** [**peau de**] **~** eine Jacke aus Schaf[s]pelz
❺ *(cuir)* [**cuir de**] **~** Schafleder *nt;* **un livre relié en** [**cuir de**] **~** ein in Schafleder gebundenes Buch
❻ *(écume)* Schaumkrone *f*
❼ *(poussière)* Staubflocke *f*
❽ *(nuages)* Schäfchenwolke *f*
❾ *(personne douce)* Schaf *nt*
▶ **c'est le ~ à cinq pattes** das ist ein weißer Rabe; **être doux(douce) comme un ~** sanft wie ein Lamm sein; **être frisé(e) comme un ~** Ringellöckchen haben; **revenons à nos ~s** kommen wir wieder zur Sache
◆ **~ de Panurge** Herdenmensch *m*
moutonné(e) [mutɔne] *adj ciel* voller Schäfchenwolken; *nuages* Schäfchen-
moutonnement [mutɔnmɑ̃] *m* Kräuseln *nt*
moutonner [mutɔne] <1> **I.** *vi mer, vagues:* sich kräuseln; *collines:* sich wellen; **les nuages moutonnent dans le ciel** der Himmel ist voller Schäfchenwolken
II. *vpr* **se ~ mer:** sich mit Schaumkronen bedecken; *ciel:* sich mit Schäfchenwolken bedecken
moutonneux, -euse [mutɔnø, -øz] *adj mer* voller Schaumkronen; *ciel* mit Schäfchenwolken bedeckt
moutonnier, -ière [mutɔnje, -jɛʀ] *adj* ❶ *vieilli (du mouton)* vom Schaf
❷ *fig (grégaire)* **comportement ~** Herdentrieb *m*
mouture [mutyʀ] *f* ❶ *(action de moudre)* Mahlen *nt*
❷ *(produit de l'opération)* Mehl *nt*
❸ *péj (reprise)* Aufguss *m*
❹ *(version)* Version *f;* **première ~** erster Entwurf
mouvance [muvɑ̃s] *f* ❶ Einflussbereich *m*
❷ *(mouvement idéologique)* Bewegung *f*
mouvant(e) [muvɑ̃, ɑ̃t] *adj* ❶ *(ondoyant)* **foule, champs de blé** wogend; *ombre* sich hin- und herbewegend; *flamme* flackernd
❷ *(changeant)* **pensée, univers** sich wandelnd; *situation* unbeständig
❸ *(sans stabilité)* **terrain** unsicher, schwankend; **sables ~s** Treibsand *m*
mouvement [muvmɑ̃] *m* ❶ *(activité)* Bewegung *f;* **faux ~** unglückliche Bewegung
❷ *(impulsion)* Regung *f*, Reaktion *f;* **premier ~** erste Reaktion; **~ de colère** Wutausbruch *m;* **~ d'humeur** Anfall *m* von schlechter Laune; **~ d'impatience** Anwandlung *f* von Ungeduld
❸ *(animation)* Treiben *nt;* **c'est un quartier plein de ~** das ist ein belebtes Viertel
❹ *(action collective)* Bewegung *f;* **~ de grève** Streikbewegung; **~ de solidarité** Solidaritätswelle *f*
❺ *(organisation)* Bewegung *f;* **~ écologiste et pacifique** Ökopaxbewegung
❻ *(déplacement)* Bewegung *f;* **des étoiles, nuages** Bewegungen *Pl;* **~ apparent du soleil** Sonnenbahn *f;* **les ~s de foule** die Massenbewegungen; **~ portuaires** Hafenverkehr *m;* **~s de troupes** Truppenbewegungen; **faire ~** MIL sich in Bewegung [o Marsch] setzen; **se mettre en ~** sich in Bewegung setzen
❼ ECON **~ de capitaux, fonds** Bewegungen *Pl*, Verkehr *m; de marchandises* Verkehr; **~ monétaire** Geldbewegung *f;* **~s monétaires internationaux** Wanderbewegung; **~ de baisse** Abwärtsbewegung, rückläufige Bewegung; **~s de caisse** Kassenumsatz *m;* **~ des comptes** Kontenbewegung; **~ de hausse** Aufwärtsbewegung; **~ des prix** Preisschwankungen *Pl*
❽ ADMIN *(changement d'affectation)* Veränderungen *Pl*
❾ GEOL **~ de terrain** Erdbewegungen *Pl*
❿ *(évolution)* Wandel *m;* **~ d'opinion/idées** geistige Strömung; **~ de réformes** Reformbewegung *f*
⓫ MUS *(partie d'une œuvre)* Satz *m; (tempo)* Tempo *nt;* **~ instrumental/final** Instrumental-/Schlusssatz; **composition à quatre ~s** viersätzige Komposition
⓬ LITTER Lebendigkeit *f*
⓭ TECH *(mécanisme)* Werk *nt;* **à quartz** Quarzsteuerung *f;* **mettre en ~** in Gang bringen
▶ **avoir un bon ~** einer guten Regung folgen; **allez, un bon ~** seien Sie großzügig; **être libre de ses ~s** sich frei bewegen können; **accélérer** [*o* **presser**] **le ~** das Tempo beschleunigen; **suivre le ~** mit der Zeit gehen
mouvementé(e) [muvmɑ̃te] *adj* ❶ stürmisch; *vie* bewegt; *pour-*

suite, récit dramatisch
❷ *(accidenté)* uneben
mouvoir [muvwaʀ] <*irr*> **I.** *vt* ❶ **faire ~** bewegen; **être mû(mue) par qc** von etw angetrieben werden
❷ *(être poussé)* **être mû(mue) par l'intérêt/la pitié** aus Eigeninteresse/Mitleid [heraus] handeln
II. *vpr* **se ~** sich bewegen
moyen [mwajɛ̃] *m* ❶ *(procédé)* Mittel *nt;* **par tous les ~s mit allen Mitteln; tous les ~s seront mis en œuvre pour faire qc** es werden alle Hebel in Bewegung gesetzt um etw zu tun; **~ d'action** Handlungsmöglichkeit *f;* **~ de communication/d'expression** Verständigungs-/Ausdrucksmittel
❷ *(solution)* Weg *m;* **~ détourné** Umweg; **par le ~ de** auf dem Umweg über; **au ~ de qc** mit Hilfe einer S. *(Gen)*
❸ *(manière)* Art *f* [und Weise *f*]
❹ *pl (capacités physiques)* körperliche Fähigkeiten, Kräfte *Pl*
❺ *(capacités intellectuelles)* geistige Fähigkeiten, Begabung *f;* **être en pleine possession de ses ~s** [*o* **en possession de tous ses ~s**] im Vollbesitz seiner Kräfte sein; **à chacun selon ses ~s** jeder nach seinen Möglichkeiten; **par ses propres ~s** *(sans aide)* aus eigener Kraft; *(sans moyen de transport étranger)* allein
❻ *pl (ressources financières)* [finanzielle] Mittel *Pl;* **~s d'existence** Erwerbsquelle *f;* **~s autofinancés** eigenwirtschaftete Mittel; **~s budgétaires** Budgetmittel; **absence de ~s financiers** Mittellosigkeit *f;* **vivre au-dessus de ses ~s** über seine Verhältnisse leben; **c'est au-dessus de mes ~s** das übersteigt meine Mittel; **il/elle a les ~s!** *fam* er/sie kann es sich *(Dat)* leisten!
❼ *souvent pl (instrument)* **~ publicitaire** Werbemittel *nt;* **~s audiovisuels** audiovisuelle Mittel *Pl*
▶ **se débrouiller avec les ~s du bord** mit dem zurechtkommen, was man hat; **faire ~ avec des ~s de fortune** etw mit behelfsmäßigen Mitteln machen; **tous les ~s lui sont bons pour faire qc** ihm sind alle Mittel recht, um etw zu tun; **employer les** [*o* **recourir aux**] **grands ~s pour faire qc** zum äußersten Mittel greifen um etw zu tun; **il y a/il n'y a pas ~ de faire qc** es besteht die Möglichkeit/es ist unmöglich etw zu tun; **perdre ses ~s** ganz aus der Fassung kommen; **trouver ~ de faire qc** es schaffen etw zu tun; [**il n'y a**] **pas ~ de faire qc** es ist völlig unmöglich etw zu machen; **pas ~!** nichts zu machen!
◆ **~ d'appel** Berufungsgrund *m;* **~ de cassation** Revisionsgrund *m;* **~ de contrôle** Kontrollmittel *nt;* **~ de financement** Finanzierungsinstrument *nt;* **~s de production** Produktionsmittel *Pl*, Betriebsmittel; **~ de transport** Transportmittel *nt*, Verkehrsmittel, Beförderungsweg *m*
moyen(ne) [mwajɛ̃, jɛn] *adj* ❶ mittlere(r, s); *classe, ondes* Mittel-; **le cours ~ d'un fleuve** der Mittellauf eines Flusses; **l'oreille ~ne** das Mittelohr; **à ~ terme** mittelfristig; *v. a.* **moyenne**
❷ *(ni bon, ni mauvais)* mittelmäßig
❸ *(en proportion)* durchschnittlich; **récolte ~ne** Durchschnittsernte *f*
❹ *(du type courant)* Durchschnitts-; **le Français ~** der Durchschnittsfranzose
Moyen Âge, Moyen-Âge [mwajɛnɑʒ] *m* Mittelalter *nt*
moyenâgeux, -euse [mwajɛnaʒø, -jøz] *adj* a. *péj* mittelalterlich
moyen-courrier [mwajɛ̃kuʀje] <moyen-courriers> *m* Mittelstreckenflugzeug *nt*
moyennant [mwajɛnɑ̃] *prép* **~ une récompense/un petit service** gegen eine Belohnung/einen Gefallen; **~ mille euros** für tausend Euro; **~ une faible rémunération** für ein geringes Entgelt; **~ paiement de la facture à recouvrer** Bezahlung *f* gegen offene Rechnung
▶ **~ quoi** womit, wofür
moyenne [mwajɛn] *f* ❶ STATIST, MATH Mittel *nt*, Mittelwert *m;* **la ~ d'âge** das Durchschnittsalter; **la ~ des températures** die mittlere Temperatur; **en ~** im Durchschnitt, durchschnittlich
❷ SCOL Durchschnitt *m;* **avoir la ~ en qc** in etw *(Dat)* eine durchschnittliche Note haben; **être au-dessus de/en dessous de/dans la ~** über dem/unter dem/im Durchschnitt liegen
❸ *(type le plus courant)* Durchschnitt *m*
❹ *(vitesse)* **une ~ de 80 m/s** ein Durchschnitt von 80 m/s; **faire une ~ de 100 km/h** [*o* **du 100 de ~**] mit einer durchschnittlichen Geschwindigkeit von 100 Stundenkilometern fahren; **un piéton peut faire une ~ de 5 km/h** die durchschnittliche Kilometerleistung eines Fußgängers beträgt 5 km/h
moyennement [mwajɛnmɑ̃] *adv* mittelmäßig, mäßig
Moyen-Orient [mwajɛnɔʀjɑ̃] *m* **le ~** der Mittlere Osten
moyeu [mwajø] <x> *m* [Rad]nabe *f*
mozambicain(e) [mɔzɑ̃bikɛ̃, ɛn] *adj* mosambikanisch
Mozambique [mɔzɑ̃bik] *m* Mosambik *nt*, Moçambique *nt*
mozzarella [mɔdzaʀel(l)a] *f* Mozzarella *m*
MRAP [mʀap] *m abr de* **mouvement contre le racisme et pour l'amitié entre les peuples** Bewegung gegen Rassismus und für Völkerverständigung

MRG [εmεrʒe] *m abr de* **mouvement des radicaux de gauche** Bewegung *f* der Linksradikalen

MRP [εmεrpe] *m abr de* **mouvement républicain populaire** Republikanische Volksbewegung *f*

MSF [εmεsεf] *abr de* **médecins sans frontières** Ärzte ohne Grenzen *Pl*

M.S.T. [εmεste] *f MED abr de* **maladie sexuellement transmissible** Geschlechtskrankheit *f*

mucosité [mykozite] *f* Schleim *m*

mucoviscidose [mykovisidoz] *f MED* Mukoviszidose *f*

mucus [mykys] *m* Schleim *m*

mue [my] I. *v.* **mû**
II. *f* ❶ ZOOL *de l'oiseau* Mauser *f*; *du serpent* Häutung *f*; *d'un mammifère* [Sich]haaren *nt*
❷ *(dépouille)* ~ **d'un serpent** abgestreifte Schlangenhaut
❸ PHYSIOL Stimmbruch *m*

muer [mɥe] <1> I. *vi* ❶ *oiseau:* sich mausern; *serpent:* sich häuten; *mammifère:* [sich] haaren
❷ *garçon:* im Stimmbruch sein; **sa voix mue/a mué** er ist im Stimmbruch/hat den Stimmbruch hinter sich
II. *vpr littér* **se** ~ **en qc** sich in etw *(Akk)* wandeln; **se** ~ **en qn** zu jdm werden

muesli [mysli] *m* Müsli *nt*

muet(te) [mɥe, mɥet] I. *adj* ❶ a. LING stumm; ~ **de peur** stumm vor Angst; ~ **d'admiration/de surprise** sprachlos vor Bewunderung/Überraschung
❷ *(inexprimé) désespoir, colère* stumm; *reproche* still
❸ *(sans indications)* **le contrat est** ~/**la loi est** ~**te sur qc** zu etw sagt der Vertrag/das Gesetz nichts [aus]
❹ CINE, THEAT *film* Stumm-; *rôle, jeu* stumm; **l'époque du cinéma** ~ die Zeit des Stummfilms
❺ *(sans signes écrits) clavier* unbeschriftet; *carte géographique* stumm, unbeschriftet
❻ *(sans prix) carte de restaurant* ohne Preisangaben
II. *m(f)* Stumme(r) *f(m)*

muezzin [mɥedzin] *m* Muezzin *m*

muffin [mœfin] *m* CAN *(petit cake rond)* Muffin *m*

mufle [myfl] *m* ❶ *du chien* Schnauze[nspitze *f*] *f*; *de la vache, du mouton* Maul *nt*
❷ *(goujat)* Rüpel *m*

muflerie [myfləri] *f* Rüpelhaftigkeit *f*

muflier [myflije] *m* BOT Löwenmaul *nt*

mufti [myfti] *m* Mufti *m*

muge [myʒ] *m* ZOOL MIDI Meeräsche *f*

mugir [myʒir] <8> *vi bovin:* muhen, brüllen; *vent, sirène:* heulen; *mer, flots:* tosen

mugissement [myʒismɑ̃] *m* ❶ *(cri de bovin)* Muhen *nt*, Brüllen *nt*
❷ *(bruit du vent, d'une sirène)* Heulen *nt*
❸ *(bruit de la mer)* Tosen *nt*

muguet [mygε] *m* ❶ BOT Maiglöckchen *nt*
❷ MED Soor *m*

Land und Leute

Am 1. Mai werden überall in den Straßen Maiglöckchensträuße verkauft. Man verschenkt die **muguets** als Zeichen der Zuneigung und als Glücksbringer.

mulâtre, mulâtresse [mylatr, mylatrεs] I. *adj* Mulatten-
II. *m*, *f* Mulatte *m*/Mulattin *f*

mulch [mylʃ] *m* Mulch *m*; ~ **d'écorces** Rindenmulch

mule¹ [myl] *f* ZOOL Mauleselin *f*
▸ **être têtu(e) comme une** ~ störrisch [*o* stur] wie ein Esel sein *(fam)*

mule² [myl] *f (pour la maison)* Pantoffel *m*; *(pour la ville)* Pantolette *f*, Sabot *m*

mulet¹ [mylε] *m* ZOOL Maultier *nt*, Maulesel *m*
▸ **être chargé(e) comme un** ~ *fam* beladen sein wie ein Packesel *(fam)*

mulet² [mylε] *m (poisson)* Meeräsche *f*

muletier, -ière [myltje, -jεr] I. *adj sentier* [*o* **chemin**] ~ Saumpfad *m*
II. *m*, *f* Maultiertreiber(in) *m(f)*

mulot [mylo] *m* Feldmaus *f*

multicarte [myltikart] *adj* représentant Mehrfirmen-

multicellulaire [myltiselylεr] *adj* BIO *organisme* vielzellig, mehrzellig

multicolonnage [myltikɔlɔnaʒ] *m* TYP mehrspaltiger Satz; **en** ~ mehrspaltig

multicolore [myltikɔlɔr] *adj* vielfarbig, bunt

multicoque [myltikɔk] I. *adj* mit mehreren Rümpfen
II. *m* Mehrrumpfboot *nt*

multicouche [myltikuʃ] *adj inv film* mehrlagig; *papier* ~ Mehrlagenpapier *nt*, mehrlagiges Papier

multiculturel(le) [myltikyltyrεl] *adj* multikulturell; **société** ~ **le** multikulturelle Gesellschaft, Multikulti-Gesellschaft *(fam)*

multidimensionnel(le) [myltidimɑ̃sjɔnεl] *adj espace* mehrdimensional; *culture* vielschichtig

multifenêtrage [myltif(ə)nεtraʒ] *m* INFORM Fenstertechnik *f*

multifenêtre [myltif(ə)nεtr] *adj* mit mehreren [Bildschirm]fenstern

multiflore [myltiflɔr] *adj plante* vielblütig

multifonctionnel(le) [myltifɔ̃ksjɔnεl] *adj* multifunktional

multifonction[s] [myltifɔ̃ksjɔ̃] *adj inv* multifunktionell, multifunktional

multiforme [myltifɔrm] *adj* vielgestaltig; *objets* vielförmig

multigrade [myltigrad] *adj* Mehrbereichs-

multilatéral(e) [myltilateral, o] <-aux> *adj* multilateral; COM mehrseitig

multilingue [myltilɛ̃g] *adj* mehrsprachig

multilinguisme [myltilɛ̃gɥism] *m* Mehrsprachigkeit *f*, Vielsprachigkeit *f*

multimédia [myltimedja] I. *adj inv* ❶ *groupe, campagne de publicité* multimedial; *manifestation* Multimedia-; **présentation** [*o* **show**] ~ Multimediashow *f*
❷ INFORM Multimedia-; **application** ~ Multimediaanwendung *f*; **fichier** ~ Multimediadatei *f*; **ordinateur** ~ Multimedia-PC *m*
II. *m* ❶ *(techniques)* Medienlandschaft *f*
❷ *(ordinateur)* multimediales Computersystem
❸ *(branche)* **le** ~ die Multimedia-Branche, Multimedia *kein Art*

multimilliardaire [myltimiljardεr] I. *adj* **être** ~ mehrfacher Milliardär/mehrfache Milliardärin sein
II. *mf* Multimilliardär(in) *m(f)*

multimillionnaire [myltimiljɔnεr] I. *adj* **être** ~ Multimillionär(in) sein
II. *mf* Multimillionär(in) *m(f)*

multinational(e) [myltinasjɔnal, o] <-aux> *adj* multinational

multinationale [myltinasjɔnal] *f* multinationaler Konzern; ~ **de l'électronique/du pétrole** Elektronik-/Ölmulti *m (fam)*

multipare [myltipar] *adj* **être** ~ mehrere Junge werfen; **une femme** ~ eine Frau, die mehrmals geboren hat; eine Multipara *(Fachspr.)*

multipartisme [myltipartism] *m* Mehrparteiensystem *nt*

multiplace [myltiplas] I. *adj* mehrsitzig
II. *m* Mehrsitzer *m*

multiple [myltipl] I. *adj* ❶ *(nombreux)* vielfach
❷ *(varié) aspects, raisons, choix* vielfältig; *cas* verschiedenartig; **à usages** ~ **s** zur vielseitigen Verwendung
❸ *(maints) occasions* vielerlei *inv*, vielfach; **à de** ~ **s reprises** wiederholt
❹ *(complexe)* vielschichtig; **fracture** ~ komplizierter Knochenbruch
❺ TECH, INFORM *prise, tête* Mehrfach-; **appareil à fonctions** ~ **s** Multifunktionsgerät *nt*
❻ MATH **être** ~ **de qc** ein Vielfaches von etw sein
❼ FIN *cours* multipel
II. *m* **être le** ~ **de qc** das Vielfache von etw sein

multiplex [myltiplεks] *m sans pl* Konferenzschaltung *f*; **émission réalisée en** ~ Sendung mit Konferenzschaltung

multiplexe [myltiplεks] *m* Gebäudekomplex *m* [mit mehreren Sälen [*o* Hallen]]

multipliable [myltiplijabl] *adj* multiplizierbar

multiplicande [myltiplikɑ̃d] *m* Multiplikand *m*

multiplicateur [myltiplikatœr] *m* ❶ MATH Multiplikator *m*
❷ ECON ~ **de la balance des paiements** Zahlungsbilanzmultiplikator *m*

multiplicateur, -trice [myltiplikatœr, -tris] *adj* **effet** ~ Kettenreaktion *f*

multiplicatif, -ive [myltiplikatif, -iv] *adj signe, notation* Multiplikations-, Mal-; *préfixe, adverbe* Multiplikativ-

multiplication [myltiplikasjɔ̃] *f* ❶ MATH Multiplikation *f*, Malnehmen *nt*
❷ HORT, BOT Vermehrung *f*
❸ *(augmentation)* Vermehrung *f*

multiplicité [myltiplisite] *f* Vielfalt *f*

multiplier [myltiplije] <1a> I. *vt* ❶ MATH multiplizieren, malnehmen; ~ **sept par trois** sieben mit drei multiplizieren [*o* malnehmen]
❷ *(augmenter le nombre de)* vervielfachen; steigern *efforts;* wiederholen *attaques, avertissements*
❸ HORT, BOT vermehren
II. *vpr* **se** ~ ❶ sich vermehren, zunehmen
❷ *(se reproduire)* sich vermehren
❸ *(se donner à fond)* überall zugleich sein

multiposte [myltipɔst] I. *adj* INFORM Mehrplatz-
II. *m* Mehrplatzsystem *nt*

multiprocesseur [myltiprɔsesœr] INFORM I. *m* Multiprocessing *nt*

II. *app* **système ~** Mehrprozessorsystem *nt*, Multiprozessorsystem
multiprogrammation [myltipʀɔgʀamasjɔ̃] *f* Multitasking *nt*
multipropriété [myltipʀɔpʀijete] *f* Ferienwohnung, die mehreren Personen gehört, die sie jeweils für eine gewisse Zeit im Jahr benutzen können
multiracial(e) [myltiʀasjal, jo] <-aux> *adj* gemischtrassig
multirisque [myltiʀisk] *adj* assurance kombiniert
multisalles [myltisal] **I.** *adj* mit mehreren Sälen
II. *m inv* Gebäude *nt* mit mehreren Sälen
multistandard [myltistɑ̃daʀ] *adj* TELEC für mehrere Systeme
multitâche [myltitɑʃ] INFORM **I.** *adj* mit Multitasking; **système ~** Multitasking-System *nt*
II. *m* Multitasking *nt*; **~ coopératif** kooperatives Multitasking
multitraitement [myltitʀɛtmɑ̃] *m* INFORM Parallelverarbeitung *f*, Multiprocessing *nt*
multitude [myltityd] *f* ❶ Vielzahl *f*; **~ de touristes/de pierres** Vielzahl von Touristen/de Steinen; **~ de couleurs** Vielfarbigkeit *f*
❷ *(foule)* [große] Menge
multiusage [myltiyzaʒ] *adj inv* Allzweck-; **crème/produit ~** Allzweckcreme *f*/-mittel *nt*
Munich [mynik] München
munichois(e) [mynikwa, waz] *adj* Münchner
Munichois(e) [mynikwa, waz] *m(f)* Münchner(in) *m(f)*
municipal(e) [mynisipal, o] <-aux> *adj* ❶ *(communal)* Gemeinde-; **conseil ~** Stadtrat *m*, Gemeinderat; **parlement ~** *rare* Kommunalparlament *nt*; **conseiller ~/conseillère ~e** Stadtrat *m*/-rätin *f*, Gemeinderat/-rätin *f*; **élections ~es** Kommunalwahlen *Pl*; **homme politique ~/femme politique ~e** Kommunalpolitiker(in) *m(f)*; **mesure sur le plan de la politique ~e** kommunalpolitische Maßnahme; **une bonne décision pour la politique ~e** eine kommunalpolitisch richtige Entscheidung
❷ *(de la ville)* Stadt-, städtisch
municipales [mynisipal] *fpl* Kommunalwahlen *Pl*
municipalité [mynisipalite] *f* ❶ *(administration)* Stadtverwaltung *f*
❷ *(commune)* Gemeinde *f*
munificence [mynifisɑ̃s] *f littér* Freigebigkeit *f*
munir [myniʀ] <8> **I.** *vt* **~ qn/qc de piles** jdn/etw mit Batterien versehen; **~ qc d'un endossement** etw mit einem Indossament versehen
II. *vpr* **se ~ de qc** etw mitnehmen; *fig* sich mit etw wappnen
munitions [mynisjɔ̃] *fpl* Munition *f*
muphti [myfti] *m* Mufti *m*
muqueuse [mykøz] *f* Schleimhaut *f*
mur [myʀ] *m* ❶ *d'une maison, d'un jardin* Mauer *f*; *d'une pièce* Wand *f*; **~ de la/de cave** Kellerwand; **~ d'enceinte** Umfassungsmauer; **~ mitoyen** Grenzmauer; **~ opposé** Gegenwand, gegenüberliegende Wand; **~ de devant** Vorderwand; **~ du quai** Kaimauer
❷ SKI, ALPIN Steilhang *m*
❸ SPORT *(obstacle)* Mauer *f*
❹ *(ce qui sépare)* **~ de silence** Mauer *f* des Schweigens; **~ de feu** Brandmauer
▸ **le ~ des Lamentations** die Klagemauer; **les ~s ont des oreilles** die Wände haben Ohren; **entre quatre ~s** zwischen vier Wänden; **faire le ~** heimlich abhauen *(fam)*; **se heurter à un ~** auf Granit stoßen; **raser les ~s** dicht an der Mauer entlanglaufen; *(se faire tout petit)* sich dünn machen
◆ **~ du son** Schallmauer *f*; **franchir le ~ du son** die Schallmauer durchbrechen
mûr(e) [myʀ] *adj* ❶ reif; *projet* ausgereift; *révolution* fällig; **être ~(e) pour son âge** für sein Alter schon recht reif sein; **personne ~e** [*o* **d'âge ~**] Person *f* in reiferen Jahren
❷ ECON **pour la faillite** konkursreif; **~ pour la résiliation** FIN kündigungsreif
muraille [myʀɑj] *f* ❶ *(dicke)* Mauer; **les ~s d'un château fort** die Festungsmauern einer Burg
❷ ALPIN Steilwand *f*
mural(e) [myʀal, o] <-aux> *adj* Wand-
mûre [myʀ] *f* ❶ Brombeere *f*; **confiture de ~s** Brombeermarmelade *f*
❷ *(fruit du mûrier)* Maulbeere *f*
mûrement [myʀmɑ̃] *adv* reiflich
murène [myʀɛn] *f* Muräne *f*
murer [myʀe] <1> **I.** *vt* ❶ CONSTR zumauern, vermauern
❷ *(isoler) avalanche, éboulement:* einschließen; **être muré(e) dans le silence** in Schweigen *(Akk)* gehüllt sein
II. *vpr* **se ~ chez soi** sich von der Außenwelt abschließen; **se ~ dans son orgueil/le silence** sich hinter einer Mauer aus Stolz/Schweigen verschanzen; **se ~ dans sa douleur** sich in seinem Schmerz vergraben
muret [myʀɛ] *m*, **murette** [myʀɛt] *f* Mäuerchen *nt*
murger [myʀʒe] <2a> *vpr vulg* **se ~** sich *(Dat)* einen ansaufen *(sl)*, sich *(Dat)* die Birne zusaufen *(vulg)*
mûrier [myʀje] *m* ❶ Maulbeerbaum *m*

❷ *(ronce)* Brombeerstrauch *m*
mûrir [myʀiʀ] <8> **I.** *vi* ❶ *fruit:* reifen, reif werden; **mûri(e) au soleil** sonnengereift
❷ *(acquérir de la sagesse)* reifer werden
❸ *(évoluer) idée, projet:* heranreifen; *talent, affaire:* reif werden
❹ MED reif werden
II. *vt* ❶ reifen lassen *fruit*
❷ *(rendre sage)* reifer machen; **~ l'esprit** reif machen
❸ *(méditer)* heranreifen lassen
mûrissant(e) [myʀisɑ̃, ɑ̃t] *adj fruit* reifend; *personne* reiferen Alters
mûrissement [myʀismɑ̃] *m* ❶ *d'un fruit* Reifen *nt*
❷ *d'une idée, d'un projet* Heranreifen *nt*
mûrisserie [myʀisʀi] *f* Reifekammer *f*
murmure [myʀmyʀ] *m* ❶ Murmeln *nt*; **~ de mécontentement** Gemurmel *nt* der Unzufriedenheit
❷ *pl (paroles de mécontentement)* Murren *nt*
❸ *littér (bruissement léger) d'un ruisseau* Murmeln *nt*, Plätschern *nt*; *du vent* Säuseln *nt*
murmurer [myʀmyʀe] <1> **I.** *vi* ❶ murmeln
❷ *(protester)* murren
❸ *littér (faire un bruit léger) ruisseau:* murmeln; *fontaine:* plätschern; *vent:* säuseln
II. *vt* murmeln; **~ qc à qn** jdm etw zuflüstern [*o* zuraunen *geh*]; **~ qc à l'oreille de qn** jdm etw ins Ohr flüstern; **on murmure qu'ils sont amants** man munkelt, dass sie ein Verhältnis miteinander haben *(fam)*
mûron [myʀɔ̃] *m* Brombeere *f*
musaraigne [myzaʀɛɲ] *f* Spitzmaus *f*
musarder [myzaʀde] <1> *vi* trödeln, bummeln
musc [mysk] *m* Moschus *m*
muscade [myskad] *f* Muskat *m*
muscadet [myskadɛ] *m (cépage, vin)* Muscadet *m*
muscarine [myskaʀin] *f* BIO, CHIM Muskarin *nt*
muscat [myska] *m (cépage, vin)* Muskateller *m*
muscle [myskl] *m* Muskel *m*; **~ de la cuisse** Oberschenkelmuskel; **~ des joues** Backenmuskel; **~ du cou** Halsmuskel; **~ deltoïde** ANAT Deltamuskel *m*; **avoir des ~s** Muskeln haben; **se claquer un ~** sich *(Dat)* einen Muskel zerren; **se déchirer un ~** sich *(Dat)* einen Muskelriss zuziehen
▸ **avoir des ~s d'acier** Muskeln wie Stahl [*o* stählerne Muskeln] haben; **avoir du ~** *économie, entreprise:* stark und dynamisch sein; *fam personne:* Muskeln haben; **être tout en ~s** nur aus Muskeln bestehen; **jouer des ~s** seine Muskeln spielen lassen; **manquer de ~** schlaff und energielos sein
musclé(e) [myskle] *adj* ❶ *(athlétique)* muskulös, kräftig
❷ *fig fam ministre, gouvernement, discours* stark; *régime, politique* energisch
❸ *(vif) style* handfest
❹ *arg (compliqué)* **le problème était plutôt ~** das Problem war ganz schön verzwickt *(fam)*
muscler [myskle] <1> *vt* **~ qn** jds Muskeln entwickeln [*o* stärken]; **~ le dos/les jambes** die Rückenmuskulatur/Beinmuskulatur stärken
musculaire [myskylɛʀ] *adj* Muskel-
musculation [myskylasjɔ̃] *f* Muskeltraining *nt*, Bodybuilding *nt*
musculature [myskylatyʀ] *f* Muskulatur *f*
musculeux, -euse [myskylø, -øz] *adj* muskulös
muse [myz] *f* Muse *f*
▸ **taquiner la ~** *hum littér* von der Muse geküsst werden *(hum)*
museau [myzo] <x> *m* ❶ *du chien* Schnauze *f*; *de la vache, du poisson* Maul *nt*
❷ GASTR **~ de bœuf** Ochsenmaul *nt*; **~ de porc** Schweinskopfsülze *f*
❸ *fam (figure)* Gesicht *nt*
musée [myze] *m* Museum *nt*
museler [myzle] <3> *vt* ❶ *(mettre une muselière)* **~ un animal** einem Tier einen Maulkorb umbinden
❷ *(bâillonner)* **~ qn/qc** jdm/einer S. einen Maulkorb anlegen, jdn/etw mundtot machen; **~ les libertés** die Freiheiten unterdrücken
muselière [myzəljɛʀ] *f* Maulkorb *m*
musellement [myzɛlmɑ̃] *m* ❶ **~ d'un animal** Anlegen *nt* des Maulkorbs bei einem Tier
❷ *fig de l'opposition, la presse* Knebeln *nt*; **on assiste au ~ des libertés** man erlebt, wie die Freiheiten unterdrückt werden
muséologie [myzeɔlɔʒi] *f* Museumskunde *f*
musette [myzɛt] **I.** *f* ❶ Brotbeutel *m*
❷ MUS Musette *f*
II. *app orchestre, valse* Musette-; **bal ~** volkstümliche Tanzveranstaltung mit Akkordeonmusik
muséum [myzeɔm] *m* Naturkundemuseum *nt*
musical(e) [myzikal, o] <-aux> *adj* ❶ *études, critique* Musik-; qua-

lité, art Ton-
② *(comportant de la musique)* soirée musikalisch; *film* Musik-; comédie ~e Musical *nt*
③ *(harmonieux) voix, son* klangvoll; *langue* musikalisch
musicalement [myzikalmã] *adv* musikalisch
musicalité [myzikalite] *f des vers, d'une langue* Klangschönheit *f*
music-hall [myzikol] <music-halls> *m* ① Varietee *nt*
② *(établissement)* Varieteetheater *nt*
musicien(ne) [myzisjɛ̃, jɛn] I. *adj* musikalisch
II. *m(f)* ① *(professionnel)* Musiker(in) *m(f)*; ~(ne) soliste Instrumentalsolist(in) *m(f)*
② *(amateur)* Musikant(in) *m(f)*
musicologie [myzikɔlɔʒi] *f* Musikwissenschaft *f*
musicologue [myzikɔlɔg] *mf* Musikwissenschaftler(in) *m(f)*
musicothérapie [myzikoterapi] *f* PSYCH Musiktherapie *f*
musique [myzik] *f* ① Musik *f*; jouer [*o* faire] de la ~ Musik machen, musizieren; ~ de chambre/d'opéra Kammer-/Opernmusik; ~ de nuit Nachtmusik; ~ pour piano/violon Klavier-/Violinmusik; ~ d'orchestre/pour orchestre Orchestermusik; ~ de la radio Radiomusik; ~ de scène Bühnenmusik; ~ jouée pendant un/le repas Tafelmusik; ~ militaire Militärmusik; ~ sacrée Kirchenmusik; connaissances relatives à la ~ sacrée kirchenmusikalische Kenntnisse; mettre en ~ vertonen; faire qc en ~ etw mit Musik tun; savoir lire la ~ Noten lesen können
② *(suite de sons)* Melodik *f*, Musikalität *f*
③ MIL *(troupe)* Musikkorps *nt*; ~ de régiment Regimentskapelle *f*
▶ la ~ adoucit les mœurs *prov* Musik beruhigt; connaître la ~ *fam* im Bilde sein; en avant la ~! *fam* auf geht's!

Land und Leute

Jedes Jahr am 21. Juni treffen sich Musikbegeisterte zur **fête de la Musique**. Hobby und Profimusiker geben kostenlose Straßenkonzerte in größeren und kleineren Städten Frankreichs, die sehr gut besucht sind. Zu hören gibt es fast jede Musikrichtung, von Rock bis Klassik und von Jazz bis Hip-Hop.

musiquette [myzikɛt] *f* leichte Musik *f*
musqué(e) [myske] *adj odeur, parfum* Moschus-; *cheveux* nach Moschus duftend
must® [mœst] *m fam* Muss *nt*; le ~ have das absolute Muss
mustang [mystãg] *m* Mustang *m*
musulman(e) [myzylmã, an] *adj monde* moslemisch; être ~(e) Moslem/Moslime sein
Musulman(e) [myzylmã, an] *m(f)* Moslem *m*/Moslime *f*, Mohammedaner(in) *m(f)*
mutagène [mytaʒɛn] *m* BIO Mutagen *nt*
mutant(e) [mytã, ãt] I. *adj* BIO mutierend
II. *m(f)* ① BOT, ZOOL Mutante *f*
② LITTER Mutant(in) *m(f)*
mutation [mytasjɔ̃] *f* ① BIO, MED Mutation *f*; ~ chromosomique Chromosomenmutation; ~ génétique Genmutation; taux de ~ Mutationsrate *f*; taux naturel de ~ natürliche Mutationsrate
② ADMIN Versetzung *f*; ~ d'office Zwangsversetzung
③ *(changement)* Umbruch *m*; société en ~ Gesellschaft *f* im Umbruch [*o* Wandel]
◆ ~ de propriété Eigentumswechsel *m*
muter [myte] <1> *vt* ADMIN versetzen; ~ qn d'office jdn zwangsversetzen
mutilation [mytilasjɔ̃] *f* ① Verstümmelung *f*
② *(dégradation)* Beschädigung *f*
③ *(altération) d'un texte* Verstümmelung *f*
mutilé(e) [mytile] *m(f)* Versehrte(r) *f(m)*
◆ ~ de guerre Kriegsbeschädigte(r) *m*, Kriegsversehrte(r) *m*
mutiler [mytile] <1> I. *vt* ① verstümmeln; un obus lui a mutilé le bras/visage eine Granate hat ihm den Arm verstümmelt/das Gesicht entstellt; être mutilé(e) d'un œil ein Auge verloren haben; il a été mutilé des deux bras à la guerre er hat im Krieg beide Arme verloren
② *(détériorer)* verschandeln
③ *(tronquer)* verstümmeln *texte, film*
④ *littér (altérer)* entstellen, verzerren
II. *vpr se ~* sich selbst verstümmeln
mutin(e) [mytɛ̃, in] I. *adj* verschmitzt, schelmisch
II. *m(f)* Meuterer *m*/Meuterin *f*
mutiner [mytine] <1> *vpr se ~* meutern
mutinerie [mytinʁi] *f* Meuterei *f*
mutisme [mytism] *m* Schweigen *nt*; se réfugier [*o* se retrancher] dans le ~ sich in Schweigen hüllen
mutualisme [mytɥalism] *m* Genossenschaftswesen *nt*
mutualiste [mytɥalist] I. *adj* auf Gegenseitigkeit; esprit ~ Genossenschaftsgeist *m*
II. *mf* Mitglied *nt* eines Versicherungsvereins auf Gegenseitigkeit/einer Zusatzkasse/Betriebskrankenkasse

mutualité [mytɥalite] *f* Genossenschaftswesen *nt*
mutuel(le) [mytɥɛl] *adj* ① gegenseitig
② ECON *assurance, secours* auf Gegenseitigkeit
mutuelle [mytɥɛl] *f* ECON Versicherung *f* [*o* Versicherungsverein *m*] auf Gegenseitigkeit, Gegenseitigkeitsgesellschaft *f (Fachspr.)*; ~ des étudiants studentische Krankenversicherung
◆ ~ d'entreprise Betriebskrankenkasse *f*
mutuellement [mytɥɛlmã] *adv* gegenseitig; s'aider ~ sich gegenseitig helfen
myasthénie [mjasteni] *f* MED ~ pseudoparalytique Schaufensterkrankheit *f*
mycélium [miseljɔm] *m* BOT Myzel *nt (Fachspr.)*, Myzelium *nt (Fachspr.)*
mycologie [mikɔlɔʒi] *f* Pilzkunde *f*, Mykologie *f (Fachspr.)*
mycologique [mikɔlɔʒik] *adj* pilzkundlich; études ~s Pilzforschung *f*
mycologue [mikɔlɔg] *mf* MED Pilzspezialist(in) *m(f)*, Mykologe *m*/Mykologin *f (Fachspr.)*
mycose [mikoz] *f* MED Pilzkrankheit *f*, Mykose *f (Fachspr.)*; ~ des orteils Fußpilz *m*
myélite [mjelit] *f* Rückenmarkentzündung *f*
myélome [mjelom] *m* MED Myelom *nt (Fachspr.)*
mygale [migal] *f* Vogelspinne *f*
myocarde [mjɔkaʁd] *m* ANAT Herzmuskel *m*, Myokard *nt (Fachspr.)*
myocardite [mjɔkaʁdit] *f* MED Herzmuskelentzündung *f*, Myokarditis *f (Fachspr.)*
myome [mjom] *m* MED Myom *nt*
myopathe [mjɔpat] I. *adj* an einer Muskelerkrankung leidend
II. *mf* an einer Muskelerkrankung Leidende(r) *f(m)*
myopathie [mjɔpati] *f* Muskelerkrankung *f*
myope [mjɔp] I. *adj* kurzsichtig
II. *mf* Kurzsichtige(r) *f(m)*
myopie [mjɔpi] *f a. fig* Kurzsichtigkeit *f*
myosotis [mjɔzɔtis] *m* Vergissmeinnicht *nt*
myriade [miʁjad] *f* Myriade *f (geh)*, Unzahl *f*; ~s d'étoiles unzählige Sterne *Pl*
myriapode [miʁjapɔd] *m* Tausendfüß[l]er *m*
myrrhe [miʁ] *f* Myrrhe *f*
myrte [miʁt] *m* Myrte *f*
myrtille [miʁtij] *f* Heidelbeere *f*, Blaubeere *f*; tarte aux ~s Heidelbeerkuchen
mystère[1] [mistɛʁ] *m* ① Geheimnis *nt*; s'entourer de ~ geheimnisvoll tun *(fam)*; passé entouré de ~ geheimnisumwobene [*o* geheimnisumwitterte] Vergangenheit; faire grand ~ de qc ein großes Geheimnis aus etw machen; pas tant de ~ [s]! tu/tut nicht so geheimnisvoll! *(fam)*
② *(énigme)* Rätsel *nt*; être un ~ pour qn jdm ein Rätsel sein
③ LITTER Mysterienspiel *nt*; ~ de Noël Weihnachtsspiel; ~ de la Passion du Christ Passionsspiel
④ HIST les ~s die Mysterien
⑤ REL ~ de la Trinité Mysterium *nt* der Dreieinigkeit
▶ ~ et boule de gomme! *hum* Staatsgeheimnis! *(hum)*, wer weiß!
mystère®[2] [mistɛʁ] *m* GASTR Eisspezialität mit Meringe und Mandelsplittern
mystérieuse [misteʁjøz] *f* faire la ~ geheimnisvoll tun
mystérieusement [misteʁjøzmã] *adv* ① heimlich
② *(inexplicablement)* unerklärlicherweise
③ *(d'une façon mystérieuse) se conduire, rire* geheimnisvoll; *apparaître* auf geheimnisvolle Weise
mystérieux [misteʁjø] *m* le ~ das Geheimnisvolle; le ~ dans cette histoire, c'est que... das Rätselhafte an dieser Geschichte ist, dass ...
② *(personne)* faire le ~ geheimnisvoll tun
mystérieux, -euse [misteʁjø, -jøz] *adj* ① geheimnisvoll; *(tenu secret)* geheim
② *(étrange)* geheimnisvoll; *circonstances, histoire* rätselhaft; *hasard, sentiment* seltsam
③ *(occulte)* geheimnisvoll
④ *(entouré(e) de mystère, ténébreux) histoire, passé* geheimnisumwoben, geheimnisumwittert
mysticisme [mistisism] *m* Mystizismus *m*
mystificateur, -trice [mistifikatœʁ, -tʁis] I. *adj* irreführend; intention mystificatrice betrügerische Absicht
II. *m, f* Betrüger(in) *m(f)*
mystification [mistifikasjɔ̃] *f* Betrug *m*; *(imposture)* Irreführung *f*
mystifier [mistifje] <1a> *vt* täuschen; se faire/se laisser ~ par qn auf jdn hereinfallen
mystique [mistik] I. *adj* ① mystisch
② *(exalté, fervent)* schwärmerisch
II. *mf* Mystiker(in) *f*
III. *f* ① la ~ die Mystik
② *fig* la ~ de la force die Verherrlichung der Gewalt

mystiquement [mistikmɑ̃] *adv* mystisch, religiös; *(de façon transcendante)* geistig, im Geist[e]
mythe [mit] *m* ❶ Mythos *m*
❷ *(illusion)* Wunschtraum *m*; **devenir un ~** nur noch ein Wunschtraum sein
❸ *(image symbolique)* Mythos *m*
mythifier [mitifje] <1a> *vt* verherrlichen; **être mythifié(e)** *personne:* schon zu Lebzeiten zum Mythos werden
mythique [mitik] *adj* mythisch; *(imaginaire)* erdichtet; *récit ~* Mythos *m*, Sage *f*; **la générosité ~ de qn** jds legendäre Großzügigkeit

mytho [mitɔ] *fam adj, mf abr de* **mythomane**
mythologie [mitɔlɔʒi] *f* ❶ Mythologie *f*
❷ *(science)* Mythologie *f*
❸ *(idéalisation)* Kult *m*
mythologique [mitɔlɔʒik] *adj* mythologisch
mythomane [mitɔman] I. *adj* krankhaft verlogen
II. *mf* krankhafter Lügner/krankhafte Lügnerin
mythomanie [mitɔmani] *f* [krankhafte] Lügensucht; **être atteint(e) de ~** einen krankhaften Drang zum Lügen haben
myxomatose [miksɔmatoz] *f* Myxomatose *f*

Nn

N, n [ɛn] *m inv* N *nt*/n *nt*
N¹ [ɛn] I. *m (Untel)* N. [Herr/Frau] X; **les N.** die Familie X
II. *adj* x, zig *(fam);* **avoir ~ raisons de ne pas venir** x [o zig] Gründe haben, nicht zu kommen
N² [ɛn] *f (route)* Nationalstraße *f; (en Allemagne)* ≈ Bundesstraße *f;* **la N 7/10** die N 7/10
na [na] *interj enfantin* so[, da hast du's], ätsch
nabab [nabab] *m* ❶ Krösus *m;* **~ de la finance** Finanzriese *m;* **~ de la Bourse** Börsenkönig *m;* **c'est un vrai ~** er ist stinkreich *(fam)*
❷ HIST Nabob *m*
nabot [nabo] *m péj* ❶ *(personne de très petite taille)* Zwerg *m*
❷ *(juron)* Gartenzwerg *m (pej fam)*
nabote [nabɔt] *f péj* Zwergin *f*
nacelle [nasɛl] *f* ❶ *d'un ballon* [Ballon]gondel *f,* [Ballon]korb *m*
❷ *(partie mobile) d'un landau, d'une poussette* [Wagen]aufsatz *m*
❸ NAUT *littér* Nachen *m (liter)*
nacre [nakʀ] I. *f* Perlmutt *f o nt*
II. *app [couleur]* ~ *bouton* perlmuttfarben
nacré(e) [nakʀe] *adj* perlmuttfarben, perlmuttschimmernd
nadir [nadiʀ] *m* Nadir *m*
nævus [nevys, nevi] <nævi> *m* Muttermal *nt,* Naevus *m (Fachspr.)*
nage [naʒ] *f* ❶ Schwimmen *nt;* (façon de nager) Schwimmstil *m;* **~ sur le dos** Rückenschwimmen; **~ indienne/libre** Seiten-/Freistilschwimmen; **quatre ~s** Lagenschwimmen
❷ NAUT *(action de ramer)* Rudern *nt*
▶ **à la ~**; GASTR in Brühe gekocht; **être en ~** schweißgebadet sein; **mettre qn en ~** jdn ins Schwitzen bringen
nageoire [naʒwaʀ] *f* Flosse *f*
nager [naʒe] <2a> I. *vi* ❶ *personne, animal:* schwimmen; **~ trop loin** *personne:* wegschwimmen
❷ *(baigner)* ~ **dans la graisse** *aliment:* im Fett schwimmen; **~ dans le bonheur/l'opulence** *fig* im Glück/Geld schwimmen
❸ *(flotter)* ~ **sur qc** auf etw *Dat* schwimmen
❹ *fam (être au large)* ~ **dans un vêtement** in einem Kleidungsstück ertrinken *(fam)*
❺ *fam (ne pas comprendre)* schwimmen *(fam)*
❻ *(ramer)* rudern
II. *vt* ~ **la brasse/la brasse papillon** Brust schwimmen/im Schmetterlingsstil schwimmen; **~ le crawl** kraulen
nageur, -euse [naʒœʀ, -ʒøz] I. *m, f* ❶ Schwimmer(in) *m(f);* **~/nageuse de natation synchronisée** Kunstschwimmer(in)
❷ *(rameur)* Ruderer *m*/Ruderin *f*
II. *app bébé* ~ Babyschwimmen *nt;* **maître ~** Bademeister
◆ **~ de combat** Kampfschwimmer(in) *m(f)*
naguère [nagɛʀ] *adv littér* ❶ *(il y a peu)* jüngst *(veraltend)*
❷ *(récemment)* unlängst
naïade [najad] *f* ❶ MYTH Najade *f*
❷ *hum (baigneuse, nageuse)* Nixe *f (hum)*
naïf, naïve [naif, naiv] I. *adj* ❶ *péj* naiv
❷ *(naturel)* treuherzig; *grâce, gaieté* unverdorben; *question* naiv
❸ ART, LITTER naiv
II. *m, f* ❶ Naivling *m (fam);* **passer pour un ~**/**une naïve** als [recht] naiv gelten
❷ ART naiver Maler/naive Malerin
nain(e) [nɛ̃, nɛn] I. *adj personne* zwergenhaft; **arbre ~/plante ~e** Zwergbaum *m*/-pflanze *f;* **haricots ~s** Buschbohnen *Pl*
II. *m(f)* Zwerg(in) *m(f);* **peuple de ~s** Zwergvolk *nt*
❷ JEUX **~ jaune** kombiniertes Karten- und Brettspiel
◆ **~ de jardin** Gartenzwerg *m*
naissain [nɛsɛ̃] *m* Zuchtmuschellarven *Pl,* Zuchtausternlarven *Pl*
naissance [nɛsɑ̃s] *f* ❶ Geburt *f;* **~ double** Zwillingsgeburt *f;* **à la ~** bei der Geburt; **donner ~ à un enfant** ein Kind zur Welt bringen; **aveugle/muet(te)/sourd(e) de ~** von Geburt an blind/stumm/taub; **Italien(ne) de ~** gebürtiger Italiener/gebürtige Italienerin
❷ *(apparition)* Entstehung *f; d'une idée, d'un sentiment* Entstehung, Aufkommen *nt;* **à la ~ du jour** bei Tagesanbruch
❸ *(point de départ, source d'une colonne* Basis *f; d'une rivière* Quelle *f;* **à la ~ du cou/des cheveux** am Hals-/Haaransatz
❹ *(origine)* Herkunft *f,* Abstammung *f;* **de bonne** [o **haute**] **~** *vieilli* [von] vornehmer Herkunft
▶ **donner ~ à qc** *(produire, fabriquer)* etw hervorbringen; *(éveiller)* etw wecken; **prendre ~** *idée, œuvre:* entstehen
naissant(e) [nɛsɑ̃, ɑ̃t] *adj sentiments* aufkeimend; *gloire* angehend; *bouton de fleur* aufgehend; CHIM entstehend
naître [nɛtʀ] <irr> I. *vi* + *être* ❶ geboren werden, auf die Welt kommen; **~ aveugle/riche** blind/reich geboren werden; **être né(e) Durand/Schmidt** als Durand/Schmidt geboren werden; **être né musicien/née musicienne** zum Musiker/zur Musikerin geboren sein; **~ d'une famille riche** aus einer reichen Familie stammen [o kommen]; **cet enfant est né de père inconnu** der Vater dieses Kindes ist unbekannt
❷ *(apparaître) crainte, désir, soupçon:* entstehen; *idée:* geboren werden; *fleur, plante:* sprießen; *fleuve, rivière:* entspringen; *difficulté:* auftreten; *jour:* anbrechen; *amour:* erwachen; **faire ~ des difficultés/une guerre** Schwierigkeiten/einen Krieg verursachen; **faire ~ des besoins/sentiments/de l'espoir** Bedürfnisse/Gefühle/Hoffnung wecken
❸ *(résulter)* ~ **de qc** aus etw hervorgehen; *haine:* durch etw entfacht werden; *conflit:* sich an etw *Dat* entzünden
❹ *(être destiné à)* **être né(e) pour qn/qc** für jdn/etw gemacht [o wie] geschaffen sein; **être né(e) pour faire qc** dafür gemacht [o geschaffen] sein, etw zu tun
▶ **ne pas être né(e) d'hier** ganz schön gewieft sein; **je ne suis pas né(e) d'hier** ich bin doch nicht von gestern
II. *vi impers* + *être littér* **il leur est né un fils** ihnen wurde ein Sohn geboren; **il naît plus de filles que de garçons** es werden mehr Mädchen als Jungen geboren
naïvement [naivmɑ̃] *adv* naiv
naïveté [naivte] *f* ❶ Naivität *f;* **fausse ~** gespielte Einfalt *f;* **avoir la ~ de faire qc** so naiv sein, etw zu tun; **être d'une grande ~** schön naiv [o einfältig] sein
❷ *(ingénuité, candeur)* Natürlichkeit *f*
❸ *gén pl (sottises)* Dummheit *f*
naja [naʒa] *m* ZOOL Kobra *f*
nana [nana] *f fam* Tussi *f (fam);* **super ~** Klasseweib *f (fam)*
nanan [nanɑ̃] *m vieilli fam* Naschwerk *nt (veraltet)*
▶ **être du ~** etwas Feines sein, eine feine Sache sein
nanisme [nanism] *m* Zwergwuchs *m*
nanomètre [nanomɛtʀ] *m* Nanometer *m o nt*
nanoseconde [nanosəgɔ̃d] *f* Nanosekunde *f*
nanotechnologie [nanotɛknɔlɔʒi] *f* Nanotechnik *f*
nanti(e) [nɑ̃ti] I. *adj* vermögend; **les gens ~s** die Wohlhabenden
II. *m(f)* Reiche(r) *f(m)*
nantir [nɑ̃tiʀ] <8> I. *vt* ❶ *souvent péj littér* **~ qn de provisions** jdn mit Vorräten versehen; **~ qn de supériorité** jdn mit Überlegenheit ausstatten
❷ *(mettre en gage)* als Sicherheit geben, belasten; verpfänden *compte, certificat d'investissement*
❸ JUR *(munir)* **être nanti(e) des pleins pouvoirs** mit allen Vollmachten ausgestattet sein
II. *vpr soutenu (se munir)* **se ~ d'un manteau** sich einen Mantel besorgen
nantissement [nɑ̃tismɑ̃] *m* Verpfändung *f;* **sans ~ crédit** ungedeckt

NAP [nap] *adj inv abr de* **Neuilly, Auteuil, Passy** elegant, vornehm
napalm [napalm] *m* Napalm *nt*
napalmer [napalme] *vt* [restlos] vernichten
naphtaline [naftalin] *f* Naphthalin *nt;* **boules de ~** Mottenkugeln *Pl*
naphte [naft] *m* [Roh]erdöl *nt,* Naphtha *nt o f*
Naples [napl] *m* Neapel *nt*
napoléon [napɔleɔ̃] *m* Napoleondor *m*
Napoléon [napɔleɔ̃] *m* **~ Bonaparte** Napoleon *m* Bonaparte
napoléonien(ne) [napɔleɔnjɛ̃, jɛn] *adj* napoleonisch
napolitain(e) [napɔlitɛ̃, ɛn] *adj* ❶ *(de Naples)* neapolitanisch
❷ GASTR **tranche ~e** Fürst-Pückler-Eis *nt*
Napolitain(e) [napɔlitɛ̃, ɛn] *m(f)* Neapolitaner(in) *m(f)*
nappage [napaʒ] *m* Glasieren *nt; (résultat)* Glasur *f*
nappe [nap] *f* ❶ Tischtuch *nt;* **~ en tissu** Stofftuch *f;* **~ décorative** [*o* **de décoration**] Zierdecke; **~ d'autel** Altartuch; **~ de fête** Tafeltuch; **~ de Noël** Weihnachtsdecke
❷ *(vaste étendue)* **~ de pétrole** Ölteppich *m;* **~ d'eau** Wasserfläche *f;* **~ de brume** Dunstschleier *m;* **~ de brouillard** Nebelbank *f,* Nebelwolke *f;* **~ de gaz** Gaswolke *f;* **~ de feu** Flammenmeer *nt;* **être recouvert(e) d'une ~ de brouillard** in dichtem Nebel liegen
❸ GEOL **~ phréatique** [*o* **d'eau souterraine**] Grundwasser *nt*
napper [nape] <1> *vt* ❶ GASTR **~ qc de chocolat** etw mit Schokolade glasieren [*o* überziehen]
❷ *soutenu (couvrir)* bedecken
napperon [naprɔ̃] *m* [Zier]deckchen *nt;* **~ en** [*o* **de**] **dentelle** Spitzendeckchen
narcisse [naʀsis] *m* ❶ BOT Narzisse *f*
❷ *littér (personne)* Narziss *m (geh)*
narcissique [naʀsisik] *adj* selbstverliebt, narzisstisch
narcissisme [naʀsisism] *m* Selbstverliebtheit *f,* Narzissmus *m;* **s'observer avec ~** sich selbstverliebt beobachten
narcodollars [naʀkodɔlaʀ] *mpl* Drogendollars *Pl*
narcose [naʀkoz] *f* Narkose *f*
narcotique [naʀkɔtik] I. *adj* betäubend; **remède ~** Betäubungsmittel *nt;* **plante ~** Narkotikum *nt*
II. *m* Betäubungsmittel *nt*
narcotrafic [naʀkɔtʀafik] *m* Drogenhandel *m;* **lutte contre le ~** Rauschgiftbekämpfung *f*
narcotrafiquant [naʀkɔtʀafikɑ̃] *m* Drogenhändler *m*
narghilé [naʀgile] *m* Wasserpfeife *f*
narguer [naʀge] <1> *vt* ❶ verspotten; *(agacer)* ärgern
❷ *(braver)* herausfordern *police, danger*
narguilé *v.* **narghilé**
narine [naʀin] *f* Nasenloch *nt; du cheval* Nüster *f; (aile)* Nasenflügel *m*
narquois(e) [naʀkwa, waz] *adj* spöttisch
narquoisement [naʀkwazmɑ̃] *adv* spöttisch; **parler ~ de qn/qc** über jdn/etw spotten
narrateur, -trice [naʀatœʀ, -tʀis] *m, f* Erzähler(in) *m(f)*
narratif, -ive [naʀatif, -iv] *adj* erzählend; **style/art ~** Erzählstil *m/*-kunst *f,* narrativer Stil/narrative Kunst
narration [naʀasjɔ̃] *f* ❶ Erzählung *f; des événements* Schilderung *f;* **faire la ~ de qc** etw erzählen [*o* schildern]
❷ LITTER Erzählung *f*
❸ SCOL [Erlebnis]aufsatz *m*
narrer [naʀe] <1> *vt littér* erzählen
narthex [naʀtɛks] *m* Innenvorhalle *f* einer Kirche
narval [naʀval] <s> *m* ZOOL Narwal *m*
NASA [naza] *f abr de* **National Aeronautics and Space Administration** NASA *f*
nasal(e) [nazal, o] <-aux> *adj* ❶ ANAT Nasen-; **anneau ~** *d'un animal* Nasenring; **fosses ~es** Nasenhöhlen *Pl;* **mucosités ~es** Nasenschleim *m*
❷ PHON nasal; **consonne ~e** Nasallaut *m,* Nasal *m*
❸ *(nasillard) voix* näselnd
nasale [nazal] *f* PHON Nasal[laut *m*] *m*
nasalisation [nazalizasjɔ̃] *f* Nasalierung *f*
nasaliser [nazalize] <1> *vt* nasalieren
nase [naz] *adj pop* ❶ *chose* kaputt *(fam)*
❷ *(épuisé)* k. o. *(fam),* fertig *(fam)*
❸ *(ivre)* dicht *(fam)*
❹ *(cinglé)* durchgeknallt *(sl)*
naseau [nazo] <x> *m* Nüster *f*
nasillard(e) [nazijaʀ, jaʀd] *adj* näselnd
nasillement [nazijmɑ̃] *m* Näseln *nt; d'un appareil, instrument* näselndes Geräusch; *d'un canard* Quaken *nt*
nasiller [nazije] <1> I. *vi* näseln; *appareil, instrument:* ein näselndes Geräusch von sich geben; *radio, haut-parleur, canard:* quaken
II. *vt littér* mit näselnder Stimme singen/sprechen
nasique[1] [nazik] *m o f (couleuvre)* Nasenotter *f*
nasique[2] [nazik] *m (singe)* Nasenaffe *m*

nasse [nas] *f* PECHE Reuse *f*
natal(e) [natal] <s> *adj* **maison/ville ~e** Geburtshaus *nt/*-stadt *f;* **langue ~e** Muttersprache *f;* **terre ~e** Heimat *f;* **retourner dans son Allemagne ~e** in sein heimatliches Deutschland zurückkehren
nataliste [natalist] *adj* Geburten fördernd
natalité [natalite] *f* Geburtenziffer *f*
natation [natasjɔ̃] *f* Schwimmen *nt;* **pratiquer la ~** Schwimmen als Sport betreiben; **~ synchronisée** Kunstschwimmen
natatoire [natatwaʀ] *adj* Schwimmblase *f*
natel [natel] *m* CH ❶ *(téléphone portable)* Handy *nt,* Natel *nt* (CH)
❷ *(téléphonie portable)* Mobilfunknetz *nt,* Natel *nt* (CH)
natif, -ive [natif, -iv] I. *adj* **être ~/native de Toulouse** in Toulouse geboren sein, aus Toulouse stammen, gebürtiger Toulouser/gebürtige Toulouserin sein
❷ *soutenu (inné)* natürlich
❸ MINER *(pur)* rein
II. *m, f* Einheimische(r) *f(m);* **un ~ de Toulouse** ein gebürtiger Toulouser; **les ~s du cancer** die Krebsgeborenen
nation [nasjɔ̃] *f* ❶ *(peuple)* Volk *nt,* **être attaché(e) à sa ~** nationalbewusst sein
❷ POL *(pays)* Nation *f;* **~ culturelle** Kulturnation; **l'Europe des Nations** das Europa der Nationen; **les Nations unies** die Vereinten Nationen
national(e) [nasjɔnal, o] <-aux> *adj* ❶ national; **fête ~e** Nationalfeiertag *m;* **hymne ~** Nationalhymne *f;* **territoire ~** Staatsgebiet *nt;* **volonté ~e** Volkswille *m*
❷ *(opp: local, régional)* national; *entreprise* staatlich; *grève* landesweit; *besoins, émetteur, marchandise, trafic* Inlands-; **grève à l'échelon ~** Streik *m* auf nationaler Ebene; **équipe ~e** Nationalmannschaft *f;* **obsèques ~es** Staatsbegräbnis *nt*
❸ *(opp: international)* binnenländisch
Nationale [nasjɔnal] *f (route)* Nationalstraße *f; (en Allemagne)* ≈ Bundesstraße; **la ~ 7/10** die Nationalstraße 7/10
nationalisable [nasjɔnalizabl] *adj* **une entreprise ~** ein Unternehmen, das verstaatlicht werden kann
nationalisation [nasjɔnalizasjɔ̃] *f* Verstaatlichung *f*
nationalisé(e) [nasjɔnalize] *adj entreprise* staatseigen
nationaliser [nasjɔnalize] <1> *vt* verstaatlichen
nationalisme [nasjɔnalism] *m* Nationalismus *m; (conscience)* Nationalbewusstsein *nt; péj* Nationalismus
nationaliste [nasjɔnalist] I. *adj* nationalistisch
II. *mf* Nationalist(in) *m(f)*
nationalité [nasjɔnalite] *f* ❶ Staatsangehörigkeit *f; d'un navire* Nationalität *f;* **double ~** doppelte Staatsangehörigkeit; **sans ~** staatenlos; **être de ~ française** die französische Staatsangehörigkeit haben, Franzose/Französin sein
❷ *(nation)* Nationalität *f*
national-socialisme [nasjɔnalsɔsjalism] *m sans pl* Nationalsozialismus *m* **national-socialiste** [nasjɔnalsɔsjalist] <nationaux--socialistes> I. *adj* nationalsozialistisch II. *m, f* Nationalsozialist(in) *m(f)*
nationaux [nasjɔno] *mpl (citoyens)* **les ~** die Staatsangehörigen
nativité [nativite] *f* REL Geburt *f;* **la Nativité** die Geburt Christi
natte [nat] *f* ❶ Zopf *m;* **se faire une ~** sich *(Dat)* einen Zopf flechten
❷ *(tapis)* Matte *f;* **~ de coco/de raphia** Kokos-/Bastmatte; **~ de plage** Liegematte, Strandmatte
natter [nate] <1> *vt* flechten *cheveux, paille*
naturalisation [natyʀalizasjɔ̃] *f* ❶ POL Einbürgerung *f;* **demande de ~** Einbürgerungsantrag *m/*-gesuch *nt*
❷ BOT, ZOOL Einbürgerung *f*
❸ *(empaillage)* Präparieren *nt*
❹ LING Aufnahme *f* in den Sprachgebrauch
naturalisé(e) [natyʀalize] I. *adj* eingebürgert
II. *m(f)* eingebürgerter Staatsbürger/eingebürgerte Staatsbürgerin
naturaliser [natyʀalize] <1> *vt* ❶ **~ qn français(e)** jdn als Franzose/Französin einbürgern; **se faire ~** sich einbürgern lassen; **se faire ~ Français(e)** die französische Staatsbürgerschaft erwerben
❷ *(acclimater)* heimisch machen *espèce, plante;* einführen *art, coutume;* in seinen Sprachgebrauch aufnehmen *mot, locution*
❸ *(empailler)* präparieren
naturalisme [natyʀalism] *m* Naturalismus *m*
naturaliste [natyʀalist] I. *adj* ❶ ART, LITTER, PHILOS naturalistisch
❷ SCI **savant ~** Naturforscher(in) *m(f)*
II. *mf* ❶ ART, LITTER, PHILOS Naturalist(in) *m(f)*
❷ SCI *(scientifique)* Naturforscher(in) *m(f)*
❸ *(taxidermiste)* Präparator(in) *m(f)*
nature [natyʀ] I. *f* ❶ Natur *f*
❷ *(caractère) d'une personne, chose, d'un pouvoir* Wesen *nt; d'un engagement, d'une proposition* Art *f; d'une substance, d'un terrain* Beschaffenheit *f;* **~ humaine** Natur *f* des Menschen; **~ coléreuse/énergique de qn** jds jähzorniges/energisches Wesen; **avoir une**

~ **insouciante** ein sorgloses Wesen [o Naturell geh] haben; **être dans la ~ de qn** jds Art (Nomin) sein
③ ART ~ **morte** Stillleben nt
④ JUR d'une décision, d'un contrat Rechtsnatur f
▶ **être dans la ~ des choses** in der Natur der Sache liegen; **la ~ fait bien les choses** Mutter Natur richtet alles gut ein; **ne pas être gâté(e) par la ~** fam nicht gerade eine Schönheit [o hübsch hässlich fam] sein; **petite ~** fam sensibles Pflänzchen (fam); **seconde ~** zweite Natur; **c'est devenu comme une seconde ~ chez lui** das ist ihm zur zweiten Natur geworden; **de toute(s) ~(s)** jeder Art; **contre ~** wider die Natur, naturwidrig; **disparaître dans la ~** fam von der Bildfläche verschwinden (fam); **d'après ~** nach der Natur; **de** [o **par**] **~** von Natur [aus]; **en ~** (en objets réels) in Naturalien; **payer en ~** hum in natura bezahlen; **plus vrai(e) que ~** unwahrscheinlich echt; **un officier anglais plus vrai que ~** ein englischer Offizier wie aus dem Bilderbuch; **plus rouge que ~** röter als rot (fam); **plus grand(e) que ~** überlebensgroß
II. adj inv ① café, thé ohne alles; eau, vin pur; omelette nature; yaourt ~ Naturjoghurt m
② fam (simple) [ganz] natürlich, ungezwungen
naturel [natyʀɛl] m ① Wesen nt; **son bon ~** seine/ihre umgängliche Art
② (spontanéité) Natürlichkeit f
▶ **au ~** (dans la réalité) in Wirklichkeit (fam); GASTR (non préparé) natur; **thon au ~** Thunfisch im eigenen Saft; **être d'un ~ jaloux/timide** ein eifersüchtiges/schüchternes Wesen haben; **être d'un bon ~** umgänglich sein
naturel(le) [natyʀɛl] adj ① natürlich; bois, aliment, laine naturbelassen; événement naturgegeben; jus de pomme naturtrüb; **ton ~** Naturton m; **phénomène/droit ~** Naturerscheinung f/-recht nt
② (opp: légitime) enfant nichtehelich; père leiblich
③ (qui n'a pas été modifié ou traité) **gaz ~** Erdgas nt; **richesses ~les** Bodenschätze Pl; **la couleur ~le de ses cheveux** seine/ihre natürliche Haarfarbe; **produits rigoureusement ~s** reine Naturprodukte Pl
④ (inné) natürlich; **avoir un talent ~ pour le violon** ein Talent zum Geigespielen haben
⑤ (normal) natürlich; **c'était bien ~!** das war doch selbstverständlich!; **il est ~ de faire qc** es ist [ganz] normal, etw zu tun; **il est ~ qu'il prenne seul la décision** es ist [ganz] normal, dass er die Entscheidung alleine trifft; **trouver qc tout ~** etwas ganz normal finden
⑥ (simple) manières, personne, style natürlich; **personne simple et ~le** Naturmensch m; **enfant simple et ~** Naturkind nt
⑦ MUS (opp: altéré) ohne Vorzeichen; **son ~** Naturton m; **c'est un do ~, pas un do dièse** das ist ein C, kein Cis
naturellement [natyʀɛlmɑ̃] adv ① selbstverständlich; **~!** natürlich!
② (opp: artificiellement) auf natürliche Weise; **être ~ fertile** von Natur aus fruchtbar sein
③ (de façon innée) von Natur aus
④ (aisément) ganz einfach, von selbst
⑤ (spontanément) unbefangen; **tutoyer qn ~** jdn ganz selbstverständlich duzen
⑥ (automatiquement) automatisch
naturisme [natyʀism] m ① Freikörperkultur f, Nudismus m
② MED Naturheilkunde f, Naturheilverfahren nt
naturiste [natyʀist] I. adj ① **plage ~** FKK-Strand m, Nudistenstrand; **revue ~** Zeitschrift f für Freikörperkultur; **personne ~** FKK-Anhänger(in) m(f)
② PHILOS naturalistisch
II. mf Nudist(in) m(f) (geh), FKKler(in) m(f) (fam)
naturopathe [natyʀɔpat] mf [Natur]heilpraktiker(in) m(f)
naturopathie [natyʀɔpati] f Naturheilkunde f
naufrage [nofʀaʒ] m ① NAUT Untergang m
② (ruine) d'une entreprise, d'un pays Ruin m; d'un projet Scheitern nt; d'une ambition Ende nt; **sauver qn du ~** jdn vor dem Untergang bewahren
▶ **faire ~** bateau, projet: Schiffbruch erleiden
naufragé(e) [nofʀaʒe] I. adj schiffbrüchig
II. m(f) Schiffbrüchige(r) f(m); fig jd, der Schiffbruch erlitten hat
naufrageur, -euse [nofʀaʒœʀ, -ʒøz] m, f ① NAUT Strandräuber(in) m(f)
② littér (personne qui cause la ruine) Totengräber(in) m(f)
nauséabond(e) [nozeabɔ̃, ɔ̃d] adj ① widerlich
② (ordurier) œuvre, spectacle abstoßend
nausée [noze] f ① Übelkeit f; **j'ai la ~** [o **des ~s**] mir ist übel [o schlecht]
② (dégoût) Ekel m
▶ **cette personne/cet odeur donne la ~ à qn** von dieser Person/diesem Geruch wird jdm [ganz] schlecht; **ce parfum me donne la ~** von diesem Parfum wird mir [ganz] schlecht; **rien que de voir cela, ça me donne la ~** fig mir wird schon schlecht,

wenn ich das nur sehe (fam)
nauséeux, -euse [nozeø, -øz] adj ① (qui provoque des nausées) Übelkeit erregend; ② (qui a des nausées) unter Übelkeit leidend
nautile [notil] m ① (mollusque) Nautilus m
② (vase) Muschelvase f mit Fuß
nautique [notik] adj **mille ~** Seemeile f; **ski/sport ~** Wasserski nt/Wassersport m
nautisme [notism] m Wassersport m
naval(e) [naval] <s> adj bataille, combat See-; **base ~e** Marinestützpunkt m; **les constructions ~es** der Schiff[s]bau; **forces ~es** Seestreitkräfte Pl; **chantier ~** [Schiffs]werft f
Navale [naval] f (École navale) Marineakademie f
navarin [navaʀɛ̃] m Hammelragout [mit Teltower Rübchen]
navet [navɛ] m ① BOT weiße Rübe
② péj fam (œuvre sans valeur) Kitsch m (fam); (mauvais film) Schund[film] m; **être un ~** [ein] Mist sein (fam)
navette[1] [navɛt] f ① Pendelbus m/-zug m/-flugzeug nt/-schiff nt
② (va-et-vient) Hin und Her nt; **faire la ~ entre son lieu de travail et son domicile** zwischen Arbeitsplatz und Wohnort pendeln
③ TEXTIL Schiffchen nt
④ ESPACE **~ spatiale** Raumfähre f
navette[2] [navɛt] f BOT Rübsamen m
navetteur, -euse [navøtœʀ, -øz] m, f BELG Pendler(in) m(f)
navigabilité [navigabilite] f ① NAUT d'un cours d'eau Schiffbarkeit f
② NAUT d'un bateau Seetüchtigkeit f; AVIAT d'un avion Flugtauglichkeit f
navigable [navigabl] adj schiffbar
navigant(e) [navigɑ̃, ɑ̃t] I. adj AVIAT **personnel ~** Flugpersonal nt; NAUT Schiffspersonal nt
II. m(f) **les ~s** AVIAT das fliegende Personal; NAUT das zur See fahrende Personal
navigateur [navigatœʀ] m ① (marin) Seefahrer m
② AUT, AVIAT, NAUT (expert) Navigator m
③ INFORM Browser m; **~ Web** Internet-Browser, Navigationsprogramm nt
navigation [navigasjɔ̃] f ① (action de se déplacer) Schifffahrt f; **~ à voile** Segeln nt, Segelschifffahrt; **~ sur les canaux** Kanalschifffahrt; **~ aérienne** Luftschifffahrt; **~ spatiale** Raumfahrt f
② (ensemble des déplacements, trafic) **~ maritime** Seeverkehr m
③ (science et technique, pilotage) Navigation f; **~ aérienne** Flugnavigation; **aide à la ~ aérienne** Flugnavigationshilfe f
④ INFORM Navigation f
◆ **~ à vue** AVIAT Sichtflug m; NAUT Sichtnavigation f
◆ **~ de plaisance** NAUT Vergnügungsschifffahrt f
navigatrice [navigatʀis] f AUT, AVIAT, NAUT (expert) Navigatorin f
naviguer [navige] <1> vi ① avion, passager, pilote: fliegen; bateau, marin, passager: fahren; **en état de ~** avion flugtauglich; bateau seetüchtig; **propre à ~** bateau seefest
② (piloter) AVIAT fliegen; NAUT steuern; AUT (guider) Beifahrer(in) m(f) sein; **~ seul(e) à la voile** Einhandsegler(in) m(f) sein
③ (savoir se diriger) [savoir] **~** sich (Dat) zu helfen wissen, sich durchschlängeln (fam); **habilement** geschickt manövrieren; **~ à contre-courant** gegen den Strom schwimmen
④ fam (errer) umherirren
⑤ INFORM navigieren; **~ sur le Web** [o **le Net**] im Internet surfen; (chercher) im Internet browsen
navire [naviʀ] m Schiff nt, Seeschiff; **~ à vapeur** Dampfschiff nt; **~ à rames** Ruderschiff; **~ à moteur diesel** Schiff mit Dieselmotor; **~ de commerce** Handelsschiff; **~ baleinier** Walfangschiff; **~ bananier** Bananendampfer m; **~ pétrolier** Tanker m
navire-citerne [naviʀsitɛʀn] <navires-citernes> m Tankschiff nt
navire-école [naviʀekɔl] <navires-écoles> m Schulschiff nt
navire-hôpital [naviʀɔpital, o] <navires-hôpitaux> m Lazarettschiff nt **navire-usine** [naviʀyzin] <navires-usines> m Fabrikschiff nt
navrant(e) [navʀɑ̃, ɑ̃t] adj ① betrüblich; **il est ~ qu'il ait fait qc** es ist bedauerlich, dass er etw getan hat; **il est ~ de faire qc** es ist bedauerlich, etw zu tun
② (décourageant) **tu es vraiment ~** es ist schier zum Verzweifeln mit dir; **c'est ~!** es ist [ja] zum Verzweifeln!
navré(e) [navʀe] adj air, personne, ton betrübt; **qn est ~ de qc** jdm tut etw sehr leid; jd bedauert etw [zutiefst]; **je suis ~ qu'elle ait dit cela** ich bin sehr betrübt [o traurig] [darüber], dass sie das gesagt hat; **vraiment, je suis ~** (e) ich bedauere das wirklich zutiefst
navrer [navʀe] <1> vt bestürzen; (contrarier) zur Verzweiflung bringen; **ce malentendu me navre** ich bedauere dieses Missverständnis zutiefst
naze v. **nase**
nazi(e) [nazi] abr de **national-socialiste** I. adj Nazi-, NS-; **barbarie ~e** Nazibarbarei f; **crime/criminel/passé ~** NS-Verbrechen nt/-Verbrecher m/-Vergangenheit f; **l'Allemagne ~e** Nazideutschland nt
II. m(f) Nazi m

nazisme [nazism] *m abr de* **national-socialisme** Nazismus *m*, Nationalsozialismus *m*

N.B. [ɛnbe] *abr de* **nota bene** merke, N.B.

N.B.C. [ɛnbese] *adj inv abr de* **Nucléaire-Biologique-Chimique** MIL ABC-; **alerte/protection/armes** ~ ABC-Alarm *m*/-Abwehr *f*/-Waffen *Pl*; **moyens de combat** ~ ABC-Kampfmittel *Pl*, ABC-Kampfstoffe *Pl*

N.D.L.R. [ɛndeɛlɛr] *abr de* **note de la rédaction** Anmerkung *f* der Redaktion, Anm. d. Red.

N.D.T. [ɛndete] *abr de* **note du traducteur** Anmerkung *f* des Übersetzers

ne [nə] <*devant voyelle ou h muet* n'> *adv* ❶ *(avec autre mot négatif)* **il ~ mange pas/point le midi** er isst nicht/gar nicht zu Mittag; **elle n'a guère d'argent** sie hat kaum Geld; **je ~ fume plus** ich rauche nicht mehr; **je ~ me promène jamais** ich gehe nie spazieren; **je ~ vois personne** ich sehe niemand[en]; **personne ~ vient** niemand kommt; **je ~ vois rien** ich sehe nichts; **rien ~ va plus** nichts geht mehr; **il n'a ni frère ni sœur** er hat weder Bruder noch Schwester; **tu n'as aucune chance** du hast keine Chance

❷ *sans autre mot négatif soutenu* nicht; **je n'ose le dire** ich wage nicht, es zu sagen

❸ *(seulement)* **je ~ vois que cette solution** ich sehe nur diese Lösung; **il n'y a pas que vous qui le dites** Sie sind nicht der Einzige, der das sagt

❹ *soutenu (explétif) wird im Deutschen nicht übersetzt*; **j'ai peur qu'il ~ vienne** ich fürchte, er kommt; **... à moins qu'il ~ neige ...** es sei denn, es schneit

né(e) [ne] I. *part passé de* **naître**
II. *adj (de naissance)* geboren; **une artiste ~ e** [*o* **artiste-~e**] eine geborene Künstlerin; **Madame Bertaux, ~ e Dumontet** Frau Bertaux, geborene Dumontet
▶ **bien/mal ~ (e)** [von] hoher/niederer Geburt; **être bien ~ aus** gutem Hause stammen; **les âmes bien ~ es** die guten [*o* edelmütigen] Seelen

néanmoins [neɑ̃mwɛ̃] *adv* trotzdem, dennoch, nichtsdestoweniger

néant [neɑ̃] I. *m* Nichts *nt*; **de la pensée** Nichtigkeit *f*; PHILOS Nichts
▶ **tirer qn du ~** etwas aus jdm machen
II. *pron (rien)* **signes particuliers: ~** besondere Kennzeichen: keine; **je lui pose la question; ~, il se tait** ich stelle ihm die Frage; nichts, er schweigt
▶ **réduire qc à ~** etw zunichtemachen; **les risques de contamination sont réduits à ~** die Ansteckungsgefahr ist gebannt

nébuleuse [nebyløz] *f* ❶ ASTRON Nebel *m*, Gasnebel
❷ *(amas diffus)* vages Umfeld; **être à l'état de ~** noch keine klaren Formen annehmen

nébuleux, -euse [nebylø, -øz] *adj* ❶ METEO bewölkt
❷ *(confus, flou)* unklar; *projet, idées, discours* diffus *(geh)*, unklar

nébulisation [nebylizasjɔ̃] *f* Sprayen *nt*, Zerstäuben *nt*; **deux ~ s, cinq ou six fois par jour** fünf- oder sechsmal täglich zwei Sprühstöße

nébuliseur [nebylizœr] *m* Spray *nt o m; (vaporisateur)* Zerstäuber *m*; **un ~ pour le nez** ein Nasenspray

nébulosité [nebylozite] *f* ❶ METEO Bewölkung *f*; **ciel à ~ variable** wechselnd bewölkter Himmel
❷ *(obscurité)* Unklarheit *f*

nécessaire [nesesɛr] I. *adj* ❶ nötig; **être ~ à qc** für etw gebraucht werden; **tu m'es ~** ich brauche dich; **les vitamines sont ~ à l'organisme** der Organismus braucht Vitamine; **ma présence lui est ~** er braucht meine Anwesenheit; **il est ~ de partir/que tu partes** wir müssen/du musst gehen; **le travail est ~ pour réussir dans la vie** man muss arbeiten für den Erfolg; **si j'avais le temps ~ ...** wenn ich die nötige Zeit hätte ...; **si ~** falls nötig
❷ PHILOS unbedingt
❸ MATH **condition ~** notwendige Voraussetzung
II. *m* ❶ **le ~** das Nötige; **le strict ~** das Allernötigste; **faire le ~** das Nötige veranlassen; **qn manque du ~** jdm fehlt es am Nötigsten
❷ PHILOS Notwendige(s) *nt*
◆ **~ à couture** [*o* **ouvrage**] Reisenähzeug *nt*; **~ à langer** Babypflegekoffer *m*; **~ à ongles** Nagelnecessaire *nt*
◆ **~ de manucure** Maniküre-Set *nt*; **~ de pédicure** Pediküre-Set *nt*; **~ de toilette** [*o* **de voyage**] Kulturbeutel *m*

nécessairement [nesesɛrmɑ̃] *adv* ❶ unbedingt; **pas ~** nicht unbedingt
❷ *(obligatoirement)* zwangsläufig; PHILOS notwendigerweise

nécessité [nesesite] *f* ❶ Notwendigkeit *f*; **d'obtenir une autorisation** Genehmigungserfordernis *nt*; **ne pas être une ~** nicht unbedingt nötig sein; **la ~ de travailler** die Notwendigkeit zu arbeiten; **l'exercice physique est une ~ de la santé** körperliche Betätigung ist für die Gesundheit ein Muss
❷ *pl (besoins impérieux)* Erfordernisse *Pl*
❸ PHILOS Notwendigkeit *f*

▶ **~ absolue** dringende Notwendigkeit; **en cas de ~ absolue** im äußersten Notfall; **de première ~** unentbehrlich; **équipement** [*o* **affaires**] **de première ~** Erstausstattung *f*; **être dans la ~** in Armut leben; **être** [*o* **se trouver**] **dans la ~ de faire qc** gezwungen sein [*o* sich gezwungen sehen], etw zu tun; **mettre qn dans la ~ de faire qc** jdn zwingen, etw zu tun; **de toute ~** unbedingt; **par ~** notgedrungen, gezwungenermaßen; **sans ~** unnötig[erweise]

nécessiter [nesesite] <1> *vt* erfordern; **~ quelques explications** einiger Erklärungen bedürfen; **~ autorisation** genehmigungsbedürftig sein; **ce projet nécessite qu'on y réfléchisse** dieses Projekt muss noch überdacht werden

nécessiteux, -euse [nesesitø, -øz] I. *adj* bedürftig
II. *m, f* Bedürftige(r) *f(m)*

nec plus ultra [nɛkplysyltra] *m inv* Nonplusultra *nt*

nécro [nekro] *f abr de* **nécrologie**

nécrologie [nekrɔlɔʒi] *f* ❶ Todesanzeigen *Pl*
❷ *(notice)* Nachruf *m*

nécrologique [nekrɔlɔʒik] *adj* **article/notice ~** Nachruf *m*; **avis ~** Todesanzeige *f*; **rubrique ~** Todesanzeigen *Pl*

nécromancie [nekrɔmɑ̃si] *f* Geisterbeschwörung *f*

nécromancien(ne) [nekrɔmɑ̃sjɛ̃, jɛn] *m(f)* Geisterbeschwörer(in) *m(f)*

nécrophage [nekrɔfaʒ] *adj insecte* Aas fressend

nécropole [nekrɔpɔl] *f* ❶ *littér (cimetière)* Gräberstadt *f (liter)*
❷ HIST Totenstadt *f*

nécrose [nekroz] *f* MED Nekrose *f (Fachspr.)*

nécroser [nekroze] <1> I. *vt* **~ la peau** dazu führen, dass die Haut abstirbt
II. *vpr* **se ~** absterben

nectar [nɛktar] *m* Nektar *m*

nectarine [nɛktarin] *f* Nektarine *f*

néerlandais [neɛrlɑ̃dɛ] *m* **le ~** Niederländisch *nt*, das Niederländische; *v. a.* **allemand**

néerlandais(e) [neɛrlɑ̃dɛ, ɛz] *adj* niederländisch

Néerlandais(e) [neɛrlɑ̃dɛ, ɛz] *m(f)* Niederländer(in) *m(f)*

néerlandophone [neɛrlɑ̃dofɔn] I. *adj* niederländischsprachig
II. *mf* Niederländischsprachige(r) *f(m)*

nef [nɛf] *f* ❶ ARCHIT [Kirchen]schiff *nt*; **~ centrale** Hauptschiff
❷ *vieilli littér (bateau)* [Segel]schiff *nt*

néfaste [nefast] *adj* unheilvoll; *régime, décision* un[glück]selig; *temps* ungünstig; **jour/journée ~** Unglückstag *m*; **être ~ à qn/qc** jdm/einer S. schaden

nèfle [nɛfl] *f* Mispel *f*

néflier [neflije] *m* Mispel[baum *m*] *f*, Mispelstrauch *m*

négateur, -trice [negatœr, -tris] I. *adj* verneinend
II. *m, f littér* Verneiner(in) *m(f)*

négatif [negatif] *m* ❶ PHOT Negativ *nt*, Negativbild *nt*
❷ LING verneinte Form; **mettre au ~** verneinen

négatif, -ive [negatif, -iv] *adj* negativ; **températures négatives** Minusgrade *Pl*; **cliché ~/image négative** Negativ *nt*
❷ *(opp: affirmatif) réponse, signe* negativ; GRAM, LING *adverbe* der Verneinung *(Gen)*; **particule négative** Verneinungspartikel *f*; **préfixe ~** Verneinungspräfix *nt*; **phrase** [*o* **proposition**] **négative** negierter Satz

négation [negasjɔ̃] *f* ❶ GRAM, LING Negation *f*
❷ *(rejet)* Negierung *f*; **c'est la ~ de qc** das bedeutet die Negierung einer S. *(Gen)*, das heißt, etw zu negieren

négationnisme [negasjɔnism] *m* Leugnung *f* des Holocaustes

négationniste [negasjɔnist] I. *adj* den Holocaust leugnend
II. *mf* Leugner(in) *m(f)* des Holocaust

négative [negativ] *f* ▶ **répondre par la ~** verneinen; *(refuser)* [etw] ablehnen; **dans la ~** *(sinon)* wenn nicht; *(si refusé)* im Falle einer Absage

négativement [negativmɑ̃] *adv* negativ; **répondre ~** verneinen

négativisme [negativism] *m* Negativismus *m*

négativité [negativite] *f* ❶ PHYS Negativität *f*; **en état de ~** negativ geladen
❷ *(attitude négative)* negative [*o* ablehnende] Haltung

négligé [negliʒe] *m* ❶ *péj* Nachlässigkeit *f*
❷ *(vêtement)* Negligee *nt*

négligé(e) [negliʒe] *adj* ❶ *intérieur, style, travail* nachlässig; *tenue* ungepflegt
❷ *(laissé à l'abandon) ami, épouse* vernachlässigt; *rhume* nicht auskuriert; *plaie* nachlässig behandelt; *occasion* versäumt

négligeable [negliʒabl] *adj* unbedeutend; *élément, facteur* unwesentlich; *détail* belanglos; *moyens* gering; **non ~** nicht unwesentlich

négligemment [negliʒamɑ̃] *adv* ❶ lässig
❷ *(sans soin)* nachlässig

négligence [negliʒɑ̃s] *f* ❶ *sans pl* Nachlässigkeit *f*; **~ coupable** sträfliche Nachlässigkeit; **par ~** aus Unachtsamkeit
❷ *(omission)* Nachlässigkeit *f*; *(faute légère)* Flüchtigkeitsfehler *m*
❸ JUR Fahrlässigkeit *f*; **par ~** aus Fahrlässigkeit; **degré de ~** Fahrlässigkeitsgrad *m*; **~ fautive/punissable** schuldhafte/strafbare Fahr-

lässigkeit
négligent(e) [negliʒɑ̃, ʒɑ̃t] **I.** *adj* ❶ *élève, employé* nachlässig
❷ *(nonchalant)* lässig
II. *m(f) (personne peu attentive)* nachlässiger Mensch
négliger [negliʒe] <2a> **I.** *vt* ❶ vernachlässigen *devoirs, santé, tenue;* ungenutzt lassen *occasion;* unbeachtet [*o* außer Acht] lassen *conseil, détail, fait*
❷ *(délaisser)* vernachlässigen *ami, épouse*
❸ *(omettre de faire)* versäumen; **être négligé(e)** ungenutzt [*o* unversucht] bleiben; **~ de faire qc** es versäumen [*o* unterlassen], etw zu tun
II. *vpr* **se ~** sich vernachlässigen
négoce [negɔs] *m soutenu* Handel *m;* **faire le ~ de qc** mit etw handeln; **faire du ~ avec qn** mit jdm handeln; **tenir un ~ de fruits et légumes** ein Obst- und Gemüsegeschäft haben
négociabilité [negɔsjabilite] *f* Begebbarkeit *f;* ECON Umlauffähigkeit *f; d'un titre, d'une marchandise* Verkehrsfähigkeit
négociable [negɔsjabl] *adj* ❶ COM übertragbar
❷ *a.* POL *(discutable)* aushandelbar; **la paix est ~** über den Frieden kann verhandelt werden
❸ FIN *créance, effet* marktfähig; *titre* börsenfähig, marktfähig, begebbar *(Fachspr.);* **~ en Bourse** *titre* börsenfähig
négociant(e) [negɔsjɑ̃, jɑ̃t] *m(f)* Händler(in) *m(f);* **~(e) en vins** Weinhändler(in); **~(e) en gros** Großhändler(in)
négociateur, -trice [negɔsjatœʀ, -tʀis] *m, f* Unterhändler(in) *m(f),* Verhandlungsführer(in) *m(f);* **~ sur le marché primaire** FIN Primärdealer *m (Fachspr.)*
négociation [negɔsjasjɔ̃] *f* ❶ *gén pl* Verhandlung *f;* **~s commerciales** Wirtschaftsverhandlungen; **de nouvelles ~s** erneute Verhandlungen; **~ préliminaire** Vorverhandlung; **~s salariales** [*o* **sur les salaires**] *(entre syndicats et employeurs)* Lohnverhandlungen, Lohnrunde *f;* **annoncer de nouvelles ~s salariales** eine neue Lohnrunde einläuten; **~s sur la coalition/sur la fusion** Koalitions-/Fusionsverhandlungen *Pl;* **~s pour un crédit** Kreditverhandlungen; **engager des ~s avec qn** mit jdm in Verhandlungen treten
❷ *(discussion) d'un contrat* Aushandlung *f*
❸ FIN *(cession) d'un effet de commerce* Begebung *f (Fachspr.)*
négocié(e) [negɔsje] *adj* **~(e) en Bourse** *marchandise* börsengängig
négocier [negɔsje] <1a> **I.** *vi* POL **~ avec qn** mit jdm verhandeln; **disposé(e) à ~** verhandlungswillig
II. *vt* ❶ JUR, POL **~ la capitulation avec qn** *(discuter)* mit jdm über die Kapitulation verhandeln; *(obtenir après discussion)* die Kapitulation mit jdm aushandeln; **~ un traité de paix avec qn** einen Friedensvertrag mit jdm aushandeln
❷ COM, FIN *(réaliser après négociation)* aushandeln; abschließen *affaire, vente; (céder à un tiers)* begeben *effet de commerce, titre;* übermitteln *contrat;* **~ des conditions** Bedingungen *Pl* aushandeln
❸ AUT nehmen *tournant, virage*
III. *vpr* **un accord se négocie** über eine Einigung wird verhandelt; **tout se négocie** man kann über alles verhandeln
nègre [nɛgʀ] **I.** *m* ❶ *péj* Neger *m (pej);* **tribu de ~s** Negerstamm *m (pej)*
❷ LITTER *fam* Ghostwriter *m*
❸ GASTR **~ en chemise** Mohr *m* im Hemd
▸ **petit ~** Kauderwelsch *nt (fam),* gebrochenes Französisch; **travailler comme un ~** wie ein Pferd schuften *(fam)*
II. *adj* ❶ *péj (africain)* Neger- *(pej),* afrikanisch; **chef ~** Negerhäuptling *m (pej);* **art/musique ~** Negerkunst *f/-*musik *f (pej),* Kunst/Musik der Schwarzen
❷ *(couleur)* dunkelbraun, schokoladenbraun
▸ **~ blanc** *inv (ambigu)* zweideutig
négresse [negʀɛs] *f* ❶ *péj (personne)* Negerin *f (pej)*
❷ *(poupée)* Negerpuppe *f (pej)*
négrier, -ière [negʀije, -jɛʀ] **I.** *adj* **capitaine/vaisseau ~** Sklavenhändler *m/-*schiff *nt*
II. *m, f* ❶ HIST Sklavenhändler(in) *m(f)*
❷ *(exploiteur)* Ausbeuter(in) *m(f)*
négrillon(ne) [negʀijɔ̃, jɔn] *m(f) péj fam* Negerlein *nt (pej),* Negerkind *nt (pej)*
négritude [negʀityd] *f* Negritude *f*
négro [negʀo] *m péj fam* Nigger *m (pej)*
négroïde [negʀɔid] *adj* negroid
negro-spiritual [negʀospiʀitɥɔl, ɔls] <negro-spirituals> *m* [Negro]spiritual *nt o m*
neige [nɛʒ] *f* ❶ METEO Schnee *m;* **aller à la ~** Ski [*o* Schi] fahren gehen; **~ profonde** Tiefschnee
❷ *arg (drogue)* Schnee *m (sl); (cocaïne)* Koks *m (sl)*
❸ GASTR **battre les blancs [d'œufs] en ~** das Eiweiß zu Schnee schlagen; **les blancs [d'œufs] [battus] en ~** Eischnee *m;* **œufs à la ~** Nachtisch aus Eischnee auf Vanillesoße, auch „îles flottantes" genannt

❹ TECH **~ carbonique** Trockeneis *nt*
▸ **être blanc(blanche) comme ~** eine weiße Weste haben *(fam);* **trains de ~** [Sonder]züge *Pl* in Wintersportgebiete [*o* für Wintersportler]; **cheveux de ~** *littér* schneeweiße [*o* schlohweiße] Haare *(liter)*
neiger [neʒe] <2a> *vi impers* **il neige** es schneit
neigeux, -euse [nɛʒø, -øz] *adj cime* schneebedeckt; *hiver, contrée* schneereich; **temps ~** Schneewetter *nt*
nem [nɛm] *m* GASTR [kleine] Frühlingsrolle *f*
néné [nene] *m pop* Titte *f (sl)*
nénette [nenɛt] *f fam* Tussi *f (fam)*
▸ **se casser la ~** *pop (chercher à comprendre)* sich *(Dat)* den Kopf zerbrechen; *(faire des efforts)* sich *(Dat)* einen abrechen *(fam)*
nenni [neni] *adv hum* nein
nénuphar [nenyfaʀ] *m* BOT Seerose *f,* Wasserrose
néo-arriviste [neoaʀivist] *mf* [typische(r)] Vertreter(in) *m(f)* der Start-up-Generation
néocapitalisme [neokapitalism] *m* Neokapitalismus *m*
néocapitaliste [neokapitalist] **I.** *adj* neokapitalistisch
II. *mf* Neokapitalist(in) *m(f)*
néoclassicisme [neoklasisism] *m* Neoklassizismus *m*
néoclassique [neoklasik] *adj* neoklassizistisch
néocolonialisme [neokɔlɔnjalism] *m* Neokolonialismus *m*
néocolonialiste [neokɔlɔnjalist] **I.** *adj* neokolonialistisch
II. *mf* Neokolonialist(in) *m(f)*
néofachisme [neofaʃism] *m* Neofaschismus *m*
néofachiste [neofaʃist] **I.** *adj* neofaschistisch
II. *mf* Neofaschist(in) *m(f)*
néogothique [neogɔtik] **I.** *adj* neugotisch
II. *m* Neugotik *f*
néolibéral(e) [neolibeʀal, o] <-aux> **I.** *adj* neoliberal
II. *m(f)* Neoliberale(r) *f(m)*
néolibéralisme [neolibeʀalism] *m* Neoliberalismus *m*
néolithique [neolitik] **I.** *adj* neolithisch
II. *m* Neolithikum *nt*
néologique [neolɔʒik] *adj* **emploi ~** neuer [*o* neugeprägter] [Sprach]gebrauch; **cette locution est ~** diese Redensart ist neu geprägt
néologisme [neolɔʒism] *m* LING Neologismus *m*
néon [neɔ̃] *m* ❶ CHIM Neon *nt*
❷ *(tube fluorescent)* Neonröhre *f*
néonatal(e) [neonatal] <s> *adj* neonatal; **mortalité ~e** Neugeborenensterblichkeit *f*
néonazi(e) [neonazi] **I.** *adj* neonazistisch
II. *m(f)* Neonazi *mf*
néonazisme [neonazism] *m* Neonazismus *m*
néophyte [neofit] *mf* neuer Anhänger/neue Anhängerin, *(débutant)* Anfänger(in) *m(f);* REL *(nouveau converti)* Neubekehrte(r) *f(m),* Neugetaufte(r) *f(m)*
néoplasme [neoplasm] *m* BIO Zellwucherung *f*
néoprène® [neopʀɛn] *m* Neopren® *nt*
néoréalisme [neoʀealism] *m* Neorealismus *m*
néoréaliste [neoʀealist] *adj* neorealistisch
népérien(ne) [nepeʀjɛ̃, jɛn] *adj* MATH **logarithmes ~s** natürliche Logarithmen *Pl*
néphrétique [nefʀetik] *adj* MED Nieren-; **problèmes ~s** [*o* **rénaux**] Nierenbeschwerden *Pl;* **coliques ~s** Nierenkoliken *Pl;* **insuffisance ~** Niereninsuffizienz *f (Fachspr.)*
néphrite[1] [nefʀit] *f* MED Nierenentzündung *f*
néphrite[2] [nefʀit] *f* MINER Nephrit *m*
néphrologie [nefʀɔlɔʒi] *f* MED Nephrologie *f (Fachspr.)*
néphrologue [nefʀɔlɔg] *mf* MED Nierenspezialist(in) *m(f),* Nephrologe *m/*Nephrologin *f (Fachspr.)*
népotisme [nepɔtism] *m* Vetternwirtschaft *f,* Vetterleswirtschaft (SDEUTSCH), Vetterliwirtschaft (CH)
Neptune[1] [nɛptyn(ə)] *m* MYTH Neptun *m*
Neptune[2] [nɛptyn] *f* ASTRON Neptun *m*
neptunium [nɛptynjɔm] *m* Neptunium *nt*
néréide [neʀeid] *f* ZOOL Seeringelwurm *m,* Borstenwurm
Néréide [neʀeid] *f* Meeresnymphe *f*
nerf [nɛʀ] *m* ❶ ANAT, MED Nerv *m;* **~ crânien** [*o* **cérébral**] Hirnnerv; **~ facial** Gesichtsnerv; **~ gustatif** Geschmacksnerv; **~ vague** [*o* **pneumogastrique**] Vagus *m*
❷ *pl* PSYCH Nerven *Pl;* **avoir les ~s fragiles** schwache Nerven haben; **être malade des ~s** nervenkrank sein; **ses ~s ont craqué** [*o* **lâché**] er hat die Nerven verloren, seine Nerven haben versagt
❸ *(tendon, ligament)* Sehne *f;* **viande pleine de ~s** sehniges Fleisch
▸ **avoir des ~s d'acier** [*o* **les ~s à toute épreuve**] Nerven wie Drahtseile haben *(fam);* **avoir les ~s à fleur de peau** *fam* ein dünnes Nervenkostüm haben *(fam),* **avoir les ~s à vif** nervös sein; **avoir du ~** *personne:* energiegeladen sein; *voiture:* spritzig sein; *moteur:* spurtstark sein; *style, œuvre:* ausdrucksvoll sein; **manquer**

de ~ *personne:* kraftlos sein; *pièce:* flach sein; *moteur:* lahm sein *(fam);* **passer ses ~s sur qn/qc** *fam* sich an jdm/etw abreagieren; **taper sur les ~s à qn** *fam* jdm auf die Nerven gehen [*o* fallen] *(fam);* **vivre sur les ~s** *fam* [nervlich] angespannt sein; **être sur les ~s** *fam* nervös [*o* unruhig] sein; **un peu de ~!, du ~!** *fam* reiß dich zusammen! *(fam)*
◆ **~ de bœuf** Ochsenziemer *m (veraltet)*
Néron [neʀɔ̃] *m* Nero *m*
nerveusement [nɛʀvøzmɑ̃] *adv* ❶ nervös
❷ *(avec vigueur)* kraftvoll; **démarrer ~** spritzig anfahren
❸ *(sur le plan nerveux)* nervlich
nerveux, -euse [nɛʀvø, -øz] I. *adj* ❶ ANAT, MED *spasme, troubles* nervös; **tension nerveuse** Nervenanspannung *f*
❷ *(irritable)* nervös; *animal, personne* unruhig
❸ *(émotif)* empfindlich
❹ *(vigoureux) animal, personne* dynamisch; *style* ausdrucksvoll; *moteur, voiture* spritzig
❺ *(filandreux) viande* sehnig
II. *m, f* nervöser Mensch; **c'est un [grand] ~** er ist ein Nervenbündel
nervi [nɛʀvi] *m* Handlanger *m; (tueur)* Profikiller *m (fam)*
nervosité [nɛʀvozite] *f* ❶ Nervosität *f*
❷ *(vigueur) d'un moteur, d'une voiture* Spurtstärke *f*
nervure [nɛʀvyʀ] *f* BOT Blattaderung *f; du bois* Maserung *f;* ZOOL Ader *f;* ARCHIT, TECH, TYP Rippe *f*
nervurer [nɛʀvyʀe] <1> *vt* ARCHIT, TECH, TYP rippen; **être nervuré(e)** *aile, feuille:* geädert sein; *jupe:* gerippt sein
nes [nɛs] *m fam,* **nescafé®** [nɛskafe] *m* Nescafé® *m*
n'est-ce-pas [nɛspa] *adv* ❶ *(invitation à acquiescer)* **~?** oder [etwa nicht]?; **~ qu'il est ingénieur?** [es] stimmt doch, dass er Ingenieur ist, oder?; **vous viendrez, ~?** Sie kommen doch, oder?
❷ *(renforcement)* nicht [wahr]; **ces gens-là, ~, ont la vie facile** diese Leute haben ein leichtes Leben, nicht [wahr]
net [nɛt] I. *m* ▸ **mettre au ~** *(régler)* klarstellen; *(recopier au propre)* ins Reine schreiben; **écrire directement au ~** direkt ins Reine schreiben
II. *adv* ❶ **se casser** glatt; *s'arrêter* abrupt; **être tué(e) ~** auf der Stelle tot sein
❷ *(franchement) dire, refuser* klar und deutlich
❸ COM netto
net(te) [nɛt] *adj* ❶ *postposé* sauber; *copie, intérieur* ordentlich; *(sans tache) conscience* rein; **~ de tout soupçon** über jeden Zweifel erhaben
❷ *postposé* COM, FIN *(opp: brut)* **salaire ~** Nettolohn *m;* **produit ~ d'impôt** steuerfrei; **épargne ~te d'impôts** steuerbegünstigtes Sparen
❸ *postposé (précis)* klar; *position, réponse* eindeutig; *conduite* unmissverständlich; *(franc) situation* klar; **la situation n'est pas très ~te** die Lage ist ziemlich undurchsichtig
❹ *a. antéposé (évident)* klar; *amélioration, différence, tendance* spürbar; *odeur* eindeutig; *couleur* rein; **il est ~ qu'il ment** es ist klar, dass er lügt
❺ *postposé (distinct)* klar; *dessin, écriture* sauber; *contours, image* scharf; *cassure, coupure* glatt; *souvenir* deutlich
❻ *fam (opp: cinglé)* klar [im Kopf]
Net [nɛt] *m* **le ~** das Internet, das Netz [*o* Web]; **surfer sur le ~** im Internet surfen
netcafé [nɛtkafe] *m* Internetcafé *nt*
netclic [nɛtklik] *m* Internetklick *m*
netclub [nɛtklœb] *m* Internetclub *m*
netéconomie [nɛtekɔnɔmi] *f* Internetwirtschaft *f*
nétiquette [netikɛt] *f* INFORM Netiquette *f*
nettement [nɛtmɑ̃] *adv* ❶ unmissverständlich; **prendre ~ position** eindeutig Stellung beziehen
❷ *(distinctement)* deutlich; *se détacher* scharf; *se souvenir* genau
❸ *(largement)* eindeutig; **~ moins/plus** deutlich weniger/mehr
netteté [nɛtte] *f* ❶ Sauberkeit *f*
❷ *(précision)* Klarheit *f*
❸ *(caractère distinct, franc)* Klarheit *f; d'un souvenir* Klarheit *f; des contours* Schärfe *f;* **~ de l'image** Bildschärfe
nettoiement [nɛtwamɑ̃] *m* Reinigung *f; de la forêt* Ausholzen *nt;* **~ du sol** [*o* **des terres**] Unkrautvernichtung *f;* **les services de ~** die Müllabfuhr
nettoyage [nɛtwajaʒ] *m* ❶ Reinigen *nt,* Reinigung *f; d'un meuble, d'une pièce* Putzen *nt;* **~ à sec** chemische Reinigung *f;* **~ complet** Vollreinigung; **grand ~ de printemps** Frühjahrsputz *m;* **~ des tapis** Teppichreinigung *f;* **~ d'une voiture** Wagenwäsche *f,* Autowäsche; **~ de moteur** Motorwäsche
❷ MIL, POL Säuberung *f*
nettoyant [nɛtwajɑ̃] *m* Reinigungsmittel *nt;* **~ ménager** Haushaltsreiniger *m,* Vielzweckreiniger *m;* **~ pour vitres** Glasreiniger *m;* **~ W.-C.** WC-Reiniger
nettoyant(e) [nɛtwajɑ̃, ɑ̃t] *adj* reinigend; **un produit ~** ein Reinigungsmittel *nt*

nettoyer [nɛtwaje] <6> I. *vt* ❶ putzen; reinigen *plaie, tapis;* sauber machen *personne;* **~ qn au** [*o* **avec du**] **savon** jdn mit Seife waschen; **~ la table à l'eau/avec la brosse** den Tisch mit Wasser/der Bürste reinigen; **~ la table au chiffon/à l'éponge** den Tisch mit einem Lappen/dem Schwamm putzen; **~ la pièce au balai** das Zimmer [mit dem Besen] fegen; **~ à fond la maison** das Haus gründlich putzen; **faire ~ un pull à sec** einen Pullover reinigen lassen
❷ *(enlever avec une éponge, un chiffon)* wegwischen
❸ MIL, POL **~ une ville de sa pègre** eine Stadt von der Unterwelt säubern
❹ *fam (vider) personne:* leeren; *animal:* leer fressen; **~ un appartement** eine Wohnung ausräumen; **~ un compte en banque** ein Bankkonto plündern *(fam)*
❺ *pop (tuer)* wegputzen *(fam)*
❻ *fam (ruiner)* ruinieren; **se faire ~ par qn** von jdm ausgenommen [*o* gerupft] werden *(fam)*
❼ *fam (épuiser)* [total] schaffen *(fam)*
II. *vpr* **se ~** *personne:* sich säubern; *animal:* sich putzen; **se ~ les oreilles** sich *(Dat)* die Ohren säubern; **ces taches se nettoient avec du savon** diese Flecken lassen sich mit Seife reinigen; **ces taches se nettoient difficilement** diese Flecken lassen sich schwer entfernen
nettoyeur [nɛtwajœʀ] *m* ❶ *(personne)* [männliche] Putzkraft *f,* Putzmann *m;* **~ de vitres** Fensterputzer *m*
❷ *(appareil)* **~ à vapeur** Dampfreiniger *m*
nettoyeuse [nɛtwajøz] *f* ❶ *(personne)* Putzkraft *f,* Putzfrau *f;* **~ de vitres** Fensterputzerin *f*
❷ *(appareil, machine)* Reinigungsmaschine *f*
neuf [nœf] I. *num* ❶ neun
❷ *(dans l'indication de l'âge, la durée)* **avoir/avoir bientôt ~ ans** neun [Jahre alt] sein/werden; **enfant de ~ ans** Neunjährige(r) *f(m);* **période de ~ ans** Zeitraum *m* von neun Jahren
❸ *(dans l'indication de l'heure)* **il est ~ heures** es ist neun [Uhr]
❹ *(dans l'indication de la date)* **le ~ mars** geschrieben: **le 9 mars** der neunte März *écrit:* der 9. März
❺ *(dans l'indication de l'ordre)* **arriver ~ ou dixième** als Neunte(r) oder Zehnte(r) kommen
❻ *(dans les noms de personnages)* **Louis ~** geschrieben: **Louis IX** Ludwig der Neunte *écrit:* Ludwig IX.
II. *m inv* ❶ Neun *f*
❷ *(numéro)* Nummer *f* neun, Neun *f*
❸ TRANSP die Linie [*o* Nummer] neun, die Neun *(fam)*
❹ JEUX Neun *f*
❺ SCOL **avoir ~ [sur dix/sur vingt]** ≈ eine Zwei/eine Vier haben
III. *f (table, chambre … numéro neuf)* Neun *f; v. a.* **cinq**
neuf [nœf] *m* Neue(s) *nt;* **le ~ et l'occasion** Neues und Gebrauchtes *Pl*
▸ **il y a du ~** es gibt etwas Neues; **à ~ neu~ repeint(e) à ~** frisch gestrichen; **faire remettre à ~ tout le vieux mobilier** die alten Möbel [neu] herrichten lassen; **se meubler de ~** sich neu einrichten
neuf, neuve [nœf, nœv] *adj* ❶ neu; **flambant ~** [funkel]nagelneu *(fam);* **une voiture flambant neuve** ein [funkel]nagelneues Auto; **comme ~** wie neu
❷ *(opp: vieux) édifice* neu; *peuple* jung; **la ville neuve de La Valette** die Neustadt von La Valetta
❸ *(original)* neu; *idée, pensée* neuartig
❹ *(inexpérimenté)* unerfahren; *esprit* unvoreingenommen; **être ~ dans le service** neu in der Abteilung sein
▸ **quelque chose/rien de ~** etwas/nichts Neues; **quoi de ~?** was gibt's Neues?
neural(e) [nøʀal, o] <-aux> *adj,* MED neural *(Fachspr.);* **thérapie ~e** Neuraltherapie *f*
neurasthénie [nøʀasteni] *f* Nervenschwäche *f; (pessimisme)* Depressionen *Pl;* **faire de la ~** depressiv sein, Depressionen haben
neurasthénique [nøʀastenik] I. *adj* depressiv; *troubles* neurasthenisch *(Fachspr.)*
II. *mf* Neurastheniker(in) *m(f) (Fachspr.),* depressiver Mensch
neurobiologie [nøʀobjɔlɔʒi] *f* SCI Neurobiologie *f*
neurobiologiste [nøʀobjɔlɔʒist] *mf* Neurobiologe *m/* -biologin *f*
neurochirurgical(e) [nøʀoʃiʀyʀʒikal, o] <-aux> *adj* neurochirurgisch
neurochirurgie [nøʀoʃiʀyʀʒi] *f* MED Neurochirurgie *f; (spécialisée dans les opérations du cerveau)* Gehirnchirurgie
neurochirurgien(ne) [nøʀoʃiʀyʀʒjɛ̃, jɛn] *m(f)* Neurochirurg(in) *m(f); (spécialiste dans les opérations du cerveau)* Gehirnchirurg(in)
neuroleptique [nøʀɔlɛptik] *m* MED, PHARM Neuroleptikum *nt*
neurologie [nøʀɔlɔʒi] *f* Nervenheilkunde *f*
neurologique [nøʀɔlɔʒik] *adj* neurologisch; **clinique ~** Nervenklinik *f*

neurologue [nøʀɔlɔg] *mf* Neurologe *m*/Neurologin *f*
neurone [nøʀɔn] *m* ❶ BIO, INFORM Neuron *nt*
  ❷ *pl (cerveau)* graue Zellen *Pl*; **ses ~s ont disjoncté** er/sie ist ausgerastet *(fam)*
neuropathie [nøʀopati] *f* Nervenleiden *nt*, Nervenkrankheit *f*
neuropathologie [nøʀopatɔlɔʒi] *f* Neuropathologie *f*
neurophysiologie [nøʀofizjɔlɔʒi] *f* Neurophysiologie *f*
neurophysiologique [nøʀofizjɔlɔʒik] *adj* neurophysiologisch
neurophysiologiste [nøʀofizjɔlɔʒist] *mf* Neurophysiologe *m*/Neurophysiologin *f*
neuropsychiatre [nøʀopsikjatʀ] *mf* Neuropsychiater(in) *m(f)*
neuropsychiatrie [nøʀopsikjatʀi] *f* Neuropsychiatrie *f*
neuropsychiatrique [nøʀopsikjatʀik] *adj* neuropsychiatrisch
neuropsychologie [nøʀopsikɔlɔʒi] *f* Neuropsychologie *f*
neuropsychologue [nøʀopsikɔlɔg] *mf* Neuropsychologe *m*/-psychologin *f*
neurovégétatif, -ive [nøʀoveʒetatif, -iv] *adj* **système ~** vegetatives Nervensystem
neutralisation [nøtʀalizasjɔ̃] *f* ❶ POL, MIL Neutralisierung *f*
  ❷ *(mise hors d'état de nuire)* Ausschaltung *f*; **la ~ des malfaiteurs a été rapide** es ging schnell, die Übeltäter unschädlich zu machen
  ❸ CHIM, MED, PHYS Neutralisierung *f*, Neutralisation *f*
neutraliser [nøtʀalize] <1> I. *vt* ❶ ausschalten *concurrent, système*; zu Fall bringen *projet*; zunichtemachen, vereiteln *efforts*
  ❷ *(mettre hors d'état de nuire)* unschädlich machen *ennemi, gang*
  ❸ CHIM, PHYS neutralisieren
  ❹ POL *(déclarer neutre)* für neutral erklären
  ❺ *(affaiblir)* abschwächen; mildern *couleur, goût*
  ❻ *(interrompre momentanément)* einstellen *circulation*
  ❼ *(annuler)* für ungültig erklären *épreuve, examen*
  II. *vpr* **se ~** *influences, produits:* sich neutralisieren
neutralisme [nøtʀalism] *m* Neutralismus *m*
neutraliste [nøtʀalist] I. *adj* neutralistisch
  II. *mf* Verfechter(in) *m(f)* des Neutralismus
neutralité [nøtʀalite] *f* ❶ Neutralität *f*; *d'un livre, rapport* neutraler [*o* unparteiischer] Charakter; *d'un enseignement* Ungebundenheit *f*; **rester dans la ~** nicht Partei ergreifen
  ❷ POL, CHIM, ELEC, ECON Neutralität *f*; **~ budgétaire** Haushaltsneutralität, **~ concurrentielle** Wettbewerbsneutralität
neutre [nøtʀ] I. *adj* ❶ neutral; **rester ~** neutral bleiben; **être ~** *personne:* sich neutral verhalten; *ton, rapport:* einen neutralen Standpunkt vertreten; **rédiger une offre d'emploi de manière ~** ein Stellenangebot geschlechtsneutral formulieren; **~ au goût** geschmacksneutral
  ❷ *(qui ne choque pas)* neutral; *couleur, personne* unauffällig; *style* farblos
  ❸ POL neutral; *navire* unter neutraler Flagge
  ❹ CHIM, ELEC neutral; **sel ~** Neutralsalz *nt*; **fil ~** Nullleiter *m*
  ❺ GRAM, LING sächlich; **être du genre ~** sächlich [*o* ein Neutrum] sein
  ❻ ZOOL *(asexué)* geschlechtslos
  II. *m* ❶ *pl* POL neutrale Staaten *Pl*
  ❷ GRAM, LING Neutrum *nt*
  ❸ ELEC Nullleiter *m*
neutron [nøtʀɔ̃] *m* PHYS, CHIM Neutron *nt*; **nombre de ~s** Neutronenzahl *f*
neuvaine [nøvɛn] *f* ECCL Novene *f*
neuvième [nœvjɛm] I. *adj antéposé* neunte(r, s)
  II. *mf* **le/la ~** der/die/das Neunte
  III. *m* ❶ *(fraction)* Neuntel *nt*
  ❷ *(étage)* neunter Stock, neunte Etage
  ❸ *(arrondissement)* neuntes Arrondissement
  IV. *f* MUS None *f; v. a.* **cinquième**
neuvièmement [nœvjɛmmɑ̃] *adv* neuntens
névé [neve] *m* Firn[schnee *m*] *m*
neveu [n(ə)vø] <x> *m* Neffe *m*
névralgie [nevʀalʒi] *f* ❶ *(douleur)* Nervenschmerz *m*, Neuralgie *f*; **~ sciatique** Ischiasschmerzen *Pl*
  ❷ *abusif (mal de tête)* Kopfschmerzen *Pl*
névralgique [nevʀalʒik] *adj* ❶ MED neuralgisch; **centre ~** Nervenzentrum *nt*
  ❷ *(sensible) point* neuralgisch
névrite [nevʀit] *f* MED Nervenentzündung *f*
névropathie [nevʀopati] *f vieilli* Neuropathie *f (Fachspr.)*
névroptère [nevʀɔptɛʀ] *m* ZOOL Netzflügler *m*
névrose [nevʀoz] *f* PSYCH Neurose *f*, Nervenkrankheit *f*, Nervenleiden *nt*; **~ obsessionnelle** Zwangsneurose
névrosé(e) [nevʀoze] I. *adj* neurotisch
  II. *m(f)* Neurotiker(in) *m(f)*
névrotique [nevʀɔtik] *adj* neurotisch
New-Delhi [nudeli] *f* Neu-Delhi *nt*
new-look [njuluk] I. *adj inv politique, style* neuartig; **la mode ~** der Newlook
  II. *m inv* Newlook *m*
newsgroup [njuzgʀup] *m* INFORM Newsgroup *f*
newton [njutɔn] *m* Newton *nt*
newtonien(ne) [njutɔnjɛ̃, jɛn] *adj* newtonsche(r, s)
new-yorkais(e) [nujɔʀkɛ, ɛz] *adj rue, quartier* New Yorker **New--yorkais(e)** [nujɔʀkɛ, ɛz] *m(f)* New-Yorker(in) *m(f)*
nez [ne] *m* ❶ ANAT Nase *f*; **saigner du ~** Nasenbluten haben; **mouche ton ~!** putz dir die Nase!; **tu as le ~ qui coule** deine Nase läuft, dir läuft die Nase; **faux ~** Pappnase; **~ en patate** *hum fam* Kartoffelnase *(hum fam)*; **~ en trompette** *fam* Himmelfahrtsnase *(fam)*
  ❷ AVIAT, NAUT *d'un avion* Nase *f*; *d'un bateau* Bug *m*; GEOG Bergnase
    ▸ **mettre le** [*o* **son**] **~ à la fenêtre** *fam* den Kopf aus dem Fenster strecken *(fam)*; **comme le ~ au milieu de la figure** *fam* das sieht [selbst] ein Blinder *(fam)*; **avoir le ~ fin** eine feine [*o* empfindliche] Nase haben; *fig* eine Spürnase haben; **avoir du ~** *fam personne:* eine feine Nase haben; *animal:* einen feinen Spürsinn haben; *(pour qc, une affaire)* einen guten [*o* den richtigen] Riecher haben; **avoir le ~ dans les livres/mots croisés** *fam* dauernd über den Büchern/den Kreuzworträtseln hocken *(fam)*; **avoir qn dans le ~** *fam* jdn gefressen haben *(fam)*; **se bouffer** [*o* **se manger**] **le ~** *fam* sich in den Haaren liegen *(fam)*; **se casser le ~** *fam* auf die Nase fallen *(fam)*; **[en] faire un [de ces]** [*o* **un drôle de ~**] [*o* **un long ~**] *fam* ein Gesicht machen [*o* ziehen] *(fam)*; **fourrer** [*o* **mettre**] **son ~ dans qc** *fam* seine Nase in etw *(Akk)* stecken *(fam)*; **mettre son ~ partout** seine Nase in alles stecken *(fam)*; **pendre au ~ à qn** jdm blühen; **piquer du ~** *fam (s'endormir)* einnicken; *(descendre à pic)* im Sturzflug heruntergehen *(fam)*; **[re]tomber sur le ~ de qn** *fam* auf jdn zurückfallen; **~ à ~** Auge in Auge; **se [re]trouver** [*o* **tomber**] **~ à ~ avec qn** jdm plötzlich gegenüberstehen; **fermer la porte au ~ de qn** *fam* jdm die Tür vor der Nase zuschlagen; **raccrocher au ~ de qn** einfach auflegen *(fam)*; **rire au ~ de qn** jdm ins Gesicht lachen; **devant** [*o* **sous**] **le ~ de qn** *fam* vor jds Augen [*o* Nase *Dat*]; **le bus m'est passé sous le ~** der Bus ist mir vor der Nase weggefahren *(fam)*
  ◆ **~ de gouttière** Wulst *f o m*
NF [ɛnɛf] *f abr de* **norme française** französische Norm
ni [ni] *conj* ❶ *après une autre nég* **il ne sait pas dessiner ~ peindre** er kann weder zeichnen noch malen; **il n'a rien vu ~ personne** er hat nichts und niemand gesehen; **rien de fin ~ de distingué** weder etwas Feines noch etwas Vornehmes; **sans col ~ cravate** ohne Kragen und [ohne] Krawatte
  ❷ *entre deux négations* **je ne l'aime ~ ne l'estime** weder liebe [ich ihn], noch schätze ich ihn *(geh)*; **je ne le vois ~ ne l'entends** ich sehe [ihn nicht] und höre ihn nicht
  ❸ *(alternative négative)* **il n'est ~ plus bête ~ plus paresseux qu'un autre** er ist nicht dümmer und nicht fauler als jeder andere; **~ l'un ~ l'autre** keiner von beiden; **~ plus ~ moins que** nicht mehr und nicht weniger als
niable [njabl] *adj* ▸ **ne pas être ~** sich nicht leugnen lassen
niais(e) [njɛ, njɛz] I. *adj* albern; *style* einfältig
  II. *m(f)* Einfaltspinsel *m (fam)*
niaisement [njɛzmɑ̃] *adv* dümmlich
niaiserie [njɛzʀi] *f* ❶ Einfalt *f*
  ❷ *(chose sotte)* Unsinn *m kein Pl*
niaiseux, -euse [njɛzø, -øz] *adj* CAN *(niais)* einfältig
niak [njak] *f fam v.* **gnaque**
nibar[d] [nibaʀ] *m pop* Titte *f (sl)*
Nice [nis] Nizza *nt*
niche¹ [niʃ] *f* ❶ [Hunde]hütte *f*; **à la ~!** [ab] in die Hütte!
  ❷ *(alcôve)* Nische *f*; **~ de la/de fenêtre** Fensternische
  ❸ ECON **~ [de marché]** Marktnische *f*
niche² [niʃ] *f vieilli* **jouer des ~s** Blödsinn machen; **faire des ~s à qn** jdm Streiche spielen
nichée [niʃe] *f* ❶ ORN Brut *f*
  ❷ *(jeunes animaux)* Wurf *m*; *fam (enfants)* Nachwuchs *m*
nicher [niʃe] <1> I. *vi* ❶ nisten
  ❷ *fam (habiter)* hausen
  II. *vpr* ❶ **se ~ dans un arbre** sich in einem Baum einnisten
  ❷ *fam (se cacher) personne, objet:* sich verstecken; **la maison se nichait dans la crique** das Haus lag versteckt in der Bucht
nichon [niʃɔ̃] *m fam* Titte *f (sl)*
nickel [nikɛl] I. *m* Nickel *nt*; **alliage au ~** Nickellegierung *f*; **extraction de/du ~** Nickelabbau *m*; **prix du ~** Nickelpreis *m*
  II. *adj inv fam (impeccable)* blitzblank *(fam)*
nickelé(e) [nikle] *adj* ▸ **avoir les pieds ~s** träge sein
nickeler [nikle] *vt* vernickeln
niçois(e) [niswa, waz] *adj* ❶ *(de Nice)* aus [*o* von] Nizza
  ❷ **salade ~e** Nizza-Salat *m*
Niçois(e) [niswa, waz] *m(f)* Einwohner(in) *m(f)* von Nizza
nicotine [nikɔtin] *f* Nikotin *nt*
nid [ni] *m* ❶ ZOOL Nest *nt*; **~ de guêpes/d'oiseaux** Wespen-/Vogelnest; **~ de corneilles** Krähennest; **~ d'hirondelles** *a.* GASTR

Schwalbennest
- ❷ *(logis)* Zuhause *nt;* **au ~** [bei sich] zu Hause; **~ d'amoureux** Liebesnest *nt*
- ❸ *(repaire)* **~ de bandits** Räuberhöhle *f;* **~ de mitrailleuse** MIL MG-Nest
- ❹ *littér (source)* Brutstätte *f*
- ◆ **~ d'aigle** Adlerhorst *m;* **~ à poussière** Staubfänger *m;* **~ de vipères** *fig* Wespennest *nt*

nidation [nidasjɔ̃] *f* BIO Einnistung *f,* Nidation *f (Fachspr.)*
nid-d'abeilles [nidabɛj] <nids-d'abeilles> *m* COUT Waffelmuster *nt;* TECH Lamellen *Pl* **nid-de-pie** [nid(e)pi] <nids-de-pie> *m* NAUT Mastkorb *m,* Krähennest *nt* **nid-de-poule** [nidpul] <nids-de-poule> *m* Schlagloch *nt*
nidification [nidifikasjɔ̃] *f* Nestbau *m;* **colonie de ~** Brutkolonie *f*
nidifier [nidifje] <1a> *vi* nisten
nièce [njɛs] *f* Nichte *f*
nielle [njɛl] *f* BOT ❶ *(plante)* **~** [des blés] Kornrade *f*
- ❷ *(maladie des céréales)* Getreidebrand *m; (maladie du blé)* Gicht *f*

nieller [njele] <1> *vt* brandig machen; **blé niellé** von Gicht befallener Weizen
niellure [njelyʀ] *f* AGR Getreidebrand *m*
nième *v.* **énième**
nier [nje] <1a> **I.** *vt* ❶ leugnen; **~** [d']**avoir menti** leugnen, gelogen zu haben; **~ qu'il mente** bestreiten, dass er lügt
- ❷ *(refuser l'idée de)* verleugnen
- **II.** *vi* leugnen

nigaud(e) [nigo, od] **I.** *adj vieilli* einfältig
- **II.** *m(f) vieilli* Dummkopf *m;* **gros ~ du Dummerchen**

Niger [niʒɛʀ] *m* **le ~** Niger *nt*
Nigeria [niʒeʀja] *m* **le ~** Nigeria *nt*
nigérian(e) [niʒeʀjɑ̃, jan] *adj* nigerianisch
Nigérian(e) [niʒeʀjɑ̃, jan] *m(f)* Nigerianer(in) *m(f)*
nigérien(ne) [niʒeʀjɛ̃, jɛn] *adj* nigrisch
Nigérien(ne) [niʒeʀjɛ̃, jɛn] *m(f)* Nigrer(in) *m(f)*
night-club [najtklœb] <night-clubs> *m* Nachtklub *m*
nihilisme [niilism] *m* Nihilismus *m*
nihiliste [niilist] **I.** *adj* nihilistisch
- **II.** *mf* Nihilist(in) *m(f)*

Nil [nil] *m* **le ~** der Nil
nimbe [nɛ̃b] *m* Heiligenschein *m; littér de lune* Hof *m*
nimber [nɛ̃be] <1> *vt* mit einem Heiligenschein umgeben; **nimbé(e) de mystère** geheimnisumwittert; **nimbé(e) de brouillard** in Nebel gehüllt
nimbostratus [nɛ̃bostʀatys] *m* Nimbostratus *m*
nimbus [nɛ̃bys] *m* Nimbus[wolke *f*] *m*
n'importe *v.* **importer**
ninas [ninas] *m* Zigarillo *m o nt*
ninnin [nɛ̃nɛ̃] *m enfantin fam* Knuddelkissen *nt (fam),* Kuschelkissen *(fam),* Schmusekissen *(fam)*
niobium [njɔbjɔm] *m* Niobium *nt,* Niob *nt*
niôle *v.* **gnôle**
nipper [nipe] <1> *fam* **I.** *vt* ausstaffieren *(fam);* **être mal nippé(e)** unmöglich angezogen sein; **elle s'est bien nippée** sie hat sich in Schale geworfen
- **II.** *vpr fam* **je me demande où il se nippe** ich frag mich, wo der seine Klamotten kauft *(fam);* **nippe-toi en vitesse** zieh dir schnell was drüber *(fam)*

nippes [nip] *fpl péj fam* Klamotten *Pl (pej fam)*
nippon, [n]**e** [nipɔ̃, ɔn] *adj* japanisch
Nippon, [n]**e** [nipɔ̃, ɔn] *m, f* Japaner(in) *m(f)*
nique [nik] *f fam* ▸ **faire la ~ à qn** *(se moquer)* sich über jdn lustig machen; *(échapper)* jdm entwischen; **faire la ~ à la fortune** auf Reichtum pfeifen
niquer [nike] <1> *vt vulg* ficken *(vulg)*
nirvana [niʀvana] *m* Nirwana *nt*
nitouche [nituʃ] *f* ▸ **sainte ~** Unschuldsengel *m;* **avec son air de sainte ~** mit seiner/ihrer Unschuldsmiene; **faire la sainte ~** den Unschuldigen/die Unschuldige spielen
nitrate [nitʀat] *m* Nitrat *nt;* **~ d'argent** Silbernitrat; **~ de potassium** Kalisalpeter *m*
nitré(e) [nitʀe] *adj* CHIM salpeterhaltig; **dérivés ~ s** Nitroderivate *Pl*
nitre [nitʀ] *m* CHIM Kalisalpeter *m*
nitreux, -euse [nitʀø, -øz] *adj* salpetrig; **acide** salpetrig; **terre nitreuse** Salpetererde *f*
nitrification [nitʀifikasjɔ̃] *f* Nitrifikation *f*
nitrifier [nitʀifje] <1a> **I.** *vt* nitrifizieren
- **II.** *vpr se ~* sich in Nitrat verwandeln

nitrique [nitʀik] *adj* **acide ~** Salpetersäure *f;* **bactérie ~** Nitrobakterie *f*
nitrite [nitʀit] *m* Nitrit *nt*
nitrocellulose [nitʀoselyloz] *f* TECH, CHIM Zellulosenitrat *nt,* Nitrozellulose *f*
nitroglycérine [nitʀogliseʀin] *f* Nitroglyzerin *nt*

niveau [nivo] <x> *m* ❶ Höhe *f; d'une rivière, d'un fleuve* Pegelstand *m; des devises, de la production, d'études* Stand; **~ de l'eau** Wasserhöhe; **~ d'essence/d'huile** Benzin-/Ölstand; **~ des stocks** Lagerbestand *m;* **~ de la mer/de la nappe phréatique** Meeres-/Grundwasserspiegel
- ❷ *(degré comparatif, échelon)* Niveau *nt;* **~ de concentration** Maß *nt* an Konzentration; **~ de pollution** Grad *m* der Verschmutzung; **~ de température** Höhe *f* der Temperatur; **~ social** gesellschaftliche Stellung; **~ de l'année précédente** ECON hohes Vorjahresniveau; **le ~ correspondant de l'année précédente** ECON das entsprechende Vorjahresniveau
- ❸ *(degré des connaissances)* Niveau *nt; d'une classe* Leistungsstand *m;* **~ culturel** [*o* **de culture**] Bildungsniveau; **cours de ~ supérieur** Fortgeschrittenenunterricht *m;* **~ des performances d'une équipe de foot** Leistungsstand
- ❹ *(étage)* Stockwerk *nt*
- ❺ *(outil)* Wasserwaage *f*
- ▸ **au plus haut ~** auf höchster Ebene; **de haut ~** von hohem Rang; **hôtel de haut ~** Hotel mit hohem Standard; **être au ~** den Anforderungen entsprechen; **mettre à ~** aufrüsten *ordinateur;* **se mettre au ~ de qn** sich jds [geistigem] Niveau anpassen; **mettre au même ~** auf eine Stufe stellen; **à tous les ~ x** auf allen Ebenen; **au ~ de qn/qc** *(espace)* auf jds Höhe/auf der Höhe einer S. *(Gen); (valeur)* auf jds Stand/auf dem Stand einer S. *(Gen);* **l'eau lui arrivait au ~ de la taille** das Wasser reichte ihm/ihr bis zur Taille; **au ~ du sol** ebenerdig; **les deux vases sont au même ~** die beiden Vasen stehen auf gleicher Höhe; **au ~ des prix/de la qualité** in Bezug auf die Preise/die Qualität; **au ~ local/national/émotionnel** *abusif* auf lokaler/nationaler/emotionaler Ebene; **au ~ gouvernemental** auf Regierungsebene; **au ~ de l'U.E.** auf EU-Ebene; **au ~ des entreprises** *abusif* auf betrieblicher *(Dat)* Ebene; **de ~** eben
- ◆ **~ à bulle** [**d'air**] Wasserwaage *f;* **~ de l'année précédente** Vorjahresstand *m,* Vorjahresniveau *nt;* **~ de décision** Entscheidungsebene *f;* **~ de la direction** Leitungsebene *f;* **~ d'eau** TECH Kanalwaage *f;* **~ de l'emploi** Beschäftigungsniveau *nt;* **~ d'endettement** ECON Verschuldungsgrad *m;* **~ de langue** Stilebene *f;* **~ de prospérité** Wohlstandsniveau *nt;* **~ des salaires** Lohnniveau *nt;* **~ des retraites** Rentenniveau *nt;* **~ de vie** Lebensstandard *m*

nivelage [nivlaʒ] *m* Nivellieren *nt*
niveler [nivle] <3> *vt* ❶ nivellieren; [ein]ebnen *sol, terrain*
- ❷ *(mettre au même niveau)* [einander] angleichen *conditions sociales, intelligences;* **~ par le bas** nach unten angleichen
- ❸ TECH *(mesurer)* nivellieren

niveleuse [nivløz] *f* Planierraupe *f*
nivellement [nivɛlmɑ̃] *m* ❶ Einebnen *nt*
- ❷ *(égalisation)* Angleichung *f;* **~ des monnaies** Angleichung der Währung; **~ des conditions de concurrence** Angleichung der Wettbewerbsbedingungen
- ❸ TECH Nivellement *nt (Fachspr.);* **instrument de ~** Nivelliergerät *nt*

nivoglaciaire [nivoglasjɛʀ] *adj* **régime ~** durch die Schmelz- und Gletscherwässer bedingte Wasserführung
nivologue [nivɔlɔg] *mf* Schneeforscher(in) *m(f)*
nivopluvial(e) [nivoplyvjal, jo] <-aux> *adj* **régime ~** durch die Schmelzwässer und Niederschläge bedingte Wasserführung
nm [ɛnɛm] *abr de* **nanomètre** nm
NMPP [ɛnɛmpepe] *fpl abr de* **Nouvelles messageries de la presse parisienne** Neue Vertriebsgesellschaft der Pariser Presse
nobélium [nɔbeljɔm] *m* Nobelium *nt*
nobiliaire [nɔbiljɛʀ] **I.** *adj* **particule ~** Adelsprädikat *nt*
- **II.** *m* Adelsbuch *nt*

noble [nɔbl] **I.** *adj* ❶ adlig; **famille ~** Adelsfamilie *f;* **vieille famille ~** Adelsgeschlecht *nt;* **de naissance ~** [von] adliger Abstammung; **de race ~/sang ~** edlen Geschlechts/Blutes
- ❷ *(de grande valeur)* edel; *branche, spécialités* angesehen; **métal/bois ~** Edelmetall *nt/-*holz *nt*
- ❸ *a. antéposé (généreux)* edel, edelmütig *(geh)*
- ❹ *a. antéposé (altier)* edel; *personne, maintien* würdevoll; *langage, manières, sentiment* erhaben
- **II.** *mf* Adlige(r) *f(m);* **les ~ s** der Adel

noblement [nɔbləmɑ̃] *adv* ❶ edelmütig
- ❷ *(dignement)* stolz

noblesse [nɔblɛs] *f* ❶ Adel *m;* **petite ~** niederer Adel; **haute ~** hoher Adel, Hochadel; **~ d'épée/de cour** Schwert-/Hofadel; **~ de finance** Briefadel; **lettre de ~** Adelsbrief *m*
- ❷ *(dignité)* Würde *f; d'un style, d'une tenue* Erhabenheit *f*
- ❸ *(générosité)* Großmut *m; d'esprit, de sentiment* Erhabenheit *f;* **~ de l'âme/du cœur** Seelen-/Herzensadel *m*
- ▸ **~ oblige** Adel verpflichtet

nobliau [nɔblijo] <x> *m* Angehörige(r) *m* des niederen Adels
noce [nɔs] *f* ❶ *sing o pl* Hochzeit *f;* **aller à la ~** auf eine [*o* zu einer] Hochzeit gehen; **épouser qn en premières/secondes ~ s** jdn in erster/zweiter Ehe heiraten

❷ *(participants)* Hochzeitsgesellschaft *f*
❸ *fam (partie de plaisir)* rauschendes Fest
▶ **convoler en justes ~s** *hum* in den Hafen der Ehe einlaufen *(hum);* **être de [la]** ~ mit von der Partie sein; **faire la** ~ *fam* in Saus und Braus leben *(fam)*
◆ **~s de corail** Rosenhochzeit *f* (DIAL); **~s de platine** Platinhochzeit *f*

noceur, -euse [nɔsœʀ, -øz] *m, f* Genussmensch *m;* **c'est un sacré ~** er genießt das Leben in vollen Zügen

nocif, -ive [nɔsif, -iv] *adj* schädlich; *influence, habitude, climat* schlecht; *idée, théorie* gefährlich; **produit ~ pour l'environnement** Umweltgift *nt;* **substance nocive pour la peau** hautschädigende Substanz; **traitement ~ pour les cellules** zellschädigende Behandlung

nocivité [nɔsivite] *f* Schädlichkeit *f; d'une habitude, idée* Gefährlichkeit *f;* **~ pour l'environnement** Umweltschädlichkeit

noctambule [nɔktɑ̃byl] I. *adj* **fêtard/noceur ~** Nachtschwärmer *m*
II. *mf* Nachtschwärmer(in) *m(f)*

nocturne [nɔktyʀn] I. *adj* ❶ nächtlich, Nacht-; **papillon ~** Nachtfalter *m;* **vie ~** Nachtleben *nt;* **réunion/séance ~** Nachtsitzung *f/* -vorstellung *f;* **manœuvre ~** [*o* **de nuit**] Nachtübung *f*
❷ CH *(du soir)* **vente ~** Abendverkauf *m* (CH)
II. *m* ❶ Nachtvogel *m*
❷ MUS Notturno *nt,* Nokturne *f*
III. *f* ❶ *(manifestation nocturne)* Abendveranstaltung *f;* **en ~** am [späten] Abend; **match en ~** Flutlichtspiel *nt*
❷ *(ouverture nocturne)* verlängerte [Laden]öffnungszeiten *Pl* [am Abend], Abendverkauf *m* (CH)

nodosité [nɔdozite] *f* ❶ MED Knoten *m*
❷ BOT knotige Beschaffenheit; *(nœud)* Knoten *m*

nodule [nɔdyl] *m* ❶ MED Knötchen *nt*
❷ GEOL Knolle *f*

Noé [nɔe] *m* Noah *m*

noël [nɔɛl] I. *m* ❶ REL **Noël** Weihnachten *nt;* **bûche de Noël** *Weihnachtscremerolle;* **arbre de Noël** Weihnachtsbaum; **nuit de Noël** Heilige Nacht; **joyeux Noël** fröhliche Weihnachten
❷ *(période de Noël)* **Noël** Weihnachten *Pl;* **pour Noël, nous irons ...** an [*o* zu] Weihnachten fahren wir ...
❸ *fam (cadeau)* **mon/ton ~** mein/dein Weihnachtsgeschenk *nt;* **je n'ai rien eu pour mon ~** ich habe kein Weihnachtsgeschenk bekommen
❹ *(chant)* Weihnachtslied *nt;* **chanter ~** Weihnachtslieder singen
▶ **Noël au balcon, Pâques au tison** *prov* Weihnachten im Klee, Ostern im Schnee
II. *f (fête)* **la Noël** das Weihnachtsfest

Land und Leute
Für die Franzosen ist **Noël** am 25. Dezember. An diesem Tag findet gleich nach dem Frühstück die Bescherung für die Kinder statt. Die Erwachsenen beschenken sich im Anschluss daran beim Aperitif vor dem Mittagessen. Am Vorabend, dem 24., gehen viele Familien um Mitternacht in die Christmette. Den zweiten Weihnachtsfeiertag gibt es in Frankreich nicht.

nœud [nø] *m* ❶ Knoten *m;* **faire un ~** einen Knoten machen; **~ de cravate** Krawattenknoten; **~ coulant** zusammenziehbare Schlinge; **double ~** doppelter Knoten; **~ simple** Hausfrauenknoten
❷ NAUT, PECHE Knoten *m;* **~ de tonneau** [*o* **d'aboutage universel**] Blutsknoten *(Fachspr.);* **~ d'arrêt** Stopperknoten *(Fachspr.);* **~ de vache** Altweiberknoten *(Fachspr.)*
❸ *(unité de vitesse)* Knoten *m*
❹ BOT *(protubérance)* Knoten *m; d'un bois* Ast *m;* **bois sans ~** astfreies Holz
❺ *(point essentiel) d'une pièce, d'un roman* Knoten *m; d'un débat* springender Punkt *m*
❻ *(carrefour)* Knotenpunkt *m;* **~ ferroviaire** [Eisen]bahnknotenpunkt
❼ *(lien)* Bande *Pl*
❽ *(ornement)* Schleife *f*
❾ ANAT, ASTRON Knoten *m;* ELEC Knotenpunkt *m*
❿ *vulg (pénis)* Schwanz *m* (sl)
▶ **le ~ gordien** der gordische Knoten; **couper/trancher le ~ gordien** den gordischen Knoten durchhauen
◆ **~ d'arrêt** Achtknoten *m;* **~ de chaise** Pahlstek *m;* **~ papillon** Fliege *f;* **~ de réseau** INFORM Netzwerkknoten *m;* **~ de vipères** Vipernest *nt*

noir [nwaʀ] *m* ❶ Schwarz *nt*
❷ *(vêtement)* Schwarz *nt; (de deuil)* Schwarz; **le ~ te va bien** Schwarz steht dir gut; **habillé(e) en ~** schwarz gekleidet; **s'habiller en ~** Schwarz tragen
❸ *(obscurité)* Dunkel *nt,* Dunkelheit *f;* **dans le ~** im Dunkeln
❹ *fam (café)* schwarzer Kaffee

❺ PHOT **~ et blanc** schwarzweiß; **faire du ~ et blanc** Schwarzweißbilder machen
▶ **~ sur blanc** schwarz auf weiß; **mettez-moi** [*o* **écrivez-moi**] **ça ~ sur blanc!** geben Sie mir das schriftlich!; **broyer du ~** Trübsal blasen *(fam);* **être dans le ~** im Dunkeln tappen; **peindre** [*o* **voir**] **tout en ~** alles schwarzmalen [*o* schwarzsehen]; **travail au ~** Schwarzarbeit *f;* **travailler au ~** schwarzarbeiten; **vendre au ~** schwarzverkaufen
◆ **~ de fumée** Ruß *m*

noir(e) [nwaʀ] *adj* ❶ schwarz; *yeux, peau* dunkel; *ciel* finster; *temps* düster; **~ tirant sur le gris** schwarzgrau; **~ comme l'encre** [*o* **le jais**] [*o* **l'ébène**] [kohl]rabenschwarz, pechschwarz *(fam)*
❷ *(foncé)* **blé ~** Buchweizen *m;* **lunettes ~es** Sonnenbrille *f;* **pain ~** Schwarzbrot *nt;* **du raisin ~** blaue [Wein]trauben *Pl;* **~ de suie** rußgeschwärzt; **la rue est ~e de monde** die Straße wimmelt von Menschen; **rentrer tout ~ des vacances** ganz braungebrannt aus dem Urlaub zurückkommen
❸ *(propre à la race)* der Schwarzen; *musique* schwarz; **problème ~** Rassenproblem *nt;* **personne ~e** Schwarze(r) *f(m);* **l'Afrique ~e** Schwarzafrika *nt*
❹ *(obscur)* finster; *ombre* schwarz; **il faisait déjà nuit ~e** es war schon stockdunkel
❺ *(sinistre)* düster; *humour* schwarz; **désespoir ~** tiefste Hoffnungslosigkeit; **faire un tableau très ~ de qc** etw in den schwärzesten Farben malen
❻ *(mauvais) plan, âme* schwarz; *œil, regard* finster; **ingratitude ~e** schnöder Undank; **malchance ~e** höllisches Pech
❼ LITTER, CINE schwarz; **série ~e** schwarze Serie
❽ *fam (ivre)* [völlig] blau *(fam)*
❾ *(illégal)* **marché ~** Schwarzmarkt *m;* **caisse ~e** Reptilienfonds *m*
❿ *(satanique) magie, messe* schwarz

Noir(e) [nwaʀ] *m(f)* Schwarze(r) *f(m)*

noirâtre [nwaʀɑtʀ] *adj* schwärzlich

noiraud(e) [nwaʀo, od] I. *adj* dunkel[häutig]
II. *m(f)* dunkelhäutiger Typ

noirceur [nwaʀsœʀ] *f* ❶ Niedertracht *f; de l'âme* Schwärze *f; d'un crime, forfait* Ruchlosigkeit *f*
❷ *(caractère sinistre)* schwarze Natur
❸ *littér (couleur)* Schwärze *f*

noircir [nwaʀsiʀ] <8> I. *vt* ❶ schwarz [*o* schmutzig] machen; schwärzen *visage*
❷ *(colorer)* schwarz färben *étoffe;* schwarz beizen *meuble, poutre*
❸ *(dénigrer)* in den schwärzesten Farben malen *situation;* in einem schlechten Licht darstellen *personne;* einen Schatten werfen auf (+ Akk) *image, perspectives;* **~ la réputation de qn** jdn in Verruf bringen
❹ *(couvrir d'écriture)* vollschreiben *cahier, feuille*
II. *vi façade, fruit:* schwarz werden; *ciel:* sich verdunkeln; *bois, couleur:* nachdunkeln; *peau, personne:* braun werden
III. *vpr* **se ~** ❶ *façade:* schwarz werden; *ciel:* sich verdunkeln; *bois, couleur:* nachdunkeln
❷ *(s'accuser)* sich schlechtmachen
❸ *pop (s'enivrer)* sich volllaufen lassen *(fam)*

noircissement [nwaʀsismɑ̃] *m* Schwärzen *nt*

noircissure [nwaʀsisyʀ] *f* schwarzer Fleck

noire [nwaʀ] *f* MUS Viertelnote *f*

noise [nwaz] *f* ▶ **chercher ~** [*o* **des ~s**] **à qn** Streit mit jdm suchen

noisetier [nwaztje] *m* Hasel[nuss]strauch *m*

noisette [nwazɛt] I. *f* ❶ Haselnuss *f;* **glace à la ~** Nusseis *nt*
❷ GASTR **une ~ de beurre** eine Flocke Butter
II. *adj inv* haselnussbraun

noix [nwa] *f* ❶ Walnuss *f*
❷ *péj (individu stupide)* dumme Nuss
❸ GASTR *(viande)* Nuss *f*
❹ *(quantité)* **une ~ de beurre** ein walnussgroßes Stück Butter
▶ **à la ~** [**de coco**] *fam* wertlos; **un mécanicien à la ~** ein [ganz] mieser Mechaniker; **des promesses à la ~** leere Versprechungen
◆ **~ de cajou** Cashewnuss *f;* **~ de coco** Kokosnuss *f;* **~ de coco râpée** Kokosraspel *Pl;* **~ de muscade** Muskatnuss *f*

noliser [nɔlize] <1> *vt* chartern; **navire nolisé** Charterschiff *nt;* **avion nolisé** Charterflugzeug *nt*

nom [nɔ̃] *m* ❶ Name *m;* **~ commercial** Handelsfirma *f;* JUR Handelsname; **~ commercial en tant que signe distinctif** Firmenausschließlichkeit *f (Fachspr.);* **~ commun** Gattungsname; **~ patronymique** Familienname; **petit ~** Vorname; **~ propre** Eigenname; **avoir pour ~ ...** ... heißen; **il a un ~ prédestiné** nomen est omen; **quel est le ~ de ...?** wie heißt ...?; **je ne le connais que de ~** ich kenne ihn nur dem Namen nach; **donner un nouveau ~ à un fichier/un répertoire** eine Datei/ein Verzeichnis umbenennen; **qn donne son ~ à qn/qc** jd/etw wird nach jdm benannt; **se faire un ~** sich *(Dat)* einen Namen machen; **comme son ~ l'indique** wie sein/ihr [*o* der] Name schon sagt; **porter le ~**

de qn/qc nach jdm/etw heißen [o benannt werden]; ~ de/du bateau Schiffsname; le chien porte le [o répond au] ~ de Médor der Hund heißt Médor [o hört auf den Namen Médor]; du ~ de ... namens ...; du même ~ gleichnamig, gleichen Namens; en mon ~ in meinem Namen; sous un faux ~ unter falschem Namen

② GRAM Substantiv nt, Nomen nt, Hauptwort nt; ~ féminin/masculin/neutre Femininum nt/Maskulinum nt/Neutrum nt; ~ abstrait/concret Abstraktum nt/Konkretum nt; ~ composé zusammengesetztes Substantiv, Kompositum nt

▶ ~ d'un chien!, ~ d'une pipe! verdammt [noch mal]!; appeler les choses par leur ~ die Dinge beim Namen nennen; en son ~ propre et pour son propre compte ECON im eigenen Namen und für eigene Rechnung; ~ de Dieu [de ~ de Dieu]! (de surprise) ach du lieber Gott [o Himmel]!; (de colère) verdammt noch mal!; ~ à particule Name mit einem „von und zu"; ~ à coucher dehors fam unaussprechlicher Name; qc n'ose pas dire son ~ keiner will beim Namen nennen; porter bien/mal son ~ seinen Namen zu Recht/zu Unrecht tragen; traiter qn de tous les ~s jdn übel beschimpfen; se faire traiter de tous les ~s sich übel beschimpfen lassen (fam); au ~ de qn in jds Namen (Dat); JUR auf jds Namen (Akk); au ~ de qc im Namen einer S. (Gen); au ~ de la loi im Namen des Gesetzes; au ~ de quoi avez-vous ...? mit welcher Berechtigung haben Sie ...?; au ~ du ciel [o de Dieu] soutenu um Himmels willen; au ~ du Père, du Fils et du Saint-Esprit im Namen des Vaters, des Sohnes und des Heiligen Geistes; sans ~ (innommable) unbeschreiblich; crime sans ~ schändliches Verbrechen

◆ ~ d'artiste Künstlername m; ~ de domaine INFORM Domain-Name m; ~ d'emprunt, de plume Pseudonym nt; ~ de guerre Deckname m; ~ de jeune fille Mädchenname m, Geburtsname m; ~ d'utilisateur INFORM Benutzername m; ~ de scène [o de théâtre] Künstlername m

nomade [nɔmad] **I.** adj ❶ (opp: sédentaire) vie Nomaden-, nomadenhaft; peuple/tribu ~ Nomadenvolk nt/-stamm m
❷ ZOOL wandernd
❸ (errant) ruhelos; vie [o existence] ~ Nomadenleben nt, Vagabundenleben
II. mf ❶ Nomade m/Nomadin f
❷ fig (vagabond) vie de ~ [o de vagabond] Nomadenleben nt; elle mène plutôt une ~ de nomade sie lebt ziemlich nomadenhaft

nomadisme [nɔmadism] m Nomadentum nt
no man's land [nomanslɑ̃d] m inv Niemandsland nt
nombre [nɔ̃bʁ] m ❶ MATH Zahl f; ~ binaire Dualzahl; ~ cardinal/fractionnaire/ordinal Kardinal-/Bruch-/Ordnungszahl; ~ entier ganze Zahl; ~ inverse Kehrwert m; ~ premier Primzahl
❷ (quantité) [An]zahl f; ~ minimum Mindestanzahl; depuis un grand ~ d'années seit vielen Jahren; un petit ~ de personnes ein paar Leute; un certain ~ de personnes/choses einige Menschen/Dinge; bon ~ de ... viele ...; en grand ~ zahlreich; au ~ de trois/quatre zu dritt/viert; en ~ (nombreux) zahlreich; (selon le nombre) zahlenmäßig; inférieur(e)/supérieur(e) en ~ zahlenmäßig unterlegen/überlegen; en ~ égal/insuffisant in gleicher/ungenügender Zahl; en moins grand ~ weniger zahlreich; ~ de fautes Fehlerzahl; ~ d'abonnés/des abonnés Abonnentenzahlen Pl; ~ de/des membres Mitgliederzahlen Pl; ~ des participants Teilnehmerzahl; le ~ de collaborateurs/de chômeurs die Zahl der Mitarbeiter/Arbeitslosen; ~ de passagers Passagieraufkommen nt, Fahrgastaufkommen; ~ de tours/minute (d'un disque d'un avion) Fluggastaufkommen; ~ de tours/minute d'un disque od Umdrehung f; ~ chromosomique Chromosomenzahl f
❸ GRAM Numerus m, Zahl f
❹ PHYS, CHIM ~ quantique Quantenzahl f; ~ de masse Massenzahl
▶ être du ~ [des personnes] qui zu denen [o den Menschen] gehören, die; j'étais du ~ ich war [auch] dabei; au ~ des personnes qui ... unter den Menschen, die ...; compter qn au ~ de ses amis jdn zu seinen Freunden zählen
◆ ~ d'instructions INFORM Codegröße f

nombreux, -euse [nɔ̃bʁø, -øz] adj zahlreich; foule, clientèle groß; famille groß, vielköpfig; de ~ exemples viele Beispiele; les ~ exemples die vielen Beispiele; les villageois ont été ~/peu à y assister viele/wenig[e] Dorfbewohner haben daran teilgenommen; là-bas, les lynx sont ~/peu ~ dort gibt es viele/wenig[e] Luchse

nombril [nɔ̃bʁil] m [Bauch]nabel m
▶ se prendre pour le ~ du monde fam sich für den Nabel der Welt halten (fam); se contempler [o se regarder] le ~ fam Nabelschau f betreiben (fam)

nombrilisme [nɔ̃bʁilism] m fam faire du ~ Nabelschau f betreiben (fam)

nomenclature [nɔmɑ̃klatyʁ] f ❶ d'un dictionnaire Stichwortliste f
❷ (terminologie) Nomenklatur f; GRAM Terminologie f
❸ ECON ~ des marchandises Warennomenklatur f

nomenklatura [nɔmɛnklatuʁa] f Nomenklatura f
nominal(e) [nɔminal, o] <-aux> adj ❶ liste Namens-
❷ GRAM forme, groupe, proposition Nominal-; emploi nominal, substantivisch; syntagme ~ Nominalphrase f
❸ ECON nominal, nominell; salaire, taux Nominal-; valeur Nenn-

nominalement [nɔminalmɑ̃] adv ❶ (de nom) nominell
❷ GRAM substantivisch, nominal
❸ (par son nom) namentlich

nominatif [nɔminatif] m GRAM Nominativ m
nominatif, -ive [nɔminatif, -iv] adj ❶ liste Namens-
❷ FIN action, titre Namens-

nomination [nɔminasjɔ̃] f ❶ (désignation) Ernennung f; ~ à un poste de directeur/de professeur Ernennung zum Direktor/Einstellung f als Lehrer
❷ ADMIN (notification) Bestätigung f; (titre, acte) Ernennungsurkunde f
❸ (mention) Nominierung f

nominativement [nɔminativmɑ̃] adv namentlich
nominé(e) [nɔmine] adj nominiert
nommé(e) [nɔme] adj ❶ (qui s'appelle) namens; (cité) genannt
❷ (désigné) ernannt
▶ à point ~ im rechten Augenblick

nommément [nɔmemɑ̃] adv namentlich
nommer [nɔme] <1> I. vt ❶ (appeler) benennen chose; ~ qn/un animal jdm/einem Tier einen Namen geben; une femme nommée Laetitia eine Frau namens Laetitia; un nommé/une nommée ... ein gewisser/eine gewisse ..., ein Mann/eine Frau namens ...; connaissez-vous le nommé Lemercier? kennen Sie einen gewissen Lemercier?
❷ (citer) nennen; (énumérer) aufzählen; quelqu'un que je ne nommerai pas jemand, den [o dessen Namen] ich nicht nennen möchte
❸ (désigner) ernennen; beauftragen avocat, expert; ~ qn son héritier jdn als Erben einsetzen; ~ qn à un poste/à une fonction jdn auf einen Posten/in ein Amt berufen
▶ pour ne pas le/la ~ hum um keinen Namen zu nennen
II. vpr ❶ (s'appeler) se ~ ... heißen
❷ (dire son nom) se ~ seinen Namen nennen

non [nɔ̃] I. adv ❶ (réponse) nein; ~ à qc nein zu etw; je pense que ~ ich glaube nicht; moi ~, mais ich nicht, aber; j'ai dit que ~ ich habe nein gesagt; feras-tu oui ou ~ ce voyage? wirst du diese Reise machen oder nicht?; ah ~! oh nein!; ça ~! das kommt nicht in Frage [o infrage]!; mais ~! (atténuation) ach was! (fam); (insistance) nein!; [oh] que ~! fam nein, niemals!; (réponse à une question positive) von wegen! (fam)
❷ (opposition) nicht; ~ pas [o point] servile, mais soumis(e) soutenu nicht etwa servil, sondern unterwürfig; ~ plus ..., mais ... nicht mehr ..., sondern ...; moi ~ plus ich auch nicht; il n'en est pas question ~ plus das kommt auch nicht [o ebenso wenig] in Frage [o infrage]; ~ pas que qn fasse qc nicht etwa, dass jd etw tut; ~ sans faire qc nicht ohne etw zu tun; ~ sans que qn fasse qc so sehr auch jd etw tut; ~ moins intéressant(e) que qn/qc nicht weniger interessant als jd/etw, genauso interessant wie jd/etw; ~ seulement ..., mais encore nicht nur ..., sondern auch
❸ fam (sens interrogatif) vous venez, ~? Sie kommen doch, oder?; ~, pas possible! ehrlich? (fam)
❹ (sens exclamatif) ~, par exemple! das ist doch nicht zu fassen!; ~ mais [alors]! fam also wirklich [o ehrlich]! (fam); ~, mais dis donc! fam was fällt dir denn ein! (fam)
❺ (ça n'est pas) ~ négligeable beträchtlich; ~ polluant(e) umweltfreundlich; ~ dénué(e) d'humour nicht ohne Humor; ~ dépourvu(e) de difficultés nicht ohne Schwierigkeiten
II. m inv Nein nt; (vote négative) Neinstimme f; 48% de ~ 48% Neinstimmen; répondre par un ~ catégorique kategorisch ablehnen

non-acceptation [nɔ̃naksɛptasjɔ̃] f <non-acceptations> f FIN Akzeptverweigerung f

nonagénaire [nɔnaʒenɛʁ] I. adj neunzigjährig, neunzig Jahre alt; être ~ (avoir 90 ans) neunzig Jahre alt sein; (être âgé de 91 à 99 ans) in den Neunzigern sein
II. mf (personne âgée de 90 ans) Neunzigjährige(r) f(m); (personne qui a entre 90 et 99 ans) Neunziger(in) m(f)

non-agression [nɔnagʁesjɔ̃] f <non-agressions> f Nichtangriff m; pacte de ~ Nichtangriffspakt m **non-aligné(e)** [nɔnaliɲe] <non-alignés> adj bündnisfrei, blockfrei **non-alignement** [nɔnaliɲmɑ̃] <non-alignements> m Blockfreiheit f

nonante [nɔnɑ̃t] num BELG, CH (quatre-vingt-dix) neunzig; v. a. cinq, cinquante

nonantième [nɔnɑ̃tjɛm] adj antéposé BELG, CH neunzigste(r, s); v. a. cinquième

non-appartenance [nɔ̃napaʁtənɑ̃s] f Nichtzugehörigkeit f; ~ à un parti Parteilosigkeit f

non-assistance [nɔnasistɑ̃s] <non-assistances> f ~ |à personne en danger| unterlassene Hilfeleistung **non-belligérance** [nɔ̃beliʒerɑ̃s, nɔ̃bɛlliʒerɑ̃s] <non-belligérances> f Status m einer nicht Krieg führenden Macht, ≈ Gewaltverzicht m **non-belligérant(e)** [nɔ̃beliʒerɑ̃, nɔ̃bɛlliʒerɑ̃] <non-belligérants> adj personne nicht Krieg führend, Gewaltverzicht übend; **être ~** nicht am Krieg beteiligt sein, Gewaltverzicht üben
nonce [nɔ̃s] m Nuntius m
nonchalamment [nɔ̃ʃalamɑ̃] adv lässig
nonchalance [nɔ̃ʃalɑ̃s] f ❶ (paresse) Nachlässigkeit f; (calme) Gelassenheit f; **avec ~** nachlässig
❷ (lenteur) d'une démarche Gemächlichkeit f; d'une pose, d'un geste Lässigkeit f; **avec ~** gemächlich, lässig
nonchalant(e) [nɔ̃ʃalɑ̃, ɑ̃t] adj ❶ (paresseux) nachlässig; (calme) gelassen; **humeur ~e** Gelassenheit f
❷ (lent) gemächlich; (alangui) lässig, ungezwungen
nonciature [nɔ̃sjatyʀ] f Nuntiatur f
non-combattant(e) [nɔ̃kɔ̃batɑ̃, ɑ̃t] <non-combattants> I. adj nicht kombattant; **unités ~es** Führungs- und Logistiktruppen Pl II. m(f) Nichtkombattant(in) m(f) **non-commerçant** [nɔ̃kɔmɛʀsɑ̃] <non-commerçants> m JUR Nichtkaufmann m **non-comparution** [nɔ̃kɔ̃paʀysjɔ̃] <non-comparutions> f Nichterscheinen nt **non-conducteur, -trice** [nɔ̃kɔ̃dyktœʀ, -tʀis] <non-conducteurs> adj fil nicht leitend; **être ~** nicht leiten; **être ~ de chaleur** keine Wärme leiten **non-conformisme** [nɔ̃kɔ̃fɔʀmism] <non-conformismes> m Nonkonformismus m **non-conformiste** [nɔ̃kɔ̃fɔʀmist] <non-conformistes> I. adj nonkonformistisch II. mf Nonkonformist(in) m(f) **non-conformité** [nɔ̃kɔ̃fɔʀmite] <non-conformités> f Nichtübereinstimmung f; **~ avec qn/qc** Abweichung f von jdm/etw **non-constructible** [nɔ̃kɔ̃stʀyktibl] <non-constructibles> adj nicht bebaubar **non-croyant(e)** [nɔ̃kʀwajɑ̃, ɑ̃t] <non-croyants> I. adj nichtgläubig II. m(f) Nichtgläubige(r) f(m) **non-cumul** [nɔ̃kymyl] <non-cumuls> m ~ **des peines** Konkurrenz f von Straftaten; **~ des mandats** Verbot nt der Ämterhäufung **non-dénonciation** [nɔ̃denɔ̃sjasjɔ̃] <non-dénonciations> f Verletzung f der Anzeigepflicht; JUR Nichtanzeige f; **~ de qn/qc** Deckung f eines Menschen/Nichtanzeige f einer S. (Gen) **non-dit** [nɔ̃di] <non-dits> m Unausgesprochene nt; (non-alignement) Blockfreiheit f **non-engagé(e)** [nɔ̃nɑ̃gaʒe] <non-engagés> adj blockfrei **non-exécution** [nɔnegzekysjɔ̃] <non-exécutions> f d'un contrat Nichterfüllung f; **en cas de ~ du contrat** bei Nichterfüllung des Vertrags **non-exercice** [nɔ̃nɛgzɛʀsis] <non-exercices> m JUR Nichtausübung f **non-figuratif, -ive** [nɔ̃figyʀatif, -iv] <non-figuratifs> I. adj nicht figürlich [o gegenständlich] II. m, f Vertreter(in) m(f) der nicht figürlichen [o gegenständlichen] Kunst, abstrakter Künstler m/abstrakte Künstlerin f **non-fumeur, -euse** [nɔ̃fymœʀ, -øz] <non-fumeurs> I. m, f Nichtraucher(in) m(f) II. app compartiment Nichtraucher-; **zone ~s** Nichtraucherzone, rauchfreie Zone **non-habilitation** [nɔnabilitasjɔ̃] <non-habilitations> f JUR **à disposer par testament** Testierunfähigkeit f **non-ingérence** [nɔnɛ̃ʒeʀɑ̃s] <non-ingérences> f Nichteinmischung f **non-initié(e)** [nɔninisje] <non-initiés> I. adj ohne Fachkenntnisse; **être ~** Laie sein, nicht vom Fach sein II. m(f) Laie m, Nichtfachmann m/-frau f **non-inscrit(e)** [nɔnɛ̃skʀi, it] <non-inscrits> I. adj parlementaire fraktionslos II. m(f) Fraktionslose(r) f(m) **non-intervention** [nɔnɛ̃tɛʀvɑ̃sjɔ̃] <non-interventions> f Nichteinmischung f **non-interventionniste** [nɔnɛ̃tɛʀvɑ̃sjɔnist] <non-interventionnistes> I. adj nicht interventionistisch; politique der Nichteinmischung; **être ~** nicht eingreifen, nicht intervenieren II. mf Gegner(in) m(f) einer Interventionspolitik **non-lieu** [nɔ̃ljø] <non-lieux> m JUR Einstellung f des Verfahrens; **ordonner un ~** das Verfahren einstellen **non-livraison** [nɔ̃livʀɛzɔ̃] <non-livraisons> f Nichtlieferung f **non-membre** [nɔ̃mɑ̃bʀ] <non-membres> m Nichtmitglied nt **non-moi** [nɔ̃mwa] m inv PHILOS Nicht-Ich nt
nonne [nɔn] f Nonne f
nonnette [nɔnɛt] f ❶ ORN Sumpfmeise f, Nonnenmeise f
❷ (gâteau) runder Lebkuchen
nonobstant [nɔnɔpstɑ̃] vieilli I. prép ungeachtet (+ Gen) II. adv dennoch, dessen ungeachtet
non-opposition [nɔ̃opozisjɔ̃] <non-oppositions> f JUR Nichtwiderspruch m **non-organisé(e)** [nɔ̃nɔʀganize] adj employés, groupe nicht organisiert **non-paiement** [nɔ̃pɛmɑ̃] <non-paiements> m Nichtbegleichung f; JUR Nichtzahlung f **non-prélèvement** [nɔ̃pʀelɛvmɑ̃] <non-prélèvements> m JUR d'une somme Nichterhebung f **non-professionnel(le)** [nɔ̃pʀɔfɛsjɔnɛl] <non-professionnels> m(f) Nichtfachmann m/-frau f **non-prolifération** [nɔ̃pʀɔliferasjɔ̃] <non-proliférations> f Nichtweiterverbreitung f; **traité de ~ des armes nucléaires** Atomwaffensperrvertrag m **non-recevoir** v. fin **non-reconnaissance** [nɔ̃ʀ(ə)kɔnɛsɑ̃s] <non-reconnaissances> f JUR d'une dette Nichtanerkennung f **non-résident(e)** [nɔ̃ʀezidɑ̃, ɑ̃t] <non-résidents> m(f) JUR Gebietsfremde(r) f(m), Nicht|ansässige(r) f(m) **non-résiliable** [nɔ̃ʀeziljabl] <non-résiliables> adj JUR contrat unkündbar; **caractère ~ d'un/du contrat** Unkündbarkeit f eines/des Vertrags **non-respect** [nɔ̃ʀɛspɛ] <non-respects> m Nichtbeachtung f; du règlement Nichteinhaltung f; du tribunal Nichtachtung f; **~ de garantie** Garantieverletzung f; **~ de la justice** Missachtung des Gerichts; **~ de la loi** Übertretung f des Gesetzes; **~ de la loyauté lors de négociations** Culpa in contrahendo f (Fachspr.); **~ d'une/de l'obligation** Obliegenheitsverletzung, Sorgfaltswidrigkeit f; **~ du terme** Terminversäumnis nt **non-retour** v. **point non-révocabilité** [nɔ̃ʀevɔkabilite] <non-révocabilités> f d'un fonctionnaire Unkündbarkeit f **non-salarié(e)** [nɔ̃salaʀje] <non-salariés> m(f) Selb|st|ständige(r) f(m) **non-satisfaction** [nɔ̃satisfaksjɔ̃] <non-satisfactions> f des besoins Nichtbefriedigung f; des revendications Nichterfüllung f; **en cas de ~** bei Nichtgefallen **non-sens** [nɔ̃sɑ̃s] m inv ❶ (absurdité) Unsinn m ❷ SCOL Sinnfehler m **non-spécialiste** [nɔ̃spesjalist] <non-spécialistes> mf Nichtfachmann m/-frau f **non-stop** [nɔnstɔp] I. adj inv Nonstop- II. m inv ❶ MEDIA Nonstopprogramm nt ❷ (vol) Nonstopflug m; **en ~** nonstop ❸ COM **être ouvert(e) en ~** durchgehend geöffnet sein [o haben]
non-valeur [nɔ̃valœʀ] <non-valeurs> f Unwert m (geh) **non-viable** [nɔ̃vjabl] <non-viables> adj nicht lebensfähig **non-violence** [nɔ̃vjɔlɑ̃s] <non-violences> f Gewaltfreiheit f **non-violent(e)** [nɔ̃vjɔlɑ̃, ɑ̃t] <non-violents> I. adj gewaltfrei, friedlich II. m(f) Gegner(in) m(f) der Gewalt **non-voyant(e)** [nɔ̃vwajɑ̃, jɑ̃t] <non-voyants> m(f) Blinde(r) f(m)
nord [nɔʀ] I. m (point cardinal) Norden m; **le ~** der Norden; **au ~ de qc** nördlich von etw; **être exposé au ~** nach Norden gehen; **dans le ~ de** im Norden von; **du ~** aus dem Norden; **le vent du ~** der Nordwind; **les régions du ~** die nördlichen Regionen; **les villes du ~ du pays** die Städte im Norden des Landes; **vers le ~** nach Norden
▶ **perdre le ~** (perdre son calme) außer Fassung geraten; (perdre la raison) den Kopf verlieren
II. adj inv Nord-; latitude, partie, banlieue nördlich
Nord [nɔʀ] I. m (région, pays) Norden m; **le ~** der Norden; **les gens du ~** die Leute aus dem Norden; **l'autoroute du ~** die Autobahn nach Norden; **l'Europe du ~** Nordeuropa nt; **le ~ canadien** Nordkanada nt; **forêts du ~ canadien** nordkanadische Wälder; **les Allemands du ~** die Norddeutschen; **dans le ~** (dans la région) im Norden; (vers la région) in den Norden; **le grand ~** der hohe Norden
II. adj inv **l'hémisphère ~** die nördliche Hemisphäre; **le pôle ~** der Nordpol; **le cap ~** das Nordkap
nord-africain(e) [nɔʀafʀikɛ̃, ɛn] <nord-africains> adj nordafrikanisch **Nord-Africain(e)** [nɔʀafʀikɛ̃, ɛn] <Nord-Africains> m(f) Nordafrikaner(in) m(f) **nord-américain(e)** [nɔʀameʀikɛ̃, ɛn] <nord-américains> adj nordamerikanisch **Nord-Américain(e)** [nɔʀameʀikɛ̃, ɛn] <Nord-Américains> m(f) Nordamerikaner(in) m(f) **nord-coréen(ne)** [nɔʀkɔʀeɛ̃, ɛn] <nord-coréens> adj nordkoreanisch **Nord-Coréen(ne)** [nɔʀkɔʀeɛ̃, ɛn] <Nord-Coréens> m(f) Nordkoreaner(in) m(f) **nord-est** [nɔʀɛst] m inv Nordosten m; **au ~ de** im Nordosten von, nordöstlich von **Nord-Est** [nɔʀɛst] m inv Nordosten m
nordique [nɔʀdik] adj nordisch
Nordique [nɔʀdik] mf Nordländer(in) m(f)
nord-nord-est [nɔʀnɔʀɛst] m inv Nordnordost[en] m
nord-ouest [nɔʀwɛst] m inv Nordwesten m; **au ~ de** im Nordwesten von, nordwestlich von **Nord-Ouest** [nɔʀwɛst] m Nordwesten m **Nord-Sud** [nɔʀsyd] adj inv Nord-Süd- **nord-vietnamien(ne)** [nɔʀvjɛtnamjɛ̃, jɛn] <nord-vietnamiens> adj nordvietnamesisch **Nord-Vietnamien(ne)** [nɔʀvjɛtnamjɛ̃, jɛn] <Nord-Vietnamiens> m(f) Nordvietnamese m/-vietnamesin f
noria [nɔʀja] f ❶ (machine) [Wasser]schöpfrad nt, Noria f (Fachspr.)
❷ (succession) Staffel f, Stafette f
normal [nɔʀmal] m Normale(s) nt
normal(e) [nɔʀmal, o] <-aux> adj ❶ (ordinaire) normal, gewöhnlich; situation alltäglich; taille d'un vêtement gängig; **redevenir ~** sich normalisieren; **état ~** Normalzustand m
❷ (compréhensible) normal; **il est/n'est pas ~ que qn fasse qc/de faire qc** es ist/es ist nicht normal, dass jd etw tut/etw zu tun hat
❸ (sain) normal
normale [nɔʀmal] f ❶ (état habituel) Normalfall m
❷ (norme) Norm f; **être conforme à la ~** der Norm (Dat) entsprechen, normal sein; **revenir à la ~** wieder seinen normalen Verlauf nehmen; **des capacités au-dessus de la ~** überdurchschnittliche Fähigkeiten
❸ METEO **~s saisonnières** jahreszeitliche Durchschnittswerte
❹ GEOM Normale f
normalement [nɔʀmalmɑ̃] adv ❶ (conformément aux normes) normal

❷ *(selon toute prévision)* normalerweise, eigentlich; ~ **nous devons arriver à trois heures** wenn nichts dazwischenkommt, [*o* eigentlich] müssten wir um drei Uhr ankommen

normalien(ne) [nɔʀmaljɛ̃, jɛn] *m(f)* Schüler einer *École normale [supérieure]*

normalisation [nɔʀmalizasjɔ̃] *f* ❶ *(standardisation)* Normierung *f*; ❷ POL *(retour à la normale)* Normalisierung *f*; *péj (soumission à la norme)* Rückkehr *f* zu Ruhe und Ordnung
◆ ~ **de la conjoncture** Konjunkturberuhigung *f*

normaliser [nɔʀmalize] <1> I. *vt* ❶ *(standardiser)* normen, normieren, vereinheitlichen
❷ *(rendre normal)* normalisieren; legalisieren *liaison*
II. *vpr* **les relations se normalisent/la situation se normalise** die Beziehungen normalisieren sich/die Situation normalisiert sich

normalité [nɔʀmalite] *f* Normalität *f*

normand [nɔʀmɑ̃] *m* **le** ~ ❶ *(en parlant de la Normandie)* Mundart *f* der Normandie
❷ HIST *de la tribu germanique* Normannisch *nt*, das Normannische; *v. a. allemand*

normand(e) [nɔʀmɑ̃, ɑ̃d] *adj* ❶ GEOG *côte* der Normandie *(Gen)*
❷ HIST normannisch

Normand(e) [nɔʀmɑ̃, ɑ̃d] *m(f)* ❶ GEOG Bewohner(in) *m(f)* der Normandie
❷ *pl* HIST **les ~s** die Normannen

Normandie [nɔʀmɑ̃di] *f* **la** ~ die Normandie

normatif, -ive [nɔʀmatif, -iv] *adj* normativ

norme [nɔʀm] *f* ❶ Norm *f*; ~ **juridique** Rechtsnorm, Rechtssatz *m*; ~ **environnementale** TECH Umweltnorm; ~ **européenne** Euronorm; ~ **relative aux stocks** ECON Lagernorm; **se soumettre à une** ~ sich einer Regel unterwerfen; **rester dans la/être hors** ~ sich innerhalb/außerhalb der Norm bewegen; ~ **pour l'alimentation en eau potable** Trinkwassernorm
❷ *pl (ensemble de règles)* Bestimmungen *Pl*; **les ~s françaises/européennes** die französische/europäische Industrienorm; **un appareil conforme aux ~s en vigueur** ein normgerechtes Gerät; **~ d'émission des gaz d'échappement** Abgasbestimmungen
❸ *(normale, moyenne)* Standard *m*
◆ ~ **s de qualité** Gütevorschrift *f*, Qualitätsnorm *f*; **~s de sécurité** Sicherheitsnorm *f*; **d'usure** ECON Verschleißnorm *f*;

normé(e) [nɔʀme] *adj* MATH normiert

noroît [nɔʀwa] *m* METEO Nordwestwind *m*

nor[r]ois [nɔʀwa] *m* LING **le** ~ Altnordisch *nt*, das Altnordische; *v. a. allemand*

nor[r]ois(e) [nɔʀwa, waz] *adj langue* altnordisch; *texte* in Runenschrift geschrieben

Norvège [nɔʀvɛʒ] *f* **la** ~ Norwegen *nt*

norvégien [nɔʀveʒjɛ̃] *m* **le** ~ Norwegisch *nt*, das Norwegische; *v. a. allemand*

norvégien(ne) [nɔʀveʒjɛ̃, jɛn] *adj* norwegisch

Norvégien(ne) [nɔʀveʒjɛ̃, jɛn] *m(f)* Norweger(in) *m(f)*

nostalgie [nɔstalʒi] *f* Wehmut *f*, Nostalgie *f*; ~ **de qc** Sehnsucht *f* nach etw; **avoir** [*o garder*] **la** ~ **de qc** sich nach etw sehnen; **être** ~ **in nostalgischer** [*o* wehmütiger] Stimmung sein **la** ~ **de sa jeunesse** wehmütig an seine Jugend zurückdenken

nostalgique [nɔstalʒik] I. *adj* nostalgisch; *pensée, regard* wehmütig; **être** ~ in nostalgischer [*o* wehmütiger] Stimmung sein
II. *mf* Nostalgiker(in) *m(f)*; ~ **de la musique des années 60** Liebhaber(in) der Musik der sechziger Jahre; **des ~s du nazisme** Altnazis *Pl*

nota [bene] [nɔta(bene)] *m inv* Anmerkung *f*

notabilité [nɔtabilite] *f* angesehene Persönlichkeit; **les ~s** die Honoratioren

notable [nɔtabl] I. *adj* erheblich, beträchtlich; *progrès* beachtlich; *fait* bemerkenswert; *personne* wichtig, von Rang; *offre, proposition* erwägenswert; **rien de** ~ nichts Besonderes
II. *mf* angesehene Persönlichkeit; *pl* HIST Notabeln *Pl*; **les ~s de la ville** die Honoratioren der Stadt

notablement [nɔtabləmɑ̃] *adv* erheblich, beträchtlich; ~ **différent** grundverschieden

notaire [nɔtɛʀ] *mf* Notar(in) *m(f)*

notamment [nɔtamɑ̃] *adv* ❶ *(en particulier)* vor allem, besonders
❷ BELG *(nommément)* namentlich, mit Namen

notarial(e) [nɔtaʀjal, jo] <-aux> *adj acte* notariell; *fonction* Notariats-

notariat [nɔtaʀja] *m* Notariat *nt*

notarié(e) [nɔtaʀje] *adj acte* notariell beglaubigt; *attestation* notariell

notation [nɔtasjɔ̃] *f* ❶ Notation *f*; ~ **musicale** Notenschrift *f*; ~ **sténographique** Kurzschrift *f*
❷ ADMIN Beurteilung *f*; SCOL Benotung *f*; **système de** ~ **par points** Punktsystem *nt*

note [nɔt] *f* ❶ SCOL Note *f*; ADMIN Beurteilung *f*; ~ **fantastique** Traumnote
❷ MUS *(signe)* Note *f*; *(son)* Ton *m*; **trouver la** ~ **juste** den richtigen Ton treffen
❸ *(communication)* Mitteilung *f*, Notiz *f*; ~ **diplomatique** Note *f*
❹ *(facture)* Rechnung *f*; ~ **de cent euros** Rechnung über hundert Euro
❺ *(touche)* Note *f*; ~ **de tristesse/gaieté** Anflug *m* von Traurigkeit/fröhliche Note
❻ *(annotation)* Anmerkung *f*, Notiz *f*; ~ **marginale** Randnotiz; ~ **d'un/de l'entretien** Gesprächsnotiz; ~ **de bas de page** Fußnote *f*; **mettre une** ~ **sur qc** einen Vermerk [*o* eine Notiz] auf etw *(Akk)* schreiben; **~s grammaticales** grammatikalische Erläuterungen
❼ *pl (compte rendu, support écrit)* Notizen *Pl*; **parler sans ~s** frei sprechen; **prendre des ~s** [sich *(Dat)*] Notizen machen
▸ **fausse** ~ MUS falscher Ton; *(maladresse)* Zwischenfall *m*; **une mauvaise** ~ **pour qn** ein Minus[punkt] für jdn; **donner la** ~ den Ton angeben; **clé:** die Tonart angeben; **être** [*o* **rester**] **dans la** ~ nicht aus dem Rahmen fallen; **ne pas être du tout dans la** ~ *personne:* aus dem Rahmen fallen; *chose:* überhaupt nicht passen; **forcer la** ~ übertreiben; **prendre bonne ~ de qc** sich *(Dat)* etw gut merken; **prendre qc en** ~ *(inscrire)* [sich *(Dat)*] etw notieren; *(prendre conscience)* etw zur Kenntnis nehmen
◆ ~ **d'achat** BOURSE Schlussnote *f*; ~ **de débit** JUR Belastungsanzeige *f*; ~ **de frais** Spesenabrechnung *f*, Bewirtungskosten *Pl*; ~ **de service** Hausmitteilung *f*; ~ **de vérification** Prüfungsvermerk *m*

noter [nɔte] <1> *vt* ❶ *(inscrire)* [sich *(Dat)*] aufschreiben [*o* notieren]
❷ *(remarquer)* feststellen; **notez-le bien, notons-le** wohlgemerkt; ~ **que qn a fait qc** feststellen, dass jd etw getan hat; *(prendre en compte)* berücksichtigen, dass jd etw getan hat; **note bien que j'ai fini à temps** [bitte] beachte, dass ich rechtzeitig fertig bin; **veuillez ~ que qn fera qc** bitte nehmen Sie zur Kenntnis, dass jd etw tun wird; **qc est à** ~ man darf etw nicht außer Acht lassen
❸ ADMIN, SCOL benoten; beurteilen *employé*; ~ **qn/qc 12 sur 20** jdn/etw mit 12 von 20 Punkten benoten; **le premier exercice sera noté sur cinq** für die erste Aufgabe gibt es fünf Punkte
❹ *(souligner)* anstreichen; ~ **qc d'une croix** etw ankreuzen
❺ MUS notieren

notice [nɔtis] *f* ❶ *(mode d'emploi)* Beipackzettel *m*; ~ **[explicative]** Gebrauchsanweisung *f*; ~ **d'entretien** Betriebsanleitung *f*
❷ *(courte présentation)* Angaben *Pl*; *(notice technique)* Erläuterung *f*; *(préface)* Einleitung *f*; ~ **nécrologique** Nachruf *m*

notificatif, -ive [nɔtifikatif, -iv] *adj* Benachrichtigungs-; **lettre notificative** schriftliche Benachrichtigung

notification [nɔtifikasjɔ̃] *f* Mitteilung *f*, Benachrichtigung *f*; COM Avis *m*; *d'un jugement* Zustellung *f*; ~ **de l'action** Klagezustellung; ~ **des défauts** Mängelanzeige *f*; ~ **d'un vice** Anzeige eines Mangels
◆ ~ **de paiement** Zahlungsankündigung *f*

notifier [nɔtifje] <1a> *vt* ❶ *(remettre)* zustellen *jugement*; ~ **la déclaration de faillite à qn** jdm die Konkurserklärung zustellen
❷ *(communiquer)* ~ **qc à qn** jdm etw mitteilen, jdn von etw benachrichtigen; ADMIN jdm von etw Mitteilung machen

notion [nɔsjɔ̃] *f* ❶ *(idée)* Begriff *m*; **la** ~ **de liberté** der Begriff [der] Freiheit; **la** ~ **de sécurité** das Konzept der Sicherheit
❷ *(conscience)* **la** ~ **de l'heure** [*o* **du temps**] das Zeitgefühl; **la** ~ **du lieu** der Orientierungssinn
❸ *pl (connaissances)* Ahnung *f*; **avoir des ~s de qc** Ahnung von etw haben; **avoir des ~s d'anglais** Grundkenntnisse in Englisch *(Dat)* haben

notionnel(le) [nɔsjɔnɛl] *adj* **champ** ~ LING Bedeutungsfeld *nt*, Wortfeld *nt*

notoire [nɔtwaʀ] *adj* offenkundig; *criminel, bêtise, inconduite* notorisch; **il est** ~ **que qn a fait qc** es ist offenkundig, dass jd etw getan hat

notoirement [nɔtwaʀmɑ̃] *adv (manifestement)* offenkundig; *(incontestablement)* notorisch; *connu, reconnu* allgemein

notoriété [nɔtɔʀjete] *f* ❶ *(renommée) d'une personne, œuvre* Bekanntheitsgrad *m*; **gagner en** ~ immer bekannter werden; **qc donne de la** ~ **à qn** jd wird durch etw bekannt
❷ *(caractère connu)* Bekanntheit *f*; **être de** ~ **publique** öffentlich [*o* allgemein] bekannt sein; **il est de** ~ **publique que qn a fait qc** es ist allgemein bekannt, dass jd etw getan hat

notre [nɔtʀ, no] <nos> *dét poss* ❶ unser(e); ~ **chien/vase/maison** unser Hund/uns[e]re Vase/unser Haus; **à** ~ **avis** uns[e]rer Meinung nach; **le chat se fuyait à** ~ **approche** die Katze lief weg, wenn wir näherkamen
❷ REL **Notre Père qui êtes aux cieux** Vater unser, der du bist im Himmel
▸ **comment va** ~ **malade aujourd'hui?** *hum fam* wie geht es denn uns[e]rem Patienten/uns[e]rer Patientin heute? *(fam)*

nôtre [notʀ] I. *pron poss* ❶ **le/la** ~ *der/die/das* Uns[e]re [*o* uns[e]re], uns[e]re(r, s); **les ~s** die Uns[e]ren [*o* uns[e]ren], uns[e]re; **ce n'est pas votre valise, c'est la** ~ es ist nicht Ihr Koffer, es ist der Uns[e]re [o uns[e]re] [o es ist uns[e]rer]; **cette maison est la ~** dies ist unser Haus, dieses Haus gehört uns

❷ *pl (ceux de notre famille)* **les ~s** unsere Angehörigen [o Familie], die Uns[e]ren *(geh)*; *(nos partisans)* uns[e]re Anhänger, die Uns[e]ren *(geh)*; **il est des ~s** er gehört zu uns, er ist einer von uns; **j'espère que vous serez des ~s ce soir** ich hoffe, dass Sie heute Abend dabei sein werden

▸ **à la [bonne] ~!** *fam* auf unser Wohl!

II. *adj poss littér* **qc est ~** etw ist der/die/das Uns[e]re [o uns[e]re]; **cet objectif est ~** das ist unser Ziel; **ces principes, nous les avons faits ~s** wir haben uns diese Prinzipien zu eigen gemacht

Notre-Dame [nɔtrədam] *f inv* Unsere Liebe Frau; *(nom d'églises)* Marienkirche *f*

nouba [nuba] *f fam* Sause *f (fam)*; **faire la ~ toute la nuit** die ganze Nacht durchfeiern

nouer [nwe] <1> I. *vt* ❶ *(faire un nœud avec)* binden; zubinden *garrot, ceinture*; schließen *bras*; knüpfen *tapis*; **bien ~ ses lacets** sich *(Dat)* die Schnürsenkel festknoten; **tapis noué [à la] main** handgeknüpfter Teppich

❷ *(entourer d'un lien)* zusammenbinden; verschnüren *paquet*; binden *bouquet*

❸ *(établir)* schließen *alliance, amitié*; knüpfen *contact, relation*; schmieden *complot*; **~ la conversation** eine Unterhaltung [o ein Gespräch] anknüpfen

❹ *(paralyser)* **l'émotion/les sanglots lui a/ont noué la gorge** ihre/seine Kehle war vor Rührung/vor lauter Weinen wie zugeschnürt; **l'angoisse lui a noué l'estomac** vor Angst krampfte sich ihm/ihr der Magen zusammen

II. *vpr* ❶ *(se serrer)* **sa gorge se noua en voyant cela** bei diesem Anblick schnürte sich ihm/ihr die Kehle zu; **leurs mains se nouèrent** sie fassten sich bei den Händen

❷ *(s'établir)* **se ~** *amitié, alliance:* geschlossen werden, entstehen; *contact, lien:* geknüpft werden; *conversation:* in Gang kommen; **une conversation se noue entre des personnes** Menschen kommen miteinander ins Gespräch

❸ *(s'attacher)* **se ~ autour du cou** um den Hals gebunden werden; *(accidentellement)* sich um den Hals wickeln

❹ LITTER, THEAT **l'intrigue se noue** der Knoten [der Handlung] schürzt sich

noueur, -euse [nuœʀ, -øz] *m* **~(-euse) de tapis** Teppichknüpfer(in) *m(f)*

noueux, -euse [nwø, -øz] *adj* knorrig; *doigt, main* knotig

nougat [nuga] *m* türkischer Honig

▸ **c'est du ~** *fam* das ist Pipifax *(fam)*; **c'est pas du ~!** das ist kein Honigschlecken! *(fam)*

nougatine [nugatin] *f* Krokant *m*

nouille [nuj] I. *f* ❶ GASTR Nudel *f*

❷ *fam (ballot)* Depp *m (fam)*; *(empoté)* Tranfunzel *f (fam)*

II. *adj* ❶ *fam (empoté)* tapsig *(fam)*

❷ ART **style ~** [schwülstiger] Jugendstil

❸ *fam (tarte)* blöd *(fam)*

nounou [nunu] *f enfantin (nourrice)* Tagesmutter *f*; *(garde d'enfant)* Kindermädchen *nt*

nounours [nunuʀs] *m enfantin* Teddy[bär *m*] *m*

nourri(e) [nuʀi] *adj* heftig; *conversation* lebhaft; *tir* schwer; **feu ~** Kugelhagel *m*

nourrice [nuʀis] *f* ❶ *(qui allaite)* Amme *f*

❷ *(gardienne)* Tagesmutter *f*, Kinderfrau *f*; **en ~** in Pflege

❸ *(bidon)* [Reserve]kanister *m*

nourricier, -ière [nuʀisje, -jɛʀ] *adj* ❶ *(adoptif)* Pflege-

❷ *poét (qui nourrit)* nährend; *sève, suc* nahrhaft; **la terre nourricière** die Nährmutter Erde *(poet)*

nourrir [nuʀiʀ] <8> I. *vt* ❶ *(donner à manger à)* ernähren *personne*; füttern *animal*; **~ qn au biberon/à la cuillère** jdn mit der Flasche/mit dem Löffel füttern; **~ qn au sein** jdn stillen; **~ les poulets au grain** die Hühner mit Getreide füttern; **être bien/mal nourri(e)** gut/schlecht genährt sein

❷ *(faire vivre)* ernähren; [mit Nahrungsmitteln] versorgen *ville*

❸ *(alimenter)* nähren *feu, rumeur*; schüren *polémique, crainte*

❹ *(entretenir)* hegen *désir, espoir, projet*; **~ une illusion** sich in einer Illusion wiegen; **~ sa vengeance** Rachegefühle hegen

▸ **être nourri(e) blanchi(e)** sein Essen und seine Wäsche gewaschen bekommen; **nourri(e) et logé(e)** bei freier Kost und Logis sein; **être nourri(e) et logé(e)** freie Kost und Logis haben

II. *vi* nahrhaft sein

III. *vpr* ❶ *(s'alimenter)* **se ~ de qc** sich von etw ernähren; **bien se ~** auf seine Ernährung achten

❷ *(s'enrichir)* **se ~ de qc** von etw leben; **se ~ de romans/lectures** Romane verschlingen/eine Leseratte sein

▸ **l'homme ne se nourrit pas que de pain** *prov* der Mensch lebt nicht vom Brot allein *(prov)*

nourrissant(e) [nuʀisɑ̃, ɑ̃t] *adj aliment* nahrhaft; *shampooing, crème* rückfettend

nourrisson [nuʀisɔ̃] *m* Säugling *m*

nourriture [nuʀityʀ] *f* ❶ *(produits)* Nahrung *f*; **~ principale** Hauptnahrung *f*; **~ pour le nourrisson** [o **les nourrissons**] Säuglingsnahrung; **~ pour animaux** Futter *nt* für Tiere

❷ *(action)* Ernährung *f*; **la ~ des animaux** die Fütterung der Tiere

❸ *fig littér* **~ de l'esprit** geistige Nahrung

nous [nu] I. *pron pers* ❶ *sujet* wir; **~ sommes grand(e)s** wir sind groß; **vous avez fini, mais pas ~** ihr seid fertig, aber wir [noch] nicht; **~ autres** wir; **~ autres[, les] Français** wir Franzosen

❷ *complément d'objet direct et indirect* uns; **il ~ aime/suit** er liebt/folgt uns; **il ~ demande le chemin** er fragt uns nach dem Weg

❸ *avec faire, laisser* uns; **il ~ laisse/fait conduire la voiture** er lässt uns das Auto fahren

❹ *avec être, devenir, sembler soutenu* **cela ~ semble bon** das erscheint uns gut; **son amitié ~ est chère** seine/ihre Freundschaft ist uns teuer *(geh)*; **ça ~ est bon de rentrer au pays** es tut [uns] gut heimzukommen; **le café ~ devenait indispensable** wir konnten nicht mehr auf den Kaffee verzichten

❺ *avec les verbes pronominaux* **~ ~ nettoyons les ongles** wir machen uns die Nägel sauber

❻ *fam (pour renforcer)* **~, monter une entreprise?** was, wir sollen ein Unternehmen gründen?; **~, ~ n'avons pas** [o **on n'a pas** *fam*] **ouvert la bouche** wir haben den Mund nicht aufgemacht; **et ~ qui pensions avoir tout compris** und wir dachten, wir hätten alles verstanden!; **c'est ~ qui l'avons dit** wir haben das gesagt; **c'est ~ que tu as entendu(e)s à la radio** uns hast du im Radio gehört; **il veut ~ voir, ~!** uns möchte er sehen!; **il veut ~ aider, ~?** uns möchte er helfen?

❼ *(avec un sens possessif)* **le cœur ~ battait fort** unsere Herzen schlugen heftig

❽ *avec un présentatif* wir; **~ voici** [o **voilà**]**!** hier [o da] sind wir!; **~ voilà tout(es) propres** jetzt sind wir [wieder] sauber

❾ *avec une préposition* **avec/sans ~** mit/ohne uns; **à ~ deux** wir beide; **à ~ deux maintenant** und jetzt zu uns [beiden]; **la maison est à ~** das Haus gehört uns; **c'est à ~ de décider** wir müssen entscheiden; **c'est à ~!** wir sind dran!

❿ *dans une comparaison* wir; **vous êtes comme ~** ihr seid wie wir; **plus/aussi fort(e) que ~** stärker als/genauso stark wie wir

⓫ *(pluriel de modestie ou de majesté)* **~ sommes désolé(e)s** wir bedauern; **~, Roi de France** Wir, König von Frankreich

⓬ *fam (signe d'intérêt)* **comment allons-~?** wie geht's uns denn? *(fam)*

II. *m* Wir *nt*; **le ~ de majesté** der Pluralis majestatis

nous-mêmes [numɛm] *pron pers* ❶ *(nous en personne)* **~ n'en savions rien** wir [selbst] wussten nichts davon; **nous nous sentions ~ heureux** wir fühlten uns glücklich; **nous l'avons dit ~**, **c'est ~ qui l'avons dit** wir haben es gesagt; **nous sommes venu(e)s de ~** wir sind von selbst [o von uns *(Dat)* aus] [o aus eigenem Antrieb] gekommen

❷ *(nous aussi)* ebenfalls, auch; **nous étions ~ furieux(-euses)** wir waren ebenfalls [o auch] sehr wütend

❸ *soutenu (je, moi)* **nous avons fait le travail ~** wir haben die Arbeit selbst erledigt

nouveau [nuvo] *m* ❶ Neue(s) *nt*; **du ~** etwas Neues

❷ *(personne)* Neue(r) *m*; **~ dans la profession** Berufsanfänger *m*

▸ **à** [o **de**] **~** erneut, nochmals (CH)

nouveau, nouvel, nouvelle [nuvo, nuvɛl, nuvɛl] <x> *adj* ❶ neu; **rien de ~** nichts Neues

❷ *antéposé (répété)* neu; *effort* erneut; **le nouvel élu** der Neugewählte; **une nouvelle fois** erneut, ein weiteres Mal

❸ *antéposé (de fraîche date)* **les ~x venus** die Neuankömmlinge; **les ~x pauvres/riches** die neuen Armen/Neureichen

▸ **tout beau, tout ~** *prov* alles Neue hat seinen Reiz; **c'est ~ [ça]!** *fam* das ist ja ganz was Neues! *(fam)*; **c'est ~, ça vient de sortir** *fam* das ist das Neueste vom Neuen

Land und Leute

Ein Kuss unter einem Stechpalmen- oder Mistelzweig zum **Nouvel An** gehört zur Tradition. Das soll Glück und Erfolg im neuen Jahr bringen. Auf den Straßen wünscht man sich „Bonne année!" – ein frohes neues Jahr.

nouveau-né(e) [nuvone] <nouveau-nés> I. *adj* neugeboren

II. *m(f)* Neugeborene(s) *nt*

nouveauté [nuvote] *f* ❶ *(objet)* Neuheit *f*; *pl* MEDIA Neuerscheinungen *Pl*; **les ~s de printemps** COUT die neue Frühjahrsmode

❷ *(innovation)* Neuerung *f*; **c'est une ~** das ist etwas Neues

❸ *(caractère récent)* *d'une découverte, doctrine* Neuheit *f*

nouvelle [nuvɛl] *f* ❶ *(événement)* Neuigkeit *f*; *(information)* Nachricht *f*; **connaissez-vous la ~?** wissen Sie schon das Neueste?; **ce n'est pas une ~** das ist nichts Neues; **nous avons appris la ~ que qn a fait qc** wir haben gehört [o erfahren], dass jd etw getan hat

❷ *pl (renseignements sur qn)* **avoir des ~s de qn** Nachrichten von jdm haben; **nous sommes sans ~s d'elle** wir haben nichts von ihr gehört; **donner de ses ~s** etwas von sich hören lassen; **prendre des ~s de qn** sich nach jdm erkundigen
❸ *pl* MEDIA *(information)* Nachricht *f*, Meldung *f*; **fausse ~** Falschmeldung, Ente *f*; **~ sensationnelle** Sensationsmeldung; **les ~s** *(émission)* die Nachrichten *Pl*
❹ LITTER Novelle *f*
❺ *(personne)* Neue *f*; **~ dans la profession** Berufsanfängerin *f*
▶ **la Bonne Nouvelle** REL die Frohe Botschaft; **pas de ~s, bonnes ~s** *prov* keine Nachricht, gute Nachricht; **aux dernières ~** laut den letzten Nachrichten; **première ~!** das ist ja etwas ganz Neues!; **tu m'en diras/vous m'en direz des ~s** du wirst/Sie werden begeistert sein; **tu auras/il aura de mes ~s!** du bekommst/er bekommt es mit mir zu tun! *(fam)*
Nouvelle-Calédonie [nuvɛlkaledoni] *f* **la ~** Neukaledonien *nt*
Nouvelle-Guinée [nuvɛlgine] *f* **la ~** Neuguinea *nt*
nouvellement [nuvɛlmɑ̃] *adv* neulich, vor kurzem
Nouvelle-Zélande [nuvɛlzelɑ̃d] *f* **la ~** Neuseeland *nt*
nouvelliste [nuvelist] *mf* Novellist(in) *m(f)*
nova [nɔva, nɔve] <novæ> *f* Nova *f*
novateur, -trice [nɔvatœʀ, -tʀis] I. *adj* innovativ; **qc d'un type ~** etw [von] ganz neuer Art
II. *m, f* Neuerer *m*/Neuerin *f*
novation [nɔvasjɔ̃] *f* JUR Novation *f*
novembre [nɔvɑ̃bʀ] *m* November *m*; **en France, le 11 ~ est [un jour] férié** der 11. November ist in Frankreich ein Feiertag *(Waffenstillstand mit Deutschland 1918)*; *v. a.* **août**
novice [nɔvis] I. *adj* **être ~ dans qc** in etw *(Dat)* unerfahren sein
II. *mf* ❶ *(débutant)* Anfänger(in) *m(f)*
❷ REL Novize *m*/Novizin *f*
◆ **~ en Bourse** Börsenneuling *m*
noviciat [nɔvisja] *m* Noviziat *nt*
novocaïne [nɔvɔkain] *f* MED Novocain® *nt*
noyade [nwajad] *f* ❶ *(action de noyer)* Ertränken *nt*
❷ *(fait de se noyer)* Ertrinken *nt*; *pl* Todesfälle *Pl* durch Ertrinken
noyau [nwajo] <x> *m* ❶ BOT [Obst]kern *m*; *d'un abricot, d'une cerise, pêche, prune* Kern, Stein *m*; **~ de quetsche** Zwetschgenkern
❷ PHYS [Atom]kern *m*; BIO Zellkern *m*; GEOL Kern *m*; ELEC [Eisen]kern *m*
❸ *(groupe humain)* Kern *m*; **~ de manifestants** kleine Gruppe von Demonstranten; **~ d'opposition** [*o* d'opposants]/**de résistance** kleiner Kreis von Oppositionellen/Widerstandskämpfern; **~ dur** harter Kern; **~ dur de l'équipe** SPORT Kernmannschaft *f*
▶ **être rembourré(e) avec des ~x de pêche** *fam* hart und unbequem sein
noyautage [nwajotaʒ] *m* Unterwanderung *f*
noyauter [nwajote] <1> *vt* unterwandern
noyé(e) [nwaje] I. *adj (accidentellement)* ertrunken; *(volontairement)* ertränkt
II. *m(f) (personne qui se noie)* Ertrinkende(r) *f(m)*; *(personne qui s'est noyée)* Ertrunkene(r) *f(m)*
noyer¹ [nwaje] *m* ❶ *(arbre)* Nussbaum *m*
❷ *(bois)* Nussbaum[holz *nt*] *m*
noyer² [nwaje] <6> I. *vt* ❶ *(tuer)* ertränken
❷ *(inonder)* überschwemmen; **~ qc sous l'eau** etw unter Wasser setzen
❸ *(rendre humide)* **des yeux noyés de larmes** Augen voller Tränen; **visage noyé de pleurs** tränenüberströmtes Gesicht
❹ *(déborder)* **être noyé(e)** *fam* nicht durchblicken *(fam)*; **être noyé(e) sous le travail** mit Arbeit überlastet sein
❺ *(oublier)* **~ son chagrin dans l'alcool** seinen Kummer in Alkohol *(Dat)* ertränken; **une révolte dans le sang** einen Aufstand in Blut *(Dat)* ersticken
❻ GASTR verdünnen
❼ AUT absaufen lassen *(fam)*
❽ TECH *(enrober)* einlassen in (+ *Akk*); **~ qc dans le béton** etw einbetonieren
❾ *(couvrir)* **être noyé(e) dans la verdure** zugewachsen [*o* überwuchert] sein
❿ *(plonger)* **être noyé(e) dans la foule** in der Menge eingekeilt sein; **être noyé(e) dans la masse** *fig* eine(r) unter vielen sein
II. *vpr* ❶ *(mourir)* **se ~** *(accidentellement)* ertrinken; *(volontairement)* sich ertränken
❷ *(se perdre)* **se ~ dans des détails** sich in Einzelheiten *(Dat)* verlieren; **se ~ dans un raisonnement** bei einer Argumentation den Faden verlieren
NPI [ɛnpei] *pl abr de* **nouveaux pays industrialisés** neue Industrieländer *Pl*
NRF [ɛnɛʀɛf] *f abr de* **Nouvelle Revue Française** französische Zeitschrift
ns [ɛnɛs] *abr de* **nanoseconde** ns; **le temps d'accès est de 80 ~**

die Zugriffszeit beträgt 80 ns
nu [ny] *m* ART Akt *m*; **étude de ~s** Aktstudie *f*
nu(e) [ny] *adj* ❶ *(sans vêtement)* nackt; **les pieds ~s** barfuß; **tête ~e** ohne Kopfbedeckung; **torse ~** mit bloßem [*o* nacktem] Oberkörper; **se mettre torse ~** den Oberkörper entblößen [*o* frei machen]
❷ *(sans ornement) chambre, mur* nackt, kahl; *style* nüchtern; *vérité* rein, nackt
❸ *(dépouillé) arbre, crâne* kahl; *pays, plaine* öde
❹ *(non protégé) fil électrique, lame* blank
▶ **mettre à ~** *(à découvert)* freilegen; *(découvrir)* aufdecken, enthüllen; **mettre son cœur à ~** sein Herz ausschütten
nuage [nɥaʒ] *m* ❶ METEO Wolke *f*; **~ de beau temps/de neige/de pluie** Schönwetter-/Schnee-/Regenwolke; **regarde ces ~s de pluie** sieh dir diese Regenwand an
❷ *(amas)* Wolke *f*; **~ toxique** Giftwolke; **~ de fumée** Rauchschwade *f*, Rauchwolke, Qualmwolke; **~ de vapeur** Dampfwolke; **~ dû à une/à l'explosion** Explosionswolke; **~ de sauterelles** Heuschreckenschwarm *m*
❸ *fig* **~ de parfum** Parfümwolke *f*
❹ *(tissu léger)* [feiner] Schleier
❺ *(très petite quantité)* **un ~ de lait** ein paar Tropfen Milch
❻ *(menace)* dunkle Wolken *Pl*; **aucun ~ ne semblait menacer leur bonheur** kein Wölkchen schien ihr Glück zu trüben; **l'avenir apparaissait chargé de ~s** dunkle Wolken zogen am Horizont herauf
▶ **être dans les ~s** über [*o* in] den Wolken schweben; **être** [*o* **marcher**] **sur un ~** im siebten Himmel sein; **ciel sans ~** [s] wolkenloser Himmel; **bonheur/amitié sans ~** [s] ungetrübtes Glück/ungetrübte Freundschaft; **vie sans ~** [s] unbeschwertes Leben
nuageux, -euse [nɥaʒø, -ʒøz] *adj* METEO Wolken-; *ciel* bewölkt, wolkig; **le temps est ~** es ist bewölkt; **des passages ~** wolkige Abschnitte
nuance [nɥɑ̃s] *f* ❶ *(couleur) (gamme)* [Farb]schattierung *f*, [Farb]nuance *f*; *(gradation)* Farbabstufung *f*; *(détail)* Nuance *f*, Feinheit *f*
❷ MUS Modifizierung *f*
❸ *(légère différence)* kleiner Unterschied; POL [politische] Schattierung; **à quelques ~s près** bis auf ein paar kleine Unterschiede; **apporter quelques ~s à qc** etw modifizieren, etw relativieren
❹ *(touche légère)* Spur *f*, Hauch *m*; **~ de tristesse/d'ironie/d'inquiétude** Anflug *m* von Traurigkeit/Spur von Ironie/Unruhe
▶ **tout en ~s** facettenreich; **pensée tout en ~s** differenziertes Denken; **être sans ~** *personne:* pauschal urteilen; **~!** ein kleiner, aber entscheidender Unterschied!
nuancé(e) [nɥɑ̃se] *adj* differenziert; *chant, style* nuanciert
nuancer [nɥɑ̃se] <2> *vt* differenzieren; MUS modifizieren; ART nuancieren; abtönen *couleur;* **~ son style** sich differenziert ausdrücken; **~ sa pensée** differenziert denken
nuancier [nɥɑ̃sje] *m* Farbmusterpalette *f*
nubile [nybil] *adj* heiratsfähig
nubilité [nybilite] *f* Heiratsfähigkeit *f*
nubuck [nybyk] *m* Nubuk *nt*, Nubukleder *nt*
nucléaire [nykleɛʀ] I. *adj* atomar, nuklear; *guerre, industrie, puissance* Atom-; *arme, énergie, physique* Kern-, Atom-; *charge, fission* Kern-; *réaction* Kernketten-; **accident ~** Strahlenunfall *m*
II. *m* Kernenergie *f*, Atomenergie *f*
nucléarisation [nykleaʀizasjɔ̃] *f* Umstellung *f* auf Kernenergie; MIL nukleare [*o* atomare] Aufrüstung
nucléique [nykleik] *adj* Nuklein-
nucléon [nykleɔ̃] *m* PHYS, CHIM Kernbaustein *m*
nudisme [nydism] *m* Freikörperkultur *f*, FKK *kein Art*, Nudismus *m*; **pratiquer le ~** Anhänger(in) *m(f)* der Freikörperkultur sein, FKK machen
nudiste [nydist] I. *adj* FKK-; *plage* FKK-, textilfrei; *hum fam*
II. *mf* Nudist(in) *m(f)*
nudité [nydite] *f* ❶ *(absence de vêtement)* Nacktheit *f*; **couvrir sa ~** seine Blöße bedecken
❷ *(dépouillement)* Kahlheit *f*; *d'une pièce, d'un style* Nüchternheit *f*
❸ ART Akt *m*
▶ **s'étaler dans toute sa ~** unverhohlen zu Tage [*o* zutage] treten; **l'horreur dans toute sa ~** das nackte Grauen
nue [ny] *f littér (nuage)* Wolke *f*
▶ **porter qn/qc aux ~s** jdn/etw in den Himmel heben; **tomber des ~s** aus allen Wolken fallen
nuée [nɥe] *f* ❶ *(grand nombre)* Schwarm *m*; **~ de moustiques/d'oiseaux** Schwarm Mücken/Vögel, Mücken-/Vogelschwarm; **arriver par ~s** *sauterelles:* schwarmweise auftreten
❷ *littér (nuage)* Wolke *f*; **~ d'orage** Gewitterwolke
❸ ASTRON **~ stellaire** Sternwolke *f*
nue-propriété [nypʀɔpʀijete] <nues-propriétés> *f* JUR bloßes Eigentum *nt*
nuire [nɥiʀ] <irr> I. *vi* **~ à qn/qc** jdm/einer S. schaden; **~ à la**

réalisation d'un projet einem Projekt schaden
II. *vpr* **se ~** sich *(Dat)* schaden
nuisance [nɥizɑ̃s] *f* Umweltbeeinträchtigung *f*; **~ sonores** Lärmbelästigung *f*; **~s aériennes** Fluglärm *m*; **lutte contre les ~s aériennes** Fluglärmbekämpfung *f*; **mesure des ~s aériennes** Fluglärmmessung *f*
nuisette [nɥizɛt] *f* Kurznachthemd *nt*
nuisible [nɥizibl] I. *adj* ❶ schädlich; *gaz* giftig; *influence, habitude* schlecht; *climat* ungesund; **animaux/insectes ~s** Schädlinge *Pl*; **être ~ à qc** einer S. *(Dat)* schaden, für etw schädlich sein; **substance ~ à l'environnement** umweltschädigende Substanz
❷ FIN **~ à l'économie** politique, mesure wirtschaftsfeindlich
II. *m (animal)* Schädling *m*
nuit [nɥi] *f* ❶ *(espace de temps)* Nacht *f*; **~ et jour** Tag und Nacht; **l'autre ~** neulich nacht[s]; **bonne ~!** gute Nacht!; **souhaiter une bonne ~ à qn** jdm [eine] gute Nacht wünschen; [**dans**] **la ~** nachts, in der Nacht; **mardi, dans la ~** Dienstagnacht; **chaque ~** jede Nacht; **une ~** eines Nachts; **pendant la ~** während der Nachtstunden; **tôt/tard dans la ~** in den ersten/den späten Nachtstunden; **toute la ~** die ganze Nacht; **du nouvel an** Neujahrsnacht
❷ *(obscurité)* Dunkelheit *f*, Nacht *f*; **~ d'été/d'hiver** Sommer-/Winternacht; **la ~ tombe** [*o* **descend**] die Nacht bricht herein; **à la ~ tombante** bei Anbruch der Dunkelheit [*o* Nacht]; **la ~ venue** als es dunkel war; **il fait/commence à faire ~** es ist/wird dunkel; **il fait ~ noire** es ist stockfinster
❸ *(nuité)* Übernachtung *f*
❹ *(temps d'activité)* **équipe de ~** Nachtschicht *f*; **médecin de ~** Bereitschaftsarzt *m*; **être de ~** Nachtdienst haben; **faire la ~** *(être de garde la nuit)* Nachtwache halten
▶ **la ~, tous les chats sont gris** *prov* nachts [*o* in der Nacht] sind alle Katzen grau; **la ~ porte conseil** *prov* guter Rat kommt über Nacht; **~ d'encre** stockfinstere Nacht; **remonter** [*o* **se perdre**] **à la ~ des temps** in die graue Vorzeit zurückreichen; **~ blanche** schlaflose Nacht; **~ bleue** Bombennacht *f*; **les Mille et Une Nuits** Tausendundeine Nacht; **faire sa ~** [die ganze Nacht] durchschlafen; **qn en rêve la ~** *(obsession)* das verfolgt jdn im Traum [*o* Schlaf]; *(désir)* jd träumt davon
◆ **~ de noces** Hochzeitsnacht *f*
nuitamment [nɥitamɑ̃] *adv littér* des Nachts *(geh)*
nuitée [nɥite] *f* Übernachtung *f*
nul(le) [nyl] I. *adj antéposé littér (aucun)* kein; **sans ~ doute** zweifellos
II. *adj* ❶ *(mauvais) discours, film, devoir* miserabel; **une personne ~le** eine Niete; **il est ~ en math** *(médiocre)* er ist in Mathematik *(Dat)* nicht besonders; *(incompétent)* er ist in Mathematik *(Dat)* eine Null [*o* eine Niete]
❷ *(ennuyeux, raté)* **c'était ~, cette fête** die Party war ein Reinfall; **ma vie me semble ~le** mein Leben erscheint mir öde
❸ *fam (crétin)* **c'est ~ d'avoir fait cela** es war idiotisch, das zu tun *(fam)*; **t'es ~ (le) d'avoir dit cela** es war idiotisch von dir, das zu sagen *(fam)*
❹ SPORT torlos; *(égalité)* unentschieden; **match ~** Unentschieden *nt*
❺ *(minime) risque, différence* minimal; **être quasiment** [*o* **pratiquement**] **~** [praktisch] gleich null sein
❻ MATH Null-
❼ JUR, POL *élection, testament* ungültig; **voter ~** einen ungültigen Stimmzettel abgeben; **considérer qc comme** [*o* **déclarer qc**] **~(le) et non avenu(e)** etw für null und nichtig erklären
▶ **~ (le) et non avenu(e)** null und nichtig; JUR rechtsungültig
III. *pron indéf* **~ ne** soutenu *(personne)* niemand; *(aucun)* keiner
IV. *m(f)* Niete *f*, Null *f (fam)*
nullard(e) [nylaʀ, aʀd] *fam* I. *adj (incompétent)* **être ~ en anglais** in Englisch *(Dat)* eine Null [*o* Niete] sein *(fam)*
II. *m(f)* Niete *f*, Null *f (fam)*
nullement [nylmɑ̃] *adv (aucunement)* in keiner Weise, nicht im Geringsten; *(en aucun cas)* keinesfalls; **sans ~ faire qc** ohne in irgendeiner Weise etw zu tun
nullité [nylite] *f* ❶ *(manque de valeur)* Nichtigkeit *f*, Belanglosigkeit *f*; **être d'une parfaite ~** völlig belanglos [*o* uninteressant] sein
❷ *(incompétence)* Unfähigkeit *f*
❸ *(personne nulle)* Niete *f*
❹ JUR Nichtigkeit *f*, Ungültigkeit *f*; **~ juridique** Rechtsungültigkeit *f*; **~ partielle** Teilnichtigkeit *f*; **~ du bilan** Bilanznichtigkeit *f*; **~ du mariage** Ehenichtigkeit *f*
numéraire [nymeʀɛʀ] I. *adj valeur* Nenn-; **espèces ~s** [gesetzliche] Zahlungsmittel
II. *m* [gesetzliches] Zahlungsmittel
numéral [nymeʀal, o] <-aux> *m* GRAM Zahlwort *nt*, Numerale *nt*
numéral(e) [nymeʀal, o] <-aux> *adj* ❶ *symbole, système* Zahlen-; *lettres* Zahlen darstellend; *cartes* mit Zahlen
❷ GRAM *adjectif* Zahl-
numérateur [nymeʀatœʀ] *m* Zähler *m*
numération [nymeʀasjɔ̃] *f* ❶ MATH *(comptage)* Zählung *f*; *(système)* Zahlensystem *nt*; **~ binaire/décimale** Dual-/Dezimalsystem *nt*, Binär-/Zehnersystem *nt*
❷ MED [Blut]senkung *f*; **~ globulaire** [*o* **sanguine**] Blutsenkung *f*
numérique [nymeʀik] *adj* ❶ *(exprimé en nombre)* zahlenmäßig; MATH *valeur* Zahl-; *calcul, code, date* numerisch; **système ~** Zahlensystem *nt*; **en données ~s** in Zahlen ausgedrückt
❷ INFORM, TELEC digital; **disque ~** CD-Platte *f*; **des données ~s** digitale Daten; **utiliser un codage ~** eine digitale Kodierung benutzen
numériquement [nymeʀikmɑ̃] *adv* zahlenmäßig
numérisable [nymeʀalizabl] *adj* INFORM digitalisierbar
numérisation [nymeʀizasjɔ̃] *f* INFORM Digitalisierung *f*; **~ de l'image** Bilddigitalisierung *f*
numérisé [nymeʀize] *adj* INFORM digitalisiert
numériser [nymeʀize] *vt* INFORM digitalisieren
numéro [nymeʀo] *m* ❶ *(nombre)* Nummer *f*; **à quel ~ habitez-vous?** in welcher Nummer wohnen Sie?; **le ~ de la rue** die Hausnummer; **le ~ gagnant** die Gewinnzahl; **le ~ de la page** die Seitennummer; **le ~** [*o* **composer**] **un ~** eine Nummer wählen; **~ vert** ≈ kostenlose 0130-Nummer
❷ PRESSE Ausgabe *f*, Nummer *f*
❸ *(spectacle)* Nummer *f*
❹ *fam (personne)* Unikum *nt (fam)*; **c'est un sacré/drôle de ~!** er/sie ist schon eine Nummer für sich/eine komische Nummer! *(fam)*
▶ **tirer le bon/mauvais ~** das Große Los/eine Niete ziehen; **~ vert** Telefonnummer *f* zum Nulltarif *(zur Beratung oder Information)*; **faire son ~ à qn** *fam* vor jdm seine Nummer [*o* eine Schau] abziehen *(fam)*; **le ~ un** *(leader politique)* der Spitzenmann/die Spitzenfrau; **témoin ~ un** wichtigster Zeuge, Hauptzeuge *m*; **souci/problème/ennemi ~ un** Hauptsorge *f*/-problem *nt*/-feind *m*
◆ **~ d'adresse** INFORM Adressnummer *f*; **~ d'appel** Rufnummer *f*; **~ de brevet** Patentnummer *f*; **~ de cirque** Zirkusnummer *f*; **~ de client** Kundennummer *f*; **~ d'enregistrement** Eintragungsnummer *f*; **~ de fabrication** Fabrikationsnummer *f*; **~ de facture** Rechnungsnummer *f*; **~ d'identification fiscale** Steuernummer *f*; **~ d'immatriculation** Zulassungsnummer *f*; **~ d'immatriculation d'assurance** Versicherungsnummer *f*; **~ de lot** PHARM Chargennummer *f*; **~ de série** *d'un véhicule* Fahrgestellnummer *f*; **~ de téléfax** Telefaxnummer *f*; **~ de téléphone** Telefonnummer *f*
numérotage [nymeʀɔtaʒ] *m* Nummerierung *f*; **procéder au ~ de qc** etw [durch]nummerieren
numérotation [nymeʀɔtasjɔ̃] *f* ❶ *(action de numéroter)* Nummerierung *f*; **~ de/des lignes** INFORM Zeilennummerierung
❷ *(système)* Zahlensystem *nt*, Nummernsystem; **~ à dix chiffres** zehnstelliges Nummernsystem
❸ TELEC **~ abrégée** Kurzwahl *f*; **mémoire/touche de ~ abrégée** Kurzwahlspeicher *m*/-taste *f*
numéroter [nymeʀɔte] <1> *vt* nummerieren
numerus clausus [nymeʀyskloʒys] *m inv* Numerus clausus *m*
numismate [nymismat] *mf* Münz[en]sammler(in) *m(f)*, Numismatiker(in) *m(f)*
numismatique [nymismatik] I. *adj* numismatisch
II. *f* Numismatik *f*
nunuche [nynyʃ] *adj fam* albern
nu-pieds [nypje] I. *adj inv* barfuß
II. *mpl (chaussures)* Sandalen *Pl*
nuptial(e) [nypsjal, jo] <-aux> *adj* ❶ Hochzeits-; *anneau* Ehe-; *chambre, lit, messe* Braut-; **cérémonie ~e** Trauung *f*; **bénédiction ~e** Brautsegen *m*; *(cérémonie)* kirchliche Trauung
❷ ZOOL **vol ~** Hochzeitsflug *m*
nuque [nyk] *f* Nacken *m*
Nuremberg [nyʀɑ̃bɛʀ] Nürnberg *nt*
nurse [nœʀs] *f* Kindermädchen *nt*
nu-tête [nytɛt] *adj inv* ohne Kopfbedeckung
nutritif, -ive [nytʀitif, -iv] *adj* ❶ nahrhaft; **qualité** [*o* **valeur**] **nutritive** Nährwert *m*; **substance nutritive** Nährstoff *m*; **être riche en principes ~s** einen hohen Nährwert haben; **crème nutritive** Nährcreme *f*
❷ MED **besoins ~s** Nahrungsbedarf *m*; **fonction nutritive** Ernährungsfunktion *f*
nutrition [nytʀisjɔ̃] *f* Ernährung *f*; **recherche en ~** Ernährungsforschung *f*
nutritionnel(le) [nytʀisjɔnɛl] *adj* Ernährungs-; *troubles, maladie* ernährungsbedingt; **centre ~** Ernährungsberatungsstelle *f*
nutritionniste [nytʀisjɔnist] *mf* Ernährungswissenschaftler(in) *m(f)*, Ernährungsberater(in) *m(f)*
nyctalopie [niktalɔpi] *f* MED Nachtsichtigkeit *f*
nylon® [nilɔ̃] *m* ❶ Nylon® *nt*
❷ PECHE *(fil)* Hauptschnur *f*; **grosseur du ~** Schnurstärke *f*
nymphe [nɛ̃f] *f* ❶ MYTH Nymphe *f*; *hum* Puppe *f (sl)*
❷ ZOOL Puppe *f*

❸ PÊCHE Nymphe *f*
nymphéa [nɛ̃fea] *m* weiße Seerose
nymphette [nɛ̃fɛt] *f* flotte Biene *(sl)*
nympho [nɛ̃fo] *fam abr de* **nymphomane**

nymphomane [nɛ̃fɔman] **I.** *adj* nymphoman
II. *f* Nymphomanin *f*
nymphomanie [nɛ̃fɔmani] *f* Nymphomanie *f*

O

O, o [o] *m inv* O *nt*/o *nt*; **o accent circonflexe** O mit Zirkumflex; **e dans l'o** Ligatur *f* œ; **o tréma** O Umlaut *nt*
O. *abr de* **ouest**
ô [o] *interj* oh; ~ **mon Dieu!** oh, mein Gott!; ~ **joie!** oh [*o* ach], wie schön!
O.A.S. [oaɛs] *f abr de* **Organisation de l'armée secrète** *1961 bis 1963 Geheimorganisation der nationalistischen Algerienfranzosen mit dem Ziel, die Unabhängigkeit Algeriens zu verhindern*
oasis [ɔazis] *f* ❶ GEOG Oase *f*
❷ *(lieu reposant)* **une ~ de calme/de paix** eine Oase der Ruhe/des Friedens
obédience [ɔbedjɑ̃s] *f* ❶ *littér (soumission)* Abhängigkeit *f*; *(tendance)* Richtung *f*; ~ **maçonnique** [Freimaurer]loge *f*; **d'~ communiste** kommunistischer Prägung
❷ REL Gehorsam *m*
obéir [ɔbeiʀ] <8> *vi* ❶ *(se soumettre)* ~ **à qn** jdm gehorchen, jdm folgen; ~ **à une loi/un ordre** ein Gesetz/einen Befehl befolgen; ~ **à des principes** sich an Grundsätze halten; **le cheval obéit à l'éperon** das Pferd reagiert auf die Sporen; **se faire ~ de qn** sich bei jdm durchsetzen; **elle est obéi(e)** man gehorcht ihr
❷ *(être soumis)* ~ **à qc** einer S. *(Dat)* unterworfen sein; ~ **à un schéma/aux fluctuations du marché** einem Schema/den Marktschwankungen folgen
❸ *(céder à)* ~ **à qc** sich von etw leiten lassen; ~ **à sa conscience/son instinct** seinem Gewissen/Instinkt folgen; ~ **à la mode** mit der Mode gehen
obéissance [ɔbeisɑ̃s] *f* ~ **à qn/qc** Gehorsam *m* jdm/einer S. gegenüber; **l'~ aux lois** die Befolgung der Gesetze; ~ **passive** erzwungener Gehorsam; **refus d'~** MIL Befehlsverweigerung *f*
obéissant(e) [ɔbeisɑ̃, ɑ̃t] *adj* gehorsam
obélisque [ɔbelisk] *m* Obelisk *m*
obérer [ɔbeʀe] <5> *vt* ADMIN, LITTER *(endetter)* mit Schulden belasten; **être obéré(e) jusqu'à la ruine** überschuldet sein, in Schulden versinken
obèse [ɔbɛz] **I.** *adj* fettleibig, blad (A *sl)*; *enfant* adipös
II. *mf* Fettleibige(r) *f(m)*
obésité [ɔbezite] *f* Fettleibigkeit *f*
objecter [ɔbʒɛkte] <1> *vt* einwenden; ~ **qc à qn** jdm etw entgegenhalten; *(reprocher)* jdm etw vorwerfen; **il a refusé en objectant le manque de temps** er weigerte sich mit dem Einwand, keine Zeit zu haben; ~ **que qn a bien fait qc** einwenden, dass jd etw gemacht hat; *(reprocher)* den Vorwurf erheben, dass jd etw gemacht hat; **avoir quelque chose/ne rien avoir à ~ à qc** etwas/nichts gegen etw einzuwenden haben
objecteur [ɔbʒɛktœʀ] *m* ◆ ~ **de conscience** Wehrdienstverweigerer *m*; *(jeune homme qui fait son service civil)* Ersatzdienstleistende(r) *m*
objectif [ɔbʒɛktif] *m* ❶ *(but)* Ziel *nt*; **l'~ du parti est de remporter les élections** [das] Ziel der Partei ist es, die Wahlen zu gewinnen; **se fixer pour** [*o* **se donner comme**] ~ **de faire qc** sich *(Dat)* das Ziel setzen, etw zu tun; ~ **du/d'un contrat** Vertragsziel; ~ **de l'entreprise/d'une entreprise** Unternehmensziel; ~ **de la/d'une guerre** Kriegsziel; ~ **d'augmentation de la masse monétaire** FIN Geldmengenziel; ~ **prévisionnel annuel** Jahressoll *nt*; ~ **temporaire** Zwischenziel; ~ **journalier** Tagessoll *nt*; **absence d'~** Ziellosigkeit *f*
❷ OPT, PHYS, PHOT Objektiv *nt*
◆ ~ **de placement** FIN Anlagezweck *m*; ~ **de production** Produktionsziel *nt*
objectif, -ive [ɔbʒɛktif, -iv] *adj personne* neutral; *article, jugement, récit* objektiv, sachlich; *position* neutral
objection [ɔbʒɛksjɔ̃] *f a.* JUR Einwand *m*; ~! Einspruch!; ~ **juridique** Rechtseinwendung *f*; ~ **relative à la prescription** Verjährungseinrede *f*; **faire une ~** einen Einwand vorbringen; **soulever une ~** Einspruch erheben; **si vous n'y voyez pas d'~** wenn Sie keine weiteren Einwände haben; **se heurter à de nombreuses ~s** auf zahlreichen Widerstand stoßen
◆ ~ **de conscience** Wehrdienstverweigerung *f*
objectivement [ɔbʒɛktivmɑ̃] *adv* objektiv

objectiver [ɔbʒɛktive] <1> *vt* PHILOS, PSYCH objektivieren
objectivité [ɔbʒɛktivite] *f* Objektivität *f*; **en toute ~** objektiv [gesehen]; **juger en toute ~** ganz objektiv urteilen
objet [ɔbʒɛ] *m* ❶ *(chose)* Gegenstand *m*, Objekt *nt*; ~ **d'art** Kunstgegenstand, Kunstobjekt; ~ **décoratif** [*o* **de décoration**] Ziergenstand; ~ **d'église/de l'église** Kirchengerät *nt*; ~ **de piété** Kultgegenstand; ~ **en argile** [*o* **en terre cuite**] Tonware *f*; ~**s en** [*o* **de**] **cristal** Kristallwaren *Pl*; **un enfant n'est pas un ~** ein Kind ist kein Objekt
❷ *(sujet)* Gegenstand *m*; ~ **de la négociation** Verhandlungssache *f*; **l'~ de cet ouvrage est ...** das Thema dieses Werkes ist ...
❸ *(cible)* Gegenstand *m*; ~ **de curiosité** *o* **de convoitise** Objekt *nt* der Neugierde/Begierde; ~ **de raillerie** Zielscheibe *f* des Spotts; **tel est l'~ de ses vœux** darauf zielen alle seine/ihre Wünsche; **être** [*o* **faire**] **l'~ de soins/de répressions** gepflegt/unterdrückt werden; **être** [*o* **faire**] **l'~ de mesures de surveillance** überwacht werden; **être un ~ de pitié/mépris pour qn** von jdm bemitleidet/verachtet werden; **elle est l'~ de toute son affection** seine/ihre ganze Zuneigung gilt nur ihr
❹ *(but)* Zweck *m*; **avoir qc pour ~** etw zum Ziel haben; *(intention)* etw beabsichtigen
❺ GRAM, LING Objekt *nt*; ~ **direct/indirect** direktes/indirektes Objekt
❻ JUR, ECON, FIN ~ **évalué** Bewertungsobjekt *nt*; ~ **de l'assurance** Versicherungsgegenstand *m*; ~ **du bail à ferme** Pachtobjekt; ~ **du contrat** Vertragsgegenstand; ~ **de la déclaration** Anmeldungsgegenstand; ~ **de la demande** Klagebegehren *nt*; ~ **de la garantie** Sicherungsgegenstand; ~ **de l'invention** Erfindungsgegenstand; ~ **du marché** Kaufgegenstand; ~ **du procès** Prozessgegenstand; ~ **du rattachement** Anknüpfungsgegenstand; ~ **du recours** Gegenstand der Klage; ~ **de la succession** Erbschaftsgegenstand; ~ **de la vente** Verkaufsgegenstand; **plainte sans ~** gegenstandslose Klage; **pouvant faire l'~ d'une action en justice** klagbar
❼ *(sur une lettre, un email)* Betreff *m*, Betreffzeile *f*
◆ ~ **aimé** Angebetete(r) *f(m)*; ~**s trouvés** Fundbüro *nt*; **sans ~** grundlos
◆ ~ **de location** Mietobjekt *nt*; ~ **de remplacement de cartel** Kartellsurrogat *nt (Fachspr.)*
objurgation [ɔbʒyʀɡasjɔ̃] *f littér* ❶ *(admonestation)* Ermahnung *f*
❷ *(prière instante)* flehentliche Bitte *f*
obligataire [ɔbliɡatɛʀ] **I.** *adj emprunt* Obligations-; *marché* Rentenmarkt
II. *mf* Inhaber(in) *m(f)* einer Schuldverschreibung, Obligationär(in) *m(f)* (CH), Obligationsinhaber(in)
obligation [ɔbliɡasjɔ̃] *f* ❶ *(nécessité)* Verpflichtung *f*; *(forcée)* Zwangsverpflichtung; ~ **ferme/légale** bindende/gesetzliche Verpflichtung; ~ **réciproque** Gegenverpflichtung; ~ **de faire qc** Pflicht *f*, etw zu tun; ~ **de conserver les documents comptables** Aufbewahrungspflicht *f* für Buchhaltungsunterlagen; ~ **de faire des économies** Sparzwang *m*; **être dans l'~ de faire qc** gezwungen sein, etw zu tun; **contracter une ~ envers qn** jdm gegenüber eine Verpflichtung eingehen; **se faire une ~ de faire qc** es sich *(Dat)* zur Pflicht [*o* Aufgabe] machen, etw zu tun; **sans ~ de la part de qn** unverbindlich für jdn; **sans ~ d'achat** ohne Kaufverpflichtung
❷ *pl (devoirs)* Verpflichtungen *Pl*; *(devoirs civiques, scolaires)* Pflichten *Pl*; ~**s militaires** Wehrpflicht *f*; ~**s nées du cautionnement** Bürgschaftsverpflichtungen; **faire face à ses ~s** seinen Pflichten [*o* Verpflichtungen] nachkommen; ~**s de citoyen** Bürgerpflichten; ~**s de père de famille** Verpflichtungen als Familienvater
❸ FIN, BOURSE Obligation *f*; ~ **amortissable** Tilgungsschuldverschreibung *f*; ~**s cambiaires** Wechselobligationen; ~ **convertible** [**en action**] Wandelobligation, Wandelschuldverschreibung; ~ **fédérale** Bundesobligation; ~ **gouvernementale** Regierungsanleihe *f*; ~ **hypothécaire à prime** Prämienpfandbrief *m*; **retirer une ~ hypothécaire de la circulation** einen Pfandbrief aus dem Verkehr ziehen; ~ **industrielle** Industrieschuldverschreibung; ~ **municipale** Kommunalobligation; ~ **nominative** Namensschuldverschreibung; ~ **publique** Schuldverschreibung der öffent-

objecter/contredire	
objecter	**einwenden**
Oui, mais …	Ja, aber …
Tu as oublié que …	Du hast vergessen, dass …
Là, tu te trompes complètement.	Das siehst du aber völlig falsch.
Vous avez raison, mais pensez aussi que/à …	Sie haben schon Recht, aber bedenken Sie doch auch …
D'accord, mais …	Das ist ja alles schön und gut, aber …
J'ai quelques objections à faire à ce sujet.	Ich habe dagegen einiges einzuwenden.
Vous avez/Tu as été chercher ça loin. *(fam)*	Das ist aber weit hergeholt.
contredire	**widersprechen**
Ce n'est pas vrai du tout.	Das stimmt (doch) gar nicht. *(fam)*
Allons donc!/C'est absurde!/C'est des conneries! *(fam)*	Ach was!/Unsinn!/Blödsinn!/Quatsch! *(fam)*
Je ne vois pas ça comme ça.	Das sehe ich anders.
Non, je ne trouve pas.	Nein, das finde ich nicht.
Là, je suis obligé(e) de vous contredire.	Da muss ich Ihnen widersprechen.
Cela ne correspond pas à la réalité.	Das entspricht nicht den Tatsachen.
On ne peut pas voir les choses ainsi.	So kann man das nicht sehen.
Il ne peut pas en être question.	Davon kann gar nicht die Rede sein.

lichen Hand; ~s d'entreprises privées Schuldverschreibungen privater Unternehmen; ~ de faible valeur nominale Baby-Bond *m (Fachspr.)*; ~s dans le bâtiment Bauobligationen; ~s en circulation Anleiheumlauf *m;* proclamer/céder des ~s Obligationen aufrufen/veräußern

④ JUR, ECON Pflicht *f;* ~ accessoire *d'un employeur* Nebenpflicht; ~ alimentaire Unterhaltspflicht *f;* ~ alternative Wahlschuld *f,* Alternativobligation *f;* ~ anciennes *(Fachspr.);* ~ Altverbindlichkeiten *Pl;* ~ complémentaire Zusatzverpflichtung *f;* ~ contractuelle Vertragspflicht; ~s étrangères Auslandsverbindlichkeiten; ~ éventuelle Eventualverbindlichkeit *f;* ~ générale Allgemeinverbindlichkeit; ~ juridique Rechtsverbindlichkeit, Rechtspflicht; ~ légale de responsabilité civile gesetzliche Haftpflicht; ~s non recouvrables par action en justice nicht einklagbare Obligationen; ~ principale Hauptverpflichtung; ~s relatives à la retraite Pensionsverbindlichkeiten; ~s sociales Gesellschaftsverbindlichkeiten; ~ d'acheter en grandes quantités Aufkaufspflicht; ~ d'afficher les prix Auszeichnungspflicht *f;* ~ de comptabiliser l'actif Aktivierungspflicht *(Fachspr.);* ~ de constituer avocat Anwaltszwang *m;* ~ de contribuer à l'impôt Steuerpflichtigkeit *f;* ~ de déposer la demande de mise en faillite Konkursantragspflicht; ~ d'établir un bilan Bilanzierungspflicht *f;* ~ de faire la preuve Beweispflicht; ~ de faire enregistrer Registerzwang; ~ de fournir un emploi/des emplois Beschäftigungspflicht; ~ de fournir des renseignements Auskunftspflicht; ~ de fournir une contrepartie pour le travail effectué Aufwendungsersatzpflicht; ~ de fournir toutes pièces à l'appui Nachweispflicht; ~ de limiter le dommage subi Schadensminderungspflicht; ~ de livraison exclusive Alleinbelieferungspflicht *(Fachspr.);* ~ de maintien de la valeur Werterhaltungspflicht; ~ de mettre en vente Anbietungspflicht; ~ de partage des acquêts *(en parlant d'héritage)* Ausgleichspflicht *(Fachspr.);* ~ de prendre en livraison Abnahmepflicht; ~ de posséder une carte d'identité Ausweispflicht; ~ de rapporter à la masse Ausgleichungspflicht *(Fachspr.);* ~ de rémunérer le travail accompli Arbeitsentgeltpflicht; ~ de rendre des comptes Rechenschaftspflicht; ~ de réparation des vices Nachbesserungspflicht; ~ de respecter les conditions Konditionenbindung *f (Fachspr.);* ~ de respecter le barème [o le tarif] Tarifbindung; ~ de soulever des griefs Rügepflicht; ~ de subvenir aux besoins des enfants Sorgepflicht; ~ de supporter les risques Gefahrtragung *f (Fachspr.);* ~ de tenir un livre-journal Buchführungspflicht; ~ de tenir des livres commerciaux Aufzeichnungspflicht; ~ de tolérer une servitude foncière Duldungspflicht; ~ de transfert de la propriété Auflassungspflicht *(Fachspr.);* ~ de verser des dommages-intérêts Schadenersatzpflicht; ~ en monnaie étrangère Fremdwährungsschuld; violation de l'~ d'agir avec toute la diligence requise par la profession Vernachlässigung *f* der beruflichen Sorgfaltspflicht; violer l'~ d'agir avec soin et diligence die Sorgfaltspflicht verletzen;

contracter/acquitter des ~s Verbindlichkeiten eingehen/begleichen; qui est dans l'~ de payer zahlungspflichtig

◆ ~ à dommages-intérêts Schadenersatzpflicht *f;* ~ à l'enregistrement Registrierungspflicht *f;* ~ aux intérêts Zinspflicht *f;* ~ au porteur Inhaberschuldverschreibung *f;* ~ au secret professionnel Verschwiegenheitspflicht *f;* ~ au travail Arbeitspflicht *f;* ~s à vue ECON Sichtverbindlichkeiten *Pl*

◆ ~ d'acceptation [o d'accepter] Annahmepflicht *f,* Annahmezwang *m;* ~ d'achat Abnahmeverpflichtung *f;* ~ d'achat minimum Mindestabnahmeverpflichtung *f;* ~ d'adaptation JUR Anpassungsverpflichtung *f;* ~ d'adhésion Beitrittspflicht *f;* ~ d'affichage des prix Preisauszeichnungspflicht *f;* ~ d'amortissement Tilgungsverpflichtung *f,* remplir les ~s d'amortissement den Tilgungsverpflichtungen nachkommen; ~ d'assurance [o de s'assurer] Versicherungszwang *m,* Versicherungspflicht *f;* ~ d'authentification Beurkundungspflicht *f;* ~ d'avertissement [des parties] Hinweispflicht *f;* ~s de change Devisenverbindlichkeiten *Pl;* ~ de la charge de la preuve JUR Beweislastpflicht *f;* ~ de collaboration *d'un acheteur, vendeur, donneur d'ordre* Mitwirkungspflicht *f;* ~ de commercialisation ECON Vertriebsbindung *f;* ~ de communication Mitteilungspflicht *f;* ~ de comptabilisation ECON Passivierungspflicht *f;* ~ de conclure JUR Abschlussbindung *f;* ~ de conseil JUR Belehrungspflicht *f,* Beratungspflicht; ~ de conserver Aufbewahrungspflicht *f;* ~ de contracter JUR Kontrahierungszwang *m;* ~ de cotiser Beitrags[zahlungs]pflicht *f;* ~ de déclaration Anmeldepflicht *f;* ~ de dépôt *(à l'importation)* Hinterlegungspflicht *f;* ~ de divulgation Offenbarungspflicht *f;* ~ d'élimination Beseitigungspflicht *f;* ~ d'élimination des déchets Entsorgungsverpflichtung *f;* ~ d'entendre JUR Anhörungspflicht *f;* ~ d'entente JUR Einigungszwang *m;* ~ de l'entrepreneur Unternehmerpflicht *f;* ~ d'entretien Instandhaltungspflicht *f;* ~ d'État Staatsobligation *f,* staatliche Schuldverschreibung; ~ d'exonération Freistellungspflicht *f;* ~ de finissage Fertigstellungspflicht *f;* ~ de garantie Garantiepflicht *f,* Garantieverpflichtung *f,* Gewährleistungsverpflichtung, Regresspflicht; ~ légale de garantie gesetzliche Gewährleistungspflicht; ~ de gestion JUR Geschäftsführungspflicht *f;* ~ d'information [o d'informer] Informationspflicht *f,* Unterrichtungspflicht *f;* ~ d'inscription au livre foncier JUR Eintragungspflicht *f;* ~ d'inscription au passif Passivierungspflicht *f;* ~ d'intégration JUR Einbeziehungspflicht *f;* ~ d'intervention JUR Interventionspflicht *f;* ~ de justification Nachweispflicht *f;* ~ de liquidation Konkurspflicht *f;* ~ de livraison [o de livrer] JUR Belieferungspflicht *f,* Liefer[ungs]verpflichtung *f;* ~ de livraison et d'achat Bezugspflicht *f;* ~ de motiver Begründungspflicht *f,* Begründungszwang *m;* ~ de non-concurrence Wettbewerbsverbot *nt;* ~ de paiement [Ein]zahlungspflicht *f,* Zahlungspflicht *f;* ~ de paiement partiel Teilzahlungsverpflichtung *f;* ~ de paiement des salaires Lohnzahlungspflicht *f;* ne pas remplir ses ~s de paiement seinen Zahlungsverpflichtungen nicht nachkommen; ~ **de précision** JUR Klarheitspflicht *f*; ~ **de prescription** MED Verschreibungspflicht *f*; ~ **de présentation** JUR Vorlegungspflicht *f*; ~ **de présentation du bilan** Rechnungslegungspflicht; ~ **de présentation de l'offre** Angebotspflicht; ~ **de prestation préalable** JUR Vorausleistungspflicht *f*; ~ **de publicité** [*o* **publication**] Publizitätspflicht *f*; ~ **de raccordement** JUR Anschlusszwang *m*; *(en parlant de l'eau, du gaz)* Benutzungszwang; ~ **de rapport** JUR Berichtspflicht *f*; ~ **de réception** JUR Entgegennahmepflicht *f*; ~ **de remboursement** ~ **de remboursement du prix** Kaufpreisrückzahlungspflicht *f*; ~ **de remplacer** [*o* **d'indemniser**] Ersatzpflicht *f*; ~ **de renégocier** Neuverhandlungspflicht *f*; ~ **de renégocier des conventions collectives** Neuverhandlungspflicht bei Tarifverträgen; ~ **de renseignement** FIN Offenlegungspflicht *f*; ~ **de renvoi** JUR Vorlagepflicht *f*; ~ **de reprise** Rücknahmepflicht *f*; ~ **de réserve** Schweigepflicht *f*; **rompre l'~ de réserve** die Schweigepflicht brechen; ~ **de restituer** Herausgabepflicht *f*; ~ **de retrait** Rücknahmepflicht *f*; ~ **de sauvegarde des intérêts** Interessenwahrungspflicht *f*; ~ **de service** Amtspflicht *f*, Serviceverpflichtung *f*; ~ **de spécification** ECON Spezifikationspflicht *f*; ~ **de surveillance** Obhutspflicht *f*; ~ **de transport** Transportpflicht *f*; ~**s du vendeur** Verkäuferpflichten *Pl*; ~ **de vendre** JUR Absatzbindung *f*; ~ **de vérification** [Über]prüfungspflicht *f*, Untersuchungspflicht *f*; ~ **de versement** [**sur actions**] FIN Einzahlungspflicht *f*

obligatoire [ɔbligatwaʀ] *adj* ❶ *(exigé)* obligatorisch; **présence** ~ Anwesenheitspflicht *f*; **être** ~ Pflicht [*o* obligatorisch] sein; **votre présence à cette réunion est** ~ Sie sind verpflichtet, an der Versammlung teilzunehmen; **rendre qc** ~ etw zur Pflicht machen
❷ *fam (inévitable)* unvermeidlich; **c'est** ~ **que qn fasse qc** es muss [ja] so kommen, dass jd etw tut *(fam)*

obligatoirement [ɔbligatwaʀmɑ̃] *adv* ❶ *(nécessairement)* unbedingt; **devoir** ~ **faire qc** verpflichtet sein, etw zu tun; **il faut** ~ **qc** es ist Vorschrift, etw zu haben
❷ *fam (forcément)* automatisch *(fam)*; **ça devait** ~ **arriver!** das musste ja so kommen! *(fam)*

obligé(e) [ɔbliʒe] I. *adj* ❶ *(nécessaire)* zwangsläufig; *(inévitable)* unvermeidlich; **c'était** ~**!** *fam* das musste ja so kommen! *(fam)*
❷ *(reconnaissant)* **être** ~ **à qn de** jdm für etw dankbar sein; **nous vous serions** ~**s de bien vouloir nous répondre** für eine Antwort wären wir Ihnen dankbar
II. *m(f)* ❶ zu Dank Verpflichtete(r) *f(m)*; **je suis votre** ~, **madame!** ich bin Ihnen zu Dank verpflichtet!
❷ JUR Verpflichtete(r) *f(m)*

obligeamment [ɔbliʒamɑ̃] *adv* liebenswürdigerweise, entgegenkommenderweise; *(avec obligeance)* liebenswürdig, entgegenkommend

obligeance [ɔbliʒɑ̃s] *f (prévenance)* Zuvorkommenheit *f*; *(serviabilité)* Hilfsbereitschaft *f*; **avoir l'~ de faire qc** so freundlich [*o* liebenswürdig] sein, etw zu tun; **vous pourriez avoir l'~ de faire qc** würden Sie freundlicherweise [*o* liebenswürdigerweise] etw tun

obligeant(e) [ɔbliʒɑ̃, ɑ̃t] *adj* ❶ *(complaisant) paroles, termes, offre* freundlich; *personne* zuvorkommend; **faire qc de manière** ~ **e** entgegenkommenderweise etw tun
❷ *(serviable)* hilfsbereit

obliger [ɔbliʒe] <2a> I. *vt* ❶ *(forcer)* zwingen; ~ **qn à faire qc** jdn zwingen, etw zu tun; ~ **qn à prendre des congés** jdn zwangsbeurlauben *(fam)*; **être obligé(e) de faire qc** etw tun müssen; *(être astreint)* gezwungen sein, etw zu tun; **être obligé(e) d'entrer dans un bâtiment** in ein Gebäude hineingehen müssen [*o* hineinmüssen *fam*]; **on était bien obligés!** es blieb uns [ja] nichts anderes übrig!
❷ *(contraindre moralement)* verpflichten; *(astreindre)* zwangsverpflichten; **être obligé(e) à qc** zu etw verpflichtet sein
❸ JUR **obligé(e) par la loi** gesetzlich verpflichtet; **être obligé(e) juridiquement de faire qc** rechtlich verpflichtet sein etw zu tun; **être obligé(e) à la présentation du bilan** zur Rechnungslegung verpflichtet sein; **être obligé(e) au silence** [*o* **au secret professionnel**] zur Verschwiegenheit verpflichtet sein; **être obligé(e) de déclarer l'avarie à l'assureur** andienungspflichtig sein; **être obligé(e) de garder une entière discrétion** zur Verschwiegenheit verpflichtet sein; **obligé(e) de rendre compte** rechenschaftspflichtig
❹ *(rendre service à)* ~ **qn** jdm einen Gefallen tun; **vous m'avez obligé(e) par votre réponse rapide** für Ihre schnelle Antwort bin ich Ihnen dankbar
II. *vpr (s'engager)* **s'~ à faire qc** sich verpflichten, etw zu tun
III. *vi* verpflichten

oblique [ɔblik] *adj* ❶ *(de biais)* schräg; *chemin* Quer-
❷ MATH *droite, ligne* schräg; *prisme* schief; *projection* schiefwinkelig

obliquement [ɔblikmɑ̃] *adv* schräg; *se diriger, se mouvoir* quer; *regarder* [schräg] von der Seite

obliquer [ɔblike] <1> *vi* abbiegen; *route:* einen Bogen machen

obliquité [ɔblikite] *f* ❶ *(caractère de ce qui est oblique)* Schräge *f*, Schiefe *f*
❷ GEOM Schiefwinkeligkeit *f*
◆◆ ~ **de l'écliptique** ASTRON Schiefe *f* der Ekliptik

oblitérateur [ɔbliteratœʀ] I. *adj* Stempel-; **appareil** ~ Stempelmaschine *f*
II. *m (appareil)* Stempelmaschine *f*; *(tampon)* Stempel *m*

oblitération [ɔbliterasjɔ̃] *f* ❶ POST [Ab]stempeln *nt*; **avec** ~ mit Stempel, gestempelt
❷ MED *d'une artère, d'un vaisseau* Verschluss *m*

oblitérer [ɔblitere] <5> *vt* ❶ POST [ab]stempeln
❷ MED verschließen

oblong, oblongue [ɔblɔ̃, ɔblɔ̃g] *adj* länglich

obnubiler [ɔbnybile] <1> *vt* ❶ *(obscurcir)* verwirren *esprit, pensée;* **se laisser** ~ **par qn/qc** sich von jdm/etw blenden lassen; **obnubilé(e) par les préjugés** von Vorurteilen verblendet
❷ *(obséder)* verfolgen; **être obnubilé(e) par qc** von etw besessen sein

obole [ɔbɔl] *f* Obolus *m*; **apporter** [*o* **verser**] **son** ~ sein Scherflein [*o* seinen Obolus] beitragen

obscène [ɔpsɛn] *adj* obszön

obscénité [ɔpsenite] *f* Obszönität *f*

obscur(e) [ɔpskyʀ] *adj* ❶ *(sombre)* dunkel; *nuit* dunkel, finster
❷ *(incompréhensible)* unverständlich; *raison, affaire* undurchsichtig; *pensée* verworren; *hasard* seltsam; *question* unklar; *(sans réponse)* ungeklärt
❸ *antéposé péj (douteux)* obskur
❹ *(vague)* unbestimmt
❺ *(inconnu) poète, écrivain* unbekannt

obscurantisme [ɔpskyʀɑ̃tism] *m* Obskurantismus *m*

obscurantiste [ɔpskyʀɑ̃tist] I. *adj* obskurantisch
II. *mf* Obskurant(in) *m(f)*

obscurcir [ɔpskyʀsiʀ] <8> I. *vt* ❶ *(assombrir)* verdunkeln; **être obscurci(e)** sich verdunkelt haben; *ciel:* sich verdunkelt [*o* verfinstert] haben; **la pièce est obscurcie par les rideaux** das Zimmer wird durch die Vorhänge dunkler; **les yeux obscurcis de larmes** verheulte Augen
❷ *(brouiller)* unverständlich machen; undurchsichtig machen *raison, affaire;* verwirren *pensées, esprit;* undurchdringlich erscheinen lassen *mystère*
II. *vpr* **s'~** ❶ *(devenir obscur) ciel:* sich verdunkeln, sich verfinstern; **le jour s'obscurcit** es wird dunkel; **le temps s'obscurcit** es zieht sich zu
❷ *(se brouiller)* undurchsichtig [*o* mysteriös] werden; *esprit:* sich trüben, sich verwirren; *idées, pensées:* durcheinandergeraten; *style:* verworren werden; *vue:* sich trüben; **ma vue s'obscurcit** meine Augen trüben sich

obscurcissement [ɔpskyʀsismɑ̃] *m du ciel* Verdunkelung *f*, Verfinsterung *f*; *(action)* Verdunkeln *nt*; *de l'esprit, la pensée, des idées* Verwirrung *f*; *de la vue* Trübung *f*

obscurément [ɔpskyʀemɑ̃] *adv* ❶ *(vaguement)* undeutlich; *deviner, sentir* dunkel
❷ *(de façon peu claire)* unklar

obscurité [ɔpskyʀite] *f* ❶ *(absence de lumière)* Dunkel[heit *f*] *nt*, Finsternis *f*
❷ *(manque de clarté)* Unklarheit *f*; *d'une affaire* Undurchsichtigkeit *f*; *d'un texte, d'une phrase* Unverständlichkeit *f*; *de la pensée* Verworrenheit *f*; **l'affaire était d'une** ~ **telle que qn a fait qc** die Sache war so undurchsichtig, dass jd etw getan hat
❸ *(anonymat)* Bedeutungslosigkeit *f*; **vivre dans/sortir de l'~** ein Schattendasein führen/aus seinem Schattendasein heraustreten

obsédant(e) [ɔpsedɑ̃, ɑ̃t] *adj* einen verfolgend, einen nicht loslassend; *voix* eindringlich; **idée** ~ **e** Zwangsvorstellung *f*, fixe Idee; **musique** ~ **e** Ohrwurm *m*

obsédé(e) [ɔpsede] *m(f)* ❶ *(érotomane)* Sexbesessene(r) *f(m)*
❷ *(fanatique)* Fanatiker(in) *m(f)*; ~ **(e) de foot** Fußballnarr *m*/-närrin *f*

obséder [ɔpsede] <5> *vt* ~ **qn** jdn verfolgen; *idée:* jdn beherrschen; *problème, souci, souvenir, remords:* jdm keine Ruhe lassen; **être obsédé(e) par qc** von etw besessen sein; **être obsédé(e) par l'argent** nur [das] Geld im Kopf haben

obsèques [ɔpsɛk] *fpl* Bestattung *f*, Beisetzung *f*, Abdankung *f* (CH); ~ **nationales** Staatsbegräbnis *nt*

obséquieusement [ɔpsekjøzmɑ̃] *adv* unterwürfig

obséquieux, -euse [ɔpsekjø, -jøz] *adj* unterwürfig, kriecherisch

obséquiosité [ɔpsekjozite] *f* Unterwürfigkeit *f*

observable [ɔpsɛʀvabl] *adj* **être** ~ zu beobachten sein

observance [ɔpsɛʀvɑ̃s] *f* ❶ REL *(règle)* Regel *f*; *(ordre)* Orden *m*; *(obéissance à la règle)* Observanz *f*
❷ *soutenu (obéissance)* Einhaltung *f*, Beachtung *f*

observateur, -trice [ɔpsɛʀvatœʀ, -tʀis] I. *adj personne* aufmerksam; *regard, esprit* wach
II. *m, f* Beobachter(in) *m(f)*; ~ **(-trice) de la/d'une branche** Bran-

chenbeobachter(in)
observation [ɔpsɛʀvasjɔ̃] f ❶ *(surveillance)* Beobachtung f; MIL Beobachtung f, Überwachung f; **esprit d'~** Beobachtungsgabe f; **~ de la nature** Naturbeobachtung; **~ du marché** Marktbeobachtung

❷ *(remarque)* Bemerkung f; *(reproche)* Tadel m; **faire des ~s à qn sur qc** jdn auf etw *(Akk)* ansprechen; **avoir quelques ~s à faire à qn** jdm [noch] ein paar Dinge zu sagen haben; **je n'admettrai aucune ~ de votre part** von Ihnen lasse ich mir nichts sagen

❸ *(constatation)* Beobachtung f

❹ *(respect)* Einhaltung f; **de la bienséance** Respektierung f

❺ MED **être en ~ quelque part** irgendwo zur Beobachtung sein; **mettre qn en ~** jdn unter Beobachtung stellen

❻ ASTRON **~ [astronomique]** Observation f

observatoire [ɔpsɛʀvatwaʀ] m ❶ Observatorium nt; ASTRON Sternwarte f, Observatorium; METEO Wetterwarte f; **~ maritime** Seewarte f

❷ MIL Beobachtungsposten m

❸ ECON Wirtschaftsforschungsinstitut nt

observer [ɔpsɛʀve] <1> I. vt ❶ *(regarder attentivement)* **~ qn faire qc** beobachten, wie jd etw tut

❷ *(assister à, suivre)* **~ un défilé/spectacle** sich *(Dat)* eine Parade/ein Schauspiel ansehen

❸ *(surveiller)* beobachten; MIL beobachten, überwachen

❹ *(remarquer)* bemerken; **faire ~ qc à qn/à qn que qn a fait qc** jdn auf etw *(Akk)* hinweisen/darauf hinweisen, dass jd etw getan hat; **je vous ferai ~ que** ich möchte Sie darauf hinweisen, dass

❺ *(respecter)* beachten *coutume, tradition*; einnehmen *attitude*; wahren *bienséance, discrétion*; einhalten *jeûne, régime, délai de préavis*; **~ une règle** sich an eine Regel halten; **~ les modalités d'exportation** die Exportbestimmungen einhalten; **~ une minute de silence à la mémoire de qn/qc** eine Gedenkminute für jdn/etw einlegen

II. vi beobachten; **nous sommes juste là pour ~** wir sind nur als Beobachter da

III. vpr **s'~** ❶ *(se surveiller)* sich zusammennehmen

❷ *(s'épier)* sich beobachten

obsession [ɔpsesjɔ̃] f Besessenheit f; PSYCH Zwangsvorstellung f, Zwangsidee f, Obsession f *(Fachspr.)*; **~ du sexe** Sexbesessenheit; **~ de faire qc** Versessenheit f darauf, etw zu tun; **~ de la réussite** Erfolgszwang m; **~ de la mort** Todeswahn m

obsessionnel(le) [ɔpsesjɔnɛl] adj zwanghaft; *idée, névrose* Zwangs-; *délire* zwangsneurotisch; **acte ~** [*o* **compulsif**] Zwangshandlung f

obsidienne [ɔpsidjɛn] f MINER Obsidian m

obsolète [ɔpsɔlɛt] adj veraltet; *structure, débat* überholt; *technologie* veraltet; *mot, expression* obsolet *(geh)*; **commmencer à devenir ~** außer Gebrauch kommen

obstacle [ɔpstakl] m ❶ *(difficulté)* Hindernis nt; **franchir/sauter un ~** ein Hindernis überwinden/nehmen; **rencontrer des ~s** auf Hindernisse stoßen; **faire ~ à qn/qc** sich jdm/einer S. in den Weg stellen

❷ *(barrage)* Hindernis nt; **constituer un ~ à qc** etw behindern

❸ SPORT Hindernis m

❹ JUR **~ à la délivrance de brevet** Patenthindernis nt; **~ au procès** Prozesshindernis; **~ à la transmission de propriété à l'adjudicataire** Ablieferungshindernis; **~ à la vente de marchandises** Absatzbehinderung f

◆ **~ à l'inscription** JUR Eintragungshindernis nt

obstétricien(ne) [ɔpstetʀisjɛ̃, jɛn] m(f) Geburtshelfer(in) m(f)

obstétrique [ɔpstetʀik] I. adj Entbindungs-

II. f Geburtshilfe f

obstination [ɔpstinasjɔ̃] f ❶ *(entêtement)* Sturheit f, Starrsinn m, Eigensinn m; **~ à faire qc** sture [*o* verbissene] Entschlossenheit, etw zu tun; **~ au refus/à se taire** hartnäckige Weigerung/hartnäckiges Schweigen

❷ *(persévérance)* Hartnäckigkeit f; **~ dans le travail** Ausdauer f bei der Arbeit

obstiné(e) [ɔpstine] I. adj ❶ *(entêté)* stur, eigensinnig

❷ *(persévérant)* hartnäckig

❸ *(incessant)* brouillard, pluie anhaltend; *malchance* unaufhörlich; *toux* hartnäckig

II. m(f) Dickkopf m, Starrkopf m

obstinément [ɔpstinemɑ̃] adv *(avec entêtement)* stur, eigensinnig; *(avec persévérance)* hartnäckig

obstiner [ɔpstine] <1> vpr **s'~** stur bleiben; **s'~ à** [*o* **dans**] [*o* **sur**] **qc** auf etw *(Dat)* beharren; **s'~ sur un détail/un problème** sich an einem Detail/Problem festbeißen; **s'~ au silence** sich hartnäckig in Schweigen hüllen; **s'~ à faire qc** darauf beharren, etw zu tun

obstruction [ɔpstʀyksjɔ̃] f ❶ **faire de l'~** sich sperren

❷ MED Verschluss m; **~ vasculaire** Gefäßverschluss m, Gefäßverstopfung f

❸ SPORT Behinderung f

❹ POL Verschleppungstaktik f; **faire de l'~** eine Verschleppungstaktik verfolgen

❺ JUR **faire ~ à la recherche du droit applicable** die Rechtsfindung behindern

obstructionnisme [ɔpstʀyksjɔnism] m Obstruktionspolitik f, Obstruktionstaktik f; **~ de la faillite** Konkursverschleppung f

obstruer [ɔpstʀye] <1> I. vt blockieren; versperren *vue*; verstopfen *pores*; MED verschließen *artère, vaisseau*

II. vpr **s'~** verstopfen

obtempérer [ɔptɑ̃peʀe] <5> vi gehorchen; **~ à un ordre** eine Anordnung befolgen; **refus d'~** Nichtbefolgung f einer Anordnung

obtenir [ɔptəniʀ] <9> vt ❶ *(recevoir)* erhalten, bekommen; erzielen *avantage*; **~ de l'avancement** befördert werden; **~ satisfaction** sich durchgesetzt haben; **ne rien pouvoir ~** nichts erreichen können; **~ la main de qn** jdn zur Frau nehmen; **j'ai obtenu d'elle de jouer dans cette pièce** ich habe bei ihr erreicht [*o* durchsetzen können], dass ich in dem Stück spiele; **~ de qn qu'il fasse qc** bei jdm erreichen [*o* durchsetzen können], dass er etw tut; **~ qc par voie de justice** etw gerichtlich einklagen

❷ *(parvenir à)* erzielen; bestehen *examen*; erhalten *total, majorité*; **mener le débat de manière à ~ un résultat/des résultats** die Diskussion ergebnisorientiert führen

obtention [ɔptɑ̃sjɔ̃] f ❶ **d'un résultat** Erreichen nt, Erzielen nt; **d'un examen** Bestehen nt; **d'un titre, prix** Erlangung f; **d'une température, pièce administrative** Erhalten nt; **après l'~ du visa** nach Erhalt des Visums; **après ~ de l'examen** nach bestandener Prüfung; **pour l'~ de qc** um etw zu erreichen/bestehen/erhalten

❷ JUR **~ frauduleuse de compétence** Zuständigkeitserschleichung f; **~ frauduleuse de prestations** Erschleichung von Leistungen; **~ par manœuvres dolosives du prononcé d'un jugement** Urteilserschleichung

◆ **~ des revenus** Einkommensrealisierung f

obturateur [ɔptyʀatœʀ] m ❶ PHOT Verschluss m

❷ TECH Absperrhahn m

obturateur, -trice [ɔptyʀatœʀ, -tʀis] adj ❶ PHOT Verschluss-

❷ ANAT Schließ-

obturation [ɔptyʀasjɔ̃] f Verschluss m; **~ dentaire** Zahnfüllung f; **~ du canal radiculaire** MED Wurzelfüllung f

obturer [ɔptyʀe] <1> vt abdichten; füllen *dent*

obtus(e) [ɔpty, yz] adj ❶ *(borné)* beschränkt

❷ MATH *angle* stumpf

obus [ɔby] m Granate f

obusier [ɔbyzje] m Haubitze f

obvier [ɔbvje] <1a> vi littér ❶ *(éviter)* **~ à qc** eine S. *(Akk)* vermeiden

❷ *(prévenir)* **~ à qc** einer S. *(Dat)* vorbeugen

❸ *(remédier)* **~ à qc** eine S. *(Akk)* beheben

oc [ɔk] m ❶ HIST, LING *(ensemble de dialectes du midi de la France)* **langue d'~** Langue d'Oc f

❷ LING **langue d'~** Okzitanisch nt

ocarina [ɔkaʀina] m Okarina f

occase [ɔkaz] f fam abr de **occasion** Schnäppchen nt; **voiture d'~** Gebrauchtwagen m

occasion [ɔkazjɔ̃] f ❶ *(circonstance [favorable])* Gelegenheit f; **c'est une bonne ~** das ist eine günstige Gelegenheit; **c'est l'~ ou jamais** jetzt oder nie; **à la première ~** bei der nächsten Gelegenheit; **ne jamais rater une ~** eine Gelegenheit nie verpassen

❷ COM *(offre avantageuse)* günstige Gelegenheit; **une ~ unique/rare** eine einmalige/seltene Gelegenheit; **voiture d'~** Gebrauchtwagen m; **le marché de l'~** der Gebrauchtwarenhandel

❸ *(cause)* **avoir l'~ de faire qc** die Gelegenheit haben etw zu tun; **être l'~ de qc** die Gelegenheit zu etw sein; **être l'~ pour qn de faire qc** für jdn die Gelegenheit sein etw zu tun

▶ **l'~ fait le larron** prov Gelegenheit macht Diebe; **les grandes ~s** die besonderen Anlässe; **laisser passer une ~** eine günstige Gelegenheit verpassen; **saisir l'~ par les cheveux** die Gelegenheit [beim Schopfe] ergreifen; **sauter sur l'~** fam die Gelegenheit beim Schopf[e] packen; **à l'~** bei Gelegenheit, gelegentlich; **à l'~ de qc** anlässlich einer S. *(Gen)*

occasionnel(le) [ɔkazjɔnɛl] adj gelegentlich; **travail ~** Gelegenheitsarbeit f; **dépense ~le** unvorhergesehene Ausgabe

occasionnellement [ɔkazjɔnɛlmɑ̃] adv gelegentlich, fallweise (A)

occasionner [ɔkazjɔne] <1> vt verursachen

occident [ɔksidɑ̃] m ❶ POL **l'Occident** der Westen, die westliche Welt

❷ *(opp: orient)* Abendland nt

occidental(e) [ɔksidɑ̃tal, o] <-aux> adj ❶ GEOG, POL westlich; **la côte ~e** die Westküste; **les puissances ~es** die Westmächte; **les experts occidentaux** die Experten aus der westlichen Welt

❷ *(opp: oriental)* abendländisch

Occidental(e) [ɔksidɑ̃tal, o] <-aux> m(f) ❶ *(opp: Oriental)* Abendländer(in) m(f); **les Occidentaux** die abendländischen Völker

② POL Westeuropäer(in) *m(f)*; **les Occidentaux** die westlichen Länder

occidentaliser [ɔksidãtalize] <1> I. *vt* ~ **qn/qc** jdn in die westliche Kultur eingliedern/etw der westlichen Kultur anpassen *[o* verwestlichen*]*

II. *vpr* **s**'~ sich der westlichen Kultur anpassen

occipital [ɔksipital, o] <-aux> *m* Hinterhaupt *nt*

occipital(e) [ɔksipital, o] <-aux> *adj* Hinterhaupt[s]-

occiput [ɔksipyt] *m (partie postérieure de la tête)* Hinterkopf *m*; *(partie inférieure de la tête)* Schädelbasis *f*

occire [ɔksiʀ] <*irr*> *vt hum* ~ **qn** jdm den Garaus machen

occitan [ɔksitɑ̃] *m* **l**'~ Okzitanisch *nt*, das Okzitanische; *v. a.* **allemand**

occitan(e) [ɔksitɑ̃, an] *adj* okzitanisch

occlure [ɔklyʀ] <*irr*> *vt* MED verschließen *veine*

occlusif, -ive [ɔklyzif, -iv] *adj* PHON **consonne occlusive** Verschlusslaut *m*, Explosivlaut *m*

occlusion [ɔklyzjɔ̃] *f* **①** MED Verschluss *m*, Okklusion *f (Fachspr.)*; ~ **intestinale** Darmverschluss; ~ **artérielle** Arterienverschluss

② PHON Verschluss *m*

occlusive [ɔklyziv] *f* Verschlusslaut *m*, Explosivlaut *m*

occultant [ɔkyltɑ̃] *m (store)* Verdunklungsrollo *nt*

occulte [ɔkylt] *adj* **①** *(ésotérique)* okkult

② *(secret)* verborgen, geheim; *inflation* verdeckt

③ MED *sang* okkult *(Fachspr.)*

occulter [ɔkylte] <1> *vt* **①** *(dissimuler)* geheim halten, kaschieren *difficulté, problème*; verstellen *vision*

② *(cacher à la vue)* abdunkeln *phare, lumière*

occultisme [ɔkyltism] *m* Okkultismus *m*

occupant(e) [ɔkypɑ̃, ɑ̃t] I. *adj* MIL Besatzungs-

II. *m(f)* **①** MIL **l**'~ die Besatzung[smacht]; **les ~s et les résistants** die Besatzungssoldaten und die Widerstandskämpfer

② *(habitant) d'un logement, d'une chambre d'hôtel* Bewohner(in) *m(f)*; *d'une voiture* Insasse *m*/Insassin *f*; *des lieux* Besitznehmer(in) *m(f)*

③ JUR **premier ~/première ~e** erster Besitznehmer/erste Besitznehmerin

occupation [ɔkypasjɔ̃] *f* **①** *(activité)* Beschäftigung *f*; ~ **principale** Hauptbeschäftigung; ~ **de soirée** Abendbeschäftigung

② *(métier)* Beschäftigung *f*; ~ **à temps complet** Ganztagsbeschäftigung

③ MIL, HIST Besetzung *f*; **l'armée d'~** die Besatzungsarmee; **l'Occupation** die deutsche Besatzung *(1940–1944)*

④ *(fait d'habiter)* Bewohnen *nt*; ~ **abusive** *de logements H.L.M.* Fehlbelegung *f*

⑤ JUR Inbesitznahme *f*

occupé(e) [ɔkype] *adj* **①** *personne* beschäftigt; *place, siège, toilettes, ligne téléphonique* besetzt; *chambre d'hôtel* belegt; **être ~(e) à qc** mit etw beschäftigt sein; **être ~(e) à faire qc** damit beschäftigt sein etw zu tun

② MIL, POL *pays, usine* besetzt

occuper [ɔkype] <1> I. *vt* **①** *(remplir)* einnehmen *place*; in Anspruch nehmen *journée, loisirs, temps*; ~ **ses loisirs à faire qc** seine Freizeit dafür verwenden etw zu tun

② *(habiter)* wohnen in *(+ Dat)*, bewohnen *maison, appartement, étage*

③ *(exercer)* [inne]haben, bekleiden *(geh) emploi, poste*; ausüben *fonction*

④ *(employer)* beschäftigen

⑤ *(donner quelque chose à faire)* ~ **qn à qc/à faire qc** jdn mit etw beschäftigen/damit beschäftigen etw zu tun; **ce travail l'occupe énormément** diese Arbeit beschäftigt ihn/sie sehr

⑥ MIL, POL besetzen *pays, usine*

II. *vpr* **①** *(prendre en charge)* **s'~ de qn** sich um jdn kümmern; **s'~ de faire qc** sich bemühen etw zu tun

② *(avoir une activité)* **s'~ de littérature/politique** sich mit Literatur/Politik beschäftigen; **occupe-toi de tes affaires!** kümmere dich um deine eigenen Angelegenheiten!

③ *(ne pas rester oisif)* **s'~** sich beschäftigen

▶ **occupe-toi de tes oignons** *fam* kümmere dich um deinen Kram *(fam)*; **t'occupe [pas]!** *fam* halt dich da [bloß] raus! *(fam)*

occurrence [ɔkyʀɑ̃s] *f littér* Gelegenheit *f*; **une ~ singulière** ein seltsamer Umstand; **en toute autre ~** bei jeder anderen Gelegenheit

▶ **en pareille ~** in so einem Fall; **en l'~** im vorliegenden Fall

O.C.D.E. [osedeə] *f abr de* **Organisation de coopération et de développement économique** OECD *f*

océan [ɔseɑ̃] *m* **①** GEOG Ozean *m*, Weltmeer *nt*; **l'~ Atlantique/ Pacifique** der Atlantische/Pazifische Ozean; **l'~ Arctique** das Nördliche Eismeer; **l'~ Indien** der Indische Ozean; **l'~ glacial** das Polarmeer

② *(l'Atlantique)* **l'Océan** der Atlantik

③ *fig littér (vaste étendue)* **un ~ de lumières/sable/verdure** ein Lichtermeer/eine riesige Sandfläche/Grünfläche

océanaute [ɔseanot] *mf* Tiefseeforscher(in) *m(f)*

océanique [ɔseanik] *adj* ozeanisch

océanographe [ɔseanɔgʀaf] *mf* Meeresforscher(in) *m(f)*

océanographie [ɔseanɔgʀafi] *f* Meeresforschung *f*

océanographique [ɔseanɔgʀafik] *adj* meereskundlich

océanologie [ɔseanɔlɔʒi] *f* Meeresforschung *f*

océanologue [ɔseanɔlɔg] *mf* Meeresforscher(in) *m(f)*

ocelle [ɔsɛl] *f* **①** *(tache)* augenfleckartige Zeichnung *f*

② ZOOL Punktauge *nt*, Ozelle *f (Fachspr.)*

ocelot [ɔslo] *m* Ozelot *m*; **col/manteau d'~** *[o* **en ~]** Ozelotkragen *m*/-mantel *m*

ocre [ɔkʀ] I. *f (colorant)* Ocker *m o nt*

II. *adj inv* ocker[farben], ockergelb

ocré(e) [ɔkʀe] *adj* ocker[farben], ockergelb

octaèdre [ɔktaɛdʀ] I. *adj* achtflächig

II. *m* Oktaeder *m*, Achtflächner *m*, Achtflach *nt*

octane [ɔktan] *m* Oktan *nt*

octante [ɔktɑ̃t] *num* BELG, CH achtzig; *v. a.* **cinq, cinquante**

octave [ɔktav] *f* Oktave *f*; **faire des ~s** Oktaven spielen; **jouer qc à l'~** etw eine Oktave höher/tiefer spielen

octet [ɔktɛ] *m* Byte *nt*

octobre [ɔktɔbʀ] *m* Oktober *m*; *v. a.* **août**

octogénaire [ɔktɔʒenɛʀ] I. *adj* achtzigjährig

II. *mf* Achtzigjährige(r) *f(m)*

octogonal(e) [ɔktɔgɔnal, o] <-aux> *adj* achteckig, oktogonal

octogone [ɔktogon, ɔktɔgɔn] *m* Achteck *nt*, Oktogon *nt*

octopode [ɔktɔpɔd] I. *adj* achtarmig

II. *m* Achtfüßer *m*, Oktopode *m (Fachspr.)*

octosyllabe [ɔktɔsil(l)ab] I. *adj* LING achtsilbig

II. *m* POES Achtsilbner *m*

octroi [ɔktʀwa] *m* **l'~ de qc** die Bewilligung einer S. *(Gen)*; ~ **d'une concession** Konzessionserteilung *f*; ~ **de/d'un crédit** Kreditbewilligung, Kreditgewährung *f*; ~ **des droits de garantie** Einräumung *f* von Gewährleistungsrechten; ~ **illégal d'un/de brevet** Patentdiebstahl *m*

◆ ~ **de licence** Lizenzerteilung *f*

octroyer [ɔktʀwaje] <6> I. *vt* ~ **un délai/un répit/une somme d'argent à qn** jdm einen Aufschub/eine Geldsumme bewilligen; ~ **une faveur à qn** jdm eine Gunst gewähren; ~ **un privilège à qn** jdm ein Vorrecht einräumen

II. *vpr* **s'~ qc** sich etw *(Akk)* gönnen

octuor [ɔktyɔʀ] *m* Oktett *nt*

oculaire [ɔkylɛʀ] I. *adj* **①** ANAT Seh-; **globe ~** Augapfel *m*

② *(visuel)* **témoin ~** Augenzeuge *m*/-zeugin *f*

II. *m* OPT Okular *nt*

oculiste [ɔkylist] *mf* Augenarzt *m*/-ärztin *f*

ocytocique [ɔsitɔsik] *m* MED Wehenmittel *nt*

odalisque [ɔdalisk] *f* HIST *(femme de chambre dans un harem)* Odaliske *f*; *(femme d'un harem)* Haremsdame *f*

ode [ɔd] *f* Ode *f*

odéon [ɔdeɔ̃] *m* Odeon *nt*

odeur [ɔdœʀ] *f* Geruch *m*; ~ **de cuisine** Essen[s]geruch; **sans ~** geruchlos; **je sens une ~ de brûlé** [ich finde,] hier riecht es verbrannt

▶ **l'argent n'a pas d'~** Geld stinkt nicht; **vivre en ~ de sainteté** REL im Geruch eines/einer Heiligen stehen; **ne pas être en ~ de sainteté** [auprès de qn] *fam* bei jdm nicht gut angeschrieben sein

odieusement [ɔdjøzmɑ̃] *adv* schändlich

odieux, -euse [ɔdjø, -jøz] *adj* **①** *(ignoble)* schändlich; *personne* niederträchtig; *caractère* widerlich

② *(insupportable) personne* unausstehlich

odomètre [ɔdɔmɛtʀ] *m* Schrittmesser *m*

odontologie [ɔdɔ̃tɔlɔʒi] *f* Zahnheilkunde *f*, Zahnmedizin *f*

odorant(e) [ɔdɔʀɑ̃, ɑ̃t] *adj* wohlriechend, duftend; **papier ~** Duftstreifen *m*

odorat [ɔdɔʀa] *m* Geruch *m*, Geruchssinn *m*; **troubles de l'~** *[o* **olfactifs]** Geruchsstörung *f*

odoriférant(e) [ɔdɔʀifeʀɑ̃, ɑ̃t] *adj soutenu* wohlriechend, duftend

odyssée [ɔdise] *f* Odyssee *f*; **l'Odyssée** die Odyssee

œcuménique [ekymenik] *adj* **①** REL ökumenisch

② *fig* konsensfähig

œcuménisme [ekymenism] *m* ökumenische Bewegung, Ökumene *f*

œdème [ødɛm, edɛm] *m* MED Ödem *nt*; ~ **par carence** *[o* **par déséquilibre alimentaire]** Hungerödem

Œdipe [edip, ødip] *m* **①** MYTH Ödipus *m*

② PSYCH **le complexe d'~**, **l'œdipe** der Ödipuskomplex

œil [œj, jø] <**yeux**> *m* **①** *(organe)* Auge *nt*; **avoir les yeux bleus/ noirs** blaue/dunkle Augen haben; **avoir/tenir les yeux grand ouverts** die Augen weit offen haben/offen halten; **lever/baisser les yeux** den Blick heben/senken; **se maquiller les yeux** sich

(Dat) die Augen schminken; **yeux de biche** Rehaugen *Pl*
❷ *(vision, vue)* Blick *m;* **regarder qn d'un ~ envieux/méchant** jdn neidisch/böse ansehen; **avoir l'~ vif** einen wachen Blick haben
❸ *(regard)* Blick *m;* **il a cherche/suit des yeux** sein Blick sucht sie/folgt ihr
❹ *(jugement)* **d'un ~ critique** mit kritischem Blick; **ne plus voir les choses du même ~** die Dinge jetzt anders sehen
❺ *(regard rapide)* **jeter un coup d'~ au journal/à l'heure** einen kurzen Blick in die Zeitung/auf die Uhr werfen; **remarquer qc au premier coup d'~** etw auf den ersten Blick sehen
❻ *(regard averti)* Auge *nt;* **l'~ vigilant du chef** der wachsame Blick des Chefs; **l'~ d'un spécialiste** das geübte Auge eines Spezialisten; **avoir l'~ sur qn/qc** ein Auge auf jdn/etw haben; **avoir l'~ à tout** alles im Auge behalten; **tenir qn à l'~** *fam* jdn im Auge behalten
❼ BOT *(bourgeon)* Auge *nt*
❽ *(trou) du fromage* Loch *nt; de la soupe* [Fett]auge *nt; d'une aiguille* Öhr *nt*
❾ *(judas)* Spion *m*
❿ METEO **l'~ du cyclone** das Auge des Zyklons
▶ **yeux d'abruti(e)** Kuhaugen *Pl (fam);* **avoir un ~ au beurre noir** ein blaues Auge haben; **lever les yeux au ciel** flehentlich zum Himmel blicken; **loin des yeux, loin du cœur** *prov* aus den Augen, aus dem Sinn *(prov);* **avoir le coup d'~** ein gutes Augenmaß haben; **~ pour ~, dent pour dent** *prov* Auge um Auge, Zahn um Zahn; **obéir au doigt et à l'~** blind gehorchen; **l'~ du maître** der unbestechliche Blick des Fachmanns; **ne pas fermer l'~ de la nuit** die ganze Nacht kein Auge zutun; **être tout yeux, tout oreilles** ganz Auge und [ganz] Ohr sein; **ne pas avoir les yeux dans sa poche** sich nichts entgehen lassen; **coûter les yeux de la tête** ein Vermögen kosten; **qn a les yeux plus grands que le ventre** *fam* bei jdm sind die Augen größer als der Magen; **pour les beaux yeux de qn** *fam* um jds schöner Augen willen; **faire les yeux doux à qn** jdm schöne Augen machen; **enceinte jusqu'aux yeux** *fam* hochschwanger; **faire qc les yeux fermés** etw tun ohne hinzusehen, etw mit traumwandlerischer Sicherheit tun; **ne pas avoir froid aux yeux** keine Angst haben; **faire de grands yeux** große Augen machen; **faire les gros yeux à qn** jdn scharf ansehen; **le mauvais ~** der böse Blick; **à l'~ nu** mit bloßem Auge; **de mes/ses propres yeux** mit meinen/seinen/ihren eigenen Augen; **ouvrir des yeux ronds** große Augen machen; **avoir qn à l'~** *fam* jdn im Griff haben; **n'avoir d'yeux que pour qn** Augen nur für jdn haben; **couver qn des yeux** jdn zärtlich ansehen; **cela crève les yeux** *fam* das ist nicht zu übersehen; **ne pas en croire ses yeux** seinen Augen nicht trauen; **dévorer qn des yeux** jdn mit den Augen verschlingen; **ne dormir que d'un ~** einen leichten Schlaf haben; **faire de l'~ à qn** *fam* jdm schöne Augen machen; **fermer les yeux de qn** jdm die Augen zudrücken; **fermer les yeux sur qc** bei etw beide Augen zudrücken; **ouvrir l'~** die Augen aufmachen, aufpassen; **ouvrir les yeux à qn sur qc** jdm die Augen über etw *(Akk)* öffnen; **n'avoir plus que ses yeux pour pleurer** alles verloren haben; **se rincer l'~** *fam* allerhand zu sehen bekommen; **cela saute aux yeux** das sieht man auf den ersten Blick; **il/elle/ça me sort par les yeux** *fam* ich habe ihn/sie/ es satt *(fam);* **taper dans l'~ de qn** *fam* es jdm angetan haben; **tourner de l'~** *fam* umkippen *(fam);* **à l'~** *fam* umsonst; **aux yeux de qn** in den Augen *(Dat);* **les yeux dans les yeux** in Auge; **sous l'~ de qn** unter jds Aufsicht; **sous les yeux de qn** vor jds Augen *(Dat);* **mon ~!** *pop* wer's glaubt, wird selig! *(fam)*
◆ **~ de verre** Glasauge *nt*

œil-de-bœuf [œjdəbœf] <œils-de-bœuf> *m* ❶ BOT Ochsenauge *nt*
❷ *(fenêtre ronde ou ovale)* Ochsenauge *nt,* Rundfenster *nt* **œil-de-chat** [œjdəʃa] <œils-de-chat> *m* Katzenauge *nt* **œil-de-perdrix** [œjdəpɛʀdʀi] <œils-de-perdrix> *m* Hühnerauge *nt*

œillade [œjad] *f* ❶ *(clin d'œil de connivence)* [verstohlener] Blick
❷ *(clin d'œil amoureux)* Augenzwinkern *nt;* **faire/jeter/lancer des ~s à qn** jdm schöne Augen machen

œillère [œjɛʀ] *f* Scheuklappe *f*
▶ **avoir des ~s** Scheuklappen haben [*o* tragen]

œillet[1] [œjɛ] *m* BOT Nelke *f*
◆ **~ d'Inde** Studentenblume *f,* Tagetes *f (Fachspr.)*

œillet[2] [œjɛ] *m* ❶ *(petit trou) d'une chaussure* Schnürloch *nt*
❷ *(renfort métallique)* Öse *f*
❸ *(rondelle)* Lochverstärkungsring *m*

œilleton [œjtɔ̃] *m* ❶ OPT Augenmuschel *f*
❷ *(viseur) d'une arme à feu* Lochkimme *f*
❸ BOT Schössling *m,* Trieb *m*

œnologie [enɔlɔʒi] *f* Lehre *f* vom Wein[bau], Önologie *f (Fachspr.)*

œnologique [enɔlɔʒik] *adj* önologisch *(Fachspr.)*

œnologue [enɔlɔg] *mf* Weinbauspezialist(in) *m(f),* Önologe *m/* Önologin *f*

œsophage [ezɔfaʒ] *m* Speiseröhre *f;* **cancer de l'~** Speiseröhrenkrebs *m*

œstrogène [ɛstʀɔʒɛn] I. *m* Östrogen *nt*
II. *adj* **les hormones ~s** die Östrogene

œuf [œf, ø] *m* Ei *nt;* **~ de poule/d'oie** Hühner-/Gänseei; **~s brouillés** Rühreier, Eierspeise *f* (A); **~ poché** pochiertes Ei; **~ à la coque** gekochtes Ei; **~ à la neige** Eischnee *m;* **battre des ~s en neige** Eiweiß zu Schnee schlagen; **~ au** [*o* **sur le**] **plat** Spiegelei, Ochsenauge *nt* (DIAL); **~ en poudre** Trockenei; **en forme d'~** eiförmig; **~s de poisson** Rogen *m*
▶ **qui vole un ~ vole un bœuf** *prov* wer einmal stiehlt, stiehlt immer; **mettre tous ses ~s dans le même panier** alles auf eine Karte setzen; **tête** [*o* **crâne**] **d'~** *péj* Eierkopf *m (péj);* **être plein comme un ~**: *salle:* zum Bersten voll sein; *personne:* bis oben hin voll sein; **on ne fait pas d'omelette sans casser des ~s** *prov* wo gehobelt wird, da fallen Späne *(prov);* **va te faire cuire un ~!** *pop* rutsch mir doch den Buckel runter! *(fam);* **marcher sur des ~s** wie auf Eiern gehen; *(agir avec précaution)* vorsichtig zu Werke gehen; **dans l'~** im Ansatz; **quel ~!** ein Schwachkopf! *(fam)*
◆ **~ en chocolat** Schokoladenei *nt;* **~ de Pâques** Osterei *nt;* **à repriser** Stopfei *nt*

œuvre [œvʀ] *f* ❶ ART, LITTER, TECH Werk *nt;* **~ dramatique** Bühnenwerk; **~ de jeunesse** Jugendwerk; **~s choisies** ausgewählte Werke; **les ~s complètes d'un auteur** die gesammelten Werke [*o* das Gesamtwerk] eines Autors; **~ majeure de la littérature** Literaturdenkmal *nt;* **~ principale** [*o* **majeure**] Hauptwerk
❷ *(résultat) de l'érosion, du temps* Werk *nt;* **la mort avait fait son ~** der Tod hatte sein Werk schon getan
❸ *pl (actes)* Taten *Pl*
❹ *(organisation caritative)* **~ de bienfaisance** Wohltätigkeitsverein *m;* **les bonnes ~s** die wohltätigen Werke
▶ **à l'~ on connaît l'artisan** [*o* **l'ouvrier**] *prov* am Werk erkennt man den Meister; **faire ~ utile** etwas Nützliches tun; **être à l'~** am Werk sein; **faire ~ d'ami** *littér* einen Freundschaftsdienst erweisen; **mettre en ~** in Bewegung setzen; **se mettre à l'~** sich an die Arbeit machen
◆ **~ d'art** Kunstwerk *nt*
III. *m* ART *littér* ❶ Gesamtwerk *nt,* Œuvre *nt*
❷ ARCHIT **gros ~** Rohbau *m*
▶ **être à pied d'~** an Ort und Stelle sein; **le grand ~** die Suche nach dem Stein der Weisen

œuvrer [œvʀe] <1> *vi littér* **~ pour qc** sich um etw bemühen

OFAJ [ofaʒ] *m abr de* **Office franco-allemand pour la jeunesse** DFJW *m*

off [ɔf] *adj inv* ❶ CINE, TV **voix ~** *(son)* Filmkommentar *m,* Stimme *f* im Off; *(personne)* Hintergrundkommentator(in) *m(f),* Sprecher(in) *m(f)* im Off
❷ *(en marge)* **festival ~** Off-Festival *nt*

offensant(e) [ɔfɑ̃sɑ̃, ɑ̃t] *adj* beleidigend

offense [ɔfɑ̃s] *f (affront)* Beleidigung *f;* **une ~ envers qn** eine Beleidigung gegenüber jdm; **faire une ~ à qn** jdn beleidigen; **"pardonne-nous nos ~s"** REL „vergib uns unsere Schuld"
▶ **il n'y a pas d'~** da steckt nichts Böses dahinter

offensé(e) [ɔfɑ̃se] I. *adj* beleidigt
II. *m(f)* Beleidigte(r) *f(m)*

offenser [ɔfɑ̃se] <1> *vt* ❶ *(outrager)* beleidigen
❷ REL **~ Dieu** sich gegen Gott versündigen
❸ *littér (blesser)* beleidigen; verletzen *loi, principe, règle, sentiment;* rütteln an (+ *Dat*) *réputation*
II. *vpr (se vexer)* **s'~ de qc** sich durch etw gekränkt fühlen

offenseur [ɔfɑ̃sœʀ] *m* Beleidiger *m*

offensif, -ive [ɔfɑ̃sif, -iv] *adj* ❶ *(opp: défensive)* offensiv; *alliance, armes, guerre* Offensiv-; *armée* angreifend
❷ *fig* **un retour ~ du froid** ein erneuter plötzlicher Kälteeinbruch

offensive [ɔfɑ̃siv] *f* ❶ *(attaque)* Offensive *f;* **~ de grande envergure, grande ~** Großoffensive; **lancer une grande ~** eine Großoffensive starten; **prendre l'~** die Offensive ergreifen; **passer à l'~** zum Angriff übergehen
❷ *fig* Offensive *f;* **~ commerciale** Werbekampagne *f;* **~ de grande envergure** Großoffensive; **l'~ de l'hiver** *littér* der Wintereinbruch; **lancer** [*o* **mener**] **une ~ contre qn/qc** eine Offensive gegen jdn/etw starten; **une ~ de charme contre qn** *fam* jdn charmant bedrängen

offertoire [ɔfɛʀtwaʀ] *m* Offertorium *nt*

office [ɔfis] *m* ❶ *(agence, bureau)* Amt *nt,* Dienststelle *f;* **~ d'avoué** Anwaltspraxis *f;* **~ de notaire** Notariat *nt;* **~ de conseil juridique** Rechtsberatungsstelle *f;* **Office franco-allemand pour la jeunesse** Deutsch-Französisches Jugendwerk; **~ national météorologique** nationales Wetteramt
❷ REL Messe *f,* Gottesdienst *m;* **~ solennel** Festgottesdienst; **~ religieux lors d'une/de la campagne militaire** Feldgottesdienst
❸ *(fonction, charge)* Amt *nt;* **~ ministériel** Ministerialamt
❹ *(pièce)* Bedienstetenraum *m*
▶ **les bons ~s de qn** jds Hilfe *f;* **Monsieur Bons Offices** *fam* Ver-

mittler *m*; **faire** ~ **de** qc *personne:* als etw fungieren; *chose:* als etw dienen; **remplir son** ~ seine Aufgabe erfüllen; **d'**~ *(par voie d'autorité)* von Amts wegen; *(en vertu d'un règlement)* automatisch; *(sans demander)* einfach so

◆ ~ **des cartels** Kartellbehörde *f*; ~ **de clearing** ECON Clearingstelle *f (Fachspr.)*; ~ **du commerce extérieur** Außenhandelsstelle *f*; ~ **de conciliation** JUR Schlichtungsstelle *f*; ~ **de la concurrence**, ~ **du contrôle de la concurrence** Wettbewerbs[aufsichts]behörde *f*; ~ **de dépôt** *(en parlant d'un brevet d'invention)* Anmeldestelle *f*; **Office de la prévoyance** CH Sozialamt *nt*, Fürsorgeamt *nt* (CH); ~ **du tourisme** Fremdenverkehrsamt *nt*; ~ **d'urbanisme** Bauordnungsamt *nt*

officialisation [ɔfisjalizasjɔ̃] *f* offizielle Bestätigung
officialiser [ɔfisjalize] <1> *vt* offiziell bestätigen
officiant [ɔfisjɑ̃] I. *m* Zelebrant *m*
II. *adj* zelebrierend
officiel(le) [ɔfisjɛl] I. *adj* offiziell, amtlich; *langue, sceau* Amts-; *cachet, voiture* Dienst-; *nouvelle, communiqué* regierungsamtlich; **visite** ~ **le** Staatsbesuch *m*; **de source** ~ **le** von amtlicher Seite; **cérémonie très** ~ **le** hochoffizielle Feier; **recevoir qn de manière très** ~ **le** jdn hochoffiziell empfangen
II. *m(f)* ❶ Person *f* des öffentlichen Lebens
❷ SPORT Funktionär(in) *m(f)*
officiellement [ɔfisjɛlmɑ̃] *adv* offiziell
officier¹ [ɔfisje] *m* ❶ ADMIN, JUR Beamte(r) *m*/Beamtin *f*; ~ **d'état civil** Standesbeamte(r)/-beamtin; ~ **de paix** Polizeibeamte(r) des gehobenen oder höheren Dienstes; ~ **de justice** Justizbeamte(r)/-beamtin
❷ MIL Offizier(in) *m(f)*; ~ **d'aviation** Fliegeroffizier(in), Offizier(in) der Luftwaffe; ~ **de la garde** Gardeoffizier(in); ~ **d'infanterie** Infanterieoffizier(in); ~ **de navigation** Navigationsoffizier(in)
❸ *(titulaire d'une distinction)* ~ **de la Légion d'honneur** Offizier *m* der Ehrenlegion; ~ **de l'ordre du mérite** Verdienstordensträger(in) *m(f)*
officier² [ɔfisje] <1a> *vi* ❶ Gottesdienst halten
❷ *fig* Zelebrierungen veranstalten
officieusement [ɔfisjøzmɑ̃] *adv* halbamtlich, offiziös *(geh)*
officieux, -euse [ɔfisjø, -jøz] *adj* halbamtlich, offiziös *(geh)*
officinal(e) [ɔfisinal, o] <-aux> *adj herbe, plante* Heil-
officine [ɔfisin] *f* ❶ PHARM Labor *nt*, Offizin *f*
❷ *fig* **une** ~ **de fausses nouvelles** eine Brutstätte für falsche Nachrichten
offrande [ɔfʀɑ̃d] *f* ❶ *littér* Almosen *nt*; REL Opfer[gabe *f*] *nt*
❷ *fig* **donner sa jeunesse en** ~ seine Jugend opfern
offrant(e) [ɔfʀɑ̃, ɑ̃t] *m(f) a.* JUR Anbietende(r) *f(m)*; **le plus** ~ der Meistbietende
offre [ɔfʀ] *f* ❶ *a.* JUR, ECON Angebot *nt*; **l'** ~ **et la demande** Angebot und Nachfrage; ~ **concordataire** Vergleichsvorschlag *m*; ~ **concurrentielle** Konkurrenzangebot; **deuxième** ~ Alternativangebot; ~ **excédentaire** Angebotsüberschuss *m*, Angebotsüberhang *m*; ~ **exceptionnelle** Topangebot; ~ **ferme** bindendes Angebot, Festangebot, verbindliche Offerte; ~ **forfaitaire** Pauschalangebot; **meilleure** ~ Spitzenangebot; ~ **minimum** Mindestangebot; ~ **publique d'achat** Aktienübernahmeangebot, öffentliches [Aktien]kaufangebot; ~ **publique d'échange** öffentliches [Aktien]tauschangebot; ~ **d'emplois en baisse** rückläufiges Angebot an Arbeitsplätzen; **vaste** ~ reichliches Angebot; ~ **au comptant** Barangebot; ~ **de bonne foi** Bona fide-Angebot *(Fachspr.)*; ~ **sans engagement** freibleibende [*o* unverbindliche] Offerte; **accepter une** ~ auf ein Angebot eingehen
❷ *(aux enchères)* Gebot *nt*
❸ ADMIN **appel d'**~**s** Ausschreibung *f*
◆ ~ **d'achat** Kaufangebot *nt*; ~ **de dédommagement** Entschädigungsangebot *nt*; ~ **d'emploi** Stellenangebot *nt*; ~**s d'emploi** Stellenangebote, Stellenmarkt *m*; ~ **d'indemnisation** Entschädigungsangebot *nt*; ~ **d'indemnité** Abfindungsangebot *nt*; ~ **de négociations** Verhandlungsangebot *nt*; ~ **d'ouverture** Eröffnungsangebot *nt*; ~ **de paix** Friedensangebot *nt*; ~ **de prestations** Leistungsangebot *nt*; ~ **de preuve** Beweisangebot *nt*; ~ **de qualité** Spitzenangebot *nt*; ~ **de services** Dienstleistungsangebot *nt*; ~ **de souscription** FIN Zeichnungsangebot *nt*; ~ **de souscription publique** öffentliches Zeichnungsangebot; ~ **de souscription pour une action** Zeichnungsangebot für eine Aktie; ~ **de vente** Verkaufsangebot *nt*
offrir [ɔfʀiʀ] <11> I. *vt* ❶ *(faire un cadeau)* ~ qc à qn jdm etw schenken
❷ *(proposer)* ~ **ses services à qn** jdm seine Dienste anbieten; ~ **le bras à qn** jdm seinen Arm reichen; ~ **à boire/manger à qn** jdm etwas zu trinken/essen anbieten; ~ **à qn de faire qc** jdm anbieten etw zu tun; **je vous offre cent euros pour le vase** ich biete Ihnen hundert Euro für die Vase; **il nous a offert le déjeuner** er hat uns zum Mittagessen eingeladen
❸ *(donner, présenter)* ~ **une explication/excuse à qn** jdm eine Erklärung abgeben/sich bei jdm entschuldigen; **qn offre une grande résistance à qn** jd leistet jdm starken Widerstand; **ce matériau offre une grande résistance** dieses Material ist sehr robust; ~ **un bien charmant tableau** einen bezaubernden Anblick bieten
❹ *(comporter)* ~ **beaucoup d'avantages/inconvénients à qn/qc** jdm/einer S. viele Vorteile/Nachteile bieten; ~ **beaucoup de sécurité à qn/qc** jdm/einer S. viel Sicherheit bieten; **ce travail n'offre aucune difficulté** diese Arbeit beinhaltet keinerlei Schwierigkeiten
II. *vpr* ❶ *(se présenter)* **s'**~ **à qn/qc** sich jdm/einer S. bieten; **la première idée qui s'est offerte à mon esprit** der erste Gedanke, der mir in den Sinn kam
❷ *(se proposer)* **s'**~ **pour faire qc** sich anbieten etw zu tun; **s'**~ **comme guide à qn** sich jdm als Führer anbieten
❸ *(s'accorder)* **s'**~ **des vacances** sich (Dat) Ferien leisten [*o* gönnen]
offset [ɔfsɛt] I. *app inv* Offset-
II. *m inv* Offsetdruck *m*, Offsetdruckverfahren *nt*; **en** ~ im Offsetdruck; **machine d'impression** ~ Offsetdruckmaschine *f*
offshore [ɔfʃɔʀ] I. *adj inv* Offshore-
II. *m inv* Offshorebohrung *f*
offusquer [ɔfyske] <1> I. *vt* ärgern
II. *vpr* **s'**~ **de** qc an etw (Dat) Anstoß nehmen
OFPRA [ɔfpʀa] *m abr de* Office français de protection des réfugiés et apatrides französisches Amt zum Schutz von Flüchtlingen und Staatenlosen
ogival(e) [ɔʒival, o] <-aux> *adj* spitzbogig; **arc** ~ Spitzbogen *m*
ogive [ɔʒiv] *f* ❶ MIL Sprengkopf *m*
❷ ARCHIT Spitzbogen *m*
OGM [oʒeɛm] *m abr de* organisme génétiquement modifié GVO *m*
ogre, ogresse [ɔgʀ, ɔgʀɛs] *m, f* ❶ *(géant vorace dans les contes de fées)* Menschen fressendes Ungeheuer
❷ *fam (gourmand)* Vielfraß *m* *(fam)*
▶ **manger comme un** ~ *fam* für drei essen *(fam)*
oh [o] I. *interj* oh; ~ **là là!** oje!
II. *m inv* **pousser des** ~ **et des ah de surprise** Ausrufe des Erstaunens von sich geben
ohé [oe] *interj* he[da] *(fam)*
ohm [om] *m* Ohm *m*
ohmmètre [ommɛtʀ] *m* Ohmmeter *nt*, Widerstandsmesser *m*
oie [wa] *f* ❶ ORN Gans *f*; ~ **sauvage** Wildgans; **cuisse d'**~ Gänsekeule *f*; **foie d'**~ Gänseleber *f*
❷ *fam (personne niaise)* blöde Gans *(fam)*
▶ **pas de l'**~ MIL Stechschritt *m*; **bête comme une** ~ strohdumm
oignon [ɔɲɔ̃] *m* ❶ GASTR Zwiebel *f*; ~ **grelot** [*o* **petit** ~ **blanc**] **au vinaigre** Silberzwiebel
❷ BOT [Blumen]zwiebel *f*
❸ MED Ballen *m*
❹ *(montre)* Taschenuhr *f*, Zwiebel *f* *(hum fam)*
▶ **aux petits** ~**s** *fam* mit sehr viel Sorgfalt; **c'est pas mes/tes** ~**s** *fam* das ist nicht mein/dein Bier *(fam)*; **se mêler des** ~**s de qn** *péj fam* jdm reinreden *(fam)*; **occupe-toi de tes** ~**s!** *fam* kümmer dich um deinen eigenen Kram! *(fam)*
oïl [ɔjl] HIST, LING **langue d'**~ Langue d'Oïl *f (Gesamtheit nordfranzösischer Dialekte im Mittelalter)*
oindre [wɛ̃dʀ] <*irr*> *vt* REL salben
oiseau [wazo] <x> *m* ❶ ORN Vogel *m*
❷ *péj (type)* komischer Kauz
▶ ~ **de mauvais augure** [*o* **de malheur**] Unglücksprophet *m*; **être comme l'**~ **sur la branche** im Ungewissen schweben; **petit à petit, l'**~ **fait son nid** *prov* gut Ding will Weile haben *(prov)*; ~ **de nuit** Nachtvogel *m*; *(personne)* Nachteule *f (fam)*, **il/elle est un [vrai]** ~ **de nuit** er/sie ist eine [echte] Nachteule *(fam)*; **à vol d'**~, **Marseille est à 200 kilomètres de Lyon** Marseille ist 200 km Luftlinie von Lyon entfernt; **rare** weißer Rabe; **l'**~ **s'est envolé** der Vogel ist ausgeflogen
◆ ~ **des îles** exotischer Vogel; ~ **de paradis** Paradiesvogel *m*; ~ **de proie** Raubvogel *m*
oiseau-lyre [wazolir] <oiseaux-lyres> *m* Leierschwanz *m*
oiseau-mouche [wazomuʃ] <oiseaux-mouches> *m* Kolibri *m*
oiseleur, -euse [wazlœʀ, -øz] *m, f* Vogelfänger(in) *m(f)*
oiselier, -ière [wazəlje, -jɛʀ] *m, f* Vogelhändler(in) *m(f)*
oisellerie [wazɛlʀi] *f* ❶ *(commerce)* Vogelhandel *m*
❷ *(lieu)* Vogelzucht *f*
oiseux, -euse [wazø, -øz] *adj* müßig, unnütz
oisif, -ive [wazif, -iv] I. *adj* müßig
II. *m, f* Müßiggänger(in) *m(f)*
oisillon [wazijɔ̃] *m* Jungvogel *m*
oisivement [wazivmɑ̃] *adv* untätig, müßig; **vivre** ~ ein müßiges Leben führen
oisiveté [wazivte] *f* Müßiggang *m*

▶ l'~ est [la] **mère de tous les vices** *prov* Müßiggang ist aller Laster Anfang
oison [wazɔ̃] *m* Gänseküken *nt*
OIT [oite] *f abr de* **Organisation internationale du travail** IAO *f*
O.K. [ɔkɛ] **I.** *interj fam* o.k. *(fam)*
II. *adj fam env* **c'est ~** das ist o.k. *(fam)*
okapi [ɔkapi] *m* Okapi *nt*
olé [ɔle] **I.** *interj* olé
II. *adj inv fam* **~** gewagt, frech
oléacée [ɔlease] *f* Ölbaumgewächs *nt*
oléagineux [ɔleaʒinø] *m* Ölpflanze *f*
oléagineux, -euse [ɔleaʒinø, -øz] *adj* ❶ *(oléifère) fruits, semences* ölhaltig
❷ *(ressemblant à l'huile)* ölartig
oléifère [ɔleifɛʀ] *adj fruits, semences* ölhaltig
oléine [ɔlein] *f* Olein *nt*
oléique [ɔleik] *adj* CHIM **acide ~** Ölsäure *f*
oléoduc [ɔleɔdyk] *m* Pipeline *f*, [Erd]ölleitung *f*
olfactif, -ive [ɔlfaktif, -iv] *adj cellule, nerf* Riech-; *organe, sens* Geruchs-
olibrius [ɔlibʀijys] *m fam* komischer Kauz
olifant [ɔlifɑ̃] *m* HIST Olifant *m*
oligarchie [ɔligaʀʃi] *f* Oligarchie *f*
oligoélément [ɔligoelemɑ̃] *m* Spurenelement *nt*
oligopole [ɔligɔpɔl] *m a.* ECON Oligopol *nt;* **~ réglementé par la loi** Oligopol durch Gesetz
oligopolistique [ɔligɔpɔlistik] *adj a.* ECON oligopolistisch; **de structure ~** *marché* oligopolistisch geprägt
olivaie *v.* **oliveraie**
olivâtre [ɔlivɑtʀ] *adj* grünlich
olive [ɔliv] **I.** *f* ❶ *(fruit) noire, verte* Olive *f;* **huile d'~** Olivenöl *nt*
❷ ELEC [olivenförmiger] Schnurzwischenschalter
❸ COUT [olivenförmige] Schnurquaste
❹ ARCHIT Eierstab *m*
❺ PECHE Olivenblei *nt*
II. *adj inv* oliv[grün]; **une robe ~** ein olivgrünes Kleid
oliveraie [ɔlivʀe] *f* Ölbaumpflanzung *f*
olivette [ɔlivɛt] *f* ❶ *(raisin)* Traube *f*
❷ *(tomate)* Flaschentomate *f*
❸ PECHE Olivette *f*
olivier [ɔlivje] *m* ❶ *(arbre)* Ölbaum *m*, Olivenbaum *m*
❷ *(bois)* Olivenholz *nt*
olographe [ɔlɔgʀaf] *adj* handschriftlich; *testament* eigenhändig geschrieben
O.L.P. [ɔɛlpe] *f abr de* **Organisation de libération de la Palestine** PLO *f*
Olympe [ɔlɛ̃p] *m* **l'~** der Olymp
olympiade [ɔlɛ̃pjad] *f* ZOOL Olympiade *f*
olympien(ne) [ɔlɛ̃pjɛ̃, jɛn] *adj air, regard, calme* majestätisch, olympisch *(geh); dieu* olympisch, des Olymp
olympique [ɔlɛ̃pik] *adj* olympisch; **les Jeux ~s** die Olympischen Spiele; **année/victoire ~** Olympiajahr *nt*/-sieg *m;* **stade/village ~** Olympiastadion *nt*/-dorf *nt;* **performance digne des Jeux ~s** olympiareife Leistung
OM [ɔɛm] *m abr de* **Olympic [de] Marseille** *französischer Fußballverein*
ombelle [ɔ̃bɛl] *f* Dolde *f*
ombellifère [ɔ̃belifɛʀ] *f* Doldenblütler *m*
ombilic [ɔ̃bilik] *m* Nabel *m*
ombilical(e) [ɔ̃bilikal, o] <-aux> *adj* **cordon ~** Nabelschnur *f*
omble [ɔ̃bl] *m* ZOOL Seesaibling *m*
ombrage [ɔ̃bʀaʒ] *m* ❶ *(feuillage)* Laubwerk *nt*
❷ *(ombre)* Schatten *m*
❸ ART, INFORM Schattierung *f*
▶ **porter ~ à qn** jdn in den Schatten stellen; **prendre ~ de qc** soutenu an etw *(Dat)* Anstoß nehmen
ombragé(e) [ɔ̃bʀaʒe] *adj* schattig
ombrager [ɔ̃bʀaʒe] <2a> *vt* Schatten spenden
ombrageux, -euse [ɔ̃bʀaʒø, -ʒøz] *adj* ❶ *(craintif) âne, cheval, mulet* leicht scheuend
❷ *(susceptible) caractère* schwierig; *personne* empfindlich
ombre¹ [ɔ̃bʀ] *f* ❶ *(opp: soleil)* Schatten *m;* **~ portée** [Schlag]schatten; **à l'~** im Schatten; **dans l'~ de la nuit** im Dunkel der Nacht
❷ *(silhouette)* Schatten *m;* **~s chinoises** Schattenspiel *nt*
❸ MYTH Schatten *m (geh);* **au royaume des ~s** im Reich der Schatten
❹ *(soupçon)* **l'~ d'une moustache** die leichte Spur eines Schnurrbart[e]s; **il n'y a pas l'~ d'un doute/soupçon** es gibt nicht den leisesten Zweifel/den leisesten Verdacht; **sans l'~ d'une hésitation** ohne das geringste Zögern
❺ *(menace)* **l'~ de la guerre** das Schreckgespenst des Krieg[e]s
❻ *gén pl* ART Schattierung *f*
▶ **avoir peur de son ~** Angst vor seinem eigenen Schatten haben;

il y a une ~ au tableau die Sache hat einen Nachteil; **courir après une ~** einem Schatten nachjagen; **n'être plus que l'~ de soi-même** nur noch der Schatten seiner selbst sein; **faire de l'~ à qn** jdm Schatten spenden; *fig* jdn in den Schatten stellen; **lâcher la proie pour l'~** Schimären nachjagen, statt zuzugreifen; **laisser qc dans l'~** etw im Ungewissen lassen; **mettre qn à l'~** *fam* jdn hinter Schloss und Riegel bringen; **suivre qn comme son ~** jdm wie ein Schatten folgen; **vivre dans l'~ de qn** in jds Schatten stehen; **à l'~ de qn/qc** in jds Schatten/im Schatten einer S. *(Gen); (sous la protection)* in jds Schutz/im Schutze einer S. *(Gen);* **dans l'~** im Dunkeln
◆ **~ à paupières** Lidschatten *m*
ombre² [ɔ̃bʀ] *f (terre de Sienne)* Umbra[erde *f*] *f*
ombrelle [ɔ̃bʀɛl] *f* Sonnenschirm *m*
ombrer [ɔ̃bʀe] <1> *vt* schattieren *dessin, tableau*
ombreux, -euse [ɔ̃bʀø, -øz] *adj* schattig
oméga [ɔmega] *m inv* Omega *nt*
omelette [ɔmlɛt] *f* GASTR Omelett *nt;* **~ aux champignons/au fromage** Omelett mit Pilzen/Käseomelett
▶ **on ne fait pas d'~ sans casser des œufs** *prov* wo gehobelt wird, da fallen Späne
omerta [ɔmɛʀta] *f* Omertà *f*
omettre [ɔmɛtʀ] <irr> *vt* ❶ *(négliger)* **~ de faire qc** unterlassen etw zu tun
❷ *(oublier)* **~ qn/qc** jdn/etw nicht berücksichtigen [*o* außer Acht lassen]
omission [ɔmisjɔ̃] *f* ❶ *(fait d'omettre qc) d'un mot, détail* Auslassen *nt*
❷ *(fait d'omettre de faire qc)* Unterlassen *nt*
❸ *(chose omise)* Auslassung *f*
❹ *(acte omis)* Unterlassung *f*, Versäumnis *nt;* **sauf erreur ou ~** Irrtum und Unterlassung vorbehalten; **pécher par ~** durch Unterlassung sündigen
omnibus [ɔmnibys] **I.** *m* CHEMDFER Nahverkehrszug *m*
II. *app* **train ~** Nahverkehrszug *m*
omnidirectionnel(le) [ɔmnidiʀɛksjɔnɛl] *adj* TECH **antenne ~le** Rundstrahlantenne *f;* **microphone ~** ungerichtetes Mikrofon *nt;* **radiophare ~** Rundstrahlfunkfeuer *nt*
omnipotence [ɔmnipɔtɑ̃s] *f* Allmacht *f*
omnipotent(e) [ɔmnipɔtɑ̃, ɑ̃t] *adj* allmächtig, omnipotent *(geh)*
omnipraticien(ne) [ɔmnipʀatisjɛ̃, jɛn] *m(f)* Allgemeinmediziner(in) *m(f)*
omniprésence [ɔmnipʀezɑ̃s] *f* Allgegenwart *f*
omniprésent(e) [ɔmnipʀezɑ̃, ɑ̃t] *adj* allgegenwärtig
omniscience [ɔmnisjɑ̃s] *f* Allwissenheit *f*
omniscient(e) [ɔmnisjɑ̃, jɑ̃t] *adj* allwissend
omnisports [ɔmnispɔʀ] *adj inv* für alle Sportarten; **club ~** Sportverein *m;* **salle ~** Sporthalle *f*
omnium [ɔmnjɔm] *m* ❶ SPORT Omnium *nt*
❷ COM Holding[gesellschaft *f*] *f*
omnivore [ɔmnivɔʀ] *adj* allesfressend
omoplate [ɔmɔplat] *f* Schulterblatt *nt*
omphalocèle [ɔ̃falosɛl] *m* MED Nabelbruch *m*
O.M.S. [ɔɛmɛs] *f abr de* **Organisation mondiale de la Santé** WHO *f*
on [ɔ̃] *pron pers* ❶ *(tout le monde)* man; **~ dit qu'elle a fait qc** man sagt [*o* es heißt], dass sie etw getan hat; **en France, ~ consomme beaucoup de vin** in Frankreich trinkt man viel Wein [*o* wird viel Wein getrunken]
❷ *(quelqu'un)* man, jemand; **est-ce qu'~** [*o* **que l'~**] **est venu pour faire la réparation?** ist jemand wegen der Reparatur gekommen?; **~ vous demande au téléphone** Sie werden am Telefon verlangt; **j'attends qu'~** [*o* **que l'~**] **apporte le dessert** ich warte auf das Dessert [*o* dass man mir das Dessert bringt]
❸ *fam (nous)* wir; **~ s'en va, viens!** komm, wir gehen!; **nous, ~ veut bien!** von uns aus, gern!; **~ fait ce qu'~** [*o* **que l'~**] **peut** wir tun, was wir können; **~ est tous égaux devant la loi** vor dem Gesetz sind [wir] alle gleich
❹ *fam (tu, vous)* man, du/ihr/Sie; **et ~ ne dit même pas merci!** und dann bedankt man sich nicht einmal!; **j'espère qu'~** [*o* **que l'~**] **sera bien sage** ich hoffe, dass du schön brav sein wirst/ihr schön brav sein werdet; **alors Marie, ~ s'en va déjà?** na, Marie, gehst du/gehen Sie denn schon?
❺ *fam (il/s, elle/s))* man; **qu'~** [*o* **que l'~**] **est jolie aujourd'hui!** wie hübsch sie heute ist! *(fam);* **~ ne sait rien, mais ~ parle!** keine Ahnung von nichts, aber die Klappe aufreißen! *(fam)*
❻ *(je, moi)* oui, oui, **~ va le faire!** ja, ja, ich mache das schon noch!; **~ démontrera ici que** *soutenu* hier wird der Beweis dafür angetreten, dass
onagre¹ [ɔnagʀ] *m* ZOOL, HIST Onager *m*
onagre² [ɔnagʀ] *f* BOT Nachtkerze *f*
onanisme [ɔnanism] *m* Onanie *f*
once [ɔ̃s] *f* ❶ *(très petite quantité)* **une ~ de bon sens** ein Fun-

ke *m* Verstand
② *(mesure de poids)* Unze *f;* ~ **Troy** Feinunze; **le prix d'une** ~ **Troy d'or a augmenté** der Preis für eine Feinunze Gold ist gestiegen
oncle [5kl] *m* Onkel *m;* ~ **d'Amérique** *hum* [reicher] Onkel aus Amerika *(hum);* ~ **à héritage** *hum* Erbonkel *m*
oncologie [5kɔlɔʒi] *f* Onkologie *f*
oncologiste [5kɔlɔʒist] *mf* Onkologe *m*/Onkologin *f*
onction [5ksjɔ̃] *f* ❶ REL Salbung *f*
② *littér (grande douceur) apostolique, ecclésiastique* Güte *f*
onctueusement [5ktɥøzmɑ̃] *adv* salbungsvoll
onctueux, -euse [5ktɥø, -øz] *adj* ❶ *(moelleux, lisse) potage, sauce* sämig
② *(doux au toucher)* weich; *crème* sahnig
③ *(mielleux)* einschmeichelnd, schleimig
onctuosité [5ktɥozite] *f d'une crème* sahnige Konsistenz; *d'un potage, d'une sauce* sämige Konsistenz
ondatra [5datʀa] *m* ZOOL ❶ Bisamratte *f*
② *(fourrure)* manteau d'~ Bisammantel *m*
onde [5d] *f* ❶ PHYS Welle *f;* ~ **s sonores** Schallwellen; ~ **s courtes** [*o* **petites**] Kurzwelle; ~ **s moyennes/grandes** Mittel-/Langwelle; **passer sur les** ~ **s** im Radio kommen; ~ **alpha** Alphawelle; ~ **de/du radar** Radarwelle; **émettre des** ~ **s électromagnétiques** elektromagnetische Wellen aussenden
② *littér (vague)* Welle *f*, Woge *f;* **une** ~ **brusque de rougeur inonda son visage** die Röte schoss ihm/ihr ins Gesicht; **une** ~ **de plaisir l'envahit** Freude überkommt ihn/sie; **une** ~ **de colère monta en lui** der Wut stieg in ihm auf
③ *littér (eau)* Nass *nt (geh);* **les** ~ **s** die Fluten
❹ *pl (ondulation) blé, herbe, foule* Wogen *nt*
▶ **être sur la même longueur d'** ~ **s** *fam* auf der gleichen Wellenlänge liegen *(fam)*
ondée [5de] *f* Schauer *m*
ondine [5din] *f* Meerjungfrau *f*, Undine *f*, Nixe *f*
on-dit [5di] *m inv* Gerücht *nt*
ondoiement [5dwamɑ̃] *m* ❶ *littér (ondulation)* [sanftes] Wogen
② REL Nottaufe *f*
ondoyant(e) [5dwajɑ̃, jɑ̃t] *adj* ❶ *(onduleux)* wogend; *démarche* wiegend; *flamme* züngelnd; *vêtement, cheveux* wallend
② *(sinueux) forme, courbe* weich
③ *littér (inconstant) personne* wechselhaft, wankelmütig; *caractère* unbeständig; *opinion* sich ändernd
ondoyer [5dwaje] <6> I. *vi littér (onduler) blé, herbe:* wogen; *cheveux:* wallen
II. *vt* REL nottaufen
ondulant(e) [5dylɑ̃, ɑ̃t] *adj* ❶ *(ondoyant) démarche* wiegend; *surface* wogend
② MED *pouls, fièvre* unregelmäßig
ondulation [5dylasjɔ̃] *f* ❶ *(mouvement onduleux) du blé, de la houle, des vagues* Wogen *nt*
② *(ligne sinueuse)* **les** ~ **s du terrain** die hügelige Beschaffenheit des Geländes
③ *(vagues) des cheveux* Wellen *Pl*
ondulatoire [5dylatwaʀ] *adj* wellenartig; **mouvement** ~ Wellenbewegung *f*
ondulé(e) [5dyle] *adj cheveux, surface* gewellt; *chaussée, route* uneben; **carton** ~ **/tôle** ~ **e** Wellpappe *f*/Wellblech *nt*
onduler [5dyle] <1> I. *vi* ❶ *(ondoyer) blé, houle, vague:* wogen; *serpent, troupe:* sich schlängeln
② *(être sinueux) route:* sich schlängeln; *cheveux:* sich wellen
II. *vt* ~ **ses cheveux** seine Haare ondulieren
onduleux, -euse [5dylø, -øz] *adj* ❶ *(ondoyant) démarche, mouvement* wiegend; **la surface onduleuse du lac** die wogende Oberfläche des Sees
② *(sinueux)* **le tracé** ~ **de la route** die kurvige Straßenführung; **la ligne onduleuse des collines** die wellige Hügelkette
one man show [wanmanʃo] *m inv* One-man-Show *f*, Einmannshow *f*
onéreux, -euse [5neʀø, -øz] *adj* ❶ kostspielig; *loyer, marchandise* teuer; *production, réforme* kostenaufwändig
② JUR **à titre** ~ gegen Entgelt
O.N.G. [oɛnʒe] *f abr de* **organisation non gouvernementale** NGO *f*
ongle [5gl] *m* ❶ ANAT Nagel *m;* ~ **incarné** eingewachsener Nagel; **se couper les** ~ **s des pieds et des mains** sich die Fuß- und die Fingernägel schneiden; **se faire les** ~ **s** sich die Nägel lackieren; **ciseaux/lime/vernis à** ~ **s** Nagelschere *f*/Nagelfeile *f*/Nagellack *m*
② ZOOL Kralle *f*
▶ **connaître qc jusqu'au bout des** ~ **s** etw in- und auswendig kennen; **avoir les** ~ **s en deuil** *fam* Fingernägel mit Trauerrändern haben *(fam);* **avoir les** ~ **s crochus** ein Geizhals sein
onglée [5gle] *f* klamme Finger *Pl;* **avoir l'** ~ klamme Finger haben

onglet [5glɛ] *m* ❶ GASTR hochwertiges Steakfleisch
② TECH Gehrung *f*
③ *(bande pour insérer une feuille) d'un livre, d'une reliure* Falz *m*
❹ *(encoche)* Daumenindex *m*
❺ *(entaille) d'un canif, couteau, d'une règle* Einkerbung *f*, Kerbe *f*
onguent [5gɑ̃] *m* PHARM Salbe *f*
ongulé [5gyle] *m* Huftier *nt*
ongulé(e) [5gyle] *adj* Huf-
onirique [ɔniʀik] *adj littér* Traum-
onirisme [ɔniʀism] *m* MED Traum *m*
ONISEP [ɔnisɛp] *m abr de* **Office national d'information sur les enseignements et les professions** *zentrale Informationsstelle über Berufs- und Ausbildungsmöglichkeiten*
onomastique [ɔnɔmastik] I. *adj* LING namenkundlich; **index** [*o* **table**] ~ Namenverzeichnis *nt*
II. *f* LING Namenkunde *f*, Onomastik *f (Fachspr.)*
onomatopée [ɔnɔmatɔpe] *f* LING Schallwort *nt*, lautmalendes Wort
onomatopéique [ɔnɔmatɔpeik] *adj* LING onomatopoetisch
ontogenèse [5tɔʒənɛz] *f* Ontogenese *f*
ontogénétique [5tɔʒenetik] *adj* ontogenetisch
ontogénie *v.* **ontogenèse**
ontologie [5tɔlɔʒi] *f* Ontologie *f*
ontologique [5tɔlɔʒik] *adj* ontologisch
O.N.U., Onu [ony] *f abr de* **Organisation des Nations unies** UNO *f;* **secrétaire général de l'** ~ UN-Generalsekretär *m;* **inspecteur(-trice) de l'** ~ UN-Waffeninspekteur(in) *m(f);* **mandat de l'** ~ UN-Mandat *nt;* **troupes de maintien de la paix de l'** ~ UN-Friedenstruppen *Pl;* **zone administrée par l'** ~ UN-Treuhandgebiet *nt*
onusien(ne) [ɔnyzjɛ̃, jɛn] *adj* UNO-
onycholyse [ɔnikɔliz] *f* MED Niednagel *m*
onyx [ɔniks] *m* Onyx *m*
onze [5z] I. *num* ❶ elf
② *(dans l'indication de l'âge, la durée)* **avoir/avoir bientôt** ~ **ans** elf [Jahre alt] sein/werden; **enfant de** ~ **ans** Elfjährige(r) *f(m);* **période de** ~ **ans** Zeitraum *m* von elf Jahren
③ *(dans l'indication de l'heure)* **il est** ~ **heures** es ist elf [Uhr]
❹ *(dans l'indication de la date)* **le** ~ **mars** geschrieben: **le 11 mars** der elfte März *écrit:* der 11. März
❺ *(dans l'indication de l'ordre)* **arriver** ~ **ou douzième** als Elfte(r) oder Zwölfte(r) kommen
❻ *(dans les noms de personnages)* **Louis XI** gesprochen: **Louis** ~ Ludwig XI. *oral:* Ludwig der Elfte
II. *m inv* ❶ Elf *f*
② *(numéro)* Nummer *f* elf, Elf *f*
③ TRANSP **le** ~ die Linie [*o* Nummer] elf, die Elf *(fam)*
❹ JEUX Elf *f*
❺ SCOL **avoir** ~ **[sur vingt]** ≈ eine Drei haben
❻ FBALL Elf *f*
III. *f (table, chambre... numéro onze)* Elf *f;* *v. a.* **cinq**
onzième [5zjɛm] I. *adj antéposé* elfte(r, s)
II. *mf* **le/la** ~ der/die/das Elfte
III. *m* ❶ *(fraction)* Elftel *nt*
② *(étage)* elfter Stock
③ *(arrondissement)* elftes Arrondissement; *v. a.* **cinquième**
oocyte *v.* **ovocyte**
O.P.A. [opea] *f abr de* **offre publique d'achat** öffentliches [Aktien]kaufangebot, Übernahme *f*, Take-over *m o nt*
opacification [ɔpasifikasjɔ̃] *f* MED ~ **de la cornée** Hornhauttrübung *f*
opacifier [ɔpasifje] <1a> I. *vt (rendre opaque)* trüben
II. *vpr (devenir opaque)* **s'** ~ sich trüben
opacité [ɔpasite] *f* ❶ *(opp: transparence) du verre, papier* Undurchsichtigkeit *f;* ~ **du cristallin** MED Linsentrübung *f*
② *(densité) du brouillard* Dichte *f; de l'obscurité* Undurchdringlichkeit *f*
③ *littér (hermétisme) d'un texte, d'une doctrine* Unverständlichkeit *f*
opale [ɔpal] *f* Opal *m*
opalin(e) [ɔpalɛ̃, in] *adj* opalartig
opaline [ɔpalin] *f* ❶ *(matière)* Opalglas *nt*
② *(objet)* Gegenstand *m* aus Opalglas
opaliser [ɔpalize] *vt littér* opalisieren
opaque [ɔpak] *adj* ❶ *(opp: transparent)* undurchsichtig; *bas, collants* blickdicht; **verre** ~ Milchglas *nt*
② *(dense) brouillard, fumée* dicht; *nuit, obscurité* undurchdringlich
③ *(hermétique) texte, mot* unverständlich; *personnage, être* schwer zugänglich
op'art [ɔpaʀ] *m* Op-Art *f*
OPE [opeə] *f abr de* **offre publique d'échange** öffentliches Umtauschangebot
open [ɔpɛn] I. *adj inv* ❶ *tournoi* international
② *(ouvert) billet* offen
II. *m inv* SPORT Open *nt*

OPEP [ɔpɛp] *m abr de* **Organisation des pays exportateurs de pétrole** OPEC *f*
opéra [ɔpeʀa] *m* ❶ *(œuvre lyrique)* Oper *f;* ~ **bouffe** Opera buffa *f;* ~ **filmé** Opernfilm *m;* ~ **rock** Rockoper; ~ **en quatre actes** Vierakter *m;* **pompe d'**~ opernhafter Prunk; **comme dans un** ~ opernhaft
❷ *(édifice)* Oper *f*
opéra-ballet [ɔpeʀabalɛ] <opéras-ballets> *m* Ballettoper *f*
opérable [ɔpeʀabl] *adj* operabel
opéra-comique [ɔpeʀakɔmik] <opéras-comiques> *m* komische Oper
opérande [ɔpeʀɑ̃d] *m* INFORM Operand *m;* **l'**~ **en vigueur** der aktuelle Operand
opérant(e) [ɔpeʀɑ̃, ɑ̃t] *adj* wirksam
opérateur [ɔpeʀatœʀ] *m* ❶ TECH, TELEC Techniker *m*
❷ AVIAT, NAUT Funker *m*
❸ CINE, TV Kameramann *m*
❹ FIN [Börsen]makler *m*
❺ *(standardiste)* Telefonist *m;* ~ **de saisie** Datentypist *m*
❻ INFORM, MATH *(procédé)* ~ **[de système]** Operator *m*
❼ *(société)* Betreibergesellschaft *f;* ~ **de téléphonie numérique mobile** Mobilfunkanbieter *m*
opération [ɔpeʀasjɔ̃] *f* ❶ MED Operation *f;* ~ **du nez** Nasenoperation; ~ **du cœur** Herzoperation; ~ **du rein/des reins** Nierenoperation; ~ **de l'estomac/du larynx** Magen-/Kehlkopfoperation; ~ **d'une/de la tumeur** Tumoroperation; **subir une** ~ **du cœur/de l'estomac** sich einer Herz-/Magenoperation *(Dat)* unterziehen
❷ MATH [Rechen]operation *f;* ~ **fondamentale** Grundrechenart *f,* Grundrechnungsart
❸ MIL [militärische] Operation, Unternehmen *nt*
❹ *(action organisée)* Aktion *f;* ~ **de publicité/police/sauvetage** Werbeaktion/Polizeiaktion/Rettungsaktion; **l'**~ **ville propre** die Aktion saubere Stadt
❺ COM, FIN, JUR *(transaction)* Geschäft *nt;* ~ **bancaire** Bankgeschäft; ~ **bancaire en ligne** Onlinebanking *nt;* **effectuer ses** ~ **s bancaires en ligne** seine Bankgeschäfte per Internet erledigen; ~ **s bancaires électroniques** elektronischer Zahlungsverkehr; ~ **s boursières** Börsengeschäft *f;* ~ **commerciale en nom propre** Propergeschäft *(Fachspr.);* ~ **consortiale** Konsortialgeschäft *(Fachspr.);* ~ **s courantes** Leistungsverkehr *m;* ~ **donnant, donnant** Zug-um-Zug-Geschäft *(Fachspr.);* ~ **jumelée** Kopplungsgeschäft *(Fachspr.);* ~ **liée à un ordre d'exécution** Erfüllungsgeschäft *(Fachspr.);* ~ **passée avec soi-même** Insichgeschäft *(Fachspr.);* ~ **passive** Passivgeschäft *(Fachspr.);* ~ **triangulaire** Dreiecksgeschäft *f;* ~ **à double prime** Stellage *f (Fachspr.);* ~ **à terme conditionnelle/fixe** bedingtes/festes Termingeschäft; ~ **s à terme sur l'indice du cours des actions** Termingeschäft in Aktienindices; ~ **de gestion de titres** Depotgeschäft *(Fachspr.);* ~ **s de mise en pension de la Banque centrale** Pensionsgeschäfte der Zentralbank; ~ **de placement** Anlagegeschäft *f;* **les** ~ **s de placement** das Anlagegeschäft, das Investmentgeschäft; ~ **s de ventes à découvert spéculant à la baisse** Leerverkäufe *Pl* als Baissemanöver; ~ **sur base de réciprocité** Gegenseitigkeitsgeschäft *(Fachspr.);* ~ **s sur titres** Wertpapierhandel *m;* ~ **s pour compte propre** Eigenhandel *m;* ~ **avec livraison immédiate** Effektivgeschäft *(Fachspr.);* ~ **pour livraison et règlement immédiats** Promptgeschäft *(Fachspr.)*
❻ TECH, CHIM, PHYSIOL Prozess *m*
❼ REL Wirken *nt*
❽ *(processus)* Arbeitsvorgang *m;* ~ **comptable** Buchungsvorgang
❾ INFORM Operation *f;* ~ **interdite** unzulässige Operation; ~ **de recherche** Suchlauf *m*
▶ **par l'**~ **du Saint-Esprit** durch den Heiligen Geist
◆ ~ **au comptant** FIN Spotgeschäft *nt,* Kassageschäft, Bargeschäft; ~ **à crédit** Kreditgeschäft *nt;* ~ **à la hausse** BOURSE Haussegeschäft *nt;* ~ **à prime** Prämiengeschäft *nt;* ~ **à prime simple/double** einfaches/doppeltes Prämiengeschäft; ~ **à risques** Risikogeschäft *nt;* ~ **à terme** JUR Differenzgeschäft *f,* FIN Zeitgeschäft, Zielgeschäft
◆ ~ **d'accréditif** Akkreditivverfahren *nt;* ~ **de Bourse** Börsengeschäft *nt;* ~ **de Bourse à terme** Börsentermingeschäft; ~ **de change** Valutageschäft *nt (Fachspr.);* ~ **s de clearing** Abrechnungsverkehr *m;* ~ **de compte courant** Kontokorrentgeschäft *(Fachspr.);* ~ **s de contrepartie** BOURSE Eigenhandel *m;* ~ **[s] de courtage** Brokergeschäft *nt (Fachspr.);* ~ **de couverture** JUR Deckungsgeschäft *nt;* ~ **de crédit** Kreditgeschäft *nt;* ~ **s de crédit d'une banque** Aktivgeschäft; ~ **de crédit à la consommation** Kundenkreditgeschäft *nt;* ~ **de crédit-bail** Leasinggeschäft *nt;* ~ **de déport** Deportgeschäft *nt;* ~ **de dépôt** Einlagengeschäft *nt,* Depositengeschäft *(Fachspr.);* ~ **de dépôt de titres** Verwahrungsgeschäft; ~ **d'émission** Emissionsgeschäft *nt;* ~ **d'enlèvement** JUR Abnahmegeschäft *nt;* ~ **d'épuration** Säuberungsaktion *f;* ~ **d'exportation** Ausfuhrgeschäft *nt;* ~ **de financement** Finanzierungsgeschäft *nt;* ~ **de finition** Fertigbearbeitung *f;* ~ **s d'initié[s]** Insiderhandel *m;* ~ **de leasing** Leasinggeschäft *nt;* ~ **de liquidation** JUR Abwicklungsgeschäft *nt;* ~ **de marché** Kaufgeschäft *nt;* ~ **de paiement à tempérament** Ratenzahlungsgeschäft *nt;* ~ **de prêt** Darlehensgeschäft *nt;* ~ **de prêt sur gage** Pfandgeschäft; ~ **de recouvrement** JUR Einzugsgeschäft *nt;* ~ **de remboursement** FIN Remboursgeschäft *nt (Fachspr.);* ~ **de report** Reportgeschäft *nt (Fachspr.),* Prolongationsgeschäft *(Fachspr.);* ~ **de soutien** Stützungsaktion *f;* ~ **s de soutien des cours** FIN Kursoperationen *Pl;* ~ **de spéculation** Spekulationsgeschäft *nt;* ~ **de stockage** Lagerbetrieb *m*
opérationnel(le) [ɔpeʀasjɔnɛl] *adj* ❶ *(prêt)* personne, avion einsatzfähig; *entreprise, machine* betriebsbereit, einsatzbereit
❷ MIL einsatzbereit; **base** ~ **le** Operationsbasis *f*
opératoire [ɔpeʀatwaʀ] *adj* MED *bloc, technique* Operations-; *choc, dépression, maladie* postoperativ; **risque** ~ Operationsrisiko *nt*
opératrice [ɔpeʀatʀis] *f* ❶ TECH, TELEC Technikerin *f*
❷ AVIAT, NAUT Funkerin *f*
❸ CINE, TV Kamerafrau *f*
❹ FIN [Börsen]maklerin *f*
❺ *(standardiste)* Telefonistin *f;* ~ **de saisie** Datentypistin *f*
opercule [ɔpɛʀkyl] *m* ❶ TECH [Schutz]deckel *m*
❷ ZOOL *du poisson* Kiemendeckel *m; des gastéropodes* Schalendeckel *m;* BOT Deckel *m*
opéré(e) [ɔpeʀe] *m(f)* Operierte(r) *f(m);* **les grands** ~ **s** Patienten *Pl,* die eine schwere Operation hinter sich haben
opérer [ɔpeʀe] <5> I. *vt* ❶ MED ~ **qn de qc** jdn an etw *(Dat)* operieren; **se faire** ~ **de qc** sich an etw *(Dat)* operieren lassen; **se faire** ~ **de l'estomac/d'une tumeur** sich einer Magen-/Tumoroperation unterziehen
❷ *(provoquer)* bewirken *changement, redressement, transformation*
❸ *(réaliser)* treffen *choix;* durchführen *réforme*
II. *vi* ❶ *(produire)* charme, nature, médicament: wirken; *méthode, procédé:* greifen
❷ *(procéder)* vorgehen
III. *vpr* **s'**~ ❶ *(se réaliser)* sich vollziehen
❷ MED operiert werden können
opérette [ɔpeʀɛt] *f* MUS Operette *f*
▶ **gouvernement d'**~ Marionettenregierung *f;* **héros/souverain d'**~ Operettenheld *m*/Operettenkönig *m*
ophidien [ɔfidjɛ̃] *m* **les** ~ **s** die Schlangen
ophtalmie [ɔftalmi] *f* Augenentzündung *f*
ophtalmique [ɔftalmik] *adj* Augen-; *nerf* Seh-
ophtalmo *abr de* **ophtalmologiste, ophtalmologue**
ophtalmologie [ɔftalmɔlɔʒi] *f* Augenheilkunde *f,* Ophthalmologie *f (Fachspr.)*
ophtalmologique [ɔftalmɔlɔʒik] *adj* Augen-; *recherches* der Augenheilkunde *(Gen)*
ophtalmologiste [ɔftalmɔlɔʒist] *mf,* **ophtalmologue** [ɔftalmɔlɔɡ] *mf* Augenarzt *m*/-ärztin *f,* Ophthalmologe *m*/Ophthalmologin *f (Fachspr.)*
ophtalmoscopie [ɔftalmɔskɔpi] *f* Augenspiegelung *f*
opiacé(e) [ɔpjase] *adj* opiumhaltig; **médicament** ~ Opiat *nt;* **odeur** ~ **e** Opiumgeruch *m*
opinel® [ɔpinɛl] *m* Opinel® *nt (Klappmesser)*
opiner [ɔpine] <1> *vi* ~ **à qc** einer S. *(Dat)* zustimmen; ~ **de la tête** [mit dem Kopf] zustimmend nicken
opiniâtre [ɔpinjɑtʀ] *adj* ❶ *(obstiné)* travail, efforts unermüdlich; *résistance, haine* erbittert; *personne, caractère* eigensinnig
❷ *(tenace)* fièvre, toux hartnäckig
opiniâtrement [ɔpinjɑtʀəmɑ̃] *adv travailler* hartnäckig; *lutter* verbissen
opiniâtreté [ɔpinjɑtʀəte] *f* ❶ *(persévérance)* Beharrlichkeit *f,* Hartnäckigkeit *f*
❷ *(entêtement)* Eigensinn *m*
opinion [ɔpinjɔ̃] *f* ❶ *(avis)* Meinung *f;* **avoir une** ~ **sur un sujet** zu einem Thema eine Meinung haben; **avoir la même** ~ **que qn** der gleichen Meinung wie jd sein; **changer d'**~ seine Meinung ändern; **se faire une** ~ sich eine Meinung bilden; **se ranger à une** ~ einer Meinung beipflichten
❷ *(jugement collectif)* **l'**~ **[publique]** die öffentliche Meinung; **l'**~ **française** die Öffentlichkeit in Frankreich; **sondage d'**~ Meinungsumfrage *f*
❸ *gén pl (convictions)* Anschauung *f;* politiques, religieuses Anschauung, Überzeugung *f;* **[à] chacun ses** ~ **s** jedem seine Meinung; **avoir le courage de ses** ~ **s** zu seiner Meinung stehen; **délit d'**~ staatsfeindliche Äußerung; **journal d'**~ politisch orientierte Zeitung; **liberté d'**~ Meinungsfreiheit *f*
❹ *(jugement de valeur)* **avoir une haute/bonne/mauvaise** ~ **de qn/qc** eine hohe/gute/schlechte Meinung von jdm/etw haben
opiomane [ɔpjɔman] *mf* Opiumsüchtige(r) *f(m);* **être un/une** ~ opiumsüchtig sein
opiomanie [ɔpjɔmani] *f* Opiumsucht *f*

opinion	
exprimer son opinion/point de vue	**Meinungen/Ansichten ausdrücken**
À mon avis, l'achat de machines supplémentaires n'est d'aucun intérêt.	Eine Anschaffung weiterer Maschinen ist **meines Erachtens/meiner Meinung nach** nicht sinnvoll.
Je pense/suis d'avis que chaque personne devrait recevoir un salaire minimum.	**Ich bin der Meinung/Ansicht, dass/Ich meine/denke, dass** jeder ein Mindesteinkommen erhalten sollte.
Je trouve qu'elle devrait s'excuser pour son comportement.	**Ich finde,** sie sollte sich für ihr Verhalten entschuldigen.
demander les opinions et jugements	**Meinungen erfragen, um Beurteilung bitten**
Qu'en pensez-vous?	Was meinen Sie dazu?
Que penses-tu de son nouvel ami?	Was sagst du zu/Was hältst du von ihrem neuen Freund?
Que pensez-vous de notre nouveau produit?	Wie lautet Ihr Urteil über unser neues Produkt?
Quel est votre point de vue à ce sujet?	Wie urteilen Sie darüber?
Quelle est votre opinion?	Was ist Ihre Meinung?
Tu crois que je peux sortir comme ça?	Denkst du, so kann ich gehen?
Comment devrions-nous procéder, **à votre avis**?	Wie sollten wir **Ihrer Meinung nach** vorgehen?
Est-ce que cette théorie **te dit quelque chose**?	Kannst du mit dieser Theorie **etwas anfangen**?
Est-ce que ma nouvelle couleur de cheveux **te plaît**?	**Wie gefällt dir** meine neue Haarfarbe?
Est-ce que tu trouves le jeu ennuyeux?	Findest du das Spiel langweilig?

opium [ɔpjɔm] *m* Opium *nt;* ~ **brut** Rohopium
opossum [ɔpɔsɔm] *m* Opossum *nt*
opportun(e) [ɔpɔʀtœ̃, yn] *adj démarche, intervention* passend, zweckdienlich; **en temps** ~ zu gegebener Zeit; **au moment** ~ im geeigneten Augenblick
opportunément [ɔpɔʀtynemɑ̃] *adv* im richtigen Augenblick [*o* Moment]
opportunisme [ɔpɔʀtynism] *m* Opportunismus *m*
opportuniste [ɔpɔʀtynist] **I.** *adj* opportunistisch **II.** *mf* Opportunist(in) *m(f)*
opportunité [ɔpɔʀtynite] *f* ❶ *(bien-fondé)* Zweckmäßigkeit *f* ❷ *(occasion)* günstige Gelegenheit
opposable [ɔpozabl] *adj* ❶ *(utilisable contre)* ~ **à qc** gegen etw verwendbar ❷ JUR **cette décision n'est pas** ~ gegen diese Entscheidung kann kein Einspruch erhoben werden ❸ *(qui peut être mis en face)* **être** ~ **à qc** einer S. *(Dat)* gegenübergestellt werden können
opposant(e) [ɔpozɑ̃, ɑ̃t] **I.** *adj* ❶ oppositionell ❷ JUR **partie** ~**e** gegnerische Partei **II.** *m(f)* Gegner(in) *m(f);* POL Oppositionelle(r) *f(m);* ~**(e) au régime** Regimegegner(in) *m(f);* ~**(e) aux expériences sur les animaux** Tierversuchsgegner(in); **les** ~**s à cet homme politique** die Gegner *Pl* dieses Politikers
opposé [ɔpoze] *m* Gegenteil *nt*
▶ **à l'**~ *(dans l'autre direction)* in der anderen/in die andere Richtung; *(au contraire)* im Gegenteil; **à l'**~ **de qn/qc** im Gegensatz zu jdm/etw
opposé(e) [ɔpoze] *adj* ❶ *(d'en face) équipe* gegnerisch; *parti* Gegen-; *côté* gegenüberliegend; *sens, direction* entgegengesetzt ❷ PHYS *force, pression* Gegen-; MATH *nombres* mit entgegengesetztem Vorzeichen; GEOM *angles* gegenüberliegend ❸ *(qui fait contraste) couleur* kontrastierend ❹ *(contraire) avis, opinion, intérêt* entgegengesetzt, konträr; *caractère, style, goût* grundverschieden; **point de vue** ~ Gegenposition *f*, Gegenstandpunkt *m*, Gegenpart *m;* **adopter le point de vue** ~ den Gegenstandpunkt vertreten, den Gegenpart übernehmen ❺ *(hostile)* **être** ~ **à qc** gegen etw sein; **parti** ~ **à l'intérêt des automobilistes** autofeindliche Partei; **mener une politique** ~**e à l'intérêt des automobilistes** eine autofeindliche Politik betreiben; **politique/société** ~**e aux intérêts de la famille** familienfeindliche Politik/Gesellschaft; **avoir une opinion** ~**e aux intérêts de la famille** *parti:* familienfeindlich eingestellt sein
opposer [ɔpoze] <1> **I.** *vt* ❶ *(comparer)* ~ **des personnes/des choses** Menschen/Dinge einander gegenüberstellen [*o* miteinander vergleichen]; ~ **qn et qn/qc et qc** jdn mit jdm/etw mit etw vergleichen; ~ **qn/qc à qn/qc** jdn/etw mit jdm/etw vergleichen ❷ *(séparer)* ~ **une personne à une autre** Menschen auseinanderbringen ❸ MIL **le conflit oppose les deux nations** in dem Konflikt stehen sich die beiden Nationen feindlich gegenüber ❹ SPORT **ce match oppose l'équipe X à** [*o* **et**] **l'équipe Y** in diesem Spiel trifft die Mannschaft X auf die Mannschaft Y [*o* treffen die Mannschaften X und Y aufeinander] ❺ *(répondre par)* ~ **qc à qn/qc** jdm/einer S. mit etw begegnen; ~ **un refus à qn** jdm eine Absage erteilen ❻ *(objecter)* ~ **des arguments/raisons à qn/qc** Argumente/Gründe gegen jdn/etw anführen [*o* vorbringen] **II.** *vpr* ❶ *(faire obstacle)* **s'**~ **à qn/qc** gegen etw/jdn sein ❷ *(faire contraste)* **s'**~ gänzlich verschieden sein
opposition [ɔpozisjɔ̃] *f* ❶ *(résistance)* ~ **à qc** Widerstand *m* gegen etw; **faire de l'**~ Widerspruch anmelden ❷ *(différence) des opinions, idées, caractères* Gegensätzlichkeit *f; des styles* Verschiedenartigkeit *f;* **des** ~**s d'intérêt** Interessenkonflikte *Pl;* **des** ~**s de couleurs** Farbkontraste *Pl* ❸ *(combat)* ~ **de deux adversaires** Konflikt *m* zwischen zwei Gegnern; **être/entrer en** ~ **avec qn sur un point particulier** in einem bestimmten Punkt anderer Meinung sein/zu einer anderen Meinung kommen als jd ❹ POL Opposition *f;* **être dans l'**~ in der Opposition sein; **les partis/journaux d'**~ die Oppositionsparteien/Zeitungen der Opposition; **homme/femme politique de l'**~ Oppositionspolitiker/-politikerin ❺ ASTRON Opposition *f* ❻ JUR Einspruchseinlegung *f;* **tierce** ~ Widerspruchsklage *f;* ~ **à une exécution forcée** Vollstreckungsabwehr *f;* **faire/mettre** ~ **à qc** Einspruch gegen etw erheben, Verwahrung gegen etw einlegen ▶ **faire** ~ sein Konto sperren lassen; **faire** ~ **à un paiement** ein Zahlungsverbot erlassen; **faire** ~ **à un chèque** einen Scheck sperren lassen; **en** ~ im Widerspruch; **par** ~ aus Widerspruch; **par** ~ **à qn/qc** *(contrairement)* ganz anders als jd/etw; *(par défi)* aus Opposition zu jdm/etw
oppositionnel(le) [ɔpozisjɔnɛl] *adj* oppositionell
oppressant(e) [ɔpʀesɑ̃, ɑ̃t] *adj* ❶ *(angoissant)* beklemmend, bedrückend ❷ *(suffocant) chaleur, temps* drückend
oppressé [ɔpʀese] *adj* bedrückt
oppresser [ɔpʀese] <1> *vt* ❶ *(angoisser) sentiment, souvenir, tristesse:* bedrücken ❷ *(suffoquer) chaleur, temps, vêtement:* die Luft zum Atmen nehmen
oppresseur, -euse [ɔpʀesœʀ, -øz] *m, f* Unterdrücker(in) *m(f)*
oppressif, -ive [ɔpʀesif, -iv] *adj loi, régime* repressiv; **fiscalité oppressive** drückende Steuerlast
oppression [ɔpʀesjɔ̃] *f* ❶ *(action de tyranniser)* Unterdrückung *f*, Unterdrücken *nt* ❷ *(résultat d'une tyrannisation)* Unterdrückung *f*, Knechtschaft *f* ❸ *(angoisse)* Beklemmung *f* ❹ *(suffocation)* Atembeklemmung *f*
◆ ~ **de concurrence** ECON, JUR Konkurrenzunterdrückung *f*

opprimé(e) [ɔpʀime] *m(f)* Unterdrückte(r) *f(m)*
opprimer [ɔpʀime] <1> *vt* ① *(tyranniser)* unterdrücken
② *(étouffer)* unterdrücken; ~ **les consciences/l'opinion** die Meinungsfreiheit unterdrücken/die Meinung nicht gelten lassen
opprobre [ɔpʀɔbʀ] *m littér* ① *(honte)* Schande *f;* **vivre dans l'~** in Schmach und Schande leben; **couvrir qn d'~** jdn mit Schande bedecken; **jeter l'~ sur qn** Schande über jdn bringen
② *(cause de honte)* Schandfleck *m;* **être l'~ de sa famille** das schwarze Schaf der Familie sein
optatif [ɔptatif] *m* Optativ *m*
optatif, -ive [ɔptatif, -iv] *adj* **au mode ~** im Optativ
opter [ɔpte] <1> *vi a.* JUR **pour qc** sich für etw entscheiden, etw wählen; **~ pour une nationalité** für eine Staatsangehörigkeit optieren; **~ pour des droits** Rechte optieren; **pour un terrain** auf ein Grundstück optieren
opticien(ne) [ɔptisjɛ̃, jɛn] *m(f)* Optiker(in) *m(f)*
optimal(e) [ɔptimal, o] <-aux> *adj* optimal
optimalisation [ɔptimalizasjɔ̃] *f,* **optimisation** [ɔptimizasjɔ̃] *f a.* ECON, INFORM Optimierung *f;* **~ du site** Standortoptimierung; **~ du système** Systemoptimierung
optimaliser [ɔptimalize] <1>, **optimiser** [ɔptimize] <1> *vt* optimieren
optimiseur [ɔptimizœʀ] *m* INFORM Optimierer *m;* **~ de fichiers** Dateioptimierer
optimisme [ɔptimism] *m* Optimismus *m*
optimiste [ɔptimist] **I.** *adj* optimistisch
II. *mf* Optimist(in) *m(f)*
optimum [ɔptimɔm] <*s o* optima> **I.** *adj* optimal
II. *m* Optimum *nt;* **régler la mémoire vive/le navigateur à l'~** den Arbeitsspeicher/den Browser optimal einstellen
option [ɔpsjɔ̃] *f* ① *(choix)* Wahlmöglichkeit *f,* Wahl *f;* INFORM [Aus]ahlmöglichkeit, Option *f;* **l'~ "découper et coller"** die Option "Ausschneiden und einfügen"
② SCOL *(matière à option)* Wahlfach *nt*
③ SCOL *(filière)* Zweig *m*
④ JUR *(promesse d'achat)* Vorkaufsrecht *nt;* **prendre une ~ sur un appartement/une maison** sich das Vorkaufsrecht auf eine Wohnung/ein Haus sichern
⑤ AUT *(modèle)* Ausführung *f*
⑥ AUT *(accessoire)* Sonderausstattung *f*
⑦ MIL **~ zéro** Nulllösung *f*
◆ **~ d'achat** FIN Kaufoption *f,* Call *m;* **~ d'achat de devises** Devisenkaufoption *f;* **~ du double** Kauf-Verkaufs-Option *f;* **~ de menu** INFORM Menüpunkt *m;* **~ du vendeur** Verkäuferoption *f;* **~ de vente** Verkaufsoption *f*
optionnel(le) [ɔpsjɔnɛl] *adj* ① SCOL Wahl-
② COM auf Wunsch
③ INFORM optional
optique [ɔptik] **I.** *adj* ① *axe, centre, nerf* Seh-; *verre* optisch; **angle ~** Gesichtswinkel *m,* Sehwinkel
② INFORM optisch; **disque mémoire ~** optische Speicherplatte
II. *f* ① *(science)* Optik *f;* **l'~ médicale** die medizinische Optik; **appareils/instruments d'~** optische Geräte/Instrumente
② *(lentille) d'une caméra, d'un microscope* Optik *f*
③ *(point de vue)* Sichtweise *f*
▶ **changer d'~** seine Sichtweise ändern; **dans cette ~, vu sous cette ~** so gesehen
opulence [ɔpylɑ̃s] *f* ① *(richesse)* Überfluss *m*
② *(ampleur) des formes* Üppigkeit *f*
opulent(e) [ɔpylɑ̃, ɑ̃t] *adj* ① *(très riche) personne, pays* sehr reich; *vie* luxuriös
② *(plantureux) formes, poitrine* üppig
opus [ɔpys] *m* Opus *nt*
opuscule [ɔpyskyl] *m* Heft *m*
OPV [opeve] *f abr de* **offre publique de vente** öffentliches Verkaufsangebot
or¹ [ɔʀ] **I.** *m* ① Gold *nt;* **~ blanc/jaune/rouge** Weiß-/Gelb-/Rotgold; **bague d'~** [*o* en ~] Ring *m* aus Gold, Goldring, goldener Ring; **couronne en ~** *(insigne, capsule métallique entourant une dent)* Goldkrone *f;* **prix de l'~** Goldpreis *m*
② *littér (couleur) de l'automne, des blés, du feuillage* Gold *nt*
▶ **pour tout l'~ du monde** nicht für alles Geld der Welt; **à prix d'~** sehr teuer; **le silence est d'~** Schweigen ist Gold; **l'~ blanc** der Schnee; **l'~ noir** das flüssige [*o* schwarze] Gold; **l'~ rouge** die Sonnenenergie; **tout ce qui brille n'est pas ~** *prov* es ist nicht alles Gold, was glänzt *(prov);* **être cousu(e) d'~** Geld wie Heu haben; **couvrir qn d'~** jdn mit Geld überhäufen; **parler d'~** das richtige Wort zur rechten Zeit sprechen; **rouler sur l'~** im Geld schwimmen; **en ~** *fam (très bon, idéal)* **sujet en ~** äußerst dankbares Thema; **caractère/personne en ~** gutmütiger Charakter/Mensch; **affaire en ~** glänzendes Geschäft; **rôle en ~** Bombenrolle *(fam)*
II. *app inv (couleur)* golden

② FIN, JUR *clause, étalon, valeur* Gold-
③ COM **les bijoux ~** der Goldschmuck
or² [ɔʀ] *conj* ① *(dans un syllogisme)* und da; **tous les hommes sont mortels, ~ Pierre est un homme, donc il est mortel** alle Menschen sind sterblich, und da Pierre ein Mensch ist, ist er also sterblich
② *(transition)* nun
oracle [ɔʀakl] *m* ① *(prophétie)* Weissagung *f;* HIST Orakel *nt*
② *(sage)* Autorität *f*
③ *littér (forte parole)* maßgebliche Meinung; **c'est votre ~** das ist für euch das Evangelium
orage [ɔʀaʒ] *m* ① METEO Gewitter *nt;* **pluie/vent d'~** Gewitterregen/Gewittersturm; **le temps est à l'~** es sieht nach Gewitter aus
② *(dispute)* [häusliches] Gewitter
▶ **il y a de l'~ dans l'air** *fam* es herrscht dicke Luft *(fam)*
orageux, -euse [ɔʀaʒø, -ʒøz] *adj* ① METEO gewittrig; *pluie, nuage* Gewitter-; *saison* der Gewitter *(Gen)*
② *(agité, houleux) adolescence, époque, vie* stürmisch; *discussion* heftig, hitzig
oraison [ɔʀɛzɔ̃] *f* REL ① *(lecture)* Kirchengebet *nt*
② *(méditation)* stilles Gebet
▶ **~ funèbre** Grabrede *f*
oral [ɔʀal, o] <-aux> *m* ① *(opp: écrit)* Mündliche(s) *nt*
② SCOL mündliche Prüfung
oral(e) [ɔʀal, o] <-aux> *adj* ① *(opp: écrit)* mündlich; **tradition ~e** mündlich überlieferte Tradition
② *(buccal) cavité* Mund-; **prendre par voie ~e** oral einnehmen; **rapport sexuel ~** Oralverkehr *m,* Oralsex *m (fam)*
③ PSYCH **stade ~** orale Phase
④ LING oral
oralement [ɔʀalmɑ̃] *adv* mündlich; **entrer les instructions ~** die Befehle mündlich eingeben [*o* erteilen]
orange [ɔʀɑ̃ʒ] **I.** *f* Orange *f,* Apfelsine *f;* **~ amère/sanguine** Bitterorange/Blutorange; **tarte/glace à l'~** Orangenkuchen/Orangeneis; **confiture/liqueur d'~** Orangenmarmelade/Orangenlikör
▶ **on presse l'~ et on jette le écorce** ≈ der Mohr hat seine Schuldigkeit getan, er kann gehen
II. *m* ① *(couleur)* Orange *nt*
② TRANSP Gelb *nt;* **le feu passe/est à l'~** die Ampel schaltet auf Gelb/ist gelb; **passer à l'~** bei Gelb die Ampel passieren
III. *adj inv* orange[farben]
orangé [ɔʀɑ̃ʒe] *m* Orange *nt*
orangé(e) [ɔʀɑ̃ʒe] *adj* orange *inv,* orangefarben
orangeade [ɔʀɑ̃ʒad] *f* Orangenlimonade *f*
oranger [ɔʀɑ̃ʒe] *m* Orangenbaum *m;* **fleur d'~** Orangenblüte *f;* **quand les ~s sont/étaient/... en fleurs** zur [Zeit der] Orangenblüte
orangeraie [ɔʀɑ̃ʒʀɛ] *f* Orangenplantage *f*
orangerie [ɔʀɑ̃ʒʀi] *f* Orangerie *f*
orang-outan[g] [ɔʀɑ̃utɑ̃] <orangs-outan[g]s> *m* Orang-Utan *m*
orateur, -trice [ɔʀatœʀ, -tʀis] *m, f* Redner(in) *m(f);* **principal/oratrice principale** Hauptredner(in); **liste des ~s** Rednerliste *f*
oratoire [ɔʀatwaʀ] **I.** *adj* Rede-; **ton ~** rednerischer Tonfall; **joute ~** Wortgefecht *nt*
II. *m (chapelle)* Hauskapelle *f*
oratorien [ɔʀatɔʀjɛ̃] *m* ECCL Oratorianer *m*
oratorio [ɔʀatɔʀjo] *m* Oratorium *nt*
orbital(e) [ɔʀbital, o] <-aux> *adj* orbital; *station, véhicule* Orbital-
orbite [ɔʀbit] *f* ① ANAT Augenhöhle *f*
② ASTRON Umlaufbahn *f,* Orbitalbahn; **~ de/du satellite** Satellitenbahn; **~ géostationnaire** Parkbahn; **~ lunaire** Mondbahn
③ *(sphère d'influence)* **être/emporter dans l'~ de qn** in jds Bannkreis *(Dat)* sein/in jds Bannkreis *(Akk)* ziehen
▶ **mettre qn sur ~** jdn lancieren
orbiter [ɔʀbite] <1a> *vi* ASTRON, ESPACE sich auf einer Umlaufbahn bewegen
orchestral(e) [ɔʀkɛstʀal, o] <-aux> *adj* Orchester-
orchestrateur, -trice [ɔʀkɛstʀatœʀ, -tʀis] *m, f* MUS Instrumentator(in) *m(f)*
orchestration [ɔʀkɛstʀasjɔ̃] *f* MUS Instrumentierung *f,* Orchestrierung *f*
orchestre [ɔʀkɛstʀ] *m* ① *(instrumentistes)* Orchester *nt,* Klangkörper *m (geh);* **~ à cordes** Streichorchester; **~ de cuivres** Blasorchester; **~ de jazz** Jazzband *f;* **~ de bord** Bordkapelle *f;* **~ de l'école** Schulorchester; **~ radiophonique** Rundfunkorchester; **~ de la/d'une station thermale** Kurkapelle, Kurorchester
② *(emplacement)* **fosse d'~** Orchestergraben *m*
③ THEAT, CINE *(place de devant)* [fauteuil d'] Parkettplatz *m,* Parkettsitz *m; (ensemble des places de devant)* Parkett *nt; (public assis devant)* Zuschauer *Pl* im Parkett
orchestrer [ɔʀkɛstʀe] <1> *vt* ① MUS orchestrieren
② *(organiser)* inszenieren *campagne de presse, de publicité;* organisieren *manifestation*

orchidée [ɔʀkide] *f* Orchidee *f*
orchis [ɔʀʃi] *m* BOT ~ **pourpre** Knabenkraut *nt*
ordinaire [ɔʀdinɛʀ] **I.** *adj* ❶ *(habituel) événement, fait* alltäglich; *réaction, cours, geste* üblich
❷ *(courant) produit, tissu, vin* einfach; *dépenses* ordentlich
❸ *péj (médiocre)* [ganz] gewöhnlich
▶ **ça, alors, c'est pas ~ !** *fam* das ist ein starkes Stück! *(fam)*
II. *m* ❶ *(banalité, habitude)* Alltägliche *nt*; **une intelligence au--dessus de l'~** eine überdurchschnittliche Intelligenz; **sortir de l'~** einmal etwas anderes sein; **ça change de l'~** das ist mal etwas anderes; **à l'~** wie gewohnt; **d'~** normalerweise
❷ *(menu habituel)* Alltagskost *f*
❸ *pas de pl fam (essence)* Normal *nt*
◆ **~ de la messe** Ordo missae *m*
ordinairement [ɔʀdinɛʀmɑ̃] *adv* gewöhnlich
ordinal [ɔʀdinal, o] <-aux> *m* GRAM Ordinalzahl *f*, Ordinale *f*
ordinal(e) [ɔʀdinal, o] <-aux> *adj* Ordnungs-
ordinateur [ɔʀdinatœʀ] *m* Computer *m*, Rechner *m*; **~ de réservation** Buchungscomputer; **~ analogique** Analogrechner; **~ central** Hauptrechner, Mainframe *m*; **~ parallèle** Parallelrechner; **~ personnel** PC *m*, Personal Computer; **~ portable** tragbarer Computer, Laptop *m*, Notebook *nt*; **~ spécialisé** Spezialrechner; **~ universel** Universalrechner; **mettre l'~ sous tension** [*o* **en marche**] den Computer einschalten; **éteindre l'~** den Computer ausschalten; **travailler sur ~** am Computer arbeiten; **assisté par ~** computerunterstützt
◆ **~ de bureau** Tischcomputer *m*, Arbeitsplatzrechner *m*; **~ de poche** Taschencomputer *m*, Handheld-PC *m*, Handheld *m*; **~ de poche Palm**® Palmtop® *m*; **~ de table** Desktop *m*
ordination [ɔʀdinasjɔ̃] *f* Priesterweihe *f*
ordinogramme [ɔʀdinɔgʀam] *m* Flussdiagramm *nt*
ordonnance [ɔʀdɔnɑ̃s] *f* ❶ MED Rezept *nt*, Rezeptformular *nt*; **médicament délivré sur ~** rezeptpflichtiges Medikament
❷ JUR Anordnung *f*; **~ exécutoire** sofort vollstreckbarer Beschluss; **~ judiciaire** gerichtliche Verfügung; **~ notifiant une/l'obligation de ne pas faire** Unterlassungsverfügung; **~ postérieure** nachträgliche Verfügung; **~ de comparution personnelle** Anordnung des persönlichen Erscheinens; **~ en application des pleins pouvoirs** Notverordnung *f*; **~ sur le partage des effets mobiliers des époux** Hausratsverordnung; **l'~ est/sera notifiée aux parties intéressées** der Beschluss wird den Parteien zugestellt; **annuler une ~ préalablement** eine Verfügung vorläufig aufheben; **demander une ~** eine Verfügung beantragen
❸ *(disposition) d'une phrase* Gliederung *f*; *d'un poème, tableau* Aufbau *m*; *d'une cérémonie* Verlauf *m*; *d'un appartement* Schnitt *m*; **l'~ d'un repas** die Speisenfolge
◆ **~ d'abus** Missbrauchsverfügung *f*; **~ d'accélération** Beschleunigungsbeschluss *m*; **~s d'application** Ausführungsverordnungen *Pl*; **~ d'expropriation** Enteignungsverfügung *f*; **~ des frais** Kostenentscheidung *f*; **~ de non-lieu** Einstellungsbeschluss *m*; **~ de paiement** Zahlungsanweisung *f*; **~ de saisie** Beschlagnahmebeschluss *m*, Pfändungsbeschluss, Einziehungsverfügung *f*; **~ de saisie-arrêt sur le salaire** Lohnpfändungsbeschluss *m*
ordonnancement [ɔʀdɔnɑ̃smɑ̃] *m* ❶ FIN *(mandatement)* Zahlungsanweisung *f*
❷ TECH *(suivi des commandes)* Auftragsabwicklung *f*
❸ *littér (agencement)* Verlauf *m*
ordonnancer [ɔʀdɔnɑ̃se] <2> *vt (donner l'ordre de payer)* anweisen
ordonnateur, -trice [ɔʀdɔnatœʀ, -tʀis] *m, f* ❶ *(organisateur)* Organisator(in) *m(f)*
❷ FIN Anweisungsberechtigte(r) *f(m)*
◆ **(-trice) des pompes funèbres** Leichenbestatter(in) *m(f)*
ordonné(e) [ɔʀdɔne] *adj* ❶ *(méthodique) personne* methodisch vorgehend
❷ *(qui a de l'ordre)* ordnungsliebend
❸ *(opp: confus) vie* geregelt; *maison* ordentlich; *discours* strukturiert
❹ MATH *ensemble* geordnet
❺ INFORM **non ~** *données, liste* unsortiert
ordonnée [ɔʀdɔne] *f* MATH Ordinate *f*
ordonner [ɔʀdɔne] <1> **I.** *vt* ❶ *a.* MATH *(arranger)* ordnen
❷ *a.* JUR *(commander)* **~ qc à qn** jdm etw befehlen [*o* auftragen]; **~ à qn de faire qc** jdm befehlen etw zu tun; **~ que qn fasse qc** anordnen, dass jd etw tut; **~ le huis clos** eine Sitzung unter Ausschluss der Öffentlichkeit anordnen; **~ qc par décret** etw gesetzlich verfügen; **~ qc par voie légale** etw gesetzlich verfügen
❸ MED **~ qc à qn** jdm etw verordnen
❹ REL **~ un prêtre** jdn zum Priester weihen
II. *vpr (s'organiser)* **mes idées se sont ordonnées** es kam Klarheit in meine Gedanken
ordre¹ [ɔʀdʀ] *m* ❶ *(caractère ordonné) d'une maison, pièce, personne* Ordnung *f*; **un homme d'~** ein ordnungsliebender Mensch;

avoir de l'~ Ordnung haben; **mettre sa chambre en ~** sein Zimmer aufräumen; **mettre de l'~ dans ses affaires** Ordnung in seine Sachen bringen, seine Angelegenheiten in Ordnung bringen; **en ~** in Ordnung; **tenir qc en ~** etw in Ordnung halten
❷ *(classement)* Reihenfolge *f*; **chronologique, logique** Reihenfolge, Abfolge; **~ hiérarchique** Hierarchie *f*, Rangfolge; **~ hiérarchique préférentiel** JUR Rangbestimmung *f*; **~ numérique** Zahlenfolge; **~ des inscriptions d'après leur rang** JUR Rangbestimmung eingetragener Rechte; **par ~ alphabétique** alphabetisch, in alphabetischer Reihenfolge; **tiercé dans l'~** *(aux courses hippiques)* in der richtigen Reihenfolge getippt
❸ *(genre)* Art *f*; **d'~ politique/économique** politischer/wirtschaftlicher Art
❹ *(organisation sociale)* Ordnung *f*; **~ juridique** Rechtsordnung; **~ juridique fiscal** Steuerrechtsordnung; **l'~ social/économique** die Gesellschaftsordnung/das Wirtschaftssystem; **l'~ établi** die bestehende Ordnung
❺ *(stabilité sociale)* Ordnung *f*; **faire régner l'~** für Ordnung sorgen
❻ *(norme)* bestehende Ordnung; **rappeler qn à l'~** jdn zur Ordnung rufen; **rentrer dans l'~** wieder den gewohnten Gang gehen
❼ *(association) des experts comptables, architectes* Verband *m*; **des avocats, médecins** Kammer *f*
❽ *(association honorifique)* Orden *m*
❾ BOT, ZOOL Ordnung *f*
❿ HIST Stand *m*
⓫ *(sacrement)* Weihe *f*
⓬ *(congrégation)* Orden *m*; *(communauté)* Ordensgemeinschaft *f*
⓭ ARCHIT [Säulen]ordnung *f*
⓮ JUR **~ juridique privé** Privatrechtsordnung *f*
▶ **c'est dans l'~ des choses** etw liegt in der Natur der Dinge; **un ~ de grandeur** eine Größenordnung; **dans le même ~ d'idées** in diesem Zusammenhang; **dans un autre ~ d'idées** übrigens; **mettre bon ~ à qc** etw in Ordnung bringen; **entrer dans les ~s** einem Orden beitreten; **de l'~ de** in der Größenordnung von; **de premier/deuxième/troisième ~** erstrangig/zweitrangig/drittrangig; **de premier ~** *valeurs industrielles, lettre de change* erstklassig
◆ **~ des juridictions** JUR Instanzenzug *m*; **~ de procédure** *d'une juridiction* Verfahrensordnung *f*
ordre² [ɔʀdʀ] *m* ❶ *(commandement)* Befehl *m*; **avoir l'~ de faire qc** den Befehl haben etw zu tun; **donner un ~/des ~s à qn** jdm einen Befehl/Befehle geben; **donner l'~ de faire qc** anordnen etw zu tun; **donner l'~ à qn de faire qc** jdm den Befehl geben [*o* erteilen] etw zu tun, jdm befehlen etw zu tun; **être aux ~s de qn** jdm zur Verfügung stehen [*o* zu jds Diensten]; **être sous les ~s de qn** jdm unterstellt sein; MIL unter jds Befehl *(Dat)* stehen; **à vos ~s!** zu Befehl!; **~ de départ** Startkommando *nt*
❷ *(directives)* Anordnung *f*, [An]weisung *f*; **sur ~ du médecin** auf Anordnung des Arztes
❸ COM, FIN *(commande)* Auftrag *m*, Order *f*; **~ commissionnaire** Kommissionsauftrag; **~ ferme** Festauftrag; **~ stop loss** Stop-Loss-Order *f (Fachspr.)*; **~ de vendre au mieux** Verkaufsauftrag bestens; **à ~ au lautend**; **à son propre ~** an eigene Order; **à l'~ d'un tiers** an fremde Order; **à l'~ ... et pour compte de ...** auf Order und Rechnung von ...; **par ~** im Auftrag; **sur [l']~/les ~s de qn** in jds Auftrag *(Dat)*; **sur ~ d'un tiers** im Auftrag eines Dritten
▶ **jusqu'à nouvel ~** bis auf weiteres; **à l'~ de** an die Order von
◆ **~ au mieux** Billigstauftrag *m*; ECON Bestensauftrag; **~ d'achat** Kaufauftrag *m*, Kauforder *f*; **~ d'appel** Einberufungsbescheid *m*; **~ de chargement** Verladeauftrag *m*; **~ d'écrou** Haftbefehl *m*; **~ d'expédition** Versandauftrag *m*; **~ d'expulsion** Räumungsbefehl *m*; **~ de grève** Streikaufruf *m*; **~ d'intégralité** JUR ~ Vollständigkeitsgebot *nt*; **~ du jour** ❶ *(programme)* Tagesordnung *f*, Agenda *f* (CH); **être à l'~ du jour** auf der Tagesordnung stehen; **mettre qc à l'~ du jour** etw auf die Tagesordnung setzen ❷ MIL Tagesbefehl *m*; **~ de livraison** *(directives)* Lieferanweisung *f*; *(commande)* Lieferauftrag *m*; **~ de mission** Dienstbefehl *m*; **~ d'opposition** Sperrauftrag *m*; **~ de remboursement** FIN Remboursauftrag *m (Fachspr.)*; **~ de route** Marschbefehl *m*; **~ de succession** Erbfolge *f*; **~ de succession légal** gesetzliche Erbfolge; **~ de succession anticipé** vorweggenommene Erbfolge; **~ de transport** Speditionsauftrag *m*; **~ de vente** Verkaufsauftrag *m*; **~ de virement** Giroauftrag *m*
ordure [ɔʀdyʀ] *f* ❶ *pl* Müll *m*, Abfall *m*, Abfälle *Pl*; *(objets usés)* Gerümpel *nt (pej)*; **jeter/mettre un papier/vêtement aux ~s** Papier/ein Kleidungsstück in den Müll werfen/geben; **~s ménagères** Haushaltsabfälle; **recouvrir qc d'~** etw zumüllen *(fam)*; **mettre un frigo/des meubles aux ~s** einen Kühlschrank/Möbel zum Sperrmüll geben
❷ *fam (homme)* Mistkerl *m (vulg)*; *(femme)* Miststück *nt (vulg)*
❸ *pl (propos obscènes)* Schweinereien *Pl (vulg)*

▸ se conduire comme une ~ *fam* sich wie der letzte Mensch benehmen *(fam)*

ordurier, -ière [ɔʀdyʀje, -jɛʀ] *adj* vulgär, ordinär; *propos, chanson* derb, vulgär, ordinär

orée [ɔʀe] *f d'un bois, d'une forêt* Rand *m*, Saum *m* (geh)
▸ à l'~ de qc *(au début de)* zu Beginn einer S. *(Gen)*; à l'~ de la forêt am Waldesrand [*o* Rand des Waldes], am Waldessaum [*o* Saum des Waldes] *(geh)*

oreille [ɔʀɛj] *f* ❶ ANAT Ohr *nt*; ~s décollées abstehende Ohren; ~ interne Innenohr; ~ moyenne Mittelohr

❷ *(ouïe)* Ohr *nt*, Gehör *nt*; MUS [musikalisches] Gehör; **avoir l'~ fine** *(entendre bien)* gute Ohren haben; *(percevoir les nuances)* ein feines Ohr [*o* Gehör] haben; **avoir l'~ juste** [*o* de l'~] ein musikalisches Gehör haben

❸ *(anse)* Henkel *m*

❹ *(appuie-tête)* seitliche Kopfstütze; **une bergère** [*o* **un fauteuil**] **à ~s** ein Ohrensessel *m*

▸ avoir l'~ aux aguets lauschen; avoir les ~s en feuille de chou *fam* Segelohren haben *(fam)*; n'être pas tombé(e) dans l'~ d'un sourd jdm nicht entgangen sein; *conseil, proposition:* nicht auf taube Ohren gestoßen sein; l'~ basse mit hängenden Ohren; avoir l'~ basse die Ohren hängen lassen; être dur(e) d'~ schwerhörig sein, schlecht hören; elle en a plein [*o* par-dessus] les ~s de qc *fam* sie kann es/etw nicht mehr hören, es/etw kommt ihr schon zu den Ohren raus *(fam)*; faire la sourde ~ sich taub stellen; arriver [*o* par|venir] aux ~s de qn jdm zu Ohren kommen; casser [*o* |é|chauffer] les ~s à qn jdm den [letzten] Nerv töten *(fam)*, jdn auf die Palme bringen *(fam)*, jdn nerven *(fam)*; ne pas en croire ses ~s seinen Ohren nicht trauen; dormir sur ses deux ~s ganz beruhigt sein; dresser [*o* tendre] l'~ aufhorchen, die Ohren spitzen *(fam)*; n'écouter que d'une ~ nur mit halbem Ohr zuhören [*o* hinhören]; écouter de toutes [*o* ouvrir] ses ~s die Ohren aufmachen [*o* aufsperren] *(fam)*; ne pas l'entendre de cette ~ damit nicht einverstanden sein; entrer par une ~ et ressortir par l'autre zum einen Ohr rein- und zum anderen wieder rausgehen; être tout ~s ganz Ohr sein; fermer l'~ à qc etw nicht hören wollen; prêter l'~ à qn/qc jdm gut zuhören/auf etw *(Akk)* hören; prêter une ~ attentive à qn/qc jdm aufmerksam zuhören/sich *(Dat)* etw aufmerksam anhören; prêter une ~ complaisante [*o* favorable] à qn/qc jdm/einer S. [bereitwillig] Gehör schenken, ein offenes Ohr für jdn/etw haben; rebattre les ~s à qn avec qc jdm mit etw [dauernd] in den Ohren liegen; j'ai les ~s rebattues de cette histoire ich kann die Geschichte nicht mehr hören; rougir jusqu'aux ~s bis in die Haarspitzen erröten; les ~s lui sifflent [*o* tintent] ihm/ihr klingen die Ohren; *(bourdonnent)* er/sie hat Ohrensausen; tirer l'~ [*o* les ~s] à qn *hum* jdn an den Ohren ziehen; *(gronder)* jdm die Ohren lang ziehen *(fam)*; se faire tirer l'~ sich lange bitten lassen; dire/chuchoter à l'~ de qn jdm ins Ohr flüstern; glisser [*o* parler] à l'~ de qn jdm [etwas] zuflüstern [*o* ins Ohr flüstern]; jusqu'aux ~s bis über beide Ohren

oreiller [ɔʀeje] *m* [Kopf]kissen *nt*
▸ sur l'~ *hum* im Bett; ce qu'on se dit sur l'~ das Bettgeflüster

oreillette [ɔʀɛjɛt] *f* ❶ ANAT Vorhof *m*, Vorkammer *f*
❷ COUT Ohrenschützer *m*; *d'une casquette, toque* Ohrenklappe *f*; à ~s mit Ohrenklappen

oreillons [ɔʀɛjɔ̃] *mpl* Mumps *m o f*, Ziegenpeter *m* *(fam)*, Wochentölpel *m* (DIAL)

ores [ɔʀ] ▸ d'~ et déjà schon [*o* bereits] jetzt

orfèvre [ɔʀfɛvʀ] *mf* ❶ *(artisan)* Goldschmied(in) *m(f)*
❷ *(marchand)* Juwelier(in) *m(f)*
▸ être ~ en la matière Experte *m*/Expertin *f* auf diesem Gebiet sein

orfèvrerie [ɔʀfɛvʀəʀi] *f* ❶ *(travail)* Goldschmiedehandwerk *nt*; *(art)* Goldschmiedekunst *f*
❷ *(objet)* Goldschmiedearbeit *f*
❸ *(magasin)* Juweliergeschäft *nt*, Juwelierladen *m*

orfraie [ɔʀfʀɛ] *f* Seeadler *m*

organdi [ɔʀgɑ̃di] *m* Organdy *m*

organe [ɔʀgan] *m* ❶ Organ *nt*; ~ de la digestion/respiration Verdauungs-/Atmungsorgan *nt*; ~ auditif Gehörorgan *nt*; ~s sexuels [*o* génitaux] Geschlechtsorgane, Genitalien *Pl*
❷ *(porte-parole)* Organ *nt*
❸ *(instrument)* Instrument *nt*; ~ de la puissance Machtinstrument
❹ *(voix)* Stimme *f*; *(voix puissante)* Organ *nt*, Stimme
❺ TECH Element *nt*, Teil *nt*; *d'assemblage, de transmission, mouvement*-element, -teil
❻ ADMIN Organ *nt*, Apparat *m*; les ~s directeurs [*o* dirigeants] d'un parti der Führungsapparat einer Partei
❼ JUR ~ responsable de la fixation des quotas Quotenträger *m*; ~ d'une/de l'entreprise ≈ Unternehmensträger
♦ ~ de contrôle Kontrollorgan *nt*; ~ de contrôle de la fusion Fusionskontrollorgan *nt*; ~ d'État Staatsorgan *nt*; ~ de Corti ANAT Cortiorgan *nt*; ~ d'exécution Vollstreckungsorgan *nt*

organigramme [ɔʀganigʀam] *m* ❶ ADMIN Organisationsplan *m*, Organigramm *nt*
❷ INFORM Flussdiagramm *nt*, Strukturdiagramm *nt*

organique [ɔʀganik] *adj* organisch

organiquement [ɔʀganikmɑ̃] *adv* ❶ *(quant à l'organisation)* strukturell
❷ *(dans son essence)* durch und durch

organisateur [ɔʀganizatœʀ] *m* ❶ *(d'une manifestation, d'un voyage)* Veranstalter *m*, Organisator; tes talents d'~ dein Organisationstalent
❷ INFORM Organizer *m*
♦ ~ d'événements Eventmanager *m*

organisateur, -trice [ɔʀganizatœʀ, -tʀis] *adj* organisatorisch; facultés organisatrices organisatorische Fähigkeiten *Pl*

organisation [ɔʀganizasjɔ̃] *f* ❶ *(fait d'organiser)* Organisation *f*; *d'une cérémonie* Gestaltung *f*, Organisation; *du temps* Einteilung *f*; ~ de loisirs Freizeitgestaltung *f*; ~ du travail Arbeitsorganisation *f*; ~ du/d'un poste de travail Arbeitsplatzgestaltung; ~ de la vie Lebensgestaltung; avoir une bonne ~ de son emploi du temps sich *(Dat)* seine Zeit gut einteilen; ~ de l'avenir Zukunftsgestaltung; ne penses-tu pas à l'~ de ton avenir? machst du dir keine Gedanken über deine Zukunft?
❷ *(structure)* Organisation *f*, Aufbau *m*; ~ du marché Marktorganisation; ~ commune du marché gemeinsame Marktorganisation; ~ du marché européen europäische Marktordnung; ~ des services Betriebsorganisation; ~ judiciaire JUR Gerichtsverfassung *f* *(Fachspr.)*
❸ *(groupement)* Organisation *f*; ~ charitable [*o* caritative] Hilfswerk *nt*; ~ patronale/agricole Arbeitgeber-/Bauernverband *m*; ~ syndicale Gewerkschaft *f*; ~ de consommateurs Verbraucherorganisation, Verbraucherverband *m*; ~ de producteurs Erzeugerorganisation; ~ de tourisme Tourismusunternehmen *nt*
❹ *(réseau)* Netzwerk *nt*, Netz *nt*; ~ secrète Geheimorganisation *f*; ~ terroriste Terrornetz *nt*, Terroristennetzwerk
♦ Organisation de coopération et de développement économiques Organisation *f* für wirtschaftliche Zusammenarbeit und Entwicklung; Organisation de libération de la Palestine Palästinensische Befreiungsorganisation; Organisation des Nations unies Organisation *f* der Vereinten Nationen; Organisation des Nations unies pour l'éducation, la science et la culture Organisation *f* der Vereinten Nationen für Erziehung, Wissenschaft und Kultur; Organisation des pays exportateurs de pétrole Organisation *f* der Erdöl exportierenden Länder, OPEC *f*; Organisation du traité de l'Atlantique Nord Nordatlantikpakt *m*; Organisation mondiale de la santé Weltgesundheitsorganisation *f*; Organisation de l'armée secrète OAS *f* *(militärische Organisation zur Verhinderung der Unabhängigkeit Algeriens vom französischen Mutterland)*; Organisation des Nations unies pour l'alimentation et l'agriculture (F.A.O.) Ernährungs- und Landwirtschaftsorganisation *f* der Vereinten Nationen; Organisation internationale de police criminelle Internationale kriminalpolizeiliche Organisation

organisationnel(le) [ɔʀganizasjɔnɛl] *adj* organisatorisch; structure, système Organisations-, organisatorisch

organisatrice [ɔʀganizatʀis] *f* Organisatorin *f*; *d'une manifestation, d'un voyage* Veranstalterin *f*, Organisatorin
♦ ~ d'événements Eventmanager(in) *m(f)*

organisé(e) [ɔʀganize] *adj* ❶ *(structuré)* organisiert
❷ *(méthodique)* tête methodisch; esprit, personne systematisch, methodisch; être ~ dans son travail systematisch [*o* mit Methode] arbeiten; avoir la tête ~e methodisch denken können; être bien/mal ~ gut/schlecht organisiert sein
❸ *fam* *(manifeste)* c'est du ~! das ist [reinste] Halsabschneiderei!; c'est le cirque ~ ici! hier herrscht das reinste Chaos!

organiser [ɔʀganize] <1> I. *vt* ❶ *(préparer)* organisieren; veranstalten, organisieren, ausrichten *réunion, voyage, fête*; durchführen, organisieren *campagne, opération*; anzetteln, organisieren *complot*
❷ *(planifier)* organisieren; [sich *(Dat)*] einteilen, organisieren *travail*; [sich *(Dat)*] einteilen *temps*; gestalten, organisieren, planen *loisirs, vie*
❸ *(structurer)* organisieren *armée, mouvement*; ordnen, organisieren *cadre, parti, services*
II. *vpr* s'~ ❶ *(se donner une structure) groupement social:* sich organisieren
❷ *(gérer ses activités privées/professionnelles)* sich *(Dat)* seine Zeit/Arbeit [richtig] einteilen; savoir s'~ gut organisiert sein; s'~ pour qc sich auf etw *(Akk)* vorbereiten

organisme [ɔʀganism] *m* ❶ Organismus *m*; *(corps)* Körper *m*, Organismus
❷ ADMIN, FIN, ECON Einrichtung *f*, Institution *f*; ~ collecteur de l'épargne Kapitalsammelstelle *f*; ~ professionnel Fachorgan *nt*
❸ *(ensemble organisé)* Organismus *m*, Gebilde *nt*

organiste–origine

◆ **~ de contrôle bancaire** Bankkuratorium *nt (Fachspr.)*; **~ de contrôle des banques** Bankaufsichtsbehörde *f*; **de contrôle des regroupements, fusions et absorptions** Fusionskontrollorgan *nt*; **~ de crédit** Kreditinstitut *nt*; **~ de tourisme** Touristikunternehmen *nt*

organiste [ɔʀɡanist] *mf* Organist(in) *m(f)*
orgasme [ɔʀɡasm] *m* Orgasmus *m*, [sexueller] Höhepunkt
orge [ɔʀʒ] *f* Gerste *f*; **~ d'hiver** Wintergerste
orgeat [ɔʀʒa] *m* [sirop d']**~** *mit Mandelmilch zubereiteter Sirup*
orgelet [ɔʀʒəlɛ] *m* Gerstenkorn *nt*
orgiaque [ɔʀʒjak] *adj littér* orgiastisch, zügellos
orgie [ɔʀʒi] *f* ❶ Orgie *f*, Ausschweifung *f*, Bacchanal *nt (geh)*; **se vautrer dans l'~** ein Lotterleben [*o* ein ausschweifendes Leben] führen
❷ *hum (profusion, excès) de bonbons, glaces* -orgie *f*; *de formes* Explosion *f*; **~ de couleurs** Farbenpalette *f*; **~ de fleurs** Blumenmeer *nt*; **~ de lumières** Lichtermeer *nt*

orgue [ɔʀɡ] I. *m* ❶ Orgel *f*; **~ d'église/de l'église** Kirchenorgel; **~ portatif** tragbare Orgel, Portativ *nt*; **~ électronique** Keyboard *nt*; **joueur(-euse) d'~ électronique** Keyboarder(in) *m(f)*; **tenir l'~** [die] Orgel spielen, Organist(in) sein
❷ GEOL Säulen *Pl*; **~s basaltiques** Basaltsäulen
II. *fpl* [Kirchen]orgel *f*; **grandes/petites ~s** *(instrument)* Haupt-/Chororgel; *(registre)* Hauptwerk/kleines Werk
◆ **~ de Barbarie** Drehorgel *f*, Leierkasten *m (fam)*; **~s de Staline** Stalinorgel *f*

orgueil [ɔʀɡœj] *m* ❶ Stolz *m*
❷ *(objet de fierté)* [ganzer] Stolz
❸ *(prétention)* Hochmut *m*, Überheblichkeit *f*
▶ **tirer grand ~ de qc** sehr stolz auf etw *(Akk)* sein
orgueilleusement [ɔʀɡøjøzmɑ̃] *adv* stolz
orgueilleux, -euse [ɔʀɡøjø, -jøz] I. *adj* ❶ stolz
❷ *(prétentieux)* hochmütig, stolz, überheblich
II. *m, f* überheblicher [*o* hochmütiger] [*o* eingebildeter] Mensch
orient [ɔʀjɑ̃] *m* ❶ ASTRON *littér* Osten *m*
❷ *d'une perle* Perlmuttschimmer *m*
❸ *(loge maçonnique)* Loge *f*
Orient [ɔʀjɑ̃] *m* HIST, GEOG **l'~** der Orient, das Morgenland *(veraltet)*
▶ **Grand ~** Großloge *f*
orientable [ɔʀjɑ̃tabl] *adj* verstellbar; *lampe* schwenkbar, verstellbar; *antenne, bras* beweglich, verstellbar
oriental(e) [ɔʀjɑ̃tal, o] <-aux> *adj* ❶ *(situé à l'est d'un lieu)* östlich; *côte, frontière* Ost-, östlich
❷ *(relatif à l'Orient)* orientalisch
Oriental(e) [ɔʀjɑ̃tal, o] <-aux> *m(f)* Orientale *m*/Orientalin *f*
orientalisme [ɔʀjɑ̃talism] *m* ❶ *(science)* Orientalistik *f*
❷ ART, LITTER Orientalismus *m*
orientaliste [ɔʀjɑ̃talist] I. *adj* orientalisierend
II. *mf* Orientalist(in) *m(f)*
orientation [ɔʀjɑ̃tasjɔ̃] *f* ❶ *(tendance, direction) d'une enquête, d'un établissement* Ziel[setzung *f*] *nt*; *des recherches, d'une science* Orientierung *f*, Ziel[setzung]; *d'une campagne, d'un parti politique* Richtung *f* kein *Pl*, Kurs *m* kein *Pl*, Orientierung, Ziel[setzung]; **l'~ de sa pensée** seine/ihre Denkrichtung; **les nouvelles ~s de la médecine** die neuen Zielsetzungen [in] der Medizin; **sans ~** orientierungslos
❷ PSYCH, SCOL Beratung *f*, Orientierungshilfe *f*; **classe d'~** ≈ Orientierungsstufe *f*
❸ *(position) d'une antenne, lampe* Ausrichtung *f*; *d'une maison* Orientierung *f*, Ausrichtung; *du soleil* Stand *m*; *d'un phare, de lamelles* Einstellung *f*; *d'un avion, navire* Position *f*; **changer l'~ d'une antenne** die Ausrichtung einer Antenne verstellen; **changer l'~ d'une lampe** eine Lampe anders ausrichten
◆ **~ des besoins** Bedarfslenkung *f*; **~ de la demande** Nachfragesteuerung *f*; **~ du marché** Markttrend *m*
orienté(e) [ɔʀjɑ̃te] *adj* ❶ *ouvrage* engagiert, parteilich
❷ *a.* ECON, INFORM **~ vers ...** orientiert auf ... *(+ Akk)*; **~ vers l'exportation** *secteur, pays* exportorientiert; **~ sur les besoins de l'utilisateur** *application, système d'exploitation* anwenderorientiert; **~ objets** INFORM objektorientiert; **faire la programmation ~e objets d'un logiciel** eine Software objektorientiert programmieren; **~ vers le problème** INFORM problemorientiert; **~ vers la réussite** erfolgsorientiert; **négociations ~es vers un résultat/des résultats** ergebnisorientierte Verhandlungsgespräche
orienter [ɔʀjɑ̃te] <1> I. *vt* ❶ *(diriger)* richtig halten [*o* legen] *carte, plan*; **~ une maison/un miroir vers** [*o* à] **qc** ein Haus/einen Spiegel nach etw ausrichten; **~ une antenne/un phare vers** [*o* sur] **qc** eine Antenne/einen Scheinwerfer auf etw *(Akk)* richten; **~ le bras d'une machine vers qc** den Hebel einer Maschine in Richtung auf etw *(Akk)* lenken [*o* steuern]; **une fenêtre orientée au** [*o* vers le] **nord** ein nach Norden [aus]gerichtetes Fenster
❷ *(guider)* **~ une activité/conversation vers qc** eine Tätigkeit/Unterhaltung auf etw *(Akk)* lenken; **~ ses réflexions/recherches vers qc** seinen Überlegungen/Nachforschungen *(Dat)* eine Zielrichtung geben; **~ un touriste/visiteur vers qc** einem Touristen/Besucher den Weg zu etw zeigen [*o* weisen]
❸ PSYCH, SCOL beraten
❹ MATH, GEOG mit einer Richtung versehen *droite, grandeur*; **~ une carte** auf einer Karte *(Dat)* die Himmelsrichtungen angeben; **une droite orientée** eine gerichtete Gerade
II. *vpr* ❶ *(trouver son chemin)* **s'~** sich orientieren; *fig* sich zurechtfinden, sich orientieren
❷ *(se tourner vers)* **s'~ vers qc** sich einer S. *(Dat)* zuwenden; *entreprise:* auf etw *(Akk)* umstellen, sich einer S. *(Dat)* zuwenden; *parti, société:* sich auf etw *(Akk)* zu bewegen, sich einer S. *(Dat)* zuwenden; **s'~ au nord** *vent:* nach Norden drehen
orienteur, -euse [ɔʀjɑ̃tœʀ, -øz] *m, f* Schul- und Berufsberater(in) *m(f)*
orifice [ɔʀifis] *m* Öffnung *f*; *d'une canalisation* Mündung *f*; *d'un tuyau* Loch, **~ d'un mur** Mauerloch; **~ d'un four** Ofenloch; **~ d'entrée/de sortie** Eingangs-/Ausgangsöffnung; **l'~ d'évacuation des eaux** *der Wasserabfluss*; **les ~s naturels du corps** die natürlichen Körperöffnungen; **~ d'hernie** MED Bruchpforte *f*
oriflamme [ɔʀiflam] *f* Banner *nt*; HIST Oriflamme *f*
origami [ɔʀiɡami] *m* Origami *m*
origan [ɔʀiɡɑ̃] *m* ❶ *(plante)* Dost *m*, Oreganum *nt*; *(marjolaine)* wilder Majoran
❷ *(condiment)* Origano *m*, Oregano *m*
originaire [ɔʀiʒinɛʀ] *adj* **être ~ de ...** *coutume, plat:* aus ... kommen [*o* stammen]; *personne, famille:* aus ... kommen [*o* stammen] [*o* sein]; **~ de Nancy** aus Nancy [stammend], in Nancy geboren
originairement [ɔʀiʒinɛʀmɑ̃] *adv* ursprünglich
original [ɔʀiʒinal, o] <-aux> *m* ❶ *(personne)* Original *nt (fam)*, Unikum *nt*, Sonderling *m*; **arrête de faire l'~!** fall doch nicht ständig aus der Rolle!
❷ *(exemplaire primitif) (d'une œuvre d'art)* Original *nt*; *(d'un texte)* Urschrift *f*, Original; **version en ~** urschriftliche Fassung; **renvoyer l'~ de qc** etw urschriftlich zurücksenden
❸ TYP, INFORM Originalvorlage *f*
original(e) [ɔʀiʒinal, o] <-aux> *adj* ❶ *(premier, authentique) édition, illustration, produit, titre* Original-; *texte, version* Original-, ursprünglich, Ur-; *acception* ursprünglich, Ur-; *gravure* echt, original; **l'exemplaire ~** das Original; **le document ~** die Urschrift
❷ *(inédit)* originell; *(personnel)* eigenständig, originell; *idée* eigen, originell
❸ *péj (bizarre)* originell *(fam)*, eigenartig, sonderbar
originale [ɔʀiʒinal] *f* Original *nt (fam)*, Unikum *nt*, Sonderling *m*; **arrête de faire l'~!** fall doch nicht ständig aus der Rolle!
originalement [ɔʀiʒinalmɑ̃] *adv* originell
originalité [ɔʀiʒinalite] *f* ❶ *(nouveauté)* Originalität *f*; *(personnalité)* Eigenständigkeit *f*, Originalität
❷ *(élément original)* origineller Zug; *d'une personne, œuvre* Besonderheit *f*, Eigenheit *f*, origineller Zug
❸ *péj (bizarrerie) d'une personne* Eigenartigkeit *f*, Wunderlichkeit *f*; **l'~ de tes manières** dein eigenartiges [*o* sonderbares] Benehmen
origine [ɔʀiʒin] *f* ❶ *(commencement)* Ursprung *m*; *d'un événement, mouvement* Ausgangspunkt *m*, Ursprung; **à l'~** ursprünglich; **dès l'~** [schon] von Anfang an; **dès l'~ de la crise** seit Beginn der Krise; **dès l'~ d'une maladie** gleich beim Ausbruch einer Krankheit; **ces deux mots ont une ~ commune** zwischen diesen beiden Wörtern besteht Urverwandtschaft
❷ *pl* Uranfang *m*
❸ *(cause) d'un échec* Ursache *f*; *d'une fortune, réussite, d'un succès* Grundlage *f*, Ursache; **~ de l'erreur** *a.* INFORM Fehlerursache *f*; **quelle est l'~ de ...?** woher kommt ...?
❹ *(ascendance)* Herkunft *f*, Abstammung *f* kein *Pl*
❺ *(provenance) d'un appel téléphonique, message* Herkunft *f*; *d'un produit* Ursprung *m*, Herkunft; **~ de [la] contamination** Infektionsquelle *f*
❻ MATH Ursprung *m*, Nullpunkt *m*
▶ **des ~s à nos jours** von den Anfängen bis zur Gegenwart; **avoir son ~ dans qc, tirer son ~ de qc** auf etw *(Akk)* zurückzuführen sein, seine Ursache in etw *(Dat)* haben; *coutume:* aus etw entstanden sein; **être à l'~ de qc** *personne:* im Wege geleitet haben; **être à l'~ d'un mal** *chose:* die Wurzel eines Übels sein, im Originalzustand; **appellation/certificat d'~** Herkunftsbezeichnung *f*/-angabe *f*; **d'~ animale/végétale** tierischen/pflanzlichen Ursprungs; **des protéines d'~ animale/végétale** tierisches/pflanzliches Eiweiß; **une maladie d'~ nerveuse** eine Krankheit nervösen Ursprungs; **un mot d'~ grecque** ein Wort griechischen Ursprungs [*o* aus dem Griechischen]; **un produit d'~ belge** ein Produkt aus Belgien; **elle est d'~ française** sie ist gebürtige Französin; **d'~ paysanne/noble** [von] bäuerlicher/adliger Herkunft [*o* Abstammung]; **être d'~ ouvrière** aus einer Arbeiterfamilie stammen
◆ **~ de propriété** Eigentumsnachweis *m*

originel(le) [ɔRiʒinɛl] *adj* ursprünglich; **état ~** Urzustand *m*, ursprünglicher Zustand; **sens ~** *d'un mot* Grundbedeutung *f*, eigentliche [*o* ursprüngliche] Bedeutung *f*; **péché ~** Sündenfall *m*; **tare ~ le** Geburtsfehler *m*
originellement [ɔRiʒinɛlmɑ̃] *adv* ursprünglich
orignal [ɔRiɲal, o] <-aux> *m* Elch *m*
oripeaux [ɔRipo] *mpl* ❶ [alte] Fetzen *Pl*, zerlumpte Kleidung
  ❷ *(apparence trompeuse)* Deckmantel *m*
O.R.L. [ɔɛRɛl] **I.** *mf abr de* **oto-rhino-laryngologiste** HNO-Arzt *m*/-Ärztin *f*
  II. *f abr de* **oto-rhino-laryngologie** HNO *f*
orlon® [ɔRlɔ̃] *m* TEXTIL Orlon® *nt*; **pull-over en ~** Orlon-Pullover *m*
orme [ɔRm] *m* Ulme *f*; **dépérissement des ~s** Ulmensterben *nt*
ormeau [ɔRmo] <x> *m* ❶ BOT junge Ulme
  ❷ ZOOL Seeohr *nt*
ornement [ɔRnəmɑ̃] *m* ❶ *(chose décorative)* Schmuck *m*; **arbre/plante d'~** Zierbaum *m*/-pflanze *f*
  ❷ *(décoration)* Verzierung *f*, Zierrat *m* *(geh)*, ARCHIT Ornament *nt*, Verzierung *f*, *fig* Zierde *f*; **sans ~s** schmucklos, nüchtern
  ❸ *pl (vêtement liturgique)* Ornat *m*
  ❹ MUS Verzierung *f*, Ornament *nt*; *pl* Manier *f*
ornemental(e) [ɔRnəmɑ̃tal, o] <-aux> *adj style* dekorativ; *plante* Zier-, dekorativ; **des motifs ornementaux** Ornamente *Pl*, Ziermotive *Pl*; **ne pas être très ~** nicht sehr dekorativ sein, keine große Zierde sein
ornementation [ɔRnəmɑ̃tasjɔ̃] *f* Verzierung *f*, Ausschmückung *f*; MUS Ornamentik *f*; ART Verzierung *f*, Ausschmückung *f*, Ornamentik *f*
ornementer [ɔRnəmɑ̃te] <1> *vt* schmücken, verzieren; ausschmücken *style*
orner [ɔRne] <1> **I.** *vt* ❶ *(parer)* verschönern, schmücken; dekorieren, verschönern, schmücken *appartement, balcon*; verzieren, verschönern, schmücken *façade*; ausschmücken *style, vérité*; **~ son style** in einem gefälligeren Stil schreiben
  ❷ *(servir d'ornement)* schmücken, zieren *(geh)*; **être orné(e) de qc** *objet, vêtements:* mit etw verziert sein; *mur, pièce, salle:* mit etw geschmückt sein; **des lettres ornées** Zierbuchstaben *Pl*, Initialen *Pl*
  II. *vpr* **s'~ de qc** *personne:* sich mit etw schmücken; *chose:* mit etw geschmückt sein
ornière [ɔRnjɛR] *f* Spurrille *f*
  ▶ **sortir de l'~** *(se tirer d'une situation difficile)* aus einer heiklen Situation herausfinden; *(échapper à la routine)* die ausgetretenen Pfade verlassen *(geh)*
ornithologie [ɔRnitɔlɔʒi] *f* Ornithologie *f*, Vogelkunde *f*
ornithologique [ɔRnitɔlɔʒik] *adj* ornithologisch, vogelkundlich
ornithologiste [ɔRnitɔlɔʒist] *mf* Ornithologe *m*/Ornithologin *f*, Vogelkundler(in) *m(f)*
ornithologue *v.* **ornithologiste**
ornithorynque [ɔRnitɔRɛ̃k] *m* Schnabeltier *nt*
oronge [ɔRɔ̃ʒ] *f* Blätterpilz *m*; *(amanite des Césars)* Kaiserling *m*; **fausse ~** Fliegenpilz *m*
orpailleur, -euse [ɔRpajœR, -jøz] *m, f* Goldwäscher(in) *m(f)*
Orphée [ɔRfe] *m* Orpheus *m*
orphelin(e) [ɔRfəlɛ̃, ɛn] **I.** *adj* Waisen-; *fig* équipe verwaist; **se trouver ~** Waise werden; **~ de père/mère** vaterlos/mutterlos sein; **être ~ de père/de mère** keinen Vater/keine Mutter mehr haben; **être ~ de ...** keinen/keine/kein ... mehr haben
  II. *m(f)* Waise *f*, Waisenkind *nt*; **~(e) de guerre** Kriegswaise
orphelinat [ɔRfəlina] *m* Waisenhaus *nt*
orphéon [ɔRfeɔ̃] *m* ❶ *(orchestre)* Blaskapelle *f*
  ❷ *(fanfare)* Fanfare *f*
orphique [ɔRfik] *adj* MYTH orphisch
orque [ɔRk] *m* Schwertwal *m*, Killerwal *(sl)*
ORSEC [ɔRsɛk] *f abr de* **organisation des secours** Katastropheneinsatz *m*
orteil [ɔRtɛj] *m* Zehe *f*, Zeh *m*; **gros ~** Großzehe
ORTF [ɔɛRteef] *m abr de* **office de radiodiffusion et télévision française** französische Rundfunk- und Fernsehanstalt
orthodontie [ɔRtɔdɔ̃si, ɔRtɔdɔ̃sti] *f* MED Orthodontie *f (Fachspr.)*
orthodontiste [ɔRtɔdɔ̃tist] *mf* Kieferorthopäde *m*/Kieferorthopädin *f*
orthodoxe [ɔRtɔdɔks] **I.** *adj* ❶ *(conforme à l'opinion générale) doctrine, historien* orthodox; *personne, conduite, morale* konventionell; **être assez peu ~** ziemlich unorthodox [*o* unkonventionell] sein; **il n'est pas très ~ de faire qc** es ist nicht [so] üblich etw zu tun
  ❷ REL orthodox; **~ russe** russisch-orthodox
  ❸ *(conforme au dogme) sentiment, théologie* orthodox; *doctrine* orthodox, recht
  ▶ **ne pas être/paraître très ~** nicht ganz koscher sein/scheinen *(fam)*
  II. *mf* ❶ REL *(chrétien d'une Église orientale)* Orthodoxe(r) *f(m)*,

orthodoxer Christ *m*/orthodoxe Christin *f*
  ❷ REL *(opp: hérétique)* Orthodoxe(r) *f(m)*
  ❸ *(légaliste)* Vertreter(in) *m(f)* der reinen Lehre; **les ~s du parti** die Orthodoxen in der Partei
orthodoxie [ɔRtɔdɔksi] *f* ❶ *(conformisme)* orthodoxe [*o* etablierte] Lehrmeinung *f*
  ❷ *(doctrine établie)* reine Lehre
  ❸ REL Orthodoxie *f*, orthodoxe Kirche; *(opp: hérésie)* Orthodoxie *f*, rechte Lehre
orthogénie *v.* **centre**
orthogonal(e) [ɔRtɔgɔnal, o] <-aux> *adj* orthogonal, rechtwinklig
orthographe [ɔRtɔgRaf] *f* ❶ Rechtschreibung *f*, Orthographie *f*; **d'un mot** Schreibweise *f*; **quelle est l'~ de votre nom?** wie schreibt man Ihren Namen?, wie schreibt sich Ihr Name?; **réforme de l'~** Rechtschreibreform *f*
  ❷ *(maîtrise de la graphie)* Rechtschreibkenntnisse *Pl*, Orthographiekenntnisse *Pl*; **avoir une bonne ~** gute Rechtschreibkenntnisse haben, gut in Rechtschreibung sein
  ❸ SCOL *(matière)* Rechtschreibung *f*; *(cours)* Rechtschreibunterricht *m*
  ◆ **~ d'accord** kontextabhängige Schreibung; **~ d'usage** kontextunabhängige Schreibung, normale Schreibung; **les fautes d'~ d'usage** Rechtschreibfehler
orthographier [ɔRtɔgRafje] <1a> *vt* [richtig] schreiben; **comment ce mot est-il orthographié?** wie wird dieses Wort [richtig] geschrieben?
orthographique [ɔRtɔgRafik] *adj signe* orthographisch; *règle, système* Rechtschreib-, orthographisch
orthopédie [ɔRtɔpedi] *f* Orthopädie *f*
orthopédique [ɔRtɔpedik] *adj* orthopädisch
orthopédiste [ɔRtɔpedist] *mf* Orthopäde *m*/Orthopädin *f*
orthophonie [ɔRtɔfɔni] *f* Logopädie *f*
orthophoniste [ɔRtɔfɔnist] *mf* Logopäde *m*/Logopädin *f*
orthoptiste [ɔRtɔptist] *mf* Orthoptist(in) *m(f)*; **aller voir un ~** in eine Sehschule gehen
ortie [ɔRti] *f* Brennnessel *f*
ortolan [ɔRtɔlɑ̃] *m* Ortolan *m*
orvet [ɔRvɛ] *m* Blindschleiche *f*
os [ɔs, o] <os> *m* ❶ Knochen *m*; **~ de l'avant-bras/de la jambe** Unterarm-/Unterschenkelknochen; **~ du bassin** Beckenknochen; **~ crânien** [*o* **du crâne**] Schädelknochen; **~ du nez** Nasenbein *nt*; **~ iliaque** Darmbein; **~ long** langer Knochen, Röhrenknochen; **~ pariétal/temporal** Scheitel-/Schläfenbein; **cancer des ~** Knochenkrebs *m*; **maladie des ~ de verre** Glasknochenkrankheit *f*
  ❷ *pl (ossements, restes)* Knochen *Pl*, Gebeine *Pl (geh)*
  ❸ *(matière)* Knochen *m*; **en ~** beinern, Bein-
  ▶ **ne pas faire de vieux ~** *(ne pas rester longtemps)* [bestimmt] nicht alt werden; *fam (mourir rapidement)* es nicht mehr lange machen *(fam)*; **l'avoir dans l'~** *pop* der Gelackmeierte sein *(fam)*; **il y a un ~** *fam* die Sache hat einen Haken; **donner** [*o* **jeter**] **un ~ à ronger à qn** jdn mit einem Trostpflaster abspeisen; **elle y laissera ses ~** sie wird sich *(Dat)* dabei das Genick brechen *(fam)*; **elle tombe sur un ~** *fam* ihr kommt etwas dazwischen; **jusqu'à l'~** durch und durch; **manger jusqu'à l'~** ratzekahl aufessen *(fam)*; **sucer jusqu'à l'~** bis aufs Mark aussaugen; **posséder jusqu'à l'~** mit Haut und Haaren besitzen; **jusqu'aux ~** bis auf die Knochen [*o* die Haut]; **être glacé(e) jusqu'aux ~** völlig durchgefroren sein; **ça m'a glacé(e) jusqu'aux ~** *(horrifié)* das hat mich bis ins Mark erschüttert
  ◆ **~ à moelle** Markknochen *m*; **~ de seiche** Schulp *m*
O.S. *abr de* **ouvrier spécialisé**
oscar [ɔskaR] *m* ❶ **~ de qc** Oscar *m* für etw
  ❷ *(récompense)* **~ de qc** Preis *m* für etw, Auszeichnung *f* für etw; **les ~s de la chanson** die Preise [*o* Auszeichnungen] für die besten Schlager
OSCE [ɔɛsseə] *f abr de* **Organisation pour la Sécurité et la Coopération en Europe** OSZE *f*
oscillant(e) [ɔsilɑ̃, ɑ̃t] *adj* schwankend, schwingend; PHYS oszillierend; **fièvre ~e** stark schwankendes Fieber
oscillateur [ɔsilatœR] *m* PHYS Oszillator *m*
oscillation [ɔsilasjɔ̃] *f* ❶ Schwankung *f*; **d'un navire** Schwanken *nt* kein *Pl*; **de la température, tension artérielle, des cours** -schwankung; **~s des valeurs de Bourse** [Kurs]schwankungen *Pl*; **les ~s de l'opinion publique** die Wechselhaftigkeit [*o* das ständige Auf und Ab] der öffentlichen Meinung
  ❷ ELEC Schwingung *f*, Oszillation *f (Fachspr.)*; PHYS Schwingen *nt*, Schwingung, Oszillation *f*
oscillatoire [ɔsilatwaR] *adj* PHYS, ELEC *amplitude* Schwingungs-; *phénomène, vibration* oszillatorisch, Schwingungs-; **un mouvement ~** eine Oszillation, ein Oszillieren *nt*
osciller [ɔsile] <1> *vi* ❶ [hin und her] wanken; *personne:* [hin und her] schwanken [*o* wanken]; *tête:* [hin und her] wackeln [*o* wanken];

oscillogramme–**où**

flamme: flackern; *pendule:* [hin und her] schwingen; ~ **sur ses pieds** von einem Fuß auf den anderen treten; **faire ~ un vase/pendule** ein Gefäß ins Wanken/ein Pendel zum Schwingen bringen; **faire ~ une flamme** eine Flamme flackern lassen

② *(hésiter, varier)* ~ **entre qc et qc** [*o* **de qc à qc**] *personne:* zwischen etw und etw schwanken; *chose:* zwischen etw und etw hin und her pendeln [*o* schwanken]

oscillogramme [ɔsilɔgram] *m* TECH, MED Oszillogramm *nt*
oscillographe [ɔsilɔgraf] *m* Oszillograph *m*
oscillographie [ɔsilɔgrafi] *f* PHYS, MED Oszillographie *f*
osé(e) [oze] *adj* ① *(téméraire)* kühn; *démarche, entreprise, expédition* waghalsig, gewagt, kühn
② *(choquant)* gewagt
oseille [ozεj] *f* ① Sauerampfer *m*
② *fam (argent)* Knete *f (fam)*; **avoir de l'~** Kohle haben *(fam)*; **gagner un peu d'~** ein paar Kröten verdienen *(fam)*
oser [oze] <1> I. *vt* ① wagen, sich [ge]trauen; ~ **traverser la rue** sich über die Straße herübertrauen; ~ **monter** sich hinaufwagen; **je n'ose penser ce qui serait arrivé si ...** nicht auszudenken, was passiert wäre, wenn ...
② *(se permettre de)* **j'ose espérer que ...** ich wage zu hoffen, dass ...; **si j'ose dire** [*o* **m'exprimer ainsi**] wenn ich so sagen darf
II. *vi* es wagen, sich [ge]trauen
oseraie [ozʀε] *f* Weidenanlage [*o* -pflanzung] *f*
osier [ozje] *m* ① Weidenrute *f* [*o* -gerte *f*]; **en** [*o* **d'**]**~** aus [Korb]weide; **panier en ~** Weidenkorb *m;* **meubles en ~** Korbmöbel *Pl*
② *(arbre)* Weide *f,* Weidenbaum *m*
Oslo [ɔslo] Oslo *nt*
osmium [ɔsmjɔm] *m* Osmium *nt*
osmose [ɔsmoz] *f* ① Osmose *f*
② *(interpénétration)* Osmose *f*, [gegenseitige] Durchdringung; *(entre des institutions)* Verflechtung *f,* Osmose *f*; *(entre des personnes, civilisations)* Osmose *f*, [gegenseitige] Übereinstimmung
osmotique [ɔsmɔtik] *adj* CHIM osmotisch; **la pression ~** der osmotische Druck
ossature [ɔsatyʀ] *f* ① Knochen *Pl*, Knochengerüst *nt;* **une ~ grêle/robuste** ein zarter/robuster Knochenbau; **l'~ de la tête** die Schädelform
② *(charpente)* d'un bateau Gerippe *nt;* d'un immeuble, monument Skelett *nt,* tragende Teile *Pl,* Gerippe; *d'un appareil* Konstruktion *f,* tragende Teile *Pl*; **être doté(e) d'une solide ~** *machine:* stabil [gebaut] sein
③ *(éléments constitutifs)* Gerüst *nt; d'une société* Grundpfeiler *Pl; d'un discours, texte* Gliederung *f*
osselet [ɔslε] *m* ① *pl* JEUX Geschicklichkeitsspiel mit [Plastik]knöchelchen
② ANAT Knöchelchen *nt;* **les ~s de l'oreille** die Gehörknöchelchen
ossements [ɔsmɑ̃] *mpl* Gebeine *Pl,* Knochen *Pl*
osseux, -euse [ɔsø, -øz] *adj* ① Knochen- *m;* **maladie osseuse** [*o* **des os**] Knochenkrankheit *f*
② *(maigre) corps, main* knochig, hager
ossification [ɔsifikasjɔ̃] *f* Ossifikation *f (Fachspr.);* ANAT Knochenbildung *f;* MED Verknöcherung *f,* Ossifikation *f*
ossifier [ɔsifje] <1a> *vpr* **s'~** verknöchern, ossifizieren *(Fachspr.)*
ossuaire [ɔsɥεʀ] *m* ① *(tas d'ossements)* Knochenhaufen *m,* Ansammlung *f* von Gebeinen
② *(catacombes)* Beinhaus *nt,* Oss[u]arium *nt (Fachspr.)*
ostéite [ɔsteit] *f* MED Knochenentzündung *f,* Ostitis *f (Fachspr.)*
ostensible [ɔstɑ̃sibl] *adj mépris* offensichtlich, offenkundig; *geste* deutlich sichtbar, betont, ostentativ *(geh);* **d'une manière** [*o* **de façon**]**~** offensichtlich; *(pour se faire remarquer)* auffällig
ostensiblement [ɔstɑ̃siblǝmɑ̃] *adv* deutlich sichtbar, betont, ostentativ *(geh);* **manifester** offensichtlich, deutlich
ostensoir [ɔstɑ̃swaʀ] *m* Monstranz *f*
ostentation [ɔstɑ̃tasjɔ̃] *f* ① *(affectation)* Großspurigkeit *f;* **sans ~** bescheiden
② *(étalage indiscret)* Zurschaustellung *f; de générosité, charité* Zurschaustellen *nt;* **avec ~** ostentativ, deutlich sichtbar; **élégance/courage sans ~** Eleganz/Mut ohne Effekthascherei; **faire ~ de qc** etw zur Schau stellen; **mettre de l'~ dans qc** mit etw auf Wirkung bedacht sein
ostentatoire [ɔstɑ̃tatwaʀ] *adj* zur Schau gestellt, ostentativ *(geh),* betont auffällig
ostéoblaste [ɔsteɔblast] *m* BIO Osteoblast *m*
ostéogenèse [ɔsteoʒǝnεz] *f* MED Verknöcherung *f;* **~ imparfaite** Glasknochenkrankheit *f*
ostéopathe [ɔsteɔpat] *mf* Chiropraktiker(in) *m(f)*
ostéoporose [ɔsteɔpɔʀoz] *f* Knochenschwund *m,* Osteoporose *f*
ostracisme [ɔstʀasism] *m* ① Ächtung *f,* Bann *m (geh);* **subir un ~ de la part de qn, connaître l'~ de qn** von jdm geächtet werden
② HIST Scherbengericht *nt,* Ostrazismus *m*

ostréiculteur, -trice [ɔstʀeikyltœʀ, -tʀis] *m, f* Austernzüchter(in) *m(f)*
ostréiculture [ɔstʀeikyltyʀ] *f* Austernzucht *f*
ostrogoth(e) [ɔstʀɔgo, ɔt] I. *adj* HIST ostgotisch; *royaume* Ostgotenten-
II. *m(f)* ① *vieilli (rustre)* Hinterwäldler(in) *m(f)*
② *(zigoto)* komischer Kauz
Ostrogoth(e) [ɔstʀɔgo, ɔt] *m(f)* HIST Ostgote *m*/Ostgotin *f*
otage [ɔtaʒ] *m* Geisel *f;* **être l'~ d'une grève** Geisel [*o* das Faustpfand] eines Streiks sein; **prendre/retenir qn en ~** jdn als Geisel nehmen/halten
O.T.A.N. [ɔtɑ̃] *f abr de* Organisation du traité de l'Atlantique Nord NATO *f;* **État de l'~** Natostaat *m;* **double décision de l'~** HIST Nato-Doppelbeschluss *m*
otarie [ɔtaʀi] *f* Ohrenrobbe *f*
◆ **~ à crinière** Seelöwe *m*
ôter [ote] <1> I. *vt* ① *(retirer)* entfernen; ausziehen *vêtement, gants;* abnehmen *chapeau;* ~ **un vase de la table** eine Vase vom Tisch entfernen; **ôte les assiettes de la table** räum den Tisch ab; ~ **le pied de la pédale** den Fuß vom Pedal nehmen; **ôte tes mains de tes poches** nimm die Hände aus den Taschen; **ôte tes doigts!** Finger weg!; ~ **un ornement du sapin** Baumschmuck abnehmen; ~ **un noyau d'une cerise** einen Kern aus einer Kirsche entfernen; **comment ~ cette tache de la chemise?** wie bekomme ich den Fleck aus dem Hemd?
② *(faire disparaître)* beseitigen *goût, odeur, scrupules, remords;* ~ **l'amertume des endives** dem Chicorée [*o* Schikoree] die Bitterkeit nehmen
③ *(débarrasser)* abnehmen *menottes, pansements; (prendre)* wegnehmen *objet;* nehmen *envie, illusion;* **on a ôté l'enfant à sa mère** man hat der Mutter das Kind weggenommen; **Dieu l'a ôtée à notre affection** Gott hat sie von uns genommen; **cela n'ôte rien à tes mérites** das schmälert deine Verdienste nicht
④ *(retrancher)* ~ **les verres cassés d'un service** die kaputten Gläser aus dem Service entfernen; ~ **un paragraphe d'un article** einen Abschnitt aus einem Artikel streichen [*o* entfernen]; ~ **un nom d'une liste** einen Namen von einer Liste streichen; ~ **une commission d'une somme** eine Bestellung von einer Summe abziehen [*o* subtrahieren]; **4 ôté de 9 égale 5** 4 von 9 abgezogen [*o* subtrahiert] macht [*o* ergibt] 5, 9 weniger 4 macht 5 *(fam)*
II. *vpr* ① *(s'écarter)* **s'~** sich entfernen *(geh),* weggehen; **ôtez-vous!** entfernen Sie sich! *(geh),* gehen Sie weg!
② *(s'enlever)* **s'~ de qc** sich aus etw entfernen lassen; *tache:* aus etw herausgehen, sich aus etw entfernen lassen; *rideau:* sich abmachen lassen, sich von etw abnehmen lassen
▶ **ôte-toi de là que je m'y mette!** *hum fam* Platz da, jetzt komm ich!
otite [ɔtit] *f* Ohr[en]entzündung *f,* Otitis *f (Fachspr.)*
otolithe [ɔtɔlit] *m* ANAT Otolith *m (Fachspr.)*
oto-rhino [ɔtɔʀino] <oto-rhinos> *mf abr de* **oto-rhino-laryngologiste** HNO-Arzt *m*/-Ärztin *f*
oto-rhino-laryngologie [ɔtɔʀinolaʀε̃gɔlɔʒi] *f* Hals-Nasen-Ohren-Heilkunde *f* **oto-rhino-laryngologiste** [ɔtɔʀinolaʀε̃gɔlɔʒist] <oto-rhino-laryngologistes> *mf* Hals-Nasen-Ohren-Arzt *m*/-Ärztin *f*
ottoman [ɔtɔmɑ̃] *m (étoffe)* Ottoman *m*
ottoman(e) [ɔtɔmɑ̃, an] *adj* osmanisch; **l'Empire ~** das Osmanische Reich; **être ~(e)** Osmane/Osmanin sein, Ottomane/Ottomanin sein
Ottoman(e) [ɔtɔmɑ̃, an] *m(f)* Osmane *m*/Osmanin *f,* Ottomane *m*/Ottomanin *f*
ottomane [ɔtɔman] *f (siège)* Ottomane *f*
ou [u] *conj* ① *(alternative)* ~ **bien** oder; **ton père ~ ta mère** [entweder] dein Vater oder deine Mutter, dein Vater oder auch deine Mutter; **c'est l'un ~ l'autre** entweder, oder; ~ **bien ... ~ bien ...** entweder ... oder ...
② *(sinon)* [alors] oder, sonst; **tu m'écoutes, ~ alors tu prends la porte** [entweder] du hörst mir jetzt zu[,] oder [aber] du verschwindest; du hörst mir jetzt zu, sonst kannst du verschwinden
③ *(en d'autres termes)* oder [auch]
④ *(approximation)* oder, bis
où [u] I. *pron* ① *(spatial sans déplacement)* wo; *(dans lequel)* in dem/der, wo; *(sur lequel)* worauf, auf dem/der, wo; **là ~** da, wo
② *(spatial avec déplacement)* wohin; *(dans lequel)* wohin, in die/das, wohin; *(sur lequel)* auf die/das; **je le suis partout ~ il va** ich folge ihm überallhin; **d'~** woher; *(duquel)* aus dem/der; **d'~ il était, il ne voyait rien** von seinem Platz aus konnte er nichts sehen; **jusqu'~** bis wohin; *(jusqu'auquel)* bis zu dem/der, bis wohin; **par ~** durch den/die/das; **le chemin par ~ nous sommes passés** der Weg, den wir genommen haben
③ *(temporel)* als, wo *(fam);* **jour, matin, soir** an dem, als, wo *(fam);* **moment** in dem, als, wo *(fam);* **année, siècle** in dem
④ *(abstrait)* **à l'allure ~ il va** bei seinem Tempo; **dans l'état ~ tu**

es in deinem Zustand; **au prix ~ j'ai acheté cet appareil** zu dem Preis, zu dem ich diesen Apparat gekauft habe; **dans l'obligation ~ j'étais de partir** da ich [derart] gezwungen war zu gehen
II. *adv interrog* ❶ *(spatial sans déplacement)* wo; **~ s'arrêter?** wo muss man aufhören?; **je ne sais pas ~ passer la nuit** ich weiß nicht, wo ich die Nacht verbringen soll
❷ *(spatial avec déplacement)* wohin; **~ aller?** wohin soll ich/sie gehen?, wo soll ich/sie hingehen?; **d'~ êtes-vous?** woher sind [o kommen] Sie?, wo kommen Sie her?; **jusqu'~** bis wo[hin]; *a. fig* wie weit; **par ~** auf welchem Weg, wie; *fig* wodurch; **par ~ êtes-vous passé pour venir jusqu'ici?** wie haben Sie hier hergefunden?
❸ *(abstrait)* **~ en étais-je?** wo war ich [stehen geblieben]?; **~ voulez-vous en venir?** worauf wollen Sie hinaus?
III. *adv indéf* ❶ *(là où)* wo; *aller* wohin; **~ tu iras, j'irai** wohin du gehst, dahin werde auch ich gehen; **~ les choses se gâtent, c'est lorsque ...** es wird dann schlimm, wenn ...; **~ que nous soyons** wo wir auch [immer] sind [o sein mögen]; **par ~ que vous passiez** auf welchem Weg Sie es auch [immer] versuchen
❷ *(de là)* **d'~ ton silence/mon étonnement** daher dein Schweigen/mein Erstaunen, deshalb schweigst du/bin ich so erstaunt; **d'~ l'on peut conclure que ...** woraus man schließen kann, dass ...; **d'~ que vienne le vent** woher auch immer der Wind weht
O.U.A. [oya] *f abr de* **Organisation de l'unité africaine** O.A.U. *f*
ouah [wa] *interj* ❶ *(cri du chien)* wau
❷ *(exprime l'admiration)* **~!** o ja!; *(joie)* juhu!, o ja!
ouailles [waj] *fpl* ❶ *hum (disciples)* Jünger *Pl*, Herde *f kein Pl*
❷ *(fidèles)* Schafe *Pl*, Herde *f kein Pl*
ouais [ˈwɛ] *adv fam* ❶ *(oui)* mhm *(fam)*
❷ *(sceptique)* soso
❸ *(hourra!)* **~!** juhu!, hurra!
ouananiche [wananiʃ] *f* ZOOL CAN *(saumon d'eau douce)* Süßwasserlachs *m*
ouaouaron [wawaʀɔ̃] *m* Ochsenfrosch *m*
ouate [wat] *f* ❶ **~ [hydrophile]** Watte *f*
❷ TEXTIL Wattierung *f*; **doublé(e) de ~** wattiert
▶ **être élevé(e) dans la ~** verhätschelt werden
ouaté(e) [wate] *adj bruit, pas* gedämpft; *atmosphère* behaglich, wohlig; **les bruits nous arrivent ~s** wir hören die Geräusche nur gedämpft [o wie durch Watte]
ouater [wate] <1> *vt* ❶ wattieren
❷ *poét (duveter) brouillard:* einhüllen, in Watte hüllen; *neige:* [wie mit Watte] bedecken
ouatiner [watine] <1> *vt* wattieren
oubli [ubli] *m* ❶ *(perte du souvenir)* Vergessen *nt; d'un détail* Auslassung *f*, Vergessen *nt;* **chercher l'~ de ses soucis dans l'alcool** versuchen, mit Hilfe von Alkohol seine Sorgen zu vergessen; **mourir dans l'~** von allen vergessen sterben; **tirer qn/qc de l'~** jdn/ etw wieder in Erinnerung bringen [o aus der Versenkung holen *fam*] [o der Vergessenheit entreißen *geh*]
❷ *(étourderie)* Nachlässigkeit *f*, Versäumnis *nt; d'une personne* Vergesslichkeit *f;* **réparer un ~** ein Versäumnis nachholen; **par ~** aus [reiner] Vergesslichkeit
❸ *(lacune)* Lücke *f*
❹ *(manquement à) du devoir filial* Vernachlässigung *f; d'une promesse, règle* Nichteinhaltung *f*; **~ du devoir** Pflichtvergessenheit *f*
❺ *(détachement volontaire)* **~ des choses terrestres** Abkehr *f* von irdischen Dingen; **l'~ de soi-même** die Selbstverleugnung
❻ *(pardon) des injures, offenses* Vergebung *f*
oublié(e) [ublije] *m(f)* ▶ **le/la grand(e) ~(e) de qc** das Stiefkind einer S. *(Gen)*
oublier [ublije] <1a> **I.** *vt* ❶ vergessen; **n'oublie pas que** vergiss nicht [o denk daran], dass; **faire ~ qc à qn** *chose:* jdn etw vergessen lassen; *personne:* jdn etw vergessen lassen, jdn dazu bringen etw zu vergessen, jdn von etw abbringen; **vouloir faire ~ que ...** vergessen machen wollen, dass ...; **qc ne doit pas faire ~ que ...** über etw *(Dat)* darf man nicht vergessen, dass ...; **être oublié(e) par qn** von jdm vergessen werden; *personne, événement:* bei jdm in Vergessenheit geraten; **les entreprises n'ont pas été oubliées par cette réforme** die Unternehmen sind bei dieser Reform nicht übergangen worden
❷ *(négliger)* vergessen; vernachlässigen, vergessen *personne;* **se sentir oublié(e)** sich im Stich gelassen fühlen; **n'oubliez pas le guide** Sie auch an [ein Trinkgeld für] den Führer; **il ne faudrait pas ~ que** man sollte berücksichtigen [o nicht vergessen], dass; **sans ~ le patron/les accessoires** und auch [o sowie] der Chef/das Zubehör
❸ *(omettre)* vergessen; auslassen, vergessen *mot, phrase, virgule; (volontairement)* übergehen, vergessen *personne;* **avoir oublié qn dans son testament** jdn in seinem Testament übergangen haben; **n'oublie pas de faire qc** vergiss nicht [o denk daran] etw zu tun;

il a oublié d'être à l'heure er ist [auch] nicht gerade pünktlich
❹ *(évacuer de son esprit)* vergessen; vergeben, vergessen *affront, injure;* aus seinem Gedächtnis streichen, vergessen *passé, personne, querelle*
❺ *(manquer à)* vergessen; nicht halten *promesse;* **~ un devoir/ une obligation** einer Aufgabe/Verpflichtung *(Dat)* nicht nachkommen
❻ *(laisser par inadvertance)* vergessen; liegen/hängen/stehen lassen, vergessen *objets*
▶ **se faire ~** sich zurückhalten, sich im Hintergrund halten
II. *vi* vergessen
III. *vpr* ❶ *(sortir de l'esprit)* **qn/qc s'oublie** man vergisst jdn/etw
❷ *(ne pas penser à soi)* **s'~** nicht an sich [selbst] denken, sich selbst vergessen; **ne pas s'~** auch an sich denken
❸ *(se laisser aller)* **s'~** sich vergessen, die Beherrschung verlieren; **s'~ à faire qc** sich dazu hinreißen lassen, etw zu tun
❹ *(faire ses besoins)* **s'~** *personne:* sein Geschäft machen *(fam); animal:* sein Geschäft verrichten
oubliette [ublijɛt] *f* ❶ *pl (placard)* Versenkung *f;* **jeter** [o **mettre**] **qc aux ~s** etw in der Versenkung verschwinden lassen *(fam);* **ressortir qc des ~s** etw aus der Versenkung holen *(fam)*
❷ *pl (cachot)* Verlies *nt*
❸ *(fosse)* Fallgrube *f*
oublieux, -euse [ublijø, -jøz] *adj soutenu (par inadvertance)* **être ~(-euse) de ses obligations** nachlässig sein, was die eigenen Verpflichtungen anbelangt; **être ~(-euse) de la bienséance** jeglichen Anstand vermissen lassen; **être ~(-euse) des services rendus/du passé** *(délibérément)* erwiesene Dienste/Vergangenes vergessen haben
ouèbe [wɛb] *m fam* Internet *nt*
oued [wɛd] *m* Wadi *nt*
ouest [wɛst] **I.** *m* Westen *m;* **l'~** der Westen; **l'~ de la France** Westfrankreich *nt;* **à** [o **dans**] **l'~** in den/im Westen; **à** [o **vers**] **l'~** nach Westen, in westliche Richtung; **à l'~ de qc** westlich von etw; **vent d'~** Westwind; **les régions de l'~** die Gebiete im Westen, der Westen
II. *adj inv* West-; *banlieue, longitude, partie* westlich
Ouest [wɛst] *m* Westen *m;* **l'~** der Westen; **les pays de l'~** die westlichen Staaten; **les gens de l'~** die Leute aus dem Westen; **l'autoroute de l'~** die Autobahn nach Westen; **le conflit entre l'Est et l'~** der Konflikt zwischen Ost und West, der Ost-West-Konflikt; **passer à l'~** sich in den Westen absetzen, in den Westen fliehen
ouest-allemand(e) [wɛstalmɑ̃, ɑ̃d] <ouest-allemands> *adj* westdeutsch
ouest-est [wɛstɛst] *adj direction* westöstlich **ouest-nord-ouest** [wɛstnɔʀwɛst] *m* Westnordwesten *m*, Westnordwest *m (Fachspr.)* **ouest-sud-ouest** [wɛstsydwɛst] *m* Westsüdwesten *m*, Westsüdwest *m (Fachspr.)*
ouf[1] [ˈuf] **I.** *interj* uff; **faire ~** aufatmen; **ne même plus arriver à faire ~** nicht einmal mehr dazu kommen, Luft zu holen
II. *m inv (cri de soulagement)* Seufzer *m* [der Erleichterung]
ouf[2] [ˈuf] *adj inv fam (fou)* gaga *(fam)*
oui [ˈwi] **I.** *adv* ❶ *(opp: non)* ja; **~ ou non?** ja oder nein?, oder nicht?; **répondre par ~ ou par non** mit einem klaren Ja oder Nein [o mit ja oder nein] antworten; **ceux qui disent ~** die, die ja sagen
❷ *(intensif)* ja [,wirklich]; **ah ~?** *fam* ach [o ah] ja?, [ach] tatsächlich?; **ah** [o **ça**] **~, alors!** oh ja, das kann man wohl sagen!; **hé ~!** jaja!, leider ja!; **mais ~!** *fam* aber ja!, aber sicher!, na klar!; **~ mais ...** ja, aber ...; **~ ou merde?** *fam* oder was ist? *(fam)*, ja oder nein?; **alors, tu arrives, ~?** *fam* kommst du jetzt endlich?; **que ~!** *fam* na klar!, ganz bestimmt!
❸ *(substitut d'une proposition)* **croire/espérer/penser que ~** schon glauben/hoffen/denken; **craindre/dire/prétendre que ~** es befürchten/sagen/behaupten; **faire signe que ~** es bestätigen; *(de la tête)* nicken; **je dirais que ~** ich würde [schon] ja sagen
II. *m inv* ❶ *(approbation)* Ja *nt;* **~ à qn/qc** Ja zu jdm/etw
❷ *(suffrage)* Jastimme *f*
▶ **pour un ~** [**ou**] **pour un non** wegen jeder Kleinigkeit, wegen nichts und wieder nichts
ouï-dire [ˈwidiʀ] *m inv* Gerücht *nt*
▶ **apprendre par ~** gerücht[e]weise erfahren; **savoir/connaître par ~** vom Hörensagen wissen/kennen
ouïe[1] [wi] *f* ❶ Gehör *nt;* **avoir l'~ fine** ein feines [o gutes] Gehör haben, gut hören; **le sens de l'~** der Gehörsinn, das Gehör; **troubles de l'~** Hörstörung *f*
❷ ZOOL Kieme *f*
❸ *du violon* Schallloch *nt*
▶ **être tout ~** ganz Ohr sein
ouïe[2] [ˈuj], **ouille** [ˈuj] *interj* au[a], autsch
ouïr [wiʀ] <*irr, déf*> *vt vieilli* hören; JUR anhören; **avoir ouï dire que qn a fait qc** [gerüchtweise] gehört haben [o vom Hörensagen wissen], dass jd etw getan hat

ouistiti [´wistiti] *m* ❶ Pinseläffchen *nt*
  ❷ *fam (zigoto)* Affe *m*, Heini *m (fam)*; **être un drôle de ~** *fam* ein komischer Vogel [*o* Heini *fam*] sein
oukase [ukaz] *m* ❶ *soutenu* Befehl *m*, [diktatorische] Weisung, Ukas *m (geh)*; **se plier aux ~s de qn** sich jds Diktat *(Dat)* unterwerfen, sich jds Befehl *(Dat)* fügen
  ❷ HIST, POL Ukas *m*
OULIPO [ulipo] *m abr de* **Ouvroir de littérature potentielle** Gruppe von Schriftstellern und Wissenschaftlern, die sich mit literarischen Techniken beschäftigt
oups [ups] *interj* ups
ouragan [uʀagɑ̃] *m* ❶ Orkan *m*
  ❷ *(déchaînement)* Wirbel *m*, Aufruhr *f*; **un ~ de protestations** ein Sturm der Entrüstung [*o* des Protestes]; **un ~ de clameurs** [ein] riesiges Geschrei
  ❸ *(personne déchaînée)* Wirbelwind *m*
  ▶ **arriver en** [*o* **comme un**] **~** angestürmt kommen, stürmen
ourdir [uʀdiʀ] <8> *vt littér* einfädeln; schmieden, einfädeln *complot*; spinnen, einfädeln *intrigue*
ourdou [uʀdu] *m* l'**~** Urdu *nt*, das Urdu; *v. a.* **allemand**
ourdou(e) [uʀdu] *adj* **langue ~** Urdusprache *f*
ourler [uʀle] <1> *vt* ❶ [ein]säumen; **un jupon ourlé de dentelle** ein mit Spitze[n] [ein]gesäumter Rock, ein Rock mit Spitzensaum
  ❷ *littér* **~ qc de qc** *personne:* etw mit etw umrahmen; *chose:* etw mit etw [um]säumen; **être ourlé(e) de qc** von etw gesäumt werden; **avoir les oreilles délicatement ourlées/la bouche bien ourlée** zierliche Ohrmuscheln/schön geschwungene Lippen haben
ourlet [uʀlɛ] *m* ❶ Saum *m*; **~ du/de manteau** Mantelsaum; **~ de la/de jupe** Rocksaum
  ❷ TECH Rand *m*
  ❸ ANAT Rand *m* der Ohrmuschel *m*
ours [uʀs] **I.** *m* ❶ Bär *m*; **~ blanc** [*o* **polaire**]/**brun** Eis-/Braunbär; **~ marin** Seebär *m*, Pelzrobbe *f*
  ❷ *(jouet d'enfant)* Bär *m*, Teddy[bär] *m*; **un ~ en peluche** ein Plüschbär [*o* Teddybär]
  ❸ *fam (misanthrope)* Brummbär *m*, Griesgram *m*
  ❹ PRESSE Impressum *nt*
  ▶ **tourner comme un ~ en cage** *fam* [wie ein gefangenes Tier] unruhig auf und ab laufen; **~ mal léché** *fam* ungehobelter Klotz, Rüpel *m*; **vivre comme un ~** wie ein Einsiedler leben
  II. *adj inv fam* griesgrämig
ourse [uʀs] *f* ❶ Bärin *f*
  ❷ ASTRON **la Grande/Petite Ourse** der Große/Kleine Bär [*o* Wagen]
oursin [uʀsɛ̃] *m* Seeigel *m*
ourson [uʀsɔ̃] *m* Bärenjunge(s) *nt*
oust[e] [´ust] *interj fam* husch[, husch]; *(pour chasser qn)* weg mit dir/euch! *(fam)*, verschwinde/verschwindet! *(fam)*; *(pour presser qn)* hopp[, hopp] *(fam)*, husch[, husch]
out [´aut] *adj* ❶ TENNIS aus; **être ~** *balle:* aus [*o* im Aus] sein
  ❷ BOXE k. o.
  ❸ *fam (hors service)* kaputt; *(chose)* hin *(fam)*, kaputt; *(personne)* k. o. *(fam)*, kaputt
  ❹ *(passé de mode)* out
outarde [utaʀd] *f* ORN Trappe *f*
outil [uti] *m* ❶ Werkzeug *nt*; *de navigation* Instrument *nt*; **~ agricole** landwirtschaftliches Gerät; **~ de mesure du temps** Zeitmessgerät *nt*
  ❷ INFORM Tool *nt*; **~s de gestion de fichiers** Dateiverwaltungstools *Pl*
  ❸ *(personne)* Werkzeug *nt*; *(ressource)* Handwerkszeug *nt*, Hilfsmittel *nt*; *(moyen) de production* -anlage *f*; **~ de développement/sélection** Instrument zur Entwicklung/Auswahl; **l'~ de travail** das Werkzeug, das Arbeitsgerät
outillage [utijaʒ] *m* Werkzeug *nt*, Arbeitszeug *nt*; *d'un artisan* Handwerkszeug, Arbeitszeug; *d'un fermier* Geräte *Pl*; *d'un jardinier* [Garten]geräte; *d'un atelier* Ausstattung *f*, Einrichtung *f*; *d'une usine* [Maschinen]ausstattung; **une usine d'~** eine Werkzeugmaschinenfabrik
outiller [utije] <1> **I.** *vt* ausstatten, einrichten *atelier;* **~ qn** jdn ausrüsten, *fig* jdm das notwendige Rüstzeug mitgeben; **être outillé(e) en/pour qc** *personne:* mit/für etw ausgerüstet sein; *chose:* mit etw ausgestattet/für etw ausgerüstet sein; **être outillé(e) pour faire qc** dafür ausgerüstet sein etw zu tun; *établissement:* darauf eingerichtet sein etw zu tun
  II. *vpr* **s'~ en/pour qc** sich mit/für etw ausrüsten, sich *(Dat)* das nötige Werkzeug für etw besorgen
outilleur [utijœʀ] *m* Werkzeugmacher *m*
output [´autput] *m* Output *m o nt*; **~ de production** Produktionsleistung *f*
outrage [utʀaʒ] *m* ❶ Beleidigung *f*, Kränkung *f*; JUR Injurie *f*
  ❷ *soutenu (atteinte)* **~ à qc** Beleidigung einer S. *(Gen)*
  ❸ *littér (dommage) de l'âge* Spuren *Pl*; **~[s] du temps** Verfallserscheinungen *Pl*, Spuren *Pl*, die der Zahn der Zeit hinterlässt; *(chez une personne)* Alterserscheinungen *Pl*; **une femme/un monument subit les ~s du temps** eine Frau zeigt Alterserscheinungen/an einem Monument nagt der Zahn der Zeit
  ◆ **~ à agent** JUR Beamtenbeleidigung *f*; **~ aux bonnes mœurs** JUR ≈ Verstoß *m* gegen die öffentliche Moral; **~ à magistrat** JUR Missachtung *f* [der Würde] des Gerichts; **~ à la pudeur** JUR Erregung *f* öffentlichen Ärgernisses
outrageant(e) [utʀaʒɑ̃, ʒɑ̃t] *adj* beleidigend; *critique, propos, parole* kränkend, beleidigend; *geste* unverschämt; *acte de barbarie* empörend; **des paroles ~es** Beleidigungen *Pl*, Unverschämtheiten *Pl*
outrager [utʀaʒe] <2a> *vt* beleidigen; *(offenser)* kränken; **être outragé(e)** beleidigt/gekränkt sein; **d'un air outragé** mit beleidigter/gekränkter Miene
  ❷ *vieilli (contrevenir à)* verstoßen gegen *bon sens, morale;* verletzen *bonnes mœurs, pudeur;* beleidigen *raison*
outrageusement [utʀaʒøzmɑ̃] *adv* übertrieben
outrance [utʀɑ̃s] *f* ❶ *sans pl (caractère excessif)* Übertreibung *f*; *d'un discours, langage, d'une œuvre* Überspitztheit *f*; *d'une personne, conduite* Überspanntheit *f*; **à l'~** bis zum Äußersten, bis zum Exzess; **la guerre à ~** der totale Krieg; **il y a de l'~ dans qc** etw wirkt exzessiv; **avec ~** ohne Maß [und Ziel]; **faire tout avec ~** bei allem übertreiben
  ❷ *(comportement)* Maßlosigkeit *f*; *(action excessive)* Extravaganz *f*, Exzess *m*; *(parole excessive)* Ausfälligkeit *f*; **des ~s de langage** sprachliche Entgleisungen
outrancier, -ière [utʀɑ̃sje, -jɛʀ] *adj propos* übertrieben; *idéologie* extrem; *caractère* überspannt; **des termes ~s** Übertreibungen *Pl*
outrancièrement [utʀɑ̃sjɛʀmɑ̃] *adv* übermäßig
outre¹ [utʀ] *f (sac)* Schlauch *m*
  ▶ **être gonflé(e) comme une ~** aufgebläht wie ein Ballon sein; *fam (avoir trop mangé, trop bu)* voll bis oben [hin] sein *(fam)*; **être plein(e) comme une ~** voll wie eine Haubitze sein *(fam)*
outre² [utʀ] **I.** *prép (en plus de)* außer; **~** [**le fait**] **que cela est connu** abgesehen davon [*o* außer], dass dies bekannt ist; dies ist nicht nur bekannt, sondern [außerdem] auch
  II. *adv* **en ~** außerdem, zudem
outre-Atlantique [utʀatlɑ̃tik] *adv* auf der anderen Seite [*o* jenseits] des Atlantiks; *émigrer, partir* auf die andere Seite des Atlantiks; **à la mode ~** wie es jenseits des Atlantiks Mode ist
outrecuidance [utʀəkɥidɑ̃s] *f soutenu* ❶ *(impertinence)* Unverfrorenheit *f*, Impertinenz *f (geh)*
  ❷ *(fatuité)* Überheblichkeit *f*, Dünkel *m*; **avec ~** überheblich, voller Überheblichkeit [*o* Dünkel]
outrecuidant(e) [utʀəkɥidɑ̃, ɑ̃t] *adj soutenu* ❶ *(impertinent)* unverschämt, impertinent *(geh)*
  ❷ *(fat)* eingebildet, dünkelhaft *(geh)*
outre-Manche [utʀəmɑ̃ʃ] *adv* auf der anderen Seite [*o* jenseits] des Ärmelkanals; *partir, se rendre* auf die andere Seite des [Ärmel]kanals
outremer [utʀəmɛʀ] **I.** *m* ❶ MINER Lapis[lazuli] *m*, Lasurstein *m*
  ❷ *(bleu)* Ultramarin[blau] *nt*; **un ciel d'~** ein leuchtender blauer [*o* tiefblauer] Himmel
  II. *adj inv* ultramarin[blau], leuchtend blau, tiefblau
outre-mer [utʀəmɛʀ] *adv* in Übersee; *(dans les départements d'outre-mer)* in den Überseedepartements; **possessions d'~** Überseebesitzungen *Pl*, Besitztümer *Pl* in Übersee; **personne/marchandise d'~** Person/Ware aus Übersee; *(des départements d'outre-mer)* Person/Ware aus den Überseedepartements
outrepasser [utʀəpɑse] <1> *vt* überschreiten *droits, limites, pouvoir;* sich hinwegsetzen über *(+ Akk) ordre;* **~ les limites de ses attributions** seine Amtsbefugnisse überschreiten
outrer [utʀe] <1> *vt* ❶ *(exagérer)* übertreiben *attitude;* überziehen, übertreiben *accent, effet;* komplizieren *pensée;* **~ son jeu** *acteur:* [seine Rolle] überziehen; **être outré(e)** *portrait:* übertrieben sein
  ❷ *(scandaliser)* **~ qn** jdn entrüsten [*o* empören]; *personne:* jdn empören, **être outré(e) de** [*o* **par**] **qc** über etw *(Akk)* empört [*o* entrüstet] sein
outre-Rhin [utʀəʀɛ̃] *adv* auf der anderen Seite [*o* jenseits] des Rheins, in Deutschland; *aller* auf die andere Seite des Rheins, nach Deutschland **outre-tombe** [utʀətɔ̃b] *adv* im Jenseits; **d'~** aus dem Jenseits
outsider [autsajdœʀ] *m* Außenseiter *m*, Outsider *m (geh)*
ouvert(e) [uvɛʀ, ɛʀt] **I.** *part passé de* **ouvrir**
  II. *adj* ❶ *bouche, yeux* offen; *col, fenêtre, robinet, valise* geöffnet, offen; *fleur* aufgeblüht, geöffnet; **être ~** offen sein; *porte:* auf [*o* offen] sein; *bouche, col:* offen stehen; *fleur:* aufgeblüht [*o* offen] sein; **la porte est grande ~e** die Tür ist [*o* steht] weit offen; **ses yeux étaient grands ~s** seine/ihre Augen waren weit aufgerissen
  ❷ *(accessible au public) magasin* geöffnet; *téléski* in Betrieb, geöffnet; **le magasin/le marchant de légumes est ~** *fam* der Laden/

der Gemüsehändler hat geöffnet [*o* auf *fam*]; **le centre commercial est ~** das Einkaufszentrum ist offen; **être ~ à qn/qc** für jdn/etw geöffnet sein, jdm offen stehen; *autoroute:* für jdn/etw freigegeben sein
❸ *(commencé)* **être ~** *foire, enquête, pêche:* eröffnet werden/sein; *chasse:* offen sein; **déclarer qc ~** etw eröffnen, etw für eröffnet erklären
❹ MED *fracture, plaie* offen
❺ *(incertain) championnat, jeu, partie* offen
❻ *(non restreint) débat* offen; *compétition* frei, offen; **discussion ~e** Open-End-Diskussion *f*
❼ *(déclaré, public) conflit, haine, lettre* offen; *guerre* erklärt, offen; **d'une façon ~e** offen; **déclencher une campagne ~e contre qn** eine öffentliche Kampagne gegen jdn auslösen
❽ *(franc, communicatif) caractère, personne, visage* offen
❾ *(éveillé) esprit* aufgeschlossen; *milieu, personne* offen, aufgeschlossen; **~ sur** [*o* **à**] **qn/qc** offen für jdn/etw; **~ à l'expérimentation** experimentierfreudig; **~ sur le monde** weltoffen
❿ LING *son, syllabe, voyelle* offen
⓫ *(non protégé) rade, ville* offen; **un port ~** ein offener Seehafen
⓬ JUR *milieu* offen

ouvertement [uvɛʀtəmɑ̃] *adv* ❶ offen [und ehrlich]
❷ *(publiquement)* öffentlich

ouverture [uvɛʀtyʀ] *f* ❶ *(action d'ouvrir) d'une fenêtre, porte, valise, barrière* Öffnen *nt*; *d'un robinet* Aufdrehen *nt*, Öffnen; **"l'~ de cette porte est automatique"** "Tür öffnet [sich] automatisch"
❷ *(fait de rendre accessible au public) d'une frontière, d'un magasin* Öffnung *f*; **à quelle heure a lieu l'~ du magasin?** um wie viel Uhr öffnet das Geschäft [*o* macht das Geschäft auf]?; **les jours/heures d'~** die Öffnungstage/-zeiten; *d'une banque* die Geschäftszeiten
❸ *(commencement)* Eröffnung *f*; *des travaux* Beginn *m*; **~ de la/d'une session** INFORM Anmeldung *f*, Login *nt*; **~ d'un/du marché** Markterschließung *f*; **la séance d'~** die Eröffnungssitzung
❹ *(orifice)* Öffnung *f*; *d'un couloir, d'une grotte* Eingang *m*; *d'un volcan* [Krater]öffnung; *d'une cuve (pour remplir)* Einfüllöffnung; *(pour vidanger)* Abzapföffnung; **~ de fenêtre** Fensteröffnung; **toutes les ~s de l'immeuble** alle Fenster und Türen des Gebäudes; **cette pièce n'a aucune ~** dieses Zimmer hat kein Fenster
❺ *(inauguration)* **l'~** [**au public**] die Eröffnung; *d'une école, usine, d'un théâtre* Einweihung *f*, Eröffnung; *d'une route* Freigabe *f*; **la célébration d'~** die Eröffnungsfeier; *(d'un bâtiment)* die Einweihung[sfeier]
❻ *(attitude ouverte)* Offenheit *f*; **~ d'esprit/de vues** Aufgeschlossenheit *f*/offene Einstellung; **ton ~ de cœur** dein offenes Herz; **ton ~ sur le monde** deine Weltoffenheit; **l'~ sur l'Europe** die Öffnung nach Europa; **n'avoir aucune ~ sur la vie/sur l'extérieur** sich vollkommen abschließen [*o* abkapseln]
❼ *pl (avance, proposition)* Angebot *nt*, Vorschlag *m*, Entgegenkommen *nt* kein *Pl*; *(envers une femme)* Avancen *Pl*; **~s de conciliation/de négociation/de paix** Versöhnungs-/Verhandlungs-/Friedensangebot; **l'~ au centre/à droite/à gauche** die Öffnung zur Mitte/nach rechts/nach links; **faire une timide ~** einen schüchternen Annäherungsversuch machen
❽ MUS Ouvertüre *f*
❾ MATH *d'un angle* Größe *f*; *d'un compas* Öffnung *f*
❿ PHOT Blende *f*
⓫ ECHECS Eröffnung *f*
⓬ CARTES *(possibilité d'annoncer)* Ansage *f*; *(possibilité de commencer)* Ausspielen *nt*
⓭ SPORT Pass *m (der das Spiel eröffnet)*
⓮ ECON, JUR *d'un compte, d'une succession* Eröffnung *f*; *d'un crédit* Freigabe *f*, Eröffnung; *d'une information judiciaire* Einleitung *f*, Eröffnung; **~ de la faillite** Konkurseröffnung; **~ de la procédure de liquidation** Eröffnung des Konkursverfahrens; **~ de la procédure de règlement judiciaire** Vergleichseröffnung; **~ d'un rapport de droit** Eintritt *m* in ein Rechtsverhältnis
⓯ AUT negativer Radsturz *m*
▶ **faire l'~** *fam (d'un magasin)* aufschließen; *(de la saison)* an der Saisoneröffnung teilnehmen; **il trouve l'~** SPORT ihm gelingt der Durchbruch; **trouver l'~ contre qc** eine Lücke in etw *(Dat)* finden
◆ **~ de droits** ECON Versorgungszusage *f*; **~ de l'instance** JUR Aufnahme *f* des Verfahrens

ouvrable [uvʀabl] *adj jour* Werk-; *heures* Öffnungs-

ouvrage [uvʀaʒ] I. *m* ❶ *(objet fabriqué)* Arbeit *f*; **~ de sculpture** Bildhauerarbeit
❷ *(livre)* **~ d'histoire** Werk *nt* über Geschichte, Buch *nt* über Geschichte
❸ *(fortification)* Befestigung *f*, Festungsanlage *f*; **~ avancé** Außenwerk *nt*; **~ défensif** [*o* **de défense**] Verteidigungsanlage *f*, Festungsanlage, Festung *f*
❹ *(travail)* Arbeit *f*; COUT [Hand]arbeit; **~ tricoté** [*o* **en tricot**] Strickarbeit; **sac à ~** Handarbeitsbeutel *m*; **boîte/table à ~** Näh-

schachtel *f*/-tisch *m*; **se mettre à l'~** sich an die Arbeit [*o* ans Werk] machen
❺ *littér (œuvre) du hasard, temps* Werk *nt*
▶ **gros ~** Rohbau *m*; **~ léger** Innenausbau *m*
II. *f fam* **de la belle ~** eine gelungene [*o* schöne] Arbeit
◆ **~ d'art** Brücken-/Tunnel-/Grabenkonstruktion *f*; **~ de dame** *vieilli* Handarbeit *f*, Nadelarbeit *f (veraltet)*

ouvragé(e) [uvʀaʒe] *adj bijou, linge, napperon* kunstvoll gearbeitet; *meuble, bois* kunstvoll geschnitzt [*o* gearbeitet]; *métal* kunstvoll geschmiedet [*o* gearbeitet]; *signature* kunstvoll

ouvrant(e) *v.* **toit**

ouvré(e) [uvʀe] *adj* ❶ **jour ~** Arbeitstag *m*
❷ *soutenu (ouvragé) bijou* kunstvoll gearbeitet; *linge, lingerie, napperon* kunstvoll verziert [*o* gearbeitet]; *meuble, bois* kunstvoll geschnitzt [*o* gearbeitet]; *métal* kunstvoll geschmiedet [*o* gearbeitet]; **~ de guirlandes** mit Girlanden [kunstvoll] verziert [*o* dekoriert]

ouvre-boîte [uvʀəbwat] <ouvre-boîtes> *m* Dosenöffner *m*, Büchsenöffner *m* **ouvre-bouteille** [uvʀ(ə)butɛj] <ouvre-bouteilles> *m* Flaschenöffner *m*

ouvreur, -euse [uvʀœʀ, -øz] *m, f* ❶ CINE, THEAT Platzanweiser(in) *m(f)*
❷ CARTES Erstansager(in) *m(f)*
❸ SKI Vorläufer(in) *m(f)*

ouvrier [uvʀije] *m* ❶ *(travailleur manuel)* Arbeiter *m*; **~ professionnel** [*o* **qualifié**] Facharbeiter, gelernter Arbeiter; **~ spécialisé** Hilfsarbeiter; **~ de l'industrie** Industriearbeiter; **les ~s de l'industrie** die Industriearbeiterschaft; **être ~ imprimeur/maçon à Lyon** in Lyon als Drucker/Maurer arbeiten; **~ agricole saisonnier** Erntehelfer *m*
❷ *littér (acteur, artisan)* Schöpfer *m*; **être l'~ de sa fortune** seines Glückes Schmied sein; **être l'~ de son destin** sein Schicksal selbst bestimmen
▶ **~ de la onzième heure** jemand, der die Arbeit nicht gerade erfunden hat; **les mauvais ~s ont toujours de mauvais outils** *prov* ≈ wenn der Reiter nichts taugt, hat das Pferd Schuld
◆ **~ à façon** [Werk]lohnarbeiter *m*; **~ au rabais** Billigarbeiter *m*; **~ d'usine** Fabrikarbeiter *m*, Industriearbeiter

ouvrier, -ière [uvʀije, -ijɛʀ] *adj classe, mouvement, quartier, syndicat* Arbeiter-; *conflit, législation* Arbeits-; *condition* der Arbeiter *(Gen)*; *militant* der Arbeiterbewegung *(Gen)*; **chant ~** Arbeiterlied *nt*, Kampflied

ouvrière [uvʀijɛʀ] *f* ❶ *(personne)* Arbeiterin *f*; **~ professionnelle** [*o* **qualifiée**] Facharbeiterin, gelernte Arbeiterin; **~ spécialisée** Hilfsarbeiterin; **~ agricole saisonnière** Erntehelferin *f*
❷ *(abeille, termite, fourmi)* Arbeiterin *f*
◆ **~ à façon** [Werk]lohnarbeiterin *f*; **~ au rabais** Billigarbeiterin *f*; **~ d'usine** Fabrikarbeiterin *f*, Industriearbeiterin

ouvrir [uvʀiʀ] <11> I. *vt* ❶ öffnen, aufmachen; *(à clé)* aufschließen; aufschlagen, öffnen, aufmachen *livre, paupières, yeux, fig* auftun, öffnen, aufmachen *bec, bouche*; **~ grand ses oreilles/le bec** die Ohren/den Schnabel weit aufsperren [*o* öffnen] *(fam)*; **ouvre l'œil, et le bon!** halt die Augen auf!
❷ *fam (faire fonctionner)* anmachen, anstellen *chauffage*; einschalten, anmachen, anstellen *télé*; öffnen, aufdrehen *robinet, gaz*; öffnen, aufmachen *vanne*
❸ *(écarter, déployer)* öffnen, ausbreiten, öffnen *bras*; ausbreiten *ailes*; aufmachen, öffnen *couteau, mains*; aufschlagen, aufmachen, öffnen *éventail, journal, livre*; aufdecken *lit*; aufspannen, aufmachen, öffnen *parapluie*; aufziehen, aufmachen, öffnen *rideaux*
❹ *(commencer)* eröffnen; beginnen mit, eröffnen *campagne, discussion*; in Gang bringen, eröffnen *dialogue*; INFORM anmelden *session*
❺ SPORT eröffnen *piste, slalom*; **~ la marque** [*o* **le score**] den ersten Treffer erzielen
❻ *(fonder, créer)* eröffnen; aufmachen *(fam)*, eröffnen *magasin, restaurant*; einrichten, schaffen, eröffnen *école*
❼ *(rendre accessible)* **~ une frontière/un refuge à qn** eine Grenze/eine Schutzhütte für jdn öffnen; **~ des horizons/perspectives à qn** jdm [neue] Horizonte/Perspektiven eröffnen; **~ un groupe à qn** jdm Zugang zu einer Gruppe verschaffen; **~ à qn les portes de qc** jdm zu etw Zutritt verschaffen; **~ sa bourse à qn** für jdn den Geldbeutel zücken; **~ son cœur à qn** jdm sein Herz ausschütten
❽ *(débloquer, frayer)* **~ une issue/un passage à qn/qc** jdm/einer S. einen Ausgang/einen Passage freimachen; **~ un canal/col à qn/qc** einen Kanal/Pass für jdn/etw öffnen; **le chasse-neige ouvre la piste aux skieurs** der Schneepflug macht die Piste für die Skifahrer frei; **on ouvre le canal à la navigation** der Kanal wird für die Schifffahrt freigegeben
❾ *(être en tête de)* eröffnen, anführen *marche, procession*; **~ une liste** an erster Stelle auf einer Liste stehen
❿ *(inaugurer)* **~ qc par qc** etw mit etw eröffnen
⓫ *(percer)* öffnen, aufschneiden *(fam) abcès, jambe, ventre*; schlagen *brèche*; bauen *route*

ouvroir – pacificateur

⑫ *(provoquer une blessure)* aufreißen, eine Wunde reißen in *(+ Akk) jambe, ventre;* ein Loch schlagen in *(+ Akk) crâne;* **le bord du trottoir lui a ouvert le front** er hat sich *(Dat)* die Stirn am Bordstein aufgeschlagen
⑬ *(rendre réceptif)* **~ son esprit/cœur à qc** sich für etw empfänglich machen
⑭ COM, FIN eröffnen *compte;* aufnehmen *emprunt;* **~ un compte à qn** ein Konto für jdn eröffnen, jdm ein Konto einrichten; **~ un crédit à qn** jdm einen Kredit gewähren
⑮ JUR eröffnen, einleiten *enquête, information;* eröffnen *procédure de faillite*
▸ **l'~** *fam* den Mund [*o* die Klappe *fam*] aufmachen; **pas moyen de l'~ avec lui** bei ihm kommt man nicht zu Wort
II. *vi* ① *(ouvrir la porte)* öffnen, aufmachen; *(à clé)* aufschließen; **va donc ~!** geh schon aufmachen [*o* aufschließen]!, mach [*o* schließ] auf!
② *(être accessible au public)* **~ le lundi** montags offen [*o* geöffnet] [*o* auf *fam*] sein; *magasin:* montags offen [*o* geöffnet] [*o* auf *fam*] sein [*o* haben]; *cinéma, théâtre:* montags Vorstellung haben; **~ à 15 h** *magasin:* um 15 Uhr aufmachen [*o* öffnen]; *cinéma, théâtre:* um 15 Uhr Einlass haben
③ *(se laisser débloquer) fenêtre, porte:* aufgehen, sich öffnen lassen; **mal ~** schwer [auf]gehen, sich schwer öffnen lassen
④ *(donner sur)* **~ sur la cour** *fenêtre:* auf den Hof [hinaus]gehen; **~ sur la rue** nach der Straße gehen, auf die Straße [hinaus]gehen; *porte:* auf die Straße [*o* zur Straße] führen, auf die Straße [hinaus]gehen
⑤ *(commencer)* **~ par qc** mit etw beginnen [*o* anfangen]
⑥ SPORT **~ sur son partenaire** zu seinem Partner/ihrer Partnerin passen
⑦ SKI die Zeit vorgeben
⑧ CARTES **~ d'un pique** mit Pik eröffnen, Pik ausspielen
III. *vpr* ① *(opp: se fermer)* **s'~** sich öffnen; *fenêtre, livre, porte:* aufgehen, sich öffnen; *parapluie, vêtement:* aufgehen; *fleur:* aufblühen, aufgehen, sich öffnen; *bras:* sich ausbreiten, sich öffnen; *foule:* sich teilen; **mal s'~** schwer aufgehen, sich schwer öffnen lassen
② *(donner sur)* **s'~ sur qc** auf etw *(Akk)* gehen; *porte:* auf etw *(Akk)* führen [*o* gehen]
③ *(commencer)* **s'~ [par qc]** mit etw beginnen; *exposition:* mit etw eröffnet werden; *séance:* mit etw eröffnet werden [*o* beginnen]
④ *(se présenter)* **s'~ devant qn/qc** *chemin, monde, paysage:* sich vor jdm/etw auftun; *horizon, perspective:* sich jdm eröffnen; *vie:* vor jdm liegen; **tous les horizons s'ouvrent devant toi** die Welt steht dir offen
⑤ *(béer)* **s'~** *gouffre:* sich auftun; *brèche, terre:* sich öffnen, sich auftun
⑥ *(devenir accessible à)* **s'~ au commerce** sich für den Handel [*o* dem Handel] öffnen; **s'~ à l'extérieur** sich [nach außen] öffnen; **s'~ à** [*o* **sur**] **l'amour/l'art** für Liebe/Kunst empfänglich werden; **s'~ à la pitié** voll Mitleid sein; **s'~ au monde/à la souffrance** beginnen, die Welt/das Leid wahrzunehmen
⑦ *vieilli (se confier)* **s'~ à qn** sich jdm anvertrauen; **s'~ à qn de qc** jdm etw anvertrauen, [offen] mit jdm über etw *(Akk)* reden
⑧ *(se blesser)* **s'~ les veines** sich *(Dat)* die Adern aufschneiden; **s'~ la lèvre** sich *(Dat)* die Lippe aufbeißen; **s'~ la jambe/le crâne** sich *(Dat)* das Bein/den Kopf aufschlagen

ouvroir [uvʀwaʀ] *m vieilli* Nähstube *f*
ovaire [ɔvɛʀ] *m* ① Eierstock *m*, Ovar[ium] *nt (Fachspr.)*
② BOT Fruchtknoten *m*, Ovarium *nt (Fachspr.)*
ovale [ɔval] I. *adj* oval
II. *m* Oval *nt*
ovalisé(e) [ɔvalize] *adj* TECH unrund
ovariectomie [ɔvaʀjɛktɔmi] *f* Entfernung *f* eines Eierstocks/der Eierstöcke, Ovar[i]ektomie *f (Fachspr.)*
ovarien(ne) [ɔvaʀjɛ̃, jɛn] *adj cycle, hormones* Ovarial-; *tumeur* Eierstock-
ovation [ɔvasjɔ̃] *f* stürmischer Beifall *kein Pl*, Ovation *f (geh);* **recevoir une ~** stürmischen Beifall ernten; **faire une ~ à qn** jdm stürmischen Beifall klatschen, jdm Ovationen bereiten *(geh);* **ils se levèrent pour lui faire une chaleureuse ~** sie brachten ihm stehende Ovationen dar
ovationner [ɔvasjɔne] <1> *vt* **~ qn** jdm zujubeln; **se faire ~ par qn** von jdm stürmischem Beifall ernten, sich von jdm bejubeln lassen
overdose [ɔvœʀdoz, ɔvɛʀdoz] *f* Überdosis *f kein Pl*
ovin [ɔvɛ̃] *m* Schaf *nt;* **l'élevage des ~s** die Schafzucht
ovin(e) [ɔvɛ̃, in] *adj race* Schafs-
ovipare [ɔvipaʀ] I. *adj* Eier legend, ovipar *(Fachspr.);* **reproduction durch Eiablage**, ovipar *(Fachspr.);* **être ~** Eier legen, sich durch Eiablage vermehren
II. *m* Eier legendes [*o* ovipares *Fachspr.*] Tier
ovni, OVNI [ɔvni] *m abr de* **objet volant non identifié** UFO *nt*, Ufo
ovocyte [ɔvɔsit] *m* Oozyte *f*
ovoïde [ɔvɔid] *adj* eiförmig
ovulaire [ɔvylɛʀ] *adj fécondation* des Ei[e]s; **ponte ~** Eisprung *m*
ovulation [ɔvylasjɔ̃] *f* Eisprung *m*, Ovulation *f (Fachspr.)*
ovule [ɔvyl] *m* ① Eizelle *f*, Ovum *nt (Fachspr.)*
② BOT Samenanlage *f*
③ PHARM Vaginalzäpfchen *nt*
ovuler [ɔvyle] <1> *vi* einen Eisprung [*o* eine Ovulation *Fachspr.*] haben
oxalique [ɔksalik] *adj* **acide ~** Kleesäure *f*, Oxalsäure *f*
oxer [ɔksɛʀ] *m* SPORT Oxer *m*
oxhydrique [ɔksidʀik] *adj* **chalumeau ~** Knallgasgebläse *nt*
oxyacétylénique *v.* **chalumeau**
oxydable [ɔksidabl] *adj* oxidierbar, oxydierbar
oxydant [ɔksidɑ̃] *m* Oxydationsmittel *nt*
oxydant(e) [ɔksidɑ̃, ɑ̃t] *adj* oxidierend, oxydierend; *action* Oxidations-, Oxydations-, oxydierend
oxydase [ɔksidaz] *f* BIO, CHIM Oxidase *f (Fachspr.)*
oxydation [ɔksidasjɔ̃] *f* Oxidation *f*, Oxydation *f*
oxyde [ɔksid] *m* Oxid *nt*, Oxyd *nt;* **~ azotique** Stick[stoff]oxid, Stick[stoff]oxyd; **~ de carbone** Kohlenmonoxid, Kohlenmonoxyd
oxyder [ɔkside] <1> I. *vt* oxidieren, oxydieren; **être oxydé(e)** oxidiert [*o* oxydiert] sein; *argenterie, orfèvrerie, vaisselle:* angelaufen [*o* oxydiert] sein
II. *vpr* **s'~** oxidieren, oxydieren; *métal:* rosten, oxydieren; *argenterie, orfèvrerie, vaisselle:* anlaufen, oxydieren
oxygénation [ɔksiʒenasjɔ̃] *f* BIO, PHYSIOL ① *(absorption de l'oxigène)* Sauerstoffaufnahme *f*
② *(alimentation en oxigène)* Sauerstoffzufuhr *f*, Oxigenisation *f (Fachspr.);* **du sang, d'un tissu** Anreicherung *f* mit Sauerstoff
oxygène [ɔksiʒɛn] *m* ① Sauerstoff *m*, Oxygen[ium] *nt (Fachspr.)*
② *(air pur)* Sauerstoff *m*, frische Luft
③ *(souffle nouveau)* frischer Wind
oxygéné(e) [ɔksiʒene] *adj cheveux* gebleicht, blondiert; **eau ~e** Wasserstoffperoxid [*o* -peroxyd] *nt;* **un composé ~ de qc** eine Sauerstoffverbindung von etw
oxygéner [ɔksiʒene] <5> I. *vt* bleichen, blondieren *cheveux*
II. *vpr* **s'~** frische Luft tanken, sich auslüften *(hum fam);* **s'~ les poumons** *fam* sich *(Dat)* die Lungen mit Sauerstoff vollpumpen *(fam)*
oxygénothérapie [ɔksiʒenoteʀapi] *f* MED Sauerstofftherapie *f*
oxyure [ɔksjyʀ] *m* Madenwurm *m*
ozone [ozon, ɔzɔn] *f* Ozon *nt*
ozonisation [ozonizasjɔ̃, ɔzɔnizasjɔ̃] *f* Ozonisierung *f*
ozoniser [ozonize, ɔzɔnize] <1> *vt* ozonisieren

P p

P, p [pe] *m inv* P *nt*/p *nt*
Pa *abr de* **pascal** Pa
PAC [pak] *f abr de* **Politique agricole commune** GAP *f*
PACA [paka] *f abr de* **Provence-Alpes-Côte d'Azur** Region im Südosten Frankreichs
pacage [pakaʒ] *m* Weide *f;* **mener des bestiaux au ~** Tiere auf die [*o* zur] Weide treiben
pacemaker [pɛsmɛkœʀ] *m* [Herz]schrittmacher *m*
pacha [paʃa] *m* ① Pascha *m*
② *fam (qui se laisse servir)* Pascha *m*
③ *fam (commandant)* Alte *m*
pachyderme [paʃidɛʀm, pakidɛʀm,] *m* Dickhäuter *m*, Elefant *m*
pacificateur, -trice [pasifikatœʀ, -tʀis] I. *adj* versöhnlich; **des mesures pacificatrices** *(qui rétablissent la paix)* friedensstiftende Maßnahmen *Pl; (qui réconcilient)* Maßnahmen *Pl* der Versöhnung
II. *m, f* Friedensstifter(in) *m(f);* **c'est le ~ de la Vendée** er hat den

Frieden in der Vendée wiederhergestellt [*o* die Vendée befriedet] *(geh)*
pacification [pasifikasjɔ̃] *f* ❶ *(restauration de la paix)* Befriedung *f (geh)*, Herstellung *f* des Friedens
❷ *(apaisement)* Beruhigung *f*; **la ~ des esprits s'est faite peu à peu** die Gemüter haben sich langsam wieder beruhigt
pacifier [pasifje] <1a> *vt* ❶ *(restaurer la paix)* befrieden *(geh) peuple;* befrieden, den Frieden wiederherstellen in *(+ Dat) pays*
❷ *soutenu (apaiser)* beruhigen
pacifique [pasifik] *adj* friedlich; *personne, pays, peuple* friedliebend, friedfertig, friedlich
Pacifique [pasifik] *m* **le ~** der Pazifik, der Pazifische Ozean
pacifiquement [pasifikmɑ̃] *adv* friedlich, auf friedlichem Wege
pacifisme [pasifism] *m* Pazifismus *m*
pacifiste [pasifist] **I.** *adj doctrine, idéal* pazifistisch; *manifestation, marche* Friedens-
II. *mf* Pazifist(in) *m(f)*
pack [pak] *m* ❶ Großpackung *f*; **~ de quatre/de six** Vierer-/Sechserpack *m*; **en ~ de quatre/de six** im Vierer-/Sechserpack
❷ RUGBY Stürmer *Pl*
package [pakɛdʒ, paka(d)ʒ] *m* ❶ INFORM Programmpaket *nt*
❷ ECON Pauschalangebot *nt*
packaging [paka(d)ʒiŋ] *m* [Verkaufs]verpackung *f*
pacotille [pakɔtij] *f* ❶ *(mauvaise marchandise)* Ramsch *m*, wertloses Zeug; *(bijoux)* Talmi *nt*, Ramsch; **de ~** unecht; *fig* falsch, Schein-, unecht; **des bijoux de ~** unechter [*o* wertloser] Schmuck
❷ *pl péj fam (presque rien)* **recevoir [que] des ~s pour qc** für etw [nur] ein Nasenwasser bekommen *(peu fam)*
Pacs [paks] *m abr de* **Pacte Civil de Solidarité** [zivilrechtlich geregelte] eheähnliche Lebensgemeinschaft
pacser [pakse] <1> **I.** *vt* einen Pacs abschließen
II. *vpr* **se ~** in einem eheähnlichen Verhältnis leben
pacson [paksɔ̃] *m arg* ❶ *(paquet)* Paket *nt*
❷ *(grosse quantité)* Packen *m (fam); d'argent* Batzen *m (fam); de personnes* Haufen *m (fam);* **avoir touché le gros ~ au loto** im Lotto einen Volltreffer gelandet haben *(fam)*
pacte [pakt] *m* Pakt *m*, Abkommen *nt;* **~ successoral** Erbvertrag *m;* **le ~ de Varsovie** der Warschauer Pakt; **~ du sang** mit Blut besiegelter Pakt
▶ **signer** [*o* **faire**] **un ~ avec le diable** einen Pakt mit dem Teufel schließen
◆ **~ d'alliance** Bündnispakt *m*, Bündnisabkommen *nt;* **~ d'entente** Freundschaftsabkommen *nt;* **~ de garantie et d'assistance** Garantieabkommen *nt;* **~ de non-agression** Nichtangriffspakt *m;* **~ de stabilité** Stabilitätspakt *m;* **~ de vote** ECON, JUR Stimmbindungsvertrag *m*
pactiser [paktize] <1> *vi* ❶ **~ avec qn** mit jdm paktieren [*o* gemeinsame Sache machen]
❷ *(transiger)* **~ avec qc** sich mit etw arrangieren
pactole [paktɔl] *m* Sümmchen *nt (fam),* Batzen *m (fam);* **~ du loto** Hauptgewinn *m* im Lotto; **c'est le ~** das ist eine wahre Goldgrube
Pactole [paktɔl] *m* ❶ *littér (source de richesse)* **le ~** das große Los; **avoir trouvé le ~** das große Los gezogen haben
❷ GEOG **le ~** der Paktalos
paddock [padɔk] *m* ❶ Paddock *m*
❷ *fam (lit)* Falle *f (fam),* Klappe *f (fam),* Kiste *f (fam)*
paella [pae(l)ja, paela] *f* Paella *f*
paf [paf] **I.** *interj* ❶ *(bruit)* peng!
II. *adj inv pop* blau *(fam),* voll *(fam)*
P.A.F. [paf] *m abr de* **paysage audiovisuel français** französische Fernsehlandschaft
pagaie [pagɛ] *f* Paddel *nt*
pagaïe, pagaille [pagaj] *f fam* Durcheinander *nt,* Chaos *nt,* Lotterwirtschaft *f (pej); (que l'on imagine être typique du logement d'un homme célibataire)* Junggesellenwirtschaft *f (fam)*
▶ **mettre** [*o* **semer**] **la ~ dans qc** in etw *(Dat)* ein Chaos [*o* Durcheinander] anrichten; **mettre la ~ partout** alles durcheinanderbringen, alles in ein Chaos verwandeln; **en ~** *en quantité)* in Massen, massenhaft *(fam); (en désordre)* unaufgeräumt, unordentlich *(fam)*
paganiser [paganize] <1> *vt* entchristlichen, vom christlichen Glauben abbringen
paganisme [paganism] *m* Heidentum *nt*
pagayer [pageje] <7> *vi* paddeln
pagayeur, -euse [pagɛjœʀ, -øz] *m, f* Paddler(in) *m(f)*
page¹ [paʒ] *m* HIST Page *m*
page² [paʒ] *f* ❶ *(feuillet)* Seite *f; (deux côtés)* Blatt *nt; d'un cahier, livre* Seite; **~ de/du journal** Zeitungsseite *f;* **~ sportive** [*o* **des sports**] **~s sportives** Sportteil *m;* **~ pour les enfants d'un magazine, journal** Kinderseite *f;* **en ~ dix** auf Seite zehn; **un ouvrage de mille ~s** ein tausend Seiten starkes Werk; **de plusieurs ~s** mehrseitig; **une ~ d'écriture** eine Seite mit Schön-schrift; **on faisait des ~s d'écriture** wir mussten seitenweise Schönschrift [*o* Schönschrift üben]; **imprimer un document ~ par ~** ein Dokument seitenweise [aus]drucken; **annonce pleine ~** ganzseitige Anzeige; **être en photo en pleine ~** ganzseitig abgebildet sein; **lecture ~ par ~** seitenweise Lektüre; **lire qc ~ par ~** etw seitenweise lesen
❷ *(événement, épisode)* Kapitel *nt;* **une ~ glorieuse de l'Histoire** ein ruhmreiches Blatt der Geschichte
❸ INFORM Seite *f;* **accéder à une ~** auf eine Seite zugreifen; **visiter une ~** eine Seite laden; **la ~ visitée** die geladene Seite; **~ personnelle** [*o* **perso** *fam*] Homepage *f;* **avoir sa ~ personnelle sur Internet** eine eigene Homepage haben; **~ web** Webseite; **haut/bas de ~** Seitenanfang *m*/-ende *nt;* **pied de ~** Fußzeile *f;* **~ modèle** Modellseite
▶ **belle/fausse ~** rechte/linke Seite; **~ blanche** weißes Blatt, *fig* unbeschriebenes Blatt; **première ~** Titelseite *f,* erste Seite *f;* **faire la première ~ des journaux** die Schlagzeilen der Zeitungen bestimmen; **~s jaunes** gelbe Seiten; **mettre qc en ~** den Umbruch für etw machen; **tourner la ~** *(pour finir)* einen Schlussstrich ziehen; *(pour recommencer)* ein neues Kapitel aufschlagen; **tournons la ~!** Schwamm drüber! *(fam);* **à la ~** *(au courant)* auf dem Laufenden [*o* neuesten Stand] aktuell, in *(fam);* **se mettre à la ~** *(dans le vent)* aktuell, in *(fam);* **être à la ~** die Szene, die Schickeria; **n'être plus à la ~** rückständig sein, out sein, nicht mehr aktuell [*o* in] sein
◆ **~ d'accueil** INFORM Leitseite *f; (page personnelle)* Homepage *f;* **~ de code** INFORM Codepage *f;* **~ de garde** Vorsatzblatt *nt;* **~ de publicité** *(dans la presse écrite)* Reklameseite *f; (à la radio, télévision)* Werbespot *m; (pause)* Werbepause *f;* **~ Web** INFORM Webseite *f*
page-écran [paʒekʀɑ̃] <**pages-écrans**> *f* INFORM Bildschirmseite *f*
pageot [paʒo] *m pop* Falle *f (fam),* Klappe *f (fam),* Kiste *f (fam)*
pagination [paʒinasjɔ̃] *f* TYP *(numérotation des pages)* Paginierung *f (Fachspr.); (numéro)* Pagina *f (Fachspr.)*
paginer [paʒine] <1> *vt* mit Seitenzahlen versehen, paginieren *(Fachspr.);* **le livre est bien/mal paginé** das Buch ist richtig/falsch paginiert
pagne [paɲ] *m* Lendenschurz *m*
pagode [pagɔd] **I.** *f* Pagode *f;* **toit en ~** Stufendach *nt*
II. *app inv* **des manches ~** Trompetenärmel *Pl*
paie [pɛ] *f d'un ouvrier* Lohn *m; d'un employé* Gehalt *nt; d'un officier* Sold *m*
paiement [pɛmɑ̃] *m* ❶ *a.* JUR *(action de payer)* Bezahlung *f; d'une amende, des impôts* Zahlung *f; d'une dette* Rückzahlung, Begleichung *f,* Bezahlung; **~ compensatoire** Ausgleichszahlung; **~ comptant immédiat** sofortige Barzahlung; **~ comptant à la réception de la facture** Kasse *f* bei Rechnungseingang; **~ différentiel** Differenzzahlung; **~ immédiat** Sofortzahlung; **~ intérimaire** [*o* **provisoire**] Interimszahlung; **~ partiel** Teilerfüllung; **~ supplémentaire effectué par le/un client** Kundenzuzahlung; **~ à l'amiable** Kulanzzahlung; **~ à réception de la marchandise** Zahlung bei Eingang der Ware; **~ d'une indemnité** Zahlung einer Abfindung; **~ d'un rappel d'impôt** Steuernachzahlung; **~ du reste de la dette** Ausfallzahlung; **~ d'une/de la somme** Geldzahlung; **~ d'une somme supplémentaire** Nachschusszahlung; **~s effectués à l'étranger** im Ausland geleistete Zahlungen; **aviser/effectuer un ~** eine Zahlung avisieren/leisten; **exiger le ~ supplémentaire** eine Nachschusszahlung fordern; **~ en espèces** [*o* **en liquide**] Barzahlung *f;* **~ par chèque/en nature** Zahlung mit Scheck/in Naturalien; **faire le ~ en liquide/par chèque/en nature** bar mit Scheck/mit Naturalien zahlen; **faire le ~ de qc** etw bezahlen, die Zahlung für etw leisten; **procéder au ~ d'une somme supplémentaire** eine Nachschusszahlung leisten; **jusqu'à ~ complet** bis zur vollständigen Bezahlung; **si le ~ est effectué avant l'échéance, les intérêts sont déduits** bei Zahlung vor Fälligkeit erfolgt ein Zinsabzug
❷ *(récompense)* **~ de qc** Lohn *m* für etw
❸ *(moyen, forme)* **~s en monnaie scripturale** unbarer Zahlungsverkehr
◆ **~ de chèque** Scheckeinlösung *f;* **~ de dettes** Schuldbefreiung *f;* **~ de dommages-intérêts** Entschädigungszahlung *f;* **~ de licence** Lizenzzahlung *f;* **~ de retraite** Pensionszahlung *f*
païen(ne) [pajɛ̃, jɛn] **I.** *adj* ❶ heidnisch
❷ *soutenu (impie)* unchristlich; *vie* gottlos, unchristlich; *bonheur* weltlich, heidnisch, unchristlich
II. *m(f)* ❶ Heide *m*/Heidin *f*
❷ *soutenu (impie)* Heide *m*/Heidin *f,* Ungläubiger *m*/Ungläubige *f*
▶ **jurer comme un ~** gotteslästerlich fluchen
paierie [pɛʀi] *f* ADMIN Finanzkasse *f*
paillage [pajaʒ] *m des semis, du sol* Abdeckung *f,* Abdecken *nt,* Mulchen *nt; d'un arbre* Umwickeln *nt* [mit Stroh]; **effectuer le ~ des arbres** die Bäume mit Stroh umwickeln; **faire un ~ pour qc** etw abdecken
paillard(e) [pajaʀ, jaʀd] **I.** *adj propos, sens* anzüglich; *chanson, his-*

toire schlüpfrig, anzüglich; *personne* lasterhaft, liederlich
II. *m(f) (homme) M; (femme)* Wüstling *m*; liederliches Frauenzimmer
paillardise [pajaʀdiz] *f* ❶ *vieilli* Anzüglichkeit *f*, Zweideutigkeit *f*; **des ~s** anzügliche Reden *Pl*; *(plaisanteries)* unanständige Witze *Pl*
❷ *(débauche)* Ausschweifung *f*; **se vautrer dans la ~** ein ausschweifendes [*o* liederliches] Leben führen
paillasse[1] *m* Bajazzo *m*
paillasse[2] [pajas] *f* ❶ Matratze *f*
❷ *(plan de travail)* Arbeitsplatte *f*; *(dans un labo)* Labortisch *m*
▸ **crever** [*o* **trouer**] **la ~ à qn** *fam* jdn abschlachten *(sl)*
paillasson [pajasɔ̃] *m* ❶ Fußmatte *f*, Fußabtreter *m*; **~ en** [**fibre de**] **coco** Kokosmatte
❷ *fam (personne servile)* Lakai *m*
❸ AGR Strohmatte *f*, geflochtener Zaun *(als Wetterschutz)*
paille [pɑj] I. *f* ❶ Stroh *nt*
❷ *(tiges tressées)* Geflecht *nt*; **des tabourets de ~** Hocker *Pl* mit [aus Stroh] geflochtenen Sitzflächen
❸ *(pour boire)* Strohhalm *m*
❹ *(défaut)* Fehler *m*; *fig* Schwachstelle *f*
▸ **la ~ humide des** cachots *hum* das Kittchen *(fam)*; **il finira sur la ~ humide des cachots** er landet noch im Kittchen *(fam)*; **voir la ~ dans l'œil de son voisin et ne pas voir la poutre dans le sien** *prov* den Splitter im Auge des anderen, aber nicht den Balken im eigenen sehen; **tirer à la courte ~** [mit Streichhölzern] knobeln; **sur la ~** bettlarm; **être sur la ~** arm wie ein Kirchenmaus sein, auf dem Trockenen sitzen *(fam)*; **mettre qn sur la ~** jdn an den Bettelstab bringen; **il va finir sur la ~** er wird noch an den Bettelstab kommen; **une ~ iron fam** *(événement)* eine Lappalie; *(somme)* Peanuts *Pl*
II. *app inv (couleur)* strohgelb
◆ **~ de fer** Stahlwolle *f*; **~ de riz** Reisstroh *nt*
pailler [pɑje] <1> *vt* mit Stroh abdecken *fraisiers, semis*; mit Stroh umwickeln *arbre, bouteille*; einen Strohsitz machen [*o* flechten] für *chaise*; **être paillé(e)** *bouteille*: in einer Strohhülle stecken; *chaise*: eine Strohsitzfläche [*o* geflochtene Sitzfläche] haben
pailleter [pɑj(ə)te] <3> *vt* mit Pailletten besetzen [*o* besticken] *robe*; streuen auf (+ *Akk*) *cheveux*; **des cristaux dorés paillettent la roche** goldene Kristalle glitzern auf dem Felsen; **être paillété(e)** *robe*: mit Pailletten besetzt [*o* bestickt] sein; *cheveux*: mit Pailletten bestreut sein
paillette [pɑjɛt] *f* ❶ COUT Paillette *f*; **des ~s argentées/d'or** Silber-/Goldpailletten *Pl*
❷ *(lamelle)* Plättchen *nt*; *d'or, de mica, soude, soudure* -plättchen *nt*
❸ *(petite particule)* **en ~s** in Flocken; **de la lessive/du savon en ~s** Waschmittel-/Seifenflocken *Pl*
paillis [pɑji] *m* Bodenbedeckung *f*, Mulch *m (Fachspr.)*; **utiliser des ~** den Boden mit Mulch bedecken
paillon [pɑjɔ̃] *m* Strohhülle *f*
paillote [pɑjɔt] *f* Strohhütte *f*
pain [pɛ̃] *m* ❶ Brot *nt*; **~ d'un kilo** ein Kilo[laib *m*] *nt* Brot; **~ de froment/aux noix** Weizen-/Nussbrot, **petit ~** Brötchen *nt*, Gebäck *nt* (A), Rundstück *nt* (NDEUTSCH)
❷ *(en forme de pain) de margarine, savon* Stück *nt*; *de glace* Block *m*; *de plastic* Stange *f*; *de cire* Barren *m*, Stück
❸ GASTR *de poisson* -pastete *f*; *de légumes* -auflauf *m*; **le ~ de viande** der Hackbraten
❹ *(nourriture)* Lebensunterhalt *m*; **gagner son ~** sein Lebensunterhalt [*o* seine Brötchen *fam*] verdienen; **avoir du mal à gagner son ~** sich *(Dat)* sein Brot sauer verdienen müssen
❺ *pop (gifle)* Backpfeife *f* (DIAL)
▸ **ôter** [*o* **retirer**] **à qn le ~ de la bouche** jdn ruinieren; **s'ôter le ~ de la bouche pour qn** sich *(Dat)* für jdn das Brot vom Munde absparen; **avoir du ~ sur la planche** *fam* viel um die Ohren haben *(fam)*; **il y a du ~ sur la planche pour qn** es gibt für jdn eine Menge Arbeit; **gagner son ~ à la sueur de son front** *soutenu* sein Brot im Schweiße seines Angesichts verdienen *(geh)*; **~ azyme** ungesäuertes Brot, Oblate *f*; **c'est ~ bénit** *fam* das ist ein Segen [*o* ein Geschenk des Himmels]; **avoir mangé son ~ blanc** die Beste schon hinter sich *(Dat)* haben; **être bon(ne) comme du ~** [blanc] eine Seele von Mensch sein; **embrasser qn comme du bon ~** jdn ans Herz drücken; **~ perdu** arme Ritter *Pl*; **se vendre** [*o* **s'enlever**] **comme des petits ~s** weggehen wie [die] warme[n] Semmeln; **être** [**mis(e)**] **au ~ sec** auf Wasser und Brot gesetzt werden; **manger le ~ de qn** auf jds Kosten *(Akk)* leben; **elle ne mange pas de ce ~-là** nicht ihr Fall ist; **ne pas pouvoir manger de ce ~-là** das nicht einfach hinnehmen können; **ça ne mange pas de ~** es kann nicht[s] schaden; **ça ne mange pas de ~ de faire qc** *fam* es kann nicht schaden etw zu tun
◆ **~ à cacheter** Stange *f* Siegellacks; **~ au chocolat** Schoko-Croissant *m*; **~ au lait** Butterwecken *m*; **~ aux raisins** ≈Rosinenschnecke *f*
◆ **~ de campagne** Bauernbrot *nt*; **~ d'épice**[**s**] Gewürzkuchen *m*; **~ de Gênes** Mandelbiskuit *nt o m*; **~ de mie** Toastbrot *nt*; **~ de**

régime Diätbrot *nt*; **~ de seigle** Roggenbrot *nt*, Kornbrot (A, SDEUTSCH); **~ de son** Vollkornbrot *nt*; **~ de sucre** Zuckerhut *m*; **tête en ~ de sucre** Spitzkopf *m*
pair[1] [pɛʀ] *m* ❶ HIST Paladin *m*
❷ *(dignitaire)* Pair *m*
❸ *gén pl (personne semblable) (dans un métier)* Berufskollegen *Pl*; *(dans une fonction)* Amtskollegen *Pl*; *(de rang)* Standesgenossen *Pl*; **tes ~s** deinesgleichen
pair[2] [pɛʀ] *m* BOURSE **au ~** zu pari; **au-dessous/au-dessus du ~** über/unter pari; **acheter/vendre au ~** *(à égalité de valeur)* zum Nennwert [*o* al pari *Fachspr.*] kaufen/verkaufen; **s'échanger au ~** eins zu eins tauschen
▸ **aller de ~ avec qc** mit etw einhergehen [*o* Hand in Hand gehen]; **mener des choses de ~** Dinge gleichzeitig erledigen; **une jeune fille/un jeune homme au ~** ein Aupairmädchen *nt*/-junge *m*; **hors ~** unvergleichlich, einzigartig, herausragend; **il a des enfants ~ pair** er hat herausragende Kinder
pair(e) [pɛʀ] *adj* ❶ *(divisible par deux)* gerade; **le côté ~ de la rue** die Straßenseite mit den geraden Hausnummern
❷ *(au nombre de deux)* paarig
paire [pɛʀ] *f* ❶ Paar *nt*; *de chaussures, gants* ein Paar; *de claques, gifles* ein paar; **une ~ de ciseaux/lunettes/tenailles** eine Schere/Brille/[Beiß]zange
❷ *(couple)* Paar *nt*; *d'amoureux* Paar *nt*; *de coquins, voyous, d'amis* -paar; *de chevaux, bœufs* -gespann *nt*; **une ~ de personnes/gifles** *fam* ein paar Menschen/Ohrfeigen
❸ CARTES Paar *nt*, Pärchen *nt*; **avoir une ~ de rois** ein Paar [*o* Pärchen] Könige haben
▸ **c'est une autre ~ de manches** *fam* das sind zwei Paar Stiefel *(fam)*, das ist etwas ganz anderes [*o* überhaupt kein Vergleich]; **se faire la ~** *pop* sich aus dem Staub[e] machen *(fam)*, sich verdrücken [*o* verziehen] *(fam)*; **les deux font la ~** *fam* die zwei haben sich gesucht und gefunden *(fam)*
pairie [pɛʀi] *f* ❶ *(dignité)* Pairswürde *f*
❷ *(fief)* Pairie *f*
paisible [pezibl] *adj décor, endroit* friedlich; *caractère, personne* friedfertig, verträglich, friedlich; *vie* ruhig, friedlich; *quartier, sommeil, rue* ruhig
paisiblement [pezibləmɑ̃] *adv* in aller Ruhe
paître [pɛtʀ] <*irr*> I. *vi* weiden, grasen; **faire** [*o* **mener**] **~ des animaux** Tiere weiden [lassen] [*o* grasen lassen]
II. *vt* abweiden, fressen
paix [pɛ] *f* ❶ Frieden *m*; *(traité)* Friedensvertrag *m*; **manifestations en faveur de la ~** Friedensdemonstration *Pl*; **~ religieuse** Religionsfrieden
❷ *(entente)* Frieden *m*, Eintracht *f*; **vivre en ~ avec qn** mit jdm in Frieden [und Eintracht] leben; **il n'y a pas souvent la ~ dans le ménage** der häusliche Frieden ist häufig gestört
❸ *(tranquillité)* Ruhe *f*; **la ~ intérieure** die innere Ruhe; **la ~!** *fam* Ruhe [jetzt]!; **avoir la ~** seine Ruhe haben; **laisser qn en ~** jdn in Frieden [*o* in Ruhe] *(o* zufrieden) lassen; **ficher qn** *fam* [*o* **foutre** *vulg*] **la ~ à qn** jdn in Ruhe lassen; **depuis il me fiche une ~ royale** seitdem habe ich [meine] Ruhe vor ihm
▸ **~ à ses cendres** [*o* **à sa mémoire**]! Friede seiner/ihrer Asche; **être en ~ avec sa conscience** mit seinem Gewissen im Reinen sein, ein ruhiges Gewissen haben; **si tu veux la ~, prépare la guerre** *prov* wer Frieden will, muss zum Krieg rüsten; **allez en ~!** gehet hin in Frieden!; **faire la ~ avec qn** mit jdm Frieden schließen; *(avec un ami)* sich mit jdm versöhnen; **qu'il repose en ~!** er ruhe in Frieden!; **la ~ soit avec vous!** Friede sei mit Euch!
pajot *v.* pageot
Pakistan [pakistɑ̃] *m* **le ~** Pakistan *nt*
pakistanais(e) [pakistanɛ, ɛz] *adj* pakistanisch
Pakistanais(e) [pakistanɛ, ɛz] *m(f)* Pakistaner(in) *m(f)*, Pakistani *mf*
pal [pal] *m* Stange *f*, Pfahl *m*; HIST Pfahl *m*
PAL [pal] *abr de* phase alternating line I. *m inv* PAL-System *nt*; **être en ~** *programmes*: im PAL-System ausgestrahlt werden
II. *app inv* PAL; **le système ~** das PAL-System
palabre [palabʀ] *m o f* Palaver *nt*
palabrer [palabʀe] <1> *vi* [herum]palavern, herumreden
palace [palas] *m* Luxushotel *nt*, Nobelherberge *f* (iron)
paladin [paladɛ̃] *m* Paladin *m*
palais[1] [palɛ] *m* ❶ Palast *m*; **~ épiscopal** bischöfliches Palais; **~ présidentiel** Präsidentenpalais *nt*; **Palais fédéral** CH Bundeshaus *nt* (CH)
❷ *(édifice impressionnant)* Palast *m (fam)*; **~ de verre** Glaspalast *(fam)*
◆ **~ des congrès** Kongresshalle *f*, Kongressgebäude *nt*; *(salle)* Kongresssaal *m*; **~ de la découverte** Museum für Naturwissenschaft und Technik; **~ des Papes** Papstpalais *nt*; **~ des sports** Sporthalle *f*, Sportpalast *m*
palais[2] [palɛ] *m* ANAT Gaumen *m*; **~ dur/mou** harter/weicher

Gaumen
▶ **elle a le ~ desséché** ihr Gaumen ist ganz trocken, ihr klebt die Zunge am Gaumen *(fam)*; **avoir le ~ fin** einen feinen Gaumen [*o* eine feine Zunge] haben
Palais [palɛ] *m* **le ~** das Gericht, der Gerichtshof; **le langage du ~** die Rechtssprache, die Juristensprache
▶ **le Grand ~** [*o* **le ~ des expositions**]/**le Petit ~** das Grand/Petit Palais *(in Paris, frühere Ausstellungshallen der Weltausstellung)*
◆ **~** [**national**] **de l'Élysée** Elyseepalast *m;* **~ de justice** Gericht[sgebäude] *nt;* **(à Paris)** der Justizpalast; **~ du Luxembourg** Sitz des französischen Senats in Paris
Palais-Bourbon [palɛbuʀbɔ̃] *m sans pl* Palais-Bourbon *nt (Sitz der französischen Nationalversammlung in Paris)* **Palais-Royal** [palɛʀwajal] *m sans pl* Palais-Royal *nt (Palastkomplex am Seine-Ufer, Sitz des Staatsrats, des Verfassungsrats und des Kultusministeriums)*
palan [palɑ̃] *m* ❶ CONSTR, TECH Winde *f*, Flaschenzug *m*, Seilzug *m* ❷ NAUT Takel *nt*
palanquin [palɑ̃kɛ̃] *m* Sänfte *f*
palatal(e) [palatal, o] <-aux> *adj* palatal
palatale [palatal] *f* Palatal[laut *m*] *m*
palatin [palatɛ̃] *m* ANAT Gaumenbein *nt*
palatin(e) [palatɛ̃, in] *adj* ❶ HIST pfalzgräflich; **comte ~** Pfalzgraf *m;* **électeur ~** Kurfürst *m* von der Pfalz
❷ GEOG pfälzisch
❸ ANAT Gaumen-
Palatinat [palatina] *m* **le ~** die Pfalz
pale [pal] *f d'un aviron, d'une rame, hélice d'avion* Blatt *nt; d'une hélice de navire* Flügel *m*
pâle [pɑl] *adj* ❶ *(blême)* personne, teint blass; **être ~ de colère** blass vor Wut *(Dat)* sein
❷ *(sans éclat)* ciel, couleur, soleil blass, fahl; lueur, lumière schwach, fahl; *style* farblos
❸ *(clair)* rose, vert blass, zart; **chemise bleu ~** blassblaues Hemd
❹ *antéposé (piètre)* sourire schwach, leicht; *imitation* farblos
▶ **se faire porter ~** *fam* sich krankmelden
palefrenier, -ière [palfʀənje, -jɛʀ] *m, f* Stallbursche *m*/Stallmagd *f;* HIST Reitknecht *m*
palefroi [palfʀwa] *m* Paradepferd *nt*
paléochrétien(ne) [paleɔkʀetjɛ̃] *adj* art urchristlich
paléodictyoptère [paleodiktiɔptɛʀ] *m* ZOOL Urflügler *m*
paléographie [paleogʀafi] *f* Paläographie *f*
paléolithique [paleɔlitik] **I.** *adj* altsteinzeitlich, paläolithisch
II. *m* Altsteinzeit *f*, Paläolithikum *nt*
paléontologie [paleɔ̃tɔlɔʒi] *f* Paläontologie *f*
paléontologiste [paleɔ̃tɔlɔʒist] *mf*, **paléontologue** [paleɔ̃tɔlɔg] *mf* Paläontologe *m*/Paläontologin *f*
paleron [palʀɔ̃] *m du bœuf, du cheval* Bug *m; du porc, du mouton* Schulterstück *nt*
Palestine [palɛstin] *f* **la ~** Palästina *nt*
palestinien(ne) [palɛstinjɛ̃, jɛn] *adj* palästinensisch
Palestinien(ne) [palɛstinjɛ̃, jɛn] *m(f)* Palästinenser(in) *m(f)*
palet [palɛ] *m* ❶ SPORT Puck *m*
❷ *(pour jouer à la mareile)* Spielstein *m*
❸ GASTR Keks *m*
paletot [palto] *m* Paletot *m (dreiviertellanger Mantel); fam* Strickjacke *f*
palette [palɛt] *f* ❶ *(plateau de chargement)* Palette *f; ~* **de farine/lessive/papier** Palette Mehl/Waschmittel/Papier
❷ *(ensemble de couleurs, ustensile du peintre)* Palette *f;* **~ de couleurs** Farb[en]palette *f;* **~ de fards** Schminkset *nt;* **~ de maquillage** Make-up-Set
❸ *(gamme)* Palette *f;* **~ de produits** Produktpalette *f;* **toute une ~ de qc** eine breite Palette von etw
❹ GASTR Schulterstück *nt*
◆ **~ de couleurs** Farbpalette *f;* **~ de fonctions** INFORM Funktionspalette *f;* **~ de ping-pong** CAN *(raquette de tennis de table)* Tischtennisschläger *m*
palettiser [paletize] <1> *vt* palettieren, auf Paletten stapeln *produits, marchandises*
palétuvier [paletyvje] *m* BOT Mangrovenbaum *m*
pâleur [pɑlœʀ] *f d'une personne* Blässe *f; de la peau, du teint, visage* Blässe, blasse Farbe; *du ciel* fahle Farbe; *d'un paysage* Farblosigkeit *f*
pâlichon(ne) [paliʃɔ̃, ɔn] *adj fam personne* blässlich, ein wenig blass; *soleil* fahl; *sourire* leicht, schwach
palier [palje] *m* ❶ *(plateforme d'escalier)* Treppenabsatz *m;* **habiter sur le même ~** auf derselben Etage wohnen
❷ *(étape)* [Zwischen]stadium *nt;* **atteindre un nouveau ~** eine neue Stufe erreichen; **par ~s** stufenweise
❸ TECH Achslager *nt;* **~ à rouleaux** Rollenlager, Wälzlager
palière [paljɛʀ] *adj* **la marche ~** die oberste [Treppen]stufe; **la porte ~** die auf den Treppenabsatz führende Tür
palinodie [palinɔdi] *f* Meinungswandel *m*, Meinungswechsel *m*

pâlir [paliʀ] <8> *vi* ❶ *(devenir pâle)* blass [*o* bleich] werden, erblassen; **~ de colère** blass vor Wut *(Dat)* werden; **~ d'envie** vor Neid *(Dat)* erblassen; **faire ~ qn de jalousie** jdn vor Neid erblassen lassen
❷ *(perdre son éclat)* lumière: schwächer werden; ciel: verblassen; **~ à la lumière/au soleil** encre, couleur: im Licht/in der Sonne verblassen
palissade [palisad] *f* ❶ *(de pieux)* Palisade *f*, Palisadenzaun *m*
❷ *(de planches)* Bretterzaun *m*
palissandre [palisɑ̃dʀ] *m* Palisander *m*
pâlissant(e) [palisɑ̃, ɑ̃t] *adj* ciel verblassend, blasser werdend; lueur, lumière schwächer werdend, blasser werdend
palladium [paladjɔm] *m* Palladium *nt*
palliatif [paljatif] *m* ❶ *(mesure provisoire)* Notbehelf *m*
❷ MED Linderungsmittel *nt*, Palliativ[um] *nt (Fachspr.)*
palliatif, -ive [paljatif, -iv] *adj* ❶ MED [schmerz]lindernd, palliativ *(Fachspr.)*; **médecine palliative** Palliativmedizin *f (Fachspr.)*; **centre de soins ~s** Sterbeklinik *f;* **donner à qn des soins ~s** jdn palliativ versorgen *(Fachspr.)*
pallier [palje] <1a> *vt* ❶ *(compenser)* **~ qc par qc** etw durch etw ausgleichen, etw mit etw wettmachen
❷ *(atténuer)* **~ les effets de la crise par qc** die Auswirkungen der Krise durch etw mildern [*o* abschwächen]; **mesure pour ~ la/une crise** Überbrückungsmaßnahme
❸ *(remédier à)* beheben désagrément, vice
palmarès [palmaʀɛs] *m* ❶ *(liste des lauréats)* Liste *f* der Preisträger
❷ *(ensemble des succès) d'un sportif* Liste *f* der Siege; *d'un romancier, cinéaste, acteur* Liste der Erfolge; **au ~ des ...** auf der Liste der ...
palme [palm] *f* ❶ BOT Palm[en]zweig *m*
❷ SPORT Schwimmflosse *f;* **~ de plongée** Tauchflosse
❸ *(symbole de victoire)* Siegespalme *f (geh)*, Sieg *m;* **remporter la ~** den Sieg davontragen; **décerner la ~ à qn** jdn zum Sieger erklären
❹ *(décoration)* **~s académiques** Auszeichnung für besondere Verdienste um das Bildungswesen
◆ **Palme d'or** goldene Palme *(Siegerpreis bei den Filmfestspielen in Cannes)*
palmé(e) [palme] *adj* main mit Schwimmhäuten [versehen]; feuille fächerförmig; **pied ~/patte ~e** Schwimmfuß *m*
palmeraie [palməʀɛ] *f* Palmenhain *m*
palmier [palmje] *m* ❶ BOT Palme *f;* **~ à huile** Ölpalme; **feuille de ~** Palmblatt *nt*
❷ GASTR ≈ Schweinsohr *nt*
palmipède [palmipɛd] **I.** *adj* oiseau **~** Schwimmvogel *m*
II. *m* Schwimmvogel *m*
palmiste [palmist] *m* BOT Palmkohl *m*
palombe [palɔ̃b] *f* Ringeltaube *f*
palonnier [palɔnje] *m* ❶ AVIAT Seitenruderpedal *nt*
❷ TECH Steuerungshebel *m*
❸ AUT Kompensator *m*, Stoßausgleicher *m*
pâlot(te) [palo, ɔt] *adj* ein wenig blass, blässlich
palourde [paluʀd] *f* Venusmuschel *f*
palpable [palpabl] *adj* ❶ *(qui peut être touché)* fühlbar, tastbar; MED fühlbar, palpabel *(Fachspr.)*
❷ *(concret)* élément, avantage greifbar; preuve handfest; **différence, changement** spürbar
palper [palpe] <1> *vt* ❶ *(toucher)* befühlen, betasten tissu, fruit, billet de banque
❷ MED **~ qc à qn** jdm etw abtasten [*o* palpieren *Fachspr.*]
palpeur [palpœʀ] *m* TECH *(pour mesurer la chaleur, lumière)* [Mess]fühler *m*, Sensor *m;* **plaque électrique à ~** elektrische Schnellkochplatte
palpitant [palpitɑ̃] *m arg (cœur)* Pumpe *f (fam)*
palpitant(e) [palpitɑ̃, ɑ̃t] *adj* vacances aufregend; aventure, histoire, livre spannend
palpitation [palpitasjɔ̃] *f* ❶ gén pl *(battement du cœur)* Herzklopfen *nt;* **sentir les ~s de son cœur** seinen Herzschlag spüren; **ça me donne des ~s** ich bekomme Herzklopfen [davon]
❷ MED **avoir des ~s** einen beschleunigten Herzschlag haben
❸ *(contraction, frémissement) d'un animal, de la paupière* Zucken *nt;* **les ~s de l'animal blessé** die Zuckungen des verletzten Tieres
palpiter [palpite] <1> *vi* ❶ cœur: [schneller] schlagen [*o* klopfen]; *(de joie)* höher schlagen
❷ *(se contracter)* animal: [krampfartig] zucken; paupière: zucken; narine: zittern, beben
❸ *(scintiller)* flamme, lumière: flackern
palplanche [palplɑ̃ʃ] *f* TECH ❶ *(planche)* Spundbohle *f*
❷ *(poutre)* Spundwand *f*
paltoquet [paltɔkɛ] *m fam* aufgeblasener Kerl *(fam); vieilli* Flegel *m*
palu [paly] *m abr de* **paludisme** Malaria *f*

paluche [palyʃ] *f pop* ❶ Flosse *f (fam)*, Pfote *f (fam)*; **ôte donc tes ~s de là!** Flossen [*o* Pfoten] weg! *(fam)*
❷ *(grossière et forte)* Pranke *f (fam)*
paludéen(ne) [palydeɛ̃, ɛn] **I.** *adj* ❶ *vieilli* Sumpf-
❷ MED an Malaria erkrankt
II. *m(f)* Malariakranke(r) *f(m)*
paludisme [palydism] *m* Malaria *f*; **moustique responsable du ~** Malariamücke *f*
pâmer [pɑme] <1> *vpr* ❶ **se ~ de joie** außer sich vor Freude *(Dat)* sein; **se ~ d'amour pour qn** vor Liebe zu jdm vergehen; **se ~ d'admiration pour qn/qc** ganz hingerissen von jdm/etw sein
❷ *vieilli (s'évanouir)* **se ~** ohnmächtig werden
pâmoison [pɑmwazɔ̃] *f* **tomber en ~ devant qn/qc** *hum* ganz hingerissen von jdm/etw sein
pampa [pɑ̃pa] *f* Pampa *f*
pamphlet [pɑ̃flɛ] *m* Pamphlet *nt*
pamphlétaire [pɑ̃fletɛʀ] *mf* Pamphletist(in) *m(f)*
pamplemousse [pɑ̃pləmus] *m* Pampelmuse *f*, Grapefruit *f*
pampre [pɑ̃pʀ] *m* Weinranke *f*, Rebe *f*
pan¹ [pɑ̃] *m* ❶ *d'une chemise, d'un manteau* Zipfel *m*; **être/se promener en ~s de chemise** im Hemd sein/im Hemd herumlaufen
❷ *(partie) d'un immeuble, d'une vie, affiche* Teil *m*; **~ de mur** *(intérieur)* Stück [von der] Wand, *(extérieur)* Stück [von der] Mauer; **~ de ciel** Stück [vom] Himmel
❸ CONSTR **~ coupé** abgestumpfter Winkel
pan² [pɑ̃] *interj* ❶ *(explosion)* peng; **~, ~!** *(coup de feu)* peng, peng!
❷ *(gifle, fessée)* batsch; **je vais te faire ~ ~ sur les fesses!** *enfantin* tu kriegst gleich einen Klaps auf den Popo!
❸ *(chute)* plumps
panacée [panase] *f* Allheilmittel *nt*
panachage [panaʃaʒ] *m* ❶ POL Panaschieren *nt*, Panaschierung *f*
❷ *(mélange)* **~ de couleurs** Mischung *f* von Farben
panache [panaʃ] *m* ❶ *(bravoure)* Schneid *m*, Beherztheit *f*
❷ *(plumet)* Federbusch *m*
❸ *(coiffure, plumes en forme de panache)* Busch *m*
❹ *(nuage)* **~ de fumée** Rauchwolke *f*
panaché [panaʃe] *m* Panaschee *nt*, Radler *m* (SDEUTSCH), Alsterwasser *nt* (NDEUTSCH)
panaché(e) [panaʃe] *adj fruits, glace, style* gemischt; *liste électorale* panaschiert; *œillet, tulipe* mehrfarbig
panacher [panaʃe] <1> *vt, vi* ❶ POL panaschieren; **~ une liste électorale** Kandidaten aus verschiedenen Listen wählen
❷ *(mélanger)* mischen *couleurs*; Abwechslung bringen in *(+ Akk) exercices, programmes*
panade [panad] *f fam* **être dans la ~** in der Klemme stecken *(fam)*; **tomber dans la ~** in die Klemme geraten *(fam)*
panafricain(e) [panafʀikɛ̃, ɛn] *adj* panafrikanisch
panafricanisme [panafʀikanism] *m* Panafrikanismus *m*
panama [panama] *m* Panama[hut] *m*
panaméen(ne) [panameɛ̃, ɛn] *adj* panamaisch
Panaméen(ne) [panameɛ̃, ɛn] *m(f)* Panamaer(in) *m(f)*
panaméricain(e) [panameʀikɛ̃, ɛn] *adj* panamerikanisch
panard [panaʀ] *m pop (pied)* Flosse *f (fam)*, **avoir de grands ~s** ganz schöne Quadratlatschen haben *(fam)*
panaris [panaʀi] *m* Nagelgeschwür *nt*, Panaritium *nt (Fachspr.)*
pancarte [pɑ̃kaʀt] *f* Schild *nt*; **~ électorale/publicitaire** Wahl-/Werbeplakat *nt*
panchromatique [pɑ̃kʀɔmatik] *adj* PHOT panchromatisch
pancréas [pɑ̃kʀeas] *m* Bauchspeicheldrüse *f*, Pankreas *nt (Fachspr.)*; **cancer du ~** Bauchspeicheldrüsenkrebs *m*
pancréatique [pɑ̃kʀeatik] *adj suc* **~** Bauchspeicheldrüsenflüssigkeit *f*, Pankreasflüssigkeit *f (Fachspr.)*
pancréatite [pɑ̃kʀeatit] *f* MED Bauchspeicheldrüsenentzündung *f*, Pankreatitis *f (Fachspr.)*
panda [pɑ̃da] *m* Panda *m*
pandore [pɑ̃dɔʀ] *f* Pandora *f*
panégyrique [paneʒiʀik] *m* Lobrede *f*; **faire le ~ de qn/qc** eine Lobrede auf jdn/etw halten
panel [panɛl] *m* ❶ SOCIOL Panel *nt (repräsentative Personengruppe für die Meinungsforschung)*
❷ *(commission)* Gremium *nt*; **faire un ~** ein Gremium bilden
paner [pane] <1> *vt* panieren; **poisson pané** Fischstäbchen *Pl*
paneuropéen(ne) [panøʀɔpeɛ̃, ɛn] *adj* gesamteuropäisch
pangermanisme [pɑ̃ʒɛʀmanism] *m* Pangermanismus *m*
panier [panje] *m* ❶ Korb *m*; **~ à couverts** Besteckkorb; **~ à fruits/de fruits** Obstkorb; **~ à linge** Wäschekorb, Wäschetruhe *f*; **~ à ouvrage** Nähkorb; **~ à pommes de terre** Kartoffelkorb; **~ à provisions** Einkaufskorb; **~ de la friteuse** Drahteinsatz *m* für die Fritteuse
❷ *(pour un animal)* Korb *m*; *(plus petit)* Körbchen *nt*; **~ du/pour chien** Hundekorb; *(plus petit)* Hundekörbchen
❸ *(quantité)* Korb *m*; **deux ~s de cerises** zwei Körbe Kirschen; **vendre qc par** [*o* en] **~** etw korbweise verkaufen
❹ *(quantité énorme)* **recevoir des ~s entiers de courrier, recevoir du courrier par ~s entiers** körbeweise Post bekommen
❺ PHOT *(pour diapositives)* [Dia]magazin *nt*
❻ *(au basketball)* **~** [**de basket**] [Basketball]korb *m*
▶ **~ de la ménagère** Warenkorb *m*; **mettre deux personnes dans le même ~** zwei Menschen über einen Kamm scheren; **c'est un vrai ~ percé!** er ist ein echter Verschwender/sie ist eine echte Verschwenderin!; **jeter** [*o* **mettre**] **qc au ~** etw wegwerfen, etw in den Papierkorb werfen
◆ **~ à salade** Salatschleuder *f*; *fam (véhicule)* grüne Minna *(fam)*; **~ de crabes** *fig fam* Haifischbecken *nt (fam)*; **~ de monnaies** FIN Währungskorb *m*
panière [panjɛʀ] *f* großer Korb (mit zwei Henkeln)
panier-repas [panjeʀəpa] <paniers-repas> *m* Lunchpaket *nt*
panifiable [panifjabl] *adj* **céréales ~s** Brotgetreide *nt*
panification [panifikasjɔ̃] *f* Brotbacken *nt*, Brotherstellung *f*
panifier [panifje] <1a> *vt* zu Brot verarbeiten
panini [panini] *m* GASTR Panini *nt*
panique [panik] **I.** *f* Panik *f*; **être pris(e) de ~** in Panik geraten; **faire qc en toute ~** etw panikartig tun; **pas de ~!** [nur] keine Panik!
II. *adj peur, terreur* panisch; *fuite* panikartig
paniquer [panike] <1> **I.** *vt* in Panik versetzen; **être paniqué(e)** voller Panik sein; **être paniqué(e) de devoir faire qc** *fam* ganz nervös werden, weil man etw tun muss
II. *vi* in Panik geraten, die Nerven verlieren
III. *vpr* **se ~** in Panik geraten, die Nerven verlieren, **inutile de vous ~!** kein Grund zur Panik!
panislamisme [panislamism] *m* POL Panislamismus *m*
panne [pan] *f* ❶ Panne *f*; **~ de courant** [*o* **d'électricité**] Stromausfall *m*; *(pendant peu de temps)* Stromunterbrechung *f*; **pendant la tempête, il y a eu une petite ~ de courant** bei dem Gewitter ist es zu einer kurzen Stromunterbrechung gekommen; **totale ~ d'un système d'alimentation** Totalausfall; **~ d'image** Bildausfall; **~ de moteur** Motorschaden *m*, Motordefekt *m*; **avoir une ~** eine Panne haben; **être en ~** *automobiliste, voiture:* eine Panne haben; *moteur, machine:* defekt [*o* kaputt] sein; **tomber en ~ d'essence** kein Benzin mehr haben; **je suis tombé/ma voiture est tombée en ~** ich hatte eine Panne [mit dem Auto]; **c'est la ~ sèche!** das Benzin ist alle!
❷ *fig fam (arrêt)* **être/rester en ~** nicht mehr weiterkommen [*o* weiterwissen]; *projet:* nicht vorangehen; *travail:* liegen bleiben
❸ *fam (manque)* **je suis en ~ de café** mir ist der Kaffee ausgegangen; **je suis en ~ d'idées** mir fehlt es an Ideen *(Dat)*
❹ NAUT **mettre un bateau en ~** ein Schiff beidrehen [*o* stoppen]
panneau [pano] <x> *m* ❶ TRANSP Schild *nt*; **~ stop** Stoppschild, Haltschild *(veraltet)*; **~ horaire** Anzeigetafel *f*; **~ indicateur** Hinweisschild; *(pour la circulation routière)* Verkehrstafel *f*; **~ de signalisation** [Straßen]verkehrsschild; **~ de déviation** Umleitungsschild
❷ *(pancarte)* Plakat *nt*; **~ publicitaire** Werbeplakat; *(surface allouée)* Werbefläche *f*, Großfläche *f*; **~ électoral** Plakatwand *f* für Wahlplakate; **~ d'affichage** *(pour publicité)* Werbefläche *f*; *(pour petites annonces, résultats)* Anschlagbrett *nt*; **~ d'exposition** Stellwand *f*; **~ d'informations** Informationstafel *f*
❸ CONSTR Platte *f*; **~ en** [*o* **de**] **bois** Holzplatte; **~ de ciment** Zementplatte; **~ latté** Tischlerplatte
❹ *(au basket)* Korbbrett *nt*
❺ ART Tafel *f*; **~ peint** Tafelbild *nt*
❻ TECH **~ solaire** Sonnenkollektor *m*
❼ *(partie d'une voiture)* Wand *f*; **~ latéral** Seitenwand
▶ **tomber** [*o* **donner**] **dans le ~** sich hereinlegen lassen *(fam)*
◆ **~ d'aide** INFORM Hilfeschaltfläche *f*
panneton [pantɔ̃] *m* Schlüsselbart *m*
panonceau [panɔ̃so] <x> *m* Schild *nt*
panoplie [panɔpli] *f* ❶ **~ d'armes** Waffensammlung *f*; **~ de médicaments** Sortiment *nt* an Medikamenten *(Dat)*; **~ de sanctions** Reihe *f* von Sanktionen
❷ *(jouet)* **~ d'infirmière/de magicien** Krankenschwester-/Zaubererausstattung *f*, Krankenschwester-/Zaubererausrüstung *f*
panorama [panɔʀama] *m* ❶ *(paysage)* Panorama *nt*
❷ *(vue d'ensemble)* **~ de l'histoire de l'art** Übersicht *f* [*o* Überblick *m*] über die Kunstgeschichte
panoramique [panɔʀamik] **I.** *adj restaurant* **~** Panoramarestaurant *nt*; **terrasse ~** Aussichtsterrasse *f*; **écran ~** Breitwand *f*; **vue ~** Rundblick *m*
II. *m* CINE Panoramaaufnahme *f*
panosse [panɔs] *f* CH *(serpillière)* Scheuertuch *nt*
pansage [pɑ̃saʒ] *m d'un cheval* Striegeln *nt*
panse [pɑ̃s] *f* ❶ *d'une vache, brebis* Pansen *m*
❷ *fam (ventre)* Wanst *m (fam)*
▶ **s'en mettre plein la ~** *fam* sich *(Dat)* [ordentlich] den Bauch

vollschlagen *(fam)*; **se remplir la ~** *fam* reinhauen *(fam)*
pansement [pɑ̃smɑ̃] *m* ❶ *(action) d'une blessure* Verbinden *nt*; *d'une plaie* Versorgen *nt*; **faire un ~ à qn** jdm einen Verband anlegen
❷ *(compresse)* Verband *m*; **~ adhésif** Heftpflaster *nt*; **~ extenseur** Streckverband; **~ protecteur/provisoire** Not-/Schutzverband
❸ *(médicament)* **~ gastrique** Magenberuhigungsmittel *nt*
panser [pɑ̃se] <1> *vt* ❶ *(soigner) d'une blessure* verbinden *blessé, jambe, blessure*; versorgen, verbinden *plaie*; **~ la main de qn** jdm die Hand verbinden
❷ *(guérir)* heilen *blessure morale, peine*
❸ *(brosser)* striegeln *cheval*
panslavisme [pɑ̃slavism] *m* POL Panslawismus *m*
pansu(e) [pɑ̃sy] *adj personne* dickbäuchig; *vase, bouteille* bauchig
pantacourt [pɑ̃takuʀ] *m* Caprihose *f*; **~ évasé** Caprihose mit Schlag
pantagruélique [pɑ̃taɡʀyelik] *adj appétit* **~** Riesenappetit *m*; **festin/repas ~** Schlemmermahl *nt*
pantalon [pɑ̃talɔ̃] *m* Hose *f*; **~ de jogging/de pyjama** Jogging-/Schlafanzughose; **~ de ski/de golf** Ski-/Golfhose; **~ de travail** Arbeitshose; **~ corsaire** Caprihose; **~ en coton** Baumwollhose; **~ [style] cargo** Cargohose
◆ **~ [à] pattes d'éléphant** Schlaghose *f*
pantalonnade [pɑ̃talɔnad] *f* ❶ CINE, THEAT Klamaukstück *nt*, Schwank *m*
❷ *(démonstration hypocrite)* Komödie *f*
pantelant(e) [pɑ̃t(ə)lɑ̃, ɑ̃t] *adj littér* ❶ *(haletant)* **être ~ de terreur** außer Atem vor Schreck *(Dat)* sein; **laisser qn ~ [d'émotion]** jdm den Atem verschlagen
❷ *(palpitant) animal, cadavre, chair* zuckend, bebend
panthéisme [pɑ̃teism] *m* Pantheismus *m*
panthéiste [pɑ̃teist] I. *adj* pantheistisch
II. *mf* Pantheist(in) *m(f)*
panthéon [pɑ̃teɔ̃] *m* ❶ HIST **le Panthéon** das Pantheon
❷ *(monument)* Pantheon *nt*
❸ *fig* Ruhmeshalle *f* mit Ehrengräbern
❹ *(ensemble de personnages célèbres)* **rester au ~ de l'histoire** in die Geschichte eingehen; **il aura une place au ~ des artistes** die Nachwelt wird ihn als bedeutenden Künstler ehren
panthère [pɑ̃tɛʀ] *f* ❶ Panther *m*, Leopard *m*
❷ *fam (femme)* Drachen *m (fam)*
pantin [pɑ̃tɛ̃] *m (marionnette)* Hampelmann *m*; **mouvements de ~** marionettenhafte Bewegungen; **bouger comme un ~** sich marionettenhaft bewegen
▶ **gesticuler comme un ~** herumhampeln; **faire de qn un ~** aus jdm einen Hampelmann machen *(fam)*
pantographe [pɑ̃tɔɡʀaf] *m* ❶ ART Storchschnabel *m*, Pantograph *m (Fachspr.)*
❷ TECH Stromabnehmer *m*
pantois(e) [pɑ̃twa, waz] *adj* verdutzt, verblüfft; **laisser qn ~** jdn verblüffen; **rester ~** ganz verblüfft sein
pantomime [pɑ̃tɔmim] *f* ❶ *(jeu du mime)* Pantomimik *f*
❷ *(pièce mimée)* Pantomime *f*
❸ *(comédie)* Zirkus *m*, Theater *nt*; **qu'est-ce que c'est que cette ~?** was soll denn der Zirkus?
pantouflard(e) [pɑ̃tuflaʀ, aʀd] I. *adj fam* spießig; **je n'ai jamais vu qn d'aussi ~!** ich habe noch so einen Stubenhocker gesehen! *(fam)*
II. *m(f) fam* Stubenhocker(in) *m(f) (fam)*
pantoufle [pɑ̃tufl] *f* Hausschuh *m*, Pantoffel *m*
pantoufler [pɑ̃tufle] <1> *vi* fam in die freie Wirtschaft überwechseln *(und den Staatsdienst verlassen)*
panure [panyʀ] *f* Paniermehl *nt*
P.A.O. [peao] *f* ❶ *abr de* **publication assistée par ordinateur** DTP *nt*
❷ *abr de* **production assistée par ordinateur** CAM *nt*
paon [pɑ̃] *m* Pfau *m*
▶ **fier(-ière)** [*o* **orgueilleux(-euse)**] [*o* **vaniteux(-euse)**] **comme un ~** eitel wie ein Pfau
PAP [pap] *m abr de* **prêt pour l'accession à la propriété** Darlehen für den Erwerb von Eigentum
papa [papa] *m* Papa *m*
▶ **être un ~ gâteau** *fam* seine Kinder verwöhnen; **à la ~** *fam* ganz gemütlich; **cuisine de ~** *fam* Küche aus [*o* wie zu] Großvaters Zeiten
papal(e) [papal, o] <-aux> *adj* päpstlich
papamobile [papamɔbil] *m* Papstauto *nt*, Papamobil *nt*
paparazzi[s] [paparadzi] *mpl* Paparazzi *Pl*
papauté [papote] *f* ❶ *(dignité)* Papstwürde *f*, Amt *nt* des Papstes; **accéder à la ~** die Papstwürde erlangen
❷ *(règne)* Papsttum *nt*; **pendant la ~ de Jean XXIII** während der Amtszeit von Papst Johannes XXIII.
papaye [papaj] *f* Papaya *f*

pape [pap] *m* Papst *m*; **~ du jazz** Jazzpapst; **~ de la critique littéraire** Literaturpapst
papelard [paplaʀ] *m fam* ❶ *(feuille)* Wisch *m (fam)*
❷ *pl (papiers d'identité)* Papiere *Pl*
paperasse [papʀas] *f péj* ❶ *(papiers inutiles)* Papierkram *m*
❷ *(grosse quantité de papiers)* Wust *m* von Papier
paperasserie [papʀasʀi] *f péj* ❶ *(à lire, remplir)* Papierkram *m (péj fam)*, Berge *Pl* von Papier
❷ *(à écrire)* Schreibkram *m (péj fam)*, Verwaltungskram *(péj fam)*; **~ administrative/procédurière** Papierkrieg *m (fam)*
paperassier, -ière [papʀasje, -jɛʀ] I. *adj personne, administration* mit großer Vorliebe für Formulare
II. *m, f* Papierkrämer(in) *m(f)*
papesse [papɛs] *f* Päpstin *f*
papeterie [papɛtʀi] *f* ❶ *(magasin)* Schreibwarengeschäft *nt*
❷ *(fabrication)* Papierherstellung *f*, Papierindustrie *f*
❸ *(usine)* Papierfabrik *f*
papetier, -ière [pap(ə)tje, -jɛʀ] I. *adj* **industrie papetière** Papier erzeugende Industrie, Papierindustrie
II. *m, f* ❶ *(vendeur)* Schreibwarenhändler(in) *m(f)*
❷ *(fabricant)* Papierfabrikant(in) *m(f)*
papi *v.* **papy**
papier [papje] *m* ❶ *sans pl (matière)* Papier *nt*; **de/en ~** aus Papier; **feuille/bout** [*o* **morceau**] **de ~** Blatt *nt*/Stück *nt* Papier; **~ couché** Kunstdruckpapier; **~ ligné** [*o* **réglé**] liniertes Papier, Linienpapier; **~ à en-tête** Briefpapier mit Briefkopf; **~ double exemplaire** zweilagiges Papier; **~ à musique** Notenpapier; **~ buvard** Löschpapier; **~ calque/carbone** Paus-/Kohlepapier; **~ crépon** Krepppapier; **~ cul** *pop* Klopapier *(fam)*; **~** [*de*] **brouillon** Konzeptpapier; **~ d'emballage** Einwickelpapier; **~ émeri/glacé** Schmirgel-/Glanzpapier; **~ hygiénique** Toilettenpapier, Klosettpapier; **~ kraft** Packpapier; **~ mâché** Papiermaché *nt*, Pappmaché; **~ machine** Schreibmaschinenpapier; **~ maïs** Maispapier; **~ peint** Tapete *f*; **~ réalisé à la forme** handgeschöpftes Papier; **petit morceau de ~** Papierschnipsel *m o nt*, Papierschnitzel *m o nt*
❷ *sans pl (feuille de métal)* **~ d'argent** Silberfolie *f*; **~ d'étain** Stanniol[papier] *nt*; **~** [**d'**]**aluminium** Aluminiumfolie
❸ *(feuille)* [Blatt *nt*] Papier *nt*; *(à remplir)* Formular *nt*; *(papillon)* Zettel *m*
❹ PRESSE Artikel *m*
❺ *(document)* Schriftstück *nt*; *pl* Unterlagen *Pl*; **~s nécessaires pour voyager** Reisepapiere *Pl*; **~s confidentiels/personnels** vertrauliche/persönliche Unterlagen
❻ *pl (papiers d'identité)* [Ausweis]papiere *Pl*
▶ **qn/qc est réglé(e) comme du ~ à musique** bei jdm geht alles nach Plan/etw ist genau festgelegt; **avoir une figure/une mine de ~ mâché** kreidebleich sein; **être dans les petits ~s de qn** bei jdm gut angeschrieben sein; **sur le ~** auf dem Papier
◆ **~s à ordre** ECON Orderpapiere *Pl*; **~ de verre** Glaspapier *nt*; **~ test** MED Teststreifen *m*
papier-cadeau [papjekado] <papiers-cadeaux> *m* Geschenkpapier *nt*; **~ pour Noël** Weihnachtspapier
papier-filtre [papjefiltʀ] <papiers-filtres> *m* Filterpapier *nt*
papier-monnaie [papjemɔnɛ] <papiers-monnaies> *m* Papiergeld *nt* **papier-toilette** [papjetwalɛt] *m* Klosettpapier *nt*
papillaire [papilɛʀ] *adj* ANAT papillar *(Fachspr.)*; **crêtes ~s** Papillarlinien *Pl*
papille [papij] *f gén. pl* Papille *f*; **~ gustative** Geschmacksknospe *f*; **être un plaisir pour les ~s [gustatives]** eine wahre Gaumenfreude sein
papillon [papijɔ̃] *m* ❶ ZOOL Schmetterling *m*; **~ de nuit** Nachtfalter *m*; **~ processionnaire du pin** Kiefernspanner *m*
❷ SPORT [**nage**] **~** Delfinschwimmen *nt*; **le 200 m ~** das 200-m-Delfinschwimmen
❸ *(feuillet)* Zettel *m*
❹ *fam (contravention)* Knöllchen *nt (fam)*, Strafzettel *m*
❺ TECH *(écrou)* Flügelmutter *f*
❻ AUT **~ des gaz** Drosselklappe *f*
papillonnant(e) [papijɔnɑ̃, ɑ̃t] *adj caractère, personne* flatterhaft, unbeständig
papillonner [papijɔne] <1> *vi* herumschwirren *(fam)*, herumflattern *(fam)*; **~ autour de qn** um jdn herumscharwenzeln *(fam)*
papillote [papijɔt] *f* ❶ *(vieilli (bigoudi)* Papierlockenwickler *m*
❷ *(pour les bonbons)* Bonbonpapier *nt*
❸ GASTR **poisson/viande en ~** *(dans un papier* [*huilé*]) in [gefettetem] Papier gebackener Fisch/gebackenes Fleisch; *(dans une feuille d'aluminium)* in [Alu]folie gebratener Fisch/gebratenes Fleisch
papillotement [papijɔtmɑ̃] *m* Flimmern *nt*
papilloter [papijɔte] <1> *vi paupières*: zucken; *yeux*: blinzeln; *étoile*: funkeln; *lampe, lumière*: flackern; **avoir les yeux qui papillotent** mit den Augen zwinkern [*o* blinzeln]

papisme [papism] *m* Papismus *m*
papotage [papɔtaʒ] *m* [leeres] Geschwätz *(fam)*
papoter [papɔte] <1> *vi* schwatzen, schwätzen (SDEUTSCH), quasseln *(fam)*; ~ **avec qn** ein Schwätzchen [*o* einen Schwatz] mit jdm halten *(fam)*
papouilles [papuj] *fpl fam* **faire des ~ à qn** jdn tätscheln
paprika [papʀika] *m* Paprika *m*; ~ **fort** Rosenpaprika
papule [papyl] *f* MED Papel *f*
papy [papi] *m fam* Opa *m (fam)*
papy-boom <papy-booms>, **papy-boum** [papibum] <papy-boums> *m fam (forte augmentation de nombre des personnes âgées)* Rentnerschwemme *f (fam)*
papyrus [papiʀys] *m* ❶ BOT Papyrusstaude *f*
❷ HIST *(feuille)* Papyrus *m*; *(manuscrit)* Papyrusrolle *f*
pâque [pak] *f* **la ~ [juive]** das Passah[fest]
paquebot [pakbo] *m* Passagierschiff *nt*, Fahrgastschiff; ~ **transatlantique** Ozeandampfer *m*; ~ **de croisière** Kreuzfahrtschiff
pâquerette [pakʀɛt] *f* Gänseblümchen *nt*
▸ **au ras des ~s** *fam* nicht sehr geistreich
Pâques [pak] **I.** *m* Ostern *nt o Pl*; **fête/lundi/vacances de ~** Osterfest *nt*/-montag *m*/-ferien *Pl*
▸ **à ~ ou à la Trinité** *hum* am Nimmerleinstag
II. *fpl* Ostern *Pl*; **joyeuses ~!** frohe Ostern!; **souhaiter de joyeuses ~ à qn** jdm frohe Ostern [*o* ein frohes Osterfest] wünschen

---

Land und Leute

In der Vorstellung der französischen Kinder reisen an Ostern, **à Pâques**, die Kirchenglocken im Himmel zum Papst nach Rom und lassen auf ihrem Weg Schokoladeneier, Schokolandenglocken und andere Leckereien auf die Erde fallen.

---

paquet [pakɛ] *m* ❶ Paket *nt*; *de café, sucre* Päckchen *nt*; *de cigarettes* Schachtel *f*; *de linge, vêtements* Bündel *nt*; ~ **d'avance** *(paquet de cigarettes)* Reservepackung *f*; ~ **familial/géant** Jumbo-/Großpackung; **un ~ géant de lessive** eine Großpackung Waschpulver
❷ *(colis)* Paket *nt*; ~ **en régime intérieur** Inlandspaket
❸ *fam (grande quantité)* **un ~ de billets** ein Bündel *nt* Geldscheine; **un ~ de neige/d'eau** eine Ladung Schnee/Wasser *(fam)*; **un joli/sacré ~ [d'argent/de fric]** ein hübsches/ganz ordentliches Sümmchen *(fam)*
❹ CARTES Stoß *m*
❺ INFORM [Daten]paket *nt*
▸ **faire ses ~s** [*o* **son paquet**] seine Sachen [zusammen]packen; **mettre le ~** *fam (déployer tous ses efforts)* alles d[a]ransetzen *(fam)*; *(payer beaucoup)* keine Kosten scheuen; **être un ~ de graisse/de nerfs/d'os** *fam* ein Fettkloß *m*/Nervenbündel *nt*/Knochengerüst *nt* sein *(fam)*
◆ ~ **d'actions** Aktienpaket *nt*; ~ **de données** INFORM Datenpaket *nt*; ~ **de mer** Brecher *m*
paquetage [paktaʒ] *m* [Marsch]gepäck *nt*
paquet-cadeau [pakɛkado] <paquets-cadeaux> *m* Geschenkverpackung *f*; **vous pouvez me faire un ~?** können Sie es mir bitte als Geschenk einpacken?
paqueté(e) [pak(ə)te] *adj* CAN ❶ *(rempli à l'excès)* überfüllt
❷ *fig (ivre)* betrunken, [sternhagel]voll *(fam)*
par [paʀ] *prép* ❶ *(grâce à l'action de)* von; **le but marqué ~ l'avant-centre** das vom Mittelstürmer geschossene Tor; **apprendre qc ~ des voisins/le journal** etw von den [*o* durch die] Nachbarn/durch die [*o* aus der] Zeitung erfahren; **tout faire ~ soi-même** alles selbst machen
❷ *(au moyen de)* durch; ~ **tous les moyens** mit allen Mitteln; ~ **chèque/carte bancaire** mit [*o* per] Scheck/Scheckkarte; **la porte est fermée ~ un verrou** die Tür ist/wird mit einem Riegel verschlossen
❸ *(origine)* **descendre de Victor Hugo ~ sa mère** mütterlicherseits von Victor Hugo abstammen; **un oncle ~ alliance** ein angeheirateter Onkel
❹ *gén sans art (cause, motif)* aus; ~ **sottise/devoir** aus Dummheit/Pflichtbewusstsein; **elle est remarquable ~ sa beauté** sie fällt wegen ihrer Schönheit auf
❺ *(à travers, via)* **regarder ~ la fenêtre** aus dem Fenster sehen; **venir ~ le chemin le plus court** auf dem schnellsten Weg herkommen; **passer ~ la côte/~ l'intérieur** die Küste entlang/durch das Landesinnere fahren; **passer ~ ici** hier vorbeikommen
❻ *(localisation)* **habiter ~ ici/là** hier/dort in der Gegend wohnen; ~ **cinq mètres de fond** in fünf Meter Tiefe; **être assis(e) ~ terre** auf dem Boden sitzen; **tomber ~ terre** auf den Boden fallen
❼ *(distribution, mesure)* pro; **un ~ un** einzeln; **deux fois ~ semaine/mois** zweimal pro Woche/Monat, zweimal in der Woche/im Monat; **heure ~ heure** Stunde um Stunde; ~ **moments** zeitweise; ~ **centaines/milliers** zu hunderten [*o* Hunderten]/tausenden [*o* Tausenden]
❽ *(durant, pendant)* ~ **temps de pluie/brouillard** bei Regen[wetter]/Nebel; ~ **les temps qui courent** in der heutigen Zeit; ~ **le passé** früher
❾ *(dans des exclamations, serments)* bei; ~ **tout ce que j'ai de plus cher, ...** bei allem, was mir lieb ist, ...; ~ **pitié, aidez-moi!** ich flehe euch an, helft mir!
▸ ~ **contre** dagegen
para [paʀa] *m abr de* **parachutiste** Para *m*
parabole [paʀabɔl] *f* ❶ REL Gleichnis *nt*
❷ MATH Parabel *f*
❸ *(antenne)* Parabolantenne *f*
parabolique [paʀabɔlik] *adj* parabolisch; **antenne/miroir ~** Parabolantenne *f*/-spiegel *m*
paracentèse [paʀasɛ̃tɛz] *f* MED Punktion *f*; **du tympan** Durchstechung *f*
paracétamol [paʀasetamɔl] *m* PHARM Paracetamol *nt*
parachèvement [paʀaʃɛvmɑ̃] *m* Vollendung *f*
parachever [paʀaʃ(ə)ve] <4> *vt* vollenden *œuvre*; vollenden, fertig stellen *travail*
parachutage [paʀaʃytaʒ] *m* ❶ Fallschirmabwurf *m*; ~ **de vivres** Abwerfen *nt* von Lebensmitteln [mit dem Fallschirm]; ~ **de soldats** Absetzen *nt* von Soldaten [mit dem Fallschirm]
❷ *(nomination inattendue)* **les employés n'apprécient pas beaucoup le ~ de ce patron** die Angestellten sind nicht erfreut darüber, dass man ihnen diesen Chef vor die Nase gesetzt hat *(fam)*
parachute [paʀaʃyt] *m* Fallschirm *m*; **sauter en ~** mit dem Fallschirm abspringen
parachuter [paʀaʃyte] <1> *vt* ❶ [mit dem Fallschirm] absetzen *soldats*; [mit dem Fallschirm] abwerfen *armes, vivres*
❷ *fam (nommer de manière inattendue)* ~ **qn à un poste** jdn auf einen Posten setzen; *(se débarrasser de qn)* jdn auf einen Posten wegbefördern *(fam)*; **on nous a parachuté un nouveau directeur** man hat uns einen neuen Direktor vor die Nase gesetzt *(fam)*
parachutisme [paʀaʃytism] *m* Fallschirmspringen *nt*
parachutiste [paʀaʃytist] **I.** *adj* MIL **troupe/unité ~** Fallschirmjägertruppe *f*/-einheit *f*
II. *mf* MIL Fallschirmjäger(in) *m(f)*; SPORT Fallschirmspringer(in) *m(f)*
para-commercial(e) [paʀakɔmɛʀsjal, jo] <-aux> *adj* halbkommerziell
parade [paʀad] *f* ❶ *(défense)* Abwehr[mittel *nt*] *f*; SPORT Parade *f*; **trouver la ~ à un argument** ein Gegenargument *nt* finden
❷ *(défilé)* Parade *f*; ~ **militaire** Militärparade
❸ *(exhibition)* Zurschaustellen *nt*; **faire ~ de ses relations** mit seinen Beziehungen prahlen
▸ **arme/uniforme de ~** Paradewaffe *f*/-uniform *f*; **amabilité de ~** Scheinfreundlichkeit *f*
parader [paʀade] <1> *vi (se pavaner)* herumstolzieren
paradigmatique [paʀadigmatik] *adj* paradigmatisch
paradigme [paʀadigm] *m* LING, GRAM Paradigma *nt*
paradis [paʀadi] *m* ❶ REL Paradies *nt*, Himmel *m*; **aller au ~** in den Himmel kommen
❷ *fig* Paradies *nt*; ~ **sur terre** Paradies auf Erden; ~ **fiscal** Steuerparadies; ~ **perdu** verlorenes Paradies; **le Paradis terrestre** das irdische Paradies
▸ **tu ne l'emporteras pas au ~** das wirst du mir [noch] büßen
paradisiaque [paʀadizjak] *adj* **endroit, île** paradiesisch; **séjour** himmlisch
paradoxal(e) [paʀadɔksal, o] <-aux> *adj* paradox, widersinnig
paradoxalement [paʀadɔksalmɑ̃] *adv* paradoxerweise
paradoxe [paʀadɔks] *m* ❶ *(opinion contraire)* Paradoxon *nt*, Widerspruch *m*
❷ *(absurdité)* Paradox *nt*
parafe *v.* **paraphe**
parafer [paʀafe] <1> *vt v.* **parapher**
paraffinage [paʀafinaʒ] *m* Paraffinierung *f*
paraffine [paʀafin] *f* Paraffin *nt*
paraffiner [paʀafine] <1> *vt* paraffinieren
parafiscal(e) [paʀafiskal, o] <-aux> *adj* **financement** durch steuerähnliche Abgaben; **taxe ~e** steuerähnliche Abgabe
parafiscalité [paʀafiskalite] *f* steuerähnliche Abgaben *Pl*
parages [paʀaʒ] *mpl* Gegend *f*, Umgebung *f*; **dans les ~** [irgendwo] in der Gegend [*o* in der Nähe]
paragraphe [paʀagʀaf] *m* ❶ *d'un devoir, texte* Abschnitt *m*, Absatz *m*; **structure** [*o* **organisation**] **d'un texte en ~s** abschnittsweise Gliederung eines Textes; **lire qc ~ par ~** etw abschnittsweise lesen
❷ TYP Paragraphenzeichen *nt*
paragrêle [paʀagʀɛl] *adj* **canon ~** Hagelschutzkanone *f*; **fusée ~** Hagelschutzrakete *f*
paraître [paʀɛtʀ] <*irr*> **I.** *vi* ❶ *(sembler)* ~ **heureux(-euse)** glücklich zu sein scheinen; **elle me paraît être inquiète** sie scheint [mir] beunruhigt zu sein; **cela me paraît [être] une erreur** das scheint mir ein Irrtum zu sein; ~ **faire qc** anscheinend etw tun

❷ *(apparaître) personne:* erscheinen, sich zeigen; *soleil, étoile:* aufgehen; **~ en public** in der Öffentlichkeit auftreten; **~ à l'horizon** *nouvelle époque:* heraufdämmern *(geh)*
❸ *(être publié) journal, livre:* erscheinen, herauskommen; **faire ~** veröffentlichen; *éditeur, auteur:* herausgeben
❹ *(être visible) sentiment:* sich zeigen, zum Vorschein kommen; **laisser ~ son émotion** seine Erregung zeigen
❺ *(se mettre en valeur)* **aimer ~** sich gern in den Vordergrund stellen; **désir de ~** Geltungssucht *f*
II. *vi impers* ❶ **il paraît/paraîtrait que qn va faire qc** *(le bruit court)* wie man hört wird jd etw tun; *(soi-disant)* angeblich wird jd etw tun; **il paraît que oui!** anscheinend ja!
❷ *(sembler)* **il paraît difficile à qn de faire qc** jd hält es für schwierig etw zu tun; **il paraît impossible à qn que qn ait fait qc** es scheint jdm unmöglich, dass jd etw getan hat; **il paraît évident à qn que qn a fait qc** es scheint jdm offensichtlich, dass jd etw getan hat
▸ **sans qu'il y paraisse** ohne dass man etwas davon merkt; **il n'y paraîtra plus** davon wird nichts mehr zu sehen sein
paralittérature [paraliteratyr] *f* drittklassige Literatur
parallaxe [paralaks] *f* ASTRON, PHOT Parallaxe *f;* **erreur de ~** Parallaxenfehler *m*
parallèle [paralɛl] I. *adj* ❶ **activité ~** Nebentätigkeit *f;* **énergie/médecine ~** Alternativenergie *f/-*medizin *f;* **police ~** Geheimpolizei *f;* **circuit ~** [**de distribution**] Parallelvertrieb *m;* **marché ~** grauer Markt
❷ GEOM parallel; **~ à qc** parallel zu etw
II. *f* GEOM Parallele *f*
III. *m* ❶ GEOG Breitenkreis *m;* **le 38ᵉ ~** der 38. Breitengrad
❷ *(comparaison)* **établir** [*o* **faire**] **un ~ avec qc/entre deux choses** eine Parallele zu etw/zwischen zwei Dingen ziehen; **mettre deux choses/qc et qc en ~** zwei Dinge miteinander/etw mit etw vergleichen; **avoir lieu en ~ *tâches, activités:*** nebenherlaufen
parallèlement [paralɛlmɑ̃] *adv* ❶ *(dans l'espace)* parallel [zueinander], nebeneinander; **~ à qn/qc** parallel zu jdm/etw
❷ *(dans le temps)* gleichzeitig; **~ à qc** parallel zu etw
parallélépipède [paralelepipɛd] *m* GEOM Parallelepiped *nt;* **~ rectangle** Quader *m*
parallélisation [paralelizasjɔ̃] *f* INFORM Parallelisierung *f*
parallélisme [paralelism] *m* ❶ GEOM Parallele *f*
❷ AUT *(réglage des roues)* Spureinstellung *f; (empattement des roues)* Radstand *m; (empattement des axes)* Achsstand *m*
❸ *(correspondance)* **~ entre qc et qc** Parallelismus *m* zwischen etw *(Dat)* und etw
parallélogramme [paralelɔgram] *m* GEOM Parallelogramm *nt*
paralysant(e) [paralizɑ̃, ɑ̃t] *adj* lähmend; *attitude* hemmend
paralysé(e) [paralize] I. *adj bras, personne* gelähmt; **être ~ des jambes** an den Beinen gelähmt sein
II. *m(f)* Gelähmte(r) *f(m)*
paralyser [paralize] <1> *vt* ❶ *(empêcher d'agir) personne, émotion, peur:* lähmen; **être paralysé(e) par la peur** vor Angst *(Dat)* [wie] gelähmt sein
❷ *(entraver)* lahmlegen, zum Stillstand [*o* Erliegen] bringen *trafic, activité, économie*
❸ MED lähmen, paralysieren
paralysie [paralizi] *f* ❶ MED Lähmung *f,* Paralyse *f;* **~ respiratoire** Atemlähmung *f*
❷ *(arrêt complet) de la circulation, l'économie, des échanges* Stillstand *m,* Erliegen *nt*
❸ *(impuissance)* Ohnmacht *f*
paralytique [paralitik] I. *adj* gelähmt; *vieillard* lahm
II. *mf* Gelähmte(r) *f(m),* Paralytiker(in) *m(f);* REL Lahme(r) *f(m)*
paramédical(e) [paramedikal, o] <-aux> *adj* **profession ~e** medizinischer Hilfsberuf
paramétrage [parametraʒ] *m* MATH, INFORM Parametrisierung *f*
paramètre [parametr] *m* ❶ MATH Parameter *m*
❷ *(élément important)* [wesentliches] Element
❸ *souvent pl* INFORM Einstellungen *Pl;* **~s nationaux** Ländereinstellung *f;* **~ par défaut** Ausgangsparameter *m*
paramétrer [parametre] *vt* INFORM einstellen *commandes*
paramilitaire [paramilitɛr] *adj* paramilitärisch
parangon [parɑ̃gɔ̃] *m* **~ de vertu** Ausbund *m* an Tugend
parano *abr de* **paranoïa, paranoïaque**
paranoïa [paranɔja] *f* Verfolgungswahn *m,* Paranoia *f;* **être atteint(e) de ~** unter Verfolgungswahn leiden
paranoïaque [paranɔjak] I. *adj* paranoisch, geistesgestört; *personne* an Verfolgungswahn leidend; **délire ~** Verfolgungswahn *m;* **être un peu ~** ein bisschen spinnen
II. *mf* Paranoiker(in) *m(f),* Geistesgestörte(r) *f(m)*
paranormal [paranɔrmal] *m* Übersinnliche(s) *nt*
paranormal(e) [paranɔrmal, o] <-aux> *adj* übersinnlich, paranormal

parapente [parapɑ̃t] *m* ❶ *(parachute rectangulaire)* Gleitschirm *m*
❷ *(sport)* Gleitschirmfliegen *nt*
parapentiste [parapɑ̃tist] *mf* Gleitschirmflieger(in) *m(f)*
parapet [parapɛ] *m* Brüstung *f*
parapharmacie [parafarmasi] *f* Produkte der Körper- und Schönheitspflege
paraphe [paraf] *m* Namenszug *m,* Paraphe *f*
parapher [parafe] <1> *vt* JUR paraphieren *contrat;* abzeichnen *page*
paraphrase [parafrɑz] *f* Umschreibung *f,* Paraphrase *f*
paraphraser [parafrɑze] <1> *vt* umschreiben, paraphrasieren
paraplégie [parapleʒi] *f* Querschnittslähmung *f,* Paraplegie *f (Fachspr.)*
paraplégique [parapleʒik] I. *adj* querschnittsgelähmt
II. *mf* Querschnittsgelähmte(r) *f(m)*
parapluie [paraplɥi] *m* ❶ Regenschirm *m;* **~ pliant** [*o* **telescopique**] Taschenschirm *m,* Knirps® *m*
❷ *(protection)* **~ atomique** [*o* **nucléaire**] atomarer Schirm
parapsychique [parapsiʃik] *adj* parapsychisch, übersinnlich
parapsychologie [parapsikɔlɔʒi] *f* Parapsychologie *f*
parascolaire [paraskɔlɛr] *adj* außerschulisch
parasismique [parasismik] *adj* erdbebensicher
parasitaire [parazitɛr] *adj* parasitär
parasite [parazit] I. *adj* schmarotzend, parasitär; **animal/plante ~** Schmarotzertier *nt/*-pflanze *f*
II. *m* ❶ BIO Schmarotzer *m,* Parasit *m;* **~ des fruits/des cultures/de la vigne** Obst-/Acker-/Rebenschädling *m*
❷ *(profiteur)* Schmarotzer(in) *m(f) (pej),* Parasit *m (pej)*
❸ *pl* RADIO, TV Störgeräusche *Pl,* Rauschen *nt;* **réception sans ~s** störungsfreier Empfang
parasiter [parazite] <1> *vt* ❶ BIO **~ qn/qc** *champignon, insecte, ver:* als Parasit auf [*o* in] jdm/etw leben
❷ *(vivre aux dépens de)* **~ qn/qc** auf jds Kosten *(Akk)*/auf Kosten einer S. *(Gen)* leben
❸ RADIO, TV stören
parasitisme [parazitism] *m* BIO Schmarotzertum *nt,* Parasitismus *m (Fachspr.)*
parasitologie [parazitɔlɔʒi] *f* BIO Parasitologie *f (Fachspr.)*
parasol [parasɔl] *m* Sonnenschirm *m*
parastatal(e) [parastatal, o] <-aux> *adj* BELG *(semi-public) organisme* halböffentlich; *entreprise* gemischtwirtschaftlich
parasympatique [parasɛ̃patik] ANAT, MED I. *adj* parasympatisch
II. *m* Parasympathikus *m (Fachspr.)*
parataxe [parataks] *f* LING Parataxe *f*
parathyroïde [paratirɔid] *f* ANAT *souvent pl* Epithelkörperchen *pl*
paratonnerre [paratɔnɛr] *m* Blitzableiter *m*
paravalanche [paravalɑ̃ʒ] *m* Lawinenverbauung *f*
paravent [paravɑ̃] *m* Wandschirm *m,* spanische Wand, Paravent *m o nt*
parbleu [parblø] *interj* bei [*o* weiß] Gott!
parc [park] *m* ❶ Park *m,* Parkanlage *f;* **~ botanique/zoologique** botanischer/zoologischer Garten; **~ animalier** Tierpark; **~ d'attractions/de loisirs** Vergnügungs-/Freizeitpark; **~ public** Stadtpark
❷ *(région protégée)* **~ maritime** Küstenschutzgebiet *nt;* **~ naturel** [Natur]schutzgebiet; **~ national** Nationalpark *m*
❸ *(ensemble d'équipements)* Bestand *m;* **~ automobile** Wagenpark *m,* Fuhrpark; **~ industriel** Industriepark; **~ informatique** EDV-Bestand; **~ audiovisuel** Ausstattung *f* an audiovisuellen Geräten; **~ d'activités industrielles et commerciales** Gewerbehof *m*
❹ AGR Pferch *m*
❺ *(bassin d'élevage)* **~ à huîtres/moules** Austern-/Muschelpark *m*
❻ *(pour bébé)* Laufstall *m;* **~ à filet** Netz-Laufgitter *nt*
◆ **~ d'attractions** Vergnügungspark *m,* Erlebnispark; **~ des expositions** Messegelände *nt;* **~ de loisirs** Freizeitpark *m;* **~ de stationnement** Parkplatz *m*
parcellaire [parsɛlɛr] *adj* bruchstückhaft; **plan ~** Teilplan *m*
parcelle [parsɛl] *f* ❶ *(terrain)* Parzelle *f;* **une ~ de terrain** [*o* **terre**] eine Parzelle [*o* ein Stück *nt*] Land
❷ *(fragment)* **une ~ de bon sens** eine Spur gesunden Menschenverstands; **pas la moindre ~ de vérité** kein Körnchen Wahrheit
parcellisation [parselizasjɔ̃] *f d'un terrain* Parzellierung *f; du travail* Aufteilung *f*
parcelliser [parselize] <1> *vt* aufteilen; parzellieren, aufteilen *terres*
parce que [parskə] *conj + indic* ❶ *(car)* weil
❷ *fam (sinon)* sonst; **vous partez? Parce que je suis à vous dans deux minutes** geht ihr? Sonst bin ich nämlich in zwei Minuten fertig
❸ *(c'est comme ça!)* **~!** darum!
parchemin [parʃəmɛ̃] *m* ❶ *(peau d'animal, texte)* Pergament *nt*
❷ *fam (diplôme universitaire)* Diplom *nt*
parcheminé(e) [parʃəmine] *adj littér peau* pergamenten, ledern;

visage gegerbt

par-ci [paʀsi] ~, **par-là** hier und da

parcimonie [paʀsimɔni] *f* [übertriebene] Sparsamkeit; **distribuer/donner qc avec** ~ mit etw knausern [*o* geizen]; **accorder ses éloges avec** ~ mit Lob geizen

parcimonieusement [paʀsimɔnjøzmɑ̃] *adv* [sehr] sparsam

parcimonieux, -euse [paʀsimɔnjø, -jøz] *adj* [sehr] sparsam

parcmètre [paʀkmɛtʀ] *m* Parkuhr *f*

parcourir [paʀkuʀiʀ] <*irr*> *vt* ❶ *(accomplir* [*un trajet*]) zurücklegen; **la distance parcourue** die zurückgelegte Entfernung [*o* Strecke]

❷ *(traverser, sillonner)* durchlaufen *ville, rue; (en tous sens)* kreuz und quer laufen durch *ville, rue;* durchreisen, bereisen *région, pays; (en tous sens)* kreuz und quer reisen durch *région, pays;* ~ **une région** *navire:* in einer Region kreuzen; *ruisseau:* durch eine Region fließen; *objet volant:* über eine Region fliegen; ~ **l'île** *(en randonnée pédestre)* [sich *(Dat)*] die Insel erwandern

❸ *(examiner rapidement)* überfliegen *journal, lettre;* durchsuchen *répertoire, banque de données;* ~ **des yeux/du regard** seinen Blick über etw *(Akk)* schweifen lassen

❹ *(agiter)* ~ **l'échine/le corps de qn** *frisson:* jdm über den Rücken laufen/jds Körper *(Akk)* durchlaufen

parcours [paʀkuʀ] *m* ❶ *(trajet) d'un véhicule* [Fahr]strecke *f; d'un fleuve* Lauf *m*

❷ SPORT *(piste)* Strecke *f; (équitation)* Parcours *m; (épreuve)* Durchgang *m,* Runde *f*

❸ *fig* ~ **d'un drogué/d'une droguée** Drogenkarriere *f*

▸ ~ **du combattant** *fig* Hindernislauf *m;* ~ **de santé** Trimm-dich-Pfad *m*

par-delà [paʀdəla] *prép (de l'autre côté)* jenseits *(+ Gen),* hinter *(+ Dat);* ~ **les montagnes/mers** jenseits der Berge/der Meere; ~ **les querelles/problèmes/difficultés** über die Streitigkeiten/Probleme/Schwierigkeiten hinaus **par-derrière** [paʀdɛʀjɛʀ] *adv* ❶ *attaquer, emboutir* von hinten ❷ *(dans le dos de qn)* hinten, im Rücken; *fig raconter, critiquer* hinterherum *(fam)* **dire du mal des gens** ~ hintenherum schlecht über die Leute reden *(fam)* **par-dessous** [paʀdəsu] I. *prép (avec mouvement)* unter *(+ Akk); (sans mouvement)* unter *(+ Dat);* **passer** ~ **les barbelés** unter dem Stacheldraht durchschlüpfen II. *adv* darunter; **regarder** ~ daruntersehen; **passer** ~ darunter hindurchgehen **par-dessus** [paʀdəsy] I. *prép (avec mouvement)* über *(+ Akk); (sans mouvement)* über *(+ Dat);* **passer/sauter** ~ **la barrière** über die Barriere steigen/springen II. *adv* darüber

pardessus [paʀdəsy] *m* Überzieher *m,* Mantel *m*

par-devant [paʀdəvɑ̃] I. *prép* JUR ~ **notaire** vor dem Notar

II. *adv attaquer, emboutir* von vorn[e]; *se boutonner, être endommagé* vorn[e]

pardi [paʀdi] *interj* ~ ! *(dans une affirmation)* das ist doch klar!; *(après une question)* aber natürlich!; **c'est qu'il y trouve son intérêt,** ~ ! da kommt er bestimmt auf seine Kosten, das ist doch klar!

pardon [paʀdɔ̃] *m* Verzeihen *nt;* REL Vergebung *f;* **accorder son** ~ **à qn** jdm verzeihen; **demander** ~ **à qn** jdn um Verzeihung bitten ▸ **mille** ~ [**s**]! ich bitte tausendmal um Verzeihung!; ~ ? wie bitte?

pardonnable [paʀdɔnabl] *adj* verzeihlich, entschuldbar; **être** ~ *personne:* nichts dafür können; **ne pas être** ~ *attitude:* unverzeihlich sein

pardonner [paʀdɔne] <1> I. *vt (absoudre)* ~ **qc à qn** jdm etw verzeihen [*o* vergeben]; **qn se fait** ~ **qc** man verzeiht jdm etw
▸ **pardonne-moi/pardonnez-moi** verzeih mir/verzeihen Sie mir/verzeiht mir

II. *vi* ❶ **ne pas** ~ *maladie, poison:* verhängnisvoll sein; *erreur:* unverzeihlich sein

❷ *(absoudre)* ~ **à qn** jdm verzeihen [*o* vergeben]

paré(e) [paʀe] *adj* ~ **contre le froid/toute éventualité** gegen die Kälte/alle Eventualitäten gewappnet; ~ **au combat** gefechtsklar

pare-avalanches *v.* **paravalanches pare-balles** [paʀbal] I. *adj inv* kugelsicher; *glace* schussfest, kugelsicher; **gilet** ~ kugelsichere Weste; **verre** ~ Panzerglas *nt;* **vitre** ~ Panzerglasscheibe *f* II. *m inv* Kugelfang *m*

pare-boue [paʀbu] *m inv* Schutzblech *nt; d'une voiture* Kotflügel *m*

pare-brise [paʀbʀiz] *m inv* Windschutzscheibe *f;* ~ **en verre feuilleté** Verbundglasscheibe *f* **pare-chocs** [paʀʃɔk] *m inv* Stoßstange *f,* Stoßfänger *m;* ~ **arrière/avant** hintere/vordere Stoßstange **pare-douche** [paʀduʃ] <pare-douche[s]> *m (pour une douche)* Duschabtrennung *f; (pour une baignoire)* Badewannenaufsatz *m* **pare-étincelles** [paʀetɛ̃sɛl] *m inv* [Schutz]gitter *nt,* Ofenschirm *m* **pare-feu** [paʀfø] I. *adj inv* feuerbeständig; **dispositif** ~ Feuerschutzvorrichtung *f;* **porte** ~ Feuertür *f* II. *m inv* ❶ *pare-étincelles* [Schutz]gitter *nt,* Ofenschirm *m* ❷ *(en forêt)* Feuerschneise *f* ❸ INFORM Firewall *f (Fachspr.)*

pareil(le) [paʀɛj] I. *adj* ❶ *(identique)* gleich; **être** ~ **à qn/qc** jdm/einer S. gleich sein; **être** ~ **que qn/qc** *(genau)* so wie jd/etw sein

❷ *(tel)* solche(r, s), derartige(r, s); ~ **le chose** eine derartige Sache; **en** ~ **le circonstance/occasion** unter solchen Umständen/bei solch einer Gelegenheit

II. *m(f) pl péj (semblable)* **vous et vos** ~ **s** Sie und Ihresgleichen/ihr und euresgleichen

▸ **c'est du** ~ **au même** *fam* das ist gehupft wie gesprungen *(fam),* das ist Jacke wie Hose *(fam);* **il n'a pas son** ~ **pour raconter des contes** niemand versteht es so gut wie er[,] Märchen zu erzählen; **rendre la** ~ **le à qn** es jdm mit gleicher Münze heimzahlen; **sans** ~ **(le)** ohnegleichen

III. *adv fam s'habiller* gleich; **faire** ~ das Gleiche tun

pareillement [paʀɛjmɑ̃] *adv* ❶ *(également)* ebenso, ebenfalls; **bonne année!** – **À vous** ~ ! pros[i]t Neujahr! – Gleichfalls!

❷ *(de la même façon)* gleich

parement [paʀmɑ̃] *m* COUT [Ärmel]aufschlag *m;* ~ **de dentelle** Spitzenbesatz *m*

parenchyme [paʀɑ̃ʃim] *m* ANAT, MED, BOT Parenchym *nt (Fachspr.)*

parent [paʀɑ̃] *m* ❶ *gén pl (le père et la mère)* Eltern *Pl;* ~ **s adoptifs** Adoptiveltern; **un des deux** ~ **s** ein Elternteil *m;* ~ **unique** allein Erziehende(r) *f(m),* Alleinerziehende(r) *f(m);* **être** ~ **unique** allein erziehend sein

❷ BIO Elternteil *m,* Elter *nt o m (Fachspr.)*

❸ *pl littér (ancêtres)* Vorfahren *Pl*

❹ *(personne de la famille)* Verwandte(r) *m,* Anverwandte(r) *m (geh);* **être** ~ **avec qn par qn** über jdn mit jdm verwandt sein

▸ **être le** ~ **pauvre de qn/qc** das Stiefkind von jdm/einer S. *(Gen)* sein, von jdm/etw benachteiligt werden

parental(e) [paʀɑ̃tal, o] <-aux> *adj* elterlich

parente [paʀɑ̃t] *f (personne de la famille)* Verwandte *f,* Anverwandte *f (geh);* **être** ~ **avec qn par qn** über jdn mit jdm verwandt sein

parenté [paʀɑ̃te] *f* ❶ *(lien familial)* Verwandtschaft *f;* ~ **entre des personnes** Verwandtschaftsverhältnis *nt* zwischen Menschen *(Dat);* JUR Verwandtschaftsgrad *m* zwischen Menschen *(Dat)*

❷ *(analogie)* Ähnlichkeit *f*

❸ *(ensemble des parents)* Verwandtschaft *f*

parenthèse [paʀɑ̃tɛz] *f* ❶ TYP [runde] Klammer; MATH Klammer

❷ *(digression)* Exkurs *m,* Einschub *m;* **fermer/ouvrir la** [*o* **une**] ~ zum eigentlichen Thema zurückkommen/eine Zwischenbemerkung einfügen; **soit dit entre** ~ **s** nebenbei bemerkt

❸ *(incident)* Intermezzo *nt,* Zwischenspiel *nt*

▸ **mettre qc entre** ~ **s** TYP etw in Klammern setzen; *(oublier provisoirement qc)* etw ausklammern

paréo [paʀeo] *m* Pareo *m,* Hüfttuch *nt*

parer¹ [paʀe] <1> I. *vt* ❶ *(orner)* ~ **qn/qc de qc** jdn/etw mit etw schmücken

❷ *(attribuer à)* ~ **qn de toutes les vertus** jdm alle Tugenden zuschreiben

❸ *(préparer)* gerben *cuir, peaux;* vorbereiten *viande*

II. *vpr* ❶ **se** ~ **de bijoux/de dentelles** sich mit Schmuck/Spitzen schmücken

❷ *fig littér (s'attribuer)* **se** ~ **d'un titre** sich *(Dat)* [selbst] einen Titel zulegen

parer² [paʀe] <1> I. *vt* abwehren *attaque, coup;* entkräften *argument*

II. *vi* ~ **à un danger** eine Gefahr abwenden; ~ **à un inconvénient** einem Missstand abhelfen

pare-soleil [paʀsɔlɛj] *m inv* AUT Sonnenblende *f*

paresse [paʀɛs] *f* Faulheit *f,* Bequemlichkeit *f;* ~ **intellectuelle/physique** geistige/körperliche Trägheit; ~ **intestinale** Darmträgheit *f*

paresser [paʀese] <1> *vi* ~ **au** [*o* **dans son**] **lit** im Bett [herum]faulenzen

paresseuse [paʀesøz] *f* Faulenzerin *f*

paresseusement [paʀesøzmɑ̃] *adv* ❶ *(avec paresse)* faul

❷ *(avec lenteur) avancer* schwerfällig; *couler* träge

paresseux [paʀesø] *m* ❶ *(personne)* Faulenzer *m*

❷ ZOOL Faultier *m*

paresseux, -euse [paʀesø, -øz] *adj* ❶ *personne* faul, bequem; *attitude* lässig; *démarche* schwerfällig; *esprit, caractère* träge

❷ MED *estomac, intestin* träge

parfaire [paʀfɛʀ] <*irr, déf*> *vt* vervollkommnen

parfait [paʀfɛ] *m* ❶ GRAM Perfekt *nt*

❷ GASTR Parfait *nt;* ~ **au café** Mokkaparfait

parfait(e) [paʀfɛ, ɛt] *adj* ❶ *(sans défaut)* perfekt; *travail, manières* tadellos, perfekt; *élève, employé, mari* vorbildlich, perfekt; *condition, exemple, beauté* vollendet

❷ *(sans traces) propreté, brillant* streifenfrei

❸ *(qui répond exactement à un concept) discrétion, harmonie* vollkommen; *ignorance, accord* völlig; *amour* vollendet; *exemple* typisch; **carrière** ~ **e** Bilderbuchkarriere *f;* **le type** ~ **du banquier** ein Bankfachmann, wie er im Buche steht

❹ *antéposé (modèle) gentleman* vollendet; *idiot, crapule* ausge-

macht
parfaitement [paʀfɛtmã] *adv* ❶ *(de façon parfaite) parler une langue* perfekt; *savoir, comprendre* [ganz] genau
❷ *(tout à fait)* völlig, vollkommen; *idiot, ridicule* ausgesprochen; **être ~ au courant** bestens informiert sein
❸ *(oui, bien sûr)* [aber] natürlich [*o* sicher]
parfois [paʀfwa] *adv* ❶ *(de temps en temps)* manchmal, gelegentlich
❷ *(dans certains cas)* manchmal, mitunter
parfum [paʀfœ̃] *m* ❶ *(substance)* Parfum *nt*, Parfüm *nt; (d'origine naturelle)* Duftstoff *m;* **~ pour dame/homme** Damen-/Herrenparfum
❷ *(odeur)* Duft *m*
❸ GASTR Geschmack *m;* **~ banane/citron/fraise** Bananen-/Zitronen-/Erdbeergeschmack; **~ menthe/vanille** Pfefferminz-/Vanillegeschmack; **je voudrais une glace. – Quel ~?** ich hätte gern ein Eis. – Welche Sorte?
▸ **être au ~** *fam* im Bilde sein, Bescheid wissen; **mettre qn au ~** *fam* jdn aufklären
parfumer [paʀfyme] <1> I. *vt* ❶ *(donner une bonne odeur)* **qc parfume la cuisine** die Küche duftet nach etw
❷ *(imprégner de parfum)* parfümieren *linge*
❸ GASTR **~ qc** etw aromatisieren, einer S. *(Dat)* Geschmack verleihen; **~ des crêpes avec du rhum** Crêpes [*o* Krepps] mit Rum verfeinern; **parfumé au café/au rhum** mit Kaffee-/Rumgeschmack
II. *vpr* **se ~** sich parfümieren
parfumerie [paʀfymʀi] *f* ❶ *(magasin, usine)* Parfümerie *f*
❷ *(produits)* Parfümeriewaren *Pl*
❸ *(fabrication)* Parfümherstellung *f*
parfumeur, -euse [paʀfymœʀ, -øz] *m, f* ❶ *(fabricant)* Parfümeur(in) *m(f)*, Parfümhersteller(in) *m(f)*
❷ *(propriétaire d'une parfumerie)* Parfümerieinhaber(in) *m(f)*
pari [paʀi] *m* JEUX, SPORT Wette *f;* **faire un ~** wetten, eine Wette eingehen; **faire le ~ que l'on va faire qc** wetten, dass jd etw tun wird
▸ **~ mutuel** Totalisator *m*, Toto *nt*
paria [paʀja] *m* ❶ Ausgestoßene(r) *f(m)*
❷ *(en Inde)* Paria *m*
parier [paʀje] <1a> I. *vt* **~ qc à qn** mit jdm um etw wetten; **~ à qn que qn va faire qc** mit jdm wetten, dass jd etw tun wird; **~ sur qn/un animal/qc** etw auf jdn/ein Tier/etw setzen; **tu paries que j'y arrive!** wetten, dass ich es schaffe!; **je parie tout ce que tu veux que qn va faire qc** ich gehe jede Wette ein, dass jd etw tun wird
II. *vi* wetten; **~ sur qn/un animal/qc** auf jdn/ein Tier/etw setzen [*o* wetten]; **~ aux courses** Rennwetten abschließen, bei Pferderennen wetten
pariétal(e) [paʀjetal, o] <-aux> *adj (en rapport avec les parois d'une cavité)* **os ~** Scheitelbein *nt;* **lobe ~** Scheitellappen *m;* **peinture ~e** Höhlenmalerei *f*
parieur, -euse [paʀjœʀ, -jøz] *m, f* Wetter(in) *m(f)*
parigot(e) [paʀigo, ɔt] *adj pop* pariserisch
Parigot(e) [paʀigo, ɔt] *m(f) fam* Pariser(in) *m(f)*
Paris [paʀi] *m* Paris *nt*
▸ **~ ne s'est pas fait en un jour** *prov* Rom wurde [auch] nicht an einem Tag erbaut [*o* gebaut]
paris-brest [paʀibʀɛst] <paris-brest[s]> *m* Cremegebäck
parisianisme [paʀizjanism] *m* ❶ *(façon de parler)* [typischer] Pariser Ausdruck
❷ *(habitude)* [typische] pariserische [An]gewohnheit
parisien(ne) [paʀizjɛ̃, jɛn] *adj* Pariser; *mode* pariserisch, Pariser; **la vie ~ne** das Pariser Leben, das Leben in Paris
Parisien(ne) [paʀizjɛ̃, jɛn] *m(f)* Pariser(in) *m(f)*
paritaire [paʀitɛʀ] *adj* paritätisch; **représentation ~** paritätische Mitbestimmung
parité [paʀite] *f* ❶ *(égalité) des idées* Übereinstimmung *f;* **~ des** [*o* **entre les**] **salaires** Lohngleichheit *f*, Lohnparität *f*
❷ FIN *(cours)* Parität *f;* **~ des changes** Währungsparität, [Wechsel]kursparität
parjure [paʀʒyʀ] I. *adj* eidbrüchig, meineidig
II. *mf* Eidbrüchige(r) *f(m)*, Meineidige(r) *f(m)*
III. *m* Meineid *m;* **commettre un ~** einen Meineid schwören
parjurer [paʀʒyʀe] <1> *vpr* **se ~** einen Meineid schwören
parka [paʀka] *m o f* Parka *m*
parking [paʀkiŋ] *m* Parkplatz *m;* **~ souterrain** Tiefgarage *f*
parkinsonien(ne) [paʀkinsɔnjɛ̃, jɛn] *m(f)* an der Parkinsonkrankheit Leidende(r) *f(m)*
parkour, Parkour [paʀkuʀ] *m* SPORT Parkour *m*
parlant(e) [paʀlɑ̃, ɑ̃t] *adj* ❶ *(éloquent) chiffres* [für sich selbst] sprechend; *preuve, exemple* deutlich; **ces chiffres sont ~s** diese Zahlen sprechen für sich
❷ *(très expressif) comparaison, description* anschaulich; *geste, regard* ausdrucksvoll
❸ TECH **cinéma/film ~** Tonfilm *m*

❹ *fam (bavard)* **ne pas être très ~** nicht sehr gesprächig sein
parlé(e) [paʀle] *adj* gesprochen
parlement [paʀləmɑ̃] *m* HIST Parlament *nt*
Parlement [paʀləmɑ̃] *m (corps ou pouvoir législatif)* Parlament *nt;* **~ européen** Europäisches Parlament, Europaparlament
parlementaire [paʀləmɑ̃tɛʀ] I. *adj* parlamentarisch; **débat/commission ~** Parlamentsdebatte *f*/-ausschuss *m;* **indemnité[s] ~[s]** Diäten *Pl*
II. *mf* ❶ Parlamentarier(in) *m(f),* [Parlaments]abgeordnete(r) *f(m);* **~ européen(ne)** Abgeordnete(r) *f(m)* des Europäischen Parlaments, Europa-Abgeordnete(r)
❷ *(médiateur)* Unterhändler(in) *m(f)*
parlementarisme [paʀləmɑ̃taʀism] *m* Parlamentarismus *m*
parlementer [paʀləmɑ̃te] <1> *vi* ❶ *(négocier)* **~ avec qn** mit jdm verhandeln; **~ avec l'ennemi** in Unterhandlungen mit dem Feind treten
❷ *(discuter)* hin und her reden [*o* diskutieren]
parler¹ [paʀle] <1> I. *vi* ❶ sprechen; **~ bas/haut/du nez** leise/laut/durch die Nase sprechen; **continuer à ~** weitersprechen
❷ *(exprimer)* sprechen, reden; **~ avec les mains** mit den Händen reden; **~ par gestes** sich mit Gesten verständigen; **~ en l'air/à tort et à travers** etwas aufs Geratewohl sagen/ins Blaue hinein reden; **~ pour ne rien dire** belangloses Zeug reden; **~ pour qn** für jdn [*o* in jds Namen *(Dat)*] sprechen; **laisser ~ qn** jdn reden [*o* zu Wort kommen] lassen; **faire ~ les armes** die Waffen sprechen lassen; **les faits parlent d'eux-mêmes** die Fakten sprechen für sich
❸ *(converser, discuter)* **~ de qn/qc avec qn** mit jdm über jdn/etw [*o* von jdm/etw] sprechen [*o* reden]; *(longuement)* sich mit jdm über jdn/etw unterhalten; **~ de la pluie et du beau temps/de choses et d'autres** über Gott und die Welt *fam*/über dies und das reden
❹ *(entretenir)* **~ de qn/qc à qn** *(dans un but précis)* mit jdm über jdn/etw sprechen [*o* reden]; *(raconter)* jdm von jdn/etw erzählen
❺ *(adresser la parole)* **~ à qn** jdn ansprechen
❻ *(avoir pour sujet)* **~ de qn/qc** *film, livre:* von jdm/etw erzählen [*o* handeln]; *article, journal:* über jdn/etw berichten; *(brièvement)* jdn/etw erwähnen
❼ *(en s'exprimant de telle manière)* **humainement parlant** vom menschlichen Standpunkt aus [betrachtet]
▸ **faire ~ de soi** von sich reden machen; **sans ~ de qn/qc** ganz zu schweigen von jdm/etw; **moi qui vous parle** *fam* so wahr ich hier stehe
II. *vt* ❶ sprechen *langue*
❷ *(aborder un sujet)* **~ affaires/politique** über Geschäftliches/über Politik *(Akk)* reden [*o* sprechen]; **adorer ~ politique** gern[e] politisieren
III. *vpr* ❶ se *~ langue:* gesprochen werden
❷ *(s'entretenir)* **se ~** miteinander sprechen; **se ~ à soi-même** mit sich selbst reden, Selbstgespräche führen; **ne plus se ~** nicht mehr miteinander reden
parler² [paʀle] *m* ❶ *(manière)* Sprache *f*, Sprechweise *f*
❷ *(langue régionale)* Mundart *f*
parleur, -euse [paʀlœʀ, -øz] *m, f* Schwätzer(in) *m(f);* **un beau ~** *péj* ein Schönredner *m*
parloir [paʀlwaʀ] *m d'une prison, d'un internat, hôpital* Besuchszimmer *nt; d'un couvent, d'une école* Sprechzimmer *nt*
parlot[t]e [paʀlɔt] *f fam* [leeres] Gerede, Geschwätz *nt (fam)*
parme [paʀm] *adj inv* blassviolett
parmesan [paʀməzɑ̃] *m* Parmesan[käse *m*] *m*
parmi [paʀmi] *prép* ❶ *(entre)* unter *(+ Dat)*, von; **pas un seul ~ les élèves n'avait ...** keiner von den Schülern hatte ...; **un exemple ~ d'autres** ein Beispiel *nt* unter [*o* von] vielen; **compter qn ~ ses amis** jdn zu seinen Freunden zählen
❷ *(dans) (sans mouvement)* [mitten] unter *(+ Dat); (avec mouvement)* [mitten] durch; **avancer ~ les rues désertes** durch die leeren Straßen gehen; **~ les spectateurs, je salue ...** unter den Zuschauern begrüße ich ...
parodie [paʀɔdi] *f* ❶ LITTER, ART Parodie *f;* **être une ~ de qc** eine Parodie auf etw *(Akk)* sein
❷ *fig* Farce *f;* **c'était une ~ de procès** der Prozess war eine [einzige] Farce
parodier [paʀɔdje] <1a> *vt* parodieren *auteur, œuvre, style;* nachmachen, nachahmen *personne;* in abgewandelter Form wiedergeben *mot, phrase, expression;* **pour ~ un mot/une phrase célèbre ...** in Abwandlung eines berühmten Ausspruches/Satzes ...
parodique [paʀɔdik] *adj* parodistisch
parodontite [paʀɔdɔ̃tit] *f* MED Parodontitis *f (Fachspr.)*
paroi [paʀwa] *f* ❶ *d'un récipient, véhicule, d'une baignoire* [Innen]wand *f; d'une caverne* Wand
❷ *(cloison)* Trennwand *f*
❸ ANAT, BIO Wand *f;* **~ du/d'un vaisseau [sanguin]** Gefäßwand; **~ abdominale** Bauchdecke *f;* **~ cellulaire** Zellwand; **~ gastrique** Magenwand; **~ intestinale** Darmwand

paroisse – **partager**

④ *(roc, muraille)* [Fels]wand f; **~ est** *d'une montagne* Ostwand
paroisse [paʀwas] f Pfarrgemeinde f, Kirchensprengel m
▸ **prêcher pour sa ~** *fam* in eigener Sache sprechen
paroissial(e) [paʀwasjal, jo] <-aux> *adj* **église ~e** Pfarrkirche f; **journal ~** Kirchenblatt nt
paroissien(ne) [paʀwasjɛ̃, jɛn] m(f) Gemeinde[mit]glied nt, Mitglied der Pfarrgemeinde
parole [paʀɔl] f ① *souvent pl (mot)* Wort nt; **une ~ célèbre** ein berühmter Ausspruch; **ne pas comprendre le sens des ~s de qn** nicht verstehen, was jd [damit] meint; **ne pas prononcer une ~** kein Wort sagen; **assez de ~s!** genug der Worte!
② *(promesse)* **~ d'honneur** Ehrenwort nt; **femme/homme de ~** zuverlässige Frau/zuverlässiger Mann; **croire qn sur ~** jdm aufs Wort glauben; **avoir la ~ de qn** jds [Ehren]wort haben; **donner sa ~ d'honneur à qn de faire qc** jdm sein Ehrenwort geben etw zu tun; **tenir** [o **être de**] **~** Wort halten; **manquer à sa ~** sein Wort brechen
③ *sans pl (faculté de parler)* Sprache f; **perdre/retrouver la ~** die Sprache verlieren/wieder finden
④ *sans pl (fait de parler)* **ne plus adresser la ~ à qn** nicht mehr mit jdm reden; **couper la ~ à qn** jdn unterbrechen
⑤ *sans pl (droit de parler)* **avoir/prendre/demander la ~** das Wort haben/ergreifen/um das Wort bitten; **donner/refuser/retirer la ~ à qn** jdm das Wort erteilen/verweigern/entziehen; **temps de ~** Redezeit f
⑥ *pl* MUS Text m
▸ **~ est d'argent et** [o **mais**] **le silence est d'or** *prov* Reden ist Silber, Schweigen ist Gold; **être ~ d'évangile pour qn** für jdn [ein] Evangelium sein; **ne pas être ~ d'évangile** nicht der Weisheit letzter Schluss sein; **prêcher** [o **porter**] **la bonne ~** REL Gottes Wort verkünden; *iron* schöne Reden halten; **avoir la ~ facile** redegewandt sein; **boire les ~s de qn** an jds Lippen *(Dat)* hängen; **ma ~!** *(je le jure!)* ich schwör's!; *(exprimant l'étonnement)* das gibt es doch nicht!
◆ **~ de Dieu** Gottes Wort nt
parolier, -ière [paʀɔlje, -jɛʀ] m, f *d'un opéra, d'une œuvre musicale* Textdichter(in) m(f); *d'une chanson* Texter(in) m(f); **~(-ière) de chansons de variété** Schlagertexter(in)
paronyme [paʀɔnim] LING *adj* LING stammverwandt, paronymisch
parotide [paʀɔtid] f ANAT Ohrspeicheldrüse f, Parotis f *(Fachspr.)*
parotidite [paʀɔtidit] f MED Ohrspeicheldrüsenentzündung f, Parotitis f *(Fachspr.)*
paroxysme [paʀɔksism] m *d'un sentiment, d'une crise* Höhepunkt m; *d'une maladie* Paroxysmus m; **être au ~ de la colère/douleur** außer sich vor Wut/Schmerz *(Dat)* sein; **le bruit est au** [o **à son**] **~** der Lärm ist auf seinem/ihrem Höhepunkt angelangt
paroxystique [paʀɔksistik] *adj situation, phase* kritisch
parpaing [paʀpɛ̃] m CONSTR Leichtbaustein m
parquer [paʀke] <1> ① *vt* einpferchen *animaux*
② *péj (entasser)* zusammenpferchen *personnes*
③ *(garer)* parken, abstellen *véhicule*
parquet [paʀkɛ] m ① Holzfußboden m, Parkett[boden m] nt
② JUR Staatsanwaltschaft f
parqueter [paʀkəte] <3> vt TECH parkettieren
parrain [paʀɛ̃] m ① Patenonkel m, Pate m, Göd m (A); **~ du bateau** Schiffspate
② *(celui qui introduit qn dans un groupe)* Fürsprecher m, Bürge m
③ *(celui qui parraine qn, qc) d'un acteur, artiste* Förderer m; *d'une fondation, d'un projet* Schirmherr m; *d'une entreprise, initiative* Sponsor m
④ *fig de la mafia* Pate m
parrainage [paʀɛnaʒ] m *(soutien)* Schirmherrschaft f; *(financier)* [finanzielle] Förderung
parrainer [paʀene] <1> vt ① *(apporter son soutien)* **~ qc** die Schirmherrschaft für etw übernehmen
② *(introduire)* **~ qn** für jdn bürgen
③ *(sponsoriser)* fördern, sponsern
parraineur, -euse [paʀɛnœʀ, -øz] m, f Sponsor(in) m(f)
parricide [paʀisid] I. *adj* **fils ~** *(quant au père)* Vatermörder m; *(quant à la mère)* Muttermörder; **crime ~** Vater-/Muttermord m
II. m *(quant au père)* Vatermord m; *(quant à la mère)* Muttermord m
III. mf *(quant au père)* Vatermörder(in) m(f); *(quant à la mère)* Muttermörder(in) m(f)
parsemer [paʀsəme] <4> vt ① *(disperser)* **~ un gâteau de qc** einen Kuchen mit etw bestreuen; **~ le sol** auf dem Boden verstreut liegen; **~ son devoir/son discours de qc** seine Aufgabe/seine Rede mit etw spicken
② *(être répandu sur) chose:* bedecken; **être parsemé(e) de qc** mit etw übersät sein; **un champ parsemé de fleurs** ein Feld nt voller Blumen; **un chemin parsemé d'embûches** ein Weg m voller Hindernisse
parsi(e) [paʀsi] REL I. *adj* parsisch

II. m(f) Parse m
part [paʀ] f ① *(portion)* Teil m; **~ de gâteau** Tortenstück nt; **une ~ de légumes** eine Portion Gemüse
② *(partie)* Teil m; **une bonne/infime ~ de qc** ein großer/geringer Teil einer S. *(Gen)* [o von etw]
③ *(participation)* **~ dans qc** Anteil m an etw *(Dat)*; **avoir ~ à qc** einen Anteil an etw *(Dat)* haben, an etw *(Dat)* beteiligt sein; **prendre une ~ importante dans le succès d'un projet** entscheidend zum Erfolg eines Projektes beitragen; **prendre ~ à une manifestation/à un débat** an einer Demonstration/Debatte teilnehmen; **prendre ~ aux frais** sich an den Kosten beteiligen
④ ECON, FIN, JUR Anteil m; **~s patrimoniales** Vermögensteile Pl; **~ sociale** Geschäftsanteil, Kapitalanteil, Gesellschaftsanteil; **~s sociales à un groupe** Konzernbeteiligungen Pl; **~ sociale d'un associé** Gesellschafteranteil; **~ successorale** [o **d'héritage**] Erb[schafts]anteil; **~ du commerce extérieure au PNB** Außenhandelsquote f; **~ de la population active occupée** Beschäftigtenanteil; **~ des salariés dans le revenu national** Lohnquote; **conserver des ~s du marché** Marktanteile halten; **prendre/reprendre le contrôle des ~s du marché** Marktanteile erobern/zurückerobern
⑤ FISC Steueranteil m
▸ **faire la ~ des choses** allen Faktoren Rechnung tragen; **faire la ~ du feu** ein Opfer bringen; **avoir/réclamer** [o **vouloir**] **sa ~ de gâteau** auch ein Stück vom Kuchen abbekommen/wollen *(fam)*; **se réserver la meilleure ~ du gâteau** das Beste für sich behalten; **se tailler la ~ du lion** den Löwenanteil einstecken; **autre ~** *fam* anderswo; **d'une ~..., d'autre ~...** einerseits..., andererseits...; **d'autre ~** außerdem, übrigens; **être de ~ et d'autre de qn/qc** auf beiden Seiten einer Person/einer S. *(Gen)* sein; **se placer de ~ et d'autre de qn/qc** sich auf beide Seiten einer Person/einer S. *(Gen)* stellen; **citoyen(ne) à ~ entière** Vollbürger(in) m(f); **membre à ~ entière** Vollmitglied nt; **un Français à ~ entière** ein Franzose mit allen Rechten und Pflichten; **se sentir Français à ~ entière** sich ganz und gar als Franzose fühlen; **nulle ~** nirgendwo; **voir/lire/entendre quelque ~** irgendwo; **aller/jeter quelque ~** irgendwohin gehen/werfen; **de toute[s] ~[s]** von allen Seiten; **faire ~ de qc à qn** jdm etw mitteilen; **faire ~ d'une invention** eine Erfindung mitteilen; **prendre qn à ~** beiseitenehmen; **cas/place à ~** besonderer Fall/Platz; **classer/ranger à ~** getrennt einsortieren; **un cas à ~** ein Fall für sich; **mettre qc à ~** etw beiseitelegen; **à ~ qn/qc** abgesehen von jdm/etw; **à ~ ça** *fam* abgesehen davon, ansonsten; **à ~ que qn a fait qc** *fam* abgesehen davon, dass jd etw getan hat; **de ma/sa ~**/**de la ~ de qn** in meinem/seinem/ihrem Auftrag/in jds Auftrag *(Dat)*; **donner à qn le bonjour de la ~ de qn** jdn von jdm grüßen; **pour ma/sa ~** was mich/ihn/sie betrifft
◆ **~ du capital** Kapitalanteil m; **~ de commandite** Kommanditanteil m; **~ dans l'entreprise** Unternehmensteil m; **~ de l'impôt sur le revenu** Einkommenssteueranteil m; **~ d'intérêts** Verzinsungsanteil m; **~ de marché** Marktanteil m; **~ de marché en net recul** schrumpfender Marktanteil; **gagner des ~s de marché** Marktanteile gewinnen; **maintenir ses ~s de marché** seine Marktanteile halten; **~ des produits** Ertragsanteil m; **~ de propriété** Eigentumsanteil m
partage [paʀtaʒ] m ① *(division, répartition) d'un terrain, gâteau, butin, d'aliments* Aufteilung f; *d'une surface, pièce* Unterteilung f, Aufteilung; *des voix* Verteilung f; **le ~ des voix entre les candidats est le suivant:** die Stimmen verteilen sich wie folgt auf die Kandidaten:
② *(fait de partager) d'un appartement* Teilen nt; **il y a ~ des responsabilités entre les deux conducteurs** die beiden Fahrer tragen gemeinsam die Verantwortung
③ JUR **~ judiciaire/amiable** gerichtliche/außergerichtliche Auseinandersetzung f; **~ successoral** Erbauseinandersetzung f; **~ du mobilier du ménage** Hausratsverteilung f
▸ **régner sans ~** uneingeschränkt herrschen; **autorité/pouvoir sans ~** unbestrittene Autorität/Macht; **fidélité sans ~** absolute Treue
◆ **~ des bénéfices** Gewinnteilung f; **~ du patrimoine** Vermögensauseinandersetzung f; **~ de la succession** Nachlassspaltung f
partageable [paʀtaʒabl] *adj frais* aufteilbar; *gâteau* teilbar
partager [paʀtaʒe] <2a> I. vt ① *(diviser)* teilen *gâteau;* aufteilen *pièce, terrain;* **~ qc en qc** etw in etw *(Akk)* [auf]teilen; **~ en deux/quatre** halbieren/vierteln
② *(répartir)* **~ qc entre des personnes/choses/qc et qc** etw unter Menschen/Dingen/zwischen etw und etw *(Dat)* aufteilen
③ *(avoir en commun)* **~** *d'une affaire, frais, bénéfices, passions, goûts,* teilen, gemeinsam tragen *responsabilité*
④ *(s'associer à)* **~ l'avis/la joie/les soucis de qn** jds Ansicht/Freude/Sorgen teilen; **~ la déception/surprise de qn** genauso enttäuscht/überrascht wie jd sein; **être partagé(e)** *frais:* geteilt werden; *avis:* geteilt sein; *plaisir, amour:* gegenseitig sein; **les torts**

sont partagés *(entre tous)* die Schuld liegt bei allen [zusammen]; *(entre deux personnes)* die Schuld liegt bei beiden
⑤ *(donner une part de ce que l'on possède)* **~ qc avec qn** etw mit jdm teilen
⑥ *(hésiter)* **être partagé(e) entre qc et qc** zwischen etw und etw *(Dat)* hin- und hergerissen sein
⑦ *(être d'opinion différente)* **ils sont partagés sur qc/en ce qui concerne qc** sie sind geteilter Meinung über etw *(Akk)*/, was etw anbelangt
II. *vpr* ① *(se diviser)* **se ~ en qc** sich in etw *(Akk)* teilen; **se ~ en deux** sich in zwei Hälften [o Teile] teilen
② *(se répartir)* **se ~ qc** etw unter sich *(Dat)* aufteilen, sich *(Dat)* etw teilen; **se ~ entre** *voix:* sich verteilen auf *(+ Akk)*; **se ~ entre qc et qc** *réactions:* zwischen etw *(Dat)* und etw schwanken

partageur, -euse [paʀtaʒœʀ, -ʒøz] *adj* **être ~** gern[e] teilen
partagiciel [paʀtaʒisjɛl] *m* CAN Shareware *f*
partance [paʀtãs] **être en ~** *avion:* abflugbereit sein; *train, bateau:* abfahrbereit sein; **le train en ~ pour Paris** der Zug nach Paris
partant(e) [paʀtã, ãt] **I.** *adj fam* **être ~ pour qc** bei etw mitmachen *(fam)*; **je suis ~!** ich bin dabei! *(fam)*
II. *m(f)* ① *(opp: arrivant)* Abfahrende(r) *f(m)*, Abreisende(r) *f(m)*
② SPORT Teilnehmer(in) *m(f)*, Starter(in) *m(f)*
partenaire [paʀtənɛʀ] *mf* Partner(in) *m(f);* **~ de tennis** Tennispartner(in); **~ commercial principal** Haupthandelspartner; **~ participant à une coopération** Kooperationspartner(in); **~ social** Tarifpartner, Tarifpartei *f;* **les ~s sociaux du commerce de détail** die Tarifparteien des Einzelhandels; **~ souhaité(e)** Wunschpartner(in); **~ sexuel(le)** Sexualpartner(in), Intimpartner(in)
partenariat [paʀtənaʀja] *m* ① **~ en** in Zusammenarbeit *(Dat)*
② FIN **~ occulte** stille Partnerschaft
parterre [paʀtɛʀ] *m* ① **~ de fleurs** Blumenbeet *nt*
② THEAT Parkett *nt;* **prendre des places au ~** Parkettplätze nehmen
parthénogenèse [paʀtenɔʒenɛz, -ʒɛnɛz] *f* Parthenogenese *f*
parti [paʀti] *m* ① POL Partei *f;* **~ de droite/de gauche** Rechts-/Linkspartei; **~ unique** Einheitspartei; **~ travailliste** Labour Party *f;* **~ paysan** Bauernpartei; **adhérer à un ~** Mitglied einer Partei *(Gen)* sein; **voter pour un ~** eine Partei wählen; **journal/centrale du ~** Parteizeitung *f*/-zentrale *f;* **paysage des ~s [politiques]** Parteienlandschaft *f*
② *(camp)* **se ranger du ~ de qn** sich jds Meinung *(Dat)* anschließen
③ *(personne à marier)* Partie *f;* **un beau ~** eine gute Partie
▶ **~ pris** Voreingenommenheit *f;* **être de ~ pris** eine vorgefasste Meinung haben; **de/sans ~ pris** voreingenommen/unvoreingenommen; **prendre ~ pour/contre qn** für gegen/jdn Partei ergreifen; **prendre son ~** sich entschließen; **mon ~ est pris** mein Entschluss steht fest; **prendre son ~ de qc** sich mit etw abfinden; **prendre le ~ de faire qc** sich entschließen etw zu tun; **tirer ~ de qc** Nutzen aus etw ziehen

---

Land und Leute

Die wichtigsten **partis politiques** Frankreichs sind: *le PS (Parti Socialiste), le PCF (Parti Communiste Français), l'UDF (Union pour la Démocratie Française), le RPR (Rassemblement pour la République), le RPF (Rassemblement pour la France), le MPF (Mouvement pour la France), le FN (Front National)* und *les Verts.* Die Sammelbewegung für die Republik RPR ging im Juli 2002 zusammen mit der Chirac-Partei *DL (Démocratie Libérale)* in der neuen Partei *UMP (Union pour la Majorité Présidentielle)* auf, die sich im November 2002 als *Union pour un Mouvement Populaire* neu gründete.

---

partial(e) [paʀsjal, jo] <-aux> *adj* parteiisch; *juge* parteiisch, befangen; *critique* nicht objektiv
partialement [paʀsjalmã] *adv littér* parteiisch, in einseitiger Weise
partialité [paʀsjalite] *f* Parteilichkeit *f;* **agir avec ~** voreingenommen handeln
participant(e) [paʀtisipã, ãt] **I.** *adj* **personnes ~es** Teilnehmer *Pl*
II. *m(f) a.* JUR, ECON Teilnehmer(in) *m(f);* **~(e) à une/à l'expédition** Expeditionsteilnehmer(in); **~s d'un débat** Diskussionsteilnehmer *Pl;* **~(e) à un clearing** Clearingteilnehmer(in) *(Fachspr.);* **~(e) au contrat** Vertragsbeteiligte(r) *f(m);* **~(e) à la procédure** Verfahrensbeteiligte(r); **~ sans rapport avec la profession exercée** berufsfremde(r) Beteiligte(r)
participatif, -ive [paʀtisipatif, -iv] *adj* ECON *direction, gestion* in dem/der Mitbestimmung herrscht; *politique* der Mitbestimmung *(Gen);* *prêt, titre* Partizipations-
participation [paʀtisipasjɔ̃] *f a.* JUR *(présence, contribution)* Beteiligung *f;* **~ électorale** Wahlbeteiligung; **~ record** Rekordbeteiligung; **avec la ~ de** unter Mitwirkung von

② FIN *(partage)* Beteiligung *f,* Teilhabe *f,* Partizipation *f (Fachspr.);* **~ croisée/substantielle** gegenseitige/wesentliche Beteiligung; **~ étrangère/nationale** Auslands-/Inlandsbeteiligung; **~ indirecte** mittelbare Beteiligung, Unterbeteiligung; **~ occulte** stille Beteiligung; **~ majoritaire/minoritaire** Mehrheits-/Minderheitsbeteiligung; **~ d'un tiers** Drittelbeteiligung; **~ au capital d'exploitation** Beteiligung am Betriebsvermögen; **~ aux fonds propres** Eigenmittelbeteiligung; **acquérir une ~** eine Beteiligung erwerben; **détenir une ~ dans qc** eine Beteiligung an etw *(Dat)* haben
③ *(droit de regard)* Mitbestimmung *f;* **la ~ des élèves à la vie du lycée** die aktive Beteiligung der Gymnasiasten am Schulgeschehen
◆ **~ en actions** Aktienbeteiligung *f;* **~ aux bénéfices** Gewinnbeteiligung *f* [der Arbeitnehmer]; **~ en commandite** Kommanditbeteiligung *f;* **~ aux frais** Unkostenbeteiligung *f;* **~ au passif** Verlustanteil *m;* **~ aux pertes** Verlustanteil *m,* Verlustbeteiligung *f;* **~ à la procédure** Verfahrensbeteiligung *f;* **~ aux risques** Risikobeteiligung *f*
participe [paʀtisip] *m* GRAM Partizip *nt,* Mittelwort *nt;* **~ passé** Partizip Perfekt
participer [paʀtisipe] <1> *vi* ① *(prendre part à)* **~ à une réunion/à un colloque** an einer Sitzung/an einem Kolloquium teilnehmen
② *(collaborer à)* **~ à la conversation** sich am Gespräch beteiligen
③ *(payer, encaisser une part de)* **~ aux frais** sich an den Kosten beteiligen; **~ aux bénéfices** am Gewinn beteiligt sein/werden
④ *(partager)* **~ à la joie de qn** an jds Freude *(Dat)* teilhaben; **~ à la douleur de qn** an jds Schmerz *(Dat)* Anteil nehmen
participial(e) [paʀtisipjal, jo] <-aux> *adj* GRAM Partizipial-
participiale [paʀtisipjal] *f* GRAM Partizipialkonstruktion *f*
particulariser [paʀtikylaʀize] <1> *vt* ① *vieilli (exposer avec détails)* ausführlich darlegen
② *(singulariser)* spezifizieren
particularisme [paʀtikylaʀism] *m* Partikularismus *m*
particularité [paʀtikylaʀite] *f* Besonderheit *f,* besonderes Merkmal; *d'une personne* besonderes Merkmal, Eigenheit *f;* **qn/qc [o présente] la ~ de** das Besondere an jdm/etw ist, dass
particule [paʀtikyl] *f* ① *(grain)* Teilchen *nt,* Partikel *nt;* **~ de sable** Sandkörnchen *nt;* **~s d'abrasion** Abrieb *m;* **~s de diesel** Dieselruß *m*
② GRAM Partikel *f*
③ *(préposition)* **~ nobiliaire** Adelsprädikat *nt;* **porter un nom à ~** einen adeligen Namen tragen; *(en Allemagne)* einen Namen mit „von" tragen
④ PHYS Teilchen *nt;* **~ élémentaire** Elementarteilchen; **~ alpha** Alphateilchen
particulier [paʀtikylje] *m (personne privée)* Privatmann *m,* Privatperson *f;* ADMIN Einzelne(r) *f(m);* COM Privatkunde *m;* **être en la possession d'un ~** sich in Privathand befinden; **la collection appartient à un ~** die Sammlung ist in Privatbesitz; **acheter qc d'un ~** etw aus Privathand erwerben; **vente aux ~s** Verkauf *m* [auch] an privat
particulier, -ière [paʀtikylje, -jɛʀ] *adj* ① *(spécifique) aspect, exemple* [ganz] bestimmt; *trait* typisch, charakteristisch; **"signes ~s néant"** „keine besonderen Kennzeichen"; **être ~(-ière) à qn/qc** jdm/einer S. eigen sein, charakteristisch für jdn/etw sein
② *(spécial)* besondere(r, s); *cas* Sonder-; **aptitudes particulières** besondere Begabungen *Pl;* **rien de ~** nichts Besonderes
③ *(privé)* Privat-; **leçons particulières** Nachhilfestunden *Pl;* **hôtel ~** herrschaftliches Stadthaus; **à titre ~** als Privatperson
④ *(étrange)* eigenartig; **être d'un genre ~** aus dem Rahmen fallen
▶ **en ~** *(en privé)* unter vier Augen; *(notamment)* besonders; *(séparément)* gesondert
particulièrement [paʀtikyljɛʀmã] *adv* besonders; **je n'y tiens pas ~** darauf lege ich keinen besonderen [o gesteigerten] Wert
partie [paʀti] *f* ① *(part)* Teil *m;* **~ supérieure/inférieure** oberer/unterer Teil; **~ centrale** Mittelteil; **~ est/ouest** *d'un bâtiment, d'une ville* Ost-/Westteil; **la majeure ~ du temps** die meiste Zeit; **en ~** teilweise; **en ~ ..., en ~ ...** teils ..., teils ...; **en grande ~** zum größten Teil; **faire ~ de qc** zu etw gehören
② MUS Part *m,* Stimme *f;* **~ [pour] piano/violon** Klavier-/Violinpart; **~ solo du violon** [o **pour violon**] Violinsolo *nt*
③ *pl fam (parties sexuelles masculines)* Weichteile *Pl (fam)*
④ *(spécialité)* Gebiet *nt,* Fach *nt;* **connaître sa ~** sein Metier beherrschen
⑤ JEUX, SPORT Spiel *nt,* Partie *f;* **~ de marelle assise** Mühlespiel, Partie Mühle; **~ de poker/de tennis/d'échecs** Partie Poker/Tennis/Schach; **abandonner la ~** das Rennen [o den Kampf] aufgeben; **~ nulle** unentschieden; **la ~ est jouée** die Würfel sind gefallen
⑥ *(divertissement, excursion)* Ausflug *m;* **~ de campagne** Ausflug aufs Land; **~ de chasse** Jagdpartie *f,* Jagdausflug; **~ de pêche** Angelpartie *f*

❼ JUR Partei *f*; **les deux ~s** beide Seiten *Pl*; **~ adverse** Gegenpartei; **~ appelante** Berufungskläger(in) *m(f)*; **~ civile** Nebenkläger(in), Privatkläger(in); **~ contractante** Vertragspartei; **~ plaignante** Kläger(in); **~ [prenante] à une convention collective** Tarifpartei; **~ au procès** Prozessbeteiligte(r) *f(m)*, Prozesspartei; **~ en cause** Streitpartei; **la ~ grevée d'une charge** die [mit einer Auflage] beschwerte Partei

❽ *(adversaire)* **~s belligérantes** Krieg führende Mächte *Pl*

▶ **la ~ cachée de l'iceberg** das wahre Ausmaß der Sache; **faire une ~ de jambes en l'air** *fam* eine Nummer schieben *(sl)*; **faire ~ des meubles** [schon] zum Inventar gehören; **ce n'est pas une ~ de plaisir** das ist weiß Gott kein Vergnügen; **être ~ prenante** an etw *(Dat)* beteiligt sein; **ce n'est que ~ remise** aufgeschoben ist nicht aufgehoben; **être de la ~** *(participer)* mit von der Partie sein; *(s'y connaître)* vom Fach sein

◆ **~ de la fabrication** Fertigungsteil *nt*

partiel [paʀsjɛl] *m* UNIV Klausur *f*

partiel(le) [paʀsjɛl] *adj* Teil-; *information, vision* lückenhaft; *éclipse* partiell; *élection* Nach-, Ersatz-; *chômage* ~ Kurzarbeit *f*; **travail à temps** ~ Teilzeitarbeit *f*; **examen ~** Klausur *f*

partielle [paʀsjɛl] *f* *(élection)* Nachwahl *f*, Ersatzwahl *f*

partiellement [paʀsjɛlmɑ̃] *adv* teilweise

partir[1] [paʀtiʀ] <10> *vi + être* ❶ *(s'en aller)* [weg]gehen; *automobiliste, voiture, train:* abfahren; *avion:* abfliegen, starten; *lettre:* hinausgehen, wegmüssen; **~ en courant/en vitesse** losrennen/losstürmen; **tu n'es pas encore parti(e)?** bist du noch nicht weg?; **il faut que je parte!** ich muss jetzt weg!; *(j'ai à faire)* ich muss weiter! *(fam)*; **sans laisser d'adresse** wegziehen, ohne eine Adresse zu hinterlassen; **~ en ville** in die Stadt fahren; **~ pour** [*o* **à**] **Paris** nach Paris fahren; *(pour s'y installer)* nach Paris ziehen; **être parti(e) pour [ses] affaires** auf Geschäftsreise sein; **~ à l'école** in die Schule gehen/fahren; **~ à la campagne/dans le Midi** aufs Land/in den Midi fahren; **~ en vacances** in die Ferien reisen; **~ en voyage** verreisen; **~ à la recherche de qn/qc** sich auf die Suche nach jdm/etw machen; **~ chercher qn** jdn abholen gehen; **~ poster une lettre** einen Brief einwerfen gehen

❷ *(après un séjour)* abreisen

❸ *(s'en aller pour s'y installer)* **~ pour** [*o* **à**] **Paris** nach Paris ziehen

❹ *(démarrer) coureur:* starten; *moteur:* anspringen; **l'affaire est bien/mal partie** die Angelegenheit lässt sich gut an/fängt schlecht an; **c'est parti!** *fam* es geht los! *(fam)*; **à vos marques, prêts? Partez!** auf die Plätze, fertig, los!

❺ *(sauter, exploser) fusée:* starten; *coup de feu:* losgehen, sich lösen; **faire ~ un pétard** einen Knallkörper zünden

❻ *(se mettre à)* **~ dans de grandes explications** zu weitschweifigen Erklärungen ausholen; **il est parti pour parler pendant des heures** jetzt wird er stundenlang reden

❼ *(disparaître)* weggehen; *odeur, tache:* weggehen, herausgehen; **faire ~ une tache** einen Fleck herauswaschen; **ce pantalon part en lambeaux** die[se] Hose löst sich auf; **tout son argent part en livres** sein/ihr ganzes Geld geht für Bücher drauf *(fam)*

❽ *euph (mourir)* hinübergehen *(euph geh)*

❾ *(venir de, dater de)* **ce train part de Berlin** dieser Zug fährt von Berlin ab; **notre terrain part de la rivière** unser Grundstück fängt am Fluss an; **l'abonnement part de février** das Abonnement fängt im Februar an; **la deuxième personne en partant de la gauche** die zweite Person von links

❿ *(commencer une opération)* **~ d'un principe/d'une idée** von einem Prinzip/einem Gedanken ausgehen

▶ **à ~ de** *(dans l'espace)* von ... an; *(dans le temps)* ab, von ... an; *(sur la base de)* aus

partir[2] *v.* **maille**[2]

partisan(e) [paʀtizɑ̃, an] I. *adj* ❶ *(favorable à)* **être ~ de qc** etw befürworten; **être ~ de faire qc** befürworten, etw zu tun

❷ *(sectaire)* parteiisch; *haine* kleinlich; **témoigner d'un esprit ~** Voreingenommenheit *f* [*o* Parteilichkeit *f*] beweisen

II. *m(f)* ❶ *(adepte)* Befürworter(in), Verfechter(in) *m(f)*; *d'une personne* Anhänger(in) *m(f)*; **~ du nucléaire** Kernkraftbefürworter, Kernkraftwerk[s]befürworter; **les ~s d'un homme politique** die Anhängerschaft eines Politikers

❷ *(franc-tireur)* Partisan *m*

partita [paʀtita, paʀtite] <*s o* partite> *f* MUS Partita *f*

partitif, -ive [paʀtitif, -iv] *adj* **article ~** Teilungsartikel *m*

partition [paʀtisjɔ̃] *f* ❶ MUS Partitur *f*; **~s pour piano** Klavierliteratur *f*; **jouer sans ~** ohne Noten spielen

❷ *(division)* Teilung *f*

❸ INFORM Partition *f*; **~ active/étendue** aktive/erweiterte Partition; **~ principale** primäre Partition

partitionnement [paʀtisjɔnmɑ̃] *m* INFORM Aufteilung *f*, Partitionierung *f (Fachspr.)*; **~ de la mémoire** Speicherpartitionierung *f*

partitionner [paʀtisjɔne] <1> *vt* INFORM partitionieren *disque dur*

partousard(e) [paʀtuzaʀ, aʀd] *m(f) fam v.* **partouzeur**

partouse [paʀtuz] *f fam v.* **partouze**

partouser [paʀtuze] <1> *vi fam v.* **partouzer**

partout [paʀtu] *adv* ❶ überall; **un peu ~** da und dort; **~ où ...** überall, wo ...

❷ SPORT **on en est à trois ~** es steht drei zu drei [unentschieden]; **on en est à deux manches ~** es steht zwei beide

❸ TENNIS **40 ~** Einstand

partouzard(e) [paʀtuzaʀ, aʀd] *m(f) v.* **partouzeur**

partouze [paʀtuz] *f fam* Gruppensex *m*, Sexorgie *f*

partouzer [paʀtuze] <1> *vi fam* Gruppensex machen, bei einer Sexorgie mitmachen

partouzeur, -euse [paʀtuzœʀ, -øz] *m, f fam* Teilnehmer(in) *m(f)* an einer Sexorgie

parturiente [paʀtyʀjɑ̃t] *f* Gebärende *f*

parure [paʀyʀ] *f* ❶ *vieilli (toilette)* Aufmachung *f*

❷ *(dans la nature)* **la nature a revêtu sa ~ d'hiver** die Natur hat ihr Winterkleid angelegt

❸ *(bijoux)* Schmuck *m*; **~ de diamants** Diamant[en]schmuck; **~ pour cheveux** Haarschmuck; **~ de tête** Kopfschmuck

❹ *(ensemble de pièces de linge)* **~ en soie** seidene Wäschegarnitur; **~ de lit** Bettgarnitur *f*

parution [paʀysjɔ̃] *f* Erscheinen *nt*; **mode de ~** Erscheinungsweise *f*

parvenir [paʀvəniʀ] <9> *vi + être* ❶ *(atteindre)* **~ à une maison/au sommet** zu einem Haus/auf den Gipfel gelangen

❷ *(arriver)* **~ à qn** *colis, lettre:* jdn erreichen; **~ aux oreilles du public** *information:* hinausdringen; **faire ~ une lettre à qn** jdm ein Schreiben zukommen lassen

❸ *(réussir à obtenir)* **~ à la gloire** zu Ruhm gelangen; **~ à convaincre qn** jdn überzeugen können

❹ *(atteindre naturellement)* **~ à un âge avancé** ein hohes Alter erreichen; **être parvenu(e) au terme de sa vie** am Ende seines Lebens angelangt sein

parvenu(e) [paʀvəny] I. *adj* neureich

II. *m(f)* Neureiche(r) *f(m)*

parvis [paʀvi] *m* [Kirchen]vorplatz *m*

pas[1] [pɑ] *m* ❶ *(enjambée)* Schritt *m*; **au ~ de charge** im Sturmschritt; **au ~ de course/de gymnastique** im Laufschritt; **marcher à grands/petits ~** große/kleine Schritte machen; **s'éloigner à grands ~** mit fliegenden [*o* wehenden] Rockschößen davoneilen *(veraltet)*; **marcher d'un bon ~** kräftig ausschreiten; **avancer/reculer d'un ~** einen Schritt vorwärtsgehen/zurückgehen

❷ *(enjambée)* Schrittlänge *f*

❸ *pl (trace)* Tritte *Pl*, Fußstapfen *Pl*; **revenir/retourner sur ses ~** umkehren

❹ *(allure) d'un cheval* Schritt *m*; *d'une personne* Schritt, Gang *m*; **marcher au ~** im Gleichschritt marschieren; **rouler au ~** [im] Schritttempo fahren; **presser/ralentir le ~** seine Schritte beschleunigen/langsamer gehen; **le cheval va au ~** das Pferd geht im Schritt

❺ *(passage)* **~ de la porte** Türschwelle *f*; **sur le ~ de la porte** in der Tür; **le ~ de Calais** GEOG die Straße von Dover

❻ *(pas de danse)* [Tanz]schritt *m*; **~ de tango/de valse** Tango-/Walzerschritt

▶ **avancer à ~ de géant** sehr große Fortschritte machen; **à ~ de loup** ganz leise; **faire les cent ~** auf und ab gehen; **à deux ~** ganz in der Nähe; **faux ~** Fehltritt *m*; *fig* Fauxpas *m*; **à ~ feutrés** auf leisen Sohlen; **se sortir** [*o* **se tirer**] **d'un mauvais ~** den Kopf aus der Schlinge ziehen; **politique des petits ~** Politik *f* der kleinen Schritte; **faire le[s] premier[s] ~** den ersten Schritt machen; **il n'y a que le premier ~ qui coûte** *prov* der erste Schritt ist immer der schwerste; **céder le ~ à qn** jdm den Vortritt lassen; **franchir** [*o* **sauter**] **le ~** den Sprung wagen; **marcher sur les ~ de qn** in jds Fußstapfen *(Akk)* treten; **marquer le ~** auf der Stelle treten; **mettre qn au ~** jdn zurechtweisen; **ne pas quitter qn d'un ~** jdm nicht von den Fersen [*o* der Seite] weichen; **~ à ~** Schritt für Schritt; *exécuter* schrittweise; **à chaque ~** *(partout)* auf Schritt und Tritt; *(à chaque instant)* immer und überall; **de ce ~** sofort, auf der Stelle

◆ **~ de deux** Pas de deux *m*; **~ de filetage** TECH Gewindesteigung *f*; **~ de l'oie** Stechschritt *m*; **~ de vis** TECH Schraubengang *m*

pas[2] [pɑ] *adv* ❶ [ne] ... ~ nicht; **ne ~ croire** nicht glauben; [ne] **~ avoir de stylo/d'argent** keinen Stift/kein Geld haben; [ne] **~ avoir de problème** kein Problem haben; [ne] **~ vouloir de pâtes** keine Nudeln wollen; **il ne fait ~ son âge** er sieht jünger aus als er ist; **ce n'est ~ que je sois fâché(e), mais ...** nicht [etwa], dass ich wütend bin, aber ...; **je n'ai ~ peur** ich habe keine Angst; **j'ai ~ le temps** *fam* ich hab keine Zeit *(fam)*; **[il n'y a] ~ de problème!** kein Problem!; **je n'ai ~ la moindre idée** ich habe nicht die geringste Ahnung; [ne] **~ assez/beaucoup ...** nicht genug/viel ...

❷ *sans vb* **~ de réponse** keine Antwort; **~ bête!** gar nicht [so] dumm!; **absolument ~!** auf keinen Fall!; **~ encore** noch nicht; **~ tellement** nicht besonders; **~ du tout** überhaupt nicht; **~ le**

moins du monde nicht im Geringsten; **~ que je sache** nicht, dass ich wüsste; **~ toi?** du nicht?
   ❸ *avec un adj* nicht; **une histoire ~ ordinaire** eine ungewöhnliche Geschichte; **c'est vraiment ~ banal!** das ist wirklich etwas Ausgefallenes!

pascal [paskal] <s> *m* PHYS Pascal *nt*

Pascal, PASCAL [paskal] *m* INFORM PASCAL *nt*

pascal(e) [paskal, o] <-aux> *adj* ❶ *(dans la religion chrétienne)* Oster-, österlich
   ❷ *(dans la religion juive) agneau* Passah-

Pascal [paskal] *m* Pascal *m*

pas-de-géant [pad(ə)ʒeã] *m inv* SPORT Rundlauf *m* **pas-de-porte** [padpɔʀt] *m inv* COM Abstandszahlung an den Vormieter eines Geschäftslokals

pashmina [paʃmina] *m* COUT Pashmina *m*

passable [pasabl] *adj* ❶ leidlich, annehmbar; *produit* einigermaßen [gut], halbwegs [gut]
   ❷ SCOL ausreichend; [**mention**] **~** Ausreichend *nt*

passablement [pasabləmã] *adv* ❶ *(pas trop mal)* ganz passabel; **jouer ~ d'un instrument** ein Instrument recht gut beherrschen
   ❷ *(beaucoup)* **il lui a fallu ~ de courage pour faire qc** er/sie brauchte ganz schön viel Mut um etw zu tun

passade [pasad] *f* ❶ *(aventure)* Strohfeuer *nt*, kurzes Intermezzo
   ❷ *(caprice)* [vorübergehende] Laune

passage [pasaʒ] *m* ❶ Vorbeikommen *nt; des oiseaux* Vorüberziehen *nt; d'un véhicule* Durchfahren *nt;* **~ interdit** Durchfahrt verboten; **~ protégé** vorfahrtsberechtigte Straße; **personne de ~** Durchreisende(r) *f(m);* **engouement de ~** vorübergehende Schwärmerei; **au ~ d'un avion** wenn ein Flugzeug vorbeifliegt; **être de ~** auf der Durchreise sein; **attendre le ~ de qn/qc** darauf warten, dass jd/etw [vorbei]kommt; **il y a du ~** *fam* es kommen viele Leute vorbei; *(circulation)* es ist viel Verkehr
   ❷ *(traversée)* Passieren *nt; d'un col, d'une rivière* Überqueren *nt;* **~ de la frontière** Überschreiten *nt* [*o* Passieren *nt*] der Grenze, Grenzüberschreitung *f;* **point de ~** MIL Checkpoint *m*
   ❸ NAUT Passage *f*, Überfahrt *f*
   ❹ *(court séjour)* [kurzer] Aufenthalt; **lors de son dernier ~ chez X** als er das letzte Mal bei X war
   ❺ *(apparition)* **~ à la télévision** Fernsehauftritt *m,* TV-Auftritt; **~ d'un chanteur à la télévision** Auftreten *nt* eines Sängers im Fernsehen
   ❻ *(avancement)* **~ d'un élève en sixième** Versetzung *f* [*o* Vorrücken *nt*] eines Schülers in die 6. Klasse [*o* in die 1. Klasse des Collège]; **~ au grade de capitaine** Beförderung *f* zum Hauptmann; **~ dans une tranche supérieure** *d'un assuré* Höherstufung *f*
   ❼ *(transformation)* Übergang *m;* **~ de l'enfance à l'adolescence** Übergang von der Kindheit zum Jugendalter; **le ~ de 2002 à 2003** die Jahreswende 2002/2003
   ❽ *(transmission)* Übergabe *f*
   ❾ *(voie pour piétons)* Weg *m,* Durchgang *m;* **~ clouté** [*o* **pour piétons**] Fußgängerüberweg; **~ souterrain** Fußgängerunterführung *f; (dans une gare)* Bahnsteigunterführung; **les valises encombrent le ~** die Koffer versperren den Durchgang
   ❿ *(voie pour véhicules)* Durchfahrt *f;* **~ souterrain** Straßenunterführung *f*
   ⓫ *(petite rue couverte)* Passage *f;* **~ commerçant** Ladenpassage
   ⓬ *(fragment) d'un roman* Passage *f,* Stelle *f; d'un morceau musical* Passage, Stück *nt;* **~ de la Bible** Bibelstelle
   ⓭ AUT **~ de roue/de la roue** Radkasten *m*
   ⓮ INFORM Ablauf *m;* **~ du programme** Programmablauf *m;* **~ d'essai** Testlauf
   ▶ **céder le ~ à qn/qc** jdm/einer S. die Vorfahrt lassen; **au ~** *(en chemin)* im Vorbeigehen; *(soit en dit en passant)* nebenbei
   ◆ **~ à niveau** Gleisübergang *m,* [Eisen]bahnübergang; **~ à tabac** *fam* Prügel *Pl;* **~ à vide** Formtief *nt,* [vorübergehende] Formschwäche

passager, -ère [pasaʒe, -ɛʀ] I. *adj* ❶ *(de courte durée)* vorübergehend; *beauté, bonheur* vergänglich, flüchtig; **quelques pluies passagères** gelegentliche [Regen]schauer *Pl*
   ❷ *fam (très fréquenté) lieu, rue* belebt
   ❸ *fam (fréquenté par des voitures)* verkehrsreich
   ❹ *(de passage)* hôte, client durchreisend; *oiseau* Zug-; **hôte ~** Durchreisende(r) *f(m)*
   II. *m, f* ❶ *d'une voiture* Insasse *m*/Insassin *f,* Mitfahrer(in) *m(f);* **~(-ère) avant** Beifahrer(in)
   ❷ *(dans les transports en communs)* Fahrgast *m,* Passagier(in) *m(f); d'un avion* Fluggast *m,* Flugreisende(r) *f(m),* [Flug]passagier(in); *d'un navire* Passagier(in)

passagèrement [pasaʒɛʀmã] *adv* vorübergehend, für kurze Zeit

passant [pasã] *m d'une ceinture* [Gürtel]schlaufe *f*

passant(e) [pasã, ãt] I. *adj lieu* belebt; *(fréquenté par des voitures)* verkehrsreich; *rue* stark befahren
   II. *m(f)* Passant(in) *m(f)*

passation [pasasjɔ̃] *f* ❶ *(transmission) des pouvoirs* Übergabe *f;* **~ d'une/de la commande** Auftragserteilung *f;* **lors de la ~ de la commande** bei Auftragserteilung; **~ de commandes** Bestelltätigkeit *f*
   ❷ JUR *d'un acte* Ausfertigung *f;* **~ du contrat** Vertragsabschluss *m*

passavant [pasavã] *m* ❶ COM, JUR *(pour marchandises)* Zollfreischein *m*
   ❷ COM, JUR *(pour voyageurs)* Passierschein *m*
   ❸ NAUT Laufsteg *m*

passe¹ [pas] *m fam abr de* **passe-partout** Hauptschlüssel *m*

passe² [pas] *f* ❶ SPORT Pass *m;* **faire une ~ à qn** jdm den Ball zuspielen; **mauvaise ~** Fehlpass; **~ mal ajustée** schlechte Vorlage
   ❷ *(en tauromachie)* Passage *f*
   ▶ **être dans une bonne/mauvaise ~** eine glückliche/schwere Zeit durchleben; **entraîner qn dans une mauvaise ~** jdn reinreißen *(fam);* **être en ~ de faire qc** auf dem besten Weg sein etw zu tun
   ◆ **~ d'armes** *fig* Wortgefecht *nt*

passé [pase] I. *m* ❶ Vergangenheit *f;* **par le ~** früher; **oublier le ~** das Vergangene vergessen; **tout ça c'est du ~** *fam* all das ist Schnee von gestern *(fam)*
   ❷ GRAM Vergangenheit *f;* **~ simple** Passé simple *nt;* **~ composé** Perfekt *nt;* **~ antérieur** Passé antérieur *nt*
   II. *prép (après)* **~ minuit** nach Mitternacht; **~ la frontière** hinter der Grenze

passé(e) [pase] *adj* ❶ *(dernier)* letzte(r, s), vergangene(r, s)
   ❷ *(révolu)* vergangen; *angoisse* früher
   ❸ *(délavé) couleur* verblasst
   ❹ *(délavé par le soleil)* verschossen
   ❺ *(délavé au lavage)* verwaschen
   ❻ *(plus de)* **[il est] midi ~/deux heures ~es** es ist schon zwölf/zwei Uhr vorbei

passe-droit [pasdʀwa] <passe-droits> *m* ungerechtfertigte Vergünstigung

passéisme [paseism] *m péj* Festhalten *nt* an der Vergangenheit

passéiste [paseist] I. *adj* vergangenheitsbezogen
   II. *mf* Ewiggestrige(r) *f(m) (pej)*

passe-lacet [paslasɛ] <passe-lacets> *m* Einfädler *m*

passement [pasmã] *m* Posament *m*

passementerie [pasmãtʀi] *f* Posamenterie *f*

passementier, -ière [pasmãtje, -jɛʀ] *m, f* Posamentier(in) *m(f)*

passe-montagne [pasmɔ̃taɲ] <passe-montagnes> *m* Kapuzenmütze *f* **passe-partout** [paspaʀtu] I. *adj inv fig* für alle Gelegenheiten; *discours, phrase* Allerwelts- *(fam)* II. *m inv* ❶ *(clé)* Hauptschlüssel *m* ❷ ART Passepartout *nt* **passe-passe** *v.* **tour** **passe-plat** [paspla] <passe-plats> *m* Durchreiche *f*

passepoil [paspwal] *m* COUT Biese *f,* Keder *m (Fachspr.)*

passeport [paspɔʀ] *m* [Reise]pass *m*

passer [pase] <1> I. *vi + avoir o être* ❶ *(se déplacer)* vorbeigehen; *véhicule, automobiliste:* vorbeifahren; *caravane:* vorbeiziehen; **laisser ~ qn/une voiture** jdn/ein Auto vorbeilassen [*o* durchlassen]
   ❷ *(desservir) bus, métro, train:* fahren; **le bus va bientôt ~** der Bus wird gleich kommen
   ❸ *(s'arrêter un court instant)* **~ chez qn** bei jdm vorbeikommen; **je ne fais que ~** ich muss gleich wieder weiter; **~ à la poste** bei [*o* an] der Post vorbeikommen
   ❹ *(avoir un certain trajet)* **~ au bord de qc** *train:* an etw *(Dat)* vorbeifahren; *route:* an etw *(Dat)* vorbeiführen; **~ au-dessus de qc** *personne:* über etw *(Akk)* gehen/fahren/fliegen; *véhicule:* über etw *(Akk)* fahren; *route:* oberhalb einer S. *(Gen)* verlaufen; **~ dans une ville** *automobiliste, voiture:* durch eine Stadt fahren; *rivière:* durch eine Stadt fließen; **~ dans qn/qc** an etw/jdm vorbeigehen; **~ devant qc** *route:* an etw *(Dat)* vorbeiführen [*o* vorbeigehen]; **~ devant/derrière** *(dans une queue, foule)* vorgehen/nach hinten gehen; **~ devant/derrière qn** vor/hinter jdn gehen; **~ entre deux maisons** *personne:* zwischen zwei Häusern durchgehen; *route:* zwischen zwei Häusern verlaufen; **~ par Francfort** *automobiliste:* über Frankfurt fahren; *avion:* über Frankfurt fliegen; *route:* über Frankfurt führen; **~ par la porte** durch die Tür gehen; **~ tout près de qc** *personne:* nahe an etw *(Dat)* vorbeigehen; *véhicule:* dicht an etw *(Dat)* vorbeifahren; *route:* ganz nahe an etw *(Dat)* vorbeiführen; **~ sous qc** unter etw *(Dat)* durchgehen/durchfahren; *véhicule:* unter etw *(Dat)* durchfahren, *route, tunnel, canal:* unter etw *(Dat)* durchführen; **~ sous une voiture** unter ein Auto kommen; **~ sur un pont** über eine Brücke gehen/fahren; **~ sur l'autre rive** [ans andere Ufer] übersetzen
   ❺ *(traverser en brisant)* **~ à travers le pare-brise** durch die Windschutzscheibe geschleudert werden; **~ à travers la glace** auf dem Eis einbrechen
   ❻ *(réussir à franchir) personne, animal, véhicule:* durchkommen; *objet, meuble:* durchpassen
   ❼ *(être digéré)* **ne pas ~, avoir du mal à ~** schwer im Magen liegen; **le repas est bien/mal passé** das Essen ist leicht/schwer ver-

passereau–passerelle

⑧ *(s'infiltrer par, filtrer)* ~ **à travers qc** *eau, lumière:* durch etw dringen; *café:* durch etw durchlaufen; **le soleil passe par la fenêtre** die Sonne scheint durch das Fenster
⑨ *(apparaître brièvement)* ~ **sur qc** *lueur:* über etw *(Akk)* gleiten; *sourire:* über etw *(Akk)* huschen
⑩ *(se trouver)* **où est passée ta sœur/la clé?** wo ist deine Schwester geblieben/der Schlüssel hingekommen?
⑪ *(changer)* ~ **de la salle à manger au salon** vom Esszimmer in den Salon [hinüber]gehen; ~ **de maison en maison** von Haus zu Haus gehen; ~ **de la dixième à la huitième place** vom zehnten auf den achten Platz aufrücken [*o* vorrücken]; ~ **en seconde** AUT in den zweiten Gang schalten; ~ **d'un sujet à un autre** von einem Thema zum nächsten überwechseln; ~ **de l'élevage à la culture** von Viehzucht auf Ackerbau übergehen; ~ **de l'état solide à l'état liquide** vom festen in den flüssigen Zustand übergehen; ~ **de dix pour cent à douze pour cent** sich von zehn auf zwölf Prozent erhöhen; **le feu passe au rouge/du vert à l'orange** die Ampel schaltet auf Rot/von Grün auf Gelb
⑫ *(aller définitivement)* ~ **dans le camp ennemi** ins feindliche Lager überwechseln; ~ **dans les mœurs** in die Sitten und Gebräuche übergehen
⑬ *(être consacré à)* **60 % du budget passent dans les traitements** 60 % des Budgets gehen für Gehälter ab [*o* weg]; **toute ma fortune y est passée** mein ganzes Vermögen ist dabei draufgegangen *(fam)*
⑭ *(faire l'expérience de)* ~ **par des moments difficiles** schwierige Zeiten durchmachen; ~ **par des difficultés** mit Schwierigkeiten konfrontiert werden; **il est passé par la Légion étrangère** er war in der Fremdenlegion
⑮ *(subir)* **y** ~ nicht verschont bleiben
⑯ *(mourir)* dran glauben müssen *(fam);* **il faudra bien que nous y passions** da müssen wir durch *(fam)*
⑰ *(utiliser comme intermédiaire)* ~ **par qn** sich an jdn wenden; ~ **par une agence immobilière** über den/einen Immobilienmakler gehen; ~ **par le standard** über die Vermittlung gehen
⑱ *(être plus important, moins important)* ~ **avant qn/qc** wichtiger als jd/etw sein; ~ **après qn/qc** nicht so wichtig wie jd/etw sein; **le travail passe avant les plaisirs** erst die Arbeit, dann das Vergnügen
⑲ *(avoir son tour, être présenté)* drankommen; **faire ~ qn avant/après les autres** jdn vor/nach den anderen drannehmen *(fam);* ~ **à un examen** in eine Prüfung gehen; ~ **devant un tribunal** [*o* **en justice**] vor Gericht kommen; ~ **à la radio/télé** im Radio/Fernsehen kommen; ~ **à la radio/visite médicale** geröntgt/untersucht werden; **le film passe au Rex** der Film läuft im Rex
⑳ *(être accepté)* ~ **en sixième** in die 6. Klasse [*o* in die 1. Klasse des Collège] versetzt werden [*o* vorrücken]; **faire ~ un élève dans la classe supérieure** einen Schüler in die nächsthöhere Klasse versetzen; **faire ~ une loi/un candidat** ein Gesetz/einen Kandidaten durchbringen; **le candidat est passé à l'examen** der Kandidat hat die Prüfung bestanden; **le candidat est passé à l'élection** der Kandidat ist bei der Wahl durchgekommen; **la proposition de loi est passée à l'Assemblée Nationale** der Gesetzentwurf ist von der Nationalversammlung angenommen worden; **la plaisanterie est bien/mal passée** der Scherz ist gut/schlecht angekommen; **la pièce de théâtre n'est pas passée** das Theaterstück ist durchgefallen
㉑ *(ne pas tenir compte de, oublier)* ~ **sur les détails** über die Einzelheiten hinweggehen [*o* hinwegsehen]; ~ **sur des fautes/laisser ~ des fautes** Fehler übersehen; **laisser ~ une injustice** eine Ungerechtigkeit durchgehen lassen; **passons!** sei(')s drum!
㉒ JEUX passen
㉓ *(s'écouler) temps:* vergehen; **faire ~ le temps** die Zeit vertreiben; **laisser ~ un délai** eine Frist verstreichen lassen; **laisser ~ une occasion** eine Gelegenheit verpassen; **on ne voyait pas le temps ~** die Zeit verging im Nu; **les vacances ont passé vite/sont passées** die Ferien waren schnell vorbei/sind vorbei
㉔ *(disparaître)* vergehen; *douleur:* vergehen, sich legen; *colère:* verfliegen, sich legen; *fleurs:* verblühen; *mode, chagrin:* vorübergehen; *pluie, orage:* nachlassen; *couleur:* verblassen; **faire ~ à qn le goût** [*o* **l'envie**] **de qc/de faire qc** jdm die Lust an etw *(Dat)* nehmen/daran nehmen etw zu tun; **le danger est passé** die Gefahr ist vorbei; **le plus dur est passé** das Schlimmste ist überstanden; **ça te passera** das wird dir schon vergehen
㉕ *(devenir)* ~ **capitaine/directeur** zum Hauptmann befördert/zum Direktor ernannt werden
㉖ *(être pris pour)* ~ **pour qc** für etw gehalten werden; **il pourrait ~ pour un Allemand** man könnte ihn für einen Deutschen halten; **faire ~ qn pour qc** jdn als etw hinstellen
㉗ *(avoir la réputation de)* etw gelten
㉘ *(présenter comme)* **faire ~ qn pour un spécialiste** jdn als Fachmann ausgeben; **se faire ~ pour un médecin** sich als Arzt ausge-

ben
▶ **passe encore que qn ait fait qc** es mag ja noch angehen, dass jd etw getan hat; ~ **outre à qc** sich über etw *(Akk)* hinwegsetzen; **ça passe ou ça casse!** *fam* alles oder nichts!
II. *vt + avoir* ① *(donner)* geben, reichen *sel, photo;* übergeben *consigne, travail, affaire;* **faire ~ le sel à qn** jdm das Salz hinüberreichen; ~ **un message à qn** jdm etw ausrichten; ~ **la grippe/un virus à qn** jdn mit Grippe/einem Virus anstecken
② *(prêter)* ~ **un livre à qn** jdm ein Buch leihen
③ FBALL ~ **la balle à qn** an jdn abspielen [*o* abgeben]
④ *(au téléphone)* ~ **qn à qn** jdm jdn geben, jdn mit jdm verbinden
⑤ SCOL, UNIV machen, ablegen *examen;* ~ **son bac** das Abitur machen; ~ **sa thèse de doctorat** promovieren; ~ **un examen avec succès** eine Prüfung bestehen; **faire ~ un examen de français à qn** jdn in Französisch prüfen
⑥ *(vivre, occuper)* ~ **de bons moments ensemble** eine schöne Zeit miteinander verleben; ~ **ses vacances à Rome** seine Ferien in Rom verbringen; ~ **toutes ses soirées devant la télévision** jeden Abend vor dem Fernseher sitzen; ~ **son temps à faire qc** seine Zeit damit verbringen etw zu tun; ~ **ses nuits à lire** die Nächte durchlesen; **sa vie à attendre** sein Leben lang nur warten; **des nuits passées à boire** durchzechte Nächte *Pl*
⑦ *(présenter)* vorführen, zeigen *film, diapositives;* spielen *disque;* abspielen *cassette*
⑧ *(franchir)* passieren, überqueren *rivière;* überschreiten, schreiten über *(+ Akk) seuil;* überqueren *montagne;* überwinden *obstacle;* (*en sautant*) überspringen *obstacle;* durchfahren *tunnel, écluse;* durchbrechen *mur du son;* passieren *frontière;* **faire ~ la frontière à qn** jdn über die Grenze bringen
⑨ *(dépasser)* übersteigen, hinausgehen über *(+ Akk) imagination, forces;* überschreiten *limite, mesure;* überstehen *hiver;* **avoir passé la trentaine** über dreißig sein; **avoir passé l'âge de qc** zu alt für etw sein
⑩ *(faire mouvoir)* ~ **sa/la tête à travers le grillage/par la portière** den Kopf durch das Gitter/die Tür stecken; ~ **par une ouverture étroite** durch eine enge Öffnung durchbekommen; ~ **dans le chas de l'aiguille** in das Nadelöhr einfädeln; ~ **la main dans les cheveux de qn** jdm mit der Hand durchs Haar fahren; ~ **le chiffon sur l'étagère** auf dem Regal etwas Staub wischen
⑪ *(étaler, étendre)* ~ **une couche de peinture sur qc** eine Schicht Farbe auf etw *(Akk)* auftragen
⑫ *(faire subir une action)* ~ **à la radio** MED röntgen; ~ **au presse-purée** pürieren; ~ **au hache-viande** durch den [Fleisch]wolf drehen; ~ **sous le robinet** kurz abspülen
⑬ GASTR [durch]passieren *sauce, soupe;* filtern *café;* durch ein Sieb gießen *thé*
⑭ *(calmer)* ~ **sa colère sur qn/qc** seine Wut an jdm/etw auslassen
⑮ *(sauter [volontairement])* überspringen; ~ **un/son tour** eine Runde [lang] aussetzen
⑯ *(oublier)* auslassen; ~ **les détails** die Einzelheiten weglassen
⑰ *(permettre)* ~ **tous ses caprices à qn** jdm alle Launen durchgehen lassen; **on lui passe tout** *(bêtises)* man lässt ihm/ihr alles durchgehen; *(désirs)* er/sie bekommt alles, was er/sie will
⑱ *(enfiler)* anziehen, überziehen *vêtement*
⑲ AUT einlegen *vitesse*
⑳ COM, JUR *(conclure)* aufgeben *commande;* abschließen *marché, contrat;* treffen *accord, convention;* ~ **un contrat** kontrahieren
III. *vpr* ① *(s'écouler)* **le temps/le jour se passe** die Zeit/der Tag vergeht
② *(avoir lieu)* geschehen; **que s'est-il passé?** was ist passiert?; **que se passe-t-il?** was ist denn los?
③ *(se dérouler)* **se ~** *action, histoire:* sich abspielen; *fête, manifestation:* stattfinden; **bien/mal se ~** gut/schlecht laufen; **se ~ très vite** ganz schnell gehen; **se ~ comme prévu** so laufen wie geplant; **l'accident s'est passé de nuit** der Unfall hat sich nachts ereignet; **si tout se passe bien** wenn alles gut geht
④ *(cesser)* **se ~** *migraine:* vorübergehen; *douleur:* vorübergehen, vergehen; *colère:* verfliegen, sich legen
⑤ *(se débrouiller sans)* **se ~ de qn/qc** ohne jdn/etw auskommen; **ne pouvoir se ~ l'un de l'autre** ohne einander nicht leben können; **l'amour se passe de mots** Liebe braucht keine Worte; **voilà qui se passe de commentaires!** Kommentar überflüssig!
⑥ *(renoncer à)* auf jdn/etw verzichten; **se ~ de faire qc** darauf verzichten etw zu tun
⑦ *(se mettre)* **se ~ de la crème sur le visage** sich *(Dat)* das Gesicht eincremen; **se ~ le visage à l'eau** sich *(Dat)* das Gesicht kurz mit Wasser abspülen; **se ~ la main sur le front/dans les cheveux** sich *(Dat)* mit der Hand über die Stirn/übers Haar streichen [*o* fahren]
▶ **ça ne se passera pas comme ça!** *fam* so geht das ja nun nicht!
passereau [pɑsʀo] <x> *m* Spatz *m;* **les ~x** die Sperlingsvögel *Pl*
passerelle [pɑsʀɛl] *f* ① *(pont)* Steg *m;* *(sur une voie ferrée)* Bahn-

steigüberführung *f*; Eisenbahnüberführung; *(sur une route)* Straßenüberführung
❷ AVIAT, NAUT *(voie d'accès)* Gangway *f*; *(pont supérieur)* Brücke *f*
❸ SCOL [**classe**] ~ Übergangsklasse *f*; **il y a des ~s** das Schulsystem ist durchlässig
passe-temps [pɑstɑ̃] *m inv* Zeitvertreib *m*; **faire qc par ~** etw zum Zeitvertreib tun **passe-thé** [pɑste] *m inv* Teesieb *nt*
passeur, -euse [pɑsœʀ, -øz] *m*, *f* ❶ *(sur un bac)* Fährmann *m*
❷ *(à la frontière)* Fluchthelfer(in) *m(f)*; **~ de drogues** Rauschgiftschmuggler *m*
passible [pasibl] *adj* COM, JUR **être ~ d'une amende/peine** *personne*: mit einer Geld-/[Haft]strafe rechnen müssen; *délit*: mit einer Geld-/[Haft]strafe belegt werden
passif [pasif] *m* ❶ FIN *(opp: actif)* Passiva *Pl*, Schuldenmasse *f*; **bilan ~** Passivseite *f*; **~ éventuel** Eventualverbindlichkeit *f*; **~ social** Gesellschaftsschulden *Pl*; **~ de la communauté** Gesamtgutverbindlichkeiten *f*; **~ d'une succession** Nachlassverbindlichkeiten
❷ GRAM Passiv *nt*; **mettre au ~** ins Passiv setzen; **être au ~** im Passiv stehen
passif, -ive [pasif, -iv] *adj* ❶ *(apathique)* passiv
❷ *(qui n'agit pas)* untätig; **être le témoin ~ d'un événement** einem Geschehen tatenlos zusehen
❸ GRAM passiv; **voie passive** Passiv *nt*; **forme passive** Passivform *f*
passiflore [pasiflɔʀ] *f* BOT Passionsblume *f*
passing-shot [pasiŋʃɔt] <*passing-shots*> *m* Passierschlag *m*
passion [pasjɔ̃] *f* ❶ *(inclination)* Leidenschaft *f*; **absence** [*o* **manque**] **de ~** Leidenschaftslosigkeit *f*; **~ du sport** Sportbegeisterung *f*; **~ de l'histoire** starkes Interesse an Geschichte; **~ de la liberté** Freiheitsdrang *m*; **~ du pouvoir** Machtgier *f*; **~ des voyages** ausgeprägte Reiselust; **avoir une ~ pour la littérature** eine Passion für die Literatur haben; **être pris(e) de ~ pour la chasse** von der Jagdleidenschaft gepackt werden; **vraiment, tu as une ~ folle pour les chats/la mode!** du bist der reinste Katzen-/Modenarr!
❷ *(amour ardent)* Leidenschaft *f*, leidenschaftliche Liebe; **vivre une ~ avec qn** eine leidenschaftliche Beziehung mit jdm haben
❸ *(impulsions)* Leidenschaft *f*; **maîtriser ses ~s** seine Leidenschaft[en] zügeln
Passion [pasjɔ̃] *f* REL **la ~** die Passion, das Leiden [und Sterben] Christi; **~ selon saint Matthieu** Matthäuspassion
passionnant(e) [pasjɔnɑ̃, ɑ̃t] *adj* faszinierend, fesselnd
passionné(e) [pasjɔne] I. *adj* ❶ *personne, amour, débat* leidenschaftlich
❷ *(ayant un vif intérêt pour)* **~ d'art** kunstbegeistert; **~ de sport/de vol** sport-/flugbegeistert; **être ~ de qc** ein großer Liebhaber/eine große Liebhaberin einer S. *(Gen)* sein
II. *m(f)* **c'est un ~** was er tut, tut er mit Leidenschaft; **~ de cinéma** passionierter Kinogänger; **~ des chats/des chiens/de mode** Katzen-/Hunde-/Modenarr *m*; **~(e) de gymnastique intellectuelle** Tüftler(in) *m(f)*
passionnel(le) [pasjɔnɛl] *adj crime* im Affekt begangen; **drame ~** Eifersuchtsdrama *nt*; **état ~** Affekt *m*
passionnément [pasjɔnemɑ̃] *adv* leidenschaftlich; *amoureux* leidenschaftlich, bis über beide Ohren *(fam)*
passionner [pasjɔne] <1> I. *vt* **~** *personne*: jdn faszinieren; *lecture, spectacle*: jdn fesseln; **ce sujet/match me passionne** ich finde dieses Thema/Spiel äußerst interessant
II. *vpr* **se ~ pour qc** sich für etw begeistern
passivement [pasivmɑ̃] *adv* passiv; *obéir* blind; *assister* tatenlos
passivité [pasivite] *f* Passivität *f*
passoire [pɑswaʀ] *f* Sieb *nt*
▶ **sa mémoire est une vraie ~!** er/sie hat ein Gedächtnis wie ein Sieb! *(fam)*
pastaga [pastaga] *m* MIDI Pastis *m*
pastel [pastɛl] I. *m* ❶ *(crayon)* Pastellstift *m*
❷ ART Pastell[bild] *nt*
II. *app inv couleur* Pastell-
pastèque [pastɛk] *f* Wassermelone *f*
pasteur [pastœʀ] *m* ❶ *(prêtre)* [evangelischer] Pfarrer
❷ *poét (berger)* Hirte *m*
❸ REL Hüter *m*
Pasteur [pastœʀ] *m* **le Bon ~** der gute Hirte
pasteurisation [pastœʀizasjɔ̃] *f* Pasteurisierung *f*
pasteuriser [pastœʀize] <1> *vt* pasteurisieren
pastiche [pastiʃ] *m* ART Nachahmung *f*; *d'une œuvre littéraire* Nachempfindung *f*; **un ~ de ...** ein Werk im Stil von ... [*o* à la ...]
pasticher [pastiʃe] <1> *vt* ART nachahmen; nachempfinden *œuvre littéraire*
pasticheur, -euse [pastiʃœʀ, -øz] *m*, *f* ART Nachahmer(in) *m(f)*
pastille [pastij] *f* ❶ PHARM Pastille *f*; **~ de menthe** Pfefferminzbonbon *m o nt*; **~ de calcium** Kalziumtablette *f*
❷ COUT *(pois)* Pünktchen *nt*; **à ~s** gepunktet
❸ *(gommette)* **~ autocollante** Klebepunkt *m*; **~ verte** ≈

G-KAT-Plakette *f*
❹ INFORM Auswahlknopf *m*
pastis [pastis] *m* Pastis *m*
pastoral(e) [pastɔʀal, o] <-aux> *adj* ❶ *(champêtre)* mœurs Hirten-; *chant, roman* Schäfer-
❷ REL *instruction, lettre* Hirten-; *anneau, croix* Bischofs-; *visite* des Bischofs
pastorale [pastɔʀal] *f* ❶ ART, LITTER, MUS Pastorale *f*
❷ *(poésie)* Schäferdichtung *f*
pastorat [pastɔʀa] *m* Amt *nt* des Geistlichen
pastourelle [pastuʀɛl] *f* Hirtenlied *nt*
pat [pat] I. *adj inv* ECHECS **être ~** patt sein
II. *m* ECHECS Patt *nt*
patachon *v.* **vie**
patapouf [patapuf] I. *interj enfantin (patatras)* bumm, bauz
II. *m fam* Dickerchen *nt (fam)*; **gros ~** Fettmops *m (fam)*
pataquès [patakɛs] *m* ❶ LING falsche Liaison
❷ *(situation confuse)* Schlamassel *m (fam)*
patata *v.* **patati**
patate [patat] *f* ❶ *fam* Kartoffel *f*; **~ douce** Süßkartoffel *f*
❷ CAN *(pomme frite)* **~s frites** Pommes frites *Pl*
❸ *fam (imbécile)* Pflaume *f (fam)*
▶ **refiler la ~ chaude à qn** *fam* jdm den schwarzen Peter zuschieben; **en avoir gros sur la ~** *fam* großen Kummer haben *(fam)*
patati [patati] *interj* ▶ **et ~ et patata** *fam* und so weiter und so fort
patatras [patatʀa] *interj* ❶ *(bruit de chute)* [krach] bumm
❷ *(quand un enfant tombe par terre)* bauz *(Kinderspr.)*
pataud(e) [pato, od] I. *adj air, démarche* plump; *personne* ungeschickt
II. *m(f)* Tollpatsch *m*
pataugas [patogas] *m* ❶ Bergstiefel *m*
❷ *(pour ville)* Schnürstiefel *m*
pataugeoire [patoʒwaʀ] *f* Planschbecken *nt*
patauger [patoʒe] <2a> *vi* ❶ *(marcher)* waten
❷ *(barboter)* planschen
❸ *(ne pas suivre) élève*: nicht [mehr] mitkommen *(fam)*
❹ *(s'empêtrer)* sich [vergeblich] abstrampeln *(fam)*
patch [patʃ] *m* ❶ MED Pflaster *nt*
❷ ANAT *(tissu veineux)* Adergewebe *nt*
❸ INFORM Patch *m (Fachspr.)*
patchouli [patʃuli] *m* Patschuli *nt*
patchwork [patʃwœrk] *m* ❶ COUT Patchwork *nt*; **ouvrage en ~** Patchworkarbeit *f*
❷ *péj (mélange hétéroclite)* [buntes] Durcheinander
pâte [pat] *f* ❶ GASTR Teig *m*; **~ brisée/sablée** Mürbeteig; **~ feuilletée** Blätterteig; **~ à pain/à crêpes** Brot-/Pfannkuchenteig
❷ *pl* GASTR Nudeln *Pl*; **~s alimentaires** Teigwaren *Pl*
❸ *(substance molle)* Paste *f*; **~ dentifrice** Zahnpasta *f*
❹ *(mélange) d'un fromage* Teig *m*; **fromage à ~ molle/dure Weich-/Hartkäse** *m*
◆ **~ à modeler** Knetmasse *f*; **~ à papier** Papierbrei *m*; **~ à sel** Salzteig *m*
◆ **~ d'amandes** Marzipan *nt*; **~ de fruits** Fruchtgelee *nt*
pâté [pɑte] *m* ❶ GASTR Pastete *f*; **~ de campagne** Bauernpastete; **~ de foie/de foie d'oie** Leber-/Gänseleberpastete; **~ de foies de volailles** ≈ Geflügelleberwurst *f*; **~ de volaille** ≈ Geflügelwurst *f*; **~ en croûte** Pastete im Teigmantel
❷ *(tache d'encre)* Tintenklecks *m*; **faire des ~s en écrivant** beim Schreiben klecksen
❸ *(sable moulé)* **~ de sable** Sandkuchen *m*
❹ BELG *(petit gâteau à la crème)* [kleine] Cremetorte *f*
◆ **~ de maisons** Häuserblock *m*
pâtée [pɑte] *f du chien, chat* Futter *nt*; *du porc, de la volaille* Futterbrei *m*
patelin [patlɛ̃] *m fam* Nest *nt (fam)*
patène [patɛn] *f* ECCL Patene *f*
patent(e) [patɑ̃, ɑ̃t] *adj* offensichtlich, offenkundig
patente [patɑ̃t] *f* ❶ *(impôt)* Gewerbesteuer *f*
❷ CAN *(objet quelconque)* Ding *nt*
patenté(e) [patɑ̃te] *adj* anerkannt
pater [patɛʀ] *m inv pop (père)* **le ~** der Alte *(sl)*
Pater [patɛʀ] *m inv* **le ~** das Vaterunser
patère [patɛʀ] *f* Kleiderhaken *m*
paternalisme [patɛʀnalism] *m* Paternalismus *m*; POL Bevormundung *f* [durch den Staat]
paternaliste [patɛʀnalist] *adj patron* paternalistisch, onkelhaft *(péj)*; **avoir des airs ~** *patron*: onkelhaft wirken *(péj)*
paternel [patɛʀnɛl] *m fam (père)* Alte(r) *m*
paternel(le) [patɛʀnɛl] *adj* väterlich; **grands-parents ~s** Großeltern väterlicherseits
paternellement [patɛʀnɛlmɑ̃] *adv* väterlich, wie ein Vater
paternité [patɛʀnite] *f* ❶ Vaterschaft *f*
❷ *(fait d'être l'auteur) d'un roman, projet* Urheberschaft *f*

pâteux, -euse [pɑtø, -øz] *adj* ❶ zähflüssig; *sauce* dickflüssig; *pain* pappig; *masse* teigig
❷ *(lourd) style* schwerfällig
▶ **avoir la bouche/la langue pâteuse** ein pelziges Gefühl im Mund haben
pathétique [patetik] I. *adj* ergreifend, bewegend; *roman* leidenschaftlich
II. *m* Pathos *nt*
pathogène [patɔʒɛn] *adj* MED krankheitserregend, pathogen *(Fachspr.)*; **agent** ~ Krankheitserreger *m*
pathogénie [patɔʒeni] *f* MED Pathogenese *f (Fachspr.)*
pathogénité [patɔʒenite] *f* MED Pathogenität *f (Fachspr.)*
pathologie [patɔlɔʒi] *f* Pathologie *f*
pathologique [patɔlɔʒik] *adj* MED pathologisch; *comportement, peur* pathologisch, krankhaft
pathologiquement [patɔlɔʒikmɑ̃] *adv* krankhaft
pathologiste [patɔlɔʒist] *mf* Pathologe *m*/Pathologin *f*
pathos [patos] *m* Pathos *nt*
patibulaire [patibylɛʀ] *adj* **mine** ~ Verbrechergesicht *nt*
patiemment [pasjamɑ̃] *adv* geduldig
patience[1] [pasjɑ̃s] *f (qualité)* Geduld *f*; **avoir de la** ~ Geduld haben; **être à bout de** ~ am Ende seiner Geduld sein; **perdre** ~ die Geduld verlieren; **prendre** ~ sich gedulden; ~! [nur] Geduld!
▶ ~ **d'ange** Engelsgeduld *f*
patience[2] [pasjɑ̃s] *f* BOT Gartenampfer *m*
patient(e) [pasjɑ̃, jɑ̃t] I. *adj* ❶ *(calme)* geduldig; **être** ~ **avec qn** Geduld mit jdm haben
❷ *(persévérant) observation* geduldig; *recherche* unermüdlich; *travail* ausdauernd; **c'est un esprit** ~ er/sie ist [sehr] geduldig
II. *m(f)* MED Patient(in) *m(f)*; **à risque** Risikopatient(in) *m(f)*
patienter [pasjɑ̃te] <1> *vi* warten; **faire** ~ **qn** jdn [kurze Zeit] warten lassen
patin [patɛ̃] *m d'une luge* Kufe *f*
▶ **rouler un** ~ **à qn** *fam* jdm einen Zungenkuss geben
◆ ~ **de frein** Bremsklotz *m*; ~ **à glace** Schlittschuh *m*; **faire du** ~ **à glace** eislaufen, Schlittschuh laufen; ~**s en ligne** Inlineskates *Pl*, Rollerblades *Pl*; ~ **à roulettes** Rollschuh *m*; *(version moderne)* Rollerskates *Pl*; **faire du** ~ **à roulettes** Rollschuh laufen; *(version moderne)* Rollerskates laufen
patinage[1] [patinaʒ] *m* ❶ SPORT ~ **sur glace** Schlittschuhlaufen *nt*, Eislaufen *nt*; ~ **à roulettes** Rollschuhlaufen *nt*; ~ **artistique** Eiskunstlauf *m*
❷ AUT Schlupf *m (Fachspr.)*; *d'une roue* Durchdrehen *nt*; *de l'embrayage* Schleifen *nt*
◆ ~ **en** [*o* **par**] **couple** Paarlauf *m*; ~ **de vitesse** Eisschnelllauf *m*
patinage[2] [patinaʒ] *m* TECH Patinieren *nt*
patine [patin] *f* Patina *f*
patiner[1] [patine] <1> *vi* ❶ SPORT *(faire du patin à glace)* eislaufen, Schlittschuh laufen; *(faire du patin à roulettes)* Rollschuh laufen
❷ AUT *embrayage:* schleifen; *roue:* durchdrehen; *véhicule:* rutschen
❸ *(ne pas progresser)* nicht vorankommen
patiner[2] [patine] <1> I. *vt (recouvrir de patine)* patinieren; **des statues patinées par le temps** Statuen, die mit der Zeit Patina angesetzt haben
II. *vpr* **se** ~ Patina ansetzen
patinette [patinɛt] *f* Roller *m*
patineur, -euse [patinœʀ, -øz] *m, f* Schlittschuhläufer(in) *m(f)*; ~(**-euse**) **artistique** Eiskunstläufer(in) *m(f)*; ~(**-euse**) **en ligne** Inlineskater(in) *m(f)*
◆ ~(**-euse**) **à roulettes** Rollschuhläufer(in) *m(f)*; ~(**-euse**) **de vitesse** Eisschnellläufer(in) *m(f)*
patinoire [patinwaʀ] *f (piste de patinage)* Eisbahn *f*; ~ **artificielle** Kunsteisbahn *f*; ~ **couverte** [überdachtes] Eisstadion
❷ *(endroit glissant)* Rutschbahn *f (fam)*
patio [patjo, pasjo] *m* Patio *m*
pâtir [pɑtiʀ] <8> *vi* ~ **de qc** unter etw *(Dat)* leiden; ~ **des erreurs de qn** für jds Fehler büßen müssen
pâtisserie [pɑtisʀi] *f* ❶ *(magasin)* Konditorei *f*
❷ *(métier)* Konditorhandwerk *nt*
❸ *(gâteaux)* Gebäck *nt kein Pl*; ~**s fines** Feingebäck
❹ *(préparation de gâteaux)* Backen *nt*
pâtissier, -ière [pɑtisje, -jɛʀ] I. *m, f* Konditor(in) *m(f)*; **maître** ~ Konditormeister(in) *m(f)* II. *adj v.* **crème** **pâtissier-glacier** [pɑtisjeglasje] <pâtissiers-glaciers> *m* Eiskonditor(in) *m(f)*
pâtisson [pɑtisɔ̃] *m* BOT Bischofsmütze *f*
patois [patwɑ] *m* [lokale] Mundart *f*; **parler** [**en**] ~ Mundart sprechen
patouiller [patuje] <1> *fam* I. *vi* [herum]panschen *(fam)*;
II. *vt (tripoter)* begrapschen *(fam)*
patraque [patʀak] *adj fam* **être** [*o* **se sentir**] ~ sich ein bisschen angeschlagen fühlen *(fam)*
pâtre [pɑtʀ] *m littér* Hirte *m*
patriarcal(e) [patʀijaʀkal, o] <-aux> *adj* ❶ *société, autorité* patriarchalisch
❷ REL Patriarchen-; **croix** des Patriarchen
patriarcat [patʀijaʀka] *m* Patriarchat *nt*, Männerherrschaft *f*
patriarche [patʀijaʀʃ] *m* Patriarch *m*
patricien(ne) [patʀisjɛ̃, jɛn] *m(f)* HIST Patrizier(in) *m(f)*
patrie [patʀi] *f* ❶ *(nation)* Heimat *f*, Vaterland *nt*; ~ **d'origine** Urheimat *f*; **mourir pour la** ~ für das Vaterland sterben; **avoir le sens de la** ~ ein ausgeprägtes Nationalgefühl besitzen
❷ *(lieu de naissance)* Geburtsort *m*, Geburtsstadt *f*
❸ *(berceau)* Heimat *f*
patrimoine [patʀimwan] *m* ❶ a. FIN, JUR Vermögen *nt*; ~ **foncier** Grundvermögen; ~ **initial** Anfangsvermögen; ~ **au moment de la dissolution de la communauté** Endvermögen; ~ **successoral** Erbvermögen; ~ **de l'Église** Kirchenvermögen; **dilapider son** ~ das Erbe durchbringen
❷ *(bien commun)* Erbe *nt*; ~ **culturel/national** Kulturerbe/nationales Kulturerbe
❸ BIO ~ **génétique** [*o* **héréditaire**] Erbgut *nt*, Erbmasse *f*
◆ ~ **de l'entreprise** Firmenvermögen *nt*; ~ **d'indivision** JUR Gesamthandsvermögen *nt*; ~ **de la société** Gesellschaftsvermögen *nt*
patriote [patʀijɔt] I. *adj* patriotisch; **être** ~ ein Patriot sein
II. *mf* Patriot(in) *m(f)*
patriotique [patʀijɔtik] *adj* patriotisch
patriotiquement [patʀijɔtikmɑ̃] *adv* patriotisch
patriotisme [patʀijɔtism] *m* Patriotismus *m*
patron [patʀɔ̃] *m* ❶ *(employeur, propriétaire, chef) d'une entreprise* Chef *m*; *d'un restaurant, café, hôtel* Wirt *m*; **petit** ~ Kleinunternehmer *m*; **gros** [*o* **grand**] ~ **de l'industrie** *fam* Wirtschaftsboss *m (fam)*, Industriebosse *(fam)*; **les** ~**s** *(le patronat)* die Arbeitgeber
❷ *(leader) d'une organisation* Chef *m*; **le** ~ **des** ~**s** der Präsident des Arbeitgeberverbandes, der Boss der Bosse *(fam)*
❸ *(artisan)* ~ **boulanger** Bäckermeister *m*
❹ *fam (supérieur hiérarchique, chef)* Chef *m (fam)*, Boss *m (fam)*
❺ *(homme politique leader)* Spitzenmann *m*
❻ *(chef d'un service hospitalier)* ≈ Oberarzt *m*; **les grands** ~**s** die großen Chefs und Meister *(fam)*
❼ REL Namenspatron *m*, Schutzpatron *m*; **saint** ~ Kirchenpatron *m*
❽ COUT Schnittmuster *nt*
❾ TECH Schablone *f*
◆ ~ **de presse** Zeitungsmagnat *m*; ~ **de thèse** Doktorvater *m*
patronage [patʀɔnaʒ] *m* Schirmherrschaft *f*; **sous le** ~ **de qn** unter jds Schirmherrschaft *(Dat)*
patronal(e) [patʀɔnal, o] <-aux> *adj* ❶ Arbeitgeber-; *responsabilité* der Arbeitgeber *(Gen)*
❷ REL **fête** ~**e** Patronatsfest *nt*
patronat [patʀɔna] *m* Arbeitgeber *Pl*, Arbeitgeberschaft *f*; **au sein du** ~ in Unternehmerkreisen
patronne [patʀɔn] *f* ❶ *(propriétaire, chef) d'une entreprise* Chefin *f*; *d'un restaurant, café, hôtel* Wirtin *f*
❷ *fam (supérieure hiérarchique, chef)* Chefin *f (fam)*, Boss *m (fam)*
❸ REL Namenspatronin *f*, Schutzpatronin *f*; **sainte** ~**ne** Kirchenpatronin
patronner [patʀɔne] <1> *vt* protegieren, fördern *personne;* unterstützen *candidature, entreprise, initiative*
patronnesse *v.* **dame**
patronyme [patʀɔnim] *m littér* Familienname *m*
patronymique [patʀɔnimik] *adj* **nom** ~ Familienname *m*
patrouille [patʀuj] *f* Patrouille *f*; ~ **de police** Polizeistreife *f*; **voiture de** ~ **de la police** Streifenwagen *m* der Polizei; **être/partir en** ~ auf Patrouille sein/gehen; *policier:* auf Streife sein/gehen
◆ ~ **de chasse** kleine Formation aus Jagdflugzeugen mit Erkundungsauftrag; ~ **de reconnaissance** Spähpatrouille *f*
patrouiller [patʀuje] <1> *vi* patrouillieren; *policier:* Streife fahren
patrouilleur [patʀujœʀ] *m* ❶ *(soldat)* Soldat *m* auf Patrouille
❷ AVIAT Aufklärer *m*
❸ NAUT Patrouillenboot *nt*
patte [pat] *f* ❶ *(chez l'animal: servant à marcher)* Bein *nt*; **lever la** ~ das Bein heben; ~ **antérieure** [*o* **de devant**] Vorderbein, Vorderhand *f*; ~ **de derrière** Hinterbein *nt*; **animal à nombreuses** [*o* **plusieurs**] ~**s** vielfüßiges Tier
❷ *(chez l'animal: servant à saisir, à attaquer) d'un chien, chat* Pfote *f*; *d'un lion* Pranke *f*; *d'un ours* Tatze *f*; ~ **de chien** Hundepfote; ~ **antérieure** [*o* **de devant**] *d'un petit mammifère* Vorderpfote; ~ **de derrière** *d'un petit mammifère* Hinterpfote; ~ **de velours** *d'un chat* Samtpfötchen *nt*
❸ *fam (jambe)* Bein *nt*; **se casser une** ~ sich den/einen Haxen brechen *(fam)*; **être bas** [*o* **court**] **sur** ~**s** kurze Beine haben
❹ *fam (main)* Pfote *f (fam)*
❺ *(languette)* Patte *f*; *d'un uniforme* Schulterstück *nt*; *d'un portefeuille* Zunge *f*; ~ **boutonnière** Knopfleiste *f*
❻ CH *(chiffon)* Lappen *m*; ~ **à relaver** Spüllappen *m*, Spültuch *nt*
▶ **ne pas casser trois** ~**s à un canard** *fam* einen nicht [gerade]

vom Hocker hauen *(fam)*; **faire ~ de** <u>velours</u> katzenfreundlich sein; **bas les ~s!** *fam* Pfoten weg! *(fam)*; **montrer ~** <u>blanche</u> sich ausweisen; **avoir une ~** <u>folle</u> *fam* ein Hinkebein [*o* einen Hinkefuß] haben *(fam)*; **en avoir** <u>plein</u> **les ~s** *fam* ganz müde Beine haben; **à** <u>quatre</u> **~s** *fam* auf allen vieren *(fam)*; **marcher sur** <u>trois</u> **~s** *fam* moteur: [nur] auf drei Töpfen [*o* Pötten] laufen *(fam)*; **graisser la ~ à qn** *fam* jdn schmieren *(fam)*; **tirer dans les ~s de qn** *fam* jdm Knüppel zwischen die Beine werfen
▸ **~ s d'éléphant** pantalon à ~ **s d'éléphant** Hose *f* mit Schlag; **~s de mouche** Gekritzel *nt;* **~ d'ours** BOT Bärenklau *f*
patte-d'oie [patdwa] <pattes-d'oie> *f* ❶ *pl (rides)* Krähenfüße *Pl* ❷ *(carrefour en Y)* Gabelung *f*
pattemouille [patmuj] *f* Bügeltuch *nt*
pâturage [pαtyʀaʒ] *m* ❶ *(herbage)* Weide *f;* **~ à moutons** Schafweide; **gras ~s** saftige Weiden
❷ *(action)* Weiden *nt*
❸ *(exploitation)* Weidewirtschaft *f*
pâture [pαtyʀ] *f* ❶ *(pâturage)* Weide *f;* **mener ses vaches en ~** die Kühe auf die Weide treiben; **~ d'hiver** Winterweide
❷ AGR Grünland *nt*
❸ *(nourriture)* Futter *nt*
❹ *fig* [geistige] Nahrung *f*
▸ **donner** [*o* **livrer**] **qc en ~ à la presse** der Presse mit etw ein gefundenes Fressen liefern
pâturer [pαtyʀe] <1> I. *vi* weiden
II. *vt* **~ qc** *Tier:* etw abweiden
paturon, pâturon [patyʀɔ̃] *m (du cheval)* Fessel *f*
Paul [pɔl] *m* ❶ Paul *m*
❷ REL **Saint ~** Paulus
paume [pom] *f* ❶ **~** [de la main] Handteller *m*
❷ SPORT **jeu de ~** Paumespiel *nt*
paumé(e) [pome] I. *adj fam* ❶ *(perdu)* lieu, village gottverlassen *(fam)*; **il est ~** er weiß nicht mehr, wo er ist
❷ *(désorienté)* aufgeschmissen *(fam)*; **être ~** sich *(Dat)* verloren vorkommen
❸ *(socialement inadapté)* **être complètement ~** völlig neben der Kappe sein *(fam)*
II. *m(f) fam* **c'est un ~** er ist total von der Rolle *(fam)*
paumelle [pomɛl] *f* TECH [Angel]band *nt*
paumer [pome] <1> I. *vt fam* verbummeln *(fam)*
II. *vpr fam* **se ~** *(à pied)* sich verlaufen
❷ *(en voiture)* sich verfahren
paupérisation [popeʀizasjɔ̃] *f* Verarmung *f*
paupériser [popeʀize] <1> *vt* verarmen lassen
paupérisme [popeʀism] *m* Verarmung *f* breiter Bevölkerungsschichten
paupière [popjɛʀ] *f* [Augen]lid *nt;* **~ supérieure** Oberlid
paupiette [popjɛt] *f* **~ de veau** Kalbsroulade *f*
pause [poz] *f* Pause *f;* **faire une ~** [eine] Pause machen; **~ cigarette** Zigarettenpause; **~ forcée** Zwangspause; **faire une ~ forcée** eine Zwangspause einlegen; **~ intermédiaire** Zwischenpause; **~ publicitaire** Werbepause, Werbeunterbrechung *f;* **~ de midi** Mittagspause, Tischzeit *f;* **je n'ai qu'une demi-heure de ~ à midi** ich habe nur eine halbe Stunde Mittagspause [*o* Tischzeit]; **~ d'hiver** Winterpause
❷ MUS ganze Pause
❸ SPORT Halbzeit *f*
pause-café [pozkafe] <pauses-café> *f fam* Kaffeepause *f*
pauvre [povʀ] I. *adj* ❶ *personne, pays* arm; *mobilier, vêtement* ärmlich; *végétation* spärlich; *nourriture* ohne großen Nährwert; *mélange* mager; *style* farblos; **~ en graisse/en oxygène** fett-/sauerstoffarm; **~ en devises** devisenschwach; **pays ~ en matières premières** rohstoffarmes Land
❷ *antéposé (médiocre)* argument schwach; *orateur, tacticien* schwach; *excuse* fadenscheinig; *salaire* kümmerlich, armselig
❸ *antéposé (digne de pitié)* arm; *sourire* schwach; **mon ~ ami, si tu savais** mein Lieber, wenn du wüsstest; **~ France!** armes Frankreich!
❹ *pop (lamentable)* idiot, type arm
II. *mf* Arme(r) *f(m)*
▸ **~ d'esprit** leicht geistig Behinderte(r) *f(m)*
pauvrement [povʀəmɑ̃] *adv* ärmlich; *éclairé* schlecht; *vivre* in ärmlichen Verhältnissen
pauvret(te) [povʀɛ, ɛt] *adj* Mitleid erregend, mitleiderregend
II. *m(f)* ❶ *(garçon)* armes [kleines] Kerlchen
❷ *(fille)* armes [kleines] Ding
pauvreté [povʀəte] *f* Armut *f; du sol* Kargheit *f; du style, vocabulaire* Farblosigkeit *f; d'une habitation, du mobilier* Ärmlichkeit *f,* Armseligkeit *f;* **~ de sentiments** Gefühlsarmut *f*
▸ **~ n'est pas** <u>vice</u> *prov* Armut ist keine Schande
pavage [pavaʒ] *m* ❶ *(action)* Pflastern *nt*
❷ *(revêtement)* Pflaster *nt*
pavane [pavan] *f* Pavane *f*
pavaner [pavane] <1> *vpr* **se ~** umherstolzieren, sich aufplustern *(fam)*
pavé [pave] *m* ❶ *(bloc, dalle)* Pflasterstein *m*
❷ *(revêtement)* [Straßen]pflaster *nt*
❸ *péj fam (livre)* [dicker] Wälzer *(fam)*
❹ *(morceau de viande)* **~ de bœuf** großes Rinder[filet]steak
❺ INFORM *(sur le clavier)* [Tasten]block *m;* **~ numérique** Zifferblock, Zehnerblock, Block mit den Zahlen
▸ **qn a un ~ sur l'**<u>estomac</u> *fam* jdm liegt das Essen wie ein Stein im Magen *(fam)*; **être/jeter un ~ dans la** <u>mare</u> für Wirbel sorgen *(fam)*; **sous les ~s la** <u>plage</u>**!** unter dem Pflaster liegt der Strand! *(Slogan von Mai 1968)*; **être sur le ~** lange durch die Straßen marschieren; **être sur le ~** auf der Straße sitzen
pavement [pavmɑ̃] *m* Pflaster *nt;* **~ de mosaïque** Mosaik[fuß]boden *m*
paver [pave] <1> *vt* pflastern
paveur [pavœʀ] *m* Pflasterer(in) *m(f)*
pavillon [pavijɔ̃] *m* ❶ *(maison particulière)* [kleineres] Einfamilienhaus; **~ de banlieue** kleines Haus in einem Vorort
❷ *(petite maison dans un jardin)* [Garten]pavillon *m;* **~ de jardin** Gartenhäuschen *nt;* **~ de chasse** Jagdhütte *f; (élégant)* Jagdschlösschen *nt*
❸ *(bâtiment) d'un hôpital, château* Pavillon *m;* **~ central** Mitteltrakt *m*
❹ NAUT Flagge *f;* **sous ~ allemand** unter deutscher Flagge; **battre ~ étranger** unter fremder Flagge fahren
❺ MUS *d'un cor, phonographe* Schalltrichter *m; d'une clarinette, trompette* Schallstück *nt; d'un saxophone* Trichter *m*
❻ ANAT Ohrmuschel *f*
▸ **baisser ~ devant qn** vor jdm die Segel streichen
~ de complaisance ECON Gefälligkeitsflagge *f,* Billigflagge
pavillonnaire [pavijɔnɛʀ] *adj lotissement* mit Einfamilienhäusern; *banlieue* nur aus Einfamilienhäusern bestehend
pavois [pavwa] *m* großer [Schutz]schild
▸ **élever** [*o* **hisser**] **qn sur le ~** jdn auf den Schild erheben
pavoisement [pavwazmɑ̃] *m rare* Ausflaggen *nt*
pavoiser [pavwaze] <1> I. *vi fam (se réjouir)* sich mit stolzgeschwellter Brust zeigen *(fam)*; **il n'y a pas de quoi ~** das ist kein Grund stolz zu sein
II. *vt* ausflaggen *bateau;* beflaggen *édifice*
pavot [pavo] *m* Mohn *m*
payable [pɛjabl] *adj* zahlbar; **~ fin juillet** zahlbar Ende Juli; **~ à livraison** zahlbar nach erfolgter [*o* bei] Lieferung; **~ à tempérament** [*o* **par mensualités**] zahlbar in Raten; **~ à vue** zahlbar bei Sicht; **~ en devises** zahlbar in Devisen; **~ en espèces** [in] bar zu zahlen
payant(e) [pɛjɑ̃, ɑ̃t] *adj* ❶ *parking* gebührenpflichtig; **l'entrée est ~** es muss Eintritt bezahlt werden; **le spectacle est ~** für die Vorstellung muss Eintritt bezahlt werden; **c'est ~** das kostet Eintritt
❷ *(rentable) entreprise* rentabel; *coup* Gewinn bringend, gewinnbringend; **être ~** *effort, politique:* sich lohnen
❸ *(qui paie) spectateur, hôte* zahlend
paye *v.* **paie**
payement *v.* **paiement**
payer [peje] <7> I. *vt* ❶ bezahlen; begleichen, bezahlen *facture;* zahlen *intérêt, loyer;* **~ par chèque/en espèces** mit Scheck/[in] bar [be]zahlen; **~ qc par versements** [*o* **à tempérament**] etw in Raten bezahlen [*o* abzahlen]; **~ qc d'avance** etw vorausbezahlen; **ne pas ~ qc en liquide** etw unbar bezahlen; **continuer à ~ le loyer** die Miete weiterzahlen
❷ *(rétribuer)* bezahlen, entlohnen; **~ qn à l'heure** jdn stundenweise bezahlen
❸ *(verser de l'argent pour)* bezahlen für *service;* zahlen für *maison;* **faire ~ qc à qn mille euros** jdm tausend Euro für etw berechnen; **faire ~ l'entrée à qn** Eintritt von jdm verlangen; **ne pas faire ~ le déplacement** für die Anfahrt nichts nehmen
❹ *(récompenser)* belohnen; **~ qn de sa peine** jdn für seine Mühe belohnen; **qn est bien/mal payé(e) de qc** etw wird jdm gut/schlecht gelohnt
❺ *(offrir)* **~ un livre à qn** jdm ein Buch zahlen [*o* kaufen]; **~ un coup à qn** *fam* jdm einen ausgeben *(fam)*
❻ *(expier)* **~ qc de qc** etw mit etw bezahlen müssen; **tu me le paieras!** das sollst du mir büßen!
▸ **être payé(e) du** <u>savoir</u> durch Schaden klug geworden sein
II. *vi* ❶ *(régler)* zahlen; **c'est moi qui paie** ich zahle, das geht auf meine Rechnung
❷ *(être rentable)* sich lohnen; *politique, tactique:* sich auszahlen, sich bezahlt machen; **le crime ne paie pas** Verbrechen lohnt sich nicht
❸ *(expier)* **~ pour qc** für jdn/etw büßen müssen
III. *vpr* **se ~** ❶ *fam (s'offrir)* **se ~ qc** sich *(Dat)* etw leisten
❷ *fam (se prendre)* **se ~ un arbre** gegen einen Baum knallen *(fam)*

❸ *(prendre en paiement)* **payez-vous** ziehen Sie ab, was Sie bekommen
❹ *(passif)* **la commande se paie à la livraison** die Bestellung ist bei [der] Lieferung zu [be]zahlen
▶ **se ~ de mots** [nur] im Reden groß sein *(fam)*; **se ~ la tête de qn** *fam* jdn veräppeln
payeur, -euse [pɛjœʀ, -jøz] **I.** *adj* **organisme/service** ~ Zahlstelle *f*
II. *m, f* Zahler(in) *m(f);* **mauvais** ~ säumiger Zahler
pays [pei] *m* ❶ *a.* ECON *(nation, État)* Land *nt;* ~ **acheteur** Abnehmerland; ~ **adhérant** Beitrittsland; ~ **agricole** Agrarland; ~ **créditeur** Geberland; ~ **débiteur** Schuldnerland; ~ **déficitaire** Defizitland; ~ **destinataire** Empfängerland; ~ **dollar** Dollarland; ~ **donateur** Geberland; ~ **fournisseur** Lieferland; ~ **fournisseur franco frontière** frei Grenze Lieferland; ~ **industriel** Industrieland; ~ **membres de l'UE** EU-Länder; ~ **partenaire** Partnerland; ~ **participant** Teilnehmerland; ~ **producteur** Erzeugerland; ~ **successeur** Nachfolgerstaat *m;* ~ **du bloc sterling** Sterlingblock-Land; ~ **de l'UE** EU-Land; **dans tout le** ~ landesweit
❷ *sans pl (région natale)* Heimat *f;* **les gens du** ~ die Einheimischen *Pl;* ~ **natal** Heimatland *nt;* **retourner au** ~ nach Hause zurückkehren; **le retour au** ~ die Heimkehr; **être du** ~ aus der Gegend stammen [*o* sein]; **saucisson/vin de** [*o* **du**] ~ Bauernwurst *f*/Landwein *m*
❸ *sans pl (patrie)* Vaterland *nt*
❹ *sans pl (terre d'élection)* **le ~ du vin** das Land des Weins; **le ~ de la musique** die Heimstatt *geh* der Musik
❺ *(milieu favorable à)* ~ **de légumes** Gemüseanbaugebiet *nt;* ~ **d'élevage** Viehzuchtgebiet *nt*
❻ GEOG Gegend *f;* ~ **tempéré** Region *f* mit gemäßigtem Klima; **plat** ~ Flachland *nt;* **voir du** ~ etwas von der Welt sehen
❼ *(village)* Ort *m;* **un petit ~ perdu** ein kleines, abgelegenes Nest
▶ **elle est en ~ de connaissance** *(elle connaît la matière, le lieu)* sie kennt sich aus; *(elle est connue)* man kennt sie; **il se conduit comme** [**si il était**] **en ~ conquis** er benimmt sich, als sei er der Herr im Haus; **avoir vu du** ~ in der Welt herumgekommen sein, viel rumgekommen sein *(fam)*
◆ ~ **d'accueil** *de acteurs, conférences* Gastgeberland *nt; de réfugiés* Aufnahmeland; *d'exilés* Exilheimat *f;* ~ **de Cocagne** Schlaraffenland *nt;* ~ **de culture** Kulturland *nt;* ~ **d'enregistrement** JUR Registrierungsland *nt;* ~ **d'exportation** Exportland *nt;* ~ **de Galles** Wales; ~ **des rêves** Traumland *nt*
▶ ~ **en voie de développement** Entwicklungsland *nt;* ~ **en voie d'industrialisation** Schwellenland *nt*
paysage [peizaʒ] *m* ❶ Landschaft *f;* ~ **de dunes/de lande** Dünen-/Heidelandschaft; ~ **d'eau** [*o* **aquatique**] Wasserlandschaft *f;* ~ **de montagnes** Gebirgslandschaft, Berglandschaft; ~ **champêtre** ländliche Gegend; ~ **urbain** Stadtbild *nt*
❷ *(situation globale)* Landschaft *f;* ~ **audiovisuel** Fernsehlandschaft; ~ **cinématographique** Kinolandschaft; ~ **cinématographique allemand** deutsche Kinolandschaft; ~ **culturel** Kulturszene *f;* ~ **journalistique** [*o* **de la presse**] Zeitungslandschaft; ~ **politique** politische Landschaft; ~ **radiophonique/télévisuel** Rundfunk-/Fernsehlandschaft; ~ **télévisuel français** französische Fernsehlandschaft; ~ **universitaire** Hochschullandschaft
❸ ART Landschaft *f,* Landschaftsbild *nt*
▶ **faire bien dans le** ~ *fam* sich gut machen *(fam)*
paysagé(e) [peizaʒe] *adj,* **paysager, -ère** [peizaʒe, -ɛʀ] *adj* **parc** landschaftlich gestaltet; **jardin** ~ Landschaftsgarten *m*
paysagiste [peizaʒist] **I.** *mf* ❶ HORT Landschaftsgärtner(in) *m(f)*
❷ ART Landschaftsmaler(in) *m(f)*
II. *app* **jardinier(-ière)** ~ Landschaftsgärtner(in) *m(f);* **architecte** *mf* ~ Landschaftsarchitekt(in) *m(f),* Gartenarchitekt(in) *m(f)*
paysan(ne) [peizɑ̃, an] **I.** *adj* ❶ *(agricole)* **problème, revendications der Bauern** *(Gen);* **le monde** ~ die Bauernschaft
❷ *(rural) mœurs, vie* ländlich, bäuerlich
❸ GASTR **omelette ~ne** Bauernomelett *nt*
❹ *péj (rustre) air, manières* ungehobelt *(pej),* wie ein Bauer *(pej)*
II. *m(f)* ❶ Bauer *m*/Bäuerin [*o* Bauersfrau] *f;* ~(**ne**) **des montagnes** Bergbauer/-bäuerin; ~ **isolé/~ne isolée** Einödbauer/-bäuerin *m/f*
❷ *péj* **quel ~!** was für ein ungehobelter Kerl! *(pej fam)*
paysannat [peizana] *m* Bauernschaft *f,* Bauernstand *m*
paysannerie [peizanʀi] *f sans pl* Bauernschaft *f,* Bauern *Pl*
Pays-Bas [peibɑ] *mpl* Niederlande *Pl*
P.C.¹ [pese] *m abr de* **poste de commandement** MIL Kommandozentrale *f;* TRANSP [Verkehrs]zentrale *f;* ~ **des grévistes** Streiklokal *nt*
P.C.² [pese] *m abr de* **personal computer** INFORM PC *m;* ~ **standard** Standard-PC; ~ **de poche** Taschencomputer *m,* Handheld-PC *m,* Handheld *m*
P.C.³ [pese] *m abr de* **Parti communiste** POL KP *f*
PCEM [peseøɛm] *m abr de* **premier cycle des études médicales** erstes Studienjahr des Medizinstudiums
PCF [peseɛf] *m abr de* **parti communiste français** Kommunistische Partei Frankreichs
PCV [peseve] *m* TELEC *abr de* **à percevoir** R-Gespräch *nt*
P.D.G. [pedeʒe] *m fam abr de* **Président-directeur général** Generaldirektor(in) *m(f)*
péage [peaʒ] *m* ❶ *(lieu)* Gebührenzahlstelle *f; (sur autoroutes)* Mautstelle *f*
❷ *(taxe)* Benutzungsgebühr *f; (sur autoroutes)* Autobahngebühr, Maut *f;* HIST Straßenzoll *m;* **à ~** gebührenpflichtig

Land und Leute

In Frankreich ist die Benutzung der Autobahn gebührenpflichtig. Die Autobahnen sind in Teilstrecken untergliedert und mit **péages**, Zahlstellen, versehen. Die Höhe der Gebühr hängt davon ab, wie viele Teilstrecken man befährt und wie häufig man sie benutzt.

péagiste [peaʒist] *mf* Person, die Autobahngebühren einnimmt
peau [po] <x> *f* ❶ *d'une personne* Haut *f;* **impuretés de la** ~ Hautunreinheiten *Pl;* **type de ~** Hauttyp *m;* ~ **mixte** Mischhaut; ~ **du fœtus** ZOOL, MED Eihaut
❷ *pl* ~**x autour des ongles** Nagelhaut *f;* ~ **x mortes** Hornhaut
❸ *(en parlant d'un animal) (sans poils)* Haut *f; (avec poils)* Fell *nt; (cuir)* Leder *nt;* ~ **de veau** Kalbsfell; ~ **de serpent** Schlangenleder; ~ **de renard** Fuchspelz *m;* **reliure pleine** ~ Ganzlederneinband *m;* **volume relié pleine** ~ Ganzlederband *m;* **de** ~ aus Leder
❹ *(enveloppe d'un fruit)* [Obst]schale *f; d'une pomme, orange, banane* Schale; *d'une pêche, tomate, d'un raisin* Haut *f,* Schale; ~ **de la pomme** Apfelschale
❺ *(pellicule)* **du lait** Haut *f*
▶ **diminuer comme une ~ de chagrin** zusammenschrumpfen; **attraper qn par la ~ du cou** [*o* **du dos**] *fam* jdn beim Schlafittchen packen *(fam);* **coûter** [*o* **valoir**] **la ~ des fesses** *fam* ein Heidengeld kosten *(fam);* **n'avoir que la ~ et les os** [*o* **sur les os**] nur noch Haut und Knochen sein; **il ne faut pas vendre la ~ de l'ours** [**avant de l'avoir tué**] man soll den Tag nicht vor dem Abend loben *(prov);* **entrer** [*o* **se mettre**] **dans la ~ du personnage** *acteur:* sich völlig mit seiner Rolle identifizieren; **avoir la ~ dure** ein dickes Fell haben *(fam);* **faire ~ neuve** *personne:* ein neuer [*o* ganz anderer] Mensch werden; *bâtiment:* von Grund auf erneuert sein/werden; *institution, organisme, parti:* sich erneuern; **vieille** ~ *péj fam* alte Schachtel *(fam);* **être** [*o* **se sentir**] **bien/mal dans sa ~** sich in seiner Haut wohl/nicht wohl fühlen; **ne pas donner cher de la ~ de qn** *fam* keinen Pfifferling auf jdn geben *(fam);* **j'aurai ta ~!** *fam* dir/denen dreh ich den Hals um! *(fam);* **avoir qc dans la ~** *fam* etw im Blut haben *(fam);* **avoir qn dans la ~** *fam* nach jdm verrückt sein *(fam);* **changer de ~** *serpent:* sich häuten; *personne:* sich völlig wandeln; **défendre sa ~** um sein Leben kämpfen; **entrer dans la ~ de qn** sich in jdn hineinversetzen; **faire la ~ à qn** *fam* jdn kaltmachen *(sl);* **jouer** [*o* **risquer**] **sa ~** *pour qn/qc fam* Kopf und Kragen für jdn/etw riskieren; **y laisser sa ~** [*o* **la ~**] *fam* dran glauben müssen *(sl);* **sauver sa ~** *péj fam* seine [eigene] Haut retten *(fam);* **tenir à sa ~** *fam* am Leben [*o* an seinem Leben] hängen
◆ ~ **de chamois** Sämischleder *nt; (pour frotter les vitres)* Fensterleder; ~ **de pêche** Pfirsichhaut *f;* ~ **de vache** *fam* Miststück *nt (fam),* Schuft *m (fam);* ~ **d'orange** Orangenschale *f;* MED *(cellulite)* Orangenhaut *f*
peaucier [posje] ANAT **I.** *adj* **muscle** ~ Hautmuskel *m*
II. *m* Hautmuskel *m*
peaufiner [pofine] <1> *vt* ausfeilen
Peau-Rouge [poʀuʒ] <Peaux-Rouges> *mf* Rothaut *f*
peausserie [posʀi] *f* ❶ *(articles en cuir)* Lederwaren *Pl*
❷ *(commerce)* Leder[waren]handel *m; (métier)* Leder[waren]geschäft *nt*
pecan *m,* **pécan** [pekɑ̃] *m* Pekannuss *f*
pécari [pekaʀi] *m* ❶ ZOOL Pekari *nt,* Nabelschwein *nt*
❷ *(cuir)* Pekarileder *nt*
peccadille [pekadij] *f littér (faute légère)* kleine Sünde; *(vétille)* Lappalie *f*
pechblende [pɛʃblɛ̃d] *f* MINER [Uran]pechblende *f*
péché [peʃe] *m* Sünde *f;* **commettre** [*o* **faire**] **un ~** eine Sünde begehen, sündigen; **les sept ~s capitaux** die sieben Todsünden; **c'est son ~ mignon** er/sie hat eine [kleine] Schwäche dafür
◆ ~ **de jeunesse** Jugendsünde *f*
pêche¹ [pɛʃ] **I.** *f* ❶ Pfirsich *m;* ~ **Melba** [Eisbecher *m*] Pfirsich Melba *m;* **goût de** ~ Pfirsichgeschmack *m*
❷ *fam (coup de poing)* Ohrfeige *f;* **flanquer une ~ à qn** jdm eine runterhauen *(fam)*
▶ **avoir la ~** [*o* **une sacrée ~**] *fam* topfit [*o* gut drauf] sein *(fam);* **se fendre la ~** *fam* sich kaputtlachen *(fam)*
II. *app inv* **couleur ~** pfirsichfarben; **des chaussures couleur ~** pfirsichfarbene Schuhe

pêche² [pɛʃ] *f sans pl* ❶ *(profession)* Fischerei *f*, Fischfang *m*; **~ au thon/à la baleine** Thunfisch-/Walfang; **petite ~** Küstenfischerei; **~ hauturière** Hochseefischerei; **~ industrielle en rivière** Flussfischerei; **produits de la ~** Fischereiprodukte *Pl*
❷ *(domaine, secteur)* Fischereiwesen *nt*
❸ *(loisir)* Fischen *nt*; *(à la ligne)* Angeln *nt*; *(sport)* Angelsport *m*; **aller à la ~** angeln gehen; **~ à la truite** Forellenfangen *m*; **~ à la ligne** [*o* **au bouchon**] Posenangeln *(Fachspr.)*; **~ en eau douce** Süßwasserangeln; **~ en mer** Meeresangeln; **~ en haute mer** Hochseeangeln; **~ à marée basse** Watangeln *(Fachspr.)*; **~ en barque** Bootsangelei *f*; **~ au fond** Grundangeln *(Fachspr.)*; **~ à l'anglaise** Matchangeln *(Fachspr.)*; **~ roubaisienne** Stippangeln *(Fachspr.)*; **~ à la mouche** Fliegenfischerei *f*; **~ au lancer** Spinnangeln; **~ en posée** Bodenbleiangeln *(Fachspr.)*; **~ sportive** Sportfischerei; **examen du permis de ~ sportive** Sportfischerprüfung *f*; **articles de ~** Angelzubehör *nt*; **marchand(e) d'articles de ~** Angelgerätehändler(in) *m(f)*
❹ *(période)* Fangzeit *f*; **la ~ est ouverte** die Fangzeit hat begonnen; *(en parlant du loisir)* die Angelsaison ist eröffnet
❺ *(réserve)* Fischfanggebiet *nt*
❻ *(prises)* Fang *m*
▶ **aller à la ~ aux voix** auf Stimmenfang gehen

pécher [peʃe] <5> *vi* ❶ REL sündigen; **~ par orgueil** aus Hochmut sündigen
❷ *(commettre une erreur)* **~ par négligence/imprudence** [all]zu nachlässig/unvorsichtig sein; **~ par trop de minutie** übergenau sein
❸ *(être défectueux sur)* **~ sur** [*o* **par**] **bien des côtés** raisonnement, jugement: zahlreiche Schwachstellen haben

pêcher¹ [peʃe] <1> I. *vi* fischen; *(avec une canne)* angeln; **~ à l'hameçon/à la mouche** mit dem Angelhaken/der Fliege fischen; **~ dans une rivière/un lac** in einem Fluss/See angeln, einen Fluss/See beangeln [*o* befischen] *(Fachspr.)*
II. *vt* ❶ fischen; *(avec une canne)* angeln; **~ le saumon/le thon** auf Lachs-/T[h]unfischfang gehen; **~ le brochet** Hechte [*o* den Hecht] beangeln *(Fachspr.)*
❷ *(attraper)* fangen poissons, crustacés, grenouilles; **~ des coquillages** auf Muschelfang gehen; *(sur la plage)* Muscheln [ein]sammeln; **~ beaucoup de poissons** viele Fische fangen; *(enlever, souffler)* viele Fische wegfangen *(fam)*
❸ *fam (chercher)* ausgraben idée, histoire; aufstöbern costume, vieux meuble; **où a-t-elle pêché** [**l'idée**] **que qn a fait qc?** wie kommt sie denn darauf, dass jd etw getan hat?
III. *vpr* **se ~ en rivière/mer** im Fluss/im Meer gefangen werden

pêcher² [peʃe] *m* Pfirsichbaum *m*

pêcherie [peʃʀi] *f* ❶ *(zone de pêche)* Fischfanggebiet *nt*; **les ~s** die Fischgründe *Pl*, die Fanggründe
❷ *(lieu de commercialisation)* Fischereibetrieb *m*

pécheur, pécheresse [peʃœʀ, peʃʀɛs] *m, f* Sünder(in) *m(f)*

pêcheur, -euse [pɛʃœʀ, -øz] *m, f* ❶ *(professionnel)* Fischer(in) *m(f)*; **~(-euse) de corail/d'huîtres** Korallen-/Austernfischer(in) *m(f)*; **~(-euse) de baleines** Walfänger(in) *m(f)*
❷ *(amateur)* Angler(in) *m(f)*; **~(-euse) en mer** Meeresangler(in); **~(-euse) en herbe** Petrijünger(in) *(hum fam)*
◆ **~(-euse) de gros** Game-Angler(in) *m(f)*

pécho [peʃo] *arg* ▶ **se faire ~** sich erwischen [*o* schnappen] lassen *(fam)*

pécore [pekɔʀ] *f péj (femme)* hochnäsige [dumme] Gans *f*

pectine [pɛktin] *f* Pektin *nt*

pectoral [pɛktɔʀal, o] <-aux> *m* ANAT **pectoraux** Brustmuskulatur *f*

pectoral(e) [pɛktɔʀal, o] <-aux> *adj* ❶ ANAT, ZOOL **région ~e** Brustbereich *m*; **nageoire ~e** Brustflosse *f*
❷ MED **sirop ~** Hustensaft *m*

pécule [pekyl] *m sans pl* Ersparnisse *Pl*; **se constituer un petit ~** sich *(Dat)* eine kleine Rücklage schaffen

pécuniaire [pekynjɛʀ] *adj* finanziell, pekuniär *(geh)*; **avoir des difficultés ~s** finanzielle Schwierigkeiten haben

pécuniairement [pekynjɛʀmɑ̃] *adv* finanziell

pédagogie [pedagɔʒi] *f* ❶ *(science)* Pädagogik *f*
❷ *(méthode d'enseignement)* Lehrmethode *f*; **~ des langues étrangères/des mathématiques** Fremdsprachendidaktik/Didaktik *f* der Mathematik
❸ *sans pl (qualité)* pädagogisches Geschick; **avoir beaucoup de ~** viel pädagogisches Geschick haben

pédagogique [pedagɔʒik] *adj* pädagogisch; *exposé* didaktisch gut; **moyens ~s** pädagogische [*o* erzieherische] Mittel *Pl*; **méthode ~** Erziehungsmethode *f*, Lehrmethode *f*; **avoir un sens ~** pädagogische Fähigkeiten haben

pédagogue [pedagɔg] I. *mf* Pädagoge *m*/Pädagogin *f*; **~ scolaire** Schulpädagoge/-pädagogin
II. *adj* **être ~** ein guter Pädagoge/eine gute Pädagogin sein

pédale [pedal] *f* ❶ *d'une bicyclette, voiture, machine* Pedal *nt*; *d'une poubelle* Fußhebel *m*; **~ d'embrayage/de frein** Kupplungs-/Bremspedal
❷ MUS Pedal *nt*; **~ du piano** Klavierpedal; **clavier à ~s de l'orgue** Pedalklaviatur *f* der Orgel
❸ *péj fam (homosexuel)* Schwule(r) *m (fam)*, Schwuchtel *f (pej fam)*
▶ **s'emmêler les ~s** *fam* sich verheddern *(fam)*; **perdre les ~s** *fam (par un imprévu)* ins Schleudern kommen *(fam)*; *(perdre le sens des réalités)* die Bodenhaftung verlieren *(fam)*

pédaler [pedale] <1> *vi* ❶ *(bicyclette)* in die Pedale treten; **~ debout** aus dem Sattel gehen
❷ *fam (faire vite)* einen Zahn zulegen *(fam)*

pédalier [pedalje] *m* ❶ *d'une bicyclette* Kettenantrieb *m (Kettenblatt und Tretlager)*; **jeu de ~** Tretlager *nt*
❷ MUS Pedalklaviatur *f*

pédalo® [pedalo] *m* Tretboot *nt*; **faire du ~** [mit dem] Tretboot fahren

pédant(e) [pedɑ̃, ɑ̃t] *péj* I. *adj personne, air* schulmeisterlich *(pej)*; *ton* besserwisserisch *(pej)*
II. *m(f)* Besserwisser(in) *m(f) (pej)*, ≈ Oberlehrer(in) *m(f) (pej)*

pédanterie [pedɑ̃tʀi] *f* schulmeisterliche [*o* belehrende] Art *f*

pédantisme [pedɑ̃tism] *m* ❶ *d'une personne* Besserwisserei *f (pej)*; ❷ *d'une explication, d'un discours* belehrende Art

pédé [pede] *m péj fam abr de* **pédéraste** Homo *m (pej fam)*

pédéraste [pedeʀast] *m* ❶ *(homosexuel)* Homosexuelle(r) *m*
❷ *(pédophile)* Päderast *m*

pédérastie [pedeʀasti] *f* ❶ *(homosexualité)* [männliche] Homosexualität *f*
❷ *(pédophilie)* Päderastie *f*

pédestre [pedɛstʀ] *adj* **randonnée ~** Wanderung *f*; **sentier ~** Wanderweg *m*

pédiatre [pedjatʀ] *mf* Kinderarzt *m*/-ärztin *f*

pédiatrie [pedjatʀi] *f* MED Kinderheilkunde *f*, Pädiatrie *f (Fachspr.)*; **service de ~** Kinderstation *f*

pedibus [pedibys] *adv fam* zu Fuß

pédicule [pedikyl] *m* ❶ BOT, ANAT Stiel *m*
❷ ARCHIT *(pilier)* kleine Stütze *f*, kleiner Pfeiler *m*

pédicure [pedikyʀ] *mf* Fußpfleger(in) *m(f)*

pedigree [pedigʀe] *m* Stammbaum *m*

pédologie [pedɔlɔʒi] *f* Bodenkunde *f*

pédoncule [pedɔ̃kyl] *m* BOT, ZOOL, ANAT Stiel *m*; **~s cérébraux** Hirnstiele *Pl*

pédophile [pedofil] I. *adj* pädophil
II. *mf* Pädophile(r) *f(m)*

pédophilie [pedofili] *f* Pädophilie *f*

pédopsychiatrie [pedopsikjatʀi] *f* Kinderpsychiatrie *f*, Jugendpsychiatrie

pédopsychiatrique [pedopsikjatʀik] *adj hôpital, clinique* für Kinder- und Jugendpsychiatrie

pédopsychologie [pedopsikɔlɔʒi] *f* Jugendpsychologie *f*

pédopsychologue [pedopsikɔlɔg] *mf* Jugendpsychologe *m*/-psychologin *f*

pedzouille [pɛdzuj] *m péj fam* ❶ Bauer *m (pej fam)*
❷ *(personne naïve)* Hinterwäldler(in) *m(f)*

peeling [piliŋ] *m* Peeling *nt*

peep-show [pipʃo] <peep-shows> *m* Peepshow *f*

P.E.G.C. [peøʒese] *mf abr de* **professeur d'enseignement général de collège** Lehrer(in) *m(f)* des Sekundarbereichs I

pègre [pɛgʀ] *f sans pl* Unterwelt *f*

peignage [pɛɲaʒ] *m* TECH Kämmen *nt*, Hecheln *nt*

peigne [pɛɲ] *m* ❶ Kamm *m*; *(pour retenir les cheveux)* Steckkamm; **~ africain** Strähnenkamm; **~ fin** Staubkamm; **~ à manche/de poche** Stiel-/Taschenkamm; **~ à cils** Wimpernkämmchen *nt*; **se donner un coup de ~** sich schnell [mal] kämmen *(fam)*
❷ TEXTIL Kamm *m*; *d'un métier à tisser* Weberkamm; **~ à laine** Wollkamm *(Fachspr.)*
▶ **passer au ~ fin** genau unter die Lupe nehmen *(fam)*; durchkämmen *région*
◆ **~ de câbles** ELEC Kabelbaum *m*; **~ de coupe** Haarschneidekamm *m*; **~ fourche** Toupierkamm *m*

peigne-cul [pɛɲky] <peigne-culs> *m pop* Kotzbrocken *m (sl)*

peigner [pɛɲe] <1> I. *vt* ❶ kämmen
❷ TEXTIL kämmen *coton, laine*; hecheln *lin*; **en laine peignée** aus Kammgarn
II. *vpr* **se ~** *(Akk)* kämmen; **se ~ les cheveux** sich *(Dat)* die Haare kämmen

peignoir [pɛɲwaʀ] *m* ❶ Bademantel *m*; *(déshabillé)* Morgenrock *m*
❷ *(blouse)* Umhang *m*; *(chez le coiffeur)* Frisierumhang

peinard(e) [pɛnaʀ, aʀd] *adj fam personne* ruhig, verträglich; *coin* ruhig; *boulot, vie* bequem; **avoir un boulot ~** eine ruhige Kugel schieben *(fam)*; **mener une vie de père ~** ein gemütliches Leben

führen
peindre [pɛ̃dʀ] <*irr*> **I.** *vi* malen; **~ au pinceau** mit dem Pinsel malen; **~ à l'huile** in Öl *(Dat)* malen
II. *vt* ❶ [an]streichen; spritzen *carrosserie;* **~ qc en rouge/jaune** etw rot/gelb [an]streichen; **~ qc au pinceau/rouleau** etw mit dem Pinsel/dem Farbroller streichen; **~ qc à la laque** etw lackieren; **être peint(e)** bemalt sein
❷ ART malen; **tableau peint à l'huile** Ölbild *nt*
❸ LITTER *(décrire)* schildern
III. *vpr* **se ~ sur le visage de qn** *angoisse, joie:* sich in jds Gesicht *(Dat)* widerspiegeln

peine [pɛn] **I.** *f* ❶ *(chagrin, douleur)* Kummer *m,* Leid *nt;* **avoir de la ~/beaucoup de ~** traurig/sehr traurig sein; **faire de la ~ à qn** jdn verletzen; **ça me fait de la ~ de le voir si triste** es tut mir leid, ihn so traurig zu sehen; **qn/qc fait ~ à voir** es tut in der Seele weh, jdn/etw anzusehen
❷ JUR Strafe *f;* **~ capitale** Todesstrafe; **~ contractuelle** Vertragsstrafe; **~ supplémentaire** Zusatzstrafe; **~ d'amende** Geldstrafe; **~ de mort** Todesstrafe; **~ de réclusion** [*o* **de détention**] Haftstrafe; **crime qui mérite la ~ de mort** todeswürdiges Verbrechen *(geh);* **sous ~ de mort/d'amende** unter Androhung der Todesstrafe/einer Geldstrafe; **défense d'entrer sous ~ de poursuites** widerrechtliches Betreten wird strafrechtlich verfolgt
❸ *(effort, difficulté)* Mühe *f;* **avoir de la ~** [*o* **beaucoup de ~**] **à faire qc** [große] Mühe [*o* [große] Schwierigkeiten] haben etw zu tun; **avoir** [**de la**] **~ à croire qc** etw kaum glauben können; **croire sans ~ qc** etw ohne weiteres glauben; **ça, je vous crois sans ~!** das glaube ich Ihnen gern!; **se donner de la ~/beaucoup de ~** sich *(Dat)* Mühe/große [*o* viel] Mühe geben; **se donner la ~ de faire qc** sich *(Dat)* die Mühe machen etw zu tun; **se donner la ~ de sortir dans le jardin** sich in den Garten hinausbemühen; **se donner la ~ de bien vouloir entrer/venir** sich herein-/herüberbemühen *(geh);* **se donner la ~ de bien vouloir monter/descendre** sich herauf-/herunterbemühen *(geh);* **donnez-vous** [*o* **prenez** [**donc**]] **la ~ d'entrer** *form* bitte, kommen Sie doch herein; **ne vous donnez pas cette ~** machen Sie sich *(Dat)* keine Umstände; **ne pas épargner sa ~** keine Mühe scheuen; **ce n'est pas la ~ de faire qc/que qn fasse qc** es ist nicht nötig etw zu tun/, dass jd etw tut; **c'est ~ perdue!** das ist verlorene Mühe!; **valoir la ~** sich lohnen, es wert sein; *personne:* es verdienen; **valoir la ~ d'être vu(e)/lu(e)** sehenswert/lesenswert sein; **ça ne vaut même pas la ~ d'en parler** das ist doch nicht der Rede wert; **avec ~** mühsam; **pour la/sa ~** *(en récompense)* als Lohn für die/seine/ihre Mühe; *(en punition)* als [*o* zur] Strafe; **sans ~** mühelos
▶ **être bien en ~ de faire qc** etw beim besten Willen nicht tun können; **être dur(e) à la ~** hart arbeiten; **n'être pas en ~ pour faire qc** keine Schwierigkeiten haben etw zu tun; **c'est bien la ~ de faire qc** *iron* das lohnt sich vielleicht etw zu tun; **c'est bien la ~ de faire qc iron** das lohnt sich vielleicht etw zu tun; **en être pour sa ~** sich umsonst bemühen; **sous ~ de ...** um zu vermeiden, dass ...; **roule doucement sous ~ de glisser** fahr vorsichtig, um nicht ins Schleudern zu kommen
II. *adv* ❶ *(très peu)* **à ~** kaum
❷ *(tout au plus)* **à ~** noch nicht einmal; **il y a à ~ huit jours** es ist kaum acht Tage her
❸ *(juste)* **à ~ ~ finir, partir** gerade [*o* eben] erst; *(aussitôt)* kaum
▶ **à ~!** *iron* was du nicht sagst! *(iron fam)*
◆ **~s de cœur** Liebeskummer *m*

peiner [pene] <1> **I.** *vi* ❶ **~ faire qc/pour faire qc** Mühe haben etw zu tun; **~ sur qc** sich mit etw [herum]plagen
❷ *(avoir des problèmes)* *moteur, voiture:* Schwierigkeiten haben
II. *vt* **~ qn** *(décevoir)* jdn enttäuschen; *(faire de la peine)* jdn verletzen; *nouvelle, refus:* jdn traurig machen; **être peiné(e) par qc** traurig über etw *(Akk)* sein; **être peiné(e) que qn ait fait qc** traurig sein, dass jd etw getan hat

peintre [pɛ̃tʀ] *m* ❶ *(artisan)* Maler(in) *m(f),* Anstreicher(in) *m(f);* **maître ~** Malermeister(in) *m(f)*
❷ *(artiste)* Maler(in) *m(f),* Kunstmaler(in) *m(f);* **~ amateur** Hobbymaler(in); **~ animalier** Tiermaler(in); **~ décorateur(-trice) de théâtre** Bühnenmaler(in); **~ du dimanche** *péj* Sonntagsmaler(in) *(pej)*
❸ LITTER Schilderer *m;* **un grand ~ de la société de son temps** ein genialer Schilderer der gesellschaftlichen Verhältnisse seiner Zeit
◆ **~ en bâtiment** Anstreicher(in) *m(f);* **~ du dimanche** Sonntagsmaler(in) *m(f)*

peinture [pɛ̃tyʀ] *f* ❶ *(couleur)* Farbe *f;* **~ brillante/laquée** Glanz-/Lackfarbe; **~ protectrice** Schutzfarbe; **~ à l'eau/à l'huile** Wasser-/Ölfarbe; **il faut nettoyer les pinceaux avec soin pour qu'il ne reste plus de ~ dans les poils** man muss die Pinsel gründlich reinigen, damit möglichst keine Farbreste *Pl* drin bleiben
❷ *(couche, surface peinte)* Anstrich *m;* **refaire les ~s d'un appartement** eine Wohnung frisch streichen; [**pour**] **bois** Holzanstrich; **"~ fraîche!"** „Frisch gestrichen!"
❸ *(en parlant d'un véhicule)* Lackierung *f,* Lack *m;* **~ métallisée**

Metalliclack; **~ spéciale** Sonderlackierung; **~ pour retouches** Füller *m (Fachspr.)*
❹ *sans pl (action)* [An]streichen *nt;* **~ au pistolet** Spritz[lackier]en *nt*
❺ *pas de pl* ART Malen *nt; (technique)* Malerei *f;* **~ sur verre** Glasmalerei; **~ à fresque** Freskomalerei; **~ à l'huile** Ölmalerei
❻ ART *(toile)* Gemälde *nt,* Bild *nt;* **~ monumentale** [*o* **colossale**] Monumentalgemälde; **~ murale** Wandmalerei *f;* **~ rupestre** Höhlenzeichnung *f;* **~ d'église** Kirchenmalerei; **~ à l'huile** Ölgemälde; **~ sur plafond** Deckenmalerei
❼ *sans pl (école, genre)* Malerei *f; (courant)* Schule *f* der Malerei; **technique de ~** Maltechnik *f;* **musée de ~** Museum *nt* für Malerei; **école de ~** Malschule *f*
❽ *sans pl* LITTER, MUS *(description, évocation)* Schilderung *f,* Darstellung *f;* **faire la ~ de qc** etw darstellen
▶ **ne pas pouvoir voir qn/qc en ~** *fam* jdn/etw nicht ausstehen können *(fam)*
◆ **~ d'autel** Altarbild *nt*

peinturlurer [pɛ̃tyʀlyʀe] <1> **I.** *vt fam* grellbunt beschmieren *(fam);* **être peinturluré(e) de qc** mit etw beschmiert sein
II. *vpr fam* **se ~ le visage** sich *(Dat)* das Gesicht anmalen

péjoratif, -ive [peʒɔʀatif, -iv] *adj* pejorativ
péjorativement [peʒɔʀativmɑ̃] *adv* pejorativ
Pékin [pekɛ̃] *m* Peking *nt*
pékinois [pekinwa] *m (chien)* Pekinese *m*
Pékinois(e) [pekinwa, waz] *m(f)* adj Pekinger
Pékinois(e) [pekinwa, waz] *m(f)* Pekinger(in) *m(f)*
P.E.L. [pɛl] *m abr de* **plan d'épargne-logement** Bausparvertrag *m*
pelade [pəlad] *f* MED kreisrunder Haarausfall
pelage [pəlaʒ] *m* Fell *nt,* Haarkleid *nt (geh);* **~ d'été/d'hiver** Sommer-/Winterfell, Sommer-/Winterkleid
pélagique [pelaʒik] *adj* Meer[es]-, pelagisch *(Fachspr.);* **sédiments ~s** Sedimente *Pl,* pelagische Ablagerungen *Pl*
pelé(e) [pəle] **I.** *adj* kahl
II. *m(f)* ▶ **quatre ~s et un tondu** *fam* [nur] ein paar Hanseln *(fam)*
pêle-mêle [pɛlmɛl] **I.** *adv* [kunterbunt] durcheinander; **ses affaires sont ~** seine/ihre Sachen liegen kreuz und quer [*o* wie Kraut und Rüben *fam*] durcheinander
II. *m inv* **un ~ de choses** ein Durcheinander *nt* von Dingen
peler [pəle] <4> **I.** *vi* ❶ *personne, peau:* sich schälen
❷ *fam (avoir froid)* sich *(Dat)* einen abfrieren *(fam)*
II. *vt* schälen, pellen; **pomme de terre cuite**
III. *vpr* **se ~ facilement** sich leicht schälen [lassen]
pèlerin [pɛlʀɛ̃] *m* ❶ REL Pilger(in) *m(f);* **bâton de ~** Pilgerstab *m;* **groupe de ~s** Pilgerschar *f;* **les Pères Pèlerins** HIST die Pilgerväter *Pl*
❷ *(faucon)* Wanderfalke *m*
❸ *(criquet)* Wanderheuschrecke *f*
pèlerinage [pɛlʀinaʒ] *m* ❶ REL *(voyage)* Wallfahrt *f,* Pilgerfahrt *f;* **faire un ~/aller en ~** eine Wallfahrt [*o* Pilgerfahrt] machen; **faire un ~ sur la tombe de son idole** *fig* zum Grab seines Idols pilgern
❷ *(lieu)* Wallfahrtsort *m;* **lieu de ~** Pilgerstätte *f*
pèlerine [pɛlʀin] *f* Pelerine *f*
pélican [pelikɑ̃] *m* Pelikan *m*
pelisse [pəlis] *f* pelzgefütterter Mantel
pellagre [pelagʀ] *f* MED Pellagra *nt*
pelle [pɛl] *f* Schaufel *f;* **d'un jardinier** Spaten *m;* **~ mécanique** [Löffel]bagger *m*
▶ **ramasser qc à la ~** *fam* etw haufenweise finden *(fam);* [**se**] **ramasser** [*o* **se prendre**] **une ~** *fam* auf die Nase fallen *(fam);* **rouler une ~ à qn** *fam* mit jdm knutschen *(fam)*
◆ **~ à tarte** Tortenheber *m,* Tortenschaufel *f*
pelletée [pɛlte] *f* ❶ **une ~ de sable** eine Schaufel [voll] Sand
❷ *fam (bordée)* **une ~/des ~s d'injures** eine Schimpfkanonade *(fam)*
pelleter [pɛlte] <3> *vt* schaufeln, schippen
pelleterie [pɛltʀi, pɛletʀi] *f* ❶ *(commerce)* Pelzhandel *m,* Rauchwarenhandel *m*
❷ *(lieu)* Rauchwarenzurichterei *f*
❸ *(préparation)* Rauchwarenzurichtung *f*
❹ *(peau apprêtée)* Pelz[ware *f*] *m meist Pl*
pelleteuse [pɛltøz] *f* [Löffel]bagger *m*
pelletier, -ière [pɛltje, -jɛʀ] *m, f* Rauchwarenzurichter(in) *m(f)*
pelliculage [pelikylaʒ] *m* Folienbeschichtung *f*
pellicule [pelikyl] *f* ❶ PHOT, CINE Film *m;* **~ couleur** Farbfilm; **~ noir et blanc** Schwarzweißfilm; **~ 24 x 36** Kleinbildfilm
❷ *(mince couche)* Film *m,* Schicht *f;* **~ de poussière/de givre/de crème** Staub-/Raureif-/Cremeschicht
❸ *(petite écaille)* Schuppe *f;* **avoir des ~s** Schuppen haben
pelloche, péloche [pelɔʃ] *f* CINE *fam* [Kino]streifen *m (fam)*
pelotage [p(ə)lɔtaʒ] *m fam* Befummeln *nt (fam),* Begrapschen *nt (pej fam)*
pelote [p(ə)lɔt] *f* ❶ Knäuel *nt;* **une ~ de ficelle** ein Knäuel von

Fäden; **une ~ de laine** ein Wollknäuel
❷ COUT **~ [d'épingles]** Nadelkissen *nt*
❸ SPORT **~ [basque]** Pelota[spiel *nt*] *f*
peloter [p(ə)lɔte] <1> **I.** *vt fam* betatschen *(fam)*, befummeln *(fam)*, begrapschen *(fam)*; **se faire ~ par qn** von jdm betatscht [*o* befummelt] werden *(fam)*
II. *vpr fam* **se ~** [herum]fummeln *(fam)*
peloton [p(ə)lɔtɔ̃] *m* ❶ SPORT [Haupt]feld *nt*; POL, ECON **des pays, nations** Gruppe *f*; **être dans le ~ de tête/de queue** SPORT an der Spitze/am Ende des Feldes liegen; SCOL zu den Besten/zu den Schlechtesten gehören; ECON zu den Führenden/Rückständigsten gehören
❷ MIL Trupp *m*; **un ~ de sapeurs-pompiers** ein Trupp Feuerwehrleute; **~ de gendarmerie** Polizeitrupp
◆ **~ d'exécution** Exekutionskommando *nt*, Erschießungskommando
pelotonner [p(ə)lɔtɔne] <1> *vpr* **se ~** *(se mettre en boule)* sich zusammenrollen; **se ~ contre qn/qc** sich an jdn/etw [an]kuscheln; **se ~ sous les draps** sich unter der Bettdecke zusammenkuscheln
pelouse [p(ə)luz] *f d'un parc, jardin, stade* Rasen *m*; *d'un champ de courses* Rasenfläche *f*
peluche [p(ə)lyʃ] *f* ❶ TEXTIL Plüsch *m*; **ours en ~** Teddybär *m*
❷ *(jouet)* Kuscheltier *nt*, Plüschtier *nt*
❸ *(poil)* Fussel *f o m*; *(poussière)* Staubflocke *f*
pelucher [p(ə)lyʃe] <1> *vi* fusseln
pelucheux, -euse [p(ə)lyʃø, -øz] *adj* fuss[e]lig
pelure [p(ə)lyʀ] **I.** *f* ❶ *d'un fruit, légume* [abgeschälte] Schale *f*; **~ de pomme** Apfelschale
❷ *fam (manteau)* Mantel *m*; **enlever sa ~** sich aus dem Mantel pellen *(fam)*
II. *app* **papier ~** *(pour machine à écrire)* Durchschlagpapier *nt*; *(pour texte imprimé)* Dünndruckpapier *nt*
◆ **~ d'oignon** *(peau)* Zwiebelschale *f*; *(vin)* Bleichert *m*, Rosé *m*, Roséwein *m*
pelvien(ne) [pɛlvjɛ̃, jɛn] *adj* **ceinture ~ne** Beckengürtel *m*
pelvis [pɛlvis] *m* Becken *nt*
pénal(e) [penal, o] <-aux> *adj* **responsabilité ~e** strafrechtliche Verantwortlichkeit; **affaire/procédure ~e** Strafsache *f*/-prozess *m*; **code ~** Strafgesetzbuch *nt*; **droit ~** Strafrecht *nt*
pénalement [penalmɑ̃] *adv* strafrechtlich; **être ~ sanctionné(e)** strafrechtlich verfolgt werden
pénalisation [penalizasjɔ̃] *f* SPORT Strafe *f*
pénaliser [penalize] <1> *vt* ❶ SPORT bestrafen, mit einer Strafe belegen
❷ *(désavantager) origine, religion:* benachteiligen; **~ qn/qc de qc** jdn/etw durch etw benachteiligen
❸ *(sanctionner)* bestrafen; *(sanctionner d'une amende)* mit einem Bußgeld belegen; **être pénalisé(e) pour qc de qc** für etw mit etw bestraft werden
pénalité [penalite] *f* ❶ *(peine)* [Geld]strafe *f*; *(pour une omission, un retard)* Strafgebühr *f*; **~ contractuelle** Vertragsstrafe
❷ RUGBY **coup de pied de ~** Strafstoß *m*; **tirer le coup de pied de ~** den Strafstoß ausführen
◆ **~ de retard** *(pour une livraison)* Verzugsgebühr *f*; *(pour un paiement)* Säumniszuschlag *m*, Säumnisgebühr
penalty [penalti] <penalties *o* ~s> *m (sanction)* Strafstoß *m*; *(tir au but)* Elfmeter *m*
pénard(e) *v.* peinard
pénates [penat] *mpl* **regagner ses ~** ins traute Heim zurückkehren
penaud(e) [pəno, od] *adj (embarrassé)* verlegen, bedripst (DIAL); *(honteux)* beschämt; *(déçu)* enttäuscht, kleinlaut, bedripst (DIAL); **s'en aller tout ~/toute ~e** sich kleinlaut davonstehlen
penchant [pɑ̃ʃɑ̃] *m* **~ à qc/à faire qc** Neigung *f* [*o* Hang *m*] zu etw/etw zu tun; **avoir un ~ à qc/à faire qc** zu etw neigen/dazu neigen etw zu tun; **un ~ pour la musique classique** eine Vorliebe für die klassische Musik; **un ~ pour l'alcool** ein Hang zum Alkohol
pencher [pɑ̃ʃe] <1> **I.** *vi* ❶ *(perdre l'équilibre) moto, pile de livres:* sich [zur Seite] neigen; *arbre:* sich biegen; *bateau:* Schlagseite haben; **le vent fait ~ l'arbre** der Baum biegt sich im Wind
❷ + *être (ne pas être droit) mur, tour:* schief sein; *bouteille:* schief stehen; *tableau:* schief hängen; *(perdre sa position droite) véhicule, navire, tour:* in Schräglage geraten; **~ à droite** *voiture:* nach rechts hängen; **la tour penchée de Pise** der Schiefe Turm von Pisa; **écriture penchée** schräge Schrift
❸ *(se courber vers)* **être penché(e) sur qn/qc** sich über jdn/etw beugen; **penché(e) sur ses livres** in seine/ihre Bücher vertieft
❹ *(se prononcer pour)* **~ pour qc** einer S. *(Dat)* zuneigen, zu etw tendieren
II. *vt* schräg halten *bouteille, carafe;* kippen *table, chaise;* **~ la tête (en avant, sur qc)** den Kopf beugen; *(de honte)* den Kopf senken;

(sur le côté) den Kopf [zur Seite] neigen; **~ la tête en arrière** den Kopf zurücklegen
III. *vpr* ❶ *(baisser)* **se ~** sich bücken; **se ~ en avant/vers qn** sich nach vorn beugen/zu jdm hinüberbeugen; **se ~ par la fenêtre** sich zum Fenster hinauslehnen
❷ *(examiner)* **se ~ sur un problème** sich mit einem Problem befassen
pendable [pɑ̃dabl] *adj* übel, schlimm; **jouer un tour ~ à qn** jdm übel/schlimm mitspielen
pendaison [pɑ̃dɛzɔ̃] *f (supplice)* Erhängen *nt*; *(suicide)* Aufhängen *nt*, Erhängen; *(exécution)* Hinrichtung *f* durch den Strang; **mort par ~** Tod durch Erhängen
pendant[1] [pɑ̃dɑ̃] *m* **le ~ de qn/qc** das Gegenstück zu jdm/etw; **faire ~ à qc/qn** das Pendant zu jdm/etw sein
◆ **~ d'oreille** Ohrgehänge *nt*
pendant[2] [pɑ̃dɑ̃] **I.** *prép* ❶ *(au cours de)* während (+ *Gen*); **~ l'hiver/le mois de janvier** während des Winters/im Laufe des Januar[s]; **~ la nuit** während der Nacht
❷ *(simultanément à)* während (+ *Gen*); **~ ce temps** während dieser Zeit, währenddessen; **~ longtemps** lange Zeit hindurch; **~ la journée** während des Tages, tagsüber; **~ trois jours/plusieurs années** drei Tage/mehrere Jahre [lang]; **marcher ~ des kilomètres et des kilomètres** kilometerweit laufen
II. *conj* **~ que** *(tandis que)* während; *(aussi longtemps que)* solange
▶ **~ que tu y es** *iron* wenn du schon mal dabei bist *(iron)*; **~ que j'y pense ...** da fällt mir gerade ein ...
III. *adv* während (+ *Gen*); **c'était avant le cours ou ~?** war es vor dem oder während des Unterrichts?
pendant(e) [pɑ̃dɑ̃, ɑ̃t] *adj* ❶ *(tombant)* [herunter]hängend; **langue** heraushängend; **joues/oreilles ~es** Hängebacken *Pl*/-ohren *Pl*
❷ *(ballant) jambes* baumelnd; **rester les bras ~s** untätig herumstehen
❸ JUR *procès, affaire* anhängig, schwebend
pendeloque [pɑ̃d(ə)lɔk] *f (bijou)* [Ohr]gehänge *nt*
pendentif [pɑ̃dɑ̃tif] *m* [Schmuck]anhänger *m*
penderie [pɑ̃dʀi] *f (placard mural)* Wandschrank *m (ohne Fächer zum Aufhängen der Kleidung); (garde-robe)* Garderobe *f; (armoire)* Kleiderschrank *m (ohne Fächer zum Aufhängen der Kleidung)*
pendiller [pɑ̃dije] <1> *vi linge:* flattern
pendouiller [pɑ̃duje] <1> *vi fam* [herum]baumeln *(fam)*
pendre [pɑ̃dʀ] <14> **I.** *vi* + *être* ❶ hängen; *(vers l'extérieur)* heraushängen; **~ à qc** an etw *(Dat)* hängen; **~ de qc** von etw herunterhängen
❷ *(tomber) joues, cheveux, guirlande:* herunterhängen; **laisser ~ ses jambes** seine Beine herabhängen [*o* baumeln *fam*] lassen; **~ jusqu'à terre** bis zum Boden reichen [*o* hängen]; **~ derrière** [*o* **par-derrière**] *jupe:* hinten länger sein als vorn
II. *vt* ❶ *(accrocher)* aufhängen; **~ qc au portemanteau/dans l'armoire** etw an den Garderobenständer/in den Schrank hängen; **~ qc dans l'entrée** etw im Eingang aufhängen; **où est-ce que je dois ~ mon manteau?** wo soll ich meinen Mantel hinhängen? *(fam)*
❷ *(mettre à mort)* hängen, aufhängen, erhängen; **~ qn à un arbre** jdn an einem Baum aufhängen; **être pendu(e)** [auf]gehängt werden
▶ **je veux [bien] être pendu(e) si ...** wenn ..., dann will ich Meier heißen
III. *vpr* ❶ *(s'accrocher)* **se ~ à une branche** sich an einen Ast hängen; **se ~ au cou de qn** *fam* sich an jds Hals *(Akk)* hängen; *(par crainte)* sich an jds Hals *(Dat)* festklammern
❷ *(se suicider)* **se ~** sich erhängen, sich aufhängen
pendu(e) [pɑ̃dy] **I.** *part passé de* pendre
II. *adj fam (agrippé)* **être ~(e) au téléphone** an der Strippe hängen *(fam)*
III. *m(f)* Gehängte(r) *f(m)*; **jouer au ~** JEUX Galgenraten *nt* spielen
pendulaire [pɑ̃dylɛʀ] *adj* **mouvement ~** Pendelbewegung *f*, Pendeln *nt*; **migration ~** SOCIOL [Berufs]pendelverkehr *m*
pendule[1] [pɑ̃dyl] *m* ❶ *a.* PHYS Pendel *nt*; *d'un sourcier, radiesthésiste* [siderisches] Pendel
❷ *(balancier)* Uhrpendel *nt*
pendule[2] [pɑ̃dyl] *f* Uhr *f*; *(pour la cuisine)* Küchenuhr *f*; **~ murale** Wanduhr
▶ **remettre les ~s à l'heure** die Sache/eine Sache richtigstellen
pendulette [pɑ̃dylɛt] *f* kleine Uhr
pêne [pɛn] *m d'une serrure* Riegel *m*
pénéplaine [peneplɛn] *f* GEOG Fastebene *f*
pénétrable [penetrabl] *adj* ❶ *(perméable)* durchlässig
❷ *(compréhensible)* zugänglich, erkennbar
pénétrant(e) [penetrɑ̃, ɑ̃t] *adj* ❶ *froid* schneidend; *pluie* bis auf die Haut durchdringend; **air ~** schneidend kalte Luft
❷ *(fort) odeur* durchdringend, penetrant *(pej)*
❸ *(aigu) regard* durchdringend, scharf

pénétrante–penser

④ *(subtil) analyse, remarque, personne* scharfsinnig; **c'est un esprit très ~** er/sie hat einen sehr scharfen Verstand
pénétrante [penetʀɑ̃t] *f* TRANSP, AUT Magistrale *f*
pénétration [penetʀasjɔ̃] *f* ① *sans pl (action) de l'eau, d'un projectile, d'idées* Eindringen *nt;* ~ **d'eau** *(avec violence)* Wassereinbruch *m;* **force de ~ d'un projectile** Durchschlagskraft *f* eines Geschosses
② *(acte sexuel)* Eindringen *nt* des Gliedes
③ ECON Durchdringung *f; d'un produit* Verbreitung *f*
④ *sans pl (perspicacité)* Scharfsinn *m*
⑤ MED Penetration *f*
pénétré(e) [penetʀe] *adj ton, air* überzeugt; **dire qc d'un** [*o* **sur un**] **ton ~** etw im Brustton der Überzeugung sagen; **être ~ de son sujet** ganz von seinem Thema eingenommen sein; **~ de son importance/soi-même** von der eigenen Wichtigkeit/von sich selbst eingenommen
pénétrer [penetʀe] <5> I. *vi* ① *(entrer)* **~ dans qc** *personne:* in etw *(Akk)* hineingehen [*o* eintreten]; *véhicule:* in etw *(Akk)* hineinfahren; *(par la force, abusivement)* in etw *(Akk)* eindringen; *envahisseur, armée:* in etw *(Akk)* einfallen [*o* eindringen]; *balle:* in etw *(Akk)* eindringen; **~ dans un groupe** sich *(Dat)* Zutritt zu einer Gruppe verschaffen; *(clandestinement)* eine Gruppe infiltrieren; **~ sur un marché** auf einen Markt vordringen
② *(prendre place)* **~ dans qc** *idée, habitude:* in etw *(Akk)* eindringen [*o* eingehen]
③ *(s'insinuer) vent, odeur:* hereindringen; **~ dans qc** *vent, odeur:* in etw *(Akk)* eindringen; *soleil:* in etw *(Akk)* hinein-/hereinscheinen; *liquide, crème:* in etw *(Akk)* einziehen; **~ à travers qc** durch etw dringen; **monter de la rue pour ~ jusque dans les étages** *parfum, rires:* von der Straße bis in die oberen Stockwerke heraufdringen; **faire ~ de l'air/du gaz dans qc** Luft/Gas in etw *(Akk)* hineinlassen
II. *vt* ① *(transpercer)* **~ qc** etw durchdringen; **~ les vêtements** *odeur:* sich in der Kleidung festsetzen; **~ qn** *froid, humidité:* jdm bis auf die Knochen gehen; *regard:* jdn durchbohren; *(acte sexuel):* in jdn eindringen
② *(imprégner)* **~ qc** *mode, habitude:* sich in etw *(Dat)* durchsetzen
③ *(deviner)* durchschauen *mystère, intentions;* ergründen *secret;* erfassen *sens*
④ *(remplir)* **~ qn de joie/d'admiration** jdn mit Freude/Bewunderung erfüllen
III. *vpr* **se ~ d'une idée** sich *(Dat)* einen Gedanken bewusst machen; **je n'arrive pas à me ~ de l'idée que qn a fait qc** ich kann einfach nicht begreifen, dass jd etw getan hat; **se ~ d'une philosophie** sich eingehend mit einer Philosophie befassen
pénibilité [penibilite] *f* Mühseligkeit *f,* Beschwerlichkeit *f*
pénible [penibl] *adj* ① *(fatigant) travail, voyage* anstrengend, ermüdend; *(difficile) tâche* schwierig; *ascension, chemin* beschwerlich; *respiration* mühsam; *hiver* hart; **~ à lire/à supporter** anstrengend zu lesen/schwer zu ertragen; **être ~ à qn** *voyage, travail:* für jdn anstrengend sein; *effort:* jdm schwerfallen; **il est/c'est ~ à qn de faire qc** es ist schwer für jdn, etw zu tun
② *(douloureux) circonstance, événement, moment* traurig, schmerzlich; *heure* schwer; **être ~ à qn** schmerzlich für jdn sein
③ *(désagréable) sujet, circonstance* unangenehm; *maladie* schwer; **être ~ à qn** jdm unangenehm sein; **il est/c'est ~ à qn de faire qc** es ist jdm unangenehm etw zu tun; **il m'est ~ de constater que qn a fait qc** es tut mir leid, feststellen zu müssen, dass jd etw getan hat
④ *fam (agaçant) personne, caractère* unerträglich; **il/elle est ~ er/** sie kann einen nerven *(fam);* **c'est ~ que qn fasse qc** es ist unerträglich, dass jd etw tut
péniblement [peniblǝmɑ̃] *adv* ① *(difficilement)* mühsam, mit Mühe
② *(cruellement) affecté* schmerzlich; *(désagréablement) surpris* unangenehm
③ *(tout juste)* mit Müh und Not, [nur] knapp
péniche [peniʃ] *f* ① *Lastkahn m;* **~ remorquée** Schleppkahn
② *hum fam (chaussure)* Kindersarg *m (hum fam)*
♦ **~ de débarquement** Landungsboot *nt*
pénichette [peniʃɛt] *f* Hausboot *nt; (pour touristes)* Ausflugsdampfer *m*
pénicilline [penisilin] *f* Penizillin *nt*
péninsulaire [penɛ̃sylɛʀ] *adj* Halbinsel-, peninsularisch *(Fachspr.)*
péninsule [penɛ̃syl] *f* Halbinsel *f;* **la ~ balkanique/ibérique** die Balkanhalbinsel/Iberische Halbinsel
pénis [penis] *m* Penis *m*
pénitence [penitɑ̃s] *f* Buße *f; (sacrement)* Bußsakrament *nt;* **faire ~** Buße tun
pénitencier [penitɑ̃sje] *m* Strafvollzugsanstalt *f*
pénitent(e) [penitɑ̃, ɑ̃t] I. *adj* bußfertig
II. *m(f)* Beichtkind *nt*
pénitentiaire [penitɑ̃sjɛʀ] *adj régime* ~ Strafvollzug *m;* **établissement ~** Strafvollzugsanstalt *f;* **personnel ~** Gefängnispersonal *nt;* **colonie ~** Strafkolonie *f*
penne [pɛn] *f* ORN *(rémige)* Schwungfeder *f; (plume de la queue)* Schwanzfeder *f*
penné(e) [pene] *adj* BOT gefiedert; **une feuille ~e** ein gefiedertes Blatt
pénombre [penɔ̃bʀ] *f* ① Halbdunkel *nt*
② ASTRON Halbschatten *m*
pensable [pɑ̃sabl] *adj* denkbar
pense-bête [pɑ̃sbɛt] <pense-bêtes> *m* Gedächtnisstütze *f; (petite feuille)* [Notiz]zettel *m; (signe)* Merkzeichen *nt;* **~ mural** Memoboard *nt*
pensée¹ [pɑ̃se] *f* ① Gedanke *m;* **deviner/pénétrer la ~** [*o* **les ~s**] **de qn** jds Gedanken erraten/durchschauen; **être absorbé(e) dans ses ~s** seinen Gedanken nachhängen; **être perdu(e)/plongé(e) dans ses ~s** [ganz] in Gedanken verloren/versunken sein; **aller jusqu'au bout de sa ~** *(achever sa réflexion)* seinen Gedanken zu Ende führen; *(réaliser ses intentions)* seine Vorstellungen in die Tat umsetzen; **la ~ de faire qc** der Gedanke etw zu tun; **la ~ que qn fasse qc** bei dem Gedanken, dass jd etw tut; **loin de moi la ~ que qn a fait qc** ich bin weit davon entfernt zu glauben, dass jd etw getan hat; **avoir une ~ pour qn** an jdn denken; *(en souvenir)* eines Menschen gedenken *(geh);* **meilleures ~s à votre femme** Ihrer Frau die allerherzlichsten Grüße
② *sans pl (opinion)* Meinung *f;* **ne pas dissimuler** [*o* **déguiser**] **sa ~** aus seiner Meinung keinen Hehl machen; **je partage votre ~ là-dessus** ich denke [genauso] wie Sie darüber
③ *sans pl* PHILOS *(raison)* Denken *nt; (façon de penser)* Denkweise *f;* **la ~ abstraite** das abstrakte Denken; **l'expression de la ~ par le langage** der Ausdruck der Gedanken durch die Sprache; **la ~ distingue l'homme de l'animal** das Denkvermögen unterscheidet den Menschen vom Tier
④ *sans pl (philosophie) d'un philosophe, d'une époque* Gedankenwelt *f,* Ideenwelt, Philosophie *f; d'un mouvement politique* Ideengut *nt;* **~ chrétienne** christliche Lehre; **libre ~** Freidenkertum *nt;* **~ fondamentale** Kernsatz *m*
⑤ *(esprit)* Geist *m,* Sinn *m;* **hanter la ~ de qn** jdm nicht aus dem Sinn gehen; **être en ~ avec qn** in Gedanken bei jdm sein; **se représenter qc par la ~** sich *(Dat)* etw im Geist[e] ausmalen
⑥ *(réflexion brève)* Denkspruch *m*
pensée² [pɑ̃se] *f* BOT Stiefmütterchen *nt*
penser [pɑ̃se] <1> I. *vi* ① *(réfléchir)* denken; **faculté de ~** Denkvermögen *nt;* **~ tout haut** laut denken; **~ à qc** über etw *(Akk)* nachdenken
② *(juger)* **~ différemment sur qc** anders über etw *(Akk)* denken; **je vais lui montrer ma façon de ~** ich werde ihm/ihr zeigen, was ich davon halte
③ *(songer à)* **~ à qn/qc** an jdn/etw denken; **il suffit d'y ~** [*o* **il faut y ~**] man muss nur auf den Gedanken kommen, es muss einem erst einmal einfallen; **sans ~ à mal** ohne [sich *(Dat)*] Böses dabei zu denken; **sans y ~** *faire qc* ohne zu überlegen, ganz gedankenverloren; *raconter qc* ohne sich *(Dat)* viel dabei zu denken
④ *(ne pas oublier)* **~ à qn/qc** an jdn/etw denken, etw/jdn nicht vergessen; **~ à faire qc** daran denken etw zu tun; **n'y pensons plus!** denken wir nicht mehr daran!; **~ à l'avenir** an die Zukunft denken; **faire ~ à qn/qc** an jdn/etw erinnern; **il leur a fait ~ à qc** er hat sie an etw *(Akk)* erinnert; **faire ~ à qn que qn a fait qc** jdn daran erinnern, dass jd etw getan hat; **cela me fait ~ que** das erinnert mich daran, dass
⑤ *(s'intéresser à)* **~ aux autres** an andere denken; **ne ~ qu'à soi** eigensüchtig sein; **agir en ne pensant qu'à soi** sich eigensüchtig verhalten

▶ **je pense bien!** *fam* und ob! *(fam),* aber sicher! *(fam);* **je pense, donc je suis** ich denke, also bin ich; **donner** [*o* **laisser**] **à ~** zu denken geben; **laisser ~ que qn a fait qc** darauf schließen lassen, dass jd etw getan hat; **je vous laisse à ~ si** Sie können sich ja denken, wie; **mais j'y pense ...** da fällt mir ein ...; **tu n'y penses pas!** *fam* das ist doch wohl nicht dein Ernst!; **[là] où je pense** *euph fam* in den Allerwertesten *(fam);* **tu penses!** *fam (tu plaisantes)* das soll wohl ein Witz sein! *(fam),* wo denkst du hin! *(fam); (et comment)* und ob! *(fam)*

II. *vt* ① *(avoir comme opinion)* denken; **~ qc de qn/qc** etw von jdm/etw halten; **qu'en pensez-vous?** wie denken Sie darüber?; **~ du bien/du mal de qn/qc** gut/nicht viel von jdm/etw denken
② *(imaginer)* **~ qc de qn** etw von jdm denken; **c'est bien ce que je pensais** das habe ich mir [doch] gedacht
③ *(croire)* glauben; **penses-tu que qn** [*o* **ait**] **fait qc?** glaubst du, dass jd etw getan hat?; **je ne pense pas que qn a** [*o* **ait**] **fait qc** ich glaube nicht, dass jd etw getan hat; **~ qn intelligent/sincère** jdn für intelligent/ehrlich halten; **je pense que oui/que non** ich denke ja/ich glaube nicht; **vous pensez bien que qn a fait qc** *fam* Sie können sich *(Dat)* wohl denken, dass jd etw getan hat
④ *(avoir l'intention de)* **~ faire qc** vorhaben etw zu tun; **que pen-**

sez-vous faire à présent? was haben Sie jetzt vor?
⑤ *littér (concevoir)* durchdenken *plan, problème;* entwerfen *machine, aménagement;* **être bien/mal pensé(e)** gut durchdacht sein
▶ **n'en ~ pas moins** sich *(Dat)* sein Teil denken; **pensez que qn a fait qc** *(tenez compte)* bedenken Sie, dass jd etw getan hat; *(imaginez)* stellen Sie sich *(Dat)* vor, dass jd etw getan hat

penseur, -euse [pɑ̃sœʀ, -øz] *m, f* Denker(in) *m(f);* **libre ~(-euse)** Freidenker(in) *m(f)*

pensif, -ive [pɑ̃sif, -iv] *adj* nachdenklich, gedankenvoll

pension [pɑ̃sjɔ̃] *f* ① *(allocation)* Rente *f;* ADMIN Versorgungsbezüge *Pl;* **~ de veuf/veuve** Witwer-/Witwenrente; **bénéficiaire d'une ~** Rentenempfänger(in) *m(f);* **~ alimentaire** *(en cas de divorce)* Unterhaltszahlung *f,* Unterhaltsabfindung *f; (à un enfant naturel)* Alimente *Pl*
② *(internat)* Internat *nt,* Internatsschule *f;* **mettre qn en ~** jdn in ein Internat geben
③ *(petit hôtel)* Pension *f*
④ *(hébergement)* Kost und Logis; **~ complète** Vollpension *f;* **être en ~ chez qn** bei jdm in Pension sein; **prendre ~ dans un hôtel** in einem Hotel zur Pension wohnen; **prendre ~ chez qn** bei jdm zur Pension wohnen; *(s'installer chez qn)* sich bei jdm häuslich niederlassen; **prendre qn/un animal en ~** jdn in Kost/ein Tier in Pflege nehmen
◆ ▶ **~ de famille** Familienpension *f;* **~ de guerre** Kriegsopferrente *f;* **~ d'invalidité** Erwerbsunfähigkeitsrente *f;* **~ de retraite** [*o* **de vieillesse**] Altersrente *f,* Altersruhegeld *nt,* Alterspension *f* (A); **~ de retraite d'entreprise** Betriebsrente

pensionnaire [pɑ̃sjɔnɛʀ] *mf* ① SCOL Internatsschüler(in) *m(f)*
② *(dans un hôtel, une famille)* Pensionsgast *m*

pensionnat [pɑ̃sjɔna] *m* Pensionat *nt*

pensionné(e) [pɑ̃sjɔne] *m(f)* Rentner(in) *m(f); (de la fonction publique)* Pensionär(in) *m(f)*

pensivement [pɑ̃sivmɑ̃] *adv* nachdenklich, gedankenvoll

pensum [pɛ̃sɔm] *m* Strafarbeit *f*

pentacle [pɛ̃takl] *m* Pentagramm *nt,* Drudenfuß *m*

pentaèdre [pɛ̃taɛdʀ] *m* Fünfflächner *m,* Pentaeder *nt*

pentagonal(e) [pɛ̃tagɔnal, o] <-aux> *adj* fünfeckig

pentagone [pɛ̃tagɔn] *m* ① GEOM Fünfeck *nt*
② *(à Washington)* **le Pentagone** das Pentagon

pentathlon [pɛ̃tatlɔ̃] *m* Fünfkampf *m,* Pentathlon *nt*

pente [pɑ̃t] *f d'une route, d'un terrain* Gefälle *nt; d'un toit* Schräge *f; d'une colline, montagne* [Ab]hang *m; d'un domaine skiable* Skihang; **gravir/monter la ~** den Berg [*o* Hang] hinaufklettern/hinauffahren [*o* hinaufgehen]; **être/monter en ~ douce** leicht abfallen/leicht ansteigen; **être/monter en ~ raide** steil abfallen/steil ansteigen; **en ~** abfallend, abschüssig
▶ **être sur une ~ dangereuse** [*o* **savonneuse** *fam*] auf die schiefe Bahn [*o* auf Abwege] geraten sein *(fam);* **qn/qc est sur une** [*o* **la**] **mauvaise ~** mit jdm/etw geht es bergab; **qn/qc remonte la ~** es geht wieder bergauf mit jdm/etw

Pentecôte [pɑ̃tkot] *f* Pfingsten *pl;* **les vacances de [la] ~** die Pfingstferien; **tu viens à la ~?** kommst du zu [*o* an SDEUTSCH] Pfingsten?

penthotal® [pɛ̃tɔtal] *m* Wahrheitsserum *nt*

pentu(e) [pɑ̃ty] *adj* schräg; **toit ~** Schrägdach *nt*

penture [pɑ̃tyʀ] *f* ① *d'une fenêtre* Fensterband *f; d'une porte* Türband *nt*
② NAUT Beschlag *m*

pénurie [penyʀi] *f* Knappheit *f,* Mangel *m,* Verknappung *f; (approvisionnement insuffisant)* Versorgungslücke *f;* **~ d'argent** Geldmangel, Geldknappheit; **~ de capitaux** Kapitalmangel; **~ de commandes** COM Ordermangel; **~ de crédits** Kreditknappheit; **~ artificielle de dollars** künstliche Dollarverknappung; **~ d'eau** Wasserknappheit, Wassernot *f;* **~ de jeunes** Nachwuchsmangel; **~ de logements** Wohnungsnot *f;* **~ de main-d'œuvre** Mangel an Arbeitskräften, Arbeitskräftemangel; **~ de main-d'œuvre qualifiée** Fachkräftemangel; **~ de marchandises** Warenverknappung; **~ de médecins** Ärztemangel; **~ de personnel** Personalmangel; **~ alimentaire** [*o* **de vivres**] Lebensmittelknappheit; **~ en** [*o* **de**] **liquidités** Liquiditätsknappheit; **il y a [une] ~ de qc** es fehlt an etw *(Dat),* etw ist knapp; **par suite d'une ~ momentanée** infolge zeitweiliger Verknappung

people [pipœl] *inv* **I.** *adj* Boulevard-, Regenbogen-; **presse/magazine ~** Boulevardpresse/-magazin
II. *mpl* VIPs *Pl,* berühmte Persönlichkeiten *Pl*

peopolisation [pipœlizasjɔ̃] *f fam* **~ des personnalités** zunehmende Vereinnahmung *f* der Personen des öffentlichen Lebens durch die Klatschpresse

PEP [pɛp] *m abr de* **plan d'épargne populaire** privater Anlageplan

pep [pɛp] *m* Pep; **avoir du ~** Pep haben

pépé [pepe] *m fam* Opa *m (fam)*

pépée [pepe] *f fam* Biene *f (fam),* Mieze *f (sl)*

pépère [pepɛʀ] **I.** *adj fam* gemütlich; *vie* geruhsam; *travail* ruhig; **un petit coin ~** ein ruhiges [*o* gemütliches] Eckchen
II. *m* ① *enfantin pop (grand-père)* Opa *m (fam)*
② *fam* Dicke(r) *m (fam); (enfant)* Dickerchen *nt (fam);* **un gros ~** ein dicker Gemütsmensch *(fam)*

pépètes [pepɛt] *fpl vieilli fam* Moneten *Pl (fam),* Zaster *m (sl)*

pépie [pepi] *f* MED *(induration)* Zungenverhärtung *f*
▶ **avoir la ~** *fig* einen Riesendurst haben *(fam)*

pépiement [pepimɑ̃] *m* Piep[s]en *nt*

pépier [pepje] <1a> *vi* piepen

pépin [pepɛ̃] *m* ① *(grain)* [Obst]kern *m;* **~ de pomme** Apfelkern; **fruits à ~s** Kernobst *nt*
② *fam (ennui, difficulté)* Scherereien *f meist Pl (fam);* **j'ai eu un gros ~** mir ist da was Schlimmes passiert *(fam)*
③ *fam (parapluie)* Musspritze *f (hum fam)*

Pépin [pepɛ̃] *m* **~ le Bref** Pippin der Kurze

pépinière [pepinjɛʀ] *f* ① Baumschule *f*
② *(vivier)* Kaderschmiede *f;* **~ de savants/jeunes talents** Nährboden *m* für Wissenschaftler/junge Talente; **~ de talents** Talentschmiede *f (fam)*

pépiniériste [pepinjeʀist] *mf* Baumschulgärtner(in) *m(f)*

pépite [pepit] *f* **~ d'or** Goldklumpen *m*

péplum [peplɔm] *m* CINE *fam* Kolossalfilm *m,* Monumentalschinken *m (pej fam); (ayant pour sujet un épisode de l'histoire)* Historienschinken *(pej fam)*

pepsine [pɛpsin] *f* Pepsin *nt*

peptide [pɛptid] *m* BIO, CHIM Peptid *nt*

péquenaud(e) [pɛkno, od] **I.** *adj péj fam* ungehobelt *(pej)*
II. *m(f) péj fam* Tölpel *m/*Trampel *m (pej fam)*

péquenot *v.* **péquenaud**

perçage [pɛʀsaʒ] *m* TECH Bohren *nt,* Lochen *nt*

percale [pɛʀkal] *f* TEXTIL Perkal *m*

perçant(e) [pɛʀsɑ̃, ɑ̃t] *adj froid* schneidend; *regard* stechend; *cri* gellend; *voix* schrill; *esprit* scharf

perce *v.* **tonneau**

percée [pɛʀse] *f* ① *(dans une forêt)* Schneise *f; (dans un mur)* Durchbruch *m;* **faire** [*o* **ouvrir**] **une ~ dans la forêt** eine Schneise durch den Wald schlagen
② RUGBY, FBALL Durchbruch *m;* MIL Durchstoß *m*
③ SCI, ECON Durchbruch *m;* **~ technologique/politique** Durchbruch auf technologischem/politischem Gebiet

percement [pɛʀsəmɑ̃] *m* [Durch]bohrung *f; d'une cloison, rue, d'un mur* Durchbrechen *nt; d'une fenêtre, porte* Ausbrechen *nt; d'un tunnel* Durchstich *m*

perce-neige [pɛʀsənɛʒ] <perce-neige[s]> *m o f* Schneeglöckchen *nt* **perce-oreille** [pɛʀsɔʀɛj] <perce-oreilles> *m* ZOOL Ohrwurm *m,* Ohrenkriecher *m (fam)*

percepteur [pɛʀsɛptœʀ] *m (fonctionnaire)* Finanzbeamter *m/*-beamtin *f; (administration)* Finanzamt *nt*

perceptible [pɛʀsɛptibl] *adj* ① *détails, différences* wahrnehmbar; *(à la vue)* sichtbar; *sons* hörbar
② *(sensible) amélioration* spürbar, merklich; *ironie, intention* deutlich

perceptif, -ive [pɛʀsɛptif, -iv] *adj* PSYCH perzeptorisch, perzeptiv; **champ ~** Wahrnehmungsfeld *nt*

perception [pɛʀsɛpsjɔ̃] *f* ① *sans pl d'un impôt* Erhebung *f,* Einziehung *f; d'une taxe, d'un péage* Erhebung *f*
② *(bureau du percepteur)* Finanzamt *nt*
③ *(sens, sensation)* Wahrnehmung *f;* PSYCH, PHILOS Wahrnehmung, Perzeption *f (Fachspr.); d'une situation* Einschätzung *f;* **~ des couleurs/des odeurs** Farben-/Geruchssinn *m;* **troubles de la ~** Wahrnehmungsstörung *f*
◆ ▶ **~ des fruits** FIN Früchteziehung *f;* **~ des fruits lors retard de paiement** Früchteziehung bei Zahlungsverzug; **~ de l'impôt** Steuererhebung *f*

percer [pɛʀse] <2> **I.** *vi* ① *(s'ouvrir) abcès:* aufgehen
② *(apparaître) dent:* durchkommen; **le soleil perce à travers les nuages** die Sonne bricht durch die Wolken; **l'aube perce à l'horizon** der Morgen bricht an
③ *(transparaître)* **~ dans qc** *sentiment, ironie:* in etw *(Dat)* durchklingen [*o* zum Ausdruck kommen]; **laisser ~ qc** etw zeigen, sich *(Dat)* etw anmerken lassen
④ *(être dévoilé)* **rien n'a percé de leur entretien** über ihre Zusammenkunft ist nichts [Näheres] bekannt geworden
⑤ *(devenir populaire) artiste:* den Durchbruch schaffen; **elle a enfin réussi à ~** endlich ist ihr der Durchbruch gelungen
II. *vt* ① *(forer)* bohren *trou;* **continuer à ~** weiterbohren
② *(faire des trous dans)* **~ qc d'un trou/de trous** ein Loch/Löcher in etw *(Akk)* bohren; **être percé(e) de trous** durchlöchert sein
③ *(perforer)* durchstechen, ein Loch/Löcher machen in *(+ Akk) papier, pneu;* anstechen, anzapfen *tonneau;* durchbohren *mur, tôle;*

aufbrechen *coffre-fort;* aufstechen *abcès, ampoule;* durchstechen *oreille, tympan;* **être percé(e)** *pneu, bouteille:* ein Loch/Löcher haben

❹ *(creuser une ouverture dans)* durchbohren, einen Durchbruch machen durch *mur, rocher*

❺ *(pénétrer)* ~ **qc** *vent, pluie, humidité:* durch etw dringen; *balle:* etw durchbohren

❻ *(blesser)* ~ **qn d'un coup de couteau** jdn mit einem Messer durchbohren

❼ *(trouer)* **être percé(e)** *chaussette, chaussure, poche:* Löcher haben; *(d'un seul trou)* ein Loch haben

❽ *(faire)* ~ **une porte dans un mur** eine Tür durch eine Wand durchbrechen, eine Tür aus einer Wand ausbrechen; ~ **une route dans la montagne/à travers la forêt** eine Straße durch das Gebirge bauen/durch den Wald ziehen; ~ **un tunnel dans la montagne** einen Tunnel durch den Berg treiben [*o* bauen]; ~ **une ouverture dans le mur** eine Öffnung in die Mauer brechen

❾ *(traverser)* durchbrechen *ligne, front;* ~ **la foule** sich *(Dat)* einen Weg durch die Menge bahnen

❿ *(déchirer)* durchbrechen, durchdringen *nuages, obscurité;* zerreißen, gellen durch *silence;* ~ **les oreilles/les tympans à qn** *bruit:* jdm in den Ohren gellen; ~ **qn du regard** jdn mit Blicken durchbohren

⓫ *(découvrir)* kommen hinter *(+ Akk)*, aufdecken *secret, énigme*

perceur, -euse [pɛʀsœʀ, -øz] *m, f* Bohrer(in) *m(f)*

perceuse [pɛʀsøz] *f* Bohrmaschine *f;* ~ **à percussion** Schlagbohrmaschine *f;* ~ **sur colonne** Ständerbohrmaschine *f*

percevable [pɛʀsəvabl] *adj* einziehbar, erhebbar

Perceval [pɛʀsəval] *m* Parzival *m*

percevoir [pɛʀsəvwaʀ] <12> *vt* ❶ *(avec l'oreille)* wahrnehmen, vernehmen; *(avec les yeux)* wahrnehmen, erkennen

❷ *(concevoir)* spüren *évolution, gêne, nuance;* erkennen *vérité, intention, problème;* **être mal perçu(e) par qn** *mesure, projet, loi, intention:* von jdm falsch verstanden werden; *problème:* von jdm nicht [richtig] erkannt werden; ~ **qn comme un perturbateur** jdn als Störenfried ansehen, in jdm einen Störenfried sehen

❸ *(recevoir, encaisser)* bekommen, erhalten *indemnité, honoraires, intérêts;* einnehmen *loyer;* kassieren *cotisation;* ~ **des taxes** Gebühren einziehen

❹ *(prélever)* erheben; *(chez un individu)* einziehen; ~ **un impôt sur qc** eine Steuer auf etw *(Akk)* erheben

perche¹ [pɛʀʃ] *f* ZOOL Barsch *m*

perche² [pɛʀʃ] *f* ❶ Stange *f; d'un téléski* Schleppbügel *m*

❷ SPORT Stab *m;* **le saut à la** ~ der Stabhochsprung

❸ TECH, TRANSP Stromabnehmer *m*

❹ AUDIOV Galgen *m*

▶ **grande** ~ *fam* Bohnenstange *f (fam);* **saisir la** ~ **que l'on vous tend** die Hilfe annehmen, die man angeboten bekommt; **tendre la** ~ **à qn** jdm aus der Verlegenheit helfen

perché(e) [pɛʀʃe] *adj* in der Höhe sitzend, hochgelegen

▶ **jouer à chat** ~ Fangen spielen; **une voix haut** ~**e** eine hohe Stimme

perchée [pɛʀʃe] *f* AGR Furche *f*

percher [pɛʀʃe] <1> *I. vi* ❶ ~ **sur qc** *animal:* sich auf etw *(Dat)* niederlassen; **être perché(e) sur une branche** *animal:* auf einem Ast sitzen; **être perché(e) sur qc** *pot, objet, maison:* [hoch] oben auf etw *(Dat)* stehen

❷ *fam (crécher)* ~ **au premier** [**étage**] in der ersten Etage hausen *(hum fam)*

II. vt fam (mettre) ~ **qc sur qc** etw ganz weit oben auf etw *(Akk)* stellen/legen *(fam)*

III. vpr **se** ~ **sur qc** ❶ *oiseau:* sich auf etw *(Akk)* setzen, sich auf etw *(Dat)* niederlassen

❷ *fam (monter) personne:* sich auf etw *(Akk)* hocken *(fam); (debout)* sich auf etw *(Akk)* stellen

percheron [pɛʀʃəʀɔ̃] *m* Kaltblut[pferd *nt*] *nt (aus dem Perche)*

perchiste [pɛʀʃist] *mf* ❶ SPORT Stabhochspringer(in) *m(f)*

❷ AUDIOV Mikroassistent(in) *m(f)*

❸ SKI Aufseher(in) *m(f)* am Schlepplift

perchoir [pɛʀʃwaʀ] *m* ❶ [Sitz]stange *f; des poules* Hühnerstange *f*

❷ *fam (mansarde)* Dachwohnung *f;* **descends de ton** ~! komm von da oben runter!

❸ POL *fam* Sitz des Präsidenten der französischen Nationalversammlung

perclus(e) [pɛʀkly, yz] *adj* **être** ~ **de rhumatismes** durch Rheuma steif sein; **être** ~ **de douleurs** wie gelähmt vor Schmerzen *(Dat)* sein

percolateur [pɛʀkɔlatœʀ] *m* Kaffeemaschine *f (in der Gastronomie)*

percussion [pɛʀkysjɔ̃] *f* ❶ TECH *(choc)* Schlag *m,* Erschütterung *f;* **arme à** ~ Perkussionswaffe *f*

❷ MED Abklopfen *nt,* Perkussion *f (Fachspr.)*

❸ *sans pl* MUS *(batterie)* Schlagzeug *nt,* Percussion *f;* **la** ~, **les instruments à** ~ die Schlaginstrumente *Pl*

percussionniste [pɛʀkysjɔnist] *mf* MUS Schlagzeuger(in) *m(f)*

percutané(e) [pɛʀkytane] *adj* MED *action* perkutan *(Fachspr.);* **agir par voie** ~**e** perkutan wirken *(Fachspr.);* **cette pommade a une action** ~**e** diese Salbe wirkt perkutan *(Fachspr.)*

percutant(e) [pɛʀkytɑ̃, ɑ̃t] *adj* ❶ MIL Aufschlag-; **fusée** ~**e à retardement** Aufschlagzünder *m* mit Verzögerung

❷ *fig* durchschlagend; *argument* schlagend

percuter [pɛʀkyte] <1> *I. vi* ~ **contre qc** gegen etw prallen; *obus:* auf etw *(Dat)* aufschlagen

II. vt ❶ *(heurter)* ~ **qc** auf [*o* an] [*o* gegen] etw *(Akk)* prallen; ~ **qn** *(avec la voiture)* jdn anfahren

❷ MIL, PHYS ~ **qc** auf etw *(Dat)* aufschlagen; MUS anschlagen *corde*

percuteur [pɛʀkytœʀ] *m* Schlagbolzen *m*

perdant(e) [pɛʀdɑ̃, ɑ̃t] *I. adj* *numéro/billet* ~ Niete *f; cheval* ~ Verlierer *m;* **être** ~ schlecht wegkommen; **partir** ~ von vornherein schlechte Erfolgsaussichten haben

II. m(f) Verlierer(in) *m(f);* **mauvais** ~ /**mauvaise** ~**e** schlechter Verlierer/schlechte Verliererin

perdition [pɛʀdisjɔ̃] *f* **en** ~ *navire* in Seenot *f*

perdre [pɛʀdʀ] <14> *I. vi* ❶ verlieren; ~ **au jeu/au loto/aux élections** beim Spiel/beim Lotto/bei den Wahlen verlieren

❷ *(fuir) récipient, réservoir:* undicht sein, lecken, auslaufen

▶ **jouer à qui perd gagne** einen Verlust in einen Gewinn ummünzen; **y** ~ COM Verlust machen

II. vt ❶ verlieren *trace, guide, chien;* nicht mehr finden *page, enfant;* vergessen *nom;* ~ **son chemin** sich verlaufen [*o* verirren]; **être perdu(e)** sich verlaufen [*o* verirrt] haben

❷ *(cesser d'avoir)* verlieren, einbüßen *réputation, estime;* ablegen, aufgeben [*mauvaise*] *habitude;* ~ **l'habitude de faire qc** nicht mehr gewöhnt sein etw zu tun; **faire** ~ **à qn l'habitude de faire qc** jdm abgewöhnen etw zu tun; ~ **quelques kilos en faisant un régime strict** [sich *(Dat)*] ein paar Kilo runterhungern *(fam);* ~ **beaucoup d'argent à la bourse** viel Geld verzocken *(fam);* ~ **de son prestige** an Prestige verlieren; ~ **de sa valeur/de son sens** an Wert/Bedeutung verlieren; ~ **de sa fraîcheur** nicht mehr ganz frisch sein; ~ **de la vitesse** langsamer werden; **n'avoir rien à** ~ **dans qc** bei etw nichts zu verlieren haben

❸ *(se voir privé d'une partie de soi)* verlieren; verlieren, einbüßen *éclat, teint, bras;* **il perd ses cheveux** ihm gehen die Haare aus; ~ **la vue/l'ouïe** blind/taub werden; ~ **du poids** abnehmen; ~ **le goût de qc** die Freude an etw *(Dat)* verlieren; ~ **courage/espoir/patience** den Mut/die Hoffnung/die Geduld verlieren

❹ *(être séparé par la mort de)* verlieren *père, femme*

❺ *(laisser s'échapper)* verlieren *pantalon, chaussure, sang;* **le réservoir perd de l'eau** der Behälter leckt

❻ *(avoir le dessous dans)* verlieren *match, procès*

❼ *(gaspiller)* ~ **une heure/son argent à qc/à faire qc** eine Stunde/sein Geld mit etw verlieren/damit verlieren etw zu tun; ~ **une occasion** eine Gelegenheit versäumen [*o* verpassen]; **faire** ~ **une heure à qn** jdm eine Stunde kosten; **sans** ~ **un instant** [*o* **une minute**] ohne [auch nur] eine Minute zu verlieren

❽ *(rater)* ~ **quelque chose en ne faisant pas qc** [*o* **à ne pas faire qc**] etwas versäumen [*o* verpassen], wenn man etw nicht tut; **tu n'y perds rien!** da hast du nichts verpasst!

❾ *(ruiner)* ins Verderben stürzen, ruinieren, zugrunde [*o* zu Grunde] richten *personne*

▶ **tu ne perds rien pour attendre!** so leicht kommst du mir nicht davon!; **ne** ~ **rien** [*o* **pas une bouchée**] [*o* **pas une miette**] **de qc** sich *(Dat)* nicht das Geringste von etw entgehen lassen

III. vpr ❶ *(s'égarer)* **se** ~ **dans la/en forêt** *(à pied/en voiture)* sich im Wald verirren [*o* verlaufen]/verfahren; **se** ~ **en route** *colis, lettre:* unterwegs verloren gehen

❷ *(s'attarder à)* **se** ~ **dans des explications** sich in Erklärungen *(Dat)* ergehen; **se** ~ **en raisonnements** sich in Überlegungen *(Dat)* verlieren

❸ *(se plonger)* **se** ~ **dans ses pensées** in Gedanken *(Dat)* versinken; **se** ~ **dans ses réflexions** in tiefes Nachdenken versinken

❹ *(disparaître)* **se** ~ *sens, bonnes habitudes:* verloren gehen; *coutume, traditions:* in Vergessenheit geraten, aussterben; *métier:* aussterben; **se** ~ **dans les buissons** *personne:* im Gebüsch verlieren; **se** ~ **dans le tumulte** *cri, paroles:* im Getöse untergehen

❺ *(faire naufrage)* **se** ~ verschwinden; **un bateaux s'est perdu** ein Schiff ist verschollen

❻ *(se gâter)* **se** ~ *fruits, légumes, récolte:* verderben

❼ *(rester inutilisé)* **se** ~ *ressources:* ungenutzt bleiben; *occasion:* nicht wahrgenommen [*o* genutzt] werden; *initiative:* im Sand verlaufen; **il ne faut pas laisser** [se] ~ **une telle occasion** eine solche Gelegenheit darf man sich nicht entgehen lassen

▶ **il y a des gifles qui se perdent** *fam* er/sie braucht mal ein paar hinter die Ohren *(fam);* **je m'y perds** da kann ich nicht mehr folgen

perdreau [pɛʀdʀo] <x> *m* junges Rebhuhn

perdrix [pɛʀdʀi] f Feldhuhn nt; ~ **grise/rouge** Reb-/Rothuhn
perdu(e) [pɛʀdy] **I.** part passé de **perdre**
II. adj ❶ bataille, procès verloren; cause aussichtslos; **il n'y a rien de** ~, **rien n'est** ~ noch ist nicht alles verloren; **tout est** ~ es ist alles verloren
❷ (condamné) personne verloren; **être** ~ malade: nicht mehr zu retten sein
❸ (embrouillé) personne durcheinander; **elle était** ~**e** sie wusste nicht mehr weiter; **avoir l'air** ~ verstört aussehen
❹ (absorbé) **être** ~ **dans qc** in etw (Akk) vertieft sein; **être** ~ **dans ses rêveries/ses pensées** ganz traum-/gedankenverloren sein
❺ (qui a été égaré) objet verloren gegangen; chien streunend; (sans propriétaire) herrenlos
❻ (gaspillé, manqué) **de** ~(**e**) soirée, temps, argent vergeudet; place ungenutzt; occasion verpasst, versäumt; **c'est de l'argent/du temps** ~! das ist Geld-/Zeitverschwendung f!
❼ (de loisir) **à mes heures** ~**es** [o **moments** ~**s**] in meiner freien Zeit, wenn ich etwas Zeit habe
❽ (isolé) pays, coin, endroit abgelegen, entlegen
❾ (non consigné) **bouteille** ~**e** Einwegflasche f; **emballage** ~ Einwegverpackung f
▶ ~ **pour** ~ da lässt sich nun nichts mehr machen
perdurer [pɛʀdyʀe] <1> vi fortbestehen, überdauern
père [pɛʀ] m ❶ Vater m; **devenir** ~ Vater werden, Vaterfreuden entgegensehen (hum); **il est** ~ **depuis hier** er ist gestern Vater geworden; ~ **de l'enfant** Kindsvater, Kindesvater (form); ~ **légal** gesetzlich anerkannter Vater; ~ **spirituel de qn** jds geistiges Vorbild; **de** ~ **en fils** von Generation zu Generation; **Durand** ~ Durand senior
❷ (créateur, fondateur) d'une idée, théorie, d'un projet [geistiger] Vater; d'une institution Begründer m
❸ fam (monsieur) **le** ~ **Dupont** der alte [Herr] Dupont, Vater Dupont (fam)
❹ REL Pater m; **les Pères Blancs** die Weißen Väter (geistlicher Orden); **Notre Père** Vaterunser nt
❺ pl littér (ancêtres) **nos/vos** ~**s** unsere/eure Väter geh [o Vorfahren] Pl
▶ **tel** ~, **tel fils** wie der Vater, so der Sohn; der Apfel fällt nicht weit vom Stamm (prov); ~ **tranquille** ruhiger [o Patron fam] Mensch
◆ ~ **de famille** Familienvater m; **c'est le vrai** ~ **de famille** hum er ist ein sehr treusorgender Vater; ~ **Fouettard** Knecht m Ruprecht; ~ **Noël** Weihnachtsmann m ▶ **croire encore au** ~ **Noël** noch an den Weihnachtsmann glauben (fam); **petit** ~ **du peuple** hum Landesvater m (hum); **le petit** ~ **du peuple de Bade-Wurtemberg** der baden-württembergische Landesvater m (hum)
pérégrinations [peʀegʀinasjɔ̃] fpl Umherreisen nt, Reiserei f (fam); (pour des démarches) Lauferei f (fam)
péremption [peʀɑ̃psjɔ̃] f JUR Verjährung f, Verwirkung f; **délai de** ~ Verwirkungsfrist f
péremptoire [peʀɑ̃ptwaʀ] adj argument durchschlagend, unwiderlegbar; ton kategorisch, entschieden
péremptoirement [peʀɑ̃ptwaʀmɑ̃] adv répliquer in kategorischem [o entschiedenem] Ton; démontrer eindeutig, unwiderlegbar
pérennité [peʀenite] f sans pl ❶ Fortbestand m, Weiterbestehen nt
❷ JUR Unverfallbarkeit f
péréquation [peʀekwasjɔ̃] f ❶ FISC, ECON (répartition) des charges Ausgleich m; ~ **fiscale**, ~ **des impôts** [o **d'impôts**] Steuerausgleich; ~ **des prix** Preisausgleich, Anpassung f der Preise
❷ (réajustement) des salaires, pensions, notes Angleichung f, Anpassung f; ~ **des avantages** [o **bénéfices**] JUR Vorteilsausgleichung f
perestroïka [peʀɛstʀɔika] f Perestroika f
perf abr de **perfusion**
perfectible [pɛʀfɛktibl] adj verbesserungsfähig, verbesserungswürdig
perfection [pɛʀfɛksjɔ̃] f sans pl Vollendung f, Perfektion f; **être loin de la** ~ lange nicht vollkommen sein; **être une** ~ unübertrefflich [o perfekt] sein; **à la** ~ meisterhaft, vollendet
perfectionné(e) [pɛʀfɛksjɔne] adj machine, dispositif weiterentwickelt, verbessert; **très** ~ hochentwickelt
perfectionnement [pɛʀfɛksjɔnmɑ̃] m Verbesserung f; d'un système, d'une technique Weiterentwicklung f, Perfektionierung f; **apporter des** ~**s à qc** etw verbessern; **doté(e) des derniers** ~**s** mit den letzten technischen Neuerungen ausgestattet; **stage de** ~ Fortbildungslehrgang m; **classe de** ~ SCOL Förderunterricht m
perfectionner [pɛʀfɛksjɔne] <1> **I.** vt verbessern technique, procédé; verbessern, weiterentwickeln appareil; verbessern, vervollkommnen style, langue
II. vpr **se** ~ technique, procédé: sich verbessern; **se** ~ **dans/en qc** personne: sich in etw (Dat) weiterbilden; **se** ~ **en allemand** sein Deutsch verbessern
perfectionnisme [pɛʀfɛksjɔnism] m Perfektionismus m
perfectionniste [pɛʀfɛksjɔnist] **I.** mf Perfektionist(in) m(f)
II. adj perfektionistisch

perfide [pɛʀfid] adj littér (déloyal) personne illoyal (geh); (qui cherche à nuire) personne, manœuvre, parole perfide (geh), hinterhältig; promesse falsch
perfidement [pɛʀfidmɑ̃] adv littér perfid[e] (geh)
perfidie [pɛʀfidi] f littér Perfidie f (geh)
perforant(e) [pɛʀfɔʀɑ̃, ɑ̃t] adj TECH panzerbrechend
perforateur [pɛʀfɔʀatœʀ] m (pour le bureau) Locher m
perforateur, -trice [pɛʀfɔʀatœʀ, -tʀis] adj **pince perforatrice** Lochzange f; **marteau** ~ Bohrhammer m
perforation [pɛʀfɔʀasjɔ̃] f ❶ MED Durchbruch m, Perforation f (Fachspr.); **une** ~ **du tympan** ein Loch nt im Trommelfell; **une** ~ **intestinale** eine Darmperforation
❷ (trou) Loch nt, Lochung f; d'un film die Perforation f; **les** ~**s d'une bande** die Perforation eines Streifens, die Löcher in einem Streifen
perforatrice [pɛʀfɔʀatʀis] f ❶ CONSTR Bohrer m, Bohrmaschine f; (pour les roches) Gesteinsbohrer
❷ INFORM Lochkartenstanzer m
perforer [pɛʀfɔʀe] <1> vt ❶ lochen; (percer de plusieurs trous) durchlöchern; (percer de trous réguliers) perforieren (Fachspr.); projectile: durchschlagen; **être perforé(e)** feuille: gelocht sein; **bande/carte perforée** Lochstreifen m/Lochkarte f
❷ MED perforieren organe
❸ (poinçonner) lochen billet
perforeuse [pɛʀfɔʀøz] f Locher m
performance [pɛʀfɔʀmɑ̃s] f ❶ a. SPORT Leistung f; ~ **maximale** d'un sportif, appareil Höchstleistung; ~ **intellectuelle** Intelligenzleistung; **réaliser de bonnes** ~**s** leistungsstark sein; **courbe des** ~**s** d'un sportif Leistungskurve f; **super** ~ fam Klasseleistung (fam); **c'est une véritable** ~! das ist eine echte Leistung!
❷ pl TECH, AUT d'une machine Leistung f, Leistungsfähigkeit f; d'un véhicule Fahrleistung; ~**s maximales** Spitzenleistung f; **un facteur qui baisse les** ~**s** ein leistungsmindernder Faktor
❸ INFORM ~ **du processeur** Prozessortakt m
❹ LING Performanz f
performant(e) [pɛʀfɔʀmɑ̃, ɑ̃t] adj appareil, technique leistungsstark; entreprise, industrie, produit wettbewerbsfähig; cadre, manager leistungsfähig, effizient; **rendre plus** ~ remède, médicament, nutrition: leistungssteigernd wirken; **rendre moins** ~ charge, influence: leistungsmindernd wirken
performeur, -euse [pɛʀfɔʀmœʀ, -øz] m, f Performance-Künstler(in) m(f)
perfusion [pɛʀfyzjɔ̃] f MED Infusion f; **être sous** ~ Infusionen bekommen; **mettre qn sous** ~ jdm eine Infusion legen; **injecter qc à qn par** ~ jdm etw infundieren
pergola [pɛʀgɔla] f Pergola f
périarthrite [peʀiaʀtʀit] f MED Periarthritis f
péricarde [peʀikaʀd] m ANAT Herzbeutel m, Perikard nt (Fachspr.)
péricardite [peʀikaʀdit] f MED Herzbeutelentzündung f, Perikarditis f (Fachspr.)
péricarpe [peʀikaʀp] m BOT, BIO Fruchthülle f, Perikarp nt (Fachspr.)
péricliter [peʀiklite] <1> vi affaire, commerce: zugrunde [o zu Grunde] gehen; **son commerce périclite** mit seinem Geschäft geht es bergab
péridural(e) [peʀidyʀal, o] <-aux> MED adj **anesthésie** ~**e** Periduralanästhesie f
péridurale [peʀidyʀal] f MED Periduralanästhesie f
périf abr de **périphérique**
périgée [peʀiʒe] m ASTRON Erdnähe f, Perigäum nt (Fachspr.)
périgourdin(e) [peʀiguʀdɛ̃, in] adj aus dem Périgord
Périgourdin(e) [peʀiguʀdɛ̃, in] m(f) Bewohner(in) m(f) des Périgord; **être** ~(**e**) aus dem Périgord stammen
péril [peʀil] m littér [große] Gefahr f; **il y a** ~ **à faire qc** es ist gefährlich [o riskant] etw zu tun; **mettre qn/qc en** ~ jdn/etw gefährden [o in Gefahr bringen]; **en** ~ navire in Seenot; chef d'œuvre gefährdet, bedroht
▶ **il y a/il n'y a pas** ~ **en la demeure** es ist Gefahr im Verzug/es besteht kein Grund zur Panik; **au** ~ **de sa vie** [o **ses jours**] soutenu unter Einsatz seines/ihres Lebens
périlleusement [peʀijøzmɑ̃] adv littér gefährlich
périlleux, -euse [peʀijø, -jøz] adj ❶ (dangereux) gefährlich, riskant
❷ (délicat) sujet heikel
périmé(e) [peʀime] adj ❶ carte, visa, garantie abgelaufen; billet, chèque ungültig; **un médicament/yaourt** ~ ein Medikament/Joghurt [o Jogurt], dessen Verfallsdatum überschritten ist
❷ (démodé, dépassé) conception, institution überholt, veraltet; **être** ~ nicht mehr zeitgemäß sein
périmer [peʀime] <1> vpr **se** ~ carte, passeport, visa: ablaufen, ungültig werden; billet: verfallen; **laisser** [**se**] ~ **un billet** eine Karte verfallen lassen
périmètre [peʀimɛtʀ] m ❶ GEOM Umfang m

périnatal – permanganate 618

② *(limite)* Gebiet nt, Bereich m; *d'un champ* Ausdehnung f; **~ urbain** [*o* **d'une ville**] Stadtgebiet
③ *(zone)* Umkreis m; **~ de sécurité** Sicherheitszone f, Sicherheitsgürtel m
périnatal(e) [peʀinatal] <s> *adj* MED perinatal *(Fachspr.)*; **médecine ~ e** Perinatalmedizin f *(Fachspr.)*
périnée [peʀine] m ANAT Damm m; **protection du ~** Dammschutz m
période [peʀjɔd] f ❶ *(phase, saison, époque)* Zeit f; **la ~ classique** die Zeit der Klassik; **la ~ rose de Picasso** Picassos rosa Periode f; **~ de** [**la**] **vie** Lebensphase f, Lebensabschnitt m; **traverser une mauvaise ~** eine schwierige Zeit durchmachen; **~ des cerises/des asperges** Kirschen-/Spargelzeit; **~ des fêtes** Feiertage Pl; **~ de restriction** Notzeiten Pl; **~ difficile/révolutionnaire** schwierige/revolutionäre Phase; **~ électorale** Wahlkampf m; **en ~ de crise** in Krisenzeiten; **par ~**[**s**] zeitweise, von Zeit zu Zeit
❷ a. JUR *(espace de temps)* Zeitraum m, Zeitspanne f, Zeit f; **~ d'un an** Zeitraum von einem Jahr; **s'étendre sur une longue ~** sich über einen langen Zeitraum erstrecken; **~ comptable** Abrechnungszeitraum, Abrechnungsperiode f; **~ fiscale** Steuerperiode, Besteuerungszeitraum f; **~ suspecte** Schwebezeit; **~ transitoire** Übergangszeit; **~ d'analyse** [*o* **d'étude**] Untersuchungszeitraum; **~ de droit en cours d'acquisition** Anwartschaftszeit; **~ de l'exercice précédent** Vorjahreszeitraum m; **~ de paiement compensatoire** Ausgleichszeitraum; **~ de taux d'intérêts bas** Zinstief nt; **~ de taux d'intérêts élevés** Hochzinsphase nt; **à plusieurs ~ s** mehrperiodisch
③ MIL **~ [d'instruction]** Reserveübung f; **faire une ~** an einer Reserveübung teilnehmen
④ PHYS *d'un radioélément* Halbwert[s]zeit f
⑤ PHYS, ELEC *d'un courant* Periode f
⑥ ASTRON Periode f, Umlaufzeit f
◆ **~ d'activité** *(durée d'un emploi)* Beschäftigungszeit f; *(durée de la vie active)* Zeit der Erwerbstätigkeit; **~ d'affluence** *(dans les magasins)* Hauptgeschäftszeit f; *(dans les endroits touristiques)* Hochsaison f; **~ d'amortissement** Tilgungszeitraum m, Amortisationszeit f, Abschreibungsperiode f; **~ d'appréciation** Beurteilungszeitraum m; **~ d'apprentissage** Ausbildungsverhältnis nt; **~ de calcul** Verrechnungszeitraum m; **~ de crédit-bail** Leasingdauer f; **~ de déclaration** Besteuerungszeitraum m; **~ de décroissance** Auslaufzeit f; **~ de démarrage** ECON Vorlaufzeit f; **~ de détermination des bénéfices imposables** Gewinnermittlungszeitraum m; **~ de double circulation** *(concernant l'euro)* Doppelwährungsphase f; **~ d'enquête** JUR Ermittlungszeitraum m; **~ d'essai** Probezeit f; **~ d'expansion** Expansionsperiode f; **~ d'imposition** FISC Veranlagungszeitraum m; **~ d'incubation** Inkubationszeit f; **~ de latence** PSYCH Latenzperiode f; **~ de leasing** Leasingdauer f; **~ de pointe** COM Hochsaison f; **~ de prestation** Leistungszeitraum m; **~ de récession** ECON Abschwungphase f; **~ de référence** *(pour calculer une retraite)* Bemessungszeitraum m; *(se référant à un rapport économique, un bilan)* Berichtsperiode f, Berichtszeitraum; *d'un abonnement, une prestation* Bezugsperiode, Bezugszeitraum; **~ de remboursement** Tilgungszeitraum m; **~ de responsabilité** Haftungszeitraum m; **~ de sécheresse** Dürreperiode f; **~ de souscription** FIN Zeichnungsfrist f; **~ de stagnation** ECON Stagnationsperiode f; **~ de transition** Übergangsperiode f, Übergangsphase f; **~ d'expulsion** MED Austreibungsperiode f; **~ d'utilisation** Verwendungszeitraum m; **~ de vacances** Ferienzeit f, Ferialzeit (A); **~ de vibration** *d'un pendule* PHYS Schwingungsdauer f
périodicité [peʀjɔdisite] f regelmäßige Wiederkehr f; **avoir une ~ semestrielle** *revue:* halbjährlich erscheinen
périodique [peʀjɔdik] I. *adj* ❶ *phase, phénomène, mouvement* regelmäßig wiederkehrend [*o* auftretend], periodisch; *retour* regelmäßig; *rencontre, réunion* turnusmäßig; **classification ~** Periodensystem nt; **être ~** regelmäßig wiederkehren, regelmäßig [*o* periodisch] auftreten
② PRESSE periodisch erscheinend; **la presse ~** die Periodika Pl
③ *(hygiénique)* **serviette ~** *f*— Monatsbinde *f*
II. *m* PRESSE Zeitschrift *f*
périodiquement [peʀjɔdikmɑ̃] *adv* in regelmäßigen Abständen, periodisch; **se rencontrer** [*o* **se réunir**] **~** sich turnusmäßig treffen
périoste [peʀjɔst] *m* ANAT Knochenhaut *f*, Periost *nt (Fachspr.)*
péripatéticienne [peʀipatetisjɛn] *f hum littér* Prostituierte *f*, Dame *f* vom horizontalen Gewerbe *(hum fam)*
péripétie [peʀipesi] *f* ❶ unvorhergesehenes [*o* unerwartetes] Ereignis, Zwischenfall *m*; **vie pleine de ~ s** ereignisreiches Leben
② LITTER, CINE, TV, THEAT entscheidende Wendung, Peripetie *f (Fachspr.)*; **les ~ s** die Höhepunkte; **pauvre en ~ s** handlungsarm
périph *abr de* **périphérique**
périphérie [peʀifeʀi] *f* ❶ GEOM *d'un cercle* Umfang *m*; *d'un objet* Außenfläche *f*
② *(banlieue)* Peripherie *f*; **~ est/ouest** Ost-/Westrand *m*; **habiter à la ~ de la ville** am Stadtrand wohnen; **l'immobilier dans la ~** die Immobilien in den Außenbezirken
périphérique [peʀifeʀik] I. *adj* ❶ **quartier ~** Viertel *nt* am Stadtrand
② MEDIA **poste/radio/station ~** französischer Privatsender, der aus dem grenznahen Ausland sendet
③ BIO **système nerveux** peripher
II. *m* ❶ **le ~ de Paris** die Ringautobahn um Paris; **~ intérieur/extérieur** innerer/äußerer Ring
② INFORM Peripheriegerät *nt*; **~ son** Soundkarte *f*
◆ **~ d'entrée** Eingabegerät *nt*; **~ d'entrée-sortie** INFORM Eingabe-Ausgabe-Gerät *nt*; **~ de sortie** Ausgabegerät *nt*
périphrase [peʀifʀaz] *f* Umschreibung *f*
périple [peʀipl] *m* ❶ HIST *soutenu* Seereise *f*
② *(voyage par voie de terre)* Rundreise *f*; **un ~ chinois/en Chine** eine Rundreise durch China
périr [peʀiʀ] <8> *vi* ❶ *soutenu* ums Leben kommen, den Tod finden *(geh)*; **~ noyé(e)** ertrinken; **faire ~ qn** jdn in den Tod schicken *(geh)*; **~ d'ennui** sich zu Tode langweilen
② *soutenu (disparaître) bateau:* sinken; *plante:* eingehen; *marchandises:* verderben; *civilisation, empire:* untergehen; *souvenir:* erlöschen
périscolaire [peʀiskɔlɛʀ] *adj* die Schule ergänzend
périscope [peʀiskɔp] *m* Periskop *nt*
périssable [peʀisabl] *adj denrée* leicht verderblich; **rapidement ~** schnell verderblich
périssoire [peʀiswaʀ] *f* langes Paddelboot *nt*
péristaltique [peʀistaltik] *adj* PHYSIOL peristaltisch; **mouvements ~ s** Peristaltik *f*
péristaltisme [peʀistaltism] *m* PHYSIOL Peristaltik *f*
péristyle [peʀistil] *m* Säulenhalle *f*
péritel® [peʀitɛl] *adj inv* **une prise ~** eine Scartbuchse *f*
péritéléphonie [peʀitelefɔni] *f* Telefonzusatzgeräte *Pl*; *(service)* Sektor *m* für Telefonzusatzgeräte
péritoine [peʀitwan] *m* Bauchfell *nt*
péritonite [peʀitɔnit] *f* Bauchfellentzündung *f*
perle [pɛʀl] *f* ❶ Perle *f*; **~ naturelle** echte Perle; **~ en bois/en verre** Holz-/Glasperle; **~ s en** [*o* **de**] **sucre** Liebesperlen *Pl*
② *littér (goutte)* **~ de sang** Blutstropfen *m*; **~ s de sueur/rosée** Schweißperlen *Pl*/Tautropfen *Pl*
③ *fam (erreur)* Stilblüte *f*
④ *(personne)* Perle *f (fam)*; **c'est une ~ rare** sie/er ist wirklich eine Perle
⑤ *(chose de grande valeur)* Juwel *f*
▸ **jeter des ~ s aux pourceaux** [*o* **cochons**] Perlen vor die Säue werfen *(sl)*; **enfiler des ~ s** *fam* seine Zeit vertrödeln *(fam)*
◆ **~ de culture** Zuchtperle *f*
perlé(e) [pɛʀle] *adj* **rire** perlend
② TECH **riz ~** polierter Reis; **orge ~** Perlgraupen *Pl*
perler [pɛʀle] <1> *vi* perlen
perlier, -ière [pɛʀlje, -jɛʀ] *adj* Perlen-; **culture perlière** [*o* **de perles**] Perlenzucht *f*; **huître perlière** Perlmuschel *f*; **industrie perlière** Perlenindustrie *f*
perlimpinpin [pɛʀlɛ̃pɛ̃pɛ̃] *m* **la poudre de ~** das Wunderpulver
permanence [pɛʀmanɑ̃s] *f* ❶ ADMIN, MED Bereitschaftsdienst *m*; **~ téléphonique** Telefondienst *m*; **~ juridique** juristischer Beratungsdienst; **assurer** [*o* **tenir**] **la ~/être de ~** Bereitschaftsdienst haben; **assurer la/une ~ téléphonique** Telefondienst haben
② *(bureau) d'un parti, syndicat* Geschäftsstelle *f*; *d'un commissariat de police* Dienststelle *f*; SCOL Klassenraum, in dem Schüler bei Freistunden oder nach Schulschluss unter Aufsicht arbeiten können; **~ électorale** Wahlkampfbüro *nt*
③ *sans pl (persistance) d'un régime, pouvoir* Fortbestand *m*; *d'habitudes, d'une situation* Fortbestehen *nt*
▸ **en ~** ständig, dauernd; *siéger* ununterbrochen; *surveiller* rund um die Uhr
permanent [pɛʀmanɑ̃] *m d'un parti, syndicat* Funktionär *m*; *d'une association* fester Mitarbeiter
permanent(e) [pɛʀmanɑ̃, ɑ̃t] *adj* ❶ *(constant)* caractère, phénomène, élément beständig, unveränderlich
② *(continu)* souci, danger ständig, fortwährend; contrôle, collaboration, liaison ständig, dauernd; tension, troubles anhaltend; emploi fest, ständig; **exposition ~ e** Dauerausstellung *f*; **carte ~ e** Dauerausweis *m*; **formation ~ e** Fortbildung *f*; **cinéma ~** Nonstopkino *nt*, Non-Stop-Kino *nt*; **ici le spectacle est ~** hier ist immer was los *(fam)*; **~ de ... à ...** spectacle, cinéma durchgehend von ... bis ...
③ *(opp: spécial, extraordinaire)* envoyé, représentant ständig; **personnel ~** Stammpersonal *nt*; **armée ~ e** stehendes Heer
④ INFORM *fichier, mémoire* dauerhaft
permanente [pɛʀmanɑ̃t] *f* ❶ Dauerwelle *f*
② *d'un parti, syndicat* Funktionärin *f*; *d'une association* feste Mitarbeiterin
permanganate [pɛʀmɑ̃ganat] *m* CHIM Permanganat *nt*; **~ de**

permettre	
permettre	**erlauben**
Vous avez le droit de fumer dans cette zone.	In diesem Bereich dürfen Sie rauchen.
Vous pouvez vous garer ici, si vous voulez.	Wenn Sie möchten, können Sie hier parken.
Tu pourras aller jouer quand tu auras fini tes devoirs.	Wenn du mit deinen Hausaufgaben fertig bist, darfst du spielen gehen.
Entrez (donc), je vous prie.	Sie dürfen gern hereinkommen.
demander la permission	**um Erlaubnis bitten**
Puis-je vous déranger/interrompre un instant?	Darf ich Sie kurz stören/unterbrechen?
Êtes-vous d'accord pour que je prenne mes vacances en juillet?	Sind Sie damit einverstanden, wenn ich im Juli Urlaub nehme?
Cela vous dérange si j'ouvre la fenêtre?	Haben/Hätten Sie was dagegen, wenn ich das Fenster aufmache?

potassium Kaliumpermanganat nt
perme [pɛʀm] f fam abr de **permission** Erlaubnis f, Okay nt (fam)
perméabilité [pɛʀmeabilite] f ❶ GEOL, PHYS, BIO Durchlässigkeit f, Permeabilität f (Fachspr.); ~ à l'eau Wasserdurchlässigkeit
❷ (réceptivité) ~ de qn à qc jds Aufgeschlossenheit f für etw; ~ de qn aux influences jds Beeinflussbarkeit f
perméable [pɛʀmeabl] adj ❶ GEOL, PHYS, BIO durchlässig, permeabel (Fachspr.); ~ à l'eau wasserdurchlässig
❷ (ouvert) ~ à qc personne zugänglich [o empfänglich] für etw; frontière durchlässig
permettre [pɛʀmɛtʀ] <irr> I. vt impers ❶ (être autorisé) il est permis à qn de faire qc es ist jdm gestattet etw zu tun; s'il m'est permis de faire une objection wenn ich mir einen Einwand erlauben darf
❷ (être possible) il est permis à qn de faire qc jd kann es sich (Dat) erlauben etw zu tun; est-il permis d'être aussi bête! wie kann man nur so dumm sein!; autant qu'il est permis d'en juger soweit man darüber urteilen kann; il n'est pas permis à tout le monde de faire qc nicht jeder hat die Möglichkeit etw zu tun
II. vt ❶ (autoriser) ~ à qn de faire qc jdm erlauben [o gestatten geh] etw zu tun; (donner droit à) jdn berechtigen etw zu tun; ~ que qn fasse qc erlauben, dass jd etw tut; ~ qc à qn jdm etw erlauben [o gestatten geh]; être permis(e) erlaubt sein; c'est permis par la loi das ist rechtlich zulässig; permettez-moi d'entrer! gestatten Sie, dass ich eintrete?; vous permettez? gestatten Sie?, darf ich?; vous permettez que je fasse qc erlauben Sie, dass ich etw tue; hätten Sie etwas dagegen, wenn ich etw tun würde
❷ (rendre possible) ~ à qn de faire qc chose: es jdm erlauben [o ermöglichen] etw zu tun; si le temps le permet wenn es das Wetter zulässt; mes moyens financiers ne me le permettent pas meine finanziellen Mittel lassen das nicht zu
▶ **permettez!/tu permets!** [na] erlauben Sie mal!/[na] erlaube mal! (fam)
III. vpr ❶ (s'accorder) se ~ une fantaisie sich (Dat) etwas Besonderes gönnen [o leisten]
❷ (oser) se ~ une plaisanterie sich (Dat) einen Scherz erlauben; se ~ de faire qc sich (Dat) erlauben etw zu tun; se ~ bien des choses sich (Dat) einiges herausnehmen; je me permettrai de vous faire observer [o remarquer] que qn a fait qc darf ich Sie darauf aufmerksam machen, dass jd etw getan hat
permien [pɛʀmjɛ̃] m GEOL Perm nt
permien(ne) [pɛʀmjɛ̃, jɛn] adj GEOL Perm-
permis [pɛʀmi] m ❶ (permis de conduire) (examen) Führerscheinprüfung f, Fahrprüfung f; (papier) Führerschein m; ~ moto Motorradführerschein; ~ poids lourd Lkw-Führerschein, LKW-Führerschein; passer le ~ den Führerschein machen; être reçu(e) au ~ die Führerscheinprüfung [o Fahrprüfung] bestehen; échouer au ~ durch die Führerscheinprüfung fallen
❷ (licence) Berechtigungsschein m; ~ de chasse/de pêche Jagd-/Angelschein m; examen du ~ de chasse Jagdprüfung f; passer l'examen du ~ de chasse die Jagdprüfung ablegen; avoir un ~ de chasser jagdberechtigt sein, eine Jagdberechtigung haben
◆ ~ **de conduire** Führerschein m; examen du ~ de conduire Führerscheinprüfung f; ~ **de construire** Baugenehmigung f; demande de ~ de construire Bauantrag m; ~ **d'établissement** CH unbefristete Aufenthaltserlaubnis, Niederlassungsbewilligung f (CH); ~ **d'importer** Ausfuhrbewilligung f; ~ **d'importer**genehmigung f; ~ **d'inhumer** Totenschein m; ~ **de séjour** Aufenthaltserlaubnis f; ~ **de travail** Arbeitserlaubnis f; ~ **de vente** Verkaufsgenehmigung f

permissif, -ive [pɛʀmisif, -iv] adj SOCIOL, PSYCH freizügig, permissiv (Fachspr.)
permission [pɛʀmisjɔ̃] f ❶ sans pl Erlaubnis f; ~ **de voyager** Reiseerlaubnis f, Reisegenehmigung f
❷ MIL Urlaub m; **en** ~ auf Urlaub; **partir en** ~ in Urlaub gehen
◆ ~ **de minuit** Ausgang m bis Mitternacht
permissionnaire [pɛʀmisjɔnɛʀ] mf MIL Urlauber(in) m(f), Soldat(in) m(f) auf Urlaub
permutable [pɛʀmytabl] adj austauschbar
permutation [pɛʀmytasjɔ̃] f ❶ Umstellung f; MATH, CHIM, LING Permutation f (Fachspr.)
❷ ADMIN de fonctionnaires, d'employés [Stellen]tausch m
permuter [pɛʀmyte] <1> I. vi ~ **avec qn** mit jdm die Stelle tauschen; **deux personnes permutent** zwei Menschen tauschen miteinander die Stelle
II. vt umstellen, vertauschen, MATH, CHIM, LING permutieren (Fachspr.)
pernicieux, -euse [pɛʀnisjø, -jøz] adj schädlich, gefährlich
péroné [peʀɔne] m Wadenbein nt
péronnelle [peʀɔnɛl] f vieilli fam [dumme] Schwatzliese f
péroraison [peʀɔʀɛzɔ̃] f ❶ péj (long discours) Gerede nt (pej fam), Volksreden Pl (pej fam)
❷ (conclusion) d'un plaidoyer Resümee nt
pérorer [peʀɔʀe] <1> vi péj Volksreden halten (pej fam)
Pérou [peʀu] m **le** ~ Peru nt
▶ **ce n'est pas le** ~ damit kann man keine großen Sprünge machen (fam)
peroxyde [peʀɔksid] m CHIM Peroxid nt
perpendiculaire [pɛʀpɑ̃dikylɛʀ] I. adj ❶ ~ **à qc** rue im rechten Winkel [o rechtwinklig] zu etw; soleil senkrecht über etw; **la rue** ~ **à cette rue** die Querstraße zu dieser Straße; **les deux rues sont** ~ **s [entre elles]** die beiden Straßen stoßen senkrecht aufeinander
❷ GEOM senkrecht; **deux droites ~s [entre elles]** zwei senkrecht zueinander stehende Geraden; **être** ~ **à qc** senkrecht zu etw stehen
II. f GEOM ~ **à qc** Senkrechte f zu etw; **abaissez une** ~ **à cette droite** fällen Sie das Lot zu dieser Geraden
perpendiculairement [pɛʀpɑ̃dikylɛʀmɑ̃] adv ~ **à qc** im rechten Winkel [o senkrecht] zu etw
perpète [pɛʀpɛt] fam ❶ (pour toujours) **être condamné(e) à** ~ lebenslänglich bekommen; **attendre jusqu'à** ~ ewig warten müssen (fam)
❷ (très loin) **aller à** ~ ewig weit fam laufen; **habiter à** ~ am Ende der Welt wohnen, (fam); **jusqu'à** ~ ewig weit (fam)
perpétration [pɛʀpetʀasjɔ̃] f JUR d'un délit Begehung f, Verübung f
perpétrer [pɛʀpetʀe] <5> vt JUR begehen, verüben crime
perpette v. **perpète**
perpétuel(le) [pɛʀpetɥɛl] adj ❶ angoisse, difficultés dauernd, ständig; murmure, lamentations fortwährend, ständig
❷ (à vie) fonction, rente auf Lebenszeit; prison lebenslänglich; **les vœux** ~ **s** die ewigen Gelübde
perpétuellement [pɛʀpetɥɛlmɑ̃] adv ❶ (constamment) ständig, dauernd
❷ (éternellement) unaufhörlich
perpétuer [pɛʀpetɥe] <1> I. vt aufrechterhalten tradition; weitergeben nom; wachhalten souvenir; **servir à** ~ **l'espèce** der Arterhaltung (Dat) dienen
II. vpr **se** ~ abus, injustices: sich fortsetzen; tradition: lebendig [o erhalten] bleiben; espèce: sich erhalten
perpétuité [pɛʀpetɥite] f **à** ~ auf Lebenszeit, lebenslang; condam-

nation lebenslänglich; **concession à ~** Erbbegräbnis *nt*; **être condamné(e) à ~** zu einer lebenslangen Freiheitsstrafe verurteilt werden
perplexe [pɛʀplɛks] *adj personne, mine* ratlos; **rendre qn ~** jdn in Verlegenheit bringen
perplexité [pɛʀplɛksite] *f* Ratlosigkeit *f*; **plonger qn dans la plus grande ~** jdn völlig ratlos machen
perquisition [pɛʀkizisjɔ̃] *f* Haus[durch]suchung *f*
perquisitionner [pɛʀkizisjɔne] <1> I. *vi* eine Haus[durch]suchung vornehmen
II. *vt* durchsuchen
perron [pɛʀɔ̃] *m* Freitreppe *f*, Außentreppe
perroquet [pɛʀɔkɛ] *m* ❶ *a. fig* Papagei *m*; **répéter qc comme un ~** etw nachplappern
❷ *(boisson)* Pastis *m* mit Pfefferminzsirup
❸ NAUT Bramsegel *nt*; **grand ~** Großbramsegel
perruche [pɛʀyʃ, pɛʀyʃ] *f* ❶ ORN Sittich *m*
❷ *(femme)* Schnattergans *f*
perruque [pɛʀyk, pɛʀyk] *f* Perücke *f*; **~ en cheveux synthétiques** Kunsthaarperücke
perruquier [pɛʀykje, pɛʀykje] *m* Perückenmacher(in) *m(f)*
pers [pɛʀ] *adj inv* blaugrün; **des yeux ~** blaugrüne Augen *Pl*
persan [pɛʀsɑ̃] *m* **le ~** Persisch *nt*, das Persische; *v. a.* **allemand**
persan(e) [pɛʀsɑ̃, an] *adj* persisch; *tapis, chat* Perser-
Persan(e) [pɛʀsɑ̃, an] *m, f* Perser(in) *m(f)*
perse [pɛʀs] I. *adj* HIST persisch
II. *m* HIST **le ~** Persisch *nt*, das Persische; *v. a.* **allemand**
Perse [pɛʀs] I. *m, f* HIST Perser(in) *m(f)*
II. *f* **la ~** Persien *nt*
persécuté(e) [pɛʀsekyte] I. *adj* verfolgt
II. *m(f)* Verfolgte(r) *f(m)*
persécuter [pɛʀsekyte] <1> *vt* verfolgen
persécuteur, -trice [pɛʀsekytœʀ, -tʀis] *m, f* Verfolger(in) *m(f)*
persécution [pɛʀsekysjɔ̃] *f* Verfolgung *f*
persévérance [pɛʀseveʀɑ̃s] *f* Ausdauer *f*, Beharrlichkeit *f*
persévérant(e) [pɛʀseveʀɑ̃, ɑ̃t] *adj* ausdauernd, beharrlich
persévérer [pɛʀseveʀe] <5> *vi* durchhalten, nicht aufgeben; **~ dans ses efforts** in seinen Bemühungen nicht nachlassen; **~ dans une recherche** eine Suche nicht einstellen; **~ dans sa volonté de changer qc** auf seinem Willen, etwas zu verändern, beharren; **~ dans la désobéissance** weiterhin ungehorsam sein; **~ à faire qc** etw weiterhin tun
persienne [pɛʀsjɛn] *f* Fensterladen *m*
persiflage [pɛʀsiflaʒ] *m* ❶ *(action)* Spöttelei *f*
❷ *(propos, écrit)* Spott *m*, Persiflage *f*
persifler [pɛʀsifle] <1> *vt littér* **~ qn/qc** über jdn/etw spötteln; *(plus fort)* jdn/etw verspotten
persifleur, -euse [pɛʀsiflœʀ, -øz] *m, f* Spötter(in) *m(f)*
persil [pɛʀsi] *m* Petersilie *f*
persillade [pɛʀsijad] *f* ❶ fein gehackte Petersilie mit Knoblauch
❷ *(plat)* mit Petersilie und Knoblauch geschmortes Rindfleisch
persillé(e) [pɛʀsije] *adj* ❶ mit Petersilie
❷ *(avec des moisissures) fromage* mit Blauschimmel; *viande* durchwachsen
persique *v.* **golfe**
persistance [pɛʀsistɑ̃s] *f* ❶ *(entêtement)* **~ dans qc** Beharren *nt* auf etw *(Dat)*
❷ *(continuité)* Andauern *nt*; **la ~ de taux d'intérêt élevés** das anhaltend hohe Zinsniveau
❸ BIO, MED *d'agents stimulants* Persistenz *f (Fachspr.)*
persistant(e) [pɛʀsistɑ̃, ɑ̃t] *adj* ❶ *a.* MED, BIO anhaltend, andauernd; *toux, fièvre* hartnäckig, persistent *(Fachspr.)*
❷ BOT immergrün
persister [pɛʀsiste] <1> *vi* ❶ *(persévérer)* **~ dans qc** auf etw *(Dat)* bestehen [*o* beharren]; **~ dans un projet** hartnäckig an einem Projekt festhalten; **~ à faire qc** etw weiterhin tun
❷ *(durer)* anhalten, andauern; *mode:* sich halten; *souvenir:* bleiben
▶ **qn persiste et signe** jd bleibt dabei
perso *abr de* **personnalisé, personnel**
persona grata [pɛʀsɔnagʀata] *<personas grata> f* **être ~** willkommen [*o* gern gesehen] sein; POL Persona grata sein
persona non grata [pɛʀsɔnanɔ̃gʀata] *<persona non grata> f* Persona non grata *f*
personnage [pɛʀsɔnaʒ] *m* ❶ ART, LITTER Figur *f*, Person *f*; CINE, THEAT Rolle *f*, Figur; **~ de roman** Romanfigur, Romangestalt *f*; **~ central** Zentralfigur; **les ~s de Walt Disney** die Figuren Walt Disneys; **interpréter le ~ de Carmen** die [Rolle der] Carmen spielen; **jouer le ~ d'un voleur** einen Dieb spielen; **comportement adapté à un ~ particulier** *(au théâtre)* rollenspezifisches Verhalten; **agir selon l'exigence du/d'un ~** sich rollenspezifisch verhalten
❷ *(rôle)* Rolle *f*; **soigner son ~** sein Image pflegen
❸ *(individu)* Typ *m*; *(femme)* Person *f*; **un grossier ~** ein ungehobelter Kerl
❹ *(personnalité)* Persönlichkeit *f*; **~s politiques** politische Prominenz
personnalisation [pɛʀsɔnalizasjɔ̃] *f* Personalisierung *f*
personnalisé(e) [pɛʀsɔnalize] *adj* personalisiert; *accessoire, vêtement* individuell entworfen; *service* individuell
personnaliser [pɛʀsɔnalize] <1> *vt* ❶ *(adapter)* individuell gestalten
❷ *(rendre personnel)* **~ qc** einer S. *(Dat)* eine persönliche Note verleihen
personnalité [pɛʀsɔnalite] *f* ❶ *(caractère)* Persönlichkeit *f*; *d'un style, d'une œuvre* persönliche Note; **avoir une forte** [*o* **de la**] **~** eine ausgeprägte Persönlichkeit sein
❷ *(personne)* Persönlichkeit *f*
❸ JUR *(statut)* **sans ~ juridique** *société* nicht rechtsfähig
❹ PSYCH **~ borderline** Borderline-Persönlichkeit *f*
personne¹ [pɛʀsɔn] *f* ❶ Person *f*; **~ âgée** alter Mensch; **les ~s âgées** die Senioren; **grande ~** Erwachsene(r) *f(m)*; **la ~ qui...** derjenige, der ...; **les ~s qui...** diejenigen, die ...; **je respecte sa ~** ich respektiere ihn/sie als Menschen; **tu ne penses qu'à ta ~** du denkst nur an dich selbst; **satisfait(e) de sa ~** von sich überzeugt; **dix ~s** zehn Leute [*o* Personen]; **famille/commission de trois ~s** dreiköpfige Familie/Kommission; **groupe de plusieurs ~s** mehrköpfige Gruppe; **foule de cent/de mille ~s** hundert-/tausendköpfige Menschenmenge
❷ *(femme)* Person *f*; *(jeune fille)* Mädchen *nt*
❸ *(être humain)* Mensch *m*
❹ GRAM Person *f*
❺ ADMIN, JUR **~ agissante** Handelnde(r) *f(m)*; **~ ayant une capacité d'exercice limitée** beschränkt geschäftsfähige Person; **~ déplacée** Verschleppte(r) *f(m)*, Vertriebene(r) *f(m)*; **~ incapable de contracter** Geschäftsunfähige(r) *f(m)*; **~ juridique** Rechtsperson *f*; **~ morale** juristische Person; **~ non autorisée** Nichtberechtigte(r) *f(m)*; **~ physique** natürliche Person; **~ produisant une/la preuve** Beweisführer(in) *m(f)*; **~ qualifiée pour agir en nullité** Anfechtungsberechtigte(r); **~ ayant qualité pour déposer un brevet** Anmeldeberechtigte(r); **~ ayant qualité pour requérir** Antragsberechtigte(r); **~ qui dépose un brevet** Anmelder(in) *m(f)*; **~ supportant les frais** Kostenträger *m*; **~ tenue de fournir des renseignements** Auskunftspflichtige(r) *f(m)*; **~ troublant la possession** Besitzstörer(in) *m(f) (Fachspr.)*; **par ~ interposée** durch einen Mittelsmann; **tierce ~** Dritte(r) *f(m)*
▶ **être bien [fait(e)] de sa ~** gut aussehen; **~ humaine** Mensch *m*; **en ~** [höchst]persönlich; **par une tierce ~** durch einen Dritten; **être la vanité en ~** die Eitelkeit in Person sein; **être le calme en ~** die Ruhe selbst sein; **en la ~ de qn** in jds Person *(Dat)*; **en la ~ du président** in der Person des Präsidenten
◆ **~ à charge** Unterhaltsberechtigte(r) *f(m)*; **~ de liaison** Verbindungsglied *nt*
personne² [pɛʀsɔn] *pron indéf* ❶ *(opp: quelqu'un)* niemand; **il n'y a ~** es ist niemand da; **je n'ai vu ~** ich habe niemanden gesehen; **je n'ai parlé à ~** ich habe mit niemandem gesprochen; **~ d'autre** niemand sonst, kein anderer
❷ *(quelqu'un)* jemand; **une place sans presque ~** ein fast menschenleerer Platz
▶ **plus rapide que ~** schneller als jede(r) andere(r)
personnel [pɛʀsɔnɛl] *m* Personal *m*; *(chez un particulier)* Hauspersonal *m*; *(dans une entreprise)* Personal, Angestellten *Pl*, Belegschaft *f*; **~ commercial** Verkaufspersonal; **~ enseignant** Lehrkörper *m*; **~ navigant** Flugpersonal *m*; **~ permanent/roulant** Stamm-/Fahrpersonal; **~ qualifié** Fachpersonal; **~ médical qualifié** medizinisches Fachpersonal; **~ d'accompagnement d'un train** Zug[begleit]personal; **~ de bureau** Büropersonal; **~ au sol** Bodenpersonal; **membre masculin/féminin de ~ au sol** Bodensteward *m*/-stewardess *f*; **prestation de service qui demande beaucoup de ~** personalintensive Dienstleistung
personnel(le) [pɛʀsɔnɛl] *adj* ❶ persönlich; *objets* des persönlichen Gebrauchs; *biens, fortune* Privat-; *style, idées* eigenwillig; **à titre ~** persönlich
❷ GRAM persönlich; *forme* finit, bestimmt; *pronom* Personal-; **mode ~** Bezeichnung für Indikativ, Konditional, Konjunktiv und Imperativ
personnellement [pɛʀsɔnɛlmɑ̃] *adv* persönlich
personnification [pɛʀsɔnifikasjɔ̃] *f* ❶ *(action)* Personifizierung *f*
❷ *(incarnation)* Personifikation *f*; **être la ~ de l'avarice** der Geiz in Person sein
personnifié(e) [pɛʀsɔnifje] *adj* personifiziert, verkörpert, versinnbildlicht
personnifier [pɛʀsɔnifje] <1a> *vt* ❶ personifizieren
❷ *(incarner)* **~ qn/qc** jd/etw in Person sein
perspectif, -ive [pɛʀspɛktif, -iv] *adj* perspektivisch
perspective [pɛʀspɛktiv] *f* ❶ GEOM, ART Perspektive *f*; **~ aérienne** Vogelperspektive; **en ~** perspektivisch

② *(éventualité, horizon)* ~ **de qc** Aussicht *f* auf etw *(Akk)*; **~s boursières** Börsenaussichten; **~ insoupçonnée** ungeahnte Perspektive; **~ de promotion** [*o* **d'avancement**] Aufstiegsmöglichkeit *f*; **une ~ réjouissante** schöne Aussichten; **ouvrir des ~s** Perspektiven eröffnen; **à la ~ de qc/de faire qc** bei der Aussicht auf etw *(Akk)*/darauf etw zu tun; **dans cette ~** zu diesem Zweck; **dans une ~ d'exportation** exportorientiert; **en ~** in Aussicht
③ *(panorama)* Ausblick *m*
④ *(point de vue)* Gesichtspunkt *m*; **changer de ~** den Blickwinkel ändern
◆ **~s d'avenir** Zukunftsaussichten *Pl*; *(espoir)* Zukunftserwartung *f*; **~ de croissance** Wachstumsperspektive *f*, Wachstumsprognose *f*; **~s de rendement** FIN Ertragsaussichten *Pl*; **~s de vente** Verkaufsaussichten *Pl*

perspicace [pɛʀspikas] *adj* ❶ *(sagace)* scharfsinnig
② *(très capable d'apercevoir)* scharfsichtig; *observation* scharf; **d'un œil** [*o* **regard**] **~** mit Scharfblick

perspicacité [pɛʀspikasite] *f* Scharfblick *m*; *d'une prévision* Scharfsichtigkeit *f*; *d'une remarque* Scharfsinnigkeit *f*

persuader [pɛʀsɥade] <1> **I.** *vt* **~ qn de qc** jdn von etw überzeugen; **~ qn de faire qc** *(intellectuellement)* jdn [davon] überzeugen etw zu tun; *(sentimentalement)* jdn überreden etw zu tun; **~ qn que qn a fait qc** jdn davon überzeugen, dass jd etw getan hat
II. *vpr* **se ~ de qc** von etw überzeugt sein; **se ~ que qn a fait qc** sich *(Dat)* einreden, dass jd etw getan hat

persuasif, -ive [pɛʀsɥazif, -iv] *adj* überzeugend

persuasion [pɛʀsɥazjɔ̃] *f* ❶ *(action)* *(intellectuelle)* Überzeugen *nt*; *(sentimentale)* Überreden *nt*; **puissance de ~** Überzeugungskraft *f*
② *(conviction)* Überzeugung *f*

perte [pɛʀt] *f* ❶ Verlust *m*; *de facultés physiques* Nachlassen *nt*; **en cas de ~** im Verlustfall; **~ d'autorité/de prestige** Autoritäts-/Prestigeverlust; **~ de l'image de marque** Imageverlust; **~ de revenus** *(au moment de la retraite)* Rentenlücke *f*; **~ de sang/d'huile** Blut-/Ölverlust; **~ du sommeil** Schlaflosigkeit *f*; **~ de temps/d'argent** *(gaspillage)* Zeit-/Geldverschwendung *f*
② COM, ECON, FISC Verlust *m*; **~ commerciale** Handelseinbuße *f*; **~ établie par le bilan** Bilanzverlust; **~ liée à une cession** Veräußerungsverlust; **~ record** Rekordverlust; **~ relative à une/la reprise** Übernahmeverlust; **~ des parts de marché** Marktanteilsverlust; **~ de recettes fiscales** Steuerausfall *m*, Steuerdefizit *nt*; **se solder par une ~** ein Verlustgeschäft sein; **devoir supporter une ~ sur les cours/le change** einen Kursverlust hinnehmen müssen; **représenter une ~ sur les cours/le change considérable** einen beträchtlichen Kursverlust darstellen
③ *(ruine)* Verderben *nt*; *(financière)* Ruin *m*
④ *(déchet)* Abfall *m*
⑤ *pl (morts)* Verluste *Pl*
⑥ *pl* MED **~s** [**blanches**] Ausfluss *m*; **~s de sang** Blutungen *Pl*; **petites ~s de sang** Schmierblutung *f*
⑦ JUR **~ d'un bien gagé/de marchandises** Untergang *m* eines Pfandes/von Waren *(Fachspr.)*; **~ fortuite** zufälliger Untergang; **~ totale** Vollverlust *m*
▶ **renvoyer avec ~ et fracas** hochkantig rauswerfen *(fam)*; **laisser qc par ~s et profits** etw abschreiben; **à ~ de vue** so weit das Auge reicht; *(interminablement)* endlos; **en pure ~** völlig umsonst, vergeblich; **courir** [*o* **aller**] **à sa ~** in sein Verderben rennen; **à ~** mit Verlust
◆ **~ de l'aliénation** JUR Veräußerungsverlust *m*; **~ de bénéfice** Gewinnausfall *m*; **~ de capital** Kapitalverlust *m*; **~ de clients** [*o* **de clientèle**] Kundenschwund *m*; **~ de connaissance** Ohnmacht *f*, Bewusstlosigkeit *f*; **~ de données** INFORM Datenverlust *m*; **~ des eaux** MED Blasensprung *m*, Fruchtwasserabgang *m*; **~ d'exploitation** Betriebsverlust *m*; **~ de liquidités** Barverlust *m*; **~ de mémoire** Gedächtnisverlust *m*; **~ de prestation** Versorgungsausfall *m*; **~ de la propriété** Eigentumsverlust *m*; **~ de substance** ECON Substanzverlust *m*; **~ de valeur** Wertbeeinträchtigung *f*, Wertschwund *m*, Wertverlust *m*; **~ sur le change** *(en parlant des devises)* Kurseinbuße *f*; ECON Kursverlust *m*; **~ sur les cours** *(en parlant des titres)* Kurseinbuße *f*; ECON Kursverlust *m*; **~s par rebut** Ausschussverlust *m*

pertinemment [pɛʀtinamɑ̃] *adv* ❶ [ganz] genau
② *littér (justement)* répondre treffend, passend; *parler* sachkundig

pertinence [pɛʀtinɑ̃s] *f* Zutreffen *nt*; *d'un argument, raisonnement* Stichhaltigkeit *f*; *des statistiques, d'un sondage* Aussagewert *m*; **parler avec ~** mit Sachkunde sprechen; **conseiller qn avec ~** jdn sachdienlich beraten

pertinent(e) [pɛʀtinɑ̃, ɑ̃t] *adj* ❶ treffend; *argument* treffend, stichhaltig; *réponse, propos* treffend, passend
② JUR [**juridiquement**] **~** *modification* rechtserheblich; **considérer qc comme ~** etw für sachdienlich halten

pertuis [pɛʀtɥi] *m* ❶ GEOG Meerenge *f*; *d'un fleuve* Verengung *f*
② TECH Schleusenöffnung *f*
③ DIAL *(détroit)* Pass *m*

perturbant(e) [pɛʀtyʀbɑ̃, ɑ̃t] *adj* störend; *situation* belastend

perturbateur, -trice [pɛʀtyʀbatœʀ, -tʀis] **I.** *adj* störend
II. *m, f* Unruhestifter(in) *m(f)*; *(par des cris)* Zwischenrufer(in) *m(f)*; *(élève)* Störenfried *m*

perturbation [pɛʀtyʀbasjɔ̃] *f* Störung *f*; **~ du réacteur** Reaktorunfall *m*

perturbé(e) [pɛʀtyʀbe] *adj* ❶ *personne* verstört
② *(dérangé)* *ordre* gestört; *service* durcheinandergebracht; *monde* auf den Kopf gestellt; **un trafic ~** eine Verkehrsbehinderung

perturber [pɛʀtyʀbe] <1> *vt* durcheinanderbringen; **~ qc** sich störend auf etw *(Akk)* auswirken

pervenche [pɛʀvɑ̃ʃ] **I.** *f* ❶ BOT Immergrün *nt*
② *fam (contractuelle)* Politesse *f*
II. *app inv* hellblau

pervers(e) [pɛʀvɛʀ, ɛʀs] **I.** *adj* ❶ pervers
② *littér (méchant)* boshaft; *plaisir* hämisch
II. *m(f)* perverser Mensch; **c'est un ~** er ist pervers [veranlagt]

perversion [pɛʀvɛʀsjɔ̃] *f* ❶ Pervertierung *f*; *des coutumes* Verfall *m*; *de l'odorat, du goût* Störung *f*
② PSYCH Perversion *f*

perversité [pɛʀvɛʀsite] *f* ❶ *(méchanceté)* Verderbtheit *f*; *d'actes, de paroles* Verderbtheit, Niederträchtigkeit *f*
② *(acte)* Perversion *f*

perverti(e) [pɛʀvɛʀti] *adj* pervertiert; *jeunesse* verdorben; *mœurs* verfallen; *odorat* gestört

pervertir [pɛʀvɛʀtiʀ] <8> *vt* ❶ *(corrompre)* verderben; **pervertir en chose**
② *(altérer)* stören

pesage [pəzaʒ] *m* Wiegen *nt*; *d'objets* Wiegen, Abwiegen *nt*; **appareil de ~** Waage *f*

pesamment [pəzamɑ̃] *adv* schwer; *(sans grâce)* schwerfällig

pesant [pəzɑ̃] *m* ▶ **valoir son ~ d'or** [*o* **de cacahuètes**] [*o* **de moutarde**] *fam* nicht mit Gold zu bezahlen sein

pesant(e) [pəzɑ̃, ɑ̃t] *adj* schwer; *sommeil* bleiern; *atmosphère, silence* bedrückend; *corvée, idée* lästig; *démarche, architecture, style* schwerfällig

pesanteur [pəzɑ̃tœʀ] *f* ❶ PHYS Schwerkraft *f*; **accélération de la ~** Erdbeschleunigung *f*
② *pl (inertie)* Schwerfälligkeit *f*
③ *(manque de finesse)* Schwerfälligkeit *f*
④ **~ d'estomac** Magendruck *m*

pèse-bébé [pɛzbebe] <pèse-bébé[s]> *m* Säuglingswaage *f*

pesée [pəze] *f* Wiegen *nt*; *d'objets* Wiegen, Abwiegen *nt*

pèse-lettre [pɛzlɛtʀ] <pèse-lettre[s]> *m* Briefwaage *f*

pèse-personne [pɛzpɛʀsɔn] <pèse-personne[s]> *m* Personenwaage *f*

peser [pəze] <4> **I.** *vt* ❶ *(mesurer le poids)* wiegen; abwiegen *marchandises, ingrédients*
② *(estimer)* abwägen; **~ ses mots** sich *(Dat)* seine Worte reiflich überlegen
▶ **emballez** [*o* **enlevez**]**, c'est pesé** *fam* so, das wärs *(fam)*; **tout bien pesé** nach reiflicher Überlegung
II. *vi* ❶ *(avoir un certain poids)* wiegen; **ne rien ~** nicht viel wiegen; **~ lourd** viel wiegen; **~ dix milliards d'euros** *fam* zehn Milliarden Euro schwer sein
② *(être lourd)* schwer sein
③ *(exercer une pression)* **~ sur/contre qc** auf/gegen etw *(Akk)* drücken; **les frites lui pèsent sur l'estomac** die Pommes frites liegen ihm schwer im Magen
④ *(accabler)* **ce climat me pèse** dieses Klima macht mir [schwer] zu schaffen; **des soupçons pèsent sur lui** Verdachtsmomente lasten auf ihm; **des remords pesaient sur elle** Gewissensbisse belasteten sie
⑤ *(influencer)* ins Gewicht fallen; **~ sur qn/qc** jdn/etw beeinflussen
III. *vpr* **se ~** sich wiegen

peseta [pezeta] *f* HIST *(monnaie)* Peseta *f*

pessaire [pesɛʀ] *m* Pessar *m*

pessimisme [pesimism] *m* Pessimismus *m*; **~ culturel** Kulturpessimismus *m*; **livre empreint de/du ~ culturel**, kulturpessimistisches Buch

pessimiste [pesimist] **I.** *adj* pessimistisch
II. *m, f* Pessimist(in) *m(f)*

peste [pɛst] *f* ❶ MED Pest *f*; **~ bovine/porcine** Rinder-/Schweinepest *f*
② *(personne ou chose)* Plage *f*; **la ~ brune** POL die braune Pest
▶ **craindre/éviter qn/qc comme la ~** jdn/etw wie die Pest fürchten/meiden; **se garder** [*o* **se méfier**] **de qn/qc comme de la ~** sich vor jdm/etw wie vor der Pest hüten

pester [pɛste] <1> *vi* **~ contre qn/qc** auf jdn/etw schimpfen

pesticide [pɛstisid] **I.** *adj* Schädlingsbekämpfungs-
II. *m* Schädlingsbekämpfungsmittel *nt*, Pestizid *nt* *(Fachspr.)*

pestiféré(e) [pɛstifeʀe] **I.** *adj* pestkrank

II. *m(f)* Pestkranke(r) *f(m)*
pestilence [pɛstilɑ̃s] *f* widerlicher Gestank
pestilentiel(le) [pɛstilɑ̃sjɛl] *adj* übel riechend; **une odeur ~le** ein widerlicher Gestank
pet [pɛ] *m fam* Furz *m (fam);* **faire** [*o* **lâcher**] **un ~** einen fahren lassen *(fam)*
▶ **toujours avoir un ~ de travers** *(être mal luné)* ständig etwas auszusetzen haben *(fam); (être malade)* ständig ein Wehwehchen haben *(fam);* **ne pas valoir un ~** [**de lapin**] keinen Pfifferling wert sein *(fam)*
pétainiste [petenist] *mf* HIST Anhänger(in) *m(f)* Pétains
pétale [petal] *m* Blütenblatt *nt*
pétanque [petɑ̃k] *f* Boulespiel *nt*

Land und Leute

Ursprünglich aus Südfrankreich kommt der Volkssport der Franzosen: **pétanque**. Auf einem Spielfeld im Freien gilt es, spezielle Metallkugeln möglichst nah an eine kleine Holzkugel, *cochonnet* („Schweinchen") genannt, heranzuwerfen. Mit einem Wurf versucht man, entweder eine gegnerische Kugel wegzuschießen *(tirer)* oder die eigene Kugel so gut wie möglich zu platzieren *(pointer).*

pétant(e) [petɑ̃, ɑ̃t] *adj fam* **huit heures ~** [**es**] Punkt [*o* Schlag *fam*] acht [Uhr]; **midi ~** Punkt zwölf
pétarade [petaRad] *f* Geknalle *nt; d'une mobylette* Geknatter *nt*
pétarader [petaRade] <1> *vi* knattern
pétard [petaR] *m* ❶ *(pour faire la fête)* Knallkörper *m; (très fort)* Chinakracher *m; (pour prévenir)* [Signal]knallkapsel *f*
❷ *fam (bruit)* Krach *m (fam);* **faire du ~** Krach machen *(fam)*
❸ *fam (cigarette de haschich)* Joint *m*
❹ *arg (pistolet)* Knarre *f (fam)*
❺ *fam (postérieur)* Hinterteil *nt (fam)*
▶ **un ~ mouillé** ein Schlag ins Wasser *(fam);* **être/se mettre en ~** *fam* fuchsteufelswild sein/werden *(fam)*
pétase [petaz] *m* HIST Hut mit breiter Krempe zum Schutz gegen Sonne und Regen
pétaudière [petodjɛR] *f* Durcheinander *nt*
pet-de-nonne [pɛdnɔn] *m* <pets-de-nonne> *m kleiner, in Schmalz gebackener Krapfen*
pété(e) [pete] *adj fam (ivre)* sturzbesoffen *(fam); (drogué)* zu[gedröhnt] *(sl)*
péter [pete] <5> I. *vi fam* ❶ furzen *(fam),* einen fahren lassen *(fam)*
❷ *(éclater)* platzen; *verre, assiette:* [zer]springen
II. *vt fam* **j'ai pété la couture de mon pantalon** mir ist die Hosennaht geplatzt; **~ une fenêtre** [**à coups de pierres**] *fam* ein Fenster einschmeißen *(fam)*
pète-sec [pɛtsɛk] I. *adj inv fam* schroff; *ton* schroff, scharf; *air* autoritär
II. *m, f inv fam* Feldwebel *m (fam)*
péteux, -euse [petø, -øz] *m, f fam* Angsthase *m (fam)*
pétillant(e) [petijɑ̃, jɑ̃t] *adj* ❶ *eau* sprudelnd; *champagne* perlend; *boisson* mit Kohlensäure; **eau ~e** Sprudel *m*
❷ *(qui crépite)* knisternd; *feu* knisternd, prasselnd
❸ *(brillant)* glitzernd; **des yeux ~s de malice/gaieté** schelmisch funkelnde/vor Fröhlichkeit sprühende Augen
❹ *(pétulant)* spritzig; **avoir l'esprit ~** witzig sein, vor Geist sprühen; **~ de jeunesse** jugendfrisch; **~ d'esprit/de fantaisie** sprühend vor Geist/Phantasie [*o* Fantasie]
pétillement [petijmɑ̃] *m* ❶ *du feu* Knistern *nt; de l'eau, d'une boisson* Sprudeln *nt; du champagne* Perlen *nt*
❷ *(scintillement)* Funkeln *nt*
pétiller [petije] <1> *vi* ❶ *(faire des bulles)* sprudeln; *champagne:* perlen; **boisson qui pétille** Getränk *nt* mit Kohlensäure
❷ *(crépiter)* knistern
❸ *littér (scintiller) pierre précieuse:* funkeln; *paillettes:* glitzern
❹ *(être bouillant de)* **~ de gaieté/de malice** vor Fröhlichkeit *(Dat)* sprühen/schelmisch funkeln
pétiole [pesjɔl] *m* Blattstiel *m*
petiot(e) [pətjo, jɔt] I. *adj fam* [ganz] klein
II. *m(f) fam* Kleine(r) *f(m)*
petit(e) [p(ə)ti, it] I. *adj* ❶ klein; *lumière* schwach; *pluie* fein; **au ~ jour** bei Tagesanbruch; **à ~e vitesse** langsam
❷ *(de courte durée)* kurz; **faire un ~ salut/sourire** kurz grüßen/lächeln
❸ *(de basse extraction)* klein; **~ paysan** Kleinbauer *m*
❹ *(jeune)* klein; **~ chat** Kätzchen *nt;* **~ Jésus** Jesuskind *nt;* **les ~es classes** die unteren Klassen
❺ *(terme affectueux)* klein; *mots* leise; **~ chou** mein Liebling; **ton ~ mari** deine bessere Hälfte *(fam);* **~ copain** [*o* **ami**] Freund *m*
❻ *(condescendant)* **jouer au ~ chef** den Chef spielen
❼ *(mesquin, bas, vil) esprit* kleinlich; *intérêts* niedrig
❽ *(médiocre) vin, année, cru* einfach; *santé* schwach; **~ film** Film-

chen *nt*
❾ *(pour atténuer)* klein; *heure, kilo, mètre* knapp
❿ *(miniature)* klein; **~s soldats** Zinnsoldaten *Pl;* **~es voitures** Spielzeugautos *Pl*
▶ **se faire tout(e) ~(e)** sich ganz klein machen
II. *m(f)* ❶ *(enfant)* Kleine(r) *f(m); (enfant de qn)* Kleine(r), Kind *nt*
❷ ZOOL Junge(s) *nt*
❸ POL kleiner Mann; **les ~s** die kleinen Leute
▶ **faire des ~s** *argent, capital:* sich vermehren; **mon ~/ma ~e** *(gentiment)* mein Kleiner/meine Kleine; *(méchamment)* mein Guter/meine Gute; **~, ~, ~!** put, put, put!
III. *adv* **voir ~** [zu] knapp rechnen
▶ **~ à ~** allmählich, nach und nach; **en ~** im Kleinen
petit-beurre [p(ə)tibœR] <petits-beurre> *m* Butterkeks *m* **petit--bourgeois, petite-bourgeoise** [p(ə)tibuRʒwa, p(ə)titbuRʒwaz] <petits-bourgeois> I. *adj péj* spießig *(pej);* **esprit ~** Kleinbürgerlichkeit *f (pej)* II. *m, f péj* Spießer(in) *m(f) (pej)*
petit-déj [p(ə)tideʒ] <petits-déjs> *m fam abr de* **petit-déjeuner** Frühstück *nt* **petit-déjeuner** [p(ə)tideʒœne] I. <petits-déjeuners> *m* Frühstück *nt* II. *vi fam* frühstücken **petite-fille** [p(ə)titfij] <petites-filles> *f* Enkelin *f,* Enkeltochter *f*
petitement [pətitmɑ̃] *adv* ❶ *(chichement)* bescheiden; *vivre* bescheiden, in ärmlichen Verhältnissen
❷ *(à l'étroit)* sehr beengt
❸ *(avec mesquinerie)* kleinlich; *penser* sehr einseitig
petite-nièce [p(ə)titnjɛs] <petites-nièces> *f* Großnichte *f*
petitesse [pətitɛs] *f* ❶ Kleinheit *f; des revenus* Geringfügigkeit *f*
❷ *(mesquinerie)* Kleinlichkeit *f*
❸ *(acte, parole)* Schäbigkeit *f,* Gemeinheit *f*
◆ **~ d'âme** Gefühlsarmut *f;* **~ de cœur** Engherzigkeit *f;* **~ d'esprit** Engstirnigkeit *f*
petit-fils [p(ə)tifis] <petits-fils> *m* Enkel *m,* Enkelsohn *m* **petit--four** [p(ə)tifuR] <petits-fours> *m exquisites Kleingebäck* **petit--gris** [p(ə)tigRi] <petits-gris> *m* ZOOL ❶ *(écureuil)* graues, sibirisches Eichhörnchen *nt* ❷ *(escargot)* Weinbergschnecke *f*
pétition [petisjɔ̃] *f* Petition *f,* Gesuch *nt;* **~ de citoyens** Bürgerbegehren *nt*
◆ **~ d'hérédité** JUR Herausgabeklage *f*
pétitionnaire [petisjɔnɛR] *mf* JUR Petent *m*
petit-lait [p(ə)tilɛ] <petits-laits> *m* Molke *f* ▶ **qn boit du ~** es/das geht jdm runter wie Öl; **se boire comme du ~** sich wie Wasser trinken; **boire qc comme du ~** etw wie Wasser trinken **petit--nègre** [p(ə)tinɛgR] *m sans pl* Kauderwelsch *nt* **petit-neveu** [p(ə)tin(ə)vø] <petits-neveux> *m* Großneffe *m* **petit-pois** [p(ə)tipwa] <petits-pois> *m* [grüne] Erbse *f* **petits-enfants** [p(ə)tizɑ̃fɑ̃] *mpl* Enkel[kinder] *Pl* **petit-suisse** [p(ə)tisɥis] <petits-suisses> *m kleiner runder sahniger Frischkäse*
pétochard(e) [petɔʃaRd, aRd] *m(f) fam* Angsthase *m (fam),* Schisser(in) *m(f) (sl)*
pétoche [petɔʃ] *f fam* **avoir la ~** Schiss *m* haben *(fam)*
pétoire [petwaR] *f (fusil)* Schießeisen *nt (fam)*
peton [pətɔ̃] *m fam* Füßchen *nt*
pétoncle [petɔ̃kl] *m* ZOOL Archenkammmuschel *f*
pétrel [petRɛl] *m* Sturmvogel *m*
pétri(e) [petRi] *adj littér* **être ~ d'orgueil** voller Hochmut sein
pétrification [petRifikasjɔ̃] *f* ❶ GEOL Versteinerung *f*
❷ *(immobilisation)* Erstarrung *f*
pétrifié(e) [petRifje] *adj* ❶ *(changé en pierre)* versteinert
❷ *(médusé)* wie versteinert; **~ de terreur** starr vor Schreck *(Dat)*
pétrifier [petRifje] <1a> I. *vt* ❶ *(changer en pierre)* versteinern
❷ *(méduser, figer)* erstarren lassen; *timidité:* lähmen; **~ qn de terreur** jdn vor Schreck *(Dat)* erstarren lassen
II. *vpr* **se ~** ❶ *(se changer en pierre)* versteinern
❷ *(se figer)* erstarren; *sourire:* erstarren, gefrieren
pétrin [petRɛ̃] *m* ❶ *(appareil)* Knetmaschine *f*
❷ *(coffre)* Backtrog *m*
❸ *fam (difficultés)* Patsche *f (fam);* **être dans le ~** in der Patsche sitzen; **se mettre** [*o* **se fourrer**] **dans le ~** reinrasseln *(fam),* sich *(Dat)* etwas [Schönes] einbrocken *(fam)*
pétrir [petRiR] <8> *vt* ❶ *(malaxer)* kneten
❷ *(modeler)* formen, prägen; formen *personne*
pétrissage [petRisaʒ] *m* Kneten *nt*
pétrisseuse [petRisøz] *f* Knetmaschine *f*
pétrochimie [petRoʃimi] *f* Petrochemie *f*
pétrochimique [petRoʃimik] *adj* petrochemisch
pétrodollar [petRodɔlaR] *m* Petrodollar *m*
pétrographie [petRɔgRafi] *f* Gesteinskunde *f,* Petrographie *f (Fachspr.)*
pétrole [petRɔl] I. *m* [Erd]öl *nt;* **~ brut** Rohöl; **les pays producteurs/exportateurs de ~** die Öl produzierenden/exportierenden Länder; **prix du ~** Ölpreis *m*
II. *app* **bleu, vert** Petrol-
pétrolette [petRɔlɛt] *f fam* ❶ *(voiture)* Karre *f (fam)*

peur/souci	
exprimer la peur/les craintes	**Angst/Befürchtungen ausdrücken**
J'ai peur de la foule.	Diese Menschenmengen **machen mir Angst**.
J'ai peur du dentiste/**que** tu te blesses.	**Ich habe Angst vorm** Zahnarzt/, **dass** du dich verletzen könntest.
J'ai la frousse/trouille de l'examen. *(fam)*	**Ich habe Bammel/Schiss vor** der Prüfung. *(fam)*
J'ai un mauvais pressentiment.	Ich habe (da) ein ungutes Gefühl.
Je m'attends au pire.	Ich rechne mit dem Schlimmsten.
Ce sans-gêne **m'inquiète**.	Diese Rücksichtslosigkeit **beängstigt mich**.
exprimer le souci	**Sorge ausdrücken**
Je me fais du souci pour toi.	Ich mache mir Sorgen um dich.
Je passe des nuits blanches **à** me faire du souci pour lui.	Die Sorge um ihn **bereitet mir schlaflose Nächte**.
L'augmentation des chiffres du chômage **m'inquiète**.	Die steigenden Arbeitslosenzahlen **beunruhigen mich/ machen mir große Sorgen**.

❷ *(moto)* Moped *nt (fam)*
pétroleuse [petʀøløz] *f* ❶ *(activiste)* Powerfrau *f*
❷ HIST Brandstifterin *f*
pétrolier [petʀɔlje] *m* ❶ *(navire)* [Öl]tanker *m*
❷ *(industriel)* Ölmagnat *m*
pétrolier, -ière [petʀɔlje, -jɛʀ] *adj* [Erd]öl-; **catastrophe pétrolière** Tankerkatastrophe *f*
pétrolifère [petʀɔlifɛʀ] *adj* Erdöl-; roche erdölhaltig
pétulance [petylɑ̃s] *f* Ausgelassenheit *f*, Überschwänglichkeit *f*
pétulant(e) [petylɑ̃, ɑ̃t] *adj personne* ausgelassen, überschwänglich; *joie* überschäumend
pétunia [petynja] *m* BOT Petunie *f*
peu [pø] **I.** *adv* ❶ *(opp: beaucoup, très)* wenig; *avec un adj ou un adv* nicht sehr; **être ~ aimable** nicht [gerade] sehr freundlich sein; **~ avant/après** kurz davor/darauf; **avant ~/d'ici** [o **sous**] **~** bald, in Kürze; **depuis ~** seit kurzem; **bien/trop ~** recht/zu wenig; **~ de temps/d'argent** wenig Zeit/Geld; **~ de voitures** wenig[e] Autos; **~ de jours** ein paar Tage; **en ~ de temps** in kurzer Zeit
❷ *(rarement)* **~** |**souvent**| selten
▶ **~ ou prou** *littér* mehr oder weniger; **c'est ~ dire** das ist noch gelinde ausgedrückt; **ce n'est pas ~ dire** das will schon etwas heißen; **~ s'en faut** es fehlt nicht viel; **à ~ près** nach und nach; **à ~ près** ungefähr, etwa; **de ~** [nur] knapp; **éviter qn de ~** jdm gerade noch ausweichen können
II. *pron indéf* ❶ *(peu de personnes)* wenige
❷ *(peu de choses)* wenig; **~ importe** das ist nicht so wichtig
III. *m* **le ~ de temps/d'argent qu'il me reste** das bisschen Zeit/ Geld, das mir bleibt; **ton ~ de confiance en toi** dein geringes Selbstvertrauen; **le ~ de personnes/choses** die paar Menschen/ Dinge; **le ~ que j'ai vu** das bisschen, das [o was] ich gesehen habe; **un ~ de beurre/bonne volonté** ein wenig [o bisschen] Butter/ guten Willen; **un ~ de monde** ein paar Leute
▶ **attends un ~ que je t'attrape** *fam* warte nur, bis ich dich kriege; **un ~ partout** fast überall; **et pas qu'un ~!** und das nicht zu knapp! *(fam)*; **pour un ~**, fast, beinahe; **pour si ~** wegen so einer Kleinigkeit; **pour ~ que qn fasse qc** wenn jd auch nur etw tut; **si ~ qu'on lui donne, ...** mag es auch noch so wenig sein, das man ihm gibt, ...; **un tant soit ~** ein [ganz] klein wenig; **bien sûr que je suis un ~ – là** und ob ich hier bin *(fam)*; **un ~ que j'ai raison!** und ob ich Recht habe!
peuchère [pøʃɛʀ] *interj* MIDI ❶ du liebe Zeit, ja mei (SDEUTSCH, A)
❷ *(le pauvre)* der/die Arme!/du/Sie Arme(r)!
peuh [pø] *interj (mépris)* bah, pah; *(indifférence)* pff
peuplade [pøplad] *f* Volksstamm *m*
peuple [pœpl] *m* Volk *nt*; **le ~ chrétien** die Christen; **le ~ élu** das auserwählte Volk; **le ~ palestinien** die Palästinenser; **~ primitif** Urvolk
peuplé(e) [pœple] *adj* [dicht] bevölkert; *région* [dicht] bevölkert [o besiedelt]; **être ~ de personnes/choses** voller Menschen/ Dinge sein
peuplement [pœpləmɑ̃] *m* ❶ *(action de peupler)* Bevölkern *nt*, Besied[e]lung *f*; *(avec des animaux)* Besetzen *nt*; *(avec des plantes)* Bepflanzung *f*; *(avec des arbres)* Aufforstung *f*
❷ *(densité)* Bevölkerung *f*; *(en animaux)* Besatz *m*; *(en végétaux)* Bestand *m*; **~ de pins** Kiefernbestand
peupler [pœple] <1> **I.** *vt* ❶ *(pourvoir)* **~ un lieu de prisonniers** Häftlinge an einem Ort ansiedeln; **la guerre peupla les camps de réfugiés** durch den Krieg füllten sich die Flüchtlingslager; **~ un lieu d'animaux** Tiere an einem Ort ansiedeln; **~ un lieu de plantes** Pflanzen an einem Ort [neu] setzen; **~ un lieu d'arbres** Bäume an einem Ort anpflanzen
❷ *(habiter)* **~ un pays/une région** *personnes:* ein Land/eine Region bewohnen [*o* bevölkern]; **~ un immeuble** *personnes:* in einem Gebäude wohnen; *animaux:* in einem Gebäude leben
❸ *littér (remplir)* **~ un roman de personnages imaginaires** einen Roman mit Figuren beleben
❹ *littér (hanter)* **~ le délire/la mémoire de qn** *visions, rêves:* in jds Wahnvorstellungen/Erinnerungen vorkommen
II. *vpr* ❶ *(se pouvoir)* **se ~ de nouveaux habitants** sich mit neuen Bewohnern füllen
❷ *(se remplir)* **se ~ de rires joyeux** von fröhlichem Gelächter erfüllt werden
peupleraie [pøpləʀɛ] *f* Pappelwald *m*
peuplier [pøplije] *m* Pappel *f*
peur [pœʀ] *f* Angst *f*; **~ de** [*o* **devant**] **qn/qc** Angst vor jdm/etw; **avoir ~ de faire qc** Angst davor haben etw zu tun; **avoir ~ pour qn** Angst um jdn haben; **avoir ~ pour sa vie/santé** um sein Leben/seine Gesundheit fürchten; **avoir ~ pour son avenir** sich *(Dat)* um seine Zukunft Sorgen machen; **avoir ~ que qn fasse qc** befürchten [*o* Angst haben], dass jd etw tut; **faire ~ à qn** jdm Angst machen; **~ des examens/de l'échec** Examens-/Versagensangst; **~ de l'école** Schulangst; **avoir ~ de l'école** unter Schulangst *(Dat)* leiden; **la ~ du ridicule** die Angst sich lächerlich zu machen
▶ **la ~ du gendarme** die Angst vor der Polizei; **avoir eu plus de ~ que de mal** mit dem [bloßen] Schrecken davongekommen sein; **n'ayons pas ~ des mots** scheuen wir uns nicht, es ganz offen auszusprechen; **avoir une ~ bleue** eine Heidenangst haben *(fam)*, eine Mordsangst haben *(fam)*; **la grande ~** *historischer Begriff zur Bezeichnung der Repressalien, denen der französische Adel nach dem 14. Juli 1789 ausgeliefert war*; **j'ai bien ~ que qn ait fait qc** ich befürchte sehr, dass jd etw getan hat; **à faire ~** furchtbar; **laid à faire ~** furchtbar hässlich; **histoire/conte à faire ~** Schauergeschichte *f*/-märchen *nt*; **prendre ~** Angst bekommen; **de ~** vor Angst; **de** [*o* **par**] **~ du ridicule** aus Angst sich lächerlich zu machen; **de** [*o* **par**] **~ des critiques** aus Angst vor Kritik; **de** [*o* **par**] **~ de faire qc/que qn fasse qc** aus Angst davor[,] etw zu tun/dass jd etw tut
peureusement [pøʀøzmɑ̃] *adv* ängstlich
peureux, -euse [pøʀø, -øz] **I.** *adj* ängstlich
II. *m, f* ängstlicher Mensch, Angsthase *m (fam)*
peut-être [pøtɛtʀ] *adv* ❶ *(éventuellement)* vielleicht; **~ que qn va faire qc** es kann sein, dass jd etw tun wird; **~ bien** kann gut sein
❷ *(environ)* ungefähr
❸ *(marque de doute)* mag ja sein; **ce médicament est ~ efficace, mais ...** dieses Medikament mag ja wirkungsvoll sein, aber ...
pèze [pɛz] *m arg* Schotter *m (fam)*, Kohle *f (fam)*
pfennig [pfenig] *m* Pfennig *m*
pff[t] [pf(t)] *interj* ❶ bah, pah
❷ *(disparition subite)* pff[t]
P.G.C.D. [peʒesede] *m abr de* **plus grand commun diviseur** g.g.T. *m*
pH [peaʃ] *m abr de* **potentiel d'Hydrogène** *inv* pH-Wert *m*
phacochère [fakɔʃɛʀ] *m* ZOOL Warzenschwein *nt*
phagocyte [fagɔsit] *m* BIO Fresszelle *f*, Phagozyt *m (Fachspr.)*

phagocyter [fagɔsite] <1> vt ❶ BIO phagozytieren *(Fachspr.)*
  ❷ *(neutraliser)* schlucken; **se laisser ~** sich völlig vereinnahmen lassen
phalange¹ [falɑ̃ʒ] f ANAT *du doigt* Fingerglied nt, Phalanx f *(Fachspr.)*; *de l'orteil* Zehenglied nt, Phalanx f *(Fachspr.)*
phalange² [falɑ̃ʒ] f ❶ POL Falange f
  ❷ *littér (groupement)* ~ **d'artistes/de savants** [geschlossene] Gruppe von Künstlern/Gelehrten
  ❸ HIST *(formation de combat)* Phalanx f
phalangiste [falɑ̃ʒist] mf HIST Falangist(in) m(f)
phalène [falɛn] f Spanner m
phallique [falik] adj Phallus-, phallisch
phallocrate [falɔkrat] I. adj phallokratisch
  II. m Phallokrat m
phallocratie [falɔkrasi] f Phallokratie f
phalloïde v. amanite
phallus [falys] m Phallus m
phanérogame [faneRɔgam] BOT I. adj phanerogam
  II. f Blütenpflanze f, Phanerogame f *(Fachspr.)*
phantasme v. fantasme
pharamineux, -euse v. faramineux
pharaon [faraɔ̃] m HIST Pharao m
pharaonique [faraɔnik] adj pharaonisch
phare [faR] I. m ❶ *(projecteur)* Scheinwerfer m; **~ antibrouillard** Nebelscheinwerfer; **~ supplémentaire** Zusatzscheinwerfer; **se mettre en ~s** das Fernlicht einschalten; **être en ~s** das Fernlicht eingeschaltet haben; **réglage des ~s** Scheinwerfereinstellung f
  ❷ *(tour)* Leuchtturm m; *d'un aéroport* Leuchtfeuer nt
  ❸ *littér* Leitstern m
  II. *app* **le match ~ de la journée** das Spiel des Tages; **les livres ~ de l'époque** die bedeutendsten Bücher des Jahrhunderts
  ▶ **~ d'atterrissage** Landescheinwerfer m; **~ de recul** Rückfahrscheinwerfer m
pharisaïsme [faRizaism] m ❶ REL pharisäische Lehre
  ❷ *péj littér* Pharisäertum nt
pharisien(ne) [faRizjɛ̃, jɛn] I. m(f) Pharisäer(in) m(f)
  II. adj ❶ REL pharisäisch
  ❷ *péj littér* pharisäerhaft
pharmaceutique [faRmasøtik] adj pharmazeutisch; **préparation ~** Arznei|mittel nt| f
pharmacie [faRmasi] f ❶ *(boutique)* Apotheke f; **~ de garde** Notdienstapotheke
  ❷ *(science)* Pharmazie f
  ❸ *(armoire)* Medikamentenschrank m; *(petit)* Arzneischränkchen nt; *(à la maison)* Hausapotheke f
pharmacien(ne) [faRmasjɛ̃, jɛn] m(f) Apotheker(in) m(f)
pharmacodépendance [faRmakodepɑ̃dɑ̃s] f Medikamentensucht f, Tablettensucht
pharmacodépendant(e) [faRmakodepɑ̃dɑ̃, ɑ̃t] m(f) Tablettensüchtige(r) f(m)
pharmacologie [faRmakɔlɔʒi] f Pharmakologie f, Arzneimittelkunde f
pharmacomanie [faRmakomani] f MED Arzneimittelsucht f
pharmacopée [faRmakɔpe] f amtliche Arzneimittelliste, Pharmakopöe f *(Fachspr.)*
pharyngal(e) [faRɛ̃gal, o] <-aux> PHON adj pharyngal
pharyngale [faRɛ̃gal] f Rachenlaut m
pharyngien(ne) [faRɛ̃ʒjɛ̃, jɛn] adj ANAT Rachen-; **amygdale ~ne** Rachenmandel f
pharyngite [faRɛ̃ʒit] f MED Rachenkatarr[h] m, Pharyngitis f *(Fachspr.)*
pharynx [faRɛ̃ks] m ANAT Rachen m, Pharynx m *(Fachspr.)*
phase [faz] f ❶ Phase f; **première ~** Anfangsphase; **~ de la Lune** Mondphase; **~ du cycle économique** Konjunkturphase
  ❷ MED *d'une maladie* Phase f, Stadium nt; **en ~ terminale** im Endstadium; **~ anale** PSYCH Analphase *(Fachspr.)*
  ❸ PHYS, INFORM Phase f; [étant] **en ~** phasengleich; **en opposition de ~** phasenverschoben; **~ [de traitement]** [Arbeits]schritt m
  ▶ **être** [o **se sentir**] **en ~ avec qn/qc** mit jdm auf einer Wellenlänge liegen/sich im Gleichklang mit etw befinden
  ▶ **~ de croissance** BIO Jugendstadium nt; **~ de développement** Entwicklungsabschnitt m, Entwicklungsphase f; **~ d'exécution** INFORM Ausführungsphase f; **~ de latence** MED Latenzzeit f; **~ de fondation** ECON Gründungsphase f; **~ en plateau** PHYSIOL Plateauphase f; **~ de repos** BOT, ZOOL Ruheperiode f; **~ de travail** Arbeitsvorgang m
Phèdre [fɛdR(ə)] f Phädra f
phénicien [fenisjɛ̃] m le ~ Phönizisch nt, das Phönizische; v. a. **allemand**
phénicien(ne) [fenisjɛ̃, jɛn] adj phönizisch
Phénicien(ne) [fenisjɛ̃, jɛn] m(f) Phönizier(in) m(f)
phénix [feniks] m ❶ außergewöhnliche Persönlichkeit
  ❷ MYTH Phönix m

phénol [fenɔl] m CHIM Phenol nt
phénoménal(e) [fenɔmenal, o] <-aux> adj ❶ *(extraordinaire)* phänomenal, sagenhaft *(fam)*
  ❷ PHILOS phänomenal; **monde** Erscheinungs-
phénomène [fenɔmɛn] m ❶ *(fait)* Phänomen nt; **~ transitoire** Übergangserscheinung f
  ❷ *(monstre)* Monstrum nt
  ❸ *fam (individu)* komischer Kauz *(fam)*, Sonderling m
phénoménologie [fenɔmenɔlɔʒi] f PHILOS Phänomenologie f
phénoplaste [fenɔplast] m CHIM Phenoplast m
phénotype [fenɔtip] m BIO Phänotyp[us] m
philanthrope [filɑ̃tRɔp] mf ❶ *(ami du genre humain)* Menschenfreund(in) m(f), Philanthrop(in) m(f)
  ❷ *(mécène)* Wohltäter(in) m(f) an der Menschheit
  ❸ *(personne désintéressée)* selbstloser Mensch
philanthropie [filɑ̃tRɔpi] f Menschenliebe f, Philanthropie f
philanthropique [filɑ̃tRɔpik] adj **dans un but ~** zum Wohle der Menschheit; **à caractère ~** zu wohltätigen Zwecken
philatélie [filateli] f ❶ *(science)* Briefmarkenkunde f, Philatelie f
  ❷ *(hobby)* Briefmarkensammeln nt
philatélique [filatelik] adj Briefmarken-; **chronique** für Briefmarkensammler
philatéliste [filatelist] mf Briefmarkensammler(in) m(f), Philatelist(in) m(f); **association de ~s** Philatelistenverband m
philharmonie [filaRmɔni] f Philharmonie f
philharmonique [filaRmɔnik] adj philharmonisch
Philippe [filip(ə)] m Philipp m
philippin(e) [filipɛ̃, in] adj philippinisch
Philippin(e) [filipɛ̃, in] m(f) Philippine/-rin m/f, Filipino m/Filipina f
Philippines [filipin] fpl **les ~** die Philippinen
philistin [filistɛ̃] m Philister m
philodendron [filɔdɛ̃dRɔ̃] m BOT Philodendron m o nt
philologie [filɔlɔʒi] f Philologie f; **~ romane** romanische Philologie, Romanistik f
philologique [filɔlɔʒik] adj philologisch
philologue [filɔlɔg] mf Philologe m/Philologin f
philosophale v. pierre
philosophe [filɔzɔf] I. mf Philosoph(in) m(f); **~ de la culture/des religions** Kultur-/Religionsphilosoph(in)
  II. adj weise, gelassen
philosopher [filɔzɔfe] <1> vi philosophieren
philosophie [filɔzɔfi] f ❶ *(science, conception)* Philosophie f; **~ morale** Moralphilosophie; **~ de la culture/de la nature** Kultur-/Naturphilosophie; **~ des religions** Religionsphilosophie; **œuvre sur la ~ des religions** religionsphilosophisches Werk; **question intéressante du point de vue de la ~ des religions** religionsphilosophisch interessante Frage
  ❷ *(art de vivre)* Lebensphilosophie f
  ❸ *(flegme, sagesse)* [philosophische] Gelassenheit, Weisheit f
philosophique [filɔzɔfik] adj philosophisch
philosophiquement [filɔzɔfikmɑ̃] adv philosophisch; *(avec sagesse, calme)* gelassen
philtre [filtR] m Liebestrank m
phimosis [fimozis] f MED Verengung f der Vorhaut, Phimose f *(Fachspr.)*
phlébite [flebit] f MED Venenentzündung f, Phlebitis f *(Fachspr.)*
phlegmon [flɛgmɔ̃] m MED Zellgewebsentzündung f, Phlegmone f *(Fachspr.)*
phlox [flɔks] m BOT Phlox m
pH-neutre [peaʃnøtR] adj pH-neutral
phobie [fɔbi] f ❶ *(aversion)* **avoir la ~ de qc** eine Aversion gegen etw haben
  ❷ PSYCH Phobie f
phobique [fɔbik] adj phobisch
phocéen(ne) [fɔseɛ̃, ɛn] adj **cité ~ne** Marseille nt; **l'équipe ~ne** die Marseiller Mannschaft
phonateur, -trice [fɔnatœR, -tRis] adj Stimm-; **difficultés** Phonations-
phonation [fɔnasjɔ̃] f PHON Stimmbildung f, Phonation f *(Fachspr.)*, **phonatoire** v. phonateur
phone [fɔn] m PHYS Phon nt
phonème [fɔnɛm] m LING Phonem nt
phonéticien(ne) [fɔnetisjɛ̃, jɛn] m(f) Phonetiker(in) m(f)
phonétique [fɔnetik] I. f ❶ *(science)* Phonetik f; **prononcer un mot conformément à la ~** ein Wort lautgetreu aussprechen
  ❷ *(transcription)* Lautschrift f, phonetische Umschrift
  II. adj phonetisch; **écriture** phonetisch, Laut-; **signes** phonetisch, Lautschrift-
phonétiquement [fɔnetikmɑ̃] adv phonetisch; **~ correct(e)** lautgetreu
phonique [fɔnik] adj ❶ phonisch; **procédé** Lautbildungs-

➋ *isolation* Schall-; *nuisances* Lärm-
phono *abr de* **phonographe**
phonographe [fɔnɔgraf] *m* Phonograph *m*
phonologie [fɔnɔlɔʒi] *f* Phonologie *f*
phonologique [fɔnɔlɔʒik] *adj* phonologisch
phonothèque [fɔnɔtɛk] *f* Tonarchiv *nt*
phoque [fɔk] *m* ➊ *(animal)* Seehund *m*, Robbe *f;* **bébé ~** Robbenbaby *nt*, Robbenjunge(s) *nt*
 ➋ *(fourrure)* Seehundfell *nt*, Seal *m o nt*
 ▸ **souffler comme un ~** wie ein Walross schnaufen *(fam)*
phosphatage [fɔsfataʒ] *m* AGR Phosphatdüngung *f*
phosphate [fɔsfat] *m* ➊ CHIM Phosphat *nt*
 ➋ *(engrais)* Phosphatdünger *m*
 ➌ MINER **– d'uranium** Uranglimmer *m*
phosphaté(e) [fɔsfate] *adj* phosphathaltig
phosphater [fɔsfate] <1> *vt* mit Phosphat[dünger] düngen
phosphore [fɔsfɔʀ] *m* CHIM Phosphor *m*
phosphorer [fɔsfɔʀe] <1> *vi fam* **~ sur une question** über einer Frage brüten; **il phosphore sur ce projet** er arbeitet an diesem Projekt, dass ihm der Kopf raucht *(fam);* **ça phosphore sec, par ici!** hier riechts verdammt nach Arbeit! *(fam)*
phosphorescence [fɔsfɔʀesɑ̃s] *f* Leuchten *nt;* *des poissons* Glitzern *nt*
phosphorescent(e) [fɔsfɔʀesɑ̃, ɑ̃t] *adj* ➊ PHYS phosphoreszierend
 ➋ *(luisant)* *balles* blitzend; *brume, mer* glitzernd
phosphorique [fɔsfɔʀik] *adj* Phosphor-
photo [fɔto] **I.** *f abr de* **photographie** ➊ *(cliché)* Foto *nt;* **~ couleur** Farbfoto; **~ noir et blanc** Schwarzweißfoto; **~ instantanée** Sofortbild *nt;* **~ polaroïd®** Polaroidfoto®, Polaroid® *nt;* **~ publicitaire** Werbefoto; **~ de famille/de groupe/de classe** Familien-/Gruppen-/Klassenfoto; **~ en petit format** Kleinbild *nt;* **~ d'identité** Passfoto; **~ de mode** Modeaufnahme *f;* **~ de presse** Pressefoto; **faire une ~** ein Foto machen; **prendre qn/qc en ~** ein Foto von jdm/etw machen; **en ~** auf dem Foto *[o* Bild*]*
 ➋ *(art)* Fotografie *f,* Photographie *f;* **faire de la ~** fotografieren
 ▸ **tu veux ma ~?** *fam* was glotzt du mich so an? *(fam)*
 II. *app inv abr de* **photographique** Foto-; **séances ~** Aufnahmen *Pl;* **pellicule ~** Film *m*
photochimie [fɔtoʃimi] *f* Fotochemie *f*
photocomposition [fɔtokɔ̃pozisjɔ̃] *f* Fotosatz *m*, Lichtsatz *m*
photocopie [fɔtokɔpi] *f* Fotokopie *f;* **~ couleur** Farbkopie
photocopier [fɔtokɔpje] <1a> *vt* [foto]kopieren
photocopieur [fɔtokɔpjœʀ] *m,* **photocopieuse** [fɔtokɔpjøz] *f* [Foto]kopierer *m;* **~ couleur** Farbkopierer
photocopillage [fɔtokɔpijaʒ] *m* Fotokopieren *nt*
photodermatose [fɔtodɛʀmatoz] *f* MED Lichtdermatose *f*
photoélectrique [fɔtoelɛktʀik] *adj* fotoelektrisch; *cellule, effet* Foto-
photo-finish [fɔtofiniʃ] <photos-finish> *f* ➊ *(cliché)* Zielfotografie *f,* Zielphotographie *f*
 ➋ *(appareil)* Zielkamera *f*
photogénique [fɔtoʒenik] *adj* fotogen, photogen
photographe [fɔtɔgʀaf] *mf* Fotograf(in) *m(f);* **~ amateur** Amateurfotograf(in); **~ publicitaire** Werbefotograf(in); **~ de mode** Modefotograf(in)
photographie [fɔtɔgʀafi] *f* ➊ *(procédé)* Fotografie *f,* Photographie *f*
 ➋ *vieilli (cliché)* Fotografie *f,* Photographie *f*
 ➌ *(reproduction exacte)* **une ~ de la situation** ein getreues Bild der Situation; **une ~ de la réalité** ein Abbild der Realität; **donner une ~ de qc** genau Aufschluss über etw *(Akk)* geben; *v. a.* **photographier**
photographier [fɔtɔgʀafje] <1a> *vt* ➊ PHOT fotografieren
 ➋ *(mémoriser)* sich *(Dat)* genau merken
 ➌ *(reproduire)* **~ qc** ein getreues Bild einer S. *(Gen)* geben
photographique [fɔtɔgʀafik] *adj* fotografisch; *appareil, papier* Foto-; *peinture* naturgetreu; **appareil ~** Fotoapparat *m;* **épreuve ~** Abzug *m*
photogravure [fɔtɔgʀavyʀ] *f* Fotoreproduktion *f,* Photogravüre *f*
photo-interprétation [fɔtoɛ̃tɛʀpʀetasjɔ̃] <photos-interprétations> *f* Luftbildinterpretation *f*
photojournaliste [fɔtoʒuʀnalist] *mf* Bildjournalist(in) *m(f)*
photolyse [fɔtoliz] *f* BIO Photolyse *f*
photomaton® [fɔtomatɔ̃] *m* Passbildautomat *m*
photomécanique [fɔtomekanik] *adj* fotomechanisch
photomètre [fɔtomɛtʀ] *m* Photometer *nt*
photomontage [fɔtomɔ̃taʒ] *m* Fotomontage *f*
photon [fɔtɔ̃] *m* PHYS Photon *nt*
photophore [fɔtɔfɔʀ] *m* ➊ *(porte-bougie)* Windlicht *nt*
 ➋ *(flambeau)* [Kerzen]fackel *f*
photopile [fɔtopil] *f* [Sperrschicht]photozelle *f*
photosensibilisation [fɔtosɑ̃sibilizasjɔ̃] *f* MED Lichtempfindlichkeit *f*

photosensible [fɔtosɑ̃sibl] *adj* lichtempfindlich
photostyle [fɔtɔstil] *m* INFORM Lichtgriffel *m,* Lichtstift *m*
photosynthèse [fɔtosɛ̃tɛz] *f* BIO Photosynthese *f*
photothèque [fɔtɔtɛk] *f* Fothek *f*
photothérapie [fɔtoteʀapi] *f* MED Lichttherapie *f,* Lichtbehandlung *f*
photovoltaïque [fɔtovɔltaik] *adj* ELEC photovoltaisch; **technique ~** Photovoltaik *f*
phrase [fʀɑz] *f* ➊ *Satz m;* **~ affirmative/négative** bejahter/verneinter Satz; **~ complexe** Satzgefüge *nt,* zusammengesetzter Satz; **~ déclarative/interrogative/exclamative** Aussage-/Frage-/Ausrufesatz; **~ finale** *d'un texte, discours* Schlusssatz; **~ nominale/verbale** Nominal-/Verbalphrase *f;* **~ simple** einfacher Satz; **~ à rallonge[s]** Schachtelsatz; **~ de base** Kernsatz; **~ qui n'en finit pas** Bandwurmsatz *(hum fam)*
 ➋ MUS Phrase *f*
 ▸ **~ toute faite** Redewendung *f;* **faire des ~s** Phrasen dreschen *(fam);* **sans ~s** ohne Umschweife
phrasé [fʀɑze] *m* Phrasierung *f*
phraséologie [fʀɑzeɔlɔʒi] *f* ➊ LING Phraseologie *f; d'un auteur* Diktion *f;* **la ~ juridique** die juristische Ausdrucksweise
 ➋ *littér (verbiage)* leere Phrasen, Phrasendrescherei *f*
 ➌ *(jargon)* **la ~ marxiste** der marxistische Jargon; **la ~ à la mode** der aktuelle Jargon
phraséologique [fʀɑzeɔlɔʒik] *adj* phraseologisch
phraser [fʀɑze] <1> *vt* phrasieren
phraseur, -euse [fʀɑzœʀ, -øz] *m, f* Phrasendrescher(in) *m(f)*
phréatique *v.* **nappe**
phrygane [fʀigan] *f* ZOOL Köcherfliege *f;* **larve de ~** Köcherfliegenlarve *f*
phrygien(ne) *v.* **bonnet**
phtisie [ftizi] *f* MED *vieilli* [Lungen]schwindsucht *f (veraltet);* **~ galopante** galoppierende Schwindsucht
phtisiologie [ftizjɔlɔʒi] *f* MED Lungenheilkunde *f*
phtisique [ftizik] **I.** *adj* MED *vieilli* schwindsüchtig *(veraltet)*
 II. *mf* MED *vieilli* Schwindsüchtige(r) *f(m) (veraltet)*
phylactère [filaktɛʀ] *m* ➊ *(dans une bédé)* Sprechblase *f*
 ➋ REL Gebetsriemen *m*
phylloxéra [filɔkseʀa] *m* ZOOL Reblaus *f*
phylogenèse [filɔʒenɛz] *f* Stammesgeschichte *f*
phylogénie [filɔʒeni] *f* Stammesgeschichte *f*
physalis [fizalis] *m* BOT Physalis *f*
physicien(ne) [fizisjɛ̃, jɛn] *m(f)* Physiker(in) *m(f)*
physicochimie [fizikoʃimi] *f* physikalische Chemie
physio [fizjo] *mf fam* Türsteher(in) *m(f)*
physiologie [fizjɔlɔʒi] *f* Physiologie *f*
physiologique [fizjɔlɔʒik] *adj* physiologisch
physiologiquement [fizjɔlɔʒikmɑ̃] *adv* physiologisch [gesehen]
physiologiste [fizjɔlɔʒist] *mf* Physiologe *m*/Physiologin *f*
physionomie [fizjɔnɔmi] *f* ➊ *ouverte, rieuse* Gesicht *nt;* antipathique Physiognomie *f,* Gesichtsausdruck *m; boudeuse, chagrine* Miene *f;* **jeux de ~** Mimik *f*
 ➋ *(apparence)* **~ d'un pays/d'un objet** Charakter *m* eines Landes/Gepräge *nt* eines Gegenstands
physionomiste [fizjɔnɔmist] **I.** *adj* **être ~** ein gutes Personengedächtnis haben
 II. *mf* Mensch, der ein gutes Personengedächtnis hat
physiothérapie [fizjoteʀapi] *f* Physiotherapie *f*
physique [fizik] **I.** *adj* ➊ *(corporel)* physisch; *effort, fatigue* physisch, körperlich; *culture* Körper-; **éducation ~** Turnen *nt;* **exercice ~** sportliche Betätigung
 ➋ PHYS physikalisch; **sciences ~s** [die] Physik und [die] Chemie
 ➌ *(sensuel) amour* körperlich; *plaisir* körperlich, Sinnes-
 ➍ *(qui concerne la nature)* physisch
 ▸ **c'est ~** jd kann nichts dafür
 II. *m* ➊ *(aspect extérieur)* Äußere(s) *nt;* **avoir un beau ~** gut aussehen
 ➋ *(constitution)* Physis *f (Fachspr.);* **grâce à son ~ robuste** dank seiner/ihrer robusten Natur
 ▸ **il/elle a le ~ de l'emploi** man sieht ihm/ihr seinen/ihren Beruf an; **il est boucher! – Eh bien, il a le ~ de l'emploi!** er ist Metzger! – So sieht er auch aus!; **avoir un ~** das gewisse Etwas haben; **au ~** physisch
 III. *f* Physik *f;* **livre de ~** Physikbuch *nt;* **~ nucléaire** Kernphysik; **traité de ~ nucléaire** kernphysikalische Abhandlung; **~ plasmatique** Plasmaphysik; **professeur de ~** *(au collège, au lycée)* Physiklehrer(in) *m(f); (à l'université)* Physikprofessor(in) *m(f);* **études de ~** Physikstudium *nt*
physiquement [fizikmɑ̃] *adv* ➊ *(concernant le corps)* physisch, körperlich
 ➋ *(concernant l'apparence)* **~, elle est assez jolie** sie ist eine hübsche Erscheinung; **être très bien ~** gut aussehen
 ➌ *(sexuellement)* im sexuellen Bereich

④ PHYS physikalisch
phytobiologie [fitobjɔlɔʒi] *f* Pflanzenbiologie *f*
phytogéographie [fitoʒeɔgʀafi] *f* Phytogeographie *f*, Geobotanik *f*
phytopathologie [fitopatɔlɔʒi] *f* Lehre *f* von den Pflanzenkrankheiten, Phytopathologie *f (Fachspr.)*
phytophage [fitofaʒ] *m* Pflanzenfresser *m*
phytoplancton [fitoplɑ̃ktɔ̃] *m* Phytoplankton *nt*
phytosanitaire [fitosanitɛʀ] *adj* **produit ~** Pflanzenschutzmittel *nt*
phytotechnologie [fitotɛknɔlɔʒi] *f* Pflanzentechnologie *f*
phytothérapie [fitoteʀapi] *f* Pflanzenheilkunde *f*, Pflanzenmedizin *f*
pi [pi] *m a.* MATH *inv* Pi *nt*
piaf [pjaf] *m fam* Spatz *m*
piaffement [pjafmɑ̃] *m d'un cheval* [ungeduldiges] Stampfen [mit den Vorderhufen]
piaffer [pjafe] <1> *vi* **❶** *cheval:* [ungeduldig mit den Vorderhufen] stampfen
❷ *(s'agiter)* **~ sur place** ungeduldig von einem Fuß auf den anderen treten
piaillard(e) [pjajaʀ, jaʀd] **I.** *adj fam moineau* piepsend; *enfant* plärrend; *femme* kreischend
II. *m(f) fam* Schreihals *m (fam)*
piaillement [pjajmɑ̃] *m d'un oiseau* Gepiep[s]e *nt; d'un enfant* Geplärr[e] *nt; d'une femme* Gekreisch[e] *nt*
piailler [pjaje] <1> *vi animal:* piep[s]en; *enfant:* plärren; *femme:* kreischen
piailleur, -euse *v.* **piaillard**
pianissimo [pjanisimo] **I.** *adv* MUS pianissimo
II. *m* MUS Pianissimo *nt*
pianiste [pjanist] *mf* Klavierspieler(in) *m(f); (métier)* Pianist(in) *m(f);* **~ concertiste** Konzertpianist(in)
pianiste-vedette [pjanistvədɛt] <pianistes-vedettes> *mf* Starpianist(in) *m(f)*
pianistique [pjanistik] *adj* Klavier-; *version* für Klavier
piano [pjano] **I.** *m* **~** [droit] Klavier *nt;* **~ carré** Tafelklavier; **~ mécanique** automatisches Klavier, Pianola® *nt;* **jouer du ~** Klavier spielen; **leçon de ~** Klavierstunde *f*, Klavierunterricht *m;* **touche de/du ~** Klaviertaste *f;* **tabouret de/du ~** Klavierhocker *m*, Klavierschemel *m*, Klavierstockerl *nt* (A *fam);* **mécanique de/du ~** Klaviermechanik *f;* **fabricant de ~s** Klavierhersteller *m;* **jeu au ~** Klavierspiel *nt;* **musique de ~** Klaviermusik *f*
▶ **~ du pauvre** *fam* Schifferklavier *nt*
II. *adv* leise, piano; [y] **aller ~** *fam* es langsam angehen; **vas-y ~** immer mit der Ruhe *(fam)*
◆ **~ à bretelles** *fam* Schifferklavier *nt;* **~ à queue** Flügel *m*
piano-bar [pjanobaʀ] <pianos-bars> *m* Pianobar *f*
pianotage [pjanɔtaʒ] *m* [Klavier]geklimper *nt (fam), (sur un ordinateur)* Getippe *nt*
pianoter [pjanɔte] <1> *vi* **❶** *(jouer sans talent)* **~ sur un piano** auf einem Klavier herumklimpern *(fam)*
❷ *(taper comme un débutant)* **~ sur un ordinateur** an einem Rechner herumtippen; **~ sur un minitel** an einem Btx-Terminal herumspielen
❸ *(tapoter du bout des doigts)* **~ sur la table/vitre** ungeduldig mit den Fingern auf den Tisch/gegen das Fenster trommeln
piastre [pjastʀ] *f* **❶** *(ancienne monnaie)* Piaster *m*
❷ CAN *fam (dollar)* Dollar *m*
❸ CAN *fig (argent)* Geld *nt*, Mammon *m (pej)*
piaule [pjol] *f fam* Bude *f (fam)*
piaulement [pjolmɑ̃] *m d'un poulet* Gepiep[s]e *nt*, Piep[s]en *nt; d'une poulie* Quietschen *nt; d'un chanteur* Gequäke *nt*
piauler [pjole] <1> *vi animal:* piep[s]en, quiek[s]en; *poulie, gond:* quietschen; *personne:* plärren
P.I.B. [peibe] *m abr de* **produit intérieur brut** B.I.P. *nt*
pic¹ [pik] *m* **❶** *(sommet)* Bergspitze *f*
❷ *(outil)* Spitzhacke *f; (piolet)* Eispickel *m*
❸ *(sur une courbe)* Hochpunkt *m*, Peak *m (Fachspr.)*
▶ **tomber à ~** gerade recht kommen; *personne:* wie gerufen kommen; **à ~** steil; **couler à ~** ganz plötzlich versinken
pic² [pik] *m* ORN Specht *m*
picador [pikadɔʀ] *m* Picador *m*
picaillon [pikajɔ̃] *m souvent pl fam* Zaster *m (fam)*, Mäuse *Pl (fam)*
picard [pikaʀ] *m* **le ~** Pikardisch, das Pikardische; *v. a.* **allemand**
picard(e) [pikaʀ, aʀd] *adj* pikardisch
Picard(e) [pikaʀ, aʀd] *m(f)* Pikarde *m*/Pikardin *f*
Picardie [pikaʀdi] *f* **la ~** die Picardie, die Pikardie
picaresque [pikaʀɛsk] *adj* pikaresk; **roman ~** Schelmenroman *m*
piccolo [pikɔlo] *m* MUS Pikkoloflöte *f*
pichenette [piʃnɛt] *f* Klaps *m*, Schnipser *m;* **repousser qc d'une ~** etw wegschnippen; **faire une ~ sur l'oreille de qn** jdm ans Ohr schnipsen

pichet [piʃɛ] *m* kleiner Krug; **~ en argile** [*o* **en terre cuite**] Tonkrug
pickpocket [pikpɔkɛt] *m* Taschendieb *m*
pick-up [pikœp] *m inv vieilli (électrophone)* Plattenspieler *m*
picoler [pikɔle] <1> *vi fam* picheln *(fam)*, bechern *(fam);* **continuer à ~** weitersaufen *(fam);* **si tu continues à ~ autant, tu peux dire adieu à ton foie** wenn du so weitersäufst, ist deine Leber bald im Eimer *(fam)*
picolo *v.* **piccolo**
picorer [pikɔʀe] <1> **I.** *vi* **❶** *animal:* picken
❷ *(grignoter) personne:* knabbern; **~ dans son assiette** in seinem Essen herumstochern *(fam)*
II. *vt* **❶** *animal:* [auf]picken
❷ *(grignoter) personne:* knabbern; **~ qc dans l'assiette de qn** ab und zu etw von jds Teller stibitzen *(fam)*
picoseconde [pikosagɔ̃d] *f* Pikosekunde *f*, Picosekunde *f*
picot [piko] *m* **❶** *(marteau de carrier)* Spitzhammer *m*
❷ *(pic du maçon)* Keil *m* zum Verdichten
❸ *pl (filet de pêche)* Plattfischnetz *nt*
❹ *(paille)* Stroh *nt* [für Strohhüte]
❺ *(dans la dentelle)* Picot *m*
❻ TECH **entraînement par ~s** Stachelbandtransport *m*
picotement [pikɔtmɑ̃] *m* Kribbeln *nt; (dans les yeux)* Brennen *nt*
picoter [pikɔte] <1> *vt* **❶ la fumée me picote les yeux** der Rauch brennt mir in den Augen; **le froid picote/les orties picotent la peau** die Kälte prickelt/die Brennnesseln brennen auf der Haut; **les herbes picotent les mollets** die Gräser kitzeln an den Waden; **ça me picote le nez** das kribbelt mir in der Nase
❷ *(picorer)* [auf]picken; **~ qc** *an etw (Dat)* [herum]picken
picotin [pikɔtɛ̃] *m* **un ~ d'avoine** eine Haferration
picrate [pikʀat] *m fam* Fusel *m (fam)*
pictogramme [piktɔgʀam] *m* Piktogramm *nt*
pictographique [piktɔgʀafik] *adj* Bilder-
pictural(e) [piktyʀal, o] <-aux> *adj* malerisch; *qualités* Bild-
pic-vert [pivɛʀ] <pics-verts> *m* ZOOL Grünspecht *m*
pie¹ [pi] *f* **❶** ORN Elster *f*
❷ *fam (femme)* Quasselstrippe *f (fam)*
II. *adj inv* scheckig
pie² [pi] *adj* **une œuvre ~** *littér* ein gutes Werk
Pie [pi] *m* **~ XII** Pius XII., Pius der Zwölfte
pièce [pjɛs] *f* **❶** *(salle)* Zimmer *nt;* **~ du sous-sol** Kellerraum *m*
❷ *(monnaie)* Geldstück *nt*, Münze *f;* **~ d'un euro/de deux euros** Eineuro-/Zweieurostück *nt;* **~ de cuivre** Kupfergeld *nt*
❸ THEAT Stück *nt;* **~ de théâtre** Theaterstück, Bühnenstück; **~ de théâtre (d')amateur** Laienspiel *nt;* **~ de théâtre intime** Kammerspiel; **~ policière/sociale** Kriminal-/Gesellschaftsstück; **~ à thèse** Thesenstück, Ideendrama *nt;* **~ en quatre actes** Vierakter *m*
❹ MUS [Musik]stück *nt;* **~ vocale/instrumentale** Vokal-/Instrumentalstück
❺ *(document)* Schriftstück *nt*, Beleg *m;* **~ comptable** Buchhaltungsbeleg, Buchungsbeleg; **~ justificative** Rechnungsbeleg; **les ~s Unterlagen** *Pl;* **les ~s du procès** die Prozessakten; **juger sur ~s** nach Aktenlage entscheiden
❻ *(élément constitutif)* Teil *nt; d'une collection, d'un trousseau* Stück *nt; d'un puzzle* Teil; **set de quatre ~s** vierteiliges Set; **service à couvert** [composé de plusieurs **~s**] mehrteiliges [*o* vielteiliges] Besteck; **~s livrées** Zulieferteile; **~ normalisée** IND Normteil; **~ de mobilier** Möbelstück *nt;* **~ en plastique** AUT, IND Pressteil
❼ ECHECS Figur *f*
❽ *(quantité)* Stück *nt;* **une ~ de viande** ein Stück Fleisch
❾ *(champ)* **~ de blé** Weizenfeld *nt*
❿ COUT Flicken *m;* **tailler les manches/la capuche d'une seule ~** die Ärmel/die Kapuze anschneiden
⓫ *(unité)* **acheter/vendre à la ~** stückweise [*o* einzeln] kaufen/verkaufen
▶ **être fait(e) de ~s et de morceaux** zusammengeflickt sein *(fam);* **belle ~** Prachtexemplar *nt;* **~ détachée** Einzelteil *nt;* **~ rapportée** *péj* Außenseiter(in) *m(f),* fünftes Rad am Wagen; **être tout d'une ~** aus einem Stück gemacht sein; **c'est un homme tout d'une ~** er ist geradeheraus *(fam);* **tout d'une ~** *(avec raideur)* steif; **créer qc de toutes ~s** etw selbst zusammenbauen; **construire qc de toutes ~s** etw von A bis Z entwerfen; **reconstituer qc de toutes ~s** etw wieder vollständig zusammensetzen; **être inventé(e) de toutes ~s** von Anfang bis Ende erfunden sein; **donner la ~ à qn** *fam* jdm ein Trinkgeld geben; **mettre qn en ~s** *sportif:* jdn vernichtend schlagen; **mettre/tailler qc en ~s** *(détruire, briser)* etw kurz und klein schlagen; *(critiquer)* etw in der Luft zerreißen *(fam);* **à ~** Stück für Stück; **aux ~s** Akkord-; **travailler aux ~s** im Akkord arbeiten; **être payé(e) aux ~s** [*o* **à la ~**] einen Akkordlohn bekommen
◆ **~ d'archives** Archivdokument *nt;* **~ d'artillerie** Artilleriegeschütz *nt;* **~ de collection** Stück *nt* einer Sammlung; **~ à conviction** Beweisstück *nt;* **~ d'eau** Bassin *nt;* **~s [en] euro** Euromün-

zen *Pl;* ~ **d'exposition** Ausstellungsexemplar *nt;* ~ **de famille** Familienstück *nt;* ~ **d'identité** [Personal]ausweis *m;* ~ **d'identité de l'enfant** Kinderausweis; ~ **de monnaie** Geldstück *nt,* Münze *f;* ~ **de musée** Museumsstück *nt;* ~ **d'or** Goldmünze *f;* ~**s de procédure** Prozessschriftsätze *Pl;* ~ **de rechange** Ersatzteil *nt*

piécette [pjesɛt] *f* kleines Geldstück, kleine Münze

pied [pje] *m* ❶ ANAT Fuß *m;* ~ **bot** Klumpfuß *m;* ~ **plat** Plattfuß *m;* **avoir un large avant** ~ Spreizfüße [*o* einen Spreizfuß] haben; **avoir mal aux** ~**s** Schmerzen in den Füßen haben; *soldat:* fußkrank sein; **puer des** ~**s** Käsefüße haben *(pej fam);* **à** ~ zu Fuß; **au** ~ **!** bei Fuß! ❷ *d'un cheval* Fuß *m,* Huf *m; d'un chien* Fuß, Pfote *f; du gibier* Klaue *f;* ~ **avant** [*o* **de devant**] Vorderfuß
❸ *(support)* Bein *nt; d'un lit, établi, microphone* Fuß *m*
❹ *(opp: tête) d'un lit* Fußende *nt*
❺ *(partie inférieure) d'une chaussette, d'un bas* Fuß *m*
❻ *(chaussure)* **le** ~ **gauche serre trop** der linke Schuh drückt
❼ *(base)* Fuß *m; d'un champignon* Stiel *m; d'une perpendiculaire* Basis *f;* **au** ~ **d'une colline/d'un mur** am Fuß eines Hügels/einer Mauer; **mettre qc au** ~ **de qc** etw unter etw *(Akk)* legen; **être** [**couché**(**e**)] **au** ~ **de qc** unter etw *(Dat)* liegen
❽ *(plant)* ~ **de salade/de poireau** Salat-/Lauchpflanze *f;* ~ **de vigne** Rebstock *m*
❾ *(unité de mesure)* Fuß *m*
❿ POES Versfuß *m*
⓫ *(pas)* **marcher d'un** ~ **léger** leichten Fußes gehen; **ils marchent/s'en vont du même** ~ sie gehen im Gleichschritt
▶ **de** ~ **en cap** von Kopf bis Fuß; **traiter qn sur un** ~ **d'égalité** jdn wie seinesgleichen behandeln; **avoir le** ~ **à l'étrier** auf dem richtigen Weg [zum Erfolg] sein; **mettre le** ~ **à l'étrier à qn** jdm in den Sattel helfen; **faire le** ~ **de grue** sich *(Dat)* die Beine in den Bauch stehen *(fam);* **faire qc au** ~ **de la lettre** etw genau wie vorgeschrieben tun; **prendre qc au** ~ **de la lettre** etw wörtlich nehmen; **mettre qn au** ~ **du mur** jdn zu einer Entscheidung zwingen; **faire un** ~ **de nez à qn** jdm eine lange Nase drehen; **avoir bon** ~ **bon œil** noch sehr rüstig und gesund sein; **avoir/rouler le** ~ **au plancher** mit Bleifuß fahren *(fam);* **mettre les** ~**s dans le plat** ins Fettnäpfchen treten; **avoir les deux** ~**s dans le même sabot** [*o* **soulier**] etwas lahm sein; **mettre** ~ **à terre** absteigen; **vouloir être à cent** ~**s sous terre** vor Scham am liebsten im Boden versinken wollen; **avoir/garder les deux** ~**s sur terre** mit beiden Beinen fest auf der Erde stehen/bleiben; **des** ~**s à la tête** von Kopf bis Fuß; **avoir un** ~ **dans la tombe** mit einem Bein im Grab stehen; **il/elle est bête comme ses** ~**s** *fam* er/sie ist kreuzdumm *(fam),* **partir du bon/mauvais** ~ etw gut/schlecht anfangen; **se lever du** ~ **gauche** [*o* **du mauvais** ~] mit dem linken Fuß zuerst aufstehen; **vivre sur un grand** ~ auf großem Fuß leben; **sauter à** ~**s joints sur l'occasion** die Gelegenheit beim Schopf packen; **faire un cours au** ~ **levé** unvorbereitet Unterricht halten; **faire un discours au** ~ **levé** aus dem Stegreif einen Vortrag halten; **remplacer qn au** ~ **levé** jdn plötzlich [*o* stante pede *fam*] ersetzen; **avoir le** ~ **marin** *(ne pas perdre l'équilibre)* [beim Gehen] das Gleichgewicht nicht verlieren; *(ne pas avoir le mal de mer)* seefest sein; **ils/elles sont sur le même** ~ sie sind gleichberechtigt; ~**s nus** barfuß; **à** ~ **sec** trockenen Fußes; **avoir** ~ Boden unter den Füßen haben; **casser les** ~**s à qn** *fam* jdm auf die Nerven gehen *(fam);* **s'emmêler les** ~**s** straucheln; **être sur** ~ wieder auf den Beinen sein; **(en alerte)** in Alarmbereitschaft sein; [**c'est**] **bien fait pour ses** ~**s** *fam* das geschieht ihm/ihr recht; **ça lui fait les** ~**s** *fam* das wird ihm/ihr eine Lehre sein; **fouler aux** ~**s** mit Füßen treten; **lâcher** ~ [es] aufgeben; **lever le** ~ *(s'enfuir)* sich aus dem Staub machen *(fam); (ralentir)* den Fuß vom Gas[pedal] nehmen; *(en faire moins)* den Schongang einlegen; **marcher sur les** ~**s de qn** *(faire mal)* jdm auf den Fuß treten; *(embêter)* jdm ins Gehege kommen; **elle ne se laisse pas marcher sur les** ~**s** *fam* sie lässt nicht auf der Nase herumtanzen *(fam);* **mettre/ne jamais mettre les** ~**s quelque part** einen Fuß irgendwohin setzen/etw nie betreten; **mettre qn à** ~ jdn seiner Stellung entheben; **mettre un projet sur** ~ ein Projekt auf die Beine stellen; **mettre une entreprise sur** ~ ein Unternehmen aufbauen; **perdre** ~ *(se noyer)* nicht mehr stehen können; *(être désemparé)* den Boden unter den Füßen verlieren; *(ne plus comprendre)* nicht mehr mitkommen *(fam);* **prendre/reprendre** ~ [festen] Fuß/wieder [festen] Fuß fassen; **prendre son** ~ *fam* einen Riesenspaß haben *(fam);* **remettre qn/qc sur** ~ jdm das wieder auf die Beine bringen/etw wieder sanieren; **il/elle ne sait pas sur quel** ~ **danser** er/sie weiß nicht, was er/sie tun soll; **avec lui, on ne sait jamais sur quel** ~ **danser** bei ihm weiß man nie, woran man ist; **sortir de qc les** ~**s devant** je *fam* tot verlassen; **traîner les** ~**s** trödeln; **combattre** ~ **à** ~ um jeden Zentimeter kämpfen; **regagner du terrain** ~ **à** ~ Zentimeter um Zentimeter zurückgewinnen; **défendre un projet** ~ **à** ~ ein Projekt verbissen [*o* hartnäckig] verteidigen; **tomber** [*o* **se jeter**] **aux** ~**s de qn** sich jdm zu Füßen werfen; **se traîner** [*o* **ramper**] **aux** ~**s de qn** sich vor jdm niederwerfen

◆ ~ **de bielle** Pleuelfuß *m;* ~ **de col** [Kragen]bündchen *nt;* ~ **à coulisse** Schublehre *f,* Schieblehre *f;* ~ **de page** Fußzeile *f;* ~ **de veau** GASTR Kalbsfuß *m*

pied-à-terre [pjetatɛʀ] *m inv* Zweitwohnung *f* **pied-d'alouette** [pjedalwɛt] <pieds-d'alouette> *m* BOT Rittersporn *m* **pied-de-biche** [pjedbiʃ] <pieds-de-biche> *m* ❶ *(outil)* Nagelzieher *m* ❷ COUT Nähfuß *m.* **pied-de-mouton** [pjedmutɔ̃] <pieds-de-mouton> *m* Semmelpilz *m* **pied-de-poule** [pjedpul] **I.** *adj inv* mit Hahnentrittmuster *nt* **II.** <pieds-de-poule> *m* [Stoff *m* mit] Hahnentritt[muster *nt*] **pied-de-veau** [pjedvo] <pieds-de-veau> *m* BOT Aron[s]stab *m* **pied-droit** *v.* **piédroit**

piédestal [pjedestal, o] <-aux> *m* Sockel *m*
▶ **descendre/tomber de son** ~ vom Podest fallen; **faire tomber qn de son** ~ jdn vom Sockel stoßen; **mettre** [*o* **placer**] **qn sur un** ~ jdn aufs Podest heben

pied-noir [pjenwaʀ] <pieds-noirs> **I.** *mf fam* Algerienfranzose *m/*-französin *f*
II. *adj* der Algerienfranzosen *(Gen)*

Land und Leute

Pieds-noirs nennt man in Europa geborene Franzosen, die in Nordafrika, speziell in Algerien (bis zu dessen Unabhängigkeit im Jahre 1962), gelebt haben und danach wieder nach Frankreich zurückgekehrt sind.

---

piédroit [pjedʀwa] *m* Widerlager *nt*

piège [pjɛʒ] *m* Falle *f;* ~ **à souris** Mausefalle; **prendre un animal au** ~ ein Tier mit der Falle fangen; **prendre qn au** ~ jdn in eine Falle locken; **tendre un** ~ eine Falle aufstellen; **tendre un** ~ **à qn** jdm eine Falle stellen; **tomber dans le/un** ~ in die/eine Falle gehen
▶ **qc/c'est un** ~ **à cons** *fam* bei etw/dabei kann man ganz schön reinfallen *(fam);* **se prendre/être pris**(**e**) **à son propre** ~ in die eigene Falle gehen/in der eigenen Falle sitzen

piégé(**e**) [pjeʒe] *adj colis* Sprengstoff-; **valise** ~**e** Koffer *m,* in dem eine Sprengladung [*o* Bombe] versteckt ist; **lettre** ~**e** Briefbombe *f;* **voiture** ~**e** Autobombe *f*

piégeage [pjeʒaʒ] *m* ❶ *(chasse avec des pièges)* Fangjagd *f* ❷ *(action de piéger)* Anbringen *nt* eines Sprengsatzes

piéger [pjeʒe] <2a, 5> *vt* ❶ *(attraper)* mit der Falle fangen *animal* ❷ *(tromper)* in die Falle locken *personne;* **se faire** ~ **par qn** jdm in die Falle gehen; **se laisser** ~ sich in die Falle locken lassen; *(par de bonnes paroles)* sich einfangen lassen
❸ *(mettre un explosif)* ~ **qc** eine versteckte Sprengladung [*o* eine Bombe] an etw *(Dat)* anbringen; ~ **une lettre/un colis** eine Briefbombe/ein Sprengstoffpaket basteln
❹ MIL scharf machen

pie-grièche [piɡʀijɛʃ] <pies-grièches> *f* ZOOL Würger *m* **piemère** [pimɛʀ] <pies-mères> *f* ANAT weiche Hirnhaut *f*

piémont [pjemɔ̃] *m* Piemont *nt*

piémontais(**e**) [pjemɔ̃tɛ, ɛz] *adj* piemontesisch, piemontisch

Piémontais(**e**) [pjemɔ̃tɛ, ɛz] *m(f)* Piemontese *m/*Piemontesin *f*

piercing [piʀsiŋ] *m* Piercing *nt*

piéride [pjeʀid] *f* ZOOL Kohlweißling *m*

pierraille [pjɛʀaj] *f* ❶ *d'une plage* grober Kies; *d'une route* Schotter *m*
❷ *(étendue de pierres)* Geröllfeld *nt*

pierre [pjɛʀ] *f* ❶ Stein *m;* **en** [*o* **de**] ~ Stein-, aus Stein, steinern; **banc en** ~ Steinbank *f,* steinerne Bank; **en** [*o* **de**] ~**s sèches** aus Bruchstein; ~ **synthétique** [*o* **artificielle**] Kunststein; ~ **ponce** Bimsstein; ~ **à aiguiser** Wetzstein
❷ *(pierre précieuse)* [Edel]stein *m;* ~ **fine** Halbedelstein
❸ *sans pl (immobilier)* **la** ~ Immobilien *Pl*
▶ **être la** ~ **d'achoppement de qc** der Stein des Anstoßes einer S. *(Gen)* sein; **faire d'une** ~ **deux coups** zwei Fliegen mit einer Klappe schlagen *(fam);* **qc est une** ~ **dans mon/son jardin** etw ist auf mich/ihn/sie gemünzt; **être la** ~ **de touche de qc** der Prüfstein für etw sein; **être la** ~ **angulaire de qc** der Eckpfeiler einer S. *(Gen)* sein; **marquer qc d'une** ~ **blanche** etw rot [im Kalender] anstreichen; **dur**(**e**) **comme la** ~ hart wie Stein; ~ **funéraire** [*o* **tombale**] Grabstein *m;* **malheureux**(-**euse**) **comme les** ~**s** todunglücklich; ~ **philosophale** Stein *m* der Weisen; ~ **précieuse** Edelstein *m;* **poser la première** ~ **de qc** den Grundstein zu etw legen; **apporter sa** ~ **à qc** [auch] seinen Teil zu etw beitragen; **jeter la première** ~ **à qn** den ersten Stein auf jdn werfen; ~ **à** [*o* **par**] ~ Stein für Stein; **de** ~ steinern; **cœur de** ~ Herz *nt* aus Stein; **visage de** ~ versteinertes Gesicht; **regard de** ~ eiskalter Blick

◆ ~ **d'autel** Altarstein *m;* ~ **de taille** Quaderstein *m*

Pierre [pjɛʀ(ə)] *m* ❶ Peter *m*
❷ REL **Saint-** ~ Petrus

pierreries [pjɛʀʀi] *fpl* [geschliffene] Edelsteine, Juwelen *Pl*

pierreux, -euse [pjɛʀø, -øz] *adj* ❶ *(couvert de pierres)* steinig ❷ *(qui ressemble à de la pierre)* steinartig; *poire* grobkörnig

pierrot [pjeʀo] *m* Pierrot *m*
pietà [pjeta] *f inv* Pieta *f*, Pietà *f*
piétaille [pjetaj] *f* Fußvolk *nt*
piété [pjete] *f* ❶ REL Frömmigkeit *f*
  ❷ *littér (attachement)* Verehrung *f*
piètement [pjɛtmɑ̃] *m (d'un meuble)* Beine *Pl*, Füße *Pl*
piétinement [pjetinmɑ̃] *m* ❶ *des chevaux, soldats* Getrappel *nt; de la foule* Trampeln *nt; d'éléphants* Stampfen *nt; (dans la neige)* Stapfen *nt*
  ❷ *(stagnation)* Stillstand *m*, Stagnation *f*
piétiner [pjetine] <1> I. *vi* ❶ *(trépigner)* ~ **de colère** [*o* **rage**] wütend mit den Füßen aufstampfen; ~ **d'impatience** ungeduldig von einem Bein aufs andere treten
  ❷ *(avancer péniblement)* nur langsam [*o* kaum] von der Stelle kommen; *enfant:* trappeln; ~ **sur place** auf der Stelle treten
  ❸ *(ne pas progresser)* keine Fortschritte machen
  II. *vt* ❶ *(marcher sur)* feststampfen, festtreten *sol, neige;* niedertrampeln *(fam) personne, fleurs;* zertrampeln *pelouse;* ~ **qc de rage** auf etw *(Dat)* herumtrampeln; ~ **qn à mort** jdn tottrampeln
  ❷ *(ne pas respecter)* mit Füßen treten
piétisme [pjetism] *m* Pietismus *m*
piétiste [pjetist] I. *adj* pietistisch
  II. *mf* Pietist(in) *m(f)*
piéton(ne)[1] [pjetɔ̃, ɔn] *m(f)* Fußgänger(in) *m(f)*
piéton(ne)[2] [pjetɔ̃, ɔn], **piétonnier, -ière** [pjetɔnje, -jɛʀ] *adj rue* autofrei; **zone** ~ **ne** Fußgängerzone, verkehrsfreie Zone
piètre [pjɛtʀ] *adj antéposé littér* jämmerlich; *élève* miserabel; *résultat* kümmerlich, dürftig; *consolation* schwach; *excuse* dürftig, schwach
pieu [pjø] <x> *m* ❶ Pfahl *m; (plus petit)* Holzpflock *m*, Pflock
  ❷ *pop (lit)* Falle *f (fam);* **au** ~ ! ab in die Falle! *(fam)*
pieusement [pjøzmɑ̃] *adv* ❶ *(avec respect)* ehrfürchtig
  ❷ REL fromm
pieuter [pjøte] <1> I. *vi pop* pennen *(fam)*
  II. *vpr pop* **se** ~ sich in die Falle hauen *(fam)*
pieuvre [pjœvʀ] *f* ❶ ZOOL Tintenfisch *m*, Krake *f*
  ❷ *(personne)* Blutsauger *m*
  ❸ *(tendeur)* Gepäckspinne *f*
pieux, -euse [pjø, -jøz] *adj* ❶ REL fromm
  ❷ *antéposé soutenu (respectueux) affection* liebevoll; *souvenir* ehrenvoll
piézoélectrique [pjezoelɛktʀik] *adj* PHYS piezoelektrisch; **quartz** ~ Piezoquarz *m*
pif[1] [pif] *m fam* Riechkolben *m (hum fam)*
  ▶ **au** ~ so nach Gefühl; **estimer qc au** ~ etw über den Daumen peilen *(fam)*
pif[2] [pif] *interj* ~ ! ~ [*o* **paf**]! *(bruit d'une gifle)* patsch!; *(bruit d'une détonation)* peng!
pif(f)er [pife] <1> *vt pop* **ne pas pouvoir** ~ **qn** jdn nicht riechen [*o* verknusen] können
pifomètre *v.* pif
pige [piʒ] *f* ❶ *pl fam (année)* **avoir 40** ~ **s** [schon] 40 Jahre auf dem Buckel haben *(fam);* **à 53** ~**s, ...** mit 53, ... *(fam)*
  ❷ MEDIA **être payé(e) à la** ~ ein Zeilenhonorar bekommen; **travailler à la** ~ als freier Journalist/freie Journalistin arbeiten
pigeon [piʒɔ̃] *m* ❶ Taube *f;* **voyageur** Brieftaube
  ❷ *fam (dupe)* **être le** ~ **dans l'affaire** der/die Gelackmeierte sein *(fam);* **cherchez un autre** ~ ! sucht euch einen anderen Dummen! *(fam)*
  ▶ **jouer à** ~ **vole** „alle Vögel [*o* Hände] fliegen hoch" spielen
pigeonnant(e) [piʒɔnɑ̃, ɑ̃t] *adj poitrine* üppig; **soutien-gorge** ~ tief ausgeschnittener Form-BH
pigeonner [piʒɔne] <1> *vt fam* rupfen *(fam)*, ausnehmen *(fam);* **se faire** ~ **par qn** sich von jdm anschmieren lassen *(fam)*
pigeonnier [piʒɔnje] *m* Taubenschlag *m*
piger [piʒe] <2a> *vt, vi fam* kapieren *(fam);* **ne rien** ~ nur Bahnhof verstehen *(fam)*
pigiste [piʒist] *mf* freier Journalist *m*/freie Journalistin *f*
pigment [pigmɑ̃] *m* ❶ MED Pigment *nt;* **riche en** ~ pigmentreich; **pauvre en** ~ pigmentfrei; ~ **biliaire** Gallenfarbstoff
  ❷ *(colorant)* Pigmentfarbstoff *m*
pigmentation [pigmɑ̃tasjɔ̃] *f* ❶ *(coloration) de la peau* Pigmentierung *f*
  ❷ *(formation, accumulation de pigments)* Pigmentbildung *f*
pigmenter [pigmɑ̃te] <1> *vt* pigmentieren; **être pigmenté(e)** *peau:* pigmentiert sein
pignocher [piɲɔʃe] <1> I. *vi (chipoter)* ohne Appetit [*o* lustlos] essen
  II. *vt (peindre minutieusement)* pinselig malen
pignon [piɲɔ̃] *m* ❶ ARCHIT Giebel *m;* ~ **ornemental** Ziergiebel
  ❷ TECH *(roue dentée)* Zahnrad *nt; (petite roue)* Ritzel *nt*
  ❸ BOT, GASTR *(graine)* Pinienkern *m*
  ▶ **avoir** ~ **sur rue** *personne:* ein angesehener Geschäftsmann sein, ein gut gehendes Geschäft haben; *attitude méprisable:* sich ungeniert ausbreiten
pignouf [piɲuf] *m fam* ungehobelter Klotz *(fam)*
pilaf [pilaf] *app* **riz** ~ Pilaw *m*
pilage [pilaʒ] *m* [Zer]stampfen *nt*, Zerstoßen *nt*
pilastre [pilastʀ] *m* Pilaster *m*
pile[1] [pil] *adv* ❶ *(avec précision) arriver, [s']arrêter* genau, ganz pünktlich; *(brusquement) [s']arrêter* plötzlich, jäh; *(au bon moment) arriver* gerade richtig; **ça tombe** ~ ! das trifft sich gut!
  ❷ *(exactement)* **à dix heures** ~ Punkt [*o* Schlag] zehn Uhr
  ▶ ~ **poil** *fam* exakt, ganz genau; **il a mis 20 minutes** ~ **poil** er hat auf die Sekunde 20 Minuten gebraucht
pile[2] [pil] *f* ❶ *(tas)* Stapel *m*, Stoß *m;* **une** ~ **de dossiers** ein Aktenstoß; **une** ~ **d'assiettes** ein Stapel Teller; **une** ~ **de linge/de livres** ein Stapel [*o* Stoß] Wäsche/Bücher; **recevoir des** ~ **s de dossiers de candidature** stapelweise Bewerbungen bekommen; **dans son bureau, il y a des** ~ **s de revues spécialisées** in ihrem Büro liegen stapelweise Fachzeitschriften
  ❷ ELEC Batterie *f;* ~ **solaire** Solarzelle *f*, Solarbatterie *f;* ~ **sèche** Trockenbatterie; ~ **ronde** Babyzelle; **fonctionner à** ~ **s** batteriebetrieben sein, mit [einer] Batterie laufen
  ❸ *(réacteur)* ~ **atomique** Atomreaktor *m*
  ❹ MIDI *(évier)* Spüle *f*
pile[3] [pil] *f* **le côté** ~ die [Münz]vorderseite; ~ **ou face?** Kopf oder Zahl?; **on va jouer ça à** ~ **ou face!** wir werfen eine Münze!
piler [pile] <1> I. *vt* zerstoßen, zerkleinern
  II. *vi fam* voll auf die Bremse latschen *(fam); voiture:* mit quietschenden Bremsen halten; ~ **sec** eine Vollbremsung hinlegen *(fam)*
pileux, -euse [pilø, -øz] *adj* haarig, Haar-; **système** ~ [Körper]behaarung *f*
pilier [pilje] *m* ❶ CONSTR Pfeiler *m;* ~ **en béton** Betonpfeiler
  ❷ *fig (soutien)* Stütze *f*, Säule *f; (personne performante)* Leistungsträger(in) *m(f)*
  ❸ RUGBY Stürmer *m* [der ersten Reihe]
  ❹ ANAT ~ **du voile du palais** Gaumenbogen *m;* **les** ~ **s avant/arrière du voile du palais** die vorderen/hinteren Gaumenbogen
  ◆ ~ **de bistrot** [*o* **bar**] *fam* Kneipenstammgast *m*
pillage [pijaʒ] *m* Plünderung *f;* **livrer** [*o* **mettre**] **une ville au** ~ eine Stadt völlig ausplündern
pillard(e) [pijaʀ, jaʀd] I. *adj nomades, soldats* plündernd; *oiseaux* diebisch
  II. *m(f)* Plünderer *m*/Plünderin *f*
piller [pije] <1> *vt* ❶ *(mettre à sac)* [aus]plündern
  ❷ *(plagier)* ~ **un auteur** bei einem Autor eine [geistige] Anleihe machen; ~ **un vers chez qn** bei jdm einen Vers abschreiben
pilleur, -euse [pijœʀ, -jøz] *m, f* Plünderer *m*/Plünderin *f;* ~(-**euse**) **d'églises** Kirchenräuber(in) *m(f);* ~(-**euse**) **d'épaves** Strandräuber(in)
pilon [pilɔ̃] *m* ❶ *(instrument)* Stößel *m;* PHARM Pistill *nt*
  ❷ *(jambe artificielle)* Holzbein *nt*
  ❸ GASTR Hähnchenkeule *f*
  ▶ **mettre** [*o* **passer**] **un livre au** ~ ein Buch einstampfen
pilonnage [pilɔnaʒ] *m (de l'aviation)* [pausenloses] Bombardieren; *(de l'artillerie)* Trommelfeuer *nt*
pilonner [pilɔne] <1> *vt* ❶ MIL unter [Trommel]feuer nehmen; *aviation, pilote:* pausenlos bombardieren
  ❷ *(écraser au pilon)* zerstampfen
pilori [pilɔʀi] *m* Pranger *m*
  ▶ **clouer** [*o* **mettre**] **qn/qc au** ~ jdn/etw anprangern [*o* an den Pranger stellen]
pilosité [pilozite] *f* Behaarung *f*, Behaartheit *f*
pilotage [pilɔtaʒ] *m* Steuern *nt;* ~ **de la masse monétaire** Steuerung *f* der Geldmenge
  ◆ ~ **sans visibilité** Blindflug *m*, Instrumentenflug *m*
pilote[1] [pilɔt] I. *m* ❶ Pilot *m*, Flieger *m;* ~ **d'essai** Testpilot; ~ **de ligne** Pilot einer Verkehrsmaschine; ~ **d'acrobatie aérienne** Kunstflieger
  ❷ AUT [Renn]fahrer *m*, Pilot *m;* ~ **de course** Rennfahrer
  ❸ NAUT Lotse *m*
  ❹ *(guide)* Führer *m*
  ❺ *(dispositif)* ~ **automatique** Autopilot *m*
  ❻ INFORM Treiber *m;* ~ **en ROM** Firmware *f*
  II. *app* **projet** ~ Pilotprojekt *nt*, Modellprojekt; **essai** ~ Modellversuch *m*, Pilotversuch
  ◆ ~ **de clavier** INFORM Tastaturtreiber *m;* ~ **d'écran** INFORM Bildschirmtreiber *m;* ~ **d'imprimante** INFORM Druckertreiber *m;* ~ **de souris** INFORM Maustreiber *m;* ~ **de traceur** INFORM Plottertreiber *m*
pilote[2] [pilɔt] *f* ❶ Pilotin *f*, Fliegerin *f;* ~ **d'acrobatie aérienne** Kunstfliegerin
  ❷ AUT [Renn]fahrerin *f*, Pilotin *f;* ~ **de course** Rennfahrerin
  ❸ NAUT Lotsin *f*
piloter [pilɔte] <1> *vt* ❶ fliegen, steuern *avion;* lotsen *navire;* lenken *voiture*

② *(guider)* führen
③ INFORM steuern; **piloté(e) par la souris** *jeu, programme* mausgesteuert; **piloté(e) par [un] microprocesseur intégré** mit integrierter Mikroprozessorsteuerung
pilotis [pilɔti] *m* Pfahlwerk *nt;* **des maisons sur ~** Pfahlbauten *Pl*
pilou [pilu] *m* TEXTIL moltonartiger Baumwollstoff
pilule [pilyl] *f* PHARM Pille *f;* **la ~** die [Antibaby]pille *(fam)*
▶ **la ~ est dure à avaler** das ist eine bittere Pille *(fam);* **devoir** [*o* **être obligé(e) d'**] **avaler la ~** in den sauren Apfel beißen müssen *(fam)*
pimbêche [pɛ̃bɛʃ] *f* eingebildete Pute *(fam)*
piment [pimɑ̃] *m* ❶ GASTR Peperoni *f;* **~ doux** Paprika *m,* Paprikaschote *f*
② *(piquant)* Würze *f;* **donner du ~ à qc** einer S. *(Dat)* [eine gewisse] Würze geben; **trouver du ~ à qc** etw reizvoll finden
◆ **~ en poudre** Cayennepfeffer *m*
pimenté(e) [pimɑ̃te] *adj* ❶ GASTR scharf gewürzt
② *fig anecdote, récit* pikant
pimenter [pimɑ̃te] <1> *vt* ❶ GASTR scharf würzen
② *fig* **~ qc** einer S. *(Dat)* [eine gewisse] Würze verleihen
pimpant(e) [pɛ̃pɑ̃, ɑ̃t] *adj femme* jugendfrisch und zugleich elegant, schick; *(coquet) ville* schick
pimprenelle [pɛ̃pʀənɛl] *f* BOT Pimpinelle *f,* Pimpernell *m*
pin [pɛ̃] *m* Kiefer *f;* **~ nain** Zwergkiefer; **~ parasol** Schirmpinie *f;* **~ sylvestre** Föhre *f*
pinacle [pinakl] ▶ **porter qn au ~** jdn überschwänglich loben
pinaillage [pinajaʒ] *m fam* Kleinigkeitskrämerei *f*
pinailler [pinaje] <1> *vi fam* auf Kleinigkeiten herumreiten *(fam);* **~ sur qc** an etw *(Dat)* herumkritteln *(pej)*
pinailleur, -euse [pinajœʀ, -jøz] I. *adj fam* pingelig *(fam)*
II. *m, f fam (pointilleux)* Kleinigkeitskrämer(in) *m(f); (chicaneur)* Krittler(in) *m(f) (pej)*
pinard [pinaʀ] *m arg* Wein *m*
pinasse [pinas] *f* MIDI Pinasse *f*
pince [pɛ̃s] *f* ❶ TECH Zange *f;* **~ coupante/universelle** Beiß-/Kombizange; **~ multiprise** Eckrohrzange, Wasserpumpenzange
② MED Pinzette *f*
③ ZOOL Schere *f,* Zange *f*
④ COUT Abnäher *m;* **pantalon à ~s** Bundfaltenhose *f*
⑤ *fam (main)* Flosse *f (fam);* **serrer la ~ à qn** jdm die Flosse schütteln *(fam)*
⑥ *(levier)* Stemmeisen *nt*
⑦ PECHE **~ universelle** Mehrzweckzange *f*
⑧ *(partie d'un kit mains libres)* Kragenklammer *f*
▶ **à ~s** *fam* zu Fuß
◆ **~ à bec** TECH Spitzzange *f;* **~ à charbon** Kohlenzange *f;* **~ à cheveux** Haarklemme *f;* **~ à cravate** Krawattenhalter *m;* **~ à dénuder** TECH Abisolierzange *f;* **~ à épiler** Pinzette *f;* **~ à fusibles** TECH Sicherungszieher *m;* **~ à glace** Eisportionierer *m;* **~ à linge** Wäscheklammer *f;* **~ à ongles** Nagelzange *f; (coupe-ongles)* Nagelknipser *m;* **~ à spaghetti** Mehrzweckzange *f;* **~ à sucre** Zuckerzange *f*
pincé(e) [pɛ̃se] *adj* ❶ *(hautain)* selbstgefällig; *(contraint)* steif; *sourire* gezwungen; *(mécontent) ton* spitz
② *(serré) nez, narines* schmal; *lèvres* zusammengekniffen, schmal
③ MUS gezupft
pinceau [pɛ̃so] <x> *m* ❶ Pinsel *m;* **~ pour les lèvres** Lippenpinsel; **~ pour fard à joues** Rougepinsel
② OPT **~ lumineux** [*o* **de lumière**] Lichtbündel *nt*
▶ **se mélanger** [*o* **s'emmêler**] **les ~x** *fam* alles durcheinanderbringen
pincée [pɛ̃se] *f* Prise *f;* **une ~ de sel/tabac** eine Prise Salz/Tabak
pince-fesses [pɛ̃sfɛs] *inv m fam* wilde Party *f,* Fummelparty *f (sl)*
pincement [pɛ̃smɑ̃] *m* ❶ *des lèvres, narines* Zusammenkneifen *nt*
② MUS Zupfen *nt*
③ AGR *des branches, bourgeons* Abknipsen *nt*
④ AUT positiver Radsturz *m*
▶ **avec un petit ~ au cœur** schweren Herzens; **qn a eu un petit ~ au cœur** es gab jdm einen kleinen Stich
pince-monseigneur [pɛ̃smɔ̃sɛɲœʀ] <pinces-monseigneur> *f* Brecheisen *nt*
pince-nez [pɛ̃sne] <pince-nez> *m* Kneifer *m*
pincer [pɛ̃se] <2> I. *vt* ❶ *personne:* zwicken, kneifen; *crabe, écrevisse:* zwicken; **~ la joue/le bras à qn** jdn in die Backe/den Arm kneifen; *crabe, écrevisse:* jdn in die Backe/den Arm zwicken
② *(serrer fortement)* zusammenkneifen *bouche;* aufeinanderpressen *lèvres*
③ *fam (arrêter)* schnappen *(fam);* **se faire ~ par qn** *(se faire prendre/arrêter)* von jdm erwischt/geschnappt werden *(fam)*
④ MUS zupfen
⑤ COUT abnähen, Abnäher/einen Abnäher machen an *(+ Dat)*
⑥ AGR abknipsen, abschneiden *branches, bourgeons*
II. *vpr* ❶ *(se blesser)* **se ~** sich quetschen; *(se serrer la peau)* sich zwicken; **se ~ le doigt** sich *(Dat)* den Finger quetschen [*o* einklem-

men]
② *(boucher)* **se ~ le nez** sich die Nase zuhalten
III. *vi* ❶ *(serrer) animal:* zwicken; *outil:* greifen
② *(piquer) bise, froid:* beißend [*o* schneidend] sein
▶ **pince-moi, je rêve!** zwick mich, ich glaub, ich träum!; **en ~ pour qn** *fam* in jdn verknallt sein *(fam)*
pince-sans-rire [pɛ̃ssɑ̃ʀiʀ] I. *mf inv* **c'est un/une ~** er/sie hat einen trockenen Humor
II. *adj inv air* unbewegt; *ton* trocken
pincette [pɛ̃sɛt] *f* ❶ Pinzette *f*
② *pl (longue pince)* Feuerzange *f*
▶ **ne pas être à prendre avec des ~s** *fam* mit Vorsicht zu genießen sein
pinçon [pɛ̃sɔ̃] *m* Quetschfleck *m*
pine [pin] *f vulg* Schwanz *m (fam)*
pineco [pinko] *f arg* Freundin *f*
pinède [pinɛd] *f* Kiefernwald *m,* Pinienwald *m*
pingouin [pɛ̃gwɛ̃] *m* Pinguin *m; (oiseau arctique)* Alk *m*
ping-pong [piŋpɔ̃g] *m sans pl* Tischtennis *nt,* Pingpong *nt*
pingre [pɛ̃gʀ] I. *adj fam* knaus[e]rig *(fam),* knick[e]rig *(fam)*
II. *mf fam* Geizkragen *m (fam)*
pingrerie [pɛ̃gʀəʀi] *f fam* Knaus[e]rigkeit *f (fam),* Knick[e]rigkeit *f (fam)*
pinotte [pinɔt] *f* CAN *fam (cacahuète)* Erdnuss *f*
pin-pon [pɛ̃pɔ̃] *interj* tatütata
pin's [pins] *m inv* Anstecker *m,* Pin *m*
pinson [pɛ̃sɔ̃] *m* Buchfink *m*
▶ **gai(e) comme un ~** quietschvergnügt *(fam)*
pintade [pɛ̃tad] *f* Perlhuhn *nt*
pintadeau [pɛ̃tado] <x> *m* junges Perlhuhn
pinte [pɛ̃t] *f* ❶ Pinte *f (0,9 Liter enthaltendes altes Flüssigkeitsmaß)*
② CAN Pinte *f (1,136 Liter enthaltendes kanadisches Hohlmaß)*
③ CH *(bistrot)* Kneipe *f*
pinter [pɛ̃te] <1> I. *vpr pop* **se ~ [la gueule]** sich volllaufen lassen *(fam)*
II. *vi pop* [sich voll] saufen *(fam);* **être pinté(e)** besoffen [*o* voll] sein *(fam)*
pin up [pinœp] *f inv* Pin-up-girl *nt*
pioche [pjɔʃ] *f* ❶ *(outil)* [Kreuz]hacke *f;* **à coups de ~** mit einer Hacke
② JEUX *(tas de dominos)* Stoß *m; (tas de cartes)* [Karten]stock *m*
piocher [pjɔʃe] <1> I. *vt* ❶ *(creuser)* aufhacken
② *fam (étudier)* büffeln *(fam)*
③ JEUX aus dem Stoß ziehen
④ *(dénicher)* herausfischen, herauspicken *(fam) renseignement*
II. *vi* ❶ *(creuser)* hacken, mit der Hacke arbeiten
② *fam (étudier)* büffeln *(fam)*
③ JEUX [eine Karte vom Stoß] ziehen [*o* aufnehmen]; *(prendre un domino)* [einen Dominostein aus dem Stoß] ziehen
④ *fam (puiser)* **~ dans ses économies** an seine Ersparnisse gehen
⑤ *(chercher pour saisir, se servir)* **~ dans le plat de hors-d'œuvre** sich aus der Vorspeisenplatte etwas herauspicken; **~ dans une pile de livres** aus einem Stapel Bücher eines herausgreifen
piolet [pjɔlɛ] *m* Pickel *m*
pion [pjɔ̃] *m* JEUX Stein *m;* ECHECS Bauer *m*
▶ **damer le ~ à qn** jdm den Rang ablaufen, jdn ausstechen
pion(ne) [pjɔ̃, pjɔn] *m(f)* SCOL *fam* Aufsichtführende(r) *f(m),* Aufpasser(in) *m(f) (pej)*
pioncer [pjɔ̃se] <2> *vi fam* pennen *(fam)*
pionnier, -ière [pjɔnje, -jɛʀ] I. *m, f* ❶ *(novateur) de la médecine, l'aviation* Pionier(in) *m(f);* **être un ~ dans un domaine** ein Wegbereiter auf einem Gebiet sein
② *(défricheur)* Pionier(in) *m(f)*
II. *adj* bahnbrechend
pipe [pip] *f* Pfeife *f*
▶ **casser sa ~** *fam* ins Gras beißen *(fam);* **se fendre la ~** *fam* sich kaputtlachen
◆ **~ à tabac** Tabak[s]pfeife *f;* **~ en terre** Tonpfeife *f*
pipeau [pipo] <x> *m* ❶ MUS Hirtenflöte *f*
② *(appeau)* Lockpfeife *f*
▶ **c'est du ~** *fam* das ist doch [nur] leeres Gerede
pipelette [piplɛt] *f fam* Tratsche *f (pej fam);* **c'est une vraie ~!** der/die kann aber auch wirklich seinen/ihren Mund nicht halten!
pipeline [pajplajn, piplin] *m* Pipeline *f,* Rohrfernleitung *f; (oléoduc)* Ölleitung
piper [pipe] <1> I. *vi* **ne pas ~** keinen Ton sagen, den Mund nicht aufmachen *(fam)*
II. *vt* fälschen *dés;* zinken *cartes*
pipette [pipɛt] *f* Pipette *f*
pipi [pipi] *m fam enfantin* Pipi *nt (Kinderspr.);* **faire ~** Pipi machen
▶ **c'est du ~ de chat** *fam* das ist ziemlich dürftig; *(en parlant d'une boisson)* das ist das reinste Spülwasser

pipi-room [pipiʀum] <pipi-rooms> *m hum fam* Klo *nt (fam)*
piquage [pikaʒ] *m* COUT Steppen *nt* [mit der Maschine], Maschinennähen *nt*
piquant [pikɑ̃] *m* ❶ *(épine)* Stachel *m; d'un rosier* Dorn *m*
  ❷ *(agrément)* **avoir du ~** *récit, livre:* seinen Reiz haben; **ne pas manquer de ~** seinen [besonderen] Reiz haben; **le ~ de l'histoire, c'est qu'il l'a cru** das Amüsante [*o* Witzige] an der Geschichte ist, dass er es geglaubt hat; **je l'ai croisé alors qu'il sortait de la maison close, ce qui ne manque pas de ~** ich bin ihm pikanterweise begegnet, als er aus dem Freudenhaus kam
piquant(e) [pikɑ̃, ɑ̃t] *adj* ❶ *joue, plante* stach[e]lig; *barbe* stach[e]lig, kratzig; *rose* dornig
  ❷ GASTR *moutarde, radis* scharf; *odeur* scharf, stechend; *goût, sauce* scharf, pikant
  ❸ *(mordant) air, bise, froid* schneidend
  ❹ *littér (croustillant) mot, remarque, allusion* spitz, bissig; *conversation, détail* anregend, pikant
  ❺ *littér (intéressant) beauté, personne* reizvoll, anziehend
pique [pik] I. *f* ❶ *(arme)* Pike *f*, Spieß *m; de picador* Lanze *f*
  ❷ *(parole blessante)* spitze Bemerkung; **envoyer [*o* lancer] une ~ à qn** jdm gegenüber eine spitze Bemerkung machen
  II. *m* CARTES Pik *nt;* **valet de ~** Pikbube *m*
piqué [pike] *m* COUT Pikee *m*
  ▶ **en ~** AVIAT im Sturzflug
piqué(e) [pike] *adj* ❶ *(marqué de trous, de taches) bois* wurmstichig; *papier* stockfleckig; *glace* fleckig; **~(e) de moisissures/de rouille** schimmel-/rostfleckig; **~(e) de taches de rousseur** mit Sommersprossen übersät; **~(e) par la rouille/l'acide** voller Roststellen/von Säure zerfressen
  ❷ *(aigri)* **être ~(e)** *vin:* sauer [*o* umgeschlagen] sein; *aliments:* einen Stich haben *(fam)*
  ❸ *fam (fou)* bekloppt *(fam);* **être ~(e)** einen Stich haben *(fam)*
  ❹ MUS staccato [gespielt]
  ❺ COUT gesteppt, mit Steppstich [verziert]
pique-assiette [pikasjɛt] <pique-assiette[s]> *mf fam* Nassauer(in) *m(f) (fam)* **pique-feu** [pikfø] *m inv* Schürhaken *m* **pique-fleurs** [pikflœʀ] *m inv* Blumenstecker *m* **pique-nique** [piknik] <pique-niques> *m* Picknick *nt;* **pique-niquer** [piknike] <1> *vi* [ein] Picknick machen **pique-niqueur, -euse** [piknikœʀ, -øz] <pique-niqueurs> *m, f* jemand, der ein Picknick macht
piquer [pike] <1> I. *vt* ❶ *(faire une piqûre) personne, guêpe, moustique:* stechen; *serpent, puce:* beißen
  ❷ *(vacciner)* **se faire ~/faire ~ qn contre une maladie** sich/jdn gegen eine Krankheit impfen lassen
  ❸ *(donner la mort)* einschläfern *animal*
  ❹ *(prendre, fixer avec un objet pointu)* aufspießen *olive*
  ❺ *(enfoncer par le bout)* **~ une aiguille dans qc** eine Nadel in etw (Akk) stechen
  ❻ *(picoter)* pik[s]en *(fam);* **~ la peau** auf der Haut kratzen; **~ la langue** auf der Zunge brennen; **~ les yeux/le visage** in den Augen/im Gesicht brennen
  ❼ GASTR einstechen; **~ qc d'ail** etw mit Knoblauch spicken
  ❽ COUT [mit der Nähmaschine] nähen, [ab]steppen
  ❾ *(exciter)* anspornen, anstacheln *amour-propre;* wecken *curiosité, intérêt*
  ❿ *fam (faire brusquement)* **~ un cent mètres** einen Spurt einlegen; **~ une colère/une crise** einen Wutanfall/Koller kriegen *(fam);* **~ une crise de larmes** in Tränen ausbrechen; **~ un fard** rot anlaufen; **~ un somme** [*o* roupillon]**/une tête** ein Nickerchen/einen Kopfsprung machen *(fam)*
  ⓫ *fam (voler)* klauen *(fam);* **il lui a piqué sa copine en se mariant avec elle** er hat ihm die Freundin weggeheiratet *(fam)*
  ⓬ *fam (arrêter)* schnappen *(fam);* *(attraper)* erwischen *(fam)*
  ⓭ MUS staccato spielen
  II. *vi* ❶ *(faire une piqûre) moustique, aiguille:* stechen; *serpent, puce:* beißen
  ❷ *(descendre)* **~ sur** [*o* **vers**] **qc** auf etw (Akk) niederstürzen [*o* im Sturzflug niedergehen]
  ❸ *(se diriger)* **~ sur** [*o* **vers**] **qn/qc** schnurstracks auf jdn/etw zugehen [*o* zufahren] *(fam),* [geradewegs] auf jdn/etw zusteuern *(fam)*
  ❹ *(irriter un sens) fumée, ortie:* brennen; *moutarde, radis:* brennen, scharf sein; *barbe, pull:* kratzen; *froid, vent:* schneidend sein; *eau gazeuse:* prickeln
  III. *vpr* ❶ *(se blesser)* **se ~ avec une aiguille/à un rosier** sich mit einer Nadel/an einem Rosenstock stechen; **se ~ avec des orties** sich [an Brennnesseln *(Dat)*] verbrennen
  ❷ *(se faire une injection)* **se ~** sich spritzen; *drogué:* spritzen *(sl);* **se ~ à qc** sich *(Dat)* etw spritzen [*o* injizieren] *(sl), drogué:* etw spritzen *(sl)*
  ❸ *(se couvrir de taches)* **se ~** *linge, livre:* Stockflecken bekommen; *métal:* Rostflecken bekommen; *miroir:* fleckig werden
  ❹ *(s'aigrir)* **se ~** sauer werden, umschlagen

piquet [pikɛ] *m (pieu) de parc, jardin* Pflock *m;* SKI Torstange *f*
  ▶ **droit(e)** [*o* **raide**] **comme un ~** stocksteif *(fam);* **être/rester planté(e) comme un ~ fam** wie angewurzelt dastehen/stehen bleiben; **aller au ~** SCOL sich *(Akk)* in die Ecke stellen; **mettre qn au ~** SCOL jdn in die Ecke stellen
  ◆ **~ de grève** Streikposten *m;* **~ d'incendie** Brandwache *f;* **~ de tente** Hering *m*
piquetage [piktaʒ] *m* Abstecken *nt* [mit Pflöcken]
piqueter [pikte] <3> *vt* ❶ *(jalonner)* [mit Pflöcken] abstecken
  ❷ *(moucheter) fleur, pelage:* **piqueté(e)** gesprenkelt; **des étoiles piquettent le ciel/le ciel est piqueté d'étoiles** der Himmel ist mit Sternen übersät
piquette [pikɛt] *f* ❶ *péj (mauvais vin)* Krätzer *m (pej),* Rachenputzer *m (fam)*
  ❷ *fam (défaite cuisante)* Schlappe *f (fam)*
piqueur [pikœʀ] *m* ❶ CHASSE Pikör *m*
  ❷ MIN *(ouvrier)* Hauer *m*
  ❸ COUT *(artisan) de chaussures* Stepper *m; de vêtements* Näher *m*
piqueur, -euse [pikœʀ, -øz] *adj insecte* stechend
piqueuse [pikøz] *f* COUT *de chaussures* Stepperin *f; de vêtements* Näherin *f*
piquouse [pikuz] *f fam* Spritze *f;* **se faire une ~** sich einen Schuss setzen *(sl)*
piqûre [pikyʀ] *f* ❶ *(blessure) d'épingle, de guêpe, moustique* Stich *m; de serpent* Biss *m; d'ortie* Quaddel *f;* **~ de frelon** Hornissenstich
  ❷ MED Spritze *f,* Injektion *f;* **~ de vitamines** Vitaminspritze; **faire une ~ à qn** jdm eine Spritze [*o* Injektion] geben
  ❸ *(tâche) (sur un miroir)* Fleck *m; (sur du papier)* Stockfleck; *(sur du métal)* [Rost]fleck
  ❹ *(petit trou)* Loch *nt;* **~ de ver** Wurmstich *m*
  ❺ COUT *(point)* Steppstich *m; (succession de points)* Steppnaht *f*
piranha [piʀana] *m* Piranha *m*
piratage [piʀataʒ] *m* Piraterie *f;* **~ informatique/industriel** Software-/Produktpiraterie; **~ de vidéocassettes** Videopiraterie; **~ d'idées** Ideenklau *m (fam)*
pirate [piʀat] I. *adj bateau, émetteur, radio* Piraten-; **édition/disque/enregistrement ~** Raubdruck *m/*-pressung *f/*-kopie *f;* **faire une copie ~ de qc** etw schwarzkopieren *(fam)*
  II. *m* NAUT Seeräuber *m*
  III. *mf (escroc)* Ausbeuter(in) *m(f),* Halsabschneider(in) *m(f) (fam)*
  ◆ **~ de l'air** Luftpirat(in) *m(f);* **~ de la route** Straßenräuber(in) *m(f)*
pirater [piʀate] <1> *vt* **~ un logiciel** eine Raubkopie von einer Software machen, eine Software illegal kopieren *(fam);* **~ une œuvre** einen Raubdruck von einem Werk machen; **être piraté(e)** *disquette, logiciel:* eine Raubkopie sein
piraterie [piʀatʀi] *f* ❶ Seeräuberei *f,* Seeraub *m*
  ❷ *(escroquerie)* Wucherei *f,* Ausbeutung *f*
  ❸ *(imitation frauduleuse de produits)* **~ commerciale** Produktpiraterie *f*
  ◆ **~ de marque[s]** Markenpiraterie *f*
pire [piʀ] I. *adj comp, superl de* **mauvais** ❶ *comp* schlimmer; **rien de ~ que** nichts Schlimmeres als; **~ que ça** noch [*o* viel] schlimmer; **que tout** schlimmer denn je, so schlimm, wie man es sich vorstellen kann; **être ~ que jamais** schlimmer denn je [*o* schlimmer als je zuvor] sein; *situation politique:* noch nie so schlecht gewesen sein; **de ~ en ~** immer schlimmer
  ❷ *superl (le plus mauvais)* **le/la ~ élève** der schlechteste Schüler/die schlechteste Schülerin
  II. *m* **le ~** das Schlimmste; **le ~ de tout, c'est que qn a fait qc** das Allerschlimmste [daran] ist, dass jd etw getan hat; **s'attendre au ~** mit dem Schlimmsten rechnen; **au ~** schlimmstenfalls
piriforme [piʀifɔʀm] *adj* birnenförmig
pirogue [piʀɔg] *f* Einbaum *m*
pirouette [piʀwɛt] *f* ❶ *d'un acrobate, danseur, cheval* Pirouette *f*
  ❷ *(volte-face)* Kehrtwendung *f*
  ▶ **répondre** [*o* **s'en tirer**] **par une ~** sich herausreden [*o* herauswinden]
pirouetter [piʀwete] <1> *vi* ❶ *(virevolter)* sich herumdrehen; *danseur, cheval, patineuse:* eine Pirouette ausführen [*o* drehen]
  ❷ *(tourner rapidement) objet:* schnell kreiseln
pis¹ [pi] *m* Euter *nt;* **~ de vache** Kuheuter
pis² [pi] I. *adj comp de* **mauvais** *inv littér* schlimmer; **~ que qc** schlimmer als etw
  II. *adv comp de* **mal** *inv littér* **aller de mal en ~** immer schlechter gehen; **tant ~!** [na,] dann sollte es wohl nicht sein!; **tant ~ pour lui/elle** geschieht ihm/ihr recht, Pech für ihn/sie
  III. *m littér* **le ~** das Schlimmste; **au ~** [aller] schlimmstenfalls
pis-aller [pizale] *m inv* Notbehelf *m*
piscicole [pisikɔl] *adj* Fischzucht-
pisciculteur, -trice [pisikyltœʀ, -tʀis] *m, f* Fischzüchter(in) *m(f)*
pisciculture [pisikyltyʀ] *f* Fischzucht *f*
piscine [pisin] *f* Schwimmbad *nt; (privée)* Swimmingpool *m;*

~ couverte/en plein air [o **découverte**] Hallenbad/Freibad nt
◆ **~ à vagues** Wellenbad nt
piscivore [pisivɔʀ] **I.** adj Fisch fressend
II. m Fischfresser m
pisé [pize] m CONSTR Piseebau m, Stampfbau m
pisiforme [pizifɔʀm] ANAT **I.** adj os **~** Erbsenbein nt
II. m Erbsenbein nt
pisse [pis] f vulg Pisse f (sl)
pisse-froid [pisfʀwa] m inv fam Trauerkloß m (fam)
pissenlit [pisɑ̃li] m Löwenzahn m, Kuhblume f (fam)
▶ **manger** [o **bouffer**] **les ~s par la** <u>racine</u> fam sich (Dat) die Radieschen von unten ansehen (fam)
pisser [pise] <1> **I.** vi fam ❶ pinkeln (fam)
❷ (avoir une fuite) tonneau, tuyau: lecken
❸ (se moquer de qc) **~ sur les principes** auf die Prinzipien pfeifen ▶ **ça** [ne] **pisse pas loin** das ist nicht gerade doll (fam); **c'est à ~ de rire/dans sa culotte** das ist zum Kaputtlachen (fam); **laisser ~** [**le mérinos**] abwarten und Tee trinken (fam); **laisse ~!** vergiss es! (fam)
II. vt fam **~ du sang** Blut pinkeln (fam); **le seau/tuyau pisse l'eau** aus dem Eimer/Schlauch spritzt Wasser heraus; **son nez pisse le sang** aus seiner/ihrer Nase quillt Blut heraus
pisseur, -euse [pisœʀ, -øz] m, f fam Pisser(in) m(f) (sl)
◆ **~ de copie** Schreiberling m (fam)
pisseuse [pisøz] f péj pop (femme) [blöde] Zicke (fam)
pisseux, -euse [pisø, -øz] adj ❶ fam (imprégné d'urine) verpinkelt (fam)
❷ (terne) vergilbt
pisse-vinaigre [pisvinɛgʀ] mf inv fam Miesmacher(in) m(f) (fam)
pissotière [pisɔtjɛʀ] f fam Pissoir nt, Pinkelbude f (fam)
pistache [pistaʃ] **I.** f Pistazie f
II. adj inv lindgrün
III. app inv lindgrün
pistachier [pistaʃje] m (arbre) Pistazie f
pistage [pistaʒ] m Verfolgen nt
pistard(e) [pistaʀ, aʀd] m(f) CYCLISME Bahnfahrer(in) m(f)
piste [pist] f ❶ (trace) d'un cambrioleur, suspect Spur f; d'un animal Spur, Fährte f; **jeu de ~** Schnitzeljagd f; **brouiller les ~s** die Spuren verwischen; **être sur la ~ de qn/d'un animal** jdm/einem Tier auf der Spur sein; **se lancer sur la ~ de qn/qc/d'un animal** jds Spur/die Spur einer S. (Gen)/eines Tieres aufnehmen
❷ (indice) Indiz nt, Hinweis m
❸ AVIAT Rollbahn f; TRANSP Weg m; SKI Piste f; **~ d'atterrissage/de décollage** Lande-/Startbahn f; **~ cyclable/cavalière** Rad-/Reitweg; **~ de ski de fond** [Langlauf]loipe f
❹ (grand ovale) (à l'hippodrome) [Renn]bahn f; (au vélodrome, circuit automobile) [Renn]bahn, [Renn]piste; **cyclisme/épreuve sur ~** Bahnrennen nt; **~ synthétique/de sable** Kunststoff-/Sandbahn
❺ (espace) (pour le patinage) Eisbahn f; (pour la danse) Tanzfläche f; (au cirque) Manege f
❻ (chemin) (dans le désert) Piste f; (à la montagne) Pfad m
❼ AUDIOV d'une bande magnétique Spur f
❽ INFORM Leiterbahn f
▶ **entrer en ~** in Aktion treten
◆ **~ d'essai** Teststrecke f, Versuchsstrecke
pister [piste] <1> vt **~ qn/un animal** jds Spur/die Spur eines Tieres verfolgen
pisteur, -euse [pistœʀ, -øz] m, f Pistenwart m
pistil [pistil] m BOT Stempel m, Fruchtknoten m
pistolet [pistɔlɛ] m ❶ (arme) Pistole f
❷ (pulvérisateur) Spritzpistole f
❸ BELG (petit pain) Brötchen nt
❹ (individu bizarre) **un drôle de ~** ein komischer Kauz
◆ **~ d'alarme** Schreckschusspistole f; **~ à cartouches** TECH Kartuschenpistole f; **~ à eau** Wasserpistole f; **~ à gaz** Gaspistole f; **~ à souder** TECH Lötpistole f
pistolet-mitrailleur [pistɔlɛmitʀajœʀ] <pistolets-mitrailleurs> m Maschinenpistole f
piston [pistɔ̃] m ❶ TECH Kolben m
❷ fam (favoritisme) Beziehungen Pl, Vitamin B (fam); **obtenir** [o **avoir**] **qc par ~** fam etw durch/über Beziehungen bekommen
❸ MUS (pièce mobile) Ventil nt; (instrument) Kornett nt
pistonner [pistɔne] <1> vt fam **~ qn** für jds nette Beziehungen spielen lassen; **se faire ~** [**par qn**] von jds Beziehungen profitieren; **il s'est fait ~ par son oncle pour ce poste** sein Onkel hat ihm diese Stelle über Beziehungen verschafft
pistou [pistu] m **soupe au ~** Gemüsesuppe mit Basilikum und Knoblauch
pita [pita] m GASTR Pita nt; **pain ~** Fladenbrot nt
pit-bull, pitbull [pitbul, pitbyl] m Pitbull m
pitch [pitʃ] m CINE, COM Pitch m
pitcher [pitʃe] <1> vt, vi CINE, COM pitchen

pitchoun(e) [pitʃun] m(f) MIDI fam Kleine(r) f(m)
piteusement [pitøzmɑ̃] adv jämmerlich, kläglich
piteux, -euse [pitø, -øz] adj air, apparence erbärmlich; état erbärmlich, jämmerlich; résultat kläglich, kümmerlich
pithécanthrope [pitekɑ̃tʀɔp] m ARCHEOL Pithekanthropus m
pithiviers [pitivje] m mit Marzipan gefüllter Blätterteigkuchen
pitié [pitje] f ❶ (compassion) Mitleid nt, Mitgefühl nt; (miséricorde) Erbarmen nt; **par ~** aus Mitleid; **sans ~** agir, combattre erbarmungslos; **être sans ~** kein Mitleid haben, kein Erbarmen kennen; **avoir/prendre ~ de qn** mit jdm Mitleid haben/bekommen; **Seigneur, prends ~ de nous!** Herr erbarme dich unser!; **faire ~** erbarmenswert [o erbarmungswürdig] sein; **faire ~ à qn** jds Mitleid erwecken; péj jdm nur leidtun können, jdm direkt leidtun; **prendre qn/qc en ~** jdn bemitleiden/Anteil an etw (Dat) nehmen
❷ (commisération accompagnée de mépris) **quelle ~!** welch ein Jammer!; péj wie erbärmlich, wie jämmerlich!
piton [pitɔ̃] m ❶ [Schraub]haken m; ALPIN [Kletter]haken
❷ GEOG Bergspitze f
❸ CAN (bouton) [Dreh]knopf m, Schalter m
❹ CAN (touche) d'un ordinateur, téléphone, d'une télécommande Taste f
pitonnage [pitɔnaʒ] m CAN fam (zapping) Zappen nt (fam)
pitonner [pitɔne] vi ❶ ALPIN Kletterhaken anbringen
❷ CAN (tapoter sur des touches) tippen
❸ CAN (zapper) zappen (fam)
pitoyable [pitwajabl] adj ❶ (qui inspire la pitié) aspect, état Mitleid erregend, erbarmenswert, erbarmungswürdig; état, personne bemitleidenswert
❷ (piteux) erbärmlich, jämmerlich; niveau de vie, résultat kläglich
pitoyablement [pitwajabləmɑ̃] adv miserabel, erbärmlich
pitre [pitʀ] m Hanswurst m (hum); **faire le ~** den Hanswurst spielen
pitrerie [pitʀəʀi] f souvent pl Albernheiten Pl; **faire des ~s** Faxen [o Blödsinn] machen
pittoresque [pitɔʀɛsk] **I.** adj ❶ paysage, quartier malerisch, pittoresk
❷ (imagé) bildhaft; expression bildhaft, plastisch; récit, détails, description anschaulich; personnage originell
II. m **le ~ de qn** das Originelle an einem Menschen, jds Originalität f; **le ~ d'un récit** die Anschaulichkeit einer Erzählung
pive [piv] f BOT CH (fruit des conifères) Zapfen m
pivert [pivɛʀ] m Grünspecht m
pivoine [pivwan] f Pfingstrose f
▶ **rouge comme une ~** rot wie eine Tomate (fam)
pivot [pivo] m ❶ TECH [Dreh]zapfen m, Bolzen m; d'une boussole Pinne f; d'un appareil Drehpunkt m; **dent sur ~** [o **à ~**] Stiftzahn m
❷ (agent principal) d'une entreprise Dreh- und Angelpunkt m
pivotant(e) [pivotɑ̃, ɑ̃t] adj Dreh-
pivoter [pivote] <1> vi **~ sur qc** sich um etw drehen; **faire ~ qc** etw kreisen lassen
pixel [piksɛl] m INFORM Bildpunkt m, Pixel m
pizza [pidza] f Pizza f; **~ au thon** Thunfischpizza
pizzeria [pidzeʀja] f Pizzeria f
pizzicato [pidzikato] <pizzicati> m Pizzikato nt
P.J. [peʒi] f abr de **Police judiciaire** (fam) Kripo f (fam)
placage [plakaʒ] m ❶ (revêtement) de marbre, bois Verkleidung f; (pour meubles) Furnier nt; **~ en cerisier** Kirschbaumfurnier
❷ SPORT v. **plaquage**
placard [plakaʀ] m ❶ (armoire) Wandschrank m, Einbauschrank; **clé** [o **clef**] **du ~** Schrankschlüssel m
❷ (affiche) Plakat nt; **~ publicitaire** (affiche) Werbeplakat nt; (dans un journal) große Werbeannonce
❸ TYP Korrekturfahne f
▶ **mettre qn/qc au ~** fam jdn/etw in der Versenkung verschwinden lassen
◆ **~ à balais** Besenkammer f
placarder [plakaʀde] <1> vt anschlagen; **être placardé(e) de qc** mit etw vollgeklebt sein
place [plas] f ❶ (lieu public) Platz m; **~ de l'église/du marché** Kirch-/Marktplatz; **~ du château/de l'hôtel de ville** Schloss-/Rathausplatz; **sur la ~ publique** in aller Öffentlichkeit
❷ (endroit approprié) Platz m, Ort m; **à la ~ de qc** an Stelle einer S. (Gen); **sur ~** an Ort und Stelle, vor Ort; **être à sa ~** an seinem [o am gewohnten] Platz sein; **être à sa ~** am richtigen Platz sein; **être en ~** (installé) auf [o an] seinem Platz sein; (en fonction) im Amt sein; **mettre les meubles/une machine en ~** die Möbel aufstellen/eine Maschine installieren; **se mettre en ~** organisation: eingerichtet [o aufgebaut] werden; régime politique: an die Macht kommen; **se mettre à la ~ de qn** sich in jds Lage (Akk) versetzen
❸ (endroit quelconque) Platz m, Stelle f; **être/rester cloué(e) sur ~** wie angewurzelt dastehen/wie angewurzelt stehen bleiben; **prendre la ~ de qc** etw ersetzen [o ablösen]; **ne pas rester** [o **tenir**] **en ~** nicht stillsitzen [o ruhig bleiben] können

④ *(espace)* Platz *m;* **tenir/prendre de la ~** [viel] Platz einnehmen [*o* wegnehmen]; **gagner de la ~** Platz gewinnen
⑤ *(emplacement réservé)* Platz *m;* **~ assise/debout** Sitz-/Stehplatz; **~ à l'école maternelle** ≈ Kindergartenplatz; **~ en maison de retraite** Heimplatz; **prendre la ~ de qn** jds Platz einnehmen, jdn ersetzen; **y a-t-il encore une ~ [de] libre?** ist noch ein Platz frei?
⑥ *(billet)* Karte *f;* **~ de cinéma/concert** Kino-/Konzertkarte; **louer des ~s** Plätze reservieren
⑦ SCOL, SPORT Platz *m;* **en ~!** auf die Plätze!; **être/figurer en bonne ~** gut platziert sein; **laisser qn sur ~** jdn hinter sich *(Dat)* lassen
⑧ *(emploi)* Stelle *f*
⑨ MIL *(ville de garnison)* Garnison *f;* **~ forte** Festung *f*
⑩ BOURSE Börsenplatz *m;* **~ financière internationale** internationaler Finanzplatz
⑪ *(siège)* Platz *m;* **véhicule à quatre ~s** viersitziges [*o* vierplätziges CH] Fahrzeug, Viersitzer *m (fam),* Vierplätzer *m* (CH)
▶ **une ~ pour chaque chose et chaque chose à sa ~** *prov* Ordnung muss sein; **avoir/obtenir sa ~ au soleil** ihren/seinen Platz an der Sonne haben/erwerben; **les ~s sont chères** *fam* die Konkurrenz schläft nicht *(fam);* **faire ~ nette** gründlich aufräumen; **faire ~ à qn/qc** jdm/einer S. weichen; **remettre qn à sa ~** jdn in seine Schranken weisen
◆ **~ d'armes** MIL Exerzierplatz *m;* **~ du mort** Beifahrersitz *m;* **~ de stationnement** [einzelner] Parkplatz

placé(e) [plase] *adj* ① **être bien/mal ~(e)** *objet:* gut/nicht gut stehen, einen guten [*o* günstigen]/schlechten [*o* ungünstigen] Standort [*o* Platz] haben; *terrain:* eine gute [*o* günstige]/schlechte [*o* ungünstige] Lage haben; *spectateurs:* einen guten/schlechten Platz haben; **c'est de la fierté mal ~e!** Stolz ist hier [wirklich] fehl am Platz [*o* nicht angebracht]!; **être ~(e) dans un parc** sich in einem Park befinden; **être bien/mal ~(e) pour répondre** in der Lage/nicht in der Lage sein zu antworten; **être bien/mal ~(e) pour se plaindre** allen Grund/keinen Grund haben zu klagen; **tu es mal ~(e) pour me faire des reproches!** du hast kein Recht mir Vorwürfe zu machen!; **me voilà ~(e) dans une position délicate** jetzt bin ich in einer peinlichen Lage
② SPORT plaziert *m;* **être bien/mal ~(e)** gut/schlecht platziert sein; **jouer ~** auf Platz setzen
③ *(dans une situation)* **être haut ~(e)** in hoher [*o* einflussreicher] Stellung sein; **personnage haut ~** hoch gestellte Persönlichkeit
④ FIN *capital* festliegend; **argent ~ à terme fixe** fest angelegtes Geld

placebo [plasebo] *m* Placebo *nt,* Plazebo *nt;* **donner à qn un ~** jdm ein Placebo verabreichen

placement [plasmɑ̃] *m* ① [Geld]anlage *f,* Kapitalanlage *f, d'argent* Unterbringung *f;* **~ bancaire à trois mois** Dreimonatsgeld *nt;* **~ financier** Vermögensanlage *f;* **~ garanti par des éléments d'actif** durch Vermögenswerte gesicherte Anlage; **~ privé de titres étrangers** private Unterbringung von ausländischen Wertpapieren; **~ sûr** sichere Kapitalanlage; *(investissement)* risikofreie Investition; **faire un ~ obligataire/en actions** sein Geld in Obligationen/in Wertpapieren anlegen; **opération de ~** Investmentgeschäft *nt*
② MED Unterbringung *f,* Einweisung *f*
③ *(embauche)* Vermittlung *f*
④ BELG *(action de placer)* Platzieren *nt,* Platzierung *f*
◆ **~ des actions** Aktienplatzierung *f;* **~ en devises** Devisenanlage *f;* **~ de père de famille** mündelsichere Anlage; **~ de produit** Product-Placement *nt;* **~ à terme** Termingeld *nt,* Fristeinlage *f*

placenta [plasɛ̃ta] *m* Plazenta *f*

placer [plase] <2> I. vt ① *(mettre)* **~ qc sur l'étagère** *(verticalement/à plat)* etw auf das Regal stellen/legen; **~ un satellite sur [o en] orbite** einen Satelliten in die Umlaufbahn bringen; **~ qn dans une situation délicate** jdn in eine heikle Lage bringen
② *(installer)* aufstellen *sentinelle;* **~ les spectateurs/les invités** den Zuschauern die Plätze anweisen/den Gästen ihren Platz zuweisen; **~ un enfant dans une famille d'acceuil** ein Kind bei einer Pflegefamilie unterbringen
③ *(situer)* **~ l'action du roman à Nantes** die Handlung des Romans nach Nantes verlegen; **~ Madrid en Italie** [irrtümlich] denken, Madrid liege in Italien
④ *(introduire)* anbringen *anecdote, remarque;* **~ une idée dans qc** einen Gedanken in etw *(Akk)* einflechten [*o* einfügen]; **ne pas pouvoir ~ un mot** [*o* **ne pas arriver à en ~ une**] nicht zu Wort kommen
⑤ *(mettre dans une situation professionnelle)* **~ un ami dans une entreprise comme qc** einen Freund in einem Unternehmen als etw unterbringen; **être placé(e) sous l'autorité [*o* la direction] [*o* les ordres] de qn** jdm unterstellt sein, jdm unterstehen
⑥ FIN anlegen *argent, capitaux, économies;* **~ qc en actions** etw in Aktien *(Dat)* anlegen
II. *vpr* ① *(s'installer)* **se ~** sich irgendwohin setzen, irgendwo Platz

nehmen; *(debout)* sich irgendwohin stellen
② *(se situer)* **se ~ dans le cas où ...** den Fall annehmen, dass ...; **se ~ sous la protection de qn** sich unter jds Schutz *(Akk)* stellen; **si je me place dans cette perspective** wenn ich von diesem Standpunkt aus betrachte
③ *(avoir sa place désignée)* **se ~ devant/à côté de qc** *meuble, objet, obstacle:* seinen Platz vor/neben etw *(Dat)* haben; **se ~ dans le cadre de qc** *démarche/intervention:* im Zusammenhang mit etw stehen
④ *(prendre un certain rang)* **se ~ deuxième** den zweiten Platz belegen
⑤ *(occuper le poste de)* **se ~ dans une entreprise comme qc** in einem Unternehmen eine Stelle [*o* Anstellung] als etw finden

placeur, -euse [plasœʀ, -øz] *m, f* Platzanweiser(in) *m(f)*

placide [plasid] *adj attitude, comportement* ruhig, gelassen; *regard,* personne sanft; *personne* sanftmütig

placidement [plasidmɑ̃] *adv* ruhig, gelassen

placidité [plasidite] *f* [innere] Ruhe, Gelassenheit *f,* Sanftmut *f*

placier, -ière [plasje, -jɛʀ] *m, f* ① *(d'un marché)* Marktmeister(in) *m(f)*
② *(représentant)* Vertreter(in) *m(f)*

placoplâtre® [plako(plɑtʀ)] *m* Rigips® *m,* Gipskartonplatte *f*

plafond [plafɔ̃] I. *m* ① Decke *f;* **~ de la/de cave** Kellerdecke *f;* **faux ~** eingezogene Decke
② *(limite supérieure)* Obergrenze *f;* *(en parlant des prix)* Preisobergrenze; *(somme d'argent)* Höchstbetrag *m;* *(en parlant des émissions polluantes)* Grenzwert *m;* **~ fiscal** Steuerhöchstgrenze *f;* **~ de/d'un crédit** Kreditplafond *m (Fachspr.);* **~ de crédit octroyé** Kreditgrenze; **~ d'émission de particules/de polluants** Partikel-/Schadstoffgrenzwert
③ METEO **~ nuageux** Wolkendecke *f*
▶ **crever le ~** das Limit überschreiten; **sauter au ~** *fam* [bis] an die Decke springen *(fam)*
II. *app* Höchst-; **prix/vitesse ~** Höchstpreis *m/*-geschwindigkeit *f;* **cours ~ d'une monnaie** oberer Interventionskurs [einer Währung]
◆ **~ de l'après-guerre** ECON Nachkriegshöchststand *m;* **~ des coûts** Kostengrenze *f,* Kostenlimit *nt;* **~ des dépenses** Ausgabengrenze *f,* Ausgabenlimit *nt;* **~ de l'impôt** Steuerhöchstgrenze *f;* **~ de responsabilité** JUR Haftungshöchstbetrag *m*

plafonné(e) [plafɔne] *adj somme* nach oben hin begrenzt, mit festgesetzter Höchstgrenze; *salaire* höchstbeitragspflichtig

plafonnement [plafɔnmɑ̃] *m* Festsetzung *f* einer Höchstgrenze

plafonner [plafɔne] <1> I. vi *(atteindre son maximum) écolier:* seine bestmögliche Leistung erreicht haben [und stagnieren]; *salaire, ventes:* die Höchstgrenze erreicht haben, nicht weiter ansteigen
II. vt ① CONSTR eine Decke in etw *(Dat)* einziehen
② FIN eine Höchstgrenze festsetzen für, nach oben hin begrenzen

plafonnier [plafɔnje] *m* Deckenleuchte *f*

plage [plaʒ] *f* ① Strand *m;* **~ de galets/de sable** Kiesel-/Sandstrand; **robe/serviette de ~** Strandkleid *nt*/Badelaken *nt;* **sur la ~** am Strand; **être/aller à la ~** am Strand sein/an den Strand gehen; **~ non nudiste** Textilstrand *m (hum fam);* **les ~s de la Seine** die Strandufer *Pl* der Seine
② *(station balnéaire)* Badeort *m,* Seebad *nt*
③ IND *(laps de temps)* Zeitspanne *f;* **~ fixe/variable** Kern-/Gleitzeit *f*
④ AUDIOV **~ horaire** Sendezeit *f;* **~ musicale** Musiksendung *f*
⑤ *(fourchette, gamme)* Spanne *f;* **~ de prix** Preisspanne
⑥ AUDIOV Spur *f,* [Ton]rille *f*
⑦ AUT **~ arrière** Heckablage *f*

plagiaire [plaʒjɛʀ] *mf* Plagiator(in) *m(f)*

plagiat [plaʒja] *m* Plagiat *nt*

plagier [plaʒje] <1a> *vt* plagiieren

plagiste [plaʒist] *mf* Strandpächter(in) *m(f)*

plaid [plɛd] *m* [Reise]decke *f,* Plaid *nt*

plaidant(e) [plɛdɑ̃, ɑ̃t] *adj avocat:* ~(e) prozessführender Anwalt *m/*prozessführende Anwältin *f*

plaider [plede] <1> I. *vt* ① JUR **~ la cause de qn** ein Plädoyer für jdn halten; **être plaidé(e)** *cause:* verhandelt werden
② JUR *(faire valoir)* [als Grund] vorbringen, sich berufen auf *irresponsabilité, incompétence;* **~ coupable/non-coupable** auf [*o* für] schuldig/nicht schuldig plädieren; **~ que l'accusé est très jeune** geltend machen, dass der Angeklagte noch sehr jung ist
II. vi ① JUR *(faire une plaidoirie) avocat:* plädieren, ein Plädoyer halten; **~ pour/contre qn** sich in seinem Plädoyer für/gegen jdn aussprechen
② JUR *(intenter un procès)* **~ contre qn** gegen jdn prozessieren
③ *(appuyer)* **~ pour [*o* en faveur de] son fils/pour le tarif auprès de qn** bei jdm für seinen/ihren Sohn/den Tarif eintreten/für den Tarif plädieren; **~ contre qn/qc** sich gegen jdn/etw aussprechen

plaideur, -euse [plɛdœʀ, -øz] *m, f* prozessführende Partei; **les ~s** die Prozessgegner *Pl,* die prozessführenden Parteien
◆ *(être à l'avantage)* **~ pour** [*o* **en faveur de**] **qn** *passé:* für jdn [*o* zu jds Gunsten] sprechen

plaidoirie [plɛdwaʀi] *f* ❶ JUR Plädoyer *nt*
❷ *(défense)* Plädoyer *nt;* **~ pour** [*o* **en faveur de**] **qn/qc** Verteidigungsrede *f* zu jds Gunsten/zu Gunsten einer S. *(Gen)*

plaidoyer [plɛdwaje] *m* Verteidigungsrede *f*
◆ **~ pro domo** Plädoyer *nt* in eigener Sache

plaie [plɛ] *f* ❶ *(blessure)* Wunde *f;* **bord d'une/de la ~** Wundrand *m;* **soin d'une/de la ~** Wundversorgung *f*
❷ *(souffrance morale)* Schmerz *m,* Wunde *f (geh);* **rouvrir une ~** alte Wunden aufreißen
❸ *(malheur)* Plage *f;* **les dix ~s d'Égypte** die zehn ägyptischen Plagen; **quelle ~!** *fam* wie ärgerlich!
❹ *fam (personne)* Plagegeist *m (fam),* Nervensäge *f (fam)*
▶ **~ d'argent n'est pas mortelle** *prov* Geld ist nicht alles; **panser ses ~s** seine Wunden lecken

plaignant(e) [plɛɲɑ̃, ɑ̃t] **I.** *adj* klagend
II. *m(f)* Kläger(in) *m(f)*

plain-chant [plɛ̃ʃɑ̃] <plains-chants> *m* REL gregorianischer Gesang *m*

plaindre [plɛ̃dʀ] <*irr*> **I.** *vt (s'apitoyer sur)* bedauern *personne;* **je te plains vraiment/sincèrement** du tust mir richtig/aufrichtig leid; **être bien/ne pas être à ~** wirklich zu bedauern sein/sich nicht beklagen können
II. *vpr* ❶ *(se lamenter)* **se ~ de qc** [über etw *(Akk)*] klagen; **se ~ tout le temps** immer am Jammern sein
❷ *(protester)* **se ~ de qn/qc à l'arbitre** sich beim Schiedsrichter über jdn/etw beklagen [*o* beschweren]

plaine [plɛn] *f* Ebene *f,* Flachland *nt*

plain-pied [plɛ̃pje] *m* ❶ *(au même niveau)* **être de ~** ebenerdig liegen
❷ *(de même origine)* **être/se sentir de ~ avec qn** jdm ebenbürtig sein/sich jdm ebenbürtig fühlen; **traiter de ~ avec qn** jdn wie seinesgleichen behandeln
❸ *(sans difficulté)* **entrer de ~ dans le sujet** ohne Umschweife auf etw *(Akk)* zu sprechen kommen

plainte [plɛ̃t] *f* ❶ *(gémissement)* Klage *f;* **les ~s** das Wehgeschrei
❷ *(récrimination)* Beschwerde *f,* Klage *f*
❸ JUR Klage *f,* [Straf]anzeige *f;* ~ **écrite**] Klageschrift *f;* ~ **liée à une résiliation** Rücktrittsklage; **~ relative à une/la reprise** Übernahmeklage; **~ par constitution de partie civile** Privatklage; **établir/engager/signifier une** [~ **écrite**] eine Klageschrift anfertigen/einreichen/zustellen; **déposer une** [~ *o* **porter ~**] **contre un voisin auprès du tribunal pour le vacarme** gegen einen Nachbarn bei Gericht wegen des Krachs Klage erheben [*o* Anzeige erstatten]; **porter ~ pour pétition d'hérédité** auf Herausgabe *(Akk)* klagen
◆ **~ en carence** Untätigkeitsklage *f;* **~ en diffamation** Verleumdungsklage *f*

plaintif, -ive [plɛ̃tif, -iv] *adj* klagend, jammernd

plaintivement [plɛ̃tivmɑ̃] *adv* klagend, jammernd *(pej)*

plaire [plɛʀ] <*irr*> **I.** *vi* ❶ *(être agréable)* **~ à qn** *livre, travail, spectacle:* jdm gefallen
❷ *(charmer)* **~ à qn** *personne:* jdm gefallen; **les brunes me plaisent davantage** ich stehe eher auf Dunkelhaarige *(fam)*
❸ *(convenir)* **~ à qn** *idée, projet:* jdm gefallen [*o* zusagen]
❹ *(être bien accueilli) chose:* Gefallen [*o* Anklang] finden
▶ **qn a tout pour ~** *iron* alles spricht gegen jdn
II. *vi impers (être agréable)* **il plaît à l'enfant de faire qc** es gefällt dem Kind etw zu tun; **vous plairait-il de venir dîner?** hätten Sie Lust zum Essen zu kommen?; **comme il te/vous plaira** wie du möchtest [*o* willst]/Sie möchten [*o* wollen]; **quand ça te/vous plaira** wann du willst/Sie wollen
▶ **s'il te/vous plaît** bitte; *(injonction)* wenn ich bitten darf!; *(accent d'insistance)* **être meublé** nett, bitte schön!
III. *vpr* ❶ *(se sentir à l'aise)* **se ~ avec qn** gern mit jdm zusammen sein; **qn se plaît au Canada** jdm gefällt es in Kanada, jd fühlt sich in Kanada wohl
❷ *(s'apprécier)* **se ~ avec qc** sich *(Dat)* mit etw gefallen; **se ~ personnes:** sich mögen
❸ *(prendre plaisir)* **il se plaît à faire qc** es macht ihm Freude [*o* Spaß] etw zu tun, er macht sich *(Dat)* einen Spaß daraus etw zu tun

plaisamment [plɛzamɑ̃] *adv conter* auf angenehme Art; *causer* angenehm; *être meublé* nett, hübsch

plaisance [plɛzɑ̃s] *f* NAUT [**navigation de**] **~** Bootssport *m;* **(à voile)** Segelsport *m;* **port de ~** Jachthafen *m*

plaisancier, -ière [plɛzɑ̃sje, jɛʀ] *m, f* [Motor]bootsbesitzer(in) *m(f);* *(avec un bateau à voile)* Freizeitsegler(in) *m(f)*

plaisant [plɛzɑ̃] *m littér (agréable)* **le ~ de la chose** das Lustige [*o* Amüsante] an der Sache

plaisant(e) [plɛzɑ̃, ɑ̃t] *adj* ❶ *(agréable)* nett; *lieu* nett, hübsch; *personne, souvenir* nett, angenehm; **être ~(e) à l'œil** [*o* **au regard**] ein erfreulicher Anblick [*o* hübsch anzusehen] sein
❷ *(amusant)* lustig, amüsant

plaisanter [plɛzɑ̃te] <1> *vi* ❶ *(blaguer)* scherzen, spaßen, Spaß [*o* Scherze] machen; **je ne plaisante pas!** ich meine es ernst!; **~ sur** [*o* **à propos de**] **qc** Witze über etw *(Akk)* machen; **je ne suis pas d'humeur à ~** ich bin nicht zu[m] Scherzen aufgelegt
❷ *(dire par jeu)* **ne pas ~ sur la discipline/avec l'exactitude** keinen Spaß verstehen, was Disziplin/Pünktlichkeit anbelangt; **tu plaisantes!** das soll wohl ein Witz sein!

plaisanterie [plɛzɑ̃tʀi] *f* ❶ *(blague)* Scherz *m,* Witz *m;* **mauvaise ~** übler Scherz; **~ de mauvais goût** geschmackloser Witz; **par ~** aus [*o* im] Spaß; **aimer la ~** gerne Witze machen; **dire qc sur le ton de la ~** etw im Scherz sagen
❷ *pl (raillerie)* Gespött *nt;* **il est en butte aux ~s de ses camarades** seine Kameraden machen sich ständig über ihn lustig
❸ *(farce)* Scherz *m,* Streich *m,* Eulenspiegelei *f;* **pousser un peu loin/trop loin la ~** [mit seinen Scherzen] ein wenig zu weit/wirklich zu weit gehen
▶ **les ~s les plus courtes sont les meilleures** man soll das Spiel nicht übertreiben

plaisantin [plɛzɑ̃tɛ̃] *m* ❶ *(blagueur)* Spaßvogel *m;* **petit ~** kleiner Witzbold
❷ *péj (fumiste)* Schwindler *m*

plaisir [plɛziʀ] *m* ❶ *(joie)* Vergnügen *nt;* **~ de faire qc** Freude etw zu tun; **il a ~ à faire qc** es macht ihm Freude etw zu tun; **qn éprouve** [*o* **prend**] **un malin ~ à faire qc** es macht jdm einen Heidenspaß, etw zu tun *(fam);* **faire ~ à qn** jdm Freude machen [*o* bereiten]; *(rendre service à qn)* jdm gefällig sein; **faire à ses parents le ~ de faire qc** *(sur invitation)* seinen/ihren Eltern die Freude [*o* das Vergnügen] machen etw zu tun; *(sur ordre)* seinen/ihren Eltern den [einen] Gefallen tun und etw tun *(fam);* **maintenant fais-moi le ~ de te taire!** jetzt tu mir den [einen] Gefallen und sei still!; **elle prend** [**du**] **~ à qc** sie hat [*o* findet] Freude an etw *(Dat),* etw macht ihr Freude; **souhaiter à qn bien du ~** *iron* jdm viel Vergnügen wünschen; **faire ~ à voir** ein erfreulicher Anblick sein
❷ *(distraction)* [Freizeit]vergnügen *nt,* Vergnügung *f;* **par** [*o* **pour le**] **~** aus [*o* zum] Vergnügen, vergnügungshalber; **sans ~** lustlos; **avide de ~s** vergnügungssüchtig
❸ *(jouissance sexuelle)* **~ solitaire** Selbstbefriedigung *f;* **se donner du ~** *(faire l'amour)* sich im Bett vergnügen; *(se masturber)* sich selbst befriedigen
❹ *pl (sentiment agréable)* Lustgefühl *nt,* Sinnenfreude *f;* **menus ~s** kleine Vergnügungen [*o* Freuden] *Pl;* **les ~s de la table** die Tafelfreuden; **courir après les ~s** immer auf Vergnügungen aus sein
▶ **bon ~** Belieben *nt;* **décider qc selon son bon ~** etw nach Belieben [*o* Lust und Laune *fam*] entscheiden; **faire durer le ~** kein Ende finden; *iron* es spannend machen; **au ~!** *pop* [ich hoffe,] bis bald!; **avec grand ~** mit größtem Vergnügen

plan [plɑ̃] *m* ❶ *(représentation graphique)* Plan *m;* **~ de la/d'une classe** Klassenspiegel *m;* **~ de réseau ferroviaire** Gleisbild *nt,* Gleisplan *m*
❷ *(projet)* Plan *m;* **~ médias** Mediaplan *m;* **~ de travail/d'action** Arbeits-/Aktionsplan *m;* **tirer des ~s** Pläne schmieden [*o* machen]
❸ ECON, FIN, POL Plan *m,* Programm *nt;* **~ comptable** Kontenplan, Kontenrahmen *m;* **~ économique** Wirtschaftsplan; **~ de sauvetage de...** Plan zur Rettung von ...; **~ pour assurer le budget** Haushaltssicherungskonzept *nt*
❹ *(canevas) d'un devoir, d'une dissertation* Gliederung *f; d'un livre* Entwurf *m*
❺ MATH, PHYS, ANAT Ebene *f;* **~ médian** Medianebene
❻ AUDIOV Aufnahme *f; (cadrage)* Einstellung *f;* **~ fixe** statische Einstellung; **gros ~** Großaufnahme *f;* **premier ~** Vordergrund; **au premier ~** im Vordergrund; **~ rapproché** Nahaufnahme
❼ TECH Ebene *f;* **~ incliné** schiefe Ebene; **le Plan incliné d'Arzviller** der Schiffsaufzug von Arzviller; **être en ~ incliné** schräg [*o* geneigt] sein
❽ *fam (projet de sortie)* **j'ai un ~ d'enfer!** ich hab' was ganz Tolles vor! *(fam)*
❾ *(niveau)* **sur le ~ national/régional** auf nationaler/regionaler Ebene; **passer au second ~** in den Hintergrund rücken; **de premier/second ~** ersten Ranges/zweitrangig; **sur le ~ moral** in moralischer Hinsicht, moralisch gesehen; **sur le ~ de qc** in Bezug auf etw *(Akk),* was etw anbelangt; **placer** [*o* **mettre**] **qn/qc sur le même ~** jdn/etw auf die gleiche Stufe stellen
❿ INFORM **~ site** Sitemap *f (Fachspr.)*
▶ **tirer des ~s sur la comète** Luftschlösser bauen; **laisser qn en ~** *fam* jdn hängen lassen *(fam);* **laisser qc en ~** *(ne pas emporter)* etw zurücklassen; *(abandonner)* etw fallen lassen; **tirer son ~** BELG *(se débrouiller)* zurechtkommen

◆ ~ **d'aménagement du territoire** Raumordnungsplan *m*; ~ **d'austérité** Sparprogramm *nt*; ~ **d'eau** Wasserfläche *f*; ~ **d'ensemble** Gesamtplan *m*, Totale *f*, Gesamtaufnahme *f*; ~ **de gestion** Betriebswirtschaftsplan *m*; ~ **de guerre** Kriegsplan *m*; ~ **de négociations** Verhandlungskonzept *nt*; ~ **d'occupation des sols** Bebauungsplan *m*; ~ **ORSEC** Katastropheneinsatzplan *m*; ~ **de redressement** Sanierungsplan *m*; ~ **de réforme[s]** Reformplan *m*; ~ **de répartition** FIN Aufteilungsplan *m*; ~ **de travail** *(dans une cuisine)* Arbeitsfläche *f*, Arbeitsplatte *f*; ~ **d'urgence** Krisenplan *m*; ~ **de vol** Flugplan *m*

plan(e) [plã, plan] *adj surface, terrain* eben, plan; GEOG, MATH zweidimensional
planant(e) [planã, ãt] *adj fam musique* zum Träumen anregend
planche [plɑ̃ʃ] *f* ❶ Brett *nt*
❷ SPORT *(plongeoir)* Sprungbrett *nt*; NAUT *(passerelle)* Landungssteg *m*
❸ *(illustration)* [Bild]tafel *f*; ~ **en couleurs** Farbtafel
❹ *(scène)* **les ~s** die Bühnenbretter *Pl*; **brûler les ~s** ein begnadeter [Theater]schauspieler sein; **monter sur les ~s** auf die Bühnenbretter steigen
❺ TYP ~ **hélio** Tiefdruckform *f*
▶ **être [cloué(e)] entre quatre ~s** unter der Erde liegen; **faire la ~** den toten Mann machen *(fam)*
◆ ~ **à billets** [Bank]notenpresse *f*; ~ **à découper** Hackbrett *nt*, Tranchierbrett; ~ **à dessin** Reißbrett *nt*; ~ **à pain** Brotbrett *nt*; *(personne très maigre)* [schmales] Handtuch *(fam)*; ~ **à repasser** Bügelbrett *nt* ▶ **être plate comme une ~ à repasser** *fam femme:* flach wie ein Brett sein *(fam)*; ~ **à roulettes** Skateboard *nt*; ~ **de salut** letzte Hoffnung, Rettungsanker *m*; ~ **à voile** *(objet)* Surfbrett *nt*; *(sport)* Windsurfing *nt*
planchéier [plɑ̃ʃeje] <1a> *vt* dielen *sol*; verschalen *parois*
plancher¹ [plɑ̃ʃe] I. *m* ❶ *(sol de la pièce)* [Holz]fußboden *m*
❷ *(sol) d'un ascenseur, d'une voiture* Boden *m*
❸ *(seuil inférieur) des cotisations* Mindestsatz *m*; *d'un cours* Mindestwert *m*
❹ ANAT ~ **pelvien** Beckenboden *m*
▶ **le ~ des vaches** *hum fam* das Festland; **débarrasser le ~** *fam* 'ne Fliege machen *(sl)*, Leine ziehen *(fam)*
II. *app* **prix/salaire ~** Mindestpreis *m*/-lohn *m*; **cours/niveau ~ d'une action** Mindestwert *m*
plancher² [plɑ̃ʃe] <1> *vi fam* ❶ *(être interrogé)* ~ **sur qc** über etw *(Akk)* abgefragt werden
❷ *(présenter un rapport)* ~ **sur qc** über etw *(Akk)* referieren, über etw *(Akk)* ein Referat halten
❸ *(réfléchir)* ~ **sur un sujet/problème** über einem Thema/Problem brüten *(fam)*
planchette [plɑ̃ʃɛt] *f* Brettchen *nt*, kleines Brett
planchiste [plɑ̃ʃist] *mf* Windsurfer(in) *m(f)*
plancton [plɑ̃ktɔ̃] *m* Plankton *nt*
plané(e) [plane] *adj vol* ~ Schweben *nt*, Gleitflug *m*; *fig fam* Bauchlandung *f (fam)*
planer [plane] <1> *vi* ❶ *oiseau:* schweben
❷ AVIAT gleiten
❸ *(flotter) fumée, nuages:* schweben; *vapeur:* schweben, stehen
❹ *(peser)* ~ **sur qn/qc** *danger:* jdm/einer S. drohen; *soupçons:* auf jdm/etw liegen [*o* lasten]; **laisser ~ le doute sur qc** Zweifel an etw *(Dat)* aufkommen lassen; **un mystère plane sur toute cette affaire** hinter dieser ganzen Sache verbirgt sich ein Geheimnis
❺ *fam (rêver)* in höheren Regionen schweben *(fam)*
❻ *fam (être sous effet euphorisant)* [total] weg[getreten] sein *(fam)*; *(sous l'effet d'une drogue)* high sein *(fam)*
▶ **ça plane** *fam* alles Spitze *(fam)*
planétaire [planetɛʀ] I. *adj* ❶ *(mondial)* weltweit
❷ ASTRON planetarisch; **système ~** Planetensystem *nt*
II. *m* AUT *d'un différentiel* Planetengetriebe *nt*
planétarium [planetaʀjɔm] *m* Planetarium *nt*
planète [planɛt] *f* Planet *m*; **la ~ Terre** die Erde
planeur [planœʀ] *m* Segelflugzeug *nt*
planificateur, -trice [planifikatœʀ, -tʀis] I. *adj autorité* wegweisend; *mesures* Planungs-
II. *m*, *f* Planer(in) *m(f)*; ECON Planungsfachmann *m*/-fachfrau *f*; ~(-trice) économique Wirtschaftsplaner(in); ~(-trice) paysagiste Landschaftsplaner(in)
planification [planifikasjɔ̃] *f* Planung *f*; *(visant l'économie nationale)* Planung, Planifikation *f (Fachspr.)*; ~ **de la circulation** Verkehrsplanung; ~ **du/d'un projet** Projektplanung; ~ **en matière de formation** Bildungsplanung; ~ **des investissements** Investitionsplanung; ~ **du processus de fabrication** Ablaufplanung; ~ **des ressources humaines** [*o* **des effectifs**] [*o* **du personnel**] Personalplanung; ~ **financière** Finanzplanung; ~ **à long terme** Perspektivplanung; ~ **à long terme des entreprises** betriebliche Perspektivplanung; ~ **complexe/opérationnelle de l'exploitation** komplexe/operative Betriebsplanung; ~ **en deux temps** Zweiphasenplanung; **directeur(-trice) de la ~** Planungschef(in) *m(f)*; **commission de ~** Planungskommission *f*; **stade de ~** Planungsstadium *nt*
◆ ~ **des commandes** Auftragsplanung *f*; ~ **d'ensemble** Gesamtplanung *f*; ~ **de l'exploitation** Betriebsplanung *f*; ~ **des médias** Mediaplanung *f*; ~ **des naissances** Geburtenregelung *f*
planifier [planifje] <1a> *vt* einen Plan aufstellen für, ein Programm erarbeiten für; **économie planifiée** Planwirtschaft *f*
planimétrie [planimetʀi] *f* Planimetrie *f*
planisphère [planisfɛʀ] *m* Weltkarte *f*
planning [planiŋ] *m* ❶ *(calendrier)* Terminkalender *m*
❷ *(action de planifier)* Terminplanung *f*; ~ **familial** Familienplanung
❸ *(résultat)* Terminplan *m*, Terminplanung; ~ **annuel** Jahresplan; ~ **de production** Fertigungsplan
planque [plɑ̃k] *f* ❶ *(cachette)* Versteck *nt*
❷ *(travail tranquille)* ruhiger Job *(fam)*; **c'est la ~!** da kann man eine ruhige Kugel schieben! *(fam)*
❸ *(lieu protégé)* Unterschlupf *m*, *péj* Druckposten *m (fam)*
planqué(e) [plɑ̃ke] *m(f) péj fam* Drückeberger(in) *m(f) (fam)*
planquer [plɑ̃ke] <1> I. *vt fam* verstecken, in Sicherheit bringen
II. *vpr* **se ~** sich verstecken, sich in Sicherheit bringen
plan-séquence [plɑ̃sekɑ̃s] <plans-séquences> *m* Sequenzaufnahme *f*
plant [plɑ̃] *m* ❶ *(jeune plante)* Setzling *m*; ~ **de vigne** Weinschössling *m*; ~ **de laitue** junge Salatpflanze
❷ *(plantation)* ~ **d'asperges** Spargelfeld *nt*
plantage [plɑ̃taʒ] *m* INFORM *fam* Absturz *m (fam)*, Crash *m (fam)*
plantain [plɑ̃tɛ̃] *m* BOT Wegerich *m*
plantaire [plɑ̃tɛʀ] *adj* an der Fußsohle; **voûte ~** Fußwölbung *f*
plantation [plɑ̃tasjɔ̃] *f* ❶ *(exploitation agricole)* Plantage *f*; ~ **d'arbres fruitiers** Obstplantage; ~ **de café/de coton/de tabac** Kaffee-/Baumwoll-/Tabakplantage
❷ *(culture)* [An]pflanzung *f*; ~ **de légumes** Gemüsefeld *nt*; ~ **protégée de pins/de sapins** Kiefern-/Tannenschonung *f*
❸ *(action)* [An]pflanzen *nt*; *d'un arbre* Setzen *nt*; **faire des ~s** Pflanzen setzen; **faire de nouvelles ~s** neu anpflanzen
plante¹ [plɑ̃t] *f* Pflanze *f*; ~ **d'appartement/de jardin** Zimmer-/Gartenpflanze; ~ **d'hiver** Winterblüher *m*; **jeune ~** Jungpflanze; ~ **grimpante/tropicale** Kletter-/Tropenpflanze
▶ **c'est une belle ~** *fam* das ist eine flotte Biene *(fam)*
plante² [plɑ̃t] *f* **de pied** Sohle *f*
planté(e) [plɑ̃te] *adj* ❶ *(debout et immobile)* **être/rester ~(e) là** wie angewurzelt dastehen/stehen bleiben; **être** [*o* **rester**] ~(**e**) **là à attendre** dastehen und warten; **qu'est-ce que tu fais ~(e) là?** was stehst du da herum? *(fam)*
❷ *(aligné)* **être bien/mal ~(e) dents:** gerade [*o* regelmäßig] sein/schief [*o* unregelmäßig] gewachsen sein; **des cheveux ~s dru** dichtes Haar
planter [plɑ̃te] <1> I. *vt* ❶ *(mettre en terre)* pflanzen *arbre, tulipes;* setzen *salade, tomates, pommes de terre;* anbauen *légumes*
❷ *(garnir de)* ~ **un jardin de/en qc** einen Garten mit etw bepflanzen; **avenue plantée d'arbres** von Bäumen gesäumte Straße, Allée *f*
❸ *(enfoncer)* eintreiben *pieu, piquet;* einschlagen *clou;* ~ **un clou dans le mur** einen Nagel in die Wand schlagen; ~ **ses griffes dans le bras à qn** *chat:* jdm die/seine Krallen in den Arm schlagen [*o* hauen]; ~ **un couteau dans le dos de qn** jdm ein Messer in den Rücken stechen
❹ *(dresser)* aufpflanzen *drapeau;* aufschlagen *tente;* aufstellen *échelle*
❺ THEAT *(décrire)* deutlich umreißen, lebendig werden lassen *décor, personnages*
❻ *fam (abandonner)* ~ **qn là** jdn einfach stehen lassen; *fig* jdn sitzen lassen *(fam)*
II. *vpr* ❶ *fam (se tromper)* **se ~ dans qc** sich [bei etw] vertun *(fam)*; **se ~ à un examen** bei einer Prüfung danebenhauen *(fam)*
❷ *(se mettre)* **se ~ une aiguille dans la main** sich *(Dat)* eine Nadel in die Hand bohren; **se ~ dans le mur** *couteau, flèche:* sich in die Wand bohren, in der Wand stecken bleiben
❸ *fam (se poster)* **se ~ dans le jardin** sich im Garten postieren; **se ~ devant** [*o* **en face de**] **qn** sich vor jdm aufpflanzen
❹ *fam (avoir un accident)* **se ~** einen Unfall bauen *(fam)*
❺ INFORM *fam* **se ~** *ordinateur:* abstürzen *(fam)*, sich aufhängen *(fam)*
planteur [plɑ̃tœʀ] *m* ❶ *(propriétaire d'une plantation)* Plantagenbesitzer *m*; ~ **de tabac** Tabakpflanzer *m*
❷ *(cocktail)* Planter's Punch *(Cocktail aus weißem Rum, Fruchtsaft und Zuckerrohrsirup)*
planteuse [plɑ̃tøz] *f* ❶ *(propriétaire d'une plantation)* Plantagenbesitzerin *f*
❷ AGR *(machine)* Kartoffelsetzmaschine *f*
plantigrade [plɑ̃tigʀad] ZOOL I. *adj* auf Fußsohlen gehend

II. *m pl* ZOOL *vieilli* **les ~s** die Sohlengänger
plantoir [plɑ̃twaʀ] *m* Pflanzholz *n*
planton [plɑ̃tɔ̃] *m* MIL Ordonnanz *f*
plantureusement [plɑ̃tyʀøzmɑ̃] *adv manger, boire* üppig
plantureux, -euse [plɑ̃tyʀø, -øz] *adj* ❶ *repas* üppig, feudal
❷ *(bien en chair) femme, poitrine* üppig
❸ *(fertile) région, terre, année* ertragreich, üppig
plaquage [plakaʒ] *m* RUGBY Fassen *nt*
plaque [plak] *f* ❶ *(matériau plat)* Platte *f;* **~ d'aluminium** Aluminiumblech *nt;* **~ de béton** Betonplatte; **~ de** [*o* **en**] **cuivre** Kupferplatte; **~ de** [*o* **en**] **marbre** Marmorplatte *f;* **~ de** [*o* **en**] **métal** Metallplatte *f*
❷ *(présentation)* **~ de beurre** Stück *nt* Butter; **~ de chocolat** Tafel *f* Schokolade; **panneau en forme de ~** tafelförmiges [Hinweis]schild; **chocolat en ~** tafelförmige Schokolade
❸ *(couche)* **~ de verglas** vereiste Stelle
❹ MED *(tache)* Fleck *m; (lésion délimitée)* Plaque *f (Fachspr.);* **~ rouges** Fieberflecken *Pl;* **~ d'eczéma** von Hautausschlag befallene Stellen; **~ dentaire** Zahnbelag *m,* Plaque *f*
❺ *(pièce de métal) d'une porte, rue* Schild *nt; d'un policier* Dienstmarke *f,* Plakette *f; (décoration)* Abzeichen *nt;* **~ en** [*o* **de**] **laiton/métal** Messing-/Metallschild; **~ commémorative** Gedenktafel *f;* **~ gravée** *d'un bracelet, collier* Gravurplatte *f;* **~ minéralogique** Nummernschild
❻ *(foyer) d'une cuisinière* [Koch]platte *f;* **~ chauffante** [*o* **électrique**] Elektroplatte *f*
❼ GEOL Scholle *f*
▶ **~ tournante** Drehscheibe *f;* **être à côté de la ~** *fam* danebenliegen *(fam),* falschliegen *(fam);* **mettre à côté de la ~** *fam* danebenhauen *(fam)*
◆ **~ de cheminée** Kaminplatte *f;* **~ de cuisson** Kochmulde *f; (en vitrocéramique)* Kochfeld *nt;* **~ de cuisson en céramique** Cerankochfeld® *nt,* Cerankochfläche® *f;* **~ d'égout** Kanaldeckel *m;* **~ de prothèse dentaire** Gaumenplatte *f;* **~ d'identité** *d'un soldat* Erkennungsmarke *f; d'un chien* Hundemarke *f;* **~ d'immatriculation** Nummernschild *nt*

Land und Leute
Die französischen **plaques minéralogiques** weisen nicht auf den Zulassungsort hin, sondern nur auf das Departement, in dem er sich befindet. Die letzten beiden Ziffern des Nummernschilds stimmen mit den ersten beiden Ziffern der Postleitzahlen des Departements überein. So fangen zum Beispiel alle Postleitzahlen des Departements Yvelines mit 78 an, und eine **plaque minéralogique** aus dieser Gegend könnte folgendermaßen aussehen: 6785 MN 78.

plaqué [plake] *m* ❶ *(bois)* Furnier *nt;* **c'est du ~ chêne** das ist Eichenfurnier
❷ *(métal)* Dublee *nt;* **bijoux en ~ or** vergoldeter Schmuck
plaqué(e) [plake] *adj* ❶ **~(e)** [**en**] **argent** versilbert; **~(e)** [**en**] **or** vergoldet; **~(e) chêne** [mit] Eiche furniert
❷ COUT *poche* aufgesetzt
plaquer [plake] <1> I. *vt* ❶ *fam (abandonner)* sitzen lassen *(fam) conjoint;* aufgeben, an den Nagel hängen *emploi;* hinschmeißen *(fam) travail;* **tout ~** alles hinschmeißen *(fam);* **~ son petit ami/fiancé** mit ihrem Freund/Verlobten Schluss machen
❷ *(aplatir)* glatt streichen *cheveux*
❸ *(coller)* **la pluie plaque sa robe sur ses jambes** ihr regennasses Kleid klebt an den Beinen
❹ *(serrer contre)* **~ qn sur/à/contre le mur** jdn an/gegen die Mauer drücken
❺ TECH **~ une couche d'or sur un bracelet** ein Armband mit einer Goldschicht überziehen
❻ RUGBY fassen
II. *vpr (se serrer)* **se ~ contre qc** sich [platt] an etw *(Akk)* [*o* gegen etw] drücken
plaquette [plakɛt] *f* ❶ *(petite plaque)* kleine Platte; **~ de marbre/métal** [kleine] Marmor-/Metallplatte
❷ GASTR *(présentation)* **~ de chocolat/de beurre** Tafel *f* Schokolade/Stück *nt* Butter; **~ de pilules** Blister [mit Tabletten] *nt*
❸ MED Blutplättchen *nt*
❹ *(livre)* Büchlein *nt; (brochure)* Prospekt *m*
❺ **~s de frein** Bremsbeläge *Pl*
plasma [plasma] *m* Plasma *nt;* **chimie/physique des ~s** Plasmachemie *f*/-physik
plasmocyte [plasmɔsit] *m* MED Plasmazelle *f,* Plasmozyt *m (Fachspr.)*
plastic [plastik] *m* Plastiksprengstoff *m*
plasticage [plastikaʒ] *m* Anschlag *m* mit einer Plastikbombe
plasticien(ne) [plastisjɛ̃, jɛn] *m(f)* ❶ *(artiste)* Plastiker(in) *m(f)*
❷ *(chirurgien)* plastischer Chirurg *m*/plastische Chirurgin *f*
plasticité [plastisite] *f* ❶ *de l'argile, d'un matériau* Formbarkeit *f,* Modellierbarkeit *f*
❷ PHYSIOL *d'un tissu lésé* Regenerationsfähigkeit *f*
❸ *(souplesse) du caractère* Formbarkeit *f*
plastifier [plastifje] <1a> *vt* mit Kunststoff beschichten; **carte plastifiée** kunststoffbeschichtete Karte
plastiquage *v.* **plasticage**
plastique [plastik] I. *adj* ❶ plastisch, formbar; *argile* formbar, knetbar
❷ ART plastisch, bildhauerisch; **arts ~s** Bildhauerkunst *f*
❸ *(esthétique) chirurgie* plastisch
❹ *(de la forme) beauté, génie, qualité* plastisch; *geste* mit körperlicher Ausdruckskraft
II. *m* Kunststoff *m,* Plastik *nt;* **sous ~** in Plastik verpackt
III. *f* Figur *f*
IV. *app inv* **sac/bouteille/emballage ~** Plastiksack/-flasche/-verpackung
plastiquement [plastikmɑ̃] *adv* was die Formen [*o* plastische Gestalt] betrifft
plastiquer [plastike] <1> *vt* mit einer Plastikbombe in die Luft sprengen
plastiqueur, -euse [plastikœʀ, -øz] *m, f* Sprengstoffattentäter(in) *m(f)*
plastron [plastʀɔ̃] *m d'une chemise* Hemdbrust *f; d'un corsage* Plastron *m o nt,* Chemisette *f*
plastronner [plastʀɔne] <1> *vi* sich aufspielen
plat [pla] *m* ❶ *(récipient) (creux)* Schüssel *f; (plat)* Schale *f;* **~ à viande** Fleischplatte *f*
❷ *(contenu)* **un ~ de lentilles** eine Schüssel [voll] Linsen
❸ *(mets)* Gericht *nt; (élément d'un repas)* Gang *m;* **~ garni** Gericht mit Beilage; **~ national** Nationalgericht; **~ préparé** Fertigmahlzeit *f,* Fertigmenü *nt;* **~ principal** Hauptgericht, Hauptspeise *f* (A); **~ de légumes/de poisson/de riz** Gemüse-/Fisch-/Reisgericht; **de bons petits ~s** kleine leckere Gerichte *Pl*
❹ *(partie plate) d'un couteau* Flanke *f;* **le ~ de la main** die flache Hand
▶ **apporter** [*o* **servir**] **qc à qn sur un ~ d'argent** jdm etw auf einem silbernen Tablett servieren; **mettre les petits ~s dans les grands** ein Festessen vorbereiten [und sich dabei nicht lumpen lassen]; **faire du ~ à qn** *fam* sich an jdn plump heranmachen *(fam);* **faire tout un ~ de qc** *fam* ein großes Trara [*o* viel Wind] um etw machen *(fam);* **tu n'as pas besoin d'en faire tout un ~ !** *fam* mach bitte keine Staatsaktion daraus!
◆ **~ du jour** Tagesgericht *nt,* Stammessen *nt;* **~ de résistance** GASTR Hauptgericht *nt; fig* Hauptsache *f,* Höhepunkt *m*
plat(e) [pla, plat] *adj* ❶ flach; *surface, terrain* eben; *mer* glatt
❷ *(opp: arrondi) front, poitrine, ventre* flach; *coiffure* glatt; PECHE *gueule* endständig *(Fachspr.)*
❸ *(peu profond, peu haut) assiette, chaussure, talon* flach; GEOM *angle* gestreckt; **mettre/poser qc à ~** etw flach hinlegen
❹ *(fade)* flach; *personne* geistlos; *conversation* flach, platt; *adaptation* platt, farblos; *livre, style* einfallslos, trivial; *vie* eintönig; *vin* fade
❺ *(obséquieux) personne* unterwürfig, kriecherisch; **faire de ~es excuses** unterwürfig um Verzeihung bitten
❻ *(vidé de son contenu)* **être à ~** *pneu:* platt sein; *batterie:* leer sein; *(être en panne)* einen Platten haben; *fam (être épuisé)* völlig ausgepumpt sein *(fam);* **mettre qn à ~** *fam* jdn [völlig] fertigmachen *(fam)*
▶ **mettre qc à ~** etw neu aufrollen; **tomber à ~** *plaisanterie, remarque, pièce:* nicht ankommen *(fam)*
platane [platan] *m* Platane *f*
▶ **rentrer dans un ~** *fam,* **se payer un ~** *fam* gegen einen Baum fahren [*o* krachen *fam*]
plateau [plato] <x> *m* ❶ Tablett *nt;* **~ à fromages** Käseplatte *f*
❷ GASTR **~ de fruits de mer/de fromages** Platte *f* mit Meeresfrüchten/mit Käse
❸ *(cagette)* Steige *f;* **un ~ de pêches** eine Steige Pfirsiche
❹ *(partie plate) d'une balance* Waagschale *f; d'une table* [Tisch]platte *f; d'un tourne-disques* Plattenteller *m*
❺ GEOG [Hoch]plateau *nt; (montagne assez plate)* Tafelberg *m;* **~ continental** Kontinentalplatte *f*
❻ THEAT *(scène)* Bühne *f;* AUDIOV Drehplatz *m; (invités)* [Star]aufgebot *nt;* **sur le ~/hors du ~** vor/hinter der Kamera
❼ CYCLISME Kettenblatt *nt*
▶ **apporter** [*o* **servir**] **un ami à qn sur un ~** jdm einen Freund auf einem silbernen Tablett servieren
◆ **~ de chargement** Palette *f;* **~ de tournage** Drehplatz *m*
plateau-repas [plato(ə)pa] <plateaux-repas> *m* auf einem Tablett serviertes vollständiges Menü **plateau-télé** [platotele] <plateaux-télé> *m* Tablett mit einfach zu essenden Gerichten, das man, z.B. als Abendessenersatz, mit zum Fernseher nimmt
platebande, plate-bande [platbɑ̃d] <plates-bandes> *f (massif)* [Garten]beet *nt; (bordure)* Rabatte *f*
▶ **marcher sur les plates-bandes de qn** *fam* jdm ins Gehege

kommen

platée [plate] *f* **une ~ de riz** eine Schüssel voll Reis

plateforme, plate-forme [platfɔʀm] <plates-formes> *f* ❶ [Aussichts]plattform *f*; ALPIN Leiste *f*

❷ AUT, CHEMD FER Plattform *f*

❸ GEOG **~ continentale** [*o* **littorale**] Festlandsockel *m*, Kontinentalsockel *m*

❹ INFORM *(base d'un programme)* Plattform *f*

❺ POL *(base, accord)* Plattform *f*; **~ commune de la coalition gouvernementale** Koalitionsvereinbarung *f*, Koalitionsabkommen *nt*

◆ **~ de chargement** TRANSP Ladefläche *f*; **~ d'envol** Flugdeck *nt*; **~ de forage** Bohrinsel *f*

platement [platmɑ̃] *adv écrire, s'exprimer* farblos, platt; *s'excuser* unterwürfig

platine¹ [platin] I. *m* Platin *nt*; **bijoux en ~** Platinschmuck *m*
II. *app inv cheveux* platinblond; *blond* platin-

platine² [platin] *f* ❶ *d'un microscope* Objekttisch *m*; *d'une machine à coudre, serrure* [Metall]platte *f*

❷ AUDIOV *d'un électrophone* Plattenspieler *m*; *d'un lecteur cassettes* Kassettendeck *nt*; **~ laser** CD-Spieler *m*

❸ TECH, INFORM Platine *f*

platiné(e) [platine] *adj* platinblond; **une blonde ~e** eine Platinblonde

platiner [platine] <1> *vt* platinieren

platitude [platityd] *f* ❶ *sans pl (caractère)* Seichtheit *f*, Flachheit *f (pej)*; *d'une représentation, narration* Farblosigkeit *f*

❷ *(propos)* Flachheit *f (pej)*, Platitüde *f (geh)*

platoir [platwaʀ] *m* Putzkelle *f*

Platon [platɔ̃] *m* Plato[n] *m*

platonicien(ne) [platɔnisjɛ̃, jɛn] I. *adj* PHILOS platonisch
II. *m(f)* PHILOS Platoniker(in) *m(f)*

platonique [platɔnik] *adj amour* platonisch

platoniquement [platɔnikmɑ̃] *adv* platonisch

plâtrage [plɑtʀaʒ] *m sans pl d'un mur* [Ver]gipsen *nt*; *d'un bras, d'une jambe* [Ein]gipsen *nt*

plâtras [plɑtʀɑ] *m* Brocken *m* Gips; **les ~** der [Bau]schutt

plâtre [plɑtʀ] *m* ❶ Gips *m*; **mur en ~** Gipsmauer *f*

❷ MED Gips *m*; **~ fenêtré** Fenstergips; **avoir un bras dans le ~** einen Arm in Gips haben

❸ ART *(buste)* Gipsbüste *f*; *(moule)* Gipsabdruck *m*

❹ *pl* CONSTR Verputz *m*, Stuckarbeiten *pl*

▶ **essuyer les ~s** *fam* eine Sache ausbaden *(fam)*

◆ **~ de marche** MED Gehgips *m*

plâtrer [plɑtʀe] <1> *vt* ❶ vergipsen; zugipsen *trou, fissure*

❷ *(mettre dans le plâtre)* **~ le bras à qn** jdm den Arm eingipsen; **être plâtré(e)** in Gips liegen

plâtrerie [plɑtʀəʀi] *f* ❶ Gipswerk *nt*, Gipsfabrik *f*

❷ *sans pl (travail)* Gipserarbeit *f*

plâtreux, -euse [plɑtʀø, -øz] *adj teint* fahlbleich; *fromage* körnig

plâtrier, -ière [plɑtʀije, -jɛʀ] *m, f* Gipser(in) *m(f)*

plâtrière [plɑtʀijɛʀ] *f* ❶ *(carrière)* Gipsbruch *m*/*-grube f*

❷ *(four)* Gipsbrennerei *f*

plausibilité [plozibilite] *f sans pl* Plausibilität *f*

plausible [plozibl] *adj* plausibel

play-back [plɛbak] *m inv* Playback *nt* **play-boy** [plɛbɔj] <play-boys> *m* Playboy *m*

plèbe [plɛb] *f* ❶ HIST Plebs *f*

❷ *péj vieilli (populace)* Plebs *m (geh)*, Pöbel *m*

plébéien(ne) [plebejɛ̃, jɛn] I. *adj* HIST plebejisch
II. *m(f)* HIST Plebejer(in) *m(f)*

plébiscitaire [plebisitɛʀ] *adj* plebiszitär

plébiscite [plebisit] *m* Plebiszit *nt*, Volksabstimmung *f*

plébisciter [plebisite] <1> *vt* POL durch Volksabstimmung billigen

pléiade [plejad] *f* ❶ **~ d'artistes** Schar *f* Künstler; **~ de stars** Staraufgebot *nt*

❷ ASTRON **les Pléiades** die Plejaden

❸ LITTER **la Pléiade** die Pléiade

plein [plɛ̃] I. *adv* ❶ *fam* **avoir ~ d'argent/d'amis** unheimlich viel Geld/viele Freunde haben *(fam)*

❷ *(exactement)* **en ~ dans l'œil** genau ins Auge; **en ~ devant/sur la table/dans la soupe** genau vor/auf den Tisch/in die Suppe

❸ *(au maximum)* **tourner à ~** auf Hochtouren laufen; **utiliser une machine à ~** eine Maschine voll ausnutzen

▶ **en ~** *(de front)* voll *(fam)*, **mignon/gentil tout ~** *fam* unheimlich niedlich/nett *(fam)*

II. *prép* **de l'argent ~ les poches** die Taschen voller Geld

III. *m* ❶ *(de carburant)* Tankfüllung *f*; **faire le ~** voll tanken; **le ~, s'il vous plaît!** bitte voll tanken!

❷ *(trait épais)* Schattenstrich *m*

▶ **battre son ~** in vollem Gange sein

plein(e) [plɛ̃, plɛn] *adj* ❶ voll; *journée, vie* ausgefüllt; **à moitié ~(e)** halb voll; **un panier ~ de champignons** ein Korb voller Pilze;

être **~(e) de bonne volonté/de joie** voll des guten Willens/voller Freude sein; **~(e) de vie** lebenslustig; **~(e) de risques/d'idées/d'esprit** risiko-/ideen-/geistreich; **~ d'ardeur** tatendurstig *(geh)*; être **~(e) de santé** vor Gesundheit strotzen; être **~(e) à craquer** brechend voll sein *(fam)*, rammelvoll sein *(fam)*, knallvoll sein *(fam)*

❷ *(rond) joues, visage* voll, rund

❸ *(sans réserve)* **à ~e gorge** aus vollem Hals; **à ~es mains** mit vollen Händen; **mordre à ~es dents dans une pomme** herzhaft in einen Apfel beißen; **respirer à ~s poumons** in tiefen Zügen [ein]atmen

❹ *(au maximum de)* **à ~s bords** im Überfluss; **à ~ régime, à ~e vapeur** auf Hochtouren

❺ *(au plus fort de)* **en ~ été/hiver** mitten im Sommer/Winter; **en ~ jour** am helllichten Tag; **en ~e nuit** mitten in der Nacht; **en ~ soleil** in der prallen Sonne

❻ *(au milieu de)* **être en ~ travail** mitten in der Arbeit sein; **viser en ~ cœur** mitten ins Herz zielen; **en ~e rue** auf offener Straße; **en ~e obscurité** in völliger Dunkelheit; **en ~e lumière** in [vollem] Licht; **en ~ vol/essor** in vollem Flug/Aufschwung sein; **être en ~ boum** einen ungeheuren Boom erleben

❼ *(sans vide) trait* durchgezogen; *bois, porte* massiv; **pneu ~** Vollgummireifen *m*; **une porte en bois ~** eine Massivholztür

❽ *antéposé (total) victoire* klar; *succès, confiance* voll; **avoir ~e conscience de qc** sich *(Dat)* über etw *(Akk)* voll und ganz im Klaren sein

❾ *(entier) jour, mois* voll, ganz

❿ *(gravide)* trächtig

pleinement [plɛnmɑ̃] *adv* voll [und ganz]

plein-emploi [plɛnɑ̃plwa] *m sans pl* Vollbeschäftigung *f* **plein-temps** [plɛtɑ̃] <pleins-temps> *m* Vollzeitbeschäftigung *f*; **faire un ~ à la fac** *fam* eine volle Stelle an der Uni haben *(fam)*

plénier, -ière [plenje, -jɛʀ] *adj réunion plénière* Plenarsitzung *f*; **assemblée plénière** Plenum *nt*

plénipotentiaire [plenipɔtɑ̃sjɛʀ] I. *adj* bevollmächtigt; **ministre ~** Gesandte(r) *f(m)*
II. *mf* Bevollmächtigte(r) *f(m)*

plénitude [plenityd] *f littér* ❶ *(ampleur)* Fülle *f*

❷ *(totalité)* **dans toute la ~ de sa beauté** in ihrer/seiner ganzen Pracht

plenum, plénum [plenɔm] *m* Plenum *nt*

pléonasme [pleɔnasm] *m* Pleonasmus *m*

pléthore [pletɔʀ] *f sans pl soutenu* **~ de qc** Überschuss *m* an etw *(Dat)*; COM Überangebot *nt* an etw *(Dat)*; **il y a ~ de candidats** es gibt zu viele Kandidaten

pléthorique [pletɔʀik] *adj péj classes* überfüllt; *documentation* zu umfangreich

pleur [plœʀ] *m littér* **fondre en ~s** in Tränen ausbrechen; **tout en ~s** ganz in Tränen aufgelöst

pleurage [plœʀaʒ] *m* Jaulen *nt*

pleural(e) [plœʀal, o] <-aux> *adj* ANAT Brustfell-, Rippenfell-

pleurer [plœʀe] <1> I. *vi* ❶ *personne:* weinen; *œil:* tränen; **faire ~ qn** *personne, roman, film:* jdn zum Weinen bringen; *rage:* jdm [die] Tränen in die Augen treiben; **la poussière me fait ~** mir tränen die Augen vom Staub; **~ de rage** vor Wut *(Dat)* weinen; **~ de rire** Tränen lachen

❷ *(crier) bébé:* schreien

❸ *(se lamenter)* **~ sur qn/qc** jdn bedauern [*o* bemitleiden]/etw beklagen [*o* beweinen]; **~ sur son sort** sein Los beklagen

❹ *(réclamer)* herumjammern *(fam)*; **~ auprès de qn** jdm etwas vorjammern *(fam)*; **~ après qc** *pop* nach etw jammern

❺ *(extrêmement)* **triste à [faire] ~** tottraurig; **maigre à [faire] ~** knochendürr *(fam)*; **bête à ~** so dumm, dass es wehtut *(fam)*

II. *vt* ❶ trauern um, beweinen *personne*; **~ sa jeunesse** seiner Jugend nachtrauern; **~ la mort d'un parent** den Tod eines Verwandten beklagen

❷ *(verser)* **~ des larmes de joie/sang** Freudentränen/bittere Tränen vergießen; **toutes les larmes de son corps** sich *(Dat)* die Seele aus dem Leib weinen

pleurésie [plœʀezi] *f* Rippenfellentzündung *f*

pleureur, -euse [plœʀœʀ, -øz] *adj* ❶ *enfant, ton* weinerlich

❷ BOT Trauer-; **saule ~** Trauerweide *f*

pleureuse [plœʀøz] *f* Klageweib *nt*

pleurichard(e) *v.* **pleurnicheur**

pleurichement *v.* **pleurnicheries**

pleurnicher [plœʀniʃe] <1> *vi fam* ❶ [immer gleich] rumheulen *(fam)*

❷ *(se lamenter)* rumjammern *(fam)*

pleurnicheries [plœʀniʃʀi] *fpl fam* ❶ Geheule *nt (fam)*

❷ *(fait de se lamenter)* Gejammer *nt (fam)*

pleurnicheur, -euse [plœʀniʃœʀ, -øz] I. *adj fam* ❶ **enfant ~** weinerliches Kind, Heulsuse *f (fam)*

❷ *(qui se lamente)* nörgelig *(pej)*

II. *m, f fam* ❶ Heulpeter *m (fam)*, Heulsuse *f (fam)*, Heulliese *f (fam)*
❷ *(qui se lamente)* Nörgelfritze *m (pej fam)*
pleurote [plœʀɔt] *m* Seitling *m*
pleutre [pløtʀ] *m littér* Feigling *m*
pleutrerie [pløtʀəʀi] *f littér* Feigheit *f*
pleuvasser [pløvase] <1> *vi impers*, **pleuviner** [pløvine] <1> *vi impers* il pleuvasse, il pleuvine es nieselt
pleuvoir [pløvwaʀ] <*irr*> I. *vi impers* **il pleut** es regnet; **il pleut de grosses gouttes** es regnet heftig [*o* große Tropfen]
▶ qu'il pleuve ou qu'il **vente** ob es regnet oder schneit
II. *vi* ❶ *(s'abattre)* **les coups/reproches pleuvent** es hagelt Schläge/Vorwürfe; **les obus pleuvent sur la ville** Granaten gehen auf die Stadt nieder
❷ *(arriver en abondance)* **les mauvaises nouvelles pleuvent en ce moment** im Moment hagelt es schlechte Nachrichten
pleuvoter [pløvɔte] <1> *vi impers* **il pleuvote** es nieselt
plèvre [plɛvʀ] *f* Brust-/Rippenfell *nt*, Pleura *f (Fachspr.)*
plexiglas® [plɛksiglas] *m* Plexiglas® *nt*
plexus [plɛksys] *m* Plexus *m*; **~ solaire** Sonnengeflecht *nt*, Solarplexus
pli [pli] *m* ❶ Falte *f*; *du papier* Kniff *m*; TYP Falz *m*, Bruch *m*; **~ de la/de jupe** Rockfalte; **jupe à ~s** Faltenrock *m*; **~ creux** Kellerfalte; *(en bas d'une jupe étroite)* Gehfalte; **faire le ~ d'un pantalon** eine Bügelfalte in eine Hose bügeln
❷ *(mauvaise pliure)* **faux ~** Knitterfalte *f*; **cette veste fait des ~s/un ~** diese Jacke wirft Falten/eine Falte; **être plein(e) de ~s** voller Knitterfalten sein
❸ *sans pl (forme)* **avoir un beau ~** schön fallen
❹ *(repli)* [Speck]falte *f*
❺ *(ride)* Falte *f*; **petits ~s** Fältchen *Pl*
❻ GEOL Falte *f*
❼ *form (lettre)* Schreiben *nt*; **sous ~ cacheté** in verschlossenem Briefumschlag
❽ CARTES **faire un ~** einen Stich machen
❾ BELG *(raie formée par les cheveux)* Scheitel *m*
▶ **prendre un mauvais ~** eine schlechte Gewohnheit annehmen; **ça ne fait pas un ~** *fam* das ist [tod]sicher; **prendre le ~ de faire qc** es sich *(Dat)* angewöhnen etw zu tun
pliable [plijabl] *adj* biegsam, weich
pliage [plijaʒ] *m* Falten *nt*; *du linge* Zusammenlegen *nt*; TYP Falzen *nt*
pliant [plijɑ̃] *m* Klapphocker *m*
pliant(e) [plijɑ̃, jɑ̃t] *adj* **lit/table ~(e)** Klappbett *nt*/-tisch *m*; **mètre ~** Zollstock *m*; **meubles ~s** zusammenklappbare Möbel *Pl*
plie [pli] *f* Scholle *f*
plié(e) [plije] *adj* **être ~(e)** [en deux] *fam* sich vor Lachen biegen
plier [plije] <1a> I. *vt* ❶ [zusammen]falten *papier, tissu*; zusammenlegen *linge, tente*; umknicken *coin d'une page*; **un papier plié en quatre** ein zweimal gefaltetes Papier
❷ *(refermer)* zusammenklappen; zusammenfalten *journal, carte routière*; schließen *éventail*
❸ *(fléchir)* beugen *bras, jambe*
❹ *(courber)* biegen; **~ le fil [de fer] vers le haut** den Draht hochbiegen *(fam)*; **la neige plie les arbres** die Bäume biegen sich unter dem Schnee; **être plié(e) par l'âge** vom Alter gebeugt sein; **être plié(e) par la douleur** sich vor Schmerzen *(Dat)* krümmen
❺ *(soumettre)* **~ qn à une discipline sévère** jdn einer strengen Disziplin unterwerfen; **~ son langage aux circonstances** seine Sprache der Situation *(Dat)* anpassen
II. *vi* ❶ *branche*: sich herabsenken *(geh)*; **~ sous la charge/le poids de qc** sich unter der Last/dem Gewicht von etw biegen
❷ *(céder)* nachgeben; **~ devant l'autorité du chef** sich der Autorität des Chefs beugen; **l'armée a plié devant l'ennemi** die Armee weicht vor dem Feind zurück
III. *vpr* **se ~** *chaise, fauteuil*: zusammenklappbar sein
❶ *(se relever)* [se] **~ vers le haut** *barre de fer*: sich hochbiegen *(fam)*
❷ *(se soumettre)* **se ~ à la volonté de qn** sich jds Willen beugen; **se ~ à la discipline** sich der Disziplin unterwerfen; **se ~ aux circonstances** sich den Umständen anpassen
plinthe [plɛ̃t] *f* [Fuß]leiste *f*, Sockelleiste, Scheuerleiste
plissage [plisaʒ] *m sans pl* Plissieren *nt*
plissé [plise] *m sans pl* Plissee *nt*
plissé(e) [plise] *adj* ❶ COUT plissiert
❷ GEOL **chaîne ~e** Faltengebirge *nt*
❸ *(ridé)* faltig, runzelig
plissement [plismɑ̃] *m* ❶ *du front* Runzeln *nt kein Pl*; **avoir un ~ d'yeux/de la bouche** die Augen zusammenkneifen/den Mund verziehen
❷ GEOL Faltung *f*
plisser [plise] <1> I. *vt* ❶ fälteln, plissieren *jupe*; falten *papier*
❷ *(couvrir de faux plis)* zerknittern
❸ *(froncer)* runzeln *front*; zusammenkneifen *yeux*; rümpfen *nez*; verziehen *bouche*; **une ride plissa son front** eine Falte erschien auf seiner/ihrer Stirn
❹ GEOL falten
II. *vi* Falten werfen; *lin, tissu*: [leicht] knittern
III. *vpr* **son nez se plisse** er/sie rümpft die Nase; **son front se plisse d'étonnement** er/sie runzelt erstaunt die Stirn
pliure [plijyʀ] *f* ❶ *du bras, genou* Beuge *f*; *d'un ourlet* Kante *f*; *d'un tissu* Bruch[linie *f*] *m*; *d'un papier* Kniff *m*
❷ *(pliage) d'un papier, tissu* Kniffen *nt*; TYP Falzen *nt*
ploc [plɔk] *interj* platsch
ploiement [plwamɑ̃] *m* Biegen *nt*; *du genou* Beugen *nt*
plomb [plɔ̃] *m* ❶ *(métal, additif incorporé aux carburants)* Blei *nt*; **tuyau/tablier de [o en] ~** Bleirohr *nt*/-schurz *m*; **essence avec ~** Bleibenzin *nt*, verbleites Benzin; **super sans ~** Super *nt* bleifrei; **teneur en ~** Bleigehalt *m*
❷ *(fusible)* Sicherung *f*
❸ CHASSE Schrot *nt o m*; *(grain unique)* Schrotkugel *f*; **les ~s** das Schrot
❹ PECHE Bleischrot *nt o m*, Klemmblei *nt*; *(grain unique)* Bleikugel *f*, Blei *nt*; **les ~s** das [*o* der] Bleischrot; **~ à grappins** Krallenblei; **~ coulissant** Laufblei; **petit ~** Schrotblei; **~ rivière** Strömungsblei
❺ NAUT [Senk]blei *nt*, Lot *nt*
❻ *(sceau)* Plombe *f*; **mettre des ~s à un wagon/compteur** einen Wagen/Zähler verplomben; **la caisse porte un ~** die Kasse ist verplombt
❼ *(baguette) d'un vitrail* Bleirute *f*
❽ *(caractères de l'imprimerie)* Bleilettern *Pl*
❾ COUT Bleiband *nt*
❿ *(amalgame)* Plombe *f*, Füllung *f*
▶ **avoir du ~ dans la tête** [*o* **cervelle**] vernünftig sein; **ne pas avoir de ~ dans la tête** [sehr] gedankenlos sein; **lourd(e) comme du ~** bleischwer; **à ~** senkrecht; **de ~** *ciel, sommeil* bleiern *(geh)*; *jambes* bleischwer; **par un soleil [*o* une chaleur] de ~** bei drückender Hitze
plombage [plɔ̃baʒ] *m* ❶ *(action de soigner) d'une dent* Füllen *nt*, Plombieren *nt*; *(amalgame)* Füllung *f*, Plombe *f*
❷ *(action de sceller) d'un colis* Versiegeln *nt*; *d'un camion, wagon* Plombieren *nt*, Verplomben *nt*
❸ PECHE Bebleiung *f (Fachspr.)*
plombé(e) [plɔ̃be] *adj* ❶ *teint* aschgrau; *couleur* blaugrau; *ciel* bleiern *(geh)*
❷ *(garni de plomb)* **canne à bout ~** Gehstock *m* mit Metallspitze
plomber [plɔ̃be] <1> I. *vt* ❶ MED plombieren
❷ *(lester)* beschweren
❸ *(sceller)* versiegeln; plombieren, verplomben *wagon, camion*
❹ bebleien *(Fachspr.) canne à pêche*
II. *vpr* **se ~** *peau*: aschgrau [*o* fahl] werden; *ciel*: dunkel werden
plomberie [plɔ̃bʀi] *f sans pl* ❶ **être dans la ~** Installateur(in) [*o* Klempner(in)] *m(f)* sein; **la facture de ~** die Installateurrechnung [*o* Klempnerrechnung]
❷ *(montage, ensemble des tuyaux)* Installation *f*
plombier [plɔ̃bje] *m* ❶ Installateur(in) *m(f)*, Klempner(in) *m(f)*, Spengler(in) *m(f)* (SDEUTSCH, A); **maître ~** Installateurmeister(in) *m(f)*, Klempnermeister(in), Spenglermeister(in) (SDEUTSCH, A)
❷ *fam (policier)* auf Wanzenlegen und das Abhören von Telefongesprächen spezialisierter Polizeibeamter
plombières [plɔ̃bjɛʀ] *f inv* Cassata *f*
plonge [plɔ̃ʒ] *f* **faire la ~** *fam* als Tellerwäscher(in) arbeiten
plongé(e) [plɔ̃ʒe] I. *part passé de* plonger
II. *adj* ❶ **être ~(e) dans qc** in etw *(Akk)* versunken sein; **être ~(e) dans un livre** in ein Buch vertieft sein
❷ *(se trouver totalement)* **être ~(e) dans l'obscurité** in Dunkelheit *(Akk)* gehüllt sein; **être ~(e) dans la misère** verelendet sein *(geh)*; **être ~(e) dans le vice** dem Laster verfallen sein
plongeant(e) [plɔ̃ʒɑ̃, ʒɑ̃t] *adj* décolleté tief; **une vue ~e sur le parc** ein weiter Ausblick auf den Park
plongée [plɔ̃ʒe] *f* ❶ Tauchgang *m*
❷ SPORT **~ sous-marine** Sporttauchen *nt*; **faire de la ~** Sporttaucher(in) *m(f)* sein
❸ CINE Aufnahme *f* von oben
plongeoir [plɔ̃ʒwaʀ] *m* Sprungbrett *nt*
plongeon¹ [plɔ̃ʒɔ̃] *m* ❶ *(saut)* Kopfsprung *m*; FBALL Hechtsprung
❷ *(sport olympique)* Kunstspringen *nt*
❸ *(chute)* Absturz *m*; **faire un ~** abstürzen
plongeon² [plɔ̃ʒɔ̃] *m* ORN Seetaucher *m*
plonger [plɔ̃ʒe] <2a> I. *vi* ❶ tauchen; **~ à la recherche de qc** [auf der Suche] nach etw tauchen
❷ *(faire un plongeon)* **~ dans l'eau** *personne*: einen Kopfsprung ins Wasser machen; *oiseau*: tauchen; *voiture*: ins Wasser stürzen; **tu plonges ou tu ne plonges pas?** springst du oder springst du nicht?

③ FBALL ~ **dans/sur qc** in etw *(Akk)*/nach etw hechten
④ *(descendre en piqué)* ~ **sur qn/qc** auf jdn/etw hinabstoßen
⑤ *(sombrer)* ~ **dans le désespoir/la dépression** in Hoffnungslosigkeit/Depression *(Akk)* versinken; **~ dans le sommeil** in den Schlaf sinken *(geh)*
II. *vt* ① ~ **la vaisselle dans l'eau** das Geschirr ins Wasser tauchen
② *(introduire)* ~ **sa main dans sa poche** seine Hand in die Tasche stecken
③ *(enfoncer)* **il lui plonge un couteau dans le ventre** er stößt ihm ein Messer in den Bauch
④ *(mettre brusquement)* ~ **qn dans la misère** jdn ins Elend stürzen; ~ **le public/la pièce dans l'obscurité** das Publikum/den Raum in Dunkelheit *(Akk)* hüllen
⑤ *fig* ~ **qn dans un débat de conscience** jdn in einen Gewissenskonflikt hineintreiben
III. *vpr* **se** ~ **dans ses pensées** sich in seine Gedanken vertiefen; **se** ~ **dans un projet** sich in ein Projekt stürzen; *(s'investir)* sich in ein Projekt reinknien *(fam)*

plongeur, -euse [plɔ̃ʒœʀ, -ʒøz] *m, f* ① Springer(in) *m(f)*; ~(-euse) **artistique** Kunstspringer(in)
② *(sous-marin professionnel)* Taucher(in) *m(f)*; *(amateur)* Sporttaucher(in)
③ *(dans un restaurant)* Tellerwäscher(in) *m(f)*

plot [plo] *m:* ① SPORT ~ **de départ** Startblock *m*
② *(bloc)* ~ **de** [*o* **en**] **béton** Betonblock *m*
③ ELEC, INFORM Kontakt *m;* ~ **du moniteur** Monitorbuchse *f*

plouc [pluk] I. *mf péj fam* Stoffel *m (fam),* Bauer *m (fam)*
II. *adj péj fam* **être** ~ doof sein *(fam);* *(fruste)* ungehobelt sein, hinterwäldlerisch sein *(fam)*

plouf [pluf] I. *interj* platsch
II. *m* Platsch *m*

ploutocrate [plutɔkrat] *mf* Plutokrat(in) *m(f)*

ployer [plwaje] <6> I. *vt littér (plier)* biegen, beugen
II. *vi* ① *(se courber)* sich biegen, sich beugen; *branche:* sich herabsenken *(geh)*
② *fig* nachgeben

plucher *v.* peluucher
pluches [plyʃ] *fpl fam* Kartoffelschälen *nt*
plucheux, -euse *v.* pelucheux
plugiciel [plyʒisjɛl] *m* INFORM Plug-in *nt* (Fachspr.)

pluie [plɥi] *f* ① Regen *m;* **dû aux fortes** ~**s** infolge der starken Regenfälle *Pl;* **jours/temps de** ~ Regentage *Pl/*-wetter *nt;* **saison des** ~**s** Regenzeit *f;* **nuage plein de** ~ regenschwere Wolke; **quantité de** ~ **tombée** Regenmenge *f;* **les** ~**s acides** der saure Regen; **sous la** ~ im Regen; **nous aurons de la** ~ **demain** morgen wird es regnen; **le temps est à la** ~ es sieht nach Regen aus
② *sans pl (grande quantité)* ~ **d'étincelles** Funkenregen *m;* ~ **de pierres/de bombes** Stein-/Bombenhagel *m;* ~ **d'argent** Geldregen *(hum);* **il tombait une** ~ **de confettis** es regnete Konfetti
▸ **après la** ~ **le beau temps** *prov* auf Regen folgt Sonnenschein *(prov);* **faire la** ~ **et le beau temps** *fam* das Sagen haben *(fam);* **ne pas être né(e)** [*o* **tombé(e)**] **de la dernière** ~ nicht von gestern sein *(fam);* **être ennuyeux(-euse) comme la** ~ sterbenslangweilig sein *(fam);* **verser de la farine en** ~ **sur qc** etw mit Mehl bestäuben

plumage [plymaʒ] *m* Gefieder *nt,* Federkleid *nt (liter);* ~ **d'été/d'hiver** Sommer-/Wintergefieder, Sommer-/Winterkleid

plumard [plymar] *m fam* Federn *Pl (fam)*

plume [plym] I. *f* ① Feder *f;* ~ **d'oie** Gänsefeder; *(instrument pour écrire)* Gänsekiel *m;* **gibier à** ~[**s**] Federwild *nt*
② *(pour écrire)* Feder *f;* *(plume d'oie)* [Gänse]kiel *m*
③ BOXE *(catégorie)* [**poids**] ~ Federgewicht[sklasse *f*] *nt;* *(sportif)* Federgewicht[ler *m*] *nt*
▸ **laisser** [*o* **perdre**] **des** ~**s** Federn lassen; **soulever qn/qc comme une** ~ jdn/etw mit Leichtigkeit [*o* mühelos] hochheben; **voler dans les** ~**s à** [*o* **de**] **qn** *fam* jdm ans Leder gehen *(fam)*
II. *app* SPORT **catégorie** ~ Federgewicht[sklasse *f*] *nt;* **un boxeur en** Federgewicht[ler *m*] *nt*

plumeau [plymo] <x> *m* Federwisch *m,* Flederwisch *m*

plumer [plyme] <1> *vt* rupfen *animal;* rupfen *(fam),* ausnehmen *(fam) personne*

plumet [plymɛ] *m* Federbusch *m*

plumetis [plym(ə)ti] *m* Federstickerei *f;* *(tissu brodé)* leichtes Gewebe *nt* mit Federstickerei

plumier [plymje] *m* [Feder]mäppchen *nt*

plumitif [plymitif] *m* Schreiberling *m*

plupart [plypaʀ] *f sans pl* **la** ~ **des élèves/femmes mariées** die meisten Schüler/Ehefrauen; **la** ~ **d'entre nous/eux/elles** die meisten von uns/ihnen; **la** ~ **sont venus** die meisten sind gekommen; **dans la** ~ **des cas** in den meisten Fällen, meistens; **la** ~ **du temps** die meiste Zeit, meistens
▸ **pour la** ~ zum größten Teil, größtenteils

pluralisme [plyralism] *m* Pluralismus *m*
pluraliste [plyralist] *adj* pluralistisch

pluralité [plyralite] *f* Pluralität *f*
plurianuel(le) [plyrianɥel] *adj* mehrjährig
pluricellulaire [plyriselylɛr] *adj organisme* mehrzellig, vielzellig
pluridisciplinaire [plyridisiplinɛr] *adj* multidisziplinär; **atelier** ~ Mehrzweckwerkstatt *f*
pluridisciplinarité [plyridisiplinarite] *f* Multidisziplinarität *f*
pluriel [plyrjɛl] *m* Plural *m;* **mettre un mot au** ~ ein Wort in den Plural setzen
plurilatéral(e) [plyrilateral, o] <-aux> *adj* multilateral
plurilingue [plyrilɛ̃g] *adj* mehrsprachig
pluripartisme [plyripartism] *m* Mehrparteiensystem *nt*

plus [ply] *adv* ① *(opp: encore)* **il n'est** ~ **très jeune** er ist nicht mehr ganz jung; **il ne l'a** ~ **jamais vu(e)** er hat ihn niemals mehr gesehen; **il ne pleut** ~ **du tout** es regnet überhaupt nicht mehr; **il ne neige presque** ~ es schneit kaum noch; **il n'y a** ~ **personne** es ist niemand mehr da; **nous n'avons** ~ **rien à manger** wir haben nichts mehr zu essen; **il ne dit** ~ **un mot** er sagt kein [einziges] Wort mehr; **elle n'a** ~ **un sou** sie hat keinen [einzigen] Pfennig mehr; **ils n'ont** ~ **d'argent/de beurre** sie haben kein Geld/keine Butter mehr; **nous n'avons** ~ **du tout de pain** wir haben überhaupt kein Brot mehr
② *(seulement encore)* **on n'attend** ~ **que vous** wir warten nur noch auf Sie/euch; **il ne manquait** ~ **que ça** das hat gerade noch gefehlt
③ *(pas plus que)* **non** ~ auch nicht; **tu n'y vas pas? Moi non** ~. gehst du nicht hin? Ich auch nicht.

plus³ [ply(s)] I. *adv* ① **être** ~ **dangereux(-euse)/bête/vieux(vieille) que lui** gefährlicher/dümmer/älter als er sein; **deux fois** ~ **âgé(e)/cher(chère) qu'elle** doppelt so alt/teuer wie sie; ~ **tard/tôt/près/lentement qu'hier** später/früher/näher/langsamer als gestern
② *(dans une comparaison)* **je lis** ~ **que toi** ich lese mehr als du; **ce tissu me plaît** ~ **que l'autre** dieser Stoff gefällt mir besser als der andere
③ *(très)* **il est** ~ **qu'intelligent** er ist mehr als intelligent; **elle est** ~ **que contente** sie ist überglücklich
▸ ~ **que jamais** mehr denn je; ~ **ou moins** mehr oder weniger; **le vin est bon, ni** ~ **ni moins** der Wein ist ganz gut, nicht mehr und nicht weniger; **on ne peut** ~ äußerst; **c'est une dame on ne peut** ~ **charmante** sie ist eine überaus charmante Frau
II. *adv emploi superl* **le/la** ~ **rapide/important(e)** der/die/das schnellste/wichtigste; **le** ~ **intelligent des élèves** der Intelligenteste unter den Schülern; **les** ~ **belles maisons du quartier** die schönsten Häuser des Viertels; **c'est le** ~ **intelligent d'eux** er ist der Intelligenteste von [*o* unter] ihnen; **c'est l'acteur le** ~ **doué qui ait jamais joué ici** das ist der begabteste Schauspieler, der je hier gespielt hat; **la réponse la** ~ **stupide [de toutes]** die allerdümmste Antwort; **la proposition la** ~ **stupide [de toutes]** der allerdümmste Vorschlag; **la réponse la** ~ **stupide [de toutes]** die allerdümmste Antwort; **être le** ~ **stupide [de tous]/la** ~ **stupide [de toutes]** am allerdümmsten [*o* der/die Allerdümmste] sein; **la chose la** ~ **stupide que tu puisses/que nous puissions faire maintenant, ce serait d'abandonner** am allerdümmsten [*o* das Allerdümmste] wäre es, jetzt aufzugeben; **le** ~ **vite** am schnellsten; **le** ~ **souvent** meistens, am häufigsten; **le** ~ **tard possible** so spät wie möglich; **c'est François qui lit le** ~ François liest am meisten; **c'est le livre que j'aime le** ~ dieses Buch mag ich am liebsten; **le** ~ **d'argent/de pages** das meiste Geld/die meisten Seiten; **le** ~ **possible de choses/personnes** möglichst viel/viele Dinge/Personen, so viel/so viele Dinge/Personen wie möglich; **il a pris le** ~ **de livres/d'argent qu'il pouvait** er nahm so viele Bücher/so viel Geld, wie er nur konnte
▸ **au** ~ **tôt/vite** möglichst früh/schnell, frühestens/schnellstens; **tout au** ~ allerhöchstens

plus⁴ [plys, ply] *adv* mehr; **pas** ~ mehr nicht; ~ **d'une heure/de 40 ans** über eine Stunde/40 Jahre; **les enfants de** ~ **de douze ans** Kinder über zwölf Jahre; **il est** ~ **de minuit** es ist schon nach Mitternacht; **tu as de l'argent? – Plus qu'il n'en faut** hast du Geld? – Mehr als nötig; ~ **de la moitié** über [*o* mehr als] die Hälfte; **j'ai dépensé** ~ **d'argent que je ne le pensais** ich habe mehr Geld ausgegeben, als ich dachte; **il n'a pas** ~ **d'argent que toi** er hat nicht mehr Geld als du; ~ **le temps passe,** ~ **l'espoir diminue** je mehr Zeit vergeht, desto mehr schrumpft die Hoffnung; ~ **on est bête,** ~ **on est heureux** je dümmer man ist, desto glücklicher ist man
▸ ~ **il réfléchit, [et] moins il a d'idées** je mehr er nachdenkt, desto weniger fällt ihm ein; **moins il l'aimait, [et]** ~ **il lui disait qu'il l'aimait** je weniger er sie liebte, desto häufiger sagte er ihr, dass er sie liebe; **et de** ~ und außerdem, und weiters (A); **un jour/une assiette de** ~ ein zusätzlicher Tag/Teller; **une fois de** ~ ein weiteres Mal; **boire de** ~ **en** ~ immer mehr trinken; **de** ~ **en** ~ **beau(belle)/vite** immer schöner/schneller; **en** ~ dazu; **il est moche, et il est bête en** ~ er ist hässlich und dumm dazu; **être**

en ~ *(en supplément)* zusätzlich berechnet werden; *(de trop)* zu viel sein; **en ~ de qc** zusätzlich zu etw, neben etw *(Dat)*; **sans ~** mehr nicht

plus⁵ [plys] **I.** *conj* ❶ plus, und; **deux ~ deux font quatre** zwei plus [*o* und] zwei gibt vier; **le loyer ~ les charges** die Miete plus Nebenkosten
❷ *(quantité positive)* **~ quatre degrés** vier Grad plus
II. *m* ❶ MATH Plus *nt*
❷ *(avantage)* Plus *nt*, Vorteil *m*

plusieurs [plyzjœʀ] **I.** *adj antéposé*, *pl* **à ~ reprises** mehrmals; **il y a ~ années** vor mehreren Jahren; **~ fois** mehrere Male, des Öfteren
II. *pron pl* einige; **~ m'ont raconté cette histoire** die Geschichte habe ich von einigen [Leuten] gehört; **~ d'entre nous** einige von uns; **~ de ces journaux** einige von diesen Zeitungen; **~ de mes amis** einige meiner Freunde
▸ **à ~** zu mehreren

plus-que-parfait [plyskəpaʀfɛ] <plus-que-parfaits> *m* Plusquamperfekt *nt* **plus-value** [plyvaly] <plus-values> *f* Wertzuwachs *m*, Mehrwert *m*; *(bénéfice)* Mehreinnahmen *Pl*; **~ absolue/relative** absoluter/relativer Mehrwert; **réaliser une ~** einen Gewinn erzielen

plutonium [plytɔnjɔm] *m* Plutonium *nt*

plutôt [plyto] *adv* ❶ *(de préférence)* **prendre ~ l'avion que le bateau** eher das Flugzeug als das Schiff nehmen; **cette maladie affecte ~ les enfants** von dieser Krankheit sind eher Kinder betroffen
❷ *(au lieu de)* **~ que de parler, il vaudrait mieux que vous écoutiez** anstatt zu reden solltet ihr besser zuhören
❸ *(mieux)* **tu ne voudrais pas ~ un chèque que du liquide?** möchtest du nicht lieber einen Scheck als Bargeld?; **~ mourir que [de] fuir** lieber sterben als fliehen
❹ *(et pas vraiment)* **être paresseux(-euse) ~ que sot(te)** eher faul als dumm sein; **c'est un journaliste ~ qu'un romancier** er ist eher Journalist als Romanschriftsteller; **elle n'est pas méchante, ~ lunatique** sie ist nicht bösartig, sondern eher launisch; **les difficultés le stimulent ~ qu'elles ne le découragent** Schwierigkeiten spornen ihn eher an, als dass sie ihn entmutigen
❺ *(assez)* **être ~ gentil(le)** eher [*o* eigentlich] nett sein; **c'est ~ bon signe** das ist eigentlich ein gutes Zeichen; **~ mal/lentement** eher schlecht/langsam; **elle va ~ bien** ihr geht es eigentlich ganz gut
❻ *fam (très)* unheimlich *(fam)*
❼ *(plus exactement)* **ou ~** oder besser gesagt

pluvial(e) [plyvjal, o] <-aux> *adj* Regen-; **riz ~** Reis, der in mit Regen bewässerten Reisfeldern wächst

pluvier [plyvje] *m* Regenpfeifer *m*

pluvieux, -euse [plyvjø, -jøz] *adj* regnerisch, verregnet; **climat, région** regenreich; **peu ~** regenarm; **jour ~** [*o* **de pluie**] Regentag *m*; **mois ~** [*o* **de pluie**] Regenmonat *m*; **par temps ~** bei Regenwetter; **temps ~ et gris** Novemberwetter *nt*

pluviner [plyvine] <1> *vi impers* **il pluvine** es nieselt

pluviomètre [plyvjɔmɛtʀ] *m* METEO Niederschlagsmesser *m*, Regenmesser *m*

pluviométrie [plyvjɔmetʀi] *f* METEO Regenmessung *f*

pluviosité [plyvjozite] *f* Niederschlagsmenge *f*

PLV [peɛlve] *f abr de* **publicité sur le lieu de vente** Werbeaktion vor Ort

p.m. [peɛm] *adv abr de* **post meridiem** p.m.

PMA¹ [peɛma] *mpl abr de* **pays les moins avancés** am wenigsten entwickelte Länder *Pl*

PMA² [peɛma] *f abr de* **procréation médicalement assistée** medizinisch unterstützte Zeugung *f*

PMI¹ [peɛmi] *fpl abr de* **petites et moyennes industries** kleinere und mittelständische Industriebetriebe *Pl*

PMI² [peɛmi] *f abr de* **protection maternelle et infantile** Fürsorge *f* für Mutter und Kind

PMU [peɛmy] *m abr de* **Pari mutuel urbain** Pferdewettbüro *nt*

P.N.B. [peɛnbe] *m abr de* **produit national brut** Bruttosozialprodukt *nt*

pneu [pnø] *m* Reifen *m*; **~ de vélo** Fahrradreifen; **~ en caoutchouc** Gummireifen; **~ à caoutchouc dur** Vollgummireifen; **taille de/du ~** Reifengröße *f*; **~ usé** Altreifen; **avoir un ~ crevé** eine Reifenpanne haben
◆ **~ standard** Ganzjahresreifen *m*; **taille basse** AUT Niederquerschnittreifen *m (Fachspr.)*; **tout temps** Ganzjahresreifen *m*
◆ **~ à chambre** Schlauchreifen *m*; **~ à clous** Spikereifen *m*
◆ **~ de compétition** Rennreifen *m*; **~ d'hiver** Winterreifen *m*; **~ de pluie** SPORT Regenreifen *m*; **~ de rechange** Ersatzreifen *m*

pneumatique [pnømatik] **I.** *adj* ❶ *(gonflable)* **bateau ~** Gummiboot *nt*; **canot ~** Schlauchboot *nt*; **matelas ~** Luftmatratze *m*
❷ *(qui fonctionne à l'air comprimé)* **marteau ~** Presslufthammer *m*
II. *m* ❶ *d'un véhicule* [Luft]reifen *m*

❷ *(lettre, message)* Rohrpostbrief *m*; **envoi par ~** Rohrpostsendung *f*

pneumocoque [pnømɔkɔk] *m* MED Pneumokokke *f*, Pneumokokkus *m (Fachspr.)*

pneumologie [pnømɔlɔʒi] *f* Lungenheilkunde *f*, Pneumologie *f (Fachspr.)*

pneumologue [pnømɔlɔg] *mf* MED Facharzt *m*/Fachärztin *f* für Lungenheilkunde, Pneumologe *m*/Pneumologin *f (Fachspr.)*

pneumonie [pnømɔni] *f* Lungenentzündung *f*; **~ atypique** Sars *nt*, SARS

pneumothorax [pnømɔtɔʀaks] *m* MED Pneumothorax *m (Fachspr.)*

pneu-neige [pnønɛʒ] <pneus-neige> *m* Winterreifen *m* **pneu-pluie** [pnøplɥi] <pneus-pluie> *m* Regenreifen *m*

pochade [pɔʃad] *f* ❶ [Farb]skizze *f*
❷ *(œuvre littéraire)* burleske Skizze

poche¹ [pɔʃ] *f* ❶ Tasche *f*; **~ de pantalon** Hosentasche, Hosensack *m* (SDEUTSCH, CH); **~ coupée/cousue** eingesetzte/aufgesetzte Tasche; **~ [à] rabat** Klappentasche; *d'un sac à dos* Deckeltasche; **~ passepoilée** Paspeltasche
❷ *a.* MED *(petit sac)* **~ de plasma** Plasmakonserve *f*; **~ de sang [conservé]** Frischblutkonserve
❸ *(compartiment)* [Innen]fach *nt*; **~ latérale** Seitenfach
❹ ZOOL Beutel *m*
❺ *(cavité remplie de)* **~ d'air/d'eau** Luft-/Wasserblase *f*; **~ de pus** Eitertasche *f*
❻ *(îlot)* **ce quartier est une ~ de pauvreté** dieses Viertel ist eine Insel der Armut; **des ~ de chômage/d'analphabétisme** Gebiete mit hoher Arbeitslosigkeit/mit einer hohen Analphabetenrate; **~ de résistance** Zelle *f* des Widerstands
❼ ANAT **avoir des ~s sous les yeux** Tränensäcke unter den Augen haben
▸ **connaître qn/qc comme sa ~** jdn in- und auswendig/etw wie seine Westentasche kennen; **en être de sa ~** *fam* dafür bluten müssen *(fam)*; **payer de sa ~** aus eigener Tasche zahlen; **se remplir les ~s** sich bereichern; **lampe de ~** Taschenlampe *f*; **collection/format de ~** Taschenbuchreihe *f*/Taschenbuchformat *nt*
◆ **~ à douille** Tortenspritze *f*; **~ des eaux** Fruchtblase *f*; **~ de thé** CAN *(sachet de thé)* Teebeutel *m*

poche² [pɔʃ] *m fam* Taschenbuch *nt*

poche³ [pɔʃ] *f* CH *(louche)* Schöpflöffel *m*

pocher [pɔʃe] <1> *vt* ❶ GASTR pochieren
❷ *(donner un coup à)* **~ un œil à qn** jdm ein blaues Auge schlagen; **avoir un œil poché** ein blaues Auge [*o* ein Veilchen *fam*] haben

poche-revolver [pɔʃʀevɔlvɛʀ] <poches-revolver> *f* Gesäßtasche *f*

pochette [pɔʃɛt] *f* ❶ *(pour disquettes)* Schutzhülle *f*; *(pour vinyles)* Hülle, Cover *nt*; **~ d'allumettes** Streichholzbriefchen *nt*; **~ de timbres** Tüte *f* mit Briefmarken; **~** [**pour photos**] Umschlag *m*; **~ de disque souple** Diskettenhülle; **~ d'expédition de disquette[s]** Diskettenversandtasche *f*
❷ *(mouchoir de veste)* Einstecktuch *nt*, Ziertuch
❸ *(petit sac)* *(pour femme)* Unterarmtasche *f*; *(pour homme)* Handgelenktasche *f*

pochette-surprise [pɔʃɛtsyʀpʀiz] <pochettes-surprises> *f* Wundertüte *f*

pochoir [pɔʃwaʀ] *m* Schablone *f*

pochothèque [pɔʃɔtɛk] *f* Taschenbuchhandlung *f*

podcaster [pɔdkaste] <1> *vt* INFORM podcasten

podium [pɔdjɔm] *m* ❶ Podium *m*
❷ SPORT Podest *nt*; **monter sur le ~** das Siegerpodest besteigen

podologie [pɔdɔlɔʒi] *f* Fußheilkunde *f*

podologue [pɔdɔlɔg] *mf* Fußspezialist(in) *m(f)*

poêle¹ [pwal] *m* Ofen *m*; **~ à mazout/à bois** Öl-/Holzofen

poêle² [pwal] *f* GASTR [Brat]pfanne *f*; **~ en cuivre** Kupferpfanne

poêle-cheminée [pwalʃ(ə)mine] <poêles-cheminées> *m* Kaminofen *m*

poêlée [pwale] *f* **une ~ de qc** eine Pfanne voll etw

poêler [pwale] <1> *vt* braten

poêlon [pwalɔ̃] *m* Kasserolle *f*

poème [pɔɛm] *m* Gedicht *nt*; **~ de Noël** Weihnachtsgedicht; **une lettre d'amour en forme de ~** ein Liebesbrief in Gedichtform; **~ symphonique** sinfonische Dichtung

poésie [pɔezi] *f* ❶ *sans pl* Poesie *f*; **~ en dialecte** Mundartdichtung
❷ *sans pl (genre de poème)* Dichtung *f*, Poesie *f*; **~ baroque** Barockdichtung; **~ courtoise** Ritterdichtung; **~ jésuite** Jesuitendichtung; **~ régionale** Heimatdichtung; **la ~ de Victor Hugo/de Rilke** die Poesie Victor Hugos/Rilkes
❸ *(poème)* Gedicht *nt*

poète [pɔɛt] *m* ❶ Dichter(in) *m(f)*; **~ lyrique** Lyriker(in) *m(f)*
❷ *(rêveur)* Träumer(in) *m(f)*

poétesse [pɔetɛs] *f péj* Dichterin *f*
poétique [pɔetik] *adj* ❶ LITTER dichterisch; **art ~** Dichtkunst *f*
❷ *(empreint de poésie)* poetisch; *image, paysage* stimmungsvoll; *histoire* romantisch; *vision des choses* verklärt
poétiquement [pɔetikmɑ̃] *adv* poetisch
poétiser [pɔetize] <1> *vt* verklären
pognon [pɔɲɔ̃] *m sans pl fam* Kohle *f (fam)*, Knete *f (fam)*
pogrom[e] [pɔgrɔm, pogrom] *m* Pogrom *nt*
poids [pwa] *m* ❶ *d'un objet* Gewicht *nt; d'une personne* [Körper]gewicht; **~ normal** [*o* **moyen**] Normalgewicht; **de ~ moyen** mittelschwer; **perdre/prendre du ~** ab-/zunehmen; **surveiller son ~** auf seine Linie achten *(fam);* **quel ~ faites-vous?** wie viel wiegen Sie?
❷ ECON Gewicht *nt;* **acheter/vendre au ~** nach Gewicht kaufen/verkaufen; **~ brut** Bruttogewicht, Rohgewicht; **~ manquant** Fehlgewicht; **~ maximal** Höchstgewicht; **~ net** Nettogewicht, Reingewicht; **~ à vide** Leergewicht; **~ à vide sans carburant** Trockengewicht; **~ de matière déversée non tassée** Schüttgewicht
❸ *(objet servant à peser)* Gewicht *nt*
❹ SPORT *(objet pesant, métallique)* Kugel *f;* **le lancer du ~** das Kugelstoßen
❺ *(charge, responsabilité)* Last *f;* **le ~ des responsabilités** die Last der Verantwortung; **le ~ des années** die Last der Jahre; **le ~ des impôts** die Steuerlast; **être un grand ~ pour qn** jdm eine große Last sein; **se sentir délivré(e) d'un grand ~** sich erleichtert fühlen
❻ *sans pl (importance)* Gewicht *nt,* Bedeutung *f;* **un argument de ~** ein gewichtiges Argument; **le ~ économique d'un pays** de wirtschaftliche Bedeutung eines Landes; **donner du ~ à qc** einer S. *(Dat)* Gewicht verleihen; **être de peu de ~** nicht ins Gewicht fallen
❼ *sans pl (influence)* Einfluss *m;* **un homme de ~** ein Mann von Einfluss; **peser de tout son ~** seinen ganzen Einfluss geltend machen
❽ TRANSP **~ lourd** Lastwagen *m*
❾ TECH Last *f;* **~ utile** Nutzlast; **~ tracté** Anhängelast; **~ mort** Eigengewicht *nt*
❿ *(catégorie sportive)* **~ mi-mouche/coq** Bantam-/Papiergewicht *nt;* **~ lourd/plume** Schwer-/Federgewicht; *(sportif)* Schwer-/Federgewichtler *m*
▶ **avoir** [*o* **se sentir**] **un ~ sur l'estomac** einen Druck in der Magengegend haben; **il y a/on fait deux ~ [et] deux mesures** es wird mit zweierlei Maß gemessen; **faire le ~** das nötige Format haben; **faire le ~ devant qn/qc** jdm/etw gewachsen sein
◆ **~ en charge** Ladegewicht *nt;* **~ de l'emballage** Verpackungsgewicht *nt;* **~ d'expédition** Versandgewicht *nt;* **~ et haltères** Gewichtheben *nt;* **~ de livraison** Liefergewicht *nt;* **~ à la naissance** Geburtsgewicht *nt;* **~ du transport** Verladegewicht *nt*
poignant(e) [pwaɲɑ̃, ɑ̃t] *adj scène* ergreifend; *douleur* stechend
poignard [pwaɲar] *m* Dolch *m;* **un coup de ~ dans le dos** *fig* ein Dolchstoß *m* in den Rücken
poignarder [pwaɲarde] <1> *vt* erdolchen, erstechen
poigne [pwaɲ] *f* Kraft *f* [in den Händen]
▶ **avoir de la ~** Durchsetzungsvermögen haben; **homme/femme à ~** energischer Mann/energische Frau; **gouvernement à ~** starke Regierung
◆ **~ de fer** *(force)* eiserner Griff; *(autorité)* energische Hand; **régner avec une ~ de fer** mit eiserner Hand regieren
poignée [pwaɲe] *f* ❶ Griff *m; d'une épée* Schaft *m,* Griff; *(dans le bus, la baignoire)* Haltegriff; *(aidant à porter qc)* Tragegriff *m;* **~ du frein à main** Handbremshebel *m;* **~ de pistolet** Pistolengriff *m;* **~ de la portière** Türgriff; **~ tournante** *d'un guidon* Drehschaltgriff
❷ *(quantité)* Handvoll *f;* **une ~ de riz/de jeunes gens** eine Hand voll Reis/junger Leute
❸ INFORM Joystick *m*
▶ **à** [*o* **par**] **[pleines] ~s** mit vollen Händen
◆ **~ de main** Händedruck *m;* **~ de main historique** historischer Handschlag; **donner une ~ de main à qn** jdm die Hand geben
poignet [pwaɲɛ] *m* ❶ ANAT Handgelenk *nt*
❷ COUT Manschette *f; d'un joueur de tennis* Schweißband *nt*
◆ **~ de force** Gelenkstütze *f*
poil [pwal] *m* ❶ ANAT [Körper]haar *nt;* **les ~s de la barbe** das Barthaar, die Barthaare; **il n'a pas de ~ s** er ist nicht behaart
❷ ZOOL *(phanère filiforme)* Haar *nt;* **~ d'animal** Tierhaar; **~ du tact** Tasthaar; **~ laineux** Wollhaar; **le chat perd ses ~s** die Katze haart *(o* verliert Haare*)*
❸ ZOOL *(ensemble des poils, pelage)* Fell *nt,* Haarkleid *nt (geh);* **à ~ ras/long** kurz-/langhaarig; **manteau en ~ de lapin/renard** Hasenfell-/Fuchspelzmantel *m*
❹ BOT [Pflanzen]haar *nt*
❺ *(filament)* Borste *f; d'un pinceau* Haar *nt; d'un tapis, d'une moquette* Flor *m; d'un tissu* Faser *f*
❻ *fam (un petit peu)* **un ~ de gentillesse** ein Funken [*o* Fünkchen] Höflichkeit; **ne pas avoir un ~ de bon sens** keinen Funken Verstand haben
▶ **reprendre du ~ de la bête** *(se rétablir)* wieder zu Kräften kommen; *(se ressaisir)* sich wieder fangen; **être de bon/mauvais ~** *fam* gut/schlecht gelaunt sein; **de tout ~, de tous ~s** *fam* aller Art; **à ~** *fam (nu)* nackt; **se mettre à ~** sich [nackt] ausziehen; **au ~!** *fam* super! *(fam),* toll! *(fam),* prima! *(fam)*
◆ **~ à gratter** Juckpulver *nt*
poilant(e) [pwalɑ̃, ɑ̃t] *adj fam* witzig, spaßig
poil-de-carotte [pwaldəkarɔt] *adj inv fam* leuchtend rot; **un enfant ~** ein Rotschopf *m*
poiler [pwale] <1> *vpr* **se ~** sich totlachen; *fam* sich kaputtlachen
poilu(e) [pwaly] *adj* behaart
poinçon [pwɛ̃sɔ̃] *m* ❶ Ahle *f,* Pfriem *m; d'un graveur* Radiernadel *f*
❷ *(estampille) d'un orfèvre* Punze *f*
◆ **~ de contrôle** Prüfzeichen *nt*
poinçonnage [pwɛ̃sɔnaʒ] *m* ❶ *(action)* Stanzen *nt,* Lochen *nt*
❷ *(perforage)* Lochung *f,* Perforierung *f*
poinçonner [pwɛ̃sɔne] <1> *vt* **~ qc** etw lochen; *orfèvre:* etw punzen
poinçonneur [pwɛ̃sɔnœr] *m* ❶ *(ouvrier)* [Loch]stanzer *m*
❷ *(employé des chemins de fer)* [Fahr]kartenkontrolleur *m,* [Fahr]kartenknipser *m (fam)*
poinçonneuse [pwɛ̃sɔnøz] *f* ❶ *(ouvrière)* [Loch]stanzerin *f*
❷ *(employée des chemins de fer)* [Fahr]kartenkontrolleurin *f,* [Fahr]kartenknipserin *f (fam)*
❸ *(machine-outil)* [Loch]stanze *f,* [Loch]stanzmaschine *f*
❹ *(pour dévalider les billets)* Fahrkartenzange *f*
poindre [pwɛ̃dr] <irr> I. *vi (apparaître)* sprießen
II. *vt fig littér (blesser)* verletzen
poing [pwɛ̃] *m* Faust *f;* **[le] revolver au ~** mit dem Revolver in der Hand
▶ **envoyer** [*o* **mettre**] **son ~ dans la figure à qn** *fam* jdm eine vor den Latz knallen *(fam);* **taper du ~ sur la table,** **donner un coup de ~ sur la table** mit der Faust auf den Tisch hauen; **dormir à ~ s fermés** tief [und fest] schlafen
poinsettia [pwɛ̃setja] *m* BOT Weihnachtsstern *m*
point[1] [pwɛ̃] *m* ❶ Punkt *m;* **en forme de ~** punktförmig
❷ GEOM Punkt *m;* **~ d'intersection** Schnittpunkt; **~ extrême** Extrempunkt
❸ *(tache)* Punkt *m;* **~ lumineux** Lichtpunkt
❹ *(dans une notation)* Punkt *m*
❺ ECON **de retraite** Punkt *m (in Frankreich wird die Rente nach einem Punktsystem berechnet); d'inflation* Prozent[punkt *m*] *nt*
❻ *(endroit)* Stelle *f*
❼ PHYS, INFORM **~ de liquéfaction** Verflüssigungspunkt *m;* **~ d'arrêt conditionné** bedingter Programmstopp
❽ *(question)* Frage *f;* **~ essentiel** Essential *nt (geh)*
❾ *(partie) d'ordre du jour* Punkt *m;* **~ litigieux** Streitpunkt; **~ de détail** unwesentlicher Punkt; **être d'accord sur tous les ~s** in allen Punkten einverstanden sein; **~ par ~** Punkt für Punkt; **en tout ~, en tous ~s** in allen Punkten
❿ GEOG **~ cardinal Est** Ostpunkt *m;* **les quatre ~s cardinaux** die vier Himmelsrichtungen; **~ culminant** höchster Punkt
⓫ POL **~ chaud** Konfliktherd *m*
⓬ MED **avoir un ~** ein Stechen haben
⓭ *(pixel)* Bildpunkt *m;* **~ par pouce** dpi *Pl*
▶ **qn se fait un ~ d'honneur de faire qc,** **qn met un/son ~ d'honneur à faire qc** für jdn ist es Ehrensache etw zu tun, jd setzt seine Ehre darein etw zu tun *(geh);* **mettre les ~s sur les i à qn** jdm gegenüber sehr deutlich werden; **c'est un bon/mauvais ~ pour qn/qc** das spricht für/gegen jdn/etw; **jusqu'à un certain ~** *(relativement)* bis zu einem gewissen Punkt; **avoir raison jusqu'à un certain ~** in gewisser Weise Recht haben; **ça va jusqu'à un certain ~** *fam (il y a une limite)* es gibt auch Grenzen; **~ commun** Gemeinsamkeit *f;* **nous avons un ~ commun: ...** wir haben ein[e]s gemeinsam: ...; **n'avoir aucun ~ commun avec qn** nichts mit jdm gemeinsam haben; **~ faible** Schwachpunkt *m;* **~ fort** Stärke *f;* **au plus haut ~** im höchsten Grad, äußerst; **être mal en ~** *personne:* schlecht beieinander sein; *voiture, objet:* in einem schlechten Zustand sein; **être toujours au même ~** unverändert sein; **~ mort** toter Punkt; TECH, AUT Totpunkt, toter Punkt; ECON Break-even-Punkt *m;* **au ~ mort** AUT im Leerlauf; **les discussions sont au ~ mort** die Gespräche haben sich festgefahren; **~ noir** *(comédon)* Mitesser *m; (grave difficulté)* heikler Punkt; *(lieu d'accidents)* Gefahrenstelle *f;* **arriver** [*o* **tomber**] **à ~ nommé;** *fam* wie gerufen kommen; **à** [un] **tel** – [*o* **à un – tel**] **que qn fait qc** so [*o* derart], dass jd etw tut; **un ~, c'est tout** Punkt, Schluss, Aus; und damit basta; **être au ~** *procédé, voiture:* ausgereift sein; *fam personne:* gut vorbereitet sein; **être sur le ~ de faire qc** im Begriff sein etw zu tun; **il était sur le ~ de prendre sa retraite** er stand kurz vor der Rente; **faire le ~ [de la situation]** Bilanz ziehen; **mettre au ~** *(régler)* einstellen; *(préparer dans les détails)*

ausarbeiten; **mettre une technique au ~** eine Technik voll entwickeln; **mettre qc au ~ avec qn** *s'entendre avec qn sur qc)* etw mit jdm vereinbaren; *(éclaircir)* etw mit jdm [ab]klären; **partir à ~** rechtzeitig abfahren; **tomber à ~** genau richtig kommen; **je voudrais ma viande à ~** ich hätte gern mein Fleisch medium; **légumes/nouilles à ~** Gemüse/Nudeln al dente; **fruit/fromage à ~** reifes Obst/reifer Käse; **arriver** [*o* **venir**] **à ~** wie gerufen kommen, [genau] im richtigen Moment kommen; **comment a-t-il pu en arriver à ce ~** [-là]? wie konnte es so weit mit ihm kommen?; **au ~ qu'on a dû faire qc/que qn fait** [*o* **fasse**] **qc** so [*o* derart], dass man etw unternehmen musste/dass jd etw unternimmt; **le ~ sur qn/qc** *(dans un journal télévisé)* zu jds Lage/zur Lage einer S.
◆ **~ virgule** Strichpunkt *m*; **~ d'appui** *(pour un levier)* Drehpunkt *m*; *(pour une échelle)* Stelle *m* zum Anlegen; MIL Stützpunkt *m*; *(soutien)* Halt *m*; **prendre un ~ d'appui** sich festhalten; **~ d'attache** *(relations)* je n'ai pas de **~ d'attache dans cette ville** ich habe weder Verwandte noch Bekannte in dieser Stadt; **~ de chargement** Ladestelle *f*; **~ de chute** Quartier *nt*; **~ de côté** Seitenstechen *nt*; **~ de départ** Ausgangspunkt *m*; *d'une découverte* Ausgangsbasis *f*; *du jeu de l'oie* Start *m*; **~ de départ du délai** Fristbeginn *m*; **~ d'eau** Wasserstelle *f*; **~ d'embarquement** Ladestelle *f*; **~ d'exclamation** Ausrufezeichen *nt*; **~ de friction** Reibungspunkt *m*, Streitpunkt *m*; **~ de fuite** Fluchtpunkt *m*; **~ d'impact** *(trace)* Aufschlagstelle *f*; *(trou)* Einschlag[stelle *f*] *m*; **~ d'interrogation** Fragezeichen *nt*; **c'est le grand ~ d'interrogation** das ist die große Frage; **~ d'intersection** Schnittpunkt *m*; *de routes* Kreuzung *f*; **~ de jonction** Verbindungsstelle *f*; **~ du jour** Tagesanbruch *m*; **~ de mire être le ~ de mire des journalistes** im Mittelpunkt des Interesses der Journalisten stehen; **~ de non-retour** Point *m* of no return; **qn/qc est à un ~ de non-retour** für jdn/etw gibt es kein Zurück mehr; **~ d'orgue** MUS Orgelpunkt *m*; **~ de rencontre** Treffpunkt *m*; **~ de repère** Anhaltspunkt *m*, Orientierungspunkt *m*; **sans ~ de repère** orientierungslos; **servir de ~ de repère** der Orientierung *(Dat)* dienen; **~ de rupture** Bruchstelle *f*; **~ s de suspension** Auslassungspunkte *Pl*; **~ de vente** Verkaufsstelle *f*; **~ de vue** ① Aussichtspunkt *m*, Aussicht *f* ② *(opinion)* Ansicht *f*, Meinung *f*; **partager le** [**même**] **~ de vue que qn** jds Meinung [*o* Ansicht] teilen [*o* sein]; **j'ai un autre ~ de vue** ich sehe das anders; **à mon ~ de vue** meiner Meinung [*o* Ansicht] nach; **d'un certain ~ de vue** in gewisser Weise; **de ce ~ de vue** so gesehen; **du ~ de vue touristique** aus dem Tourismus angeht [*o* anbelangt] ▶ **au ~ de vue de qc** [*o* **du**] was etw anbelangt; **au ~ de vue scientifique** aus wissenschaftlicher Sicht; **d'un ~ de vue monétaire** aus geldwirtschaftlicher Sicht; **d'un ~ de vue des échanges extérieurs** [*o* **du commerce extérieur**] außenwirtschaftlich [gesehen]

point² [pwɛ̃] *m* Stich *m*; *(en tricotant, crochetant)* Masche *f*; **~ de tricot** Strickmuster *nt*; **en ~ de jersey** glatt rechts gestrickt
◆ **~ de couture** COUT Zierstich *m*; **~ à l'endroit** rechte Masche; **~ de croix** Kreuzstich *m*; **~ à l'envers** linke Masche; **~ de suture** MED Stich *m*; **avoir deux ~s de suture** mit zwei Stichen genäht werden

point³ [pwɛ̃] *adv littér* **je n'ai ~ froid** mir ist [gar] nicht kalt; **elle n'a ~ d'amis** sie hat gar keine Freunde

pointage [pwɛ̃taʒ] *m* [Über]prüfung *f*; *d'une liste* Abhaken *nt*; **faire le ~ d'un colis** den Inhalt eines Päckchens kontrollieren; **faire le ~ des bulletins de vote** die Stimmen auszählen

pointe [pwɛ̃t] *f* ① *(extrémité pointue)* Spitze *f*; **~ de l'aile** *d'un avion, oiseau* Flügelspitze *f*; **~ du/d'un cheveu** Haarspitze; **les ~s de mes cheveux sont cassantes** meine Haarspitzen sind brüchig; **~ de l'île** Inselspitze; **~ est/ouest** Ost-/Westspitze; **en ~** spitz; **décolleté en ~** V-Ausschnitt *m*
② *(objet pointu)* Spitze *f*; *d'une fourchette* Zinke *f*; **~ de l'épée** Degenspitze
③ *(clou)* Drahtstift *m*
④ *(outil)* Spitzeisen *nt*; **~ de traçage** Reißnadel *f*
⑤ GEOG *(langue de terre)* Landzunge *f*
⑥ *pl (de danse)* Spitzenschuhe *Pl*; **faire des ~s** auf der Spitze tanzen
⑦ SPORT Spike *m*
⑧ *(sommet dans un graphique)* Spitze *f*
⑨ ART **~ sèche** *(outil)* Kaltnadel *f*; *(gravure)* Kaltnadelradierung *f*
⑩ *(petite quantité de)* **une ~ de cannelle** eine Messerspitze Zimt; **une ~ de méchanceté** ein Schimmer *m* von Boshaftigkeit; **une ~ d'ironie** ein Hauch *m* von Ironie; **une ~ d'accent** ein leichter Akzent
⑪ CAN *(part)* Stück *nt*
▶ **faire des ~s** [**de vitesse**] **de** [*o* **à**] **200/230 km/heure** 200/230 km/h Spitze fahren *(fam)*; **chaussons à ~s** Spitzenschuhe *Pl*; **chaussures à ~s** Spikes *Pl*, Nagelschuhe *Pl*; **être à la ~ de qc** an der Spitze einer S. *(Gen)* stehen; **un journaliste à la ~ de l'actualité** ein Journalist *m* [mit dem Finger] am Puls der Zeit; **s'habiller à la ~ de la mode** sich topmodisch kleiden; **vitesse de ~** Höchstge-

schwindigkeit *f*, Spitzengeschwindigkeit *f*; **heures de ~** Hauptverkehrszeit *f*, Stoßzeit *f*; **de** [*o* **en**] **~** führend; **technologie/équipe de ~** Spitzentechnologie/Spitzenmannschaft; **notre société est en ~/reste une entreprise de ~** unser Unternehmen steht an der Spitze/bleibt führend
◆ **~ d'asperge** Spargelspitze *f*; **~ des pieds marcher sur la ~ des pieds** auf Zehenspitzen gehen; *(prudemment)* behutsam vorgehen; **se mettre** [*o* **se dresser**] **sur la ~ des pieds** sich auf die Zehenspitzen stellen

pointeau [pwɛ̃to] <x> *m* TECH Stempel *m*; *(tige à bout conique)* Körner *m*

pointer¹ [pwɛ̃te] <1> I. *vi* ① [**aller**] **~** *ouvrier, employé:* die Stechuhr betätigen; *chômeur:* stempeln gehen *(fam)*
② *(au jeu de boules)* die Setzkugel anspielen
③ INFORM **~ sur une icône** mit der Maus auf ein Icon zeigen
II. *vt* ① abhaken *noms*; ankreuzen *titres de livres*
② IND kontrollieren
③ *(diriger vers)* **~ qc sur/vers qn/qc** etw auf/gegen jdn/etw richten; **~ son/le doigt sur qn** mit dem Finger auf jdn zeigen
④ *(au jeu de boules)* **~ une boule** mit einer Kugel die Setzkugel anspielen
⑤ MUS **être pointé(e)** punktiert sein
III. *vpr fam* **se ~** aufkreuzen *(fam)*, auftauchen *(fam)*

pointer² [pwɛ̃te] <1> I. *vi* ① emporragen *(geh)*; **~ vers le ciel** in den Himmel ragen; **~ au-dessus des toits** aus den Dächern [heraus]ragen
② *(commencer d'apparaître) matin:* heraufdämmern *(geh)*; **~ à l'horizon** *nouvelle époque:* heraufdämmern *(geh)*
③ *(commencer à pousser)* sprießen
④ *littér (apparaître brusquement)* **lueur d'effroi:** aufflackern; *ironie:* aufblitzen
II. *vt* spitzen *oreilles*; **~ le nez** schnuppern

pointeur [pwɛ̃tœʀ] *m* ① *(au jeu de boules)* Werfer(in) *m(f)* *(der versucht, möglichst nahe an die Setzkugel anzulegen)*
② MIL Richtkanonier *m*
③ INFORM **~ de la souris** Mauszeiger *m*

pointeuse [pwɛ̃tøz] *f* Stechuhr *f*

pointillé [pwɛ̃tije] *m* ① punktierte Linie; **être en ~** [**s**] gestrichelt [dargestellt] sein; *fig* angedeutet sein
② *(perforations)* Perforierung *f*, Perforation *f*; **détacher selon le ~** an [*o* entlang] der Perforierung abtrennen

pointilleux, -euse [pwɛ̃tijø, -jøz] *adj* übergenau, pingelig *(fam)*; **être ~(-euse) sur qc** [*o* **en matière de qc**] es mit etw sehr genau nehmen

pointillisme [pwɛ̃tijism] *m* Pointillismus *m*

pointu(e) [pwɛ̃ty] I. *adj* ① spitz
② *(grêle et aigu)* schrill
③ *(très poussé) formation* hochqualifiziert; *analyse* tief schürfend; *sujet* enggefasst
II. *adv* **parler ~** mit Pariser Akzent sprechen

pointure [pwɛ̃tyʀ] *f* Größe *f*; **quelle est votre ~?** welche Größe haben Sie?

point-virgule [pwɛ̃viʀgyl] <points-virgules> *m* Strichpunkt *m*, Semikolon *nt*

poire [pwaʀ] *f* ① Birne *f*; *(eau-de-vie)* Birnenschnaps *m*; **~ à couteau** Tafelbirne; **~ Belle-Hélène** Birne Helene; **gâteau aux ~s** Birnenkuchen *m*
② *(en forme de poire)* **vaporisateur à ~** Pumpzerstäuber *m*; **~ à lavement** MED Klistierspritze *f*
③ *fam (figure)* Gesicht *nt*
④ *fam (naïf)* Naivling *m* *(fam)*; **quelle ~!** wie kann man nur so dumm sein!
⑤ PECHE Birnenblei *nt*, Bodenblei
▶ **garder une ~ pour la soif** eine eiserne Reserve haben; **être trop bonne ~** viel zu gutmütig sein; **couper la ~ en deux** halbe-halbe machen; **se payer la ~ de qn** *fam* sich über jdn lustig machen

poireau [pwaʀo] <x> *m* Porree *m*, Lauch *m*
▶ **faire le ~** *fam* herumstehen wie bestellt und nicht abgeholt *(fam)*; **faire faire le ~ à qn** jdn herumstehen lassen *(fam)*

poireauter [pwaʀote] <1> *vi fam* **faire ~ les gens** die Leute herumstehen lassen

poirée [pwaʀe] *f* Mangold *m*

poirier [pwaʀje] *m* Birnbaum *m*
▶ **faire le ~** einen Kopfstand machen

pois [pwa] *m* Erbse *f*; **~ cassés** Trockenerbsen *Pl*; **chiche** Kichererbse; **petit ~** Erbse; **~ mange-tout** [*o* **gourmand**] Zuckererbse *f*
à ~ getüpfelt, gepunktet; **à gros ~s** mit großen Tupfen [*o* Punkten]
◆ **~ de senteur** Wicke *f*

poison [pwazɔ̃] I. *m* ① Gift *nt*; **~ végétal** Pflanzengift; **~ par contact** Kontaktgift; **~ respiratoire** Atemgift

poissard(e) [pwasaʀ, aʀd] LITTER *adj* pöbelhaft, vulgär
poissarde [pwasaʀd] *f péj vieilli* Fischweib *nt (pej)*
poisse [pwas] *f* Pech *m;* **porter la ~ à qn** *fam* jdm Unglück bringen; **quelle ~!** so ein Mist! *(fam)*
poisser [pwase] <1> *vt* ❶ *(enduire de poix)* mit Pech ausstreichen
❷ *(salir)* beschmieren
❸ *(arrêter, attraper)* **se faire ~** *fam* geschnappt werden *(fam)*
poisseux, -euse [pwasø, -øz] *adj* klebrig
poisson [pwasɔ̃] *m* ZOOL Fisch *m;* **~ de deux kilos** Vierpfünder *m;* **~ rouge** Goldfisch; **~ à chair blanche** Weißfisch; **~ noble** Edelfisch; **~ primitif** Urfisch; **~ venimeux** Giftfisch; **~ de fond** Tiefseefisch; **~ de l'année** PECHE einsommeriger [*o* einsömmeriger] Fisch *(Fachspr.)*
▶ **~ d'avril** Aprilscherz *m;* **~ d'avril!** April, April!; **faire à qn un ~ d'avril** jdn in den April schicken; **comme un ~ dans l'eau** wie ein Fisch im Wasser; **se sentir comme un ~ dans l'eau** in seinem Element sein; **petit ~ deviendra grand** *prov* aus Kindern werden Leute; **engueuler qn comme du ~ pourri** *fam* jdn zur Schnecke machen *(fam)*
◆ **~ d'argent** Silberfisch *m;* **~ d'eau douce** Süßwasserfisch *m;* **~ d'élevage** Besatzfisch *m (Fachspr.);* **~ de mer** Seefisch *m*
poisson-chat [pwasɔ̃ʃa] <poissons-chats> *m* Wels *m*
poisson-cible [pwasɔ̃sibl] <poissons-cibles> *m* PECHE Zielfisch *m (Fachspr.)* **poisson-épée** [pwasɔ̃epe] <poissons-épées> *m* Schwertfisch *m* **poisson-lune** [pwasɔ̃lyn] <poissons-lunes> *m* Mondfisch *m*
poissonnerie [pwasɔnʀi] *f (boutique)* Fischgeschäft *nt*
poissonneux, -euse [pwasɔnø, -øz] *adj* fischreich
poissonnier [pwasɔnje] *m* Fischhändler *m*
poissonnière [pwasɔnjɛʀ] *f* ❶ Fischhändlerin *f*
❷ *(casserole)* Fischpfanne *f*
Poissons [pwasɔ̃] *mpl* ASTROL Fische *Pl;* **être [du signe des] ~** [ein] Fisch sein, im Zeichen der Fische geboren sein
poisson-scie [pwasɔ̃si] <poissons-scies> *m* Sägefisch *m*
poitevin(e) [pwat(ə)vɛ̃, vin] *adj (de la ville)* von Poitiers; *(de la région)* des Poitou
Poitevin(e) [pwat(ə)vɛ̃, vin] *m(f) (de la ville)* Einwohner(in) *m(f)* von Poitiers; *(de la région)* Einwohner(in) *m(f)* des Poitou
Poitou [pwatu] *m* **le ~** das Poitou
poitrail [pwatʀaj] *m d'un cheval, chien* Brust[partie *f*] *f*
poitrine [pwatʀin] *f* ❶ ANAT Brust *f;* **le tour de ~** die Oberweite; **avoir des douleurs dans la ~** Schmerzen in der Herzgegend haben
❷ *(seins)* Busen *m*
❸ GASTR Brust *f;* **~ de bœuf/de veau** Ochsen-/Kalbsbrust
poivre [pwavʀ] *m sans pl* Pfeffer *m;* **mettre du ~ dans [*o* sur] qc** etw pfeffern
▶ **être ~ et sel** grau meliert sein
◆ **~ de Cayenne** Cayennepfeffer *m*
poivré(e) [pwavʀe] *adj* ❶ gepfeffert
❷ *(évoquant l'odeur, le goût du poivre) parfum, menthe* herb
❸ *(grossier) plaisanterie, histoire* gepfeffert *(fam)*
poivrer [pwavʀe] <1> *vt, vi* pfeffern
poivrier [pwavʀije] *m* ❶ Pfefferstrauch *m*
❷ *(récipient)* Pfefferstreuer *m*
❸ *(moulin à poivre)* Pfeffermühle *f*
poivrière [pwavʀijɛʀ] *f* Pfefferstreuer *m*
poivron [pwavʀɔ̃] *m* Paprika[schote *f*] *m*
poivrot(e) [pwavʀo, ɔt] *m(f) fam* Trinker(in) *m(f)*
poix [pwa] *f* Pech *nt*
pokémonomaniaque [pɔkemɔnɔmanjak] *mf* Pokemon-Freak *m*
poker [pɔkɛʀ] *m* ❶ Poker[spiel *nt*] *nt*
❷ *(partie)* Partie *f* Poker
❸ *(carré)* **un ~ d'as/de rois** vier Asse/Könige
◆ **~ d'as** JEUX Würfelpoker *nt;* **~ sur les prix** Preispoker *m (fam)*
polaire [pɔlɛʀ] *adj* ❶ GEOG Polar-; **cercle ~** Polarkreis *m;* **nuit/zone ~** Polarnacht *f/-zone f;* **air ~** Polarluft *f;* **ours ~** Eisbär *m*
❷ *(glacial)* eisig
polar [pɔlaʀ] *m fam* Krimi *m (fam);* **~ psychologique** Psychokrimi *(fam)*
polarisation [pɔlaʀizasjɔ̃] *f* ❶ **~ sur qn/qc** Konzentration *f* auf jdn/etw
❷ PHYS, ELEC, OPT Polarisation *f*
polariser [pɔlaʀize] <1> I. *vt* ❶ **~ l'attention** Aufmerksamkeit auf sich *(Akk)* ziehen
❷ *(concentrer)* **~ son attention sur un problème** seine [ganze] Aufmerksamkeit auf ein Problem richten
❸ PHYS, OPT, ELEC polarisieren
II. *vpr* **se ~ sur qn/qc** sich auf jdn/etw konzentrieren; *haine:* sich auf jdn/etw richten

polariseur [pɔlaʀizœʀ] OPT I. *adj* Polarisations-
II. *m* Polarisator *m*
polarité [pɔlaʀite] *f* Polarität *f*
polaroïd® [pɔlaʀɔid] *m* ❶ Polaroid[kamera]® *f*
❷ *(photo)* Polaroidbild® *nt,* Polaroid® *nt*
polder [pɔldɛʀ] *m* Polder *m,* Marsch *f*
pôle [pol] *m* ❶ GEOG Pol *m;* **~ Nord/Sud** Nord-/Südpol
❷ ELEC Pol *m;* **~ négatif/positif** Minus-/Pluspol
❸ *(terme opposé)* [Gegen]pol *m;* **de ~ opposé** gegenpolig
❹ ECON, POL Zentrum *nt*
◆ **~ d'attraction** Anziehungspunkt *m;* **~ de croissance** Wachstumszentrum *nt;* **~ de développement** Entwicklungsschwerpunkt *m;* **~ d'influence** Einflussbereich *m*
polémique [pɔlemik] I. *adj* polemisch
II. *f* Polemik *f*
polémiquer [pɔlemike] <1> *vi* **~ contre qn/qc** gegen jdn/etw polemisieren
polémiste [pɔlemist] *mf* Polemiker(in) *m(f)*
polenta [pɔlɛnta] *f* Polenta *f*
pole position [polpozisjɔ̃] *f inv* ❶ SPORT Poleposition *f inv*
❷ COM *(en tête)* Marktführer *m*
poli [pɔli] *m sans pl* Glanz *m;* **donner un beau ~ à qc** etw auf Hochglanz polieren
poli(e)[1] [pɔli] *adj* höflich; **être ~ avec qn** jdm gegenüber höflich sein
poli(e)[2] [pɔli] *adj* glatt; *bois, métal* poliert
police[1] [pɔlis] *f sans pl* Polizei *f;* **~ judiciaire/secrète** Kriminal-/Geheimpolizei; **~ municipale/nationale** Orts-/Staatspolizei; **~ privée** Wach- und Sicherheitsdienst *m;* **enquêtes de la ~ judiciaire** kriminalpolizeiliche Ermittlungen
▶ **faire la ~** für Ordnung sorgen
◆ **~ de l'air et des frontières** Luft- und Grenzschutzpolizei *f;* **~ de cartel** Kartellpolizei *f;* **~ des mœurs** Sittenpolizei *f;* **~ de la route** Verkehrspolizei *f;* **~ secours** Notruf *m*
police[2] [pɔlis] *f* ❶ **~ d'assurance** Versicherungspolice *f,* Versicherungsschein *m;* **~ de l'assurance-auto** Versicherungskarte *f;* **~ en blanc** Blankopolice; **~ groupée** FIN Paketpolice *f*
❷ INFORM **~ de caractères** Font *m*
policé(e) [pɔlise] *adj littér* zivilisiert
polichinelle [pɔliʃinɛl] *m* ❶ THEAT *(personnage)* Pulcinella *m*
❷ *(jouet)* Hampelmann *m*
policier [pɔlisje] *m* ❶ Polizist *m;* **~ de la brigade antidrogue** Drogenfahnder *m*
❷ *(roman, film)* Krimi *m*
policier, -ière [pɔlisje, -jɛʀ] *adj* **chien/état ~** Polizeihund *m/*-staat *m;* **roman/film ~** Kriminalroman *m/-*film *m;* **femme ~** Polizistin *f*
policière [pɔlisjɛʀ] *f* Polizistin *f;* **~ de la brigade antidrogue** Drogenfahnderin *f*
policlinique [pɔliklinik] *f* Poliklinik *f*
poliment [pɔlimɑ̃] *adv* höflich
polio [pɔljo] I. *f abr de* **poliomyélite** Polio *f,* Kinderlähmung *f*
II. *mf abr de* **poliomyélitique** an Polio Erkrankte(r) *f(m)*
poliomyélite [pɔljɔmjelit] *f* [spinale] Kinderlähmung, Poliomyelitis *f (Fachspr.)*
poliomyélitique [pɔljɔmjelitik] I. *adj* **virus ~** Poliovirus *nt;* **être ~** Kinderlähmung haben
II. *mf* an Kinderlähmung Erkrankte(r) *f(m)*
polir [pɔliʀ] <8> *vt* ❶ glatt schleifen, blank schleifen
❷ *(rendre brillant)* [auf Hochglanz] polieren
❸ *(peaufiner)* ausfeilen
polissage [pɔlisaʒ] *m* ❶ Schleifen *nt;* **atelier de ~ du cristal** Kristallschleiferei *f*
❷ *(pour rendre brillant)* Polieren *nt*
polissoir [pɔliswaʀ] *m* Polierfeile *f*
polisson(ne) [pɔlisɔ̃, ɔn] I. *adj* ❶ anzüglich; *chanson* zweideutig; *regard* begehrlich
❷ *(espiègle)* schelmisch; **elle est ~ne** sie ist ein Schelm *m* [*o* Schlingel *m*] *(fam)*
II. *m(f)* Schelm *m (fam),* Schlingel *m (fam)*
polissonnerie [pɔlisɔnʀi] *f* Bubenstreich *m,* Ungezogenheit *f*
politesse [pɔlitɛs] *f* ❶ *sans pl* Höflichkeit *f,* Anstand *m;* **manquer de ~** unhöflich sein; **lettre de ~** Höflichkeitsschreiben *nt;* **faire qc par ~** etw aus Höflichkeit tun
❷ *pl (propos)* Höflichkeiten *Pl; (comportements)* Anstandsregeln *Pl;* **se faire des ~s** Höflichkeiten austauschen
▶ **brûler la ~ à qn** sich [auf] französisch empfehlen
politicard(e) [pɔlitikaʀ, aʀd] *m(f)* Politprofi *m*
politicien(ne) [pɔlitisjɛ̃, jɛn] I. *adj péj* politisch; **politique ~ne** Politik *f* um der Politik willen
II. *m(f)* Politiker(in) *m(f);* **~ européen/~ne européenne** Europapolitiker(in); **~ exilé/~ne exilée** Exilpolitiker(in)
politico-économique [pɔlitikɔekɔnɔmik] *adj* politisch und wirt-

schaftlich

politique¹ [pɔlitik] *adj* ❶ politisch; *droits* staatsbürgerlich; **sciences ~s** Politikwissenschaft *f*; **jargon ~** Politikerjargon *m*
❷ *littér (habile)* diplomatisch

politique² [pɔlitik] *m* ❶ *(homme politique)* Politiker *m*
❷ *(prisonnier politique)* politische(r) Gefangene(r) *m*
❸ *(domaine politique)* politischer Bereich

politique³ [pɔlitik] *f* ❶ Politik *f*; [art de la] **~** Staatskunst *f*; **~ envers l'Église** Kirchenpolitik; **~ de l'enseignement supérieur/de l'éducation** Hochschul-/Bildungspolitik; **mesure concernant la ~ de l'enseignement supérieur/de l'éducation** hochschul-/bildungspolitische Maßnahme; **question importante en ce qui concerne la ~ de l'enseignement supérieur/de l'éducation** hochschul-/bildungspolitisch wichtige Frage; **~ fédérale** Bundespolitik; **événement concernant la ~ fédérale** bundespolitisches Ereignis; **décision importante en ce qui concerne la ~ fédérale** bundespolitisch wichtige Entscheidung; **~ applicable aux conventions collectives** Tarifvertragspolitik; **~ budgétaire** Budgetpolitik; **~ coloniale** Kolonialpolitik; **~ contractuelle** Tarifpolitik; **~ économique/extérieure** Wirtschafts-/Außenpolitik; **~ financière** Finanzpolitik; **réforme de ~ financière** finanzpolitische Reform; **~ fiscale** Steuerpolitik, Fiskalpolitik *(Fachspr.)*; **~ intérieure** Innenpolitik; **sensation de ~ médiatique** medienpolitische Sensation; **du point de vue de la ~ médiatique** medienpolitisch gesehen; **~ monétaire** Geldmengenpolitik; **~ monétaire inflationniste** inflationäre Geldpolitik; **~ scolaire** Schulpolitik; **~ sociale** Sozialpolitik, Gesellschaftspolitik; **~ tarifaire** *(en parlant de conventions collectives)* Tarifpolitik; *(en parlant de taxes)* Tarifpolitik, Gebührenpolitik; **~ de droite/de gauche** rechts-/linksorientierte Politik; **~ sur le marché monétaire** Geldmarktpolitik; **décision/question de ~ monétaire** währungspolitische Entscheidung/Frage; **du point de vue de la ~ monétaire...** währungspolitisch gesehen, ...; **~ sur le marché du travail** Arbeitsmarktpolitik; **instrument de la ~ sur le marché du travail** arbeitsmarktpolitisches Instrument; **~ en matière de taux de change** Wechselkurspolitik; **faire de la ~** *(être militant)* politisch engagiert sein; *(être intéressé)* sich für Politik interessieren; **mesure concernant la ~ salariale** lohnpolitische Maßnahme; **~ d'armement** Rüstungspolitik
❷ *(ligne de conduite)* Politik *f*; **être de bonne ~** [taktisch] klug sein; **~ commerciale** Verkaufspolitik, Geschäftspolitik; **~ des ressources humaines** Personalpolitik
❸ *(femme politique)* Politikerin *f*
❹ *(prisonnière politique)* politische Gefangene

▶ **pratiquer la ~ du moindre effort** den Weg des geringsten Widerstandes gehen; **~ de la main tendue** Versöhnungspolitik *f*; **~ de la terre brûlée** Politik *f* der verbrannten Erde; **~ politicienne** *péj* Politik *f* um der Politik willen
◆ **~ de l'autruche** Vogel-Strauß-Politik *f*; **~ des dépenses** Ausgabenpolitik *f*; **~ de l'entreprise** Unternehmenspolitik *f*; **~ d'implantation** Standortpolitik *f*; **~ d'investissement** Investitionspolitik *f*; **~ du logement** Wohnungspolitik *f*; **~ de protection du climat** Klimaschutzpolitik *f*; **~ de relance** [de l'économie] Ankurbelungspolitik *f*; **~ des salaires** Lohnpolitik *f*, Lohn- und Gehaltspolitik; **~ de sécurité** Sicherheitspolitik *f*; **~ de la société** Gesellschaftspolitik *f*; **~ de stabilisation** Konsolidierungskurs *m*; **~ de stabilisation monétaire** entspannungsorientierte Geldpolitik; **~ de stabilité** Stabilitätspolitik *f*; **~ de taux d'intérêt** ECON Zinspolitik *f*; **~ de taux d'intérêt bas** Niedrigzinspolitik

politiquement [pɔlitikmɑ̃] *adv* ❶ politisch
❷ *littér (avec habileté)* diplomatisch

politisation [pɔlitizasjɔ̃] *f* Politisierung *f*
politiser [pɔlitize] <1> *vt* politisieren
politologie [pɔlitɔlɔʒi] *f* Politologie *f*
politologue [pɔlitɔlɔg] *mf* Politologe *m*/Politologin *f*
polka [pɔlka] *f* Polka *f*
pollen [pɔlɛn] *m* Pollen *m*
pollinisation [pɔlinizasjɔ̃] *f* BOT Bestäubung *f*
polluant [pɔlɥɑ̃] *m* Schadstoff *m*; **~ atmosphérique** Luftschadstoff
polluant(e) [pɔlɥɑ̃, ɑ̃t] *adj* umweltverschmutzend; **non ~** umweltfreundlich; *véhicule, voiture* abgasfrei; **produit chimique ~** Umweltchemikalie *f*, umweltschädliche Chemikalie
polluer [pɔlɥe] <1> I. *vt* verschmutzen; **substance ~ l'eau** wassergefährdende Substanz; **l'air pollué des grandes villes** die abgashaltige Luft der Großstädte
II. *vi* die Umwelt verschmutzen
pollueur, -euse [pɔlɥœʀ, -øz] I. *adj* umweltverschmutzend; *méthodes de production* umweltschädlich
II. *m*, *f* Umweltverschmutzer(in) *m(f)*; **~ de l'air** Luftverpester *m*, Luftverschmutzer; **~ de l'atmosphère** Klimasünder *m (fam)*
pollution [pɔlysjɔ̃] *f* ❶ Umweltverschmutzung *f*; **~ atmosphérique** [*o* **de l'air**] Luftverschmutzung, Luftverunreinigung *f*; *(plus grave)* Luftverpestung *f*; **~ radioactive** radioaktive Verseuchung; **~ des eaux** Gewässerverschmutzung; **~ de l'eau potable** Trinkwasserverunreinigung; **~ du sol** Bodenverschmutzung; **mesure de la ~ atmosphérique** Luftschadstoffmessung *f*; **maladie due à la ~** Umweltkrankheit *f*
❷ *(nuisance)* Beeinträchtigung *f*; **~ sonore** Lärmbelästigung *f*
❸ MED **~ nocturne** nächtlicher Samenerguss, Pollution *f (Fachspr.)*

polo [pɔlo] *m* ❶ *(vêtement)* Polohemd *nt*, Strickhemd; **~ de tennis** Tennishemd *nt*
❷ *(sport)* Polo *nt*

polochon [pɔlɔʃɔ̃] *m fam* Nackenrolle *f*
Pologne [pɔlɔɲ] *f* **la ~** Polen *nt*
polonais [pɔlɔnɛ] *m* Polnisch *nt*, das Polnische; *v. a.* **allemand**
polonais(e) [pɔlɔnɛ, ɛz] *adj* polnisch
Polonais(e) [pɔlɔnɛ, ɛz] *m(f)* Pole *m*/Polin *f*
polonaise [pɔlɔnɛz] *f* MUS Polonaise *f*
polonium [pɔlɔnjɔm] *m* Polonium *nt*
poltron(ne) [pɔltʀɔ̃, ɔn] I. *adj* feig[e]
II. *m(f)* Feigling *m*
poltronnerie [pɔltʀɔnʀi] *f* Feigheit *f*
poly [pɔli] *m fam abr de* **polycopié** [Vorlesungs]skript *nt*
polyacrylique [pɔliakʀilik] *adj* Polyacryl-
polyamide [pɔliamid] *m* Polyamid *nt*
polyandrie [pɔljɑ̃dʀi, pɔliɑ̃dʀi] *f* Vielmännerei *f*
polychrome [pɔlikʀɔm] *adj* mehrfarbig, vielfarbig
polychromie [pɔlikʀɔmi] *f* Mehrfarbigkeit *f*, Vielfarbigkeit
polyclinique [pɔliklinik] *f* Poliklinik *f*
polycopie [pɔlikɔpi] *f (procédé)* Vervielfältigungsverfahren *nt*; *(action)* Vervielfältigung *f*; *(feuille)* Kopie *f*
polycopié [pɔlikɔpje] *m* [Vorlesungs]skript *nt*
polycopier [pɔlikɔpje] <1a> *vt* vervielfältigen, abziehen
polyculture [pɔlikyltyʀ] *f* Mischkultur *f*
polyèdre [pɔljɛdʀ, pɔljedʀ] GEOM I. *adj* polyedrisch, vielflächig
II. *m* Polyeder *nt*, Vielflächner *m*
polyester [pɔliɛstɛʀ] I. *m* Polyester *m*
II. *app inv* aus Polyester; **fibres ~** Polyesterfasern *Pl*
polyéthylène [pɔlietilɛn] I. *m* Polyäthylen *nt*
II. *app inv* aus Polyäthylen
polygame [pɔligam] I. *adj* polygam
II. *m* Polygamist *m*
polygamie [pɔligami] *f* Polygamie *f*
polyglotte [pɔliglɔt] I. *adj* polyglott
II. *mf* Polyglotte *mf*
polygonal(e) [pɔligɔnal, o] <-aux> *adj* polygonal, vieleckig
polygone [pɔligon] *m* ❶ Vieleck *nt*, Polygon *nt*
❷ MIL Artillerieschießplatz *m*
polygraphe [pɔligʀaf] *m* Vielschreiber *m*
polymère [pɔlimɛʀ] I. *adj* polymer
II. *m* Polymer[e] *nt*
polymérisation [pɔlimeʀizasjɔ̃] *f* Polymerisation *f*
polymorphe [pɔlimɔʀf] *adj* polymorph
polymorphisme [pɔlimɔʀfism] *m* CHIM Polymorphie *f*; BIO Polymorphismus *m*
Polynésie française [pɔlinezifʀɑ̃sɛz] *f* **la ~** die französischen Südseeinseln
polynésien(ne) [pɔlinezjɛ̃, jɛn] *adj* polynesisch
Polynésien(ne) [pɔlinezjɛ̃, jɛn] *m(f)* Polynesier(in) *m(f)*
polynôme [pɔlinom] *m* MATH Polynom *nt*
polype [pɔlip] *m* ZOOL, MED Polyp *m*
polypeptide [pɔlipɛptid] *m* BIO, CHIM Polypeptid *nt (Fachspr.)*
polyphasé(e) [pɔlifaze] *adj* ELEC mehrphasig
polyphonie [pɔlifɔni] *f* MUS Vielstimmigkeit *f*, Polyphonie *f (geh)*
polyphonique [pɔlifɔnik] *adj* MUS vielstimmig, polyphon *(geh)*
polypole [pɔlipɔl] *m* ECON Polypol *nt*
polypropylène [pɔlipʀɔpilɛn] I. *m* Polypropylen *nt*
II. *app inv* aus Polypropylen
polysémie [pɔlisemi] *f* LING Polysemie *f*
polysémique [pɔlisemik] *adj* LING polysem
polystyrène [pɔlistiʀɛn] I. *m* Polystyrol *nt*; **~ expansé** Styropor® *nt*
II. *app inv* aus Polystyrol
polysyllabe [pɔlisi(l)lab], **polysyllabique** [pɔlisi(l)labik] I. *adj mot, nom* mehrsilbig, vielsilbig
II. *m* mehrsilbiges Wort, Polysyllabum *nt (Fachspr.)*
polytechnicien(ne) [pɔlitɛknisjɛ̃, jɛn] *m(f)* [ehemaliger] Schüler/[ehemalige] Schülerin der École polytechnique
polytechnique [pɔlitɛknik] *adj* polytechnisch; **École ~** Hochschule zur Ausbildung von Ingenieuren in Paris
polythéisme [pɔliteism] *m* Vielgötterei *f*, Polytheismus *m (geh)*
polythéiste [pɔliteist] I. *adj* polytheistisch *(geh)*
II. *mf* Mensch, der an mehrere Götter glaubt; Polytheist(in) *m(f) (geh)*
polyuréthan[n]e [pɔliyʀetan, pɔljyʀetan] I. *m* Polyurethan *nt*;

en mousse de ~ aus Polyurethanschaumstoff
II. *app inv* aus Polyurethan
polyurie [pɔliyʀi] *f* MED Reizblase *f*
polyvalence [pɔlivalɑ̃s] *f* Vielseitigkeit *f*
polyvalent(e) [pɔlivalɑ̃, ɑ̃t] **I.** *adj* ❶ vielseitig; *objet* vielseitig verwendbar; *sérum, vaccin* polyvalent; **salle ~ e** Mehrzweckhalle *f*; **école ~ e** CAN ≈ Berufsfachschule
❷ CHIM mehrwertig
II. *m(f)* FISC Steuerprüfer(in) *m(f)*
polyvinyle [pɔlivinil] *m* Polyvinyl *nt*
pomélo [pɔmelo] *m* Grapefruit *f*
pommade [pɔmad] *f* Salbe *f*; COSMET Pomade *f*; **~ pour les lèvres** Lippenpomade
▶ **passer** de la **~ à qn** jdm schmeicheln, jdm Honig um den Bart schmieren *(fam)*
pommader [pɔmade] <1> **I.** *vt* mit Pomade einreiben *cheveux*; eincremen *joues*
II. *vpr* **se ~** sich mit Pomade einreiben [*o* einschmieren *pej*]
pomme [pɔm] *f* ❶ Apfel *m*; **~ d'hiver** Winterapfel; **~ d'api** kleiner rotbäckiger Apfel; **~ de reinette** Renette *f*; **~ golden** Golden Delicious *m*; **~ à couteau** Tafelapfel
❷ *(pomme de terre)* Kartoffel *f*, Erdapfel *m* (A); **~ s frites** Pommes frites *Pl*; **~ s sautées** Bratkartoffeln *Pl*; **~ s mousseline** Kartoffelschnee *m*, Kartoffelpüree *nt*; **~ s dauphines** Kroketten *Pl*
❸ *(cœur)* de chou Herz *nt*; **~ de laitue** Salatkopf *m*
❹ *(objet en forme de pomme) d'une canne* Knauf *m*; *d'un arrosoir* Braus(e)kopf *m*
▶ **être grand(e)** [*o* **haut(e)**] **comme trois ~ s** winzig[klein] sein; *enfant:* ein Dreikäsehoch sein *(fam)*; **rond(e) comme une ~** kugelrund; **être/tomber dans les ~ s** umgekippt sein/umkippen *(fam)*; **aux ~ s!** *fam* super! *(fam)*; **pour ma/ta ~** *fam* für mich/dich; **ça va encore être pour ma ~ !** ich werde wohl wieder dran glauben müssen! *(fam)*
◆ **~ d'Adam** Adamsapfel *m*; **~ de discorde** Zankapfel *m*; **~ de douche** Duschkopf *m*; **~ de pin** Tannenzapfen *m*
pommé(e) [pɔme] *adj* **laitue ~ e** Kopfsalat *m*; **chou ~** Weißkohl *m*
pommeau [pɔmo] <x> *m* Knauf *m*; *d'une selle* Knopf *m*
pomme de terre [pɔmdətɛʀ] <pommes de terre> *f (tubercule)* Kartoffel *f*, Erdapfel *m* (A); *(plante)* Kartoffelpflanze *f*; **~ en robe de chambre** [*o* **des champs**] Pellkartoffel, Erdapfel in der Montur (A *fam*); **~ nouvelle** neue Kartoffel, Salatkartoffel; **~ d'hiver** Winterkartoffel
pommelé(e) [pɔmle] *adj* **ciel** mit Schäfchenwolken; **cheval ~** Apfelschimmel *m*
pommer [pɔme] <1> *vi* einen Kopf bilden
pommette [pɔmɛt] *f souvent pl* Backenknochen *m*
pommier [pɔmje] *m* Apfelbaum *m*
pompage [pɔ̃paʒ] *m* [Ab]pumpen *nt*; *(vers le haut)* [Hoch]pumpen
pompe¹ [pɔ̃p] *f* ❶ Pumpe *f*; **~ aspirante/rotative** Saug-/Rotationspumpe; **~ à eau/à huile** Wasser-/Ölpumpe; **~ à eau chaude** Warmwasserpumpe; **~ à vide** Vakuumpumpe; **~ du radiateur** Kühlmittelpumpe
❷ *fam (chaussure)* Treter *m (fam)*
❸ *pl* SCOL *arg* Spickzettel *m (fam)*
❹ SPORT *fam* Liegestütz *m*; **faire des ~ s** Liegestütze[n] machen
▶ **coup** de **~** *fam* Durchhänger *m (fam)*; **être** [*o* **marcher**] **à côté de ses ~ s** *fam* völlig daneben sein *(fam)*; **à toute[s] ~ [s]** *fam* blitzschnell *(fam)*; *arriver, rouler* mit Karacho *(fam)*
◆ **~ à essence** Zapfsäule *f*; **~ à incendie** Feuerlöschpumpe *f*; **~ à injection** Einspritzpumpe *f*; **~ à piston** Kolbenpumpe *f*
pompe² [pɔ̃p] *f littér* Prunk *m*, Pomp *m*; **en grande ~** mit großem Prunk [*o* Pomp]
▶ [**entreprise de**] **~ s funèbres** Beerdigungsunternehmen *nt*, Bestattungsinstitut *nt*
pomper [pɔ̃pe] <1> **I.** *vt* ❶ abpumpen; *(vers le haut)* hochpumpen
❷ *(absorber)* aufsaugen
❸ *fam (boire)* schlucken *(fam)*
❹ *fam (épuiser)* **~ qn** jdn schlauchen *(fam)*
II. *vi* ❶ pumpen
❷ SCOL *fam* **~ sur qn** von jdm abschreiben *(fam)*
pompette [pɔ̃pɛt] *adj fam* beschwipst *(fam)*, angesäuselt *(fam)*
pompeusement [pɔ̃pøzmɑ̃] *adv* hochtrabend, bombastisch; *parler* floskelhaft
pompeux, -euse [pɔ̃pø, -øz] *adj* hochtrabend, bombastisch
pompier [pɔ̃pje] *m* Feuerwehrmann *m*
▶ **fumer** comme un **~** wie ein Schlot rauchen *(fam)*
pompier, -ière [pɔ̃pje, -jɛʀ] *adj péj style* gestelzt; **art ~** *péj* Kitsch *m*
pompiste [pɔ̃pist] *mf* Tankwart *m*
pompon [pɔ̃pɔ̃] *m* Troddel *f*, Bommel *m (fam)*
▶ **décrocher** le **~** *fam* den Vogel abschießen *(fam)*
pomponner [pɔ̃pɔne] <1> **I.** *vt* ausstaffieren, herausputzen
II. *vpr* **se ~** sich herausputzen

ponçage [pɔ̃saʒ] *m* [Ab]schleifen *nt*
ponce [pɔ̃s] *f* [Natur]bimsstein *m*
Ponce Pilate [pɔ̃spilat] *m* Pontius Pilatus *m*
poncer [pɔ̃se] <2> *vt* [ab]schleifen; wegschleifen *rouille, aspérité*; *(à la pierre ponce)* poncieren; *(au papier émeri)* [ab]schmirgeln
ponceuse [pɔ̃søz] *f* Schleifmaschine *f*; **~ à bande[s]** Bandschleifmaschine; **~ vibrante** Schwingschleifer *m*
poncho [pɔ̃(t)ʃo] *m* Poncho *m*
poncif [pɔ̃sif] *m* Gemeinplatz *m*, Klischee *nt*
ponction [pɔ̃ksjɔ̃] *f* ❶ MED Punktion *f*; **~ de la vessie** Blasenpunktion; **~ pulmonaire/lombaire** Lungen-/Lumbalpunktion; **faire** [*o* **pratiquer**] **une ~ à qn** bei jdm eine Punktion vornehmen
❷ *(prélèvement) d'argent* Abheben *nt*; **faire une ~ dans ses économies/son capital** seine Ersparnisse/sein Kapital angreifen
ponctionner [pɔ̃ksjɔne] <1> *vt* ❶ MED **~ qc à qn** jdm etw punktieren
❷ *(prélever)* **~ son capital** sein Kapital angreifen; **~ de l'argent à qn** jdm Geld abnehmen
ponctualité [pɔ̃ktɥalite] *f* Pünktlichkeit *f*
ponctuation [pɔ̃ktɥasjɔ̃] *f* Zeichensetzung *f*, Interpunktion *f*; **signes de ~** Satzzeichen *Pl*; **règle de ~** Interpunktionsregel *f*
ponctuel(le) [pɔ̃ktɥɛl] *adj* ❶ pünktlich
❷ *(momentané)* punktuell
ponctuellement [pɔ̃ktɥɛlmɑ̃] *adv* ❶ pünktlich
❷ *(momentanément)* punktuell
ponctuer [pɔ̃ktɥe] <1> *vt* ❶ LING Satzzeichen setzen, interpunktieren *(geh)*; **ce texte est bien/mal ponctué** die Interpunktion in diesem Text ist gut/schlecht
❷ *(souligner)* **~ qc de qc** etw durch etw unterstreichen [*o* betonen]
❸ MUS phrasieren
pondéral(e) [pɔ̃deʀal, o] <-aux> *adj* Gewichts-; **surcharge ~ e** Übergewicht *nt*
pondérateur, -trice [pɔ̃deʀatœʀ, -tʀis] *adj* ausgleichend; *influence* mäßigend
pondération [pɔ̃deʀasjɔ̃] *f* ❶ Besonnenheit *f*
❷ ECON, POL Ausgewogenheit *f*; **~ des pouvoirs** Gleichgewicht *nt* der Mächte
❸ STATIST Gewichtung *f*
pondéré(e) [pɔ̃deʀe] *adj* ❶ besonnen; **esprit ~** Besonnenheit *f*
❷ STATIST gewichtet, gewogen
pondérer [pɔ̃deʀe] <5> *vt* abwägen, bewerten
pondéreux, -euse [pɔ̃deʀø, -øz] **I.** *adj marchandises, produits* schwer
II. *mpl* Schwergüter *Pl*
pondeur, -euse [pɔ̃dœʀ, -øz] **I.** *adj* **poule pondeuse** Legehenne *f*
II. *m, f péj* Vielschreiber(in) *m(f) (pej)*; **être un ~ de qc** etw am laufenden Band produzieren *(fam)*
pondeuse [pɔ̃døz] *f* ❶ *(poule)* Legehenne *f (fam)*
❷ *(femme)* Gebärmaschine *f (pej fam)*
pondre [pɔ̃dʀ] <14> *vt, vi* ❶ *poule:* legen; *péj femme:* werfen *(pej fam)*
❷ *souvent péj fam (rédiger)* zusammenschreiben *(fam) romans;* fabrizieren *(fam) rapport, circulaires*
poney [pɔnɛ] *m* Pony *nt*
pongiste [pɔ̃ʒist] *mf* Tischtennisspieler(in) *m(f)*
pont [pɔ̃] *m* ❶ Brücke *f*; **~ en cordes** Seilbrücke; **~ aérien** Luftbrücke; **~ basculant/suspendu** Klapp-/Hängebrücke; **~ ferroviaire** [Eisen]bahnüberführung *f*; **~ provisoire** Notbrücke; **~ romain** Römerbrücke; **~ routier** Straßenbrücke
❷ *(vacances)* verlängertes Wochenende; **faire le ~** einen Brückentag einlegen
❸ NAUT Deck *nt*; **~ avant/arrière** Vorder-/Achterdeck; **~ principal/supérieur** Haupt-/Oberdeck; **tout le monde sur le ~ !** alle Mann an Deck!
❹ AUT **~ avant/arrière** Vorder-/Hinterachse *f*; **~ élévateur** Hebebühne *f*
▶ **faire un ~ d'or à qn** jdm ein finanziell verlockendes Angebot machen; **couper les ~ s avec qn/qc** den Kontakt zu jdm/etw abbrechen; **couper les ~ s derrière soi** alle Brücken hinter sich *(Dat)* abbrechen; **jeter un ~ entre qc et qc** eine Brücke zwischen etw und etw schlagen; **nous avons rompu les ~ s pour toujours** das Tischtuch zwischen uns ist zerschnitten; **culotte à ~** Latzhose *f*; **casquette à ~** Schirmmütze *f*
◆ **~ aux ânes** graphische Darstellung des pythagoreischen Lehrsatzes; *(banalité)* Binsenwahrheit *f*; **~ d'atterrissage** Landestelle *f*; **Ponts et Chaussées** staatliches Tiefbauamt; *(service responsable de la réfection des routes)* Straßenmeisterei *f*; **~ d'envol** Flugdeck *nt*; **~ de graissage** Hebebühne *f*
pontage [pɔ̃taʒ] *m* **~ [coronarien]** *(union de deux veines)* Bypass *m*; *(intervention chirurgicale)* Bypassoperation *f*
pont-bascule [pɔ̃baskyl] <ponts-bascules> *m* CHEMDFER Gleiswaage *f* **pont-canal** [pɔ̃kanal, o] <ponts-canaux> *m* Kanalbrücke *f*

ponte¹ [pɔ̃t] f ❶ Legezeit f
❷ (œufs) Gelege nt
ponte² [pɔ̃t] m fam Bonze m (pej fam), hohes Tier (fam); ~ **de la finance** Finanzhai m (fam); |**grand**| ~ **de l'industrie** Industrieboss m (fam)
ponter [pɔ̃te] <1> vt ❶ NAUT mit einem Deck versehen
❷ MED ~ **une artère à qn** jdm einen Bypass auf eine Arterie setzen
pontife [pɔ̃tif] m ❶ souvent péj fam hohes Tier (fam); ~ **de la critique/littérature** Kritiker-/Literaturpapst m; ~**s de la Faculté** Koryphäen Pl an der Universität
❷ REL Kirchenfürst m; **souverain** ~ Pontifex maximus m
pontifiant(e) [pɔ̃tifjɑ̃, jɑ̃t] adj discours schulmeisterhaft; ton belehrend; **être** ~ **(e)** gerne dozieren
pontifical(e) [pɔ̃tifikal, o] <-aux> adj päpstlich; **messe** ~ **e** Pontifikalamt [o -messe f] nt
pontificat [pɔ̃tifika] m ECCL Pontifikat nt
pontifier [pɔ̃tifje] <1a> vi dozieren (péj fam), sich [selbst] gerne reden hören (péj fam)
pont-l'évêque [pɔ̃lɛvɛk] m inv viereckiger Weichkäse **pont-levis** [pɔ̃l(ə)vi] <ponts-levis> m Zugbrücke f
ponton [pɔ̃tɔ̃] m (appontement) |Anlege|steg m; (plate-forme flottante) Ponton m; ~ **d'accostage** Landesteg
ponton-grue [pɔ̃tɔ̃gʀy] <pontons-grues> m Schwimmkran m
pontonnier [pɔ̃tɔnje] m ❶ HIST Brückenzolleinnehmer(in) m(f)
❷ MIL Pionier m
pont-promenade [pɔ̃pʀɔmnad] <ponts-promenade[s]> m Promenadendeck nt
pool [pul] m ❶ Pool m; ~ **bancaire** Bankenkonsortium nt; ~ |**du**| **charbon** |**et de l'**|**acier** Montanunion f; ~ **de régulation des cours** Kursregulierungskonsortium
❷ (équipe) ~ **des dactylos** Schreibzentrale f
♦ ~ **de garantie** Garantiekonsortium nt
pop [pɔp] I. adj inv **groupe/musique** ~ Popgruppe f/Popmusik f; **artiste** ~ Pop-art-Künstler(in) m(f); **peinture** ~ Pop-art f
II. f Pop m
pop[']art [pɔpaʀ] m Pop-art f
pop-corn [pɔpkɔʀn] <pop-corn> m Popcorn nt
pope [pɔp] m Pope m
popeline [pɔplin] f Popelin m, Popeline m o f; **robe en** ~ Popelinkleid nt
pop music [pɔpmyzik] <pop musics> f Popmusik f
popote [pɔpɔt] I. f fam Essen nt; **faire la** ~ das Essen machen
II. adj inv fam **être très** ~ homme: ein richtiger Stubenhocker sein (fam); femme: ein richtiges Heimchen [am Herd] sein (fam)
popotin [pɔpɔtɛ̃] m fam Hintern m (fam), Po m (fam); **se manier le** ~ sich ranhalten (fam)
populace [pɔpylas] f péj Pöbel m
populage [pɔpylaʒ] m Kuhblume f (fam)
populaire [pɔpylɛʀ] adj ❶ (du peuple) **république** ~ Volksrepublik f
❷ (destiné à la masse) roman volkstümlich; **croyance** ~ Volksglaube m; **bal** ~ öffentliche Tanzveranstaltung
❸ (plébéien) goût gewöhnlich; **quartier** ~ Arbeiterviertel nt; **bon sens** ~ gesundes Volksempfinden; **classes** ~**s** untere Volksschichten; **d'origine** ~ von einfacher Herkunft
❹ (qui plaît) populär; personne populär, beliebt
❺ LING populärsprachlich; **latin** ~ Vulgärlatein nt
populairement [pɔpylɛʀmɑ̃] adv s'exprimer populär, gemeinverständlich; **pour parler** ~ um mit den Worten des einfachen Mannes zu sprechen
populariser [pɔpylaʀize] <1> vt populär [o bekannt] machen; popularisieren sciences
popularité [pɔpylaʀite] f Popularität f, [allgemeine] Beliebtheit; **d'un souverain** Beliebtheit f beim Volk
population [pɔpylasjɔ̃] f ❶ Bevölkerung f; **d'une ville** Einwohner Pl; ~ **totale** Gesamtbevölkerung; ~ **du globe** Weltbevölkerung, Erdbevölkerung; ~ **côtière** [o **du littoral**] Küstenbevölkerung
❷ BIO, ZOOL Population f
❸ SOCIOL Bevölkerung f; **d'un sondage** Population f; ~ **active** Erwerbspersonen Pl, Berufstätige Pl; ~ **agricole/civile/urbaine** Land-/Zivil-/Stadtbevölkerung; ~ **citadine** Stadtbevölkerung; ~ **ouvrière** Arbeitervolk nt; ~ **scolaire** Schüler Pl; (nombre d'élèves) Zahl f der Schüler
populeux, -euse [pɔpylø, -øz] adj rue sehr belebt; cité dicht bewohnt
populisme [pɔpylism] m Populismus m
populiste [pɔpylist] I. adj populistisch
II. mf Populist(in) m(f)
populo [pɔpylo] m fam ❶ [einfaches] Volk
❷ (foule) Volk nt (fam)
porc [pɔʀ] m ❶ ZOOL Schwein nt
❷ GASTR Schweinefleisch nt, Schwein nt; **pur** ~ reines Schweinefleisch; **de** ~ aus Schweinefleisch, schweinern (SDEUTSCH, A); **côte-**

lette de ~ Schweinekotelett nt
❸ (peau) Schweinsleder nt
❹ péj fam (personne) Schwein nt (fam)
porcelaine [pɔʀsəlɛn] f ❶ Porzellan nt; **d'une blancheur de** ~ porzellanweiß
❷ (vaisselle) Porzellangeschirr nt; ~ **de Saxe** Meiß[e]ner Porzellan
❸ (objet) Porzellan[stück] nt (Fachspr.); **les** ~**s** die Porzellanwaren Pl
porcelainier, -ière [pɔʀsəlɛnje, -jɛʀ] I. adj **industrie porcelainière** Porzellanindustrie f
II. m, f Porzellanfabrikant(in) m(f)
porcelet [pɔʀsəlɛ] m ❶ Ferkel nt
❷ (chair) Spanferkel nt
porc-épic [pɔʀkepik] <porcs-épics> m ❶ Stachelschwein nt
❷ (individu) Kratzbürste f (fam)
porche [pɔʀʃ] m [Portal]vorbau m
porcher, -ère [pɔʀʃe, -ɛʀ] m, f Schweinehirt(in) m(f)
porcherie [pɔʀʃəʀi] f ❶ Schweinestall m, Schweinekoben m
❷ (lieu très sale) Saustall m (fam)
porcin(e) [pɔʀsɛ̃, in] I. adj ❶ **élevage** ~ Schweineaufzucht f
❷ fig sourire, visage feist; **yeux** ~**s** Schweinsäuglein Pl
II. m pl Schweine Pl
pore [pɔʀ] m Pore f; **peau à** ~**s fins/à gros** ~**s** feinporige/großporige Haut
poreux, -euse [pɔʀø, -øz] adj porös
porion [pɔʀjɔ̃] m MIN Steiger(in) m(f)
porno [pɔʀno] I. adj fam abr de **pornographique: film** ~ [o X] Pornofilm m; **acteur(-trice) de films** ~ [o X] Pornodarsteller(in) m(f) (fam)
II. m fam ❶ abr de **pornographie** Pornografie f
❷ (film, roman) Porno m (fam); ~ **violent** Gewaltporno (fam)
pornographe [pɔʀnɔgʀaf] I. adj éditeur von Pornografien; auteur ~ Verfasser(in) m(f) von pornografischen Schriften
II. mf Verfasser(in) m(f) von pornografischen Schriften
pornographie [pɔʀnɔgʀafi] f Pornografie f; ~ **violente** Gewaltpornografie
pornographique [pɔʀnɔgʀafik] adj pornografisch; **revue** ~ Pornoheft nt
porosité [pɔʀozite] f Durchlässigkeit f, Porosität f
porphyre [pɔʀfiʀ] m MINER Porphyr m
port¹ [pɔʀ] m ❶ Hafen m; ~ **fluvial** Binnenhafen, Flusshafen; (sur un canal) Kanalhafen; ~ **douanier** Seezollhafen; ~ **franc** Freihafen; (vu dans toute son étendue) Freihafengebiet nt; ~ **industriel** Industriehafen; ~ **maritime** Seehafen; ~ **militaire/pétrolier** Kriegs-/Ölhafen; ~ **praticable en hiver** Winterhafen; ~ **d'entrée** Einfuhrhafen; ~ **d'exportation** [o **de sortie**] Exporthafen, Ausfuhrhafen
❷ littér (abri) Port m (poet)
❸ INFORM Schnittstellenanschluss m, Port m (Fachspr.); ~ **jeu** Gameport; ~ **parallèle** Parallelschnittstelle f, Parallelport (Fachspr.); ~ **série** serielle Schnittstelle, serieller Port (Fachspr.); ~ **imprimante** Druckerschnittstelle f, Druckerport (Fachspr.)
❹ (col) Pass m
▶ **arriver à bon** ~ wohlbehalten ankommen; **mener qc à bon** ~ etw zu einem guten Ende führen
♦ ~ **d'attache** Heimathafen m; ~ **d'embarquement** Verschiffungshafen m, Einschiffungshafen, Ausgangshafen; ~ **d'expédition** Versandhafen m; ~ **d'exportation** Exporthafen m; ~ **d'importation** Importhafen m; ~ **de pêche** Fischereihafen m; ~ **de transbordement** Umladehafen m
port² [pɔʀ] m ❶ d'un vêtement, casque, objet Tragen nt; d'un nom Tragen nt, Führen nt; ~ **obligatoire de la ceinture de sécurité** Anschnallpflicht f; ~ **obligatoire de la/d'une muselière** Maulkorbpflicht
❷ NAUT ~ **en lourd** Gesamtladungsfähigkeit f
❸ COM Transportkosten Pl; d'une lettre Porto nt; ~ **dû/payé** unfrei/frei[gemacht], unfrankiert/frankiert; [**en**] ~ **dû** Fracht zahlt Empfänger; **franco de** ~ [**et d'emballage**] franko, portofrei
❹ (allure) d'une personne [Körper]haltung f; d'un arbre Wuchs m; ~ **de tête** Kopfhaltung
♦ ~ **d'armes** Waffentragen nt; MIL Präsentieren nt des Gewehrs; ~ **de voix** Portament[o] nt
portable [pɔʀtabl] I. adj tragbar
II. m ❶ (téléphone) Handy nt, Natel nt (CH)
❷ (ordinateur) Laptop m
portage [pɔʀtaʒ] m ❶ d'une marchandise [Aus]tragen nt
❷ NAUT CAN Tragen nt eines Bootes über Land; (partie d'un fleuve) mit Booten nicht befahrbarer Flussabschnitt
portail [pɔʀtaj] <s> m a. INFORM Portal nt; ~ **d'une/de l'église** Kirchenportal; ~ **latéral** Seitenportal; ~ **à colonnes** Säulenportal; ~ **d'entrée** ARCHIT Torbau m
portance [pɔʀtɑ̃s] f [dynamischer] Auftrieb m
portant(e) [pɔʀtɑ̃, ɑ̃t] adj CONSTR tragend

▶ **bien/mal ~(e)** gesund/nicht gesund; **qn est bien/mal ~** jdm geht es [gesundheitlich] gut/nicht so gut
portatif, -ive [pɔʀtatif, -iv] *adj* tragbar; **machine à écrire portative** Reiseschreibmaschine *f*
porte [pɔʀt] I. *f* ❶ *(ouverture, panneau mobile)* Tür *f*; **~ de la/de cuisine** Küchentür; **~ de la maison** Haustür; **~ des toilettes** Toilettentür; **~ en bois** Holztür; **~ en verre** [Ganz]glastür; **~ anti-feu** Feuertür; **~ de communication** Zwischentür; **~ du four** Backofentür; **~ battante** Flügeltür; **~ de devant/de derrière** Vorder-/Hintertür; **voiture à deux ~s** zweitüriges Auto; **~ en papier peint** Tapetentür; **~ de secours** Notausgang *m*; **~ de service** Dienstboteneingang *m*, Lieferanteneingang; **~ d'embarquement** Flugsteig *m*; **~ cochère** Toreinfahrt *f*; **~ coulissante** [*o* **à glissière**] Schiebetür; **armoire à ~s coulissantes** Schiebetürenschrank *m*; **~ dérobée** Hintertür; **fausse ~** Scheintür; **~ latérale** Seitentür; **clé** [*o* **clef**] **de la/de ~** Türschlüssel; **à la ~** vor der Tür; BELG *(à l'extérieur)* draußen; **il y a qn à la ~** es ist jd an der Tür; **de ~ en ~** von Tür zu Tür, von Haus zu Haus; **laisser qn à la ~** jdn vor [*o* an] der Tür stehen lassen; **forcer la ~ de qn** die Tür aufbrechen; **claquer** [*o* **fermer**] **la ~ au nez de qn** jdm die Tür vor der Nase zuschlagen [*o* zumachen]
❷ *(grande ouverture, grand panneau mobile)* Tor *nt*; **~ d'usine/de l'usine** Fabriktor, Fabriktor (A); **~ en bois** Holztor; **~ de garage/de grange** Garagen-/Scheunentor; **clé** [*o* **clef**] **de la/de ~** Torschlüssel
❸ *(entrée d'un château, d'une ville)* Tor *nt*; **~ de la ville** Stadttor; **aux ~s de la ville** vor [den Toren] der Stadt; **aux ~s de Paris** vor Paris; **~ de Bourgogne** Burgunder Pforte *f*
❹ SKI Tor *nt*
❺ ELEC Gatter *nt*
▶ **trouver ~ close/de bois** vor verschlossener Tür stehen; **être aimable** [*o* **souriant(e)**]**/poli(e) comme une ~ de prison** sehr unfreundlich/unhöflich sein; **entrer par la grande/petite ~** ganz oben/ganz klein anfangen; **enfoncer une ~ ouverte** [*o* **des ~s ouvertes**] offene Türen einrennen *(fam)*; **laisser la ~ ouverte à qc** die Tür für etw offen lassen; **c'est la ~ ouverte à tous les abus** dadurch ist jedem Missbrauch Tür und Tor geöffnet; **toutes les ~s lui sont ouvertes** ihm/ihr stehen alle Türen offen; **[journée] ~s ouvertes** Tag *m* der offenen Tür; **écouter aux ~s** an der Tür lauschen; **fermer** [*o* **refuser**]**/ouvrir sa ~ à qn** jdm sein Haus verbieten/öffnen; **forcer la ~ de qn** sich (Dat) gewaltsam Zutritt bei jdm verschaffen; **frapper à la ~ de qn** bei jdm anklopfen *(fam)*; **frapper à la bonne ~** sich an die richtige Adresse wenden; **frapper à la mauvaise ~** an die falsche Adresse geraten; **mettre** [*o* **foutre** *fam*] **qn à la ~** jdn vor die Tür setzen, jdn rausschmeißen *(fam)*; **prendre la ~** [weg]gehen; **à la ~!** hinaus!, raus! *(fam)*; **à** [*o* **devant**] **ma ~** vor meiner Tür, ganz in meiner Nähe; **ce n'est pas la ~ à côté!** das ist ganz schön weit! *(fam)*; **aux ~s de la mort** an der Schwelle des Todes; **entre deux ~s** zwischen Tür und Angel *(fam)*
II. *adj* ANAT **veine ~** Pfortader *f*
porté(e) [pɔʀte] I. *adj* ❶ **être ~(e) à qc** zu etw neigen; **être ~(e) à faire qc** dazu neigen etw zu tun
❷ *(aimer bien)* **être ~(e) sur qc** eine Vorliebe [*o* Schwäche] für etw haben; **être ~(e) sur la chose** nur an das eine denken
porte-à-faux [pɔʀtafo] ▶ **en ~** *mur, roche* überhängend; *fig personne* in einer heiklen Lage **porte-à-porte** [pɔʀtapɔʀt] *m inv* Hausieren *m*, Haus-zu-Haus-Verkauf *m* *(Fachspr.)*; **faire du ~** *quêteur:* von Haus zu Haus gehen; *démarcheur:* Haustürgeschäfte machen; *marchand ambulant:* hausieren **porte-avions** [pɔʀtavjɔ̃] *m inv* Flugzeugträger *m* **porte-bagages** [pɔʀtbagaʒ] *m inv* ❶ Gepäckträger *m* ❷ *(dans un train)* Gepäckablage *f* **porte-bébé** [pɔʀtbebe] <porte-bébés> *m (porté sur le dos)* Babytragegestell *nt*; *(porté sur le ventre)* Babytragetasche *f* **porte-bonheur** [pɔʀtbɔnœʀ] *m inv* Glücksbringer *m* **porte-bougies** [pɔʀtbuʒi] *m inv* Kerzenständer *m* **porte-bouteilles** [pɔʀtbutɛj] *m inv* Flaschengestell *nt* **porte-cartes** [pɔʀtəkaʀt] *m inv (pour les cartes routières)* Kartentasche *f*; *(pour les documents personnels)* Ausweishülle *f*, Ausweistasche *f* **porte-chapeaux** [pɔʀtəʃapo] *m inv* Hutständer *m* **porte-clés** [pɔʀtəkle] *m inv (anneau)* Schlüsselring *m*; *(anneau avec breloque)* Schlüsselanhänger *m*; *(étui)* Schlüsseletui *nt*; **~ siffleur** Schlüsselfinder *m* **porte-containers** [pɔʀtkɔ̃tɛnɛʀ] *m inv*, **porte-conteneurs** [pɔʀtkɔ̃tnœʀ] *m inv* Containerschiff *nt* **porte-couteau** [pɔʀtkuto] <porte-couteaux> *m* Messerbänkchen *nt* **porte-documents** [pɔʀtdɔkymɑ̃] *m inv* Aktentasche *f* **porte-drapeau** [pɔʀtdʀapo] <porte-drapeau[x]> *m* ❶ Fahnenträger *m* ❷ *(chef)* Anführer *m*
portée [pɔʀte] *f* ❶ Reichweite *f*; *d'une arme* Reichweite *f*, Schussweite *f*; **à ~ de vue** in Sichtweite; **à ~ de voix** in Rufweite, in Hörweite; **à la ~ de qn** in jds Reichweite, für jdn erreichbar; **hors de** [la] **~** [**de qn**] für jdn unerreichbar, außer[halb jds] Reichweite
❷ *(effet) d'un acte, événement* Tragweite *f*, Bedeutung *f*; *d'un argument, de paroles* Wirkung *f*
❸ MUS Notensystem *nt*

❹ ZOOL Wurf *m*; *(durée de la gestation)* Trächtigkeitsdauer *f*
❺ ARCHIT Spannweite *f*
❻ TECH Sitz *m*
❼ *(aptitude, niveau) de l'intelligence* Fassungsvermögen *nt*; **~ de l'esprit** geistiger Horizont *(fam)*; **c'est au-dessus** [*o* **hors**] **de ma ~** das übersteigt meinen Horizont *(fam)*; **être à la ~ de** *livre, discours* für jdn verständlich sein; **cours à** [la] **~ des élèves** schülernaher Unterricht; **organiser un cours à** [la] **~ des élèves** den Unterricht schülernah gestalten; **cet examen est à votre ~** diese Prüfung können Sie schaffen *(fam)*; **être hors de** [la] **~ de qn** *livre:* für jdn zu hoch sein *(fam)*; *examen, travail:* jds Fähigkeiten übersteigen; **se mettre à la ~ de qn** sich für jdn verständlich ausdrücken; **mettre qc à la ~ de qn** jdm etw verständlich machen
❽ *(accessibilité)* **être à la ~ de qn** für jdn zugänglich [*o* erreichbar] sein; *voyage, achat:* für jdn erschwinglich sein; **à la ~ de toutes les bourses** für jeden erschwinglich
portefaix [pɔʀtəfɛ] *m* HIST [Last]träger(in) *m(f)*
porte-fenêtre [pɔʀtfənɛtʀ] <portes-fenêtres> *f* Fenstertür *f*
portefeuille [pɔʀtəfœj] *m* ❶ Brieftasche *f*
❷ *(ministère)* Ressort *nt*, Geschäftsbereich *m*, Portefeuille *nt (geh)*
❸ FIN Wertpapierbestand *m*, Portefeuille *nt*
❹ COUT **jupe ~** Wickelrock *m*
▶ **~ d'actions** Aktienpaket *nt*, Aktienbestand *m*, Aktienportefeuille *nt*; **~ de titres** Wertpapierbestand *m*
porte-hélicoptères [pɔʀtelikɔptɛʀ] *m inv* Hubschrauberträger *m* **porte-jarretelles** [pɔʀtʒaʀtɛl] *m inv* Strumpfhaltergürtel *m*, Strapsgürtel *m* **porte-malheur** [pɔʀtmalœʀ] *m inv rare* Unglücksbote *m*
portemanteau [pɔʀtmɑ̃to] <x> *m* Garderobe *f*; *(mobile)* Garderobenständer *m*; *(crochets au mur)* Kleiderhaken *m*
portemine [pɔʀtəmin] <s> *m* Drehbleistift *m*
porte-missiles [pɔʀtmisil] *m inv* Raketenträger *m* **porte-monnaie** [pɔʀtmɔnɛ] *m inv* Portmonee *nt*, Geldbeutel *m*; **avoir le ~ bien garni** ein dickes Portmonee haben *(fam)* **porte-objet** [pɔʀtɔbʒɛ] <porte-objets> *m* OPT Objektträger *m* **porte-parapluies** [pɔʀtpaʀaplɥi] *m inv* Schirmständer *m* **porte-parole** [pɔʀtpaʀɔl] *m inv (personne)* Sprecher(in) *m(f)*; *(journal)* Sprachrohr *nt*; **~ du directoire** Vorstandssprecher(in); **~ du sénat** Senatssprecher(in) **porte-photo** [pɔʀtfoto] <porte-photos> *m* Fotohalter *m* **porte-plume** [pɔʀtəplym] *m inv* Federhalter *m* **porte-queue** [pɔʀt(ə)kø] <porte-queues> *m* grand **~** Schwalbenschwanz *m*
porter [pɔʀte] <1> I. *vt* ❶ tragen *sac, vêtement*; **continuer à ~ sa valise** seinen Koffer weitertragen
❷ *(endosser)* tragen *responsabilité, faute*; **faire ~ qc à qn** etw auf jdn schieben; **chacun porte sa croix** jeder hat sein Kreuz zu tragen
❸ *a. fig (apporter)* bringen; austragen *lettre, colis*; überbringen *nouvelle*; schenken *attention*; leisten *assistance, secours*
❹ *(diriger)* **son regard/ses yeux sur qn/qc** seinen Blick/seine Augen auf jdn/etw richten; **qn porte son choix sur qc** jds Wahl fällt auf etw *(Akk)*; **~ ses pas vers la porte** auf die Tür zugehen; **~ le verre à ses lèvres** das Glas an die Lippen führen; **~ la main au chapeau** mit der Hand an den Hut fassen; **~ la main à sa poche** in die Tasche greifen; **~ qn quelque part** jdn irgendwohin führen
❺ *(avoir sur soi)* tragen *vêtement, lunettes*; führen *nom, titre*; **~ la barbe/les cheveux longs** einen Bart tragen/das Haar lang tragen
❻ *(révéler)* aufweisen *traces*; tragen *marque de fabrique*
❼ *(ressentir)* **~ de l'amitié/de l'amour à qn/qc** Freundschaft/Liebe für etw empfinden; **~ de l'intérêt à qn/qc** jdm Zuneigung entgegenbringen; **~ de la haine à qn/qc** Hass gegen jdn empfinden; **~ de la reconnaissance à qn** jdm dankbar sein
❽ *(tenir)* **~ la tête droite/haute** den Kopf aufrecht halten/hoch tragen; **~ le buste/corps en avant** leicht nach vorne geneigt gehen
❾ *(inscrire)* **être porté(e) malade** krankgemeldet sein, sich krankmelden; **être porté(e) disparu(e)** als vermisst gemeldet sein; **se faire ~ absent(e)** sich abmelden
❿ FIN **~ de l'argent au crédit** Geld gutschreiben; **~ des coûts à l'actif** Kosten aktivieren
⓫ *(faire arriver)* **~ à la perfection/au paroxysme** zur Vollkommenheit/zum Höhepunkt bringen; **~ au pouvoir** an die Macht bringen; **~ le salaire à 1000 euros** den Lohn auf 1000 Euro anheben; **~ une peine à trois ans** eine Strafe auf drei Jahre anheben
⓬ *(inciter à)* **~ qn à qc** *jalousie, avarice:* jdn zu etw bringen [*o* treiben]; *ambiance:* jdn zu etw verleiten; **tout porte à croire que** alles weist darauf hin, dass; **se laisser ~ par la colère** sich vom Zorn hinreißen lassen; **se laisser ~ par l'enthousiasme** sich von der Begeisterung mitreißen lassen
⓭ *(avoir en gestation) animal:* tragen; *femme:* erwarten
⓮ *(avoir en soi)* **~ de la haine en soi** Hass in sich *(Dat)* tragen; **~ avec soi la récompense/la punition** die Belohnung/die Strafe

mit sich bringen
▶ ~ **les** <u>**armes**</u> beim Militär sein
II. *vi* ❶ ~ **sur qc** *action, effort:* sich auf etw *(Akk)* konzentrieren; *discours:* sich um etw drehen; *revendications, divergences:* etw betreffen; *question, critique:* sich auf etw *(Akk)* beziehen; **l'étude porte sur ...** Gegenstand der Studie ist ...
❷ *(avoir telle étendue)* ~ **sur qc** sich auf etw *(Akk)* belaufen; *préjudice:* darin bestehen
❸ *(faire effet) conseil, critique:* wirken; *coup:* sitzen *(fam)*
❹ *(avoir une certaine portée)* **voix:** weit [*o* gut] tragen; *mesure, question:* bedeutsam sein; **cette arme à feu porte à ...** diese Schusswaffe hat eine Reichweite von ...; **il a une voix qui porte loin** seine Stimme ist weit zu hören
❺ *(reposer sur)* ~ **sur qc** *édifice, poids:* auf etw *(Dat)* ruhen; *accent:* auf etw *(Dat)* liegen
❻ *(avoir en gestation) animal:* trächtig sein
❼ *(heurter)* **c'est son front qui a porté** er/sie ist mit der Stirn aufgeschlagen; **sa tête a porté sur un tabouret** er/sie schlug mit dem Kopf gegen einen Hocker
III. *vpr* ❶ **qn se porte bien/mal** jdm geht es [gesundheitlich] gut/schlecht
❷ *(se présenter comme)* **se ~ acquéreur/candidat** als Käufer/Kandidat auftreten; **se ~ volontaire** sich freiwillig melden
❸ *(se diriger)* **se ~ sur qn/qc** *regard:* sich auf jdn richten; *choix, soupçon:* auf jdn/etw fallen; **se ~ vers qc** *personne:* sich einer S. *(Dat)* zuwenden
❹ *(être porté)* **se ~ en été/hiver** *vêtements:* getragen werden; **se ~ beaucoup en ce moment** momentan in sein *(fam)*
❺ *(se laisser aller)* **se ~ à des violences** sich zu Gewalthandlungen hinreißen lassen

porte-revues [pɔʀtʀəvy] *m inv* Zeitungsständer *m* **porte-savon** [pɔʀtsavɔ̃] <porte-savons> *m* Seifenschale *f* **porte-serviette** [pɔʀt(ə)sɛʀvjɛt] *m inv* Serviettenhalter *m* **porte-serviettes** [pɔʀt(ə)sɛʀvjɛt] *m inv* Handtuchhalter *m*, Handtuchstange *f* **porte-skis** [pɔʀtski] *m inv* Dachträger *m* für Skier

porteur, -euse [pɔʀtœʀ, -øz] **I.** *adj* ❶ **mur** tragend; **fusée porteuse** Trägerrakete *f*
❷ *(prometteur) secteur* viel versprechend; *marché* gewinnträchtig; **~(-euse) d'avenir** zukunftsträchtig
II. *m, f* ❶ *(sur le quai)* Gepäckträger(in) *m(f)*, Kofferträger *m; (lors d'expéditions)* Träger(in) *m(f);* **~(-euse) d'eau** Wasserträger(in) *m(f);* **~(-euse) de nouvelle** Überbringer(in) *m(f)* der Nachricht; **~(-euse) de journaux** Zeitungsausträger(in) *m(f),* Zeitungsmann *m*/-frau *f,* Zeitungsverträger(in) *m* (CH)
❷ *(détenteur) d'action, obligation* Inhaber(in) *m(f);* **~ d'un/du chèque** Scheckinhaber(in); **~ d'un/de l'effet** Wechselinhaber(in); **~ de parts** Anteilseigner(in) *m(f);* **~ d'un titre de créance** Forderungsberechtigte(r) *f(m) (Fachspr.);* **~ payable au** ~ zahlbar an Überbringer; **être ~(-euse) de qc** im Besitz einer S. *(Gen)* sein; **~ du ballon** SPORT Ballbesitzer *m*
❸ MED *d'une maladie* Träger(in) *m(f);* **~ de germes/microbes** Keim-/Bazillenträger

porte-vélo[s], porte vélo[s] [pɔʀtvelo] *inv m* Fahrradträger *m* **porte-voix** [pɔʀtvwa] *m inv* Megaphon *nt; fig* Sprachrohr *nt*
▶ **en ~** trichterförmig

portier [pɔʀtje] *m* ❶ *(concierge)* Portier *m;* **~ d'hôtel** Hotelportier
❷ SPORT Torhüter *m*
▶ **~ électronique** Sprechanlage *f*

portière [pɔʀtjɛʀ] *f* ❶ *(concierge)* Portiersfrau *f*
❷ *(porte) d'une voiture* Tür *f*

portillon [pɔʀtijɔ̃] *m de passage à niveau* Türchen *nt* [für Fußgänger]; *du métro parisien* [Bahnsteig]sperre *f*
▶ **ça se** <u>**bouscule**</u> [*o* **presse**] **au ~** *fam* er/sie verhaspelt sich beim Sprechen *(fam)*

portion [pɔʀsjɔ̃] *f* ❶ Stück *nt; d'un terrain* Teil *m;* **~ d'une route** Straßenabschnitt *m,* Teilstrecke *f;* **~ d'héritage** Erbanteil *m*
❷ GASTR Portion *f;* **~ de fromage** Käseecke *f*
▶ **être réduit(e) à la ~** <u>**congrue**</u> sich mit dem Minimum begnügen müssen; **se réduire à la ~** <u>**congrue**</u> sich auf ein Minimum beschränken

portique [pɔʀtik] *m* ❶ ARCHIT Säulenhalle *f*
❷ SPORT Turngerüst *nt; (pour enfants)* Klettergerüst *nt*
❸ TECH **~ [à signaux]** Signalbrücke *f*

porto [pɔʀto] *m* Portwein *m*
portoricain(e) [pɔʀtɔʀikɛ̃, ɛn] *adj* puerto-ricanisch
Portoricain(e) [pɔʀtɔʀikɛ̃, ɛn] *m(f)* Puerto-Ricaner(in) *m(f)*
Porto Rico [pɔʀtoʀiko] Puerto Rico *nt*

portrait [pɔʀtʀɛ] *m* ❶ ART, PHOT Porträt *nt; ~* **d'enfant** Kinderporträt, Kinderbild *nt; ~* **caricatural** Karikatur *f; ~* **fidèle** [*o* **ressemblant**] naturgetreues [*o* lebensnahes] Abbild; **faire le ~ de qn** *(peindre)* ein Porträt von jdm malen, jdn porträtieren; *(faire une photo)* eine Porträtaufnahme von jdm machen; **se faire tirer le ~** *fam* sich fotografieren [*o* knipsen *fam*] lassen

❷ *(description) d'une personne* Porträt *nt; d'une société* Beschreibung *f; ~* **physique d'une personne** äußeres Erscheinungsbild eines Menschen; **faire le ~ de qn** das Porträt [*o* Charakterbild] von jdm entwerfen
❸ ART Porträtmalerei *f*
▶ **se faire** <u>**abîmer**</u> [*o* **esquinter**] **le ~** *fam* die Fassade demoliert kriegen *(fam);* **être tout le ~ de qn** jdm wie aus dem Gesicht geschnitten sein, jds Ebenbild sein *(geh)*

portraitiser [pɔʀtʀetize] <1> *vt* porträtieren
portraitiste [pɔʀtʀetist] *mf* Porträtmaler(in) *m(f)*
portrait-robot [pɔʀtʀɛʀɔbo] <portraits-robots> *m* ❶ Phantombild *nt*
❷ *(caractéristiques)* Standardbild *nt*
portraiturer [pɔʀtʀetyʀe] <1> *vt* porträtieren
port-salut® [pɔʀsaly] *m inv* Käse aus dem Loire-Tal
portuaire [pɔʀtɥɛʀ] *adj* **installations ~s** Hafenanlagen *Pl*
portugais [pɔʀtygɛ] *m* **le ~** Portugiesisch *nt,* das Portugiesische; *v. a.* **allemand**
portugais(e) [pɔʀtygɛ, ɛz] *adj* portugiesisch
Portugais(e) [pɔʀtygɛ, ɛz] *m(f)* Portugiese *m*/Portugiesin *f*
portugaise [pɔʀtygɛz] *f* GASTR portugiesische Auster
▶ **avoir les ~s** <u>**ensablées**</u> *fam* Bohnen in den Ohren haben *(fam)*
Portugal [pɔʀtygal] *m* **le ~** Portugal *nt*
P.O.S. [peoɛs] *m abr de* **plan d'occupation des sols** ≈ Flächennutzungsplan *m*

pose [poz] *f* ❶ *d'une moquette, de câbles* Verlegen *nt; d'une canalisation* Legen *nt; d'un chauffage, d'une antenne* Installieren *nt; d'une serrure, de rideaux* Anbringen *nt; d'une vitre* Einsetzen *nt; d'une tapisserie* Ankleben *nt; ~* **des rails** Gleisverlegung *f,* Verlegen der Gleise; **~ de la première pierre** Grundsteinlegung *f*
❷ *(attitude)* [Körper]haltung *f;* ART, PHOT Pose *f*
❸ PHOT *(exposition)* Belichtung *f; (photo)* Aufnahme *f;* **temps de ~** Belichtungszeit *f;* **prendre une photo en ~** ein Foto mit dem Selbstauslöser machen
❹ *(affectation)* Pose *f;* **être de la ~** gespielt sein; **prendre des ~s** sich in Pose werfen

posé(e) [poze] *adj* ruhig, bedächtig
▶ **bien/mal ~(e)** MUS mit gutem/schlechtem Registerausgleich
posément [pozemã] *adv* agir [wohl]überlegt; *parler* ruhig
posemètre [pozmɛtʀ] *m* Belichtungsmesser *m*
poser [poze] <1> **I.** *vt* ❶ [hin]legen *livre, main;* [hin]stellen *échelle, bagages;* [hin]setzen *pieds; ~* **par terre** auf den Boden stellen, abstellen; **~ son regard sur qn/qc** seinen Blick auf jdn/etw richten
❷ AVIAT aufsetzen, landen
❸ MATH [hin]schreiben *opération;* aufstellen *équation*
❹ MUS **~ sa voix** den Registerausgleich beherrschen
❺ *(installer)* verlegen *moquette, câbles, rails;* installieren *chauffage;* [ver]legen *électricité;* anbringen *rideau, serrure;* ankleben *tapisserie;* einsetzen *vitre*
❻ *(énoncer)* aufstellen *définition, principe;* aufgeben *devinette;* stellen *question, condition*
❼ *(soulever)* aufwerfen *problème, question*
❽ *(donner de l'importance)* **~ qn** *maison, poste:* jdm Ansehen verschaffen; **ça vous pose un homme!** und die Leute sehen zu einem hoch!
❾ BELG, CAN **~ un acte** *(commettre un acte)* eine Tat begehen
▶ **ceci posé** danach, hierauf[hin]
II. *vi* ❶ **~ pour qn/qc** jdm/für etw Modell sitzen [*o* stehen]; **~ pour la postérité** für die Nachwelt posieren; **~ pour la galerie** sich in Szene setzen
❷ CONSTR **~ sur qc** auf etw *(Dat)* ruhen
III. *vpr* ❶ **se ~** *question:* sich stellen; *difficulté, problème:* auftauchen; **il se pose la question si ...** es stellt sich die Frage, ob ...; **se ~ une question** sich + *Dat* eine Frage stellen; **se ~ des problèmes** sich + *Dat* [selbst] Probleme schaffen
❷ *(cesser de voler)* **se ~ dans/sur qc** *insecte, oiseau:* sich auf etw *(Akk)* setzen; *avion:* in etw *(Dat)*/auf etw *(Dat)* landen
❸ *(se fixer)* **se ~ sur qc** *regard, yeux:* sich auf etw *(Akk)* richten; *main:* sich auf etw *(Akk)* legen
❹ *(s'appliquer)* **se ~ facilement** *moquette:* sich leicht [ver]legen lassen; *papier peint:* sich leicht ankleben lassen; *rideau:* sich leicht anbringen lassen
❺ *(se donner pour)* **se ~ comme** [*o* **en**] **qc** sich als etw aufspielen
poseur, -euse [pozœʀ, -øz] **I.** *adj* angeberisch, affektiert
II. *m, f* ❶ **~(-euse) de carrelages/de parquet** Fliesen-/Parkettleger(in) *m(f);* **~(-euse) d'affiches** Plakat[an]kleber(in) *m(f);* **~(-euse) de bombes** Bombenleger(in), Bombenattentäter(in) *m(f)*
❷ *(pédant)* Angeber(in) *m(f);* **être ~(-euse)** sich aufspielen, sich wichtigmachen

positif [pozitif] *m* ❶ PHILOS Tatsächliche(s) *nt,* Greifbare(s) *nt*
❷ *(réel)* Positive(s) *nt,* Konkrete(s) *nt;* **je veux du ~!** ich möchte [etwas] Konkretes [*o* Positives] !

③ PHOT Positiv nt
④ LING Positiv nt
positif, -ive [pozitif, -iv] adj ❶ positiv; **pôle ~** Pluspol m
② critique konstruktiv; fait feststehend
③ PHOT **épreuve** [o **image**] **positive** Positiv nt, Abzug m
position [pozisjɔ̃] f ❶ Lage f; d'un objet Platz m (d'une personne Position f; d'un navire Position, Standort m; **~ du soleil** Sonnenstand m; **être en première/dernière ~** in erster/letzter Position liegen; (dans une course) auf dem ersten/letzten Platz liegen; **arriver en première/dernière ~** coureur: als Erster/Letzter durchs Ziel gehen; candidat: an erster/letzter Stelle liegen
② a. MIL Stellung f; **défensive** Abwehrstellung, Verteidigungsstellung; **en ~ !** in Position!; MIL in Stellung!; **prendre ~ quelque part** irgendwo Stellung beziehen; **prendre ~ autour de la maison** das Haus umstellen; **~ d'artillerie** Geschützstand m
③ (posture) d'une personne Stellung f; (en danse) Position f; du corps Haltung f; **~ du corps/des doigts** Körper-/Fingerhaltung; **~ de la dent** Zahnstellung; **mauvaise ~** des dents Fehlstellung; **corriger la mauvaise ~ d'une dent** eine falsche Zahnstellung korrigieren; **~ horizontale/verticale** Horizontal-/Vertikallage f; **~ debout** [aufrechter] Stand; **en ~ allongée** [o **couchée**] in liegender Stellung; **se mettre en ~ allongée/assise** sich hinlegen/hinsetzen
④ (situation) Lage f, Situation f; (dans une hiérarchie) Stellung f, Position f; **~ très élevée** Topposition; **~ sur le marché** Marktstellung; **~ dominante sur le marché** marktbeherrschende Stellung; **avoir une ~ dominante sur le marché** eine überragende Marktstellung haben; **être dans une ~ fausse** in einer unangenehmen Situation sein; **dans ma/ta ~** [ich] in meiner/[du] in deiner Position; **être dans une ~ intéressante** BELG fig (être enceinte) in anderen Umständen sein
⑤ (opinion) Standpunkt m; **camper** [o **rester**] **sur ses ~s** auf seinem Standpunkt beharren; **j'ai changé de ~** meine Einstellung hat sich geändert; **prendre ~ sur qc/en faveur de/contre qn/qc** Stellung zu etw/für/gegen jdn/etw nehmen
⑥ FIN Kontostand m
⑦ (état) **~ veille** d'un appareil électrique Ruhezustand m
▸ **être en ~ de force** sich in einer starken Position befinden; **~ du lotus** Schneidersitz m; **avoir** [o **se ménager**] **une ~ de repli** noch etwas anderes in Reserve haben [o halten]; **être en ~ de faire qc** in der Lage sein etw zu tun
◆ **~ de flexion** MED Flexionslage f
positionnement [pozisjɔnmɑ̃] m ❶ a. COM Positionierung f; **~ en dessous du prix** Preisunterschreitung f
② MED du bras, de la jambe Lagerung f
positionner [pozisjɔne] <1> I. vt ❶ TECH, COM positionieren
② (situer) lokalisieren
③ INFORM indizieren
II. vpr se **~** personne: sich plazieren; produit: sich positionieren
positivement [pozitivmɑ̃] adv positiv
positiver [pozitive] <1> vi (montrer son optimisme) positiv sein
positivisme [pozitivism] m Positivismus m
positiviste [pozitivist] I. adj positivistisch
II. mf PHILOS Positivist(in) m(f)
posit[r]on [pozit(ʀ)ɔ̃] m PHYS Positron nt
posologie [pozɔlɔʒi] f Dosierung f
possédant(e) [pɔsedɑ̃, ɑ̃t] I. adj classe besitzend
II. m(f) gén pl Besitzende(r) f(m)
possédé(e) [pɔsede] I. adj **~ (e) de qc** besessen von etw
II. m(f) Besessene(r) f(m)
posséder [pɔsede] <5> I. vt ❶ besitzen
② (disposer de) besitzen, verfügen über (+ Akk) expérience, talent; haben mémoire, réflexes; **~ la vérité** im Besitz der Wahrheit sein
③ (connaître) beherrschen langue, technique; kennen rôle
④ (dominer) **~ qn** colère, jalousie: jdn beherrschen
⑤ (avoir des rapports sexuels) besitzen femme, homme
⑥ fam (rouler) hereinlegen (fam)
II. vpr littér **ne pas/plus se ~** sich nicht mehr in der Gewalt haben; **ne plus se ~ de colère/joie** außer sich vor Zorn/Freude sein; **ne plus se ~ d'impatience** seine Ungeduld kaum noch zügeln können (geh)
possesseur [pɔsesœʀ] m a. JUR Besitzer(in) m(f); d'une action, d'un diplôme Inhaber(in) m(f); d'un secret Hüter(in) m(f); **~ de l'héritage** Erbschaftsbesitzer(in); **~ en propre** Eigenbesitzer(in) (Fachspr.)
possessif [pɔsesif] m GRAM Possessivpronomen nt
possessif, -ive [pɔsesif, -iv] adj ❶ besitzergreifend
② GRAM possessiv; **adjectif ~** attributives Possessivpronomen; **pronom ~** Possessivpronomen nt
possession [pɔsesjɔ̃] f ❶ Besitz m; (sexuelle) Besitzen m; **avoir qc en sa ~** etw besitzen; **être en ~ de qc** im Besitz einer S. (Gen) sein; **entrer en ~ de qc** in den Besitz einer S. (Gen) gelangen (form); **être/tomber en la ~ de qn** in jds Besitz (Akk) sein/gelan-

gen; **~ d'un animal/d'animaux de compagnie** Kleintierhaltung f; **prendre ~ d'une chambre** ein Zimmer in Besitz nehmen; (aménager) in ein Zimmer einziehen; **se trouver en ~ de droit privé** sich in Privathand befinden
② a. JUR (chose possédée) Besitz m; **~s d'un pays** Besitzungen Pl eines Landes; **~ à titre de propriétaire** Eigenbesitz
③ (connaissance) Beherrschen nt
④ REL Besessenheit f
◆ **~ en affermage** Pachtbesitz m; **~ de dépôt** Depotbesitz m
possessivité [pɔsesivite] f besitzergreifende Art
possessoire [pɔsɛswaʀ] adj JUR prétention, réclamation possessorisch
possibilité [pɔsibilite] f ❶ a. JUR, ECON Möglichkeit f; **avoir la ~ de faire qc** etw tun können; die Möglichkeit haben, etw zu tun; **avoir la ~ d'entrer dans un bâtiment** in ein Gebäude hineingehen können [o hineinkönnen fam]; **~ de choix du droit applicable** Rechtswahlmöglichkeit; **~ de comptabilisation d'une somme d'argent au passif du bilan** Rückstellungsmöglichkeit; **~ d'être comptabilisé(e) à l'actif** Aktivierungsfähigkeit f; **~ de formation d'agrégats** Aggregationsfähigkeit f
② pl (moyens) [finanzielle] Möglichkeiten Pl; (intellectuels) [geistige] Fähigkeiten Pl
③ INFORM ◆ **~s d'adaptation** Anpassungsfähigkeit f
◆ **~ d'action** JUR Klagemöglichkeit f; **~ directe d'action** direkte Klagemöglichkeit; **~s d'approvisionnement** Bezugsmöglichkeiten Pl; **~ de couverture** JUR Heilungsmöglichkeit f; **~s de crédit** Kreditmöglichkeiten Pl; **~ de disposition** JUR Verfügungsmöglichkeit f; **~ de financement** Finanzierungsmöglichkeit f; **~ d'inscription au passif** Passivierungswahlrecht nt (Fachspr.); **~ de refinancement** Refinanzierungsmöglichkeit f; **~ de report** Stundungsmöglichkeit f
possible [pɔsibl] I. adj ❶ möglich; projet durchführbar; **tout ce qu'il est humainement ~** alles Menschenmögliche; **ce n'est pas ~ autrement** anders ist es nicht möglich
② (éventuel) möglich; **il est ~ qu'il vienne** es ist möglich [o es kann sein], dass er kommt
③ (indiquant une limite) cas, mesures möglich, erdenklich; **le moins/plus ~** so wenig/so viel wie möglich, möglichst wenig/viel; **aussi grand que ~** so groß wie möglich, möglichst groß; **les tomates les plus grosses ~s** die größtmöglichen Tomaten; **autant que ~** soweit das möglich ist; **autant d'argent/d'enfants que ~** möglichst viel Geld/viele Kinder
④ fam (supportable) **ne pas être ~** personne: unmöglich sein
▸ **~ et imaginable** denkbar, gut möglich; **faire tout ce qui est ~ et imaginable** alles Erdenkliche [o Mögliche] tun; **(c'est) pas ~ !** fam (indignation) das ist doch [wohl] nicht möglich!; (étonnement) ist das [denn] die Möglichkeit! (fam)
II. m Mögliche(s) nt; **faire** [tout] **son ~ pour faire qc/pour que qn fasse qc** sein Möglichstes tun [o tun, was man kann] um etw zu tun/damit jd etw tut; **être gentil(le)/doué(e) au ~** äußerst nett/begabt sein
possiblement [pɔsibləmɑ̃] adv CAN (d'une manière possible) möglicherweise, eventuell
postage [pɔstaʒ] m du courrier Aufgeben nt; (dans la boîte) Einwerfen nt
postal(e) [pɔstal, o] <-aux> adj carte **~e** Postkarte f; **code ~** Postleitzahl f
postcombustion [pɔstkɔ̃bystjɔ̃] f Nachverbrennung f
postcommunisme [pɔstkɔmynism] m Postkommunismus m
postcommuniste [pɔstkɔmynist] I. adj postkommunistisch
II. mf Altkommunist(in) m(f)
postcure [pɔstkyʀ] f Nachkur f
postdater [pɔstdate] <1> vt vor[aus]datieren; **chèque postdaté** vordatierter Scheck
poste[1] [pɔst] m ❶ Stelle f, Posten m; (dans une hiérarchie) Stellung f; **~ de diplomate/de directeur** Diplomaten-/Direktorposten; **~ de direction** Leitungsaufgabe f, Führungsposition, Spitzenposition; **~ de professeur** Lehrerstelle f; **avoir un ~ de professeur** als Lehrer arbeiten; **être en ~ à Berlin/au ministère** in Berlin/im Ministerium arbeiten (in eine Stelle haben)
② (lieu de travail) [Arbeits]stelle f, Arbeitsplatz m
③ (appareil) Gerät nt, Apparat m; **~ téléphonique** Telefonapparat m; **~ émetteur-récepteur** Funkgerät nt; **~ de radio/de télévision** Radio-/Fernsehapparat m
④ (emplacement aménagé, lieu) **~ d'aiguillage** Stellwerk nt, Gleisbildstellwerk; **~ de commandement des opérations de sauvetage** Rettungsleitstelle f; **~ de contrôle** Kontrollstelle; **~ de conduite** d'un tramway, d'une machine agricole Fahrerstand m; d'un train Führerstand m; **~ de douane** Zollstation f, Zollstelle f; **~ d'essence** Tankstelle; **~ d'incendie** Feuerlöschanlage f; **~ de pilotage** Cockpit nt, Flugzeugkanzel f; **~ de police** [Polizei]wache f; **~ de secours** Rettungsstation, Rettungsstelle, Erste-Hilfe-Posten; (en montagne) Bergwacht f; **~ frontière** Grenzübergang m

⑤ MIL Posten m; ~ **de combat** Gefechtsstand m; ~ **de commandement** Befehlsstelle f; *(au combat)* Gefechtsstand; ~ **d'observation** [o **de garde**] Beobachtungsposten; ~ **d'écoute** Lauschposten; ~ **avancé** vorgeschobener Posten; **à vos ~s!** auf eure Posten!
⑥ TELEC Apparat m; ~ **téléphonique** Telefonanschluss m; ~ **supplémentaire** Telefonnebenstelle f
⑦ FIN Posten m; ~ |budgétaire| **négatif** Minusposten; ~ **divers** *de la balance* Restposten; ~ **du commerce extérieur** Außenhandelsposition f; ~ **d'un compte de réévaluation** Abzugsposten; ~ **d'un compte de régularisation** Ausgleichsposten; **ajouter/supprimer un** ~ einen Posten nachtragen/stornieren; **débiter/créditer un** ~ einen Posten belasten/gutschreiben; **par** ~ postenweise
▶ **être fidèle au** ~ ein langjähriger Mitarbeiter sein; *(faire son travail)* stets seine Pflicht erfüllen
◆ ~ **du bilan** Bilanzposten m; ~ **de comptabilité** Rechnungsposten m; ~ **des dépenses** Ausgabenposten m; ~ **de soudure** Schweißapparat m; ~ **de travail** *(ordinateur performant)* Workstation f; ~ **de trésorerie** FIN Barposten m

poste² [pɔst] f ❶ Post f; **mettre qc à la** ~ etw zur [o auf die] Post bringen, etw aufgeben; **par la** ~ mit der Post; ~ **ferroviaire** [Eisen]bahnpost; ~ **aérienne** Luftpost; ~ **restante** postlagernd; **employé(e) des** ~s *vieilli* Postbeamte(r) m/-beamtin f
❷ *(ensemble du domaine, des activités)* Postwesen nt
❸ HIST *(relais de chevaux)* Poststation f

posté(e) [pɔste] adj IND **travail** ~ Schichtarbeit f
poste-frontière [pɔstfʁɔ̃tjɛʁ] <postes-frontières> m Grenzposten m
poster¹ [pɔste] <1> vt zur Post bringen, aufgeben; *(dans la boîte aux lettres)* einwerfen
poster² [pɔste] <1> I. vt ~ **qn** jdn postieren
II. vpr se ~ **quelque part** sich irgendwo postieren
poster³ [pɔstɛʁ] m Poster nt
postérieur [pɔsteʁjœʁ] m fam Hintern m *(fam)*
postérieur(e) [pɔsteʁjœʁ] adj ❶ spätere(r, s); ~(e) **à qn** auf jdn folgend; ~(e) **à qc** nach etw kommend; **être** ~ **à qc** *document:* aus der Zeit nach etw stammen; *délit, événement:* [zeitlich] nach etw liegen
❷ *(dans l'espace)* hintere(r, s)
postérieurement [pɔsteʁjœʁmɑ̃] adv später; ~ **à qc** nach etw
postériorité [pɔsteʁjɔʁite] f Spätersein nt
postérité [pɔsteʁite] f ❶ Nachkommenschaft f; *d'un artiste, d'une œuvre* geistige Erben Pl
❷ *(futur)* Nachwelt f; **passer à la** ~ in der Nachwelt fortleben
postface [pɔstfas] f Nachwort nt, Schlusswort
postglaciaire [pɔstglasjɛʁ] adj postglazial, nacheiszeitlich
posthume [pɔstym] adj post[h]um; *enfant* nachgeboren; **œuvres** ~**s** literarischer Nachlass; **à titre** ~ nach dem Tode
postiche [pɔstiʃ] I. adj *barbe, cheveux* falsch, unecht
II. m *(pour hommes)* Toupet nt; *(pour femmes)* Perücke f
postier, -ière [pɔstje, -jɛʁ] m, f Postbeamte(r) m/-beamtin f; **grève des** ~**s** Poststreik m
postillon [pɔstijɔ̃] m ❶ Spucke f *(fam)*; **envoyer des** ~**s à qn** jdn [beim Sprechen] anspucken
❷ *(cocher)* Postillon m
postillonner [pɔstijɔne] <1> vi [beim Sprechen] spucken, eine feuchte Aussprache haben *(fam)*
postindustriel(le) [pɔstɛ̃dystʁijɛl] adj postindustriell
post-it® [pɔstit] m inv Post-it® f
postmoderne [pɔstmɔdɛʁn] adj postmodern
post mortem [pɔstmɔʁtɛm] adj inv *mariage* nach dem Tod eines der Partner erfolgend
postnatal(e) [pɔstnatal] <s> adj postnatal, nach der Geburt [erfolgend]
postopératoire [pɔstɔpeʁatwaʁ] adj postoperativ; **accident** ~ Komplikationen Pl nach der Operation
postposé(e) [pɔstpoze] adj nachgestellt
postposer [pɔstpoze] <1> vt BELG *(remettre à plus tard)* verschieben
postposition [pɔstpozisjɔ̃] f *(fait de postposer)* Nachstellung f; *(mot)* Postposition f
postscolaire [pɔstskɔlɛʁ] adj weiterbildend; **enseignement** ~ Weiterbildung f
post-scriptum [pɔstskʁiptɔm] <post-scriptum> m Postskriptum nt
postsynchronisation [pɔstsɛ̃kʁɔnizasjɔ̃] f Nachsynchronisierung f
postsynchroniser [pɔstsɛ̃kʁɔnize] <1> vt nachsynchronisieren
postulant(e) [pɔstylɑ̃, ɑ̃t] m(f) ❶ ~(e) **à qc** Bewerber(in) m(f) für etw
❷ REL Postulant(in) m(f)
postulat [pɔstyla] m Postulat nt
postuler [pɔstyle] <1> I. vt ❶ sich bewerben um
❷ LOGIQUE postulieren
II. vi ~ **à qc** sich um etw bewerben
posture [pɔstyʁ] f Stellung f, [Körper]haltung f
▶ **être en bonne/mauvaise** ~ in einer guten [o günstigen]/üblen Lage sein; **financièrement, il est dans une mauvaise** ~ finanziell sieht es bei ihm schlecht aus; **être en** ~ **de faire qc** in der Lage sein, etw zu tun
pot [po] m ❶ *(récipient en terre)* Topf m; *(en verre)* Glas nt; *(en plastique, en métal)* Dose f; *(en plastique)* Becher m; *(pour liquides)* Kanne f, Krug m; *(de crème)* Dose f; ~ **à eau** Wasserkrug; ~ **à lait** Milchkanne; **petit** ~ **à crème** Sahnekännchen nt; ~ **de confiture/miel** Glas nt Marmelade/Honig; ~ **de peinture/colle** Topf m Farbe/Kleister; ~ **de fleurs** Blumentopf; ~ **de yaourt** Joghurtbecher; ~ **de crème** Cremedose; **petit** ~ **pour bébé** Gläschen nt Babynahrung; **mettre des plantes en** ~ Blumen eintopfen; ~ **en argile** [o **en terre cuite**] Tontopf
❷ *(marmite)* [Koch]topf m; ~ **à soupe** Suppentopf
❸ fam *(chance)* **c'est pas de** ~! Pech [gehabt]! *(fam)*; **avoir du** ~/**ne pas avoir de** ~ fam Schwein/Pech haben *(fam)*
❹ fam *(consommation)* Drink m; *(réception)* Umtrunk m; *(d'adieu)* Ausstand m; **payer** [o **offrir**] **un** ~ **à qn** jdm einen ausgeben; **prendre** [o **boire**] **un** ~ zusammen einen trinken *(fam)*
❺ *(pot de chambre)* [Nacht]topf m; **mettre qn sur le** ~ jdn auf den Topf [o aufs Töpfchen] setzen
❻ AUT ~ **catalytique** Katalysator m; ~ **catalytique à sonde lambda** [o **à régulation électronique**] geregelter Katalysator; ~ **catalytique à oxydation** ungeregelter Katalysator, Oxidationskatalysator; **véhicule équipé d'un** ~ **catalytique** Katalysatorfahrzeug nt
▶ ~ **de colle** fam Klette f *(fam)*; **découvrir/dévoiler le** ~ **aux roses** das Geheimnis entdecken/lüften; **c'est le** ~ **de terre contre le** ~ **de fer** das ist wie David gegen Goliath; **payer les** ~**s cassés** die Zeche bezahlen [o die Suppe auslöffeln fam] müssen; **être sourd(e) comme un** ~ stocktaub sein *(fam)*; **se manier le** ~ fam voranmachen *(fam)*; **tourner autour du** ~ um den heißen Brei herumreden *(fam)*
◆ ~ **d'échappement** Auspuff[topf] m
potable [pɔtabl] adj ❶ trinkbar; **eau** ~ Trinkwasser nt; **eau non** ~! kein Trinkwasser!
❷ fam *(acceptable)* travail, film anständig *(fam)*; **c'est tout juste** ~ das geht gerade noch an
potache [pɔtaʃ] m fam Pennäler m *(veraltet)*
potage [pɔtaʒ] m Suppe f; ~ **au riz** Reissuppe
potager [pɔtaʒe] m Gemüsegarten m
potager, -ère [pɔtaʒe, -ɛʁ] adj **jardin** ~ Gemüsegarten m; **plantes de culture potagère** Gemüsepflanzen Pl
potasse [pɔtas] f Pottasche f; *(engrais chimique)* Kali nt; **usine/mine de** ~ Kaliwerk nt/-bergwerk; **extraction de la** ~ Kaliförderung f
potasser [pɔtase] <1> I. vt fam pauken für *(fam) examen;* herumfeilen an (+ Dat) discours; durchackern *(fam)* livre
II. vi fam pauken *(fam)*
potassique [pɔtasik] adj Kali-; **engrais** ~ Kalidünger m, Kalidüngemittel nt; **fertilisation** ~ Kalidüngung f
potassium [pɔtasjɔm] m Kalium nt; **manque de** ~ MED Kaliummangel m
pot-au-feu [pɔtofø] I. adj inv fam *mari* häuslich; **elle est** ~ sie ist ein Heimchen m am Herd *(fam)* II. m inv GASTR ❶ Eintopf m
❷ *(viande)* Stück nt [Suppen]fleisch für den Eintopf **pot-de-vin** [podvɛ̃] <pots-de-vin> m Bestechungsgeld nt, Schmiergeld nt *(fam)*; **affaire de pots-de-vin** Bestechungsaffäre f
pote [pɔt] m fam Kumpel m *(fam)*
poteau [pɔto] <x> m ❶ *(pilier)* Pfosten m; ~ **de** [o **en**] **béton/métal** Beton-/Metallpfosten; ~ **de bois** Holzpfahl m; ~ **électrique/télégraphique** Leitungs-/Telegrafenmast m; ~ **indicateur** Wegweiser m
❷ SPORT Pfosten m; FBALL Torpfosten; SKI Torstange f; ~ **d'arrivée/de départ** Start-/Zielpfosten
▶ **gros** ~**x** fam dicke Stempel Pl *(fam)*; **envoyer qn au** ~ jdn erschießen, jdn an die Wand stellen; **passer le** ~ durchs Ziel gehen; **rester au** ~ den Start verweigern
◆ ~ **de caténaire** Oberleitungsmast m; ~ **d'exécution** Erschießungspfahl m; ~ **de torture** Marterpfahl m
potée [pɔte] f Eintopfgericht aus Kohl, Kartoffeln und Speck
potelé(e) [pɔtle] adj mollig, pummelig *(fam)*; **bras** fleischig
potence [pɔtɑ̃s] f ❶ Galgen m
❷ *(support)* Träger m
potentat [pɔtɑ̃ta] m ❶ Machthaber m, Potentat m
❷ *(personne tyrannique)* Despot m
potentialiser [pɔtɑ̃sjalize] <1> vt potenzieren
potentialité [pɔtɑ̃sjalite] f Möglichkeit f
potentiel [pɔtɑ̃sjɛl] m ❶ Potenzial nt; ~ **économique** Wirtschaftspotenzial; ~ **électoral** Wählerpotenzial; ~ **militaire** Militärpotenzial; ~ **nucléaire** Kernpotenzial

potentiel–pour

② LING Möglichkeitsform f, Potentialis m (Fachspr.)
◆ ~ **d'action** MED Aktionspotenzial nt; ~ **de bénéfices** Gewinnpotenzial nt; ~ **de croissance** Wachstumspotenzial nt; ~ **de main-d'œuvre** Arbeitskräftepotenzial nt; ~ **du marché** Marktpotenzial nt; ~ **de production** Produktionspotenzial nt; ~ **de violence** Gewaltpotenzial nt
potentiel(le) [pɔtɑ̃sjɛl] adj ① a. TECH potenziell
② LING potenzial
potentiellement [pɔtɑ̃sjɛlmɑ̃] adv potenziell; *dangereux* möglicherweise
potentiomètre [pɔtɑ̃sjɔmɛtʀ] m Potentiometer nt
poterie [pɔtʀi] f ① Töpferware f; ~**s étrusques** Tongeschirr nt aus etruskischer Zeit
② *(activité)* Töpferei f
poterne [pɔtɛʀn] f Ausfallspforte f
poteur v. putter
potiche [pɔtiʃ] f ① große Porzellanvase f
② *(figurant)* Galionsfigur f
potier, -ière [pɔtje, -jɛʀ] m, f Töpfer(in) m(f)
potin [pɔtɛ̃] m ① *souvent pl* Klatsch m *(fam)*, Tratsch m *(fam);* ~**s mondains** Gesellschaftsklatsch
② *fam (bruit)* Krach m
potiner [pɔtine] <1> vi *fam* klatschen *(fam)*, tratschen *(fam)*
potion [posjɔ̃] f *vieilli* [flüssige] Arznei; ~ **magique** Zaubertrank m
potiron [pɔtiʀɔ̃] m Kürbis m
pot-pourri [popuʀi] <pots-pourris> m ① MUS Potpourri nt, Melodienreigen m
② *(mélange hétéroclite)* [bunte] Mischung f
③ *(mélange de fleurs odorantes)* Duftmischung f
potron-minet [pɔtʀɔ̃minɛ] ► **dès** ~ *fam* seit Tagesanbruch; *se lever* mit den Hühnern *(fam)*
pou [pu] <x> m Laus f
► **chercher des ~x à qn** Streit mit jdm suchen; **fier(fière)** [o **orgueilleux(-euse)**] **comme un** ~ *fam* wie ein aufgeblasener Frosch *(fam)*; **laid(e) comme un** ~ *fam* hässlich wie die Nacht *(fam)*
pouah [pwa] *interj vieilli* igitt
poubelle [pubɛl] f ① *(dans la cuisine)* Mülleimer m, Abfalleimer m, Mistkübel m (A); **être bon(ne) à jeter** [o **mettre**] **à la** ~ *fam* reif für den Mülleimer sein *(fam)*; **par ~s entières** kübelweise
② *(devant la porte)* Mülltonne f; ~ **pour déchets biodégradables** Biotonne
③ *(dans un lieu public)* Abfallkorb m
pouce [pus] I. m ① *de la main* Daumen m; *du pied* große Zehe, großer Zeh
② *(mesure)* Zoll m
► **donner un coup de ~ à qc** bei etw ein bisschen nachhelfen; **ne pas céder d'un ~** [o **un ~ de terrain**] keinen Fußbreit Boden preisgeben; **mettre les ~s** sich geschlagen geben; **se tourner les ~s** *fam* Däumchen drehen *(fam)*; **faire du ~**, **partir en ~** CAN *(faire de l'auto-stop)* per Anhalter fahren, trampen; **ne pas avancer d'un ~** keinen Schritt weiterkommen; **ne pas reculer d'un ~** keinen Zollbreit zurückweichen; **ne pas bouger d'un ~** sich keinen Millimeter von der Stelle rühren; **manger sur le ~** *fam* schnell einen Happen essen *(fam)*
II. *interj enfantin* halt [o stop] mal!
Poucet [pusɛ] m **le Petit ~** der Däumling
pouding [pudiŋ] m Pudding m
poudrage [pudʀaʒ] m AGR Bestäuben nt
poudre [pudʀ] f ① Pulver nt; ~ **insecticide** Insektenpulver; **lait en ~** Trockenmilch f; **sucre en ~** Puderzucker m
② *(mélange explosif)* [Schieß]pulver nt
③ *(produit cosmétique)* Puder m; *(pour le visage)* Gesichtspuder; *(pour le corps)* Körperpuder; ~ **compacte/transparente** Kompakt-/Transparentpuder; ~ **pour le corps** Körperpuder
④ *(drogue)* Heroin nt
► **prendre la ~ d'escampette** sich aus dem Staub machen *(fam)*; **jeter** [o **mettre**] **de la ~ aux yeux à qn** jdm Sand in die Augen streuen; **ne pas avoir inventé la ~** *fam* das Pulver [auch] nicht [gerade] erfunden haben; **sentir la ~** zum Pulverfass werden können
◆ **à canon** Schießpulver nt; ~ **à laver** Waschpulver nt
◆ ~ **de bronze** Goldbronze f; ~ **de perlimpinpin** *fam* Wunderpülverchen nt *(fam)*
poudrer [pudʀe] <1> I. vt [sich (Dat)] pudern
II. *vpr* **se ~** sich pudern; **se ~ qc** sich (Dat) etw pudern
poudrerie[1] [pudʀəʀi] f Sprengstofffabrik f
poudrerie[2] [pudʀəʀi] f CAN *(neige chassée par le vent)* Schneetreiben nt
poudreuse [pudʀøz] f Pulverschnee m
poudreux, -euse [pudʀø, -øz] adj ① staubig
② *(en poudre)* pulv[e]rig
poudrier [pudʀije] m Puderdose f
poudrière [pudʀijɛʀ] f ① *fig* Pulverfass nt

② *(magasin)* Pulvermagazin nt
poudroiement [pudʀwamɑ̃] m ~ **de neige/lumière** Glitzern der Schneekristalle/Sonne; ~ **de poussière** Aufwirbeln nt glitzernden Staubs
poudroyer [pudʀwaje] <6> vi *sable, neige:* [wie feiner Staub] glitzern
pouf[1] [puf] I. m Hocker m, Puff m
II. *interj* plumps!
pouf[2] [puf] m BELG ① *(dette)* Schuld f; **à ~** *(à crédit)* auf Raten
② *(hasard)* **à ~** *(à petit bonheur)* auf gut Glück; **taper à ~** *(deviner)* erraten
pouffer [pufe] <1> vi ~ **[de rire]** in Lachen ausbrechen, losprusten *(fam)*
pouf[f]iasse [pufjas] f *péj vulg* doofe Ziege *(fam)*
pouillerie [pujʀi] f äußerste Armut; **croupir dans la** ~ im Elend und Schmutz verkommen
pouilles [puj] *fpl vieilli* Beschimpfungen *Pl*, Beleidigungen *Pl*
► **chanter ~ à qn** *littér* jdn beschimpfen
pouilleux, -euse [pujø, -jøz] I. adj ① verlaust
② *(sordide) endroit, quartier* armselig [und schmutzig]
③ GEOG unfruchtbar
II. m, f *vieilli* armer Schlucker *(fam)*; **espèce de ~!** du Penner! *(fam)*
pouillot [pujo] m ZOOL Laubsänger m
poujadisme [puʒadism] m HIST, POL Poujadismus m
poulailler [pulaje] m ① Hühnerstall m
② THEAT *fam* oberster Rang im Theater
poulain [pulɛ̃] m ① Fohlen nt
② *(protégé)* Schützling m
poulaine [pulɛn] f Schnabelschuh m
poularde [pulaʀd] f Poularde f
poulbot [pulbo] m Gassenkind vom Montmartre
poule[1] [pul] f ① Henne f; ~ **couveuse** [o **pondeuse**] Legehenne f
② *(poulet)* Huhn nt
③ *fam (maîtresse)* Mieze f *(fam)*
④ *fam (prostituée)* Nutte f *(sl)*; ~ **de luxe** Edelnutte *(sl)*, Luxusnutte *(sl)*
► **quand les ~s auront des dents** wenn Ostern und Pfingsten auf einen Tag fallen *(prov)*; **tuer la ~ aux œufs d'or** das Huhn, das goldene Eier legt schlachten *(fam)*; ~ **mouillée** Angsthase m *(fam)*; **se coucher/se lever avec les ~s** mit den Hühnern zu Bett gehen/aufstehen; **une ~ n'y retrouverait pas ses poussins!** wie soll man denn hier noch etwas finden!; **ma ~** *fam* mein Schätzchen
◆ ~ **d'eau** Teichhuhn nt, Wasserhuhn
poule[2] [pul] f SPORT Gruppe f; *(série)* Runde f; ~ **éliminatoire** Ausscheidungsrunde
poulet [pulɛ] m ① ZOOL Huhn nt
② GASTR Hähnchen nt, Brathähnchen nt; ~ **aux hormones/de grain** mit Hormonen/mit Körnern gefüttertes Huhn; ~ **d'élevage** Batteriehuhn nt; ~ **élevé en plein air** Freilandhuhn nt
③ *fam (policier)* Bulle m *(fam)*
► **mon [petit] ~!** mein Häschen!
poulette [pulɛt] I. f *fam* Schätzchen nt
II. *app* **sauce ~** Art holländische Sauce mit Weißwein und Champignons
pouliche [puliʃ] f Stut[en]fohlen nt
poulie [puli] f NAUT Block m; TECH [Seil]rolle f; ~ **fixe** feste Riemenscheibe; ~ **folle** bewegliche Rolle
pouliner [puline] <1> vi fohlen
poulinière [pulinjɛʀ] I. adj **jument ~** Zuchtstute f
II. f Zuchtstute f
poulpe [pulp] m Krake f
pouls [pu] m Puls m; **prendre le ~ de qn** jdm den Puls messen
► **prendre** [o **tâter**] **le ~ de qn/qc** jdm auf den Zahn fühlen *fam*/etw erforschen
poumon [pumɔ̃] m Lunge f, Lungenflügel m; **les ~s** die Lunge; ~**s artificiels** Elektrolunge; **à pleins ~s** aus voller Lunge; *respirer* ganz tief; **avoir du ~** eine gute Lunge haben
► **cracher ses ~s** *fam* sich (Dat) die Lunge aus dem Leib husten
poupe [pup] f Heck nt
poupée [pupe] f ① *(jouet)* Puppe f; **jouer à la ~** mit Puppen spielen; ~**s gigognes** russische Puppen *Pl*; **cuisine de ~** Puppenküche f
② *fam (femme)* [hübsche] Puppe *(sl)*, *péj* Püppchen nt *(pej fam)*; ~ **de luxe** *péj fam* Luxusweibchen nt *(pej fam)*
③ *(simulacre féminin)* ~ **gonflable** Gummipuppe f
④ *(pansement)* Fingerverband m
poupin(e) [pupɛ̃, in] adj pausbäckig
poupon [pupɔ̃] m [pausbäckiges] Baby
pouponner [pupɔne] <1> I. vi *fam* sich um sein Baby kümmern
II. vt hätscheln
pouponnière [pupɔnjɛʀ] f Kinderkrippe f
pour [puʀ] I. *prép* ① für; ~ **le malheur/le plaisir de qn** zu jds Unglück/Freude; **c'est ~ ton bien** das geschieht zu deinem Bes-

ten; **j'ai fait tout cela uniquement ~ vous** ich habe das alles nur um euretwillen getan

② *(envers)* für; **ta sympathie ~ lui** deine Sympathie für ihn; **mon amour/mon respect ~ elle** meine Liebe zu/mein Respekt vor ihr

③ *(contre)* **~ la toux/le rhume** gegen Husten/Schnupfen

④ *(en direction de)* nach; **partir ~ Paris/l'étranger** nach Paris/ins Ausland fahren; **~ où?** wohin?

⑤ *(jusqu'à, pendant)* für; **~ demain** für [*o* bis] morgen; **~ la semaine prochaine/~ dans huit jours** für nächste Woche/für in acht Tagen; **~ le moment** [*o* **l'instant**] im Augenblick; **j'en ai ~ une heure!** ich brauche eine Stunde!

⑥ *(à l'occasion de)* zu; **~ l'anniversaire/Noël** zum Geburtstag/zu Weihnachten

⑦ *(en faveur de)* **~ qn/qc** für jdn/etw; **être ~ faire qc** dafür sein etw zu tun

⑧ *(quant à)* für; **~ moi** meiner Meinung nach

⑨ *(à cause de)* wegen; **~ son courage/sa paresse** wegen seines Mutes/seiner Faulheit; **fermé(e) ~ réparations** wegen Reparaturarbeiten geschlossen; **merci ~ votre cadeau!** danke für euer Geschenk!; **remercier qn ~ avoir fait qc** jdm danken, weil er etw getan hat

⑩ *(à la place de)* für, i. A.; **~ le directeur, Beate Wengel** der Direktor, i.A. Beate Wengel; **œil ~ œil, dent ~ dent** Auge um Auge, Zahn um Zahn

⑪ *(par rapport à)* für; **être grand ~ son âge** groß für sein Alter sein

⑫ *(comme)* als; **prendre ~ femme** zur Frau nehmen; **j'ai ~ principe de faire** es ist mein Prinzip etw zu tun; **avoir ~ effet** zur Folge haben; **c'est ~ de vrai!** das ist wirklich so!; **laisser qn ~ mort** jdn für tot halten und liegen lassen

⑬ *(pour ce qui est de)* **~ être furieux(-euse), je le suis!** wenn ich vielleicht wütend!; **~ intelligente qu'elle soit ...** und wenn sie noch so intelligent ist ...; **~ autant que je sache** soviel ich weiß

⑭ *(dans le but de)* **~ faire qc** um etw zu tun; **ce n'est pas ~ me déplaire** das gefällt mir [ganz gut]; **~ que tu comprennes** damit du verstehst; **il est trop jeune ~ qu'il puisse comprendre** er ist zu jung um zu verstehen

II. *m* **le ~ et le contre** das Für und [das] Wider; **avoir ~ et du contre** ein Für und ein Wider haben; **il y a du ~ et du contre** es gibt Argumente dafür und dagegen

pourboire [puʀbwaʀ] *m* Trinkgeld *nt*

pourceau [puʀso] <x> *m littér* Schwein *nt*

pourcentage [puʀsɑ̃taʒ] *m* ① *a.* com **~ sur qc** [prozentualer] Anteil an etw *(Dat)*; **travailler/être payé(e) au ~** auf Provisionsbasis arbeiten/bezahlt werden

② *(proportion pour cent)* Prozentsatz *m*, Prozentzahl *f*

◆ **~ d'amortissement** Abschreibungsprozentsatz *m*; **~ de bénéfices** Gewinnanteil *m*; **~ d'erreurs** Fehlerquote *f*; **~ des naissances** Geburtenrate *f*; **~ de perte** Verlustanteil *m*; **~ de rebut** Ausschussquote *f*; **~ de réussite** Erfolgsquote *f*

pourchasser [puʀʃase] <1> *vt* ① verfolgen; **~ l'argent** dem Geld nachjagen; **être pourchassé(e) par qn** von jdm verfolgt werden

② *(se débarrasser de)* verjagen *importun*; verscheuchen *idées noires*

pourfendeur [puʀfɑ̃dœʀ] *m littér* scharfer Kritiker *m*

pourfendre [puʀfɑ̃dʀ] <14> *vt vieilli littér* angehen gegen

pourlécher [puʀleʃe] <5> *vpr* **qn se pourlèche** jdm läuft das Wasser im Mund zusammen

pourparlers [puʀpaʀle] *mpl* Verhandlungen *Pl*, Gespräche *Pl*; **engager des** [*o* **entrer en**] **~ avec qn** mit jdm Gespräche [*o* Verhandlungen] aufnehmen; **être en ~ avec qn** mit jdm verhandeln [*o* in Verhandlungen stehen]

pourpoint [puʀpwɛ̃] *m* HIST Wams *m*

pourpre [puʀpʀ] I. *adj* purpurrot, purpurfarben

II. *m* ① *(couleur)* Purpur *m*

② ZOOL Purpurschnecke *f*

③ ANAT **~ rétinien** Sehpurpur *m*

III. *f (matière, étoffe)* Purpur *m*

pourpré(e) [puʀpʀe] *adj* purpurn

pourquoi [puʀkwa] I. *conj* ① warum, weshalb

② *(à quoi bon)* **~ continuer/chercher** warum [*o* wozu] [soll ich/sollen wir/...] weitermachen/suchen

▸ **c'est ~** deshalb, deswegen; **c'est ~ ?** *fam* was kann ich für Sie tun?

II. *adv* warum; **je me demande bien ~** ich frage mich wirklich warum; **voilà ~** deshalb; **~ pas?** [*o* **non?**] warum [eigentlich] nicht?

III. *m inv* ① **le ~ de qc** das Warum [*o* der Grund] einer S. *(Gen)*; **chercher le ~ et le comment** nach dem Warum und Weshalb fragen

② *(question)* Warum-Frage *f*; **les ~s** die Fragen

pourri [puʀi] *m* ① *d'un fruit, légume* faule Stelle; **ça sent le ~ dans cette pièce!** in diesem Raum riecht es muffig! *(fam)*

② *péj (homme corrompu)* Dreckskerl *m (fam)*

pourri(e) [puʀi] *adj* ① *fruit, œuf* faul; *poisson, viande* verdorben; *cadavre* verwest; *arbre, planche* morsch; *feuilles* verfault; *roches* verwittert

② *(infect)* mies *(fam)*; *saison, temps* verregnet; *climat* schlecht; **quel temps ~!** was für ein Mistwetter! *(fam)*; **bagnole ~e** Schrottauto *nt (fam)*

③ *(corrompu, gâté) personne, société* korrupt, verdorben; *mœurs* verkommen; *enfant* verzogen

④ *fam (plein)* **être ~(e) de défauts** voller Fehler stecken; **être ~(e) de fric** stinkreich sein *(fam)*

pourrir [puʀiʀ] <8> I. *vi* ① *œuf* faul werden; *fruit:* verfaulen, faul werden; *aliment, poisson:* schlecht werden; *cadavre:* verwesen; *arbre, planche:* [ver]modern; *roche:* verwittern

② *fam (croupir)* **~ en prison/dans la misère** im Gefängnis/im Elend verkümmern; **il pourrit dans cet emploi/ce village** er versauert auf dieser Stelle/in diesem Dorf *(fam)*

③ *(se dégrader) situation:* sich verschlimmern; *personne:* verkommen; **laisser ~ la situation** die Lage schlimmer werden lassen; **laisser ~ la grève** warten, bis der Streik sich totläuft

II. *vt* verderben *aliment;* verfaulen lassen *bois, végétaux;* faulen lassen *fruit;* [völlig] verziehen *enfant*

pourrissement [puʀismɑ̃] *m* ① *d'une situation* Verschlechterung *f*; *d'un conflit* Zuspitzung *f*; **espérer le ~ de la grève** hoffen, dass der Streik sich totläuft

② *(corruption)* Korrumpierung *f*

pourriture [puʀityʀ] *f* ① *Fäulnis f; du bois* Verrottung *f*; *d'un corps* Verwesung *f*; **odeur de ~** Fäulnisgeruch *m*

② *(dans une cave)* **odeur de ~** Modergeruch *m*

③ *(corruption) de la société, d'un régime* Korruption *f*, Verderbtheit *f (geh)*; *des mœurs* Verkommenheit *f*

④ *péj (homme corrompu)* Dreckskerl *m (fam)*

⑤ *péj (femme corrompue)* gemeines Biest *nt (fam)*

⑥ BOT, HORT **~ blanche** Weißfäule *f*; **~ grise/noble** Grau-/Edelfäule *f*; **~ du cœur du bois** Kernfäule *f*

poursuite [puʀsɥit] *f* ① Verfolgung *f*; **être à la ~ de qn** jdn verfolgen; **se lancer** [*o* **se mettre**] **à la ~ de qn** jds Verfolgung aufnehmen

② *(recherche)* **la ~ de la fortune/gloire** das Streben nach Reichtum/Ruhm; **la ~ du bonheur** die Jagd nach dem Glück; **la ~ de la vérité** die Suche nach der Wahrheit

③ *gén pl* JUR **~s judiciaires** gerichtliche Verfolgung; **~s pénales** Strafverfolgung *f*, strafrechtliche Verfolgung; **~ en justice pour exécution du contrat** Einklagung *f* der Vertragserfüllung; **engager des ~s contre qn** gerichtlich gegen jdn vorgehen

④ *(continuation) de négociations, d'un travail* Fortsetzung *f*, Weiterführung *f*; **décider la ~ de la guerre** beschließen den Krieg weiterzuführen

⑤ SPORT Verfolgungsrennen *nt*

poursuiteur, -euse [puʀsɥitœʀ, -øz] *m, f* Verfolgungsfahrer(in) *m(f)*

poursuivant(e) [puʀsɥivɑ̃, ɑ̃t] I. *adj* JUR **partie ~e** Kläger(in) *m(f)*

II. *m(f)* ① Verfolger(in) *m(f)*

② JUR Kläger(in) *m(f)*

poursuivre [puʀsɥivʀ] <*irr*> I. *vt* ① verfolgen

② *(harceler)* **~ qn** *personne:* jdn bedrängen; *souvenir, images:* jdn verfolgen; *remords:* jdn quälen; **~ qn de sa haine** jdn mit seinem Hass verfolgen

③ *(rechercher)* streben nach *bonheur, gloire, idéal;* verfolgen *but;* suchen nach *vérité;* **~ un rêve** einem Traum nachhängen; **~ l'argent** dem Geld nachjagen

④ *(continuer)* fortsetzen; weiterführen *combat, enquête;* **~ son récit** in seinem Bericht fortfahren, seinen Bericht fortsetzen; **~ une idée** einen Gedanken weiterspinnen; **~ son voyage** weiterreisen; **~ la construction d'une maison/d'une rue** ein Haus/eine Straße weiterbauen

⑤ JUR **~ qn [en justice]** jdn gerichtlich belangen [*o* verfolgen], gegen jdn gerichtlich vorgehen; **~ qn en justice pour vol** jdn wegen Diebstahls verklagen

II. *vi* ① fortfahren; **~ sur un sujet** bei einem Thema bleiben

② *(persévérer)* weitermachen

III. *vpr* **se ~** andauern; *enquête, grève:* weitergeführt werden

pourtant [puʀtɑ̃] *adv* ① *(marque l'opposition, le regret)* dennoch, trotzdem; **cette fois ~, ...** diesmal jedoch ...

② *(marque l'étonnement)* [aber] doch; **c'est ~ facile!** das ist aber doch leicht!; **c'est ~ vrai, non?** das stimmt aber doch, oder?; **mais ~ tu avais dit que** du hattest aber doch gesagt, dass

pourtour [puʀtuʀ] *m* ① Umrandung *f*; **un ~ de cent mètres** ein Umfang *m* von hundert Metern

② *(bords)* Rand *m*

pourvoi [puʀvwa] *m* Berufung *f*, Einspruch *m*; **~ en appel** Berufung *f*; **~ en cassation** Revisionsantrag *m*, Revisionsbeschwerde *f*; **jugement qui nécessite un ~** revisionsbedürftig; **délai imparti pour le ~** Revisionsfrist *f*

pourvoir [puʀvwaʀ] <*irr*> I. *vt* **~ de** [*o* **en**] **provisions/mar-**

chandises mit Vorräten/Waren ausstatten [o versorgen]; ~ qn d'une beauté/intelligence exceptionnelle jdn mit einer außergewöhnlichen Schönheit/Intelligenz bedenken; ~ qn d'une recommandation jdm eine Empfehlung mitgeben; ~ un poste eine Stelle besetzen
II. *vi* - à qc sich um etw kümmern; **à l'entretien de la famille** für den Unterhalt der Familie aufkommen
III. *vpr* ❶ se ~ de provisions/vêtements sich mit Vorräten/Kleidern eindecken [o versorgen]; se ~ d'armes sich mit Waffen ausrüsten
❷ JUR se ~ einen Revisionsantrag stellen; se ~ en appel/en cassation Berufung/Revision einlegen; se ~ en révision ein Wiederaufnahmeverfahren beantragen; se ~ devant qc bei etw Beschwerde einlegen [o Einspruch erheben]
pourvoyeur [puʀvwajœʀ] *m* ❶ MIL Munitionskanonier *m*
❷ *(fournisseur)* Lieferant *m*; **les ~s de drogue** die Dealer *Pl*
pourvoyeuse [puʀvwajøz] *f* Lieferantin *f*
pourvu [puʀvy] *conj* ❶ *(souhait)* wenn ... nur; ~ **que nous ne manquions pas le train!** wenn wir nur den Zug nicht verpassen!
❷ *(condition)* ~ **que cela vous convienne** sofern [o vorausgesetzt, dass] es euch recht ist
pourvu(e) [puʀvy] *adj* ❶ être ~(e) en qc mit etw eingedeckt [o ausgestattet] sein; **ici nous sommes mal ~s en commerçants** hier gibt es nicht genügend Geschäfte; être ~(e) d'argent/de grandes qualités Geld/gute Eigenschaften haben; être ~(e) de beauté/d'imagination schön/einfallsreich sein
❷ *(occupé)* le poste/l'emploi est ~ der Posten/die Stelle ist vergeben [o besetzt]
poussah [pusa] *m* ❶ *(jouet)* Stehaufmännchen *nt*
❷ *fig (gros homme)* Dickmops *m (fam)*
pousse [pus] *f* ❶ Spross *m*, Trieb *m*; ~**s de bambou** Bambussprossen *Pl*
❷ *(développement)* Wachstum *nt*; **d'une dent** Durchbruch *m*; **la ~ des cheveux** der Haarwuchs
❸ BOT Austrieb *m*
poussé(e) [puse] *adj* ❶ étude, discussion, enquête eingehend, ausführlich; technique hochentwickelt; travail ausgefeilt; précision höchst(r, s); **il a fait des études très ~es** er hat es in seinem Studium sehr weit gebracht
❷ *péj (forcé)* plaisanterie gewagt; voix forciert (geh); moteur hochgezüchtet
pousse-café [puskafe] *m inv fam* Verdauungsschnaps *m*
poussée [puse] *f* ❶ *a.* ARCHIT, GEOG, PHYS Druck *m*; ~ de la/d'une fusée Raketenschub *m*
❷ PSYCH Drang *m*
❸ *(coup)* Stoß *m*; ~ **du vent** Windstoß; **écarter qn d'une ~ de l'épaule** jdn mit der Schulter beiseitedrängen
❹ MED Schub *m*; d'acné, de boutons plötzlicher Ausbruch; ~ **de fièvre** Fieberschub, Fieberanfall *m*; ~ **de croissance** Wachstumsschub
❺ *(croissance)* du chômage, de l'inflation Anstieg *m*; ~ **de la demande** Nachfragesog *m (Fachspr.)*; ~ **des investissements** Investitionsschub *m*
pousse-pousse [puspus] *m inv* Rikscha *f*
pousser [puse] <1> I. *vt* ❶ schieben personne; rücken meuble; ~ qc vers le haut etw hochschieben; ~ une assiette jusqu'à qn jdm einen Teller hinschieben; ~ une voiture *(faire rouler)* ein Auto wegschieben; *(pour la faire démarrer)* ein Auto [an]schieben; il faut ~ encore l'armoire! wir müssen/ihr müsst den Schrank weiterbewegen!
❷ *(faire aller)* antreiben troupeau, prisonniers; *(continuer à faire aller)* weitertreiben troupeau, prisonniers
❸ *(pour ouvrir)* ~ la porte/la fenêtre die Tür/das Fenster aufmachen; *(fortement)* die Tür/das Fenster aufstoßen
❹ *(pour fermer)* ~ la porte/la fenêtre die Tür/das Fenster zumachen; *(en claquant)* die Tür/das Fenster zuschlagen; ~ qn dans l'escalier jdn die Treppe hinunterstoßen
❺ *(bousculer)* stoßen; ~ qn du coude/du pied jdn mit dem Ellbogen/dem Fuß stoßen; ~ qc du coude/du pied mit dem Ellbogen/dem Fuß gegen etw stoßen; ~ qn d'une bourrade jdn wegschubsen *(fam)*
❻ *(entraîner)* courant, vent: treiben
❼ *(stimuler)* antreiben, anspornen candidat, élève; hoch drehen moteur, machine; antreiben cheval; anfachen feu; ~ le chauffage die Heizung hoch drehen; l'intérêt/l'ambition le pousse das Interesse/der Ehrgeiz treibt ihn [an]
❽ *(inciter à)* ~ qn à faire qc jdn dazu bringen [o animieren] etw zu tun; envie, intérêt, ambition: jdn dazu treiben etw zu tun; ~ qn à la consommation jdn zum Konsum verleiten; ~ qn au crime jdn zum Verbrechen anstiften; ~ qn au désespoir jdn zur Verzweiflung treiben
❾ *(diriger)* ~ qn vers qc/qn jdn zu etw drängen/zu jdm hindrängen; quelque chose le poussait vers elle er fühlte sich von ihr angezogen
❿ *(émettre)* ausstoßen cri, soupir; schmettern chanson; ~ des cris de joie in Freudenschrei ausbrechen; ~ des gémissements stöhnen; en ~ une fam was singen *(fam)*
⓫ *(exagérer)* ~ qc à l'extrême/trop loin etw [bis] zum Äußersten/zu weit treiben; ~ la jalousie/la gentillesse jusqu'à faire qc in seiner Eifersucht/Freundlichkeit so weit gehen etw zu tun; il faut pas ~! man soll auch nicht übertreiben!
⓬ *(approfondir)* ~ plus loin les études/recherches das Studium/die Forschung weiter vertiefen
⓭ *(poursuivre)* vorantreiben enquête, recherches
⓮ *(cultiver)* faire ~ des salades/légumes Salat/Gemüse [an]pflanzen; faire ~ des fleurs Blumen ziehen; l'engrais fait ~ les plantes Dünger lässt die Pflanzen gedeihen
⓯ *(grandir)* se laisser ~ les cheveux/la barbe sich *(Dat)* die Haare/den Bart wachsen lassen
II. *vi* ❶ wachsen; sa première dent a poussé sein/ihr erster Zahn ist [durch]gekommen; ~ hors de qc plante: aus etw herauswachsen
❷ *(faire un effort pour accoucher)* pressen
❸ *(faire un effort pour aller à la selle)* drücken
❹ *(aller)* ~ jusqu'à Toulon weiter bis Toulon fahren
❺ *(exercer une poussée)* drängen, drängeln *(fam)*; ne poussez pas! drängelt nicht!
❻ *fam (exagérer)* übertreiben
III. *vpr se* ~ ❶ Platz machen; pousse-toi un peu! rutsch mal ein Stück [zur Seite]!
❷ *(se bousculer)* sich drängen, drängeln *(fam)*
poussette [pusɛt] *f* ❶ *(voiture d'enfant)* [Kinder]sportwagen *m*
❷ CYCLISME [An]schieben *nt*
poussette-canne [pusɛtkan] <poussettes-cannes> *f* Klappsportwagen *m*
poussier [pusje] *m* MIN Kohlenstaub *m*; coup de ~ Kohlenstaubexplosion *f*
poussière [pusjɛʀ] *f* ❶ Staub *m*; faire la ~ Staub wischen; ~ domestique/métallique Haus-/Metallstaub; emballer une puce en la protégeant de la ~ einen Chip staubdicht verpacken
❷ *(poussière de la rue, des routes)* [Straßen]staub *m*, [Straßen]schmutz *m*
❸ *(grain de poussière)* Staubkorn *nt*; avoir une ~ dans l'œil ein Staubkorn im Auge haben
❹ *(grande quantité)* cet archipel est une ~ d'îles dieser Archipel besteht aus einer Unzahl von Inseln
▶ mordre la ~ auf die Nase fallen *(fam)*; faire mordre la ~ à qn jdn in die Pfanne hauen *(fam)*; réduire qn/qc en ~ zu Kleinholz machen *(fam)*; tomber en ~ zu Staub zerfallen; 2000 euros et des ~s *fam* 2000 Euro und ein paar Zerquetschte *(fam)*
◆ ~ d'or Goldstaub *m*
poussiéreux, -euse [pusjeʀø, -øz] *adj* ❶ staubig; fenêtre staubbedeckt; chambre, livres verstaubt
❷ *(gris)* teint grau
❸ *péj (rétrograde)* monde, société verstaubt
poussif, -ive [pusif, -iv] *adj* personne kurzatmig; moteur stotternd *(fam)*, cheval dämpfig
poussin [pusɛ̃] *m* ❶ ORN Küken *nt*
❷ *fam (terme affectueux)* mon petit ~ mein kleiner Spatz
❸ SPORT ≈ Spieler *m* der C-Jugend
poussine [pusin] *f* SPORT ≈ Spielerin *f* der C-Jugend
poussivement [pusivmɑ̃] *adv* keuchend
poussoir [puswaʀ] *m* d'une montre, sonnette Knopf *m*
poutre [putʀ] *f* ❶ ARCHIT *(de bois)* Balken *m*; ~s apparentes frei liegende Balken *Pl*
❷ ARCHIT *(de métal)* Träger *m*
❸ SPORT Schwebebalken *m*
poutrelle [putʀɛl] *f* [Eisen]träger *m*
poutser [putse] <1> *vt* CH putzen
pouvoir[1] [puvwaʀ] <irr> I. *aux* ❶ *(être autorisé)* können, dürfen; tu peux aller jouer du kannst [o darfst] spielen gehen; il ne peut pas venir er kann [o darf] nicht kommen; puis-je fermer la fenêtre? kann ich das Fenster zumachen?
❷ *(être capable de)* können; j'ai fait ce que j'ai pu ich habe getan, was ich konnte; je ne peux pas m'empêcher de tousser ich muss ständig husten
❸ *(éventualité)* elle peut/pourrait être en France sie kann [o könnte] in Frankreich sein; quel âge peut-il bien avoir? wie alt er wohl sein mag?; l'orage pourrait bien éclater d'un moment à l'autre das Gewitter könnte jeden Augenblick losbrechen; c'est une chose qui peut arriver das kann vorkommen
❹ *(suggestion)* tu peux bien me prêter ton vélo du kannst [o könntest] mir doch wirklich dein Fahrrad leihen; tu aurais pu nous le dire plus tôt! das hättest du uns früher sagen können!
❺ *litter (souhait)* puisse-t-il guérir! wenn er doch nur gesund werden könnte!; ah! Puissiez-vous dire vrai! ach, wenn Sie nur

Recht hätten!
II. *aux impers* il peut/pourrait pleuvoir es kann/könnte regnen; il aurait pu y avoir un accident es hätte zu einem Unfall kommen können; cela peut arriver das kann vorkommen; il peut se faire que qn fasse qc es kann passieren, dass jd etw tut
III. *vt (être capable de)* ~ quelque chose pour qn etwas für jdn tun können; ne rien ~ [faire] pour qn nichts für jdn tun können ► on ne peut mieux [aller|bestens; n'en plus ~ de qc nicht mehr können vor etw *(Dat)*; qn n'y peut rien *(ne peut y porter remède)* jd kann nichts dagegen tun [*o* nichts machen]; *(n'est pas responsable)* jd kann nichts dafür; si l'on peut dire wenn man so sagen darf; on peut dire que qn a bien fait qc man darf [*o* kann] wohl sagen, dass jd etw wirklich getan hat; le moins qu'on puisse dire das mindeste, was man sagen kann; qu'est-ce que cela peut te faire? was geht dich das an?; ne rien ~ y faire nichts daran ändern können
IV. *vpr impers* cela [*o* ça *fam*] se peut/pourrait das kann/könnte sein; non, ça ne se peut pas nein, das kann nicht sein; il se pourrait qu'elle vienne es könnte sein [*o* es wäre möglich], dass sie kommt; ça se pourrait bien das könnte gut [*o* durchaus] sein
► autant que faire se peut wenn nur irgend möglich
pouvoir² [puvwar] *m* ❶ POL [regierende] Macht; le parti au ~ die regierende Partei; être au ~ an der Macht sein; arriver au ~ an die Macht kommen; prendre le ~ die Macht ergreifen [*o* übernehmen]
❷ *(autorité)* Macht *f*; ~ sur qn Macht über jdn; avide de ~ machthungrig; il est en mon ~ de faire qc es steht [*o* liegt] in meiner Macht etw zu tun; tenir qn en son ~ jdn in der Hand [*o* Gewalt] haben
❸ *(influence)* Einfluss *m*; ~ sur qn Einfluss auf jdn
❹ POL, JUR *(organes de décision)* [Staats]gewalt *f*; ~ absolu absolute Gewalt; ~ central Zentralgewalt; ~ disciplinaire Disziplinargewalt; ~ exécutif Exekutive *f*; ~ législatif Legislative *f*, ausübende/gesetzgebende Gewalt; ~ judiciaire richterliche Gewalt; la séparation des ~s die Gewaltenteilung; ~s publics Staatsorgane *Pl*, Behörden *Pl*
❺ JUR, POL *(droit, attribution)* Befugnis *f*; *(procuration)* Vollmacht *f*; ~ discrétionnaire richterliches Ermessen; usage de ~s discrétionnaires Ermessensgebrauch *m*; conformément au ~ [discrétionnaire] ermessensmäßig; abus du ~ discrétionnaire Ermessensmissbrauch *m*; ~s exceptionnels Sondervollmachten, außerordentliche Vollmachten; ~ d'exclusion conventionnelle Vertragsausschließungsgewalt *f*; ~ de représentation en vertu de l'apparence du droit Vertretungsmacht kraft Rechtsscheins; ~ de transformation complémentaire Weiterverarbeitungsbefugnis; dépasser ses ~s seine Befugnisse überschreiten; bon pour ~ bevollmächtigt; avoir plein ~ pour faire qc unbeschränkte Vollmacht haben etw zu tun; donner ~ à qn de faire qc jdn bevollmächtigen [*o* ermächtigen] etw zu tun
❻ *a.* TECH *(faculté)* Fähigkeit *f*; ~ absorbant/isolant Saug-/Isolierfähigkeit; ~ colorant/lavant Farb-/Waschkraft *f*; ~ magique Zauberkraft; avoir le ~ de faire qc die Fähigkeit haben etw zu tun
◆ ~ d'achat Kaufkraft *f*; ~ d'achat excédentaire überschüssige Kaufkraft, Geldüberhang *m*; clientèle ayant un fort ~ d'achat kaufkräftige Kundschaft; ~ d'authentification [des actes] Beglaubigungsbefugnis *f*; ~ de concentration Konzentrationsfähigkeit *f*; ~ de constitution Gründungsvollmacht *f*; ~ de contrôle des banques Bankaufsichtsrecht *nt*; ~ de débit JUR Belastungsvollmacht *f*; ~ de décision Entscheidungsbefugnis *f*, Entscheidungsgewalt *f*; ~ de délégation Delegationsbefugnis *f*; ~ de disposition JUR Verfügungsbefugnis *f*, Verfügungsmacht *f*; ~ d'encaissement JUR Inkassoermächtigung *f*; ~ d'exécution Durchführungsbefugnis *f*; ~ de gestion Geschäftsführungsbefugnis; ~ de gestion collective des affaires Gesamtgeschäftsführungsbefugnis; ~ d'innovation Innovationskraft *f*; ~ d'intervention JUR Eingriffsbefugnis *f*; ~ d'investissement Investitionskraft *f*; ~ de jouissance Nutzungsbefugnis *f*; ~ de monopole Monopolmacht *f*; ~ de l'offre JUR Angebotsmacht *f*; ~ de l'offre et de la demande JUR Angebots- und Nachfragemacht *f*; ~ d'organisation JUR Organisationsgewalt *f*; ~ de représentation JUR [Einzel]vertretungsbefugnis *f*, Vertretungsmacht *f*; agir en dehors de son ~ de représentation außerhalb seiner Vertretungsbefugnis handeln
PP [pepe] *f abr de* préfecture de police Polizeipräfektur *f*
PPCM [pepeseɛm] *m* MATH *abr de* plus petit commun multiple kleinstes gemeinschaftliches Vielfaches *nt*
ppm [pepeɛm] *fpl abr de* pages par minute INFORM ppm *Pl*
ppp¹ [pepepe] *mpl abr de* points par pouce INFORM dpi *Pl*
ppp² [pepepe] *mpl abr de* pixels par pouce INFORM ppi *Pl*
P.Q. [peky] *m fam abr de* papier cul Klopapier *nt (fam)*
PR [peɛr] *f abr de* poste restante *Schalter für postlagernde Sendungen*
Præsidium [prezidjɔm] *m* HIST le ~ du Soviet suprême das Präsidium des Obersten Sowjets
pragmatique [pragmatik] I. *adj* pragmatisch

II. *mf* Pragmatiker(in) *m(f)*
III. *f* LING Pragmatik *f*
pragmatisme [pragmatism] *m* Pragmatismus *m*
pragmatiste [pragmatist] I. *adj* pragmatisch
II. *mf* Pragmatist(in) *m(f)*
Pragois(e) [pragwa, waz] *m(f)* Prager(in) *m(f)*
Prague [prag] Prag *nt*
praire [prɛr] *f* Venusmuschel *f*
prairie [prɛri] *f* ❶ *(pré)* Wiese *f*
❷ AGR Grünland *nt*; ~ maigre Magerwiese *f*
Prairie [prɛri] *f* GEOG la [Grande] ~ die Prärie
praline [pralin] *f* ❶ *(bonbon)* gebrannte Mandel
❷ BELG *(chocolat fourré)* Praline *f*
praliné [praline] *m* Nougat *nt o m*; *(crème)* Nougatcreme *f*
praliné(e) [praline] *adj* amande, noisette gebrannt; *crème, glace* Nougat-, mit Nougatgeschmack
praséodyme [prazeɔdim] *m* CHIM Praseodym *nt*
praticabilité [pratikabilite] *f* ❶ *(en véhicule)* Befahrbarkeit *f*
❷ *(à pied)* Begehbarkeit *f*; *d'un terrain de sport* Bespielbarkeit *f*
praticable [pratikabl] I. *adj* ❶ *chemin* benutzbar
❷ *(en véhicule)* befahrbar
❸ *(à pied)* begehbar; *terrain de sport* bespielbar; *gué* passierbar
❹ *(exécutable)* opération, projet durchführbar; *moyen* brauchbar
❺ ARCHIT, THEAT *fenêtre, décor* praktikabel
II. *m* ❶ THEAT Praktikabel *nt*
❷ CINE, TV Kamerawagen *m*
praticien(ne) [pratisjɛ̃, jɛn] *m(f)* Praktiker(in) *m(f)*; MED praktizierender Arzt/praktizierende Ärztin
pratiquant(e) [pratikɑ̃, ɑ̃t] I. *adj* praktizierend; être très/peu ~(e) häufig/selten in die Kirche gehen
II. *m(f)* Kirchgänger(in) *m(f)*; cette religion compte dix millions de ~s diese Religion hat zehn Millionen Anhänger
pratique [pratik] I. *adj* ❶ praktisch; *solution* brauchbar, praktisch; *emploi du temps* günstig; *équipement, meubles* praxisgerecht; aménager qc de façon ~ etw praxisgerecht gestalten
❷ *(réaliste)* praktisch; n'avoir aucun sens ~ keinerlei praktische Veranlagung haben; être un esprit ~ praktisch veranlagt sein; dans la vie ~ im täglichen Leben
❸ *(opp: théorique)* praktisch; *philosophie* angewandt; cours de langue ~ praxisbezogener Fremdsprachenunterricht; travaux ~s Übung *f*; guide ~ Handbuch *nt*
II. *f* Praxis *f*; dans la [*o* en] ~ in der Praxis; mettre en ~ in die Praxis umsetzen
❷ *(expérience)* [praktische] Erfahrung; ~ professionnelle Berufspraxis *f*; ~ de la conduite Fahrpraxis; avoir la ~ du métier Berufserfahrung haben
❸ *(procédé)* Praktik *f*; ~ commerciale [*o* des affaires] Handelspraktik, Verkaufspraktik, Geschäftspraktik, Geschäftsgebaren *nt*; ~ commerciale frauduleuse/déloyale, ~ frauduleuse/déloyale des affaires betrügerisches/unlauteres Geschäftsgebaren; ~s d'embauche Einstellungspraktiken; c'était une ~ courante das war allgemein [so] üblich
❹ *(coutume)* Gepflogenheit *f*
❺ *(exercice) d'un sport, métier* Ausübung *f*; [Be]treiben *nt*; la ~ de l'escrime das Fechten; la ~ du golf das Golfspielen; ~ illégale de la médecine illegale Ausübung des Arztberufs
❻ REL Praktizieren *nt*; ~ religieuse Religionsausübung *f*
pratiqué(e) [pratike] *adj* être ~(e) *politique*: verfolgt werden; *prix*: verlangt werden; *sport*: betrieben werden; le golf est très ~ es wird sehr viel Golf gespielt
pratiquement [pratikmɑ̃] *adv* ❶ praktisch gesehen
❷ *(presque)* praktisch *(fam)*, so gut wie
pratiquer [pratike] <1> I. *vt* ❶ ausüben *métier, sport*; sprechen *langue*; ~ sa religion seine Religion ausüben, praktizieren; ~ le tennis/golf Tennis/Golf spielen; ~ la peinture malen; ~ la musique musizieren
❷ *(mettre en pratique)* [praktisch] anwenden *philosophie, règle*; praktizieren, [praktisch] anwenden *méthode*; betreiben *politique*; ~ l'indulgence Nachsicht üben
❸ *(faire)* machen *ouverture, trou*; durchführen *massage cardiaque, opération*
❹ *(utiliser)* verlangen *prix*; ~ des méthodes malhonnêtes sich unlauterer Methoden bedienen; ~ le chantage avec qn jdn erpressen
❺ *vieilli (fréquenter)* [gern und viel] lesen *auteur*; ~ la haute société in der gehobenen Gesellschaft verkehren
II. *vi* ❶ MED praktizieren
❷ REL in die Kirche gehen
III. *vpr* se ~ üblich sein; *prix*: verlangt werden, üblich sein; *langage, langue*: gesprochen werden; REL ausgeübt werden
pré [pre] *m* ❶ *(prairie)* Wiese *f*
❷ AGR Grünland *nt*
préado [preado] *m, f fam abr de* préadolescent Teeny *m*

préadolescence [pʁeadɔlesɑ̃s] f Vorpubertät f
préadolescent(e) [pʁeadɔlesɑ̃, ɑ̃t] m(f) Jugendliche(r) f(m) in der Vorpubertät
préalable [pʁealabl] I. adj entretien vorhergehend; avis, accord vorherig; question ~ Vorfrage f; je voudrais votre accord/avis ~ ich hätte gerne vorher Ihre Zustimmung/Meinung II. m [Vor]bedingung f; sans [aucun] ~ bedingungslos
▶ **au** ~ zuvor, zunächst
préalablement [pʁealabləmɑ̃] adv zunächst, vorher; ~ à qc vor etw (Dat)
préalpin(e) [pʁealpɛ̃, pin] adj Voralpen-
préambule [pʁeɑ̃byl] m ❶ JUR Präambel f; ~ **incorrect** falsche Präambel
❷ (entrée en matière) Vorrede f
❸ (prélude) Vorspiel nt
▶ **sans** ~ ohne Umschweife
préamplificateur [pʁeɑ̃plifikatœʁ] m Vorverstärker m
préau [pʁeo] <x> m [Innen]hof m; d'une école überdachter Pausenhof
préavis [pʁeavi] m ❶ JUR Kündigung f; **délai de** ~ Kündigungsfrist f; ~ **légal** gesetzliche Kündigungsfrist; ~ **de licenciement** fristgemäßes Kündigungsschreiben; **être licencié(e) sans** ~ fristlos entlassen werden; **donner son** ~ [fristgemäß] kündigen
❷ (annonce) [Vor]ankündigung f; ~ **de grève** Streikankündigung f; **sans** ~ ohne Vorankündigung
prébende [pʁebɑ̃d] f a. REL littér Pfründe f
précaire [pʁekɛʁ] adj ❶ position, situation ungewiss, prekär (geh); emploi unsicher; bonheur zerbrechlich; santé, paix labil
❷ JUR **possession** ~ mittelbarer Besitz, Fremdbesitz
précairement [pʁekɛʁmɑ̃] adv ❶ vorübergehend
❷ JUR mittelbar
précambrien [pʁekɑ̃bʁijɛ̃] m GÉOL Präkambrium nt
précambrien(ne) [pʁekɑ̃bʁijɛ̃, jɛn] adj GÉOL präkambrisch
précarité [pʁekaʁite] f ❶ Ungewissheit f; d'un emploi, d'une situation Unsicherheit f, Ungewissheit f; d'un bonheur Zerbrechlichkeit f; ~ **juridique** Rechtsunsicherheit
❷ JUR Unmittelbarkeit f [des Besitzverhältnisses]
précaution [pʁekosjɔ̃] f ❶ (disposition) Vorsichtsmaßnahme f; **prendre des** [o **ses**] ~**s contre qn/qc** Vorsichtsmaßnahmen gegen jdn/etw treffen, sich gegen jdn/etw absichern
❷ (prudence) Vorsicht f; **avec** ~ vorsichtig; **sans** ~ unvorsichtig [o unachtsam]; **par** ~ aus Vorsicht, vorsichtshalber; **s'entourer de** ~**s** vorsichtig sein
précautionner [pʁekosjɔne] <1> vpr littér **se** ~ **contre qn/qc** sich vor jdm/etw schützen
précautionneusement [pʁekosjɔnøzmɑ̃] adv littér mit [größter] Vorsicht
précautionneux, -euse [pʁekosjɔnø, -øz] adj littér geste behutsam; personne umsichtig
précédemment [pʁesedamɑ̃] adv vorher
précédent [pʁesedɑ̃] m Präzedenzfall m; **créer un** ~ einen Präzedenzfall schaffen; **sans** ~ noch nie dagewesen
précédent(e) [pʁesedɑ̃, ɑ̃t] adj vorhergehend; article, discours, film vorangegangen, vorhergehend; année vorige(r, s); **le jour** ~ am Vortag m; **le mois** ~ [im] vorigen [o letzten] Monat; **comme les années** ~**es** wie in den Vorjahren
précéder [pʁesede] <5> I. vt ❶ (dans le temps) ~ **qc** einer S. (Dat) vorangehen [o vorausgehen]; **le jour qui précédait leur départ** am Tag vor ihrer Abreise
❷ (dans l'espace) ~ **qc** sich vor einer S. (Dat) befinden; **l'article précède le nom** der Artikel steht vor dem Nomen
❸ (devancer) ~ **qn** [jdm] vorangehen, vor jdm [her]gehen
❹ (devancer en voiture) ~ **qn** vor jdm [her]fahren, [jdm] vorausfahren; **je vais vous** ~ **pour ...** ich werde vorangehen, um ...; **elle m'a précédé(e) de quelques minutes** sie war wenige Minuten vor mir da; **j'allais vous téléphoner, mais vous m'avez précédé(e)** ich wollte Sie eben anrufen, aber Sie sind mir zuvorgekommen
II. vi vorausgehen; **les jours qui précédaient** an den Tagen zuvor; **dans le chapitre qui précède** im vorangehenden Kapitel
précepte [pʁesɛpt] m ❶ Grundsatz m; **les** ~**s en usage dans la société** die gesellschaftlichen Regeln
❷ REL Gebot nt
précepteur, -trice [pʁesɛptœʁ, -tʁis] m, f ❶ Hauslehrer(in) m(f)
❷ HIST Hofmeister m
précession [pʁesesjɔ̃] f PHYS Präzession f
préchauffage [pʁeʃofaʒ] m Vorheizen nt; d'un moteur diesel Vorglühen nt
préchauffer [pʁeʃofe] <1> vt vorheizen four; vorglühen diesel
prêche [pʁɛʃ] m Predigt f; hum [Moral]predigt f(pej)
prêcher [pʁeʃe] <1> I. vt verkünden l'Évangile, croisade; predigen fraternité, haine; **tu peux toujours** ~ **la bonne parole, ...** hum du kannst predigen soviel du willst, ... (fam)

II. vi REL predigen; hum Moralpredigten halten (fig pej)
prêcheur, -euse [pʁɛʃœʁ, -øz] I. adj fam moralisierend (pej) II. m, f Moralprediger(in) m(f) (pej)
prêchi-prêcha [pʁeʃipʁeʃa] m inv péj Moralpredigten Pl (pej)
précieuse [pʁesjøz] f HIST, LITTÉR **les** ~**s** die Preziösen
précieusement [pʁesjøzmɑ̃] adv sorgsam
précieux, -euse [pʁesjø, -jøz] adj ❶ wertvoll; temps, moment kostbar; **métal** ~ Edelmetall nt; **objet** ~ Wertgegenstand m; fig Kostbarkeit f
❷ (affecté) personne geziert, affektiert; style gespreizt; LITTÉR écrivain, salon preziös
préciosité [pʁesjozite] f ❶ Geziertheit f, Affektiertheit f; **la** ~ **du style de cet auteur** der gespreizte Stil dieses Autors
❷ LITTÉR Preziosität f
précipice [pʁesipis] m Abgrund m
précipitamment [pʁesipitamɑ̃] adv hastig; partir, s'enfuir überstürzt; **entrer** ~ **dans une pièce** in ein Zimmer hineinstürmen
précipitation [pʁesipitasjɔ̃] f ❶ Hast f; d'un départ, d'une décision Überstürztheit f; **sans** ~ in aller Ruhe; **avec** ~ voller Hast; **partir avec** ~ überstürzt aufbrechen
❷ CHIM Niederschlag m, [Aus]fällung f
❸ pl MÉTÉO Niederschläge Pl
précipité [pʁesipite] m CHIM Niederschlag m
précipité(e) [pʁesipite] adj ❶ fuite, départ überstürzt; décision übereilt; personne voreilig
❷ (accéléré) pas, rythme schnell, beschleunigt; **sa respiration était** ~**e** sein/ihr Atem ging schnell
précipiter [pʁesipite] <1> I. vt ❶ (jeter) ~ **qn dans l'escalier** jdn die Treppe hinunterstoßen; **l'ouragan précipita la voiture contre un arbre** der Orkan schleuderte das Auto gegen einen Baum
❷ (plonger) ~ **qn dans le malheur** jdn ins Unglück stürzen; ~ **qn dans les bras de qn** jdn in jds Arme treiben
❸ (accélérer) beschleunigen pas, démarche
❹ (brusquer) überstürzen départ, décision; **il ne faut rien** ~ man soll nichts überstürzen
❺ CHIM [aus]fällen
II. vi CHIM ausfällen
III. vpr ❶ (s'élancer) **se** ~ **de qc** sich von etw [hinunter]stürzen; **se** ~ **dans le vide** sich in die Tiefe stürzen
❷ (se jeter) **se** ~ **à la porte/dans la rue** zur Tür/auf die Straße stürzen; **se** ~ **sur qn/dans les bras de qn** auf jdn/in jds Arme stürzen; **il s'est précipité à mon secours** er eilte mir zu Hilfe
❸ (s'accélérer) **se** ~ sich beschleunigen, schneller werden; **les événements se précipitent** die Ereignisse überstürzen sich
❹ (se dépêcher) **se** ~ sich beeilen; **ne nous précipitons pas!** nur keine Eile!
précis [pʁesi] m Handbuch nt
précis(e) [pʁesi, iz] adj ❶ genau; instrument, diagnostic exakt; demande, ordre, idée, pronostic klar; geste präzise; **atterrissage très** ~ punktgenaue Landung; **à dix heures** ~**es** um Punkt zehn Uhr
❷ (net) bruit, contours deutlich; dessin, trait genau; style präzise
précisément [pʁesizemɑ̃] adv ❶ gerade; **je venais** ~ **de sortir quand ...** ich hatte gerade das Haus verlassen, als ...
❷ (exactement) genau; **c'est** ~ **ce que je cherchais** das ist genau das, wonach ich suchte; **ou plus** ~ oder genauer gesagt
préciser [pʁesize] <1> I. vt ❶ (donner des précisions) genau[er] erklären, genau[er] darstellen point, fait; klar[er] ausdrücken, deutlich[er] ausdrücken intention, idée; genau angeben date, lieu; **précisez!** werden Sie deutlicher!
❷ (souligner) klarstellen; ~ **que qn a bien fait qc** klarstellen, dass jd etw wirklich getan hat; **..., précise le commissaire ...**, erläutert der Kommissar
II. vpr **se** ~ sich klarer abzeichnen; menace: deutlicher werden; idée, situation: klarer werden
précision [pʁesizjɔ̃] f ❶ Genauigkeit f; d'un geste, instrument Präzision f, Genauigkeit f; **avec** ~ genau, präzise (geh); **être/ne pas être d'une grande** ~ sehr genau/nicht sehr genau sein
❷ (netteté) des contours, d'un trait Deutlichkeit f
❸ **souvent** pl (détail) [genauere] Angabe, Detail nt; **une** ~ **intéressante** ein interessantes Detail
❹ TECH **balance de** ~ Präzisionswaage f; **instrument de** ~ Feinmessgerät nt
précité(e) [pʁesite] adj oben erwähnt
précoce [pʁekɔs] adj ❶ plante, variété früh; hiver, gelée [vor]zeitig; **fruits** ~**s** Frühobst m
❷ (prématuré) rides, sénilité vorzeitig auftretend; **mariage** ~ Frühehe f
❸ (en avance) enfant frühreif; sentiment früh
précocement [pʁekɔsmɑ̃] adv frühzeitig
précocité [pʁekɔsite] f d'un fruit frühe Reife f; d'une gelée, de l'hiver

précision	
demander des précisions	**rückfragen**
Est-ce que tu veux dire par là que …?	Meinst du damit, dass …?
Est-ce que cela signifie que …?	Soll das heißen, dass …?
Si je vous ai bien compris, …, non?	Habe ich Sie richtig verstanden, dass …?
Vous voulez dire que …?	Wollen Sie damit sagen, dass …?
s'assurer que le sens/le but de ses paroles a été compris	**sich vergewissern, ob der Inhalt/Zweck eigener Äußerungen verstanden wurde**
Compris?/Pigé? *(fam)*	Kapiert? *(fam)*
C'est clair?	Alles klar? *(fam)*/Ist das klar?
Est-ce que tu comprends ce que je veux dire?	Verstehst du, was ich (damit) meine?
Avez-vous compris où je veux en venir?	Haben Sie verstanden, auf was ich hinausmöchte?
Je ne sais pas si je me suis bien fait(e) comprendre.	Ich weiß nicht, ob ich mich verständlich machen konnte.

frühzeitiges Einsetzen; *d'un enfant* Frühreife *f*
précolombien(ne) [pʀekɔlɔ̃bjɛ̃, jɛn] *adj* präkolumbianisch
précompte [pʀekɔ̃t] *m* Vorausabzug *m*; **~ mobilier** Vorabsteuer *f*
précompter [pʀekɔ̃te] <1> *vt* **~ sur qc** von etw abziehen, einbehalten
préconçu(e) [pʀekɔ̃sy] *adj* ❶ *péj idée, opinion* vorgefasst ❷ *(préétabli) plan* fertig
préconiser [pʀekɔnize] <1> *vt* befürworten *politique, solution, méthode*; empfehlen *mode de vie, remède*
précontraint [pʀekɔ̃tʀɛ̃] *m* Spannbeton *m*
précontraint(e) [pʀekɔ̃tʀɛ̃, ɛ̃t] *adj* vorgespannt; **béton ~** Spannbeton *m*
précuit(e) [pʀekɥi, kɥit] *adj* vorgekocht; **produits ~s** Fertigprodukte *Pl*
précurseur [pʀekyʀsœʀ] **I.** *adj seulement avec* **événement ~ de qc** Auftakt *m* zu etw; **signe ~ de qc** Vorbote *m* einer *S. (Gen)*; **l'éclair est |le signe| ~ de l'orage** der Blitz kündigt das Gewitter an
II. *m* Wegbereiter(in) *m(f)*
prédateur, -trice [pʀedatœʀ, -tʀis] **I.** *adj* **animal ~** Raubtier *nt*; **végétal ~** Schmarotzerpflanze *f*, Parasit *m*; **être ~ de qc** der natürliche Feind von etw sein; **poisson non ~** Friedfisch *m (Fachspr.)*
II. *m, f* Raubtier *nt*; **les ~s** das Raubwild
prédécesseur [pʀedesesœʀ] *m* Vorgänger(in) *m(f)*; **~ en droit|s|** JUR Rechtsvorgänger(in)
prédécoupé(e) [pʀedekupe] *adj planche* [schon] zugeschnitten; *viande* [schon] vorgeschnitten
prédéfinir [pʀedefiniʀ] <8> *vt* INFORM vordefinieren *nombre de colonnes, largeur de colonne, format de fenêtre*
prédestination [pʀedɛstinasjɔ̃] *f* Vorherbestimmung *f*; PHILOS, REL Vorherbestimmung, Prädestination *f (Fachspr.)*
prédestiné(e) [pʀedɛstine] *adj* **être ~(e)** vor[her]bestimmt sein; REL auserwählt [*o* auserkoren] sein; **être ~(e) à qc** für etw prädestiniert sein; **être ~(e) à faire qc** dazu vor[her]bestimmt [*o* prädestiniert] sein, etw zu tun
prédestiner [pʀedɛstine] <1> *vt* **~ qn à qc** jdn für [*o* zu] etw vor[her]bestimmen [*o* prädestinieren]; **~ qn à faire qc** jdn dazu prädestinieren, etw zu tun; REL jdn dazu auserwählen, etw zu tun
prédétermination [pʀedetɛʀminasjɔ̃] *f* PHILOS Determination *f*; REL Vorherbestimmung *f*
prédéterminer [pʀedetɛʀmine] <1> *vt* [vorher]bestimmen
prédicat [pʀedika] *m* LOGIQUE, LING Prädikat *nt*
prédicateur, -trice [pʀedikatœʀ, -tʀis] *m, f* Prediger(in) *m(f)*
prédicatif, -ive [pʀedikatif, -iv] *adj* prädikativ; **phrase prédicative** Prädikativsatz *m*
prédication [pʀedikasjɔ̃] *f* ❶ REL Predigen *nt*; **la ~ de l'Évangile** die Verkündigung des Evangeliums ❷ REL *(sermon)* Predigt *f*
prédiction [pʀediksjɔ̃] *f* Voraussage *f*, Prophezeiung *f*
prédigéré(e) [pʀediʒeʀe] *adj* [voll]adaptiert
prédilection [pʀedilɛksjɔ̃] *f* Vorliebe *f*; **avoir une ~ pour qn/qc** eine Vorliebe [*o* Schwäche] für jdn/etw haben *f*; **auteur/sport de ~** Lieblingsautor *m*/-sport *m*
prédire [pʀediʀ] <*irr*> *vt* vorhersagen, voraussagen; **~ l'avenir à qn** jdm die Zukunft voraussagen [*o* weissagen]; **~ qu'il pleuvra demain** vorhersagen, dass es morgen regnet

prédisposer [pʀedispoze] <1> *vt* **~ qn à qc** bei jdm die Voraussetzungen für etw schaffen; MED jdn besonders anfällig für etw machen; **son éducation le prédispose à être sévère** durch seine Erziehung ist er dazu veranlagt streng zu sein; **~ qn en faveur de qn** jdn für jdn einnehmen; **être prédisposé(e) à qc** für etw geschaffen [*o* prädestiniert] sein; **être prédisposé(e) à faire qc** dafür geschaffen sein etw zu tun
prédisposition [pʀedispozisjɔ̃] *f* **~ à** [*o* **pour**] **qc** Veranlagung *f* für etw; MED Veranlagung [*o* Prädisposition *f*] zu etw *(Fachspr.)*; **~ à être malade** besondere Anfälligkeit für Krankheiten; **avoir une ~ à** [*o* **pour**] **faire qc** eine besondere Veranlagung dafür haben etw zu tun; **avoir des ~s musicales** eine musikalische Veranlagung haben
prédominance [pʀedɔminɑ̃s] *f d'un pays, groupe social* Vorherrschaft *f*; *d'une couleur* Dominieren *nt*
prédominant(e) [pʀedɔminɑ̃, ɑ̃t] *adj* dominierend, vorherrschend; *passion, souci* größte(r, s); *qualité* hervorstechend; **souci ~** Hauptsorge *f*
prédominer [pʀedɔmine] <1> *vi* vorherrschen; *avis, préoccupation, sport*: vorherrschend sein; *couleur, impression*: überwiegen; *personne, pays*: dominieren; **aujourd'hui les nuages prédominent** heute ist es überwiegend bewölkt
préélectoral(e) [pʀeelɛktɔʀal, o] <-aux> *adj* **la période ~e** die Wahlkampfperiode, die Zeit vor den Wahlen
préemballé(e) [pʀeɑ̃bale] *adj* [verkaufsfertig] abgepackt
prééminence [pʀeeminɑ̃s] *f* Vorrangstellung *f*; *d'un État* Vormachtstellung *f*; **donner la ~ à qc** einer *S. (Dat)* den Vorrang geben; **avoir la ~ sur qn/qc** jdn/etw beherrschen
prééminent(e) [pʀeeminɑ̃, ɑ̃t] *adj littér* herausragend; *influence* übermächtig
préemption [pʀeɑ̃psjɔ̃] *f* Vorkauf *m*; **droit de ~** Vorkaufsrecht *nt*
préencollé(e) [pʀeɑ̃kɔle] *adj* vorgeleimt
préétablir [pʀeetabliʀ] <8> *vt* vorher festlegen
préexistant(e) [pʀeɛgzistɑ̃, ɑ̃t] *adj* bereits vorhanden [*o* existierend]
préexistence [pʀeɛgzistɑ̃s] *f* Vorhandensein *nt*; PHILOS, REL Präexistenz *f*
préexister [pʀeɛgziste] <1> *vi* bereits existieren [*o* vorhanden sein]; **~ à qn/qc** vor jdm/etw vorhanden sein
préfabrication [pʀefabʀikasjɔ̃] *f* Fertigbau *m*; **~ de qc** Vorfertigung *f* einer *S. (Gen)*
préfabriqué [pʀefabʀike] *m (éléments)* Fertigbauelemente *Pl*, Fertigbauteile *Pl*; **construire une maison en ~** ein Fertighaus bauen
préfabriqué(e) [pʀefabʀike] *adj* ❶ TECH vorgefertigt; **élément ~** Fertigbauelement *nt*, Fertigbauteil *nt*; **maison ~e** Fertighaus *nt* ❷ *péj (faux) accusation* frei erfunden; *sourire* aufgesetzt
préface [pʀefas] *f* Vorwort *nt*
préfacer [pʀefase] <2> *vt* das Vorwort schreiben
préfacier [pʀefasje] *m* Verfasser(in) *m(f)* des Vorworts
préfectoral(e) [pʀefɛktɔʀal, o] <-aux> *adj* **administration ~e** Präfektur[verwaltung *f*] *f*; **arrêté ~** Verordnung *f* des Präfekten; **par mesure ~e** durch Verfügung der Präfektur
préfecture [pʀefɛktyʀ] *f* Präfektur *f*
◆ **~ de police** Polizeipräfektur *f*

Land und Leute
Die **préfecture** ist die Vertretung des Staats auf der Ebene der Departements. Sie ist zuständig für die öffentliche Ordnung (unter anderem auch für den Katastrophenschutz). Die Präfekturbehörden erteilen Lizenzen und Zulassungen und stellen Führerscheine aus.

préférable [pʀefeʀabl] *adj* être ~ à qc besser als etw sein, einer S. *(Dat)* vorzuziehen sein; **il est ~ de se taire** es ist besser zu schweigen; **il est ~ que je m'en aille** es ist besser, wenn ich jetzt gehe
préférablement [pʀefeʀabləmɑ̃] *adv littér* vorzugsweise
préféré(e) [pʀefeʀe] I. *adj ami* beste(r, s); **chanteur** ~ Lieblingssänger *m*
II. *m(f)* Liebling *m*
préférence [pʀefeʀɑ̃s] *f* Vorliebe *f;* **avoir une** ~ [*o* **des** ~**s**] **pour qn/qc** eine Vorliebe für jdn/etw haben; **accorder** [*o* **donner**] **la** ~ **à qn/qc** jdn/etw vorziehen, jdm/einer S. den Vorzug geben; **avoir la** ~ **sur qn** jdm vorgezogen werden; **je n'ai pas de** ~ das ist mir egal
▶ **de** ~ vorzugsweise, möglichst; **de** ~ **à qc** lieber als etw
préférentiel(le) [pʀefeʀɑ̃sjɛl] *adj* **tarif** ~ Vorzugspreis *m;* **bénéficier d'un traitement** ~ bevorzugt behandelt werden
préférentiellement [pʀefeʀɑ̃sjɛlmɑ̃] *adv littér* bevorzugt
préférer [pʀefeʀe] <5> *vt* ❶ ~ **qn à qn** jdn lieber mögen als jdn, jdn jdm vorziehen; ~ **qc à qc** etw einer S. *(Dat)* vorziehen, etw lieber mögen als etw; ~ **le champagne** Champagner bevorzugen; ~ **vivre en ville qu'à la campagne** lieber in der Stadt als auf dem Land leben; **préférez-vous du thé ou du café?** trinken Sie lieber Tee oder Kaffee?; **je préfère aller me promener que d'aller au cinéma** ich gehe lieber spazieren als ins Kino; **je préfère que tu le fasses** mir ist es lieber, wenn du das machst; **je te préfère avec les cheveux courts** mir gefällst du mit kurzen Haaren besser; **si tu préfères ...** wenn es dir lieber ist ...
❷ *(prospérer mieux)* ~ **un climat humide/un sol sablonneux** *plante:* in feuchtem Klima/sandigem Boden besonders gut gedeihen
préfet [pʀefɛ] *m* ❶ *(fonctionnaire)* Präfekt *m*
❷ BELG *(directeur de lycée)* Schulleiter *m (eines Gymnasiums)*
◆ ~ **de police** Polizeipräfekt *m* [von Paris]
préfète [pʀefɛt] *f* ❶ *(femme préfet)* **Madame la** ~ die Präfektin
❷ BELG *(directrice de lycée)* Schulleiterin *f (eines Gymnasiums)*
préfiguration [pʀefigyʀasjɔ̃] *f littér* Vorgeschmack *m*
préfigurer [pʀefigyʀe] <1> *vt* ahnen lassen
préfinancement [pʀefinɑ̃smɑ̃] *m* ❶ *(financement préalable)* Vorfinanzierung *f*
❷ *(financement provisoire)* Zwischenfinanzierung *f*
préfixation [pʀefiksasjɔ̃] *f* Präfigieren *nt (Fachspr.)*
préfixe [pʀefiks] *m* Präfix *nt,* Vorsilbe *f*
préfixer [pʀefikse] <1> *vt* ❶ LING mit einem Präfix [*o* einer Vorsilbe] versehen
❷ JUR festsetzen *délai, terme*
préformage [pʀefɔʀmaʒ] *m* TECH Vorformung *f*
préhenseur [pʀeɑ̃sœʀ] *adj* ZOOL Greif-; **organe** ~ Greiforgan *nt*
préhensile [pʀeɑ̃sil] *adj* ZOOL Greif-; **queue** ~ Greifschwanz *m*
préhension [pʀeɑ̃sjɔ̃] *f* Greifen *nt;* **organe de** ~ Greiforgan *nt*
préhistoire [pʀeistwaʀ] *f* Vorgeschichte *f*
préhistorique [pʀeistɔʀik] *adj* ❶ HIST vorgeschichtlich, prähistorisch; *outil* urmenschlich
❷ *péj (suranné)* vorsintflutlich *(fam)*
préindustriel(le) [pʀeɛ̃dystʀijɛl] *adj* vorindustriell
préinscription [pʀeɛ̃skʀipsjɔ̃] *f* Voreinschreibung *f,* Voranmeldung *f*
préjudice [pʀeʒydis] *m a.* JUR Schaden *m;* ~ **extra-patrimonial** Nichtvermögensschaden; ~ **financier** finanzieller Verlust; ~ **causé à l'entreprise** Geschäftsschädigung *f;* ~ **dû au retard d'exécution de la prestation due** Verzögerungsschaden; ~ **subi par une personne/plusieurs personnes** Personenschaden; **causer** [*o* **porter**] **un** ~ **à qn** jdm Schaden zufügen; **porter** ~ **à la tranquillité** die Ruhe beeinträchtigen; **subir un** ~ Schaden erleiden
▶ **au** ~ **de qn/qc** zu jds Nachteil [*o* Schaden]/zum Schaden einer S. *(Gen)*; **sans** ~ **de qc** unbeschadet einer S. *(Gen)*
préjudiciable [pʀeʒydisjabl] *adj* ~ **à qn/qc** nachteilig [*o* schädlich] für jdn/etw; **erreur** ~ Irrtum, der von Nachteil ist; **déclaration** ~ **au parti** parteischädigende Äußerung; **se comporter de manière** ~ **au parti** sich parteischädigend verhalten; **avoir des conséquences** ~**s pour la croissance** sich wachstumshemmend auswirken
préjugé [pʀeʒyʒe] *m* Vorurteil *nt;* **avoir un** ~ **contre qn** jdm gegenüber voreingenommen sein; **avoir des** ~**s contre qn/qc** Vorurteile gegen jdn/etw haben; **sans** ~ unvoreingenommen
▶ **qn bénéficie d'un** ~ **favorable** jdm geht ein guter Ruf voraus
préjuger [pʀeʒyʒe] <2a> *vt, vi* ~ [**d'**] **une réaction**/[**d'**] **une**

conduite eine Reaktion/ein Verhalten vorhersehen; **ne rien laisser** ~ **de la décision prise** keinen Hinweis auf die Entscheidung geben
prélasser [pʀelɑse] <1> *vpr* **se** ~ es sich bequem machen
prélat [pʀela] *m* Prälat *m*
prélature [pʀelatyʀ] *f* Prälatur *f*
prélavage [pʀelavaʒ] *m* Vorwäsche *f*
prèle, **prêle** [pʀɛl] *f* BOT Schachtelhalm *m;* ~ **des champs** Zinnkraut *nt*
prélèvement [pʀelɛvmɑ̃] *m* ❶ *(action de prélever)* Probenentnahme *f;* ~ **de sang** Blutabnahme *f;* ~ **d'organe** Entnahme des/eines Organs, Organentnahme; ~ **d'évaluation protéique** Eiweißprobe *f*
❷ *(quantité prélevée)* Probe *f;* ~ **d'eau** Wasserprobe *f;* **faire un** ~ **d'eau/de tissu** eine Wasserprobe/Gewebeprobe entnehmen; **faire un** ~ **de sang** eine Blutprobe machen, Blut abnehmen
❸ FIN, ECON Abzug *m,* Einbehaltung *f;* (*en parlant de la politique de la Communauté européenne*) Abschöpfung *f;* ~ **automatique** Einzugsverfahren *nt;* ~ **bancaire** Bankauftrag *m;* ~ **direct** Direktabbuchung *f,* direkte Abgabe; ~ **fiscal** Steuerabzug; ~ **fiscal des taxes professionnelles** Gewerbesteuerumlage *f;* ~**s obligatoires** gesetzliche [Sozial]abgaben *Pl;* ~ **privé** Privatentnahme *f;* ~ **d'intérêts débiteurs** Schuldzinsenabzug; ~ **en espèces** Barentnahme; ~**s et taxes** Abgaben und Gebühren
❹ *(somme retenue)* Abzugsbetrag *m*
❺ *(retrait)* Abhebung *f*
❻ *(somme retirée)* abgehobener Betrag
❼ JUR ~ **total** Totalentnahme *f*
◆ **à la source** Quellenbesteuerung *f*
prélever [pʀel(ə)ve] <4> *vt* ❶ FIN einbehalten *pourcentage;* ~ **de l'argent sur le compte** Geld vom Konto abheben; ~ **des capitaux** Kapital abschöpfen; ~ **une certaine somme sur le salaire** eine bestimmte Summe vom Lohn abziehen [*o* einbehalten]; ~ **des taxes** Gebühren einziehen; ~ **en retour** zurückbelasten
❷ MED entnehmen *organe, tissu;* abnehmen *sang*
préliminaire [pʀeliminɛʀ] I. *adj* vorbereitend; *discours* einleitend; **remarque** ~ Vorbemerkung *f*
II. *mpl* Vorverhandlungen *Pl;* ~**s de la paix** Friedensvorverhandlungen
prélude [pʀelyd] *m* ❶ MUS Präludium *nt;* ~ **choral** Choralvorspiel *m*
❷ *(début)* ~ **de qc** Auftakt *m* zu etw
préluder [pʀelyde] <1> *vi* ❶ MUS ~ **par qc** etw zur Einleitung singen/spielen
❷ *soutenu (annoncer)* ~ **à qc** den Auftakt zu etw bilden
prématuré(e) [pʀematyʀe] I. *adj* vorzeitig; *démarche, décision* verfrüht; **enfant** ~ zu früh geborenes Kind; **il est/serait** ~ **de faire qc** es ist zu früh/wäre verfrüht, etw zu tun
II. *m(f)* Frühgeborene(s) *nt,* Frühgeburt *f;* **petit** ~**/petite** ~**e** *fam* Frühchen *nt (fam)*
prématurément [pʀematyʀemɑ̃] *adv* vorzeitig; *décider* verfrüht
prémédication [pʀemedikasjɔ̃] *f* Anästhesievorbereitung *f*
préméditation [pʀemeditasjɔ̃] *f* ❶ Absicht *f;* **agir sans la moindre** ~ ganz spontan handeln
❷ JUR Vorsatz *m,* Vorsätzlichkeit *f;* **avec** ~ vorsätzlich
prémédité(e) [pʀemedite] *adj crime* vorsätzlich; *réponse, réaction* wohlüberlegt
préméditer [pʀemedite] <1> *vt* planen; ~ **de faire qc** planen [*o* beabsichtigen] etw zu tun
prémices [pʀemis] *fpl littér* Anfänge *Pl;* **les** ~ **de l'hiver** die ersten Anzeichen des Winters
premier [pʀəmje] *m* ❶ **le** ~ der/die/das Erste; **arriver le** ~ der Erste [*o* zuerst da] sein; **passez le** ~**!** gehen Sie vor[an]!; **Luc a vu Max, le** ~ **a plaisanté** Luc hat Max gesehen, Ersterer hat Spaß gemacht
❷ *(étage)* erster Stock
❸ *(arrondissement)* erstes Arrondissement
❹ *(aîné)* Erste(r, s), erstes Kind
❺ *(jour)* Erste(r) *m;* **le** ~ **du mois/de l'an** am Monatsersten/Neujahrstag
❻ *(dans une charade)* erste Silbe
▶ **le** ~ **de cordée** der Führer der Seilschaft; **le** ~ **en date** der Allererste; **bon** ~ mit Abstand der/die/das Erste ...; ~ **concerné** direkt betroffen; **les** ~**s seront les derniers** die Ersten werden die Letzten sein; **jeune** ~ *(séducteur)* jugendlicher Liebhaber; *(jeune vedette)* Jungstar *m;* **en** ~ *(avant les autres)* zuerst, als Erste(r, s); *(pour commencer)* zunächst, als Erstes
premier, -ière [pʀəmje, -jɛʀ] *adj* ❶ *antéposé* erste(r, s); *page* Titel-; ~ **venu/première venue** erste(r, s), erstbeste(r, s); **en** ~ **lieu** zuerst, als Erstes; **dans les** ~ **temps** anfangs, in der ersten Zeit
❷ *(principal) clerc, consul, violon* erste(r, s); *magistrat, personnage de l'État* oberste(r, s); *cause, intéressé, problème* Haupt-; *besoins, rudiments* Grund-; *vocation* eigentlich; *objectif, rôle* Haupt-, wichtigste(r,

s); *qualité* wichtigste(r, s); *constructeur automobile, écrivain* führend; **au ~ chef** in erster Linie, vor allem; **au ~ plan** im Vordergrund; **aux premières loges** ganz vorn; **marchandise de ~ choix** [*o* **première qualité**] erstklassige [*o* erlesene] Ware; **de ~ ordre** ersten Ranges, erstklassig; *v. a.* **cinquième**
première [pʀəmjɛʀ] *f* ❶ **la ~** der/die/das Erste; **arriver la ~** die Erste [*o* zuerst da] sein; **passez la ~!** gehen Sie vor[an]!
❷ *(vitesse)* erster Gang
❸ SCOL ≈ elfte Klasse
❹ *(manifestation sans précédent)* erstmaliges Ereignis; **~ mondiale** Weltereignis *nt*
❺ THEAT, CINE Premiere *f;* **~ d'une pièce de théâtre** Theaterpremiere; **grande ~** Galapremiere
❻ TRANSP erste Klasse; **billet de ~** Fahrkarte *f*/Flugticket *nt* erster Klasse
❼ SPORT erstes Rennen
❽ ALPIN Erstbesteigung *f*
❾ COUT Direktrice *f*
❿ *(semelle)* Brandsohle *f*
▸ **être de ~** ausgezeichnet [*o* erstklassig] sein; **être de ~ pour qc** *fam personne:* einsame Spitze bei etw sein *(fam)*, in etw *(Dat)* unübertroffen sein; **être de ~ pour faire qc** *fam personne:* einsame Spitze sein, wenn es darum geht, etw zu tun *(fam)*
premièrement [pʀəmjɛʀmɑ̃] *adv* ❶ *(en premier lieu)* erstens, zunächst
❷ *(et d'abord)* im Übrigen; **tu n'avais qu'à le faire toi-même** und außerdem hättest du es ja auch selbst machen können *(fam)*
première-née [pʀəmjɛʀne] <premières-nées> *f* Erstgeborene *f*
premier-né [pʀəmjɛʀne] <premiers-nés> *m* Erstgeborener *m*
prémilitaire [pʀemilitɛʀ] *adj* vormilitärisch
prémisse [pʀemis] *f* Voraussetzung *f,* Prämisse *f (geh)*
prémolaire [pʀemɔlɛʀ] *f* vorderer Backenzahn
prémonition [pʀemɔnisjɔ̃] *f* [Vor]ahnung *f,* Vorgefühl *nt*
prémonitoire [pʀemɔnitwaʀ] *adj* ❶ MED *symptômes* erste(r, s); **signe ~** Vorzeichen *nt*
❷ *(qui constitue une prémonition)* **faire un rêve ~** etwas im Traum voraussehen
prémontré(e) [pʀemɔ̃tʀe] *m(f)* ECCL Prämonstratenser *m*
prémunir [pʀemyniʀ] <8> I. *vt* ❶ *(prévenir)* **~ qn contre qc** jdn vor etw *(Dat)* warnen
❷ *(protéger)* **~ qn contre qc** jdn vor etw *(Dat)* schützen
II. *vpr* **se ~ contre qc** sich vor etw *(Dat)* schützen
prenable [pʀənabl] *adj rare* einnehmbar; **facilement ~** leicht einzunehmen
prenant(e) [pʀənɑ̃, ɑ̃t] *adj* ❶ *film, livre* fesselnd
❷ *(absorbant) travail, activité* Zeit raubend
prénatal(e) [pʀenatal, o] <s *o* -aux> *adj* vorgeburtlich, pränatal *(Fachspr.);* **congé ~** Schwangerschaftsurlaub *m;* **diagnostic ~** Pränataldiagnostik *f (Fachspr.);* **examen** [*o* **visite**] **~** Schwangerschaftsvorsorgeuntersuchung *f*
prendre [pʀɑ̃dʀ] <13> I. *vt + avoir* ❶ nehmen; **~ qc dans qc** etw aus etw [heraus]nehmen; **~ qn par le bras** jdn am Arm fassen; **~ qn par la main** jdn bei der Hand nehmen
❷ *(absorber)* [zu sich] nehmen; trinken *boisson, café;* essen *sandwich;* einnehmen *médicament;* **vous prendrez bien quelque chose?** Sie trinken doch ein Gläschen/essen doch eine Kleinigkeit?
❸ *(aller chercher)* **~ qn chez lui/à la gare** jdn zu Hause/am Bahnhof abholen
❹ *(emporter)* [mit]nehmen *manteau, parapluie*
❺ TRANSP nehmen, fahren mit *train, métro, ascenseur;* nehmen, fliegen mit *avion;* **~ le volant** sich ans Steuer setzen
❻ *(dérober)* **~ de l'argent à qn** jdm Geld wegnehmen; **~ l'idée de qn** jds Idee übernehmen; **il a pris la place de son collègue** er hat die Stelle seines Kollegen übernommen
❼ SPORT übernehmen *relais, ballon;* **~ le ballon à qn** jdm den Ball abnehmen; **~ le service de l'adversaire** den Aufschlag des Gegners durchbrechen
❽ *(capturer)* erlegen *gibier;* fangen *poisson, mouches;* einnehmen *forteresse, ville;* **se faire ~** gefasst werden; **être pris(e) dans qc** in etw *(Dat)* gefangen sein
❾ *(se laisser séduire)* **se laisser ~ par qn/à qc** auf jdn/etw hereinfallen *(fam)*
❿ *(surprendre)* **~ qn en train** [*o* **erwischen** *fam*]; **~ qn sur le fait** jdn auf frischer Tat ertappen; **~ qn en train de faire qc** jdn dabei ertappen [*o* erwischen *fam*], wie er etw tut; **on ne m'y prendra plus!** das passiert mir nicht noch einmal!
⓫ *(s'engager dans)* nehmen *route, chemin;* einschlagen *direction;* **~ l'autoroute/un raccourci** [über die] Autobahn/eine Abkürzung fahren
⓬ *(piloter)* übernehmen *commande, gouvernail*
⓭ *(acheter)* kaufen; nehmen *chambre, couchette;* **~ de l'essence** tanken
⓮ *(accepter)* **~ qn comme locataire** jdn als Mieter nehmen; **~ qn comme pensionnaire/passager** jdn in Pension/an Bord nehmen; **~ qn comme cuisinier** jdn als Koch einstellen
⓯ PHOT **~ qn en photo** ein Foto von jdm machen
⓰ *(noter, enregistrer)* nehmen *empreintes;* machen *notes;* aufschreiben *adresse, nom;* einholen *renseignements;* **~ un rendez-vous** sich *(Dat)* einen Termin geben lassen; **~ des nouvelles de qn** sich nach jdm erkundigen; **~ sa température** Fieber messen
⓱ *(adopter)* treffen *décision, précautions;* aufsetzen *air innocent;* ergreifen *mesure;* anschlagen *ton menaçant;* **~ une résolution** einen Entschluss fassen; **~ l'apparence/la forme de qc** die Gestalt/die Form einer S. *(Gen)* annehmen
⓲ *(se lier avec)* sich *(Dat)* nehmen *amant, maîtresse*
⓳ *(acquérir)* annehmen *couleur, goût de rance;* erhalten *nouveau sens;* schöpfen *courage;* **~ de l'assurance** selbstsicherer werden; **~ de l'autorité** an Autorität gewinnen; **~ du poids** zunehmen; **~ du ventre** einen Bauch bekommen
⓴ MED **~ froid** sich erkälten; **être pris(e) d'un malaise** sich [plötzlich] unwohl fühlen
㉑ *(s'accorder)* sich *(Dat)* gönnen *plaisir, repos;* nehmen *des congés, vacances;* **~ sa retraite** in den Ruhestand treten; **~ le temps de faire qc** sich die Zeit nehmen etw zu tun
㉒ *(durer)* **~ deux heures/jours** zwei Stunden/Tage dauern; **ça va me ~ longtemps/deux jours** ich werde lange/zwei Tage dafür brauchen
㉓ *(coûter)* **ce travail me prend tout mon temps** diese Arbeit nimmt meine ganze Zeit in Anspruch
㉔ *(prélever, faire payer)* nehmen *argent, pourcentage;* verlangen *commission, cotisation;* **~ de l'argent sur son compte** Geld vom Konto abheben; **être pris(e) sur le salaire** vom Gehalt einbehalten werden
㉕ *fam (recevoir, subir)* abkriegen *(fam) averse, coup, reproche;* **~ la balle/porte en pleine figure** den Ball/die Tür voll ins Gesicht kriegen *(fam)*
㉖ *(traiter)* umgehen mit *personne;* anpacken *problème;* **~ qn par la douceur** jdm sanft beikommen; **~ qn par son point faible** jdn an seinem schwachen Punkt packen; **~ qn par les sentiments** an jds Gefühl appellieren; **on ne sait jamais par quel bout le ~** man weiß nie, wie man ihn anpacken soll *(fam)*
㉗ *(réagir à)* **~ qc au sérieux/tragique** etw ernst/tragisch nehmen; **elle a bien/mal pris la chose** sie hat es/die Sache gut aufgenommen/übel genommen; **si vous le prenez ainsi** wenn Sie es so auffassen
㉘ *(considérer comme)* **~ qn/qc pour qc** jdn/etw für etw halten; **~ qn pour qn** jdn mit jdm verwechseln; **~ ses désirs pour des réalités** seine/ihre Träume für Realität halten; **~ qc pour prétexte** etw zum Vorwand nehmen; **tu me prends pour un imbécile?** du willst mich wohl für dumm verkaufen? *(fam);* **pour qui me prends-tu?** für wen hältst du mich eigentlich?
㉙ *(assaillir) doute, faim:* überkommen; *colère, envie:* packen, überkommen; *panique:* ergreifen; **l'envie le prenait de chanter** er hatte plötzlich Lust zu singen; **pris(e) de remords** von Gewissensbissen geplagt; **être pris(e) de panique** in Panik geraten
㉚ LING *(s'écrire)* **ce mot prend deux l/une cédille** dieses Wort schreibt man [*o* schreibt sich] mit zwei l/mit Cedille
▸ **être bien pris(e)** ganz schön hereingefallen sein; **tel est pris qui croyait ~** *prov* wer andern eine Grube gräbt, fällt selbst hinein *(prov);* **c'est à ~ ou à laisser** entweder oder; **il y a à ~ et à laisser** *fam* das ist mit Vorsicht zu genießen; **à tout ~** im Großen und Ganzen; **~ qc sur soi** etw auf sich nehmen; **~ sur soi de faire qc** es auf sich nehmen etw zu tun; **qu'est-ce qui te/lui prend?** was ist denn mit dir/ihm/ihr los?
II. *vi* ❶ + *avoir film, mode:* ankommen, ziehen *(fam); bouture:* Wurzeln treiben; *vaccin:* anschlagen; **avec moi, ça ne prend pas!** *fam* das zieht bei mir nicht! *(fam)*
❷ + *avoir (s'enflammer) feu:* angehen; *incendie:* ausbrechen; *bois:* Feuer fangen; *allumette:* sich entzünden
❸ + *avoir o être (durcir) ciment, mayonnaise:* fest werden; *sauce:* sämig werden; *rivière, étang:* zufrieren
❹ + *avoir (se diriger)* **~ à gauche/droite** *personne:* [nach] links/rechts abbiegen; *chemin:* nach rechts/links führen
❺ + *avoir (faire payer)* **~ beaucoup/peu** viel/wenig verlangen; **~ bon marché** billig sein; **~ cher de l'heure** einen hohen Stundenlohn verlangen
III. *vpr* ❶ *(s'accrocher)* **se ~ dans qc** sich in etw *(Dat)* verfangen; **se ~ le doigt dans la porte** sich den Finger in der Tür einklemmen; **se ~ les cheveux dans les branches** mit den Haaren in den Zweigen hängen bleiben
❷ *(se considérer)* **se ~ pour un héros/un génie** sich für einen Helden/ein Genie halten; **se ~ trop au sérieux** sich [selbst] zu ernst nehmen
❸ *(procéder)* **s'y ~ bien/mal avec qn** gut/schlecht mit jdm umgehen; **avec lui il faut savoir s'y ~** ihn muss man zu nehmen wis-

sen; **s'y ~ bien/mal avec qc** sich bei etw geschickt/ungeschickt anstellen; **s'y ~ à temps** sich rechtzeitig darum kümmern; **s'y ~ à trois reprises** drei Anläufe unternehmen; **savoir s'y ~** wissen, wie es geht [*o* wie man es macht]
❹ *(en vouloir)* **s'en ~ à qn/qc** jdn/etw dafür verantwortlich machen
❺ *(s'attaquer)* **s'en ~ à qn/qc** jdn/etw angreifen
❻ *(être pris)* **se ~** *médicament:* [ein]genommen werden; **se ~ au filet/à la ligne** *poisson:* mit dem Netz gefangen/geangelt werden
❼ *(se tenir)* **se ~ par le bras** sich unterhaken; **se ~ par la main** sich an den Händen fassen
❽ *littér (commencer)* **se ~ à pleurer** zu weinen beginnen; **se ~ d'affection/amitié pour qn** zu jdm Zuneigung/für jdn Freundschaft empfinden
❾ *(se solidifier)* **se ~ en glace** zu Eis erstarren
▶ **se ~ un râteau avec qn** *fam* bei jemandem nicht landen können
preneur, -euse [pʀənœʀ, -øz] *m, f* ❶ Abnehmer(in) *m(f)*; **ce tableau me plaît, je suis ~(-euse)** dieses Bild gefällt mir, ich nehme es; **trouver ~ pour qc** einen Abnehmer für etw finden
❷ FIN **~ d'effet/d'un effet** Wechselnehmer(in) *m(f)*, Remittent(in) *m(f) (Fachspr.)*
◆ **~ de crédit-bail** Leasingnehmer(in) *m(f)*
prénom [pʀenɔ̃] *m* Vorname *m*; **~ usuel** Rufname *m*
prénommé(e) [pʀenɔme] **I.** *adj* mit dem Vornamen
II. *m(f)* Besagte(r) *f(m)*, Obengenannte(r) *f(m)*
prénommer [pʀenɔme] <1> **I.** *vt* **~ qn Julien** jdm den Vornamen Julian geben
II. *vpr* **se ~ Julia** mit Vornamen Julia heißen
prénuptial(e) [pʀenypsjal, jo] <-aux> *adj* **certificat ~** [ärztliches] Ehetauglichkeitszeugnis; **examen ~** ärztliche Untersuchung vor der Eheschließung
préoccupant(e) [pʀeɔkypɑ̃, ɑ̃t] *adj* Besorgnis erregend
préoccupation [pʀeɔkypasjɔ̃] *f* ❶ Sorge *f*, Besorgnis *f*; **~ principale** Hauptsorge
❷ *(occupation)* Beschäftigung *f*
préoccupé(e) [pʀeɔkype] *adj* besorgt; **avoir l'air ~** besorgt aussehen; **être ~(e) par qc** besorgt um etw sein; **être ~(e) de faire qc** besorgt darum sein etw zu tun
préoccuper [pʀeɔkype] <1> **I.** *vt* ❶ **~ qn** jdm Sorge bereiten; *avenir, situation:* jdm Sorge(n) machen, jdn beunruhigen
❷ *(absorber)* **~ qn** *problème, affaire:* jdn sehr beschäftigen
II. *vpr* **se ~ de qn/qc** sich um jdn/etw sorgen; **se ~ de faire qc** sich darum bemühen etw zu tun
préopératoire [pʀeɔpeʀatwaʀ] *adj* vor der Operation, präoperativ *(Fachspr.)*
prépa [pʀepa] *f abr de* **classe préparatoire** Vorbereitungsklasse *f* [auf eine der „Grandes Écoles"]
prépaiement [pʀepɛmɑ̃] *m* COM Vorauskasse *f*
préparateur, -trice [pʀepaʀatœʀ, -tʀis] *m, f* UNIV Laborant(in) *m(f)*
◆ **~ (-trice) en pharmacie** pharmazeutisch-technischer Assistent/pharmazeutisch-technische Assistentin; **~(-trice) de cadavre** MED Leichenwäscher(in) *m(f)*
préparatifs [pʀepaʀatif] *mpl* Vorbereitungen *Pl;* **~ de la fête** Vorbereitungen für das Fest; **les ~ du départ** die Reisevorbereitungen *Pl*
préparation [pʀepaʀasjɔ̃] *f* ❶ *a.* JUR Vorbereitung *f*; *d'un discours, plan* Ausarbeitung *f*; *d'un repas, poisson* Zubereitung *f*; *d'un médicament* Herstellung *f*; *d'un complot* [heimliche] Planung; **avoir qc en ~** etw in Vorbereitung haben; **être en ~** in Vorbereitung sein; **~ contractuelle** ≈ Vertragsanbahnung *f*; **~ au Tour de France** Training *nt* für die Tour de France; **~s de guerre** Kriegsvorbereitungen *Pl*
❷ SCOL **classe de ~** Vorbereitungsklasse *f*; **la ~ à l'examen** die Examensvorbereitung
❸ CHIM, PHARM Präparat *nt*
◆ **~ de l'intervention** ECON Einsatzvorbereitung *f*
préparatoire [pʀepaʀatwaʀ] *adj* vorbereitend; **travail ~** Vorarbeit *f*; **cours ~** SCOL ≈ 1. Klasse Grundschule; **classe ~** Vorbereitungsklasse *f* [auf eine der „Grandes Écoles"]
préparer [pʀepaʀe] <1> **I.** *vt* ❶ *(confectionner)* vorbereiten, zubereiten *repas;* [bereiten *thé, café;* herstellen *médicament,* pommade; **plat préparé** Fertiggericht *nt*
❷ *(apprêter)* [zusammen]packen *affaires, bagages;* herrichten *chambre, voiture;* zurechtmachen *gibier, poisson, volaille;* bearbeiten *terre*
❸ *(mettre au point)* vorbereiten *fête, plan, voyage;* **~ un piège à qn** jdm eine Falle stellen; **~ une surprise à qn** jdm eine Überraschung bereiten
❹ *(travailler à)* vorbereiten *cours, discours, leçon;* arbeiten an (+ *Dat*) *nouvelle édition, roman, thèse;* sich vorbereiten auf (+ *Akk*) *bac, concours;* **~ une grande école** sich auf die [Aufnahme]prüfung für eine Elitehochschule vorbereiten
❺ *(réserver)* ausbrüten *(fam) rhume, grippe;* **~ une déception/des ennuis à qn** *iron* jdm eine Enttäuschung/Ärger bereiten; **que nous prépare-t-il?** was führt er im Schilde?
❻ *(entraîner)* **~ qn à un examen/une mauvaise nouvelle** jdn auf eine Prüfung/eine schlechte Nachricht vorbereiten; **j'y étais préparé(e)** ich war darauf vorbereitet
II. *vpr* ❶ *(se laver, se coiffer, s'habiller)* **se ~** sich zurechtmachen, sich fertig machen
❷ *(faire en sorte d'être prêt)* **se ~ à un examen/une compétition** sich auf eine Prüfung/einen Wettkampf vorbereiten
❸ *soutenu (être sur le point de)* **se ~ à faire qc** sich anschicken etw zu tun *(geh)*
❹ *(aller au-devant de)* **se ~ bien des ennuis** sich *(Dat)* viel Ärger einhandeln *(fam)*
❺ *(approcher)* **se ~** *événement:* in der Luft liegen; *orage:* im Anzug sein; *grandes choses, tragédie:* sich anbahnen, sich abzeichnen; **il se ~ qc de louche** da ist etwas Zwielichtiges im Gange
❻ *(devoir être préparé)* **se ~** *examen, plan, voyage:* vorbereitet werden
prépondérance [pʀepɔ̃deʀɑ̃s] *f (suprématie) d'un groupe, parti, d'une nation* Vorherrschaft *f*, Vormachtstellung *f*; *d'une croyance, idée* Vorherrschaft; **la ~ du rendement sur** [*o* par rapport à] **la qualité** der Vorrang des Ertrags vor der Qualität
prépondérant(e) [pʀepɔ̃deʀɑ̃, ɑ̃t] *adj influence, part, rôle* entscheidend, maßgeblich; *voix* ausschlaggebend; **occuper une place ~e** *personne:* eine entscheidende Rolle spielen; *chose, événement:* eine Vorrangstellung einnehmen
préposé(e) [pʀepoze] *m(f)* ❶ *(facteur)* Briefträger(in) *m(f)*
❷ ADMIN **~ des douanes/postes** Zoll-/Postbeamte(r) *m*/Zoll-/Postbeamtin *f*
❸ *(responsable de)* **~e aux vestiaires** Garderobenfrau *f*; **~e aux toilettes** Toilettenfrau *f*, Klosettfrau; **~(e) aux tickets** Kartenverkäufer(in); **~ à la circulation** Verkehrspolizist *m*
préposer [pʀepoze] <1> *vt soutenu* **~ qn à qc** jdm etw übertragen, jdn mit etw beauftragen
prépositif, -ive [pʀepozitif, -iv] *adj* **locution prépositive** präpositionale Wendung
préposition [pʀepozisjɔ̃] *f* Präposition *f*
prépositionnel(le) [pʀepozisjɔnɛl] *adj* präpositional
préprogrammer [pʀepʀɔgʀame] <1> *vt* vorprogrammieren *système, logiciel*
prépuce [pʀepys] *m* Vorhaut *f*
préréglage [pʀeʀeglaʒ] *m a.* INFORM *d'un appareil, circuit, des options* Voreinstellung *f*
prérégler [pʀeʀegle] <5> *vt* ❶ vorwählen *programme, station de radio;* **être préréglé(e)** vorprogrammiert sein
❷ INFORM voreinstellen *mode de représentation, options*
prérentrée [pʀeʀɑ̃tʀe] *f* vorgezogener Schulanfang [für die Lehrer] (Lehrerkonferenz zur Vorbereitung des Schulanfangs)
préretraite [pʀeʀ(ə)tʀɛt] *f* vorzeitiger Ruhestand, Vorruhestand *m;* **départ en ~** vorzeitiges Ausscheiden aus dem Arbeitsleben; **être en ~** im Vorruhestand [*o* vorzeitigen Ruhestand] sein; **être mis(e) en ~** vorzeitig in den Ruhestand versetzt werden; **aller en ~** in den Vorruhestand treten
préretraité(e) [pʀeʀ(ə)tʀete] *m(f)* Vorruheständler(in) *m(f);* (*pour des raisons médicales)* Frührentner(in) *m(f)*
prérogative [pʀeʀɔgativ] *f* Vorrecht *nt*
préromantisme [pʀeʀɔmɑ̃tism] *m* Präromantik *f*
près [pʀɛ] **I.** *adv* ❶ *(à une petite distance)* nah[e], in der Nähe; **habiter tout ~** ganz in der Nähe wohnen
❷ *(dans peu de temps)* nahe; **être ~** *événement, départ, fête:* bevorstehen
▶ **de ~ ou de loin** in irgendeiner Weise; **ni de ~ ni de loin** nicht im Geringsten; *ressembler* in keiner Weise; **il n'a rien à voir dans le meurtre, ni de ~ ni de loin** er hat mit dem Mord nicht das Geringste zu tun; **qn en est à un euro/cent euros ~** bei jdm kommt es auf jeden Euro/jeden Hunderter an *(fam);* **qn n'en est pas/plus à qc ~** jdm kommt es auf etw *(Akk)* nicht/nicht mehr an; **ne pas y regarder de trop ~** *fam* nicht so genau nehmen; **à ... ~ c'est à quelque chose ~ identique à ce que tu m'as dit** das stimmt fast genau mit dem überein, was du mir gesagt hast; **à peu [de choses] ~** beinahe; *ressembler* ziemlich; **l'hôtel était à peu ~ vide/calme** das Hotel war fast [ganz] leer [*o* so gut wie leer]/einigermaßen ruhig; **à cela ~ que qn a fait qc** abgesehen davon, dass jd etw getan hat; **de tout/très ~** *voir, regarder* ganz aus der Nähe; *frôler, approcher sehr* nahe; *suivre* ganz/sehr genau; *examiner, surveiller, y garder* ganz/sehr genau; **se suivre** kurz hintereinander, dicht aufeinander
II. *prép* ❶ *(à côté de)* **~ d'une personne/d'un lieu** in jds Nähe *(Dat)*/in der Nähe eines Ortes; **~ de Paris/Cologne** bei [*o* in der Nähe von] Paris/Köln; **habiter ~ de chez qn** in jds Nähe *(Dat)* wohnen, nicht weit von jdm wohnen; **~ du bord** am Rand; **cette robe est coupée très ~ du corps/de la taille** dieses Kleid ist sehr figurbetont/taillenbetont geschnitten; **rien n'est si ~ de la**

sottise que la vanité nichts steht der Dummheit näher als die Selbstgefälligkeit

❷ *(à peu de temps de)* **être ~ du but** nahe am Ziel sein; **être ~ de la retraite** kurz vor der Pensionierung stehen; **être ~ de faire qc** nahe daran [*o* im Begriff] sein etw zu tun; **être ~ d'aboutir** kurz vor dem Abschluss stehen

❸ *(presque)* **~ de mille euros/cinq ans/cent kilomètres** fast [*o* an die] tausend Euro/fünf Jahre/hundert Kilometer; **~ de la moitié/des trois quarts** fast die Hälfte/drei Viertel

▸ **ne pas être ~ de faire qc** nicht [so schnell] wieder bereit sein etw zu tun, etw bestimmt nicht mehr tun; **il n'est pas ~ de recommencer pareille bêtise** so schnell wird er solch eine Dummheit nicht wieder machen

présage [pʀezaʒ] *m* ❶ *(signe annonciateur)* Vorzeichen *nt*, Omen *nt (geh);* **heureux/mauvais ~** gutes/schlechtes Vorzeichen; **être un ~ de malheur** Unglück bringen; **être ~ de chaleur/de pluie** Hitze/Regen ankündigen

❷ *(prédiction)* Voraussagung *f;* **tirer un ~ de qc** *(interpréter)* etw als Vorzeichen einer S. *(Gen)* deuten; *(prédire)* Voraussagungen aufgrund einer S. *(Gen)* machen

présager [pʀezaʒe] <2a> *vt* ❶ *(être un signe annonciateur)* ankündigen, ein Vorbote sein für *vent, beau temps, pluie;* **qc/cela ne présage rien de bon** etw/das bedeutet nichts Gutes, etw/das ist kein gutes Zeichen

❷ *(prévoir) personne:* voraussehen; *indice:* voraussagen; **laisser ~ une catastrophe** auf eine Katastrophe hindeuten

présalaire [pʀesalɛʀ] *m* Studienbeihilfe *f (als Ausgleich für entgangenes Gehalt)*

pré-salé [pʀesale] <**prés-salés**> *m* ❶ *(agneau)* Salzwiesenlamm *nt;* ~ *(mouton)* Salzwiesenschaf *nt*

❷ GASTR *(viande)* [Fleisch *nt* vom] Salzwiesenlamm *nt*/Salzwiesenschaf *nt*

presbyte [pʀɛsbit] **I.** *adj* **être ~** weitsichtig sein; *personne âgée:* alters[weit]sichtig sein

II. *mf* Weitsichtige(r) *f(m); (personne âgée)* Alters[weit]sichtige(r)

presbytéral(e) [pʀɛsbiteʀal] *adj* **Conseil ~** Gemeindekirchenrat *m;* **représentant(e) du Conseil ~** Vorsteher(in) *m(f)* des Gemeindekirchenrats, Kirchenälteste(r) *f(m)*

presbytère [pʀɛsbitɛʀ] *m* Pfarrhaus *nt*

presbytérien(ne) [pʀɛsbiteʀjɛ̃, jɛn] **I.** *adj* presbyterianisch

II. *m(f)* Presbyterianer(in) *m(f)*

presbytie [pʀɛsbisi] *f* Weitsichtigkeit *f; (des personnes âgées)* Alters[weit]sichtigkeit *f*

prescience [pʀesjɑ̃s] *f* ❶ *soutenu* Vorahnung *f*

❷ REL Vorherwissen *nt;* **Dieu a la ~ de tout notre avenir** Gott kennt unsere Zukunft

préscolaire [pʀeskɔlɛʀ] *adj activités* vorschulisch; **âge/période ~** Vorschulalter *nt/-*zeit *f*

prescripteur [pʀeskʀiptœʀ] *m* MED verschreibender Arzt

prescriptible [pʀɛskʀiptibl] *adj crime* verjährbar; *biens* ersitzbar; **droit ~** verjährbarer Anspruch

prescription [pʀɛskʀipsjɔ̃] *f* ❶ *a.* JUR, ECON *(ordre formel)* Vorschrift *f,* Bestimmung *f; (émanant d'une autorité, d'un supérieur hiérarchique)* Anordnung *f; (morale)* Gebot *nt;* **~ juridique** Rechtsvorschrift; **~s juridiques impératives** zwingende Rechtsvorschriften; **~s officielles** offizielle Bestimmungen; **~ relative à un brevet** Patentvorschrift; **~ relative à la présentation du bilan** Rechnungslegungsvorschrift; **~ tarifaire** Tarifvorschrift

❷ MED *(action de prescrire)* Verschreiben *nt,* Verordnen *nt; (traitement prescrit)* Anweisung *f,* Anordnung *f;* **~ médicale** Anweisung [*o* Anordnung] des Arztes; **médicament délivré sur ~ médicale** verschreibungspflichtiges Medikament; **ce médicament doit faire l'objet d'une ~** für dieses Medikament besteht Verschreibungspflicht

❸ JUR *(moyen d'acquérir ou de se libérer)* Verjährung *f;* **~ acquisitive** Ersitzung *f;* **~ pénale** strafrechtliche Verjährung; **~ de l'action/du paiement** Klage-/Zahlungsverjährung; **~ de prétentions** Verjährung von Ansprüchen; **il y a ~** das ist verjährt; **exclure la ~** die Verjährung ausschließen

◆ **~ du dossier** Aktenanforderung *f;* **~ d'évaluation** FIN Bewertungsvorschrift *f;* **~s d'exploitation** Betriebsvorschriften *Pl;* **~ de forme** Formvorschrift *f;* **~s de liquidation** Liquidationsvorschriften *Pl;* **~ de poursuite** Verfolgungsverjährung *f;* **~ de transport** Transportvorschrift *f*

prescrire [pʀɛskʀiʀ] <*irr*> **I.** *vt* ❶ *(ordonner)* vorschreiben; erfordern *comportement, démarche;* anordnen *mesures;* **prescrit(e) par la loi** gesetzlich vorgeschrieben; **à qn de faire qc** jdn anweisen etw zu tun; **~ qc par une ordonnance judiciaire** etw gerichtlich anordnen; **jour prescrit** festgesetzter Tag; **délai prescrit** festgesetzte Frist, Zeitvorgabe *f*

❷ MED **~ qc à qn contre la fièvre** jdm etw gegen das Fieber verschreiben [*o* verordnen]; **ne pas dépasser la dose prescrite** die verordnete Dosis nicht überschreiten

❸ JUR *(acquérir)* durch Verjährung erwerben, ersitzen *bien, propriété*

❹ JUR *(abolir)* **être prescrit(e)** *dette, peine:* verjähren, verjährt sein

II. *vpr* ❶ MED **se ~** verschrieben [*o* verordnet] werden

❷ JUR **se ~** *dette, peine, rente:* verjähren

préséance [pʀeseɑ̃s] *f* Vorrang *m;* **ordre des ~s** Rangordnung *f;* **avoir la ~ sur qn** Vorrang vor jdm haben

présélecteur [pʀeselɛktœʀ] *m* Vorwahlvorrichtung *f*

présélection [pʀeselɛksjɔ̃] *f* ❶ *(choix préalable)* de candidats, concurrents Vorauswahl *f*

❷ TECH *(préréglage)* Vorwahl *f*

présélectionner [pʀeselɛksjɔne] <1> *vt* ❶ eine Vorauswahl treffen von *candidats, concurrents;* **être présélectionné(e)** *candidat, concurrent:* in der engeren Wahl sein

❷ TECH **être présélectionné(e)** *programme, poste:* vorgewählt sein/werden

présence [pʀezɑ̃s] *f* ❶ *(opp: absence) d'une personne* Anwesenheit *f,* Gegenwart *f,* Beiwohnung *f (veraltet); d'une chose* Vorhandensein *nt;* **~ policière** Polizeipräsenz *f;* **durée de ~** Verweildauer *f;* **sa ~ à l'église tous les dimanches** sein/ihr sonntäglicher Kirchenbesuch; **honorer qn de sa ~** jdn mit seiner Anwesenheit beehren; **mettre qn en ~ de qn** jdn jdm gegenüberstellen, jdn mit jdm konfrontieren; **mettre qn en ~ de qc** jdn mit etw konfrontieren; **en ~ de qn** in jds Anwesenheit *(Dat);* **en ~ d'un problème** angesichts eines Problems

❷ *(empreinte, preuve) d'une personnalité, d'un pays* Präsenz *f,* Einfluss *m; d'un art, d'une civilisation ancienne* Präsenz *f;* REL **de Dieu** [All]gegenwart *f*

❸ *(personnalité)* Ausstrahlung *f,* Ausstrahlungskraft *f; d'un acteur* Präsenz *f;* **~ sur scène** *d'un acteur* Bühnenpräsenz; **avoir de la ~** Ausstrahlung haben

◆ **~ d'esprit** Geistesgegenwart *f;* **avoir la ~ d'esprit de faire qc** so geistesgegenwärtig sein etw zu tun

présent¹ [pʀezɑ̃] *m soutenu* Geschenk *nt;* **faire un ~ à qn** jdm ein Geschenk machen; **faire ~ de qc à qn** jdm etw schenken

présent² [pʀezɑ̃] *m* ❶ *(opp: passé)* Gegenwart *f;* **pour le ~** im Moment

❷ GRAM Präsens *nt,* Gegenwart *f;* **participe ~** Partizip Präsens; **indicatif/subjonctif ~** Indikativ-/Konjunktiv Präsens; **conjuguer un verbe au ~ de l'indicatif/du subjonctif** ein Verb im Indikativ-/Konjunktiv Präsens konjugieren *nt*

❸ *(personne)* Anwesende(r) *m*

▸ **à ~** jetzt, zurzeit; **à ~ qu'il est parti** jetzt, wo er weggegangen ist; **d'à ~** *gens, femmes* von heute; *jeunesse* von heute, heutig; *solitude, joie, tristesse* augenblicklich; **dès à ~** ab sofort; **jusqu'à ~** bis jetzt

présent(e) [pʀezɑ̃, ɑ̃t] *adj* ❶ *(opp: absent) personne* anwesend; **les personnes ~es** die Anwesenden; **ici ~(e)** hier anwesend

❷ *(qui existe)* **l'ironie ~e dans ses paroles** die in seinen Worten spürbare Ironie; **le minerai ~ dans le sous-sol** das im Boden vorhandene Erz; **avoir qc ~ à l'esprit/à la mémoire** etw im Kopf/[gut] in Erinnerung haben

❸ *(actuel) circonstances, état* gegenwärtig, augenblicklich; *temps* heutig; **à la minute/l'heure ~e** im Augenblick/zur Stunde; **vivre dans le moment ~** den Augenblick leben, in der Gegenwart leben

❹ ADMIN *document, lettre* vorliegend; **par la ~e lettre nous vous informons que** hiermit teilen wir Ihnen mit, dass; **le 6 du mois ~** am 6. dieses Monats

présentable [pʀezɑ̃tabl] *adj* ❶ *(bien présenté)* **être ~** präsentierbar [*o* vorzeigbar] sein; **ce travail n'est pas ~** diese Arbeit kann man so nicht vorzeigen

❷ *(convenable, décent)* **être ~** *tenue, coiffure:* sich sehen lassen können; *personne:* vorzeigbar sein *(fam)*

présentateur, -trice [pʀezɑ̃tatœʀ, -tʀis] *m, f des informations, du journal télévisé* [Nachrichten]sprecher(in) *m(f); d'un programme* Ansager(in) *m(f); d'une émission, discussion* Moderator(in) *m(f)*

présentation [pʀezɑ̃tasjɔ̃] *f* ❶ *(action de faire connaître) d'une collection, de modèles, tableaux* Vorführung *f; d'un film, invité, nouveau venu* Vorstellung *f; du budget* Vorlage *f; d'un problème, d'une idée* Darlegung *f,* Darstellung *f*

❷ RADIO, TV *d'une émission, du journal télévisé* Moderation *f; d'un programme* Ansage *f;* **~ des programmes** Programmhinweis *m;* **~ des programmes en avant-première** Programmvorschau *f*

❸ *a.* JUR *(action de montrer) d'un billet, document, d'une pièce d'identité* Vorzeigen *nt;* **~ d'un/du bilan** Bilanzvorlage *f;* **~ des livres de commerce** Vorlegung *f* der Handelsbücher; **~ des preuves** Vorbringen *nt* von Beweismaterial; **sur ~ d'une pièce d'identité** gegen Vorlage eines Ausweises

❹ *(aspect extérieur) d'une personne* [äußere] Erscheinung *f; (d'un devoir, texte)* [äußere] Form *f; (d'un produit)* Aufmachung *f; (d'un médicament)* Darreichungsform *f*

❺ *(pendant l'accouchement)* Lage *f;* **~ du siège/de la tête** Steiß-/Kopflage; **~ par les pieds** Fußlage; **~ fœtale** [*o* **du fœtus**] Kindslage; **~ du sommet** Scheitellage

⑥ *(fait d'introduire qn)* **les ~s** das Vorstellen; **faire les ~s** [Menschen einander] vorstellen; **votre fils a déjà fait les ~s** Ihr Sohn hat uns [einander] schon vorgestellt [*o* uns schon miteinander bekannt gemacht]

◆ **Présentation au Temple** REL Darstellung *f* im Tempel; **~ du bilan** ECON *(par une entreprise)* Rechnungslegung *f*; **~ du fret** Frachtstellung *f*; **~ de l'offre** JUR Angebotsabgabe *f*

présente [pʀezɑ̃t] *f* ① *(personne)* Anwesende *f*

② ADMIN dieses Schreiben; **par la ~ nous vous informons que** hiermit teilen wir Ihnen mit, dass

présentement [pʀezɑ̃tmɑ̃] *adv vieilli* gegenwärtig, augenblicklich, derzeit

présenter [pʀezɑ̃te] <1> I. *vt* ① *(faire connaître)* vorstellen, vorführen *collection, modèles;* vorstellen *film, invité, nouveau venu;* vorführen *cheval, troupe;* **~ qn à un juge/à la justice** jdn dem Richter/dem Gericht vorführen

② RADIO, TV moderieren *émission;* ansagen *programme;* **~ le journal télévisé** *(en France)* die Nachrichtensendung moderieren; *(en Allemagne)* die Nachrichten sprechen

③ *(décrire)* **~ qn/qc comme qn/qc** jdn/etw als jdn/etw darstellen

④ *(montrer)* vorzeigen *billet, carte d'identité;* vorlegen *document;* zeigen *jambe, dos*

⑤ *(soumettre)* darlegen, unterbreiten *problème, théorie;* vorlegen *travail; (exprimer)* vorbringen *critique, objection;* aussprechen *condoléances, félicitations;* ausdrücken *regrets;* einbringen *projet [de loi];* **~ ses excuses à qn** jdn um Entschuldigung bitten

⑥ *(donner une apparence)* präsentieren; **~ des résultats sous forme de tableau** Ergebnisse in Form einer Übersicht darstellen; **c'est bien présenté** das ist gut dargeboten

⑦ *(avoir)* aufweisen *différence, symptôme, défaut;* mit sich bringen *inconvénients;* bereiten *difficultés;* **~ un avantage/des avantages** von Vorteil sein/Vorteile haben; **~ un intérêt** von Interesse sein; **~ un intérêt personnel** von persönlichem Interesse sein; **~ un danger/des dangers** eine Gefahr darstellen/Gefahren bergen; **~ un danger pour la santé** gesundheitsgefährdend sein, eine Gefahr für die Gesundheit darstellen; **~ un aspect rugueux/humide** rau/feucht aussehen

⑧ *(offrir)* reichen; reichen, anbieten *plat, rafraîchissement;* anbieten *fauteuil;* überreichen *fleurs, bouquet, cadeau*

⑨ *(proposer)* vorlegen *devis, dossier, projet de loi;* vorlegen, präsentieren *addition, facture;* stellen, einreichen *motion, demande;* **~ sa candidature à un poste** sich um eine Stelle bewerben; POL für ein Amt kandidieren

⑩ FIN **~ un effet à l'escompte** einen Wechsel diskontieren; **~ un excédent s'élevant à ... euros** *balance:* einen Überschuss von ... Euro aufweisen

II. *vi* **~ bien/mal** *fam* einen guten/schlechten Eindruck hinterlassen

III. *vpr* ① *(décliner son identité)* **se ~ à qn** sich jdm vorstellen; **se ~ comme qc** sich als etw vorstellen

② *(se rendre, aller, venir)* **se ~ chez qn** bei jdm erscheinen; **se ~ chez un employeur** sich bei einem Arbeitgeber vorstellen; **les candidats sont priés de se ~** die Bewerber werden gebeten, sich [persönlich] vorzustellen

③ *(être candidat)* **se ~ à un examen** an einer Prüfung teilnehmen; **se ~ pour un emploi** sich um [*o* für] eine Stelle bewerben; **se ~ à une élection** bei einer Wahl kandidieren, sich zur Wahl stellen; **se ~ à une annonce** sich auf eine Anzeige hin melden

④ *(apparaître, exister, surgir)* problème, difficulté, obstacle: auftauchen, auftreten; *occasion, spectacle:* sich bieten; **se ~ à l'esprit de qn** jdm einfallen, jdm in den Sinn kommen

⑤ *(paraître, avoir un certain aspect)* **se ~ sous forme de cachets** in Form von Tabletten existieren; **se ~ sous un nouveau jour** *problème:* in einem ganz anderen Licht erscheinen; **qc se présente bien/mal** es sieht gut/schlecht aus mit etw *(fam);* **ça se présente bien!** das fängt ja gut an! *(fam)*

⑥ *(pendant l'accouchement)* **l'enfant se présente par la tête/le siège** das Kind liegt in Kopflage/Steißlage

présentoir [pʀezɑ̃twaʀ] *m* Verkaufsständer *m*

présérie [pʀeseʀi] *f* Nullserie *f*

préservatif [pʀezɛʀvatif] *m (condom)* Präservativ *nt*, Kondom *nt*, Gummischutz *m*

préservatif, -ive [pʀezɛʀvatif, -iv] *adj soutenu* vorbeugend

préservation [pʀezɛʀvasjɔ̃] *f* ① *des biens, récoltes, de l'environnement* Schutz *m; d'une espèce, de la santé, de monuments* Erhaltung *f;* **~ des sites** Landschaftspflege *f;* **campagne en vue de la ~ des animaux en voie de disparition** Kampagne *f* zur Rettung der vom Aussterben bedrohten Tierarten

préserver [pʀezɛʀve] <1> I. *vt* ① *(protéger)* **~ qn de la contamination/du froid** jdn vor [einer] Ansteckung/[der] Kälte schützen; **~ qn du danger** jdn vor einer Gefahr bewahren; **~ un appareil du froid/de l'humidité** ein Gerät vor Kälte/gegen Feuchtigkeit schützen

② *(garder intact)* wahren *secret, intérêts;* schützen *information*

II. *vpr* **se ~ de qc** sich vor etw *(Dat)* schützen

présidence [pʀezidɑ̃s] *f* ① *(fonction) d'une assemblée, université, d'un tribunal, de la République* Präsidentschaft *f,* Amt *nt* des Präsidenten; *d'un comité, d'une firme, association* Vorsitz *m,* Präsidium *nt; d'un congrès* Leitung *f;* **pendant sa ~** während seiner/ihrer Präsidentschaft, während seiner/ihrer Amtszeit als Präsident/Präsidentin

② *(siège)* Amtssitz *m* des Präsidenten; **~ du parti** Amtssitz des Parteivorsitzenden

président(e) [pʀezidɑ̃, ɑ̃t] *m(f)* ① *(personne qui dirige) d'une association, commission, d'un comité,* jury Vorsitzende(r) *m(f); d'un congrès* Vorsitzende(r), Leiter(in) *m(f); d'une assemblée, université* Präsident(in) *m(f); d'une entreprise* Generaldirektor(in) *m(f);* **~(e) d'une/de l'association** Vereinsvorsitzende(r); **~(e) d'un/du syndicat** Gewerkschaftsvorsitzende(r); **~(e) d'un/du tribunal** Gerichtspräsident(in); **~(e) du conseil d'administration** Verwaltungsratsvorsitzende(r)

② *(chef de l'État)* **le Président/la Présidente** der [Staats]präsident/die [Staats]präsidentin; **le ~ de la République française** der französische Staatspräsident

③ CH *(maire dans les cantons de Valois et de Neuchâtel)* Ammann *m* (CH)

◆ **~(e) de la BCE**, **~(e) de la Banque centrale européenne** Zentralbankpräsident(in) *m(f);* **Président du Conseil** HIST *Regierungschef (in Frankreich in der 3. und 4. Republik);* **~(e) du Parlement** Parlamentspräsident(in) *m(f);* **~(e) du Sénat** Senatspräsident(in) *m(f)*

Land und Leute

Der **président de la République** ist das Staatsoberhaupt Frankreichs und wird vom Volk per Direktwahl für eine Amtszeit von fünf Jahren *(le quinquennat)* nach dem Mehrheitswahlrecht gewählt. Präsident und Regierung müssen nicht aus dem gleichen politischen Lager stammen. Die Befugnisse des Staatspräsidenten sind mit denen des Bundeskanzlers vergleichbar.

---

président-directeur général, présidente-directrice générale [pʀezidɑ̃diʀɛktœʀʒeneʀal, pʀezidɑ̃tdiʀɛktʀisʒeneʀal, o] <présidents-directeurs généraux> *m, f* Generaldirektor(in) *m(f)*

présidentiable [pʀezidɑ̃sjabl] I. *adj* **être ~** [ein] möglicher [*o* potenzieller] Präsidentschaftskandidat sein

II. *mf* [möglicher] Präsidentschaftskandidat/[mögliche] Präsidentschaftskandidatin

présidentialisme [pʀezidɑ̃sjalism] *m* Präsidialherrschaft *f*

présidentiel(le) [pʀezidɑ̃sjɛl] *adj* pouvoir **~** Präsidialgewalt *f;* **élections ~les** Präsidentschaftswahlen *Pl*

présidentielle [pʀezidɑ̃sjɛl] *f gén pl* Präsidentschaftswahl[en *Pl*]

présider [pʀezide] <1> I. *vt* ① den Ehrenplatz einnehmen bei *dîner, banquet*

② *(diriger)* **~ une assemblée/séance** bei einer Versammlung/Sitzung den Vorsitz führen, einer Versammlung/Sitzung *(Dat)* präsidieren, eine Versammlung/Sitzung präsidieren (CH); **être présidé(e) par ...** *réunion, assemblée:* unter dem Vorsitz von ... stehen; *mission, débat:* unter der Leitung von ... stehen

II. *vi* ① *(diriger)* den Vorsitz führen

② *(surveiller)* **~ aux préparatifs d'une fête** Festvorbereitungen überwachen

présomptif, -ive [pʀezɔ̃ptif, -iv] *adj héritier* vermutlich, mutmaßlich

présomption [pʀezɔ̃psjɔ̃] *f* ① *(supposition)* Vermutung *f,* Annahme *f;* **avoir de fortes ~s que qn a fait qc** stark annehmen, dass jd etw getan hat

② JUR **~ légale** Rechtsvermutung *f,* gesetzliche Vermutung; **~ de causalité** Verursachungsvermutung; **~ de culpabilité** Schuldvermutung; **~ du fait de l'homme** Prima-facie-Beweis *m (Fachspr.);* **~ de faute** Schuldvermutung; **~ d'innocence** Nichtschuldvermutung, Unschuldsvermutung; **~ de liberté** Freiheitsvermutung; **~ de paternité** Vaterschaftsvermutung; **~ de preuve** Beweisvermutung; **~ de propriété** Eigentumsvermutung

③ *littér (prétention)* Überheblichkeit *f,* Anmaßung *f*

présomptueux, -euse [pʀezɔ̃ptɥø, -øz] I. *adj* überheblich, anmaßend

II. *m, f* überheblicher [*o* selbstgefälliger] Mensch

presque [pʀɛsk] *adv* ① fast, beinahe; **tout le monde ou ~** alle oder fast alle; **c'est ~ sûr** das ist so gut wie sicher; **je ne l'ai ~ pas entendu(e)** ich habe ihn kaum gehört; **je ne connais ~ personne** ich kenne fast niemanden [*o* kaum jemanden]; **il pleurait ~** er war dem Weinen nahe

② *antéposé soutenu (quasi)* **j'ai la ~ certitude que tu te trompes** ich bin mir fast [*o* so gut wie] sicher, dass du dich irrst; **dans la ~ obscurité** in fast völliger Dunkelheit; **la ~ totalité des élec-**

teurs fast alle Wähler
presqu'île [pʀɛskil] f Halbinsel f
pressage [pʀesaʒ] m Pressen nt
pressant(e) [pʀesɑ̃, ɑ̃t] adj ❶ *(urgent) travail* dringend; *affaire* dringlich
❷ *(insistant)* drängend; *créancier, amoureux* aufdringlich, zudringlich; **se faire ~(e)** aufdringlich werden
press-book [pʀɛsbuk] <press-books> m *(attestations professionnelles)* Bewerbungsmappe f; *(documents reliés)* Präsentationsmappe f
presse [pʀɛs] f ❶ *(journaux)* Presse f; **~ à grand tirage** auflagenstarke [Tages]zeitungen Pl; **~ écrite** Printmedien Pl, Presse; *(domaine, secteur)* Zeitungswesen nt; **~ féminine/sportive** Frauen-/Sportzeitschriften Pl; **~ nationale/régionale** überregionale Presse/Regionalpresse [o Lokalpresse]; **~ mensuelle** Monatsschriften Pl; **~ quotidienne** Tagespresse; **~ d'information** Nachrichtenpresse; **~ d'opinion** Parteipresse; **lire la ~** die Zeitungen lesen; **éviter [le contact avec] la ~** pressescheu sein; **rendez-vous de ~** Pressetermin m
❷ *(ensemble du domaine, de ses activités)* Pressewesen nt
❸ *(machine)* Presse f; **~ monétaire** Prägemaschine f, Prägestock m; **~ à fourrage** Heu- und Strohpresse; **~ à coller/emboutir/comprimer** Klebe-/Tiefzieh-/Stauchpresse; **~ à découper** Stanzpresse
❹ TYP **mettre qc sous ~** etw drucken lassen, etw in Druck geben; **sous ~** im Druck
▶ **avoir bonne/mauvaise ~** einen guten/schlechten Ruf haben;
avoir une bonne/mauvaise ~ eine gute/schlechte Presse haben
◆ **~ du cœur** Regenbogenpresse f

Land und Leute
Die meistgelesenen überregionalen Tageszeitungen der französischen **presse** sind: *Le Monde, Le Figaro, France-Soir* und die *Libération.* Bekannte Wochenzeitschriften zu Politik und aktuellen Ereignissen sind unter anderem *L'Express, Le Nouvel Observateur* und *Le Point.*

pressé(e)¹ [pʀese] adj ❶ *(qui se hâte) pas* eilig; **être ~(e)** es eilig haben, in Eile sein; **être ~(e) d'arriver** es eilig haben anzukommen
❷ *(urgent) lettre, travail* dringend; **être ~(e)** eilen
▶ **ne rien avoir de plus ~ que de faire qc** nichts Besseres zu tun haben als etw zu tun; **aller au plus ~** [*o* **parer**] das Dringendste zuerst erledigen; **devoir parer au plus ~** Prioritäten setzen müssen
pressé(e)² [pʀese] adj *citron, orange* [frisch] gepresst
presse-agrumes [pʀɛsagʀym] m inv Saftpresse f, Zitruspresse
presse-bouton [pʀɛsbutɔ̃] adj inv *usine, cuisine* vollautomatisch
presse-citron [pʀɛsitʀɔ̃] <presse-citrons> m Zitronenpresse f
pressentiment [pʀesɑ̃timɑ̃] m Vorahnung f; **avoir un ~** ein ungutes Gefühl haben; **avoir le ~ de qc** etw vorausahnen; **avoir le ~ qu'il va pleuvoir** das Gefühl haben, dass es [bald] regnen wird
pressentir [pʀesɑ̃tiʀ] <10> vt ❶ vorausahnen; **~ qu'il va pleuvoir** das Gefühl haben, dass es [bald] regnen wird; **il laisse ~ son mécontentement** er lässt seine Verärgerung durchscheinen
❷ *soutenu (sélectionner)* **~ qn pour qc** bei jdm wegen etw vorfühlen, an jdn wegen etw herantreten
presse-papiers [pʀɛspapje] m inv ❶ Briefbeschwerer m ❷ INFORM Zwischenablage f **presse-purée** [pʀɛspyʀe] m inv Kartoffelpresse f, Kartoffelstampfer m
presser¹ [pʀese] <1> I. vt ❶ *(hâter)* beschleunigen *cadence, pas;* überstürzen *choses;* vorantreiben *affaire, événement;* **~ l'allure** Tempo zulegen *(fam);* **~ le départ** früher losfahren; **~ qn** jdn [zur Eile] antreiben; **rien ne vous presse** nichts treibt Sie zur Eile; **le pas** einen Schritt zulegen
❷ *(pousser)* **~ qn de faire qc** jdn drängen etw zu tun
❸ *(harceler) personne:* bedrängen; *débiteur:* unter Druck setzen; *besoin, désir:* [an]treiben; **~ qn de questions** jdn mit Fragen bedrängen
II. vi *temps:* drängen; *affaire:* drängen, eilen; **ça ne presse pas!** das eilt nicht!; **le temps presse** es ist höchste Zeit
▶ **ça presse!** *fam* das ist dringend!, es pressiert! (SDEUTSCH)
III. vpr **se ~ de faire qc** sich beeilen etw zu tun; **allons, pressons!** los, Beeilung!
presser² [pʀese] <1> I. vt ❶ *(pour extraire un liquide)* auspressen *fruit, jus;* auspressen, ausdrücken *éponge;* pressen *pis d'une vache, raisin;* **~ tout le jus d'une orange** den ganzen Saft aus einer Orange herauspressen
❷ *(serrer) (avec la main, les mains)* drücken; **~ qn contre soi/sa poitrine** jdn an sich/an seine Brust drücken; *(dans un étau)* jdn an sich/an seine Brust pressen
❸ *(comprimer)* **~ qn contre le mur** jdn an die Wand drücken; **être pressés les uns contre les autres** [dicht] zusammenge-

drängt sein
❹ *(appuyer sur)* drücken, drücken auf (+ Akk) *bouton*
❺ *(façonner)* pressen *disque, fourrage*
II. vpr ❶ *(venir en grand nombre) événements:* sich überstürzen
❷ *(se serrer)* **se ~ contre qn/qc** sich an jdn/etw drücken
❸ *(se bousculer)* **se ~ autour de qn** sich um jdn drängen; **se ~ vers la sortie** zum Ausgang drängen
presse-raquette [pʀɛsʀakɛt] <presse-raquettes> m SPORT Spanner m
pressing [pʀesiŋ] m ❶ *(teinturerie)* [chemische] Reinigung; *(pour tapis)* Teppichreinigung
❷ SPORT Drängen nt; **faire un ~** drängen
pression [pʀesjɔ̃] f ❶ MED, METEO, PHYS, TECH Druck m; AUT Ladedruck; **~ artérielle** Blutdruck; **~ atmosphérique** Luftdruck; **~ basse** ~ TECH Niederdruck; **zone de haute/basse ~** METEO Hochdruck-/Tiefdruckgebiet nt; **zone de basse ~ islandaise** Islandtief nt; **sous ~** unter Druck; **~ des pneus** Reifendruck; **~ d'huile** Öldruck
❷ *(bouton)* Druckknopf m
❸ *(contrainte)* Druck m; *(liée à un court délai)* Termindruck m; **céder/résister aux ~s** dem Druck nachgeben/nicht nachgeben; **faire** [o **exercer une**] **~ sur qn** Druck auf jdn ausüben; *(verbalement)* auf jdn eindringen; **sous la ~ des événements/de l'opinion** unter dem Druck der Ereignisse/der öffentlichen Meinung; **il a subi des ~s** man hat Druck auf ihn ausgeübt; **elle est soumise à toutes sortes de ~s** man übt mit allen Mitteln Druck auf sie aus; **~ démographique** Bevölkerungsdruck; **~ fiscale** Steuerlast f; COM Abgabenlast; **~ inflationniste** Inflationsdruck; **~ sociale** gesellschaftliche Zwänge Pl; **~ de la concurrence** Wettbewerbsdruck; **~ de la concurrence et des prix** Wettbewerbs- und Kostendruck; **~ exercée par les coûts** Kostendruck
❹ *(action de presser) du doigt, de la main, foule* Druck m; **faire ~ sur qc** auf etw (Akk) drücken, einen Druck auf etw (Akk) ausüben
❺ *(bière)* **bière** [à la] **~** Bier nt vom Fass, Fassbier
▶ **mettre la ~ sur qn** jdn unter [Leistungs]druck setzen; **être sous ~** unter Druck stehen
pressionné(e) [pʀesjɔne] adj COUT mit Druckknöpfen; **ce chemisier est ~ sur le devant** diese Bluse hat vorn[e] Druckknöpfe
pressoir [pʀeswaʀ] m ❶ *(machine)* Presse f; *(pour le raisin)* Kelter f; **~ à olives** Olivenpresse
❷ *(lieu)* Kelterei f
pressurage [pʀesyʀaʒ] m *des fruits, du raisin* Keltern nt; *des fromages, olives* Pressen nt
pressurer [pʀesyʀe] <1> I. vt ❶ *(exploiter)* aussaugen, ausnehmen *contribuable, peuple*
❷ *(presser)* keltern *fruits, pommes, raisin;* pressen *fromage, olives*
II. vpr fam **se ~ qc** sich (Dat) etw zermartern *(fig fam);* **inutile de te ~ les méninges** du brauchst dir nicht das Hirn zu zermartern *(fam)*
pressurisation [pʀesyʀizasjɔ̃] f Druckausgleich m
pressuriser [pʀesyʀize] <1> vt TECH **une cabine d'avion** in einer Flugzeugkabine einen Druckausgleich erzeugen
prestance [pʀɛstɑ̃s] f *d'une personne* stattliches Aussehen; **avoir de la ~** eine stattliche Erscheinung sein, stattlich aussehen
prestataire [pʀɛstatɛʀ] mf ❶ *(bénéficiaire)* [Leistungs]empfänger(in) m(f); **~ d'allocations familiales** Kindergeldempfänger(in)
❷ *vieilli (contribuable assujetti à la prestation)* Leistungspflichtige(r) f(m)
◆ **~ de services** JUR Dienstleistungserbringer(in) m(f) *(Fachspr.);* *(personne)* im Dienstleistungsbereich Tätige(r) f(m); *(entreprise)* Dienstleistungsunternehmen m
prestation [pʀɛstasjɔ̃] f ❶ THEAT Darbietung f; SPORT Leistung f; **~ télévisée** Fernsehauftritt m; **faire une excellente ~** eine hervorragende Leistung bieten; *acteur:* hervorragend spielen; *chanteur:* hervorragend singen
❷ *gén pl (services fournis)* Leistungen Pl; *d'un hôtel, restaurant* Leistungen, Service m
❸ *pl (sommes versées)* Leistungen Pl; **~s familiales** Familienbeihilfe f; **~s locatives** *vom Mieter zu tragende Kosten;* **~s sociales** Sozialversicherungsleistungen; **~s supplémentaires** Nachleistungen; **~s de maladie** Leistungen [aus] der Krankenversicherung; **~s d'invalidité/de vieillesse** Leistungen [aus] der Invaliditätsversicherung/Altersversicherung
❹ JUR Leistung f; **~ d'une/de l'assurance** Versicherungsleistung; **~ accessoire** Nebenleistung; **~ accessoire monétaire** Nebenleistung in Geldform; **~ annexe** Zusatzleistung; **~ compensatoire** Zugewinnausgleich m; **~ complémentaire** Nachleistung; **~ exceptionnelle** Sonderleistung; **~ partielle** Teilleistung; **~ supplémentaire** Mehrleistung; **~ au donnant, donnant** Zug-um-Zug-Leistung *(Fachspr.)*
◆ **~ en argent** Geldleistung f; **~s en argent et en nature** Geld- und Sachleistungen Pl; **~ d'élimination des déchets** Entsorgungsleistung f; **~ en nature** Naturalleistung f, Sachleistung; **~ de**

serment Eidesleistung *f*, Vereidigung *f*, Angelobung *f* (A); **~ de services** Dienstleistung *f*; **~ de services financiers** Finanzdienstleistung; **~ de services industrielles** industrielle Dienstleistung; **~ de transport** Beförderungsleistung *f*

preste [pʀɛst] *adj soutenu geste, main, personne* flink; *mouvement* flink, rasch

prestement [pʀɛstəmɑ̃] *adv soutenu* schnellstens, rasch

prestidigitateur, -trice [pʀɛstidiʒitatœʀ, -tʀis] *m, f* Zauberkünstler(in) *m(f)*, Taschenspieler(in) *m(f)*

prestidigitation [pʀɛstidiʒitasjɔ̃] *f* Zauberei *f*; **tour de ~** Zauberkunststück *nt*

prestige [pʀɛstiʒ] *m* Prestige *nt*, Ansehen *nt*; **avoir beaucoup de ~** hohes Ansehen genießen; **faire qc pour le ~** etw [nur] aus Prestigegründen tun

prestigieux, -euse [pʀɛstiʒjø, -jøz] *adj* ❶ *lieu, événement* glanzvoll; *carrière* glanzvoll, glänzend; *objet, produits* von hohem Prestigewert; *métier, école* [hoch]angesehen, mit hohem Prestige[wert] ❷ *(remarquable) artiste, scientifique* hervorragend, bemerkenswert; *(en renom)* namhaft, renommiert

presto [pʀɛsto] *adv* ❶ MUS presto ❷ *fam (en vitesse)* schnellstens

présumé(e) [pʀezyme] *adj auteur* mutmaßlich; **l'endroit ~ de l'enlèvement** der Ort, an dem vermutlich die Entführung stattfand; **être ~(e) coupable/innocent/responsable** als schuldig/unschuldig/verantwortlich gelten, für schuldig/unschuldig/verantwortlich gehalten werden

présumer [pʀezyme] <1> I. *vt* annehmen; **~ une issue heureuse/de bons résultats** einen glücklichen Ausgang/gute Ergebnisse erwarten; **~ qn mort(e)** jdn totsagen; **je présume que tu es d'accord** ich nehme an [*o* ich gehe davon aus], dass du einverstanden bist
II. *vi* **trop ~ de ses forces** seine Kräfte überschätzen

présupposé [pʀesypoze] *m* ❶ *d'un article, d'une doctrine* Voraussetzung *f*, Grundlage *f*
❷ LING, GRAM Präsupposition *f*

présupposer [pʀesypoze] <1> *vt* voraussetzen

présupposition [pʀesypozisjɔ̃] *f* Voraussetzung *f*, Präsupposition *f (geh)*

présure [pʀezyʀ] *f* Lab *nt*

prêt [pʀɛ] *m* ❶ *(action de prêter) d'argent* [Ver]leihen *nt*; *d'un livre, objet* Ausleihen *nt*, Verleihen *nt*; **faire un ~ de cent euros à qn** jdm hundert Euro leihen
❷ *(crédit)* Darlehen *nt*, Kredit *m*; **~ amorti** abgeschriebenes Darlehen; **~ bancaire** Bankdarlehen; **~ hypothécaire** Hypothekendarlehen; **~s inférieurs** nachrangige Darlehensmittel *Pl*; **~ non garanti/résiliable** ungesichertes/unkündbares Darlehen; *(prêt public)* Anleihe *f*; **~ usuraire** *(un seul crédit)* Wucherkredit; *(pratique répétée)* Kreditwucher; **~ à court/à long terme** kurzfristiges/langfristiges Darlehen; **~ à durée limitée** befristetes Darlehen; **~ d'une durée de ...** Darlehen mit einer Laufzeit von ...; **un ~ contre sûreté** ein Darlehen gegen Sicherheit
❸ *(chose prêtée)* Leihgabe *f*
❹ MIL [Wehr]sold *m*

♦ **~ à la construction** Baudarlehen *nt*; **~ à la construction de logements** Wohnungsbaudarlehen *nt*; **~ d'équipement** Ausstattungsdarlehen *nt*; **~ pour l'équipement** Anschaffungsdarlehen *nt*; **~ sur gage** Pfandleihe *f*; zinsloses Darlehen, zu dessen Rückzahlung man sich ehrenwörtlich verpflichtet; **~ à intérêt** verzinsliches Darlehen; **~ sur police d'assurance** Beleihung *f* einer Versicherung; **~ en souffrance** Not leidender Kredit *(Fachspr.)*

prêt(e) [pʀɛ, pʀɛt] *adj* ❶ *(préparé)* **être ~** fertig [*o* bereit] sein; **être ~(e) à l'heure** [*o* dans les temps voulus] pünktlich fertig sein; **fin ~** *fam* fix und fertig *(fam)*; **tout est ~ pour la cérémonie** für die Feier ist alles vorbereitet; **avoir qc ~** etw bereit halten; **marchandise ~e à charger** verladebereite Ware; **camion ~ à charger** ladebereiter Lkw; **~ à cuire/à rôtir** koch-/bratfertig; **~ à l'emploi** *biens, marchandises, pâte* gebrauchsfertig; **acheter qc ~ à l'emploi** etw fertig kaufen; **~ à emporter** abholbereit; **~ à être embarqué(e)** zur Verladung bereit; **~ à être expédié(e)** versandbereit, versandfertig; **~ à décoller** flugbereit; **entreprise ~e à être mise en service** betriebsfertiges Unternehmen; **~ à fonctionner** funktionsbereit; **~ à partir** [*o* pour le départ] aufbruchbereit; *(pour un voyage)* abfahrbereit, reisefertig; **~ pour envoi postfertig**; **~ pour la fabrication en série** serienreif; **~ pour le transport** transportfertig; **à vos marques, ~s? Partez!** auf die Plätze, fertig, los!
❷ *(disposé)* **~ à faire qc** bereit etw zu tun; **~ à prendre des risques** risikobereit; **se tenir ~ à faire qc** sich bereithalten etw zu tun; **être ~ à tout pour faire qc** zu allem bereit sein um etw zu tun

prêt-à-monter [pʀɛtɑ̃mɔ̃te] <prêts-à-monter> *m* Selbstbausatz *m*; **des meubles prêts-à-monter** Möbel *Pl* zum Selberzusammenbauen

prétantaine [pʀetɑ̃tɛn] *f* ▶ **courir la ~** ein Schürzenjäger sein

prêt-à-porter [pʀɛtapɔʀte] *m sans pl* Konfektionskleidung *f*

prêt-bail [pʀɛbaj] <prêts-baux> *m* ECON Leihpacht *f*

prêté [pʀete] ▶ **c'est un ~ pour un rendu** wie du mir, so ich dir *(fam)*

prétendant [pʀetɑ̃dɑ̃] *m* ❶ *(candidat)* Bewerber *m*; **~ à un poste** Bewerber für eine Stelle; **~ au trône** Thronanwärter *m*; **~ à la couronne** Thronprätendent *m (form)*
❷ *hum vieilli (client d'une prostituée)* Freier *m (veraltet)*

prétendante [pʀetɑ̃dɑ̃t] *f* Bewerberin *f*; **~ à un poste** Bewerberin für eine Stelle; **~ au trône** Thronanwärterin *f*; **~ à la couronne** Thronprätendentin *f (form)*

prétendre [pʀetɑ̃dʀ] <14> I. *vt* ❶ *(affirmer)* behaupten; **à ce qu'on prétend, il est ...** angeblich ist er ...
❷ *(avoir la prétention de)* behaupten; **je ne prétends pas vous convaincre** ich behaupte nicht [*o* ich bilde mir nicht ein], dass ich Sie überzeugen kann
II. *vi soutenu* **~ à une créance en contrepartie** eine Gegenforderung erheben; **~ aux honneurs** nach Ruhm und Ehre streben; **~ à un poste** sich um eine Stelle bemühen, eine Stelle anstreben; **~ à la main d'une femme** um die Hand einer Frau anhalten
III. *vpr* **se ~ [être] insulté(e)/berné(e)** behaupten beleidigt/betrogen worden zu sein; **se ~ médecin** behaupten Arzt zu sein

prétendu(e) [pʀetɑ̃dy] *adj antéposé* angeblich; *justice, liberté* angeblich, sogenannte(r, s)

prétendument [pʀetɑ̃dymɑ̃] *adv* angeblich

prête-nom [pʀɛtnɔ̃] <prête-noms> *m* Interessenvertreter(in) *m(f)*, Beauftragte(r) *f(m)*; *(non officiel)* Strohmann *m (fam)*

prétentaine *v.* prétantaine

prétentieusement [pʀetɑ̃sjøzmɑ̃] *adv* selbstgefällig, auf überhebliche Weise

prétentieux, -euse [pʀetɑ̃sjø, -jøz] I. *adj personne, ton* überheblich, anmaßend; *villa, maison* pompös; **avoir l'air ~** überheblich [*o* arrogant] wirken
II. *m, f* eingebildeter [*o* selbstgefälliger] Mensch; *(femme)* eingebildete Person

prétention [pʀetɑ̃sjɔ̃] *f* ❶ *sans pl (vanité)* Überheblichkeit *f*, Selbstgefälligkeit *f*; **sans ~** *maison* schlicht; *repas* einfach; **avoir/ne pas avoir la ~ de faire qc** sich *(Dat)* einbilden/nicht einbilden etw tun zu können; **ce diplôme n'a pas la ~ de remplacer ...** dieses Diplom erhebt nicht den Anspruch ... zu ersetzen
❷ *(fait de prétendre)* Anspruch *m*; **~ à un héritage/au pouvoir** Anspruch auf ein Erbe/die Macht; **~ au pouvoir/au trône** Macht-/Thronanspruch; **~ à une/à la succession** Erb[schafts]anspruch; **~ à un/au paiement** Zahlungsanspruch
❸ *gén pl (ce à quoi on prétend)* Anspruch *m*, Forderung *f*; **avoir des ~s** Ambitionen [*o* Ehrgeiz] haben; **quelles sont vos ~s?** wie sind Ihre Gehaltsvorstellungen?
❹ JUR Klageanspruch *m*; **~ accessoire** Nebenanspruch; **~ issue d'un/du contrat** Vertragsanspruch; **~ tendant à faire cesser un trouble** Unterlassungsanspruch; **~ à la rémunération** Vergütungsanspruch; **~ d'ordre patrimoniale** Vermögensanspruch

prêter [pʀete] <1> I. *vt* ❶ *(avancer pour un temps)* [ver]leihen, ausleihen; *livre, voiture, parapluie*; **~ cent euros/de l'argent à qn** jdm hundert Euro/Geld leihen
❷ *(attribuer)* **~ une intention à qn** jdm eine Absicht unterstellen; **~ une importance exagérée à un fait** einer S. *(Dat)* zu große Bedeutung beimessen
❸ FIN **~ un titre sur gage** einen Wechsel lombardieren
II. *vi* ❶ *(donner matière à)* **~ à la critique** Anlass zu Kritik geben; **~ à équivoque** missverständlich [*o* zweideutig] sein; **~ à rire** lachhaft [*o* lächerlich] sein
❷ *(consentir un prêt)* **~ à dix pour cent** zu [*o* mit] zehn Prozent Zinsen [ver]leihen; **~ à intérêt/sur gage** auf Zinsen/gegen Pfand leihen
III. *vpr* ❶ *(consentir)* **se ~ à un jeu** bei einem Spiel mitmachen; **se ~ à une expérience** sich zu einem Versuch bereit erklären
❷ *(être adapté à)* **se ~ à qc** geeignet für etw sein, sich für etw eignen
❸ *(épouser la forme de)* **cette chaussure se prête tout à fait à mon pied** dieser Schuh passt sich genau meinem Fuß an

prétérit [pʀeteʀit] *m* Präteritum *nt*

prêteur, -euse [pʀɛtœʀ, -øz] I. *adj banque* Kredit gebend; **être ~(-euse)** gerne [ver]leihen
II. *m, f* [Geld]verleiher(in) *m(f)*, Darlehens-/Geldgeber(in) *m(f)*
♦ **~ sur gages** Pfandleiher(in) *m(f)*

prétexte [pʀetɛkst] *m (raison apparente)* Vorwand *m*; *(excuse)* Ausrede *f*; **mauvais ~** schlechte [*o* faule *fam*] Ausrede; **donner un** [*o* **servir de**] **~ pour faire qc** jdm als Vorwand/Ausrede dafür dienen etw zu tun; **prendre qc comme** [*o* **pour**] **~** etw als Ausrede benutzen, etw zum Vorwand nehmen; **prendre ~ de qc pour faire qc** etw zum Vorwand nehmen/als Ausrede benutzen um etw zu tun; **sous aucun ~** unter keinen Umständen; **sous ~ qu'elle est majeure** unter dem Vorwand, dass sie volljährig sei; **sous ~ de manque de temps, elle est ...** aus angeblichem Zeitmangel ist sie ...

prétexter [pʀetɛkste] <1> *vt* zum Vorwand nehmen, als Ausrede benutzen, vorschützen; **elle prétexte qu'elle n'a pas le temps** sie gibt vor keine Zeit zu haben

pretium doloris [pʀesjɔmdɔlɔʀis] *m inv* JUR Schmerzensgeld *nt*

prétoire [pʀetwaʀ] *m* Gerichtssaal *m*

prétorien [pʀetɔʀjɛ̃] *m* HIST Prätorianer *m*

prétorien(ne) [pʀetɔʀjɛ̃, jɛn] *adj* ❶ HIST Prätor-; **garde ~ne** Prätorianergarde *f*
❷ JUR **droit ~** Richterrecht *nt*

prétranché(e) [pʀetʀɑ̃ʃe] *adj* [schon] in Scheiben geschnitten

prêtre, -esse [pʀɛtʀ, -ɛs] *m, f* ❶ HIST, REL Priester(in) *m(f)*; **grand ~/grande prêtresse** Hohepriester(in), Oberpriester(in)
❷ *fig* Oberhaupt *nt*

prêt-relais [pʀɛʀəlɛ] <prêts-relais> *m* Überbrückungskredit *m*

prêtre-ouvrier [pʀɛtʀuvʀije] <prêtres-ouvriers> *m* Arbeiterpriester *m*

preuve [pʀœv] *f* ❶ *a.* JUR *(indice probant, démonstration)* Beweis *m*; **~ de qc** Beweis für etw, **la ~ qu'il est coupable** der Beweis [dafür], dass er schuldig ist; **la ~: ...** *fam* der [beste] Beweis dafür: ...; **~ en main** anhand von Beweisen; **jusqu'à ~ du contraire** bis zum Beweis des Gegenteils; **faire la ~ de la culpabilité de qn/que qn est coupable** den Beweis dafür erbringen/beweisen, dass jd schuldig ist; **fournir/établir la ~ de qc** den Beweis für etw erbringen/liefern; **fournir/détourner/retenir les ~s** Beweismaterial *nt* beibringen/unterschlagen/zurückhalten; **~ négative** Negativbeweis; **~ positive** Positivbeweis; **~ relevée sur les lieux** Augenscheinsbeweis
❷ *(marque)* Beweis *m*, Zeichen *nt*; **~ d'amour/d'intelligence** Liebes-/Intelligenzbeweis; **~ de bonne volonté** Zeichen *nt* des guten Willens; **faire ~ de courage/de bonne volonté** Mut/guten Willen zeigen [o beweisen]; **faire ~ d'entêtement** Sturheit an den Tag legen; **c'est une ~ de courage** das ist ein Beweis seines/ihres Mutes, das beweist seinen/ihren Mut
❸ MATH **~ par neuf** Neunerprobe *f*
▸ **faire ~ ses ~s** *élève:* sich beweisen; *méthode:* sich bewähren
◆ **~ d'actions attribuées** Nachweis *m* über zugeteilte Aktien; **~ de l'authenticité** Echtheitsbeweis *m*; **~ de culpabilité** Schuldnachweis *m*; **~ à décharge** Entlastungsbeweis *m*; **~ par écrit** Urkundenbeweis *m*; **~ par présomption** Anscheinbeweis *m*; **~ de la répartition d'actions** Nachweis *m* über zugeteilte Aktien; **~ du titre de propriété** Eigentumsnachweis *m*

preux [pʀø] I. *adj littér antéposé chevalier* kühn
II. *m littér* kühner Krieger, Recke *m (geh)*

prévaloir [pʀevalwaʀ] <irr> I. *vi soutenu* ❶ *(tenir argument, opinion, position:* vorherrschen; *droits, volonté:* maßgebend sein; **~ sur** [*o* **contre**] **qc** *argument, opinion, volonté:* sich gegenüber etw [*o* gegen etw] durchsetzen; **les diplômes prévalent sur l'expérience** Diplome haben mehr Gewicht als die Erfahrung; **faire ~ son opinion/point de vue** seine Meinung/Ansicht durchsetzen; **faire ~ ses droits** seine Rechte [*o* Ansprüche] geltend machen; **il faut faire ~ la qualité sur la quantité** die Qualität muss Vorrang vor der Quantität haben
II. *vpr soutenu* ❶ *(tirer avantage)* **se ~ de sa fortune** Nutzen aus seinem Vermögen ziehen
❷ *(se flatter)* **se ~ de ses titres** sich mit seinen Titeln brüsten; *(se référer à)* sich auf seine Titel berufen

prévaricateur, -trice [pʀevaʀikatœʀ, -tʀis] JUR I. *adj* kriminell
II. *m, f* korrupter Beamter *m*/korrupte Beamtin *f*

prévarication [pʀevaʀikasjɔ̃] *f* JUR [Dienst]pflichtverletzung *f*, Rechtsbeugung *f*

prévenance [pʀev(ə)nɑ̃s] *f* Zuvorkommenheit *f*, Aufmerksamkeit *f*; **être plein(e) de ~s** sehr zuvorkommend [*o* aufmerksam] sein; **n'avoir aucune ~ pour qn** keinerlei Rücksicht auf jdn nehmen

prévenant(e) [pʀev(ə)nɑ̃, ɑ̃t] *adj personne, manières* zuvorkommend, aufmerksam; **être ~(e) avec** [*o* **envers**] **qn** jdm gegenüber zuvorkommend sein

prévenir [pʀev(ə)niʀ] <9> I. *vt* ❶ *(aviser)* benachrichtigen; benachrichtigen, rufen *médecin:* benachrichtigen, verständigen *police;* **~ qn de qc** jdn von etw benachrichtigen, jdn von etw in Kenntnis setzen *(form)*; **être prévenu(e)** benachrichtigt [*o* in Kenntnis gesetzt] sein; **si vous avez un empêchement, prévenez-moi** falls Sie verhindert sind, geben Sie mir Bescheid
❷ *(avertir)* warnen; **je te préviens, si tu continues ainsi ...** ich warne dich, wenn du so weitermachst ...; **être prévenu(e)** gewarnt sein; **tu es prévenu(e)!** jetzt weißt du Bescheid!
❸ *(empêcher)* **~ un danger** einer Gefahr *(Dat)* vorbeugen; **~ un accident** einen Unfall verhüten; **~ une catastrophe** eine Katastrophe verhindern
❹ *(devancer)* **~ des désirs/une question** Wünschen/einer Frage zuvorkommen
II. *vi* Bescheid sagen [*o* geben]; *tremblement de terre:* sich ankündigen; **arriver sans ~** *événement:* sich nicht ankündigen

préventif, -ive [pʀevɑ̃tif, -iv] *adj* vorbeugend; **médecine préventive** Präventivmedizin *f*; **mesure préventive** Vorbeugungsmaßnahme *f*, vorbeugende Maßnahme; **détention/prison préventive** Untersuchungshaft *f*/-gefängnis *nt*

prévention [pʀevɑ̃sjɔ̃] *f* ❶ *(mesures préventives)* Vorbeugung *f*, Prävention *f*; **~ d'une maladie** Vorbeugung gegen eine Krankheit; **~ médicale** medizinische Vorsorge; **~ criminelle** [*o* **contre la criminalité**] Verbrechensvorbeugung, Verbrechensverhütung *f*; **~ des risques** Risikovorsorge *f*; **~ de la délinquance** Vorbeugung gegen die Kriminalität; **~ des accidents** Unfallschutz *m*, Unfallverhütung *f*; **~ des accidents du travail** Verhütung von Arbeitsunfällen, Unfallverhütung am Arbeitsplatz; **disposition *f* relative à la ~ des accidents du travail** Schutzvorschrift *f*
❷ *(détention provisoire)* Untersuchungshaft *f*; **en ~** in Untersuchungshaft
❸ *(idée préconçue)* Voreingenommenheit *f*, vorgefasste Meinung; **~ contre qn/qc** Vorurteil *nt* gegen jdn/etw; **~ en faveur de qn/qc** Voreingenommenheit zu jds Gunsten/zugunsten einer S. *(Gen)*; **n'avoir aucune ~** nicht voreingenommen sein; **sans ~** unvoreingenommen
❹ *(organisme)* **la Prévention routière** die Straßenverkehrswacht

préventivement [pʀevɑ̃tivmɑ̃] *adv agir, se soigner* vorbeugend; *prescrire* vorbeugend, zur Vorbeugung

préventorium [pʀevɑ̃tɔʀjɔm] *m* Erholungsheim *nt* für Tuberkulosegefährdete

prévenu(e) [pʀev(ə)ny] I. *adj* ❶ JUR **être ~(e)** unter Anklage stehen; **être ~(e) d'un délit** eines Delikts beschuldigt sein/werden
❷ *(qui a des préventions)* **être ~(e) contre qn/qc** gegen jdn/etw [vor]eingenommen sein; **être ~(e) en faveur de qn/qc** für jdn/etw eingenommen sein
II. *m(f)* JUR Beschuldigte(r) *f(m)*, Beklagte(r) *f(m)*

préverbe [pʀevɛʀb] *m* Verbpräfix *nt*

prévisible [pʀevizibl] *adj* vorhersehbar, voraussehbar; **c'est difficilement ~** das ist schwer vorauszusehen

prévision [pʀevizjɔ̃] *f* ❶ *(anticipation) d'un comportement, événement, phénomène* Vorhersehen *nt*; *(prédiction)* Voraussage *f*, Vorhersage *f*; **des dépenses** Vorausberechnung *f*; **au-delà de toute ~** wider Erwarten; **en ~ du départ/des vacances** im Hinblick auf die Abreise/die Ferien; **la ~ de ses réactions est impossible** es ist unmöglich, seine/ihre Reaktionen vorherzusehen
❷ *gén pl a.* ECON, FIN Voraussagen *Pl*, Prognosen *Pl*; **~s boursières** Börsenprognose *f*; **~s budgétaires** Haushaltsvoranschlag *m*; **~s conjoncturelles** Konjunkturaussichten *Pl*, Konjunkturerwartungen *Pl*; **~s économiques** Wirtschaftsprognose *f*; **mauvaise ~** Fehlprognose *f*; **~s météorologiques** Wettervorhersage *f*, Wetteraussichten *Pl*; **~s pour le commerce extérieur** Außenhandelsprognose *f*; **nos ~s se sont révélées exactes** unsere Voraussagen [*o* Prognosen] haben sich als richtig erwiesen
◆ **~ des coûts** Kostenprognose *f*; **~ en détail** Detailplanung *f*; **~s de développement** Entwicklungsprognose *f*; **~s de recettes** Einnahmeerwartung *f*; **~s de vente** Absatzprognose *f*, Absatzerwartung *f*

prévisionnel(le) [pʀevizjɔnɛl] *adj mesures* vorausschauend; *coûts* veranschlagt; *production* vorausgesehen; *étude, analyse* prognostisch; **budget ~** Haushaltsvoranschlag *m*; **comptes ~s** Vorkalkulation *f*; **étude ~le sur qc** [Vor]studie *f* über die Entwicklung einer S. *(Gen)*; **gestion ~le** Betriebsplanung *f*; **plan ~** Budget *nt*; **d'une entreprise** Betriebsplan *m*

prévoir [pʀevwaʀ] <irr> *vt* ❶ *(envisager ce qui va se passer)* **~ qc** etw voraussehen [*o* vorhersehen]; **il faut ~ les conséquences de ses actes** man muss die Folgen seines Handelns [vorher] bedenken; **laisser ~ un malheur** Böses ahnen lassen; **laisser ~ une amélioration rapide** auf eine rasche Verbesserung hindeuten; **comme prévu!** wie vorhergesehen!; *(comme d'habitude)* wie gehabt! *(fam)*; **plus beau/moins cher que prévu** schöner/billiger als erwartet
❷ *(projeter)* vorsehen, beabsichtigen; **l'arrivée de nos hôtes est prévue pour** [*o* **à**] **trois heures** wir erwarten unsere Gäste um drei Uhr
❸ *(envisager)* vorsehen; [vor]sorgen für *casse-croûte, couvertures;* **ils avaient tout prévu** sie hatten an alles gedacht; **c'est prévu dans ce but** ist gedacht; **prévu(e) à cet effet** zu diesem Zweck vorgesehen; **cette tente est prévue pour quatre personnes** dieses Zelt ist für vier Personen vorgesehen [*o* gedacht]; **tout est prévu pour ton arrivée** für deine Ankunft ist alles vorbereitet
❹ JUR *(fixer, stipuler)* vorsehen, festlegen; **prévu(e) par la loi** im Gesetz vorgesehen; **non prévu(e) par le contrat** außervertraglich
❺ ECON **~ un délai de production** einen Produktionsvorlauf schaffen

prévôt [prevo] *m* HIST Vogt *m;* REL Domprobst *m;* MIL, HIST Befehlshaber *m* der Feldgendarmerie
prévôté [prevote] *f* HIST, JUR Vogtei *f;* MIL Militärpolizei *f;* HIST Feldgendarmerie *f*
prévoyance [prevwajɑ̃s] *f* ❶ *(aptitude à prévoir)* Voraussicht *f;* **manquer de ~** es an Voraussicht fehlen lassen
❷ *(mesure[s] visant la sécurité existentielle)* Vorsorge *f;* JUR Daseinsvorsorge *f (Fachspr.);* **faire preuve de ~ pour le temps de la vieillesse** für das Alter Vorsorge treffen
❸ *(assurance retraite)* ~ **complémentaire** Zusatzvorsorgung *f;* ~ **vieillesse professionnelle/de l'entreprise** berufliche/betriebliche Altersversorgung; ~ **vieillesse volontaire/privée** freiwillige/private Altersversorgung
▶ ~ **vieillesse** Altersvorsorge *f*
prévoyant(e) [prevwajɑ̃, jɑ̃t] *adj (qui prend des précautions)* vorsorgend; *(qui est apte à anticiper)* vorausschauend; **mesures ~es** vorsorgliche Maßnahmen *Pl*
prie-Dieu [pridjø] *m inv* Betstuhl *m*
prier [prije] <1a> I. *vt* ❶ REL ~ **Dieu/les saints** zu Gott/den Heiligen beten; **je prie Dieu/le ciel que cela soit vrai!** ich bete zu Gott/zum Himmel, dass das wahr ist!
❷ *(inviter, solliciter)* ~ **qn de faire qc** jdn bitten etw zu tun; ~ **qn de bien vouloir entrer/venir** jdn herein-/herüberbitten, jdn herein-/herüberbemühen *(geh);* ~ **qn de bien vouloir monter/descendre** jdn herauf-/herunterbitten, jdn herauf-/hereinbemühen *(geh);* **se faire ~** sich [lange] bitten lassen; **ne pas se faire ~ pour faire qc** sich nicht [lange] bitten lassen und etw tun [*o* etw zu tun]; **sans se faire ~** ohne sich [lange] bitten zu lassen
❸ *(ordonner)* ~ **qn de faire qc** jdn bitten etw zu tun; **vous êtes prié de répondre quand on vous parle** antworten Sie bitte, wenn man mit Ihnen spricht
▶ **je vous prie d'agréer mes sincères salutations/sentiments les meilleurs** mit freundlichen Grüßen; **je t'en/vous en prie** *(fais/faites donc)* [aber] bitte, bitte sehr; *(s'il te/vous plaît)* bitte; *(il n'y a pas de quoi) (après un remerciement)* keine Ursache!, gern geschehen!; *(après une excuse)* das macht [doch] nichts!; **je te/vous prie!** wenn ich bitten darf!; **adopte un autre ton, je te prie!** gewöhne dir gefälligst einen anderen Ton an!
II. *vi* REL ~ **pour qn/qc** für jdn/etw beten
prière [prijɛr] *f* ❶ REL Gebet *nt;* ~ **du matin/du soir/des morts** Morgen-/Abend-/Totengebet; ~ **d'action de grâce** Dankgebet; ~ **d'adoration** Lobgebet; **dire sa ~/ses ~s** sein Gebet sprechen [*o* verrichten], beten; **être en ~** beten
❷ *(demande)* Bitte *f;* **à la ~ de qn** auf jds Bitte/Bitten *(Akk)* [hin]; **j'ai une ~ à vous faire!** ich habe eine Bitte an Sie!; **céder aux ~s de qn** jds Bitten *(Dat)* nachgeben; **s'essuyer les pieds!** bitte Füße abtreten!; ~ **de répondre par retour du courrier** um postwendende Antwort wird gebeten
▶ **tu peux faire ta ~!** *hum* du kannst schon mal ein Stoßgebet zum Himmel schicken! *(hum)*

prieur(e) [prijœr] *m père ~/mère ~e* Prior(in) *m(f); (interpellation)* Vater Prior/Mutter Oberin
II. *m(f)* Prior(in) *m(f)*
prieuré [prijœre] *m* ❶ *(couvent)* Priorat *nt*
❷ *(église)* Prioratskirche *f,* Klosterkirche *f*
prima donna [primadɔna, primedɔne] <prime donne> *f* Primadonna *f*
primaire [primɛr] I. *adj* ❶ *(de base)* **couleur ~** Grundfarbe *f;* **école ~** Grundschule *f;* **enseignement ~** Grundschulunterricht *m; (institution)* Grundschulwesen *nt;* **inspecteur ~** Schulrat *m*
❷ ECON, GEOL, MED primär; **ère ~** Paläozoikum *nt;* **roche ~** Primärgestein *nt*
❸ POL **assemblée ~** Urwählerversammlung *f;* **élections ~s** innerparteiliche Vorwahlen *Pl*
❹ *péj (simpliste)* primitiv; **esprit, personne** primitiv, beschränkt *(pej);* **raisonnement, explication** [zu] simpel, vereinfachend; **anticléricalisme, communisme** oberflächlich, nicht fundiert
❺ PSYCH **réaction ~** Primitivreaktion *f;* **fonction ~** Primärfunktion *f*
II. *m* ❶ SCOL Grundschule *f;* **être en ~** in der Grundschule sein
❷ GEOL Paläozoikum *nt*
III. *f souvent* ❸ POL [innerparteiliche] Vorwahlen *Pl*
primal(e) [primal, o] <-aux> *adj* **cri ~** Urschrei *m;* **thérapie ~e** Urschreitherapie *f*
primat [prima] *m* ❶ *(primauté)* Vorrang *m,* Primat *m o nt (geh)*
❷ REL Primas *m*
primate [primat] *m pl* ZOOL Primaten *Pl*
primauté [primote] *f* ❶ *(supériorité)* ~ **de qc sur qc** Vorrang *m* einer S. *(Gen)* vor etw *(Dat);* **avoir la ~** eine Vorrangstellung einnehmen; **donner la ~ à qc** einer S. *(Dat)* den Vorrang geben
❷ REL Oberhoheit *f,* Primat *m o nt*
prime[1] [prim] *f* ❶ ECON *(allocation)* Prämie *f;* *(en complément du salaire)* [Lohn]zulage *f;* *(subvention payée par l'État)* Zuschuss *m,* Beihilfe *f;* ~ **inhérente** Folgeprämie *f;* ~ **à la construc-**

tion Wohnungsbauprämie; ~ **à l'épargne-logement** Bausparprämie; ~ **à l'exportation** Exportprämie, Ausfuhrprämie; ~ **à l'importation** Importprämie, Einfuhrprämie; ~ **fiscale à l'investissement** steuerliche Investitionsprämie; ~ **d'ancienneté** Betriebszugehörigkeitszulage; ~ **de confiance** Vertrauensprämie; ~ **d'émission** Emissionsprämie; ~ **d'encouragement** Gratifikation *f;* ~ **de fin d'année** *(faisant partie du salaire annuel)* Weihnachtsgeld *nt; (gratification exceptionnelle)* Jahresabschlussprämie *f;* ~ **de pénibilité** Erschwerniszulage; ~ **de productivité** Leistungszulage; ~ **de remboursement** Damnum *nt (Fachspr.);* ~ **de rendement** Leistungszulage, Leistungsprämie; ~ **de risque** Gefahrenzulage; ~ **de salissure** Schmutzzulage; ~ **de souscription** Bezugsprämie; ~ **de transport** Fahrtkostenzuschuss; ~ **sur le chiffre d'affaires** Umsatzbonus *m;* ~ **pour travail posté** Schichtzulage; ~ **pour le vendeur** Rückprämie; **versement de la/d'une ~** Prämienzahlung *f*
❷ JUR, FIN *(somme à payer)* ~ **brute** Bruttobeitrag *m;* ~ **fixe unitaire** Leistungspreis *m;* ~ **d'assurance** Versicherungsprämie *f,* Versicherungsbeitrag *m;* ~ **de change** Agio *nt,* Aufgeld *nt;* ~ **d'émission** Agio, Aufgeld; ~ **d'émission d'une action/d'actions** Aktien-Agio, Aktienaufgeld, Aktienemissionsagio; ~ **d'émission d'un emprunt/d'emprunts** Agio auf Anleihen, Anleiheagio; ~ **de risque** Risikoaufschlag *m;* **marché à ~** Prämiengeschäft *nt*
▶ **en ~** als Zugabe, als Werbegeschenk; *(par-dessus le marché)* obendrein, noch dazu
▶ ~ **épargne** prämienbegünstigtes Sparen, Prämiensparen
prime[2] [prim] *adj* ❶ *antéposé soutenu (premier)* **sa ~ jeunesse** seine/ihre frühe Jugend; **de ~ abord** auf den ersten Blick
❷ *postposé* MATH **A ~ B ~** A Strich B Strich, A'B'
primer [prime] <1> I. *vt* ❶ *soutenu (l'emporter sur)* ~ **qc** den Vorrang vor etw *(Dat)* haben; **cette considération prime toutes les autres** diese Überlegung ist wichtiger als alle anderen; **la force prime le droit** Gewalt geht vor Recht
❷ *(récompenser)* präm[i]ieren; **film/livre primé** preisgekrönter [*o* präm[i]ierter] Film/preisgekröntes [*o* präm[i]ierte] Buch
II. *vi* vorherrschen, vorherrschend sein; **couleur:** dominieren; *qualité:* im Vordergrund stehen; ~ **sur qc** gegenüber etw *(Dat)* überwiegen; **cette raison prime sur toutes les autres** dieser Grund hat mehr Gewicht als alle anderen
primerose [primroz] *f* BOT Stockrose *f*
primesautier, -ière [primsotje, -jɛr] *adj soutenu* impulsiv
prime time [prajmtajm] <prime times> *m* Hauptsendezeit *f*
primeur [primœr] *f pl (fruits)* Frühobst *nt; (légumes)* Frühgemüse *nt;* **marchand de ~s** Obst- und Gemüsehändler *m*
▶ **avoir la ~ d'une réforme/innovation** als Erste(r) in den Genuss einer Reform/Neuerung kommen; **avoir la ~ d'une information** eine Nachricht als Erste(r) erfahren; **donner/réserver la ~ d'un manuscrit à qn** jdn ein Manuskript als Erste(n) lesen lassen
primevère [primvɛr] *f* Primel *f*
primipare [primipar] I. *adj* **femme** erstgebärend; **femelle** zum ersten Mal werfend
II. *f* Erstgebärende *f*
primitif, -ive [primitif, -iv] I. *adj* ❶ *(originel)* ursprünglich; **sentiment, passion** unverfälscht; **état** ~ Urzustand *m;* **caractère** ~ *f,* **langue, expression** Urwüchsigkeit *f;* **d'un éléphant** Urtümlichkeit *f;* **les sept couleurs primitives** die sieben Grundfarben; **les terrains ~s** GEOL das Grundgebirge
❷ *(initial)* **préoccupation, projet** ursprünglich; MED primär; **concept ~** Grundbegriff *m;* **proposition primitive** Elementarsatz *m;* **cancer ~** Primärtumor *m*
❸ SOCIOL primitiv; **homme ~** Urmensch *m*
❹ *(rudimentaire)* **installation, procédé** primitiv, einfach
❺ *péj (fruste)* **esprit, personne** primitiv
❻ LING **langue primitive** Ursprache *f;* **mot ~** Stammwort *nt;* **sens ~ d'un mot** erste [*o* ursprüngliche] Bedeutung eines Wortes; **concept ~** nicht definierbare Notion; **les temps ~s d'un verbe** die Stammformen eines Verbs
❼ MATH **fonction primitive** Stammfunktion *f*
II. *m, f* ❶ ART *(peintre naïf)* naiver Maler/naive Malerin, Naive(r) *f(m); (précurseur de la Renaissance) (peintre)* Maler(in) *m(f)* der Frühromanik; *(sculpteur)* Bildhauer(in) *m(f)* der Frühromanik
❷ *pl* SOCIOL **vieilli** die Primitiven, die Naturvölker
III. *f* MATH Stammfunktion *f*
primitivement [primitivmɑ̃] *adv* ursprünglich
primo [primo] *adv* erstens
primogéniture [primoʒenityr] *f* Erstgeburt *f*
primo-infection [primoɛ̃fɛksjɔ̃] <primo-infections> *f* Erstinfektion *f*
primordial(e) [primɔrdjal, jo] <-aux> *adj* ❶ *(essentiel)* **importance, rôle** wesentlich, entscheidend; **être ~** es ist ~e(**que**) **pour qn/etw soit** äußerst wichtig für jdn/etw sein; **il est ~ que vous soyez à l'heure** es ist von äußerster Wichtigkeit, dass Sie pünktlich sind/kommen

② *(fondamental)* grundlegend; **droit ~** Grundrecht *nt*
prince, princesse [pʀɛ̃s, pʀɛ̃sɛs] *m, f* ❶ *(titre nobiliaire)* Fürst(in) *m(f)*; *(fils, fille ou femme de roi)* Prinz *m*/Prinzessin *f*; **~ charmant** Märchenprinz; **~ consort** Prinzgemahl *m*; **~ héritier** Kronprinz; **élever qn au rang de ~** jdn in den Fürstenstand erheben
② *littér (premier par le talent)* **le ~ des poètes** der Dichterfürst
▸ **être bon ~** großmütig sein, tolerant sein; **vivre comme un ~ / une princesse** fürstlich leben
◆ **~ de Galles** Prinz *m* von Wales; **~ de galles** Glencheck *m*
princeps [pʀɛ̃sɛps] *adj inv, postposé observation* erstmalig; **édition ~** Erstausgabe *f*
princesse *v.* prince
princier, -ière [pʀɛ̃sje, -jɛʀ] *adj* ❶ *(de prince)* fürstlich; **titre ~** Fürstentitel *m*
② *(somptueux)* fürstlich, königlich
princièrement [pʀɛ̃sjɛʀmɑ̃] *adv* fürstlich, königlich
principal [pʀɛ̃sipal, o] <-aux> *m* ❶ *(l'important)* **le ~** das Wichtigste; **c'est le ~** das ist die Hauptsache; **le ~, c'est que tu sois vivante** Hauptsache ist, dass du noch am Leben bist
② FIN *(capital d'une dette)* Kapital *nt*, Hauptschuld *f*; JUR Hauptsache *f*
❸ SCOL Schuldirektor *m*
principal(e) [pʀɛ̃sipal, o] <-aux> *adj* ❶ *(le plus important)* wichtigste(r, s); **les principaux monuments de la ville** die wichtigsten Bauwerke *Pl* der Stadt; **signification ~e** *d'une thèse, hypothèse* Grundbedeutung *f*
② *(premier dans une hiérarchie)* **les principaux intéressés dans cette histoire** die Hauptbetroffenen [*o* die in erster Linie Betroffenen] in dieser Geschichte; **les raisons ~es** die Hauptgründe, die wesentlichen Gründe; **résidence ~e** Hauptwohnsitz *m*; **rôle ~ d'un film** Hauptrolle *f* in einem Film; **les ~es rues touchées par les travaux** die am stärksten [*o* am meisten] von den Arbeiten betroffenen Straßen
❸ GRAM **proposition ~e** Hauptsatz *m*
principale [pʀɛ̃sipal] *f* ❶ GRAM Hauptsatz *m*
② SCOL Schuldirektorin *f*
principalement [pʀɛ̃sipalmɑ̃] *adv* hauptsächlich, vor allem
principauté [pʀɛ̃sipote] *f* Fürstentum *nt*
principe [pʀɛ̃sip] *m* ❶ PHYS, MATH Prinzip *nt*; **~ d'Archimède** Archimedisches Prinzip
② *(règle de conduite)* Prinzip *nt*, Grundsatz *m*; **~ conducteur** Leitsatz; **~ fondamental** Grundprinzip; **~s en matière de paiements** Zahlungsmoral *f*; **accord/autorisation de ~** grundsätzliche [*o* prinzipielle] Zustimmung/Genehmigung; **avoir des ~s** Prinzipien haben; **être fidèle à ses ~s** an seinen Prinzipien [*o* Grundsätzen] festhalten; **personne fidèle à ses ~s** prinzipientreuer Mensch; **vivre selon ses ~s** prinzipientreu leben; **qn a pour ~ de faire qc** es ist jds Prinzip etw zu tun; **manquer à ses ~s** gegen seine Prinzipien verstoßen
❸ *(hypothèse)* Grundsatz *m*; **poser des ~s** Grundsätze aufstellen
❹ *(élément) (constitutif)* Bestandteil *m*, Wirkstoff *m*; **~ azoté** stickstoffhaltiger Wirkstoff; **~ minéral** Mineralstoff; **~ actif du médicament** MED Arzneistoff
❺ *pl (notions)* **des ~s de musique/philosophie** Grundbegriffe *Pl* der Musik/Philosophie
❻ *(source)* du bien, mal, de la nature Ursprung *m*; **le ~ de toutes choses** der Urgrund allen Seins; **remonter au ~** zu den Anfängen zurückgehen
❼ JUR, FIN Prinzip *nt*; **~s généraux du droit** allgemeine Rechtsgrundsätze *Pl*; **~s généraux de la procédure** Verfahrensgrundsätze; **~ net** Nettoprinzip; **~ potentiel** Als-ob-Prinzip; **~ de la confiance réciproque** Vertrauensgrundsatz *m*; **~ de continuité des règles comptables appliquées au bilan** Bilanzkontinuität *f*; **~ de couverture générale** Gesamtdeckungsprinzip; **~ de l'égalité de traitement** Gleichbehandlungsgebot *nt*; **~ de l'élection du domicile** Domizilprinzip; **~ de l'évaluation la plus basse** Niederstwertprinzip; **~ de l'impôt personnel** Kopfsteuerprinzip; **~ de la majorité** Mehrheitsprinzip; **~ de la valeur minimale** Niederstwertprinzip; **~ de la valeur nominale** Nominalwertprinzip
❽ INFORM Prinzip *nt*; **entrée-traitement-sortie** EVA-Prinzip
▸ **en ~** im Prinzip; **par ~** aus Prinzip; **pour le ~** um des Prinzips willen
◆ **~ d'abus** Missbrauchsprinzip *nt*; **~ d'approvisionnement** Versorgungsprinzip *nt*; **~ de base** Grundprinzip *nt*; **~ de calcul au jour J** Stichtagsprinzip *nt*; **~ d'établissement** [*o* de l'établissement] **du bilan** Bilanzierungsgrundsatz *m*; **~ d'imposition** Besteuerungsgrundsatz *m*; **~s d'interprétation** Auslegungsgrundsätze *Pl*; **~ de légalité** Legalitätsprinzip *nt*; **~ de loyauté** Lauterkeitsprinzip *nt*; **~ de parallélisme** Gleichlaufprinzip *nt*; **~ du pays destinataire** Bestimmungsprinzip *nt*; **~ de proportionnalité** Verhältnismäßigkeitsprinzip *nt*, Grundsatz *m* der Verhältnismäßigkeit; **~ de réciprocité** Gegenseitigkeitsprinzip *nt*; **~ de recon-**

naissance Anerkennungsprinzip *nt*; **~ de subrogation** Sukzessionsprinzip *nt (Fachspr.)*; **~ de subsidiarité** POL Subsidiaritätsprinzip *nt (Fachspr.)*; **~ de territorialité** Territorialitätsprinzip *nt*; **~ de transparence** Transparenzgebot *nt*; **~ d'unanimité** Einstimmigkeitsprinzip *nt*; **~ de validité** Günstigkeitsprinzip *nt*
printanier, -ière [pʀɛ̃tanje, -jɛʀ] *adj* **atmosphère, tenue** frühlingshaft; **soleil ~** Frühlingssonne *f*; **robe printanière** Frühjahrskleid *nt*
printemps [pʀɛ̃tɑ̃] *m* ❶ *(saison)* Frühling *m*, Frühjahr *nt*; **ce ~** dieses [*o* in diesem] Frühjahr; **au ~** im Frühling [*o* Frühjahr]; **le ~ dernier** letztes [*o* im letzten] Frühjahr
② *littér (jeune âge)* **au ~ de la vie** im Frühling [*o* in der Blütezeit] des Lebens
③ *littér (année)* Lenz *m*; **il/elle a** [*o* compte] **seulement seize ~** er/sie zählt erst sechzehn Lenze
▸ **le ~ de Prague** der Prager Frühling
prion [pʀijɔ̃] *m* BIO Prion *nt*
priori *v.* a priori
prioritaire [pʀijɔʀitɛʀ] I. *adj* ❶ *(qui passe en premier)* vorrangig, vordringlich; **être ~** Vorrang [*o* Priorität] haben
② AUT **être ~** *automobiliste, route:* Vorfahrt haben, vorfahrtsberechtigt sein
II. *mf (personne)* Bevorzugte(r) *f(m)*, Bevorrechtigte(r) *f(m)*
prioritairement [pʀijɔʀitɛʀmɑ̃] *adv* vorrangig, als erstes
priorité [pʀijɔʀite] *f* ❶ *(urgence)* Priorität *f*; **définir les ~s** die Prioritäten festlegen
② *(droit)* ~ |**sur qn/qc**| Vorrang *m* [vor jdm/etw], Vorrecht *nt* [gegenüber jdm]; *(préséance)* Vortritt *m* [vor jdm]; **en ~** zu [aller]erst, als Erstes; **demander la ~** |**de parole**| darum bitten als Erster sprechen zu dürfen; **donner la ~ à qn/qc** jdm/einer S. den Vorrang geben; **laisser la ~ à qn** jdm den Vortritt lassen
❸ AUT Vorfahrt *f*; **règle de ~** Vorfahrtsregel *f*; **avoir la ~** Vorfahrt haben; **~ à droite** Vorfahrt *f* von rechts; **il y a ~ à droite** hier gilt rechts vor links; **refuser la ~ à qn/à un véhicule** jdm/einem Fahrzeug die Vorfahrt nehmen
❹ *(antériorité) d'un événement, fait* zeitliches Vorausgehen; **la ~ de ce fait n'implique pas ...** dass dieses Ereignis zeitlich vorausgeht, bedeutet nicht ...
pris(e) [pʀi, pʀiz] I. *part passé de* prendre
II. *adj* ❶ *(occupé)* **être ~** *place:* besetzt sein; *(emploi du temps complet)* [völlig] verplant sein; *personne:* beschäftigt sein; **je suis déjà ~(e) ce soir** ich habe heute Abend schon etwas vor; **en ce moment je suis très ~(e)** im Moment bin ich sehr beansprucht; **avoir les mains ~es** die Hände voll [*o* keine Hand frei] haben
② MED **avoir la voix ~e** heiser sein; **qn a le nez ~** jd ist verschnupft, jds Nase ist verstopft; **qn a la gorge ~e** jd hat ein Kratzen im Hals, jdn/jdm kratzt es im Hals
❸ *(durci)* **être ~(e)** *enduit, ciment, mayonnaise:* fest [geworden] sein; *flaque d'eau:* zugefroren sein
❹ *(en proie à)* **être ~(e) de peur/de panique** von Furcht gepackt/von Panik erfasst sein/werden; **~ de remords, il alla ...** voller Gewissensbisse [*o* von Gewissensbissen geplagt] ging er ...; **être ~(e) d'envie de faire qc** [plötzlich] das Verlangen haben etw zu tun; **être ~(e) de vin** [vom Wein] berauscht sein
prise [pʀiz] *f* ❶ *(action de prendre avec les mains)* Griff *m*; **~ de judo** Judogriff; **maintiens bien la ~!** halt dich gut fest!
② *(poignée, objet que l'on peut empoigner)* Halt *m*, Festhaltemöglichkeit *f*; **je n'ai pas de ~ pour tenir cette malle** ich kann diesen Koffer nirgends festhalten; **l'alpiniste cherche une ~** der Bergsteiger sucht nach einem Halt; **lâcher ~** loslassen, *fig* nachgeben
❸ *(action de conquérir, gagner) d'une forteresse, ville* Einnahme *f*; *d'un pion, de la dame* Schlagen *nt*; *d'une carte* Stechen *nt*; **~ d'assaut** Erstürmung *f*; **la ~ de la Bastille** HIST der Sturm auf die Bastille
❹ *(action de durcir) du ciment, de l'enduit* Abbinden *nt*; *de la mayonnaise* Binden *nt*; **ciment à ~ rapide** schnell [ab]bindender Zement
❺ MED *(action d'ingérer)* Einnahme *f*; *(quantité de médicament)* Einnahmedosis *f*; *(mesure)* Messung *f*; **~ de tension artérielle** Blutdruckmessung
❻ CHASSE Beute *f*
❼ PECHE Fang *m*; **~ accidentelle** Beifang
❽ *(en parlant du réseau électrique principal)* **~** |**de courant**| Steckdose *f*; **~ de courant extérieure** *(sur une caravane, un mobil-home)* Außensteckdose; **~ femelle** Steckdose; **~ mâle** Stecker *m*; **~ multiple** Mehrfachsteckdose; **~ universelle** Reisestecker *m*; **~ de/du téléphone** Telefondose
❾ *(en parlant d'un casque, casque secondaire)* Buchse *f*; **~ casque** Kopfhöreranschluss *m*; **~ péritel®** Scartkabelstecker *m*
❿ CINE Aufnahme *f*
⓫ *(pincée) de tabac, de drogue* Prise *f*
▸ **être en ~ directe avec la réalité** einen direkten Bezug zur Realität haben, in direktem Bezug zur Realität stehen; **ne pas avoir ~**

sur qn/qc keinen Einfluss auf jdn/etw haben; **les remontrances n'ont pas de ~ sur lui** die Vorhaltungen haben keinerlei Wirkung auf ihn; **être aux ~s avec des problèmes** sich mit Problemen auseinandersetzen [müssen]
◆ **~ à ferme** Pachtung *f*; **~ à ferme à vie** Pachtung auf Lebensdauer; **~ à partie** Angriff *m*; JUR Amtshaftungsklage *f*; **~ d'air** Lufteinlass *m*, Luftzufuhr *f*; **~ d'antenne** INFORM Antennenbuchse *f*; **~ d'armes** Militärparade *f*; **~ de bec** *fam* Wortwechsel *m*; **avoir une ~ de bec avec qn** mit jdm aneinandergeraten; **~ de bénéfice** Gewinnrealisierung *f*; **~ de connaissance des tâches** Aufgabenwahrnehmung *f*; **~ de conscience** Bewusstwerden *nt*; **il faut qu'il y ait une ~ de conscience de ce problème** man muss sich dieses Problems bewusst werden; es ist notwendig, dieses Problem zu erkennen; **~ de contact** Kontaktaufnahme *f*; **~ de contrôle en bloc** Blockübernahme *f*; **~ de courant** INFORM Steckverbindung *f*; **~ de décision** Beschlussfassung *f*; **~ d'eau** Wasseranschluss *m*; *(dans la rue)* Hydrant *m*; **~ de fonction** Amtsantritt *m*; **~ de gage** Pfandnahme *f*; **~ de guerre** Kriegsbeute *f*; **~ d'hypothèque** Hypothekenaufnahme *f*; **~ d'otages** Geiselnahme *f*; **~ de parole** Ergreifen *nt* des Wortes; **refuser la ~ de parole à qn** jdm das Wort verweigern; **attendre la ~ de parole de qn** darauf warten, dass jd das Wort ergreift; **~ de participation** FIN Beteiligung *f*; **~ de position** Stellungnahme *f*; **~ de possession** Inbesitznahme *f*, Besitzübernahme; **~ de risques** Risikoübernahme *f*; **~ de sang** *(prélèvement) (dans un laboratoire)* Blutabnahme *f*; *(par la police)* Blutentnahme *f*, Blutprobe *f*; **se faire faire une ~ de sang** sich *(Dat)* Blut abnehmen lassen; **~ de son** Tonaufnahme *f*; **~ de terre** Erdung *f*; **~ de vues** Aufnahme *f*; **~ de vues nocturne** [*o* **de nuit**] Nachtaufnahme; **~ en charge** Übernahme *f*; INFORM Unterstützung *f*; **taxe de ~ en charge** Grundgebühr *f* [für eine Taxifahrt]; **~ en charge d'une dette** Schuldübernahme *f*; **~ en charge des frais** Kostenübernahme *f*; **~ en charge des pertes** Verlustübernahme *f*; **~ en charge du risque** Risikoübernahme *f*; **~ en charge des soins médicaux** Kostenübernahme *f* für die Behandlung; **~ en compte** Berücksichtigung *f*; **~ en considération** Berücksichtigung *f*, Erwägung *f*; **~ en location** Anmietung *f*

priser¹ [pʀize] <1> *vt littér (apprécier)* schätzen; **être très prisé(e)** hoch im Kurs stehen

priser² [pʀize] <1> *vt (aspirer)* schnupfen *tabac*; schnupfen, sniffen *sl cocaïne*

priseur, -euse [pʀizœʀ, -øz] *m* **~(-euse) de tabac** Tabakschnupfer(in) *m(f)*

prismatique [pʀismatik] *adj* prismatisch; **couleurs ~s** Spektralfarben *Pl*

prisme [pʀism] *m* Prisma *nt*

prison [pʀizɔ̃] *f* ❶ *(lieu de détention)* Gefängnis *nt*
❷ *(emprisonnement)* Haft[strafe] *f*; **~ ferme** Gefängnis[strafe *f*] *nt* ohne Bewährung; **faire de la ~** im Gefängnis sein
▶ **une ~ dorée** ein goldener Käfig

prisonnier, -ière [pʀizɔnje, -jɛʀ] I. *adj (en détention)* **être ~(-ière)** eingesperrt sein, im Gefängnis sein; *soldat:* in Gefangenschaft sein
II. *m, f* Häftling *m*, Gefangene(r) *f(m)*; **~(-ière) politique** politische(r) Gefangene(r) *f(m)*; **se constituer ~(-ière)** sich der Polizei stellen; **faire ~(-ière)** gefangennehmen
◆ **~(-ière) de guerre** Kriegsgefangene(r) *f(m)*

privatif, -ive [pʀivatif, -iv] *adj* ❶ LING ausschließend; **jardin ~** Garten *m* [nur] zur Privatnutzung; **jouissance privative** alleiniger Nießnutz
❷ LING *particule, préfixe* privativ

privation [pʀivasjɔ̃] *f* ❶ *(action de priver)* Entzug *m*; *(par la force)* Beraubung *f*; **~ de la liberté/de sommeil** Freiheits-/Schlafentzug; **~ thérapeutique de sommeil** MED therapeutischer Schlafentzug; **~ des droits civiques** JUR Aberkennung *f* der bürgerlichen Ehrenrechte
❷ *(manque) d'un bien* Entbehrung *f*; **souffrir de ~s** Entbehrungen erdulden; **une vie de ~s** ein entbehrungsreiches Leben
◆ **~ de la jouissance** JUR Nutzungsausfall *m*

privatisation [pʀivatizasjɔ̃] *f* Privatisierung *f*

privatiser [pʀivatize] <1> *vt* privatisieren

privauté [pʀivote] *f* ❶ *(familiarité malséante)* Dreistigkeit *f*; **prendre la ~ de faire qc** sich *(Dat)* die Freiheit nehmen etw zu tun; **trouver qn d'une grande ~** jdn zu dreist finden *(fam)*
❷ *pl (gestes)* Freiheiten *Pl*; *(paroles)* Vertraulichkeiten *Pl*

privé [pʀive] *m* ❶ *(vie privée)* Privatleben *nt*; **dans le ~** privat; **en ~** *déclarations, conversation* privat; **confier qc à qn en ~** unter vier Augen jdm etw anvertrauen
❷ IND *(secteur privé)* Privatwirtschaft *f*, privatwirtschaftlicher Sektor
❸ *fam (détective)* Privatdetektiv *m*

privé(e) [pʀive] *adj (opp: public)* privat; *secteur, investissement* privatwirtschaftlich; **école ~e** Privatschule *f*; **enseignement ~** Privatschulwesen *nt*; **secteur ~** Privatwirtschaft *f*; **de droit ~** privatrechtlich; **il est ici à titre ~** er ist privat [*o* als Privatperson] hier
privée [pʀive] *f fam (détective)* Privatdetektivin *f*

priver [pʀive] <1> I. *vt* ❶ *(refuser à)* jdm etw entziehen; **menacer de ~ un enfant de dessert** einem Kind drohen, dass es keinen Nachtisch bekommt; **~ qn de ses droits civiques** jdm seine Staatsbürgerrechte aberkennen; **~ qn de liberté** jdn seiner Freiheit *(Gen)* berauben
❷ *(faire perdre à)* **qc prive qn/qc de qc** etw nimmt jdm/einer S. etw, durch etw verliert jd/eine S. etw; **~ qn de ses moyens** jdn handlungsunfähig machen; **l'hémiplégie le prive de l'usage de son bras** durch die halbseitige Lähmung kann er seinen Arm nicht mehr gebrauchen; **qn/qc est privé(e) de qc** jdm/einer S. fehlt etw; **être privé(e) de sommeil** um seinen Schlaf gebracht werden; **être privé(e) d'électricité** keinen Strom mehr haben
❸ *(frustrer)* **~ qn de qc** jdm etw nehmen, jdn um etw bringen; **il doit faire un régime, ça le prive beaucoup** er muss Diät halten, das bedeutet ein großes Opfer für ihn; **je ne veux pas vous ~** ich möchte Ihnen nichts vorenthalten
II. *vpr* ❶ *(se restreindre)* **se ~ pour qn** sich für jdn einschränken
❷ *(renoncer)* **se ~ de cigarettes/dessert** auf Zigaretten/den Nachtisch verzichten; **se ~ de fumer** darauf verzichten zu rauchen; **ne t'en prive pas!** lass dir ja nichts entgehen! *(fam)*
▶ **ne pas se ~ de faire qc** es sich *(Dat)* nicht nehmen lassen etw zu tun, sich nicht darum bringen lassen etw zu tun; **il ne s'est pas privé de critiquer l'orateur** er hat es sich nicht entgehen lassen den Redner zu kritisieren

privilège [pʀivilɛʒ] *m* ❶ *(avantage) de fortune, naissance* Privileg *nt*, de beauté Vorzug *m*
❷ HIST, FISC, JUR Privileg *nt*, Vorrecht *nt*, Sonderrecht *nt*; **jouir de ~s** Sonderrechte genießen; **les ~s des nobles** [*o* **de la noblesse**] die Adelsprivilegien; **~ fiscal** Steuerprivileg *nt*; **des ~s et des allégements** JUR Vorrechte und Erleichterungen
❸ *(honneur) d'une visite, rencontre, d'un entretien* Ehre *f*; **avoir le ~ de faire qc** die Ehre haben etw zu tun
◆ **~ de faillite** JUR Konkursvorrecht *nt*

privilégié(e) [pʀivileʒje] I. *adj* ❶ *(avantagé) personne, ordres, lieu* privilegiert, begünstigt; *climat, situation* [besonders] günstig; *relations* besonders gut; **fiscalement ~(e)** steuerlich privilegiert
❷ FIN **action ~e** Vorzugsaktie *f*
II. *m(f)* Privilegierte(r) *f(m)*; JUR Bevorrechtigte(r) *f(m)*

privilégier [pʀivileʒje] <1a> *vt* privilegieren, begünstigen *personne*; **~ un de ses enfants** eines seiner Kinder bevorzugen; **~ qc** einer S. *(Dat)* den Vorzug geben

prix [pʀi] *m* ❶ *a.* ECON *(coût)* Preis *m*; **~ au mètre carré** Quadratmeterpreis; **~ approximatif** Zirkapreis, Etwapreis; **bas ~** Niedrigpreis; **~ brut** Bruttopreis; **~ budgété** Planpreis; **~ catalogue à l'export** Exportpreisliste *f*; **~ coûtant** Selbstkostenpreis, Einkaufsselbstkosten *Pl*; **~ coûtant des marchandises** Warenanstandspreis; **~ départ constructeur** Preis ab Hersteller; **~ départ entrepôt/usine** Preis ab Lager/Werk; **~ dernier ~** äußerster Preis; **~ dissuasif** Bremspreis; **~ échelonné** Staffelpreis; **~ fixe** Festpreis; **~ F.O.B** Fob-Preis *(Fachspr.)*; **~ franco** Frankopreis; **~ franco à bord** Preis frei an Bord; **~ franco port de destination** Preis frei Bestimmungshafen; **~ garanti** Mindestpreis; **~ imposé** vorgeschriebener Preis; **les ~ imposés** das Preisdiktat; **~ indicatif** Orientierungspreis, unverbindlicher Richtpreis; **~ limite imposé** Höchstpreisbindung *f*; **~ marqué** angegebener [*o* ausgeschriebener] Preis; **~ net** [*o* **hors taxes**] Nettopreis; **~ plancher** [**garanti**] Mindestpreis; **~ plancher-plafond** Von-Bis-Preis; **~ producteur** Erzeugerpreis; **~ public** Endverbraucherpreis; **~ record** Rekordpreis; **~ réel** Effektivpreis; **~ rendu déchargé magasin de l'acheteur/du vendeur** Preis frei Lager des Käufers/des Lieferanten; **~ unique** Einheitspreis; **~ d'ami** Freundschaftspreis; **~ de location imposé** Mietpreisbindung *f*; **~ du marché noir** Schwarzmarktpreis; **~ du pain** Brotpreis; **~ du pétrole brut sur le marché mondial** Weltmarktpreis für Rohöl; **~ d'un/du terrain** Grundstückspreis; **les ~ des terrains ont augmenté** die Grundstückspreise sind gestiegen; **~ sans engagement** Preis freibleibend; **~ sur le marché mondial** Weltmarktpreis; **~ sur la surface** Flächenpreis; **~ par unité** Preis pro Einheit; **à ~ d'or** für teures Geld; **à bas/vil/moitié ~** billig/spottbillig/zum halben Preis; **à ~ écrasés/sacrifiés** zu Niedrig-/Schleuderpreisen *(fam)*; **hors de ~** unerschwinglich; **évaluer/déterminer les ~** Preise taxieren/ermitteln; **casser** [*o* **écraser**] **les ~** die Preise drücken; **qc est dans mes/ses ~** etw kann ich mir/kann er/sie sich leisten; **faire un ~ à qn** jdm einen guten Preis machen; **vendre au ~ fort** sehr teuer verkaufen; **client qui fait attention aux ~** preisbewusster Kunde; **faire attention au ~** preisbewusst einkaufen; **ton/votre ~ sera le mien!** nenn mir deinen/nennen Sie mir Ihren Preis!; **le ~ est à débattre** der Preis ist Verhandlungssache; **le ~ du papier augemente/baisse** Papier steigt/fällt im Preis; **pendant que les ~ baissent** bei sinkenden Preisen

② *(contrepartie)* le ~ de la gloire/du succès der Preis für den Ruhm/den Erfolg; **au ~ de sa carrière** auf Kosten der Karriere; **à aucun/tout** ~ um keinen/jeden Preis; **à quel ~!** um welchen Preis!
③ *(valeur)* **de ~** wertvoll, von großem Wert; **ne pas avoir de ~** von unschätzbarem Wert sein, nicht mit Gold zu bezahlen sein; **attacher du ~ à qc** einer S. *(Dat)* großen Wert beimessen
④ *(distinction)* Preis *m*, Auszeichnung *f*; **~ de beauté** Schönheitspreis; **le premier d'anglais** der erste Preis in Englisch; **film digne/susceptible d'obtenir un ~** preiswürdiger *geh*/preisverdächtiger Film
⑤ *(lauréat)* Preisträger(in) *m(f)*; **~ Goncourt** Preisträger(in) *m(f)* des Prix Goncourt; **~ Nobel** Nobelpreisträger(in); **être un ~ Nobel de médecine** den Nobelpreis für Medizin bekommen haben
⑥ SPORT Preis *m*; **Grand Prix [automobile]** Großer Preis, Grand Prix *m*
▶ **c'est le même ~** *fam* das kommt auf eins heraus *(fam)*; **qn paie le ~ fort** jd muss das teuer bezahlen, das kommt jdn teuer zu stehen; **mettre la tête de qn à ~** einen Preis auf jds Kopf aussetzen; **y mettre le ~** einiges dafür tun, weder Kosten noch Mühen scheuen
♦ **~ au comptant** Barzahlungspreis *m*; **~ à l'exportation** Exportpreis *m*; **~ à l'intervention** Interventionspreis *m*; **~ à la production** Herstellungspreis *m*; AGR Erzeugerpreis *m*; **~ d'achat** Kaufpreis *m*, Einkaufspreis, Einstandspreis; **~ d'achat maintenu** fortgeführter Anschaffungspreis *m*; **~ d'achat net** [*o* **hors taxes**] Nettoeinkaufspreis; **~ d'acquisition** Anschaffungspreis *m*; **~ de base** Grundpreis *m*; **~ de cession** Veräußerungspreis *m*; **~ de consolation** Trostpreis *m*; **~ de départ** *(aux enchères)* Mindestgebot *nt*; **~ de détail** Einzelhandelspreis *m*; **~ d'émission** FIN [Erst]ausgabepreis *m*; **~ d'excellence** Auszeichnung *f* für den Klassenbesten; **~ du fabricant** Herstellerpreis *m*; **~ de faveur** Vorzugspreis *m*; **~ de gros** Großhandelspreis *m*; **~ d'honneur** Auszeichnung *f* für den zweitbesten Schüler; **~ d'interprétation** Preis *m* für die beste schauspielerische Leistung; **~ d'intervention** Interventionspreis *m*; **~ de liquidation** Räumungspreis *m*; **~ des marchandises** Warenpreis *m*; **~ du marché** Marktpreis *m*; **~ actuel du marché** gegenwärtiger Marktpreis; **~ de l'offre** Angebotspreis *m*; **~ d'orientation** Orientierungspreis *m*; **~ de préemption** Vorkaufspreis *m*; **~ de production** JUR Leistungspreis *m*; **~ de référence** Vergleichspreis *m*; **~ de revente** Wiederverkaufspreis *m*; **~ de revient** Selbstkostenpreis *m*; **~ de revient d'un produit** Erzeugnisselbstkosten *Pl*; **~ de seuil** Schwellenpreis *m*; **~ de** [*o* **du**] **transport** Frachtgebühr *f*, Frachtkosten *Pl*; **~ d'usine** Fabrikpreis *m*; **~ de vente** Verkaufspreis *m*; **~ de vente final** Endverkaufspreis; **~ sur place** Lokopreis *m (Fachspr.)*

Land und Leute

Jedes Jahr werden im Herbst verschiedene **prix littéraires** vergeben. Der berühmteste und begehrteste ist der *Prix Goncourt*. Weitere wichtige Literaturpreise sind der *Prix Interallié*, und der *Prix Fémina*, der von Schriftstellerinnen vergeben wird.

---

prix-choc [pʀiʃɔk] *m inv fam* Preisknüller *m (fam)*
pro [pʀo] *mf fam abr de* **professionnel** Profi *m (fam)*; **~ du foot/du vélo** Fußball-/Radprofi *(fam)*; **~ du tennis/du golf** Tennis-/Golfprofi *(fam)*; **~ de la vente** Verkaufsprofi *(fam)*; **attitude de ~** profihafte Einstellung; **se comporter comme un ~** sich profihaft verhalten; **elle est une ~ de la satire** sie ist eine Großmeisterin der Satire
pro-arabe [pʀoaʀab] *m* Sympathisant(in) *der arabischen Minderheit in Frankreich*
probabilité [pʀɔbabilite] *f* Wahrscheinlichkeit *f*; **~ d'erreur** Fehlerwahrscheinlichkeit; **calcul des ~s** Wahrscheinlichkeitsrechnung *f*; **taux de ~** Wahrscheinlichkeit[sgrad *m*] *f*; **selon toute ~** aller Wahrscheinlichkeit nach, höchstwahrscheinlich
probable [pʀɔbabl] *adj* **il est ~ qu'il gagnera** wahrscheinlich wird er gewinnen
probablement [pʀɔbabləmɑ̃] *adv* wahrscheinlich; **~ qu'il dira oui** wahrscheinlich wird er ja sagen
probant(e) [pʀɔbɑ̃, ɑ̃t] *adj argument, explication, raison* überzeugend; **document, témoignage** beweiskräftig; **pièce ~e** Beweisstück *nt*
probation [pʀɔbasjɔ̃] *f* ① JUR Bewährung *f*
② REL Noviziat *nt*
probatoire [pʀɔbatwaʀ] *adj* **période ~** Probezeit *f*; **test ~** Einstufungstest *m*; **stage ~** Probezeit *f*
probe [pʀɔb] *adj littér employé, fonctionnaire* rechtschaffen, redlich; *conscience* rein
probité [pʀɔbite] *f d'un employé, fonctionnaire, serviteur* Rechtschaffenheit *f*, Redlichkeit *f*; *du langage, de la pensée* Aufrichtigkeit *f*
problématique [pʀɔblematik] **I.** *adj* ① *(qui pose problème)* problematisch; **déchets ~s** Problemmüll *m*

② *(hypothétique) succès, victoire* ungewiss, fragwürdig
II. *f* Problemstellung *f*; **définir la ~** die Problematik umreißen
problème [pʀɔblɛm] *m* ① *(difficulté)* Problem *nt*; **~ central/éducatif** Zentral-/Erziehungsproblem; **enfant à ~s** *fam* Problemkind *nt*; **peau à ~s** *fam* sehr empfindliche Haut; **avoir des ~s** Probleme haben; **poser un ~/des ~s à qn** für jdn ein Problem darstellen, problematisch für jdn sein; **~s de couple** Beziehungskrise *f*
② MED Störung *f*, Problem *nt*, Beschwerden *Pl*; **~ auditif** Hörstörung; **~s cardiaques** Herzbeschwerden *Pl*; **~ de circulation** Durchblutungsstörung; **~ de circulation cérébrale** zerebrale Durchblutungsstörung; **~ d'éjaculation** Ejakulationsstörung; **~s de** [*o* **à**] **la vésicule biliaire** Gallenbeschwerden
③ *(question à résoudre)* Problem *nt*; *moral, philosophique, historique* Problem, Frage *f*; PHILOS Problem, Problematik *f*; **faux ~** Scheinproblem; **les ~s de circulation/de stationnement** die Verkehrs-/Parkprobleme; **~ du logement/du chômage** Wohnungs-/Arbeitslosenfrage; **c'est mon/ton ~!** *fam* das ist mein/dein Problem!
④ SCOL Textaufgabe *f*; **~ de géométrie/de physique** Geometrie-/Physikaufgabe; **résoudre un ~** eine Aufgabe lösen
▶ **c'est bien le ~!** *fam* das ist der Knackpunkt! *(fam)*, das ist der Casus knacksus! *(hum fam)*; **y a pas de ~!** das ist kein Problem!
procédé [pʀɔsede] *m* ① *(méthode)* Verfahren *nt*, Methode *f*; **~ standard** Standardverfahren
② *souvent pl (façon d'agir)* Verhalten *nt*; **user de bons/mauvais ~s à l'égard de qn** sich jdm gegenüber freundlich [*o* korrekt]/unfreundlich verhalten
③ *péj (recette stéréotypée)* Methode *f*; **avoir recours à des ~s malhonnêtes** zu unredlichen Methoden greifen
④ JEUX Queuespitze *f*
⑤ INFORM **traiter un texte écrit/parlé par ~ automatique** einen geschriebenen/gesprochenen Text maschinell verarbeiten
♦ **~ à un passage** INFORM Ein-Pass-Verfahren *nt*; **~ à trois passages** INFORM Drei-Pass-Verfahren *nt*
♦ **~ de constitution** ECON Gründungsvorgang *m*; **~ de développement** Entwicklungsverfahren *nt*; **~ de fabrication** Fabrikationsverfahren *nt*, Herstellungsverfahren, Fertigungsverfahren; **~ de production** Produktionsverfahren *nt*; **~ de réfrigération** Kälteverfahren *nt*
procéder [pʀɔsede] <5> *vi* ① *(agir)* vorgehen, verfahren; **~ par ordre** der Reihe nach vorgehen
② *(opérer)* **~ à une étude/expérience** eine Studie/einen Versuch vornehmen [*o* durchführen]; **~ au dépouillement** mit der Auswertung beginnen; **~ à une élection** zu einer Wahl schreiten; **~ à l'inspection de la marchandise** eine Beschau der Waren vornehmen; **~ au vote** zur Abstimmung kommen; **on vient de ~ à l'élection du nouveau président** gerade wurde der neue Präsident gewählt; **faire ~ à une enquête** eine Untersuchung veranlassen
③ *littér (découler de)* **~ de qc** von etw kommen; *philosophie, théorie:* seinen Ursprung in etw *(Dat)* haben; **le Saint-Esprit procède du Père et du Fils** der Heilige Geist geht aus dem Vater und dem Sohn hervor
procédure [pʀɔsedyʀ] *f* ① JUR *(marche à suivre)* Verfahren *nt*, Vorgehensweise *f*; **la ~ technique du paiement** die technische Abwicklung des Zahlungsverkehrs; **quelle est la ~ à suivre?** wie muss man vorgehen [*o* verfahren]?; **~ budgétaire** ECON Haushaltsverfahren; **~ de conclusion d'un contrat** Vertragsschließungsverfahren; **~ de passation de marchés publics** Vergabeverfahren; **~ en vue de combler les carences contractuelles** Vertragslückenschließungsverfahren
② *(ensemble des directives)* Maßregeln *Pl*; JUR *(ensemble des règles juridiques)* Prozessordnung *f*, Prozessrecht *nt*; **~s d'urgence** Verhaltensmaßregeln für den Notfall; **code de ~ pénale** ≈ Strafprozessordnung
③ JUR *(action en justice)* **~ [juridique]** [Gerichts]verfahren *nt*, Rechtsverfahren *(Fachspr.)*; **~ accélérée** Eilverfahren; **~ administrative** Verwaltungsverfahren; **~ arbitrale** Schiedsgerichtsverfahren; **~ civile** Zivilverfahren; **~ obligatoire** Zwangsverfahren; **~ pénale** Strafverfahren; **~ pendante** anhängiges Verfahren; **~ préjudicielle** Vorabentscheidungsverfahren; **~ probatoire** Beweisverfahren; **~ relative aux amendes** Bußgeldverfahren; **~ relative à l'attribution d'une pension alimentaire** Unterhaltsverfahren; **~ relative à une mesure provisoire** Zwischenverfahren; **~ relative aux mesures conservatoires concernant la preuve** Beweissicherungsverfahren; **~ relative à un recours** Rechtsbeschwerdeverfahren; **~ relative à une voie de recours** Rechtsbehelfsverfahren; **~ sommaire** abgekürztes Verfahren; **~ visant à faire reconnaître le droit de priorité** Prioritätsstreitverfahren; **~ d'attribution de l'autorité parentale** Sorgerechtsverfahren; **~ d'instruction préliminaire** Vorverfahren; **~ de**

procédurier – procuration

mise en jeu de la responsabilité administrative Amtshaftungsverfahren; **~ de règlement judiciaire** Vergleichsverfahren; **suspendre la ~** das Verfahren aussetzen; **de** ~ *question, problème* verfahrensmäßig

◆ **~ d'adhésion** Beitrittsverfahren *nt;* **~ d'agrément** Zulassungsverfahren *nt;* **~ d'annulation** JUR Nichtigkeitsverfahren *nt;* **~ d'annulation pour cause d'erreur** Irrtumsanfechtung *f;* **~ d'appel** Aufgebotsverfahren *nt,* Rechtsmittelverfahren; **~ d'appréciation** Beurteilungsverfahren *nt;* **~ d'apurement des comptes** Abrechnungsverfahren *nt;* **~ d'authentification** Beurkundungsverfahren *nt;* **~ d'autorisation** Ermächtigungsverfahren *nt,* Genehmigungsverfahren; **~ d'autorisation communautaire** Gemeinschaftsgenehmigungsverfahren; **~ de calcul** Bemessungsverfahren *nt;* **~ de cartel** Kartellverfahren *nt;* **~ de compensation** Ausgleichsverfahren *nt;* **~ de concentration** JUR Konzertierungsverfahren *nt;* **~ de conciliation** Güteverfahren *nt,* Streitschlichtungsverfahren, Verständigungsverfahren; **~ de contrôle** Prüfungsverfahren *nt;* **~ de contrôle a posteriori** Nachprüfungsverfahren; **~ de contrôle de la constitutionnalité** Normenkontrollverfahren; **~ de débit** Debitverfahren *nt;* **~ de délivrance** Erteilungsverfahren *nt;* **~ de dépôt** *(en parlent d'un brevet d'invention)* Anmeldeverfahren *nt;* **~ de divulgation** Offenbarungsverfahren; **~ de dumping** Dumpingverfahren *nt;* **~ d'exclusion** Ausschlussverfahren *nt;* **~ d'exécution** Vollstreckungsverfahren *nt;* **~ d'exécution forcée** Zwangsvollstreckungsverfahren; **~ d'exequatur** Exequaturverfahren *nt;* **~ d'expulsion** Räumungsverfahren *nt;* **~ d'homologation** Bestätigungsverfahren *nt;* **~ d'imposition** Besteuerungsverfahren *nt;* **~ d'imposition d'une action** Klageerzwingungsverfahren *nt;* **~ d'information** Auskunftsverfahren *nt;* **~ d'insolvabilité** JUR Insolvenzverfahren *nt;* **~ de jugement** Hauptverfahren *nt;* **~ de la lettre de change** Wechselprozess *m;* **~ de licenciement** Entlassungsverfahren *nt;* **~ de liquidation** Liquidationsverfahren *nt;* **~ du marché public** Ausschreibungsverfahren *nt;* **~ de partage** ECON Zerlegungsverfahren *nt;* **~ de perception de l'impôt** Steuererhebungsverfahren *nt;* **~ de prise en compte** Anrechnungsverfahren *nt;* **~ de rapprochement** Verständigungsverfahren *nt;* **~ de recensement** Erfassungsverfahren *nt;* **~ de reconnaissance** Anerkennungsverfahren *nt;* **~ de recours** Berufungsverfahren *nt,* JUR Beschwerdeverfahren; **~ de recouvrement** JUR Beitreibungsverfahren *nt,* Erhebungsverfahren; **~ de réduction à la source** FISC Quellenabzugsverfahren *nt;* **~ de restitution** JUR Restitutionsverfahren *nt,* Rückgabeverfahren; **~ de saisine** Anrufungsverfahren *nt;* **~ de scission** ECON, JUR Spaltungsverfahren *nt;* **~ de sommation** Mahnverfahren *nt;* **par ~ de sommation** auf dem Wege des Mahnverfahrens; **~ de surveillance** Überwachungsverfahren *nt;* **~ de transformation** ECON Umwandlungsverfahren *nt;* **~ de vérification** Prüfungsverfahren *nt;* **~ en justice** Klageverfahren *nt;* **~ par défaut** Versäumnisverfahren *nt*

procédurier, -ière [pRɔsedyRje, -jɛR] *adj personne* pedantisch, kleinlich; *formalités* haarspalterisch

procès [pRɔsɛ] *m* ❶ JUR Prozess *m;* **déroulement du/d'un ~** Prozessverlauf *m;* **être en ~ avec qn** gegen jdn prozessieren; **faire** [*o* **intenter**] **un ~ à qn** einen Prozess gegen jdn anstrengen; **~ criminel/des criminels de guerre** Kriegsverbrecherprozess; **~ fictif** Scheinprozess; **~ à sensation** Sensationsprozess; **~ en vue du versement d'une pension alimentaire** Alimentenprozess

❷ *vieilli fam (contravention)* Strafzettel *m (fam)*

▶ **faire le ~ de qn/qc** jdn/etw scharf kritisieren, mit jdm hart ins Gericht gehen

◆ **~ d'intention** Unterstellung *f;* **faire un ~ d'intention à qn** jdm üble Absichten unterstellen; **~ par défaut** Passivprozess *m (Fachspr.);* **~ en diffamation** Verleumdungsprozess *m;* **~ en représentation** Prozessstandschaftsklage *f (Fachspr.)*.

processeur [pRɔsɛsœR] *m* INFORM Prozessor *m;* **~ arithmétique/graphique** Arithmetik-/Grafikprozessor; **~ clavier** Tastaturprozessor; **~ virgule flottante** Fließkomma-Prozessor *(Fachspr.);* **~ overdrive** Overdrive-Prozessor *(Fachspr.)*

procession [pRɔsesjɔ̃] *f* ❶ REL Prozession *f*

❷ *(défilé)* [langer] Zug, [lange] Schlange; **en ~** in einem langen Zug, in geschlossener Reihe

processus [pRɔsesys] *m* ❶ *(évolution)* Prozess *m;* **~ économique/éducatif** Wirtschafts-/Erziehungsprozess

❷ MED [Krankheits]verlauf *m,* Prozess *m;* **~ inflammatoire/morbide** entzündlicher/krankhafter Verlauf [*o* Prozess]; **~ de guérison** Genesungsprozess

❸ TECH *(ensemble d'opérations)* Ablauf *m*

◆ **~ d'affinage** Veredelungsprozess *m;* **~ de fabrication** Fertigungsablauf *m,* Herstellungsprozess *m,* Herstellungsgang *m;* **~ de planification** Planungsprozess *m;* **~ de production** Produktionsprozess *m;* **~ de rattrapage** Aufholprozess *m;* **~ de restructuration** ECON Umstrukturierungsprozess *m;* **~ de traitement** Bearbeitungsverfahren *nt,* Bearbeitungsvorgang *m*

procès-verbal [pRɔsɛvɛRbal, o] <procès-verbaux> *m* ❶ *(contravention)* Strafmandat *nt;* **dresser un ~ à qn** jdm eine gebührenpflichtige Verwarnung geben, jdm ein Strafmandat erteilen

❷ *(compte rendu) d'une réunion, séance* Protokoll *nt*

❸ JUR *(constat)* Protokoll *nt,* Niederschrift *f;* **~ de l'exécution** Vollstreckungsprotokoll; **~ de la prise** [*o* **de l'enlèvement**] **de livraison** Abnahmeprotokoll

◆ **~ de perquisition** Durchsuchungsprotokoll *nt;* **~ de remise** Übergabeprotokoll *nt*

prochain [pRɔʃɛ̃] *m* ❶ *(être humain)* Nächste(r) *m*

❷ *(personne suivante)* der Nächste

❸ *(bus, train, bateau)* der/die/das Nächste; **j'ai raté le bus, je prendrai le ~** ich habe den Bus verpasst, ich nehme den nächsten

prochain(e) [pRɔʃɛ̃, ɛn] *adj* ❶ *antéposé (suivant) carrefour, rue, village* nächste(r, s); *postposé an, mois, semaine* nächste(r, s); **la ~e fois** nächstes Mal, das nächste Mal; **le 15 août** **~** am 15. August [dieses Jahres]; **à la ~e occasion** bei der nächsten [*o* bei nächster] Gelegenheit

❷ *postposé (proche) arrivée, départ* baldig; *mort* nahe [bevorstehend]; *avenir* nahe

prochaine [pRɔʃɛn] *f* ❶ *fam (station)* die nächste Haltestelle [*o* Station]; **descendez-vous à la ~?** steigen Sie an der nächsten Haltestelle aus?

❷ *fam (fois)* **à la ~!** bis zum nächsten Mal!, bis dann! *(fam)*

❸ *(personne suivante)* die Nächste

❹ *(bus, train, bateau)* der/die/das Nächste

prochainement [pRɔʃɛnmɑ̃] *adv* demnächst; **très ~** in Kürze

proche [pRɔʃ] **I.** *adj* ❶ *lieu* nah[e]; **un restaurant tout ~** ein Restaurant ganz in der Nähe; **la ville la plus ~** die nächste Stadt; **être ~ de qc** nah[e] an etw *(Dat)* sein; **~s l'un(e) de l'autre** nah[e] beieinander; **deux villes toutes ~s** zwei Städte, die nah[e] beieinanderliegen; **~ de la Terre** *planète, orbite* erdnah

❷ *antéposé (d'à côté) voisin* nächste(r, s), unmittelbar

❸ *(imminent) avenir, dénouement, mort* nah[e]; *départ* nah[e] bevorstehend; **être ~** *départ:* kurz bevorstehen; **dans un très ~ avenir** in allernächster Zukunft

❹ *(récent) événement* nah[e]; *souvenir* lebendig; **être ~ de notre époque/de nous** nicht weit [*o* lange] zurückliegen

❺ *antéposé (de parenté étroite) cousin, parent* nah[e]; **être ~ de qn** *(par la pensée)* jdm nah[e] sein

❻ *(voisin) sens* verwandt; **être ~ de qc** *langue, prévision, attitude:* einer S. *(Dat)* ähnlich sein

❼ *(fidèle)* **description ~ de la réalité** wirklichkeitsnahe [*o* realitätsnahe] Beschreibung; **roman/film ~ de la vie** lebensnaher Roman/Film

▶ **de ~ en ~** nach und nach

II. *mf* ❶ *(ami intime)* Vertraute(r) *f(m);* **les ~s d'elle** die ihr Nahestehenden

❷ *pl (parents)* **les ~s de qn** jds Angehörige *Pl,* jds nächste Verwandte *Pl*

Proche-Orient [pRɔʃɔRjɑ̃] *m* **le ~** der Nahe Osten, Vorderasien *nt;* **État du Proche ~** Staat im Nahen Osten, vorderasiatischer Staat

proclamation [pRɔklamasjɔ̃] *f* ❶ *(annonce publique)* Bekanntgabe *f,* Verkündigung *f; de la république* Ausrufung *f*

❷ *(manifeste)* Erklärung *f,* Aufruf *m*

proclamer [pRɔklame] <1> **I.** *vt* ❶ *(affirmer)* verkünden *conviction, vérité;* beteuern *innocence*

❷ *(annoncer publiquement)* proklamieren; ausrufen, verkünden *état de siège;* ausrufen *république;* öffentlich bekannt geben, verkünden *résultats, verdict*

❸ *(désigner comme)* **~ qn empereur/roi** jdn zum Kaiser/König ausrufen

II. *vpr (se déclarer)* **se ~ indépendant(e)** sich für unabhängig erklären; **se ~ république autonome** sich zur freien Republik erklären

proconsul [pRɔkɔ̃syl] *m* Prokonsul *m*

procréateur, -trice [pRɔkReatœR, -tRis] *adj littér* **puissance procréatrice** Zeugungskraft *f*

procréateurs [pRɔkReatœR] *mpl hum* Erzeuger *Pl (hum)*

procréation [pRɔkReasjɔ̃] *f littér* Zeugung *f;* **~ artificielle** künstliche Befruchtung

procréer [pRɔkRee] <1> *vt littér* zeugen

proctologie [pRɔktɔlɔʒi] *f* MED Proktologie *f (Fachspr.)*

proctologue [pRɔktɔlɔg] *mf* MED Proktologe *m/*Proktologin *f (Fachspr.)*

proctoscopie [pRɔktɔskɔpi] *f* MED [Mast]darmspiegelung *f,* Proktoskopie *f (Fachspr.)*

procurateur [pRɔkyRatœR] *m* HIST Prokurator *m*

procuration [pRɔkyRasjɔ̃] *f* Vollmacht *f;* COM Prokura *f;* **par ~** per Prokura; **en vertu de la ~** kraft Vollmacht; **selon la ~** laut Vollmacht; **~ bancaire** Bankvollmacht; **~ collective** Kollektivprokura; **~ commerciale limitée à l'exploitation d'une succursale** Filialprokura; **~ conjointe** Gesamtprokura; **~ extraordinaire** Spezi-

alhandlungsvollmacht; ~ **générale commerciale** Generalhandlungsvollmacht; ~ **permettant de conclure une transaction** Abschlussvollmacht; ~ **solidaire commerciale** Gesamthandlungsvollmacht; ~ **pour le transfert de la propriété** Auflassungsvollmacht *(Fachspr.)*; **donner** ~ **à qn pour faire qc** jdm [die] Vollmacht erteilen etw zu tun, jdm Prokura erteilen
◆ ~ **sur compte bancaire** Kontovollmacht *f*; ~ **pour l'encaissement** Inkassovollmacht *f (Fachspr.)*; ~ **de souscription** Zeichnungsvollmacht *f*; ~ **pour la vente** Verkaufsvollmacht *f*
procurer [pʀɔkyʀe] <1> I. *vt* ❶ *(faire obtenir)* ~ **qc à qn** jdm etw verschaffen, jdm zu etw verhelfen
❷ *(apporter)* bereiten *joie, ennuis*
II. *vpr (obtenir)* **se** ~ **un travail** sich *(Dat)* [eine] Arbeit verschaffen; **se** ~ **de l'argent** sich *(Dat)* Geld beschaffen, Geld ranschaffen *(fam)*
procureur, procuratrice [pʀɔkyʀœʀ, pʀɔkyʀatʀis] *m, f* JUR Staatsanwalt *m*/-anwältin *f*; ~ **général/procuratrice générale** Generalstaatsanwalt/-anwältin
◆ **Procureur/Procuratrice de la République** Oberstaatsanwalt *m*/-anwältin *f*
prodigalité [pʀɔdigalite] *f* ❶ *(caractère dépensier)* Verschwendungssucht *f*
❷ *pl (dépenses excessives)* Verschwendung *f*
❸ *littér (profusion) de détails, d'images* verschwenderische Fülle
prodige [pʀɔdiʒ] *m* ❶ *(miracle)* Wunder *nt*
❷ *(merveille)* Wunder[werk *nt*] *nt;* **faire des ~s** Wunder vollbringen
❸ *(personne très douée)* Genie *nt;* **enfant** ~ Wunderkind *nt*
▶ **tenir du** ~ an ein Wunder grenzen
prodigieusement [pʀɔdiʒjøzmɑ̃] *adv beau, difficile* ungemein; *doué, intéressant* sehr; *agacer, s'ennuyer* über alle Maßen
prodigieux, -euse [pʀɔdiʒjø, -jøz] *adj bêtise, effort, force* ungeheuer; *personne* wunderbar
prodigue [pʀɔdig] *adj* ❶ *(dépensier)* verschwenderisch
❷ *(généreux)* **être** ~ **de compliments** nicht mit Komplimenten geizen; **ne pas être** ~ **de paroles** wortkarg sein
❸ *postposé (qui a quitté sa famille) mari, père* treulos; *enfant, fils* verloren
prodiguer [pʀɔdige] <1> I. *vt* ❶ *(distribuer généreusement)* großzügig austeilen *biens;* ~ **le temps/l'énergie** nicht mit der Zeit/Energie geizen; **ne pas être** ~ **des conseils/paroles à qn** mit Ratschlägen/mit einem Redeschwall überschütten; ~ **des compliments à qn** jdn mit Komplimenten überhäufen; ~ **son temps à qn/qc** jdm/einer S. viel Zeit widmen; ~ **des soins à qn** jdn versorgen
❷ *(gaspiller)* ~ **qc à qn** etw an jdn verschwenden
II. *vpr* **se** ~ sich verausgaben
pro domo [pʀodomo] in eigener Sache, pro domo
producteur, -trice [pʀɔdyktœʀ, -tʀis] I. *adj* COM erzeugend, produzierend; **pays ~s** Erzeuger-/Anbau-/Förderländer *Pl;* ~**(-trice) de blé** Getreide anbauend; ~**(-trice) de gaz naturel/de charbon** Erdgas/Kohle fördernd; **les pays/États ~s de pétrole** die Erdöl produzierenden Länder/Staaten
II. *m, f* ❶ AGR Erzeuger(in) *m(f)*; ~**(-trice) [de fruits et légumes] en autosuffisance** Selbsterzeuger(in)
❷ *(fabricant)* Hersteller(in) *m(f)*, Produzent(in) *m(f)*
❸ CINE, RADIO, TV Produzent(in) *m(f)*
productible [pʀɔdyktibl] *adj* COM herstellbar; *courant* erzeugbar
productif, -ive [pʀɔdyktif, -iv] I. *adj* produktiv; *sol* ertragreich; *capital, investissement* Gewinn bringend; **peu** ~ **sorte d'arbres fruitiers, entreprise** ertragsschwach; **travailler de manière productive** produktiv arbeiten; ~ **d'intérêts** Zins tragend; **dépôt** verzinslich
II. *mpl* produktive Kräfte *Pl*
production [pʀɔdyksjɔ̃] *f* ❶ *a.* BIO, MED *(fait de produire)* Produktion *f*; ~ **hormonale** Hormonproduktion
❷ *(fabrication) de produits manufacturés* Herstellung *f*, Produktion *f*; ~ **annuelle** Jahresproduktion; ~ **énergétique** Energieerzeugung *f*; ~ **intérieure** Inlandsproduktion; ~ **nationale** Eigenerzeugung; ~ **primaire** Urproduktion; ~ **propre** hauseigene Produktion; ~ **textile** Textilproduktion; ~ **totale** Gesamtproduktion; ~ **d'acier/de l'acier** Stahlproduktion; ~ **d'armements** Rüstungsproduktion; ~ **de biens de consommation** Konsumgüterproduktion; ~ **d'électricité/d'énergie** Strom-/Energieerzeugung, ~ **de la fausse monnaie** Falschgeldherstellung; ~ **de pétrole** Erdölgewinnung *f*, Erdölproduktion; ~ **de voitures** Autoproduktion; **au niveau de la** ~ produktionsbezogen; **relatif(-ive) à la** ~ produktionstechnisch
❸ *(exploitation)* ~ **de blé/fruits** Weizen-/Obstanbau *m;* ~ **d'eau potable/de sel** Wasser-/Salzgewinnung *f*; ~ **de viande** Fleischproduktion *f*; ~ **animale** AGR Viehwirtschaft *f*
❹ *a.* AGR *(quantité produite)* Produktion *f*, Produktionsmenge *f*, Fertigungsmenge; *de pétrole* Fördermenge; *d'énergie* erzeugte Menge; ~ **de riz** Reisproduktion

❺ MED *(apparition) d'une tumeur, de pus, gaz* Bildung *f;* CHIM, PHYS *d'un phénomène* Hervorrufen *nt; d'un son, d'une onde* Erzeugung *f*
❻ CINE, RADIO, TV Produktion *f;* LITTER Schaffen *nt;* ~ **cinématographique** Filmproduktion
❼ JUR ~ **du jugement** Einreichung *f* des Urteils; ~ **des revenus** Einkünfteerzielung *f*
▶ ~ **assistée par ordinateur** *v*. P.A.O., productique
◆ ~ **de base** Grundprodukt *m;* ~ **du bois** Holzerzeugung *f*; ~ **sur commande** Auftragsfertigung *f*; ~ **par étapes** Stufenproduktion *f*; ~ **en présérie** Vorserienfertigung *f*; ~ **en série** serienmäßige Herstellung
productique [pʀɔdyktik] *f* [computergestützte] Industrieautomation
productiviste [pʀɔdyktivist] *adj* gewinnorientiert
productivité [pʀɔdyktivite] *f* ❶ *d'une usine, d'un employé, ouvrier* Produktivität *f*, Produktionskraft *f*; ~ **moyenne** Durchschnittsproduktivität; ~ **des moyens de production** Arbeitsmittelproduktivität; ~ **du travail** Arbeitsproduktivität; **en vue d'augmenter la** ~ zum Ziel der Produktivitätssteigerung
❷ *(rentabilité) d'un service, impôt* Rentabilität *f*, Einträglichkeit *f*
produire [pʀɔdɥiʀ] <*irr*> I. *vt* ❶ IND produzieren *matières premières;* herstellen *voitures, produits manufacturés;* erzeugen *électricité*
❷ *(planter, faire croître) cultivateur:* erzeugen; *pays, région, terre:* hervorbringen; *arbre:* tragen
❸ *(provoquer)* hervorbringen *son;* ~ **une impression sur qn/qc** *changement, événement:* auf jdn/etw einen Eindruck machen; *méthode, procédé:* bei jdm/etw zu einem Eindruck führen; ~ **une sensation sur qn** bei jdm ein Gefühl hervorrufen
❹ *(retenir l'attention, marquer)* ~ **de l'effet sur qn** bei jdm eine Wirkung erzielen; ~ **une impression sur qn** auf jdn Eindruck machen
❺ *(former)* hervorbringen *écrivain, homme célèbre*
❻ *(créer)* produzieren *film, émission;* verfassen *roman, poèmes*
❼ *(présenter)* beibringen *témoin;* erbringen *preuve;* vorlegen *carte d'identité, document;* vorweisen *titre, passeport;* anmelden *créance*
❽ COM, FIN *(rapporter)* einbringen; bringen *intérêts;* ~ **une créance de la faillite** eine Konkursforderung anmelden; ~ **des souscriptions gonflées** Konzertzeichnungen arrangieren; **faire** ~ **son argent/capital** sein Geld/Kapital arbeiten lassen
II. *vi* FIN Gewinn bringen [*o* abwerfen]
III. *vpr* **se** ~ ❶ *(survenir)* sich ereignen; *changement, silence:* eintreten
❷ *(se montrer) (en public)* sich sehen lassen; *(sur la scène)* auftreten; **interdire à qn de se** ~ **en public** jdm Auftrittsverbot erteilen; **ne pas avoir le droit de se** ~ **en public** Auftrittsverbot haben
produit [pʀɔdɥi] *m* ❶ *(article, marchandise)* Produkt *nt*, Erzeugnis *nt;* CHIM, PHARM Mittel *nt*, Produkt; ~ **d'excellente qualité** Spitzenprodukt; ~ **alimentaire** Nahrungsmittel; ~ **artistique** Kunstprodukt; ~ **brut** Rohstoff *m;* ~ **concurrentiel** Konkurrenzzeugnis; ~ **courant** handelsübliches Erzeugnis; ~ **défectueux** Fehlfabrikat *nt*, Fehlprodukt; ~ **déficitaire** Verlustbringer *m;* ~ **s demi-finis** Halbwaren *Pl;* ~ **s électrotechniques** elektrotechnische Erzeugnisse; ~ **fabriqué à l'étranger** Auslandsprodukt; ~ **fini** Ganzfabrikat, Fertigware *f*, Fertigerzeugnis; ~ **fumé** Räucherware *f;* ~ **générique** No-Name-Produkt *(Fachspr.)*; ~ **haut de gamme** hochwertiges Produkt, Qualitätsprodukt; ~ **industriel** Industrieerzeugnis, Industrieprodukt; ~ **intégré** Verbundprodukt; ~ **manufacturé** Fertigerzeugnis; ~ **non manufacturé** Rohprodukt; ~ **national** einheimisches Erzeugnis; ~ **s négociés au comptant** Kassaware *f;* ~ **partiel** Teilerzeugnis; ~ **pétrolier** Mineralölerzeugnis; ~ **primaire** Urprodukt; ~ **principal** Haupterzeugnis; ~ **résiduel** Abprodukt; ~ **s résiduels** Abfallmaterial *nt;* ~ **résiduel recyclable** wieder verwendungsfähiges Abprodukt; ~ **secondaire** Sekundärprodukt; ~ **semi-fini** [*o* **semi-ouvré**] Halbfertigprodukt; ~ **standard** Standarderzeugnis; ~ **synthétique** Kunststofferzeugnis; ~ **universel** Universalmittel; ~ **typique d'un secteur/hors secteur** branchentypisches/branchenfremdes Erzeugnis; ~ **d'entretien** Reinigungsmittel, Putzmittel; ~ **d'entretien pour la salle de bains/les sols** Bad-/[Fuß]bodenreiniger *m;* ~ **d'entretien ménager** Vielzweckreiniger; ~ **de soin pour le corps** Körperpflegemittel
❷ *(rapport, bénéfice) d'une terre* Ertrag *m; d'une collecte* Erlös *m;* ~ **brut** Bruttoertrag; ~ **net** Nettoerlös, Gewinn *m;* ~ **intérieur brut nominal** nominales Bruttoinlandsprodukt; ~ **intérieur net** Nettoinlandsprodukt; ~ **national brut [en volume]** [reales] Bruttosozialprodukt; ~ **national net** Nettosozialprodukt; ~ **s financiers** Finanzerträge; ~ **fiscal par habitant** Steueraufkommen *nt* pro Kopf der Bevölkerung; ~ **global** Gesamtprodukt; ~ **marginal** Grenzerlös; ~ **s provenant de reprises sur provisions** Erträge aus der Auflösung von Rückstellungen
❸ *(résultat)* Produkt *nt*
❹ MATH Produkt *nt*

◆ ~ **de base** Ausgangsprodukt nt; ~ **de beauté** Schönheitsmittel nt; ~ **de consommation** Gebrauchsartikel m; ~ **des cotisations** Beitragsaufkommen nt; ~ **de l'entreprise** Unternehmensertrag m; ~**s d'exploitation** betriebliche Erträge Pl, Betriebserträge; **autres ~s d'exploitation** sonstige betriebliche Erträge; ~ **de fission** CHIM, PHYS Spaltprodukt nt; ~ **de l'impôt** Steueraufkommen nt, Steuereinnahmen Pl; ~ **d'intérêts** Zinsertrag m; ~ **de la journée** Tageseinnahme f; ~ **de marque** Markenartikel m, Markenfabrikat nt; ~ **de marque déposée** Erzeugnis nt mit Warenzeichen; ~ **d'origine** Ursprungserzeugnis nt; ~ **de participations** Erträge Pl aus Beteiligungen; ~ **de première nécessité** Grundnahrungsmittel nt; ~ **de présentation** Vorzeigeprodukt nt; ~ **de la récolte** Ernteertrag m; ~ **de la vente** Verkaufserlös m; ~ **franchise** Franchise-Produkt nt (Fachspr.); ~ **en surplus** ÉCON Surplusprodukt nt (Fachspr.); **~s en vrac** ÉCON Schüttgut nt

proéminence [pʀɔeminɑ̃s] f littér ❶ (saillie) Vorsprung m
❷ (fait de ressortir) Vortreten nt, Vorspringen nt

proéminent(e) [pʀɔeminɑ̃, ɑ̃t] adj front, menton, nez vorspringend

proenzyme [pʀoɑ̃zim] m BIO, CHIM Proenzym nt

pro-européen(ne) [pʀoøʀɔpeɛ̃, ɛn] m(f) Europabefürworter(in) m(f)

prof [pʀɔf] mf fam abr de **professeur** ❶ SCOL Lehrer(in) m(f); ~ **de maths** Mathelehrer(in) (fam)
❷ UNIV Prof mf (fam)

profanateur, -trice [pʀɔfanatœʀ, -tʀis] I. adj littér schändlich, ruchlos (geh)
II. m, f soutenu ~(-trice) **d'églises** Kirchenschänder(in) m(f)

profanation [pʀɔfanasjɔ̃] f Schändung f, Entweihung f; ~ **d'une/de l'église** Kirchenschändung

profane [pʀɔfan] I. adj ❶ (ignorant) auditoire, public laienhaft; **je suis ~ en la matière** auf dem Gebiet bin ich [ein] Laie
❷ (opp: religieux) fête, musique weltlich, profan; monde außerkirchlich
II. mf (non initié) Laie m, Nichteingeweihte(r) f(m); ~ **en informatique** Computerlaie
III. m REL **le ~** das Weltliche, das Profane

profaner [pʀɔfane] <1> vt ❶ schänden, entweihen
❷ littér entweihen institution; entehren nom, souvenir

proférer [pʀɔfeʀe] <5> vt laut werden lassen paroles; ausstoßen injures, menaces; **être proféré(e) par qn** von jdm geäußert werden

professer [pʀɔfese] <1> vt littér bekunden; vertreten théorie; ~ **que qc est exact** öffentlich erklären, dass etw zutrifft

professeur [pʀɔfesœʀ] mf ❶ Lehrer(in) m(f), ≈ Oberlehrer(in) (veraltet); ~ **d'allemand/d'anglais de français/de latin** Deutsch-/Englisch-/Französisch-/Lateinlehrer(in) m(f); ~ **de mathématiques** Mathematiklehrer(in); ~ **de langue/de dessin** Sprach-/Zeichenlehrer(in); ~ **de sciences naturelles** Lehrer(in) für Naturwissenschaften; ~ **de piano/de chant** Klavier-/Gesang[s]lehrer(in); ~ **de théâtre/de danse** Schauspiel-/Tanzlehrer(in); ~ **auxiliaire** Hilfslehrer(in); **jeune ~** Junglehrer(in); ~ **particulier/-ière** Privatlehrer(in); ~ **principal(e)** Klassenlehrer(in), ~ Klassenvorstand m (A); **formation des ~s** Lehrerausbildung f; **manque** [o **pénurie**] **de ~s** Lehrermangel m; **~s en sureffectif** Lehrerüberschuss m
❷ UNIV (avec une chaire) Professor(in) m(f); (sans chaire) Dozent(in) m(f); ~ **de droit/de médecine** Professor(in) für Recht/Medizin; ~ **de mathématiques** Mathematikprofessor(in); ~ **émérite** Emeritus m/Emerita f
◆ ~ **de lycée** ≈ Gymnasiallehrer(in) m(f); ~ **d'enseignement général de collège** ≈ Lehrer(in) m(f) für die Sekundarstufe I, ≈ Realschullehrer(in); ~ **des écoles** Grundschullehrer(in) m(f)

profession [pʀɔfesjɔ̃] f ❶ Beruf m; **la ~ de boulanger/de médecin/d'avocat** der Beruf des Bäckers/Arztes/[Rechts]anwalts; **exercer une ~** erwerbstätig sein; **exercer la ~ de journaliste** von Beruf Journalist(in) sein; **~ à la mode** Modeberuf
❷ (corps de métier) Berufsstand m; ~ **commerciale** Handelsgewerbe nt
▶ **faire ~ de qc/de faire qc** sich [öffentlich] zu etw bekennen/sich dazu bekennen etw zu tun
◆ ~ **de foi** Glaubensbekenntnis nt

professionnalisme [pʀɔfesjɔnalism] m ❶ (opp: amateurisme) Professionalismus m
❷ (compétence) Professionalität f

professionnel [pʀɔfesjɔnɛl] m ❶ (homme de métier) Fachmann m; ~ **du tourisme** Tourismusfachmann; ~ **du crime/de la pêche à la ligne** fig ausgemachter Verbrecher/leidenschaftlicher Angler
❷ (personne compétente) Sachkundige(r) m, Profi m (fam)
❸ SPORT **passer ~** fam ins Profilager überwechseln

professionnel(le) [pʀɔfesjɔnɛl] adj ❶ (relatif à un métier) conscience, qualification, connaissance beruflich; cours, enseignement berufsbezogen; **vie ~le** Berufsleben nt; **frais ~s** Werbungskosten Pl; **faute ~le** Fehler m bei der Ausübung des Berufes; **d'un médecin** Kunstfehler m; **lycée ~** ≈ Fachoberschule f
❷ (visant un métier) formation berufsorientiert
❸ (opp: amateur) écrivain, journaliste berufsmäßig; fig pêcheur begeistert; menteur ausgemacht; **sport ~** Profisport m
❹ (compétent) fachkundig, sachverständig; investissement fachmännisch

professionnelle [pʀɔfesjɔnɛl] f ❶ (femme de métier) Fachfrau f; ~ **du tourisme** Tourismusfachfrau; ~ **du crime/de la pêche à la ligne** fig ausgemachte Verbrecherin/leidenschaftliche Anglerin
❷ (personne compétente) Sachkundige f, Profi m (fam)
❸ SPORT **passer ~** fam ins Profilager überwechseln
❹ fam (prostituée) Prostituierte f

professionnellement [pʀɔfesjɔnɛlmɑ̃] adv beruflich

professoral(e) [pʀɔfesɔʀal, o] <-aux> adj ❶ **corps ~** Lehrkörper m
❷ péj (doctoral) attitude, ton schulmeisterlich

professorat [pʀɔfesɔʀa] m Lehramt nt; ~ **de mathématiques** Lehramt für Mathematik

profil [pʀɔfil] m ❶ Profil nt; **de ~** im Profil
❷ (silhouette) d'une personne Silhouette f; d'un édifice Umriss m, Konturen Pl
❸ (coupe perpendiculaire) d'un bâtiment, d'une moulure, route Profil nt; ~ **longitudinal/transversal** Längs-/Querschnitt m
❹ (aptitudes) de l'homme d'affaires Profil nt; **avoir le ~ d'un diplomate** das richtige Profil für einen Diplomaten haben
❺ (vue d'ensemble) Merkmale Pl; **le ~ des ventes en mars** die Verkaufstendenz im März
❻ INFORM ~ **utilisateur** Benutzerprofil nt
▶ **adopter un ~ bas** sich bedeckt halten; ~ **médical** Gesundheitsbild nt; **montrer son meilleur ~** sich von seiner besten Seite zeigen
◆ ~ **d'encombrement** Lademaß nt

profilage [pʀɔfilaʒ] m (technique policière) Täterprofilerstellung f

profilé [pʀɔfile] m Profilstahl m; ~ **d'aluminium** Aluminiumprofil nt

profilé(e) [pʀɔfile] adj ❶ acier ~ Profilstahl m
❷ (aérodynamique) profiliert

profiler [pʀɔfile] <1> I. vt ❶ TECH profilieren
❷ (représenter en profil) umreißen corniche, édifice; ~ **un visage** das Profil eines Gesichts zeichnen
❸ (faire ressortir) **le [mont] Cervin profilait au loin sa silhouette** die Silhouette des Matterhorns zeichnete sich in der Ferne ab
II. vpr **se ~** ❶ (se détacher) édifice, nuages, silhouette: sich abheben
❷ (s'esquisser) ennuis, obstacles, solution: sich abzeichnen

profileur, -euse [pʀɔfilœʀ, -øz] m, f Profiler(in) m(f)

profit [pʀɔfi] m ❶ COM, FIN Profit m; ~ **lié à un surplus** Surplusprofit (Fachspr.); **dégager/réaliser un ~** Profit abwerfen/erwirtschaften
❷ (avantage) Gewinn m, Nutzen m; ~ **économique** wirtschaftlicher Nutzen; **être/ne pas être d'un grand ~** von großem Nutzen sein/nicht von großem Nutzen sein; **mettre à ~ une situation pour faire qc** eine Situation ausnutzen um etw zu tun; **au ~ de qn/qc** zugunsten einer Person/S. (Gen); **au ~ d'un tiers** zugunsten eines Dritten
▶ **passer qc aux ~s et pertes** etw abschreiben (fam); **il n'y a pas de petits ~s** prov wer den Pfennig nicht ehrt, ist des Talers nicht wert; **faire du/beaucoup de ~ à qn** vêtement: bei jdm lange halten; **les vacances lui ont fait beaucoup de ~** die Ferien haben ihm gut getan

profitable [pʀɔfitabl] adj ❶ (avantageux) action nutzbringend; **être ~ à qn** avis, leçon: für jdn von Nutzen sein; voyage: für jdn ein Gewinn sein
❷ (rentable) affaire Gewinn bringend

profitablement [pʀɔfitabləmɑ̃] adv **s'occuper ~** sich sinnvoll beschäftigen; **il a voyagé ~** durch das Reisen hat er viel gewonnen

profiter [pʀɔfite] <1> vi ❶ (tirer avantage de) ~ **d'un conseil** aus einem Ratschlag Nutzen ziehen; ~ **d'une situation** von einer Situation profitieren; ~ **d'une occasion** eine Gelegenheit nutzen
❷ (être utile à) ~ **à qn** für jdn von Nutzen [o ein Gewinn] sein; repos, vacances: jdm gut tun
❸ fam (se fortifier) Speck ansetzen; enfant: gedeihen
❹ fam (être avantageux) plat: gut ausreichen; vêtement: lange halten
❺ (tirer un profit) ~ **dans un marché** bei einem Handel Profit machen

profiterole [pʀɔfitʀɔl] f kleiner mit Eis oder Vanillecreme gefüllter Windbeutel

profiteur, -euse [pʀɔfitœʀ, -øz] m, f péj Profitmacher(in) m(f) (pej)

profond [pʀɔfɔ̃] I. m littér (profondeur) **le ~** die Tiefe; **au plus ~ de son être** in seinem/ihrem tiefsten Inneren; **au plus ~ de la**

mer tief im Meer; **au plus ~ de la nuit** mitten in der Nacht
II. *adv* creuser, planter tief
profond(e) [pʀɔfɔ̃, ɔ̃d] *adj* ① *(qui s'enfonce loin)* tief; *cave* tief [liegend]; **~(e) de dix mètres** zehn Meter tief
② *(très grand) différence, erreur, ignorance* groß; *intérêt, influence* groß, stark; *révérence, sommeil* tief; *sentiment* tief [sitzend]; *nuit* tief[schwarz]
③ *postposé (caché) cause* tiefere(r, s); *signification* tiefer liegend; *tendance* unterschwellig; **la France ~e** das traditionelle Frankreich
④ *(opp: superficiel) esprit, penseur* tiefsinnig; *pensée, réflexion* tiefgründig, tiefsinnig
⑤ *(opp: léger) soupir, voix* tief; *regard* intensiv
⑥ *postposé* MED *arriéré, débile* stark; **handicapé(e) ~(e)** Schwerbehinderte(r) *f(m)*

profondément [pʀɔfɔ̃demɑ̃] *adv* ① *creuser, s'incliner, pénétrer* tief
② *(beaucoup) respirer, dormir* tief; *influencer, ressentir* stark; *réfléchir, se tromper* gründlich; *aimer* innig; *souhaiter* sehnlichst
③ *antéposé (très, tout à fait) choqué, ému, touché* tief; *vexé* schwer; *convaincu* felsenfest; **~ différent** grundverschieden

profondeur [pʀɔfɔ̃dœʀ] *f* ① Tiefe *f*; **~ [de l'eau]** Wassertiefe; **50 m de ~** 50 Meter tief
② *(intensité) d'une voix* Tiefe *f*; *d'un regard* Intensität *f*
③ *(intelligence pénétrante) d'un penseur, d'une personne* Tiefsinnigkeit *f*; *d'un esprit, d'une réflexion* Tiefgründigkeit *f*
④ *(force) d'une émotion, d'un sentiment* Tiefe *f*, Stärke *f*
⑤ *pl littér (le plus profond)* **dans les ~s de la terre/mer** im Innersten der Erde/auf dem Meeresgrund
⑥ *(impénétrabilité)* Tiefe *f*; **les ~s de l'âme** das tiefste Innere der [menschlichen] Seele
▶ **en ~** *(opp: superficiellement)* gründlich; *connaissance, réforme* tief greifend; **une crème qui agit en ~** eine Creme mit Tiefenwirkung
◆ **~ de champ** CINE, PHOT Tiefenschärfe *f*; **d'écran** INFORM Bildschirmtiefe *f*; **d'esprit** Tiefsinn *m*

pro forma [pʀofɔʀma] *adj inv* **facture ~** Proformarechnung *f*

profus(e) [pʀofy, fyz] *adj littér* reichlich, stark

profusion [pʀofyzjɔ̃] *f (abondance)* Fülle *f*; **de cadeaux** Überfülle *f*; **une ~ de lumières** ein Lichtermeer *nt*; **être baigné(e) dans une ~ de lumière** lichtdurchflutet sein
▶ **à ~** in Hülle und Fülle, überreichlich

progéniture [pʀɔʒenityʀ] *f* ① LITTER *(descendance)* Nachkommenschaft *f*
② *hum (enfants)* Sprösslinge *Pl*

progestérone [pʀɔʒesterɔn] *f* MED, PHARM Gelbkörperhormon *nt*, Progesteron *nt (Fachspr.)*

progiciel [pʀɔʒisjɛl] *m* Softwarepaket *nt*, Programmpaket

progouvernemental(e) [pʀoguvɛʀn(ə)mɑ̃tal, o] <-aux> *adj journal, point de vue, remarque* regierungsfreundlich

programmable [pʀɔgʀamabl] *adj* ① INFORM programmierbar; **ces touches de fonction sont ~s** diese Funktionstasten sind frei belegbar
② TECH vorprogrammierbar

programmateur [pʀɔgʀamatœʀ] *m* ① *(personne)* Programmplaner *m*, Programmmacher *m (fam)*
② *(système, appareil) d'un ordinateur* Programmsteuerung *f*; *d'une cuisinière, d'un lave-vaisselle* Programmwähler *m*

programmation [pʀɔgʀamasjɔ̃] *f* ① CINE, RADIO, TV Programmplanung *f*, Programmgestaltung *f*
② TECH, INFORM Programmierung *f*; **~ linéaire/modulaire** lineare/modulare Programmierung; **changer la ~ d'un logiciel/d'une commande** eine Software/einen Befehl umprogrammieren
③ POL, ECON Planung *f*

programmatrice [pʀɔgʀamatʀis] *f* Programmplanerin *f*, Programmmacherin *f (fam)*

programme [pʀɔgʀam] *m* ① *d'un spectacle, d'une cérémonie* Programm *nt*; *(livret)* Programmheft *nt*; **~ de/du concert** Konzertprogramm; **point du ~** Programmpunkt *m*
② *(ensemble des spectacles)* Programm *nt*; *(ensemble des émissions radiophoniques)* Radioprogramm, Rundfunkprogramm; *(ensemble des émissions télévisées)* Fernsehprogramm, TV-Programm; **~ culturel** Kulturprogramm; **~ de divertissement** Unterhaltungsprogramm; **~ de la matinée** Vormittagsprogramm; **~ du soir/de la nuit** Spätprogramm; **~ du mardi/du jeudi** Dienstags-/Donnerstagsprogramm; **~ de théâtre** Theaterprogramm; **~ pour la jeunesse** *(à la radio)* Jugendfunk *m*
③ *(magazine)* Programm *nt*, Programmzeitschrift *f*; **~ de télévision** Fernsehzeitschrift
④ *a.* POL *(objectif planifié)* Programm *nt*; **~ aérospatial** [*o* **de l'aérospatiale**] Raumfahrtprogramm; **~ écologique** Umweltprogramm; **~ d'action** Aktionsprogramm; **~ d'adaptation des structures** Strukturanpassungsprogramm; **~ d'aide** Hilfsprogramm; **~ d'aide d'urgence** Soforthilfeprogramm; **~ d'armement** Rüstungsprogramm; **~ de construction de logements** Wohnungsbauprogramm; **~ d'entraînement** Trainingsprogramm; **~ de fabrication** Fertigungsprogramm; **~ du gouvernement** [*o* **gouvernemental**] Regierungsprogramm; **~ d'investissement** Investitionsprogramm; **~ de livraison** Lieferprogramm; **~ pilote** ECON Pilotprogramm; **~ de recherches** Forschungsprogramm; **~ de réforme[s]** Reformprogramm; **~ de relance de l'activité économique** Konjunktur[förderungs]programm; **~ de travail** Arbeitsprogramm
⑤ *(ensemble ordonné d'opérations automatiques) d'une machine à laver* Programm *nt*; **~ économique** [*o* **éco** *fam*] Energiesparprogramm; **~ pour textiles délicats** Schonprogramm
⑥ SCOL Lehrplan *m*, Lehrstoff *m*; **~ d'enseignement annuel** Jahrespensum *nt*
⑦ UNIV Studienplan *m*
⑧ INFORM Programm *nt*; **~ exécutable** Organisationsprogramm; **~ général** Universalprogramm; **~ informatique** Computerprogramm, EDV-Programm; **~ utilitaire** Dienstprogramm; **~ d'application/d'illustration** Anwendungs-/Illustrationsprogramm; **~ de communication** Kommunikationsprogramm; **~ de compression en ligne** Online-Komprimierungsprogramm; **~ de contrôle** Steuerprogramm; **~ de coupure** Silbentrennungsprogramm; **~ de démarrage** Startprogramm; **~ d'essai** Testprogramm; **~ de mise en page** Umbruchprogramm; **~ de présentation** Präsentationsprogramm; **~ de quadrillage** Rasterprogramm; **~ de scanner** Scanner-Programm; **~ de simulation** Simulationsprogramm; **~ terminal** Terminalprogramm; **~ de traitement d'images** Bildbearbeitungsprogramm; **~ de traitement par lots** Stapelverarbeitungsprogramm; **~ chargeur** Urladeprogramm; **~ gestionnaire de base de données** Datenbankprogramm
⑨ *(ensemble des activités prévues)* Programm *nt*; **~ varié** Kontrastprogramm
⑩ *(ensemble des livres publiés)* Programm *nt*; **~ des publications de la/d'une maison d'édition** Verlagsprogramm *nt*
▶ **vaste ~!** *hum* da hast du dir/da habt ihr euch/haben Sie sich aber viel vorgenommen!; **être au ~** auf dem Programm stehen; THEAT auf dem Spielplan stehen; CINE laufen; **être hors ~** nicht auf dem Programm stehen; SCOL nicht zum Lehrstoff gehören; **tout un ~** ein weites Feld
◆ **~ de banque de données** Datenbankkonzept *nt*; **mettre en place un ~ de banque de données** ein Datenbankkonzept erarbeiten; **~ d'élimination des déchets** Entsorgungskonzept *nt*; **~ de PAO** INFORM DTP-Programm *nt*; **~ de recherche** Forschungskonzept *nt*; **~ de téléchargement** INFORM Downloader *m*; **~ de traitement** [*o* **de thérapie**] Behandlungskonzept *nt*

programmé(e) [pʀɔgʀame] *adj* programmgesteuert

programme-marathon [pʀɔgʀammaʀatɔ̃] *m* Mammutprogramm *nt*

programmer [pʀɔgʀame] <1> *vt* ① AUDIOV, CINE ins Programm nehmen; THEAT auf den Spielplan setzen; **être programmé(e)** *émission:* auf dem Programm stehen
② *(établir à l'avance)* vorausplanen, im Voraus planen *journée, réjouissances, vacances*; **être programmé(e) à dix heures** auf zehn Uhr angesetzt sein
③ TECH *(vor)programmieren calculatrice;* **~ une machine à laver sur qc** eine Waschmaschine auf etw *(Akk)* einstellen; **être programmé(e)** [vor]programmiert [*o* voreingestellt] sein

programmeur, -euse [pʀɔgʀamœʀ, -øz] *m, f* Programmierer(in) *m(f)*, Softwareingenieur(in) *m(f)*

progrès [pʀɔgʀɛ] *m* ① Fortschritt *m*; *pl* SCOL Fortschritte *Pl*; **~ énorme** Riesenfortschritt *(fam)*; **faire des ~ en qc** Fortschritte in etw *(Dat)* machen
② *(progression) d'une inondation* Ausbreitung *f*; *d'une épidémie, d'un incendie* Umsichgreifen *nt*, Ausbreitung *f*; *d'une maladie, d'un sentiment* Fortschreiten *nt*; *d'une armée* Vorrücken *nt*
▶ **faire des ~ à l'envers** Rückschritte machen; **il y a du ~** *fam* es geht voran; **on n'arrête pas le ~** *fam* nobel geht die Welt zugrunde

progresser [pʀɔgʀese] <1> *vi* ① *écolier, malade, sciences, technique:* Fortschritte machen; *conditions de vie, culture, humanité:* sich entwickeln
② *(augmenter) difficultés:* zunehmen; *prix, salaires:* steigen
③ *(s'étendre) épidémie, inondation:* um sich greifen, sich ausbreiten; *incendie:* um sich greifen, sich ausbreiten, sich weiterfressen; *idées, théories:* sich verbreiten
④ *(avancer) explorateur, sauveteur, véhicule:* vorankommen; *armée:* vorrücken

progressif, -ive [pʀɔgʀesif, -iv] *adj amélioration, évolution, transformation* allmählich, progressiv; *développement* schrittweise; *difficulté* zunehmend; *amnésie, paralysie, automatisation, pollution* fortschreitend; **impôt ~** Progressivsteuer *f*

progression [pʀɔgʀesjɔ̃] *f* ① Fortschreiten *nt*; *des conditions de vie* Weiterentwicklung *f*; *du bien-être* Steigerung *f*

❷ *(augmentation) du chômage, de l'alcoolisme* Zunahme *f; des prix, salaires* Ansteigen *nt;* ~ **du chiffre d'affaires** Umsatzplus *nt*
❸ *(extension, développement) d'une épidémie, inondation, d'un incendie* Sichausbreiten *nt; d'une maladie* Fortschreiten *nt; d'une doctrine, idée, théorie* Verbreitung *f*
❹ *(marche en avant) d'un explorateur, sauveteur, véhicule* Vorankommen *nt; d'une armée* Vordringen *nt*
❺ MATH Reihe *f*
progressisme [pʀɔgʀesism] *m* POL Progressivismus, m
progressiste [pʀɔgʀesist] I. *adj* progressiv
II. *mf* Progressive(r) *f(m)*
progressivement [pʀɔgʀesivmɑ̃] *adv* nach und nach; *procéder* schrittweise
progressivité [pʀɔgʀesivite] *f d'un changement, d'une évolution* langsames Fortschreiten *nt;* FIN Progression *f;* ~ **de l'impôt** Steuerprogression *f*
prohibé(e) [pʀɔibe] *adj* [gesetzlich] verboten
prohiber [pʀɔibe] <1> *vt* [gesetzlich] verbieten
prohibitif, -ive [pʀɔibitif, -iv] *adj* ❶ **tarif** ~ Prohibitivtarif *m*
❷ JUR **système** ~ Prohibitivsystem *nt;* **loi prohibitive** Verbot *nt*
prohibition [pʀɔibisjɔ̃] *f de la chasse, pêche* Verbot *nt; de denrées* Einfuhrverbot; ~ **du port d'armes** Verbot Waffen zu tragen; **la** ~ HIST die Prohibition
proie [pʀwa] *f* ❶ *d'un chasseur, prédateur* [Jagd]beute *f;* **oiseau de** ~ Raubvogel *m;* **insecte de** ~ Fleisch fressendes Insekt
❷ *(victime)* Opfer *nt;* **être la** ~ **de qn/qc** einer S. *(Dat)* ausgeliefert sein; **être en** ~ **à qc** einer S. *(Dat)* ausgeliefert sein; **être en** ~ **au doute/aux remords** von Zweifel[n]/Gewissensbissen gequält werden
▶ **lâcher la** ~ **pour l'ombre** *prov* Schimären nachjagen anstatt zuzugreifen; **être en** ~ **à qc** einer S. *(Dat)* ausgeliefert sein; **être en** ~ **au doute/aux remords** von Zweifel[n]/Gewissensbissen gequält werden
projecteur [pʀɔʒektœʀ] *m* ❶ *de cinéma, diapositives* Projektor *m,* Vorführgerät *nt,* Vorführapparat *m*
❷ *d'un bateau, monument, stade* Scheinwerfer *m*
▶ braquer **les ~s sur qn/qc** jdn/etw in den Mittelpunkt stellen; **les ~s sont braqués sur qn/qc** jd/etw steht im Rampenlicht
projectile [pʀɔʒektil] *m* Wurfgeschoss *nt;* MIL Geschoss *nt*
projection [pʀɔʒeksjɔ̃] *f* ❶ CINE, OPT Projektion *f; de diapositives, d'un film* Vorführung *f*
❷ *(lancement) de lave, liquide, vapeur* [Heraus]stoßen *nt; de pierres* [Herum]schleudern *nt*
❸ MATH Projektion *f,* Abbildung *f*
❹ GEOG Projektion *f*
❺ PSYCH Projektion *f,* Übertragung *f*
projectionniste [pʀɔʒeksjɔnist] *mf* Filmvorführer(in) *m(f)*
projet [pʀɔʒe] *m* ❶ *(dessein, intention)* Plan *m;* ~ **de mariage/de vacances** Heirats-/Urlaubspläne *Pl;* ~ **d'avenir** Zukunftspläne *Pl,* Zukunftsentwurf *m;* ~ **professionnel** *(souhait)* Berufswunsch *m;* **faire des ~s** Pläne schmieden; **avoir des ~s sur qn** mit jdm etwas vorhaben
❷ *(ce que l'on se propose de faire)* Projekt *nt;* ~ **de film** Filmprojekt; ~ **de recherche subventionné de fonds d'industrie** ein mit Geldern aus der Industrie bezuschusstes Forschungsprojekt; **chef de** ~ Projektleiter(in) *m(f);* **en** ~ geplant; **élaborer/mettre en œuvre un** ~ ein Projekt ausarbeiten/durchführen; **décision relative** [*o* **se rapportant**] **à un/au** ~ projektbezogene Entscheidung; **embaucher qn en fonction du** ~ jdn projektbezogen einstellen; **subventions liées à un/au** ~ projektgebundene Subventionen
❸ *(esquisse) de construction* Entwurf *m*
❹ *(ébauche)* Entwurf *m;* ~ **brut** Rohentwurf; ~ **gouvernemental** Regierungsentwurf *m;* ~ **de contrat/de roman** Vertrags-/Romanentwurf
◆ ~ **d'assainissement** Sanierungskonzept *nt;* ~ **de budget** Haushaltsentwurf *m,* Etatentwurf; ~ **de conseil** Beschlussvorlage *f;* ~ **de coopération** Kooperationsprojekt *nt;* ~ **d'expansion** Expansionsplan *m;* ~ **d'investissement** Investitionsvorhaben *nt;* ~ **de loi** Gesetzesentwurf *m; (proposition)* Gesetzesinitiative *f;* ~ **de loi gouvernemental** [*o* **du gouvernement**] Regierungsvorlage *f,* Kabinettsvorlage *f;* ~ **de réforme[s]** Reformvorhaben *nt*
projeter [pʀɔʒ(ə)te] <3> I. *vt* ❶ *(faire un projet)* planen
❷ *(éjecter)* herausschleudern, hervorschleudern; ausstoßen *fumée;* verspritzen *liquide;* sprühen *étincelles*
❸ CINE, OPT vorführen *diapo, film;* werfen *ombre;* ~ **une lueur/un reflet** leuchten/reflektieren; ~ **une ombre sur qc** einen Schatten auf etw *(Akk)* werfen; ~ **une diapo sur qc** ein Dia auf etw *(Akk)* projizieren
❹ GEOG ~ **la surface courbe sur un plan** die gewölbte Oberfläche auf eine Karte projizieren
❺ PSYCH ~ **qc sur qn** etw in jdn hineinprojizieren; ~ **un sentiment sur qn** ein Gefühl auf jdn übertragen
II. *vpr* ❶ *(se refléter)* **se** ~ *ombre, silhouette:* sich abzeichnen
❷ PSYCH **se** ~ **sur qn** sich in jdn hineinprojizieren

projeteur, -euse [pʀɔʒ(ə)tœʀ, -øz] *m, f* Planer(in) *m(f),* Projektant(in) *m(f) (Fachspr.)*
prolapsus [pʀɔlapsys] *m* MED Vorfall *m;* ~ **de l'utérus** Uterusvorfall
prolétaire [pʀɔleteʀ] I. *adj classe, milieu* proletarisch; *manières* proletenhaft
II. *mf* Proletarier(in) *m(f)*
prolétariat [pʀɔletaʀja] *m* Proletariat *nt*
prolétarien(ne) [pʀɔletaʀjɛ̃, jɛn] *adj* proletarisch
prolétarisation [pʀɔletaʀizasjɔ̃] *f* Proletarisierung *f*
prolétariser [pʀɔletaʀize] <1> I. *vt* **le remembrement prolétarise les propriétaires ruraux** die Landbesitzer werden durch die Flurbereinigung proletarisiert
II. *vpr* **se** ~ proletarisiert werden
prolifération [pʀɔlifeʀasjɔ̃] *f* ❶ BIO, MED *d'animaux* starke Vermehrung; *de plantes* Wuchern *nt; de microbes* Vermehrung *f; de cellules* Wucherung *f,* Proliferation *f (Fachspr.)*
❷ *(fig) de doctrines, théories* Ausbreitung *f; des armes nucléaires* Verbreitung *f*
proliférer [pʀɔlifeʀe] <5> *vi humains, animaux:* sich stark vermehren; *cellules:* wuchern; *doctrines, sectes, théories:* um sich greifen; *crimes:* überhandnehmen
prolifique [pʀɔlifik] *adj animal, famille* fruchtbar; *artiste, écrivain* produktiv; **le lapin est un animal** ~ Hasen vermehren sich stark
prolixe [pʀɔliks] *adj* weitschweifig
prolixité [pʀɔliksite] *f soutenu* Weitschweifigkeit *f*
prolo [pʀɔlo] *abr de* **prolétaire** I. *adj péj fam* proletarisch; *(sans manières)* proletenhaft; **faire** ~ wie ein(e) Prolet(in) wirken
II. *mf péj fam* Prolet(in) *m(f) (pej)*
PROLOG [pʀɔlɔg] *m abr de* **Programming in Logic** PROLOG *nt*
prologue [pʀɔlɔg] *m* ❶ LITTER *d'un roman* Vorrede *f*
❷ MUS, THEAT Vorspiel *nt,* Prolog *m*
❸ *(introduction)* Vorrede *f*
❹ *fig* ~ **à un événement** Auftakt *m* zu einem Ereignis
prolongateur [pʀɔlɔ̃gatœʀ] *m* Verlängerungskabel *nt*
prolongation [pʀɔlɔ̃gasjɔ̃] *f* ❶ *(allongement)* Verlängerung *f;* FIN Prolongation *f (Fachspr.); d'un congé, délai, d'une trêve* Verlängerung; ~ **du délai de paiement** Zahlungsaufschub *m;* ~ **de la durée** *d'un crédit, d'une traite* Laufzeitverlängerung *f;* ~ **de la durée de détention** Haftfortdauer *f;* ~ **de la valeur comptable** Buchwertfortführung *f*
❷ SPORT Verlängerung *f*
▶ jouer **les ~s** SPORT in der Verlängerung spielen; *hum* kein Ende finden
prolongé(e) [pʀɔlɔ̃ʒe] *adj* ❶ *(de longue durée) arrêt, séjour* verlängert; *débat, exposition au soleil* ausgedehnt; *cri, rire* langanhaltend; *effort* anhaltend
❷ *(de longueur accrue)* verlängert; **habiter rue de la Paix ~e** in der Verlängerung der Rue de la Paix wohnen
prolongement [pʀɔlɔ̃ʒmɑ̃] *m* ❶ *(continuation)* Verlängerung *f; d'une route* Weiterführung *f*
❷ *(appendice)* Fortsatz *m,* Verlängerung *f*
❸ *gén pl (suites) d'une affaire, décision, d'un événement* Auswirkungen *Pl;* **l'affaire aura des ~s** die Affäre wird ein Nachspiel haben
prolonger [pʀɔlɔ̃ʒe] <2a> I. *vt* ❶ *(faire durer davantage)* verlängern; aushalten *note;* **ne pas voir d'intérêt à** ~ **l'activité d'un collaborateur** an der Weiterbeschäftigung eines Mitarbeiters nicht interessiert sein
❷ *(rendre plus long)* verlängern; weiterführen *rue;* **les bâtiments qui prolongent le château** die Gebäude in der Verlängerung des Schlosses
II. *vpr* **se** ~ ❶ *(durer) séjour:* sich verlängern; *effet, trêve, séance:* andauern; *débat, maladie:* sich in die Länge ziehen
❷ *(s'étendre en longueur) chemin, rue:* sich fortsetzen
pro-Maastricht [pʀomastʀik(t)] I. *adj inv* **politique** ~ Pro-Maastricht-Politik *f*
II. *mpl inv* Maastrichtbefürworter *Pl*
promenade [pʀɔm(ə)nad] *f* ❶ *(à pied)* Spaziergang *m;* **aller en** [*o* **faire une**] ~ einen Spaziergang machen, spazieren gehen; **faire faire une** ~ **à qn** jdn spazieren führen; ~ **de nuit** Nachtwanderung *f*
❷ *(en voiture, à moto)* Spazierfahrt *f;* ~ **en voiture/à** [*o* **en**] **vélo** Spazierfahrt mit dem Auto/dem Rad
❸ *(dans la cour de la prison)* Hofgang
❹ *(en bateau)* Bootsfahrt *f*
❺ *(à cheval)* Ausritt *m*
❻ *(lieu en ville où l'on se promène)* Promenade *f; (lieu dans une station thermale)* Kurpromenade; *(lieu à la campagne)* Spazierweg *m*
promener [pʀɔm(ə)ne] <4> I. *vt* ❶ *(accompagner)* ~ **qn/un animal** jdn/ein Tier spazieren führen, mit jdm/einem Tier spazieren gehen
❷ *(laisser errer)* ~ **ses doigts sur le clavier** die Finger über die

Tasten gleiten lassen; ~ **son regard sur la plaine** den Blick über die Ebene schweifen lassen
▶ ça **me/le promènera** *fam* da komme ich/kommt er ein bisschen raus *(fam)*
II. *vpr* ❶ *(faire une promenade)* |**aller**| **se ~** *animal:* herumlaufen; *personne:* (à *pied)* spazieren gehen; *(à cheval)* ausreiten; *(en bateau)* eine Bootsfahrt machen; **se ~ en voiture** [mit dem Auto] spazieren fahren; **se ~ à** [*o* **en**] **vélo** eine [kleine] Fahrradtour machen
❷ *fig* **se ~** *rivière:* sich schlängeln; *chaussettes, livres, outils:* herumfliegen *(fam)*; *imagination, regards:* schweifen
promeneur, -euse [pʀɔm(ə)nœʀ, -øz] *m, f* Spaziergänger(in) *m(f)*; **~ (-euse) du dimanche** Sonntagsausflügler(in) *m(f)*
promenoir [pʀɔm(ə)nwaʀ] *m* Wandelgang *m*
promesse [pʀɔmɛs] *f* ❶ *(engagement)* Versprechen *nt*, Versprechung *f*
❷ REL **la Promesse** die Verheißung
❸ *littér (espérance)* **la ~ de qc** die Aussicht auf etw *(Akk)*, die Verheißung einer S. *(Gen)*; **un jeune homme plein de ~s** ein viel versprechender junger Mann; **regard plein de ~s** verheißungsvoller Blick
❹ *vpr d'une récompense* Auslobung *f*
▶ **~ en l'air** [*o* **de Gascon**] [*o* **d'ivrogne**] leere Versprechungen *Pl*
◆ **~ d'achat** COM Kaufvorvertrag *m*; **~ d'action** COM Aktienbezugsschein *m*; **~ de donation** Schenkungsversprechen *nt*; **~ de garantie** Gewährleistungszusage *f*, Garantiezusage *f*; FIN Deckungszusage; **~ de garantie provisoire** vorläufige Deckungszusage; **~ d'hypothèque** formlose Hypothek; **~ d'intercession** JUR Interzessionsversprechen *nt (Fachspr.)*; **~ de libération** JUR, FIN Freigabeversprechen *nt*; **~ de mariage** Heiratsversprechen *nt*; **~ de prêt** Darlehensversprechen *nt*; **~ de qualité** JUR Eigenschaftszusicherung *f*; **~ de vente** JUR Verkaufsversprechen *nt*, Verkaufsvorvertrag *m*
prométhium [pʀɔmetjɔm] *m* Promethium *nt*
prometteur, -euse [pʀɔmɛtœʀ, -øz] *adj acteur, débuts, politicien* viel versprechend; *signes, sourire* verheißungsvoll
promettre [pʀɔmɛtʀ] <*irr*> **I.** *vt* ❶ *(s'engager à)* versprechen; zusagen *visite;* zusichern *aide;* **~ le secret à qn** jdm versprechen nichts zu verraten
❷ *(prédire)* méteo: vorhersagen; *personne, affaire, nuages:* prophezeihen
❸ *(assurer)* versichern, versprechen; **ça je te le promets!** das schwöre ich dir!
❹ *(laisser présager)* versprechen *du beau temps, un séjour agréable;* **ne rien ~ de bon** nichts Gutes versprechen [*o* verheißen] *(geh)*
▶ **c'est promis juré** *fam* das ist hoch und heilig versprochen; [**il ne**] **faut pas lui en ~** *fam* er/sie begnügt sich nicht mit Versprechungen
II. *vi* ❶ *(faire une promesse)* sein Versprechen geben
❷ *(être prometteur)* zu Hoffnungen Anlass geben
▶ **ça promet!** *hum* das fängt ja gut an!, das kann ja heiter werden!
III. *vpr* ❶ *(prendre la résolution de)* **se ~ de faire qc** sich *(Dat)* fest vornehmen etw zu tun
❷ *(attendre)* **se ~ des ennuis** mit Ärger rechnen können; **~ du plaisir d'un voyage** sich *(Dat)* von einer Reise Vergnügen versprechen
promis(e) [pʀɔmi, iz] *adj* **être ~(e) à qn/qc** für jdn/etw bestimmt sein; **être ~(e) à un grand boom** mit einem Boom rechnen
promiscuité [pʀɔmiskɥite] *f* **~ d'un taudis** Zusammengepferchtsein *nt* in einem Elendsquartier; **~ du métro** [hautnahe] Tuchfühlung in der Metro
promo [pʀɔmo] *f fam abr de* **promotion** Jahrgang einer Hochschule
promontoire [pʀɔmɔ̃twaʀ] *m* Felsvorsprung *m*
promoteur, -trice [pʀɔmɔtœʀ, -tʀis] *m, f* ❶ CONSTR ~ [**immobilier**] Bauunternehmer
❷ *littér (initiateur)* Initiator(in) *m(f)*; *d'une réforme, loi* geistiger Urheber/geistige Urheberin; *d'un complot* Anstifter(in) *m(f)*
promotion [pʀɔmosjɔ̃] *f* ❶ ADMIN *(avancement)* Beförderung *f*
❷ *(progression)* **~ sociale** sozialer Aufstieg
❸ SCOL Jahrgang einer Hochschule
❹ MIL militärischer Jahrgang
❺ COM *(diffusion) d'un produit* Absatzförderung *f*
❻ *(produit en réclame)* Sonderangebot *nt*
❼ CONSTR **~ immobilière** Baugeschäft *nt*
◆ **~ de biens immobiliers** ECON Objektförderung *f*; **~ des investissements** Investitionsförderung *f*; **~ publique des investissements** öffentliche Investitionsförderung; **~ du travail** Arbeitsförderung *f*; **~ des ventes** Verkaufsförderung *f*
promotionnel(le) [pʀɔmosjɔnɛl] *adj* ❶ *(en promotion) produit* im Sonderangebot; **vente ~le** Sonderangebot *nt*
❷ *(pour préparer la promotion) argument* verkaufsfördernd; **matériel ~** Werbematerial *nt*
promouvoir [pʀɔmuvwaʀ] <*irr*> *vt* ❶ *(élever en grade)* **~ un mécanicien** [**à la fonction de**] **contremaître** einen Mechaniker zum Werkmeister befördern
❷ *(soutenir)* fördern *politique, recherche*
❸ COM bewerben *produit*
prompt(e) [pʀɔ̃(pt), pʀɔ̃(p)t] *adj* ❶ *antéposé (rapide)* rétablissement rasch; *décision* prompt, rasch; *changement, départ* plötzlich; *réaction* gedankenschnell
❷ *postposé geste* flink; *conclusion* voreilig
❸ *soutenu (vif)* répartie schlagfertig; **avoir l'esprit ~** schnell von Begriff sein; **être ~(e)** *réaction:* nicht auf sich warten lassen; **être ~(e) à l'injure** schnell ausfallend werden
promptement [pʀɔ̃ptəmɑ̃] *adv soutenu* auf schnellstem Wege; **agir ~** gedankenschnell handeln
prompteur [pʀɔ̃ptœʀ] *m* Teleprompter *m*
promptitude [pʀɔ̃(p)tityd] *f soutenu* ❶ *(rapidité)* Schnelligkeit *f;* *d'un geste* Flinkheit *f;* *d'un changement, départ* Plötzlichkeit *f;* **la ~ des secours** der prompte Einsatz der Rettungsmannschaft
❷ *(vivacité) d'une réaction* Schnelligkeit *f; d'une personne* Behendigkeit *f*, Flinkheit *f; d'un esprit* Beweglichkeit *f;* **la ~ de ses réparties** seine/ihre Schlagfertigkeit; **à faire qc** schnelle Bereitschaft etw zu tun; **avec ~** in [*o* mit] Gedankenschnelle
promu(e) [pʀɔmy] ADMIN **I.** *part passé de* **promouvoir**
II. *adj* befördert
III. *m(f)* Beförderte(r) *f(m)*
promulgation [pʀɔmylɡasjɔ̃] *f* Verkündung *f*, öffentliche Bekanntmachung
promulguer [pʀɔmylɡe] <1> *vt* verkünden, öffentlich bekannt machen *loi, décret, édit*
prôner [pʀone] <1> *vt* anpreisen *idée, méthode;* empfehlen *produit, remède*
pronom [pʀɔnɔ̃] *m* GRAM Pronomen *nt*
pronominal [pʀɔnɔminal, o] <-aux> *m* GRAM reflexives Verb
pronominal(e) [pʀɔnɔminal, o] <-aux> *adj* GRAM pronominal; *verbe* reflexiv
pronominalement [pʀɔnɔminalmɑ̃] *adv* GRAM pronominal
prononçable [pʀɔnɔ̃sabl] *adj* aussprechbar, auszusprechen
prononcé [pʀɔnɔ̃se] *m* JUR *d'un arrêt, d'une sentence* Verkündung *f;* **~ du jugement** Urteilsverkündung
prononcé(e) [pʀɔnɔ̃se] *adj trait* stark ausgeprägt; *accent* stark [ausgeprägt]; *goût pour qc* ausgesprochen, entschieden; *parfum* stark, aufdringlich *(pej)*
prononcer [pʀɔnɔ̃se] <2> **I.** *vt* ❶ *(articuler)* aussprechen; **ne** [**pas**] **pouvoir ~ un mot** kein Wort hervorbringen können
❷ *(dire, exprimer)* äußern *parole;* aussprechen, äußern *souhait;* halten *discours,* plaidoyer
❸ JUR, POL fällen *sentence, verdict;* verkünden *dissolution;* verfügen *huis clos, clôture des débats;* **~ la faillite à qn** jdm den Konkurs erklären; **~ la faillite de qn** über jdn den Konkurs verhängen
❹ REL verhängen *excommunication;* ablegen *vœux*
II. *vi* JUR *cour, tribunal:* entscheiden
III. *vpr* ❶ *(être articulé)* **se ~** *lettre, mot, nom:* ausgesprochen werden; **comme ça se prononce** wie man es spricht
❷ *(prendre position)* **se ~ pour/contre qn/qc** sich für/gegen jdn/etw aussprechen
❸ *(formuler son point de vue, diagnostic)* **se ~ sur qc** sich über etw *(Akk)* äußern, zu etw Stellung nehmen
prononciation [pʀɔnɔ̃sjasjɔ̃] *f* ❶ LING Aussprache *f*
❷ JUR Verkündung *f*
pronostic [pʀɔnɔstik] *m* Prognose *f;* **~ financier** Finanzprognose; **~ de vente** Verkaufsprognose
pronostiquer [pʀɔnɔstike] <1> *vt* voraussagen, vorhersagen
pronostiqueur, -euse [pʀɔnɔstikœʀ, -øz] *m, f* Prognostiker(in) *m(f);* **être un bon ~** treffende Prognosen stellen
propagande [pʀɔpaɡɑ̃d] *f* Propaganda *f;* **~ de l'ennemi/de guerre** Feind-/Kriegspropaganda; **discours/film de ~** Propagandarede *f/*-film *m*
▶ **faire de la ~ à/pour qn/qc** für jdn/etw Reklame machen; POL für jdn/etw Propaganda machen
propagandiste [pʀɔpaɡɑ̃dist] **I.** *adj* propagandistisch
II. *mf* Propagandist(in) *m(f)*
propagateur, -trice [pʀɔpaɡatœʀ, -tʀis] *m, f* Verbreiter(in) *m(f)*
propagation [pʀɔpaɡasjɔ̃] *f* ❶ *(extension)* Ausbreitung *f; d'une épidémie* Verbreitung *f,* Ausbreitung; *d'un incendie* Ausdehnung *f,* Ausbreitung; PHYS *de la lumière, des ondes, du son* Fortpflanzung *f*
❷ *(diffusion) d'une idée, nouvelle* Verbreitung *f*
❸ *(reproduction) d'une espèce* Vermehrung *f*
propager [pʀɔpaʒe] <2a> **I.** *vt* ❶ *(étendre)* verbreiten *épidémie, incendie*
❷ *(diffuser)* verbreiten, propagieren *(geh)* idée, nouvelle
❸ *(reproduire)* vermehren *espèce*
II. *vpr* **se ~** ❶ *(s'étendre)* épidémie, guerre, incendie: sich ausbrei-

proposer	
proposer	**vorschlagen**
Et si nous allions au cinéma, aujourd'hui?	Wie wär's, wenn wir heute mal ins Kino gehen würden?
Une tasse de thé, ça te/vous dirait?	Wie wär's mit einer Tasse Tee?
Si nous faisions une petite pause maintenant? **Qu'en penses-tu**?	**Was hältst du davon, wenn** wir mal eine Pause machen würden?
Est-ce que tu as envie de faire une promenade?	Hättest du Lust, spazieren zu gehen?
Je propose de reporter la réunion.	Ich schlage vor, wir vertagen die Sitzung.
demander un souhait, proposer quelque chose	**nach Wünschen fragen, etwas anbieten**
Puis-je vous aider?/Vous désirez?	Kann ich Ihnen helfen?/Was darf's sein?
Vous désirez quelque chose?	Haben Sie irgendeinen Wunsch?
Qu'est-ce que tu veux?	Was hättest du denn gern?
Qu'est-ce que tu aimerais/veux manger/boire?	Was möchtest/magst du essen/trinken?
Puis-je vous offrir un verre de vin?	Darf ich Ihnen ein Glas Wein anbieten?
Vous pouvez volontiers utiliser mon téléphone.	Sie können gern mein Telefon benutzen.
accepter une offre	**Angebote annehmen**
Oui, s'il vous/te plaît./Oui, volontiers.	Ja, bitte./Ja, gern.
Merci, c'est gentil de ta part.	Danke, das ist nett/lieb von dir.
Oui, ce serait gentil.	Ja, das wäre nett.
Oh, c'est vraiment gentil!	Oh, das ist aber nett!
refuser une offre	**Angebote ablehnen**
Non, merci!	Nein, danke!
Mais ce n'est vraiment pas nécessaire!	Aber das ist doch nicht nötig!
Je ne peux vraiment pas accepter!	Das kann ich doch nicht annehmen!

ten; PHYS *lumière, ondes, son:* sich fortpflanzen ❷ *(se répandre) idée, nouvelle:* sich verbreiten ❸ *(se multiplier) espèce:* sich vermehren
propane [pʀɔpan] *m* Propan[gas *nt*] *nt*
propédeutique [pʀɔpedøtik] *f* von 1948 bis 1966 Bezeichnung für das erste Studienjahr an der Universität
propène [pʀɔpɛn] *m* Propen *nt*
propension [pʀɔpɑ̃sjɔ̃] *f* Hang *m*, Neigung *f*; ~ **à l'achat en hausse/en baisse** steigende/nachlassende Kauflust; ~ **à consommer** Konsumbereitschaft *f*, Konsumneigung; ~ **à investir** Investitionsneigung; **avoir une** ~ **à la paresse** einen Hang zur Faulheit haben
propergol [pʀɔpɛʀgɔl] *m* CHIM Propergol *nt*
prophète, **prophétesse** [pʀɔfɛt, pʀɔfetɛs] *m, f* Prophet(in) *m(f)*; **le Prophète** der Prophet *(Mohammed)*
▸ **nul n'est ~ en son pays** *prov* der Prophet gilt nichts in seinem [Vater]land
◆ ~ **de malheur** Schwarzseher(in) *m(f)*
prophétie [pʀɔfesi] *f* ❶ *(prédiction)* Prophezeiung *f*, Weissagung *f* ❷ REL Prophezeiung
prophétique [pʀɔfetik] *adj* prophetisch
prophétiquement [pʀɔfetikmɑ̃] *adv* prophetisch
prophétiser [pʀɔfetize] <1> I. *vt* prophezeien II. *vi* Prophezeiungen machen
prophylactique [pʀɔfilaktik] *adj* vorbeugend
prophylaxie [pʀɔfilaksi] *f* MED, PHARM Vorbeugung *f*, Prophylaxe *f (Fachspr.)*; ~ **antibiotique** Antibiotikaprophylaxe; ~ **des caries dentaires** Kariesprophylaxe
propice [pʀɔpis] *adj* günstig; **terrain** ~ günstiger [*o* guter] Nährboden; **un milieu** ~ **à la violence/drogue** ein Milieu, das die Gewalt/den Drogenkonsum begünstigt; **si les dieux nous sont** ~ **s** so die Götter wollen
proportion [pʀɔpɔʀsjɔ̃] *f* ❶ Proportion *f*, [Größen]verhältnis *nt*; **à** ~ **de qc** im Verhältnis von etw; **en** ~ **de qc** im Verhältnis zu etw, einer S. *(Dat)* entsprechend; **il est grand, et gros en** ~ er ist groß und entsprechend dick; **hors de** ~ **avec qc** unverhältnismäßig lang/groß/schwer im Vergleich zu etw; **être hors de** ~ **avec qc** in keinem Verhältnis zu etw stehen; **il n'y a aucune** ~ **entre la faute**

et la peine die Strafe steht in keinem Verhältnis zu dem Vergehen ❷ *pl (taille, volume) d'une personne, d'un texte, édifice* Proportionen *Pl; d'une recette* Mengenangaben *Pl; (importance)* Ausmaße *Pl;* **prendre des ~s telles que** solche Ausmaße annehmen, dass; **dans des ~s inattendues** in unerwartetem Ausmaß ❸ MATH *(relation)* Verhältnisgleichung *f*
▸ **toutes ~s gardées** relativ gesehen
proportionnalité [pʀɔpɔʀsjɔnalite] *f a.* JUR Verhältnismäßigkeit *f*, Angemessenheit *f; d'un impôt* Proportionalität *f;* ~ **des dépenses/indemnités** Angemessenheit der Aufwendungen/Abfindungen; ~ **des moyens** Verhältnismäßigkeit der Mittel
proportionné(e) [pʀɔpɔʀsjɔne] *adj* proportioniert; **être ~(e) à qc** im Verhältnis zu etw stehen
proportionnel(le) [pʀɔpɔʀsjɔnɛl] *adj* proportional; **impôt** ~ Proportionalsteuer *f;* **scrutin** ~ Verhältniswahl *f;* **moyenne ~le** geometrisches Mittel; **être ~(le) à qc** proportional zu etw sein, im Verhältnis zu etw stehen
proportionnelle [pʀɔpɔʀsjɔnɛl] *f* POL **la** ~ das Verhältniswahlrecht
proportionnellement [pʀɔpɔʀsjɔnɛlmɑ̃] *adv* verhältnismäßig; ~ **à qc** im Verhältnis zu etw, einer S. *(Dat)* entsprechend
proportionner [pʀɔpɔʀsjɔne] <1> *vt* dimensionieren; ~ **les dépenses aux** [*o* **et les**] **ressources** die Ausgaben den Einnahmen anpassen
propos [pʀɔpo] *m* ❶ *gén pl (paroles)* Worte *Pl*, Äußerungen *Pl;* **tenir des ~ inacceptables** intolerable Äußerungen von sich geben
❷ *littér (intention)* Absicht *f;* **de** ~ **délibéré** absichtlich
▸ **bien**/**mal à** ~ zur rechten Zeit/zur Unzeit; **à tout** ~ bei jeder Gelegenheit; **à** ~ **de tout et de rien** beim geringsten Anlass, wegen allem und jedem; **juger à** ~ **de faire qc** es für angezeigt [*o* ratsam] halten, etw zu tun; **à** ~ dazu, zu diesem Thema; **hors de** ~ [völlig] unangebracht; **à quel** ~ ? weswegen?; **c'est à quel** ~ ? worum geht es?; **à** ~ übrigens; **à** ~ **de qc** etw betreffend, bezüglich einer S. *(Gen);* **à** ~ **de vacances, ...** a propos Ferien, ..., wo wir gerade von Ferien reden, ...
proposer [pʀɔpoze] <1> I. *vt* ❶ *(soumettre)* vorschlagen; unterbreiten *plan, projet;* beantragen *décret, loi;* stellen *devoir, question,*

sujet; **~ une nouvelle loi** *gouvernement:* eine Gesetzesvorlage einbringen
❷ *(offrir)* anbieten *marchandise, paix, récompense, activité;* bieten *prix, spectacle*
❸ *(présenter)* **~ qn pour un poste/comme collaborateur** jdn für einen Posten/als Mitarbeiter vorschlagen
II. *vpr* ❶ *(avoir pour objectif)* **se ~ un but** sich *(Dat)* ein Ziel setzen; **se ~ de faire qc** die Absicht haben etw zu tun
❷ *(offrir ses services)* **se ~ à qn comme chauffeur** sich jdm als Chauffeur anbieten
proposition [pʀɔpozisjɔ̃] *f* ❶ *(offre)* Vorschlag *m; autre* ~ Alternativvorschlag; **~ d'emploi/de paix** Beschäftigungs-/Friedensangebot *nt;* **~ de mariage** Heiratsantrag *m;* **~ de règlement** Lösungsvorschlag; **sur [la] ~ de qn** auf jds Vorschlag *(Akk)* hin
❷ *pl (avances)* Annäherungsversuche *Pl;* **faire des ~s à qn** bei jdm Annäherungsversuche machen
❸ MATH Lehrsatz *m*
❹ GRAM Satz *m*
◆ **~ de loi** Gesetzentwurf *m,* Gesetzesvorlage *f*
propre¹ [pʀɔpʀ] I. *adj* ❶ *(opp: sale)* sauber
❷ *(soigné) travail, intérieur, personne, tenue* sauber
❸ *(opp: incontinent) enfant:* sauber; *animal:* stubenrein, sauber
❹ *(honnête) affaire, argent* sauber; *passé* untadelig, sauber; *personne* anständig; *mœurs* einwandfrei; *conscience* rein
❺ *(non polluant)* sauber, umweltfreundlich
▶ **me/le voilà ~!** *fam* jetzt sitze ich/sitzt er im Schlamassel! *(fam)*
II. *m* ▶ **c'est du ~!** *fam* sauber! *(iron fam);* **mettre qc au ~** etw ins Reine schreiben
propre² [pʀɔpʀ] I. *adj* ❶ *antéposé (à soi)* eigen
❷ *postposé (exact) mot, terme* passend, treffend; *sens* eigentlich; **le sens ~ d'un mot** der wörtliche Sinn eines Wortes
❸ *(particulier) biens, capitaux* eigen; **être ~ à qn/qc** jdm/einer S. eigen sein; **~ à un/au groupe** gruppenspezifisch; **~ au système** INFORM systemspezifisch
❹ *(propice)* **être ~ à un travail/usage** für eine Arbeit/Nutzung geeignet sein
II. *m* ❶ *(particularité)* spezifisches Merkmal, charakteristisches Kennzeichen; *de l'homme* Wesensmerkmal *nt*
❷ GRAM **au ~ et au figuré** in wörtlicher und übertragener Bedeutung
❸ *(propriété)* **en ~** als Eigentum
propre-à-rien [pʀɔpʀaʀjɛ̃] <propres-à-rien> *mf* Nichtsnutz *m*
proprement [pʀɔpʀəmɑ̃] *adv* ❶ sauber, ordentlich; *manger* anständig
❷ *(avec honnêteté)* anständig
❸ *(spécifiquement)* typisch, unverkennbar; *(au sens propre)* im eigentlichen Sinn
❹ *antéposé (littéralement)* buchstäblich
▶ **~ dit** eigentlich; **à ~ parler** genau genommen
propret(te) [pʀɔpʀɛ, ɛt] *adj maison, chambre* schmuck; *personne* adrett
propreté [pʀɔpʀəte] *f* ❶ *(opp: saleté)* Sauberkeit *f;* **être d'une ~ impeccable** *(sans traces)* streifenfrei sauber sein
❷ *(caractère non polluant)* Umweltfreundlichkeit *f*
propriétaire [pʀɔpʀijetɛʀ] *mf* ❶ *(possesseur)* Eigentümer(in) *m(f),* Besitzer(in) *m(f); d'un animal, d'une voiture* Halter(in) *m(f);* **~ de/du bistro[t]** Kneipenbesitzer(in); **~ de/du magasin** Ladeninhaber(in) *m(f);* **~ d'un animal/d'animaux de compagnie** Kleintierhalter(in); **~ immobilier** Haus- und Grundbesitzer(in); **~ foncier(-ière)** Grundstücksbesitzer(in); **~ voisin(e)** Grundstücksnachbar(in) *m(f);* **~ du/de bateau** Schiffseigentümer(in); **~ d'une/de l'usine** Fabrikbesitzer(in), Fabriksbesitzer(in) (A)
❷ *(opp: locataire)* Hauswirt(in) *m(f); (bailleur)* Vermieter(in) *m(f)*
❸ JUR Eigentümer(in) *m(f),* Eigenbesitzer(in) *m(f);* **exclusif(-ive)** Alleineigentümer(in); **~ indivis(e)** Bruchteilseigentümer(in); **~ solidaire** Gesamteigentümer(in); **~ subséquent(e)** Besitznachfolger(in) *m(f);* **~ d'indivision** Gesamthandseigentümer(in); **~ de deuxième main** Zweitbesitzer(in) *m(f)*
propriété [pʀɔpʀijete] *f* ❶ *(domaine, immeuble)* [privates] Anwesen, Heimwesen *nt* (CH); **~ bâtie** bebautes Grundstück; **~ foncière** Grundbesitz *m,* Grundstückseigentum *nt;* **~ foncière communale** Gemeindeland *nt;* **~ rurale/urbaine** landwirtschaftlicher/städtischer Grundbesitz
❷ *(chose possédée)* Eigentum *nt,* Besitz *m;* **~ apparente** Anscheinseigentum *(Fachspr.);* **~ collective** Gesamteigentum, Kollektiveigentum; **~ commerciale** kommerzielles Eigentum; **~ exclusive** Sondereigentum; **~ incorporelle** Immaterialeigentum *(Fachspr.);* **~ indivise/intégrale** Bruchteils-/Volleigentum *(Fachspr.);* **~ intellectuelle** geistiges Eigentum; **~ mobilière** bewegliches Eigentum; **~ totale** Gesamteigentum; **~ en main commune** Gesamthandseigentum *(Fachspr.)*
❸ *(droit)* Eigentum *nt;* **~ artistique/littéraire** Urheberrecht *nt;* **~ de l'objet trouvé** Fundeigentum

❹ *(qualité propre)* Eigenschaft *f;* **~s d'utilisation** Gebrauchseigenschaften
❺ *(exactitude) d'un mot, terme* Angemessenheit *f,* Richtigkeit *f*
proprio [pʀɔpʀijo] *mf fam abr de* **propriétaire** Vermieter(in) *m(f)*
propulser [pʀɔpylse] <1> I. *vt* ❶ *(projeter)* wegschleudern; antreiben *engin, missile;* **un véhicule propulsé à l'hydrogène** ein Fahrzeug mit Wasserstoffantrieb
❷ *fig fam* **~ qn à un poste** jdm einen [höheren] Posten verschaffen
II. *vpr fam (jouer des coudes)* **se ~ jusque dans les premiers rangs** sich bis zu den ersten Reihen vordrängeln
propulseur [pʀɔpylsœʀ] *m* Antriebssystem *nt,* Triebwerk *nt;* **~ à hélice/à réaction** Propeller-/Düsenantrieb *m;* **~ de lancement** Starttriebwerk *nt*
propulsif, -ive [pʀɔpylsif, -iv] *adj* antreibend; **force propulsive** Triebkraft *f;* **hélice propulsive** Druckschraube *f;* **roue propulsive** Treibrad *m*
propulsion [pʀɔpylsjɔ̃] *f* Antrieb *m;* **~ à l'hydrogène** Wasserstoffantrieb; **à ~ atomique** [*o* **nucléaire**] mit Atomantrieb, atomgetrieben
propylée [pʀɔpile] *m* ❶ ARCHIT Eingang *m,* Zugang
❷ *pl* Propyläen *Pl;* **les Propylées de l'Acropole d'Athènes** die Propyläen der Akropolis von Athen
propylène [pʀɔpilɛn] *m* Propylen *nt*
prorata [pʀɔʀata] ▶ **au ~ de qc** entsprechend einer S. *(Dat)*
prorogatif, -ive [pʀɔʀɔgatif, -iv] *adj* ❶ *(qui prolonge)* aufschiebend
❷ *(qui reporte)* vertagend
prorogation [pʀɔʀɔgasjɔ̃] *f* ❶ *(prolongation)* Aufschub *m;* **~ d'un crédit** Kreditverlängerung *f*
❷ *(report)* Vertagung *f*
❸ JUR Aufschubfrist *f,* Prorogation *f (Fachspr.)*
proroger [pʀɔʀɔʒe] <2a> *vt* ❶ *(prolonger)* verlängern
❷ *(reporter)* vertagen; aufschieben *délai*
prosaïque [pʀozaik] *adj* prosaisch *(geh)*
prosaïquement [pʀozaikmɑ̃] *adv* prosaisch *(geh);* **vivre ~** ein banales Leben führen
prosaïsme [pʀozaism] *m soutenu* Banalität *f*
prosateur [pʀozatœʀ] *m* Prosaschriftsteller(in) *m(f),* Prosaautor(in) *m(f)*
proscription [pʀɔskʀipsjɔ̃] *f* ❶ *soutenu (interdiction)* Verbot *nt*
❷ POL Achtung *f*
❸ HIST Proskription *f*
proscrire [pʀɔskʀiʀ] <*irr*> *vt* ❶ *(interdire)* untersagen *activité, drogue;* verbannen *mot;* ächten *idéologie*
❷ HIST, POL *(bannir)* ächten; **~ qn d'un pays** jdn aus einem Land verbannen
proscrit(e) [pʀɔskʀi, it] I. *adj (banni)* verbannt; *(isolé)* geächtet
II. *m(f)* ❶ Verbannte(r) *f(m);* HIST Geächtete(r) *f(m)*
prose [pʀoz] *f* ❶ LITTER Prosa *f;* **art de la ~** Erzählkunst *f;* **l'œuvre en ~ de Sartre** das erzählerische Werk Sartres
❷ *péj* Geschreibsel *nt (pej fam);* **~ administrative** Beamtenstil *m*
prosélyte [pʀozelit] *mf* ❶ *(adepte)* neuer Anhänger/neue Anhängerin
❷ HIST, REL Neubekehrte(r) *f(m)*
prosélytisme [pʀozelitism] *m* Bekehrungseifer *m*
prosodie [pʀozɔdi] *f* Prosodie *f*
prospect [pʀɔspɛ(kt)] *m* COM potenzieller Kunde *m*
prospecter [pʀɔspɛkte] <1> I. *vt* ❶ *(explorer)* durchforschen; *(en quête des richesses naturelles)* nach Bodenschätzen absuchen
❷ COM **~ le marché** *(tester)* den Markt abtasten; *(faire des tournées promotionnelles)* den Markt [zu Werbezwecken] bereisen
❸ *(rechercher)* werben *membres*
II. *vi* Umschau halten
prospecteur, -trice [pʀɔspɛktœʀ, -tʀis] *m, f* COM Kundenwerber(in) *m(f)*
prospectif, -ive [pʀɔspɛktif, -iv] *adj* ❶ *(prévisionnel)* vorausschauend; **une étude prospective du marché** eine Trendanalyse
❷ *(orienté vers l'avenir)* zukunftsorientiert
prospection [pʀɔspɛksjɔ̃] *f* ❶ COM **~ [de clientèle]** Kundenwerbung *f,* Kundenakquisition *f;* **faire de la ~** Kundenwerbung betreiben
❷ MIN Erkundung *f* von Rohstofflagerstätten
◆ **~ du marché** Markterkundung *f*
prospective [pʀɔspɛktiv] *f (futurologie)* Zukunftsforschung *f*
prospectiviste [pʀɔspɛktivist] I. *adj* futurologisch
II. *mf* Futurologe *m*/Futurologin *f*
prospectus [pʀɔspɛktys] *m* Prospekt *m; (dépliant publicitaire)* Reklameprospekt, Werbeprospekt; **~ de maison d'édition** Verlagsprospekt
prospère [pʀɔspɛʀ] *adj affaires, commerce, entreprise* gut gehend, florierend; *mine, personne, santé* blühend; **période ~** Zeit *f* des Wohlstands
prospérer [pʀɔspeʀe] <5> *vi* ❶ *(réussir) affaires, commerce, entre-*

prise: gut gehen, florieren
② *(croître, bien se porter)* gedeihen
prospérité [pʀɔspeʀite] *f* ❶ *(richesse)* Wohlstand *m*
② *soutenu (santé)* Wohlergehen *nt*
prostaglandine [pʀɔstaglɑ̃din] *f* BIO, CHIM Prostaglandin *nt*
prostate [pʀɔstat] *f* ANAT Prostata *f*; **cancer de la ~** Prostatakrebs *m*
prosternation [pʀɔstɛʀnasjɔ̃] *f*, **prosternement** [pʀɔstɛʀnəmɑ̃] *m* ❶ Kniefall *m*
② *fig* Unterwürfigkeit *f*
prosterner [pʀɔstɛʀne] <1> I. *vt littér* tief neigen *tête;* **être prosterné(e)** *personne:* knien
II. *vpr* **se ~ devant qn/qc** ❶ *(s'incliner profondément)* vor jdm/etw niederknien [*o* einen Kniefall machen]
② *(s'humilier)* sich jdm/einer S. unterwerfen
prostitué(e) [pʀɔstitye] *m(f)* Prostituierte(r) *f(m)*
prostituer [pʀɔstitye] <1> I. *vt* ❶ **~ une femme à qn** die Liebesdienste einer Frau an jdn verkaufen
② *soutenu (déshonorer)* verkaufen, prostituieren *(geh) art, talent*
II. *vpr* ❶ **se ~** sich prostituieren
② *(se déshonorer)* **se ~ à qc** sich an etw *(Akk)* verkaufen
prostitution [pʀɔstitysjɔ̃] *f* ❶ *(métier)* Prostitution *f*; **~ enfantine** Kinderprostitution
② *fig soutenu d'un art, talent, d'une justice* Sichverkaufen *nt,* [Sich]prostituieren *nt (geh)*
prostration [pʀɔstʀasjɔ̃] *f* [tiefe] Niedergeschlagenheit
prostré(e) [pʀɔstʀe] *adj* [völlig] niedergeschlagen
protactinium [pʀɔtaktinjɔm] *m* Protactinium *nt*
protagoniste [pʀɔtagɔnist] *mf* ❶ THEAT Protagonist(in) *m(f)*
② *(acteur principal)* Hauptdarsteller(in) *m(f)*
protecteur, -trice [pʀɔtɛktœʀ, -tʀis] I. *adj* ❶ *(défenseur) attitude, geste, personne* [be]schützend; **un ministre ~ des arts** ein Minister, der die Kunst fördert
② ECON, POL **mesure protectrice** Schutzmaßnahme *f*
③ *(condescendant) air, ton* gönnerhaft
II. *m, f* ❶ *(défenseur)* Beschützer(in) *m(f);* **~ (-trice) de la nature** Naturschützer(in)
② *(mécène)* Gönner(in) *m(f); des arts* Förderer *m*/Förderin *f*
protection [pʀɔtɛksjɔ̃] *f* ❶ a. JUR *(défense)* Schutz *m;* **~ contre qc** Schutz gegen etw [*o* vor etw *(Dat)*]; **~ contre les crues** Hochwasserschutz; **~ contre le dumping** Dumpingabwehr *f*; **~ contre l'expropriation** Enteignungsschutz; **~ contre l'incendie/le bruit** Brand-/Lärmschutz; **~ côtière** Küstenschutz; **~ individuelle** Individualschutz; **~ judiciaire** Gerichtsschutz; **~ judiciaire réelle** effektiver Gerichtsschutz; **~ juridique** Rechtsschutz; **~ juridique étendue** [*o* **large**] umfassender Rechtsschutz; **~ rapprochée** verschärfte Schutzmaßnahmen *Pl;* **~ territoriale** Gebietsschutz; **~ d'un brevet présenté lors d'une foire commerciale** Ausstellungspriorität *f (Fachspr.);* **~ de la liberté des particuliers** Freiheitsschutz *f;* **~ du littoral/des animaux/sites** Küsten-/Tier-/Landschaftsschutz; **~ du nom commercial** Firmenschutz; **~ des personnes de bonne foi** Vertrauensschutz; **absence de ~** Schutzlosigkeit *f*; **sous la ~ de qn** unter jds Schutz *(Dat)*
② *(appui)* Unterstützung *f,* Förderung *f,* **avoir de hautes ~s** von/an höchster Stelle protegiert werden; **par ~** durch Protektion
③ *(élément protecteur)* Schutz *m,* Schutzvorrichtung *f;* **~ contre la pluie** Regenschutz; **~ anti-éclatement** Berstschutz
④ COSMET **~ anti-solaire** Sonnenblocker *m*
⑤ INFORM Schutz *m;* **~ mémoire** Speicherschutz; **~ contre la copie** Kopierschutz; **~ en écriture** Schreibschutz; **activer la ~ en écriture d'un fichier** an einer Datei einen Schreibschutz anbringen; **~ de/du paragraphe** Absatzschutz
▶ **~ sociale** soziales Netz; **mesures de ~** Schutzmaßnahmen *Pl;* **sourire de ~** gönnerhaftes Lächeln
◆ **~ de la bonne foi** JUR Gutglaubensschutz *m;* **~ de la clientèle** Kundenschutz *m;* **~ du climat** Klimaschutz *m;* **~ de la concurrence** Konkurrentenschutz *m;* **~ des consommateurs** Verbraucherschutz *m;* **~ des créanciers** Gläubigerschutz *m;* **~ de la dénomination** Bezeichnungsschutz *m;* **~ des dessins et modèles** JUR [Geschmacks]musterschutz *m;* **~ des détenteurs de parts** JUR Anteilseignerschutz *m;* **~ des droits acquis** FIN Bestandsschutz *m;* **~ des droits d'auteur** JUR Urheberrechtsschutz *m,* Urheberschutz *m;* **~ des droits industriels et commerciaux** gewerblicher Rechtsschutz; **~ du droit de priorité** JUR Prioritätsschutz *m;* **~ de l'emploi** Arbeitsplatzschutz *m;* **~ de l'enfance** Kinderschutz *m,* Jugendschutz; **législation sur la ~ de l'enfance** Jugendschutzgesetz *nt;* **~ de l'entreprise** Firmenschutz *m;* **~ de l'environnement** [*o* **de la nature**] Umweltschutz *m,* Naturschutz; **~ des gonades** MED Gonadenschutz *m;* **~ des institutions publiques** Institutionsschutz *m;* **~ de l'investisseur** Anlegerschutz *m;* **~ des intérêts** Interessenschutz *m;* **~ des libertés** Grundrechtsschutz *m;* **~ du marché** Marktabschottung *f;* **~ des marques** Markenschutz *m;* **~ des mineurs** Kinderschutz *m,* Jugendschutz *m;* **~ des modèles déposés** JUR Gebrauchsmusterschutz *m;* **~ des paysages** Landschaftsschutz *m;* **~ de la personnalité** Persönlichkeitsschutz *m;* **~ de la possession** Besitzschutz *m;* **~ de la présentation d'une marque** JUR Ausstattungsschutz *m;* **~ des prestations** JUR Leistungsschutz *m;* **~ de propriété** Eigentumsschutz *m;* **~ de la propriété industrielle** Warenzeichenschutz *m;* **~ du salarié** Arbeitnehmerschutz *m;* **~ des titres** Titelschutz *m;* **~ de l'usage du nom** Namensschutz *m*
protectionnisme [pʀɔtɛksjɔnism] *m* Protektionismus *m*
protectionniste [pʀɔtɛksjɔnist] I. *adj* protektionistisch
II. *mf* Protektionist(in) *m(f)*
protectorat [pʀɔtɛktɔʀa] *m* Protektorat *nt*
protégé(e) [pʀɔteʒe] I. *adj site, territoire* geschützt; *passage* vorfahrtsberechtigt; **~ à titre de monument historique** denkmalgeschützt; **~ par [un] brevet** patentgeschützt, patentrechtlich geschützt, durch Patent geschützt; **~ par le droit de l'édition** verlagsrechtlich geschützt; **~ par la loi** gesetzlich geschützt; **autoradio ~ contre le vol** diebstahlsicheres Autoradio; **document ~ en écriture** INFORM schreibgeschütztes Dokument
II. *m(f)* ❶ *(personne qu'on prend sous sa protection)* Schutzbefohlene(r) *f(m)*
② *(favori)* Günstling *m (pej)*
protège-cahier [pʀɔtɛʒkaje] <protège-cahiers> *m* [Schutz]umschlag *m* **protège-dents** [pʀɔtɛʒdɑ̃] *m inv* Mundschutz *m* **protège-matelas** [pʀɔtɛʒmat(ə)la] *m inv* Matratzenschoner *m,* Schonauflage *f*
protéger [pʀɔteʒe] <2a, 5> I. *vt* ❶ *(défendre)* schützen; **~ un enfant contre qn** ein Kind vor jdm beschützen; **~ qn/qc d'un danger** jdn/etw vor einer Gefahr schützen; **~ qn/qc contre le froid/soleil** jdn/etw gegen Kälte/vor Sonne schützen; **~ qc contre l'humidité** etw vor Feuchtigkeit schützen; **~ un fichier en écriture** INFORM eine Datei schreibschützen
② *(patronner)* fördern *arts, carrière, sport*
II. *vpr (se défendre)* **se ~ contre qn/qc** sich vor jdm/etw schützen
protège-slip [pʀɔtɛʒslip] <protège-slips> *m* Slipeinlage *f* **protège-tibia** [pʀɔtɛʒtibja] <protège-tibias> *m* Schienbeinschützer *m*
protéiforme [pʀɔteifɔʀm] *adj* vielgestaltig
protéine [pʀɔtein] *f* Eiweiß *nt,* Protein *nt;* **~ de lait** Milcheiweiß; **teneur en ~s** Eiweißgehalt *m*
protéique [pʀɔteik] *adj* BIO, CHIM Eiweiß-; **substances ~s** Eiweißstoffe *Pl*
protestant(e) [pʀɔtɛstɑ̃, ɑ̃t] I. *adj* protestantisch; *(en Allemagne)* evangelisch, protestantisch; **ville très ~e** erzprotestantische Stadt
II. *m(f)* Protestant(in) *m(f); (en Allemagne)* Evangelische(r) *f(m),* Protestant(in)
protestantisme [pʀɔtɛstɑ̃tism] *m* Protestantismus *m*
protestataire [pʀɔtɛstatɛʀ] I. *adj étudiants* protestierend; **marche ~** Protestmarsch *m*
II. *mf* Protestierende(r) *f(m)*
protestation [pʀɔtɛstasjɔ̃] *f* ❶ *(plainte)* Protest[kundgebung *f*] *m,* Protestaktion *f;* **~ écrite, lettre de ~** Protestschreiben *nt*
② *soutenu (assurance)* Beteuerung *f;* **~ de sympathie** Sympathiebekundung *f;* **~ d'amour** Liebesbeteuerung
protester [pʀɔtɛste] <1> *vi* ❶ *a.* FIN *(s'opposer à)* protestieren; **~ contre qc** gegen etw Einspruch erheben
② *soutenu (affirmer avec force)* **~ de son innocence** seine Unschuld beteuern
protêt [pʀɔtɛ] *m* FIN **~ [de traite]** Wechselprotest *m;* **~ en temps voulu/tardif** rechtzeitiger/verspäteter Protest; **~ faute de paiement** Protest mangels Zahlung; **dresser un ~ de traite** Wechselprotest einlegen
prothèse [pʀɔtɛz] *f* ❶ *(organe artificiel)* Prothese *f;* **~ articulaire** Gelenkprothese; **~ de [la] hanche** Hüftprothese; **il/elle a une ~ de [*o* à] la hanche** er/sie hat ein künstliches Hüftgelenk; **~ dentaire** Zahnprothese; **~ partielle** Teilprothese; **~ oculaire** Glasauge *nt*
② *(technique)* Prothetik *f*
prothésiste [pʀɔtezist] *mf* Orthopädiemechaniker(in) *m(f);* **~ dentaire** Zahntechniker(in) *m(f)*
protide [pʀɔtid] *m* Proteid *nt*
protocolaire [pʀɔtɔkɔlɛʀ] *adj cérémonie, invitation, visite* protokollarisch [festgelegt], dem Protokoll entsprechend; *difficultés, question* protokollarisch; **être/ne pas être ~** dem Protokoll folgen/gegen das Protokoll verstoßen
protocole [pʀɔtɔkɔl] *m* ❶ a. JUR Protokoll *nt;* **~ interprétatif** Auslegungsprotokoll *nt;* **déroulement contraire au ~** protokollwidriger Verlauf; **agir contrairement au ~** sich protokollwidrig verhalten
② INFORM Bericht *m,* Protokoll *nt*
◆ **~ d'accord** Vertragsprotokoll *nt*
protohistoire [pʀɔtɔistwaʀ] *f* Urgeschichte *f*
protohistorique [pʀɔtɔistɔʀik] *adj recherches, découverte* urge-

schichtlich
protolangage [pʀɔtɔlɑ̃gaʒ] *m* LING Ursprache *f*
proton [pʀɔtɔ̃] *m* PHYS, CHIM Proton *nt*
protonotaire [pʀɔtɔnɔtɛʀ] *m* CAN *(fonctionnaire)* mit der Registrierung von Urkunden beauftragter Beamter
protoplasme [pʀɔtɔplasm] *m* Protoplasma *nt*
prototype [pʀɔtɔtip] *m* ❶ Prototyp *m*
❷ ECON Prototyp *m*, Erstausfertigung *f*
protoxyde [pʀɔtɔksid] *m* CHIM Monoxid *nt*; ~ **d'azote** Lachgas *nt*
protozoaire [pʀɔtɔzɔɛʀ] *m* BIO Einzeller *m*, Protozoon *nt (Fachspr.)*
protubérance [pʀɔtybeʀɑ̃s] *f* ❶ *(saillie)* Höcker *m*
❷ ANAT Vorwölbung *f*
❸ ASTRON Protuberanz *f*
protubérant(e) [pʀɔtybeʀɑ̃, ɑ̃t] *adj menton, nez* vorspringend; *ventre* vorgewölbt; *yeux* hervortretend
prou *v.* **peu**
proue [pʀu] *f* Bug *m*
prouesse [pʀuɛs] *f* ❶ *(exploit)* Meisterleistung *f*
❷ *littér (acte de courage)* Heldentat *f*
▶ **faire des ~s** wahre Wunder vollbringen; *iron* eine [wahre] Heldentat vollbringen
prout [pʀut] *m fam* Pup[s] *m (fam)*; **faire [un] ~** pupsen *(fam)*
prouvé(e) [pʀuve] *adj* JUR ~**(e) incontestablement** unwiderlegbar bewiesen
prouver [pʀuve] <1> I. *vt* ❶ *(démontrer)* beweisen; **il est prouvé que c'est vrai** es ist erwiesen, dass es stimmt; **il n'est pas prouvé que ce soit vrai** es gibt keinen Beweis dafür, dass es stimmt; **être [o rester] à ~** noch zu beweisen sein [*o* bleiben]; **ne plus être à ~** keines Beweises mehr bedürfen
❷ *(montrer)* beweisen *amour;* erweisen *reconnaissance, réponse, conduite;* beweisen; **~ à qn que c'est exact** jdm beweisen, dass es richtig ist
II. *vpr* **se ~** ❶ *(se convaincre)* sich *(Dat)* beweisen
❷ *(être démontrable) chose:* sich beweisen lassen
provenance [pʀɔv(ə)nɑ̃s] *f (origine)* Herkunft *f;* **~ des fonds** FIN Mittelherkunft; **être de ~ étrangère/anglaise** ausländischer/englischer Herkunft sein
▶ **être en ~ de ...** aus [*o* von] ... kommen; **le train/les voyageurs en ~ de Lyon** der Zug/die Reisenden aus Lyon; **de même ~** der gleichen Herkunft; **de toute ~** von überall her
provençal [pʀɔvɑ̃sal] *m* **le ~** Provenzalisch *nt*, das Provenzalische; *v. a.* **allemand**
provençal(e) [pʀɔvɑ̃sal, o] <-aux> *adj* provenzalisch
Provençal(e) [pʀɔvɑ̃sal, o] <-aux> *m(f)* Provenzale *m*/Provenzalin *f*
provençale [pʀɔvɑ̃sal] *f* GASTR **à la ~e** auf provenzalische Art
Provence [pʀɔvɑ̃s] *f* **la ~** die Provence
provenir [pʀɔv(ə)niʀ] <9> *vi* ❶ *(venir de)* **~ de qc** *marchandise, colis:* von [*o* aus] etw kommen; *mot, préfixe:* aus etw stammen [*o* kommen]; **~ de qn/qc** *fortune:* von jdm/etw kommen
❷ *(être la conséquence de)* **~ de qc** von etw kommen; *idée, sentiment:* von etw kommen [*o* herrühren]
proverbe [pʀɔvɛʀb] *m* Sprichwort *nt;* **comme dit le ~** wie es im Sprichwort [so schön] heißt
▶ **faire mentir le ~** das Sprichwort Lügen strafen
proverbial(e) [pʀɔvɛʀbjal, jo] <-aux> *adj* sprichwörtlich
proverbialement [pʀɔvɛʀbjalmɑ̃] *adv* sprichwörtlich
providence [pʀɔvidɑ̃s] *f* ❶ *(chance)* glückliche Fügung
❷ REL Vorsehung *f*
❸ *soutenu (personne secourable)* rettender Engel
providentiel(le) [pʀɔvidɑ̃sjɛl] *adj* ❶ *personne* vom Schicksal gesandt; *rencontre, voyage* schicksalhaft; *pluie* segensreich; *nouvelle* glücklich
❷ REL göttlich gefügt
providentiellement [pʀɔvidɑ̃sjɛlmɑ̃] *adv* durch eine glückliche Fügung
province [pʀɔvɛ̃s] *f* ❶ Provinz *f;* **~ ecclésiastique** Kirchenprovinz
❷ BELG *(unité territoriale)* Provinz *f*
▶ **la Belle Province** Bezeichnung für die Provinz Quebec; **faire très ~** *fam* sehr provinziell wirken
provincial(e) [pʀɔvɛ̃sjal, jo] <-aux> I. *adj* ❶ *(opp: parisien) air, manières* provinziell; *rythme* der Provinz *(Gen);* **vie** in der Provinz
❷ CAN *mesures, décision* auf der Provinzebene; **gouvernement ~** Provinzregierung *f*
II. *m(f)* Provinzbewohner(in) *m(f)*
provincialisme [pʀɔvɛ̃sjalism] *m* ❶ LING Provinzialismus *m*
❷ *péj* Provinzialität *f*
proviseur [pʀɔvizœʀ] I. *m* Schulleiter(in) *m(f) (in Gymnasien);* BELG *(adjoint du directeur de lycée)* stellvertretender Schulleiter *m*
II. *f* Schulleiterin *f (in Gymnasien)*
provision [pʀɔvizjɔ̃] *f* ❶ *pl (vivres)* [Essens]vorräte *Pl*, [Lebensmittel]vorräte *Pl; (pour une excursion)* Proviant *m; (pour la route)* Wegzehrung *f (geh);* **~s de route** Reiseverpflegung *f*, Reiseproviant
❷ *(réserve)* Vorrat *m;* **~ d'eau/de nourriture/papier** Wasser-/Lebensmittel-/Papiervorrat, Vorrat an Wasser/Lebensmitteln/Papier; **faire ~ de qc** sich *(Dat)* einen Vorrat an etw *(Dat)* anlegen
❸ FIN, JUR *(acompte)* Vorschuss *m; (somme déposée)* Deckungssumme *f;* **sans ~** ungedeckt; **~ supplémentaire** zusätzliche Deckung; **~s dans l'activité crédit** Rückstellungen *Pl* im Kreditgeschäft; **~ pour fond de retraite** Pensionsrückstellung *f;* **~s pour pensions et obligations similaires** Rückstellungen für Pensionen und ähnliche Verpflichtungen; **~s pour pertes de change** Wertberichtigung *f* zum Devisenbestand; **les ~s d'une entreprise** die Rückstellungen eines Unternehmens; **visé pour ~** ≈ Deckung [ist] vorhanden
▶ **aller aux ~s** einkaufen gehen; **faire ses ~s** seine [Lebensmittel]einkäufe machen
◆ **~ pour dépréciation** Wertberichtigung *f;* **~s pour dépréciation sur créances douteuses** Wertberichtigung zu dubiosen Forderungen; **~s pour impôts** Steuerrückstellungen *Pl*
provisionnel(le) [pʀɔvizjɔnɛl] *adj* **acompte** [*o* **tiers**] **~** Steuervorauszahlung *f*
provisionner [pʀɔvizjɔne] <1> *vt* auffüllen *compte;* **être provisionné(e)** *compte:* aufgefüllt sein; *chèque:* gedeckt sein
provisoire [pʀɔvizwaʀ] I. *adj* ❶ *(opp: définitif)* provisorisch; *solution* vorläufig, provisorisch, Interims-, Zwischen-, vorübergehend; *mesure, état, situation* vorläufig, provisorisch, vorübergehend; *installation* behelfsmäßig, provisorisch; *convention* vorläufig, provisorisch, Interims-; *bonheur, liaison* vorübergehend; *certificat* Interims-, Zwischen-; **logement ~** Behelfsunterkunft *f*
❷ JUR *arrêt, jugement, sentence* einstweilig
❸ *(intérimaire) gouvernement* provisorisch
II. *m* Provisorische(s) *nt*, Provisorium *nt*, Übergangslösung *f*
▶ **il n'y a que le ~ qui dure** *prov* Provisorien halten meist am längsten
provisoirement [pʀɔvizwaʀmɑ̃] *adv* vorübergehend, behelfsweise; **asseyez-vous là ~** setzt euch vorerst mal hierher; **construire qc ~** etw als Übergangslösung bauen
provitamine [pʀɔvitamin] *f* CHIM Provitamin *nt*
provoc *abr de* **provocation**
provocant(e) [pʀɔvɔkɑ̃, ɑ̃t] *adj* ❶ *(agressif)* provozierend
❷ *(aguichant) regard, sourire, fille* verführerisch, provozierend; *pose* aufreizend, provozierend
provocateur, -trice [pʀɔvɔkatœʀ, -tʀis] I. *adj* provokatorisch; **agent ~** Provokateur(in) *m(f)*
II. *m, f* Provokateur(in) *m(f)*, Aufwiegler(in) *m(f)*
provocation [pʀɔvɔkasjɔ̃] *f* ❶ *(défi)* Provokation *f*, Herausforderung *f;* **faire de la ~** provozieren
❷ *(incitation)* **~ au combat/à se battre** Herausforderung *f* zum Kampf/sich zu schlagen; **~ au meurtre/à désobéir** Anstiftung *f* zum Mord/zum Ungehorsam
◆ **~ de l'accouchement** MED Geburtseinleitung *f*
provoquer [pʀɔvɔke] <1> I. *vt* ❶ *(causer)* verursachen; bewirken *changement;* erregen *colère, gaieté;* herbeiführen *délit, mort, accident;* auslösen, herbeiführen *explosion, révolte, désordre*
❷ *(inciter à)* **~ qn au vol/à la révolte** jdn zum Diebstahl anstiften/zur Revolte aufhetzen (*o* anstacheln); **~ qn à boire** jdn zum Trinken verleiten
❸ *(énerver)* provozieren, reizen; *(défier)* herausfordern
❹ *(aguicher)* provozieren, aufreizen
II. *vpr* **se ~** sich [gegenseitig] provozieren
proxénète [pʀɔksenɛt] *mf* Zuhälter(in) *m(f)*
proxénétisme [pʀɔksenetism] *m* Zuhälterei *f;* **milieu du ~** [*o* **des proxénètes**] Zuhälterszene *f*
proximité [pʀɔksimite] *f* Nähe *f;* **à ~ de la gare** in der Nähe des Bahnhofs
▶ **les magasins de ~** die [kleinen] Geschäfte gleich um die Ecke; **politique/discours de ~** bürgernahe Politik/Sprache
pruche [pʀyʃ] *f* BOT CAN *(conifère apparenté au sapin)* Kanadische Hemlocktanne *m*
prude [pʀyd] I. *adj* prüde
II. *f* prüde Frau
prudemment [pʀydamɑ̃] *adv* ❶ *(avec précaution)* vorsichtig
❷ *(par précaution)* vorsichtshalber, vorsichtigerweise
prudence [pʀydɑ̃s] *f* Vorsicht *f;* **avoir la ~ de faire qc** so vorsichtig sein und etw tun; **avec ~** vorsichtig, mit Umsicht; **par [mesure de] ~** vorsichtshalber
▶ **~ est mère de sûreté** *prov* Vorsicht ist besser als Nachsicht
prudent(e) [pʀydɑ̃, ɑ̃t] I. *adj* vorsichtig; *personne* bedachtsam, vorsichtig; *pas* bedächtig; *silence* klug; **juger plus ~ de faire qc** es für ratsamer [*o* klüger] halten etw zu tun; **il est ~ de faire qc** es ist ratsam [*o* klug] etw zu tun
II. *m(f)* vorsichtiger Mensch
pruderie [pʀydʀi] *f* Prüderie *f*

prud'homal(e) [pʀydɔmal, o] <-aux> *adj compétence* den Arbeitsschiedsausschuss betreffend; **les conseillers prud'homaux** die Mitglieder des paritätischen Arbeitsschiedsausschusses

prud'homme [pʀydɔm] *m* Mitglied *nt* des paritätischen Arbeitsschiedsausschusses

prune [pʀyn] **I.** *f* ❶ *(fruit)* Pflaume *f*; **confiture de ~s** Pflaumenmarmelade *f*
❷ *(eau-de-vie)* Pflaumenschnaps *m*
▶ **pour des ~s** *fam* für nichts [und wieder nichts]
II. *adj inv* dunkelviolett

pruneau [pʀyno] <x> *m* ❶ GASTR Backpflaume *f*
❷ *fam (balle)* Kugel *f*
❸ CH *(quetsche)* Pflaume *f*, Zwetschge *f* (SDEUTSCH)

prunelle [pʀynɛl] *f* ❶ BOT Schlehe *f*
❷ *(liqueur)* Schlehenlikör *m*
❸ *(eau-de-vie)* Schlehenschnaps *m*
❹ ANAT Pupille *f*
▶ **tenir à qc comme à la ~ de ses yeux** etw wie seinen Augapfel hüten

prunellier [pʀynelje] *m* Schlehdorn *m*, Schwarzdorn
prunier [pʀynje] *m* Pflaumenbaum *m*; ~ **épineux** Schwarzdorn *m*
▶ **secouer qn comme un ~** *fam* jdn heftig schütteln

prunus [pʀynys] *m* japanische Zierkirsche

prurigineux, -euse [pʀyʀiʒinø, -øz] *adj boutons, dermatose* juckend; **effet ~** Juckreiz *m*

prurigo [pʀyʀigo] *m* Hautausschlag *m*
prurit [pʀyʀit] *m* Hautjucken *nt*, Juckreiz *m*
Prusse [pʀys] *f* **la ~** Preußen *nt*; **la ~ Orientale** Ostpreußen; **habitant(e) de la ~ Orientale** Ostpreuße *m*/-preußin *f*
Prusse-Occidentale [pʀysɔksidɑtal] *f* **la ~** Westpreußen *nt*; **ville de la ~** westpreußische Stadt

prussien(ne) [pʀysjɛ̃, jɛn] *adj* preußisch
Prussien(ne) [pʀysjɛ̃, jɛn] *m(f)* Preuße *m*/Preußin *f*
prussienne [pʀysjɛn] *f* ▶ **à la ~** preußisch
prussique [pʀysik] *adj* **acide ~** Blausäure *f*
P. S. [peɛs] *m abr de* **Parti socialiste** Sozialistische Partei Frankreichs

P.-S. [peɛs] *m abr de* **post-scriptum** PS *nt*
psalmodie [psalmɔdi] *f* ❶ REL Psalmodie *f*
❷ *littér (déclamation monotone)* Herunterleiern *nt (fam)*
psalmodier [psalmɔdje] <1a> **I.** *vt* ❶ *(chanter)* im Sprechgesang singen
❷ *(débiter)* herunterleiern *(fam)*
II. *vi* REL psalmodieren

psaume [psom] *m* Psalm *m*
psautier [psotje] *m* REL Psalter *m*, Psalmenbuch *nt*
pseudo [psødo] *m fam abr de* **pseudonyme** INFORM Nick *m (fam)*, Benutzername *m*

pseudonyme [psødɔnim] *m* Pseudonym *nt*; **publier qc sous un ~** etw pseudonym veröffentlichen *(geh)*; **œuvre écrite sous un ~** pseudonymes Werk *(geh)*

pseudopolitique [psødɔpɔlitik] *f* Alibipolitik *f*
pseudoscience [psødɔsjɑ̃s] *f péj* Pseudowissenschaft *f (pej)*
pseudoscientifique [psødɔsjɑ̃tifik] *péj adj* pseudowissenschaftlich *(pej)*; **argumenter de manière ~** pseudowissenschaftlich argumentieren *(pej)*

PSG [peɛsʒe] *m* SPORT *abr de* **Paris Saint-Germain** PSG *m*
psi [psi] *m* Psi *nt*
ps[it]t [psit] *interj fam* pst
psittacose [psitakoz] *f* MED Papageienkrankheit *f*, Psittakose *f (Fachspr.)*
psoriasis [psɔʀjazis] *m* Schuppenflechte *f*
PSU [psy] *m abr de* **parti socialiste unifié** sozialistische Einheitspartei *f*

psy [psi] *mf fam abr de* **psychanalyste, psychiatre, psychologue** Bezeichnung für Berufe, die sich mit Psychologie beschäftigen

psychanalyse [psikanaliz] *f* Psychoanalyse *f*
psychanalyser [psikanalize] <1> *vt* [psycho]analysieren; **se faire ~** sich [psycho]analysieren [*o* psychoanalytisch behandeln] lassen

psychanalyste [psikanalist] *mf* Psychoanalytiker(in) *m(f)*
psychanalytique [psikanalitik] *adj* psychoanalytisch
psyché [psiʃe] *f* ❶ *(miroir)* großer Ankleidespiegel
❷ PHILOS Seelenleben *nt*, Psyche *f*
psychédélique [psikedelik] *adj* bewusstseinsverändernd
psychiatre [psikjatʀ] *mf* Psychiater(in) *m(f)*
psychiatrie [psikjatʀi] *f* Psychiatrie *f*
psychiatrique [psikjatʀik] *adj hôpital* psychiatrisch; *troubles* psychisch; **asile ~** *vieilli* Nervenheilanstalt *f (veraltet)*
psychique [psiʃik] *adj* psychisch, seelisch
psychisme [psiʃism] *m* Psyche *f*, seelische Struktur
psychodrame [psikodʀam] *m* Psychodrama *nt*
psycholinguistique [psikolɛ̃gɥistik] **I.** *adj* psycholinguistisch
II. *f* Psycholinguistik *f*

psychologie [psikolɔʒi] *f* ❶ *(science)* Psychologie *f*; **~ humaine** Humanpsychologie; **~ génétique** PSYCH Entwicklungspsychologie; **~ en matière de publicité** Werbepsychologie; **~ de vente** Verkaufspsychologie
❷ *(ensemble d'idées, d'états d'esprit) d'une personne* seelische Struktur
❸ *(intuition)* psychologisches Gespür

psychologique [psikolɔʒik] *adj* ❶ psychologisch; *problème, état* psychisch
❷ *(opportun) instant, moment* psychologisch günstig
❸ *(qui agit sur le psychisme) action, guerre* psychologisch; **thriller ~** Psychothriller *m*

psychologiquement [psikolɔʒikmɑ̃] *adv* psychologisch [gesehen]

psychologue [psikolɔg] **I.** *adj* psychologisch begabt
II. *mf* Psychologe *m*/Psychologin *f*; **~ scolaire** Schulpsychologe/-psychologin; **~ spécialiste en publicité** Werbepsychologe/-psychologin; **~ pour enfants** Kinderpsychologe/-psychologin

psychomoteur, -trice [psikomɔtœʀ, -tʀis] *adj* psychomotorisch
psychopathe [psikopat] *mf* Psychopath(in) *m(f)*
psychopathie [psikopati] *f* Psychopathie *f*
psychophonie [psikofɔni] *f* Gesangstherapie *f*
psychose [psikoz] *f* ❶ MED Psychose *f*
❷ *(obsession collective)* Massenpsychose *f*
psychosensoriel(le) [psikosɑ̃sɔʀjɛl] *adj* **troubles ~s** Wahrnehmungsstörungen *Pl*

psychosocial(e) [psikosɔsjal, jo] <-aux> *adj prise en charge, consultation, troubles* psychosozial; *métier, centre* sozialpsychologisch

psychosociologie [psikosɔsjɔlɔʒi] *f* Sozialpsychologie *f*
psychosomatique [psikosɔmatik] MED **I.** *adj* psychosomatisch
II. *f* Psychosomatik *f*

psychotechnicien(ne) [psikotɛknisjɛ̃, jɛn] *m(f)* Betriebspsychologe *m*/-psychologin *f*

psychotechnique [psikotɛknik] **I.** *adj* **méthode ~** Testmethode *f*; **test ~** Eignungstest *m*
II. *f* Betriebspsychologie *f*, Arbeitspsychologie *f*

psychothérapeute [psikoteʀapøt] *mf* Psychotherapeut(in) *m(f)*
psychothérapie [psikoteʀapi] *f* Psychotherapie *f*
psychothérapique [psikoteʀapik] *adj* psychotherapeutisch
psychotique [psikotik] **I.** *adj* geisteskrank, gemütskrank
II. *mf* Geisteskranke(r) *f(m)*, Psychotiker(in) *m(f) (Fachspr.)*
psychotrope [psikotʀɔp] MED, PSYCH **I.** *adj* psychotrop
II. *m* Psychopharmakon *nt*

PTAC [petease] *m abr de* **poids autorisé en charge** zulässiges Gesamtgewicht *nt*
ptérodactyle [pteʀodaktil] ZOOL *m* Pterodaktylus *m*
ptomaïne [ptɔmain] *f* BIO, CHIM Leichengift *nt*
ptosis [ptozis] *m* MED Hängelid *nt*
P.T.T. [petete] *mpl abr de* **Postes, Télégraphes, Téléphones** Post- und Fernmeldewesen *nt*

puant(e) [pɥɑ̃, ɑ̃t] *adj* ❶ *lieu* stinkend
❷ *fam (odieux)* überheblich
puanteur [pɥɑ̃tœʀ] *f* Gestank *m*
pub¹ [pœb] *m (bar)* Pub *m o nt*
pub² [pyb] *f fam abr de* **publicité** ❶ *(action de rendre public)* Werbung *f*; **faire de la ~** Werbung machen, die Reklametrommel rühren [*o* schlagen]
❷ *(spot)* Werbespot *m*

pubère [pybɛʀ] *adj* **être ~** pubertieren; **âge ~** Pubertät *f*, Entwicklungsalter *nt*
pubertaire [pybɛʀtɛʀ] *adj* pubertär
puberté [pybɛʀte] *f* Pubertät *f*
pubien(ne) [pybjɛ̃, jɛn] *adj* **os ~** Schambein *nt*
pubis [pybis] *m* Schamgegend *f*
publiable [pyblijabl] *adj* ❶ *(qui peut être publié)* **œuvre ~** Werk, das veröffentlicht werden kann; *(autorisé)* Werk, das veröffentlicht werden darf; **cette œuvre est difficilement ~** es ist schwierig dieses Werk zu veröffentlichen
❷ *(qui mérite d'être publié)* veröffentlichenswert

public [pyblik] *m* ❶ Publikum *nt*; *(spectateurs)* Zuschauer *Pl*; *(lecteurs)* Leser[schaft] *f*; *(auditeurs)* Zuhörer[schaft] *f*; **~ de concert/de théâtre** Konzert-/Theaterpublikum; **~ du grand écran** Kinopublikum; **~ de la Bourse** Börsenpublikum; **un ~ nombreux** ein großes Publikum, zahlreiche Zuschauer/Leser/Zuhörer *Pl*; **avoir son ~** sein festes Publikum haben; **être bon ~** ein dankbarer Zuhörer/Zuschauer/Leser sein; **le grand ~** das breite Publikum; **un film grand ~** ein Film für das breite Publikum
❷ *(tous)* Öffentlichkeit *f*, Allgemeinheit *f*; **être ouvert(e) au ~** *musée, banque, poste:* geöffnet sein; *commissariat de police:* für den Publikumsverkehr geöffnet sein; **en ~** *(en présence de personnes)* in der Öffentlichkeit; *(devant un auditoire)* öffentlich; *(devant tout*

le monde, in [o vor] aller Öffentlichkeit
public, publique [pyblik] *adj* ❶ öffentlich; **sur la voie publique** in der Öffentlichkeit; **rendre une affaire publique** eine Sache öffentlich machen; **rendre un jugement** ~ ein Urteil [öffentlich] bekannt geben; **rendre ~s des comptes/chiffres** Konten/Zahlen offenbaren; **la rumeur publique veut que ce soit vrai** es geht [allgemein] das Gerücht, dass es wahr ist; **cette nouvelle est publique** diese Neuigkeit ist allgemein bekannt

❷ *(de l'État)* staatlich; *école* staatlich, öffentlich; *finances* öffentlich; **chaîne publique** öffentlich-rechtlicher Sender; **le secteur ~** der öffentliche Bereich; **les services ~s** der öffentliche Dienst

publication [pyblikasjɔ̃] *f* ❶ *(écrit publié)* Publikation *f,* Veröffentlichung *f;* ~ **mensuelle/hebdomadaire** Monats-/Wochenschrift *f;* ~ **de seconde zone** Schundheft *nt (pej)*

❷ *(action de publier) d'un écrit, d'une œuvre* Publikation *f,* Publizieren *nt,* Veröffentlichung *f;* JUR, ECON *de chiffres, documents, d'une loi* Veröffentlichung, Offenlegung *f;* ~ **électronique** elektronisches Publizieren; ~ **préliminaire** Vorveröffentlichung; ~ **des bans du mariage** das Bestellen des Aufgebots; **mode de ~** Erscheinungsweise *f*

❸ JUR, ECON *(fait d'être public)* Publizität *f (Fachspr.);* ~ **du registre des ententes** Publizität des Kartellregisters

publiciste [pyblisist] *mf* Werbefachmann *m/*-frau *f*
publicitaire [pyblisitɛʀ] I. *adj* Werbe-; **annonce ~** *(dans la presse)* Anzeige *f;* *(à la radio, télé)* Werbespot *m;* **pancarte ~** Werbeplakat *nt;* **langage ~** Sprache *f* der Werbung, Werbesprache; **produit/budget ~** Werbeartikel *m/*-etat *m;* **vente ~** Werbeaktion *f;* **contrat ~** Werbevertrag *m;* **signer un contrat ~ avec une entreprise** mit einer Firma einen Werbevertrag abschließen; **à des fins ~s** zu Reklamezwecken, für Reklamezwecke

II. *mf* Werbefachmann *m/*-frau *f;* *(conseiller)* Werbeberater(in) *m(f);* *(spécialiste du domaine commercial)* Werbekaufmann *m/*-frau *f*

publicité [pyblisite] *f* ❶ *(ensemble des activités et messages, métier)* Werbung *f* kein Pl; **une page de ~** *(dans la presse)* eine Seite Werbung [o Reklame]; *(à la radio, télé)* ein Werbeblock *m;* **notre journal sera suivi d'une page de ~** im Anschluss an die Nachrichten senden wir [etwas] Werbung; ~ **comparative/directe/indirecte** vergleichende/direkte/indirekte Werbung; ~ **déguisée** Schleichwerbung; ~ **extérieure** Außenwerbung; ~ **fallacieuse** Andeutungswerbung; ~ **radiophonique/à la télévision/dans la presse écrite** Radio-/Fernseh-/Printwerbung; ~ **par téléphone** Telefonwerbung; ~ **diffusée dans les salles de cinéma** Kinoreklame, Kinowerbung; **faire de la ~ pour qn/qc** Reklame für jdn/etw machen; **cette ~ est bonne pour l'image de marque** das ist eine gute Imagewerbung

❷ *(annonce publicitaire)* Anzeige *f;* *(message publicitaire à la radio, télé)* Werbespot *m*

❸ *sans pl (action de rendre public)* Werbung *f,* Publicity *f;* **faire de la ~** Werbung machen, die Reklametrommel rühren (o schlagen); **faire trop de ~ autour de qc** zu viel Aufheben[s] um etw machen; **donner trop de ~ à qc** einer S. (Dat) zu viel Publizität geh [o Publicity] verschaffen; **à des fins de ~** zu Reklamezwecken

❹ *sans pl* JUR Öffentlichkeit *f,* Publizität *f (Fachspr.)*

♦ ~ **sur Internet** Internetwerbung *f;* ~ **sur montgolfières** Ballonwerbung *f;* ~ **sur vitrines** Schaufensterwerbung *f*

publier [pyblije] <1a> *vt* ❶ *(faire paraître) auteur:* veröffentlichen; *éditeur:* herausgeben

❷ *a.* ECON, JUR *(rendre public)* veröffentlichen; bekannt geben *nouvelle;* herausgeben *communiqué;* veröffentlichen *décret;* offenbaren *chiffres, comptes;* [faire] ~ **les bans du mariage** das Aufgebot bestellen; ~ [au Bulletin d'Annonces Légales Obligatoires] **une activité industrielle/commerciale/artisanale** ein Gewerbe anmelden

publiphone® [pyblifɔn] *m* [öffentliches] Kartentelefon *nt*
publipostage [pyblipɔstaʒ] *m (avec adresse individuelle)* Direktwerbung *f,* Briefwerbeaktion *f;* *(sans adresse individuelle)* Postwurfsendung *f*
publiquement [pyblikmɑ̃] *adv* öffentlich
publireportage [pybliʀ(ə)pɔʀtaʒ] *m* PRESSE PR-Meldung *f*
puce [pys] I. *adj inv* rotbraun [o rot-braun]

II. *f* ❶ ZOOL Floh *m;* **jeu de ~s** Flohspiel *nt,* Flohhüpfen *nt;* **le marché aux ~s** der Flohmarkt

❷ INFORM Chip *m;* ~ **de grande capacité** Hochleistungschip; ~ **de la mémoire RAM** RAM-Chip; ~ **de silicium** Silizium-Chip; ~ **s graphiques** Grafikchips; ~ **mémoire** Speicherchip; ~ **musique** Musikchip

❸ *(terme d'affection)* **viens, ma ~!** komm her, mein Schatz/mein Kleiner/meine Kleine!

▸ **mettre la ~ à l'oreille de qn** *(éveiller l'attention)* jdn hellhörig machen; *(éveiller la méfiance)* jdn misstrauisch machen, jds Misstrauen *nt* erregen; **secouer les ~s à qn** *fam (réprimander)* jdm den Kopf waschen *(fam); (dégourdir)* jdm Dampf machen *(fam),* jdn auf Trab bringen *(fam),* jdn rannehmen *(fam);* **se faire secouer les ~s** *fam* ganz schön rangenommen werden *(fam);* **se secouer les ~s** *(se dépêcher)* sich ranhalten *(fam); (se lever)* aus den Federn kriechen *(fam)*

♦ ~ **de chien** Hundefloh *m;* ~ **d'eau** Wasserfloh *m;* ~ **de mer,** ~ **de sable** Sandfloh *m*

puceau, pucelle [pyso, pysɛl] <x> *fam* I. *adj* jungfräulich, unberührt

II. *m, f* in der Liebe noch völlig unerfahrener Junge/unerfahrenes Mädchen; **la Pucelle d'Orléans** die Jungfrau von Orleans

pucelage [pys(ə)laʒ] *m fam* Unschuld *f,* Jungfräulichkeit *f (geh);* **perdre son ~** seine Unschuld verlieren
puceron [pys(ə)ʀɔ̃] *m* Blattlaus *f*
pudding [pudiŋ] *m* Plumpudding *m*
pudeur [pydœʀ] *f* ❶ *(décence)* Scham[haftigkeit] *f;* **manque de ~** Schamlosigkeit *f;* **n'avoir aucune ~** kein Schamgefühl haben; **sans ~** schamlos

❷ *(délicatesse)* Feingefühl *nt,* Takt *m;* **ayez la ~ de vous taire!** seien Sie doch so taktvoll und schweigen Sie!

pudibond(e) [pydibɔ̃, ɔ̃d] *adj personne* prüde
pudibonderie [pydibɔ̃dʀi] *f* Prüderie *f*
pudique [pydik] *adj* ❶ *(chaste) comportement, personne* schamhaft; *geste* züchtig

❷ *(plein de réserve) personne* zurückhaltend

❸ *(modéré) terme, expression* behutsam; *allusion* dezent, diskret

pudiquement [pydikmɑ̃] *adv* ❶ *(par euphémisme)* verhüllend

❷ *(chastement)* schamhaft

puer [pɥe] <1> I. *vi péj* stinken; **il pue des pieds** *fam* seine Füße stinken

II. *vt* ❶ *péj (empester)* ~ **l'alcool** nach Alkohol stinken; ~ **le renfermé** muffig riechen

❷ *péj fam (porter l'empreinte de)* ~ **le fric** nach Geld stinken *(fam);* **il pue le flic à cent mètres** man riecht drei Meilen gegen den Wind, dass er bei der Polente ist *(fam)*

puéricultrice [pɥeʀikyltʀis] *f* ❶ *(s'occupant des nouveau-nés)* Säuglingsschwester *f*

❷ *(s'occupant des tout-petits)* Kinderkrankenschwester *f,* Kinderpflegerin *f*

puériculture [pɥeʀikyltyʀ] *f* ❶ *(s'appliquant aux nouveau-nés)* Säuglingspflege *f*

❷ *(s'appliquant aux tout-petits)* [Klein]kinderpflege *f*

puéril(e) [pɥeʀil] *adj* kindisch, albern
puérilité [pɥeʀilite] *f* ❶ *sans pl (caractère puéril)* kindische Art

❷ *(chose peu digne d'un adulte)* Albernheit *f;* **vraiment c'est d'une ~!** das ist doch wirklich kindisch!

puerpéral(e) [pyɛʀpeʀal, o] <-aux> *adj* MED Wochenbett-, Kindbett-, puerperal *(Fachspr.);* **fièvre ~e** Kindbettfieber *nt*
pugilat [pyʒila] *m* Schlägerei *f*
pugnace [pygnas] *adj littér* kampflustig
pugnacité [pygnasite] *f* Kampflust *f,* Streitsucht *f*
puis [pɥi] *adv* dann; **et ~ après** [o **quoi**]? *fam* na und?; **et ~ quoi encore!?** *fam* ja, was denn noch [alles]!? *(fam);* **et ~** *(en outre)* und dann [noch]; *(en fin de compte)* und überhaupt
puisard [pɥizaʀ] *m* ❶ *(puits)* Sickerschacht *m,* Gully *m*

❷ NAUT Lenzbrunnen *m*

puisatier [pɥizatje] *m* Brunnenbauer *m*
puiser [pɥize] <1> I. *vt* ❶ ~ **de l'eau dans qc** Wasser aus etw schöpfen

❷ *soutenu (aller chercher)* ~ **dans la tristesse la force de vivre** aus der Trauer Kraft schöpfen

II. *vi* ~ **dans ses réserves** an seine Reserven gehen *(fam);* ~ **sur les réserves** ECON auf die Reserven zurückgreifen

puisque [pɥisk(ə)] <puisqu'> *conj* da [ja]; **mais puisqu'elle est malade!** aber sie ist doch krank!; ~ **c'est ainsi** da es nun einmal so ist; **puisqu'il le faut!** wenn es [o wenn's denn] sein muss!; **ce doit être vrai, puisqu'il le dit** wenn er es sagt, muss es ja stimmen
puissamment [pɥisamɑ̃] *adv* ❶ *(avec des moyens efficaces)* heftig, mit aller Kraft [o Macht]

❷ *(à un haut degré)* stark, besonders

puissance [pɥisɑ̃s] *f* ❶ *sans pl (force)* Kraft *f;* **des éléments** Kraft, Gewalt *f;* **du vent** Stärke *f;* ~ **évocatrice** *des représentations, narrations* Farbigkeit *f*

❷ *sans pl (pouvoir)* Macht *f;* ~ **monopolistique** Monopolmacht; **volonté de ~** Wille *m* zur Macht, Machtstreben *nt*

❸ *(État)* Macht *f;* **grande ~** Großmacht; ~ **commerciale** Handelsmacht; ~ **industrielle** Industriemacht; **les ~s occidentales** die Westmächte

❹ *(groupement de personnes)* **les ~s d'argent** das Großkapital, die Großfinanz

❺ TECH *d'un moteur, d'une émission sonore* Leistungsfähigkeit *f,* Leistung *f;* *d'une source lumineuse* Stärke *f;* ~ **nominale** Nennleistung

❻ *pl (forces)* Kräfte *Pl;* **les ~s du mal** die Mächte des Bösen

❼ MATH, GEOM Potenz *f;* **dix ~ deux** zehn hoch zwei

❽ PHYS, ELEC Leistung *f*; ~ **maximale** Höchstleistung
❾ OPT Brechwert *m*
❿ *(virilité)* Manneskraft *f (veraltet)*
▶ **en** ~ potenziell *(geh)*
◆ ~ **de calcul** INFORM Rechenleistung *f*; ~ **d'exploitation** Betriebsleistung *f*; ~ **de feu** Feuerkraft *f*; ~ **au frein** in Brems-PS ausgedrückte Nutzleistung; ~ **de tir** MIL Feuerkraft *f*
puissant(e) [pɥisɑ̃, ɑ̃t] I. *adj* ❶ *(d'une grande force)* kräftig, stark; *voix* kraftvoll; **chaîne hi-fi très ~e** phonstarke Hi-Fi-Anlage
❷ *(qui a du pouvoir)* mächtig
❸ *(qui a un grand potentiel économique ou militaire)* stark; *pays* mächtig; *armée* schlagkräftig
❹ *(très efficace)* wirksam; TECH *moteur* leistungsfähig; *freins* gut
II. *mpl* **les ~s** die Mächtigen
puits [pɥi] *m* ❶ Brunnen *m*; ~ **artésien** artesischer Brunnen
❷ *(pour l'exploitation d'un gisement) d'une mine* Schacht *m*
◆ ~ **d'aérage**, ~ **d'aération** Wetterschacht *m*; ~ **de pétrole** [Erd]ölbohrloch *nt*; ~ **de pétrole en feu** brennende [Erd]ölquelle; ~ **de science** hochgelehrter Mensch
pull [pyl] *m abr de* **pull-over** *fam* Pulli *m (fam)*; ~ **de** [*o* **en**] **laine** Wollpulli; ~ **à col roulé** Rolli *m (fam)*
pullman [pulman] *m (car)* Komfort-Reisebus *m*
pull-over [pylɔvɛʀ, pylɔvœʀ] <pull-overs> *m* Pullover *m*; *(sans manches)* Pullunder *m*
pullulement [pylylmɑ̃] *m* ❶ *d'insectes, de personnes* Schwarm *m*, Gewimmel *nt*
❷ BIO *(action de se multiplier)* Vermehrung *f*
pulluler [pylyle] <1> *vi* ❶ *(être en grand nombre)* **des personnes/animaux pullulent** es wimmelt von Menschen/Tieren; **le gibier pullule ici** hier wimmelt es von Wild
❷ *(être plein de)* **l'article pulluait d'inexactitudes** in dem Artikel wimmelte es von Ungenauigkeiten
❸ *(proliférer)* sich stark vermehren; **faire ~ des animaux** bewirken, dass diese Tiere sich stark vermehren
pulmonaire [pylmɔnɛʀ] *adj* ANAT Lungen-, pulmonal *(Fachspr.)*; **maladie ~** Lungenleiden *nt*; **tuberculose ~** Lungentuberkulose *f*; **abcès ~** pulmonaler Abszess
pulpe [pylp] *f (chair)* [Frucht]fleisch *nt*; ~ **dentaire** Zahnmark *nt*, Pulpa *f (Fachspr.)*; ~ **des doigts** Fingerkuppe *f*
pulpeux, -euse [pylpø, -øz] *adj lèvres* voll; *peau* straff; *femme* drall
pulsar [pylsaʀ] *m* ASTRON Pulsar *m (Fachspr.)*
pulsation [pylsasjɔ̃] *f* ❶ *(battement) du cœur* [rhythmisches] Schlagen; *du pouls* Klopfen *nt*; **le nombre de ~s à la minute** die Pulsfrequenz; **son pouls bat à 80 ~s à la minute** er/sie hat einen Puls [*o* eine Pulsfrequenz] von 80
❷ ELEC, PHYS Puls *m*
pulsion [pylsjɔ̃] *f* Trieb *m*; ~ **sexuelle** Geschlechtstrieb *m kein Pl*, Sexualtrieb
pulvérisateur [pylveʀizatœʀ] *m* Sprühgerät *nt*; *de peinture* Spritzgerät *n*; *d'un produit insecticide* [Garten]spritze *f*; *d'un produit liquide* Sprühflasche *f*; *d'un produit médicamenteux* Zerstäuber *m*, Spray *m o nt*, Spraydose *f*; ~ **nasal/buccal** Nasen-/Mundspray
pulvérisation [pylveʀizasjɔ̃] *f* Sprühen *nt*; *de peinture* Sprühen, Spritzen *nt*; *d'un produit insecticide* Spritzen *nt*; *d'un produit médicamenteux* Sprayen *nt*
pulvériser [pylveʀize] <1> *vt* ❶ *(vaporiser)* sprühen, sprühen, spritzen *peinture*; spritzen *insecticide*; **peinture à ~** Spritzfarbe
❷ *(réduire à néant)* **qc pulvérise une chose** etw zerstört eine S.; ~ **une objection** einen Einspruch widerlegen
❸ *fam (battre très largement)* haushoch besiegen *(fam) adversaire*; vernichtend schlagen *armée*; [sensationell] brechen *record*
❹ *(réduire en poudre)* zu Pulver zermahlen, pulverisieren
puma [pyma] *m* Puma *m*
punaise [pynɛz] *f* ❶ ZOOL Wanze *f*
❷ *(petit clou)* Reißzwecke *f*, Reißnagel *m*
❸ *péj (personne méprisable)* Giftschleuder *f (pej fam)*, Giftspritze *f (pej fam)*
◆ ~ **de sacristie** *péj* Betbruder *m*/Betschwester *f*; ~ **des bois** Schildwanze *f*, Baumwanze *f*
punaiser [pyneze] <1> *vt* mit einer Reißzwecke/mit Reißzwecken befestigen
punch¹ [pɔ̃ʃ] *m (boisson)* Punsch *m*
punch² [pœnʃ] *m inv* ❶ *(dynamisme)* Schwung *m*, Elan *m*; **avoir du ~** *fam* Schwung [*o* Elan] haben, dynamisch sein; **je manque de ~** ich fühle mich [etwas] schlapp *(fam)*; **avoir du/manquer de ~** *fam moto:* Power/keine Power haben *(fam)*; **donner du ~ à qn** jdn in Schwung bringen; **donner du ~ à une chanson/une robe** ein Lied/ein Kleid aufpeppen
❷ SPORT Punch *m (Fachspr.)*; **ce boxeur a le ~** dieser Boxer hat einen harten Punch
puncheur [pœnʃœʀ] *m* Puncher *m (Fachspr.)*
punching-ball [pœnʃiŋbol] <punching-balls> *m* Punchingball *m*
punctum [pɔ̃ktum] *m* MED ~ **remotum** Fernpunkt *m*

punique [pynik] *adj* HIST punisch
punir [pyniʀ] <8> *vt* ❶ *(châtier)* bestrafen; ~ **qn d'une peine d'emprisonnement** jdn mit Gefängnis bestrafen
❷ *(sévir)* ~ **qc** etw bestrafen, etw ahnden *(geh)*; **qc est puni de mort** auf etw *(Akk)* steht die Todesstrafe
❸ *(opp: récompenser)* **être puni(e) de qc** für etw bestraft werden; **te voilà bien puni(e)!** [siehst du,] das ist die Strafe!; **cela le punirait de son orgueil** das wäre die gerechte Strafe für seinen Hochmut
▶ **qn est puni par où il a péché** jdm wird seine Missetat zum Verhängnis
punissable [pynisabl] *adj* strafbar, sträflich
punitif, -ive [pynitif, -iv] *adj* strafend; *v. a.* **expédition** ❷
punition [pynisjɔ̃] *f* ❶ *(peine)* Strafe *f*; ~ **corporelle** Prügelstrafe *f*; SCOL Strafarbeit *f*
❸ *(action de punir)* Bestrafung *f*; **en ~ de qc** als Strafe für etw
❹ *(conséquence néfaste)* Strafe *f*; **la juste ~ de qc** die gerechte Strafe für etw
punk [pœk, pœnk] I. *adj inv lunettes, bijoux* punkig; **musique ~** Punkmusik *f*; **il a adopté un look ~** er läuft als [*o* wie ein] Punk[er] herum
II. *mf (personne)* Punk[er] *m*/Punkerin *f*
pupille¹ [pypij, pypil] *f* ANAT Pupille *f*
pupille² [pypij, pypil] *mf* Mündel *nt*, Schutzbefohlene(r) *f(m)*
◆ ~ **de la Nation** unter staatlicher Fürsorge stehende Kriegswaise; ~ **de l'État** *(orphelin)* unter staatlicher Fürsorge stehende Waise; *(abandonné)* Fürsorgezögling *m*
pupitre [pypitʀ] *m* ❶ INFORM Steuerpult *nt*, Schaltpult *nt*
❷ TECH, ELEC ~ **de commande** Steuerpult *nt*
❸ MUS *d'un musicien, choriste* [Noten]pult *nt*, Notenständer *m*; *d'un chef d'orchestre* [Dirigenten]pult; *d'un piano* Notenablage *f*; **être au ~** am Pult stehen *(geh)*
❹ *(meuble à plan incliné)* Pult *nt*
pupitreur, -euse [pypitʀœʀ, -øz] *m, f* Operator(in) *m(f)*
pur(e) [pyʀ] I. *adj* ❶ *(non altéré)* rein; *air, eau* klar; ~(e) **et dur(e)** *morale* strikt; *doctrine, système* rigoros; *personne* überzeugt
❷ *(non mélangé)* rein; **animal de race ~** reinrassiges Tier; **boire son vin ~** seinen Wein unverdünnt trinken
❸ *(authentique) vérité* rein; *hasard, méchanceté* rein; **mais c'est de la folie ~e!** das ist ja purer [*o* heller] [*o* glatter] Wahnsinn!
❹ *(opp: appliqué)* recherche, science, mathématiques rein
❺ *(innocent) cœur, amour* rein; *regard* klar; *jeune fille* unschuldig; *intentions* lauter *(geh)*
❻ *(harmonieux) ligne, son* rein; *profil* klar; *langue, style* rein; **un visage d'un ovale ~** ein Gesicht mit einer makellos ovalen Form; **il écrivait dans l'anglais le plus ~** er schrieb in lupenreinem Englisch
▶ ~(e) **et simple** in Reinform; *refus* eindeutig, unmissverständlich; **un "non" ~ et simple** ein klares Nein
II. *m(f) souvent pl (personne fidèle à un parti)* hundertprozentiger [Partei]anhänger/hundertprozentige [Partei]anhängerin *(fam)*; *(personne fidèle à une orthodoxie)* Vertreter(in) *m(f)* der reinen Lehre
purée [pyʀe] *f* ❶ Püree *nt*, Brei *m*; ~ **de pommes de terre** [Kartoffel]püree *nt*, Kartoffelbrei *m*; ~ **de marrons** Maronenpüree; ~ **en flocons** Flockenpüree
▶ ~! *pop* Scheibenkleister!
◆ ~ **de pois** *(brouillard)* Waschküche *f (fam)*
purement [pyʀmɑ̃] *adv* rein; **un avis ~ subjectif** eine rein subjektive Meinung; ~ **et simplement** [schlicht und] einfach
pureté [pyʀte] *f* ❶ Reinheit *f*; *de l'air, eau* Reinheit, Klarheit *f*; *du ciel* Klarheit; ~ **de la race** Reinrassigkeit *f*
❷ *(perfection)* Reinheit *f*; *d'un visage* Makellosigkeit *f*
❸ *(innocence) des intentions* Lauterkeit *f*; *d'un regard* Klarheit *f*; *de l'enfance* Unschuld *f*
purgatif [pyʀgatif] *m* Abführmittel *nt*
purgatif, -ive [pyʀgatif, -iv] *adj* **être ~ (-ive)** abführend wirken
purgatoire [pyʀgatwaʀ] *m* Fegefeuer *nt*
purge [pyʀʒ] *f* ❶ *(action de vidanger) d'une tuyauterie, chaudière* Entleerung *f* [und Reinigung *f*]; *d'une huile* Ablassen *nt*; *d'un radiateur* Entlüftung *f*; **robinet de ~** Ablassventil *nt*
❷ POL Säuberungsaktion *f*
❸ MED Abführmittel *nt*
◆ ~ **de l'hypothèque** Hypothekentilgung *f*
purger [pyʀʒe] <2a> I. *vt* ❶ *(vidanger)* entleeren [und reinigen] *conduite, tuyauterie, chaudière*; ablassen *huile*; entlüften *radiateur*; ~ **qc d'eau** etw entwässern
❷ JUR verbüßen *peine*; ~ **une peine d'emprisonnement** eine Haftstrafe verbüßen
❸ MED ~ **qn** jdm ein Abführmittel geben [*o* verabreichen]; **être purgé(e)** ein Abführmittel [verabreicht] bekommen
❹ POL ~ **qc de personnes** etw von Menschen säubern
II. *vpr se ~* ein Abführmittel nehmen; **un animal se purge avec qc** ein Tier frisst etw um abzuführen

purgeur [pyʀʒœʀ] *m* Ablasshahn *m; d'eau* Wasserabscheider *m; d'air* Entlüftungshahn *m*
purifiant(e) [pyʀifjɑ̃, jɑ̃t] *adj* lotion ~ e Reinigungslotion *f*
purificateur [pyʀifikatœʀ] *m* Reinigungsgerät *nt;* ~ **d'air** Luftreiniger *m*
purificateur, -trice [pyʀifikatœʀ, -tʀis] *adj* reinigend
purification [pyʀifikasjɔ̃] *f* ❶ Reinigung *f;* ~ **de l'eau** Klärung *f* des Wassers; ~ **de l'air** Luftreinigung
  ❷ REL Reinigung *f;* **rite de** ~ Reinigungsritus *m*
  ❸ *(épuration)* Säuberung *f*
purificatoire [pyʀifikatwaʀ] *adj* **cérémonie** ~ Reinigungszeremonie *f;* **cette cérémonie est** ~ diese Zeremonie dient der Reinigung
purifier [pyʀifje] <1a> I. *vt* ❶ reinigen *air, atmosphère;* klären *eau*
  ❷ *(rendre plus pur) feu, rite:* reinigen; *pénitence, prière, souffrance:* läutern *(geh)*
  II. *vpr fig* **se** ~ **de qc** sich von etw reinigen
purin [pyʀɛ̃] *m* Jauche *f,* Gülle *f* (SDEUTSCH, CH); **cuve à** ~ Jauchefass *nt,* Gülle[n]fass (SDEUTSCH, CH)
purine [pyʀin] *f* CHIM Purin *nt*
purisme [pyʀism] *m* LING Purismus *m*
puriste [pyʀist] I. *adj* puristisch
  II. *m, f* Purist(in) *m(f)*
puritain(e) [pyʀitɛ̃, ɛn] I. *adj* ❶ sittenstreng
  ❷ HIST puritanisch
  II. *m(f)* ❶ sittenstrenger Mensch
  ❷ HIST Puritaner(in) *m(f)*
puritanisme [pyʀitanism] *m* ❶ Sittenstrenge *f*
  ❷ HIST Puritanismus *m*
pur-sang [pyʀsɑ̃] <pur-sang *o* purs-sangs> *m* Vollblutpferd *nt,* Vollblut *nt,* Vollblüter *m,* Rassepferd; *(étalon)* Vollbluthengst *m*
purulent(e) [pyʀylɑ̃, ɑ̃t] *adj* MED *infection* eitrig; *plaie* eitrig, eiternd; **foyer** ~ Eiterherd *m*
pus [py] *m* Eiter *m*
pusillanime [pyzi(l)lanim] *adj littér* kleinmütig *(geh)*
pusillanimité [pyzi(l)lanimite] *f* Kleinmütigkeit *f (geh)*
pustule [pystyl] *f* ❶ MED [Eiter]bläschen *nt,* Pustel *f (Fachspr.)*
  ❷ *d'un crapaud* Warze *f; d'une feuille, tige* Wucherung *f* im Gewebe
put [put] *m* BOURSE ~ **of more** Nochgeschäft *nt* auf Geben *(Fachspr.)*
putain [pytɛ̃] I. *f* ❶ *péj vulg* Nutte *f (sl),* Hure *f;* **faire la** ~ *vulg (se prostituer)* auf den Strich gehen *(sl); fam (s'avilir)* liebedienern
  ❷ *péj fam* ~ **de voiture** Scheißkarre *f (vulg)*
  II. *interj fam* ❶ *(exprime la colère)* Scheiße *(vulg); (exprime l'étonnement, l'incrédulité)* Donnerwetter *(fam)*
  ❷ MIDI *(forme d'insistance)* ~ ! Mensch! *(fam)*
  ▶ ~ [**de bordel**] **de merde!** verdammte Scheiße! *(vulg)*
putatif, -ive [pytatif, -iv] *adj père, enfant* vermeintlich; *mariage* nichtig, für nichtig erklärt
pute [pyt] *f péj vulg* Nutte *f (pej sl),* Hure *f;* **fils de** ~ Hurensohn *m;* **faire la** ~ *(se prostituer)* auf den Strich gehen *(sl); fam (s'avilir)* kriechen; **tenue qui fait** ~ nuttenhafte Aufmachung *(sl)*
putois [pytwa] *m* Iltis *m*
  ▶ **crier comme un** ~ *(pousser des cris)* wie am Spieß schreien [*o* brüllen] *(fam); (protester avec force)* lautstarken Protest einlegen
putréfaction [pytʀefaksjɔ̃] *f* Fäulnisprozess *m; d'un corps* Verwesung *f;* **cadavre en** ~ verwesender Leichnam; **dans un état/en état de** ~ **avancée** stark verwest

putréfier [pytʀefje] <1a> I. *vt* verwesen lassen; **être putréfié(e)** verwest sein
  II. *vpr* **se** ~ verwesen
putrescent(e) [pytʀesɑ̃, ɑ̃t] *adj* verfaulend, verwesend
putrescible [pytʀesibl] *adj* [leicht] verderblich; **une matière non** ~ ein Stoff, der nicht [biologisch] abbaubar ist
putride [pytʀid] *adj* faul; *eau, odeur* faulig
putsch [putʃ] *m* Putsch *m;* ~ **militaire** Militärputsch *m*
putschiste [putʃist] I. *m souvent pl* Putschist(in) *m(f)*
  II. *adj* **une action** ~ eine Aktion von Putschisten
putt [pœt] *m* SPORT Putt *m*
putter [pœtœʀ] *m* SPORT Putter *m*
puzzle [pœzl, pœzœl] *m* ❶ *(jeu)* Puzzle[spiel *nt*] *nt;* **faire un** ~ ein Puzzle zusammensetzen
  ❷ *(problème complexe)* Rätsel *nt;* **les pièces du** ~ **commencent à se mettre en place** allmählich fügen sich die Mosaiksteinchen zusammen
p.-v. [peve] *m abr de* **procès-verbal** *inv fam* Strafzettel *m*
P.V.C. [pevese] *m abr de* **polyvinylchloride** *inv* PVC *nt*
pygmée [pigme] *adj langue, littérature* pygmäisch; **campement de** ~ **s** Pygmäenlager *nt;* **populations** ~ **s** Bevölkerungsgruppen *Pl* der Pygmäen
Pygmée [pigme] *m* Pygmäe *m*
pyjama [piʒama] *m* Schlafanzug *m,* Pyjama *m;* **pantalon/veste de** ~ Pyjamahose *f/*-jacke *f;* ~ **pour bébé** Babyschlafanzug; **en** ~ [**s**] im Schlafanzug
pylône [pilon] *m* ❶ TECH Mast *m;* ~ **électrique** Leitungsmast; *(pour lignes à haute tension)* Hochspannungsmast
  ❷ ARCHIT Pylon *m,* Brückenportal *nt*
pylore [pilɔʀ] *m* ANAT [Magen]pförtner *m*
pyorrhée [pjɔʀe] *f* MED eitriger Ausfluss, Pyorrhö *f (Fachspr.)*
pyramidal(e) [piʀamidal, o] <-aux> *adj* pyramidenförmig, pyramidal; **faisceau** ~ ANAT Pyramidenbahn *f*
pyramide [piʀamid] *f* ❶ ARCHIT, GEOM, ANAT Pyramide *f;* **les** ~ **s d'Égypte** die ägyptischen Pyramiden
  ❷ *(empilement en forme de pyramide)* Pyramide *f;* ~ **humaine** [Menschen]pyramide; ~ **de fruits** Pyramide aus Früchten
  ▶ ~ **des âges** Alterspyramide *f*
pyrénéen(ne) [piʀeneɛ̃, nɛɛn] *adj* pyrenäisch
Pyrénées [piʀene] *fpl* **les** ~ die Pyrenäen
pyrex® [piʀɛks] *m* feuerfestes Glas
pyrite [piʀit] *f* CHIM Pyrit *nt*
pyrograver [piʀogʀave] *vt* TECH mit Brandmalerei gestalten
pyrogravure [piʀogʀavyʀ] *f sans pl* Brandmalerei *f;* ~ **sur bois/cuir** Holz-/Lederbrandmalerei
pyrolyse [piʀɔliz] *f* Pyrolyse *f*
pyromane [piʀɔman] I. *adj* an Pyromanie leidend
  II. *mf* Brandstifter(in) *m(f);* PSYCH Pyromane *m/*Pyromanin *f*
pyromanie [piʀɔmani] *f* Pyromanie *f*
pyromètre [piʀɔmɛtʀ] *m* Pyrometer *nt (Fachspr.)*
pyrotechnicien(ne) [piʀɔtɛknisjɛ̃, jɛn] *m(f) rare* Pyrotechniker(in) *m(f),* Feuerwerker(in) *m(f)*
pyrotechnique [piʀɔtɛknik] *f* Pyrotechnik *f*
Pyrrhus *v.* **victoire**
pythie [piti] *f* ❶ HIST Pythia *f*
  ❷ *littér (devineresse)* Pythia *f (geh),* Seherin *f*
python [pitɔ̃] *m* Pythonschlange *f,* Python *m*

Qq

Q, q [ky] *m inv* Q *nt/*q *nt*
Q.C.M. [kyseɛm] *m abr de* **questionnaire à choix multiple** *inv* Multiple-Choice-Fragebogen *m*
Q.G. [kyʒe] *m inv* MIL *fam abr de* **quartier général** ❶ MIL Hauptquartier *nt*
  ❷ *fam (lieu de rencontre)* Treffpunkt *m;* ~ **des gens de lettres** Literatentreff *m (fam)*
QHS [kyaɛs] *m abr de* **quartier de haute sécurité** Hochsicherheitstrakt *m*
QI [kyi] *m abr de* **quotient intellectuel** IQ *m*
quadragénaire [k(w)adʀaʒenɛʀ] I. *adj* in den Vierzigern
  II. *mf* Mann *m/*Frau *f* in den Vierzigern
quadrangulaire [k(w)adʀɑ̃gylɛʀ] *adj* viereckig
quadrant [kadʀɑ̃] *m* MATH Quadrant *m*
quadrature [k(w)adʀatyʀ] *f* Quadratur *f (Fachspr.);* **la** ~ **du cercle** die Quadratur des Kreises

quadrichromie [k(w)adʀikʀɔmi] *f* Vierfarbendruck *m*
quadriennal(e) [k(w)adʀijenal, o] <-aux> *adj* ❶ *(qui a lieu tous les quatre ans)* vierjährlich; **le festival est** ~ das Festival findet alle vier Jahre statt
  ❷ *(qui dure quatre ans)* rotation im Vierjahresrhythmus; **plan** ~ Vierjahresplan *m*
quadrige [kadʀiʒ] *m* Viergespann *nt*
quadrilatère [k(w)adʀilatɛʀ] *m* Viereck *nt*
quadrillage [kadʀijaʒ] *m* ❶ *(encadrement, action d'implanter un réseau)* Errichtung *f* eines dichten Netzes von Niederlassungen [*o* Vertretungen]; ~ **électoral** flächendeckende Wahlkampfmaßnahmen *Pl;* **organiser un véritable** ~ **de la population** MED Reihenuntersuchungen organisieren
  ❷ *(opération militaire, policière)* ~ **de qc** Errichtung *f* eines dichten [*o* flächendeckenden] Netzes von Kontrollpunkten *(Dat)* in etw
  ❸ *d'un papier* karierte Linien *Pl; d'un tissu* Karomuster *nt*

quadrille [kadʀij] *m (danse)* Quadrille *f*
quadrillé(e) [kadʀije] *adj* kariert
quadriller [kadʀije] <1> *vt* ❶ *(procéder à une opération militaire, policière)* ~ qc in etw *(Dat)* ein flächendeckendes Netz von Kontrollpunkten errichten
❷ *(tracer des lignes)* ~ qc etw in Quadrate [*o* Kästchen] einteilen
quadrimoteur [kadʀimotœʀ] **I.** *adj avion* viermotorig
II. *m* viermotoriges Flugzeug *nt*
quadriparti [k(w)adʀipaʀti] *adj*, **quadripartite** [k(w)adʀipaʀtit] *adj* ❶ *a.* POL **conférence ~e** Viererkonferenz *f*; **accord ~** HIST Viermächteabkommen *nt*
❷ BOT vierteilig, aus vier Teilen bestehend
quadriphonie [k(w)adʀifɔni] *f* Quadrophonie *f*; **en ~** quadrophon
quadriréacteur [k(w)adʀiʀeaktœʀ] **I.** *adj avion* vierstrahlig
II. *m* vierstrahliges Flugzeug *nt*
quadrisyllabique [k(w)adʀisilabik] *adj* viersilbig
quadrumane [k(w)adʀyman] **I.** *adj* mit vier Händen; **les singes sont ~s** die Affen haben vier Hände
II. *m* Vierhänder *m*
quadrupède [k(w)adʀypɛd] **I.** *adj* vierfüßig
II. *m* Vierfüßer *m*
quadruple [k(w)adʀypl] **I.** *adj* vierfach; **une ~ rangée de chaises** vier Reihen Stühle
II. *m* Vierfache(s) *nt*; **le ~ du prix** das Vierfache des Preises, der vierfache Preis; **il me l'a rendu au ~** er hat sich [bei mir] doppelt und dreifach revanchiert
quadrupler [k(w)adʀyple] <1> **I.** *vi (se multiplier par quatre)* sich vervierfachen
II. *vt (multiplier par quatre)* vervierfachen
quadruplés, quadruplées [k(w)adʀyple] *mpl, fpl* Vierlinge *Pl*
quai [ke] *m* ❶ *d'une gare, station de métro* Bahnsteig *m*; **~ de départ des grandes lignes** Abfahrtsgleis *nt* der Fernzüge
❷ *(rampe) d'un entrepôt* Laderampe *f*; **~ de chargement** Ladeplatz *m*; **~ de déchargement** Entladerampe
❸ *(endroit pour accoster)* Anlegestelle *f*; **~ d'accostage** Landungsplatz, *m*, Landungsstelle *f*, Landestelle
❹ *(installation portuaire)* Kai *m*, Pier *m o f*; **être à ~** am Kai liegen; **amarrer à ~** am Kai festmachen; **à ~ [dédouané]** COM ab Kai
❺ *(voie publique)* Uferstraße *f*, Quai *m*; **les ~s de la Seine** das Seineufer
◆ **Quai des Orfèvres** Sitz der Pariser Kriminalpolizei; **Quai d'Orsay** Sitz des französischen Außenministeriums
quaker, quakeresse [kwɛkœʀ, kwɛkʀɛs] *m, f* Quäker(in) *m(f)*
qualifiable [kalifjabl] *adj* **qc est à peine ~** man findet kaum noch Worte für etw; **qc n'est pas ~** etw ist [einfach] unbeschreiblich
qualificatif [kalifikatif] *m* ❶ GRAM Adjektiv *nt*
❷ *(expression)* Bezeichnung *f*
qualificatif, -ive [kalifikatif, -iv] *adj* ❶ GRAM **adjectif ~** Eigenschaftswort *nt*, Adjektiv *nt*
❷ SPORT **match ~** Qualifikationsspiel *nt*
qualification [kalifikasjɔ̃] *f* ❶ SPORT Qualifikation *f*; **match de ~** Qualifikationsspiel *nt*; **jouer sa ~ pour ...** um die Qualifikation für ... spielen
❷ *(expérience)* Qualifikation *f*, Qualifizierung *f*; **~ dans qc** Erfahrung *f* [*o* Kenntnisse *Pl*] in etw *(Dat)*; **~ professionnelle** berufliche Qualifikation
qualifié(e) [kalifje] *adj* ❶ *(compétent) personne* kompetent; *avis* kompetent, sachkundig; **être ~(e) pour prendre des décisions** berechtigt sein Entscheidungen zu treffen
❷ *(formé)* [gut] ausgebildet, qualifiziert; **hautement ~(e)** hochqualifiziert; **ouvrier ~** Facharbeiter *m*; **personnel ~** Fach[arbeits]kräfte *Pl*; **des jeunes non ~s** junge Leute ohne Berufsausbildung
❸ JUR schwer, qualifiziert *(Fachspr.)*
❹ *(manifeste)* **c'est du vol ~!** das ist ganz klarer Diebstahl!
❺ FIN qualifiziert
qualifier [kalifje] <1a> **I.** *vt* ❶ *(caractériser comme)* **~ qc de vol** etw als Diebstahl bezeichnen; **voilà une conduite qu'on ne saurait ~** dieses Benehmen ist einfach unbeschreiblich
❷ *(traiter)* **~ qn de menteur** jdn einen Lügner nennen
❸ *(rendre apte)* **~ qn pour une profession** jdn zu einem Beruf befähigen
❹ *(permettre de)* **le diplôme le qualifie pour faire qc** das Diplom berechtigt ihn etw zu tun
❺ SPORT **le temps la qualifie pour qc** mit der Zeit qualifiziert sie sich für etw; **nous sommes qualifiés pour la finale** wir haben uns für das Finale qualifiziert
❻ GRAM näher bestimmen
II. *vpr* SPORT **se ~ pour qc** sich für etw qualifizieren
qualitatif, -ive [kalitatif, -iv] *adj* **analyse** qualitativ; **différence qualitative** Qualitätsunterschied *m*; **changement ~** Veränderung *f* in qualitativer Hinsicht
qualitativement [kalitativmɑ̃] *adv* qualitativ, in Bezug auf die Qualität

qualité [kalite] *f* ❶ Qualität *f*; *d'un produit* Qualität, Güte *f*; **~ moyenne** Durchschnittsqualität; **~ de très haut niveau** Topqualität; **service ~** Abteilung *f* für Qualitätskontrolle [*o* Qualitätssicherung]; **de bonne ~** von guter Qualität; **de meilleure ~** von bester Qualität; **de première ~** erstklassig, von ausgesuchter Qualität; **~ de l'eau** Wasserqualität, Wassergüte; **un spectacle de ~** eine [sehr] gute Veranstaltung; **produit de ~** Qualitätsprodukt *nt*
❷ *(caractéristique positive)* Vorzug *m*; *d'un athlète* Stärke *f*; *d'une œuvre littéraire* [künstlerische] Qualität; *d'une personne* gute Eigenschaft *f*; **~s morales** charakterliche Qualitäten
❸ *(aptitude)* Fähigkeit *f*; **avoir ~ pour faire qc** befugt [*o* berechtigt] sein etw zu tun
❹ *(fonction)* Stellung *f*; **sa ~ d'ambassadeur lui permet de ...** als Botschafter kann er ...; **en ~ de... als ...; en ma ~ de...** in meiner Eigenschaft als ...
❺ JUR, FIN **~ privilégiée/non-privilégiée pour agir en justice** privilegierte/nicht privilegierte Klagebefugnis; **~ promise** zugesicherte Eigenschaft; **~ pour agir en justice** Klagebefugnis *f*, Aktivlegitimation *f (Fachspr.)*; **~ pour agir en nullité** Aktivlegitimation für Nichtigkeitsklagen; **de ~ plus élevée** höherwertig
◆ **~ d'affichage** INFORM Darstellungsqualität *f*; **~ de commerçant** JUR Kaufmannseigenschaft *f*; **~ de débiteur** Konkursfähigkeit *f*; **~ des eaux** Gewässergüte *f*; **~ d'image** PHOT Bildqualität *f*; **~ de l'image** INFORM Bildqualität *f*; **~ d'impression** Druckqualität *f*; **~ d'inventeur** JUR Erfindereigenschaft *f*; **~ de la réalisation** Ausführungsqualität *f*; **~ du son** Tonqualität *f*; **~ de [la] vie** Lebensqualität *f*
quand [kɑ̃] **I.** *adv* wann; **depuis/jusqu'à ~?** seit/bis wann?; **de ~ date ce livre?** wann ist dieses Buch erschienen?
II. *conj* ❶ *(temporel)* *(événement unique du passé ou du présent)* als; *(événement répétitif, événement unique du futur)* wenn
❷ *fam (le moment où, le fait que)* wenn
❸ *(puisque)* wenn ... [doch]; **~ je vous le dis, vous pouvez me croire** wenn ich es euch/Ihnen [doch] sage, könnt ihr/können Sie mir glauben
❹ *(même si)* **~ [même], ~ bien même** selbst wenn
❺ *(exclamatif)* **~ je pense que ...!** wenn ich daran denke, dass ...!
▶ **~ même** *(malgré cela)* trotzdem; *fam (tout de même)* doch; **quel imbécile ~ même!** was ist er doch für ein Dummkopf!; **~ même, il n'est pas bête!** schließlich ist er ja nicht dumm!; **tu aurais ~ même pu avertir** du hättest doch [*o* schließlich] Bescheid sagen können
quant [kɑ̃t] *prép* ❶ *(pour ce qui concerne)* **à qn/qc** was jdn/etw betrifft [*o* angeht]; **à moi** ich für mein[en] Teil
❷ *(pour ce qui est de)* **à se brosser les dents, ...** was das Zähneputzen angeht, ..., in puncto Zähneputzen, ... *(fam)*
quant-à-soi [kɑ̃taswa] *m inv (vornehme)* Zurückhaltung; **rester sur son ~** sich [sehr] reserviert verhalten/[sehr] reserviert sein
quantième [kɑ̃tjɛm] *m littér* Tag *m* [eines/des Monats]; **quel ~ tenons-nous?** welches Datum haben wir heute?
quantifiable [kɑ̃tifjabl] *adj* quantifizierbar
quantifier [kɑ̃tifje] <1a> *vt* ❶ *(chiffrer)* in Zahlen *(Akk)* fassen, quantitativ erfassen *(geh)*
❷ PHYS quanteln
quantitatif, -ive [kɑ̃titatif, -iv] *adj* mengenmäßig, quantitativ
quantitativement *adv* mengenmäßig, quantitativ
quantité [kɑ̃tite] *f* ❶ *(nombre)* Menge *f*; *(au sujet d'objets dénombrables)* Anzahl *f*; *(au sujet de personnes)* Zahl *f*; **~ achetée** Abnahmemenge; **~ minimale** Mindestmenge; **~ minimale de la marchandise reprise** Mindestabnahmemenge; **~s utilisées** ECON Einsatzmengen; **commander/vendre qc en grande ~** etw zigfach bestellen/verkaufen *(fam)*; ECON etw in großer Stückzahl bestellen/verkaufen; **être ~ négligeable** unwichtig sein; **considérer qn/qc comme ~ négligeable** jdn/etw kaum beachten; **traiter qn/qc comme ~ négligeable** jdn von oben herab behandeln/auf etw *(Akk)* keine Rücksicht nehmen
❷ *(grand nombre)* Menge *f*; **[une] ~ de personnes/choses** eine Menge Menschen/Dinge; **[des] ~s de personnes** unzählige Menschen; **[des] ~s de choses** eine Unmenge/Unmengen *Pl* von Dingen; **en ~** unzählig, zahllos; **il y a du travail en ~** es gibt unendlich viel Arbeit
❸ SCI Menge *f*; **~ d'électricité/de lumière** Elektrizitäts-/Lichtmenge
❹ GRAM Menge *f*; **adverbe de ~** Adverb *nt* der Menge
❺ PHON Quantität *f (Fachspr.)*
▶ **~s industrielles** *(très grand nombre)* riesige Mengen; **[en] prendre des ~s industrielles** *fam* die zigfache Menge nehmen *(fam)*; **au bureau, on boit des ~s industrielles de café** *fam* im Büro wird kannenweise Kaffee getrunken *(fam)*
◆ **~ à livrer** Liefermenge *f*; **~ de charge** Lademenge *f*; **~ de référence** Bezugsmenge *f*
quantum [k(w)ɑ̃tɔm, k(w)ɑ̃ta] <quanta> *m* Quant *nt (Fachspr.)*;

théorie des quanta Quantentheorie *f*
quarantaine [kaʀɑ̃tɛn] *f* ❶ **une ~ de personnes/pages** etwa [*o* ungefähr] vierzig Personen/Seiten

❷ *(âge approximatif)* **avoir la ~** [*o* **une ~ d'années**] ungefähr [*o* etwa] vierzig [Jahre alt] sein; **approcher de la ~** auf die vierzig zugehen; **avoir largement dépassé la ~** weit über vierzig [Jahre alt] sein

❸ MED Quarantäne *f;* **pavillon de ~ d'un bateau** Quarantäneflagge *f* eines Schiffs; **dans ce service de l'hôpital, il y a ~** die Patienten in dieser Krankenstation stehen unter Quarantäne
▸ **être en ~** MED *personne, animal:* unter Quarantäne stehen; *navire:* in Quarantäne liegen; *(être tenu à l'écart) personne:* isoliert sein; *pays:* in die Isolation geraten sein; **mettre en ~** MED unter Quarantäne stellen *personne, animal;* in Quarantäne legen [*o* nehmen] *navire; (tenir à l'écart)* nichts mehr zu tun haben wollen mit, nicht mehr reden [*o* sprechen] mit *personne;* in die Isolation drängen *pays; v. a.* **cinquantaine**

quarante [kaʀɑ̃t] I. *num* ❶ vierzig; **semaine de ~ heures** Vierzigstundenwoche *f*

❷ *(dans l'indication de l'âge, la durée)* **avoir/avoir bientôt ~ ans** vierzig [Jahre alt] sein/werden; **personne de ~ ans** Vierzigjährige(r); **période de ~ ans** Zeitraum *m* von vierzig Jahren
❸ *(dans l'indication de l'heure)* **à dix heures ~** um zehn Uhr vierzig
❹ *(dans l'indication des époques)* **les années ~** die vierziger Jahre
❺ *(dans l'indication de l'ordre)* **arriver ~ ou ~ et unième** als Vierzigste(r) oder Einundvierzigste(r) kommen
II. *m inv* ❶ Vierzig *f*
❷ *(numéro)* Nummer *f* vierzig, Vierzig *f*
❸ TRANSP **le ~** die Linie [*o* Nummer] vierzig, die Vierzig *(fam)*
❹ *(taille de confection)* **faire du ~** Größe 40 tragen; *(dans le système allemand)* ≈ Größe 38 tragen
▸ **les Quarante** die [vierzig Mitglieder der] Académie française
III. *f (table, chambre... numéro quarante)* Vierzig *f*
◆ **~ et un(e)** einundvierzig; *v. a.* **cinq, cinquante**

quarantième [kaʀɑ̃tjɛm] I. *adj antéposé* vierzigste(r, s)
II. *mf* **le/la ~** der/die/das Vierzigste
III. *m (fraction)* Vierzigstel *nt; v. a.* **cinquième**

quark [kwaʀk] *m* PHYS Quark *m*

quart [kaʀ] *m* ❶ *(quatrième partie d'un tout)* Viertel *nt;* **trois ~s** drei Viertel [*o* viertel]; **~ de siècle** Vierteljahrhundert *nt;* **le ~ de vingt est cinq** der vierte Teil von zwanzig ist fünf

❷ GASTR *(25 cl)* Viertel *nt,* Viertelliter *m; (bouteille contenant 25 cl)* Viertelliterflasche *f; (125 g)* Viertel[pfund] *nt;* **servir le vin au ~** den Wein schoppenweise ausschenken

❸ MIL *(gobelet)* Trinkgefäß *nt*
❹ *(15 minutes)* Viertelstunde *f; (dans le décompte des heures)* Viertel *nt;* **sonner les ~s** jede Viertelstunde schlagen; **il est trois heures et/un ~** es ist Viertel nach drei, es ist viertel vier (SDEUTSCH); **il est 4 heures moins le ~** es ist Viertel vor vier, es ist drei viertel vier (SDEUTSCH); **il est le ~/moins le ~** es ist Viertel nach/vor

❺ *(partie appréciable)* Großteil *m;* **je n'ai pas fait le ~ de ce que je voulais faire** ich habe nur einen Bruchteil dessen getan, was ich tun wollte; **les trois ~s de qc** der Großteil einer S. *(Gen);* **les trois ~s du temps** die meiste Zeit; **aux trois ~s** zum größten Teil; **aux trois ~s vide** fast leer
▸ **au ~ de poil** *fam* haargenau, auf den Millimeter genau; **au ~ de tour** sofort; **de trois ~s** im Halbprofil; **se mettre de trois ~s** sein Gesicht ins Halbprofil drehen; **de ~** wachhabend; **être de ~** Wache haben
◆ **~ de finale** Viertelfinale *nt;* **~ d'heure** Viertelstunde *f*
▸ **~ d'heure académique** akademisches Viertel; **passer un mauvais** [*o* **sale**] **~** Ärger bekommen; **~ de queue** Stutzflügel *m;* **~ de soupir** Sechzehntelpause *f;* **~ de ton** Viertelton *m*

quarte [kaʀt] *f* ❶ MUS Quart[e] *f*
❷ CARTES Serie von vier aufeinanderfolgenden Karten derselben Farbe

quarté [k(w)aʀte] *m* Rennquartett *nt (bei Pferdewetten)*
quartette [k(w)aʀtɛt] *m* MUS Quartett *nt*

quartier [kaʀtje] *m* ❶ *(partie de ville)* Stadtteil *m,* Viertel *nt;* ADMIN [Stadt]bezirk *m;* **~ résidentiel** Wohngebiet *nt;* **~ commerçant/des affaires** Geschäftsviertel; **~ bourgeois** wohlhabende [Wohn]gegend; **les bas ~s** die Armenviertel; **les beaux ~s** die Villenviertel, die vornehme [Wohn]gegend; **~ étudiant** Studentenviertel; **nouveau ~** Neubauviertel; **le Quartier latin** das Quartier Latin *(Pariser Universitäts- und Studentenviertel);* **~ du gouvernement** Regierungsviertel

❷ *(lieu où l'on habite, habitants)* Viertel *nt;* **les gens du ~** die Leute aus der Nachbarschaft; **de ~** in der Nachbarschaft [*o* Nähe]
❸ CH *(banlieue)* **~ périphérique** Vorstadtviertel *nt,* Außenquartier *nt* (CH)
❹ *(morceau) de fromage, fruit* Viertel *nt; de viande* großes Stück

❺ *(division naturelle d'un fruit)* Stück *nt*
❻ ASTRON Viertel *nt;* **la lune est dans son premier ~** der Mond steht im ersten Viertel
❼ *pl* MIL Quartier *nt,* Unterkunft *f;* **~s d'hiver** Winterquartier
▸ **prendre ses ~s d'hiver** *(rentrer)* das Winterquartier beziehen; **prendre ses ~s d'hiver dans le Midi** den Winter in Südfrankreich verbringen; **~ chaud** *fam* Rotlichtbezirk *m (fam);* **~ général** MIL Hauptquartier *nt; (lieu de réunion)* Treffpunkt *m;* **avoir ~ libre** MIL Ausgang haben; *(être autorisé à sortir)* ausgehen dürfen, frei haben *(fam);* **ne pas faire de ~** kein Pardon kennen; **pas de ~!** kein Pardon!

quartier-maître [kaʀtjemɛtʀ] <quartiers-maîtres> *m* NAUT Maat *m*

quart-monde [kaʀmɔ̃d] <quarts-mondes> *m* ❶ *(pauvreté)* **le ~** die neue Armut; *(personnes défavorisées)* die Opfer *Pl* der neuen Armut

❷ *(pays les plus pauvres)* die Vierte Welt

quarto [kwaʀto] *adv rare* viertens

quartz [kwaʀts] *m* Quarz *m;* **~ porphyrique** Feldstein *m;* **montre à ~** Quarzuhr *f*

quasar [kazaʀ] *m* Quasar *m (Fachspr.)*

quasi [kazi] *adv* fast, beinahe; **~ mort** halbtot

quasi-certitude [kaziseʀtityd] *f* Quasigewissheit *f* **quasi-contractuel(le)** [kazikɔ̃tʀaktyɛl] *adj* JUR *relation* vertragsähnlich

quasi-contrat [kazikɔ̃tʀa] <quasi-contrats> *m* JUR Quasivertrag *m*

quasiment [kazimɑ̃] *adv fam* fast, beinahe

quasi-monnaie [kazimɔnɛ] <quasi-monnaies> *f* FIN Quasigeld *nt*
quasi-monopole [kazimɔnɔpɔl] <quasi-monopoles> *m* JUR Quasimonopol *nt* **quasi-succès** [kazisyksɛ] *m inv* Beinaheerfolg *m* **quasi-totalité** [kazitɔtalite] *f* überwiegende Mehrheit *f;* **la ~ des électeurs a voté pour lui** fast alle Wähler haben für ihn gestimmt **quasi-unanimité** [kazinanimite] *f* Quasieinstimmigkeit *f*

quaternaire [kwatɛʀnɛʀ] I. *adj* **ère ~** Quartär *nt*
II. *m* Quartär *nt*

quatorze [katɔʀz] I. *num* ❶ vierzehn
❷ *(dans l'indication de l'âge, la durée)* **avoir/avoir bientôt ~ ans** vierzehn [Jahre alt] sein/werden; **personne de ~ ans** Vierzehnjährige(r) *f/m;* **période de ~ ans** Zeitraum *m* von vierzehn Jahren
❸ *(dans l'indication de l'heure)* **il est ~ heures** es ist vierzehn [Uhr]
❹ *(dans l'indication de la date)* **le ~ mars** geschrieben: **le 14 mars** *im écrit:* der 14. März
❺ *(dans l'indication de l'ordre)* **arriver ~ ou quinzième** als Vierzehnte(r) oder Fünfzehnte(r) kommen
❻ *(dans les noms de personnages)* **Louis ~** geschrieben: **Louis XIV** Ludwig der Vierzehnte *écrit:* Ludwig XIV.
▸ **c'est reparti comme en ~** und schon geht's wieder los
II. *m inv* ❶ Vierzehn *f*
❷ *(numéro)* Nummer *f* vierzehn, Vierzehn *f*
❸ TRANSP **le ~** die Linie [*o* Nummer] vierzehn, die Vierzehn *(fam)*
❹ JEUX Vierzehn *f;* CARTES Trumpfneun *f*
❺ SCOL **avoir ~** [**sur vingt**] ≈ eine Zwei haben
III. *f (table, chambre... numéro quatorze)* Vierzehn *f; v. a.* **cinq**

quatorzième [katɔʀzjɛm] I. *adj antéposé* vierzehnte(r, s)
II. *mf* **le/la ~** der/die/das Vierzehnte
III. *m* ❶ *(fraction)* Vierzehntel *nt*
❷ *(étage)* vierzehnter Stock, vierzehnte Etage
❸ *(arrondissement)* vierzehntes Arrondissement; *v. a.* **cinquième**

quatrain [katʀɛ̃] *m* Vierzeiler *m*

quatre [katʀ(ə)] I. *num* ❶ vier
❷ *(dans l'indication de l'âge, la durée)* **avoir/avoir bientôt ~ ans** vier [Jahre alt] sein/werden; **enfant de ~ ans** Vierjährige(r) *f/m;* **période de ~ ans** Zeitraum *m* von vier Jahren
❸ *(dans l'indication de l'heure)* **il est ~ heures** es ist vier [Uhr]
❹ *(dans l'indication de la date)* **le ~ mars** geschrieben: **le 4 mars** der vierte März *écrit:* der 4. März
❺ *(dans l'indication de l'ordre)* **arriver ~ ou cinquième** als Vierte(r) oder Fünfte(r) kommen
❻ *(dans les noms de personnages)* **Henri ~** geschrieben: **Henri IV** Heinrich der Vierte *écrit:* Heinrich IV.
▸ **se mettre en ~ pour qn/pour faire qc** sich förmlich für jdn zerreißen/sich förmlich zerreißen um etw zu tun *(fam);* **~ à ~** *(précipitamment)* **monter l'escalier ~ à ~** *(vu d'en bas)* die Treppe hinaufstürzen; *(vu d'en haut)* die Treppe heraufstürzen; **descendre l'escalier ~ à ~** *(vu d'en haut)* die Treppe hinunterstürzen; *(vu d'en bas)* die Treppe herunterstürzen; **comme ~** *manger* für zwei; *boire* [sehr] viel; **un de ces ~** [**matins**] *fam* demnächst, über kurz oder lang
II. *m inv* ❶ Vier *f*
❷ *(numéro)* Nummer *f* vier, Vier *f*
❸ TRANSP **le ~** die Linie [*o* Nummer] vier, die Vier *(fam)*

④ JEUX Vier *f* ⑤ SCOL avoir ~ [sur dix/sur vingt] ≈ eine Fünf/eine Sechs haben ⑥ *(aviron à quatre rameurs)* un ~ avec/sans barreur ein Vierer mit/ohne Steuermann III. *f (table, chambre... numéro quatre)* Vier *f;* la ~ TV das vierte Programm; *v. a.* cinq

quatre-cent-vingt-et-un [kat(ʀə)sãvɛ̃tecɛ̃] *m inv* JEUX *französisches Würfelspiel* **quatre-épices** [katʀepis] *m o f inv* Piment *m o nt,* Nelkenpfeffer *m* **quatre-heures** [katʀœʀ] *m inv fam süße Nachmittagsmahlzeit für Kinder* **quatre-huit** [katʀ(ə)ɥit] *m inv* MUS Vierachteltakt *m* **quatre-mâts** [kat(ʀə)mɑ] *m inv* Viermaster *m* **quatre-quarts** [kat(ʀə)kaʀ] *m inv Butterkuchen in rechteckiger Form* **quatre-quatre, 4 × 4** [kat(ʀə)katʀ] *m o f inv* AUT Offroadfahrzeug *nt,* Auto *nt* mit Vierradantrieb [*o* Allradantrieb] **quatre-vingt** [katʀəvɛ̃] *num* ❶ *adj* <quatre-vingts> I. *num* ❶ achtzig; ~ **mille** achtzigtausend ❷ *(dans l'indication de l'âge, la durée)* **avoir/avoir bientôt quatre-vingts ans** achtzig [Jahre alt] sein/werden; **personne de quatre-vingts ans** Achtzigjährige(r) *f(m);* **période de quatre-vingts ans** Zeitraum *m* von achtzig Jahren ❸ *(dans l'indication des époques)* **les années quatre-vingts** die achtziger Jahre [*o* Achtzigerjahre] ❹ *(dans l'indication de l'ordre)* **arriver ~ ou -unième** als Neunzigste(r) oder Einundzigste(r) kommen II. *m inv* ❶ Achtzig *f* ❷ *(numéro)* Nummer *f* achtzig, Achtzig *f* III. *f (table, chambre... numéro quatre-vingt)* Achtzig *f; v. a.* cinq, cinquante **quatre-vingt-dix** [katʀəvɛ̃dis] I. *num* ❶ neunzig ❷ *(dans l'indication de l'âge, la durée)* **avoir/ avoir bientôt ~ ans** neunzig [Jahre alt] sein/werden; **personne de ~ ans** Neunzigjährige(r) *f(m);* **période de ~ ans** Zeitraum *m* von neunzig Jahren ❸ *(dans l'indication des époques)* **les années ~** die neunziger Jahre [*o* Neunzigerjahre] ❹ *(dans l'indication de l'ordre)* **arriver ~ ou quatre-vingt-onzième** als Neunzigste(r) oder Einundneunzigste(r) kommen II. *m inv* ❶ Neunzig *f* ❷ *(numéro)* Nummer *f* neunzig, Neunzig *f* III. *f (table, chambre... numéro quatre-vingt-dix)* Neunzig *f; v. a.* cinq, cinquante **quatre-vingt--dixième** [katʀəvɛ̃dizjɛm] <quatre-vingt-dixièmes> I. *adj antéposé* neunzigste(r, s) II. *mf* le/la ~ der/die/das Neunzigste III. *m (fraction)* Neunzigstel *nt; v. a.* **cinquième quatre-vingtième** [katʀəvɛ̃tjɛm] <quatre-vingtièmes> I. *adj antéposé* achtzigste(r, s) II. *mf* le/la ~ der/die/das Achtzigste III. *m (fraction)* Achtzigstel *nt; v. a.* **cinquième quatre-vingt-onze** [katʀəvɛ̃ɔ̃z] I. *num* ❶ einundneunzig ❷ *(dans l'indication de l'âge, la durée)* **avoir/avoir bientôt ~ ans** einundneunzig [Jahre alt] sein/werden; **personne de ~ ans** Einundneunzigjährige(r) *f(m);* **période de ~ ans** Zeitraum *m* von einundneunzig Jahren ❸ *(dans l'indication de l'ordre)* **arriver ~ ou quatre-vingt-douzième** als Einundneunzigste(r) oder Zweiundneunzigste(r) kommen II. *m inv* ❶ Einundneunzig *f* ❷ *(numéro)* Nummer *f* einundneunzig, Einundneunzig *f* III. *f (table, chambre... numéro quatre-vingt-onze)* Einundneunzig *f; v. a.* cinq, cinquante **quatre-vingt-un** [katʀəvɛ̃œ̃] *m inv* ❶ Einundachtzig *f* ❷ *(numéro)* Nummer *f* einundachtzig, Einundachtzig *f* **quatre-vingt-un, -une** [katʀəvɛ̃œ̃, -yn] *num* ❶ einundachtzig ❷ *(dans l'indication de l'âge, la durée)* **avoir/avoir bientôt ~ ans** einundachtzig [Jahre alt] sein/werden; **personne de ~ ans** Einundachtzigjährige(r) *f(m);* **période de ~ ans** Zeitraum *m* von einundachtzig Jahren ❸ *(dans l'indication de l'ordre)* **arriver ~ (-une) ou quatre-vingt-deuxième** als Einundachtzigste(r) oder Zweiundachtzigste(r) kommen; *v. a.* cinq, cinquante **quatre-vingt-une** [katʀəvɛ̃yn] *f (table, chambre... numéro quatre-vingt-un)* Einundachtzig *f* **quatre-vingt-unième** [katʀəvɛ̃njɛm] I. *adj antéposé* ein und achtzigste(r, s) II. *mf* le/la ~ der/ die/das Einundachtzigste III. *m (fraction)* Einundachtzigstel *nt; v. a.* **cinquième**

quatrième [katʀijɛm] I. *adj antéposé* vierte(r, s)
II. *mf* le/la ~ der/die/das Vierte
III. *m* ❶ *(étage)* vierter Stock
❷ *(arrondissement)* viertes Arrondissement
❸ *(dans une charade)* vierte Silbe
IV. *f* ❶ *(vitesse)* vierter Gang
❷ SCOL ≈ achte Klasse; *v. a.* **cinquième**

quatrièmement [katʀijɛmmã] *adv* viertens

quatuor [kwatɥɔʀ] *m* ❶ *(œuvre)* Quartett *nt;* ~ **à cordes** Streichquartett; ~ **pour piano** Klavierquartett
❷ *(musiciens)* Quartett *nt; (pour piano)* Klavierquartett
❸ *fam (clique)* Quartett *nt (fam)*

que [kə] I. *conj* ❶ *(introduit une complétive)* dass; **je crois qu'il viendra** ich glaube, dass er kommt [*o* kommen wird]; **je ne crois pas qu'il vienne** ich glaube nicht, dass er kommt; **je pense ~ oui/non** ich denke schon/nicht
❷ *(dans des formules de présentation)* **voici** [*o* **voilà**] ~ da; **peut- -être ~** vielleicht; **c'est ~** j'ignore tout de lui ich weiß nämlich gar nichts über ihn
❸ *(dans des questions)* **qu'est-ce ~ c'est?** was ist das?; **qui est-ce ~ c'est?** wer ist das?; **qu'est-ce que c'est ~ ça?** *fam* was ist denn das?; **quand/où est-ce ~ tu pars?** wann/wohin gehst du?; **d'où ~ tu viens?** *fam* woher kommst du?
❹ *(reprend une conjonction de subordination)* **si tu as le temps et qu'il fait beau** wenn du Zeit hast und es schön ist
❺ *(introduit une proposition de temps)* **ça fait trois jours qu'il est là** er ist seit drei Tagen da; **il avait à peine fini qu'elle s'en allait** kaum war er fertig, ging sie weg
❻ *(introduit une proposition de conséquence)* **si/tant/tellement/tel(le)** ... ~ **qn a fait qc** so/so viel/so sehr/so [*o* dermaßen] ..., dass jd etw getan hat
❼ *(introduit une proposition de but)* damit; **taisez-vous qu'on entende l'orateur!** seien Sie still, damit man den Redner verstehen kann!
❽ *(introduit une proposition de conséquence)* [so] dass; **es-tu muet(te)** ~ **tu ne puisses dire un seul mot?** bist du stumm, dass du kein Wort sagen kannst?
❾ *(introduit une proposition de cause)* **vous devez être bien occupé(e) qu'on ne vous voit plus** Sie müssen sehr beschäftigt sein, denn man sieht Sie nicht mehr
❿ *(introduit une hypothèse)* **qu'il pleuve ou qu'il neige** ob es regnet oder schneit
⓫ *(marque une opposition)* selbst wenn; **on me paierait ~ je ne le ferais pas** selbst wenn man mich dafür bezahlte, würde ich es nicht tun
⓬ *(pour comparer)* **plus/moins/autre** ... ~ mehr/weniger/anders ... als; **plus/moins grand(e)** ~ größer/kleiner als; **tout aussi** ... ~ genauso ... wie; **autant de** ... ~ genauso viel(e) ... wie; **tel(le)** ~ [genau] so, wie
⓭ *(pour exprimer un ordre, un souhait)* **qu'elle se taise!** sie soll still sein!; ~ **la paix soit avec vous!** [der] Friede sei mit euch!
⓮ *fam (pour renforcer un adverbe)* **sûrement** ~ **c'est vrai** das ist sicher wahr
⓯ *(pour renforcer)* **il n'en est** ~ **plus coupable** dann ist er erst recht schuld
⓰ *(seulement)* nur; **il ne fait** ~ **travailler** er arbeitet nur; **il n'est arrivé qu'hier** er ist erst gestern angekommen; **la vérité, rien ~ la vérité** die Wahrheit, nichts als die Wahrheit
II. *adv* ❶ *(comme)* wie; [**qu'est-ce**] ~ **c'est beau!** wie schön das ist!; **ce ~ c'est beau!** *fam* was ist das schön! *(fam);* ~ **c'est compliqué!** das ist vielleicht kompliziert!
❷ *(combien)* ~ **de monde!** wie viele Leute!; ~ **de temps perdu!** wie viel Zeit [doch] verloren wurde!; **qu'est-ce ~** ...!, **ce ~** ...! *fam* wie viel[e] ...!; **ce qu'il y a comme vent aujourd'hui!** *fam* heute weht vielleicht ein Wind!
❸ *littér (pourquoi)* ~ **ne m'a-t-il écouté(e)?** warum hat er [nur] nicht auf mich gehört?
❹ *(pour renforcer oui, non, si)* ~ **oui!** ja[, unbedingt]!; ~ **non!** [aber] nein!; ~ **si!** doch[, durchaus]!
III. *pron rel* ❶ *(complément direct) (se rapportant à un substantif au singulier)* den/die/das, welchen/welche/welches; *(se rapportant à un substantif au pluriel)* die, welche; **ce** ~ *(en fonction de sujet)* [das,] was; *(en fonction d'objet direct)* was; **chose** ~ was; **quoi** ~ **tu dises** was du auch sagst, egal, was du sagst *(fam)*
❷ *(après une indication de temps)* **un jour qu'il faisait beau** eines Tages, als das Wetter schön war; **toutes les fois qu'il vient** jedes Mal, wenn er kommt; **depuis dix ans** ~ **nous habitons ici,** ... wir wohnen [nun] seit zehn Jahren hier und ...; **le temps ~ la police arrive,** ... bis die Polizei [endlich] kommt, ...
❸ *(attribut du sujet)* **malheureuse qu'elle était** unglücklich wie sie war, da sie unglücklich war; **quelle belle chose ~ le cinéma!** was für eine schöne Sache das Kino doch ist!; **pour naïf qu'il soit** so naiv er auch sein mag [*o* auch ist], mag er auch [noch so] naiv sein; **qui ~ tu sois** wer du auch bist; **c'est un inconvénient ~ de ne pas avoir de vélo** es ist unpraktisch, wenn man kein Fahrrad hat; **en bonne fille qu'elle était** als braves Mädchen
IV. *pron interrog* ❶ *(quelle chose?)* **was ...?;** ~ **faire?** was soll man/sollen wir/soll ich tun?; **qu'est-ce** ~ ...? was ...?; **ce** ~ was
❷ *(attribut du sujet)* **was ...?;** ~ **deviens-tu?** was hast du die ganze Zeit gemacht?; **qu'est-ce** ~ ...? was ...?; **ce** ~ was
❸ *(quoi)* was; **je ne sais** ~ **faire** ich weiß nicht, was ich tun soll
▶ **qu'est-ce qui vous prend?** was ist denn in Sie/euch gefahren?

Québec [kebɛk] *m* ❶ *(ville)* Quebec *nt*
❷ *(région)* **le** ~ Quebec *nt;* **la province de/du** ~ die Provinz Quebec

Land und Leute

Die Provinz **Québec** mit ihrer gleichnamigen Hauptstadt ist die östlichste und größte Provinz Kanadas. Montreal im Süden der Provinz ist Kanadas zweitgrößte Metropole. Der Anteil der Frankokanadier, also der Bevölkerung mit französischer Muttersprache, ist in **Québec**, gemessen am Rest des Landes, mit Abstand am höchsten.

québécisme [kebesism] *m* LING *Besonderheit des in Quebec gesprochenen Französisch*
québécois [kebekwa] *m* **le ~** *in Quebec gesprochenes Französisch*
québécois(e) [kebekwa, waz] *adj* aus Quebec, Quebecer
Québécois(e) [kebekwa, waz] *m(f)* Quebecer(in) *m(f)*
quel(le) [kɛl] **I.** *adj* ❶ *(dans une question)* welche(r, s), was für ein(e); **~ temps fait-il?** wie ist das Wetter?; **~ le heure est-il?** wie viel Uhr ist es?; **~ jour sommes-nous?** *(jour de la semaine)* welcher [Wochen]tag ist heute?; *(date)* der Wievielte ist heute?, den Wievielten haben wir heute?; **~ est/~(le)s sont ...?** wer ist/ sind ...?; **~ est cet homme?** wer ist dieser Mann?; **~les sont les personnes qui acceptent?** wer ist [alles] einverstanden?; **~ le plus grand des deux?** welcher von beiden ist größer [*o* der größere]?; **~ est ce vin?** welcher Wein ist das?; **~les sont tes intentions?** welche Absichten hast du?; **~ est votre âge/salaire?** wie alt sind Sie/wie viel verdienen Sie?; **je me demande ~ le a pu être sa réaction** ich frage mich, wie er/sie wohl reagiert hat; **~ que soit son choix** ganz gleich, was er/sie wählt; **~ le que puisse être votre décision** ganz gleich, wie Sie sich entscheiden; **un vêtement ~ qu'il soit** irgendein Kleidungsstück; **~les que soient les conséquences, ...** was für Folgen das auch immer haben wird, ...
❷ *(exclamation)* was für ein(e), so ein(e); **~(le) imbécile je suis!** ich Dummkopf!, was bin ich für ein Dummkopf!; **~ dommage!** wie schade!; **~ talent!** was für ein Talent *fam*!
II. *pron* welche(r, s); **de nous deux, ~ est le plus grand?** wer ist der größere von uns beiden?

quelconque [kɛlkɔ̃k] *adj* ❶ *(n'importe quel)* **un(e)** ... – irgendein(e) ..., ein [x-]beliebiger/eine [x-]beliebige/ein [x-]beliebiges ...; **sous un prétexte ~** unter irgendeinem [*o* einem x-beliebigen] Vorwand; **des risques ~s** irgendwelche Risiken
❷ *(le moindre)* **un/une ~ ...**, **un/une ... ~** [nur] irgendein(e) ...; **si seulement j'en avais une ~ idée** wenn ich nur die leiseste Ahnung hätte
❸ *(ordinaire)* mittelmäßig; **visage/sujet ~** Allerweltsgesicht *nt*/ -thema *nt (pej)*; **être très ~** überhaupt nichts Besonderes sein
❹ *fam (vulgaire)* gewöhnlich; **je trouvais cela d'un ~!** ich fand das dermaßen gewöhnlich!

quelque [kɛlk] **I.** *adj indéf, antéposé* ❶ *sans pl littér (un quelconque)* **il faut trouver ~ autre solution** man muss [irgend]eine andere Lösung finden; **désirez-vous ~ autre chose?** möchten Sie irgendetwas Anderes?
❷ *sans pl littér (un peu de)* einige(r, s); **~ peine/temps** einige Mühe/Zeit; **avec ~ impatience** mit wenig ungeduldig
❸ *pl (plusieurs)* einige, ein paar; **il m'a donné cent et ~s euros** er gab mir etwas mehr als hundert [*o* Hundert] Euro; **à ~s pas d'ici** ein paar Schritte von hier entfernt; **~s milliers de** einige Tausend
❹ *pl (petit nombre)* **les/ces ~s ...** die/diese wenigen ..., die/diese paar ...; **les ~s fois où ...** die wenigen Male, die ...
▶ **~s efforts que tu fasses** *soutenu* wie sehr du dich auch bemühst; **~ lien qui pût nous unir, ...** *soutenu* was für ein Band uns auch verbinden mochte, ...
II. *adv (environ)* etwa; **il a ~ trente ans** er ist etwa [*o* so um die *fam*] dreißig Jahre alt
▶ **~ peu** etwas, ein wenig; **quelqu'étrange que fût cette musique** *soutenu* so fremdartig diese Musik auch war; **10 kg et ~s** *fam* etwas mehr als 10 kg; **cinq heures et ~ [s]** *fam* ein paar Minuten nach fünf

quelque chose *v.* chose
quelquefois [kɛlkəfwa] *adv* manchmal, hin und wieder
quelque part *v.* part
quelques-uns, quelques-unes [kɛlkəzœ̃, kɛlkəzyn] *pron indéf*
❶ *(un petit nombre de personnes)* einige; *(seulement une minorité)* einige wenige
❷ *(certaines personnes)* einige, manche
❸ *(certains)* **quelques-unes des personnes/choses** einige Menschen/Dinge; **~ de ces tableaux** einige dieser Bilder; **j'en ai mangé ~/quelques-unes** ich habe einige davon gegessen; **~/ quelques-unes parmi** [*o* d'entre] **eux/elles** einige [von ihnen]
quelqu'un [kɛlkœ̃] *pron indéf* ❶ *(une personne)* jemand; **~ d'autre** jemand anders; **~ d'important** jemand Wichtiges; **elle, c'est ~ de bien** sie ist nett
❷ *(une personne remarquable)* jemand Besonderes; **son père, c'est ~!** sein Vater ist jemand!

quémander [kemɑ̃de] <1> *vt* **~ qc** um etw betteln; **~ des secours à qn** um Hilfe anflehen
qu'en-dira-t-on [kɑ̃diʀatɔ̃] *m inv* Gerede *nt* der Leute; **se moquer du ~** auf das Gerede der Leute pfeifen
quenelle [kənɛl] *f* GASTR [längliches] Klößchen; **~s de veau/de brochet** Kalbs-/Hechtklößchen
quenotte [kənɔt] *f enfantin fam* Zähnchen *nt*, Beißerchen *nt (fam)*
quenouille [kənuj] *f* Spinnrocken *m*

▶ **tomber en ~** *littér loi:* in Vergessenheit geraten; *domaine:* verfallen; **laisser tomber un privilège en ~** von einem Privileg keinen Gebrauch mehr machen
quéquette [kekɛt] *f enfantin fam* Piephahn *m (fam)*
querelle [kəʀɛl] *f* Streit *m kein Pl*; **une ~ sur qc** ein Streit um etw; **provoquer une ~** einen Streit vom Zaun brechen; **~ de famille** Familienstreit; **~ entre** [*o* **de**] **frères** Bruderzwist *m (veraltet)*; **~ d'amoureux** Streit unter Verliebten; **la ~ des Anciens et des Modernes** Auseinandersetzung zwischen französischen Schriftstellern des 17. Jahrhunderts
▶ **~s de clocher** unbedeutende lokale Streitigkeiten *Pl*; **~s byzantines** Streit *m* um des Kaisers Bart; **chercher ~ à qn** *(provoquer)* mit jdm Streit anfangen; *(chercher à provoquer)* mit jdm Streit suchen, sich mit jdm streiten wollen; **embrasser** [*o* **épouser**] **la ~ de qn** für jdn Partei ergreifen; **vider une ~** *soutenu* einen Streitfall bereinigen

quereller [kəʀele] <1> *vpr* **se ~ avec qn à propos de qc** sich mit jdm wegen etw streiten
querelleur, -euse [kəʀelœʀ, -øz] *adj (chamailleur)* streitlustig; *(agressif)* streitsüchtig
quérir [keʀiʀ] <*irr, déf*> *vt* **aller ~ qn** *littér* jdn holen gehen; **venir ~ qn** *littér* jdn holen kommen
qu'est-ce que [kɛskə] *pron interrog* was
qu'est-ce qui [kɛski] *pron interrog* was
question [kɛstjɔ̃] *f* ❶ *(demande)* Frage *f*; **~ supplémentaire** Zusatzfrage; **~ piège** *(apparemment facile)* Fußangel *f*; *(pour nuire)* Fangfrage; **~s d'un examen** Prüfungsfragen; **~ de routine** Routinefrage; **~ à évaluer** FIN Bewertungsfrage; **~s quant à la charge de la preuve** Beweislastfragen; **poser la ~ de confiance** die Vertrauensfrage stellen; **cette ~!, quelle ~!, la belle ~!** *iron (bien sûr)* was für eine Frage!; *(cette question est stupide)* dumme Frage!; **la ~ est: ...** die Frage ist [nur], ...; **la ~ est** [*o* **se pose**] **de savoir s'il est d'accord** man/ich/... müsste [nur] wissen, ob er einverstanden ist; **poser une ~ à qn** jdm eine Frage stellen; **sans poser de ~s** ohne viel zu fragen; **[re]mettre qc en ~** etw infrage [*o* in Frage] stellen; **se poser des ~s sur qn/qc** sich *(Dat)* über jdn/etw Gedanken machen
❷ *(sujet à discussion)* Thema *nt*; *d'un ordre du jour* Punkt *m*; POL *(demande d'explication au parlement)* Anfrage *f*; **~ d'urgence** Dringlichkeitsanfrage *f*; **être en ~** zur Diskussion stehen
❸ *(problème)* Frage *f*; **~ de compétence** Kompetenzfrage; **~s d'argent/de famille** Geld-/Familienfragen *f*; **~ de l'éducation** Erziehungsfrage; **~ de prestige** Prestigefrage; **~s de religion** Glaubensfragen; **~ centrale** Dreh- und Angelpunkt *m*; **pour des ~s de pétrole** wegen Erdöl, wegen des Erdöls; **~ de survie** Existenzfrage; **c'est une ~ de vie ou de mort** es geht um Leben und Tod; **c'est une ~ de temps** das ist eine Frage der Zeit; **qc est une [pure] ~ d'éducation** etw ist eine [reine] Erziehungsfrage *f*; **c'est uniquement une ~ de nerfs** *fam* das ist [eine] reine Nervensache *(fam)*; **c'est [toute] la ~, c'est là la ~, là est [toute] la ~** das ist die [große] Frage, genau das ist die Frage [o das Problem]; **ce n'est pas la ~, là n'est pas la ~, la ~ n'est pas là** darum geht es [hier/jetzt] nicht; **la ~ de qc se pose** etw ist ein [ernstes] Problem
❹ *(domaine)* **c'est une ~ de tact** das ist eine Frage des Takts; **~ de bon sens!** Köpfchen *nt* muss man haben! *(fam)*; **~ de croyance** Glaubenssache *(fam)*; **~ d'entraînement** Übungssache *f*; **~ d'état d'esprit** Einstellungssache; **~ d'habitude** Gewohnheitssache, Frage *f* der Gewohnheit; **~ d'habitude** das ist [nur] eine Frage der Gewohnheit; **bien s'y connaître dans les ~s d'argent** sich in Geldsachen gut auskennen
❺ *(ensemble de problèmes soulevés)* Frage *f*, Problem *nt*; **~ sociale** soziale Frage; **~ raciale** Rassenfrage, Rassenproblem; **la ~ du chômage** die Frage [*o* das Problem] der Arbeitslosigkeit; **la ~ du pétrole/trou d'ozone** das Erdöl-/Ozonlochproblem
❻ HIST *(torture)* peinliche Befragung; **infliger la ~ à qn** jdn einer peinlichen Befragung *(Dat)* unterziehen
▶ **il est ~ de qn/qc** *(il s'agit de)* es geht um jdn/etw; *(on parle de)* es ist die Rede von jdm/etw; **il est ~ de faire qc** es ist die Rede davon, dass etw getan werden soll [*o* getan wird]; **il n'est pas ~ de faire qc/pour qn de faire qc** es ist ausgeschlossen, dass etw getan wird/dass jd etw tut; **il n'est ~ que de** es ist nur noch die Rede von jdm/etw; **il est ~ que qn fasse qc** man sagt [*o* es heißt], dass jd etw tut/tun soll; **il n'est pas ~ de qc** etw ist völlig ausgeschlossen; **il n'est pas ~ que qn fasse qc** es ist völlig ausgeschlossen, dass jd etw tut; **il ne saurait être ~ de faire qc** es kann keine Rede davon sein, dass man/jd etw tut; **[c'est/c'était] ~ de faire qc** jd will/wollte nur etw tun; **c'était ~ de rigoler** wir wollten nur Spaß machen; **qn/qc en ~** jd, um den es geht/ etw, um das es geht; **la personne en ~** der/die Betreffende; **hors de ~** das kommt überhaupt nicht infrage [*o* in Frage]; **pas ~!** *fam* [das] kommt nicht in die Tüte! *(fam)*; **~ argent/délais/..., ...** *fam* in puncto Geld/Termin/...; **~ finances, comment fais-tu?** wie geht's dir in puncto Finanzen?

◆ ~ **de principe** Grundsatzfrage f
questionnaire [kɛstjɔnɛʀ] m ❶ Fragebogen m
❷ (série de questions) Fragen Pl
◆ ~ **à choix multiple** Multiple-Choice-Fragebogen m
questionner [kɛstjɔne] <1> vt ❶ (interroger) ~ qn sur qc jury: jdm zu etw Fragen stellen, jdn in etw (Dat) prüfen; police: jdn zu etw befragen
❷ (poser problème) ~ qn jdn vor Probleme stellen, für jdn ein Problem sein
quête [kɛt] f ❶ (collecte d'argent) [Geld]sammlung f; **faire la ~** (dans la rue) association: [Geld] sammeln, chanteur des rues: Geld einsammeln
❷ (à l'église) Kollekte f; **faire la ~** die Kollekte einsammeln
❸ littér (recherche) ~ **de qc** Suche f nach etw; **être en ~ de qc** auf der Suche nach etw sein; **en ~ d'un emploi** auf Stellensuche [o Arbeitssuche] sein; **en ~ de nourriture** auf Nahrungssuche; **la ~ du Graal** die Gralssuche
quêter [kete] <1> I. vi ~ **pour qn/qc** für jdn/etw sammeln
II. vt littér (solliciter) bitten um suffrages; heischen (geh) regard, compliment, éloges; ~ **l'affection de qn** personne: sich um jds Zuneigung bemühen; animal: um Zuneigung betteln
quêteur, -euse [kɛtœʀ, -øz] m, f Spendensammler(in) m(f)
quetsche [kwɛtʃ] f ❶ Zwetsche f, Zwetschge f (CH, SDEUTSCH); **arbre à ~s** Zwetschenbaum m, Zwetschgenbaum (CH, SDEUTSCH)
❷ (eau-de-vie) Zwetschenschnaps m/-wasser nt, Zwetschgenschnaps/-wasser (CH, SDEUTSCH)
queue [kø] f ❶ ZOOL Schwanz m; d'un coq, paon, d'une pie Schwanzfedern Pl, Schwanz; **avoir la ~ basse** chien: den Schwanz hängen lassen; **agiter la** [o **sa**] **~** chien: [mit dem Schwanz] wedeln; **~ de/du poisson** Fischschwanz
❷ GASTR Schwanz m; **~ de bœuf** Ochsenschwanz, Ochsenschlepp m (A); **~s de langoustine/d'écrevisse** Hummer-/Flusskrebsschwänze Pl
❸ BOT d'un fruit, d'une fleur, feuille Stiel m; de radis Stiel, Stängel m
❹ (partie d'un objet) d'un cerf-volant Schwanz m; d'un avion Heck nt; d'un habit [Rock]schoß m; **habit à ~** Frack m
❺ (manche) d'une casserole, poêle Stiel m
❻ (fin) d'une comète Schweif m (geh); d'un orage Ende nt
❼ TRANSP d'un train, métro Ende nt; **~ du train** Zugende; **les compartiments de ~/voitures en ~ de train** die Abteile/Wagen am Zugende
❽ fam (pénis) Schwanz m (sl)
❾ (file de personnes) Schlange f; **faire la ~** Schlange stehen, anstehen; **se mettre à la ~, prendre la ~** sich anstellen, sich in die Schlange stellen; **prenez la ~** [o **mettez-vous à la ~**], **s'il vous plaît!** stellen Sie sich bitte hinten an!
❿ (dernières personnes) d'un cortège, défilé, d'une manifestation, colonne Ende nt; **la ~ de la classe** die Schlechtesten in der Klasse; **arriver en ~ de qc** als einer der Letzten von etw ankommen
⓫ (appendice) d'une lettre Unterlänge f
▶ **se disputer pour des ~s de cerise** fam sich um des Kaisers Bart streiten (fam); **être rond(e) comme une ~ de pelle** fam sturzbetrunken [o sternhagelvoll] sein (fam); **faire une ~ de poisson à qn** jdn [beim Überholen] schneiden; **finir** [o **se terminer**] **en ~ de poisson** (se terminer brusquement) abrupt enden; (sans conclusion satisfaisante) unbefriedigend enden; **n'avoir ni ~ ni tête** weder Hand noch Fuß haben; **à la ~ basse** [o **entre les jambes**] fam mit eingezogenem Schwanz (fam); **se mordre la ~** sich im Kreis drehen; **ne pas en voir la ~ d'un(e), il n'y en a pas la ~ d'un(e)** fam les filles, on n'en verra pas la ~ d'une es werden überhaupt keine Mädchen dasein; **à la ~ leu leu** im Gänsemarsch; **marcher à la ~ leu leu** im Gänsemarsch gehen
◆ ~ **de billard** Queue m o nt
queue de cheval [kød(ə)ʃəval] <queues de cheval> f Pferdeschwanz m
queue-de-morue, queue de morue [kød(ə)mɔʀy] <queues-de-morues o queues de morues> f Schwalbenschwanz m; hum fam **queue-de-pie, queue de pie** [kød(ə)pi] <queues-de-pie o queues de pie> f Frack m, Schwalbenschwanz m **queue-de-rat** [kød(ə)ʀa] <queues-de-rats> f ❶ (coiffure) Rattenschwänzchen nt (hum) ❷ TECH Rundfeile f
queutard [køtaʀ] m péj vulg Rumficker m (pej vulg)
qui [ki] I. pron rel ❶ (comme sujet) (se rapportant à un substantif au singulier) der/die/das, welcher/welche/welches; (se rapportant à un substantif au pluriel) die, welche; **toi ~ sais tout** du weißt doch alles; **le voilà ~ arrive** da kommt er ja; **voici/voilà ~ est intéressant** das ist [jetzt aber] interessant; **je le vis ~ ramassait ...** ich sah [ihn], wie er ... aufhob; **j'en connais ~ ...** ich kenne Leute, die ...; **c'est lui/elle ~ a fait cette bêtise** er/sie hat diesen Blödsinn gemacht; **ce ~ ...** (servant de sujet) [das,] was ...; (se rapportant à une phrase principale) ..., was ...; **ce ~ se passe est grave** [das,] was sich da ereignet, ist schlimm; **chose ~ ...** was ...

❷ (comme complément, remplace une personne) **la dame à côté de ~ tu es assis(e)/tu t'assois** die Dame, neben der du sitzt/neben die du dich setzt; **l'ami dans la maison de ~ ...** der Freund, in dessen Haus ...; **la dame à ~ c'est arrivé** die Dame, der das passiert ist
❸ (celui qui) wer; ~ **fait qc ...** (introduisant un proverbe, dicton) wer etw tut, ...; **cela m'a été dit par ~ vous savez** ihr wisst/Sie wissen schon, wer mir das gesagt hat; **il a dit à ~ voulait l'entendre que** er hat jedem, der es hören wollte, gesagt, dass
▶ **c'est à ~ criera le plus fort** jeder will am lautesten schreien; ~ **que tu sois** ganz gleich, wer du bist; **je ne veux être dérangé(e) par ~ que ce soit** ich möchte von niemandem gestört werden; ~ **..., ~ ..., ~ ...** littér (l'un..., l'autre ..., le troisième ...) der eine ..., der andere ..., der dritte [wiederum] ...
II. pron interrog ❶ (qui est-ce qui) ~ **...?** wer ...?; ~ **ça?** wer?; **c'est qui ...?** abusif wer ...?; **c'est qui est là?** wer ist denn da?
❷ (question portant sur la personne complément direct) ~ **...?** wen/wem ...?; **~ as-tu vu?** wen hast du gesehen?; **~ croyez-vous?** wem glauben Sie?; **c'est que ...?** abusif wen ...?
❸ (question portant sur la personne complément indirect) à/avec/pour/chez ~ **...?** wem/mit wem/für wen/bei wem ...?; à/avec/pour/chez ~ **c'est que ...?** abusif wem/mit wem/für wen/bei wem ...?
❹ (marque du sujet, personne ou chose) **qui est-ce ~ ...?** wer ...?; **qu'est-ce ~ ...?** was ...?
quiche [kiʃ] f ~ [**lorraine**] Quiche Lorraine f
quick® [kwik] m Tennisboden mit schnellem Belag
quiconque [kikɔ̃k] I. pron rel (celui qui) ~ **veut venir** wer kommen will; (toute personne que) jeder, der ...; **donne-le à ~ le voudra** gib es dem, der es will
II. pron indéf (personne) **je le sais mieux que ~** ich weiß es selbst am besten; **hors de question que ~ sorte** es kommt nicht infrage [o in Frage], dass irgendjemand hinausgeht; **elle ne veut recevoir d'ordres de ~** sie will sich (Dat) von niemandem etwas vorschreiben lassen
quidam [k(ɥ)idam] m hum fam jemand; **qui est ce ~?** wer ist [denn] das?
qui est-ce que [kiɛskə] loc interrog (question portant sur une personne en position complément) ~ **...?** wen/wem ...?; **avec/par/pour ~ ...?** mit wem/durch wen/für wen ...?
qui est-ce qui [kiɛski] loc interrog (question portant sur une personne en position sujet) ~ **...?** wer ...?; ~ **parmi vous ~?** wer von Ihnen/euch ...?
quiet, quiète [kje, kjɛt] adj vieilli [seelen]ruhig
quiétude [kjetyd] f ❶ littér (tranquillité d'esprit) Ruhe f, Gelassenheit f; **en toute ~ soutenu** in aller Ruhe; (impliquant un reproche) in aller Seelenruhe, seelenruhig; **tu peux partir en toute ~** du kannst in aller Ruhe [o ganz beruhigt] wegfahren
❷ littér (calme) Ruhe f, [friedliche] Stille; **la ~ des soirées au coin du feu** die [friedlichen,] stillen Abende am Kamin
quignon [kiɲɔ̃] m ~ [**de pain**] Brotkanten m
quille [kij] f ❶ JEUX (objet) Kegel m; **jouer aux ~s** kegeln; **le jeu de ~s** das Kegeln; **un jeu de ~s** ein Kegelspielset nt; **club de jeu de ~s** Kegelklub m, Kegelverein m
❷ NAUT Kiel m; **la ~ en l'air** kieloben
❸ arg (fin du service militaire) Abgang m (fam); (sortie de prison) Entlassung f
▶ **ne pas tenir sur ses ~s** fam Schlagseite haben (fam)
quilleur, -euse [kijœʀ, -jøz] m, f CAN Kegelspieler(in) m(f), Kegler(in) m(f)
quincaillerie [kɛ̃kajʀi] f ❶ (articles de ménage) Haushaltswaren Pl, Hartwaren (Fachspr.)
❷ (petit outillage) Eisenwaren Pl
❸ (magasin d'articles de ménage) Haushaltswarengeschäft nt
❹ (magasin de petit outillage) Eisenwarenhandlung f
quincaillier, -ière [kɛ̃kaje, -jɛʀ] m, f ❶ (commerçant d'articles de ménage) Haushaltswarenhändler(in) m(f)
❷ (commerçant de petit outillage) Eisenwarenhändler(in) m(f)
quinconce [kɛ̃kɔ̃s] m **en ~** versetzt [angeordnet]
quinine [kinin] f (médicament) Chinin nt; **comprimés de ~** Chinintabletten Pl
quinquagénaire [kɛ̃kaʒenɛʀ, kɥɛ̃kwaʒenɛʀ] I. adj **homme/femme ~** Fünfzigjähriger m/Fünfzigjährige f; **être ~** fünfzigjährig sein
II. mf (personne) Fünfziger(in) m(f)
quinquennal(e) [kɛ̃kenal, o] <-aux> adj ❶ (qui a lieu tous les cinq ans) fünfjährlich; **ces élections sont ~es** diese Wahlen finden alle fünf Jahre statt
❷ (qui dure cinq ans) **plan ~** Fünfjahresplan m; **ces plans sont quinquennaux** diese Pläne sind auf fünf Jahre angelegt; **un contrat de plan ~** ein Vertrag über einen Fünfjahresplan
quinquennat [kɛ̃kena] m fünfjährige Regierungszeit
quinquina [kɛ̃kina] m ❶ BOT Chinarindenbaum m

② MED Chinarinde *f*; **médicament contenant du** ~ chininhaltiges Medikament; **cette boisson contient du** ~ dieses Getränk ist chininhaltig
③ *(apéritif)* Aperitif, der Chinarinde enthält
quintal [kɛ̃tal, o] <-aux> *m* Doppelzentner *m*
quinte [kɛ̃t] *f* ① MUS Quinte *f*
② CARTES Serie von fünf aufeinanderfolgenden Karten derselben Farbe
③ MED Hustenanfall *m*; ~ **de toux** Hustenanfall *m*
quinté [kɛ̃te] *m* Rennquintett *nt*
quintessence [kɛ̃tesɑ̃s] *f littér* Quintessenz *f (geh)*
quintette [k(ɥ)ɛ̃tɛt] *m* ① *(œuvre)* Quintett *nt*; ~ **pour piano** Klavierquintett
② *(musiciens)* Quintett *nt*; *(pour piano)* Klavierquintett
quintuple [kɛ̃typl] I. *adj* ① fünffach; ~ **de qc** fünfmal so groß wie etw; **trente est** ~ **de six** dreißig ist das Fünffache von sechs
② *antéposé (au nombre de cinq)* fünffach
II. *m* Fünffache(s) *nt*; **le** ~ **du prix** das Fünffache des Preises, der fünffache Preis; **les prix ont atteint leur** ~ die Preise haben sich verfünffacht [*o* sind auf das Fünffache angestiegen]
quintupler [kɛ̃typle] <1> I. *vi (se multiplier par cinq)* sich verfünffachen
II. *vt (multiplier par cinq)* verfünffachen
quintuplé(e)s [kɛ̃typle] *m(f)pl* Fünflinge *Pl*
quinzaine [kɛ̃zɛn] *f* ① **une** ~ **de personnes/pages** etwa [*o* ungefähr] fünfzehn Personen/Seiten
② *(deux semaines)* **revenir dans une** ~ **[de jours]** in vierzehn Tagen [*o* zwei Wochen] wiederkommen; **la première** ~ **de janvier** die ersten beiden Wochen im Januar, die erste Januarhälfte; **la grande** ~ **des prix littéraires** die ersten beiden Wochen im Dezember, während denen die großen französischen Literaturpreise verliehen werden; **une** ~ **commerciale/publicitaire** zwei Sonderangebots-/Werbewochen
③ *(salaire de deux semaines)* Zwei-Wochen-Gehalt *nt*
◆ ~ **du blanc** COM zwei Wochen dauernder Schlussverkauf für Wäsche und Bettwäsche
quinze [kɛ̃z] I. *num* ① fünfzehn; **tous les** ~ **jours** alle vierzehn Tage [*o* zwei Wochen]; **demain/lundi en** ~ morgen/Montag in zwei Wochen; ~ **A** TENNIS fünfzehn beide
② *(dans l'indication de l'âge, la durée)* **avoir/avoir bientôt** ~ **ans** fünfzehn [Jahre alt] sein/werden; **personne de** ~ **ans** Fünfzehnjährige(r) *f(m)*; **période de** ~ **ans** Zeitraum *m* von fünfzehn Jahren
③ *(dans l'indication de l'heure)* **il est** ~ **heures** es ist fünfzehn [Uhr]
④ *(dans l'indication de la date)* **le** ~ **mars** geschrieben: **le 15 mars** der fünfzehnte März écrit: der 15. März
⑤ *(dans l'indication de l'ordre)* **arriver** ~ **ou seizième** als Fünfzehnte(r) oder Sechzehnte(r) kommen
⑥ *(dans les noms de personnages)* **Louis** ~ geschrieben: **Louis XV** Ludwig der Fünfzehnte écrit: Ludwig XV.
II. *m inv* ① Fünfzehn *f*
② *(numéro)* Nummer *f* fünfzehn, Fünfzehn *f*
③ TRANSP **le** ~ die Linie [*o* Nummer] fünfzehn, die Fünfzehn *(fam)*
④ JEUX Fünfzehn *f*
⑤ SCOL **avoir** ~ **[sur vingt]** ≈ eine Eins haben
⑥ RUGBY Mannschaft *f*; **le** ~ **d'Irlande** die irische Rugby-Nationalmannschaft
III. *f (table, chambre... numéro quinze)* Fünfzehn *f*; *v. a.* **cinq**
quinzième [kɛ̃zjɛm] I. *adj antéposé* fünfzehnte(r, s)
II. *mf* **le/la** ~ der/die/das Fünfzehnte
III. *m* ① *(fraction)* Fünfzehntel *nt*
② *(étage)* fünfzehnter Stock, fünfzehnte Etage
③ *(arrondissement)* fünfzehntes Arrondissement; *v. a.* **cinquième**
quiproquo [kipʀɔko] *m* Verwechslung *f*; ~ **entre le mari et l'amant** Verwechslung des Ehemanns mit dem Liebhaber
quittance [kitɑ̃s] *f* Quittung *f*, Beleg *m*; **faire une** ~ **à qn** jdm eine Quittung [*o* einen Beleg] ausstellen
quitte [kit] *adj* ① *(qui a fait son devoir)* **être** ~ **de qc** etw hinter sich *(Dat)* haben; **être** ~ **envers la société** seine Pflicht gegenüber der Gesellschaft erfüllt haben
② *(sans dettes)* **être** ~ **envers qn** jdn abgefunden haben, mit jdm quitt sein *(fam)*; **des personnes sont ~s** Menschen sind quitt [miteinander] *(fam)*; **tenir qn** ~ **d'une promesse** jdn von einem Versprechen entbinden; **tenir qn** ~ **d'une dette** jdm eine Schuld erlassen
③ *(avoir fait sa part de travail)* **être** ~ seinen Teil geleistet haben; **s'estimer** ~ **envers qn** glauben, mit jdm quitt zu sein
④ *(sans autre dommage)* **en être** ~ **pour qc** mit etw davonkommen; **elle en a été** ~ **pour la peur** sie ist mit dem Schrecken davongekommen; **en être** ~ **pour faire qc** eben etw tun können [*o* müssen]; **il en est** ~ **pour tout recommencer** jetzt kann [*o* muss] er eben alles noch einmal machen; **en être** ~ **à bon compte** [*o* **bon marché**] [*o* **bas prix**] glimpflich davonkommen
⑤ *(au risque de)* ~ **à faire qc** auch auf die Gefahr hin, dass man/jd etw tut
quitte ou double [kitudubl] *m sans pl* ① *(le tout pour le tout)* alles oder nichts
② JEUX *Name eines Ratespiels;* **jouer** ~ „quitte ou double" spielen
▶ **jouer** ~ *(risquer un grand coup)* alles auf eine Karte setzen
quitter [kite] <1> I. *vt* ① *(prendre congé de)* verlassen; **je vous quitte quelques instants** ich muss Sie einen Augenblick allein lassen; **je te quitte** *(dans une lettre, au téléphone)* ich mache jetzt Schluss; **ne quittez pas!** TELEC bleiben Sie am Apparat!, legen Sie nicht auf!
② *(rompre avec)* verlassen *femme, mari, amant, famille*
③ *(sortir de)* ~ **qc** etw verlassen, aus etw gehen; **il quitta la ville en fonçant** er sauste aus der Stadt hinaus
④ *(partir de)* verlassen *ville, pays*; räumen *chambre d'hôtel, appartement, lieux*; ~ **l'école** die Schule verlassen, von der Schule abgehen; **ils ont quitté Paris** sie sind aus Paris weggezogen
⑤ *(se retirer)* aufgeben *emploi*; niederlegen *fonctions*; ~ **l'enseignement/le service de qn** den Schuldienst/jds Dienste quittieren
⑥ *(ne plus rester sur)* **la voiture a quitté la route** das Auto kam von der Straße ab
⑦ *littér (mourir)* für immer verlassen
⑧ *(abandonner)* ~ **qn** *courage, espoir*: jdn verlassen; **ne pas** ~ **qn** *pensée, appréhension*: jdn nicht loslassen; **la toux ne le quitte pas** sein Husten klingt nicht ab
⑨ *(enlever)* ausziehen *gants*; ausziehen, ablegen *vêtements*; ablegen *bijoux*; ~ **le deuil** die Trauerkleidung ablegen
⑩ INFORM ~ **un logiciel** [*o* **un programme**] ein Programm beenden
II. *vpr* **se** ~ sich trennen; **ils se sont quittés bons amis** sie sind als gute Freunde auseinandergegangen; **les frères ne se quittent pas/plus/jamais** die Brüder sind unzertrennlich
quitus [kitys] *m* **donner** ~ **à qn** jdn entlasten; **donner** ~ **au conseil de surveillance** dem Aufsichtsrat Entlastung erteilen; ~ **donné au directoire** Entlastung *f* des Vorstands; ~ **du gérant** Entlastung des Geschäftsführers
quivertip [kwivœrtip] *m* PECHE Zitterspitze *f (Fachspr.)*; **canne au** ~ Zitterspitzrute *f (Fachspr.)*
qui-vive [kiviv] *m inv* **être/rester sur le** ~ *(sur ses gardes)* sehr wachsam sein/bleiben; *(en état d'alerte)* in Alarmbereitschaft sein/bleiben
quiz [kwiz] *m* Quiz *nt*[sendung *f*]
quoi [kwa] I. *pron rel* ① *(annexe d'une phrase principale complète)* ..., **ce à** ~ **il ne s'attendait pas** ..., womit er nicht rechnete; ..., **ce en** ~ **elle se trompait** ..., worin sie sich täuschte; ..., **ce pour** ~ **il ne pouvait sortir** ..., weshalb er nicht hinausgehen konnte
② *(dans une question indirecte)* **elle ne comprend pas ce à** ~ **on fait allusion** sie versteht nicht, worauf angespielt wird; **c'est ce pour** ~ **je vous ai fait venir** deswegen habe ich Sie/euch kommen lassen; **ce sur** ~ **je veux que nous discutions** das, worüber ich mit Ihnen/euch sprechen möchte
③ *(comme pronom relatif)* **à/de** ~ ... woran/worüber ...; **voilà de** ~ **je voulais te parler** [gerade] darüber wollte ich mit dir sprechen; **voilà à** ~ **je pensais** [gerade] daran dachte ich; **rien à/de/sur** ~ ... *littér* nichts, woran/worauf ...; **je n'ai rien à** ~ **je puisse me raccrocher** ich habe nichts, woran ich mich halten könnte; **il n'y a rien sur** ~ **il ne donne son avis** es gibt nichts, wozu er nicht seine Meinung beisteuert; **la chose à** ~ **tu penses** *littér* das, woran du denkst
④ *(cela)* ..., **après** ~ ... ..., [und] danach ...; ..., **en** ~ **il a tort** ..., aber darin irrt er sich; **prête-moi un peu d'argent, faute de** ~ **je ne pourrai pas prendre le métro** leih mir ein bisschen Geld, sonst kann ich die Metro nicht nehmen; **écoute ses conseils, moyennant** ~ **tu t'en sortiras** hör auf seine Ratschläge, mittels deren du dich aus der Affäre ziehen kannst
⑤ *(ce qui est nécessaire pour)* **de** ~ **faire qc** etwas um etw zu tun; **voici de** ~ **payer le loyer** hier hast du etwas um die Miete zu zahlen; **as-tu de** ~ **écrire?** hast du etwas zum Schreiben?; **elle n'a pas de** ~ **vivre** sie hat nicht genug zum Leben; **il y a de** ~ **faire qc** da muss man/muss ich/... doch einfach etw tun; **il y a de** ~ **s'énerver, non?** darüber kann man sich doch wirklich aufregen, oder?; **il est très fâché. – Il y a de** ~ **!** er ist sehr böse. – Dazu hat er allen Grund!; **il n'y a pas de** ~ **rire** da gibt es nichts zu lachen
▶ **il n'y a pas de** ~ **!** keine Ursache!; **avoir de** ~ *fam* gut betucht sein *(fam)*; ~ **que ce soit** irgendetwas; **si tu as besoin de** ~ **que ce soit, ...** wenn du irgendetwas brauchst, ...; **elle n'a jamais dit** ~ **que ce soit** sie hat nie auch nur das Geringste gesagt; ~ **qu'il en soit** wie dem auch sei; **comme** ~ *fam* woraus folgt, dass; **comme** ~ **on peut se tromper!** wie man sich doch täuschen kann!; **sans** ~ sonst; **que** ganz gleich, was; ~ **que j'en dise** ganz gleich, was ich dazu sage
II. *pron interrog* ① + *prép* **à** ~ **penses-tu** [*o* **est-ce que tu pen-**

ses|? woran denkst du?; **dites-nous à ~ cela sert** sagt uns, wozu das gut ist; **de ~ n'est-elle pas capable/a-t-elle besoin?** wozu ist sie nicht in der Lage/was braucht sie?; **cette chaise est en ~?** *fam* woraus ist dieser Stuhl?; **en ~ puis-je vous être utile?** was kann ich für Sie tun?; **par ~ commençons-nous?** womit fangen wir an?; **j'aimerais savoir en ~ cela me concerne** ich möchte wissen, inwieweit mich das betrifft

② *fam (qu'est-ce que)* was; **c'est ~, ce truc?** was ist denn das da [für ein Ding]?; **tu sais ~?** weißt du was?; **je ne sais ~ dire** ich weiß nicht, was ich sagen soll; **~ encore?** was ist denn jetzt schon wieder?; **tu es idiot(e), ou ~?** *fam* bist du dumm oder was? *(fam)*

③ *(qu'est-ce qu'il y a de ...?)* **~ de neuf?** was gibt's Neues?; **~ de plus facile/beau que ...?** was gibt es Einfacheres/Schöneres als ...?

④ *fam (comment?)* was? *(fam)*

▶ **de ~|, de ~|?** *pop* wie war das? *(fam)*, was ist los? *(fam)*

III. *interj* ① *(marque la surprise: comment!)* **~!** was!

② *fam (marque l'impatience)* **allons/alors/eh bien ~!** na los! *(fam)*

③ *fam (en somme)* **..., ~!** eben ...!; **il n'est pas bête, il manque un peu d'intelligence, ~!** er ist nicht dumm, er ist eben nur ein bisschen beschränkt!

quoique [kwak(ə)] *conj* ① + *subj (bien que)* obwohl
② + *indic (après réflexion)* obwohl

quolibet [kɔlibɛ] *m* Spöttelei *f*

quorum [k(w)ɔrɔm] *m* Quorum *nt*, erforderliche/beschlussfähige Anzahl

quota [k(w)ɔta] *m* Quote *f*; **conformément à un ~** entsprechend einer Quote
◆ **~ d'exportation** Exportquote *f*; **~ d'immigration** Einwanderungsquote *f*; **~ d'importation** Importquote *f*; **~ de production** JUR Erzeugungsquote *f*

quote-part [kɔtpaʀ] <quote-parts> *f* Anteil *m*, anteilmäßiger Betrag; JUR Eigentumsanteil; **payer sa ~ de qc** seinen Anteil an etw *(Dat)* bezahlen
◆ **~ de bénéfice** Gewinnanteil *m*; **~ de bénéfice préférentiel** Vorzugsgewinnanteil; **de cotisation** anteilmäßiger Beitrag; **~ de liquidation** Liquidationsquote *f*

quotidien [kɔtidjɛ̃] *m* ① *(journal)* Tageszeitung *f*; **un ~ du matin/soir** eine Morgen-/Abendzeitung
② *(vie quotidienne)* Alltag *m*; *(train-train)* tägliches Einerlei

quotidien(ne) [kɔtidjɛ̃, jɛn] *adj* ① *(journalier)* täglich; **vie ~ne** Alltag *m*, tägliches Leben; *(train-train)* tägliches Einerlei; **il fait sa promenade ~ne** er macht seinen üblichen Spaziergang; **elle fait le trajet ~ en métro** sie fährt täglich [o jeden Tag] mit der Metro
② *(banal)* tâches banal; *vie, existence* durchschnittlich; *(monotone)* eintönig; *incident* alltäglich, gewöhnlich

quotidiennement [kɔtidjɛnmɑ̃] *adv* jeden Tag, täglich

quotient [kɔsjɑ̃] *m* Quotient *m*; **~ familial** Steuerklasse, die die Zahl der zu versorgenden Familienmitglieder berücksichtigt; **~ intellectuel** Intelligenzquotient *m*

quotité [kɔtite] *f* JUR Anteil *m*, anteiliger Betrag *m*; **~ disponible** frei verfügbarer Erbteil *m*

R r

R, r [ɛʀ] *m inv* R *nt*/r *nt*; **rouler les r** das R rollen

rab [ʀab] *m fam* **il y a du ~** es ist noch etwas übrig; **est-ce que je peux avoir du ~** ich hätte gerne einen Nachschlag; **faire du ~** Überstunden machen

rabâchage [ʀabɑʃaʒ] *m* ① *(répétition fastidieuse) d'une leçon* Wiederkäuen *nt*; **faire du ~** den Lernstoff wiederkäuen
② *(radotage)* immer das Gleiche; **c'est du ~** du sagst/er sagt/... immer wieder dasselbe

rabâcher [ʀabɑʃe] <1> I. *vi (radoter)* ständig dasselbe sagen
II. *vt* ① *(ressasser)* **~ les mêmes histoires** ständig [o immer wieder] die gleichen Geschichten erzählen; **~ les mêmes choses à qn** jdm ständig [o immer wieder] dieselben Dinge sagen
② *(répéter pour apprendre)* ständig wiederholen *leçons*; immer [und immer] wieder lernen *histoire, géographie*

rabâcheur, -euse [ʀabɑʃœʀ, -øz] *m, f (radoteur)* Mann, der/Frau, die ständig dasselbe erzählt; **être un ~** ständig [o immer wieder] dasselbe erzählen

rabais [ʀabɛ] *m* Rabatt *m*; **faire douze pour cent de ~** [darauf] zwölf Prozent Rabatt geben; **au ~** *(avec réduction de prix)* zu einem herabgesetzten Preise/herabgesetzten Preisen; *(de mauvaise qualité)* zweitklassig *(pej)*; **travailler au ~** für wenig Geld arbeiten; **vente au ~** Verkauf *m* reduzierter Ware

rabaisser [ʀabese] <1> I. *vt* ① *(diminuer)* herabsetzen; **~ un prix de dix pour cent** einen Preis um zehn Prozent herabsetzen
② *(déprécier)* mindern *(geh) mérite, qualité*
③ *(dénigrer)* herabsetzen; **~ qn au niveau de qn/d'un animal** jdn zu jdm/zu einem Tier erniedrigen
④ *(limiter les pouvoirs)* mindern *pouvoir*
⑤ *(rabattre)* bremsen *orgueil*; **~ les prétentions/exigences de qn** jds Ansprüchen/Forderungen entgegentreten
II. *vpr* **se ~** sich [selbst] herabsetzen

rabane [ʀaban] *f* [Raphia]bastgeflecht *nt*; **natte en ~** [geflochtene] Bastmatte

rabat [ʀaba] *m* ① *(partie rabattue) d'une poche* Klappe *f*, Patte *f*; *d'une enveloppe* Lasche *f*; **~ de la/de poche** Taschenklappe; **faire un joli ~** *(en faisant le lit à la française)* das Bettuch dekorativ umschlagen
② *(revers de col) d'une toge* Beffchen *nt*

rabat-joie [ʀabaʒwa] *mf inv* Spielverderber(in) *m(f)*, Miesepeter *m (fam)*

rabattage [ʀabataʒ] *m* Treibjagd *f*

rabatteur [ʀabatœʀ] *m* ① *d'une moissonneuse* Haspel *f*
② CHASSE Treiber *m*
③ COM Kundenfänger *m*
④ POL Stimmenfänger *m*

rabatteuse [ʀabatøz] *f* ① CHASSE Treiberin *f*
② COM Kundenfängerin *f*
③ POL Stimmenfängerin *f*

rabattre [ʀabatʀ] <irr> I. *vt* ① *(refermer)* herunterklappen *couvercle, siège*; umschlagen *col*; zurückklappen *siège auto, dossier*; **~ le capot de la voiture** die Motorhaube schließen
② *(faire retomber)* **le vent rabattait la pluie sur le toit** der Wind peitschte den Regen gegen das Dach
③ *(faire un rabais)* **le commerçant rabat cinq pour cent sur le prix affiché** der Kaufmann lässt fünf Prozent auf den angegebenen Preis nach
④ CHASSE **~ le gibier** das Wild treiben
⑤ COUT abketten, abketteln *mailles*
⑥ BOT zurückschneiden
▶ **en ~** seine Illusionen verlieren
II. *vpr* **se ~** ① *(changer de direction)* wieder einscheren; **le coureur s'est rabattu à la corde** der Läufer hat auf die Innenbahn gewechselt
② *(accepter faute de mieux)* **se ~ sur qn/qc** sich mit jdm/etw begnügen [o zufriedengeben]

rabattu(e) [ʀabaty] *adj bord, couture* umgeschlagen; *poche* verdeckt; **col ~** Umlegkragen *m*

rabbin [ʀabɛ̃] *m* ① HIST Rabbi *m*
② REL Rabbiner *m*; **grand ~** Großrabbiner *m*

rabbinat [ʀabina] *m* Rabbinat *m*

rabbinique [ʀabinik] *adj* rabbinisch

rabelaisien(ne) [ʀablɛzjɛ̃, jɛn] *adj (truculent) personnage, plaisanterie, style* derb; *verve* lebensfroh

rabibocher [ʀabibɔʃe] <1> *fam* I. *vt* ① *(réconcilier)* versöhnen
② *(rafistoler)* flicken *(fam)*
II. *vpr* **se ~** sich versöhnen

rabiot *v.* rab

rabioter [ʀabjɔte] <1> *fam* I. *vt* ① *(obtenir en plus)* abstauben *(fam)*
② *(extorquer)* ergattern *(fam)*
II. *vi* schnorren *(fam)*

rabique [ʀabik] *adj virus* **~** Tollwutvirus *nt o m*

râble [ʀɑbl] *m* Rücken *m*; **~ de lapin à la moutarde** GASTR Hasenrücken in Senfsoße
▶ **tomber sur le ~ à qn** *fam* jdm auf die Pelle rücken *(fam)*

râblé(e) [ʀɑble] *adj personne* stämmig; *animal* kräftig

rabot [ʀabo] *m* Hobel *m*

rabotage [ʀabotaʒ] *m* [Ab]hobeln *nt*

raboter [ʀabote] <1> *vt* TECH [ab]hobeln *planche*; schleifen *parquet*

raboteur [ʀabotœʀ] *m* Hobler(in) *m(f)*; **~ de parquet** Parkettschleifer(in) *m(f)*

raboteuse [ʀabotøz] *f* Hobelmaschine *f*

raboteux, -euse [Rabotø, -øz] *adj* ❶ *(inégal)* uneben; *surface* uneben, rau; *chemin* uneben, holprig
❷ *fig littér (rude) style* grob; *voix* rau
rabougri(e) [Rabugri] *adj arbre, plante* kümmerlich; *silhouette* gebeugt, eingefallen; *personne, vieillard* alt und gebückt; *enfant* schwächlich; *vie* kümmerlich
rabougrir [RabugRiR] <8> *vpr* ❶ *(s'étioler)* se ~ au soleil *plante:* in der Sonne verkümmern
❷ *fig* se ~ avec l'âge *gens, hommes:* sich mit zunehmendem Alter verkrümmen
rabougrissement [Rabugrismã] *m* ❶ *de plantes* Verkümmern *nt*
❷ *fig d'une personne âgée* Verkrümmen *nt*
rabouter [Rabute] <1> *vt* ❶ TECH anstückeln *tuyaux*
❷ *fig* zusammenstückeln *parties de textes*
rabrouer [RabRue] <1> *vt* anfahren
racaille [Rakaj] *f* Abschaum *m kein Pl (pej)*
raccard [RakaR] *m* CH *(grange à blé)* Weizenscheune *f*
raccommodable [Rakɔmɔdabl] *adj* auszubessern(d)
raccommodage [RakɔmɔdaƷ] *m (réparation)* Flicken *nt*, Ausbessern *nt;* **faire du ~** Flickarbeiten ausführen
raccommodement [Rakɔmɔdmã] *m fam* Versöhnung *f*
raccommoder [Rakɔmɔde] <1> I. *vt* ❶ *(réparer)* flicken, ausbessern *linge, filet;* stopfen *chaussettes; vieilli* ausbessern, in Ordnung bringen *meuble, objet*
❷ *fam (réconcilier)* versöhnen
II. *vpr fam* se ~ sich versöhnen
raccommodeur, -euse [RakɔmɔdœR, -øz] *m, f* Flicker(in) *m(f)*, Flickschneider(in) *m(f) (pej)*
raccompagner [Rakɔ̃pane] <1> *vt* ~ qn à la maison jdn nach Hause [zurück]begleiten
raccord [RakɔR] *m* ❶ *(jonction)* Nahtstelle *f*
❷ *(retouche)* Ausbesserung *f*
❸ *(enchaînement)* Überleitung *f;* CINE Übergang *m*
❹ *(joint)* Verbindungsstück *nt*
▶ **faire un ~** *fam (de maquillage)* sein Make-up auffrischen
raccordement [RakɔRdəmã] *m* Verbindung *f*, Anschluss *m;* ELEC Schaltung *f*
raccorder [RakɔRde] <1> I. *vt (joindre)* [miteinander] verbinden *tuyaux, routes;* ~ **une ville à la ligne de TGV** eine Stadt an die TGV-Strecke anschließen; **il faut ~ les différents plans** CINE die verschiedenen Aufnahmen müssen zusammengeschnitten werden; ~ **qn au réseau** TELEC jdn an das Netz anschließen
II. *vpr* se ~ à qc ❶ *(se relier)* route, voie de chemin de fer: mit etw verbunden sein
❷ *(se rapporter) événement:* in Zusammenhang mit etw stehen
raccourci [RakuRsi] *m* ❶ *(chemin)* Abkürzung *f*
❷ *(abrégé)* Kurzfassung *f;* **en ~** in Kurzfassung
❸ ART perspektivische Verkürzung
❹ INFORM ~ **clavier** Schnelltaste *f*, Abkürzung *f*, Shortcut *m* (Fachspr.), Hotkey *m* (Fachspr.)
raccourcir [RakuRsiR] <8> I. *vt (rendre plus court)* kürzen *texte, vêtement;* stutzen *barbe*
II. *vi* kürzer werden; *(au lavage)* einlaufen
raccourcissement [Rakursismã] *m (action de raccourcir)* Kürzen *nt; (fait de devenir plus court)* Kürzerwerden *nt*
raccroc [RakRo] *m* ▶ **par ~** *(par hasard)* durch Zufall; *(par chance)* durch einen Glücksfall
raccrocher [RakRɔʃe] <1> I. *vt* ❶ *(remettre en place en accrochant)* aufhängen *rideaux, tableau, vêtement;* anhängen *wagon, remorque;* ~ **le combiné** den Hörer auflegen
❷ *(arrêter des gens qui passent pour les retenir)* ansprechen
❸ *fam (rattraper)* ergattern *(fam)*
II. *vi* ❶ TELEC auflegen
❷ SPORT *fam (renoncer) boxeur, professionnel:* aufhören
III. *vpr* se ~ à ~ *(se cramponner)* se ~ à qn/qc sich an jdn/etw klammern
❷ *(se rapporter) choses:* se ~ à qc [sich] auf etw gründen
race [Ras] *f* ❶ *(groupe ethnique)* Rasse *f;* **croisement entre ~s** Kreuzung *f* von Rassen
❷ *soutenu (lignée)* Geschlecht *nt (geh)*
❸ *(sorte)* Spezies *f*, Gattung *f; péj* Brut *f (fam)*, Sippe *f (fam);* **sale ~** üble Brut *(fam);* **être de la même ~** vom gleichen Schlag sein
❹ *(espèce zoologique)* Rasse *f;* **animal de pure ~** reinrassiges Tier; **chien/cheval de ~** Rassehund/-pferd; ~ **bovine/chevaline** Rinder-/Pferderasse; ~ **de chiens nains** Zwerghundrasse
▶ **avoir de la ~** Format [*o* Klasse] haben
racé(e) [Rase] *adj* ❶ *animaux* reinrassig
❷ *personnes* rassig; *homme, femme* von Klasse, von Format
rachat [Raʃa] *m* ❶ JUR, FIN, ECON Rückkauf *m; d'une rente* Ablösung *f; d'un titre* Einlösung *f; de crédits* Herauskauf *m; d'une entreprise* Übernahme *f;* **négociations sur le ~ d'une entreprise** Pl; ~ **amical/hostile** *d'une entreprise* freundliche/feindliche Übernahme

❷ *(pardon) d'une faute* Vergeben *nt; d'un péché* Vergebung *f*
❸ *(salut)* Erlösung *f*
❹ *(libération sous caution)* Freikauf *m*
◆ ~ **d'actions** Aktienrückkauf *m*
rachetable [Raʃtabl] *adj* ❶ FIN *rente* ablösbar; *titre* einlösbar
❷ *(expiable) faute* verzeihlich
racheter [Raʃte] <4> I. *vt* ❶ *(acheter de nouveau)* zurückkaufen
❷ *(acheter en remplacement)* [wieder] kaufen
❸ *(acheter en plus)* nachkaufen
❹ *(acheter d'autrui)* ~ **une table à qn** jdm einen Tisch abkaufen; ~ **les parts de son associé dans l'entreprise** seinen Geschäftspartner auszahlen [*o* abfinden]
❺ *(expier)* sühnen *crime;* wieder gutmachen *faute;* REL büßen *péché*
❻ *(sauver)* retten; REL erlösen
❼ FIN, JUR *(se libérer de)* zurückzahlen, tilgen *dette, emprunt;* ablösen *rente*
❽ *(libérer par rançon)* freikaufen
❾ *(compenser)* ausgleichen, wettmachen *défaut, imperfection*
❿ SCOL ~ **un candidat** einen Prüfling durchkommen lassen *(fam)*
II. *vpr* se ~ *(d'un crime, péché)* sich wieder reinwaschen; **se ~ d'une faute** einen Fehler wieder gutmachen
rachidien(ne) [Raʃidjɛ̃, jɛn] *adj canal* ~ Wirbelkanal *m;* **nerf ~** Rückenmarksnerv *m*
rachitique [Raʃitik] I. *adj* ❶ MED rachitisch
❷ *personne* schwächlich; *plantes* mickerig *(pej fam)*
II. *mf* MED Rachitiskranke(r) *f(m); fig* Schwächling *m*
rachitisme [Raʃitism] *m* Rachitis *f*
racho *abr de* **rachitique**
racial(e) [Rasjal, jo] <-aux> *adj loi, problème, haine* Rassen-; **conflits raciaux d'une grande violence** Rassenkrawalle *Pl*
racine [Rasin] *f* ❶ BOT Wurzel *f*
❷ MATH Wurzel *f;* **carrée/cubique** Quadrat-/Kubikwurzel; **extraire la ~** die Wurzel ziehen
❸ *des cheveux, du nez, d'une dent* Wurzel *f*
❹ LING Wurzel *f*
❺ *(origine)* Ursache *f;* **la ~ du mal** die Wurzel des Übels
❻ *gén pl (origines)* Wurzeln *Pl*
▶ **attaquer le mal à la ~** das Übel an der Wurzel packen/das Übel mit der Wurzel ausrotten; **prendre ~** Wurzeln schlagen
racisme [Rasism] *m* ❶ *(théorie des races)* Rassismus *m*
❷ *(hostilité)* ~ **anti-jeunes** Feindseligkeit *f* gegenüber Jugendlichen
raciste [Rasist] I. *adj* rassistisch
II. *mf* Rassist(in) *m(f)*
rack [Rak] *m* ELEC Rack *nt*
racket [Rakɛt] *m* Schutzgelderpressung *f;* **se livrer au ~** Schutzgelder erpressen
racketter [Rakete] <1> *vt* ~ **qn** Geld [*o* Schutzgelder] von jdm erpressen
racketteur, -euse [RakɛtœR, -øz] *m, f* Erpresser(in) *m(f)*
raclage [Raklaʒ] *m* TECH [Ab]schaben *nt*
raclée [Rakle] *f fam* ❶ *(volée de coups)* Tracht *f* Prügel
❷ *(défaite)* Schlappe *f (fam)*
raclement [Rakləmã] *m* Knirschen *nt;* ~ **de gorge** Räuspern *nt*
racler [Rakle] <1> I. *vt* ❶ *(nettoyer)* scheuern *casserole;* abschleifen *parquet, sol, boiseries;* abstreifen, abputzen *semelles, sabots;* abkratzen *boue, croûte, tache de peinture*
❷ *(frotter)* schleifen; **le garde-boue racle le pneu** das Schutzblech schleift am Reifen
❸ *(ratisser)* harken *allée, gravier, sable*
❹ *péj (faire grincer) instrument (Dat)* herumklimpern *(fam) guitare, mandoline;* auf etw *(Dat)* herumkratzen *(fam) violon*
II. *vpr* se ~ **la gorge** [*o* **le gosier**] sich räuspern
raclette [Raklɛt] *f* ❶ *(outil)* Schaber *m;* Kratzer *m; du ramoneur* Schultereisen *nt;* ~ **en caoutchouc** Gummischieber *m;* ~ **de fer** Schabeisen *nt*, Kratzeisen *f*
❷ *(fromage)* Raclettekäse *m; (spécialité)* Raclette *f o nt*
racloir [Raklwar] *m* Schaber *m*, Kratzer *m*
raclure [RaklyR] *f* ❶ *pl* Späne *Pl; (rebut)* Abfall *m*
❷ *(déchet)* Abschaum *m kein Art*
racolage [Rakolaʒ] *m* ❶ *(recrutement)* Anwerbung *f*, Anwerben *nt;* **faire du ~** die Werbetrommel rühren
❷ *(action d'une prostituée)* Anwerben *nt* von Kunden
racoler [Rakɔle] <1> *vt* werben *adeptes, clients, électeurs, prostituée:* ansprechen; HIST, MIL anwerben
racoleur [RakɔlœR] *m* ❶ HIST, MIL Werber *m*
❷ POL Werber *m* von Mitgliedern; Mann, der Mitglieder wirbt
❸ COM Kundenwerber *m*
racoleur, -euse [RakɔlœR, -øz] *adj péj publicité, affiche* ins Auge springend; *slogan* reißerisch
racoleuse [Rakɔløz] *f* ❶ *(prostituée)* Straßendirne *f*
❷ POL Werberin *f* von Mitgliedern; Frau, die Mitglieder wirbt
❸ COM Kundenwerberin *f*

racontable [ʀakɔ̃tabl] *adj* cette histoire n'est guère ~ en public diese Geschichte kann man eigentlich nicht in der Öffentlichkeit erzählen

racontar [ʀakɔ̃taʀ] *m gén pl fam* Tratsch *m kein Pl (fam)*, Klatsch *m kein Pl (fam)*

raconter [ʀakɔ̃te] <1> I. *vt* ❶ *(narrer)* ~ **une histoire à qn** jdm eine Geschichte erzählen; ~ **un voyage** eine Reise schildern; ~ **que c'est vrai** erzählen [*o* berichten], dass es wahr ist; **mériter** [*o* **valoir la peine**] **d'être raconté(e)** berichtenswert sein; **événement qui mérite** [*o* **vaut la peine**] **d'être raconté** berichtenswertes Ereignis; **événement digne d'être raconté** erzählenswertes Ereignis

❷ *(dire à la légère)* erzählen *histoires, balivernes;* **c'est du moins ce qu'elle raconte** das zumindest erzählt sie

❸ *fam (répéter)* ausplappern *(fam);* **il raconte tout ce qu'on lui confie** er plappert alles aus, was man ihm im Vertrauen erzählt *(fam)*

❹ *littér (décrire)* beschreiben *personne*

▶ ~ **sa vie à qn** *fam* jdm sein [ganzes] Leben erzählen; **je te/vous raconte pas** *fam* ich kann dir/euch sagen *(fam)*

II. *vpr* **se** ~ ❶ *(se dire)* **ne crois pas ce qui se raconte à mon propos!** glaub nicht, was man über mich erzählt!

❷ *(parler de soi)* von sich erzählen

raconteur, -euse [ʀakɔ̃tœʀ, -øz] *m, f soutenu* Erzähler(in) *m(f)*

racorni(e) [ʀakɔʀni] I. *part passé de* **racornir**
II. *adj* ❶ *(durci)* cuir verhärtet
❷ *fig* idées verstaubt

racornir [ʀakɔʀniʀ] <8> I. *vt* ❶ *(durcir)* hart machen, hart sein
❷ *(rendre insensible)* abstumpfen *cœur, âme*
II. *vpr* **se** ~ hart werden; *cuir, peau:* hart werden, sich verhärten; *viande:* zäh werden

racornissement [ʀakɔʀnismɑ̃] *m de la peau* Hartwerden *nt*, Verhärtung *f; de la viande* Zähwerden *nt*

radar [ʀadaʀ] I. *m (système)* Radar *m o nt; (appareil)* Radargerät *nt*, Radar *m o nt;* ~ **de bord** Bordradar *m o nt;* ~ **d'approche** Anflugradar
II. *app antenne, image, système* Radar-; **écran** ~ Radarschirm *m;* **écran** ~ **de bord** Bordradarschirm; **système d'avertissement** ~ Radarwarnsystem *nt*
◆ ~ **de contrôle de distance** Abstandswarngerät *nt*

rade [ʀad] *f* Reede *f*
▶ **être/rester en** ~ *fam* festsitzen/stecken bleiben

radeau [ʀado] <x> *m* ❶ *(assemblage flottant)* Floß *nt;* ~ **de fortune** behelfsmäßiges Floß; ~ **de sauvetage** Rettungsinsel *f*, Rettungsfloß
❷ *(train de bois)* Floß *nt*

radial(e) [ʀadjal, jo] <-aux> *adj* TECH strahlenförmig, radial; **pneu** ~ [*o* **à carcasse** ~**e**] Radialreifen *m*, Gürtelreifen

radiale [ʀadjal] *f (route)* **une** [**voie**] ~ eine Radialstraße

radian [ʀadjɑ̃] *m* Radiant *m*

radiant [ʀadjɑ̃] *m* ASTRON Radiant *m*

radiant(e) [ʀadjɑ̃, jɑ̃t] *adj* **chaleur** ~**e** Strahlungswärme *f*

radiateur [ʀadjatœʀ] *m* ❶ *(de chauffage central)* Heizkörper *m*
❷ *(appareil de chauffage)* Heizung *f*, Ofen *m;* ~ **infrarouge** Infrarotstrahler *m;* ~ **parabolique** Heizsonne *f;* ~ **soufflant** Heizlüfter *m;* ~ **rayonnant** Wärmestrahler *m;* ~ **à gaz/huile** Gas-/Ölheizung; ~ **à eau** Heißwasserofen *m;* ~ **à accumulation** Nachtspeicherofen
❸ AUT Kühler *m*

radiation [ʀadjasjɔ̃] *f* ❶ PHYS, TECH [Radio]strahlung *f;* **qc émet des** ~**s électromagnétiques** etw strahlt elektromagnetisch; **à forte** ~ strahlungsintensiv; **écran à faibles** ~**s** strahlungsarmer Bildschirm
❷ *a.* JUR *(action de rayer)* Streichung *f;* ~ **d'une affaire du registre** Streichung einer Rechtssache im Register; ~ **du barreau** Ausschluss *m* aus der Anwaltskammer; ~ **des listes électorales** Streichung von den Wählerlisten; ~ **d'un brevet** Patentlöschung *f;* ~ **d'une inscription dans un registre** Registerlöschung; ~ **d'une inscription au registre du commerce** Löschung einer Eintragung im Handelsregister
◆ ~ **d'écran** INFORM Bildschirmstrahlung *f*

radical [ʀadikal, o] <-aux> *m* ❶ LING Stamm *m*
❷ CHIM Radikal *nt;* **les radicaux libres** die freien Radikale
❸ POL Radikale(r) *m*
❹ MATH Wurzelzeichen *nt*

radical(e) [ʀadikal, o] <-aux> *adj* ❶ *(total)* radikal, grundlegend; *refus* grundsätzlich
❷ *(énergique)* radikal; *mesure* radikal, einschneidend, tiefgreifend
❸ *(foncier)* fundamental; **instinct** ~ Urinstinkt *m;* **principe** ~ Grundprinzip *nt;* **islam** ~ orthodoxer Islam
❹ POL radikal; **parti** ~ radikale Partei *m*
❺ LING zum Wortstamm gehörig; **voyelle** ~**e** Stammvokal *m*
❻ BOT *feuilles* grundständig

radicalement [ʀadikalmɑ̃] *adv* ❶ *(entièrement)* radikal, grundlegend; *guérir* gründlich
❷ *(absolument)* vollkommen, völlig

radicalisation [ʀadikalizasjɔ̃] *f d'un point de vue, d'une position* Erhärtung *f; de la lutte, du climat* Verschärfung *f; d'un régime, d'une théorie* Radikalisierung *f*

radicaliser [ʀadikalize] <1> I. *vt* verschärfen *conflit;* verhärten *position;* radikalisieren *opinion, théorie*
II. *vpr* **se** ~ *parti, régime, théorie:* radikaler werden; *conflit:* sich verschärfen; *position:* sich verhärten

radicalisme [ʀadikalism] *m* Radikalismus *m*

radical-socialisme [ʀadikalsɔsjalism] *m* Radikalsozialismus *m*

radical-socialiste, radicale-socialiste [ʀadikalsɔsjalist, ʀadiko-] <radicaux-socialistes> I. *adj* radikalsozialistisch II. *m, f* Radikalsozialist(in) *m(f)*

radicelle [ʀadisɛl] *f* BOT Seitenwurzel *f*

radier¹ [ʀadje] <1a> *vt* streichen *candidat, nom;* ~ **qn du barreau/de l'ordre des médecins** jdn aus der Anwaltskammer/Ärztekammer ausschließen

radier² [ʀadje] *m* CONSTR Sohle *f;* ~ **d'un/du canal** Kanalsohle

radiesthésie [ʀadjɛstezi] *f* Radiästhesie *f*

radiesthésiste [ʀadjɛstezist] *mf* Rutengänger(in) *m(f)*

radieux, -euse [ʀadjø, -jøz] *adj* strahlend; *avenir* glänzend; *temps* herrlich; **soleil** ~ strahlender Sonnenschein

radin(e) [ʀadɛ̃, in] *fam* I. *adj (avare)* knauserig *(fam)*, knickrig *(fam)*
II. *m(f)* Geizkragen *m (fam)*, Pfennigfuchser(in) *m(f) (fam)*

radiner [ʀadine] <1> *fam* I. *vi (arriver)* angeschossen kommen *(fam)*
II. *vpr* **se** ~ auftauchen; **allez, radine-toi!** komm endlich!

radinerie [ʀadinʀi] *f fam* Knauserigkeit *f (fam)*, Pfennigfuchserei *f (fam)*

radio [ʀadjo] I. *f* ❶ *(poste)* [**poste de**] ~ Radio *nt*, Radioapparat *m*, Rundfunkgerät *nt;* **allumer** [*o* **mettre**]/**éteindre la** ~ das Radio ein-/ausschalten
❷ *(radiodiffusion)* Radio *nt*, Rundfunk *m;* **passer à la** ~ im Radio kommen
❸ *(station)* Sender *m;* ~ **locale/libre** Regionalradio/freies Radio
❹ MED Röntgenaufnahme *f;* **passer à la** ~ eine Röntgenaufnahme machen lassen
❺ *(radiotéléphonie)* Funk *m;* **par** ~ über Funk; ~ **de vol** Flugfunk
II. *m* Funker(in) *m(f)*
III. *app* **message** ~ Funkspruch *m;* **communications** ~ **en vol** Flugfunkverkehr *m*

radioactif, -ive [ʀadjoaktif, -iv] *adj* radioaktiv

radioactivité [ʀadjoaktivite] *f* Radioaktivität *f*

radioalignement [ʀadjoaliɲ(ə)mɑ̃] *m* TECH Navigation *f* mit Richtfunkfeuer

radioamateur, -trice [ʀadjoamatœʀ, -tʀis] *m, f* Funkamateur(in) *m(f)*

radioastronomie [ʀadjoastʀɔnɔmi] *f* PHYS Röntgenastronomie *f*

radiobalisage [ʀadjobalizaʒ] *m* Funkbefeuerung *f*

radiocarbone [ʀadjokaʀbɔn] *m* CHIM, PHYS radioaktiver Kohlenstoff; **méthode au** ~ Radiokarbonmethode *f*

radiocassette [ʀadjokasɛt] *f* Radio[kassetten]recorder *m*, Kassettenradio *nt*

radiocobalt [ʀadjokɔbalt] *m* radioaktives Kobalt

radiocommandé(e) [ʀadjokɔmɑ̃de] *adj* funkgesteuert

radiocommunication [ʀadjokɔmynikasjɔ̃] *f* Funkverständigung *f; (ensemble du domaine, ses activités)* Funkwesen *nt*

radiocompas [ʀadjokɔ̃pa] *m* AVIAT Funkkompas *m*

radiodiagnostic [ʀadjodjagnɔstik] *m* MED Röntgendiagnose *f*

radiodiffuser [ʀadjodifyze] <1> *vt* senden [im Rundfunk], ausstrahlen [über den Rundfunk]; **être radiodiffusé(e)** *émission, journal:* über [den] Rundfunk ausgestrahlt sein

radiodiffusion [ʀadjodifyzjɔ̃] *f vieilli* Rundfunk *m*

radioélectricien(ne) [ʀadjoelɛktʀisjɛ̃, jɛn] *m(f)* Rundfunktechniker(in) *m(f)*

radioélectricité [ʀadjoelɛktʀisite] *f* Rundfunktechnik *f*

radioélectrique [ʀadjoelɛktʀik] *adj* Funk-; **ondes** ~**s** Funkwellen *Pl*

radioélément [ʀadjoelemɑ̃] *m* radioaktives Element *nt*

radiofréquence [ʀadjofʀekɑ̃s] *f* Funkfrequenz *f*

radiogoniométrie [ʀadjogɔnjɔmetʀi] *f* Funkpeilung *f*

radiographie [ʀadjɔgʀafi] *f* ❶ MED *(procédé)* Röntgen *nt*, Radiographie *f (Fachspr.)*
❷ MED *(cliché)* Röntgenaufnahme *f*, Röntgenbild *nt*

radiographier [ʀadjɔgʀafje] <1a> *vt* MED röntgen *malade, organe;* **se faire** ~ sich röntgen lassen

radiographique [ʀadjɔgʀafik] *adj* Röntgen-; **film** ~ Röntgenfilm *m*

radioguidage [ʀadjogidaʒ] *m* AVIAT, NAUT Funksteuerung *f;* AUT Verkehrsfunk *m*

radio-isotope [ʀadjoizɔtɔp] <radio-isotopes> *m* Radioisotop *nt*

radiologie [ʀadjɔlɔʒi] f Radiologie f, Röntgenologie f
radiologique [ʀadjɔlɔʒik] adj radiologisch; **examen ~** Röntgenuntersuchung f; **passer un examen ~** radiologisch untersucht werden
radiologue [ʀadjɔlɔg] mf Radiologe m/Radiologin f, Röntgenologe m/Röntgenologin f
radiomètre [ʀadjɔmɛtʀ] m PHYS Radiometer nt
radonavigant [ʀadjɔnavigã] m TECH Funker m
radionavigation [ʀadjɔnavigasjɔ̃] f Funknavigation f
radiophare [ʀadjɔfaʀ] m Funkbake f
radiophonique [ʀadjɔfɔnik] adj **programme ~** Rundfunkprogramm nt; **pièce ~** Hörspiel nt; **pièce ~ policière** Kriminalhörspiel
radiopiloté(e) [ʀadjɔpilɔte] adj funkgesteuert
radioprotection [ʀadjopʀɔtɛksjɔ̃] f Strahlenschutz m; **ordonnance sur la** [o **réglementation en**] **~** Strahlenschutzverordnung f
radioreportage [ʀadjoʀ(ə)pɔʀtaʒ] m Rundfunkreportage f
radioreporter [ʀadjoʀəpɔʀtɛʀ] mf Rundfunkreporter(in) m(f)
radioréveil [ʀadjoʀevɛj] m Radiowecker m
radioscopie [ʀadjɔskɔpi] f ❶ MED Röntgen nt, Röntgendurchleuchtung f, Radioskopie f (Fachspr.); **passer à la ~** geröntgt werden
❷ (analyse) Analyse f
radiosonde [ʀadjosɔ̃d] f Radiosonde f
radio-taxi [ʀadjotaksi] <radio-taxis> m Funktaxi nt
radiotechnique [ʀadjotɛknik] I. adj aménagement, nouveauté rundfunktechnisch
II. f Rundfunktechnik f
radiotélégraphie [ʀadjotelegʀafi] f Funktelegrafie f
radiotélégraphique [ʀadjotelegʀafik] adj funktelegrafisch
radiotéléphone [ʀadjotelefɔn] m Funktelefon nt
radiotélescope [ʀadjoteleskɔp] m Radioteleskop nt
radiotélévisé(e) [ʀadjotelevize] adj **message ~ du chef de l'État** Rundfunk- und Fernsehansprache des Staatschefs
radiothérapeute [ʀadjoteʀapøt] mf Strahlentherapeut(in) m(f), Radiotherapeut(in), Strahlenmediziner(in) m(f)
radiothérapie [ʀadjoteʀapi] f Strahlentherapie f, Röntgenbehandlung f, Radiotherapie f (Fachspr.); **~ générale** Ganzkörperbestrahlung f
radis [ʀadi] m Radieschen nt; (grand radis) Rettich m
▸ **ne pas valoir un ~** fam keinen Pfifferling wert sein (fam)
radium [ʀadjɔm] m Radium nt
radius [ʀadjys] m ANAT Speiche f
radja [ʀadʒa] v. **raja[h]**
radôme [ʀadom] m TECH Radom nt
radon [ʀadɔ̃] m Radon nt
radotage [ʀadɔtaʒ] m ❶ (rabâchage) ständiges Wiederholen
❷ fam (papotage) Geschwätz nt kein Pl (pej fam)
radoter [ʀadɔte] <1> I. vi ❶ (rabâcher) sich wiederholen
❷ (déraisonner) Unsinn [o dummes Zeug] reden
II. vt wiederholen; **~ toujours les mêmes histoires** immer die gleichen Geschichten wiederkauen
radoteur, -euse [ʀadɔtœʀ, -øz] m, f Schwätzer(in) m(f) (fam)
radoub [ʀadu] m NAUT Wartung f, Überholung f; **au ~** im Dock liegend; **bassin de ~** Hafenbecken nt
radouber [ʀadube] <1> vt TECH warten, überholen navire; flicken filet de pêche
radoucir [ʀadusiʀ] <8> I. vt ❶ (apaiser) besänftigen personne; mildern attitude; heben humeur; dämpfen voix
❷ METEO mildern température; bessern temps
II. vpr se **~** ❶ (se calmer) personne: sich besänftigen; attitude: milder werden; cœur: weicher werden; humeur: sich bessern
❷ METEO température: milder werden; temps: sich bessern
radoucissement [ʀadusismã] m ❶ (apaisement) Milderung f; de l'humeur Verbesserung f; de la voix Dämpfen nt
❷ de la température Milderung f; du temps Besserung f
rafale [ʀafal] f ❶ METEO Bö[e] f; **~ de neige/pluie** Schnee-/Regenschauer m; **~ de vent** Windstoß m; **le vent souffle par/en ~s** der Wind bläst in Böen
❷ MIL Salve f; **tirer par courtes ~s** kurze Salven schießen
❸ (manifestation soudaine) **~ d'applaudissements/de protestations** Beifalls-/Protestssturm m
raffermir [ʀafɛʀmiʀ] <8> I. vt ❶ (rendre ferme) stärken, kräftigen muscles, peau, tissu
❷ fig littér (consolider) bestärken personne; steigern popularité; stärken courage, gouvernement, autorité
II. vpr se **~** ❶ (devenir ferme) voix: fester werden; peau, tissu: straffer werden; muscles: kräftiger werden; sol: härter werden
❷ (devenir stabile) santé, cours à la Bourse: sich stabilisieren
❸ littér (se consolider) autorité, courage: größer werden; détermination, résolution, volonté: stärker werden
raffermissant(e) [ʀafɛʀmisã, ãt] adj **crème ~e** Straffungscreme f

raffermissement [ʀafɛʀmismã] m ❶ (durcissement) de la peau, des tissus Straffung f; des muscles Kräftigung f, Stärkung f; du sol Härterwerden nt
❷ (consolidation) Stärkung f; **~ des cours à la Bourse** Stabilisierung f der Börsenkurse
raffinage [ʀafinaʒ] m du pétrole, sucre Raffinieren nt, Raffination f; du caoutchouc, papier, des métaux Veredelung f
raffiné(e) [ʀafine] adj ❶ (fin, délicat) edel, fein; goût, plat, nourriture erlesen; personne, esprit vornehm, kultiviert
❷ (recherché) subtil; coup raffiniert
❸ (traité par raffinage) pétrole, sucre raffiniert; caoutchouc, métaux, papier veredelt
raffinement [ʀafinmã] m ❶ (délicatesse) du goût, des manières Feinheit f, Erlesenheit f; d'une personne Kultiviertheit f, Vornehmheit f
❷ pl (recherche) Übertriebenheit f; d'une toilette Künstelei f
❸ (manifestation extrême d'un sentiment) **~ de cruauté** Übermaß nt an Grausamkeit
raffiner [ʀafine] <1> I. vt ❶ IND raffinieren pétrole, sucre; veredeln métaux, papier
❷ (affiner) verfeinern goût, langage
II. vi (rechercher la plus grande délicatesse) **~ sur la présentation** sich (Dat) die größte Mühe mit dem Aussehen geben
raffinerie [ʀafinʀi] f Raffinerie f; **~ de pétrole/sucre** Öl-/Zuckerraffinerie
raffineur, -euse [ʀafinœʀ] m, f ❶ (personne qui dirige une raffinerie) Raffineriebesitzer(in) m(f)
❷ (spécialiste du raffinage) Raffineur m
raffoler [ʀafɔle] <1> vi **~ de qn/qc** in jdn/etw vernarrt sein
raffut [ʀafy] m fam Radau m (fam)
▸ **faire du ~** (faire un scandale) Staub aufwirbeln (fam)
rafiot [ʀafjo] m fam Nussschale f (fam); **un vieux ~** ein Seelenverkäufer m
rafistolage [ʀafistɔlaʒ] m fam Zusammenflicken nt (fam); fig Notbehelf m
rafistoler [ʀafistɔle] <1> vt fam zusammenflicken (fam) chaussures, meuble, objet; flicken (fam) relations
rafle [ʀafl] f ❶ (arrestation) Razzia f, Massenverhaftung f; **être pris(e) dans une ~** bei einer Razzia verhaftet werden
❷ vieilli (vol rapide) Raubüberfall m
rafler [ʀafle] <1> vt fam mitgehen lassen (fam); angeln (fam) prix, trophée
rafraîchir [ʀafʀeʃiʀ] <8> I. vt ❶ (refroidir) abkühlen air; sinken lassen température; kühlen boisson, fruits, vin; kühlen, erfrischen visage, corps
❷ (raviver) auffrischen couleurs, mémoire, idées; beleben appartement; wieder herrichten tableau, meubles; ausbessern vêtement
II. vi (devenir plus frais) boisson, fruits: kühl werden; **mettre les boissons à ~** die Getränke kalt stellen
III. vpr se **~** ❶ (devenir plus frais) air, temps, température: abkühlen
❷ (boire) sich erfrischen
❸ (se laver) sich abkühlen
❹ (arranger sa toilette, son maquillage) sich frisch machen
rafraîchissant(e) [ʀafʀeʃisã, ãt] adj ❶ (apportant la fraîcheur) boisson, averse, brise erfrischend
❷ (tonifiant) erfrischend, anregend
❸ fig herzerfrischend; **rire de manière ~e** herzerfrischend lachen
rafraîchissement [ʀafʀeʃismã] m ❶ de l'air Abkühlung f; de la température Sinken nt
❷ (boisson) Erfrischung f
❸ fig des souvenirs, de la mémoire Auffrischung f
❹ INFORM **cycle de ~ de la mémoire** Refreshzyklus m
◆ **~ de l'image** INFORM Bildwiederholung f
raft [ʀaft] m Schlauchboot nt (für Wildwassersport)
rafting [ʀaftiŋ] m Rafting f
ragaillardir [ʀagajaʀdiʀ] <8> vt boisson, repos: stärken; nouvelle: aufmuntern
rage [ʀaʒ] f ❶ (colère) Wut f; **être fou(folle)** [o **ivre**] **de ~** rasend vor Wut sein; **mettre qn en ~** jdn wütend machen; **être en ~ contre qn/qc** auf jdn/etw wütend sein; **avoir la ~ au ventre** [o **cœur**] eine Wut im Bauch haben (fam); **qn entre/est dans une ~ folle** eine wilde Wut steigt in jdm auf/erfüllt jdn
❷ (envie) Sucht f, Drang m; **la ~ de vivre** der Drang zu leben
❸ MED Tollwut f
▸ **faire ~** tempête, incendie: toben
◆ **~ de dents** Zahnschmerzen Pl
rageant(e) [ʀaʒã, ãt] adj **c'est ~** fam das ist ärgerlich
rager [ʀaʒe] <2a> vi fam toben, wütend sein
rageur, -euse [ʀaʒœʀ, -3øz] adj wütend; personne jähzornig
rageusement [ʀaʒøzmã] adv wutentbrannt
raglan [ʀaglã] I. m Raglan f
II. app inv manteau mit Raglanärmeln; **des manches ~** Raglanärmel Pl

ragondin [ʀagɔ̃dɛ̃] *m* ❶ *(animal)* Biberratte *f*, Nutria *f*
❷ *(fourrure)* Nutria *m*
ragot [ʀago] *m souvent pl fam* Klatsch *m kein Pl* (*fam*), Tratsch *m kein Pl* (*fam*), Altweibergeschwätz *nt* (*fam*); **dire** [*o* **faire**] **des ~s** tratschen, klatschen
ragougnasse [ʀaguɲas] *f péj arg* Fraß *m* (*pej fam*)
ragoût [ʀagu] *m* Ragout *nt;* **~ de chevreuil/de mouton/de veau** Reh-/Hammel-/Kalbsragout
ragoûtant(e) [ʀagutɑ̃, ɑ̃t] *adj* **être peu ~** (**e**) *personne:* nicht gerade anziehend sein; *repas, plat:* nicht gerade appetitanregend sein; **c'est ~ ce que vous faites-là!** das ist lecker, was Sie da machen!
ragrafer [ʀagʀafe] <1> *vt* wieder zuhaken, wieder schließen *soutien-gorge, jupe*
ragtime [ʀagtajm] *m* Ragtime *m*
rahat-loukoum *v.* loukoum
rai [ʀɛ] *m* ❶ *littér de soleil, d'une étoile* Strahl *m*
❷ TECH *d'une roue en bois* Speiche *f*
raï [ʀaj] *m* MUS Rai *m*

> **Land und Leute**
> Das nordafrikanische Musikgenre des **raï**, zu Deutsch „Meinung", umfasst improvisierte Sprechgesänge in arabischem Dialekt, die, unterlegt mit Rock- und Bluesrhythmen, häufig auf ironische Weise alltägliche Probleme thematisieren. **Le raï** ist äußerst beliebt in Frankreich.

raid [ʀɛd] *m* ❶ MIL Überfall *m*, Angriff *m;* **~ aérien** Luftangriff; **~ de représailles** Vergeltungsschlag *m*
❷ *(expédition sportive)* Expedition *f;* **~ automobile** Rallye *f*
❸ COM Übernahmeangebot *nt;* **lancer un ~** ein Übernahmeangebot machen
raide [ʀɛd] I. *adj* ❶ *(rigide)* personne, tête starr, unbeweglich; *corps, jambe, membre* steif; *étoffe* steif, hart; *geste* eckig, ungelenk; *cheveux* glatt
❷ *chemin, escalier, pente* steil
❸ *(inflexible)* attitude, personne stur, unnachgiebig; *morale, principe* streng
❹ *(emprunté)* démarche, manières, personne steif
❺ *fam alcool* stark; *vin* schwer
❻ *fam (ivre)* blau
❼ *fam (incroyable)* histoire, récit unglaublich
❽ *fam (osé)* histoires schweinisch (*fam*); *propos* frivol, lose
❾ *fam (sans le sou)* abgebrannt (*fam*), blank (*fam*)
II. *adv* ❶ *(en pente)* steil
❷ *(brusquement)* étendre, tomber, tuer auf der Stelle; **tomber ~ mort**(**e**) mausetot sein (*fam*)
❸ *(violemment)* heftig
raider [ʀɛdɔɛʀ] *m* Firmenjäger *m*, aggressiver Firmen[auf]käufer
raideur [ʀɛdœʀ] *f* ❶ *(rigidité) du corps* Unbeweglichkeit *f; d'un geste* Eckigkeit *f; d'un membre* Steifheit *f;* **~ articulaire** MED Gelenkversteifung *f;* **~ de la nuque** MED Nackenstarre *f*, Nackensteifigkeit *f;* **saluer qn avec ~** jdn steif grüßen
❷ *du chemin* Abschüssigkeit *f; de l'escalier, la descente, montée* Steilheit *f*
❸ *(rigidité) des principes, préjugés* Strenge *f; d'une personne* Sturheit *f*, Unnachgiebigkeit *f*
raidillon [ʀedijɔ̃] *m* Steilhang *m*
raidir [ʀediʀ] <8> I. *vt* ❶ *(tendre)* spannen; anspannen *muscles; (durcir)* versteifen *cuir, tissu*
II. *vpr* **se ~** ❶ *(se tendre)* corde, drap, tissu: sich spannen; *muscles:* sich anspannen; *membres:* sich versteifen; *personne:* sich verkrampfen
❷ *(résister)* sich stemmen; **se ~ contre le destin** sich gegen das Schicksal stemmen
raidissement [ʀedismɑ̃] *m* ❶ *(tension) du corps, des muscles* Anspannung *f; d'une corde, d'un tissu* Spannung *f; du cuir* Verhärten *nt*
❷ *(intransigeance) d'une attitude* Unnachgiebigkeit *f; d'une opinion* Starrsinn *m*
❸ *(perte de souplesse)* Versteifung *f*
raie¹ [ʀɛ] *f* ❶ *(ligne)* Streifen *m*
❷ *(sillon)* Furche *f*
❸ *(dans les cheveux)* Scheitel *m*
❹ PHYS Strahl *m*
raie² [ʀɛ] *f* ZOOL, GASTR Rochen *m;* **~ au beurre noir** Rochen *m* in brauner Butter
raifort [ʀɛfɔʀ] *m* Meerrettich *m*, Kren *m* (A); **~ à la crème** Sahnemeerrettich
rail [ʀaj] *m* ❶ TECH Schiene *f;* CHEMDFER [Eisenbahn]schiene *f,* [Bahn]schiene; **deux wagons sont sortis des ~s** zwei Wagen sind entgleist
❷ *sans pl (moyen de transport)* **le ~** die Schiene
❸ *(glissière)* Rollschiene *f*
▶ [**re**]**mettre qc sur les ~s** etw wieder ins rechte Gleis bringen

railler [ʀaje] <1> I. *vt littér* verspotten
II. *vpr* **se ~ de qn/qc** sich über jdn/etw lustig machen
raillerie [ʀajʀi] *f* ❶ *(fait de plaisanter)* Spotten *nt*
❷ *pl (propos moqueurs)* Spott *m*, Gespött *nt*
railleur, -euse [ʀajœʀ, -øz] I. *adj* spöttisch; **avoir l'esprit ~** spöttisch [*o* zynisch] sein
II. *m, f* Spötter(in) *m(f)*
rainette [ʀɛnɛt] *f* Laubfrosch *m*
rainurage [ʀenyʀaʒ] *m* Rillen *nt*
rainure [ʀenyʀ] *f* Rille *f*, Riefe *f* (NDEUTSCH); *(dans une pièce de bois)* Nut[e] *f (Fachspr.)*
rainurer [ʀenyʀe] <1> *vt* rillen *chaussée;* nuten *planche*
raisin [ʀɛzɛ̃] *m* Trauben *Pl;* **~ de table** Tafeltrauben *Pl;* **~s secs** Rosinen *Pl*
◆ **~s de Corinthe** Korinthen *Pl*
raisiné [ʀezine] *m* ❶ mit Traubensaft gemachtes Birnen- oder Quittengelee
❷ *arg (sang)* Blut *nt*
raison [ʀɛzɔ̃] *f* ❶ *(motif)* Grund *m;* **avoir de bonnes/mauvaises ~s** gute/schlechte Gründe haben; **avoir de fortes ~s de penser que** schwerwiegende Gründe haben zu glauben, dass; **ce n'est pas une ~ pour faire qc** das ist kein Grund etw zu tun; **avoir ses ~s** seine Gründe haben; **une ~ d'agir** Grund etw zu tun *m;* **pour des ~s financières** aus finanztechnischen Gründen
❷ *(argument)* Begründung *f;* **se rendre aux ~s de qn** jdm zustimmen
❸ *(sagesse)* Vernunft *f;* **ramener qn à la ~** jdn wieder zur Vernunft bringen; **mettre qn à la ~** jdm Vernunft beibringen; **revenir à la ~** wieder zur Vernunft kommen
❹ *(facultés intellectuelles)* Verstand *m;* **avoir toute sa ~** bei [klarem] Verstand sein; **perdre la ~** den Verstand verlieren
❺ MATH Verhältnis *nt*, Proportion *f*
❻ JUR **~ sociale** Firmenname *m (der sich aus den Namen mehrerer Teilhaber zusammensetzt)*
▶ **la ~ du plus fort est toujours la meilleure** *prov* der Stärkere hat immer Recht; **pour la bonne** [*o* **simple**] **~ que je le veux** aus dem einfachen Grund, weil ich es will (*fam*); **à plus forte ~** *(après une affirmation)* umso mehr; *(après une négation)* geschweige denn; **à tort ou à ~** zu Recht oder zu Unrecht; **avoir ~** Recht haben; **avoir ~ de qn/qc** *(vaincre la résistance)* jdn/etw in den Griff bekommen; **donner ~ à qn** jdm Recht geben; **entendre ~** Vernunft annehmen; **se faire une ~** sich damit abfinden; **rendre ~ de qc** eine Erklärung für etw schulden [*o* schuldig sein]; **à ~ de 2000 euros par mois** für 2000 Euro monatlich; **en** [*o* **pour**] **~ de qc** (*à cause de)* auf Grund einer S. (*Gen*), wegen etw; **pour cette ~** deshalb, aus diesem Grund; **pour quelle ~** weshalb, warum; **pour une ~ ou pour une autre** aus diesem oder jenem Grund; **sans/non sans ~** ohne/nicht ohne Grund; **plus que de ~** über alle Maßen
◆ **~ d'État** Staatsräson *f;* **~ d'être** Daseinsberechtigung *f*, Existenzberechtigung *f;* **~ de faillite** Konkursgrund *m;* **~ de vivre** Lebensinhalt *m*
raisonnable [ʀɛzɔnabl] *adj* ❶ *(sage)* vernünftig; *comportement, action* vernunftgemäß; **ne pas agir en personne ~** vernunftwidrig handeln
❷ *(suffisant)* angemessen
raisonnablement [ʀɛzɔnabləmɑ̃] *adv* ❶ *(avec sagesse)* vernünftig; *(à juste titre)* mit Recht; *(judicieusement)* richtig
❷ *(modérément)* vernünftig; *agir, se comporter* vernunftgemäß; *espérer, demander* vernünftigerweise; **user ~ de qc** einen vernünftigen Gebrauch von etw machen
raisonné(e) [ʀɛzɔne] *adj* ❶ *(réfléchi)* attitude besonnen; *décision, projet* gut durchdacht
❷ *(systématique)* systematisch; *méthode* gezielt
raisonnement [ʀɛzɔnmɑ̃] *m* ❶ *(façon de penser)* Denkweise *f;* *(faculté de penser)* Denkvermögen *nt*
❷ *(suite de propositions)* Gedankengang *m*
❸ *(argumentation)* Schlussfolgerung *f;* **~ analogique** Analogieschluss *m;* **~ déductif** deduktiver Schluss
❹ *pl (ergotage)* Debatte *f*, ewige Diskussionen *Pl*
raisonner [ʀɛzɔne] <1> I. *vi* ❶ *(réfléchir)* denken; **~ par déduction/induction** deduzieren/induzieren
❷ *(argumenter)* diskutieren
❸ *(ergoter)* debattieren
❹ *vieilli (juger)* **~ de qc** etw beurteilen
II. *vt* ❶ *(ramener à la raison)* zur Vernunft bringen
❷ *littér (expliciter)* hinterfragen *conduite, croyance, démarche*
III. *vpr* **se ~** *sentiment:* sich zusammennehmen
raisonneur, -euse [ʀɛzɔnœʀ, -øz] I. *adj vieilli* nörglerisch
II. *m, f* Nörgler(in) *m(f)*
raja[**h**] [ʀa(d)ʒa] *m* Radscha *m*
rajeunir [ʀaʒœniʀ] <8> I. *vt* ❶ *(rendre plus jeune)* verjüngen
❷ *(rénover)* erneuern; aufbereiten [*o* auffrischen] *habits, vieux*

meubles; (actualiser) aktualisieren *théorie;* überarbeiten *encyclopédie, grammaire, constitution*
③ *(abaisser l'âge moyen)* verjüngen; **ça ne me/nous rajeunit pas** *hum* tja, ich werde/wir werden eben auch nicht jünger *(fam)*
④ *(sous-estimer l'âge)* ~ **qn de cinq ans** jdn 5 Jahre jünger schätzen
II. *vi* ❶ *(se sentir plus jeune)* sich jünger fühlen
❷ *(sembler plus jeune)* jünger scheinen
❸ *(se renouveler)* sich verjüngen
III. *vpr* **se** ~ ❶ *(reprendre de la jeunesse)* quartier, association: sich verjüngen
❷ *(se prétendre moins âgé)* sich jünger machen
rajeunissant(e) [raʒœnisɑ̃, ɑ̃t] *adj* verjüngend; **traitement** ~ Verjüngungskur *f;* **produit** ~ Verjüngungsmittel *nt*
rajeunissement [raʒœnismɑ̃] *m* ❶ Verjüngung *f;* **cure de** ~ Verjüngungskur *f*
❷ *d'une théorie, d'un ouvrage* Aktualisierung *f,* Überarbeitung *f; d'une institution, du personnel* Verjüngung *f*
rajout [raʒu] *m* Ergänzung *f,* Zusatz *m*
rajouter [raʒute] <1> *vt* ~ **une phrase à qc** einen Satz zu etw hinzufügen; **il faut** ~ **du sel/sucre** man muss etwas Salz/Zucker hinzugeben
▶ **en** ~ *fam* übertreiben
rajustement [raʒystəmɑ̃] *m* Angleichung *f*
rajuster [raʒyste] <1> I. *vt* ❶ *(remettre en place)* ordnen *coiffure;* zurechtrücken *vêtement, lunettes;* richten *mécanisme, tir*
❷ *(remettre à jour)* angleichen *prix, salaires*
II. *vpr* **se** ~ sich wieder herrichten
râlant [ʁɑlɑ̃] *adj* **c'est** ~ *fam* das ist ärgerlich [*o* dumm]
râle[1] [ʁɑl] *m du mourant* Röcheln *nt; du poumon* Pfeifen *nt*
râle[2] [ʁɑl] *m* ORN Ralle *f*
ralenti [ralɑ̃ti] *m* ❶ CINE, TV Zeitlupe *f;* **au** ~ im Zeitlupentempo *(fam);* CINE, TV in Zeitlupe
❷ AUT Leerlauf *m*
ralentir [ralɑ̃tiʁ] <8> I. *vt* verlangsamen; bremsen *élan, zèle, activité;* dämpfen *crise;* MIL aufhalten
II. *vi marcheur, véhicule:* abbremsen; *progrès:* abnehmen; *croissance:* zurückgehen
III. *vpr* **se** ~ ❶ *(devenir plus lent) allure, mouvement:* sich verlangsamen
❷ *(diminuer) ardeur, effort, zèle:* abnehmen; *marche, production, croissance:* zurückgehen; *offensive, forces physiques:* nachlassen; **demande ralentie** schleppende Nachfrage
ralentissement [ralɑ̃tismɑ̃] *m* ❶ *(perte de vitesse) de l'allure, la marche, circulation* Verlangsamung *f;* ~ **de la circulation** Verkehrsstockung *f*
❷ *(affaiblissement) de l'effort, du zèle, des fonctions physiologiques* Nachlassen *nt; de la demande, production,* Rückgang *m;* ~ **de l'activité commerciale** Geschäftsrückgang *m;* ~ **de l'activité économique** Konjunkturabschwächung *f;* ~ **de la période de prospérité économique** Nachlassen der Hochkonjunktur *f;* ~ **de la production** Produktionsstockung *f,* Produktionsrückgang *m*
ralentisseur [ralɑ̃tisœʁ] *m* ❶ TECH *d'un camion* Zusatzbremse *f*
❷ PHYS *(modérateur)* Moderator *m*
❸ *(dos d'âne)* Bodenwelle *f*
râler [ʁɑle] <1> *vi* ❶ *(grogner)* ~ **contre qn/qc** über jdn/etw meckern *(fam),* über jdn/etw motzen *(fam);* **faire** ~ **qn** jdn ärgern
❷ *(émettre un râle) mourant:* röcheln
❸ *(gémir)* ächzen
❹ MED *poumon:* rasseln; *catarrheux:* pfeifen; **respirer en râlant** rasselnd atmen
râleur, -euse [ʁɑlœʁ, -øz] *fam* I. *adj* motzig *(fam)*
II. *m, f* Meckerer *m/*Meckerziege *f (fam),* Motzer(in) *m(f) (fam)*
ralingue [ʁlɛ̃ɡ] *f* NAUT *d'une voile* Liek *nt*
ralliement [ʁalimɑ̃] *m* ❶ MIL Sammlung *f,* Sammeln *nt;* **signe/point de** ~ Zeichen *nt* zum Sammeln/Sammelpunkt *m*
❷ *(adhésion)* ~ **à une cause** Unterstützung *f* einer S. *(Gen);* ~ **à un mouvement/parti** Anschluss *m* an eine Bewegung/Beitritt *m* zu einer Partei
rallier [ʁalje] <1a> I. *vt* ❶ *(gagner)* gewinnen *adeptes, groupe, sympathisants;* **cette proposition a rallié tous les suffrages** dieser Vorschlag wurde einstimmig angenommen
❷ *(unir des personnes pour une cause commune)* vereinen; ~ **des personnes autour de qn/qc** Menschen für jdn/etw gewinnen
❸ *(rejoindre)* ~ **une unité** sich einer Einheit *(Dat)* anschließen; ~ **la côte** an der Küste *(Dat)* anlegen; ~ **son poste** sich auf seinem Posten einfinden; **les matelots ont rallié le bord** die Matrosen haben sich an Bord eingefunden
❹ *(rassembler)* sammeln *troupes;* einsammeln *fuyards, enfants*
II. *vpr* **se** ~ **à l'avis de qn** sich jds Meinung *(Dat)* anschließen
rallonge [ralɔ̃ʒ] *f* ❶ *(d'une table)* Ausziehplatte *f*
❷ ELEC Verlängerungskabel *nt*
❸ *(somme)* Zuschuss *m*

❹ *(extension) de crédits* Aufstockung *f,* Wiederausleihe *f; de vacances* Verlängerung *f*
rallongement [ralɔ̃ʒmɑ̃] *m* Verlängerung *f*
rallonger [ralɔ̃ʒe] <2a> I. *vt* verlängern; ausziehen *table;* erweitern *texte;* erhöhen *budget*
II. *vi jour:* länger werden
rallumer [ralyme] <1> I. *vt* ❶ *(allumer)* wieder [*o* noch einmal] anzünden *cigarette, feu, mèche;* wieder [*o* noch einmal] anfachen, noch einmal entfachen *brasier;* wieder [*o* noch einmal] anmachen *lampe, lumière;* wieder [*o* noch einmal] einschalten *électricité, lumière*
❷ *(raviver)* wieder anfachen, erneut entfachen *guerre, querelle;* wieder aufleben lassen *enthousiasme, haine*
II. *vi* das Licht wieder anmachen [*o* anschalten]
III. *vpr* **se** ~ ❶ *feu, incendie:* sich wieder entzünden
❷ *conflit, ferveur, querelle:* wieder [*o* erneut] aufflammen; *haine, enthousiasme:* wieder aufleben; *courage:* wieder steigen
rallye [ʁali] *m* Rallye *f*
RAM [ram] *f abr de* **Random Access Memory** RAM *m*
ramadan [ramadɑ̃] *m* Ramadan *m*
ramage [ramaʒ] *m* ❶ *(chant) des oiseaux* Gesang *m,* Gezwitscher *nt*
❷ *pl (dessins)* Rankenmuster *nt,* Rankenornament *nt*
ramassage [ramasaʒ] *m* ❶ *(collecte) du bois mort, des coquillages* Sammeln *nt; des élèves, balles de tennis* Einsammeln *nt; des fruits tombés* Auflesen *nt,* Einsammeln; ~ **des déchets** Müllbeseitigung *f;* ~ **des vieux papiers** Altpapiersammlung *f*
❷ *(récolte) des fruits, pommes de terre* Lese *f,* Lesen *nt; du foin* Ernte *f*
❸ TRANSP ~ **scolaire, service de** ~ Schulbusservice *m;* **car de** ~ Sammelbus *m; (pour les écoliers)* Schulbus
ramassé(e) [ramase] *adj (trapu)* untersetzt
❷ *(concis) expression, formule* kurz; *style* knapp
❸ *(blotti) village* zurückgezogen
ramasse-miettes [ramasmjɛt] *m inv* Tischbesen *m* **ramasse-poussière** [ramaspusjɛʁ] <ramasse-poussière[s]> *m* NORD, BELG *(pelle à poussière)* Schaufel *f,* Kehrschaufel
ramasser [ramase] <1> I. *vt* ❶ *(collecter)* sammeln *champignons, bois mort, coquillages;* einsammeln *cotisations, balles, ordures, copies;* zusammentragen, zu etw kommen *argent*
❷ *(récolter)* ernten *foin;* ernten, lesen *fruits, pommes de terre*
❸ einsammeln *élèves*
❹ *fam (embarquer)* festnehmen
❺ *fam (attraper)* einstecken *(fam) coup;* ~ **une maladie** sich *(Dat)* eine Krankheit holen [*o* einfangen] *(fam);* ~ **une amende/gifle** eine Geldbuße/Ohrfeige kriegen *(fam);* **se faire** ~ **par qn** von jdm angeschnauzt werden *(fam)*
❻ *(relever une personne qui est tombée)* ~ **qn qui est ivre mort** jdn aufrichten, der total betrunken ist
❼ *fig, péj* ~ **qn dans le ruisseau** jdn aus der Gosse auflesen *(fam)*
❽ *(prendre ce qui est tombé par terre)* aufheben
❾ *(condenser)* kürzer fassen *formule, pensée, style*
❿ *(resserrer)* [zusammen]raffen *jupons, jupes;* hochstecken *cheveux*
⓫ *soutenu (regrouper)* zusammennehmen *forces*
II. *vpr* ❶ *fam (tomber)* **se** ~ hinpurzeln *(fam)*
❷ *(échouer)* **se** ~ **à un examen** bei einer Prüfung durchfallen
❸ *(se mettre en boule)* **se** ~ sich zusammenkauern; *(pour bondir)* sich ducken
ramasseur [ramasœʁ] *m* ❶ *(personne)* Sammler *m*
❷ TECH Greifer *m*
◆ ~ **de balles de tennis** Balljunge *m;* ~ **de papillons** Schmetterlingssammler *m*
ramasseuse [ramasøz] *f* Sammlerin *f*
◆ ~ **de balles de tennis** Ballmädchen *nt;* ~ **de papillons** Schmetterlingssammlerin *f*
ramasseuse-presse [ramasøzpʁɛs] <ramasseuses-presses> *f* Strohpresse *f*
ramassis [ramasi] *m péj (amas)* Klumpatsch *m (pej sl); (bande)* Haufen *m (pej)*
rambarde [ʁɑ̃baʁd] *f d'une jetée, plate-forme* Geländer *nt; d'un navire* Reling *f*
ramdam [ramdam] *m fam* Tamtam *nt (fam)*
rame[1] [ʁam] *f* HORT Stange *f*
rame[2] [ʁam] *f (aviron)* Ruder *nt;* **rejoindre la côte à la** ~ rudernd an die Küste zurückkehren
▶ **ne pas en ficher une** ~ *fam* keinen Schlag tun *(fam)*
rame[3] [ʁam] *f* CHEMDFER Zug *m;* ~ **de métro** U-Bahn-Zug
rameau [ʁamo] <x> *m* ❶ BOT Zweig *m*
❷ REL **le Dimanche des Rameaux, les Rameaux** der Palmsonntag
❸ ANAT Verästelung *f*
❹ *fig d'un arbre généalogique* Seitenlinie *f; de langues apparentées* Zweig *m*

ramée [ʀame] *f littér (feuillage)* Buschwerk *nt*
ramener [ʀamne] <4> **I.** *vt* ❶ *(reconduire)* ~ **qn chez soi** jdn nach Hause zurückbringen; ~ **un cheval à l'écurie** ein Pferd in den Stall zurückführen

❷ *(faire revenir)* zurückbringen *confiance, paix;* ~ **qn à la vie** jdn ins Leben zurückbringen; ~ **qn à de meilleurs sentiments** jdn auf bessere Gedanken bringen; ~ **qn à la raison** jdn zur Vernunft bringen

❸ *(amener avec soi)* ~ **qn/qc de Paris** jdn/etw von Paris mitbringen; ~ **un cadeau à qn** *fam* jdm ein Geschenk mitbringen; ~ **qc en brouette** etw herankarren *(fam);* **ramène-moi du pain, s'il te plaît** bring mir bitte Brot mit

❹ *(remettre en place)* ~ **son chapeau sur son front** seinen Hut in die Stirn ziehen

❺ *(faire renaître)* erwecken; **la nuit ramène mes peurs** die Nacht erweckt meine Ängste

❻ *(réduire à)* ~ **la température à qc** die Temperatur auf etw *(Akk)* senken, die Temperatur auf etw *(Akk)* herabsetzen; **il faut ~ cette fraction à sa plus simple expression** MATH dieser Bruch ist auf den kleinsten Nenner zu bringen

▶ **la ~** *fam (être prétentieux)* angeben; *(râler)* motzen *(fam);* (se mêler de qc) seinen Senf dazu geben *(fam);* ~ **tout à soi** *(être égocentrique)* immer nur an sich *(Akk)* denken

II. *vpr* ❶ *(se réduire à)* **se ~ à qc** sich auf etw *(Akk)* reduzieren
❷ *fam (arriver)* **se ~** aufkreuzen *(fam)*
ramequin [ʀamkɛ̃] *m* ❶ *(moule)* kleine Auflaufform
❷ *(petit gâteau au fromage)* kleines Käsesoufflee
ramer¹ [ʀame] <1> *vi* ❶ NAUT rudern
❷ *fam (peiner)* sich abstrampeln *(fam)*
ramer² [ʀame] <1> *vt* HORT an Stangen anbinden
rameur [ʀamœʀ] *m* ❶ Rudergerät *nt*
❷ *(personne)* Ruderer *m*
rameuse [ʀamøz] *f* Ruderin *f*
rameuter [ʀamøte] <1> **I.** *vt* ❶ CHASSE ~ **les chiens de la meute** die Hundemeute wieder zusammentreiben
❷ *(rassembler)* ~ **les militants** die aktiven Mitglieder wieder zusammenholen
II. *vpr* **se ~** sich [ver]sammeln
rami [ʀami] *m* Rommee *nt*
ramie [ʀami] *f* BOT Chinagras *nt*
ramier [ʀamje] *m* Ringeltaube *f*
ramification [ʀamifikasjɔ̃] *f* ❶ BOT Verzweigung *f*
❷ ANAT Verästelung *f*
❸ *fig d'un réseau, d'une secte, science* Zweig *m*; *d'un complot* Beteiligte(r) *f(m)*
ramifier [ʀamifje] <1a> *vpr* **se ~ en qc** *branche, famille, nerf, science:* sich in etw *(Akk)* verzweigen; *route, voie:* sich in etw *(Akk)* gabeln; **être ramifié(e)** *tige, veine:* verästelt sein; *voie:* verzweigt sein
ramolli(e) [ʀamɔli] **I.** *adj* ❶ *beurre, biscuit, glace* weich
❷ *péj personne* vertrottelt *(fam);* *cerveau* eingerostet *(fam)*
II. *m(f) péj* vertrottelte(r) Alte(r) *f(m) (fam)*
ramollir [ʀamɔliʀ] <8> **I.** *vt* ❶ *(rendre mou)* weich machen *cuir, beurre*
❷ *fig littér (affaiblir)* schwächen *ardeur, courage, volonté*
II. *vpr* **se ~** ❶ *asphalte, beurre, biscuit:* weich werden
❷ *(s'affaiblir) ardeur, courage, volonté:* nachlassen; **ses os se ramollissent** er/sie leidet an Knochenerweichung; **son cerveau se ramollit** er/sie leidet an Gehirnerweichung
ramollissement [ʀamɔlismɑ̃] *m* ❶ *de l'asphalte, du beurre* Weichwerden *nt*, Erweichung *f*
❷ MED Erweichung *f*; ~ **du cerveau/des os** Gehirn-/Knochenerweichung
ramollo [ʀamɔlo] **I.** *adj* ❶ *péj (gâteaux)* vertrottelt *(fam),* schrullig *(fam)*
❷ *fam (mou)* **être/se sentir ~** eine Mattscheibe haben *(fam),* rammdösig sein *(fam)*
II. *mf* ❶ *péj (gâteux)* Vertrottelte(r) *f(m) (fam),* Tattergreis(in) *m(f) (fam)*
❷ *fam (mollasson)* Weichling *m*, Waschlappen *m (fam)*
ramonage [ʀamɔnaʒ] *m* Entrußen *nt; de la cheminée* Fegen *nt*
ramoner [ʀamɔne] <1> *vt* entrußen, fegen *cheminée;* reinigen *pipe*
ramoneur, -euse [ʀamɔnœʀ, -øz] *m, f* Schornsteinfeger(in) *m(f),* Kaminfeger(in), Essenkehrer(in) *m(f)* (DIAL); **maître ~** Schornsteinfegermeister(in) *m(f),* Kaminfegermeister(in)
rampant [ʀɑ̃pɑ̃] *m* ❶ *d'un fronton, gable, toit* Schräge *f*
❷ AVIAT *arg* zum Bodenpersonal gehörende(r) Angestellte(r) einer Fluggesellschaft
rampant(e) [ʀɑ̃pɑ̃, ɑ̃t] *adj* ❶ *(progressant par reptation) plante* kriechend; *animal* ~ Kriechtier *nt;* **la marche ~e** der Kriechgang
❷ ARCHIT **un arc ~** ein geneigter Bogen
❸ AVIAT **le personnel ~** *arg* das Bodenpersonal

❹ *(obséquieux) caractère, personne* kriecherisch
❺ *(insidieux) inflation* schleichend
rampe [ʀɑ̃p] *f* ❶ *(rambarde) d'un escalier* Geländer *nt*
❷ *(plan incliné)* Rampe *f*
❸ *(montée)* Steigung *f*
❹ *(lumières)* Beleuchtung[sanlage *f*] *f;* THEAT Rampe *f;* ~ **de projecteurs** Scheinwerferbeleuchtung; **les feux de la ~** das Rampenlicht
❺ MIL Abschussrampe *f*
▶ **passer la ~** THEAT ankommen
◆ ~ **d'accès** *(d'un ferry)* [Zufahrts]rampe *f; (d'un parking)* Einfahrt *f;* ~ **de chargement** Laderampe *f;* ~ **de déchargement** Laderampe *f;* ~ **de lancement** Abschussrampe *f,* Raketenstartrampe
ramper [ʀɑ̃pe] <1> *vi* ❶ *(progresser par reptation) animal, enfant:* kriechen; **continuer à ~** *soldat:* weiterrobben; *serpent:* weiterkriechen; ~ **jusqu'au ruisseau** zum Bach hinkriechen; **sortir en rampant** *animal, personne:* hinauskriechen
❷ *(pousser) lierre, vigne:* klettern
❸ *(s'insinuer)* kriechen; **le danger/mal rampe, il est partout** die Gefahr/das Böse lauert überall; **un feu qui rampe** ein schwelendes Feuer; **l'inquiétude rampe en moi** Unsicherheit beschleicht mich
❹ *(s'abaisser) personnes:* ~ **devant qn** vor jdm kriechen
ramponneau [ʀɑ̃pɔno] <x> *m fam* Dresche *f kein Pl (fam)*
ramure [ʀamyʀ] *f* ❶ *soutenu (branchage)* Geäst *nt (geh),* Astwerk *nt*
❷ *(andouiller)* Geweih *nt*
rancard [ʀɑ̃kaʀ] *m* ❶ *arg (tuyau)* Wink *m,* Tipp *m*
❷ *fam (rendez-vous)* Treff *m (fam),* Verabredung *f*
rancarder [ʀɑ̃kaʀde] <1> **I.** *vt* ❶ *arg (renseigner)* heimlich benachrichtigen
❷ *fam (donner un rendez-vous à)* ~ **qn** mit jdm einen Treff ausmachen *(fam)*
II. *vpr* **se ~** *arg (se renseigner)* sich erkundigen
rancart [ʀɑ̃kaʀ] *m* ▶ **mettre qc au ~** *fam* etw ausrangieren *(fam);* **une table bonne à mettre au ~** ein Tisch gehört ausrangiert; **votre projet, vous pouvez le mettre au ~** Ihr Projekt können Sie vergessen *(fam);* **mettre qn au ~** *fam* jdn aufs Abstellgleis schieben *(fam)*
rance [ʀɑ̃s] **I.** *adj* ranzig
II. **sentir le ~/avoir un goût de ~** ranzig riechen/schmecken
ranch [ʀɑ̃tʃ] <[e]s> *m* Ranch *f*
ranci [ʀɑ̃si] *m* **sentir le ~** ranzig riechen
rancir [ʀɑ̃siʀ] <8> *vi* ranzig werden; **beurre ranci** ranzige Butter
rancœur [ʀɑ̃kœʀ] *f* **avoir de la ~ pour** [*o* **contre**] **qn** einen Groll *m* auf jdn haben
rançon [ʀɑ̃sɔ̃] *f* ❶ Lösegeld *nt;* HIST Kaution *f*
❷ *(prix)* **la ~ de la gloire/du succès/du progrès** der Preis des Ruhms/des Erfolgs/des Fortschritts
rançonner [ʀɑ̃sɔne] <1> *vt* ❶ *(racketter)* erpressen
❷ *fig littér (mettre à rançon)* ~ **les clients/contribuables** die Kunden/Steuerzahler prellen [*o* übervorteilen]
rancune [ʀɑ̃kyn] *f* **avoir de la ~ contre qn** einen Groll *m* gegen jdn haben, Rachegelüste *Pl* gegenüber jdm haben; **garder ~ à qn de qc** jdm etw nachtragen
▶ **sans ~ !** nichts für ungut!
rancunier, -ière [ʀɑ̃kynje, -jɛʀ] *adj* nachtragend
randomiser [ʀɑ̃dɔmize] <1> *vt spéc* randomisieren *(Fachspr.)*
randonnée [ʀɑ̃dɔne] *f (à pied)* Wanderung *f; (à bicyclette)* Tour *f;* ~ **en montagne** Bergwanderung; ~ **à bicyclette** [*o* **à vélo**] [Fahr]radtour; ~ **à skis** Skitour, Skiwandern *nt;* **chaussures/vêtements de ~** Wanderschuhe *Pl*/-kleidung *f,* **chemin** [*o* **sentier**] **de grande ~** Bezeichnung der ausgeschilderten französischen Hauptwanderwege; ~ **scolaire** Klassenwanderung; ~ **de nuit** Nachtwanderung
randonneur, -euse [ʀɑ̃dɔnœʀ, -øz] *m, f* Wanderer *m*/Wanderin *f;* **(-euse) à vélo** Radwanderer/-wanderin
rang [ʀɑ̃] *m* ❶ *(suite de personnes ou de choses)* Reihe *f;* **mettez-vous en ~** stellt euch in einer Reihe auf
❷ *(rangée de sièges)* Reihe *f;* ~ **de chaises** Stuhlreihe; **se placer au premier ~** sich in die erste Reihe setzen
❸ *(rangée de mailles)* [Maschen]reihe *f*
❹ *(suite de soldats)* Rang *m;* **le ~** *(les hommes de troupe d'une armée)* das Glied
❺ *(position dans un ordre ou une hiérarchie)* Platz *m,* Stellung *f;* ~ **d'officier** Offiziersrang *m;* ~ **de/d'une grande puissance** Großmachtstellung
❻ *(condition)* Rang *m;* **le ~ social** die soziale Schicht; **garder/tenir son ~** seinen Stand wahren
❼ CAN *(type de peuplement rural)* einem Straßendorf vergleichbare ländliche Siedlungsform
▶ **en ~ d'oignons** *fam* wie die Zinnsoldaten *(fam); **de haut ~** von hohem Rang; **en ~s serrés** in Scharen; **être** [*o* **se mettre**] **sur les**

~s pour obtenir qc *(entrer en compétition avec d'autres personnes)* unter den Mitbewerbern sein, um etw zu erreichen; **grossir les ~s de...** sich den Reihen der ... anschließen; **prendre ~ parmi...** sich unter ... reihen; **rentrer dans le ~** *(accepter la discipline d'un groupe)* klein beigeben; **rompre les ~s** abtreten; **serrer les ~s** zusammenrücken; **à vos ~s!** antreten!; **en ~ par deux** in Zweierreihen; **par ~ d'âge/de taille** dem Alter/der Größe nach
rangé(e) [ʀɑ̃ʒe] *adj* solide
range-chaussures [ʀɑ̃ʒʃosyʀ] *m inv* Schuhschrank *m* **range-couverts** [ʀɑ̃ʒkuvɛʀ] *m inv* Besteckkorb *m*
rangée [ʀɑ̃ʒe] *f* Reihe *f;* ~ **de touches** Tastenreihe; ~ **de dents** Zahnreihe; ~ **de dents complète/incomplète** vollständige/lückenhafte Zahnreihe
rangement [ʀɑ̃ʒmɑ̃] *m* ❶ *(fait de ranger)* d'une pièce, d'un meuble Aufräumen *nt; du linge, d'objets* Verstauen *nt;* **faire du ~** Ordnung machen
❷ *(possibilités de ranger)* Stauraum *m,* Ablagemöglichkeit *f*
❸ *(classement)* Ordnen *nt*
ranger [ʀɑ̃ʒe] <2a> I. *vt* ❶ *(mettre en ordre)* aufräumen *maison, tiroir*
❷ *(mettre à sa place)* zurückstellen *objet;* aufräumen *pullover, t-shirt;* weghängen *chemisier, chemise, pantalon;* **s'il te plaît va ~ tes affaires ailleurs!** häng bitte endlich deine Sachen weg!
❸ *(mettre de côté)* **~ la voiture** das Auto parken
❹ *(classer)* ordnen *dossiers, fiches*
❺ *(faire figurer parmi)* einordnen
❻ *vieilli (mettre en rang)* aufstellen *élèves, soldats*
❼ *(soumettre)* **~ qn à son avis** jdn für seine Ansicht gewinnen; **~ qn sous l'autorité de qn** jdn unter jds Amtsgewalt stellen
II. *vi* **il passe son temps à ~** er verbringt seine Zeit mit Aufräumen
III. *vpr* **se ~** ❶ *(se garer) bateau:* anlegen; *voiture:* parken
❷ *(s'écarter) piéton:* zur Seite gehen, beiseitegehen; *véhicule:* den Platz freimachen
❸ *(se mettre en rang)* sich aufstellen
❹ *(se rallier à)* **se ~ à l'avis de qn** sich der Ansicht von jdm anschließen
❺ *(avoir sa place)* **où se range le livre?** wo kommt das Buch hin?; **le saladier se range où?** wo kommt die Salatschüssel rein? *(fam)*
❻ *(devenir plus sérieux) personnes:* solide werden
ranimer [ʀanime] <1> I. *vt* ❶ *(ramener à la vie)* wieder beleben *noyé, personne évanouie*
❷ *(revigorer) air, boisson:* [wieder] aufmuntern
❸ *(rallumer)* wieder anfachen *braises, feu, flamme*
❹ *(aviver)* wieder aufleben lassen *amour, douleur, haine;* beleben *conversation, forces;* auffrischen *couleurs;* wach rufen *souvenirs;* wieder anfachen *querelle*
II. *vpr* **se ~** *amour, espoir, haine:* wieder aufleben; *conversation, forces:* sich beleben; *douleur:* wieder auftreten; *querelle:* wieder entfachen; *souvenir:* wieder wachgerufen werden
rantanplan *v.* rataplan
rap [ʀap] *m* Rap *m*
rapace [ʀapas] I. *adj* ❶ *(avide)* räuberisch; **oiseau ~** Raubvogel *m*
❷ *(cupide) homme d'affaires, usurier* habgierig, gewinnsüchtig
II. *m* ORN Raubvogel *m*
rapacité [ʀapasite] *f* Habgier *f,* Gewinnsucht *f*
râpage [ʀɑpaʒ] *m* Reiben *nt,* Raspeln *nt*
rapatrié(e) [ʀapatʀije] *m(f)* Repatriierte(r) *f(m)*
rapatriement [ʀapatʀimɑ̃] *m* ❶ *(transfert de personnes) d'un étranger* Ausweisung *f* ins Herkunftsland; *d'un matelot, agent secret, militaire* Entlassung *f* ins Heimatland; *d'un prisonnier de guerre* Rückführung *f*
❷ *(transfert de biens)* Rückbeförderung *f; des fonds, bénéfices* Zurückbringen *nt;* **~ des capitaux** Kapitalrückwanderung *f*
❸ JUR Repatriierung *f*
rapatrier [ʀapatʀije] <1a> *vt* zurückbringen *capitaux, affaires personnelles;* wieder mitnehmen *déchets;* zurückführen *militaire, prisonnier de guerre; (ramener)* [zurück]bringen *personne; (renvoyer)* in sein Herkunftsland ausweisen *personne*
râpe [ʀɑp] *f* ❶ GASTR Raspel *f,* Reibe *f;* **~ à fromage** Käsereibe
❷ TECH Grobfeile *f*
❸ COSMET **~ pour callosités** Hornhauthobel *m*
râpé [ʀɑpe] *m fam (fromage)* geriebener Käse
râpé(e) [ʀɑpe] *adj* ❶ *amandes, fromage* gerieben
❷ *(usé) veste* abgewetzt
▶ **c'est ~** *fam* das ist geplatzt *(fam)*
râper [ʀɑpe] <1> *vt* ❶ reiben *fromage;* reiben, raspeln *betteraves, carottes*
❷ *(être désagréable)* **~ la peau/la gorge** auf der Haut/im Hals kratzen
❸ TECH feilen *bois, pièce de métal*
rapetasser [ʀap(ə)tase] <1> *vt fam* flicken, auf Vordermann bringen *(fam)*

rapetissement [ʀap(ə)tismɑ̃] *m* ❶ *(fait de rapetisser)* Schrumpfen *nt*
❷ *(effet optique)* Verkleinerung *f*
rapetisser [ʀap(ə)tise] <1> I. *vt* ❶ *(rendre plus petit)* kleiner machen; kürzen, kürzer machen *vêtement*
❷ *(dévaloriser)* abwerten
II. *vi* kleiner werden, schrumpfen; *jour:* kürzer werden
III. *vpr* **se ~** ❶ *(devenir plus petit)* kleiner werden, sich verkleinern
❷ *(se dévaloriser)* sich abwerten, sich schlechtmachen
râpeux, -euse [ʀɑpø, -øz] *adj langue, peau, surface* rau; *goût, vin* herb
Raphaël [ʀafaɛl] *m* ❶ Raphael *m,* Rafael *m*
❷ *(peintre)* Raffael *m*
raphia [ʀafja] *m* Raphiabast *m*
rapiat(e) [ʀapja, jat] *fam* I. *adj* knaus[e]rig *(fam),* knick[e]rig *(fam).*
II. *m(f)* Knauser(in) *m(f) (fam)*
rapide [ʀapid] I. *adj* ❶ *(d'une grande vitesse)* schnell; *manière, progrès, réponse* rasch; *geste, main, personne* flink; *remède* schnell wirkend; *respiration* kurz; *courant* reißend; **nous espérons une réponse ~ de votre part** wir hoffen auf Ihre baldige Antwort; **une décision trop ~** eine übereilte Entscheidung
❷ *(vif) esprit, intelligence* wach
❸ *(concis) récit, style* knapp
❹ *(expéditif) décision, démarche* schnell; *besogne* flink; *examen* flüchtig
❺ *(qui permet d'aller vite) descente, escalier, pente* steil
❻ PHOT, TECH **pellicules ~s** Filme *Pl* mit Kurzzeitbelichtung; **ciment à prise ~** schnellbindender Zement
II. *m* ❶ *(train)* Schnellzug *m*
❷ GEOG Stromschnelle *f*
rapidement [ʀapidmɑ̃] *adv* schnell, rasch; *travailler* flink; **parcourir le journal ~** die Zeitung flüchtig lesen
rapidité [ʀapidite] *f* ❶ *(vitesse)* Schnelligkeit *f; d'un véhicule* [hohe] Geschwindigkeit *f; d'un geste, mouvement, d'une personne* Schnelligkeit *f,* Flinkheit *f; d'un remède* schnelle Wirkung; *du temps* Schnelllebigkeit *f;* **agir avec la ~ de l'éclair/de la foudre/d'une flèche** blitzschnell handeln
❷ *(vivacité) d'esprit* Wachheit *f*
❸ *(concision) du style* Knappheit *f,* Kürze *f*
rapidos [ʀapidos] *adv fam* schnell, fix *(fam)*
rapiéçage [ʀapjesaʒ] *m* Flicken *nt*
rapiécer [ʀapjese] <2, 5> *vt* flicken
rapière [ʀapjɛʀ] *f* Rapier *nt*
rapin [ʀapɛ̃] *m* ❶ *péj (peintre bohème et sans talent)* Farbenkleckser(in) *m(f)*
❷ *vieilli (élève peintre)* Malschüler(in) *m(f)*
rapine [ʀapin] *f littér* Plünderung *f,* Raub *m*
raplapla [ʀaplapla] *adj inv pop* ❶ *(fatigué)* schlapp *(fam),* groggy *(fam)*
❷ *(aplati)* flach; *matelas* durchgelegen; *soufflé* zusammengefallen
raplatir [ʀaplatiʀ] <8> *vt* glatt streichen
rappel [ʀapɛl] *m* ❶ *(remise en mémoire)* **~ d'un événement/d'une aventure** Erinnerung *f* an ein Ereignis/Abenteuer; **~ d'un souvenir** Wachrufen *nt* einer Erinnerung *(Gen),* Wecken *nt* von Erinnerungen *Pl; (répétition)* Wiederholen *nt*
❷ *(admonestation)* **~ à l'ordre** Verweis *m,* Mahnung *f* zur Ordnung; *nt* Ordnungsruf *m;* **~ à la raison** Appell *m* an die Vernunft
❸ FIN *d'une facture, cotisation* Mahnung *f*
❹ *(panneau de signalisation)* Wiederholungsschild *nt*
❺ THEAT Herausrufen vor den Vorhang; **il y a eu trois ~s** sie bekamen drei Vorhänge
❻ ADMIN Rückzahlung *f*
❼ MED *(vaccination)* Auffrischungsspritze *f*
❽ MIL, POL *d'un ambassadeur* Rückberufung *f; des militaires, réservistes* Einberufung *f*
❾ ALPIN Seilabzug *m;* **la descente en ~** das Abseilen; **faire du ~** sich abseilen
❿ NAUT Trimmen *nt*
⓫ *(nouvel appel)* **~ du dernier numéro composé** Wahlwiederholung *f*
▶ **battre le ~** alle zusammentrommeln
◆ **~ de compte** Zahlungsaufforderung *f,* Mahnung *f;* **~ de paiement** Zahlungserinnerung *f*
rappelé(e) [ʀap(ə)le] *m* Einberufene(r) *m*
rappeler [ʀap(ə)le] <3> I. *vt* ❶ *(remémorer)* wachrufen, wecken *souvenir;* **~ un ami/une date à qn** jdn an einen Freund/ein Datum erinnern; **~ à qn que c'est lundi** jdn daran erinnern, dass es Montag ist
❷ *(appeler pour faire revenir)* zurückrufen; vor den Vorhang rufen, wieder herrausrufen *acteurs, comédiens;* einberufen *réservistes*
❸ *(ramener à)* **~ qn à l'obéissance/l'ordre/la raison** jdn zum Gehorsam/zur Ordnung/Vernunft mahnen; **~ qn à la vie** jdn ins Leben zurückrufen

④ TELEC zurückrufen
⑤ (évoquer) ~ un enfant/tableau à qn jdn an ein Kind/Gemälde erinnern
⑥ ALPIN abziehen *corde*
▶ Dieu l'a rappelé à lui *euph* Gott hat ihn zu sich gerufen
II. *vi* TELEC zurückrufen
III. *vpr* se ~ qn/qc sich an jdn/etw erinnern; se ~ qu'il est venu sich daran erinnern, dass er gekommen ist; se ~ avoir fait qc sich erinnern etw getan zu haben; se ~ à qn sich an jdn erinnern; se ~ au bon souvenir de qn jdn in guter Erinnerung behalten
rappeur, -euse [ʀapœʀ, -øz] *m, f* Rapper(in) *m(f)*
rappliquer [ʀaplike] <1> *vi fam* auftauchen, aufkreuzen *(fam)*
rapport [ʀapɔʀ] *m* ① *(lien)* Zusammenhang *m*; ~ entre deux ou plusieurs choses Gemeinsamkeit *f* zwischen zwei oder mehreren Dingen; ~ de parenté Verwandtschaftsbeziehung *f*
② *(relations)* Beziehungen *Pl*; ~s d'amitié/de bon voisinage freundschaftliche/gutnachbarliche Beziehungen; ~s entre les personnes Verhältnis *nt* zwischen Menschen; être en ~ avec qn mit jdm in Verbindung stehen; mettre qn en ~ avec le voisin jdn mit dem Nachbarn in Verbindung bringen; se mettre en ~ avec le chef sich mit dem Chef in Verbindung setzen; ~s employeur-employé Arbeitgeber-Arbeitnehmer-Verhältnis; les ~s franco-allemands die deutsch-französischen Beziehungen
③ *pl (relations sexuelles)* Geschlechtsverkehr *m*, Sex *m*; avoir des ~s avec qn Geschlechtsverkehr mit jdm haben
④ *(compte rendu)* Bericht *m*; faire/dresser un ~ sur qn/qc einen Bericht über jdn/etw abfassen; faire un ~ à qn jdm Bericht erstatten; ~ annuel/mensuel Jahres-/Monatsbericht; ~ financier Finanzbericht; ~ final Abschlussbericht; ~ officiel amtliche Meldung; ~ de clôture de l'exercice comptable Jahresabschlussbericht; ~ d'expert/d'inspection/de médecin Experten-/Inspektions-/medizinisches Gutachten; ~ de police Polizeibericht; ~ sur l'état des routes Straßenzustandsbericht; ~ sur la situation économique Konjunkturbericht; ~ sur la situation du marché Marktbericht
⑤ MIL Meldung *f*; au ~ zur Meldung
⑥ *(revenu)* Ertrag *m*, Einkünfte *Pl*; être d'un bon ~ einen guten Ertrag bringen; le ~ du tiercé der Gewinn in der Dreierwette *(bei Pferderennen)*
⑦ MATH, POL Verhältnis *nt*, Proportion *f*; ~ des voix Stimmenverhältnis
⑧ AUT, CYCLISME Übersetzung *f*
⑨ FIN, ECON Verhältnis *nt*; ~ cours-bénéfice d'une action Kurs-Gewinn-Verhältnis *nt*; ~ qualité-prix Preis-Leistungs-Verhältnis; ~ successoral Ausgleichung *f*; ~ des investissements bruts au produit national brut Investitionsquote *f*; ~s de production Produktionsverhältnisse *Pl*
⑩ JUR ~ juridique permanent Dauerrechtsverhältnis *nt*; ~ de droit fiscal Steuerrechtsverhältnis; ~ d'obligation créancier et débiteur Schuldverhältnis
⑪ TECH ~ masse-capacité Masse-Leistungs-Verhältnis *nt*
▶ avoir ~ à qc sich auf etw *(Akk)* beziehen; sous tous [les] ~s in jeder Hinsicht; en ~ avec passend zu; par ~ à qn/qc *(par comparaison)* im Vergleich zu jdm/etw; *(proportionnellement)* im Verhältnis zu jdm/etw
◆ ~ d'activité Tätigkeitsbericht *m*, Geschäftsbericht *m*; ~ de bilan Bilanzbericht *m*; ~ de causalité Kausalzusammenhang *m*; ~ de cause à effet Kausalzusammenhang *m*; ~ de compte courant JUR Kontokorrentverhältnis *nt (Fachspr.)*; ~ de conjoncture Konjunkturbericht *m*; ~ du directoire Vorstandsbericht *m*; ~ d'enquête JUR Recherchenbericht *m*; ~ d'exclusivité JUR Ausschließlichkeitsbezug *m*; ~ d'expertise Sachverständigengutachten *nt*; ~ de forces Kräfteverhältnis *nt*; ~ de gestion ECON Geschäftsbericht *m*; ~ de jouissance Nutzungsverhältnis *nt*; ~ de jouissance limité dans le temps zeitlich begrenztes Nutzungsverhältnis; ~ de presse Pressebericht *m*; ~ de service Dienstverhältnis *nt*; ~ de solidarité JUR Gesamtschuldverhältnis *nt*; ~ sur le personnel Personalbericht *m*
rapportage [ʀapɔʀtaʒ] *m fam* Verpetzen *nt (fam)*
rapporté(e) [ʀapɔʀte] *adj* poche aufgesetzt; élément angefügt, hinzugefügt, angesetzt
rapporter [ʀapɔʀte] <1> I. *vt* ① *(ramener)* ~ un livre à qn jdm ein Buch mitbringen; ~ une réponse eine Antwort geben; le chien rapporte le gibier ein Tier apportiert das Wild
② *(rendre)* ~ un livre ein Buch zurückbringen
③ *(être profitable)* ~ qc à qn *action, activité:* jdm etw bringen *(fam)*; *métier, travail:* jdm etw einbringen; *terre:* etw hervorbringen; FIN *actions, placement:* jdm etw einbringen
④ *(rendre compte de)* wiedergeben *récit*; ~ un cas/un fait von einem Fall/von einem Vorfall berichten; ~ à qn que jdm berichten, dass
⑤ *péj (répéter)* weitertragen *(fam)*
⑥ *(ajouter)* ansetzen *bande de tissu*; anbauen *bâtiment*; aufsetzen *poche*
⑦ *(rattacher)* ~ un événement à une certaine époque ein Ereignis einer bestimmten Epoche zuordnen; ~ tout à soi sich alles aneignen
⑧ *(annuler)* aufheben *décret*; rückgängig machen *décision, mesure*
⑨ MATH übertragen *angle, mesures*
II. *vi* ① CHASSE un chien de chasse rapporte ein Jagdhund apportiert
② FIN *actions:* einträglich sein; *investissement, placement:* sich lohnen, sich rentieren, sich bezahlt machen
③ SCOL *péj (moucharder)* petzen *(fam)*
III. *vpr* ① *(être relatif à)* se ~ à qc sich auf etw *(Akk)* beziehen, mit etw zu tun haben
② GRAM se ~ à qc sich auf etw *(Akk)* beziehen
③ *(s'en remettre à)* s'en ~ à qn/qc sich auf jdn/etw verlassen
rapporteur [ʀapɔʀtœʀ] *m* ① *d'une commission, réunion* Berichterstatter *m*; JUR, POL Referent *m*, Berichterstatter *m*
② *(cafteur)* Petzer *m (fam)*
③ GEOM Winkelmesser *m*
rapporteur, -euse [ʀapɔʀtœʀ, -øz] *adj* être ~/rapporteuse ein Petzer/eine Petze sein *(fam)*
rapporteuse [ʀapɔʀtøz] *f* ① *d'une commission, réunion* Berichterstatterin *f*; JUR, POL Referentin *f*, Berichterstatterin *f*
② *(cafteur)* Petze *f (fam)*
rapprendre *v.* réapprendre
rapproché(e) [ʀapʀɔʃe] *adj* ① nahe; *lieu* nahe [gelegen]; combat ~ Nahkampf *m*; la protection ~e d'un chef d'état der persönliche Schutz eines Staatschefs *m*; à une date aussi ~e so kurzfristig
② *(répété)* coups de feu schnell aufeinanderfolgend; *intervalles* kurz
rapprochement [ʀapʀɔʃmɑ̃] *m* ① Näherrücken *nt*; d'un bruit Näherkommen *nt*
② *(réconciliation)* Versöhnung *f*; *de partis* Verständigung *f*, Annäherung *f*; *d'idées, de points de vue* Annäherung *f*; ~ franco-allemand deutsch-französische Verständigung
③ *(analogie)* Parallele *f*, Ähnlichkeit *f*; *(comparaison)* de textes Vergleich *m*; faire le ~ entre deux événements zwischen zwei Ereignissen einen Zusammenhang herstellen
rapprocher [ʀapʀɔʃe] <1> I. *vt* ① heranholen *objet*; [näher] zusammenrücken *objets, chaises*; [näher] zusammenschieben *planches*; vorverlegen *date, échéance*; rapproche ta chaise de la table/de moi! rück dein Stuhl näher an den Tisch/zu mir!; ~ qn de son lieu de travail *logement:* näher an jds Arbeitsplatz *(Dat)* liegen
② *(réconcilier)* versöhnen *ennemis, familles brouillées*; ce drame nous a beaucoup rapprochés dieses Unglück hat uns einander sehr nahe gebracht
③ *(mettre en accord)* annähern *idées, thèses*; miteinander in Einklang bringen *récits*
④ *(comparer)* miteinander in Verbindung bringen *affaires, événements*; miteinander vergleichen *indices, textes*; ~ le texte de Sartre de celui de Camus Sartres Text mit dem von Camus vergleichen
II. *vpr* ① se ~ de qn/qc sich jdm/einer S. nähern; rapproche-toi de moi! komm näher [zu mir]!; l'orage/le bruit se rapproche de nous das Gewitter/der Lärm kommt näher
② *(ressembler)* se ~ de qn sich jdm [an]nähern; se ~ de qc *idées, opinion, récit:* einer S. *(Dat)* nahekommen
③ *(sympathiser)* se ~ sich näherkommen; se ~ de qn sich jdm nähern; *(se réconcilier)* sich mit jdm versöhnen
④ *(converger)* se ~ *points de vue:* sich näherkommen
rapproprier [ʀapʀɔpʀije] <1a> I. *vt vieilli (rendre propre)* sauber machen
II. *vpr* se ~ NORD, BELG *(mettre des vêtements propres)* saubere Kleidung anziehen, sich umziehen
rapprovisionnement *v.* réapprovisionnement
rapprovisionner *v.* réapprovisionner
rapsodie *v.* rhapsodie
rapt [ʀapt] *m* Entführung *f*, Kidnapping *nt*; ~ d'enfant Kindesraub *m*
raquer [ʀake] <1> *vi fam* blechen *(fam)*; alors là, [il] faut ~/va falloir ~! da heißt es Zahlemann und Söhne *(hum fam)*
raquette [ʀakɛt] *f* ① SPORT Schläger *m*, Racket *m*; ~ de tennis Tennisschläger
② *(semelle pour la neige)* Schneeschuh *m*
rare [ʀɑʀ] *adj* ① *animal, édition, variété* selten; *objet, mot* ausgefallen, selten; il est ~ qu'elle fasse des erreurs sie macht selten Fehler
② *(peu nombreux)* [einige] wenige; *clients, passants, voitures* vereinzelt; *cas* selten; ne recevoir que de ~s visites nur selten Besuch *m* bekommen
③ *(peu abondant)* argent, main-d'œuvre, nourriture knapp; barbe, herbe, végétation spärlich; cheveux schütter
④ *(exceptionnel)* außergewöhnlich; *beauté, moment, talent* selten,

außergewöhnlich; **ça n'a rien de ~!** das ist nichts Außergewöhnliches [o Besonderes]!
▸ **se faire** ~ *personne:* sich nur selten sehen lassen, sich rarmachen *(fam); plante, animal, visite, occasion:* selten werden; **les bonnes occasions se font ~** gute Gelegenheiten gibt es immer weniger
raréfaction [ʀaʀefaksjɔ̃] *f de l'air* Verdünnung *f; du tissu osseux* Verminderung *f; des denrées* Verknappung *f*
raréfier [ʀaʀefje] <1a> I. *vt* PHYS verdünnen; verknappen *nourriture, marchandises*
II. *vpr* **se ~** *touristes, gibier:* selten[er] werden; *air:* dünn[er] werden; *oxygène, argent, marchandise:* knapp[er] werden; *offre:* sich verknappen
rarement [ʀaʀmɑ̃] *adv* selten
rareté [ʀaʀte] *f* ❶ Seltenheit *f; de l'argent, des denrées* Knappheit *f,* Mangel *m;* **la ~ des touristes/visiteurs** die geringe Zahl Touristen/Besucher; **être d'une extrême ~** äußerst selten sein
❷ *(chose précieuse)* Rarität *f*
rarissime [ʀaʀisim] *adj* äußerst selten
ras [ʀɑ] I. *adv coupé, taillé, tondu* sehr kurz; **la haie est taillée ~** die Hecke ist stark zurückgeschnitten
II. *m* ▸ **du ~ du cou** mit rundem Ausschnitt; **au ~ des pâquerettes** seicht, niveaulos; **à ~** sehr kurz; **au ~ de qc** dicht über etw; **au ~ de l'eau** dicht über dem Wasser; **au ~ du cou** halsnah
RAS [ɛʀaɛs] *fam abr de* **rien à signaler** alles okay *(fam)*
ras(e) [ʀɑ, ʀɑz] *adj barbe, cheveux* kurz [geschnitten]; *herbe* niedrig; *étoffe* kurzflorig; **à poil ~** kurzhaarig; **avoir les cheveux ~** kahl geschoren sein
R.A.S. [ɛʀɑɛs] *abr de* **rien à signaler** *(sur un certificat médical)* o. B., ohne Befund *m*
rasade [ʀɑzad] *f* bis zum Rand gefülltes Glas; **se verser une ~ de vin** sich *(Dat)* einen kräftigen Schluck Wein einschenken
rasage [ʀɑzaʒ] *m* Rasieren *nt,* Rasur *f;* **à sec** Trockenrasur
rasant(e) [ʀɑzɑ̃, ɑ̃t] *adj* ❶ OPT flach einfallend; MIL flach; **tir ~** Flachfeuer *nt*
❷ *fam (ennuyeux)* langweilig
rascasse [ʀaskas] *f* Drachenkopf *m*
ras-du-cou [ʀɑdyku] *m inv* halsnahe Kette
rasé(e) [ʀɑze] *adj* rasiert
rase-mottes [ʀɑzmɔt] *inv* ▸ **voler en** [*o* **faire du**] **~** im Tiefflug fliegen
raser [ʀɑze] <1> I. *vt* ❶ rasieren; kahl scheren *cheveux, tête;* **se faire ~ la barbe** sich *(Dat)* den Bart abrasieren lassen; **avoir la tête rasée** kahl geschoren sein; **rasé de près/de frais** glatt/frisch rasiert
❷ *(effleurer)* **~ un mur** dicht an einer Mauer entlanggehen [*o* entlangfahren]; **~ le sol** *oiseaux, projectiles:* dicht über dem Boden fliegen; **la balle l'a rasé à la tête** die Kugel ist knapp über seinem/ihrem Kopf vorbeigeflogen
❸ *(détruire)* dem Erdboden gleichmachen *bâtiment, quartier;* schleifen *fortification*
❹ *fam (ennuyer)* anöden *(fam)*
II. *vpr* **se ~** ❶ sich rasieren; **se ~ la barbe/les jambes/la tête** sich *(Dat)* den Bart/die Beine/den Kopf rasieren
❷ *fam (s'ennuyer)* sich anöden *(fam)*
raseur, -euse [ʀɑzœʀ, -øz] *m, f fam* Langweiler(in) *m(f) (fam); (casse-pieds)* Nervensäge *f (fam)*
rasibus [ʀɑzibys] *adv fam* ❶ *(à ras)* ganz dicht
❷ *(de justesse)* ganz knapp
ras-le-bol [ʀɑl(ə)bɔl] *m inv fam* Überdruss *m;* **en avoir ~ de qc** von etw die Nase voll haben *(fam);* **~!** mir reicht's! *(fam)*
rasoir [ʀɑzwaʀ] I. *m* Rasierapparat *m;* **~ électrique** Trockenrasierer *m (fam); il se rase au ~ électrique* er ist Trockenrasierer
▸ **comme un ~** wie ein Rasiermesser *nt*
II. *adj inv fam* zum Einschlafen *nt (fam)*
rassasié(e) [ʀasazje] *adj* ❶ *(repu)* gesättigt, satt
❷ *fig (saturé)* übersättigt
rassasier [ʀasazje] <1a> I. *vt* ❶ stillen *curiosité, désir;* **~ ses yeux de qc** etw genüsslich betrachten
❷ *(assouvir)* stillen *appétit, faim;* **~ qn** *personne:* jds Hunger stillen; *nourriture, plat:* jdn sättigen [*o* satt machen]; **être rassasié(e)** satt sein
❸ *(être lassé)* **être rassasié(e) de toutes ces histoires** all dieser Sachen *(Gen)* überdrüssig sein; **ne pas être rassasié(e) de qc/faire qc** nie genug von etw haben/nie genug davon haben etw zu tun
II. *vpr* ❶ *(se lasser)* **se ~ de qc** einer S. *(Gen)* überdrüssig werden; **ne pas pouvoir se ~ de revoir un film** einen Film [gar] nicht oft genug sehen können
❷ *(manger à sa faim)* **se ~ de qc** sich an etw *(Dat)* satt essen
rassemblement [ʀasɑ̃bləmɑ̃] *m* ❶ *de documents, d'objets épars* Zusammentragen *nt*
❷ *(regroupement)* Treffen *nt;* POL Zusammenschluss *m;* MIL Sammeln *nt;* **~!** antreten!, sammeln!
rassembler [ʀasɑ̃ble] <1> I. *vt* ❶ *(réunir)* zusammentragen *documents, objets épars;* zusammentreiben *troupeau;* **deux cents pièces sont rassemblées au musée...** eine Sammlung von zweihundert Stücken befindet sich im Museum ...
❷ *(regrouper)* [ver]sammeln *troupes, soldats;* **~ des personnes** *personne:* Menschen um sich versammeln; **ce parti rassemble les mécontents** diese Partei ist das Sammelbecken der Unzufriedenen
❸ *(faire appel à)* sammeln *forces, idées;* zusammennehmen *courage;* **j'ai du mal à ~ mes idées** [*o* **esprits**] es fällt mir schwer, mich zu konzentrieren
❹ *(remonter)* [wieder] zusammensetzen *charpente, mécanisme;* [wieder] zusammenbauen *moteur*
II. *vpr* **se ~** *badauds, foule:* zusammenströmen; *participants:* sich versammeln; *partisans:* sich zusammenschließen; *écoliers, enfants:* sich [ver]sammeln; *soldats:* antreten
rassembleur, -euse [ʀasɑ̃blœʀ, -øz] I. *adj* einend *(geh),* einigend
II. *m, f* Einiger(in) *m(f)*
rasseoir [ʀaswaʀ] <irr> I. *vpr* **se ~** sich wieder setzen; **va te ~!** setz dich wieder hin!
II. *vt* wieder hinsetzen *enfant, malade;* wieder aufstellen *statue;* neu festigen *institution, pouvoir;* **faire ~ qn** jdn wieder Platz nehmen lassen
rasséréner [ʀaseʀene] <5> I. *vt* aufheitern; **être rasséréné(e)** [wieder] heiter sein
II. *vpr* **se ~** *personne:* wieder heiter werden; *ciel, visage:* sich aufheitern
rassir [ʀasiʀ] <8> I. *vi pain:* alt [*o* trocken] werden
II. *vpr* **se ~** trocken werden
III. *vt* **laisser ~ qc** etw austrocknen lassen
rassis, rassie [ʀasi] *adj pain, pâtisserie* alt[backen]; *viande* abgehangen
rassurant(e) [ʀasyʀɑ̃, ɑ̃t] *adj nouvelle* beruhigend; *visage, mine* zuversichtlich; *indice* ermutigend; **se montrer ~(e)** sich zuversichtlich zeigen; **se vouloir ~(e)** zu beschwichtigen versuchen; **c'est ~!** das ist ja ermutigend!
rassuré(e) [ʀasyʀe] *adj personne* beruhigt
rassurer [ʀasyʀe] <1> I. *vt* beruhigen; **ne pas être rassuré(e)** beunruhigt sein; **je ne me sens pas rassuré(e) dans sa voiture** ich fühle mich in seinem/ihrem Auto nicht sicher
II. *vpr* **se ~** sich beruhigen; **essayer de se ~** versuchen sich zu beruhigen; **rassurez-vous!** seien Sie unbesorgt!; **que les élèves se rassurent** die Schüler können beruhigt sein
rasta [ʀasta] *fam* I. *adj inv musicien* **~** Rastamusiker *m (fam);* **être ~** auf Rasta *(Akk)* machen *(fam)*
II. *m* Rasta *mf*
rastaquouère [ʀastakwɛʀ] *m péj fam* Zuhältertyp *m (fam) (von südländischem Aussehen)*
rat [ʀa] *m* ❶ ZOOL Ratte *f;* **~ musqué/d'égout** Bisam-/Kanalratte; **~ des champs** Feldmaus *f;* **trou de ~s** Rattenloch *nt*
❷ *péj (avare)* Geizkragen *m (fam)*
▸ **les ~s quittent le navire** die Ratten verlassen das sinkende Schiff; **petit ~ de l'Opéra** Ballettratte *f* [an der Oper] *(fam);* **s'ennuyer comme un ~ mort** sich zu Tode *m* langweilen; **être fait(e) comme un ~** in der Falle sitzen; **mon [petit] ~** mein Mäuschen *nt*
♦ **~ de bibliothèque** Bücherwurm *m;* **~ d'hôtel** Hoteldieb *m*
rata [ʀata] *m fam* Fraß *m (fam)*
ratafia [ʀatafja] *m* Ratafia *m (Likör)*
ratage [ʀataʒ] *m* Misserfolg *m;* **être un ~ complet** *entreprise:* ein glatter Reinfall sein *(fam)*
rataplan [ʀataplɑ̃] *interj* ratatatam
ratatiné(e) [ʀatatine] *adj* ❶ *(rabougri) visage, pomme* runzelig
❷ *fig fam voiture* zerdeppert *(fam)*
ratatiner [ʀatatine] <1> I. *vt* ❶ *(rabougrir)* [zusammen]schrumpfen lassen *fruit, personne;* runz[e]lig [*o* faltig] werden lassen *visage;* **être ratatiné(e)** zusammengeschrumpft [*o* verschrumpelt *fam*] sein
❷ *fam (détruire)* kaputtmachen *machine, maison;* zu Schrott fahren *(fam) vélo, voiture*
❸ *pop (battre)* **~ qn** es jdm geben *(fam);* **se faire ~ par qn** haushoch von jdm geschlagen werden
II. *vpr* **se ~** zusammenschrumpfen; *fruit:* verschrumpeln; *visage:* runz[e]lig [*o* faltig] werden
ratatouille [ʀatatuj] *f* Ratatouille *nt o f (südfranzösisches Gemüsegericht)*
rate[1] [ʀat] *f* ANAT Milz *f*
▸ **décharger sa ~** seinem Ärger Luft *f* machen; **se dilater la ~** Tränen *Pl* lachen; **avoir la ~ qui se dilate** vor Lachen *nt* fast platzen; **ne pas se fouler la ~** sich nicht gerade überanstrengen
rate[2] [ʀat] *f* ZOOL weibliche Ratte
raté [ʀate] *m* ❶ *(personne)* Versager *m*
❷ *(pour les armes à feu)* Versager *m; d'un moteur* Fehlzündung *f*
❸ *(déficience)* Missgeschick *nt*

râteau [ʀɑto] <x> *m* ❶ *du jardinier* Harke *f*, Rechen *m* (A, CH, SDEUTSCH); *du croupier* Rateau *nt*
▸ **se prendre un ~ avec qn** *fam* bei jemandem nicht landen können *(fam)*
ratée [ʀate] *f* Versagerin *f*
râtelier [ʀɑtəlje] *m* ❶ AGR [Futter]raufe *f*
❷ *fam (dentier)* Gebiss *nt*
❸ *(support)* Ständer *m*
▸ **manger à tous les ~s** mehrere Eisen im Feuer haben
rater [ʀate] <1> I. *vt* ❶ verfehlen *cible, gibier;* verpassen *occasion, train;* nicht richtig treffen *ballon;* **missile qui a raté son objectif** fehlgesteuerte Rakete
❷ *(ne pas réussir)* nicht schaffen, nicht bestehen *examen;* verpfuschen *(fam) travail, vie;* **faire ~ qc** etw zum Scheitern bringen; **il a raté la mayonnaise** ihm ist die Mayonnaise misslungen; **elle ne va pas ~ cette affaire** dieses Geschäft wird ihr nicht misslingen; **la photo est ratée** das Foto ist nichts geworden; **un journaliste raté** ein verkrachter Journalist; **trois essais ratés** drei Fehlversuche; **l'excursion? Je crois que c'est raté!** der Ausflug? Ich glaube, daraus wird nichts!; **tu as cru m'avoir? Raté!** du hast gedacht, du hast mich reingelegt? Denkste! *(fam)*
▸ **ne pas en ~ une** in jedes Fettnäpfchen treten; **ne pas ~ qn** sich *(Dat)* jdn vorknöpfen
II. *vi affaire, coup, projet:* misslingen; *coup de fusil:* nicht losgehen
III. *vpr* ❶ *fam* **qn se rate** jds Selbstmordversuch missglückt
❷ *(ne pas se voir)* **se ~** sich verpassen
ratiboiser [ʀatibwaze] <1> *vt fam* ❶ *gel, froid:* kaputtmachen *(fam)*
❷ *(voler)* **~ le portefeuille/l'argent à qn** jdm die Brieftasche/das Geld klauen *(fam);* **~ tout son argent à qn** jdn um sein ganzes Geld erleichtern *(fam)*
❸ *(ruiner)* ruinieren; **se faire ~** pleitegehen *(fam);* **être ratiboisé(e)** ruiniert sein
❹ *(tondre)* kahl scheren; **se faire ~** [kahl] geschoren werden; **être ratiboisé(e)** *tête:* rasiert sein
raticide [ʀatisid] *m* Rattengift *nt*
ratier [ʀatje] I. *adj* Rattenfänger-
II. *m (chien)* Rattenfänger *m*
ratière [ʀatjɛʀ] *f* Rattenfalle *f*
ratification [ʀatifikasjɔ̃] *f* Ratifizierung *f;* **~ de vente** Verkaufsbestätigung *f*
ratifier [ʀatifje] <1a> *vt* ratifizieren *loi, traité;* bestätigen *acte de vente;* genehmigen *choix, projet*
ratine [ʀatin] *f* TEXTIL Ratiné *m*
rating [ʀatiŋ, ʀetiŋ] *m* ECON Rating *nt*
ratio [ʀasjo] *m* Verhältnis *nt; (coefficient)* Verhältniszahl *f;* **~ prix-profits** Preis-Profit-Rate *f*
◆ **~ d'espèces** Barquote *f;* **~ d'espèces et de liquidités** Bar- und Liquiditätsquote
ratiocination [ʀasjɔsinasjɔ̃] *f littér* Haarspalterei *f (pej)*
ratiociner [ʀasjɔsine] <1> *vi littér* sich in Spitzfindigkeiten *(Dat)* ergehen *(pej)*
ration [ʀasjɔ̃] *f* Ration *f (a. fig);* MIL Ration; **vous avez tous eu la même ~** ihr hattet alle gleich viel; **~ de pain/viande** Brot-/Fleischration; **~ de croissance** Extraportion *f* während des Wachstums; **~ d'entretien** Erhaltungskost *f;* **~ de survie** Überlebensration; **~ alimentaire** täglicher Nahrungsbedarf; **arrête, il a eu sa ~!** hör auf, es reicht!
rationalisation [ʀasjɔnalizasjɔ̃] *f* Rationalisierung *f*
rationaliser [ʀasjɔnalize] <1> *vt* rationalisieren
rationalisme [ʀasjɔnalism] *m* Rationalismus *m*
rationaliste [ʀasjɔnalist] I. *adj* rationalistisch
II. *mf* Rationalist(in) *m(f)*
rationalité [ʀasjɔnalite] *f* Rationalität *f;* **dépourvu(e) de toute ~** völlig vernunftwidrig
rationnel [ʀasjɔnɛl] *m* Rationale(s) *nt*
rationnel(le) [ʀasjɔnɛl] *adj* ❶ *comportement, pensée* rational; *alimentation* vernünftig; *organisation* rationell; *méthode, moyen* zweckmäßig; **c'est un esprit ~** er/sie ist ein Verstandesmensch [*o* ein rationaler Mensch]
❷ MATH *fraction, nombre* rational
rationnellement [ʀasjɔnɛlmɑ̃] *adv* rational
rationnement [ʀasjɔnmɑ̃] *m* Rationierung *f*
rationner [ʀasjɔne] <1> I. *vt* rationieren; **~ qn** jdn auf halbe Ration *(Akk)* setzen *(fam)*
II. *vpr* **se ~** sich einschränken; *(à table)* sich [beim Essen] zurückhalten
Ratisbonne [ʀatisbɔn] Regensburg *nt*
ratissage [ʀatisaʒ] *m* ❶ AGR Harken *nt*, Rechen *nt* (A, CH, SDEUTSCH)
❷ MIL Durchkämmen *nt;* **opération de ~** Durchkämmungsaktion *f*
ratisser [ʀatise] <1> I. *vt* ❶ harken, rechen (A, CH, SDEUTSCH) *allée, platebande;* zusammenharken, zusammenrechen *herbe, feuilles mortes*

❷ MIL durchkämmen
❸ *fam (piller)* plündern; **il s'est fait ~ au jeu** man hat ihn beim Spiel ausgenommen
II. *vi* harken (NDEUTSCH), rechen (A, CH, SDEUTSCH)
raton [ʀatɔ̃] *m* ❶ ZOOL junge Ratte; **~ laveur** Waschbär *m*
❷ *péj fam (personne)* dreckiger Ausländer *(pej sl)*
❸ CAN *(chat sauvage)* Wildkatze *f*
ratonnade [ʀatɔnad] *f* Ausschreitungen *Pl (gegen Minderheiten)*
R.A.T.P. [ɛʀatepe] *f abr de* Régie autonome des transports parisiens öffentlicher Pariser Verkehrsbetrieb
rattachement [ʀataʃmɑ̃] *m* ❶ ADMIN, POL **de l'Alsace-Lorraine à la France** Angliederung *f* von Elsass-Lothringen an Frankreich; **~ à une commune** Eingemeindung *f;* **~ de qn à un service** jds Eingliederung *f* in einen Dienst; **~ à une/la convention collective** Tarifbindung *f*
❷ *(liaison)* **~ d'idées/de thèmes** Verknüpfung *f* von Gedanken/Themen; **le ~ de ces deux questions s'impose** diese beiden Fragen müssen im Zusammenhang gesehen werden
❸ JUR **~ accessoire/indépendant** akzessorische/selb[st]ständige Anknüpfung
rattacher [ʀataʃe] <1> I. *vt* ❶ wieder anbinden; wieder [zu]binden *lacet;* wieder zumachen *ceinture, jupe*
❷ *(annexer)* **~ un territoire à un pays** ein Gebiet an ein Land *(Akk)* angliedern; **~ une commune à Lille** einen Ort in die Stadt Lille eingemeinden; **~ des services autonomes à l'administration municipale** autonome Dienste der Stadtverwaltung unterstellen
❸ *(mettre en corrélation)* **~ un problème aux précédents** ein Problem im Zusammenhang mit den vorhergehenden sehen; **~ la magie à la religion** die Magie mit der Religion in Verbindung bringen; **~ la langue roumaine aux langues latines** das Rumänische zu den romanischen Sprachen zählen
❹ *(relier)* **rien ne la rattachait plus à son pays** nichts verband sie mehr mit ihrer Heimat; **c'est la reconnaissance qui me rattache à lui** ich bin ihm in Dankbarkeit verbunden
II. *vpr* **se ~ à une question** mit einer Frage in Zusammenhang stehen; **se ~ à une tradition** auf eine Tradition zurückgehen
ratte [ʀat] *f* DIAL helle Kartoffelsorte
rattrapable [ʀatʀapabl] *adj* **être ~** *erreur, oubli:* wieder gutzumachen sein; **vos heures d'absence sont ~s** Sie können Ihre Fehlstunden nacharbeiten
rattrapage [ʀatʀapaʒ] *m* ❶ Wiedergutmachen *nt; d'une maille* Wiederaufnehmen *nt*
❷ SCOL *(remise à niveau)* Aufholen *nt;* **classe de ~** Förderklasse *f;* **cours de ~** Förderunterricht *m,* Nachhilfestunden *Pl*
❸ SCOL, UNIV *(repêchage)* Nachprüfung *f;* **examen de ~** Zusatzprüfung; **oral de ~** mündliche Zusatzprüfung; **avoir son bac au ~** das Abitur in der Nachprüfung schaffen
❹ *(rajustement) des salaires* Angleichung *f*
❺ IND, COM *des heures perdues* Nacharbeitung *f; des pertes, du retard* Aufholen *nt*
rattraper [ʀatʀape] <1> I. *vt* ❶ wieder einfangen *animal échappé, prisonnier*
❷ *(rejoindre)* [wieder] einholen
❸ *(réparer)* wieder gutmachen *erreur, oubli;* wieder aufnehmen *maille;* retten *mayonnaise*
❹ *(regagner)* wettmachen *temps perdu, pertes, retard;* nachholen *sommeil;* nacharbeiten *heures d'absence*
❺ *(retenir)* auffangen; **~ qn par le bras/le manteau** jdn am Arm/Mantel fest halten; **mon chapeau s'envole, rattrape-le!** mein Hut fliegt weg, fang ihn!
❻ SCOL *(repêcher)* bestehen lassen
II. *vpr* ❶ **se ~ à une branche** sich an einem Ast festhalten
❷ *(compenser)* **se ~** das Versäumte nachholen
❸ *(regagner)* **se ~** alles wieder ausgleichen; **se ~ à la roulette** beim Roulett[e] alles wieder zurückgewinnen
❹ *(réparer)* **se ~** das wieder gutmachen; *(corriger une erreur)* einen Fehler berichten
❺ SCOL **se ~** das ausgleichen
rature [ʀatyʀ] *f* Streichung *f;* **sans ~s ni surcharges** ohne Streichungen oder Korrekturen
raturer [ʀatyʀe] <1> *vt* [durch]streichen; *(corriger)* verbessern; **une lettre raturée** ein überall verbesserter Brief; **un chèque raturé ne peut être encaissé** ein Scheck, auf dem etwas durchgestrichen wurde, kann nicht eingelöst werden
rauque [ʀok] *adj son, toux* rau; *cri, voix* heiser, rau
ravage [ʀavaʒ] *m* ❶ Schäden *Pl;* **~s causés par la guerre** verheerende Kriegsschäden; **~s de la grêle/de l'orage** Hagel-/Unwetterschäden
❷ *pl (effets néfastes) de l'alcool, la drogue* schädliche Auswirkungen *Pl; de la maladie, vieillesse* Spuren *Pl*
▸ **faire des ~s** verheerende Schäden anrichten; **la peste faisait des ~s parmi la population** die Pest wütete in der Bevölkerung;

il/elle fait des ~s *hum* er/sie verdreht allen den Kopf *(fam)*
ravagé(e) [ʀavaʒe] *adj fam* übergeschnappt *(fam)*, bescheuert *(fam)*; **ce mec est complètement ~!** dieser Typ ist total übergeschnappt *[o* spinnt total*]! (fam)*
ravager [ʀavaʒe] <2a> *vt* ❶ verwüsten *pays, ville;* vernichten *cultures;* **être ravagé(e)** *pays, ville:* verwüstet *[o* zerstört*]* sein; *cultures:* vernichtet sein

❷ *(flétrir)* zeichnen *traits, visage*

❸ *(tourmenter)* quälen; **être ravagé(e) d'inquiétude** krank vor Sorge sein; **être ravagé(e) de remords** von Gewissensbissen geplagt sein
ravageur, -euse [ʀavaʒœʀ, -ʒøz] *adj humour, passion* zerstörerisch, destruktiv *(geh);* **animal ~** schädliches Tier, Schädling *m*
ravalement [ʀavalmã] *m* Reinigen *nt*, Säubern *nt; (avec du crépi)* [Neu]verputzen *nt; (remodelage)* Neugestaltung *f*
ravaler [ʀavale] <1> **I.** *vt* ❶ reinigen; *(repeindre)* [frisch] streichen; *(crépir)* [neu] verputzen

❷ *(retenir)* unterdrücken *larmes, émotion;* **faire ~ sa prétention à qn** jdm seine Wichtigtuerei austreiben *(fam);* **je lui ferai bien ~ ses paroles!** *fam* diese Worte wird er/sie mir noch büßen!

❸ *(avaler)* [wieder] hinunterschlucken

❹ *(avilir)* erniedrigen *personne;* schmälern *mérite;* **~ l'homme au niveau de la bête** den Menschen zum Tier degradieren

II. *vpr littér* **se ~** sich erniedrigen
ravaleur, -euse [ʀavalœʀ, -øz] *m, f* Fassadenrenovierer(in) *m(f)*
ravaudage [ʀavodaʒ] *m vieilli de vêtements, chaussettes* Ausbessern *nt*
ravauder [ʀavode] <1> *vt vieilli* ausbessern *vêtements, chaussettes*
rave[1] [ʀav] *f* Rübe *f*
rave[2] [ʀɛv] *f* Rave *m*
rave-party [ʀɛvpaʀti] *f* Rave *m*
raveur, -euse [ʀɛvœʀ, -øz] *m, f* Raver(in) *m(f)*
ravi(e) [ʀavi] *adj personne* begeistert, hochbeglückt; *visage* begeistert; **avoir l'air ~** strahlen; **être ~(e) de qn/qc** von jdm/etw begeistert sein; **être ~(e) de faire qc** erfreut sein etw zu tun; **sourire d'un air ~** hochbeglückt lächeln; **j'en suis ~(e)** ich freue mich darüber, ich bin begeistert; **je suis ~(e) que vous soyez venu** ich freue mich sehr *[*darüber*]*, dass Sie gekommen sind
ravier [ʀavje] *m [*kleine, ovale*]* Platte
ravigotant(e) [ʀavigɔtɑ̃, ɑ̃t] *adj fam douche, liqueur* belebend; **être ~(e)** *vin:* wieder munter machen
ravigote [ʀavigɔt] **I.** *f* Kräutersalatsoße mit Kapern *[und hartgekochtem Ei]*

II. *app* **tête de veau** mit Kapern-Kräuter-Soße
ravigoter [ʀavigɔte] <1> *vt fam nouvelle, personne:* aufmuntern; *alcool, douche, repas:* [wieder] auf die Beine bringen *(fam);* **tu as froid? Je vais te ~** dir ist kalt? Ich werde dich warm rubbeln
ravin [ʀavɛ̃] *m* [Fels]schlucht *f*
ravine [ʀavin] *f* kleine Schlucht
ravinement [ʀavinmɑ̃] *m* ❶ Bodenabschwemmung *f*

❷ *(rigole)* Rinne *f*, Furche *f*
raviner [ʀavine] <1> *vt* ❶ GEOG durchfurchen

❷ *littér* zerfurchen *traits, visage*
raviole [ʀavjɔl] *f* gefüllte Teigtäschchen
raviolis [ʀavjɔli] *mpl* Ravioli *Pl*
ravir [ʀaviʀ] <8> *vt* ❶ begeistern; **ta visite me ravit** ich freue mich sehr über deinen Besuch; **ces vacances me ravissent** ich bin von diesen Ferien ganz begeistert

❷ *soutenu (enlever)* rauben *honneur, trésor;* entführen *femme, enfant;* **la mort nous a ravi notre enfant** der Tod hat uns unser Kind entrissen *(geh)*

▶ **à ~** bezaubernd, hinreißend
raviser [ʀavize] <1> *vpr* **se ~** seine Meinung ändern
ravissant(e) [ʀavisɑ̃, ɑ̃t] *adj* bezaubernd; *femme, beauté* hinreißend
ravissement [ʀavismɑ̃] *m* ❶ Zauber *m;* **avec ~** verzückt, hingerissen; **plonger qn dans le ~** jdn in Entzücken *(Akk)* versetzen

❷ REL Ekstase *f*
ravisseur, -euse [ʀavisœʀ, -øz] *m, f* Entführer(in) *m(f)*
ravitaillement [ʀavitajmɑ̃] *m* ❶ *(action de ravitailler)* de la population, des troupes Versorgung *f [*mit Lebensmitteln*];* **aller au ~** etwas zu essen beschaffen; **~ en essence/en vivres** Versorgung mit Benzin/mit Lebensmitteln; **~ des victimes de la/d'une guerre** Kriegsopferversorgung

❷ MIL Nachschub *m;* **voie de ~** Nachschubweg *m*

❸ *(denrées alimentaires)* Verpflegung *f*

❹ SPORT Auftanken *nt*

❺ AVIAT **~ en vol** Luftbetankung *f*, Lufttanken *nt*
ravitailler [ʀavitaje] <1> **I.** *vt* **~ en qc** mit etw versorgen; **~ les avions en vol** Flugzeuge in der Luft betanken

II. *vpr* **se ~ en qc** sich mit etw eindecken; **on peut se ~ facilement à la ville voisine** in der benachbarten Stadt kann man gut einkaufen

ravitailleur [ʀavitajœʀ] *m (avion)* Versorgungsflugzeug *nt; (navire)* Versorgungsschiff *nt; (véhicule)* Versorgungsfahrzeug *nt*
ravitailleur, -euse [ʀavitajœʀ, -jøz] *adj* **avion ~** Versorgungsflugzeug *nt*
raviver [ʀavive] <1> **I.** *vt* wieder aufleben lassen *espoir, souvenir;* auffrischen *couleur;* [wieder] anfachen *feu;* wieder aufbrechen lassen *vieilles blessures;* **~ une douleur personne:** an alte Wunden rühren; **~ un souvenir** eine Erinnerung wieder erwachen lassen

II. *vpr* **se ~** *douleur:* wieder wach werden; *inquiétude, pessimisme:* wieder aufkommen; **mes regrets se sont ravivés quand...** ich war von neuem voller Reue, als ...
ravoir [ʀavwaʀ] <*ir, déf*> *vt toujours à l'infin* ❶ *(récupérer)* zurückbekommen, zurückhaben

❷ *fam (détacher)* wieder sauber kriegen *(fam) casserole, cuivres, vêtements*
rayé(e) [ʀeje] *adj* ❶ gestreift; *papier* liniert; **~(e) verticalement/de noir** längs/schwarz gestreift

❷ *(éraflé) disque, vitre* zerkratzt

❸ TECH *fusil* gezogen
rayer [ʀeje] <7> *vt* ❶ linieren *papier;* **des cicatrices lui rayaient le visage** Narben durchzogen sein/ihr Gesicht

❷ *(érafler)* zerkratzen *disque, vitre*

❸ *(biffer)* durchstreichen, wegstreichen *mot, nom*

❹ *(supprimer)* **~ qn/qc de la liste** jdn/etw von der Liste streichen; **être rayé(e) des effectifs** nicht mehr zum Personal gehören; **~ un souvenir de sa mémoire** eine Erinnerung aus seinem Gedächtnis streichen; **~ une ville de la carte** eine Stadt ausradieren *[o* vernichten*]*

❺ TECH mit Zügen versehen *arme à feu, fusil*
rayon [ʀɛjɔ̃] *m* ❶ Strahl *m;* **~ laser** Laserstrahl; **~ de lumière** Lichtstrahl

❷ *pl (radiations)* Strahlen *Pl*, Strahlung *f;* **~s X** Röntgenstrahlen, Röntgenstrahlung; **~s ultraviolets** UV-Strahlen, UV-Licht *nt;* **~s infrarouges** Infrarotstrahlen; **~s cosmiques** Höhenstrahlung

❸ MED Bestrahlung *f;* **faire des séances de ~s** Bestrahlungen bekommen

❹ MATH Radius *m*

❺ *fig* **~ d'espoir** Hoffnungsschimmer *m;* **un ~ de joie illumina ses traits** er/sie strahlte *[*vor Freude*]*

❻ *(enrayure) d'une roue* Speiche *f*

❼ *(étagère) d'une armoire* [Ablage]fach *nt; (tablette) d'une armoire, bibliothèque* Einlegeboden *m;* **ranger ses livres dans les ~s de la bibliothèque** seine Bücher ins [Bücher]regal zurückstellen

❽ COM Abteilung *f;* **~ d'alimentation** Lebensmittelabteilung; **~ poissonnerie** Fischtheke *f;* **~ [des] boissons/[des] chaussures/[des] tapis** Getränke-/Schuh-/Teppichabteilung; **c'est tout ce qu'il me reste en ~** das ist alles, was ich noch [anzubieten] habe

❾ *(étendue)* Ausdehnung *f;* **le ~ de mes activités** mein Betätigungsfeld *nt*

❿ *(gâteau de cire) d'une ruche* Wabe *f*

⓫ AGR kleine Furche

⓬ *(distance)* **dans un ~ de plus de dix kilomètres** in einem Umkreis von über zehn Kilometern

▶ **~ de soleil** Sonnenschein *m (fig)*, Lichtblick *m;* **en connaître un ~** sich da auskennen; **c'est mon ~** ich kenne mich da aus
◆ **~ d'action** Aktionsradius *m;* **~ de braquage** Wendekreis *m*
rayonnage [ʀɛjɔnaʒ] *m* Regal *nt*
rayonnant(e) [ʀɛjɔnɑ̃, ɑ̃t] *adj* ❶ strahlend; *air* freudestrahlend; **par un soleil ~** bei strahlendem Sonnenschein; **~(e) de santé/joie** vor Gesundheit strotzend/vor Freude strahlend

❷ *(en étoile)* sternförmig

❸ ARCHIT, ART **gothique ~** Hochgotik *f;* **chapelles ~es** Kapellenkranz *m*

❹ PHYS **chaleur ~e** Strahlungswärme *f;* MED *douleur* ausstrahlend
rayonne [ʀɛjɔn] *f* Kunstseide *f*, Reyon *m o nt (veraltet)*
rayonnement [ʀɛjɔnmɑ̃] *m* ❶ *d'une civilisation, d'un pays* Einfluss *m*

❷ *(aura)* Ausstrahlung *f; (éclat)* Glanz *m*

❸ *(lumière)* Strahlen *nt;* **~ solaire** Sonnenstrahlung *f*

❹ PHYS Strahlung *f;* **~ X** Röntgenstrahlung, Röntgenlicht *nt;* **~ U.V.** Ultraviolettstrahlung
rayonner [ʀɛjɔne] <1> *vi* ❶ *civilisation, pays:* Einfluss haben; *influence, prestige:* spürbar sein, sich niederschlagen; *découverte:* sich auswirken

❷ *(irradier)* **~ de joie** vor Freude strahlen; **~ de beauté** strahlend schön sein; **~ de santé** vor Gesundheit strahlen; **le bonheur faisait ~ son visage** er/sie strahlte vor Glück

❸ *(briller) soleil:* strahlen; *astre, lumière:* funkeln; *feux de joie:* hell lodern

❹ PHYS strahlen; MED *douleur:* ausstrahlen

❺ *(faire un circuit)* Ausflüge machen

❻ *(être disposé en rayons)* **~ autour d'une place** *avenues:* von

einem Platz strahlenförmig ausgehen
II. *vt* faire ~ **une cave/une chambre** Regale in einem Keller/in einem Zimmer anbringen lassen
rayure [ʀɛjyʀ] *f* ❶ Streifen *m*; **à ~s** *étoffe, vêtement* gestreift; *papier* liniert
❷ *(éraflure)* Kratzer *m*
❸ TECH *d'une arme à feu* Zug *m*
raz-de-marée [ʀɑdəmaʀe] *m inv* ❶ GEOG Flutwelle *f*
❷ *(bouleversement) (lors des élections)* Erdrutsch *m*; ~ **publicitaire** Werbeflut *f*; **être un vrai ~** eine große Wirkung haben
razzia [ʀa(d)zja] *f* ❶ *(descente)* Razzia *f*; **faire une ~** eine Razzia machen
❷ HIST Raubzug *m*
❸ *fam (ruée)* **faire une ~ dans les supermarchés** die Supermärkte leer räumen *(fam)*; **faire une ~ sur un produit** über einen Artikel herfallen *(fam)*
razzier [ʀa(d)zje] <1a> *vt* ausplündern *village;* ~ **les récoltes** über die Ernte herfallen
R.D.A. [ɛʀdea] *f* HIST *abr de* **République démocratique allemande** DDR *f*
R.D.C. [ɛʀdese] *m abr de* **rez-de-chaussée** EG *nt*
R.-de-ch. *m abr de* **rez-de-chaussée** Erdgeschoss *nt*
R.D.S. [ɛʀdɛs] *m abr de* **remboursement de la dette sociale** Steuer auf alle Einkünfte zur Deckung des Defizits bei der "Sécurité Sociale"
ré [ʀe] *m inv* D *nt*, d *nt*; *v. a.* **do**
réa [ʀea] *f* TECH Blockscheibe *f*
réabonnement [ʀeabɔnmɑ̃] *m* Abonnement[s]verlängerung *f*
réabonner [ʀeabɔne] <1> I. *vt* ~ **qn à un journal** jds Zeitungsabonnement verlängern
II. *vpr* **se ~ à un journal** eine Zeitung wieder abonnieren
réabsorber [ʀeapsɔʀbe] <1> *vt* aufsaugen, absorbieren *liquide;* noch einmal einnehmen *médicament*
réabsorption [ʀeapsɔʀpsjɔ̃] *f de liquide* Aufsaugen *nt; d'un médicament* erneute Einnahme
réac [ʀeak] *fam abr de* **réactionnaire I.** *adj* verstaubt *(pej)*, POL reaktionär
II. *mf* POL Reaktionär(in) *m(f)*
réaccoutumer [ʀeakutyme] <1> I. *vt* ~ **qn à un travail** jdn wieder an eine Arbeit *(Akk)* gewöhnen
II. *vpr* **se ~ à qn/qc** sich wieder an jdn/etw gewöhnen
réacheminer [ʀeaʃ(ə)mine] <1> *vt* weiterbefördern *marchandise*
réacteur [ʀeaktœʀ] *m* ❶ AVIAT Düsentriebwerk *nt*
❷ PHYS Reaktor *m;* ~ **nucléaire** Kernreaktor; **fiabilité/technique du ~** Reaktorsicherheit *f/*-technik *f*
réactif [ʀeaktif] *m* CHIM Reagens *nt*
réactif, -ive [ʀeaktif, -iv] *adj* PSYCH reaktiv
réaction [ʀeaksjɔ̃] *f* ❶ Reaktion *f;* ~ **à** [*o* **devant**] **une catastrophe/un spectacle** Reaktion auf eine Katastrophe/ein Ereignis; ~ **en chaîne** Kettenreaktion; **mauvaise ~** Fehlreaktion; **en ~ contre qn/qc** als Reaktion auf jdn/etw; **par ~** als Reaktion; *(par opposition)* aus [bloßer] Opposition; **avoir d'excellentes ~s** *voiture:* ausgezeichnet reagieren; **avoir des ~s rapides/un peu lentes** schnell/etwas langsam reagieren; **avoir une ~ de colère/de peur** wütend/ängstlich reagieren; **cela l'a laissé sans ~** er hat nicht darauf reagiert
❷ POL Reaktion *f*, reaktionäre Kräfte *Pl*
❸ CHIM, MED, PHYS, TECH Reaktion *f;* ~ **nucléaire** Kernreaktion; **action et ~** Wirkung *f* und Gegenwirkung *f;* ~ **antigène-anticorps** Antigen-Antikörper-Reaktion
❹ AVIAT **avion à ~** Düsenflugzeug *nt;* **moteur à ~** Strahltriebwerk *nt;* **propulsion par ~** Düsenantrieb *m*
❺ ZOOL ~ **instinctive** Leerlaufhandlung *f*
◆ ~ **d'agglutination** MED Agglutinationsreaktion *f;* ~ **d'alarme** MED Alarmreaktion *f;* ~ **de fuite** Fluchtreaktion *f*
réactionnaire [ʀeaksjɔnɛʀ] I. *adj* reaktionär
II. *mf* Reaktionär(in) *m(f)*
réactionnel(le) [ʀeaksjɔnɛl] *adj* CHIM durch Reaktion entstanden; **manifestation ~le** PSYCH [sichtbare] Reaktion; **psychose ~le** Reaktionspsychose *f*
réactivation [ʀeaktivasjɔ̃] *f* Wiederaufnahme *f; d'une idéologie, maladie, d'un sérum* Reaktivierung *f;* ~ **économique** Ankurbelung *f* der Wirtschaft
réactiver [ʀeaktive] <1> *vt* neu beleben *alliance, idéologie;* wieder aufleben lassen *amitié;* wieder anfachen *feu;* MED reaktivieren *maladie, sérum*
réactivité [ʀeaktivite] *f* ❶ CHIM, PSYCH Reaktionsfähigkeit *f*
❷ MED ~ **à qc** Reaktionsbereitschaft *f* auf etw *(Akk)*
réactualisation [ʀeaktyalizasjɔ̃] *f* ❶ *(mise à jour)* Aktualisierung *f*
❷ *(remémorisation) d'un événement* Erinnern *nt*
réactualiser [ʀeaktyalize] <1> *vt* aktualisieren; wieder aufleben lassen *conflit*
réadaptation [ʀeadaptasjɔ̃] *f* Wiedereingliederung *f; d'un handicapé* Rehabilitation *f;* ~ **à la vie civile/au travail** Wiedereingliederung in die Gesellschaft/in das Berufsleben
réadapter [ʀeadapte] <1> I. *vt* ❶ ~ **qn à la vie professionnelle** jdn wieder in das Berufsleben eingliedern; ~ **un enfant à l'école** ein Kind wieder an die Schule gewöhnen
❷ MED reaktivieren *articulation, muscle*
II. *vpr* **se ~ à qc** sich wieder in etw *(Akk)* eingliedern; **se ~ au travail** sich wieder an die Arbeit gewöhnen
réadmettre [ʀeadmɛtʀ] <*irr*> *vt* wieder aufnehmen
réadmission [ʀeadmisjɔ̃] *f* Wiederaufnahme *f*
réaffermage [ʀeafɛʀmaʒ] *m* ECON ~ **au vendeur** Rückverpachtung *f* an den Verkäufer
réafficher [ʀeafiʃe] <1> *vt* INFORM ~ **les copies des pages visitées** die Kopien der geladenen Seiten wieder einblenden
réaffirmer [ʀeafiʀme] <1> *vt* bekräftigen *intention, volonté;* ~ **une nécessité** auf eine Notwendigkeit *(Akk)* erneut hinweisen
réagir [ʀeaʒiʀ] <8> *vi* ❶ *(répondre spontanément)* ~ **à qc** auf etw *(Akk)* reagieren; ~ **mal aux antibiotiques** Antibiotika schlecht vertragen; **"non", a réagi le président** "nein", sagte der Präsident daraufhin
❷ *(se répercuter sur)* ~ **sur qn/qc** sich auf jdn/etw auswirken
❸ *(s'opposer à)* ~ **contre des idées** sich gegen bestimmte Vorstellungen wehren; ~ **contre un danger** eine Gefahr bekämpfen
❹ MED ~ **contre une infection** *organisme:* gegen eine Infektion ankämpfen
❺ CHIM reagieren
réajustement [ʀeaʒystəmɑ̃] *m* Angleichung *f; du capital propre, des taux de change* Neufestsetzung *f;* ~ **des parités monétaires** Neufestsetzung der Währungsparitäten; ~ **des prix** Preisangleichung
réajuster *v.* **rajuster**
réalignement [ʀealiɲ(ə)mɑ̃] *m* Anpassung *f*
réalimenter [ʀealimɑ̃te] <1> *vpr* **se ~** wieder Nahrung zu sich nehmen
réalisable [ʀealizabl] *adj* ❶ realisierbar; *souhait* erfüllbar; *réforme* durchsetzbar
❷ FIN *fortune, valeurs* realisierbar, [in Geld] umsetzbar; **être ~** *capitaux, montants:* verfügbar sein; **facilement ~ postes de l'actif** leicht realisierbar
réalisateur, -trice [ʀealizatœʀ, -tʀis] *m, f* ❶ *d'un plan, projet* Realisator(in) *m(f); d'une œuvre architecturale* Gestalter(in) *m(f)*
❷ CINE, TV Regisseur(in) *m(f);* RADIO Sendeleiter(in) *m(f);* ~ **du programme/des programmes** Programmgestalter(in) *m(f)*
réalisation [ʀealizasjɔ̃] *f* ❶ Verwirklichung *f*, Realisierung *f; d'un contrat, d'une vente* Abschluss *m; d'une invention* Ausführung *f;* ~ **d'une/de la construction** Baurealisierung
❷ *(œuvre)* Werk *nt;* ~ **s économiques/médicales** auf wirtschaftlichem Gebiet/im medizinischen Bereich erzielte Ergebnisse
❸ FIN Realisierung *f*, Flüssigmachung *f*
❹ CINE, RADIO, TV Regie *f*
❺ JUR ~ **juridique du droit** Rechtsdurchsetzung *f*
◆ ~ **de bénéfices** Gewinnerzielung *f*, Gewinnverwirklichung *f;* ~ **du gage** Pfandverwertung *f;* ~ **de pertes** ECON Verlustrealisierung *f*
réaliser [ʀealize] <1> I. *vt* ❶ verwirklichen, realisieren *ambition, projet, rêve;* wahr machen *intention, menace;* aufbringen *effort;* vollbringen *exploit;* erfüllen *désir;* erwirtschaften *excédent*
❷ *(effectuer)* ausführen *travail;* ausarbeiten *plan, maquette;* erzielen *progrès;* tätigen *achat, vente;* durchführen *réforme;* ~ **des économies/des bénéfices** Einsparungen/Gewinne erzielen; ~ **des bénéfices hebdomadaires** einen Wochengewinn erzielen; ~ **de maigres chiffres d'affaires** geringe [*o* schwache] Umsätze tätigen
❸ *(se rendre compte de)* ~ **l'ampleur de son erreur** sich über das Ausmaß seines Fehlers bewusst werden
❹ FIN realisieren, flüssig machen *capital, valeurs;* in Geld umsetzen [*o* umwandeln] *biens*
❺ COM, JUR abschließen *achat, vente;* erfüllen *contrat*
❻ CINE, RADIO, TV leiten *émission;* führen *interview;* ~ **un film** bei einem Film Regie führen
II. *vi* begreifen; **est-ce que tu réalises vraiment?** bist du dir dessen wirklich bewusst?; **j'ai du mal à ~** ich kann das [alles] nicht recht fassen
III. *vpr* **se ~** ❶ *ambition, projet:* Wirklichkeit werden; *rêve:* wahr werden; *vœu:* in Erfüllung gehen; *exploit:* vollbracht werden
❷ *(s'effectuer) travail:* ausgeführt werden; *achat, vente:* getätigt werden; *réforme:* durchgeführt werden; *progrès:* erzielt werden
❸ *(s'épanouir) personnalité:* sich entfalten
réalisme [ʀealism] *m* Realismus *m;* **être d'un grand ~** sehr realistisch sein; **manquer de ~** wirklichkeitsfremd sein
réaliste [ʀealist] I. *adj* realistisch; *description, portrait* wirklichkeitsgetreu; **décrire qc de façon ~** etw wirklichkeitsnah [*o* lebensnah] [*o* realitätsnah] beschreiben
II. *mf* Realist(in) *m(f)*

réalité [ʀealite] f ❶ Wirklichkeit f, Realität f; **devenir ~** Wirklichkeit werden; *rêve, souhait:* wahr werden; **la ~ dépasse la fiction** die Wirklichkeit übertrifft jegliche Vorstellung
❷ *(chose réelle)* Tatsache f
❸ *(caractère réel) d'un événement, fait* Realität f
▶ **en ~** in Wirklichkeit f, tatsächlich
reality-show [ʀealitiʃo] <reality-shows> m Reality-Show f
réaménagement [ʀeamenaʒmɑ̃] m *d'un site* Neugestaltung f; *d'un plan de financement* Neuerarbeitung f; *de réseaux* Erneuerung f; *d'un service* Umstrukturierung f
réaménager [ʀeamenaʒe] <2a> vt neu gestalten *site;* neu erstellen *plan de financement;* erneuern *réseau;* **~ le centre de la ville en zone piétonne** die Innenstadt zu einer Fußgängerzone umgestalten
réamorcer [ʀeamɔʀse] <2> vt wieder ködern *poisson;* nachladen *pistolet;* wieder in die Wege leiten *négociations*
réanimateur, -trice [ʀeanimatœʀ, -tʀis] m, f *(personne)* Narkosearzt m/-ärztin f *(der/die die Frischoperierte bis zum Aufwachen betreut)*
réanimation [ʀeanimasjɔ̃] f Wiederbelebung f, Reanimation f; **service de ~** Intensivstation f; **en ~** auf der/die Intensivstation
réanimer [ʀeanime] <1> vt wieder beleben
réapparaître [ʀeapaʀɛtʀ] <irr> vi + avoir o être ❶ *(apparaître de nouveau)* wieder auftauchen
❷ *(renaître, se renouveler) chauvinisme, extrême droite:* [fröhliche] Urständ feiern
réapparition [ʀeapaʀisjɔ̃] f Wiederauftauchen nt; *d'une maladie* Wiederauftreten nt; *des hirondelles* Rückkehr f
réapprendre [ʀeapʀɑ̃dʀ] <13> vt noch einmal lernen *leçon, poésie;* **~ la liberté** sich wieder an die Freiheit gewöhnen; **~ l'anglais à qn** jds Englisch wieder auffrischen; **~ à marcher** wieder gehen lernen; **~ à vivre** in ein normales Leben zurückfinden
réapprentissage [ʀeapʀɑ̃tisaʒ] m Neuerlernung f; **~ de la marche** Wiedererlernen nt des Gehens; **~ de la liberté/vie** Wiedergewöhnung f an die Freiheit/an ein normales Leben
réapprovisionnement [ʀeapʀɔvizjɔnmɑ̃] m Auffüllen nt; *d'un magasin* Neubelieferung f; **~ des stocks** Lagerauffüllung f; **le ~ en essence a enfin pu s'effectuer** endlich konnte Treibstoff nachgeliefert werden
réapprovisionner [ʀeapʀɔvizjɔne] <1> I. vt auffüllen *réservoir, cuve;* neu beliefern *magasin;* **~ les stocks** die Lagerbestände auffüllen; **~ le frigo en boissons** den Kühlschrank mit Getränken auffüllen
II. *vpr* **se ~ en chocolat** sich wieder mit Schokolade eindecken; **se ~ en essence/fuel** sich wieder Benzin/Öl nachliefern lassen
réargenter [ʀeaʀʒɑ̃te] <1> vt erneut versilbern *couverts*
réarmement [ʀeaʀməmɑ̃] m Wiederaufrüstung f
réarmer [ʀeaʀme] <1> I. vi wieder aufrüsten
II. vt neu spannen *fusil, pistolet, appareil photo;* wieder bewaffnen *troupes;* wieder aufrüsten *pays;* wieder ausrüsten *navire*
réarrangement [ʀeaʀɑ̃ʒmɑ̃] m ❶ Neuanordnung f; *d'une pièce* Umstellen nt
❷ PHYS **~ moléculaire** Neuanordnung f der Moleküle
réarranger [ʀeaʀɑ̃ʒe] <2a> vt richten *coiffure, vêtement;* neu vereinbaren *entrevue;* umstellen *chambre;* neu arrangieren *fleurs*
réassort abr de **réassortiment**
réassortiment [ʀeasɔʀtimɑ̃] m COM Ergänzung f, Auffüllung f; *d'un tissu* Nachkauf m
réassortir [ʀeasɔʀtiʀ] <8> I. vt [wieder] ergänzen; nachkaufen *tissu*
II. *vpr* **se ~ en qc** sich wieder mit etw eindecken; *commerçant:* seinen Bestand an etw *(Dat)* auffüllen
réassurance [ʀeasyʀɑ̃s] f Rückversicherung f
réassurer [ʀeasyʀe] <1> I. vt rückversichern
II. *vpr* **se ~** sich rückversichern
réassureur [ʀeasyʀœʀ] m Rückversicherer m
rebaisser [ʀ(ə)bese] <1> vi wieder sinken; *prix, thermomètre:* wieder fallen
rebaptiser [ʀ(ə)batize] <1> vt umbenennen
rébarbatif, -ive [ʀebaʀbatif, -iv] adj *air, mine* abweisend; *style* umständlich; *sujet, tâche* undankbar
rebâtir [ʀ(ə)batiʀ] <8> vt wieder aufbauen
rebattu(e) [ʀəbaty] adj *citation, sujet* abgedroschen
rebelle [ʀəbɛl] I. adj ❶ *(insurgé) populations, troupes* aufständisch; **~ à la patrie/à un souverain** dem Heimatland/einem Herrscher abtrünnig
❷ *(récalcitrant) enfant* rebellisch, widerspenstig; *fièvre, maladie* hartnäckig; *cheveux, mèche, animal* widerspenstig; **avoir l'esprit ~** widerspenstig sein; **être ~ au latin/aux maths** mit Latein/Mathe auf Kriegsfuß stehen *(fam);* **ce virus est ~ à tous les remèdes** gegen diesen/dieses Virus kommt kein Mittel an
II. mf Rebell(in) m(f), Aufrührer(in) m(f); **camp de/des ~s** Rebellenlager nt
rebeller [ʀ(ə)bele] <1> *vpr* **se ~ contre qc** sich gegen etw auflehnen, gegen etw rebellieren
rébellion [ʀebeljɔ̃] f ❶ **~ contre qn/qc** Aufstand m gegen jdn/etw, Rebellion f gegen jdn/etw; **entrer en ~ contre qn** sich gegen jdn erheben
❷ *(rebelles)* Rebellen Pl
rebelote [ʀəbəlɔt] *interj fam* wie könnt's auch anders sein *(fam)*
rebeu [ʀəbø] mf *péj fam* Araber(in) m(f)
rebiffer [ʀ(ə)bife] <1> *vpr fam* **se ~ contre qn/qc** gegen jdn/etw aufmucken *(fam)*
rebiquer [ʀ(ə)bike] <1> vi *fam* in die Höhe stehen
reblanchir [ʀ(ə)blɑ̃ʃiʀ] <8> vt neu weißen
reblochon [ʀəblɔʃɔ̃] m milder Weichkäse aus Savoyen
reboisement [ʀ(ə)bwazmɑ̃] m [Wieder]aufforsten nt
reboiser [ʀ(ə)bwaze] <1> vt, vi [wieder] aufforsten
rebond [ʀ(ə)bɔ̃] m Aufprall m; *de l'eau* Auftreffen nt; *d'un corps* Aufschlagen nt, Landung f; **faux ~** Abspringen nt [des Balls]
rebondi(e) [ʀ(ə)bɔ̃di] adj *croupe, fesses, porte-monnaie* prall; *femme, formes* drall; *ventre* rund; *bouteille, cruche* bauchig; **un bébé aux joues ~es** ein pausbäckiges Baby
rebondir [ʀ(ə)bɔ̃diʀ] <8> vi ❶ **~ contre qc** *balle, ballon:* von etw abprallen; *eau:* auf etw *(Dat)* auftreffen; *corps:* gegen etw prallen [o schlagen]; **~ contre un arbre** *voiture:* gegen einen Baum prallen
❷ *(être relancé) affaire, procès:* wieder aktuell werden; *conversation:* wieder in Gang kommen; *crise:* wieder aufflackern; *intrigue, action d'un film:* eine Wende nehmen; **~ sur la scène politique** wieder auf der politischen Bühne erscheinen
rebondissement [ʀ(ə)bɔ̃dismɑ̃] m Wiederaufleben nt; **nouveau ~ dans l'affaire ...!** Neues nt [o Wende f] im Fall ...!
rebord [ʀ(ə)bɔʀ] m Rand m; *d'une cheminée, fenêtre* Sims m o nt; *d'un meuble* Kante f; **~ intérieur/extérieur de [la] fenêtre** Fensterbrett nt
reborder [ʀ(ə)bɔʀde] <1> vt wieder zudecken *enfant;* neu machen *(indem die Laken unter die Matratze eingeschlagen werden) lit;* glatt ziehen *draps*
rebouchage [ʀ(ə)buʃaʒ] m Auskitten nt; **procéder au ~ de qc** etw auskitten
reboucher [ʀ(ə)buʃe] <1> I. vt wieder zumachen [o verschließen] *bouteille, récipient;* wieder zuschütten *tranchée;* verkitten *fissure, trou*
II. *vpr* **se ~** *tuyau, siphon:* wieder verstopfen
rebours [ʀ(ə)buʀ] ▶ **à ~** von hinten; *compter* rückwärts; *caresser, lisser* gegen den Strich; **feuilleter un livre à ~** ein Buch von hinten nach vorn durchblättern; **refaire le trajet à ~** den Weg zurückgehen; **comprendre/faire qc à ~** etw falsch verstehen/machen; **prendre qn à ~** jdn falsch anpacken *(fam)*
rebouteur, -euse [ʀ(ə)butœʀ, -øz] m, f, **rebouteux, -euse** [ʀ(ə)butø, -øz] m, f fam Knochenklempner(in) m(f) *(fam)*
reboutonner [ʀ(ə)butɔne] <1> I. vt wieder zuknöpfen
II. *vpr* **se ~** sich wieder zuknöpfen
rebrousse-poil [ʀ(ə)bʀuspwal] **à ~** *caresser, lisser* gegen den Strich; **prendre qn à ~** *fam* jdn falsch anpacken *(fam)*
rebrousser [ʀ(ə)bʀuse] <1> I. vt aufstellen *cheveux, poils;* **brossez le tapis en rebroussant les poils** bürsten Sie den Teppich gegen den Strich
II. *vpr* **se ~** sich aufstellen
rebuffade [ʀ(ə)byfad] f Abfuhr f; **essuyer une ~** abgewiesen werden, eine Abfuhr erleiden
rébus [ʀebys] m Bilderrätsel nt, Rebus m; **être un vrai ~** *fig* ein einziges Rätsel sein
rebut [ʀəby] m ❶ Abfälle Pl; *(objets)* Unrat m; **~ résiduel** Abfallmaterial nt
❷ *péj (racaille)* **le(s) ~(s) de la société** der Abschaum m der Gesellschaft
❸ POST unzustellbare Sendung
▶ **aller au ~** in den Müll kommen; **marchandise de ~** Ausschussware f
rebutant(e) [ʀ(ə)bytɑ̃, ɑ̃t] adj abstoßend, ekelhaft
rebuter [ʀ(ə)byte] <1> I. vt ❶ *manières:* anwidern; *aliment, odeur:* anekeln *(fam),* anwidern; *spectacle, vulgarité:* abstoßen
❷ *(décourager)* **~ qn** *démarche, travail:* jdm zuwider sein; **rien ne le rebute** er lässt sich durch nichts abschrecken
II. *vpr* **se ~** aufgeben
recalage [ʀ(ə)kalaʒ] m SCOL fam Durchfallen nt
recalcification [ʀ(ə)kalsifikasjɔ̃] f gesteigerte Kalziumaufnahme, Rekalzifizierung f *(Fachspr.)*
récalcitrant(e) [ʀekalsitʀɑ̃, ɑ̃t] I. adj ❶ eigensinnig, aufsässig; *enfant* bockig; *animal* störrisch; **se montrer [o être] ~(e) à qc** sich gegen etw sträuben; **ne sois pas aussi ~(e)!** sei nicht so stur!
❷ *fam (pas facilement arrangeable) boutons, machine, outil* widerspenstig
II. m(f) Querkopf m
recalculer [ʀəkalkyle] <1> vt nachrechnen *dette*

recalé(e) [R(ə)kale] *m(f) fam* Durchgefallene(r) *f(m)*
recaler [R(ə)kale] <1> *vt* SCOL *fam* durchfallen lassen *(fam)*; **se faire ~ au bac/en math** durchs Abi rasseln/in Mathe *(Dat)* durchrasseln *(fam)*
récapitulatif [Rekapitylatif] *m* Auszug *m*
récapitulatif, -ive [Rekapitylatif, -iv] *adj* zusammenfassend
récapitulation [Rekapitylasjɔ̃] *f* Resümee *nt*; **faire** [*o* **procéder à**] **la ~ de qc** etw noch einmal kurz zusammenfassen, etw rekapitulieren *(geh)*
récapituler [Rekapityle] <1> *vt* noch einmal kurz zusammenfassen, rekapitulieren *(geh)*; **~ sa journée** den Tag Revue passieren lassen
recaser [R(ə)kɑze] <1> *fam* **I.** *vt* ① *(employer)* unterbringen *(fam)* ② *(loger)* unterbringen ③ *(remarier)* wieder verheiraten; unter die Haube bringen *(fam) femme* **II.** *vpr* **se ~** ① unterkommen *(fam)* ② *(se marier)* wieder heiraten
recauser [R(ə)koze] <1> *vi fam* **~ de la vente à qn** noch mal mit jdm über den Verkauf reden; **elle ne m'en a jamais recausé** sie hat nie mehr mit mir darüber gesprochen
recéder [R(ə)sede] <5> *vt* ① wieder abtreten [*o* zurückgeben] ② *(vendre)* weiter verkaufen
recel [Rəsɛl] *m* Hehlerei *f*; **~ de cadavre** [unbefugte] Wegnahme einer Leiche; **~ de malfaiteur/de criminel** Personenhehlerei
receler [Rəs(ə)le, R(ə)səle], **recéler** [R(ə)sele] <4> *vt* ① JUR verbergen; **~ un malfaiteur** einem Verbrecher Unterschlupf gewähren ② *(renfermer) fond marin, sous-sol:* bergen; **ce texte recèle des erreurs** der Text enthält Fehler
receleur, -euse [Rəs(ə)lœR, -øz, R(ə)səlœR, -øz] *m, f*, **recéleur, -euse** [R(ə)selœR, -øz] *m, f* Hehler(in) *m(f)*
récemment [Resamã] *adv* vor kurzem, in letzter Zeit; **une chanteuse découverte ~** eine neu entdeckte Sängerin
recensement [R(ə)sãsmã] *m* ① ADMIN **~ [de la population]** Volkszählung *f* ② *(dénombrement)* Bestandsaufnahme *f*; MIL Erfassung *f*
recenser [R(ə)sãse] <1> *vt* ① zählen *population* ② *(dénombrer)* erfassen, zählen; **~ les ressources d'une région** die Ressourcen in einem Gebiet erfassen
recenseur, -euse [R(ə)sãsœR, -øz] *m, f* **I.** *adj* **agent ~** Zähler(in) *m(f)* **II.** *m, f* Zähler(in) *m(f)*
recension [R(ə)sãsjɔ̃] *f* LITTER ① *(comparaison)* Kollation *f* ② *(compte rendu)* Rezension *f*
récent(e) [Resã, ãt] *adj* ① *événement, période, passé* jüngste(r, s); **être ~ (e)** [ganz] neu sein; **as-tu des nouvelles ~es de ton fils?** hast du in der letzten Zeit von deinem Sohn gehört? ② *(nouveau) propriétaire* frisch gebacken *(fam)*; *thérapeutique* jung, neu
recentrage [R(ə)sãtRaʒ] *m d'une politique* Neuorientierung *f*; *d'un parti* Rückbesinnung *f* auf gemeinsame Ziele *Pl*; **opérer un ~ de qc** etw neu ausrichten
recentrer [R(ə)sãtRe] <1> **I.** *vt* POL neu ausrichten; TECH neu zentrieren **II.** *vi* SPORT flanken
récépissé [Resepise] *m* Empfangsbestätigung *f*, Quittung *f*; **~ de dépôt** Hinterlegungsschein *m*, Aufbewahrungsschein *m*; FIN Depositenquittung *f*; **~ d'envoi** Einlieferungsschein
réceptacle [Reseptakl] *m* ① **des eaux** Sammelbecken *nt*; *d'objets hétéroclites* Ablageplatz *m*; **~ pour bouteilles consignées** CH Harasse *f* (CH) ② BOT Blütenboden *m*; TECH Rückhaltebecken *nt*, Auffangbecken *nt*
récepteur [ReseptœR] *m* ① *(appareil)* Empfänger *m*; **~ de bord/de radio** Bord-/Rundfunkempfänger *m*; **~ FM** UKW-Empfänger *m*; **~ satellite** Satellitenempfänger *m* ② *(partie du téléphone)* **~ téléphonique** Telefonhörer *m* ③ PHYSIOL, BIO, MED Rezeptor *m*; **~ olfactif** Geruchsrezeptor *m*; **~ bêta** Betarezeptor ④ *(transformateur)* Energieumwandler *m* ⑤ LING Empfänger *m*
récepteur, -trice [ReseptœR, -tRis] *adj* **poste ~** Empfänger *m*; **antenne réceptrice** Empfangsantenne *f*; **appareil ~** Energieumwandler *m*
réceptif, -ive [Reseptif, -iv] *adj* aufnahmebereit, *(apte à accueillir)* aufnahmefähig; **~(-ive) aux conseils** empfänglich für Ratschläge; **~(-ive) à une maladie** anfällig für eine Krankheit; **être ~(-ive) au cancer** krebsgefährdet sein
réception [Resepsjɔ̃] *f* ① *(réunion, fête)* Empfang *m*; **~ de la presse** Presseempfang *m*; **donner une ~** einen Empfang geben ② *(accueil)* Empfang *m*; **faire bonne/mauvaise ~ à qn** jdn freundlich/unfreundlich empfangen ③ *(guichet d'accueil)* Empfang *m*, Rezeption *f*; *d'une entreprise* Empfangsbüro *nt*; *(hall d'accueil)* [Empfangs]halle *f* ④ *(action de recevoir)* Erhalt *m*; COM, ECON Abnahme *f*; **~ du contrat** Vertragsannahme *f*; **~ de[s] marchandises** Warenannahme, Warenerhalt, Empfangnahme *f (Fachspr.)*; **accuser ~ d'une lettre à qn** jdm den Empfang eines Briefes bestätigen ⑤ RADIO, TV Empfang *m*; **~ radio[phonique]/stéréo** Radio-/Stereoempfang ⑥ *(arrivée au sol) d'un parachutiste* Landung *f*; *d'un sauteur* Aufsprung *m* ⑦ CONSTR **~ provisoire/définitive des travaux** vorläufige/endgültige Abnahme der Arbeiten
réceptionnaire [Resepsjɔnɛʀ] *mf* IND Angestellte(r) *f(m)* in der Warenannahme
réceptionner [Resepsjɔne] <1> *vt* in Empfang nehmen
réceptionniste [Resepsjɔnist] *mf* Empfangschef *m*/-dame *f*
réceptivité [Reseptivite] *f* Aufnahmefähigkeit *f*; **~ à une maladie/un virus** Anfälligkeit *f* für eine Krankheit/ein[en] Virus
récessif, -ive [Resesif, -iv] *adj* ① ECON *tendance* rezessiv ② BIO *caractères héréditaires* rezessiv; **être hérité(e)** [*o* **transmis(e)**] **de manière récessive** rezessiv vererbt werden
récession [Resesjɔ̃] *f* Rezession *f*; **mettre un terme à la ~** die Rezession in den Griff bekommen
recette [R(ə)sɛt] *f* ① GASTR Rezept *nt*; *(pour une préparation au four)* Backrezept ② *(secret, truc)* Patentrezept *nt* ③ *sans pl* COM Einnahmen *Pl*; *(pour une œuvre de bienfaisance)* Erlös *m*; **~ d'une/de la cession** Veräußerungserlös; **~ d'une opération** [*o* **activité**] Erlös eines Geschäftes; **qn fait une bonne ~** jds Einnahmen sind gut ④ *pl* COM, ECON, FISC *(opp: dépenses)* Einnahmen *Pl*; **~s annuelles** Jahresumsatz *m*; **~s brutes** Bruttoeinnahmen, Roheinnahmen; **~s budgétées** Solleinnahmen; **~s découlant des taxes** Gebührenumsatz; **~s effectives** Ist-Einnahmen; **~s excessives** übermäßige Einnahmen; **~s extraordinaires d'entreprise** Sonderbetriebseinnahmen; **~s fiscales** Steuereinnahmen; **~ nette** Nettoeinnahme *f*; **~s publiques** Staatseinnahmen; **~s publicitaires** Werbeeinnahmen; **~s réelles** Ist-Einnahmen; **perte de ~s** Einnahmeausfall *m*; **recul des ~s** Einnahmerückgang *m* ⑤ ADMIN *(bureau)* **~ des finances** [*o* **impôts**] Finanzkasse *f* ▸ **faire ~** großen Erfolg haben, ein Kassenerfolg sein ♦ **~ de caisse** FIN Bareingänge *Pl*; **~s d'exploitation** Betriebseinnahmen *Pl*; **~s des exportations** Exporterlöse *Pl*
recevabilité [Rəs(ə)vabilite, R(ə)səvabilite] *f a.* JUR Zulässigkeit *f*; **admettre la ~ de qc** etw genehmigen, etw für zulässig erklären; **~ de l'exposé des moyens** JUR ≈ Zulässigkeit des Vorbringens *(Fachspr.)*
recevable [Rəs(ə)vabl, R(ə)səvabl] *adj* zulässig
receveur, -euse [Rəs(ə)vœR, -øz, R(ə)səvœR, -øz] *m, f* ① MED Empfänger(in) *m(f)*; **~ universel/receveuse universelle** Universalempfänger(in) ② *(profession) de bus, tramway* Schaffner(in) *m(f)*; **~(-euse) des postes** Leiter(in) *m(f)* eines Postamts; **~ des contributions** Finanzbeamte(r) *m*/-beamtin *f*
recevoir [Rəs(ə)vwaR, R(ə)səvwaR] <12> **I.** *vt* ① erhalten, bekommen *lettre, colis*; **~ de nouveaux articles** neue Ware bekommen [*o* reinkriegen *fam*] ② RADIO, TV Empfang bekommen ③ *(obtenir en cadeau)* bekommen; *(obtenir en récompense)* ernten *louanges, compliment*; **~ une ovation** tosenden Beifall erhalten; **~ une décoration** eine Auszeichnung verliehen bekommen; **~ une poupée en cadeau** eine Puppe geschenkt bekommen ④ *(percevoir)* bekommen, erhalten; **~ un bon salaire** ein gutes Gehalt bekommen ⑤ *(bénéficier de)* erhalten *instruction, leçon, ordre*; genießen, erhalten *éducation*; **~ des avantages** Vergünstigungen erhalten; **~ le nom de son inventeur** *procédé:* nach seinem Erfinder benannt werden; **~ la lumière du soleil** *pièce:* Licht bekommen ⑥ *(accueillir)* empfangen; **~ qn à dîner** jdn zum Abendessen zu Gast haben; **j'ai reçu la visite de ma sœur** ich habe Besuch von meiner Schwester bekommen; **être reçu(e) à l'Élysée** im Elyséepalast empfangen werden ⑦ *(subir)* abbekommen *coup, projectile, averse*; einstecken müssen *coups*; bekommen *châtiment, injures*; **~ une correction** Prügel beziehen; **elle a reçu le ballon sur la tête** der Ball hat sie am Kopf getroffen ⑧ *(accepter)* annehmen *avis, conseil*; entgegennehmen *compliment*; **être bien/mal reçu(e)** gut/schlecht aufgenommen werden; **je n'ai pas de conseil/leçon à ~ de vous** Ihren weisen Rat/Ihre Belehrungen können Sie sich sparen; **recevez, cher Monsieur/chère Madame, l'expression de mes sentiments distingués/mes sincères salutations** *form* mit vorzüglicher Hochachtung/mit freundlichen Grüßen *(form)*; **veuillez ~ toutes mes félicitations** *form* ich möchte Ihnen meine herzlichsten Glückwünsche aussprechen *(form)*

⁹ ADMIN, JUR, COM entgegennehmen *déposition, témoignage;* erhalten *commande, demande d'emploi, plainte*
ⁱ⁰ REL empfangen *communion, sacrement;* ~ **les vœux de qn** jdm die Gelübde abnehmen
ⁱⁱ *(admettre)* ~ **qn dans un club/une école** jdn in einen Klub/in eine Schule aufnehmen; **être reçu(e) à un examen** eine Prüfung bestehen; **les candidats reçus** die Kandidaten, die bestanden haben
ⁱ² *(contenir)* **pouvoir ~ des personnes** *salle:* Menschen aufnehmen können; *hôtel:* Menschen unterbringen [o beherbergen] können
ⁱ³ GEOG **le Rhin reçoit la Moselle à Coblence** bei Koblenz mündet die Mosel in den Rhein; **ce bassin reçoit les eaux de pluie** in diesem Becken wird das Regenwasser aufgefangen
ⁱ⁴ TECH ~ **sa forme définitive** seine endgültige Form erhalten; **cette poutre est destinée à ~ le faux plafond** dieser Balken soll die Zwischendecke tragen
▸ **se faire [bien/drôlement] ~** ganz schön was abkriegen *(fam)*
II. *vi* ❶ ~ **à dîner** zum Abendessen Gäste haben
❷ SPORT *(jouer sur son terrain)* Gastgeber sein; *(opp: servir)* [den Ball] zurückschlagen
III. *vpr* ❶ *(retomber)* **se ~ bien/mal/sur une jambe** gut/schlecht/auf einem Bein aufkommen; **se ~ pieds groupés** *parachutiste:* mit geschlossenen Füßen landen
❷ *(se fréquenter)* **se ~** einander besuchen

rechange [R(ə)ʃɑ̃ʒ] *m* ❶ *(rechange de vêtements)* **prendre un ~** etwas zum Wechseln mitnehmen; **pantalon/chaussures de ~** Hose/Schuhe *Pl* zum Wechseln
❷ *(objet intact)* **pièce de ~** Ersatzteil *nt;* **pièce de ~ d'occasion** Gebrauchtteil *nt;* **roue de ~** Reserverad *nt;* **véhicule de ~** Ersatzfahrzeug *nt*
❸ FIN Rikambio *m,* Rikambiowechsel *m,* Rückwechsel

rechanter [R(ə)ʃɑ̃te] <1> *vt* noch einmal singen
rechapage [R(ə)ʃapaʒ] *m* Runderneuerung *f*
rechaper [R(ə)ʃape] <1> *vt* runderneuern *pneus*
réchapper [Reʃape] <1> *vi* ~ **de l'incendie** den Brand überstehen
recharge [R(ə)ʃaRʒ] *f* ❶ Nachfüllpatrone *f; d'un produit d'entretien* Nachfüllpackung *f; d'un rouge à lèvres* Refill *m; d'un stylo à bille* Ersatzmine *f*
❷ *(fait de recharger) d'une arme* Nachladen *nt*
❸ ELEC **mettre qc en ~** etw zum Aufladen anschließen
rechargeable [R(ə)ʃaRʒabl] *adj briquet* nachfüllbar; *accu* wiederaufladbar; **stylo ~** Patronenfüllhalter *m;* **briquet/rasoir non ~** Einwegfeuerzeug *nt/*-rasierer *m*
rechargement [R(ə)ʃaRʒəmɑ̃] *m* ❶ *d'une arme* Nachladen *nt; d'un véhicule* Wiederbeladen *nt*
❷ TECH *d'une route, voie* Neubeschotterung *f*
❸ INFORM *d'un accu* Wiederaufladung *f*
recharger [R(ə)ʃaRʒe] <2a> I. *vt* ❶ nachladen *arme;* wieder beladen *véhicule;* nachfüllen *briquet;* wieder [auf]laden *accumulateurs, batterie;* ~ **un stylo** eine neue Patrone in einen Füllhalter einsetzen; ~ **l'appareil photo** einen neuen Film [in den Fotoapparat] einlegen; ~ **un poêle** Holz *nt* nachlegen
❷ TECH frisch [be]schottern *route, voie*
II. *vpr* ELEC **se ~** sich wieder aufladen
réchaud [Reʃo] *m* Kocher *m;* ~ **à gaz/à essence** Gas-/Benzinkocher
réchauffage [Reʃofaʒ] *m* GASTR Aufwärmen *nt;* TECH Anwärmen *nt*
réchauffé [Reʃofe] *m* ❶ GASTR Aufgewärmte(s) *nt;* **ça doit être du ~** das ist sicher [nur] aufgewärmt
❷ *fig* **ça sent le ~!** *péj* das ist ja ein alter Hut! *(fam)*
réchauffé(e) [Reʃofe] *adj péj* aufgewärmt *(fam)*
réchauffement [Reʃofmɑ̃] *m* ❶ Erwärmung *f,* Wärmeentwicklung *f;* **annoncer un ~ des températures** wärmere Temperaturen ankündigen; ~ **excessif** Hitzeentwicklung *f*
❷ *fig des relations, d'une amitié* Besserung *f*
réchauffer [Reʃofe] <1> I. *vt* ❶ GASTR **faire ~ qc** etw aufwärmen lassen
❷ *(donner de la chaleur à)* wärmen *corps, membres;* **ce bouillon m'a bien réchauffé(e)** diese Suppe hat mich wieder aufgewärmt; **le soleil réchauffe la terre/pièce** die Sonne erwärmt die Erde/den Raum
❸ *(ranimer)* anstacheln *ardeur, courage;* **cela m'a réchauffé le cœur** das hat mir das Herz erwärmt
II. *vpr* ❶ **se ~** *eau, planète:* sich erwärmen; *temps, température:* wärmer werden; *relations:* sich bessern
❷ *(retrouver sa chaleur)* **se ~ pieds, mains:** wieder warm werden; **se ~ les doigts/pieds** sich *(Dat)* die Finger/Füße wärmen
❸ GASTR **se ~ au bain-marie** im Wasserbad warm gemacht werden
rechausser [R(ə)ʃose] <1> I. *vt* ❶ ~ **qn** jdm die Schuhe wieder anziehen
❷ *(racheter des chaussures à)* ~ **qn** jdm neue Schuhe kaufen
❸ TECH, CONSTR neu bereifen *voiture;* untermauern *mur*
II. *vpr* **se ~** seine Schuhe wieder anziehen; *(s'acheter des chaussures)* sich *(Dat)* neue Schuhe kaufen
rêche [Rɛʃ] *adj* ❶ rau; *vin* [säuerlich] herb; *fruit* sauer
❷ *soutenu (rude) personne* barsch, schroff
recherche [R(ə)ʃɛRʃ] *f* ❶ Suche *f;* ~ **d'un livre** Suche nach einem Buch; **être à la ~ d'un appartement/de qn** auf der Suche nach einer Wohnung/nach jdm sein; ~ **du cholestérol** Cholesterin-Untersuchung *f*
❷ *gén pl (enquête)* Nachforschung *f; (enquête policière)* Fahndung *f;* ~ **sur les origines familiales** Familienforschung *f;* ~ **de personnes** Personenfahndung; ~**s ciblées** Zielfahndung; **abandonner les ~s** die Fahndung einstellen; **faire des ~s sur qc** Nachforschungen über etw *(Akk)* anstellen
❸ *(poursuite)* **être à la ~ du bonheur/du pouvoir** nach dem Glück/nach Macht streben
❹ *sans pl* MED, SCOL, UNIV Forschung *f;* ~ **aérospatiale** Weltraumforschung; ~ **des causes** Ursachenforschung; ~ **sur la paix et les conflits** Konfliktforschung; **faire de la ~ scientifique** wissenschaftliche Forschung betreiben; **faire de la ~ fondamentale** Grundlagenforschung betreiben; **faire de la ~ en géologie** auf dem Gebiet der Geologie forschen; **frais de ~** Forschungskosten *Pl*
❺ *sans pl (raffinement)* **mettre beaucoup de ~ dans sa toilette** immer mit ausgesuchter Eleganz gekleidet sein; **s'exprimer avec ~** sich sehr gewählt ausdrücken
❻ SCI ~ **opérationnelle** Unternehmensforschung *f,* Operations-Research *f*
❼ RADIO, TV, INFORM ~ **automatique** Suchlauf *m;* ~ **automatique des chaînes** Sendersuchlauf; **système de ~ automatique des chaînes** Sendersuchsystem *nt*
◆ ~ **de capitaux** Kapitalbeschaffung *f;* ~ **du droit applicable** JUR Rechtsfindung *f;* ~ **d'erreur** Fehlersuche *f;* ~ **de mot-clé** INFORM Stichwortsuche *f;* ~ **de paternité** Vaterschaftsermittlung *f;* ~ **de personnel** Personalbeschaffung *f;* ~ **de texte complet** Volltextsuche *f*
recherché(e) [R(ə)ʃɛRʃe] *adj* ❶ begehrt; *acteur, produit* gefragt
❷ *(raffiné) expression, style* gewählt; *plaisir* erlesen
rechercher [R(ə)ʃɛRʃe] <1> I. *vt* ❶ ~ **un nom/une amie** nach einem Namen/einer Freundin suchen; ~ **un terroriste** nach einem Terroristen fahnden [o suchen]; ~ **l'albumine dans les urines** den Urin auf Eiweiß untersuchen; ~ **où/quand/comment/si c'est arrivé** herauszufinden versuchen, wo/wann/wie/ob das passiert ist; **être recherché(e) pour meurtre/vol** wegen Mordes/Diebstahls gesucht werden
❷ *(poursuivre)* suchen; ~ **le succès/la perfection** nach Erfolg/Perfektion streben
❸ *(reprendre)* **aller ~ qn/qc** jdn/etw [wieder] abholen
II. *vi* noch einmal suchen
rechigner [R(ə)ʃiɲe] <1> *vi* ~ **à faire un travail** sich gegen eine Aufgabe sträuben; **en rechignant** widerwillig
rechute [R(ə)ʃyt] *f* MED Rückfall *m;* **avoir une ~** einen Rückfall haben [o erleiden]
rechuter [R(ə)ʃyte] <1> *vi* rückfällig werden; MED einen Rückfall haben [o erleiden]
récidivant(e) [Residivɑ̃, ɑ̃t] *adj* wiederkehrend, rezidiv *(Fachspr.)*
récidive [Residiv] *f* ❶ Wiederholung *f;* JUR Rückfall *m,* Rückfälligkeit *f;* **escroquerie avec ~** Betrug im Rückfall; **être en ~ rückfällig sein** [o werden]; **il y a ~** es handelt sich um einen Rückfall
❷ MED *d'une maladie* erneutes Auftreten, Rezidiv *nt;* **le rhumatisme est sujet à ~** Rheuma ist eine rezidive Krankheit *(Fachspr.)*
récidiver [Residive] <1> *vi* ❶ es noch einmal tun; JUR rückfällig werden
❷ MED [in Abständen] wiederkehren, rezidivieren *(Fachspr.)*
récidiviste [Residivist] I. *adj* rückfällig; **criminel ~** Wiederholungstäter *m;* **être ~** ein Wiederholungstäter sein
II. *mf* JUR Wiederholungstäter(in) *m(f) (a. hum)*
récif [Resif] *m* Riff *nt;* ~ **corallien/frangeant** Korallen-/Saumriff
récipiendaire [Resipjɑ̃dɛR] *mf* ❶ *de l'Académie française, d'une société* neues Mitglied
❷ SCOL, UNIV ~ **d'un diplôme/d'une médaille** Urkunden-/Medaillenempfänger(in) *m(f)*
récipient [Resipjɑ̃] *m* ❶ Gefäß *nt,* Behältnis *nt;* ~ **à huile** Ölbehälter *m*
❷ *(pour cuisiner)* Gefäß *nt,* Schüssel *f*
réciprocité [ResipRɔsite] *f* Gegenseitigkeit *f,* Wechselseitigkeit *f;* ECON Reziprozität *f;* **accord de ~** Gegenseitigkeitsabkommen *nt;* **il y a ~** es beruht auf Gegenseitigkeit
réciproque [ResipRɔk] I. *adj* ❶ wechselseitig, auf Gegenseitigkeit beruhend; *hargne, torts* beiderseitig
❷ MATH, LING, LOGIQUE reziprok; **verbe ~** reziprokes Verb; **propositions ~s** reziproke Urteile
II. *f* ❶ Gleiche(s) *nt;* **attendre la ~** das Gleiche [für sich] erwarten; **la ~ n'est pas toujours vraie** dies trifft umgekehrt nicht immer zu

❷ LOGIQUE, MATH Umkehrung *f*
▶ **rendre la ~ à qn** sich bei jdm revanchieren
réciproquement [ʀesipʀɔkmɑ̃] *adv* gegenseitig; **s'aimer ~** einander lieben; **et ~** und umgekehrt
récit [ʀesi] *m* Bericht *m;* (*narration*) Erzählung *f;* THEAT Botenbericht; **~ d'aventures** Abenteuergeschichte *f;* **~ de voyage** Reisebericht, Reisebeschreibung *f;* **aimer les ~s de voyage** gern Reiseliteratur *f* lesen; **faire un ~ circonstancié de qc** ausführlich über etw (*Akk*) berichten
récital [ʀesital] <s> *m* Konzert *nt;* **~ de flûte/de violon** Flöten-/Violinkonzert; **~ de piano** Klavierkonzert; (*en soirée*) Klavierabend *m;* **~ d'orchestre** Orchesterkonzert; **~ de chant/de danse** Lieder-/Ballettabend *m;* **~ poétique** Rezitationsabend
récitant(e) [ʀesitɑ̃, ɑ̃t] I. *adj* MUS **partie ~e** Solopart *m*
II. *m(f)* Erzähler(in) *m(f)*
récitatif [ʀesitatif] *m* Rezitativ *nt*
récitation [ʀesitasjɔ̃] *f* ❶ SCOL Aufsagen *nt* [*o* Vortragen *nt*] von Gedichten; (*poème*) Gedicht *nt*
❷ (*action de réciter*) Aufsagen *nt*
réciter [ʀesite] <1> *vt* ❶ aufsagen *leçon, poème;* sprechen *prière;* beten *chapelet*
❷ *péj* (*débiter*) herbeten *profession de foi, témoignage;* **~ des compliments** sich in Komplimenten (*Dat*) ergehen
réclamation [ʀeklamasjɔ̃] *f* ❶ Beschwerde *f;* COM Reklamation *f,* Mängelrüge *f* (*Fachspr.*); **~ concernant la qualité** Qualitätsbeanstandung *f;* **déposer] une ~** reklamieren; **faire une ~ contre le vendeur** eine Mängelrüge gegen den Verkäufer geltend machen
❷ (*service*) **les ~s** für Reklamationen zuständige Stelle; TELEC Störungsstelle *f*
réclame [ʀeklam] *f* (*publicité*) Reklame *f,* Werbung *f;* **faire de la ~ pour qn/qc** für jdn/etw werben [*o* Werbung machen]; **~ lumineuse au néon** Neonreklame
▶ **en ~** im [Sonder]angebot *nt*
réclamer [ʀeklame] <1> I. *vt* ❶ erbitten *aide, argent;* bitten um *indulgence, silence, parole*
❷ (*solliciter avec insistance*) fordern; **~ qc/qn** etw/nach jdm verlangen; **~ la remise** die Herausgabe verlangen
❸ (*revendiquer*) **~ une augmentation à qn** von jdm eine Einkommenserhöhung fordern
❹ (*nécessiter*) erfordern *patience, soin, temps*
II. *vi* sich beschweren; **~ contre une injustice/en faveur de qn** gegen eine Ungerechtigkeit/zugunsten von jdm [*o* zu jds Gunsten] Einspruch erheben
III. *vpr se* **~ de qn/qc** sich auf jdn/etw berufen; **un homme se réclamant de l'IRA** ein Mann, der behauptet, der IRA anzugehören
reclassement [ʀ(ə)klasmɑ̃] *m* ❶ *d'un employé, ouvrier* berufliche Umstellung; *d'un chômeur* Wiederbeschäftigung *f;* **~ catégoriel** *d'un employé* Höherstufung *f*
❷ (*réajustement*) Umstufung *f*
❸ (*remise en ordre*) Neuordnung *f*
reclasser [ʀ(ə)klase] <1> *vt* ❶ anderweitig beschäftigen *employé, ouvrier;* wieder in den Arbeitsprozess eingliedern *chômeur;* **être reclassé(e)** neu beschäftigt werden
❷ (*réajuster*) neu einstufen *fonctionnaire*
❸ (*remettre en ordre*) neu ordnen
reclouer [ʀ(ə)klue] <1> *vt* wieder festnageln [*o* annageln]
reclus(e) [ʀəkly, yz] I. *adj* vie abgeschieden, zurückgezogen
II. *m(f)* Einsiedler(in) *m(f);* **vivre en ~(e)** völlig zurückgezogen leben
réclusion [ʀeklyzjɔ̃] *f* ❶ Abgeschiedenheit *f*
❷ JUR Freiheitsstrafe *f,* Freiheitsentzug *m;* **~ criminelle** Gefängnis[strafe *f*] *nt;* **être condamné(e) à la ~ criminelle à perpétuité** zu lebenslänglicher Freiheitsstrafe verurteilt sein
recoiffer [ʀ(ə)kwafe] <1> I. *vt* noch einmal kämmen
II. *vpr se* **~** ❶ sich noch einmal kämmen
❷ (*remettre son chapeau*) seinen Hut wieder aufsetzen
recoin [ʀəkwɛ̃] *m* Winkel *m; du cœur, de la mémoire* [verborgener] Winkel; **fouiller jusque dans les moindres ~s** selbst die hintersten Winkel durchsuchen
recollage [ʀ(ə)kɔlaʒ] *m,* **recollement** [ʀ(ə)kɔlmɑ̃] *m du papier peint* Wiederankleben *nt; d'un timbre* Wiederaufkleben *nt; de morceaux* Kleben
recoller [ʀ(ə)kɔle] <1> *vt* ❶ wieder zukleben *enveloppe;* wieder aufkleben *étiquette, timbre*
❷ (*raccommoder*) wieder zusammenkleben *morceaux, vase cassé*
❸ *fam* (*remettre*) **~ qn en prison** jdn wieder einbuchten (*sl*)
❹ *fam* (*redonner*) **~ un enfant à garder à qn** jdm [schon] wieder die Beaufsichtigung eines Kindes aufhalsen (*fam*); **~ une amende à qn** jdn noch einmal eine Geldstrafe verpassen (*fam*)
II. *vpr se* **~** *enveloppe:* wieder zusammenkleben; *os:* wieder zusammenwachsen

récoltable [ʀekɔltabl] *adj* erntereif
récoltant(e) [ʀekɔltɑ̃, ɑ̃t] I. *adj* **viticulteur ~** Winzer(in) *m(f);* **propriétaire ~** Betreiber(in) *m(f)* eines Weinguts
II. *m(f)* Winzer(in) *m(f)*
récolte [ʀekɔlt] *f* ❶ AGR Ernte *f;* **~ des fruits/des pommes de terre/des olives** Obst-/Kartoffel-/Olivenernte; **~ de seigle** Roggenernte; **~ exceptionnelle** Rekordernte; **travail de ~** Erntearbeit *f;* **saison des ~s** Erntezeit *f;* **avant la saison des ~s** vor der Obsternte
❷ (*collecte*) *d'une quête* Ausbeute *f;* **~ d'observations** Ergebnis *nt* der Beobachtungen; **~ de documents/d'informations** Zusammentragen *nt* [*o* Sammeln *nt*] von Dokumenten/Informationen
récolter [ʀekɔlte] <1> *vt* ❶ ernten *blé, légumes, fruits;* **légumes tout juste récoltés** erntefrisches Gemüse
❷ (*recueillir*) sammeln *argent;* zusammentragen *documents;* bekommen *contraventions, coups, ennuis;* ernten *compliments, lauriers*
▶ **~ ce qu'on a semé** ernten, was man gesät hat
II. *vpr se* **~** *blé, fruits, gloire:* geerntet werden; *succès:* erzielt werden
récolteur, -euse [ʀekɔltœʀ, -øz] *m* Erntearbeiter(in) *m(f)*
recommandable [ʀ(ə)kɔmɑ̃dabl] *adj* empfehlenswert; **un type très peu ~** ein recht zwielichtiger Typ
recommandation [ʀ(ə)kɔmɑ̃dasjɔ̃] *f* ❶ Empfehlung *f;* **lettre de ~** Empfehlungsschreiben *nt;* **sur la ~ de qn** auf jds Empfehlung (*Akk*) [hin]
❷ POST **fiche de ~ postale** Einlieferungsschein *m;* **la ~ d'une lettre/d'un paquet coûte...** einen Brief/ein Päckchen als Einschreiben zu schicken kostet ...
❸ (*conseil*) Rat *m;* **faire des ~s à qn** jdm Ratschläge erteilen
recommandé [ʀ(ə)kɔmɑ̃de] *m* POST Einschreiben *nt;* **en ~** als [*o* per] Einschreiben
recommander [ʀ(ə)kɔmɑ̃de] <1> I. *vt* ❶ **~ qn/qc à qn** jdm jdn/etw empfehlen; **être recommandé(e)** empfohlen sein; *attitude, comportement:* ratsam sein; **~ à qn de faire qc** jdm empfehlen [*o* raten] etw zu tun; **il est recommandé de faire qc** es ist ratsam, etw zu tun; **ce vin est à ~ aux amateurs de blanc** der Wein ist Weißweinliebhabern zu empfehlen
❷ (*appuyer*) empfehlen *candidat*
❸ REL **~ son âme à Dieu** seine Seele Gott [an]befehlen (*geh*)
❹ POST per Einschreiben schicken *lettre, paquet;* **paquet recommandé/lettre recommandée** Einschreibepäckchen *nt/*-brief *m*
II. *vpr se* **~ de qn** sich auf jds Empfehlung berufen
❷ (*montrer sa valeur*) **se ~ par ses mérites/son talent** sich durch seine Verdienste/sein Talent auszeichnen
❸ (*se rappeler*) **permettez-moi de me ~ à votre bon souvenir** gestatten Sie mir mich Ihnen in Erinnerung zu bringen
recommencement [ʀ(ə)kɔmɑ̃smɑ̃] *m* Wiederaufnahme *f; de la pluie* erneutes Einsetzen; **la vie est un éternel ~** das Leben ist ein ständiger Neubeginn
recommencer [ʀ(ə)kɔmɑ̃se] <2> I. *vt* ❶ wieder anfangen; wieder aufnehmen *combat, lutte;* **~ une dispute** wieder zu streiten beginnen; **~ un récit depuis le début** noch einmal von vorn erzählen
❷ (*refaire*) noch einmal neu beginnen *travail, vie;* **tout est à ~** alles muss neu gemacht werden; **si c'était à ~,...** wenn man noch einmal von vorn beginnen könnte, ...
❸ (*répéter*) noch einmal machen *erreur, expérience;* **ne recommence jamais ça!** mach [*o* tu] das [ja] nie wieder!
II. *vi* ❶ wieder beginnen [*o* anfangen]; **les cours ont recommencé** die Schule/Uni hat wieder angefangen (*fam*); **la pluie recommence [à tomber]** es beginnt wieder zu regnen
❷ (*essayer de nouveau*) es noch einmal versuchen; (*refaire un travail, un devoir*) noch einmal anfangen; (*récidiver*) wieder anfangen
❸ (*se remettre à*) **~ à espérer/marcher** wieder hoffen/gehen; **il recommence à neiger** es fängt wieder an [*o* es beginnt wieder] zu schneien
▶ [**et voilà que**] **ça recommence!** jetzt geht das schon wieder los!
recomparaître [ʀəkɔ̃paʀɛtʀ] <*irr*> *vi* **~ devant qn** noch einmal vor jdm erscheinen
récompense [ʀekɔ̃pɑ̃s] *f* **~ de qc** Dank *m* [*o* Lohn *m*] für etw; (*matérielle*) Belohnung *f* für etw; SCOL, SPORT Preis *m* für etw, Auszeichnung *f* für etw; **obtenir** [*o* **recevoir**] **la ~ de qc** den Dank [*o* Lohn] für etw ernten; **mériter [une] ~** *personne:* Dank/eine Belohnung verdienen; *action:* belohnenswert sein; **liste des ~s** Liste der Preisträger; **en ~ de qc** als Dank/Belohnung für etw
récompenser [ʀekɔ̃pɑ̃se] <1> *vt* belohnen *personne;* **~ qn d'un** [*o* **pour un**] **effort/service** jdn für einen Einsatz/Dienst belohnen, sich bei jdm für einen Einsatz/Dienst erkenntlich zeigen
recompiler [ʀəkɔ̃pile] <1> *vt* INFORM neu kompilieren
recomposé(e) [ʀəkɔ̃poze] I. *part passé de* **recomposer**
II. *adj* **famille ~** Patchwork-
recomposer [ʀ(ə)kɔ̃poze] <1> I. *vt* ❶ zusammensetzen; rekonstruieren *scène;* neu [*o* noch einmal] wählen *numéro de téléphone*

❷ TYP neu setzen
❸ CHIM synthetisieren, zusammensetzen
II. *vpr* **se** ~ POL sich wandeln; *majorité:* sich neu zusammensetzen
recomposition [R(ə)kɔ̃pozisjɔ̃] *f* ❶ [Wieder]zusammensetzen *nt; d'un puzzle* Zusammensetzen
❷ POL Umstrukturierung *f*, Wandel *m; d'une majorité* neue Zusammensetzung
❸ TYP neuer Satz, Neusatz *m;* **procéder à la ~ de qc** etw neu setzen
❹ CHIM Synthese *f*, Zusammensetzung *f*
❺ FIN – **d'un portefeuille** Portefeuille-Umschichtung *f*
recompter [R(ə)kɔ̃te] <1> I. *vi* [noch einmal] nachzählen; *(calculer à nouveau)* [noch einmal] nachrechnen
II. *vt* [noch einmal] nachzählen *monnaie;* [noch einmal] nachrechnen *opération*
réconciliation [Rekɔ̃siljasjɔ̃] *f* Versöhnung *f*, Aussöhnung *f*
réconcilier [Rekɔ̃silje] <1a> I. *vt* [miteinander] versöhnen [*o* aussöhnen] *personnes;* miteinander in Einklang bringen *choses;* ~ **qn avec** [*o* **et**] **le père/une idée** jdn mit dem Vater/mit einer Idee versöhnen
II. *vpr* **se** ~ *personnes:* sich [miteinander] versöhnen [*o* aussöhnen]; **se** ~ **avec qn/qc** sich mit jdm/etw versöhnen [*o* aussöhnen]; **se** ~ **avec soi-même** mit sich [selbst] ins Reine kommen
reconductible [R(ə)kɔ̃dyktibl] *adj contrat* verlängerbar, erneuerbar; **être tacitement** ~ sich automatisch [*o* stillschweigend] verlängern; **taxe non** ~ einmalige Steuer
reconduction [R(ə)kɔ̃dyksjɔ̃] *f d'un budget* Fortschreibung *f; d'une politique* Fortschreibung, Fortführung *f; d'un crédit* Verlängerung *f*, Erneuerung *f;* ~ **tacite d'une location** stillschweigende [*o* automatische] Verlängerung eines Mietvertrags
reconduire [R(ə)kɔ̃dɥiR] <*irr*> *vt* ❶ *(raccompagner)* zurückbringen; *(chez soi)* heimbringen, nach Hause bringen; ADMIN *(à la frontière)* zurückführen, zurückbringen; ~ **qn en voiture à la gare** jdn wieder zum Bahnhof fahren [*o* mit dem Auto zum Bahnhof bringen]
❷ *(continuer)* fortführen, weiter führen; fortschreiben *budget;* verlängern *bail, crédit, location*
reconfiguration [Rəkɔ̃figyRasjɔ̃] *f* INFORM Rekonfiguration *f*
reconfigurer [Rəkɔ̃figyRe] <1> *vt* INFORM rekonfigurieren
réconfort [Rekɔ̃fɔR] *m (soutien)* Halt *m kein Pl*, Hilfe *f; (consolation)* Trost *m;* **après l'effort, le** ~ erst die Arbeit, dann das Vergnügen
réconfortant(e) [Rekɔ̃fɔRtɑ̃, ɑ̃t] *adj* ❶ *(rassurant)* aufmunternd; *événement* ermutigend, nach Hause bringen; *(consolant)* tröstlich; *(stimulant)* aufmunternd, aufmunternd; **être pour qn une personne ~ e** jdm Halt geben *(fig);* **ne pas être très ~(e)** kein großer Trost sein
❷ *(fortifiant)* aufbauend, stärkend; **être ~(e)** *remède, aliment:* eine stärkende Wirkung haben
réconforter [Rekɔ̃fɔRte] <1> I. *vt* ❶ *(consoler)* ~ **qn par une lettre** jdn mit einem Brief trösten; *(rassurer)* jdn durch einen Brief ermutigen; *(stimuler)* jdn mit einem Brief aufmuntern
❷ *(fortifier)* die Lebensgeister wecken; **cela m'a bien réconforté(e)** das hat mir gut getan
II. *vpr* **se** ~ ❶ *(s'encourager)* sich *(Dat)* Mut machen
❷ *(se revigorer)* sich stärken
reconnaissable [R(ə)kɔnɛsabl] *adj (identifiable)* erkennbar; *(qui n'a pas changé)* wieder zuerkennen
reconnaissance [R(ə)kɔnɛsɑ̃s] *f* ❶ *(gratitude)* Dankbarkeit *f*; *(fait d'admettre les mérites de qn)* Anerkennung *f;* **faire un geste de** ~ sich erkenntlich zeigen; **en** ~ **de qc** *(pour remercier)* als Dank für etw; *(pour honorer)* als Anerkennung für etw
❷ POL Anerkennung *f*
❸ JUR, ADMIN, ECON *d'un droit* Einräumung *f;* ~ **judiciaire** gerichtliche Anerkennung; ~ **mutuelle** gegenseitige Anerkennung; ~ **d'enfant naturel** *(par le père)* Anerkennung *nt* der Vaterschaft; ~ **d'un solde débiteur** Saldoanerkenntnis
❹ *(exploration, prospection) d'un pays, terrain* Erkundung *f; de la situation de l'ennemi* Aufklärung *f;* **avion de** ~ Aufklärungsflugzeug *nt;* **patrouille de** ~ Spähtrupp *m;* **partir** [*o* **aller**] **en** ~ die Gegend erkunden; **pousser une** ~ **dans les lignes ennemies** die feindlichen Linien auskundschaften
❺ *(aveu)* Eingeständnis *nt*
❻ INFORM *de la langue* Erkennung *f;* ~ **de/des caractères** Merkmalsanalyse *f; (reconnaissance des signes)* Zeichenerkennung; ~ **optique de caractères** automatische Schriftenerkennung; **logiciel/programme de** ~ **optique de caractères** OCR-Software *f*/ -Programm *nt;* ~ **d'écriture/de l'écriture** Schrifterkennung; ~ **de/des formes** Mustererkennung; ~ **vocale** [*o* **de la langue**] Spracherkennung
▶ **avoir la ~ du ventre** *hum* dankbar sein für das, was für einen getan wurde; nicht vergessen, wer einen durchgefüttert hat *(fam)*
◆ ~ **de culpabilité** Schuldgeständnis *nt;* ~ **de dépôt** FIN Depositenschein *m,* Hinterlegungsschein *f;* ~ **de dette** Schuldanerkenntnis *nt,* Schuldversprechen *nt*

reconnaissant(e) [R(ə)kɔnɛsɑ̃, ɑ̃t] *adj* dankbar
reconnaître [R(ə)kɔnɛtR] <*irr*> I. *vt* ❶ *(identifier)* erkennen; **savoir ~ un mensonge** eine Lüge erkennen können; **je reconnais bien là ta paresse** da kann man mal wieder sehen, wie faul du bist; ~ **qn à son style** jdn an seinem Stil erkennen; *(se rappeler)* jdn an seinem Stil wieder erkennen; ~ **un faucon d'un aigle** einen Falken von einem Adler unterscheiden können
❷ *(admettre)* anerkennen, zugeben *innocence, qualité;* eingestehen *erreur, faute;* ~ **la difficulté de la tâche** zugeben, dass es sich um eine schwierige Aufgabe handelt; ~ **du style à qn/qc** *(accorder)* bei jdm Stil erkennen/einer S. *(Dat)* Stil zuschreiben; **il faut lui ~ qc** man muss ihm/ihr etw zugestehen; man muss zugeben, dass er/sie etw hat; **il faut ~ que nous avons exagéré** wir haben zugegebenermaßen übertrieben
❸ *(admettre comme légitime)* anerkennen *droit;* ~ **qn comme chef** jdn als Chef anerkennen; ~ **une pause à qn** jdm eine Pause zugestehen
❹ JUR ~ **qn innocent** jdn für unschuldig befinden *(form)*
❺ *(explorer)* erkunden; aufklären *lignes ennemies*
❻ *(être reconnaissant de)* zu schätzen wissen *service, bienfait*
II. *vpr* ❶ *(se retrouver)* **se** ~ **dans qn/qc** sich in jdm/etw wieder erkennen, sich mit jdm/etw identifizieren
❷ *(être reconnaissable)* **se** ~ **à qc** an etw *(Dat)* zu erkennen sein
❸ *(s'avouer)* **se** ~ **coupable/vaincu(e)** sich schuldig bekennen/sich geschlagen geben
reconnu(e) [Rəkɔny] I. *part passé de* **reconnaître**
II. *adj* ❶ *(admis) chef* anerkannt; *fait* anerkannt, unbestritten; **il est ~ que ce médicament est très efficace** dieses Medikament gilt als sehr wirksam
❷ *(de renom)* ~**(e) pour qc** für etw bekannt
reconquérir [R(ə)kɔ̃keRiR] <*irr*> *vt* ❶ zurückgewinnen *amour, dignité;* zurückgewinnen, wiedererlangen *liberté;* zurückerobern *pouvoir, terrain, femme*
reconquête [R(ə)kɔ̃kɛt] *f* Rückeroberung *f*
reconsidérer [R(ə)kɔ̃sideRe] <5> *vt* ~ **qc** etw noch einmal überdenken, noch einmal über etw *(Akk)* nachdenken
reconstituant [R(ə)kɔ̃stitɥɑ̃] *m* Stärkungsmittel *nt*
reconstituant(e) [R(ə)kɔ̃stitɥɑ̃, ɑ̃t] *adj aliment* stärkend; **crème ~ e** Aufbaucreme *f;* **médicament** ~ Stärkungsmittel *nt*
reconstituer [R(ə)kɔ̃stitɥe] <1> I. *vt* ❶ *(remettre dans l'ordre)* rekonstruieren *texte;* nachvollziehen *faits;* zusammensetzen *puzzle;* nachstellen *scène, bataille;* erstellen *généalogie*
❷ *(reformer)* wieder ausbauen *marge de manœuvre;* wieder aufbauen *organisation; (réorganiser)* neu organisieren [*o* ordnen] *organisation;* ~ **une fortune** wieder zu einem Vermögen kommen; ~ **les stocks** das Lager auffüllen
❸ *(restaurer)* rekonstruieren; wieder aufbauen *vieux quartier, édifice*
❹ BIO regenerieren *(geh);* wieder aufbauen *organe;* wiederherstellen *santé;* ~ **ses forces en mangeant** essen um wieder zu Kräften zu kommen
II. *vpr* **se** ~ *armée, parti:* sich neu formieren [*o* organisieren]; *cerveau:* sich regenerieren; *organe:* sich neu bilden, sich regenerieren
reconstitution [R(ə)kɔ̃stitysjɔ̃] *f* ❶ *des faits, d'un texte* Rekonstruktion *f; d'un puzzle* Zusammensetzen *nt;* ~ **de la vérité** Wahrheitsfindung *f*
❷ *(reformation) d'une armée, d'un parti* Neubildung *f; (réorganisation)* Reorganisation *f (geh)*
❸ *(restauration)* Rekonstruktion *f; d'un vieux quartier* Rekonstruktion, Wiederaufbau *m*
reconstruction [R(ə)kɔ̃stRyksjɔ̃] *f* Wiederaufbau *m*
reconstruire [R(ə)kɔ̃stRɥiR] <*irr*> *vt* wieder aufbauen *ville, édifice;* neu [er]schaffen *monde;* ~ **une fortune** wieder zu einem Vermögen kommen; ~ **sa vie** ein neues Leben beginnen
reconversion [R(ə)kɔ̃vɛRsjɔ̃] *f* ❶ **suivre un stage de ~ en informatique** an einer Umschulungsmaßnahme in Informatik teilnehmen
❷ ECON *de la production* Umstellung *f;* ~ **économique d'une entreprise** Umstrukturierung *f* eines Unternehmens; ~ **de l'exploitation** Betriebsumstellung; ~ **de l'outil industriel** Umrüstung *f* des Produktionsapparats; ~ **sur de nouveaux produits** Umstellung auf neue Erzeugnisse
reconvertir [R(ə)kɔ̃vɛRtiR] <8> I. *vt* ❶ umwandeln, umrüsten *entreprise;* ~ **un entrepôt en usine** ein Lager zu einem Werk umrüsten; **être reconverti(e) en qc** in etw *(Akk)* umgewandelt werden
❷ *(recycler)* ~ **le personnel à l'informatique** das Personal zu Informatikern umschulen
❸ INFORM zurückkonvertieren
II. *vpr* ❶ **se** ~ **dans/en qc** auf etw *(Akk)* umschulen; *chose:* in etw *(Akk)* umgewandelt werden
❷ *(se transformer)* **se** ~ **en qc** *chose:* in etw *(Akk)* umgewandelt werden, sich in etw *(Akk)* verwandeln

recopier [R(ə)kɔpje] <1a> vt ❶ ~ **un texte à qn d'un livre** einen Text aus einem Buch für jdn abschreiben
❷ *(mettre au propre)* abschreiben, ins Reine schreiben
❸ INFORM ~ **un texte sur une disquette à qn** jdm einen Text auf eine Diskette kopieren

record [R(ə)kɔR] **I.** *m* ❶ SPORT Rekord *m*, Rekordleistung *f*; ~ **annuel** Jahresbestleistung; ~ **national** Landesrekord; **établir un nouveau ~ de saut en longueur** eine neue Rekordweite springen
❷ *(performance)* Rekord *m*; ~ **d'affluence/de production** Besucher-/Produktionsrekord; **battre tous les ~s** alle Rekorde schlagen; **établir un ~** einen Rekord aufstellen
II. *app inv* **vitesse ~** Rekordgeschwindigkeit *f*; **temps ~** Rekordzeit *f*, Spitzenzeit; **en un temps ~** in Rekordzeit
◆ ~ **d'Europe** Europarekord *m*; ~ **du monde** Weltrekord *m*

recordman [R(ə)kɔRdman, -mɛn] <s *o* -men> *m* Rekordhalter *m*
recordwoman [R(ə)kɔRdwuman, -wumɛn] <s *o* -women> *f* Rekordhalterin *f*

recoucher [R(ə)kuʃe] <1> **I.** *vt* wieder ins [*o* zu] Bett bringen; wieder ins Bett legen [*o* zu Bett bringen] *enfant, malade*
II. *vpr* **se ~** sich wieder hinlegen [*o* ins Bett legen]

recoudre [R(ə)kudR] <*irr*> *vt* ❶ wieder annähen
❷ MED nähen; wieder zunähen *opéré*; ~ **qc à un blessé** einem Verletzten etw nähen

recoupement [R(ə)kupmɑ̃] *m* Vergleich *m* [von Informationen]; **faire un ~/des ~s** die Informationen vergleichen

recouper [R(ə)kupe] <1> **I.** *vt* ❶ ~ **un morceau à qn** noch ein Stück für jdn abschneiden
❷ COUT ändern
❸ *(confirmer)* ~ **qc** *témoignage, renseignement:* sich mit etw decken, mit etw übereinstimmen
II. *vi* CARTES noch einmal abheben
III. *vpr* **se ~** ❶ *(coïncider) chiffres, faits:* [miteinander] übereinstimmen, sich decken
❷ GEOM *droites:* sich schneiden

recourbé(e) [R(ə)kuRbe] *adj bec* krumm, gekrümmt; **cils ~s** lange geschwungene Wimpern; **nez ~** Hakennase *f*
recourbe-cils [R(ə)kuRbsil] *m inv* Wimpernzange *f*
recourber [R(ə)kuRbe] <1> **I.** *vt* umbiegen, zurechtbiegen *branche*
II. *vpr* **se ~** sich [um]biegen, sich krümmen

recourir¹ [R(ə)kuRiR] <*irr*> *vi* ❶ *coureur:* wieder [bei Wettkämpfen] laufen; *cycliste, coureur automobile:* wieder [Rennen] fahren
❷ *(retourner)* ~ **à la maison** *(une seconde fois)* schnell noch einmal nach Hause gehen [*o* laufen]; **je recours aussitôt vous chercher** *(revenir)* ich komme sofort [*o* gleich] zurück um Sie zu holen

recourir² [R(ə)kuRiR] <*irr*> *vi* ~ **à qn** auf jdn zurückkommen, sich an jdn wenden; ~ **à qc** auf etw *(Akk)* zurückgreifen; ~ **à une aide** Hilfe in Anspruch nehmen; ~ **à un crédit** einen Kredit beanspruchen; ~ **à un emprunt** ein Darlehen aufnehmen; ~ **à la violence** Gewalt anwenden

recours [R(ə)kuR] *m* ❶ ~ **à qc** Zurückgreifen *nt* auf etw *(Akk)*; ~ **à une autorité** Anrufung *f* einer Autorität; ~ **à un crédit** Kreditinanspruchnahme *f*; ~ **à des prestations externes** Inanspruchnahme fremder Leistungen; ~ **à la violence** Anwendung *f* von Gewalt, Gewaltanwendung; **avoir ~ à qn** sich an jdn wenden, auf jdn zurückkommen; **avoir ~ à la violence** Gewalt anwenden; **avoir ~ à un service** eine Einrichtung in Anspruch nehmen; **avoir ~ à une organisation** eine Einrichtung um Hilfe bitten; **avoir ~ au marché des rentes** den Rentenmarkt in Anspruch nehmen
❷ *(ressource)* Ausweg *m*; *(personne)* Rettung *f*; **sans ~** ausweglos, verfahren; *décision:* endgültig; **en dernier ~** als letzter Ausweg
❸ JUR [Rechts]beschwerde *f*, Regress *m*; ~ **administratif** Verwaltungsbeschwerde; ~ **gracieux** Widerspruchsverfahren *nt*; ~ **hiérarchique** Dienstaufsichtsbeschwerde, Aufsichtsklage *f*; ~ **contre refus d'autorisation du pourvoi en cassation** Nichtzulassungsbeschwerde; ~ **en matière d'amende** [*o* **de verbalisation**] Rechtsbeschwerde in Bußgeldsachen; ~ **pour atteinte aux droits fondamentaux** Popularklage; **moyen/voie de ~** Rechtsbehelf *m*, Rechtsmittel *nt*; **sans ~** ohne Regress; **être sans ~** ohne Widerspruchsmöglichkeit gegen sein; **sans ~ à la voie de droit** unter Ausschluss des Rechtsweges; **faire valoir un ~** Regress geltend machen; **avoir ~** Regress nehmen; **rejeter un ~** einen Einspruch abweisen; **quel ~ peut-il avoir?** welche Rechtsmittel stehen ihm zur Verfügung?
◆ ~ **en annulation** JUR Anfechtung *f*, Wiederaufnahmeverfahren *nt*; ~ **en annulation pour erreur** Anfechtung wegen Irrtums; ~ **en annulation pour contrainte** Anfechtung wegen Nötigung; ~ **en annulation pour dol** Anfechtung wegen Täuschung; ~ **en carence** Untätigkeitsbeschwerde *f*; ~ **en cassation** Revisionsbegehren *nt*, Anrufung *f* des Kassationsgerichts; ~ **en garantie** Gewährleistung *f*; ~ **en garantie pour vices** Gewährleistung wegen Sachmangels; ~ **en grâce** Gnadengesuch *nt*; ~ **en remboursement** Remboursregress *m (Fachspr.)*; ~ **en révision** JUR Wiederaufnahmeverfahren *nt*

recouvrable [R(ə)kuvRabl] *adj* ❶ *(qui peut être payé)* zahlbar; **être ~ chez qn** bei jdm zahlbar sein [*o* gezahlt werden können]; *(qui doit être payé)* bei jdm gezahlt werden müssen [*o* zu zahlen sein]
❷ *(qui peut être recouvré) créance* einziehbar, eintreibbar; *impôt* eintreibbar

recouvrement [R(ə)kuvRəmɑ̃] *m* ❶ FIN *de l'impôt* Erhebung *f*; *des impayés* Eintreibung *f*, Beitreibung *f*; ~**s bancaires** Einzugsverkehr *m*; ~ **forcé** Zwangseintreibung; ~ **ultérieur** *des droits de douane* Nacherhebung; ~ **d'une/de [la] créance** Forderungseinziehung *f*; **somme mise en ~** eingeforderter Betrag
❷ CONSTR Überdeckung *f*
◆ ~ **de dettes** Schuldeneintreibung *f*

recouvrer [R(ə)kuvRe] <1> *vt* ❶ FIN erheben, einziehen *impôt, cotisation;* einfordern *effet de commerce, créance;* eintreiben *dette*
❷ *littér (récupérer)* wieder erlangen *santé, liberté, vue;* wieder erringen [*o* erlangen] *amitié;* wieder erlangen, [zurück]bekommen *biens;* ~ **des forces** wieder zu Kräften kommen; **avoir recouvré la liberté/ses forces** wieder frei/bei Kräften sein; **permettre à qn de ~ la vue** jds Sehvermögen wieder herstellen

recouvrir [R(ə)kuvRiR] <11> **I.** *vt* ❶ ~ **un fauteuil** einen Sessel beziehen; ~ **un mur de papier peint** eine Wand tapezieren; ~ **le toit de tuiles** das Dach mit Ziegeln bedecken; ~ **qc** *neige, givre:* etw bedecken, auf etw *(Dat)* liegen; **être recouvert(e) de buée/crépi** beschlagen/verputzt sein
❷ *(couvrir à nouveau)* ~ **un enfant de qc** *personne:* ein Kind mit etw wieder zudecken; **être recouvert(e)** *fauteuil:* neu bezogen sein; *enfant:* wieder zugedeckt sein
❸ *(correspondre à)* **l'arrogance recouvre la timidité** hinter der Arroganz steckt Schüchternheit; **le projet recouvre la vente du terrain** das Projekt beinhaltet [*o* umfasst] den Grundstücksverkauf; *(cacher)* hinter dem Projekt verbirgt sich der Grundstücksverkauf; **ce mot recouvre plusieurs sens** dieses Wort hat mehrere Bedeutungen
II. *vpr* ❶ **le toit se recouvre de neige** das Dach ist mit Schnee bedeckt
❷ *(se couvrir à nouveau)* **se ~ ciel:** sich [wieder] zuziehen [*o* bewölken]
❸ *(se chevaucher)* **se ~** sich überdecken [*o* überlappen]; **deux choses: se ~** genau aufeinanderliegen

recracher [R(ə)kRaʃe] <1> **I.** *vi* ausspucken
II. *vt* ❶ [wieder] ausspucken
❷ *fam (répéter)* herunterspulen *(fam) leçon*

récré [RekRe] *f fam abr de* **récréation** Pause *f*

récréatif, -ive [RekReatif, -iv] *adj soirée* bunt; **lecture récréative** Unterhaltungslektüre *f*; **séance récréative** Spielstunde *f*

récréation [RekReasjɔ̃] *f* ❶ Pause *f*; **être/aller en ~** Pause haben/in die Pause gehen
❷ *(délassement)* Erholung *f*, Entspannung *f*; *(pause)* [Erholungs]pause *f*

recréer [R(ə)kRee] <1> *vt* neu erschaffen; *(reconstruire)* rekonstruieren, wieder entstehen lassen

récréer [RəkRee] <1> **I.** *vt littér* unterhalten *enfants*
II. *vpr* **se ~** sich entspannen

récrier [RekRije] <1a> *vpr* **se ~ contre qc** *littér* gegen etw protestieren

récriminateur, -trice [RekRiminatœR, -tRis] *adj* nörglerisch, ewig unzufrieden

récrimination [RekRiminasjɔ̃] *f* ❶ *vieilli (accusation)* Klage *f*
❷ *pl (protestations)* Beschwerden *Pl*, Klagen *Pl*, *(rouspétances)* Nörgeleien *Pl (pej fam)*; **cesse ces ~s!** hör auf zu protestieren!

récriminer [RekRimine] <1> *vi* ~ **contre qn/qc** gegen jdn/etw schimpfen

récrire [RekRiR] <*irr*> *vt* ❶ neu schreiben, noch einmal schreiben
❷ *(répondre)* ~ **une lettre à qn** jdm einen Brief zurückschreiben, jdm mit einem Brief antworten

recroqueviller [R(ə)kRɔk(ə)vije] <1> *vpr* ❶ *(se rétracter)* **se ~** schrumpeln; *fleur:* welken
❷ *(se tasser)* **se ~** sich zusammenkauern, sich niederkauern; *(avec l'âge)* zusammenschrumpfen; **se ~ dans les bras de qn** sich in jds Arme kuscheln; **se ~ sur un objet** einen Gegenstand umklammern; **se ~ sur son passé** sich an seine Vergangenheit klammern; **se ~ sur soi-même** *(se tasser)* sich zusammenkauern; *(s'isoler)* sich einigeln

recru(e) [RəkRy] *adj littér* ❶ *(épuisé)* erschöpft
❷ *vieilli (débordant)* ~ **de maladie** von Krankheiten befallen; ~ **de malheur** von Unglück heimgesucht

recrudescence [R(ə)kRydesɑ̃s] *f* Zunahme *f*; *de la criminalité* Zunahme *f*, Anstieg *m*; *du feu* Wiederaufflackern *nt*; *de la maladie* Verschlimmerung *f*; ~ **du froid** Temperatursturz *m*

recrue [RəkRy] *f* ❶ MIL Rekrut *m*
❷ *(nouveau membre)* neues Mitglied; **faire une nouvelle ~** ein

neues Mitglied werben
❸ *(collaborateur)* **jeune ~** Nachwuchskraft *f*
recrutement [ʀ(ə)kʀytmɑ̃] *m* Rekrutierung *f*; *d'un membre* Werbung *f*; *d'un employé* Anwerbung *f*; MIL Anwerbung, Einberufung *f*; *des troupes* Aushebung *f*; **cabinet de ~** Personalberatungsbüro *nt*
◆ **~ de personnel** Personalbeschaffung *f*
recruter [ʀ(ə)kʀyte] <1> I. *vt* ❶ MIL einziehen, einberufen; *aushe-ben (veraltet) troupes;* anwerben *mercenaires*
❷ *(engager)* finden *membres;* werben *clients, adeptes;* anwerben *employés, travailleurs*
II. *vi* ❶ MIL rekrutieren, Soldaten einziehen
❷ *(engager) secte:* neue Anhänger aufnehmen; *parti, association:* neue Mitglieder aufnehmen; *entreprise, administration:* neue Mitarbeiter einstellen; **on recrute dans la police** die Polizei stellt neue Mitarbeiter ein
III. *vpr* **se ~** *membre:* sich rekrutieren; *personnel:* sich rekrutieren, angeworben werden
recruteur [ʀ(ə)kʀytœʀ] I. *m, f* Werbeoffizier *m; d'une entreprise* Personalberater(in) *m(f); ~* **d'un parti** Mitgliederwerber(in) *m(f)* für eine Partei
II. *app* **sergent ~** Werbeunteroffizier *m;* **agent ~** Mitgliederwerber(in) *m(f)*
recta [ʀɛkta] *adv payer* prompt
rectal(e) [ʀɛktal, o] <-aux> *adj* MED *examen, température* rektal, Rektal-; **prendre la température ~ e** die [Körper]temperatur rektal messen
rectangle [ʀɛktɑ̃gl] I. *m* Rechteck *nt*
II. *adj triangle, trapèze* rechtwinklig; **parallélépipède ~** Quader *m*
rectangulaire [ʀɛktɑ̃gylɛʀ] *adj* ❶ rechteckig
❷ *(orthogonal) axes* rechtwinklig; *droites* orthogonal [*o* senkrecht zueinander stehend]
recteur [ʀɛktœʀ] *m* ❶ SCOL ≈ Leiter *m* eines Oberschulamts *(Leiter eines Schulaufsichtsbezirks);* CAN *(chef d'une université)* Rektor(in) *m(f)*
❷ REL Rektor *m*
rectifiable [ʀɛktifjabl] *adj* korrigierbar *attr,* zu behebend *attr;* **c'est ~** das kann wieder gutgemacht [*o* behoben] werden
rectificatif [ʀɛktifikatif] *m* Richtigstellung *f*
rectificatif, -ive [ʀɛktifikatif, -iv] *adj compte, état* berichtigend; **note rectificative** Berichtigung *f*
rectification [ʀɛktifikasjɔ̃] *f* ❶ *d'un texte* Korrektur *f; d'une erreur* Korrektur, Berichtigung *f; d'une déclaration* Richtigstellung *f; ~* **d'une inscription au livre foncier** Grundbuchberichtigung
❷ *(redressement) d'une route, d'un tracé* Begradigung *f; d'une position* Korrektur *f;* TECH *d'un objet* Feinbearbeitung *f;* **atelier de ~** Schleiferei *f; ~* **de la frontière** Grenzkorrektur *f;* **procéder à une ~ de la frontière** eine Grenzkorrektur vornehmen
rectifier [ʀɛktifje] <1a> *vt* ❶ berichtigen, korrigieren, richtigstellen *calcul, idée, texte;* verbessern *erreur; ~* **les défauts d'un produit** die Fehler eines Produkts ausmerzen
❷ *(redresser)* begradigen *route, tracé;* korrigieren *position;* MIL korrigieren *alignement, tir; ~* **la position** Haltung annehmen; *~* **une pièce** TECH die Feinbearbeitung eines Werkstücks vornehmen
rectifieur [ʀɛktifjœʀ] *m* Schleifer *m*
rectifieuse [ʀɛktifjøz] *f* ❶ *(personne)* Schleiferin *f*
❷ *(machine)* Schleifmaschine *f*
rectiligne [ʀɛktiliɲ] *adj* gerade, geradlinig; **parfaitement ~** schnurgerade; **figure ~** Vieleck *nt*
rection [ʀɛksjɔ̃] *f* LING *d'un verbe* Rektion *f*
rectitude [ʀɛktityd] *f* ❶ *d'un caractère* Rechtschaffenheit *f; d'un raisonnement* Richtigkeit *f; (rigueur)* Fundiertheit *f; ~* **morale** Rechtschaffenheit *f*
❷ *littér (fait d'être droit) d'un tracé* Geradheit *f*
recto [ʀɛkto] *m* [Blatt]vorderseite *f,* Rekto *nt (Fachspr.);* **au ~ auf** der [Blatt]vorderseite; **~ verso** beidseitig
rectoral(e) [ʀɛktɔʀal, o] <-aux> *adj circulaire, délégué* der Schulverwaltung *(Gen),* ≈ des Oberschulamts; *administration* ≈ des Oberschulamtsbezirks
rectorat [ʀɛktɔʀa] *m* ❶ ≈ Leitung *f* eines Oberschulamts *(Leitung eines Schulaufsichtsbezirks)*
❷ *(bureaux)* Behörde *f* der Schulverwaltung, ≈ Oberschulamt *nt*
rectoscopie [ʀɛktɔskɔpi] *f* MED Rektoskopie *f*
rectrice [ʀɛktʀis] *f* CAN ≈ Leiterin *f* eines Oberschulamts
rectum [ʀɛktɔm] *m* Mastdarm *m,* Rektum *nt*
reçu [ʀ(ə)sy] *m* ❶ *(personne) ~* **à une école** an einer Schule angenommener Schüler; *~* **à un examen** Kandidat, der die Prüfung bestanden hat
❷ *(quittance)* Quittung *f;* **d'après le ~** laut Quittung
◆ **~ de paiement** Zahlungsbeleg *m,* Zahlungsnachweis *m; ~* **de prise en livraison** Abnahmebescheinigung *f*
reçu(e) [ʀ(ə)sy] I. *part passé de* **recevoir**
II. *adj* ❶ *(couramment admis)* [allgemein] üblich, herkömmlich; **idée ~ e** Vorurteil *nt*

❷ SCOL *candidat, élève* erfolgreich, der/die bestanden hat; **douze candidats sont ~ s sur les cent qui se sont présentés** von hundert Kandidaten haben zwölf bestanden
reçue [ʀ(ə)sy] *f ~* **à une école** an einer Schule angenommene Schülerin; *~* **à un examen** Kandidatin, die die Prüfung bestanden hat
recueil [ʀəkœj] *m* ❶ *(ensemble) de documents* Sammlung *f,* Zusammenstellung *f; ~* **des faits** Zusammenstellung der Ereignisse; *~* **de lois** Gesetzessammlung
❷ *(livre)* Sammelband *m; ~* **de contes** Märchensammlung *f; ~* **de poèmes** Gedichtsammlung, Anthologie *f*
recueillement [ʀəkœjmɑ̃] *m* Besinnung *f; (religieux)* Andacht *f;* **avec ~** andächtig, voller Andacht
recueilli(e) [ʀəkœji] *adj* andächtig; *vie* besinnlich, kontemplativ *(geh)*
recueillir [ʀəkœjiʀ] <irr> I. *vt* ❶ ernten *fruits;* auffangen *liquide;* gewinnen *sel;* sammeln *pollen*
❷ *(réunir)* sammeln, zusammenstellen *documents; ~* **tous les suffrages** einhellige Zustimmung finden
❸ *(obtenir)* ernten *applaudissements;* sammeln *signatures;* erhalten, auf sich vereinigen *suffrages;* **ne ~ aucun bénéfice de qc** keinerlei Vorteil aus etw ziehen
❹ *(accueillir)* aufnehmen
❺ *(enregistrer)* aufnehmen *témoignage, déposition;* zusammentragen *réponses, éléments*
II. *vpr* **se ~** sich sammeln; **se ~ sur la tombe d'un ami** eines Freundes an dessen Grab gedenken
recuire [ʀ(ə)kɥiʀ] <irr> I. *vt* noch einmal kochen lassen; *(dans une casserole)* noch einmal aufkochen; *(dans une poêle)* [noch] länger braten; *(au four)* noch einmal in den Ofen stellen; [noch] länger backen *gâteau;* ausglühen *métal;* noch einmal brennen *poterie;* noch einmal erhitzen *verre*
II. *vi chose:* noch etwas [weiter] kochen, *confiture, liquide:* noch einmal aufkochen; *(dans une poêle)* noch länger braten; *gâteau:* noch länger backen
recul [ʀ(ə)kyl] *m* ❶ *d'une armée* Rückzug *m; (de la part d'un négociateur, patron)* Nachgeben *nt;* **être en ~ par rapport à qc** hinter etw *(Dat)* zurückbleiben; **entraîner un ~ dans les positions de qn** jdn zum Nachgeben bewegen
❷ *(déclin)* Rückgang *m; d'une monnaie* Wertverlust *m; d'une civilisation* Niedergang *m;* **net ~** ausgeprägter Rückgang; **~ d'un parti à des élections** Verluste *Pl* einer Partei bei den Wahlen; **~ d'un parti à la suite d'un événement** Rückgang *m* der Mitglieder[zahl] einer Partei aufgrund eines Ereignisses; **être en ~** rückläufig sein; *influence:* zurückgehen, abnehmen; **devoir enregistrer un ~** einen Rückgang hinnehmen müssen
❸ *(éloignement) (dans le temps)* Abstand *m; (dans l'espace)* Entfernung *f;* **avoir du ~** [genügend] Abstand haben; **prendre du ~** *(reculer)* zurückgehen; *(se détacher)* [genügend] Abstand gewinnen; **avec du/le ~** im Nachhinein
❹ *d'une arme à feu* Rückstoß *m; ~* **[du canon]** MIL Rohrrücklauf *m*
❺ *(espace libre pour reculer)* Platz *m* [nach hinten]; *(distance)* Abstand *m*
❻ FIN *(sursis)* Aufschub *m*
❼ ECON *(baisse)* Rollback *nt*
◆ **~ des bénéfices** Gewinnrückgang *m; ~* **des commandes** ECON Rückgang *m* der Ordertätigkeit; **~ de la consommation** ECON Verbrauchsrückgang *m; ~* **de la demande** Nachfragerückgang *m; ~* **d'échéance** Zahlungsaufschub *m; ~* **des exportations** Exportrückgang *m; ~* **des prix** rückläufige Bewegung der Preise; **~ de la production** Produktionsrückgang *m; ~* **des recettes** Einnahmerückgang *m; ~* **des revenus** Einkommensrückgang *m*
reculade [ʀ(ə)kylad] *f péj* Rückzieher *m*
reculé(e) [ʀ(ə)kyle] *adj époque* längst vergangen; *maison, village* abgeschieden, entlegen; **depuis les temps les plus ~ s** [schon] seit Urzeiten
reculer [ʀ(ə)kyle] <1> I. *vi* ❶ *véhicule:* rückwärtsfahren, zurückstoßen; *(involontairement)* zurückrollen; **~ devant qn/qc** vor jdm/etw zurückweichen; *animal:* [vor jdm/etw] scheuen; **faire ~ qn/un animal** jdn zurückdrängen/ein Tier zurückscheuchen; **~ de deux pas** zwei Schritte zurücktreten
❷ *(renoncer)* klein beigeben; **~ devant une obligation** einem Zwang aus dem Weg gehen; **ne plus pouvoir ~** nicht mehr zurück können; **faire ~ qn** jdn abschrecken; **rien ne me fera ~** nichts kann mich aufhalten; **ne ~ devant rien** vor nichts zurückschrecken
❸ *(diminuer) chômage, influence:* zurückgehen, abnehmen; *idéologie:* [an] Boden verlieren; *épidémie:* abklingen; *incendie:* eingedämmt werden; *monnaie:* an Wert verlieren, fallen; *parti:* Verluste [*o* Einbußen] erleiden; **faire ~ le chômage** die Arbeitslosigkeit abbauen; **faire ~ une épidémie** eine Epidemie eindämmen; **faire ~ une civilisation** eine Zivilisation zurückdrängen; **faire ~ une monnaie** eine Währung schwächen; **faire ~ un parti** einer Partei

Veluste beibringen

▶ ~ **pour mieux sauter** aufgeschoben ist nicht aufgehoben

II. *vt* zurückschieben *meuble;* versetzen *mur;* [nach hinten] verschieben *frontière;* zurückfahren *véhicule;* verschieben *rendez-vous;* aufschieben *décision, échéance*

III. *vpr* **se** ~ zurücktreten; **recule-toi!** geh aus dem Weg!

reculons [R(ə)kylɔ̃] **à** ~ rückwärts; **aller en classe à** ~ *(ne pas avoir envie)* unwillig zum Unterricht gehen; **aller à** ~ rückwärtsgehen; *(régresser)* Rückschritte machen

reculotter [R(ə)kylɔte] <1> **I.** *vt* ~ **un enfant** einem Kind die [Unter]hose wieder anziehen

II. *vpr* **se** ~ sich wieder die/eine Hose anziehen

récupérable [RekypeRabl] *adj* ❶ *objets* wiederverwertbar; *vieux habits* noch tragbar

❷ *(à rattraper)* **les heures** ~ **s** die nachzuholenden [*o* nachzuarbeitenden] Stunden; *(à compenser)* die auszugleichenden [*o* abzufeiernden *fam*] Stunden; **ces heures supplémentaires sont** ~ **s sous forme de congé** diese Überstunden können durch Urlaub ausgeglichen werden

❸ *(amendable) délinquant* resozialisierbar; **ne plus être** ~ ein hoffnungsloser Fall sein

récupérateur [RekypeRatœR] *m* ❶ *(personne)* Altmaterialsammler *m;* ~ **de ferrailles** Alteisensammler

❷ TECH Wärme[aus]tauscher *m*

récupérateur, -trice [RekypeRatœR, -tRis] *adj repos* erholsam, erfrischend; **discours** ~ **s** schöne Reden *Pl*

récupération [RekypeRasjɔ̃] *f* ❶ *des biens* Wiedererlangung *f; des forces* Wiederherstellung *f; d'une fusée* Bergung *f*

❷ *(réutilisation) de la chaleur* Rückgewinnung *f; des chiffons, du verre* Wiederverwertung *f; (collecte)* Sammeln *nt;* ~ **des matières premières** Rohstoffrückgewinnung *f;* ~ **des vieux papiers** Altpapiersammlung *f*

❸ *(recouvrement) des heures de cours* Nachholen *nt; d'une journée de travail* Nachholen, Nacharbeiten *nt; des heures supplémentaires (sous forme de congés)* Ausgleichen *nt,* Abfeiern *nt (fam); d'une créance* Eintreibung *f,* Beitreibung *f (Fachspr.)*

❹ *(repos)* Freizeit *f*

❺ POL *péj d'un mouvement, d'une personne* Vereinnahmung *f;* **s'appliquer à la** ~ **de qn** versuchen jdn für sich zu vereinnahmen

❻ INFORM *(action de retrouver)* Wiederauffinden *nt; (action de recréer)* Wiederherstellung *f*

récupératrice [RekypeRatRis] *f* Altmaterialsammlerin *f;* ~ **de ferrailles** Alteisensammlerin

récupérer [RekypeRe] <5> **I.** *vi* sich erholen, wieder Kräfte sammeln

II. *vt* ❶ wieder bekommen, zurückbekommen *argent, biens;* sicher stellen *butin;* bergen *fusée, satellite*

❷ *fam (retrouver)* wiederhaben, zurückkriegen *(fam) stylo prêté*

❸ *fam (aller chercher)* abholen, holen

❹ *(réutiliser)* wieder verwerten; verwenden *aliments;* nutzen *chaleur, énergie; (recueillir)* [ein]sammeln *chaleur, énergie*

❺ *(recouvrer)* eintreiben, beitreiben *(Fachspr.) créance;* nachholen, nacharbeiten *journée de travail; (sous forme de congés)* ausgleichen, abfeiern *(fam) journée de travail*

❻ POL *péj* vereinnahmen *émancipation, mouvement;* vereinnahmen, für sich gewinnen *personne;* an sich *(Akk)* reißen *grève*

❼ INFORM *(retrouver)* wieder auffinden; *(recréer)* wiederherstellen

récurer [RekyRe] <1> *vt* scheuern

récurrence [RekyRɑ̃s] *f littér* Wiederkehr *f*

récurrent(e) [RekyRɑ̃, ɑ̃t] *adj* sich wiederholend; *(fréquent)* häufig; **être** ~ **(e)** sich wiederholen; *(fréquent)* häufig sein; *fièvre:* wieder auftreten

récursoire [RekyRswaR] *adj* JUR Regress-; **action** ~ Regressklage *f*

récusable [Rekyzabl] *adj* JUR *juré* ablehnbar; *témoignage* anfechtbar

récusation [Rekyzasjɔ̃] *f a.* JUR Ablehnung *f;* ~ **d'un témoin/d'un expert** Ablehnung eines Zeugen/eines Sachverständigen; ~ **pour cause de partialité** Ablehnung wegen Befangenheit

récuser [Rekyze] <1> **I.** *vt* ❶ JUR ablehnen *personne;* nicht anerkennen *fait*

❷ *(rejeter)* nicht akzeptieren; ablehnen *personne;* nicht anerkennen *fait;* **ne pas pouvoir** ~ **un argument** ein Argument anerkennen [*o* akzeptieren] müssen

II. *vpr* **se** ~ ablehnen

recyclable [R(ə)siklabl] *adj* ❶ wiederverwertbar, recycelbar

❷ *(pouvant être reconverti) personne* anderweitig einsetzbar; *(par reconversion)* umschulungsfähig; *délinquant* resozialisierbar

recyclage [R(ə)siklaʒ] *m* ❶ Wiederverwertung *f,* Recycling *nt; de l'air, l'eau* Wiederaufbereitung *f;* ~ **des déchets** Müllrecycling, Müllverwertung; ~ **des gaz d'échappement** Abgasrückführung *f*

❷ *(reconversion)* Umschulung *f; (formation permanente)* Fortbildung *f,* [berufliche] Weiterbildung

recycler [R(ə)sikle] <1> **I.** *vt* ❶ recyceln, wieder verwerten *déchets, verre;* wieder aufbereiten *eau;* **papier recyclé** Recyclingpapier *nt,* Umweltschutzpapier *nt;* **produit recyclé** wiederverwertetes Produkt

❷ *(reconvertir)* umschulen; *(par une formation permanente)* weiterbilden; **employé recyclé** umgeschulter Angestellter

II. *vpr (se reconvertir)* **se** ~ **dans qc** sich umschulen; *(par une formation permanente)* sich in etw *(Dat)* weiterbilden [*o* fortbilden]; *entreprise:* auf etw *(Akk)* umstellen

rédacteur, -trice [RedaktœR, -tRis] *m, f* ❶ Redakteur(in) *m(f),* Redaktor(in) *m(f)* (CH); ~ **local/rédactrice locale** Lokalredakteur(in), Lokalredaktor(in) (CH); ~ **en ligne** Online-Redakteur(in); ~(**-trice**) **de presse écrite** Zeitungsredakteur(in), Zeitungsredaktor(in) (CH); ~(**-trice**) **radio** Rundfunkredakteur(in), Rundfunkredaktor(in) (CH); ~(**-trice**) **publicitaire** Werbetexter(in) *m(f);* ~(**-trice**) **technique** technischer Redakteur/technische Redakteurin, technischer Redaktor/technische Redaktorin (CH); ~(**-trice**) **d'images** Bildredakteur(in)

❷ JUR ~ **d'un/du contrat** Vertragsaufsetzer *m*

◆ ~(**-trice**) **en chef** Chefredakteur(in) *m(f),* Chefredaktor(in) (CH)

rédaction [Redaksjɔ̃] *f* ❶ *d'un projet* Ausarbeitung *f; d'une thèse* Verfassen *nt; d'un contrat, d'une loi* Abfassung *f,* Formulierung *f; d'un article* Redaktion *f,* Verfassen *nt; d'une encyclopédie* Redaktion *f;* **première** ~ erste Fassung

❷ PRESSE, RADIO, TV Redaktion *f;* ~ **du/d'un journal** Zeitungsredaktion; ~ **de/d'une station de radio** Rundfunkredaktion; ~ **spécialiste en économie** Wirtschaftsredaktion; **bureau de la/de** ~ Redaktionsbüro *nt;* **réunion de la/de** ~ Redaktionssitzung *f*

❸ SCOL Aufsatz *m;* ~ **en classe** Klassenaufsatz

rédactionnel(le) [Redaksjɔnɛl] *adj* redaktionell; **équipe** ~ **le** Redaktionsteam *nt;* **statut** ~ Redaktionsstatut *nt*

reddition [Redisjɔ̃] *f* ❶ Kapitulation *f*

❷ ECON, FIN **date de** ~ **des comptes** Abrechnungstermin *m*

redécoupage [R(ə)dekupaʒ] *m* ~ **électoral** Neueinteilung *f* der Wahlkreise

redécouverte [R(ə)dekuvɛRt] *f* Wiederentdeckung *f*

redécouvrir [R(ə)dekuvRiR] <11> *vt* wiederentdecken

redéfaire [R(ə)defɛR] <*irr*> **I.** *vt* wieder [*o* noch einmal] aufmachen; wieder lösen *nœud;* wieder aufziehen *tricot*

II. *vpr* **se** ~ *couture:* wieder aufgehen; *nœud:* sich wieder lösen, wieder aufgehen

redéfinir [R(ə)definiR] <8> *vt* neu definieren; neu festlegen *droit;* neu abstecken *objectif*

redéfinition [Redefinisjɔ̃] *f des lois, des objectifs* Neubestimmung *f*

redemander [R(ə)dəmɑ̃de, Rəd(ə)mɑ̃de] <1> *vt* ❶ ~ **un livre/de la sauce** noch einmal nach einem Buch fragen/um etwas Soße bitten

❷ *(exiger)* wieder zurückverlangen; ~ **toujours du chocolat** von der Schokolade nicht genug bekommen können; ~ **une bouteille de vin** um eine weitere Flasche Wein bitten; **si tu veux encore du poulet, tu n'as qu'à en** ~ wenn du noch Hähnchen möchtest, brauchst du es nur zu sagen; **en** ~ nach mehr verlangen; *iron* gar nicht genug bekommen können

redémarrage [R(ə)demaRaʒ] *m d'une industrie, économie* Wiederbelebung *f; d'une usine* Wiederaufnahme *f* der Produktion; *d'une activité* Wiederaufnahme *f;* ~ **de l'embauche** Wiedereinstellung *f* von Personal

redémarrer [R(ə)demaRe] <1> *vi* ❶ wieder losfahren

❷ *(repartir à nouveau) entreprise:* wieder in Schwung kommen; *production, machines:* wieder anlaufen; **faire** ~ **l'économie** die Wirtschaft ankurbeln; **faire** ~ **un chantier** eine Baustelle wieder in Betrieb nehmen

rédempteur, -trice [Redɑ̃ptœR, -tRis] *adj littér* erlösend, der Erlösung *(Gen); acte* erlösend, der Erlösung, heilbringend

Rédempteur [Redɑ̃ptœR] *m* **le** ~ der Erlöser, der Heiland

rédemption [Redɑ̃psjɔ̃] *f (salut) d'un péché* Erlösung *f,* Vergebung *f;* **la Rédemption** die Erlösung

redéploiement [R(ə)deplwamɑ̃] *m d'une économie, politique* Umstrukturierung *f; des personnes, postes* Umschichtung *f; des troupes* [Um]verlegung *f*

redéployer [R(ə)deplwaje] <6> **I.** *vt* umstrukturieren *industrie, économie;* verlegen *troupes*

II. *vpr* **se** ~ *troupes:* verlegt werden; *secteur économique:* umstrukturiert werden

redescendre [R(ə)desɑ̃dR] <14> **I.** *vt* + *avoir* ❶ *(vu d'en haut/d'en bas)* [wieder] hinuntergehen/herunterkommen; *(en courant)* [wieder] hinunterrennen/herunterrennen; *(en escaladant)* [wieder] hinunterklettern/herunterklettern; *(en roulant) chauffeur, voiture:* [wieder] hinunterfahren/herunterfahren

❷ *(porter vers le bas)* ~ **qn/qc au marché** jdn zum Markt zurückbringen/etw zum Markt hinunterbringen; ~ **qn/qc d'un arbre** jdn/etw [wieder] von einem Baum herunterholen

II. *vi* + *être* ❶ *personne:* [wieder] heruntersteigen; *(après être grimpé)* [wieder] runterklettern *(fam);* ~ **de l'échelle** [wieder] von der Leiter heruntersteigen; ~ **de l'arbre** [wieder] vom Baum runterklettern *(fam)*

② *(baisser) baromètre:* wieder fallen; *fièvre:* wieder fallen, wieder zurückgehen; *chemin:* wieder hinunterführen [*o* abwärtsgehen]; *marée, mer:* zurückgehen

redevable [ʀ(ə)dəvabl, ʀəd(ə)vabl] I. *adj* ① FIN **être ~ à qn d'une somme** jdm einen Betrag schulden; **être ~ de l'impôt** steuerpflichtig sein; **être ~ d'une taxe** eine Steuer/Gebühr zahlen müssen

② *(tenu à reconnaissance)* **être ~ à qn d'un service** jdm für seine Hilfe zu Dank verpflichtet sein; **être ~ à qn d'un succès** jdm seinen Erfolg verdanken

II. *mf* Steuerpflichtige(r) *f(m)*
◆ **~ des droits de douane** Zollschuldner(in) *m(f)*

redevance [ʀ(ə)dəvɑ̃s, ʀəd(ə)vɑ̃s] *f* ① TELEC, TV Gebühr *f*; **~ télé** Fernsehgebühr

② *(taxe)* Abgabe *f*; **~s régionales** Regionalabgaben *Pl*

redevenir [ʀəd(ə)vəniʀ, ʀ(ə)dəv(ə)niʀ] <9> *vi* wieder werden; **~ rentable** sich wieder rentieren; **être redevenu(e) soi-même** wieder [ganz] der/die Alte sein

redevoir [ʀədəvwaʀ] <*irr*> *vt* noch schulden *somme*

rédhibition [ʀedibisjɔ̃] *f* JUR Wandlung *f; d'un contrat de vente* Rückabwicklung *f;* **~ suite à une résolution de contrat** Rückabwicklung bei Wandlung

rédhibitoire [ʀedibitwaʀ] *adj* krass, grundlegend; **vice ~** JUR Sachmangel *m*

rediffuser [ʀ(ə)difyze] <1> *vt* noch einmal senden, wiederholen

rediffusion [ʀ(ə)difyzjɔ̃] *f* RADIO, TV Wiederholung *f*, Wiederholungssendung *f*

rédiger [ʀediʒe] <2a> *vt* verfassen, schreiben, aufsetzen *contrat, procès-verbal;* redigieren *revue;* **~ qc conçu(e) pour l'utilisateur** etw benutzerorientiert abfassen

redingote [ʀ(ə)dɛ̃gɔt] *f* ① HIST Gehrock *m,* Schoßrock, Redingote *f (Fachspr.)*

② *(vêtement de femme)* taillierter Mantel

redire [ʀ(ə)diʀ] <*irr*> *vt (répéter)* noch einmal erzählen *histoire;* **~ un mot à qn** ein Wort für jdn wiederholen, jdm ein Wort noch einmal sagen; *(rapporter)* weitererzählen, weitersagen

▶ **avoir/trouver rien à ~ à qc** nichts an etw *(Dat)* auszusetzen haben/finden

rediscuter [ʀ(ə)diskyte] <1> *vt* wieder zur Debatte stellen, erneut debattieren über *(+ Akk);* **~ un projet** erneut [über] ein Projekt diskutieren; **nous en rediscuterons** darüber reden wir noch einmal

redistribuer [ʀ(ə)distʀibɥe] <1> *vt* **~ qc à qn** *(répartir)* etw an jdn verteilen; CARTES jdm etw neu austeilen; *(rendre)* jdm etw zurückgeben

redistribution [ʀ(ə)distʀibysjɔ̃] *f* Neuverteilung *f; des biens, forces politiques* Neuverteilung, Umverteilung *f; des terres* [Neu]aufteilung *f; (restitution)* Rückgabe *f*
◆ **~ de capital** Kapitalumverteilung *f*

redite [ʀ(ə)dit] *f* [unnötige] Wiederholung

redondance [ʀ(ə)dɔ̃dɑ̃s] *f* ① Überflüssige(s) *nt; du style* Weitschweifigkeit *f*

② INFORM, LING Redundanz *f*

redondant(e) [ʀ(ə)dɔ̃dɑ̃, ɑ̃t] *adj expression* weitschweifig; *terme* überflüssig, redundant *(Fachspr.)*

redonner [ʀ(ə)dɔne] <1> *vt* ① wieder geben, [wieder] zurückgeben; **~ de l'espoir** wieder Hoffnung machen; **~ des forces** kräftigen; **~ du courage à qn** jdm wieder Mut machen; **~ l'envie d'écrire** wieder Lust am Schreiben vermitteln; **ça te redonnera du tonus** das bringt dich wieder in Schwung

② *(donner à nouveau)* noch einmal geben, noch einmal austeilen *coups;* wieder geben *travail, cours;* wieder ergeben *résultat;* noch einmal sagen, wiederholen *nom;* wieder machen *appétit;* **~ de ses nouvelles** sich wieder melden, wieder von sich hören lassen

③ *(resservir)* noch einmal servieren; **~ à boire à qn** jdm noch [etwas] zu trinken geben

④ *(refaire)* **~ forme à une chose** einer S. *(Dat)* wieder eine Form verleihen; **~ une couche [de peinture] à qc** etw überstreichen

⑤ THEAT wieder spielen; wieder bringen *spectacle*

II. *vi* **~ dans qc** wieder in etw *(Akk)* verfallen

redorer [ʀ(ə)dɔʀe] <1> *vt* neu vergolden

redormir [ʀ(ə)dɔʀmiʀ] <*irr*> *vi* noch einmal [ein]schlafen; **ne pas pouvoir ~ de la nuit** die ganze Nacht nicht wieder einschlafen können

redoublant(e) [ʀ(ə)dublɑ̃, ɑ̃t] *m(f)* Wiederholer(in) *m(f),* Sitzenbleiber(in) *m(f) (pej fam);* **il n'y a pas eu de ~s** es ist niemand sitzengeblieben *(fam)*

redoublé(e) [ʀ(ə)duble] *adj* ① *coups* heftig; *cris* laut; *pas* eilig, hastig; **se mettre à hurler à cris ~s** aus Leibeskräften schreien; **résister aux assauts ~s des ennemis** dem gewaltigen Ansturm der Feinde standhalten

② *(accru) coups* noch heftiger; *pas* noch hastiger, noch eiliger; *cris* noch lauter; *zèle* doppelt; **frapper à la porte à coups ~s** noch lauter gegen die Tür hämmern

redoublement [ʀ(ə)dubləmɑ̃] *m* ① SCOL Wiederholen *nt*

② *(accroissement) de l'attention* Verstärkung *f; des douleurs* Verschlimmerung *f; de la fièvre* Ansteigen *nt;* **avec un ~ d'attention** mit doppelter Aufmerksamkeit; **la tempête a repris avec un ~ de violence** der Sturm schwoll noch stärker an [*o* nahm sehr an Stärke zu]

③ LING Verdoppelung *f,* Reduplikation *f (Fachspr.)*

redoubler [ʀ(ə)duble] <1> I. *vt* ① SCOL wiederholen

② *(accroître)* verdoppeln *effort;* verschlimmern *douleur;* **~ sa tristesse** noch trauriger werden

③ LING verdoppeln, reduplizieren *(Fachspr.) consonne*

II. *vi* ① sitzen bleiben *(fam)*

② *(montrer davantage de)* **~ de prudence** doppelt so vorsichtig sein

③ *(augmenter)* zunehmen; *orage:* immer stärker [*o* heftiger] werden; *douleur:* stärker [*o* schlimmer] werden, sich verschlimmern; *cris:* lauter werden; **le froid redouble** es wird immer kälter; **à mesure que ma joie redoublait,...** je mehr ich mich freute, desto ...

redoutable [ʀ(ə)dutabl] *adj arme, maladie, adversaire* [äußerst] gefährlich; *adversaire* [äußerst] gefährlich, furchterregend; *phénomène* beängstigend, erschreckend; **avoir l'air ~** furchterregend aussehen; **être ~** sehr gefürchtet sein

redoute [ʀədut] *f* HIST Redoute *f,* Schanze *f; (à l'intérieur)* Kasematte *f*

redouter [ʀədute] <1> *vt* **~ qn/qc** *(avoir peur de)* sich vor jdm/etw fürchten; *(craindre, pressentir)* jdn/etw fürchten; **~ de grossir** *(craindre, pressentir)* [be]fürchten zuzunehmen; *(avoir peur de)* sich davor fürchten zuzunehmen; **investisseur qui redoute les risques** risikoscheuer Anleger [*o* Investor]

redoux [ʀədu] *m* Erwärmung *f;* **~ passager** vorübergehend mildere Temperaturen *Pl*

redressement [ʀ(ə)dʀɛsmɑ̃] *m* ① *d'un poteau* [Wieder]aufrichten *nt; d'un buste* Aufrichten *nt; d'un axe* Geradebiegen *nt; d'une tôle* Glätten *nt; d'une route* Begradigung *f;* **procéder au ~ de qc** etw [wieder] aufrichten [*o* gerade biegen]; **être excellent pour le ~ du buste** hervorragend für eine aufrechte Haltung sein

② *(relèvement) d'une économie* Wiederbelebung *f; d'une situation* Stabilisierung *f; d'une entreprise, des finances* Sanierung *f; (résultat)* Erholung *f,* Gesundung *f (geh);* **~ économique** wirtschaftliche Erholung; **mesure de ~** Sanierungsmaßnahme *f*

③ FIN *d'un compte, de l'imposition* Berichtigung *f;* **~ fiscal** Steuernachzahlung *f,* Nachveranlagung *f,* Nachversteuerung *f*

④ ELEC Gleichrichtung *f*

⑤ JUR **~ judiciaire** gerichtlicher Vergleich *(nach einem Konkursantrag)*
◆ **~ du bilan** Bilanzberichtigung *f;* **~ du chiffre d'affaires** ECON Umsatzbelebung *f;* **~ du cours** ECON Kurserholung *f;* **~ de l'impôt** Steuerangleichung *f;* **~ de la législation fiscale** Steuerrechtsangleichung *f*

redresser [ʀ(ə)dʀese] <1> I. *vt* ① strecken *buste, corps;* heben *tête;* wieder aufrichten *poteau;* geradebiegen *axe;* begradigen *route;* glätten *tôle;* ausbeulen *portière;* **~ qn** *personne:* jdn [wieder] aufrichten; **redresse ton buste!** halt dich gerade!

② *(rétablir)* [wieder] in Ordnung bringen; [wieder] ankurbeln *économie;* sanieren *finances;* wieder aufbauen *pays;* **~ sa courbe** *entreprise:* wieder Zuwachs verzeichnen

③ *(rediriger)* geradeaus lenken, wieder geradeaus fahren *voiture;* wieder gerade stellen *barre, roue;* hochziehen *avion;* wieder aufrichten *bateau*

④ *(corriger)* richtigstellen; wieder gut machen *injustice, tort;* **venir ~ les torts** den edlen Ritter spielen

⑤ ELEC gleichrichten

II. *vpr* **se ~** ① *(se tenir très droit)* sich aufrichten; *(de nouveau)* sich wieder aufrichten; **redresse-toi!** halt dich gerade!

② *(se remettre droit) voiture:* wieder geradeaus fahren; *roues:* sich [wieder] gerade stellen; *avion:* [wieder] hochziehen; *bateau:* sich [wieder] aufrichten

③ *(se relever) pays, ville:* sich [wieder] erholen; *finances, situation:* sich wieder erholen, wieder in Ordnung kommen; *économie:* wieder anlaufen

④ *(retrouver sa fierté)* den Kopf wieder hoch tragen

redresseur [ʀ(ə)dʀesœʀ] *m* ELEC Gleichrichter *m*
◆ **~ de torts** edler Ritter

réduc [ʀedyk] *f fam abr de* **réduction** Ermäßigung *f*

réducteur [ʀedyktœʀ] *m* ① CHIM Reduktionsmittel *nt*

② PHOT Abschwächer *m*

③ *(dispositif)* **~ de vitesse** Geschwindigkeitsbegrenzer *m;* **~ automatique de température pour la nuit** Nachtabsenkung *f*
◆ **~ [de] WC** WC-Sitz *m*

réducteur, -trice [ʀedyktœʀ, -tʀis] *adj* ❶ *vereinfachend;* être ~ (-trice) vereinfacht sein

❷ CHIM *reduzierend;* **substance réductrice** Reduktionsmittel *nt*
réductible [ʀedyktibl] *adj* ❶ être ~ *quantité:* reduziert [*o* verringert] werden können; *dépenses:* eingeschränkt [*o* gekürzt] werden können

❷ *(assimilable)* être ~ à qc auf etw *(Akk)* reduzierbar sein, sich auf etw *(Akk)* reduzieren lassen

❸ MATH être ~ *fraction:* gekürzt werden können, sich kürzen lassen *(Fachspr.); équation:* vereinfacht werden können

❹ MED être ~ *fracture, hernie:* sich wieder einrichten lassen, reponibel sein *(Fachspr.); luxation:* einrenkbar sein, sich wieder einrenken lassen
réduction [ʀedyksjɔ̃] *f* ❶ a. JUR Verringerung *f,* Reduzierung *f; du personnel, de l'endettement de l'État* Abbau *m; de la production* Drosselung *f; des marges de bénéfice* Schmälerung *f;* ~ **de la capacité de travail** Erwerbsbeschränkung *f (Fachspr.);* ~ **des capitaux propres** Eigenkapitalminderung *f;* ~ **de la contribution** [*o* **de la cotisation**] Beitragsermäßigung *f;* ~ **du montant de l'impôt** Steuerbetragsermäßigung *f;* ~ **du montant de la responsabilité** Haftsummenherabsetzung *f;* ~ **de la portée de la responsabilité** Haftungsabgrenzung *f;* ~ **du taux de l'impôt** Steuersatzermäßigung *f*

❷ *(rabais)* ~ [**de prix**] Preisnachlass *m,* Ermäßigung *f;* **faire une ~ à qn** jdm einen Preisnachlass gewähren; ~ **de cinq pour cent sur un manteau** Ermäßigung [*o* Nachlass *m*] von fünf Prozent auf einen Mantel; ~ **sur le prix d'un billet** Fahrpreisermäßigung *f;* ~ **pour enfant** Kinderermäßigung *f;* ~ **s jeunes** Ermäßigungen für Jugendliche; ~ **spéciale** Sonderermäßigung

❸ *(miniature) d'une carte* Verkleinerung *f; d'un tableau* verkleinerte Reproduktion; **en** ~ als Verkleinerung

❹ CHIM Reduktion *f*

❺ MATH *d'une équation* Vereinfachung *f; d'une fraction* Kürzen *nt*

❻ MED *d'une fracture* Einrichten *nt,* Reposition *f (Fachspr.); d'une luxation* Einrenken *nt; d'une hernie* Reposition *(Fachspr.)*

❼ GASTR Einkochen *nt,* Reduzieren *nt (Fachspr.)*

❽ MUS vereinfachte Fassung; ~ **pour piano** Klavierfassung *f*

◆ ~ **de capital** Kapitalherabsetzung *f;* ~ **du cautionnement** JUR Haftsummenherabsetzung *f;* ~ **des coûts** Kostenreduzierung *f,* Kostensenkung *f,* Kostendämpfung *f;* ~ **de la durée** *d'un crédit, d'une traite* Laufzeitverkürzung *f;* ~ **d'impôts** Steuerermäßigung *f;* ~ **d'impôt sur les sociétés** Körperschaftssteuerminderung *f;* ~ **de peine** Strafmilderung *f;* ~ **des prix** FIN Kursherabsetzung *f;* ~ **des stocks** Lagerabbau *m;* ~ **de valeur** Wertminderung *f;* ~ **de valeur du fait de l'âge** Alterswertminderung *f*
réduire [ʀedɥiʀ] <*irr*> I. *vt* ❶ reduzieren, verringern, senken; kürzen *texte, dépenses, salaire;* verkürzen *temps de travail, peine;* abbauen *personnel, effectifs;* einschränken *activité, responsabilité, portée;* herunterschrauben *prétentions;* dämpfen *coûts;* drosseln, zurückschrauben *production;* ~ **les dépenses de cent euros** die Ausgaben um hundert Euro reduzieren; ~ **les moyens destinés à qc** die Mittel für etw kürzen

❷ ART, PHOT verkleinern

❸ CHIM reduzieren

❹ MATH vereinfachen, umformen *équation;* ~ **des fractions au même dénominateur** Brüche auf einen gemeinsamen Nenner bringen; ~ **la distance en mètres** die Entfernung in Meter umrechnen

❺ MED reponieren, einrichten *fracture;* [wieder] einrenken *luxation*

❻ *(contraindre)* ~ **qn au désespoir** jdn in Verzweiflung stürzen; ~ **à l'inaction** jdn zur Untätigkeit verurteilen; **il en est réduit à manger tout seul** er ist dazu gezwungen ganz allein zu essen

❼ *(ramener)* ~ **qc à l'essentiel** etw auf das Wesentliche beschränken

❽ *(transformer)* ~ **qc en bouillie** aus etw Brei machen; ~ **des grains en poudre** Körner zermahlen; **qn/qc réduit qc en morceaux** jd bricht etw in Stücke/bei etw bricht etw in Stücke

❾ GASTR einkochen, reduzieren *(Fachspr.)*

❿ *(soumettre)* zum Schweigen bringen *opposition*

II. *vi viande:* zerkochen; *légumes:* zusammenfallen, zerkochen; *sirop, soupe:* einkochen

III. *vpr* ❶ **se ~ à qc** sich auf etw *(Akk)* beschränken; *montant:* sich auf etw *(Akk)* belaufen; **le montant se réduit à bien peu de choses** der Betrag ist ziemlich gering [*o* niedrig]

❷ *(diminuer)* **se ~** sich verringern

❸ *(se transformer)* **se ~ en bouillie** zu Brei werden; **se ~ en miettes** in Krümel zerfallen
réduit [ʀedɥi] *m* Kammer *f*
réduit(e) [ʀedɥi, it] *adj* ❶ *échelle, modèle* verkleinert; **tête ~e** Schrumpfkopf *m*

❷ *(diminué)* reduziert; *prix* reduziert, herabgesetzt; *vitesse* reduziert, verringert; *horaire* verkürzt; *tarif* ermäßigt; *débouchés, dispositif* eingeschränkt, begrenzt
rééchelonnement [ʀeeʃ(ə)lɔnmɑ̃] *m* ~ [**de la dette**] Umschuldung *f*
rééchelonner [ʀeeʃ(ə)lɔne] <1> *vt* umschulden *dette*
récrire *v.* **récrire**
réécriture [ʀeekʀityʀ] *f* Überarbeitung *f,* Neubearbeitung *f*
réédifier [ʀeedifje] <1> *vt* wieder aufbauen *église*
rééditer [ʀeedite] <1> *vt* ❶ neu herausgeben, [wieder] neu auflegen

❷ *fam (recommencer)* wieder machen; wieder veranstalten [*o* machen] *(pej) scène*
réédition [ʀeedisjɔ̃] *f* ❶ Neuausgabe *f,* Neuauflage *f;* ~ **revue et corrigée** überarbeitete und korrigierte Auflage

❷ *(répétition)* Neuauflage *f,* Wiederholung *f*
rééducation [ʀeedykasjɔ̃] *f* ❶ *d'un malade* Rehabilitation *f; d'un membre* Wiederherstellung *f* der Bewegungsfähigkeit; **mesures de ~** Rehamaßnahme *f*

❷ *d'un délinquant* Resozialisierung *f; d'un mineur* [Um]erziehung *f*
rééduquer [ʀeedyke] <1> *vt* ❶ wiederherstellen, rehabilitieren *personne;* ~ **un membre** die Bewegungsfähigkeit eines Gliedes wiederherstellen

❷ *(éduquer de nouveau)* resozialisieren *délinquant;* umerziehen *mineur;* **ils vont te ~!** die werden dir schon Manieren beibringen! *(fam)*
réel [ʀeɛl] *m* Realität *f,* Wirklichkeit *f*
réel(le) [ʀeɛl] *adj* ❶ *(véritable)* real, wirklich; *besoin* tatsächlich; *cause, chef* wirklich, wahr, eigentlich; **c'est un fait ~** das ist wahr [*o* eine Tatsache]; **mes douleurs sont ~les** ich habe wirklich [*o* echte] Schmerzen

❷ *antéposé (notable) bonheur, succès* echt, wirklich

❸ FIN *salaire* real; *taux d'intérêt, valeur* effektiv

❹ MATH *fonction, nombre* reell

❺ OPT *image* reell

❻ PHILOS real

❼ JUR *droit, revendication, contrat* dinglich
réélection [ʀeelɛksjɔ̃] *f* Wiederwahl *f*
rééligibilité [ʀeeliʒibilite] *f* Wiederwählbarkeit *f*
rééligible [ʀeeliʒibl] *adj* wiederwählbar
réélire [ʀeeliʀ] <*irr*> *vt* ~ **qn à la présidence** jdn wieder zum Präsidenten wählen
réellement [ʀeɛlmɑ̃] *adv (en vérité)* wirklich, ehrlich; *(effectivement)* wirklich, tatsächlich
réembaucher [ʀeɑ̃boʃe] <1> *vt* wieder einstellen
réemploi [ʀeɑ̃plwa] *m d'un ouvrier* Wiedereinstellung *f; d'un produit* Wiederverwendung *f; d'une somme* Reinvestition *f*
réemployer [ʀeɑ̃plwaje] <6> *vt* wieder einstellen; wieder verwenden *produit;* reinvestieren *argent*
réengagement [ʀeɑ̃gaʒmɑ̃] *m* Wiedereinstellung *f*
réengager [ʀeɑ̃gaʒe] <2a> *vt* wieder einstellen
réentendre [ʀeɑ̃tɑ̃dʀ] <14> *vt* noch einmal hören; *(entendre toujours de nouveau)* [immer] wieder hören
rééquilibrage [ʀeekilibʀaʒ] *m d'un budget* Ausgleich *m;* ~ **d'un parti** Kräftegleich *m* innerhalb einer Partei; ~ **des forces en présence** Angleichung *f* der Mehrheitsverhältnisse; **permettre le ~ de qc** etw wieder ins Gleichgewicht bringen; **procéder au ~ de la balance commerciale** die Handelsbilanz ausgleichen
rééquilibrer [ʀeekilibʀe] <1> *vt* [wieder] ins Gleichgewicht bringen; ausgleichen, wiederherstellen *majorité*
réescomptable [ʀeɛskɔ̃tabl] *adj* FIN rediskontfähig
réescompte [ʀeɛskɔ̃t] *m* FIN Rediskont *m*
réessayage [ʀeesɛjaʒ] *m d'un vêtement* erneute Anprobe *nt*
réessayer [ʀeeseje] <7> *vt* noch einmal versuchen; noch einmal anprobieren *vêtement*
réévaluation [ʀeevalɥasjɔ̃] *f d'une monnaie* Aufwertung *f; d'un bilan* Neubewertung *f; des salaires* Erhöhung *f*

◆ ~ **des devises** FIN Valutaaufwertung *f (Fachspr.)*
réévaluer [ʀeevalɥe] <1> *vt* aufwerten *image, monnaie;* erhöhen *salaires;* neu bewerten *bilan*
réexamen [ʀeɛgzamɛ̃] *m* erneute [*o* nochmalige] Prüfung, Überprüfung *f;* **qc fait l'objet d'un ~ approfondi** etw wird noch einmal gründlich überdacht
réexaminer [ʀeɛgzamine] <1> *vt* noch einmal überprüfen *cas;* überdenken *problème, question;* ~ **un projet de loi** noch einmal über einen Gesetzesentwurf beraten
réexpédier [ʀeɛkspedje] <1a> *vt* ~ **un colis à qn à Lyon** *(au destinataire)* jdm ein Paket nach Lyon nachsenden; *(à l'expéditeur)* jdm ein Paket wieder nach Lyon zurückschicken
réexpédition [ʀeɛkspedisjɔ̃] *f (au destinataire)* Nachsenden *nt; (à l'expéditeur)* Zurückschicken *nt,* Zurücksenden *nt;* **ordre de ~** [**du courrier**] Nachsendeantrag *m*
réexportation [ʀeɛkspɔʀtasjɔ̃] *f* Wiederausfuhr *f,* Reexport *m*
réexporter [ʀeɛkspɔʀte] <1> *vt* wieder ausführen, reexportieren
réf *abr de* **référence**
refaçonner [ʀ(ə)fasɔne] <1> *vt* umformen, neu machen *objet;* umgestalten *projet*

refaire [ʀ(ə)fɛʀ] <irr> **I.** vt ❶ wieder machen *plat;* neu [*o* noch einmal] schreiben *article;* machen *lit;* neu [*o* noch einmal] binden *nœud* ❷ *(recommencer)* wieder machen *bruit, fautes;* wiederbekommen *dents, fièvre, petits;* wieder fahren *bicyclette, ski;* wieder treiben *sport;* noch einmal abgehen *parcours;* von vorn beginnen *itinéraire;* wieder pflanzen [*o* anbauen] *légumes, céréales;* ~ **ses comptes** noch einmal nachrechnen; **qc est à** ~ man muss mit etw noch einmal von vorn anfangen; **si c'était à** ~ wenn ich/du noch einmal von vorn anfangen könnte/könntest
❷ *(remettre en état)* restaurieren *meuble;* neu decken *toit;* renovieren *chambre;* ~ **la peinture de qc** etw neu streichen; ~ **qc à neuf** etw erneuern; **se faire** ~ **les lunettes** sich (*Dat*) eine neue Brille machen lassen; **se faire** ~ **le nez** sich (*Dat*) die Nase richten lassen [*o* korrigieren lassen]
II. vpr ❶ **se** ~ sich sanieren, seine Verluste wettmachen; **se** ~ **un look** sein Outfit verändern
❷ *(s'habituer)* **se** ~ **à qc** sich wieder an etw (*Akk*) gewöhnen
▶ **on ne se refait pas!** niemand kann aus seiner Haut!
III. vi impers **il refait beau** es ist wieder schön
réfection [ʀefɛksjɔ̃] f Instandsetzung f; *d'un mur* Instandsetzung, Ausbesserung f; *d'une maison* Instandsetzung, Renovierung f; *d'une statue* Restaurierung f; ~ **des rues/des routes** Straßeninstandsetzung; **travaux de** ~ Instandsetzungs-/Renovierungs-/Restaurationsarbeiten Pl
réfectoire [ʀefɛktwaʀ] m *d'une école, d'un hôpital* Speisesaal m; *d'un couvent* Refektorium nt; *d'une caserne, usine* Kantine f; *(pour officiers, cadres)* Kasino nt
référé [ʀefeʀe] m JUR *(procédure)* Antrag m auf Erlass einer einstweiligen Verfügung, *(arrêt)* einstweilige Verfügung; **en** ~ *(procédure)* im Verfahren der einstweiligen Verfügung, *(arrêt)* als einstweilige Verfügung
référence [ʀefeʀɑ̃s] f ❶ Bezug m; *d'un texte* Verweis m; *d'une citation* Quellenangabe f; ADMIN, COM [Akten]zeichen nt; **perdre toutes ses** ~**s** jeglichen Bezug [zu seiner Umgebung] verlieren; ~**s de base d'un groupe** gemeinsame Grundüberzeugungen Pl einer Gruppe; **faire** ~ **à qn/qc** sich auf jdn/etw beziehen; **faire** ~ **à qn dans un livre** jdn in einem Buch erwähnen; **en** ~ COM [oben] genannt, betreffend; **cité(e) en** ~ oben aufgeführt; **en** [*o* **par**] ~ **à qc** einer S. (*Dat*) entsprechend [*o* gemäß]; **notre** ~ **/nos** ~**s** unser Zeichen
❷ *(recommandation)* Empfehlung f; **quelles sont vos** ~**s ?** was für Referenzen haben Sie?
❸ *(modèle)* **faire figure de** ~ **pour qn** Maßstäbe setzen, für jdn maßgebend sein; **être une** ~ eine Schlüsselfigur sein; **rester une** ~ noch in aller Munde sein; **ne pas être une** ~ *iron* nicht gerade eine Empfehlung sein *(fam);* **servir de** ~ **à qc** als Maßstab für etw dienen; **ouvrage de** ~ Nachschlagewerk nt; **point de** ~ Anhaltspunkt m; **indice de** ~ Richtwert m
◆ ~ **s de qualité** Güteeigenschaften Pl
référencer [ʀefeʀɑ̃se] <2> vt mit einem Aktenzeichen versehen *document, lettre;* **être référencé(e)** *exemple, citation:* belegt sein
référendaire [ʀefeʀɑ̃dɛʀ] adj *succès* ~ Erfolg m bei einer Volksabstimmung; **procédure** ~ Volksentscheid m, Volksabstimmung f
référendum [ʀefeʀɑ̃dɔm, ʀefeʀɛ̃dɔm] m Volksentscheid m, Referendum nt
référentiel [ʀefeʀɑ̃sjɛl] m Bezugssystem nt; MATH, PHYS Koordinatensystem nt
référer [ʀefeʀe] <5> **I.** vi **en** ~ **à son supérieur** die Sache seinem Vorgesetzten vorlegen [*o* unterbreiten]; **en** ~ **au tribunal** das Gericht anrufen
II. vpr ❶ *(faire référence à)* **se** ~ **à qn/qc** sich auf jdn/etw beziehen, auf jdn/etw Bezug nehmen *(form)*
❷ *(s'en remettre à)* **s'en** ~ **à qn/qc** sich auf jdn/etw verlassen
refermer [ʀ(ə)fɛʀme] <1> **I.** vt ❶ [wieder] schließen; [wieder] zumachen *o* schließen] *porte*
❷ *(verrouiller)* [wieder] abschließen, [wieder] zuschließen
II. vpr **se** ~ sich [wieder] schließen, wieder zugehen; *plaie:* sich [wieder] schließen, wieder zuheilen; **se** ~ **sur qn** *piège:* über jdm zuschnappen; *porte:* sich [wieder] hinter jdm schließen; *(se fermer au nez de qn)* sich wieder vor jdm verschließen
refiler [ʀ(ə)file] <1> vt fam ~ **un objet sans valeur à qn** jdm einen wertlosen Gegenstand geben [*o* andrehen *fam*]; ~ **un problème à qn** jdm ein Problem zuschieben; ~ **la grippe à qn** jdn mit ihrer/seiner Grippe anstecken
refinancement [ʀəfinɑ̃s(ə)mɑ̃] m Refinanzierung f; ECON Umschichtungshandel m
refinancer [ʀəfinɑ̃se] <1> vt ECON refinanzieren
réfléchi [ʀefleʃi] m GRAM Reflexivpronomen nt, Reflexiv nt
réfléchi(e) [ʀefleʃi] adj ❶ *action, jugement* durchdacht, [wohl]überlegt; *air, personne* nachdenklich, ernsthaft
❷ GRAM *verbe* reflexiv, rückbezüglich; **pronom** ~ Reflexivpronomen nt
❸ OPT *lumière, radiations* reflektiert; *image* reflektiert, gespiegelt

réfléchir [ʀefleʃiʀ] <8> **I.** vi ❶ nachdenken, überlegen; **donner à** ~ **chose:** zu denken geben; **demander à** ~ **personne:** sich (*Dat*) Bedenkzeit erbitten; **dire qc sans** ~ etw unbedachterweise sagen
❷ *(examiner)* ~ **à l'avenir/à un projet** über die Zukunft/über ein Projekt nachdenken
❸ *(cogiter)* ~ **à qc** über etw (*Dat*) brüten; **réfléchissez à ce que vous faites** überlegen Sie sich genau, was Sie tun
▶ **tout bien réfléchi** bei genauerer Überlegung, wenn man es sich (*Dat*) recht überlegt; **c'est tout réfléchi** daran ist nicht zu rütteln
II. vt reflektieren; *eau, glace:* reflektieren, widerspiegeln
III. vpr **se** ~ **dans/sur qc** sich in etw (*Dat*) [wider]spiegeln; *lumière:* etw bricht sich an etw (*Dat*), von etw reflektiert werden
réfléchissant(e) [ʀefleʃisɑ̃, ɑ̃t] adj *surface* reflektierend, spiegelnd; **pouvoir** ~ Reflexionsvermögen nt
réflecteur [ʀeflɛktœʀ] m Reflektor m
réflecteur, -trice [ʀeflɛktœʀ, -tʀis] adj *miroir* reflektierend; *surface* reflektierend, spiegelnd; **pouvoir** ~ Reflexionsvermögen nt; **être** ~ (-trice) spiegeln, reflektieren
reflet [ʀ(ə)flɛ] m ❶ a. PHYS, MED *(lumière réfléchie)* Reflex m; ~ **du soleil** Widerschein m der Sonne, Reflexe des Sonnenlichts; ~ **lumineux** Lichtreflex; ~ **cornéen** Cornealreflex *(Fachspr.)*
❷ *(représentation) d'une personne, époque* Spiegelbild nt, Abbild nt; *d'une société, personnalité* Spiegel m; **être le** ~ **de qc/de qn** etw [wider]spiegeln/jds Ebenbild sein; **n'être qu'un pâle** ~ **de qc** nur ein schwacher Abklatsch einer S. (*Gen*) sein
❸ *(éclat) d'une étoffe* Glanz m kein Pl, Schimmer m kein Pl; ~ **s d'argent** [*o* **argentés**] Silberglanz m
❹ *(image réfléchie)* Spiegelbild nt
refléter [ʀ(ə)flete] <5> **I.** vt ❶ widerspiegeln; ~ **le bonheur** vor Freude strahlen
❷ *(réfléchir)* widerspiegeln; reflektieren *lumière*
II. vpr ❶ *(se réfléchir)* **se** ~ **dans l'eau** sich im Wasser spiegeln
❷ *(transparaître)* **se** ~ **dans un objet** in einem Gegenstand zum Ausdruck kommen
refleurir [ʀ(ə)flœʀiʀ] <8> **I.** vi ❶ wieder blühen
❷ *(renaître) art, civilisation:* wieder aufblühen, zu neuer Blüte kommen; *amitié:* wieder erwachen
II. vt *personne:* wieder mit Blumen schmücken
reflex [ʀeflɛks] **I.** adj *appareil* ~ Spiegelreflexkamera f
II. m Spiegelreflexkamera f
réflexe [ʀeflɛks] **I.** m ❶ a. MED Reflex m; ~ **achilléen/fémoral** MED Achillessehnen-/Adduktorenreflex; ~ **cutané abdominal** Bauchhautreflex; ~ **conditionné** bedingter Reflex; ~ **cornéen** Hornhautreflex; ~ **de déglutition/de succion** ANAT, MED Schluck-/Saugreflex; ~ **de la toux** Hustenreflex
❷ *(réaction rapide)* Reflex m; **avoir eu un bon** ~ gut reagiert haben; ~ **de peur** Angstreaktion f; **avoir des/manquer de** ~ **s** ein gutes/kein gutes Reaktionsvermögen haben; **avoir le** ~ **de faire qc** etw reflexartig tun; *(agir spontanément)* etw spontan tun
II. adj *comportement* reflektorisch; **mouvement** ~ Reflexbewegung f
◆ ~ **de saisie** MED Greifreflex m
réflexion [ʀeflɛksjɔ̃] f ❶ Betrachtung f, Reflexion f *(geh)*; *(méditation)* Nachdenken nt; *(idée, pensée)* Gedanke m, Überlegung f; ~ **approfondie** eingehende Betrachtung; **éléments de** ~ Überlegungen; **après mûre** ~ nach reiflicher Überlegung [*o* Erwägung]; **cela demande** ~ darüber müssen wir/muss ich/muss man/... noch nachdenken; **il y a là matière à** ~ darüber muss man sich (*Dat*) noch Gedanken machen; **c'est un sujet à** ~ das ist ein Thema, über das noch nachzudenken ist [*o* über das man sich (*Dat*) noch Gedanken machen muss]; **avec/sans** ~ überlegt/unüberlegt [*o* ohne nachzudenken]; **cellule de** ~ POL Ausschuss m; **cercle de** ~ Arbeitskreis m; ~ **sur soi-même** Selbstprüfung f; **nouvelle** ~ Neubesinnung f
❷ *(remarque)* Anmerkung f; **faire des** ~ **s** [*o* **faire part de ses** ~ **s**] **à qn sur un sujet** jdm seine Überlegungen zu einem Thema mitteilen; **je te dispense de tes** ~ **s** behalte deine Kommentare für dich, ich habe dich nicht nach deiner Meinung gefragt
❸ *(remarque désobligeante)* [spitze] Bemerkung; **faire des** ~ **s sur la voisine/la voiture** spitze Bemerkungen über die Nachbarin/das Auto machen; **faire des** ~ **s sur le travail de qn** sich über jds Arbeit beschweren; **ma mère me fait toujours des** ~ **s** meine Mutter hat immer etwas an mir auszusetzen
❹ OPT, PHYS Reflexion f; **angle de** ~ Ausfallswinkel m, Reflexionswinkel m
▶ ~ **faite** *(en fin de compte)* letztendlich; *(tout bien considéré)* eigentlich, wenn man es sich (*Dat*) recht überlegt; **à la** ~ bei näherer Betrachtung, bei näherem Hinsehen
réflexologie [ʀeflɛksɔlɔʒi] f MED ~ **plantaire** Fußreflexzonenmassage f
réflexothérapie [ʀeflɛksɔteʀapi] f MED Reiztherapie f
refluer [ʀ(ə)flye] <1> vi *foule:* zurückströmen; *eaux, mer:* zurückgehen; *liquide:* zurückfließen; *sang:* stocken; **faire** ~ **qn** jdn zurück-

drängen

reflux [Rəfly] *m* ❶ ablaufendes Wasser, Ebbe *f*
❷ *(recul) de la foule* Zurückströmen *nt*, Zurückweichen *nt*; *d'un électorat* Rückgang *m*; *des aliments* Rückfluss *m*; ~ **du capital spéculatif** Rückfluss des spekulativen Kapitals

refondateur, -trice [Rəfɔ̃datœR, -tRis] *m, f* Erneuerer *m*/Erneuerin *f*

refonder [Rəfɔ̃de] <1> *vt* ~ **son identité** zu einer neuen Identität finden

refondre [R(ə)fɔ̃dR] <14> *vt* ❶ wieder einschmelzen
❷ *(remanier)* überholen; erneuern, ändern *système*; neu organisieren *programme*; überarbeiten *dictionnaire, texte*

refonte [R(ə)fɔ̃t] *f* ❶ Einschmelzen *nt*
❷ *(remaniement)* Überholen *nt*; *d'un système* Erneuerung *f*, Änderung *f*; *d'un programme* Neuorganisation *f*; *d'un texte* Neubearbeitung *f*, Überarbeitung *f*

reforestation [RəfɔRɛstasjɔ̃] *f* Wiederaufforstung *f*

réformable [RefɔRmabl] *adj* être ~ reformierbar sein; *loi*: abänderbar sein; *jugement*: aufhebbar sein, abänderbar sein

reformatage [RəfɔRmataʒ] *m* INFORM Neuformatierung *f*

reformater [RəfɔRmate] <1> *vt* INFORM neu formatieren *support de données*

réformateur, -trice [RefɔRmatœR, -tRis] I. *m, f* ❶ Reformer(in) *m(f)*
❷ HIST, REL Reformator(in) *m(f)*
II. *adj* reformerisch; *mouvement, volonté* Reform-; **efforts ~s** Reformbestrebungen *Pl*

réformation [RefɔRmasjɔ̃] *f* ❶ *littér* Reform *f*
❷ REL **la Réformation** die Reformation

réforme [RefɔRm] *f* ❶ Reform *f*; ~ **économique** Wirtschaftsreform; ~ **fiscale des impôts sur les sociétés** Körperschaftssteuerreform; ~**s sociales** soziale Reformen; ~ **structurelle** Strukturreform; ~ **du droit pénal** Strafrechtsreform; ~ **de la Justice** [*o* **du système judiciaire**] Justizreform; ~ **du Parlement** Parlamentsreform; ~ **de l'orthographe** Rechtschreibreform; **adversaire de** [*o* **opposant(e) à la** ~ Reformgegner(in) *m(f)*
❷ MIL Freistellung *f* [aus gesundheitlichen Gründen]; *d'un appelé* Ausmusterung *f*
❸ HIST **la Réf?orme** die Reformation

réformé(e) [RefɔRme] I. *adj* ❶ reformiert
❷ MIL [wehrdienst]untauglich
II. *m(f)* [Wehrdienst]untaugliche(r) *m*

reformer [R(ə)fɔRme] <1> I. *vt* wiederherstellen [*o* formen] [*o* bilden]; formieren *armée*; wieder aufstellen *équipe*
II. *vpr* **se** ~ *nuages*: sich wieder bilden; *alliance*: wieder zu Stande [*o* zustande] kommen; *groupe*: wieder zusammen [*o* zustande] kommen

réformer [RefɔRme] <1> I. *vt* ❶ reformieren, verbessern; **loi qui a besoin** [*o* **qui nécessite**] **d'être réformée** reformbedürftiges Gesetz
❷ MIL freistellen; ausmustern, [wehrdienst]untauglich schreiben *appelé*
❸ JUR abändern *jugement*
II. *vpr* **se** ~ sich reformieren

réformette [RefɔRmɛt] *f iron fam* Reförmchen *m (hum fam)*

réformisme [RefɔRmism] *m* Reformismus *m*

réformiste [RefɔRmist] I. *adj* reformistisch
II. *mf* Reformist(in) *m(f)*

refoulé(e) [R(ə)fule] I. *adj pulsion* verdrängt; *personne* verklemmt
II. *m(f) fam* verklemmter Mensch, Verklemmte(r) *f(m)*

refoulement [R(ə)fulmɑ̃] *m* ❶ Abweisung *f*; *des manifestants* Zurückdrängen *nt*
❷ PSYCH Verdrängung *f*

refouler [R(ə)fule] <1> *vt* ❶ zurückschlagen *attaque, envahisseur*; zurückdrängen *foule*; abweisen *intrus, demande*
❷ *(réprimer)* unterdrücken, zügeln; bezähmen *colère*; unterdrücken *pulsion*; verdrängen *souvenir*; zurückhalten *larmes*
❸ *(faire reculer) pompe*: ausstoßen, fördern; **le sang vers le cœur** das Blut [*o* Herz] zum Stocken bringen

réfractaire [RefRaktɛR] I. *adj* ❶ être ~ **à une influence** einem Einfluss widerstehen; être ~ **à une maladie** gegen eine Krankheit immun sein; être ~ **à la musique** keinen Zugang zur Musik haben
❷ *(rebelle) conscrit* fahnenflüchtig; *maladie* therapieresistent; **prêtre** ~ Priester, der den Eid verweigert
II. *m* HIST Fahnenflüchtige(r) *m*; **devenir** ~ Fahnenflucht begehen

réfracter [RefRakte] <1> I. *vt* brechen
II. *vpr* **se** ~ sich brechen

réfraction [RefRaksjɔ̃] *f* Brechung *f*, Refraktion *f (Fachspr.)*

refrain [R(ə)fRɛ̃] *m* ❶ MUS Refrain *m*, Kehrreim *m*
❷ *(chant monotone)* Lied *nt*; *d'un moulin* Klappern *nt*; *d'une bouilloire* Summen *nt*
❸ *(rengaine)* Lied *nt*, Litanei *f*; **c'est toujours le même** ~ es ist immer dasselbe Lied [*o* die alte Leier *fam*]; **change de** ~! leg mal

[wieder] eine andere Platte auf! *(fam)*

refréner [RefRene] <5> I. *vt* bremsen; zügeln, [be]zähmen *désir, envie*; dämpfen *colère*; zurückhalten, bremsen *personne*; ~ **un abus** einem Missbrauch Einhalt gebieten
II. *vpr* **se** ~ **sur qc** sich mit etw zurückhalten

réfrigérant [RefRiʒeRɑ̃] *m (appareil, dispositif)* Kühlaggregat *nt*; *(fluide)* Kühlmittel *nt*

réfrigérant(e) [RefRiʒeRɑ̃, ɑ̃t] *adj* ❶ **appareil ~** Kühlapparat *m*
❷ *(glacial)* eisig; *personne* kalt

réfrigérateur [RefRiʒeRatœR] *m* Kühlschrank *m*, Eiskasten *m* (A); ~-**congélateur combiné** Kühl-Gefrier-Kombination *f*

réfrigération [RefRiʒeRasjɔ̃] *f* Kühlen *nt*, Kühlung *f*; **appareil de** ~ Kühlgerät *nt*

réfrigéré(e) [RefRiʒeRe] *adj* **vitrine** ~**e** Kühlvitrine *f*, Kühltheke *f*; **véhicule** ~ Kühlfahrzeug *nt*

réfrigérer [RefRiʒeRe] <5> *vt* ❶ TECH tiefkühlen, einfrieren *denrées*; [ab]kühlen *organisme*; kühlen *local*
❷ *fam (avoir froid)* **être réfrigéré(e)** völlig durchgefroren sein
❸ *(mettre mal à l'aise, décourager)* ~ **qn/qc** jdm/einer S. einen Dämpfer versetzen

réfringence [RefRɛ̃ʒɑ̃s] *f* Brechungsvermögen *nt*

réfringent(e) [RefRɛ̃ʒɑ̃, ɑ̃t] *adj* PHYS lichtbrechend

refroidir [R(ə)fRwadiR] <8> I. *vt* ❶ **qc refroidit le jus** der Saft wird durch etw kalt; ~ **le temps** kühleres Wetter bringen
❷ *(décourager)* ~ **qn** jdm einen Dämpfer versetzen
❸ *arg (tuer)* kaltmachen *(sl)*
II. *vi (devenir plus froid) moteur, aliment*: [sich] abkühlen; *(devenir trop froid)* kalt werden; **mettre qc à** ~ etw kalt stellen
III. *vpr* **se** ~ ❶ *(devenir plus froid) chose*: [sich] abkühlen; *(devenir trop froid)* kalt werden; **le temps s'est refroidi** es hat heute abgekühlt
❷ *fam (s'enrhumer)* sich erkälten
❸ *(perdre de son ardeur) chose*: nachlassen

refroidissement [R(ə)fRwadismɑ̃] *m* ❶ *(fait de devenir froid)* Abkühlung *f*
❷ AUT, TECH *de l'air, l'eau* Kühlung *f*; ~ **du réacteur** Reaktorkühlung; **tour de** ~ Kühlturm *m*
❸ MED Erkältung *f*; **attraper un** ~ sich erkälten
❹ *(diminution)* Abkühlung *f*
◆ ~ **par air** Luftkühlung *f*

refroidisseur [R(ə)fRwadisœR] *m* Kühler *m*, Kühlapparat *m*

refroidisseur, -euse [R(ə)fRwadisœR, -øz] *adj* **système** ~ Kühlsystem *nt*

refuge [Rəfyʒ] I. *m* ❶ *(pour personnes)* Zufluchtsstätte *f*, Refugium *nt (geh)*; **chercher/trouver** ~ **chez qn** bei jdm Zuflucht suchen/finden
❷ *(pour animaux)* ~ [**pour animaux**] Tierasyl *nt*, Tierheim *nt*
❸ *(échappatoire)* Zuflucht *f*; *(soutien)* Halt *m*; **chercher/trouver** [**un**] ~ **dans la drogue** zu Drogen Zuflucht nehmen
❹ ALPIN Schutzhütte *f*; ~ [**de montagne**] Skihütte
❺ AUT Verkehrsinsel *f*; *(sur l'autoroute)* Nothaltebucht *f*
II. *app* **valeur** ~ sichere Anlage

réfugié(e) [Refyʒje] I. *adj* geflüchtet
II. *m(f)* Flüchtling *m*; ~**(e) pour raisons économiques** Wirtschaftsasylant(in) *m(f) (pej)*

réfugier [Refyʒje] <1a> *vpr* **se** ~ **chez qn** sich zu jdm flüchten; **se** ~ **dans la solitude** sich in die Einsamkeit zurückziehen

refus [R(ə)fy] *m (résistance)* Weigerung *f*; *d'une offre* Ausschlagung *f*; ~ **de concéder une licence** Lizenzverweigerung *f*; ~ **de fournir des renseignements** Auskunftsverweigerung *f*; **le** ~ **par ces gens de l'ésotérisme** die Absage dieser Leute an die Esoterik; **essuyer** [*o* **se heurter à**] **un** ~ eine Absage bekommen; **opposer un** ~ **à qn** jdm seine Zustimmung verweigern
▶ **ce n'est pas de** ~ *fam* da sag/sagen wir nicht nein
◆ ~ **d'enlèvement** JUR Nichtabnahme *f*; ~ **d'enlèvement de livraison** Abnahmeverweigerung *f*; ~ **d'exécution** JUR Erfüllungsverweigerung *f (Fachspr.)*; ~ **de livrer** Lieferverweigerung *f*; ~ **de payer** Zahlungsunwilligkeit *f*, Zahlungsverweigerung *f*; ~ **de prestation** JUR Leistungsablehnung *f*, Leistungsverweigerung *f*; ~ **de priorité** Missachtung *f* der Vorfahrt; ~ **de prise de livraison** Abnahmeverweigerung *f*; ~ **de la protection juridique** Verweigerung *f* des Rechtsschutzes; ~ **de scolarisation** Zurückstellung *f*; ~ **de témoignage** Zeugnisverweigerung *f*; ~ **de vente** Verkaufsverweigerung *f*

refusable [R(ə)fyzabl] *adj* être ~ ablehnen können

refuser [R(ə)fyze] <1> I. *vt* ❶ ablehnen; ausschlagen *cadeau, invitation, offre*; nicht wollen, verweigern *nourriture*; ~ **qc en bloc**/[**tout**] **net** etw en bloc/rundweg ablehnen; ~ **une demande de crédit** ein Kreditgesuch ablehnen; ~ **la réception de la livraison** die Abnahme verweigern
❷ *(ne pas accorder)* nicht geben, verweigern *objet, permission*; verwehren, verweigern *entrée, accès*; nehmen *priorité*; ~ **la porte à qn** jdm den Zutritt versagen; **il m'a refusé une augmentation** er hat

mir keine Gehaltserhöhung gegeben
❸ *(dénier) personne:* absprechen *qualité, talent*
❹ *vieilli (ne pas recevoir)* wegschicken, abweisen *monde;* **être refusé(e)** [*o* **se faire ~**] **à un examen** eine Prüfung nicht bestehen
II. *vi* ablehnen
III. *vpr* ❶ **se ~ un voyage** auf eine Reise verzichten; **se ~ un plaisir** sich *(Dat)* ein Vergnügen versagen; **ne rien se ~ *hum*** sich was gönnen *(fam)*
❷ *(être décliné)* **se ~** *avantage, offre:* abgelehnt werden können; **ça ne se refuse pas** dazu kann man doch nicht nein sagen
❸ *(ne pas accepter)* **se ~ à l'évidence** der Wahrheit nicht ins Gesicht sehen wollen; **se ~ à tout commentaire** jeglichen Kommentar verweigern; **nous nous y refusons** da machen wir nicht mit
❹ *(échapper à)* **se ~ à qn/qc** *chose:* jdm/einer S. entgehen; *succès:* jdm/einer S. versagt bleiben; **se ~ à tout service** den Dienst versagen
❺ *(sur le plan sexuel)* **se ~ à qn** sich jdm verweigern

réfutable [Refytabl] *adj* widerlegbar, zu widerlegen
réfutation [Refytasjɔ̃] *f* Widerlegung *f;* **apporter la ~ de qc** etw widerlegen
réfuter [Refyte] <1> *vt* widerlegen
regagner [R(ə)ɡaɲe] <1> *vt* ❶ zurückgewinnen *amitié, faveurs;* zurückbekommen *argent; (en travaillant)* wieder verdienen *argent;* wieder einholen *temps perdu;* MIL zurückerobern *terrain;* **~ le terrain perdu** verlorenen Boden wieder gutmachen
❷ *(rentrer)* **~ sa place** an seinen Platz zurückgehen; **~ sa maison** wieder nach Hause gehen; **~ son pays** in sein Land zurückkehren
regain [Rəɡɛ̃] *m* ❶ *(renouveau) d'optimisme* Wiederaufleben *nt,* Wiedererlangen *nt; de jeunesse* Rückkehr *f; de santé* Wiederaufblühen *nt;* **~ d'espoir** neue Hoffnung
❷ AGR Grummet *nt kein Pl,* Öhmd *nt kein Pl* (SDEUTSCH)
régal [Reɡal] *m* ❶ *(mets délicieux)* Genuss *m,* Gaumenfreude *f;* **mon grand ~, c'est le strudel** Strudel esse ich für mein Leben gern
❷ *(repas somptueux)* Festschmaus *m*
❸ *fig* **~ pour les yeux** Augenweide *f*
régalade [Reɡalad] ▸ **boire à la ~** trinken ohne [die Flasche/das Glas] anzusetzen
régaler [Reɡale] <1> I. *vpr* ❶ **qn se régale de qc** etw schmeckt einem, jd genießt etw; **on va se ~** das wird ein Fest[essen], lecker, lecker *(fam)*
❷ *(éprouver un grand plaisir)* **se ~ en faisant qc** es genießen etw zu tun
II. *vt* **~ qn d'un repas** jdn mit einem Essen erfreuen
III. *vi fam* [die Zeche] zahlen; **c'est le patron qui régale** das geht auf Kosten des Hauses
régalien(ne) [Reɡaljɛ̃, jɛn] *adj* HIST regal, königlich; **droits ~s** Regalien *Pl*
regard [R(ə)ɡaR] *m* ❶ Blick *m;* **~ d'envie** neidvoller Blick; **avec un ~ de convoitise** mit begierigen Blicken; **~ en coin** [*o* **en coulisse**] Seitenblick, Blick aus den Augenwinkeln; **~ noir** finsterer [*o* böser] Blick; **~ perçant** Röntgenblick *(hum);* **adresser un ~ à qn** jdm einen Blick zuwerfen; **attacher son ~ sur qn/qc** jdm seinen Blick auf jdn/etw heften; **attirer les ~s de qn sur qc** jds Blick [*o* Aufmerksamkeit] auf etw *(Akk)* lenken; **dévorer qn/qc du ~** jdn/etw mit den Augen verschlingen; **disparaître aux ~s de qn** *soutenu* jds Blicken *(Dat)* entschwinden *(geh);* **fixer** [*o* **porter**] **son ~ sur qn/qc** seinen Blick auf jdn/etw richten; **foudroyer** [*o* **fusiller**] [*o* **incendier**] [*o* **mitrailler**] **qn du ~** jdm vernichtende Blicke zuwerfen, jdn mit Blicken töten; **jeter** [*o* **lancer**] **un ~/des ~s à qn** jdm einen Blick/Blicke zuwerfen; **tourner son ~ vers qn** *(regarder)* seinen Blick auf jdn richten, jdn anschauen; **il te/vous/... transperce du ~** er hat den Röntgenblick
❷ *(coup d'œil)* Blick *m;* **jeter** [*o* **poser**] **un ~ sur qc** einen [kurzen] Blick auf etw *(Akk)* werfen; **parcourir qc du ~** etw [mit Blicken] absuchen; **promener son ~/ses ~s sur qc** *littér* seinen Blick/seine Blicke über etw *(Akk)* schweifen lassen *(geh);* **au premier ~** auf den ersten Blick
❸ *(façon de voir)* **~ de l'enfant sur le monde qui l'entoure** Blick des Kindes auf die Welt, die es umgibt; **avoir un autre ~ sur qn/qc** jdn/etw anders sehen; **au ~ de la loi** vom rechtlichen Standpunkt aus [gesehen]
❹ TECH Sehloch *nt,* Schauloch *nt;* **~ d'égout/de canalisation** Kanalschacht *m*
▸ **~ d'aigle** Adlerblick *m;* **caresser qn/qc du ~** jdn/etw liebevoll anschauen; **~ de chien fidèle** *fam* Dackelblick *m (fam);* **mettre deux choses en ~** zwei Dinge einander gegenüberstellen; **tourner ses ~s vers qn** *(demander de l'aide)* jdn um Hilfe bitten; **en ~ de qc** im Vergleich zu etw, etw *(Dat)* gegenüber
regardant(e) [R(ə)ɡaRdɑ̃, ɑ̃t] *adj* **être ~(e) sur qc** sparsam mit etw sein
regarder [R(ə)ɡaRde] <1> I. *vt* ❶ ansehen, anschauen, angucken *(fam),* betrachten; *(observer)* beobachten; **~ la mer pendant des heures** stundenlang aufs Meer schauen; **~ tomber la pluie** dem Regen zusehen; **il la regarde faire** er sieht ihr zu; **regarde-moi cet imbécile** *fam* jetzt sieh dir mal diesen Idioten an
❷ *(prêter attention)* ansehen, beobachten, anschauen
❸ *(suivre des yeux avec attention)* ansehen *chose;* **~ la télévision** fernsehen, Fernsehen schauen; **~ un film** sich *(Dat)* einen Film ansehen [*o* anschauen]
❹ *(consulter rapidement)* überfliegen; sehen in *(+ Akk),* durchsehen, durchgehen *courrier;* durchsprechen *projet;* nachsehen, nachschlagen *numéro, mot;* sehen auf *(+ Akk)* montre
❺ *(vérifier)* sich *(Dat)* ansehen *malade, mécanisme*
❻ *(envisager, considérer)* betrachten *situation, être;* im Auge haben *avenir, danger, intérêt;* **~ un danger/l'avenir** an eine Gefahr/an die Zukunft denken; **~ qc en face** *littér* sich *(Dat)* ins Auge sehen
❼ *(concerner)* **ça te regarde** das geht dich etwas an, das betrifft dich; *(être l'affaire de qn)* das ist deine Angelegenheit; **je fais ce qui me regarde** ich kümmere mich um meine eigenen Angelegenheiten
❽ *(être tourné vers)* **~ qc** *chose:* auf etw *(Akk)* sehen [*o* gerichtet sein]; *façade:* auf etw *(Akk)* gehen [*o* zeigen]
▸ **tu ne m'as pas regardé(e)!** *fam* so siehst du aus! *(fam);* **tu m'as [bien] regardé(e)!** *fam* das könnte dir so passen! *(fam);* **regardez-moi ça!** *fam* hat man so etwas [*o* so was *fam*] schon gesehen!, stellen Sie sich das mal vor!
II. *vi* ❶ *(s'appliquer à voir)* zusehen, zuschauen; **bien ~** gut [*o* aufmerksam] hinsehen; **~ par la fenêtre** aus dem Fenster heraussehen; **~ dans un livre** in einem Buch nachsehen; **~ sans voir** [*o* **droit devant soi**] blind vor sich *(Dat)* hinstarren; **~ tout autour de soi** umherblicken, umherschauen
❷ *(prêter grande attention à)* **~ à qc** auf etw *(Akk)* sehen [*o* gucken *fam*]; **~ à deux francs de plus ou de moins** *vieilli* jede Mark [*o* jeden Pfennig] zweimal umdrehen; **à y bien ~** bei näherer [*o* genauerer] Betrachtung; **ne pas y ~ de si près** es nicht so genau nehmen
❸ *(être dirigé vers)* **~ au sud** *maison:* nach Süden gerichtet sein; *façade, fenêtre:* nach Süden gehen [*o* zeigen]
III. *vpr* ❶ *(se contempler)* **se ~ dans qc** sich in etw *(Dat)* betrachten
❷ *(se mesurer du regard)* **se ~** *personnes:* sich ansehen [*o* angucken *fam*]
❸ *(se faire face)* **se ~** *façades, maisons:* sich *(Dat)* gegenüberstehen
❹ *(pouvoir être vu)* **se ~** *chose:* zu sehen sein; *(devoir être vu)* angesehen werden müssen
▸ **tu [ne] t'es [pas] regardé(e)!** *fam* sieh dich doch erst mal selbst an!, und du erst!
regarnir [R(ə)ɡaRniR] <8> *vt* [wieder] auffüllen, ergänzen
régate [Reɡat] *f* Regatta *f*
regel [Rəʒɛl] *m* erneut auftretender Frost *m*
regeler [R(ə)ʒəle, Rəʒ(ə)le] <4> I. *vt* wieder einfrieren *produit congelé*
II. *vi* **il regèle** es friert wieder
régence [Reʒɑ̃s] I. *f* Regentschaft *f;* **la Régence** die Regentschaft [Philippes von Orléans] *(1715–1723)*
II. *app inv* **style Régence** Régencestil *m*
régénérateur [ReʒeneRatœR] *m* CHIM, TECH Regenerator *m;* PHYS Konverter *m*
régénérateur, -trice [ReʒeneratœR, -tris] *adj principe* regenerierend; **crème régénératrice** Aufbaucreme *f;* **réacteur ~** Brutreaktor *m,* Brüter *m*
régénération [ReʒeneRasjɔ̃] *f* ❶ *du tissu osseux* Neubildung *f,* Regeneration *f;* **pouvoir de ~** Regenerationsfähigkeit *f*
❷ *littér des mœurs, d'une nation* Erneuerung *f*
❸ TECH, CHIM Regeneration *f*
régénérer [ReʒeneRe] <5> I. *vt* ❶ neu bilden *chairs, tissu;* **~ ses forces** wieder zu Kräften kommen
❷ *littér réformer)* erneuern
❸ TECH regenerieren *catalyseur;* regenerieren, wieder aufbereiten *caoutchouc, matériau*
II. *vpr* **se ~** sich regenerieren; *chair:* sich regenerieren, sich neu bilden
régénérescence [ReʒeneResɑ̃s] *f* **~ des cellules** Zellerneuerung *f*
régent [Reʒɛ̃] *m* BELG Lehrer für die ersten drei Jahre des Sekundarunterrichts
régent(e) [Reʒɑ̃, ʒɑ̃t] I. *adj* die Regentschaft ausübend; **prince ~** Prinzregent *m*
II. *m(f)* Regent(in) *m(f);* **le Régent** der Regent [Philippe von Orléans]
régenter [Reʒɑ̃te] <1> *vt, vi* **~ qn/qc** über jdn/etw bestimmen; **vouloir tout ~** [über] alles bestimmen wollen
reggae [Reɡe] I. *m* Reggae *m*
II. *app inv* **groupe ~** Reggaeband *f*

régicide [ʀeʒisid] **I.** *adj* für den König tödlich; **révolution ~** Revolution *f*, bei der der König ermordet wird
II. *mf* Königsmörder(in) *m(f)*
III. *m (meurtre)* Königsmord *m*

régie [ʀeʒi] *f* ❶ Verwaltung *f* durch die öffentliche Hand, Regie *f (geh)*
❷ *(entreprise)* öffentliches Unternehmen, Regiebetrieb *m;* **~ financière** Finanzverwaltung *f*; **Régie française des tabacs** französisches Tabakmonopol *nt (staatliche französische Tabakgesellschaft)*
❸ CINE, THEAT, TV Aufnahmeleitung *f*, Regieassistenz *f*
❹ TV, RADIO *(local)* Regieraum *m*
  ▸ **~ image** Bildregie *f;* **~ son** Tonregie *f*

regimber [ʀ(ə)ʒɛ̃be] <1> **I.** *vi* **~ contre** [*o* **devant**] **qc** *personne:* sich gegen etw sträuben, gegen etw rebellieren; *animal:* etw ausschlagen, etw verweigern
II. *vpr* **se ~ contre** [*o* **devant**] **qc** sich gegen etw sträuben [*o* auflehnen]

régime¹ [ʀeʒim] *m* ❶ *(système)* [politisches] System; *(système oppressif)* Regime *nt;* **~ capitaliste** kapitalistisches [Wirtschafts]system; **~ constitutionnel** Verfassung *f*, Verfassungsordnung *f;* **~ présidentiel** Präsidialsystem; **~ de terreur** Terrorregime; **opposants au ~** Regimegegner *Pl;* **l'Ancien Régime** HIST das Ancien Régime, der Französische Absolutismus
❷ ADMIN *(réglementation)* **~ conventionnel** vertragliche Regelung; **~ douanier** Zollsystem *nt*, Zollrecht *nt;* **~ sanitaire** Hygienewesen *nt*, Hygienemaßnahmen *Pl;* **~ de retraite complémentaire sans cotisation du salarié** Pensionszusage *f* ohne Arbeitnehmerbeteiligung; **~ de retraite d'entreprise** Betriebsaltersversorgung *f*
❸ MED Diät *f;* **~ de fruits** Obstdiät; **~ diététique** Diät; **~ lacté** Milchdiät; **~ sec** Alkoholverbot *nt;* **il est au ~ sec** bei ihm ist Alkoholentzug angesagt; **~ végétarien** vegetarische Ernährung [*o* Ernährungsweise]; **être au ~** eine Diät machen, Diät leben; **mettre qn/se mettre au ~** jdn auf Diät setzen/eine Diät machen, jdm eine Diät verordnen/sich eine Diät verordnen
❹ TECH Drehzahl *f;* AUT [Motor]drehzahl; **~ nominal** Nenndrehzahl; **~ au point mort** Leerlaufdrehzahl; **rouler à faible ~** niedertourig fahren
❺ GEOG, METEO *d'un fleuve* Wasserführung *f;* **le ~ des précipitations** die Niederschlagsmenge und -verteilung, die Niederschlagsverhältnisse *Pl*
❻ GRAM Objekt *nt*
  ▸ **~ de croisière** Betriebsdrehzahl *f;* **atteindre son ~ de croisière** *fig* auf vollen Touren laufen *(fam)*; **vivre/se marier sous le ~ de la séparation des biens** in Gütertrennung leben/eine Ehe mit Gütertrennung eingehen; **~ draconien** Gewaltkur *f (fam)*; **~ matrimonial** Güterstand *m;* **~ matrimonial légal/convenu** gesetzlicher/vereinbarter Güterstand; **à plein ~** [*o* **tourner**] **à plein ~** *machine, entreprise:* auf Hochtouren laufen; **travailler à plein/moindre ~** *personne:* mit vollem/verminderten Einsatz arbeiten; **à ce ~** bei diesem Tempo
  ▸ **~ du commerce** Handelsordnung *f;* **~ du marché financier** Kapitalmarktrecht *nt;* **~ de paiement** Zahlungssystem *nt;* **~ des prestations** JUR Leistungsordnung *f;* **~ de la propriété** Eigentumsordnung *f;* **~ de responsabilité** JUR Haftungssystem *nt;* **~ des transports** Frachtrecht *nt;* **~ des transports aériens** Luftfrachtrecht; **~ des transports sur terre** Landfrachtrecht

régime² [ʀeʒim] *m* BOT **~ de bananes** Fruchtstand *m* der Bananen *(Gen);* **~ de dattes** Dattelrispe *f*

régiment [ʀeʒimɑ̃] *m* ❶ *(troupe)* Truppe *f;* MIL Regiment *nt;* **~ de cavalerie** Kavallerieregiment; **~ de chars** Panzerregiment; **aller au ~** *fam* zum Bund gehen *(fam)*; **être au ~** *fam* beim Bund sein *(fam)*
❷ *fam (service militaire)* Militärdienst *m*, Wehrdienst *m*
❸ *(quantité)* Unmenge *f;* **avoir un ~ de cousins** ein ganzes Heer von Vettern haben; **il y en a pour tout un ~** *fam* das reicht ja für eine ganze Kompanie *(fam)*

région [ʀeʒjɔ̃] *f* ❶ *(contrée)* Gegend *f;* **~ agricole** landwirtschaftliche Region, landwirtschaftliches Gebiet; **~ côtière** Küstenbereich *m;* **~ culturelle** Kulturraum *m;* **~ équatoriale** Äquatorgebiet *nt;* **~ est** Ostgebiet; **~ frontalière** Grenzgebiet; **~ industrielle** Industriegebiet, Industrierevier *nt;* **~ naturelle** natürlicher Lebensraum *m;* **~ parisienne** Einzugsgebiet von Paris; **~ pétrolière** Erdölgebiet; **~ polaire** Polargebiet
❷ ADMIN Region *f;* MIL militärischer Verwaltungsbezirk, ≈ Wehrbereich *m;* **~ aérienne** Luftwehrbereich
❸ ANAT Bereich *m;* **~ du cœur** Herzgegend *f;* **~ lombaire** Lendengegend *f*, Bereich der Lenden[wirbelsäule]; **~ plantaire** Fußsohle *f;* **~ rénale** Nierengegend *f;* **~ rhinopharyngée** Nasenrachenraum *m*

régional(e) [ʀeʒjɔnal, o] <-aux> **I.** *adj* ❶ *(relatif à une région)* regional; *mot* regional, landschaftlich; **langue ~e** Regionalsprache *f*, Regiolekt *m (Fachspr.)*
❷ ADMIN *préfet* der Region *(Gen)*
❸ LING *(usité en Allemagne et non en Suisse ou en Autriche) dialecte, langue* binnendeutsch
II. *fpl* **les ~es** die Regionalwahlen

régionalisation [ʀeʒjɔnalizasjɔ̃] *f* Regionalisierung *f*

régionaliser [ʀeʒjɔnalize] <1> *vt* regionalisieren *financement, pays;* auf die Regionen verteilen *budget;* **être régionalisé(e)** *investissements:* regionalisiert [*o* dezentralisiert] sein

régionalisme [ʀeʒjɔnalism] *m* ADMIN, POL, LITTER, LING Regionalismus *m*

régionaliste [ʀeʒjɔnalist] **I.** *adj* regionalistisch, lokalpatriotisch *(pej);* **art ~** Regionalkunst *f*
II. *mf* Regionalist(in) *m(f)*

régir [ʀeʒiʀ] <8> *vt* ❶ bestimmen; *protocole, règle:* regeln; *(gouverner)* bestimmen [über + *Akk*]; verwalten *biens;* lenken *besoins;* **être régi(e) par qn/qc** durch jdn/etw geregelt werden; *manifestation:* von jdm ausgerichtet werden
❷ GRAM, LING stehen mit, regieren *(Fachspr.)*

régisseur, -euse [ʀeʒisœʀ, -øz] *m, f* ❶ CINE, TV Aufnahmeleiter(in) *m(f)*, Regieassistent(in) *m(f);* THEAT Inspizient(in) *m(f);* **~ de plateau** Aufnahmeleiter
❷ JUR Verwalter(in) *m(f)*

registre [ʀəʒistʀ] *m* ❶ Schreibheft *nt;* **~ des absences** Anwesenheitsliste *f;* **tenir un ~ de qc** über etw *(Akk)* Buch führen
❷ JUR, ECON Eintragungsbuch *nt;* **~s auxiliaires** Nebenbücher *Pl;* **~ central** Zentralregister *nt;* **~ comptable** Rechnungsbuch; **~ maritime** Schiffsregister; **~ matrimonial** Güterrechtsregister; **~ mortuaire** Sterberegister, Sterbebuch; **~ paroissial** Kirchenbuch, Kirchenregister; **~ d'état civil** Personenstandsregister, Personenstandsbuch *nt;* **~ des pactes de réserve de propriété** Eigentumsvorbehaltsregister
❸ MUS Register *nt;* **changer de ~** einen anderen Ton anschlagen
❹ INFORM Register *nt;* **~ informatique** Computerregister
❺ *(style)* Tonfall *m*, Ton *m*
  ▸ **~ de connaissances** breites Spektrum von Kenntnissen
  ▸ **~ des actionnaires** Aktionärsbuch *nt*, Aktionärsverzeichnis *nt;* **~ d'adresses** INFORM Adressbuch *nt;* **~ des associations** Vereinsregister *nt;* **~ des avocats** Anwaltsverzeichnis *nt;* **~ des brevets** Patentregister *nt;* **~ des classes** JUR Klassenverzeichnis *nt;* **~ du commerce** ECON Gesellschaftsregister *nt;* **~ du commerce et des sociétés** Handelsregister; **~s de comptabilité** [Haupt]bücher *Pl;* **~ de culture** Zuchtbuch *nt;* **~ des dessins et modèles** JUR Gebrauchsmusterrolle *f;* **~ des effets** Wechselbuch *nt;* **~ d'élevage** Zuchtbuch *nt;* **~ des ententes** Kartellregister *nt;* **~ d'hôtel** Gästebuch *nt*, Melderegister *nt (form);* **~ d'index** INFORM Indexregister *m;* **~ d'inscription** Eintragungsbuch *nt;* **~ des sociétés** JUR Gesellschaftsregister *nt*

réglable [ʀeglabl] *adj* **bretelles, siège** verstellbar; **lumière** regulierbar

réglage [ʀeglaʒ] *m* ❶ *(mise au point) d'un moteur* Einstellung *f; d'une montre* Regulierung *f*, Steuersystem *f;* **~ fin** [*o* **précis**] Feineinstellung *f;* **~ grossier** [*o* **approximatif**] Grobeinstellung; **~ minutieux** Feinabstimmung *f;* **~ du moteur/des soupapes/de l'allumage** Motor-/Ventil-/Zündeinstellung *f;* **~ en hauteur** Höhenverstellung *f;* **~ du siège** Sitzverstellung *f;* **système de ~** Regelsystem *nt*
❷ *(tracé) d'un papier* Linierung *f*
❸ INFORM Einstellung *f;* **~ de base** Grundeinstellung

règle [ʀɛgl] *f* ❶ Regel *f;* **échapper à la ~** eine Ausnahme [von der Regel] sein [*o* darstellen]; **être en ~** *affaire:* in Ordnung sein; *passeport:* in Ordnung sein, gültig sein; **être en ~ avec la loi** nicht gegen das Gesetz verstoßen, sich nicht strafbar machen; **une dispute en ~** ein regelrechter Streit; *iron* ein Streit, wie es sich gehört; **un vote en ~** eine ordnungsgemäße Abstimmung; **se mettre en ~ avec qn** seine Angelegenheiten mit jdm in Ordnung [*o* ins Reine] bringen; **se mettre en ~ avec sa conscience** mit seinem Gewissen ins Reine kommen; **se faire une ~ de faire qc** es sich *(Dat)* zur Regel machen etw zu tun; **en ~ générale** in der Regel, im Allgemeinen; **avoir pour ~ de faire qc** es sich *(Dat)* zur Regel gemacht haben, etw zu tun
❷ *pl (code, réglementation) de la morale, la politesse* Regeln *Pl*, Grundsätze *Pl;* **~s de la bienséance** Anstandsregeln; **~s de l'honneur** Ehrenkodex *m;* **absence de ~s** Regellosigkeit *f;* **adopter des ~s de conduite** sich nach [bestimmten] Regeln richten, sich Regeln unterwerfen; **faire partie des ~s du métier** zum Beruf gehören; **qc fait partie des ~s de la politesse** die Höflichkeit verlangt etw; **dans les ~s** nach allen Regeln der Kunst, regelgerecht; *(selon les règles)* nach Vorschrift, vorschriftsmäßig; **se faire battre dans les ~s** sich nach Strich und Faden verprügeln lassen; **selon les ~s** nach Vorschrift, vorschriftsmäßig; **la tarte flambée se sert selon les ~s sur une planche** man serviert den Flammkuchen stilgerecht auf einem Holzbrett
❸ JEUX *[Spiel]*regel *f*
❹ ADMIN, JUR Regel *f*, Vorschrift *f;* **~s commerciales** Handelsvor-

schriften; ~ **relative à l'aide juridique** Rechtshilfeordnung *f;* ~ **s relatives au contrôle des prix** Preisrecht *nt;* ~ **relative aux remises sur les prix** Rabattrecht; ~ **d'attribution de postes** [*o* **de mandats**] **par fixation de quotas** Quotenregelung *f;* ~ **s de comptabilité générale pour l'établissement des bilans** Bilanzierungsvorschriften; **ensemble des ~s de procédure civile** Zivilprozessordnung

⑤ REL [Ordens]regel
⑥ *(instrument) (plate)* Lineal *nt; (graduée)* Meterstab *m*
⑦ *pl (menstruation)* Regel *f,* Periode *f,* Tage *Pl (fam)*
▶ **dans les ~s de l'art** regelrecht, nach allen Regeln der Kunst; ~ **d'or** goldene Regel; **être de ~** üblich sein; **état d'esprit:** an der Tagesordnung sein; **être de ~ que** üblich sein, dass
◆ ~ **à calcul** Rechenschieber *m*
◆ ~ **de l'avantage** SPORT Vorteilsregel *f,* Vorteil *m;* **~s de la concurrence** Wettbewerbsregeln *Pl;* ~ **de conduite** Verhaltensregel *f,* Verhaltensnorm *f;* ~ **d'hygiène** Hygienevorschrift *f;* ~ **du jeu** Spielregel *f;* **~s de loyauté** JUR Lauterkeitsregeln *Pl;* ~ **de procédure** JUR Verfahrensnorm *f,* Verfahrensvorschrift *f;* **~s de procédure et de forme** Verfahrens- und Formvorschriften; ~ **de trois** Dreisatz *m*

réglé(e) [ʀegle] *adj* ① *vie* geregelt
② ANAT **être ~(e)** *femme:* die Regel [*o* Periode] haben; **être mal ~(e)** eine unregelmäßige Periode haben

règlement [ʀɛgləmɑ̃] *m* ① *(discipline)* Vorschriften *Pl,* Reglement *nt,* Regulativ *nt (geh);* ~ **intérieur** *(d'une entreprise)* Betriebsordnung *f; (d'une organisation, assemblée)* Geschäftsordnung *f; (d'une école)* Schulordnung *f;* **comportement contraire aux ~s de police** polizeiwidriges Verhalten; **se comporter contrairement aux ~s de police** sich polizeiwidrig verhalten
② *(solution) d'une affaire* Regelung *f; d'un différend* Beilegung *f,* Schlichtung *f; d'un problème, d'une question* Klärung *f,* Lösung *f*
③ *(paiement)* Zahlung, Bezahlung *f;* **faire un ~ par chèque/en espèces** mit Scheck/[in] bar bezahlen
④ JUR, FIN, ECON ~ **judiciaire** Vergleichsverfahren *nt;* ~ **relatif aux prix** Preisverordnung *f;* ~ **se référant à la responsabilité civile** Haftungsordnung *f;* ~ **à l'amiable** gütliche Beilegung; ~ **d'administration publique sur la tenue du registre du commerce** Handelsregisterverfügung *f;* ~ **de l'obligation de supporter les risques** Gefahrtragungsregeln *Pl;* **~s pour l'établissement d'un bilan** Bilanzierungsregeln; ~ **sur les limites maximales de résidus** Höchstmengenverordnung *f*
◆ ~ **d'adaptation** JUR Anpassungsverordnung *f;* ~ **d'aisance** Kulanzzahlung *f;* **~s d'application** Durchführungsvorschriften *Pl;* ~ **de blanc-seing** JUR Blankettvorschrift *f;* ~ **de blocage des prix** Preisstoppverordnung *f;* ~ **de cartel** Kartellverordnung *f;* ~ **de comptes** Abrechnung *f; (acte de vengeance)* Vergeltungsakt *m;* **avoir un ~ de comptes avec qn** mit jdm abrechnen; ~ **des comptes** Kontenabrechnung *f;* ~ **du conflit** Konfliktlösung *f,* Beilegung *f* des Konflikts; ~ **de construction** Bauträgerverordnung *f;* ~ **du dommage** Schadensregulierung *f;* ~ **d'exécution** Ausführungsverordnung *f;* ~ **des faillites** Konkursordnung *f;* ~ **du fret** Frachtenausgleich *m;* ~ **des licenciements** Kündigungsbestimmung *f;* ~ **du lieu de situation** JUR Belegenheitsstatut *m (Fachspr.);* ~ **du litige** Beilegung *f* der Rechtsstreitigkeiten; ~ **du marché** Marktordnung *f;* ~ **du marché des céréales** Getreidemarktordnung *f;* ~ **de pêche** Fischereirecht *nt;* ~ **de police** Polizeiverordnung *f;* ~ **du sinistre** Schadensabwicklung *f;* ~ **de transition** Überbrückungsregelung *f;* ~ **d'usage** JUR Gebrauchsregelung *f;* ~ **par chèque** FIN Scheckverfahren *nt*

réglementaire [ʀɛgləmɑ̃tɛʀ] *adj* ① *taille, tenue, uniforme* vorschriftsmäßig; **ce n'est pas très ~** das verstößt eigentlich gegen die Vorschrift
② JUR *dispositions, procédure* durch Verordnung [gesetzlich] geregelt; *pouvoir, compétence* Verordnungs-; *délai, temps* vorgeschrieben; **exécuter qc de manière ~** etw ordnungsgemäß erledigen

réglementairement [ʀɛgləmɑ̃tɛʀmɑ̃] *adv* vorschriftsmäßig, den Vorschriften entsprechend; **être fixé(e) ~** durch eine Vorschrift festgelegt werden

réglementation [ʀɛgləmɑ̃tasjɔ̃] *f* ① *(ensemble de prescription)* [gesetzliche] Bestimmungen *Pl,* [gesetzliche] Vorschriften *Pl;* ~ **du code de la route** Straßenverkehrsordnung *f;* ~ **internationale concernant la circulation maritime** Seestraßenordnung; ~ **du commerce** Handelsbestimmungen; ~ **douanière** Zollrecht *nt;* **~s publicitaires** Werbebestimmungen; ~ **en matière de crédit** Kreditvorschriften; ~ **en matière d'exportation** Exportbestimmungen *Pl;* ~ **concernant les gaz d'échappement** Abgasvorschriften; **~s relatives à la prévention des accidents** Unfallverhütungsvorschriften; ~ **relative au remboursement** Erstattungsregelung *f (Fachspr.);* ~ **relative aux transactions** Vergleichsordnung *f (Fachspr.);* ~ **transitoire** Übergangsregelung *f;* ~ **de la procédure douanière** Zollverfahrensrecht
② *(fixation) des taux de change, loyers, salaires* [gesetzliche] Festset-

zung, [gesetzliche] Regelung; ~ **quantitative** Mengenvorgabe *f*
◆ ~ **du commerce** Wirtschaftsrecht *nt;* ~ **du commerce extérieur** Außenwirtschaftsrecht; ~ **des devises** Devisenreglementierung *f;* ~ **de l'exportation** Exportregelung *f;* ~ **des frais** Kostenregelung *f;* ~ **des importations** Einfuhrregelung *f;* ~ **des licences** Lizenzregelung *f;* ~ **du marché** Marktordnung *f;* ~ **du marché agricole** Agrarmarktordnung; ~ **de préretraite** Vorruhestandsregelung *f;* ~ **des prix** Preisregelung *f;* ~ **sur les devises** Devisenregelung *f*

réglementer [ʀɛgləmɑ̃te] <1> I. *vt* gesetzlich regeln, reglementieren; ~ **qc par voie légale** etw gesetzlich regeln
II. *vi* Verordnungen erlassen, reglementieren *(pej)*

régler [ʀegle] <5> I. *vt* ① *(résoudre)* regeln; klären *problème, question;* beilegen, schlichten, bereinigen *conflit, différend;* ~ **qc à l'amiable** etw gütlich regeln; ~ **qc par voie contractuelle** etw vertraglich regeln; **c'est une affaire réglée** die Sache ist erledigt
② *(payer)* bezahlen
③ *(réguler)* einstellen, regulieren; regeln *circulation;* stellen *montre;* ~ **le tir** sich einschießen; ~ **le thermostat à 22°** den Thermostat auf 22° einstellen
④ *(fixer)* festlegen, festsetzen *modalités, programme;* **son sort est déjà réglé** sein/ihr Schicksal ist schon besiegelt
⑤ *(conformer à)* ~ **la journée sur qn/qc** den Tag nach jdm/etw richten
II. *vi* zahlen
III. *vpr* ① *(suivre)* **se ~ sur qn/qc** sich nach jdm/etw richten
② *(se résoudre)* **se ~** *affaire, question:* sich regeln lassen, sich klären; *conflit, différent:* sich beilegen [*o* schlichten] lassen, beigelegt [*o* geschlichtet] werden
③ *(être mis au point)* **se ~** sich einstellen lassen

règles [ʀɛgl] *fpl* Regel *f,* Periode *f,* Tage *Pl (fam);* **avoir ses ~** seine Regel [*o* Periode] haben [*o* Tage *fam*]

réglette [ʀeglɛt] *f* kleines Lineal

réglisse [ʀeglis] I. *f (plante)* Süßholz *nt*
II. *m o f (bonbon)* Lakritzebonbon *m; (bâton)* Lakritze *f*

réglo [ʀeglo] *adj fam* korrekt; **c'est ~!** das ist o.k.! *(fam);* **c'est un type ~!** der Typ ist o.k. *(fam)*

régnant(e) [ʀeɲɑ̃, ɑ̃t] *adj* ① *prince* regierend; *famille* herrschend; **la maison ~e** das Herrscherhaus
② *(en cours)* [derzeit] vorherrschend; *morale* herrschend

règne [ʀɛɲ] *m* ① *(souveraineté) d'un régime* Herrschaft *f; d'un roi, souverain* Herrschaft, Regentschaft *f;* **que ton ~ vienne!** dein Reich komme!; **sous le ~ de qn** unter jds Herrschaft *(Dat)*
② *(influence prédominante)* Herrschaft *f;* **c'est le ~ de qc** hier regiert etw
③ BOT, ZOOL Welt *f,* Reich *nt;* ~ **de la nature** Naturreich

régner [ʀeɲe] <5> *vi* ① *prince, roi:* herrschen, regieren; ~ **sur qc** *prince, roi:* über etw *(Akk)* regieren [*o* herrschen]; **Louis XIV régna de 1643 à 1715** Ludwig XIV. regierte von 1643 bis 1715
② *(exercer son autorité)* ~ **sur qn/qc** über jdn/etw herrschen; ~ **dans la cuisine** *fam* in der Küche das Zepter schwingen *(hum)*
③ *(prédominer)* herrschen; **faire ~ la terreur** Angst und Schrecken verbreiten

regonflage [ʀ(ə)gɔ̃flaʒ] *m* Nachfüllen *nt* der Luft; *d'une chambre à air* [Wieder]aufpumpen *nt*

regonfler [ʀ(ə)gɔ̃fle] <1> I. *vt* ① *(gonfler à nouveau)* wieder aufpumpen *ballon, chambre à air; (avec la bouche)* wieder aufblasen *ballon, chambre à air;* ~ **un pneu** im Reifen Luft nachfüllen
② *fam (tonifier)* wieder aufmuntern [*o* aufmöbeln] *(fam) personne;* ~ **le moral de qn** jdm wieder Mut machen; **être regonflé(e)** [à bloc] wieder in besserer Stimmung sein
③ MED wegspritzen *rides*
II. *vi rivière:* wieder ansteigen; *partie du corps:* wieder anschwellen

regorger [ʀ(ə)gɔʀʒe] <2a> *vi (abonder) d'argent personne:* im Geld schwimmen; ~ **de personnes/choses** *marché, magasin, pièce:* vor Menschen/Dingen überquellen

régresser [ʀegʀese] <1> *vi* zurückgehen; *organe:* sich zurückbilden; *enfant:* zurückfallen

régressif, -ive [ʀegʀesif, -iv] *adj* regressiv, rückläufig

régression [ʀegʀesjɔ̃] *f* ① *(diminution) d'une douleur, épidémie* Zurückgehen *nt; d'une production, des ventes, accidents* Rückgang *m; d'une mentalité, société, histoire* rückläufige Entwicklung; ~ **de l'impôt** Steuerregression *f (Fachspr.);* ~ **intellectuelle** Rückschritt *m;* **en ~** rückläufig; **être en ~** im Rückgang begriffen sein
② PSYCH Regression *f*
③ BIO, MED Rückbildung *f*
④ GEOL ~ **marine** Zurückweichen *nt* des Meeres

regret [ʀ(ə)gʀɛ] *m* ① *(nostalgie)* le[s] ~[s] **de qc** die Sehnsucht nach etw; **se complaire dans le ~ du passé** der Vergangenheit *(Dat)* hingebungsvoll nachtrauern; ~ **éternels** in tiefer Trauer
② *(contrariété)* Bedauern *nt;* **avoir le ~ de faire qc** [es] bedauern etw zu tun; **ne pas avoir de ~s** nichts bereuen; **qn est au ~ de faire qc** jd bedauert etw tun zu müssen; **au grand ~ de qn** zu jds

größtem Bedauern; **tous mes ~s** es tut mir wirklich leid
❶ *(remords)* ~ **de qc** Bedauern *nt* einer S. *(Gen)*, Reue *f* über etw *(Akk)*; **ne manifester aucun ~** keine Reue zeigen
▶ **à ~** *partir* ungern; *accepter* widerstrebend; **allez, sans ~!** nichts für ungut!
regrettable [ʀ(ə)ʀɛtabl] *adj* bedauerlich; *(déplorable)* beklagenswürdig *(geh)*
regretter [ʀ(ə)ʀete] <1> **I.** *vt* ❶ *(se repentir de)* bereuen; **il regrette son intransigeance** er bereut seine Unnachgiebigkeit, seine Unnachgiebigkeit reut ihn *(geh)*
❷ *(déplorer)* bedauern *attitude, décision, absence*
❸ *(déplorer l'absence de)* ~ **sa jeunesse** seiner Jugend *(Dat)* nachtrauern; ~ **le pays natal** sich nach seiner Heimat sehnen; **qn regrette une personne** ein Mensch fehlt jdm; **à notre regretté collègue** unserem geschätzten Kollegen, den wir sehr vermissen
II. *vi* **je regrette** ich bedaure, es tut mir leid
regrimper [ʀ(ə)ʀɛ̃pe] <1> **I.** *vt* wieder hinaufsteigen *escalier*; wieder hinaufklettern *côte, pente*
II. *vi fièvre, prix, route*: wieder ansteigen
regrossir [ʀ(ə)ʀosiʀ] <8> *vi* wieder zunehmen
regroupement [ʀ(ə)ʀupmɑ̃] *m* Versammlung *f*, Versammeln *nt*; *de forces, personnes, sociétés* Zusammenschluss *m*; *de parcelles, terrains* Zusammenlegung *f*; ~ **familial** JUR Familienzusammenführung *f*; ~ **familial à responsabilité limitée** COM Familien-GmbH *f*
◆ ~ **de capitaux** Kapitalzusammenlegung *f*; ~ **d'entreprises** Unternehmensverbindung *f*; ~ **d'intérêts** JUR Interessenzusammenführung *f*; ~ **de possession** JUR Besitzumschichtung *f*
regrouper [ʀ(ə)ʀupe] <1> **I.** *vt* ❶ *(mettre ensemble)* zusammenlegen; vereinen *personnes*; zusammenräumen *papiers, objets*; *(réduire)* zusammenfassen *chapitres, paragraphes*; **des personnes sont regroupées autour de qn** Menschen scharen sich um jdn; **toute la famille regroupée** die ganze Familie [vereint]
❷ *(être composé de, rassembler)* vereinigen, umfassen; **cette association regroupe des experts** in diesem Verein haben sich Experten zusammengeschlossen
❸ *(réorganiser)* [neu] gruppieren *classe, élèves*; [wieder] zusammentreiben *bétail*; neu ordnen *armée, parti*
II. *vpr* **se ~ dans qc** sich in etw *(Dat)* zusammenschließen; **se ~ autour de qn** sich um jdn herum aufstellen; *(dans un but commun)* sich jdm anschließen; **regroupez-vous pour la photo** stellt euch für das Foto zusammen; **se ~ autour de/derrière qn** SPORT sich um jdn/hinter jdm gruppieren
régularisation [ʀeɡylaʀizasjɔ̃] *f* ❶ *(mise en ordre) d'une situation* Regelung *f*, Legalisierung *f*; ~ **d'un conflit** Konfliktregulierung *f*; **s'occuper de la ~ de ses papiers** seine Papiere in Ordnung bringen
❷ GEOG *d'une rivière* Regulierung *f*
❸ FIN Rechnungsabgrenzung *f*
◆ ~ **de bénéfices** Gewinnabgrenzung *f (Fachspr.)*
régulariser [ʀeɡylaʀize] <1> *vt* ❶ *(mettre en ordre)* in Ordnung bringen; regeln *acte administratif*; legalisieren *situation [de couple]*
❷ GEOG regulieren *rivière*
❸ *(payer)* regulieren *créance*
régularité [ʀeɡylaʀite] *f* ❶ *(harmonie) d'un dessin, d'une façade* Regelmäßigkeit *f*; *des traits du visage* Regelmäßigkeit, Ebenmäßigkeit *f*
❷ *(ponctualité) d'un acte, repas* Regelmäßigkeit *f*
❸ *(conformité aux règles, légalité)* Ordnungsmäßigkeit *f*, Vorschriftsmäßigkeit *f*
régulateur [ʀeɡylatœʀ] *m* ❶ *(phénomène)* Regulator *m*, Regulativ *nt*
❷ CHEMDFER Stellwerksleiter *m*
❸ *(appareil)* Regler *m*; ~ **de vitesse** Geschwindigkeitsregler *m*
régulateur, -trice [ʀeɡylatœʀ, -tʀis] *adj* regulierend; *principe* ordnend, Ordnungs-; *rôle* ausgleichend
régulation [ʀeɡylasjɔ̃] *f* ❶ Regelung *f*; ~ **d'un/du système** ECON Systemregelung
❷ BIO, MED Regulation *f*; ~ **hormonale/thermique** Hormon-/Wärmeregulierung *f*
◆ ~ **des cours** ECON Kursregulierung *f*; ~ **de niveau** AUT Niveauregulierung *f*
régulatrice [ʀeɡylatʀis] *f* ❶ *(phénomène)* Regulator *m*, Regulativ *nt*
❷ CHEMDFER Stellwerksleiterin *f*
réguler [ʀeɡyle] <1> *vt* regulieren
régulier, -ière [ʀeɡylje, -jɛʀ] *adj* ❶ *(équilibré)* regelmäßig, *vie, habitudes* geregelt; *humeur* gleichbleibend
❷ *(constant)* regelmäßig; *effort* stet *(geh)*, kontinuierlich; *résultats, vitesse* gleich bleibend; *vent* konstant
❸ *(à périodicité fixe)* regelmäßig; *avion, train, ligne* [fahr]planmäßig, plangemäß, planmäßig; *rencontres, consultations* turnusmäßig; **vol ~** Linienflug *m*; **correspondance régulière** regelmäßige Verkehrsverbindung; **manger à des heures régulières** seine Mahlzeiten zu festen Zeiten einnehmen
❹ *(ponctuel)* pünktlich
❺ *(légal)* vorschriftsmäßig; *jugement* korrekt; *gouvernement* legal; *tribunal* ordentlich; **ne pas être en situation régulière** keine gültige Aufenthaltsgenehmigung haben
❻ *(honnête) homme d'affaires, opération* korrekt; **être ~ (-ière) en/dans qc** in etw *(Dat)* korrekt sein, sich in etw *(Dat)* korrekt verhalten
❼ SPORT vorschriftsmäßig, regulär
❽ MIL regulär; **armée régulière** [reguläre] Armee
❾ GRAM, LITTER regelmäßig
❿ GEOM gleichseitig
régulièrement [ʀeɡyljɛʀmɑ̃] *adv* ❶ *(périodiquement)* regelmäßig; *avoir lieu, se rencontrer* turnusmäßig
❷ *(selon les règles)* vorschriftsmäßig
❸ *(uniformément)* gleichmäßig
régurgitation [ʀeɡyʀʒitasjɔ̃] *f* MED Wiederausspucken *nt*; ZOOL Wiederkäuen *nt*
régurgiter [ʀeɡyʀʒite] <1> *vt* ❶ MED, ZOOL *personne*: wieder von sich geben; *animal*: wiederkäuen
❷ *fig personne*: wiederkäuen *(fam)*
réhabilitation [ʀeabilitasjɔ̃] *f* ❶ *(remise en honneur)* Rehabilitierung *f*
❷ *(réinsertion)* Wiedereingliederung *f* in die Gesellschaft
❸ *(rénovation) d'un quartier* Sanierung *f*; *d'un immeuble* Instandsetzung *f*
réhabiliter [ʀeabilite] <1> **I.** *vt* ❶ JUR rehabilitieren; ~ **qn dans ses fonctions** jdn wieder in sein Amt einsetzen
❷ *(réinsérer)* rehabilitieren, wieder [in die Gesellschaft] eingliedern
❸ *(remettre à l'honneur)* rehabilitieren; ~ **la mémoire de qn** jdn nach seinem Tode [*o* nachträglich] rehabilitieren
❹ *(rénover)* sanieren
II. *vpr* **se** ~ sich rehabilitieren
réhabituer [ʀeabitɥe] <1> **I.** *vt* ~ **un enfant à qn/qc** *personne*: ein Kind wieder an jdn/etw gewöhnen; ~ **un élève à faire qc** einen Schüler wieder daran gewöhnen etw zu tun
II. *vpr* **se ~ à qn/qc** sich wieder an jdn/etw gewöhnen; **se ~ à faire qc** sich wieder daran gewöhnen etw zu tun
rehaussement [ʀəosmɑ̃] *m* ❶ *d'une clôture, muraille* Erhöhen *nt*; *d'un immeuble, édifice* Aufstocken *nt*
❷ *(majoration) d'un forfait fiscal, impôt* Anheben *nt*; *d'une monnaie* Aufwertung *f*
rehausser [ʀəose] <1> *vt* ❶ *(surélever)* höher machen *(fam) clôture*; aufstocken *édifice, immeuble*; anheben, erhöhen *plancher, plafond*
❷ *(majorer)* anheben *forfait fiscal, impôt*; aufwerten *monnaies*
❸ *(mettre en valeur)* unterstreichen, hervorheben; erhöhen, steigern *mérite, prestige, réputation*; ~ **une chemise de dentelle** eine Bluse mit Spitzen verzieren; ~ **un avocat aux yeux de qn** einen Anwalt in jds Ansehen *(Dat)* steigen lassen
réhydrater [ʀeidʀate] <1> *vt* ~ **la peau** der Haut *(Dat)* wieder Feuchtigkeit geben; ~ **l'organisme** dem Organismus wieder Feuchtigkeit zuführen
réimplantation [ʀeɛ̃plɑ̃tasjɔ̃] *f d'une industrie, population* Wiederansiedlung *f*; *d'une dent, d'un organe* Reimplantation *f*, Wiedereinpflanzung *f*
réimplanter [ʀeɛ̃plɑ̃te] <1> **I.** *vt* wieder ansiedeln *industrie*; wieder einpflanzen *dent, organe*
II. *vpr* **se ~ dans la vallée** *industrie*: sich wieder im Tal ansiedeln
réimportation [ʀeɛ̃pɔʀtasjɔ̃] *f* Wiedereinfuhr *f*, Reimport *m*
réimporter [ʀeɛ̃pɔʀte] <1> *vt* wieder einführen, reimportieren
réimposer [ʀeɛ̃poze] <1> *vt* neu veranlagen
réimposition [ʀeɛ̃pozisjɔ̃] *f* Neuveranlagung *f*
réimpression [ʀeɛ̃pʀesjɔ̃] *f* Neudruck *m*, Nachdruck *m*; **être en ~** nachgedruckt werden
réimprimer [ʀeɛ̃pʀime] <1> *vt* neu drucken, nachdrucken
rein [ʀɛ̃] *m* ❶ Niere *f*; ~ **en fer à cheval** Hufeisenniere *f*; **cancer des ~s** Nierenkrebs *m*
❷ *pl (bas du dos)* Kreuz *nt*; **avoir mal aux ~s** Kreuzschmerzen haben
▶ **donner un coup de ~** *fam* einen neuen Anlauf nehmen *m*; **sonder les ~s et les cœurs** Hellseher sein; **avoir les ~s solides** *fam (avoir une position très forte)* einflussreich [*o* mächtig] sein; *(financièrement)* zahlungskräftig sein; **briser** [*o* **casser**] **les ~s à qn** *(briser sa carrière)* jdm das Genick brechen *(fam)*
réincarcérer [ʀeɛ̃kaʀseʀe] <5> *vt* wieder [*o* erneut] inhaftieren
réincarnation [ʀeɛ̃kaʀnasjɔ̃] *f* Wiedergeburt *f*, Reinkarnation *f*; **la ~ de qn** *(portrait)* jds Ebenbild *nt*; *(personnification)* jds Verkörperung *f*
réincarner [ʀeɛ̃kaʀne] <1> *vpr* REL **se ~ dans qc** *âme*: in etw *(Dat)* wiedergeboren werden
réincorporer [ʀeɛ̃kɔʀpɔʀe] <1> *vt* ADMIN, MIL ~ **qn dans un régiment** jdn wieder in eine Truppe eingliedern; ~ **qn dans une fonc-**

tion jdn wieder in ein Amt einsetzen
réindustrialiser [ʀeɛ̃dystʀijalize] <1> vt wieder industrialisieren, reindustrialisieren
reine [ʀɛn] f ❶ Königin f; ~ **mère** Königinmutter f
  ❷ (celle qui domine) ~ **du bal** Ballkönigin f; **être la ~ des idiotes** eine Vollidiotin sein (fam); **elle est la ~ de mes pensées** sie beherrscht meine Gedanken
  ❸ ZOOL ~ **des abeilles/fourmis** Bienen-/Ameisenkönigin f
  ❹ ECHECS, CARTES Dame f
  ◆ ~ **de beauté** Schönheitskönigin f
reine-claude [ʀɛnklod] <reines-claudes> f Reineclaude f, Reneklode **reine-marguerite** [ʀɛnmaʀɡəʀit] <reines-marguerites> f Gartenaster f
reinette [ʀɛnɛt] f Renette f
réinfecter [ʀeɛ̃fɛkte] <1> I. vt wieder infizieren
  II. vpr **se ~** blessure, plaie: sich wieder infizieren
réinfection [ʀeɛ̃fɛksjɔ̃] f erneute Infektion
réinjecter [ʀeɛ̃ʒɛkte] <1> vt ~ **des capitaux dans une entreprise** einem Unternehmen wieder neues Kapital zuführen
réinscription [ʀeɛ̃skʀipsjɔ̃] f ❶ (à l'université) Rückmeldung f
  ❷ (fait d'adhérer une nouvelle fois) Neueintritt m
réinscrire [ʀeɛ̃skʀiʀ] <irr> I. vt ❶ (mettre à nouveau sur une liste) [faire] ~ **qn/qc sur une liste** jdn/etw wieder auf eine Liste setzen; [faire] ~ **qn dans une nouvelle école** jdn in einer neuen Schule anmelden
  ❷ (réécrire) ~ **qc sur un papier** etw noch einmal aufschreiben; ~ **qc sur une liste** etw noch einmal in eine Liste eintragen
  II. vpr **se** [faire] ~ **sur une liste** sich wieder auf eine Liste setzen lassen; **se** [faire] ~ **à l'université** sich wieder an der Universität einschreiben, sich [an der Universität] zurückmelden
réinsérer [ʀeɛ̃seʀe] <5> I. vt ~ **un joueur dans qc** einen Spieler wieder in etw (Akk) eingliedern; ~ **un élément dans qc** ein Element wieder in etw (Akk) einfügen
  II. vpr **se ~ dans qc** sich wieder in etw (Akk) eingliedern
réinsertion [ʀeɛ̃sɛʀsjɔ̃] f d'un chômeur Wiedereingliederung f; d'un délinquant Wiedereingliederung, Resozialisierung f; d'un malade Wiedereingliederung, Rehabilitation f; ~ **professionnelle** berufliche Wiedereingliederung
réinstallation [ʀeɛ̃stalasjɔ̃] f (dans une région) Neuansiedlung f; (dans un bâtiment) Neuunterbringung f
réinstaller [ʀeɛ̃stale] <1> I. vt **faire ~ qc** wieder installieren lassen; ~ **qn dans un appartement** jdn wieder in einer Wohnung unterbringen; ~ **qn dans une fonction** jdn wieder in ein Amt einsetzen
  II. vpr **se ~** sich wieder niederlassen
réintégrable [ʀeɛ̃teɡʀabl] adj JUR wiedererlangbar
réintégration [ʀeɛ̃teɡʀasjɔ̃] f ❶ d'un fonctionnaire, ouvrier Wiedereingliederung f, Wiedereinstellung f; ~ **dans ses fonctions** Wiedereinsetzung f in sein Amt; ~ **dans la nationalité** Wiedereinbürgerung f
  ❷ JUR Wiedererlangung f
réintégrer [ʀeɛ̃teɡʀe] <5> vt ❶ (revenir dans) ~ **une place** an einen Platz zurückkehren; ~ **sa cellule/maison** in seine Zelle/sein Haus zurückkehren; ~ **son lit** fleuve: wieder in seinem Flussbett fließen
  ❷ (rétablir) ~ **qn dans un groupe** jdn wieder in eine Gruppe aufnehmen; ~ **qn dans la société** jdn wieder in die Gesellschaft eingliedern [o integrieren]; ~ **qn dans ses droits** jdn wieder in seine Rechte einsetzen; ~ **qn dans les rangs de l'armée** jdn wieder in die Armee aufnehmen; ~ **qn dans un poste** jdn wieder einstellen; ~ **qn dans sa nationalité** jdn wieder einbürgern
réinterpréter [ʀeɛ̃tɛʀpʀete] <5> vt neu interpretieren
réintroduire [ʀeɛ̃tʀɔdɥiʀ] <irr> I. vt ~ **qn/qc dans un jeu** jdn/etw wieder in ein Spiel einführen; ~ **une phrase dans un texte** einen Satz wieder in einen Text einfügen
  II. vpr **se ~ dans un groupe** sich (Dat) wieder Zutritt zu einer Gruppe verschaffen
réinventer [ʀeɛ̃vɑ̃te] <1> vt wieder neu erfinden monde; wieder neu entdecken solidarité, partage, relations
réinvestir [ʀeɛ̃vɛstiʀ] <8> vt FIN reinvestieren; ~ **de l'argent dans qc** wieder Geld in etw (Akk) investieren
réinvestissement [ʀeɛ̃vɛstismɑ̃] m FIN Wiederanlage f, Reinvestition f
réinviter [ʀeɛ̃vite] <1> vt wieder einladen
réitération [ʀeiteʀasjɔ̃] f littér Wiederholung f
réitérer [ʀeiteʀe] <5> vt wiederholen; **être réitéré(e)** demande, efforts: wiederholt sein
rejaillir [ʀ(ə)ʒajiʀ] <8> vi ❶ (retomber) ~ **sur qn/qc** honte, faute: auf jdn/etw zurückfallen; bienfait, gloire, renommée: sich [positiv] auf jdn/etw auswirken
  ❷ (jaillir avec force) boue, liquide: aufspritzen; lumière: zurückstrahlen
rejaillissement [ʀ(ə)ʒajismɑ̃] m ❶ (retombée) d'un acte, événement, d'une faute Auswirkung f
  ❷ (éclaboussure) Hochspritzen nt, Aufspritzen nt
rejet [ʀ(ə)ʒɛ] m ❶ a. JUR (refus) Ablehnung f; ~ **d'une action/d'une demande** Prozessabweisung f; ~ **de la demande de brevet** Patentversagung f
  ❷ MED d'une greffe, d'un organe Abstoßung f; **réaction de ~** Abstoßreaktion f
  ❸ pl (déchets) Absonderungen Pl; (de liquide) Abwässer Pl
  ❹ AGR Schössling m, neuer Trieb
  ❺ GRAM d'un verbe Zurückstellen nt [ans Satzende]; POES Zeilensprung m
rejetable [ʀəʒtabl] adj projet, proposition zurückzuweisen, nicht annehmbar
rejeter [ʀ(ə)ʒəte, ʀəʒ(ə)te] <3> I. vt ❶ a. JUR (refuser) zurückweisen, ablehnen; verwerfen hypothèse; nicht anerkennen circonstances atténuantes; **être rejeté(e)** verstoßen sein/werden; (exclu d'une communauté) ausgeschlossen sein/werden; ~ **le pourvoi en cassation** die Revision verwerfen [o zurückweisen]; ~ **une demande** commission: einen Antrag ablehnen [o bachab schicken CH]
  ❷ (évacuer) abgeben déchets; spülen épaves; wieder ausspucken nourriture; **la neige est rejetée à travers la cheminée du chasse-neige à fraise** der Schnee wird über den Kamin der Schneefräse wegbefördert
  ❸ (se décharger de) ~ **une responsabilité sur qn/qc** die Verantwortung auf jdn abwälzen; ~ **une faute sur qn/qc** jdm/etw die Schuld zuschieben
  ❹ (repousser) zurückwerfen tête; nach hinten ziehen épaules; ausstoßen terre
  ❺ GRAM ~ **le sujet après le verbe** das Subjekt hinter das Verb stellen
  ❻ (relancer) zurückwerfen balle, objet
  ❼ AGR austreiben nouvelles pousses
  II. vpr ❶ fam (se rabattre) **se ~ sur qc** mit etw vorliebnehmen
  ❷ (se jeter à nouveau) **se ~ à l'eau** sich wieder ins Wasser stürzen; **se ~ sur qn** sich wieder auf jdn stürzen
  ❸ (faire un mouvement du corps) **se ~ en arrière** einen Satz nach hinten machen
  ❹ (s'accuser) **se ~ la faute l'un sur l'autre** sich gegenseitig die Schuld zuschieben
rejeton [ʀəʒ(ə)tɔ̃, ʀ(ə)ʒətɔ̃] m ❶ AGR (pousse) Schössling m, Ableger m
  ❷ fam (descendant) Sprössling m (hum fam), Spross m (geh)
rejoindre [ʀ(ə)ʒwɛ̃dʀ] <irr> I. vt ❶ (regagner) wieder einnehmen poste; treffen personne; ~ **son domicile** nach Hause zurückkehren; ~ **un lieu** an einen Ort zurückkehren; ~ **le régiment** zum Regiment zurückkehren
  ❷ (déboucher) ~ **une route** auf eine Straße treffen
  ❸ (rattraper) einholen personne; **vas-y, je te rejoins** geh schon [voraus], ich komme nach
  ❹ (se rapprocher de) ~ **qn dans un point** in einem Punkt mit jdm übereinstimmen; ~ **un parti** sich einer Partei anschließen
  II. vpr **se ~** ❶ (être d'accord) idées, points de vue: übereinstimmen; personnes: sich einig sein, miteinander übereinstimmen
  ❷ (se réunir) personnes: sich treffen; choses: zusammenlaufen, aufeinandertreffen; fleuves, rivières: zusammenfließen
rejouer [ʀ(ə)ʒwe] <1> I. vt (à nouveau) wieder spielen match, morceau de musique, pièce; (encore une fois) noch einmal spielen match, morceau de musique, pièce; noch einmal ausspielen carte
  II. vi wieder spielen
réjoui(e) [ʀeʒwi] adj fröhlich, vergnügt
réjouir [ʀeʒwiʀ] <8> I. vt ~ **qn/qc** jdn/etw erfreuen; **tu ne me réjouis guère en me disant que qn a fait qc** du machst mir nicht gerade eine Freude, wenn du mir sagst, dass jd etw getan hat
  II. vpr **se ~ de qc** sich über etw (Akk) freuen; (à l'avance) sich auf etw (Akk) freuen; **se ~ de faire qc** sich [darüber] freuen etw zu tun; (à l'avance) sich darauf freuen etw zu tun; **se ~ à l'idée de...** sich bei dem Gedanken freuen, dass ...
réjouissance [ʀeʒwisɑ̃s] f ❶ (divertissement, joie) Freude f
  ❷ pl (festivités) Festlichkeiten Pl; hum Festivitäten Pl; ~**s populaires** Volksfeste Pl
réjouissant(e) [ʀeʒwisɑ̃, ɑ̃t] adj erfreulich; histoire, spectacle amüsant, unterhaltsam; **c'est ~!** iron das kann ja heiter werden! (iron fam)
rejuger [ʀəʒyʒe] <2a> vt neu verhandeln affaire; ~ **un accusé** erneut über einen Angeklagten urteilen
relâche [ʀəlɑʃ] f ❶ (répit) [Ruhe]pause f; (dans le travail) Unterbrechung f; **un moment de ~** ein Moment Ruhe; **sans ~** poursuivre, combattre unermüdlich; travailler, harceler pausenlos
  ❷ THEAT **jour de ~** vorstellungsfreier Tag; **afficher** [o **faire**] ~ keine Vorstellung geben
  ❸ NAUT Hafen, der angelaufen wird; **faire ~** anlegen; **faire ~ dans un port** einen Hafen anlaufen

relâché(e) [ʀ(ə)laʃe] *adj autorité, discipline* lax; *conduite* ungehobelt; *mœurs* locker; *style* nachlässig

relâchement [ʀ(ə)laʃmã] *m* ❶ *d'un muscle, pénis* Erschlaffung *f* ❷ *(dérèglement) des mœurs* Lockerung *f*; *de l'autorité, de la discipline* Nachlassen *nt*

relâcher [ʀ(ə)laʃe] <1> I. *vt* ❶ *(desserrer)* lockern; entspannen *muscles* ❷ *(libérer)* freilassen ❸ *(cesser de tenir)* loslassen *objet, proie* ❹ *(affaiblir)* lockern *discipline;* ~ **un effort** in einer Anstrengung nachlassen; **qn relâche son attention** jds Aufmerksamkeit lässt nach
II. *vi* NAUT ~ **dans un port** in einem Hafen anlegen
III. *vpr* **se** ~ ❶ *(se desserrer)* sich lockern; *muscle:* sich entspannen ❷ *(s'affaiblir) attention, effort, discipline:* nachlassen; *mœurs:* sich lockern; *style:* nachlässig werden ❸ *(perdre son ardeur)* nachlassen; **se** ~ **dans qc** in etw *(Dat)* nachlässig werden

relais [ʀ(ə)lɛ] *m* ❶ *(intermédiaire)* Mittler(in) *m(f)*, Vermittler(in) *m(f)* ❷ SPORT Staffel *f*, Staffellauf *m;* **le** ~ **quatre fois cent mètres** die 4 × Hundert-Meter-Staffel ❸ ELEC, RADIO, AUT Relais *nt;* ~ **de clignotant** Blinkerrelais; ~ **de télévision/radio** Fernseh-/Radiorelaisstation *f* ❹ HIST Relais *nt*, Relaisstation *f*
▸ **passer le** ~ **à qn** *(laisser sa fonction)* jdm die Führung übergeben; *(laisser la parole)* jdm das Wort überlassen; *(confier l'administration des biens)* jdm die Nachfolge übertragen; **prendre le** ~ die Nachfolge antreten; **prendre le** ~ **de qn/qc** jdn/etw ablösen; **travail par** ~ Schichtarbeit *f*

relance [ʀ(ə)lɑ̃s] *f* ❶ *(nouvel essor)* Aufschwung *m; de la conjoncture* Belebung *f; de la consommation* [Wieder]ankurbelung *f*, [Wieder]belebung; *du marché* Neubelebung *f;* ~ **auto-alimentée** sich selbst tragender Aufschwung; ~ **économique** wirtschaftlicher Aufschwung; ~ **de l'activité économique** Konjunkturbelebung, Konjunkturförderung *f;* ~ **publicitaire** Nachfragewerbung *f*
❷ SPORT [Ball]einwurf *m*
❸ CARTES höheres Gebot; **faire une** ~ überbieten

relancer [ʀ(ə)lɑ̃se] <2> I. *vt* ❶ *(donner un nouvel essor à)* wieder aufnehmen; wieder aufleben lassen *idée, mouvement;* wieder ankurbeln *économie, production, immobilier;* [wieder] anregen *investissement;* ankurbeln *croissance économique*
❷ CHASSE [wieder] aufscheuchen *animal*
❸ *fam (harceler)* bedrängen; mahnen *client, débiteur*
❹ *(renvoyer) (avec la main)* wieder zurückwerfen, einwerfen; *(avec une raquette)* wieder zurückschlagen, aufschlagen; *(avec le pied)* zurückschießen, abschlagen, anstoßen; *(avec la tête)* zurückköpfen
II. *vi* CARTES [den Einsatz] erhöhen, überbieten

relater [ʀ(ə)late] <1> *vt* berichten über *(+ Akk)*, schildern *événement, fait;* erzählen *aventure;* **relaté(e) par la presse** *faits* in der Presse dargelegt [*o* geschildert]

relatif [ʀ(ə)latif] *m* ❷ GRAM Relativpronomen *nt* ❷ *(relativité)* **avoir le sens du** ~ relativieren können

relatif, -ive [ʀ(ə)latif, -iv] *adj* ❶ *(opp: absolu)* relativ ❷ *(partiel)* relativ; **être d'une relative discrétion** relativ diskret sein
❸ *(en liaison avec)* **être** ~ (-**ive**) **à qn/qc** sich auf jdn/etw beziehen; ~ (-**ive**) **à ton projet/ta question** dein Projekt/deine Frage betreffend, bezüglich deines Projekts/deiner Frage; ~ (-**ive**) **au bilan** bilanziell; ~ (-**ive**) **à la comptabilité** *problème* abrechnungstechnisch; ~ (-**ive**) **à la consommation** *dépenses* konsum[p]tiv *(Fachspr.);* **problème** ~ **au crédit** kreditwirtschaftliches Problem; **question relative au droit fiscal/aux droits patrimoniaux** steuerrechtliche/vermögensrechtliche Frage; **mesure relative aux échanges extérieurs** [*o* **au commerce extérieur**] außenwirtschaftliche Maßnahme; ~ (-**ive**) **au fond** JUR materiell-rechtlich *(Fachspr.);* **procédé** ~ **à la législation en matière de faillite** konkursrechtliches Vorgehen
❹ *postposé* GRAM Relativ-
❺ MATH relativ

relation [ʀ(ə)lasjɔ̃] *f* ❶ *(rapport)* Beziehung *f*, Verhältnis *nt;* ~ **médecin-patient** Arzt-Patient-Verhältnis
❷ *pl (rapport entre personnes, pays)* Beziehungen *Pl;* ~**s amicales/tendues** freundschaftliches/gespanntes Verhältnis *nt;* ~**s commerciales** Wirtschaftsbeziehungen, Handelsbeziehungen, Geschäftsverkehr *m; c'est habituel dans les* ~**s commerciales internationales** das ist im internationalen Geschäftsverkehr so üblich; **rompre les** ~**s commerciales avec qn** die geschäftlichen Beziehungen zu jdm abbrechen; ~**s économiques** Wirtschaftsbeziehungen; ~**s économiques internationales** internationale Wirtschaftsbeziehungen; ~**s employeur-employé** Arbeitgeber-Arbeitnehmer-Verhältnis; ~**s résultant du droit des contrats et des obligations** schuldrechtliche Beziehungen; ~**s sexuelles** JUR Beiwohnung *f (Fachspr.);* ~**s d'affaires** Geschäftsbeziehungen; **avoir de bonnes** ~**s d'affaires avec qn** mit jdm gute Geschäftsbeziehungen haben; **avoir une** ~ **amoureuse/des** ~**s amoureuses avec qn** eine Beziehung [*o* ein Verhältnis] mit jdm haben; **avoir de bonnes/mauvaises** ~**s avec qn** gute/schlechte Beziehungen zu jdm haben; **avoir/entretenir des** ~**s avec qn** mit jdm Kontakt haben/in Kontakt stehen; **par** ~**s** durch Beziehungen; **être en** ~ **avec qn** mit jdm in Verbindung [*o* in Kontakt] stehen; **se mettre en** ~ **avec qn** sich mit jdm in Verbindung setzen; **cultiver** [*o* **entretenir**] **les/ses** ~**s** Kontaktpflege betreiben; **nouer des** ~**s amoureuses** [zarte] Liebesbande knüpfen *(geh)*
❸ *(lien logique)* Zusammenhang *m;* LOGIQUE Relation *f;* **je ne vois pas la** ~ ich sehe [da] keinen Zusammenhang; **être sans** ~ **avec qc** in keiner Beziehung zu etw stehen, nichts mit etw zu tun haben; ~ **de cause à effet** Kausalzusammenhang
❹ *(personne de connaissance)* Bekannte(r) *f(m)*
❺ *(récit) d'une aventure* Schilderung *f;* ~ **d'un entretien/événement** Bericht *m* über ein Gespräch/Ereignis
❻ JUR ~ **commissionnaire** Kommissionsverhältnis *nt;* ~ **externe** Außenverhältnis; ~ **juridique** Rechtsverhältnis; ~ **juridique contractuelle** vertragliches Rechtsverhältnis; ~ **juridique résultant d'un/du contrat de travail** Dienstverhältnis; ~**s juridiques** Rechtsbeziehungen *Pl*
❼ *(communication)* ~**s publiques** Öffentlichkeitsarbeit *f*, Public Relations *f;* **service de** ~**s publiques** PR-Abteilung *f*, Public-Relations-Abteilung *f;* **opération de** ~**s publiques** PR-Aktion *f*
❽ *pl (piston)* Connection *f (fam)*
◆ ~ **entre personnes** JUR Personenverkehr *m;* ~**s de voisinage** JUR Grenzverhältnis *nt*

relationnel(le) [ʀ(ə)lasjɔnɛl] *adj* ❶ PSYCH Beziehungs-; **problèmes** ~**s** Beziehungsschwierigkeiten *Pl*
❷ INFORM relational; **base de données** ~**le** relationale Datenbank

relative [ʀ(ə)lativ] *f* GRAM Relativsatz *m*

relativement [ʀ(ə)lativmã] *adv* ❶ *(dans une certaine mesure)* facile, honnête, rare relativ, verhältnismäßig
❷ *(comparativement)* vergleichsweise; ~ **à qn/qc** im Verhältnis zu jdm/etw

relativisation [ʀ(ə)lativizasjɔ̃] *f* Relativierung *f*

relativiser [ʀ(ə)lativize] <1> *vt* relativieren

relativisme [ʀəlativism] *m* PHILOS Relativismus *m*

relativiste [ʀ(ə)lativist] I. *adj* relativistisch
II. *mf* PHILOS Relativist(in) *m(f);* PHYS Vertreter(in) *m(f)* der Relativitätstheorie

relativité [ʀ(ə)lativite] *f* ❶ PHILOS, PHYS Relativität *f;* **théorie de la** ~ Relativitätstheorie *f*
❷ *(caractère relatif) d'une connaissance, richesse* Bedingtheit *f*, Relativität *f*

relaver [ʀ(ə)lave] <1> I. *vt* ❶ noch einmal spülen
❷ CH *(laver)* waschen
II. *vi* CH *(faire la vaiselle)* [Geschirr] spülen

relax [ʀəlaks] I. *adj inv fam personne* locker *(fam);* ambiance ungezwungen; *tenue* bequem; **être** ~ relaxed sein *(fam)*
II. *adv* **elle conduit très** ~ sie fährt sehr relaxed

relaxant(e) [ʀ(ə)laksɑ̃, ɑ̃t] *adj* entspannend

relaxation [ʀ(ə)laksasjɔ̃] *f* ❶ PHYSIOL Entspannung *f*
❷ *(détente, repos)* Entspannung *f*, Erholung *f;* **exercice de** ~ Entspannungsübung *f*

relaxe¹ [ʀəlaks] *f* JUR Freispruch *m*

relaxe² *v.* relax

relaxer [ʀ(ə)lakse] <1> I. *vt* ❶ *(décontracter)* entspannen
❷ JUR freisprechen
II. *vpr* **se** ~ sich entspannen, relaxen *(fam)*

relayer [ʀ(ə)leje] <7> I. *vt* ❶ *(remplacer)* ablösen; **se faire** ~ **par qn/qc** *personne:* sich von jdm/etw ablösen lassen
❷ RADIO, TV ~ **une émission par satellite** eine Sendung über Satellit *(Akk)* übertragen
II. *vpr* **se** ~ **pour faire qc** sich abwechseln um etw zu tun; SPORT sich abwechseln

relayeur, -euse [ʀ(ə)lɛjœʀ, -jøz] *m, f* Staffelläufer(in) *m(f)*

relecture [ʀ(ə)lɛktyʀ] *f* nochmaliges Lesen; TYP Korrekturlesen *nt*

relégation [ʀ(ə)legasjɔ̃] *f* ❶ SPORT Abstieg *m;* **au bord de la** ~ abstiegsgefährdet
❷ HIST Verbannung *f*

reléguer [ʀ(ə)lege] <5> *vt* ❶ *(mettre à l'écart)* verbannen; ~ **qn dans une maison de retraite** jdn in ein Altersheim abschieben; ~ **qn au second plan** jdn in den Hintergrund drängen; ~ **un élève au fond de la classe** einen Schüler in die letzte Reihe des Klassenzimmers verweisen; **équipe reléguée en seconde division** in die 2. Liga abgestiegene Mannschaft
❷ HIST verbannen

relent [ʀ(ə)lɑ̃] *m* ❶ *(mauvaise odeur)* übler Geruch *m;* **dégager des** ~**s d'alcool** nach Alkohol stinken

② *soutenu (trace)* **un ~/des ~s de qc** ein [übler] Beigeschmack von etw
relevable [Rəl(ə)vabl, R(ə)ləvabl] *adj siège* zurückklappbar, Klapp-; *volet* aufklappbar; *train d'atterrissage* einziehbar
relevailles [R(ə)ləvaj, rələvaj] *fpl vieilli* MED Kindbett *nt (veraltend)*
relève [R(ə)lɛv] *f* Ablösung *f*; **assurer** [o **prendre**] **la ~** *(assurer la succession)* die Nachfolge antreten; **la ~ est assurée** *(succession)* die Nachfolge ist gesichert; *(génération montante)* es ist genügend Nachwuchs da; **encourager la ~** SPORT die Nachwuchsspieler fördern
relevé [Rəl(ə)ve, R(ə)ləve] *m* ① FIN **- de compte** Kontoauszug *m*; **~ de fin de mois** Monatsbericht *m*; **~ d'identité bancaire** Bescheinigung mit der Bankverbindung; **~ d'identité postale** Bescheinigung über die Postbankverbindung
② *(liste, facture détaillée)* Aufstellung *f*; **~ de gaz/téléphone** Gas-/Telefonabrechnung *f*; **~ de notes** Zeugnis *nt*; **procéder au ~ du compteur** den Zähler ablesen
③ CONSTR *d'un terrain* Aufnahme *f*; **faire un ~ de terrain** das Gelände aufnehmen [o vermessen]
relevé(e) [Rəl(ə)ve, R(ə)ləve] *adj* ① *plat, sauce* gut gewürzt, pikant
② *soutenu (noble) langage* gehoben, gewählt
relèvement [R(ə)lɛvmɑ̃] *m* ① *d'un poteau, pylône* Wiederaufrichten *nt*, Wiederaufstellen *nt*
② *(augmentation)* Anhebung *f*, Erhöhung *f*; **~ du taux d'intérêt** Zinserhöhung *f*; **~ du taux d'intérêt directeur** Leitzinsanhebung
③ *(rétablissement) d'une économie, d'un pays* Wiederaufbau *m*
④ NAUT Peilung *f*; **~ satellite** Satellitenpeilung
◆ **~ de salaire** Gehaltsaufbesserung *f*
relever [Rəl(ə)ve, R(ə)ləve] <4> I. *vt* ① *(augmenter)* erhöhen; SCOL heben *notes*
② *(redresser)* hochheben *meuble, véhicule*; aufheben *blessé, objet tombé*; wieder aufstellen *chaise, plante*; **~ qn** jdm hochhelfen
③ *(rehausser)* anheben *niveau, plafond*
④ *(remonter)* hochschlagen *col, voile*; aufkrempeln, hochstreifen *manches*; aufkrempeln *bas du pantalon*; hochstecken *cheveux*; hochziehen *store, chaussettes*; höher stellen *siège*; hochklappen *strapontin*
⑤ *(constater)* feststellen, messen *températures*; *(souligner)* hervorheben
⑥ *(noter)* notieren *adresse, renseignement, observation*; ablesen *compteur, électricité, gaz*; anfertigen *plan, esquisse*; aufnehmen *terrain, topographie*; NAUT bestimmen *position*
⑦ *(répondre à)* annehmen *défi, pari*
⑧ SCOL einsammeln *cahiers, devoirs*
⑨ *(libérer)* **~ qn d'une promesse** jdn von einem Versprechen entbinden; **~ qn de ses fonctions** jdn seines Amtes entheben
⑩ *(remplacer)* ablösen
⑪ *(restaurer)* wieder aufbauen *économie, entreprise, pays*; wieder heben *moral*
⑫ *(mettre en valeur)* hervorheben *beauté, tableau, teint*; **~ une sauce** einer Soße *(Dat)* mehr Würze geben
II. *vi* ① *(se remettre)* **~ de maladie** [gerade] eine Krankheit überstanden haben
② *(dépendre de)* **~ d'une administration/autorité** einer Verwaltung/Behörde *(Dat)* unterstehen; **~ de la compétence de qn** in jds Zuständigkeit *(Akk)* fallen; **~ de la pédagogie/linguistique** in den Bereich der Pädagogik/Linguistik fallen; **je ne relève de personne** ich bin von niemandem abhängig; **~ du miracle** das reinste Wunder sein
III. *vpr* **se ~** ① *(se remettre debout)* [wieder] aufstehen
② *(se remonter) store*: sich hochziehen lassen; *couvercle, siège, accoudoir*: sich hochklappen lassen; *col*: sich hochstellen lassen; *(rebiquer)* hochstehen
③ *(se remettre)* **se ~ d'une maladie/surprise** *personne*: sich von einer Krankheit/Überaschung erholen; **se ~ d'une crise** *pays*: eine Krise überwinden; **se ~ de ses cendres** wieder aus der Asche erstehen
releveur [Rəl(ə)vœR, R(ə)ləvœR] *m* ① ANAT Hebemuskel *m*, Levator *m (Fachspr.)*
② NAUT **~ de mines** Minenräumboot *nt*
③ *(personne)* Ableser *m*; **~ de compteurs de gaz** Gasableser
releveur, -euse [Rəl(ə)vœR, R(ə)ləvœR, -øz] *adj muscle* Hebe-
releveuse [Rəl(ə)vøz, R(ə)ləvøz] *f* Ableserin *f*; **~ de compteurs de gaz** Gasableserin
relief [Rəljɛf] *m* ① GEOG Relief *nt*; **avoir un ~ très accidenté** sehr hügelig sein
② *(saillie) d'un visage* Formen *Pl*; *d'une médaille* herausgearbeitete Oberfläche; *d'une surface* Unebenheit *f*; *d'une moulure, boiserie* reliefartige Oberfläche; **sans ~** glatt; **en ~** *carte, impression* Relief-; *caractères* in Relief [gedruckt]; *motif* plastisch herausgearbeitet
③ ART, ARCHIT Relief *nt*
④ *(caractère) d'une personne* Profil *nt*; *d'une expression, d'un por-*

trait, style Anschaulichkeit *f*; **avoir du ~/manquer de ~** anschaulich/nicht sehr anschaulich sein
⑤ OPT *(contraste)* Kontrast *m*
▶ **mettre qc en ~** etw hervorheben, etw herausstellen
relier [Rəlje] <1a> *vt* ① *(réunir)* [miteinander] verbinden *personnes, choses*; **~ des faits** einen Zusammenhang zwischen Tatsachen herstellen; **~ un artiste/une route à un autre/une autre** einen Artisten/eine Straße mit einem anderen/einer anderen verbinden; **~ un appareil à un autre** ein Gerät an ein anderes anschließen; **Internet relie entre elles des millions de personnes dans le monde entier** das Internet verbindet Millionen Menschen auf der ganzen Welt miteinander
② GRAM *préposition*: zueinander in Beziehung setzen; **~ une subordonnée à qc** einen Nebensatz mit etw verbinden
③ TECH binden *livre*; **une édition reliée** [en] **cuir** eine in Leder gebundene Ausgabe
④ INFORM verlinken; **~ deux sites Web** zwei Websites miteinander verlinken
relieur, -euse [Rəljœr, -jøz] *m, f* Buchbinder(in) *m(f)*
religieuse [R(ə)liʒjøz] *f* ① Ordensschwester *f*, Nonne *f*
② GASTR Windbeutel, der mit Schokoladenguss überzogen ist
religieusement [R(ə)liʒjøzmɑ̃] *adv* ① religiös, fromm; **se marier ~** kirchlich
② *(scrupuleusement) agir, tenir parole* gewissenhaft
③ *(attentivement) écouter* andächtig
religieux [R(ə)liʒjø] *m* Ordensgeistliche(r) *m*
religieux, -euse [R(ə)liʒjø, -jøz] *adj* ① REL *personne* religiös, fromm; *cérémonie, mariage* kirchlich; *musique, chant, habit* Kirchen-; *opinions, vie, tradition, art* religiös; *ordre* geistlich; **édifice ~** Gebetshaus *nt*; **école religieuse** Konfessionsschule *f*; **pratique religieuse** Ausübung *f* der Religion
② *(attentif)* ehrfürchtig
religion [R(ə)liʒjɔ̃] *f* ① *(ensemble de croyances)* Religion *f*; **~ primitive** Naturreligion
② *(culte)* Religion *f*, Glaube *m*, Glaubenslehre *f*; **appartenir à la ~ protestante** der evangelischen Glaubensgemeinschaft *(Dat)* angehören; **cours de ~** ≈ Religionsunterricht *m*
③ *(admiration exclusive)* Religion *f*; **la ~ du progrès** der Kult des Fortschritts
▶ **entrer en ~** ins Kloster gehen
◆ **~ d'État** Staatsreligion *f*
religiosité [R(ə)liʒjozite] *f* Religiosität *f*, Gläubigkeit *f*; *péj* Frömmlerei *f (pej)*
reliquaire [RəlikɛR] *m* Reliquienschrein *m*, Reliquiar *m*
reliquat [Rəlika] *m* FIN, JUR Rest[betrag] *m*, Restsumme *f*
◆ **~ de créance** Restforderung *f*; **~ de dette** Restschuld *f*
relique [Rəlik] *f* ① REL Reliquie *f*
② *(objet auquel on tient)* Reliquie *f*, Heiligtum *nt*; *(héritage)* Relikt *nt*
③ BIO Relikt *nt*
relire [R(ə)liR] <irr> I. *vt* ① *(lire une nouvelle fois)* noch einmal lesen *lettre, roman*
② *(lire pour bien comprendre)* noch einmal durchlesen
③ *(lire pour corriger)* durchsehen *texte*; **texte qui doit être relu** korrekturbedürftiger Text; **ce texte est relu** dieser Text ist durchgesehen
④ *(vérifier une référence)* nachlesen *passage*
II. *vpr* **se ~** noch einmal lesen, was man geschrieben hat
reliure [RəljyR] *f* ① *(action)* Binden *nt*
② *(couverture)* Einband *m*; **~ en** [o **de**] **cuir** Ledereinband; **~ pleine peau** Ganzledereinband; **~ en plastique** Plastikeinband
relogement [R(ə)lɔʒmɑ̃] *m* Neuunterbringung *f*, [neue] Unterbringung
reloger [R(ə)lɔʒe] <2a> I. *vt* **~ qn** jdm eine neue Unterkunft besorgen
II. *vpr* **trouver à** **se ~** eine neue Wohnung finden
relooker [R(ə)luke] <1> *vt fam* neu stylen
relou(e) [Rəlu] *adj fam (insupportable)* voll anstrengend *(fam)*
reluire [R(ə)lɥiR] <irr> *vi* glänzen; **faire ~ qc** etw blank putzen, etw polieren
reluisant(e) [R(ə)lɥizɑ̃, ɑ̃t] *adj* ① *(brillant)* glänzend; **~(e) de graisse** vor Fett glänzend; **être ~(e) de propreté** blitzsauber sein *(fam)*
② *(réjouissant) perspective, situation* glänzend; *résultat* hervorragend; *avenir* erfreulich
reluquer [R(ə)lyke] <1> *vt fam* **~ qn** zu jdm hinüberschielen, nach jdm schielen; **~ un poste** es auf eine Stelle abgesehen haben, mit einer Stelle liebäugeln
rem [REm] *m abr de* **Röntgen Equivalent Man** Rem *nt*
remâcher [R(ə)mɑʃe] <1> *vt* ① *(ressasser)* [immer wieder] nachgrübeln über *(+ Akk)*
② ZOOL wiederkäuen
remailler *v.* **remmailler**

remake [ʀimɛk] *m* Neuverfilmung *f*, Remake *nt*
rémanent(e) [ʀemanɑ̃, ɑ̃t] *adj* [zurück]bleibend, remanent *(Fachspr.)*
remanger [ʀ(ə)mɑ̃ʒe] <2a> I. *vt* ~ **de qc** von etw wieder [o noch einmal] essen
II. *vi* wieder essen
remaniement [ʀ(ə)manimɑ̃] *m* ❶ *d'un projet, travail* [Um]änderung *f*, Abänderung *f*; *d'un manuscrit, d'une pièce* Überarbeitung *f*, Umarbeitung *f*, Neufassung *f*
❷ POL *d'une constitution* [Um]änderung *f*; ~ **ministériel** Kabinettsumbildung *f*, Kabinettsneubildung *f*
remanier [ʀ(ə)manje] <1a> *vt* ❶ *(modifier)* umändern, abändern; umgestalten, neugestalten *quartier*; umschreiben, umarbeiten *manuscrit, pièce*
❷ POL umbilden *cabinet, ministère*; umbesetzen *comité, direction*; ändern *constitution*
remaquiller [ʀ(ə)makije] <1> I. *vt* [neu] schminken
II. *vpr* **se** ~ sich [neu] schminken
remarcher [ʀ(ə)maʀʃe] <1> *vi* wieder gehen
remariage [ʀ(ə)maʀjaʒ] *m* Wiederverheiratung *f*
remarier [ʀ(ə)maʀje] <1a> I. *vt* ~ **une veuve avec qn** eine Witwe wieder mit jdm verheiraten
II. *vpr* **il s'est remarié avec une collègue** er hat wieder geheiratet, und zwar eine Kollegin
remarquable [ʀ(ə)maʀkabl] *adj* ❶ *(extraordinaire)* bemerkenswert, beachtlich
❷ *(qui attire l'attention)* fait, phénomène, changement bemerkenswert, bedeutsam; **être** ~ **par son intelligence/sa taille** außergewöhnlich intelligent/auffallend groß sein
❸ *(considérable, intéressant)* offre, proposition erwägenswert
remarquablement [ʀ(ə)maʀkabləmɑ̃] *adv beau, intelligent* außerordentlich, außergewöhnlich; *jouer, se porter, réussir* hervorragend, außergewöhnlich [gut]
remarque [ʀ(ə)maʀk] *f* Bemerkung *f*; *(commentaire)* Anmerkung *f*; **adresser une ~ à qn** etwas zu jdm sagen; **faire une ~/des ~s à qn sur qc** jdm gegenüber eine Bemerkung/Bemerkungen wegen etw machen; **en faire la ~ à qn** jdn darauf hinweisen; **je m'en suis fait la ~** das habe ich mir auch gesagt
remarqué(e) [ʀ(ə)maʀke] *adj intervention, discours* bemerkenswert; *absence, entrée* auffallend, auffällig
remarquer [ʀ(ə)maʀke] <1> I. *vt* ❶ *(apercevoir)* bemerken
❷ *(distinguer)* ~ **qn/qc par** [o **pour**] **qc** auf jdn/etw wegen einer S. *(Gen)* aufmerksam werden, jdm wegen einer S. *(Gen)* auffallen; **être remarqué(e) par qn** von jdm beachtet werden, bei jdm Beachtung finden
❸ *(noter)* bemerken; **faire** ~ **qc à qn** jdn auf etw *(Akk)* aufmerksam machen [o hinweisen]; **se faire** ~ *péj* sich auffällig benehmen, auffallen; **sans se faire** ~ unbemerkt; **remarque/remarquez [bien] que j'en suis ravi(e)!** eins kann ich dir/Ihnen sagen [o wohlgemerkt], ich bin begeistert!; **remarque, je m'en fiche!** nebenbei bemerkt ist es mir egal!; **remarque, il a essayé** er hat es immerhin versucht
II. *vpr* **se** ~ auffallen
remballer [ʀɑ̃bale] <1> I. *vt* ❶ *(opp: déballer)* wieder einpacken
❷ *fam (garder pour soi)* für sich behalten; **remballe tes commentaires!** auf deine Kommentare kann ich verzichten!
II. *vi* zusammenpacken
rembarquement [ʀɑ̃baʀkəmɑ̃] *m des troupes, des marchandises* Wiedereinschiffung *f*
rembarquer [ʀɑ̃baʀke] <1> I. *vt* wieder einschiffen; wieder an Bord nehmen *passagers*
II. *vi* wieder einschiffen, wieder an Bord gehen
III. *vpr* ❶ MIL, NAUT **se** ~ sich wieder einschiffen
❷ *fam (s'engager de nouveau)* **se** ~ **dans qc** sich wieder auf etw *(Akk)* einlassen; **se laisser** ~ **dans qc** sich wieder in etw *(Akk)* hineinziehen [o verwickeln] lassen
rembarrer [ʀɑ̃baʀe] <1> *vt fam* ~ **qn** jdm eine Abfuhr erteilen *(fam)*; **se faire** ~ eine Abfuhr erteilt kriegen *(fam)*
remblai [ʀɑ̃blɛ] *m (action)* Aufschüttung *f*; *(matériau) (en terre)* Erdmasse *f*, Aufschüttmasse *f*; *(en caillou)* Schotter *m*; *(ouvrage) (en terre)* Erdwall *m*; *(en caillou)* Schotterbelag *m*
remblayer [ʀɑ̃bleje] <7> *vt* aufschütten
rembobinage [ʀɑ̃bɔbinaʒ] *m d'une bande* Zurückspulen *nt*
rembobiner [ʀɑ̃bɔbine] <1> *vt* zurückspulen *bande magnétique, film*; wieder aufwickeln *fil*
remboîtement [ʀɑ̃bwatmɑ̃] *m* MED [Wieder]einrenken *nt*
remboîter [ʀɑ̃bwate] <1> *vt* ❶ MED [wieder]einrenken
❷ TECH wieder einsetzen *tuyau, pièce*; wieder zusammensetzen [o zusammenfügen] *chaise*
rembourrage [ʀɑ̃buʀaʒ] *m* ❶ *(action de rembourrer) d'un fauteuil, siège* Polstern *nt*, [Auf]polsterung *f*; *d'un matelas, coussin* Füllen *nt*
❷ *(matière)* Polsterung *f*; *d'un matelas, coussin* Füllung *f*; ~ **du**

d'un siège Sitzpolster *nt*
rembourrer [ʀɑ̃buʀe] <1> *vt* ❶ füllen *matelas*; polstern *siège*; [aus]polstern *épaules*; **faire** ~ **des fauteuils** die Sessel polstern lassen
❷ *fig* **être bien rembourré(e)** gut gepolstert sein *(fam)*
remboursabilité [ʀɑ̃buʀsabilite] *f* FIN Kündbarkeit *f*
remboursable [ʀɑ̃buʀsabl] *adj emprunt* rückzahlbar, tilgbar; *billet* zahlbar, einlösbar; *montant, frais* erstattungsfähig
remboursement [ʀɑ̃buʀsəmɑ̃] *m* ❶ *d'un emprunt, d'une dette* Rückzahlung *f*, Tilgung *f*; *des frais* [Rück]erstattung *f*; ~ **du/d'un découvert** Kontoausgleich *m*; ~ **de la prime** Beitrags[rück]erstattung; ~ **de la/d'une taxe** Gebührenerstattung; ~ **de l'impôt sur le chiffre d'affaires** Umsatzsteuerrückerstattung; **contre** ~ gegen Nachnahme
❷ FIN Rückzahlung *f*, Tilgung *f*, Rembours *m (Fachspr.)*, Tilgungsleistung *f (Fachspr.)*; ~ **avant échéance** Rückzahlung vor Fälligkeit; ~ **fiscal** Steuertilgung; ~ **partiel** teilweise Tilgung; **cesser les ~s** die Tilgungsleistungen einstellen
◆ ~ **de capital** Kapitalrückzahlung *f*; ~ **des dépenses** Aufwandsrückerstattung *f*; ~ **de dette** Schuldenbegleichung *f*; ~ **des droits de douane** Zollvergütung *f*; ~ **d'impôt** Steuer[rück]erstattung *f*; ~ **du prix** Kaufpreisrückzahlung *f*
rembourser [ʀɑ̃buʀse] <1> *vt* [zurück]erstatten, ersetzen; auslösen, tilgen *obligation*; ~ **une dette/un emprunt à qn** jdm seine Schulden/ein Darlehen zurückzahlen; **ce médicament n'est pas remboursé** die Kosten für dieses Medikament werden nicht [zurück]erstattet; **ça rembourse à peine les frais de fonctionnement** das deckt kaum die Betriebskosten [ab]; **je te rembourserai demain!** ich gebe dir das Geld morgen zurück!; **remboursez! remboursez!** *hum* wir wollen unser Geld zurück!
rembrunir [ʀɑ̃bʀyniʀ] <8> *vpr* **se** ~ *traits, visage, ciel:* sich verfinstern [o verdüstern]; **qn se rembrunit** jds Miene verdüstert [o verfinstert] sich; **le temps se rembrunit** es bewölkt sich, es zieht sich zu
remède [ʀ(ə)mɛd] *m* ❶ *(médicament)* Medikament *nt*, Arzneimittel *nt*; *(traitement)* [Heil]mittel *nt*, Therapeutikum *nt*; ~ **naturel** Naturheilmittel; ~ **universel** Universalmittel; ~ **pour la circulation** [sanguine] Kreislaufmittel; ~ **pour l'estomac** Magenmittel; ~ **pour** [o **contre**] **les rhumatismes** Rheumamittel
❷ *(moyen de lutte)* [Heil]mittel *nt*; *d'un problème* Lösung *f*; ~ **contre l'inflation** Mittel zur Bekämpfung der Inflation; **porter** ~ **à un mal** einem Übel abhelfen; **c'est vraiment sans** ~ **ça** ist wirklich nichts zu machen
▶ **le** ~ **est pire que le mal** den Teufel mit dem Beelzebub austreiben; ~ **miracle** Wundermittel *nt*; **sans** ~ *(sans issue)* ausweglos
◆ ~ **de bonne femme** Hausmittel *nt*; ~ **de cheval** *(médicament)* Rosskur *f*; *(solution)* Radikalkur *f*
remédiable [ʀəmedjabl] *adj vice, désagrément* behebbar
remédier [ʀ(ə)medje] <1a> *vi* ~ **à qc** einer Sache *(Dat)* Abhilfe schaffen; ~ **à un mal** ein Übel beseitigen; ~ **à un vice** [o **défaut**] einen Mangel beseitigen [o beheben]
remembrement [ʀ(ə)mɑ̃bʀəmɑ̃] *m* Flurbereinigung *f*
remembrer [ʀ(ə)mɑ̃bʀe] <1> *vt* zusammenlegen [und neu einteilen]
remémorer [ʀ(ə)memɔʀe] <1> *vpr* **se** ~ **qc** sich wieder an etw *(Akk)* erinnern, sich *(Dat)* etw ins Gedächtnis zurückrufen
remerciement [ʀ(ə)mɛʀsimɑ̃] *m* Dank *m*; **des ~s** Dankesbezeigungen *Pl*, Dankesworte *Pl*; **adresser ses ~s à qn** jdm seinen Dank aussprechen; **avec tous mes/nos ~s** mit bestem Dank *(form)*; **lettre de** ~ Dankschreiben *nt*
remercier [ʀ(ə)mɛʀsje] <1a> *vt* ❶ *(dire merci à)* ~ **qn/qc de** [o **pour**] **qc** jdm/einer S. für etw danken, sich bei jdm für etw bedanken; ~ **qn/qc de faire qc** jdm/einer S. [dafür] danken, dass er/sie/es etw tut
❷ *vieilli (renvoyer)* ~ **qn** jdn entlassen, jdm kündigen
▶ **je te/vous remercie!** *(non merci)* nein danke!; *iron* vielen Dank!
remettant [ʀ(ə)metɑ̃] *m* FIN Geldempfänger(in) *m(f)*, Wechseleinreicher(in) *m(f) (Fachspr.)*
remettre [ʀ(ə)mɛtʀ] <*irr*> I. *vt* ❶ *(replacer)* wieder zurückstellen [o zurücklegen]; wieder annähen *bouton*; ~ **debout** wieder hinstellen; ~ **à cuire** noch einmal zum Kochen aufstellen; ~ **qn sur la bonne voie** jdn wieder auf den richtigen Weg bringen
❷ *(rétablir)* ~ **qn/faire** ~ **qn en liberté** jdn freilassen/jds Freilassung veranlassen; ~ **une machine en marche** eine Maschine wieder in Gang bringen; ~ **un moteur en marche** einen Motor wieder anlassen; ~ **qc en ordre** etw wieder in Ordnung bringen; ~ **qc à neuf** etw erneuern; ~ **sa montre à l'heure** seine Uhr [richtig] stellen; ~ **un ordinateur au niveau** einen Computer nachrüsten
❸ *(donner)* [über]geben; überreichen *récompense, prix*; einreichen *démission*; abgeben *devoir*; ~ **qc en mains propres** etw persönlich übergeben [o hereinreichen]; ~ **un paquet à qn** jdm ein Paket [über]geben; **se faire** ~ **un dossier par qn** sich *(Dat)* eine Akte

remercier	
remercier	**sich bedanken**
Merci!	Danke!
Merci beaucoup!/Un grand merci!	Danke sehr/schön!/Vielen Dank!
Mille fois merci!	Tausend Dank!
Merci, c'est très gentil de ta part!	Danke, das ist sehr lieb von dir!
Merci bien!	Vielen (herzlichen) Dank!
Je vous remercie (beaucoup)!	Ich bedanke mich (recht herzlich)!
répondre à un remerciement	**auf Dank reagieren**
Je t'en/vous en prie!	Bitte!
Je t'en/vous en prie!/Il n'y a pas de quoi!/De rien!	Bitte schön!/Gern geschehen!/Keine Ursache!
De rien!/Mais il n'y a pas de quoi!	Bitte, bitte!/Aber bitte, das ist doch nicht der Rede wert!
Tout le plaisir est pour moi!/C'était tout naturel!	(Aber) das habe ich doch gern getan!/Das war doch selbstverständlich!
remercier avec reconnaissance	**dankend anerkennen**
Merci bien, tu m'as beaucoup aidé(e).	Vielen Dank, du hast mir sehr geholfen.
Que ferions-nous sans toi!	Was wären wir nur ohne dich!
Nous n'y serions pas arrivés sans ton aide.	Ohne deine Hilfe hätten wir es nicht geschafft.
Vous nous avez été d'une très grande aide.	Sie waren uns eine große Hilfe.
J'apprécie beaucoup votre engagement.	Ich weiß Ihr Engagement sehr zu schätzen.

von jdm aushändigen lassen; **faire ~ une note à un collègue par qn** einem Kollegen durch jdn eine Notiz zukommen lassen ❹ *(rajouter)* [noch] dazugeben *ingrédient;* **~ de l'encre/du papier** Tinte/Papier nachfüllen; **~ du sel dans les légumes** das Gemüse nachsalzen; **~ de l'huile dans le moteur** Öl in den Motor nachfüllen; **~ du rouge à lèvres** sich *(Dat)* die Lippen nachziehen ❺ *(réenclencher)* wieder einschalten [*o* anstellen] ❻ *(ajourner)* **~ une décision à la semaine prochaine** eine Entscheidung auf die nächste Woche verschieben; **~ un jugement à l'année prochaine** ein Urteil auf nächstes Jahr vertagen ❼ *(porter de nouveau)* wieder anziehen *vêtement;* wieder aufsetzen *chapeau* ❽ *(dispenser de)* **~ une dette/peine à qn** jdm eine Schuld/Strafe erlassen ❾ *(confier)* **~ un enfant à qn** [*o* **entre les mains de qn**] jdm ein Kind anvertrauen; **~ qn à la police** jdn der Polizei übergeben; **~ le sort de l'orphelin à qn** [*o* **entre les mains de qn**] jdm das Schicksal der Waise anvertrauen; **~ son âme à Dieu** seine Seele Gott befehlen ❿ SPORT wieder [*o* neu] aufschlagen *balle* ⓫ BELG *(rendre la monnaie)* herausgeben ⓬ BELG *(vendre)* verkaufen ◆ **~ ça** *fam* wieder damit anfangen *(fam)*, es wieder aufwärmen *(fam)*; **en ~ fam** dick auftragen *(fam)*, übertreiben
II. *vpr* ❶ *(recouvrer la santé)* **se ~ de qc** sich von etw erholen; **remettez-vous maintenant!** nun beruhigen Sie sich doch! ❷ *(recommencer)* **se ~ au travail** sich wieder an die Arbeit machen; **se ~ en mouvement** sich wieder in Bewegung setzen; *mécanisme:* sich wieder in Gang setzen; **se ~ à faire qc** etw wieder tun, wieder anfangen etw zu tun ❸ METEO **le temps se remet au beau/à la pluie** das Wetter wird wieder schöner [*o* besser]/regnerisch, es wird wieder nach Regen aus; **il se remet à pleuvoir** es fängt wieder an zu regnen ❹ *(se replacer)* **se ~ en tête du groupe** sich wieder an die Spitze setzen; **se ~ debout/sur ses jambes** wieder aufstehen/sich wieder auf die Beine stellen; **se ~ à table** wieder essen, wieder zu Tisch gehen *(geh)* ❺ *(se confier)* **s'en ~ à qn/qc** sich auf jdn/etw verlassen, auf jdn/etw vertrauen; **s'en ~ à un ami/une agence pour qc** sich an einen Freund/ein Büro wegen einer S. wenden; **s'en ~ à une amie/un office pour faire qc** sich an eine Freundin/ein Amt wenden um etw zu tun; **je m'en remets à votre décision** ich überlasse Ihnen die Entscheidung ❻ *(se rappeler)* **se ~ qn/qc** sich an jdn/etw erinnern ❼ *(se réconcilier)* **se ~ avec qn** *fam* sich wieder mit jdm versöh-

nen [*o* aussöhnen]; **ils se sont remis ensemble** sie sind wieder zusammen
III. *vi* FBALL **~ pour** [*o* **sur**] **qn** an jdn weitergeben [*o* abgeben]
rémige [ʀemiʒ] *f* Schwungfeder *f*
remilitarisation [ʀ(ə)militaʀizasjɔ̃] *f* Remilitarisierung *f*
remilitariser [ʀ(ə)militaʀize] <1> *vt* remilitarisieren, wieder aufrüsten
réminiscence [ʀeminisɑ̃s] *f* Erinnerung *f*, Reminiszenz *f (geh)*; **~ de qc** Erinnerung [*o* Reminiszenz] an etw *(Akk)*
remise [ʀ(ə)miz] *f* ❶ *(dépôt, attribution)* d'une clé, rançon Übergabe *f*; d'une décoration, d'un cadeau Übergabe, Überreichung *f*; d'une lettre, d'un paquet Zustellung *f*; *(en mains propre)* Aushändigung *f*; d'un devoir Abgabe *f*; **date de ~** Übergabetermin *f*; **~ des clés** Schlüsselübergabe; **~ d'une concession** Konzessionserteilung *f*; **~ d'un bien en propriété à titre de garantie** JUR Sicherungsübereignung *f (Fachspr.)*; **~ documentaire** FIN Dokumenteninkasso *nt (Fachspr.)*
❷ *(dispense, grâce)* Erlass *m*
❸ *(rabais)* Nachlass *m*, Ermäßigung *f*, Rabatt *m*; **faire une ~ de cinq pour cent à qn** jdm fünf Prozent Rabatt geben; **~ accordée aux commerçants** Händlerrabatt; **~ pour grosse commande** Rabatt bei Großbestellung
❹ *(local)* Schuppen *m*; **en bois** Holzschuppen
❺ *(ajournement)* d'un procès, jugement Vertagung *f*; **~ à huitaine/quinzaine** Vertagung um acht/vierzehn Tage
❻ FBALL *(passe)* Zuspiel *nt*
❼ ECON *(lettre de change)* Rimesse *f (Fachspr.)*
◆ **~ de dette** Schuldenerlass *m*; **~ de l'effet à l'escompte** FIN Wechseldiskontierung *f (Fachspr.)*; **~ de faveur** Vorzugsrabatt *m*; **~ de gros** Großhandelsrabatt *m*; **~ d'impôts** Steuererlass *m*; **~ des marchandises** Warenübergabe *f*; **~ de peine** Straferlass *m*; **~ de traites à l'escompte** Hereinnahme *f* von Wechseln; **~ en cause** Infragestellung *f*; **~ en cause des acquis tarifaires** *(baisse des tarifs)* Tarifabbau *m*; **~ en état** Instandsetzung *f*, Wiederherrichtung *f*; **~ en forme** Fitnesstraining *nt*; **~ à jour** *des connaissances* Auffrischen *nt*; *des dossiers, fichiers* Aufarbeitung *f*, Aktualisierung *f*; **~ en marche** erneutes Ingangsetzen [*o* Ingangbringen]; *de l'économie* Wiederankurbeln *nt*; **~ en ordre** Ordnen *nt*; **~ en paiement** Inzahlunggeben *nt*; **~ en place** d'un meuble, d'une statue Wiederaufstellen *nt*; d'un os Wiedereinrenken *nt*; **~ en question** erneute Infragestellung; **~ sur disagio** FIN Disagionachlass *m*
remiser [ʀ(ə)mize] <1> *vt* unterstellen *voiture;* räumen, wegräumen *objet, outil*
rémission [ʀemisjɔ̃] *f* ❶ REL Vergebung *f*

② JUR *d'une peine* Erlassung *f*, Erlass *m*
③ MED *d'une douleur, fièvre* Zurückgehen *nt*, Nachlassen *nt*; *d'une maladie* Remission *f (Fachspr.)*
▶ **sans ~** erbarmungslos, unerbittlich, ohne jede Nachsicht
remix [ʀəmiks] *m* Remix *m*
remmailler [ʀɑ̃maje] <1> *vt* die Maschen wieder aufnehmen an *(+ Dat)*
remmener [ʀɑ̃m(ə)ne] <4> *vt* zurückbringen
remodelage [ʀ(ə)mɔd(ə)laʒ] *m d'une ville* Neugestaltung *f*; *d'une organisation* Umgestaltung *f*, Umstrukturierung *f*; *d'un visage* plastische Veränderung; *d'un nez* Richten *nt*
remodeler [ʀ(ə)mɔd(ə)le] <4> *vt* neu gestalten *ville, quartier*; neu gliedern *circonscription*; umstrukturieren, neu strukturieren *organisation, profession*; richten *nez*; **~ un visage** ein Gesicht [operativ] verändern
remontage [ʀ(ə)mɔ̃taʒ] *m* **①** *(assemblage) d'une machine, d'un meuble, moteur* Wiederzusammenbauen *nt*; *d'une montre, d'un appareil* Wiederzusammensetzen *nt*
② *(remise en place) d'un moteur* Wiedereinbau *m*, Wiedereinbauen *nt*
remontant [ʀ(ə)mɔ̃tɑ̃] *m* Stärkungstrunk *m*, Muntermacher *m (fam)*
remontant(e) [ʀ(ə)mɔ̃tɑ̃, ɑ̃t] *adj* **①** *(fortifiant)* belebend
② HORT zweimal im Jahr blühend
remonte [ʀ(ə)mɔ̃t] *f* **①** *d'un bateau* Fahrt *f* flussaufwärts/stromaufwärts, Bergfahrt
② *des poissons* Laichwanderung *f*
remontée [ʀ(ə)mɔ̃te] *f* **①** *(action) d'une côte, pente* erneuter Aufstieg; *d'un mineur* Ausfahrt *f*; *d'un plongeur* Auftauchen *nt*; SPORT [Wieder]aufstieg *m*, Aufholen *nt*; **la ~ d'un fleuve** die Bergfahrt auf einem Fluss
② *(hausse) des eaux, d'une popularité* erneutes Ansteigen, Wiederanstieg *m*; BOURSE erneuter Anstieg
③ *(machine)* **~ mécanique** Skilift *m*
remonte-pente [ʀ(ə)mɔ̃tpɑ̃t] <remonte-pentes> *m* Schlepplift *m*
remonter [ʀ(ə)mɔ̃te] <1> I. *vi* **①** + *être (monter à nouveau)* **~ dans sa chambre** wieder auf sein Zimmer gehen; **~ de la cuisine** wieder von [*o* aus] der Küche heraufkommen; **~ à Paris** wieder nach Paris zurückfahren *(fam)*; **~ en bateau** flussaufwärts/stromaufwärts fahren; **~ à la nage** flussaufwärtsstromaufwärts schwimmen; **~ de la rue** *odeur, fumée:* wieder von der Straße hochsteigen [*o* hochziehen]; **~ sur l'échelle** wieder auf die Leiter [hinauf]steigen; **~ sur le trône** wieder den Thron besteigen; **~ sur scène** wieder zur Bühne zurückkehren; **~ faire qc** [wieder] hinaufgehen um etw zu tun; *(venir d'en bas)* [wieder] heraufkommen um etw zu tun
② + *être (reprendre place)* **~ à bicyclette** wieder Fahrrad fahren; **~ en voiture** wieder ins Auto steigen; **~ à bord** [wieder] an Bord gehen
③ + *avoir (s'élever de nouveau)* [wieder] ansteigen
④ + *être (s'améliorer)* **~ dans l'estime de qn** in jds Ansehen steigen
⑤ + *être (glisser vers le haut) jupe:* hochrutschen, sich hochschieben; *col:* hochstehen
⑥ + *être (réapparaître)* **~ des profondeurs** *instincts, sentiments:* wieder hochkommen
⑦ + *être (se reporter)* **~ dans le temps** zurückblicken; **~ loin dans qc** *personne:* weit ausholen bei etw; *souvenirs:* weit zurückreichen
⑧ + *avoir (aller vers la source)* **~ de l'effet jusqu'à la cause** den Weg von der Wirkung bis zur eigentlichen Ursache zurückverfolgen; **~ jusqu'à qn** bis zu jdm vordringen
⑨ + *avoir (dater de)* **cela remonte jusqu'au siècle dernier** das geschah im letzten Jahrhundert; **~ au mois dernier/à l'année dernière** *événement, fait:* auf letzten Monat/letztes Jahr zurückgehen; **cet incident remonte à quelques jours** dieser Zwischenfall liegt einige Tage zurück
II. *vt + avoir* **①** *(vu d'en haut/d'en bas)* wieder heraufkommen/hinaufgehen; *(dans un véhicule)* wieder heraufkommen/hinauffahren; *(en bateau)* herauffahren/hinauffahren; *(à la nage)* heraufschwimmen/hinaufschwimmen
② *(rattraper)* einholen *cortège, troupe, concurrent;* aufholen *handicap, places, points;* **se faire ~ par qn** von jdm eingeholt werden
③ *(relever)* hochschlagen *col;* hochziehen *chaussettes, pantalon;* hochkrempeln, aufkrempeln *bas du pantalon, manches;* höher hängen *étagère, tableau;* höher machen [*o* ziehen] *mur;* SCOL anheben *note*
④ *(rapporter, porter)* **~ la valise au grenier** den Koffer auf den Dachboden hinauftragen; **~ une bouteille de la cave à son père** seinem Vater eine Flasche aus dem Keller heraufbringen
⑤ *(faire marcher)* aufziehen *mécanisme, montre;* **être remonté(e)** *hum (excité)* aufgedreht [*o* aufgeputscht] sein *(fam);* **être remon-**

té(e) contre qn *(fâché)* wütend auf jdn sein
⑥ *(opp: démonter)* wieder zusammenbauen [*o* anbringen] *robinet;* wieder aufmontieren *roue*
⑦ *(réassortir)* **~ sa garde-robe** sich neu einkleiden; **~ son ménage [en meubles]** sich neu einrichten; **~ ses stocks** das Lager auffüllen
⑧ *(remettre en état)* wieder in Gang [*o* in Schwung] bringen *affaires;* wieder instandsetzen [*o* aufbauen] *mur;* **~ qn** *(physiquement)* jdn aufmuntern, jdn wieder auf die Beine bringen; *(moralement)* jdn aufmuntern; **~ le moral de qn** jdm wieder Mut machen
⑨ THEAT wieder [*o* neu] inszenieren, wieder aufführen
III. *vpr se ~* **①** *(physiquement)* sich erholen, wieder zu Kräften kommen; *(moralement)* neuen Mut schöpfen [*o* fassen]
② *montre, mécanisme:* aufgezogen werden
remontoir [ʀ(ə)mɔ̃twaʀ] *m d'une horloge, d'un jouet* Aufziehvorrichtung *f*, Aufziehschraube *f*; *d'une montre* Krone *f*; **montre à ~** Uhr zum Aufziehen
remontrance [ʀ(ə)mɔ̃tʀɑ̃s] *f* Verweis *m*, Ermahnung *f*; **faire des ~s à qn** jdm Vorhaltungen machen
remontrer [ʀ(ə)mɔ̃tʀe] <1> I. *vt* **①** *(montrer à nouveau)* wieder aufführen, noch einmal aufführen [*o* zeigen] *spectacle*
② *(donner une leçon)* **en ~ à un collègue en [o dans la] linguistique** einem Kollegen seine Überlegenheit in Linguistik beweisen, einen Kollegen in Linguistik belehren
II. *vpr se* **~ en public** sich wieder in der Öffentlichkeit zeigen
remords [ʀ(ə)mɔʀ] *m* Schuldgefühl *nt*, Reue *f*, Zerknirschung *f*; **des ~** Gewissensbisse *Pl*; **bourrelé(e) de ~** von Gewissensbissen geplagt; **avoir des ~** ein schlechtes Gewissen haben; **pas de ~? bist du/sind Sie sicher?, du bleibst/Sie bleiben dabei?**
◆ **~ de conscience** Gewissensbisse *Pl*; **par ~ de conscience** aus Schuldgefühl, aus schlechtem Gewissen
remorquage [ʀ(ə)mɔʀkaʒ] *m d'une voiture* Abschleppen *nt*; *d'un chaland, d'une péniche* Schleppen *nt*, Bugsieren *nt*
remorque [ʀ(ə)mɔʀk] *f* **①** *(véhicule sans moteur)* Anhänger *m*; *(véhicule tiré par un camion)* Lastwagenanhänger
② *(traction)* Abschleppen *nt*; **prendre un bateau en ~** ein Boot ins Schlepptau nehmen; **prendre une voiture en ~** ein Auto abschleppen
③ *(câble)* Schlepptau *nt*, Schleppseil *nt*
▶ **être à la ~ de qn/qc** hinter jdm/etw herhinken; **être [*o* se mettre] à la ~ de qn/qc** sich von jdm/etw ins Schlepptau nehmen lassen
remorquer [ʀ(ə)mɔʀke] <1> *vt* schleppen, ins Schlepptau nehmen *bateau;* ziehen *train;* abschleppen *voiture;* **se faire ~** abgeschleppt werden
remorqueur [ʀ(ə)mɔʀkœʀ] *m* Schlepper *m*, Schleppkahn *m*
remouiller [ʀ(ə)muje] <1> I. *vt* **①** wieder [*o* noch einmal] nass machen; wieder anfeuchten *linge;* **se faire ~** wieder nass werden
② NAUT **~ [l'ancre]** wieder vor Anker gehen, wieder Anker werfen
II. *vpr se* **~ le pantalon** sich *(Dat)* wieder [*o* noch einmal] die Hose nass machen
rémoulade [ʀemulad] *f* Remoulade[nsoße *f*] *f*
rémouleur [ʀemulœʀ] *m* Scherenschleifer(in) *m(f)*
remous [ʀ(ə)mu] *m* **①** *(tourbillon) de l'air, eau* Wirbel *m*, Strudel *m*; *d'un bateau* Kielwasser *nt*; *d'une foule* hektisches Treiben
② *(agitation)* Wirbel *m*, Aufruhr *f*; **provoquer [*o* causer] des ~** Wirbel verursachen; **dûs à la demande** COM Nachfragesog *m*; **les ~ de la politique** die politischen Turbulenzen
rempaillage [ʀɑ̃pajaʒ] *m d'une chaise* Neubespannung *f* mit [Stroh]geflecht
rempailler [ʀɑ̃paje] <1> *vt* neu mit Stroh bespannen, neu flechten
rempaqueter [ʀɑ̃pak(ə)te] <3> *vt* wieder einpacken
rempart [ʀɑ̃paʀ] *m* **①** MIL [Schutz]wall *m*; *d'une ville* Stadtmauer *f*, Befestigungsmauer *f*
② *(protection idéologique)* Bollwerk *nt*
▶ **faire à qn un ~ de son corps** *soutenu* jdn mit seinem Körper schützen [*o* decken]
rempas [ʀɑ̃pa] *mpl arg* **les ~** die Alten *Pl*, die Eltern *Pl*
rempiler [ʀɑ̃pile] <1> I. *vt* wieder aufstapeln
II. *vi fam* sich weiter [*o* länger] verpflichten; **~ pour trois ans** um drei Jahre verlängern
remplaçable [ʀɑ̃plasabl] *adj personne* ersetzbar; *(interchangeable)* pièce détachée auswechselbar; *(retrouvable)* objet de valeur, pièce rare ersetzbar
remplaçant(e) [ʀɑ̃plasɑ̃, ɑ̃t] *m(f)* **①** Vertretung *f*; THEAT Ersatzschauspieler(in) *m(f)*; **~(e) pendant un congé maternité** Mutterschaftsvertretung; **être le ~ de qn** [als Ersatz] für jdn einspringen
② SPORT Ersatzspieler(in) *m(f)*, Reservemann *m*/-frau *f*; **gardien de but ~** Ersatztorwart *m*
remplacement [ʀɑ̃plasmɑ̃] *m* **①** *(substitution)* Ersetzen *nt*; *d'un employé* Ablösung *f*; *(d'un objet par un autre)* Auswechseln *nt*; **~ des monnaies nationales** FIN Ablösung der Landeswährungen; **en ~** hilfsweise; **en ~ de qn/qc** *(provisoirement)* als Vertretung

für jdn; *(définitivement)* als Ersatz für jdn/etw; **solution de** ~ Ersatzlösung
② *(intérim)* Vertretung *f;* ~ **de congé maternité** Mutterschaftsvertretung; **faire des** ~**s** Vertretung[en] machen
remplacer [ʀɑ̃plase] <2> I. *vt* ① *(changer)* ersetzen; austauschen *pièce usée;* austauschen, auswechseln *disque dur;* ~ **sa voiture** sich *(Dat)* ein anderes Auto kaufen; **supprimer la préface sans la** ~ das Vorwort ersatzlos streichen; ~ **un lecteur de CD-ROM par un lecteur de DVD** das CD-ROM-Laufwerk gegen ein DVD-Laufwerk austauschen
② *(prendre la place de)* ablösen *personne fatiguée, sentinelle;* ~ **qn** *(temporairement)* jdn vertreten
③ *(tenir lieu de)* ersetzen
II. *vpr* **se** ~ sich ersetzen lassen; *pièce usée:* sich austauschen lassen
rempli(e) [ʀɑ̃pli] *adj* ① *(plein)* voll; ~**(e) de personnes** voller Menschen; **tasse** ~**e de thé** Tasse *f* voll Tee
② *(rond)* voll
③ *(occupé) journée, vie* ausgefüllt; *emploi du temps* voll
④ *(en proie à)* ~**(e) de joie/tristesse** voller Freude/Trauer; ~**(e) de colère** wuterfüllt
remplir [ʀɑ̃pliʀ] <8> I. *vt* ① *(rendre plein)* ~ **un carton de choses** einen Karton mit Dingen füllen; ~ **une valise de vêtements** einen Koffer mit Kleidungsstücken voll packen
② *(occuper)* füllen; ausfüllen *journée, vie*
③ *(couvrir)* voll schreiben *page*
④ *(compléter)* ausfüllen *formulaire, chèque*
⑤ *(pénétrer)* ~ **qn de joie/tristesse/d'admiration** jdn mit Freude/Trauer/Bewunderung erfüllen
⑥ *(réaliser, répondre à)* erfüllen *mission, contrat, conditions;* spielen *rôle;* einhalten *obligation*
II. *vpr* **se** ~ **de personnes/liquide** sich mit Menschen/Flüssigkeit füllen
remplissage [ʀɑ̃plisaʒ] *m* ① *(fait de remplir)* Füllen *nt*
② *péj (développement inutile)* Füllsel *nt*
remploi *v.* **réemploi**
remployer *v.* **réemployer**
remplumer [ʀɑ̃plyme] <1> *vpr fam* **se** ~ ① *(grossir)* wieder zunehmen
② *(financièrement)* wieder zu Geld kommen
rempocher [ʀɑ̃pɔʃe] <1> *vt* wieder einstecken
remporter [ʀɑ̃pɔʀte] <1> *vt* ① *(reprendre)* wieder mitnehmen; **faire** ~ **une livraison** eine Lieferung zurückgehen lassen
② *(gagner)* davontragen *(geh);* gewinnen *championnat, prix*
rempoter [ʀɑ̃pɔte] <1> *vt* umtopfen
remuant(e) [ʀəmɥɑ̃, ɑ̃t] *adj* ① *(turbulent)* lebhaft
② *(entreprenant)* rührig
remue-ménage [ʀ(ə)mymenaʒ] *m inv* ① *(agitation)* Hin *nt* und Her; ~ **médiatique** Presserummel *m (fam)* ② *(confusion)* Durcheinander *nt;* **faire du** ~ für Aufruhr sorgen ③ *(bruit)* Krach *m;* **faire du** ~ Krach machen **remue-méninges** [ʀ(ə)mymenɛʒ] *m inv* Brainstorming *nt*
remuer [ʀəmɥe] <1> I. *vi* ① *(bouger)* sich bewegen; *(continuellement)* in Bewegung sein
② *(être instable) dent, lit, mur:* wackeln; *tuile:* lose sein
③ *(se révolter)* unruhig werden
II. *vt* ① *(bouger)* bewegen; wiegen *hanches;* ~ **les oreilles** mit den Ohren wackeln; ~ **la queue** mit dem Schwanz wedeln
② *(déplacer)* zur Seite rücken
③ *(mélanger)* rühren *sauce, mayonnaise;* umrühren *café;* mischen *salade*
④ *(retourner)* umgraben *terre;* ~ **des cendres** in der Asche stochern
⑤ *(évoquer)* ~ **des souvenirs/sentiments en qn** Erinnerungen/Gefühle in jdm *(Dat)* wecken
⑥ *(émouvoir)* ergreifen
III. *vpr* **se** ~ ① *(bouger)* sich bewegen
② *(faire des efforts)* sich bemühen
rémunérateur, -trice [ʀemyneʀatœʀ, -tʀis] *adj* einträglich; **être très** ~ (**-trice**) sich auszahlen
rémunération [ʀemyneʀasjɔ̃] *f* ① *(paiement)* Bezahlung *f,* Entlohnung *f;* *(salaire)* Vergütung *f;* ECON, JUR Leistungsentgelt *nt (Fachspr.);* ~ **exceptionnelle** [*o* **spéciale**] ECON, JUR Sondervergütung *f,* Sonderentgelt; ~ **hors tarif** [*o* **hors grilles**] übertarifliche Bezahlung; ~ **de l'activité/des tantièmes** Tätigkeits-/Tantiemevergütung; ~ **de base** Grundvergütung; ~ **du gérant d'affaires** Geschäftsführervergütung; ~ **des membres du conseil de surveillance** Aufsichtsratsvergütung; **la** ~ **convenue** das vereinbarte Entgelt
rémunérer [ʀemyneʀe] <5> *vt* bezahlen; **être rémunéré(e) en dessous du tarif** untertariflich bezahlt werden
renâcler [ʀənɑkle] <1> *vi* ① *o* [*o* **devant**] **qc** über etw *(Akk)* murren; ~ **à faire qc** etw nur widerwillig tun
renaissance [ʀ(ə)nɛsɑ̃s] I. *f* ① *(renouveau) des arts, lettres* Wiederaufblühen *nt; de l'économie* Wiederaufschwung *m*

② *(vie nouvelle)* Wiedergeburt *f*
③ HIST, ART **la Renaissance** die Renaissance, die Renaissancezeit; **art/musique/peinture de la Renaissance** Renaissancekunst *f/* -musik *f/* -malerei *f;* **poète/poétesse de la Renaissance** Renaissancedichter(in) *m(f);* **prince/princesse de la Renaissance** Renaissancefürst(in) *m(f)*
II. *app inv* **château/édifice Renaissance** Renaissanceschloss *nt/* -bau *m;* **armoire/façade Renaissance** Renaissanceschrank *m/* -fassade *f;* **style Renaissance** Renaissancestil *m*
renaissant(e) [ʀ(ə)nɛsɑ̃, ɑ̃t] *adj* wieder aufkommend; *économie* wieder aufblühend; *antagonisme* wieder aufflammend
renaître [ʀ(ə)nɛtʀ] <*irr, déf*> *vi* ① *(reparaître) espoir, doute:* wieder aufkommen; *désir, dispute:* wieder aufflammen; *difficultés:* wieder auftauchen; **faire** ~ **l'espoir chez qn** jdm wieder Hoffnung machen; **faire** ~ **le conflit** den Konflikt erneut heraufbeschwören
② *(reprendre vigueur) fleur:* wieder blühen; *jour:* erwachen; *économie:* wieder aufblühen; *pays:* wieder aufleben
③ REL, MYTH wiedergeboren werden
rénal(e) [ʀenal, o] <-**aux**> *adj* ANAT, MED Nieren-; **insuffisance** ~ **e** Niereninsuffizienz *f (Fachspr.);* **maladie** ~ **e** [*o* **des reins**] Nierenkrankheit *f;* **fonction** ~ **e** Funktion *f* der Niere, Nierenfunktion
renard [ʀ(ə)naʀ] *m (animal, fourrure)* Fuchs *m;* ~ **argenté/roux/gris** Silber-/Rot-/Graufuchs
▶ **fin** ~ schlauer Fuchs; **vieux** ~ alter Fuchs
renarde [ʀ(ə)naʀd] *f* Füchsin *f*
renardeau [ʀənaʀdo] <x> *m* junger Fuchs *m*
renardière [ʀ(ə)naʀdjɛʀ] *f* ① *(tanière)* Fuchsbau *m*
② CAN *(ferme)* Fuchsfarm *f*
rencard *v.* **rancard**
renchérir [ʀɑ̃ʃeʀiʀ] <8> I. *vi* ① *(faire de la surenchère)* auftrumpfen
② *(devenir plus cher)* teurer werden
③ *(faire une enchère supérieure)* ~ **sur qn** jdn überbieten
II. *vt* verteuern; ~ **qc fortement** etw kräftig verteuern
renchérissement [ʀɑ̃ʃeʀismɑ̃] *m* Preisanstieg *m; des loyers* Anstieg *m*
rencontre [ʀɑ̃kɔ̃tʀ] *f* ① *(fait de se rencontrer)* Begegnung *f;* ~ **secrète** geheimes Treffen; ~ **internationale de la jeunesse** internationale Jugendbegegnung
② MIL Gefecht *nt*
③ *(entrevue)* Zusammenkunft *f;* *(réunion)* Treffen *nt*
④ SPORT Spiel *nt;* ~ **de football/boxe/d'athlétisme** Fußballspiel/Boxkampf *m*/Leichtathletiktreffen *nt*
⑤ HIST *(duel)* Duell *nt*
⑥ *(convergence) de lignes* Schnittpunkt *m; de voyelles* Zusammentreffen *nt; de fleuves* Zusammenfluss *m; de routes* Kreuzung *f*
▶ **faire une mauvaise** ~ überfallen werden; **aller/venir à la** ~ **de qn** jdm entgegenlaufen/-kommen; **faire la** ~ **de qn** jdn kennen lernen; **personne de** ~ Zufallsbekanntschaft *f*
◆ ~ **d'experts** Expertentreffen *nt;* ~ **au sommet** Gipfeltreffen *nt*
rencontrer [ʀɑ̃kɔ̃tʀe] <1> I. *vt* ① *(croiser)* ~ **qn** jdm begegnen
② *(avoir une entrevue)* ~ **qn** sich mit jdm treffen
③ *(faire la connaissance de)* kennen lernen
④ SPORT ~ **qn** auf jdn treffen
⑤ *(être confronté à)* ~ **qc** auf etw *(Akk)* stoßen
⑥ *(se heurter à)* ~ **un mur/arbre** gegen eine Mauer/einen Baum prallen; ~ **le vide** ins Leere treffen
⑦ *(trouver par hasard)* finden *bonheur, trèfle à quatre feuilles*
▶ ... **comme on n'en rencontre plus/on en rencontre peu** ... wie heute nicht mehr anzutreffen/wie nur noch selten anzutreffen
II. *vpr* **se** ~ ① *(se croiser)* sich begegnen; *regards, yeux:* sich treffen
② *(avoir une entrevue)* sich treffen
③ *(faire connaissance)* sich kennen lernen; **il les a fait se** ~ er hat sie zusammengeführt
④ SPORT *boxeurs, équipes:* gegeneinander antreten
⑤ *(se heurter) véhicules:* zusammenstoßen
⑥ *(se rejoindre) routes, lignes:* aufeinandertreffen; *rivières:* zusammenfließen
⑦ *(se produire)* vorkommen
⑧ *(exister)* **il se rencontre des femmes/voitures qui...** es gibt Frauen/Autos, die ...
rendement [ʀɑ̃dmɑ̃] *m* ① *(production) d'un champ, d'une exploitation agricole, terre* Ertrag *m; d'un puits de pétrole* Ausbeute *f; d'une machine* Nutzeffekt *m,* Leistung *f;* ~ **annuel** Jahresertrag; ~ **brut** Rohausbeute; ~ **marginal** Skalenertrag *(Fachspr.);* ~ **partiel** Teilertrag; ~ **réel** *d'une machine* Effektivleistung; **des terres d'un bon** ~ ertragreiche Böden; **courbe de** ~ *d'un appareil* Leistungskurve *f*
② FIN Rendite *f;* ~ **circulant/fictif** Umlauf-/Scheinrendite; ~ **réel** Realverzinsung *f;* ~ **d'un/de l'emprunt** Anleiherendite; ~ **d'une/de la part** Anteilsrendite; **placements à fort/faible** ~ leistungsstarke/leistungsschwache Anlagen *(Fachspr.)*
③ *(efficacité) d'une personne* Leistung *f;* **être payé(e) au** ~ leistungsbezogen bezahlt werden; **salaire au** ~ Leistungslohn *m*

④ PHYS Leistung *f*
◆ ~ **des biens** ECON Güteraufkommen *nt;* ~ **du capital** Kapitalertrag *m,* Kapitalrendite *f,* Fondsertrag; ~ **du chiffre d'affaires** Umsatzrendite *f;* ~ **par défaut** Leistungsvorgabe *f;* ~ **d'échelle** ECON Skalenertrag *m;* ~ **du patrimoine** Vermögensertrag *m;* ~ **du travail** ECON Leistungsaufkommen *nt*

rendez-vous [ʀɑ̃devu] *m inv* ① Termin *m; (avec un ami, un proche)* Verabredung *f;* **avoir** ~ **avec qn** mit jdm verabredet sein; *(rencontre officielle)* einen Termin [mit jdm] haben; **donner un** ~ **à qn** mit jdm einen Termin ausmachen; *(avec un ami, un proche)* sich mit jdm verabreden; ~ **à huit heures/à la gare** wir treffen uns um acht Uhr/am Bahnhof; **se donner** ~ sich verabreden; **prendre** ~ **avec qn** mit jdm einen Termin ausmachen; **prendre** ~ **chez qn** sich bei jdm einen Termin geben lassen; **sur** ~ nach Vereinbarung; ~ **chez le coiffeur/l'avocat** Friseur-/Anwaltstermin
② *(entre amoureux)* Rendezvous *nt;* ~ **amoureux** [*o* **galant**] Rendezvous, Stelldichein *nt (veraltet)*
③ *(lieu de rencontre)* Treffpunkt *m;* ~ **branché** *fam* Szenetreff *m (fam)*
▶ ~ **social** ≈ Tariffrunde *f;* **être au** ~ *chose:* nicht auf sich warten lassen
◆ ~ **d'affaires** geschäftliche Verabredung, ~ **de chasse** Jagdhaus *nt*

rendormir [ʀɑ̃dɔʀmiʀ] <*irr*> I. *vt* wieder einschläfern
II. *vpr* **se** ~ wieder einschlafen

rendre [ʀɑ̃dʀ] <14> I. *vt* ① *(restituer)* zurückgeben
② *(donner en retour)* zurückgeben; erwidern *invitation, visite, salut;* ~ **sa visite à qn** jds Besuch erwidern; ~ **la monnaie sur cent euros** auf hundert Euro herausgeben; **elle me déteste, et je le lui rends bien** sie kann mich nicht ausstehen, was auf Gegenseitigkeit beruht
③ *(rapporter)* zurückgeben *article défectueux*
④ *(donner)* geben *réponse;* abgeben *devoir*
⑤ *(redonner)* wiederschenken *liberté;* wiedergeben *espoir;* zurückgeben *courage, vue;* ~ **la santé à qn** jdn heilen
⑥ *(faire devenir)* ~ **plus facile** leichter machen; ~ **plus facile à comprendre** verständlicher machen; ~ **triste/joyeux[-euse]** traurig/fröhlich stimmen; ~ **publi[c-ique]** veröffentlichen; ~ **publiques ses participations** seine Beteiligungen offenlegen; ~ **moins compliqué(e)** einfacher machen, vereinfachen; **c'est à vous** ~ **fou!** das ist doch zum Verrücktwerden!
⑦ JUR fällen *jugement, verdict;* erlassen *arrêt;* ~ **une décision** einen Spruch fällen
⑧ *(vomir)* erbrechen
⑨ *(émettre)* erzeugen *son*
⑩ *(traduire, reproduire)* wiedergeben
⑪ MIL übergeben *place forte*
II. *vi* ① AGR *(rapporter)* ertragreich sein; **ne guère/rien** ~ *terre:* ertragsarm/ertraglos sein
② *(vomir)* sich übergeben
III. *vpr* ① *(capituler)* **se** ~ sich ergeben
② *(se soumettre)* **se** ~ **à l'avis de qn** sich jds Meinung *(Dat)* anschließen; **se** ~ **aux prières de qn** jds Bitten *(Dat)* nachgeben; **se** ~ **aux raisons de qn** sich von jdm überzeugen lassen; **se** ~ **à l'évidence** sich den Tatsachen beugen
③ *(agir de façon à être)* **se** ~ **agréable à qn** es jdm recht machen; **se** ~ **esclave de qn** sich zu jds Sklaven machen; **se** ~ **maître de qn/qc** jdn/etw beherrschen
④ *(aller)* **se** ~ **chez qn** zu jdm gehen, sich zu jdm hinbegeben *(geh);* **se** ~ **à son travail** zur Arbeit gehen

rendu [ʀɑ̃dy] *m* COM *(marchandise rendue)* Retoure *f*

rendu(e) [ʀɑ̃dy] I. *part passé de* **rendre**
II. *adj* ① *(arrivé)* angekommen; **on est plus vite** ~ **par le train** mit dem Zug ist man schneller da
② COM ~**(e) à bord/domicile/à l'usine/en gare** frei an Bord/frei Haus/Fabrik/Bahnhof

rêne [ʀɛn] *f* Zügel *m*
▶ **lâcher les** ~**s** aufgeben; **prendre les** ~**s de qc** die Führung einer S. *(Gen)* übernehmen

renégat(e) [ʀ(ə)nega, at] *m(f)* Abtrünnige(r) *f(m)*

renégociation [ʀənegɔsjasjɔ̃] *f* Neuverhandlung *f*

renégocier [ʀənegɔsje] <1a> *vt* neu verhandeln *contrat*

reneiger [ʀəneʒe] <2a> *vi impers* **il reneige** es schneit wieder

renfermé [ʀɑ̃fɛʀme] *m* **sentir le** ~ muffig riechen

renfermé(e) [ʀɑ̃fɛʀme] *adj* verschlossen

renfermer [ʀɑ̃fɛʀme] <1> I. *vt* enthalten
II. *vpr* **se** ~ **en** [*o* **sur**] **soi-même** sich in sich *(Akk)* zurückziehen

renflé(e) [ʀɑ̃fle] *adj* bauchig

renflement [ʀɑ̃fləmɑ̃] *m* Ausbauchung *f;* d'une racine, tige, d'un bourgeon Verdickung *f*

renfler [ʀɑ̃fle] <1> I. *vt* ① *rare (augmenter de volume)* anschwellen lassen *dette*
② *(rendre bombé)* wölben

II. *vpr* **se** ~ *cou:* anschwellen

renflouage [ʀɑ̃flua ʒ] *m*, **renflouement** [ʀɑ̃flumɑ̃] *m* Flottmachen *nt;* **bateau de** ~ Bergungsschiff *nt;* **remorqueur de** ~ Bergungsschlepper *m*

renflouer [ʀɑ̃flue] <1> *vt* ① NAUT flottmachen
② *(fournir des fonds)* finanziell unterstützen; wieder auffüllen *caisse*

renfoncement [ʀɑ̃fɔ̃smɑ̃] *m* Nische *f*

renfoncer [ʀɑ̃fɔ̃se] <2> *vt* tiefer hineindrücken *bouchon;* tiefer hineinschlagen *clou;* ~ **son chapeau sur sa tête** den Hut tiefer in die Stirn ziehen

renforçateur [ʀɑ̃fɔʀsatœʀ] *m* ① PHOT Verstärker *m*
② GASTR Geschmacksverstärker *m*

renforcement [ʀɑ̃fɔʀsəmɑ̃] *m* Verstärkung *f;* d'une couleur Intensivierung *f;* de la paix Festigung *f;* de l'amour, de la haine Vertiefung *f;* ~ **positif/négatif** PSYCH positive/negative Verstärkung

renforcer [ʀɑ̃fɔʀse] <2> I. *vt* ① *(consolider)* verstärken; **être renforcé(e)** verstärkt sein
② *(intensifier)* verstärken; intensivieren *couleur;* ~ **le son** lauter drehen; ~ **ses efforts** seine Anstrengungen verstärken
③ *(affermir)* festigen *paix, position;* verstärken *soupçon;* vertiefen *sentiment;* **être renforcé(e)** *paix:* konsolidiert sein
④ *(confirmer)* ~ **qn dans son opinion** jdn in seiner Meinung bestärken
II. *vpr* ① *(devenir plus efficace)* **se** ~ **de qn** *groupe:* durch jdn verstärkt werden
② *(s'affermir)* **se** ~ sich festigen; *popularité:* wachsen

renfort [ʀɑ̃fɔʀ] *m* ① *souvent pl (personnes)* Verstärkung *f*
② *(supplément)* ~**s en nourriture/matériel** Nachschub *m* an Lebensmitteln/Material
③ COUT Flicken *m*
④ ARCHIT Stütze *f;* **mettre un** ~ **contre qc** etw abstützen
⑤ AUT ~ **latéral [de sécurité]** Seitenaufprallschutz *m*
▶ **à grand** ~ **de gestes/statistiques** mit großer Gestik/vielen Statistiken

renfrogné(e) [ʀɑ̃fʀɔɲe] *adj* mürrisch

renfrogner [ʀɑ̃fʀɔɲe] <1> *vpr* **se** ~ ein schiefes Gesicht ziehen

rengagement *v.* **réengagement**

rengager [ʀɑ̃gaʒe] <2a> I. *vt v.* **réengager**
II. *vi* MIL sich weiterverpflichten
III. *vpr* **se** ~ MIL sich weiterverpflichten

rengaine [ʀɑ̃gɛn] *f fam* ① *(chanson)* abgedroschener Schlager
② *(propos)* Leier *f (fam);* **c'est toujours la même** ~ es ist immer die alte Leier *(fam)*

rengainer [ʀɑ̃gene] <1> *vt* ① *(ranger)* in die Scheide zurückstecken *épée;* ins Halfter zurückstecken *revolver*
② *fam (garder pour soi)* für sich behalten *compliment, remarque*

rengorger [ʀɑ̃gɔʀʒe] <2a> *vpr* **se** ~ **de son succès** sich aufgrund seines Erfolgs aufplustern *(pej fam);* **se** ~ **de faire qc** sich damit brüsten, dass man etw tut *(pej)*

reniement [ʀənimɑ̃] *m* Verleugnung *f;* du passé, d'une promesse Leugnung *f;* de la foi Lossagung *f*

renier [ʀənje] <1a> I. *vt* verleugnen; leugnen *idée, promesse, passé;* ~ **sa foi** sich von seinem Glauben lossagen
II. *vpr* **se** ~ sich verleugnen

reniflement [ʀ(ə)nifləmɑ̃] *m* ① *(fait de renifler)* Schnüffeln *nt*
② *(bruit)* Geschnüffel *nt*

renifler [ʀ(ə)nifle] <1> I. *vi* schnüffeln
II. *vt* ① *(sentir)* riechen; *animal:* wittern
② *(aspirer par le nez)* schnupfen *tabac;* schnüffeln *cocaïne*
③ *fam (pressentir)* wittern *(fam)*

renne [ʀɛn] *m* Ren[tier *nt*] *nt*

renoi [ʀənwa] *mf arg* Schwarze(r) *f(m)*

renom [ʀ(ə)nɔ̃] *m* Renommee *nt;* **en** [*o* **de**] **grand** ~ renommiert

renommé(e) [ʀ(ə)nɔme] *adj* bekannt; ~**(e) pour** bekannt für

renommée [ʀ(ə)nɔme] *f* ① *sans pl (célébrité)* Renommee *nt;* ~ **de l'entreprise** Firmenansehen *nt*
② *(réputation)* Ruf *m;* **de** ~ **mondiale** von Weltruf
▶ **bonne** ~ **vaut mieux que ceinture dorée** *prov* guter Ruf ist Goldes wert

renon [ʀənɔ̃] *m* BELG *d'un bail* Kündigung *f*

renoncement [ʀ(ə)nɔ̃smɑ̃] *m* ① Verzicht *m;* ~ **à qc** Verzicht auf etw *(Akk);* ~ **à l'armement nucléaire** Kernwaffenverzicht
② *(sacrifice)* Opfer *nt;* **esprit de** ~ aufopferungswilliger Geist; **mener une vie de** ~ ein entbehrungsreiches Leben führen

renoncer [ʀ(ə)nɔ̃se] <2> I. *vi* ① *(abandonner)* verzichten; ~ **à une action** eine Klage fallen lassen; ~ **à sa foi** sich von seinem Glauben lossagen; ~ **à fumer/boire** aufhören, zu rauchen/trinken; ~ **au monde/aux plaisirs** dem weltlichen Leben/den Freuden entsagen *(geh)*
② *(se désister)* ~ **à un voyage/projet** von einer Reise/einem Projekt zurücktreten
③ *(refuser un droit)* ~ **à qc** auf etw *(Akk)* verzichten; ~ **à une suc-**

cession eine Erbschaft ausschlagen
④ CARTES ~ **à pique/carreau** Pik/Karo nicht bedienen
II. *vt* BELG *(résilier) bail* kündigen; ~ **un locataire** einem Mieter [die Wohnung] kündigen
renonciation [ʀ(ə)nɔ̃sjasjɔ̃] *f* a. JUR **à un droit** Verzicht *m* auf ein Recht [o einen Anspruch]; ~ **à une action** Klageverzicht; ~ **à la pension alimentaire** Unterhaltsverzicht; ~ **à la/une succession** Erbschaftsausschlagung *f*, Erbverzicht; ~ **des parties au contrat à faire valoir leur droit à réparation en cas de dommage** Abfindungsvergleich *m (Fachspr.)*; ~ **à un/au testament** Testamentsausschlagung; ~ **aux voies de recours** Rechtsmittelverzicht *(Fachspr.)*
♦ ~ **à l'appel** Berufungsverzicht *m;* ~ **aux parts** JUR Anteilsverzicht *m;* ~ **aux prétentions** Aufgabe *f* von Ansprüchen; ~ **au recouvrement** Verzicht *m* auf Beitreibung
renoncule [ʀənɔ̃kyl] *f* Hahnenfuß *m*
renouer [ʀənwe] <1> I. *vi* ~ **avec qn** mit jdm wieder Verbindung aufnehmen; ~ **avec qc** wieder an etw *(Akk)* anknüpfen
II. *vt* ❶ *(relacer)* wieder zubinden
❷ *(reprendre)* erneut schließen *amitié, alliance*; wieder anknüpfen an *(+ Akk) conversation, fil du récit*
renouveau [ʀ(ə)nuvo] *m* Wiederaufleben *nt;* **qc connaît un** ~ **d'intérêt** das Interesse an etw *(Dat)* erwacht wieder
renouvelable [ʀ(ə)nuv(ə)labl] *adj* ❶ *(prolongeable)* verlängerbar
❷ *(rééligible)* neu wählbar
❸ *(qui peut être répété)* wiederholbar
❹ *(inépuisable) énergie* erneuerbar, regenerierbar
❺ JUR erneuerungsfähig
renouveler [ʀ(ə)nuv(ə)le] <3> I. *vt* ❶ *(remplacer)* erneuern; neu wählen *députés, parlement;* ~ **sa garde-robe** sich neu einkleiden; ~ **l'air d'une pièce** einen Raum lüften
❷ *(répéter)* ~ **une offre à qn** jdm gegenüber ein Angebot wiederholen; ~ **une question à qn** jdm eine Frage erneut stellen; ~ **une promesse à qn** jdm ein Versprechen erneut geben; ~ **sa candidature** sich noch einmal bewerben; ~ **sa confiance à qn** jdm erneut sein Vertrauen aussprechen
❸ *(prolonger)* verlängern *bail, passeport*
❹ *(rénover)* ändern; ~ **l'aspect** [*o* **la face**] **de qc** einer S. *(Dat)* ein neues Gesicht geben; **version renouvelée** Neufassung *f*
II. *vpr* **se** ~ ❶ *(être remplacé)* ausgewechselt werden; *peau, cellule:* sich erneuern
❷ *(se reproduire)* sich wiederholen
❸ *(innover)* sich weiterentwickeln
renouvellement [ʀ(ə)nuvɛlmã] *m* ❶ *(remplacement)* Erneuerung *f; des députés, du parlement* Neuwahl *f;* ~ **de l'air** Lüften *nt;* ~ **du capital monétaire** Geldvermögensneubildung *f (Fachspr.)*
❷ *(répétition)* Wiederholung *f*
❸ *(prolongation)* Verlängerung *f; d'un brevet* erneute Erteilung
❹ *(rénovation) de la conception, d'un genre, style* Veränderung *f*
rénovateur, -trice [ʀenɔvatœʀ, -tʀis] I. *adj* reformerisch
II. *m, f* Reformer(in) *m(f)*
rénovation [ʀenɔvasjɔ̃] *f* ❶ *(remise à neuf)* Renovierung *f; d'un quartier* Sanierung *f; d'un meuble* Restaurierung *f*
❷ *(modernisation)* Modernisierung *f*
rénover [ʀenɔve] <1> *vt* ❶ *(remettre à neuf)* renovieren; sanieren *quartier;* restaurieren *meuble*
❷ *(moderniser)* modernisieren
renseignement [ʀɑ̃sɛɲmɑ̃] *m* ❶ *(information)* Information *f; (auprès d'un service)* Auskunft *f;* **à titre de** ~ interessehalber; **de plus amples** ~**s** nähere Informationen; **aller aux** ~**s** zur Information gehen; **prendre ses** ~**s** Erkundigungen einziehen; ~**s pris** nach eingehenden Erkundigungen
❷ *(bureau)* **les** ~**s** die Information
❸ TELEC **les** ~ die Auskunft
❹ MIL Geheimdienst *m;* **les** ~**s généraux** französischer Geheimdienst; **agent des** ~**s généraux** Verfassungsschützer(in) *m(f) (fam)*
❺ FIN ~ **bancaire** Bankauskunft *f;* **demander un** ~ **bancaire** eine Bankauskunft einholen; ~ **sur la solvabilité** Bonitätsauskunft; ~ **sur la solvabilité de qn** Kreditauskunft über jdn
renseigner [ʀɑ̃sɛɲe] <1> I. *vt* informieren; ~ **qn sur un élève/la route** *chose:* jdm Aufschluss über einen Schüler/eine Straße geben; **on vous a mal renseigné(e)** man hat Ihnen eine falsche Auskunft gegeben; **ça ne nous renseigne pas beaucoup** das hilft uns nicht viel weiter
II. *vpr* **se** ~ **sur qn/qc** sich über jdn/etw informieren
rentabilisation [ʀɑ̃tabilizasjɔ̃] *f* rentable Gestaltung
rentabiliser [ʀɑ̃tabilize] <1> *vt* rentabel machen
rentabilité [ʀɑ̃tabilite] *f* Rentabilität *f; d'un placement* Ertrag[s]fähigkeit *f;* ~ **d'une action** Aktienrendite *f;* ~ **des devises** Devisenrentabilität; ~ **des exportations** Exportrentabilität
rentable [ʀɑ̃tabl] *adj* ❶ FIN rentabel; *entreprise* Gewinn bringend; *placement financier* ertrag[s]fähig; *mesure* Kosten sparend; *journée*

verkaufsstark; **non** ~ *opération boursière* ertraglos; *investissement, affaire* verlustreich; **journée peu** ~ verkaufsschwacher Tag
❷ *fam (qui vaut la peine)* **être** ~ sich lohnen *(fam)*
rente [ʀɑ̃t] *f* ❶ *(revenu)* [Vermögens]rente *f;* ~ **foncière** Grundzins *m;* ~ **perpétuelle** Rente auf Lebenszeit; ~ **viagère** Leibrente; **vivre de ses** ~**s** von seinem Vermögen leben
❷ *(emprunt d'État)* Rentenpapier *nt*
♦ ~ **en espèces** JUR Geldrente *f;* ~ **de situation** angestammtes Vorrecht
rentier, -ière [ʀɑ̃tje, -jɛʀ] *m, f* Privatier *m (veraltet)*
rentrant [ʀɑ̃tʀɑ̃] *m* SPORT eingewechselter Spieler
rentrant(e) [ʀɑ̃tʀɑ̃, ɑ̃t] *adj* ❶ GEOM *angle* überstumpf; *surface* einspringend
❷ *(escamotable) train d'atterrissage* einziehbar
rentre-dedans [ʀɑ̃t(ʀə)dədɑ̃] *m inv* **faire du** ~ **à qn** *fam* jdn anmachen *(fam)*
rentrée [ʀɑ̃tʀe] *f* ❶ SCOL Schuljahresbeginn *m;* **le jour de la** ~ der erste/am ersten Schultag; **aujourd'hui, c'est la** ~ [des classes] heute fängt die Schule wieder an
❷ UNIV Semesterbeginn *m*
❸ *(après les vacances d'été)* **à la** ~ nach der Sommerpause; **la** ~ **politique/sociale/théâtrale** die Wiederaufnahme der Geschäfte nach der Sommerpause/die Wiederaufnahme der Tarifverhandlungen/der Beginn der neuen Spielzeit; **faire sa** ~ POL die Geschäfte wieder aufnehmen
❹ *(come-back)* Comeback *nt;* **faire sa** ~ sein Comeback feiern
❺ *(fait de rentrer)* Rückkehr *f;* ~ **dans l'atmosphère** Wiedereintritt *m* in die Atmosphäre
❻ *(somme d'argent)* Eingang *m;* ~**s d'argent** Geldeingänge *Pl;* ~**s d'argent sous forme de dons** Spendeneinnahmen *Pl*
❼ *(mise à l'abri)* Einbringen *nt*
♦ ~**s de dépôts** FIN Einlagenzufluss *m;* ~**s en devises** FIN Valutaeinnahmen *Pl;* ~ **en touche** Einwurf *m*

Land und Leute

Während der zweimonatigen Sommerferien kommt in Frankreich das öffentliche Leben stärker zum Erliegen, als es etwa in Deutschland während der Sommerpause im Fall ist. **La rentrée** bezeichnet den Wiederbeginn nicht nur der Schule und des Universitätsbetriebs, sondern überhaupt des öffentlichen und kulturellen Lebens.

---

rentrer [ʀɑ̃tʀe] <1> I. *vi + être* ❶ *(retourner chez soi)* nach Hause gehen; **comment rentres-tu?** wie kommst du nach Hause?; ~ **au pays natal** in seine Heimat zurückkehren
❷ *(revenir chez soi)* nach Hause kommen; ~ **de l'école** von der Schule nach Hause kommen; **à peine rentré(e),...** kaum zu Hause angekommen, ...; **elle est déjà rentrée?** ist sie schon zu Hause?
❸ *(entrer à nouveau)* zurückgehen; **faire signe de** ~ **à qn** jdn hereinwinken
❹ *(reprendre son travail) professeurs:* den Unterricht wieder aufnehmen; *parlement:* [nach der Sommerpause] wieder zusammentreten; *députés:* [nach der Sommerpause] die Geschäfte wieder aufnehmen; **les écoliers rentrent** für die Schüler beginnt die Schule wieder
❺ *(entrer) (vu de l'extérieur)* reingehen; *(vu de l'intérieur)* reinkommen; ~ **dans le café** ins Café gehen/kommen; ~ **sans frapper** eintreten, ohne zu klopfen; ~ **par la fenêtre** durchs Fenster einsteigen; ~ **dans la maison** *cambrioleur, eau:* ins Haus eindringen; **faire** ~ **qn** jdn eintreten lassen; **laisser** ~ **qn** jdn reinlassen *(fam);* **tu peux** ~ du kannst rein *(fam)*
❻ *(s'insérer)* ~ **dans une valise/un tiroir** in einen Koffer/eine Schublade hineinpassen; ~ **les uns dans les autres** *tubes:* sich ineinanderstecken lassen
❼ *(être inclus dans)* ~ **dans qc** zu etw gehören; **faire** ~ **qc dans une catégorie** etw einer Kategorie zuordnen
❽ *(devenir membre)* ~ **dans la police** zur Polizei gehen; ~ **dans une entreprise** bei einer Firma anfangen; ~ **dans les ordres/au couvent** einem Orden beitreten/ins Kloster gehen; **faire** ~ **qn dans une entreprise** jdm zu einer Stelle in einem Unternehmen verhelfen
❾ *(commencer à étudier)* ~ **en fac** an der Uni anfangen
❿ *(percuter)* ~ **dans un mur** gegen eine Wand prallen; *conducteur:* ~ **dans une voiture** in ein Auto hineinfahren; **se** ~ **dedans** zusammenstoßen; **quelqu'un m'est rentré dedans** mir ist jemand hineingefahren
⓫ COM, FISC *article:* eintreffen; *créances:* eingehen; **faire** ~ **des commandes/des impôts** Aufträge hereinholen/Steuern einziehen
⓬ *(recouvrer)* ~ **dans ses droits** wieder zu seinem Recht kommen; ~ **dans ses frais** seine Unkosten decken
▶ **qn lui rentre dedans** *fam* jd macht ihn/sie fertig *(fam)*
II. *vt + avoir* ❶ *(ramener à l'intérieur)* hineinbringen; hereinschleppen *caisse, sac;* einbringen *foin;* einziehen *tête, ventre;* **faire** ~ **une**

renversant–**reparler**

caisse eine Kiste hereinschaffen; ~ **sa chemise dans le pantalon** sein Hemd in die Hose stecken; ~ **la voiture [au garage]** das Auto in die Garage [hinein]fahren; ~ **son cou dans les épaules** den Kopf einziehen; **ne me rentre pas toute cette saleté dans le salon!** schlepp mir nicht den ganzen Schmutz ins Wohnzimmer!
② *(enfoncer)* ~ **la clé dans la serrure** den Schlüssel in das Schloss stecken
③ *(refouler)* zurückhalten *larmes;* unterdrücken *rage;* nicht zeigen *déception*
renversant(e) [ʀɑ̃vɛʀsɑ̃, ɑ̃t] *adj fam* umwerfend *(fam)*
renverse [ʀɑ̃vɛʀs] *f* qn tombe à la ~ *(en arrière)* jd fällt hintenüber; *(n'en revient pas)* jdn haut es um *(fam)*
renversé(e) [ʀɑ̃vɛʀse] *adj* ❶ *(stupéfait)* verblüfft
② *(à l'envers)* umgekehrt; **être** ~ **(e)** auf dem Kopf stehen
③ *(penché vers la gauche) écriture* nach links geneigt
renversement [ʀɑ̃vɛʀsəmɑ̃] *m* ❶ *(changement complet)* Verkehrung *f* ins Gegenteil
② POL Sturz *m; (par un coup d'État)* Umsturz *m*
③ *(mise à l'envers)* Umkehrung *f; de l'ordre des mots* Umstellung *f*
◆ ~ **de la charge de la preuve** JUR Beweislastumkehr *f (Fachspr.);* ~ **de tendance** ECON Tendenzwende *f*
renverser [ʀɑ̃vɛʀse] <1> I. *vt* ❶ *(faire tomber)* umstoßen *voiture, vélo;* umfahren; ~ **des arbres** *tempête:* Bäume umstürzen
② *(répandre)* verschütten
③ *(réduire à néant)* aus dem Weg räumen *obstacles*
④ POL stürzen; umstürzen *ordre établi*
⑤ *(pencher en arrière)* nach hinten beugen *corps, tête*
⑥ *(retourner)* umdrehen
⑦ *(inverser)* umstellen *ordre des mots;* umkehren *fraction;* ins Gegenteil verkehren *situation;* auf den Kopf stellen *image*
⑧ *fam (étonner)* **ça me renverse** das haut mich um *(fam)*
II. *vpr* ❶ *(se pencher en arrière)* **se** ~ sich zurücklehnen; **se** ~ **sur le dos** sich auf den Rücken legen
② *(se retourner)* **se** ~ umkippen; *bateau:* kentern; **poser le barbecue de telle sorte qu'il ne se renverse pas** den Grill kippsicher aufstellen
renvoi [ʀɑ̃vwa] *m* ❶ *a.* FIN *(réexpédition)* ~ **à qn** Rücksendung *f* an jdn; ~ **de l'acceptation** Rücksendung des Akzepts
② SPORT *(avec le pied)* Abstoß *m; (avec la main)* Abwurf *m*
③ *(licenciement)* Entlassung *f,* Hinauswurf *m (fam);* ~ **immédiat/sans motif/sans préavis** sofortige/grundlose/fristlose Entlassung
④ SCOL, UNIV Verweisung *f,* Hinauswurf *m (fam);* **le** ~ **d'un élève** die Verweisung eines Schülers von der Schule
⑤ *(indication)* ~ **à** Verweis *m* auf etw *(Akk)*
⑥ JUR, POL *d'un litige, d'une affaire* Zurückverweisung *f,* Renvoi *m;* ~ **devant qc/en qc** Verweisung an etw *(Akk);* ~ **partiel** Teilverweisung; ~ **tacite** [*o* **implicite**] versteckte Rückverweisung; ~ **au premier degré** Rückverweisung; ~ **de compétence** Zuständigkeitsverweisung; ~ **d'un litige devant une juridiction supérieure** Verweisung eines Rechtsstreits an ein höheres Gericht
⑦ *(ajournement)* ~ **à qc** Vertagung *f* auf etw *(Akk)*
⑧ *(rot)* Aufstoßen *nt;* **donner des** ~**s à qn** jdm aufstoßen; **avoir des** ~**s** aufstoßen müssen; **faire un** ~ rülpsen *(fam)*
⑨ TECH Vorgelege *nt*
⑩ MUS Wiederholungszeichen *nt*

renvoyer [ʀɑ̃vwaje] <6> *vt* ❶ *(envoyer à nouveau)* ~ **une lettre à un client** einem Kunden noch einmal einen Brief schicken
② SPORT zurückspielen
③ *(retourner)* zurückschicken *ascenseur;* erwidern *compliment*
④ *(réexpédier)* zurückschicken
⑤ *(faire retourner)* ~ **qn à une autre époque** jdn in eine andere Zeit zurückversetzen
⑥ *(licencier)* entlassen
⑦ SCOL, UNIV ~ **un élève** einen Schüler von der Schule verweisen
⑧ *(éconduire)* hinausweisen
⑨ *(adresser)* ~ **à qn** zu jdm schicken
⑩ *(faire se reporter)* ~ **un étudiant à un auteur** einen Studenten auf einen Autor verweisen
⑪ JUR, POL zurückverweisen *litige, affaire;* ~ **un litige** [*o* **une affaire**] **à une juridiction** eine Sache [*o* einen Fall] an ein Gericht zurückverweisen; ~ **qn devant la cour d'assises** jdn an das Schwurgericht verweisen; ~ **qc en cour de cassation** etw an den Kassationsgerichtshof weiterleiten; ~ **qc à une décision ultérieure** etw zur weiteren Entscheidung zurückverweisen
⑫ *(ajourner)* ~ **à plus tard/à une date ultérieure** auf später/auf ein späteres Datum vertagen
⑬ *(réfléchir)* reflektieren *lumière;* widerspiegeln *image;* wiedergeben *son;* zurückstrahlen *chaleur*
⑭ CARTES noch einmal ausspielen
réoccupation [ʀeɔkypasjɔ̃] *f d'un poste* Neubesetzung *f*
réoccuper [ʀeɔkype] <1> *vt* erneut besetzen
réorchestrer [ʀeɔʀkɛstʀe] <1> *vt* neu orchestrieren *œuvre*
réorganisation [ʀeɔʀganizasjɔ̃] *f* Reorganisation *f; d'un système,*

d'une entreprise, filière Neustrukturierung *f; d'une place* Neugestaltung *f*
réorganiser [ʀeɔʀganize] <1> I. *vt* umorganisieren, reorganisieren *(geh)*
II. *vpr* **se** ~ sich neu organisieren
réorientation [ʀeɔʀjɑ̃tasjɔ̃] *f a.* ECON Neuorientierung *f*
réorienter [ʀeɔʀjɑ̃te] <1> I. *vt* ❶ neu ausrichten
② SCOL ~ **les élèves vers la littérature** die Schüler verstärkt in Literatur unterrichten
II. *vpr* **se** ~ **vers une branche** die Branche wechseln
réouverture [ʀeuvɛʀtyʀ] *f* Wiedereröffnung *f*
repaire [ʀ(ə)pɛʀ] *m* ❶ *(tanière) d'un renard* Bau *m; d'un ours* Höhle *f*
② *(refuge)* Schlupfwinkel *m*
▶ **c'est un** ~ **de brigands** *hum fam (ce sont des voleurs)* da wird man regelrecht ausgenommen *(fam); (c'est un lieu mal famé)* das ist eine üble Spelunke *(pej)*
repaître [ʀəpɛtʀ] <*irr*> I. *vt (nourrir)* füttern
II. *vpr* **se** ~ *(se nourrir)* sich nähren
② **se** ~ **de qc** *fig littér* sich an etw weiden
répandre [ʀepɑ̃dʀ] <14> I. *vt* ❶ *(laisser tomber)* ~ **qc par terre/sur la table** etw auf den Boden/Tisch streuen; *(du liquide)* etw auf den Boden/Tisch schütten; *(par mégarde)* etw auf dem Boden/Tisch verstreuen; *(du liquide)* etw auf dem Boden/Tisch verschütten
② *(être source de, faire connaître, susciter)* verbreiten; ausströmen lassen *gaz*
③ *(verser)* vergießen
④ *littér (prodiguer)* großzügig verteilen *dons*
II. *vpr* ❶ *(s'écouler)* **se** ~ sich ergießen
② *(se disperser)* **se** ~ sich verteilen
③ *(se dégager)* **se** ~ *chaleur, fumée, odeur:* sich verbreiten; *son:* tönen
④ *(se propager)* **se** ~ *bruit, nouvelle, idées:* sich verbreiten; *doctrine, mode, coutume:* sich durchsetzen; *information:* verbreitet werden; *épidémie:* sich ausbreiten
⑤ *(se manifester)* **se** ~ **sur qc** *consternation:* sich auf etw *(Dat)* breitmachen
⑥ *(envahir)* **se** ~ sich verteilen
⑦ *(proférer)* **se** ~ **en louanges sur l'écrivain** sich in großem Lob über den Schriftsteller ergehen
répandu(e) [ʀepɑ̃dy] I. *part passé de* **répandre**
II. *adj* ❶ *(épars)* ~**(e) sur qc** auf etw *(Dat)* verstreut
② *(courant)* [weit] verbreitet
réparable [ʀepaʀabl] *adj panne, objet* reparabel; *faute, perte* wieder gutzumachen; **être** ~ *réveil:* repariert werden können; *erreur:* wieder gutzumachen sein
reparaître [ʀ(ə)paʀɛtʀ] <*irr*> *vi* ❶ *+ avoir (se montrer de nouveau)* wieder auftauchen; *soleil, lune:* wieder hervorkommen
② *+ avoir o être journal, livre:* wieder erscheinen
réparateur, -trice [ʀepaʀatœʀ, -tʀis] I. *adj* erquickend *(geh)*
II. *m, f* Techniker(in) *m(f)*
réparation [ʀepaʀasjɔ̃] *f* ❶ *sans pl (remise en état)* Reparatur *f; d'un bâtiment* Instandsetzung *f; d'un objet d'art* Restaurierung *f; d'une route* Ausbesserung *f; d'un accroc* Flicken *nt; d'une fuite* Abdichten *nt;* **petite** ~ Kleinreparatur; ~ **d'un défaut** Mängelbeseitigung *f;* **atelier de** ~ Reparaturwerkstatt *f; (garage)* Autowerkstatt; **frais de** ~ Reparaturkosten *Pl;* **être en** ~ repariert werden; **nécessiter des** ~**s** ausbesserungsbedürftig sein
② *(endroit réparé)* Reparaturstelle *f*
③ *pl* ARCHIT Renovierungsarbeiten *Pl*
④ *sans pl (correction)* Korrigieren *nt*
⑤ *sans pl (compensation)* Wiedergutmachung *f*
⑥ *sans pl* MED *des forces, tissus* Regenerierung *f*
⑦ *(dédommagement)* Entschädigung *f;* **demander** ~ **de qc à un État** von einem Staat Entschädigung für etw verlangen; **obtenir** ~ **de** [*o* **pour**] **qc** für etw entschädigt werden
⑧ *pl* POL Reparationen *Pl*
⑨ JUR ~ **d'un vice** Mängelheilung *f (Fachspr.)*
▶ **donner** ~ **de** [*o* **pour**] **qc** für etw büßen; **surface/coup de pied de** ~ SPORT Strafraum/-stoß *m*
◆ ~ **du patrimoine** Vermögensausgleich *m;* ~ **des pertes** Verlustumlage *f*
réparer [ʀepaʀe] <1> *vt* ❶ *(remettre en état)* reparieren; instandsetzen *maison;* ausbessern *route;* beheben *dégât;* abdichten *fuite;* flicken *accroc*
② *(rattraper)* wieder gutmachen
③ *(régénérer)* regenerieren *forces;* wiederherstellen *santé*
reparler [ʀ(ə)paʀle] <1> I. *vi* ~ **de qn/qc** auf jdn/etw zurückkommen; **on reparlera bientôt de lui** er wird bald wieder von sich reden machen; ~ **à qn** wieder mit jdm sprechen
▶ **on en reparlera** *fam* darüber unterhalten wir uns später nochmal; *fig* wir werden ja sehen *(fam)*

II. *vpr* **se** ~ wieder miteinander sprechen
repartie *f,* **répartie** [ʀəpaʀti] *f* **avoir de la** ~ [*o* **la** ~ **facile**] schlagfertig sein
repartir [ʀ(ə)paʀtiʀ] <10> *vi + être* ❶ *(se remettre à avancer) voyageur:* wieder aufbrechen; *véhicule:* weiterfahren
❷ *(s'en retourner)* wieder zurückkehren; **vous voulez déjà** ~ ? Sie wollen schon wieder gehen?
❸ *(fonctionner à nouveau) moteur:* wieder anspringen; *chauffage, machine:* wieder gehen; *discussion, dispute:* wieder anfangen; *affaire:* wieder in Gang kommen
▶ **et c'est reparti pour un tour!** *fam* und schon geht alles wieder von vorn los!
répartir [ʀepaʀtiʀ] <10> I. *vt* ❶ *(partager)* zuteilen *actions;* ~ **un butin/bénéfice/une somme** eine Beute/einen Gewinn/eine Summe aufteilen; ~ **les touristes entre les deux bus** die Touristen auf die zwei Busse verteilen; ~ **les compétences** Kompetenz delegieren
❷ *(diviser)* ~ **en groupes** in Gruppen *(Akk)* einteilen
❸ *(disposer)* ~ **des troupes aux endroits stratégiques** Truppen an strategischen Punkten aufstellen; ~ **des choses sur les étagères** Dinge auf den Regalen verteilen
❹ *(étaler)* ~ **qc sur le corps/sur toute la semaine** etw auf dem Körper/auf die ganze Woche verteilen; **le programme est réparti sur deux ans** das Programm erstreckt sich über zwei Jahre
II. *vpr* ❶ *(se partager)* **se** ~ **des personnes/qc** Menschen/etw unter sich aufteilen
❷ *(être partagé)* **se** ~ verteilt werden; **le travail se répartit comme suit** die Arbeit wird folgendermaßen aufgeteilt
❸ *(se diviser)* **se** ~ **en groupes** sich in Gruppen [auf]teilen
répartition [ʀepaʀtisjɔ̃] *f* ❶ *(partage, division)* Verteilung *f;* ~ **territoriale** Gebietsaufteilung *f;* ~ **des élèves entre** [*o* **sur**] **les classes** Verteilung der Schüler auf die Klassen; ~ **des rôles entre trois personnes** Verteilung der Rollen auf drei Personen; ~ **des moyens budgétaires** ECON Umverteilung *f* der Haushaltsmittel; ~ **des touristes en petits groupes** Einteilung *f* der Touristen in kleine Gruppen
❷ *(disposition) des troupes* Aufstellung *f*
❸ *(étalement) d'une crème, lotion* Auftragen *nt; d'un programme* Verteilung *f*
❹ *(localisation) de pièces, salles* Anordnung *f*
▶ ~ **d'actions** Aktienzuteilung *f;* ~ **des bénéfices** Gewinn[um]verteilung *f;* ~ **occulte des bénéfices,** ~ **des bénéfices de manière dissimulée** verdeckte Gewinnausschüttung; ~ **de la charge de la preuve** Beweislastverteilung *f (Fachspr.);* ~ **des compétences** Kompetenzverteilung *f;* ~ **horizontale/verticale des compétences** horizontale/vertikale Kompetenzverteilung; ~ **s des fonctions** Geschäftsverteilung *f (Fachspr.);* ~ **des fonds** Mittelzuweisung *f;* ~ **des frais** [Un]kostenverteilung *f;* ~ **des frais entre trois personnes** Verteilung der Kosten auf drei Personen; ~ **de l'impôt** [*o* **des impôts**] Abgabenverteilung *f;* ~ **des marchés** Marktaufteilung *f;* ~ **des revenus** Einkommensschichtung *f,* Einkommensverteilung *f;* ~ **des risques** JUR Risikoverteilung *f,* Risikostreuung *f;* ~ **de la succession pour l'enfant naturel** Erbausgleich *m*
reparution [ʀ(ə)paʀysjɔ̃] *f* Wiedererscheinen *nt*
repas [ʀ(ə)pɑ] *m* ❶ *(nourriture, ensemble de plats)* Essen *nt;* **faire un** ~ **sommaire** schnell etwas essen; **faire un bon** ~ gut essen; **aimer les bons** ~ gern gut essen; **partager le** ~ **de qn** mit jdm zusammen speisen *(geh)*
❷ *(fait de manger)* Mahlzeit *f;* **cinq** ~ **par jour** fünf Mahlzeiten am Tag; **prendre ses** ~ **au restaurant** seine Mahlzeiten im Restaurant einnehmen; **donner un grand** ~ ein Festessen geben; **c'est l'heure du** ~ es ist Essenszeit *f;* ~ **d'enterrement** CH Leichenmahl *nt,* Traueressen *nt* (CH)
repassage [ʀ(ə)pɑsaʒ] *m* ❶ Bügeln *nt;* **faire du** ~ bügeln
❷ *(aiguisage)* Schleifen *nt*
❸ INFORM [erneutes] Abspielen *nt*
repasser¹ [ʀ(ə)pɑse] <1> I. *vi + avoir* bügeln; **pièce pour** ~ Bügelzimmer *nt*
II. *vt* ❶ bügeln *chemise, pantalon*
❷ *(aiguiser)* schleifen
III. *vpr* **se** ~ gebügelt werden müssen; **bien/mal se** ~ sich gut/schlecht bügeln lassen; **ne pas se** ~ bügelfrei sein; *(s'abîmerait)* nicht gebügelt werden dürfen
repasser² [ʀ(ə)pɑse] <1> I. *vi + être* ❶ *(revenir)* noch einmal vorbeikommen; **ne pas** ~ **par la même route** nicht dieselbe Strecke zurückfahren/-gehen
❷ *(passer à nouveau) plat:* noch einmal herumgereicht werden; *film:* noch einmal laufen; ~ **devant les yeux de qn** *souvenirs:* noch einmal an jdm vorbeiziehen
❸ *(revoir le travail de)* ~ **derrière qn** jds Arbeit überprüfen
❹ *(retracer)* ~ **sur qc** etw nachziehen
▶ **qn** peut **toujours** ~ ! *fam* darauf kann jd lange warten! *(fam)*

II. *vt + avoir* ❶ *(franchir de nouveau)* von Neuem überqueren
❷ *(refaire)* wiederholen *examen*
❸ *(remettre)* ~ **une couche de peinture sur qc** etw noch einmal streichen; ~ **le plat au four** das Gericht noch einmal in den Ofen stellen
❹ *(redonner)* noch einmal reichen *plat, outil;* ~ **le standard à qn** jdn wieder mit der Vermittlung verbinden; **je te repasse maman** ich gebe dir Mutti wieder
❺ *(rejouer)* noch einmal zeigen, AUDIOV, INFORM noch einmal abspielen
❻ *(passer à nouveau)* ~ **qc dans sa tête** [*o* **son esprit**] etw noch einmal an sich vorüberziehen lassen
❼ *(réviser)* noch einmal durchgehen
❽ *fam (donner)* ~ **un travail à qn** jdm eine Arbeit aufhalsen *(fam);* ~ **une maladie à qn** jdn mit einer Krankheit anstecken
repasseuse [ʀ(ə)pɑsøz] *f* ❶ Büglerin *f*
❷ *(machine)* Mangel *f*
repayer [ʀ(ə)peje] <7> *vt* noch einmal bezahlen
repêchage [ʀ(ə)pɛʃaʒ] *m* ❶ Bergen *nt*
❷ SCOL, UNIV Durchkommenlassen *nt; (examen)* Nachprüfung *f*
❸ SPORT Hoffnungslauf *m*
repêcher [ʀ(ə)peʃe] <1> *vt* ❶ *(retirer de l'eau)* bergen
❷ SCOL, UNIV *fam* durchkommen lassen *(fam); (par examen complémentaire)* nachprüfen
❸ SPORT nachträglich qualifizieren
repeindre [ʀ(ə)pɛ̃dʀ] <*irr*> *vt* ❶ *(peindre à neuf)* neu streichen
❷ *(peindre une autre fois)* noch einmal streichen; **être repeint(e)** *partie:* überstrichen sein
repenser [ʀ(ə)pɑ̃se] <1> I. *vi* ~ **à qc** etw überdenken; **je vais y** ~ ich werde es mir noch überlegen
II. *vt* neu durchdenken
repentant(e) [ʀəpɑ̃tɑ̃, ɑ̃t] *adj* reumütig
repenti(e) [ʀ(ə)pɑ̃ti] *adj buveur, fumeur* ehemalig; *malfaiteur, terroriste* reuig
repentir [ʀ(ə)pɑ̃tiʀ] I. *m* Reue *f*
II. <10> *vpr* **se** ~ **de qc/d'avoir fait qc** etw bereuen/bereuen etw getan zu haben
repérable [ʀ(ə)peʀabl] *adj grandeur* festlegbar, bestimmbar
repérage [ʀ(ə)peʀaʒ] *m* ❶ *(localisation)* Orten *nt*
❷ CINE Location *f;* **faire des** ~**s** auf Drehortsuche sein
▶ ~ **à distance** Fernerkundung *f*
répercussion [ʀepɛʀkysjɔ̃] *f* ❶ *(effet)* Auswirkung *f;* **les** ~**s de cette grève/de ce tremblement de terre** die Fernwirkung dieses Streiks/dieses Erdbebens; **avoir des** ~**s négatives** auf negative Resonanz stoßen; **avoir peu de** ~**s sur qc** sich kaum auf etw *(Akk)* auswirken
❷ PHYS *d'un son* Widerhall *m; d'un choc* Wucht *f*
❸ ECON, FISC Abwälzung *f; d'impôts* Überwälzung *f*
▶ ~ **de la récession** Rezessionserscheinung *f*
répercuter [ʀepɛʀkyte] <1> I. *vt* ❶ *(réfléchir)* zurückwerfen
❷ ECON, FISC ~ **qc sur les consommateurs/sur les prix des marchandises** etw auf die Verbraucher abwälzen/auf die Warenpreise umlegen; ~ **les coûts sur qn/qc** die Kosten auf jdn/etw abwälzen
❸ *(transmettre)* weiterleiten
II. *vpr* ❶ *(être réfléchi)* **se** ~ widerhallen
❷ *(se transmettre à)* **se** ~ **sur qc** sich auf etw niederschlagen
repère [ʀ(ə)pɛʀ] I. *m* ❶ Orientierungspunkt *m;* **tracer des** ~**s sur qc** etw markieren
❷ *(trait)* Markierungsstrich *m*
II. *app* **borne** ~ Markierungsstein *m;* **des dates** ~ Meilensteine *Pl*
repérer [ʀ(ə)peʀe] <5> I. *vt* ❶ *fam (découvrir)* ausfindig machen; **se faire** ~ sich verraten; **se faire** ~ **par qn** jds Aufmerksamkeit auf sich lenken
❷ CINE erkunden *lieux*
❸ MIL *(localiser)* orten
II. *vpr fam* ❶ *(se retrouver, s'orienter)* **se** ~ **dans qc** sich in etw *(Dat)* zurechtfinden
❷ *(se remarquer)* **se** ~ auffallen
répertoire [ʀepɛʀtwaʀ] *m* ❶ *a.* INFORM Verzeichnis *nt;* ~ **racine** [*o* **principal**] INFORM Wurzelverzeichnis, Stammverzeichnis, Hauptverzeichnis; **créer/supprimer un** ~ ein Verzeichnis anlegen/löschen
❷ *(carnet)* Register *nt*
❸ THEAT Repertoire *nt*
❹ *fam (grand nombre)* Repertoire *nt (fam)*
▶ ~ **des brevets** JUR Patentindex *m;* ~ **de caractères** TYP, INFORM Zeichensatz *m;* ~ **de commandes** INFORM Befehlsverzeichnis *nt;* ~ **d'instructions** INFORM Instruktionspalette *f*
répertorier [ʀepɛʀtɔʀje] <1a> *vt* ❶ *(inscrire dans un répertoire)* in ein Verzeichnis aufnehmen
❷ *(classer)* ~ **des personnes/choses** ein Verzeichnis von Personen/Dingen aufstellen
repeser [ʀ(ə)pəze] <4> *vt* ❶ *(peser de nouveau)* wieder abwiegen

refuser de répondre	
refuser de répondre	Antwort verweigern
Je ne le dirai pas!	Sag ich nicht! *(fam)*
(Je regrette, mais) je ne peux pas te le dire.	Das kann ich dir (leider) nicht sagen.
Je n'ai rien à dire à ce sujet.	Dazu möchte ich nichts sagen.
Je me défends de tout commentaire sur cette affaire.	Ich möchte mich zu dieser Angelegenheit nicht äußern. *(form)*

bananes
❷ *fig (considérer de nouveau)* neu abwägen *le pour et le contre*
répéter [ʀepete] <5> **I.** *vt* ❶ *(redire)* wiederholen; *(en guise de réponse)* echoen; **répète après moi: ...** sprich mir nach: ...; **ne pas se faire ~ les choses deux fois** sich das nicht zweimal sagen lassen; **~ à son fils de faire qc** seinem/ihrem Sohn noch einmal sagen, dass er etw tun soll; **je vous l'ai répété cent fois déjà** ich habe es euch schon hundertmal gesagt; **combien de fois vous ai-je répété que** wie oft habe ich euch schon gesagt, dass
❷ *(rapporter)* weitererzählen; wiederholen *propos;* **ne va pas le ~!** erzähl es nicht weiter!
❸ *(refaire)* wiederholen
❹ *(mémoriser)* lernen
❺ THEAT, MUS proben
❻ *(plagier)* wiederholen
II. *vi* ❶ *(redire)* wiederholen; **répète un peu!** sag das noch mal! *(fam)*
❷ THEAT proben
III. *vpr* ❶ *(redire les mêmes choses)* **se ~** sich wiederholen
❷ *(se raconter)* **se ~** *histoire:* erzählt werden; **se ~ qc** sich etw weitererzählen
❸ *(se redire la même chose)* **se ~ qc/que** sich *(Dat)* etw vorsagen/sich immer wieder sagen, dass
❹ *(être reproduit, se reproduire)* **se ~** sich wiederholen
répétiteur [ʀepetitœʀ] *m* ❶ *(personne)* Repetitor *m*
❷ TECH *de signaux* Rückmelder *m*
répétitif, -ive [ʀepetitif, -iv] *adj* sich ständig wiederholend; *travail* monoton; **faire des gestes ~s** immer dieselben Handgriffe machen
répétition [ʀepetisjɔ̃] *f* ❶ *(redite, renouvellement, reproduction)* Wiederholung *f*
❷ *(mémorisation) d'un rôle, morceau* Einstudieren *nt*
❸ THEAT, MUS Probe *f;* **générale** Generalprobe; **être en ~** proben
▶ **faire des angines à ~** *fam* eine Angina nach der anderen haben
répétitrice [ʀepetitʀis] *f* Repetitorin *f*
repeupler [ʀ(ə)pœple] <1> **I.** *vt* ❶ *(peupler à nouveau)* neu besiedeln
❷ *(regarnir)* aufforsten *forêt;* **~ qc d'animaux** etw wieder mit Tieren besetzen
II. *vpr* **se ~** neu besiedelt werden
repiquage [ʀ(ə)pikaʒ] *m* ❶ HORT **~ de qc** Pikieren *nt* von etw
❷ AUDIOV Überspielen *nt;* **faire un ~ de cassettes** Kassetten überspielen
❸ PHOT Retusche *f*
repiquer [ʀ(ə)pike] <1> *vt* ❶ HORT pikieren
❷ AUDIOV überspielen
❸ PHOT retuschieren
❹ *fam (attraper de nouveau)* wieder erwischen *(fam);* **il a été repiqué à voler** er ist wieder beim Stehlen erwischt worden *(fam)*
répit [ʀepi] *m* ❶ *(pause)* Pause *f;* **sans ~** pausenlos
❷ *(délai supplémentaire)* Aufschub *m*
replacement [ʀ(ə)plasmɑ̃] *m* Vermittlung *f* einer neuen Stelle
replacer [ʀ(ə)plase] <2> **I.** *vt* ❶ *(remettre à sa place)* zurückstellen, zurücklegen
❷ *(situer)* **~ un événement dans son époque** ein Ereignis im Kontext seiner Zeit sehen
II. *vpr* **se ~ dans qc** sich in etw *(Akk)* zurückversetzen
replanter [ʀ(ə)plɑ̃te] <1> *vt* ❶ *(repiquer)* umsetzen
❷ *(repeupler de végétaux)* neu bepflanzen; aufforsten *forêt*
❸ *(planter à nouveau)* wieder einpflanzen
replat [ʀapla] *m* Abflachung *f*
replâtrage [ʀ(ə)plɑtʀaʒ] *m* ❶ TECH *(renouvellement)* Erneuerung *f* des Gipsverputzes; *(amélioration)* Ausbesserung *f* des Gipsverputzes
❷ *fam (raccommodage)* **c'est du ~** das ist Flickschusterei *f (fam)*
replâtrer [ʀ(ə)plɑtʀe] <1> *vt* ❶ *(plâtrer de nouveau)* **~ qc** den Gipsverputz einer S. *(Gen)* erneuern
❷ *fam (raccommoder)* kitten *(fam)*
replet, replète [ʀaplɛ, ʀaplɛt] *adj* wohlgenährt; *visage* voll
repleuvoir [ʀapləvwaʀ] <*irr*> *vi impers* **il repleut** es regnet

wieder
repli [ʀapli] *m* ❶ *pl (ondulations) d'un drapeau, de la peau* Falten *Pl; d'une rivière, d'un intestin* Windung *f;* **~ de terrain** Erhebung *f*
❷ *(retraite)* Rückzug *m*
❸ BOURSE, ECON Rückgang *m; des cours* Nachgeben *nt*
❹ *(isolement) d'un pays* Abschottung *f;* **~ sur soi-même** Abkapselung *f*
❺ COUT [doppelter] Einschlag
❻ *pl littér de l'âme, du cœur* versteckter Winkel
repliable [ʀ(ə)plijabl] *adj* ausklappbar
repliement [ʀ(ə)plimɑ̃] *m* **~ sur soi-même** Abkapselung *f*
replier [ʀ(ə)plije] <1a> **I.** *vt* ❶ *(plier à nouveau)* wieder zusammenfalten *journal, carte;* wieder zusammenlegen *nappe, étoffe*
❷ *(plier sur soi-même)* hochkrempeln *bas de pantalon, manche;* falten *feuille;* umknicken *coin d'une page;* zusammenklappen *mètre rigide*
❸ *(rabattre)* anwinkeln *jambes, pattes;* wieder anlegen *ailes;* zurückschlagen *couverture, drap;* wieder einklappen *couteau, lame;* **les jambes repliées** mit angezogenen Beinen
❹ MIL zurückziehen
II. *vpr* ❶ *(faire retraite)* **se ~** sich zurückziehen
❷ *(se protéger)* **se ~ sur qc** sich hinter etw *(Dat)* verschanzen
❸ *(se plier)* **se ~** zusammenklappbar sein
❹ *(se ramasser)* **se ~** *animal:* sich einrollen; *(chat, chien)* sich zusammenrollen
❺ *(se renfermer)* **se ~** *pays:* sich abschotten; **se ~ sur soi-même** sich abkapseln
réplique [ʀeplik] *f* ❶ a. JUR *(réponse)* Antwort *f; d'un défendeur* Gegenerwiderung *f;* **avoir la ~ facile** schlagfertig sein
❷ *(objection)* Gegenrede *f;* **~ à qc** Einwand *m* gegen etw
❸ *(réaction)* **~ à qc** Antwort *f* auf etw *(Akk)*
❹ THEAT Antwort *f*
❺ ART Nachbildung *f*
▶ **donner la ~ à qn** THEAT jdm das Stichwort geben; *(débattre)* mit jdm diskutieren; *(répondre)* jdm kontern; **être la ~ vivante ~ de qn** jds lebendes Abbild sein; **sans ~** unwiderlegbar; *obéir* ohne Widerrede
répliquer [ʀeplike] <1> **I.** *vi* ❶ *(répondre)* erwidern
❷ *(protester, répondre avec impertinence)* protestieren; **accepter qc sans ~** etw ohne Gegenrede akzeptieren
II. *vt* **~ qc à un argument** etw auf ein Argument erwidern; **il a répliqué la même chose à sa mère** er hat seiner Mutter dasselbe erwidert
replonger [ʀ(ə)plɔ̃ʒe] <2a> **I.** *vi* ❶ *(faire un plongeon)* **~ dans la piscine** noch einmal ins Schwimmbecken springen
❷ *(aller au fond de l'eau)* **~ dans le bassin** noch einmal im Becken untertauchen
II. *vt* ❶ *(plonger à nouveau)* **~ les rames dans l'eau** die Ruder noch einmal in das Wasser tauchen; **~ la main dans sa poche** noch einmal in seine Tasche greifen
❷ *(précipiter à nouveau)* **~ les gens/la région dans la misère** die Menschen/Region erneut ins Elend stürzen
III. *vpr* **se ~ dans qc** sich wieder in etw *(Akk)* vertiefen
répondant [ʀepɔ̃dɑ̃] *m* ❶ **avoir du ~** über ausreichende Geldmittel verfügen; *(de la répartie)* schlagfertig sein
❷ *(garant)* Bürge *m*
répondante [ʀepɔ̃dɑ̃t] *f (garante)* Bürgin *f*
répondeur [ʀepɔ̃dœʀ] *m* Anrufbeantworter *m;* **~ interrogeable à distance** Anrufbeantworter mit Fernabfrage
répondeur, -euse [ʀepɔ̃dœʀ, -øz] *adj (impertinent)* aufmüpfig
répondeur-enregistreur [ʀepɔ̃dœʀɑ̃ʀʒistʀœʀ] <répondeurs--enregistreurs> *m* Anrufbeantworter mit Aufzeichnungsfunktion
répondre [ʀepɔ̃dʀ] <14> **I.** *vi* ❶ *(donner une réponse)* **~ qc à qn** jdm etw Antwort geben, *m par [o de] qc* auf etw antworten; **~ à une lettre** einen Brief beantworten; **~ à une question** auf eine Frage antworten; **ne pas ~ à des injures** auf Beleidigungen nicht eingehen; **~ par monosyllabes** nur einsilbige Antworten geben; **~ en souriant/en haussant les épaules** mit einem Lächeln/einem Achselzucken antworten; **~ à qn en claquant la porte** jdm als Antwort die Tür vor der Nase zuschlagen

② *(réagir)* ~ à une **convocation** einer Einladung Folge leisten; **ne pas ~ au téléphone** nicht abnehmen; **ne pas ~ à un coup de sonnette** nicht öffnen; ~ **à l'appel d'un syndicat** dem Aufruf der Gewerkschaft Folge leisten; ~ **au nom de...** auf den Namen ... hören; **la radio ne répond plus** das Radio ist tot
③ *(correspondre à)* ~ **aux espérances de qn** jds Erwartungen entsprechen
④ *(payer de retour)* ~ **à l'amour de qn** jds Liebe erwidern; **ne pas ~ à un salut** einen Gruß nicht erwidern; ~ **à la force par la force/au mépris par le mépris** Gewalt mit Gewalt/Verachtung mit Verachtung vergelten
⑤ *(se porter garant)* ~ **de qn/qc** sich für jdn/etw verbürgen, für jdn/etw haften; ~ **de dettes/d'un défaut** für Schulden/einen Mangel haften; **ne plus ~ de soi** die Beherrschung verlieren
⑥ *(justifier)* ~ **de qc** sich für etw verantworten
⑦ *(réfuter)* ~ **à des arguments/critiques/objections** eine Antwort auf Argumente/Kritiken/Einwände finden
⑧ *(obéir)* ~ **à qc** *cerveau, organisme:* auf etw *(Akk)* reagieren; *freins, commandes:* auf etw *(Akk)* ansprechen
⑨ *(être impertinent)* ~ **à qn** jdm freche Antworten geben
II. *vt* ~ **qc à qn** jdm etw zur Antwort geben; ~ **oui** Ja [*o* ja] sagen; **réponds quelque chose!** gib irgendeine Antwort!; **que dois-je ~ à ça?** was soll ich darauf antworten?; **avoir quelque chose/ n'avoir rien à ~** etwas/nichts zu sagen haben; **qu'avez-vous à ~ ?** was haben Sie darauf zu sagen?; ~ **à qn de faire qc** jdm antworten, er solle etw tun
III. *vpr* **se ~** ① *(faire écho à) instruments:* im Wechsel spielen
② *(être symétrique)* sich entsprechen

réponse [repɔ̃s] *f* ① *a.* JUR ~ **à qc** Antwort *f* auf etw *(Akk);* ~ **à une critique/objection** Reaktion auf eine Kritik/einen Einwand; **avoir ~ à tout** auf alles eine Antwort haben; **rester sans ~** unbeantwortet bleiben; **ce n'est pas une ~** das ist doch keine Antwort; ~ **du demandeur** Erwiderung *f* des Klägers; ~ **de Normand** ausweichende Antwort
② PHYSIOL, MED, TECH Reaktion *f;* ~ **immunitaire** Immunantwort *f;* ~ **à un stimulus** Reizbeantwortung *f*
③ *(solution)* ~ **à un problème/une énigme** Lösung *f* eines Problems/Rätsels
▶ **en ~ à** als Antwort auf *(+ Akk);* *(dans un courrier)* Bezug nehmend auf *(+ Akk)*

repopulation [Rəpɔpylasjɔ̃] *f* Neubesied[e]lung *f*

report [Rəpɔr] *m* ① *(renvoi d'une date, question* Verschiebung *f; d'un paiement, d'une livraison* Aufschub *m; d'une échéance* Prolongation *f;* MIL *d'une incorporation* Zurückstellung *f;* ~ **à une date ultérieure** Verschieben *nt* auf einen späteren Zeitpunkt
② *(inscription)* Übertrag *m*
③ POL *de voix* Übertragung *f*
④ PHOT, TYP Umdruck *m*
◆ ~ **à nouveau** Gewinnvortrag *m (Fachspr.);* ~ **des pertes** Verlustvortrag *m (Fachspr.);* ~ **des pertes du solde débiteur** Verlustvortrag, ~ **en arrière des pertes** Verlustrücktrag *m (Fachspr.);* ~ **du solde** Saldovortrag *m (Fachspr.);* ~ **du solde excédentaire** Gewinnvortrag *(Fachspr.)*

reportage [Rəpɔrtaʒ] *m* Reportage *f,* Bericht *m;* ~ **filmé/photographique** Film-/Fotoreportage; ~ **télévisé** Fernsehbericht, Fernsehreportage; **grand ~** Sonderberichterstattung *f;* ~ **de fond** Hintergrundbericht

reporter¹ [R(ə)pɔrte] <1> I. *vt* ① *(ramener)* zurückbringen *chose;* zurückversetzen *personne*
② *(différer)* verschieben *date;* vertagen *réunion;* ~ **à une date ultérieure** auf einen späteren Zeitpunkt verschieben
③ *(inscrire)* übertragen
④ COM, FIN *(proroger)* prolongieren *titres*
⑤ *(transférer)* ~ **sa haine sur qn/qc** seinen Hass auf jdn/etw richten; ~ **sa colère sur qn/qc** seine Wut an jdm/etw auslassen; ~ **son affection/amour sur qn** jdm seine Zuneigung/Liebe schenken; ~ **ses voix sur qn/qc** jdm/einer S. seine Stimmen geben
⑥ JEUX ~ **qc sur un cheval/numéro** etw auf ein Pferd/eine Nummer setzen
II. *vpr* ① *(se référer)* **se ~ à qc** sich auf etw *(Akk)* beziehen; **se ~ à la page 13** siehe Seite 13
② *(repenser)* **se ~ à une époque** sich *(Akk)* in eine Zeit zurückversetzen
③ *(se transférer)* **se ~ sur** [*o* **contre**] **qn** *colère, politique, mesures:* sich gegen jdn richten; *affection, amour:* jdm gelten

reporter² [R(ə)pɔrtɛr, R(ə)pɔrtœr] *mf* Reporter(in) *m(f);* ~ **de télévision** Fernsehreporter(in) *m(f);* **grand ~** [Auslands]sonderkorrespondent(in) *m(f);* ~ **photographe/sportif** Bild-/Sportreporter(in)
reporter-cameraman, reporter-caméraman [R(ə)pɔrtɛrkameraman, R(ə)pɔrtœr-, -mɛn] <reporters-caméramans *o* reporter-cameramen> *mf* Filmreporter(in) *m(f)*

repos [R(ə)po] *m* ① *(détente)* Ruhe *f;* **cure de ~** Erholungskur *f;* **animal au ~** ruhendes Tier; **état de ~** *d'un pendule,* bras Ruhelage *f;* **être à l'état de ~** *pendule, bras:* sich in [der] Ruhelage befinden; **muscles/mécanisme à l'état de ~** Muskeln/Mechanismus im Ruhezustand; **laisser qn en ~** jdn in Ruhe lassen; **prendre du ~** ausspannen; **prendre un peu de ~** sich *(Dat)* ein wenig Ruhe gönnen
② *(pause)* Ruhepause *f;* **temps de ~** Pause *f;* **travailler sans ~** pausenlos arbeiten
③ *(congé)* ~ **annuel** Jahresurlaub *m;* ~ **dominical** arbeitsfreier Sonntag; ~ **hebdomadaire** Ruhetag *m;* **une journée de ~** ein freier Tag; **il a pris une matinée/trois jours de ~** er hat einen Vormittag/drei Tage frei genommen; **être de ~** Urlaub haben
④ *(congé pour écoliers)* schulfreier Tag in der Woche
⑤ *(tranquillité, sommeil)* Ruhe *f;* **trouver/ne pas trouver le ~** Ruhe/keine Ruhe finden; **huit heures de ~ me suffisent largement** acht Stunden Schlaf reichen mir bei weitem
⑥ POES Zäsur *f;* MUS Pause *f*
▶ ~ **éternel** ewige Ruhe; **ne pas pouvoir demeurer** [*o* **rester**] **en ~** nicht ruhig sitzen bleiben können; **de tout ~** *(sûr)* [ganz] sicher; *(simple)* einfach; **pas de tout ~** *(fatigant)* anstrengend; **avoir la conscience en ~** ein ruhiges Gewissen haben; **ne pas avoir l'esprit en ~** keine Ruhe haben; ~ **!** MIL rührt euch!

reposant(e) [R(ə)pozɑ̃, ɑ̃t] *adj* erholsam; *lieu* friedlich; ~**(e) pour la vue** wohltuend für das Auge; ~**(e) pour l'esprit** erholsam für den Geist

repose [R(ə)poz] *f* erneuter Einbau; *d'une moquette* erneutes Verlegen

reposé(e) [R(ə)poze] *adj* erholt; **avoir le teint ~** frisch aussehen; **avoir l'esprit ~** ausgeruht sein

repose-pied [R(ə)pozpje] <repose-pieds> *m* Fußstütze *f*

reposer¹ [R(ə)poze] <1> I. *vt* ① *(poser à nouveau)* zurückstellen, zurücklegen; ~ **l'écouteur** den Hörer auflegen
② MIL **reposez... arme!** Gewehr ... ab!
③ *(remettre en place)* wieder zusammenbauen *appareil, machine;* wieder verlegen *tapis, moquette*
④ *(répéter)* noch einmal stellen *question;* wieder aufwerfen *problème;* ~ **un problème à qn** jdn erneut vor ein Problem stellen
II. *vi* ① *(être posé sur)* ~ **sur qc** auf etw *(Dat)* ruhen
② *(être fondé sur)* ~ **sur une hypothèse/des observations** sich auf eine Hypothese/Beobachtungen stützen; **ne ~ sur rien** aus der Luft gegriffen sein
③ *(dépendre)* ~ **sur qn** [*o* **sur les épaules de qn**] auf jds Schultern ruhen
III. *vpr* **se ~** ① *(revenir se poser)* sich wieder setzen; *avion:* wieder landen
② *(se poser à nouveau)* *problème, question:* sich erneut stellen

reposer² [R(ə)poze] <1> I. *vt (délasser)* entspannen; ~ **qn de qc** jdm Entspannung von etw bringen; ~ **l'esprit** abschalten; **il lit, ça le repose** er liest, dabei kann er ausspannen
II. *vi* ① *(être couché)* ruhen
② *(dormir)* schlafen
③ *(se trouver)* liegen
④ *(être enterré)* ruhen *(geh)*
⑤ *(rester au repos)* **laisser ~ qc** etw ruhen lassen
III. *vpr* ① *(se délasser)* **se ~** sich ausruhen; **avoir besoin de se ~** erholungsreif sein
② *(s'en remettre à)* **se ~ sur qn** sich auf jdn verlassen; **se ~ sur qn pour qc** jdm etw überlassen; **se ~ sur qn pour faire qc** es jdm überlassen etw zu tun

repose-tête [R(ə)poztɛt] <repose-tête[s]> *m* Kopfstütze *f*

repositionner [R(ə)pɔzisjɔne] <1> I. *vt* wieder in die Umlaufbahn bringen *satellite;* wieder platzieren *produit*
II. *vpr* **se ~** sich wieder platzieren

reposoir [R(ə)pozwar] *m* ECCL Altar bei Prozessionen

repoussage [R(ə)pusaʒ] *m* Treiben *nt*

repoussant(e) [R(ə)pusɑ̃, ɑ̃t] *adj* abstoßend; *odeur* widerlich; **être d'une laideur ~e** abstoßend hässlich sein

repousse [R(ə)pus] *f* Nachwachsen *nt;* **lotion qui favorise la ~ des cheveux** Haarwuchsmittel *nt*

repoussé(e) [R(ə)puse] *adj métal, cuir* getrieben, gepunzt

repousse-chair [Rəpuʃɛr] <repousse-chairs> *m* Manikürestäbchen *nt*

repousser¹ [R(ə)puse] <1> I. *vt* ① *(écarter)* abwehren *attaque, coups, agresseur ennemi, foule;* beiseiteschieben *objet encombrant;* ~ **son chapeau** den Hut hochschieben
② *(écarter avec véhémence)* wegdrängen *personne;* wegschlagen *main;* beiseiteschieben *objet encombrant;* **brutalement qn/qc** jdn/ etw wegstoßen; ~ **qn sur le côté** jdn beiseitestoßen
③ *(refuser)* zurückweisen *aide, arguments, conseil;* abschlagen *demande;* ausschließen *hypothèse;* ablehnen *motion, projet de loi;* abweisen *soupirant;* zurückstellen *projet d'investissement;* ~ **une tentation** einer Versuchung *(Dat)* widerstehen
④ *(répugner)* anwidern

⑤ *(remettre à sa place)* wieder zurückschieben *meuble;* wieder zuschieben *tiroir*
⑥ *(différer)* verschieben
⑦ TECH treiben *cuir, métal*
II. *vpr* **se** ~ sich abstoßen

repousser² [ʀ(ə)puse] *vi (croître de nouveau)* nachwachsen; *feuilles:* wieder wachsen; **laisser ~ sa barbe/ses cheveux** seinen Bart/seine Haare wieder wachsen lassen

repoussoir [ʀ(ə)puswaʀ] *m* ❶ *(personne laide)* Vogelscheuche *f*
❷ *(perspective inquiétante)* Schreckgespenst *nt (fig)*
❸ *(faire-valoir)* Kontrast *m;* **servir de ~ à qn/qc** jdn/etw zur Geltung bringen
❹ *(pour les ongles)* Nagelhautschieber *m,* Manikürestäbchen *nt*
❺ TECH Punze *f*

répréhensible [ʀepʀeɑ̃sibl] *adj acte* sträflich

reprendre [ʀ(ə)pʀɑ̃dʀ] <13> **I.** *vt* ❶ *(récupérer)* wieder einstellen *employé;* wieder fassen *fuyard;* zurücknehmen *objet prêté, parole, emballage;* wieder einnehmen *place;* wieder abholen *objet déposé;* zurückerobern *territoire, ville;* **~ ses enfants à l'école** seine Kinder von der Schule abholen; **~ sa voiture et rentrer chez soi** wieder ins Auto steigen und nach Hause fahren; **~ la voiture/le volant après un accident** sich nach einem Unfall wieder ans Steuer setzen
❷ *(retrouver)* wieder aufnehmen *contact, habitudes;* wieder schöpfen *espoir, courage;* wieder annehmen *nom de jeune fille;* **~ confiance** wieder zuversichtlicher sein; **~ conscience** [*o* **connaissance**] wieder zu sich kommen; **~ des couleurs** wieder Farbe bekommen; **~ des forces** wieder zu Kräften kommen; **~ sa liberté** wieder frei sein; **~ haleine** Luft holen; **~ de la vitesse** wieder schneller fahren
❸ COM, IND übernehmen *fonds de commerce, entreprise;* in Zahlung nehmen *marchandise usagée*
❹ *(continuer après une interruption)* wieder aufnehmen, fortsetzen *promenade;* wieder ausüben *fonction;* wieder aufnehmen *travail;* wieder ergreifen *parole;* **~ une lecture** weiterlesen; **~ un récit** weiterberichten; **~ la route** weiterfahren; **~ [le chemin de] l'école** wieder in die Schule gehen; **~ son cours** *conversation:* fortgesetzt werden; *vie:* wieder seinen Lauf nehmen
❺ *(recommencer)* **~ la lecture/le récit de qc** etw noch einmal lesen/berichten; **tout ~ à zéro** alles noch einmal von vorn anfangen
❻ *(rejouer)* wieder spielen *pièce, rôle;* wieder zeigen *film*
❼ *(saisir à nouveau)* **le doute/la douleur reprend qn** jd bekommt wieder Zweifel/Schmerzen
❽ *(corriger)* verbessern *élève, faute;* korrigieren *travail;* überarbeiten *article, chapitre*
❾ *(réprimander)* zurechtweisen; **se faire ~** zurechtgewiesen werden
❿ COUT ändern; *(rétrécir)* enger machen; *(raccourcir)* kürzen; *(agrandir)* weiter machen; *(rallonger)* länger machen
⓫ *(répéter)* aufgreifen *incident, information, citation;* noch einmal spielen/singen *chanson;* zurückgreifen auf (+ *Akk) argument, critique*
⓬ *(se resservir de)* noch nehmen *viande, gâteau*
⓭ *(s'approprier)* aufgreifen *idée, suggestion*
⓮ FBALL annehmen
▸ **ça me/le reprend** *hum* es packt mich/ihn schon wieder *(fam);* **que je ne t'y reprenne pas!** dass ich dich nicht noch einmal dabei erwische! *(fam);* **on ne m'y reprendra plus** das passiert mir nicht noch einmal
II. *vi* ❶ *(se revivifier) affaires:* wieder besser werden; *bouture:* anwurzeln; *vie:* wieder seinen Gang gehen; *convalescent:* wieder zu Kräften kommen
❷ *(recommencer) douleurs, musique, pluie:* wieder einsetzen; *bruit, guerre:* von neuem beginnen; *classe, cours:* wieder beginnen; *conversation:* wieder aufgenommen werden
❸ *(enchaîner)* fortfahren
❹ *(répéter)* **je reprends: ...** ich wiederhole: ...
III. *vpr* ❶ *(se corriger)* **se ~** sich verbessern
❷ *(s'interrompre)* **se ~** innehalten
❸ *soutenu (recommencer)* **se ~ à faire qc** wieder beginnen etw zu tun; **s'y ~ à deux fois pour faire qc** zwei Anläufe benötigen um etw zu tun
❹ *(se ressaisir)* **se ~** sich wieder fangen

repreneur [ʀ(ə)pʀənœʀ] *m* Aufkäufer(in) *m(f)*

représailles [ʀ(ə)pʀezaj] *fpl* Repressalien *Pl;* **exercer des [o user de] ~ contre qn** Vergeltungsmaßnahmen *Pl* gegen jdn ergreifen; **s'attendre à des ~ de la part de qn** damit rechnen, dass jd sich rächen wird; **en ~ à qc** als Vergeltung für etw; **par ~** zur Vergeltung

représentable [ʀ(ə)pʀezɑ̃tabl] *adj spectacle* aufführbar

représentant(e) [ʀ(ə)pʀezɑ̃tɑ̃, ɑ̃t] *m(f)* ❶ COM Vertreter(in) *m(f);* **~(e) en qc** Vertreter(in) für etw; **~(e) de commerce** Handelsvertreter(in) *m(f),* Außendienstler(in) *m(f);* **~ exclusif/~e exclusive** Generalagent(in) *m(f),* Generalvertreter(in), Alleinvertreter(in); **~ national/~e nationale** Inlandsvertreter(in); **~ principal/~e principale** Hauptvertreter(in); **~(e) ayant pouvoir de conclure des marchés** Abschlussvertreter(in); **c'est une ~e multicarte** sie vertritt mehrere Firmen
❷ JUR, POL, REL Vertreter(in) *m(f);* **~ de l'accusation** Vertreter der Anklage; **~ [des forces] de l'ordre** Polizist *m;* **~s des intérêts des ouvriers** Interessenvertreter *Pl* der Arbeiter; **~ gouvernemental/~e gouvernementale** Regierungsvertreter(in); **~ légal** rechtmäßiger Vertreter; **~s syndicaux/du peuple** Gewerkschafts-/Volksvertreter *Pl*
❸ *(spécimen)* [typischer] Vertreter/[typische] Vertreterin; **~(e) de la classe moyenne** Mittelständler(in) *m(f)*
❹ BOURSE **~ boursier/~e boursière** Börsenvertreter(in) *m(f)*

représentatif, -ive [ʀ(ə)pʀezɑ̃tatif, -iv] *adj* ❶ POL repräsentativ; *mandat* frei; **assemblée représentative** gewählte Volksvertretung; **régime ~** parlamentarische Regierungsform
❷ *(caractéristique)* repräsentativ; **~(-ive) de qn/qc** typisch für jdn/etw; **être ~(-ive) de sa génération** typisch für seine Generation sein

représentation [ʀ(ə)pʀezɑ̃tasjɔ̃] *f* ❶ *(description)* Darstellung *f*
❷ MATH Abbildung *f*
❸ *(perception)* Vorstellung *f*
❹ THEAT Aufführung *f,* Vorstellung *f;* **~ d'opéra/de l'opéra** Opernaufführung; **~ théâtrale** Theatervorstellung; **~ pour les enfants** Kindervorstellung; **être en ~** sich produzieren *(fam)*
❺ POL *(délégation)* Vertretung *f;* **~ des jeunes** Jugendvertretung; **~ proportionnelle** Verhältniswahlrecht *nt*
❻ JUR Vertretung *f;* **~ conjointe** Gesamtvertretung; **~ des intérêts** Interessenvertretung; **~ en justice** Prozessvertretung, Vertretung vor Gericht
❼ COM *(métier)* Vertretung *f;* **~ exclusive** Alleinvertretung; **faire de la ~** Vertreter(in) *m(f)* sein
❽ *(mondanités)* Repräsentation *f*
❾ INFORM Darstellung *f;* **~ des caractères** Zeichendarstellung
❿ SOCIOL Rollenbild *nt*

représentativité [ʀ(ə)pʀezɑ̃tativite] *f* repräsentativer Charakter

représenté(e) [ʀ(ə)pʀezɑ̃te] *m(f)* JUR Vertretene(r) *f(m)*

représenter [ʀ(ə)pʀezɑ̃te] <1> **I.** *vt* ❶ *(décrire)* darstellen; schildern *faits;* **~ qn comme qc** jdn als etw hinstellen
❷ *(correspondre à)* sein *progrès, révolution, travail;* darstellen *menace, danger, effort;* verkörpern *autorité;* **~ une classe sociale** ein typischer Vertreter einer Gesellschaftsklasse sein
❸ THEAT aufführen
❹ JUR, POL, COM vertreten; **~ la partie demanderesse en justice** den Kläger/die Klägerin vertreten
❺ *(montrer à nouveau)* noch einmal zeigen *film;* noch einmal vorlegen *document*
❻ *littér (exposer)* **~ qc à qn** jdm etw vor Augen führen
II. *vpr* ❶ *(s'imaginer)* **se ~ qn/qc** sich *(Dat)* jdn/etw vorstellen
❷ *(survenir à nouveau)* **se ~ à qn** *occasion, possibilité:* sich jdm noch einmal bieten; *problème:* sich jdm erneut stellen
❸ POL **se ~ à qc** sich bei etw erneut zur Wahl stellen; SCOL noch einmal zu etw antreten

répressif, -ive [ʀepʀesif, -iv] *adj* repressiv *(geh),* ein-/beschränkend; **loi répressive** Strafgesetz *nt;* **mesure répressive** Strafmaßnahme *f*

répression [ʀepʀesjɔ̃] *f* ❶ JUR strafrechtliche Verfolgung
❷ POL Repression *f (geh); d'une insurrection, révolte* Niederschlagung *f; d'un peuple, soulèvement* Niederwerfung *f*
❸ PSYCH [bewusste] Verdrängung

réprimande [ʀepʀimɑ̃d] *f* Verweis *m;* **faire une ~ à qn** jdn rügen

réprimander [ʀepʀimɑ̃de] <1> *vt* zurechtweisen

réprimer [ʀepʀime] <1> *vt* ❶ *(retenir)* unterdrücken; zurückhalten *larmes*
❷ JUR ahnden *(geh) abus, crime*
❸ POL niederschlagen *révolte*

reprisage [ʀ(ə)pʀizaʒ] *m* Stopfen *nt*

repris de justice [ʀ(ə)pʀid(ə)ʒystis] *m inv* Vorbestrafte(r) *f(m)*

reprise [ʀ(ə)pʀiz] *f* ❶ *(recommencement) d'une activité, des hostilités, de l'activité commerciale* Wiederaufnahme *f; du froid* Wiedereinsetzen *nt; d'une œuvre* Wiederaufnahme *f* [in den Spielplan]; *d'une émission, d'un film* Wiederholung *f*
❷ SPORT [Wieder]auftakt *m*
❸ MUS Wiederholung *f*
❹ COM, ECON *(essor)* Aufschwung *m; des affaires, de la production* Wiederbelebung *f;* **~ de la demande** Nachfragebelebung; **~ conjoncturelle** konjunkturelle Wiederbelebung
❺ COM *(rachat) d'un appareil, d'une voiture* Inzahlungnahme *f; d'un fonds de commerce, d'une usine* Übernahme *f; de mobilier* Ablösung *f;* **~ d'une/de l'entreprise** Firmenübernahme *f;* **pas de ~!** kein Umtausch! *f*
❻ COM *(retour) d'une marchandise, de bouteilles* Zurücknahme *f*

réprimander	
réprimander	zurechtweisen
Votre comportement laisse à désirer.	Ihr Verhalten lässt einiges zu wünschen übrig.
Je vous défends de me parler sur ce ton!	Ich verbitte mir diesen Ton!
Je ne tolérerai pas cela de votre part!	Das brauche ich mir von Ihnen nicht gefallen zu lassen!
Essayez un peu pour voir!	Unterstehen Sie sich!
Pour qui vous prenez-vous?	Was erlauben Sie sich!
Qu'est-ce qui vous prend?	Was fällt Ihnen ein!

❼ *(réutilisation) d'une idée, suggestion* Wiederaufgreifen *nt*
❽ AUT Beschleunigung *f kein Pl*
❾ MIL, POL *d'un territoire, siège* Zurückeroberung *f*
❿ COUT *d'une chaussette* Stopfen *nt; d'une chemise, d'un drap, pantalon* Ausbessern *nt;* **vêtement qui nécessite une ~** ausbesserungsbedürftiges Kleidungsstück
⓫ *(en équitation)* Reitstunde *f*
⓬ SPORT *(deuxième mi-temps)* zweite Halbzeit; BOXE Runde *f*
▸ **à deux/trois ~s** zwei-/dreimal; **à plusieurs [o diverses] ~s** mehrmals
♦ **~ d'actions** Aktienübernahme *f;* **~ de volée** direkte Ballannahme
repriser [R(ə)pRize] <1> *vt* ausbessern; stopfen *chaussette*
réprobateur, -trice [RepRɔbatœR, -tRis] *adj* missbilligend
réprobation [RepRɔbasjɔ̃] *f* ❶ Missbilligung *f*
❷ REL ewige Verdammnis
reprochable [RəpRɔʃabl] *adj* tadelnswert, tadelnswürdig
reproche [R(ə)pRɔʃ] *m* Vorwurf *m;* **faire [o adresser] un ~ à qn** jdm einen Vorwurf machen; **faire ~ à qn de qc** jdm etw zum Vorwurf machen; **faire ~ à qn de faire qc** jdm zum Vorwurf machen etw zu tun; **air de ~** vorwurfsvolle Miene; **ton de ~** vorwurfsvoller Ton; **comportement sans ~** untadeliges Benehmen; **être sans ~** über jeden Vorwurf erhaben sein
reprocher [R(ə)pRɔʃe] <1> I. *vt* ❶ *(faire grief de)* **~ qc à qn** jdm etw vorwerfen; **~ à qn de faire qc** jdm vorwerfen etw zu tun; **avoir qc à ~ à qn** jdm etw vorzuwerfen haben
❷ JUR **qc est reproché(e)** [*o* **il est reproché qc**] **à qn** etw wird jdm zur Last gelegt
❸ *(critiquer)* **~ qc à qc** [*o* **avoir qc à ~ à qc**] etw an etw *(Dat)* auszusetzen haben
II. *vpr* **se ~ qc** sich *(Dat)* Vorwürfe wegen etw machen; **se ~ de faire qc** sich *(Dat)* Vorwürfe machen, dass man etw tut; **avoir qc à se ~** sich *(Dat)* etw vorzuwerfen haben
reproducteur [RəpRɔdyktœR] *m* TECH Vervielfältigungsapparat *m*
reproducteur, -trice [R(ə)pRɔdyktœR, -tRis] *adj* **organe ~** Fortpflanzungsorgan *nt;* **taureau ~** Zuchtbulle *m*
reproductible [R(ə)pRɔdyktibl] *adj* reproduzierbar
reproduction [R(ə)pRɔdyksjɔ̃] *f* ❶ *(action de reproduire) des sons, d'images* Wiedergabe *f; d'une illustration, d'un texte* Vervielfältigung *f; d'une œuvre d'art* Reproduktion *f;* **~ illégale** unerlaubter Nachdruck; **~ interdite** Nachdruck *m* verboten; **tous droits de ~ réservés** alle Rechte vorbehalten
❷ *(copie)* Reproduktion *f*
❸ BIO Fortpflanzung *f;* **mâle pour la ~** männliches Zuchttier; **maturité à la ~** Zuchtreife *f;* **aptitude à la ~** Zuchttauglichkeit *f;* **apte à la ~** zuchttauglich, zuchtreif; **~ de cellules** *(par division cellulaire)* Zellvermehrung *f*
reproduire [R(ə)pRɔdɥiR] <*irr*> I. *vt* ❶ *(refaire)* reproduzieren *illustration;* wieder machen *erreur*
❷ *(rendre)* wiedergeben *image, son*
❸ *(imiter)* nachmachen *geste*
❹ *(copier)* vervielfältigen *page;* **être reproduit(e)** *photo:* abgebildet sein; *texte:* abgedruckt sein
II. *vpr* **se ~** ❶ BIO sich fortpflanzen
❷ *(se répéter)* sich wiederholen
reprogrammer [R(ə)pRɔgRame] <1> *vt* ❶ INFORM umcodieren, umkodieren; wieder programmieren *mémoire*
❷ wieder in das Programm aufnehmen *émission, film*
❸ BIO genetisch verändern *bactérie*
reprographie [R(ə)pRɔgRafi] *f* Reprographie *f*
reprographier [R(ə)pRɔgRafje] <1a> *vt* kopieren
réprouvé(e) [RepRuve] *m(f)* ❶ Ausgestoßene(r) *f(m)*
❷ REL Verdammte(r) *f(m)*, Verstoßene(r) *f(m)*
réprouver [RepRuve] <1> *vt* ❶ missbilligen
❷ REL verdammen *personne;* **être réprouvé(e)** verurteilt sein/werden; *personne:* geächtet sein/werden
reps [Rɛps] *m* Rips *m*

reptation [Rɛptasjɔ̃] *f* Kriechen *nt*
reptile [Rɛptil] *m* Reptil *nt;* **les ~s** die Kriechtiere
reptilien(ne) [Rɛptiljɛ̃, jɛn] *adj* reptilartig; **caractéristiques ~nes** für Reptilien typische Merkmale
repu(e) [Rəpy] *adj* ❶ *(rassasié)* satt
❷ *(gavé)* **être ~(e) de lecture** des Lesens überdrüssig sein
républicain(e) [Repyblikɛ̃, ɛn] I. *adj* republikanisch
II. *m(f)* Republikaner(in) *m(f)*
république [Repyblik] *f;* **~ constituante** Teilrepublik; **la République démocratique allemande** HIST die Deutsche Demokratische Republik; **la République fédérale d'Allemagne** die Bundesrepublik Deutschland; **la République française** die Französische Republik; **la République populaire de Chine** die Volksrepublik China; **la République centrafricaine** die Zentralafrikanische Republik
❷ *fig* **~ des lettres** Welt *f* der Gelehrten
▸ **~ bananière** *péj* Bananenrepublik *f (pej);* **on est [o vit] en ~** wir leben in einem freien Land

Land und Leute
Die erste französische Republik wurde im Zuge der französischen Revolution am 21. September 1792 gegründet. Seit 1958 erlebt Frankreich bereits seine fünfte Republik. Die Revolutionsfigur der *Marianne*, eine Frauenbüste mit phrygischer Kopfbedeckung, gilt als Symbol für die **République**.

répudiation [Repydjasjɔ̃] *f d'une chose* Ausschlagung *f; d'une personne* Verstoßen *nt;* **~ de la succession** Erbausschlagung
répudier [Repydje] <1a> *vt* aufgeben *idées, principes;* ausschlagen *legs;* ablehnen *nationalité;* verstoßen *conjoint*
répugnance [Repynɑ̃s] *f* ❶ *(aversion)* Abscheu *m;* **avoir de la ~ pour qc** etw verabscheuen; **~ à qc** Abscheu vor etw *(Dat);* **éprouver de la ~ à faire qc** es widerstrebt jdm etw zu tun
❷ *(dégoût)* Ekel *m;* **~ pour qn/qc** Widerwillen *m* gegen jdn/etw; **qn éprouve de la ~ à faire qc** es widerstrebt jdm etw zu tun
répugnant(e) [Repynɑ̃, ɑ̃t] *adj* widerlich; *action, crime* abscheulich; **d'une laideur ~e** abstoßend hässlich
répugner [Repyne] <1> *vi* ❶ *(dégoûter)* **~ à qn** *nourriture, personne:* jdn anwidern; *action, idée, malhonnêteté:* jdn abstoßen
❷ *(n'avoir pas envie)* **qn répugne à qc** jdm widerstrebt etw; **qn répugne à faire qc, il répugne à qn de faire qc** es widerstrebt jdm etw zu tun
répulsif, -ive [Repylsif, -iv] *adj a.* PHYS abstoßend
répulsion [Repylsjɔ̃] *f* ❶ *(aversion)* Abscheu *m;* **soulever la ~ de qn** jdn abstoßen; **~ pour qn/qc** Abscheu vor jdm/etw; **avoir de la ~ pour qn** jdn verabscheuen
❷ *(dégoût)* Ekel *m*
❸ PHYS Abstoßung *f*
réputation [Repytasjɔ̃] *f* ❶ *(honneur)* [guter] Ruf
❷ *(renommée)* Ruf *m;* **~ commerciale** Geschäftsreputation *f;* **~ mondiale** Weltruf; **sa ~ d'homme honnête/d'avarice** sein Ruf, ein Ehrenmann/Geizhals zu sein; **avoir bonne/mauvaise ~** einen guten/schlechten Ruf haben; **avoir une mauvaise ~** *ville, entreprise:* ein Negativimage haben; **avoir une ~ de générosité/d'avarice** in dem Ruf stehen großzügig/geizig zu sein; **avoir la ~ d'être généreux(-euse)/avare** in dem Ruf stehen großzügig/geizig zu sein; **la ~ de qn n'est plus à faire** jds guter Ruf steht außer Zweifel; *iron* jds Ruf ist bereits ruiniert; **se faire une ~** sich *(Dat)* einen Namen machen
▸ **connaître qn/qc de ~** jdn/etw vom Hörensagen kennen
réputé(e) [Repyte] *adj* ❶ *(connu)* bekannt; **ce professeur est ~ pour être sévère** dieser Lehrer ist für seine Strenge bekannt
❷ *(célèbre)* berühmt
❸ *(considéré comme)* **être ~(e) infaillible** als unfehlbar gelten
requérant(e) [RəkeRɑ̃, ɑ̃t] I. *adj* antragstellend
II. *m(f)* Antragsteller(in) *m(f)*
requérir [RəkeRiR] <*irr*> I. *vt* ❶ *(nécessiter)* erfordern

requête–réserver

② *(solliciter)* ~ **l'aide de qn** jds Hilfe erbitten
③ *(exiger)* fordern *explication, justification;* anfordern *avion spécial, protection*
④ JUR beantragen *peine*
II. *vi* Anklage erheben
requête [Rəkɛt] *f* ① *(supplique)* Gesuch *nt;* **présenter** [*o* **déposer**] **une** ~ ein Gesuch einreichen
② JUR *(demande)* ~ **en qc** Antrag *m* auf etw *(Akk);* ~ **civile** Restitutionsklage *f;* ~ **principale** Hauptforderung *f;* **à** [*o* **sur**] **la** ~ **de qn** auf jds Antrag *(Akk)* hin
③ INFORM Abfrage *f;* ~ **d'état** Statusabfrage
requiem [Rekɥijɛm] *m inv* Requiem *nt*
requin [Rəkɛ̃] *m* ① ZOOL Hai[fisch *m*] *m*
② *(personne)* Halsabschneider(in) *m(f);* ~ **de la finance** Finanzhai *m*
requin-marteau [Rəkɛ̃marto] <requins-marteaux> *m* Hammerhai *m*
requinquer [R(ə)kɛ̃ke] <1> *fam* I. *vt* aufmöbeln *(fam);* **être requinqué(e)** wieder in Form sein
II. *vi* beleben
III. *vpr* **se** ~ sich erholen
requis(e) [Rəki, iz] I. *part passé de* **requérir**
II. *adj* erforderlich
III. *m(f)* Dienstverpflichtete(r) *f(m)*
réquisition [Rekizisjɔ̃] *f* ① *(confiscation)* Beschlagnahme *f*
② *a.* JUR *(demande)* Anforderung *f;* **sur la** ~ **du demandeur** auf Antrag des Klägers
③ *pl* JUR *(requête)* Antrag *m*
④ *pl* JUR *(demande de peine)* Strafantrag *m*
⑤ *pl* JUR *(plaidoirie)* Plädoyer *nt*
◆ ~ **de preuve** JUR Beweisanforderung *f*
réquisitionner [Rekizisjɔne] <1> *vt* ① beschlagnahmen *biens;* dienstverpflichten *hommes;* anfordern *force armée*
② *fig, hum* ~ **qn** *fam* jdn mit Beschlag belegen *(fam);* **être réquisitionné(e) pour faire la vaisselle** zum Spülen abkommandiert worden sein *(fam)*
réquisitoire [Rekizitwar] *m* ① JUR *(réquisition)* Antrag *m*
② JUR *(discours)* Anklagerede *f*
③ *fig* ~ **contre qn** Anklage *f* gegen jdn
R.E.R. [ɛRøɛR] *m abr de* **réseau express régional** S-Bahn-Netz in Paris und Umgebung
resaler [R(ə)sale] <1> *vt* nachsalzen
resalir [R(ə)saliR] <8> I. *vt* wieder schmutzig machen *cuisine*
II. *vpr* **se** ~ sich wieder schmutzig machen
rescapé(e) [Rɛskape] I. *adj* **personne** ~**e** Überlebende(r) *f(m);* **quelques passagers** ~**s de l'accident** einige Passagiere, die den Unfall überlebt haben
II. *m(f)* Überlebende(r) *f(m)*
rescindable [Rəsɛ̃dabl] *adj* JUR *contrat* aufhebbar
rescousse [Rɛskus] *f* **venir à la** ~ **de qn** jdm zu Hilfe kommen
réseau [Rezo] <x> *m* ① *a.* TELEC Netz *nt;* ~ **cellulaire mobile** Mobilfunknetz; ~ **électrique** Verbundnetz; ~ **fixe** Festnetz; ~ **radiophonique** Rundfunknetz; ~ **téléphonique** Fernsprechnetz, Fernmeldenetz; ~ **de canalisations** Kanalnetz, Kanalisationsnetz, Kanalisationssystem *nt;* ~ **de communication** Kommunikationsnetz; ~ **de radars** Radarnetz; ~ **de tuyaux** Rohrnetz; ~ **de transmission** Übertragungsnetz
② TRANSP ~ [**des lignes**] Liniennetz *nt;* ~ **ferroviaire/routier** [Eisen]bahn-/Straßennetz; ~ **aérien** Flugnetz; ~ **autoroutier** Autobahnnetz; ~ **fluvial** Flussnetz, Wasserstraßennetz; ~ **de communication** Verkehrsnetz; ~ **de métro** U-Bahn-Netz; ~ **de rues** Wegenetz
③ *(organisation)* Organisation *f;* ~ **d'espionnage** Spionagenetz, Agentennetz, Spionagering *m;* ~ **d'indicateurs** Informantennetz; ~ **de la mafia** Mafianetz; ~ **terroriste** Terroristennetz, Terroristennetzwerk *nt*
④ *(enchevêtrement)* Netz *nt;* ~ **inextricable** Gewirr *nt;* ~ **de fils de fer** Drahtverhau *m*
⑤ GEOL, PHYS, CHIM Gitter *nt;* ~ **cristallin** Kristallgitter, Raumgitter, Kristallstruktur *f*
⑥ INFORM Netz *nt,* Netzwerk *nt;* ~ **analogique** Analognetz; ~ **étoilé** sternförmiges Netzwerk; ~ **informatique** Computernetz; ~ **local** lokales Netz; **le** ~ **Internet** das Internet; ~ **multimédia** Multimedia-Netzwerk *nt;* ~ **sans câble** kabellose Vernetzung; ~ **de données** Datennetz
résection [Rezɛksjɔ̃] *f* MED Resektion *f*
réséda [Rezeda] I. *adj inv* **une robe** ~ ein resedagrünes Kleid
II. *m* Reseda *f*
réservataire [RezɛRvatɛR] I. *adj* pflichtteilsberechtigt
II. *mf* Pflichtteilsberechtigte(r) *f(m)*
réservation [RezɛRvasjɔ̃] *f* Reservierung *f;* ~ **de groupe** Gruppenbuchung *f;* **avez-vous une** ~**?** haben Sie reserviert?
réserve [RezɛRv] *f* ① *(provision)* Vorrat *m;* ~ **de** [*o* **en**] **combus-**

tible Brennstoffreserven *Pl;* ~ **d'eau** [*o* **en eau**] Wasserreserve *f;* ~**s d'énergie** *(forces)* Energiereserven *Pl;* ~ **d'essence** Benzinreserve; ~**s** [*o* **en**] **de pétrole** Ölreserven *Pl;* ~**s pour l'hiver** Wintervorrat *m;* **faire des** ~**s pour l'hiver** Vorräte für den Winter anlegen
② *a.* JUR *(restriction)* Vorbehalt *m; pl* JUR Auflagenvorbehalt; ~ **contractuelle** Vertragsvorbehalt; ~ **liée à la formation d'une règle juridique** Regelungsvorbehalt; ~ **posée à l'autorisation** Erlaubnisvorbehalt; ~ **relative à l'approbation** Zustimmungsvorbehalt; ~ **relative à la fixation des prix** Preisvorbehalt; ~ **totale** Totalvorbehalt; ~ **d'approvisionnement propre** Selbstbelieferungsvorbehalt; ~ **de livraison directe** Direktbelieferungsvorbehalt; ~ **de peine contractuelle** Vertragsstrafevorbehalt; **exprimer ses** ~**s** seine Bedenken äußern; **émettre** [*o* **faire**] **des** ~**s sur qc** Bedenken gegen etw äußern; **à une** ~ **près** mit einer Einschränkung; **sans** ~ ohne Vorbehalt; **sous toute** ~ unter Vorbehalt, ohne Gewähr; **sous** ~ **de qc** vorbehaltlich einer S. *(Gen);* **sous** ~ **d'ajournement de toute autre affaire juridique** unter Zurückstellung aller anderen Rechtssachen; **sous** ~ **qu'il vienne** unter dem Vorbehalt, dass er kommt
③ *(retenue)* Zurückhaltung *f;* **être d'une grande** ~ sehr zurückhaltend sein; **sortir de sa** ~ seine Zurückhaltung ablegen; **faire sortir qn de sa** ~ jdn aus der Reserve locken
④ MIL, SPORT Reserve *f;* **officier de** ~ Reserveoffizier *m*
⑤ *(lieu protégé)* Schutzgebiet *nt;* ~ **botanique/zoologique** Pflanzen-/Tierschutzgebiet; ~ **naturelle/ornithologique** Natur-/Vogelschutzgebiet; ~ **de chasse** Wildschutzgebiet; ~ **indienne** Indianerreservat *nt*
⑥ *(entrepôt)* Lager *nt*
⑦ FIN, ECON Rücklage *f;* ~ **bancaire** Bankreserve *f,* Bankrücklage *f;* ~ **supplémentaire** Überschussreserve; ~**s budgétaires** Haushaltsreserve; ~ **fixée par les statuts** in der Satzung festgelegte Rücklage; ~ **foncière** Bauerwartungsland *nt;* ~ **héréditaire** [*o* **légale**] Pflichtteil *m o nt;* ~ **légale** gesetzliche Rücklage; ~**s liquides** liquide Reserven, Liquiditätsreserven; ~ **mathématique pour risques en cours** Deckungsrückstellung *f;* ~**s minimales obligatoires** Mindestdeckung *f;* ~**s monétaires** Gewinnrücklage, Geldvorrat *m,* Geldreserven; ~**s obligatoires** gesetzliche Rücklagen; ~ **occultes** stille Rücklagen; ~**s statutaires** satzungsgemäße Rücklagen; ~**s visibles** offene Reserven; ~ **en espèces** [*o* **au comptant**] Barreserve; ~ **pour renouvellement du matériel** [*o* **acquisition de remplacement**] Rücklage für Ersatzbeschaffung
⑧ *(ensemble de choses précieuses) d'une bibliothèque, d'un musée* Magazin *nt*
⑨ *pl* BIO ~**s** [**nutritives**] Reservestoffe *Pl*
▶ **avoir des** ~**s** *hum* Reserven haben; **en** ~ in Reserve; **marchandises en** ~ vorrätige Waren; **mettre** [*o* **tenir**] **qn/qc en** ~ jdn zurückhalten/etw aufsparen; **mettre de l'argent en** ~ Geld zurücklegen; **sur la** ~ reserviert
◆ ~ **au désistement** JUR Rücktrittsvorbehalt *m;* ~ **d'agios** Agio-Rücklage *f;* ~ **d'appoint** Bedarfsreserve *f;* ~ **d'assainissement** Sanierungsrücklage *f;* ~ **d'autorisation** Genehmigungsvorbehalt *m;* ~**s des banques de dépôt** JUR Einlagensicherung *f;* ~**s de caisse** Kassenrücklage *Pl;* ~ **de capitaux** Kapitalrücklage *f;* ~ **de couverture** Deckungsrücklage *f;* ~ **de décision** JUR Entscheidungsvorbehalt *m;* ~**s de devises** Währungsreserven *Pl;* ~ **d'émission** Emissionsreserve *f;* ~ **d'évaluation** FIN Bewertungsvorbehalt *m;* ~ **de garantie** Sicherheitsrücklage *f;* ~ **de marchandises** Warenreserve *f;* ~ **de modification** JUR Änderungsvorbehalt *m;* ~ **de non-opposition** Unbedenklichkeitsvorbehalt; ~**s de production** Produktionsreserven *Pl;* ~ **de propriété** Eigentumsvorbehalt *m;* ~ **de propriété d'un groupe** Konzernvorbehalt *(Fachspr.);* ~**s de réévaluation** Neubewertungsrücklagen *Pl;* ~ **de réinvestissement** Reinvestitionsrücklage *f;* ~ **de remplacement** Wiederbeschaffungsrücklage *f;* ~ **de révocation** JUR Widerrufsvorbehalt *m (Fachspr.);* ~ **pour dépréciation** Rücklage *f* für Wertminderung; ~**s pour impôts** Steuerrückstellung *f;* ~ **pour investissements** Investitionsrücklage *f;* ~ **pour risques** Risikorücklage *f*
réservé(e) [RezɛRve] *adj* ① *(discret)* zurückhaltend
② *(circonspect)* vorsichtig
③ *(retenu)* reserviert
④ *(limité à certains)* **tous droits** ~**s** alle Rechte vorbehalten; **domaine de chasse** ~ privates Jagdrevier; ~**(e) à qn/qc** jdm-/einer S. vorbehalten; ~**(e) aux handicapés/autobus** nur für Behinderte/Busse
réserver [RezɛRve] <1> I. *vt* ① *(garder)* freihalten *place;* beiseitelegen *argent;* zurücklegen *marchandise;* aufheben *objet;* beiseitestellen *meuble;* ~ **le meilleur pour la fin** das Beste bis zuletzt aufsparen; **être réservé(e) à qn** jdm vorbehalten sein
② *(retenir)* reservieren; buchen *voyage;* ~ **un billet d'avion** einen Flug buchen
③ *(destiner, procurer)* bringen; sich ausdenken *punition;* bergen

danger; mit sich bringen *surprise;* ~ **des joies à qn** jdm viel Freude bereiten; ~ **un accueil favorable à une demande** eine Bitte wohlwollend aufnehmen *(geh);* **il est réservé à qn de faire qc** *(droit exclusif)* jdm ist es vorbehalten etw zu tun

④ *(surseoir à)* zurückhalten *décision, diagnostic, réponse*

II. *vpr* ❶ *(revendiquer pour soi)* **se ~ un avantage/un droit** sich *(Dat)* einen Vorteil/ein Recht vorbehalten; **se ~ de faire qc** sich *(Dat)* vorbehalten etw zu tun

❷ *(se ménager)* **se ~ pour le dessert** sich *(Dat)* seinen Appetit für den Nachtisch aufheben; **se ~ pour une meilleure occasion** auf eine bessere Gelegenheit warten; **se ~ pour plus tard** noch etwas warten

❸ *(rassembler ses forces)* **se ~ pour qc** sich moralisch auf etw *(Akk)* vorbereiten; SPORT seine Kräfte für etw schonen

réserviste [Rezɛʀvist] *m* ❶ MIL Reservist *m*
❷ SPORT Reservespieler *m*

réservoir [ʀezɛʀvwaʀ] *m* ❶ *(cuve, bassin)* Tank *m;* **~ d'air** Luftbehälter *m;* **~ d'air comprimé** Druckluftbehälter *m;* **~ d'eau** Wasserreservoir *nt,* Wasserspeicher *m; (en forme de tonneau)* Wassertonne *f;* **~ d'eau potable** Trinkwasserbehälter *m;* **~ de [la] chasse d'eau** Wasserkasten *m;* **~ d'essence** Benzintank, Kraftstofftank; **~ de gaz** Gaskessel *m,* Gasbehälter *m;* **~ d'huile** Öltank; **~ d'oxygène** Sauerstoffbehälter

❷ *(lac, barrage)* Wasserreservoir *nt*

❸ *(réserve)* **~ de matières premières** Rohstoffreserven *Pl;* **~ d'images** Bildbestand *m;* **ce pays est un ~ de talents/de main-d'œuvre** dieses Land ist reich an Talenten/hat eine große Arbeitskraftreserve *[o einen großen Bestand an Arbeitskräfte]*

résidant(e) [Rezidã, ãt] *m(f) d'un immeuble* Bewohner(in) *m(f); d'une ville, d'un pays* Einwohner(in) *m(f)*

résidence [Rezidãs] *f* ❶ *(domicile)* Wohnsitz *m;* **lieu de ~** Wohnort *m;* **~ principale** Hauptwohnsitz *m;* **~ secondaire** zweiter Wohnsitz; **~ d'hiver** Winterresidenz *f*

❷ *(appartement pour les vacances)* Ferienwohnung *f*

❸ *(maison pour les vacances)* Ferienhaus *nt;* **~ thermale** Kurheim *nt*

④ *(immeuble)* Wohnanlage *f;* **~ universitaire** Studentenwohnheim *nt;* **~ pour personnes âgées** Altenheim *nt;* **~ pour handicapés** Behindertenwohnheim

❺ ADMIN *(lieu de fonction)* Amtssitz *m*

▶ **en ~ surveillée** unter Hausarrest; **placer en ~ surveillée** unter Hausarrest stellen

résident(e) [Rezidã, ãt] *m(f)* ❶ *(étranger)* Gebietsansässige(r) *f(m)* in einem Gastland ansässiger Ausländer/ansässige Ausländerin; **les ~s allemands en France** die in Frankreich ansässigen Deutschen

❷ HIST Resident *m*

❸ *(diplomate)* Gebietsansässige(r) *f(m)*

④ FISC Gebietsansässige(r) *f(m),* Steuerinländer(in) *m(f) (fam)*

résidentiel(le) [Rezidãsjɛl] *adj* ❶ *(d'habitation)* **zone ~le** Wohngebiet *nt*

❷ *(de standing)* vornehm

résider [Rezide] <1> *vi* ❶ *(habiter)* wohnen; **les étrangers qui résident en France** die in Frankreich ansässigen Ausländer

❷ *(se trouver)* **~ dans qc** in etw *(Dat)* liegen

résidu [Rezidy] *m* ❶ *a.* CHIM Rückstand *m;* **~s de combustion/fission** Verbrennungs-/Spaltungsrückstände *Pl;* **~s d'abrasion** Abrieb *m*

❷ MATH Rest *m*

résiduel(le) [Rezidɥɛl] *adj* zurückbleibend; **air ~** Restluft *f;* **eaux ~les** Abwässer *Pl;* **produit ~** Abfallprodukt *nt;* **sucre ~** Restsüße *f (Fachspr.),* Restzucker *m (Fachspr.);* **urine ~le** Restharn *m;* **valeur ~le d'une voiture** Restwert *m* eines Autos

résignation [Rezinasjɔ̃] *f* Resignation *f;* **avec ~** resigniert; **la ~ à qc** das Sichabfinden mit etw

résigné(e) [Rezine] *adj* resigniert; **~(e) à son sort** schicksalsergeben

résigner [Rezine] <1> *vpr* **se ~** resignieren; **se ~ à qc** sich mit etw abfinden; **se ~ à faire qc** sich damit abfinden etw zu tun

résiliable [Reziljabl] *adj* kündbar; *contrat* aufhebbar, kündbar, auflösbar; **non ~** *contrat* unaufhebbar; **à tout moment prêt** jederzeit kündbar

résiliation [Rezilja sjɔ̃] *f d'une part sociale* Kündigung *f; des créanciers* Rücktritt *m;* **~ partielle** Teilkündigung; **~ de l'affiliation** Erlöschen *nt* der Mitgliedschaft

résilier [Rezilje] <1a> *vt* kündigen; **~ un contrat de fermage** von einem Pachtverhältnis zurücktreten; **~ un contrat de location** ein Mietverhältnis beenden *[o lösen]*

résille [Rezij] I. *f* Netz *nt*

II. *app inv* **bas ~** Netzstrumpf *m*

résine [Rezin] *f* Harz *nt;* **~ synthétique** *[o* **artificielle]** Kunstharz

résiné [Rezine] *m (vin)* geharzter Wein

résiné(e) [Rezine] *adj vin* geharzt

résineux [Rezinø] *m* Nadelbaum *m;* **les ~** die Nadelhölzer; **forêt de ~** Nadelwald *m*

résineux, -euse [Rezinø, -øz] *adj* harzig; **bois ~** Nadelholz *nt*

résistance [Rezistãs] *f* ❶ *(opposition)* Widerstand *m;* MIL Gegenwehr *f;* **la Résistance** HIST die Resistance; **~ passive** passiver Widerstand; **offrir** *[o* **opposer] une ~ à qn/qc** jdm/einer S. Widerstand leisten

❷ *(endurance) de matériaux, d'une personne* Widerstandsfähigkeit *f; de la glace* Tragfähigkeit *f; d'une plante* Zählebigkeit *f;* **~ nerveuse** Nervenkraft *f;* **~ vitale** Widerstandsfähigkeit *f;* **ne pas avoir de ~** nicht sehr widerstandsfähig sein; **~ au feu/à la rupture** Feuer-/Bruchfestigkeit *f;* **~ aux torsions** Torsionsfestigkeit *f;* **~ au froid/à la chaleur** Kälte-/Hitzebeständigkeit *f;* **~ aux antibiotiques/à la pénicilline** Resistenz *f* gegen Antibiotika/Penizillin; **~ à la fatigue** Durchhaltevermögen *nt;* **~ aux acides/aux chocs** Säure-/Stoßfestigkeit *f;* **~ à l'usure** *d'un tissu* Strapazierfähigkeit *f; d'une ligne* Abriebfestigkeit *f;* **offrir une grande ~ au feu** äußerst feuerfest sein

❸ ELEC, PHYS Widerstand *m;* **~ de l'air** Luftwiderstand *m;* **~ à l'air** *d'un véhicule* Fahrwiderstand *m; d'un avion* Flugwiderstand *m;* **~ au roulement** Fahrwiderstand *m*

④ MED **~ aux infections** Infektionsabwehr *f*

résistant(e) [Rezistã, ãt] I. *adj* ❶ *(robuste) couleur, matériau* haltbar; *personne, plante, animal* robust; **l'acier est plus ~ que le fer** Stahl ist härter als Eisen; **~ aux acides** säurefest, säureresistent; **~ à la chaleur** hitzebeständig, hitzeresistent; **~ aux chocs** stoßfest; **vitrage ~ aux chocs** bruchsicheres Glas; **conditionner qc dans un emballage ~ aux chocs** etw bruchsicher verpacken; **~ aux conditions tropicales** tropentauglich; **~ à la corrosion** korrosionsbeständig; **~ au feu** feuerbeständig; **~ au froid/au temps** kälte-/witterungsbeständig; **~ aux rayures** kratzfest; **~ aux variations de température** temperaturbeständig; **~ à l'usure** verschleißfest; **plante ~e à de fortes gelées** winterfeste Pflanze

❷ HIST **groupe ~** Widerstandsgruppe *f*

II. *m(f)* HIST Widerstandskämpfer(in) *m(f)*

résister [Reziste] <1> *vi* ❶ *(s'opposer)* **~ à qn** sich gegen jdn wehren; **~ à un argument** sich einem Argument widersetzen; **~ à un désir/une passion/tentation** einem Verlangen/einer Leidenschaft/Versuchung widerstehen; **~ à une attaque** einen Angriff abwehren

❷ *(surmonter)* **~ à la douleur/fatigue** den Schmerz/die Müdigkeit überwinden; **~ à son émotion** seine Emotionen zurückhalten; **~ à l'adversité** gegen die Not ankämpfen; **~ au chagrin/aux privations** Kummer/Entbehrungen überstehen

❸ *(supporter)* **qc résiste à qc** etw hält einer S. *(Dat)* stand; **~ au feu/lavage** feuerfest/waschecht sein

résistivité [Rezistivite] *f* ELEC spezifischer Widerstand *m*

resituer [R(ə)sitɥe] <1> *vt* in den historischen Kontext einordnen *débat*

résolu(e) [Rezɔly] I. *part passé de* **résoudre**

II. *adj air, personne* entschlossen; *ton* bestimmt; **être ~(e) à qc** zu etw entschlossen sein; **être ~(e) à faire qc** entschlossen sein etw zu tun

résoluble [Rezɔlybl] *adj* JUR aufhebbar

résolument [Rezɔlymã] *adv* ❶ *(sans hésiter)* entschlossen

❷ *(délibérément)* bewusst

résolutif [Rezɔlytif] *m* MED Resolvens *nt (Fachspr.)*

résolutif, -ive [Rezɔlytif, -iv] *adj* MED ❶ rückbildend

❷ *(lors d'une inflammation)* entzündungshemmend

résolution [Rezɔlysjɔ̃] *f* ❶ *(décision)* Beschluss *m;* **prendre une ~** einen Beschluss fassen; **prendre des ~s** Vorsätze fassen; **prendre de bonnes ~s** gute Vorsätze fassen; **prendre la ~ de faire qc** den Beschluss fassen etw zu tun

❷ *(énergie)* Entschlossenheit *f*

❸ *(solution) d'une question, d'un problème* Lösung *f*

④ JUR *d'un bail* Kündigung *f; d'un contrat* Auflösung *f;* **~ du créancier** Gläubigerkündigung *f*

❺ MED *d'un abcès, d'une tumeur* Rückbildung *f*

❻ MATH *d'une équation* [Auflösung] *f*

❼ INFORM Auflösung *f;* **~ d'écran** Bildschirmauflösung *f;* **fine ~ d'une imprimante** Feinauflösung *f;* **écran à haute ~** Bildschirm mit hoher Auflösung; **~ horizontale** Horizontalauflösung *f*

résolutoire [Rezɔlytwaʀ] *adj* auflösend

résonance [Rezɔnãs] *f* ❶ ELEC, PHYS Resonanz *f*

❷ *(répercussion)* Resonanz *f;* **avoir une grande ~ dans l'opinion** in der Öffentlichkeit große Resonanz finden

❸ *(connotation)* Anklang *m*

④ *fig* **être en ~ avec qn/qc** mit jdm/etw in Einklang stehen

résonateur [Rezɔnatœʀ] *m* Resonator *m*

réson[n]ant(e) [Rezɔnã, ãt] *adj* ❶ **réflecteur ~** Resonanzreflektor *m*

❷ *littér voix* klangvoll; **~(e) de qc** von etw widerhallend

résonner [Rezɔne] <1> *vi* hallen; **~ de qc** von etw widerhallen; **la**

musique **résonne** jusqu'ici die Musik schallt [zu uns] herüber
résorber [ʀezɔʀbe] <1> **I.** *vt* abbauen *inflation, chômage, surplus;* verringern *déficit;* **qc permet de ~ une tumeur/un abcès** durch etw bildet sich ein Tumor/ein Abszess zurück
II. *vpr* **se ~** *chômage, inflation, surplus:* zurückgehen; *déficit:* sich verringern; *embouteillage:* sich auflösen; *abcès, tumeur:* sich zurückbilden
résorption [ʀezɔʀpsjɔ̃] *f* ❶ Abbau *m; d'un abcès, d'une tumeur* Rückbildung *f; d'un épanchement* Rückgang *m*
❷ PHYSIOL Aufnahme *f*
résoudre [ʀezudʀ] <*irr*> **I.** *vt* ❶ lösen *conflit, mystère, problème;* meistern *difficulté, crise;* **~ un dilemme** einen Ausweg aus einem Dilemma finden
❷ MATH lösen
❸ *(décider)* beschließen *exécution, mort;* **~ de faire qc** beschließen etw zu tun; **~ qn à faire qc** jdn überzeugen etw zu tun
❹ MED **~ une tumeur** einen Tumor zur Rückbildung bringen
❺ JUR auflösen *bail, contrat*
❻ MUS auflösen *dissonance*
❼ *littér (transformer)* **~ qc en qc** etw in etw *(Akk)* verwandeln
II. *vpr* ❶ *(se décider)* **se ~ à qc/à faire qc** sich zu etw entschließen/sich entschließen etw zu tun
❷ *(trouver une solution)* **se ~** sich lösen
❸ *(se ramener à)* **qc se résout à qc** etw läuft auf etw *(Akk)* hinaus
❹ *littér (se transformer)* **se ~ en qc** sich in etw *(Akk)* verwandeln
respect [ʀɛspɛ] *m* ❶ *(égards)* Respekt *m;* **~ de** [*o* **pour**] **qn/qc** Respekt vor jdm/etw; **avec ~** ehrerbietig; **devoir le ~ à qn** jdm Respekt schulden; **imposer le ~ à qn** jdm Respekt einflößen; **manquer de ~ à qn** sich jdm gegenüber respektlos benehmen; **par ~ pour qn/qc** aus Achtung vor jdm/etw
❷ *(observance) de la forme* Wahrung *f; des lois, d'un plan, de l'étiquette* Einhaltung *f; d'une institution* Anerkennung *f*
▶ **présenter ses ~ à qn** *form* jdm seinen Gruß entbieten *(veraltet geh);* **tenir qn en ~** jdn in Schach halten; **sauf votre ~** mit Verlaub *(veraltet geh);* **mes ~s!** meine Verehrung! *(veraltet geh)*
respectabilité [ʀɛspɛktabilite] *f* Ehrenhaftigkeit *f*
respectable [ʀɛspɛktabl] *adj* ❶ *(digne de respect)* ehrbar; *motif, scrupule* ehrenhaft
❷ *(assez important)* beachtlich; *somme d'argent* ansehnlich
respecter [ʀɛspɛkte] <1> **I.** *vt* ❶ *(avoir des égards pour)* achten; **être respecté(e)** geachtet werden; **se faire ~** sich *(Dat)* Respekt verschaffen
❷ *(observer)* wahren *forme, tradition;* einhalten *loi, normes, conditions;* beachten *ordre alphabétique, priorité;* **tenir paroles;** **~ un accord** eine Verabredung einhalten; **~ une convention** sich an eine Vereinbarung halten; **~ un engagement** einer Verpflichtung *(Dat)* nachkommen; **faire ~ la loi** dafür sorgen, dass das Gesetz befolgt wird; **vivre en respectant les lois** gesetzestreu leben
❸ *(ménager)* Rücksicht nehmen auf
II. *vpr* **se ~** Selbstachtung haben
▶ **qn qui se respecte** jd, der etwas auf sich hält
respectif, -ive [ʀɛspɛktif, -iv] *adj* jeweilig
respectivement [ʀɛspɛktivmɑ̃] *adv* jeweils; **ils ont présenté ~ leur travail** jeder von ihnen hat seine Arbeit vorgestellt; **mes enfants ont ~ cinq et dix ans** meine Kinder sind fünf beziehungsweise zehn Jahre alt
respectueuse [ʀɛspɛktɥøz] *f vieilli (prostituée)* Dirne *f*
respectueusement [ʀɛspɛktɥøzmɑ̃] *adv* mit Respekt; *iron* höflichst
respectueux, -euse [ʀɛspɛktɥø, -øz] *adj* ❶ respektvoll; **être ~(-euse) de qc** *(mettre en pratique)* etw wahren; *(attacher de l'importance)* Wert auf etw legen; **citoyen ~ des lois** gesetzestreuer Bürger; **être ~ de la loi** das Gesetz achten; **être ~ du bien d'autrui** das Eigentum anderer achten; **être ~ d'une autre religion/de l'environnement** auf eine andere Religion/die Umwelt Rücksicht nehmen; **être ~ envers qn** jdm mit Respekt begegnen
❷ *(à la fin d'une lettre)* **je vous présente mes respectueuses salutations** mit freundlichen Grüßen; **je vous présente mes hommages ~** hochachtungsvoll
respirable [ʀɛspiʀabl] *adj* erträglich
respirateur [ʀɛspiʀatœʀ] *m* Beatmungsgerät *nt*
respiration [ʀɛspiʀasjɔ̃] *f* Atmung *f;* **~ branchiale/cutanée/pulmonaire** Kiemen-/Haut-/Lungenatmung; **~ artificielle** [*o* **assistée**] künstliche Beatmung; **~ artificielle permanente** Dauerbeatmung; **~ abdominale** Bauchatmung; **~ diaphragmatique** Zwerchfellatmung; **~ cellulaire** Zellatmung; **avoir une ~ bruyante/difficile/haletante** laut/schwer/keuchend atmen; **couper la ~ à qn** jdm den Atem verschlagen; **retenir sa ~** den Atem anhalten
respiratoire [ʀɛspiʀatwaʀ] *adj* **voies ~s** Atemwege *Pl;* **organes ~s** Atmungsorgane *Pl;* **maladies ~s** Erkrankungen *Pl* der Atemwege; **troubles ~s** Atembeschwerden *Pl;* **sous assistance ~** unter künstlicher Beatmung; **appareil ~** *(organes)* Atmungsorgane *Pl;* *(masque)* Atemgerät *nt*
respirer [ʀɛspiʀe] <1> **I.** *vi* ❶ atmen; **respirez fort!** tief einatmen!
❷ *(se détendre)* Luft holen
❸ *(être rassuré)* aufatmen
II. *vt* ❶ *(inhaler)* [ein]atmen; **faites-lui ~ des sels!** geben Sie ihm/ihr Riechsalz!
❷ *(exprimer)* ausstrahlen *bonté, calme, sérénité;* zeugen von *méfiance*
resplendir [ʀɛsplɑ̃diʀ] <8> *vi soutenu* ❶ *(rayonner)* strahlen
❷ *(briller)* **~ de propreté** vor Sauberkeit blitzen
resplendissant(e) [ʀɛsplɑ̃disɑ̃, ɑ̃t] *adj* ❶ *(brillant)* strahlend; **d'un blanc ~** strahlend weiß; **le sol est ~** der Boden ist blitzblank *(fam)*
❷ *(éclatant) beauté* strahlend; **~(e) de beauté** strahlend schön; **~(e) de santé** vor Gesundheit strotzend; **être doté(e) d'une santé ~e** vor Gesundheit strotzen; **avoir une mine ~e** [*o* **être ~(e)**] glänzend aussehen; **~(e) de bonheur/joie** glück-/freudestrahlend
responsabilisation [ʀɛspɔ̃sabilizasjɔ̃] *f* Übertragung *f* von Verantwortung; *d'un enfant* Hervorrufen *nt* von Verantwortungsbewusstsein
responsabiliser [ʀɛspɔ̃sabilize] <1> **I.** *vt* **~ qn** jds Verantwortungsbewusstsein wecken
II. *vpr* **se ~** Verantwortungsbewusstsein entwickeln
responsabilité [ʀɛspɔ̃sabilite] *f* ❶ *(culpabilité)* Verantwortung *f;* **~ [s] dans qc** Mitverantwortung an etw *(Dat);* **porter** [*o* **avoir**] **une ~ dans qc** für etw mitverantwortlich sein; **~ collective** Kollektivverantwortung; **~ de la/d'une guerre** Kriegsschuld *f*
❷ JUR Haftung *f,* Verantwortlichkeit *f;* **~ administrative** Amtshaftung; **~ civile** [gesetzliche] Haftpflicht; *(assurance)* Haftpflichtversicherung *f;* **~ civile accidents** Unfallhaftpflicht; **~ civile des accidents du travail** Haftung für Arbeitsunfälle; **~ civile du fait des accidents** Unfallhaftpflicht; **~ civile pour faute partagée/envers un tiers** Haftung bei Mitverschulden/gegenüber Dritten; **~ collective** Gemeinschaftshaftung; **~ délictuelle** Verschuldenshaftung, Delikt[s]haftung *(Fachspr.),* deliktische Haftung *(Fachspr.);* **~ ducroire** Delkredere-Haftung *(Fachspr.);* **~ en matière de produits pharmaceutiques** Arzneimittelhaftung; **~ exclusive** alleinige Verantwortlichkeit; **~ illimitée** unbeschränkte Haftung; **avoir une ~ illimitée** unbeschränkt haften; **~ intégrale** Vollhaftung; **~ internationale** Außenhaftung *(Fachspr.);* **~ liée à l'obligation de surveillance** Obhutshaftung *(Fachspr.);* **~ liée à une/la reprise** Übernahmehaftung; **~ limitée** beschränkte Haftung; **avoir une ~ limitée** beschränkt haften; **~ matérielle** Sachhaftung; **~ partagée** Mithaftung; **~ partielle** Teilhaftung; **~ pénale** strafrechtliche Haftung [*o* Verantwortlichkeit]; **~ personnelle** Eigenverantwortlichkeit, persönliche Haftung; **~ personnelle des actionnaires d'une/de la société de capitaux** Durchgriffshaftung; **~ pleine et entière** unbeschränkte Haftung; **~ professionnelle** Berufshaftung *(Fachspr.);* **~ propre du fonctionnaire** Eigenhaftung *(Fachspr.);* **~ quant au droit social** arbeitsrechtliche Haftung *(Fachspr.);* **~ relative à l'apparence d'un droit** Rechtsscheinhaftung *(Fachspr.);* **~ simultanée** Simultanhaftung *(Fachspr.);* **~ des vices de fabrication** Mängelhaftung *(Fachspr.),* Gewährleistungshaftung *(Fachspr.);* **~ du fabricant relative à l'obligation de sécurité pour ses produits** Produkthaftpflicht *f;* **~ du fabricant du fait des produits défectueux** Produzentenhaftung; **~ du gérant d'affaires** Geschäftsführerhaftung *(Fachspr.);* **~ de la part sociale** Geschäftsanteilshaftung *(Fachspr.);* **~ de la personne agissante** Handelndenhaftung *(Fachspr.);* **~ du producteur pour vices de la marchandise** Produkthaftung; **~ de la retenue d'impôt sur les traitements et salaires** Lohnsteuerhaftung *(Fachspr.);* **~ du risque créé** Gefährdungshaftung *(Fachspr.);* **~ du/d'un tiers** Dritthaftung *(Fachspr.),* Fremdhaftung *(Fachspr.);* **~ selon l'équité** Billigkeitshaftung *(Fachspr.);* **~ pour bonne exécution** Erfüllungshaftung *(Fachspr.);* **~ pour les renseignements communiqués** Auskunftshaftung *(Fachspr.);* **~ pour le reste de la dette** Ausfallhaftung *(Fachspr.);* **~ pour vices cachés** Sachmängelhaftung; **durée de la ~** Dauer *f* der Haftung; **déléguer la ~** die Verantwortlichkeit delegieren
❸ *(charge de responsable)* **~ de qc** Verantwortung *f* für etw; **accéder à une haute ~** in eine sehr verantwortliche Stellung gelangen; **avoir/prendre des ~s** Verantwortung tragen/übernehmen; **avoir de grosses ~s** große Verantwortung tragen; **avoir la ~ de qn/qc** die Verantwortung für jdn/etw haben; **décliner/rejeter toute ~** jegliche Verantwortung ablehnen/von sich weisen; **endosser la ~** die Verantwortung für etw übernehmen; **porter la ~ de qc** die Verantwortung für etw tragen; **rejeter sur qn/qc la ~ de qc** die Verantwortung für etw auf jdn/etw abwälzen; **poste à ~** verantwortungsvolle Stellung; **sous la ~ de qn** unter jds Verantwortung; **il a plusieurs employés sous sa ~** ihm unterstehen mehrere Angestellte
❹ *(conscience)* Verantwortungsbewusstsein *nt*

♦ ~ **des associés** Mitgliederhaftung *f;* ~ **de commanditaire** Kommanditistenhaftung *f;* ~ **du commerçant** Kaufmannshaftung *f;* ~ **illimitée du commerçant** unbeschränkte Kaufmannshaftung; ~ **d'enrichissement** Bereicherungshaftung *f (Fachspr.);* ~ **de l'État** Staatshaftung *f;* ~ **de l'expéditeur** JUR Absenderhaftung *f;* ~ **du fait de garantie** Garantiehaftung *f (Fachspr.);* ~ **des fondateurs** JUR Gründerhaftung *f (Fachspr.);* ~ **de fondation** ECON Gründungsverantwortlichkeit *f (Fachspr.);* ~ **du groupe** Konzernhaftung *f;* ~ **de l'héritier** Erbenhaftung *f;* ~ **des locataires** Mieterhaftung *f;* ~ **du mandataire** Treuhänderhaftung *f;* ~ **des membres** Mitgliederhaftung *f;* ~ **du producteur** Herstellerhaftung *f;* ~ **du représentant** Vertreterhaftung *f;* ~ **de la société** Organhaftung *f;* ~ **des vices de fabrication** Mängelhaftung *f;* **être soumis(e) à la** ~ **des vices de fabrication** der Mängelhaftung *(Dat)* unterliegen; ~ **pour déficit** Mankohaftung *f (Fachspr.);* ~ **pour dommage** Schadenshaftung *f;* ~ **pour dommages subis par une personne** Personenschadenhaftung; ~ **sans faute** Erfolgshaftung *f*

responsable [rɛspɔ̃sabl] **I.** *adj* ❶ *(coupable)* **être** ~ **de qc** für etw verantwortlich sein; **être jugé(e)** ~ **de qc** für etw verantwortlich gemacht werden; **principalement** ~ hauptverantwortlich; ~ **du résultat** ECON ergebnisverantwortlich
❷ JUR *civilement, pénalement* haftbar; **être** ~ **de qn/qc devant qn** jdm gegenüber für jdn/etw haften; **être** ~ **de ses décisions/actes** für seine Entscheidungen/Taten verantwortlich sein; **être indéfiniment** ~ unbeschränkt haften
❸ *(chargé de)* ~ **de qc** für etw verantwortlich
❹ *(conscient) attitude, acte, personne* verantwortungsbewusst
II. *mf* ❶ *(auteur)* Verantwortliche(r) *f(m);* ~ **principal(e)** Hauptverantwortliche(r)
❷ *(personne compétente)* Verantwortliche(r) *f(m); d'une organisation, entreprise* Führungskraft *f;* ~ **politique** politische Führungskraft; ~ **sportif(-ive)** Sportfunktionär(in) *m(f);* ~ **technique** technischer Leiter/technische Leiterin; ~ **syndical** [*o* **d'un syndicat**] Gewerkschaftsfunktionär(in); ~ **d'un parti** Parteifunktionär(in); ~ **d'une/de l'association** Vereinsfunktionär(in); ~ **de département** Ressortchef(in) *m(f);* ~ **d'une/de l'expérience** [*o* **d'un/du test**] Versuchsleiter(in); ~ [**de la**] **sécurité** *(dans une entreprise)* Sicherheitsbeauftragte(r) *f(m)*
❸ JUR Haftende(r) *f(m)*
♦ ~ **de l'économie** Wirtschaftsführer(in) *m(f);* ~ **du paiement** Haftungsschuldner(in) *m(f);* ~ **de secteur** Fachgebietsleiter(in) *m(f);* ~ **de la stabilité monétaire** Währungshüter *m*

resquillage *v.* **resquille**

resquille [rɛskij] *f fam* ❶ Schummeln *nt (fam);* **faire de la** ~ schummeln *(fam)*
❷ *(voyager sans payer)* **faire de la** ~ schwarzfahren
❸ *(dans une file d'attente)* **faire de la** ~ sich vordrängeln *(fam)*

resquiller [rɛskije] <1> *fam* **I.** *vi* ❶ schummeln *(fam)*
❷ *(voyager sans payer)* schwarzfahren
❸ *(dans une file d'attente)* sich vordrängeln *(fam)*
II. *vt* ~ **qc** sich etw organisieren *(fam)*

resquilleur, -euse [rɛskijœr, -jøz] *m, f fam* ❶ Schummler(in) *m(f) (fam)*
❷ *(voyageur sans ticket)* Schwarzfahrer(in) *m(f)*
❸ *(dans une file d'attente)* Vordrängler(in) *m(f) (fam)*

ressac [rəsak] *m* Brandung *f*

ressaisir [r(ə)sezir] <8> *vpr (se maîtriser)* **se** ~ sich wieder fangen

ressaisissement [r(ə)sezismɑ̃] *m littér* **je ne m'attendais pas à un** ~ **aussi rapide** ich hatte nicht erwartet, dass er/sie sich so schnell wieder fangen würde

ressasser [rəsase] <1> *vt* bis zum Überdruss wiederholen; ~ **des pensées moroses** in dumpfes Brüten verfallen sein; **être ressassé(e)** abgedroschen sein

ressaut [rəso] *m* ❶ ARCHIT, GEOG Vorsprung *m*
❷ *(dénivellation)* Absatz *m*

ressemblance [r(ə)sɑ̃blɑ̃s] *f* Ähnlichkeit *f;* **présenter de nombreuses** ~**s** sich in vielen Punkten ähneln; **avoir une** ~ **avec qc** einer S. *(Dat)* ähnlich sein; **il y a une très grande** ~ **entre X et Y** X und Y ähneln sich sehr

ressemblant(e) [r(ə)sɑ̃blɑ̃, ɑ̃t] *adj* ähnlich; *portrait* lebensecht; **vous n'êtes pas très** ~(**e**) **sur cette photo** dieses Foto ist Ihnen nicht sehr ähnlich

ressembler [r(ə)sɑ̃ble] <1> **I.** *vi* ❶ *(être semblable)* ~ **à qn** jdm ähneln
❷ *(être semblable physiquement)* jdm ähnlich sehen; ~ **à qc** einer S. *(Dat)* gleichen
❸ *fam (être digne de)* ~ **à qn** jdm ähnlich sehen *(fig);* **ça te ressemble de faire qc** das sieht dir ähnlich etw zu tun *(fam)*
▶ **à quoi ça ressemble!** *fam (c'est nul)* was ist das denn! *(fam);* **à quoi ça ressemble de faire qc** *fam (qu'est-ce que ça veut dire)* was soll denn das etw zu tun; **à quoi il ressemble, ton nouveau copain?** und wie ist dein neuer Freund?; **regarde un peu à quoi tu ressembles!** *fam* du siehst vielleicht aus! *(fam);* **ça ne ressemble à rien!** *fam (c'est nul)* das sieht nach nichts aus! *(fam);* **ça ne ressemble à rien de faire qc** *fam (ça n'a pas de sens)* das bringt doch nichts etw zu tun *(fam)*
II. *vpr* ❶ **se** ~ sich ähneln
❷ *(être semblables physiquement)* sich ähnlich sehen
▶ **qui se ressemble s'assemble** *prov* Gleich und Gleich gesellt sich gern

ressemelage [r(ə)səm(ə)laʒ] *m d'une chaussure* Neubesohlung *f*

ressemeler [r(ə)səm(ə)le] <3> *vt* neu besohlen

ressemer [r(ə)səme, rəs(ə)me] <4> *vpr* **se** ~ sich aussamen

ressentiment [r(ə)sɑ̃timɑ̃] *m* Groll *m;* **éprouver du** ~ **à l'égard de qn** jdm böse sein; **ne garder aucun** ~ **à qn** jdm nicht das Geringste nachtragen

ressentir [r(ə)sɑ̃tir] <10> **I.** *vt* empfinden; spüren *coup, douleur, sensation;* spüren *effet;* als schmerzlich empfinden *perte;* **être vivement ressenti(e)** deutlich spürbar sein; ~ **qc comme qc** etw als etw *(Akk)* empfinden; **se faire** ~ **sur qc** sich auf etw auswirken
II. *vpr* **se** ~ **d'une chute** die Nachwirkungen eines Sturzes spüren; **c'est la qualité qui s'en ressentira** das wird sich auf die Qualität auswirken

resserre [r(ə)sɛr] *f* Verschlag *m*

resserré(e) [r(ə)sere] *adj eng*

resserrement [r(ə)sɛrmɑ̃] *m* ❶ *(renforcement)* ~ **de l'action** straffere Handlung; **cela a abouti à un** ~ **de leurs relations** dadurch sind sie sich noch näher gekommen
❷ *(étroitesse) de route, vallée* Enge *f;* **le** ~ **de la route est tel que ...** die Straße ist derart eng, dass ...
❸ FIN *du crédit* Einschränkung *f*

resserrer [r(ə)sere] <1> **I.** *vt* ❶ *(serrer plus fort)* nachziehen *boulon, vis;* fest ziehen *nœud;* enger schnallen *ceinture;* verstärken *étreinte;* schließen *pores*
❷ *(serrer de nouveau) boulon, vis;* ~ **qn dans ses bras** jdn wieder in seine Arme schließen
❸ FIN beschränken *crédit*
❹ *(fortifier)* festigen *amitié, relations*
II. *vpr* **se** ~ ❶ *(devenir plus étroit)* enger werden; *personnes, groupe:* zusammenrücken; *filet:* sich schließen; *cercle d'amis:* schrumpfen
❷ *(se fortifier) amitié:* sich festigen; *relations:* enger werden

resservir [r(ə)sɛrvir] <*irr*> **I.** *vt* ❶ *(offrir à nouveau au restaurant)* noch servieren
❷ *(offrir à nouveau chez soi, des amis)* noch geben
❸ *péj (radoter)* noch einmal auftischen
II. *vi* ❶ *(revenir en usage)* noch einmal Verwendung finden; **ces emballages me resserviront** ich werde diese Verpackungen weiter verwenden
❷ TENNIS noch einmal aufschlagen
III. *vpr* ❶ *(reprendre)* **se** ~ **en** [*o* **de**] **qc** noch etw nehmen
❷ *(réutiliser)* **se** ~ **de qc** etw wieder benützen

ressoi [rɛswa] *f arg* [Party]abend *m,* [Tanz]abend

ressort[1] [r(ə)sɔr] *m* ❶ *(pièce métallique)* Feder *f;* **les** ~**s de suspension d'une voiture** die Federung eines Wagens; ~ **à boudin/à lame** Sprung-/Blattfeder; **articulation à** ~ Federgelenk *nt;* ~ **de montre** Uhrfeder
❷ *(énergie)* Elan *m;* **sans** ~ kraftlos
❸ *littér (motivation)* Triebfeder *f;* **le** ~ **est cassé** die Luft ist raus *(fam)*
▶ **faire** ~ zurückschnellen; **se redresser comme mû(mue) par un** ~ plötzlich in die Höhe schnellen

ressort[2] [r(ə)sɔr] *m* JUR, ADMIN Amtsbefugnis *f,* Zuständigkeitsbereich *m;* ~ **chargé des délits frauduleux** Betrugsdezernat *nt;* **en premier** ~ in erster Linie; **en dernier** ~ schließlich; **jugement en premier/dernier** ~ JUR Urteil *nt* in erster/letzter Instanz; **être du** ~ **de qn/qc** in jds Ressort/in das Ressort einer S. *(Gen)* fallen; **ce n'est pas de mon** ~ dafür bin ich nicht zuständig

ressortir [r(ə)sɔrtir] <10> **I.** *vi + être* ❶ *(sortir à nouveau) personne:* noch einmal weggehen; *film:* wieder gezeigt werden; *pièce:* wieder aufgeführt werden
❷ *(contraster)* ~ **sur qc** *couleur, qualité:* sich von etw abheben; *détail:* von etw hervortreten; **faire** ~ **qc** *(mettre en relief) personne:* etw hervorheben; *chose:* wieder zur Geltung bringen; **faire** ~ **que qn a fait qc** aufzeigen, dass jd etw getan hat
❸ *(se dégager)* ~ **de qc** aus etw hervorgehen; **il en ressort qu'elle a raison** daraus geht hervor, dass sie Recht hat
❹ *(reparaître) idée, projet:* wieder auftauchen; *désir, souvenir:* wieder wach werden; *couleur:* wieder herauskommen; CARTES wieder ausgespielt werden; JEUX *numéro, couleur:* gewinnen; **faire** ~ **un souvenir en qn** eine Erinnerung in jdm wachrufen
❺ *fam (renouer)* ~ **avec qn** wieder mit jdm gehen *(fam)*
❻ SPORT *balle:* wieder ins Aus gehen
II. *vt + avoir* ❶ *(remettre d'actualité)* wieder hervorholen *projet;*

wieder herausbringen *modèle* ❷ *(se resservir de)* wieder hervorholen ❸ *(rejouer)* wieder zeigen *film;* wieder aufführen *pièce* ❹ *(remettre dehors)* wieder rausstellen *meubles de jardin;* **peux-tu ~ l'agenda?** kannst du den Terminkalender noch einmal herausholen?

ressortissant(e) [ʀ(ə)sɔʀtisɑ̃, ɑ̃t] *m(f)* Staatsangehörige(r) *f(m);* **les ~s étrangers résidant en France** die in Frankreich wohnhaften Ausländer

ressouder [ʀ(ə)sude] <1> **I.** *vt* ❶ TECH nachschweißen; zusammenschweißen *choses*
❷ *(braser)* nachlöten; neu verlöten *choses*
❸ *(consolider)* wieder festigen *amitié, amour*
II. *vpr* **se ~** ❶ *(se souder à nouveau) fracture, os:* wieder zusammenwachsen
❷ *(se consolider) amitié, amour:* sich wieder festigen

ressource [ʀ(ə)suʀs] *f* ❶ *pl (moyens)* Mittel *Pl; de l'État* Einnahmequellen *Pl;* **~s financières** Finanzierungsmittel *Pl;* **~s naturelles** Bodenschätze *Pl;* **~s patrimoniales** Vermögenseinkünfte *Pl;* **~s personnelles** Eigenkapital *nt;* **~s en argent/énergie** Einnahme-/Energiequellen *Pl;* **~s en blé** Weizenvorräte *Pl;* **~s en devises** Devisenmittel *Pl;* **~s en dollars** Dollaraufkommen *nt;* **~s en hommes** Arbeitskräftepotenzial *nt;* **sans ~s** mittellos
❷ *pl (possibilités) d'une machine, technique, d'un système* Verwendungsmöglichkeiten *Pl;* **~s musculaires** Muskelkraft *f;* **~s intellectuelles** geistige Fähigkeiten *Pl;* **déployer toutes les ~s de son intelligence/art** seine ganze Intelligenz/sein ganzes künstlerisches Können entfalten; **les ~s de la langue française** die sprachlichen Ausdrucksmittel des Französischen
❸ *sans pl (recours)* **tu es ma seule ~** du bist meine letzte Rettung; **en dernière ~** als letzter Ausweg; **sans ~** hilflos; **avoir la ~ de faire qc** immer noch etw tun können; **n'avoir d'autre ~ que de faire qc** nur noch etw tun können
❹ *pl (sources)* Quellen *Pl,* Quellenlage *f*
▶ **~s humaines** Personal *nt;* **avoir de la ~** sich nicht unterkriegen lassen *(fam),* **il y a de la ~** *fam* es fehlt an nichts; **un homme/une femme de ~s** ein findiger Kopf

ressourcement [ʀ(ə)suʀsəmɑ̃] *m* Selbstbesinnung *f;* REL Einkehr *f*

ressourcer [ʀ(ə)suʀse] <2> *vpr* **se ~** ❶ *(revenir aux sources)* sich besinnen
❷ *(puiser de nouvelles forces)* neue Kraft schöpfen

ressouvenir [ʀ(ə)suvniʀ] <9> *vpr littér* **se ~ de qc** sich an etw *(Akk)* erinnern

ressurgir *v.* **resurgir**

ressuscité(e) [ʀesysite] *m(f)* ❶ REL **le Ressuscité** der Auferstandene
❷ *fig* **vous êtes un vrai ~!** Sie sind ja wieder auferstanden! *(fig)*

ressusciter [ʀesysite] <1> **I.** *vi* ❶ + *être* REL **être ressuscité(e)** auferstanden sein
❷ + *avoir (renaître) malade:* wieder aufleben; *nature:* zu neuem Leben erwachen; *projet:* wieder aktuell werden; *pays, entreprise:* sich wieder erholen; *idéologie:* wieder stark werden
II. *vt* + *avoir* ❶ REL zum Leben erwecken
❷ *(régénérer, faire revivre)* wieder auf die Beine bringen *(fam) entreprise, pays;* zu neuem Leben erwecken *malade, nature;* wieder aufleben lassen *idéologie, mode;* **être ressuscité(e)** *malade:* wieder auf den Beinen sein; *entreprise, pays:* sich wieder erholt haben; *idéologie:* wieder stark sein

restant [ʀɛstɑ̃] *m* Rest *m;* **le ~ des provisions** die restlichen Vorräte; **le ~ de la journée** der restliche Tag; **~ de poulet/tissu** Hühnchen-/Stoffrest

restant(e) [ʀɛstɑ̃, ɑ̃t] *adj* restlich; **le seul membre ~ de la famille** das einzig verbleibende Familienmitglied

restau *v.* **resto**

restaurant [ʀɛstɔʀɑ̃] *m* Restaurant *nt,* Gaststätte *f;* **aller au ~** essen gehen; [**très**] **bon ~** Feinschmeckerlokal *nt;* **~ chic** [*o* **de luxe**] Nobelrestaurant; **~ chinois** Chinarestaurant; **~ gastronomique** Gourmetrestaurant; **~ universitaire** Mensa *f;* **~ à service rapide** Fastfood-Restaurant; **~ d'entreprise** Kantine *f;* **~ drive-in** Drive-in-Restaurant; **~ du cœur** Suppenküche für Obdachlose [*in den Wintermonaten*]; **~ libre service** Selbstbedienungsrestaurant; **~ de l'aéroport/de la gare** Flughafen-/Bahnhofrestaurant; **~ de spécialités** Spezialitätenrestaurant

restaurateur, -trice [ʀɛstɔʀatœʀ, -tʀis] *m, f* ❶ *(aubergiste)* [Gast]wirt(in) *m(f); (avec formation)* Gastronom(in) *m(f)*
❷ *(personne qui remet en état)* Restaurator(in) *m(f);* ~ (**-trice**) **de bâtiments/tableaux** Gebäude-/Gemälderestaurator(in) *m(f)*
❸ POL *littér* Erneu[e]rer *m/*Erneuerin *f*

restauration [ʀɛstɔʀasjɔ̃] *f* ❶ ARCHIT, ART *(remise en état)* Restaurierung *f;* Restauration *f;* **après ~** in reauriertem Zustand
❷ *(hôtellerie)* Gastronomie *f,* Gaststättengewerbe *nt;* **~ rapide** Fastfood-Gastronomie; **~ à thème** Erlebnisgastronomie; **~ de collectivité** Gemeinschaftsverpflegung *f*
❸ POL *de l'autorité, État* Wiederherstellung *f; de la monarchie, d'un régime* Restauration *f;* **la Restauration** HIST die Restauration
❹ INFORM Wiederherstellung *f*
❺ JUR Wiedereinsetzung *f* in den vorherigen Stand

restaurer [ʀɛstɔʀe] <1> **I.** *vt* ❶ *(remettre en état)* restaurieren
❷ *(rétablir)* wieder aufnehmen *coutume, habitude;* wiederherstellen *droits, ordre, paix;* wiederherstellen, wieder einführen *monarchie, régime*
❸ MED wiederherstellen *fonction;* **~ ses forces/sa santé** wieder zu Kräften kommen/seine Gesundheit wiedererlangen
❹ *(nourrir)* **qn** jdm etwas zu essen geben, jdn verköstigen *(geh)*
II. *vpr* **se ~** sich stärken

restauroute® *v.* **restoroute®**

reste [ʀɛst] *m* ❶ *a.* MATH Rest *m;* **~ de charcuterie** Wurstrest; **~ de pain/de tarte** Brot-/Kuchenrest; **~ de peinture/de laine** Farb-/Wollrest; **~ de tissu** Stoffrest; **~ de chaleur** Restwärme *f;* **le ~ de la journée/du temps/de ma vie** der Rest des Tages/der Zeit/meines Lebens; **tout le ~** alles Übrige [*o* andere [*o* Andere]]; **un ~ d'amour/de pitié** ein Rest [von] Liebe/Mitgefühl
❷ *pl (vestiges) d'une armée* [Über]reste *Pl; (dépouille mortelle)* sterbliche Überreste *Pl; d'un repas* Reste *Pl;* **petit ~** Anstandshappen *m (fam);* **ne pas laisser beaucoup de ~s** nicht viel übrig lassen
▶ [**tout**] **le ~ est littérature** alles andere [*o* Andere] sind fromme Wünsche; **le ~ du monde** die übrige Welt; **avoir de beaux ~s** *hum* sich ganz gut gehalten haben *(fam);* **ne pas demander** [*o* **attendre**] **son ~ partir sans demander** [*o* **attendre**] **son ~** gehen ohne einen Ton von sich zu geben; **en ~** im Übrigen tun; **avoir du temps/de l'argent de ~** Zeit/Geld übrig haben; **du** [*o* **au** *littér*] **~** im Übrigen, übrigens; **pour le ~, pour ce qui est du ~, quant au ~** im Übrigen, ansonsten; **et tout le ~** und so weiter und so fort

rester [ʀɛste] <1> **I.** *vi* + *être* ❶ *(demeurer, ne pas s'en aller)* bleiben; **~ au lit** im Bett bleiben; **~ chez soi** [*o* **à la maison**] zu Hause bleiben, daheimbleiben; **~** [**à**] **dîner** zum Essen bleiben; **~ sans parler/manger/bouger** nicht sprechen/nicht essen/sich nicht bewegen
❷ *(continuer à être)* bleiben; **~ debout/assis(e) toute la journée** den ganzen Tag stehen/sitzen; **~ immobile** stillhalten; **~ tête baissée/les yeux mi-clos** den Kopf gesenkt/die Augen halb geschlossen halten; **~ ouvert(e) jusqu'à vingt heures** bis zwanzig Uhr offen [*o* geöffnet] haben; **~ allumé(e)** *lumière, radio:* anbleiben
❸ *(subsister)* [übrig] bleiben, übrig sein; **ça m'est resté** *(dans ma mémoire)* das habe ich [im Gedächtnis] behalten; *(dans mes habitudes)* das habe ich beibehalten; **beaucoup de choses restent à faire** es bleibt noch viel zu tun
❹ *(durer) nom, œuvre, sentiment:* [bestehen] bleiben
❺ *(ne pas dépasser)* **en ~ aux pourparlers** über Gespräche nicht hinauskommen
❻ *(ne pas se libérer de)* **~ sur un échec** sich von einem Misserfolg lähmen lassen
❼ *(persister)* **~ sur ses conditions** an seinen Bedingungen festhalten
▶ **en ~ là** es dabei [bewenden] lassen; **y ~** umkommen, ums Leben kommen
II. *vi impers* + *être* ❶ *(être toujours là)* **il reste du vin** es ist noch Wein übrig; **il n'est rien resté** es ist nichts übrig [geblieben]; **il ne me reste** [**plus**] **que toi/cinquante euros** ich habe nur noch dich/fünfzig Euro; **il m'est resté des cicatrices de cet accident** ich habe Narben von diesem Unfall zurückbehalten
❷ *(ne pas être encore fait)* **il me reste à terminer ce travail** ich muss [jetzt] nur noch diese Arbeit fertig machen; **je sais ce qu'il me reste à faire** ich weiß, was ich jetzt tun habe; **reste à savoir si...** [es] bleibt abzuwarten, ob ...; **reste au gouvernement à prendre les mesures nécessaires** es ist jetzt an der Regierung, die notwendigen Maßnahmen zu ergreifen; **il n'en reste pas moins que qn a fait qc** das ändert aber nichts daran, dass jd etw getan hat; **il reste entendu que qn a fait qc** es bleibt dabei, dass jd etw getan hat

restituer [ʀɛstitɥe] <1> *vt* ❶ *(rendre)* **~ un livre à un voisin** einem Nachbarn ein Buch zurückgeben
❷ AUDIOV wiedergeben
❸ *(reconstituer)* rekonstruieren *inscription, texte;* rekonstruieren, restaurieren *fresque*
❹ *(libérer, dégager)* **être restitué(e) sous forme de chaleur** *énergie:* als Wärme freigesetzt [*o* in Wärme umgewandelt] werden

restitution [ʀɛstitysjɔ̃] *f* ❶ *(action de rendre)* Rückgabe *f*
❷ AUDIOV Wiedergabe *f*
❸ JUR Rückgewähr *f;* ECON Rückübertragung *f (Fachspr.);* **~ d'une chose identique à la chose perdue** Naturalrestitution *f (Fachspr.)*
◆ **~ à l'exportation** JUR Ausfuhrerstattung *f;* **~ d'entreprise** Unternehmensrestitution *f;* **~ des frais de procédure** Prozesskostenerstattung *f;* **~ d'impôts** Steuervergütung *f,* Steuerrückerstat-

tung *f;* ~ **d'impôts sur les sociétés** Körperschaftsteuervergütung
resto [ʀɛsto] *m fam abr de* **restaurant** Restaurant *nt,* Lokal *nt;* ~ **U** *fam* Mensa *f*
restoroute® [ʀɛstoʀut] *f* Raststätte *f; de l'autoroute* Autobahnraststätte
restreindre [ʀɛstʀɛ̃dʀ] <*irr*> I. *vt* einschränken; begrenzen, beschränken *champ d'action, crédit, étude;* verringern *quantité, production, dépenses;* zurückschrauben *ambition*
II. *vpr* **se** ~ ❶ *(s'imposer des restrictions)* sich einschränken; **se** ~ **dans ses dépenses** seine Ausgaben einschränken; **se** ~ **sur la nourriture** sich beim Essen einschränken
❷ *(diminuer) ambition:* nachlassen; *champ d'action:* sich verengen; *dépenses, production, quantité:* sich verringern, zurückgehen; *sens d'un mot:* eingeschränkt werden
restreint(e) [ʀɛstʀɛ̃, ɛ̃t] I. *part passé de* **restreindre**
II. *adj vocabulaire* beschränkt; *moyens, nombre* gering, begrenzt; *autorité, choix* eingeschränkt; *personnel, production* reduziert; ~(e) **à un petit cercle/certaines personnes** auf einen kleinen Kreis/ gewisse Menschen begrenzt [*o* beschränkt]
restrictif, -ive [ʀɛstʀiktif, -iv] *adj loi* restriktiv *(geh); condition, alimentation* einschränkend; *clause* Einschränkungs-; *interprétation* eng; ~(-ive) **de la liberté de concurrence** wettbewerbsbeschränkend
restriction [ʀɛstʀiksjɔ̃] *f* ❶ *(limitation) des libertés, de la consommation, production* Einschränkung *f; des dépenses* Beschränkung *f;* ~**s légales/contractuelles** gesetzliche/vertragsmäßige Beschränkungen; ~ **quantitative** Mengenbeschränkung *f;* ~ **d'accès au marché** Marktzutrittsschranke *f;* **mesures de** ~ restriktive Maßnahmen *Pl (geh)*
❷ *pl (rationnement)* Restriktionen *Pl;* **les** ~**s** die Rationierung; ~**s d'électricité/d'eau** Rationierung *f* von Strom/Wasser; ~**s budgétaires** Haushaltskürzungen *Pl*
❸ *(réserve)* Einschränkung *f;* JUR Auflagenvorbehalt *m;* **apporter des** ~**s à qc** bei etw Einschränkungen machen; **faire** [*o* **émettre**] **des** ~**s** Vorbehalte haben; **sans faire de** ~**s** ohne Vorbehalte; **avec des** ~**s** unter Vorbehalt; **sans** ~ vorbehaltlos, ohne Vorbehalte
◆ ~ **à la concurrence** Wettbewerbsbeschränkung *f;* ~ **à la croissance** Wachstumsschranken *Pl;* ~ **à l'importation** Importrestriktion *f;* ~ **de contrat** Vertragsvorbehalt *m (Fachspr.);* ~ **d'exploitation** FIN Betriebseinschränkung *f;* ~ **des exportations** Exportbeschränkungen *f;* ~ **des importations** Importbeschränkungen *Pl;* ~ **des livraisons** Lieferungsbeschränkung *f;* ~ **des pouvoirs** Vollmachtsbeschränkung *f;* ~ **de la propriété** Eigentumsbeschränkung *f;* ~ **des travaux** Baubeschränkung *f*
restructuration [ʀəstʀyktyʀasjɔ̃] *f d'un système, d'une entreprise, filière* Neustrukturierung *f,* Umstrukturierung; *de l'économie* Umstrukturierung, Restrukturierung *f (Fachspr.); d'un parti* Neuordnung *f; d'un lieu* Umgestaltung *f,* Neugestaltung
◆ ~ **du passif** Kapitalumschichtung *f*
restructurer [ʀəstʀyktyʀe] <1> *vt* umstrukturieren *entreprise, économie;* neuordnen *parti;* neugestalten, umgestalten *centre ville, lieu;* ~ **le passif** Kapital umschichten
resucée [ʀ(ə)syse] *f péj fam* zweiter Aufguss *(fam)*
résultante [ʀezyltɑ̃t] *f* ❶ *(conséquence)* Ergebnis *nt,* Resultat *nt*
❷ MATH, SCI Resultante *f,* Resultierende *f*
résultat [ʀezylta] *m* ❶ MATH, SPORT, POL Ergebnis *nt; d'une opération, d'un problème* Resultat *nt;* SCOL Leistung *f; d'un examen* Ergebnis; ~**s partiels** Teilergebnisse; **les** ~**s des élections** das Wahlergebnis; **absence de/d'un** ~ Ergebnislosigkeit *f*
❷ *(conséquence)* Folge *f;* **avoir de bons/mauvais** ~**s** positive/negative Folgen haben; **avoir pour** [*o* **comme**] ~ **une augmentation des prix** eine Preiserhöhung zur Folge haben, zu einer Preiserhöhung führen
❸ *(chose obtenue)* Ergebnis *nt; (réussite)* Resultat *nt,* Erfolg *m;* ~ **des analyses** Untersuchungsbefund *m;* **obtenir quelques** ~**s** einige Erfolge [*o* gute Ergebnisse] erzielen; **n'obtenir aucun** ~ nichts erreichen; **c'est déjà un** ~ SCOL Leistung *f;* **d'un examen** Ergebnis; ~**s en hausse** steigende Einkommen [*o* Ergebnisse] *Pl;* ~ **de l'exercice précédent** Vorjahresergebnis *nt;* **présenter les** ~**s** *(dans une entreprise)* die Ergebnisse vorlegen
❹ ECON, FIN *d'une société* Zahlen *Pl; pl* Ertragslage *f,* Ertragsniveau *nt;* ~ **brut** Bruttoergebnis *nt;* ~ **escompté** Ertragserwartung *f;* ~ **médiocre** schwaches Ergebnis; ~ **net** Nettoergebnis; ~ **en hausse** steigende Einkommen [*o* Ergebnisse] *Pl;* ~ **de l'exercice précédent** Vorjahresergebnis *nt;* **présenter les** ~**s** *(dans une entreprise)* die Ergebnisse vorlegen
❺ INFORM ~**s d'un traitement** Ausgabedaten *Pl*
▶ **beau** ~ *iron* na bravo; **sans** ~ ohne Erfolg, ergebnislos
◆ ~ **du bilan** Bilanzergebnis *nt;* ~ **d'exploitation** ECON Betriebsergebnis *nt;* ~ **d'exploitation partiel** Teilbetriebsergebnis
résulter [ʀezylte] <1> I. *vi* ~ **d'un conflit/d'une situation** aus einem Konflikt/einer Situation entstehen [*o* resultieren]; ~ **d'une réunion/discussion** bei einer Versammlung/Diskussion herauskommen
II. *vi impers* **il résulte de ce renseignement que qn a fait qc** aus dieser Information folgt, dass jd etw getan hat; **il en résulte/**

est résulté une grande confusion das Ergebnis ist/war [eine] große Verwirrung; **il en résulte/est résulté que qn a fait qc** das Ergebnis ist/war, dass jd etw getan hat; **qu'en résultera-t-il?** was dabei wohl herauskommen wird?
résumé [ʀezyme] *m* Zusammenfassung *f,* Resümee *nt (geh);* ~ **d'une description de l'invention** Kurzfassung *f* einer Patentschrift
▶ **en** ~ *(en bref)* zusammenfassend; *(somme toute)* abschließend, alles in Allem; **en** ~: ... kurz und gut: ...
résumer [ʀezyme] <1> I. *vt* ❶ *(récapituler)* zusammenfassen, resümieren *(geh);* ~ **qc en une page** etw auf einer Seite zusammenfassen
❷ *(contenir en soi)* ~ **toute une époque** *œuvre:* eine ganze Epoche auf den Punkt bringen
II. *vpr* ❶ *(être contenu)* **l'intelligence et la modestie se résument en lui** er verkörpert Intelligenz und Bescheidenheit
❷ *(se répéter brièvement)* **se** ~ *orateur:* [das Gesagte] zusammenfassen; *discours:* sich zusammenfassen lassen
résurgence [ʀezyʀʒɑ̃s] *f* ❶ *de difficultés, d'un phénomène* Wiederauftreten *nt; d'une idéologie, idée* Wiederaufleben *nt*
❷ GEOG [Karst]quelle *f*
resurgir [ʀ(ə)syʀʒiʀ] <8> *vi personne, animal:* wieder zum Vorschein kommen, wieder auftauchen; *difficulté, phénomène:* wieder auftreten; *eaux, cours d'eau:* austreten
résurrection [ʀezyʀɛksjɔ̃] *f* Auferstehung *f; d'une personne, d'un auteur* Wiedergeburt *f; d'une coutume ancienne* Wiederbelebung *f; d'une ville, région, d'un pays* Wiederaufleben *nt; de la nature* [Wieder]erwachen *nt;* **la Résurrection** die Auferstehung
retable [ʀətabl] *m* Altaraufsatz *m,* Retabel *nt (Fachspr.)*
rétabli(e) [ʀetabli] I. *part passé de* **rétablir**
II. *adj* ❶ *(restauré) chose, contact* wieder hergestellt
❷ *(guéri) personne* genesen
rétablir [ʀetabliʀ] <8> I. *vt* ❶ *(remettre en fonction)* wiederherstellen *communications, courant;* wieder aufnehmen *contact, liaison;* ~ **le trafic sur une route** eine Straße wieder für den Verkehr freigeben; **être rétabli(e)** *communication, contact:* wiederhergestellt sein; *trafic:* wieder fließen
❷ *(restaurer)* wiederherstellen *confiance, équilibre, ordre;* wiederherstellen, restaurieren *(Fachspr.) monarchie;* richtigstellen *faits;* ~ **la vérité** der Wahrheit *(Dat)* zu ihrem Recht verhelfen
❸ MED wiederherstellen; ~ **sa santé/ses forces** wieder gesund werden/sich erholen; **être rétabli(e)** wiederhergestellt sein, wieder gesund sein
❹ *(améliorer)* stabilisieren *situation économique*
❺ *(réintégrer)* ~ **qn dans son emploi/ses droits** jdn wieder an seinem alten Arbeitsplatz einstellen/rehabilitieren; ~ **qc dans un calcul** etw wieder in die Kalkulation aufnehmen
II. *vpr* **se** ~ ❶ *(guérir) personne:* sich erholen, wieder gesund werden; *situation économique, pays:* sich [wieder] erholen; **en voie de se** ~ auf dem Wege der Besserung
❷ *(revenir) calme, silence:* wieder einkehren; *trafic:* wieder fließen
❸ SPORT in den Stütz gehen
rétablissement [ʀetablismɑ̃] *m* ❶ *d'un malade* Wiederherstellung *f,* Genesung *f;* **bon** [*o* **prompt**] ~! gute Besserung!; **souhaiter un bon** [*o* **prompt**] ~ **à qn** jdm gute Besserung wünschen
❷ *(remise en fonction) des communications, d'une liaison* Wiederherstellung *f; d'un contact* Wiederaufnahme *f; d'une relation* Wiederaufnahme; **le** ~ **du trafic aura lieu demain** die Strecke wird morgen wieder für den Verkehr freigegeben; **on attend toujours le** ~ **du courant** die Stromversorgung ist immer noch nicht wiederhergestellt
❸ *(restauration) d'un droit, de l'équilibre, de l'ordre* Wiederherstellung *f; de la monarchie* Wiedereinführung *f; des faits* Richtigstellung *f;* **permettre le** ~ **de la vérité** der Wahrheit *(Dat)* zu ihrem Recht verhelfen
❹ SPORT Klimmzug *m* [in den Stütz]
❺ *(amélioration)* ~ **du marché des titres** Erholung *f* am Aktienmarkt
retailler [ʀ(ə)taje] <1> *vt* ändern *vêtement;* [wieder an]spitzen *crayon*
rétamé(e) [ʀetame] *adj fam* ❶ *(fatigué)* kaputt *(fam),* fertig *(fam)*
❷ *(ruiné)* pleite *(fam),* ruiniert
❸ *(mort)* hinüber *(sl)*
rétamer [ʀetame] <1> *fam* I. *vt* ❶ *(fatiguer)* fertigmachen *(fam),* k.o. machen *(fam)*
❷ *(ruiner)* ruinieren
❸ *(rendre ivre)* betrunken machen
❹ *(se faire battre)* **se faire** ~ abgezogen werden *(fam);* **se faire** ~ **au poker** beim Pokern abgezockt werden *(sl)*
❺ *(échouer à un examen)* **se faire** ~ **au bac** durchs Abi fallen [*o* rasseln] *(fam)*
II. *vpr* **se** ~ hinsegeln *(fam),* hinfliegen *(fam);* **se** ~ **en voiture/en moto** einen Auto-/Motorradunfall bauen *(fam);* **se** ~ **dans un**

virage/contre un arbre aus der Kurve/gegen einen Baum segeln *(fam)*

rétameur [ʀetamœʀ] *m* Kesselflicker *m*

retapage [ʀ(ə)tapaʒ] *m d'une maison* Renovierung *f*; *d'une voiture* Instandsetzung *f*; *d'un lit* Zurechtziehen *nt*; **avoir besoin d'un sérieux ~** *maison:* gründlich renoviert werden müssen; *voiture:* gründlich überholt werden müssen

retape [ʀ(ə)tap] *f fam* Kundenfang *m*; **faire la ~** auf den Strich gehen *(fam)*; **faire** [de] **la ~ pour qc** *agent publicitaire:* für etw auf Kundenfang gehen; *publicité:* aufdringlich für etw werben

retaper [ʀ(ə)tape] <1> I. *vt* ❶ *(remettre en état)* renovieren *maison;* überholen *voiture;* zurechtziehen *lit*
❷ *fam (rétablir)* wiederherstellen, wieder auf die Beine bringen *(fam),* aufpäppeln *(fam) malade*
II. *vpr fam* **se ~ à la mer/la montagne** sich am Meer/im Gebirge erholen

retard [ʀ(ə)taʀ] *m* ❶ *(arrivée tardive) d'un véhicule* Verspätung *f*; *d'une personne* Zuspätkommen *nt*; *d'un événement, d'une réponse* Verzögerung *f*; **un ~ d'une heure** eine einstündige Verspätung, eine Verspätung von einer Stunde; **avec une heure/dix minutes de ~** mit einer Stunde/zehn Minuten Verspätung; **arriver en ~** zu spät kommen, sich verspäten; **avoir du ~/deux minutes de ~** [*o* **un ~ de deux minutes**] *personne:* zu spät/zwei Minuten zu spät kommen; *moyen de transport:* Verspätung/zwei Minuten Verspätung haben; **avoir du ~ sur son planning** seiner [Termin]planung hinterher sein [*o* hinterherhinken] *(fam)*; **être en ~ de dix minutes** *personne:* zehn Minuten zu spät kommen, sich zehn Minuten verspätet haben; *moyen de transport:* zehn Minuten Verspätung haben; **mettre qn en ~** etw verspäten; **se mettre en ~** sich verspäten; **prendre du ~/un ~ de dix minutes** *montre, horloge:* nachgehen/zehn Minuten nachgehen
❷ *(réalisation tardive)* Rückstand *m*; **~ de livraison** Lieferverzögerung *f*, Lieferverzug *m*; **il y a des ~s de livraison à cause de la grève** aufgrund des Streiks kommt es zu Lieferverzögerungen; **~ des recherches** Forschungsrückstand; **~ dans l'exécution des commandes** Auftragsrückstand; **être en ~ dans le versement de ses mensualités** mit seinen Raten im Rückstand sein; **payer qc avec ~** etw verspätet [*o* mit Verspätung] bezahlen; **avoir du ~ dans un travail/paiement** mit einer Arbeit im Rückstand/einer Zahlung im Verzug sein; **être en ~ d'un mois pour payer le loyer** mit der Zahlung der Miete einen Monat im Rückstand [*o* Verzug] sein; **être en ~ de cent mètres sur le premier concurrent** hundert Meter hinter dem Führenden zurückliegen
❸ *(développement plus lent)* Rückständigkeit *f*; SCOL Rückstand *m*; **présenter un ~ de langage/de croissance** in seiner Sprachentwicklung/im Wachstum zurück sein; **avoir du ~ dans son développement** in seiner Entwicklung zurückgeblieben sein; **avoir du ~ sur un pays** einem Land gegenüber im Rückstand sein; **être en ~ sur son temps** nicht auf dem Laufenden [*o* auf der Höhe der Zeit] sein
❹ JUR Verzug *m*; **~ continu** anhaltender Verzug; **~ partiel** Teilverzug; **~ dans l'acceptation** [*o* **la réception**] Annahmeverzug; **~ dans l'exécution du débiteur** Schuldnerverzug; **~ dans un/le paiement** Zahlungsverzug; **~ dans la prise en livraison** [*o* **dans l'enlèvement**] **de la marchandise** Abnahmeverzug
❺ AUT, TECH Rückstellmoment *nt*
▸ **avoir du ~ à l'allumage** *moteur:* Spätzünder haben; *hum (être momentanément/toujours lent à comprendre)* Spätzünder haben/ein Spätzünder sein *(fam)*; **être en ~ d'une bataille** [*o* **d'une guerre**] nicht auf der Höhe der Zeit sein; **sans ~** unverzüglich, ohne Aufschub
◆ **~ d'inscription** Anmeldungsstau *m*; **~ de paiement** Zahlungsrückstand *m*; **~ de la prestation** JUR Leistungsverzögerung *f*

retardataire [ʀ(ə)taʀdatɛʀ] I. *adj invité* verspätet; *idées, méthodes, théorie* rückständig; **élève ~** Schüler, der zu spät kommt
II. *mf* Zuspätkommende(r) *f(m),* Nachzügler(in) *m(f)*

retardateur, -trice [ʀ(ə)taʀdatœʀ, -tʀis] *adj* verzögernd, retardierend *(geh); dispositif* Brems-; *frottement* bremsend; **action retardatrice** MIL Hinhaltemanöver *nt*

retardé(e) [ʀ(ə)taʀde] *fam* I. *adj enfant* zurückgeblieben; *élève* schwach
II. *m(f)* **~ mental/~e mentale** Zurückgebliebene(r) *f(m);* **~(e) scolaire** Spätentwickler(in) *m(f);* **classe pour ~s** Förderklasse *f*

retardement [ʀ(ə)taʀdəmɑ̃] *m* **bombe à ~** Zeitbombe *f*, Bombe *f* mit Zeitzünder; **dispositif à ~** Zeitschaltvorrichtung; **à ~** *rire, féliciter* mit Verspätung; **se fâcher** im Nachhinein; **comprendre à ~** eine lange Leitung haben *(fam)*

retarder [ʀ(ə)taʀde] <1> I. *vt* ❶ *(mettre en retard)* aufhalten *personne, véhicule;* **~ l'arrivée de qn** *personne:* jds Ankunft hinauszögern; **qc retarde le départ du train** durch etw verzögert sich die Abfahrt des Zuges; **être retardé(e) d'une heure** *spectacle:* eine Stunde später beginnen; *départ:* sich um eine Stunde verzögern
❷ *(ralentir, empêcher)* aufhalten; **~ qn dans son travail/ses préparatifs** jdn von seiner Arbeit/seinen Vorbereitungen abhalten; **~ un moteur dans sa course** *chose:* einen Motor verlangsamen [*o* bremsen]; **le gel a retardé la construction de la maison** durch den Frost hat sich der Bau des Hauses hinausgezögert
❸ *(remettre)* verschieben, aufschieben; **~ qc de deux jours** etw [um] zwei Tage verschieben [*o* aufschieben]
❹ *(reculer)* zurückstellen *horloge, montre;* **~ une montre d'une heure** eine Uhr um eine Stunde zurückstellen
II. *vi* ❶ *(être en retard)* **~ d'une heure** *montre, horloge:* eine Stunde nachgehen
❷ *(ne pas être au niveau de)* **~ de dix ans sur qc** zehn Jahre hinter etw *(Dat)* her sein [*o* hinken *fam*]; **~ sur son époque/son temps/son siècle** nicht auf der Höhe der Zeit sein, von gestern sein
❸ *fam (ne pas être à la page)* nicht auf dem Laufenden sein, hinterm Mond leben *(fam)*

retéléphoner [ʀ(ə)telefɔne] <1> *vi* wieder telefonieren

retendre [ʀ(ə)tɑ̃dʀ] <14> *vt* ❶ *(raidir à nouveau)* wieder anziehen; wieder spannen *câble, chaîne;* fest ziehen *lien;* MUS nachspannen, neu spannen *corde*
❷ *(disposer à nouveau)* wieder auswerfen *filet de pêche*
❸ *(présenter à nouveau)* **~ la main à qn** jdm wieder die Hand reichen

retenir [ʀ(ə)təniʀ, ʀət(ə)niʀ] <9> I. *vt* ❶ *(maintenir en place)* [fest] halten *objet, personne qui glisse;* zurückhalten *foule, personne;* fest halten *bras;* **~ qn par la manche** jdn am Ärmel fest halten
❷ *(empêcher d'agir)* zurückhalten; **retiens/retenez-moi, ou je fais un malheur** halte/halten Sie mich [zurück] oder ich vergesse mich; **je ne sais pas ce qui me retient de le gifler** ich weiß nicht, was mich davon abhält ihn zu ohrfeigen
❸ *(empêcher de tomber)* halten
❹ *(garder)* aufhalten; **je ne te retiens pas plus longtemps** ich will dich nicht länger aufhalten; **~ qn prisonnier/en otage** jdn gefangenhalten/jdn als Geisel fest halten; **j'ai été retenu(e)** ich bin aufgehalten worden; **la maladie/le mauvais temps le retient à la maison** die Krankheit/das schlechte Wetter fesselt ihn ans Haus
❺ *(requérir)* **l'attention** Aufmerksamkeit erfordern; **ce travail a retenu tous nos soins** diese Arbeit hat unsere ganze Sorgfalt in Anspruch genommen; **nous espérons que notre demande retiendra votre attention** wir hoffen, dass Sie unsere Bitte aufmerksam prüfen
❻ *(réserver)* reservieren *chambre, place;* reservieren, bestellen *table*
❼ *(se souvenir de)* [im Gedächtnis] behalten, sich merken; **retenez bien la date** merken Sie sich den Termin gut; **~ que qn a fait qc** im Auge behalten, dass jd etw getan hat
❽ *(réprimer)* unterdrücken *colère, cri, geste;* unterdrücken, zurückhalten *larmes;* unterdrücken, sich verkneifen *(fam) sourire, soupir de satisfaction;* anhalten *souffle*
❾ *(accepter, choisir)* annehmen *candidature;* **~ une proposition** einen Vorschlag annehmen, einen Vorschlag zustimmen; **~/ne pas ~ la préméditation** JUR auf Vorsatz/nicht auf Vorsatz erkennen; **~ une solution** sich für eine Lösung entscheiden; **il a été retenu** er ist ausgewählt worden, auf ihn ist die Wahl gefallen
❿ *(prélever)* **~ un montant sur le salaire** einen Betrag vom Lohn abziehen; **~ les impôts sur le salaire** die Steuer vom Lohn einbehalten
⓫ *(confisquer)* einbehalten, nicht auszahlen *salaire;* nicht herausgeben *bagages;* beschlagnahmen *biens;* nicht zurückzahlen, behalten *argent dû*
⓬ MATH behalten; **je pose quatre et je retiens un** schreibe vier, behalte [*o* merke] eins
⓭ *(conserver) terre:* speichern; *digue:* stauen
⓮ *(fixer) nœud, ruban, câble:* zusammenhalten
▸ **je te/le/la retiens!** *fam* das vergesse ich dir/ihm/ihr nicht so leicht [*o* schnell]!, das werde ich mir merken!
II. *vpr* ❶ *(s'accrocher)* **se ~ à qn/qc pour faire qc** sich an jdm/etw [fest] halten um etw zu tun
❷ *(s'empêcher)* **se ~** sich beherrschen, sich zurückhalten, an sich halten; **se ~ pour ne pas rire** sich beherrschen [*o* zusammenreißen] um nicht zu lachen; **je n'ai pas pu me ~ de lui dire la vérité** ich musste ihm einfach die Wahrheit sagen
❸ *(contenir ses besoins naturels)* **se ~** sich beherrschen

retenter [ʀ(ə)tɑ̃te] <1> *vt* noch einmal versuchen

rétention [ʀetɑ̃sjɔ̃] *f* ❶ MED Verhaltung *f;* **~ d'eau** Wasseransammlung *f;* **capacité de ~ d'eau** COSMET Wasserbindevermögen *nt*
❷ *a.* JUR Zurückbehaltung *f;* **~ d'information[s]** Zurückbehaltung von Information[en]

retentir [ʀ(ə)tɑ̃tiʀ] <8> *vi* ❶ *(résonner) bruit, cri:* ertönen; *chant:* erklingen; *cloche, sonnerie:* läuten, klingeln; **~ d'applaudissements** vor Applaus dröhnen; **~ d'appels/de cris** von Rufen/Schreien widerhallen
❷ *(provenir d'un endroit clos)* herausschallen

❸ *(affecter)* ~ **sur le caractère/la santé** Auswirkungen auf den Charakter/die Gesundheit haben
retentissant(e) [ʀ(ə)tɑ̃tisɑ̃, ɑ̃t] *adj* ❶ *(fort, sonore) cri* durchdringend, laut; *voix* dröhnend; *bruit* dröhnend; *claque* schallend
❷ *(fracassant)* Aufsehen erregend; *scandale, succès* Riesen-; *déclaration, discours* spektakulär
retentissement [ʀ(ə)tɑ̃tismɑ̃] *m* ❶ *(répercussion) d'un discours, de mesures politiques* [Nach]wirkung *f; d'une affaire* Auswirkung *f*
❷ *(éclat) d'un film, d'une œuvre* Wirkung *f;* **avoir un grand ~** großes Aufsehen erregen
retenu(e) [ʀ(ə)təny, ʀɑt(ə)ny] *adj* unaufdringlich, zurückhaltend
retenue [ʀ(ə)təny, ʀɑt(ə)ny] *f* ❶ *(somme prélevée)* einbehaltener Betrag; **~ sur le salaire** *(en parlant des ouvriers)* Lohnabzug *m*, vom Lohn einbehaltener Betrag; *(en parlant des employés)* Gehaltsabzug, vom Gehalt einbehaltener Betrag; **~ sur les revenus** Einkommensabzug, vom Einkommen einbehaltener Betrag; **la ~ pour la Sécurité sociale** der Sozialversicherungsbeitrag; **~ pour TVA déductible** Vorsteuerabzug *m*
❷ *(action de prélever)* Einbehaltung *f;* **opérer** [*o* **faire**] **une ~ de trois pour cent sur le salaire** drei Prozent vom Lohn einbehalten
❸ *(modération)* Zurückhaltung *f*, Beherrschung *f;* **avoir de la ~** zurückhaltend sein; **n'avoir aucune** [*o* **manquer de**] **~** keinerlei Hemmungen haben; **avec ~** zurückhaltend; **se conduire avec ~** sich [anständig] benehmen; **sans ~** hemmungslos
❹ MATH Übertrag *m*
❺ SCOL Nachsitzen *nt;* **attraper une ~/être en ~** nachsitzen müssen; **avoir trois heures de ~** drei Stunden nachsitzen müssen; **mettre un élève en ~** einen Schüler nachsitzen lassen
❻ *(bouchon)* Stau *m*
❼ TECH *(barrage)* Damm *m*
❽ *(maintien) d'une marchandise* Zurückbehaltung *f*
◆ **~ d'eau** Wasserreservoir *nt*, Rückhaltebecken *nt;* **~ à la source** Quellensteuer *f*
réticence [ʀetisɑ̃s] *f* Vorbehalt *m;* **avec ~** widerstrebend; *accepter* unter Vorbehalt[en]; **sans ~** ohne Vorbehalt[e], vorbehaltlos; *parler* offen
réticent(e) [ʀetisɑ̃, ɑ̃t] *adj expression* widerstrebend; *personne, phrase* voller Vorbehalte; *attitude, silence* zurückhaltend, reserviert; **être ~(e)** Vorbehalte haben
réticule [ʀetikyl] *m* OPT Fadenkreuz *nt*
réticulé(e) [ʀetikyle] *adj* ❶ ANAT netzartig, retikulär *(Fachspr.)*
❷ GEOL **sol ~** Polygonboden *m*
rétif, -ive [ʀetif, -iv] *adj* störrisch, widerspenstig
rétine [ʀetin] *f* Netzhaut *f*
rétinien(ne) [ʀetinjɛ̃, jɛn] *adj* Netzhaut-
rétinite [ʀetinit] *f* Netzhautentzündung *f*
rétique [ʀetik] I. *adj* rätisch; **les Alpes ~s** die rätischen Alpen
II. *m v.* **rhéto-roman**
retirage [ʀ(ə)tiʀaʒ] *m d'une photo* neuer Abzug; *d'une gravure, d'un livre* Nachdruck *m;* **procéder au ~ d'une photo/d'un livre** einen neuen Abzug von einem Foto machen/ein Buch nachdrucken
retiré(e) [ʀ(ə)tiʀe] *adj* ❶ *(solitaire) lieu* entlegen, abgelegen, abgeschieden; **mener une vie ~e** zurückgezogen leben; **vivre complètement ~(e) du monde** völlig weltabgeschieden leben
❷ *(en retraite)* im Ruhestand; **être ~(e) des affaires** sich aus dem Geschäftsleben zurückgezogen haben
retirer [ʀ(ə)tiʀe] <1> I. *vt* ❶ *(enlever)* ablegen, ausziehen *vêtement, montre;* abziehen *housses;* **~ ses lunettes** seine Brille absetzen; **~ qc du commerce** etw aus dem Handel zurückziehen; **~ qc du catalogue/programme** etw aus dem Katalog/Programm nehmen; **~ son jouet à qn** jdm ihr/sein Spielzeug wegnehmen; **~ sa confiance à qn** jdm das Vertrauen entziehen; **~ les permis à qn** jdm den Führerschein abnehmen; **~ un enfant de sa famille** ein Kind von seiner Familie wegholen; **~ qc de l'imposition** etw aus der Besteuerung herausnehmen
❷ *(faire sortir)* herausnehmen; **~ un gâteau du moule** einen Kuchen aus der Form nehmen; **~ la clé de la serrure** den Schlüssel abziehen; **~ qn de l'école** jdn von der Schule nehmen; **~ qn des décombres** jdn aus den Trümmern bergen
❸ *(prendre possession de)* holen *argent;* abholen *billet;* **~ de l'argent à la banque/d'un compte** Geld von der Bank/vom Konto abheben; **~ ses bagages de la consigne** das Gepäck von der Gepäckaufbewahrung holen
❹ *(ramener en arrière)* zurückziehen *main, tête, troupes*
❺ *(annuler)* zurücknehmen, widerrufen *(form) déclaration, paroles;* zurückziehen *accusation, candidature, offre;* **~ une demande** eine Klage zurückziehen
❻ *(obtenir)* ~ **des avantages/un bénéfice de qc** Vorteile/einen Gewinn aus etw ziehen; **~ qc d'une expérience** etw aus einer Erfahrung lernen
❼ *(extraire)* **~ de l'huile d'une substance** Öl aus einer Substanz gewinnen; **~ du minerai/du charbon** Erz/Kohle gewinnen [*o* abbauen]
❽ *(tirer de nouveau)* **~ un coup de feu** noch einen Schuss abgeben
❾ *(faire un second tirage)* **faire ~ une photo** neue Abzüge von einem Foto machen lassen
II. *vi* noch einmal schießen
III. *vpr* ❶ *(partir)* **se ~** sich zurückziehen; **se ~ dans sa chambre** sich in sein Zimmer zurückziehen, auf sein Zimmer gehen; **se ~ à la campagne** sich aufs Land zurückziehen
❷ *(annuler sa candidature)* **se ~** seine Kandidatur zurückziehen
❸ *(prendre sa retraite)* **se ~** sich zur Ruhe setzen
❹ *(reculer)* **se ~** *armée, ennemi:* sich zurückziehen; *eau, mer:* zurückgehen; **retire-toi d'ici!** verzieh dich! *(fam)*
❺ *(quitter)* **se ~ de la vie publique/des affaires** sich aus dem öffentlichen Leben/dem Geschäftsleben zurückziehen; **se ~ du jeu** [*o* **de la partie**] sich zurückziehen, aussteigen *(fam)*
retombée [ʀ(ə)tɔ̃be] *f* ❶ *pl (répercussions)* Auswirkungen *Pl; de la recherche* Nebenprodukt *nt;* **les ~s médiatiques/publicitaires de qc** das Medienecho/die Werbewirksamkeit einer S. *(Gen);* **les ~s électorales de qc** die Auswirkungen einer S. *(Gen)* auf die Wahlen *Pl*
❷ *(impact)* [Aus]wirkung *f*, Folge *f*
❸ *pl* PHYS, CHIM Emissionen *Pl;* **~s gazeuses** Abgase *Pl;* **~s radioactives** [*o* **atomiques**] radioaktiver Niederschlag, Fallout *m (Fachspr.)*
retomber [ʀ(ə)tɔ̃be] <1> *vi + être* ❶ *(tomber à nouveau)* wieder hinfallen; **~ dans l'oubli/la misère/la drogue** wieder in Vergessenheit/in Not/an Drogen geraten; **~ dans le découragement/l'ennui** wieder in Mutlosigkeit/Langeweile versinken; **~ dans la délinquance** wieder straffällig werden; **~ sur le même sujet** wieder auf dasselbe Thema [zurück]kommen
❷ *(tomber après s'être élevé)* aufkommen; *ballon:* aufkommen, aufschlagen; *capot:* wieder zufallen; *fusée:* [wieder] abstürzen; *missile:* einschlagen; **se laisser ~** sich [wieder] fallen lassen
❸ *(baisser) curiosité, enthousiasme:* nachlassen, verfliegen; *colère:* verrauchen; *fièvre, cote de popularité:* fallen; *ambiance:* sinken; **~ au niveau d'il y a trois ans** *consommation:* auf den Stand von vor drei Jahren zurückgehen; **~ au niveau de l'année précédente** *cours:* auf den Vorjahresstand zurückfallen; *conversation:* verflachen
❹ *(redevenir)* **~ amoureux** sich wieder verlieben [*o* neu verlieben]; **~ malade/enceinte** wieder krank/schwanger werden
❺ METEO *brouillard:* wieder aufkommen [*o* aufziehen]; *neige:* wieder fallen; **la pluie/la neige retombe** es regnet/schneit wieder
❻ *(pendre) drap:* herunterhängen; **les cheveux me retombent sur les épaules/le front** die Haare fallen mir bis auf die Schultern/in die Stirn
❼ *(échoir à)* **~ sur qn** auf jdn zurückfallen; **la responsabilité retombe sur lui** die Verantwortung fällt auf ihn zurück; **les frais retombent sur son entreprise** sein Unternehmen muss die Kosten übernehmen [*o* tragen]; **cela va me ~ dessus** das wird wieder auf mich zurückfallen; **faire ~ la faute sur qn** die Schuld auf jdn schieben; **faire ~ la responsabilité sur qn/qc** die Verantwortung auf jd/etw abwälzen
❽ *(arriver à nouveau)* **Noël retombe un mardi/vendredi** Weihnachten fällt wieder auf einen Dienstag/Freitag
❾ *(revenir, rencontrer)* **~ au même endroit** [zufällig] wieder an denselben Ort geraten; **~ sur qn** jdn [zufällig] wieder treffen
retordre [ʀ(ə)tɔʀdʀ] <14> *vt* ❶ TECH verzwirnen *fils;* zusammendrehen *câble*
❷ *(essorer)* noch einmal auswringen
❸ *(courber de nouveau)* noch einmal biegen
rétorquer [ʀetɔʀke] <1> *vt* erwidern; **~ un bon mot à un adversaire à qc** einem Gegner mit einer geistreichen Bemerkung auf etw *(Akk)* erwidern; **il n'a rien rétorqué** er hat nichts dazu gesagt; **~ à qn que qn a fait qc** jdm erwidern, dass jd etw getan hat
retors [ʀətɔʀ, ɔʀs] *adj* durchtrieben, hinterhältig
rétorsion [ʀetɔʀsjɔ̃] *f* **user de ~** Vergeltungsmaßnahmen ergreifen; **des mesures de ~** Vergeltungsmaßnahmen, Repressalien
retouche [ʀ(ə)tuʃ] *f* ❶ *d'un vêtement* Änderung *f; d'un texte* Überarbeitung *f; d'un tableau* Ausbesserung *f;* **faire une ~ à un vêtement** ein Kleidungsstück [ab]ändern; **faire une ~ de peinture sur qc** AUT etw beilackieren *(Fachspr.)*
❷ PHOT, INFORM Retusche *f;* **faire une ~** eine Retusche vornehmen; **faire une ~ à une photo** ein Foto retuschieren
◆ **~ d'images** INFORM Bildbearbeitung *f*
retoucher [ʀ(ə)tuʃe] <1> I. *vt* ❶ *(corriger)* [ab]ändern *vêtement;* überarbeiten *texte;* retuschieren *photo;* ausbessern *tableau*
❷ *(recevoir)* **~ mille euros** *(recevoir en plus)* tausend Euro dazubekommen; *(être remboursé)* tausend Euro zurückbekommen
II. *vi* ❶ *(toucher de nouveau)* **~ à qc** etw noch einmal [*o* wieder] anfassen [*o* berühren]
❷ *(rectifier)* **~ à un texte** einen Text [noch einmal] überarbeiten; **je n'y retouche plus** ich mache nichts mehr daran

❸ *(regoûter à)* ~ à qc etw wieder essen [*o* zu sich nehmen]; ~ à l'alcool wieder [Alkohol] trinken

retoucheur, -euse [ʀ(ə)tuʃœʀ, -øz] *m, f* ~(-euse) en confection Änderungsschneider(in) *m(f)*; ~(-euse) photographe Retuscheur(in) *m(f)*

retour [ʀ(ə)tuʀ] **I.** *m* ❶ *(opp: départ)* Rückkehr *f*; *(à la maison)* Heimkehr *f*; *(chemin)* Rückweg *m*; *(à la maison)* Heimweg *m*; *(voyage)* Rückreise *f*; *(à la maison)* Heimreise *f*; **prendre le chemin du** ~ sich auf den Rück-/Heimweg machen; **au** ~ auf dem Rückweg; *(en voiture)* auf der Rückfahrt; *(en avion)* auf dem Rückflug; *(à l'arrivée)* bei der Rückkehr; **au** ~ **du service militaire** nach Beendigung des Militärdienstes; **à mon** ~ **d'Afrique** bei meiner Rückkehr aus Afrika; **être de** ~ [wieder] zurück sein; **être de** ~ **à la maison** wieder zu Hause sein

❷ *(à un état antérieur)* ~ **à la nature** Rückkehr *f* zur Natur; *(slogan)* zurück zur Natur; ~ **à l'Antiquité** Rückbesinnung *f* auf die Antike; ~ **à la politique/terre** Rückkehr in die Politik/zum Landleben; ~ **au calme** Beruhigung *f* [der Lage]

❸ *(réapparition)* ~ **de la grippe** Wiederauftreten *nt* der Grippe; **un** ~ **du froid** ein erneuter Kälteeinbruch; **ils annoncent le** ~ **du courant pour demain** sie kündigen an, dass ab morgen die Stromversorgung wieder funktioniert; ~ **sur les planches/sur l'écran d'une actrice** Rückkehr einer Schauspielerin auf die Bretter/die Leinwand; **la mode des années 60 est de** ~ die Mode der 60er Jahre ist wieder im Kommen

❹ POST Rücksendung *f*; COM *d'un emballage, invendu* Rückgabe *f*; **le service** ~ der Rücknahmeservice; ~ **de monnaie** Geldrückgabe

❺ TRANSP einfache Fahrkarte für die Rückfahrt; *(avion)* Flugschein m für den Rückflug; **un aller et** ~ **pour Paris** eine Rückfahrkarte/ein Hin- und Rückflug *m* nach Paris

❻ TECH, AUDIOV Rücklauf *m*; **touche de** ~ **rapide** Rückspultaste *f*

❼ ELEC *du courant* Rückleitung *f*

❽ JUR Zurückfallen *nt*; ~ **à l'État** Heimfall *m* an den Staat

❾ *littér (revirement)* ~ **de l'opinion** Meinungsumschwung *m*

▸ **il va y avoir des** ~**s de bâton** das wird noch ein Nachspiel haben; **c'est un juste** ~ **des choses** das ist ausgleichende Gerechtigkeit; **par** ~ **du courrier** postwendend, umgehend; ~ **à l'envoyeur** [*o* **l'expéditeur**]! zurück an Absender!; *(fam (rendre la pareille)* wie du mir, so ich dir!; **faire un** ~ **en arrière sur qc** auf etw *(Akk)* zurückblicken; ~ **éternel** ewige Wiederkehr; **faire un** ~ **sur soi-même** in sich *(Akk)* gehen; **payer/ne pas payer qn de** ~ sich bei jdm/sich nicht bei jdm revanchieren; **être/ne pas être payé(e) de** ~ eine/keine Gegenleistung bekommen; **il l'aime, mais il n'est pas payé de** ~ er liebt sie, aber seine Liebe wird nicht erwidert; **en** ~ im Gegenzug; *(en échange d'un service)* als Gegenleistung; **sans** ~ ohne Wiederkehr

II. *app* **match** [*o* **rencontre**] ~ Rückspiel *nt*; **les quarts de finale** ~ die Viertelfinal-Rückspiele

♦ ~ **d'âge** Wechseljahre *Pl*; ~ **en arrière** Rückblende *f*; ~ **chariot** Wagenrücklauf *m*; ~ **curseur** Wagenrücklauf *m*; ~ **de flamme** Flammenrückschlag *m*; ~ **en force** Comeback *nt*; ~ **à la masse** Anschluss *m* an Masse; *(regain de passion)* Wiederaufflammen *nt* der Leidenschaft; ~ **de manivelle** Rückschlag *m*; **il y aura des** ~**s de manivelle** der Schuss wird nach hinten losgehen; ~ **de service** TENNIS Return *m*; ~ **à la terre** ELEC Erdung *f*

retournement [ʀ(ə)tuʀnəmɑ̃] *m (de la part d'une personne)* Kehrtwendung *f*; *(dans une situation)* Wende *f*; ~ **de la conjoncture** Trendwende *f* in der Konjunktur; ~ **de l'opinion** Meinungsumschwung *m*; ~ **de la situation** Wende *f*

♦ ~ **de tendance** ECON Konjunkturumschwung *m*

retourner [ʀ(ə)tuʀne] <1> **I.** *vt + avoir* ❶ *(mettre dans l'autre sens)* umdrehen; wenden *matelas, omelette, viande*; auf den Kopf stellen *caisse, tableau, verre*; CARTES aufdecken

❷ *(remuer en secouant)* umpflügen *sol, terre*; wenden *foin*

❸ *(mettre à l'envers)* [auf] links drehen *vêtement*; umkrempeln, hochkrempeln *manche, bas de pantalon*; **être retourné(e)** *vêtement*: auf links sein; *col*: nach innen geschlagen sein

❹ *(orienter en sens opposé)* ~ **une critique à qn** eine Kritik gegen jdn kehren; ~ **un compliment à qn** jdm ein Kompliment zurückgeben; ~ **la situation en faveur de qn** die Situation zu jds Gunsten umkehren; ~ **l'opinion en sa faveur** einen Meinungsumschwung zu seinen Gunsten herbeiführen; ~ **une arme contre qn** eine Waffe gegen jdn richten

❺ *(faire changer d'opinion)* umstimmen; ~ **qn en faveur d'une amie/contre un projet** jdn für eine Freundin/gegen ein Projekt einnehmen; ~ **la salle en sa faveur** den Saal für sich einnehmen

❻ *(renvoyer)* ~ **une lettre à l'expéditeur** einen Brief an den Absender zurückschicken; ~ **une marchandise** eine Ware zurückgehen lassen

❼ *fam (bouleverser)* auf den Kopf stellen *maison, pièce*; erschüttern *personne*; **le film m'a retourné(e)** der Film hat mich aufgewühlt; **j'en suis tout(e) retourné(e)** ich bin ganz fassungslos

❽ *(tourner plusieurs fois)* ~ **qc entre ses doigts/dans ses mains** etw zwischen seinen Fingern/in seinen Händen drehen und wenden; **qn retourne une pensée dans sa tête** jdm geht ein Gedanke immer wieder durch den Kopf

II. *vi + être* ❶ *(revenir)* zurückkehren, zurückkommen; *(en bus, voiture, train)* zurückfahren; *(en avion)* zurückfliegen; ~ **en arrière** [*o* **sur ses pas**] kehrtmachen, umdrehen; ~ **chez soi** nach Hause gehen

❷ *(aller de nouveau)* ~ **à la montagne/chez qn** wieder ins Gebirge/zu jdm gehen; *(en bus, voiture, train)* wieder ins Gebirge/zu jdm fahren; *(en avion)* wieder ins Gebirge/zu jdm fliegen; ~ **devant les électeurs** sich wieder den Wählern stellen

❸ *(se remettre à)* ~ **à son travail** wieder an die Arbeit gehen; *(après une maladie, des vacances)* die Arbeit wieder aufnehmen

III. *vi impers + avoir* **il retourne de qc** es handelt sich um etw, es geht um etw

IV. *vpr + être* ❶ *(se tourner dans un autre sens)* **se** ~ *personne*: sich umdrehen; *voiture*: sich überschlagen; *bateau*: kentern; **se** ~ **sans cesse dans son lit** sich im Bett herumwälzen [*o* hin und her wälzen]

❷ *(tourner la tête)* **se** ~ sich umschauen [*o* umdrehen]; **tout le monde se retournait sur leur passage** alle haben sich nach ihnen umgedreht [*o* umgeschaut]; **se** ~ **vers qn/qc** sich zu jdm/etw drehen

❸ *(recourir à)* **se** ~ **vers qn/qc** sich an jdn wenden/sich einer S. *(Dat)* zuwenden

❹ *(prendre parti)* **se** ~ **en faveur de/contre qn** sich hinter/gegen jdn stellen; **se** ~ **contre qn** JUR [gerichtlich] gegen jdn vorgehen

❺ *(prendre un nouveau cours)* **se** ~ **en faveur de/contre qn** *situation*: sich zu jds Gunsten/Ungunsten kehren; *acte, action*: sich zu jds Gunsten/Ungunsten auswirken

❻ *(se tordre)* **se** ~ **l'épaule** sich die Schulter verrenken; **se** ~ **le doigt/bras** sich *(Dat)* den Finger/Arm verstauchen [*o* verrenken]

❼ *(repartir)* **s'en** ~ **dans son pays natal/en France** wieder in sein Heimatland/nach Frankreich zurückkehren

❽ *(s'adapter)* **se** ~ Luft holen, verschnaufen; **savoir se** ~ sich *(Dat)* zu helfen wissen

▸ **s'en** ~ **comme on est venu** unverrichteter Dinge wieder gehen

retracer [ʀ(ə)tʀase] <2> *vt* ❶ *(raconter)* schildern, beschreiben; erzählen *histoire*; darstellen *faits*

❷ *(tracer à nouveau)* nochmal zeichnen

rétractable [ʀetʀaktabl] *adj* ❶ *(qui se rétracte)* laisse aufrollbar; *cornes* einziehbar; **crayon** ~ Drehstift *m*; **stylo à pointe** ~ Drehkugelschreiber *m*

❷ JUR widerrufbar

rétractation [ʀetʀaktasjɔ̃] *f de propos, d'une promesse, objection, action* Zurücknahme *f*; *d'un aveu, témoignage, d'une déclaration* Widerruf *m*; **faire une** ~ **de témoignage** seine [Zeugen]aussage widerrufen; **obliger qn à la** ~ **de ses propos** jdn [dazu] zwingen, seine Äußerungen zurückzunehmen

rétracter [ʀetʀakte] <1> **I.** *vt* ❶ *(rentrer)* einziehen

❷ *littér (revenir sur)* zurückziehen *paroles*; zurückziehen, widerrufen, zurücknehmen *affirmation, déclaration*; revidieren *opinion*

II. *vpr* **se** ~ ❶ ANAT *muscle*: sich zusammenziehen

❷ TECH schwinden

❸ *(se dédire)* von seiner Meinung abgehen; JUR seine Aussage widerrufen [*o* zurückziehen]

rétracteur [ʀetʀaktœʀ] *m* ♦ ~ **de ceinture** [**de sécurité**] Gurtstraffer *m*

rétractile [ʀetʀaktil] *adj griffes* einziehbar; *organe* retraktionsfähig *(Fachspr.)*

rétraction [ʀetʀaksjɔ̃] *f* ❶ ANAT Retraktion *f (Fachspr.)*; *d'une membrane, d'un tissu* Schrumpfung *f*; ZOOL Einziehen *nt*; **subir une** ~ schrumpfen; **les griffes du chat sont susceptibles de** ~ die Katze kann die Krallen einziehen

❷ TECH Schwinden *nt*

retraduction [ʀ(ə)tʀadyksjɔ̃] *f* Neuübersetzung *f*

retraduire [ʀ(ə)tʀaduiʀ] <*irr*> *vt* neu übersetzen

retrait [ʀ(ə)tʀɛ] *m* ❶ *(action de retirer) d'argent* Abheben *nt*, Abhebung *f*; *des bagages, d'un billet* Abholen *nt*, Abholung *f*; *d'un projet de loi, d'une candidature* Zurückziehen *nt*; ~ **de capital** Kapitalentnahme *f*; ~ **d'espèces** Barabhebung *f*; **effectuer des** ~**s** Geld abheben; **le** ~ **des bagages se fait là-bas** die Gepäckausgabe befindet sich dort drüben

❷ *(suppression) d'une autorisation* Aufhebung *f*; ~ **forcé** Zwangseinziehung *f*; ~ **du brevet d'invention** Aufhebung des Patents; ~ **du permis** [**de conduire**] Führerscheinentzug *m*; **infliger à qn un** ~ **de permis** [**de conduire**] **de cinq mois** jdm für fünf Monate den Führerschein entziehen

❸ *(action de se retirer)* ~ **de qn d'une association** jds Austritt *m* aus einem Verein; ~ **des troupes d'occupation d'un territoire** Abzug *m* [*o* Rückzug *m*] der Besatzungstruppen aus einem Gebiet; **amener le** ~ **de la compétition d'un candidat** einen Kandidaten dazu bewegen seine Kandidatur zurückzuziehen

④ *littér (recul)* Zurückgehen *nt*
⑤ *(rétrécissement) de l'argile, du ciment* Schwinden *nt*
▶ **mettre en** ~ TYP, INFORM einrücken; einziehen *ligne;* **en** ~ *(dans l'ombre)* im Hintergrund; *(en arrière)* abseits [gelegen]; **être en** ~ **de la route** *maison:* abseits der Straße [gelegen] sein; **être en** ~ **sur les autres** hinter den anderen zurückbleiben

retraite [ʀ(ə)tʀɛt] *f* ① *(cessation du travail)* [Eintritt *m* in den] Ruhestand; *des ouvriers, employés* Verrentung *f (Fachspr.); des fonctionnaires, militaires* Pensionierung *f;* **l'âge de la** ~ die Altersgrenze; *des ouvriers, employés* das Rentenalter, das Pensionsalter (A); *des fonctionnaires* das Pensionsalter; ~ **anticipée** [*o* **forcée**] vorzeitiger Ruhestand, Vorruhestand *m; d'un ouvrier, employé* Frührente *f;* **être à la** [*o* **en**] ~ im Ruhestand sein; *ouvrier, employé:* in Rente sein; *fonctionnaire, militaire:* pensioniert [*o* in Pension] sein; **mettre à la** ~ in den Ruhestand versetzen; verrenten *(Fachspr.) ouvrier, employé;* pensionieren *fonctionnaire, militaire;* **partir à la** [*o* **en**] ~, **prendre sa** ~ in den Ruhestand gehen; *ouvrier, employé:* in Rente gehen; *fonctionnaire, militaire:* in Pension gehen; *artisans, professions libérales:* sich zur Ruhe setzen
② *(pension)* Altersruhegeld *nt (form)*, Pension *f* (A); *des ouvriers, employés* [Alters]rente *f; des fonctionnaires, militaires* Pension, [Alters]ruhegehalt *nt;* ~ **partielle** Teilrente; ~ **complémentaire** [**privée**] *(assurance)* [private] Zusatzrentenversicherung *f; (pension)* [private] Zusatzrente *f;* **devoir payer une** ~ **à qn** jdm gegenüber rentenpflichtig sein; **personne ayant droit à la/à une** ~ rentenberechtigte Person
③ *littér (refuge)* Zuflucht *f*, Zufluchtsort *m; du poète* Refugium *nt (geh); du voleur* Unterschlupf *m; des amants* Liebesnest *nt; de l'ours* Höhle *f; du loup* Bau *m*
④ MIL Rückzug *m;* ~ **forcée** überstürzter Rückzug; **la** ~ **de Russie** der Rückzug aus Russland; **sonner la** ~ zum Rückzug blasen
⑤ REL Einkehr *f*, Exerzitien *Pl (Fachspr.)*
⑥ FIN Rikambio *m*, Rikambiowechsel *m*, Rückwechsel, Gegenwechsel
▶ **battre en** ~ MIL den Rückzug antreten; *fig* einen Rückzieher machen
◆ ~ **aux flambeaux** Fackelzug *m*

retraité(e) [ʀ(ə)tʀete] I. *adj* ① *(à la retraite)* im Ruhestand; *ouvrier, employé* in Rente; *fonctionnaire, militaire* pensioniert, in Pension
② PHYS, TECH *combustibles nucléaires* wieder aufbereitet; *déchets* wiederverwertet, recycelt
II. *m(f)* Ruheständler(in) *m(f); (ouvrier, employé)* Rentner(in) *m(f); fonctionnaire, militaire* Pensionär(in) *m(f);* **petit** ~/**petite** ~**e** Kleinrentner(in)

retraitement [ʀ(ə)tʀɛtmɑ̃] *m des combustibles nucléaires* Wiederaufbereitung *f; des déchets* Wiederverwertung *f*, Recycling *nt;* **centre/usine de** ~ [**des déchets nucléaires**] Wiederaufbereitungsanlage *f;* ~ **des vieux papiers** Altpapierrecycling *nt*

retraiter [ʀ(ə)tʀete] <1> *vt* wiederaufbereiten *combustibles nucléaires;* wiederverwerten, recyceln *déchets;* **cette usine retraite les vieux papiers** in dieser Fabrik wird Altpapier wiederverwertet

retranchement [ʀ(ə)tʀɑ̃ʃmɑ̃] *m* Verschanzung *f*
▶ **forcer** [*o* **poursuivre**] [*o* **pousser**] **qn** [**jusque**] **dans ses** [**derniers**] ~**s** jdn in die Enge treiben

retrancher [ʀ(ə)tʀɑ̃ʃe] <1> I. *vt* ① *(retirer)* ~ **une somme/un nombre de qc** eine Summe/eine Zahl von etw abziehen; ~ **un mot/passage d'un texte** ein Wort/eine Passage aus einem Text streichen
② *(séparer des autres)* **vivre retranché(e)** zurückgezogen leben
II. *vpr* ① MIL **se** ~ sich verschanzen
② *(se protéger)* **se** ~ **derrière la loi** sich hinter dem Gesetz verschanzen; **se** ~ **dans sa douleur** sich in seinen Schmerz zurückziehen

retranscription [ʀ(ə)tʀɑ̃skʀipsjɔ̃] *f* [weitere] Abschrift

retranscrire [ʀ(ə)tʀɑ̃skʀiʀ] *<irr> vt* [noch einmal] abschreiben

retransmettre [ʀ(ə)tʀɑ̃smɛtʀ] *<irr> vt* übertragen; ausstrahlen, übertragen *émission;* ~ **qc en direct/en différé** etw live/als Aufzeichnung übertragen; **être retransmis(e)** *message:* weitergeleitet werden; *match télévisé:* übertragen werden

retransmission [ʀ(ə)tʀɑ̃smisjɔ̃] *f* ① Übertragung *f; d'une émission* Ausstrahlung *f;* ~ **en direct** Direktübertragung, Live-Übertragung; ~ **en différé** Aufzeichnung *f;* **la** ~ **du match aura lieu en direct/en différé** das Spiel wird live/als Aufzeichnung übertragen
② ECON Rückübertragung *f*

retravailler [ʀ(ə)tʀavaje] <1> I. *vi* ① *(reprendre le travail)* wieder arbeiten
② *(se remettre à)* ~ **à qc** die Arbeit an etw *(Dat)* wieder aufnehmen
II. *vt* überarbeiten; umarbeiten *discours, texte;* neu [*o* noch einmal] bearbeiten *matière, minerai;* [noch einmal] überdenken *question*

rétréci(e) [ʀetʀesi] *adj* ① *(rendu plus étroit)* verengt; *pupille* eng; *vêtement* eingegangen, eingelaufen
② *(borné) esprit* engstirnig, borniert; *univers* eng, kleinkariert *(fam)*

rétrécir [ʀetʀesiʀ] <8> I. *vt* ① *(rendre plus étroit)* verengen; enger machen *bague, vêtement*
② *(diminuer la capacité de)* ~ **l'esprit** den geistigen Horizont einschränken
II. *vi, vpr laine, tissu:* einlaufen, eingehen; **le pull a rétréci au lavage** der Pulli ist beim Waschen eingegangen [*o* eingelaufen]; [**se**] ~ *pupille:* sich verengen; *rue, vallée, univers:* enger werden; *cercle:* kleiner werden; **son esprit** [**se**] **rétrécit** er/sie wird [immer] engstirniger; **faire** ~ **qc** etw enger machen lassen

rétrécissement [ʀetʀesismɑ̃] *m* ① *(resserrement)* de la laine, d'un tissu Einlaufen *nt*, Eingehen *nt; de la pupille, rue* Verengung *f;* ~ **de chaussée** Spurverengung; ~ **de la vallée** Verengung des Tals
② MED Verengung *f*, Stenose *f (Fachspr.)*

retremper [ʀ(ə)tʀɑ̃pe] <1> I. *vt* ① TECH noch einmal härten
② *(remouiller)* noch einmal einweichen
③ *littér (fortifier)* stärken *courage, volonté*
II. *vpr* **se** ~ *personne:* noch einmal kurz ins Wasser gehen; **se** ~ **dans une atmosphère d'amitié** in eine freundschaftliche Atmosphäre eintauchen

rétribuer [ʀetʀibɥe] <1> *vt* bezahlen; entlohnen *(form) personne;* vergüten *(form) travail, service;* **employé rétribué régulièrement** fest besoldeter Angestellter

rétribution [ʀetʀibysjɔ̃] *f* Bezahlung *f*, Entlohnung *f (form); d'un service, travail* Vergütung *f (form)*
◆ ~ **d'appoint** Zusatzvergütung *f;* ~ **s de postes** Postenentgelte *Pl*

retriever [ʀetʀivœʀ] *m* Retriever *m;* **golden** ~ Golden Retriever

rétro[1] *abr de* **rétroviseur**

rétro[2] [ʀetʀo] *abr de* **rétrograde** I. *adj inv (démodé)* nostalgisch; *mode* Retro- *(kann den Stil der 20er bis 70er Jahre bezeichnen); roman, style* altmodisch
II. *adv* nostalgisch *(kann im Stil der 20er bis 70er Jahre sein)*
III. *m (style)* nostalgischer Stil; *(courant)* Nostalgiewelle *f; (objets)* altes Zeug *(pej)*

rétroactes [ʀetʀoakt] *mpl* BELG *(antécédents)* Vorgeschichte *f kein Pl*

rétroactif, -ive [ʀetʀoaktif, -iv] *adj* rückwirkend; **effet** ~ Rückwirkung *f;* **avoir un effet** ~ **sur qc** eine [Rück]wirkung auf etw *(Akk)* haben; *loi:* rückwirkende Kraft auf etw *(Akk)* haben; **une augmentation avec effet** ~ **à partir du 1er janvier de la même année** eine Gehaltserhöhung rückwirkend zum 1. Januar des Jahres

rétroaction [ʀetʀoaksjɔ̃] *f* Rückwirkung *f;* BIO Rückkopp[e]lung *f;* TECH Rückkopp[e]lung, Feedback *nt;* ~ **positive/négative** positive/negative Rückkopp[e]lung

rétroactivement [ʀetʀoaktivmɑ̃] *adv* rückwirkend; **agir** ~ rückwirkend in Kraft treten; *décision:* rückwirkend gelten

rétroactivité [ʀetʀoaktivite] *f* ① Rückwirkung *f*, rückwirkende Kraft
② JUR *d'un contrat* Rückwirkung *f*

rétrocéder [ʀetʀosede] <5> *vt* ~ **qc à qn** *(à l'ancien propriétaire)* jdm etw zurückgeben; *(à un tiers)* jdm etw abtreten

rétrocession [ʀetʀosesjɔ̃] *f* Rückgabe *f;* JUR, ECON Rückübertragung *f;* ~ **de biens patrimoniaux** Rückübertragung von Vermögenswerten
◆ ~ **des bénéfices** Gewinnabführung *f*

rétrofusée [ʀetʀofyze] *f* Bremsrakete *f*

rétrogradation [ʀetʀogʀadasjɔ̃] *f* ① *d'un fonctionnaire* [Zu]rückstufung *f; d'un officier* Degradierung *f*
② SPORT *d'une équipe* Abstieg *m; d'un athlète* Zurückfallen *nt;* ~ **en deuxième division** *d'une équipe de football* Abstieg in die zweite Liga; **équipe menacée de** ~ Abstiegskandidat *m*

rétrograde [ʀetʀogʀad] *adj* ① *(arriéré) esprit, mesures, politique* reaktionär; *idées, personne* rückschrittlich, rückständig
② ASTRON, MATH rückläufig, retrograd *(Fachspr.)*

rétrograder [ʀetʀogʀade] <1> I. *vi* ① AUT ~ **de troisième en seconde** vom Dritten in den Zweiten zurückschalten [*o* herunterschalten]
② *(régresser)* zurückfallen; ~ **dans la hiérarchie sociale** in der gesellschaftlichen Hierarchie absteigen; ~ **à la seconde/troisième place** SPORT auf den zweiten/dritten Platz zurückfallen; ~ **au classement** in der Rangliste zurückfallen *(Dat);* ~ **en deuxième division** *équipe de football:* in die zweite Liga absteigen
③ *(reculer)* zurückweichen
II. *vt* ① ADMIN zurückstufen; MIL degradieren, herunterstufen *employé*
② SPORT zurückstufen; ~ **qn à la seconde/troisième place** jdn auf den zweiten/dritten Platz zurücksetzen; ~ **qn en deuxième division** jdn in die zweite Liga zurückstufen

rétropédalage [ʀetʀopedalaʒ] *m d'un vélo* Rücktritt *m*

rétroprojecteur [ʀetʀopʀɔʒɛktœʀ] *m* Overheadprojektor *m*, Tageslichtprojektor *m*

rétrospectif, -ive [ʀetʀɔspɛktif, -iv] *adj* ① *(tourné vers le passé) examen, étude* rückblickend, retrospektiv *(geh); regard, vue* Rück-; **la vision rétrospective de qc** der Rückblick [*o* die Rückschau] auf

etw *(Akk)*; **jeter un regard ~ sur qc** etw rückblickend betrachten
❷ *(après coup)* nachträglich; **éprouver une peur rétrospective** noch im Nachhinein Angst bekommen

rétrospective [ʀetʀɔspɛktiv] *f* ❶ *(exposition)* Retrospektive *f*; **la ~ Matisse** die Matisse-Retrospektive
❷ *(présentation récapitulative)* **~ de l'année** Jahresrückblick *m*
❸ CINE CAN *(retour en arrière)* Rückblende *f*

rétrospectivement [ʀetʀɔspɛktivmɑ̃] *adv* im Rückblick, zurückblickend; *avoir peur, être jaloux* [noch] im Nachhinein, [noch] nachträglich

retroussé(e) [ʀ(ə)tʀuse] *adj nez* Stups-, Himmelfahrts-; *lèvres* wulstig

retrousser [ʀ(ə)tʀuse] <1> I. *vt* umschlagen, hochkrempeln, hochstreifen *manches;* umschlagen, hochkrempeln *bas de pantalon;* hochnehmen, schürzen *jupe, robe;* hochzwirbeln *moustache;* **~ les lèvres** die Zähne blecken; **~ les babines** die Zähne fletschen; **~ la jupe de qn** *vent:* jds Rock heben *[o* lüpfen*]*.
II. *vpr* **se ~** ❶ *(pouvoir être relevé) bords:* sich umschlagen lassen; *manche, bas de pantalon:* sich hochkrempeln lassen
❷ *(se relever) bords:* sich hochbiegen *(fam)*

retrouvailles [ʀ(ə)tʀuvaj] *fpl* Wiedersehen *nt; (entre États, partis, organismes)* Wiederannäherung *f;* **lieu de ~** Treffpunkt *m*

retrouver [ʀ(ə)tʀuve] <1> I. *vt* ❶ *(récupérer)* wiederfinden; finden, aufspüren *fugitif, enfant perdu;* finden *cadavre;* wiedererhalten *fonction;* wiederbekommen, wiederfinden *place;* **~ son utilité** wieder benutzt werden; **j'ai retrouvé son portefeuille** ich habe seinen/ihren Geldbeutel wiedergefunden
❷ *(se remémorer)* **~ qc** sich an etw *(Akk)* erinnern; **~ ses souvenirs** sich wieder erinnern
❸ *(revoir)* **~ qn** jdm wieder begegnen; **je serais ravi(e) de vous ~ là-bas** ich würde mich freuen Sie dort wiederzusehen
❹ *(rejoindre)* **~ qn** jdn treffen, sich mit jdm treffen; **attendez-moi, je vous retrouve dans un quart d'heure** wartet/warten Sie auf mich, ich komme in einer Viertelstunde nach
❺ *(recouvrer)* **~ l'équilibre** sein Gleichgewicht wiederfinden; **~ la foi** wieder zu seinem Glauben finden; **~ son calme/ses forces/sa santé** sich [wieder] beruhigen/wieder zu Kräften kommen; **avoir retrouvé son sourire/le sommeil/l'espoir** wieder lächeln/schlafen/hoffen können; **ses soucis l'empêchent de ~ le sommeil** seine/ihre Sorgen lassen ihn/sie keinen Schlaf finden *[o* nicht schlafen*]*; **~ sa puissance** *pays:* zu seiner alten Machtstellung zurückfinden
❻ *(redécouvrir)* finden *situation, travail, marchandise;* **tu auras du mal à ~ une occasion aussi favorable** so eine günstige Gelegenheit findest du *[o* bietet sich dir*]* nicht so schnell wieder
❼ *(reconnaître)* **~ le grand-père/l'idée dans un tableau** den Großvater in einem Gemälde wieder erkennen/die Idee in einem Gemälde wieder finden; **on retrouve chez le fils la même impétuosité que chez le père** der Sohn ist genauso ungestüm wie der Vater; **je te retrouve tel que je t'ai toujours connu** du bist immer noch derselbe; **je retrouve bien là mon mari!** das sieht meinem Mann ähnlich!
II. *vpr* ❶ *(se réunir)* **se ~** *personnes:* sich [wieder] treffen; *animaux:* sich sammeln; **se ~ au bistro** sich in der Kneipe treffen; **j'espère qu'on se retrouvera bientôt** ich hoffe, wir treffen *[o* sehen*]* uns bald wieder
❷ *(se présenter de nouveau)* **se ~** *occasion, circonstance:* sich wieder bieten *[o* finden*]*
❸ *(être de nouveau)* **se ~ dans la même situation** sich wieder in der gleichen Situation befinden; **se ~ devant les mêmes difficultés** wieder vor den gleichen Schwierigkeiten stehen; **se ~ seul(e)/désemparé(e)** wieder allein/ratlos dastehen *[o* sein*]*
❹ *(finir)* **se ~ en prison/dans le fossé** sich im Gefängnis/im Graben wieder finden, im Gefängnis/im Graben landen *(fam);* **se ~ sur le pavé** *[o* **à la rue***]* [plötzlich] auf der Straße stehen *[o* sitzen*] (fam)*
❺ *(retrouver son chemin)* **se ~ dans une ville inconnue** sich in einer fremden Stadt zurechtfinden; **j'arrive toujours à me ~** *[o* **m'y***]* ich finde mich immer irgendwie zurecht
❻ *(voir clair)* **s'y ~** sich zurechtfinden; **je n'arrive pas à m'y ~** ich komme damit nicht zurecht; **s'y ~ dans ses calculs** mit seinen Berechnungen zurechtkommen; **s'y ~ dans des explications** Erklärungen *(Dat)* folgen können
❼ *fam (rentrer dans ses frais)* **s'y ~** seine Ausgaben wieder hereinbekommen *(fam);* **elle s'y retrouve** es rechnet sich für sie
▶ **comme on se retrouve!** so trifft *[o* sieht*]* man sich wieder!; **on se retrouvera!** *fam (menace)* wir sprechen uns noch!

rétroversion [ʀetʀɔvɛʀsjɔ̃] *f* MED Retroversion *f*

rétrovirus [ʀetʀɔviʀys] *m* Retrovirus *m*

rétroviseur [ʀetʀɔvizœʀ] *m* Rückspiegel *m;* **extérieur/intérieur** Außen-/Innen[rück]spiegel; **~ de caravane** Caravanspiegel

rets [ʀɛ] *m littér* ❶ *vieilli (filet)* Netz *nt*
❷ *fig (piège)* Falle *f;* **tendre des ~** Fallstricke legen

reuf [ʀœf] *m arg* Bruder *m*

reum [ʀœm] *f arg* Ma *f (fam),* Mutter *f*

réuni(e) [ʀeyni] *adj* ❶ *(rassemblé)* versammelt; **les candidats ~s dans la salle d'examen** die im Prüfungsraum versammelten Prüflinge; **le public ~** das gesamte Publikum; **nous tous ~s** wir alle zusammen
❷ *pl* COM *(associés)* **les Transporteurs Réunis** die Vereinigten Spediteure

réunification [ʀeynifikasjɔ̃] *f de nations, d'États* Wiedervereinigung *f; d'un mouvement politique, de partis* [erneuter] Zusammenschluss; **la ~ de l'Allemagne** die Wiedervereinigung Deutschlands

réunifier [ʀeynifje] <1a> I. *vt* wiedervereinigen *nations, États;* wieder zusammenführen, wiedervereinigen *mouvement politique, courants, partis;* **l'Allemagne réunifiée** das wiedervereinigte Deutschland
II. *vpr* **se ~** *nations:* sich wiedervereinigen; *mouvement politique:* sich wieder zusammenschließen, sich wiedervereinigen

réunion [ʀeynjɔ̃] *f* ❶ *(séance)* Zusammenkunft *f,* Treffen *nt; d'un comité, d'une commission* Sitzung *f; (conférence)* Besprechung *f,* Konferenz *f; (rendez-vous)* Besprechungstermin *m;* SCOL Konferenz; *(rassemblement politique, public)* Versammlung *f; (réunion privée)* Veranstaltung *f;* **~ ordinaire** Routinesitzung; **~ syndicale/électorale** Gewerkschaftsversammlung/Wahlveranstaltung; **~ du comité consultatif** Beiratssitzung; **~ du conseil de surveillance** Aufsichtsratsitzung; **~ des créanciers** Gläubigerversammlung; **~ de famille** Familientreffen; **~ d'information** Informationsveranstaltung; **~ de parents d'élèves** Elternabend *m;* **~ du personnel** Belegschaftsversammlung; **~ par téléphone** Konferenzschaltung *f;* **être en ~** in einer Besprechung sein
❷ SPORT Veranstaltung *f;* **~ sportive/cycliste/hippique** Sport-/Rad[sport]-/Reitveranstaltung
❸ *(mise en commun) d'objets* Sammeln *nt; d'indices, de preuves* Zusammentragen *nt; de documents* Zusammenstellen *f; de fonds* Aufbringen *nt*
❹ *(ensemble, rapprochement)* Vereinigung *f; d'États* Zusammenschluss *m; de compagnies* Zusammenschluss, Fusion *f; d'idées* Sammlung *f; de membres* Versammlung *f; (cercle) d'amis* Kreis *m; (convocation)* Versammlung *f;* **la ~ des membres de la famille** die Versammlung der Familienmitglieder; **~ d'une province à un État** Anschluss *m* einer Provinz an einen Staat
❺ MATH *(rapprochement)* Vereinigung *f; (ensemble)* Vereinigungsmenge *f*
❻ *(jonction) de fleuves* Zusammenfluss *m; de rues* Zusammenlaufen *nt; (carrefour)* Kreuzung *f*
❼ HIST **~ monétaire européenne** Europäischer Währungsverbund

Réunion [ʀeynjɔ̃] *f* **la ~** Réunion; **l'île de la ~** die Insel Réunion

réunionite [ʀeynjɔnit] *f hum fam* Versammlungswahn *m (fam),* Versammlungswut *f (fam); (dans les milieux politiques)* Sitzungswut *f (fam); (dans les écoles)* Konferenzmanie *f (fam); (dans les entreprises)* Besprechungsmanie *f (fam)*

réunion-téléphone® [ʀeynjɔ̃telefɔn] *m* <réunions-téléphones> *f* Konferenzschaltung *f*

réunir [ʀeyniʀ] <8> I. *vt* ❶ *(mettre ensemble)* sammeln; einsammeln, sammeln *objets, papiers;* sammeln, zusammenstellen, zusammentragen *faits, preuves, arguments;* aufbringen *fonds;* **les conditions sont réunies pour que la tension baisse** die Voraussetzungen für eine Entspannung der Lage sind gegeben
❷ *(cumuler)* vereinigen *caractères, qualités, tendances;* **~ un maximum d'avantages** maximale Vorteile mit sich bringen; **~ toutes les conditions exigées** alle erforderlichen Bedingungen erfüllen
❸ *(rassembler)* **~ des personnes** *personne:* Menschen versammeln; *goût commun:* Menschen zusammenkommen lassen; *deuil, nécessité:* Menschen zusammenbringen; zusammenführen *famille;* **~ des amis** Freunde einladen; **~ des articles de presse dans un classeur** Zeitungsartikel in einem Ordner sammeln
❹ *(relier)* [miteinander] verbinden; zusammenfügen *bords;* **~ la Seine à la Loire** *canal:* die Seine mit der Loire verbinden
❺ *(rattacher)* **~ une province à un État** eine Provinz an einen Staat anschließen
II. *vpr* **se ~** ❶ *(se rassembler) personnes:* sich treffen, zusammenkommen; *animaux:* sich sammeln; *assemblée, comité:* zusammenkommen, zusammentreten
❷ *(s'associer)* sich zusammenschließen; *entreprises:* fusionieren
❸ *(se rejoindre) cours d'eau:* zusammenfließen, ineinanderfließen; *idées:* übereinstimmen; *rues:* sich treffen, zusammenlaufen

reup [ʀœp] *m arg* Pa *m (fam),* Vater *m*

reus [ʀœs] *f arg* Schwester *f*

réussi(e) [ʀeysi] *adj* ❶ *(couronné de succès)* gelungen; *examen* bestanden; **être vraiment ~(e)** wirklich gelungen sein
❷ *(bien exécuté)* gelungen; *tournure* glücklich; **ne pas être très réussi(e)** nicht besonders gelungen sein

▶ c'est ~! *iron* [das war ein] Volltreffer! *(fam)*
réussir [ʀeysiʀ] <8> I. *vi* ❶ *(aboutir à un résultat) chose:* gelingen, Erfolg haben; ~ **bien/mal** Erfolg/keinen Erfolg haben, gelingen/danebengehen *(fam)*
❷ *(parvenir au succès)* erfolgreich sein, Erfolg haben; ~ **dans la vie/dans les affaires** im Leben/im Geschäftsleben erfolgreich sein [*o* Erfolg haben]; ~ **à l'école/en latin** gut in der Schule/in Latein sein; ~ **en politique** in der Politik Erfolg haben; ~ **à l'un examen** eine Prüfung bestehen; **elle a réussi dans ses études** sie hat ihr Studium erfolgreich abgeschlossen; **tout lui réussit** ihm/ihr gelingt alles; **travailler de manière à ~** erfolgsorientiert arbeiten
❸ *(être capable de)* **il réussit à faire qc** es gelingt ihm etw zu tun; *iron* er bringt es fertig etw zu tun *(fam)*; **j'ai réussi à la convaincre** ich habe sie überzeugen können
❹ *(être bénéfique à)* ~ **bien/mal à qn** *aliment:* jdm gut/nicht bekommen; *climat, travail, mode de vie:* jdm gut/nicht gut tun; *action, méthodes d'entraînement:* jdm nutzen, jdm etwas bringen *(fam)*
❺ *(prospérer) culture, plantation:* gedeihen, gut wachsen
II. *vt* ❶ *(bien exécuter)* **il réussit qc** ihm gelingt etw; ~ **son effet** seine Wirkung nicht verfehlen
❷ *(réaliser avec succès)* bestehen *épreuve, examen;* gewinnen *pari;* **elle a réussi un but** SPORT sie hat ein Tor erzielt; ~ **sa vie** etwas aus seinem Leben machen; **pour ~ ce spectacle,...** damit die Aufführung gelingt, ...
réussite [ʀeysit] *f* ❶ *(bon résultat, succès)* Erfolg *m;* ~ **d'une tentative** Gelingen *nt* eines Versuchs; ~ **à un examen** Bestehen *nt* einer Prüfung; ~ **de la/d'une cure** Kurerfolg; ~ **inattendue** Überraschungserfolg
❷ *(réussite sociale)* Erfolg *m,* Aufstieg *m*
❸ CARTES Patience *f;* **faire une ~** eine Patience legen; **je n'arrive pas à faire cette ~** die [*o* meine] Patience geht nicht auf
réutilisable [ʀeytilizabl] *adj* wieder verwendbar
réutilisation [ʀeytilizasjɔ̃] *f* Wiederverwendung *f*
réutiliser [ʀeytilize] <1> *vt* wieder benutzen; *(à d'autres fins)* [weiter] benutzen [*o* verwenden]
revaccination [ʀəvaksinasjɔ̃] *f* MED Zweitimpfung *f*
revalider [ʀəvalide] *vt* revalidieren
revaloir [ʀ(ə)valwaʀ] <*irr*> *vt* **je te/vous/... revaudrai ça, je te/vous/... le revaudrai** *(en bien, en mal)* dafür werde ich mich [bei dir/Ihnen/ ...] revanchieren, das werde ich dir/Ihnen/... heimzahlen
revalorisation [ʀ(ə)valɔʀizasjɔ̃] *f* ❶ *(opp: dépréciation)* Aufwertung *f*
❷ FIN *d'une monnaie* Aufwertung *f; d'une rente, d'un traitement* Erhöhung *f;* ~ **des salaires** Gehaltserhöhung
revaloriser [ʀ(ə)valɔʀize] <1> *vt* ❶ *(opp: déprécier)* aufwerten
❷ FIN aufwerten, revalorisieren *(Fachspr.) monnaie;* erhöhen *rente, traitement, salaire*
revanchard(e) [ʀ(ə)vɑ̃ʃaʀ, aʀd] I. *adj* revanchistisch; *personne* rachsüchtig; *sentiment* Rache-
II. *m(f)* rachsüchtiger Mensch; POL Revanchist(in) *m(f)*
revanche [ʀ(ə)vɑ̃ʃ] *f (vengeance)* Revanche *f;* JEUX, SPORT *(jeu, match)* Revanche[spiel *nt*] *f; (combat)* Revanche[kampf *m*] *f;* **tu auras bientôt ta ~** du bekommst bald deine Revanche; **donner sa ~ à qn** jdm Revanche geben; **j'ai gagné! Tu veux qu'on fasse** [*o* joue] **la ~?** ich habe gewonnen, soll ich dir Revanche geben?; **allez, on fait la ~!** auf, geben Sie/gib mir [eine] Revanche!; **prendre une** [*o* sa] **~** sich [dafür] rächen, sich dafür revanchieren; SPORT Revanche nehmen; **prendre une** [*o* sa] **~ sur qn** es jdm heimzahlen; SPORT über ihn triumphieren; **prendre une** [*o* sa] **~ sur qc** für etw entschädigt werden
▶ **en ~** *(par contre)* dagegen; *(en contrepartie)* dafür
revanchisme [ʀ(ə)vɑ̃ʃism] *m* Revanchismus *m,* Revanchepolitik *f*
rêvasser [ʀevase] <1> *vi péj* vor sich hin träumen; *passer la journée à* ~ den Tag verträumen
rêvasserie [ʀevasʀi] *f péj* Träumerei *f,* Vor-sich-hin-Träumen *nt; (chimère)* Tagtraum *m,* Fantasterei *f*
rêvasseur, -euse [ʀevasœʀ, -øz] *m,f* Tagträumer(in) *m(f)*
rêve [ʀɛv] *m* Traum *m;* ~ **d'enfant/de jeunesse** Kinder-/Jugendtraum; ~ **de liberté/gloire** Traum von Freiheit/Ruhm; **beau/mauvais ~** schöner/böser Traum; ~ **éveillé** Wachtraum; **qn croit vivre un ~ éveillé** jd glaubt [mit offenen Augen] zu träumen; **faire un ~** träumen, einen Traum haben; **fais de beaux ~s!** träum süß [*o* was Schönes]!; **maison/voiture de ~** Traumhaus *nt*/-auto *nt;* **la femme/la maison/le métier de mes ~s** meine Traumfrau/mein Traumhaus/mein Traumberuf, die Frau/das Haus/der Beruf meiner Träume; **en ~** im Traum
▶ **prendre ses ~s pour des réalités** Wunsch und Wirklichkeit verwechseln; **il prenait déjà son ~ pour une** [*o* la] **réalité** er glaubte sich schon am Ziel seiner Träume; **avoir un ~/des ~s** *(concevoir un projet)* einen Traum/Träume haben; **c'est le ~** *fam* das ist ein Traum [*o* traumhaft]; **ce n'est pas le ~** es ist nicht gerade das, wovon man träumt; **le ~!** *fam* ein Traum!, [einfach] traumhaft!
rêvé(e) [ʀeve] *adj* ideal; *solution* Ideal-; *femme, homme* Traum-
revêche [ʀəvɛʃ] *adj* unfreundlich; *caractère* abweisend; *personne* mürrisch, griesgrämig; **être d'humeur/avoir un caractère ~** mürrisch [*o* griesgrämig] sein
réveil [ʀevɛj] *m* ❶ *(sortie du sommeil)* Aufwachen *nt;* **avoir un** [*o* le] ~ **pénible** nur schwer [*o* nur mit Mühe] wach werden; **service de ~ téléphonique** telefonischer Weckdienst; **au ~** beim Aufwachen; ~ **en sursaut** Aus-dem-Schlaf-[Hoch]schrecken *nt,* jähes Erwachen *(geh);* **ce ~ en sursaut l'a fortement perturbé** er war völlig verstört, weil er aus dem Schlaf [hoch]geschreckt war
❷ *(réveille-matin)* Wecker *m;* **mettre le ~ à six heures** den Wecker auf sechs Uhr stellen
❸ *(retour à la réalité)* Erwachen *nt;* **un ~ douloureux** ein böses Erwachen
❹ *(renaissance) de la nature, de l'amour* [Wieder]erwachen *nt; de la douleur* Wiederauftreten *nt; d'un souvenir* Wiederaufleben *nt,* Rückkehr *f; d'un volcan* neue Aktivität, Wiederausbruch *m;* **provoquer le ~ de certains souvenirs** Erinnerungen wecken [*o* wachrufen]; **on craint un ~ de l'Etna** man befürchtet, dass der Ätna wieder aktiv wird
❺ MIL Wecken *nt;* **sonner le ~** zum Wecken blasen
réveille-matin [ʀevɛjmatɛ̃] *m inv vieilli* Wecker *m*
réveiller [ʀeveje] <1> *vt* ❶ *(sortir du sommeil) bruit:* wach machen; **être réveillé(e)** wach sein; **être bien réveillé(e)** ganz wach sein; **être mal réveillé(e)** noch nicht [so] ganz wach sein, noch [ganz] verschlafen sein; **être à moitié réveillé(e)** noch [ganz] verschlafen sein, in halbwachem Zustand sein
❷ *(ramener à la réalité)* wachrütteln, aufrütteln; ~ **qn de son apathie** jdn aus seiner Apathie reißen [*o* aufrütteln]; ~ **qn de ses chimères** jdn auf den Boden der Tatsachen zurückholen
❸ *(raviver)* wecken *curiosité, jalousie, cupidité;* anregen *appétit;* erregen *rancune;* [wieder] anspornen [*o* anstacheln] *ardeur;* ~ **le courage de qn** jdm [wieder] Mut machen; ~ **la colère de qn** jdn in Wut versetzen; ~ **la jalousie de qn** jdn eifersüchtig machen, jds Eifersucht erregen
❹ *(ranimer)* wecken, wachrufen *souvenir;* wachrütteln, aufrütteln *consciences*
II. *vpr* **se ~** ❶ *(sortir du sommeil)* aufwachen; *(après un évanouissement, une anesthésie)* [wieder] zu sich *(Dat)* kommen
❷ *(revenir à la réalité)* aufwachen; **se ~ de son sommeil** aus seinem Schlaf erwachen; **se ~ de son apathie/sa torpeur** seine Apathie/Benommenheit abschütteln; **se ~ désillusionné(e)** plötzlich ohne Illusionen dastehen
❸ *(se raviver)* wieder kommen; *douleur:* wieder auftreten; *ardeur, courage:* zurückkehren; *appétit:* sich einstellen; *jalousie, rancune:* wieder wach werden; **mon appétit/courage se réveille** ich bekomme Appetit/wieder Mut; **dès que la douleur se réveillera** sobald Sie wieder Schmerzen bekommen
❹ *(se ranimer) consciences:* wachgerüttelt [*o* aufgerüttelt] werden, erwachen; *souvenir:* wach werden, wiederkehren, zurückkehren; *volcan:* wieder aktiv werden; **la nature se réveille de son long sommeil hivernal** die Natur erwacht aus ihrem langen Winterschlaf; **mon pied/ma jambe se réveille** in meinen Fuß/mein Bein kehrt das Gefühl zurück
réveillon [ʀevɛjɔ̃] *m* ❶ *(nuit et fête de Noël)* Heiligabend *m; (repas)* Weihnachtsessen *nt; (nuit du nouvel an)* Silvester *nt o m; (fête)* Silvesterparty *f; (repas)* Silvesteressen *nt;* **fêter le ~ de Noël/du nouvel an** Heiligabend/Silvester feiern; **au ~ de Noël/du nouvel an nous avons mangé...** an Heiligabend/Silvester haben wir ... gegessen; **les soirs de ~** an Heiligabend und Silvester
réveillonner [ʀevɛjɔne] <1> *vi (fêter Noël)* Weihnachten feiern; *(fêter le nouvel an)* Silvester feiern
révélateur [ʀevelatœʀ] *m* ❶ *(chose qui dévoile)* **être le ~ de qc** Ausdruck *m* einer S. *(Gen)* sein
❷ PHOT Entwickler *m; bain* ~ Entwicklerbad *nt*
révélateur, -trice [ʀevelatœʀ, -tʀis] *adj signe, silence* verräterisch; *symptôme, hésitation* aufschlussreich; **lapsus ~** aufschlussreicher [*o* freudscher] Versprecher; **être ~(-trice) de qc** über etw *(Akk)* Aufschluss geben; **des signes ~s de qc** Anzeichen für etw
révélation [ʀevelasjɔ̃] *f* ❶ *(dévoilement) d'un fait, projet* Aufdeckung *f; d'un secret* Enthüllung *f; d'une intention* Eröffnung *f;* **faire la ~ d'un projet** ein Projekt bekanntgeben; **retarder la ~ d'une intention** mit einer Absicht hinter dem Berg halten; **faire une ~** *(révéler un fait ou projet)* etwas bekannt geben; *(révéler une intention)* seine Absichten darlegen [*o* verraten]; *(révéler un secret)* ein Geheimnis enthüllen; **faire des ~s à un collègue sur un projet** einem Kollegen Erkenntnisse über ein Projekt liefern; **avoir des ~s à faire à ses parents sur le mariage** seinen/ihren Eltern etwas über die Hochzeit sagen können
❷ *(mise en lumière) d'un artiste, talent* Entdeckung *f; d'une tendance* Offenbarung *f;* **être la ~ du ski de fond** die Entdeckung im

Langlauf sein
③ *(aveu)* Enthüllung *f*; **je n'ai plus aucune ~ à vous faire** ich kann Ihnen nichts weiter dazu sagen
④ *(découverte, surprise)* Entdeckung *f*; **avoir la ~ de qc** etw entdecken; **avoir une ~** eine Eingebung haben
⑤ REL **la Révélation** die Offenbarung; **c'est la ~** *hum* das ist die Offenbarung *(hum)*
⑥ JUR *d'une invention* Offenbarung *f*

révéler [Revele] <5> I. *vt* ❶ *(divulguer)* aufdecken; aufzeigen *faits*; aufdecken, enthüllen *scandale*; enthüllen, verraten *secret*; offenbaren *invention*; **~ son intention/opinion/ses projets à qn** jdm seine Absicht/Meinung/Pläne kundtun *(geh)*; **~ qc au grand public** etw publik [*o* öffentlich bekannt] machen; **je ne peux encore rien vous ~ pour l'instant** ich kann Ihnen im Augenblick noch nichts sagen; **~ qc** *enquête, journal:* etw ans Licht [*o* an den Tag] bringen, etw aufdecken; **le journal a révélé le scandale à l'opinion** die Zeitung hat den Skandal publik gemacht; **~ à qn que qn a fait qc** *personne:* jdm sagen [*o* gestehen], dass jd etw getan hat; **~ que qn a fait qc** *enquête, journal:* ergeben [*o* ans Licht bringen], dass jd etw getan hat
❷ *(témoigner de)* erkennen lassen *ambition, talent, amélioration;* zeigen, erkennen lassen *bonté, caractère*
❸ *(faire connaître)* **~ un collègue/une idée à qn** einen Kollegen/eine Idee jdm bekannt machen
❹ PHOT entwickeln
II. *vpr* ❶ *(s'avérer)* **se ~ ambitieux(-euse)** *personne:* sich als ehrgeizig erweisen; *chose:* sich als ehrgeizig herausstellen [*o* erweisen]; **se ~ excellente cuisinière** sich als ausgezeichnete Köchin erweisen
❷ *(apparaître, se faire connaître)* **se ~** *artiste, sportif, tendance:* sich zeigen; *talent, génie, vérité:* sich offenbaren *(geh)*; *caractère:* zum Ausdruck kommen

revenant(e) [Rəv(ə)nã, ãt] I. *m(f)* Gespenst *nt*, Geist *m*; **des histoires de ~s** Gespenstergeschichten
II. *m, f fam* Totgeglaubte(r) *f(m)*; **tiens, [voilà] un ~/une ~e!** *hum* lebst du/leben Sie auch noch?

revendeur, -euse [R(ə)vãdœR, -øz] *m, f* Kleinhändler(in) *m(f)*, An- und Verkäufer(in) *m(f)*; **~(-euse) de livres anciens** An- und Verkäufer(in) alter Bücher; **~(-euse) de drogue** Dealer(in) *m*, Drogenhändler(in) *m(f)*; **acheter une voiture chez un ~ de voitures d'occasion** sich *(Dat)* in einem Gebrauchtwagengeschäft ein Auto kaufen

revendicateur, -trice [R(ə)vãdikatœR, -tRis] I. *adj* voller Forderungen; **les déclarations revendicatrices des dirigeants syndicaux** die von den Gewerkschaftsführern erhobenen Forderungen; **son esprit ~** seine/ihre fordernde Art
II. *m, f* Mensch, der immer etwas fordert

revendicatif, -ive [R(ə)vãdikatif, -iv] *adj* **journée revendicative** Aktionstag *m* [zur Durchsetzung von Forderungen]; **mouvement ~** Protestbewegung *f*; **arguments ~s** Forderungen *Pl*; **programme ~** Katalog *m* von Forderungen

revendication [R(ə)vãdikasjɔ̃] *f* Forderung *f*; JUR, POL Anspruch *m*; **~ liée à l'apparence d'un droit** Rechtsscheinsanspruch *(Fachspr.)*; **~ parallèle** Nebenanspruch; **~ principale** Hauptforderung; **~ salariale** Lohnanspruch; **des ~s salariales/syndicales** Lohnforderungen/Forderungen der Gewerkschaft; **~ d'un/de brevet** Patentanspruch; **lettre de ~** Forderungskatalog *m*; **journée de ~** Aktionstag *m* [zur Durchsetzung von Forderungen]; **présenter une ~** einen Anspruch geltend machen
♦ **~ d'élimination** JUR Beseitigungsanspruch *m*

revendiquer [R(ə)vãdike] <1> I. *vi* Ansprüche stellen, fordern
II. *vt* ❶ *(réclamer)* fordern *droit, augmentation de salaire;* Ansprüche erheben auf *(+ Akk) territoires occupés;* einfordern *part d'héritage;* **~ le maintien de tous les emplois** die Weiterbeschäftigung aller Mitarbeiter fordern
❷ *(assumer)* übernehmen, auf sich *(Akk)* nehmen *responsabilité;* **~ la paternité** Anspruch auf die Vaterschaft erheben; **~ un attentat** sich zu einem Attentat bekennen; **qc est revendiqué(e) par le terroriste** der Terrorist bekennt sich zu etw; **l'attentat a été revendiqué par la Maffia** die Mafia/niemand hat sich zu dem Anschlag bekannt

revendre [R(ə)vãdR] <14> I. *vt* ❶ *(vendre d'occasion)* **~ un piano à un collègue** einem Kollegen ein Klavier verkaufen
❷ *(vendre au détail)* **~ une chaise à un client** einem Kunden einen Stuhl [weiter] verkaufen; **avoir du talent à ~** *fam* mehr als genug Talent haben; **avoir du courage à ~** Mut für zwei haben; **avoir du temps à ~** Zeit übrig haben; **avoir de l'énergie à ~** überschüssige Energie haben
II. *vpr* **se ~** sich wieder verkaufen/weiterverkaufen lassen

revenez-y *v.* goût

revenir [R(ə)vəniR, Rəvnir] <9> *vi + être* ❶ *(venir de nouveau) personne, printemps:* wiederkommen; *lettre:* [wieder] zurückkommen; *calme, ordre:* wieder einkehren; *agitation:* wieder aufkommen; **~ chez soi** wieder nach Hause kommen; **~ faire qc** zurückkommen, um etw zu tun; **prier qn de bien vouloir ~ sur scène** jdn auf die Bühne herausbemühen *(geh)*
❷ *(rentrer)* zurückkommen; **~ en avion/en voiture/à pied** zurückfliegen/-fahren/-laufen; **~ dans un instant** gleich wieder da sein
❸ *(recommencer)* **~ à un projet/sujet** auf ein Projekt/Thema zurückkommen; **~ à de meilleurs sentiments** wieder versöhnlicher gestimmt sein; **en ~ à faire qc** wieder darauf zurückkommen etw zu tun
❹ *(réexaminer)* **~ sur une affaire/un scandale** eine Affäre/einen Skandal wieder aufgreifen; **~ sur un sujet/le passé** auf ein Thema/die Vergangenheit zurückkommen; **~ sur une opinion** eine Meinung überdenken; **ne revenons pas là-dessus!** sprechen wir nicht mehr darüber!
❺ *(se dédire de)* **~ sur une décision** eine Entscheidung rückgängig machen; **~ sur des promesses** Versprechungen zurücknehmen
❻ *(se présenter à nouveau à l'esprit)* **~ à qn** jdm wieder einfallen
❼ *(parvenir à la connaissance de)* **la rumeur/la médisance revient à qn** das Gerücht/die üble Nachrede kommt jdm zu Ohren
❽ *soutenu (être retrouvé)* **la mémoire m'est revenue** ich kann mich wieder erinnern; **mon assurance m'est revenue** ich habe wieder Selbstvertrauen; **la parole lui est revenue** er/sie kann wieder sprechen
❾ *(échoir à)* **cette maison lui revient** dieses Haus fällt ihm zu; **l'honneur lui revient** die Ehre gebührt ihm; **~ de droit à qn** jdm rechtmäßig zustehen; **il revient à qn de faire qc** es kommt jdm zu etw zu tun
❿ *(se remettre de)* **~ d'une maladie** sich von einer Krankheit erholen; **~ d'une syncope** aus einer Ohnmacht erwachen; **~ de ses erreurs** seine Fehler einsehen
⓫ *(en réchapper)* **~ d'une situation périlleuse** eine gefährliche Situation überstehen
⓬ *(être déçu par)* **~ d'une profession** von einem Beruf ernüchtert sein; **~ de ses illusions** seine Illusionen verlieren; **~ de ses théories** von seinen Theorien abkommen
⓭ *(équivaloir à)* **cela revient au même** das läuft aufs Gleiche hinaus; **cela revient à dire que qn a fait qc** das heißt so viel wie dass jd etw getan hat
⓮ *(coûter au total)* **~ à cent euros à qn** jdn hundert Euro kosten; **~ cher/meilleur marché** teuer/günstiger kommen
⓯ *fam (plaire)* **mon voisin ne me revient pas** mein Nachbar passt mir [gar] nicht
⓰ SPORT *(rattraper son retard)* aufholen, wieder den Anschluss finden
⓱ GASTR **faire** [*o* **laisser**] **~ le lard** den Speck anbraten; **faire** [*o* **laisser**] **~ les oignons/les légumes** die Zwiebeln/das Gemüse andünsten
▶ **~ en arrière** *(sur ses pas)* zurückgehen; *(remonter dans le texte, le discours)* zurückgehen; *(régresser)* zurückfallen; *(se rétracter)* einen Rückzieher machen; **faire ~ une cassette en arrière** eine Kassette zurückspulen; **n'en pas ~ de qc** etw gar nicht fassen können; **~ de loin** noch einmal davongekommen sein; **à soi** wieder zu sich *(Dat)* kommen; **et n'y reviens pas!** *fam* mach das nicht noch mal! *(fam)*

revente [R(ə)vãt] *f* Weiterverkauf *m*; JUR Weiterveräußerung *f*

revenu [R(ə)vəny, Rəvny] *m* ❶ *(salaire)* Einkommen *nt*; **~ avant impôt** Einkommen vor [Abzug der] Steuern; **~ fixe/imposable** festes/steuerpflichtiges Einkommen; **~ final** Endeinkommen; **~ net** Nettoeinkommen; **~s nets** Nettoverdienst *m*; **~ réel/supplémentaire** Effektiv-/Mehrverdienst
❷ *(recettes)* **d'une entreprise** Einnahmen *Pl*; **d'une terre** Ertrag *m*; **d'un investissement** Gewinne *Pl*; **~s d'un brevet** Erlös *m* eines Patents; **~ annuel** Jahresertrag; **~ brut** Rohertrag; **~s étrangers** Auslandseinkünfte *Pl*; **~s excédentaires** Überschusseinkünfte; **~s exceptionnels/fixes** außerordentliche/feste Einkünfte; **~ foncier** Einkünfte aus Grundbesitz [*o* Vermietung und Verpachtung]; **~ global** Gesamteinkünfte; **~ locatif** Mieteinkünfte; **~ marginal** Grenzertrag; **~s mobiliers** Kapitaleinkünfte; **~ monétaire** Einkünfte aus Geldanlagen; **~ national** Volkseinkommen *nt*; **~s non imposés** steuerfreie Einkünfte; **~s professionnels provenant d'un travail non-salarié** Einkommen aus selb[st]ständiger Tätigkeit; **~s professionnels provenant d'une activité salariée** Einkünfte aus nichtselb[st]ständiger Tätigkeit; **~s provenant de bénéfices** Gewinneinkünfte; **~ salarial** Einkünfte aus Löhnen und Gehältern; **~s d'une/de la cession** Veräußerungseinkünfte; **~s de redevances de brevets** Lizenzeinnahmen; **~s du travail indépendant/du salarié** Einkünfte aus selb[st]ständiger/nichtselb[st]ständiger Arbeit; **~ par tête d'habitant** Pro-Kopf-Einkommen; **~s en hausse** steigende Einkommen [*o* Ergebnisse] *Pl*; **type de ~** Einkunftsart *f*; **à ~ fixe** *valeurs* festverzinslich

◆ ~s du capital Erlös *m* aus Kapitalvermögen, Kapitaleinkünfte *Pl;* ~ minimum d'insertion *Übergangsgeld zur Eingliederung in das Berufsleben, entspricht etwa dem Sozialhilfesatz;* ~s du patrimoine FISC Vermögenseinnahmen *Pl*

rêver [Reve, Reve] <1> *vi* ❶ *(faire un songe)* ~ de qn/qc von jdm/etw träumen; ~ que les temps se font meilleurs davon träumen, dass die Zeiten besser werden

❷ *(désirer)* ~ de qc von etw träumen; ~ de faire qc davon träumen etw zu tun; la maison dont je rêve/dont il rêve mein/sein Traumhaus

❸ *(divaguer)* te prêter de l'argent? Tu rêves? dir Geld leihen? Du träumst wohl!

❹ *(rêvasser)* vor sich hinträumen; ~ tout éveillé(e) mit offenen Augen träumen

réverbération [ReveRbeRasjɔ̃] *f de la chaleur, lumière* Reflexion *f; du son* Widerhall *m*

réverbère [ReveRbɛR] *m* ❶ *(éclairage)* Straßenlaterne *f*
❷ TECH Reflektor *m*

réverbérer [ReveRbeRe] <5> I. *vt (réfléchir)* reflektieren *chaleur, lumière;* zurückwerfen *son*

II. *vpr* se ~ *son:* widerhallen; *chaleur:* zurückgestrahlt werden; *lumière:* reflektiert werden

reverdir [R(ə)vɛRdiR] <8> I. *vt* wieder grün machen; grün überstreichen *volets*

II. *vi nature:* wieder grün werden

révérence [ReveRɑ̃s] *f* ❶ *(salut cérémonieux) d'un homme* Verbeugung *f; d'une femme* Knicks *m*
❷ *(salut devant un souverain)* Hofknicks *m*
❸ *littér (respect)* Ehrfurcht *f*
▸ tirer sa ~ *hum* sich empfehlen *(geh);* il a tiré sa ~ *euph (mourir)* er hat uns [für immer] verlassen *(euph)*

révérencieux, -euse [ReveRɑ̃sjø, -jøz] *adj littér* ehrfürchtig; être ~ (-euse) envers qn jdm gegenüber Respekt zeigen

révérend [ReveRɑ̃] *m* ❶ mon ~ Euer Hochwürden
❷ *(pasteur)* Reverend *m*

révérend(e) [ReveRɑ̃, ɑ̃d] *adj antéposé* Révérend Père ehrwürdiger Vater; Révérende Mère ehrwürdige Mutter

révérendissime [ReveRɑ̃disim] *adj* REL hochwürdigst

révérer [ReveRe] <5> *vt soutenu* verehren

rêverie [RɛvRi] *f* ❶ *(méditation)* Träumerei *f;* se laisser aller à la ~ traumverloren dasitzen
❷ *pl péj (chimères)* Hirngespinste *Pl (pej)*

revérifier [R(ə)veRifje] <1a> *vt* etw noch einmal überprüfen

revernir [R(ə)vɛRniR] <8> *vt* neu lackieren

revers [R(ə)vɛR] *m* ❶ *(dos)* Rückseite *f; d'une étoffe* linke Seite *f; de la main* Rücken *m;* balayer qc d'un ~ de main etw vom Tisch wischen

❷ *(échec économique)* [wirtschaftlicher] Rückschlag *m; (échec militaire)* [militärische] Niederlage *f*

❸ TENNIS Rückhand *f*

❹ *(repli) d'un pantalon, d'une manche* Aufschlag *m; d'un manteau* Revers *m o nt; d'un col* Umschlag *m;* ~ de la/de veste Jackenrevers, Rockaufschlag *m* (DIAL)

◆ c'est le ~ de la médaille das ist die Kehrseite der Medaille; prendre qn/qc à ~ MIL jdn/etw im Rücken angreifen

◆ ~ de fortune Schicksalsschlag *m*

reverse *v.* autoreverse

reversement [R(ə)vɛRsəmɑ̃] *m* FIN Übertragung *f*

reverser [R(ə)vɛRse] <1> *vt* ❶ *(verser davantage)* ~ une boisson à qn jdm nachschenken; ~ un liquide dans un récipient eine Flüssigkeit in einen Behälter zurückgießen

❷ FIN ~ une somme à qn sur un compte jdm einen Betrag auf ein Konto überweisen

réversibilité [ReveRsibilite] *f* ❶ FIN, JUR, REL Übertragbarkeit *f*
❷ CHIM Umkehrbarkeit *f*

réversible [ReveRsibl] *adj* ❶ *(qui peut s'inverser)* mouvement umkehrbar; *évolution* rückgängig zu machen
❷ FIN, JUR, REL übertragbar
❸ CHIM umkehrbar
❹ *(utilisable à l'envers comme à l'endroit) vêtement, étoffe* beidseitig tragbar

réversion [ReveRsjɔ̃] *f* FIN, JUR Übertragung *f;* pension de ~ Hinterbliebenenrente *f*

revêtement [R(ə)vɛtmɑ̃] *m (couche protectrice)* Verkleidung *f; d'une route, d'un chemin* Straßenbelag *m; d'un four, d'une poêle* Beschichtung *f;* ~ spécial Spezialbeschichtung; ~ en graviers Schotterdecke *f;* ~ en bois *(lambris)* Holzverkleidung; sans ~ plastique unbeschichtet

◆ ~ de sol Fußbodenbelag *m*

revêtir [R(ə)vetiR] <irr> I. *vt* ❶ *(endosser)* anziehen

❷ *(poser un revêtement)* ~ une surface de liège/bois eine Fläche mit Kork/Holz verkleiden; ~ une surface de moquette eine Fläche mit Teppichboden auslegen; ~ une surface de boiseries eine Fläche [mit Holz] [ver]täfeln; ~ une surface de carrelage/crépi eine Fläche fliesen/verputzen

❸ *(recouvrir) papier peint, moquette, pavés, neige:* bedecken; être revêtu(e) *route:* mit Straßendecke sein

❹ *(prendre)* annehmen *apparence*

❺ *(avoir)* haben *caractère, formes;* ~ une importance particulière eine besondere Bedeutung haben

❻ *soutenu (habiller)* ~ qn d'un manteau jdm einen Mantel anlegen *(geh)*

❼ *soutenu (investir)* ~ qn d'un pouvoir/d'insignes jdm eine Macht/Insignien verleihen; être revêtu(e) de qc etw besitzen

❽ *soutenu (dissimuler)* ~ des mensonges d'une apparence d'honnêteté Lügen hinter einem Anschein von Ehrlichkeit verbergen

❾ ADMIN, JUR ~ un document d'un sceau ein Dokument mit einem Siegel versehen; ~ un document d'une signature eine Unterschrift unter ein Dokument setzen

II. *vpr* ❶ *(s'habiller)* se ~ d'un manteau einen Mantel anziehen

❷ *littér (se couvrir)* se ~ de neige sich mit Schnee bedecken

rêveur, -euse [REvœR, -øz] I. *adj* ❶ *(songeur)* verträumt; avoir l'esprit ~ ein Träumer sein; avoir l'air ~ einen traumverlorenen Eindruck machen

❷ *(perplexe)* ça me laisse ~ (-euse)! *fam* da kann ich nur staunen!

II. *m, f* Träumer(in) *m(f)*

rêveusement [REvøzmɑ̃] *adv* ❶ *(distraitement)* verträumt
❷ *(avec perplexité)* erstaunt

revient *v.* prix

revigorant(e) [R(ə)vigɔRɑ̃, ɑ̃t] *adj* erfrischend; *paroles* ermunternd

revigorer [R(ə)vigɔRe] <1> I. *vt* ❶ *(ragaillardir) air frais, boisson:* wieder munter machen; *discours, promesse:* wieder aufheitern; *repas:* stärken

❷ *(ranimer)* wieder Leben bringen in (+ *Akk*) *entreprise, structures;* wieder neu beleben *idée, doctrine*

II. *vi* wieder munter machen

revirement [R(ə)viRmɑ̃] *m d'un goût, d'une situation* Umschlagen *nt; d'une tendance* Umschwenken *nt*

◆ ~ de jurisprudence Rechtsprechungsänderung *f;* ~ d'opinion Meinungsumschwung *m*

réviser [Revize] <1> I. *vt* ❶ *(rectifier)* revidieren; ändern *constitution;* wieder aufnehmen *procès;* ergänzen *liste;* ~ à la hausse/baisse nach oben/unten korrigieren

❷ FIN, TYP *(vérifier)* Korrektur lesen; revidieren *estimation;* prüfen *comptes*

❸ SCOL wiederholen

❹ TECH warten; überholen *moteur*

II. *vi* SCOL den Stoff wiederholen

réviseur, -euse [RevizœR, -øz] *m, f* Revisor(in) *m(f);* ~ comptable Rechnungsprüfer *m*

révision [Revizjɔ̃] *f* ❶ *a. JUR (modification d'une opinion, d'un jugement)* Revision *f; d'un règlement* Änderung *f; d'un procès* Wiederaufnahme *f; d'une liste* Ergänzung *f; du capital propre* Neufestsetzung *f;* ~ à la hausse/baisse Korrektur *f* nach oben/unten; ~ d'un/du contrat Vertragsrevision, Vertragsanpassung *f;* ~ d'une décision attaquée par recours juridique gerichtliche Abhilfe *f;* ~ d'une décision attaquée par recours légal gesetzliche Abhilfe *f;* ~ d'une décision de justice par le tribunal qui l'a rendue Abhilfe bei angefochtenen Beschlüssen; ~ de la valeur du litige Streitwertrevision

❷ FIN, TYP *(vérification)* Revision *f; des comptes* Prüfung *f*

❸ *pl* SCOL Wiederholung *f;* faire ses ~s den Stoff wiederholen

❹ TECH Wartung *f; d'un moteur* Überholung *f; d'un véhicule* Inspektion *f;* ~ complète Generalcheck *m*

◆ ~ du capital Kapitalneufestsetzung *f;* ~ de la Constitution Verfassungsänderung *f;* ~ de la procédure Verfahrensrevision *f,* Wiederaufnahme *f* des Verfahrens; ~ de salaire Gehaltsrevision *f*

révisionnisme [Revizjɔnism] *m* Revisionismus *m*

révisionniste [Revizjɔnist] I. *adj thèse, doctrine* revisionistisch

II. *mf* Revisionist(in) *m(f)*

revisser [R(ə)vise] <1> *vt* ❶ *(visser à nouveau)* wieder festschrauben

❷ *(serrer plus fort)* nachziehen *écrou, vis*

revitalisant(e) [R(ə)vitalizɑ̃, ɑ̃t] *adj* crème ~e Aufbaucreme *f;* shampooing ~ Revitalisierungsshampoo *nt*

revitalisation [R(ə)vitalizasjɔ̃] *f d'une alliance, union* Wiederbelebung *f; d'une région* wirtschaftliche Wiederbelebung *f; d'un organisme* Kräftigung *f; de la chevelure* Revitalisierung *f*

revitaliser [R(ə)vitalize] <1> *vt* wieder kräftigen *organisme;* wieder beleben *alliance, union;* wirtschaftlich wieder beleben *région;* revitalisieren *cheveux*

revival [Rəvival, Rivajvœl] *m* Revival *nt (geh)*

revivifier [R(ə)vivifje] <1a> *vt littér* neu beleben

revivre [R(ə)vivR] <irr> I. *vi* ❶ *(être revigoré)* wieder aufleben

révocabilité [Revɔkabilite] *f d'un fonctionnaire* Absetzbarkeit *f*; *d'un contrat* Widerruflichkeit *f*, Aufhebbarkeit *f*; *d'un jugement* Aufhebbarkeit

révocable [Revɔkabl] *adj fonctionnaire* absetzbar; *contrat, legs* widerruflich

révocation [Revɔkasjɔ̃] *f d'un fonctionnaire* Absetzung *f*; *d'un contrat* Widerrufung *f*, Revokation *f (Fachspr.)*; *d'un acte juridique* Widerruf *m*; ~ **d'un crédit** Kreditentzug *m*; ~ **de l'Édit de Nantes** Aufhebung *f* des Edikts von Nantes; ~ **des jurés/des membres du conseil de surveillance** Abberufung *f* der Geschworenen/der Aufsichtsratmitglieder
◆ ~ **de donation** JUR Schenkungswiderruf *m*

revoici [R(ə)vwasi] *prép fam* **me** ~ da bin ich wieder; **le** ~ da ist er wieder

revoilà [R(ə)vwala] *prép fam* **me** ~ da bin ich wieder; **le** ~ da ist er wieder; ~ **Nadine!** da ist Nadine schon wieder!; ~ **une contrariété!** schon wieder ein Ärgernis!

revoir [R(ə)vwar] <*irr*> I. *vt* ❶ *(voir à nouveau)* wieder sehen
❷ *(regarder de nouveau)* sich *(Dat)* noch einmal ansehen
❸ *(revivre)* noch einmal erleben
❹ *(se souvenir)* vor sich *(Dat)* sehen
❺ SCOL *(réviser)* wiederholen
❻ *(corriger)* revidieren *comportement, attitude, texte;* **édition revue et corrigée** durchgesehene und verbesserte Auflage; **revu(e) à la hausse/baisse** nach oben/unten korrigiert
II. *vpr* **se** ~ ❶ *(se retrouver)* sich wieder sehen
❷ *(se souvenir de soi)* sich noch sehen

révoltant(e) [Revɔltɑ̃, ɑ̃t] *adj* empörend; *injustice* himmelschreiend

révolte [Revɔlt] *f* ❶ *(émeute)* Revolte *f*; ~ **populaire** Volksaufstand *m*
❷ *(indignation)* Empörung *f*
❸ *(opposition)* Aufsässigkeit *f*

révolté(e) [Revɔlte] I. *adj population, paysans* aufständisch; *foule* rebellisch; *adolescent* aufsässig
II. *m(f)* Rebell(in) *m(f)*

révolter [Revɔlte] <1> I. *vt individu:* aufbringen; *crime, injustice:* empören; **être révolté(e) de qc** über etw *(Akk)* empört sein
II. *vpr* **se** ~ **contre qn/qc** ❶ *(s'insurger)* sich gegen jdn/etw auflehnen
❷ *(s'indigner)* sich über jdn/etw empören

révolu(e) [Revɔly] *adj* ❶ *époque, temps* längst vergangen
❷ ADMIN *(achevé)* **à dix-huit ans** ~ **s** mit Vollendung des achtzehnten Lebensjahres; **au bout de deux ans** ~ **s** nach Ablauf von zwei Jahren

révolution [Revɔlysjɔ̃] *f* ❶ *(changement)* Revolution *f*; **la Révolution** die Französische Revolution; **la** ~ **russe** [*o* **d'Octobre**] die [Russische] Oktoberrevolution; **la** ~ **culturelle** die Kulturrevolution
❷ *(période)* Revolutionszeit *f*
❸ *(forces révolutionnaires)* **la** ~ die revolutionären Kräfte
❹ ASTRON *d'une planète* Umlauf *m*; *des saisons* regelmäßige Wiederkehr; ~ **autour de la Lune** Mondumkreisung *f*
❺ GEOM, MATH Rotation *f*
▶ **être en** ~ *fam* in heller Aufregung sein
◆ ~ **de palais** Palastrevolution *f*

révolutionnaire [Revɔlysjɔnɛʀ] I. *adj* ❶ *idées, procédé, technique* revolutionär; *chant, calendrier, tribunal* Revolutions-
❷ HIST **la France** ~ Frankreich zur Zeit der Revolution
II. *mf* Revolutionär(in) *m(f)*

révolutionner [Revɔlysjɔne] <1> *vt* ❶ *(transformer radicalement)* revolutionieren
❷ *fam (bouleverser) nouveau venu, nouvelle:* in helle Aufregung versetzen; *film, reportage:* bestürzen

revolver [Revɔlvɛʀ] *m* Revolver *m*; *(jouet d'enfant)* Spielzeugrevolver

révoquer [Revɔke] <1> *vt* ❶ ADMIN *(destituer)* [**faire**] ~ **qn pour une faute** jdn wegen eines Fehlers aus dem Amt entlassen
❷ JUR *(annuler)* widerrufen

revoter [R(ə)vɔte] <1> I. *vi* erneut wählen
II. *vt* ~ **une loi** erneut über ein Gesetz abstimmen

revouloir [R(ə)vulwar] <*irr*> *vt fam* noch wollen

revoyure [R(ə)vwajyr] ▶ **à la** ~! *pop* bis die Tage! *(fam)*

revue [R(ə)vy] *f* ❶ *(magazine)* Zeitschrift *f*; ~ **annuelle** Jahresschrift *f*; ~ **culturelle** Kulturmagazin *nt*; ~ **mensuelle** Monatsschrift; ~ **spécialisée en économie** wirtschaftliche Fachzeitschrift; ~ **financière** Finanzmagazin *nt*; ~ **illustrée** Illustrierte *f*; ~ **informatique** Computerzeitschrift; ~ **porno** Pornoheft *nt*; ~ **de cinéma/de théâtre** Film-/Theaterzeitschrift; ~ **d'information** Informationsheft *m*; ~ **pour la clientèle** Kundenzeitschrift
❷ *(spectacle)* Revue *f*
❸ *(examen) d'un document* nochmalige Durchsicht; *d'une erreur* nochmaliges Durchdenken; *d'un article* nochmaliges Durchlesen
❹ *(inspection)* **passer une chambre/armoire en** ~ ein Zimmer/einen Schrank inspizieren; **passer des troupes en** ~ Truppen inspizieren
❺ MIL Parade *f*
▶ **être de la** ~ *fam* dumm gucken *(fam)*
◆ ~ **d'armement** Waffenappell *m*; ~ **de détail** Sachenappell *m*; ~ **de presse** Presseschau *f*

révulsé(e) [Revylse] *adj visage* verzerrt; *yeux* verdreht

révulser [Revylse] <1> I. *vt* zutiefst erschüttern
II. *vpr* **le visage se révulse** das Gesicht verzerrt sich; **ses yeux se révulsent** er/sie verdreht die Augen

révulsif [Revylsif] *m* ableitendes Mittel

révulsif, -ive [Revylsif, -iv] *adj* ableitend

révulsion [Revylsjɔ̃] *f* Ableitung *f*

rewriter¹ [Riʀajte, ʀəʀajte] <1> *vt* redigieren *texte*

rewriter² [Riʀajtœʀ, ʀəʀajtœʀ] *m* Rewriter(in) *m(f)*

rewriting [Riʀajtiŋ, ʀəʀajtiŋ] *m* Überarbeitung *f*

Reykjavik [Rekjavik] Reykjavik *nt*

rez-de-chaussée [Red(ə)ʃose] *m inv* ❶ *(niveau inférieur)* Erdgeschoss *nt*; **habiter au** ~ im Erdgeschoss wohnen ❷ *(appartement)* Erdgeschosswohnung *f* **rez-de-jardin** [Red(ə)ʒardɛ̃] *m inv* Souterrain *nt*; **en** ~ im Souterrain

R.F. *abr de* **République française**

R.F.A. [ɛʀɛfa] *f abr de* **République fédérale d'Allemagne: la** ~ die BRD

RFI [ɛʀɛfi] *abr de* **Radio-France internationale** Französischer Radiosender für das Ausland

RFO [ɛʀɛfo] *abr de* **Radio-France outre-mer** Französischer Radiosender in Übersee

R.G. [ɛʀʒe] I. *mpl abr de* **renseignements généraux**
II. *m fam (agent des renseignements généraux)* Verfassungsschützer(in) *m(f) (fam)*

RH [ɛʀaʃ] *abr de* **rhésus** Rh, rh

rhabillage [Rabijaʒ] *m* ❶ *(action de se rhabiller)* Wiederankleiden *nt*
❷ TECH *(réparation) d'un meuble, édifice* Restaurierung *f*; *d'un mécanisme* Reparatur *f*

rhabiller [Rabije] <1> I. *vt* ❶ *(acheter de nouveaux vêtements à qn)* neu einkleiden
❷ *(remettre ses vêtements à qn)* wieder ankleiden
❸ *(réparer)* restaurieren *meuble, édifice;* reparieren *mécanisme*
II. *vpr* **se** ~ ❶ *(se vêtir de neuf)* sich neu einkleiden
❷ *(se changer)* sich umziehen
❸ *(remettre ses vêtements)* sich wieder anziehen
▶ **pouvoir aller se** ~ *fam* einpacken können *(fam)*

rhabituer *v.* **réhabituer**

rhapsodie [Rapsɔdi] *f* Rhapsodie *f*

rhénan(e) [Renɑ̃, an] *adj* rheinisch; **pays** ~ Rheinland *nt*

Rhénanie [Renani] *f* **la** ~ das Rheinland

Rhénanie-du-Nord-Westphalie [Renanidynɔʀvɛstfali] *f* **la** ~ Nordrhein-Westfalen *nt* **Rhénanie-Palatinat** [Renanipalatina] *f* **la** ~ Rheinland-Pfalz *nt*

rhénium [Renjɔm] *m* Rhenium *nt*

rhéostat [Reɔsta] *m* Regelwiderstand *m*

rhésus [Rezys] *m* ❶ MED Rhesusfaktor *m;* [**facteur**] ~ **positif/négatif** Rhesusfaktor positiv/negativ; **mère** ~ **négatif** Mutter *f* mit negativem Rhesusfaktor
❷ ZOOL Rhesusaffe *m*

rhéteur [Retœʀ] *m* ❶ HIST Rhetor *m*
❷ *péj littér (beau parleur)* Schönredner *m (pej)*

Rhétie [Resi] *f* **la** ~ Rätien *nt*

rhétique *v.* **rétique**

rhétoricien(ne) [Retɔʀisjɛ̃, jɛn] *m(f) péj littér* Phrasendrescher(in) *m(f) (pej)*

rhétorique [Retɔʀik] I. *adj* rhetorisch
II. *f* ❶ *(art de bien parler)* Rhetorik *f*
❷ *péj fam (éloquence déclamatoire)* Phrasendrescherei *f (pej)*
❸ BELG **classe de** ~ *(classe de terminale)* Abschlussklasse *f* der Oberstufe des Sekundarunterrichts, Abiturklasse

rhéto-roman [Retɔʀɔmɑ̃] *m* **le** ~ Rätoromanisch *nt*, das Rätoromanische; *v. a.* **allemand** **rhéto-roman(e)** [Retɔʀɔmɑ̃, an] <rhéto-romans> *adj* rätoromanisch

Rhin [Rɛ̃] *m* **le** ~ der Rhein

rhinite [Rinit] *f* Nasenschleimhautentzündung *f*

rhinocéros [Rinɔseʀɔs] *m* Nashorn *nt*

rhinologie [Rinɔlɔʒi] *f* MED Nasenheilkunde *f*

rhinopharyngé(e) [Rinofaʀɛ̃ʒe] *adj,* **rhinopharyngien(ne)** [Rinofaʀɛ̃ʒɛ̃, jɛn] *adj* der Nasen- und Rachenschleimhaut

rhinopharyngite [ʀinofaʀɛ̃ʒit] *f* Entzündung *f* der Nasen- und Rachenschleimhaut
rhinopharynx [ʀinofaʀɛ̃ks] *m* Nasen-Rachenbereich *m*
rhinoplastie [ʀinoplasti] *f* Nasenkorrektur *f*, Nasenplastik *f*; Rhinoplastik *(Fachspr.)*
rhizome [ʀizom] *m* Wurzelstock *m*
rhodanien(ne) [ʀɔdanjɛ̃, jɛn] *adj* **la vallée ~ne** das Rhonetal
Rhodes [ʀɔd] **l'île de ~** die Insel Rhodos *nt*
rhodium [ʀɔdjɔm] *m* Rhodium *nt*
rhododendron [ʀɔdɔdɛdʀɔ̃] *m* Rhododendron *m* o *nt*
rhombique [ʀɔ̃bik] *adj* rhombisch
rhomboïdal(e) [ʀɔ̃bɔidal, o] <-aux> *adj* GEOM rhomboid
rhomboïde [ʀɔ̃bɔid] *m* ❶ GEOM Rhomboid *nt*
 ❷ ANAT Rautenmuskel *m*
Rhône [ʀon] *m* **le ~** die Rhone
rhovyl® [ʀɔvil] *m* Vinyl® *nt*
rhubarbe [ʀybaʀb] *f* *(plante)* Rhabarberstaude *f*, Rhabarber *m*; *(pétioles)* Rhabarber; **confiture de ~** Rhabarbermarmelade *f*
rhum [ʀɔm] *m* Rum *m*
rhumatisant(e) [ʀymatizɑ̃, ɑ̃t] I. *adj personne* rheumakrank, an Rheuma leidend
 II. *m(f)* Rheumatiker(in) *m(f)*
rhumatismal(e) [ʀymatismal, o] <-aux> *adj* rheumatisch; **douleurs ~es** Rheumaschmerzen *Pl*; **avoir des douleurs ~es** Rheumaschmerzen haben
rhumatisme [ʀymatism] *m* Rheumatismus *m*, Rheuma *nt (fam)*; **atteint(e) de ~** rheumakrank; **médicament contre les ~s** Rheumamittel *nt*
rhumatologie [ʀymatɔlɔʒi] *f* Rheumatologie *f*; *(recherche scientifique)* Rheumaforschung *f*; **clinique de ~** Rheumaklinik *f*
rhumatologue [ʀymatɔlɔg] *mf* Rheumatologe *m*/Rheumatologin *f*
rhume [ʀym] *m* ❶ *(coup de froid)* Erkältung *f*; **attraper un ~** sich erkälten
 ❷ *(rhinite)* Schnupfen *m*
 ◆ **~ de cerveau** Schnupfen *m*; **~ des foins** Heuschnupfen *m*
rhumerie [ʀɔmʀi] *f* Rumbrennerei *f*
rhyolite, rhyolithe [ʀjɔlit] *f* Rhyolith *m*
riant(e) [ʀ(i)jɑ̃, jɑ̃t] I. *part prés de rire*
 II. *adj (gai)* heiter; *paysage* lieblich; *perspective* erfreulich; *atmosphère* angenehm
RIB [ʀib] *m abr de* **relevé d'identité bancaire** Bescheinigung *f* über die Bankverbindung
ribambelle [ʀibɑ̃bɛl] *f fam* **~ de touristes** Horde *f* Touristen *(pej)*; **~ de noms/livres** Haufen *m* Namen/Bücher *(fam)*; **~ d'enfants** Schar *f* Kinder
riboflavine [ʀiboflavin] *f* BIO, CHIM Riboflavin *nt*
ribonucléique [ʀibonykleik] *adj* **acide ~** Ribonukleinsäure *f*
ribote [ʀibɔt] *f hum pop* [Trink]gelage *nt*
 ▸ **faire ~** einen draufmachen *(fam)*
ribouldingue [ʀibuldɛ̃g] *f vieilli fam* wüstes Gelage
Ricain(e) [ʀikɛ̃, ɛn] *m(f) vieilli fam* Ami *m (fam)*
ricanant(e) [ʀikanɑ̃, ɑ̃t] *adj* hämisch grinsend
ricanement [ʀikanmɑ̃] *m* ❶ *(rire sarcastique)* Hohngelächter *nt*
 ❷ *(rire stupide)* albernes Gekicher
ricaner [ʀikane] <1> *vi* ❶ *(avec mépris)* hämisch lachen
 ❷ *(bêtement)* albern kichern
ricaneur, -euse [ʀikanœʀ, -øz] I. *adj personne* feixend; **prendre un air ~** blöde grinsen; **fixer qn d'un regard ~** jdn blöde grinsend ansehen
 II. *m, f* hämischer Kerl/hämisches Weib
richard(e) [ʀiʃaʀ, aʀd] *m(f) péj fam* Geldsack *m (pej fam)*
Richard [ʀiʃa:ʀ] *m* ❶ Richard *m*
 ❷ HIST **~ Cœur de Lion** Richard Löwenherz
riche [ʀiʃ] I. *adj* ❶ *(opp: pauvre)* reich
 ❷ *fig* reich; **~ en calories/en vitamines** kalorien-/vitaminreich; **~ en substances nutritives** nährstoffreich; **~ en minerai** reich an Erz; **pays ~ en matières premières** rohstoffreiches Land
 ❸ *antéposé (de prix)* kostbar; *coloris* kräftig
 ❹ *(fécond) terre* fruchtbar; *langue* wortreich
 ❺ *(nourrissant) aliment, nourriture* gehaltvoll; *mélange* reichhaltig
 ❻ *antéposé (excellent) idée* großartig
 ❼ *antéposé (abondant) collection* reichhaltig; *moisson* reich; *végétation* üppig; *documentation* umfangreich
 ❽ *(plein)* **~ de contradictions** voller Widersprüche; **~ d'enseignements** lehrreich; **~ en erreurs possibles** fehlerträchtig; **voyage ~ en aventures** erlebnisreiche Reise
 ▸ **faire ~** *fam* nach viel Geld aussehen *(fam)*
 II. *mf* Reiche(r) *f(m)*; **nouveau ~** Neureiche(r) *f(m)*
richement [ʀiʃmɑ̃] *adv* reich; *décoré* prächtig; *vêtu, marié* sehr gut; *meublé* kostbar; *vivre* aufwändig
richesse [ʀiʃɛs] *f* ❶ *(fortune)* Reichtum *m*
 ❷ *fig* Fülle *f*, Reichtum *m*; **~ d'idées** Gedankenfülle, Gedankenreichtum, Ideenfülle
 ❸ *(magnificence)* Kostbarkeit *f*; **d'un décor** Pracht *f*; **d'une orchestration, d'un coloris** Vielfalt *f*
 ❹ *(teneur, densité) d'un aliment* Reichhaltigkeit *f*; **d'un sol** Fruchtbarkeit *f*; **~ en calcium** hoher Kalziumgehalt; **~ en eau/en poissons** Wasser-/Firschreichtum *m*; **~ en pétrole** großes Erdölvorkommen
 ❺ *(abondance)* Reichhaltigkeit *f*; *de la végétation* Üppigkeit *f*; **des moissons d'une grande ~** sehr ertragreiche Ernten
 ❻ *pl (ressources)* Reichtümer *Pl*; **d'un musée** Schätze *Pl*
 ❼ *(bien)* Gut *nt*
richissime [ʀiʃisim] *adj fam* steinreich *(fam)*
ricin [ʀisɛ̃] *m* Rizinus *m*
ricocher [ʀikɔʃe] <1> *vi* **~ sur qc** *balle:* von etw abprallen; *caillou, pierre:* springen auf etw *(Dat)*; **faire ~ qc** etw springen lassen
ricochet [ʀikɔʃɛ] *m (rebond)* Abprall *m*; **faire des ~s** *caillou:* springen; *personne:* Kieselsteine [übers Wasser] springen lassen
 ▸ **par ~** *(indirectement)* indirekt
ric-rac [ʀikʀak] *adv fam (avec une exactitude rigoureuse)* **payer ~** auf Heller und Pfennig bezahlen
rictus [ʀiktys] *m* Grinsen *nt*; **~ de colère/dégoût** wutverzerrtes/ekelverzerrtes Gesicht
ride [ʀid] *f* ❶ *(pli)* Falte *f*, Runzel *f*; **avoir des ~s profondes** tiefe Falten haben; **~s du cou** Halsfalten; **~s d'expression** ≈ Kummerfalten *Pl*
 ❷ *pl (ondulation) de l'eau* Kräuselung *f*; *du sable* Rippelmarken *Pl*
 ▸ **n'avoir pas pris une ~** zeitlos sein
 ◆ **~s du sourire** Lachfältchen *Pl*
ridé(e) [ʀide] *adj personne* voller Falten; *visage* faltig, runz[e]lig; *pomme* schrump[e]lig *(fam)*; *eau* gekräuselt
rideau [ʀido] <x> *m* ❶ *(voile)* Vorhang *m*; **~ de bambou** Bambusvorhang; **doubles ~x** Übergardinen *Pl*
 ❷ THEAT Vorhang *m*
 ❸ *(fermeture) d'une boutique* Gitter *nt*; *d'une cheminée* Klappe *f*
 ❹ *(écran)* **~ de pluie/de fumée/de feu** Regen-/Rauch-/Feuerwand *f*; **~ de policiers** Polizeikette *f*; **~ de verdure** dichtes Grün
 ▸ **~!** *(ça suffit!)* jetzt reicht's! *(fam)*; THEAT aufhören!; **grimper aux ~x** *fam* vor Freude an die Decke springen *(fam)*; **tirer le ~ sur qc** einen Schlussstrich unter etw *(Akk)* ziehen
 ◆ **~ de fer** HIST eiserner Vorhang
ridelle [ʀidɛl] *f d'un camion* Seitenwand *f*; *d'une charrette* Wagenwand *f*
rider [ʀide] <1> I. *vt* ❶ *(marquer de rides)* faltig werden lassen *peau, front;* kräuseln *eau*
 ❷ NAUT reffen *cordage*
 II. *vpr* **se ~** *front, peau:* faltig werden; *pomme:* verschrumpeln *(fam)*; *eau:* sich kräuseln
ridicule [ʀidikyl] I. *adj personne, vêtement, conduite* lächerlich; *somme, prix* lächerlich gering
 II. *m* Lächerlichkeit *f*; **le ~ de cette situation** das Lächerliche an dieser Situation; **avoir peur du** [o **avoir peur de s'exposer au**] **~** Angst haben, sich lächerlich zu machen; **couvrir qn/se couvrir de ~** jdn/sich lächerlich machen; **tomber dans le ~** *personne:* sich lächerlich machen; *situation, discours:* lächerlich werden; **tourner qc en ~** etw ins Lächerliche ziehen
ridiculement [ʀidikylmɑ̃] *adv* lächerlich; **faire qc ~** lächerlicherweise etw tun
ridiculiser [ʀidikylize] <1> I. *vt* lächerlich machen
 II. *vpr* **se ~** sich lächerlich machen
ridule [ʀidyl] *f* Fältchen *nt*
rien [ʀjɛ̃] I. *pron indéf emploi sans ne: fam* ❶ *(aucune chose)* nichts; **c'est ça ou ~** entweder das oder nichts; **ça ne vaut ~** das ist nichts wert; **~ de plus, ~ de moins** nicht mehr und nicht weniger; **~ d'autre** nichts weiter; **~ de nouveau/mieux** nichts Neues/Besseres; **il n'y a plus ~** es ist nichts mehr da; **~ qui puisse m'en empêcher** nichts, was mich davon abhalten könnte; **il n'y a ~ de tel qu'un bon repas** es geht nichts über ein gutes Essen
 ❷ *(seulement)* **~ que l'entrée coûte 35 euros** die Vorspeise allein kostet schon 35 Euro; **~ que d'y penser** wenn ich nur daran denke; **je ne dis ~ que ce que je pense** ich sage nur, was ich denke
 ❸ *(quelque chose)* etwas; **être incapable de ~ dire** unfähig sein etwas zu sagen; **rester sans ~ faire** untätig bleiben
 ▸ **qn en a ~ à cirer** [o **faire**] [o **fiche**] [o **secouer**] *fam* das ist jdm piepegal *(fam)*; **ce n'est ~** es ist nicht schlimm; **comme si de ~ n'était** als ob nichts gewesen wäre; **n'être pour ~ dans un problème** mit einem Problem nichts zu tun zu haben; **de ~!** keine Ursache!; **de ~** überhaupt nichts; **désagrément/quantité de ~ du tout** ganz kleine Unannehmlichkeit/Menge; **blessure de ~ du tout** ganz leichte Verletzung; **du tout** überhaupt nichts; **pour ~** *(très bon marché)* spottbillig *(fam)*; *(en vain)* umsonst; **~ que ça!** *iron (pas plus)* ist das alles?; *(c'est abuser)* aber sonst geht's dir gut! *(fam)*

II. *m* ❶ *(très peu de chose)* Kleinigkeit *f*
❷ *(un petit peu)* ein wenig; **un ~ d'ironie** ein Anflug *m* von Ironie; **un ~ de vin** ein Schlückchen *nt* Wein; **un ~ de cognac** ein Schuss *m* Cognac; **un ~ trop large/moins fort** *fam* ein wenig zu weit/leiser
▶ **en un ~ de** temps im Nu; **comme un ~** *fam* wie nichts *(fam)*
◆ **un/une ~ du tout** *vieilli* ein Hergelaufener/eine Hergelaufene
riesling [Rislin] *m* Riesling *m*
rieur, rieuse [R(i)jœR, R(i)jøz] I. *adj* fröhlich; *yeux* lachend
II. *m, f* Lacher(in) *m(f)*
rififi [Rififi] *m* *arg* Klopperei *f (fam)*
riflard [Riflar] *m* TECH ❶ *(outil à bois)* Schrupphobel *m*
❷ *(outil à métal)* Schruppfeile *f*
❸ *(outil de maçon, sculpteur)* Stechbeitel *m*
❹ *(longue laine de mouton)* beste Wolle einer Schur
rifle [Rifl] *m* Gewehr mit gezogenem Lauf
rifler [Rifle] <1> *vt* hobeln *bois;* feilen *métal*
rigide [Riʒid] *adj* ❶ *(opp: flexible)* steif; *carton* fest
❷ *(sévère)* unnachgiebig
rigidifier [Riʒidifje] <1> *vt* versteifen
rigidité [Riʒidite] *f* ❶ *(opp: flexibilité)* Steifheit *f; d'un carton* Festigkeit *f*
❷ ANAT *d'un cadavre, muscle* Starre *f; du pénis* Steifheit
❸ *(rigueur)* Unnachgiebigkeit *f*
rigolade [Rigɔlad] *f fam* Spaß *m*
▶ **c'est de la ~** *(c'est facile)* das ist ein Kinderspiel; *(c'est pour rire)* das ist nur ein Spaß; *(ça ne vaut rien)* das ist ein echter Schwindel; **prendre à la ~** als Spaß auffassen; **prendre un examen à la ~** eine Prüfung auf die leichte Schulter nehmen
rigolard(e) [Rigɔlar, ard] *fam* I. *adj* lustig; **être très ~(e)** gern lachen
II. *m(f)* Spaßvogel *m*
rigole [Rigɔl] *f* Rinne *f;* **~ d'écoulement** Ablaufrinne; **creuser des ~s** Furchen ziehen
rigoler [Rigɔle] <1> *vi fam* ❶ *(rire)* lachen; **faire ~ qn** jdn zum Lachen bringen
❷ *(s'amuser)* Spaß haben
❸ *(plaisanter)* **~ avec qn/qc** einen Spaß mit jdm/etw machen; **pour ~** zum Spaß; **je [ne] rigole pas!** ich mache keine Witze!
▶ **tu me fais ~!** *iron* du machst mir vielleicht Spaß!
rigolo(te) [Rigɔlo, ɔt] I. *adj fam* ❶ *(amusant)* lustig; *personne, film* urkomisch *(fam)*
❷ *(étrange)* komisch
II. *m(f) fam* ❶ *(homme amusant)* lustiger Kerl *(fam)*
❷ *(femme amusante)* Ulknudel *f (fam)*
❸ *(personne frivole)* unseriöser Mensch
rigorisme [Rigɔrism] *m* Strenge *f*
rigoriste [Rigɔrist] I. *adj* streng
II. *mf* Rigorist(in) *m(f)*
rigoureusement [Rigurøzmɑ̃] *adv* ❶ *(sévèrement)* streng; *punir* hart
❷ *(précisément)* peinlich genau; *appliquer* strikt; *raisonner* logisch
❸ *(absolument)* exact peinlich; *interdit* strengstens; *authentique* hundertprozentig; **~ vrai(e)** genau der Wahrheit entsprechend
rigoureux, -euse [Riguʀø, -øz] *adj* ❶ *(sévère)* streng; *punition* hart
❷ *(exact, précis)* peinlich genau; *méthode* strikt; *logique* streng; *analyse* gründlich; *raisonnement* stichhaltig; *style* streng und einfach; **audit ~** ECON straffes Controlling
❸ *(antéposé (absolu) exactitude* peinlich; *interdiction* strikt; *authenticité* hundertprozentig
❹ *(dur) climat, froid, hiver* streng; *conditions* hart
rigueur [Rigœr] *f* ❶ *(sévérité); d'une punition* Härte *f;* **appliquer la loi avec ~** das Gesetz strikt anwenden
❷ *(austérité)* Strenge *f;* **~ économique** Sparpolitik *f;* **~ salariale** restriktive Lohnpolitik
❸ *(précision)* peinliche Genauigkeit *f; d'une analyse* Gründlichkeit *f; d'une logique, méthode* Strenge *f; d'un raisonnement* Stichhaltigkeit *f; d'un style* Strenge *f* und Einfachheit *f*
❹ *(épreuve)* Strenge *f; d'un climat* Rauheit *f; d'une captivité* Härte *f*
▶ **tenir ~ à qn de qc** jdm etw übel nehmen; **à la ~** *(tout au plus)* allenfalls; *(si besoin est)* notfalls; **une tenue correcte est de ~** korrekte Kleidung ist unerlässlich
rikiki *v.* **riquiqui**
rillettes [Rijɛt] *fpl* Schmalzfleisch *(meist von Schwein oder Gans)*
rillons [Rijɔ̃] *mpl* Grieben *Pl*
rimailler [Rimaje] <1> *vi péj vieilli* schlechte Verse schreiben
rimailleur, -euse [Rimajœr, -jøz] *m, f péj* Reimschmied *m (fam)*
rimaye [Rimaj] *f* Schrund *m*
rime [Rim] *f* Reim *m;* **~ enfantine** Kinderreim, Kindervers; **~ alternées** [o **croisées**] Kreuzreim; **~ plate** Paarreim; **~ interne** [o **intérieure**] Binnenreim, Zäsurreim
▶ **sans ~ ni raison** ohne ersichtlichen Grund

rimer [Rime] <1> I. *vi* ❶ **~ avec qc** sich mit etw reimen
❷ *soutenu* dichten
▶ **à quoi riment ces excentricités?** wozu diese Extravaganzen?; **ne ~ à rien** keinen Sinn haben [*o* machen]
II. *vt* reimen; **rimé(e)** gereimt
rimeur, -euse [Rimœr, -øz] *m, f péj* Dichterling *m (pej fam)*
rimmel® [Rimɛl] *m* Wimperntusche *f*
rinçage [Rɛ̃saʒ] *m du linge* Spülen *nt; des assiettes* Abspülen; *d'une tasse, d'un verre, plat creux* Ausspülen; **liquide de ~** Klarspüler *m*
rince-bouteille[s] [Rɛ̃sbutɛj] *m inv* Flaschenspülmaschine *f*
rince-doigts [Rɛ̃sdwa] *m inv* ❶ *(bol)* Fingerschale *f* ❷ *(papier)* Reinigungstuch *nt*
rincée [Rɛ̃se] *f fam (averse)* Wolkenbruch *m*
rincer [Rɛ̃se] <2> I. *vt* ❶ *(passer à l'eau claire)* spülen; abspülen *assiettes;* ausspülen *verres, tasses;* mit klarem Wasser nachwischen *carrelage*
❷ *fam* **se faire ~** patschnass werden *(fam)*
II. *vpr* **se ~** sich abspülen; **se ~ la bouche** sich *(Dat)* den Mund ausspülen
rincette [Rɛ̃sɛt] *f fam* Verdauungsschnaps *m (fam)*
rinceuse *v.* **rince-bouteille[s]**
rinçure [Rɛ̃syR] *f* ❶ *(eau de rinçage)* Spülwasser *nt*
❷ *péj fam (mauvaise boisson)* [übles] Gesöff *nt (pej fam)*
ring [Riŋ] *m* SPORT Ring *m*
ringard(e) [Rɛ̃gar, aRd] *fam* I. *adj* altmodisch
II. *m(f)* Opa *m (fig fam)*
RIP [Rip] *m abr de* **relevé d'identité postale** Bescheinigung über die Postbankverbindung
ripaille [Ripaj] *f fam* Gelage *nt;* **faire ~** ein Gelage veranstalten
ripailler [Ripaje] <1> *vi fam* schlemmen
ripaton [Ripatɔ̃] *m pop* Fuß *m;* **rentre tes ~s** zieh deine Flossen ein *(fam)*
riper [Ripe] <1> I. *vi* ❶ *(déraper)* **~ sur une surface** auf einer Fläche ins Rutschen kommen; *pneu:* auf einer Fläche rutschen
II. *vt (faire glisser)* verrücken *meuble*
ripolin® [Ripɔlɛ̃] *m* Lackfarbe *f*
ripoliner [Ripɔline] <1> *vt* mit Lackfarbe streichen
riposte [Ripɔst] *f* schlagfertige Antwort; **être prompt(e) à la ~** immer eine Antwort parat haben
❷ SPORT Riposte *f*
❸ MIL Gegenschlag *m*
riposter [Ripɔste] <1> I. *vi* ❶ *(répondre)* kontern; **~ à une attaque verbale** einen verbalen Angriff kontern
❷ MIL *(contre-attaquer)* zurückschlagen
❸ SPORT ripostieren
II. *vt (rétorquer)* mit etw antworten
ripou [Ripu] <s *o* x> *fam* I. *adj* korrupt
II. *m* korrupter Beamter
riquiqui [Rikiki] *adj inv fam chapeau* winzig klein; *portion* mickrig; **faire ~** mickrig [*o* popelig] aussehen *(fam)*
rire¹ [Rir] <irr> I. *vi* ❶ *(opp: pleurer)* lachen; **faire ~ qn** jdn zum Lachen bringen; **laisse(z)-moi ~!** *iron* dass ich nicht lache!
❷ *(se moquer)* **~ de qn/qc** über jdn/etw lachen
❸ *(s'amuser)* Spaß haben
❹ *(plaisanter)* Spaß machen; **tu veux ~!** das ist doch nicht dein Ernst!
❺ *(exprimer la gaieté) campagne:* lachen; *yeux, visage:* strahlen
▶ **sans ~?** echt? *(fam)*
II. *vpr (se jouer de)* **se ~ de qc** spielend mit etw fertig werden
❷ *littér (se moquer de)* **se ~ de qn/qc** über jdn/etw lachen
rire² [RiR] *m* ❶ *(action de rire)* Lachen *nt;* **~ d'enfant** Kinderlachen; **~ bruyant/inextinguible** lautes/unaufhörliches Gelächter
❷ *(hilarité)* Gelächter *nt;* **fou ~** Lachkrampf *m*
▶ **passer du ~ aux larmes** himmelhochjauchzend und zu Tode betrübt sein
ris¹ [Ri] *indic prés et passé simple de* **rire**
ris² [Ri] *m* GASTR **~ de veau** Kalbsbries *nt*, Kalbsmilch *f*
ris³ [Ri] *m* NAUT Reff *nt*
risée¹ [Rize] *f* **être la ~ des voisins/du quartier** das Gespött der Nachbarn/des [ganzen] Viertels sein
risée² [Rize] *f* NAUT Windstoß *m*
risette [Rizɛt] *f* ▶ **faire ~** [*o* **des ~s**] **à qn** *bébé, jeune enfant:* jdm zulächeln, jdn anlachen, jdm um den Bart gehen
risible [Rizibl] *adj* ❶ *(ridicule)* lachhaft
❷ *(drôle)* komisch
risotto [Rizɔto] *m* Risotto *m o nt*
risque [Risk] *m* ❶ *(péril)* Risiko *nt;* **~s d'agression** mögliche Übergriffe *Pl;* **~ anesthésique** MED Narkoserisiko; **~ d'épidémie/d'explosion/d'incendie** Seuchen-/Explosions-/Brandgefahr *f;* **~ de guerre** [*o* **de conflit armé**] Kriegsrisiko; **~ d'infarctus** Infarktrisiko; **~ de maladie** Krankheitsrisiko; **~ de perte financière** Verlustrisiko; **~ pour la santé** Gesundheitsrisiko; **~ lié à la grossesse** Schwangerschaftsrisiko; **au ~ de déplaire** auf die Gefahr hin, Miss-

fallen zu erregen; **au ~ de sa vie** unter Einsatz seines/ihres Lebens; **courir un ~/des ~s** ein Risiko/Risiken eingehen; **~ de blessure** Verletzungsgefahr; **le ~ de blessure est relativement élevé/bas** es besteht relativ hohe/relativ geringe Verletzungsgefahr

❷ *pl (préjudice possible)* Risiken *Pl;* **les ~s du métier** *fam* Berufsrisiko *nt*

❸ JUR, FIN, ECON – **calculé** kalkulatorisches Wagnis; **~ monétaire** Währungsrisiko *nt;* **~ de change** *(en parlant de devises)* Kursrisiko; **~ de conflit** Kollisionsrisiko; **~ de cotraitant** Mitunternehmerrisiko; **~ d'exploitation** Betriebsrisiko; **~ de garantie** Gewährleistungsrisiko; **~ de l'insolvabilité** Insolvenzrisiko; **~ du maître de l'ouvrage** Bauherrenrisiko; **~ de non-cautionnement pour le reliquat de la dette** Ausfallrisiko; **~ de perte sur les cours** Kursrisiko; **~ du producteur** Erzeugerrisiko; **~ de responsabilité** Haftungsrisiko; **~ sur les changes** Valutarisiko *(Fachspr.);* **sans ~** *capital* risikofrei

▶ **à mes/ses ~s et périls** auf eigenes Risiko; **aux ~s et périls de l'expéditeur/du propriétaire** auf Gefahr des Absenders/Eigentümers; **grossesse à ~ (s)** Risikoschwangerschaft *f;* **placements à ~ (s)** riskante Kapitalanlagen *pl*

risqué(e) [Riske] *adj* ❶ *(hasardeux)* riskant; *transaction* risikoreich
❷ *vieilli plaisanterie* gewagt

risquer [Riske] <1> I. *vt* ❶ *(mettre en danger)* aufs Spiel setzen
❷ *(s'exposer à)* **~ des ennuis/une punition** Gefahr laufen, Ärger zu bekommen/bestraft zu werden; **~ le renvoi/la prison** Gefahr laufen, entlassen zu werden/ins Gefängnis zu kommen; **~ la mort** sich in Lebensgefahr begeben; **qn ne risque rien** jdm kann nichts passieren; **tu risques qu'on s'en aperçoive** du läufst Gefahr, dass man es bemerkt

❸ *(tenter, hasarder)* riskieren; **~ le coup** es riskieren; **~ un coup d'œil** einen Blick riskieren

II. *vi* ❶ *(courir le risque)* **~ de faire qc** Gefahr laufen etw zu tun
❷ *(il y a de fortes chances que)* **le feu risque de s'étendre** das Feuer droht sich auszubreiten; **la boulangerie risque d'être fermée** die Bäckerei ist wahrscheinlich geschlossen; **il risque de pleuvoir** es könnte regnen; **ça ne risque pas de m'arriver** das kann mir nicht passieren

▶ **ça [ne] risque pas!** *fam* das ist wohl kaum drin! *(fam)*

III. *vpr* **se ~ à faire qc** es wagen etw zu tun; **se ~ dans un endroit dangereux** sich an einen gefährlichen Ort wagen; **se ~ dans une aventure/affaire/entreprise** sich auf ein Abenteuer/eine Affäre/ein Geschäft einlassen

risque-tout [Riskətu] *mf inv* Waghals *m*

rissole [Risɔl] *f* gefüllte und fritierte Teigtasche

rissoler [Risɔle] <1> I. *vt* goldbraun backen *beignets;* goldbraun braten *pommes de terre, hamburger;* **pommes rissolées** Bratkartoffeln *Pl*

II. *vi pommes de terre, hamburger, beignets:* goldbraun werden

ristourne [Risturn] *f* ❶ *(sur cotisation)* Rückvergütung *f*
❷ *(sur achat)* Rabatt *m*
❸ FIN Ristorno *m,* Rückbuchung *f*

ristourner [Risturne] <1> *vt* ❶ *(sur cotisation)* **~ qc à qn** jdm etw rückvergüten [*o* bonifizieren *Fachspr.*]
❷ *(sur achat)* **~ qc à qn** jdm auf etw *(Akk)* Rabatt geben

rital(e) [Rital] <s> *m(f) péj fam* Spaghettifresser *m (pej fam)*

rite [Rit] *m* ❶ *(coutume)* Ritual *nt*
❷ REL, SOCIOL *(cérémonial)* Ritus *m;* **~ de passage** Übergangsritus

ritournelle [Riturnɛl] *f* Ritornell *nt*

▶ **c'est toujours la même ~** es ist immer dieselbe Leier *(fam)*

ritualiser [Rityalize] <1> *vt* ritualisieren; **être ritualisé(e)** ritualisiert sein

ritualisme [Rityalism] *m* Ritualismus *m*

ritualiste [Rityalist] I. *adj* ritualistisch
II. *mf* Ritualist(in) *(f)*

rituel [Rityɛl] *m* REL, SOCIOL Ritual *nt;* **~ d'initiation** Initiationsritus *m*

rituel(le) [Rityɛl] *adj (coutumier)* gewohnheitsmäßig; REL, SOCIOL rituell

rituellement [Rityɛlmɑ̃] *adv* ❶ *(invariablement)* wie gewohnt
❷ REL nach dem Ritus

rivage [Rivaʒ] *m* Küste *f;* **rejeter sur le ~** ans Ufer spülen

rival(e) [Rival, o] <-aux> I. *adj* rivalisierend

II. *m(f)* ❶ *(concurrent)* Rivale *m*/Rivalin *f;* **~ acharné/~e acharnée** Erzrivale/-rivalin
❷ *(autre prétendant)* Nebenbuhler(in) *m(f)*

▶ **sans ~** unübertroffen

rivaliser [Rivalize] <1> *vi* ❶ *(soutenir la comparaison)* **~ avec qn** sich mit jdm messen; **~ avec qc** sich mit etw messen können
❷ *(se disputer la palme)* **~ d'élégance** miteinander um Eleganz wetteifern

rivalité [Rivalite] *f* ❶ *(concurrence)* Rivalität *f;* *(commerciale, économique)* Konkurrenz *f,* Wettbewerb *m;* **~s de clocher** Streitigkeiten *Pl* auf lokaler Ebene

❷ *(antagonisme)* Feindschaft *f*

rive [Riv] *f* Ufer *nt;* **~ d'un/du canal** Kanalufer; **~ droite/gauche** rechtes/linkes Ufer; **~ est** Ostufer

river [Rive] <1> *vt* ❶ TECH umschlagen *clou, pointe;* einziehen *rivet;* nieten *chaîne, plaque;* **~ qc à un support** etw an einen Träger annieten

❷ *(clouer)* **~ qn** *travail, occupations:* jdn fest halten; *fièvre, maladie:* jdn fesseln; **la peur me rivait sur mon fauteuil/sur place** vor Angst blieb ich wie erstarrt im Sessel sitzen/wie angewurzelt stehen; **être rivé(e) à/devant la télé** vorm Fernseher kleben *(fam);* **le regard rivé sur une personne/l'horizon** den Blick auf eine Person/auf den Horizont geheftet

riverain(e) [Riv(ə)Rɛ̃, ɛn] I. *adj* am Ufer gelegen

II. *m(f) (voisin)* Anwohner(in) *m(f);* **pays ~ de la Méditerranée** Mittelmeeranrainer *m*

rivet [Rivɛ] *m* Niet[e *f*] *m*

rivetage [Riv(ə)taʒ] *f* [Ver]nietung *f*

riveter [Riv(ə)te] <3> *vt* [ver]nieten

riveteuse [Riv(ə)tøz] *f* Nietmaschine *f*

Riviera [RivjeRa] *f* **la ~** die Riviera

rivière [RivjɛR] *f* ❶ *(cours d'eau)* Fluss *m*
❷ SPORT Wassergraben *m*

rivière de diamants [RivjɛR də djamɑ̃] *f* Diamantenkollier *nt*

rixe [Riks] *f* Rauferei *f*

riz [Ri] *m* ❶ *(plante)* Reis *m,* Reispflanze *f*
❷ *(grain)* Reis *m;* **~ complet** Vollkornreis; **~ long** Langkornreis; **récolte de ~** Reisernte *f;* **fricassée de poulet entourée de ~** Hühnerfrikassee im Reisrand

◆ **~ au curry** Curryreis; **~ au lait** Milchreis

riziculteur, -trice [Rizikyltœr, -tris] *m* Reisbauer *m*/-bäuerin *f*

riziculture [RizikyltyR] *f* Reisanbau *m*

rizière [RizjɛR] *f* Reisfeld *nt*

R.M.A. [ɛRɛma] *m abr de* **revenu minimum d'activité** ≈ gesetzlich vorgeschriebener Mindestlohn

R.M.I. *abr de* **revenu minimum d'insertion**

RMIste, RMiste *v.* **éremiste**

R.M.N. [ɛRɛmɛn] *abr de* **résonnance magnétique nucléaire** Kernspintomographie *f*

R.N. *abr de* **route nationale**

R.N.I.S. [ɛRɛniɛs] I. *m abr de* **Réseau Numérique à Intégration de Services** INFORM ≈ ISDN *nt*

II. *app* **carte ~** ISDN-Karte *f;* **réseau ~** ISDN-Netz *nt*

R.O. [ɛRo] *m abr de* **régime ordinaire** Frachtgut *nt*

road-movie, road movie [Rodmuvi] <road-movies *o* road movies> *m* Roadmovie *m*

roast-beef *v.* **rosbif**

robe [Rɔb] *f* ❶ *(vêtement féminin)* Kleid *nt;* **~ de [o en] laine** Wollkleid; **~ de [o en] soie** Seidenkleid; **~ du soir/du dimanche** Abend-/Sonntagskleid; **~ d'été/d'hiver** Sommer-/Winterkleid; **~ de plage** Strandkleid; **~ de petite fille/de poupée** Kinder-/Puppenkleid; **se mettre en ~** ein Kleid anziehen

❷ JUR, REL Talar *m;* **~ de bure** Kutte *f;* **la ~** HIST der Richterstand; **noblesse de ~** Amtsadel *m;* **gens de ~** Richter *Pl* und Anwälte *Pl*

❸ *(pelage)* Fell *nt; d'un chat, cheval* Haarkleid *nt (geh)*

❹ *(peau) d'une fève* Hülse *f; d'un oignon* Schale *f*

❺ *(enveloppe) d'un cigare* Deckblatt *nt*

❻ *(couleur) d'un vin* Farbe *f*

◆ **~ cache-cœur** Wickelkleid *nt;* **~ chasuble** Überkleid *nt,* Kleiderrock *m;* **~ chemisier** Hemdblusenkleid *nt;* **~ fourreau** Etuikleid *nt*

◆ **~ de cérémonie** Festkleid *nt;* **~ de chambre** Morgenrock *m*

robe-manteau [Rɔbmɑ̃to] <robes-manteaux> *f* Mantelkleid *nt*

robert [RɔbɛR] *m pop* Titte *f (sl)*

robinet [Rɔbinɛ] *m* Hahn *m;* **~ d'eau/du gaz** Wasser-/Gashahn; **~ d'eau chaude** Warmwasserhahn; **~ mélangeur** Mischbatterie *f*

▶ **petit ~** *enfantin* Pipimännchen *nt (fam)*

robinetterie [Rɔbinɛtri] *f* ❶ *(matériel)* Armaturen *Pl*
❷ *(usine)* Armaturenfabrik *f*

robinier [Rɔbinje] *m* Robinie *f*

robocop [Rɔbokɔp] *m péj fam* Bereitschaftspolizist(in) *m(f)*

roboratif, -ive [Rɔbɔratif, -iv] *adj littér liqueur* stärkend; *activité* anregend; **climat ~** Reizklima *f*

robot [Rɔbo] *m* ❶ *(machine automatique)* Roboter *m*
❷ *(appareil ménager)* Küchenmaschine *f*
❸ *péj (personne mécanisée)* Roboter *m*
❹ *(androïde)* Roboter *m*

roboticien(ne) [Rɔbɔtisjɛ̃, jɛn] *m(f)* Roboterspezialist *m*

robotique [Rɔbɔtik] *f* Robotertechnik *f*

robotisation [Rɔbɔtizasjɔ̃] *f* Automatisierung *f; péj* **d'une personne** Entwicklung *f* zum Roboter

robotisé(e) [Rɔbɔtize] *adj* ❶ *(équipé de robots) atelier, usine* vollautomatisiert

❷ *(transformé en robot) homme, société* roboterhaft

robotiser [ʀɔbɔtize] <1> vt automatisieren; zum Roboter machen *personne*
robuste [ʀɔbyst] *adj* robust; *personne, plante* widerstandsfähig; *appétit* gesund; *foi* unerschütterlich
robustesse [ʀɔbystɛs] *f* Robustheit *f*; *d'une personne, plante* Widerstandsfähigkeit *f*; *de la foi* Unerschütterlichkeit *f*
roc [ʀɔk] *m* ❶ *(pierre)* Fels *m*
❷ *(personne)* Fels *m* in der Brandung
▶ **des convictions dures** [*o* **fermes**] **comme un ~** unerschütterliche Überzeugungen; **solide comme un ~** kerngesund
rocade [ʀɔkad] *f* ❶ Umgehungsstraße *f*, Expressstraße (CH)
❷ MIL Rochade *f*
rocaille [ʀɔkaj] **I.** *adj* **style ~** Rokokostil *m*
II. *f* ❶ *(cailloux)* Schotter *m*
❷ ART Muschelwerk *nt*
❸ *(style de jardin)* Steingarten *m*
rocailleux, -euse [ʀɔkajø, -jøz] *adj* ❶ *(pierreux)* steinig
❷ *(sans grâce) style* holp[e]rig
❸ *(rauque) accent* hart; *voix* rau
rocambolesque [ʀɔkãbɔlɛsk] *adj* unglaublich
roche [ʀɔʃ] *f* ❶ GEOL Gestein *nt*
❷ *(rocher)* Felsen *m*
rocher [ʀɔʃe] *m* ❶ *(bloc de pierre)* Felsen *m*
❷ *(matière)* Felsgestein *nt*
❸ ANAT Felsenbein *nt*
❹ GASTR *mit Nugat gefüllte und mit Mandelsplittern besetzte Praline*
▶ **faire du ~** klettern
rochet[1] [ʀɔʃɛ] *m* ECCL Chorhemd *nt*
rochet[2] [ʀɔʃɛ] *m* ❶ TEXTIL Schaltrad *nt*
❷ TECH **roue à ~** Klinkwerk *nt*
Rocheuses [ʀɔʃøz] *f pl* **les ~** die Rocky Mountains
rocheux, -euse [ʀɔʃø, -øz] *adj* felsig; **côte rocheuse** Felsenküste *f*
rock [ʀɔk] *m* Rock *m*; **concert de ~** Rockkonzert *nt*
rock-and-roll [ʀɔkɛnʀɔl] *m* Rock and Roll *m*
rocker [ʀɔkœʀ] *m* ❶ MUS *(musicien)* Rockmusiker(in) *m(f)*
❷ *(admirateur)* Rockfan *m*
❸ *fam (jeune)* Rocker *m*/Rockerbraut *f*
rocket *v.* **roquette**
rockeur, -euse *v.* **rocker**
rocking-chair [ʀɔkin(t)ʃɛʀ] <rocking-chairs> *m* Schaukelstuhl *m*
rococo [ʀɔkɔko, ʀɔkɔko] **I.** *adj* ❶ ART **style ~** Rokokostil *m*; **meubles de style ~** Rokokomöbel *Pl*; **église/peinture ~** Rokokokirche *f*/-malerei *f*
❷ *péj* altmodisch
II. *m* Rokoko *nt*
rodage [ʀɔdaʒ] *m* ❶ *(adaptation)* Anlaufzeit *f*; *d'un employé* Einarbeitung *f*
❷ AUT Einfahren *nt*
❸ TECH *(opération) des cames, soupapes* Einschleifen *nt*; *d'un moteur* Einstellen *nt*; *des engrenages* Einrollen *nt*
▶ **être en ~** *voiture:* eingefahren werden; *organisation, entreprise:* noch in den Kinderschuhen stecken
rodéo [ʀɔdeo] *m* ❶ *(des cowboys)* Rodeo *m o nt*
❷ *fam (avec moto, voiture)* wilde Verfolgungsjagd
roder [ʀɔde] <1> *vt* ❶ AUT, TECH einfahren *moteur, voiture;* einschleifen *cames, soupapes;* einrollen *engrenages;* **être rodé(e)** *soupape:* abgeschliffen sein; *voiture:* eingefahren sein
❷ *(mettre au point)* einstudieren *revue, spectacle;* ausarbeiten *méthodes, scénario;* **cette actrice est bien rodée** diese Künstlerin ist gut eingearbeitet; **être rodé(e)** *fam méthode:* ausgetüftelt sein *(fam)*
rôder [ʀode] <1> *vi* ❶ umherstreifen, sich herumtreiben; **~ dans la ville** *bande de pilleurs:* in der Stadt umherstreifen; **~ dans les parages** *(de façon suspecte)* sich in der Gegend herumtreiben; *(au hasard)* in der Gegend herumlungern
❷ *littér (planer sur) mort, famine:* drohen
❸ PECHE **pêche à ~** Pirschangeln *nt (Fachspr.)*
rôdeur, -euse [ʀodœʀ, -øz] *m, f* Herumtreiber(in) *m(f)*
rodomontade [ʀɔdɔmɔ̃tad] *f* Prahlerei *f*
Rodrigue [ʀɔdʀig(ə)] *m* ❶ HIST Roderich *m*
❷ *(le Cid)* Rodrigo *m*
rogations [ʀɔgasjɔ̃] *fpl* REL Bittgebete *Pl*; **semaine des ~** Bittwoche *f*
rogatoire [ʀɔgatwaʀ] *adj* **commission ~** Rechtshilfeersuchen *nt*
rogaton [ʀɔgatɔ̃] *m souvent pl fam* [Essens]reste *pl*
rogne [ʀɔɲ] *f fam* Stinkwut *f*
▶ **se mettre** [*o* **se ficher**] [*o* **se foutre**] **en ~ contre qn** *fam* eine Stinkwut auf jdn kriegen *(fam)*
rogner [ʀɔɲe] <1> **I.** *vt* ❶ *(couper)* schneiden *ongles;* stutzen *griffes, ailes;* beschneiden *page, pièce, plaque*
❷ *(mordre sur)* kürzen *salaire, argent de poche;* nagen an *(+ Dat) revenus*

II. *vi* **~ sur qc** an etw *(Dat)* sparen
rognon [ʀɔɲɔ̃] *m* GASTR Niere *f*
rognonnade [ʀɔɲɔnad] *f* GASTR Kalbsnierenbraten *m*
rognure [ʀɔɲyʀ] *f* **~ de papier** Papierschnipsel *Pl;* **~ s de carton/cuir/viande** Karton-/Leder-/Fleischabfälle *Pl;* **~ de métal** Metallspäne *Pl;* **~ s d'ongles** abgeschnittene Fingernägel *Pl*
rogue [ʀɔg] *adj (hargneux)* überheblich; **d'un ton ~** in einem schroffen Ton; **d'une voix ~** mit barscher Stimme
roi [ʀwa] *m* ❶ *(souverain)* König *m;* **les ~s fainéants** *die letzten Merowingerkönige*
❷ CARTES, ECHECS König *m;* **~ de pique** Pikkönig
❸ *(premier)* **~ des armateurs** Tankerkönig *m;* **~ de la finance** Finanzgröße *f;* **~ du pétrole** Erdölmagnat *m;* **~ de la presse** Pressebaron *m*
▶ **~ des imbéciles** absoluter Dummkopf *(fam);* **pour le ~ de Prusse** für nichts und wieder nichts; **heureux comme un ~** überglücklich; **être plus royaliste que le ~** päpstlicher als der Papst sein; **tirer les ~s** *französischer Brauch, am Dreikönigstag einen speziellen Blätterteigkuchen zu essen, in den eine kleine Figur oder Ähnliches eingebacken ist*
◆ **~ de Rome** König *m* von Rom; **Roi des Aulnes** MYTH Erlkönig *m*
Rois mages [ʀwa maʒ] *mpl* REL **les ~** die Heiligen Drei Könige
Roi-Soleil [sɔlɛj] *m inv* **le ~** der Sonnenkönig
roitelet [ʀwat(ə)lɛ] *m* ❶ ORN **~ [huppé]** Goldhähnchen *nt*
❷ *(roi)* Duodezfürst *m*
rôle [ʀol] *m* ❶ THEAT, CINE Rolle *f; (texte)* Rollentext *m;* **premier ~** Hauptrolle; **~ travesti** Hosenrolle
❷ *(fonction)* Rolle *f;* **~ déterminant** Maßgeblichkeit *f;* **~ déterminant du droit étranger** Maßgeblichkeit ausländischen Rechts
❸ ADMIN, JUR *(registre)* **~ d'équipage** Musterrolle *f;* **~ d'impôt** Hebergister *nt*
❹ SOCIOL Rolle *f;* **~ cliché** Rollenklischee *nt;* **comportement adapté à un ~ particulier** rollenspezifisches Verhalten; **agir selon un ~ particulier** sich rollenspezifisch verhalten
▶ **avoir pour ~ de faire qc** die Aufgabe haben etw zu tun; **avoir le beau ~** gut dastehen
◆ **~ de composition** Charakterrolle *f;* **~ de figurant(e)** Nebenrolle *f*
rôle-culte <rôles-culte> *m* Paraderolle *f*
roller [ʀɔlœʀ] *m* ❶ *(personne)* Inlineskater *m*
❷ *(patin)* [paire de] **~s** Rollerblades *Pl,* Inlineskates *Pl;* **~s inline** Inliner *Pl;* **faire du ~** Rollerblades fahren, inlineskaten
rolleuse [ʀɔløz] *f* Inlineskaterin *f*
rollmops [ʀɔlmɔps] *m* Rollmops *m*
rom [ʀɔm] *adj inv* der Roma *(Gen)*
Rom [ʀɔm] *mpl* **les ~** die Roma
ROM [ʀɔm] *f inv abr de* **Read Only Memory** ROM *m*
romain(e) [ʀɔmɛ̃, ɛn] *adj* ❶ *(de Rome)* römisch; **tête/voie ~e** Römerkopf *m*/-straße *f;* **l'histoire ~e d'Orient** die oströmische Geschichte
❷ TYP *chiffre* römisch; **caractères ~s** lateinische Schrift; *(opp: italiques)* Grundschrift
❸ REL **catholique ~** römisch-katholisch
Romain(e) [ʀɔmɛ̃, ɛn] *m(f)* ❶ Römer(in) *m(f)*
❷ HIST *pl* Römer *Pl*
romaine [ʀɔmɛn] *f* ❶ *(salade)* römischer Salat
❷ *(balance)* Schnellwaage *f*
roman [ʀɔmɑ̃] *m* ❶ LITTER Roman *m;* **~ divertissant** Unterhaltungsroman; **~ épistolaire/policier** Brief-/Kriminalroman; **~ feuilleton** Zeitungsroman; **~ noir** Schauerroman; *(policier)* harter [Polit]krimi; **~ social** Gesellschaftsroman; **~ d'anticipation** Zukunftsroman; **~ d'analyse** psychologischer Roman; **~ de guerre/de voyage** Kriegs-/Reiseroman; **~ d'une famille** Familienroman; **~ de [quai de] gare** [*o* **de seconde zone**] Schundroman *(péj);* **~ d'horreur** Horrorroman; **~ du terroir** Heimatroman; **dans la forme du ~** in Romanform *(Dat);* **fragment de/d'un ~** Romanfragment *nt*
❷ *(longue histoire compliquée)* Roman *m (fam)*
❸ *(histoire imaginaire)* Märchen *nt*
❹ ARCHIT, ART Romanik *f*
❺ *(langue)* **le ~** die romanische Volkssprache; *v. a.* **allemand**
◆ **~ à clé[s]** Schlüsselroman *m;* **~ à l'eau de rose** Kitschroman *m*
◆ **~ de cape et d'épée** Mantel-und-Degen-Roman *m;* **~ d'éducation** Bildungsroman *m*
roman(e) [ʀɔmɑ̃, an] *adj* ❶ ARCHIT, ART romanisch
❷ LING *langue* romanisch; *texte* in romanischer Volkssprache verfasst
romance [ʀɔmɑ̃s] *f* ❶ MUS Romanze *f*
❷ *(chanson sentimentale)* Liebeslied *nt*
▶ **pousser la ~** *hum* ein Liebeslied schmettern
romancer [ʀɔmɑ̃se] <2> *vt* ❶ *(présenter sous forme de roman)* zu einem Roman verarbeiten *événements, aventure*

❷ *(agrémenter)* romantisieren
romanche [ʀɔmɑ̃ʃ] **I.** *adj* **langue ~** Romantsch *nt*
  II. *m* **le ~** Romantsch *nt; v. a.* **allemand**
romancier, -ière [ʀɔmɑ̃sje, -jɛʀ] *m, f* Romanschriftsteller(in) *m(f)*
roman-culte [ʀɔmɑ̃kylt] <romans-culte> *m* Kultroman *m*
romand(e) [ʀɔmɑ̃, ɑ̃d] *adj* **la Suisse ~e** die französische Schweiz
Romand(e) [ʀɔmɑ̃, ɑ̃d] *m(f)* Bewohner(in) *m(f)* der französischen Schweiz, Welschschweizer(in) *m(f)* (CH)
romanesque [ʀɔmanɛsk] **I.** *adj* ❶ *(digne du roman) histoire* unglaublich; *aventures* wie im Roman; *amours* unglaublich romantisch
  ❷ *(sentimental)* romantisch
  ❸ *postposé (propre au roman) œuvre* romanartig; **forme ~** Romanform *f;* **à la forme ~** in Romanform *(Dat);* **technique ~** Technik *f* des Romans
  II. *m* **le ~** das Romantische; **se réfugier dans le ~** sich in eine Scheinwelt flüchten
roman-feuilleton [ʀɔmɑ̃fœjtɔ̃] <romans-feuilletons> *m* ❶ LITTER Fortsetzungsroman *m* ❷ *(histoire à rebondissements)* Geschichte *f* mit Fortsetzung **roman-fleuve** [ʀɔmɑ̃flœv] <romans--fleuves> *m* ❶ LITTER langer Roman ❷ *fig* Roman *m*
romanichel(le) [ʀɔmaniʃɛl] *m(f) péj* Zigeuner(in) *m(f) (pej)*
romanisation [ʀɔmanizasjɔ̃] *f* HIST, LING Romanisierung *f*
romaniser [ʀɔmanize] <1> *vt* HIST, LING romanisieren
romaniste [ʀɔmanist] *mf* Romanist(in) *m(f)*
romano *abr de* **romanichel**
roman-photo [ʀɔmɑ̃fɔto] <romans-photos> *m* Fotoroman *m*
romantique [ʀɔmɑ̃tik] **I.** *adj* romantisch
  II. *mf* Romantiker(in) *m(f)*
romantisme [ʀɔmɑ̃tism] *m* ❶ LITTER Romantik *f*
  ❷ *(grande sensibilité)* Romantik *f; d'une personne* romantische Veranlagung
romarin [ʀɔmaʀɛ̃] *m* Rosmarin *m*
rombière [ʀɔ̃bjɛʀ] *f fam* alte Schachtel *(fam)*
Rome [ʀɔm] Rom *nt*
rompre [ʀɔ̃pʀ] <irr> **I.** *vt* ❶ *(interrompre)* brechen *enchantement;* lösen *fiançailles;* abbrechen *pourparlers, relations;* stören *équilibre;* unterbrechen *monotonie*
  ❷ *(ne pas respecter)* brechen *traité;* rückgängig machen *marché*
  ❸ *soutenu (casser)* abbrechen *branche;* brechen *pain;* sprengen *chaînes*
  ❹ *(détruire)* durchbrechen; zerreißen *amarres, liens*
  ❺ *soutenu (accoutumer à)* **~ qn à une tâche** jdn mit einer Aufgabe vertraut machen; **être rompu(e) aux privations/à la discipline** an Entbehrungen/Disziplin gewöhnt sein; **être rompu(e) aux affaires** geschäftstüchtig sein
  ❻ *littér (épuiser)* **être rompu(e) de fatigue** vor Müdigkeit erschöpft sein
  II. *vi* ❶ *(se séparer)* **~ avec qn** mit jdm Schluss machen *(fam);* **~ avec une habitude** eine Gewohnheit ablegen; **~ avec une tradition** mit einer Tradition brechen
  ❷ *littér (se briser) corde, chaîne:* reißen; *digue, branche:* brechen; *rampe, balustrade:* wegbrechen
  ❸ SPORT, MIL *(reculer)* zurückweichen
  ▶ **rompez!** weggetreten!
  III. *vpr soutenu (se briser)* **se ~** *digue, branche:* brechen; *corde, chaîne:* reißen; *veine:* platzen; **se ~ les os/le cou** sich *(Dat)* die Knochen/den Hals brechen; **je me suis rompu(e) le tendon d'Achille** meine Achillessehne ist gerissen
rompu(e) [ʀɔ̃py] **I.** *part passé de* **rompre**
  II. *adj* ❶ *(cassé) liens* abgebrochen
  ❷ *fig (annulé) fiançailles* aufgelöst; *(exténué) personne* gerädert
romsteak, romsteck [ʀɔmstɛk] *m* Rumpsteak *nt,* Hüferl *nt* (A)
ronce [ʀɔ̃s] *f* ❶ *pl (épineux)* Dornenranken *Pl*
  ❷ BOT Brombeerstrauch *m*
  ❸ *(bois veiné)* Maserung *f*
ronceraie [ʀɔ̃sʀɛ] *f* Gestrüpp *nt*
ronchon(ne) [ʀɔ̃ʃɔ̃, ɔn] **I.** *adj fam* miesepet(e)rig *(fam)*
  II. *m(f) fam (homme)* Meckerfritze *m (fam),* Stinkstiefel *m (fam); (femme)* Meckerliese *f (fam)*
ronchonnement [ʀɔ̃ʃɔnmɑ̃] *m fam* Gemecker *nt (fam)*
ronchonner [ʀɔ̃ʃɔne] <1> *vi fam* **~ après qn/qc** über jdn/etw meckern *(fam)*
ronchonneur, -euse [ʀɔ̃ʃɔnœʀ, -øz] *fam* **I.** *adj* nörglerisch
  II. *m, f* Meckerfritze *m*/Meckerliese *f (fam)*
roncier [ʀɔ̃sje] *m,* **roncière** [ʀɔ̃sjɛʀ] *f* dorniger Strauch
rond [ʀɔ̃] **I.** *m* ❶ *(cercle)* Kreis *m*
  ❷ *(trace ronde)* Ring *m;* **~s de fumée** Rauchringe
  ❸ *fam (argent)* **n'avoir pas un ~** keine Knete haben *(fam)*
  ▶ **en baver des ~s de chapeau** *fam (n'en pas revenir)* Bauklötze staunen *(fam); (éprouver de graves difficultés)* es schrecklich schwer haben *(fam);* **en rester comme deux ~s de** flan *fam* ganz schön baff sein *(fam);* **pour pas un ~** *fam* für umsonst *(fam)*
  II. *adv* **avaler qc tout ~** etw unzerkaut herunterschlucken; **ne pas tourner ~** *ménage:* schlecht laufen; *moteur:* nicht rund laufen; *fam personne:* spinnen *(fam)*
  ◆ **~ de jambe** *(figure de danse)* halbkreisförmiger Tanzschritt; **faire des ~s de jambe** Höflichkeiten von sich geben; **~ de serviette** Serviettenring *m*
rond(e) [ʀɔ̃, ʀɔ̃d] *adj* ❶ *(circulaire)* rund
  ❷ *(arrondi)* **dos ~** krummer Rücken
  ❸ *(rebondi)* dick; *personne* rundlich
  ❹ *(net) chiffre, compte* rund
  ❺ *(direct)* **être ~(e) en affaires** gleich zur Sache kommen
  ❻ *fam (ivre)* blau *(fam)*
rond-de-cuir [ʀɔ̃d(ə)kɥiʀ] <ronds-de-cuir> *m péj* Bürohengst *m (pej)*
ronde [ʀɔ̃d] *f* ❶ *(tour de surveillance)* Runde *f;* **~ de police** Polizeistreife *f*
  ❷ *(danse)* Rundtanz *m;* **faire la ~** im Kreis tanzen
  ❸ *(danseurs)* Kreis *m*
  ❹ MUS ganze Note
  ❺ *(écriture)* Rundschrift *f*
  ▶ **à la ~** *(aux alentours)* im Umkreis; **faire passer qc à la ~** *(tour à tour)* etw reihum gehen lassen
rondeau [ʀɔ̃do] <x> *m* ❶ POES Rondeau *f*
  ❷ MUS Rondo *nt*
ronde-bosse [ʀɔ̃dbɔs] <rondes-bosses> *f* ART Hochrelief *nt*
rondelet(te) [ʀɔ̃dlɛ, ɛt] *adj* ❶ *(rondouillard)* mollig; **ventre ~** Bäuchlein *nt*
  ❷ *(coquet) somme, salaire* ansehnlich
rondelle [ʀɔ̃dɛl] *f* ❶ Scheibe *f;* **~ de carotte/pommes de terre** Möhren-/Kartoffelscheibe; **un concombre coupé en ~s** eine in Scheiben geschnittene Gurke
  ❷ *(petit disque)* **~ de caoutchouc/feutre** Ring *m* aus Gummi/Filz
  ❸ TECH *(disque percé)* **~ [plate]** Unterlegscheibe *f;* **~ dentée** Zahnscheibe *(Fachspr.);* **~ frein** Sicherungsscheibe; **~ Grower** Federring *m (Fachspr.)*
rondement [ʀɔ̃dmɑ̃] *adv* ❶ *(tambour battant)* zügig
  ❷ *(franchement)* ohne Umschweife
rondeur [ʀɔ̃dœʀ] *f* ❶ *(forme ronde)* Rundung *f;* **la ~ de ses joues** seine/ihre Pausbacken; **la ~ de son visage** sein/ihr rundes Gesicht; **~s de l'enfance** Babyspeck *m (fam)*
  ❷ *sans pl (franchise)* Offenheit *f;* **parler avec ~** offen sprechen
rondin [ʀɔ̃dɛ̃] *m* ❶ *(de chauffage)* Brennholz *nt*
  ❷ *(de construction)* Rundholz *nt;* **des ~s de sapin** Tannenrundhölzer *Pl;* **cabane en ~s** Blockhütte *f*
rondo [ʀɔ̃do] *m* Rondo *m*
rondouillard(e) [ʀɔ̃dujaʀ, aʀd] *adj fam (grassouillet)* pummelig *(fam)*
rond-point [ʀɔ̃pwɛ̃] <ronds-points> *m* Kreisverkehr *m*
ronéo® [ʀɔneo] *f* Hektograph *m*
ronéot[yp]er [ʀɔneɔtipe, ʀɔneɔte] <1> *vt* mit Matrize vervielfältigen
ronflant(e) [ʀɔ̃flɑ̃, ɑ̃t] *adj* ❶ *péj (emphatique)* hochtrabend, floskelhaft; *promesse* großartig
  ❷ *(qui ronfle) poêle* bullernd
ronflement [ʀɔ̃fləmɑ̃] *m* ❶ *(respiration)* Schnarchen *nt*
  ❷ *(grondement) d'un avion* Brummen *nt; d'un orgue* Dröhnen *nt; d'un poêle* Bullern *nt*
ronfler [ʀɔ̃fle] <1> *vi* ❶ *personne:* schnarchen
  ❷ *(gronder) avion, moteur:* brummen; *orgue:* dröhnen; *poêle:* bullern
  ❸ *fam (dormir)* pennen *(fam)*
ronfleur, -euse [ʀɔ̃flœʀ, -øz] *m, f (personne)* Schnarcher(in) *m(f)*
ronger [ʀɔ̃ʒe] <2a> **I.** *vt* ❶ *(grignoter)* nagen an (+ *Dat)*
  ❷ *(user)* zerfressen; angreifen *peau, roche;* **continuer à ~ le métal rouille:** sich weiterfressen
  ❸ *(miner)* aufreiben, zermürben; **être rongé(e) par la maladie** von der Krankheit aufgefressen werden; **être rongé(e) de remords** von Gewissensbissen geplagt werden
  II. *vpr* ❶ *(se grignoter)* **se ~ les ongles** an den Nägeln kauen
  ❷ *(se tourmenter)* **se ~ d'inquiétude** sich vor Sorge *(Dat)* verzehren
rongeur, -euse [ʀɔ̃ʒœʀ, -øz] *m* Nagetier *nt;* **appartenir à l'ordre des ~s** zu den Nagetieren gehören [o zählen]
ronron [ʀɔ̃ʀɔ̃] *m* ❶ *du chat* Schnurren *nt*
  ❷ *fig fam d'une machine, d'un moteur* Surren *nt*
  ❸ *fam (monotonie)* **~ de la vie quotidienne** Alltagstrott *m*
ronronnement [ʀɔ̃ʀɔnmɑ̃] *m du chat* Schnurren *nt; d'une machine, d'un moteur* Surren *nt*
ronronner [ʀɔ̃ʀɔne] <1> *vi chat:* schnurren; *moteur, avion, auto:* surren; **qn ronronne de satisfaction** jd grunzt vor Zufriedenheit
röntgen [ʀœntgən] *m* Röntgen *nt*
roque [ʀɔk] *m* Rochade *f*
roquefort [ʀɔkfɔʀ] *m* Roquefort *m*

roquer [ʀɔke] <1> vi rochieren
roquet [ʀɔkɛ] m ❶ (chien) Kläffer m (fam)
❷ (personne) Kläffer m (fam)
roquette [ʀɔkɛt] f ❶ MIL Raketengeschoss nt, Rakete f; ~ **antichar** Panzerfaust f
❷ BOT ~ **sauvage** Rucola f
❸ (salade) Rucola m
rorqual [ʀɔʀk(w)al] m ZOOL Finnwal m
rosace [ʀozas] f Rosette f, Fensterrose f
rosacée [ʀozase] f Rosengewächs nt
rosaire [ʀozɛʀ] m Rosenkranz m
rosat [ʀoza] adj inv PHARM mit Rosenextrakt
rosâtre [ʀozɑtʀ] adj schmutzigrosa
rosbif [ʀɔzbif] m GASTR Roastbeef nt, Beiried f (A)
rose¹ [ʀoz] adj ❶ rosa; joue, teint rosig, rosenfarben, rosenfarbig (poet); ciel rosenfarben, rosenfarbig (poet); **au couchant, le ciel baignait dans une lumière** ~ der Abendhimmel leuchtete rosenfarben
❷ (érotique) messagerie Erotik-; **téléphone** ~ Telefonsex m
❸ POL sozialistisch angehaucht
rose² m Rosa nt, Rosé nt; ~ **chair** Fleischfarbe f; ~ **pâle** Blassrosé; ~ **fané** [o **passé**], **vieux** ~ Altrosa; ~ **saumon** [o **orangé**] lachsfarbener Ton; ~ **bonbon** Babyrosa; **être [habillé(e)] en** ~ in Rosa gekleidet sein; **acheter de la lingerie** ~ Unterwäsche in Rosa kaufen
▶ **voir la vie/tout en** ~ das Leben/alles durch die rosarote Brille sehen
rose³ [ʀoz] f ❶ BOT Rose f; (fleur de la plante) Rosenblüte f; **fleur qui ressemble à une** ~ rosenähnliche Blüte
❷ ARCHIT Rosette f, Fensterrose f
▶ **roman à l'eau de** ~ kitschiger Roman; **pas de ~s sans épines** prov keine Rosen ohne Dornen; **frais(fraîche) comme une** ~ frisch wie der junge Morgen; **envoyer qn sur les ~s** fam jdn abblitzen lassen (fam)
◆ ~ **de Jéricho** Jerichorose f; ~ **de Noël** Christrose f; ~ **des sables** Sandrose f; ~ **des vents** Windrose f
rosé [ʀoze] m (vin) Rosé m, Roséwein m
rosé(e) [ʀoze] adj rosé
roseau [ʀozo] <x> m Schilfrohr nt, Schilf m
▶ **être souple comme un** ~ sehr gelenkig sein
rose-croix [ʀozkʀwa] I. f sans pl HIST **la Rose-Croix** die Rosenkreuzer
II. m inv HIST Rosenkreuzer m
rosée [ʀoze] f Tau m
roséole [ʀozeɔl] f MED Roseole f
roseraie [ʀozʀɛ] f Rosengarten m
rosette [ʀozɛt] f ❶ (ornement, décoration) Rosette f
❷ GASTR luftgetrocknete Wurstspezialität aus Lyon
❸ BOT Rosette f
rosier [ʀozje] m Rosenstock m, Rose f; ~ **grimpant/nain** Kletter-/Zwergrose; ~ **en buisson** Rosenbusch m, Rosenstrauch m
rosiériste [ʀozjeʀist] mf Rosenzüchter(in) m(f)
rosir [ʀoziʀ] <8> I. vi erröten; joues, ciel: sich röten; **son visage rosit de plaisir** sein Gesicht rötete sich vor Freude
II. vt röten
rossard(e) [ʀɔsaʀ, aʀd] I. adj personne gemein
II. m(f) ❶ (homme) gemeiner Kerl
❷ (femme) Biest nt (fam)
rosse [ʀɔs] I. adj ❶ (mordant) chansonnier scharfzüngig; critique scharf; satire beißend
❷ (méchant) personne gemein
❸ (sévère) streng
II. f fam ❶ (personne) **quelle vieille** ~! so ein Biest! (fam)
❷ vieilli (cheval) Schindmähre f
rossée [ʀɔse] f fam Tracht f Prügel
rosser [ʀɔse] <1> vt ❶ ~ **qn** jdm eine Tracht Prügel verpassen; **se faire ~ par qn** eine Tracht Prügel von jdm bekommen
❷ SPORT **se faire ~ par qn** von jdm haushoch geschlagen werden
rosserie [ʀɔsʀi] f ❶ sans pl (caractère) d'un chansonnier Scharfzüngigkeit f; d'un critique Schärfe f; d'une caricature, d'un patron Gemeinheit f
❷ (acte, parole) Gemeinheit f
rossignol [ʀɔsiɲɔl] m ❶ ORN Nachtigall f
❷ COM fam Ladenhüter m
❸ (passe-partout) Dietrich m
rossinante [ʀɔsinɑ̃t] f vieilli Klepper m, Schindmähre f
rostre [ʀɔstʀ] m HIST, NAUT Sporn m
rot [ʀo] m (renvoi) Aufstoßen nt, Rülpser m (fam); **faire/lâcher un** ~ aufstoßen, rülpsen (fam); bébé: ein Bäuerchen machen (fam)
rôt [ʀo] m littér Braten m
rotatif, -ive [ʀɔtatif, -iv] adj Dreh-, Rotations-
rotation [ʀɔtasjɔ̃] f ❶ (mouvement) Drehung f, Rotation f; **mouvement/vitesse de** ~ Drehbewegung/Drehgeschwindigkeit f
❷ AVIAT, NAUT Turnus m

❸ (série périodique d'opérations) ~ **du capital** Kapitalumschlag m; ~ **des cultures** Fruchtwechsel m; ~ **du personnel** Personalwechsel; ~ **des stocks** Warenumschlag, Lagerumschlag
rotative [ʀɔtativ] f Rotationspresse f
rotatoire [ʀɔtatwaʀ] adj Dreh-, Rotations-
roter [ʀɔte] <1> vi fam rülpsen (fam)
rôti [ʀoti, ʀɔti] m Braten m; ~ **de bœuf** Rinderbraten, Rindsbraten (A, CH, SDEUTSCH); ~ **de porc** Schweinebraten, Schweinsbraten (A, SDEUTSCH); ~ **de veau** Kalbsbraten; ~ **du dimanche** Sonntagsbraten
rotin [ʀɔtɛ̃] m Rattan nt, Peddigrohr nt; **des meubles en** ~ Rattanmöbel Pl, Korbmöbel; **chaise en** ~ Rattanstuhl m, Korbstuhl
rôtir [ʀotiʀ, ʀɔtiʀ] <8> I. vt ❶ GASTR braten
❷ fam (brûler) soleil: verbrennen
II. vi ❶ GASTR garen; **faire ~ qc** etw braten
❷ (être exposé au soleil) braten (fam)
III. vpr fam **se [faire] ~** in der Sonne braten (fam)
rôtisserie [ʀotisʀi] f ❶ (magasin) Grillmetzgerei f
❷ (restaurant) Grillrestaurant nt
rôtisseur, -euse [ʀotisœʀ, -øz] m, f ❶ (boucher-traiteur) Grillmetzger(in) m(f)
❷ (restaurateur) Inhaber(in) m(f) eines Grillrestaurants
rôtissoire [ʀotiswaʀ] f elektrisches Grillgerät
rotogravure [ʀɔtɔgʀavyʀ] f Rotationsdruck m
rotonde [ʀɔtɔ̃d] f ❶ Rotunde f, Rundbau m
rotondité [ʀɔtɔ̃dite] f ❶ littér (sphéricité) de la Terre Rundheit f, runde Form
❷ fam (embonpoint) Beleibtheit f, Körperfülle f
rotor [ʀɔtɔʀ] m Rotor m
rototo [ʀototo] m fam Bäuerchen nt
rottweiler [ʀɔtvajlœʀ] m ZOOL Rottweiler m
rotule [ʀɔtyl] f ❶ ANAT Kniescheibe f
❷ TECH Kugelgelenk nt
▶ **être sur les ~s** fam fix und fertig sein (fam)
◆ ~ **de direction** Spurstange f
rotulien(ne) [ʀɔtyljɛ̃, jɛn] adj Kniescheiben-
roture [ʀɔtyʀ] f HIST ❶ (absence de noblesse) Nichtadeligsein nt
❷ (classe des roturiers) Nichtadelige Pl
roturier, -ière [ʀɔtyʀje, -jɛʀ] I. adj HIST bürgerlich, nicht adelig
II. m, f HIST Bürgerliche(r) f(m), Nichtadelige(r) f(m)
rouage [ʀwaʒ] m ❶ (élément constituant) Maschinerie f; **n'être qu'un ~** nur ein Rädchen im Getriebe sein
❷ TECH Zahnrad nt
roubignoles [ʀubiɲɔl] fpl vulg Klöten Pl (vulg)
roublard(e) [ʀublaʀ, aʀd] fam I. adj durchtrieben, verschlagen
II. m(f) ❶ (homme) durchtriebener Bursche (fam)
❷ (femme) gerissenes Luder (fam)
roublardise [ʀublaʀdiz] f Durchtriebenheit f, Verschlagenheit f
rouble [ʀubl] m Rubel m
roucoulades [ʀukulad] fpl, **roucoulement** [ʀukulmɑ̃] m ❶ du pigeon, de la tourterelle Gurren nt
❷ pl fig fam (propos tendres) Liebesgeflüster nt
roucouler [ʀukule] <1> I. vi ❶ gurren
❷ hum (tenir des propos tendres) turteln
II. vt hum säuseln
roudoudou [ʀududu] m enfantin fam mit karamellisierter Bonbonmasse gefüllte Muschelhälfte
roue [ʀu] f ❶ (partie d'un véhicule) Rad nt; ~ **arrière/avant** Hinter-/Vorderrad; ~ **à rayons** Speichenrad; **véhicule à deux/quatre ~s** zweirädriges/vierrädriges Fahrzeug; ~ **libre** Freilauf m; **en ~ libre** im Freilauf; **en forme de** ~ radförmig
❷ TECH Rad nt; **la ~ du moulin** das Mühlrad; ~ **dentée/élévatoire** Zahn-/Hubrad
❸ (supplice) Rädern nt
▶ **la cinquième ~ du carrosse** das fünfte Rad am Wagen; **faire la ~** paon, gymnaste: Rad schlagen; fanfaron: sich aufblasen; **pousser à la ~** (aider qn) Beistand leisten
◆ ~ **à aubes** Schaufelrad nt; ~ **à barre** [Steuer]ruder nt; ~ **à eau** Wasserrad nt; ~ **de friction** Reibrad nt; ~ **à godets** Schöpfrad nt; ~ **de la Fortune** Glücksrad nt; ~ **de loterie** Lostrommel f; ~ **de secours** Reserverad nt, Ersatzrad nt; fig (dernier recours) Notanker m
roué(e) [ʀwe] I. adj (rusé) verschlagen, durchtrieben
II. m(f) littér ❶ (homme) durchtriebener Bursche
❷ (femme) durchtriebenes Frauenzimmer
rouelle [ʀwɛl] f Beinscheibe f
rouer [ʀwe] <1> vt ❶ (rosser) ~ **qn de coups** jdn verprügeln
❷ HIST **être roué(e)** gerädert werden
rouerie [ʀuʀi] f ❶ (caractère) List f kein Pl
❷ (acte) Trick m
rouet [ʀwɛ] m TEXTIL Spinnrad nt
rouflaquette [ʀuflakɛt] f ❶ (mèche de cheveux) Stirnlocke f
❷ (patte de cheveux) pl **des ~s** Koteletten Pl
rouge [ʀuʒ] I. adj ❶ rot; ~ **clair** inv hellrot; ~ **carmin/écarlate/**

pourpre *inv* karmin-/scharlach-/purpurrot; **~ incarnat** *inv* leuchtend rot; **~ sombre** *inv* tiefrot; **lèvres ~ sombre** tiefrote Lippen; **vin ~** Rotwein *m*
② *(congestionné)* rot; **~ de fièvre** fieberglühend; **~ de colère** rot vor Wut *(Dat)*; **~ de honte** schamrot; **~ comme un coq/une écrevisse** puter-/krebsrot
③ *(incandescent)* rot glühend; **la braise est encore ~** die Glut glimmt noch
④ POL rot
⑤ *(délicat)* **journée classée ~ pour le trafic routier** Tag *m* mit hohem Verkehrsaufkommen
II. *m* ① *(couleur)* Rot *nt;* **le feu est au ~** die Ampel ist rot [*o* steht auf Rot]
② *(signe d'émotion)* Röte *f;* **~ de la colère/honte** Zornes-/Schamröte; **le ~ lui monte au front** ihm/ihr steigt die Röte ins Gesicht
③ *fam (vin)* Rote(r) *m (fam)*, Rotwein *m;* **un verre de ~** ein Glas Rotwein; **gros ~** *fam* einfacher Rotwein
④ *(fard)* Rouge *nt;* **se mettre du ~** Rouge auflegen; **se mettre du ~ sur les lèvres** sich *(Dat)* die Lippen [rot] schminken
⑤ *(colorant)* Rot *nt*, roter Farbstoff
III. *mf* POL *vieilli* Rote(r) *f(m)*
IV. *adv* ▸ **se fâcher tout ~** rot vor Zorn werden; **voir ~** rot sehen
◆ **~ à joues** Rouge *nt;* **~ à lèvres** Lippenstift *m*
rougeâtre [ʀuʒɑtʀ] *adj* rötlich; **brun ~** rotbraun
rougeaud(e) [ʀuʒo, od] I. *adj* personne mit rotem Gesicht; *visage* rot
II. *m(f)* **un gros ~** ein rotgesichtiger Dicker *(fam)*
rouge-gorge [ʀuʒgɔʀʒ] <rouges-gorges> *m* Rotkehlchen *nt*
rougeoiement [ʀuʒwamɑ̃] *m d'un incendie* roter Schein; **le ~ du ciel au couchant** das Abendrot
rougeole [ʀuʒɔl] *f* Masern *Pl*
rougeoyant(e) [ʀuʒwajɑ̃, jɑ̃t] *adj cendres* glimmend; *reflet* rötlich
rougeoyer [ʀuʒwaje] <6> *vi soleil couchant:* rot glühen; *ciel:* sich rot färben
rouge-queue [ʀuʒkø] <rouges-queues> *m* Rotschwänzchen *nt*
rouget [ʀuʒɛ] *m* ① *(poisson)* Rotbarbe *f;* **~ barbet** echte Rotbarbe; **~ grondin** Knurrhahn *m*
② *(maladie)* Rotlauf *m*
rougeur [ʀuʒœʀ] *f* ① *(carnation rouge)* Röte *f;* **la ~ de son nez** seine/ihre rote Nase; **la ~ de ses yeux** seine/ihre roten Augen; **sa ~ trahissait son émotion** sein rotes Gesicht verriet seine Erregung
② *(tache)* roter Fleck
③ *rare (teinte rouge) du ciel* Röte *f;* **la ~ du ciel au couchant** das Abendrot
rougi(e) [ʀuʒi] I. *part passé de* **rougir**
II. *adj yeux* gerötet
rougir [ʀuʒiʀ] <8> I. *vi* ① *(exprimer une émotion) personne:* rot werden, erröten; **~ de colère/confusion/plaisir** vor Wut/Verwirrung/Freude rot werden
② *(avoir honte)* **~ de qn** sich für jdn schämen; **faire ~ qn** jdm die Röte in die Wangen treiben
③ *(devenir rouge)* rot werden; *métal:* glühend rot werden
II. *vt* ① *(rendre rouge)* rot färben; zum Glühen bringen *métal;* röten *peau*
② *fig poét* **~ ses mains de sang** seine Hände mit Blut beflecken
rougissant(e) [ʀuʒisɑ̃, ɑ̃t] *adj personne, visage* errötend; *feuilles, ciel* sich rot färbend
rougissement [ʀuʒismɑ̃] *m* Erröten *nt*
rouille [ʀuj] I. *f* ① *(corrosion)* Rost *m;* **formation de ~** Rostbildung *f*
② AGR Rost *m*
③ GASTR Mayonnaise mit Knoblauch und roten Pfefferschoten
II. *adj inv* rostbraun
rouillé(e) [ʀuje] *adj* ① *(couvert de rouille)* rostig, verrostet
② *(sclérosé)* eingerostet; *muscles* steif
③ AGR von Rost befallen
rouiller [ʀuje] <1> I. *vi (se couvrir de rouille)* [ver]rosten
II. *vt* ① *(attaquer par la rouille)* rosten lassen
② *(scléroser)* einrosten lassen; **~ la mémoire** [*o* **l'esprit**] **de qn** jdn verkalken lassen
III. *vpr* **se ~** ① *(se couvrir de rouille)* [ver]rosten; **le fer rouille facilement** Eisen ist rostanfällig
② *(se scléroser) personne:* einrosten
rouir [ʀwiʀ] <8> *vt, vi* rösten, rotten
rouissage [ʀwisaʒ] *m* Rösten *nt*, Rotten *nt*
roulade [ʀulad] *f* ① *(roulé-boulé)* Purzelbaum *m;* SPORT Rolle *f*
② GASTR Roulade *f;* **~ de porc/veau** Schweine-/Kalbsroulade
③ MUS Koloratur *f*
roulage [ʀulaʒ] *m* ① AGR Walzen *nt*
② TRANSP, MIN Transport *m*, Beförderung *f*
roulant(e) [ʀulɑ̃, ɑ̃t] I. *adj* ① *(sur roues) cabine, meuble* auf Rollen; **chaise ~e, fauteuil ~** Rollstuhl *m;* **cuisine ~e** Feldküche *f;* **table ~e** Servierwagen *m*
② CHEMDFER *matériel* rollend; *personnel* fahrend
③ *(mobile)* Roll-; **escalier ~** Rolltreppe *f;* **trottoir ~** Rollsteig *m;* **tapis ~** Förderband *nt*
II. *mpl* CHEMDFER *fam* fahrendes Personal
roulé [ʀule] *m* ① *(gâteau)* [Biskuit]rolle *f*
② *(viande)* Rollbraten *m*
roulé(e) [ʀule] *adj* ① *(enroulé) bord de chapeau* [ein]gerollt; **col ~** Rollkragen *m*
② GASTR **épaule ~e** Schulterstück *nt* als Rollbraten
③ LING gerollt
④ *(arrondi) galets* rund
⑤ *(e) fam* gut gebaut *(fam)*
◆ **bien ~(e)** *fam* gut gebaut *(fam)*
rouleau [ʀulo] <x> *m* ① *(bigoudi)* Lockenwickler *m*
② *(bande enroulée)* Rolle *f;* **~ de cuivre** Kupferdrahtrolle *f;* **~ de fil barbelé** Stacheldrahtrolle *f*
③ *a.* TECH *(objet cylindrique)* Rolle *f;* **~ de pièces** Rolle Münzen, Geldrolle; **~ [de peintre]** Farbroller *m*, Farbrolle *f;* **~ compresseur** Planierwalze *f*, Straßenwalze
④ *(vague)* Welle *f*
⑤ SPORT Rolle *f*
◆ **~ à pâtisserie** Nudelholz *nt;* **~ de printemps** Frühlingsrolle *f*
roulé-boulé [ʀulebule] <roulés-boulés> *m* Purzelbaum *m*
roulement [ʀulmɑ̃] *m* ① *(bruit sourd) du tonnerre* Grollen *nt;* **du train** Rattern *nt;* **~ de tambour** Trommelwirbel *m*
② *(mouvement) des yeux* Rollen *nt; des épaules* Kreisen *nt;* **marcher avec des ~s de hanches** sich beim Gehen in den Hüften wiegen
③ *(alternance)* [Schicht]wechsel *m;* **par ~** im Turnus
④ *(circulation) des capitaux, fonds* Umlauf *m*
⑤ TECH Lager *nt;* **~ à aiguilles/à billes** Nadel-/Kugellager; **~ de vilebrequin** Kurbelwellenlager
⑥ *(circulation)* **~ des voitures** Autoverkehr *m;* **~ des poids lourds** Lkw-Verkehr *m*
rouler [ʀule] <1> I. *vt* ① *(faire avancer)* rollen; fahren *brouette, poussette;* **la rivière roule des galets** der Fluss führt Kieselsteine mit sich
② *(enrouler)* aufrollen; zusammenrollen *parapluie, crêpe;* drehen *cigarette;* zusammenlegen *chaussettes;* **~ ses cheveux sur les bigoudis** sich *(Dat)* die Haare eindrehen
③ *(enrouler, enrober)* **~ qn dans une couverture** jdn in eine Decke einwickeln; **~ qc dans la farine** etw in Mehl *(Dat)* wälzen
④ *(passer au rouleau)* walzen
⑤ *fam (tromper)* übers Ohr hauen *(fam)*, **se faire ~ par qn** jdm übers Ohr gehauen werden *(fam)*, **il s'est fait ~** *(en parlant d'un tour de passe-passe)* er ist auf einen Taschenspielertrick hereingefallen *(fam)*
⑥ *littér (retourner)* wälzen *idées, projets*
⑦ *(faire tourner une partie du corps)* kreisen mit *épaules;* rollen *yeux;* sich wiegen in *(Dat) hanches*
⑧ LING rollen
II. *vi* ① *(se déplacer en véhicule)* fahren; **~ peu/en 2 CV** wenig/mit einem 2 CV fahren
② *(se déplacer sur roues) véhicule, objet:* fahren, rollen; **~ vite** schnell fahren [*o* rollen]; **~ à vide** ohne Ladung fahren; **faire ~ une voiture** ein Auto wegrollen
③ *(tourner sur soi)* rollen; *(s'éloigner) ballon, voiture:* wegrollen; **~ sous la table** *ballon:* unter den Tisch rollen; *personne:* unterm Tisch landen; **~ en bas de la pente** den Hang hinunterrollen; **faire ~ une pierre** einen Stein wegwälzen [*o* wegrollen]; **faire ~ les tonneaux vers le bas** die Fässer hinunterrollen
④ NAUT schlingern
⑤ *(bourlinguer)* herumkommen
⑥ FIN *argent, fonds:* in Umlauf sein
⑦ *(faire un bruit sourd) tonnerre:* grollen; **les tambours se mirent à ~** die Trommeln fingen an zu schlagen
⑧ *(porter sur)* **la discussion roule sur qn/qc** in der Diskussion geht es um jdn/etw
⑨ *fam (être à la solde de)* **~ pour qn** für jdn arbeiten
▸ **ça roule** *fam* alles paletti *(fam);* **allez roulez!** *fam* auf geht's! *(fam)*
III. *vpr* ① *(se vautrer)* **se ~ par terre/dans l'herbe** sich auf dem Boden/im Gras rollen
② *(se tordre)* **se ~ de douleur** sich vor Schmerz *(Dat)* krümmen; **c'est vraiment à se ~ par terre** es ist wirklich zum Totlachen *(fam)*
③ *(s'enrouler)* **se ~ [en boule]** sich einrollen; **se ~ dans une couverture** sich in eine Decke einrollen
④ *(pouvoir être enroulé)* sich zusammenrollen lassen
roulette [ʀulɛt] *f* ① *(petite roue)* Rolle *f*, Rädchen *nt;* **fauteuil à ~s** Rollstuhl *m;* **patins à ~s** Rollschuhe *Pl;* **~ de suspension** Gardinenröllchen *nt*
② *(outil) du dentiste* Bohrer *m; du pâtissier* [Teig]rädchen *nt; de la couturière* [Kopier]rädchen *nt*

③ *(jeu)* Roulett(e) *nt;* ~ **russe** russisches Roulett(e)
▶ **marcher comme sur des ~ s** *fam* wie geschmiert laufen
rouleur, -euse [ʀulœʀ, -øz] *m, f* CYCLISME [Rad]rennfahrer(in) *m(f)*
roulis [ʀuli] *m* Schlingern *nt*
roulotte [ʀulɔt] *f* Wohnwagen *m*
roulotté(e) [ʀulɔte] *adj* COUT *foulard* mit Rollsaum
roulottier, -ière [ʀulɔtje, -jɛʀ] *m, f fam* Autoknacker *m (fam)*
roulure [ʀulyʀ] *f vulg* Nutte *f (fam)*
roumain [ʀumɛ̃] *m* **le ~** Rumänisch *nt,* das Rumänische; *v. a.* **allemand**
roumain(e) [ʀumɛ̃, ɛn] *adj* rumänisch
Roumain(e) [ʀumɛ̃, ɛn] *m(f)* Rumäne *m*/Rumänin *f*
Roumanie [ʀumani] *f* **la ~** Rumänien *nt*
roumi [ʀumi] *mf* Bezeichnung der Muslime für Christen
round [ʀaund, ʀund] *m* SPORT a. *fig* Runde *f*
roupettes [ʀupɛt] *fpl fam* Eier *Pl (sl)*
roupie [ʀupi] *f* FIN Rupie *f*
roupiller [ʀupije] <1> *vi fam* pennen *(fam),* pofen *(fam)*
roupillon [ʀupijɔ̃] *m fam* Nickerchen *nt;* **piquer** [*o* **faire**] **un ~** ein Nickerchen machen
rouquin(e) [ʀukɛ̃, in] **I.** *adj personne* rothaarig; *cheveux* rot
II. *m(f)* Rothaarige(r) *f(m)*
rouscailler [ʀuskaje] <1> *vi fam* meckern *(fam)*
rouspétance [ʀuspetɑ̃s] *f fam* Gemecker *nt (fam)*
rouspéter [ʀuspete] <4> *vi fam* **~ contre qn/qc** an jdm/etw [herum]meckern *(fam);* **se faire ~** ausgeschimpft werden
rouspéteur, -euse [ʀuspetœʀ, -øz] *fam* **I.** *adj* meckernd *(fam);* **être ~ (-euse)** dauernd meckern
II. *m, f* ① *(homme)* Meckerfritze *m (fam)*
② *(femme)* Meckerziege *f (fam)*
roussâtre [ʀusɑtʀ] *adj* rötlich
rousse [ʀus] **I.** *f (personne)* Rothaarige *f*
II. *adj v.* **roux**
rousserolle [ʀus(ə)ʀɔl] *f* Drosselrohrsänger *m*
roussette [ʀusɛt] *f* ① *(requin)* Katzenhai *m*
② *(chauve-souris)* Fledermaus *f*
rousseur [ʀusœʀ] *f* Rotton *m*
roussi [ʀusi] *m* ▶ **sentir le ~** *(sentir le brûlé)* angebrannt riechen; *(être suspect)* nicht [ganz] koscher [*o* sauber] sein *(fam)*
roussir [ʀusiʀ] <8> **I.** *vi* ① *feuillage:* rot werden; *herbe:* braun werden
② GASTR **faire ~** anbraten
II. *vt* ① *(brûler)* ansengen; [an]bräunen *farine*
② *(rendre roux)* braun färben *herbe;* rot färben *feuillage*
roustons [ʀustɔ̃] *mpl fam* Eier *Pl (sl)*
routage [ʀutaʒ] *m* d'imprimés Sortierung *f*
routard(e) [ʀutaʀ, aʀd] *m(f)* Rucksacktourist(in) *m(f)*
route [ʀut] *f* ① *(voie)* Straße *f;* **la ~ de Paris** die Straße nach Paris; **~ nationale** Nationalstraße; *(in Deutschland)* ≈ Bundesstraße; **~ départementale** Départementsstraße; *(in Deutschland)* ≈ Landstraße; **grande ~** Fernverkehrsstraße; **~ secondaire** Nebenstraße; **~ de dégagement** Entlastungsstraße
② *(voyage)* Fahrt *f;* **trois heures de ~** drei Stunden Fahrzeit; **être en ~ pour Paris** nach Paris unterwegs sein, auf dem Weg nach Paris sein; **faire ~ vers Paris** nach Paris fahren; **faire ~ avec qn** mit jdm unterwegs sein; **bonne ~ !** gute Fahrt!
③ *(itinéraire, chemin)* Weg *m,* Route *f;* **demander sa ~** nach dem Weg fragen; **perdre sa ~** sich verfahren; **changer de ~** den Kurs ändern; **être sur la bonne ~** auf dem richtigen Weg sein; **couper** [*o* **barrer**] **la ~ à qn** jdm den Weg versperren
④ NAUT, AVIAT Route *f;* **~ aérienne** Flugroute
⑤ *sans pl (moyen de transport)* Straßenverkehr *m,* Straße *f;* **venir par la ~** mit dem Auto kommen
⑥ *(ligne de communication)* **~ aérienne**/**maritime** Luft-/Seeweg *m;* **~ stratégique** strategisch wichtige Straße; **~ de la soie**/**du sel** Seiden-/Salzstraße *f;* **~ des Indes** Weg *m* nach Indien
⑦ *(parcours)* **~ du bonheur**/**succès** Weg *m* zum Glück/Erfolg; **nos ~ s se sont croisées** unsere Wege haben sich gekreuzt; **sa ~ est déjà toute tracée** sein/ihr Weg ist bereits vorgezeichnet
▶ **faire fausse ~** vom Weg abkommen, *(se tromper)* auf dem Holzweg sein; **avoir qc en ~** etw in Gang gesetzt haben; **faire de la ~** viel herumreisen; **mettre qc en ~** etw in Gang setzen; **tenir la ~** *voiture:* eine gute Straßenlage haben; *fam projet:* realisierbar sein; *personne:* verlässlich sein; **en ~ !** auf geht's! *(fam)*
routier [ʀutje] *m* ① *(camionneur)* Fernfahrer *m*
② CYCLISME Straßenfahrer *m*
③ *(restaurant)* Fernfahrerraststätte *f*
routier, -ière [ʀutje, -jɛʀ] *adj (relatif à la route) circulation, contrôle* Straßen-; *information, perturbation, situation* Verkehrs-; **tunnel ~** Straßentunnel *m;* **prévention routière** Verkehrserziehung *f;* **réseau ~** Straßennetz *nt*
routière [ʀutjɛʀ] *f* ① *(camionneur)* Fernfahrerin *f*
② CYCLISME Straßenfahrerin *f*

③ AUT Langstreckenfahrzeug *nt*
routine [ʀutin] *f* ① *(habitude)* Routine *f;* **contrôle/visite de ~** Routineuntersuchung *f*/-besuch *m*
② INFORM Routineprogramm *nt*
routinier, -ière [ʀutinje, -jɛʀ] *adj* Routine-; *méthodes* gängig; *vie* eintönig; *personne* Gewohnheits-
rouvrir [ʀuvʀiʀ] <11> **I.** *vt* wieder aufmachen; wieder aufreißen *blessure, plaie;* wieder in Gang setzen *débat*
II. *vi* wieder aufmachen; **être rouvert(e)** *magasin:* wieder eröffnet sein; *plaie:* wieder aufgegangen sein
III. *vpr* **se ~** *porte:* wieder aufgehen; *blessure, plaie:* wieder aufplatzen; *débat:* wieder in Gang kommen
roux [ʀu] *m* ① *(couleur)* Rot *nt*
② GASTR Mehlschwitze *f,* Einbrenn *f* (A)
③ *(personne)* Rothaariger *m*
roux, rousse [ʀu, ʀus] *adj personne* rothaarig; *barbe, cheveux, feuillage* rot; *pelage, robe de cheval* rotbraun *f*
royal(e) [ʀwajal, o] <-aux> *adj* ① *(propre à un roi)* königlich; **prince ~**/**princesse ~ e** Kronprinz *m*/Kronprinzessin *f*
② *(digne d'un roi)* fürstlich
③ *(magnifique, parfait) indifférence* absolut; *paix* himmlisch; **temps ~** *hum fam* Kaiserwetter *nt (hum)*
royale [ʀwajal] *f* GASTR **lièvre à la ~** mit Gänseleberpastete gefüllter Hasenbraten in Weißwein-Trüffel-Soße
royalement [ʀwajalmɑ̃] *adv* ① *vivre* fürstlich
② *fam (complètement)* **je m'en moque ~** das ist mir völlig Wurst *(fam)*
royalisme [ʀwajalism] *m* Royalismus *m*
royaliste [ʀwajalist] **I.** *adj* royalistisch
II. *mf* Royalist(in) *m(f)*
royalties [ʀwajalti] *fpl* ① *(pour un brevet, une licence)* Lizenzgebühr *f*
② *(pour une chanson, adaptation)* Tantiemen *Pl*
③ *(dans le cas d'une société pétrolière)* Förderabgaben *Pl*
royaume [ʀwajom] *m* ① *(monarchie)* Königreich *nt*
② REL Himmelreich *nt*
③ *fig* Reich *nt*
▶ **au ~ des aveugles les borgnes sont rois** *prov* unter den Blinden ist der Einäugige König
◆ **~ de Dieu** Reich *nt* Gottes; **~ des morts** Reich *nt* der Toten, Totenreich *nt*
Royaume-Uni [ʀwajomyni] *m* **le ~** das Vereinigte Königreich
royauté [ʀwajote] *f* ① *(régime)* Königtum *nt*
② *(fonction)* Krone *f*
R.P.F. [ɛʀpeɛf] *m abr de* **Rassemblement du peuple français** Partei in Frankreich
R.P.R. [ɛʀpeɛʀ] *m abr de* **Rassemblement pour la République** französische konservative Partei der Gaullisten
R.S.V.P. [ɛʀɛsvepe] *abr de* **répondez s'il vous plaît** u.A.w.g., U.A.w.g.
RTB [ɛʀtebe] *f abr de* **Radio-Télévision belge** *Rundfunk- und Fernsehsender in Belgien*
RTL [ɛʀteɛl] *abr de* **Radio-Télévision luxembourgeoise** *Rundfunk- und Fernsehsender in Luxemburg*
RTT [ɛʀtete] *f abr de* **Réduction du temps de travail** *(congé)* Überstundenabbau *m;* **être en ~** seine Überstunden abfeiern *(fam)*
RU [ʀy] *m* UNIV *arg abr de* **restaurant universitaire** Mensa *f*
ruade [ʀɥad] *f* Ausschlagen *nt;* **le cheval a décoché** [*o* **lancé**] **une ~** das Pferd hat ausgeschlagen
ruban [ʀybɑ̃] *m* ① *(bande de tissu)* Band *nt;* **~ de chapeau** Hutband
② *(insigne de décoration)* **~ de la Légion d'honneur** Ordensband *nt* der Ehrenlegion
③ *(bande de tissu, de métal)* Band *nt;* d'un téléscripteur Streifen *m;* d'une machine à écrire Farbband; **~ magnétique** Tonband; INFORM Magnetband; **~ adhésif** Klebeband; **~ correcteur**/**encreur**/**isolant** Korrektur-/Farb-/Isolierband; **~ perforé** Lochstreifen
rubéole [ʀybeɔl] *f* Röteln *Pl*
Rubicon [ʀybikɔ̃] *m* **franchir le ~** den Rubikon überschreiten
rubicond(e) [ʀybikɔ̃, ɔ̃d] *adj* hochrot
rubidium [ʀybidjɔm] *m* Rubidium *nt*
rubis [ʀybi] **I.** *m* ① *(pierre précieuse)* Rubin *m;* **les ~** *(pierres)* die Rubine; *(bijoux)* der Rubinschmuck
② *(en horlogerie)* Stein *m*
▶ **payer ~ sur l'ongle** auf Heller und Pfennig bezahlen
II. *adj inv* rubinrot, rubinfarbig, rubinfarben; **verre de couleur ~** Rubinglas *nt*
rubrique [ʀybʀik] *f* ① PRESSE Rubrik *f;* **~ littéraire**/**sportive** Literatur-/Sportteil *m;* **~ des spectacles** Veranstaltungskalender *m;* **~ Courriers des lecteurs**/**Petites annonces** Rubrik Leserbriefe/Kleinanzeigen; **tenir la ~ des sciences** für den Wissenschaftsteil verantwortlich sein
② *(titre)* Verzeichnis *nt*

ruche [ryʃ] f ❶ Bienenstock m
❷ (panier) Bienenkorb m
❸ (colonie) Bienenvolk nt
❹ (fourmilière) Ameisenhaufen m
ruché [ryʃe] m Rüsche f
rucher [ryʃe] m Bienenhaus nt
rudbeckia [rydbekja] m BOT Sonnenhut m
rude [ryd] I. adj ❶ (pénible) hart; climat rau; montée steil
❷ (sévère) hart
❸ (rugueux) peau, surface rau; étoffe derb
❹ (fruste) personne rau; manières derb; traits hart
❺ antéposé (redoutable) gaillard handfest
❻ (rauque) sons, voix rau
❼ antéposé fam (sacré) appétit gesegnet
❽ (forte) conccurence drückend
II. f ▶ **en voir de ~s** Schweres durchmachen
rudement [rydmɑ̃] adv ❶ frapper hart; tomber schwer; répondre schroff; traiter grob
❷ fam (sacrément) verdammt (fam); **avoir ~ peur** eine Mordsangst haben (fam)
rudesse [rydɛs] f ❶ (dureté) d'une personne Grobheit f; **la ~ de son langage** seine/ihre ungeschliffene Sprache; **la ~ de ses manières** seine/ihre derben Manieren
❷ (rigueur) des conditions de vie Härte f; **la ~ du climat** das raue Klima; **la ~ de l'hiver** der harte Winter
rudiment [rydimɑ̃] m ❶ pl (notions élémentaires) Grundkenntnisse Pl; **~s d'anglais/de chimie** Grundkenntnisse in Englisch/Chemie
❷ ANAT Rudiment nt
rudimentaire [rydimɑ̃tɛʀ] adj ❶ (sommaire) connaissances rudimentär; installation einfach
❷ ANAT rudimentär
rudoiement [rydwamɑ̃] m littér Brutalität f
rudoyer [rydwaje] <6> vt **~ qn** mit jdm brutal umgehen
rue[1] [ry] f ❶ Straße f; **~ du village** Dorfstraße f; **~ commerçante** Geschäftsstraße, Ladenstraße f; (dans un complexe) Einkaufsmeile f; **~ commerçante principale** Hauptgeschäftsstraße f; **~ piétonne** Fußgängerzone f; **~ à sens unique** Einbahnstraße f; **en pleine ~** mitten auf der Straße; **dans la ~** auf der Straße; **descendre dans la ~** auf die Straße gehen; **marcher dans les ~s** durch die Straßen gehen; **traîner dans les ~s** sich auf der Straße herumtreiben
❷ (ensemble des habitants) **toute la ~ la connaît** die ganze Straße kennt sie
▶ **courir les ~s** personne: an jeder Ecke anzutreffen sein; chose: gang und gäbe sein; **être à la ~** auf der Straße stehen; **jeter qn à la ~** jdn hinauswerfen; **gamin/fille des ~s** Junge/Mädchen aus der Gosse
rue[2] [ry] f BOT Raute f
ruée [rɥe] f Ansturm m; **~ sur les banques** FIN Bankenrun m; **~ vers l'issue de secours** Ansturm auf den Notausgang; **~ vers l'or** Goldrausch m
ruelle [rɥɛl] f Gässchen nt
ruer [rɥe] <1> I. vi cheval, âne: ausschlagen
II. vpr **se ~ sur qn/qc** sich auf jdn/etw stürzen; **se ~ dans la rue/vers la sortie** auf die Straße/zum Ausgang stürzen [o stürmen]; **la foule se rua vers la frontière** die Menge strömte zur Grenze
ruf[f]ian [ryfjɑ̃] m littér Zuhälter m
ruflette® [ryflɛt] f Kräuselband nt
rugby [rygbi] m Rugby nt

Land und Leute

Le **rugby** ist nach Fußball eine der beliebtesten Sportarten. Ursprünglich aus England kommend, entwickelte es sich vor allem im Süden Frankreichs zum Breitensport. Man spielt **rugby** in Teams mit 13 oder 15 Spielern, die versuchen, den ovalen Ball hinter die gegnerische Torlinie zu bringen.

rugbyman [rygbiman, -mɛn] <s o -men> m Rugbyspieler m
rugir [ryʒiʀ] <8> I. vi ❶ brüllen; **~ de colère** vor Wut (Dat) brüllen
❷ (mugir; gronder) heulen; mer: tosen; **faire ~ son moteur** den Motor aufheulen lassen
II. vt brüllen insultes, menaces
rugissement [ryʒismɑ̃] m ❶ d'un fauve Brüllen nt kein Pl
❷ (hurlement) **pousser des ~s** herumbrüllen; **~s de colère** Wutgeheul nt
❸ (grondement) de la tempête, du vent, d'un moteur Heulen nt; de la mer Tosen nt
rugosité [rygozite] f ❶ (aspérité) Unebenheit f
❷ sans pl (surface rugueuse) Rauheit f
rugueux, -euse [rygø, -øz] adj rau
Ruhr [ʀuʀ] f ❶ (région) **la ~** das Ruhrgebiet; **aller dans la ~ ins**

Ruhrgebiet gehen; **se trouver dans la ~** sich im Ruhrgebiet befinden; **les industries de la ~** die Industrie des Ruhrgebiets
❷ (rivière) **la ~** die Ruhr
ruine [ʀɥin] f ❶ pl (décombres) Trümmer Pl
❷ (édifice délabré) Ruine f
❸ (personne) hinfälliger Mensch, Wrack nt
❹ (destruction) **en ~[s]** in Trümmern; **tomber en ~[s]** zerfallen; **menacer de tomber en ~[s]** zu verfallen drohen
❺ (chute, décadence) d'une entreprise, personne Ruin m; d'une carrière, d'espoirs Ende nt; d'un État Zusammenbruch m; **sa carrière est allée à la ~** seine/ihre Karriere ist ruiniert
❻ (perte de biens) wirtschaftlicher Ruin; **courir à la ~** dem Bankrott entgegengehen
❼ (source de dépenses) **quelle ~ cette voiture!** dieses Auto ist mein/dein/sein/... Ruin!
ruiné(e) [ʀɥine] adj ❶ (délabré) château verfallen
❷ (qui a perdu sa fortune) personne ruiniert
ruiner [ʀɥine] <1> I. vt ❶ (dévaster) verwüsten vignoble; vernichten récolte
❷ (dépouiller de sa richesse) ruinieren
❸ (détruire) ruinieren; zerstören vie; **~ tous les espoirs de qn** jdm seine ganze Hoffnung nehmen
❹ (coûter cher) **ça [ne] va pas te ~** fam das wird dich [schon] nicht umbringen (fam)
II. vpr **se ~ pour qn** sich wegen jdm in den Ruin stürzen; **se ~ en médicaments** viel Geld für Medikamente ausgeben
ruineux, -euse [ʀɥinø, -øz] adj voiture, voyage horrend teuer; dépense horrend; **avoir des goûts ~** einen sündhaft teuren Geschmack haben; **ce n'est pas ~** das kostet nicht die Welt
ruisseau [ʀɥiso] <x> m ❶ Bach m
❷ (liquide qui coule) **~ de lave/sang** Lava-/Blutstrom m
❸ (situation misérable) Gosse f; **tomber dans le ~** in der Gosse landen
▶ **les petits ~x font les grandes rivières** prov Kleinvieh macht auch Mist
ruisselant(e) [ʀɥis(ə)lɑ̃, ɑ̃t] adj ❶ (coulant) tropfnass; **~(e) de pluie** vom Regen triefend
❷ (couvert) **~(e) de sueur** schweißtriefend; **~(e) de sang** blutüberströmt; **~(e) d'humidité** tropfnass
❸ fig littér **~(e) de lumière** lichtdurchflutet
ruisseler [ʀɥis(ə)le] <3> vi ❶ (couler) rinnen
❷ (être couvert de) **~ de sueur** vor Schweiß (Dat) triefen; **~ d'humidité** murs: vor Nässe (Dat) tropfen; **ses joues ruisselaient de larmes** Tränen rannen ihm/ihr über die Wangen; **la sueur ruisselle dans mon dos** [o **me ruisselle dans le dos**] der Schweiß läuft mir den Rücken herunter
❸ fig littér **~ de lumières** von Licht durchflutet sein
ruisselet [ʀɥis(ə)lɛ] m Bächlein nt
ruissellement [ʀɥisɛlmɑ̃] m ❶ Rinnen nt
❷ fig **~ de lumières** Lichterglanz m
rumba [ʀumba] f Rumba f o m
rumeur [ʀymœʀ] f ❶ (bruit qui court) Gerücht nt; **~ publique** Gerüchteküche f; **faire courir une ~** ein Gerücht in Umlauf bringen
❷ (brouhaha) de la ville Lärm m; des vagues Brausen nt; d'une conversation Gemurmel nt
❸ (protestation) Murren nt; **des ~s de protestation s'élèvent** Proteststimmen werden laut
ruminant [ʀyminɑ̃] m Wiederkäuer m
rumination [ʀyminasjɔ̃] f ❶ fig **~ d'une idée/du passé** [Nach]grübeln nt über eine Idee/die Vergangenheit; **~ d'un projet** Brüten nt über einem Projekt
❷ ZOOL Wiederkäuen nt
ruminer [ʀymine] <1> I. vt ❶ (ressasser) brüten über (+ Dat); **~ son chagrin** sich dem Kummer hingeben
❷ ZOOL wiederkäuen
II. vi wiederkäuen
rumsteck v. **romsteck**
rune [ʀyn] f Rune f, Runenzeichen nt
runique [ʀynik] adj Runen-; **alphabet/pierre ~** Runenalphabet nt/-stein m; **études concernant l'écriture ~** Runenforschung f
rupestre [ʀypɛstʀ] adj peinture, art Fels-, Höhlen-; tombe Felsen-; plante Gesteins-
rupin(e) [ʀypɛ̃, in] fam I. adj personne betucht (fam); appartement nobel; quartier Nobel-
II. m(f) Steinreiche(r) f(m) (fam)
rupteur [ʀyptœʀ] m ELEC Unterbrecher m
rupture [ʀyptyʀ] f ❶ (cassure) Bruch m; **~ du/d'un tuyau d'eau** Wasserrohrbruch m
❷ (déchirure) d'une corde Reißen nt; d'un tendon, d'une veine Riss m
❸ (interruption) des négociations, relations Abbruch m
❹ (annulation) de fiançailles Entlobung f; **~ de contrat/traité** Vertragsbruch m; **~ grave de contrat** schwerer Vertragsbruch; **~ du contrat de travail** Auflösung f des Arbeitsverhältnisses

⑤ *(séparation)* Trennung *f*
⑥ *(changement brusque)* ~ **d'équilibre** Gleichgewichtsverlust *m*; **~ de pente** Vorsprung *m*, Absatz *m*; **~ de rythme/ton** Rhythmus-/Tonwechsel *m*; **~ de style** Stilbruch *m*
⑦ *(opposition)* **être en ~ avec le monde** abgekehrt von der Welt leben; **être en ~ avec la société** auf Kriegsfuß mit der Gesellschaft stehen
▸ **être en ~ de ban** völlig frei sein; **homme/femme en ~ de ban** Aussteiger *m*/Aussteigerin *f*
◆ **~ de stock** Lagerfehlbestand *m*; **être en ~ de stock** nicht liefern können

rural(e) [ʀyʀal, o] <-aux> I. *adj* **vie, région** ländlich; *exploitation* landwirtschaftlich; **pays ~** Agrarland *nt*; **domaine ~** Landgut *nt*; **économie ~e** Landwirtschaft *f*; **route ~e** CAN *(chemin qui va d'un rang à un autre)* Landstraße, die von einer Siedlung zu II. *m(f)* Landbewohner(in) *m(f)*

ruse [ʀyz] *f* ❶ *(subterfuge)* List *f*; **déjouer les ~s de qn** jdm auf die Schliche kommen; **plein de ~s** *personne, comportement* listenreich *(geh)*; **agir avec ~** listenreich vorgehen *(geh)*
❷ *sans pl (habileté)* Schläue *f*; **réussir par ~ à faire qc** es geschickt fertigbringen, etw zu tun
▸ **~ de guerre**, **~ de Sioux** Kriegslist *f*

rusé(e) [ʀyze] I. *adj* listig, schlau; **très ~** *personne, comportement* listenreich *(geh)*
II. *m(f)* raffinierte Person; **c'est une ~e** sie ist raffiniert; **petit ~/petite ~e** Trickser(in) *m(f)*

ruser [ʀyze] <1> *vi* List anwenden
rush [ʀœʃ] <[e]s> *m* Andrang *m*; SPORT Spurt *m*; **~ de la clientèle** Kundenandrang; **~ du week-end** Wochenendansturm *m*; **~ sur qc** Ansturm *m* auf etw *(Akk)*
rushes [ʀœʃ] *mpl* CINE Rohmaterial *nt*
russe [ʀys] I. *adj* russisch
II. *m* **le ~** Russisch *nt*, das Russische; *v. a.* **allemand**
Russe [ʀys] *mf* Russe *m*/Russin *f*; **~ blanc** Weißrusse *m*/-russin *f*
Russie [ʀysi] *f* **la ~** Russland *nt*
russification [ʀysifikasjɔ̃] *f* Russifizierung *f*
russifier [ʀysifje] <1a> *vt* russifizieren
russule [ʀysyl] *m* Täubling *m*
rustaud(e) [ʀysto, od] I. *adj personne* ungehobelt; *apparence* ungeschlacht *(geh)*
II. *m(f)* ungehobelter Klotz

rusticité [ʀystisite] *f* ❶ *(rustrerie)* Ungehobeltheit *f*; **la ~ de ses manières** sein/ihr ungehobeltes Benehmen
❷ *sans pl littér (aspect rustique)* **la ~ des maisons** die bäuerlichen Häuser; **la ~ du cadre** der bäuerliche Rahmen
❸ *sans pl (robustesse)* Robustheit *f*

rustine® [ʀystin] *f* Flickzeug *nt*
rustique [ʀystik] I. *adj mobilier* rustikal; *objets, outils* einfach; *personne, vie* naturverbunden; *coutumes* ländlich; *arbre, plante* robust
II. *m* Einfachheit *f*; **se meubler en ~** sich rustikal einrichten
rustre [ʀystʀ] I. *adj* ungehobelt
II. *m* ungehobelter Kerl [*o* Klotz]
rut [ʀyt] *m* Brunft *f*, Brunst *f*; **en ~** brünstig
rutabaga [ʀytabaga] *m* Steckrübe *f*
ruthénium [ʀytenjɔm] *m* Ruthenium *nt*
rutilant(e) [ʀytilɑ̃, ɑ̃t] *adj* funkelnd
rutilement [ʀytilmɑ̃] *m littér* Funkeln *nt*
rutiler [ʀytile] <1> *vi* funkeln
RV *abr de* **rendez-vous**
rythme [ʀitm] *m* ❶ MUS Rhythmus *m*; **~ de la valse** Walzertakt *m*; **évoluer au ~ de la valse** sich im Walzertakt wiegen
❷ *(dans un roman, une pièce)* Spannung *f*
❸ *(allure, cadence)* Tempo *nt*; **ne pas pouvoir suivre le ~** das Tempo nicht halten können; **au ~ de qc** im Rhythmus von etw; **~ de l'activité économique** Konjunkturverlauf *m*; **~ de l'essor conjoncturel** Tempo des Konjunkturaufschwungs
❹ *(succession) des habitudes* Rhythmus *m*; *des saisons* Wechsel *m*
❺ *(mouvement régulier)* **~ cardiaque/respiratoire** Herz-/Atemrhythmus *m*
◆ **~ de développement** Entwicklungstempo *nt*; **~ d'expansion** Expansionstempo *m*

rythmé [ʀitme] *adj* rhythmisch; **match/rock très ~** flottes Spiel/flotter Rock
rythmer [ʀitme] <1> *vt (cadencer)* **~ qc** den Rhythmus einer S. *(Gen)* bestimmen
rythmique [ʀitmik] I. *adj* rhythmisch; *guitare* Rhythmus-; **section ~** Schlaginstrumente *Pl*
II. *f* ❶ *(gymnastique)* rhythmische Gymnastik
❷ MUS *(cadence)* Tempo *nt*

S s

S, s [ɛs] *m inv* ❶ S *nt*/s *nt*
❷ *(forme)* **virage en S** S-Kurve *f*
s *f inv abr de* **seconde** Sek.
S *abr de* **sud**
sa [sa, se] <ses> *dét poss* ❶ sein(e)/ihr(e); **~ chaise/fleur/maison** sein/ihr Stuhl/seine/ihre Blume/sein/ihr Haus
❷ *form (avec un titre)* **Sa Majesté** Seine/Ihre Majestät; **Sa Sainteté** Seine Heiligkeit
▸ **elle pourrait tout de même fermer ~ porte** sie könnte wenigstens die Tür hinter sich *(Dat)* zumachen
SA [ɛsa] *f* ECON *abr de* **société anonyme** AG *f*
sabayon [sabajɔ̃] *m* Zaba[gl]ione *f*, Sabayon *nt*
sabbat [saba] *m* ❶ REL Sabbat *m*; **jour du ~** Sabbat
❷ *(danse des sorcières)* Hexensabbat *m*
sabbatique [sabatik] *adj* ❶ **année ~** Sabbatjahr *nt*; *d'un professeur d'université* Forschungsjahr; **congé ~** Beurlaubung *f*; **prendre une année ~** ein Sabbatjahr nehmen [*o* machen]
❷ REL *repos* Sabbat-
sabir [sabiʀ] *m péj* Kauderwelsch *nt*
sablage [sablaʒ] *m* Sandstreuen *nt*; *d'une façade* Sandstrahlen *nt*
sable [sabl] I. *m* ❶ Sand *m*
❷ *(région)* **les ~s** die [Sand]wüste; **~s mouvants** Treibsand *m*
II. *adj inv* sandfarben
sablé [sable] *m* GASTR Sandgebäck *nt*
sablé(e) [sable] *adj* GASTR **gâteau ~** Sandgebäck *nt*; **pâte ~e** Mürbeteig *m*
sabler [sable] <1> *vt* ❶ *(couvrir de sable)* mit Sand bestreuen
❷ *(décaper)* sandstrahlen; **~ le champagne** die Champagnerkorken knallen lassen
sableuse [sabløz] *f* ❶ *(appareil pour couvrir de sable)* Sandstreuwagen *m*
❷ *(machine pour décaper)* Sandstrahlgebläse *nt*
sableux, -euse [sablø, -øz] *adj* Sand-

sablier [sablije] *m* Sanduhr *f*
sablière [sablijɛʀ] *f* Sandgrube *f*
sablon [sablɔ̃] *m* TECH feinster Sand *m*
sablonneux, -euse [sablɔnø, -øz] *adj* sandig
sabord [sabɔʀ] *m* Geschützpforte *f*; **~ de charge** Ladeluke *f*
▸ **mille ~s!** *fam* heiliges Kanonenrohr! *(fam)*
sabordage [sabɔʀdaʒ] *m*, **sabordement** [sabɔʀdəmɑ̃] *m*
❶ *d'une entreprise* Schließung *f*
❷ NAUT Versenken *nt*
saborder [sabɔʀde] <1> I. *vt* ❶ einstellen *projet*; **~ une entreprise** einen Betrieb schließen
❷ NAUT versenken *bateau, flotte*
II. *vpr* **se ~** ❶ *patron:* den Betrieb schließen; *candidat:* freiwillig ausscheiden
❷ NAUT sich versenken
sabot [sabo] *m* ❶ *(chaussure)* Holzschuh *m*
❷ *(de ville)* Clog *m*, Sabot *m*
❸ ZOOL Huf *m*; **animaux à ~s** Huftiere *Pl*; **~ de cheval** Pferdehuf; **~ de devant** Vorderhuf
❹ TECH *de tables, bureaux* [Schutz]kappe *f*; **~ de frein** Bremsbacke *f*; **~ d'arrêt** Bremsklotz *m*
▸ **je te vois venir avec tes gros ~s** Nachtigall, ich hör dir trapsen *(fam)*; **comme un ~** *(très mal)* unter aller Kanone *(fam)*
◆ **~ de Denver** Parkkralle *f*
sabotage [sabɔtaʒ] *m* ❶ *(destruction volontaire)* Sabotage *f*; **~ des machines** Zerstörung *f* der Maschinen
❷ *fig* **~ des négociations** Unterminierung *f* der Verhandlungen; **~ économique** Wirtschaftssabotage *f*
❸ *(bâclage)* **~ du travail** schludrige Arbeit
saboter [sabɔte] <1> *vt* ❶ *(détruire volontairement)* sabotieren; **~ une machine** eine Maschine zerstören
❷ *fig* **~ les négociations** die Verhandlungen unterminieren
❸ *(bâcler)* schludern bei

saboteur, -euse [sabɔtœʀ, -øz] *m, f* Saboteur(in) *m(f)*
sabotier, -ière [sabɔtje, -jɛʀ] *m, f* Holzschuhmacher(in) *m(f)*
sabre [sɑbʀ] *m* ❶ *(arme)* Säbel *m*
❷ SPORT Säbelfechten *nt*
▶ **le ~ et le goupillon** *fam* die Armee und die Kirche
sabrer [sɑbʀe] <1> *vt* ❶ *(biffer)* streichen
❷ *(raccourcir)* kürzen
❸ *fam (refuser à un examen)* durchrasseln lassen *(fam)*
❹ *fam (renvoyer de l'école, licencier)* **se faire ~** gefeuert werden *(fam)*
❺ *(mettre en pièces)* ~ **l'ennemi** mit dem Säbel auf den Feind einhauen
❻ *(ouvrir)* ~ **le champagne** einer/der Champagnerflasche den Hals brechen *(wobei der Flaschenhals mit einem Säbel durchtrennt wird)*
❼ *fam (bâcler)* schludern bei *(fam) affaire, travail;* hinschludern *(fam) travail écrit*
❽ *(marquer)* zeichnen *front, visage*
sabreur [sɑbʀœʀ] *m* ❶ *(soldat)* Draufgänger *m*
❷ *(escrimeur)* Säbelfechter *m*
sac¹ [sak] I. *m* ❶ Sack *m,* Beutel *m;* ~ **à pommes de terre** Kartoffelsack; ~ **à linge** Wäschebeutel; ~ **à pinces à linge** Klammerbeutel; ~ **en plastique** Plastiksack; ~ **postal** Postsack; **mettre en ~ s** in Säcke füllen; **vendre qc par ~ s entiers** etw sackweise [*o* säckeweise] verkaufen
❷ *(en plastique)* [Plastik]tüte *f;* ~ **poubelle** Müllbeutel *m,* Mülltüte; ~ **congélation** Gefrierbeutel
❸ *(en papier)* Papiertüte *f;* ~ **aspirateur** Staubsaugerbeutel *m*
❹ *(bagage)* Tasche *f;* ~ **à main** Handtasche; ~ **à provisions** Einkaufstasche; ~ **d'écolier** Schultasche; ~ **de fantassin** [*o* **de soldat**] Marschgepäck *nt;* ~ **de golf** Golftasche; ~ **de marin** Seesack *m;* ~ **de plage/de voyage** Bade-/Reisetasche; ~ **de sport** Sporttasche; *(souple, sans poignée)* Turnbeutel *m;* ~ **à dos** Rucksack *m;* **partir ~ au dos** mit dem Rucksack losziehen
❺ *(contenu)* **un ~ de pommes de terre/de ciment** ein Sack *m* Kartoffeln/Zement
❻ HIST *fam (dix francs ou mille anciens francs)* tausend alte/zehn neue französische Franc
❼ ANAT, ORN ~ **lacrymal/aérien** Tränen-/Luftsack *m*
▶ ~ **d'embrouilles** [*o* **de nœuds**] *fam* Wirrwarr *m,* verworrene Geschichte; **l'affaire est/c'est dans le ~** *fam* die Sache/das ist gebongt *(fam);* **mettre dans le même ~** in einen Topf werfen; **vider son ~** *fam* auspacken *(fam)*
II. *app inv robe* Sack-
◆ ~ **à malice**[s] Zauberkiste *f;* ~ **à viande** *fam* Leinenschlafsack *m*
◆ ~ **de couchage** Schlafsack *m;* ~ **de couchage sarcophage** Mumienschlafsack; ~ **de sable** Sandsack *m*
sac² [sak] *m (pillage)* Plünderung *f;* **mettre à ~** plündern
saccade [sakad] *f* Ruck *m;* **par ~ s** stoßweise; **parler par ~ s** abgehackt sprechen
saccadé(e) [sakade] *adj débit, style, rire* abgehackt; *démarche, gestes* ruckartig; *respiration* stoßweise; *sommeil* mehrmals gestört; **un bruit ~** ein stoßweise ertönendes Geräusch
saccage [sakaʒ] *m* ❶ *(pillage)* Plünderung *f*
❷ *(dévastation)* Verwüstung *f*
saccager [sakaʒe] <2a> *vt* ❶ *(dévaster)* verwüsten; vernichten *récolte*
❷ *(piller)* plündern
saccageur, -euse [sakaʒœʀ, -jøz] *m, f* Plünderer *m*
saccharide [sakaʀid] *m* CHIM Saccharid *nt*
saccharification [sakaʀifikasjɔ̃] *f* CHIM Verzuckerung *f,* Saccharifikation *f (Fachspr.)*
saccharine [sakaʀin] *f* Saccharin *nt*
saccharose [sakaʀoz] *m* CHIM Saccharose *f*
SACEM [sasɛm] *f abr de* **Société des auteurs, compositeurs et éditeurs de musique** ≈ GEMA *f*
sacerdoce [sasɛʀdɔs] *m* ❶ REL Priesteramt *nt*
❷ *(vocation)* heiliges Amt
sacerdotal(e) [sasɛʀdɔtal, o] <-aux> *adj* Priester-
sachem [saʃɛm] *m* Häuptling *m*
sachet [saʃɛ] *m* Tüte *f;* ~ **de bonbons** Bonbontüte; ~ **de lavande** Lavendelsäckchen *nt;* ~ **de soupe instantanée** Suppentüte; ~ [**de**] **congélation** Gefrierbeutel *m;* ~ [**de**] **cuisson** Kochbeutel; **soupe en ~** Tütensuppe *f,* Fertigsuppe *f*
sacoche [sakɔʃ] *f* Umhängetasche *f;* BELG *(sac à main)* Handtasche *f;* ~ **de cycliste** [Fahrrad]satteltasche *f*
sac-poubelle [sakpubɛl] <sacs-poubelles> *m* Müllbeutel *m,* Müllsack *m*
sacquer [sake] <1> *vt fam* ❶ *(renvoyer)* feuern *(fam);* **se faire ~** gefeuert werden *(fam)*
❷ *(noter sévèrement)* schlecht benoten; **se faire ~** schlecht benotet werden
❸ *(refuser à un examen)* durchrasseln lassen *(fam);* **il s'est fait ~** er ist durchgerasselt *(fam)*
❹ *(détester)* **ne pas pouvoir ~ qn** jdn nicht riechen können *(fam)*
sacralisation [sakʀalizasjɔ̃] *f* Verehrung *f*
sacraliser [sakʀalize] <1> *vt* ❶ *(rendre sacral)* als heilig verehren
❷ *(accorder de la valeur à)* ~ **qc** einer Sache *(Dat)* einen hohen Wert beimessen
sacramentel(le) [sakʀamɑ̃tɛl] *adj* sakramental
sacre [sakʀ] *m* ❶ *(cérémonie religieuse) d'un souverain, évêque* Inthronisation *f*
❷ *(consécration) du printemps* Krönung *f*
❸ CAN *(juron)* Fluch *m*
sacré [sakʀe] *m* Göttliche(s) *nt*
sacré(e)¹ [sakʀe] *adj* ❶ REL heilig; *art, édifice* sakral; *musique* geistlich
❷ *fig horreur* fürchterlich; **terreur ~ e** Furcht *f* vor übernatürlichen Kräften
❸ *(inviolable) droits* geheiligt, unantastbar; *lois* heilig; **pour lui, le sommeil, c'est ~** der Schlaf ist ihm heilig
❹ *antéposé fam (maudit)* ~ **nom d'un chien!** verdammt noch [ein]mal! *(fam)*
❺ *antéposé fam (satané)* verdammt *(fam); farceur, gaillard* irrsinnig *(fam);* **avoir un ~ talent** ein Wahnsinnstalent haben *(fam);* **avoir un ~ toupet** ganz schön dreist sein *(fam);* **cette ~ e Lina a encore gagné!** diese verdammte Lina hat schon wieder gewonnen! *(fam)*
sacré(e)² [sakʀe] *adj* **les vertèbres ~ es** das Kreuzbein
sacrebleu [sakʀəblø] *interj* Donnerwetter
Sacré-Cœur [sakʀekœʀ] *m sans pl* ❶ Herz *nt* Jesu
❷ *(basilique)* **le ~ se trouve à Paris** die Sacré-Cœur steht in Paris
sacrement [sakʀəmɑ̃] *m* Sakrament *nt;* **derniers ~ s** Sterbesakramente *Pl;* **saint ~** heiliges Sakrament
sacrément [sakʀemɑ̃] *adv fam* wahnsinnig *(fam),* ungeheuer; **il fait ~ beau** es ist ein irrsinnig schönes Wetter [draußen] *(fam)*
sacrer [sakʀe] <1> *vt* ❶ *(introniser)* inthronisieren
❷ *(déclarer)* ~ **qn le meilleur acteur de sa génération** jdn zum besten Schauspieler seiner Generation erklären; **être sacré le meilleur roman de l'année** zum besten Roman des Jahres erklärt werden
sacrificateur, -trice [sakʀifikatœʀ, -tʀis] *m, f* Opferpriester(in) *m(f)*
sacrifice [sakʀifis] *m* ❶ *(privation)* Opfer *nt;* **faire un ~** ein Opfer bringen
❷ *sans pl (renoncement)* Aufgabe *f;* **sens du ~** Opfergeist *m;* **faire le ~ de qc pour qc** etw für etw opfern
❸ REL *(immolation)* Opferung *f*
▶ **Saint Sacrifice** heilige Messe
sacrificiel(le) [sakʀifisjɛl] *adj* Opfer-
sacrifié(e) [sakʀifje] *m(f)* Opfer *nt*
sacrifier [sakʀifje] <1a> I. *vt* ❶ *(renoncer à)* opfern; ~ **qn à ses intérêts** jdn seinen Interessen opfern; ~ **qc pour** [*o* **à**] **qc** etw für etw opfern; ~ **qc pour faire qc** etw opfern, um etw zu tun
❷ *(négliger)* vernachlässigen *personnage, rôle*
❸ COM zu Schleuderpreisen verkaufen, verramschen *(fam) marchandises;* heruntersetzen *prix*
❹ REL opfern
II. *vi littér* ~ **à la mode** sich der Mode unterwerfen; ~ **aux préjugés** Vorurteilen unterliegen
III. *vpr* **se** ~ **pour ses enfants** sich für seine Kinder aufopfern; **se** ~ **à des idées/pour la patrie** sich für eine Idee/für das Vaterland opfern
sacrilège [sakʀilɛʒ] I. *adj* ❶ frevelhaft
❷ REL gotteslästerlich
II. *m* ❶ Sakrileg *nt*
❷ REL *(profanation)* Gotteslästerung *f*
III. *mf (personne)* Gotteslästerer *m*/-lästerin *f*
sacripant [sakʀipɑ̃] *m fam* Strolch *m (fam)*
sacristain, sacristine [sakʀistɛ̃, sakʀistin] *m, f* Küster(in) *m(f),* Kirchendiener(in) *m(f),* Messner(in) *m(f)* (DIAL)
sacristie [sakʀisti] *f* Sakristei *f*
sacro-saint(e) [sakʀosɛ̃, sɛ̃t] <sacro-saints> *adj iron* sakrosankt
sacrum [sakʀɔm] *m* Kreuzbein *nt*
sadique [sadik] I. *adj* sadistisch
II. *mf* Sadist(in) *m(f)*
sadiquement [sadikmɑ̃] *adv* sadistisch
sadisme [sadism] *m* Sadismus *m*
sado [sado] *fam* I. *adj* Sado- *(fam);* **être ~** ein Sadist sein
II. *m, f* Sado *m*/Sado-Frau *f (fam)*
sadomaso [sadomazo] *fam* I. *adj inv* Sadomaso- *(fam);* **il/elle est ~** er/sie ist sadomasochistisch
II. *mf inv* Sadomaso *m*/Sadomaso-Frau *f (fam)*
sadomasochisme [sadomazɔʃism] *m* Sadomasochismus *m*
sadomasochiste [sadomazɔʃist] I. *adj* sadomasochistisch
II. *mf* Sadomasochist(in) *m(f)*
safari [safaʀi] I. *m* Safari *f;* **équipement/chapeau de ~** Safariaus-

rüstung *f*/-hut *m*
II. *app* **ensemble/chemise ~** Safarianzug *m*/-hemd *nt*
safari-photo [safaʀifɔto] <safaris-photos> *m* Fotosafari *f*
safran¹ [safʀɑ̃] **I.** *m* ❶ GASTR, BOT Safran *m*
❷ *(couleur)* Safrangelb *nt*
II. *adj inv* safrangelb
safran² [safʀɑ̃] *m* NAUT Ruderblatt *nt*
saga [saga] *f* ❶ *(histoire familiale)* Familiensaga *f*, Familienroman *m*
❷ *(légende)* Saga *f*
sagace [sagas] *adj* scharfsinnig
sagacité [sagasite] *f* Scharfsinn *m*
sagaie [sagɛ] *f* Lanze *f*
sage [saʒ] **I.** *adj* ❶ *(avisé) conseil, personne* weise; *décision* klug
❷ *(docile) écolier, enfant* artig, brav
❸ *(chaste) jeune fille* sittsam *(geh)*
❹ *(décent, modéré) goût, vêtement* schlicht; *roman* anständig
II. *m* Weise(r) *f(m)*; **conseil des ~s** Rat *m* der Weisen
sage-femme [saʒfam] <sages-femmes> *f* Hebamme *f*
sagement [saʒmɑ̃] *adv* ❶ *(raisonnablement)* klug
❷ *(modérément) user* in Maßen
❸ *(docilement)* artig
❹ *(chastement)* sittsam
sagesse [saʒɛs] *f* ❶ Weisheit *f*; ~ **populaire** Volksweisheit; **agir avec ~** klug handeln; **user de qc avec ~** etw in Maßen gebrauchen; **un conseil plein de ~** ein weiser Rat; **la ~ de ta décision** deine kluge Entscheidung; **solution de la ~** vernünftige Lösung; **voie de la ~** vernünftiger Weg; **avoir la ~ de faire qc** so klug sein und etw tun
❷ *(docilité) d'un enfant, élève* Artigkeit *f*
❸ *(chasteté) d'une jeune fille* Sittsamkeit *f (geh)*
❹ *(modération) de vêtements* Schlichtheit *f*
▶ **~ des nations** Volksweisheit *f*
sagittaire [saʒitɛʀ] *f* BOT Pfeilkraut *nt*
Sagittaire [saʒitɛʀ] *m* ASTROL, ASTRON Schütze *m*; **être [du signe du] ~** [ein] Schütze sein, im Zeichen des Schützen geboren sein
sagouin(e) [sagwɛ̃, in] *m(f) fam (personne malpropre)* Schwein *nt (fam)*, Ferkel *nt (fam)*
Sahara [saaʀa] *m* **le ~** die Sahara
saharien(ne) [saaʀjɛ̃, jɛn] *adj* ❶ GEOG aus der Sahara; *oasis* in der Sahara
❷ *(extrême) température* tropisch
saharienne [saaʀjɛn] *f* Safarijacke *f*
Sahel [saɛl] *m* **le ~** der Sahel, die Sahelzone
saignant(e) [sɛɲɑ̃, ɑ̃t] *adj* ❶ *(sanglant) blessure, plaie* blutend
❷ *(rouge) bifteck, viande* englisch
❸ *(douloureux) blessure, douleur* tief; *critique* scharf, hart; *mésaventure* schmerzlich
❹ *(violent)* **ça va être ~ !** da werden die Fetzen fliegen!
saignée [seɲe] *f* ❶ *(sillon) d'un arbre* Zapfstelle *f*; **du sol** Rinne *f*; *d'une pièce* Nut *f*
❷ MED Aderlass *m*
❸ *(pertes humaines, financières)* Aderlass *m*
❹ ANAT Armbeuge *f*
saignement [sɛɲmɑ̃] *m* ❶ *(perte de sang)* Blutung *f*; **les ~s de nez** das Nasenbluten
❷ *(fait de saigner)* Bluten *nt*
saigner [seɲe] <1> **I.** *vi* ❶ bluten; **~ du nez** aus der Nase bluten
❷ *littér (souffrir) dignité, orgueil*: verletzt sein; *cœur*: bluten
▶ **ça va ~ !** da werden die Fetzen fliegen!
II. *vt* ❶ MED zur Ader lassen
❷ *(tuer)* abstechen *animal*; **~ qn** jdm die Gurgel durchschneiden
❸ *(exploiter)* schröpfen *personne*
III. *vpr* **se ~ pour qn** für jdn [schwer] bluten müssen *(fig)*
saillant [sajɑ̃] *m d'un bastion* Vorsprung *m*; *d'une frontière* Ausbuchtung *f*
saillant(e) [sajɑ̃, jɑ̃t] *adj* ❶ *(protubérant) corniche, front [her]vorspringend*; *veine, yeux, muscle* hervortretend; *pommettes, menton* vorstehend; *angle* spitz
❷ *(important) événement* herausragend; *trait* hervortretend
saillie¹ [saji] *f* ❶ *(aspérité)* Vorsprung *m*; **en ~** vorspringend
❷ *littér (boutade)* Geistesblitz *m*
saillie² [saji] *f* ZOOL *(accouplement)* Decken *nt*
saillir¹ [sajiʀ] <*irr, déf*> *vi corniche, front*: [her]vorspringen; *veines, yeux, muscle*: hervortreten; *menton, os*: vorstehen
saillir² [sajiʀ] <8> *vt* decken
sain(e) [sɛ̃, sɛn] *adj* ❶ *(en bonne santé, salubre)* gesund, *constitution* kräftig
❷ *(non abîmé) fruit, viande* einwandfrei; *fondations* solide
❸ *(normal) affaire, gestion* seriös; **financièrement ~(e)** finanziell gesund
❹ *(de bon aloi) politique, lectures, idées* vernünftig
❺ NAUT ungefährlich

▶ **~(e) et sauf(sauve)** gesund und wohlbehalten
saindoux [sɛ̃du] *m* Schweineschmalz *m*
sainement [sɛnmɑ̃] *adv manger, vivre* gesund; *juger, réagir* vernünftig
sainfoin [sɛ̃fwɛ̃] *m* [Futter]esparsette *f*
saint(e) [sɛ̃, sɛ̃t] **I.** *adj* ❶ heilig; **~es huiles** Salböl *nt*; **~(e) patron(ne)** Schutzheilige(r) *f(m)*; **le ~ sacrifice de la messe** die heilige Messe; **le Saint Sépulcre** das Heilige Grab; **la Sainte Vierge** die Heilige Jungfrau; **les Saintes Écritures** die Heilige Schrift; **vendredi/samedi ~** Karfreitag *m*/Karsamstag *m*; **jeudi ~** Gründonnerstag *m*; **la nuit du samedi ~** die Osternacht
❷ *antéposé (inspiré par la piété)* **une ~e colère** ein heiliger Zorn
II. *m(f)* REL Heilige(r) *f(m)*; **~ protecteur/~e protectrice** Schutzheilige(r); **le culte des ~s** die Heiligenverehrung
▶ **ne pas savoir à quel ~ se vouer** weder ein noch aus wissen
▶ **~s de glace** Eisheilige(n) *Pl*; **~ des saints** Allerheiligste(s) *nt*
Saint-Barthélemy [sɛ̃baʀtelemi] *f sans pl* **la ~** die Bartholomäusnacht **saint-bernard** [sɛ̃bɛʀnaʀ] <saint-bernard[s]> *m*
❶ *(chien)* Bernhardiner *m* ❷ *(âme secourable)* Samariter *m*
saint-cyrien(ne) [sɛ̃siʀjɛ̃, jɛn] <saint-cyriens> *m(f)* Schüler der Elite-Militärschule Saint-Cyr
Sainte-Alliance [sɛ̃taljɑ̃s] *f* **la ~** die Heilige Allianz **Sainte-Catherine** [sɛ̃tkatʀin] *f sans pl* **elle coiffe ~** sie ist fünfundzwanzig Jahre alt und ledig **Sainte Édith** [sɛ̃tedit] *f* **la ~** das Fest der heiligen Edith **Sainte-Hélène** [sɛ̃tɛlɛn(ə)] GEOG Sankt Helena *nt*
saintement [sɛ̃tmɑ̃] *adv* heilig
Saint-Esprit [sɛ̃tɛspʀi] *m sans pl* **le ~** der Heilige Geist
sainteté [sɛ̃tte] *f* Heiligkeit *f*; **Sa/Votre Sainteté** Seine/Ihre Heiligkeit
saint-frusquin [sɛ̃fʀyskɛ̃] *m inv fam* Krempel *m (fam)*, Kram *m (fam)* **saint-glinglin** [sɛ̃glɛ̃glɛ̃] *f sans pl* **à la ~** am Sankt-Nimmerleins-Tag *(fam)* **saint-honoré** [sɛ̃tɔnɔʀe] *m inv mit Sahne oder Pudding gefüllter Brandteigkuchen* **Saint-Jean** [sɛ̃ʒɑ̃] *f sans pl* **la ~** das Johannisfest **Saint-Marin** [sɛ̃maʀɛ̃] *m* San Marino **Saint-Nicolas** [sɛ̃nikɔla] *f sans pl* **la ~** der Nikolaustag, Nikolaus **Saint-Office** [sɛ̃tɔfis] *m* ECCL, HIST Heiliges Offizium *nt* **Saint-Père** [sɛ̃pɛʀ] <Saints-Pères> *m* Heiliger Vater **saint-pierre** [sɛ̃pjɛʀ] <saint-pierre[s]> *m (poisson)* Heringskönig *m* **Saint-Pierre** [sɛ̃pjɛʀ] *m sans pl* Sankt Petrus *m* **Saint-Pierre-et-Miquelon** [sɛ̃pjɛʀemikəlɔ̃] *m* Saint-Pierre-et-Miquelon *kein Art* **Saint-Siège** [sɛ̃sjɛʒ] *m sans pl* Heiliger Stuhl **saint-simonien(ne)** [sɛ̃simɔnjɛ̃, jɛn] <saint-simoniens> **I.** *adj* saint-simonistisch **II.** *m(f)* Saint-Simonist(in) *m(f)* **Saint-Sylvestre** [sɛ̃silvɛstʀ] *f sans pl* Silvester *m o nt*
saisi [sezi] *m* JUR Pfändungsschuldner *m*
saisi(e) [sezi] **I.** *part passé de* **saisir**
II. *adj* JUR *personne, chose* gepfändet
saisie [sezi] *f* ❶ JUR Pfändung *f*, Exekution *f* (A); **~ conservatoire** Sicherungsbeschlagnahmung *f*; **~ immobilière** Immobiliarpfändung; **~ mobilière** Pfändung von beweglichen Sache; **seconde ~** Anschlusspfändung; **~ d'une/de la créance** Forderungspfändung; **~ sur compte bancaire** Kontopfändung
❷ *(confiscation)* Beschlagnahmung *f*
❸ INFORM Erfassen *nt*, Erfassung *f*; **~ directe** Direkterfassung; **~ par clavier** Tastatureingabe *f*; **~ de l'écran** Screenshot *m (Fachspr.)*; **~ du texte** Texterfassung
▶ **~ de commande** INFORM Befehlseingabe *f*; **~ d'images** INFORM Bilderfassung *f*; **~ de réquisition** Beschlagnahmeverfügung *f*
saisie-arrêt [seziaʀɛ] <saisies-arrêts> *f* JUR Pfändung *f* bei einem Dritten; **~ sur salaire/traitement de la** Lohn-/Gehaltspfändung **saisie-exécution** [seziɛgzekysjɔ̃] <saisies-exécutions> *f* Zwangsvollstreckung *f*, Pfandverkauf *m*
saisine [sezin] *f d'un tribunal* Anrufung *f*
saisir [seziʀ] <8> **I.** *vt* ❶ *(prendre)* packen, fassen; **~ qn par les épaules/le chien par le collier** jdn an den Schultern/den Hund am Halsband packen [o fassen]; **~ qn à bras le corps** jdn mit beiden Armen umfassen
❷ *(attraper)* **~ le ballon au vol** den Ball auffangen; **réussir à ~ la corde** den Strick zu fassen bekommen
❸ *(mettre à profit)* wahrnehmen *chance*; ergreifen *occasion*; **~ un Anlass nehmen** *prétexte*
❹ *(comprendre)* begreifen; **~ au vol une partie de la conversation** einen Teil des Gesprächs aufschnappen
❺ *littér (s'emparer de)* **~ qn** *allégresse, désespoir, malaise*: jdn ergreifen; *colère, horreur, peur, fièvre*: jdn packen
❻ *(impressionner)* **~ qn** *beauté*: jdn bezaubern; *ressemblance, changement*: jdn verblüffen
❼ GASTR anbraten *viande*
❽ *(confisquer)* beschlagnahmen, pfänden; beschlagnahmen *marchandises, compte*
❾ JUR *(porter devant)* anrufen, gehen vor (+ *Akk*) *commission*; **~ un tribunal d'une affaire** mit einer Sache vor Gericht gehen
❿ INFORM erfassen

II. *vi fam* durchblicken *(fam)*
III. *vpr* se ~ de qc zu etw greifen
saisissable [sezisabl] *adj* ❶ *(compréhensible)* verständlich
❷ JUR pfändbar
saisissant(e) [sezisã, ãt] *adj* ❶ *(qui surprend) beauté* ergreifend; *changement, différence* erstaunlich; *froid* schneidend
❷ JUR être ~(e) Pfandgläubiger(in) *m(f)* sein
saisissement [sezismã] *m* ❶ *(frisson)* Schaudern *nt*
❷ *(émotion)* Ergriffenheit *f*; de ~ vor Schreck; **il resta muet de ~** ihm verschlug es die Sprache
saison [sezɔ̃] *f* ❶ *(division de l'année)* Jahreszeit *f*; **belle/mauvaise ~** schöne/kalte Jahreszeit; **~ sèche** Trockenzeit, Trockenperiode *f*; **en toute(s) ~(s)** ganzjährig; **il n'y a plus de ~s** *fam* das Wetter ist auch nicht mehr das, was es einmal war
❷ *(époque privilégiée)* **~ littéraire/lyrique** Literatur-/Lyrikwochen *Pl*; **~ théâtrale** Theatersaison *f*; **~ des amours** Paarungszeit *f*; **~ des foins** Zeit *f* der Heuernte; **fruits de ~** Früchte der Saison
❸ SPORT, TOURISME Saison *f*; **basse/haute ~** Neben-/Hochsaison; **morte ~** flaue Saison; **en/hors ~** während/außerhalb der Saison; **faire la ~** während der Saison arbeiten; **ouverture de la ~** Saisoneröffnung *f*; **début de la/de ~** Saisonbeginn *m*; **fin de la/de ~** Saisonende *nt*, Saisonschluss *m*; **~ en salle** Hallensaison
❹ *(cure)* Kuraufenthalt *m*, Kur *f*
▶ **sujet de ~** aktuelles Thema; **hors de ~** unangemessen
saisonnalité [sezɔnalite] *f des ventes* Saisonabhängigkeit *f*/-bedingtheit *f*
saisonnier, -ière [sezɔnje, -jɛʀ] I. *adj* ❶ *(propre à la saison)* jahreszeitlich; *maladie* jahreszeitlich bedingt
❷ *(limité à la saison)* saisonal; **activité saisonnière** Saisonbetrieb *m*
II. *m, f* Saisonarbeiter(in) *m(f)*; **~(-ière) agricole** Erntearbeiter(in)
saké [sake] *m* Sake *m*, Reisschnaps *m*
salace [salas] *adj littér plaisanterie, écrit* unanständig; *personne* lüstern
salacité [salasite] *f littér d'un écrit, d'une plaisanterie* Unanständigkeit *f*; *d'une personne* Lüsternheit *f*
salade [salad] *f* ❶ Salat *m*; **~ verte** grüner Salat; **~ niçoise** Nizza-Salat; **~ de crudités** Rohkostsalat; **~ de fruits** Obstsalat, Fruchtsalat; **~ de tomates/de pommes de terre/de poisson** Tomaten-/Kartoffel-/Fischsalat; **~ de saison** Salat der Saison; **légumes en ~** als Salat zubereitetes Gemüse
❷ *fam (confusion)* Salat *m (fam)*
❸ *pl fam (mensonges)* Geschichten *Pl (fam)*
▶ **vendre sa ~ à qn** *fam* jdm seinen Kram andrehen *(fam)*
saladier [saladje] *m* Salatschüssel *f*
salage [salaʒ] *m* ❶ *(pour conserver) d'un plat, de conserves* Salzen *nt*
❷ *(contre le verglas)* **le ~ des routes** das Salzstreuen [auf den Straßen]
salaire [salɛʀ] *m* ❶ *d'un ouvrier* Lohn *m*; *d'un employé* Gehalt *nt*; **~ annuel** Jahreslohn/-gehalt; **~ brut** Bruttoverdienst *m*; **~ conventionnel** Tariflohn/-gehalt; **~ fixe** festes Gehalt; **~ indexé** Indexlohn *(Fachspr.)*; **~ minimum horaire** Mindeststundenlohn; **~ minimum interprofessionnel** berufsunabhängiger Mindestlohn; **~ minimum interprofessionnel de croissance** gesetzlich garantierter dynamischer Mindestlohn; **~ net** Nettolohn/-gehalt, Reinverdienst; **~s nominaux** Nominallöhne *Pl*; **~ progressif** Staffellohn; **~ réel** Effektivlohn; **~ au temps assorti de primes** Prämienzeitlohn; **~ de famine** [*o* **misère**] Hungerlohn; **toucher un ~** ein Gehalt beziehen
❷ *(personne)* **les petits ~s** die Kleinverdiener *Pl*
❸ *(récompense)* Lohn *m*
◆ **~ d'appoint** Zusatzlohn *m*; **~ à primes** Prämienlohn *m*; **~ au rendement** leistungsbezogene Entlohnung, leistungsbezogenes Gehalt
salaison [salɛzɔ̃] *f* ❶ *gén pl (viande)* Pökelfleisch *nt*; **~s de bœuf** gepökeltes Rindfleisch
❷ *(action)* Pökeln *nt*
salamalecs [salamalɛk] *mpl fam* Katzbuckelei *f*; **faire des ~** katzbuckeln
salamandre [salamɑ̃dʀ] *f* Salamander *m*
salami [salami] *m* Salami *f*
salant *v.* marais
salarial(e) [salaʀjal, jo] <-aux> *adj* **politique ~e** Lohnpolitik *f*
salariat [salaʀja] *m* ❶ Arbeitnehmer *Pl*
❷ *(condition)* Status *m* des Arbeitnehmers
salarié(e) [salaʀje] I. *adj travail* unselb[st]ständig; *personne* nicht selb[st]ständig beschäftigt; **avoir un statut de travailleur ~/de travailleuse ~e** in einem abhängigen Beschäftigungsverhältnis stehen
II. *m(f)* Arbeitnehmer(in) *m(f)*; *(ouvrier)* Lohnabhängige(r) *f(m) (form)*; **les ~s** die Lohn- und Gehaltsempfänger *Pl (form)*; *d'une entreprise* die Belegschaft

salaud [salo] *fam* I. *adj* hundsgemein *(fam)*
II. *m* Dreckskerl *m (fam)*
salé [sale] I. *adv* **manger ~** salzig essen; **manger trop ~ n'est pas bon pour la santé** übermäßiges Salzen schadet der Gesundheit
II. *m* **petit ~** gepökeltes Schweinefleisch
sale [sal] I. *adj* ❶ schmutzig; *personne* schmuddelig *(fam)*
❷ *antéposé fam (vilain, louche)* übel; *type, temps* mies *(fam)*; *coup* hart; **avoir une ~ gueule** *(visage antipathique)* fies aussehen *(fam)*
❸ *(obscène)* schmutzig
II. *m fam* **être au ~** in der schmutzigen Wäsche sein
salé(e) [sale] *adj* ❶ *beurre, cacahuètes* gesalzen; **eau ~e** Salzwasser *nt*; **être trop ~(e)** *soupe:* versalzen sein; *eau de mer:* zu salzig sein
❷ *(conservé dans le sel) poisson* gesalzen; *viande* gepökelt
❸ *fam (corsé) addition* gesalzen *(fam)*; *histoire* schlüpfrig
salement [salmã] *adv* ❶ *manger* unmanierlich; *travailler* schludrig *(fam)*; *gagner* auf unsaubere Weise
❷ *fam (très)* ganz schön *(fam)*
saler [sale] <1> I. *vi* ❶ GASTR salzen
❷ TECH Salz streuen
II. *vt* ❶ GASTR salzen; *(conserver dans le sel)* einsalzen; **en salant le rôti** beim Salzen des Bratens
❷ TECH streuen *route*
❸ *fam (corser)* **~ l'addition** [*o* **la note**] ganz schön abkassieren *(fam)*
saleté [salte] *f* ❶ Schmutzigkeit *f*
❷ *(chose sale)* Dreck *m*; **faire des ~s partout** alles schmutzig machen
❸ *(crasse) sans pl* Dreck *m*
❹ *fam (objet sans valeur)* Plunder *m (fam)*
❺ *fam (crapule)* Dreckskerl *m*/Miststück *nt (fam)*
❻ *fam (maladie)* verdammte Krankheit *(fam)*; *(fléau)* Kreuz *nt (fam)*; **ramasser une ~** sich *(Dat)* etwas einfangen *(fam)*
❼ *fam (friandise)* süßes Zeug *(fam)*
❽ *(mauvaise action)* Gemeinheit *f*
❾ *(obscénité)* Unanständigkeit *f*
❿ *fam (juron)* **~ de Paul/de télé!** dieser verdammte Paul/Fernseher! *(fam)*
▶ **faire des ~s** *euph animal:* sein Geschäft machen
saleuse [saløz] *f* Streufahrzeug *nt*
salicylique [salisilik] *adj* **acide ~** Salizylsäure *f*
salière [saljɛʀ] *f* ❶ Salzstreuer *m*
❷ *fam (creux des clavicules)* Salzfass *nt (fam)*
salifère [salifɛʀ] *adj* salzhaltig; **cette région est ~** in dieser Gegend gibt es Salzvorkommen
saligaud [saligo] *m fam* Mistkerl *m (fam)*
salin [salɛ̃] *m* Salzgarten *m*
salin(e) [salɛ̃, in] *adj* salzhaltig
saline [salin] *f* Saline *f*
salinité [salinite] *f* Salzgehalt *m*
salique [salik] *adj* HIST salisch; **la loi ~** das Salische Gesetz
salir [saliʀ] <8> I. *vt* ❶ schmutzig machen; *(complètement)* verschmutzen
❷ *(déshonorer)* beschmutzen *honneur;* durch den Schmutz ziehen *mémoire, personne*
II. *vpr* se ~ ❶ sich schmutzig machen; **se ~ les mains** sich *(Dat)* die Hände schmutzig machen
❷ *(devenir sale)* schmutzig werden
❸ *littér (se déshonorer)* das Gesicht verlieren
salissant(e) [salisã, ãt] *adj* ❶ schmutzig; **des travaux/jeux ~s** Arbeiten/Spiele, bei denen man sich schmutzig macht
❷ *(qui se salit) fibre* schmutzanfällig; **être ~(e)** schnell schmutzen
salissure [salisyʀ] *f* ❶ Schmutzspur *f*; *(tache)* Schmutzfleck *m*
❷ *pl (ordures)* Dreck *m*
salivaire [salivɛʀ] *adj* **glande ~** Speicheldrüse *f*
salivation [salivasjɔ̃] *f* Speichelfluss *m*
salive [saliv] *f* Speichel *m*
▶ **dépenser** [*o* **gaspiller**] **sa** [*o* **de la**] **~** *fam* sich *(Dat)* den Mund fusselig reden *(fam)*; **ravaler sa ~** schlucken
saliver [salive] <1> *vi* ❶ Speichel produzieren
❷ *(convoiter)* **~ d'envie de faire un tour en moto** scharf darauf sein, eine Motorradfahrt zu machen *(fam)*; **d'impatience** vor Ungeduld vergehen; **laisser qn ~ d'impatience** jdn zappeln lassen; **faire ~ qn** jdm den Mund wäss[e]rig machen *(fam)*
salle [sal] *f* ❶ Saal *m*; **~ de bal** Ballsaal; **~ de concert** Konzertsaal, Konzerthalle *f*; **~ de réception** Gesellschaftsraum *m*, Gesellschaftszimmer *nt*; **~ de billard** Billardraum *m*; **~ polyvalente** Mehrzweckhalle *f*; **faire du sport en ~** Hallensport betreiben
❷ *(cinéma)* Kino *nt*; **~s obscures** Kinos *Pl*
❸ *(spectateurs)* Publikum *nt*; **toute la ~** der ganze Saal
▶ **faire ~ comble** die Säle füllen
◆ **~ à manger** Esszimmer *nt*, Speisezimmer *m*; *(dans un restaurant)* Speisesaal *m*; **~ d'armes** Fechtsaal *m*; **~ d'attente** Wartesaal *m*;

(chez un médecin) Wartezimmer *nt;* **~ d'audience** Gerichtssaal *m;* **~ de bains** Badezimmer *nt;* **~ des chevaliers** Rittersaal *m;* **~ de cinéma** Kinosaal *m,* Kino *nt;* **~ de classe** Klassenzimmer *nt,* Schulzimmer, Schulraum *m;* **~ de conférences** Konferenzsaal *m;* **~ de congrès** Tagungsraum *m;* **~ d'eau** Waschraum *m;* **~ d'étude** Hausaufgabenraum *m;* **~ des fêtes** Festhalle *f; (dans un château)* Saalbau *m;* **~ de jeux** Spielzimmer *nt;* **~ des machines** Maschinenraum *m;* **~ des machines à sous** Automatensalon *m;* **~ de navigation** Navigationsraum *m;* **~ d'opération** Operationssaal *m;* **~ de pansement** MED Verband[s]raum *m;* **~ des pas perdus** Bahnhofshalle *f;* **~ de police** Arrestzelle *f;* **~ de radiographie** Röntgenraum *m;* **~ de réanimation** Intensivstation *f;* **~ de rédaction** Redaktion *f;* **~ de repos** Ruheraum *m;* **~ de restaurant** Speisesaal *m;* **~ de réunion** Sitzungssaal *m;* **~ de réveil** MED Aufwachraum *m;* **~ de séjour** Wohnzimmer *nt;* **~ de spectacle** Veranstaltungssaal *m;* **~ des sports** Sporthalle *f;* **~ de théâtre** Theatersaal *m,* Theater *nt;* **~ de travail** MED Kreißsaal *m;* **~ des ventes** Auktionslokal *nt*
salmigondis [salmiɡɔ̃di] *m fam* Durcheinander *nt,* Mischmasch *m (fam)*
salmis [salmi] *m* Salmi *nt*
salmonelle [salmɔnɛl] *f* Salmonelle *f*
salmonellose [salmɔneloz] *f* Salmonellose *f*
salmonidés [salmɔnide] *mpl* ZOOL Salmoniden *Pl*
saloir [salwaʀ] *m* Pökelfass *nt*
Salomon *v.* **jugement**
salon [salɔ̃] *m* ① *(salle de séjour)* Wohnzimmer *nt*
② *(mobilier)* Wohnzimmergarnitur *f,* Sitzgarnitur
③ *(salle d'hôtel) (pour les clients)* Gesellschaftsraum *m; (pour des conférences, réunions)* Veranstaltungsraum *m*
④ *(exposition)* Messe *f;* **~ commercial/professionnel** Verkaufs-/Fachmesse; **~ du jouet** Spielwarenmesse; **~ de l'auto[mobile]** Automobilausstellung; **~ de l'agriculture/du tourisme** Landwirtschafts-/Touristikmesse
⑤ LITTER Salon *m*
⑥ *(salle d'un salon de coiffure)* Salon *m;* **~ pour dames/pour hommes** Damen-/Herrensalon
◆ **~ de beauté** Kosmetiksalon *m;* **~ de coiffure** Friseursalon *m;* **~ d'essayage** Umkleidekabine *f;* **~ de jardin** Gartenmöbel *Pl;* **~ de réception** Gesellschaftszimmer *nt;* **~ de thé** ≈ Café *nt,* Teestube *f*
saloon [salun] *m* Saloon *m*
salopard [salɔpaʀ] *m fam* Dreckskerl *m (fam);* **bande de ~s** Saubande *f (fam)*
salope [salɔp] *f* ① *vulg (débauchée)* Nutte *f (sl)*
② *fam (garce)* Miststück *nt (fam)*
saloper [salɔpe] <1> *vt fam* ① hinschludern *(fam);* vermurksen *(fam) travail*
② *(salir)* versauen *(fam)*
saloperie [salɔpʀi] *f fam* ① Ramsch *m kein Pl (fam);* **vendre de la ~** Ramsch verkaufen *(fam)*
② *gén pl (saletés)* Sauerei *f (fam),* Riesenschweinerei *f (fam)*
③ *(mauvaise nourriture)* Fraß *m kein Pl (fam)*
④ *(maladie)* verdammte Krankheit *f (fam), (fléau)* Kreuz *nt (fam)*
⑤ *(méchanceté)* Gemeinheit *f;* **faire une ~ à qn** jdm übel mitspielen
⑥ *(obscénité)* Schweinerei *f (fam)*
▶ **c'est de la ~** das taugt nichts; **~ d'ordinateur/de bagnole** Scheißcomputer *m sl/*Scheißkiste *f (sl)*
salopette [salɔpɛt] *f* Latzhose *f*
salpêtre [salpɛtʀ] *m* Salpeter *m*
salpingite [salpɛ̃ʒit] *f* Eileiterentzündung *f*
salsa [salsa] *f* Salsa *m*
salsifis [salsifi] *m* ① BOT Haferwurz *m*
② GASTR Schwarzwurzel *f*
saltimbanque [saltɛ̃bɑ̃k] *mf* Gaukler(in) *m(f)*
salubre [salybʀ] *adj* gesund
salubrité [salybʀite] *f* ① *du climat* gesundheitsfördernde Wirkung; *de l'air* Reinheit *f; d'un logement* gesundheitliche Zuträglichkeit
② *(hygiène)* Hygiene *f;* **par mesure de ~** zum Schutz der Gesundheit
③ ADMIN **~ publique** öffentliches Gesundheitswesen
saluer [salɥe] <1> I. *vt* ① grüßen; **~ qn de la main** jdm zuwinken
② *(dire au revoir)* **~ qn** sich von jdm verabschieden
③ *(rendre hommage)* würdigen; loben *film*
④ *(accueillir)* begrüßen; **~ qn par des sifflets** jdn zur Begrüßung auspfeifen; **être salué(e) par des applaudissements** mit Applaus aufgenommen werden
⑤ *soutenu (considérer)* **~ Brassens comme chef de file de la chanson française** Brassens als die Nr. 1 des französischen Chansons ansehen
⑥ MIL **~ un supérieur/le drapeau** vor einem Vorgesetzten/vor der Fahne salutieren

II. *vi* ① THEAT sich verbeugen
② MIL salutieren
salut¹ [saly] I. *m* ① Gruß *m;* **faire un ~ de la main** winken; **sans un ~** grußlos
② MIL **~ aux supérieurs/au drapeau** Salutieren *nt* vor den Vorgesetzten/vor der Fahne
II. *interj* ① *fam (bonjour)* **~!** hallo! *(fam)*
② *fam (au revoir)* **~!** tschüs! *(fam)*
③ *littér (pour rendre hommage)* **~, puissant roi!** heil dir, mächtiger König!
salut² [saly] *m* ① Rettung *f;* **le ~ de l'entreprise passe par là** das Unternehmen ist nur so zu retten; **chercher son ~ dans la fuite** sein Heil in der Flucht suchen
② REL Heil *nt*
③ POL **~ public** öffentliches Wohl
salutaire [salytɛʀ] *adj* heilsam; *décision* richtig; **ce séjour a été ~** dieser Aufenthalt hat gut getan; **~ à qn/qc** *(avantageux)* vorteilhaft für jdn/etw; *(secourable)* hilfreich für jdn/etw
salutation [salytasjɔ̃] *f* ① REL Gruß
② *souvent iron ou péj (action de saluer)* Begrüßung *f*
③ *pl form* **transmettez mes ~s à votre épouse** grüßen Sie Ihre Frau von mir; **je vous prie d'agréer, Madame/Monsieur, mes ~s distinguées** ≈ mit freundlichen Grüßen; **veuillez agréer, Madame/Monsieur, nos ~s distinguées** ≈ mit freundlichen Grüßen; **veuillez agréer, Madame la Présidente, mes respectueuses ~s** hochachtungsvoll
salutiste [salytist] I. *adj* der Heilsarmee *(Gen)*
II. *mf* Mitglied *nt* der Heilsarmee
salvateur, -trice [salvatœʀ, -tʀis] *adj soutenu* heilsam; *réflexe* rettend
salve [salv] *f* Salve *f*
◆ **~ d'applaudissements** Beifallssturm *m*
Salzbourg [saltsbuʀ] Salzburg *nt*
Samaritain(e) [samaʀitɛ̃, ɛn] *m(f)* HIST, REL Samariter(in) *m(f)*
samarium [samaʀjɔm] *m* Samarium *nt*
samba [sɑ̃mba] *f* Samba *f*
samedi [samdi] *m* Samstag *m; v. a.* **dimanche**
samouraï [samuʀaj] *m* Samurai *m*
samovar [samɔvaʀ] *m* Samowar *m*
sampan[g] [sɑ̃pɑ̃] *m* Sampan *m*
S.A.M.U. [samy] *m abr de* **Service d'aide médicale d'urgence** ärztlicher Bereitschaftsdienst; *(médecin)* Notarzt *m/-*ärztin *f;* **appeler le ~** den Notarzt rufen
samurai *v.* **samouraï**
sana [sana] *m abr de* **sanatorium** *fam* Sanatorium *nt*
sanatorium [sanatɔʀjɔm] *m* Sanatorium *nt*
sanctifiant(e) [sɑ̃ktifjɑ̃, jɑ̃t] *adj* REL heiligsprechend
sanctifier [sɑ̃ktifje] <1a> *vt* heiligen
sanction [sɑ̃ksjɔ̃] *f* ① Strafe *f;* SCOL Strafarbeit *f;* **~ pécuniaire** Ordnungsgeld *nt;* **mériter une ~** bestraft werden müssen; **être passible d'une ~** sich strafbar machen
② ECON, POL Sanktion *f;* **~s économiques** wirtschaftliche Sanktionen, Wirtschaftssanktionen; **prendre une ~ contre qn** eine Strafmaßnahme gegen jdn ergreifen; ECON eine Sanktion über jdn verhängen
③ *(conséquence)* Folge *f*
④ *a.* JUR *(confirmation)* Sanktion *f;* **recevoir la ~ de qn** von jdm sanktioniert werden; **~ de droit pénal** strafrechtliche Sanktion
sanctionner [sɑ̃ksjɔne] <1> I. *vt* ① *(punir)* bestrafen; ECON sanktionieren
② *(ratifier, confirmer)* sanktionieren
II. *vi* zu einer Strafmaßnahme greifen
sanctuaire [sɑ̃ktɥɛʀ] *m* ① REL Heiligtum *nt*
② *(refuge)* Refugium *nt*
sandale [sɑ̃dal] *f* Sandale *f*
sandalette [sɑ̃dalɛt] *f* Sandalette *f*
sandow [sɑ̃do] *m* ① Spanngurt *m*
② *(propulseur)* Schleppseil *nt*
sandre [sɑ̃dʀ] *m* Zander *m*
sandwich [sɑ̃dwitʃ] <[e]s> *m* ① Sandwich *nt;* **~ au jambon** Schinkensandwich; **~ au poisson** ≈ Fischbrötchen *nt*
② *(matériau intercalé)* Verbundmaterial *nt*
▶ **prendre en ~** *fam (encadrer)* in die Mitte nehmen *personne, véhicule; (coincer)* einkeilen *personne, véhicule;* SPORT in die Zange nehmen *(fam) joueur*
sandwicherie [sɑ̃dwi(t)ʃʀi] *f* Sandwichbude *f*
sang [sɑ̃] I. *m* ① ANAT Blut *nt;* **donner son ~** Blut spenden; **être en ~** bluten; **se gratter jusqu'au ~** sich blutig kratzen; **~ de bœuf** Ochsenblut; **~ artériel/veineux** arterielles/venöses Blut
② *(race)* Blut *nt;* **être de ~ royal** von königlichem Geblüt sein *(geh)*
③ *(vie)* Leben *nt;* **payer qc de son ~** etw mit seinem Leben bezahlen

▶ **coup de ~** *(colère)* Tobsuchtsanfall *m;* **suer ~ et eau** Blut und Wasser schwitzen; **qn a le ~ qui lui monte à la tête** jdm steigt das Blut in den Kopf; **ne pas avoir de ~ dans les veines** *fam* keinen Mumm in den Knochen haben *(fam);* **bon ~ ne peut mentir** *prov* der Apfel fällt nicht weit vom Stamm *(prov);* **avoir le ~ chaud** hitziges Blut haben; **du ~ frais** [*o* **neuf**] frischer Wind; **se faire du mauvais ~** sich *(Dat)* Sorgen machen; **avoir qc dans le ~** etw im Blut haben; **baigner dans son ~** in einer Blutlache liegen; **donner/verser son ~ pour qn/qc** sein Leben für jdn/etw geben; **répandre le ~ de qn** jds Blut vergießen; **se ronger les ~s** *fam* vor Angst umkommen; **dans le ~** in einem Blutbad
II. *app inv* **rouge ~** blutrot; **ongles rouge ~** blutrote Fingernägel
sang-froid [sɑ̃fʀwa] *m sans pl* ❶ Beherrschung *f;* **conserver** [*o* **garder**] **son ~** einen kühlen Kopf bewahren; **perdre son ~** seine [*o* **die**] Beherrschung verlieren
❷ *(froideur)* Kaltblütigkeit *f;* **agir avec ~** kaltblütig handeln; **de ~** kaltblütig
sanglant(e) [sɑ̃glɑ̃, ɑ̃t] *adj* ❶ blutig
❷ *(violent)* hart; *rencontre, match* hitzig
❸ *littér (rouge)* blutrot
sangle [sɑ̃gl] *f* Spanngurt *m; ~* **d'une selle** Sattelgurt; **~ diagonale/ventrale** Schulter-/Beckengurt
sangler [sɑ̃gle] <1> I. *vt* ❶ **~ un cheval** einem Pferd den Sattelgurt anlegen; **~ une bâche** eine Plane mit Gurten befestigen; **les chevaux sont sanglés** die Pferde sind gesattelt
❷ *(être serré)* **être sanglé(e) dans une jupe étroite** in einem engen Rock eingeschnürt sein
II. *vpr* **se ~** sich einschnüren
sanglier [sɑ̃glije] *m* ZOOL, GASTR Wildschwein *nt*, Schwarzkittel *m (hum)*
sanglot [sɑ̃glo] *m* Schluchzer *m;* **avec des ~s dans la voix** mit schluchzender [*o* tränenerstickter] Stimme; **éclater en ~s** in Tränen ausbrechen; **être en ~s** in Tränen aufgelöst sein
sangloter [sɑ̃glɔte] <1> *vi* schluchzen
sang-mêlé [sɑ̃mele] *mf inv* Mischling *m*
sangria [sɑ̃gʀija] *f* Sangria *f*
sangsue [sɑ̃sy] *f* ❶ ZOOL Blutegel *m*
❷ *fam (personnage collant)* Klette *f (fam)*
sanguin [sɑ̃gɛ̃] *m* Sanguiniker(in) *m(f)*
sanguin(e) [sɑ̃gɛ̃, in] *adj* ❶ ANAT **plasma ~** Blutplasma *nt*
❷ *(coloré)* rot; **orange ~ e** Blutorange *f*
❸ *(impulsif)* hitzig; *type* sanguinisch
sanguinaire [sɑ̃ginɛʀ] *adj* ❶ blutrünstig
❷ *soutenu (sanglant)* blutig
sanguine [sɑ̃gin] *f* ❶ *(orange)* Blutorange *f*
❷ *(crayon)* Rötel *m*
sanguinolent(e) [sɑ̃ginɔlɑ̃, ɑ̃t] *adj* blutig
sanisette® [sanizɛt] *f* öffentliche Münztoilette *f*
sanitaire [sanitɛʀ] I. *adj* ❶ *(relatif à la santé publique)* mesure gesundheitspolizeilich; **les services ~s** der Wirtschaftskontrolldienst; **cordon ~** Sperrgürtel *m*
❷ *(relatif à l'hygiène)* sanitär; **installations ~s** Sanitärinstallationen *Pl*
❸ *(relatif au transport des blessés)* avion, train, wagon Sanitäts-, Lazarett-
II. *m gén pl* Sanitäranlagen *Pl*
sans [sɑ̃] I. *prép* ❶ ohne; **~ manches** ärmellos, ohne Ärmel; **~ alcool** alkoholfrei, ohne Alkohol; **~ chlore/nickel** chlor-/nickelfrei, ohne Chlor/Nickel; **~ scrupules** skrupellos; **~ but** ziellos
❷ *(avec un verbe)* **partir ~** fermer la porte gehen, ohne die Tür zu schließen; **la situation n'est pas ~ nous inquiéter** nicht, dass wir über die Situation nicht beunruhigt wären; **vous n'êtes pas ~ savoir que** Sie wissen doch, dass; **~ que tu le saches** ohne dass du es weißt
▶ **~ plus** das ist aber auch alles; **~ quoi** sonst
II. *adv fam* ohne; **il va falloir faire ~** wir werden ohne auskommen müssen
sans-abri [sɑ̃zabʀi] *m inv* Obdachlose(r) *f(m)*
sans-cœur [sɑ̃kœʀ] I. *adj inv* herzlos; **rester ~** ungerührt bleiben II. *mf inv* herzloser Mensch
sanscrit [sɑ̃skʀi] *m* **le ~** [das] Sanskrit *nt; v. a.* **allemand**
sanscrit(e) [sɑ̃skʀi, it] *adj* **la langue ~e** das Sanskrit
sans-culotte [sɑ̃kylɔt] <sans-culottes> *m* HIST Sansculotte *m*
sans-emploi [sɑ̃zɑ̃plwa] *m inv* Arbeitslose(r) *f(m)* **sans-façon** [sɑ̃fasɔ̃] *m inv* Ungezwungenheit *f* **sans-faute** [sɑ̃fot] *m inv* hervorragende Leistung; SPORT fehlerfreier Durchgang **sans-fil** [sɑ̃fil] *m inv* Funktelefon *nt* **sans-filiste** [sɑ̃filist] <sans-filistes> *mf* [Amateur]funker(in) *m(f)* **sans-gêne** [sɑ̃ʒɛn] I. *adj inv* ungeniert II. *m sans pl (désinvolture)* Ungeniertheit *f* III. *mf inv (personne désinvolte)* unverfrorene Person **sans-grade** [sɑ̃gʀad] <sans-grade[s]> *mf fam* Handlanger(in) *m(f)*

sanskrit *v.* **sanscrit**
sans-le-sou [sɑ̃lsu] *mf inv fam* armer Schlucker *(fam)* **sans-logis** [sɑ̃lɔʒi] *mf inv soutenu* Obdachlose(r) *f(m)*
sansonnet [sɑ̃sɔnɛ] *m* ZOOL Star *m*
sans-papiers [sɑ̃papje] *mf inv* Ausländer, die sich illegal in Frankreich aufhalten **sans-plomb** [sɑ̃plɔ̃] *m inv (essence)* Bleifrei *nt* **sans-souci** [sɑ̃susi] *inv* I. *adj personne* sorglos, gedankenlos II. *mf vieilli* Luftikus *m (hum)* **sans-travail** [sɑ̃tʀavaj] *mf inv* Arbeitslose(r) *f(m)*
santal [sɑ̃tal] *m* ❶ Sandelbaum *m*
❷ *(bois)* Sandelholz *nt*
❸ *(essence)* Sandelholzöl *nt*
santé [sɑ̃te] *f* ❶ Gesundheit *f;* **~ mentale** Geisteszustand *m;* **comment va la ~ ?** wie geht es gesundheitlich?; **être bon pour la ~** gesund sein; **avoir une ~ de fer** eine eiserne Gesundheit haben; **être en bonne/mauvaise ~** es geht einem gesundheitlich gut/schlecht
❷ ADMIN **le ministre de la Santé** der Gesundheitsminister; **la ~ publique** das öffentliche Gesundheitswesen; **les services de ~** das Gesundheitsamt; MIL der Sanitätsdienst; **service de ~ des armées** Sanitätswesen *nt* (A); **profession de la ~** Heilberuf *m*
▶ **~ de cheval** Pferdenatur *f;* **avoir une ~ de cheval** eine Pferdenatur haben; **y laisser sa ~** *fam* dabei seine Gesundheit ruinieren; **se refaire une ~** *fam* mal wieder ausspannen; **respirer la ~** *fam* vor Gesundheit strotzen; **à la ~ de qn** auf jds Wohl *(Akk)*; **à ta ~ !** auf dein Wohl!
santiag [sɑ̃tjag] *f fam* Cowboystiefel *m*
santon [sɑ̃tɔ̃] *m* Krippenfigur *f*
saoudien(ne) [saudjɛ̃, ɛn] *adj* saudi-arabisch
Saoudien(ne) [saudjɛ̃, ɛn] *m(f)* Saudi-Araber(in) *m(f)*
saoul(e) *v.* **soûl**
saouler *v.* **soûler**
sapajou [sapaʒu] *m* ❶ Kapuzineraffe *m*
❷ *péj fam (individu)* Gartenzwerg *(fig fam)*
sape [sap] *f* ❶ Unterwanderung *f*
❷ *(galerie)* Unterhöhlung *f*
saper [sape] <1> I. *vt* ❶ untergraben; **~ le moral de qn** jds Moral untergraben; **~ la santé de qn** jds Gesundheit zusetzen; **~ qn avec ses questions incessantes** jdn mit seiner ständigen Fragerei zum Wahnsinn treiben *(fam)*
❷ *(miner à la base)* unterhöhlen
❸ *fam (habiller)* anziehen; **être bien sapé(e)** rausgeputzt sein *(fam)*
II. *vpr fam* **se ~** sich anziehen; *(s'habiller bien)* sich in Schale werfen *(fam)*
saperlipopette [sapɛʀlipɔpɛt] *interj hum vieilli* Sapperlot *(veraltet)*
sapes [sap] *fpl arg* Klamotten *Pl (fam)*
sapeur [sapœʀ] *m* MIL Pionier *m*
▶ **fumer comme un ~** *fam* wie ein Schlot rauchen *(fam)*
sapeur-pompier [sapœʀpɔ̃pje] <sapeurs-pompiers> *m* Feuerwehrmann *m;* **femme ~** Feuerwehrfrau *f;* **les sapeurs-pompiers** die Feuerwehr, die Brandwache (CH)
saphique [safik] *adj* ❶ HIST, LITTER sapphisch
❷ *littér (lesbien)* lesbisch
saphir [safiʀ] I. *m a.* AUDIOV Saphir *m*
II. *adj inv* saphirblau
saphisme [safism] *m littér* Sapphismus *m*
sapidité [sapidite] *f* Schmackhaftigkeit *f;* **agent de ~** Geschmacksverstärker *m*
sapin [sapɛ̃] I. *m* ❶ *(arbre)* Tanne *f;* **~ de Noël** Weihnachtsbaum *m*
❷ *(bois)* Tannenholz *nt*, Tanne *f*
II. *app inv* dunkelgrün
sapinière [sapinjɛʀ] *f (plantation)* Tannenschonung *f;* *(bois, forêt)* Tannenwald *nt*
saponacé(e) [sapɔnase] *adj spéc crème, substance* seifenartig
saponaire [sapɔnɛʀ] *f* Seifenkraut *n*
saponification [sapɔnifikasjɔ̃] *f* ❶ TECH Verseifen *nt*
❷ CHIM Verseifung *f*
saponifier [sapɔnifje] <1a> *vt* verseifen
sapristi [sapʀisti] *interj* ach, du meine Güte
sapropèle [sapʀɔpɛl] *m* GEOL Faulschlamm *m*
saquer *v.* **sacquer**
sarabande [saʀabɑ̃d] *f* ❶ *fam (chahut)* Spektakel *m (fam)*
❷ MUS Sarabande *f*
sarbacane [saʀbakan] *f* Blasrohr *nt*
sarcasme [saʀkasm] *m* Sarkasmus *m;* *(remarque)* sarkastische Bemerkung
sarcastique [saʀkastik] *adj* sarkastisch
sarcastiquement [saʀkastikmɑ̃] *adv* sarkastisch
sarcelle [saʀsɛl] *f* ZOOL Knäkente *f*
sarclage [saʀklaʒ] *m* Jäten *nt*
sarcler [saʀkle] <1> *vt* jäten

sarclette [saʀklɛt] f [kleine] Jäthacke
sarcloir [saʀklwaʀ] m Jäthacke f
sarcome [saʀkom] m Sarkom nt
sarcophage [saʀkɔfaʒ] m Sarkophag m
sardaigne [saʀdɛɲə] f **la** ~ Sardinien nt
sardane [saʀdan] f (danse catalane) Sardana f
sarde [saʀd] I. adj sardisch
II. m **le** ~ Sardisch nt; v. a. **allemand**
Sarde [saʀd] mf Sarde m/Sardin f
sardine [saʀdin] f ❶ Sardine f
❷ MIL fam Tresse f
▶ **serrés comme des ~ en boîte** fam dicht gedrängt wie in einer Sardinenbüchse (fam)
sardinerie [saʀdinʀi] f Sardinenkonservenfabrik f
sardinier, -ière [saʀdinje, -jɛʀ] m, f Sardinenfischer(in) m(f)
sardonique [saʀdɔnik] adj hämisch
sari [saʀi] m Sari m
sarigue [saʀig] f Beutelratte f
S.A.R.L. [ɛsɑɛʀɛl] f abr de **société à responsabilité limitée** GmbH f
sarment [saʀmɑ̃] m ❶ Weinrebe f
❷ (tige flexible) Ranke f
sarmenteux, -euse [saʀmɑ̃tø, -øz] adj rankentreibend
sarrasin [saʀazɛ̃] m Buchweizen m
sarrau [saʀo] m Kittel m; ~ **de peintre** Malerkittel m
Sarre [saʀ] f ❶ **la** ~ Saarland nt
❷ (rivière) Saar f
Sarrebruck [saʀbʀyk] Saarbrücken nt
sarriette [saʀjɛt] f Bohnenkraut nt
sas [sɑs] m ❶ Schleusenkammer f
❷ (pièce intermédiaire) Schleuse f
sashimi [saʃimi] m GASTR Sashimi nt
sassafras [sasafʀa] m Sassafras m
sasser [sase] <1> vt ❶ sieben semoules
❷ durchschleusen bateau
▶ ~ **et resasser qc** etw drehen und wenden, etw von allen Seiten beleuchten
Satan [satɑ̃] m Satan m
satané(e) [satane] adj antéposé ❶ (maudit) verflucht, verflixt (fam)
❷ (sacré) toll (fam); ~ **farceur!** du Teufelskerl! m (fam); **un ~ coureur de jupons** ein toller [o verwegener] Frauenheld
satanique [satanik] adj a. REL satanisch; ruse teuflisch
satellisation [satelizasjɔ̃] f ❶ ESPACE Abschießen nt in die Umlaufbahn
❷ POL (résultat) Abhängigkeit f
satelliser [satelize] <1> vt ❶ ESPACE in die Umlaufbahn bringen
❷ POL zu einem Satellitenstaat machen pays
satellite [satelit] I. m ❶ ESPACE Satellit m; ~ **terrestre** Erdsatellit; ~ **de télécommunications** Rundfunksatellit; ~ **tueur** MIL Killersatellit; **radio par** ~ Satellitenrundfunk m; **observation/surveillance par** ~ Satellitenaufklärung f/-überwachung f; **fonctionner par** ~ satellitengestützt arbeiten
❷ ASTRON Trabant m; ~ **de Mars** Marsmond m
❸ POL Satellitenstaat m
II. app Satelliten-; **image/photo** ~ Satellitenbild nt/-aufnahme f; **réception** ~ Satellitenempfang m; **un téléviseur avec réception** ~ ein Fernsehgerät mit Satellitenempfang; **réseau** ~ Satellitennetz nt; **ville** ~ Satellitenstadt f
◆ ~ **de commande** Kombischalter m
satiété [sasjete] f Sättigung f; (dégoût) Übersättigung f; **à** ~ reichlich; (jusqu'au dégoût) bis zum Gehtnichtmehr (fam); **manger à** ~ sich satt essen
satin [satɛ̃] m Satin m; **chemisier/pantalon de** [o **en**] ~ Satinbluse f/-hose f; **peau de** ~ seidenweiche Haut
satiné [satine] m seidiger Glanz
❷ (douceur) de la peau Zartheit f
satiné(e) [satine] adj ❶ seidig glänzend; peinture seidenmatt; **papier** ~ Glanzpapier nt
❷ (doux) seidenweich; peau samtig
satiner [satine] <1> vt satinieren
satinette [satinɛt] f Satin m
satire [satiʀ] f Satire f; **faire la** ~ **de qn/qc** pièce, texte: eine Satire auf jdn/etw sein; auteur: über jdn/etw spotten
satirique [satiʀik] adj satirisch; **poète** ~ Satiriker m
satisfaction [satisfaksjɔ̃] f ❶ sans of Zufriedenheit f; **à la** ~ **générale** zur allgemeinen Zufriedenheit
❷ (auto-satisfaction) Genugtuung f
❸ (contentement) Befriedigung f
❹ (action de satisfaire) ~ **des besoins** ECON Bedürfnisbefriedigung f; **la** ~ **d'un désir** die Erfüllung eines Wunsches; **la** ~ **de la faim** das Stillen des Hungers; **la** ~ **d'un instinct** die Befriedigung eines Triebs; **accorder la** ~ **d'une demande à qn** jds Bitte entsprechen (geh)
❺ (raison d'être satisfait) Befriedigung f; **avoir beaucoup de** ~[s] **avec qn/qc** mit jdm/etw sehr zufrieden sein
▶ **qn/qc donne toute** ~ **à une personne** ein Mensch ist mit jdm/etw sehr zufrieden; **donner** ~ **à qn** jdn zufrieden stellen; **donner** ~ **à tout le monde** allen gerecht werden; **donner** ~ **à un plaignant** einem Kläger Recht geben; **obtenir** ~ bekommen, was man will

satisfaire [satisfɛʀ] <irr> I. vt ❶ travail, solution: befriedigen; personne: zufrieden stellen; ~ **à toutes les exigences** allen Erfordernissen genügen
❷ (assouvir) befriedigen; stillen faim, soif; ~ **la demande** die Nachfrage befriedigen
❸ (donner droit à) ~ **une demande** einer Bitte entsprechen (geh); ~ **une réclamation** eine Reklamation erledigen
II. vi ~ **à une condition/demande** eine Bedingung erfüllen/einer Bitte entsprechen (geh); ~ **à une obligation** einer Verpflichtung nachkommen; ~ **à certaines règles** sich an bestimmte Regeln halten; ~ **à une requête** einem Gesuch entsprechen
III. vpr ❶ **se** ~ **de qc** sich mit etw begnügen
❷ euph (uriner) **se** ~ sich erleichtern
❸ euph (prendre son plaisir) **se** ~ seine Lust befriedigen; (par la masturbation) sich selbst befriedigen
satisfaisant(e) [satisfazɑ̃, ɑ̃t] adj befriedigend
satisfait(e) [satisfɛ, ɛt] adj zufrieden; **être** ~(**e**) **de qn/qc** mit jdm/etw zufrieden sein; ~ **de lui-même/~ e d'elle-même** selbstzufrieden
saturateur [satyʀatœʀ] m Luftbefeuchter m
saturation [satyʀasjɔ̃] f ❶ Überdruss m; **manger du chocolat jusqu'à** ~ Schokolade essen, bis man nicht mehr kann
❷ (surcharge) Sättigung f; d'un standard téléphonique, d'une rue Überlastung f
❸ CHIM, PHYS Sättigung f; d'un réacteur Auslastung f
▶ **arriver** [o **être**] **à** ~ personne, aéroport: voll ausgelastet sein; CHIM solution: gesättigt sein
◆ ~ **des besoins** ECON Bedarfssättigung f; ~ **de couleur** INFORM, TYP Farbsättigung f; ~ **du marché** ECON Marktsättigung f
saturé(e) [satyʀe] adj ❶ CHIM, GEOL, PHYS gesättigt; sol [wasser]gesättigt; atome abgesättigt; ~/**non** ~ gesättigt/aufnahmefähig
❷ CHIM vieilli (neutralisé) acide neutralisiert
❸ (plein) éponge voll gesogen; autoroute, aéroport überlastet; marché gesättigt; mémoire voll; **le serveur n'est pas encore** ~ auf dem Server ist noch Platz
saturer [satyʀe] <1> I. vt ❶ **les politiciens me saturent** von den Politikern habe ich genug (fam); **mes élèves me saturent avec leurs questions** ich habe die Fragen meiner Schüler satt (fam)
❷ (plus que rassasier) **le poisson me sature, je suis saturé(e) de poisson** fam ich kann keinen Fisch mehr sehen (fam); **être saturé(e) de publicité** mit Werbung übersättigt sein
❸ (surcharger) verstopfen; **être saturé(e)** standard: besetzt sein; rues, égouts: verstopft sein; marché: gesättigt sein; CHIM, GEOL gesättigt sein; air: zum Schneiden sein
II. vi fam die Nase voll haben (fam)
saturnales [satyʀnal] fpl ❶ HIST Saturnalien Pl
❷ (débauche) Ausschweifungen Pl
Saturne [satyʀn] f Saturn m
saturnisme [satyʀnism] m Bleivergiftung f
satyre [satiʀ] m ❶ Sittenstrolch m
❷ MYTH Satyr m
sauce [sos] f ❶ GASTR Soße f; ~ **béchamel/chasseur** Béchamel-/Jägersoße f; ~ **béarnaise** Sauce Béarnaise f; ~ **froide** Dip m; ~ **vinaigrette** Vinaigrette f; ~ **à la crème/au vin** Sahne-/Weinsoße f; ~ **de salade** Salatsoße f; **viande en** ~ Fleisch mit Soße
❷ fam (délayage) Drumherum nt (fam)
▶ **la** ~ **fait passer le poisson** fam es kommt darauf an, wie man die bittere Pille versüßt (fam); **mettre qc à toutes les ~s** fam etw in allen Variationen servieren (fam); **être mis(e) à toutes les ~s** für alles herhalten müssen (fam)
saucée [sose] f fam Guss m (fam)
saucer [sose] <2> vt ❶ austunken
❷ fam **être saucé(e)/se faire** ~ klatschnass sein/werden (fam)
saucier [sosje] m Soßenkoch m
saucière [sosjɛʀ] f ❶ Soßenschüssel f
❷ (personne) Soßenköchin f
sauciflard [sosiflaʀ] m fam luftgetrocknete Salami
saucisse [sosis] f ❶ GASTR Würstchen nt; ~ **maison** ≈ Hausmacherwurst f
❷ fam (idiot) Knallkopf m (fam)
❸ HIST, MIL (ballon captif) Fesselballon m
saucisson [sosisɔ̃] m GASTR luftgetrocknete Salami; ~ **sec** Hartwurst f
▶ **ficeler qn comme un** ~ fam jdn verschnüren; **être ficelé(e) comme un** ~ (mal vêtu) unmöglich angezogen sein (fam); (être

serré) eingeschnürt wie eine Wurst sein *(fam)*
saucissonnage [sosisɔnaʒ] *m fam* Unterbrechung *f*
saucissonné(e) [sosisɔne] *adj fam* eingezwängt
saucissonner [sosisɔne] <1> *fam* I. *vi* picknicken
II. *vt* unterbrechen; **des films saucissonnés par des pubs** Filme *Pl* mit eingeblendeten Werbespots
sauf [sof] *prép* ① bis auf *(+ Akk)*; ~ **quand/si** außer wenn; ~ **que tu es trop jeune** abgesehen davon, dass du zu jung bist
② *(à moins de)* abgesehen von; JUR vorbehaltlich *(+ Gen) (form)*; ~ **erreur de ma part** wenn ich mich nicht irre; ~ **imprévu** wenn nichts dazwischen kommt; ~ **avis contraire** wenn niemand dagegen ist
sauf, sauve [sof, sov] *adj* unversehrt; *honneur* unangetastet; **avoir la vie sauve** mit dem Leben davonkommen; **laisser à qn la vie sauve** jdn am Leben lassen
sauf-conduit [sofkɔ̃dɥi] <sauf-conduits> *m* Passierschein *m*
sauge [soʒ] *f* Salbei *m*
saugrenu(e) [sogrəny] *adj* albern; *idée* hirnrissig *(fam)*
saule [sol] *m* Weide *f*, Weidenbaum *m;* ~ **pleureur** Trauerweide
saumâtre [somɑtʀ] *adj* ① brackig; *goût* salzig
② *fam (désagréable) impression* unangenehm; *plaisanterie* geschmacklos
saumon [somɔ̃] I. *m* Lachs *m*
II. *adj inv* lachsfarben
III. *app* **rose** ~ lachsrosa
saumoné(e) [somɔne] *adj* **truite** ~ **e** Lachsforelle *f*
saumure [somyʀ] *f* ① Salzlake *f*, Pökellake
② IND, TECH Sole *f*
sauna [sona] *m* Sauna *f*
saunier, -ière [sonje, -jɛʀ] *m, f* ① Salzwerker(in) *m(f)*
② *(exploitant)* Salinenbesitzer(in) *m(f)*
saupiquet [sopikɛ] *m* würzige Soße, die zum Fleisch serviert wird
saupoudrage [sopudʀaʒ] *m* ① FIN *de crédits, subventions* Verteilung *f* nach dem Gießkannenprinzip
② GASTR ~ **de cacao** Bestreuen *nt* mit Kakao
saupoudrer [sopudʀe] <1> *vt* ① GASTR ~ **qc de sucre/sel** etw mit Zucker/Salz bestreuen; ~ **qc de farine** etw mit Mehl bestäuben
② FIN ~ **qn de subventions** Subventionen an jdn verteilen; ~ **les crédits** Kredite nach dem Gießkannenprinzip verteilen
saupoudreuse [sopudʀøz] *f* Streudose *f*
saur [sɔʀ] *adj* **hareng** ~ Bückling *m*
saurien [sɔʀjɛ̃] *m* Echse *f*
sauriens [zɔʀjɛ̃] *mpl* ZOOL Schuppenkriechtiere *Pl*
saut [so] *m* ① Sprung *m*
② SPORT ~ **à la corde** Seilspringen *nt;* ~ **à la perche** Stabhochsprung *m;* ~ **à skis** Skifliegen *nt;* ~ **de haies** Hürdensprung *m;* ~ **d'obstacles** Hindernissprung *m;* ~ **en chute libre** Sprung in freiem Fall; ~ **en longueur** Weitsprung; ~ **en parachute** Fallschirmabsprung; ~ **final** Schlusssprung; ~ **périlleux** Salto *m*
③ *(cascade)* Wasserfall *m*
④ INFORM Sprung *m; (rupture de séquence)* Programmstopp *m;* ~ **conditionnel** bedingter Programmstopp
▶ **au** ~ **du lit** beim Aufstehen; **prendre qn au** ~ **du lit** jdn aus dem Bett holen; **faire le** ~ den Schritt wagen; **faire un** ~ **chez qn** *fam* auf einen Sprung bei jdm vorbeischauen *(fam)*
◆ ~ **de l'ange** Kopfsprung *m;* ~ **de carpe** Hechtsprung *m; (sursaut)* Hochfahren *nt;* ~ **de ligne** *(action d'aller à ligne)* Zeilenschaltung *f*; TV, INFORM Zeilensprung *m;* ~ **de la mort** Salto mortale *m;* ~ **de page** INFORM Seitenumbruch *m;* ~ **de puce** Katzensprung *m;* **à un** ~ **de puce d'ici** einen Katzensprung von hier [entfernt]; ~ **de tension** ELEC Spannungssprung *m*
saut-de-lit [sod(ə)li] <sauts-de-lit> *m* Morgenrock *m* **saut-de-loup** [sod(ə)lu] <sauts-de-loup> *m* breiter Graben **saut-de-mouton** [sod(ə)mutɔ̃] <sauts-de-mouton> *m* Überführung *f*
saute [sot] *f* Sprung *m;* ~ **de température** plötzlicher Temperaturumschwung; ~ **de vent** Umschlagen *nt* des Windes; ~ **du** *[o* **des] cours** ECON Kurssprung; ~ **soudaine des cours** plötzlicher Kurssprung; ~ **d'humeur** plötzlicher Stimmungsumschwung; ~ **d'idées** Gedankensprung; ~ **d'image** Flimmern *nt* des Bildes
sauté [sote] *m* ~ **de veau** Kalbsragout *nt*
saute-mouton [sotmutɔ̃] *m inv* Bockspringen *nt;* **jouer à** ~ Bockspringen machen
sauter [sote] <1> I. *vi* ① springen; *(sautiller)* [herum]hüpfen; *(sauter vers le haut)* hochspringen; *(descendre)* hinunterspringen, runterspringen *(fam);* **continuer à** ~ *enfant, lièvre, kangourou:* weiterhüpfen; ~ **de l'arbre** vom Baum runterspringen *(fam);* ~ **du lit** aus dem Bett springen; ~ **par la fenêtre/d'un train** aus dem Fenster/aus dem Zug springen
② SPORT springen; ~ **en parachute** mit dem Fallschirm abspringen; ~ **à la corde** Seil springen
③ *(se précipiter)* ~ **sur l'occasion** die Gelegenheit beim Schopf packen; ~ **sur le prétexte** den Vorwand benutzen; ~ **sur la proposition** sofort auf den Vorschlag eingehen
④ *(passer brusquement)* ~ **d'un sujet à l'autre** von einem Thema zum anderen springen; ~ **du CP en CE2** *élève:* ≈ die zweite Klasse überspringen
⑤ *(jaillir) bouchon:* knallen; *bouton, chaîne:* abspringen
⑥ *(exploser) bâtiment, pont:* in die Luft fliegen *(fam); bombe:* hochgehen *(fam);* ~ **sur une mine** *personne:* auf eine Mine treten; *navire:* auf eine Mine laufen; *camion:* auf eine Mine fahren; **faire** ~ **qn/qc** jdn/etw in die Luft sprengen
⑦ ELEC *circuit:* zusammenbrechen; *courant:* ausfallen; *fusibles, plombs:* durchbrennen
⑧ *fam (ne pas avoir lieu) classe, cours:* ausfallen
⑨ *fam (être renvoyé)* gefeuert werden *(fam); ministre:* abgesetzt werden; **faire** ~ **qn** *personne:* jdn feuern *(fam); faute, comportement:* jdn den Kopf kosten
⑩ *(être oublié)* **un mot a sauté** ein Wort fehlt
⑪ GASTR **faire** ~ **qc** etw braten; **des pommes de terre sautées** Bratkartoffeln *Pl*
⑫ *(clignoter) image:* flackern
⑬ *(annuler)* **faire** ~ **une contravention** eine Geldstrafe rückgängig machen
II. *vt* ① ~ **un fossé/mur** über einen Graben/eine Mauer springen
② *(omettre)* überspringen *étape, page, classe;* vergessen *mot;* auslassen *repas*
③ *fam (avoir des relations sexuelles)* bumsen *(sl)*
sauterelle [sotʀɛl] *f* Heuschrecke *f*, Heuhüpfer *m (fam)*
sauterie [sotʀi] *f fam* Tanzparty *f*
sauteur [sotœʀ] *m* SPORT Springer *m;* **triple** ~ Dreispringer; *(cheval)* Springpferd *nt*
sauteur, -euse [sotœʀ, -øz] *adj* **les insectes** ~ **s** die Springheuschrecken
sauteuse [sotøz] *f* ① GASTR Bratpfanne *f*
② *(scie)* Stichsäge *f*
③ SPORT Springerin *f;* **triple** ~ Dreispringerin
sautillant(e) [sotijɑ̃, jɑ̃t] *adj* ① [umher]hüpfend
② *(saccadé)* flott
sautillement [sotijmɑ̃] *m* ① [Herum]hüpfen *nt*
② *(caractère décousu) d'une conversation* ständiger Themenwechsel
sautiller [sotije] <1> *vi* hüpfen; **s'éloigner en sautillant** *lièvre:* weghoppeln
sautoir [sotwaʀ] *m* ① SPORT Sprunganlage *f*
② *(collier)* lange Halskette *(über der Brust getragen);* **porter qc en** ~ etw an der Halskette tragen
▶ **en** ~ überkreuz
sauvage [sovaʒ] I. *adj* ① *camping, grève* wild; *concurrence, vente* illegal
② *(opp: domestique)* wild; *plante* wild wachsend; **un animal à l'état** ~ ein in der Wildnis lebendes Tier
③ *(primitif)* primitiv
④ *(à l'état de nature) côte* wild; *lieu, pays* unberührt; *forêt, paysage* naturbelassen; *beauté* unverfälscht; **état** ~ *d'un paysage, de la végétation* Urwüchsigkeit *f*
⑤ *(farouche)* scheu
⑥ *(violent)* brutal; *haine, horde* wild; *cris* gellend
II. *mf* ① Einzelgänger(in) *m(f)*
② *(brute)* Rohling *m;* **comme des** ~ **s** wie die Wilden *(fam)*
③ *(indigène)* Wilde(r) *f(m)*
sauvagement [sovaʒmɑ̃] *adv* auf bestialische Weise; *frapper, traiter* brutal
sauvageon [sovaʒɔ̃] *m* AGR Wildling *m*
sauvageon(ne) [sovaʒɔ̃, ɔn] *m(f)* ① junge(r) Wilde(r) *f(m)*, jugendliche(r) Randalierer(in) *m(f)*
sauvagerie [sovaʒʀi] *f* ① Grausamkeit *f*
② *(insociabilité)* Ungeselligkeit *f*
sauvagine [sovaʒin] *f* ① CHASSE Wasser- und Sumpfvögel *Pl*
② TECH Felle *Pl*
sauvegarde [sovgaʀd] *f* ① Schutz *m;* ~ **de l'emploi** Sicherung *f* der Arbeitsplätze; ~ **des intérêts** Interessenwahrung *f*
② INFORM *(action)* Speichern *nt*, Abspeicherung *f; (résultat)* Sicherheitskopie *f*, Sicherungskopie, Backup *nt (Fachspr.);* **faire la** ~ **d'un fichier** von einer Datei eine Sicherungskopie machen [*o* erstellen], eine Datei sichern
sauvegarder [sovgaʀde] <1> *vt* ① sich *(Dat)* bewahren *indépendance, liberté;* wahren *droits;* schützen *biens, patrimoine;* aufrechterhalten *relations, image de marque*
② INFORM sichern *fichier;* ~ **qc sur le disque dur/sur une disquette** etw auf der Festplatte/auf einer Diskette sichern
sauve-qui-peut [sovkipø] *m inv* Panik *f*
sauver [sove] <1> I. *vt* ① ~ **qn de la noyade** jdn vor dem Ertrinken retten; ~ **qn du désespoir** jdn aus der Verzweiflung retten; ~ **la vie à qn** jdm das Leben retten; **il a été sauvé par sa ceinture de sécurité** der Sicherheitsgurt war seine Rettung

❷ *(sauvegarder)* ~ qc d'un naufrage/du feu etw vor dem Untergang/dem Feuer retten; **~ une entreprise de la faillite** ein Unternehmen vor dem Konkurs bewahren
❸ INFORM sichern *fichiers*
❹ REL erlösen
❺ *(racheter)* retten *livre, film*
▶ **~ les meubles** retten, was zu retten ist
II. *vi* retten; **un réflexe/geste qui sauve** ein rettender Reflex/eine rettende Geste
▶ **sauve qui peut!** rette sich wer kann!
III. *vpr* ❶ **se ~ du désastre/du danger** der Katastrophe/der Gefahr *(Dat)* entkommen; **se ~ d'un mauvais pas** sich wieder herauswinden
❷ *(s'enfuir)* **se ~** flüchten
❸ *fam (s'en aller)* **se ~** sich auf die Socken machen *(fam)*
❹ *(déborder)* **se ~** überkochen
❺ REL **se ~** erlöst werden

sauvetage [sov(ə)taʒ] *m* Rettung *f*; *de naufragés* Bergung *f*; **service de ~ en mer/en montagne** Bergungsdienst *m*; **opération de ~** Rettungsaktion *f*; **action de ~** Bergungsaktion
sauveteur [sov(ə)tœʀ] *m* Retter(in) *m(f)*
sauvette [sovɛt] *f* **à la ~** *fam* auf die Schnelle *(fam)*; **se marier à la ~** überstürzt heiraten; **vendre à la ~** schwarzverkaufen; **vendeur à la ~** Schwarzhändler *m*
sauveur [sovœʀ] **I.** *adj m* rettend
II. *m* ❶ Retter(in) *m(f)*
❷ REL **le Sauveur** der Heiland
SAV [ɛsave] *m abr de* **service après-vente** Kundendienst *m*
savamment [savamɑ̃] *adv* ❶ geschickt
❷ *(avec érudition)* gelehrt
❸ *(par expérience)* **parler ~ du chômage** über Arbeitslosigkeit aus Erfahrung sprechen
savane [savan] *f* ❶ *(vaste prairie)* Savanne *f*
❷ CAN *(terrain marécageux)* Sumpfgelände *nt*
savant(e) [savɑ̃, ɑ̃t] **I.** *adj* ❶ gelehrt; **être ~ (e) en histoire** in Geschichte sehr bewandert sein; **c'est trop ~ pour moi** das ist mir zu hochgestochen *(fam)*
❷ *antéposé péj discussion* hochgestochen; *calcul* kompliziert
❸ *(habile)* geschickt; **c'est un ~ dosage** das ist wohl dosiert
❹ *(dressé)* dressiert
II. *m(f)* ❶ Gelehrte(r) *f(m)*
❷ *(scientifique)* Wissenschaftler(in) *m(f)*
savarin [savaʀɛ̃] *m* Savarin *m*
savate [savat] *f* ❶ Hauslatschen *m (fam)*; *(chaussure)* Treter *m (fam)*; **en ~s** *fam* in Pantoffeln
❷ *fam (maladroit)* Tollpatsch *m (fam)*
❸ SPORT ≈ Kickboxen *nt (Boxkampfart, bei der Fußtritte erlaubt sind)*; *(coup)* Fußtritt *m*
▶ **traîner la ~** *fam* sich herumtreiben; *(vivoter)* sich so durchschlagen *(fam)*
savetier [sav(ə)tje] *m* Flickschuster *m*
saveur [savœʀ] *f* ❶ Geschmack *m*; **avoir une ~ âcre/douce** bitter/süß schmecken; **sans ~** geschmacklos
❷ *(attrait) d'une nouveauté, d'un interdit* Reiz *m*; *d'une formule, d'un style* Würze *f*
Savoie [savwa] *f* **la ~** Savoyen *nt*
savoir [savwaʀ] <*irr*> **I.** *vt* ❶ wissen; **~ qn malade/en danger** wissen, dass jdn krank/in Gefahr ist; **faire ~ à qn que tout va bien** jdm Bescheid sagen, dass alles in Ordnung ist; **on sait qu'il est malade** es ist bekannt, dass er krank ist; **en ~ plus** einen Informationsvorsprung haben
❷ *(avoir appris)* erfahren haben; **je sais la nouvelle par les journaux/sa famille** ich habe die Neuigkeit aus den Zeitungen/von seiner Familie erfahren
❸ *(connaître)* können *leçon, rôle, langue*; kennen *détails*; **~ qc de [o sur] qn/qc** etw über jdn/etw wissen; **bien ~ sa leçon** seine Lektion gut gelernt haben; **tâcher d'en ~ davantage** versuchen mehr zu erfahren
❹ *(être capable de)* **~ attendre/dire non** warten/nein sagen können; **je ne saurais vous renseigner** ich kann Ihnen leider keine Auskunft geben
❺ *(être conscient)* wissen
❻ BELG, NORD *(pouvoir)* **ne pas ~ venir à l'heure** nicht pünktlich sein können
▶ **~ y faire** *fam* wissen, wie man's macht *(fam)*; **qn ne sait plus où se mettre [o fourrer]** *fam* jd würde sich am liebsten in ein Mauseloch verkriechen *(fam)*; **ne rien vouloir ~** davon nichts wissen wollen; **à ~** nämlich; **on ne sait jamais** man kann nie wissen; **en ~ quelque chose** ein Lied davon singen können *(fam)*; **n'en rien ~** keine Ahnung haben
II. *vi* wissen
▶ **pas que je sache** nicht, dass ich wüsste; **pour autant que je sache!** soviel ich weiß!

III. *vpr* ❶ **se ~** bekannt sein
❷ *(avoir conscience)* **se ~ en danger/malade** wissen, dass man in Gefahr/krank ist
▶ **tout se sait** nichts bleibt verborgen; **ici, tout se sait** hier bleibt niemandem etwas verborgen
IV. *m* Wissen *nt*; **~ scolaire** Schulwissen; **~ de base** Grundwissen; **disposer d'un solide ~ de base en physique** über ein solides physikalisches Grundwissen verfügen
savoir-faire [savwaʀfɛʀ] *m inv* Know-how *nt* **savoir-vivre** [savwaʀvivʀ] *m inv* Benehmen *nt*
savon [savɔ̃] *m* Seife *f*; **~ de Marseille** ≈ Kernseife; **~ brut** Rohseife
▶ **passer un ~ à qn** *fam* jdm eine aufs Dach geben *(fam)*, jdm einen Rüffel erteilen *(fam)*; **prendre un [bon] ~** eine aufs Dach kriegen *(fam)*, was zu hören kriegen *(fam)*
savonnage [savɔnaʒ] *m* Waschen *nt* mit Seife
savonner [savɔne] <1> **I.** *vt* ❶ einseifen
❷ *fam (réprimander)* **~ qn** jdm den Kopf waschen *(fam)*
II. *vpr* **se ~** sich einseifen; **se ~ les mains** sich die Hände mit Seife waschen
savonnerie [savɔnʀi] *f* Seifenfabrik *f*
savonnette [savɔnɛt] *f* Toilettenseife *f*
savonneux, -euse [savɔnø, -øz] *adj* seifig; **eau savonneuse** Seifenwasser *nt*
savourer [savuʀe] <1> **I.** *vt* genießen *mets, boisson*; auskosten *triomphe, vengeance*
II. *vi* genießen
savoureux, -euse [savuʀø, -øz] *adj* köstlich
savoyard(e) [savwajaʀ, jaʀd] *adj* savoyisch
Savoyard(e) [savwajaʀ, jaʀd] *m(f)* Savoyarde *m*/Savoyardin *f*, Savoyer(in) *m(f)*
saxe [saks] *m* Meiß[e]ner Porzellan *nt*
Saxe [saks] *f* **la ~** Sachsen *nt*
Saxe-Anhalt [saksanalt] *f* Sachsen-Anhalt *nt*
saxhorn [saksɔʀn] *m* Saxhorn *nt*
saxifrage [saksifʀaʒ] *f* Steinbrech *m*
saxo [sakso] **I.** *m* Saxophon [*o* Saxofon] *nt*
II. *mf* Saxophonist [*o* Saxofonist](in)
saxon [saksɔ̃] *m* **le ~** Sächsisch *nt*, das Sächsische; *v. a.* **allemand**
saxon(ne) [saksɔ̃, ɔn] *adj* sächsisch
Saxon(ne) [saksɔ̃, ɔn] *m(f)* Sachse *m*/Sächsin *f*
saxophone [saksɔfɔn] *m* Saxophon [*o* Saxofon] *nt*
saxophoniste [saksɔfɔnist] *mf* Saxophonist [*o* Saxofonist](in) *m(f)*
sbire [sbiʀ] *m* Scherge *m*/Schergin *f*
scabieuse [skabjøz] *f* BOT Skabiose *f*
scabieux, -euse [skabjø, -jøz] *adj* skabiös
scabreux, -euse [skabʀø, -øz] *adj* ❶ *conversation, histoire* schlüpfrig; *allusion* anzüglich; *sujet* gewagt
❷ *soutenu (risqué) question, thème* gewagt
scaferlati [skafɛʀlati] *m* Feinschnitt *m*
scalaire [skalɛʀ] **I.** *adj* skalar
II. *m* Skalar *m*
scalène [skalɛn] *adj* **triangle ~** ungleichseitiges Dreieck
scalp [skalp] *m* ❶ Skalp *m*
❷ *(action)* Skalpieren *nt*
scalpel [skalpɛl] *m* Skalpell *nt*
scalper [skalpe] <1> *vt* skalpieren
scampi [skɑ̃pi] *mpl* Scampi *Pl*
scandale [skɑ̃dal] *m* ❶ Skandal *m*; **~ écologique/financier** Umwelt-/Finanzskandal; **énorme ~** Riesenskandal *(fam)*; **~ des pots-de-vin** [*o* **des dessous-de-table**] Bestechungsskandal; **presse/journalisme à ~** Skandalpresse *f*/-journalismus *m*
❷ *(indignation)* Empörung *f*
❸ *(tapage)* Lärm *m*; **~ sur la voie publique** öffentliche Ruhestörung; **faire du ~** *(faire du bruit)* Krach machen; *(protester)* Krach schlagen *(fam)*
▶ **faire ~** Staub aufwirbeln *(fig)*
scandaleusement [skɑ̃daløzmɑ̃] *adv* ❶ skandalös
❷ *(outrageusement)* unerhört; *exagéré, sous-estimé* maßlos
scandaleux, -euse [skɑ̃dalø, -øz] *adj* ❶ skandalös; *personne* unmöglich; *prix, propos* unverschämt; *vie* skandalumwittert; **il est ~ que ce soit permis** es ist ein Skandal, dass das erlaubt ist
❷ *(qui exploite le scandale)* **la chronique scandaleuse** die Skandalberichte *Pl*
scandaliser [skɑ̃dalize] <1> **I.** *vt* schockieren; **être scandalisé(e) qu'il ait menti** empört darüber sein, dass er gelogen hat
II. *vpr* **se ~ de qc** sich über etw *(Akk)* empören; **se ~ que j'aie dit la vérité** empört darüber sein, dass ich die Wahrheit gesagt habe
scander [skɑ̃de] <1> *vt* ❶ im Sprechchor rufen *slogans*; klar und deutlich sprechen *phrases*
❷ MUS, POES skandieren
scandinave [skɑ̃dinav] *adj* skandinavisch

Scandinave [skɑ̃dinav] *mf* Skandinavier(in) *m(f)*
Scandinavie [skɑ̃dinavi] *f* **la ~** Skandinavien *nt*
scandium [skɑ̃djɔm] *m* Scandium *nt*
scannage [skana3] *m* [Ein]scannen *nt*
scanner[1] [skane] <1> *vt* scannen, abscannen, einscannen
scanner[2] [skanɛʀ] *m*, **scanneur** [skanœʀ] *m* Scanner *m*, Bildabtaster *m*; **~ couleur** Farbscanner
♦ **~ à main** Handscanner *m*; **~ à un passage** INFORM Ein-Pass-Scanner *m*; **~ à plat** Flachbettscanner *m*
scanographie [skanɔgʀafi] *f* Computertomographie *f*
scansion [skɑ̃sjɔ̃] *f* Skandieren *nt*
scaphandre [skafɑ̃dʀ] *m (pour scaphandrier)* Taucheranzug *m*; *(pour astronaute)* Raumanzug *m*; **~ autonome** [Tiefsee]tauchgerät *nt*
scaphandrier, -ière [skafɑ̃dʀije, -jɛʀ] *m, f* Taucher(in) *m(f)*
scapulaire [skapylɛʀ] *adj* ANAT Schulter-
scarabée [skaʀabe] *m* Skarabäus *m*
scarificateur [skaʀifikatœʀ] *m* ❶ AGR Grubber *m*; *(pour le gazon)* Vertikutierer *m*
❷ MED *kleine Lanzette zum Einritzen der Haut*
scarification [skaʀifikasjɔ̃] *f* ❶ AGR *d'une écorce* Einritzen *nt*; *du gazon* Vertikutieren *nt*
❷ MED Hautritzung *f*
❸ TRANSP Aufreißen *nt*
scarifier [skaʀifje] <1a> *vt* ❶ MED einritzen
❷ AGR einritzen *écorce*; vertikutieren *gazon*; grubbern *terre*
scarlatine [skaʀlatin] *f* Scharlach *m*
scarole [skaʀɔl] *f* Endivie *f*
scatologie [skatɔlɔʒi] *f* Skatologie *f*
scatologique [skatɔlɔʒik] *adj* skatologisch
sceau [so] <x> *m* ❶ Siegel *nt*
❷ *soutenu (marque)* **le ~ du génie** das Siegel der Genialität *(geh)*
▶ **sous le ~ du secret** unter dem Siegel der Verschwiegenheit
scélérat(e) [seleʀa, at] I. *adj littér* ruchlos *(geh)*
II. *m(f) soutenu* Schurke *m*/Schurkin *f*
scélératesse [seleʀatɛs] *f littér* Ruchlosigkeit *f (geh)*
scellement [sɛlmɑ̃] *m d'un crochet, d'une couronne dentaire* Einzementieren *nt*; *d'une pierre* Einmauern *nt*; *de barreaux* Einlassen *nt*; *d'un dallage* Verlegen *nt*; **~ douanier** Zollverschluss *m*
sceller [sele] <1> *vt* ❶ TECH einzementieren *crochet, couronne dentaire*; einmauern *pierre*; einlassen *barreaux*; kleben *dalle*; **être scellé(e)** *barreaux de prison:* einzementiert sein
❷ *(confirmer solennellement)* besiegeln; bekräftigen *engagement*
❸ *(authentifier par un sceau)* siegeln; **être scellé(e)** *acte, porte:* versiegelt sein
❹ *(fermer hermétiquement)* versiegeln; **être scellé(e)** *fig destin:* besiegelt sein
❺ *(apposer les scellés)* mit Siegeln versehen
scellés [sele] *mpl* Amtssiegel *Pl*; *(plomb)* Plomben *Pl*; **apposer** [*o* **mettre**] **les ~** die Siegel anbringen; **apposer les ~ sur qc** etw amtlich versiegeln; **lever les ~** das Siegel aufbrechen; **sous ~** unter Verschluss
scénario [senaʀjo, senaʀi] <s *o* **scénarii**> *m* ❶ *d'un film* Drehbuch *nt*; *d'une pièce de théâtre* Gerüst *nt*; *d'une bande dessinée* Story *f*; *d'un roman* Aufbau *m*
❷ *(déroulement prévu)* Ablauf *m*, Szenario *nt*; **~ du futur** Zukunftsszenario; **c'est toujours le même ~** es ist immer dasselbe Spiel
scénariste [senaʀist] *mf* Drehbuchautor(in) *m(f)*, Filmautor(in)
scène [sɛn] *f* ❶ *(partie d'un acte, séquence)* Szene *f*; **~ d'amour** Liebesszene
❷ *(querelle)* Szene *f*; **~ de jalousie** Eifersuchtsszene; **~ de ménage** Ehekrach *m*; **faire une ~ à qn** jdm eine Szene machen
❸ THEAT *(emplacement)* Bühne *f*; **~ de théâtre** Theaterbühne; **entrer en ~** auftreten; **mettre une histoire en ~** eine Geschichte auf der Bühne darstellen; **mettre une pièce de théâtre en ~** ein Theaterstück inszenieren; **en ~!** auf die Bühne!
❹ *(décor)* Bühnenbild *nt*
❺ *(cadre) d'un crime, drame* Schauplatz *m*
❻ *(domaine)* Szene *f*; **la ~ universitaire** die Universitätsszene
❼ *(tableau, peinture)* Szene *f*; **~ de chasse** Jagdszene
♦ **~ de foule** ART, CINE, THEAT Massenszene *f*; **~ de mœurs** Sittenbild *nt*
scène-clé [sɛnkle] <scènes-clés> *f* Schlüsselszene *f*
scénique [senik] *adj* ❶ *gestuelle, traitement* szenisch; **les indications ~s** die Bühnenanweisungen; **jeux ~s** Theaterspiele *Pl*
❷ *(aisé à mettre en scène)* bühnenwirksam
scéniquement [senikmɑ̃] *adv* szenisch
scepticisme [sɛptisism] *m* ❶ Skepsis *f*
❷ PHILOS Skeptizismus *m*
sceptique [sɛptik] I. *adj* skeptisch
II. *mf* Skeptiker(in) *m(f)*
sceptre [sɛptʀ] *m* Zepter *nt*

schah [ʃa] *m* Schah *m*
schelem *v.* **chelem**
schéma [ʃema] *m* ❶ Schema *nt*; **~ comptable** Kontenschema
❷ *(dessin)* schematische Zeichnung; **~ de montage** Montageplan *m*
schématique [ʃematik] *adj* ❶ *péj (sommaire)* schematisch
❷ *(simplifié) représentation* schematisch; **dessin ~** schematische Zeichnung
schématiquement [ʃematikmɑ̃] *adv* in groben Zügen
schématisation [ʃematizasjɔ̃] *f* Schematisierung *f*; *péj* Schematismus *m*
schématiser [ʃematize] <1> *vt* schematisch darstellen; *péj* schematisieren
scherzo [skɛʀdzo] *m* MUS *d'une sonate, symphonie* Scherzo *nt*
schilling [ʃiliŋ] *m* Schilling *m*
schismatique [ʃismatik] I. *adj* schismatisch
II. *mf* Schismatiker(in) *m(f)*
schisme [ʃism] *m* ❶ REL Schisma *nt*
❷ POL Spaltung *f*
schiste [ʃist] *m* Schiefer *m*; **~ bitumineux** Ölschiefer
schisteux, -euse [ʃisto, -øz] *adj structure* schief[e]rig; **massif/sol ~** Schiefergebirge *nt*/-boden *m*
schizo *abr de* **schizophrène**
schizoïde [skizɔid] I. *adj* schizoid
II. *mf* Schizoide(r) *f(m)*
schizophrène [skizofʀɛn] I. *adj* schizophren
II. *mf* Schizophrene(r) *f(m)*
schizophrénie [skizofʀeni] *f* PSYCH Persönlichkeitsspaltung *f*, Schizophrenie *f (Fachspr.)*
schlague [ʃlag] *f* ❶ HIST, MIL Spießrutenlaufen *nt*
❷ *fig* ▶ **conduire qn à la ~** jdm das Leder gerben *(fam)*
schlass [ʃlas] *adj inv fam* besoffen *f*
Schleswig-Holstein [ʃlɛsvigɔlʃtajn] *m* **le ~** Schleswig-Holstein *nt*
schleu *v.* **chleuh**
schlinguer [ʃlɛ̃ge] <1> *vi fam* müffeln *(fam)*
schlittage [ʃlita3] *m du bois* Holztransport *m* per Schlitten
schlitte [ʃlit] *f* HIST, TECH Schlitten *m*
schnaps [ʃnaps] *m* Schnaps *m*
schnock, schnoque [ʃnɔk] *fam* I. *adj* bescheuert *(fam)*
II. *m* **vieux ~** alter Knacker *(fam)*
schnouf [ʃnuf] *f arg* Stoff *m (sl)*
schuss [ʃus] *m* Schussfahrt *f*; **descendre tout ~** *fam* Schuss fahren
S.C.I. [ɛssei] *f abr de* **société civile immobilière** Bauträgergesellschaft *f (in Form einer GdBR)*
sciage [sja3] *m* ❶ Sägen *nt*
❷ *(bois)* Schnittholz *nt*
sciant(e) [sjɑ̃, sjɑ̃t] *adj fam* ❶ öde *(fam)*
❷ *(étonnant)* umwerfend *(fam)*
sciatique [sjatik] I. *adj* **nerf ~** Ischiasnerv *m*
II. *f* Ischias *m o nt*
scie [si] *f* ❶ Säge *f*; **~ à bois** Holzsäge; **~ à chaîne** Kettensäge; **~ égoïne** Fuchsschwanz *m*; **~ circulaire** Kreissäge; **~ circulaire portable/de table** Hand-/Tischkreissäge; **~ circulaire radiale** elektrische Gehrungssäge; **~ radiale** mechanische Gehrungssäge; **~ sauteuse** Lochsäge
❷ *(rengaine)* Gedudel *nt (fam)*
❸ *fam (personne ennuyeuse)* Nervensäge *f (fam)*
♦ **~ à chantourner** Bügelsäge *f*; **~ à découper** Laubsäge *f*
sciemment [sjamɑ̃] *adv* absichtlich; **prendre ~ une décision** wissentlich eine Entscheidung treffen
science [sjɑ̃s] *f* ❶ Wissenschaft *f*; *(domaine spécialisé)* Fachwissenschaft; **~ voisine** Grenzwissenschaft, angrenzende Wissenschaft
❷ *pl (domaine d'études)* Wissenschaft *f*, Wissenschaften *Pl*; **~ du comportement** Verhaltensforschung *f*; **~s culturelles** Kulturwissenschaften; **~s de l'ingénieur** Ingenieurwissenschaften; **~s économiques et sociales** Wirtschaftslehre *f*; **~s financières** Finanzwissenschaft; **~s journalistiques** [*o* **du journalisme**] Zeitungswissenschaften; **~s appliquées** angewandte Wissenschaften; **~s humaines** Humanwissenschaften; **~s politiques** Politologie *f*; **~s sociales** Gesellschaftslehre *f*; **faculté de ~s sociales** gesellschaftswissenschaftliche Fakultät
❸ *pl (sciences physiques, naturelles et mathématiques)* ≈ Mathematik *f* und Naturwissenschaften *Pl*; **faculté des ~s** ≈ Fakultät für Mathematik und Naturwissenschaften
❹ *(connaissance)* Lehre *f*; **~ occulte** Geheimlehre; **~ de l'être** Lehre des Seins
❺ *(savoir faire)* Fertigkeit *f*
❻ *(érudition)* Wissen *nt*
▶ **avoir la ~ infuse** *fam* die Weisheit gepachtet haben *(pej fam)*
science-fiction [sjɑ̃sfiksjɔ̃] *f inv* Sciencefiction *f*; **roman/film de ~** Sciencefictionroman *m*/-film *m*

scientifique [sjɑ̃tifik] **I.** *adj* wissenschaftlich
II. *mf* ❶ Wissenschaftler(in) *m(f)*
❷ *(élève)* Naturwissenschaftler(in) *m(f)*
scientifiquement [sjɑ̃tifikmɑ̃] *adv* wissenschaftlich; **~ parlant** wissenschaftlich gesehen
scientisme [sjɑ̃tism] *m* Wissenschaftsgläubigkeit *f*
scientiste [sjɑ̃tist] **I.** *adj* wissenschaftsgläubig
II. *mf* Wissenschaftsgläubige(r) *f(m)*
scientologie [sjɑ̃tɔlɔʒi] *f* Scientology *f*; **Église de ~** Scientology--Kirche *f*
scientologue [sjɑ̃tɔlɔg] *mf* Anhänger (in) *m(f)* der Scientology--Bewegung
scier [sje] <1a> *vt* ❶ sägen; absägen *arbres*
❷ *fam (estomaquer)* umhauen *(fam)*; **être scié(e)** platt sein *(fam)*
scierie [siʀi] *f* Sägewerk *nt*
scieur [sjœʀ] *m* Sägewerker *m*
scieuse [sjøʀ] *f* ❶ Sägemaschine *f*
❷ *(personne)* Sägewerkerin *f*
scinder [sɛ̃de] <1> **I.** *vt* spalten *parti;* **~ une question/un problème** eine Frage/ein Problem aufspalten; **scindé(e) en deux** zweigeteilt
II. *vpr* **se ~ en qc** sich in etw *(Akk)* aufsplittern; *parti:* sich in etw *(Akk)* spalten
scintigramme [sɛ̃tigʀam] *m* MED Szintigramm *nt*
scintigraphie [sɛ̃tigʀafi] *f* MED Szintigraphie *f*
scintillant(e) [sɛ̃tijɑ̃, jɑ̃t] *adj* funkelnd; *perles* schimmernd; *neige* glitzernd; **effet ~** *d'un tissu* Glitzereffekt *m*
scintillation [sɛ̃tijasjɔ̃] *f* Szintillation *f*
scintillement [sɛ̃tijmɑ̃] *m* Funkeln *nt; de la neige* Glitzern *nt; d'une étoile, pierre précieuse* Blinken *nt; d'un écran, moniteur, d'une image* Flimmern *nt;* **sans ~** *écran, image* flimmerfrei
◆ **~ d'écran** INFORM Bildschirmflimmern *nt*
scintiller [sɛ̃tije] <1> *vi* ❶ funkeln; *écran:* flimmern
❷ PHYS szintillieren
scion [sjɔ̃] *m* ❶ BOT Schössling *m*
❷ PECHE [Schwing]spitze *f (Fachspr.)*
scission [sisjɔ̃] *f* ❶ Spaltung *f;* **faire ~** sich abspalten
❷ PHYS Spaltung *f*
❸ BOT Teilung *f*
❹ JUR Abspaltung *f;* **~ d'un/du contrat** Vertragsspaltung *f*
❺ ECON *d'une société* Spaltung *f; d'une entreprise* [Auf]spaltung *f*
◆ **~ du droit** JUR Rechtsspaltung *f*
scissionniste [sisjɔnist] **I.** *adj* abtrünnig; *activités* spalterisch
II. *mf* Spalter(in) *m(f)*
scissiparité [sisipaʀite] *f* Fortpflanzung *f* durch Zellteilung
sciure [sjyʀ] *f* Sägemehl *nt*
sclérosant(e) [skleʀozɑ̃, ɑ̃t] *adj* attitude, mode lähmend; *éducation* rigide
sclérose [skleʀoz] *f* ❶ *des institutions, d'un parti* Verknöcherung *f; d'une personne* Verkalkung *f*
❷ MED Sklerose *f;* **~ aortique** Aortensklerose; **~ artérielle** Arteriosklerose; **~ latérale** Lateralsklerose
◆ **~ en plaques** multiple Sklerose, MS *f*
sclérosé(e) [skleʀoze] *adj* ❶ MED verhärtet, sklerotisch *(Fachspr.)*
❷ *fig administration, société* verkrustet, erstarrt
scléroser [skleʀoze] <1> **I.** *vt* ❶ verknöchern lassen *personne;* lähmen *initiatives;* **être sclérosé(e)** *personne:* festgefahren sein; *institution:* unbeweglich sein
❷ MED veröden; **être sclérosé(e)** sklerotisch sein
II. *vpr* **se ~** *société:* unbeweglich werden; **se ~ dans ses habitudes** in seinen Gewohnheiten festgefahren sein
❷ MED **se ~** sich verhärten
sclérothérapie [skleʀoteʀapi] *f* MED Krampfaderverödung *f*
sclérotique [skleʀɔtik] *f* Lederhaut *f*
scolaire [skɔlɛʀ] *adj* ❶ *fournitures, vacances, année* Schul-; *succès* schulisch; **âge ~** schulpflichtiges Alter; **livret ~** Zeugnis *nt,* Zeugnisheft *nt;* **échec ~** Schulversagen *nt;* **obligation ~** Schulpflicht *f;* **programme ~** Lehrplan *m*
❷ *péj (que l'on acquiert à l'école) formation, enseignement, éducation* schulgemäß; *(livresque)* akademisch; **parler un allemand ~** Schuldeutsch sprechen; **rédiger un rapport dans un style ~** einen Bericht schulmäßig abfassen
scolairement [skɔlɛʀmɑ̃] *adv* schulmäßig
scolarisable [skɔlaʀizabl] *adj* enfant schulreif
scolarisation [skɔlaʀizasjɔ̃] *f* ❶ Einschulung *f,* Schulbesuch *m*
❷ *(équipement en écoles)* Einrichtung *f* von Schulen
scolariser [skɔlaʀize] <1> *vt* ❶ einschulen; **être scolarisé(e)** eingeschult werden, eine Schule besuchen
❷ *(doter d'écoles)* **un pays/une région** in einem Land/in einem Gebiet Schulen einrichten
scolarité [skɔlaʀite] *f* Schulbesuch *m;* **années de ~** Schulzeit *f;* **~ obligatoire** Schulpflicht *f*
scolastique [skɔlastik] **I.** *adj* scholastisch

II. *f* Scholastik *f*
III. *mf* Scholastiker(in) *m(f)*
scoliose [skɔljoz] *f* MED Wirbelsäulenverkrümmung *f,* Skoliose *f*
scolopendre [skɔlɔpɑ̃dʀ] *f* ❶ ZOOL Tausendfüßler *m*
❷ BOT Hirschzunge *f*
sconse [skɔ̃s] *m* Stinktier *nt*
scoop [skup] *m fam* Knüller *m (fam); (nouvelle)* Sensationsmeldung *f*
scooter [skutœʀ, skutɛʀ] *m* Motorroller *m;* **~ des mers** Jetski *m;* **~ des neiges** Motorschlitten *m*
scootériste [skuteʀist] *mf* Motorroller-Fahrer(in) *m(f)*
scopie [skɔpi] *f fam abr de* **radioscopie** Röntgenaufnahme *f*
scorbut [skɔʀbyt] *m* Skorbut *m*
scorbutique [skɔʀbytik] **I.** *adj* skorbutisch
II. *mf* Skorbutkranke(r) *f(m)*
score [skɔʀ] *m* Spielergebnis *nt; (en cours de partie)* Spielstand *m;* **mener au ~** in Führung liegen; **~ électoral** Wahlergebnis
scories [skɔʀi] *fpl* CHIM, GEOL Schlacke *f*
scorpion [skɔʀpjɔ̃] *m* ZOOL Skorpion *m*
Scorpion [skɔʀpjɔ̃] *m* ASTROL Skorpion *m;* **être [du signe du] ~ [ein]** Skorpion sein, im Zeichen des Skorpions geboren sein
scorsonère [skɔʀsɔnɛʀ] *f* BOT Schwarzwurzel *f,* Skorzonere *f (Fachspr.)*
scotch®¹ [skɔtʃ] *m sans pl (adhésif)* Tesafilm® *m*
scotch² [skɔtʃ] <es> *m (whisky)* Scotch *m*
scotcher [skɔtʃe] <1> *vt* ❶ *(coller)* kleben; *(pour fermer)* [mit Tesafilm] zukleben
❷ *fig fam* **être/rester scotché(e) devant la télé** vor dem Fernseher kleben [*o* hängen]/kleben bleiben *(fam)*
scotopique [skɔtɔpik] *adj* MED **vision ~** Dämmerungssehen *nt*
scout(e) [skut] **I.** *adj* Pfadfinder-; **fraternité** der Pfadfinder *(Gen)*
II. *m(f)* Pfadfinder(in) *m(f)*
scoutisme [skutism] *m* **faire du ~** Pfadfinder sein
scrabble® [skʀabl] *m* Scrabble® *nt*
scratcher [skʀatʃe] <1> *vt* SPORT [von der Teilnehmerliste] streichen *joueur*
scribe [skʀib] *m* ❶ HIST *(copiste)* Kopist *m; (écrivain)* Schreiber *m*
❷ BIBL Schriftgelehrter *m*
scribouillard(e) [skʀibujaʀ, jaʀd] *m(f) fam* Schreiberling *m (fam)*
script [skʀipt] *m* ❶ CINE Drehbuch *nt;* THEAT Regiebuch *nt*
❷ *(écriture)* Druckschrift *f;* **en ~** in Druckschrift
❸ *(retranscription)* Skript *nt*
scripte [skʀipt] *f* Skriptgirl *nt*
scripteur [skʀiptœʀ] *m* ❶ REL Skriptor *m*
❷ *(personne qui écrit)* Schreiber *m*
script-girl *v.* **scripte**
scriptural(e) [skʀiptyʀal, o] <-aux> *adj* ❶ ECON bargeldlos; *monnaie* Buch-; **trafic des paiements scripturaux** bargeldloser Zahlungsverkehr
❷ LING *compétence* schriftlich
scrogneugneu [skʀɔɲøɲø] *interj fam* verflixt und zugenäht! *(pej fam)*
scrotum [skʀɔtɔm] *m* ANAT Hodensack *m,* Skrotum *nt (Fachspr.)*
scrupule [skʀypyl] *m* ❶ *souvent pl* Skrupel *m;* **avoir ~ [o des ~s] à faire qc** Hemmungen haben etw zu tun; **comprendre les ~s de qn** jds Bedenken verstehen; **être sans ~ [s]** keine Skrupel haben; **un individu sans ~s** ein skrupelloses Individuum
❷ *(souci)* **~ d'exactitude** Bemühen *nt* um Genauigkeit
scrupuleusement [skʀypyløzmɑ̃] *adv* peinlich genau
scrupuleux, -euse [skʀypylø, -øz] *adj* ❶ gewissenhaft; *honnêteté* absolut
❷ *(très honnête)* ehrlich; **peu ~ (-euse)** gewissenlos
scrutateur, -trice [skʀytatœʀ, -tʀis] **I.** *adj* prüfend, forschend
II. *m, f* POL Stimmenauszähler(in) *m(f)*
scruter [skʀyte] <1> *vt* mit den Augen absuchen *horizon;* mit seinem Blick zu durchdringen suchen *pénombre;* prüfen *conscience*
scrutin [skʀytɛ̃] *m* Abstimmung *f,* Wahl *f;* **~ majoritaire** Mehrheitswahl; **mode de ~** Wahlsystem *nt;* **mode de ~ majoritaire** Mehrheitswahlsystem; **mode de ~ proportionnel** Verhältniswahlsystem, Proporzwahlsystem (CH, A)
sculpter [skylte] <1> **I.** *vt* formen; schnitzen *bois;* mit Schnitzereien verzieren *meuble, objet en bois;* behauen *marbre, pierre;* **~ qc dans du marbre** etw in Marmor hauen; **être sculpté(e)** *marbre, pierre:* gemeißelt sein; *bois:* geschnitzt sein
II. *vi* sich als Bildhauer(in) betätigen
sculpteur [skyltœʀ] *m* Bildhauer *m (f);* **~ sur bois** Holzbildhauer(in) *m(f)*
sculptural(e) [skyltyʀal, o] <-aux> *adj* ❶ ART bildhauerisch; **art ~** Bildhauerkunst *f*
❷ *(bien modelé)* statuenhaft; *corps* vollendet; *beauté* klassisch
sculpture [skyltyʀ] *f* ❶ **la ~** die Bildhauerei; **la ~ sur pierre** das Meißeln; **la ~ sur bois** die Holzschnitzerei
❷ *(statue)* Skulptur *f,* Plastik *f;* **en argile** [*o* **en terre cuite**] Ton-

plastik; ~ **miniature** Kleinplastik
③ *pl* AUT *d'un pneu* Profil *nt*
S.D.E.C.E. [sdɛk] *m abr de* **Service de documentation extérieur et de contre-espionnage** *französischer Geheimdienst*
S.D.F. [ɛsdeɛf] *m, f abr de* **sans domicile fixe** Obdachlose(r) *f(m)*
S.D.N. [ɛsdeɛn] *f abr de* **Société des Nations** Völkerbund *m*
se [sə] *<devant une voyelle ou un h muet* **s'***>* *pron pers* ❶ sich; **il/elle ~ voit dans le miroir** er/sie sieht sich im Spiegel; **il/elle ~ demande s'il/si elle a raison** er/sie fragt sich, ob er/sie Recht hat
❷ *(l'un l'autre)* sich, einander *(geh)*; **ils/elles ~ suivent/~ font confiance** sie folgen einander/vertrauen einander
❸ *avec les verbes pronominaux* sich; **il/elle ~ nettoie** er/sie macht sich sauber; **ils/elles ~ nettoient** sie machen sich sauber; **il/elle ~ nettoie les ongles** er/sie macht sich *(Dat)* die Nägel sauber; **ils/elles ~ nettoient les ongles** sie machen sich *(Dat)* die Nägel sauber; **il/elle ~ fait couper les cheveux** er/sie lässt sich *(Dat)* die Haare schneiden; **ils/elles ~ font couper les cheveux** sie lassen sich *(Dat)* die Haare schneiden
séance [seɑ̃s] *f* ❶ CINE, THEAT Vorstellung *f*; **~ de cinéma** Kinovorstellung; **~ privée** Privatvorführung *f*
❷ *(période)* Sitzung *f*; **~ d'essais** AUT Probefahrt *f*; **~ de gymnastique** Turnstunde *f*; **~ de pose** Modellsitzen *nt*; **~ de spiritisme** Séance *f*; **~ de tir** Schießübung *f*
❸ *(réunion)* Sitzung *f*; **en ~** in einer Sitzung; **être en ~** tagen; **lever la ~** die Sitzung aufheben; *(interrompre)* die Sitzung unterbrechen; **~ extraordinaire** Sondersitzung, Extrasitzung (CH); **~ du comité de direction** Vorstandssitzung; **~ d'ouverture** Eröffnungssitzung
❹ *fam (scène)* Szene *f*
❺ MED *(rendez-vous)* Behandlungstermin *m*
▶ **~ tenante** unverzüglich, auf der Stelle
séant [seɑ̃] *m soutenu* Gesäß *nt*
séant(e) *v.* **seyant**
seau [so] *<x> m* ❶ *(récipient, contenu)* Eimer *m*; **~ d'eau** Eimer [voll] Wasser, Wassereimer; **renverser le ~ d'eau** den Wassereimer umwerfen; **~ en bois** Holzkübel *m*; **~ en plastique** Plastikeimer; **~ à charbon** Kohleneimer; **~ à glace** Eiskübel; **~ hygiénique** Nachttopf *m*
❷ *(emballage d'aliments)* de moutarde, ketchup, mayonnaise Großbehälter *m*
▶ **il pleut à ~x** *fam* es gießt wie mit/aus Kübeln *(fam)*
◆ **~ à champagne** Sektkübel *m*, Sektkühler *m*; **~ de plage** Sandeimer *m*
sébacé(e) [sebase] *adj* PHYSIOL, MED *glandes* Talg-; **kyste ~** Grützbeutel *m*, Atherom *nt (Fachspr.)*
sébaste [sebast] *m* ZOOL Rotbarsch *m*; **grand ~** großer Rotbarsch
SEBC [ɛsøbeəse] *m abr de* **Système européen de banques centrales** ESZB *nt*
sébile [sebil] *f* Schälchen *nt*; *d'un mendiant* Bettelschale *f*
séborrhée [sebɔʀe] *f* MED Talgdrüsenüberfunktion *f*, Seborrho[e] *f (Fachspr.)*
sébum [sebɔm] *m* [Haut]talg *m*
sec [sɛk] **I.** *adv* ❶ *démarrer* ruckartig; *frapper* kräftig
❷ *(abondamment) boire* kräftig
▶ **aussi ~** *fam* sofort; *répondre* wie aus der Pistole geschossen *(fam)*
II. *m étang* à ~ ausgetrockneter Teich; **mettre à ~** trockenlegen; **être à ~** *(sans argent)* blank sein *(fam)*; **mettre qc au ~** etw ins Trockene bringen; **tenir qc au ~** etw trocken lagern
sec, sèche [sɛk, sɛʃ] *adj* ❶ trocken; **complètement ~** strohtrocken *(fam)*
❷ *(opp: pluvieux) temps* niederschlagsfrei
❸ *(déshydraté) figue* getrocknet; **légumes ~s** Hülsenfrüchte *Pl*; **fruits ~s** Dörrobst *nt*; **raisins ~s** Rosinen *Pl*
❹ *(opp: gras) bras* dürr; *cheveu* spröde; *peau, toux* trocken
❺ *(brusque) bruit, rire* kurz und heftig; *coup* rasch
❻ *(opp: aimable) personne* kurz angebunden; *refus* klar; *réponse, merci* knapp; *lettre* kühl; *ton* schroff; *cœur* hart
❼ *(sobre) style* trocken
❽ SPORT *jeu, placage* hart
❾ *(pur) whisky, gin* pur
❿ *(opp: doux) champagne, vin* trocken
⓫ CARTES *atout, valet* blank
sécable [sekabl] *adj* schneidbar; *comprimé* teilbar
SECAM [sekam] *m abr de* **séquentiel à mémoire** SECAM *nt*
sécant(e) [sekɑ̃, kɑ̃t] *adj* schneidend
sécante [sekɑ̃t] *f* Sekante *f*
sécateur [sekatœʀ] *m* Gartenschere *f*; *(grand)* Heckenschere; **~ à roses** Rosenschere
sécession [sesesjɔ̃] *f* POL Abspaltung *f*; HIST Sezession *f*; **faire ~** sich abspalten
sécessionniste [sesesjɔnist] *adj* POL abgespalten; HIST sezessionistisch

séchage [seʃaʒ] *m* Trocknen *nt*
sèche [sɛʃ] *f fam* Glimm:stängel *m (fam)*
sèche-cheveux [sɛʃʃəvø] *m inv* Haartrockner *m*, Föhn *m*
sèche-linge [sɛʃlɛ̃ʒ] *m inv* Wäschetrockner *m*, Trockenautomat *m* **sèche-mains** [sɛʃmɛ̃] *m inv* Händetrockner *m*
sèchement [sɛʃmɑ̃] *adv démarrer* ruckartig; *frapper, tirer* hart; *refuser, répondre* schroff
sécher [seʃe] <5> **I.** *vt* ❶ trocknen; *(en essuyant)* abtrocknen *personne, mains*
❷ *fam (ne pas assister à)* schwänzen *(fam)*
II. *vi* ❶ trocknen; **mettre le linge à ~** die Wäsche zum Trocknen aufhängen
❷ *(se déshydrater) bois:* trocken werden; *plante, terre:* austrocknen; *fleur, fruits:* vertrocknen
❸ *fam (ne pas savoir)* passen müssen *(fam)*; **~ en math** in Mathe alt aussehen *(fam)*
III. *vpr* **se ~** sich abtrocknen; *(au soleil)* sich trocknen; **se ~ les mains** sich *(Dat)* die Hände abtrocknen; **se ~ les cheveux** sich *(Dat)* die Haare [trocken]föhnen
sécheresse [sɛʃʀɛs] *f* ❶ Trockenheit *f*
❷ *(sobriété) d'un style* Trockenheit *f*
❸ *(dureté)* Härte *f*
sécheuse [seʃøz] *f* CAN *(sèche-linge)* Wäschetrockner *m*
séchoir [seʃwaʀ] *m* ❶ Trockengestell *nt*; **~ parapluie** Wäschespinne *f*
❷ *(sèche-cheveux)* Haartrockner *m*, Föhn *m*
❸ *(buanderie)* Trockenraum *m*
second [s(ə)gɔ̃] *m* ❶ *(étage)* zweiter Stock
❷ *(arrondissement)* zweites Arrondissement
❸ *(dans une charade)* zweite Silbe
❹ NAUT *(second capitaine)* erster Offizier; **commandant en ~** zweiter Kommandant
❺ *(dans l'ordre)* **le ~** der/die/das Zweite
second(e) [s(ə)gɔ̃, gɔ̃d] *adj antéposé* ❶ zweite(r, s); **en ~ lieu** dann, als Zweites
❷ *(qui n'a pas la primauté)* zweite(r, s); **au ~ plan** im Hintergrund; **au ~ plan du tableau** im Mittelgrund des Bildes; **marchandise de ~ choix** [*o* **~e qualité**] zweitklassige Ware, Ware zweiter Wahl; **de ~ ordre** unbedeutend
❸ *(nouveau) jeunesse, nature* zweite(r, s); *vie* zweite(r, s), neu; *v. a.* **cinquième**
secondaire [s(ə)gɔ̃dɛʀ] **I.** *adj* ❶ *action, rôle* Neben-; *détail* nebensächlich; **ne jouer qu'un rôle ~ dans une affaire** in einer Sache nur eine untergeordnete Rolle spielen
❷ SCOL **l'enseignement ~** der Unterricht an weiterführenden Schulen
❸ GEOL **ère ~** Mesozoikum *nt*, Erdmittelalter *nt*
❹ MED **effets ~s** Nebenwirkungen *Pl*
❺ ECON *secteur* sekundär, industriell
II. *m* ❶ GEOL **le ~** das Mesozoikum, das Erdmittelalter
❷ SCOL **le ~** die weiterführende Schule; *(au lycée)* die Gymnasialstufe
seconde [s(ə)gɔ̃d] *f* ❶ *a.* GEOM, MUS Sekunde *f*
❷ *(temps très court)* Augenblick *m*; **patienter deux ~s** sich einen Moment gedulden; **une ~, j'arrive!** Sekunde, ich komme!
❸ *(vitesse)* zweiter Gang
❹ SCOL ~ zehnte Klasse
❺ TRANSP zweite Klasse; **billet de ~** Fahrkarte *f*/Flugticket *nt* zweiter Klasse
❻ *(en escrime)* Sekond *f*
❼ *(dans l'ordre)* **la ~** der/die/das Zweite
▶ **à une ~ près** *(très exactement)* auf die Sekunde genau; **j'ai raté le bus à quelques ~s près** ich habe den Bus [nur] um ein paar Sekunden verpasst
secondement [s(ə)gɔ̃dmɑ̃] *adv* zweitens
seconder [s(ə)gɔ̃de] <1> *vt* **~ qn dans son travail** jdm bei einer Arbeit zur Hand gehen; **être secondé(e) par qn** von jdm unterstützt werden
secouer [s(ə)kwe] <1> **I.** *vt* ❶ schütteln; *(pour débarrasser)* ausschütteln *nappe, tapis*; schütteln *pommier, prunier*; **~ qn pour le réveiller** jdn wachrütteln; **~ la poussière de la veste** den Staub von der Jacke [ab]schütteln; **~ le thermomètre pour le faire baisser** das Thermometer herunterschlagen
❷ *(ballotter) explosion, bombardement:* erschüttern; *autobus, avion:* durchrütteln *personne;* hin und her schütteln *arbre, embarcation*
❸ *(ébranler)* erschüttern, abschütteln *autorité, joug;* ablegen *nonchalance, paresse;* **un pays secoué par la crise** ein krisengeschütteltes Land
❹ *(traumatiser) émotion:* erschüttern; *deuil, maladie:* mitnehmen
❺ *(réprimander)* auf Trab bringen *(fam)*, rannehmen *(fam)*; **se faire ~ par qn** von jdm etwas zu hören bekommen *(fam)*
▶ **il n'en a rien à ~ de qc** *pop* etw ist ihm total egal *(fam)*
II. *vpr fam* **se ~** ❶ sich schütteln

❷ *(réagir)* sich aufraffen
secourable [s(ə)kuʀabl] *adj* hilfreich; **tendre une main ~ à qn** jdm seine Hilfe anbieten
secourir [s(ə)kuʀiʀ] <irr> *vt* ~ **qn** jdm Hilfe leisten
secourisme [s(ə)kuʀism] *m* erste Hilfe; *(ensemble du domaine, ses activités)* Rettungswesen *nt;* **faire du ~** beim Rettungsdienst arbeiten
secouriste [s(ə)kuʀist] *mf* Sanitäter(in) *m(f),* Ersthelfer(in) *m(f)*
secours [s(ə)kuʀ] *m* ❶ *(soins)* erste Hilfe; **équipement de ~** Erste-Hilfe-Ausrüstung *f;* **premiers ~** Erstversorgung *f;* **donner les premiers ~ aux accidentés** den Unfallopfern erste Hilfe leisten
❷ *(organisme)* Rettungsdienst *m; (en montagne)* Bergwacht *f;* **les ~** die Rettungsmannschaft
❸ *(aide)* Hilfe *f;* **appeler qn à son ~** jdn zu Hilfe rufen; **porter** [*o* **prêter**] **~ à qn** jdm Hilfe leisten; **aller** [*o* **courir**/**voler au ~ de qn/qc** jdm/einer S. zu Hilfe kommen/eilen; **au ~!** [zu] Hilfe!; **sortie de ~** Notausgang *m*
❹ *(subvention)* Unterstützung *f*
❺ MIL Hilfstruppe *f*
❻ REL Beistand *m;* **Secours catholique** *katholisches Hilfswerk*
secousse [s(ə)kus] *f* ❶ Stoß *m; d'une voiture, d'un avion* Erschütterung *f;* **par ~s** stoßweise, ruckweise, ruckartig; **sans ~s** erschütterungsfrei
❷ *(décharge électrique)* Schlag *m*
❸ *(choc)* Schlag *m,* Schock *m*
❹ GEOL **~ sismique** [*o* **tellurique**] Erdstoß *m*
❺ POL Erschütterung *f*
secret [səkʀɛ] *m* ❶ Geheimnis *nt;* **garder un ~** ein Geheimnis wahren [*o* hüten]; **ne pas avoir de ~ pour qn** vor jdm kein Geheimnis haben
❷ *sans pl (confidentialité)* Verschwiegenheit *f;* **~ fiscal** Steuergeheimnis *nt;* **~ médical/professionnel** ärztliche Schweigepflicht/Berufsgeheimnis *nt;* **~ de la confession** Beichtgeheimnis; **~ des télécommunications** Fernmeldegeheimnis; **garder le ~ sur qc** [*o* **de qc**] etw geheim halten
❸ *pl (mystères)* Geheimnis *nt*
❹ *(recette cachée) du bonheur* Geheimnis *nt*
❺ POL **~ défense** Militärgeheimnis *nt*
▶ **être dans le ~ des dieux** zu den Eingeweihten gehören; **l'astrologie n'a plus de ~ pour elle** sie weiß alles über die Astrologie; **être dans le ~/dans le ~ de qn** zu den Eingeweihten/zu jds Eingeweihten gehören; **mettre qn dans le ~** jdn in das Geheimnis einweihen; **cadenas/serrure à ~** Kombinationsschloss; **les personnes qui sont dans le ~** die Eingeweihten; **en** [**grand**] **~** ganz im Geheimen
◆ **~ d'alcôve** Bettgeheimnis *nt;* **~ de Polichinelle** *fam* offenes Geheimnis; **c'est le ~ de Polichinelle** die Spatzen pfeifen es von den Dächern *(fam)*
secret, -ète [səkʀɛ, -ɛt] *adj* ❶ *escalier, négociations, science* geheim, Geheim-; *agent, service, information* Geheim-; *ennemi* versteckt; *blessure* unsichtbar; *vice* heimlich; **code/texte ~** Geheimkode *m/* -text *m;* **garder qc ~** etw geheim halten; **qc est top ~** etw ist topsecret
❷ *soutenu (renfermé)* verschlossen
secrétaire [s(ə)kʀetɛʀ] I. *mf* Sekretär(in) *m(f); d'une réunion* Schriftführer(in) *m(f),* Aktuar *m* (CH); **~ médical(e)** Sprechstundenhilfe *f;* **~ général(e)** *d'un institut* Generalsekretär(in); **~ général(e) des Nations Unies** UN-Generalsekretär(in); **~ général(e) d'un/du syndicat** Gewerkschaftssekretär(in)
II. *m* Sekretär *m*
◆ **~ d'ambassade** Legationsrat *m/*-rätin *f;* **~ de direction** Chefsekretär(in) *m(f);* **~ d'État** Staatssekretär(in) *m(f);* **~ de mairie** Stadtdirektor(in) *m(f);* **~ de rédaction** Redaktionsassistent(in) *m(f);* **~ de séance** Protokollführer(in) *m(f)*
secrétariat [s(ə)kʀetaʀja] *m* ❶ Geschäftsstelle *f,* Sekretariat *nt;* **~ général des Nations Unies** Generalsekretariat der Vereinten Nationen; **~ d'État/de direction** Staats-/Chefsekretariat
❷ *(fonction officielle)* Amt *nt* des Sekretärs
❸ *(emploi de secrétaire) (pour un homme)* Sekretärberuf *m; (pour une femme)* Sekretärinnenberuf *m*
❹ *(bureau)* Sekretariat *nt*
Secrète [səkʀɛt] *f fam* Geheimpolizei *f*
secrètement [səkʀɛtmɑ̃] *adv agir, informer* heimlich; *désirer, espérer* im Stillen, insgeheim
sécréter [sekʀete] <5> *vt* ❶ ANAT absondern
❷ *(engendrer)* führen zu, nach sich ziehen; **~ l'ennui/la fatigue** langweilig sein/ermüden
sécrétion [sekʀesjɔ̃] *f* ❶ *(action de sécréter)* Sekretion *f;* **glande à ~ interne** innersekretorische Drüse
❷ *(substance)* Absonderung *f,* Sekret *nt;* **~ bronchiale** Bronchialsekret
sectaire [sɛktɛʀ] I. *adj* sektiererisch
II. *mf* Sektierer(in) *m(f)*

sectarisme [sɛktaʀism] *m* Sektierertum *nt*
secte [sɛkt] *f* ❶ Sekte *f;* **membre de la/d'une ~** Sektenmitglied *nt*
❷ *péj (clan)* Klüngel *m*
secteur [sɛktœʀ] *m* ❶ Bereich *m;* **~ à problèmes** Problembereich *m;* *(en parlant d'une entreprise)* **~ d'activité** Betätigungsfeld *nt;* **~ d'activités principal** Hauptgeschäftsbereich *m;* **~ des coûts** Kostenbereich
❷ ADMIN, POL Gebiet *nt,* Bezirk *m;* **~ est/occidental** Ost-/Westsektor *m;* **l'ancien ~ est de Berlin** der ehemalige Ostsektor Berlins; **~ frontalier** Grenzbezirk; **~ géographique** [*o* **de recrutement**] Einzugsgebiet; **~ sauvegardé** Schutzgebiet
❸ MIL Abschnitt *m;* **~ de combat** Gefechtsabschnitt
❹ ELEC Netz *nt;* **panne de ~** Netzausfall *m;* **appareil avec fonctionnement sur ~** Apparat *m* mit Netzanschluss
❺ *(domaine de l'économie)* [**d'économie**] Sektor *m,* Wirtschaftszweig *m;* **~ de l'exportation** Exportwirtschaft *f;* **~ économique à croissance faible/forte** wachstumsschwacher/-starker Wirtschaftszweig; [**économique**] **de l'électricité** Elektrizitätswirtschaft *f;* **~ économique de la pêche** Fischwirtschaft *f;* **~ énergétique** Energiesektor; **~ industriel** Industriebereich *m;* **le ~ nationalisé** die verstaatlichten Unternehmen; **~ parallèle** Nebenzweig; **~ primaire** primärer Sektor; **~ privé** privater Sektor; **~ public** öffentlicher [*o* staatlicher] Sektor; **~ de la publicité** Werbewirtschaft *f;* **~ de la restauration rapide** Fastfood-Branche *f;* **le ~ des marchés des petites et moyennes entreprises** die mittelständische Wirtschaft
❻ *(coin)* Gegend *f*
❼ GEOM, INFORM, METEO Sektor *m;* **~ circulaire** Sektor, Kreisausschnitt *m;* **~ sphérique** [Kugel]sektor
◆ **~ de l'approvisionnement** Versorgungswirtschaft *f;* **~ de l'assurance** Versicherungsbranche *f;* **~ de la consommation** Verbrauchsgewerbe *nt;* **~ d'importation** Einfuhrbereich *m;* **~ de police** Polizeibezirk *m;* **~ de production** Produktionszweig *m,* Fertigungsbereich *m;* **~ de services** Dienstleistungsbereich *m*
section [sɛksjɔ̃] *f* ❶ Abschnitt *m; d'un parcours* Teilstrecke *f; d'un réseau de transports* Zone *f;* **~ de voie** [**ferrée**] Gleisabschnitt, Streckenabschnitt
❷ SCOL *(branche)* [Fach]richtung *f*
❸ JUR, ECON *(service)* Abteilung *f;* **~ des frais** [*o* **coûts**] **annexes concomitants** Nebenkostenstelle *f;* **~ de recherche expérimentale** Versuchsabteilung; **~ des oppositions** Einspruchsabteilung
❹ *(groupe)* **~ d'un syndicat** Gewerkschaftsgruppe *f;* MIL Zug *m;* **~s spéciales** Sondereinheiten *Pl*
❺ MED Durchtrennung *f*
❻ *(représentation graphique) (latérale)* Querschnitt *m; (longitudinale)* Längsschnitt
❼ *(diamètre)* Durchmesser *m*
❽ MUS **~ rythmique** Rhythmusgruppe *f*
❾ MATH Schnitt *m*
sectionnement [sɛksjɔnmɑ̃] *m* ❶ Durchtrennung *f*
❷ ADMIN *d'une circonscription* Aufteilung *f;* CHEMDFER Streckentrennung *f*
sectionner [sɛksjɔne] <1> I. *vt* ❶ durchtrennen *artère, fil;* **il a eu trois doigts sectionnés** ihm wurden drei Finger abgetrennt
❷ *(subdiviser)* aufteilen *circonscription, groupe*
II. *vpr* **se ~** *câble, fil:* reißen
sectoriel(le) [sɛktɔʀjɛl] *adj* ADMIN, POL nach Sektoren; *revendications* branchenbedingt
sectorisation [sɛktɔʀizasjɔ̃] *f* ADMIN, POL Aufteilung *f* [in Bezirke]; *d'un projet, de revendications* Aufspaltung *f*
sectoriser [sɛktɔʀize] <1> *vt* in Gebiete aufteilen; nach Gebieten organisieren *prospection commerciale*
sécu *abr de* **sécurité sociale**
séculaire [sekylɛʀ] *adj* jahrhundertealt
sécularisation [sekylaʀizasjɔ̃] *f* Säkularisierung *f*
séculariser [sekylaʀize] <1> *vt* REL säkularisieren *monastère, biens du clergé*
séculier, -ière [sekylje, -jɛʀ] *adj* weltlich; *clergé* Welt-
secundo [sɡɔ̃do] *adv* zweitens
sécurisant(e) [sekyʀizɑ̃, ɑ̃t] *adj atmosphère, climat* der Sicherheit *(Gen),* der Geborgenheit *(Gen);* **être ~(e)** beruhigend sein
sécuriser [sekyʀize] <1> *vt* **~ qn** jdm ein Gefühl der Sicherheit geben [*o* Geborgenheit]; **ne pas se sentir très sécurisé(e)** sich nicht sehr sicher fühlen
sécurité [sekyʀite] *f* ❶ Sicherheit *f;* **être en ~** in Sicherheit sein; **conseils de ~** Sicherheitshinweise *f;* **règles de ~** Sicherheitsvorschriften *Pl;* **pour des raisons de ~** aus Sicherheitsgründen; **~ des médicaments** Arzneimittelsicherheit *f;* **~ du système** INFORM Systemsicherheit
❷ *(sentiment)* Sicherheit *f,* Geborgenheit *f;* **se sentir en ~** sich sicher fühlen
❸ POL, ECON, JUR **~ de l'emploi** sicherer Arbeitsplatz; **la ~ de l'em-**

ploi n'est pas assurée die Sicherheit des Arbeitsplatzes ist nicht gewährleistet; ~ civile Zivilschutz m; (service de sauvetage) Bergungsdienst m; ~ aérienne Flugsicherheit; ~ ferroviaire Zugsicherung f; ~ juridique Rechtssicherheit; ~ publique öffentliche Sicherheit; ~ routière Verkehrssicherheit f, Sicherheit auf den Straßen; (tenue de route) Fahrsicherheit; marquage conforme aux règles de ~ routière verkehrsgerechte Markierung; se comporter conformément aux règles de ~ routière sich verkehrsgerecht verhalten; Sécurité sociale staatliche Sozial- und Krankenversicherung

▸ jouer la ~ auf Nummer sicher gehen (fam); en toute ~ in aller Ruhe, ganz beruhigt

◆ ~ des données INFORM Datensicherheit f; ~ d'État HIST Staatssicherheit f, Staatssicherheitsdienst m; ~ d'exploitation Betriebssicherheit f; ~ du produit JUR Produktsicherheit f

sédatif [sedatif] m Beruhigungsmittel nt, Sedativum nt (Fachspr.); (qui calme la douleur) schmerzstillendes Mittel

sédatif, -ive [sedatif, -iv] adj beruhigend, sedativ (Fachspr.); produit Beruhigungs-; (calmant la douleur) schmerzstillend

sédentaire [sedɑ̃tɛʀ] I. adj sesshaft; profession, travail ortsgebunden

II. mf Sesshafte(r) f(m)

sédentarisation [sedɑ̃taʀizasjɔ̃] f d'une population Sesshaftmachung f

sédentariser [sedɑ̃taʀize] <1> I. vt sesshaft machen

II. vpr se ~ sesshaft werden

sédentarité [sedɑ̃taʀite] f Sesshaftigkeit f

sédiment [sedimɑ̃] m GEOL Ablagerung f, Sediment nt

sédimentaire [sedimɑ̃tɛʀ] adj sedimentär; roche Schicht-, Sediment-

sédimentation [sedimɑ̃tasjɔ̃] f GEOL Ablagerung f, Sedimentation f

séditieux, -euse [sedisjø, -jøz] soutenu I. adj aufrührerisch; troupes aufständisch

II. m, f Aufrührer(in) m(f)

sédition [sedisjɔ̃] f soutenu Aufruhr m, Aufstand m

séducteur, -trice [sedyktœʀ, -tʀis] I. adj verführerisch; manœuvres séductrices Verführungskünste Pl

II. m, f Verführer(in) m(f), Charmeur m; (qui séduit par son talent) Verführungskünstler(in) m(f)

séduction [sedyksjɔ̃] f ➊ verführerischer Charme; (par le talent) Verführungskunst f; un discours plein de ~ eine Rede voller Überzeugungskraft; succomber à la ~ de qn jdm nicht widerstehen können

➋ (attrait) Reiz m; du pouvoir, de la richesse Verlockung f

séduire [sedɥiʀ] <irr> I. vt ➊ verführen; être séduit(e) verführt sein; fig hingerissen sein; ~ qn avec des propositions alléchantes jdn mit verführerischen Vorschlägen locken

➋ (plaire à) überzeugen personne; pièce: begeistern personne; être séduit(e) par une idée von einer Idee angetan sein

II. vi bezaubern, verführerisch wirken

séduisant(e) [sedɥizɑ̃, ɑ̃t] adj verführerisch; personne bezaubernd, anziehend, verführerisch; projet, proposition verlockend; style ansprechend; éloquence hinreißend

segment [sɛgmɑ̃] m ➊ GEOM Segment nt, Abschnitt m

➋ INFORM Segment nt; ~ du programme Programmsegment

➌ AUT ~ de frein Bremsbacke f; ~ de piston Kolbenring m

◆ ~ de marché COM Marktsegment nt; ~s de marché subalternes nachgeordnete Marktsegmente; ~ de montage Fertigungsabschnitt m

segmentation [sɛgmɑ̃tasjɔ̃] f ➊ littér (fractionnement) Gliederung f, Aufteilung f

➋ BIO Segmentation f

➌ ECON marché Segmentierung f

segmenter [sɛgmɑ̃te] <1> vt ➊ gliedern sujet; aufteilen surface; ~ en plusieurs parties in mehrere Teile gliedern; le service a été segmenté die Abteilung ist untergliedert worden

➋ INFORM aufteilen programme

ségrégatif, -ive [segʀegatif, -iv] adj trennend

ségrégation [segʀegasjɔ̃] f Trennung f, Segregation f (geh)

ségrégationniste [segʀegasjɔnist] I. adj segregationistisch (geh); politique, problème der Rassentrennung (Gen); manifestation zugunsten der Rassentrennung; troubles infolge der Rassentrennung; idée, article, journal rassistisch

II. mf Befürworter(in) m(f) der Rassentrennung

seiche [sɛʃ] f ZOOL Tintenfisch m; os de ~ Schulp m

séide [seid] m soutenu fanatischer Anhänger m/fanatische Anhängerin f

seigle [sɛgl] m Roggen m; ~ d'hiver Winterroggen; concassé Roggenschrot m o nt

seigneur [sɛɲœʀ] m ➊ HIST [adeliger] Herr; ~ [féodal] Landesfürst m

➋ REL le Seigneur der Herr

➌ (personnage puissant) ~ de la finance Boss m der Finanzwelt (fam); ~ de l'industrie Industriekapitän m (fam)

▸ à tout ~ tout honneur prov Ehre, wem Ehre gebührt; grand ~ großzügig; jouer [o faire] le grand ~ den Großzügigen spielen; vivre en grand ~ auf großem Fuß leben; se comporter comme un [grand] ~ sich wie ein Landesfürst aufführen

seigneurial(e) [sɛɲœʀjal, jo] <-aux> adj herrschaftlich; droits Lehens-; allure vornehm

seigneurie [sɛɲœʀi] f ➊ herrschaftliches Gebiet

➋ (pouvoir) Lehnsherrschaft f; les ~s die Lehensrechte

➌ (titre) votre/sa Seigneurie Eure/seine Herrlichkeit

sein [sɛ̃] m ➊ ANAT Brust f; donner le ~ à un enfant, nourrir un enfant au ~ einem Kind die Brust geben

➋ (poitrine) Busen m, Brust f; bronzer ~s nus sich topless sonnen; serveuse ~s nus barbusige Bedienung

➌ sans pl littér (entrailles) Schoß m

➍ littér (milieu) le ~ de la terre der Schoß der Erde; au ~ de la population in der Bevölkerung; au ~ d'un parti innerhalb einer Partei; au ~ de l'Église im Schoß der Kirche (Gen); régler un problème au ~ du parti/de l'Église ein Problem innerparteilich/innerkirchlich lösen

Seine [sɛn] f la ~ die Seine

seing [sɛ̃] m sous ~ privé privatschriftlich

séisme [seism] m Erdbeben nt; fig Erschütterung f

SEITA [seita] f abr de Société nationale d'exploitation industrielle des tabacs et allumettes französisches Tabakwaren-Unternehmen

seize [sɛz] I. num ➊ sechzehn

➋ (dans l'indication de l'âge, la durée) avoir/avoir bientôt ~ ans sechzehn [Jahre alt] sein/werden; personne de ~ ans Sechzehnjährige(r) f(m); période de ~ ans Zeitraum m von sechzehn Jahren

➌ (dans l'indication de l'heure) il est ~ heures es ist sechzehn [Uhr]

➍ (dans l'indication de la date) le ~ mars geschrieben: le 16 mars der sechzehnte März écrit: der 16. März

➎ (dans l'indication de l'ordre) arriver ~ ou dix-septième als Sechzehnte(r) oder Siebzehnte(r) kommen

➏ (dans les noms de personnages) Louis ~ geschrieben: Louis XVI Ludwig der Sechzehnte écrit: Ludwig XVI.

II. m inv ➊ Sechzehn f

➋ (numéro) Nummer f sechzehn, Sechzehn f

➌ TRANSP le ~ die Linie [o Nummer] sechzehn, die Sechzehn (fam)

➍ JEUX Sechzehn f

➎ SCOL avoir ~ [sur vingt] ≈ eine Eins haben

III. f (table, chambre... numéro seize) Sechzehn f; v. a. cinq

seizième [sɛzjɛm] I. adj antépose sechzehnte(r, s)

II. mf le/la ~ der/die/das Sechzehnte

III. m ➊ (fraction) Sechzehntel nt

➋ (étage) sechzehnter Stock, sechzehnte Etage

➌ (arrondissement) sechzehntes Arrondissement

➍ (siècle) sechzehntes Jahrhundert

◆ ~ de finale Ausscheidungsrunde f zum Achtelfinale; v. a. cinquième

séjour [seʒuʀ] m ➊ Aufenthalt m; (vacances) Urlaubsaufenthalt; ~ forcé Zwangsaufenthalt; ~ à l'étranger pendant les études Studienaufenthalt im Ausland; ~ dans l'espace Weltraumaufenthalt

➋ (salon) Esszimmer nt

➌ JUR être interdit(e) de ~ Aufenthaltsverbot haben

séjourner [seʒuʀne] <1> vi sich aufhalten; ~ quelque temps à l'hôtel einige Zeit im Hotel wohnen

sel [sɛl] m ➊ GASTR Salz nt; gros ~ grobes Salz; sans ~ salzlos; ~ pour bétail Viehsalz

➋ CHIM Salz nt; les ~s das Riechsalz; ~ gemme Steinsalz

➌ (piquant) Würze f; d'une histoire Witz m

➍ MED, COSMET ~s de bain Badesalz nt; (liquide) Badezusatz m; ~s de bain contre les rhumatismes Rheumabad nt

▸ ne pas manquer de ~ histoire, remarque: es in sich (Dat) haben (fam)

◆ ~ de cuisine Speisesalz nt; ~ de table Tafelsalz nt

sélect(e) [selɛkt] adj fam exklusiv; clientèle [aus]erlesen; club nobel; gens vornehm, piekfein (fam)

sélecteur [selɛktœʀ] m de température Wahlschalter m; de motocyclette Schalthebel m; ~ de programmes Programmtaste f

sélectif, -ive [selɛktif, -iv] adj ➊ selektiv; collecte sélective des déchets getrennte Müllabfuhr; recrutement ~ Auswahlverfahren nt

➋ ELEC récepteur trennscharf, selektiv

sélection [selɛksjɔ̃] f ➊ Auswahl f, Auslese f; faire [o opérer] une ~ eine Auswahl treffen; ~ aléatoire Zufallsauswahl

➋ SPORT (action de sélectionner) [Spieler]auswahl f; (joueur sélectionné) Auswahlspieler(in) m(f); (équipe sélectionnée) Auswahl-

sélectionné – semi-nomade

mannschaft f; Auswahl
❸ *(choix avec règles et critères)* Auswahlverfahren nt; **critères de** ~ Auswahlkriterien Pl; **match de** ~ Ausscheidungsspiel nt; **test [o épreuve] de** ~ Eignungstest m; **bouton de** ~ TECH Wählknopf m
❹ ZOOL, BIO Selektion f, Zuchtwahl f; ~ **naturelle** natürliche Auslese
❺ INFORM Auswahl f
❻ ECON Herauslösen nt
◆ ~ **de menus** INFORM Menüauswahl f
sélectionné(e) [selɛksjɔne] I. *adj race d'animaux* hochgezüchtet
II. m(f) SPORT Auswahlspieler(in) m(f)
sélectionner [selɛksjɔne] <1> vt ❶ auswählen; aufstellen *joueur*; ~ **des élèves** eine Auswahl unter den Schülern treffen
❷ INFORM anklicken, auswählen
sélectionneur, -euse [selɛksjɔnœʀ, -øz] m, f Eignungsprüfer(in) m(f); SPORT ❶ Bundestrainer(in) m(f) *(der/die die Mannschaftsaufstellung vornimmt)*
sélectivement [selɛktivmã] adv selektiv; **classer des livres** ~ beim Ordnen der Bücher eine Auswahl treffen
sélectivité [selɛktivite] f TECH Trennschärfe f
sélénium [selenjɔm] m CHIM Selen nt
self [sɛlf] m fam Selbstbedienungsrestaurant nt
self-control [sɛlfkɔ̃tʀol] <self-controls> m Selbstbeherrschung f, Selbstkontrolle f **self-induction** [sɛlfɛ̃dyksjɔ̃] <self-inductions> f ELEC, PHYS Selbstinduktion f **self-made-man** <s o -men> [sɛlfmɛdman, -mɛn] m Selfmademan m **self-service** [sɛlfsɛʀvis] <self-services> m *(magasin)* Selbstbedienungsladen m, SB-Laden; *(restaurant)* Selbstbedienungsrestaurant nt, SB-Restaurant
selle [sɛl] f ❶ ~ **[de cheval]** [Reit]sattel m; **se mettre en** ~ aufsitzen; **mettre qn en** ~ jdm in den Sattel helfen
❷ GASTR Rücken m
❸ pl *(matières fécales)* Stuhlgang m, Stuhl m, Faeces Pl *(Fachspr.)*, Fäzes Pl *(Fachspr.)*; **aller à la** ~ Stuhlgang haben; **~s noires** MED Teerstuhl; **~s noires du nouveau-né** MED Kindspech nt
▶ **être bien en** ~ fest im Sattel sitzen
seller [sele] <1> vt satteln
sellerie [sɛlʀi] f ❶ Sattelzeug nt
❷ *(local)* Sattelraum m
❸ *(profession)* Sattlerei f, Sattlerhandwerk nt
sellette [sɛlɛt] f **mettre qn sur la** ~ jdn auf die Anklagebank bringen
sellier, -ière [selje, -jɛʀ] m, f Sattler(in) m(f)
selon [s(ə)lɔ̃] I. prép ❶ *(conformément à)* ~ **votre volonté/les instructions** gemäß Ihrem Wunsch/den Anweisungen
❷ *(en fonction de)* ~ **l'humeur** je nach Laune; ~ **leur âge et leur taille** nach Alter und Größe; ~ **mes moyens** soweit es meine finanziellen Mittel erlauben; **c'est** ~ fam je nachdem, es kommt darauf an
❸ *(d'après)* ~ **les journaux** den Zeitungen nach; ~ **l'avis des experts** nach Expertenauffassung; ~ **moi** meines Erachtens
II. conj ~ **que vous travaillerez ou non** je nachdem, ob ihr arbeiten werdet oder nicht
Seltz v. **eau**
semailles [s(ə)mɑj] fpl Aussaat f, Säen nt; ~ **d'hiver** Wintersaat f
semaine [s(ə)mɛn] f ❶ Woche f; **en** ~ unter der Woche; **travailler/payer à la** ~ wochenweise arbeiten/bezahlen; ~ **banalisée** SCOL Projektwoche; ~ **calendaire** Kalenderwoche; ~ **de trente-cinq heures** Fünfunddreißigstundenwoche; **la** ~ **du blanc** die weiße Woche
❷ REL ~ **sainte** Karwoche f
▶ **la** ~ **des quatre jeudis** fam Sankt-Nimmerleinstag m
semainier [s(ə)menje] m ❶ *(agenda)* Terminplaner [mit Wocheneinteilung] m
❷ *(meuble)* Semainier m *(Wäschetruhe mit sieben Fächern)*
sémantique [semɑ̃tik] I. adj semantisch; **champ** ~ Wortfeld nt
II. f Semantik f
sémaphore [semafɔʀ] m NAUT Semaphor nt o m; CHEMDFER Flügelsignal nt
sémasiologie [semazjɔlɔʒi] f LING Bedeutungslehre f, Semasiologie f *(Fachspr.)*
semblable [sɑ̃blabl] I. adj ❶ solche(r, s), derartig; *objets, personnes* gleich; **rien de** ~ nichts Derartiges
❷ *(antéposé (tel))* solche(r, s), so ein(e); **une** ~ **désinvolture** so eine Frechheit
❸ *(ressemblant)* ähnlich; ~ **à qn/qc** jdm/einer S. ähnlich
II. mf ❶ *(prochain)* Mitmensch m
❷ *(congénère)* **mon/ton/son** ~ meines-/deines-/seines-/ihresgleichen; **toi et tes** ~**s** péj du und deinesgleichen
semblant [sɑ̃blɑ̃] m **un** ~ **de jardin** so etwas [Ähnliches] wie ein Garten; **un** ~ **de bonheur** ein Anflug m von Glück; **un** ~ **de vérité** ein Hauch m von Wahrheit; ~ **de reprise** COM Scheinblüte f; **retrouver un** ~ **de calme** etwas Ruhe genießen können

▶ **être des faux** ~**s** der Schein trügt; **faire** ~ **de dormir** so tun, als würde man schlafen; **elle ne pleure pas: elle fait juste** ~! sie weint nicht [wirklich], sie tut nur so [als ob]!; **faire** ~ **de rien** fam so tun, als wäre nichts gewesen
sembler [sɑ̃ble] <1> I. vi ❶ **préoccupé(e)** besorgt zu sein scheinen; **tu me sembles nerveux(-euse)** mir scheint, du bist nervös; du scheinst [mir] nervös zu sein; **cet appartement semble lui convenir** die Wohnung scheint ihm/ihr zu gefallen
II. vi impers ❶ **il semble inutile d'espérer** es wäre zwecklos, zu hoffen; **il semble que la situation s'est [o se soit] aggravée** es sieht ganz so aus, als habe sich die Lage verschlimmert; **il semblerait qu'elle ait oublié son rendez-vous** allem Anschein nach hat sie ihre Verabredung vergessen; **il semble probable que demain il fera beau** wahrscheinlich wird es morgen schön
❷ *(estimer)* **il me semble inutile de le déranger** es ist nicht nötig ihn zu stören; **il nous semble souhaitable de partir de bonne heure** wir halten es für wünschenswert, frühzeitig loszufahren; **il vous semble que j'exagère?** haben Sie das Gefühl, dass ich übertreibe?
❸ *(avoir l'impression de)* **il me semble bien vous avoir déjà rencontré(e)** ich habe das Gefühl, Ihnen schon einmal begegnet zu sein
❹ *(paraître)* **il me semble, à ce qu'il me semble** [wie] mir scheint; **semble-t-il** wie es scheint
semelle [s(ə)mɛl] f ❶ Sohle f; ~ **en [o de] cuir** Ledersohle; ~ **en [o de] caoutchouc** Gummisohle; ~ **compensée** Keilabsatz m; ~ **intérieure** Einlage f, Einlegesohle; ~ **à picots** Noppensohle
❷ CONSTR, TECH Sohle f; ~ **de béton** Fundamentstreifen m
❸ CHEMDFER ~ **de frein** Bremsklotz m
❹ SKI Lauffläche f
▶ **être de la [vraie]** ~ *bifteck, escalope:* zäh wie Leder sein; **ne pas avancer d'une** ~ keinen Schritt vorwärtskommen; **ne pas céder [o reculer] d'une** ~ keinen Fußbreit zurückweichen; **ne pas lâcher [o quitter] qn d'une** ~ jdm auf den Fersen [o auf Schritt und Tritt] folgen
semence [s(ə)mɑ̃s] f ❶ AGR Saat f, Saatgut nt; ~ **de blé** Weizensaat; ~ **d'hiver** Wintersaat
❷ *(sperme)* Samen m
❸ *(clou)* kleiner Flachkopfnagel
semer [s(ə)me] <4> I. vi säen
II. vt ❶ AGR [aus]säen *graines;* einsäen *jardin, champ;* **cette plate-bande est semée de pensées** in diesem Beet sind Stiefmütterchen gesät
❷ *(joncher)* streuen *confettis, fleurs;* **être semé(e) de pétales de roses** mit Rosenblättern übersät sein; **une robe semée de diamants** ein mit Diamanten besetztes Kleid
❸ *(propager)* säen *discorde, zizanie;* verbreiten *terreur, panique*
❹ *(truffer)* ~ **un texte de citations** einen Text mit Zitaten spicken; **être semé(e) de difficultés** voller Schwierigkeiten sein
❺ *(se débarrasser de)* abhängen *(fam)*
❻ *fam (égarer)* verlegen
semestre [s(ə)mɛstʀ] m Halbjahr nt; UNIV Semester nt; **par** ~ halbjährlich
semestriel(le) [s(ə)mɛstʀijɛl] adj *assemblée* halbjährlich; *bulletin* Halbjahres-; *revue* halbjährlich erscheinend
semestriellement [s(ə)mɛstʀijɛlmã] adv halbjährlich, alle sechs Monate
semeur, -euse [s(ə)mœʀ, -øz] m, f ❶ AGR Sämann m/Säerin f
❷ fig ~(-euse) **de faux bruits** Gerüchtemacher(in) m(f) (péj); **c'est un** ~ **de discorde** er sät immer Zwietracht
semi-aride [səmiaʀid] <semi-arides> adj **région** ~ Halbwüstenregion f **semi-automatique** [səmiɔtɔmatik] <semi-automatiques> adj halbautomatisch **semi-circulaire** [səmisiʀkylɛʀ] <semi-circulaires> adj halbrund **semi-conducteur** [s(ə)mikɔ̃dyktœʀ] <semi-conducteurs> m Halbleiter m **semi-conducteur, -trice** [s(ə)mikɔ̃dyktœʀ, -tʀis] <semi-conducteurs> adj TECH Halbleiter- **semi-conserve** [s(ə)mikɔ̃sɛʀv] <semi-conserves> f beschränkt haltbare Konserve **semi-consonne** [səmikɔ̃sɔn] <semi-consonnes> f PHON Halbkonsonant m **semi-fini(e)** [səmifini] <semi-finis> adj halb fertig; **produits** ~**s** Halbfertigprodukte Pl, Halbfabrikate Pl, Teilfabrikate **semi-liberté** [səmilibɛʀte] <semi-libertés> f überwachte Freiheit
sémillant(e) [semijɑ̃, jɑ̃t] adj hum soutenu sprühend, lebhaft
séminaire [seminɛʀ] m ❶ Seminar nt; *(consacré à la formation continue)* Schulung f; **participer à un** ~ **de formation** an einer Schulung teilnehmen
❷ REL Priesterseminar nt
séminal(e) [seminal, o] <-aux> adj Samen-
séminariste [seminaʀist] m Seminarist(in) m(f)
semi-nomade [səminɔmad] <semi-nomades> I. adj halbnomadisch
II. mf Halbnomade m/Halbnomadin f

sémiologie [semjɔlɔʒi] f ❶ MED Semiologie f, Symptomatik f ❷ LING Semiologie f
sémiotique [semjɔtik] I. adj semiotisch II. f Semiotik f
semi-perméable [səmipɛʀmeabl] <semi-perméables> adj PHYS halbdurchlässig, semipermeabel (Fachspr.); **semi-précieux, -euse** [səmipʀesjø, -jøz] <semi-précieux> adj pierre semi-précieuse Halbedelstein m; **semi-public, semi-publique** [səmipyblik] <semi-publics> adj organisme halböffentlich; entreprise gemischtwirtschaftlich; **semi-remorque** [səmi(ə)mɔʀk] <semi-remorques> I. m Sattelschlepper m; ~ porte conteneurs Containerfahrzeug nt II. f (remorque) Auflieger m
semis [s(ə)mi] m ❶ pl Säen nt, Aussaat f; (plants) Sämlinge Pl ❷ (motif décoratif) Streumuster nt
sémite [semit] adj semitisch
Sémite [semit] mf Semit(in) m(f)
sémitique [semitik] adj semitisch
semi-voyelle [səmivwajɛl] <semi-voyelles> f PHON Halbvokal m
semoir [səmwaʀ] m Sämaschine f; HIST (sac) Sätuch nt
semonce [səmɔ̃s] f Warnung f; coup de ~ Warnschuss m
semoule [s(ə)mul] I. f GASTR Grieß m
▶ **pédaler dans la** ~ fam nur Bahnhof verstehen (fam); police, enquêteurs: im Dunkeln tappen II. app sucre Streu-
sempiternel(le) [sɑ̃pitɛʀnɛl] adj antéposé ewig; chapeau, costume unvermeidlich
sempiternellement [sɑ̃pitɛʀnɛlmɑ̃] adv immer und ewig
sénat [sena] m POL, HIST Senat m; **le Sénat** der Senat; (bâtiment) das Senatsgebäude

Land und Leute

Der **Sénat** ist die zweite Kammer des französischen Parlaments. Sein Sitz ist das *Palais du Luxembourg* in Paris. Er setzt sich aus 341 Senatoren zusammen, die für sechs Jahre in indirekter Wahl bestimmt werden. Ein neues Gesetz kann nur mit Zustimmung der beiden Kammern – der *Assemblée nationale* und des **Sénat** – verabschiedet werden. Der **Sénat** vertritt die Interessen der Gebietskörperschaften und wacht über die Verfassung.

sénateur, -trice [senatœʀ, -tʀis] m, f Senator(in) m(f)
sénatorial(e) [senatɔʀjal, jo] <-aux> adj dignité Senatoren-; élections Senats-; prérogatives senatorisch
sénatoriales [senatɔʀjal] fpl Senatswahlen Pl
sénatus-consulte [senatysk̃sylt] <sénatus-consultes> m HIST Senatsbeschluss m
séné [sene] m BOT Sennespflanze f
sénéchal [seneʃal, o] <-aux> m HIST Seneschall m
séneçon [sɛns̃] f BOT Kreuzkraut nt
Sénégal [senegal] m le ~ der Senegal
sénégalais(e) [senegalɛ, ɛz] adj senegalesisch
Sénégalais(e) [senegalɛ, ɛz] m(f) Senegalese m/Senegalesin f
senellier [sənəlje] m CAN (aubépine) Weißdorn m
Sénèque [senɛk] m HIST Seneca m
sénescence [senesɑ̃s] f Altern nt, Seneszens f (Fachspr.)
sénevé [sɛnve] m BOT Ackersenf m, wilder Senf m
sénile [senil] adj altersschwach; MED atrophie, démence Alters-; péj fam senil (geh)
sénilité [senilite] f Altersschwäche f; péj (débilité) Senilität f (geh)
senior [senjɔʀ] I. adj équipe Senioren-
II. mf Senior(in) m(f)
séniornaute [senjɔʀnot] mf älterer Internetsurfer/ältere Internetsurferin
sens¹ [sɑ̃s] m (signification) Sinn m; ~ originel Urbedeutung f; ~ profond d'un texte, article, film Sinngehalt m; **à double** ~ doppeldeutig; **au ~ large/figuré** im weiteren/übertragenen Sinn; **être dépourvu(e) de tout ~** [o n'avoir aucun ~] völlig unsinnig sein; **être plein(e) de ~** sehr sinnvoll sein
sens² [sɑ̃s] m ❶ (direction) Richtung f; ~ **de la marche** Fahrtrichtung; ~ **de la flèche** Pfeilrichtung; **dans le ~ contraire** andersherum; **dans le ~ de la longueur** der Länge nach; **dans le ~ des aiguilles d'une montre** im Uhrzeigersinn; **mettre son pull dans le mauvais ~** seinen Pullover falsch herum anziehen; **dans tous les ~** hin und her; **partir dans tous les ~** sich in alle Richtungen zerstreuen; **en ~ inverse** umgekehrt; **aller/rouler en ~ inverse** in die entgegengesetzte Richtung fahren; **revenir en ~ inverse** umkehren; **caresser dans le ~ du poil** mit dem Strich streicheln ❷ (idée) Sinn m; **dans le ~ de qn/qc** in jds Sinn (Dat)/im Sinn einer S. (Gen); **abonder dans le ~ de qn** jdm beipflichten; **aller dans le même ~** dasselbe Ziel verfolgen; **aller dans le ~ d'un compromis** auf einen Kompromiss hinauslaufen; **aller dans le ~ bon** personne: auf dem richtigen Weg sein; **aller dans le ~ de l'Histoire** folgerichtig sein; **donner des ordres dans ce ~** in diesem Sinne Anweisungen geben

❸ AUT ~ **giratoire** Kreisverkehr m; ~ **unique** Einbahnstraße f; ~ **interdit** Einbahnstraße f; (panneau) Durchfahrtsverbot nt; **rouler en ~ interdit** in verbotener Fahrtrichtung fahren
▶ ~ **dessus dessous** völlig durcheinander; **tout va ~ dessus dessous** alles geht drunter und drüber (fam); **mettre ~ dessus dessous** völlig durcheinanderbringen; **raisonnements à ~ unique** eingleisige Überlegungen; **en ce ~ que...** insofern als ...; **en un [certain] ~** in gewissem Sinn
sens³ [sɑ̃s] m ❶ ANAT Sinn m
❷ pl (sensualité) **les** ~ die Sinne
❸ (aptitude) Sinn m; ~ **artistique** [o **de l'art**] Kunstsinn, Kunstverstand m, Kunstverständnis nt; ~ **des couleurs/de l'orientation** Farben-/Orientierungssinn; ~ **de l'humour** Sinn für Humor; ~ **de la justice** Rechtsgefühl nt; ~ **de la répartie** Schlagfertigkeit f; ~ **du rythme** Gefühl nt für Rhythmus; ~ **du style** Stilempfinden nt; **ne pas avoir le ~ du style** kein Stilempfinden haben; **avoir le ~ de la répartie/de la musique** schlagfertig/musikalisch sein; **avoir le ~ des réalités** realistisch denken; **perte du ~ des réalités** Realitätsverlust m; ~ **moral** Moralgefühl nt; ~ **pratique** Sinn m für das Praktische; **ceci témoigne du manque de ~ politique** das zeugt von politischer Instinktlosigkeit; **personne qui a le ~ de l'art** kunstsinniger Mensch (geh)
❹ (sagesse, raison) **bon** ~, ~ **commun** gesunder Menschenverstand
▶ **reprendre ses** ~ wieder zur Besinnung kommen; **tomber sous le** ~ sich von selbst verstehen; **à mon** ~ meines Erachtens
sensas[s] [sɑ̃sas] adj inv fam abr de sensationnel toll (fam), sagenhaft (fam)
sensation [sɑ̃sasjɔ̃] f Empfindung f, [Sinnes]eindruck m; (émotion) Gefühl nt; **avoir une ~ de chaleur** sich [unnormal] heiß fühlen; ~ **de brûlure** Art f Brennen; ~ **de bien-être** wohliges Gefühl; ~ **de malaise** unangenehmes Gefühl; **avoir une ~ d'étouffement** das Gefühl haben, zu ersticken
▶ **~s fortes** Nervenkitzel m; **faire ~** Aufsehen erregen, eine Sensation sein; **presse à ~** Sensationspresse f; **roman/film à ~** reißerischer [o reißerisch aufgemachter] Roman/Film
sensationnel [sɑ̃sasjɔnɛl] m Sensation f
sensationnel(le) [sɑ̃sasjɔnɛl] adj ❶ sensationell, Aufsehen erregend
❷ fam (super) sagenhaft (fam)
sensé(e) [sɑ̃se] adj vernünftig; trouvaille, installation sinnreich
sensibilisation [sɑ̃sibilizasjɔ̃] f Sensibilisierung f; ~ **aux problèmes de sécurité** Sicherheitsbewusstsein nt
sensibiliser [sɑ̃sibilize] <1> vt ~ **qn à** [o **sur**] **qc** jdn für etw sensibilisieren; **être sensibilisé(e) à qc** für etw empfänglich sein
sensibilité [sɑ̃sibilite] f ❶ d'une personne Sensibilität f, Empfindsamkeit f, Feinfühligkeit f; **jouer une sonate avec ~** eine Sonate feinfühlend spielen; **être d'une grande ~** sehr sensibel sein; **personne/artiste d'une grande ~** feinnerviger Mensch/Künstler; **interpréter qc avec une grande ~** etw feinnervig interpretieren; **entraînement de la ~** PSYCH Sensibilitätstraining nt
❷ PHYSIOL Sensibilität f; **être d'une extrême ~** äußerst empfindlich sein; ~ **au froid** Kälteempfindlichkeit f
❸ (conviction) Empfinden nt; **avoir une ~ de gauche** politisch links denken, eine Sympathie für die politische Linke haben
❹ PHOT, TECH Empfindlichkeit f; d'une pellicule Lichtempfindlichkeit f; (sensibilité aux couleurs) Farbempfindlichkeit
sensible [sɑ̃sibl] adj ❶ personne sensibel, empfindsam, feinfühlend; (émotif) gefühlsbetont
❷ (opp: indifférent) ~ **aux attentions** empfänglich für Aufmerksamkeiten; ~ **aux fluctuations conjoncturelles** konjunkturempfindlich; ~ **au prix** preisempfindlich; ~ **aux variations conjoncturelles** de l'économie konjunkturempfindlich
❸ (fragile) personne, peau, cheveux empfindlich; **être très ~ de la gorge** einen empfindlichen Hals haben; ~ **au froid** kälteempfindlich; ~ **aux chocs** montre, appareil stoßempfindlich; ~ **aux premières gelées** plante frostanfällig
❹ (perceptible) spürbar; goût, odeur deutlich
❺ (fin) odorat, ouïe fein
❻ TECH balance, baromètre genau; PHOT plaque lichtempfindlich; (sensible aux couleurs) farbempfindlich; **être ~ à qc** auf etw (Akk) reagieren
❼ (délicat) heikel; **point** ~ wunder Punkt
❽ PHILOS fühlend; **univers/monde** ~ Sinnenwelt f
❾ MUS **note** ~ Leitton m
❿ INFORM sensitiv; **aide ~ au contexte** kontextsensitive Hilfe; **information ~ au contexte** kontextsensitive [o kontextuelle] Information
sensiblement [sɑ̃sibləmɑ̃] adv ❶ deutlich, spürbar
❷ (à peu près) etwa
sensiblerie [sɑ̃sibləʀi] f Überempfindsamkeit f, Gefühlsduselei f
sensitif, -ive [sɑ̃sitif, -iv] adj faculté Empfindungs-; nerf sensibel, Empfindungs-

sensitive [sãsitiv] *f* BOT Mimose *f*, Sinnpflanze *f*
sensoriel(le) [sãsɔʀjɛl] *adj vie, organe* Sinnes-; *nerf* sensorisch, Empfindungs-, Sinnes-; *éducation* der Sinne *(Gen)*; *information* sensorisch
sensualisme [sãsyalism] *m* PHILOS Sensualismus *m*
sensualité [sãsɥalite] *f* Sinnlichkeit *f*
sensuel(le) [sãsɥɛl] *adj* sinnlich
sentence [sãtãs] *f* ① JUR Urteil *nt*, Urteilsspruch *m*, Rechtsspruch *(Fachspr.)*; **prononcer une ~ arbitrale** einen Schiedsspruch fällen; **se soumettre à une ~ arbitrale** sich einem Schiedsspruch unterwerfen
② *(adage)* Sinnspruch *m*, Denkspruch *m*
sentencieux, -euse [sãtãsjø, -jøz] *adj langage, style, ton* sentenziös *(geh)*; *personne* schulmeisterlich
senteur [sãtœʀ] *f soutenu* Duft *m*, Wohlgeruch *m (geh)*
senti(e) [sãti] *adj* **un discours bien ~** treffende Worte; **vérité bien ~e** bittere Wahrheit
sentier [sãtje] *m* ① [Fuß]weg *m*, Pfad *m*; **~ du/d'un jardin** Gartenweg; **~ de grande randonnée** Hauptwanderweg
② *soutenu (voie)* **~ de la gloire** Weg *m* zum Ruhm; **~ de la vertu** Pfad *m* der Tugend
▶ **être sur le ~ de la guerre** auf dem Kriegspfad sein; **sortir des ~s battus** neue Wege gehen
sentiment [sãtimã] *m* ① Gefühl *nt*; **~ de culpabilité** Schuldgefühl *nt*; **~ de fierté** Stolz *m*; **~ de tendresse** zärtliches Gefühl
② *(sensibilité)* Gefühl *nt*
③ *(conscience)* **~ de sa valeur** Selbstwertgefühl *nt*
④ *(impression)* Meinung *f*; **était-il déçu? – Non, je n'ai pas eu ce ~** war er enttäuscht? – Nein, das Gefühl hatte ich nicht; **le ~ d'être un raté** das Gefühl ein Versager zu sein; **je ne peux me débarrasser du ~ que je suis de trop** ich werde den Eindruck nicht los, dass ich [hier] überflüssig bin; **~ que la fin est proche** Todesahnung *f*
⑤ *pl (formule de politesse)* **mes meilleurs ~s** meine besten Grüße; **veuillez agréer l'assurance de mes ~s distingués** ≈ mit freundlichen Grüßen; **veuillez agréer l'assurance de mes ~s respectueux, veuillez croire à mes ~s dévoués** hochachtungsvoll
⑥ *pl (tendance)* Gefühle *Pl*; **avoir** [*o* **être animé(e)**] **de bons/mauvais ~s à l'égard de qn** jdm wohl-/übelgesonnen sein
▶ **partir d'un bon ~** gut gemeint sein; **grands ~s** Gefühlskitsch *m*; **revenir à de meilleurs ~s** zur Einsicht kommen, [ein] Einsehen haben; **déborder de grands ~s** vor Schmalz triefen *(fam)*; **prendre qn par les ~s** jdn von der Gefühlsseite her anpacken
sentimental(e) [sãtimãtal, o] <-aux> I. *adj* ① *nature, personne* gefühlsbetont
② *(amoureux)* *problème, vie* Liebes-
③ *(opp: rationnel)* *attachement, réaction, valeur* gefühlsmäßig
④ *péj (avec sensibilité)* sentimental; *film* schnulzig *(fam)*, sentimental
II. *m(f)* Gefühlsmensch *m*
sentimentalement [sãtimãtalmã] *adv* vom Gefühl her
sentimentalisme [sãtimãtalism] *m* Gefühlsduselei *f*
sentinelle [sãtinɛl] *f* Wachposten *m*
▶ **en ~** zur Wache
sentir [sãtiʀ] <10> I. *vt* ① riechen
② *(goûter)* schmecken
③ *(ressentir)* spüren; **~ la fatigue gagner qn** spüren, wie die Müdigkeit jdn ergreift
④ *(avoir une odeur)* **~ la fumée** nach Rauch riechen; **ça sent le brûlé** es riecht verbrannt; **cette pièce sent le renfermé** in diesem Raum riecht es muffig
⑤ *(avoir un goût)* **~ l'ail/la vanille** nach Knoblauch/Vanille schmecken
⑥ *(révéler)* **son éducation sent la noblesse** seiner Erziehung merkt man den Adel an
⑦ *(annoncer)* **ça sent la neige** es sieht nach Schnee aus
⑧ *(pressentir)* spüren; **~ sa mort prochaine** seinen baldigen Tod spüren; **~ qu'il va pleuvoir** spüren, dass es regnen wird; **je sens que ce film vous plaira** ich bin mir sicher, dass der Film Ihnen gefallen wird
⑨ *(rendre sensible)* **faire ~ son autorité à qn** jdn seine Autorität spüren lassen; **faire ~ à qn la beauté d'un tableau** jdm die Schönheit eines Gemäldes vermitteln; **faire ~ à qn qu'il est allé trop loin** jdn merken lassen, dass er zu weit gegangen ist
▶ **ne pas pouvoir ~ qn** jdn nicht ausstehen [*o* riechen *fam*] können
II. *vi* ① riechen; **~ bon** gut riechen
② *(puer)* stinken; **il sent des pieds** er hat Schweißfüße
III. *vpr* ① **~ fatigué(e)** sich müde fühlen; **se ~ le cœur plus libre** sich innerlich befreit fühlen; **je ne m'en sens pas le courage** mir fehlt es an Mut dazu
② *(être perceptible)* **se ~** *amélioration, changement, effet:* zu spüren sein; **se faire ~** *conséquences:* seine Wirkung zeigen; *effet:* spürbar sein, seine Wirkung zeigen
▶ **ne pas se ~ bien** *fam (déménager)* eine Meise haben *(fam)*; **se ~ mal** *(s'évanouir)* ohnmächtig werden; *fam (déménager)* eine Meise haben *(fam)*, spinnen *(fam)*; **ne pas pouvoir se ~** sich nicht ausstehen [*o* riechen *fam*] können; **ne plus se ~ de joie/bonheur** vor Freude/Glück ganz außer sich *(Dat)* sein
seoir [swaʀ] <*irr*> *vi littér* **~ à qn** *toilette:* jdn [gut] kleiden; *comportement:* zu jdm passen; **il lui sied de prendre cette décision** es geziemt sich für ihn diese Entscheidung zu treffen *(geh)*
sep *v.* **cep**
sépale [sepal] *m* BOT Kelchblatt *nt*
séparable [sepaʀabl] *adj* trennbar
séparateur [sepaʀatœʀ] *m* ① TECH **~ d'huile** Ölabscheider *m*
② INFORM Trennzeichen *nt*
séparateur, -trice [sepaʀatœʀ, -tʀis] *adj* Trenn-
séparation [sepaʀasjɔ̃] *f* ① Trennung *f*; *de convives, manifestants* Auseinandergehen *nt*
② JUR **~ de biens** Gütertrennung *f*; **~ de corps** Trennung von Tisch und Bett; **~ de fait** Getrenntleben *nt*
③ POL Trennung *f*; *de pouvoirs* Teilung *f*
④ *(distinction)* Trennung *f*
⑤ *(cloison)* [mur de] **~** Trennwand *f*
séparatisme [sepaʀatism] *m* Separatismus *m*
séparatiste [sepaʀatist] I. *adj* separatistisch
II. *mf* Separatist(in) *m(f)*
séparé(e) [sepaʀe] *adj* getrennt; *étude* gesondert; *pièce* separat
séparément [sepaʀemã] *adv examiner* einzeln; *vivre* getrennt
séparer [sepaʀe] <1> I. *vt* ① trennen; **~ qc en deux groupes** etw in zwei Gruppen aufteilen; **~ un enfant de ses parents** ein Kind von seinen Eltern trennen
② *(diviser)* trennen; **~ une pièce d'une autre par une cloison amovible** zwei Zimmer durch eine Zwischenwand voneinander [ab]trennen
③ *(détacher)* **~ le coupon du formulaire** den Coupon vom Formular abtrennen
④ *(être interposé entre)* trennen; **le Rhin sépare la France de l'Allemagne** der Rhein bildet die Grenze zwischen Frankreich und Deutschland
⑤ *(différencier)* trennen *idées, théories*; auseinanderhalten *problèmes*; **~ la théorie de la pratique** die Theorie von der Praxis trennen
II. *vpr* ① **se ~** sich trennen; **se ~ de qn/qc** sich von jdm/etw trennen; **elle ne se sépare jamais de son passeport** sie hat immer ihren Pass bei sich
② *(se diviser)* **se ~** *branche, route:* sich gabeln; **se ~ de qc** *branche, route:* von etw abzweigen; **se ~ en qc** *rivière, route:* sich in etw *(Akk)* teilen; **nos routes se séparent** unsere Wege trennen sich
③ *(se détacher)* **se ~** sich voneinander lösen; **se ~ de qc** von etw lösen
④ *(se disperser)* **se ~** auseinandergehen, sich trennen
sépia [sepja] *adj inv* sepia|braun]
sept [sɛt] I. *num* ① sieben
② *(dans l'indication de l'âge, la durée)* **avoir/avoir bientôt ~ ans** sieben [Jahre alt] sein/werden; **enfant de ~ ans** Siebenjährige(r) *f(m)*; **période de ~ ans** Zeitraum *m* von sieben Jahren
③ *(dans l'indication de l'heure)* **il est ~ heures** es ist sieben [Uhr]
④ *(dans l'indication de la date)* **le ~ mars** geschrieben: **le 7 mars** der siebte März *écrit:* der 7. März
⑤ *(dans l'indication de l'ordre)* **arriver ~ ou huitième** als Siebte(r) oder Achte(r) kommen
⑥ *(dans les noms de personnages)* **Charles ~** geschrieben: **Charles VII** Karl der Siebte *écrit:* Karl VII.
II. *m inv* ① Sieben *f*
② *(numéro)* Nummer *f* sieben, Sieben *f*
③ TRANSP **le ~** die Linie [*o* Nummer] sieben, die Sieben *(fam)*
④ JEUX Sieben *f*
⑤ SCOL **avoir ~ sur dix/sur vingt** ≈ eine Drei/eine Fünf haben
III. *f (table, chambre... numéro sept)* Sieben *f*; *v. a.* **cinq**
septante [sɛptãt] *num* BELG, CH, CAN *(soixante-dix)* siebzig; *v. a.* **cinq**, **cinquante**
septantième [sɛptãtjɛm] *adj* BELG, CH *antéposé* siebzigste(r, s); *v. a.* **cinquième**
septembre [sɛptãbʀ] *m* September *m*; **le 11 ~** [**2001**] der 11. September [2001]; *v. a.* **août**
septennat [sɛptena] *m* siebenjährige Amtszeit
septentrional(e) [sɛptãtʀijɔnal, o] <-aux> *adj* nördlich; *pays* Nord-
septicémie [sɛptisemi] *f* MED Blutvergiftung *f*, Sepsis *f (Fachspr.)*
septième [sɛtjɛm] I. *adj antéposé* siebente(r, s)
II. *mf* **le/la ~** der/die/das Sieb[en]te; **être le/la ~ de la classe** der/die Sieb[en]te [*o* Siebtbeste] [in] der Klasse sein
III. *m* ① *(fraction)* Sieb[en]tel *nt*

② *(étage)* siebter Stock, siebte Etage
③ *(arrondissement)* siebtes Arrondissement
IV. *f* MUS Septime *f; v. a.* **cinquième**
septièmement [sɛtjɛmmã] *adv* sieb[en]tens
septique [sɛptik] *adj* MED septisch
septuagénaire [sɛptɥaʒenɛʁ] **I.** *adj* siebzigjährig
II. *mf* Siebzigjährige(r) *f(m)*, Siebziger(in) *m(f) (fam)*
septuor [sɛptɥɔʁ] *m* MUS Septett *nt*
septuple [sɛptypl] **I.** *adj* siebenfach
II. *m* Siebenfache(s) *nt*
septupler [sɛptyple] <1> **I.** *vt* versiebenfachen
II. *vi* sich versiebenfachen
sépulcral(e) [sepylkʁal, o] <-aux> *adj* Grabes-
sépulcre [sepylkʁ] *m littér* Grabmal *nt;* **le Saint Sépulcre** das Heilige Grab
sépulture [sepyltyʁ] *f* Grab[stätte *f*] *nt*
séquelle [sekɛl] *f* ❶ *d'un accident, d'une maladie* Folge *f*, Folgeerscheinung *f*, Nachwirkung *f*
❷ *gén pl (conséquence) d'une guerre, révolution* Auswirkung *f*
séquence [sekɑ̃s] *f* CINE, TV, LING Sequenz *f*; INFORM Folge *f*, Sequenz; ~ **vidéo** Videosequenz
séquentiel(le) [sekɑ̃sjɛl] *adj* INFORM fortlaufend, sequenziell *(Fachspr.)*, sequentiell *(Fachspr.)*, seriell *(Fachspr.);* **traiter qc de manière ~ le** etw sequenziell verarbeiten
séquestration [sekɛstʁasjɔ̃] *f de biens* Beschlagnahmung *f;* ~ **de personne** Freiheitsberaubung *f;* ~ **d'enfant** Kindesraub *m*
séquestre [sekɛstʁ] *m* Zwangsverwaltung *f;* **sous** ~ beschlagnahmt; **être placé(e) sous** ~ unter Zwangsverwaltung gestellt werden; ~ **judiciaire** Hinterlegung *f* bei Gericht
séquestrer [sekɛstʁe] <1> *vt* ❶ JUR beschlagnahmen *biens*
❷ *(enfermer)* einsperren *personne;* gefangenhalten *otage; (ne pas se servir de)* unter Verschluss halten *bijoux, tableaux; (s'approprier)* in Beschlag nehmen *ordinateur*
sequin [səkɛ̃] *m* ❶ HIST *(pièce de monnaie)* Zechine *f*
❷ COUT *(ornement)* zur Stoffverzierung durchbohrtes Metallplättchen
séquoia [sekɔja] *m* Mammutbaum *m*, Sequoia *f (Fachspr.)*
sérac [seʁak] *m* GEOL Sérac *m*
sérail [seʁaj] *m* Serail *nt*
séraphin [seʁafɛ̃] *m* REL Seraph *m;* **les ~s** die Seraphim [*o* Seraphe]
séraphique [seʁafik] *adj* ❶ REL *ordre* seraphisch
❷ *fig littér beauté* seraphisch, engelgleich
serbe [sɛʁb] **I.** *adj* serbisch
II. le ~ Serbisch *nt,* das Serbische; *v. a.* **allemand**
Serbe [sɛʁb] *mf* Serbe *m/*Serbin *f*
Serbie [sɛʁbi] *f* **la** ~ Serbien *nt*
serbo-croate [sɛʁbokʁɔat] <serbo-croates> **I.** *adj* serbokroatisch
II. *m* **le** ~ Serbokroatisch *nt,* das Serbokroatische; *v. a.* **allemand**
serein(e) [səʁɛ̃, ɛn] *adj* ❶ *visage* heiter; *âme, personne* in sich ruhend, heiter
❷ *soutenu ciel, nuit* heiter, wolkenlos
sereinement [səʁɛnmɑ̃] *adv agir, juger* mit Ruhe
sérénade [seʁenad] *f* ❶ MUS Serenade *f*
❷ *(concert)* **donner une** ~ **à qn** jdm ein Ständchen bringen
❸ *fam (scène)* Gezeter *nt*
❹ *fam (charivari)* Radau *m (sl)*
sérénissime [seʁenisim] *adj* **altesse** ~ Durchlaucht *f*
sérénité [seʁenite] *f* ❶ Heiterkeit *f; de l'âme* Ausgeglichenheit *f;* **en toute** ~ mit aller Ruhe
❷ *soutenu (clarté) du ciel* Heiterkeit *f*
séreux, -euse [seʁø, -øz] *adj* PHYSIOL, MED *liquide* serös
serf, serve [sɛʁ(f), sɛʁv] **I.** *adj* leibeigen, hörig
II. *m, f* Leibeigene(r) *f(m),* Hörige(r) *f(m)*
serfouette [sɛʁfwɛt] *f* Hacke *f*
serge [sɛʁʒ] *f* TEXTIL Serge *f;* **la** ~ **de laine peignée** die Kammgarn-Serge
sergé [sɛʁʒe] *m* TEXTIL Köper *m*
sergent(e) [sɛʁʒɑ̃, ɑ̃t] *m(f)* Unteroffizier(in) *m(f)*
sergent-chef [sɛʁʒɑ̃ʃɛf] <sergents-chefs> *m* Stabsunteroffizier *m*
sergent-major [sɛʁʒɑ̃maʒɔʁ] <sergents-majors> *m* Hauptfeldwebel(in) *m(f)*
sériciculture [seʁisikyltyʁ] *f* Seidenraupenzucht *f*
série [seʁi] *f* ❶ *de casseroles* Satz *m, de photo* Serie *f; de volumes* Reihe *f;* ~ **de livres** Buchreihe *f;* ~ **de poche** Taschenbuchreihe *f;* ~ **spéciale d'un ouvrage** Sonderausgabe *f* eines Werkes
❷ *(succession)* Serie *f*, Folge *f; (vague)* Welle *f;* ~ **d'accidents** Serie von Unfällen; ~ **d'attentats terroristes** Terrorwelle *f;* ~ **d'arrestations** Verhaftungswelle *f;* ~ **d'explosions** Explosionswelle *f;* ~ **de faillites** Konkurswelle *f;* ~ **de preuves** Beweiskette *f;* ~ **de/des records** Rekordserie *f;* ~ **de succès** Erfolgsserie *f;* **toute une ~ de questions** eine ganze Reihe [von] Fragen
❸ CINE, TV Serie *f*, Reihe *f;* ~ **pour toute la famille** Familienserie *f*
❹ *(au billard)* Serie *f*, Ballfolge *f;* BOXE Serie von Schlägen

❺ CHIM, MATH Reihe *f*
❻ MUS Reihe *f*
❼ *(catégorie, classe)* CINE Serie *f;* NAUT Kategorie *f;* SPORT Leistungsgruppe *f*
❽ SPORT *(éliminatoires)* Vorlauf *m*, Qualifikationsrunde *f*
❾ COM, IND Serie *f;* **véhicule de ~** Serienwagen *m;* **montage en ~** Serienanfertigung *f;* ELEC Serienschaltung *f;* **équipé(e) en ~** standardmäßig ausgerüstet; **se produire en ~** serienweise [*o* in Serie] hergestellt werden; **modèle prêt à être mis en ~** serienreifes Modell
▶ **tueur en ~** Serienmörder *m;* ~ **noire** *(roman)* Kriminalroman *m; (collection)* Krimi[nalroman]reihe *f; (succession de malheurs)* Pechsträhne *f;* **hors ~** *(extraordinaire)* außergewöhnlich; IND in Sonderanfertigung hergestellt
◆ ~ **de chromosomes** BIO Chromosomensatz *m;* ~ **de fabrication** Fertigungsserie *f;* ~ **de mesures** Maßnahmenpaket *nt*
sériel(le) [seʁjɛl] *adj a.* INFORM, MUS seriell
sérier [seʁje] <1a> *vt* ordnen *problèmes, questions*
sérieusement [seʁjøzmɑ̃] *adv* ❶ *croire, penser* im Ernst, ernstlich
❷ *(avec sérieux) agir, travailler* ernsthaft; **vous parlez ~?** meinen Sie das ernst [*o* im Ernst]?
❸ *(gravement)* ernstlich; *touché, blessé* schwer
sérieux [seʁjø] *m* ❶ Ernsthaftigkeit *f; d'une entreprise, d'un projet* Seriosität *f; d'un employé* Zuverlässigkeit *f*
❷ *(conscience) d'une personne* Gewissenhaftigkeit *f*
❸ *(air grave)* Ernst *m;* **garder son** ~ ernst bleiben
❹ *(gravité) d'une situation, d'un état* Ernst *m*
▶ **prendre au ~** ernst nehmen; **se prendre au ~** sich wichtig nehmen
sérieux, -euse [seʁjø, -jøz] *adj* ❶ ernst; **pas ~, s'abstenir** nur ernst gemeinte Zuschriften
❷ *(grave) maladie, affaire, état* ernst; *vice* schwerwiegend; **être atteint(e) d'une maladie sérieuse** ernstlich erkrankt sein
❸ *(opp: plaisantin) personne, air* ernst
❹ *(digne de confiance)* seriös; *employé* zuverlässig; *promesse* ernst gemeint
❺ *(consciencieux) élève, apprenti* ernsthaft
❻ *(digne d'intérêt) problème* ernst zu nehmend; *renseignement* vertrauenswürdig
❼ *(approfondi) études, recherches, travail* ernsthaft, seriös
❽ *a. antéposé (fort) différence, somme* gewaltig; *raison* ernsthaft, gewichtig
❾ *(sage)* anständig
sérigraphie [seʁigʁafi] *f* ❶ *(procédé)* Siebdruckverfahren *nt*, Siebdruck *m;* **en ~** im Siebdruck[verfahren]
❷ *(œuvre)* Siebdruck *m*
serin [s(ə)ʁɛ̃] *m* Kanarienvogel *m*
seriner [s(ə)ʁine] <1> *vt fam* ❶ *(rabâcher) publicité:* anpreisen; ~ **qc à un enfant** einem Kind etw wieder und wieder sagen
❷ *(excéder)* ~ **qn** jdm [mit seinem ewigen Gerede] auf die Nerven gehen *(fam)*
seringa[t] [s(ə)ʁɛ̃ga] *m* BOT Falscher Jasmin *m*
seringue [s(ə)ʁɛ̃g] *f* ❶ MED Spritze *f;* ~ **à injections** Injektionsspritze
❷ *(petite pompe)* Spritze *f; (ustensile de cuisine)* Tortenspritze
serment [sɛʁmɑ̃] *m* ❶ *(engagement solennel)* Schwur *m;* ~ **sur l'honneur** Beteuerung auf Ehre und Gewissen *f;* ~ **professionnel** Amtseid *m;* **prêter ~** einen Eid ablegen; **faire un faux ~** einen Meineid schwören; **sous ~** unter Eid; *déclaration* eidlich
❷ *(promesse)* Schwur *m;* **faire le ~ de faire qc** schwören etw zu tun
◆ ~ **de fidélité** Treueschwur *m;* ~ **d'Hippocrate** MED hippokratischer Eid *m;* ~ **de loyauté** Loyalitätseid *m*
sermon [sɛʁmɔ̃] *m* ❶ REL Predigt *f*
❷ *péj (discours moralisateur)* Moralpredigt *f;* **faire un ~ à qn** jdm eine Moralpredigt halten *(fam)*
sermonner [sɛʁmɔne] <1> *vt (réprimander)* ~ **qn** jdm eine Strafpredigt halten *(fam); (adresser des conseils)* jdn ins Gebet nehmen *(fam);* **se faire ~** eine Moralpredigt über sich *(Akk)* ergehen lassen müssen *(fam)*
sermonneur, -euse [sɛʁmɔnœʁ, -øz] **I.** *adj* moralisierend
II. *m, f* Moralprediger(in) *m(f)*
S.E.R.N.A.M. [sɛʁnam] *f abr de* **service national de messageries** Eilgutverkehr der französischen Eisenbahn
sérologie [seʁɔlɔʒi] *f* Serologie *f*
séronégatif, -ive [seʁonegatif, -iv] *adj* HIV-negativ
séropo *abr de* **séropositif**
séropositif, -ive [seʁopozitif, -iv] **I.** *adj* seropositiv; *(en parlant du sida)* HIV-positiv
II. *m, f* Seropositive(r) *f(m); (atteint du sida)* HIV-Positive(r) *f(m),* Aidsinfizierte(r) *f(m)*
séropositivité [seʁopozitivite] *f* **constater la ~ de qn** feststellen, dass jd seropositiv ist; *(due au virus du sida)* feststellen, dass jd

HIV-positiv ist; **un film qui traite de la ~** ein Film über Aids
sérosité [seʀozite] f PHYSIOL, MED seröse Flüssigkeit f
sérothérapie [seʀoteʀapi] f Serumbehandlung f, Serumtherapie f, Serotherapie f (Fachspr.)
serpe [sɛʀp] f AGR Hippe f
▶ **un visage/personnage taillé à la** [o **à coups de**] ~ ein grobgeschnittenes Gesicht/eine grobgezeichnete Figur; **faire qc à la ~** etw auf die Schnelle machen (fam)
serpent [sɛʀpɑ̃] m ❶ (reptile) Schlange f; **se mouvoir comme un ~** sich schlangenhaft bewegen
❷ (personne mauvaise) **langue de ~** Lästerzunge f
❸ ECON ~ **monétaire européen** europäische Währungsschlange
▶ **réchauffer un ~ dans son sein** eine Schlange am Busen nähren (geh)
♦ **~ à lunettes** Brillenschlange f; **~ de mer** [Meeres]ungeheuer nt; fam (sujet bien connu) alter Hut (fam); **~ à sonnettes** Klapperschlange f
serpenter [sɛʀpɑ̃te] <1> vi chemin, rivière, vallée: sich schlängeln; **le sentier montait en serpentant** der Weg schlängelte [o wand] sich bergauf
serpentin [sɛʀpɑ̃tɛ̃] m ❶ (ruban) Luftschlange f
❷ (tuyau coudé) [Rohr]schlange f
serpette [sɛʀpɛt] f Baumhippe f
serpillière [sɛʀpijɛʀ] f Scheuertuch nt; **passer la ~** feucht [auf] wischen
serpolet [sɛʀpɔlɛ] m Feldthymian m
serrage [seʀaʒ] m d'un écrou, du frein à main Anziehen nt; d'un couvercle Festschrauben nt; **le ~ de ce nœud est trop fort** der Knoten wurde zu fest zugemacht
serre¹ [sɛʀ] f AGR Gewächshaus nt; (serre chauffée) Treibhaus nt; **fruits/légumes de ~** Treibhausobst/-gemüse; **faire pousser des plantes en ~** Pflanzen im Gewächs-/Treibhaus ziehen
serre² [sɛʀ] f surtout pl (griffe) Fänge Pl
serré [seʀe] adv ❶ avec prudence) **jouer ~** vorsichtig spielen; fig taktieren
❷ (avec peu de moyens) **vivre ~** bescheiden
❸ (brèvement) **écrire ~** eng
serré(e) [seʀe] adj ❶ café, alcool stark
❷ (petit) **budget ~** äußerst beschränkte Mittel Pl; **délai ~** kurze Frist
❸ (dense) forêt, foule dicht; **en rangs ~s** in dichten Reihen; **des mailles ~es** dichte Maschen
❹ (rigoureux) débat, discussion heiß; combat hart; course Kopf-an-Kopf-; analyse, argumentation überzeugend; style straff
❺ (fauché) train de vie bescheiden; **être ~** [e] kein Geld haben
serre-fils [sɛʀfil] m inv ELEC Verbindungsklemme f **serre-joint** [sɛʀʒwɛ̃] <serre-joints> m [Schraub]zwinge f **serre-livres** [sɛʀlivʀ] m inv Buchstütze f
serrement [sɛʀmɑ̃] m ❶ (action de serrer) **~ de main** Händedruck m
❷ (fait d'être serré) **~ de cœur** (tristesse) Niedergeschlagenheit f; (angoisse) Beklemmung f; **avec un ~ de gorge** mit zusammengeschnürter Kehle
serrer [seʀe] <1> I. vt ❶ (tenir en exerçant une pression) umklammern; **~ la main de qn** jdm die Hand schütteln; **~ qn/qc dans ses bras/contre soi** jdn/etw an sich (Akk) drücken; **~ qn à la gorge** jdn würgen
❷ (contracter) zusammenbeißen dents, mâchoires; zusammenpressen lèvres; ballen poings; **~ la gorge à qn** jdm die Kehle zuschnüren; **~ le cœur à qn** jdn traurig machen; **il a le cœur serré devant qc** ihm wird es bei etw ganz traurig ums Herz; **qn serre les fesses** fig fam jdm wird angst [und bange]
❸ (comprimer) **~ qn** chaussure, jupe, ceinture: jdm zu eng sein
❹ (rendre très étroit) enger schnallen ceinture; fest ziehen nœud
❺ (bloquer) spannen câble; anziehen écrou, frein à main; zudrehen robinet; **bien ~ une vis/une ampoule** eine Schraube/eine Glühbirne festdrehen
❻ (se tenir près de) **~ qn/qc** sich dicht an jdn/etw halten; **~ un mur** dicht an einer Mauer entlangfahren; **~ une femme** fig sich an eine Frau heranmachen; **~ l'ennemi de plus en plus près** immer dichter zum Feind aufrücken; **serre bien ta droite!** halte dich schön rechts!; **~ le vent** bateau: hart am Wind segeln; **qn/qc contre un mur** jdn/etw gegen eine Mauer drängen
❼ (rapprocher) zusammenrücken lassen invités; **~ les lignes/les mots** eng schreiben; **~ les rangs** aufschließen; **être serré(e)s** personnes: eng nebeneinanderstehen/nebeneinanderstehen/nebeneinanderliegen; objets: dicht gedrängt stehen/liegen
❽ (restreindre) kürzen budget; einschränken dépenses; **~ les délais** knappe Fristen setzen
❾ (traiter avec rigueur) **~ un texte** dicht an einem Text bleiben; **~ son jeu** den Gegner/die Gegner nicht zum Zug kommen lassen; **~ un sujet** am Thema bleiben
II. vi **~ à droite/à gauche** sich rechts/links halten

III. vpr **se ~** ❶ (se rapprocher) personnes: enger zusammenrücken; **se ~ contre qn** sich [eng] an jdn schmiegen [o pressen]; **serrons-nous autour du feu!** lasst uns näher ans Feuer rücken!
❷ (se contracter) **son cœur se serre** ihm/ihr krampft sich das Herz zusammen; **sa gorge se serre** seine/ihre Kehle ist wie zugeschnürt
serre-tête [sɛʀtɛt] m inv ❶ (diadème) Haarreif m
❷ (bandeau) Stirnband nt
serrure [seʀyʀ] f Schloss nt; **~ du réservoir** [**d'essence**] Tankschloss nt
♦ **~ à combinaison** Zahlenschloss nt; **~ à cylindre** Zylinderschloss nt; **~ de sûreté** Sicherheitsschloss nt
serrurerie [seʀyʀʀi] f ❶ (objet) Schlosserarbeit f
❷ (métier) Schlosserhandwerk nt
serrurier, -ière [seʀyʀje, -jɛʀ] m, f Schlosser(in) m(f)
sertir [sɛʀtiʀ] <8> vt ❶ (enchâsser) fassen diamant, pierre précieuse; **~ qc dans un diadème** etw in ein Diadem einarbeiten
❷ TECH falzen
sertissage [sɛʀtisaʒ] m d'une pierre Einfassen nt; de pièces métalliques Bördeln nt
sérum [seʀɔm] m ❶ PHYSIOL [Blut]serum nt
❷ MED [Immun]serum nt; **~ antidiphtérique/antirabique** Diphtherie-/Tollwutserum; **~ antivenimeux/antitétanique** Schlangen-/Tetanusserum; **~ thérapeutique** Heilserum; **~ physiologique** physiologische Kochsalzlösung
♦ **~ de vérité** Wahrheitsdroge f
servage [sɛʀvaʒ] m ❶ (servitude) Unterjochung f, Knechtschaft f; **imposer à qn un véritable ~** jdn regelrecht unterjochen
❷ HIST Leibeigenschaft f
serval [sɛʀval] m Serval m
servant [sɛʀvɑ̃] m ❶ REL Messdiener m, Ministrant m
❷ MIL Kanonier m; **les ~s** die Geschützbedienung
servant(e) [sɛʀvɑ̃, ɑ̃t] adj postposé **chevalier ~** ständiger Begleiter
servante [sɛʀvɑ̃t] f ❶ REL Messdienerin f, Ministrantin f
❷ HIST Dienerin f
serve v. serf
serveur [sɛʀvœʀ] m ❶ INFORM Server m; **télécharger qc du ~** etw vom Server herunterladen
❷ (employé) Bedienung f, Kellner m
❸ SPORT (au tennis) Aufschläger m; (au volley-ball) Aufgeber m
❹ CARTES Geber m
♦ **~ Internet** Internetserver m; **~ web** Webserver m
♦ **~ de courrier** Mailserver m
serveuse [sɛʀvøz] f ❶ (employée) Bedienung f, Kellnerin f
❷ SPORT (au tennis) Aufschlägerin f; (au volley-ball) Aufgeberin f
❸ CARTES Geberin f
serviabilité [sɛʀvjabilite] f Hilfsbereitschaft f
serviable [sɛʀvjabl] adj hilfsbereit
service [sɛʀvis] m ❶ (au restaurant, bar) Bedienung f; (à l'hôtel, dans un magasin) Service m; **le ~ est assuré jusqu'à.../est terminé** ≈ die Küche ist bis ... geöffnet/ist geschlossen
❷ (pourboire) Bedienungsgeld nt, Bedienung f; [**le**] **~** [**est**] **compris** [die] Bedienung [ist] inbegriffen
❸ (série de repas servis à la fois) Service m; **manger au premier/second ~** den ersten/zweiten Service nehmen [o wählen], früh/spät essen gehen
❹ pl (aide) Dienste Pl; **se passer des ~s de qn** form auf jds Mitarbeit (Akk) verzichten
❺ (organisme officiel) **~ administratif** d'État Behörde f; d'une commune Behörde, Dienststelle f, Amt nt; **~ des eaux** Wasserwerk nt; **mesure qui concerne le ~ des eaux** wasserwirtschaftliche Maßnahme; **~ des examens** UNIV ≈ Prüfungsamt; **~s de la mairie** Bürgermeisteramt; **~ médicosocial** ≈ medizinisch-soziale Versorgungseinrichtung; **~ des modèles déposés** Gebrauchsmusterstelle f; **~ postal** Postdienst m; **tous les ~s postaux** alle Dienstleistungsbereiche der Post; **un ~ public** eine öffentliche Einrichtung; **le ~ public** der öffentliche Dienst; **une entreprise du ~ public** ein staatliches Unternehmen; **les chaînes du ~ public** (en France) die staatlichen Fernsehsender; (en Allemagne) die öffentlich-rechtlichen Fernsehanstalten; **les ~s sociaux** die sozialen Einrichtungen; **~s spéciaux/secrets** Geheimdienst m; **~ de contrôle de la navigation aérienne** Flugsicherungsdienst m, Flugdienst m; **~ de contrôle du trafic aérien** Flugverkehrsdienst; **~ d'entretien et de sécurité autoroutiers** Autobahnmeisterei f; **~ des immatriculations de la préfecture** ≈ Kraftfahrzeugzulassungsstelle f; **~ de protection de l'environnement** Umweltamt; **~ de répression des fraudes douanières** Zollfahndung f; **~ de surveillance côtière** Küstenwache f, Küstenwacht f; **~ de surveillance des travaux** Bauaufsicht f; **~ de télécommunication aéronautique** Flugfernmeldedienst m
❻ (société de services) Dienst m; **~ téléphonique** Telefondienst; **~ vocal** Telefonansagedienst; **~ de déblayage et de salage des**

routes Winterdienst; **~ de ferry**[**-boat**] Fährbetrieb m, Fährdienst; **~ d'informations en ligne** Online-Informationsdienst; **~ de transport** Fahrdienst; **~ de transport express** Expressgutdienst
❼ *(département)* Abteilung f; **~ visiteurs** [o **accueil**] Besucherservice m; **~** [**des**] **achats** Einkaufsabteilung; **~**[**s**] **administratif**[**s**] *d'une entreprise* Verwaltungsabteilung; **~ d'audit interne** Revisionsabteilung; **~ de conseil** Beschlussabteilung; **~** [**du**] **contentieux** Rechtsabteilung; **~ contrôle de gestion** ECON Controllingabteilung; **~** [**de**] **dépannage** Reparaturdienst m; **~ des appareils** *électroménagers* Kundendienst; *des véhicules* Pannendienst; **~ de dispatching** Dispatcherdienst; **~ d'enlèvement à domicile** Abholdienst; **~ d'information** Informationsdienst; **~ financier** Finanzabteilung; **~ hospitalier** Krankenhausabteilung; **~ marketing** Marketingabteilung; **~ du matériel** Materialausgabe f; **~ médiatique** Medienabteilung; **~ des monnaies étrangères** Sortenabteilung; **~ du personnel** [o **de recrutement**] Personalabteilung; **~ de presse** Pressestelle f; **~** [**de**] **publicité** *d'une entreprise* Werbeabteilung; *du journal* Anzeigenabteilung; **~ des réclamations** Beschwerdestelle f; **~ aéronautique de reconnaissance** MIL Flugmeldedienst m; **~ des registres fonciers** Grundbuchabteilung; **~ relations publiques** Public-Relations-Abteilung f; **~ social** *d'une entreprise* Verwaltungsabteilung, die für die Belange der Mitarbeiter in Bezug auf die Sozial- und Krankenversicherung zuständig ist; **~ spécialisé** Fachabteilung; **~ technique** technischer Dienst; **~ des titres** FIN Effektenabteilung; **~ des transmissions** MIL Fernmeldetruppe f
❽ MED Abteilung f, Station f; **~ de cardiologie** kardiologische Abteilung, Kardiologie f; **~ des accouchées** Wochenstation; **~ d'urologie** urologische Abteilung, Urologie f; **~ des maladies infectieuses** Infektionsabteilung; **~ du privé** Privatstation f; **~ de réanimation** Intensivstation; **~ des urgences** Notaufnahme f
❾ MIL Militärdienst m, Wehrdienst; **~ civil** Zivildienst; **être bon**(**ne**) **pour le ~** [wehrdienst]tauglich sein; **faire son ~** [**militaire**] seinen Militärdienst [o Wehrdienst] ableisten
❿ *(activité professionnelle)* Dienst m; **pendant le ~** im Dienst; **heures de ~** Dienstzeit f; **état de ~** Dienstverhältnis nt; **après des années de bons et loyaux ~s** nach jahrelanger treuer Mitarbeit; **être de ~** Dienst haben; **être en ~ commandé** dienstlich unterwegs sein; **prendre son ~** seinen Dienst antreten
⓫ *(prestation)* Dienstleistung f; **~s bancaires aux entreprises** Corporate Banking nt; **~s bancaires par téléphone** Telebanking; **~s télébancaires** elektronisches Banking
⓬ *(action de servir)* Dienst m; **~ de l'État** Staatsdienst; **~ de permanence** Bereitschaftsdienst; **~ de qn, être en ~ chez qn** bei jdm in Stellung sein; **je suis à votre ~** ich stehe Ihnen zu Diensten
⓭ *(faveur)* Gefallen m; **demander un ~ à qn** jdn um einen Gefallen bitten; **rendre ~ à qn** jdm behilflich sein; **rendre un mauvais ~ à qn** jdm einen schlechten Dienst erweisen; **c'est là un ~ dont je vous suis très reconnaissant**(**e**) für diese Gefälligkeit bin ich Ihnen sehr dankbar
⓮ *(assortiment pour la table)* Service nt; **~ en** [o **de**] **porcelaine** Porzellanservice; **~ de table** *(vaisselle)* Tafelservice; *(linge)* Tischgarnitur f; **~ de verres/de cristal** Glas-/Kristallglasgarnitur; **~ de couteaux** Satz m Messer; **~ à fondue/raclette** Fondue-/Racletteset nt; **~ à thé** Teeservice
⓯ *(transport)* Betrieb m; **~ d'autocar** Busverbindung f; **~ d'été** *(horaires)* Sommerfahrplan m; **~ régulier de bateaux** Linienschifffahrt f; **~ express de banlieue** Nahschnellverkehr m
⓰ SPORT *(engagement au tennis)* Aufschlag m; *(au volley-ball)* Aufgabe f; *(jeu au tennis où on sert)* Aufschlagspiel nt; **être au ~** *(au tennis)* Aufschlag haben; *(au volley-ball)* aufgeben
⓱ REL **~** [**religieux**] Gottesdienst m; **~ funèbre** Trauergottesdienst
⓲ *(activité)* Betrieb m; **entrer en ~** unité de production: den Betrieb aufnehmen; **être en plein ~** in vollem Betrieb sein; **mettre qc en ~** etw in Betrieb nehmen; **hors ~** außer Betrieb
▸ **à ton/votre ~!** gern geschehen!; **qu'y a-t-il pour votre ~?** womit kann ich Ihnen dienen?
◆ **~ après-vente** Kundendienst m; **~ clé minute** Schlüsseldienst m
◆ **~ des brevets** Patentstelle f; **~ de communication** Kommunikationsdienst m; **~ du feu** CH Feuerwehr f, Brandwache f (CH); **~ d'homologation** [o **des homologations**] Genehmigungsbehörde f, Genehmigungsstelle f; **~ des immeubles** JUR Liegenschaftsdienst m; **~s de l'immigration** Einwanderungsbehörde f; **~ des impôts** Steuerbehörde f; **~ d'intervention** JUR Interventionsstelle f; **~ des mines** ≈ technischer Überwachungsdienst; **~ d'ordre** Ordnungsdienst m; **~ de placement** Vermittlungsdienst m; **~ de la planification** Planungsbehörde f; **~ de la promotion des ventes** Verkaufsförderung f; **~ des renseignements téléphoniques** Fernsprechauskunft f; **~ de santé** Gesundheitsamt nt; **~ de sauvetage** Bergungsdienst m; **~ de vérification** Prüfungsstelle f

◆ **~ en ligne** Hotline f

> **Land und Leute**
>
> Der **service militaire** wurde im Jahre 1999 abgeschafft; seitdem unterhält Frankreich eine Berufsarmee. Franzosen und Französinnen im Alter von 18–20 Jahren gehen seither zu einem so genannten *rendez-vous citoyen*, einer fünftägigen Informationsveranstaltung über die nationale Verteidigung.

serviette [sɛʀvjɛt] f ❶ *(pour la toilette)* Handtuch nt; **~ de toilette/de bain** Hand-/Badetuch; **~ de plage** Strandtuch nt; **~ éponge** Frotteetuch nt; **~ hygiénique** [Damen]binde f
❷ *(serviette de table)* Serviette f; **~ en papier/en tissu** Papier-/Stoffserviette
❸ *(cartable)* Aktentasche f; *d'un écolier* Schultasche

servile [sɛʀvil] adj ❶ *(obséquieux)* unterwürfig; **esprit ~** Obrigkeitsdenken nt
❷ *(trop fidèle à l'original)* sklavisch [genau]
❸ *postposé* HIST **condition ~** Leibeigenschaft f; **travail ~** Fron[arbeit f] f

servilement [sɛʀvilmɑ̃] adv ❶ *(obséquieusement)* unterwürfig
❷ *(trop fidèlement)* sklavisch [genau]

servilité [sɛʀvilite] f ❶ *(basse soumission)* Unterwürfigkeit f; **la ~ de son comportement** sein/ihr unterwürfiges Verhalten
❷ *(imitation)* sklavische Genauigkeit

servir [sɛʀviʀ] <irr> I. vt ❶ *(offrir)* servieren *boisson, repas*; **~ d'un plat à qn** jdm von einem Gericht geben; **~** [**quelque chose**] **à boire/à manger à qn** jdm etwas zu trinken/zu essen geben [o servieren]; **on lui sert le petit-déjeuner au lit** das Frühstück wird ihm/ihr ans Bett gebracht; **Madame est servie!** [gnädige Frau,] es ist angerichtet!; **c'est servi!** *fam* [das] Frühstück/Essen ist fertig!; *(fam)* **plat prêt à être servi** tischfertiges Gericht
❷ *(fournir un client) commerçant:* bedienen; **on vous sert, Madame/Monsieur?** werden Sie schon bedient?; **bien/mal ~ qn** *(qualitativement)* jdm gute/schlechte Ware verkaufen; *(quantitativement)* großzügig/jdm zu wenig abwiegen; **qu'est-ce que je vous sers?** was darf es sein?; **être servi**(**e**) *personne:* bedient werden; *repas:* serviert sein; **être bien/mal ~**(**e**) gut/schlecht bedient werden
❸ REL *(faire fonctionner)* **~ la messe** bei der Messe ministrieren
❹ *(apporter son aide)* **~ qn** sich für jdn einsetzen; **~ qc** einer S. *(Dat)* zustattenkommen
❺ *(payer)* auszahlen *rente*
❻ MIL bedienen *pièce d'artillerie*
❼ CARTES **être servi**(**e**) genug Karten haben
▸ **je suis servi**(**e**) **pour aujourd'hui** *iron* für heute bin ich bedient; **on n'est jamais si bien servi que par soi-même** *prov* man macht am besten alles selbst
II. vi ❶ *(être utile)* voiture, outil: von Nutzen sein; conseil, explication: von Nutzen [o nützlich] sein; **~ à qn à la réparation/à faire la cuisine** machine, outil: jdm zur Reparatur dienen/dazu dienen zu kochen; **à quoi cet outil peut-il bien ~?** wozu dient dieses Werkzeug eigentlich?; **à quoi sert**[**-il**] **de réclamer?** wozu sich beschweren; **pleurer ne sert à rien** weinen hilft nichts; **rien ne sert de t'énerver** es bringt nichts, wenn du dich aufregst *(fam)*
❷ *(tenir lieu de)* **~ de guide à qn** für jdn den Fremdenführer machen; **~ de témoin à qn** jds Zeuge sein; **~ de mère/de père à qn** jdm die Mutter/den Vater ersetzen; **ça te servira de leçon!** das wird dir eine Lehre sein!; **cela lui sert de prétexte** das ist für ihn/sie ein guter Vorwand
❸ *(être utilisable)* zu gebrauchen sein; **ce vélo peut encore/ne peut plus ~** dieses Rad ist noch/nicht mehr zu gebrauchen
❹ CARTES geben
❺ SPORT *(au tennis)* aufschlagen; *(au volley-ball)* aufgeben
▸ **rien ne sert de courir, il faut partir à point** *prov* zu spät ist zu spät
III. vpr ❶ *(utiliser)* **se ~ d'un copain/article pour faire qc** einen Kumpel/Artikel benutzen um etw zu tun; **se ~ de ses relations** seine Beziehungen spielen lassen; **ne pas savoir se ~ de ses dix doigts** zwei linke Hände haben
❷ *(prendre soi-même qc)* **se ~** sich bedienen; **servez-vous mieux!** nehmen Sie [sich] doch noch etwas!; **se ~ de légumes** [sich *(Dat)*] Gemüse [o von dem Gemüse] nehmen
❸ *(s'approvisionner)* **se ~ au marché/au supermarché** auf dem Markt/im Supermarkt einkaufen
❹ *(être servi)* **ce vin se sert frais** dieser Wein wird kühl serviert

serviteur [sɛʀvitœʀ] m ❶ *littér (personne qui assume un devoir)* **~ de Dieu** Diener Gottes; **~ de l'État** Staatsdiener m
❷ *vieilli (domestique)* Diener m
❸ *(accessoires de cheminée)* Kaminbesteckständer m
▸ **votre ~** *hum soutenu* meine Wenigkeit *(hum)*

servitude [sɛʀvityd] f ❶ pl *(contraintes)* Zwänge Pl
❷ *(esclavage)* Knechtschaft f; **réduire qn à la ~** jdn in die Knecht-

schaft stürzen

① JUR *(obligation)* Auflage *f*; *(foncière)* [Grund]dienstbarkeit *f*; **~ personnelle/restreinte** persönliche/beschränkte Dienstbarkeit; **~ de passage** Wegerecht *nt*

servocommande [sɛʀvokɔmɑ̃d] *f* Servosteuerung *f*

servofrein [sɛʀvofʀɛ̃] *m* Servobremse *f*

servomoteur [sɛʀvomɔtœʀ] *m* Servomotor *m*

sésame [sezam] *m* ① BOT Sesam *m*

② *(passe-partout)* Zauberformel *f*

▶ **Sésame, ouvre-toi** Sesam, öffne dich

session [sesjɔ̃] *f* ① *(séance) d'une assemblée, d'un tribunal* Sitzung *f*

② *(période)* Sitzungsperiode *f*; **~ d'examens** Prüfungsphase *f*, Prüfungszeitraum *m*

③ INFORM Sitzung *f*; **ouvrir/clore une ~** eine Sitzung eröffnen/schließen, sich ein-/ausloggen

sesterce [sɛstɛʀs] *m* HIST Sesterz *m*

set [sɛt] *m* ① SPORT *(manche)* Satz *m*; **~ gagnant** Gewinnsatz; **gain de/du ~** Satzgewinn *m*; **perte de/du ~** Satzverlust *m*

② *(service de table)* Set *nt*

③ *(nécessaire)* Set *nt*; **~ de rasage** Rasierset

setter [sɛtɛʀ] *m* Setter *m*; **~ irlandais** Irischer Setter

seuil [sœj] I. *m* ① *(pas de la porte)* [Tür]schwelle *f*; **rester sur le ~ de la porte** in der Tür stehen bleiben; **franchir le ~** über die Schwelle treten

② *(limite)* Grenze *f*, Schwelle *f*; **~ auditif** Hörschwelle, Hörgrenze; **ces vibrations se trouvent au-delà du ~ auditif humain** diese Schwingungen liegen außerhalb des menschlichen Hörbereichs; **~ bas/haut auditif** untere/obere Hörgrenze; **~ d'excitabilité** PHYSIOL, PSYCH Reizschwelle; **~ de pauvreté** Armutsgrenze; **~ de rentabilité** Rentabilitätsgrenze; **~ de tolérance** Toleranzschwelle, Toleranzgrenze; **~ de tolérance supérieur/inférieur** obere/untere Toleranzgrenze

③ *(cap)* Schwelle *f*; **au ~ de la vieillesse/mort** auf der Schwelle zum Greisenalter/Tod stehen; **franchir le ~ de la vie active** ins Erwerbsleben eintreten

④ GEOG Schwelle *f*

II. *app inv* **valeur ~** *(minimum)* Grenzwert *m*; *(maximum)* Höchstwert *m*; **salaire ~** Einkommensgrenze *f*

seul(e) [sœl] I. *adj* ① *(sans compagnie)* allein; **tout(e) ~(e)** ganz allein; **~ à ~** allein; **parler à qn ~ à ~** jdn unter vier Augen sprechen; **dames voyageant ~es** allein reisende Damen; **parler tout(e) ~(e)** Selbstgespräche führen; **c'est moi ~(e) qui ai réussi à faire ça** ich habe das ganz allein geschafft; **enfin ~[s]!** endlich allein!; **cette lampe ~e ne suffit pas** diese eine Lampe allein reicht nicht; **eh vous, vous n'êtes pas ~(e)!** he, die anderen sind auch noch da!; **ça descend tout ~** *fam* das rutscht ganz von alleine *(fam)*

② *(célibataire)* allein stehend

③ *antéposé (unique)* einzig; **~(e) et unique** einzig; **une ~e fois** ein einziges Mal; **être ~(e) de son espèce** einzigartig sein; **déclarer d'une ~e voix** einstimmig erklären; **pour la ~e raison que** [einzig und] allein deswegen, weil

④ *(uniquement)* nur; **lui ~ est [o il est ~] capable de le faire** er allein ist dazu fähig; **~s les invités sont admis** nur die geladenen Gäste sind zugelassen; **~ le résultat importe** nur das Ergebnis zählt

II. *m(f)* **le ~/la ~e** der/die Einzige; **vous n'êtes pas le ~ à...** Sie sind nicht der Einzige, der ...; **un ~/une ~e** ein Einziger/eine Einzige

seulement [sœlmɑ̃] *adv* ① *(pas davantage)* nur

② *(opp: déjà)* erst; **il rentrera ~ demain** er kommt erst morgen zurück

③ *antéposé (mais)* allerdings, aber; **je te donne l'argent, ~ je demande des garanties** ich gebe dir das Geld, allerdings verlange ich Sicherheiten

▶ **non ~..., mais encore** ... nicht nur ..., sondern auch noch; **pas ~** *soutenu (pas même)* nicht einmal; **sans ~** *soutenu* ohne auch nur; **si ~** wenn nur; **si ~ j'en avais les moyens!** wenn ich es mir nur leisten könnte!; **tu as gagné à la loterie? – Si ~!** hast du in der Lotterie gewonnen? – Schön wär's!

seulet(te) [sœlɛ, ɛt] *adj hum* mutterseelenallein

sève [sɛv] *f* ① BOT Saft *m*

② *littér (vigueur)* Schwung *m*, Elan *m*

sévère [sevɛʀ] *adj* ① *(rigoureux)* streng; *critique, jugement* hart; *climat* rau; *concurrence* scharf; *lutte* unerbittlich; **avoir besoin d'une taille ~** radikal zurückgeschnitten werden müssen; **la sélection est ~** es wird eine strenge Auslese getroffen

② *(austère)* streng

③ *(grave) crise, pertes* schwer; *échec* schlimm

sévèrement [sevɛʀmɑ̃] *adv* ① *(durement) critiquer* scharf, hart; *éduquer, punir* streng; **juger ~ qn/qc** mit jdm/etw hart ins Gericht gehen; **être ~ battu(e)** eine schwere Niederlage hinnehmen müssen

② *(gravement)* schwer

sévérité [seveʀite] *f* ① *(rigueur)* Strenge *f*; *d'une critique, d'un verdict* Härte *f*; *d'un climat* Rauheit *f*; **être d'une grande ~** sehr streng sein; **un regard d'une telle ~ que...** ein dermaßen strenger Blick, dass ...

② *(austérité)* Strenge *f*; **style d'une grande ~** sehr strenger Stil

③ *soutenu (gravité)* Schwere *f* *(geh)*

sévices [sevis] *mpl* Misshandlung *f*; **exercer des ~ sur qn** jdn misshandeln

sévir [seviʀ] <8> *vi* ① *(punir)* **~ contre qn/qc** [hart] gegen jdn/etw durchgreifen

② *(exercer ses ravages) malfaiteur:* sein Unwesen treiben; *fléau:* wüten; *grippe:* grassieren; *professeur, doctrine:* Unheil anrichten

sevrage [səvʀaʒ] *m* ① *(cessation de l'allaitement) d'un nourrisson* Abstillen *nt*; *d'un animal* Absetzen *nt*

② *(désintoxication)* Entziehung *f*, Entzug *m*

sevrer [səvʀe] <1> *vt* ① *(cesser d'allaiter)* abstillen *nourrisson*; absetzen *petit animal*

② *littér (priver)* **être sevré(e) de plaisirs/de tabac** auf sein Vergnügen/auf Zigaretten verzichten müssen

sèvres [sɛvʀ] *m* Sèvresporzellan *nt*; *(objet)* Gegenstand *m* aus Sèvresporzellan

sexagénaire [sɛksaʒenɛʀ] I. *adj* **un homme/une femme ~** ein Mann/eine Frau in den Sechzigern; **être ~** über sechzig Jahre alt sein

II. *mf* Sechzigjährige(r) *f(m)*, Sechziger(in) *m(f)*

sex-appeal [sɛksapil] <sex-appeals> *m* Sex-Appeal *m*

sexe [sɛks] *m* ① *(catégorie)* Geschlecht *nt*; **des personnes des deux ~s** Menschen beiderlei Geschlechts; **le beau ~** das schöne Geschlecht; **le ~ faible/fort** das schwache/starke Geschlecht

② *fam (sexualité)* Sex *m* *(fam)*

③ *(organe)* Geschlechtsorgan *nt*

▶ **discuter du ~ des anges** sich in [endlosen] Scheindiskussionen verlieren

sexisme [sɛksism] *m* Sexismus *m*

sexiste [sɛksist] I. *adj* sexistisch

II. *mf* Sexist(in) *m(f)*

sexologie [sɛksɔlɔʒi] *f* Sexualwissenschaft *f*, Sexologie *f*

sexologue [sɛksɔlɔɡ] *mf* Sexualwissenschaftler(in) *m(f)*, Sexologe *m*/Sexologin *f*

sexothérapie [sɛksoteʀapi] *f* MED Sexualtherapie *f*

sex-shop [sɛksʃɔp] <sex-shops> *m* Sexshop *m* **sex-symbol** [sɛkssɛ̃bɔl] <sex-symbols> *m* Sexsymbol *nt*

sextant [sɛkstɑ̃] *m* Sextant *m*

sextuor [sɛkstɥɔʀ] *m* Sextett *nt*

sextuple [sɛkstypl] I. *adj* sechsfach

II. *m* Sechsfache(s) *nt*

sextupler [sɛkstyple] <1> I. *vt* versechsfachen

II. *vi prix:* sich versechsfachen

sextuplés, sextuplées [sɛkstyple] *mpl, fpl* Sechslinge *Pl*; **avoir des ~** Sechslinge bekommen; **le plus petit des ~ ne pèse que 800 grammes** der kleinste Sechsling wiegt nur 800 Gramm

sexualité [sɛksɥalite] *f* ① *(comportement sexuel)* Sexualität *f*; **les perversions de la ~** die sexuellen Perversionen

② BIO Sexualität *f*

sexué(e) [sɛksɥe] *adj être, reproduction* geschlechtlich; **animaux ~s** getrenntgeschlechtige Tiere; **être ~s** geschlechtliche Wesen sein

sexuel(le) [sɛksɥɛl] *adj* ① *(relatif à la sexualité)* sexuell; *éducation* Sexual-; *tourisme* Sex- *(fam)*; **acte ~** Geschlechtsakt *m*; **comportement ~** Sexualverhalten *nt*

② *(relatif au sexe)* Geschlechts-; **caractères ~s** Geschlechtsmerkmale *Pl*

sexuellement [sɛksɥɛlmɑ̃] *adv* sexuell

sexy [sɛksi] *adj inv fam* sexy *(fam)*

seyant(e) [sɛjɑ̃, jɑ̃t] I. *part prés de* seoir

II. *adj* kleidsam

S.F. [ɛsɛf] *f abr de* **science-fiction** SF *f*

SG [ɛsʒe] *m abr de* **secrétaire général** Generalsekretär(in) *m(f)*

SGEN [sɡɛn] *m abr de* **Syndicat général de l'Éducation nationale** allgemeine Gewerkschaft der Beschäftigten im Bildungswesen

S.G.M.L. [ɛsʒeɛmɛl] INFORM *abr de* **Standard Generalized Mark-up Language** SGML *f*

shah [ʃa] *m* Schah *m*

shaker [ʃɛkœʀ] *m* Shaker *m*, Mixbecher *m*

shako [ʃako] *m* Tschako *m*

shampooiner [ʃɑ̃pwine] <1> *vt* die Haare waschen; mit [Teppich]schaum reinigen *moquette*

shampooineur [ʃɑ̃pwinœʀ] *m (personne)* Shampooneur *m*

shampooineuse [ʃɑ̃pwinøz] *f* ① *(machine)* Teppichreinigungsmaschine *f*

② *(personne)* Shampooneuse *f*

shampo[o]ing [ʃɑ̃pwɛ̃] *m* Shampoo *nt*, Haarwaschmittel *nt*;

~ **colorant/traitant** Tönungs-/Pflegeshampoo; **faire un ~ à qn** jdm die Haare waschen
shampouiner v. shampooiner
shampouineur, -euse v. shampooineur
shantung [ʃɑ̃tuŋ] m Shantung m, Shantungseide f; **en ~** aus Shantung[seide]
shareware [ʃɛʀwɛʀ] m INFORM Shareware f (Fachspr.)
shérif [ʃeʀif] m Sheriff m
sherry [ʃeʀi] m Sherry m
shetland [ʃɛtlɑ̃d] m ❶ (tissu) Shetland m
❷ (pull-over) Shetlandpullover m
shilling [ʃiliŋ] m HIST Shilling m
shintoïsme [ʃintɔism] m REL Schintoismus m
shit [ʃit] m arg (cannabis) Shit m o nt (fam)
shoot [ʃut] m [kräftiger] Schuss
shooter [ʃute] <1> I. vi FBALL schießen
II. vt FBALL schießen penalty; treten corner
III. vpr fam **se ~ à qc** (se droguer) etw fixen (sl), etw drücken (sl); **se ~ au champagne** hum sich an Champagner gewöhnen (hum)
shop[p]ing [ʃɔpiŋ] m Einkaufsbummel m; **faire du ~** einen Einkaufsbummel machen
short [ʃɔʀt] m Shorts Pl; **~ de foot/de tennis** Fußball-/Tennishose f
shorty [ʃɔʀti] m Boxershorts Pl (für Frauen)
show [ʃo] m Show f
showbiz abr de **show-business**
show-business [ʃobiznɛs] m fam sans pl Showgeschäft nt, Show-business nt
si¹ [si] <s'> I. conj ❶ (condition) wenn; **~ tu es sage,...** wenn du artig bist, ...
❷ (hypothèse) **~ je ne suis pas là, partez sans moi** wenn ich nicht pünktlich da bin [o sollte ich nicht pünktlich da sein], geht/fahrt ohne mich los; **~ j'étais riche,...** wenn ich reich wäre ...; **~ j'avais su!** wenn ich das gewusst hätte!
❸ (toutes les fois que) [immer [o jedesmal]] wenn
❹ (opposition) auch wenn ..., so ... [doch]; **~ toi tu es mécontent(e), moi, je ne le suis pas!** auch wenn du unzufrieden bist, ich bin es nicht!
❺ (le fait que) dass; **s'il n'y a pas eu de blessé, c'est un vrai miracle** dass niemand verletzt wurde, ist das reinste Wunder
❻ (éventualité) wenn; **~ nous profitions du beau temps?** wenn wir das schöne Wetter ausnutzten?
❼ (désir, regret) wenn ... nur [o bloß]; **ah ~ je les tenais!** wenn ich sie nur zu fassen bekäme!; **~ seulement tu étais venu(e) hier!** wenn du doch bloß gestern gekommen wärst!
▶ **~ ce n'est...** (ou même) wenn nicht [sogar] ...; **~ ce n'est qn/qc** (en dehors de) außer jdm/etw; **~ ce n'est que tu es trop jeune** außer dass du zu jung bist; **~ tant est que tu sois en âge de le faire** vorausgesetzt, dass du alt genug bist, um es zu tun; **~ c'est ça fam** ja dann (fam), wenn das so ist
II. m inv (hypothèse) Wenn nt; **je n'ai que faire de tous tes ~!** du mit deinem ständigen Wenn und Aber!; **avec des ~, on mettrait Paris en bouteille** wenn das Wörtchen „wenn" nicht wär', wär' mein Vater Millionär
si² [si] adv ❶ (dénégation) doch; **mais ~!** [aber ja] doch!
❷ (tellement) so, dermaßen; **ne parle pas ~ bas!** sprich nicht so leise!; **une ~ belle fille** ein so hübsches Mädchen; **elle était ~ impatiente qu'elle ne tenait plus en place** sie war so ungeduldig, dass sie nicht mehr still sitzen konnte; **il n'est pas ~ petit qu'il ne puisse atteindre le plafond** er ist [schließlich] nicht so klein, [als] dass er nicht an die Decke reichen könnte
❸ (aussi) **~... que** so ... wie; **il n'est pas ~ intelligent qu'il le paraît** er ist nicht so klug, wie er aussieht
❹ (concessif) **~ peu que ce soit, cela m'aiderait** so wenig es auch wäre, es würde mir helfen
▶ **~ bien que** so ..., dass; **j'en avais assez, ~ bien que je suis parti(e)** ich hatte dermaßen genug, dass ich ging; **~ bien que je fasse, mon patron n'est jamais content** ich mag mir noch so viel Mühe geben, mein Chef ist immer unzufrieden; **oh que ~!** o doch!, und ob!
si³ [si] adv (interrogation indirecte) ob
si⁴ [si] m inv MUS h nt, H nt; **~ bémol** b nt, B nt; **~ dièse** his nt, His nt; **en ~ majeur/mineur** in H-Dur/h-Moll; **en ~ bémol mineur** in b-Moll; v. a. **do**
S.I. v. **système**
siamois [sjamwa] m ❶ pl (jumeaux) siamesische Zwillinge Pl, siamesische Zwillingsbrüder Pl
❷ (chat) Siamkatze f
siamois(e) [sjamwa, waz] adj siamesisch; chat Siam- Pl
siamois, es [sjamwa, waz] mpl, fpl (jumeaux) siamesische Zwillinge Pl
Sibérie [sibeʀi] f **la ~** Sibirien nt
sibérien(ne) [sibeʀjɛ̃, jɛn] adj sibirisch

Sibérien(ne) [sibeʀjɛ̃, jɛn] m(f) Sibirer(in) m(f), Sibirier(in) m(f)
sibyllin(e) [sibilɛ̃, in] adj comportement rätselhaft; ouvrage unverständlich; paroles sibyllinisch (geh)
sic [sik] adv sic
SICAV [sikav] f abr de **Société d'Investissement à Capital Variable** (société) Investmentfondsgesellschaft f; (titre) Investmentfondsanteil m
siccatif [sikatif] m CHIM Trockenstoff m, Trockenmittel nt, Sikkativ nt (Fachspr.)
siccatif, -ive [sikatif, -iv] adj huile, produit die Trocknung beschleunigend; **substance siccative** MED austrocknende Substanz
Sicile [sisil] f **la ~** Sizilien nt
sicilien(ne) [sisiljɛ̃, jɛn] adj sizilianisch
Sicilien(ne) [sisiljɛ̃, jɛn] m(f) Sizilianer(in) m(f)
sida, Sida [sida] m Aids nt; **cas de ~** Aidserkrankung f; **thérapie/traitement contre le ~** Aidstherapie/-behandlung; **centre d'assistance contre le ~, centre d'information du ~** Aidsberatungsstelle f; **chargé(e) de la commission contre le ~** Aidsbeauftragte(r) f(m); **maladie semblable à celle du ~** aidsähnliche Erkrankung; **symptômes semblables à ceux du ~** aidsähnliche Symptome
SIDA [sida] m abr de **Syndrome d'Immunodéficience Acquise** Aids nt
sidaïque [sidaik], **sidatique** [sidatik] I. adj inv aidskrank
II. mf Aidskranke(r) f(m)
side-car [sidkaʀ] <side-cars> m (habitacle) Beiwagen m; (motocyclette plus side-car) Motorrad nt mit Beiwagen
sidéen(ne) [sideɛ̃, ɛn] I. adj aidskrank
II. m(f) Aidskranke(r) f(m)
sidéral(e) [sideʀal, o] <-aux> adj année siderisch, Stern-; **les observations ~es** die Beobachtung der Sterne; **révolution ~e** siderische Umlaufzeit
sidérant(e) [sideʀɑ̃, ɑ̃t] adj verblüffend
sidérer [sideʀe] <5> vt fam verblüffen; **être sidéré(e)** baff [o platt] sein (fam); **être sidéré(e) par qc** über etw nur staunen können
sidérurgie [sideʀyʀʒi] f Eisen- und Stahlindustrie f, Hüttenindustrie f
sidérurgique [sideʀyʀʒik] adj Eisen- und Stahl-; procédé Eisenverhüttungs-; **usine ~** Eisenhütte f, Stahlwerk nt; **bassin ~** Eisenhüttenrevier nt; **grand groupe ~** großer Eisenhüttenkonzern; **produit ~** Erzeugnis nt der Eisen- und Stahlindustrie
sidérurgiste [sideʀyʀʒist] mf Hüttenarbeiter(in) m(f), Stahlarbeiter(in)
sidologie [sidɔlɔʒi] f Aidsforschung f
sidologue [sidɔlɔɡ] mf Aidsforscher(in) m(f), Aids-Spezialist(in) m(f)
siècle [sjɛkl] m ❶ (période de cent ans) Jahrhundert nt; **de ~ en ~** von Jahrhundert zu Jahrhundert; **au IIIᵉ ~ avant J.-C.** im 3. Jahrhundert v. Chr.
❷ (période remarquable) **le ~ de Louis XIV/de Périclès** das Zeitalter Ludwigs XIV./des Perikles; **le Siècle des Lumières** das Zeitalter der Aufklärung; **le Grand Siècle** das Zeitalter Ludwigs XIV.; **le ~ de l'atome** das Atomzeitalter
❸ (période très longue) Ewigkeit f (fam); **depuis des ~s** seit einer Ewigkeit; **dans les ~s des ~s** von Ewigkeit zu Ewigkeit; **il y a des ~s que je ne t'ai vu** fam ich habe dich seit einer Ewigkeit nicht mehr gesehen; **mais ça fait un ~ de ça!** aber das ist ja schon eine Ewigkeit her! (fam)
❹ (époque) **au ~ où nous vivons** in der Zeit, in der wir leben; **être de son ~** immer auf dem neuesten Stand sein; **être d'un autre ~** in einer anderen Zeit leben
▶ **du ~** fam combat, marché, inondation Jahrhundert-; **événement/crue du ~** Jahrhundertereignis nt/-hochwasser nt
siège [sjɛʒ] m ❶ (meuble) Sitz m; **~ rembourré** Polstersitz; **~ avant/arrière** AUT Vorder-/Rücksitz; **~ baquet/couchette** Schalen-/Liegesitz; **~ transformable** umklappbarer Sitz; **~ pour enfant/pour bébé** Kinder-/Babysitz; **~ de jardin/de bureau** Garten-/Bürostuhl m; **~ pliant** Klappstuhl m; **~ éjectable** AVIAT Schleudersitz; **~ de W.-C.** Toilettensitz m, WC-Sitz m; (lunette) Klosettbrille f, Klobrille f (fam); **offrir un ~ à qn** jdn bitten Platz zu nehmen; **prenez un ~!** nehmen Sie Platz!
❷ (partie rembourrée d'un siège) Sitzpolster nt
❸ (action d'assiéger) Belagerung f; **le ~ de Paris** die Belagerung von Paris; **lever le ~** die Belagerung aufheben [o beenden]; **mettre le ~ devant une ville** eine Stadt belagern
❹ POL Sitz m; **~ au Parlement** Parlamentssitz m
❺ REL **le ~ apostolique/pontifical** der Apostolische/Päpstliche Stuhl; **~ épiscopal** (dignité d'évêque) bischöflicher Stuhl; (ville, résidence) Bischofssitz m
❻ (résidence) d'une institution, organisation, entreprise Sitz m; **~ du Parlement** Parlamentssitz m; **~ [social]** fiktiv Scheinsitz m; **~ principal** Hauptsitz m; **une entreprise avec ~ principal à Paris** eine Firma

mit Hauptsitz in Paris; ~ **social** [Geschäfts]sitz, Hauptgeschäftsstelle *f*
❼ *(centre d'action)* **le ~ d'une douleur** die Stelle, von der der Schmerz ausgeht; **qc est le ~ de la pensée** etw ist der Sitz des Denkvermögens
❽ MED *(derrière de l'homme)* **accouchement par le ~** Steißgeburt *f*; **l'enfant se présentait par le ~** das Kind war in Steißlage
siège-auto [sjɛʒoto] <sièges-autos> *m* Kindersicherheitssitz *m*
siège-coque [sjɛʒkɔk] <sièges-coques> *m* Babytragesitz *m*
siéger [sjeʒe] <2a, 5> *vi* ❶ *(avoir un siège)* députés, procureur: sitzen
❷ *(tenir séance)* tagen
❸ *(être situé)* passion, problème, mal: liegen; **je ne vois pas très bien où siège la difficulté** ich verstehe nicht ganz, wo[rin] die Schwierigkeit liegt
sien(ne) [sjɛ̃, sjɛn] **I.** *pron poss* ❶ **le ~/la ~ne** der/die/das Seine [*o* seine]/Ihre [*o* ihre], der/die/das Seinige [*o* seinige]/Ihrige [*o* ihrige] *(veraltet geh)*, seine(r, s)/ihre(r, s); **les ~s** die Seinen [*o* seinen]/Ihren [*o* ihren], die Seinigen [*o* seinigen]/Ihrigen [*o* ihrigen] *(veraltet geh)*, seine/ihre; **ce n'est pas ma valise, c'est la ~ne** es ist nicht mein Koffer, es ist der Seine [*o* seine]/Ihre [*o* ihre] [*o* es ist seiner/ihrer]; **cette maison est la ~ne** dies ist sein/ihr Haus, dieses Haus gehört ihm/ihr [*o* ist das Seinige [*o* seinige]/Ihrige] [*o* ihrige] *(geh)*
❷ *pl (ceux de sa famille)* **les ~s** seine/ihre Angehörigen [*o* Familie], die Seinen [*o* seinen]/Ihren [*o* ihren] *(geh)*; *(ses partisans)* seine/ihre Anhänger, die Seinen [*o* seinen]/Ihren [*o* ihren] *(geh)*
▶ **faire des ~nes** *fam personne:* Unfug machen; *tempête, voiture:* verrückt spielen *(fam)*; **à la [bonne] ~ne!** *hum fam* auf sein/ihr Wohl!; **y mettre du ~** tun, was man kann; **il/elle y a mis du ~** er/sie hat das Sein(ig)e [*o* sein(ig)e]/Ihr(ig)e [*o* ihr(ig)e] getan, er/sie hat seinen/ihren Teil dazu beigetragen
II. *adj poss littér* **qc est ~** etw ist der/die/das Seine [*o* seine]/Ihre [*o* ihre], etw ist der/die/das Seinige [*o* seinige]/Ihrige [*o* ihrige] *(veraltet geh)*; **cet objectif est ~** das ist sein/ihr Ziel; **ces principes, il/elle les a faits ~s** er/sie hat sich diese Prinzipien zu eigen gemacht
sierra [sjera] *f* GEOL Sierra *f*
sieste [sjɛst] *f* Mittagsschlaf *m*; **faire la ~** einen Mittagsschlaf machen; **à l'heure de la ~** während der Mittagsruhe
sieur [sjœʁ] *m* **le ~ Untel** JUR Herr Soundso
sifflant(e) [siflɑ̃, ɑ̃t] *adj* pfeifend; *toux* keuchend; **respiration ~e** pfeifender Atem; **consonne ~e** LING Reibelaut *m*, Frikativ *m*
sifflement [sifləmɑ̃] *m* Pfeifen *nt; du serpent, de la vapeur* Zischen *nt;* **~ d'oreilles** Ohrensausen *nt;* **~ d'admiration** bewundernder Pfiff
siffler [sifle] <1> **I.** *vi* pfeifen; *gaz, vapeur, serpent:* zischen; **~ aux oreilles de qn** an jds Ohr *(Dat)* vorbeipfeifen
II. *vt* ❶ *(appeler)* **~ son copain/chien** nach seinem Kumpel/Hund pfeifen; **~ une fille** hinter einer jungen Frau herpfeifen
❷ *(signaler en sifflant)* pfeifen; **le départ de la course/la fin du match** das Rennen anpfeifen/das Spiel abpfeifen
❸ *(huer)* auspfeifen; **se faire ~** ausgepfiffen werden
❹ *(moduler)* pfeifen *chanson, mélodie*
❺ *fam (boire)* hinunterstürzen *(fam)*, kippen *(fam)* verre; **~ toute la bière** das ganze Bier wegsaufen *(sl)*; **ils nous ont tout sifflé** sie haben uns *(Dat)* alles weggesoffen *(sl)*
sifflet [siflɛ] *m* ❶ *(instrument)* Pfeife *f;* **~ à vapeur** Dampfpfeife *f;* **~ à roulette** Trillerpfeife *f;* **~ d'alarme** *d'une machine à vapeur* Signalpfeife; *d'une locomotive* Lokomotivpfeife; **coup de ~** Pfiff *m*
❷ *pl (huées)* Pfiffe *Pl*
▶ **couper le ~ à qn** *fam (couper la parole)* jdm über den Mund fahren *(fam)*; **ça me coupe le ~!** da bleibt mir die Spucke weg! *(fam)*, da fällt mir nichts mehr ein!; **en ~** schräg
siffleur, -euse [siflœʁ, -øz] **I.** *adj* pfeifend
II. *m, f (personne qui hue)* Person, die jdn/etw auspfeift
siffleux [siflø] *m* ZOOL CAN *(marmotte)* Murmeltier *nt*
sifflotement [siflɔtmɑ̃] *m* Pfeifen *nt*
siffloter [siflɔte] <1> *vt, vi* [vor sich hin] pfeifen
sigle [sigl] *m* Abkürzung *f*, Kürzel *nt*
signal [siɲal, o] <-aux> *m* ❶ *(signe conventionnel)* Signal *nt; (signe convenu)* Zeichen *nt; (signe annonciateur)* [An]zeichen; **~ convenu** vereinbartes Zeichen; **~ de l'attaque** Zeichen/Signal zum Angriff; **~ de la retraite/de la révolte** Signal zum Rückzug/Aufstand; **donner le ~ du départ** das Startzeichen geben; **le ~ est arrivé trop tard** das Zeichen/Signal wurde zu spät gegeben
❷ *(point de départ)* Auslöser *m*
❸ *(avertisseur)* Signal *nt; (système)* Signalanlage *f;* **~ acoustique** akustisches Signal; **~ automatique** automatisches Signal; *(système)* Signalanlage; **~ sonore** Signalton *m;* INFORM Tonsignal *nt*, Audiosignal; *d'un répondeur* Piepton; *d'un fax* Pfeifton; **émettre un ~ sonore** *répondeur:* piepen; *fax:* pfeifen; **~ ferroviaire** Zugsignal; **~ de départ** *d'un train, navire* Abfahrtssignal; **~ d'alarme** Alarm-

signal; CHEM DFER Notbremse *f*; **déclencher le ~ d'alarme** den Alarm auslösen; **~ de chemin de fer** Eisenbahnsignal; **~ de détresse** Notsignal; **~ de priorité** Vorfahrtsschild *nt;* **~ de route** *(feu)* Verkehrssignal; *(panneau)* Verkehrsschild *nt*
❹ INFORM, TELEC Signal *nt;* **signaux horaires hertziens** Zeitzeichen *nt;* **~ infrarouge** Infrarotsignal
◆ **~ de commande** INFORM Steuersignal *nt;* **~ d'horloge** INFORM Taktsignal *nt;* **~ d'intensité** INFORM Intensitätssignal *nt;* **~ de mesure** Messsignal *nt;* **~ de sollicitation** INFORM Eingabeaufforderung *f*, Prompt *nt (Fachspr.)*
signalé(e) [siɲale] *adj* ❶ *(signalisé)* virage ausgeschildert
❷ *littér service* bedeutend
signalement [siɲalmɑ̃] *m d'une personne* Personenbeschreibung *f; d'un véhicule, malfaiteur* Beschreibung *f;* **~ du coupable** Täterbeschreibung
signaler [siɲale] <1> **I.** *vt* ❶ *(attirer l'attention sur)* melden, weitermelden *fait nouveau, perte, bourrage de papier, encre vide;* **~ un vol à qn** *(après s'en être rendu compte)* jdm einen Diebstahl melden; *(après l'avoir appris soi-même)* jdm einen Diebstahl weitermelden; **~ un détail/une erreur à** [*o* **à l'attention de**] **qn** jdn auf ein Detail/einen Fehler hinweisen [*o* aufmerksam machen]
❷ *(marquer par un signal)* signalisieren, anzeigen; **~ la direction à qn** jdm die Richtung signalisieren; *(annoncer)* jdm die Richtung ankündigen; *carte, écriteau:* jdn auf die Richtung hinweisen; *balise:* die Richtung kennzeichnen für jdn
❸ *(indiquer)* **~ l'existence de qc** auf die Existenz einer S. *(Gen)* hindeuten
▶ **rien à ~** keine besonderen Vorkommnisse; MED ohne Befund
II. *vpr* ❶ *(s'illustrer)* **se ~ par son courage** sich durch seinen Mut hervortun
❷ *(se manifester)* **se ~ à qn/qc** *personne:* sich bei jdm/etw melden; *maladie:* bei jdm zum Ausbruch kommen; **se ~ à l'attention de qn** jdn auf sich *(Akk)* aufmerksam machen
signalétique [siɲaletik] *adj* **détail ~** erkennungsdienstlich relevantes Merkmal; **fiche ~** erkennungsdienstliche Akte
signalisation [siɲalizasjɔ̃] *f* ❶ *(par panneaux) d'une route* Beschilderung *f; (par feu)* Sicherung *f* durch Ampeln; **~ du chemin** Wegmarkierung *f;* **~ de feu de ~** *(pour la circulation routière)* [Verkehrs]ampel *f; (pour le trafic maritime)* Signalfeuer *nt*, Signalleuchte *f;* Signallicht *nt*
❷ *(par lumière) d'un aéroport, port* Befeuerung *f*
❸ *(au sol) d'une route* Fahrbahnmarkierung *f; d'un aéroport* Pistenmarkierung
❹ *(par signaux)* **~ des chemins de fer** Sicherung *f* des Schienenverkehrs durch Signale; **feu de ~** Leuchtsignal *nt;* **la ~ ferroviaire/maritime** die Eisenbahnsignale/Seezeichen; **~ du chenal** Fahrrinnenmarkierung *f*
signaliser [siɲalize] <1> *vt* **~ une route** *(avec des panneaux)* eine Straße ausschildern; *(avec des feux)* auf einer Straße Ampeln installieren; *(avec des marques au sol)* auf einer Straße Fahrbahnmarkierungen anbringen; **bien/mal signalisé(e)** *(équipé de panneaux)* gut/schlecht ausgeschildert; *(équipé de feux)* durch Ampeln gut/schlecht gesichert
signataire [siɲatɛʁ] **I.** *adj* État, pays, gouvernement Signatar-; **membres ~s du traité** diejenigen Mitglieder, die das Abkommen unterzeichnet haben; **partie ~** vertragschließende Partei
II. *mf* Unterzeichner(in) *m(f);* JUR Signatar *m (Fachspr.);* **~ de la convention collective** Tarifvertragspartner(in) *m(f)*
signature [siɲatyʁ] *f* ❶ *(action)* Unterzeichnung *f;* **apposer sa ~ au bas de qc** seine Unterschrift unter etw *(Akk)* setzen; **avoir la ~** zeichnungsberechtigt sein; **honorer sa ~** sich an seine vertraglichen Verpflichtungen halten; **procéder à la ~ de qc** etw unterzeichnen
❷ *(marque d'authenticité)* Unterschrift *f; d'un peintre* Signatur *f;* **~ légalisée** beglaubigte Unterschrift; **~ en blanc** Blankounterschrift; **~ sociale** Firmenzeichnung *f*
signe [siɲ] *m* ❶ *(geste)* Zeichen *nt;* **~ de la main** [Hand]zeichen; **~ de la tête** Kopfbewegung *f;* **~ de tête affirmatif/négatif** Nicken *nt*/Kopfschütteln *nt;* **~ de bienvenue** Willkommensgeste *f;* **~ de [la] croix** Kreuzzeichen; **faire le ~ de la croix/un ~ de croix** sich bekreuzigen; **~ de détresse** Notzeichen; **~ de refus** ablehnende Bewegung; **~ d'intelligence** Verständigungszeichen; **faire ~ à qn** *(pour signaler qc)* jdm zuwinken; *(pour contacter qn)* sich bei jdm melden; **faire un ~ de la tête à son partenaire** seinem Partner zunicken; **faire ~ à son fils de faire qc** seinem/ihrem Sohn bedeuten etw zu tun; **faire ~ que oui/non** *(de la tête)* zustimmend nicken/den Kopf schütteln; *(d'un geste)* ein Zeichen geben, dass ja/nein
❷ *(indice)* Anzeichen *nt;* **~ annonciateur** erstes Anzeichen; **~ avant-coureur** Vorzeichen *nt, m(f);* **~ de décadence** Zerfallserscheinung *f;* **~ de défaillance** Ausfallserscheinung; **~ d'usure** Abnutzungserscheinung, Verschleißerscheinung; **donner des ~s de fatigue** *personne:* Anzeichen von Müdigkeit erkennen lassen; *véh-*

demander le silence	
demander le silence	**um Ruhe bitten**
Chut!	Psst! *(fam)*
Silence!	Ruhig!
Ferme-la! *(fam)*/Ecrase! *(fam)*	Halt's Maul! *(vulg)*/Schnauze! *(vulg)*
Taisez-vous!/Du calme!	Jetzt seien Sie doch mal ruhig!
Écoute-moi bien, maintenant!	Jetzt hör mir mal zu!
Tais-toi donc!	Jetzt sei mal still!
Je voudrais aussi dire quelque chose!	Ich möchte auch noch etwas sagen!
Merci! Moi, je pense que ...	Danke! ICH meine dazu, ...
(à un public) Un peu de calme, s'il vous plaît!	*(an ein Publikum)* Ich bitte um Ruhe.
Pourriez-vous vous taire, s'il vous plaît!	Wenn ihr jetzt bitte mal ruhig sein könntet!

cule, moteur, machine: [allmählich] altersschwach werden; **être le ~ d'un changement de temps** einen Wetterwechsel ankündigen ❸ MED Anzeichen *nt*, Symptom *nt;* **~ de mort** Todeszeichen; **~ de mort certain/incertain** sicheres/unsicheres Todeszeichen ❹ *(trait distinctif)* Merkmal *nt*, Kennzeichen *nt;* **~s particuliers:** néant besondere Kennzeichen: keine; **~s extérieurs de richesse** sichtbare Zeichen von Reichtum; **un ~ des temps** ein Zeichen unserer Zeit ❺ *a.* INFORM *(caractère, symbole)* Zeichen *nt;* **un texte comportant 2000 ~s** ein Text von 2000 Zeichen Länge; **~ de piste** Wegzeichen ❻ MUS Vorzeichen *nt;* **~ d'altération** Versetzungszeichen; **~ de reprise** Wiederholungszeichen ❼ MATH Zeichen *nt; (en parlant des signes négatif et positif)* Vorzeichen *nt;* **~ négatif/positif** Negativ-/Positivzeichen; **~ moins/plus** Minus-/Pluszeichen; **~ de division** Divisionszeichen; **~ d'égalité/de multiplication** Gleichheits-/Multiplikationszeichen ❽ GRAM **~ [de ponctuation]** Satzzeichen *nt* ❾ ASTROL Sternzeichen *nt;* **~ du zodiaque** Tierkreiszeichen ▶ **ne pas donner ~ de vie** *(ne pas donner de nouvelles)* nichts von sich hören lassen; *(paraître mort)* kein Lebenszeichen von sich geben; **c'est bon/mauvais ~** das ist ein gutes/schlechtes Zeichen; **en ~ de qc** als [*o* zum] Zeichen einer S. *(Gen)*; **sous le ~ de qc** im Zeichen einer S. *(Gen)*
◆ **~s de condoléances** Beileidsbezeigung *f*, Beileidsbezeugung *f;* **~s de sympathie** Beileidsbezeigung *f*, Beileidsbezeugung *f*
signer [siɲe] <1> I. *vt* ❶ *(apposer sa signature)* unterschreiben; unterzeichnen *pétition, traité;* **~ un tableau** *peintre:* ein Bild signieren; **~ qc de son nom/de sa main** etw mit seinem [vollen] Namen/eigenhändig unterschreiben; **~ qc en blanc** etw blanko unterschreiben
❷ *(produire sous son nom)* verfassen *œuvre, pièce;* malen *tableau;* **être signé(e) de qn** von jdm stammen
▶ **c'est signé** *fam* es ist [doch] sonnenklar, wer das war *(fam);* **être signé(e)** *fam* jds Stempel tragen
II. *vpr* **se ~** sich bekreuzigen
signet [siɲɛ] *m (marque-page)* Lesezeichen *nt*
❷ INFORM Lesezeichen *nt*, Bookmark *f*
signifiant [siɲifjɑ̃] *m* LING Signifikant *m*
signifiant(e) [siɲifjɑ̃, jɑ̃t] *adj* ❶ *littér (plein de sens)* bedeutungsvoll
❷ LING *morphème, unité* bedeutungstragend
significatif, -ive [siɲifikatif, -iv] *adj* ❶ *(révélateur)* date, décision, fait bedeutsam; geste, silence, sourire vielsagend; **être ~(-ive) de qc** etw erkennen lassen
❷ *(important)* bedeutend
signification [siɲifikasjɔ̃] *f* ❶ *(sens)* Bedeutung *f; des statistiques, des sondages* Aussagewert *m;* **~ originelle** d'une coutume Grundbedeutung; **~ profonde** d'un texte, article, film Sinngehalt *m;* **chercher une ~ au comportement de qn** einen Sinn in jds Verhalten *(Dat)* suchen
❷ JUR *d'un acte, d'une décision judiciaire* Zustellung *f;* **~ de l'action** Klagezustellung *f;* **~ d'assignation** Ladungszustellung
signifié [siɲifje] *m* LING Signifikat *nt*
signifier [siɲifje] <1a> *vt* ❶ *(avoir pour sens)* bedeuten; **qu'est-ce que cela signifie?** was hat das zu bedeuten?
❷ *(faire connaître)* **~ une intention à qn** jdm eine Absicht zu verstehen geben; **~ son congé à qn** jdm kündigen
❸ JUR **~ une assignation à qn** jdm eine Ladung zustellen; **~ une**

décision à qn jdm eine Entscheidung zustellen; **~ l'inculpation à qn** jdn von der Anklage in Kenntnis setzen
▶ **qu'est-ce que ça signifie?** *(se dit pour exprimer son mécontentement)* was soll denn das?, ich höre wohl nicht richtig!
silence [silɑ̃s] *m* ❶ *sans pl (absence de bruit)* Stille *f; (calme)* Ruhe *f;* **le ~ de la nuit** die Stille der Nacht; **~ de mort** Totenstille *f;* **travailler en ~** arbeiten, ohne Lärm zu machen; **souffrir en ~** vor sich hinleiden; **rompre le ~** die Stille durchbrechen; **le ~ se fait dans la salle** im Saal kehrt Ruhe/Stille ein; **le ~ des enfants m'inquiète** die Kinder sind beunruhigend still; **quel ~!** was für eine [wohltuende] Ruhe!; **~!** Ruhe!; **~! on tourne!** Achtung, Aufnahme!
❷ *a.* MUS *(pause)* Pause *f; (dans une conversation)* Gesprächspause; **il y eut un ~ assez long** es entstand eine ziemlich lange Pause
❸ *a.* JUR *(absence de paroles, d'information)* Schweigen *nt;* **~ dolosif relatif à des faits** arglistiges Verschweigen von Tatsachen; **~ gêné/éloquent** betretenes/beredtes Schweigen; **~ glacial** eisiges Schweigen; **le ~ de la loi/du ministère sur ce sujet** die Tatsache, dass das Gesetz/das Ministerium zu diesem Thema schweigt; **condamner qn au ~** jdn zum Schweigen verurteilen; **garder le ~ sur qc** über etw *(Akk)* Stillschweigen bewahren; **passer qc sous ~** kein Wort über etw verlieren; **réduire qn au ~** jdn zum Schweigen bringen; **rompre le ~** das Schweigen brechen; **je ne comprends pas ton ~** ich verstehe nicht, warum du schweigst [*o* nichts sagst]; **~ a valeur d'acceptation/de refus** Schweigen gilt als Annahme/Nichtannahme
▶ **la parole est d'argent, mais le ~ est d'or** *prov* Reden ist Silber, Schweigen ist Gold *(prov)*
silencieusement [silɑ̃sjøzmɑ̃] *adv* ❶ *(sans bruit)* lautlos, geräuschlos
❷ *(en secret)* heimlich
silencieux [silɑ̃sjø] *m* Schalldämpfer *m*
silencieux, -euse [silɑ̃sjø, -jøz] *adj* ❶ *(opp: bruyant)* leise; *personne, méditation* still
❷ *(où règne le silence)* still
❸ *(peu communicatif)* personne still, schweigsam; **majorité silencieuse** schweigende Mehrheit; **rester ~(-euse)** schweigen
silex [silɛks] *m* GEOL, ARCHEOL Feuerstein *m*
silhouette [silwɛt] *f* ❶ *(allure)* d'une personne Silhouette *f*, Figur *f;* **~ idéale** Idealfigur; **la ~ voûtée de qn** jds gebeugte Gestalt; **donner une ~ élancée à qn** jdn schlank erscheinen lassen
❷ *(figure indistincte)* Umriss *m*, [undeutliche] Gestalt; **voir qn en ~** jds Umriss sehen [*o* erkennen] können
❸ *(contour)* Kontur *f*, Umrisslinie *f*
❹ *(dessin)* Schattenriss *m*, Silhouette *f (Fachspr.); (obtenu par découpage)* Scherenschnitt *m*
silicate [silikat] *m* GEOL, CHIM Silikat *nt*
silice [silis] *f* Kieselerde *f*, Siliciumdioxid *nt*
siliceux, -euse [silisø, -øz] *adj* Kiesel-; *terrain* kieselsäurehaltig; **terre/roche siliceuse** Kieselerde *f*/Kieselgestein *nt*, Silikatgestein
silicium [silisjɔm] *m* Silizium *nt*, Silicium *nt (Fachspr.)*
silicone [silikon] *m* Silikon *nt*, Silicon *nt (Fachspr.);* **implant de ~** Silikonimplantat *nt;* **injection de ~** Silikonspritze *f*
siliconé(e) [silikone] *adj* seins Silikon-, mit Silikonimplantat
silicose [silikoz] *f* [Quarz]staublunge *f*, Silikose *f (Fachspr.)*
sillage [sijaʒ] *m* NAUT Kielwasser *nt; d'un avion* Kondensstreifen *m;* **~ de l'eau** Wasserwirbel *Pl*
▶ **marcher dans le ~ de qn** *(suivre son exemple)* in jds Fußstapfen *(Akk)* treten; *(profiter de qn)* in jds Kielwasser *(Dat)* segeln; **res-**

ter dans le ~ de qn sich in jds Kielwasser *(Dat)* halten; **entraîner qn/qc dans son ~** jdn/etw mit sich ziehen; **dans le ~ de ces événements** im Zuge dieser Ereignisse; **dans le ~ du ministère de la Culture...** wie das Kultusministerium ...; **dans le ~ des entreprises concurrentes, ...** sich den Konkurrenzfirmen anschließend, ...
sillon [sijɔ̃] *m* ❶ AGR Furche *f;* **creuser/tracer/ouvrir un ~** eine Furche ziehen
❷ *(trace longitudinale)* Spur *f; (ride)* Furche *f;* ANAT Furche; GEOG Graben *m;* **le ~ rhénan** der Rheingraben; **tracer deux ~s humides sur les joues** zwei feuchte Spuren auf den Wangen hinterlassen
❸ *(piste) d'un disque* Rille *f*
sillonner [sijɔne] <1> *vt* ❶ *(traverser)* ~ **une ville** *personnes, touristes:* kreuz und quer durch eine Stadt gehen/fahren; *canaux, routes:* eine Stadt durchziehen; **le ciel** *avions:* am Himmel ihre Bahnen ziehen; *éclairs:* den Himmel durchzucken
❷ *(creuser) crevasses, ravins:* durchfurchen; *fissures, rides:* durchziehen; **un visage sillonné de rides** ein zerfurchtes Gesicht
silo [silo] *m* ❶ AGR *(réservoir)* Silo *m o nt; (fosse)* Miete *f;* **~ à céréales** Kornsilo; **~ à pommes de terre** Kartoffelmiete *f*
❷ MIL [Raketen]silo *m o nt*
silure [silyʀ] *m* Wels *m*
simagrée [simagʀe] *f gén pl* Gehabe *nt,* Getue *nt (fam);* **faire des ~s** einen Zirkus veranstalten; **arrête tes ~s!** mach kein Theater! *(fam)*
simiens [simjɛ̃] *mpl* ZOOL Affen *Pl (als zoologische Ordnung)*
simiesque [simjɛsk] *adj* affenähnlich
similaire [similɛʀ] *adj* vergleichbar; *goûts* sehr ähnlich; **~ à un cartel** kartellähnlich
similarité [similaʀite] *f* Gleichartigkeit *f,* [große] Ähnlichkeit *f*
simili [simili] *m* Imitation *f;* **en ~** unecht
similicuir [similikɥiʀ] *m* Kunstleder *nt,* Lederimitat *nt*
similitude [similityd] *f* ❶ *(analogie)* Ähnlichkeit *f;* **présenter certaines ~s** gewisse Gemeinsamkeiten aufweisen; **il y a des ~s de caractère frappantes entre eux** sie ähneln sich charakterlich sehr
❷ GEOM Ähnlichkeit *f;* **cas de ~** Ähnlichkeitssatz *m*
simoun [simun] *m* Samum *m*
simple [sɛ̃pl] **I.** *adj* ❶ *(facile)* einfach; *affaire, exercice, tâche* einfach, leicht; **être ~ à faire** einfach zu tun sein; **rien de plus ~ à réaliser!** nichts leichter als das!; **le plus ~, c'est...** am einfachsten ist es, ...
❷ *(modeste)* einfach; *personne, revenus* bescheiden; *cérémonie* schlicht; **venir d'un milieu ~** aus bescheidenen Verhältnissen stammen; **être issu(e) d'une famille ~** das Kind einfacher Leute sein
❸ *(non multiple) feuille, nœud* einfach; **un aller ~ pour Paris, s'il vous plaît** eine einfache Fahrkarte nach Paris, bitte
❹ *postposé* GRAM *(non composé)* einfach; **temps ~** einfache Zeitform; **corps ~** CHIM chemischer Grundstoff
❺ *antéposé (rien d'autre que)* ~ **soldat/employé de bureau** einfacher Soldat/Büroangestellter *m;* **~ formalité** [reine] Formalität; **~ regard** flüchtiger Blick; **~ remarque** kleine Bemerkung; **appeler pour un ~ renseignement** nur wegen einer Auskunft anrufen; **un ~ coup de téléphone aurait suffi** ein [kurzer] Anruf hätte genügt; **"sur ~ appel"** „Anruf genügt"
❻ *(naïf)* einfältig
▶ **c'est** [**bien**] **~** *fam* das ist ganz einfach; **écoute, c'est ~, si tu...** jetzt hör' mir mal gut zu: wenn du ...; **si tu..., c'est bien ~, je te quitte!** wenn du ..., dann verlasse ich dich ganz einfach!; **c'est bien ~, il ne m'écoute jamais!** er hört mir einfach nie zu!; **tu penses que tu vas t'en tirer comme ça, mais ce** *serait* **trop ~!** du glaubst, du wirst ungeschoren davonkommen, aber das könnte dir so passen!; **on a beau t'expliquer, mais ce** *serait* **trop ~, tu fais toujours le contraire!** man kann es dir noch so oft erklären, aber nein, du musst natürlich das Gegenteil tun!
II. *m* TENNIS Einzel[spiel] *nt;* **~ dames/messieurs** Damen-/Herreneinzel; **gagner le ~/en ~** das Einzel[spiel]/im Einzel[spiel] gewinnen
▶ **passer du ~ au double** sich verdoppeln
◆ **~ d'esprit** geistig Behinderte(r) *f(m)*
simplement [sɛ̃pləmɑ̃] *adv* ❶ *(sans affectation) s'exprimer* einfach; *se vêtir* schlicht; *recevoir, se comporter* ungezwungen
❷ *(seulement)* [einfach] nur; **ce sont ~ des hommes** das sind [einfach] nur Menschen; **tout ~** *(sans plus)* einfach nur; *(absolument)* [ganz] einfach
simplet(te) [sɛ̃plɛ, ɛt] *adj* ❶ *(niais)* [etwas] einfältig
❷ *(simpliste)* banal; *intrigue, question* simpel; *raisonnement* nichts sagend; *roman* trivial
simplicité [sɛ̃plisite] *f* ❶ *(opp: complexité)* Einfachheit *f;* **être d'une extrême/de la plus grande ~** außerordentlich/äußerst einfach sein; **être d'une ~ enfantine** kinderleicht sein

❷ *(naturel)* Schlichtheit *f,* Unkompliziertheit *f;* **être resté(e) d'une grande ~** sehr bescheiden geblieben sein; **parler avec ~** sich einfach [und verständlich] ausdrücken; **être célébré(e) dans la ~** in schlichtem Rahmen stattfinden; **recevoir qn en toute ~** jdn empfangen ohne große Umstände zu machen
❸ *(naïveté)* Naivität *f,* Einfalt *f;* **avoir la ~ de croire qc** so naiv sein, etw zu glauben
simplifiable [sɛ̃plifjabl] *adj* ❶ *(qui peut être simplifié)* vereinfachbar; **être ~** sich vereinfachen lassen
❷ MATH kürzbar; **cette fraction n'est pas ~** diesen Bruch kann man nicht kürzen
simplificateur, -trice [sɛ̃plifikatœʀ, -tʀis] *adj* [zu] stark vereinfachend; **cette explication est simplificatrice** diese Erklärung ist zu einfach; **avoir l'esprit très ~** dazu neigen, die Dinge zu vereinfachen
simplification [sɛ̃plifikasjɔ̃] *f* ❶ *(action de rendre simple)* Vereinfachung *f;* **~ de régime fiscal** Steuervereinfachung; **~ du travail** Arbeitserleichterung *f*
❷ MATH Kürzen *nt;* **la ~ de cette fraction est possible** dieser Bruch kann gekürzt werden
simplifier [sɛ̃plifje] <1a> **I.** *vt* ❶ vereinfachen; erleichtern; *leichter machen existence, tâche, travail*
❷ MATH kürzen *fraction*
II. *vpr* **se ~ la vie/l'existence** sich *(Dat)* das Leben/das Dasein erleichtern
simplisme [sɛ̃plism] *m* Simplifizierung *f (geh),* übermäßige Vereinfachung; **faire preuve de ~** die Dinge simplifizieren *(geh);* **le ~ de leur raisonnement** ihre simplifizierende Denkweise *(geh)*
simpliste [sɛ̃plist] *adj* einseitig; **être ~** die Dinge zu einseitig sehen
simulacre [simylakʀ] *m* ❶ *littér (illusion)* ~ **de gouvernement** Scheinregierung *f*
❷ *(action simulée)* Täuschungsmanöver *nt;* **~ de combat** MIL Scheingefecht *nt;* SPORT Scheinkampf *m;* **~ d'exécution** Scheinhinrichtung *f;* **~ de négociations** Scheinverhandlungen *Pl*
simulateur, -trice [simylatœʀ, -tʀis] *m, f (trompeur)* Heuchler(in) *m(f); (qui simule une maladie)* Simulant(in) *m(f)*
◆ **~ d'espace** [Welt]raumsimulator *m;* **~ de pilotage** [Lehr]simulator *m;* **~ de vol** Flugsimulator *m*
simulation [simylasjɔ̃] *f* ❶ *(reconstitution)* Simulation *f;* **jeu de ~** Rollenspiel *nt;* **organiser une ~ de qc** etw inszenieren
❷ *(action de simuler un sentiment)* Heuchelei *f; (action de simuler une maladie)* Simulieren *nt;* **elle n'est pas malade, c'est de la ~!** sie ist nicht krank, sie simuliert nur!
◆ **~ de faits** Vortäuschung *f* von Tatsachen; **~ par ordinateur** Computersimulation *f*
simulé(e) [simyle] *adj* ❶ *(feint) joie, gravité* vorgetäuscht; *maladie* simuliert
❷ *(postiche)* falsch
simuler [simyle] <1> *vt* ❶ *(feindre)* vortäuschen; heucheln *sentiment;* **un appel de détresse simulé** ein fingierter Notruf
❷ TECH *(reconstituer)* simulieren
❸ *(créer l'apparence de) choses:* vortäuschen; **ce tissu simule le velours** dieser Stoff wirkt wie Samt
❹ JUR fingieren, vortäuschen
simultané(e) [simyltane] *adj* gleichzeitig; **traduction ~e** Simultandolmetschen *nt;* **ces événements ont été ~s** diese Ereignisse spielten sich gleichzeitig ab
simultanéité [simyltaneite] *f* Gleichzeitigkeit *f;* **~ de deux événements** Stattfinden *nt* zweier Ereignisse zur gleichen Zeit
simultanément [simyltanemɑ̃] *adv* gleichzeitig, zur gleichen Zeit
sinapisé(e) [sinapize] *adj bain, cataplasme* Senf-
sinapisme [sinapism] *m* Senfwickel *m*
sincère [sɛ̃sɛʀ] *adj* ❶ *(franc, loyal)* aufrichtig; *aveu* offen; *ami, repentir* echt; *explication, réponse* ehrlich; **je crois son amour ~** ich glaube, dass seine Liebe aufrichtig ist
❷ *(véritable)* **~s condoléances** aufrichtiges Beileid; **croyez à mes plus ~s regrets** ich bedaure zutiefst; **veuillez agréer mes plus ~s salutations** mit [den] besten Grüßen
❸ *(authentique)* echt; **un document ~** ein Original[schriftstück] *nt;* **certifier ~ ses renseignements** bestätigen, dass seine Angaben der Wahrheit entsprechen
sincèrement [sɛ̃sɛʀmɑ̃] *adv* ❶ *(franchement) avouer* offen; *regretter* aufrichtig; **il est ~ désolé de qc** etw tut ihm ehrlich leid; **je te le dis ~** ich sage es dir [ganz] offen; **~, tu ne veux pas y aller?** du willst also wirklich nicht hingehen?
❷ *(à franchement parler)* ehrlich gesagt
sincérité [sɛ̃seʀite] *f* ❶ *(franchise) des aveux, d'une personne, d'un sentiment* Aufrichtigkeit *f; d'une explication, réponse* Ehrlichkeit *f;* **attester de la ~ de ses renseignements fournis** bestätigen, dass die gemachten Angaben der Wahrheit entsprechen; **en toute ~** ehrlich gesagt
❷ *(authenticité) des documents* Echtheit *f*

sinécure [sinekyʀ] f ruhiger Posten
► ce **n'est pas une** ~, **c'est pas une** ~ *fam* das ist kein Honiglecken [*o* Honigschlecken] *(fam)*
sine die [sinedje] auf später
sine qua non *v.* condition
Singapour [sɛ̃gapuʀ] Singapur *nt*
singe [sɛ̃ʒ] *m* ❶ zool Affe *m*; **grand** ~ Menschenaffe *m*; **l'homme descend du** ~ der Mensch stammt vom Affen ab
❷ *fam (personne laide)* hässlicher Kerl *m*/hässliche Frau *f*
❸ *fam (personne qui imite)* Kasper *m (fam)*; **faire le** ~ *fam* herumkaspern *(fam)*
❹ *arg (corned-beef)* Rindfleisch *nt* in Dosen
❺ *arg (patron)* Alte(r) *m (sl)*
► ce n'est pas à un vieux ~ qu'on apprend à faire des **gri-maces** *prov* einem alten Hasen [wie mir] kann man nichts mehr vormachen; **être laid**(e) **comme un** ~ *fam* hässlich wie die Nacht sein; **être malin(maligne) comme un** ~ *fam* ein schlauer Fuchs sein *(fam)*; **être poilu**(e) **comme un** ~ *fam* behaart wie ein Affe sein
singer [sɛ̃ʒe] <2a> *vt* ❶ *(imiter)* äffen *personne;* nachäffen *démarche, voix*
❷ *(feindre)* heucheln *sentiment, intérêt*
singerie [sɛ̃ʒʀi] f ❶ *pl fam (grimaces)* Grimassen *Pl*, Faxen *Pl*; *(pitreries)* Albereien *Pl*; **faire des** ~s *fam (des grimaces)* Grimassen schneiden, Faxen machen; *(des pitreries)* herumalbern *(fam)*, herumkaspern *(fam)*
❷ *pl fam (simagrées)* [geziertes] Getue *(fam)*, Gehabe *nt*
❸ *(cage aux singes)* Affenhaus *nt*
single [siŋɡœl] *m (cabine pour une personne)* Einzelkabine *f*; *(chambre pour une personne)* Einzelzimmer *nt*; **supplément en** ~ Aufpreis *m* für eine Einzelkabine/ein Einzelzimmer
singulariser [sɛ̃ɡylaʀize] <1> I. *vt* **cette jupe singularise une fille** ein Mädchen fällt durch diesen Rock auf
II. *vpr* **se** ~ **par qc** durch etw auffallen
singularité [sɛ̃ɡylaʀite] f ❶ *sans pl (caractère original)* Originalität *f*; **présenter une** ~ eine Besonderheit aufweisen
❷ *pl (excentricité)* Absonderlichkeit *f*; **les** ~**s de son comportement** sein/ihr absonderliches Verhalten
singulier [sɛ̃ɡylje] *m* GRAM Einzahl *f*, Singular *m*
singulier, -ière [sɛ̃ɡylje, -jɛʀ] *adj* ❶ *(bizarre)* sonderbar, eigenartig; *(étonnant)* erstaunlich
❷ LING **nombre** ~ Einzahl *f*, Singular *m*
❸ *(seul à seul)* **combat** ~ Zweikampf *m*
singulièrement [sɛ̃ɡyljɛʀmɑ̃] *adv* ❶ *(étrangement)* eigenartig, merkwürdig
❷ *(fortement)* außerordentlich, ungemein
❸ *(particulièrement)* **et** ~ insbesondere, vor allem
sinistre [sinistʀ] I. *adj* ❶ *(lugubre)* trostlos; **avoir l'air** ~ düster drein blicken
❷ *(inquiétant) bruit* unheimlich; *projet* unheilvoll
❸ *(terrible) nouvelle, spectacle* schrecklich, grauenvoll
❹ *antéposé (de la pire espèce) crapule, gredin* ausgemacht; **quel** ~ **imbécile !** so ein Vollidiot!; **quel** ~ **individu!** so ein gemeiner Kerl!
II. *m* ❶ *(catastrophe)* Katastrophe *f*; **maîtriser un** ~ einen Brand unter Kontrolle haben
❷ *(dommages)* Schaden *m*; *(causé par un incendie)* Feuerschaden; ~ **dû à un bris** Bruchschaden
sinistré(e) [sinistʀe] I. *adj bâtiment* zerstört; **personnes** ~**es à la suite des inondations** Opfer *Pl* der Überschwemmungskatastrophe; **zone** [*o* **région**] ~**e** Katastrophengebiet *nt*; ~ **par la récession** branche économique, secteur rezessionsgeschädigt
II. *m(f)* [Katastrophen]opfer *nt*; **les** ~**s de la dernière guerre** die Opfer des letzten Krieges; **l'inondation a fait de nombreux** ~**s** durch die Überschwemmung sind viele zu Schaden gekommen
sinistrement [sinistʀəmɑ̃] *adv se manifester* unheilvoll; *retentir* unheimlich
sinistrose [sinistʀoz] f Pessimismus *m*, Schwarzseherei *f (fam)*
sinologie [sinɔlɔʒi] f Chinakunde *f*, Sinologie *f*
sinologue [sinɔlɔɡ] *mf* Sinologe *m*/Sinologin *f*
sinon [sinɔ̃] *conj* ❶ *(dans le cas contraire)* sonst, andernfalls
❷ *(si ce n'est)* **que faire** ~ **attendre?** was können wir anderes tun als warten?; **à quoi sert la clé** ~ **à faire qc** wozu ist der Schlüssel eigentlich gut, wenn nicht dazu etw zu tun; ~ **que tu es trop jeune** außer dass du zu jung bist; **aucun roman** ~ "**Madame Bovary**" kein Roman außer „Madame Bovary"; **il ne s'intéresse à rien** ~ **à la musique** er interessiert sich für nichts anderes, als für Musik; ~... **du** [*o* **au**] **moins** *(en tout cas)* wenn nicht ..., so doch [wenigstens] ...
❸ *(voire même)* wenn nicht gar
sinueux, -euse [sinɥø, -øz] *adj* ❶ *(ondoyant)* gewunden; *mouvements* schlangenhaft
❷ *(compliqué)* verschlungen

sinuosité [sinɥozite] f ❶ *(formes sinueuses)* Windung *f*, Biegung *f*
❷ *(détours)* **les** ~**s de la pensée** die verschlungenen Gedankengänge
sinus[1] [sinys] *m* ANAT [Nasen]nebenhöhle *f*; ~ **frontal/maxillaire** Stirnhöhle *f*/Kieferhöhle *f*; ~ **nasal** Nasennebenhöhle *f*
sinus[2] [sinys] *m* GEOM Sinus *m*
sinusite [sinyzit] f [Nasen]nebenhöhlenentzündung *f*, Sinusitis *f (Fachspr.)*; ~ **frontale** Stirnhöhlenentzündung *f*
sinusoïdal(e) [sinyzɔidal, o] <-aux> *adj courbe, fonction, mouvement* Sinus-; **avoir une forme** ~**e** die Form einer Sinuskurve haben
sinusoïde [sinyzɔid] f MATH Sinuskurve *f*
sionisme [sjɔnism] *m* Zionismus *m*
sioniste [sjɔnist] I. *adj* zionistisch
II. *mf* Zionist(in) *m(f)*
sioux [sju] I. *m* **le** ~ **die** Sprache der Sioux; *v. a.* **allemand**
II. *adj inv fam* gewieft
Sioux [sju] *m* Sioux *m*
► **des ruses de** ~ teuflische Listen
siphon [sifɔ̃] *m* ❶ *(tube courbé)* Saugheber *m*; *d'un évier, des W.-C.* Geruchsverschluss *m*, Siphon *m*
❷ GEOG Siphon *m*
❸ *(bouteille)* Siphon *m*
siphonné(e) [sifɔne] *adj fam* **être** ~(e) spinnen *(fam)*, verrückt sein *(fam)*
siphonner [sifɔne] <1> *vt (transvaser le contenu)* absaugen; *(vider un contenant)* leeren
sire [siʀ] *m* **Sire!** Majestät! *f*
► **triste** ~ *péj* übler Kerl
sirène [siʀɛn] f ❶ *(signal)* Sirene *f*; **les** ~**s sonnent** die Sirenen heulen; ~ **d'alarme** Alarmsirene *f*; ~ **d'alerte au feu** Feuersirene *f*; ~ **de voiture de police** Polizeisirene *f*; ~ **d'usine** Fabriksirene *f*, Fabrikssirene (A)
❷ *(femme poisson)* Meerjungfrau *f*, Sirene *f*
❸ *hum (symbole de séduction)* **chant des** ~**s** Sirenengesang *m*
sirocco [siʀɔko] *m* Schirokko *m*
sirop [siʀo] *m* ❶ *(solution sucrée concentrée)* Sirup *m*; *(boisson diluée)* Saft *m (mit Wasser verdünnter Sirup)*; ~ **de citron/framboise/fraise** Zitronen-/Himbeer-/Erdbeersirup *m*; ~ **pêches au** ~ Pfirsiche in gezuckertem Fruchtsaft
❷ MED Sirup *m*, Saft *m*; ~ **contre la toux** Hustensaft *m*; **bouteille de** ~ Flasche *f* Sirup
siroter [siʀɔte] <1> *vt fam* [langsam und mit Genuss] trinken; **prends le temps de** ~ **ton café!** trinke deinen Kaffee in aller Ruhe!
sirtaki [siʀtaki] *m* Sirtaki *m*
sirupeux, -euse [siʀypø, -øz] *adj boisson, liquide* siruppartig; *péj musique* schmalzig *(fam)*, schnulzig *(fam)*
sis(e) [si, siz] *adj form* gelegen
sisal [sizal] *m (plante)* Sisalagave *f*; *(fibre)* Sisal *m*; **tapis en** ~ Sisalteppich *m*
sismique [sismik] *adj* seismisch; **onde** ~ Erdbebenwelle *f*; **secousse** ~ Erdstoß *m*
sismographe [sismɔɡʀaf] *m* Seismograph [*o* Seismograf] *m*
► **avoir une sensibilité de** ~ **à qc** äußerst empfindlich auf etw *(Akk)* reagieren
sismologie [sismɔlɔʒi] f Seismologie *f*
sismologue [sismɔlɔɡ] *m, f* Seismologe *m*/Seismologin *f*
sisymbre [sizɛ̃bʀ] *m* ~ **officinal** Rauke *f*
sitcom [sitkɔm] *m o f* TV Sitcom *f*
site [sit] *m* ❶ *(paysage)* Landschaft *f*; *(région)* Gegend *f*; ~ **classé** Landschaftsschutzgebiet *f*; ~ **historique** historische Stätte; ~ **naturel** Naturschönheit *f*; ~ **sauvage** Stück *nt* unberührte Natur; ~ **touristique** Sehenswürdigkeit *f*
❷ *(emplacement) d'une ville* Lage *f*
❸ *(lieu d'activité)* Standort *m*, Stätte *f*; ~ **archéologique** Ausgrabungsstätte *f*; ~ **olympique** olympischer Austragungsort; ~ **industriel** Industriestandort *m*; *(installation)* Werksanlage *f*; *(zone)* Industriegebiet *nt*; ~ **principal** Hauptwerk *nt*; ~ **universitaire** Universitätsareal *nt*
❹ INFORM **Site** *f*; ~ **sur Internet**, ~ **Web** Website *f*; **s'offrir un** [*o* **créer son**] ~ **sur Internet** sich *(Dat)* eine Website einrichten
► ~ **propre** Busspur *f*
♦ ~ **d'hivernage** | zool Winterquartier *nt*; ~ **de production** Betriebsstandort *m*, Produktionsstandort, Produktionsstätte *f*
sit-in [sitin] *m inv* Sit-in *nt*
sitôt [sito] I. *adv (aussitôt)* sobald; ~ **entré, il enleva ses chaussures** sobald er eingetreten war [*o* kaum war er eingetreten], zog er seine Schuhe aus; ~ **après** *littér* gleich [*o* unmittelbar] danach
► ~ **dit,** ~ **fait** gesagt, getan; **pas de** ~ so bald nicht
II. *conj soutenu* ~ **que je serai guéri**(e) sobald ich [wieder] gesund bin

III. *prép littér (dès)* sobald; ~ **le seuil franchi, on s'apercevait que** bereits an der Türschwelle stellten wir fest, dass; ~ **le début des vacances, ...** gleich zu Beginn der Ferien ...

situation [sitɥasjɔ̃] *f* ① *(état) d'une personne* Lage *f; d'une route, de la nappe phréatique* Zustand *m;* ~ **délicate** schwierige Lage [*o* Situation]; ~ **en matière des droits de l'homme** Menschenrechtslage, Menschenrechtssituation; ~ **d'urgence dans l'enseignement** Bildungsnotstand *m;* **la** ~ **sociale de qn** jds soziale Verhältnisse; **des** ~ **s sociales** *(des cas sociaux)* Sozialfälle *Pl;* **dans ma** ~ in meiner Lage; **agir en** ~ **de légitime défense** aus [*o* in] Notwehr handeln; **être en** ~ **de faire qc** in der Lage sein etw zu tun; **remettre qc en** ~ etw im Kontext sehen

② *(état conjoncturel) d'une personne* Lage *f; (place, rang) d'un pays* [wirtschaftliche] Stellung; ECON, FIN Lage, Situation *f;* ~ **conjoncturelle/politique globale** konjunkturelle/politische Großwetterlage; ~ **concurrentielle** Wettbewerbsstellung; ~ **économique** Konjunkturlage; ~ **économique du logement** Wohnungswirtschaft *f;* ~ **financière** finanzielle Lage, finanzielle Verhältnisse *Pl,* Finanzverhältnisse; **être en mauvaise** ~ **financière** finanziell schlecht gestellt sein; ~ **générale** Gesamtlage; ~ **de la balance des paiements** Zahlungsbilanzsituation; ~ **tendue de l'approvisionnement** angespannte Versorgungslage; ~ **critique de l'emploi** kritische Beschäftigungslage; **la** ~ **de l'emploi en France** die Lage auf dem französischen Arbeitsmarkt; ~ **de la trésorerie d'une entreprise** Finanzlage eines Unternehmens; ~ **au volant** Verkehrssituation

③ *(emploi)* [An]stellung *f;* **avoir une belle** ~ eine gute Stellung haben; **se faire une** ~ sich hoch arbeiten

④ *(emplacement)* Lage *f*

⑤ LITTER Situation *f;* **le premier chapitre présente la** ~ im ersten Kapitel wird die Ausgangssituation geschildert

⑥ JUR Belegenheit *f (Fachspr.);* ~ **juridique envers tiers** Rechtsstellung *f* gegenüber Dritten

⑦ METEO ~ **générale** Großwetterlage *f*

♦ ~ **de l'approvisionnement** Versorgungslage *f;* ~ **de départ** Ausgangslage *f;* ~ **de l'emploi** Beschäftigungslage *f;* ~ **d'excédent** Überschusssituation *f;* ~ **d'exception** JUR Ausnahmetatbestand *m;* ~ **de famille** Familienstand *m;* ~ **de fortune** Vermögensverhältnisse *Pl;* ~ **du marché** Marktlage *f;* ~ **de profit** Gewinnlage *f*

situé(e) [sitɥe] *adj* gelegen; **être** ~ **(e) au nord/sud** *quartier, region:* im Norden/Süden liegen [*o* gelegen sein]; *maison:* im Norden/Süden stehen; **bien/mal** ~ **(e)** günstig/ungünstig gelegen; **bureaux à louer,** ~ **s en plein centre ville** Büroräume zu vermieten, direkt im Stadtzentrum [gelegen]

situer [sitɥe] <1> **I.** *vt* ① *(localiser dans l'espace par la pensée)* ~ **son film/l'action de son roman à Paris** seinen Film/seinen Roman in Paris spielen lassen; **je ne situe pas très bien ce lieu** ich weiß [im Moment] nicht genau, wo dieser Ort liegt; **pouvez-vous** ~ **l'endroit précis où...?** wissen Sie, wo genau ...?

② *(localiser dans le temps)* ~ **qc en l'an...** etw um ... ansiedeln, etw auf ... *(Akk)* datieren

③ *fam (définir)* einordnen *personne*

II. *vpr* **se** ~ ① *(se localiser dans l'espace)* liegen; **l'action de ce roman se situe à Paris/dans les collines** dieser Roman spielt in Paris/in den Hügeln

② *(se localiser dans le temps)* **se** ~ **en l'an...** im Jahr ... stattfinden; **cet événement se situe avant la dernière guerre** dieses Ereignis fällt/fiel in die Zeit vor dem letzten Krieg

③ *(se localiser à un certain niveau)* **se** ~ **entre vingt et trente pour cent** zwischen zwanzig und dreißig Prozent liegen; **se** ~ **à un niveau inférieur/supérieur** niedriger/höher sein; **se** ~ **bien au-dessous du pair** *action:* weit unter pari stehen; **sur le plan financier les Français se situent devant les Polonais** in finanzieller Hinsicht sind die Franzosen bessergestellt als die Polen

④ *(se définir)* **se** ~ wissen, wo jdn steht; **se** ~ **par rapport à qc** wissen, wie jd sich einer S. *(Dat)* gegenüber verhalten soll

six [sis, *devant une voyelle* siz, *devant une consonne* si] **I.** *num* ① sechs

② *(dans l'indication de l'âge, la durée)* **avoir/avoir bientôt** ~ **ans** sechs [Jahre alt] sein/werden; **enfant de** ~ **ans** Sechsjährige(r) *f(m);* **période de** ~ **ans** Zeitraum *m* von sechs Jahren

③ *(dans l'indication de l'heure)* **il est** ~ **heures** es ist sechs [Uhr]

④ *(dans l'indication de la date)* **le** ~ **mars** geschrieben: **le 6 mars** der sechste März *écrit:* der 6. März

⑤ *(dans l'indication de l'ordre)* **arriver** ~ **ou septième** als Sechste(r) oder Siebte(r) kommen

⑥ *(dans les noms de personnages)* **Charles** ~ geschrieben: **Charles VI** Karl der Sechste *écrit:* Karl VI.

II. *m inv* ① Sechs *f*

② *(numéro)* Nummer *f* sechs, Sechs

③ TRANSP **le** ~ die Linie [*o* Nummer] sechs, die Sechs *(fam)*

④ JEUX Sechs *f*

⑤ SCOL **avoir** ~ **sur dix/sur vingt** ≈ Drei/eine Sechs haben

III. *f (table, chambre... numéro six)* Sechs *f; v. a.* **cinq**

six-huit [sisɥit] *m inv* Sechsachteltakt *m*

sixième [sizjɛm] **I.** *adj antéposé* sechste(r, s)

II. *mf* **le/la** ~ der/die/das Sechste

III. *m* ① *(fraction)* Sechstel *nt*

② *(étage)* sechster Stock

③ *(arrondissement)* sechstes Arrondissement

④ *(dans une charade)* sechste Silbe

IV. *f* ① *(vitesse)* sechster Gang

② SCOL ≈ fünfte Klasse; *v. a.* **cinquième**

sixièmement [sizjɛmmɑ̃] *adv* sechstens

six-quatre-deux [siskatdø] *f fam* ▸ **l'affaire est allée à la** ~ das Geschäft ging hoppla hopp *(fam);* **faire qc à la** ~ etw auf die Schnelle [*o* husch husch *fam*] machen

sixte [sikst] *f* MUS Sext[e] *f*

skaï® [skaj] *m* Skai® *f*

skate [skɛt] <~s> *m,* **skate-board** [skɛtbɔrd] <skate-boards> *m* Skateboard *nt;* **faire du** ~ Skateboard fahren

skating [skɛtiŋ] *m* ① *(patinage à roulettes)* Rollschuhlauf *m*

② *(technique de ski)* Schlittschuhschritt *m*

sketch [skɛtʃ] <[e]s> *m* Sketch *m*

ski [ski] *m* ① *(objet)* Ski *m,* Schi *m;* **à** [*o* **en**] ~ **s** auf Skiern; **randonnée à** ~ **s** Skiwanderung *f;* ~ **compact** Kompaktski

② *(sport)* Skilaufen *nt,* Skifahren *nt;* ~ **de fond** [Ski]langlauf *m;* ~ **de piste** Abfahrtslauf *m,* Abfahrt *f;* ~ **de randonnée** Skiwandern *nt;* ~ **hors piste** Tourenskilaufen; ~ **alpin** alpiner Skilauf; ~ **artistique** Buckelpistenfahren *nt;* ~ **acrobatique** Skiakrobatik *f;* ~ **nautique** Wasserski[fahren] *nt,* Wasserschi[fahren]; ~ **nordique** nordische Kombination; **aller au** ~ *fam* Ski fahren [*o* laufen] gehen; **faire du** ~ Ski [*o* Schi] fahren [*o* laufen]; **chaussures de** ~ Skistiefel *Pl;* **station de** ~ Wintersportort *m*

skiable [skjabl] *adj* zum Skifahren [*o* Skilaufen] geeignet, geführig (DIAL); **domaine/piste/saison** ~ Skigebiet *nt/*-piste *f/*-saison *f*

ski-bob [skibɔb] <ski-bobs> *m* Skibob *m;* **faire du** ~ Skibob fahren

skier [skje] <1a> *vi* Ski fahren [*o* laufen]

skieur, -euse [skjœr, -jøz] *m, f* Skifahrer(in) *m(f),* Skiläufer(in) *m(f);* ~(-**euse**) **de fond** [Ski]langläufer(in); ~(-**euse**) **nautique** Wasserskiläufer(in)

skif[f] [skif] *m* SPORT Skiff *nt*

skin[head] [skin(ɛd)] *m* Skin[head *m*] *m*

skipper [skipœr] *m* Skipper *m*

slalom [slalɔm] *m* ① Slalom *m;* ~ **spécial** Spezialslalom; ~ **géant** Riesenslalom, Riesentorlauf *m*

② *(en canoë-kayak)* ~ [**nautique**] Kanuslalom *m*

③ *(parcours sinueux)* Slalom[kurs *m*] *m;* **faire du** ~ *(en marchant)* im Slalom [*o* Zickzack] gehen; *(en conduisant)* Slalom [*o* im Zickzack] fahren; **en** ~ im Slalom [*o* Zickzack]

slalomer [slalɔme] <1> *vi* ① SPORT Slalom fahren

② *(zigzaguer) (en marchant)* im Slalom [*o* Zickzack] gehen; *(en conduisant, en roulant)* Slalom [*o* im Zickzack] fahren

slalomeur, -euse [slalɔmœr, -øz] *m, f* Slalomfahrer(in) *m(f)*

slam [slam] *m* Slam *m,* Poetry-Slam

slamer [slame] <1> *vi* slammen

slameur, -euse [slamœr, -øz] *m, f* Slammer(in) *m(f)*

slash [slaʃ] *m* TYP Slash *m*

slave [slav] *adj* slawisch

Slave [slav] *mf* Slawe *m/*Slawin *f*

slip [slip] *m* Slip *m;* ~ [**de bain**] Badehose *f*

▸ **se retrouver en** ~ **fam** alles bis aufs Hemd verlieren

slogan [slɔgɑ̃] *m* Slogan *m;* ~ **politique** politisches Schlagwort, politische Parole; ~ **publicitaire** Werbeslogan, Werbespruch *m;* **un** ~ **publicitaire qui fait de l'effet** ein werbewirksamer [*o* werbekräftiger] Slogan

slovaque [slɔvak] **I.** *adj* slowakisch

II. *m* le ~ Slowakisch *nt,* das Slowakische; *v. a.* **allemand**

Slovaque [slɔvak] *mf* Slowake *m/*Slowakin *f*

Slovaquie [slɔvaki] *f* **la** ~ die Slowakei

slovène [slɔvɛn] **I.** *adj* slowenisch

II. *m* **le** ~ Slowenisch *nt,* das Slowenische; *v. a.* **allemand**

Slovène [slɔvɛn] *mf* Slowene *m/*Slowenin *f*

Slovénie [slɔveni] *f* **la** ~ Slowenien *nt*

slow [slo] *m* Slowfox *m*

smack [smak] *m* Küsschen *nt*

smala [smala] *f hum fam* Sippe *f (hum fam);* **avec toute sa** ~ mit Kind und Kegel *(fam)*

smart [smart] *adj* CAN *(élégant)* elegant

smash [sma(t)ʃ] *m* Smash *m,* Schmetterball *m*

smasher [sma(t)ʃe] <1> *vt, vi* schmettern

S.M.E. [ɛsɛmø] *m abr de* **Système monétaire européen** EWS *nt*

S.M.I.C. [smik] *m abr de* **salaire minimum interprofessionnel de croissance** gesetzlicher [*o* tariflich festgelegter] Mindestlohn;

au ~ zum tariflich festgelegten Mindestlohn; **le ~ jeunes** tariflich festgelegter Mindestlohn für Jugendliche

> **Land und Leute**
> Der seit 1970 bestehende **S.M.I.C.** wurde mit dem Ziel geschaffen, die Kaufkraft benachteiligter Arbeitnehmer aufrechtzuerhalten. Es handelt sich um einen festgelegten, aber dynamischen Bruttostundenlohn, den kein Arbeitgeber bei der Entlohnung volljähriger Arbeitnehmer unterschreiten darf. Dieser Mindestlohn wird jährlich erhöht, und zwar um einen Betrag, der mindestens 50% der durchschnittlichen Lohn- und Gehaltserhöhungen im Land betragen muss.

smicard(e) [smikar, ard] *m(f) fam* Mindestlohnempfänger(in) *m(f)*
S.M.I.G. [smig] *m abr de* **salaire minimum interprofessionnel garanti** *gesetzlich garantierter Mindestlohn*
smocks [smɔk] *mpl* COUT Smokarbeit *f*; **faire des ~ dans un tissu** einen Stoff smoken; **un chemisier à ~** ein gesmoktes Bluse
smog [smɔg] *m* Smog *m*
smoking [smɔkiŋ] *m* Smoking *m*
SMS [ɛsɛmɛs] *m abr de* **short message service** TELEC SMS *f*
smurf [smœrf] *m* Breakdance *m*
snack [snak] *m*, **snack-bar** [snakbar] <snack-bars> *m* Schnellimbiss *m*, Snackbar *f*, Jausenstation *f* (A)
S.N.C.F. [ɛsɛnseɛf] *f abr de* **Société nationale des chemins de fer français** *staatliche französische Eisenbahngesellschaft*

> **Land und Leute**
> 1937 wurde die **S.N.C.F.**, die französische Eisenbahngesellschaft, gegründet. Sie ist auch heute noch in staatlicher Hand, ihre Privatisierung wird jedoch diskutiert.

SNES [snɛs] *m abr de* **Syndicat national des enseignants du secondaire** *nationale Gewerkschaft der Gymnasiallehrer*
S.N.E.sup [snesyp] *m abr de* **Syndicat national des enseignants du supérieur** *nationale Gewerkschaft der Hochschullehrer*
SNI [ɛsɛni] *m abr de* **Syndicat national des instituteurs** *nationale Gewerkschaft der Primarlehrer*
snif[f] [snif] *interj* schnief, schluchz
snif[f]er [snife] <1> *vt arg* schnüffeln *(sl)* colle, dissolution; schnupfen *cocaïne*
snob [snɔb] I. *adj* snobistisch *(pej)*, versnobt *(pej)*
II. *mf* Snob *m (pej)*
snober [snɔbe] <1> *vt* von oben herab behandeln *personne*; sich *(Dat)* zu gut sein für *invitation*; verschmähen *repas*
snobinard(e) [snɔbinar, ard] *fam* I. *adj* [etwas] versnobt *[o* hochnäsig*] (pej)*
II. *m(f) (homme)* kleiner Snob *(pej)*, Fatzke *m (pej fam)*; *(femme)* eingebildete Gans *(pej fam)*
snobisme [snɔbism] *m* Snobismus *m*
snowboard [snobɔrd] *m* SPORT Snowboard *nt*
soap-opéra [sopɔpera] <soap-opéras> *m* TV Seifenoper *f*, Soap *f*
sobre [sɔbr] *adj* ❶ *(modéré)* genügsam; *personne, vie* genügsam, maßvoll, solide
❷ *(qui boit peu ou pas d'alcool)* maßvoll im Trinken
❸ *(mesuré) paroles* einfach, nüchtern; *discours* nüchtern; *gestes* sparsam; **être ~ dans ses explications** sich bei seinen Erklärungen aufs Wesentliche beschränken; **être ~ dans ses gestes** mit seinen Gesten zurückhaltend sein
❹ *(simple) art, style* nüchtern, schlicht; *coupe, look* dezent, schlicht
sobrement [sɔbrəmɑ̃] *adv* ❶ *(avec modération) boire, manger* mäßig, maßvoll; *vivre* enthaltsam, bescheiden
❷ *(avec simplicité) s'habiller* schlicht; *s'exprimer* einfach
sobriété [sɔbrijete] *f* ❶ *(tempérance) d'une personne* Genügsamkeit *f*, Enthaltsamkeit *f*; *d'un animal* Genügsamkeit; **la ~ de sa vie** ihr/sein maßvoller Lebenswandel; **la ~ au volant** Verzicht *m* auf Alkohol am Steuer
❷ *(modération)* Zurückhaltung *f*; **la ~ de ses déclarations** seine/ihre zurückhaltenden Äußerungen; **la ~ de ses gestes** seine/ihre sparsamen *[o* knappen*]* Gesten; **~ en toutes choses** Zurückhaltung in allen Dingen; **~ dans ses explications** Beschränkung *f* aufs Wesentliche bei ihren/seinen Erklärungen
❸ *(discrétion) d'un style* Schlichtheit *f*
sobriquet [sɔbrikɛ] *m* Spitzname *m*
soc [sɔk] *m* Pflugschar *f*
sociabilité [sɔsjabilite] *f* ❶ *(amabilité) d'une personne* Geselligkeit *f*
❷ SOCIOL soziales Verhalten, Soziabilität *f (Fachspr.)*
sociable [sɔsjabl] *adj* ❶ *(aimable)* gesellig, umgänglich
❷ SOCIOL sozial, soziabel *(Fachspr.)*; *fourmi, abeille* staatenbildend; **l'homme est de nature ~** der Mensch ist von Natur aus ein soziales Wesen

social [sɔsjal] *m* ❶ *(questions sociales)* Soziale(s) *nt*, sozialer Bereich
❷ *(politique)* Sozialpolitik *f*
social(e) [sɔsjal, jo] <-aux> *adj* ❶ *(relatif à la société) vie, convention* gesellschaftlich; *conflit, inégalités* sozial; *classe* sozial, gesellschaftlich; **sciences ~es** Gesellschaftslehre *f*; **structure ~e** Gesellschaftsstruktur *f*; **partenaires sociaux** Sozialpartner *Pl*, Tarifpartner *Pl*; **mener une action ~e contre qc** sich sozial gegen etw engagieren
❷ ADMIN **aide ~e** Sozialhilfe *f*; **logement ~** Sozialwohnung *f*; **avantage ~** soziale Vergünstigung
❸ *(vivant en société) homme* sozial; *insecte* staatenbildend; **un être ~** ein soziales Wesen
❹ *(socialement progressiste) loi, politique* sozial; **de politique ~e** sozialpolitisch
social-démocrate, sociale-démocrate [sɔsjaldemɔkrat, sɔsjo-] <sociaux-démocrates> I. *adj* sozialdemokratisch II. *m, f* Sozialdemokrat(in) *m(f)* **social-démocratie** [sɔsjaldemɔkrasi] <social-démocraties> *f* Sozialdemokratie *f*
socialement [sɔsjalmɑ̃] *adv* sozial
socialisant(e) [sɔsjalizɑ̃, ɑ̃t] *adj personne* mit der sozialistischen Partei sympathisierend; *idéologie, programme, politique* mit sozialistischen Zügen
socialisation [sɔsjalizasjɔ̃] *f* ❶ POL Sozialisierung *f*, Vergesellschaftung *f*
❷ PSYCH Sozialisation *f*
socialiser [sɔsjalize] <1> *vt* ❶ POL sozialisieren, vergesellschaften
❷ PSYCH sozialisieren
socialisme [sɔsjalism] *m* Sozialismus *m*; **~ d'État** Staatssozialismus
socialiste [sɔsjalist] I. *adj* sozialistisch
II. *mf* Sozialist(in) *m(f)*
socialo [sɔsjalo] *mf fam abr de* **socialiste** Sozi *mf (fam)*
socialo-communiste [sɔsjalokɔmynist] <socialo-communistes> *adj* sozialistisch-kommunistisch; *alliance, coalition* zwischen Sozialisten und Kommunisten
sociétaire [sɔsjetɛr] *mf* ❶ Mitglied *nt*
❷ ECON *(membre d'une coopérative)* [Genossenschafts]mitglied *nt*; *(membre d'une société)* Gesellschafter(in) *m(f)*, Teilhaber(in) *m(f)*; **~ de la première heure** Gründungsgesellschafter(in)
société [sɔsjete] *f* ❶ Gesellschaft *f*; **~ industrielle** Industriegesellschaft; **~ primitive** Urgesellschaft; **~ d'abondance/de consommation** Überfluss-/Konsumgesellschaft; **~ de gaspillage** Wegwerfgesellschaft, Ex-und-hopp-Gesellschaft *(pej fam)*; **~ de classe/de transition** Klassen-/Übergangsgesellschaft; **intérêt de la ~** gesellschaftliches Interesse; **problème de ~** gesellschaftliches Problem
❷ ZOOL **vivre en ~** *fourmis:* in Staaten leben
❸ ECON, FIN, JUR Gesellschaft *f*, Unternehmen *nt*; **~ pétrolière** Ölgesellschaft; **~ affiliée** Beteiligungsgesellschaft; **~ affiliée à un grand groupe** Konzerngesellschaft; **~ affiliée à un groupe économique** Organgesellschaft; **~ affiliée non cotée** nicht notierte Tochtergesellschaft; **~ anonyme** Aktiengesellschaft; **~ chargée d'éliminer et de traiter les déchets** Abfallentsorgungsbetrieb *m*; **~ civile** Gesellschaft des bürgerlichen Rechts, BGB-Gesellschaft *f*; **~ concessionnaire** konzessionierter Betrieb; **~ coopérative** Genossenschaft *f*; **~ dominante** Organträger *m*; **~ éclatée** Doppelgesellschaft *(Fachspr.)*; **~ en compte à demi** Metagesellschaft *(Fachspr.)*; **~ étrangère** Auslandsgesellschaft; **~ faisant appel à l'épargne publique** Publikumsgesellschaft *(Fachspr.)*; **~ familiale de capitaux** Familienkapitalgesellschaft *(Fachspr.)*; **~ fictive** Briefkastenfirma *f*, Scheingesellschaft; **~ fiduciaire** Treuhandgesellschaft, Treuhandunternehmen; **~ fiduciaire en commandite simple** Treuhand-KG *f*; **~ immobilière** Immobiliengesellschaft; **~ initiatrice** Offerent *m (Fachspr.)*; **~ intermédiaire** Übergangsgesellschaft; **~ mère** Muttergesellschaft, Mutterunternehmen; **~ monopolistique** Monopolgesellschaft *(Fachspr.)*; **~ mutualiste** Gegenseitigkeitsgesellschaft *(Fachspr.)*; **~ occulte/scindée** Innen-/Spaltgesellschaft *(Fachspr.)*; **~ sœur** Schwestergesellschaft; **~ unipersonnelle** Einpersonengesellschaft, Einmanngesellschaft; **~ à but lucratif** Erwerbsgesellschaft; **~ à responsabilité limitée** Gesellschaft mit beschränkter Haftung; **~ d'armement maritime** Seereederei *f*; **~ de conseils aux entreprises** Unternehmensberatungsfirma; **~ en nom collectif** offene Handelsgesellschaft
❹ *(club)* Gesellschaft *f*, Verein *m*; **~ littéraire/savante** literarische/wissenschaftliche Gesellschaft; **~ sportive/protectrice des animaux** Sport-/Tierschutzverein; **~ secrète** Untergrundorganisation *f*, Geheimbund *m*
❺ *(ensemble de personnes)* Gruppe *f*; **la bonne ~** die feine Gesellschaft; **les gens de la bonne ~** die feinen Leute; **la haute ~** die High Society, die oberen Zehntausend; **venir saluer la ~** die Runde *[o* Gesellschaft*]* begrüßen
❻ *soutenu (fréquentation)* Umgang *m*; **en ~ (compagnie)** in Ge-

sellschaft
▶ ~ **à deux** vitesses Zwei-Klassen-Gesellschaft f
◆ ~ **de base** Basisgesellschaft f; ~ **de Bourse** Brokerfirma f (Fachspr.); ~ **de contrôle** Kontrollgesellschaft f; ~ **de crédit** Kreditgesellschaft f; ~ **d'exploitation** Betriebsgesellschaft f; ~ **de financement** Finanzierungsgesellschaft f; ~ **d'investissement** Kapitalanlagegesellschaft f, Kapitalbeteiligungsgesellschaft f, Investmenttrust m (Fachspr.); ~ **d'investissement effectuant des opérations de déductions fiscales** Abschreibungsgesellschaft; **Société des Nations** Völkerbund m; ~ **de participation** Beteiligungsgesellschaft f; ~ **de personnes** Personengesellschaft f, Personalgesellschaft; ~ **de personnes excédentaire** Überschusspersonengesellschaft; ~ **de placements** Fondsgesellschaft f; ~ **de recouvrement de créances** Inkassofirma f (Fachspr.); ~ **de services** Dienstleistungsgesellschaft f; ~ **de transports** Spedition f, Speditionsbetrieb m; ~ **en commandite** Kommanditgesellschaft f; ~ **en commandite par actions** Kommanditgesellschaft auf Aktien; ~ **en commandite simple fictive** Schein-KG f; ~ **en formation** Gründungsgesellschaft f; ~ **par actions** Aktiengesellschaft f

socioculturel(le) [sɔsjokyltyʀɛl] adj soziokulturell
socio-économique [sɔsjoekɔnɔmik] <socio-économiques> adj sozioökonomisch **socio-éducatif, -ive** [sɔsjoedykatif, iv] <socio-éducatifs> adj sozialpädagogisch
sociolinguistique [sɔsjolɛ̃gɥistik] I. f Soziolinguistik f
II. adj soziolinguistisch
sociologie [sɔsjɔlɔʒi] f Soziologie f; ~ **culturelle** Kultursoziologie
sociologique [sɔsjɔlɔʒik] adj soziologisch
sociologiquement [sɔsjɔlɔʒikmɑ̃] adv soziologisch
sociologue [sɔsjɔlɔg] mf Soziologe m/Soziologin f
sociopolitique [sɔsjopɔlitik] adj sozialpolitisch
socioprofessionnel(le) [sɔsjopʀɔfesjɔnɛl] I. adj sozioprofessionell (Fachspr.); activité beruflich und gesellschaftlich; enquête das berufliche und soziale Umfeld betreffend; origine ~ le soziale Herkunft und Berufsausbildung; catégorie ~ le Berufsgruppe f
II. m(f) (responsable) Vertreter(in) m(f) beruflicher und sozialer Gruppen
socio-scientifique [sɔsjɔsjɑ̃tifik] <socio-scientifiques> adj étude gesellschaftswissenschaftlich
socle [sɔkl] m ❶ d'une lampe, d'un vase Fuß m; d'une statue Sockel m; d'une colonne Basis f
❷ GEOG Sockel m; ~ **continental** Festlandsockel, Schelf m o nt
socquette [sɔkɛt] f Socke f; (pour femmes, enfants) Söckchen nt
Socrate [sɔkʀat] m Sokrates m
socratique [sɔkʀatik] adj dialogue, philosophie sokratisch; **amour** ~ Päderastie f
soda [sɔda] m ❶ (boisson aromatisée) Limonade f, Brause f, Kracherl nt (A fam)
❷ (eau gazeuse) Soda[wasser nt] nt; ~ **à l'orange/au citron** Orangen-/Zitronenlimonade f
sodé(e) [sɔde] adj natriumhaltig
sodium [sɔdjɔm] m Natrium nt
sodomie [sɔdɔmi] f Analverkehr m
sodomiser [sɔdɔmize] <1> vt ~ **qn** mit jdm anal koitieren
sœur [sœʀ] I. f ❶ Schwester f
❷ (objet semblable) Gegenstück nt, Pendant nt
❸ REL [Ordens]schwester f; **ma** ~ Schwester; **bonne** ~ fam fromme Schwester (fam); **se faire** [bonne] ~ ins Kloster gehen
▶ **et ta ~!, elle bat le beurre!?** fam kümmere dich um deinen eigenen Mist! (fam), was geht dich das an? (fam)
II. adj ❶ (semblable) civilisation, âme verwandt
❷ (apparentés) **être ~s choses**: miteinander verwandt [o einander ähnlich] sein
◆ ~ **d'infortune** soutenu Leidensgefährtin f; ~ **de lait** Milchschwester f
sœurette [sœʀɛt] f Schwesterchen nt, Schwesterlein nt
sofa [sɔfa] m Sofa nt
Sofia [sɔfja] Sofia nt
SOFRES [sɔfʀɛs] f abr de **Société française d'enquêtes par sondages** kommerzielles Meinungsforschungsinstitut in Frankreich
software [sɔftwɛʀ, sɔftwaʀ] m Software f
soi [swa] I. pron pers ❶ avec une préposition **rentrer chez ~** nach Hause gehen, zu sich gehen; **rester chez ~** zu Hause bleiben, bei sich bleiben; **malgré ~** (à contrecœur) gegen seinen Willen; (par hasard) unabsichtlich
❷ vieilli littér (lui-même, elle-même) **il n'aime que ~** er liebt nur sich [selbst]; **elle allait droit devant ~** sie ging unbeirrt ihres Weges; **elle a toujours su rester ~[-même]** sie ist immer sie selbst geblieben
▶ **avoir** qc **sur ~** etw bei sich haben; **en ~** an sich; **un genre en ~** eine Gattung für sich
II. m Selbst nt; **conscience du ~** Ich-Bewusstsein nt

soi-disant [swadizɑ̃] I. adj inv antéposé angeblich, sogenannt
II. adv angeblich; ~ **qu'il serait en vacances** pop anscheinend ist er auf Urlaub
soie [swa] f ❶ Seide f; **chemisier en** [o **de**] ~ Seidenbluse f; **foulard de** [o **en**] ~ Seidenschal m; ~ **grège/sauvage** Roh-/Wildseide; **rideau de** [o **en**] ~ grège rohseidener Vorhang; ~ **naturelle** Naturseide; **chemisier en** [o **de**] ~ **artificielle** kunstseidene Bluse; **peinture sur** ~ Seidenmalerei f; **commerce de la** ~ Seidenhandel m
❷ (poils) Borste f; **en ~s de sanglier** aus Wildschweinborsten
❸ PECHE (fil) Hauptschnur f
◆ ~ **torpille** PECHE Keulenschnur f
soierie [swaʀi] f ❶ Seidenstoff m, Seide f
❷ (industrie) Seidenindustrie f; (usine) Seidenspinnerei f; (commerce) Seidenhandel m
soif [swaf] f ❶ Durst m; **avoir** ~ Durst haben, durstig sein; plante: ausgedörrt sein; **donner** ~ **à qn** jdn durstig machen; **étancher la/sa** ~ den/seinen Durst löschen; **boire à sa** ~ ausreichend trinken; **très grosse** ~ Riesendurst f
❷ (désir) Drang m, Streben nt; ~ **d'indépendance** Unabhängigkeitsstreben; ~ **d'information** Informationsbedürfnis nt; ~ **de richesse** Habgier f; ~ **de tendresse** Zärtlichkeitsbedürfnis; ~ **de vengeance** Rachsucht f; ~ **de connaître** Wissensdurst m; ~ **de découvertes** Entdeckerdrang; ~ **de vivre** Lebenshunger m; **avoir** ~ **de faire** qc sich danach sehnen [o danach verlangen] etw zu tun
▶ **il fait** ~ fam es ist ziemlich trockene Luft [hier] (fig fam) Aufforderung zum Trinken; **laisser** qn **sur sa** ~ livre, spectacle: jds Erwartungen nicht erfüllen; personne: jdn hinhalten; **mourir de** ~ verdursten, vor Durst fast umkommen; **rester sur sa** ~ (avoir encore soif) noch Durst haben; (rester insatisfait) [noch] nicht befriedigt sein; **boire jusqu'à plus** ~ fam sich vollaufen lassen (fam)
soiffard(e) [swafaʀ, aʀd] m(f) fam Säufer(in) m(f) (sl), Schluckspecht m (hum fam)
soignant(e) [swaɲɑ̃, ɑ̃t] I. adj **personnel** ~ Pflegepersonal nt
II. m(f) Mitarbeiter(in) m(f) des Pflegedienstes, Pflegekraft f
soigné(e) [swaɲe] adj ❶ (impeccable) gepflegt
❷ (consciencieux) gründlich
❸ iron fam **ce sont des prix plutôt ~s!** das sind ja zünftige Preise [hier]! (iron fam)
soigner [swaɲe] <1> I. vt ❶ médecin: behandeln; infirmier: pflegen; ~ **son rhume à la maison** seinen Schnupfen zu Hause auskurieren; **se faire** ~ sich behandeln [o ärztlich versorgen] lassen
❷ (avoir soin de) sich kümmern um, umsorgen personne; versorgen animal, plante; pflegen mains, chevelure, plante; achten auf (+ Akk) style, tenue; viel Sorgfalt verwenden auf (+ Akk) travail, repas; **savoir ~ ses invités** seine Gäste verwöhnen; **être soigné(e)** travail: sorgfältig gemacht sein; **dans ce restaurant les repas sont soignés** in diesem Restaurant kann man gepflegt essen
❸ iron fam (forcer l'addition) schröpfen (fam), ausnehmen (fam) client; (maltraiter) fertigmachen (fam) adversaire; **attraper une punition soignée** eine ordentliche Strafe kriegen (fam); **attraper un rhume soigné** sich (Dat) einen ordentlichen Schnupfen holen (fam); **l'addition est soignée** die Rechnung ist gesalzen [o gepfeffert] (fam)
▶ **va** [o **tu devrais**] **te faire ~!** fam du hast sie wohl nicht alle! (fam)
II. vpr ❶ (essayer de se guérir) **se ~** sich pflegen; **se ~ tout(e) seul(e)** sich selbst kurieren
❷ hum (avoir soin de soi) **se ~** es sich (Dat) gutgehen lassen
❸ (pouvoir être soigné) **se ~ par** [o **avec**] **une thérapie** mit einer Therapie behandelt werden
▶ **ça se soigne!** fam du hast/der hat sie wohl nicht alle! (fam); **la paresse, ça se soigne** gegen Faulheit ist ein Kraut gewachsen (fam)
soigneur, -euse [swaɲœʀ, -øz] m, f SPORT Betreuer(in) m(f); d'un boxeur Sekundant m
soigneusement [swaɲøzmɑ̃] adv travailler gewissenhaft; installer sorgfältig, ordentlich; ranger ordentlich; éviter peinlich
soigneux, -euse [swaɲø, -øz] adj ❶ (appliqué) sorgfältig, gewissenhaft; (ordonné) ordentlich; **être ~(-euse) dans son travail** sorgfältig [o gewissenhaft] arbeiten; **j'aurais dû être plus ~(-euse)** ich hätte besser aufpassen sollen
❷ (soucieux) **être ~(-euse) de sa réputation/santé** um seinen Ruf/seine Gesundheit besorgt sein, auf seinen Ruf/seine Gesundheit bedacht sein; **être ~(-euse) de ses affaires** mit seinen Sachen sorgfältig umgehen; **être ~(-euse) de sa personne** auf ein gepflegtes Äußeres achten
❸ soutenu (minutieux) recherches eingehend, gründlich, gewissenhaft
soi-même [swamɛm] pron pers selbst, selber (fam); **faire tout ~** alles selbst machen; **on se sent ~ heureux** man fühlt sich [selbst] glücklich; **on est venu de ~?** ist man von selbst [o aus eigenem Antrieb] gekommen?; **le respect de ~** die Selbstachtung; **M. X?** –

Soi-même! *hum* Herr X? – Höchstpersönlich!
soin [swɛ̃] *m* ❶ *sans pl (application)* Sorgfalt *f*, Gewissenhaftigkeit *f*; *(ordre et propreté)* Ordnungssinn *m*; **avec beaucoup de ~** sehr sorgfältig [*o* gewissenhaft]; **avoir du ~** ordentlich [*o* verlässlich] sein; **apporter le plus grand ~ à qc** die größte Sorgfalt auf etw *(Akk)* verwenden; **mettre un certain ~ à faire qc** sich *(Dat)* einige Mühe geben etw zu tun
❷ *souvent pl (travaux) d'un jardin* Pflege *f*; **les ~s domestiques** [*o* **du ménage**] der Haushalt, die Hausarbeit; **moquette qui nécessite** [*o* **exige**] **beaucoup de ~s** pflegeaufwändiger Teppichboden; **nécessiter** [*o* **exiger**] **beaucoup de ~s** pflegeaufwändig sein
❸ *pl (traitement médical)* Behandlung *f*, Pflege *f*; **donner des ~s à qn** *infirmière:* jdn pflegen; *médecin:* jdn behandeln; **les premiers ~s** [**die**] erste Hilfe; **donner les premiers ~s** erste Hilfe leisten; **~s intensifs** *(traitement)* Intensivpflege *f*; *(unité de soins intensifs)* Intensiv[pflege]station *f*; *(branche médicale)* Intensivmedizin *f*; **service des ~s intensifs** Intensivstation, Wachstation; **être au service des ~s intensifs** auf der Intensivstation [*o* Wachstation] liegen; **~s dentaires** Zahnbehandlung; **~s palliatifs** Palliativpflege; **~s à domicile** häusliche Pflege; **thérapie qui exige beaucoup de ~s** pflegeintensive Behandlung; **frais des ~s** Pflegekosten *Pl*
❹ *pl (hygiène)* Pflege *f*; **~s de beauté** Schönheitspflege; **~s de beauté par technique laser** Laserkosmetik *f*; **~s du visage/du corps** Gesichts-/Körperpflege *f*; **~s du corps pour bébé** Babypflege; **~s des lèvres/des ongles** Lippen-/Nagelpflege
❺ *(produit traitant)* Mittel *nt*; **~ antipelliculaire** Schuppenmittel; **~ protecteur pour la peau** Hautschutzmittel; **~ clarifiant** Hautklärer *m*; **~ tonifiant** tonisierendes Mittel
❻ *sans pl (responsabilité)* **confier à un voisin le ~ de la maison** einem Nachbarn auftragen, sich um das Haus zu kümmern; **laisser à sa mère le ~ de faire qc** es seiner/ihrer Mutter überlassen etw zu tun; **confier le ~ d'un enfant à qn** ein Kind jds Obhut *(Dat)* anvertrauen
❼ *pl (attention)* Zuwendung *f*
❽ *littér (souci)* Sorge *f*; **prendre ~ de qn** für jdn Sorge tragen *(geh)*; **prendre ~ des fleurs/du jardin** die Blumen/den Garten versorgen; **prendre bien ~ de sa petite personne** vor allem an sich selbst denken; **avoir** [*o* **prendre**] [**grand**] **~ de faire qc** darauf achten [*o* daran denken] etw zu tun; **avoir ~ que rien ne se sache** darauf achten, dass nichts bekannt wird; **mon premier ~ est de lire le courrier** als erstes lese ich die Post
▸ **aux bons ~s de qn** zu Händen von jdm; **être aux petits ~s pour qn** jdm jeden Wunsch von den Augen ablesen; **par les ~s de qn** unter jds Regie; **je compte que ce sera fait par vos ~s** ich verlasse mich darauf, dass Sie sich selbst darum kümmern
soir [swaʀ] **I.** *m* Abend *m*; **le ~ tombe** [*o* **descend**] es wird Abend; **au ~** am Abend; **hier au ~** gestern Abend; **pour le repas de ce ~** heute zum Abendessen; **huit heures du ~** acht Uhr abends, zwanzig Uhr; **le ~** abends, am Abend; **un beau ~** eines schönen Abends; **l'autre ~** neulich Abend, neulich abends; **~ d'été** Sommerabend
▸ **du ~ au matin** die ganze Nacht [über]; **le ~ de la vie** *littér* der Lebensabend *(liter)*; **atteindre le ~ de sa vie** seinen letzten Lebensabschnitt beginnen; **le Grand Soir** der Tag der Wende; **être du ~** *fam (être en forme le soir)* ein Nachtmensch sein *(fam)*; *(être de l'équipe du soir)* Spätdienst haben
II. *adv* abends; **hier ~** gestern Abend; **mardi ~** [am] Dienstagabend; **tous les lundis ~** [s] jeden Montagabend, montagabends
soirée [swaʀe] *f* ❶ *(fin du jour)* Abend *m*; **en ~** abends, am Abend; **demain en ~** morgen Abend; **en fin de ~** spät am Abend, am späten Abend; **toute la ~** den ganzen Abend [über]; **dans la ~** im Laufe des Abends; **lundi dans la ~, dans la ~ de lundi** im Laufe des Montagabends
❷ *(fête)* [Abend]gesellschaft *f*, Party *f*; **~ dansante/costumée** Tanzabend *m*/Kostümfest *nt*; **tenue de ~** Abendkleidung *f*
❸ THEAT *(représentation)* Abendvorstellung *f*; CINE Abendprogramm *nt*, Abendvorstellung; **en ~** im Abendprogramm, in der Abendvorstellung; **~ au théâtre** Theaterabend *m*; **~ d'opéra** Opernabend
❹ *(manifestation)* Abend *m*; **~ d'informations** Informationsabend; **~ de l'info** *fam* Infoabend *(fam)*
soit I. [swat] *adv (d'accord)* einverstanden; **eh bien ~!** also gut!
II. [swa] *conj* ❶ *(alternative)* **~ ..., ~ ...** [entweder] ... oder ...; **~ qu'il soit malade, ~ qu'il n'ait pas envie** entweder ist er krank oder er hat keine Lust
❷ *(c'est-à-dire)* das heißt
❸ MATH gegeben sei [*o* ist]; **~** [*o* **soient**] **deux triangles...** gegeben seien [*o* sind] zwei Dreiecke ...
soixantaine [swasɑ̃tɛn] *f* ❶ **une ~ de personnes/pages** etwa [*o* ungefähr] sechzig Personen/Seiten
❷ *(âge approximatif)* **avoir la ~** [*o* **une ~ d'années**] ungefähr [*o* etwa] sechzig [Jahre alt] sein; **approcher de la ~** auf die Sechzig zu-

gehen; **avoir largement dépassé la ~** weit über sechzig [Jahre alt] sein
soixante [swasɑ̃t] **I.** *num* ❶ sechzig
❷ *(dans l'indication de l'âge, la durée)* **avoir/avoir bientôt ~ ans** sechzig [Jahre alt] sein/werden; **personne/période de ~ ans** Sechzigjährige(r) *f/m*/Zeitraum *m* von sechzig Jahren
❸ *(dans l'indication des époques)* **les années ~** die sechziger Jahre [*o* Sechzigerjahre]
❹ *(dans l'indication de l'ordre)* **arriver ~ ou ~ et unième** als Sechzigste(r) oder Einundsechzigste(r) kommen
II. *m inv* ❶ Sechzig *f*
❷ *(numéro)* Nummer *f* sechzig, Sechzig
❸ TRANSP **le ~** die Linie [*o* Nummer] sechzig, die Sechzig *(fam)*
III. *f (table, chambre... numéro soixante)* Sechzig *f*
♦ **~ et un(e)** einundsechzig; **~ et onze** einundsiebzig; *v. a.* **cinq, cinquante**
soixante-dix [swasɑ̃tdis] **I.** *num* ❶ siebzig ❷ *(dans l'indication de l'âge, la durée)* **avoir/avoir bientôt ~ ans** siebzig [Jahre alt] sein/werden; **personne/période de ~ ans** Siebzigjährige(r) *f/m*/Zeitraum *m* von siebzig Jahren ❸ *(dans l'indication des époques)* **les années ~** die siebziger Jahre [*o* Siebzigerjahre] ❹ *(dans l'indication de l'ordre)* **arriver ~ ou soixante et onzième** als Siebzigste(r) oder Einundsiebzigste(r) kommen **II.** *m inv* ❶ Siebzig *f* ❷ *(numéro)* Nummer *f* siebzig, Siebzig *f* **III.** *f (table, chambre ... numéro soixante-dix)* Siebzig *f*; *v. a.* **cinq, cinquante soixante-dixième** [swasɑ̃tdizjɛm] **I.** *adj antéposé* siebzigste(r, s) **II.** *mf* **le/la ~** der/die/das Siebzigste **III.** *m (fraction)* Siebzigstel *nt*; *v. a.* **cinquième**
soixante-huitard(e) [swasɑ̃tɥitaʀ, swasɑ̃tɥitaʀd] <soixante-huitards> *m(f)* Achtundsechziger(in) *m(f)*; **vieux ~/vieille ~e** Altachtundsechziger(in)
soixantième [swasɑ̃tjɛm] **I.** *adj antéposé* sechzigste(r, s)
II. *mf* **le/la ~** der/die/das Sechzigste
III. *m (fraction)* Sechzigstel *nt*; *v. a.* **cinquième**
soja [sɔʒa] *m* Soja[bohne *f*] *f*
sol[1] [sɔl] *m* ❶ Boden *m*; **~ argileux** toniger Boden, Tonboden; **~ calcaire** kalkhaltiger Boden, Kalkboden; **~ pierreux** Steinboden; **~ sablonneux** Sandboden
❷ *(terre cultivable)* Ackerboden *m*; **~s cultivés** Kulturland *nt*
❸ *(croûte terrestre)* [Erd]boden *m*; **être allongé(e) sur le ~** auf dem [*o* am] Boden liegen; **personnel au ~** AVIAT Bodenpersonal *nt*
❹ *(plancher) d'une pièce, maison* [Fuß]boden *m*; **robe qui descend jusqu'au ~** bodenlanges Kleid; **exercices au ~** SPORT Bodenübungen *Pl*
❺ *(territoire)* Boden *m*; **le ~ de son pays natal** die heimatliche Erde
▸ **le ~ se dérobe sous les pieds de qn** jdm schwankt der Boden unter den Füßen
sol[2] [sɔl] *m inv* MUS G *nt*, g *nt*; *v. a.* **do**
sol-air [sɔlɛʀ] *adj inv* **missile ~** Boden-Luft-Rakete *f*
solaire [sɔlɛʀ] **I.** *adj* ❶ ASTRON, ASTROL Sonnen-; **système/jour ~** Sonnensystem *nt*/-tag *m*; **cadran ~** Sonnenuhr *f*
❷ *(utilisant la force du soleil)* **centrale ~** Solarkraftwerk *nt*, Sonnenwärmekraftwerk; **capteur ~** Solarkollektor *m*; **voiture** [*o* **véhicule**] **~** Solarmobil *nt*; **architecture ~** eine die Sonnenenergie [*o* Solarenergie] nutzende Bauweise
❸ *(protégeant du soleil)* Sonnen[schutz]-; **crème ~** Sonnencreme *f*; **lait/gel ~** Sonnenmilch *f*/-gel *nt*; **huile ~** Sonnen[schutz]öl *nt*; **produit ~** Sonnenschutzmittel *nt*
II. *m* Sonnenenergie *f*, Solarenergie
solanacées [sɔlanase] *fpl* BOT Nachtschattengewächse *Pl*
solarium [sɔlaʀjɔm] *m (dans une piscine)* Liegewiese *f*; *(appareil)* Solarium *nt*; *(établissement de bronzage)* Sonnenstudio *nt*, Solarium
soldat [sɔlda] *m* ❶ Soldat *m*; **~ de première classe** ≈ Gefreite(r) *m*; **~ de deuxième classe, simple ~** [einfacher] Soldat, Gemeine(r) *m*; **~ de marine** Marinesoldat; **~ de l'O.N.U.** UN-Soldat; **se faire ~** [de métier] Berufssoldat werden
❷ JEUX **~ de plomb** Zinnsoldat *m*; **jouer aux petits ~s** mit [Spielzeug]soldaten spielen
❸ *(militant)* **~ du droit** Kämpfer *m* für das Recht; **~ de la liberté** Freiheitskämpfer *m*; **~ du Christ** Soldat *m* Christi
▸ **le Soldat inconnu** der Unbekannte Soldat; **jouer au petit ~ avec qn** jdm gegenüber den wilden Mann spielen
♦ **~ du feu** Feuerwehrmann *m*; **les ~s du feu** die Feuerwehrleute *Pl*
soldate [sɔldat] *f fam* Soldatin *f*
soldatesque [sɔldatɛsk] **I.** *adj* soldatisch
II. *f péj* Soldateska *f (pej)*
solde[1] [sɔld] *m* ❶ *pl (marchandises)* Sonderangebot[e *Pl*] *nt*; **dans les ~s de lainage** bei den herabgesetzten Strickwaren
❷ *(braderie)* Ausverkauf *m*; *(en fin de saison)* Schlussverkauf; **~s saisonniers** Saisonausverkauf; **~s d'été/d'hiver** Sommer-/Win-

solde – solitaire

terschlussverkauf; **en** ~ im Sonderangebot; *acheter, vendre* im Sonderangebot [*o* Ausverkauf] [*o* Schlussverkauf]

❸ FIN, ECON *(balance)* Saldo *m;* (*reliquat)* Restbetrag *m;* ~ **comptable** Buchsaldo, Restbuchwert *m;* ~ **comptable restant** Restbuchwert; ~ **créditeur** Aktivsaldo; **présenter un** ~ **créditeur** einen Aktivsaldo aufweisen; ~ **créditeur des échanges de biens et services** Aktivsaldo im Waren- und Dienstleistungsverkehr; ~ **débiteur** Passivsaldo, Sollsaldo; ~ **déficitaire** Verlustsaldo; ~ **déficitaire des échanges de marchandises et de services** Passivsaldo im Waren- und Dienstleistungsverkehr; ~ **dû** geschuldeter Restbetrag; ~ **final** Endsaldo; ~ **impayé** unbezahlter Restbetrag; ~ **passif** Passivsaldo; ~ **résiduel** Restsaldo; ~ **zéro** Nullsaldo; ~ **à nouveau** Saldovortrag *m;* ~ **de la balance des paiements** Zahlungsbilanzsaldo; ~ **du/d'un compte** Kontoabschluss *m;* ~ **du compte capital/des comptes courants** Saldo der Kapitalbilanz/der laufenden Posten; ~ **des transactions recensées dans les statistiques** Saldo der statistisch erfassten Transaktionen; **pour** ~ per saldo; **pour** ~ **de tout compte** zur Begleichung aller Forderungen; **un** ~ **en votre faveur/défaveur** ein Saldo zu Ihren Gunsten/Lasten

◆ ~ **de l'actif** aktiver Saldo; ~ **d'avoir** Restguthaben *nt;* ~ **du bilan** Bilanzsaldo *m;* ~ **en contrepartie** Gegensaldo *m;* ~ **des dettes** Schuldensaldo *m;* ~ **de liquidité** Liquiditätssaldo *m;* ~ **des marchandises** Warensaldo *m;* ~ **du passif** passiver Saldo

solde² [sɔld] *f (rémunération) d'un soldat* Sold *m; d'un matelot* Heuer *f*

▶ **être à la ~ de qn** in jds Sold *(Dat)* stehen; **être complètement à la ~ de qn** jds gefügiges Werkzeug sein

solder [sɔlde] <1> I. *vt* ❶ COM herabsetzen, reduzieren; ~ **qc à un client** einem Kunden etw billiger verkaufen; ~ **tout son stock** einen Räumungsverkauf machen

❷ FIN begleichen, bezahlen *dette;* (*arrêter)* ausgleichen, saldieren *compte;* (*fermer)* abschließen *compte;* ~ **qc par décompte** etw durch Gegenrechnung ausgleichen

II. *vpr* **se** ~ **par un échec/succès** *conférence, tentative:* mit einem Misserfolg/Erfolg enden; **se** ~ **par un bénéfice/déficit** *budget, compte, opération:* mit einem Überschuss/Defizit abschließen

solderie® [sɔldəʀi] *f* Discountgeschäft *nt,* Discounter *m*

soldeur, -euse [sɔldœʀ, -øz] *m, f* Discounter(in) *m(f),* Betreiber(in) *m(f)* eines Discountladens

sole [sɔl] *f (poisson)* Seezunge *f*

solécisme [sɔlesism] *m* sprachlicher Fehler

soleil [sɔlɛj] *m* ❶ Sonne *f;* ~ **couchant/levant** Sonnenuntergang/-aufgang *m;* **au** ~ **levant** bei Sonnenaufgang; ~ **d'été/d'hiver** Sommer-/Wintersonne

❷ *(terme de spécialité astronomique)* **le Soleil** die Sonne

❸ *(rayonnement)* Sonne *f;* (*temps ensoleillé)* Sonnenschein *m,* Sonne; **avide de** ~ sonnenhungrig; **se mettre au** ~ sich in die Sonne setzen/legen; **déteindre au** ~ in der Sonne bleichen; **un coin au** ~ ein sonniges Plätzchen, ein Plätzchen in der Sonne; **les pays du** ~ der sonnige Süden; **il fait** [du] ~ die Sonne scheint; **prendre le** ~ Sonne abbekommen

❹ *(fleur)* **grand** ~ gemeine Sonnenblume

❺ *(ornement)* Sonne *f,* Sonnenemblem *nt*

❻ *(feu d'artifice)* Feuerrad *nt*

❼ *(acrobatie)* Überschlag *m;* (*autour d'un axe horizontal)* Welle *f;* **grand** ~ Riesenwelle, Riesenfelge *f,* Riesenschwung *m;* **faire un** ~ *voiture:* sich überschlagen

▶ **le** ~ **brille pour tout le monde** *prov* die Sonne scheint über Gerechte und Ungerechte *(prov);* **quoi de nouveau sous le** ~? was gibt's Neues unter der Sonne?; **ôte-toi de mon** ~! geh mir aus der Sonne! *(fam)*

◆ ~ **de minuit** Mitternachtssonne *f*

solennel(le) [sɔlanɛl] *adj* ❶ *cérémonie, obsèques* feierlich; **rendre des honneurs** ~**s à qn** jdn feierlich ehren

❷ *(grave)* tiefernst; *occasion, promesse* feierlich; *avertissement* ernst

❸ *péj (affecté)* theatralisch, gekünstelt *(pej)*

solennellement [sɔlanɛlmɑ̃] *adv* ❶ *(avec éclat)* feierlich, in feierlichem Rahmen

❷ *(avec gravité) jurer* feierlich; *promettre* hoch und heilig, feierlich; *s'exprimer* gewählt, feierlich

solenniser [sɔlanize] <1> *vt* feierlich begehen

solennité [sɔlanite] *f* ❶ *d'un événement, d'une cérémonie* Feierlichkeit *f,* feierlicher Rahmen, Würde *f; d'un lieu* Würde; **avec** ~ in feierlichem Ton, mit feierlicher Miene; **revêtir une grande** ~ feierlich begangen werden

❷ *péj (gravité affectée)* übertriebene Förmlichkeit

❸ *(fête)* Fest *nt,* Feierlichkeit[en *f*] *Pl*

solénoïde [sɔlenɔid] *m* ELEC Zylinderspule *f,* Solenoid *nt (Fachspr.)*

solex® [sɔlɛks] *m* ein Moped in besonders einfacher Bauweise

solfatare [sɔlfataʀ] *f* GEOG, GEOL Solfatare *f*

solfège [sɔlfɛʒ] *m* ❶ *(théorie)* musikalische Elementarlehre

❷ *(livre)* Musiklehrbuch *nt*

solfier [sɔlfje] <1 a> *vt* solfeggieren

solidaire [sɔlidɛʀ] *adj* ❶ *(lié)* **être** ~ (**s**) solidarisch sein, füreinander einstehen; **se montrer** ~ (**s**) sich solidarisch zeigen [*o* verhalten]; **être** ~ **de** [*o* **avec**] **qn/de qc** solidarisch mit jdm/einverstanden mit etw sein, hinter jdm/etw stehen

❷ *(interdépendant)* **être** ~**s** *questions, phénomènes:* zusammenhängen, sich [gegenseitig] bedingen; *mécanismes, matériaux:* fest miteinander verbunden sein; **être** ~ **de qc** fest mit etw verbunden sein

❸ JUR *cautionnement, obligation* gesamtschuldnerisch, solidarisch; *contrat* ~ für alle Parteien verbindlich; **caution** ~ Solidarbürge *m;* **être** ~ **des actes de qn** für jds Handlungen haften

❹ FIN selbstschuldnerisch

solidairement [sɔlidɛʀmɑ̃] *adv* ❶ gemeinsam, gemeinschaftlich

❷ JUR gesamtschuldnerisch, solidarisch

solidariser [sɔlidaʀize] <1> *vpr* **se** ~ sich zusammenschließen [*o* zusammentun]; **se** ~ **avec qn** sich mit jdm solidarisieren [*o* solidarisch erklären]; **se** ~ **avec qc** sich mit etw einverstanden erklären

solidarité [sɔlidaʀite] *f* ❶ Solidarität *f,* Zusammenhalt *m;* **la** ~ **entre les collègues** die Solidarität [*o* der Zusammenhalt] unter den Kollegen; **la** ~ **avec nos camarades** die Solidarität mit unseren Kameraden; ~ **professionnelle** Solidarität [*o* Zusammenhalt] innerhalb des Berufsstandes; ~ **ouvrière** Solidarität der Arbeiter[klasse]; ~ **ministérielle** Kabinettsdisziplin *f*

❷ JUR Solidarhaftung *f,* Mithaftung *f*

solide [sɔlid] I. *adj* ❶ (*opp: liquide)* fest; **corps** ~ Festkörper *m*

❷ *(résistant) construction* stabil, solide; *outil* stabil; *matériau* haltbar, dauerhaft; *personne, santé* robust

❸ *(sûr) connaissances* fundiert; *amitié* unerschütterlich, zuverlässig; *source, base* zuverlässig, gesichert; *position* gesichert; *raison* handfest, stichhaltig; *institution* stabil; **financièrement** ~ zahlungskräftig; **être doué(e) d'un** ~ **bon sens** einen gesunden Menschenverstand haben

❹ *(robuste, vigoureux)* kräftig; **n'être pas très** ~ **sur ses jambes** nicht ganz sicher auf den Beinen sein; **d'une poigne** ~ mit festem Griff

❺ *(équilibré) personne* klar denkend, vernünftig; *esprit* klar; **avoir la tête** ~ völlig klar im Kopf sein

❻ *antéposé fam (substantiel) fortune, repas, coup de poing* ordentlich *(fam); appétit* gesund

II. *m* ❶ GEOM, PHYS [geometrischer] Körper

❷ *(aliments)* feste Nahrung; **ne pas pouvoir encore manger de** ~ noch keine feste Nahrung zu sich nehmen können

❸ *fam (chose sûre, résistante)* **c'est du** ~! das ist was Solides! *(fam)*

solidement [sɔlidmɑ̃] *adv* ❶ *(fermement) fixer* gut, richtig; *construire* solide, stabil; **tenir** ~ **le bout d'une corde** das Seilende gut festhalten

❷ *(durablement) s'établir, s'installer* fest, auf Dauer; *structurer* schlüssig, überzeugend; **être/rester** ~ **attaché(e) à ses amis** mit seinen Freunden eng verbunden sein/bleiben

solidification [sɔlidifikasjɔ̃] *f d'un liquide* Verfestigung *f,* Erstarren *nt; d'un corps gazeux* Sublimation *f*

solidifier [sɔlidifje] <1a> I. *vt* verfestigen *liquide;* sublimieren *corps gazeux*

II. *vpr* **se** ~ *cire, lave:* erstarren, fest werden; *ciment:* abbinden, fest werden; *névé:* sich verfestigen, fest werden

solidité [sɔlidite] *f* ❶ *(robustesse) d'une machine* Robustheit *f; d'un meuble* Stabilität *f; d'un tissu, vêtement* Strapazierfähigkeit *f; d'une personne* Robustheit *f; d'un ouvrage* Solidität *f; d'un nœud* Festigkeit *f;* **être d'une grande** ~ *ouvrage:* sehr solide sein; **avoir la** ~ **d'un roc** *personne:* unverwüstlich [sein]

❷ *(stabilité) d'une institution* Stabilität *f; d'une firme* Solidität *f; d'une position* Sicherheit *f; d'une personne* Unerschütterlichkeit *f;* ~ **financière** Kapitalstärke *f*

❸ *(sérieux) d'un argument, raisonnement* Stichhaltigkeit *f*

soliloque [sɔlilɔk] *m* Monolog *m;* (*avec soi-même)* Selbstgespräch *nt*

soliloquer [sɔlilɔke] <1> *vi* einen Monolog halten, monologisieren; *(avec soi-même)* Selbstgespräche führen

soliste [sɔlist] *mf* Solist(in) *m(f)*

solitaire [sɔlitɛʀ] I. *adj* ❶ *(seul) vie* zurückgezogen, einsam; *vieillard* vereinsamt, einsam; *caractère* einzelgängerisch, eigenbrötlerisch *(pej)*

❷ *(isolé) arbre, rocher* einzeln; *maison* abgelegen, einsam

❸ *(désert) parc* einsam; *chemin, demeure* verlassen, einsam

II. *mf* Einzelgänger(in) *m(f);* (*ermite)* Einsiedler(in) *m(f)*

▶ **en** ~ allein[e]; **faire un tour du monde en** ~ allein um die Welt reisen

III. *m* ❶ *(diamant)* Solitär *m*

❷ *(bague)* Solitärring *m*

❸ *(jeu)* Solitär[spiel *nt*] *m*
❹ CHASSE alter Keiler
solitairement [sɔlitɛʀmɑ̃] *adv (sans compagnie)* allein[e]; *(dans la solitude)* einsam, zurückgezogen; **souffrir ~** still für sich leiden
solitude [sɔlityd] *f* ❶ *(isolement)* Einsamkeit *f*, Vereinsamung *f*
❷ *(tranquillité)* Alleinsein *nt*, Abgeschiedenheit *f*
❸ *(lieu solitaire)* Einsamkeit *f*, Abgeschiedenheit *f*
solive [sɔliv] *f* [Decken]balken *m*
sollicitation [sɔlisitasjɔ̃] *f* ❶ *gén pl (démarche)* dringende Bitte, Ersuchen *nt kein Pl (form)*; *(par écrit)* Gesuch *nt*
❷ *gén pl soutenu (tentation)* Verlockung *f*, Versuchung *f*
❸ *(action exercée sur qc)* Einwirkung *f*; **maximale** *d'un objet* Höchstbeanspruchung *f*; **réagir à la moindre ~** *appareil:* auf den geringsten Impuls reagieren
solliciter [sɔlisite] <1> *vt* ❶ *form (demander)* **une autorisation de qn** jdn um eine Genehmigung ersuchen *(form)*; **~ de qn une audience/explication** von jdm eine Audienz/eine Erklärung erbitten *(form)*; **~ de qn des dommages et intérêts** jdm gegenüber Schadenersatz fordern *(form)*; **~ un emploi** sich auf eine Stelle bewerben; **~ une offre** ein Angebot einholen
❷ *(faire appel à)* **~ qn de venir voir le malade** jdn bitten [*o* ersuchen *form*], den Kranken besuchen zu kommen; **être sollicité(e)** in Anspruch genommen sein; **on est sollicité sans arrêt** ständig will jemand etwas von einem; **un mannequin très sollicité** ein viel gefragtes Fotomodell
❸ *(attirer)* auf sich *(Akk)* ziehen *attention*; wecken *curiosité*; anziehen, anlocken *touristes, visiteurs*; **~ l'attention sur qc** die Aufmerksamkeit auf etw *(Akk)* lenken; **être sollicité(e) par des tentations** Versuchungen ausgesetzt sein
❹ *(actionner)* beanspruchen, strapazieren *engin, moteur*; antreiben *animal*; anspornen *cheval*
❺ *hum (interpréter abusivement)* absichtlich falsch auslegen *texte*
solliciteur, -euse [sɔlisitœʀ, -øz] *m, f* Bittsteller(in) *m(f)*
sollicitude [sɔlisityd] *f* Fürsorge *f*; **avec ~** fürsorglich
solo [sɔlo, sɔli] <s *o* soli> I. *m* Solo *nt*, Soloeinlage *f*; *(chant)* Sologesang *m*; *(partie musicale)* Solopart *m*; **~ de piano** Klaviersolo *nt*; **chanter/jouer en ~** solo singen/spielen; **escalader en ~** im Alleingang klettern; **escalade en ~** Alleingang *m*
II. *adj inv* Solo-; **instrument/violon ~** Sologeige *f*/-instrument *nt*
sol-sol [sɔlsɔl] *adj inv* **missile ~** Boden-Boden-Rakete *f*
solstice [sɔlstis] *m* Sonnenwende *f*; **~ d'été/d'hiver** Sommer-/Wintersonnenwende
solubiliser [sɔlybilize] <1> *vt* auflösen *cacao*
solubilité [sɔlybilite] *f* Löslichkeit *f*; **la ~ d'une substance dans l'eau** die Wasserlöslichkeit einer Substanz *(Gen)*
soluble [sɔlybl] *adj* ❶ *substance, café* löslich; **~ dans l'eau** wasserlöslich, in Wasser löslich
❷ *(pouvant être résolu)* **être ~** *problème:* lösbar sein, gelöst werden können
soluté [sɔlyte] *m* Lösung *f*
solution [sɔlysjɔ̃] *f* ❶ *(issue)* Lösung *f*; **~ à un [*o* d'un] problème** Lösung eines Problems [*o* für ein Problem]; **autre ~** Alternativlösung; **~ idéale** Ideallösung *f*; **~ partielle** Teillösung *f*; **~ de facilité** [zu] einfache [*o* bequeme] Lösung; **~ de repli** Ausweichlösung
❷ *(résultat)* Lösung *f*, Ergebnis *nt*; **trouver la ~ d'une équation** eine Gleichung lösen
❸ *(réponse) d'une énigme, d'un rébus* [Auf]lösung *f*
❹ CHIM, PHARM, MED Lösung *f*; **~ pharmaceutique/médicamenteuse** flüssiges Medikament; **~ hypertonique/hypotonique** hypertonische/hypotonische Lösung
❺ *(interruption)* **~ de continuité** Unterbrechung *f*; **sans ~ de continuité** lückenlos
▶ **~ finale** HIST, POL euph Endlösung *f* *(euph)*
◆ **~ miracle** Patentlösung *f*, Patentrezept *nt*; **~ de rechange** Alternative *f*
solutionner [sɔlysjɔne] <1> *vt* lösen *problème*; beantworten, lösen *question*
solvabilité [sɔlvabilite] *f* *d'un client, d'une entreprise* Zahlungsfähigkeit *f*, Liquidität *f*, Solvenz *f (Fachspr.)*; *d'un débiteur* Kreditwürdigkeit *f*, Bonität *f (Fachspr.)*; **~ apparente** Scheinbonität; **~ commerciale** Kreditfähigkeit *f*; **~ fictive** Scheinbonität; **acheter au-delà de sa ~** über seine Zahlungsfähigkeit kaufen
solvable [sɔlvabl] *adj client, pays* zahlungsfähig, liquid *(Fachspr.)*; *débiteur* kreditwürdig; **non ~** *client, pays* zahlungsunfähig, insolvent *(Fachspr.)*; *débiteur* nicht kreditwürdig; **demande ~** kaufkräftiger Markt
solvant [sɔlvɑ̃] *m* Lösungsmittel *nt*; **sans ~** lösungsmittelfrei
somatique [sɔmatik] *adj* somatisch
sombre [sɔ̃bʀ] *adj* ❶ *(obscur) lieu* dunkel; *nuit* finster, dunkel; **il fait ~** es ist dunkel; **ciel très ~** tiefdunkler Himmel
❷ *(foncé)* **un bleu/rouge ~** ein dunkles Blau/Rot; **gris ~** dunkelgrau
❸ *(sinistre) heure, année, avenir* dunkel, düster; *réalité, tableau* düster; *pensée* trüb[e], düster
❹ *(triste) roman* düster; *visage* bedrückt, düster; *caractère, personne* trübsinnig
❺ *antéposé fam (lamentable) histoire* finster; *(bizarre)* konfus; **quel ~ idiot!** *fam* so ein Vollidiot! *(fam)*
sombrer [sɔ̃bʀe] <1> *vi* ❶ *(faire naufrage)* versinken, untergehen; **~ au fond de la mer** auf den Meeresgrund hinabsinken
❷ *(se perdre) personne:* den Boden unter den Füßen verlieren; *œuvre:* der Vergessenheit *(Dat)* anheimfallen *(geh)*; **sa raison a sombré** sie/er hat den Verstand verloren; **~ dans la folie/l'alcool** dem Wahnsinn/dem Alkohol verfallen
sombrero [sɔ̃bʀeʀo] *m* Sombrero *m*
sommaire [sɔmɛʀ] I. *adj* ❶ *(court) analyse, réponse, exposé* knapp, kurz[gefasst]
❷ *(élémentaire, rapide) examen, réparation* flüchtig, oberflächlich; *repas* schnell
❸ **structure ~** *d'un texte, article* Grobstruktur *f*
❹ *(expéditif) exécution* standrechtlich; **justice ~** Standrecht *nt*; **procédure ~** Schnellverfahren *nt*
II. *m* ❶ *(table des matières)* Inhaltsverzeichnis *nt*
❷ *(résumé)* Inhaltsangabe *f*, Zusammenfassung *f*
sommairement [sɔmɛʀmɑ̃] *adv* ❶ *(brièvement)* kurz, in groben Zügen
❷ *(simplement)* sparsam, spärlich
❸ *(de façon expéditive)* im Schnellverfahren
sommation [sɔmasjɔ̃] *f* ❶ Aufforderung *f*; JUR *(de paraître en justice)* Vorladung *f*; *(de satisfaire à une obligation)* Mahnung *f*; **recevoir ~ de payer qc** eine Zahlungsaufforderung für etw erhalten
❷ MIL Anruf *m*; **les ~s d'usage** [*o* **réglementaires**] die vorschriftsmäßigen Warnrufe; **tirer sans ~** ohne Vorwarnung schießen
❸ *pl* JUR Mahnwesen *nt*
somme¹ [sɔm] *f* ❶ *(quantité d'argent)* Summe *f*, Betrag *m*; **~ d'argent** Geldbetrag; **~ amortissable** Tilgungssumme; **la ~ disponible** der zur Verfügung stehende Betrag; **~ due** geschuldete Summe; *(en parlant d'une facture)* fälliger Rechnungsbetrag; **~ due à titre de droit de douane** Zollschuld *f*; **~ empruntée** Darlehensschuld; **~ forfaitaire de la prévoyance** Vorsorge-Pauschbetrag; **~ globale** Gesamtsumme; **~ nécessaire à l'achat** Kaufgeld *nt*; **~ à recouvrer** ausstehende Summe; *pl* ausstehende Gelder
❷ *(total)* Summe *f*; **~ globale des recettes courantes** Gesamtsumme der laufenden Erträge; **faire la ~ de qc** etw zusammenrechnen [*o* summieren]; **la ~ des angles d'un triangle** die Winkelsumme im Dreieck
❸ *(ensemble)* Gesamtheit *f*; **la ~ des dégâts/des besoins** der Gesamtschaden/alle Bedürfnisse
❹ *(accumulation)* **une telle ~ de travail** eine solche Menge Arbeit, so viel Arbeit; **toute cette ~ d'efforts** die ganze Mühe
▶ **en ~, ~ toute** alles in Allem, letztendlich, im Ganzen gesehen
◆ **~ du recours** JUR Beschwerdesumme *f*
somme² [sɔm] *m (sieste)* Schläfchen *nt*, Nickerchen *nt (fam)*; **faire [*o* piquer *fam*] un ~** ein Schläfchen [*o* Nickerchen *fam*] machen
sommeil [sɔmɛj] *m* ❶ *(fait de dormir)* Schlaf *m*; *(envie de dormir)* Schläfrigkeit *f*, Müdigkeit *f*; **avoir ~** müde sein; **tomber de ~** zum Umfallen müde sein; **être réveillé(e) en plein ~** mitten aus dem Schlaf gerissen werden; **~ réparateur** Erholungsschlaf; **~ paradoxal** REM-Schlaf; **dans le premier ~** kurz nach dem Einschlafen
❷ *(inactivité) de la nature* Schlaf *m*; *d'une ville* Verschlafenheit *f*; *de la conscience, des sens* Trägheit *f*; **être en ~** ruhen, auf Eis liegen *(fig fam)*; **laisser qc en ~** etw auf Eis *(Dat)* beruhen lassen
▶ **dormir du ~ du juste** *hum* den Schlaf des Gerechten schlafen *(hum)*; **~ éternel** *littér* ewiger Schlaf *(liter)*, ewige Ruhe *(liter)*
sommeiller [sɔmeje] <1> *vi* ❶ *(somnoler)* im Halbschlaf liegen, schlummern *(geh)*, dösen *(fam)*
❷ *(ne pas se manifester) sentiment:* schlummern; *nature:* schlafen, schlummern
sommelier, -ière [sɔməlje, -jɛʀ] *m, f (garçon)* Weinkellner(in) *m(f)*; *(personne chargée des vins)* Kellermeister(in) *m(f)*
sommelière [sɔməljɛʀ] *f* CH *(serveuse)* Kellnerin *f*, Bedienung *f*
sommer [sɔme] <1> *vt* ❶ JUR, COM **~ qn de [*o* à] comparaître** jdn auffordern vor Gericht zu erscheinen; **~ qn d'exécuter un contrat** jdn zur Erfüllung eines Vertrages auffordern; **~ qn de payer** jdn zur Zahlung auffordern
❷ *littér (ordonner)* **~ les manifestants de se disperser** die Demonstranten [ultimativ] auffordern sich zu zerstreuen
sommet [sɔmɛ] *m* ❶ *d'une montagne* Gipfel *m*; *d'une tour, hiérarchie* Spitze *f*; *d'une pente, vague* Kamm *m*; *d'un arbre* Wipfel *m*; *d'un crâne* Scheitel *m*; *d'un angle* Scheitel[punkt *m*] *m*; *d'un polyèdre* Ecke *f*; *d'une hiérarchie* Spitze *f*; **~ d'un toit** Dachfirst *m*; **sur les ~s** in den Bergen; **au ~ d'une tour** *(sans mouvement)* [oben] auf einem Turm; *(avec mouvement)* auf einen Turm [hinauf]
❷ *(apogée)* Höhepunkt *m*, Gipfel *m*; **être au ~ de la gloire** am Gipfel des Ruhms [angelangt] sein

❸ POL Gipfel m, Gipfeltreffen nt, Gipfelkonferenz f; ~ économique Wirtschaftsgipfel; ~ européen Europagipfel, europäisches Gipfeltreffen; ~ sur le climat Klimagipfel *(fam)*; accord au ~ auf höchster Ebene getroffene/zu treffende Vereinbarung
sommier [sɔmje] *m* [Bett]rahmen *m;* ~ **avec pieds** Bettgestell *nt;* ~ **à lattes** Lattenrost *m;* ~ **à ressorts** Sprungfederrahmen; ~ **tapissier** Polsterbett *nt*
sommité [sɔ(m)mite] *f* Kapazität *f*, prominente Persönlichkeit; ~ **de la médecine/de la science** medizinische/wissenschaftliche Kapazität; **les ~s du monde politique** die politische Prominenz
somnambule [sɔmnɑ̃byl] **I.** *adj* mondsüchtig sein, schlafwandeln, nachtwandeln
II. *mf* Schlafwandler(in) *m(f)*, Nachtwandler(in), Mondsüchtige(r) *f(m)*, Somnambule(r) *f(m) (Fachspr.);* **comme un** ~ wie in Trance
somnambulisme [sɔmnɑ̃bylism] *m* Schlafwandeln, Nachtwandeln *nt*, Mondsüchtigkeit *f*, Somnambulismus *m (Fachspr.)*
somnifère [sɔmnifɛʀ] *m* Schlafmittel *nt; (cachet, pilule)* Schlaftablette *f*
somnolence [sɔmnɔlɑ̃s] *f* ❶ *(demi-sommeil)* Schläfrigkeit *f*, Halbschlaf *m*; **être gagné(e) par la** ~ schläfrig [*o* müde] werden; **tirer qn de sa** ~ jdn aus seinem Dämmerzustand reißen
❷ *(inertie) d'une ville* Verschlafenheit *f; d'une personne, vie, conscience* Trägheit *f*, Lethargie *f*
somnolent(e) [sɔmnɔlɑ̃, ɑ̃t] *adj* ❶ *(à moitié endormi)* schläfrig; *ville* verschlafen
❷ *(amorphe) conscience, esprit* lethargisch, träge
somnoler [sɔmnɔle] <1> *vi* ❶ *(dormir à moitié)* halb schlafen, vor sich hin dösen *(fam)*
❷ *(être inactif) ville:* vor sich hin dämmern; *faculté:* brachliegen; *conscience:* ausgeschaltet sein; *vie:* zum Erliegen kommen
somptuaire [sɔ̃ptɥɛʀ] *adj dépenses* verschwenderisch; *train de vie* aufwändig, verschwenderisch
somptueusement [sɔ̃ptɥøzmɑ̃] *adv* verschwenderisch, aufwendig
somptueux, -euse [sɔ̃ptɥø, -øz] *adj vêtement* luxuriös, prächtig; *résidence* prunkvoll, prächtig; *repas* üppig, feudal; *cadeau* nobel, großzügig
somptuosité [sɔ̃ptɥozite] *f d'une résidence* Prunk *m*, Pracht *f; d'un repas* Üppigkeit *f*
son¹ [sɔ̃] **I.** *m* ❶ *(sensation auditive)* Ton *m; d'une voix, cloche, d'un instrument* Klang *m*, Ton; *(ondes)* Schall *m;* LING Laut *m;* ~ **guttural** [*o* **vélaire**] Gutturallaut, Rachenlaut; ~ **harmonique** Oberton; **au** ~ **de l'accordéon** zu den Klängen des Akkordeons
❷ CINE, RADIO, TV Ton *m; d'un appareil* Klang *m*, Ton; *(bruit)* Lautstärke *f;* **baisser le** ~ leiser machen; **synchroniser le** ~ **et l'image** Ton und Bild aufeinander abstimmen; ~ **stéréo** Stereoton
▶ ~ **de cloche** Version *f*, Lesart *f;* **c'est un autre ~ de cloche** das sind ganz andere Töne; **n'entendre qu'un ~ de cloche** nur eine Seite hören
II. *app* [spectacle] ~ **et lumière** TOURISME Licht-Ton-Inszenierung *f (an historischen Bauwerken)*
son² [sɔ̃] *m (mouture)* Kleie *f*
son³ [sɔ̃, se] <ses> *dét poss* ❶ *(se rapportant à un être masculin, un animal mâle)* sein(e); *(se rapportant à un être féminin, un animal femelle)* ihr(e); ~ **classeur** sein/ihr Ordner; ~ **vase** seine/ihre Vase; ~ **tableau** sein/ihr Bild; **à** ~ **avis** seiner/ihrer Meinung nach
❷ *(se rapportant des objets, animaux en général)* sein(e)/ihr(e); **le chien/le chat a perdu ~ collier** der Hund hat sein/die Katze hat ihr Halsband verloren
❸ *(après un indéfini)* sein; **à chacun ~ dû** jedem das Seine [*o* seine]; **c'est chacun ~ tour** immer der Reihe nach; **passer tout ~ dimanche à faire du bricolage** den ganzen Sonntag mit Bastelarbeiten verbringen
❹ *form (avec un titre)* **Son Altesse Royale** Seine/Ihre Königliche Hoheit
sonal [sɔnal] <-s> *m* Jingle *m; d'une émission* Erkennungsmelodie *f*
sonar [sɔnaʀ] *m* Sonargerät *nt*, Sonar *m*
sonate [sɔnat] *f* Sonate *f;* ~ **pour piano/pour violon** Klavier-/Violinsonate
sonatine [sɔnatin] *f* Sonatine *f*
sondage [sɔ̃daʒ] *m* ❶ *(enquête)* ~ **d'opinion** Meinungsumfrage *f*, demoskopische Erhebung; ~ **d'écoute** Hörerumfrage
❷ *(contrôle rapide)* Überprüfung *f*, Kontrolle *f;* **faire quelques ~s dans qc** etw durch Stichproben überprüfen
❸ MINER Bodenuntersuchung *f; (forage)* Probebohrung *f;* ~ **d'essai** Versuchsbohrung, Probebohrung *f*
❹ NAUT Peilen *nt*, Loten *nt*
❺ METEO Messung *f;* **effectuer des ~s** Messungen vornehmen
❻ MED Einführen *nt* einer Sonde; *(cathétérisme)* Katheterisieren *nt*
❼ ECON *du marché* Abtasten *nt*
sonde [sɔ̃d] *f* ❶ NAUT Lot *nt; (à écho)* Echolot *nt;* **naviguer à la ~** nach Echolot fahren
❷ ASTRON, METEO, MINER, TECH Sonde *f; (instrument de forage)* Bohrer *m;* ~ **à avalanches** Lawinensonde; ~ **atmosphérique** Wettersonde; ~ **spatiale** Weltraumkapsel *f*, Weltraumsonde
❸ MED Sonde *f; (cathéter)* Katheter *m;* ~ **à ballonnet gonflable** Ballonsonde; ~ **gastrique** Magensonde; ~ **urinaire** Blasenkatheter; ~ **cardiaque** Herzkatheter; **introduire à qn une ~ cardiaque** jmd einen Herzkatheter anlegen
❹ STATIST **un coup de ~** eine Kurzumfrage
❺ PECHE Lotblei *nt*
sondé(e) [sɔ̃de] *m(f)* Befragte(r) *f(m)*
sonder [sɔ̃de] <1> *vt* ❶ STATIST befragen *personnes;* erforschen *intentions;* ~ **l'opinion** Meinungsumfragen machen
❷ *(interroger insidieusement)* ausfragen, aushorchen *personne*
❸ *(mesurer)* ausloten *fonds sous-marins;* vermessen *cavité;* untersuchen *atmosphère*
❹ GEOL, MINER *(analyser)* erkunden, untersuchen *terrain, glacier;* erkunden *espace*
❺ MED sondieren; *(cathétériser)* katheterisieren
❻ *(pénétrer)* erforschen *conscience, cœur, sentiments;* ~ **l'avenir** ergründen, was die Zukunft bringt
sondeur [sɔ̃dœʀ] *m* ❶ *(personne)* Interviewer *m*
❷ NAUT Peilgerät *nt;* ~ **à ultrasons** Ultraschallecholot *nt*
❸ TECH Sondiergerät *nt*
sondeuse [sɔ̃døz] *f* ❶ *(personne)* Interviewerin *f*
❷ TECH Bohrkran *m*
songe [sɔ̃ʒ] *m littér* ❶ *(rêve)* Traum *m;* **faire un ~** einen Traum haben; **en ~** im Traum
❷ *(rêverie)* Träumerei *f*
songer [sɔ̃ʒe] <2a> **I.** *vi* ❶ *(penser)* ~ **à qn/qc** an jdn/etw denken; *(réfléchir)* über jdn/etw nachdenken; ~ **à faire qc** daran denken etw zu tun; **songez-y bien** bedenken Sie das gut, überlegen Sie es sich *(Dat)* gut; **faire ~ qn à son fils/son enfance** jdn an seinen Sohn/seine Kindheit erinnern; **tu m'y feras** ~ erinnere mich bitte daran
❷ *littér (rêver)* träumen
II. *vt* ~ **que qn a fait qc** bedenken, dass jd etw getan hat; **tout cela est bien étrange, songeait-il** das ist alles sehr eigenartig, dachte er bei sich
songerie [sɔ̃ʒʀi] *f soutenu* Träumerei *f*
songeur, -euse [sɔ̃ʒœʀ, -ʒøz] *adj* ❶ *(perdu dans ses pensées)* nachdenklich, grüblerisch
❷ *(perplexe)* **être** [*o* **rester**] ~(-**euse**) nachdenklich werden; **laisser qn** ~ jdn nachdenklich stimmen
sonnaille [sɔnaj] *f* ❶ *(clochette)* Glöckchen *nt; d'une vache* Kuhglocke *f*
❷ *(son)* Gebimmel *nt*, Läuten *nt*
sonnant(e) [sɔnɑ̃, ɑ̃t] *adj* **à minuit ~/à quatre heures ~es** Punkt [*o* Schlag] Mitternacht/vier Uhr
sonné(e) [sɔne] *adj* ❶ *fam (cinglé)* bescheuert *(fam)*, bekloppt *(fam)*
❷ *fam (groggy)* groggy *(fam)*, mitgenommen *(fam)*
❸ *(annoncé par la cloche)* **il est minuit ~/quatre heures ~es** es schlägt Mitternacht/vier Uhr, es ist Schlag Mitternacht/vier Uhr
▶ **avoir cinquante ans bien ~s** *fam* gut und gerne über die Fünfzig [*o* fünfzig] sein *(fam)*
sonner [sɔne] <1> **I.** *vt* ❶ *(tirer des sons de)* läuten *cloche;* blasen *clairon;* ~ **trois coups** dreimal klingeln [*o* läuten SDEUTSCH, A]
❷ *(annoncer)* ~ **le réveil** *cloche:* zum Wecken läuten; *clairon:* zum Wecken blasen; ~ **la charge/la retraite** zum Angriff/Rückzug blasen; ~ **l'heure** *cloche, horloge:* die Stunde schlagen; ~ **l'alarme** *personne:* Alarm schlagen; *sirène:* heulen; *tocsin:* Sturm läuten
❸ *(appeler)* ~ **qn** [nach] jdm klingeln [*o* läuten SDEUTSCH, A]
❹ *fam (étourdir, secouer)* fertigmachen *(fam); coup, maladie, nouvelle:* umhauen *(fam)*, fertigmachen *(fam);* **être sonné(e)** fertig [*o* groggy] sein *(fam)*
❺ *fam (réprimander)* **se faire ~ par qn** von jdm einen Rüffel [*o* eins aufs Dach] bekommen *(fam)*
▶ **on** [ne] **t'a pas sonné(e)** *fam* du hast hier gar nichts zu melden *(fam)*
II. *vi* ❶ *(produire un son) cloche:* läuten; *réveil, téléphone:* klingeln, läuten (SDEUTSCH, A); *angélus, trompette:* ertönen
❷ *(produire un effet)* ~ **bien** *proposition:* gut [*o* schön] klingen; ~ **juste** echt klingen; *film:* echt wirken; ~ **faux** *aveux:* unaufrichtig [*o* falsch] klingen
❸ *(être annoncé) heure:* schlagen, gekommen sein; *fin:* gekommen sein; **midi/minuit sonne** es schlägt Mittag/Mitternacht; **la récréation sonne** es klingelt [*o* läutet SDEUTSCH, A] zur Pause; **quand sonne l'heure de qc** wenn die Zeit für etw gekommen ist, wenn es Zeit für etw ist
❹ *(s'annoncer)* klingeln, läuten (SDEUTSCH, A)
❺ *(jouer)* ~ **du cor/de la trompette** ins Horn stoßen/Trompete blasen
❻ *(tinter) monnaie, clé:* klimpern; *marteau:* klingen; **faire ~ qc** mit etw klimpern/klirren, etw klingen lassen

sonnerie – sortie

❼ PHON faire ~ le "t" final das „t" im Auslaut mitsprechen
sonnerie [sɔnʀi] f ❶ *(appel sonore)* Läuten *nt;* d'une cloche Geläute *nt,* Läuten; *d'un téléphone* Klingeln *nt,* Läuten (SDEUTSCH, A); *d'une trompette* Schmettern *nt*
❷ *(mécanisme) d'une pendule* Schlagwerk *nt; d'un réveil* Läutwerk *nt; (cloches)* Geläute *nt,* Läutwerk; ~ **téléphonique** Telefonklingel; ~ **électrique** elektrische Klingel; **remonter la ~ d'un réveil** das Läutwerk des Weckers aufstellen
❸ *a.* MIL Signal *nt;* ~ **de chasse** Jagdsignal
sonnet [sɔnɛ] *m* Sonett *nt*
sonnette [sɔnɛt] *f* Glocke *f; d'une porte d'entrée* Klingel *f; (mécanisme)* Alarmanlage *f;* ~ **de vélo** Fahrradklingel *f;* ~ **d'alarme** Alarmglocke; ~ **de nuit** Nachtglocke
▶ **tirer la ~ d'alarme** Alarm schlagen; **je tire la ~ d'alarme** ich warne dich/Sie; **tirer les ~s** *(pour s'amuser)* Klingeln putzen gehen *(fam), (pour demander de l'aide)* überall um Hilfe betteln
sonneur, -euse [sɔnœʀ, -øz] *m, f* Glöckner(in) *m(f);* ~ **[de cor]** Hornist(in) *m(f)*
sono [sɔno] *f fam abr de* **sonorisation** ❶ Verstärkeranlage *f*
❷ *(équipe)* Tontechniker *Pl*
sonomètre [sɔnomɛtʀ] *m* Lautstärkemesser *m*
sonore [sɔnɔʀ] *adj* ❶ *(retentissant) voix* sonore, klangvoll; *gifle, rire* schallend; *baiser* schmatzend
❷ *(relatif au son)* **onde ~** Schallwelle *f;* **bande/film/piste** ~ Tonband *nt/*-film *m/*-spur *f;* **ambiance/fond ~** Geräuschkulisse *f;* **nuisances ~s** Lärmbelästigung *f*
❸ *(qui résonne) lieu, voûte* hallend
❹ PHON *consonne* stimmhaft
sonorisation [sɔnɔʀizasjɔ̃] *f d'un film* Vertonung *f; d'une salle* Beschallung *f; (équipement)* Lautsprecheranlage *f,* Verstärkeranlage
sonoriser [sɔnɔʀize] <1> *vt* vertonen *film;* beschallen *salle*
sonorité [sɔnɔʀite] *f* ❶ *(qualité sonore) d'un instrument, d'une voix* Klangfarbe *f,* Klang *m; d'un transistor* Tonqualität *f,* Wiedergabequalität; *d'une salle* Akustik *f*
❷ *(résonance)* Resonanz *f*
❸ PHON Stimmhaftigkeit *f*
sonothèque [sɔnotɛk] *f* Geräuscharchiv *nt*
sonotone® [sɔnoton, sonoton] *m* Hörgerät *nt*
sophisme [sɔfism] *m* ❶ Scheinbeweis *m*
❷ PHILOS Sophismus *m*
sophiste [sɔfist] *mf* ❶ Wortverdreher(in) *m(f) (pej)*
❷ PHILOS Sophist(in) *m(f)*
sophistication [sɔfistikasjɔ̃] *f* ❶ *(perfectionnement)* hoher Entwicklungsstand; *(fonctionnalisme)* ausgeklügeltes System; *(complexité)* Komplexität *f*
❷ *(affectation des manières)* Affektiertheit *f;* **la ~ de sa beauté** das Künstliche [*o* Unnatürliche] seiner/ihrer Schönheit; **la ~ d'une forme** das Gekünstelte einer Form
sophistiqué(e) [sɔfistike] *adj* ❶ *(perfectionné)* hochentwickelt; *(fonctionnel)* durchdacht, ausgeklügelt
❷ *(complexe)* kompliziert, anspruchsvoll
❸ *(exagérément raffiné) beauté* künstlich, unnatürlich; *manières* affektiert, gekünstelt; *tenue* aufwendig, raffiniert; *public, endroit, magazine* mondän; *écrivain, artiste, mise en scène* raffiniert, subtil; *argumentation* subtil, kompliziert
sophistiquer [sɔfistike] <1> I. *vt (perfectionner)* perfektionieren, vervollkommnen
II. *vpr* **se ~** immer perfekter werden; *(en se compliquant)* immer komplexer [*o* komplizierter] werden
Sophocle [sɔfɔkl(ə)] *m* Sophokles *m*
sophrologie [sɔfʀɔlɔʒi] *f autogenes Training zur Steigerung der Widerstandskraft*
soporifique [sɔpɔʀifik] *adj* ❶ schlaffördernd; **cachet ~** Schlaftablette *f*
❷ *(endormant, ennuyeux)* einschläfernd, langweilig
soprane *v.* **soprano²**
sopraniste [sɔpʀanist] *m* Countertenor *m*
soprano¹ [sɔpʀano, sɔpʀani] <soprani *o* s> *m (voix)* Sopranstimme *f,* Sopran *m*
soprano² [sɔpʀano] <sopranes> *mf (chanteuse)* Sopran *m,* Sopranistin *f;* ~ **colorature** Koloratursängerin *f; (chanteur)* Sopran, Sopranist *m*
sorbe [sɔʀb] *f* BOT Vogelbeere *f*
sorbet [sɔʀbɛ] *m* Sorbet[t] *m o nt;* ~ **[au] citron** Zitronensorbet *m*
sorbetière [sɔʀbətjɛʀ] *f* Eismaschine *f*
sorbier [sɔʀbje] *m* Eberesche *f;* ~ **commun** [*o* **des oiseleurs**] Vogelbeerbaum *m*
sorbitol [sɔʀbitɔl] *m* BIO, CHIM Sorbit *m*
sorcellerie [sɔʀsɛlʀi] *f* ❶ Hexerei *f,* Hexenkunst *f*
❷ *(chose incompréhensible)* Hexerei *f;* **c'est** [*o* **ça tient**] **de la ~** das grenzt an Hexerei
sorcier, -ière [sɔʀsje, -jɛʀ] I. *adj* ▶ **ce n'est pas [bien] ~** das ist

leichter als [*o* du denkst] es aussieht
II. *m, f (femme)* Hexe *f; (homme)* Hexer *m,* Hexenmeister *m*
▶ **il ne faut pas être ~ pour apprendre à lire** es ist kein Kunststück lesen zu lernen *(fam);* **n'être pas ~** *fam (ne pas pouvoir faire)* nicht hexen können *(fam); (ne pas pouvoir savoir)* nicht hellsehen können *(fam)*
sordide [sɔʀdid] *adj* ❶ *(répugnant) quartier, ruelle* verwahrlost, heruntergekommen
❷ *(ignoble) circonstances* widerwärtig; *crime, individu* niederträchtig, gemein; *avarice, égoïsme* schnöde
sordidement [sɔʀdidmɑ̃] *adv* **se comporter** niederträchtig, gemein; *agir* schnöde
sorgho, sorgo [sɔʀgo] *m* BOT Sorghum *nt,* Sorgho *m*
sornettes [sɔʀnɛt] *fpl vieilli* leeres Gerede, dummes Zeug *(fam);* **assez de ~** genug geschwatzt; **ne savoir que débiter des ~s** nur dummes Zeug daherreden *(fam)*
sort [sɔʀ] *m* ❶ *(condition)* Schicksal *nt,* Los *nt; (situation)* Lage *f*
❷ *(destinée)* Schicksal *nt;* **quel a été le ~ de ton ami/votre voiture?** was ist aus deinem Freund/Ihrem Auto geworden?; **connaître le même ~ que** dasselbe Schicksal erleiden wie; **abandonner** [*o* **laisser**] **qn à son triste ~** jdn seinem traurigen Schicksal überlassen
❸ *(hasard)* Schicksal *nt,* Zufall *m;* **c'est le ~ qui décidera** wir überlassen es dem Zufall; **le ~ a tourné** das Blatt hat sich gewendet; **tirer le vainqueur/les numéros gagnants au ~** den Sieger/die Gewinnzahlen auslosen [*o* durch das Los bestimmen]; **[mauvais] coup du ~** Treppenwitz *m (iron)*
❹ *(maléfice)* Verhängnis *nt;* **[mauvais] ~** Fluch *m;* **elle a un ~** auf ihr liegt ein Fluch; **conjurer le mauvais ~** den Bann brechen; **jeter un ~ à qn/sur qc** jdn/etw verhexen [*o* mit einem Fluch belegen]
▶ **faire un ~ à un évènement** ein besonderes Augenmerk auf ein Ereignis richten; **faire un ~ à un livre** einem Buch zum Durchbruch verhelfen; **faire un ~ à un gigot/à une bouteille** *fam* eine Hammelkeule verspachteln/eine Flasche niedermachen *(fam);* **le ~ en est jeté** die Würfel sind gefallen
sortable [sɔʀtabl] *adj fam* vorzeigbar, herzeigbar; **elle est ~** sie kann sich sehen lassen, man kann sich mit ihr sehen lassen; **il n'est pas ~** er kann sich nirgends sehen lassen, man kann sich mit ihm nirgends sehen lassen
sortant(e) [sɔʀtɑ̃, ɑ̃t] I. *adj* ❶ *(en fin de mandat)* coalition, député, ministre scheidend *attr,* bisherig *attr*
❷ *(tiré au sort)* durch das Los bestimmt; **les numéros ~s** die Gewinnzahlen
II. *m(f) (député)* Abgeordnete(r) *f(m)* mit auslaufendem Mandat; *(ministre)* scheidender [*o* bisheriger] Minister *m/*scheidende [*o* bisherige] Ministerin *f;* **les entrants et les ~s** die Ein- und Ausgehenden
sorte [sɔʀt] *f* ❶ *(variété)* Art *f,* Sorte *f;* ~ **de légumes** Gemüseart, Gemüsesorte; **plusieurs ~s de pommes** mehrere Apfelsorten, mehrere Sorten Äpfel; **toutes ~s de personnes/choses** alle möglichen Menschen/Dinge; **des disques de toutes ~s** Schallplatten aller Art, alle möglichen Schallplatten; **ne plus avoir de marchandises d'aucune ~** keinerlei Waren mehr haben
❷ *(manière)* **elle parle lentement de [telle] ~ qu'on la comprend** sie spricht so langsam, dass man sie verstehen kann; **il parle lentement de [telle] ~ qu'on le comprenne** er spricht langsam, damit man ihn verstehen kann
▶ **en aucune ~** in keiner Weise; **en quelque ~** in gewisser Weise [*o* Hinsicht]; **en voir de toutes ~s** eine Menge [*o* allerhand] mitmachen; **faire en ~ que tout se passe bien** zusehen *fam* [*o* es so einrichten], dass alles gutgeht; **de la ~** so, auf diese Art und Weise
sortie [sɔʀti] *f* ❶ *(action de sortir) d'une personne* Herauskommen *nt; d'un véhicule* Herausfahren *nt; (action de quitter) d'une personne* Hinausgehen *nt; d'un véhicule* Hinausfahren *nt; des eaux* Auslaufen *nt;* POL, THEAT Abgang *m; (action de quitter un pays)* Ausreise *f;* ~ **de prison/d'hôpital** Entlassung *f* aus dem Gefängnis/Krankenhaus; **la ~ de piste** AUT das Abkommen von der Fahrbahn; **à la ~ de qn** bei jds Weggehen
❷ *(promenade)* Spaziergang *m; (en voiture, à bicyclette)* Spazierfahrt *f,* Tour *f; (excursion)* Ausflug *m;* ~ **scolaire** Schulausflug; **uniforme de ~** Ausgehuniform *f;* ~ **en concert/au théâtre** Konzert-/Theaterbesuch *m;* **ma dernière ~ en concert/au théâtre date d'il y a des mois** mein letzter Konzert-/Theaterbesuch liegt Monate zurück; **la première ~ depuis une maladie** der erste Ausgang nach einer Krankheit; **être de ~** *personne:* ausgehen; **tu es de ~ aujourd'hui?** willst du heute ausgehen?; **priver qn de ~** jdm Ausgehverbot erteilen; **être privé(e) de ~** Ausgehverbot haben
❸ *(lieu par où l'on sort) d'un bâtiment* Ausgang *m; d'un garage, d'une autoroute* Ausfahrt *f; d'une localité* Ortsausgang *m; (grande route)* Ausfallstraße *f,* Ausfahrt[s]straße *f; d'un égout* Mündung *f;* ~ **provisoire** Behelfsausfahrt; ~ **de secours** Notausgang *m; d'un*

bus, train Notausstieg *m;* ~ **des ateliers/de l'usine** Werkstor *nt;* ~ **des artistes** Künstlereingang *m;* ~ **de devant** Vorderausgang; **"~ de camions"** *(devant une usine)* „Werksausfahrt"; *(devant un chantier)* „Baustellenausfahrt"; **"~ d'école"** „[Vorsicht] Schulkinder!"; **"~ de garage"** „Ausfahrt freihalten!"
❹ *(fin) d'un spectacle, d'une saison* Ende *nt;* ~ **de l'école/des bureaux** Schul-/Büroschluss *m;* ~ **des classes** Schuljahresende, Ferienanfang *m;* **à la ~ [du magasin/du bureau]** nach Feierabend [*o* der Arbeit]; **à la ~ de l'usine** bei Betriebsschluss
❺ *(échappatoire)* Ausweg *m*
❻ *(parution) d'une publication* Erscheinen *nt,* Veröffentlichung *f; d'un disque* Erscheinen *nt; d'un nouveau modèle, véhicule* Markteinführung *f;* **la ~ de ce film est prévue pour le mois prochain** dieser Film soll nächsten Monat anlaufen [*o* in die Kinos kommen]; **la ~ de cette voiture est prévue pour janvier** dieses Auto soll im Januar auf den Markt kommen
❼ SPORT *d'un ballon* Aus *nt; d'un gardien* Herauslaufen *nt*
❽ AVIAT, MIL Einsatz *m,* Ausrücken *nt; d'un ennemi* Ausfall *m,* Ausbruch *m*
❾ *(attaque verbale)* Ausfall *m;* **faire une ~ contre qn** jdm gegenüber ausfällig werden
❿ *(exportation) de marchandises* Ausfuhr *f; de devises* Abfluss *m,* Ausfuhr; ~ **de disponibilités** Abfluss liquider Mittel
⓫ *(dépense)* Ausgabe *f*
⓬ ELEC Ausgang *m;* ~ **casque** Kopfhöreranschluss *m;* ~ **vidéo** Videoausgang
⓭ INFORM *(output)* Ausgabe *f;* ~ **sur imprimante** [*o* **sur papier**] Ausdruck *m,* Druckerausgabe, Hardcopy *f (Fachspr.);* ~ **vocale** Sprachausgabe
▸ **fausse ~** THEAT vorgetäuschter Abgang; **attendre qn à la ~** *fam* jdn schon noch [dran]kriegen *(fam)*
♦ ~ **de bain** Bademantel *m;* ~ **de[s] capitaux** Geldabfluss *m,* Mittelabfluss; ~ **nette de capitaux** Nettokapitalexport *m;* ~ **de données** INFORM Datenausgabe *f;* ~ **de marchandises** *(service)* Warenausgang *m*
sortie-écran [sɔʀtiekʀɑ̃] <sorties-écrans> *f* INFORM Monitorausgabe *f*
sortilège [sɔʀtilɛʒ] *m* Zauber *m kein Pl; (moyen)* Zaubermittel *nt; (acte de sorcellerie)* Zauberei *f;* **se débarrasser du ~ de qn** sich jds Bann *(Dat)* entziehen
sortir [sɔʀtiʀ] <10> I. *vi* + être ❶ *(partir)* hinausgehen, sich hinausbegeben *(geh); (venir)* herauskommen; *passager:* heraussteigen; ~ **par la fenêtre** aus dem [*o* durchs] Fenster steigen [*o* klettern]; ~ **en courant/rampant** herausrennen/-kriechen; **faire ~ qn** jdn hinausschicken, jdn auffordern hinauszugehen; **laisser ~ qn** jdn [weggehen lassen]; **prier qn de ~** jdn hinausbitten; **devoir ~** hinausmüssen *(fam);* **vouloir ~** herauswollen *(fam);* **qu'il sorte!** er soll hinaus! *(fam);* **faire ~ un animal** ein Tier hinausschicken [*o* hinausjagen]; **laisser ~ un animal** ein Tier hinauslassen
❷ *(quitter)* ~ **du magasin** aus dem Geschäft gehen, das Geschäft verlassen; *(venir)* ~ **du magasin** aus dem Geschäft kommen, das Geschäft verlassen; ~ **du lit** aus dem Bett kommen; ~ **d'un programme** ein Programm beenden; [**mais**] **d'où sors-tu?** woher kommst du denn?, wo kommst du denn her *fam?;* ~ **de chez ses amis** bei Freunden weggehen; **elle vient justement de ~ d'ici** sie ist gerade weggegangen; **à quelle heure sors-tu du bureau?** um wie viel Uhr verlässt du das Büro?; ~ **de prison** aus dem Gefängnis kommen; **en sortant du théâtre** beim Verlassen des Theaters; ~ **du garage** *voiture:* aus der Garage fahren; ~ **du/d'un créneau** ausparken; ~ **de la piste/route** von der Fahrbahn/Straße abkommen; ~ **des rails/des gonds** aus den Gleisen/Angeln springen; ~ **de son lit** *rivière:* über die Ufer treten; **faire ~ les gens d'une salle** die Leute aus dem Zimmer schicken [*o* auffordern das Zimmer zu verlassen]; **laisser ~ le chat de son panier** die Katze aus ihrem Korb lassen; **la faim fait ~ le loup du bois** der Hunger treibt den Wolf aus dem Wald
❸ *(quitter son domicile)* weggehen; ~ **de chez soi** aus dem Haus gehen [*o* kommen]; ~ **faire les courses** einkaufen gehen; **faire ~ un enfant/un animal** mit einem Kind an die [frische] Luft gehen/ein Tier ausführen; **laisser ~ un enfant/un animal** ein Kind/ein Tier hinauslassen [*o* ins Freie lassen]
❹ *(se divertir)* ausgehen, weggehen *(fam);* ~ **en boîte/en ville** in die Disko/in die Stadt gehen; **interdire à quelqu'un de ~** jdm Ausgehverbot erteilen; **ne pas avoir le droit de ~** Ausgehverbot haben
❺ *fam (avoir une relation amoureuse avec)* ~ **avec qn** mit jdm zusammen sein, mit jdm gehen *(fam)*
❻ *(en terminer avec)* ~ **de l'hiver** den Winter gerade hinter sich *(Dat)* haben; ~ **d'une période difficile** eine schwierige Zeit hinter sich *(Dat)* haben; **n'être pas encore sorti(e) d'embarras** noch nicht aus dem Schneider sein *(fam);* **être à peine sorti(e) de convalescence** [noch] kaum genesen sein; ~ **de son calme** seine [*o* die] Ruhe verlieren; ~ **de prendre sa douche** *fam* gerade vom Duschen kommen
❼ *(être tel après un événement)* ~ **indemne d'un accident** einen Unfall unverletzt überstehen; ~ **victorieux**[**-euse**] [*o* **vainqueur**]/**vaincu(e) d'un concours** siegreich [*o* als Sieger]/als Verlierer aus einem Wettbewerb hervorgehen; **être sorti(e) grandi(e) d'une épreuve** an einer Prüfung gewachsen sein; **être sorti(e) diminué(e) d'une maladie** nach einer Krankheit angeschlagen sein
❽ *(faire saillie)* ~ **de qc** aus etw *(Dat)* vorstehen; *(en haut)* aus etw *(Dat)* herausragen; *(en bas)* unter etw *(Dat)* hervorschauen; **sa chemise sort du pantalon** ihm hängt das Hemd aus der Hose heraus; **les yeux lui sortaient de la tête** *fig* ihm/ihr fielen fast die Augen aus dem Kopf *(fig)*
❾ COM *marchandises:* ausgeführt werden; *capitaux, devises:* abfließen, ausgeführt werden
❿ *(s'écarter)* ~ **du sujet/de la question** vom Thema/von der Frage abkommen; ~ **de la légalité** außerhalb der Legalität sein; ~ **des règles** sich nicht an die Regeln halten; ~ **des compétences de qn** nicht in jds Kompetenz fallen; **ça m'était complètement sorti de l'esprit** das war mir völlig entfallen; **il sort de son rôle** er mischt sich in Dinge ein, die ihn nichts angehen
⓫ SPORT ins Aus gehen; ~ **en touche** ins Seitenaus gehen; **être sorti(e)** im Aus sein; **être sorti(e) en touche** im Seitenaus sein
⓬ *(être issu de)* ~ **de qc** aus etw *(Dat)* stammen [*o* kommen]; ~ **du peuple** aus dem Volk kommen; ~ **de l'école de musique** die Musikschule besucht haben; **venir de ~ d'une école** gerade eine Schule abgeschlossen haben
⓭ *(apparaître) bourgeons, plante:* sprießen, herauskommen; *dent:* durchbrechen; ~ **de terre** aus der Erde kommen [*o* sprießen]
⓮ *(paraître) livre, disque:* erscheinen, herauskommen; *film:* anlaufen; *nouveau modèle, voiture:* auf den Markt kommen; **vient de ~** soeben erschienen, Neuerscheinung *f;* ~ **sur les écrans** in die Kinos kommen
⓯ JEUX *numéro:* fallen, gewinnen; *couleur:* ausgespielt werden
⓰ *(résulter de)* ~ **de qc** bei etw herauskommen
▸ **il n'y a pas à ~ de là** daran führt kein Weg vorbei; [**mais**] **d'où tu sors?** *fam* wo lebst du denn? *(fam);* **ne pas en ~** *fam* bei etw kein Land sehen *(fam)*
II. *vt* + *avoir* ❶ *(mener dehors)* ausführen, hinausgehen mit; *(porter dehors)* hinausbringen, hinaustragen; ~ **les fauteuils dans le jardin** die Sessel in den Garten bringen [*o* tragen]; **ça vous sortira** so kommen Sie auch mal raus *(fam)*
❷ *(expulser)* hinauswerfen
❸ *(libérer)* ~ **qn d'une situation difficile** jdn aus einer schwierigen Lage befreien; ~ **qn d'une mauvaise habitude** jdm eine schlechte Gewohnheit [*o* Unsitte] abgewöhnen; ~ **qn d'un travail** jdn von einer Arbeit ablenken [*o* wegholen]; ~ **qn d'un jeu** jdn beim Spiel ablenken; ~ **qn de l'ordinaire** *chose:* für jdn eine Abwechslung sein
❹ *(retirer d'un lieu)* herausholen, hervorholen; ~ **les disques/les robes légères** die Schallplatten/die leichten Kleider hervorholen; ~ **qc d'un sac/d'un tiroir/d'une valise** etw aus einer Tasche/einem Schubfach/einem Koffer herausnehmen [*o* herausziehen] [*o* hervorholen]; ~ **une serviette à qn** jdm ein Handtuch herauslegen; ~ **les mains de ses poches** die Hände aus den Taschen nehmen; ~ **la voiture du garage** das Auto aus der Garage fahren [*o* holen]; **ne pas arriver à ~ qc** etw nicht herausbekommen; **s'il vous plaît, sortez-moi de là!** bitte holt mich hier weg!
❺ *(extraire)* **faire ~ du jus d'un fruit** eine Frucht auspressen [*o* entsaften]; **faire ~ le pus d'un abcès** den Eiter aus einem Abszess herausholen
❻ COM [**faire**] ~ **des marchandises d'un pays** Waren aus einem Land ausführen; [**faire**] ~ **de la drogue d'un pays** Drogen aus einem Land [heraus]schmuggeln; ~ **qc en fraude** etw außer Landes schmuggeln
❼ *(lancer sur le marché)* auf den Markt bringen, herausbringen *nouveau modèle, véhicule;* herausbringen *film;* veröffentlichen, herausbringen *livre, disque*
❽ *fam (débiter)* von sich geben *(pej fam) âneries, sottises;* ~ **des âneries à qn** jdm dummes Zeug auftischen *(pej fam)*
❾ *fam (éliminer)* aus dem Rennen werfen, rauswerfen *(fam);* **se faire ~ au premier tour** SPORT in der ersten Runde rausfliegen *(fam);* **se faire ~ par qn** gegen jdn ausscheiden
❿ *fam (tirer)* ziehen *numéro, carte*
⓫ *fam (rendre public)* publik machen, an die Öffentlichkeit bringen *affaire, scandale*
⓬ ECON, FIN *(débiter)* ~ **qc d'un compte** etw ausbuchen
III. *vpr* + *être* ❶ *(se tirer)* **se ~ d'une situation/d'un piège** aus einer Situation/Falle herauskommen
❷ *(réussir)* **s'en ~** klarkommen *(fam),* es schaffen *(fam); (échapper à un danger, un ennui)* noch einmal davonkommen *(fam); (survivre)* durchkommen *(fam);* **ne pas s'en ~ avec qc** etw nicht gebacken kriegen *(fam);* **je ne m'en sors plus** *(fam)* ich komme damit nicht mehr klar *(fam)*

IV. *m* **au ~ du lit** beim Aufstehen; **au ~ d'une réunion** beim Verlassen einer Versammlung; **au ~ de l'hiver** am Ende des Winters

S.O.S. [ɛsoɛs] *m* ❶ SOS *nt*
❷ *(organisation)* ~ **médecins** medizinischer Not[fall]dienst; ~ **dépannage** Pannenhilfe *f*; ~ **femmes battues** Hilfe für Frauen in Not; ~ **Racisme** *französische Organisation gegen Rassismus*
▶ **envoyer** [*o* **lancer**] **un ~** SOS funken; *fig fam* einen Hilferuf loslassen *(fam)*

sosie [sɔzi] *m* Doppelgänger(in) *m(f)*

sot(te) [so, sɔt] **I.** *adj* dumm; *comportement, réflexion* töricht, dumm
II. *m(f) littér* Narr *m*/Närrin *f (geh)*, Tor *m*/Törin *f (geh)*

sottement [sɔtmɑ̃] *adv* dummerweise

sottise [sɔtiz] *f* ❶ *(acte sot)* Dummheit *f*
❷ *sans ~ de (caractère sot)* Dummheit *f*, Beschränktheit *f*; **avoir la ~ de faire qc** so dumm sein etw zu tun
❸ *(paroles niaises)* Dummheit *f*, dummes Zeug *(fam)*; **dire une ~/des ~s** dummes Zeug/Dummheiten erzählen

sottisier [sɔtizje] *m* Stilblütensammlung *f*

sou [su] *m* ❶ *pl fam (argent)* Geld *nt*, Kröten *Pl (fam)*, Mäuse *Pl (fam)*; **ça en fait des ~s!** *fam* das ist ein ganzer Haufen [*o* Batzen] Geld! *(fam)*
❷ HIST *(pièce de monnaie)* Sou *m (alte frz. Geldmünze)*
▶ **s'embêter à cent ~s de l'heure** *fam* sich zu Tode langweilen *(fam)*; **n'avoir pas un ~ en poche** *fam* keinen Pfennig [Geld] in der Tasche haben *(fam)*; **c'est une question de gros ~s** da geht es um das große Geld *(fam)*; **propre comme un ~ neuf** blitzsauber; **être beau comme un ~ neuf** zum Anbeißen schön sein; **de quatre ~s** Billig- *(pej)*; **L'Opéra de quat' ~s** Die Dreigroschenoper; **ne pas avoir un ~ de jugeote** *fam* nicht für fünf Pfennig Verstand haben; **ne pas avoir un ~ vaillant** keinen Pfennig mehr haben; **ne pas avoir** [*o* **être sans**] **le ~** *fam* blank sein *(fam)*; **compter ses ~s** *fam* nachsehen, ob man genügend Geld hat; *(être avare)* jeden Groschen dreimal umdrehen; **un ~ c']est un ~** *prov* wer den Pfennig nicht ehrt[, ist des Talers nicht wert] *(prov)*; **avec lui un ~ est un ~** für ihn zählt jeder Pfennig; **être près de ses ~s** *fam* auf den Pfennig schauen; **~ à** [*o* **par**] **~** Pfennig für Pfennig; **n'être pas rigolo pour un ~** kein bisschen lustig sein

souabe [swab] **I.** *adj* schwäbisch
II. *m, f* Schwabe *m*, Schwäbin *f*

soubassement [subasmɑ̃] *m* CONSTR Sockel *m*; GÉOL Grundgebirge *nt*

soubresaut [subrəso] *m* ❶ *(cahot) d'un véhicule* Satz *m*; *d'un cheval* Sprung *m*; **faire un ~** *cheval* plötzlich scheuen
❷ *(tressaillement)* Zuckung *f*; **~s d'agonie** Todeszuckungen; **avoir un ~ de peur** vor Angst zusammenzucken
❸ POL, ÉCON Erschütterung *f*

soubrette [subrɛt] *f* [Kammer]zofe *f*

souche [suʃ] *f* ❶ BOT Baumstumpf *m*; **~ de saule** Weidenstumpf; **~ de vigne** Weinstock *m*, Rebstock
❷ *(famille)* Ursprung *m*, Herkunft *f*, Wurzeln *Pl*; **de ~** der Herkunft nach, von Geburt; **les Marseillais de ~** die alteingesessenen Marseiller; **de vieille ~** aus einer alten Familie; **une famille de vieille ~** ein altes Geschlecht; **être de ~ paysanne** bäuerlicher Herkunft sein
❸ LING Wurzel *f*; **être de ~ grecque** *langue:* griechischen Ursprungs sein
❹ BIO Stamm *m*
❺ *(talon)* Kontrollabschnitt *m*
❻ *(partie de cheminée)* Schornstein[kopf] *m*, Kamin[kopf] *m* (SDEUTSCH)
▶ **dormir comme une ~** wie ein Stein schlafen; **faire ~** eine Familie gründen; **rester** [**planté(e)**] **comme une ~** wie angewurzelt dastehen

souchet¹ [suʃɛ] *m* BOT Zypergras *nt*

souchet² [suʃɛ] *m* ZOOL Löffelente *f*

souci¹ [susi] *m* ❶ *souvent pl (inquiétude)* Sorge *f*, Kummer *m kein Pl*; **~s financiers** Geldschwierigkeiten *Pl*; **~s pécuniers** *d'une personne* finanzielle Schwierigkeiten; **des ~s d'argent** Geldsorgen; **se faire du ~ pour qn/qc** sich *(Dat)* Sorgen um *(Dat)*/wegen etw machen; **faire faire du ~ à qn** jdm Sorgen [*o* Kummer] machen [*o* bereiten]; **aucun ~ pour l'avenir** keine Zukunftsängste; **sans ~** ohne Sorgen, sorgenfrei, unbesorgt
❷ *(préoccupation)* Sorge *f*, Anliegen *nt*; **~ principal** Hauptsorge *f*; **mon premier ~, c'est de trouver un travail** meine Hauptsorge ist es Arbeit zu finden; **mon premier ~ en arrivant dans la ville** das Erste, was ich bei Ankunft in der Stadt tat; **avoir** [**le**] **~ de qc** sich um etw bemühen; **avoir** [**le**] **~ de faire qc** sich darum bemühen etw zu tun; **dans le ~ de faire qc** um etw zu tun
❸ *(respect)* **le ~ de la vérité/perfection** das Bemühen um Wahrhaftigkeit/Vollkommenheit; **dans un** [*o* **par**] **~ de vérité** im Bemühen um Wahrhaftigkeit; **par ~ d'égalité** wegen [*o* aus Gründen] der Gleichberechtigung

souci² [susi] *m* BOT Ringelblume *f*; **~ d'eau** [*o* **des marais**] Sumpfdotterblume *f*, Kuhblume *f (fam)*

soucier [susje] <1a> *vpr* **se ~ de qn/de la nourriture** sich um jdn/um die Verpflegung kümmern; **se ~ de l'avenir** für die Zukunft [vor]sorgen; **se ~ de l'heure/des voitures** die [Uhr]zeit/den Straßenverkehr beachten; **ne pas se ~ de la vérité** sich nicht um die Wahrheit kümmern; **se ~ de faire qc** bestrebt [*o* darauf bedacht] sein etw zu tun

soucieux, -euse [susjø, -jøz] *adj* ❶ *(inquiet) personne* besorgt; *air, ton* sorgenvoll, besorgt
❷ *(préoccupé)* **être ~(-euse) de qn/de l'avenir** sich um jdn/um die Zukunft sorgen; **être ~(-euse) de la vérité** auf die Wahrheit bedacht sein; **être ~(-euse) de l'heure** auf die [Uhr]zeit achten; **être ~(-euse) de faire qc** bestrebt [*o* darauf bedacht] sein etw zu tun; **il est peu/n'est nullement ~ qu'on médise** es kümmert ihn wenig/überhaupt nicht, ob man ihn verleumdet

soucoupe [sukup] *f* Untertasse *f*
▶ **~ volante** fliegende Untertasse

soudage [sudaʒ] *m* TECH Schweißen *nt*; *(brasure)* Löten *nt*

soudain(e) [sudɛ̃, ɛn] **I.** *adj événement, geste* unerwartet, plötzlich; *sentiment* plötzlich, jäh; **ce fut très ~** das kam völlig unerwartet
II. *adv* plötzlich, auf einmal, mit einem Mal

soudainement [sudɛnmɑ̃] *adv* plötzlich, unvermittelt

soudaineté [sudɛnte] *f* ❶ Plötzlichkeit *f*; *d'un geste Abruptheit *f*; **la ~ de sa mort** sein/ihr plötzlicher Tod; **la ~ de ton revirement** dein plötzlicher Meinungswechsel

soudard [sudaʀ] *m* brutaler Soldat; **les ~s** die Soldateska

soude [sud] *f* Soda *f o nt*, Natriumkarbonat *nt*; **~ [caustique]** Ätznatron *nt*

soudé(e) [sude] *adj* ❶ *(uni par soudure)* verschweißt
❷ *(joint, uni) pétales, sépales* zusammengewachsen

souder [sude] <1> **I.** *vt* ❶ TECH schweißen; verschweißen, zusammenschweißen *pièces;* **~ deux tuyaux** zwei Rohre miteinander verschweißen; *(braser)* verlöten, zusammenlöten *pièces;* **~ qc par points** etw punktschweißen
❷ *(réunir)* zusammenschweißen *gens, amis;* **être ~ rester)** soudé(e)s fest zusammenhalten, wie Pech und Schwefel sein *(fig fam)*
❸ *(attacher)* **être soudé(e)** verwurzelt sein; **être soudé(e) à sa région natale** in seiner Heimat verwurzelt sein; **avoir les pieds soudés au plancher** wie angewurzelt dastehen
❹ MÉD, ANAT, BOT **être soudé(e)** zusammengewachsen sein; **pour ~ les deux parties de l'os** damit die beiden Knochenteile wieder zusammenwachsen
II. *vpr* **se ~** zusammenwachsen

soudeur, -euse [sudœʀ, -øz] *m, f* Schweißer(in) *m(f)*

soudoyer [sudwaje] <6> *vt* dingen, kaufen, bestechen *assassin;* **des assassins soudoyés** gedungene Mörder

soudure [sudyʀ] *f* ❶ *(action)* Schweißen *nt*; *(brasure)* Löten *nt*; **~ autogène** Autogenschweißen, Schmelzschweißen; **~ à l'arc** Elektroschweißen; **~ au gaz** Gasschweißen
❷ *(substance)* Lot *nt*
❸ *(résultat)* Schweißnaht *f*; *(brasure)* Lötstelle *f*
❹ BIO *(action)* d'os Zusammenwachsen *nt*; *(résultat)* Verwachsung *f*, zusammengewachsene Bruchstelle; **des os du crâne** [Schädel]naht *f*
❺ *(liaison)* **assurer la ~ entre deux choses** einen nahtlosen Übergang zwischen zwei Dingen gewährleisten; **faire la ~ avec qc** die Zeitspanne zu etw überbrücken

soufflage [suflaʒ] *m* TECH Glasbläserei *f*; **~ du verre** Glasblasen *nt*; **pratiquer le ~ du verre** mundgeblasenes Glas herstellen

soufflant(e) [suflɑ̃, ɑ̃t] *adj machine* **~e** Gebläse *nt*; **brosse à cheveux ~e** Föhnbürste *f*

soufflante [suflɑ̃t] *f* TECH Gebläse *nt*

souffle [sufl] *m* ❶ *(expiration)* Atemzug *m*; *(respiration)* Atmen *nt*; *(capacité pulmonaire)* Atem *m*, Atmung *f*; **le dernier ~** der letzte Atemzug; **avoir le ~ court** kurzatmig sein; **arriver le ~ haletant** außer Atem ankommen; **éteindre les bougies d'un [seul] ~** alle Kerzen auf einmal ausblasen; **il faut du ~** man braucht einen guten Atem; **manquer de ~** atemlos sein; **perdre le ~** außer Atem kommen
❷ *(déplacement d'air) d'une explosion* Druckwelle *f*; *d'un incendie* Sog *m*; *d'un ventilateur* Luftzug *m*; **le ~ des incendies** der Feuersturm
❸ *(vent)* Wehen *nt*; **~ d'air** Lufthauch *m*, Luftzug *m*; **~ du vent** Wind[hauch] *m*; **il n'y a pas un ~** [**d'air/de vent**] es regt sich kein Lüftchen; **le ~ du vent dans le feuillage** das Rauschen des Windes in den Blättern
❹ *(vitalité)* Tatkraft *f*; *(persévérance)* Stehvermögen *nt*; **il faut du ~ pour cela** man braucht dafür einen langen Atem; **second** [*o* **deuxième**] **~** neuer Schwung [*o* Auftrieb]
❺ *(mouvement créateur) d'un écrivain, poète* Schöpferkraft *f*; *d'une œuvre, histoire* Inspiration *f*; **le ~ d'un génie** die geniale Inspiration; **le ~ créateur de Dieu** der schöpferische Atem Gottes

❻ *(bruit)* ~ **audible** Rauschen *nt;* **qui dégage peu de ~ audible** rauscharm
▸ **avoir du ~** Kondition haben; *(avoir du culot)* Nerven haben; **couper le ~ à qn** jdm den Atem nehmen [*o* die Sprache verschlagen]; **être à couper le ~** atemberaubend sein; **ne pas manquer de ~** ziemlich dreist sein; **reprendre son ~** *(respirer)* Atem [*o* Luft] holen; *(se calmer)* tief durchatmen; **dans un ~** kaum hörbar; **d'un ~** um Haaresbreite
◆ **~ au cœur** Herzgeräusche *Pl,* Herzklappenfehler *m*

soufflé [sufle] *m* GASTR Auflauf *m,* Soufflé *nt,* Soufflee; **~ au fromage** Käseauflauf; **~ de riz** Reisauflauf

soufflé(e) [sufle] *adj fam (stupéfait)* [en] **être ~(e)** platt sein *(fam)*

souffler [sufle] <1> I. *vi* ❶ *vent:* wehen; **ça souffle** es ist windig
❷ *(insuffler de l'air)* **~ sur/dans qc** auf etw *(Akk)*/in etw *(Akk)* blasen; **~ sur ses doigts** in die Hände hauchen; **~ sur la poussière** den Staub wegpusten
❸ *(haleter)* keuchen, schnaufen
❹ *(se reposer)* verschnaufen, eine Verschnaufpause [*o* Atempause] machen
❺ *(prendre du recul)* **laisser ~ qn** jdm [noch] etwas Zeit lassen [*o* geben]
II. *vt* ❶ *(éteindre)* ausblasen
❷ *(déplacer en soufflant)* [weg]pusten, *vent:* wegwehen; **~ la poussière dans les yeux** den Staub in die Augen pusten; **~ la fumée au visage de qn** jdm den Rauch ins Gesicht pusten
❸ *fam (enlever)* **~ un pion** einen [Spiel]stein kassieren *(fam);* **~ qc à qn** jdm etw wegschnappen [*o* wegangeln] *(fam);* **~ une affaire à qn** jdm einen Auftrag [vor der Nase] wegschnappen *(fam)*
❹ *(détruire)* zerstören, wegfegen *(fam)*
❺ *(dire discrètement)* **~ un secret à qn** jdm ein Geheimnis zuflüstern; **~ un poème à l'oreille de qn** jdm ein Gedicht ins Ohr flüstern; THEAT jdm ein Gedicht soufflieren; SCOL jdm ein Gedicht vorsagen
❻ *fam (stupéfier)* sprachlos machen, umhauen *(fam)*
❼ TECH **~ le verre** Glas *nt* blasen

soufflerie [sufləri] *f* ❶ Gebläse *nt*
❷ AVIAT, AUT Windkanal *m*

soufflet [sufle] *m* ❶ *(instrument)* Blasebalg *m*
❷ *(partie pliante)* Balg[en] *m;* **classeur à ~** Pultordner *m*
❸ *littér (gifle)* Ohrfeige *f*
❹ *fig littér (insulte)* Affront *m*

souffleter [suflǝte] <3> *vt littér* ❶ *vieilli (gifler)* **~ qn** jdm einen Backenstreich versetzen *(veraltet geh),* jdn ohrfeigen
❷ *(humilier)* **~ qn** jdn vor den Kopf stoßen *(fig)*

souffleur, -euse [suflœʀ, -øz] *m, f* THEAT Souffleur *m*/Souffleuse *f*
◆ **~ de verre** Glasbläser(in) *m(f)*

souffleuse [sufløz] *f* CAN *(chasse-neige)* Schneefräse *f*

souffrance [sufʀɑ̃s] *f* ❶ *(douleur physique)* Schmerz *m*
❷ *(douleur morale)* Schmerz *m,* Leid *nt*
❸ *(fait de souffrir)* Leiden *nt*
❹ *(en suspens)* **affaire/dossier en ~** unerledigte Angelegenheit/ Akte; **colis/marchandises en ~** nicht abgeholte Pakete/Waren; **paiement en ~** ausstehende Zahlung

souffrant(e) [sufʀɑ̃, ɑ̃t] *adj* ❶ *littér (éprouvé de la peine)* leidend
❷ *(indisposé)* **être ~(e)** [leicht] erkrankt sein, unpässlich sein *(geh)*

souffre-douleur [sufʀədulœʀ] *mf inv* Prügelknabe *m*

souffreteux, -euse [sufʀǝtø, -øz] *adj* kränklich

souffrir [sufʀiʀ] <11> I. *vi* ❶ *(avoir mal)* leiden; **faire ~ qn** jdm wehtun; **ses dents le font ~** er hat Zahnschmerzen
❷ *(avoir mal quelque part)* **~ de la tête/de l'estomac/des reins** Kopf-/Magen-/Nierenschmerzen haben
❸ *(avoir mal à cause de)* **~ du froid/de la chaleur** unter der Kälte/Hitze leiden; **~ de la faim/de la soif** Hunger/Durst leiden; **~ de malnutrition/d'un manque de lumière** an den Folgen falscher Ernährung/an Lichtmangel *(Dat)* leiden
❹ *(être malheureux)* leiden; **faire ~ qn** *personne:* jdn unglücklich machen; *échec, séparation:* schmerzen; **~ d'être seul(e)** darunter leiden alleine zu sein
❺ *(être endommagé à cause de)* **~ du gel** *cultures:* unter dem Frost leiden; **~ d'une grave crise** *pays:* in einer schweren Krise stecken; **sa réputation souffre de ce scandale** dieser Skandal schadet seinem Ruf
❻ *fam (avoir des difficultés)* **il a souffert pour avoir l'examen** es war nicht einfach für ihn die Prüfung zu bestehen
II. *vt* ❶ *(endurer)* [er]dulden, [er]leiden
❷ *(admettre)* **ne ~ aucun retard** keine Verspätung dulden; **~ quelques exceptions** gewisse Ausnahmen dulden
❸ *(supporter, aimer)* **ne pas pouvoir ~ qn/qc** jdn/etw nicht leiden [*o* ausstehen] können; **ne pas pouvoir ~ le mensonge** Lügen nicht ausstehen können
III. *vpr (se supporter)* **ne pas pouvoir se ~** sich nicht leiden [*o* ausstehen] können

soufisme [sufism] *m* Sufismus *m*

soufre [sufʀ] I. *adj inv* **jaune ~** schwefelgelb
II. *m* Schwefel *m*
▸ **sentir le ~** spüren, dass etw faul ist *(fam)*

soufré(e) [sufʀe] *adj* geschwefelt; **allumettes ~es** Schwefelhölzer *Pl*

soufrer [sufʀe] <1> *vt* schwefeln; [aus]schwefeln *tonneau*

souhait [swɛ] *m* ❶ Wunsch *m;* **exprimer le ~ de faire qc** den Wunsch äußern, etw zu tun
❷ *(très, aussi bien)* **joli(e) à ~** bildhübsch; **paisible à ~** herrlich friedlich; **marcher à ~** *entreprise, affaire:* [ganz] nach Wunsch [ver]laufen
▸ **à tes/vos ~s!** Gesundheit!
◆ **~s de bonheur** Glückwünsche *Pl;* **~s de bonne année** Neujahrswünsche *Pl*

souhaitable [swɛtabl] *adj* wünschenswert; *but* erstrebenswert; **il est ~ que chacun soit au courant** es ist wünschenswert jeden auf dem Laufenden zu halten

souhaiter [swete] <1> I. *vt* ❶ *(désirer)* **~ qc** sich *(Dat)* etw wünschen; **~ que tout se passe bien** hoffen [*o* sich *(Dat)* wünschen], dass alles gut verläuft; **nous souhaitons manger** wir möchten essen; **je souhaiterais t'aider davantage** ich würde dir gern[e] noch mehr helfen
❷ *(espérer pour quelqu'un)* **~ bonne nuit/beaucoup de bonheur à qn** jdm gute Nacht/viel Glück wünschen; **~ bien des choses pour la nouvelle année à qn** jdm alles Gute für das neue Jahr wünschen; **un joyeux anniversaire à qn** jdm alles Gute zum Geburtstag wünschen; **~ son anniversaire/sa fête à qn** jdm zum Geburtstag/Namenstag gratulieren; **~ à qn de réussir** jdm wünschen, dass er Erfolg hat; **je t'en/vous en souhaite!** na dann viel Spaß! *(fam)*
II. *vpr* **se ~ qc** sich etw *(Akk)* wünschen

souiller [suje] <1> *vt littér* ❶ *(salir)* beschmutzen, schmutzig machen
❷ *(entacher)* in den Schmutz ziehen *nom, réputation*

souillon [sujɔ̃] *f (personne malpropre)* Schmutzfink *m (fam)*

souillure [sujyʀ] *f* ❶ *rare (tâche)* Schmutzfleck *m*
❷ *fig littér* Befleckung *f*

souk [suk] *m* ❶ *(bazar)* Souk *m*
❷ *fam (désordre)* Durcheinander *nt (fam)*

soul [sul] *f* **la musique ~** Soulmusik *f*

soûl [su] *m* **tout mon/ton ~** nach Herzenslust *f*

soûl, soûle [su, sul] *adj* ❶ *fam (ivre)* blau *(fam),* betrunken; **être complètement ~(e)** total blau sein *(fam)*
❷ *(repu de)* **il était ~ de paroles/promesses** jd hat sich an Worten/Versprechungen sattgehört; **qn est ~ de qc** jdm kommt etw zu den Ohren raus *(pej fam)*

soulagement [sulaʒmɑ̃] *m* ❶ *(fait de ne plus être inquiet)* Erleichterung *f;* **un soupir de ~** ein Seufzer der Erleichterung
❷ *(adoucissement)* Linderung *f;* **apporter un certain ~ à qn** jdm etwas Linderung verschaffen

soulager [sulaʒe] <2a> I. *vt* ❶ *a. fig (ôter une charge lourde)* erleichtern, entlasten; **~ qn de son fardeau/son travail** jdm einen Teil seiner Last/Arbeit abnehmen; **~ les entreprises** *État:* die Steuerlast der Unternehmen [ver]mindern; **~ la conscience de qn** jds Gewissen erleichtern
❷ *(rendre plus supportable)* lindern *peine, misère*
❸ *(calmer la douleur)* **~ qn** jds Schmerzen lindern, jdm Linderung verschaffen
❹ *(rassurer)* **~ qn** *nouvelle, aveu:* jdn erleichtern; **être soulagé(e)** *personne:* erleichtert sein
❺ *(aider)* **~ qn** jdm helfen, jdn entlasten
II. *vpr* ❶ *(se défouler)* **se ~ en faisant qc** sich *(Dat)* Erleichterung verschaffen, indem man etw tut
❷ *(partager sa charge de travail)* **se ~** sich entlasten
❸ *fam (satisfaire un besoin naturel)* **se ~** sich erleichtern *(fam)*

soûlant(e) [sulɑ̃, ɑ̃t] *adj* ❶ *(enivrant)* berauschend; *(grisant)* betörend
❷ *péj (épuisant)* ermüdend

soûlard(e) [sulaʀ, aʀd] *m(f) fam* Säufer(in) *m(f) (pej fam)*

soûler [sule] <1> I. *vt* ❶ *fam (enivrer)* **~ qn à la bière/au whisky** jdn mit Bier/Whiskey betrunken machen; **ça soûle!** das macht blau! *(fam)*
❷ *(tourner la tête)* **~ qn** jdn [ganz] benommen machen *(fam)*
❸ *(étourdir)* **~ qn de paroles** jdn totreden *(fam)*
II. *vpr* ❶ *(s'enivrer)* **se ~ à la bière/au whisky** sich mit Bier/ Whiskey betrinken
❷ *(se griser)* **se ~ de musique/paysages magnifiques** sich an der Musik/herrlichen Landschaften berauschen

soûlerie [sulʀi] *f fam* ❶ *(beuverie)* Saufgelage *nt (fam)*
❷ *(ivresse)* Rausch *m*

soulèvement [sulɛvmɑ̃] *m* ❶ *(révolte)* Aufstand *m,* Erhebung *f*
❷ GEOL [Er]hebung *f*

soulever [sul(ə)ve] <4> I. *vt* ❶ *(lever)* [hoch]heben *poids;* hoch-

soulagement/sérénité	
exprimer le soulagement	**Erleichterung ausdrücken**
Ça y est!	Geschafft!
Dieu merci!	Gott sei Dank!
Enfin!	Endlich!
Heureusement que ça s'est passé comme ça!	Bin ich froh, dass es so gekommen ist!
Quelle chance que tu sois venu(e)!	Ein Glück, dass du gekommen bist!
exprimer la sérénité	**Gelassenheit ausdrücken**
Ça va aller.	Es wird schon werden.
Ce n'est pas si grave.	Alles halb so schlimm.
Ne vous en faites pas, nous finirons **bien** par y arriver.	**Keine Angst,** das werden wir **schon** hinkriegen.
Ne vous faites pas de soucis.	Machen Sie sich keine Sorgen.
Nous verrons bien.	Abwarten und Tee trinken. *(fam)*
Pas de panique/d'affolement!	Nur keine Panik/Aufregung!
Restons calme!/Ne nous affolons pas! *(fam)*	Ganz ruhig bleiben!

stemmen *enfant, plaque d'égout*
❷ *(relever légèrement)* hochheben, anheben
❸ *(pousser)* hochdrücken *store*
❹ *(agiter)* aufwirbeln *poussière, sable;* ~ **un rideau** *vent:* einen Vorhang hochwehen
❺ *(exalter)* in Begeisterung versetzen, mitreißen
❻ *(pousser à la révolte)* aufwiegeln; aufbringen *opinion publique*
❼ *(provoquer la colère de)* ~ **qn contre soi** jdn gegen sich *(Akk)* aufbringen
❽ *(provoquer)* hervorrufen *enthousiasme, colère;* auslösen *applaudissements, protestations*
❾ *(susciter)* aufwerfen *problème, question*
II. *vpr* **se** – ❶ *personne:* aufstehen; *couvercle, rideau:* sich heben; **se ~ de son fauteuil** sich aus dem Sessel erheben
❷ *(se révolter)* sich erheben
❸ *(s'agiter légèrement) sable, poussière:* aufwehen; *(fortement)* aufwirbeln
soulier [sulje] *m* Schuh *m;* **~ s à talons hauts** CAN Schuhe mit hohen Absätzen; **~s bas** CAN Halbschuhe
▶ **qn est dans ses petits ~s** jd würde sich am liebsten in einem Mauseloch verkriechen *(fam)*
soulignage [suliɲaʒ] *m,* **soulignement** [suliɲmɑ̃] *m* Unterstreichen *nt*
souligner [suliɲe] <1> *vt* ❶ *(tirer un trait sous)* unterstreichen; **souligné(e) de deux traits/en rouge** doppelt/rot unterstrichen
❷ *(accentuer, marquer)* betonen; **être souligné(e) de bleu** *yeux:* durch einen blauen Lidstrich betont sein; **robe qui souligne les formes/la taille** figurbetontes/taillenbetontes Kleid
❸ *(insister sur)* unterstreichen, betonen *importance, risques*
soûlographie [suloɡʁafi] *f fam* Sauferei *f (fam)*
soulte [sult] *f* ❶ COM Ausgleichsbetrag *m*
❷ JUR Ausgleichszahlung *f,* Abfindung *f*
soumettre [sumɛtʁ] <*irr*> I. *vt* ❶ *(asservir)* ~ **un joueur à qn/qc** einen Spieler jdm/einer S. unterwerfen
❷ *(astreindre)* ~ **qn à une réglementation stricte/à l'impôt** jdn einer Verordnung/Steuer unterwerfen, jdm eine Verordnung/Steuer auferlegen; **ne pas ~ qc à l'impôt** etw nicht besteuern
❸ *(faire subir)* ~ **qn à des tests/analyses** jdn [einer Reihe von] Untersuchungen/Analysen unterwerfen; ~ **qn à une épreuve** jdm eine Prüfung auferlegen
❹ *(présenter)* ~ **une idée/un projet à qn** jdm einen Vorschlag/ein Projekt unterbreiten; ~ **un manuscrit à qn** jdm ein Manuskript anbieten
II. *vpr* ❶ *(obéir)* **se** ~ sich unterwerfen; **se** ~ **à la loi/à une décision** sich dem Gesetz/einer Entscheidung fügen *(o beugen)*
❷ *(se plier à, suivre)* **se** ~ **à un entraînement spécial** sich einem speziellen Training unterziehen
soumis(e) [sumi,-z] I. *part passé de* **soumettre**
II. *adj* ❶ *(docile)* fügsam, ergeben, unterwürfig *(pej)*
❷ *a.* JUR, ECON *(assujetti)* ~ **à l'amortissement** abschreibungspflichtig; **être** ~ **à des changements** Veränderungen unterliegen; ~ **à contribution** umlagepflichtig; ~ **à cotisations** *revenu* beitragspflichtig; ~ **aux droits de douane** zollpflichtig; **être** ~ **à l'imposition** der Besteuerung *(Dat)* unterliegen; ~ **à l'impôt** steuerpflichtig; **non** ~ **à l'impôt** steuerfrei; ~ **à l'obligation de déclaration** anmeldepflichtig; **ne pas être** ~ **à l'obligation de constituer avocat** nicht dem Anwaltszwang unterliegen; ~ **à l'obligation d'inscription** eintragungspflichtig; ~ **à l'obligation de motiver** begründungspflichtig; ~ **à rente foncière** grundzinspflichtig; **personne** ~ **e au droit fiscal** Steuerrechtsperson *f (Fachspr.)*
soumission [sumisjɔ̃] *f* ❶ *(obéissance)* Fügsamkeit *f,* Unterwürfigkeit *f (pej)*
❷ *(reddition) des rebelles, d'un pays* Unterwerfung *f;* **faire** [**sa**] ~ **à qn** sich jdm unterwerfen
❸ COM [schriftliches] Angebot; ~ **pour un marché public** Ausschreibungsangebot
soumissionner [sumisjɔne] <1> I. *vi* ~ **à qc** sich bei etw bewerben
II. *vt* COM ein Angebot abgeben [*o* machen]
soupape [supap] *f a. fig* Ventil *nt*
◆ ~ **d'admission** AUT Einlassventil *nt;* ~ **d'échappement** AUT Auslassventil *nt*
soupçon [supsɔ̃] *m* ❶ *(suspicion)* Verdacht *m kein Pl;* **de graves ~s** ein schwerer Verdacht; **être au-dessus de tout** ~ über jeden Verdacht erhaben sein *(geh);* **éveiller les ~s de qn** jds Verdacht erregen
❷ *(très petite quantité)* Idee *f,* Spur *f;* **un** ~ **de sel/poivre** eine Idee [*o* Spur] Salz/Pfeffer; **un** ~ **d'ironie** ein Hauch [von] Ironie
❸ *(idée)* Vermutung *f;* **ne pas avoir** ~ **de qc** keine Vorstellung von etw haben, sich *(Dat)* keine Vorstellung von etw machen
soupçonner [supsɔne] <1> *vt* ❶ *(suspecter)* ~ **qn de vol** jdn des Diebstahls verdächtigen; **soupçonné(e) de meurtre** [*o* **d'assassinat**] mordverdächtig
❷ *(se douter)* vermuten; ahnen *vérité*
soupçonneux, -euse [supsɔnø, -øz] *adj* misstrauisch, argwöhnisch *(geh)*
soupe [sup] *f* ❶ *(potage)* Suppe *f;* ~ **de légumes/de poisson** Gemüse-/Fischsuppe; ~ **à l'oignon** Zwiebelsuppe; ~ **de bière** Biersuppe; **assiette/cuillère à** ~ Suppenteller *m*/-löffel *m;* **ne pas aimer la** ~ ein Suppenkasper sein *(fam);* **à la ~!** *fam* essen kommen!
❷ *(neige fondue)* Schneematsch *m*
❸ *(organisme charitable)* ~ **populaire** Armenküche *f*
❹ SCI ~ **primitive** [*o* **biotique**] Ursuppe *f*
▶ **avoir la** ~ **à la grimace** *fam* einen eisigen Empfang erhalten; **être très** ~ **au lait** sehr aufbrausend sein; **aller à la** ~ sich am großen Fressen beteiligen *(fam);* **être trempé(e) comme une** ~ *fam* klatschnass sein; **cracher dans la** ~ *fam* in die eigene Suppe spucken *(fam)*
soupente [supɑ̃t] *f (en haut d'une pièce)* Hängeboden *m; (sous l'escalier)* Verschlag *m*
souper¹ [supe] *m* ❶ *(repas tard dans la nuit)* spätes Abendessen [nach einer Abendveranstaltung]
❷ BELG, CAN, CH *(dîner)* [Abend]essen *nt,* Nachtessen *nt* (CH, SDEUTSCH)
souper² [supe] <1> *vi* ❶ *(prendre un souper)* spät am Abend/in der Nacht essen
❷ BELG, CAN, CH *(dîner)* zu Abend essen; **vous restez à ~?** bleiben

Sie zum Abendessen?
▶ **en** avoir soupé de qc *fam* von etw die Nase [gestrichen] voll haben *(fam)*
soupeser [supəze] <4> *vt* ① *(peser)* mit der Hand abwiegen
② *(évaluer)* abwägen; **~ des arguments** Argumente [gegeneinander] abwägen
soupière [supjɛʀ] *f* Suppenschüssel *f*
soupir [supiʀ] *m* ① *(signe d'émotion)* Seufzer *m;* **~ de soulagement/résignation** Seufzer der Erleichterung/Resignation; **pousser un ~ de soulagement** *(être soulagé)* [erleichtert] aufatmen
② MUS Viertelpause *f*
soupirail [supiʀaj, o] <-aux> *m* Kellerfenster *nt*
soupirant [supiʀɑ̃] *m hum* Verehrer *m*
soupirer [supiʀe] <1> *vi* seufzen; **~ d'aise/de regret/d'ennui** zufrieden [*o* vor Zufriedenheit]/bedauernd [*o* vor Bedauern]/gelangweilt seufzen
souple [supl] *adj* ① *(opp: rigide)* biegsam; *lentilles de contact* weich; *cuir* geschmeidig
② *(agile) bras, jambes, personne* gelenkig
③ *(adaptable)* flexibel; *personne* flexibel, anpassungsfähig
④ *(gracieux)* geschmeidig
⑤ *(docile)* fügsam
⑥ *(maniable) interrupteur, levier de vitesse* leichtgängig
souplesse [suplɛs] *f* ① *(opp: rigidité) d'une branche, lame, tige* Biegsamkeit *f; d'un cuir, plastique* Weichheit *f*
② *(opp: raideur) des bras, jambes, d'une personne* Gelenkigkeit *f; de la démarche, des mouvements* Geschmeidigkeit *f*
③ *(adaptabilité)* Flexibilität *f; d'une personne* Flexibilität, Anpassungsfähigkeit *f*
souquer [suke] <1> I. *vt* festziehen *nœud*
II. *vi* kräftig rudern; **~ ferme** sich in die Riemen legen
sourate [suʀat] *f* REL Sure *f*
source [suʀs] I. *f* ① *(point d'eau)* Quelle *f; (gisement)* Wasservorkommen *nt;* **~ thermale/d'eau minérale** Thermal-/Mineralquelle; **eau de ~** Quellwasser *nt*
② *(naissance d'un cours d'eau)* Quelle *f,* Ursprung *m;* **prendre sa ~ en Suisse** in der Schweiz entspringen
③ *poét (origine)* Urquell *m,* Urquelle *f*
④ *(cause, raison)* Quelle *f,* Ursprung *m;* **~ de [la] contamination** Infektionsquelle; **~ d'erreurs** Fehlerquelle; **de ~ sûre/bien informée** aus sicherer/gut unterrichteter Quelle; **être [une] ~ d'ennuis** Anlass *m* zu Langeweile geben; **retour aux ~s** Rückkehr *f* zum Ursprung
⑤ PHYS, OPT **~ lumineuse/sonore/radioactive** Licht-/Schall-/Strahlenquelle *f;* **~ d'énergie/de chaleur** Energie-/Wärmequelle
⑥ ECON, FIN Quelle *f; (origine)* Herkunft *f;* **~ de financement** Finanzierungsquelle; **~ des fonds** Mittelherkunft *f;* **~ de revenu[s]** Einkommensquelle, Einnahmequelle, Erwerbsquelle, Erwerbsgrundlage *f;* **~ possible de revenus** Erwerbsmöglichkeit *f;* **~ d'approvisionnement en matières premières** Rohstoffquelle
▶ **aller à la ~ du mal** dem Übel auf den Grund gehen; **couler de ~** [doch] klar [*o* logisch] sein *(fam)*
II. *app* ① INFORM Quell-; **code ~** Quellcode *m,* Quellkode *m;* **document/fichier ~** Quelldokument *nt/*-datei; **langage ~** Programmiersprache *f;* **programme/texte ~** Quellprogramm *nt/*-text *m*
② LING **langue ~** Ausgangssprache *f,* Quellsprache
◆ **~ de données** INFORM Absender *m*
sourceur, -euse [suʀsœʀ, -øz] *m, f* COM Groß- und Außenhändler(in) *m(f),* Einkäufer(in) *m(f)* im Ausland *(für den Großhandel)*
sourcier [suʀsje] *m* [Wünschel]rutengänger *m*
sourcil [suʀsi] *m* [Augen]braue *f;* **lever/froncer les ~s** die Augenbrauen hochziehen/runzeln; **s'épiler les ~s** sich *(Dat)* die Augenbrauen zupfen
sourcilier, -ière *v.* arcade
sourciller [suʀsije] <1> *vi* **sans ~** ohne mit der Wimper zu zucken *(fam)*
sourcilleux, -euse [suʀsijø, -øz] *adj* ① *littér (sévère)* gestreng *(geh)*
② *(pointilleux)* kleinlich
sourd [suʀ] *m (personne) (qui n'entend pas)* Gehörlose(r) *m; (qui n'entend pas bien)* Schwerhörige(r) *m*
▶ **il n'est pire ~ que celui qui ne veut [pas] entendre** *prov* jedes Reden ist sinnlos, wenn jemand nicht hören will
sourd(e) [suʀ, suʀd] *adj* ① *(qui n'entend pas)* taub; *(qui n'entend pas bien)* schwerhörig; **~(e) d'une oreille** auf einem Ohr taub/schwerhörig; **devenir ~** ertauben
② *fig littér (insensible)* **être ~(e) à la souffrance** seine Ohren vor dem Leid verschließen
③ *(étouffé) bruit* dumpf
④ *(mat) couleur, teinte* stumpf
⑤ *(indéterminé) douleur* dumpf; *inquiétude* unbestimmt
⑥ LING stimmlos

sourde [suʀd] *f* ① *(personne) (qui n'entend pas)* Gehörlose *f; (qui n'entend pas bien)* Schwerhörige *f*
② LING stimmloser Konsonant
sourdement [suʀdəmɑ̃] *adv* ① *(avec un bruit sourd)* dumpf
② *fig (d'une manière cachée)* heimlich
sourdine [suʀdin] *f* ① MUS *(dispositif)* Dämpfer *m;* **en ~** leise
② *fig* **mettre la ~** *fam (faire moins de bruit)* ein bisschen leiser sein [*o* treten *fam*]
sourdingue [suʀdɛ̃g] *adj péj fam* taub
sourd-muet, sourde-muette [suʀmɥɛ, suʀd(ə)mɥɛt] <sourds-muets> *m, f* Taubstumme(r) *f(m)*
sourdre [suʀdʀ] <*irr, déf*> *vi* ① *littér (filtrer) eau:* herausquellen
② *(naître, surgir)* sich regen
souriant(e) [suʀjɑ̃, jɑ̃t] *adj* freundlich; *personne* freundlich, fröhlich
souriceau [suʀiso] <x> *m* junge Maus *f*
souricière [suʀisjɛʀ] *f* ① *(piège à souris)* Mausefalle *f*
② *(traquenard)* Falle *f*
sourire[1] [suʀiʀ] <*irr*> *vi* ① *(avoir un sourire)* lächeln
② *(adresser un sourire)* **~ à qn** jdm zulächeln, jdn anlächeln
③ *(amuser)* **sa naïveté fait ~ les amis** die Freunde lächeln über ihre/seine Naivität
④ *(convenir)* **~ à qn** *projet, idée:* jdm zusagen, jdn anlachen *(fam)*
⑤ *(favoriser)* **la chance lui sourit** ihm lacht das Glück
⑥ *(s'amuser de)* **~ de qc** über etw *(Akk)* lächeln
sourire[2] [suʀiʀ] *m* Lächeln *nt;* **faire un ~** lächeln; **faire un ~ à qn** jdm zulächeln, jdn anlächeln; **avoir le ~** *fam* gutgelaunt sein *(fam);* **garder le ~** [immer] freundlich bleiben
souris [suʀi] *f* ① Maus *f;* **~ naine** Zwergmaus
② INFORM Maus *f;* **~ à trois boutons** Drei-Tasten-Maus; **~ infrarouge** Infrarotmaus; **~ mécanique/optique** mechanische/optische Maus; **sélectionner qc avec la ~** etw per Maus auswählen; **travailler sans la ~** ohne Maus arbeiten; **jeu piloté par la ~** mausgesteuertes Spiel; **exécuté(e) par la ~** mausgesteuert ausgeführt
sourisodrome [suʀizodʀom] *m* Mauspad *nt*
sournois(e) [suʀnwa, waz] I. *adj* ① *(hypocrite)* falsch, verschlagen
② *(insidieux)* heimtückisch, hinterhältig; **faire qc de façon [*o* de manière] ~** hinterlistigerweise etw tun
II. *m(f)* falscher Kerl *m/*falsche Schlange *f (fam)*
sournoisement [suʀnwazmɑ̃] *adv* ① *(pas franchement)* observer lauernd
② *(insidieusement)* heimtückisch, hinterhältig, hinterlistigerweise
sous [su] *prép* ① *(spatial avec direction)* unter *(+ Akk);* **mettre qc ~ le bras** etw unter den Arm nehmen; **pousser sa chaise ~ la table** seinen Stuhl unter den Tisch schieben
② *(spatial sans direction)* unter *(+ Dat):* **nager ~ l'eau** unter Wasser schwimmen; **à cent mètres ~ terre** hundert Meter unter der Erde
③ *(temporel) (à l'époque de)* unter *(+ Dat);* **~ Charlemagne** unter Karl dem Großen; **vivre ~ la Révolution** während der Revolution leben; **~ huitaine** *(pour exprimer un délai)* innerhalb einer Woche *(Gen);* **~ peu** binnen kurzem
④ *(manière)* **~ un nom d'emprunt/pseudonyme** unter falschem Namen/mit einem Pseudonym; **~ les applaudissements de la foule** unter dem Beifall der Menge; **~ ce rapport** in dieser Hinsicht; **~ tous les angles** [*o* **toutes les faces**] von allen Seiten
⑤ *(dépendance)* unter *(+ Dat);* **~ les ordres de qn** unter jdm, unter jds Leitung; **~ ma responsabilité/surveillance** unter meiner Verantwortung/Aufsicht; **~ contrôle médical** unter ärztlicher Kontrolle
⑥ *(causal)* unter *(+ Dat);* **casser ~ le poids de qc** unter dem Gewicht einer S. *(Gen)* zusammenbrechen; **avouer ~ la torture** unter Folter gestehen; **faire qc ~ le coup de l'émotion/de la colère** etw im Affekt/aus Wut tun
⑦ METEO in *(+ Dat);* **~ la pluie** im Regen; **~ le soleil** in der Sonne
⑧ MED **être ~ perfusion** am Tropf hängen; **être ~ antibiotiques/cortisone** mit Antibiotika/Kortison behandelt werden; **être ~ anesthésie** in [der] Narkose liegen
sous-adjudicataire [suzadʒydikatɛʀ] <sous-adjudicataires> *mf* Unterauftragnehmer(in) *m(f);* **faire appel à un(e) ~** einen Unterauftragnehmer/eine Unterauftragnehmerin bestellen **sous-affermage** [suzafɛʀmaʒ] <sous-affermages> *m* ≈ Unterverpachtung *f* **sous-affréteur** [suzafʀetœʀ] <sous-affréteurs> *m* ECON ≈ Unterfrachtführer *m* **sous-alimentation** [suzalimɑ̃tasjɔ̃] <sous-alimentations> *f* Unterernährung *f* **sous-alimenté(e)** [suzalimɑ̃te] <sous-alimentés> *adj* unterernährt **sous-approvisionné(e)** [suzapʀovizjɔne] <sous-approvisionnés> *adj* unterversorgt **sous-bois** [subwa] *m inv* Unterholz *nt,* Niederwald *m* **sous-brigadier** [subʀigadje] <sous-brigadiers> *m* ≈ Wachtmeister *(unterster Dienstgrad bei der Gendarmerie nationale)* **sous-capitalisation** [sukapitalizasjɔ̃] *f* FIN Unterkapitalisierung *f* **sous-catégorie** [sukategɔʀi] <sous-catégories> *f*

Subkategorie *f* **sous-caution** [sukosjɔ̃] <sous-cautions> *f* JUR *(personne)* Nachbürge/-bürgin *m/f*; *(action)* Nachbürgschaft *f* **sous-chef** [suʃɛf] <sous-chefs> *mf* Stellvertreter(in) *m(f)* des Chefs **sous-classe** [suklas] <sous-classes> *f* Unterklasse *f* **sous-comité** [sukɔmite] <sous-comités> *m* Unterausschuss *m* **sous-commission** [sukɔmisjɔ̃] <sous-commissions> *f* POL Unterausschuss *m* **sous-compte** [sukɔ̃t] <sous-comptes> *m* FIN Unterkonto *nt* **sous-contrat** [sukɔ̃tʀa] <sous-contrats> *m* ECON Unterauftrag *m*; **accorder un** ~ einen Unterauftrag vergeben **sous-couche** [sukuʃ] <sous-couches> *f* darunter liegende Schicht

souscripteur, -trice [suskʀiptœʀ, -tʀis] *m, f* ❶ *(personne qui s'engage à acheter)* Subskribent(in) *m*

❷ FIN ~ (-**trice**) **à un emprunt** Zeichner(in) *m(f)* einer Anleihe **souscription** [suskʀipsjɔ̃] *f* ❶ *(action de contribuer)* Spendenaktion *f*

❷ *(contribution)* Spende *f*

❸ *(engagement d'achat)* Subskription *f*

❹ BOURSE *d'actions, obligations* Zeichnung *f*; ~ **gonflée** Konzertzeichnung; ~ **minimale** Mindestzeichnung

souscrire [suskʀiʀ] <*irr*> I. *vi* ❶ *(participer financièrement)* spenden; ~ **pour mille euros** für einen Betrag von tausend Euro zeichnen

❷ *(s'engager à acheter)* ~ **à une encyclopédie** [auf] ein Nachschlagewerk subskribieren; ~ **à un emprunt** BOURSE ein Anleihe zeichnen

❸ *soutenu (donner son approbation à)* zustimmen

II. *vt* ❶ *(signer et s'engager à payer)* unterzeichnen; ausstellen *billet à ordre*; abschließen *police d'assurance, abonnement*

❷ BOURSE zeichnen *action, obligation*; ~ **une obligation hypothécaire** einen Pfandbrief zeichnen

sous-cutané(e) [sukytane] <sous-cutanés> *adj* ANAT, MED unter die Haut, subkutan *(Fachspr.)* **sous-délégation** [sudelegaʒjɔ̃] <sous-délégations> *f* JUR Untervollmacht *f* **sous-développé(e)** [sudev(ə)lɔpe] <sous-développés> *adj* unterentwickelt; **pays** ~ Entwicklungsland *nt* **sous-développement** [sudev(ə)lɔpmɑ̃] <sous-développements> *m* Unterentwicklung *f* **sous-diacre** [sudjakʀ] <sous-diacres> *m* REL Subdiakon *m* **sous-directeur, -trice** [sudiʀɛktœʀ, -tʀis] <sous-directeurs> *m, f* stellvertretender Direktor *m*/stellvertretende Direktorin *f* **sous-emploi** [suzɑ̃plwa] *m sans pl* Unterbeschäftigung *f* **sous-ensemble** [suzɑ̃sɑ̃bl] <sous-ensembles> *m* Teilmenge *f*, Untermenge *f* **sous-entendre** [suzɑ̃tɑ̃dʀ] <14> *vt* ❶ *(dire implicitement)* zu verstehen geben; ~ **par qc que la réalité est pire** mit etw andeuten wollen [*o* zu verstehen geben], dass die Realität [noch] schlimmer ist ❷ GRAM *(être implicite)* **être sous-entendu** *verbe, sujet, complément*: [implizit] enthalten sein **sous-entendu** [suzɑ̃tɑ̃dy] <sous-entendus> *m* Andeutung *f*; **parler par ~ s** in Andeutungen sprechen **sous-entendu(e)** [suzɑ̃tɑ̃dy] <sous-entendus> *adj* unausgesprochen, nicht ausdrücklich gesagt; **il est ~ que...** es wird stillschweigend vorausgesetzt, dass ... **sous-entrepreneur** [suzɑ̃tʀapʀənœʀ] <sous-entrepreneurs> *m* Subunternehmer(in) *m(f)* **sous-équipé(e)** [suzekipe] <sous-équipés> *adj* unzureichend ausgerüstet; *région* strukturschwach **sous-équipement** [suzekipmɑ̃] <sous-équipements> *m* ungenügende Ausstattung **sous-estimer** [suzɛstime] <1> *vt* ❶ *(évaluer au-dessous de son prix)* ~ **un bijou**/**une maison** den Wert eines Schmuckstückes/Hauses unterschätzen

❷ *(mal juger la valeur)* unterschätzen *adversaire, difficulté* **sous-évaluation** [suzevalyasjɔ̃] <sous-évaluations> *f* Minderbewertung *f* **sous-évaluer** [suzevalɥe] <1> *vt* ~ **qc** etw unterbewerten, den Wert einer S. zu niedrig ansetzen **sous-exploitation** [suzɛksplwatasjɔ̃] *f* Nichtauslastung *f*; *de la capacité de production* Nichtauslastung **sous-exposé(e)** [suzɛkspoze] *adj photo* unterbelichtet **sous-exposer** [suzɛkspoze] <1> *vt* unterbelichten **sous-fifre** [sufifʀ] <sous-fifres> *m fam* kleiner Angestellter *f (pej)* **sous-groupe** [sugʀup] <sous-groupes> *m* Untergruppe *f* **sous-homme** [suzɔm] <sous-hommes> *m péj* Untermensch *m (pej)* **sous-jacent(e)** [suʒasɑ̃, ɑ̃t] <sous-jacents> *adj* ❶ *(placé en dessous)* darunter liegend ❷ *(caché) sentiment, problème* tiefer liegend **sous-lieutenant** [suljøt(ə)nɑ̃] <sous-lieutenants> *m* Unterleutnant *m* **sous-locataire** [sulɔkatɛʀ] <sous-locataires> *mf* Untermieter(in) *m(f)* **sous-location** [sulɔkasjɔ̃] <sous-locations> *f* Untervermietung *f* **sous-louer** [sulwe] <1> *vt* ❶ *(donner en location)* ~ **une chambre à qn** an jdn ein Zimmer untervermieten ❷ *(prendre en location)* zur Untermiete mieten **sous-main** [sumɛ̃] *m inv* Schreibunterlage *f* ▸ **en** ~ unter der Hand, heimlich **sous-marin** [sumaʀɛ̃] <sous-marins> *m* Unterseeboot *nt*, U-Boot *nt*; ~ **nucléaire** Atom-U-Boot **sous-marin(e)** [sumaʀɛ̃, in] <sous-marins> *adj* ❶ *(qui se trouve sous la mer)* **faune**/**flore** ~ **e** Unterwasserfauna *f*/-flora *f*, Meeresfauna *f*/-flora *f*; **laboratoire** ~ Unterwasserstation *f*, Unterwasserlabor *nt*; **station** ~ **e** Unterwasserstation *f*, Unterwasserlabor *nt* ❷ *(qui s'effectue sous la mer)* **pêche** ~ **e** Unterwasserfischfang *m*; **guerre** ~ **e** U-Boot-Krieg *m* **sous-médicalisé(e)** [sumedikalize] <sous-médicalisés> *adj* medizinisch unterversorgt **sous-menu** [sumǝny] <sous-menus> *m* INFORM Untermenü *nt* **sous-multiple** [sumyltipl] <sous-multiples> *m* Teiler *m*, Untereinheit *f* **sous-nutrition** [nytʀisjɔ̃] <sous-nutritions> *f* Unterernährung *f*

sous-off [suzɔf] <sous-offs> *m fam abr de* **sous-officier** Unteroffizier *m*, Uffz. *m (fam)*

sous-officier [suzɔfisje] <sous-officiers> *m* Unteroffizier *m* **sous-ordre** [suzɔʀdʀ] <sous-ordres> *m* ❶ *(employé subalterne)* kleiner Angestellter *m (pej)* ❷ ZOOL *(subdivision)* Unterordnung *f* **sous-participation** [supaʀtisipasjɔ̃] <sous-participations> *f gén pl* Unterbeteiligung *f* **sous-payer** [supeje] <7> *vt* unterbezahlen **sous-peuplé(e)** [supœple] *adj* unterbevölkert **sous-peuplement** [supœplǝmɑ̃] *m sans pl (opp: surpeuplement)* Unterbevölkerung *f* **sous-pied** [supje] <sous-pieds> *m d'un pantalon fuseau* Steg *m* **sous-préfecture** [supʀefɛktyʀ] <sous-préfectures> *f* ❶ *(bâtiment)* Unterpräfektur *f*, ≈ Landratsamt *nt* ❷ *(chef-lieu d'arrondissement)* Sitz *m* einer Unterpräfektur, ≈ Kreisstadt *f* **sous-préfet** [supʀefɛ] <sous-préfets> *m* Unterpräfekt(in) *m(f)*, ≈ Landrat *m*/-rätin *f* **sous-production** [supʀɔdyksjɔ̃] *m (opp: surproduction)* Unterproduktion *f* **sous-produit** [supʀɔdɥi] <sous-produits> *m* Zwischenprodukt *nt*; *(produit dérivé)* Nebenprodukt *nt* **sous-programme** [supʀɔgʀam] <sous-programmes> *m* INFORM Unterprogramm *nt*, Routine *f*; ~ **de traitement d'erreurs** Fehlerbehandlungsroutine **sous-pull** [supyl] <sous-pulls> *m* Unterziehpullover *m*; ~ **à col roulé** Rolli *m (fam)* **sous-qualification** [sukalifikasjɔ̃] <sous-qualifications> *f* ungenügende Qualifikation **sous-qualifié(e)** [sukalifje] <sous-qualifiés> *adj* unterqualifiziert **sous-répertoire** [supɛʀtwaʀ] <sous-répertoires> *m* INFORM Unterverzeichnis *nt* **sous-représenté(e)** [supʀǝpʀezɑ̃te] <sous-représentés> *adj* **les femmes ne sont toujours sous-représentées aux Parlements** [die] Frauen sind in den Parlamenten immer noch unterproportional vertreten **sous-secrétaire d'État** [sus(ǝ)kʀetɛʀdeta] <sous-secrétaires d'État> *mf* Unterstaatssekretär(in) *m(f)*

soussigné(e) [susiɲe] I. *adj* JUR unterzeichnet

II. *m(f)* Unterzeichnete(r) *f(m)*

sous-sol [susɔl] <sous-sols> *m* ❶ *(dans le sol)* **les richesses du** ~ die Bodenschätze *Pl* ❷ *(dans un immeuble)* Untergeschoss *nt* **sous-système** [susistɛm] <sous-systèmes> *m* ECON Subsystem *nt* **sous-tasse** [sutas] <sous-tasses> *f* BELG, CH Untertasse *f* **sous-tendre** [sutɑ̃dʀ] <14> *vt* ❶ GEOM **la corde sous-tend cet arc de cercle** die Sehne verbindet die zwei Punkte des Kreisbogens ❷ *(être à la base de)* ~ **une idée** einer Meinung zugrunde [*o* zu Grunde] liegen, die Grundlage für eine Meinung bilden **sous-titre** [sutitʀ] <sous-titres> *m* Untertitel *m* **sous-titrer** [sutitʀe] <1> *vt* untertiteln; **version originale sous-titrée** Originalfassung *f* mit Untertiteln

soustraction [sustʀaksjɔ̃] *f* ❶ JUR Hinterziehung *f*, Unterschlagung *f*

❷ MATH Subtraktion *f*; **faire une** ~ subtrahieren

◆ ~ **de preuves** Unterschlagung *f* von Beweismaterial

soustraire [sustʀɛʀ] <*irr*> I. *vi* subtrahieren

II. *vt* ❶ MATH *(opp: additionner)* abziehen, subtrahieren, wegzählen (A); ~ **50 à 120** 50 von 120 abziehen [*o* subtrahieren] [*o* wegzählen A]

❷ *form (dérober)* entwenden *(geh)*, unterschlagen

❸ *(faire échapper à)* ~ **qn à la justice**/**aux regards** jdm helfen sich *(Akk)* der Gerichtsbarkeit/jds Blicken zu entziehen

III. *vpr se* ~ **à une obligation** sich einer Verpflichtung entziehen **sous-traitance** [sutʀetɑ̃s] <sous-traitances> *f* ECON Zulieferung *f*, Outsourcing *nt* **sous-traitant** [sutʀetɑ̃] <sous-traitants> *m* Zulieferer *m*, Subunternehmer *m*; **engager** [*o* **faire appel à**] **un** ~ einen Subunternehmer verpflichten **sous-traiter** [sutʀete] <1> *vt* ❶ *(donner en sous-traitance)* an Subunternehmer *Pl* vergeben ❷ *(agir comme sous-traitant)* als Subunternehmer ausführen **sous-urbanisé(e)** [suʀbanize] <sous-urbanisés> *adj* unzureichend urbanisiert **sous-utilisation** [suytilizasjɔ̃] <sous-utilisations> *f* ~ **de qc** unzureichende Ausnutzung [*o* Nicht-Ausnutzung] einer S. **sous-ventrière** [suvɑ̃tʀijɛʀ] *f* ▸ **manger à s'en faire péter la** ~ *fam* sich *(Dat)* den Bauch vollschlagen *(fam)* **sous-verre** [suvɛʀ] *m inv* Glasrahmen *m* **sous-vêtements** [suvɛtmɑ̃] *mpl* Unterwäsche *f*; ~ **s destinés à soulager les rhumatismes** Rheumawäsche **sous-virer** [suviʀe] <1> *vi* AUT untersteuern

soutane [sutan] *f* Soutane *f*

soute [sut] *f d'un avion, bateau* Laderaum *m*; ~ **à charbon** Kohlenbunker *m*; ~ **à bagages** Gepäckraum *m*

soutenable [sut(ə)nabl] *adj* vertretbar, haltbar

soutenance [sut(ə)nɑ̃s] *f* Disputation *f*

soutènement [sutɛnmɑ̃] *m* **travaux de ~** Abstützarbeiten *Pl;* **mur de ~** Stützmauer *f*
souteneur [sutnœR] *m* Zuhälter *m*
soutenir [sut(ə)niR] <9> I. *vt* ❶ *(porter)* halten; *colonne, poutre:* tragen
❷ *(étayer, maintenir droit)* abstützen
❸ *(maintenir debout, en bonne position)* stützen, Halt geben
❹ *(assister)* **~ qn dans le malheur** jdm im Unglück eine Stütze sein
❺ *(aider)* **~ financièrement/moralement** finanziell/moralisch unterstützen
❻ *(empêcher de faiblir)* stärken; stützen *monnaie;* wachhalten *intérêt;* **~ ses efforts** in seinen Anstrengungen nicht nachlassen
❼ *(prendre parti pour)* verteidigen; sich einsetzen für *cause;* unterstützen *candidat, parti;* UNIV verteidigen *thèse, mémoire (im Rahmen eines mündliches Examens, das die betreffende wissenschaftliche Arbeit zum Gegenstand hat);* **~ qn** zu jdm halten; **~ un gouvernement** zu einer Regierung stehen
❽ *(affirmer)* **~ que c'est la vérité** behaupten, dass etwas die Wahrheit ist [*o* sei]
❾ *(résister à)* **le regard de qn** jds Blick standhalten
II. *vpr* ❶ *(se maintenir en équilibre)* **se ~ dans l'eau/en l'air** sich über Wasser/in der Luft halten
❷ *(ne pas faiblir)* **se ~ intérêt:** nicht nachlassen
❸ *(s'entraider)* **se ~ personnes:** sich unterstützen
soutenu(e) [sut(ə)ny] I. *part passé de* **soutenir**
II. *adj* ❶ *(régulier) attention, effort* stetig, beständig
❷ *(avec des effets de style) style, langue* gehoben
❸ *(intense) couleur* kräftig, tief
❹ BOURSE, ÉCON *cours, marché* behauptet, fest; **peu ~(e)** *demande, ventes* schleppend
souterrain [sutɛRɛ̃] *m (passage)* unterirdischer Gang; *(pour piétons)* Unterführung *f;* *(sous-sol d'un immeuble)* Souterrain *nt,* Kellergeschoss *nt*
souterrain(e) [sutɛRɛ̃, ɛn] *adj* ❶ *(sous terre)* unterirdisch; **passage ~** Unterführung *f*
❷ *(caché)* versteckt, heimlich
soutien [sutjɛ̃] *m* ❶ *(aide, appui)* Unterstützung *f,* Rückenstärkung *f;* **apporter son ~ à qn** jdn unterstützen
❷ ÉCON Stützung *f;* **~ du/des cours** Kurspflege *f,* Kursstützung *f;* **~ de la demande** Nachfragestütze *f;* **~ de la liquidité** Liquiditätsstütze
❸ *(défenseur) d'un régime, gouvernement, d'une personne* Stütze *f*
❹ SCOL Nachhilfe *f;* **cours de ~** Stützkurs *m*
❺ ARCHIT Stütze *f*
◆ **~ de famille** Ernährer *m* der Familie
soutien-gorge [sutjɛ̃gɔRʒ] <soutiens-gorge[s]> *m* Büstenhalter *m,* BH *m; d'un maillot deux pièces* Oberteil *nt;* **~ de sport** Sport-BH; **~ ampliforme** Push-up-BH; **~ à armature** Bügel-BH
soutier [sutje] *m* NAUT Trimmer *m,* Kohletrimmer *m*
soutif [sutif] *m fam* BH *m*
soutirage [sutiRaʒ] *m du vin* Abziehen *nt; de la bière* Abfüllen *nt*
soutirer [sutiRe] <1> *vt* ❶ *(escroquer)* **~ un livre à un copain** einem Kumpel ein Buch *(Akk)* abknöpfen *(fam);* **~ de l'argent à qn** jdm Geld abluchsen [*o* aus der Tasche ziehen] *(fam)*
❷ *(transvaser)* umfüllen, abziehen
souvenance [suv(ə)nɑ̃s] *f vieilli (mémoire)* Gedächtnis *nt*
❷ *littér (souvenir)* Erinnerung *f;* **avoir ~** sich entsinnen
souvenir[1] [suv(ə)niR] <9> *vpr* ❶ *(se rappeler)* **se ~ de qn/qc** sich an jdn/etw erinnern
❷ *(se remémorer)* **qn se souvient à qui il a parlé** jd weiß [*o* erinnert sich] [noch], mit wem er gesprochen hat; **fais-moi** [me] **~ que je dois passer chez le boucher** erinnere mich daran, dass ich noch beim Metzger vorbeigehen muss
❸ *(se venger)* **je m'en souviendrai!** das werde ich mir merken!
souvenir[2] [suv(ə)niR] I. *m* ❶ *(image dans la mémoire)* Erinnerung *f;* **le ~ de qc** die Erinnerung an etw *(Akk);* **amical ~** mit freundlichem Gruß; **si mes ~s sont exacts,...** wenn ich mich recht erinnere [*o* entsinne], ...; **avoir/ne pas avoir ~ d'avoir fait qc** sich daran erinnern/nicht erinnern können etw getan zu haben; **garder le ~ de qc** etw in Erinnerung behalten; **garder un bon/mauvais ~ de qn/qc** jdn in guter/schlechter Erinnerung behalten; **éveiller des ~s en qn** in jdm Erinnerungen wachrufen; **~s de jeunesse** Jugenderinnerungen *Pl*
❷ *(mémoire)* Gedächtnis *nt,* Erinnerung *f*
❸ *(ce qui rappelle qn/qc)* **~ de qn/qc** Erinnerung *f* [*o* Andenken *nt*] an jdn/qc; **en ~ de qn/qc** zum Andenken [*o* zur Erinnerung] an jdn/etw
❹ *(objet touristique)* Andenken *nt,* Souvenir *nt*
II. *app* **photo-~** Erinnerungsfoto *nt*
souvent [suvɑ̃] *adv* oft, häufig; **le plus ~** meistens
souverain(e) [suv(ə)Rɛ̃, ɛn] I. *adj* ❶ *État, puissance, peuple* souverän; *pouvoir* höchster; **être ~(e) assemblée:** uneingeschränkte Entscheidungsbefugnis haben; *cour, juge:* vollkommen unabhängig sein
❷ *(suprême) bien, bonheur* höchster; *indifférence, mépris* völliger
❸ *(très efficace) remède* unübertroffen
II. *m(f)* Herrscher(in) *m(f); hum* Landesvater *m/-*mutter *f*
souverainement [suv(ə)Rɛnmɑ̃] *adv* ❶ *(extrêmement)* äußerst
❷ *(en toute indépendance)* souverän
souveraineté [suv(ə)Rɛnte] *f d'un État, peuple* Souveränität *f; d'un empereur, roi* Oberhoheit *f,* Landeshoheit *f;* **~ monétaire** Währungshoheit; **~ nationale** Staatshoheit; **~ territoriale** Gebietshoheit; **posséder la ~ territoriale** die Gebietshoheit besitzen
soviet [sɔvjɛt] *m* Sowjet *m;* **le Soviet suprême** der Oberste Sowjet
soviétique [sɔvjetik] *adj* sowjetisch; **l'Union ~** die Sowjetunion
Soviétique [sɔvjetik] *mf* Sowjetrusse *m/*-russin *f;* **les ~s** die Sowjets
soviétiser [sɔvjetize] *vt* HIST sowjetisieren *région*
soviétologue [sɔvjetɔlɔg] *mf* Expert(in) *m(f)* für sowjetische Politik
soya *v.* **soja**
soyeux [swajø] *m (industriel)* Seidenfabrikant *m; (négociant)* Seidenhändler *m*
soyeux, -euse [swajø, -jøz] *adj* ❶ *(doux)* seidenweich
❷ *(brillant)* seidig
S.P.A. [ɛspea] *f abr de* **Société protectrice des animaux** französischer Tierschutzverein
space [spɛs] *adj inv fam* abgespaced *(fam),* spacig *(fam)*
spacieux, -euse [spasjø, -jøz] *adj* geräumig
spadassin [spadasɛ̃] *m littér (tueur à gages)* gedungener Mörder *m (geh)*
spaghettis [spageti] *mpl* Spaghetti [*o* Spagetti] *Pl*
sparadrap [spaRadRa] *m* [Heft]pflaster *nt*
sparring-partner [spaRiŋpaRtnɛR] <sparring-partners> *m* Sparringspartner *m*
sparterie [spaRt(ə)Ri] *f* ❶ *(fabrication)* Fertigung *f* von Sparteriewaren
❷ *(ouvrage)* Sparterie *f*
spartiate [spaRsjat] I. *adj fig mœurs, confort* spartanisch
II. *mf* HIST Spartaner(in) *m(f),* Bewohner(in) von Sparta *m*
III. *fpl* Römersandalen *Pl*
spasme [spasm] *m* Krampf *m*
spasmodique [spasmɔdik] *adj* krampfartig
spasmophilie [spasmɔfili] *f* Spasmophilie *f (Fachspr.)*
spath [spat] *m* Spat *m*
spatial(e) [spasjal, jo] <-aux> *adj* ❶ *(de l'espace)* räumlich; **les catégories temporelles et ~es** die Kategorien [von] Zeit und Raum
❷ ESPACE *laboratoire* [Welt]raum-; **engin ~** Raumflugkörper *m;* **médecine ~e** Raumflugmedizin *f;* **vol ~** Raumfahrtunternehmen *nt;* **voyage ~** [Welt]raumfahrt *f*
spationaute [spasjonot] *mf* [Welt]raumfahrer(in) *m(f)*
spatiotemporel(le) [spasjotɑ̃pɔRɛl] *adj* PHYS *données, grandeur* raumzeitlich
spatule [spatyl] *f* ❶ *(ustensile)* Spachtel *m; (en cuisine)* Pfannenwender *m; d'un médecin* Spatel *m*
❷ *(bout) d'un ski* Spitze *f*
speaker, speakerine [spikœR, spikRin] *m, f vieilli* Ansager(in) *m(f),* Sprecher(in) *m(f)*
spécial(e) [spesjal, jo] <-aux> *adj* ❶ besondere(r, s), spezielle(r, s); **autorisation ~e** Sondergenehmigung *f;* **équipement ~** Spezialausrüstung *f,* besondere [*o* spezielle] Ausrüstung; **pouvoirs spéciaux** Sondervollmachten *Pl;* **train/vol ~** Sonderzug *m/*-flug *m;* **véhicule ~** Spezialfahrzeug *nt;* **rien de ~** nichts Besonderes
❷ *(bizarre)* eigenartig, sonderbar
spécialement [spesjalmɑ̃] *adv* ❶ *(en particulier)* [ganz] besonders
❷ *(tout exprès)* extra, eigens
❸ *fam (pas vraiment)* **tu as faim? – Non, pas ~** hast du Hunger? – Nein, nicht besonders
spécialisation [spesjalizasjɔ̃] *f* Spezialisierung *f*
spécialisé(e) [spesjalize] *adj* spezialisiert; **être ~(e) dans qc** auf etw *(Akk)* spezialisiert sein
spécialiser [spesjalize] <1> I. *vt* **~ qn dans un domaine précis** jdn auf einem speziellen Gebiet einsetzen
II. *vpr* **se ~ dans** [*o* **en**] **qc** sich auf etw *(Akk)* spezialisieren
spécialiste [spesjalist] *mf* ❶ *(expert)* Spezialist(in) *m(f);* **~ de l'art moderne** Spezialist(in) für moderne Kunst; **~ de la branche** Branchenkenner(in) *m(f)*
❷ *(technicien)* Fachmann *m/*-frau *f*
❸ MED Facharzt *m/*-ärztin *f*
❹ *souvent iron fam (personne coutumière d'un fait)* **c'est ❶ il/elle est! le/la ~ du mensonge** er/sie ist ein/e Meister/in im Lügen *(iron fam)*
spécialité [spesjalite] *f* ❶ SCI, TECH Spezialgebiet *f,* Fachgebiet *f*
❷ *(produit caractéristique)* Spezialität *f;* **~ gastronomique** Spezia-

lität
- ③ *a. iron fam (manie)* Spezialität *f*
- ④ PHARM Pharmazeutikum *nt*

spécieux, -euse [spesjø, -jøz] *adj* **argument ~** Scheinargument *nt*

spécification [spesifikasjɔ̃] *f* ❶ INFORM Spezifizierung *f*, Typisierung *f*; **~ du programme** Programmspezifizierung
- ❷ *pl a.* JUR Leistungsbeschreibung *f*; **des ~s détaillées** eine ausführliche Leistungsbeschreibung
- ❸ AUT **~s de la voiture/du pneu** Wagen-/Reifenbezeichnung *f*

spécificité [spesifisite] *f* spezifische Besonderheit

spécifier [spesifje] <1a> *vt* ❶ *(indiquer)* genau angeben; *loi:* genau festlegen; **~ qu'il est interdit de faire qc** ausdrücklich verbieten etw zu tun
- ❷ TECH, INFORM spezifizieren

spécifique [spesifik] *adj* spezifisch; **~ du** [*o* **au**] **marché** marktspezifisch; **~ à la marchandise** warenspezifisch; **problème ~ à la branche** branchenspezifisches Problem

spécifiquement [spesifikmɑ̃] *adv* spezifisch

spécimen [spesimɛn] *m* ❶ *(exemplaire)* Exemplar *nt*
- ❷ *(exemplaire publicitaire)* Probeexemplar *nt; d'une revue, d'un magazine* Probeheft *nt; (livre publié avant la parution officielle)* Vorausexemplar

spectacle [spɛktakl] *m* ❶ *(ce qui s'offre au regard)* Anblick *m*; **~ de la nature** Naturschauspiel *nt*
- ❷ THEAT, AUDIOV Vorstellung *f*; **~ dramatique** Bühnenstück *nt; ~ chorégraphique** Ballett *nt; **~ laser** Lasershow *f; **~ de scène** Bühnenshow; **aller au ~** ins Theater/Kino/Varieté/... gehen; **~ d'animaux** Tierschau *f; **bon(ne) pour faire un ~!** kabarettreif; **lorsque tu imites notre chef, c'est vraiment tout un ~!** wenn du unseren Chef/unsere Chefin nachmachst, ist das wirklich kabarettreif!
- ❸ *(show-business)* **monde du ~** Showgeschäft *nt*
- ❹ *(animation, événement)* Event *m o nt*
- ▸ **à grand ~** mit großem Aufwand, mit viel Spektakel *(fam)*

spectaculaire [spɛktakylɛʀ] *adj* spektakulär, eindrucksvoll

spectateur, -trice [spɛktatœʀ, -tʀis] *m, f* ❶ Zuschauer(in) *m(f)*, Zuseher(in) *m(f)* (A); **nombre de ~s** Zuschauerzahlen *Pl*; **~(-trice) de** [*o* **au**] **théâtre** Theaterbesucher(in) *m(f)*
- ❷ *(observateur)* Beobachter(in) *m(f)*

spectral(e) [spɛktʀal, o] <-aux> *adj* ❶ PHYS **couleurs ~es** Spektralfarben *Pl*
- ❷ *(fantomatique)* gespenstisch

spectre [spɛktʀ] *m* ❶ Spektrum *nt; **~ solaire/sonore** Sonnen-/Schallspektrum; **antibiotique à large ~** Breitspektrum-Antibiotikum *nt; **~ de rayons X** PHYS Röntgenspektrum
- ❷ *a. fig (fantôme)* Gespenst *nt*
- ◆ **~ d'absorption** PHYS Absorptionsspektrum *nt; **~ d'émission** PHYS Emissionsspektrum *nt*

spectroscope [spɛktʀɔskɔp] *m* PHYS Spektroskop *nt*

spéculaire [spekylɛʀ] *adj image, écriture* Spiegel-; **transmission ~** spiegelnde Durchlässigkeit *f*; **reflexion ~** Spiegelung *f*

spéculateur, -trice [spekylatœʀ, -tʀis] *m, f* Spekulant(in) *m(f)*; **~ boursier/spéculatrice boursière** Börsenspekulant(in); **~(-trice) à la hausse** Haussespekulant(in)

spéculatif, -ive [spekylatif, -iv] *adj* spekulativ; **gain ~** Spekulationsgewinn *m*

spéculation [spekylasjɔ̃] *f* ❶ *(supposition)* Spekulation *f*; **faire des ~s sur qc** Spekulationen über etw *(Akk)* anstellen
- ❷ BOURSE, ECON Börsenhandel *m; **~ foncière** Grundstücksspekulation
- ◆ **~ sur les cours** ECON Kursgeschäft *nt*, Kursspekulation *f*

spéculer [spekyle] <1> *vi* ❶ FIN, COM **~ sur qc** mit etw spekulieren; **~ à la hausse** Haussegeschäfte tätigen
- ❷ *(compter sur)* **~ sur qc** auf etw *(Akk)* spekulieren *(fam)*
- ❸ *littér (méditer)* **~ sur qc** Spekulationen über etw *(Akk)* anstellen

spéculo[o]s [spekylos] *m* BELG *ein mit Rohzucker hergestelltes Biskuitgebäck*

spéculum [spekylɔm] *m* Spekulum *f (Fachspr.)*

speech [spitʃ] *m* Rede *f*

speed [spid] *adj*, **speedé(e)** [spide] *adj* ❶ *fam (agité)* hektisch
- ❷ *(par des amphétamines)* aufgeputscht *(fam)*

speed-dating, speed dating [spiddetiŋ] *m* Speed-Dating *nt*

speeder [spide] <1> *vi fam* sich beeilen, sich ranhalten *(fam)*

spéléo *abr de* **spéléologie, spéléologue**

spéléologie [speleɔlɔʒi] *f* ❶ *(science)* Höhlenkunde *f*, Speläologie *f (Fachspr.)*
- ❷ *(loisirs)* Erkundung *f* von Höhlen

spéléologue [speleɔlɔg] *mf* Höhlenforscher(in) *m(f)*, Speläologe *m*/Speläologin *f (Fachspr.)*

spencer [spɛnsœʀ, spɛnsɛʀ] *m* Spenzer *m*

spermaceti [spɛʀmaseti] *m* PHARM, COSMET Walrat *m o nt*

spermatique [spɛʀmatik] *adj* ANAT Samen-

spermatogonie [spɛʀmatɔgɔni] *f* BIO Ursamenzelle *f*

spermatozoïde [spɛʀmatɔzɔid] *m* Spermium *nt*, Spermatozoon *nt (Fachspr.)*

sperme [spɛʀm] *m* Sperma *nt*

spermicide [spɛʀmisid] **I.** *adj* samenabtötend, spermizid *(Fachspr.)*
- **II.** *m* Spermizid *nt (Fachspr.)*

sphénoïde [sfenɔid] ANAT **I.** *adj* Keilbein-
- **II.** *m* Keilbein *nt (des Schädels)*

sphère [sfɛʀ] *f* ❶ SCI Kugel *f*
- ❷ *(domaine)* Bereich *m*, Sphäre *f*
- ◆ **~ d'action** Wirkungskreis *m; **~ d'activité** Betätigungsfeld *nt; **~ d'attributions** Zuständigkeitsbereich *m; **~ d'influence** Einflussbereich *m*

sphéricité [sferisite] *f* GEOM Kugelform *f*, sphärische Form *f (Fachspr.)*

sphérique [sferik] *adj* kugelförmig

sphincter [sfɛ̃ktɛʀ] *m* Schließmuskel *m*

sphinx [sfɛ̃ks] *m* ❶ Sphinx *f*
- ❷ ZOOL *(papillon)* Schwärmer *m*

Sphinx [sfɛ̃ks] *m* MYTH **le ~** die Sphinx

spi *abr de* **spinnaker**

spinal(e) [spinal, o] <-aux> *adj* die Wirbelsäule betreffend, spinal *(Fachspr.)*

spinnaker [spinakɛʀ, spinakœʀ] *m* NAUT Spinnaker *m*

spirale [spiʀal] *f* ❶ *a. fig (forme, fil métallique)* Spirale *f*; **cahier à ~** Heft *nt* mit Spiralbindung; **~ de prix** Preisspirale
- ❷ SPORT **~ de la mort** Todesspirale *f*

spirant(e) [spiʀɑ̃, ɑ̃t] *adj* LING, PHON **consonne ~e** Reibelaut *m*

spirante [spiʀɑ̃t] *f* LING, PHON Spirans *f*, Spirant *m*

spire [spiʀ] *f* Windung *f*

spirite [spiʀit] **I.** *adj communication* spiritistisch
- **II.** *mf* Spiritist(in) *m(f)*

spiritisme [spiʀitism] *m* Spiritismus *m*

spiritualiser [spiʀitɥalize] <1> *vt littér* spiritualisieren *(geh)*

spiritualité [spiʀitɥalite] *f* ❶ REL Verinnerlichung *f*, Spiritualität *f (geh)*
- ❷ PHILOS Geistigkeit *f*, Immaterialität *f (geh)*

spirituel(le) [spiʀitɥɛl] *adj* ❶ *(plein d'esprit)* geistreich, voller Esprit
- ❷ REL geistlich
- ❸ *(qui se rapporte à l'esprit)* geistig

spirituellement [spiʀitɥɛlmɑ̃] *adv* ❶ *(avec esprit)* geistreich
- ❷ *littér (en esprit)* geistig

spiritueux [spiʀitɥø] *m* Spirituose *f*

spitant(e) [spitɑ̃, tɑ̃t] *adj* BELG *(pétillant) eau* sprudelnd, Sprudel-

spleen [splin] *m* Schwermut *f*

splendeur [splɑ̃dœʀ] *f* ❶ *a. iron (grande beauté, merveille)* Pracht *f kein Pl*, Herrlichkeit *f*
- ❷ *(gloire)* Glanz *m*; **au** [*o* **du**] **temps de sa ~** in seiner/ihrer Glanzzeit

splendide [splɑ̃did] *adj* prächtig, prachtvoll

spoiler [spɔjlɛʀ] *m* Spoiler *m*

spoliation [spɔljasjɔ̃] *f* Beraubung *f*; **~ d'héritage/de biens** um jds Erbschaft/Güter bringen

spolier [spɔlje] <1a> *vt* **~ qn de qc** jdn um etw bringen, jdn einer S. *(Gen)* berauben; **œuvres d'art spoliées** Beutekunst *f (fam)*

spongieux, -euse [spɔ̃ʒjø, -jøz] *adj a.* ANAT *(consistance molle)* schwammartig; *(structure poreuse)* porös; *(qui s'imbibe)* schwammähnlich; *sol* schwammig

sponsor [spɔ̃sɔʀ, spɔ̃sɔʀ] *m* Sponsor(in) *m(f)*

sponsoring [spɔ̃sɔʀiŋ] *m*, **sponsorisation** [spɔ̃sɔʀizasjɔ̃] *f* Sponsoring *nt; **~ culturel/écologique** Kultur-/Ökosponsoring

sponsoriser [spɔ̃sɔʀize] <1> *vt* sponsern

spontané(e) [spɔ̃tane] *adj* ❶ *(automatique) geste, mouvement* spontan
- ❷ *(direct) personne, caractère* spontan, impulsiv
- ❸ JUR, ECON *aveu, offre* freiwillig
- ❹ BOT spontan *(Fachspr.)*

spontanéité [spɔ̃taneite] *f* Spontaneität *f*

spontanément [spɔ̃tanemɑ̃] *adv* ❶ *(sans réfléchir)* spontan
- ❷ *(librement)* freiwillig

sporadicité [spɔʀadisite] *f* sporadisches Auftreten *nt*

sporadique [spɔʀadik] *adj* vereinzelt, sporadisch

sporadiquement [spɔʀadikmɑ̃] *adv* vereinzelt; **cette maladie sévit ~** diese Krankheit tritt nur sporadisch auf

sporange [spɔʀɑ̃ʒ] *m* Sporenbehälter *m*

spore [spɔʀ] *f* Spore *f*

sport [spɔʀ] **I.** *adj inv* ❶ *coupe* sportlich; **s'habiller ~** sich sportlich kleiden
- ❷ *(fair play)* **être très ~ avec qn** sich jdm gegenüber sehr fair verhalten
- **II.** *m* ❶ *(activité sportive)* Sport *m; **~ professionnel** Profisport;

faire du ~ Sport treiben; **chaussures de** ~ Sportschuhe *Pl*
② *(forme d'activité sportive)* Sportart *f;* ~**s nautiques** Wassersportarten *Pl;* **pratiquer plusieurs** ~**s** mehrere Sportarten betreiben
▶ **ça, c'est du** ~ da gehört allerhand dazu
◆ ~ **de combat** Kampfsport *m;* ~**s de combat** Kampfsportarten *Pl;* ~ **de compétition** Leistungssport *m;* ~ **d'hiver** ① *(activité)* Wintersport *m; (variété de sport)* Wintersportart *f;* ~**s d'hiver** Wintersportarten *Pl* ② *(séjour)* ~**s d'hiver** Winterurlaub *m,* Skiurlaub *m*
sportif, -ive [spɔʀtif, -iv] **I.** *adj* ① *(de sport)* **les pages sportives d'un journal** der Sportteil [*o* die Sportseiten] einer Zeitung
② *(de compétition)* **pratiquer la danse/la natation sportive** das Tanzen/das Schwimmen als Sport betreiben
③ *(qui fait du sport)* sportlich, Sport treibend
④ *(typique de qui fait du sport)* allure, démarche sportlich
⑤ *(loyal)* fair
II. *m, f* Sportler(in) *m(f);* ~**(-ive) amateur** Amateursportler(in); ~ **polyvalent/sportive polyvalente** Allroundsportler(in); ~**(-ive) de haut niveau** Hochleistungssportler(in); ~**(-ive) de très haut niveau** Spitzensportler(in), Spitzenmann *m*/-frau *f;* ~ **(-ive) de renom** Vorzeigesportler(in); ~**(-ive) en chambre** sportbegeisterter Fernsehzuschauer, Passivsportler(in) *(fam)*
sportivement [spɔʀtivmɑ̃] *adv* sportlich
sportivité [spɔʀtivite] *f* sportliche Haltung *f,* Sport[s]geist *m*
sportswear [spɔʀtswɛʀ] *m* Sportswear *f,* Sportbekleidung *f*
spot [spɔt] *m* ① *(lampe)* Spot *m;* ~ **halogène** Halogenstrahler *m;* ~ **U.V.** UV-Strahler
② *(projecteur)* Spot *m,* Scheinwerfer *m*
③ *(point lumineux sur un écran)* Lichtpunkt *m*
④ *(message publicitaire)* ~ **publicitaire** Werbespot *m,* Reklamefilm *m*
SPOT [spɔt] *abr de* **Satellite pour l'observation de la Terre** Erde-Beobachtungssatellit *m*
spoutnik [sputnik] *m* Sputnik *m*
sprat [spʀat] *m* Sprotte *f*
spray [spʀɛ] *m* ① *(pulvérisation)* Spray *m o nt;* ~ **fixant** Fixierspray
② *(atomiseur)* Spraydose *f;* ~ **nasal** Nasenspray *m o nt*
sprint [spʀint] *m* ① *(course sur petite distance)* Sprint *m*
② *(fin de course)* ~ [**final**] Endspurt *m*
sprinter[1] *v.* **sprinteur**
sprinter[2] [spʀinte] <1> *vi* sprinten, spurten
sprinteur, -euse [spʀintœʀ, -øz] *m, f* Sprinter(in) *m(f); (en athlétisme)* Kurzstreckenläufer(in) *m(f)*
squale [skwal] *m* Hai[fisch *m*] *m*
squame [skwam] *f* [Haut]schuppe *f*
square [skwaʀ] *m* [kleine] Grünanlage *(inmitten eines Platzes)*
squash [skwaʃ] *m* Squash *nt*
squat [skwat] *m* ① *(action de squatter)* Hausbesetzung *f*
② *(logement)* besetztes Haus *nt*
squatter[1] [skwatœʀ] *m* Hausbesetzer(in) *m(f)*
squatter[2] [skwate] <1> *vt* [ein Haus] besetzen
squattériser *v.* **squatter**
squatteur *v.* **squatter**
squelette [skəlɛt] *m* ① ANAT, CONSTR Skelett *nt;* ~ **du pied** Fußskelett
② *fam (personne très maigre)* Klappergestell *nt (fam)*
③ *(plan) d'un livre, discours, d'une œuvre* Gerüst *nt*
squelettique [skəletik] *adj* ① *(très maigre)* spindeldürr; *arbre* kümmerlich
② *(très réduit)* mager; *exposé* dürftig
SRAS [ɛsɛʀɑɛs] *m abr de* **Syndrome Respiratoire Aigu Sévère** MED Sars *nt,* SARS *nt;* **victime du** ~ SARS-Tote(r) *f(m),* Sars-Tote(r) *f(m)*
Sri Lanka [sʀilɑka] *m* Sri Lanka *nt*
S.S.[1] *abr de* **Sécurité sociale**
S.S.[2] [ɛsɛs] *m* HIST *abr de* **Schutzstaffel** SS *f*
stabilisateur [stabilizatœʀ] *m* ① *(dispositif) d'une bicyclette* Stützrad *nt;* NAUT, AVIAT Stabilisierungsflosse *f;* AUT Stabilisator *m*
② CHIM Stabilisator *m*
stabilisation [stabilizasjɔ̃] *f a.* ECON Stabilisierung *f;* ~ **conjoncturelle** Konjunkturausgleich *m;* ~ **des cours** Kurserholung *f;* ~ **du marché** Marktkonsolidierung *f,* Marktstabilisierung
stabiliser [stabilize] <1> **I.** *vt* ① *(consolider, équilibrer)* stabilisieren; befestigt *accotement, terrain*
② *(rendre stable)* stabilisieren *monnaie, situation*
③ *(éviter toute fluctuation)* [konstant] halten *poids, vitesse*
II. *vpr* **se** ~ ① *(devenir stable) monnaie, situation, maladie:* sich stabilisieren; *marché:* sich festigen; *cours:* sich einpendeln
② *a.* PSYCH *(se fixer, devenir équilibré)* sich festigen
stabilité [stabilite] *f* ① *(maintien en équilibre) d'une construction* Stabilität *f; d'un avion* Flugstabilität *f; d'un véhicule* stabile Straßenlage
② ECON, POL Stabilität *f,* Beständigkeit *f;* ~ **du cours** Kursstabilität *f;*
~ **des prix** Preis[niveau]stabilität *f*
③ PSYCH *d'une personne* innere [*o* psychische] Stabilität *f*
◆ ~ **de l'image** INFORM Bildstabilität *f*
stable [stabl] *adj* ① *(ferme, équilibré)* stabil; *terrain* befestigt; *meuble d'enfant, chaise* kippsicher
② *(durable)* dauerhaft, beständig
③ *(qui ne varie pas) monnaie, prix, situation* stabil; *Bourse* fest; *temps* beständig; **à prix** ~**s** *marché* preisstabil
④ PSYCH *personne* ausgeglichen
⑤ PHYS, CHIM stabil
stabulation [stabylasjɔ̃] *f* Stallhaltung *f*
staccato [stakato] **I.** *adv* staccato
II. *m* Stakkato *nt*
stade [stad] *m* ① SPORT Stadion *nt;* ~ **olympique** Olympiastadion
② *(phase)* Stadium *nt;* ~ **oral/anal** PSYCH orale/anale Phase; ~ **de la maîtrise industrielle** Fertigungsreife *f;* **atteindre le** ~ **de la maîtrise industrielle** Fertigungsreife erlangen
◆ ~ **de consultation** Beratungsstadium *nt;* ~ **d'épuisement** MED Erschöpfungsgrad *m;* ~ **de développement** Entwicklungsstand *m*
staff [staf] *m* Stab *m*
stage [staʒ] *m* ① *(période de formation en entreprise)* Praktikum *nt; (en rédaction)* Volontariat *nt;* **faire un** ~ ein Praktikum/Volontariat machen; ~ **à l'étranger** Auslandspraktikum; ~ **d'essai** Schnupperlehre *f*
② *(place de stagiaire)* Praktikumsplatz *m; (en rédaction)* Volontariatsplatz
③ *(séminaire)* Kurs *m,* Lehrgang *m;* ~ **professionnel** Fachlehrgang; ~ **d'initiation à qc** Einführungskurs in etw *(Akk);* ~ **d'officier** Offizierslehrgang; ~ **de perfectionnement** Fortbildungskurs; ~ **de théâtre** Schauspieltraining *nt*
④ *(période avant la titularisation)* ≈ Referendariat *nt*
stagflation [stagflasjɔ̃] *f* ECON Stagflation *f*
stagiaire [staʒjɛʀ] **I.** *adj* **avocat(e)** ~ ≈ [Gerichts]referendar(in) *m(f);* **professeur** ~ ≈ [Studien]referendar(in) *m(f)*
II. *mf* ① *(en entreprise)* Praktikant(in) *m(f);* ~ **de vacances** Ferienpraktikant(in) *m(f),* Ferialpraktikant(in) *(A)*
② *(en rédaction)* Volontär(in) *m(f)*
③ *(dans un séminaire)* [Kurs]teilnehmer(in) *m(f)*
stagnant(e) [stagnɑ̃, ɑ̃t] *adj* ① *(dormant)* stehend; **eaux** ~**es** stehendes Gewässer
② ECON stagnierend
stagnation [stagnasjɔ̃] *f* Stillstand *m,* Stagnation *f;* ~ **de l'activité économique** Konjunkturflaute *f*
◆ ~ **des affaires** Geschäftsstockung *f,* geschäftliche Stagnation; ~ **des ventes** Absatzstockung *f*
stagner [stagne] <1> *vi* ① *(croupir)* stehen
② ECON stagnieren
stalactite [stalaktit] *f* [hängender] Tropfstein, Stalaktit *m (Fachspr.)*
stalag [stalag] *m* HIST Kriegsgefangenenstammlager *nt*
stalagmite [stalagmit] *f* [stehender] Tropfstein, Stalagmit *m (Fachspr.)*
stalinien(ne) [stalinjɛ̃, jɛn] **I.** *adj* stalinistisch
II. *m(f)* Stalinist(in) *m(f)*
stalinisme [stalinism] *m* Stalinismus *m*
stalle [stal] *f* ① *(box)* [Pferde]box *f*
② ECCL Chorstuhl *m*
stances [stɑ̃s] *fpl* ① *vieilli* Strophe *f*
② *pl* LITTER *aus mehreren Strophen gleicher Form bestehendes Gedicht*
stand [stɑ̃d] *m* ① *(dans une exposition)* [Messe]stand *m*
② *(dans une fête)* Bude *f*
③ *(dans une course cycliste, pédestre)* ~ [**de ravitaillement**] Verpflegungsstelle *f; (dans une course automobile)* Box *f;* **arrêt au** ~ [**de ravitaillement**] Boxenstopp *m;* **s'arrêter au** ~ [**de ravitaillement**] einen Boxenstopp machen
◆ ~ **de tir** *(dans une fête)* Schießbude *f;* MIL Schießstand *m*
standard[1] [stɑ̃daʀ] *m* TELEC [Telefon]zentrale *f;* **repasser le** ~ **à qn** jdn wieder mit der [Telefon]zentrale verbinden
standard[2] [stɑ̃daʀ] **I.** *adj inv* ① *(fabriqué en grande série)* **modèle** ~ Serienmodell *nt*
② *(normalisé)* genormt; **pièce** ~ Serienteil *nt*
③ *(dépourvu d'originalité)* [allgemein] üblich; IND standardisiert, standardmäßig; *voiture* mit Standardausrüstung; **équipement** ~ standardmäßige Ausstattung; **modèle** ~ Standardmodell *nt*
④ LING **langue** ~ Hochsprache *f*
II. *m* ① *(norme)* Standard *m,* Norm *f;* ~ **minimal** Mindeststandard
② AUDIOV Systemstandard *m*
◆ ~ **de production** Produktionsstandard *m;* ~ **de sécurité** Sicherheitsnorm *f;* ~ **de vie** Lebensstandard *m*
standardisation [stɑ̃daʀdizasjɔ̃] *f* Vereinheitlichung *f;* IND Normung *f,* Standardisierung *f*
standardiser [stɑ̃daʀdize] <1> *vt* standardisieren, vereinheitli-

chen
standardiste [stɑ̃daʀdist] *mf* Telefonist(in) *m(f)*
stand-by [stɑ̃dbaj] <stand-by> *inv* **I.** *adj* **billet ~** Stand-by-Ticket *nt*
II. *m* **voyager en ~** Stand-by fliegen
standing [stɑ̃diŋ] *m* ❶ *(niveau de vie)* [hoher] Lebensstandard *m*
❷ *(confort)* **hôtel de [grand] ~** Luxushotel *nt*
stand-up [stɑ̃ndœp] *m* Stand-up-Comedy *f*
stannifère [stanifɛʀ] *adj minerai* zinnhaltig; **gravier ~** Zinnkies *m*
staphylocoque [stafilɔkɔk] *m* MED Staphylokokke *f*, Staphylokokkus *m (Fachspr.)*
S.T.A.P.S. [staps] *f abr de* Science et Techniques des Activités Physiques et Sportives Sportwissenschaft *f*; **étudiant(e) en ~** Sportstudent(in) *m(f)*
star [staʀ] *f* Star *m*; **~ de théâtre/de cinéma** Theater-/Filmstar; **~ de télévision** Fernsehstar, TV-Star; **~ de/du rock** Rockstar
starlette [staʀlɛt] *f iron* Starlet[t] *nt*, Filmsternchen *nt*
starter [staʀtɛʀ] *m* ❶ AUT Choke[r] *m*; **mettre le ~** den Choke[r] [heraus]ziehen; **~ automatique** Startautomatik *f*
❷ SPORT Starter *m*; **coup de pistolet du ~** Startschuss *m*
starting-block [staʀtiŋblɔk] <starting-blocks> *m* Startblock *m*
start-up [staʀtœp] *f inv* ECON Start-up-Unternehmen *nt*
station [stasjɔ̃] *f* ❶ TRANSP Station *f*, Haltestelle *f*; **~ de bus** Omnibushaltestelle; **~ de taxis** Taxistand *m*, Halteplatz *m*
❷ AUDIOV *(émetteur)* Sender *m*; **~ [de radio]** Rundfunksender, Radiostation *f*; **~ privée** Privatsender
❸ TECH Station *f*; **~ expérimentale** Versuchsanstalt *f*; **~ météorologique aéronautique** Flugwetterwarte *f*; **~ orbitale/spatiale** [Welt]raumstation; **~ radar** Radarstation
❹ REL Station *f*; **~ de la croix** [*o* **du chemin de Croix**] Kreuzwegstation *f*; **les quatorze ~s du chemin de Croix** die vierzehn Stationen des Kreuzwegs
❺ *(ville, village)* **~ balnéaire** Badeort *m*; **~ de sports d'hiver** Wintersportort; **~ thermale** Kurstadt *f*, [Thermal]kurort; **~ thermale spécialisée dans le traitement des rhumatismes** Rheumabad *f*; **~ thermale d'hiver** Winterkurort
❻ *(fait de s'arrêter)* Station *f* [*o* Halt *m*] machen
❼ *(position)* Haltung *f*; **~ verticale/couchée** aufrechte Haltung/liegende Stellung
◆ **~ d'accueil** INFORM Andockstation *f*, Docking-Station *f*; **~ d'épuration** Kläranlage *f*; **~ [d']essence** Tankstelle *f*
stationnaire [stasjɔnɛʀ] *adj (qui n'évolue pas)* unverändert
stationnement [stasjɔnmɑ̃] *m* ❶ Parken *nt*; **voitures en ~** parkende Autos *Pl*; **ticket/disque de ~** Parkschein *m*/Parkscheibe *f*; **~ payant** gebührenpflichtiges Parken; **~ interdit** Parken verboten; **panneau de ~ interdit** Halteverbotsschild *nt*
❷ CAN *(parc de stationnement)* Parkplatz *m*
stationner [stasjɔne] <1> *vi* ❶ *(être garé)* parken; **interdiction de ~** Parkverbot *nt*
❷ MIL **être stationné(e)** stationiert sein
station-service [stasjɔ̃sɛʀvis] <stations-service[s]> *f* Tankstelle *f*; **grande ~** Großtankstelle
statique [statik] *adj* statisch
statisticien(ne) [statistisjɛ̃, jɛn] *m(f)* Statistiker(in) *m(f)*
statistique [statistik] **I.** *adj* statistisch
II. *f* ❶ *(science)* Statistik *f*; **les ~s** die Statistik
❷ *(chiffres)* Statistik *f*; **faire des ~s** Statistiken erstellen
statistiquement [statistikmɑ̃] *adv* statistisch; **recenser qc ~** etw statistisch erfassen
statuaire [statɥɛʀ] *f* Bildhauerkunst *f*
statue [staty] *f* Statue *f*, Standbild *nt*; **~ de marbre/de bronze/de bois** Marmor-/Bronze-/Holzstatue; **~ de la Vierge** Marienstatue; **la ~ de la Liberté** die Freiheitsstatue
statuer [statɥe] <1> *vi* **~ sur qc** über etw *(Akk)* entscheiden; **déclarer qu'il n'y a pas lieu à ~** JUR die Hauptsache für erledigt erklären *(Fachspr.)*
statuette [statɥɛt] *f* Figur *f*, Statuette *f*
statufier [statyfje] <1a> *vt* ❶ *fam (élever une statue à)* **~ qn** jdn auf den Sockel heben *(fam)*
❷ *(pétrifier)* versteinern; **être statufié(e)** wie versteinert sein
statu quo [statykwo] *m inv* Status quo *m*
stature [statyʀ] *f* ❶ *(taille)* Statur *f*; **de ~ moyenne/de haute ~** von mittlerer/großer Statur
❷ *(envergure)* Format *nt*
statut [staty] *m* ❶ Status *m*, Stellung *f*; **~ social** gesellschaftlicher Status, gesellschaftliche Stellung; **~ de fonctionnaire** Beamtenstatus; **~ consultatif** ECON Konsultativstatus *(Fachspr.)*; **~ juridique** Rechtsstellung; **~ [juridique] du lieu de situation** Belegenheitsstatus *(Fachspr.)*
❷ *souvent pl* JUR *d'une association, société* Satzung *f*, Statuten *Pl*; **~ particulier** Einzelstatut *nt*
statutaire [statytɛʀ] *adj* ❶ *(conforme aux statuts)* satzungsgemäß; **horaire ~ d'un enseignant** Deputat *nt* eines Lehrers

❷ *(désigné par les statuts)* **gérant ~** bevollmächtigter Gesellschafter
statutairement [statytɛʀmɑ̃] *adv* ❶ *(conformément aux statuts)* satzungsgemäß
❷ *(par les statuts)* aufgrund der Satzung
steak [stɛk] *m* [Rinder]steak *nt*; **~ cuit/à cuire au barbecue** Grillsteak
stéarine [steaʀin] *f* BIO, CHIM Stearin *nt*
stéarique [steaʀik] *adj* CHIM Stearin-; **acide ~** Stearinsäure *f*
stéatite [steatit] *f* MINER Steatit *m*
stéatopygie [steatopiʒi] *f* ANAT Fettsteiß *m*
stéatose [steatoz] *f* MED **~ du foie** Fettleber *f*
steeple [stipœl] *app* Hindernislauf *m*; **le 3000 m ~** der 3000-Meter-Hindernislauf
steeple-chase [stipœltʃɛz] <steeple-chases> *m* Steeplechase *f*, Hindernisrennen *nt*, Jagdrennen
stèle [stɛl] *f* Stele *f*; **~ commémorative** Gedenkstein *m*
stellage [stelaʒ] *m* FIN Kauf-Verkaufs-Optionsgeschäft *nt*, Stellage *f*
stellaire [stelɛʀ] *adj* **lumière ~** Sternenlicht *nt*; **les influences ~s** der Einfluss der Sterne
stem[m] [stɛm] *m* Stemmbogen *m*
stencil [stɛnsil] *m* Matrize *f*
sténo [steno] **I.** *mf abr de* **sténographe** Stenograf [*o* Stenograph](in) *m(f)*
II. *mf abr de* **sténodactylo** Stenotypist(in) *m(f)*
III. *f abr de* **sténographie** Steno *f (fam)*; **en ~** in Steno *(fam)*
sténodactylo [stenodaktilo] *mf* Stenotypist(in) *m(f)*
sténodactylographie [stenodaktilɔgʀafi] *f* Stenotypieren *nt*
sténographe [stenɔgʀaf] *mf* Stenograf [*o* Stenograph](in) *m(f)*
sténographie [stenɔgʀafi] *f* Stenografie [*o* Stenographie] *f*
sténographier [stenɔgʀafje] <1a> *vt* stenografieren
sténographique [stenɔgʀafik] *adj* écriture, signe, style stenographisch
sténose [stenoz] *f* MED Verengung *f*, Stenose *f*; **~ aortique** Aortenstenose; **~ vasculaire** Gefäßverengung
sténotypie [stenotipi] *f* Maschinenstenografie [*o* -stenographie] *f*
sténotypiste [stenɔtipist] *mf* Maschinenstenograf(in) *m(f)*
stentor *v.* **voix**
steppe [stɛp] *f* Steppe *f*; **~ cultivée** Kultursteppe
stère [stɛʀ] *m* Ster *m*; **trois ~s de bois** drei Ster Holz
stéréo [steʀeo] **I.** *adj inv abr de* **stéréophonique**: **chaîne ~** Stereoanlage *f*
II. *f abr de* **stéréophonie** Stereo *nt*
stéréophonie [steʀeɔfɔni] *f* Stereofonie [*o* Stereophonie] *f*
stéréophonique [steʀeɔfɔnik] *adj* stereofon, stereophon
stéréoscope [steʀeɔskɔp] *m* OPT Stereoskop *nt*
stéréoscopie [steʀeɔskɔpi] *f* OPT Raumbildverfahren *nt*
stéréotype [steʀeɔtip] *m* Stereotyp *m*
stéréotypé(e) [steʀeɔtipe] *adj* stereotyp
stéréotypie [steʀeɔtipi] *f* TYP, PSYCH Stereotypie *f*
stérile [steʀil] *adj* ❶ BIO, AGR unfruchtbar
❷ *(sans microbes)* steril, keimfrei
❸ LITTER, ART unschöpferisch
❹ *(vain)* fruchtlos
stérilet [steʀilɛ] *m* Spirale *f (fam)*, Intrauterinpessar *nt (Fachspr.)*
stérilisant(e) [steʀilizɑ̃, ɑ̃t] *adj* ❶ *(désinfectant)* **produit ~** desinfizierend; **procédé ~** Sterilisationsmethode *f*
❷ *(improductif)* lähmend
stérilisateur [steʀilizatœʀ] *m* Sterilisator *m*; *(pour biberons)* Sterilisierbox *f*
stérilisation [steʀilizasjɔ̃] *f* ❶ *(pour tuer les microbes)* Sterilisieren *nt*
❷ *(contre la procréation)* Sterilisation *f*, Sterilisieren
stériliser [steʀilize] <1> *vt* sterilisieren; **~ qn de force** jdn zwangssterilisieren
stérilité [steʀilite] *f* ❶ BIO, AGR Unfruchtbarkeit *f*
❷ *(absence de microbes)* Sterilität *f*, Keimfreiheit *f*
❸ ART, LITTER Unproduktivität *f*
❹ *fig d'un débat* Unfruchtbarkeit *f*
sterling [stɛʀliŋ] *adj inv* **une livre ~** ein Pfund Sterling *nt*
sterne [stɛʀn] *f* Seeschwalbe *f*
sternum [stɛʀnɔm] *m* Brustbein *f*
sternutatoire [stɛʀnytatwaʀ] *adj* **poudre ~** Niespulver
stéroïde [steʀɔid] *f* Steroide *Pl (Fachspr.)*
stéthoscope [stetɔskɔp] *m* Hörrohr *nt*, Stethoskop *nt*
steward [stiwaʀt] *m* Steward *m*
stick [stik] *m* ❶ Stift *m*; **~ de colle** Klebestift; **~ à lèvres** Lippenstift; **~ correcteur** COSMET Abdeckstift
❷ PÊCHE **flotteur ~** Stickpose *f (Fachspr.)*
stigmate [stigmat] *m* ❶ *(cicatrice)* Narbe *f*
❷ *littér (marque)* Zeichen *nt*; **porter les ~s de la guerre** vom Krieg gezeichnet sein
❸ *pl* REL Stigmen *Pl*, Stigmata *Pl*

stigmatiser [stigmatize] <1> vt brandmarken, anprangern
stimulant [stimylɑ̃] m ❶ *(médicament)* anregendes Mittel, Stimulans nt *(Fachspr.)*
❷ *(incitation)* Ansporn m
❸ *(moteur)* ~ **de l'activité économique** Konjunkturimpuls m
stimulant(e) [stimylɑ̃, ɑ̃t] adj ❶ *(fortifiant)* anregend, stimulierend
❷ *(qui ouvre l'esprit)* anregend
❸ *(encourageant)* aufmunternd
stimulateur [stimylatœʀ] m ~ **cardiaque** Herzschrittmacher m
stimulation [stimylasjɔ̃] f ❶ PHYSIOL *de l'appétit* Anregung f; *d'un nerf, muscle* Reizung f; *(sexuel, psychique)* Erregung f
❷ *(motivation)* Anreiz m, Ansporn m
❸ ECON *de la consommation* Belebung f; *du marché* Neubelebung; ~ **de l'activité économique** Konjunkturanregung f, Wirtschaftsförderung f
❹ MED Erregungsleitung nt; ~ **électrique** Elektrostimulation f; ~ **cardiaque électrique** Elektrostimulation des Herzens
stimuler [stimyle] <1> vt ❶ *(activer, augmenter)* anregen; **un médicament qui stimule la circulation [sanguine]** ein durchblutungsförderndes Medikament; **un procédé qui stimule la production** produktionsförderndes Verfahren
❷ *(encourager)* anspornen
stimulus [stimylys] <stimuli o stimulus> m Reiz m, Stimulus m *(Fachspr.)*; ~ **déclencheur** Schlüsselreiz; ~ **lumineux** Lichtreiz; ~ **sensoriel** BIO Sinnesreiz
stipendié(e) [stipɑ̃dje] adj littér complice gedungen
stipendier [stipɑ̃dje] <1a> vt littér bestechen juge
stipulation [stipylasjɔ̃] f *(clause)* [vertragliche] Vereinbarung, Klausel f; ~ **annexe relative aux prix** Preisnebenabrede f; ~ **constitutive d'un gage** Pfandklausel; ~ **contractuelle** vertragliche Bedingung, Vertragsbestimmung f
stipuler [stipyle] <1> vt ❶ JUR [vertraglich] festlegen
❷ *(préciser) personne:* ausdrücklich sagen; **l'annonce stipule [o il est stipulé dans l'annonce] que ...** in der Anzeige steht ausdrücklich, dass ...
S.T.O. [ɛsteo] m HIST abr de **service du travail obligatoire** AD m
stock [stɔk] m ❶ COM Lager nt, Bestand m; ~**s budgétés** Planbestand; ~ **déficitaire** Fehlbestand; ~**s disponibles** Lagerbestand; ~ **effectif** effektiver Bestand; ~ **final** Endbestand; ~**s tampons** Pufferbestände; ~**s de matières premières** Rohstoffbestände; ~ **de pièces détachées** Ersatzteillager; **avoir en** ~ vorrätig haben, auf [o am] Lager haben; **liquider son** ~ das Lager räumen, seinen Lagerbestand verkaufen
❷ *(réserve)* Vorrat m; ~ **de sucre** Zuckervorrat
❸ *(grande quantité)* **garde ce stylo, j'en ai tout un** ~ behalte den Stift, ich habe jede Menge davon
❹ pl FIN Vorratsvermögen nt
♦ ~ **de base** Grundbestand m; ~ **de marchandises** Warenlager nt, Warenvorrat m; ~ **d'ouverture** Eröffnungsbestand m; ~ **de réserve** Reservebestand m; ~**s de transfert** [o **de transition**] Übergangsbestand m
stockable [stɔkabl] adj marchandise lagerfähig
stockage [stɔkaʒ] m Lagerung f; ~ **incorrect** unsachgemäße Lagerung
♦ ~ **d'informations** INFORM Datenspeicherung f
stock-car [stɔkkaʀ] <stock-cars> m ❶ *(voiture)* Stockcar m
❷ *(course)* Stockcarrennen nt
stocker [stɔke] <1> vt ❶ *(mettre en réserve)* [ein]lagern, auf Lager legen; bevorraten *(Fachspr.)* marchandises; ~ **des noisettes** animal: sich *(Dat)* einen Vorrat an Haselnüssen anlegen
❷ INFORM [ab]speichern données
Stockholm [stɔk´ɔlm] Stockholm nt
stoïcien(ne) [stɔisjɛ̃, jɛn] PHILOS I. adj stoisch
II. m(f) Stoiker(in) m(f)
stoïcisme [stɔisism] m Stoizismus m
stoïque [stɔik] adj unerschütterlich, stoisch *(geh)*
stoïquement [stɔikmɑ̃] adv unerschütterlich, stoisch *(geh)*
stolon [stɔlɔ̃] m Ausläufer m
stomacal(e) [stɔmakal, o] <-aux> adj **douleurs** ~**es** Magenschmerzen Pl
stomachique [stɔmaʃik] adj médicament verdauungsfördernd
stomatologie [stɔmatɔlɔʒi] mf Stomatologie f
stomatologiste [stɔmatɔlɔʒist] mf Stomatologe m/Stomatologin f
stop [stɔp] I. interj ❶ *(halte)* stop[p], halt; ~ **à l'inflation** stoppt die Inflation, Schluss mit der Inflation
❷ *(dans un télégramme)* stop
II. m ❶ TRANSP *(panneau)* Stoppschild nt; *(feu)* Haltesignal nt
❷ AUT *(feu arrière)* Bremslicht nt, Bremsleuchte f
❸ *(auto-stop)* **faire du** ~ fam trampen, per Anhalter fahren; **en** ~ fam per Anhalter
III. app **panneau** ~ Stoppschild nt
stoppage [stɔpaʒ] m COUT [Kunst]stopfen nt
stopper¹ [stɔpe] <1> I. vi stehen bleiben, anhalten
II. vt ❶ *(arrêter la marche de)* zum Stehen bringen, stoppen
❷ *(arrêter)* stoppen inflation, chômage
stopper² <1> vt COUT kunststopfen; **faire** ~ **un pantalon** eine Hose kunststopfen lassen
stoppeur, -euse [stɔpœʀ, -øz] m, f ❶ fam *(auto-stoppeur)* Tramper(in) m(f)
❷ FBALL Vorstopper(in) m(f)
store [stɔʀ] m ❶ *(à l'extérieur)* Markise f; ~ **en bambou** Bambusvorhang m; **tissu pour** ~ Markisenstoff m
❷ *(rideau à enrouler à l'intérieur)* Rollo nt; ~ **occultant** Verdunklungsrollo
❸ *(rideau de magasin)* Rollladen m
❹ *(à lamelles)* ~ **vénitien** Jalousie f, Jalousette f
strabisme [stʀabism] m MED Schielen nt; ~ **convergent** Einwärtsschielen; **avoir un** ~ schielen
stradivarius [stʀadivaʀjys] m Stradivari f
strangulation [stʀɑ̃gylasjɔ̃] f Erdrosselung f, Strangulation f *(geh)*
strapontin [stʀapɔ̃tɛ̃] m ❶ *(siège)* Notsitz m
❷ *(place secondaire)* zweitrangiger Platz m
Strasbourg [stʀasbuʀ] Straßburg nt
strasbourgeois(e) [stʀasbuʀʒwa, ʒwaz] adj Straßburger, aus Straßburg
strass [stʀas] m Strass m
stratagème [stʀataʒɛm] m List f
strate [stʀat] f Schicht f
stratège [stʀatɛʒ] m Stratege m/Strategin f; **des qualités de** ~ strategische Fähigkeiten Pl
stratégie [stʀateʒi] f Strategie f; **jeu de** ~ Strategiespiel nt; ~ **ciblée** ECON Tiefenstrategie; ~ **commerciale** Marktstrategie; ~ **électorale** Wahlkampfstrategie
♦ ~ **de communication** Werbestrategie f; ~ **d'expansion** Expansionsstrategie f; ~ **de prix** Preiskonzeption f; ~ **de prix adaptée à un/au pays** länderbezogene Preiskonzeption; ~ **de prix adaptée à un/à l'article** warenbezogene Preiskonzeption; ~ **de survie** Überlebensstrategie f; ~ **de vente** Verkaufsstrategie f
stratégique [stʀateʒik] adj objectif, repli, intérêt strategisch; **matière première, position** strategisch wichtig
stratégiquement [stʀateʒikmɑ̃] adv strategisch [wichtig]; *(du point de vue de la stratégie)* strategisch gesehen
stratification [stʀatifikasjɔ̃] f Schichtung f; GEOL Schichtung, Stratifikation f *(Fachspr.)*
stratifié [stʀatifje] m Schicht[press]stoff m, Laminat nt
stratocumulus [stʀatokymylys] m Stratokumulus m *(Fachspr.)*
stratosphère [stʀatɔsfɛʀ] f Stratosphäre f
stratus [stʀatys] m METEO Schichtwolke f, Stratuswolke, Stratus m *(Fachspr.)*
streamer [stʀimœʀ] m Streamer m
streptocoque [stʀɛptɔkɔk] m Streptokokkus m
streptomycine [stʀɛptomisin] f Streptomyzin nt *(Antibiotikum gegen Tuberkulose)*
stress [stʀɛs] m Stress m, Belastung f; ~ [du] **quotidien** Alltagsstress; **situation de** ~ Stresssituation f; ~ **dû au calendrier serré** Termindruck m; ~ **psychologique** Psychostress; ~ **positif** MED, PSYCH Eustress m *(Fachspr.)*
stressant(e) [stʀesɑ̃, ɑ̃t] adj aufreibend, stressig *(fam)*; **situation** ~**e** Stresssituation f
stresser [stʀese] <1> I. vt überbeanspruchen, stressen *(fam)*; **être stressé(e)** im Stress [o gestresst fam] sein
II. vi personne: sich stressen
stretch® [stʀɛtʃ] I. m Stretch m
II. app **pantalon** ~ Stretchhose f
stretching [stʀɛtʃiŋ] m Stretching nt
strict(e) [stʀikt] adj ❶ *(sévère)* streng; **être très** ~(e) **sur le règlement** es sehr genau mit den Bestimmungen nehmen; **être** ~(e) **avec qn** [o **à l'égard de qn**] streng mit [o zu] jdm sein
❷ *(rigoureux) principe, observation, respect* streng, strikt
❸ antéposé *(exact)* **c'est la** ~ **e vérité** das ist die reine Wahrheit
❹ antéposé *(absolu) minimum* absolut; **le** ~ **nécessaire** das Allernötigste; **dans la plus** ~ **e intimité** im engsten Familienkreis
❺ *(littéral)* **au sens** ~ im engeren Sinne
❻ *(sobre) vêtement, tenue* streng geschnitten
strictement [stʀiktəmɑ̃] adv ❶ *(pour renforcer)* strikt; ~ **interdit** streng verboten; **c'est** ~ **pareil** das ist genau das Gleiche; ~ **confidentiel** streng vertraulich
❷ *(littéralement, au sens restreint)* ~ **parlant** genau genommen, streng genommen
❸ *(sobrement)* ~ **vêtu(e)** streng gekleidet
stricto sensu [stʀiktosɛ̃sy] adv form genau genommen

strident(e) [stʀidɑ̃, ɑ̃t] *adj* schrill
stridulation [stʀidylasjɔ̃] *f* Zirpen *nt*
striduler [stʀidyle] <1> *vi criquet, grillon:* zirpen
strie [stʀi] *f* rare au sing ① *(en relief)* **les ~s** die Rillen *Pl*
  ② *(de couleur)* Streifen *m*
strié(e) [stʀije] *adj* ① gerillt
  ② ANAT *muscle* quer gestreift; **corps ~** Streifenkörper *m*
strier [stʀije] <1a> *vt* ① *(couvrir de stries)* mit Streifen versehen
  ② TECH riefen *métal*
string [stʀiŋ] *m* String-Tanga *m*
strip-tease [stʀiptiz] <strip-teases> *m (spectacle)* Striptease *m*, Strip *m (fam);* **faire un ~** strippen
strip-teaseur, -euse [stʀiptizœʀ, -øz] <strip-teaseurs> *m, f* Stripteasetänzer(in) *m(f),* Stripper(in) *m(f) (fam)*
striure [stʀijyʀ] *f* ① TECH Riefelung *f*
  ② BOT, ZOOL Streifung *f*
stroboscope [stʀɔbɔskɔp] *m* Stroboskop *nt*
strontium [stʀɔ̃sjɔm] *m* Strontium *nt*
strophe [stʀɔf] *f* Strophe *f*; **à huit ~s** achtstrophig, mit acht Strophen
structural(e) [stʀyktyʀal, o] <-aux> *adj* strukturell
structuralisme [stʀyktyʀalism] *m* Strukturalismus *m*
structuration [stʀyktyʀasjɔ̃] *f* ① *a.* FIN *d'un projet, de la personnalité* Strukturierung *f*; **~ d'un portefeuille** FIN Portefeuille-Strukturierung *(Fachspr.)*
  ② INFORM Formatierung *f*; **~ de/du paragraphe** Absatzformatierung
structure [stʀyktyʀ] *f* ① *(organisation)* Struktur *f*, Aufbau *m*; **~ tarifaire** Tarifgefüge *nt*; **réforme de ~** Strukturreform *f*; **~ nucléaire** PHYS, CHIM Kernaufbau
  ② *(tente)* **~ gonflable** Traglufthalle *f*
  ③ *(lieu, service social)* **~ d'accueil** soziale Einrichtung
  ④ INFORM Format *nt*; **~ d'échange de données** Datenaustauschformat; **~ de l'instruction** Befehlsformat; **~ de/du paragraphe** Absatzformat; **~ du programme** Programmstruktur *f*
  ⑤ LING Struktur *f*; **~ superficielle** [*o* **de surface**] Oberflächenstruktur
  ◆ **~ d'affichage** INFORM Darstellungsformat *nt*; **~ de la balance** Bilanzgliederung *f*; **~ du bilan** Bilanzgliederung *f*; **~ de la consommation** Konsumstruktur *f*; **~ des cours** ECON Kursgefüge *nt*; **~ des dépenses** Ausgabenstruktur *f*; **~ de dialogue** INFORM Austauschformat *nt*; **~ de l'économie** Wirtschaftsgefüge *nt*; **~ de l'entreprise** Unternehmensstruktur *f*; **~ de la personnalité** Persönlichkeitsstruktur *f*; **~ du personnel** Personalstruktur *f*; **~ des salaires** *(en parlant des ouvriers)* Lohngefüge *nt*, Lohnstruktur *f*; *(en parlant des employés)* Gehaltsgefüge, Gehaltsstruktur; **~ de surface** Oberflächenstruktur *f*; **~ des tarifs** Tarifgestaltung *f*
structuré(e) [stʀyktyʀe] *adj* ① gegliedert
  ② INFORM strukturiert; **non ~(e)** unstrukturiert
structurel(le) [stʀyktyʀɛl] *adj chômage, inflation* strukturell; **réforme ~le** Strukturreform *f*
structurer [stʀyktyʀe] <1> I. *vt* ① strukturieren; gliedern *exposé, ouvrage*
  ② CONSTR aufbauen
  II. *vpr* se ~ sich organisieren, sich strukturieren
strudel [ʃtʀudœl] *m* Apfelstrudel *m*
strychnine [stʀiknin] *f* Strychnin *nt*
stuc [styk] *m* Stuck *m*; **ouvrage/décoration en ~** Stuckarbeit/-verzierung; **~ de marbre** Stuckmarmor *m*
stucateur [stykatœʀ] *m* ① *(spécialiste qui travaille le stuc)* Stuckateur *m*
  ② ART *(sculpteur en stuc)* Stuckator *m*
studieusement [stydjøzmɑ̃] *adv travailler* fleißig; **préparer** gewissenhaft
studieux, -euse [stydjø, -jøz] *adj* ① *(appliqué)* fleißig, arbeitsam
  ② *(consacré au travail, aux études) vacances, soirée* der Arbeit/dem Studium gewidmet
studio [stydjo] *m* ① AUDIOV Studio *nt*; **~ d'enregistrement** Aufnahmestudio; **~ de/d'une radio** Rundfunkstudio; **~ de télévision/de cinéma** Fernseh-/Filmstudio; **à vous, le ~** wir schalten [*o* geben] zurück ins Studio
  ② *(logement)* Einzimmerwohnung *f*, Einraumwohnung, Studio *nt*
  ③ *(atelier d'artiste)* Atelier *nt*
stupéfaction [stypefaksjɔ̃] *f (étonnement)* Verblüffung *f*
stupéfait(e) [stypefɛ, ɛt] *adj (étonné)* verblüfft
stupéfiant [stypefjɑ̃] *m* Betäubungsmittel *nt*, Rauschgift *nt*
stupéfiant(e) [stypefjɑ̃, jɑ̃t] *adj* verblüffend
stupéfié(e) [stypefje] *adj (très étonné)* verblüfft
stupéfier [stypefje] <1a> *vt (étonner)* verblüffen
stupeur [stypœʀ] *f* ① *(étonnement)* Verblüffung *f*; **être frappé(e) de ~** wie vor den Kopf geschlagen sein *(fam),* verblüfft sein
  ② MED Stupor *m (Fachspr.)*
stupide [stypid] *adj* ① *(inintelligent)* dumm; *vie, travail* stumpfsinnig, stupid *(fam)*
  ② *(absurde) accident, pari* dumm, blödsinnig
stupidement [stypidmɑ̃] *adv* ① *(sottement, bêtement)* se conduire dumm; *rire* dummerweise; **répondre ~** eine dumme Antwort geben
  ② *(absurdement)* sinnlos
stupidité [stypidite] *f* ① *(inintelligence, bêtise)* Dummheit *f*
  ② *(action, propos stupide)* Dummheit *f*, Blödsinn *f*
stups [styp] *mpl fam* Drogenfahndung *f*
style [stil] *m* ① *(écriture)* Stil *m*, Ausdrucksweise *f*; **parlé/écrit** gesprochene/geschriebene Sprache; **~ administratif** Behördensprache *f*; *(en Allemagne)* Papierdeutsch *nt*; **~ publicitaire** Werbesprache; **avoir un ~ soutenu/négligé** sich gewählt/nachlässig ausdrücken; **en ~ télégraphique** im Telegrammstil
  ② GRAM *(discours)* Rede *f*; **~ direct/indirect** direkte/indirekte Rede; **~ indirect libre** erlebte Rede
  ③ *(genre)* Art *f*; *d'un vêtement* Stil *m*; *d'un immeuble, d'une maison* [Bau]stil; **des meubles de ~** Stilmöbel *Pl*; **rénover une maison dans le respect du ~ ambiant** ein Haus stilgerecht renovieren; **rénovation contraire au ~** stilwidrige Renovierung
  ④ ART, LITTER Stil *m*; **sculpture de ~ expressionniste** Skulptur *f* im Stil des Expressionismus; **des meubles de ~ anglais/Empire** Möbel im englischen Stil/im Empirestil; **auteur au ~ affirmé** stilsicherer Autor; **goût d'un ~ affirmé** stilsicherer Geschmack; **se vêtir dans un ~ affirmé** sich stilsicher kleiden
  ⑤ *(manière personnelle)* Stil *m*; **avoir du ~** Stil haben; **arriver en retard, c'est bien dans son ~!** zu spät zu kommen ist typisch für ihn!
  ⑥ TECH, BOT Griffel *m*
  ◆ **~ de conduite** Fahrtechnik *f*; **~ de caractères** TYP, INFORM Schriftstil *m*; **~ de vie** Lebensstil *m*
stylé(e) [stile] *adj* [gut] geschult
stylet [stilɛ] *m* ① *(poignard)* Stilett *nt*
  ② INFORM *(pour un ordinateur)* Stift *m*; **~ lumineux** Leuchtstift *m*
stylisation [stilizasjɔ̃] *f* Stilisierung *f*
styliser [stilize] <1> *vt a.* ART stilisieren; **être stylisé(e)** *fleurs:* stilisiert sein
stylisme [stilism] *m* Design *nt*
styliste [stilist] *mf* ① Designer(in) *m(f)*; **mode créée par des ~s** Designermode *f*; **vêtements créés par des ~s** Designerkleidung *f*, Designerklamotten *Pl (fam)*
  ② *(dans la publicité)* Stilist(in) *m(f)*
stylistique [stilistik] **I.** *adj* stilistisch
  II. *f* Stilistik *f*, Stilkunde *f*
stylite [stilit] *m* HIST Säulenheilige(r) *m*
stylo [stilo] *m* ① *(stylo à encre, à plume)* Füller *m*; *(stylo-bille)* Kuli *m (fam);* *(feutre)* Filzstift *m*; **~ à encre** [*o* **à plume**] Füllfederhalter *m*; **~ [à] bille** Kugelschreiber *m*; **~ à quatre couleurs** Vierfarb[en]kugelschreiber, Vierfarbenkuli *(fam),* Vierfarbenstift; **tu n'aurais pas un ~?** hast du mal einen Stift für mich? *(fam)*
  ② INFORM **~ électronique** Stiftcomputer *m*
stylo-bille [stilobij] <stylos-bille> *m* Kugelschreiber *m* **stylo-feutre** [stiloføtʀ] <stylos-feutres> *m* Filzstift *m*
stylomine® [stilomin] *m* Druckbleistift *m*
stylo-retouche [stiloʀ(ə)tuʃ] <stylos-retouches> *m (peinture, laque)* Lackstift *m*
suaire [sɥɛʀ] *m* **le saint ~** das Grabtuch [*o* Leichentuch] Christi
suant(e) [sɥɑ̃, ɑ̃t] *adj* ① *(en sueur) personnes* schwitzend
  ② *fig fam (fatiguant) cours, film* sterbenslangweilig
suave [sɥav] *adj* lieblich; *couleur, ton, forme* zart; *sourire, voix* sanft
suavité [sɥavite] *f d'une odeur, musique* Lieblichkeit *f*; *des manières, de la voix* Sanftheit *f*; *d'une couleur* Zartheit *f*
subalpin(e) [sybalpɛ̃, pin] *adj* subalpin
subalterne [sybaltɛʀn] **I.** *adj* ① *(inférieur)* untergeordnet, subaltern
  ② *(secondaire)* untergeordnet, zweitrangig
  II. *mf* Untergebene(r) *f(m)*
subaquatique [sybakwatik] *adj gymnastique, photographie, travaux* Unterwasser-; **faune/flore ~** Unterwasserfauna *f*/-flora *f*; *(qui se trouve sous la mer)* Meeresfauna/-flora
subconscient [sybkɔ̃sjɑ̃] *m* Unterbewusstsein *nt*
subculture [sybkyltyʀ] *f* Subkultur *f*
subdiviser [sybdivize] <1> **I.** *vt* ① *(diviser encore)* **~ une échelle en qc** eine Skala [weiter] in etw *(Akk)* unterteilen
  ② INFORM aufteilen *zone*
  II. *vpr* se **~ en qc** *bactérie, cellule:* sich erneut in etw *(Akk)* teilen; *chapitre, livre:* [weiter] in etw *(Akk)* unterteilt sein
subdivision [sybdivizjɔ̃] *f* ① *(fait de subdiviser)* erneute Unterteilung
  ② *(partie obtenue)* Unterabteilung *f*; **les races sont des ~s de l'espèce** die Arten sind in Rassen unterteilt
subir [sybiʀ] <8> *vt* ① *(être victime de)* erleiden, hinnehmen müssen; **des injustices subies** erlittenes Unrecht

② *(endurer)* erdulden, hinnehmen; über sich ergehen lassen *événements;* auf sich nehmen *conséquences*
③ *(être soumis à)* ~ **le charme/l'influence** dem Charme/Einfluss erliegen; ~ **une opération/un interrogatoire** operiert/vernommen werden
④ *(être l'objet de)* erfahren *modification*
⑤ *fam (devoir supporter)* ertragen *personne*
subit(e) [sybi, it] *adj* [ganz] plötzlich, jäh *(geh)*
subitement [sybitmɑ̃] *adv* [ganz] plötzlich
subito [sybito] *adv fam* plötzlich; **partir ~ presto** ruck, zuck verschwinden
subjectif, -ive [sybʒɛktif, -iv] *adj* subjektiv
subjectivement [sybʒɛktivmɑ̃] *adv* subjektiv
subjectivité [sybʒɛktivite] *f* Subjektivität *f*
subjonctif [sybʒɔ̃ktif] *m* GRAM Subjonctif *m*
subjuguer [sybʒyge] <1> *vt (fasciner)* in seinen Bann ziehen
sublimation [syblimasjɔ̃] *f* ① CHIM Sublimation *f (Fachspr.)*
② PSYCH Sublimierung *f (Fachspr.)*
sublime [syblim] I. *adj* ① *(admirable)* überwältigend
② *(d'une haute vertu)* erhaben
II. *m* **le ~** das Erhabene
sublimer [syblime] <1> *vt littér* sublimieren
subliminal(e) [sybliminal] *adj* unterschwellig
sublimité [syblimite] *f littér* ① *d'un vers, d'une personne* Erhabenheit *f*
② *(pensée ou action sublime)* Erhabene *nt*
submerger [sybmɛʀʒe] <2a> *vt* ① unter Wasser *(Akk)* setzen, fluten *digue, rives;* überfluten, überschwemmen *plaine, terres;* **être submergé(e)** unter Wasser stehen; *terres:* überschwemmt sein
② *(envahir)* ~ **qn de travail/de questions** jdn mit Arbeit/Fragen überhäufen [*o* überschütten]; ~ **qn/qc de publicité** jdn mit Reklame zumüllen *(fam);* **l'émotion le submerge** die Gefühle *Pl* übermannen ihn; **être submergé(e)** überhäuft sein
submersible [sybmɛʀsibl] *adj navire, sous-marin* tauchfähig; **terre ~** Überschwemmungsland *nt*
submersion [sybmɛʀsjɔ̃] *f* ① *(innondation)* Überschwemmung *f*
② AGR, TECH Überflutung *f*
subodorer [sybɔdɔʀe] <1> *vt fam* **elle subodore qc** ihr schwant etw *(fam)*
subordination [sybɔʀdinasjɔ̃] *f* untergeordnete Stellung, Unterstelltsein *nt*
subordonné [sybɔʀdɔne] *m* Untergebene(r) *m*
subordonné(e) [sybɔʀdɔne] *adj proposition* untergeordnet, Neben-
subordonnée [sybɔʀdɔne] *f* ① *(personne)* Untergebene *f*
② GRAM Nebensatz *m*
subordonner [sybɔʀdɔne] <1> *vt* ~ **une décision à qc** eine Entscheidung von etw abhängig machen; **être subordonné(e) à qn/qc** von jdm/etw abhängig sein, von jdm/etw abhängen
subornation [sybɔʀnasjɔ̃] *f* Bestechung *f*
suborner [sybɔʀne] <1> *vt* ① *(corrompre)* verderben *personnel,* JUR bestechen *témoin*
② *littér (séduire)* verführen *jeune fille*
subreptice [sybʀɛptis] *adj* ① JUR erschlichen, unrechtmäßig erlangt
② *(furtif)* baiser heimlich
subrepticement [sybʀɛptismɑ̃] *adv* heimlich, unbemerkt
subrogation [sybʀɔgasjɔ̃] *f* JUR Anspruchsübergang *m,* Surrogation *f (Fachspr.)*
subrogé,e [sybʀɔʒe] *m, f* JUR Eintretende(r) *f(m)*
subséquemment [sybsekamɑ̃] *adv* JUR daraufhin
subséquent(e) [sybsekɑ̃, kɑ̃t] *adj* ① *a.* JUR unmittelbar [nach]folgend
② GEOG subsequent
subside [sybzid] *m* [finanzielle] Unterstützung
subsidiaire [sybzidjɛʀ, sypsidjɛʀ] *adj* ① zusätzlich; *raison* weitere(r, s), zusätzlich; **question** zusätzliche [*o* weitere] Frage, Zusatzfrage
② POL subsidiär
subsidiarité [sybzidjaʀite] *f* Subsidiarität *f*
subsistance [sybzistɑ̃s] *f* Lebensunterhalt *m*
subsistant(e) [sybzistɑ̃, ɑ̃t] *adj* restlich; *partie* übrig geblieben, noch vorhanden; *question* noch offen [*o* ungeklärt]
subsister [sybziste] <1> I. *vi* ① *(subvenir à ses besoins)* [über]leben
② *(survivre)* überleben
③ *(demeurer)* ~ **de qc** von etw bleiben; *doute, erreur:* weiterbestehen
II. *vi impers* **il subsiste qc/ne subsiste rien de la ville** es bleibt etwas/nichts von der Stadt [übrig]
subsonique [sypsɔnik] *adj* Unterschall-
substance [sypstɑ̃s] *f* ① *(matière)* Substanz *f;* ~ **nocive** Schadstoff *m;* **matériau garanti sans ~s nocives** schadstoffgeprüftes Material; ~ **toxique pour les cellules** Zellgift *nt*
② *(essentiel) d'un article, livre* wesentlicher Inhalt; **en ~** im Wesentlichen
③ MED Substanz *f;* ~ **sèche** Trockensubstanz; ~ **des groupes sanguins** Blutgruppensubstanz
substantiel(le) [sypstɑ̃sjɛl] *adj* ① *(nourrissant)* nahrhaft
② *(important)* wesentlich, bedeutend; *augmentation, avantage* beträchtlich
substantif [sypstɑ̃tif] *m* Substantiv *nt*
substantifique *v.* **moelle**
substantivé(e) [sypstɑ̃tive] *adj* substantiviert
substituer [sypstitɥe] <1> I. *vt* ① ~ **un collègue/un mot à un autre** *(volontairement)* einen Kollegen/ein Wort durch einen anderen/ein anderes ersetzen; *(involontairement)* einen Kollegen/ein Wort mit einem anderen vertauschen
② JUR ~ **l'héritier à un autre bénéficiaire** einen anderen Begünstigten an Stelle *(Dat)* des Erben einsetzen
II. *vpr* **se ~ à qn** sich an jds Stelle *f (Akk)* setzen; **une substance se substitue à qc** eine Substanz wird durch etw ersetzt
substitut [sypstity] *m* ① *(remplacement)* Ersatz *m;* **être le ~ de qn/qc** jdn/etw ersetzen
② JUR ~ **du procureur** Staatsanwalt *m/-*anwältin *f*
substitution [sypstitysjɔ̃] *f* ① *(volontaire)* Austauschen *nt;* *(involontaire)* Vertauschen *nt*
② ECON Substitution *f*
♦ ~ **d'héritier** Nacherbschaft *f (Fachspr.)*
substrat [sybstʀa] *m* Grundlage *f;* PHILOS, LING Substrat *nt*
subterfuge [syptɛʀfyʒ] *m* Ausflucht *f*
subtil(e) [syptil] *adj personne* scharfsinnig, feinsinnig; *raisonnement* feinsinnig, subtil *(geh); distinction, nuance* fein; *parfum* zart
subtilement [syptilmɑ̃] *adv* ① *(avec finesse)* argumenter, raisonner feinsinnig; *exprimer* nuanciert
② *(habilement)* geschickt
subtiliser [syptilize] <1> *vt* ~ **un livre à qn** jdm ein Buch entwenden *(geh),* jdm ein Buch stehlen
subtilité [syptilite] *f soutenu* ① Feinsinnigkeit *f,* Subtilität *f (geh); d'une analyse* Nuanciertheit *f;* ~ **d'esprit** Scharfsinnigkeit *f*
② *(raffinement) d'un art, d'une langue* Feinheit *f,* Erlesenheit *f*
subtropical(e) [sybtʀɔpikal, o] <-aux> *adj* subtropisch
suburbain(e) [sybyʀbɛ̃, ɛn] *adj* Vorort-; **périphérie ~e** Stadtrand *m*
subvenir [sybvəniʀ] <9> *vi* ~ **à qc** für etw aufkommen
subvention [sybvɑ̃sjɔ̃] *f* Subvention *f;* ~ **agricole** Agrarsubvention; ~ **exceptionnelle** Sondersubvention; ~ **s publiques** Beihilfe *f* aus öffentlichen Mitteln, öffentliche Fördermittel *Pl;* ~ **à l'exportation** Ausfuhrsubvention; ~ **à l'importation** Importsubvention; ~ **d'État** staatliche Unterstützung; ~ **s de l'État** staatliche Zuwendungen *Pl;* **projet qui peut obtenir une ~** förderfähiges Projekt
subventionner [sybvɑ̃sjɔne] <1> *vt* subventionieren, durch staatliche Gelder unterstützen, staatlich bezuschussen; **subventionné(e) par l'État** *théâtre:* subventioniert, staatlich gefördert; **initiative qui mérite d'être subventionnée** förderwürdige [*o* förderungswürdige] Initiative
subversif, -ive [sybvɛʀsif, -iv] *adj* umstürzlerisch, subversiv *(geh)*
subversion [sybvɛʀsjɔ̃] *f* Umsturz *m,* Subversion *f (geh)*
suc [syk] *m* Saft *m*
succédané [syksedane] *m* Ersatz *m*
succéder [syksede] <5> I. *vi* ① *(venir après)* ~ **à qc** auf etw *(Akk)* folgen
② *(assurer la succession)* ~ **à qn** jds Nachfolge *f* antreten; ~ **à qn sur le trône** jdm auf dem Thron folgen
③ *(hériter)* erben
II. *vpr* **se ~** einander folgen
succès [syksɛ] *m* ① Erfolg *m;* ~ **en qc** Erfolg bei etw; ~ **de cinéma** Kinoerfolg; ~ **commercial** Markterfolg; *(film, spectacle à succès)* Kassenmagnet *m (fam);* ~ **fou** [*o* **bœuf** *fam*] Wahnsinnserfolg *(fam),* durchschlagender Erfolg; ~ **inattendu** Überraschungserfolg; ~ **manqué de peu** Beinaheerfolg; **premiers ~** Anfangserfolg; ~ **théâtral** Theatererfolg; **avoir du ~ auprès de qn** bei jdm Erfolg haben [*o* gut ankommen]; **être couronné(e) de ~** von Erfolg gekrönt sein; **remporter un ~** einen Erfolg erzielen; **à ~** Erfolgs-; **acteur(-trice) à ~** Kassenmagnet *(fam);* **avec/sans ~** mit/ohne Erfolg, erfolgreich/erfolglos
② *(conquête amoureuse)* Erfolg *m kein Pl;* ~ **féminins** Erfolg bei den Frauen
③ SPORT, MIL Sieg *m*
♦ ~ **de circonstance** Augenblickserfolg *m;* ~ **d'estime** Achtungserfolg *m*
successeur [syksesœʀ] *m* ① Nachfolger(in) *m(f);* ② **présumé** Nachfolgekandidat(in) *m(f);* **passer pour être le ~ du chef du parti** als Nachfolgekandidat(in) für den Parteivorsitzenden gelten
② *(héritier)* Erbe *m/*Erbin *f*
successif, -ive [syksesif, -iv] *adj époques, générations* aufeinan-

derfolgend; *tâches* stets neu anfallend
succession [syksesjɔ̃] *f* ❶ *(série) des saisons* Aufeinanderfolgen *nt; des événements* Folge *f; de malheurs, d'erreurs* Reihe *f;* ~ **de contrats juridiquement indépendants** JUR Wiederkehrschuldverhältnis *nt*
❷ *(transmission du pouvoir)* Nachfolge *f;* ~ **juridique** Rechtsnachfolge; ~ **à titre particulier** Einzelrechtsnachfolge *(Fachspr.);* **prendre la** ~ **de qn/qc** die Nachfolge einer Person/S. *(Gen)* antreten
❸ *(héritage)* Erbschaft *f,* Verlassenschaft *f* (A); **droits de** ~ Erbschaftssteuer *f*
◆ ~ **de possession** Besitznachfolge *f;* ~ **en déshérence** erbloser Nachlass
successivement [syksesivmɑ̃] *adv* nacheinander
successoral(e) [syksesɔral, o] <-**aux**> *adj* JUR *droit, masse* Erb-
succinct(e) [syksɛ̃, ɛ̃t] *adj* ❶ kurz, knapp; **soyez** ~ (**e**)! fassen Sie sich kurz!
❷ *(peu abondant)* **un repas** ~ ein frugales Mahl *(geh)*
succinctement [syksɛ̃tmɑ̃] *adv* kurz [und bündig], knapp
succion [sy(k)sjɔ̃] *f* Saugen *nt; d'une plaie, blessure* Aussaugen *nt*
succomber [sykɔ̃be] <1> *vi* ❶ *(mourir)* sterben; ~ **à qc** einer S. *(Dat)* erliegen
❷ *(être vaincu)* ~ **sous qc** einer S. *(Dat)* erliegen; ~ **sous le poids de qc** unter dem Gewicht einer S. *(Gen)* zusammenbrechen
❸ *(céder à)* ~ **au sommeil/à la fatigue** vom Schlaf/von der Erschöpfung übermannt werden; ~ **à la tentation/au charme de qn/qc** der Versuchung/dem Charme einer Person/S. *(Gen)* erliegen
succulence [sykylɑ̃s] *f* ❶ *(saveur) d'un plat* exquisiter Geschmack *m*
❷ *fig d'un récit* Pep *m,* Würze *m*
succulent(e) [sykylɑ̃, ɑ̃t] *adj* köstlich
succursale [sykyrsal] *f* Filiale *f,* Filialgeschäft *nt,* Zweigniederlassung *f*
sucer [syse] <2> I. *vt* ❶ lutschen *bonbon;* aussaugen *sang, suc d'une plante, citron;* ~ **le crayon/le pouce** am Bleistift/Daumen lutschen
❷ *vulg (faire une fellation)* ~ **qn** jdm einen blasen *(sl)*
II. *vpr* **se** ~ gelutscht werden
sucette [sysɛt] *f* ❶ *(bonbon)* Lutscher *m*
❷ *(tétine)* Schnuller *m*
suçoir [syswar] *m* ❶ ZOOL *d'un insecte* Saugrüssel *m*
❷ BOT *d'une plante parasite* Saugwurzel *f,* Haustorium *f (Fachspr.)*
suçon [sysɔ̃] *m* ❶ *fam (ecchymose)* Knutschfleck *m (fam)*
❷ CAN *v.* **sucette**
suçoter [sysɔte] <1> *vt* lutschen
sucrage [sykraʒ] *m* Zuckern *nt*
sucrant(e) [sykrɑ̃, ɑ̃t] *adj* süßend
sucre [sykr] *m* Zucker *m; (morceau)* Zuckerwürfel *m,* Stück *nt* Zucker; ~ **candi/cristallisé/glace** Kandis-/[mittelgrober] Kristall-/Puderzucker; ~ **en morceaux** Würfelzucker; ~ **en poudre** feiner Kristallzucker; **au** ~ mit Zucker
▶ **casser du** ~ **sur le dos de qn** *fam* jdn durch den Dreck ziehen *(fam);* **faire tout** ~ **tout miel** zuckersüß sein
◆ ~ **de canne** Rohrzucker *m;* ~ **d'orge** Zuckerstange *f* Lutscher aus Zucker und Gerstensud
sucré [sykre] *m* Süßspeise *f,* Süßes *nt*
▶ **faire le** ~ Süßholz raspeln *(fam)*
sucré(e) [sykre] *adj* ❶ süß; *(par addition de sucre)* gesüßt, gezuckert
❷ *(douceureux)* [honig]süß, süßlich
sucrée [sykre] *f* ▶ **faire la** ~ Süßholz raspeln *(fam)*
sucrer [sykre] <1> I. *vt* ❶ zuckern, süßen
❷ *fam (supprimer)* ~ **l'argent de poche à un enfant** einem Kind das Taschengeld streichen
II. *vi (rendre sucré)* süßen
III. *vpr fam* **se** ~ absahnen *(fam)*
sucrerie [sykrəri] *f* ❶ *(friandise)* Süßigkeit *f*
❷ *(usine)* Zuckerfabrik *f;* CAN *(fabrique de sucre d'érable)* Ahornzuckerfabrik *f*
sucrette® [sykrɛt] *f* Süßstofftablette *f*
sucrier [sykrije] *m* Zuckerdose *f;* ~ **verseur** Zuckerstreuer *m*
sucrier, -ière [sykrije, -ijɛr] *adj* Zucker-
sud [syd] I. *m* Süden *m;* **au** ~ *(dans/vers la région)* im/in den Süden; *(vers le point cardinal)* nach Süden; **au** ~ **de qc** südlich von etw; **dans le** ~ **de** im Süden von; **du** ~ aus dem Süden; **les Allemands du** ~ die Süddeutschen; **vers le** ~ nach Süden; **l'autoroute du Sud** die Autobahn nach Süden; **les gens du Sud** die Leute aus dem Süden
II. *adj inv* Süd-; *banlieue, latitude* südlich
sud-africain(e) [sydafrikɛ̃, ɛn] <**sud-africains**> *adj* südafrikanisch **Sud-Africain(e)** [sydafrikɛ̃, ɛn] <**Sud-Africains**> *m(f)* Südafrikaner(in) *m(f)* **sud-américain(e)** [sydamerikɛ̃, ɛn] <**sud-américains**> *adj* südamerikanisch **Sud-Américain(e)** [sydamerikɛ̃, ɛn] <**Sud-Américains**> *m(f)* Südamerikaner(in) *m(f)*
sudation [sydasjɔ̃] *f* Schwitzen *nt,* Schweißabsonderung *f*
sud-coréen(ne) [sydkɔreɛ̃, ɛn] <**sud-coréens**> *adj* südkoreanisch **Sud-Coréen(ne)** [sydkɔreɛ̃, ɛn] <**Sud-Coréens**> *m(f)* Südkoreaner(in) *m(f)* **sud-est** [sydɛst] I. *m* Südosten *m* II. *adj inv* südöstlich; **vent** ~ Südostwind *m*
sudiste [sydist(ə)] I. *adj* HIST südstaatlich
II. *m* HIST Südstaatler *m*
sudorifère [sydɔrifɛr] *adj* Schweiß-
sudorifique [sydɔrifik] *adj* schweißtreibend
sudoripare [sydɔripar] *adj* **glande** ~ Duftdrüse *f*
sud-ouest [sydwɛst] I. *m* Südwesten *m;* **vent** ~ Südwestwind *m*
II. *adj inv* südwestlich **sud-vietnamien(ne)** [sydvjɛtnamjɛ̃, jɛn] <**sud-vietnamiens**> *adj* HIST südvietnamesisch **Sud-Vietnamien(ne)** [sydvjɛtnamjɛ̃, jɛn] <**Sud-Vietnamiens**> *m(f)* HIST Südvietnamese *m/-*vietnamesin *f*
suède [suɛd] *m* TEXTIL Wildleder *nt,* Veloursleder *nt*
Suède [suɛd] *f* **la** ~ Schweden *nt*
suédé(e) [suede] *adj* TEXTIL wildlederartig; **cuir** ~ Wildlederimitat *nt*
suédine [suedin] *f* Wildlederimitation *f*
suédois [suedwa] *m* **le** ~ Schwedisch *nt,* das Schwedische; *v. a.* **allemand**
suédois(e) [suedwa, waz] *adj* schwedisch
Suédois(e) [suedwa, waz] *m(f)* Schwede *m*/Schwedin *f*
suée [sye] *f fam* Schweißausbruch *m;* **attraper** [o **prendre**] **une** ~ kräftig ins Schwitzen geraten [o kommen]
suer [sye] <1> *vi* ❶ *(transpirer)* ~ **de qc** vor etw *(Dat)* schwitzen
❷ *(se donner beaucoup de mal)* ~ **sur qc/pour faire qc** sich mit etw quälen/sich abmühen, etw zu tun
❸ *fam (excéder)* **faire** ~ **qn** jdn nerven *(fam)*
❹ *fam (s'ennuyer)* **se faire** ~ sich entsetzlich langweilen
sueur [suœr] *f* Schweiß *m;* ~ **s nocturnes** Nachtschweiß; **souffrir de** ~ **s nocturnes** an Nachtschweiß *(Dat)* leiden; **avoir des** ~ **s** Schweißausbrüche *Pl* haben; **être en** ~ schweißnass sein
▶ **à la** ~ **de son front** im Schweiße seines/ihres Angesicht[e]s; **qn a des** ~ **s froides** jdm bricht der kalte Schweiß aus
suffire [syfir] <*irr*> I. *vi* ❶ *(être assez)* genügen, reichen; ~ **pour** [o **à**] **faire qc** genügen um etw zu tun
❷ *(satisfaire)* ~ **aux besoins** für die Bedürfnisse *Pl* aufkommen; ~ **aux obligations** den Verpflichtungen *(Dat)* nachkommen
II. *vi impers (être suffisant)* **il suffit à qn d'une scie pour abattre l'arbre** eine Säge genügt jdm um den Baum zu fällen; **il suffit de donner son nom pour être inscrit** man braucht nur seinen Namen anzugeben um eingeschrieben zu sein; **il suffit d'une fois einmal reicht; il suffit que vous soyez là pour qu'il se calme** um ihn zu beruhigen genügt es, wenn Sie da sind; **ça suffit** [**comme ça**]! *fam* Schluss jetzt! *(fam),* jetzt reicht's! *(fam)*
III. *vpr* **se** ~ **à soi-même** *(matériellement)* sich selbst versorgen; *(intellectuellement)* sich *(Dat)* selbst genügen
suffisamment [syfizamɑ̃] *adv* **grand**(**e**) groß genug; ~ **affranchi**(**e**) ausreichend frankiert; ~ **de temps/livres** genügend Zeit/Bücher; ~ **à boire** genug zu trinken
suffisance [syfizɑ̃s] *f* Selbstgefälligkeit *f,* Süffisanz *f (geh)*
suffisant(e)[1] [syfizɑ̃, ɑ̃t] *adj* **nombre, techniques** ausreichend; *place* genügend *inv; résultat, somme* erforderlich, notwendig; *rémunération* angemessen; **ne pas être** ~ (**e**) nicht reichen; ~(**e**) **pour faire qc** ausreichend um etw zu tun
suffisant(e)[2] [syfizɑ̃, ɑ̃t] *adj (prétentieux)* selbstgefällig, süffisant *(geh)*
suffixe [syfiks] *m* Nachsilbe *f,* Suffix *nt*
suffocant(e) [syfɔkɑ̃, ɑ̃t] *adj fumée, odeur* erstickend, den Atem raubend; *chaleur* erdrückend
suffocation [syfɔkasjɔ̃] *f* Atemnot *f;* **crise de** ~ Erstickungsanfall *m*
suffoquer [syfɔke] <1> I. *vt* ❶ *(étouffer)* ~ **qn** jdm den Atem rauben [o nehmen]
❷ *(stupéfier)* ~ **qn** jdm den Atem verschlagen; *(s'emparer de) colère, joie:* jdn überwältigen
II. *vi* ❶ *(perdre le souffle)* ersticken
❷ *(ressentir une vive émotion)* ~ **de colère** vor Wut außer sich *(Dat)* sein
suffrage [syfraʒ] *m* ❶ *(voix)* [Wahl]stimme *f;* ~ **nul** ungültige Stimme; ~ **universel** allgemeines Wahlrecht; **les** ~ **s exprimés** die abgegebenen Stimmen
❷ *pl (approbation)* Zustimmung *f;* **remporter tous les** ~ **s** allgemeinen Beifall finden
◆ ~ **du bilan** Bilanzierungswahlrecht *nt (Fachspr.)*
suffragette [syfraʒɛt] *f* Suffragette *f*
suggérer [sygʒere] <5> *vt* ❶ *(proposer)* ~ **un voyage à qn** jdm eine Reise vorschlagen
❷ *(inspirer)* ~ **une solution à qn** jdn auf eine Lösung bringen

❸ *(évoquer)* ~ **le passé à qn** jdn an die Vergangenheit denken lassen; **être suggéré(e)** angedeutet sein/werden
❹ PSYCH ~ **un succès à qn** jdm einen Erfolg suggerieren
suggestible [sygʒɛstibl] *adj psych personne* beeinflussbar, suggestibel *(Fachspr.)*
suggestif, -ive [sygʒɛstif, -iv] *adj* ❶ *(érotique)* aufreizend
❷ *(évocateur)* suggestiv
suggestion [sygʒɛstjɔ̃] *f* ❶ Vorschlag *m;* **faire une ~ à qn** *(proposer)* jdm einen Vorschlag machen; *(conseiller)* jdm etw raten
❷ PSYCH Suggestion *f*
suggestionner [sygʒɛstjɔne] <1> *vt* suggerieren; ~ **à qn de faire qc** jdm einreden [*o* suggerieren], etw zu tun
suicidaire [sɥisidɛʀ] *adj personne* selbstmordgefährdet; *comportement* selbstmörderisch; **avoir des tendances ~s** selbstmordgefährdet sein; **course/entreprise ~** Kamikazefahrt *f/*-unternehmen *nt (fam)*
suicide [sɥisid] I. *m* ❶ *(mort volontaire)* Selbstmord *m*
❷ *(entreprise suicidaire)* Selbstmord *m*; **c'est un** [*o* **du**] ~ das ist glatter Selbstmord *(fam)*
II. *app opération* selbstmörderisch; *commando* Selbstmord-; *avion* Kamikaze-
suicidé(e) [sɥiside] *m(f)* Selbstmörder(in) *m(f)*
suicider [sɥiside] <1> *vpr* **se** ~ ❶ Selbstmord begehen, sich *(Dat)* das Leben nehmen
❷ *(se détruire)* sich [selbst] zugrunde richten
suie [sɥi] *f* Ruß *m*
suif [sɥif] *m* Talg *m;* ~ **de bœuf** Rindertalg, Rindstalg (A, SDEUTSCH)
suint [sɥɛ̃] *m* ❶ *(sécrétion animale)* Wollschweiß *m (Fachspr.)*
❷ TECH *(scorie)* Glasgalle *f*
suintant(e) [sɥɛ̃tɑ̃, ɑ̃t] *adj pierre, roche* feucht
suintement [sɥɛ̃tmɑ̃] *m des eaux* Sickern *nt; d'un mur* Schwitzen *nt*
suinter [sɥɛ̃te] <1> *vi* ~ **de qc** *eaux:* aus/durch etw sickern; *mur:* schwitzen; *plaie:* nässen
suisse [sɥis] I. *adj* Schweizer *attr; peuple* schweizerisch; ~ **romand(e)** welsch[schweizerisch]
II. *m* ❶ *(garde)* Schweizer Gardist *m*
❷ *(bedeau)* Küster *m*
❸ CAN *(écureuil rayé)* Streifenhörnchen *nt*
▶ **petit ~** GASTR Rahmquark in kleinen Portionen; **boire/manger en ~** *fam* heimlich trinken/essen
Suisse¹ [sɥis] *m* Schweizer *m*; **c'est un ~ romand** er ist Französischschweizer [*o* Welschschweizer CH]
Suisse² [sɥis] *f* ❶ *(pays)* **la ~** die Schweiz; **la ~ primitive** die Urschweiz
❷ *(personne)* Schweizerin *f;* **c'est une ~ allemande** sie ist Deutschschweizerin
Suissesse [sɥisɛs] *f* Schweizerin *f;* ~ **romande** Französischschweizerin, Welschschweizerin (CH)
suite [sɥit] *f* ❶ *d'une lettre, d'un roman* Rest *m; d'une affaire* Nachspiel *m;* **attendre la ~** abwarten, wie es weiter geht
❷ *(succession)* d'événements, de nombres [Ab]folge *f; d'objets, de personnes* Reihe *f*
❸ *(conséquence)* Folge *f;* **sans ~** ohne Folgen *Pl*
❹ *(nouvel épisode)* Fortsetzung *f*, Folge *f;* **la ~ au prochain numéro** Fortsetzung folgt
❺ *(cohérence)* Zusammenhang *m*
❻ *(appartement)* Suite *f*
❼ MUS Suite *f*
❽ *(escorte)* Gefolge *nt*
❾ INFORM ~ **bureautique** Office-Paket *nt*
▶ **tout de ~** sofort; **tout de ~ avant/après** kurz davor/gleich danach; **donner ~ à qc** auf etw *(Akk)* reagieren; **entraîner qc à sa ~** etw mit sich bringen; **faire ~ à qc** auf etw *(Akk)* folgen; **prendre la ~ de qn/qc** jds Nachfolge *f* antreten, jdn/etw ablösen; **à qc** Bezug *m* nehmend auf etw *(Akk);* **à la ~ [l'un(e) de l'autre]** nacheinander; **à la ~ de qc** nach etw; **et ainsi de ~** und so weiter [*o* fort]; **de ~ (d'affilée)** hintereinander; **par la ~** später; **par ~ de qc** infolge [*o* aufgrund] einer S. *(Gen)*
▶ ~ **de caractères** INFORM Zeichenfolge *f;* ~ **d'interventions** ECON Einsatzfolge *f*
suivant [sɥivɑ̃] I. *prép* ❶ *(conformément à)* gemäß + *Dat); (en fonction de)* je nach *(+ Dat)*
❷ *(le long de)* entlang *(+ Dat)*
II. *conj* ~ **qu'on est jeune ou vieux** je nachdem, ob man jung oder alt ist
suivant(e) [sɥivɑ̃, ɑ̃t] I. *adj* ❶ *(qui vient ensuite)* nächste(r, s)
❷ *(ci-après)* folgende(r, s)
II. *m(f)* Nächste(r) *f(m);* **au ~!** der Nächste!
suiveur, -euse [sɥivœʀ, -øz] *m, f* ❶ SPORT Begleiter(in) *m(f)*
❷ *(opp: meneur)* Mitläufer(in) *m(f)*
suivi [sɥivi] *m d'une affaire* Weiterverfolgung *f; d'un produit* Kundendienst *m;* ~ **budgétaire** Budgetüberwachung *f;* ~ **médical** medizinische Betreuung
suivi(e) [sɥivi] *adj* ❶ *(continu)* regelmäßig; *effort* kontinuierlich
❷ *(cohérent) conversation, raisonnement* zusammenhängend; *politique* konsequent
suivisme [sɥivism] *m* Mitläufertum *nt*
suiviste [sɥivist] I. *adj attitude* hörig, unterwürfig; *politique* linientreu
II. *mf* Mitläufer(in) *m(f)*
suivre [sɥivʀ] <*irr*> I. *vt* ❶ ~ **qn** jdm folgen, jdm hinterhergehen; ~ **une route** einer Straße *(Dat)* folgen; **faire ~ qn** jdn beschatten lassen
❷ *(venir ensuite)* ~ **qn sur une liste** auf einer Liste gleich nach jdm kommen; **l'hiver suit l'automne** auf den Herbst folgt der Winter
❸ *(hanter)* verfolgen
❹ *(se conformer à)* ~ **qn/qc** jdm/einer S. folgen; ~ **la mode** mit der Mode gehen; ~ **la voie hiérarchique** den Dienstweg beschreiten; **exemple à ~** nachahmenswürdiges [*o* nachahmenswertes] Beispiel; **être un exemple à ~** nachahmenswürdig [*o* nachahmenswert] sein
❺ SCOL besuchen *classe, cours*
❻ *(observer)* beobachten, beaufsichtigen *élève, malade;* verfolgen *actualité, affaire, compétition*
❼ COM ständig führen *article, produit*
❽ *(comprendre)* ~ **qn/qc** jdm/einer S. [geistig] folgen
▶ **être à ~** *personne:* vorbildlich sein; *exemple:* mustergültig sein; **à ~** Fortsetzung *f* folgt
II. *vi* ❶ folgen
❷ *(réexpédier)* **faire ~ qc** *(par la poste)* etw nachsenden lassen; *(au sein d'une entreprise)* etw weiterleiten; **faire ~ une lettre à la mauvaise personne** einen Brief fehlleiten
❸ *(être attentif)* aufpassen; *(assimiler)* mitkommen
❹ *(évoluer parallèlement)* gleichziehen, nachziehen
III. *vi impers* **il suit de l'orage que la route est inondée** dass die Straße überschwemmt ist, ist eine Folge des Gewitters; **comme suit** wie folgt, folgendermaßen
IV. *vpr* **se ~** ❶ *(se succéder)* aufeinanderfolgen
❷ *(être cohérent)* einen Zusammenhang haben
sujet [syʒɛ] *m* ❶ *(thème)* Thema *nt;* **c'est à quel ~?** *fam* worum geht's? *(fam);* **à ce ~** diesbezüglich, was dies betrifft; **au ~ de qn/qc** bezüglich einer Person/S. *(Gen),* was jdn/etw betrifft [*o* angeht]
❷ *(cause)* Grund *m;* **sans ~** grundlos
❸ *(individu)* Mensch *m;* **mauvais ~** übles Subjekt *(pej)*
❹ *(élève)* **brillant ~** glänzender Schüler/glänzende Schülerin
❺ *(personne soumise à une autorité)* Untertan *m*
❻ GRAM Subjekt *nt*, Satzgegenstand *m*
❼ PHILOS Subjekt *nt*
◆ ~ **d'élite** Spitzenschüler(in) *m(f)*
sujet(te) [syʒɛ, ʒɛt] *adj* ❶ geneigt; *(en parlant d'une maladie)* disponiert *(geh);* **être ~ à la migraine** für Migräne anfällig sein; **être ~ au mal de mer** leicht seekrank werden; **être ~ aux rhumes** erkältungsanfällig sein; **être ~ à faire qc** dazu neigen, etw zu tun; **être ~ aux bogues** INFORM fehleranfällig sein; **être ~ aux embouteillages** [*o* **bouchons**] stauanfällig sein
❷ JUR, ECON ~**(te) à approbation** zustimmungspflichtig; ~**(te) à commercialisation** [*o* **négociation**] *titre, marchandise* verkehrsfähig
sujétion [syʒesjɔ̃] *f soutenu* ❶ *(dépendance)* ~ **à qn/qc** Abhängigkeit *f* von jdm/etw
❷ *(contrainte)* Bürde *f*
sujette [syʒɛt] *f* Untertan *m*
sulfamides [sylfamid] *mpl* Sulfonamide *Pl*
sulfatage [sylfataʒ] *m* Schwefeln *nt*
sulfate [sylfat] *m* CHIM Sulfat *nt;* ~ **de cuivre** Kupfersulfat
sulfater [sylfate] <1> *vt* schwefeln
sulfure [sylfyʀ] *m* Sulfid *nt;* ~ **de carbone** Schwefelkohlenstoff *m*
sulfuré(e) [sylfyʀe] *adj* Schwefel-
sulfureux, -euse [sylfyʀø, -øz] *adj* ❶ CHIM schwefelig; **anhydride** [*o* **gaz**] ~ Schwefeldioxyd *nt*
❷ *(qui sent l'hérésie)* aufrührerisch
sulfurique [sylfyʀik] *adj* **acide ~** Schwefelsäure *f*
sulfurisé(e) [sylfyʀize] *adj* mit Schwefelsäure *f* behandelt; **papier ~** Pergamentpapier *nt*
sulky [sylki] <s> *m* SPORT Sulky *nt*
sultan [syltɑ̃] *m* Sultan *m*
sultanat [syltana] *m* Sultanat *nt*
sultane [syltan] *f* Sultanin *f*
summum [sɔ(m)mɔm] *m* ❶ *d'une civilisation, de la gloire* Höhepunkt *m*, Gipfel *m*
❷ *iron (comble)* Gipfel *m*, Höhe *f*
sumo [symo] *m* ❶ *(sport)* Sumo[ringen *nt*] *m*
❷ *(lutteur)* Sumoringer *m*
sunlight [sœnlajt] *m souvent pl* Name eines Projektors mit beson-

ders hoher Lichtleistung
sunnite [syn(n)it] **I.** *adj* REL sunnitisch
II. *mf* REL Sunnit *m*
super[1] [sypɛʀ] *m abr de* **supercarburant** Super *nt,* Superbenzin *nt;* **~ sans plomb/plombé** Super bleifrei/verbleit
super[2] [sypɛʀ] *fam* **I.** *adj inv* super *(fam); robe, film* supertoll *(fam);* **~ vélo/bagnole** Klassefahrrad *nt/*-auto *nt (fam);* **une ~ forme** eine Bombenform *(fam);* **il/elle est en ~ forme** er/sie ist in Bombenform *(fam)*
II. *adv* ● **bon marché** [*o* **avantageux**] supergünstig *(fam);* **~ à la mode** ultramodisch *(fam);* **chanter/danser ~ bien** supertoll singen/tanzen *(fam);* **une ~ grosse ville** eine Riesenstadt *(fam)*
superambiance [sypɛʀɑ̃bjɑ̃s] *f fam* Mordsstimmung *f (fam)*
superbe [sypɛʀb] *adj repas, vin* erstklassig; *corps, yeux, paysage* wunderschön; *performance, résultat* erstklassig, fantastisch; *enfant* prächtig; *temps* herrlich; **elle a une mine ~** sie sieht blendend aus
superbement [sypɛʀbəmɑ̃] *adv* großartig, hervorragend
superbénéfice [sypɛʀbenefis] *m* Spitzengewinn *m*
supercalculateur [sypɛʀkalkylatœʀ] *m* INFORM Supercomputer *m*
supercarburant [sypɛʀkaʀbyʀɑ̃] *m* Superbenzin *nt*
superchampion(ne) [sypɛʀʃɑ̃pjɔ̃, jɔn] *m(f)* Spitzensportler(in) *m(f)*
supercherie [sypɛʀʃəʀi] *f* Schwindel *m,* Betrug *m*
superdividende [sypɛʀdividɑ̃d] *m* FIN Superdividende *f*
supérette [sypeʀɛt] *f* kleinerer Supermarkt
superfétatoire [sypɛʀfetatwaʀ] *adj littér* überflüssig
superficie [sypɛʀfisi] *f d'un terrain, pays* Fläche *f; d'un appartement* Grundfläche; **unité de ~** Flächenmaß *nt*
superficiel(le) [sypɛʀfisjɛl] *adj* oberflächlich
superficiellement [sypɛʀfisjɛlmɑ̃] *adv* oberflächlich
superfin(e) [sypɛʀfɛ̃, in] *adj* erstklassig, hochfein
superflic [sypɛʀflik] *m fam* Superbulle *m (fam)*
superflu [sypɛʀfly] *m* Überflüssige(s) *nt,* Unnötige(s) *nt*
superflu(e) [sypɛʀfly] *adj* überflüssig
superforme [sypɛʀfɔʀm] *f fam* Höchstform *f,* beste Verfassung
super-G [sypɛʀʒe] *m* SPORT Super-G *m* **super-géant** [sypɛʀʒeɑ̃] <super-géants> *m* SPORT Super-G *m*
supergrand [sypɛʀgʀɑ̃] *m fam* Supermacht *f*
super-huit, super-8 [sypɛʀɥit] **I.** *adj inv* Super-8-
II. *m inv* Super-8-Format *nt*
supérieur [sypeʀjœʀ] *m* ● *(personne)* Vorgesetzte(r) *f(m);* REL Superior *m;* **~ hiérarchique** Dienstvorgesetzte(r)
● UNIV Hochschulwesen *nt*
supérieur(e) [sypeʀjœʀ] *adj* ● *(plus haut dans l'espace)* obere(r, s); *lèvre, mâchoire* Ober-
● *(plus élevé dans la hiérarchie)* höhere(r, s); *animal, plante* höher entwickelt, höhere(r, s); *cadre* leitend; **enseignement ~** Hochschulwesen *nt;* **d'ordre ~** höher wertig
● *(de grande qualité)* hervorragend, überragend; *produit* erstklassig
● *(qui dépasse)* **être ~(e) à un coureur par la vitesse/en vitesse** einem Läufer in Bezug auf Geschwindigkeit/in Geschwindigkeit *(Dat)* überlegen sein; **~(e) en nombre/par la qualité** zahlenmäßig größer/qualitativ besser; **être ~(e) à la moyenne** über dem Durchschnitt *m* liegen
● *(prétentieux) air, regard, ton* überlegen
supérieure [sypeʀjœʀ] *f* Vorgesetzte *f;* REL Superiorin *f*
supérieurement [sypeʀjœʀmɑ̃] *adv* außergewöhnlich
super-intelligent(e) [sypɛʀɛ̃teliʒɑ̃, ɑ̃t] <super-intelligents> *adj fam* oberschlau *(iron fam)*
supériorité [sypeʀjɔʀite] *f* Überlegenheit *f;* **la ~ de notre équipe sur la vôtre** die Überlegenheit unserer Mannschaft gegenüber eurer; **~ sur le terrain** Feldüberlegenheit *f;* **complexe de ~** Größenwahn *m*
superius [sypɛʀjys] *m* Oberstimme *f*
superlatif [sypɛʀlatif] *m* Superlativ *m*
superléger [sypɛʀleʒe] *m* Halbweltergewicht *nt*
superman [sypɛʀman, -mɛn] <s *o* -men> *m fam* Supermann *m*
supermarché [sypɛʀmaʀʃe] *m* Supermarkt *m*
superpétrolier *v.* **supertanker**
superposable [sypɛʀpozabl] *adj* ● **être ~ l'un(e) à l'autre** sich aufeinanderstapeln lassen
● GEOM deckungsgleich
superposé(e) [sypɛʀpoze] *adj couches* übereinanderliegend; *livres, pierres* aufeinandergetürmt; **lits ~ s** Etagenbett *nt,* Stockbetten *Pl*
superposer [sypɛʀpoze] <1> **I.** *vt* ● *(faire chevaucher)* übereinanderlegen
● *(empiler)* auftürmen
II. *vpr* ● *(se recouvrir)* **se ~ figures géométriques:** sich decken; *images:* sich überdecken
● *(s'ajouter)* **se ~ à qc** *couche:* etw überlagern; *élément, renseignements:* zu etw hinzukommen
superposition [sypɛʀpozisjɔ̃] *f* ● Übereinanderschichtung *f,* Übereinanderlagerung *f*
● *(action de superposer)* Übereinanderlegen *nt*
superproduction [sypɛʀpʀɔdyksjɔ̃] *f* Monumentalfilm *m*
superprofit [sypɛʀpʀɔfi] *m* Spitzengewinn *m*
superpuissance [sypɛʀpɥisɑ̃s] *f* Großmacht *f,* Supermacht *f*
supersonique [sypɛʀsɔnik] **I.** *adj avion* Überschall-, überschallschnell; **voler à [***la***] vitesse ~** überschallschnell fliegen
II. *m* Überschallflugzeug *nt*
superstar [sypɛʀstaʀ] *f* Superstar *m*
superstitieux, -euse [sypɛʀstisjø, -jøz] *adj* abergläubisch
superstition [sypɛʀstisjɔ̃] *f* Aberglaube[n] *m*
superstructure [sypɛʀstʀyktyʀ] *f* ● *(partie d'une construction)* Oberbau *m;* NAUT Aufbauten *Pl*
● *(travaux exécutés)* Oberbau *m*
● PHILOS *(opp: base)* Überbau *m*
supertanker [sypɛʀtɑ̃kœʀ] *m* Riesentanker *m*
superviser [sypɛʀvize] <1> *vt* überprüfen, durchsehen; beaufsichtigen *travail*
superviseur [sypɛʀvizœʀ] *m* ● INFORM Kontrollprogramm *nt,* Überwachungsprogramm
● *(personne)* Aufsichtsführende(r) *m*
superviseuse [sypɛʀvizøz] *f* Aufsichtsführende *f*
supervision [sypɛʀvizjɔ̃] *f* Überprüfung *f; d'un travail* Beaufsichtigung *f;* PSYCH Supervision *f*
superwelter [sypɛʀwɛltɛʀ] *m* Halbmittelgewicht *nt*
supplanter [syplɑ̃te] <1> *vt* verdrängen; verdrängen, ausstechen *rival*
suppléance [sypleɑ̃s] *f* Vertretung *f;* **faire des ~ s** Vertretungen übernehmen
suppléant(e) [sypleɑ̃, ɑ̃t] **I.** *adj instituteur* Aushilfs-; *député, juge* stellvertretend; **maître d'école ~/maîtresse d'école ~ e** Aushilfslehrer(in) *m(f)*
II. *m(f)* Stellvertreter(in) *m(f);* MED, SCOL Vertretung *f*
suppléer [syplee] <1> **I.** *vt personne:* vertreten; *chose:* ersetzen
II. *vi* ● *(remplacer)* **~ à la main-d'œuvre par le recours à la machine** die Handarbeit durch die Maschine ersetzen
● *(compenser)* **~ [à] un défaut par qc** einen Fehler durch etw ausgleichen
supplément [syplemɑ̃] *m* ● *(surplus)* zusätzliche Menge; **en ~** zusätzlich
● *(publication) d'un journal, d'une revue* Beilage *f; d'un dictionnaire* Ergänzungsband *m;* **~ gratuit** Gratisbeilage; **~ [***du***] dimanche** Sonntagsbeilage
● *(somme d'argent à payer)* Aufpreis *m;* CHEMDFER Zuschlag *m;* **~ pour cause de retard** Verspätungszuschlag; **~ pour quantité minimale** Mindermengenzuschlag; **payer un ~** einen Zuschlag zahlen
◆ **~ de commerce** JUR Firmenzusatz *m;* **~ de commerce trompeur/distinctif** täuschender/unterscheidender Firmenzusatz; **~ pour enfants à charge** Kinderbeihilfe *f;* **~ pour fret** Frachtzuschlag *m;* **~ de revenu** Einkommenszuschlag *m;* **~ de salaire** *(en parlant des ouvriers)* Lohnzulage *f; (en parlant des employés)* Gehaltszulage *f;* **~ voyage** Reisebeilage *f*
supplémentaire [syplemɑ̃tɛʀ] *adj* ● zusätzlich; *édition, train* Sonder-; **service** [*o* **prestation**] **~** Extraleistung *f;* **heure ~** Überstunde *f*
● GEOM **angle ~** Ergänzungswinkel *m*
supplétif, -ive [sypletif, -iv] *adj* ● *vieilli (qui complète) paragraphe* ergänzend
● *(temporaire) personnel* Aushilfs-
suppliant(e) [syplijɑ̃, ijɑ̃t] *adj* flehend
supplication [syplikasjɔ̃] *f* inständige Bitte
supplice [syplis] *m* ● *(souffrance)* Qual *f*
● *(châtiment corporel)* Folter *f*
▶ **être au ~** [wie] auf glühenden Kohlen sitzen; **mettre qn au ~** jdn quälen
◆ **~ de Tantale** Tantalusqualen *Pl*
supplicié(e) [syplisje] *m(f)* [zu Tode] Gefolterte(r) *f(m)*
supplicier [syplisje] <1a> *vt* [zu Tode] foltern
supplier [syplije] <1a> *vt* **~ qn de faire qc** jdn anflehen etw zu tun, jdn inständig bitten etw zu tun
supplique [syplik] *f* Gesuch *nt*
support [sypɔʀ] *m* ● *(soutien)* Stütze *f; d'un meuble, d'une statue* Sockel *m*
● *(subjectile)* Basis *f,* Untergrund *m;* **~ audiovisuel** audiovisuelles [Hilfs]mittel *nt;* **~ publicitaire** Werbeträger *m*
● INFORM **~ d'informations** Informationsträger *m,* Datenträger *m,* Datenspeicher *m,* [Speicher]medium *nt;* **~ d'entrée** Eingabemedium
◆ **~ des frais** JUR Kostentragung *f*
supportable [sypɔʀtabl] *adj* erträglich
supporter[1] [sypɔʀte] <1> **I.** *vt* ● *(psychiquement)* ertragen; ertragen, erdulden *douleur, maladie;* hinnehmen *malheur;* ertragen, sich

(Dat) gefallen lassen *mauvais traitement;* ~ **de faire qc** es ertragen etw zu tun; **mal ~/ne pas ~ qu'elle fasse qc** es nicht ausstehen können, wenn sie etw tut; **je ne peux pas le ~** ich kann ihn nicht ausstehen

❷ *(physiquement)* vertragen *alcool, chaleur;* aushalten *douleur;* überstehen *opération;* **ne pas ~ l'avion/la vue du sang** das Fliegen nicht vertragen/kein Blut *nt* sehen können; **~ la chaleur** *plat:* hitzebeständig sein; **bien ~ les conditions tropicales** tropentauglich sein

❸ *(subir)* einstecken [*o* hinnehmen] müssen *affront, avanies, échec;* **~ les conséquences de qc** die Folgen einer S. zu tragen haben; **devoir ~ des pertes sur le change** [*o* **les cours**] Kurseinbußen hinnehmen müssen

❹ *(soutenir) pilier:* stützen; *chevalet, socle:* tragen

❺ SPORT **~ qn/qc** *(donner son appui)* jdn/etw unterstützen; *(encourager)* jdn/etw anfeuern

❻ *(assumer financièrement)* **~ les frais de la procédure** die Kosten des Verfahrens tragen

II. *vpr* **se ~** miteinander auskommen

supporter² [sypɔʀtɛʀ] *m,* **supporteur, -trice** [sypɔʀtœʀ, -tʀis] *m, f* Anhänger(in) *m(f),* Fan *m*

supposé(e) [sypoze] *adj* mutmaßlich, vermutet

supposer [sypoze] <1> *vt* ❶ annehmen; **je suppose qu'il va revenir** ich nehme an, dass er zurückkommen wird; **supposons qu'il revienne** nehmen wir [einmal] an, er käme zurück; **le problème est supposé résolu** das Problem wird als gelöst betrachtet; **le train est supposé arriver à l'heure** der Zug soll eigentlich pünktlich da sein; **à ~ qu'elle vienne** vorausgesetzt sie kommt

❷ *(présumer)* **~ qc** etw vermuten, von etw ausgehen

❸ *(impliquer)* voraussetzen

supposition [sypozisjɔ̃] *f* Vermutung *f,* Annahme *f*

◆ **~ de monopole** [*o* **de monopolisation**] JUR Monopolvermutung *f,* Marktbeherrschungsvermutung

suppositoire [sypozitwaʀ] *m* Zäpfchen *nt*

suppôt [sypo] *m littér* Handlanger(in) *m(f),* Helfershelfer(in) *m(f) (pej)*

suppression [sypʀesjɔ̃] *f* ❶ *d'une phrase, subvention* Streichung *f; de personnel, d'emplois, de barrières douanières* Abbau *m; d'une difficulté, d'un objet* Beseitigung *f; d'une administration, usine* Auflösung *f; de l'encadrement du crédit* Aufhebung *f;* **~ d'argent de poche** Taschengeldentzug *m;* **~ des droits de douane** Abschaffung *f* der Zölle; **~ de la tabulation** Löschen *nt* der Tabulatoren

❷ *(abrogation) d'une disposition légale* Aufhebung *f; de la peine de mort, d'un privilège* Abschaffung *f*

supprimer [sypʀime] <1> I. *vt* ❶ *(enlever)* **~ un avantage/ emploi à qn** jdm einen Vorteil/eine Stelle streichen; **~ des emplois** Arbeitsplätze abbauen; **~ le permis à qn** jdm den Führerschein entziehen; **~ l'aide financière à qn** jdm die Kredithilfe entziehen

❷ *(abolir) libertés, peine de mort*

❸ *(faire disparaître) fatigue, trace;* stillen *douleur;* **~ le sucre** auf Zucker *(Akk)* verzichten

❹ *(tuer)* beseitigen

❺ INFORM löschen; **~ la tabulation** die Tabulatoren löschen

II. *vpr* **se ~** sich umbringen

suppuration [sypyʀasjɔ̃] *f* MED Eiterung *f,* Suppuration *f (Fachspr.)*

suppurer [sypyʀe] <1> *vi* eitern

supputation [sypytasjɔ̃] *f* ❶ *(estimation)* Schätzung *f*

❷ *(pronostic)* Prognose *f*

supputer [sypyte] <1> *vt littér* abschätzen; abwägen *possibilités;* überschlagen *dépenses*

supraconducteur [sypʀakɔ̃dyktœʀ] *m* Supraleiter *m*

supraconducteur, -trice [sypʀakɔ̃dyktœʀ, -tʀis] *adj* ELEC *fil métallique* supraleitend

supraconductivité [sypʀakɔ̃dyktivite] *f* supraleitende Eigenschaft

supranational(e) [sypʀanasjɔnal, o] <-aux> *adj* supranational, überstaatlich

supranationalité [sypʀanasjɔnalite] *f* Überstaatlichkeit *f*

suprarégional [sypʀaʀeʒjɔnal] *adj concurrence* überregional

suprématie [sypʀemasi] *f* ❶ *(supériorité)* Überlegenheit *f,* Vorherrschaft *f;* **~ économique** wirtschaftliche Übermacht

❷ *(situation dominante)* Spitzenstellung *f*

suprême [sypʀɛm] I. *adj bonheur, degré* höchste(r, s); *cour, instance* oberste(r, s); *pouvoir* größte(r, s)

II. *m* GASTR **~ de volaille/poissons** Geflügelbrust *f*/Fischfilet *nt* mit Sahnesoße

suprêmement [sypʀɛmmɑ̃] *adv* äußerst; *intelligent* höchst, äußerst

sur [syʀ] *prép* ❶ *(spatial)* **~ qn/qc** *(vers)* auf jdn/etw; *(au-dessus de)* über jdn/etw; *(non directionnel)* auf jdn/etw; *(au-dessus de)* über jdm/etw

❷ *(temporel)* **~ le soir** gegen Abend *m;* **~ ses vieux jours** auf seine/ihre alten Tage; **~ le coup** *(immédiatement)* auf der Stelle; *(au début)* im ersten Augenblick; **~ ce je vous quitte** und nun gehe ich

❸ *(successif)* **coup ~ coup** Schlag auf Schlag *(Akk)*

❹ *(causal)* **~ sa recommandation** auf seine/ihre Empfehlung hin; **~ présentation d'une pièce d'identité** gegen Vorlage eines Ausweises

❺ *(modal)* **ne me parle pas ~ ce ton!** sprich nicht so [*o* in diesem Ton] mit mir!; **~ mesure** nach Maß; **~ le mode mineur** in Moll *(Dat);* **~ l'air de ...** auf die Melodie ...

❻ *(au sujet de)* **~ qn/qc** über jdn/etw

❼ *(proportionnalité, notation, dimension)* **neuf fois ~ dix** neun von zehn Mal; **un enfant ~ deux** jedes zweite Kind; **faire cinq mètres ~ quatre** fünf auf [*o* mal] vier Meter groß sein

sûr(e) [syʀ] *adj* ❶ *(convaincu)* **~(e) de qn/qc** jds/einer S. sicher; **j'en suis ~(e)** ich bin mir [mir] dessen sicher, da bin ich [mir] ganz sicher; **être ~(e) de faire qc/qu'il va réussir** sicher sein etw zu tun; dass er Erfolg haben wird

❷ *(certain)* sicher, gewiss *präd;* **il est** [*o* **c'est**] **~ qu'il va pleuvoir** es ist sicher [*o* es besteht kein Zweifel], dass es regnen wird; **il n'est pas ~ qu'il va pleuvoir** [*o* **pleuve**] es ist unsicher, ob es regnen wird; **un emploi ~** ein krisensicherer Arbeitsplatz

❸ *(sans danger)* sicher; *machine* unfallsicher; *voiture* unfallsicher, verkehrsicher; **en lieu ~** an einem sicheren Ort

❹ *(digne de confiance)* zuverlässig; *temps* sicher; *valeur* sicher; *placement* risikofrei

❺ *(solide) arme, base, main, goût, instinct* sicher; *raisonnement* gesund

▶ **bien ~** sicherlich, selbstverständlich; **bien ~ que oui/non** *fam* aber sicher/sicherlich nicht [*o* ganz bestimmt nicht]; **être ~(e) et certain(e)** absolut sicher sein; **rien n'est moins ~** es ist höchst unwahrscheinlich; **le plus ~ est de faire qc** es ist das Beste etw zu tun; **c'est ~** *fam* na klar *(fam);* **pas** [**si**] **~!** *fam* nicht gesagt *(fam),* nicht unbedingt

surabondance [syʀabɔ̃dɑ̃s] *f* Überfluss *m;* **~ en fruits** Obstschwemme *f;* **~ de marchandises** Warenüberfluss; **~ de produits** Überangebot *nt* an Produkten *(Dat)*

surabondant(e) [syʀabɔ̃dɑ̃, ɑ̃t] *adj* überreichlich

surabonder [syʀabɔ̃de] <1> *vi* im Übermaß vorhanden sein; **~ en** [*o* **de**] **qc** etw in Hülle und Fülle besitzen, etw im Überfluss haben

suractivité [syʀaktivite] *f* Überaktivität *f*

suraigu, suraiguë [syʀegy] *adj* schrill; *douleur* stechend

surajouter [syʀaʒute] <1> I. *vt* **~ une strophe à un poème** einem Gedicht eine Strophe hinzufügen

II. *vpr* **se ~ à qc** noch zu etw hinzukommen

suralimentation [syʀalimɑ̃tasjɔ̃] *f* Überernährung *f*

suralimenté(e) [syʀalimɑ̃te] *adj* ❶ überernährt

❷ TECH vorverdichtet

suralimenter [syʀalimɑ̃te] <1> *vt* ❶ überernähren, überfüttern *animal, enfant*

❷ AUT vorverdichten, aufladen

suranné(e) [syʀane] *adj style* veraltet, antiquiert; *beauté, charme* verlebt

surarmement [syʀaʀməmɑ̃] *m* Überrüstung *f,* Overkill *m*

surate *v.* **sourate**

surbaissé(e) [syʀbese] *adj plafond* niedrig; *carrosserie, véhicule* tiefergelegt

surbooké(e) [syʀbuke] *adj* ❶ *(surréservé) avion* überbucht

❷ *fam* ausgebucht; *manager* overbooked *(fam)*

surbooking [syʀbukiŋ] *m* Überbuchung *f*

surbrillance [syʀbʀijɑ̃s] *f* INFORM Aufhellung *f; de l'écran* Helligkeit *f; (surlignage)* Markierung *f;* **mettre en ~** markieren

surcapacité [syʀkapasite] *f* Überkapazität *f,* Kapazitätsüberhang *m*

surcapitalisation [syʀkapitalizasjɔ̃] *f* ECON Überkapitalisierung *f*

surcharge [syʀʃaʀʒ] *f* ❶ *(excès de charge)* Überladung *f*

❷ *(excédent de poids)* Übergewicht *nt;* **~ de bagages** Übergepäck *nt*

❸ *(surcroît) des programmes scolaires* Überlastung *f;* **~ de dépenses** Mehrausgaben *Pl;* **~ de travail** zu große Arbeitsbelastung

❹ *(ajout, surimpression) d'un document, texte* überschriebene Stelle, Korrektur *f; d'un timbre-poste* Überdruck *m*

▶ **en ~** ELEC überlastet; *passagers:* überzählig, zu viel

surchargé(e) [syʀʃaʀʒe] *adj* ❶ *(bondé) véhicule, ascenseur* überfüllt

❷ *(qui a trop d'ornements) tapisserie* überladen

❸ *(qui a trop de travail) élève, secrétaire* überlastet

❹ SCOL *(trop plein) emploi du temps* zu voll

❺ *(avec des surcharges) cahier* mit überschriebenen Textstellen

surcharger [syʀʃaʀʒe] <2a> *vt* ❶ *(charger à l'excès)* überladen

❷ *(imposer une charge à)* **~ une machine/un ouvrier de travail** eine Maschine/einen Arbeiter mit Arbeit überlasten; **être surchar-**

gé(e) de travail in Arbeit *(Dat)* ersticken
❸ *(recouvrir d'une inscription) (en écrivant)* überschreiben; *(à l'impression)* überdrucken
surchauffe [syʀʃof] *f* ❶ PHYS, TECH Überhitzen *nt*; **être en ~** überhitzt sein; **protection contre la ~** Überhitzungsschutz *m*
❷ ECON [Konjunktur]überhitzung *f*; **~ conjoncturelle** Überhitzung der Konjunktur
surchauffé(e) [syʀʃofe] *adj* ❶ *bureau, salle de sport* überheizt
❷ *fig imagination* überhitzt; *esprit* überreizt
surchauffer [syʀʃofe] <1> I. *vt* überheizen; **imagination surchauffée** übersteigerte Fantasie
II. *vi appareil, moteur:* sich überhitzen
surchaussure [syʀʃosyʀ] *f* Überschuh *m*, Überziehschuh *m*; **~ en caoutchouc** Gummischuh
surchemise, sur-chemise [syʀʃ(ə)miz] <sur-chemises> *f* Jackenhemd *nt*
surchoix [syʀʃwa] *adj inv* erstklassig, [qualitativ] hervorragend
surclasser [syʀklase] <1> *vt* ❶ **~ qn** jdn [weit] überlegen sein, jdn in den Schatten stellen; **être surclassé(e)** unterlegen sein
❷ *(être de qualité supérieure à)* **~ un produit** einem Produkt überlegen sein
surcomposé(e) [syʀkɔ̃poze] *adj* GRAM *temps* mit zwei Hilfsverben
surcompression [syʀkɔ̃pʀesjɔ̃] *f* Überverdichtung *f*; *d'un moteur à explosion* Vorverdichtung *f*
surconsommation [syʀkɔ̃sɔmasjɔ̃] *f* übermäßiger Konsum; **~ de qc** übermäßiger Konsum von etw, übermäßiger Verbrauch an etw *(Dat)*
surcoût [syʀku] *m* Mehrkosten *Pl*
surcroît [syʀkʀwa] *m* **~ de travail** Mehrarbeit *f*, zusätzliche Arbeit; **~ de passagers** zusätzliche Passagiere *pl*; **un ~ d'honnêteté** eine übertriebene Ehrlichkeit; **un ~ de scrupules** übertriebene Bedenken
▸ **de** *[o* **par]** **~ soutenu** überdies *(geh)*, obendrein
surdimensionné(e) [syʀdimɑ̃sjɔne] *adj* überdimensional
surdimutité [syʀdimytite] *f* Taubstummheit *f*, Surdomutitas *f (Fachspr.)*
surdité [syʀdite] *f (perte partielle de l'ouïe)* Schwerhörigkeit *f*; *(fait de devenir sourd)* Ertaubung *f*; *(perte totale de l'ouïe)* Taubheit *f*, Gehörlosigkeit *f*
surdividende [syʀdividɑ̃d] *m* FIN Überdividende *f*
surdose [syʀdoz] *f* Überdosis *f*
surdoué(e) [syʀdwe] I. *adj* hochbegabt
II. *m(f)* Hochbegabte(r) *f(m)*
sureau [syʀo] *m* Holunder *m*; **jus de ~** Holundersaft *m*
sureffectif [syʀefɛktif] *m* Übersetzung *f*; **entreprise en ~** Unternehmen mit zu großer Belegschaft; **classe en ~** Klasse mit zu vielen Schülern; **enseignants en ~** Lehrerüberschuss *m*
surélévation [syʀelevasjɔ̃] *f* Erhöhung *f*
surélever [syʀelve] <4> *vt* aufstocken *maison*; erhöhen *mur*; **être surélevé(e)** *maison:* aufgestockt sein; *chaise:* erhöht sein; **rez-de-chaussée surélevé** Hochparterre *nt*
suremballage [syʀɑ̃balaʒ] *m* Umverpackung *f*
sûrement [syʀmɑ̃] *adv* sicher[lich], bestimmt
surenchère [syʀɑ̃ʃɛʀ] *f* ❶ *(exagération)* gegenseitiges Überbieten; **~ électorale** Überbietung *f* in Wahlversprechungen *(Dat)*; **faire de la ~** auftrumpfen
❷ COM höheres Gebot, Gegengebot
surenchérir [syʀɑ̃ʃeʀiʀ] <8> *vi* mehr bieten; *(en rajouter)* auftrumpfen; **~ sur qn/qc** jdn/etw überbieten
surendetté(e) [syʀɑ̃dɛte] *adj* überschuldet
surendettement [syʀɑ̃dɛtmɑ̃] *m* Überschuldung *f*
surentraîné(e) [syʀɑ̃tʀene] *adj* übertrainiert
suréquipement [syʀekipmɑ̃] *m* übertriebene Ausstattung [*o* Ausrüstung]
suréquiper [syʀekipe] <1> *vt* **~ un enfant/une chambre en qc** ein Kind/ein Zimmer übermäßig mit etw ausstatten
surestimation [syʀɛstimasjɔ̃] *f d'un immeuble, d'une valeur* zu hohe Schätzung *f*; *des effectifs, d'une puissance* Überschätzung *f*
surestimer [syʀɛstime] <1> *vt* zu hoch schätzen *immeuble, valeur;* überschätzen, zu hoch einschätzen *force, puissance, personne*
suret(te) [syʀe, ɛt] *adj pomme, goût* säuerlich
sûreté [syʀte] *f* ❶ *(précision)* Sicherheit *f*
❷ *(sécurité)* Sicherheit *f*; **épingle/serrure de ~** Sicherheitsnadel *f*/-schloss *nt*; **clé** *[o* **clef] de ~** Sicherheitsschlüssel *m*; **mettre qn/qc en ~** jdn/etw in Sicherheit bringen; **pour plus de ~** sicherheitshalber, um sicherzugehen
❸ *(exactitude)* Verlässlichkeit *f*, Zuverlässigkeit *f*
◆ **~ par gage** JUR Pfandrechtsicherung *f*
surévalué(e) [syʀevalɥe] *adj* BOURSE *fam* überkauft
surévaluer [syʀevalɥe] <1> *vt* überschätzen *personne;* zu hoch schätzen *immeuble, nombre;* zu hoch ansetzen [*o* veranschlagen] *prix*

surexcitation [syʀɛksitasjɔ̃] *f* übermäßige Erregung
surexcité(e) [syʀɛksite] *adj* übermäßig erregt
surexciter [syʀɛksite] <1> *vt* überreizen *personne;* entflammen *passions*
surexploiter [syʀɛksplwate] <1> *vt* übermäßig ausnutzen, ausbeuten; übermäßig abholzen *forêt*
surexposer [syʀɛkspoze] <1> *vt* überbelichten
surexposition [syʀɛkspozisjɔ̃] *f* Überbelichtung *f*
surf [sœʀf] *m* ❶ *(sport)* Wellenreiten *nt*, Surfen *nt;* (sur la neige) Snowboard fahren *nt*; **faire du ~** surfen; *(sur la neige)* Snowboard *nt* fahren
❷ *(planche) (pour l'eau)* Surfbrett *nt*; *(pour la neige)* Snowboard *nt*
❸ INFORM Surfen *nt*; **faire du ~ sur le Net** im Internet surfen
surface [syʀfas] *f* ❶ *(aire)* Fläche *f*; *d'un appartement, d'une pièce* [Wohn]fläche; **~ corrigée** JUR durch Bewertungsziffern korrigierte *Wohnfläche (zur Mietpreisberechnung)*
❷ GEOM Fläche *f*, Flächeninhalt *m*
❸ *(couche superficielle)* Oberfläche *f*; **~ de l'eau** Wasseroberfläche; *(étendue)* Wasserfläche; **à la ~** auf der/die Oberfläche
❹ *(apparence des choses)* Oberfläche *f*
▸ **grande ~** Supermarkt *m*; **faire ~** auftauchen; **refaire ~** wieder auftauchen, wieder zu sich kommen; **en ~** an der Oberfläche, oberflächlich
◆ **~ d'affichage** INFORM Darstellungsfläche *f*; **~ de chauffe** Heizfläche *f*; **~ de récolte** Ernteflache *f*; **~ de réparation** FBALL Strafraum *m*; **~ de travail** Arbeitsplatte *f*; INFORM Arbeitsoberfläche *f*; **~ de vente** Verkaufsfläche *f*
surfait(e) [syʀfɛ, ɛt] *adj auteur, œuvre* überbewertet; **une réputation ~e** übertrieben guter Ruf
surf-casting [sœʀfkastiŋ] *m sans pl* PECHE Casting *nt*; **pêche au ~** Castingsport *m*
surfer [sœʀfe] <1> *vi* ❶ *(sur l'eau)* surfen
❷ INFORM surfen; **~ sur le Net** [*o* **le Web**] im Internet surfen
surfeur, -euse [sœʀfœʀ, -øz] *m, f* ❶ *(sur l'eau)* Wellenreiter(in) *m(f)*, Surfer(in) *m(f)*
❷ *(sur la neige)* Snowboardfahrer(in) *m(f)*
❸ INFORM Surfer(in) *m(f)*
surfil [syʀfil] *m* Versäuberungsnaht *f*
surfiler [syʀfile] <1> *vt* versäubern
surfin(e) [syʀfɛ̃, in] *adj* extrafein
surfing [sœʀfiŋ] *m* INFORM Surfen *nt*; **faire du ~ sur le Net** im Internet surfen
surgélation [syʀʒelasjɔ̃] *f* Tiefkühlung *f*
surgelé(e) [syʀʒəle] *adj* tiefgekühlt, tiefgefroren
surgeler [syʀʒəle] <4> *vt* tiefgefrieren, tiefkühlen *légumes, poisson*
surgelés [syʀʒəle] *mpl (cargaison)* Gefriergut *nt*, Kühlgut *nt*; *(aliments)* Tiefkühlkost *f*
surgénérateur [syʀʒeneʀatœʀ] *m* schneller Brüter
surgir [syʀʒiʀ] <8> *vi* auftauchen; *(jaillir) animaux, personnes:* herausquellen, herausströmen; **~ dans le hall** *(en courant)* in die Halle hineinschießen
surhomme [syʀɔm] *m* Übermensch *m*
surhumain(e) [syʀymɛ̃, ɛn] *adj* übermenschlich; **effort ~** *fam* Riesenanstrengung *f (fam)*
surimi [syʀimi] *m* Surimi *nt (Krabbenersatz auf Fischbasis)*
surimposer [syʀɛ̃poze] <1> *vt* übermäßig besteuern; zu hoch veranlagen *personne*
surimposition [syʀɛ̃pozisjɔ̃] *f* übermäßige Besteuerung, Überbesteuerung *f*
surimpression [syʀɛ̃pʀesjɔ̃] *f* Doppelbelichtung *f*
surin [syʀɛ̃] *m arg (poignard)* Dolch *m*
surindustrialisé(e) [syʀɛ̃dystʀialize] <1> *adj* région, secteur hoch industrialisiert
surinfection [syʀɛ̃fɛksjɔ̃] *f* Superinfektion *f*
surinformation [syʀɛ̃fɔʀmasjɔ̃] *f* Überinformation *f*
surinformé(e) [syʀɛ̃fɔʀme] *adj* überinformiert
surintendant [syʀɛ̃tɑ̃dɑ̃] *m* HIST **~ des Finances** oberster Finanzbeamter des Ancien Régime
surir [syʀiʀ] <8> *vi vin:* sauer werden
surjet [syʀʒɛ] *m* Überwendlingsnaht *f*
sur-le-champ [syʀləʃɑ̃] *adv* auf der Stelle, sofort
surlendemain [syʀlɑ̃dmɛ̃] *m* übernächster Tag; **le ~ de qc** zwei Tage nach etw
surlignage [syʀliɲaʒ] *m* Markierung *f*
surligner [syʀliɲe] <1> *vt* INFORM markieren
surligneur [syʀliɲœʀ] *m* Leuchtstift *m*, Textmarker *m*
surliquidité [syʀlikidite] *f* ECON Überliquidität *f*
surloyer [syʀlwaje] *m* Mietzuschlag *m*
surmédicalisation [syʀmedikalizasjɔ̃] *f (suréquipement)* übertriebene medizinische Ausrüstung *f*; *(suivi exagéré)* übertriebene medizinische Betreuung
surmenage [syʀmənaʒ] *m (intellectuel, scolaire)* Überbeanspruchung *f*; *(physique)* Überanstrengung *f*

surmené(e) [syrməne] *adj (fatigué)* übermüdet; *(en état de surmenage)* überarbeitet
surmener [syrməne] <4> **I.** *vt* überbeanspruchen, zu stark belasten
II. *vpr* **se ~** sich übernehmen
sur[-]mesure [syrməzyr] *m* Fertigung *f* nach Maß
surmoi [syrmwa] *m inv* PSYCH Über-Ich *nt*
surmontable [syrm5tabl] *adj* überwindbar
surmonter [syrm5te] <1> **I.** *vt* ❶ überwinden; bezwingen *peur*
❷ *(couronner)* überragen *porte*
II. *vpr* **se ~** ❶ sich beherrschen
❷ *(être maîtrisé) timidité:* überwunden werden
surmulot [syrmylo] *m* Wanderratte *f*
surmultiplié(e) [syrmyltiplije] *adj* **vitesse ~e** Overdrive *m*
surnager [syrnaʒe] <2a> *vi* ❶ oben schwimmen
❷ *fig* fortbestehen
surnaturel [syrnatyrɛl] *m* Übernatürliche(s) *nt;* REL Überirdische(s) *nt*
surnaturel(le) [syrnatyrɛl] *adj* ❶ übernatürlich; REL überirdisch
❷ *(extraordinaire) bonheur* unfassbar; *paysage* außergewöhnlich schön
surnom [syrn5] *m* ❶ Spitzname *m*
❷ Beiname *m*
surnombre [syrn5br] *m* Überzahl *f*
surnommer [syrnɔme] <1> *vt* **~ qn Junior** jdm den Spitznamen [*o* Beinamen] Junior geben, jdn Junior taufen
surnuméraire [syrnymerɛr] *adj* überzählig
suroffre [syrɔfr] *f* COM höheres Angebot
suroît [syrwa] *m* ❶ *(chapeau)* Südwester *m*
❷ METEO Südwest[wind *m*] *m (poet)*
surpasser [syrpase] <1> **I.** *vt* ❶ *(être plus fort que)* übertreffen *personne[s]*
❷ *(dépasser)* **~ une voiture en qc** ein Auto an etw *(Dat)* übertreffen; **~ une tour de deux mètres** *maison:* einen Turm um zwei Meter überragen
II. *vpr* **se ~** sich selbst übertreffen
surpayer [syrpeje] <1> *vt* überbezahlen *personne;* zu teuer bezahlen *chose*
surpeuplé(e) [syrpœple] *adj pays* über[be]völkert; *salle* überfüllt
surpeuplement [syrpœpləmã] *m d'un pays* Über[be]völkerung *f; d'une salle* Überfüllung *f*
surpiqûre [syrpikyr] *f* COUT Ziernaht *f*
surplace [syrplas] *m d'une économie* Stagnation *f; d'un gouvernement* Auf-der-Stelle-Treten *nt;* **faire du ~** auf der Stelle treten, nicht vorankommen, nicht vom Fleck kommen *(fam);* CYCLISME einen Stehversuch unternehmen
surplis [syrpli] *m* Chorhemd *nt*
surplomb [syrpl5] *m* Überhang *m;* **étage en ~** vorspringendes Stockwerk
surplomber [syrpl5be] <1> *vt* **~ qc** *étage:* in etw *(Akk)* hineinragen; *lumière:* über etw *(Akk)* strahlen
surplus [syrply] *m* ❶ *d'une somme* Rest *m; d'une récolte* Überschuss *m;* **~ d'un stock/de marchandises** Restbestände *Pl*
❷ *pl* MIL Armeebestände *Pl; (magasin)* Jeansladen *m*
❸ ECON *(bénéfice)* Surplus *nt (Fachspr.)*
▶ **au ~** zudem, darüber hinaus
surpopulation [syrpɔpylasj5] *f* Über[be]völkerung *f*
surprenant(e) [syrprənã, ãt] *adj* überraschend; *effets d'un médicament, progrès* erstaunlich
surprendre [syrprãdr] <13> **I.** *vt* ❶ *(étonner)* überraschen; **être surpris(e) de qc** über etw *(Akk)* überrascht sein; **être surpris(e) que qn fasse qc** überrascht sein, dass jd etw tut
❷ *(prendre sur le fait)* **~ qn à faire qc** jdn bei etw überraschen [*o* ertappen]/dabei überraschen, wie er etw tut
❸ *(découvrir)* zufällig aufdecken *complot, secret;* mithören *conversation;* herauslesen *sourire*
❹ *(prendre au dépourvu)* **~ qn dans son bureau** jdn in seinem Büro überraschen [*o* überfallen]
❺ *(prendre à l'improviste)* **la pluie nous a surpris** wir wurden vom Regen überrascht
❻ *littér (tromper)* missbrauchen *confiance*
II. *vpr* **se ~ à faire qc** sich dabei ertappen, wie man etw tut
surpression [syrpresj5] *f* Überdruck *m*
surprime [syrprim] *f* Prämienzuschlag *m*
surprise [syrpriz] *f* ❶ Überraschung *f;* **faire la ~ à qn** jdn überraschen; **à la grande ~ de qn** zu jds großer Überraschung; **avec/par ~** überrascht/überraschend
❷ *(chose qui étonne)* Überraschung *f*
surprise-partie [syrprizparti] <surprises-parties> *f* Überraschungsparty *f*
surproduction [syrprɔdyksj5] *f* Überproduktion *f*
surprotéger [syrprɔteʒe] <2a> *vt* zu sehr behüten
surpuissant(e) [syrpɥisã, ãt] *adj moteur* mit extrem hoher Leistung
surréalisme [syrrealism] *m* Surrealismus *m*
surréaliste [syrrealist] **I.** *adj* ❶ surrealistisch
❷ *fam (extravagant)* irre *(fam),* echt verrückt *(fam)*
II. *mf* Surrealist(in) *m(f)*
surréel [syrreɛl] *m littér* Surreale(s) *nt (geh)*
surréel(le) [syrreɛl] *adj littér* surreal *(geh)*
surrégénérateur *v.* surgénérateur
surrénal(e) [sy(r)renal, o] <-aux> *adj* Nebennieren-; **les [glandes/capsules] ~es** die Nebenniere
surreprésenté(e) [syrrəprezãte] *adj* **les femmes sont ~es dans ce parti** in dieser Partei sind [die] Frauen überproportional vertreten
sursalaire [syrsalɛr] *m* Zusatzlohn *m,* Lohnzulage *f*
sursaturé(e) [syrsatyre] *adj* ❶ CHIM, PHYS *air, solution* übersättigt
❷ *fig littér personne* überdrüssig
sursaut [syrso] *m* ❶ Zusammenzucken *nt;* **avoir un ~ [de surprise]** wie vom Donner gerührt sein
❷ Hochschrecken *nt;* **se réveiller en ~** aus dem Schlaf auffahren [*o* hochfahren]
❸ *(élan) de colère* Ausbruch *m; d'énergie* Schub *m;* **avoir un ~ de lucidité** einen Geistesblitz haben; **dans un ~** in einer Anwandlung; **dans un dernier ~** mit letzter Kraftanstrengung
sursauter [syrsote] <1> *vi* zusammenzucken; *(de peur)* aufschrecken; **faire ~ qn** *personne:* jdn aufschrecken; *nouvelle, bruit:* jdn zusammenzucken [*o* zusammenfahren] lassen
surseoir [syrswar] <*irr*> *vi* **~ à qc** JUR etw aussetzen
❷ *littér (différer)* etw aufschieben
sursis [syrsi] *m* ❶ Fristverlängerung *f; (pour payer)* Aufschub *m*
❷ JUR Bewährung *f;* **être en ~** noch eine Gnadenfrist haben; **~ à statuer** Aussetzung *f* der Gerichtsentscheidung
❸ MIL Zurückstellung *f* [vom Wehrdienst]
▶ **~ à exécution** Vollstreckungsaufschub *m;* **~ d'incorporation** Zurückstellung *f* vom Wehrdienst; **~ de paiement** FIN Stundungsfrist *f*
sursitaire [syrsiter] **I.** *adj* appelé, étudiant [vom Wehrdienst] zurückgestellt
II. *mf* MIL [vom Wehrdienst] Zurückgestellter *m;* JUR Verurteilte(r) *m* auf Bewährung *f(m)*
sursouscription [syrsuskripsj5] *f* BOURSE Überzeichnung *f*
sursouscrit(e) [syrsuskri, it] *adj* BOURSE *action* überzeichnet
surtaxe [syrtaks] *f* ❶ *(pour une lettre mal affranchie)* Nachporto *nt,* Strafporto; *(pour un envoi exprès)* Zuschlagsporto *nt,* Zuschlag *m; (pour un envoi par avion)* Luftpostzuschlag
❷ FISC **~ compensatoire** Ausgleichszuschlag *m*
▶ **~ à l'importation** Importabgaben *Pl;* **~ de retardement** Verspätungszuschlag *m*
surtaxer [syrtakse] <1> *vt* Nachporto *nt* erheben für *lettre mal affranchie;* mit einem Zuschlag[sporto] belegen *envoi exprès*
surtension [syrtãsj5] *f* ELEC Überspannung *f;* **protection contre la ~** Überspannungsschutz *m*
surtout [syrtu] *adv* ❶ *(avant tout)* vor allem
❷ *fam (d'autant plus)* **j'ai peur de lui, ~ qu'il est si fort** ich habe Angst vor ihm, besonders, wo er doch so stark ist *(fam)*
▶ **~ pas** auf keinen Fall, bloß [*o* ja] nicht
survaleur [syrvalœr] *f* ECON Goodwill *m*
surveillance [syrvejãs] *f (contrôle)* Aufsicht *f; des travaux, de la police* Überwachung *f; des études* Beaufsichtigung *f;* **~ administrative** Verwaltungsaufsicht *f;* **~ douanière** Zollaufsicht; **~ électronique** elektronische Überwachung; **~ juridique** Rechtsaufsicht; **~ de la/d'une salle** Raumüberwachung; **~ de l'État** staatliche Beaufsichtigung; **~ du marché** Marktaufsicht; **faire la ~ de l'étude** Hausaufgabenbetreuung *f* machen; **exercer une ~ sur qc** etw überwachen; **être sous étroite/haute ~** unter strenger Aufsicht stehen/streng überwacht werden; **être en ~** *personne:* unter Beobachtung *(Dat)* stehen; *avion:* der Beobachtung *(Dat)* dienen; **tromper la ~ de qn** jdn überlisten; **service de ~** Überwachungsdienst *m*
▶ **~ légale** gesetzliche Verwahrung
◆ **~ d'abus** JUR Missbrauchsaufsicht *f;* **~ de crédit** Kreditaufsicht *f;* **~ de monopole** Monopolaufsicht *f*
surveillant(e) [syrvejã, ãt] *m(f)* Aufsichtsperson *f,* Aufsicht *f,* Aufseher(in) *m(f); (en prison)* Wärter(in) *m(f); (au magasin)* Detektiv(in) *m(f);* **~ (e de salle)** MED Stationsschwester *f;* **~ de voie** CHEMDFER Bahnmeister(in) *m(f)*
surveillé(e) [syrveje] *adj* ❶ SCOL *étude* unter Aufsicht
❷ JUR *liberté* mit Bewährungsaufsicht
surveiller [syrveje] <1> **I.** *vt* ❶ *(prendre soin de)* beaufsichtigen *enfant;* **~ un malade** bei einem Kranken Wache halten
❷ *(suivre l'évolution)* überwachen; beaufsichtigen, überwachen *travaux;* wachen über *(+ Akk) éducation des enfants;* beobachten *comportement*
❸ *(garder)* aufpassen auf *(+ Akk)*

survenance – symbolique

④ *(assurer la protection de)* bewachen
⑤ GASTR aufpassen auf *(+ Akk)*
⑥ *(contrôler)* prüfen *niveau d'huile*
⑦ *(guetter)* beobachten *proie, gestes, ennemi;* im Auge behalten *enfant, concurrent;* nicht aus den Augen lassen *loustic;* SPORT decken *ennemi*
⑧ *(être attentif à)* achten auf *(+ Akk)*
⑨ SCOL beaufsichtigen *élèves;* ~ **un examen** bei einer Prüfung die Aufsicht führen
II. *vpr* **se** ~ sich in Acht nehmen; *(pour ne pas grossir)* auf seine Linie achten

survenance [syʀvənɑ̃s] *f* JUR ~ **du dommage** Schadenseintritt *m;* ~ **du retard** Verzugseintritt
survenir [syʀvəniʀ] <9> *vi + être événement:* sich plötzlich [*o* unerwartet] ereignen; *incident, changement:* plötzlich [*o* unerwartet] eintreten; *complications:* sich plötzlich [*o* unerwartet] ergeben
survêt *abr de* **survêtement**
survêtement [syʀvɛtmɑ̃] *m* Freizeitkleidung *f;* SPORT Trainingsanzug *m*
survie [syʀvi] *f* ① Überleben *nt;* **question de** ~ Überlebensfrage
② *(persistance)* Fortbestand *m*
③ REL Leben *nt* nach dem Tod[e]
survirage [syʀviʀaʒ] *m* Untersteuerung *f*
survirer [syʀviʀe] <1> *vi* AUT *véhicule:* übersteuern
survitrage [syʀvitʀaʒ] *m* Doppelfenster *Pl*
survivance [syʀvivɑ̃s] *f* ① *(ce qui a survécu)* Relikt *nt*
② *(le fait de continuer à vivre)* Weiterleben *nt*
survivant(e) [syʀvivɑ̃, ɑ̃t] I. *adj* überlebend
II. *m(f) (rescapé)* Überlebende(r) *f(m); (personne en deuil)* Hinterbliebene(r) *f(m)*
survivre [syʀvivʀ] <*irr*> I. *vi* ① *(demeurer en vie)* ~ **à qc** etw überleben, bei etw mit dem Leben davonkommen
② *(se perpétuer)* noch lebendig sein
③ *(vivre plus longtemps que)* ~ **à qn/qc** jdn/etw überleben
II. *vpr* ① **se** ~ **dans qn/qc** in jdm/etw weiterleben [*o* fortleben]
② *péj (garder une apparence de vie)* **se** ~ sich überleben
survol [syʀvɔl] *m d'une ville, d'un exposé* Überfliegen *nt*
survoler [syʀvɔle] <1> *vt* ① überfliegen
② *(examiner)* überfliegen *article;* flüchtig streifen *question*
survoltage [syʀvɔltaʒ] *m* Überspannung *f*
survolté(e) [syʀvɔlte] *adj* ① ELEC *lampe* mit zu hoher Spannung versorgt
② *fig (surexcité)* überreizt
survolter [syʀvɔlte] <1> *vt* überreizen; **être survolté(e)** *personne:* überreizt sein; *ambiance:* geladen sein
sus [sy(s)] *adv* ~ **à l'ennemi!** nieder mit dem Feind!
susceptibilité [sysɛptibilite] *f* ① Empfindlichkeit *f*
② JUR ~ **d'être pourvu(e) en cassation** Revisibilität *f (Fachspr.)*
susceptible [sysɛptibl] *adj* ① *(ombrageux)* empfindlich
② *(en mesure de)* **être** ~ **de faire qc** imstande [*o* im Stande [*o* in der Lage] sein etw zu tun; **sportif** ~ **de gagner une médaille** medaillenverdächtiger Sportler
③ *(de nature à)* **être** ~ **de faire qc** geeignet sein etw zu tun; **être** ~ **d'amélioration** [*o* **d'être amélioré**] *dissertation:* verbesserungsfähig sein; ~ **d'être pourvu(e) en cassation** JUR revisibel; ~ **d'être donné(e) à ferme** ECON pachtbar; ~ **de faire l'objet d'un prêt sur titres** FIN lombardfähig
susciter [sysite] <1> *vt* ① hervorrufen; verursachen, hervorrufen *querelle;* erregen *jalousie*
② *(provoquer)* in den Weg legen *obstacle;* stiften *troubles*
suscription [syskʀpsjɔ̃] *f d'une lettre* Anschrift *f*
susdit(e) [sysdi, dit] *adj form* oben genannt
sushi [syʃi] *m* GASTR Sushi *nt*
susmentionné(e) [sysmɑ̃sjɔne] *adj form* oben erwähnt
susnommé(e) [sysnɔme] *adj form* oben genannt
suspect(e) [syspɛ, ɛkt] I. *adj* ① verdächtig; **être** ~(**e**) **à qn** jdm verdächtig sein
② *(soupçonné)* **être** ~(**e**) **de qc** einer S. *(Gen)* verdächtig sein
③ *(douteux)* verdächtig
II. *m(f)* Verdächtige(r) *f(m)*
suspecter [syspɛkte] <1> *vt* ① *(soupçonner)* ~ **un collègue de qc/de faire qc** einen Kollegen einer S. *(Gen)* verdächtigen/einen Kollegen verdächtigen etw zu tun
② *(mettre en doute)* ~ **l'honnêteté de qn** jds Rechtschaffenheit anzweifeln
suspendre [syspɑ̃dʀ] <14> I. *vt* ① aufhängen; ~ **qc au portemanteau/au mur** etw an den Kleiderständer/an die Wand hängen
② *(rester collé à)* **être suspendu(e) à la radio/aux lèvres de qn** am Radiogerät kleben/an jds Lippen *(Dat)* hängen *(fam)*
③ *(dépendre de)* **être suspendu(e) à qc** von etw abhängen
④ *(interrompre)* aussetzen, unterbrechen *séance, réunion;* vorübergehend einstellen *paiement;* ~ **le commerce de qc** BOURSE den Handel mit etw aussetzen
⑤ INFORM ~ **qc** [*o* **l'exécution de qc**] etw abbrechen
⑥ *(remettre)* aufschieben, hinauszögern *décision;* verschieben *jugement;* ~ **qc par stipulation contractuelle** etw vertraglich abbedingen *(Fachspr.)*
⑦ *(destituer)* suspendieren *fonctionnaire;* sperren *joueur*
II. *vpr* ① *(s'accrocher)* **se** ~ **à qn/qc** sich an jdn/etw hängen
② INFORM **se** ~ *connexion, traitement:* abbrechen
suspendu(e) [syspɑ̃dy] *adj* ① AUT gefedert
② *(en hauteur) jardin* hängend; *pont* Hänge-
suspens [syspɑ̃] ▶ **procès en** ~ ruhendes Verfahren; **projet en** ~ Projekt in der Schwebe; **dossier en** ~ nicht geschlossene Akte
suspense [syspɛns] *m* Spannung *f;* **à** ~ spannend
suspensif, -ive [syspɑ̃sif, -iv] *adj* suspensiv
suspension [syspɑ̃sjɔ̃] *f* ① *d'une grève, réunion* Unterbrechung *f,* Aussetzung *f; d'un travail* Einstellung *f; d'un contrat, d'une sanction* Aufhebung *f; d'un paiement* vorübergehende Einstellung; *des poursuites* Einstellung, ~ **des activités de l'entreprise** Einstellung des Geschäftsbetriebs; ~ **du délai de la prescription** Ablaufhemmung *f*
② ADMIN, JUR *d'un fonctionnaire, des obligations d'un contrat* Suspendierung *f*
③ TECH, AUT *d'une voiture, d'un camion* Federung *f,* Radaufhängung *f; d'une diligence, d'un carrosse* Federung; ~ **classique** *(sur un camion, un wagon)* Achsaufhängung; ~ **de la roue avant** Vorderradaufhängung; ~ **à roues indépendantes** Einzelradaufhängung
④ *(luminaire)* Hängelampe *f,* Pendellampe, Pendelleuchte *f*
⑤ *(installation)* Aufhängen *nt*
▶ **en** ~ hängend; CHIM, PHYS suspendiert
◆ ~ **d'armes** kurze Waffenruhe; ~ **d'émission** FIN Emissionspause *f;* ~ **de fleurs** Blumenampel *f;* ~ **de la procédure** Einstellung *f* des Verfahrens
suspente [syspɑ̃t] *f* ① *(corde) d'un parachute* Fangleine *f; d'une nacelle* Tragseil *n*
② CH *(boucle de ganse)* Aufhänger *m*
suspicieux, -euse [syspisjø, -jøz] *adj* misstrauisch
suspicion [syspisjɔ̃] *f* ① Verdacht *m,* Argwohn *m;* ~ **légitime** Besorgnis *f* der Befangenheit; **avoir des ~s de qc envers un employé** einen Angestellten bei etw in Verdacht haben
sustentation [systɑ̃tasjɔ̃] *f d'un hélicoptère* Auftrieb *m*
sustenter [systɑ̃te] <1> *vpr hum* **se** ~ sich stärken
susurrement [sysyʀmɑ̃] *m d'une personne* Flüstern *nt; du vent* Säuseln *nt*
susurrer [sysyʀe] <1> I. *vt* ~ **des mots à qn/à l'oreille de qn** jdm Worte zuflüstern/ins Ohr flüstern
II. *vi personne:* flüstern; *source:* murmeln; *vent:* säuseln
susvisé(e) [sysvize] *adj form* oben erwähnt
suture [sytyʀ] *f* MED Naht *f;* ANAT [Knochen]naht, Sutur *f (Fachspr.);* ~ **crânienne** Schädelnaht
suturer [sytyʀe] <1> *vt* MED nähen
suzerain(e) [syzʀɛ̃, ɛn] I. *adj* Lehns-
II. *m(f)* Lehnsherr(in) *m(f)*
suzeraineté [syzʀɛnte] *f* HIST Lehnsherrschaft *f;* POL *littér* Suzeränität *f*
svelte [svɛlt] *adj* schlank
sveltesse [svɛltɛs] *f* Schlankheit *f*
S.V.P. *abr de* **s'il vous plaît**
sweater [swɛtœʀ, switœʀ] *m* ① Sweater *m*
② Strickweste *f*
sweat-shirt [switʃœʀt] <sweat-shirts> *m* Sweatshirt *nt*
swing [swiŋ] *m* ① MUS Swing *m*
② BOXE Schwinger *m*
swinguer [swiŋge] <1> *vi* swingen; *musique:* heiß sein
▶ **ça swingue bien/terrible** *fam* da geht's richtig ab *(fam),* da ist schwer was los *(fam)*
sybarite [sibaʀit] *littér mf* Genussmensch *m,* Sybarit *m (liter)*
sycomore [sikɔmɔʀ] *m* Sykomore *f*
syllabe [sil(l)ab] *f* Silbe *f*
syllabique [sil(l)abik] *adj écriture* Silben-; *vers* quantitierend *(Fachspr.)*
syllogisme [silɔʒism] *m* ① LOGIQUE Syllogismus *m*
② *péj souvent pl* Scheinbeweis *m,* Scheinargument *m*
sylphe [silf] *m* MYTH Sylphe *m*
sylphide [silfid] *f* Sylphide *f*
sylvestre [silvɛstʀ] *adj* Wald-
sylvicole [silvikɔl] *adj* forstwirtschaftlich
sylviculteur, -trice [silvikyltœʀ, -tʀis] *m, f* Forstwirt(in) *m(f)*
sylviculture [silvikyltyʀ] *f* Forstwirtschaft *f,* Waldwirtschaft *f*
symbiose [sɛ̃bjoz] *f* Symbiose *f*
symbole [sɛ̃bɔl] *m* ① Symbol *nt,* Sinnbild *nt*
② CHIM, MATH Symbol *nt*
③ REL Glaubensbekenntnis *nt*
symbolique [sɛ̃bɔlik] I. *adj* ① symbolisch

symboliquement – systématiquement

② *(très modique)* symbolisch
③ *(figuratif) écriture* Bilder-; **signe** ~ Symbol *nt*
II. *f* Symbolik *f*
symboliquement [sɛ̃bɔlikmɑ̃] *adv* symbolisch
symbolisation [sɛ̃bɔlizasjɔ̃] *f* Symbolisierung *f*
symboliser [sɛ̃bɔlize] <1> *vt* ① *(matérialiser par un symbole)* versinnbildlichen
② *(être le symbole de)* symbolisieren
symbolisme [sɛ̃bɔlism] *m* ① Symbolik *f*
② ART, LITTER Symbolismus *m*
symboliste [sɛ̃bɔlist] I. *adj* symbolistisch
II. *mf* Symbolist(in) *m(f)*
symétrie [simetri] *f* ① Symmetrie *f*
② *(harmonie)* Ausgewogenheit *f*, Ebenmaß *nt*
③ GEOM Symmetrie *f*
symétrique [simetrik] I. *adj* ① ~ **de qc** symmetrisch zu etw
② *(harmonieux)* ausgewogen
③ GEOM symmetrisch
II. *m* symmetrische Entsprechung
symétriquement [simetrikmɑ̃] *adv* symmetrisch
sympa [sɛ̃pa] *adj fam abr de* **sympathique** nett
sympathie [sɛ̃pati] *f* ① ~ **pour qn/qc** Sympathie *f* für jdn/etw; **inspirer la** ~ sympathisch sein
② *(affinité)* Zuneigung *f*
③ *form (formule de condoléances)* Beileid *nt*; **veuillez croire à l'expression de ma profonde** ~ [mein] aufrichtiges [*o* herzliches] Beileid
▸ **avec** ~ wohlwollend
sympathique [sɛ̃patik] I. *adj* ① *fam (charmant)* nett; *accueil* freundlich, nett; *ambiance* angenehm, gemütlich, freundlich, nett; *plat* lecker
② *(aimable) personne, animal* sympathisch
③ ANAT sympathisch
II. *m* Sympathikus *m*
sympathiquement [sɛ̃patikmɑ̃] *adv accueillir* freundlich; *offrir ses services* netterweise
sympathisant(e) [sɛ̃patizɑ̃, ɑ̃t] I. *adj* sympathisierend
II. *m(f)* Sympathisant(in) *m(f)*
sympathiser [sɛ̃patize] <1> *vi personnes:* sich (Dat) sympathisch sein; ~ **avec qn** mit jdm sympathisieren
symphonie [sɛ̃fɔni] *f* Sinfonie *f*
symphonique [sɛ̃fɔnik] *adj* MUS sinfonisch; **concert/orchestre** ~ Sinfoniekonzert *nt*/-orchester *nt*; **poème** ~ sinfonische Dichtung
symphoniste [sɛ̃fɔnist] *mf* Sinfoniker(in) *m(f)*
symposium [sɛ̃pozjɔm] *m* Symposium *nt*
symptomatique [sɛ̃ptɔmatik] *adj* ~ **de qc** symptomatisch für etw; *thérapeutique* Symptom-
symptomatologie [sɛ̃ptɔmatɔlɔʒi] *f* MED Symptomatik *f*
symptôme [sɛ̃ptom] *m* ① *d'une guerre, crise* Anzeichen *nt; de la méfiance* Zeichen *nt;* ~ **inflationniste** Inflationserscheinung *f*
② MED Symptom *nt;* ~ **principal** Hauptmerkmal *nt*
synagogue [sinagɔg] *f* ① *(édifice)* Synagoge *f*
② *(fidèles juifs)* jüdische Glaubensgemeinschaft
③ *(religion juive)* Judentum *nt*
synapse [sinaps] *f* BIO, MED Synapse *f*
synchrone [sɛ̃kʀɔn] *adj* synchron; *moteur* Synchron-
synchronie [sɛ̃kʀɔni] *f* Synchronie *f*
synchronique [sɛ̃kʀɔnik] *adj* synchronistisch; LING synchronisch, synchron
synchronisation [sɛ̃kʀɔnizasjɔ̃] *f* ① TECH, AUDIO, TV *(action de synchroniser)* Synchronisierung *f; des horloges* Gleichstellung *f; (résultat)* Synchronisation *f*
② *(concordance)* Koordinierung *f*
synchroniser [sɛ̃kʀɔnize] <1> *vt* ① synchronisieren; **vitesse synchronisée** Synchrongetriebe *nt;* **être synchronisé(e) avec qn** MUS *personne:* mit jdm synchron spielen; **ne pas être synchronisé(e)** nicht im Takt sein
② *(mettre en concordance)* ~ **une grève avec celle d'un autre syndicat** einen Streik mit dem einer anderen Gewerkschaft abstimmen
synchronisme [sɛ̃kʀɔnism] *m* Synchronismus *m*
syncope [sɛ̃kɔp] *f* ① Ohnmacht *f;* **avoir une** [*o* **tomber en**] ~ ohnmächtig werden, in Ohnmacht fallen
② MUS, LING Synkope *f*
syncopé(e) [sɛ̃kɔpe] *adj* LING synkopiert; MUS synkopisch, synkopiert
syncrétisme [sɛ̃kʀetism] *m* PHILOS, REL Synkretismus *m*
syndet [sɛ̃dɛ] *m* COSMET Syndet *nt*, Syndetseife *f*
syndic [sɛ̃dik] *m* ① *d'un immeuble* [Haus]verwalter(in) *m(f)*
② JUR *vieilli* Konkursverwalter(in) *m(f)*
③ HIST Syndikus *m*
④ CH *(maire dans les cantons de Vaud et de Fribourg)* Ammann *m* (CH)

syndical(e) [sɛ̃dikal, o] <-aux> *adj* Gewerkschafts-; *action* gewerkschaftlich
syndicalisation [sɛ̃dikalizasjɔ̃] *f* Mitgliedschaft *f* in einer Gewerkschaft
syndicalisme [sɛ̃dikalism] *m* ① Gewerkschaftsbewegung *f;* **faire du** ~ in einer Gewerkschaft aktiv sein
② HIST Gewerkschaftsbewegung *f*, Syndikalismus *m*
syndicaliste [sɛ̃dikalist] I. *adj* Gewerkschafts-
II. *mf* Gewerkschaftler[l]er(in) *m(f)*
syndicat [sɛ̃dika] *m* ① *(syndicat de salariés)* Gewerkschaft *f;* ~ **d'exploitation minière** bergrechtliche Gewerkschaft
② HIST *(groupement)* Bund *m;* ~ **patronal** Arbeitgeberverband *m;* ~ **financier** Finanzkonsortium *nt*
③ HIST Bund *m*, Zusammenschluss *m*
④ *(fonction de syndic)* Syndikat *nt*
▸ ~ **des copropriétaires** Eigentümergemeinschaft *f;* ~ **d'initiative** Fremdenverkehrsamt *nt;* ~ **des postiers** ≈ Postgewerkschaft *f;* ~ **de rachat** ECON Übernahmekonsortium *nt*

Land und Leute

Jeder Beschäftigte hat die Möglichkeit, einem **syndicat** beizutreten. Große Gewerkschaftsverbände wie die *CGT (Confédération générale du travail)*, die *CFDT (Confédération française démocratique du travail)* oder die *FO (Force ouvrière)* machen häufig Gebrauch von ihrem Recht auf Streik zur Durchsetzung der Interessen der Arbeiter und Angestellten.

syndiqué(e) [sɛ̃dike] I. *adj* gewerkschaftlich organisiert
II. *m(f)* Gewerkschaftsmitglied *nt*
syndiquer [sɛ̃dike] <1> *vpr* **se** ~ in die Gewerkschaft eintreten; *personnes:* sich gewerkschaftlich organisieren
syndrome [sɛ̃dʀom] *m* Syndrom *nt;* ~ **borderline** PSYCH Borderline-Syndrom; ~ **de Cushing** Cushing-Syndrom; **être atteint(e) du** ~ **de Cushing** am Cushing-Syndrom leiden; ~ **des vertèbres cervicales** Halswirbelsäulensyndrom *nt*
synergie [sinɛʀʒi] *f* Synergie *f*, Zusammenwirken *nt*
synergique [sinɛʀʒik] *adj* synergetisch
synode [sinɔd] *m* Synode *f;* ~ **épiscopal** [*o* **diocésain**] Bischofssynode
synonyme [sinɔnim] I. *adj* synonym; **être** ~ **de qc** ein Synonym *nt* für etw sein
II. *m* Synonym *nt*
synonymie [sinɔnimi] *f* Synonymie *f*
synopsis [sinɔpsis] *f* Übersicht *f*, Synopsis *f*
synoptique [sinɔptik] *adj* synoptisch; **tableau** ~ Tabelle *f*, Übersichtstafel *f*
synovial(e) [sinɔvjal, -jo] <-aux> *adj* ANAT **gaine** ~**e tendineuse** Sehnenscheide *f*
synovie [sinɔvi] *f* Gelenkschmiere *f*
synovite [sinɔvit] *f* Entzündung *f* der Synovialmembran, Synovitis *f (Fachspr.)*
syntactique *v.* **syntaxique**
syntagme [sɛ̃tagm] *m* Syntagma *nt;* ~ **nominal/verbal** Nominal-/Verbalphrase *f*
syntaxe [sɛ̃taks] *f* ① LING Satzbau *m*, Syntax *f*
② INFORM Syntax *f;* ~ **d'instruction** Befehlssyntax
③ BELG *(première année du "secondaire supérieur")* erstes Jahr der oberen Sekundarstufe
syntaxique [sɛ̃taksik] *adj* syntaktisch
synthé *abr de* **synthétiseur**
synthèse [sɛ̃tɛz] *f* ① Synthese *f; (vue d'ensemble)* Zusammenschau *f; (exposé d'ensemble)* Gesamtüberblick *m;* ~ **de qc** Synthese aus [*o* von] etw; ~ **entre des choses** Synthese aus [*o* von] Dingen; **faire la** ~ **de qc** etw zusammenfassen, einen Gesamtüberblick über etw *(Akk)* geben
② CHIM, TECH, INFORM Synthese *f;* **produit de** ~ Syntheseprodukt *nt;* **résine de** ~ Kunstharz *nt;* ~ **de la parole** INFORM Sprachsynthese; ~ **vocale** elektronisch erzeugte Sprache
synthétique [sɛ̃tetik] I. *adj* ① *matériau* synthetisch; *fibres, caoutchouc* Kunst-; *fibres* Chemie-
② *(opp: analytique) esprit, jugement, théorie* synthetisch; **vue** ~ Gesamtüberblick *m*
③ LING *langue* synthetisch
II. *m* Synthetics *Pl*
synthétiser [sɛ̃tetize] <1> *vt* zusammenfassen; BIO, CHIM synthetisieren
synthétiseur [sɛ̃tetizœʀ] *m* MUS Synthesizer *m*
syphilis [sifilis] *f* Syphilis *f*
syphilitique [sifilitik] I. *adj personne, méningite* syphilitisch
II. *m(f)* Syphilitiker(in) *m(f)*
systématique [sistematik] I. *adj* systematisch; *refus* kategorisch
II. *f* Systematik *f*
systématiquement [sistematikmɑ̃] *adv* systematisch; *refuser* ka-

tegorisch
systématisation [sistematizasjɔ̃] *f* Systematisierung *f*
systématiser [sistematize] <1> *vt* ❶ systematisieren
❷ *(simplifier à l'excès)* vereinfachen, simplifizieren
système [sistɛm] *m* ❶ *(ensemble complexe)* System *nt*; **~ solaire** Sonnensystem; **~ douanier** *(ensemble du domaine, ses activités)* Zollwesen; **~ économique/juridique** Wirtschafts-/Rechtssystem; **~ économique mondial** Weltwirtschaftssystem; **Système européen de banques centrales** Europäisches System der Zentralbanken; **~ international d'unités** SI-System; **Système monétaire européen** Europäisches Währungssystem; **~ d'acquittement d'une dette par le travail** Abarbeitssystem; **~ des corporations** Zunftwesen; **le ~ d'économie libre** das System der freien Marktwirtschaft; **~ du prélèvement automatique** Abbuchungsverfahren *nt*; **~ de recouvrement direct** Lastschriftverfahren; **~ de vie** Lebensform *f*; **~ ABO** MED ABO-System
❷ *(ensemble d'organes, de nerfs)* System *nt*, Apparat *m*; **~ nerveux** Nervensystem; **~ digestif** Verdauungsapparat
❸ *(installations techniques, réseau)* System *nt*, Anlage *f*; *(dispositif) de fermeture* Vorrichtung *f*; **~ de commande** Steuerung *f*; **~ de commande des soupapes** Ventilsteuerung; **~ de conduites** Rohrleitungssystem; **~ de pompes de circulation** Umwälzanlage *f*; **~ de protection antifoudre** Blitzschutzanlage *f*; **~ radars** Radarsystem; **~ vidéo de surveillance** Videoüberwachungssystem
❹ *fam (combine)* Taktik *f*, Strategie *f*; **connaître le ~** *fam* Bescheid wissen, den Dreh raushaben *(fam)*
❺ *(institution)* System *nt*
❻ *(ensemble des institutions et de leurs activités)* **~ pénitentiaire** Vollzugswesen *nt*; **~ universitaire** Universitätswesen
❼ INFORM, MATH System *nt*; **~ binaire** Dualsystem; **~ graphique** Grafiksystem; **~ informatique** Betriebssystem, EDV-System; **~ auteur/expert** Autoren-/Expertensystem; **~ mono-utilisateur** Ein-Benutzer-System; **~ multi-utilisateur** Multiuser-System; **~ de numération binaire** Binärsystem; **~ de réseau informatique** Rechnersystem; **~ de temps réel** Real-Time-System; **~ de traitement de l'information** Informationsverarbeitungssystem
▶ **~ D** *fam (caractère)* Pfiffigkeit *f*; **moi, c'est ~ D** ich weiß mir zu helfen; **taper** [*o* **porter**] *fam* **sur le ~ à qn** jdm auf die Nerven [*o* den Wecker *fam*] gehen
◆ **~ à anneaux** Ringbuchmechanik *f*
◆ **~ d'aération** Lüftungsanlage *f*; **~ d'arrosage** Regenanlage *f*; **~ d'assurance** Versicherungssystem *nt*; **~ d'assurance retraite** Rentenversicherungssystem *nt*; **~ de bus** INFORM Bussystem *nt*; **~ de commercialisation** Vermarktungssystem *nt*; **~ de communication** Kommunikationssystem *nt*; **~ de contingentement** ECON Kontingentierungssystem *nt*; **~ des conventions collectives** Tarifvertragssystem *nt*; **~ de coordonnées** INFORM, MATH Bezugssystem *nt*; **~ de dégivrage** AUT Defrosteranlage *f*; **~ de dispatching** Dispatchersystem *nt*; **~ de distribution** Vertriebssystem *nt*; **~ de drainage** Entwässerungssystem *nt*; **~ d'échappement** AUT Auspuffsystem *nt*; **~ d'exploitation** INFORM Betriebssystem *nt*; **~ de freinage** AUT Betriebsbremsanlage *f*; **~ de gestion de base de données** Datenbankverwaltungssystem *nt*; **~ de guidage** AUT Navigationssystem *nt*; **~ d'imposition** Abgabensystem *nt*; **~ d'intégration** INFORM Integrationssystem *nt*; **~ de navigation** NAUT, INFORM Navigationssystem *nt*; **~ de PAO** INFORM DTP-System *nt*; **~ de participation [au succès]** ECON Erfolgsanteilsystem *nt*; **~ de quotas** ECON Quotensystem *nt*; **~ de réglementation** FIN Bewirtschaftungssystem *nt*; **~ de régulation** ECON Regelsystem *nt*; **~ de rémunération au rendement** Prämienlohnsystem *nt*; **~ de retraite** Rentensystem *nt*; **~ de retraite progressif** gestaffeltes Rentensystem; **~ de signalisation** *(feux)* Ampelsystem *nt*; *(signaux de route)* Beschilderung *f*; *(marques)* Markierung *f*; **~ de travail à la chaîne** Fließsystem *nt*
systémique [sistemik] *adj* **analyse** System-; **approche** ganzheitlich; PSYCH systemisch
systole [sistɔl] *f* MED, PHYSIOL Systole *f*
systolique [sistɔlik] *adj* MED systolisch; **bruit ~** systolisches Geräusch

T t

T, t [te] *m inv* ❶ T *nt*/t *nt*
❷ *(forme)* **en T** T-förmig; **équerre en T** Reißschiene *f*
t *f abr de* **tonne** t
ta [ta, te] <tes> *dét poss* dein/deine; **~ chaise/fleur/maison** dein Stuhl/deine Blume/dein Haus
▶ **ne fais pas ~ maligne!** gib nicht so an!
tabac [taba] I. *m* ❶ *(plante)* Tabakpflanze *f*, Tabak *m*; **culture du ~** Tabak[an]bau *m*; **feuille de ~** Tabakblatt *nt*; **pied de ~** Tabakstrauch *m*
❷ *(produit)* Tabak *m*; **consommation de ~** Tabakverbrauch *m*; **commerce/transformation du ~** Tabakhandel *m*/-verarbeitung *f*; **l'industrie de transformation du ~** die Tabak verarbeitende Industrie; **manufacture de ~** Tabakfabrik *f*; **monopole des ~s** Tabakmonopol *nt*; **~ brut** Rohtabak; **gros ~** Grobschnitt *m*
❸ *fam (magasin)* Laden *m* für Tabakwaren
▶ **faire un ~** *fam* einen Bombenerfolg haben *(fam)*; **passer qn à ~** *fam* jdn zusammenschlagen *(fam)*
II. *adj inv* tabakfarben, tabakbraun; **chaussettes ~** tabakbraune Socken
◆ **~ à priser** Schnupftabak *m*
tabacomane [tabakɔman] *adj* nikotinsüchtig
tabagie [tabaʒi] *f* ❶ *(pièce enfumée)* verrauchtes Zimmer
❷ CAN *(bureau de tabac)* Tabakladen *m*
tabagique [tabaʒik] *mf* Nikotinsüchtige(r) *f(m)*
tabagisme [tabaʒism] *m* übermäßiger Tabakkonsum; **~ passif** passives Rauchen
tabasser [tabase] <1> *fam* I. *vt* zusammenschlagen *(fam)*, verdreschen *(fam)*
II. *vpr se ~ personnes:* sich prügeln
tabatière [tabatjɛʀ] *f* ❶ Tabak[s]dose *f*
❷ *(lucarne)* Dachluke *f*
tabellion [tabeljɔ̃] *m péj littér* Notar *m*
tabernacle [tabɛʀnakl] I. *m* REL ❶ *(armoire)* Tabernakel *m o nt*
❷ *(tente)* Stiftshütte *f*
II. *interj* CAN *pop* verdammt [noch mal] *(fam)*
tablar[d] [tablaʀ] *m* CH *(étagère)* Regal *nt*
tablature [tablatyʀ] *f* MUS Tabulatur *f*
table [tabl] *f* ❶ Tisch *m*; **~ voisine** [*o* **d'à côté**] Nachbartisch;
~ guéridon Bistrotisch; **dresser** [*o* **mettre**] **la ~** den Tisch decken; **être à ~** bei Tisch sitzen; **tenue à ~** Tischmanieren *f*; **[bien] se tenir à ~** *fam (se tenir correctement)* gute Tischmanieren haben; *(avoir un bon coup de fourchette)* einen gesunden Appetit haben; **il/elle se tient très mal à ~** er/sie hat überhaupt keine Tischmanieren; **à ~!** zu Tisch!
❷ *(tablée)* Tafel *f*, Tischgesellschaft *f*
❸ *(nourriture)* **plaisirs de la ~** Tafelfreuden *Pl*
❹ *(tablette)* **~ mortuaire** Grabtafel *f*
❺ *(tableau)* **~ alphabétique** alphabetisch geordnete Liste; **~ généalogique** Stammbaum *m*, Stammtafel *f*
❻ *(partie supérieure) d'autel* Platte *f*; **~ de cuisson** Kochmulde *f*; *(en vitrocéramique)* Kochfeld *nt*; **~ de cuisson en vitrocéramique** Glaskeramikkochfeld
❼ INFORM **~ traçante** Plotter *m (Fachspr.)*
▶ **s'asseoir à la même ~** *personnes:* sich am runden Tisch zusammensetzen; **tenir ~ ouverte** ein offenes Haus haben; **faire ~ rase de qc** Tabula rasa [*o* reinen Tisch] mit etw machen; **~ ronde** *(tablée)* Tafelrunde *f*; *(conférence)* runder Tisch; **~ tournante** Tischrücken *nt*; **se mettre à ~** *(aller manger)* sich zu Tisch setzen; *fam (avouer sa faute)* auspacken *(fam)*
◆ **~ de camping** Campingtisch *m*; **~ de chevet** Nachttisch *m*, Nachtschränkchen *nt*; **~ de conférence** Konferenztisch *m*; **~ des couleurs** INFORM, TYP Farbtabelle *f*; **~ de cuisine** Küchentisch *m*; **~ d'écoute** Abhöranlage *f*; **~ à gigognes** Satztische *Pl*; **~ d'harmonie** Resonanzboden *m*; **~ d'hôte** Stammtisch *m*; **~ à langer** Wickelgestell *nt*; **~ de lancement** Startrampe *f*; **Tables de la loi** REL Gesetzestafeln *Pl*; **~ des matières** Inhaltsverzeichnis *nt*; **~ de multiplication** Multiplikationstabelle *f*; **~ des négociations** Verhandlungsrunde *f*; **~ de nuit** Nachttisch *m*, Nachtschränkchen *nt*; **~ d'orientation** Orientierungstafel *f*; **~ de roulement** Schienenlauffläche *f*
tableau [tablo] <x> *m* ❶ Bild *nt*; *(peinture, toile)* Gemälde *nt*, Bild; **~ monumental** [*o* **colossal**] Monumentalgemälde
❷ *(scène, paysage)* Bild *nt*
❸ *(description)* Bild *nt*, Schilderung *f*; **pour achever** [*o* **compléter**] **le ~** um dem Ganzen die Krone aufzusetzen
❹ SCOL [Schul]tafel *f*; **~ noir** [Wand]tafel *f*; **passer au ~** an die Tafel

⑤ *(panneau)* Anschlagtafel *f*, schwarzes Brett; ~ **indicateur de vitesse** Tachometer *m o nt*; ~ **de service** Dienstplan *m*
⑥ *(présentation graphique)* Schaubild *nt*, Tabelle *f*; ~ **chronologique/généalogique** Zeit-/Stammtafel *f*; ~ **des tarifs** Gebührentabelle, Gebührentafel
⑦ *(présentoir mural)* ~ **des clés** Schlüsselbrett *nt*; ~ **des fusibles** Sicherungskasten *m*
⑧ ADMIN *des avocats, experts, comptables* Liste *f*
⑨ INFORM Tabelle *f*; **fractionner un** ~ eine Tabelle teilen
▶ **gagner/miser sur les deux** ~**x** [*o* **tous les** ~**x**] es mit beiden Seiten halten *(fam)*; **je vois** [**d'ici**] **le** ~ ich kann es mir lebhaft vorstellen
◆ ~ **d'affichage** Pinnwand *f*, schwarzes Brett; ~ **d'affichage des horaires de départ** *(dans les gares, les ports)* Abfahrtstafel *f*; *(dans les aéroports)* Abflugtafel; ~ **d'avancement** Beförderungsliste *f*; ~ **de bord** *d'une voiture* Armaturenbrett *nt*, Instrumentenanlage *f*; *d'un bateau, avion* Instrumentenbrett *nt*, Instrumentenanlage *f*; Instrumententräger *m*; ECON Informationstafel *f*; ~ **de bord intégré** Kombi-Instrument *nt*; ~ **de calcul** Kalkulationstabelle *f*; ~ **de caractères** INFORM Zeichentabelle *f*; ~ **de chasse** *(animal abattu)* Jagdbeute *f*; *(animaux abattus, rangés par espèces)* Strecke *f*; *(conquêtes féminines)* Eroberungen *Pl*; ~ **de commande** INFORM Bedienerfeld *nt*; ~ **de financement** FIN Kapitalflussrechnung *f*; ~ **d'honneur** SCOL *Lob für gute Leistungen am Trimesterende*; **au** ~ **d'honneur de la lutte antipollution, il y a...** ganz oben auf der Liste für aktiven Umweltschutz steht ...; ~ **de maître** Meisterwerk *nt*; ~ **des médailles** Medaillenspiegel *m*; ~ **des mesures** Maßtabelle *f*

tablée [table] *f* Tischgesellschaft *f*, Tischrunde *f*

tabler [table] <1> *vi* **sur qc** auf etw *(Akk)* setzen, mit etw rechnen

tablette [tablɛt] *f* ① *(médicament)* Lutschtablette *f*, Pastille *f*
② *(planchette)* *d'un lavabo* [Ablage]platte *f*; HIST *d'une cheminée* Sims *m o nt*; *d'une armoire* Brett *nt*
③ *(petite plaque)* *d'un chewing-gum* Streifen *m*; ~ **de chocolat** Tafel *f* Schokolade, Schokoladentafel
④ ARCHEOL, HIST Schreibtafel *f*, Tafel; ~ **d'argile** Tontafel
⑤ CAN *(bloc de papier à lettres)* Schreibblock *m*
⑥ INFORM ~ **graphique** Grafiktablett *nt*
▶ **écris bien ça sur tes** ~**s** *fam* schreib dir das hinter die Ohren *(fam)*

tableur [tablœʀ] *m* INFORM Tabellenkalkulationsprogramm *nt*

tablier [tablije] *m* ① Schürze *f*; *d'un écolier* Kittel *m*; ~ **en caoutchouc** Gummischürze; ~ **protecteur en plomb** Bleischürze
② *(plaque protectrice)* *d'une cheminée* Schutzgitter *nt*; AUT Spritzwand *f*
③ *(plate-forme)* *d'un pont* Fahrbahnplatte *f*
▶ **ça te va comme un** ~ **à une vache** *fam* das steht dir überhaupt nicht; **rendre son** ~ den Dienst quittieren

tabloïd[e] [tablɔid] *m* [**journal**] ~ kleinformatige Zeitung *f*

tabou [tabu] *m* Tabu *nt*

tabou(e) [tabu] *adj* ① *sujet, mot* Tabu-; **un lieu** ~ ein mit einem Tabu belegter Ort; ein Ort, der tabu ist
② *(intouchable)* unantastbar

tabouisation [tabuizɑsjɔ̃] *f* Tabuisierung *f*

taboulé [tabule] *m* Salat aus Weizengrieß und Gemüse

tabouret [tabuʀɛ] *m* ① Hocker *m*, Schemel *m*, Stockerl *nt* (A); *(pour traire)* Melkschemel
② *(support pour les pieds)* Fußschemel *m*

tabulateur [tabylatœʀ] *m* Tabulator *m*

tabulation [tabylɑsjɔ̃] *f a.* INFORM Tabulator *m*; **poser/annuler une** ~ einen Tabulator setzen/löschen

tac [tak] *m* *d'un boîtier d'une montre* Klicken *nt*; **le** ~ **d'une mitrailleuse** das Knattern eines Maschinengewehrs
▶ **répondre** [*o* **riposter**] **du** ~ **au** ~ wie aus der Pistole geschossen kontern *(fam)*

tache [taʃ] *f* ① *a.* ASTRON Fleck *m*; ~ **d'eau** Wasserfleck *m*; ~ **d'encre** Tintenfleck; *(sur du papier surtout)* Tintenklecks *m*; ~ **de fruit/d'huile** Obst-/Ölfleck; ~ **cutanée** Hautfleck
② *(flétrissure)* Makel *m*
③ *(impression visuelle)* Fleck *m*; *de peinture* Klecks *m*; ~ **de couleur** Farbfleck, Farbklecks
④ MED **la** ~ **jaune** der gelbe Fleck
▶ **faire** ~ **d'huile** sich [allmählich] verbreiten, um sich greifen; ~ **originelle** Erbsünde *f*; **faire** ~ **dans une soirée** nicht in die Abendgesellschaft passen; **quelle** ~**!** *fam* was für ein Idiot!
◆ ~ **de rousseur** Sommersprosse *f*; ~ **de vieillesse** Altersfleck *m*; ~ **de vin** Feuermal *nt*, Blutmal

tâche [taʃ] *f* ① *a.* Arbeit *f*; ~**s quotidiennes** Alltagspflichten *Pl*; ~ **administratives** Verwaltungsaufgaben *Pl*; **faciliter la** ~ **à qn** jdm die Sache erleichtern; **se mettre à la** ~ sich an die Arbeit machen
② *(mission)* Aufgabe *f*; **prendre à** ~ **de faire qc** sich *(Dat)* zur Auf-

gabe machen, etw zu tun
③ INFORM Auftrag *m*; *d'un appareil informatique* Arbeitsauftrag; ~ **d'impression** Druckauftrag
▶ **être dur(e) à la** ~ Durchhaltevermögen haben; **mourir** [*o* **se tuer**] **à la** ~ sich zu Tode arbeiten; **à la** ~ *(au travail)* bei der Arbeit; *(selon le rendu travail rendu)* nach Auftrag; **ne pas être à la** ~ sich nicht hetzen lassen

tacher [taʃe] <1> I. *vi* Flecken *Pl* geben [*o* machen]
II. *vt* ① ~ **qc** auf etw *(Dat)* Flecken *Pl* machen, etw beflecken; **être taché(e)** fleckig sein; **taché(e) de sang** blutbefleckt
② *(moucheter)* ~ **la peau de qc** die Haut mit etw sprenkeln
③ *(souiller)* beflecken
III. *vpr se* ① *tissu:* Flecken *Pl* bekommen; *personne:* sich schmutzig machen
② *(s'abîmer)* *fruit:* fleckig werden

tâcher [taʃe] <1> *vi* ① ~ **de faire qc** versuchen [*o* sich bemühen] etw zu tun
② *(faire en sorte)* ~ **que qc ne se produise pas** zusehen, dass etw nicht geschieht

tâcheron [taʃʀɔ̃] *m* ① *péj (obscur travailleur)* Hilfsarbeiter(in) *m(f)*; *(ouvrier agricole autrefois)* Tagelöhner(in) *m(f)*; *(dans une entreprise)* Handlanger(in) *m(f)*
② *(sous-entrepreneur)* Zwischenunternehmer(in) *m(f)* *(mit Pauschallohn)*

tacheter [taʃte] <3> *vt* sprenkeln; **chien tacheté de noir** schwarz gefleckter Hund

tachisme [taʃism] *m* ART Tachismus *m*

tachycardie [takikaʀdi] *f* Herzjagen *nt*, Tachykardie *f* *(Fachspr.)*

tachygraphe [takigʀaf] *m* Fahrtenschreiber *m*

tachymètre [takimɛtʀ] *m* Tachometer *m o nt*

tacite [tasit] *adj* stillschweigend

tacitement [tasitmɑ̃] *adv* stillschweigend

taciturne [tasityʀn] *adj* *(silencieux)* schweigsam; *(morose)* wortkarg

tacle [takl] *m* Tackling *nt*

tacon [takɔ̃] *m* CH Flicken *m*

tacot [tako] *m* AUT *fam* alte Kiste [*o* Mühle] *(fam)*, Karren *m* *(fam)*

tact [takt] *m* ① Takt *m*; **avoir du/manquer de** ~ taktvoll/taktlos sein; **personne qui a du** ~ taktvoller [*o* feinfühlender] Mensch; **personne qui manque de** ~ taktloser [*o* instinktloser] Mensch; **agir sans** ~ sich instinktlos verhalten
② *(toucher)* Tastsinn *m*

tacticien(ne) [taktisjɛ̃, jɛn] *m(f)* Taktiker(in) *m(f)*

tactile [taktil] *adj* Tast-; *écran* zum Berühren

tactique [taktik] I. *adj* taktisch
II. *f* Taktik *f*; ~ **défensive** Defensivtaktik

tadorne [tadɔʀn] *m* ZOOL Brandente *f*

taekwondo [tekwɔ̃do] *m* SPORT Taekwondo *nt*

tænia *v.* **ténia**

taf[fe] [taf] *m arg* ① *(peur)* Schiss *m* *(sl)*
② *(part)* Anteil *m*
③ *(travail)* Job *m*

taffe [taf] *f fam* Zug *m*; **tu me donnes une** ~**?** lässt du mich mal ziehen? *(fam)*

taffetas [tafta] *m* Taft *m*; **robe de** [*o* **en**] ~ Taftkleid *nt*; ~ **gommé** Heftpflaster *nt*, Pflaster

tafiole [tafjɔl] *f péj pop* Schwuchtel *f* *(pej sl)*

tag [tag] *m* ① INFORM Tag *m*
② *(graffiti)* Graffito *nt o m*

tagète [taʒɛt] *m* BOT Tagetes *f*

tagliatelles [taljatɛl] *fpl* Tagliatelle *Pl*

taguer [tage] <1> *vi* Graffiti anbringen, sprühen

tagueur, -euse [tagœʀ, -øz] *m, f* Sprüher(in) *m(f)*

taï chi [tajʃi] *m sans pl* SPORT Tai-Chi *nt*

taie [tɛ] *f* ① [Kissen]bezug *m*, [Kissen]hülle *f*
② MED weißer Hornhautfleck [des Auges]

taïga [taiga] *f* Taiga *f*

taillable [tajabl] ▶ **être** ~ **et corvéable** [**à merci**] *littér* bedingungslos ausgeliefert sein; HIST [bedingungslos] steuer- und fronpflichtig sein

taillader [tajade] <1> I. *vt* aufschlitzen *sièges*; einschneiden *rôti*
II. *vpr se* ~ **le doigt** sich *(Dat)* in den Finger schneiden

taillandier [tajɑ̃dje] *m* TECH Grobschmied *m*; **ouvrier** ~ Schneidwarenhersteller *m*

taille[1] [taj] *f* ① *d'une personne* [Körper]größe *f*; ~ **idéale** Idealgröße *f*, Idealmaß *nt*; ~ **minimum** Mindestgröße *f*; **homme de** ~ **moyenne** mittelgroßer Mann
② *(hauteur) d'une plante, d'un immeuble* Größe *f*, Höhe *f*
③ *(dimension, importance)* Größe *f*; **de** ~ *fam* riesengroß *(fam)*; **de petite** ~ klein; **de la** ~ **de qn/qc** so groß wie jd/etw; **de la** ~ **d'une carte de visite** im Visitenkartenformat *nt*; ~ **du/de fichier** Dateigröße; ~ **de/d'une mémoire** Speichergröße
④ *(pointure)* [Konfektions]größe *f*; ~ **de vêtement** Kleidergröße;

~ de chapeau Hutgröße; la ~ en dessous eine Nummer kleiner; grande/petite ~ Übergröße/kleine Größe; quelle ~ faites-vous? welche Größe haben Sie?
⑤ *(partie du corps, d'un vêtement)* Taille *f*; ~ élastiquée Gummibund *m*; à ~ ajustée auf Taille gearbeitet, tailliert; à ~ marquée leicht tailliert
⑥ *(manière de tailler, forme)* ~ brillant Brillantschliff *m*
▶ être de ~ à faire qc Manns genug sein wr zu tun; n'être pas à sa ~ *vêtement:* nicht seine/ihre Größe sein; *personne:* jdm nicht gewachsen sein; c'est qn/qc à sa ~ jd/etw ist für ihn/sie wie geschaffen
◆ ~ de guêpe Wespentaille *f*; ~ mannequin Mannequinfigur *f*
taille² [taj] *f* ❶ *d'un diamant* Schleifen *nt*; *d'une pierre* Behauen *nt*; *du bois* Schnitzen *nt*
❷ HORT [Be]schneiden *nt*
❸ HIST Steuer *f* [der Leibeigenen]
taillé(e) [taje] *adj* ❶ ~ (e) en qc geformt wie etw
❷ *(destiné)* ~ (e) pour qc/pour faire qc für etw gemacht/dafür gemacht etw zu tun
taille-crayon [tajkʀɛjɔ̃] <taille-crayon[s]> *m* [Bleistift]spitzer *m*
taille-douce [tajdus] <tailles-douces> *f* [Kupfer]stich *m*
tailler [taje] <1> I. *vt* ❶ [be]schneiden, zurückschneiden *arbre;* [an]spitzen *crayon;* [sich *(Dat)*] schneiden *ongles;* [sich *(Dat)*] stutzen *barbe;* [be]hauen *pierre;* schleifen *diamant;* schnitzen *pièce de bois;* ~ les manches d'une seule pièce die Ärmel anschneiden; être taillé(e) à la mesure de qn jdm auf den Leib [zu]geschnitten sein; cheveux taillés en brosse Bürstenschnitt *m*
❷ *(découper)* [zu]schneiden *robe*
❸ *(creuser)* ~ un trou dans qc ein Loch in etw *(Akk)* graben
II. *vi* ~ dans le vif ohne Betäubung ins Fleisch schneiden
III. *vpr* ❶ *(conquérir)* se ~ un empire sich *(Dat)* ein Reich aufbauen; se ~ une place au soleil sich *(Dat)* einen Platz an der Sonne sichern
❷ *(se couper)* se ~ la barbe sich *(Dat)* den Bart stutzen
❸ *pop (s'enfuir)* se ~ abhauen *(fam)*, verduften *(fam)*
tailleur [tajœʀ] *m* ❶ *(artisan qui fait des vêtements)* Schneider *m*; maître ~ Schneidermeister *m*
❷ *(tenue)* Kostüm *nt*; ~ robe Jackenkleid *nt*
❸ *(ouvrier)* de diamants Schleifer *m*; ~ de pierre Steinmetz *m*; ~ de vignes ≈ Winzer, der die Reben schneidet
▶ être assis(e) en ~ im Schneidersitz sitzen
tailleur-pantalon [tajœʀpɑ̃talɔ̃] <tailleurs-pantalons> *m* Hosenanzug *m*
tailleuse [tajøz] *f de diamants* Schleiferin *f*; ~ de pierre Steinmetzin *f*; ~ de vignes ≈ Winzerin, die Reben schneidet
taillis [taji] *m* Dickicht *nt*
tain [tɛ̃] *m* Spiegelbelag *m*; glace sans ~ Spionspiegel *m*
taire [tɛʀ] <*irr*> I. *vpr* ❶ se ~ schweigen, still sein
❷ *(faire silence)* se ~ verstummen; *vent:* sich legen
❸ *(s'abstenir de parler)* se ~ sur qc über etw *(Akk)* schweigen
II. *vt* ❶ verschweigen
❷ *(refuser de dire)* nicht sagen [*o* nennen] *raison;* nicht sagen *vérité*
❸ *littér (garder pour soi)* unterdrücken *amertume;* für sich behalten *chagrin, douleur*
III. *vi* faire ~ qn jdn zum Schweigen bringen; dafür sorgen, dass jd ruhig ist; faire ~ un désir/la peur einen Wunsch/die Angst unterdrücken
taiseux, -euse [tɛzø, -zøz] *m, f* BELG *(personne qui ne parle guère)* wortkarger Mensch
Taiwan [tajwan] *m* Taiwan *nt*
tajine [taʒin] *f* GASTR Tajine *f*
talc [talk] *m* Talk *m*, Körperpuder *m*; *(pour les enfants)* Kinderpuder
talé(e) [tale] *adj fruit* mit Druckstellen
talent [talɑ̃] *m* ❶ Talent *nt*, Begabung *f*; avoir du ~ Talent haben, begabt sein; avoir le ~ de faire qc *iron* eine ausgesprochene Begabung haben, etw zu tun; avoir des ~s multiples ein Multitalent sein; avoir des ~s de société gesellig sein; ~ pour vendre Verkaufstalent
❷ *sans pl (valeur exceptionnelle)* Talent *nt*; comédien de grand ~ hoch begabter [*o* hoch talentierter] Schauspieler
❸ *(personne)* Talent *nt*
▶ forcer son ~ sich überanstrengen
talentueux, -euse [talɑ̃tɥø, -øz] *adj* talentiert, begabt
taliban [talibɑ̃] *m* les ~[s] die Taliban *Pl*
talisman [talismɑ̃] *m* Talisman *m*
talkie-walkie [tɔkiwɔki] <talkies-walkies> *m* Walkie-Talkie *nt*
talk-show [tɔ(l)kʃo] <talk-shows> *m* Talk-Show *f*; présenter un ~ talken
Talmud [talmyd] *m* le ~ der Talmud
taloche [talɔʃ] *f* ❶ *fam (gifle)* Backpfeife *f (fam)*; donner [*o* flanquer] une ~ à qn jdm eine kleben *(fam)*
❷ TECH Reibebrett *nt*

talon [talɔ̃] *m* ❶ *(partie du pied, d'un bas, d'une chaussette)* Ferse *f*
❷ *(partie d'une chaussure)* Absatz *m*; ~ aiguille Pfennigabsatz; ~ bottier Blockabsatz
❸ *(bout)* Ende *nt*; *d'un jambon, fromage* letztes Stück
❹ *(partie non détachable d'une feuille de carnet)* Kontrollabschnitt *m*
❺ TECH *d'un ski* Ende *nt*; *d'une lame de couteau* Angel *f*; *d'un archet* Frosch *m*
❻ CARTES Talon *m*
▶ qn a qn sur ses ~s jd ist jdm auf den Fersen; être sur les ~s de qn jdm auf den Fersen sein; marcher sur les ~s de qn sich an jds Fersen *(Akk)* heften; tourner [*o* montrer] les ~s Fersengeld geben
◆ ~ d'Achille MYTH Achillesferse *f*; ~ de renouvellement JUR Erneuerungsschein *m*
talonnade [talɔnad] *f* FBALL Hackentrick *m*
talonnage [talɔnaʒ] *m* Hakeln *nt*
talonner [talɔne] <1> I. *vt* ❶ ~ qn jdm auf den Fersen sein
❷ *(harceler) personne:* bedrängen; *travaux ménagers:* quälen
❸ *(frapper du talon) (au rugby)* hakeln; *(au football)* mit der Hacke treten; ~ un cheval einem Pferd die Sporen geben
II. *vi* NAUT auf Grund stoßen
talonnette [talɔnɛt] *f d'une chaussure* Einlegesohle *f*; *d'un pantalon* Stoßband *nt*
talquer [talke] <1> *vt* mit Talk einreiben
talus [taly] *m* Böschung *f*; ~ d'un/du canal Kanalböschung
TAM [team] *f abr de* toile d'araignée mondiale WWW *nt*
tamanoir [tamanwaʀ] *m* Großer Ameisenbär
tamarille [tamaʀij] *f* BOT Tamarillo *f*
tamarin [tamaʀɛ̃] *m* ZOOL Tamarin *m*
tamarinier [tamaʀinje] *m* BOT Tamarinde *f*
tamaris [tamaʀis] *m* Tamariske *f*
tambouille [tɑ̃buj] *f fam* ❶ *(plat)* Fraß *m (fam)*
❷ *(cuisine)* Essen *nt*
tambour [tɑ̃buʀ] *m* ❶ Trommel *f*; petit ~ *(jouet)* Kindertrommel
❷ TECH *d'un frein, treuil, lave-linge* Trommel *f*; *d'une montre* Federhaus *nt*
❸ *(musicien)* Trommler *m*
❹ *(tourniquet)* Drehtür *f*
❺ ARCHIT Trommel *f*
▶ sans ~ ni trompette sang- und klanglos; ~ battant im Eiltempo; battre le ~ die Trommel schlagen; *(ameuter les gens)* die Werbetrommel rühren; raisonner comme un ~ *fam* dumme Argumente bringen
◆ ~ de ville Ausrufer *m*
tambourin [tɑ̃buʀɛ̃] *m* Tamburin *nt*
tambouriner [tɑ̃buʀine] <1> *vi* ~ à [*o* sur] qc an [*o* gegen] etw *(Akk)* trommeln
tambour-major [tɑ̃buʀmaʒɔʀ] <tambours-majors> *m* Tambourmajor *m*
tamil *v.* tamoul
tamis [tami] *m* ❶ Sieb *nt*; passer qc au ~ etw sieben
❷ TENNIS Bespannung *f*; raquette avec un grand ~ Tennisschläger mit einem großen [Schläger]kopf
▶ passer un dossier au ~ eine Akte genau durchgehen; passer une région au ~ eine Gegend durchkämmen
tamisage [tamizaʒ] *m* [Durch]sieben *nt*
Tamise [tamiz] *f* la ~ die Themse
tamiser [tamize] <1> *vt* ❶ [durch]sieben
❷ *(filtrer)* dämpfen *lumière*
tamoul(e) [tamul] *adj* tamilisch
Tamoul(e) [tamul] *m(f)* Tamile *m*/Tamilin *f*
tampon [tɑ̃pɔ̃] I. *m* ❶ *(en coton)* Bausch *m*; *(périodique)* Tampon *m*; *(à récurer)* Topfkratzer *m*; *(pansement)* Tupfer *m*
❷ *(cachet)* Stempel *m*; ~ encreur Stempelkissen *nt*; ~ de certification Beglaubigungsstempel
❸ *(bouchon)* Pfropfen *m*, Stöpsel *m*; ~ d'égout Kanaldeckel *m*
❹ *(cheville)* Dübel *m*
❺ CHEMDFER Puffer *m*
▶ ~ buvard Löscher *m*; ~ marqueur Textmarker *m*; servir de ~ *personne:* als Puffer dazwischenstehen
II. *app inv a.* INFORM Puffer-; mémoire ~ Pufferspeicher *m*; mémoire ~ dynamique dynamischer Pufferspeicher; zone ~ Pufferzone *f*
tamponnement [tɑ̃pɔnmɑ̃] *m* ❶ Zusammenstoß *m*
❷ MED Tamponieren *nt*, Tamponade *f*
tamponner [tɑ̃pɔne] <1> I. *vt* ❶ abtupfen
❷ *(nettoyer)* säubern, tamponieren *(Fachspr.) plaie*
❸ *(heurter)* ~ qc *voiture:* mit etw zusammenstoßen [*o* zusammenprallen]
❹ *(timbrer)* [ab]stempeln
II. *vpr* ❶ *(se heurter)* se ~ *voitures:* zusammenstoßen, zusammenprallen
❷ *fam* s'en ~ sich einen Dreck darum scheren *(fam)*

❸ *(s'essuyer)* **se ~ le visage** sich *(Dat)* das Gesicht abtupfen
tamponneur, -euse [tɑ̃pɔnœʀ, -øz] *adj véhicule* auffahrend
tam-tam [tamtam] <tam-tams> *m* ❶ afrikanische Trommel
❷ *(tapage)* Tamtam *nt (fam);* **faire du ~ autour de qc** viel Tamtam um etw machen *(fam)*
❸ *(gong)* Tamtam *nt*
tan [tɑ̃] *m* [Gerber]lohe *f*
tancer [tɑ̃se] <2> *vt littér* schelten *(geh) personne*
tanche [tɑ̃ʃ] *f* Schleie *f*
tandem [tɑ̃dɛm] *m* ❶ Tandem *nt*
❷ *(duo)* Gespann *nt*
tandis que [tɑ̃dika] *conj + indic* während, wohingegen
tanga [tɑ̃ga] *m* Tanga *m;* [slip] ~ Tangaslip *m*
tangage [tɑ̃gaʒ] *m* NAUT Stampfen *nt*
tangence [tɑ̃ʒɑ̃s] *f* GEOM Berührung *f;* **point de ~** Tangentenpunkt *m*
tangent(e) [tɑ̃ʒɑ̃, ɑ̃t] *adj* ❶ knapp; **élève ~** Schüler, der noch um Haaresbreite versetzt worden ist
❷ GEOM tangential
tangente [tɑ̃ʒɑ̃t] *f* ❶ GEOM Tangente *f;* **~ à un cercle** Tangente eines Kreises [*o* an einem Kreis]
❷ MATH Tangens *m*
▶ **prendre la ~** sich aus dem Staub machen
tangentiel(le) [tɑ̃ʒɑ̃sjɛl] *adj* tangential; **force** Tangential-
tangerine [tɑ̃ʒ(ə)ʀin] *f* BOT Tangerine *f*
tangible [tɑ̃ʒibl] *adj* greifbar; *preuve* handfest
tango [tɑ̃go] I. *m* Tango *m*
II. *adj inv* orangerot
tanguer [tɑ̃ge] <1> *vi* ❶ NAUT stampfen
❷ *fam (tituber)* torkeln *(fam)*
❸ *fam (vaciller)* **~ autour de qn** *objets:* sich um jdn drehen
tanière [tanjɛʀ] *f* ❶ *d'un animal* Unterschlupf *m,* Schlupfloch *nt; d'un malfaiteur* Schlupfwinkel *m*
❷ *(lieu retiré)* Schlupfloch *nt;* **faire sortir qn de sa ~** jdn aus seiner Höhle [*o* seinem Bau *m*] locken *(fam)*
❸ *(taudis)* Bruchbude *f (pej fam),* Elendsquartier *nt*
tanin [tanɛ̃] *m* Tannin *nt*
tank [tɑ̃k] *m* ❶ *vieilli* Panzer *m*
❷ *(réservoir)* Tank *m*
❸ *fam (grosse voiture)* Straßenkreuzer *m (fam)*
tanker [tɑ̃kœʀ] *m* [Öl]tanker *m*
tankiste [tɑ̃kist] *mf* Angehörige(r) *f(m)* einer Panzerdivision
tannage [tanaʒ] *m* Gerben *nt,* Gerbung *f*
tannant(e) [tanɑ̃, ɑ̃t] *adj* ❶ *fam personne* unerträglich
❷ IND *matière* Gerb-; *qualité* gerbend
tanner [tane] <1> *vt* ❶ gerben
❷ *fam (harceler)* nerven *(fam) personne*
❸ *(hâler)* gerben *visage*
tannerie [tanʀi] *f (opérations)* [Loh]gerbung *f; (établissement)* [Loh]gerberei *f*
tanneur, -euse [tanœʀ, -øz] *m, f* [Loh]gerber(in) *m(f)*
tannin *v.* tanin
tansad [tɑ̃sad] *m d'une moto* Soziussitz *m*
tant [tɑ̃] I. *adv* ❶ *(tellement) aimer, vouloir* so sehr; *manger, travailler* so viel; *aimé, attendu, espéré* so [sehr]; **pleurer ~ que...** so viel weinen, dass ...; **souffrir ~ que...** so sehr leiden, dass ...; **~ que ça** *fam* so viel
❷ *(une telle quantité)* **~ de choses** so viele Dinge; **~ de fois** so oft; **~ et plus** noch [weit] mehr; **~ et** ~ so viel; **comme il y en a ~** wie es derer viele gibt
❸ *(aussi bien... que)* **~ filles que garçons** sowohl Mädchen als auch Jungen, Mädchen wie Jungen
❹ *(autant)* **~ qu'il peut** so viel er kann; **ne rien aimer ~ que qc** nichts so sehr wie etw lieben; **ne pas en demander ~** gar nicht so viel bitten; **ce n'est pas ~ Sylvie que sa sœur qui me plaît** es ist weniger Sylvie als vielmehr ihre Schwester, die mir gefällt
❺ *(aussi longtemps que)* **~ que tu seras là** solange du da bist; **~ que j'y suis** wenn ich schon [mal] dabei bin
❻ *(dans la mesure où)* **~ qu'à faire la vaisselle, tu peux aussi...** wenn du schon mal abspülst, kannst du auch gleich ...
▶ **vous m'en direz ~!** *fam* nein, so was!; **qu'à faire fam** wenn es schon sein muss; **il a fait ~ et si bien qu'on l'a renvoyé** er hat es so weit getrieben [*o* es schließlich geschafft *iron*], dass er entlassen wurde *(fam);* **..., s'en faut** ..., ganz im Gegenteil; ..., weit davon entfernt; ..., ganz und gar nicht; **en ~ que** [in der Eigenschaft] als
II. *m (date)* **le ~** der Soundsovielte
▶ **un ~ soit peu** [**de qc**] ein bisschen
tante [tɑ̃t] *f* ❶ Tante *f*
❷ *vulg (homosexuel)* Schwuchtel *f (sl),* Tucke *f (sl)*
❸ *fam (mont-de-piété)* **ma ~** das Leihhaus
◆ **~ à héritage** *fam* Erbtante *f*

tantième [tɑ̃tjɛm] I. *adj* soundsovielte(r, s)
II. *m* Tantieme *f*
tantine [tɑ̃tin] *f enfantin* [liebe] Tante, Tantchen *nt*
tantinet [tɑ̃tinɛ] ▶ **un** ~ ein bisschen
tantôt [tɑ̃to] *adv* ❶ **~ à pied ~ à vélo** mal zu Fuß, mal mit dem Fahrrad; bald zu Fuß, bald mit dem Fahrrad *(liter)*
❷ DIAL *(tout à l'heure)* später, gleich
❸ DIAL *(après-midi)* **lundi ~** Montagnachmittag
tantouse [tɑ̃tuz] *f vulg* Tunte *f (sl),* Schwuchtel *f (sl);* **faire ~ tuntenhaft aussehen** *(pej fam);* **se comporter comme une ~** sich tuntenhaft verhalten *(pej fam);* **manières de ~** tuntenhaftes Gehabe *(pej fam)*
taoïsme [taoism] *m* Taoismus *m*
taoïste [taoist] I. *adj* taoistisch
II. *mf* Taoist(in) *m(f)*
taon [tɑ̃] *m* ZOOL Bremse *f*
tapage [tapaʒ] *m* ❶ Krach *m;* **~ nocturne** nächtliche Ruhestörung
❷ *(publicité)* Aufsehen *nt,* Wirbel *m;* **~ publicitaire** Werberummel *m (fam)*
tapageur, -euse [tapaʒœʀ, -øz] *adj liaison, vie* skandalös; *enfant* laut; *publicité* marktschreierisch; *toilette* Aufsehen erregend
tapant(e) [tapɑ̃, ɑ̃t] *adj* auf die Minute genau
tape [tap] *f* Klaps *m*
tapé(e) [tape] *adj fam (fou)* übergeschnappt *(fam)*
tape-à-l'œil [tapalœj] I. *adj inv toilette* auffällig; **décor ~** Kitsch *m*
II. *m* Kitsch *m*
tapecul [tapky] *m* ❶ Wippe *f*
❷ *(voiture)* Klapperkiste *f (fam),* alte Mühle *(fam)*
❸ SPORT **faire du ~** ohne Steigbügel reiten
tapée [tape] *f fam (grande quantité)* Haufen *m (fam)*
taper [tape] <1> I. *vi* ❶ klopfen; **~ à la porte** an die Tür klopfen; **~ sur qn** jdn schlagen; **~ dans le tas** blindlings drauflosschlagen; **~ sur la gueule de qn** *fam* jdm in die Fresse hauen *(sl)*
❷ *(donner une tape)* **~ sur l'épaule de qn** jdm auf die Schulter klopfen
❸ *(frapper)* **~ de la main sur la table** mit der Hand auf den Tisch schlagen; **~ du pied sur le sol** mit dem Fuß auf den Boden stampfen; **~ dans le ballon** gegen den Ball treten; *(dégager)* den Ball wegschlagen; **~ des** [*o* **dans les**] **mains** in die Hände klatschen
❹ *(dactylographier)* tippen
❺ *fam (dire du mal de)* **~ sur qn** über jdn herziehen *(fam)*
❻ *fam (prendre dans)* **~ dans un paquet de clopes** sich über eine Schachtel Kippen hermachen *(fam)*
❼ *fam (cogner) soleil:* knallen *(fam); vin:* reinhauen *(sl)*
▶ **~ à côté** *fam* danebentippen *(fam)*
II. *vt* ❶ *(battre)* klopfen *tapis;* **~ qn/un animal** jdn/ein Tier schlagen; *(amicalement)* jdm/einem Tier einen Klaps geben
❷ *(cogner)* **~ le pied contre qc** den Fuß gegen etw schlagen
❸ *(frapper de)* **~ la table du poing** mit der Faust auf den Tisch hauen
❹ *(produire en tapant)* **~ trois coups à la porte** dreimal an die Tür klopfen; **~ un air sur un piano** eine Melodie auf dem Klavier klimpern
❺ *(dactylographier)* tippen; INFORM eintippen, eingeben *texte, code, 3615;* **ne ~ qu'avec deux doigts** [nur] mit zwei Fingern tippen
❻ *fam (emprunter à)* anpumpen *(fam);* **~ qn de cent euros** sich *(Dat)* hundert Euro von jdm pumpen *(fam);* **~ une cigarette à qn** von jdm eine Zigarette schnorren *(fam)*
III. *vpr* ❶ *fam (s'offrir)* **se ~ qc** sich *(Dat)* etw genehmigen *(fam)*
❷ *fam (subir)* **se ~ qc** etw aufhalsen *(fam);* **se ~ cinq kilomètres à pied** fünf Kilometer zu Fuß gehen müssen
❸ *(se frapper)* **se ~ les cuisses** sich *(Dat)* auf die Schenkel schlagen
❹ *vulg (coucher avec)* **se ~ qn** es mit jdm treiben *(sl)*
❺ *fam (manger)* **se ~ tout le gâteau** die ganze Torte wegfuttern *(fam);* **il s'est tapé tous les biscuits de son frère** *fam* er hat seinem Bruder alle Kekse weggefressen *(fam)*
▶ **c'est à se ~ la tête contre les murs!** das ist zum Auswachsen! *(fam);* **s'en ~ de qn/qc** *fam* auf jdn/etw pfeifen *(fam);* **je m'en tape** *fam* das ist mir wurst *(fam)*
tapette [tapɛt] *f* ❶ *(petite tape)* Klaps *m*
❷ *(ustensile) (pour les tapis)* Teppichklopfer *m; (pour les mouches)* Fliegenklatsche *f*
❸ *(piège)* Falle *f*
❹ *fam (langue)* Mundwerk *nt (fam),* Klappe *f (fam)*
❺ *vulg (pédé)* Schwuchtel *f (sl)*
tapeur, -euse [tapœʀ, -øz] *m, f* Schnorrer(in) *m(f) (fam)*
tapin [tapɛ̃] ▶ **faire le ~** *arg* auf den Strich gehen *(fam)*
tapiner [tapine] <1> *vi arg* auf den Strich gehen *(fam)*
tapinois [tapinwa] ▶ **s'approcher en ~** verstohlen näherkommen; **agir en ~** heimlich agieren
tapioca [tapjɔka] *m* Tapioka *f*
tapir¹ [tapiʀ] *m* Tapir *m*

tapir² [tapiʀ] <8> *vpr* **se ~ sous/derrière qc** *animal, personne:* sich unter/hinter etw *(Dat)* verkriechen
tapis [tapi] *m* ❶ Teppich *m;* **~ mural** Wandteppich; **~ de haute laine** orientalischer Knüpfteppich
❷ *(textile protecteur)* Matte *f; (pour la table)* Tischdecke *f;* ~ **[de gymnastique] en caoutchouc** Gummimatte
❸ JEUX Tuch *nt*
❹ *(vaste étendue)* Teppich *m*
❺ INFORM **~ de** [*o* **pour**] **souris** Mauspad *nt,* Mausteppich *m*
▶ **~ roulant** Laufband *nt;* NAUT Rollsteg *m; (pour bagages)* Gepäckband *nt;* **~ vert** *(table de discussion)* grüner Tisch; JEUX Spieltisch *m;* **aller au ~** BOXE zu Boden gehen; *(être vaincu)* eine Schlappe erleiden *(fam);* **envoyer qn au ~** BOXE jdn auf die Bretter schicken; *(vaincre)* jdn ausstechen; **mettre qc sur le ~** etw zur Sprache bringen; **revenir sur le ~** *sujet, thème:* wieder zur Sprache kommen
♦ **~ de bain** Badevorleger *m;* **~ de douche** Duschmatte *f,* Duschvorleger *m;* **d'éveil** Krabbeldecke *f;* **~ de prière** Gebetsteppich *m;* **~ de selle** Satteldecke *f;* **~ de sol** Bodenplane *f;* **~ d'Orient** Orientteppich *m*
tapis-brosse [tapibʀɔs] <tapis-brosses> *m* Fußmatte *f*
tapisser [tapise] <1> *vt* ❶ tapezieren *mur, pièce;* auslegen *tiroir;* beziehen *fauteuil*
❷ *(recouvrir)* lierre, mousse: bedecken
tapisserie [tapisʀi] *f* ❶ Tapete *f*
❷ *(pose du papier peint)* Tapezieren *nt*
❸ ART *(activité)* Teppichweben *nt; (tapis)* Wandteppich *m*
❹ *(ouvrage de dame)* Kanevasstickerei *f*
▶ **faire ~** ein unbeteiligter Zuschauer sein; *(à un bal)* ein Mauerblümchen *nt* sein
tapissier, -ière [tapisje, -jɛʀ] *m, f* ❶ Tapezierer(in) *m(f); (pour fauteuils)* Polsterer(in) *m(f);* ART Teppichweber(in) *m(f)*
❷ *(marchand)* Dekorateur(in) *m(f),* Raumausstatter(in) *m(f)*
tapissier-décorateur [tapisjedekɔʀatœʀ] <tapissiers-décorateurs> *m* Dekorateur(in) *m(f),* Raumausstatter(in) *m(f)*
tapotement [tapɔtmɑ̃] *m des doigts* Trommeln *nt; du piano* Geklimper *nt (fam)*
tapoter [tapɔte] <1> I. *vt (taper à petits coups répétés)* tätscheln *joues;* **~ le baromètre** leicht an das Barometer klopfen
II. *vi* **~ sur la table** auf dem Tisch *(Dat)* [herum]trommeln; **~ du piano** auf dem Klavier *(Dat)* [herum]klimpern *(fam)*
taquet [takɛ] *m* ❶ *(cale)* Keil *m*
❷ *(verrou)* Riegel *m*
❸ TECH Knagge *f;* CHEMDFER Gleissperre *f*
taquin(e) [takɛ̃, in] I. *adj caractère, personne* schelmisch
II. *m(f)* Schelm *m*
taquiner [takine] <1> I. *vt* ❶ *(s'amuser à agacer)* necken
❷ *(faire légèrement souffrir)* choses: plagen
II. *vpr* **se ~** sich necken
taquinerie [takinʀi] *f* Neckerei *f*
tarabiscoté(e) [taʀabiskɔte] *adj* überladen; *style* überladen, geschraubt; *meuble* überladen, übermäßig verziert; *histoire* völlig verdreht
tarabuster [taʀabyste] <1> *vt* ❶ *(importuner)* jdn drängen
❷ *(causer de l'inquiétude)* choses: jdm keine Ruhe lassen
tarama [taʀama] *m* Taramas *m*
taratata [taʀatata] *interj fam* papperlapapp *(fam)*
taraud [taʀo] *m* TECH Gewindebohrer *m*
tarauder [taʀode] <1> *vt* ❶ TECH ein Gewinde schneiden in (+ *Akk*)
❷ *(creuser)* **~ qc** *insecte:* etw anbohren
❸ *littér (tourmenter)* quälen
taraudeur [taʀodœʀ] *m* Gewindeschneider *m*
taraudeuse [taʀodøz] *f* ❶ Gewindeschneiderin *f*
❷ *(machine)* Gewindeschneidmaschine *f*
tard [taʀ] I. *adv* spät; **le plus ~ possible** möglichst spät, so spät wie möglich; **travailler ~** bis spät abends arbeiten; **au plus ~** spätestens; **pas plus ~ que...** erst ...; **tôt ou ~** früher oder später
▶ **il n'est jamais trop ~ pour bien faire** *prov* für eine Wiedergutmachung ist es nie zu spät; **mieux vaut ~ que jamais** *prov* besser spät als nie
II. *m* **sur le ~** spät
tarder [taʀde] <1> I. *vi* ❶ *(traîner)* trödeln; **sans ~** umgehend, unverzüglich; **~ à faire qc** zögern etw zu tun
❷ *(se faire attendre)* auf sich warten lassen; **il ne tardera plus maintenant** er muss jeden Augenblick kommen; **tu ne vas pas ~ à t'endormir** du wirst gleich einschlafen
II. *vi impers (sembler long)* **il tarde à ce garçon de faire qc/que l'école soit finie** dieser Junge kann es kaum erwarten etw zu tun/ , dass die Schule vorüber ist
tardif, -ive [taʀdif, -iv] *adj* ❶ *(qui vient, qui se fait tard)* spät; *regrets, remords* verspätet; *œuvre tardive* Spätwerk *nt*
❷ AGR *fruits, fleurs* spät

tardivement [taʀdivmɑ̃] *adv* spät
tare [taʀ] *f* ❶ *(défaut) d'une personne, société* Makel *m; d'un système* Fehler *m;* MED Vorbelastung *f*
❷ *(poids de l'emballage)* Tara *f*
❸ *(contrepoids)* Gewicht[stein *m*] *nt;* **faire la ~** austarieren
taré(e) [taʀe] I. *adj* ❶ *fam (idiot)* bescheuert *(fam)*
❷ MED erblich belastet
II. *m(f)* ❶ *fam (idiot)* Verrückte(r) *f(m),* Gehirnamputierte(r) *f(m) (sl)*
❷ MED geistig Behinderte(r) *f(m)*
tarentelle [taʀɑ̃tɛl] *f* Tarantella *f*
tarentule [taʀɑ̃tyl] *f* Tarantel *f*
tarer [taʀe] <1> *vt* tarieren
targette [taʀʒɛt] *f* [Schiebe]riegel *m*
targuer [taʀge] <1> *vpr littér* **se ~ d'un avantage/d'une vertu** sich eines Vorteils/einer Tugend rühmen; **se ~ de faire qc** sich damit rühmen [*o* brüsten] etw zu tun
tari(e) [taʀi] *adj rivière* ausgetrocknet; *source, imagination* versiegt; *ressources* erschöpft
tarière [taʀjɛʀ] *f* ❶ TECH *(vrille)* Stangenbohrer *m;* MIN Erdbohrer *m*
❷ ZOOL *(tube)* Legebohrer *m*
tarif [taʀif] *m* ❶ *(barème)* Tarif *m; d'une réparation* Preis *m;* **~s postaux** Postgebühren *Pl,* Posttarife; **~ pour le courrier par avion** Luftposttarif; **~s des chemins de fer** [Eisen]bahntarife; **~ douanier/exceptionnel** Zoll-/Sondertarif; **~ minimal** ECON Minimalsatz *m;* **~ progressif** gestaffelter Tarif; **~ spécial/standard** Sonder-/Standardtarif; **~ téléphonique** Telefontarif; **~ tout compris** Gesamtpreis, Inklusivpreis; **~ [de] week-end** Wochenendtarif; **~ en vigueur** geltender Tarif; **d'affranchissement des lettres/ colis** Brief-/Paketgebühr *f;* **~ fret** ECON Befrachtungstarif; **~ de nuit** ELEC Nachtstromtarif; **~ de transport unitaire** ECON Einheitsfrachtsatz *m;* **billet plein ~** Fahrschein *m* zum vollen Preis; **les ~s obligatoires** die verbindliche Gebührenordnung; **à un ~ préférentiel/réduit** zu einem Vorzugspreis/ermäßigten Preis; **augmentation de/du ~** Tariferhöhung *f*
❷ *(partie d'un catalogue)* Preisliste *f,* Preisverzeichnis *nt*
❸ *hum fam (punition)* Strafe *f*
▶ **à ce ~-là** *fam* [ja,] wenn das so ist *(fam)*
♦ **~ de base** Grundtarif *m,* Sockeltarif; **~ de groupe** Gruppentarif *m;* **~ des salaires** *(en parlant des ouvriers)* Lohntarif *m; (en parlant des employés)* Gehaltstarif *m;* **~ de transbordement** Umschlagtarif *m*
tarifaire [taʀifɛʀ] *adj* Tarif-; *classification, hiérarchisation* tarifmäßig
tarifé(e) [taʀife] *adj services* preislich festgelegt; *marchandises* ≈ unverbindliche Preisempfehlung
tarifer [taʀife] <1> *vt* **~ la marchandise** den Preis der [*o* für die] Ware festlegen
tarification [taʀifikasjɔ̃] *f* COM ❶ *(fixation des tarifs)* Preis-/Gebühren-/Zollfestsetzung *f*
❷ *(tarifs fixés)* **~ impérative** Gebührenordnung *f*
tarin¹ [taʀɛ̃] *m fam* Gesichtserker *m (hum fam),* Zinken *m (fam)*
tarin² [taʀɛ̃] *m* ORN Zeisig *m*
tarir [taʀiʀ] <8> I. *vi* ❶ *(cesser de couler)* versiegen *(geh)*
❷ *fig soutenu (cesser)* versiegen *(geh); conversation:* ins Stocken geraten, verstummen; *imagination, chagrin:* schwinden
II. *vt* ❶ *(assécher)* austrocknen *mare, fleuve;* versiegen lassen *(geh) puits, source*
❷ *soutenu (épuiser)* erschöpfen *imagination, ressources;* zum Versiegen bringen *(geh) larmes*
III. *vpr* **se ~** ❶ *(s'assécher)* versiegen
❷ *soutenu (s'épuiser)* sich erschöpfen
tarissement [taʀismɑ̃] *m* ❶ *(dessèchement) d'un puits, d'une source* Versiegen *nt (geh); d'un cours d'eau* Austrocknen *nt*
❷ *soutenu (épuisement)* Erschöpfung *f*
tarot [taʀo] *m* ❶ *(jeu)* Tarock *nt o m; (carte)* Tarock
❷ *(en cartomancie)* Tarot *nt o m*
tarse [taʀs] *m* ZOOL Fußwurzelknochen *m,* Fußwurzel *f*
tartan¹ [taʀtɑ̃] *m* TEXTIL Tartan *m*
tartan®² [taʀtɑ̃] *m* SPORT Tartan® *m;* **piste de ~** Tartanbahn *f*
tartare [taʀtaʀ] *adj* ❶ HIST **les populations ~s** die Tartarenvölker
❷ GASTR **steak ~** Tartarsteak *nt;* **sauce ~** gewürzte Senfmayonnaise/-majonäse
Tartare [taʀtaʀ] *mf* HIST Tartare *m*/Tartarin *f*
tarte [taʀt] I. *f* ❶ GASTR Kuchen *m;* **~ aux cerises/prunes** Kirschkuchen/Pflaumenkuchen; **~ à la crème** Sahnetorte *f;* **~ Tatin** französische Apfelkuchenspezialität
❷ *fam (gifle)* Schelle *f (fam)*
II. *adj fam* doof *(fam),* blöd *(fam)*
tartelette [taʀtəlɛt] *f* Törtchen *nt*
Tartempion [taʀtɑ̃pjɔ̃] *m péj fam* **Monsieur ~** Herr Soundso
tartiflette [taʀtiflɛt] *f* GASTR *in Savoyen verbreitete, mit Reblochon-Käse zubereitete Variante des Kartoffelgratins*
tartignol[l]e [taʀtiɲɔl] *adj fam* blöd *(fam),* bescheuert *(sl)*

tartinable [taʀtinabl] *adj beurre, fromage* streichfähig
tartine [taʀtin] *f* ❶ GASTR ~ **beurrée** Butterbrot *nt;* ~ **grillée** Toast *m;* ~ **de confiture/miel** Marmeladenbrot/Honigbrot
❷ *péj fam (long développement)* **écrire des ~s** einen ganzen Roman schreiben *(fam)*
tartiner [taʀtine] <1> *vt* ❶ GASTR bestreichen, schmieren; **pâte à ~** Brotaufstrich *m*
❷ *fam (trop écrire)* ganze Romane schreiben *(fam)*
tartre [taʀtʀ] *m* Kesselstein *m; des dents* Zahnstein *m; d'un tonneau de vin* Weinstein *m*
tartrique [taʀtʀik] *adj* **acide ~** Weinsäure *f*
tartuf[f]e [taʀtyf] I. *m* Heuchler(in) *m(f)*
II. *adj* scheinheilig, heuchlerisch
tartuf[f]erie [taʀtyfʀi] *f* Heuchelei *f*
tarzan, Tarzan [taʀzɑ̃] *m* Tarzan *m*
tas [tɑ] *m* ❶ *(amas)* Haufen *m;* ~ **en** auf einem Haufen; **mettre qc en ~** etw aufhäufen; **piocher dans le ~** *fam* einen Haufen durchstöbern; **tirer dans le ~** *fam* in einen Haufen [hinein]schießen; **~ de fumier/d'ordures/de pierres** Mist-/Abfall-/Steinhaufen; **~ de merde** *vulg* Scheißhaufen *m (sl)*
❷ *fam (beaucoup de)* **un ~ de choses/personnes** eine Menge Dinge/Menschen
❸ *péj fam (personne)* **~ de graisse, gros ~** Dickwanst *m (fam),* Fettsack *m (sl)*
▸ **sur le ~** *fam* vor Ort, an Ort und Stelle
tasse [tɑs] *f* ❶ *(récipient)* Tasse *f;* **~ à thé** Teetasse; **~ à café** Kaffeetasse
❷ *(contenu)* Tasse *f;* **~ de thé/café** Tasse Tee/Kaffee
▸ **ce n'est pas ma ~ de thé** *fam* das ist nichts für mich *(fam);* **boire la ~** *fam (avaler de l'eau)* Wasser schlucken; *(échouer)* baden gehen *(fam),* auf die Nase fallen *(fam)*
tassé(e) [tɑse] *adj café, pastis* stark; **café bien ~** *fam* starker Kaffee
tasseau [tɑso] <x> *m* Leiste *f*
tasse-biberon [tɑsbibʀɔ̃] <tasses-biberons> *f* Trinklerntasse *f*
tassement [tɑsmɑ̃] *m* ❶ *(affaissement) des sédiments, neiges* Sichsetzen *nt; de terrain* Absacken *nt*
❷ *(affermissement) du sol* Befestigen *nt,* Feststampfen *nt*
❸ MED *des vertèbres* Zusammensacken *nt; (dû à un traumatisme)* Stauchung *f*
❹ *a.* ECON *(diminution, ralentissement)* Rückgang *m;* **~ de la flambée des prix** Dämpfung *f* des Preisauftriebs
tasser [tɑse] <1> I. *vt* ❶ *(comprimer)* zusammendrücken; zusammenpressen *paille, foin,* fest stampfen *terre; (en tapant)* festklopfen *sable, terre, neige*
❷ SPORT abdrängen *personne*
II. *vpr* **se ~** *(s'affaisser)* in sich *(Akk)* zusammensinken; *terrain, neige:* sich setzen
❷ *(se serrer)* eng aneinanderrücken
❸ *fam (s'arranger) difficulté, chose:* sich regeln; *ennui, querelle:* sich legen
taste-vin [tastəvɛ̃] *m inv (pipette)* Probenheber *m; (coupelle)* Probentasse *f*
tata [tata] *f* ❶ *enfantin (tante)* Tante *f*
❷ *pop (pédéraste)* Tunte *f (fam)*
tatami [tatami] *m* SPORT Tatamimatte *f*
tatane [tatan] *f fam* Treter *m (fam)*
tâter [tɑte] <1> I. *vt* ❶ *(palper)* befühlen; fühlen *pouls*
❷ *(sonder)* sondieren *(geh) terrain*
II. *vi (faire l'expérience)* **~ de qc** die Erfahrung einer S. *(Gen)* machen
III. *vpr* **se ~** *fam (hésiter)* noch überlegen, noch unschlüssig sein
tâte-vin *v.* taste-vin
tati[e] [tati] *f enfantin* Tante *f*
tatillon(ne) [tatijɔ̃, jɔn] I. *adj* pedantisch *(pej),* pingelig *(fam)*
II. *m(f)* Pedant(in) *m(f)*
tâtonnement [tɑtɔnmɑ̃] *m* ❶ *(essai hésitant)* Versuch *m*
❷ *(marche incertaine)* Tasten *nt*
tâtonner [tɑtɔne] <1> *vi* ❶ *(chercher en hésitant)* ausprobieren
❷ *(se déplacer sans voir)* sich vorantasten; **trouver qc en tâtonnant** etw ertasten
tâtons [tɑtɔ̃] *mpl* **à ~** tastend
tatou [tatu] *m* Gürteltier *nt*
tatouage [tatwaʒ] *m (action)* Tätowieren *nt; (résultat)* Tätowierung *f;* **~ intégral** Ganzkörpertätowierung
tatouer [tatwe] <1> *vt* tätowieren
tatoueur, -euse [tatwœʀ, -øz] *m, f* Tätowierer(in) *m(f)*
taudis [todi] *m* ❶ *(logement misérable)* Elendsbehausung *f,* Loch *nt (fam)*
❷ *(pièce ou appartement en désordre)* Räuberhöhle *f (fam)*
taulard(e) [tolaʀ, aʀd] *m(f) arg* Knastbruder *m*/-schwester *f (sl)*
taule [tol] *f* ❶ *arg (prison)* Knast *m (fam);* **faire de la ~** [*o* **être en ~**] [im Knast] sitzen *(fam)*
❷ *fam (chambre)* Bude *f (fam)*

taulier, -ière [tolje, -jɛʀ] *m, f fam* Wirt(in) *m(f)*
taupe [top] I. *f* ❶ ZOOL Maulwurf *m*
❷ SCOL *arg* mathematisch ausgerichtete Vorbereitungsklasse auf eine „Grande École"
❸ *fam (espion)* Maulwurf *m (fam)*
▸ **être myope comme une ~** blind wie ein Maulwurf sein *(fam)*
II. *adj inv* [gris] ~ maulwurfsgrau; **une robe gris ~** ein maulwurfsgraues Kleid
taupin [topɛ̃] *m* ❶ ZOOL Schnellkäfer *m*
❷ SCOL *arg* Schüler(in) einer mathematisch ausgerichteten Vorbereitungsklasse auf eine „Grande École"
taupinière [topinjɛʀ] *f* Maulwurfshügel *m*
taureau [tɔʀo] <x> *m* ZOOL Stier *m,* Bulle *m;* **~ reproducteur** Zuchtstier; **cou de ~** Stiernacken *m;* **avoir une force de ~** Bärenkräfte *Pl* haben
▸ **prendre le ~ par les cornes** den Stier bei den Hörnern packen
◆ **~ de combat** Kampfstier *m*
Taureau [tɔʀo] <x> *m* ASTROL Stier *m;* **être [du signe du] ~** [ein] Stier sein, im Zeichen des Stieres geboren sein
taurillon [tɔʀijɔ̃] *m* Jungbulle *m*
taurin(e) [tɔʀɛ̃, in] *adj* Stierkampf-
tauromachie [tɔʀɔmaʃi] *f* Stierkampf *m*
tauromachique [tɔʀɔmaʃik] *adj* **règles ~s** Stierkampfregeln
tautologie [totɔlɔʒi] *f* Tautologie *f*
taux [to] *m* ❶ *(pourcentage administrativement fixé)* Satz *m;* **~ d'imposition** Steuerquote *f;* **~ d'imposition de base** Basissteuersatz; **~ d'imposition des revenus** Einkommen[s]steuersatz; **~ d'imposition unique** Einheitssteuersatz; **~ marginal d'imposition** Grenzsteuersatz; **~ moyen d'imposition** Durchschnittssteuersatz; **~ de l'impôt** Steuertarif; **~ maximum** Höchstsatz; **~ d'impôt maximum, ~ maximum d'imposition** [*o* **de l'impôt**] Spitzensteuersatz, Steuerhöchstsatz, Höchststeuersatz; **~ de l'impôt sur les sociétés** Körperschaftsteuertarif
❷ *(mesure statistique)* Rate *f,* Quote *f;* **~ d'activité/de chômage** Beschäftigungs-/Arbeitslosenquote; **~ d'accidents** Unfallrate, Unfallquote; **~ de contamination** Infektionsrate; **~ de couverture** JUR Deckungsverhältnis *nt*
❸ MED *(concentration)* Spiegel *m;* **~ de cholestérol** Cholesterinwert *m,* Cholesterinspiegel *m;* **~ de sucre** Zuckerspiegel; **~ d'hormones** Hormonspiegel *m;* **~ de graisse dans le sang** Blutfettwert *m*
❹ *a.* CHIM *(concentration, teneur)* ~ **de pollution** Schadstoffbelastung *f,* Gehalt *m;* **~ de dioxyde de carbone dans l'atmosphère terrestre** der Kohlendioxidgehalt der Erdatmosphäre
❺ TECH **~ de compression** Druckverhältnis *nt*
❻ FIN ~ [**d'intérêt**] Zinssatz *m,* Zins *m;* **~ record** *(en parlant des cours d'actions)* Rekordhöhe *f;* **~ brut/forfaitaire/unitaire** Brutto-/Pauschal-/Einheitssatz *m;* **~ fictif** Scheinrendite *f;* **~ maximal du jour** Tageshöchstsatz; **~ préférentiels** ECON Präferenzraten *Pl;* **à ~ fixe** *emprunt* festverzinslich; **à ~ variable** *prêt* variabel verzinslich; **~ de base bancaire** Mindestsollzinsen; **~ créditeurs** Einlagensätze; **~ d'escompte** Diskontsatz *m,* Diskont *m;* **~ d'escompte des bons du Trésor** Schatzwechseldiskontsatz; **relever/abaisser le ~ d'escompte** den Diskont[satz] erhöhen/herabsetzen; **~** [**d'intérêt**] **réel** Realzins, Effektivzins; **~ d'intérêt fort** voller Zinssatz; **~ d'intérêt préférentiel** Prime rate *f;* **à faible ~ d'intérêt** *titre* niedrigverzinslich; **à ~ d'intérêt réduit** *prêt* zinsverbilligt; **les ~ d'intérêts baissent** die Zinssätze geben nach; **~ d'intérêt sur le marché financier** Kapitalmarktzinsen *Pl;* **les ~ du marché monétaire** die Geldmarktsätze; **~ de rendement des bons du Trésor** Schatzwechselzinssatz; **~ de rendement sur dividendes** Dividendenrendite; **~ de rendement d'une option d'achat** FIN Call-Rendite *f*
◆ **~ d'accroissement** Wachstumsrate *f;* **~ d'amortissement** Tilgungsrate *f;* ECON Abschreibungssatz *m;* **~ d'audience** Zuhörerquote *f;* **~ d'audience TV** Zuschauerquote *f;* **~ d'augmentation des prix** Preissteigerungsrate *f,* prozentualer Anstieg der Preise; **~ des avances sur titres** Lombardwert *m (Fachspr.);* **~ de base** FISC Basissteuersatz *m;* **~ de change** Wechselkurs *m;* **~ de compensation** ECON Verrechnungsrate *f;* **~ de compression** INFORM Komprimierungsrate *f;* **~ de consommation** ECON Konsumsionsrate *f;* **~ de contingentement** ECON Kontingentierungssatz *nt;* **~ de conversion** *pl* Konversionskurse *Pl;* **~ de déflation** ECON Deflationsrate *f (Fachspr.);* **~ de déport** FIN Deportkurs *m;* **~ de droits de douane** Zollsätze *Pl;* **~ d'épargne** Sparquote *f;* **~ d'erreurs** INFORM Fehlerrate *f;* **~ d'espèces** Barquote *f;* **~ d'espèces et de liquidités** Bar- und Liquiditätsquote; **~ d'étrangers** Ausländeranteil *m;* **~ d'expansion** ECON Expansionsrate *f;* **~ de guérison** Überlebensrate *f;* **~ d'hémoglobine** MED Hämoglobingehalt *m;* **~ d'hormones** Hormonspiegel *m;* **mesurer le ~ d'hormones** den Hormonspiegel messen; **~ d'inflation** Preisinflationsrate *f;* **~ d'instructions** INFORM Instruktionsrate *f;* **~ d'intérêt** FISC Zinssatz *m,* Zins *m;* **~ des investissements** ECON Investitionsquote *f;* **~ de liquidité** FIN Liquiditätsquote *f;* **~ de mortalité** Sterblichkeitszif-

fer *f*; ~ **de natalité** Geburtenrate *f*; ~ **de non-réalisation** ECON Ausfallrate *f*; ~ **de perception** FISC Hebesatz *m*; ~ **de référence** FIN Eckzins *m*; ~ **de rejet** ECON Aussonderungsquote *f*; ~ **de relèvement des prix** Preissteigerungsrate *f*; ~ **de rendement** Rentabilitätsquote *f*; ~ **de réponse** Rücklaufquote *f*; ~ **de report** ECON Reportsatz *m*; ~ **de réserves** FIN Reservenquote *f*; ~ **des réserves liquides** FIN Barreservesatz *m*; ~ **de substitution** ECON Substitutionsrate *f*; ~ **de suicides** Selbstmordrate *f*; ~ **d'usure** FIN Zinsgipfel *m*

tavelé(e) [tav(ə)le] *adj* fleckig
tavelure [tav(ə)lyʀ] *f* Fleck *m*
taverne [tavɛʀn] *f* Wirtshaus *nt*; HIST Herberge *f*; CAN *(débit de boissons)* Schenke *f*
tavernier, -ière [tavɛʀnje, -jɛʀ] *m, f* Wirt(in) *m(f)*
tavillon [tavijɔ̃] *m* CONSTR CH *(bardeau)* Schindel *f*
taxable [taksabl] *adj* abgabenpflichtig; *(à la douane)* zollpflichtig
taxateur, -trice [taksatœʀ, -tʀis] *m, f* JUR Taxator(in) *m(f) (Fachspr.)*
taxation [taksasjɔ̃] *f* ❶ *des prix* Festsetzung *f*; ~ **douanière** Zollfestsetzung

❷ FISC *des marchandises, produits, entreprises* Besteuerung *f*; ~ **des salaires** Lohnsteuerveranlagung *f*; ~ **supplémentaire** Zusatzbesteuerung
♦ ~ **d'office** Besteuerung *f* von Amts wegen

taxe [taks] *f* ❶ Gebühr *f*, Abgabe *f*; ~**s commerciales/concessionnaires** Handels-/Konzessionsabgaben; ~**s écologiques/ publiques** Umwelt-/Staatsabgaben; ~**s exceptionnelles** außerordentliche Abgaben; ~ **exigible/légale/symbolique** fällige/amtliche/symbolische Gebühr; ~ **foncière** FISC Grundabgabe; ~ **forfaitaire** Pauschalgebühr; ~**s spéciales pour la protection de l'environnement** Umweltsonderabgaben; **toutes** ~**s comprises** alles inbegriffen, Steuer und Abgaben inbegriffen; **de charge et montant des dépens** JUR Kostenfestsetzungsgebühr *(Fachspr.)*; ~ **de circulation** [**des biens et services**] Verkehrsabgabe; ~ **par classe** JUR Klassengebühr *(Fachspr.)*; ~ **sur le contrat d'assurance** Versicherungssteuer; ~ **sur les eaux usées** Abwassergebühr; ~ **d'enlèvement des ordures ménagères** Abfallgebühr; ~ **sur l'évacuation des eaux usées** Kanalgebühr; ~ **sur l'exploitation du gaz naturel** Erdgas-Förderabgabe; ~ **relative à une/ l'enquête** JUR Recherchengebühr; ~ **d'utilisation d'un/du canal** Kanalgebühr

❷ *(impôt)* Steuer *f*; ~ **automobile** Kfz-Steuer; ~ **compensatoire** Ausgleichssteuer; ~ **complémentaire** Ergänzungssteuer, Nachsteuer; ~**s locales pour touristes** Fremdenverkehrssteuern; ~ **professionnelle** Gewerbe[ertrags]steuer; ~ **professionnelle minimale** Mindestgewerbesteuer; ~ **successorale** Nachlasssteuer; **hors** ~ Steuer nicht inbegriffen; *(sans T.V.A.)* ohne Mehrwertsteuer; ~ **sapeurs-pompiers** Feuerschutzsteuer; ~ **pour la protection du climat** Klimasteuer; ~ **sur le chiffre d'affaires brute s'appliquant à toutes les étapes** JUR Allphasen-Brutto-Umsatzsteuer *f (Fachspr.)*; ~ **sur le chiffre d'affaires net s'appliquant à toutes les étapes** JUR Allphasen-Netto-Umsatzsteuer *f (Fachspr.)*; ~ **sur la valeur ajoutée des importations** Einfuhrumsatzsteuer
♦ ~ **à l'importation** JUR Ausgleichssteuer *f*; ~ **à la valeur ajoutée** Mehrwertsteuer *f*; ~ **d'achat** Kaufsteuer *f*; ~ **d'affranchissement** JUR Franchisegebühr *f*; ~ **d'atterrissage** Landegebühr *f*; ~ **de dépôt** Hinterlegungsgebühr *f*; ~ **d'habitation** ≈ Wohnsteuer *f*; ~ **de loterie** Lotteriesteuer *f*; ~ **de publication** Bekanntmachungsgebühr *f*; ~ **de raccordement** Anschlussgebühr *f*; ~ **de recours** JUR Beschwerdegebühr *f*; ~ **de séjour** Kurtaxe *f*; ~ **de transport** Fuhrgeld *nt (veraltet)*; ~ **sur le chiffre d'affaires** Umsatzsteuer *f*, Umsatzabgabe *f*; ~ **sur le conditionnement** Verpackungssteuer *f*; ~ **sur les coupons** JUR Kuponsteuer *f*; ~ **sur les déchets** Müllsteuer *f*; ~ **sur les machines à sous** [Spiel]automatensteuer *f*; ~ **sur les opérations de Bourse** Börsenumsatzsteuer *f*; ~ **sur les personnes physiques** Personensteuer *f*

taxer [takse] <1> *vt* ❶ *(imposer)* besteuern; **poids taxé** frachtpflichtiges Gewicht

❷ *(fixer le prix)* den Preis festsetzen für *marchandise, produit*; JUR festsetzen *dépens*

❸ *fam (extorquer)* abknöpfen *(fam)*

❹ *(accuser)* ~ **le voisin de méchanceté** den Nachbarn der Boshaftigkeit *(Gen)* bezichtigen

❺ *(traiter)* ~ **qn d'imbécile/de feignant** jdn als einen Dummkopf/Faulpelz bezeichnen

taxi [taksi] *m* ❶ *(véhicule)* Taxi *nt*
❷ *fam (chauffeur)* Taxifahrer(in) *m(f)*
taxidermie [taksidɛʀmi] *f* Taxidermie *f (Fachspr.)*
taxidermiste [taksidɛʀmist] *mf* Tierpräparator(in) *m(f)*
taxi-girl [taksigœʀl] <taxi-girls> *f* Animierdame *f*
taximètre [taksimɛtʀ] *m* Fahrpreisanzeiger *m*, Taxameter *nt*
taxinomie [taksinɔmi] *f* Taxonomie *f*
taxiphone® [taksifɔn] *m* Münzfernsprecher *m*

taxiway [taksiwɛ] *m* Rollweg *m*
taxonomie *v.* **taxinomie**
taylorisme [tɛlɔʀism] *m* Taylorismus *m*
Tchad [tʃad] *m* ❶ *(État)* **le ~** der Tschad
❷ *(lac)* **le** [**lac**] **~** der Tschadsee
tchador [tʃadɔʀ] *m* Schador *m*, Tschador *m*
tchao [tʃao] *interj fam* tschau *(fam)*
tchatche [tʃatʃ] *f* MIDI **avoir de la ~** *fam* eine Quasselstrippe sein *(fam)*
tchatcher [tʃatʃe] <1> *vi fam* quatschen *(fam)*; **passer la soirée à ~** den Abend verquatschen *(fam)*
tchécoslovaque [tʃekɔslɔvak] *adj* HIST tschechoslowakisch
Tchécoslovaque [tʃekɔslɔvak] *mf* HIST Tschechoslowake *m*/Tschechoslowakin *f*
Tchécoslovaquie [tʃekɔslɔvaki] *f* HIST Tschechoslowakei *f*
tchèque [tʃɛk] **I.** *adj* tschechisch
II. *m* **le ~** Tschechisch *nt*, das Tschechische; *v. a.* **allemand**
Tchèque [tʃɛk] *mf* Tscheche *m*/Tschechin *f*
Tchétchène [tʃetʃɛn] *mf* Tschetschene *m*/Tschetschenin *f*
Tchétchénie [tʃetʃeni] *f* **la ~** Tschetschenien *nt*
tchin[-**tchin**] [tʃin(tʃin)] *interj fam* prost *(fam)*
T.D. [tede] *m abr de* **travaux dirigés** UNIV Übung *f*
TDAH [tedeaˈaʃ] *f abr de* **Trouble du déficit de l'attention/ hyperactivité** PSYCH ADHS *f*
te [tə] <*devant une voyelle et un h muet* t'> *pron pers* ❶ **il ~ voit**/**t'aime** er sieht/liebt dich; **il ~ suit**/**t'aide** er folgt/hilft dir; **il ~ demande**/**t'explique le chemin** er fragt dich nach dem Weg/erklärt dir den Weg

❷ *avec* **faire, laisser** dich; **il ~ laisse**/**fait conduire la voiture** er lässt dich das Auto fahren

❸ *avec* **être, devenir**, *sembler soutenu* **cela ~ semble bon** das erscheint dir gut; **son amitié t'est chère** seine/ihre Freundschaft ist dir teuer *(geh)*; **ça t'est bon de rentrer au pays** es tut [dir] gut heimzukommen; **le café ~ devenait indispensable** du konntest nicht mehr auf den Kaffee verzichten

❹ *avec les verbes pronominaux* **tu ~ nettoies** du machst dich sauber; **tu ~ nettoies les ongles** du machst dir die Nägel sauber; **tu ~ fais couper les cheveux** du lässt dir die Haare schneiden

❺ *fam (pour renforcer)* **et je ~ frotte et je ~ brique** und ich putz' alles blitzblank *(fam)*

❻ *(avec un sens possessif)* **le cœur ~ battait fort** dein Herz schlug heftig

❼ *avec un présentatif* du; **~ voici** [*o* **voilà**]**!** hier [*o* da] bist du!; **~ voilà tout(e) propre** jetzt bist du [wieder] sauber
té¹ [te] *m* ❶ *(règle)* Reißschiene *f*
❷ TECH *(ferrure)* T-Stück *nt*; [**fer en**] **~** T-Eisen *nt*
té² [te] *interj* MIDI sieh mal *(fam)*
TEC [tɛk] *f abr de* **tonne équivalent charbon** SKE *f* (Steinkohleeinheit)
technétium [tɛknesjɔm] *m* CHIM Technetium *nt*
technicien(ne) [tɛknisjɛ̃, jɛn] **I.** *adj* technisch
II. *m(f)* ❶ *(professionnel qualifié)* Techniker(in) *m(f)*; ~ **aérospatial**/**~ne aérospatiale** Raumfahrttechniker(in); ~(**ne**) **en génie climatique** Klimatechniker(in); ~(**ne**) **de laboratoire dans l'industrie chimique** Chemielaborant(in) *m(f)*

❷ *(expert)* Sachverständige(r) *f(m)*, Fachmann *m*/-frau *f*; ~(**ne**) **de la finance** Finanzexperte *m*/-expertin *f*; ~(**ne**) **de la politique** Politikexperte/-expertin; ~(**ne**) **responsable de la sécurité**, ~ **préposé/~ne préposée à la sécurité** Sicherheitsbeauftragte(r) *f(m)*
♦ ~(**ne**) **de surface** Reinigungskraft *f*; ~(**ne**) **de télévision** Fernsehtechniker(in) *m(f)*; ~(**ne**) **de théâtre** Theatertechniker(in) *m(f)*
technicité [tɛknisite] *f* hohe Spezialisiertheit
technico-commercial(e) [tɛknikokɔmɛʀsjal, jo] <technico- -commerciaux> **I.** *adj* kaufmännisch-technisch
II. *m(f)* COM kaufmännisch-technische(r) Angestellte(r) *f(m)*
technicolor® [tɛknikɔlɔʀ] *m* Technicolor® *nt*
technique¹ [tɛknik] *adj* technisch; *ouvrage, revue, terme* Fach-; **lycée ~** Fachoberschule *f*
technique² [tɛknik] *m* SCOL Fachschulwesen *nt*
technique³ [tɛknik] *f* ❶ Technik *f*; ~ **automobile** Kfz-Technik, Kraftfahrzeugtechnik; ~ **nucléaire** Kernenergietechnik; ~ **vidéo** Videotechnik; ~**s de communication** Kommunikationstechnik; ~ **de composition** TYP Satztechnik; ~ **d'information** [*o* **de l'information**] Informationstechnik; ~ **de production** Produktionstechnik; ~ **de théâtre** Theatertechnik; **une ~ d'avenir** eine Zukunftstechnik; ~ **du bâtiment** Gebäudetechnik; **question qui relève de la ~ du bâtiment** gebäudetechnische Frage; **moderniser un édifice au niveau de la ~ du bâtiment** ein Bauwerk gebäudetechnisch modernisieren

❷ *(savoir-faire)* Technik *f*; ~ **romanesque** LITTER Romantechnik; ~ **de vol** Flugtechnik; **il manque de ~** es mangelt ihm an der nö-

tigen Technik
▶ ne pas avoir la bonne ~ *fam* nicht den Dreh raus haben *(fam)*
techniquement [tɛknikmɑ̃] *adv* technisch
techno [tɛkno] **I.** *adj* Techno-; **la musique ~** Technomusik *f*
II. *f* Techno *m*
technocrate [tɛknɔkʀat] *mf péj* Technokrat(in) *m(f)*
technocratie [tɛknɔkʀasi] *f péj* Technokratie *f*
technocratique [tɛknɔkʀatik] *adj péj* technokratisch
technologie [tɛknɔlɔʒi] *f* Technologie *f*; **~ écologique** Umwelttechnologie; **~ obsolète** veraltete Technologie; **~ d'avenir** Zukunftstechnologie; **un produit de haute ~** ein technologisch hochwertiges Produkt; **les pays leader en matière de ~** die technologisch führenden Länder; **progrès concernant la ~ de la sécurité** sicherheitstechnischer Fortschritt; **du point de vue de la ~ de la sécurité ~** sicherheitstechnisch [gesehen], ...
♦ **~ de l'information** Informationstechnologie *f*; **~ de pointe** Spitzentechnologie *f*, neueste Technologie
technologie-clé [tɛknɔlɔʒikle] <technologies-clés> *f* Schlüsseltechnologie *f*
technologique [tɛknɔlɔʒik] *adj* technologisch; **centre ~** Technologiezentrum *nt*
technologiste [tɛknɔlɔʒist], **technologue** [tɛknɔlɔg] *mf* Technologe *m*/Technologin *f*
technopole [tɛknɔpɔl] *f*, **technopôle** [tɛknɔpol] *m* ≈ Technologie- und Forschungspark *m*, ≈ Technologie- und Forschungszentrum *nt*
teck [tɛk] *m* ① *(bois)* Teak[holz *nt*] *nt*
② *(arbre)* Teakbaum *m*
teckel [tekɛl] *m* Dackel *m*, Teckel *m*; **à poil ras/long/dur** Kurzhaar-/Langhaar-/Rauhaardackel; **~ nain** Zwergdackel
tectonique [tɛktɔnik] **I.** *adj* tektonisch
II. *f* Tektonik *f*
tectrice [tɛktʀis] ZOOL **I.** *adj* **les plumes ~s** die Deckfedern
II. *fpl* Deckfedern
Te Deum [tedeɔm] *m inv* Tedeum *nt*
T.E.E. [teøø] *m abr de* **Trans-Europ-Express** T.E.E. *m*
tee [ti] *m* SPORT Tee *nt*
teenager [tinɛdʒœʀ] *mf* Teenager *m*
tee-shirt [tiʃœʀt] <tee-shirts> *m* T-Shirt *nt*
Téfal® [tefal] *adj inv* Teflon®
téflon® [teflɔ̃] *m* Teflon® *nt*
téflonisé(e) [teflɔnize] *adj* teflonbeschichtet
tégéviste [teʒevist] *mf* Fahrer(in) *des Hochgeschwindigkeitszugs* T.G.V.
tégument [tegymɑ̃] *m* BIO Integument *nt*
teigne [tɛɲ] *f* ① ZOOL Motte *f*
② MED Grind *m*
③ *fam (personne méchante)* [Gift]schlange *f (pej fam)*
teigneux, -euse [tɛɲø, -øz] **I.** *adj fam* verbissen
II. *m, f* ① Giftkröte *f (fam)*, Fiesling *m (fam)*
② MED an Grind Erkrankte(r) *f(m)*
teindre [tɛ̃dʀ] <*irr*> **I.** *vt* färben; beizen *bois*; **~ qc en rouge/noir** etw rot/schwarz färben
II. *vpr* **se ~** ① *(se donner une teinte)* sich *(Dat)* die Haare färben
② *littér (se colorer)* sich färben
teint [tɛ̃] *m* Teint *m*; **avoir le ~ pâle/hâlé/rose** einen blassen/gebräunten/rosigen Teint haben
▶ **bon ~** *hum* waschecht; **grand ~** farbecht
teinte [tɛ̃t] *f* ① *(couleur)* Farbe *f*, Farbton *m*; **prendre une ~ jaunâtre** vergilben
② *(petite dose)* **~ de mélancolie/tristesse** Anflug *m* von Melancholie/Traurigkeit
teinter [tɛ̃te] <1> **I.** *vt (colorer)* tönen; **verres teintés** getönte Gläser *Pl*; **crème de jour teintée** getönte Tagescreme
② *(être nuancé)* **un discours teinté de puritanisme** eine puritanisch gefärbte Rede
II. *vpr* ① *(se colorer)* **se ~ de roux** sich rot färben
② *(se nuancer)* **son discours se teintait d'ironie/d'amertume** er/sie wurde ironisch/bitter
teinture [tɛ̃tyʀ] *f* ① *(colorant)* Färbemittel *nt*, Farbe *f*; **~ pour les cheveux** Haarfärbemittel
② PHARM **~ d'arnica/iode** Arnika-/Jodtinktur *f*
③ *(connaissance superficielle)* **~ d'une science/méthode** Ahnung *f* von einer Wissenschaft/Methode
④ *(fait de teindre)* Färben *nt*
teinturerie [tɛ̃tyʀʀi] *f* ① *(magasin)* [chemische] Reinigung *f*
② *(industrie)* Färberei *f*
teinturier, -ière [tɛ̃tyʀje, -jɛʀ] *m, f* ① *(commerçant)* **porter qc chez le ~** etw zur [*o* in die] Reinigung bringen
② *(artisan)* Färber(in) *m(f)*
tek *v.* **teck**
tel(le) [tɛl] **I.** *adj indéf* ① *(semblable, si fort ou grand)* **un ~/une ~le...** solch ein(e) ..., ein derartiger/eine derartige/ein derartiges

...; **de ~(s)...** derartige ..., solche ...
② *(ainsi)* **~ est qn/qc** das ist jd/etw; **~ le n'est pas mon intention** das ist nicht meine Absicht; **~ père, ~ fils** wie der Vater, so der Sohn
③ *(comme)* **~(le) que qn/qc** wie jd/etw; **un homme ~ que lui** ein Mann wie er; **les métaux ~s que l'or, l'argent...** Metalle wie [zum Beispiel] Gold, Silber ...; **~(le) qn/qc** *soutenu* gleich jdm/etw *(geh)*; **elle s'est occupée d'eux ~ le une mère** sie hat sich gleich einer Mutter ihrer angenommen *(geh)*
④ *(un certain)* **~ jour et à ~ le heure** an dem und dem Tag und um die und die Zeit; **~(le) et ~(le)** diese(r, s) und jene(r, s); **~(le) ou ~(le)** diese(r, s) oder jene(r, s)
▶ **passer pour ~(le)** dafür gehalten werden; **en tant que** [*o* **comme**] **~(le)** als solche(r, s); **~(le) quel(le), ~(le) que** *fam (dans le même état)* **je vous rends vos livres ~s quels** ich gebe Ihnen die Bücher so zurück, wie ich sie bekommen habe; **il n'y a rien de ~** es gibt nichts Besseres
II. *pron indéf* **si ~ ou ~ te dit...** wenn dir dieser oder jener sagt, ...; **~ prétend ceci, ~ autre cela** der eine behauptet dies, der andere das
télé [tele] *f fam abr de* **télévision** ① *(organisme)* Fernsehen *nt*; **regarder la ~** fernsehen, ferngucken *(fam)*
② *(récepteur)* Fernseher *m*
téléachat [teleaʃa] *m* Teleshopping *nt*
télébenne [telebɛn] *f* Gondelbahn *f*
télécabine *v.* **télébenne**
Télécarte® [telekaʀt] *f* Telefonkarte *f*
téléchargeable [teleʃaʀʒabl] *adj* INFORM *fichier, programme* herunterladbar
téléchargement [teleʃaʀʒəmɑ̃] *m (sur son ordinateur)* Herunterladen *nt*, Runterladen, Download *m (Fachspr.)*; *(sur un serveur Web)* Hinaufladen *nt*, Hochladen, Upload *m (Fachspr.)*
télécharger [teleʃaʀʒe] <2a> *vt* INFORM *(vers son ordinateur)* herunterladen, runterladen, downloaden *(Fachspr.)*; *(vers le serveur)* hinaufladen, hochladen, uploaden *(Fachspr.)*; **~ qc vers le site central** etw uploaden
Télécom [telekɔm] **France ~** französische Telefongesellschaft
télécommande [telekɔmɑ̃d] *f* ① *(boîtier)* Fernsteuerung *f*; **d'une télé, d'un magnétoscope** Fernbedienung *f*; **~ infrarouge** Infrarotfernbedienung
② *(procédé)* Fernbedienung *f*; *d'un explosif, d'une fusée* Fernzündung *f*
télécommander [telekɔmɑ̃de] <1> *vt* ① TECH mit Fernbedienung steuern; fernbedienen *caméra, machine*; fernzünden *explosion*
② *(organiser à distance)* [aus der Ferne] lenken
télécommunication [telekɔmynikasjɔ̃] *f gén pl* ① *(administration)* Fernmeldewesen *nt*
② *(technique)* Fernmeldetechnik *f*
③ *(ensemble des communications)* Fernsprechverkehr *m*
④ **les ~s** *(ensemble du secteur, de ses activités)* das Fernmeldewesen
télécoms [telekɔm] *fpl fam abr de* **télécommunications** Fernmeldewesen *nt*
téléconférence [telekɔ̃feʀɑ̃s] *f* Konferenzschaltung *f*, Videokonferenz *f*
télécopie [telekɔpi] *f* Fax *nt*, Telefax *nt*
télécopieur [telekɔpjœʀ] *m* Fax *nt*, Faxgerät *nt*, Fernkopierer *m*; **papier pour ~** Faxpapier *nt*
télédétection [teledetɛksjɔ̃] *f* Fernabtastung *f*
télédiffuser [teledifyze] <1> *vt* im Fernsehen übertragen
télédiffusion [teledifyzjɔ̃] *f* Fernsehübertragung *f*
télédistribution [teledistʀibysjɔ̃] *f* Kabelfernsehen *nt*
téléenseignement [teleɑ̃sɛɲəmɑ̃] *m* Fernstudium *nt*; **organisme de ~** Fernlehrinstitut *nt*
téléfax [telefaks] *m* Telefax *nt*; **papier pour ~** Faxpapier *nt*
téléférique *v.* **téléphérique**
téléfilm [telefilm] *m* Fernsehfilm *m*; **~ en plusieurs parties** Mehrteiler *m*
télégénique [teleʒenik] *adj* telegen
télégramme [telegʀam] *m* Telegramm *nt*
télégraphe [telegʀaf] *m* Telegraf *m*
télégraphie [telegʀafi] *f* Telegrafie *f*
télégraphier [telegʀafje] <1a> *vt (envoyer un message en morse)* telegrafieren; NAUT funken
télégraphique [telegʀafik] *adj* ① TELEC telegrafisch; **poteau ~** Telegrafenmast *m*; **alphabet ~** Morsealphabet *nt*
② *(abrégé)* **style ~** Telegrammstil *m*
télégraphiste [telegʀafist] *mf* ① *(opérateur)* Telegrafist(in) *m(f)*
② *(messager)* Telegrammbote *m*/Telegrammbotin *f*
téléguidage [telegidaʒ] *m* Fernlenkung *f*
téléguider [telegide] <1> *vt* ① *(diriger à distance)* durch Fernlenkung steuern
② *(influencer à distance)* lenken

téléimprimeur [teleɛ̃pʀimœʀ] *m* Fernschreiber *m*
téléinformatique [teleɛ̃fɔʀmatik] *f* Datenfernverarbeitung *f*
télématique [telematik] INFORM **I.** *adj* telematisch
 II. *f* Datenfernübertragung *f*; **~ vocale** Audiotext *m*
télémètre [telemɛtʀ] *m* Entfernungsmesser *m*
télémétrie [telemetʀi] *f* Telemetrie *f*
télémétrique [telemetʀik] *adj* telemetrisch
télénaute [telenot] *mf* Teilnehmer(in) *m(f)* am interaktiven Fernsehen
téléobjectif [teleɔbʒɛktif] *m* Teleobjektiv *nt*
télépaiement [telepɛmɑ̃] *m* elektronische Zahlungsweise, elektronischer Zahlungsauftrag
télépathe [telepat] *adj* telepathisch
télépathie [telepati] *f* Telepathie *f*
télépathique [telepatik] *adj* telepathisch
télépendulaire [telepɑ̃dylɛʀ] *m* Telearbeit *f*
téléphérique [teleferik] *m* Seilbahn *f*
téléphone [telefɔn] *m* Telefon *nt*; **~ sans fil** schnurloses Telefon; **~ arabe** *hum* Buschtrommel *f (fam)*; **~ portable** [*o* **mobile**] Handy *nt*, Mobiltelefon, Funktelefon, Natel *nt* (CH); **~ mobile à cartes** Kartentelefon; **~ public** Telefonzelle *f*; **~ satellite** Satellitentelefon; **~ visuel** Bildtelefon; **appeler/avoir qn au ~** jdn anrufen/mit jdm telefonieren; **être au ~** telefonieren; **frais de ~** Telefonkosten *Pl*
 ♦ **~ à cartes** [öffentliches] Kartentelefon; **~ à code** Chiffretelefon *nt*; **~ à touches** Tastentelefon *nt*
 ♦ **~ de campagne** MIL Feldtelefon *nt*; **~ de voiture** Autotelefon *nt*
téléphoner [telefɔne] <1> **I.** *vt (transmettre par téléphone)* **~ une nouvelle à qn** jdm telefonisch eine Neuigkeit mitteilen
 II. *vi (parler au téléphone)* telefonieren; **~ à qn** jdn anrufen
 III. *vpr* **se ~** sich anrufen
téléphonie [telefɔni] *f* **~ numérique mobile** Mobilfunk *m*
téléphonique [telefɔnik] *adj* telefonisch
téléphoniquement [telefɔnikmɑ̃] *adv* telefonisch
téléphoniste [telefɔnist] *m, f* Telefonist(in) *m(f)*
téléphotographie [telefɔtɔgʀafi] *f* Telefotografie *f*
téléporter [telepɔʀte] *vt* beamen
téléprompteur [telepʀɔ̃ptœʀ] *m* Teleprompter® *m*
télé-réalité [teleʀealite] *f inv* Reality-TV *nt*
téléreportage [teleʀ(ə)pɔʀtaʒ] *m* Fernsehreportage *f*
télescopage [teleskɔpaʒ] *m* Kollision *f*
télescope [teleskɔp] *m* Teleskop *nt*, Fernrohr *nt*; **~ à miroirs** Spiegelteleskop, Spiegelfernrohr
télescoper [teleskɔpe] <1> **I.** *vt (heurter violemment)* **~ une voiture/un train/qn** mit einem Auto/Zug/jdm zusammenprallen [*o* kollidieren]
 II. *vpr* **se ~** ❶ *(se percuter)* aufeinanderprallen
 ❷ *(s'entremêler)* kollidieren, durcheinandergeraten
télescopique [teleskɔpik] *adj* ❶ ASTRON teleskopisch
 ❷ TECH ausziehbar; **antenne ~** Teleskopantenne *f*
téléscripteur [teleskʀiptœʀ] *m* Fernschreiber *m*, Ticker *m*
télésexe [telesɛks] *m* Cybersex *m*
télésiège [telesjɛʒ] *m* Sesselbahn *f*, Sessellift *m*
téléski [teleski] *m* Schlepplift *m*
téléspectateur, -trice [telespɛktatœʀ, -tʀis] *m, f* Fernsehzuschauer(in) *m(f)*, Zuseher(in) *m(f)* (A)
télésurveillance [telesyʀvɛjɑ̃s] *f* Fernüberwachung *f*
Télétel® [teletɛl] *m* Bildschirmtext® *m*
Télétex® [teletɛks] *m* Teletex® *m*
télétexte [teletɛkst] *m* Videotext *m*, Teletext *m*
téléthon [teletɔ̃] *m interaktive TV-Sendung, die Spenden sammelt*
télétraitement [teletʀɛtmɑ̃] *m* Datenfernverarbeitung *f*
télétransmission [teletʀɑ̃smisjɔ̃] *f* Fernübertragung *f*; INFORM Datenfernübertragung
télétravail [teletʀavaj] *m* Telearbeit *f*
télétravailleur, -euse [teletʀavajœʀ, -jøz] *m* Telearbeiter(in) *m(f)*
télétype® [teletip] *m* Fernschreiber *m*
télévangéliste [televɑ̃ʒelist] *mf* Fernsehprediger(in) *m(f)*
télévendeur, -euse [televɑ̃dœʀ, -øz] *m, f* Teleshopverkäufer(in) *m(f)*
télévente [televɑ̃t] *f* Telemarketing *nt*, Teleselling *nt*
téléviser [televize] <1> *vt* im Fernsehen übertragen; **un reportage télévisé** eine Fernsehreportage
téléviseur [televizœʀ] *m* Fernseher *m*, TV-Gerät *nt*; **~ stéréo** Stereofernsehapparat; **~ à écran géant** Großbildfernseher
télévision [televizjɔ̃] *f* ❶ *(organisme, système)* Fernsehen *nt*; **~ numérique** Digitalfernsehen; **~ publique** Staatsfernsehen
 ❷ *(technique)* Fernsehtechnik *f*
 ❸ *(programmes)* Fernsehen *nt*; **regarder la ~** fernsehen; **à la ~** im Fernsehen; **~ communautaire** CAN Lokalsender *m (mit Anzeigenwerbung)*; **week-end sans ~** fernsehfreies Wochenende
 ❹ *(chaîne)* [Fernseh]programm *nt*

 ❺ *(récepteur)* Fernseher *m*; **~ numérique** Digitalfernseher; **poste de ~** TV-Gerät *nt*
 ♦ **~ par câble** Kabelfernsehen *nt*; **~ par satellite** Satellitenfernsehen *nt*
télévisuel(le) [televizɥɛl] *adj* Fernseh-
télex [telɛks] *m* ❶ *(appareil)* Fernschreiber *m*, Telex *nt*
 ❷ *(message)* Fernschreiben *nt*, Telex *nt*
télexer [telɛkse] <1> *vt* telexen
tellement [tɛlmɑ̃] *adv* ❶ *(si)* so, dermaßen; **~ beau(belle)** so [*o* dermaßen] schön; **ce serait ~ mieux** das wäre weitaus besser
 ❷ *(tant)* [so] sehr; **je l'aime ~** ich liebe ihn/sie so sehr
 ❸ *(beaucoup)* **pas/plus ~** *fam* nicht oft/nicht mehr oft; *boire, manger, travailler* nicht so viel/nicht mehr so viel; *aimer* nicht sehr/nicht mehr sehr
 ❹ *fam (tant de)* **avoir ~ d'amis/de courage** so viele Freunde/so viel Mut haben; **nous avons ~ de choses à nous dire** wir haben uns so viel zu sagen
 ❺ *(parce que)* so; **on le comprend à peine ~ il parle vite** man versteht ihn kaum, so schnell spricht er
 ❻ *(très)* **pas/plus ~ costaud/agile** *fam* nicht besonders kräftig/gelenkig/nicht mehr so kräftig/gelenkig
tellermine [tɛlœʀmin] *f* MIL Tellermine *f*
tellure [telyʀ] *m* Tellur *nt*
tellurique [telyʀik] *adj courant, prospection*, **secousse** Erd-; **secousse ~** Erdstoß *m*; *planète* terrestrisch; **eaux ~s** Grundwasser *nt*
télomère [telɔmɛʀ] *m* BIO Telomer *nt (Fachspr.)*
téméraire [temeʀɛʀ] *adj* ❶ *(audacieux)* gewagt, kühn
 ❷ *(imprudent) entreprise, jugement* gewagt
témérité [temeʀite] *f* Kühnheit *f*; **folle ~** Tollkühnheit *f*
témoignage [temwaɲaʒ] *m* ❶ JUR [Zeugen]aussage *f*; **faux ~** Falschaussage *f*; **porter ~ de qc** etw bezeugen; **rendre ~ de qc** Zeugnis über etw *(Akk)* ablegen; **rendre ~ à une victime de qc** einem Opfer etw bezeugen
 ❷ *(récit)* Aussage *f*
 ❸ *(attestation)* Zeugnis *nt*
 ❹ *(manifestation)* Beweis *m*; **~ de confiance/d'amitié** Vertrauens-/Freundschaftsbeweis; **en ~ de ma reconnaissance** als Zeichen *nt* meiner Dankbarkeit
témoigner [temwaɲe] <1> **I.** *vi* ❶ *(déposer)* **~ en faveur de/contre qn** zugunsten [*o* zu Gunsten] von jdm/gegen jdn aussagen
 ❷ *(faire un récit)* berichten
 ❸ *(attester, jurer)* **~ de qc** etw bezeugen
 ❹ *(démontrer)* **~ de qc** etw beweisen
 ❺ *(manifester)* **~ de qc** *choses:* von etw zeugen
 II. *vt* ❶ *(certifier)* bezeugen
 ❷ *(exprimer)* zeigen; *hegen aversion;* entgegenbringen *sympathie*
 ❸ *(prouver)* **~ que/combien la vie est chère** *choses:* beweisen, dass das Leben wertvoll ist/wie wertvoll das Leben ist
témoin [temwɛ̃] **I.** *m* ❶ *(personne qui a vu, entendu ou qui témoigne)* Zeuge *m*/Zeugin *f*; **~ adverse** Gegenzeuge/-zeugin; **~ capital** Kronzeuge/-zeugin; **~ oculaire** Augenzeuge/-zeugin; **~ principal** Hauptzeuge/-zeugin; **prendre qn à ~** jdn zum [*o* als] Zeugen nehmen; **faux ~** falscher Zeuge/falsche Zeugin; **devant ~[s]** vor Zeugen
 ❷ *(à un mariage)* Trauzeuge *m*/-zeugin *f*
 ❸ *(cadre) d'une époque, d'un événement* Zeuge *m*/Zeugin *f*
 ❹ *(preuve)* **être [un] ~ de qc** Zeuge *m*/Zeugin *f* einer S. *(Gen)* sein; **il est cruel, ~ son comportement lors de...** er ist grausam, wie sein Verhalten bei ... gezeigt hat [*o* bewiesen hat]
 ❺ SPORT Staffelstab *m*; **le passage du ~** die Stabübergabe
 ❻ GEOL Zeugenberg *m*
 ❼ *(voyant lumineux)* Kontrollleuchte *f*; **~ de charge** AUT Ladestromkontrollleuchte
 II. *app* **lampe ~** Kontrolllampe *f*; **appartement ~** Musterwohnung *f*; **réalisation ~** Vorzeigeobjekt *nt*
 ♦ **~ à charge** Belastungszeuge *m*/-zeugin *f*; **être ~ à charge** als Belastungszeuge/-zeugin auftreten; **~ à décharge** Entlastungszeuge *m*/-zeugin *f*; **~ de Jéhovah** Zeuge *m*/Zeugin *f* Jehovas; **~ de moralité** Leumundszeuge *m*/-zeugin *f*
tempe [tɑ̃p] *f* Schläfe *f*
tempérament [tɑ̃peʀamɑ̃] *m* ❶ *(caractère)* Natur *f*
 ❷ *(forte personnalité)* Temperament *nt*; **avoir du ~** temperamentvoll sein; **être de ~ ardent/froid** heißblütig/gefühlskalt sein
 ❸ *(constitution)* Konstitution *f*
 ▸ **vente à ~** Ratenkauf *m*
tempérance [tɑ̃peʀɑ̃s] *f* ❶ *(sobriété)* Mäßigkeit *f*
 ❷ *(continence)* Enthaltsamkeit *f*
tempérant(e) [tɑ̃peʀɑ̃, ɑ̃t] *adj* ❶ *(sobre)* maßvoll, mäßig
 ❷ *(continent)* enthaltsam
température [tɑ̃peʀatyʀ] *f* ❶ METEO, PHYS Temperatur *f*; **~ ambiante/extérieure** Raum-/Außentemperatur; **~ moyenne**

Durchschnittstemperatur; ~ **de l'air** Lufttemperatur; ~ **d'ébullition/de fusion** Siede-/Schmelzpunkt *m*

❷ PHYSIOL *du corps* [Körper]temperatur *f*, Wärmehaushalt *m;* ~ **basale** Basaltemperatur; ~ **rectale** Rektaltemperatur; **animaux à ~ variable** wechselwarme Tiere *Pl;* **dérégler la ~** den Wärmehaushalt durcheinanderbringen

❸ *(fièvre)* Fieber *nt;* **avoir/faire de la ~** Fieber haben; **prendre la ~ de qn** bei jdm Fieber messen

❹ *(ambiance)* Stimmung *f*

tempéré(e) [tɑ̃peʀe] *adj* ❶ *a.* METEO *(modéré)* gemäßigt

❷ MUS temperiert; **bien ~** wohltemperiert

tempérer [tɑ̃peʀe] <5> I. *vt* ❶ METEO mildern

❷ *(modérer)* bremsen; bremsen, zügeln *ardeur, enthousiasme;* lindern *douleur, peine*

II. *vpr soutenu* **se ~** sich mäßigen

tempête [tɑ̃pɛt] *f* ❶ METEO Unwetter *nt,* Sturm *m;* ~ **de neige** Schneesturm; **temps de ~** Sturmwetter *nt*

❷ *(agitation)* Unruhe *f*

❸ *(déchaînement)* ~ **d'injures/imprécations** Flut *f* [von] Beleidigungen/Verwünschungen; ~ **d'applaudissements/de rires** Beifallssturm *m*/Lachsalve *f*

▶ **une ~ dans un verre d'eau** ein Sturm *m* im Wasserglas

tempêter [tɑ̃pete] <1> *vi* ~ **contre qn/qc** gegen jdn/etw wettern

tempétueux, -euse [tɑ̃petɥø, -øz] *adj littér* ❶ METEO stürmisch

❷ *(agité)* turbulent, stürmisch; *vie* bewegt

temple [tɑ̃pl] *m* ❶ ART, HIST Tempel *m;* ~ **à colonnes** Säulentempel

❷ REL *protestant* Kirche *f;* **le Temple** der Templerorden; HIST der Temple (Hauptniederlassung des Templerordens in Paris)

❸ *hum (lieu de prédilection)* ~ **de la gastronomie/mode** Hochburg *f* der Gastronomie/Mode *(Gen)*

templier [tɑ̃plije] *m* HIST Templer *m,* Tempelritter *m*

tempo [tɛmpo, tɛmpi] <tempi *o* s> *m a.* MUS Tempo *nt;* **indication de ~** Vortragsbezeichnung *f*

temporaire [tɑ̃pɔʀɛʀ] *adj* ❶ *(intérimaire)* befristet, auf Zeit; **travail ~** Zeitarbeit *f;* **à titre ~** vorübergehend

❷ *(passager)* momentan; **exposition ~** Sonderausstellung *f*

temporairement [tɑ̃pɔʀɛʀmɑ̃] *adv* vorübergehend; **ce guichet est ~ fermé** dieser Schalter ist vorübergehend geschlossen

temporal [tɑ̃pɔʀal, o] <-aux> *m* Schläfenbein *nt*

temporal(e) [tɑ̃pɔʀal, o] <-aux> *adj* Schläfen-

temporel [tɑ̃pɔʀɛl] *m* Zeitliche(s) *nt*

temporel(le) [tɑ̃pɔʀɛl] *adj* ❶ LING temporal; **subordonnée ~le** Temporalsatz *m;* **adverbe ~** Temporaladverb *nt*

❷ REL *biens* irdisch; *pouvoir* weltlich

❸ *(opp: spatial)* zeitlich

❹ *(opp: éternel)* vergänglich

temporisateur, -trice [tɑ̃pɔʀizatœʀ, -tʀis] I. *adj* abwartend; **politique temporisatrice** Hinhaltepolitik *f*

II. *m, f* jd, der mit der Verzögerungstaktik agiert; Zeitschinder(in) *m(f) (fam)*

temporisation [tɑ̃pɔʀizasjɔ̃] *f* Abwarten *nt*

temporiser [tɑ̃pɔʀize] <1> *vi* abwarten

temps[1] [tɑ̃] *m* ❶ *(déroulement du temps, durée)* Zeit *f;* **passer tout son ~ à faire qc** seine ganze Zeit damit verbringen etw zu tun; **avoir/ne pas avoir le ~ de faire qc** Zeit haben/keine Zeit haben etw zu tun; **avoir tout son ~** viel Zeit haben; **prendre/trouver le ~ de faire qc** sich die Zeit nehmen/die Zeit finden etw zu tun; **la plupart du ~** die meiste Zeit; **~ imparti** Zeitvorgabe *f;* **~ libre** Freizeit; **~ de parole** Redezeit; **emploi à ~ complet/partiel** Vollzeit-/Teilzeitbeschäftigung *f,* Vollzeit-/Teilzeitstelle *f;* **un ~ plein, un plein ~** eine Ganztagsbeschäftigung, ein Ganztagsjob *(fam);* **un ~ partiel** eine Teilzeitbeschäftigung, ein Teilzeitjob *(fam);* **travailler à plein ~** ganztags arbeiten; **travailler à ~ plein/partiel** [in] Vollzeit/Teilzeit arbeiten; **~ d'exécution d'une commande** INFORM Befehlsausführungszeit *f;* **en ~ réel** INFORM in Echtzeit

❷ *(moment)* Zeitpunkt *m;* **il est ~ de partir** es ist Zeit zu gehen, ich muss/wir müssen jetzt gehen; **il est ~ de mettre de l'ambiance!** *fam* jetzt ist Stimmung angesagt! *(fam)*

❸ *pl (époque)* Zeiten *Pl;* **les ~ modernes** die Moderne

❹ *(période)* Ära *f,* Zeitalter *nt;* **les jeunes de notre ~** die heutige Jugend; **le bon vieux ~** die gute alte Zeit; **c'était le bon ~ das waren noch Zeiten; prendre** [*o* **se donner**] [*o* **se payer**] **du bon ~** es sich *(Dat)* gut gehen lassen *(fam),* sich *(Dat)* eine schöne Zeit machen

❺ *(saison)* **le ~ des cerises/moissons** die Kirschen-/Erntezeit; **le ~ de la chasse** die Jagdsaison

❻ GRAM, LING Zeit *f,* Tempus *nt*

❼ TECH Takt *m;* **moteur à deux/quatre ~** Zweitakt-/Viertaktmotor *m*

❽ MUS Takt *m;* **à deux/quatre ~** im Zweiviertel-/Vierviertaltakt

❾ ECON Zeit *f;* ~ **brut** Bruttozeit; ~ **improductif** Verlustzeit; ~ **partagé** Timesharing *nt;* ~ **planifié** Sollzeit; ~ **de chargement** Ladezeit; ~ **de chargement gratuit** gebührenfreie Ladezeit; ~ **prévu d'exécution** Vorgabezeit; ~ **de fabrication planifié** Sollfertigungszeit; ~ **d'immobilisation** *d'une machine* Ausfallzeit; ~ **de travail** Arbeitszeit; ~ **de travail annuel** Jahresarbeitszeit; ~ **de travail minimum** Mindestarbeitszeit

▶ **le ~ c'est de l'argent** *prov* Zeit ist Geld; **en ~ et lieu** zur rechten Zeit am rechten Ort; **en deux ~ trois mouvements** im Handumdrehen, ratzfatz *(fam);* **les trois quarts du ~** die meiste Zeit; ~ **de rêve** Bilderbuchwetter *nt;* **il y a beau ~ que...** es ist schon lange her, dass ...; *(fam)* **le plus clair de mon/ton ~** der Großteil meiner/deiner Zeit; **ces derniers ~, ces ~ derniers** in letzter Zeit; **trouver le ~ long** *(s'impatienter)* ungeduldig werden; *(s'ennuyer)* sich langweilen; ~ **mort** Leerlauf *m;* SPORT Auszeit *f;* **les premiers ~** in der ersten Zeit, anfangs; **dans un premier ~** zunächst; **depuis les ~ les plus reculés** seit Urbeginn; **dater des ~ les plus reculés** [noch] aus Urväterzeiten stammen; **dans un second ~** anschließend; **tout le ~** ständig; **il y a un ~ pour tout** alles zu seiner Zeit; **n'avoir** [*o* **ne durer**] **qu'un ~** nicht von Dauer sein; **par les ~ qui courent** *fam* heutzutage; **il est grand ~ de faire qc/qu'il parte** es ist höchste Zeit etw zu tun/, dass er geht; **il était ~!** es war allerhöchste Zeit!; **être de son ~** ein Kind seiner Zeit sein; **laisser faire le ~** die Zeit für sich arbeiten lassen; **avoir fait son ~** ausgedient haben; **mettre du ~ à** [*o* **pour**] **faire qc** lange brauchen um etw zu tun; **passer le ~** die Zeit totschlagen; **prendre le ~ comme il vient** die Dinge nehmen, wie sie kommen; **à ~** rechtzeitig, zeitgerecht (A, CH); **faire qc à ~ perdu** wenn [gerade] nichts zu tun ist, etw machen; **au ~** [*o* **du ~**] **de qn/qc/où** zu jds Zeiten/zur Zeit einer S. *(Gen)*/zu der Zeit, als; **avant le ~** vorzeitig; **avec le ~** mit der Zeit; **ces ~-ci** in der letzten Zeit, in letzter Zeit; **dans le ~** früher; **de ~ en ~** von Zeit zu Zeit; *(exprimant une discontinuité)* zwischendurch, zwischenhinein (CH); **de ~ à autre** von Zeit zu Zeit; **de tout ~** immer schon; **depuis le ~** seither; **depuis le ~ que...** es ist schon ewig her, dass ...; **depuis ce ~-là** seitdem; **en ce ~-là** zu jener Zeit, damals; **en même ~** gleichzeitig; **en ~ de crise/de guerre/de paix** in Krisen-/Kriegs-/Friedenszeiten *Pl;* **en ~ normal** [*o* **ordinaire**] normalerweise; **en ~ opportun** [*o* **utile**] [*o* **voulu**] zu gegebener Zeit; **en peu de ~** in kurzer Zeit, im Nu *(fam),* **en son ~** *(autrefois)* zu seiner/ihrer Zeit; *(au moment opportun)* zu seiner Zeit; **le ~ que je sois prêt** es [so lange,] bis ich fertig bin; **pour un ~** für eine Weile, für eine gewisse Zeit; **un ~** für eine [kurze] Zeit

◆ ~ **d'accès** Zugriffszeit *f;* ~ **d'antenne** Sendezeit *f;* ~ **de coagulation** MED Gerinnungszeit *f;* ~ **de dépôt** JUR Hinterlegungszeit *f;* ~ **d'équipement** ECON Einrichtzeit *f;* ~ **de pose** PHOT Belichtungszeit *f;* ~ **de préparation** ECON Einrichtezeit *f;* ~ **de recherche** INFORM Suchzeit *f;* ~ **de réflexion** Bedenkzeit *f;* ~ **de réponse** Reaktionszeit *f;* INFORM Antwortzeit *f;* ~ **de transfert** INFORM Übertragungszeit *f*

temps[2] [tɑ̃] *m* METEO Wetter *nt;* **il fait beau/mauvais** das Wetter ist schön/schlecht; ~ **estival** [*o* **d'été**] Sommerwetter; ~ **hivernal** [*o* **d'hiver**] Winterwetter; **il fait un ~ d'automne** es ist [ein richtiges] Herbstwetter; **le ~ est au beau/froid** es ist schön/kalt; **le ~ se met au beau/froid** es [*o* das Wetter] wird schön/kalt; **le ~ est à l'orage/à la pluie** es ist gewittrig/regnerisch; **le ~ se met à l'orage/la pluie** es sieht nach Gewitter/Regen aus; **avoir beau/mauvais ~** schönes/schlechtes Wetter haben; **c'était un ~ idéal pour faire une randonnée** es herrschte ideales Wanderwetter; **un ~ de saison** *fam* ein der Jahreszeit entsprechendes Wetter; **quel ~ fait-il?** wie ist das Wetter?

▶ ~ **de chien** [*o* **de cochon**] *fam* Dreckwetter *nt (fam),* Schmuddelwetter *nt,* Sauwetter *(sl);* **un ~ à ne pas mettre un chien** [*o* **le nez**] **dehors** *fam* ein Wetter, bei dem man nicht einmal einen Hund vor die Tür jagt *(fam);* **à choper la crève** *fam* Grippewetter *nt (fam);* **par tous les ~** [*o* **n'importe quel ~**] bei jedem Wetter, bei Wind und Wetter; **par ce ~** bei diesem Wetter

tenable [t(ə)nabl] *adj* **ne pas être ~** unerträglich sein; *situation, température:* nicht auszuhalten sein; *position, point de vue:* nicht haltbar sein

tenace [tənas] *adj* ❶ *(persistant)* hartnäckig; *haine* erbittert; *croyance* unerschütterlich

❷ *(obstiné) personne, résistance* hartnäckig

❸ *(de forte adhérence) colle* fest klebend

tenacement [tənasmɑ̃] *adv soutenu* hartnäckig

ténacité [tenasite] *f* ❶ *(obstination)* Hartnäckigkeit *f*

❷ *(persévérance)* Beharrlichkeit *f*

❸ *(persistance)* Hartnäckigkeit *f; d'un préjugé* Unausrottbarkeit *f; d'une rumeur* Zählebigkeit *f*

tenaille *v.* **tenailles**

tenailler [tənaje] <1> *vt faim:* quälen; *soutenu inquiétude, remords:* peinigen *(geh)*

tenailles [t(ə)naj] *fpl* [Beiß]zange *f*

▶ **prendre qn en ~** jdn in die Zange nehmen *(fam)*

tenancier, -ière [tənɑ̃sje, -jɛʀ] *m, f* Geschäftsführer(in) *m(f)*

tenant(e) [tənɑ̃, ɑ̃t] **I.** *adj v.* **séance**
II. *m(f)* ❶ *gén pl (partisan)* Verfechter(in) *m(f)*
❷ SPORT **~ de la coupe** Pokalverteidiger(in) *m(f)*, [derzeitiger] Pokalsieger; **~e du titre** Titelverteidigerin
▸ **les ~s et les aboutissants** *(circonstances)* die näheren Umstände, die Begleitumstände; *(lieux contigus)* die angrenzenden Grundstücke; **d'un seul ~** in einem Stück, zusammenhängend

tendance [tɑ̃dɑ̃s] *f* ❶ *(propension)* Hang *m;* PSYCH Neigung *f;* **~ à la rêverie/l'étourderie** Hang zur Träumerei/zum Leichtsinn; **avoir ~ à qc** zu etw neigen [*o* tendieren]; **avoir ~ à faire qc** dazu neigen [*o* tendieren] etw zu tun
❷ *(opinion)* Gesinnung *f*
❸ *a.* BOURSE, ECON *(orientation)* Tendenz *f*, Trend *m;* **~ économique** Wirtschaftstrend; **~ récessive** Rezessionstendenz; **~ baissière** [*o* **à la baisse**] Baissetendenz, Abwärtstendenz, Abwärtstrend; **à la hausse** Haussetendenz, Aufwärtstendenz, Aufwärtstrend; **avoir une ~ à la baisse/hausse** eine fallende-/[auf]steigende Tendenz haben; **~s à l'amélioration** Besserungstendenzen; **~ au redressement/à la stagnation** Auftriebs-/Beharrungstendenz; **~ principale** Grundtendenz; **quelle est la ~ principale du commerce de Noël cette année?** was ist [*o* wohin geht] die Grundtendenz im diesjährigen Weihnachtsgeschäft?
◆ **~ du commerce** Geschäftstendenz *f;* **~ du cours** Kurstendenz *f;* **~ du marché** Markttendenz *f*
III. *adj fam (à la mode)* angesagt *(fam);* **une boîte ~** eine angesagte Disko *(fam)*

tendanceur [tɑ̃dɑ̃sœʀ] *m* Trend-Scout *m*
tendancieusement [tɑ̃dɑ̃sjøzmɑ̃] *adv* voreingenommen
tendancieux, -euse [tɑ̃dɑ̃sjø, -jøz] *adj* voreingenommen
tender [tɑ̃dɛʀ] *m* Tender *m*
tendeur [tɑ̃dœʀ] *m* ❶ *(câble pour fixer)* [Gummi]spanner *m*
❷ TECH Spanner *m*
tendineux, -euse [tɑ̃dinø, -øz] *adj (coriace)* sehnig; ANAT Sehnen-
tendinite [tɑ̃dinit] *f* Sehnenentzündung *f*
tendon [tɑ̃dɔ̃] *m* Sehne *f;* **~ d'Achille** Achillessehne; **déchirure du ~ d'Achille** Achillessehnenriss *m;* **se faire une déchirure du ~ d'Achille** sich *(Dat)* einen Achillessehnenriss zuziehen
tendo-synovite [tɑ̃dosinɔvit] <tendo-synovites> *f* MED Sehnenscheidenentzündung *f*

tendre¹ [tɑ̃dʀ] <14> **I.** *vt* ❶ *(raidir)* spannen
❷ *(installer)* aufhängen *tapisserie;* *(tapisser)* tapezieren *pièce;* *mur*
❸ *(présenter)* ausstrecken *bras;* recken *cou;* hinhalten *joue;* entgegenstrecken *main;* **~ un objet à qn** jdm etw reichen
▸ **~ la main** *(mendier)* betteln; **~ la main à qn** *(offrir son aide à qn)* jdm die Hand reichen; **~ un piège à qn** jdm eine Falle stellen
II. *vpr* **se ~** ❶ *(se raidir)* sich spannen; *relations:* angespannt werden
❷ *(être tendu) main:* entgegengestreckt werden
III. *vi* ❶ *(aboutir à)* **~ à faire qc** letztlich etw tun
❷ *(viser à)* **~ à** [*o* **vers**] **qc** auf etw *(Akk)* abzielen
❸ MATH **~ vers zéro/l'infini** gegen null/unendlich streben

tendre² [tɑ̃dʀ] **I.** *adj* ❶ *(opp: dur)* weich; *peau, viande* zart; *fromage* streichfähig
❷ *(affectueux)* zärtlich; *ami* liebevoll; *amitié, sentiments* innig; **ne pas être ~ pour** [*o* **avec**] [*o* **envers**] **qn/qc** nicht gerade zimperlich mit jdm/etw umgehen
❸ *(jeune, délicat)* zart
❹ *(léger) couleur* zart; **rose/bleu ~** zartrosa/-blau
II. *mf* **c'est un/une ~** er/sie ist zart besaitet
tendrement [tɑ̃dʀəmɑ̃] *adv* liebevoll, zärtlich; *aimer* innig[lich]
tendresse [tɑ̃dʀɛs] *f* ❶ *sans pl (affection)* [zärtliche] Liebe
❷ *pl (marques d'affection)* Zärtlichkeit *f;* **mille ~s!** in Liebe!
❸ *fam (complaisance)* Nachsicht *f;* **garder des ~s communistes** weiterhin eine Schwäche für den Kommunismus haben
tendreté [tɑ̃dʀəte] *f* Zartheit *f*
tendron [tɑ̃dʀɔ̃] *m* ❶ GASTR Brustspitze *f*
❷ *fam (jeune fille)* junges Ding *(fam)*
tendue [tɑ̃dy] *f (store)* Sonnendach *nt*
ténèbres [tenɛbʀ] *fpl* ❶ *littér (obscurité)* Dunkel *nt (geh)*
❷ REL Finsternis *f*
ténébreux [tenebʀø] *m* **beau ~** *hum* schöner dunkler Jüngling, der an einen spanischen Helden erinnert
ténébreux, -euse [tenebʀø, -øz] *adj* ❶ *littér (obscur)* finster, dunkel
❷ *soutenu (malaisé à comprendre)* dunkel, mysteriös
❸ *littér (sombre) personne, regard, visage* finster
teneur [tənœʀ] *f* ❶ *(contenu exact)* genauer Inhalt *m;* *(texte littéral)* Wortlaut *m;* **~ informative** d'un film, texte Informationsgehalt *m;* **~ en or** Goldgehalt; **~ en sel/chlorure de sodium/ozone** Salz-/Kochsalz-/Ozongehalt; **~ en vitamines** Vitamingehalt
❷ *(proportion)* Gehalt *m;*
ténia [tenja] *m* [Rinder]bandwurm *m*
tenir [t(ə)niʀ] <9> **I.** *vt* ❶ *(avoir à la main, dans les bras)* halten;

~ qn sur ses genoux jdn auf dem Schoß haben; **~ qc loin de soi** etw weghalten; **~ qc loin de soi/de qn** etw von sich/von jdm weghalten
❷ *(maintenir dans la même position)* halten; **~ les yeux fermés/ouverts** die Augen geschlossen/offen halten
❸ *(rester dans un lieu)* **~ la chambre/le lit** im Zimmer/Bett bleiben
❹ *(avoir)* führen *article, marchandise*
❺ *(garder)* **~ son sérieux** ernst bleiben
❻ MUS halten *note*
❼ *(avoir sous contrôle)* halten *cheval*
❽ *(s'occuper de)* sich kümmern um, führen *comptes, hôtel, magasin*
❾ *(assumer)* halten *conférence, meeting;* spielen *rôle*
❿ *(avoir reçu)* **~ une information de qn** eine Information von jdm haben
⓫ *(occuper)* einnehmen *largeur, place*
⓬ *(contenir)* fassen
⓭ *(résister à)* **~ l'eau** wasserdicht sein
⓮ *(mobiliser)* **~ qn** *affaire, lecture, travail:* jdn in Anspruch nehmen
⓯ *(retenir)* aufhalten *personne*
⓰ *(habiter)* **~ qn** *jalousie, colère, envie:* packen
⓱ *(obliger, contraindre)* **être tenu(e) à qc** an etw *(Akk)* gebunden sein; **être tenu(e) de faire qc** etw tun müssen; **être tenu(e) de fournir des renseignements** auskunftspflichtig sein; **être juridiquement tenu(e) de faire qc** rechtlich verpflichtet sein etw zu tun; **tenu(e) par contrat** vertraglich verpflichtet; **tenu(e) de respecter les directives** *collaborateur, administration* weisungsgebunden
⓲ *(respecter)* halten *parole, promesse*
⓳ *(accepter)* annehmen *pari*
⓴ *(énoncer)* halten *propos, discours*
㉑ *(juger)* **~ un chanteur pour un talent/un achat pour une bêtise** einen Sänger für ein Talent/einen Kauf für eine Dummheit halten
▸ **~ sa langue** den Mund halten *(fam);* **~ lieu de qc** die Stelle von etw einnehmen
II. *vi* ❶ *(être attaché)* **~ à qn** an jdm hängen; **je tiens beaucoup à lui** mir liegt sehr viel an ihm; **~ à sa réputation** auf seinen Ruf Wert legen
❷ *(vouloir absolument)* **~ à faire qc/à ce que tout soit en ordre** Wert darauf legen etw zu tun/, dass alles ordentlich ist
❸ *(être dû à)* **~ à qc** auf etw *(Akk)* zurückzuführen sein
❹ *(être fixé)* halten
❺ *(être cohérent) raisonnement, théorie:* haltbar sein; *argument:* stichhaltig sein; *histoire:* glaubhaft sein
❻ *fam (rester valable) plan, projet:* stehen *(fam)*
❼ *(résister)* aushalten; MIL die Stellung halten
❽ *(être contenu dans)* **~ dans une voiture** in einem Auto Platz haben
❾ *(se résumer)* **~ en un mot/quelques pages** in einem Wort/wenigen Seiten zusammenfassen
❿ *(durer)* [sich] halten
⓫ *(ressembler à)* **~ de qn/qc** jdm/einer S. ähneln
⓬ *(être contigu)* **~ à qc** an etw *(Akk)* grenzen
⓭ CARTES *(être maître)* stechen
▸ **~ bon** durchhalten, nicht nachgeben; **tiens/tenez!** hier!, da! *(fam);* **tiens! Il pleut** schau [mal]! Es regnet; **n'y plus ~** es nicht mehr aushalten
III. *vpr* ❶ *(se prendre)* **se ~ par la main/le bras** Hand in Hand/untergehakt gehen; **se ~ par la taille/les épaules** sich bei der Taille/an den Schultern fassen
❷ *(s'accrocher)* **se ~ à qc** sich an etw *(Dat)* fest halten
❸ *(rester, demeurer)* **se ~ debout/assis(e)/couché(e)** stehen/sitzen/liegen
❹ *(se comporter)* sich benehmen; **se ~ bien/mal** sich gut/schlecht benehmen; **savoir se ~** sich benehmen können
❺ *(avoir lieu)* **se ~ dans une ville/le mois prochain** *réunion, conférence:* in einer Stadt/nächsten Monat stattfinden
❻ *(être cohérent)* **se ~** *événements, faits:* stimmig sein, zusammenpassen
❼ *(se limiter à)* **s'en ~ à qc** es bei etw bewendet lassen
❽ *(respecter)* **se ~ à qc** sich an etw *(Akk)* halten
❾ *(se considérer comme)* **se ~ pour qc** sich für etw halten
▸ **se le ~ pour dit** sich *(Dat)* das gesagt sein lassen; **savoir à quoi s'en ~** wissen, woran man ist *(fam)*
IV. *vi impers (dépendre de)* **ça tient à qn/qc** das hängt von jdm/etw ab; **je me demande à quoi ça tient** ich frage mich, woran das liegt; **il tient à toi de faire qc** es liegt an dir [*o* es obliegt dir *geh*] etw zu tun; **il ne tient qu'à toi de faire qc/que je parte** es hängt nur von dir ab etw zu tun/, ob ich gehe
▸ **qu'à cela ne tienne** daran soll's nicht liegen

tennis [tenis] **I.** *m* ❶ SPORT Tennis *nt;* **~ en salle** Hallentennis;

jouer au ~ Tennis spielen
② *(court)* Tennisplatz *m*
II. *mpl (chaussures)* Turnschuhe *Pl*
♦ **~ de table** Tischtennis *nt*
tennis-elbow [tenisɛlbow] <tennis-elbows> *m* Tennisarm *m*, Tennisell[en]bogen *m*
tennisman [tenisman, -mɛn] <s *o* -men> *m* Tennisspieler *m*
tenon [tənɔ̃] *m* Zapfen *m*
ténor [tenɔʀ] I. *m* ① *(soliste)* Tenor *m*
② *(grande figure)* Kopf *m (fig)*; **~ du barreau** Staranwalt *m*
II. *adj* **le saxophone ~** das Tenorsaxophon
tenseur [tɑ̃sœʀ] *m* Streckmuskel *m*, Extensor *m*
tenside [tɑ̃sid] *m* BIO, CHIM Tensid *nt*; **~s dégradables** abbaubare Tenside
tensioactif, -ive [tɑ̃sjoaktif, -iv] *adj* CHIM oberflächenaktiv, grenzflächenaktiv; *liquide vaisselle, poudre à laver* oberflächenaktiv; **agent ~** Tensid *nt*
tensiomètre [tɑ̃sjɔmɛtʀ] *m* ① MED Blutdruckmesser *m*
② TECH Spannungsmesser *m*
tension [tɑ̃sjɔ̃] *f* ① *(état tendu) d'une corde, d'un muscle, ressort* Spannung *f*; **nerveuse** nervliche Anspannung; **~ musculaire** Muskelanspannung
② TECH, ELEC, PHYS Spannung *f*; **basse/haute ~** Nieder-/Hochspannung; **~ superficielle** Oberflächenspannung; **~ de secteur** Netzspannung; **mettre un appareil hors ~** ein Gerät außer Betrieb setzen
③ MED Blutdruck *m*; **~ artérielle systolique/diastolique** systolischer/diastolischer Blutdruck; **avoir** [*o* **faire**] **de la ~** zu hohen Blutdruck haben; **prendre la ~ de qn** jdm den Blutdruck messen
④ PHYS *de la vapeur* Druck *m*
⑤ PHON Spannung *f*
♦ **~ de surface** PHYS Oberflächenspannung *f*; **réduire la ~ de surface** die Oberflächenspannung verringern
tentaculaire [tɑ̃takylɛʀ] *adj* ① *(envahissant)* weitverzweigt
② ZOOL Fang-
tentacule [tɑ̃takyl] *m* ZOOL Tentakel *m o nt*, Fangarm *m*
tentant(e) [tɑ̃tɑ̃, ɑ̃t] *adj* verlockend
tentateur [tɑ̃tatœʀ] *m* ① *(personne)* Verführer *m*
② *(diable)* **le Tentateur** der Versucher
tentateur, -trice [tɑ̃tatœʀ, -tʀis] *adj* ① *(séducteur)* verführerisch
② REL *esprit, démon* der Versuchung *(Gen)*
tentation [tɑ̃tasjɔ̃] *f* ① *(désir)* Versuchung *f*; **~ de faire qc** Versuchung etw zu tun; **j'ai eu la ~ d'entrer** ich war versucht einzutreten
② REL Versuchung *f*
tentative [tɑ̃tativ] *f* Versuch *m*; **~ de conciliation/d'explication/de dépassement** Schlichtungs-/Erklärungs-/Überholversuch; **~ d'assassinat** Mordversuch; **~ de meurtre/de vol** versuchter Mord/Diebstahl; **~ de viol** versuchte Vergewaltigung
tentatrice [tɑ̃tatʀis] *f* Verführerin *f*
tente [tɑ̃t] *f* Zelt *nt*; **~ igloo** [*o* **dôme**] Iglúzelt; **~ de nomades** Nomadenzelt; **~ intérieure** Innenzelt; **monter** [*o* **planter**] **sa ~ chez son frère/voisin** *fam* bei seinem Bruder/Nachbarn seine Zelte aufschlagen *(fam)*
♦ **~ à oxygène** Sauerstoffzelt *nt*
tente-abri [tɑ̃tabʀi] <tentes-abris> *f* Einmannzelt *nt*, Leichtzelt *nt*
tenter [tɑ̃te] <1> *vt* ① *(allécher)* reizen; **se laisser ~ par qc** sich von etw verführen lassen; **être tenté(e) de faire qc** versucht sein etw zu tun
② *(essayer)* versuchen; **~ sa chance** sein Glück versuchen *(fam)*; **~ de faire qc** versuchen etw zu tun
▸ **~ le diable** *fam* den Teufel versuchen
tenture [tɑ̃tyʀ] *f* ① *(tapisserie)* Wandteppich *m*, Wandbehang *m*
② *(rideau)* Vorhang *m*
③ *(pour funérailles)* Trauerbehang *m*
tenu [t(ə)ny] *m* SPORT Zeitspiel *nt*
ténu(e) [teny] *adj* ① *(peu perceptible) son, bruit* schwach; *voix* dünn; *nuance, distinction* fein
② *(fin) fil* fein; *brume* leicht
tenue [t(ə)ny] *f* ① *(comportement)* Verhalten *nt*, Benehmen *nt*; *d'un élève* Betragen *nt*; **avoir de la ~** gute Manieren haben; **manquer de ~** keine Manieren haben; **n'avoir pas la moindre ~** nicht den geringsten Anstand besitzen; **un peu de ~, voyons!** benimm dich/benehmt euch gefälligst!; **un peu de ~ devant les gens!** reiß dich/reißt euch vor den Leuten gefälligst zusammen!
② *(vêtements)* Kleidung *f*, MIL Uniform *f*; **~ de sport** Sportkleidung, Sportdress *m*; **~ de travail/de chasse/de pêche** Arbeits-/Jäger-/Anglerkleidung; **c'est ma ~ de week-end/de jardinage** das ist meine Wochenend-/Gartenkluft *(fam)*; **une ~ plutôt classique** eher etwas Klassisches [zum Anziehen]; **changer de ~** sich umziehen; **en ~** in entsprechender Kleidung; MIL in Uniform; **être/se mettre en ~** entsprechend angezogen sein/sich entsprechend anziehen; **grande ~** Gesellschaftskleidung; **en grande ~** in Festkleidung; MIL in Paradeuniform; **en ~ légère, en petite ~** spärlich bekleidet; **se mettre en ~ pour tondre le gazon** sich umziehen um den Rasen zu mähen
③ *(gestion) d'une maison, d'un compte, restaurant* Führung *f*; **être attentif(-ive) à la bonne ~ du cahier de textes** darauf achten, dass das Aufgabenheft ordentlich geführt wird; **~ des livres de comptes** Führung der [Geschäfts]bücher, Buchhaltung *f*; **~ du registre de commerce** JUR Handelsregisterführung
④ *(réunion) d'un congrès, d'une assemblée* Tagung *f*; **pendant la ~ du concile** während das Konzil stattfand
⑤ *(qualité) d'un film, roman, journal* Niveau *nt*; **de haute ~** anspruchsvoll; **un rouge à lèvres haute ~** ein lang haftender Lippenstift
⑥ MUS *d'une note, d'un trémolo* Aushalten *nt*
⑦ FIN *d'une monnaie* Stand *m*; **bonne ~** Stabilität *f*
♦ **~ de campagne** Kampfanzug *m*; **~ de cérémonie** Galauniform *f*; **~ de combat** Kampfanzug *m*; **~ de route** Straßenlage *f*, Fahrverhalten *nt*; **~ de ville** Straßenkleidung *f*
ténuité [tenɥite] *f littér* Feinheit *f*, Subtilität *f (geh)*
TEP [tɛp] *f abr de* **tonne équivalent pétrole** TÖGW *m (Tonnen--Öl-Gleichwert)*
tequila [tekila] *f* Tequila *m*
ter [tɛʀ] *adv* ① **habiter au 12 ~** in [Nummer] 12/3 wohnen
② MUS dreimal [zu wiederholen]
térabit [teʀabit] *m* INFORM Terabit *nt*, Tbit *nt*
téraoctet [teʀaɔkte] *m* INFORM Terabyte *nt*, Tbyte *nt*
tératogène [teʀatɔʒɛn] *adj* MED teratogen
terbium [tɛʀbjɔm] *m* Terbium *nt*
tercet [tɛʀsɛ] *m* Terzett *nt*
térébenthine [teʀebɑ̃tin] *f* Terpentin *nt*
térébrant(e) [teʀebʀɑ̃, ɑ̃t] *adj* ① *littér douleur* bohrend; *remords* ~ quälende Gewissensbisse *Pl*
② MED *cancer, ulcère* tief infiltrierend
tergal® [tɛʀgal] *m* Tergal® *f*
tergiversation [tɛʀʒivɛʀsasjɔ̃] *f gén pl (hésitation)* Zaudern *nt*; *(faux-fuyants)* Ausflüchte *Pl*; **assez de ~s!** kommen wir zur Sache!; **se perdre en ~s** sich in Ausflüchten verlieren
tergiverser [tɛʀʒivɛʀse] <1> *vi (user de faux-fuyants)* Ausflüchte machen; *(hésiter)* zaudern; **arrête de ~!** komm [endlich] zur Sache!; *(d'hésiter)* komm endlich zu einem Entschluss!
terme¹ [tɛʀm] *m* ① *(fin) d'un stage, voyage* Ende *nt*; *d'un travail* Abschluss *m*; **être parvenu(e) au ~ de son voyage** am Ende seiner Reise angelangt sein; **mener qc à son ~** etw zum Abschluss bringen; **mettre un ~ à une discussion/relation** einer Diskussion ein Ende setzen/eine Beziehung beenden; **mettez un ~ à ce tapage!** hören Sie mit diesem Krach auf!; **toucher à son ~** *stage, soirée:* zu Ende gehen; *entreprise, travail, délai:* sich dem Ende nähern
② *(date limite)* Termin *m*; *(échéance)* Zahlungstermin, *(délai)* Frist *f*; **à court/moyen/long ~** *investissement, capitaux, crédits* kurz-/mittel-/langfristig; **devoir déménager à court ~** bald umziehen müssen; **à plus ou moins long ~, il va craquer** früher oder später bricht er zusammen; **à ~, des changements seront indispensables** auf [die] Dauer [gesehen] sind Veränderungen unerlässlich; **faire qc à ~ échu** etw nach Ablauf der Frist tun; **acheter à ~** COM per Termin kaufen; **payer/payable à ~ échu** COM postnumerando zahlen/zahlbar *(Fachspr.)*; **~ initial** Anfangstermin; **arrivé(e) à ~** *crédit* fällig; **~ d'échéance non défini** offenes Zahlungsziel
③ *(date de l'accouchement)* Geburtstermin *m*; **naître à/avant ~** zum errechneten Termin/zu früh geboren werden; **naissance avant ~** Frühgeburt *f*; **avoir dépassé le ~** über die Zeit [hinaus] sein
④ *(loyer)* Miete *f*; **devoir déjà trois ~s** schon drei Mietzahlungen schulden
terme² [tɛʀm] *m* ① *(mot)* Wort *nt*, Ausdruck *m*; **en d'autres ~s** mit anderen Worten; **s'exprimer en ~s choisis** sich gewählt ausdrücken; **le ~ exact est...** richtig muss es heißen ...; **et le ~ est faible** und das ist noch gelinde ausgedrückt; **s'exprimer** [*o* **exprimer son opinion**] **en ces ~s...** sich folgendermaßen ausdrücken ...
② *(terme de spécialité)* **~ technique** Fachausdruck *m*, Fachbegriff *m*, [Fach]terminus *m*; **~ juridique** [*o* **de droit**] Rechtsbegriff, juristischer [Fach]ausdruck; **~ juridique imprécis** unbestimmter Rechtsbegriff; **~ militaire/de médecine** militärischer/medizinischer [Fach]ausdruck; **~ sportif** Ausdruck aus dem Sport
③ GRAM, MATH Element *nt*; *d'une phrase, équation* Term *m*
④ *pl (formule) d'un contrat, d'une loi* Wortlaut *m*; **selon les** [*o* **aux**] **~s du contrat,...** laut Vertrag ...; **aux ~s de l'article...** gemäß Artikel ...; **~s convenus pour la livraison** Lieferbedingungen *Pl*
▸ **être en bons/mauvais ~s avec qn** ein gutes/gespanntes Verhältnis zu jdm haben; **moyen ~** Mittelweg *m*
terminaison [tɛʀminɛzɔ̃] *f* Endung *f*

▶ ~ **nerveuse** Nervenendigung f
terminal [tɛʀminal, o] <-aux> m ❶ *(aérogare, installation portuaire)* Terminal nt o m; ~ **pétrolier** *(à l'extrémité d'un pipeline)* Umschlaganlage f; *(port)* Öl[umschlag]hafen m
❷ INFORM Terminal nt; ~ **[de données]** Datenendgerät nt; ~ **informatique** Computerterminal
terminal(e) [tɛʀminal, o] <-aux> adj chapitre ~ Schlusskapitel nt; formule ~e Schlussformel f; **phase/partie** ~e Endphase f/ -stück nt
terminale [tɛʀminal] f SCOL ≈ dreizehnte Klasse
terminer [tɛʀmine] <1> I. vt ❶ beenden; erledigen *devoirs, travail*; fertig stellen *œuvre*; zu Ende führen *démonstration, explication*; abschließen *études*; aufessen *plat, salade*; leer essen *assiette*; austrinken *boisson, verre, bouteille*; **avoir terminé la vaisselle/le ménage** mit dem Spülen/dem Saubermachen fertig sein; **laissez--moi ~ [ce que j'ai à dire]** lasst/lassen Sie mich ausreden; **mes devoirs sont terminés** ich bin mit meinen Hausaufgaben fertig
❷ *(passer la fin de)* beenden *soirée, vacances*; **on a terminé la soirée chez un ami/par des chansons** zum Abschluss des Abends sind wir zu einem Freund gegangen/haben wir [Lieder] gesungen
❸ *(être le dernier élément de)* abschließen
II. vi ❶ ~ **de lire le journal** die Zeitung zu Ende lesen; **avoir terminé de faire l'exercice** mit der Übung fertig sein; **en ~ avec un sujet/une tâche** ein Thema/eine Aufgabe beenden; **[en] avoir terminé avec qc** mit etw fertig sein; **pour ~, ...** zum Abschluss ...
❷ *(terminer son travail) personne:* Feierabend machen
III. vpr **se ~** *année, vacances, stage:* zu Ende gehen *[o sein]*; **se ~ tard/dans la confusion/par des chansons** spät/im Chaos/mit Liedern enden; **se ~ dans le calme** *soirée:* ruhig ausklingen; **se ~ bien/mal** *histoire:* gut/schlecht ausgehen; **ça va mal se ~** das wird böse enden
terminologie [tɛʀminɔlɔʒi] f Terminologie f
terminus [tɛʀminys] m Endstation f
termite [tɛʀmit] m Termite f
termitière [tɛʀmitjɛʀ] f Termitenhügel m
ternaire [tɛʀnɛʀ] adj ❶ MUS, POES **mesure ~** Dreiertakt m
❷ CHIM ternär
terne[1] [tɛʀn] m ❶ *(aux dés)* Pasch m mit Dreien
❷ ELEC Drehstromleitung f
terne[2] [tɛʀn] adj ❶ *cheveux* stumpf; *œil, regard* trüb; *visage* fahl; *teint* farblos; *couleur* matt; *blanc* schmutzig; *miroir, glace* blind; *métal* angelaufen
❷ *(monotone) vie, conversation* eintönig; *journée* ereignislos; *style* farblos; *personne* unscheinbar
terni(e) [tɛʀni] adj ❶ *couleur* verblichen; *coloris* blass; *métal, chandelier* angelaufen
❷ *(flétri) honneur, réputation* befleckt
ternir [tɛʀniʀ] <8> I. vt ❶ ausbleichen *rideau, tissu*; verblassen lassen *couleur*; anlaufen lassen *métal*; **la maladie a terni son teint** durch die Krankheit hat er/sie eine ganz fahle Gesichtsfarbe bekommen
❷ *(nuire à)* beflecken *honneur*; beschmutzen *mémoire*; **~ la réputation/le renom de qn** jds Ruf/Ansehen *(Dat)* schaden
II. vpr **se ~** *rideau, tissu:* ausbleichen; *couleur, coloris:* verblassen; *métal, chandelier:* anlaufen
ternissement [tɛʀnismɑ̃] m *d'une couleur, d'un coloris* Verblassen nt; *d'un rideau, tissu* Ausbleichen nt; *d'un métal, chandelier* Anlaufen nt
terrain [tɛʀɛ̃] m ❶ *(parcelle)* Grundstück nt; AGR Parzelle f; *(terrain à bâtir)* [Bau]grundstück; ~ **bâti** bebautes Gelände; ~ **vague** *[o* **non bâti]** unbebautes Gelände; ~ **industriel** Industriegrundstück; ~ **loué** Mietwohngrundstück; ~ **plat/accidenté** ebenes/unebenes Gelände; ~ **voisin** *[o* **d'à côté]** Nachbargrundstück
❷ *(espace réservé)* ~ **de camping** Campingplatz m; ~ **de jeu** Spielfeld nt; *(terrain de football)* Bolzplatz; ~ **appartenant aux chemins de fer** Eisenbahngelände nt
❸ *(sol)* ~ **argileux/crayeux** Lehm-/Kreideboden m
❹ gén pl GEOL Formation f
❺ MED *(prédisposition)* ~ **allergique/migraineux** Veranlagung f zu Allergien/zur Migräne
❻ *(domaine)* Gebiet nt; **empiéter sur le ~ de qn** jdm ins Gehege kommen
❼ MIL Gelände nt; **reconnaître le ~** das Gelände erkunden
▶ ~ **brûlant** heißes Eisen; **s'aventurer sur un ~ glissant** sich aufs Glatteis begeben; **entraîner qn sur un ~ glissant** jdn aufs Glatteis führen; ~ **mouvant** schwankender Boden; **bâtir sur un ~ mouvant** auf Sand bauen; **aller sur le ~** sich vor Ort begeben; **céder du ~** zurückweichen; *fig* Zugeständnisse machen; **devoir céder du ~ devant qn/qc** jdm/etw gegenüber zurückstecken *[o* nachgeben] müssen; *monnaie:* etw *(Dat)* gegenüber Einbußen hinnehmen müssen; **connaître le ~** sich auskennen; **être sur son ~** in seinem Element sein; **gagner/perdre du ~ devant qn** *parti politique, idées:* jdm gegenüber an Boden gewinnen/verlieren; *sportif, équipe:*

jdm gegenüber aufholen/zurückfallen; **préparer** *[o* **déblayer] le ~ pour qn** *(poser des jalons)* den Boden für jdn bereiten, jdm den Weg ebnen; *(dégrossir un travail)* die Vorarbeit für jdn machen; **je ne te suivrai pas sur ce ~** da bin ich nicht einverstanden mit dir; **tâter** *[o* **sonder] le ~** vorfühlen; **homme/femme de ~** Praktiker(in) m(f)
◆ ~ **d'aviation** Flugplatz m, Fluggelände nt; ~ **à bâtir** Baugelände nt; *(à usage industriel)* Industriegelände nt; ~ **d'entente** Verständigungsbasis f; ~ **de manœuvre** Übungsgelände nt
terrarium [tɛʀaʀjɔm] m Terrarium nt
terrasse [tɛʀas] f ❶ *d'une maison, d'un café* Terrasse f; **café avec ~** Straßencafé nt; **s'installer à la ~** sich draußen hinsetzen
❷ GEOG Terrasse f; **cultures en ~s** Terrassenfeldbau m; **jardin en ~s** Terrassengarten m; **rizières en ~s** terrassenförmig angelegte Reisfelder Pl
❸ *(toit plat)* **[toit en]** ~ Flachdach nt
terrassement [tɛʀasmɑ̃] m *(travaux)* Erdarbeiten Pl; *(matériaux déplacés)* Aufschüttung f
terrasser [tɛʀase] <1> vt ❶ *(vaincre)* vernichtend schlagen
❷ *(accabler)* ~ **qn** *mauvaise nouvelle:* jdn [völlig] niederschmettern; *émotion, fatigue:* jdn überwältigen; *maladie:* jdn niederwerfen; **être terrassé(e) par une embolie/un infarctus** *(en mourir)* einer Embolie/einem Infarkt erliegen
❸ *(mettre à terre en frappant)* niederhauen, niederstrecken
terrassier [tɛʀasje] m Bauarbeiter m für Erdarbeiten
terre [tɛʀ] f ❶ *(monde)* Erde f, Welt f; **sur cette ~** auf dieser Welt; **être connu(e) de toute la ~** weltberühmt sein
❷ *(terme de spécialité astronomique)* **la Terre** die Erde
❸ sans pl *(croûte terrestre)* Erde f; **sous ~** *(avec mouvement)* unter die Erde; *(sans mouvement)* unter der Erde; **à ~** auf dem Boden; **par ~** *(avec mouvement)* auf den Boden; *(sans mouvement)* auf dem Boden; **nettoyer par ~** den Fußboden sauber machen
❹ *(matière)* Erde f; *(terre cultivable)* Boden m; ~ **en jachère** Brachland f; **cultiver la ~** das Land bewirtschaften; **travailler la ~** den Boden bearbeiten; *(comme métier)* Bauer sein; ~ **battue** [fest] gestampfter Boden; TENNIS Sand m, Asche f; ~**s cultivées** Kulturboden m; ~ **végétale** Humuserde f; **légumes de pleine ~** Freilandgemüse nt; **transplanter une plante en pleine ~** eine Pflanze ins Freiland umsetzen
❺ gén pl *(propriété)* Grundbesitz m kein Pl; **avoir** *[o* **posséder] des ~s** Grundbesitz haben; **se retirer sur ses ~s** sich auf seine Güter *[o* Ländereien] zurückziehen
❻ *(contrée, pays)* Land nt; ~ **d'exil** Exilland nt; ~ **natale** Heimat f, Heimatland nt; ~**s arctiques/inconnues** Nordpolargebiet nt/unbekannte Länder Pl
❼ *(continent)* Land nt; **"~, ~ !"** „Land [in Sicht]!"; ~ **ferme** Festland; **se retrouver sur la ~ ferme** sich wieder auf festem Boden befinden; **descendre à ~** an Land gehen; **transport par ~** Transport m auf dem Landweg; **toucher ~** anlegen
❽ sans pl *(vie à la campagne)* **la ~** das Land; **aimer la ~** das Land[leben] lieben
❾ sans pl *(argile)* Ton m; **en ~** aus Ton; ~ **cuite** *(matière)* Terrakotta f; **objets en ~ cuite** Tonwaren Pl; *(antiques)* Terrakotten Pl; **carreau/pot en ~ cuite** Terrakottafliese f/-topf m; ~ **réfractaire** Schamotte f
❿ sans pl ELEC Erde f; **la mise à la ~** die Erdung; **mettre qc à la ~** etw erden
⓫ *(opp: ciel)* Erde f; **la vie sur ~** das irdische Leben; **être sur ~** auf der Welt sein, leben; **porter qn en ~** *soutenu* jdn zu Grabe tragen *(geh)*; **paradis/bonheur sur ~** Paradies nt/Himmel m auf Erden *(geh)*; **le Christ reviendra sur [la] ~** Christus wird wiederkommen; **la Terre promise/sainte** das Gelobte/Heilige Land
▶ **qui ~ a guerre a** *prov* beim Teilen der Güter scheiden sich die Gemüter; **mettre qn plus bas que ~** *fam* kein gutes Haar an jdm lassen *(fam)*; **braconner** *[o* **chasser] sur les ~s de qn** in jds Revier *(Akk)* eindringen; *(rapports humains)* sich an jds Mann/Frau *(Akk)* heranmachen; **j'aurais voulu rentrer** *[o* **être à cent pieds] sous ~** ich wäre am liebsten im Erdboden versunken; **revenir** *[o* **redescendre] sur ~** *fam* auf den Boden der Tatsachen zurückkehren; **reviens un peu sur ~ !** hör auf zu träumen!; **ne plus toucher ~** *hum fam* abgehoben haben *(fam)*; **par ~ être par ~** *projet, plan:* gescheitert sein; *entreprise:* bankrott sein; **se ficher** *[o* **flanquer] par ~** *fam (échouer) personne:* auf die Nase fallen *(fam)*; **ficher** *[o* **flanquer] tout par ~** *fam (gâcher)* alles verderben
◆ ~ **de bruyère** Torfmull m; ~ **d'élection** *(d'une personne)* Wahlheimat f; *(d'un groupe)* Mekka nt; ~ **de Sienne** *(matière)* Sienaerde f; *(couleur)* sienafarben
terre à terre [tɛʀatɛʀ] adj inv *personne* nüchtern; *préoccupations* alltäglich
terreau [tɛʀo] m sans pl Komposterde f
Terre de Feu [tɛʀdəfø] f **la ~** Feuerland nt; **en ~** auf Feuerland
terre-neuvas [tɛʀnœva] m ❶ *(navire)* Neufundland-Trawler m
❷ *(personne)* Neufundlandfischer m

terre-neuve [tɛʀnøv] *m inv (chien)* Neufundländer *m*
Terre-neuve [tɛʀnøv] *f* Neufundland *nt*
Terre-neuvien(ne) [tɛʀnœvjɛ̃, ɛn] *m(f)* Neufundländer(in) *m(f)*
terre-plein [tɛʀplɛ̃] <terre-pleins> *m* Erdwall *m;* ~ **central** *(îlot directionnel)* Mittelstreifen *m*
terrer [tɛʀe] <1> **I.** *vt* häufeln *pommes de terre, asperges;* mit [frischer] Erde bedecken *pelouse;* ~ **un plant**/**arbre** um einen Setzling/Baum herum Erde aufschütten
II. *vpr* **se** – ❶ *animal:* sich verkriechen; *fuyant, criminel:* sich verstecken; *soldat:* in Deckung gehen; **se ~ dans une anfractuosité** *promeneur surpris par la tempête:* Schutz in einer Felsspalte suchen
❷ *(vivre reclus)* sich zurückziehen; **se ~ chez soi** sich in seinen vier Wänden verkriechen *(fam)*
terrestre [tɛʀɛstʀ] *adj* ❶ *(de la Terre)* Erd-; **satellite ~** Erdsatellit *m;* **croûte**/**surface ~** Erdkruste *f*/-oberfläche *f*
❷ *(sur la terre)* espèce auf der Erde lebend; *vie* auf der Erde
❸ *(opp: aquatique, marin)* animal landlebend; *espèce, variété* terrestrisch; **plante ~** Landpflanze *f*
❹ *(opp: aérien, maritime)* auf dem Landweg; *moyens de transport* zu Lande; **véhicule ~** Landfahrzeug *nt*
❺ *(de ce bas monde) plaisirs* irdisch; *séjour* auf Erden; **vie ~** Erdenleben *nt*
terreur [tɛʀœʀ] *f* ❶ *(peur violente)* Entsetzen *nt,* Schrecken *m;* **glacé(e) de ~** starr vor Schreck *m;* **vivre dans la ~** in Angst *f* und Schrecken leben; **vivre dans la ~ d'être découvert(e)** in panischer Angst leben entdeckt zu werden
❷ *(terrorisme)* Terror *m;* **politique de ~** Terrorpolitik *f;* **la Terreur** die Schreckensherrschaft; **régner par la ~** eine Schreckensherrschaft ausüben
❸ *(personne ou chose terrifiante)* **être une ~** *fam personne:* ein Tyrann *m* sein; *enfant:* ein [kleines] Ungeheuer sein; **être la ~ de tous les élèves** der Schrecken aller Schüler sein; **jouer les ~s** *fam* den starken Mann markieren *(fam);* **Jean, la ~ de la cour de récréation!** Jean, der Schulhofschreck!
▶ **~s nocturnes** Angstträume *Pl*
terreux, -euse [tɛʀø, -øz] *adj* ❶ *(de la terre) goût, odeur* erdig
❷ *(sali de terre) mains, chaussures, salade* voller Erde; *route* mit Erde bedeckt; *eau* schlammig
❸ *(pâle) façade* grau; *visage* fahl
terrible [tɛʀibl] **I.** *adj* ❶ *(qui inspire de la terreur) crime* entsetzlich; *catastrophe, dirigeant de parti* furchtbar; *jugement, année, arme* schrecklich; *personnage* furchterregend
❷ *(très intense)* schrecklich, fürchterlich, furchtbar
❸ *(turbulent)* schrecklich
❹ *fam (super)* toll *(fam),* fantastisch *(fam);* **ce film [n']a rien de** [*o* **n'est pas**] **~** der Film ist nicht berauschend *(fam),* **côté cœur, c'est pas ~ ~** in puncto Liebe sieht's nicht gerade rosig aus *(fam)*
II. *adv fam* wahnsinnig [gut] *(fam),* echt stark *(fam)*
terriblement [tɛʀibləmɑ̃] *adv* entsetzlich, schrecklich, furchtbar; *dangereux, sévère* äußerst
terrien(ne) [tɛʀjɛ̃, jɛn] **I.** *adj* ❶ *(qui possède des terres)* **il est ~** er ist Grundbesitzer; **famille ~ne** Gutsbesitzerfamilie *f;* **propriétaire ~** [Groß]grundbesitzer *m*
❷ *(opp: citadin)* tradition, mœurs ländlich; *ascendance, racines* bäuerlich
II. *m(f)* ❶ *(habitant de la Terre)* Erdbewohner(in) *m(f)*
❷ *(opp: citadin)* Landbewohner(in) *m(f);* **nous les ~s** wir|, die Leute| vom Land
terrier [tɛʀje] *m* ~ **de renard**/**lapin**/**blaireau** Fuchs-/Kaninchen-/Dachsbau *m*
terrifiant(e) [tɛʀifjɑ̃, jɑ̃t] *adj* Furcht erregend; *nouvelle* erschreckend
terrifier [tɛʀifje] <1a> *vt* in Angst und Schrecken versetzen; **~ qn** jdm fürchterliche [*o* schreckliche] Angst einflößen; **être terrifié(e)** *(avoir peur)* furchtbare Angst haben; *(être choqué(e))* entsetzt sein
terril [tɛʀi(l)] *m* [Berge]halde *f*
terrine [tɛʀin] *f* ❶ *(récipient)* Terrine *f*
❷ *(pâté)* Pastete *f;* ~ **de lapin** Kaninchenpastete
territoire [tɛʀitwaʀ] *m* ❶ *d'un pays, d'une nation* Territorium *nt,* [Hoheits]gebiet *nt; d'une ville* Gebiet; *d'une commune* Bezirk *m; d'un juge, évêque* Zuständigkeitsbereich *m;* **le ~** [**national**] französ. Staatsgebiet; **~ ennemi** Feindesland *nt (veraltet geh);* **entrer en ~ ennemi** Feindesland betreten *(veraltet geh);* **~ d'un pays tiers** JUR Drittlandsgebiet *nt*
❷ MED Bereich *m*
❸ *(zone qu'un animal se réserve)* Revier *nt*
◆ ~ **d'outre-mer** Überseegebiet *nt,* überseeisches Gebiet, Überseeterritorium *nt;* ~ **de ventes** Handelsgebiet *nt*
territorial(e) [tɛʀitɔʀjal, jo] <-aux> *adj* territorial; *mesure* hoheitlich; **extension ~e** Gebietserweiterung *f*
territorialité [tɛʀitɔʀjalite] *f d'un impôt, d'une loi* gebietsgebundener Charakter; **du droit** Territorialitätsprinzip *nt*
terroir [tɛʀwaʀ] *m* Gegend *f;* **vin**/**accent du ~** Landwein *m*/regio-

naler Akzent; **écrivain**/**poète du ~** Heimatdichter *m;* **avoir un goût de ~** *vin:* einen [für die Gegend] typischen Geschmack haben
terrorisant(e) [tɛʀɔʀizɑ̃, ɑ̃t] *adj* Furcht erregend, schreckenerregend, beängstigend
terroriser [tɛʀɔʀize] <1> *vt* ❶ *(faire très peur)* **~ qn** jdm große Angst machen, jdn in Angst und Schrecken versetzen
❷ *(opprimer)* terrorisieren
terrorisme [tɛʀɔʀism] *m* Terrorismus *m;* **acte de ~** Terroranschlag *m;* **groupuscule soupçonné de ~** terrorismusverdächtige Splittergruppe
terroriste [tɛʀɔʀist] **I.** *adj* terroristisch; **acte**/**attentat ~** Terroranschlag *m;* **organisation ~** Terrororganisation *f*
II. *mf* Terrorist(in) *m(f);* **~ le plus recherché**/**la plus recherchée** Topterrrorist(in)
tertiaire [tɛʀsjɛʀ] **I.** *adj* ❶ *(registre)* ECON **activité du ~** *o* **des activités du ~** Dienstleistungsgewerbe; **activité des ~** des Dienstleistungsbereichs; **secteur ~** Dienstleistungssektor *m,* tertiärer Sektor
II. *m* ❶ **le ~** der Dienstleistungssektor
❷ GEOL Tertiär *nt*
III. *mf gén pl* im Dienstleistungsbereich Beschäftigte(r) *f(m)*
tertiarisation [tɛʀsjaʀizasjɔ̃] *f* Ausweitung *f* des Dienstleistungssektors
tertio [tɛʀsjo] *adv* drittens
tertre [tɛʀtʀ] *m* Hügel *m;* **~ funéraire** *(tumulus)* Grabhügel
tessiture [tesityʀ] *f (registre)* Stimmlage *f; (étendue) d'une voix* Stimmumfang *m; d'un instrument* Tonumfang
tesson [tesɔ̃] *m* Scherbe *f;* **~ d'argile** [*o* **de terre cuite**] Tonscherbe
test¹ [tɛst] **I.** *m* Test *m;* **~ automatique** INFORM Selbsttest; **~ conjoncturel** Konjunkturtest; **~ gustatif** MED Geschmacksprüfung *f;* **~ radioiode** MED Radiojodtest; **faire [o passer] un ~** einen Test machen; **faire passer un ~ à qn** jdn testen; **soumettre qn**/**qc à un ~** jdn/etw einem Test unterziehen; **subir un ~** getestet werden, einem Test unterzogen werden
II. *app* **élection**/**expérience ~** Testwahl *f*/-versuch *m*
◆ ~ **d'aptitude** Tauglichkeitsprüfung *f;* ~ **de la baïonnette** [*o* **de l'élan**] AUT Elchtest *m;* ~ **à l'éthanol** MED Äthanoltest *m;* ~ **de séropositivité** Aidstest *m;* ~ **d'endurance** Dauerprüfung *f;* ~ **de glycémie** Zuckertest *m;* ~ **de grossesse** Schwangerschaftstest *m;* ~ **de paternité** Vaterschaftstest *m*
test² [tɛst] *m* ZOOL Gehäuse *nt,* Schale *f*
testable [tɛstabl] *adj* prüfbar; **être ~** getestet werden können
testament [tɛstamɑ̃] *m* ❶ Testament *nt;* **rédiger**/**ouvrir**/**exécuter un ~** ein Testament aufsetzen/eröffnen/vollstrecken; **coucher** [*o* **mettre**] **qn sur son ~** jdn in seinem Testament bedenken; **léguer**/**recevoir qc par ~** etw testamentarisch vererben/erben; **elle a ordonné dans son ~ que ...** + *subj* JUR sie hat letztwillig verfügt, dass ...
❷ ART, LITTER, POL Vermächtnis *nt*
❸ BIBL **l'Ancien**/**le Nouveau Testament** das Alte/das Neue Testament
▶ **pouvoir faire son ~** *hum fam* sein Testament machen können *(fam)*
testamentaire [tɛstamɑ̃tɛʀ] *adj héritier* testamentarisch; **exécuteur ~** Testamentsvollstrecker *m;* **disposition ~** Testamentsbestimmung *f;* JUR letztwillige Verfügung
testateur, -trice [tɛstatœʀ, -tʀis] *m, f* JUR Erblasser(in) *m(f),* Vermächtnisgeber(in) *m(f) (Fachspr.),* Testator *m (Fachspr.)*
tester¹ [tɛste] <1> *vt (mettre à l'épreuve)* testen; prüfen *élève, candidat;* austesten *logiciel*
tester² [tɛste] <1> *vi* JUR sein Testament machen
testeur [tɛstœʀ] *m* ❶ *(personne)* Tester *m*
❷ *(appareil)* Testgerät *nt*
◆ ~ **de courant,** ~ **de tension** TECH Durchgangsprüfer *m;* ~ **haute tension** TECH Hochspannungsprüfer *m*
testeuse [tɛstøz] *f* Testerin *f*
testicule [tɛstikyl] *m* Hoden *m,* Testikel *m (Fachspr.);* **cancer des ~s** Hodenkrebs *m*
testimonial(e) [tɛstimɔnjal, o] <-aux> *adj* JUR Zeugen-; **preuve ~e** Zeugenbeweis *m*
testostérone [tɛstɔstɛʀɔn] *f* Testosteron *nt*
têt [tɛ(t)] *m* CHIM Kupelle *f*
tétanie [tetani] *f* Tetanie *f;* **crise de ~** tetanischer Anfall
tétanisation [tetanizasjɔ̃] *f* Verkrampfung *f,* Erstarrung *f*
tétaniser [tetanize] <1> *vt* ❶ verkrampfen [lassen] *muscle, membre*
❷ *(abasourdir) discours:* erstarren lassen; *attitude:* lähmen
tétanos [tetanos] *m* ❶ Tetanus *m,* Wundstarrkrampf *m*
❷ *(contraction du muscle)* Muskelstarre *f*
têtard [tɛtaʀ] *m* ZOOL Kaulquappe *f*
tête [tɛt] *f* ❶ Kopf *m;* **baisser**/**courber la ~** den Kopf einziehen; **tomber**/**plonger la ~ la première** kopfüber fallen/ins Wasser springen; **de la ~ aux pieds, des pieds à la ~** von Kopf bis Fuß, von oben bis unten; **monstre à grosse ~**/**à deux ~s** großköpfi-

ges/doppelköpfiges Monster; **pendre qn la ~ en bas** jdn mit dem Kopf nach unten aufhängen
❷ GASTR Kopf *m;* **~ de veau** Kalbskopf; **~ de porc** Schweinekopf, Schweinskopf (A, SDEUTSCH); **~ pressée** BELG *(fromage de tête)* Schweinskopfsülze *f*
❸ *(mémoire, raison)* Kopf *m;* **avoir qc en ~** etw im Kopf haben; **où ai-je la ~?** wo habe ich nur meinen Kopf?; **perdre la ~** *(devenir fou)* den Verstand verlieren, *(perdre son sang-froid)* den Kopf verlieren; **faire perdre la ~ à qn** jdn um den Verstand bringen; **ça m'est totalement sorti de la ~** das ist mir völlig entfallen; **calculer de ~** kopfrechnen; **exécuter un morceau de ~** ein Stück auswendig spielen
❹ *(mine, figure)* **avoir une bonne ~** *fam* nett [*o* sympathisch] aussehen; **avoir une sale ~** *fam (avoir mauvaise mine)* mies aussehen *(fam)*; *(être antipathique)* unsympathisch wirken; **t'en fais une sale** [*o* **drôle de**] **~!** *fam* du machst vielleicht ein saures [*o* komisches] Gesicht!; **quelle ~ tu as!** *fam* du siehst ja vielleicht [mies] aus! *(fam)*; **faire une ~ d'enterrement/de six pieds de long** *fam* eine Leichenbittermiene/ein Gesicht wie drei Tage Regenwetter machen *(fam)*
❺ *(longueur)* **avoir** [*o* **faire**] **une ~ de moins/plus que qn** einen Kopf kleiner/größer als jd sein; **gagner d'une courte ~** mit einer knappen Kopflänge Vorsprung gewinnen
❻ *(vie)* **jouer** [*o* **risquer**] **sa ~** Kopf und Kragen [*o* seinen Kopf] riskieren; **jurer sur la ~ de qn** bei jds Leben schwören; **je jure sur la ~ de mes enfants/de ma mère** ich schwöre bei allem, was mir heilig ist; **réclamer la ~ de qn** jds Kopf *(Akk)* fordern
❼ *(personne)* **~ couronnée** gekröntes Haupt; **être une forte ~** ein aufsässiger Mensch sein; **être la ~ pensante de qc** der Denker einer S. *(Gen)* sein; **par ~ de pipe** *fam* pro Kopf [*o* Nase *fam*]
❽ *(chef) d'un groupe* Kopf *f;* **animal de ~** Alphatier *nt*
❾ *(première place)* Spitze *f;* *(les premiers)* Spitzengruppe *f;* **~ de train** Zugspitze; **wagon de ~** vorderster Wagen; **prendre la ~ du peloton/défilé** sich an die Spitze des Feldes/Zuges setzen; **prendre la ~ d'un gouvernement/d'une entreprise** die Führung einer Regierung/die Leitung einer Firma übernehmen; **prendre la ~ de la classe** Klassenbeste(r) sein; **à la ~ de qc** an der Spitze einer S. *(Gen)*; **être à la ~ de l'entreprise** die Firma leiten; **arriver en ~** *(situation provisoire)* an der Spitze liegen; *(résultat)* als Erste(r, s) das Ziel erreichen; **être en ~ du peloton** das Feld anführen; **passer en ~** in Führung gehen; **pour elle, le travail vient en ~** die Arbeit kommt bei ihr an erster Stelle
❿ *(début) d'un chapitre, d'une liste* Anfang *m;* **en ~ de phrase** am Satzanfang; **être** [*o* **venir**] **en ~ de liste/des sondages** an erster Stelle auf der Liste/in den Meinungsumfragen stehen
⓫ *(extrémité) d'un clou, d'une épingle* Kopf *m; d'un lit* Kopfende *nt; d'un champignon* Hut *m;* **~ d'un de l'arbre** Baumkrone *f;* **~ d'un pont/d'une allumette** Brücken-/Streichholzkopf; **accrocher/suspendre qc la ~ en bas** etw verkehrt herum aufhängen
⓬ BOT *d'ail* Zwiebel *f; de céleri* Knolle *f; d'artichaut* Kopf *m;* **~ de salade** Salatkopf
⓭ TECH **~ chercheuse d'une fusée** Suchkopf *m* einer Rakete; **~ nucléaire** Atomsprengkopf *m*
⓮ FBALL Kopfball *m;* **faire une ~** [den Ball] köpfen
▶ **mettre la ~ au carré à qn** *fam* Kleinholz aus jdm machen *(fam)*; **à la ~ du client** *fam* nach Sympathie; **avoir la ~ de l'emploi** *fam* einem seinen Beruf ansehen; *acteur:* für die Rolle wie geschaffen sein; **avoir la ~** [**bien plantée**] **sur les épaules** einen gesunden Menschenverstand haben; **avoir la ~ sur les épaules pour son âge** est qu'un fait peil de bet Sache sein; **quand on n'a pas de ~, il faut avoir des jambes** *prov* was man nicht im Kopf hat, muss man in den Beinen haben; **c'est à se taper la ~ contre les murs** *fam* es ist zum Auswachsen *(fam)*; **~ baissée agir ~ baissée** überstürzt handeln; **se jeter dans qc ~ baissée** sich Hals über Kopf in etw stürzen; **se lancer ~ baissée dans un travail** sich kopfüber in eine Arbeit stürzen; **la ~ basse/haute** mit gesenktem/erhobenem Kopf; **~ brûlée** Draufgänger *m;* **avoir la ~ dure** eigensinnig sein; **garder la ~ froide** [einen] kühlen Kopf bewahren; **grosse ~** *fam* Intelligenzbestie *f (fam);* **avoir la grosse ~** *fam* die Nase hoch tragen; **être une mauvaise ~** *(sale caractère)* ein Starrkopf sein; *(élève indiscipliné)* ein Unruhestifter sein; **petite ~!** *fam* [du] kleines Dummerchen! *(fam)*; **être une petite ~** nicht viel im Kopf haben *(fam)*; **faire qc à ~ reposée** in aller Ruhe tun; **avoir toute sa ~** noch gut beisammen sein; **ne plus avoir toute sa ~** langsam senil werden; **avoir ses ~s** [so] seine Lieblinge haben; **avoir la ~ à ce qu'on fait** bei der Sache sein; **avoir la ~ par-dessus la ~** *fam* die Nase voll haben *(fam)*; **ne pas avoir de ~** *fam* ein Gedächtnis wie ein Sieb haben *(fam)*; **casser** [*o* **prendre**] **la ~ à qn** *fam* jdm auf die Nerven gehen *(fam)*; **se casser la ~** sich *(Dat)* den Kopf zerbrechen; **j'en donnerais** [*o* **mettrais**] **ma ~ à couper** *fam* darauf würde ich meinen Kopf wetten; **enfoncer** [*o* **faire entrer**] **qc dans la ~ de qn** *(forcer à se rappeler)* jdm etw einbläuen; *(faire comprendre)* jdm etw begreiflich machen; **qc/ça ne lui entre pas dans la ~** etw/das geht [*o* will] nicht in den Kopf [hinein]; **faire** [*o* **tenir**] **~ à qn** jdm die Stirn bieten; **faire la ~ à qn** *fam* mit jdm schmollen; **n'en faire qu'à sa ~** nur das tun, was einem passt; **fourrer qc dans la ~ de qn** *fam (lui donner des idées)* jdm einen Floh ins Ohr setzen *(fam);* **se jeter à la ~ de qn** *fam* sich jdm an den Hals werfen *(fam);* **se mettre en ~ de faire qc** [*o* **dans la ~ qu'il faut faire qc**] *(décider)* es sich *(Dat)* in den Kopf setzen etw zu tun [*o* dass etw getan werden muss]; **se mettre dans la ~ que...** *(imaginer)* sich einreden, dass ...; **mets-toi bien ça dans la ~, je...** eins kannst du dir merken, ich ...; **se monter la ~** *fam (se faire des idées)* sich *(Dat)* etwas einbilden; *(se faire des illusions)* sich *(Dat)* etw vormachen; **monter à la ~ de qn** *vin:* jdm in den Kopf steigen; *succès:* jdm zu Kopf steigen; **passer par la ~ de qn** *idée:* jdm durch den Kopf gehen; **passer au-dessus de la ~ de qn** über jds Horizont *(Akk)* gehen; **se payer la ~ de qn** *fam* jdn auf den Arm nehmen *(fam)*; **piquer une ~ dans qc** *fam (plonger)* einen Kopfsprung in etw *(Akk)* machen; *(tomber)* kopfüber in etw *(Akk)* fallen; **redresser** [*o* **relever**] **la ~** *fam (redevenir fier)* den Kopf wieder hoch tragen; *(reprendre du poil de la bête)* wieder auf dem Weg nach oben sein; **il a une ~ qui ne me revient pas** *fam* seine Nase passt mir nicht *(fam)*; **ne pas savoir où donner de la ~** *fam* nicht [mehr] wissen, wo einem der Kopf steht; **être tombé(e) sur la ~** *fam* nicht [mehr] ganz richtig ticken *(fam)*; [**faire**] **tourner la ~ à qn** *personne:* jdm den Kopf verdrehen; *succès, gloire:* jdm zu Kopf steigen; *vin, manège:* jdn benommen [*o* schwindelig] machen; **j'ai la ~ qui tourne** mir dreht sich der Kopf; **ça va pas la ~?** *fam* du tickst wohl nicht richtig? *(fam)*; **femme de ~** fähige, praktisch denkende und zielbewusste Frau; **pensées de derrière la ~** Hintergedanken *Pl*; **avoir quelque chose** [*o* **une idée**] **derrière la ~** etwas im Schilde führen; **en ~ à ~** *dîner* zu zweit; *conversation* unter vier Augen; **être en ~ à ~ avec soi-même/avec qn** mit sich/mit jdm alleine sein

◆ **~ d'affiche** Hauptdarsteller(in) *m(f);* **en ~ d'affiche** in der Hauptrolle; **~ de bétail** Stück *nt* Vieh; **~ d'écriture** INFORM Schreibkopf *m;* **~ de lecture** *d'un magnétophone* Tonkopf *m; d'un ordinateur* Lesekopf; **~ de lecture-écriture** INFORM Schreib-lese-Kopf *m;* **~ de ligne** Endstation *f;* **~ de linotte** [*o* **en l'air**] *fam* Schussel *m (fam);* **être ~ en l'air** zerstreut sein; **~ de liste** POL Spitzenkandidat(in) *m(f);* **~ de lit** Kopfteil *nt;* **~ de mort** Totenkopf *m;* **~ de mule** [*o* **cochon**] *fam* Dickschädel *m (fam);* **être une ~ de mule** störrisch wie ein Maulesel sein; **quelle ~ de cochon!** so ein sturer Bock! *(fam);* **~ d'œuf** *fam* Hohlkopf *m (fam);* **~ de Turc** Prügelknabe *m;* **elle est la ~ de Turc de la maîtresse** bei der Lehrerin hat es immer auf sie abgesehen

tête-à-queue [tɛtakø] *m inv* **faire un ~** *voiture:* sich um die eigene Achse drehen **tête-à-tête** [tɛtatɛt] *m inv* ❶ *(entretien)* Gespräch *nt* unter vier Augen ❷ *(service)* Frühstücksservice *nt* für zwei Personen **tête-bêche** [tɛtbɛʃ] *adv* entgegengesetzt; **ils sont couchés ~** sie liegen Kopf an Fuß **tête-de-loup** [tɛtdəlu] <têtes-de-loup> *f* Deckenbesen *m* **tête-de-nègre** [tɛtdənɛgʀ] <têtes-de-nègre> I. *adj inv* dunkelbraun II. *f* Negerkuss *m*

tétée [tete] *f* ❶ *(action de téter)* Saugen *nt*
❷ *(repas)* **donner la ~ à un enfant** einem Kind die Brust geben; *(avec un biberon)* einem Kind die Flasche geben; **c'est l'heure de la ~** es ist Zeit zum Stillen; *(avec un biberon)* es ist Zeit fürs Fläschchen; **avoir six ~s** *bébé:* sechsmal gestillt werden; *(avec un biberon)* sechsmal die Flasche bekommen

téter [tete] <5> I. *vt* **~ le sein/le biberon** an der Brust/am Fläschchen saugen; **~ sa mère** *bébé:* gestillt werden; *chaton:* gesäugt werden
II. *vi* saugen, trinken; **donner à ~ à un enfant** *(donner le sein)* ein Kind stillen; *(donner le biberon)* einem Kind die Flasche geben; **donner à ~ à un animal** ein Tier mit der Flasche füttern

têtière [tɛtjɛʀ] *f* ❶ *d'un canapé, fauteuil* Schoner[deckchen *nt*] *m; d'un appuie-tête* Schonbezug *m*
❷ *(pièce du harnais)* Kopfstück *m*

tétine [tetin] *f* ❶ *d'un biberon* Sauger *m;* *(sucette pour calmer)* Schnuller *m*
❷ *(mamelle) d'une truie* Zitze *f; d'une vache* Euter *nt o m*

téton [tetɔ̃] *m* ❶ *fam* Brust *f;* **avec des ~s comme ça** mit so einem Busen
❷ TECH Zapfen *m*
◆ **~ de boulon** Zapfen *m*

tétrachlorure [tetʀaklɔʀyʀ] *m* CHIM Tetrachlorid *nt*
tétracorde [tetʀakɔʀd] *m* MUS Tetrachord *m o nt*
tétraèdre [tetʀaɛdʀ] *m* Tetraeder *nt*
tétralogie [tetʀalɔʒi] *f* LITTER, MUS Tetralogie *f*
tétraplégie [tetʀapleʒi] *f* Lähmung *f* aller vier Gliedmaßen, Tetraplegie *f (Fachspr.);* **être atteint(e) de ~** an Armen und Beinen gelähmt sein

tétraplégique [tetʀapleʒik] I. *adj personne* an Armen und Beinen gelähmt
II. *mf* an Armen und Beinen Gelähmte(r) *f(m)*

tétras [tetʀɑ(s)] *m* Raufußhuhn *nt*; **grand ~** Auerhahn
têtu(e) [tety] **I.** *adj* starrköpfig; *air* eigensinnig; *front* eigenwillig
II. *m(f)* Starrkopf *m*
teub [tœb] *f vulg* Schwanz *m (vulg)*
teuf [tœf] *f fam* Budenzauber *m (fam)*, Party *f*
teufeur, -euse [tœfœʀ, -øz] *m, f arg* Partygänger(in) *m(f)*, Raver(in) *m(f)*
teuf-teuf [tœftœf] <teufs-teufs> *m enfantin fam* Töfftöff *nt (Kinderspr.)*
teusch [tœʃ] *m arg v.* **shit**
teuton(ne) [tøtɔ̃, ɔn] *adj* teutonisch
Teuton(ne) [tøtɔ̃, ɔn] *m(f)* Teutone *m*/Teutonin *f*
teutonique [tøtɔnik] *adj* HIST **l'Ordre ~** der Deutsche [Ritter-]orden
tex-mex [tɛksmɛks] *inv* GASTR **I.** *adj* texanisch-mexikanisch, Tex-mex-
II. *m* Texmex-Küche *f*
texte [tɛkst] *m* ❶ *(écrit)* Text *m*; **type de ~** LING Textsorte *f*
❷ *(rôle) d'un acteur* [Rollen]text *m*
❸ *(énoncé) d'un télégramme, d'une lettre* Wortlaut *m*; **lire Platon dans le ~** Platon im Original [*o* Urtext] lesen; **citer dans le ~** aus dem Original [*o* Urtext] zitieren
◆ **~ du contrat** Vertragstext *m*; **~ de loi** Gesetzestext *m*
textile [tɛkstil] **I.** *adj* ❶ textil; **matière ~** Faserstoff *m*; **fibre/plante ~** Textilfaser *f*/-pflanze *f*
❷ *(qui concerne la fabrication)* **industrie/usine ~** Textilindustrie *f*/-fabrik *f*; **produit ~** Textilerzeugnis *nt*
II. *m* ❶ Faserstoff *m*; **les ~s** die Textilien; **~ mural** Textiltapete *f*
❷ *(industrie)* [**branche du**] **~** Textilindustrie *f*, Textilbranche *f*
texto¹ [tɛksto] *adv fam* wörtlich
texto² [tɛksto] *m* TELEC SMS *f*
textuel(le) [tɛkstɥɛl] *adj* ❶ *copie, traduction* wörtlich
❷ *(conforme à ce qui a été dit) réponse, contenu* wortgetreu
❸ *(du texte)* **analyse/interprétation ~ le** Textanalyse *f*/-interpretation *f*
textuellement [tɛkstɥɛlmɑ̃] *adv* wörtlich; *répéter* Wort für Wort; *reproduire* wortgetreu
texture [tɛkstyʀ] *f* ❶ *d'une crème, huile* Konsistenz *f*; *du sol* Beschaffenheit *f*; **~ de la peau** Hautbeschaffenheit; **~ du papier peint** Tapetenstruktur *f*
❷ *(agencement) d'un roman, film, d'une pièce de théâtre* Aufbau *m*
◆ **~ de surface** Oberflächenbeschaffenheit *f*
TF1 [teɛfœ̃] *f abr de* **Télévision Française 1** erstes Programm des französischen Fernsehens
TGB [teʒebe] *f abr de* **Très grande bibliothèque** Großbibliothek *f*
T.G.V. [teʒeve] *m abr de* **train à grande vitesse** Hochgeschwindigkeitszug *m*, ≈ ICE *m*
thaï [taj] *m* **le ~** *(groupe de langues)* die Thaisprachen *Pl*; *(langue officielle de Thaïlande)* [das] Thai; *v. a.* **allemand**
thaï(e) [taj] *adj* **langues ~es** Thaisprachen *Pl*
Thaï(e) [taj] *m(f)* Thai *mf*
thaïlandais(e) [tajlɑ̃dɛ, ɛz] *adj* thailändisch
Thaïlandais(e) [tajlɑ̃dɛ, ɛz] *m(f)* Thailänder(in) *m(f)*
Thaïlande [tajlɑ̃d] *f* **la ~** Thailand *nt*
thalamus [talamys] *m* ANAT Thalamus *m (Fachspr.)*
thalasso [talaso] *f fam,* **thalassothérapie** [talasoteʀapi] *f* Thalassotherapie *f*
thalidomide [talidɔmid] *f* PHARM ❶ *(somnifère)* Contergan® *nt*
❷ *(médicament contre le cancer)* Thalidomid *nt*
thallium [taljɔm] *m* Thallium *nt*
thallophytes [talɔfit] *fpl* BOT Thallophyten *Pl (Fachspr.)*
thaumaturge [tomatyʀʒ] *mf* Wundertäter(in) *m(f)*
thé [te] *m* Tee *m*; **cueillette du ~** Tee-Ernte *f*; **gâteaux pour le ~** Teegebäck *nt*; **inviter qn à un** [*o* **à prendre le**] **~** jdn zum Tee einladen
théâtral(e) [teɑtʀal, o] <-aux> *adj* ❶ *(dramatique)* Theater-; **œuvre/représentation ~e** Theaterstück *nt*/-aufführung *f*; **art ~** Bühnenkunst *f*; **adaptation ~e** Bühnenbearbeitung *f*, Bühnenfassung *f*; **succès ~** Bühnenerfolg *m*; **formation ~e** Bühnenausbildung *f*; **travail ~** Theaterarbeit *f*; **étudier un sujet sous son aspect ~** ein Thema theaterwissenschaftlich untersuchen
❷ *(qui est caractéristique du théâtre, outré) effet, geste* theatralisch; **se faire ~** sich theatralisch geben
théâtralement [teɑtʀalmɑ̃] *adv fig* theatralisch
théâtralité [teɑtʀalite] *f d'une œuvre, d'un opéra* Bühnenwirkung *f*
théâtre [teɑtʀ] *m* ❶ *(édifice, spectacle)* Theater *nt*; **~ pour enfants** Kindertheater; **petit ~** Kleinbühne *f*; **faire du ~** *(professionnellement)* [Theater]schauspieler(in) sein; *(en amateur)* Theater spielen; **jouer du ~ tous les soirs** jeden Abend auf der Bühne stehen; **personne de ~** Theaterschaffende(r) *f(m)*; **les gens de ~** die Theaterschaffenden *Pl*; **~ de banlieue** Vorstadttheater, Vorstadtbühne *f*; **~ de province** Provinzbühne *(pej)*
❷ *(art dramatique)* Theater *nt*; **école/cours de ~** Schauspielschule *f*/-unterricht *m*
❸ *(science)* Theaterwissenschaften *Pl*; **essai sur le ~** theaterwissenschaftlicher Essay
❹ *(genre littéraire)* Theater *nt*, Drama *nt*; *(œuvres)* Dramen *Pl*, Theaterstücke *Pl*
❺ *(lieu) des combats, d'une dispute* Schauplatz *m*
◆ **~ de boulevard** Boulevardtheater *nt*; **~ de marionnettes** Marionettentheater *nt*; **~ de verdure** Freilichtbühne *f*
théâtreux, -euse [teɑtʀø, -øz] *m, f péj fam* Provinzschauspieler(in) *m(f)*; **cette troupe de ~ s'est mis en tête de jouer du Racine!** diese Truppe von Möchtegernschauspielern hat es sich in den Kopf gesetzt, Racine zu spielen! *(fam)*
théier [teje] *m* Teestrauch *m*
théière [tejɛʀ] *f* Teekanne *f*
théine [tein] *f* Thein *nt*
théisme [teism] *m* PHILOS, REL Theismus *m*
thématique [tematik] **I.** *adj* thematisch, gegenstandsbezogen
II. *f* Thematik *f*
thème [tɛm] *m* ❶ *(écrit)* Thema *nt*; *d'une discussion* Gegenstand *m*; *d'une peinture* Motiv *nt*; **la conférence aura pour ~ ...** [das] Thema der Konferenz ist ...
❷ SCOL Übersetzung *f* in die Fremdsprache, Hinübersetzung *f*; **~ allemand** Übersetzung ins Deutsche
❸ MUS Thema *nt*
❹ LING *(radical)* Stamm *m*
❺ ASTROL **~ astral** [Geburts]horoskop *nt*; **faire le ~ astral de qn** jdm das Horoskop stellen
théocratie [teɔkʀasi] *f* Theokratie *f*
théocratique [teɔkʀatik] *adj* theokratisch
théodolite [teɔdɔlit] *m* SCI Theodolit *m*
théologal [teɔlɔgal, o] <-aux> *m* ECCL Theologielehrer innerhalb der Kirche
théologal(e) [teɔlɔgal, o] <-aux> ECCL, REL *adj* **vertus ~es** göttliche Tugenden *Pl*
théologie [teɔlɔʒi] *f* Theologie *f*, Religionswissenschaft *f*; **~ morale** [*o* **éthique**] Moraltheologie; **professeur de ~** Theologieprofessor(in) *m(f)*
théologien(ne) [teɔlɔʒjɛ̃, jɛn] *m(f)* Theologe *m*/Theologin *f*, Religionswissenschaftler(in) *m(f)*
théologique [teɔlɔʒik] *adj* theologisch, religionswissenschaftlich; **considérer une question d'un point de vue ~** eine Frage theologisch [*o* religionswissenschaftlich] betrachten
théorème [teɔʀɛm] *m* Lehrsatz *m*, Theorem *nt (geh)*; **~ de Pythagore/d'Euclide** Satz des Pythagoras/[Lehr]satz des Euklid
théoricien(ne) [teɔʀisjɛ̃, jɛn] *m(f)* Theoretiker(in) *m(f)*; **~(ne) de la musique** Musiktheoretiker(in)
théorie [teɔʀi] *f* ❶ Theorie *f*; **~ économique/musicale** Wirtschafts-/Musiktheorie; **~ de la causalité adéquate** JUR Adäquanztheorie *(Fachspr.)*
❷ *sans pl (opp: pratique)* Theorie *f*; **en ~** in der Theorie, theoretisch
◆ **~ de l'art** Kunsttheorie *f*; **~ du chaos** Chaostheorie *f*; **~ de la dépendance** ECON Dependenztheorie *f*; **~ des électrons** MED Elektronentheorie *f*; **~ des ensembles** Mengenlehre *f*; **~ de l'évolution** Evolutionstheorie *f*; **~ de l'hérédité** Vererbungslehre *f*; **~ des idées** PHILOS Ideenlehre *f*; **~ des quanta** Quantentheorie *f*; **~ de la relativité** Relativitätstheorie *f*
théorique [teɔʀik] *adj* ❶ *(opp: pratique)* theoretisch; **livre très ~** theorielastiges Buch
❷ *(contraire aux faits) fiabilité, efficacité, égalité* [rein] theoretisch
théoriquement [teɔʀikmɑ̃] *adv* ❶ *(logiquement)* theoretisch
❷ *(par une théorie) fondé, justifié* theoretisch, in der Theorie
théorisation [teɔʀizasjɔ̃] *f* **la ~ de qc** das Aufstellen einer Theorie zu etw; **procéder à la ~ de qc** die theoretische Grundlage für etw erarbeiten
théoriser [teɔʀize] <1> **I.** *vt* eine Theorie aufstellen zu, die theoretischen Grundlagen erarbeiten für; **demander à être théorisé(e)** *démarche empirique:* einer theoretischen Grundlage bedürfen
II. *vi* **~ sur qn/qc** über jdn/etw theoretisieren [*o* Theorien aufstellen]
thérapeute [teʀapøt] *mf* ❶ *(médecin)* Therapeut(in) *m(f)*
❷ *(psychothérapeute)* [Psycho]therapeut(in) *m(f)*
thérapeutique [teʀapøtik] **I.** *adj* therapeutisch; **procédés ~s** Heilverfahren *Pl*
II. *f* ❶ *(science)* Therapeutik *f*; **~ homéopathique** Homöopathie *f*
❷ *(traitement)* Therapie *f*, Behandlungsmethode *f*
thérapie [teʀapi] *f* ❶ *(science)* Therapeutik *f*
❷ *(traitement)* Therapie *f*, Behandlungsmethode *f*; **~ génique** Gentherapie; **~ par ultrasons** Ultraschalltherapie; **~ à l'ozone** Ozontherapie; **~ contre les douleurs chroniques** Schmerztherapie *f*
❸ *(psychothérapie)* [Psycho]therapie *f*; **~ de groupe/familiale** Gruppen-/Familientherapie; **~ primale** Urschreitherapie *f*; **être**

en ~ eine Therapie machen
thermal(e) [tɛʀmal, o] <-aux> *adj* **source/station** ~**e** Thermalquelle *f*/-bad *nt*; **médecin** ~ Badearzt/-ärztin *m/f*
thermalisme [tɛʀmalism] *m* Thermaleinrichtungen *Pl*
thermes [tɛʀm] *mpl* ❶ *(dans une station thermale)* Thermalbad *nt*
❷ HIST Thermen *Pl*
thermicien(ne) [tɛʀmisjɛ̃, jɛn] *m(f)* Experte *m*/Expertin *f* für Wärmelehre
thermidor [tɛʀmidɔʀ] *m* HIST Thermidor *m (11. Monat des französischen Revolutionskalenders);* **le 9** ~ **an II** ≈*27. Juli 1794, der Tag des Sturzes von Robespierre*
thermie [tɛʀmi] *f* SCI Megakalorie *f*
thermique [tɛʀmik] I. *adj* **énergie** thermisch; **science** ~ Wärmelehre *f*; **unité/effet/conductibilité** ~ Wärmeeinheit *f*/-übertragung *f*/-leitfähigkeit *f*; **moteur** ~ Verbrennungsmotor *m*; **élévation** ~ Temperaturanstieg *m*
II. *f* Wärmelehre *f*
thermo [tɛʀmo] *adj inv fam* **chemise/pantalon** ~ Thermohemd *nt*/-hose *f*
thermoactif, -ive [tɛʀmoaktif, -iv] *adj* atmungsaktiv
thermocouple [tɛʀmokupl] *m* Thermoelement *nt*
thermodurcissable [tɛʀmodyʀsisabl] *adj* **matières plastiques** ~**s** Duroplaste *Pl*
thermodynamique [tɛʀmodinamik] I. *adj* thermodynamisch
II. *f* Thermodynamik *f*
thermoélectrique [tɛʀmoelɛktʀik] *adj* thermoelektrisch; **effet/couple** ~ Thermoeffekt *m*/-element *nt*
thermogène [tɛʀmoʒɛn] *adj* wärmeerzeugend
thermographie [tɛʀmogʀafi] *f* Thermographie *f*
thermo-imprimante [tɛʀmoɛ̃pʀimãt] <thermo-imprimantes> *f* Thermodrucker *m*
thermomètre [tɛʀmomɛtʀ] *m* ❶ Thermometer *nt;* ~ **médical** Fieberthermometer; ~ **numérique** Digitalthermometer; ~ **de bain** Badethermometer
❷ *fig de l'opinion, la conjoncture* Barometer *nt;* ~ **de la fortune/l'intérêt/l'attention** Gradmesser *m* für den Reichtum/das Interesse/die Aufmerksamkeit; **être le** ~ **de qc** Aufschluss über etw *(Akk)* geben
thermométrique [tɛʀmometʀik] *adj* thermometrisch; **échelle** ~ Thermometerskala *f*
thermonucléaire [tɛʀmonykleɛʀ] *adj* thermonuklear
thermopompe [tɛʀmopɔ̃p] *f* Wärmepumpe *f*
thermorégulation [tɛʀmoʀegylasjɔ̃] *f* Temperaturregulation *f*; PHYSIOL Wärmeregulation
thermorésistant(e) [tɛʀmoʀezistɑ̃, ɑ̃t] *adj* TECH wärmebeständig, thermostabil *(Fachspr.)*
thermos® [tɛʀmos] *m o f* Thermosflasche® *f*
thermosphère [tɛʀmosfɛʀ] *f* Thermosphäre *f*
thermostat [tɛʀmosta] *m* Thermostat *m*
◆ ~ **d'ambiance** Raumthermostat *m*
thermovinification [tɛʀmovinifikasjɔ̃] *f* Weinherstellung *f* durch Wärmezufuhr
thésard(e) [tezaʀ, aʀd] *m(f) fam* Doktorand(in) *m(f)*
thésaurisation [tezoʀizasjɔ̃] *f* Thesaurierung *f (Fachspr.)*
thésauriser [tezoʀize] <1> I. *vi* [sein Geld] horten
II. *vt* horten, anhäufen; ECON thesaurieren *(Fachspr.)*
thésaurus [tezoʀys] *m* Thesaurus *m*
thèse [tɛz] *f* ❶ *(point de vue défendu)* These *f*; **avancer/défendre** [*o* **soutenir**] **une** ~ eine These aufstellen/vertreten; **envisager la** ~ **d'un incendie criminel** die Möglichkeit einer Brandstiftung erwägen; **soutenir la** ~ **de l'incendie criminel** der Ansicht sein, dass es sich um Brandstiftung handelt; **avancer/ne pas exclure la** ~ **d'un acte criminel** vermuten/nicht ausschließen, dass es sich um ein Verbrechen handelt; **roman à** ~ Thesenroman *m*; **pièce à** ~ Thesenstück *nt*, Ideendrama *nt*
❷ UNIV *(recherches, ouvrage)* ~ **de troisième cycle** Doktorarbeit *f*, Dissertation *f (geh)*, *(thèse de doctorat d'État)* Habilitationsschrift *f*; *(soutenance)* Rigorosum *nt*; **soutenir sa** ~ seine Doktorarbeit vorstellen
thibaude [tibod] *f* Teppichunterlage *f*
Thomas [tɔma] *m* HIST ~ **d'Aquin** Thomas *m* von Aquin[o]; ~ **More** Thomas Morus
▸ **être comme saint** ~ ein ungläubiger Thomas sein
thon [tɔ̃] *m* Thunfisch *m;* **salade de** ~ Thunfischsalat *m*
thonier [tɔnje] *m* Schiff *nt* für den Thunfischfang
Thora [tɔʀa] *f (Pentateuque)* Thora *f*; *(rouleau)* Thorarolle *f*, Thora
thoracique [tɔʀasik] *adj* **coupe** des Brustkorbs; **cage/région** ~ Brustkorb *m*/-gegend *f*; **capacité** ~ Vitalkapazität *f*
thorax [tɔʀaks] *m d'un homme* Brustkorb *m*, Thorax *m (Fachspr.)*; *d'un insecte* Thorax
thorium [tɔʀjɔm] *m* Thorium *nt*
thriller [sʀilœʀ] *m* Thriller *m;* ~ **politique/psychologique** Polit-/Psychothriller

thrombocyte [tʀɔ̃bɔsit] *m* MED Thrombozyt *m*
thrombose [tʀɔ̃boz] *f* MED Thrombose *f*; **risque de** ~ Thrombosegefahr *f*; **augmenter/diminuer le** ~ **de thrombose** die Thrombosegefahr erhöhen/senken
thulium [tyljɔm] *m* Thulium *nt*
thune [tyn] *f pop* **avoir de la** ~ Kies [*o* Kohle] haben *(sl)*; **n'avoir pas/plus une** ~ völlig blank sein *(sl)*
Thurgovie [tyʀgovi] *f* **la** ~ der Thurgau
thuriféraire [tyʀifeʀɛʀ] *m* ❶ *(porteur d'encensoir)* Rauchfassträger *m*
❷ *(flatteur)* Schmeichler *m*
Thuringe [tyʀɛ̃ʒ] *f* **la** ~ Thüringen *nt*
thuya [tyja] *m* Thuja *f*, Lebensbaum *m*
thym [tɛ̃] *m* Thymian *m*
thymique [timik] *adj* MED, PSYCH Thymo-, thymogen *(Fachspr.)*
thymus [timys] *m* Thymus[drüse *f*] *m*; *d'un veau* Bries *nt*
thyroïde [tiʀɔid] I. *adj* **cartilage/glande** ~ Schildknorpel *m*/-drüse *f*
II. *f* Schilddrüse *f*
thyroïdien(ne) [tiʀɔidjɛ̃, jɛn] *adj* **hormone** ~**ne** Schilddrüsenhormon *nt*; **hyperfonctionnement** ~ Überfunktion *f* der Schilddrüse
tiare [tjaʀ] *f* HIST, REL *(coiffe)* Tiara *f*; *(dignité papale)* Papstwürde *f*
Tibétain(e) [tibetɛ̃, ɛn] *m(f)* Tibetaner(in) *m(f)*, Tibeter(in) *m(f)*
tibia [tibja] *m* Schienbein *nt*
tic [tik] *m* ❶ *(contraction nerveuse)* ~ **nerveux** nervöser Tick *m*, Tic *m (Fachspr.)*; **avoir des** ~**s** nervöse Zuckungen haben
❷ *(manie)* Tick *m*, Angewohnheit *f*
ticket [tikɛ] *m* ❶ *(titre de transport)* [Fahr]karte *f*, Fahrschein *m*; ~ **de métro** U-Bahn-Fahrkarte; ~ **d'avion** [Flug]ticket *nt*; ~ **vert** ≈ Umweltticket
❷ *(billet, carte)* [Eintritts]karte *f*; ~ **de cinéma/de quai** Kino-/Bahnsteigkarte
❸ *(ticket-repas)* Essen[s]marke *f*
❹ *(numéro d'attente)* Nummer *f*
❺ *(billet donnant droit à un service)* Marke *f*; ~ **de rationnement/de vestiaire** Lebensmittel-/Garderobenmarke; ~ **de parking** Parkschein *nt*
▸ ~ **modérateur** Selbstbeteiligung *f*; **ne payer que le** ~ **modérateur** nur den Eigenanteil bezahlen; **avoir le** [*o* **un**] ~ **avec qn** *fam* bei jdm gut ankommen *(fam)*
◆ ~ **de caisse** Kassenzettel *m*, Kassenbon *m*
ticket-repas [tikɛ-ʀəpa] <tickets-repas> *m* Essensmarke *f*
ticket-restaurant [tikɛ-ʀɛstɔʀɑ̃] *m* Essensmarke *f*
tic-tac [tiktak] *m inv* Ticken *nt*
tie-break [tajbʀɛk] <tie-breaks> *m* Tiebreak *nt o m*
tiédasse [tjedas] *péj* lauwarm
tiède [tjɛd] I. *adj* ❶ **eau, repas, café** lauwarm; *lit, gâteau* [noch] warm; **vent** lau; *saison* mild
❷ *(de peu d'ardeur)* **engagement, accueil, soutien** lau; *sentiment, foi* halbherzig; **socialiste/chrétien** ~ lauer Sozialist/Christ
II. *mf gén pl* **les** ~**s** die Unentschlossenen *Pl*
tièdement [tjɛdmɑ̃] *adv* halbherzig
tiédeur [tjedœʀ] *f* ❶ *de la température, de l'air, d'un hiver* Milde *f*; *de l'eau* Wärme *f*; **le soir était d'une grande** ~ der Abend war sehr mild
❷ *(manque d'ardeur) d'un sentiment, accord, d'une participation* Lauheit *f*
tiédir [tjediʀ] <8> I. *vi* ❶ *(refroidir)* abkühlen; **bois ton café avant qu'il ne tiédisse!** trink deinen Kaffee, bevor er kalt wird!
❷ *(se réchauffer)* sich erwärmen; **faire** ~ **de l'eau au soleil** in der Sonne Wasser anwärmen
II. *vt (réchauffer)* erwärmen; wärmen *mains*; *(refroidir)* abkühlen [lassen]
tiédissement [tjedismɑ̃] *m (réchauffement)* Erwärmung *f*; *(refroidissement)* Abkühlen *nt*
tien(ne) [tjɛ̃, tjɛn] I. *pron poss* ❶ **le** ~**/la** ~**ne** deiner/deine/deins, der/die/das deine; **les** ~**s** deine, die Deinen *(geh)*; **ce n'est pas notre valise, c'est la** ~**ne** das ist nicht unser Koffer, sondern deiner; **cette maison est la** ~**ne** dies ist dein Haus, dieses Haus gehört dir [*o* ist das deinige *geh*]
❷ *pl (ceux de ta famille)* **les** ~**s** deine Angehörigen, dein Familie, die Deinen *(geh)*; *(tes partisans)* die Anhänger, die Deinen *(geh)*
▸ **à la** ~**ne**[, **Étienne**]! *fam* auf dein Wohl!, prost!; **tu pourrais y mettre du** ~! du könntest ruhig [auch] mit anpacken!, auch du könntest mithelfen!
II. *adj poss littér* **qc est** ~ etw ist der/die/das deine [*o* deinige *veraltet geh*]; **cet objectif est** ~ dieses Ziel ist das deinige; **ces principes, tu les as faits** ~**s** du hast dir diese Prinzipien zu eigen gemacht
tierce [tjɛʀs] *f* ❶ CARTES Folge *f* von drei Karten einer Farbe
❷ MUS Terz *f*; ~ **majeure** große Terz
❸ *(en escrime)* Terz *f*

tiercé [tjɛʀse] *m* ❶ SPORT Dreierwette *f* [im Pferdetoto]; ~ **dans l'ordre/le désordre** richtiger Tipp bei der Dreierwette in der richtigen Reihenfolge/in der falschen Reihenfolge; **faire un** ~ einen Tipp für die Dreierwette abgeben; **jouer au/toucher le** ~ bei der Dreierwette tippen/gewinnen

❷ *(série de trois éléments arrivant en tête)* **le** ~ **gagnant/vainqueur d'une course** die drei Bestplatzierten eines Rennens

tiers [tjɛʀ] *m* ❶ Drittel *nt;* **le** ~ **de l'héritage** der dritte Teil [*o* ein Drittel] der Erbschaft

❷ *(tierce personne)* Dritte(r) *m,* Außenstehende(r) *m*

❸ JUR, ECON, FISC ~ **bénéficiaire** Drittbegünstigte(r) *f(m);* ~ **débiteur** Drittschuldner *m (Fachspr.);* ~ **payant** Selbstkostenanteil *m* [des Krankenversicherten], Eigenbeteiligung *f;* ~ **provisionnel** Steuervorauszahlung *f (am 31. Januar und 30. April zu zahlender Steuerbetrag, der jeweils ein Drittel der im Vorjahr gezahlten Steuer beträgt);* **au nom et pour le compte du** ~ ECON in fremdem Namen und für fremde Rechnung *(Fachspr.);* **être assuré(e) au** ~ haftpflichtversichert sein

▶ **qn se moque** [*o* **se fout** *pop*] **du** ~ **comme du quart** *fam* jdm ist alles schnurzpiepegal *(fam)*

tiers, tierce [tjɛʀ, tjɛʀs] *adj* Dritte(r, s), Dritt-; **une tierce personne** ein Dritter; **tierce opposition** JUR Drittwiderspruchsklage *f (Fachspr.)*

tiers-monde [tjɛʀmɔ̃d] *m sans pl* **le** ~ die Dritte Welt; **un pays du** ~ ein Drittweltland *nt*

tiers-mondisation [tjɛʀmɔ̃dizasjɔ̃] *f sans pl* wirtschaftliche Verarmung eines Landes, das nicht zur Dritten Welt gehört **tiers-mondisme** [tjɛʀmɔ̃dism] *m sans pl* Solidarität *f* mit der Dritten Welt **tiers-mondiste** [tjɛʀmɔ̃dist] <tiers-mondistes> I. *adj actions* zur Unterstützung der Dritten Welt; **engagement** ~ Dritte-Welt-Engagement *nt;* **la gauche** ~ die Linke, die sich sehr für die Dritte Welt engagiert II. *mf* Interessenvertreter(in) *m(f)* der Dritten Welt; **être un/une** ~ sich für die Dritte Welt engagieren

tif [tif] *m pop souvent pl* Haar *nt*

T.I.G. [teiʒe] *m abr de* **travaux d'intérêt général** gemeinnützige Arbeit *(anstelle einer Gefängnisstrafe)*

tige [tiʒ] *f* ❶ *d'une fleur, feuille* Stiel *m,* Stängel *m; d'une céréale, graminée* Halm *m; d'un arbre* Stamm *m;* ~ **de rhubarbe** Rhabarberstängel *m;* **arbre de haute** ~ hochstämmiger Baum

❷ *(partie mince et allongée)* Stange *f;* *(plus mince)* Stift *m; d'une clé, plume, colonne, de botte* Schaft *m;* ~ **en** [*o* **de**] **métal** Metallstift; ~ **de fer/de piston** [dünne] Eisenstange/Kolbenstange; ~ **filetée** TECH Gewindestift

❸ *fam (cigarette)* Glimmstängel *m (fam)*

tignasse [tiɲas] *f fam* Wuschelkopf *m (fam);* **attraper qn par la** ~ jdn beim Schopf packen

tigre [tigʀ] *m* Tiger *m; fig* Bestie *f;* ~ **royal** Königstiger

▶ **être jaloux comme un** ~ rasend eifersüchtig sein

◆ ~ **du Bengale** Bengaltiger *m*

tigré(e) [tigʀe] *adj chat, pelage* getigert; *cheval* gescheckt

tigresse [tigʀɛs] *f* ❶ *(animal)* Tigerin *f*

❷ *(femme qui a du chien)* Rasseweib *nt (fam);* *(femme très agressive)* [wilde] Furie

▶ **être jalouse comme une** ~ rasend eifersüchtig sein

tilde [tild(e)] *m* Tilde *f*

tillac [tijak] *m* NAUT Oberdeck *nt*

tilleul [tijœl] *m* ❶ Linde *f*

❷ *(infusion)* Lindenblütentee *m*

tilt [tilt] *m d'un flipper* Signal *nt* für das Spielende; **faire** ~ das Ende des Spiels anzeigen

▶ **ça a fait** ~ **dans ma tête** der Groschen ist bei mir gefallen *(fam)*

timbale [tɛ̃bal] *f* ❶ *(gobelet)* Trinkbecher *m* [aus Metall]; *(contenu)* Becher

❷ MUS [Kessel]pauke *f*

❸ *(moule)* Auflaufform *f (hoch, rund, aus Metall);* ~ **de fruits de mer** Meeresfrüchteauflauf *m (in einem Teigmantel)*

▶ **décrocher la** ~ *fam (gagner)* das große Los ziehen; *iron* sich in die Nesseln setzen *(fam)*

timbalier [tɛ̃balje] *m* Paukist(in) *m(f)*

timbrage [tɛ̃bʀaʒ] *m (action de timbrer)* Frankieren *nt,* Frankierung *f;* *(oblitération)* [Ab]stempeln *nt,* [Ab]stempelung *f;* **dispensé(e) de** ~ portofrei

timbre[1] [tɛ̃bʀ] *m* ❶ POST Briefmarke *f,* Postwertzeichen *nt (Fachspr.);* **collection de** ~ Briefmarkensammlung *f*

❷ *(cachet, instrument)* Stempel *m;* POST Poststempel

❸ *(vignette) d'une carte d'adhérent* Gebührenmarke *f;* ~ **fiscal** Steuermarke

❹ MED Pflaster *nt*

timbre[2] [tɛ̃bʀ] *m* ❶ *(qualité du son)* Klang *m; d'une flûte, voix* Klang, Klangfarbe *f,* Timbre *nt*

❷ *(sonnette) d'une bicyclette, machine à écrire* Klingel *f*

▶ **avoir le** ~ **un peu fêlé** *vieilli fam* mit dem Klammerbeutel gepudert sein *(sl)*

◆ ~ **de voix** Timbre *nt*

timbré(e)[1] [tɛ̃bʀe] *adj* POST frankiert

timbré(e)[2] [tɛ̃bʀe] *adj* **bien** ~ **(e)** *voix* klangvoll

timbré(e)[3] [tɛ̃bʀe] I. *adj fam (un peu fou)* übergeschnappt *(fam)* II. *m(f) fam* Verrückte(r) *f(m)*

timbre-amende [tɛ̃bʀamɑ̃d] <timbres-amendes> *m* Strafgebührenmarke *f* **timbre-poste** [tɛ̃bʀəpɔst] <timbres-poste> *m* Briefmarke *f,* Postwertzeichen *nt (Fachspr.).* **timbre-quittance** [tɛ̃bʀəkitɑ̃s] <timbres-quittances> *m* Quittungsmarke *f*

timbrer [tɛ̃bʀe] <1> *vt (affranchir)* frankieren; *(marquer d'un cachet)* [ab]stempeln

time-sharing [tajmʃɛʀiŋ] <time-sharings> *m* Timesharing *nt*

timide [timid] I. *adj* ❶ *personne* schüchtern, scheu

❷ *(craintif) sourire, voix* zaghaft; *manières, air* schüchtern; *regard* scheu

❸ *(de peu d'audace) avancée, pas, réponse, critique* zaghaft; *tentative* schüchtern

II. *mf* schüchterner Mensch; **c'est une grande** ~ sie ist sehr schüchtern

timidement [timidmɑ̃] *adv* schüchtern, zaghaft; *faire remarquer* vorsichtig

timidité [timidite] *f d'une personne* Schüchternheit *f; d'une démarche, avancée* Zaghaftigkeit *f;* **la** ~ **de ce progrès me déçoit** dieser so geringe Fortschritt enttäuscht mich

timing [tajmiŋ] *m* Timing *nt,* Zeitplan *m*

timon [timɔ̃] *m* AGR Deichsel *f*

timonerie [timɔnʀi] *f* ❶ NAUT *(lieu)* Ruderhaus *nt; (matelots)* Rudergänger *Pl; (service)* Ruderwache *f*

❷ AUT Lenk- und Bremsgestänge *nt*

timonier [timɔnje] *m* ❶ NAUT Steuermann *m,* Rudergänger *m*

❷ *(cheval)* Deichselpferd *nt*

timoré(e) [timɔʀe] I. *adj péj* [über]ängstlich, zaghaft

II. *m(f) péj* zaghafter [*o* [über]ängstlicher] Mensch; **c'est un** ~ **/ une** ~ **e** er/sie ist überängstlich

tinctorial(e) [tɛ̃ktɔʀjal, o] <-aux> *adj* färbend, Färbe-

tinette [tinɛt] *f* Abortkübel *m*

tintamarre [tɛ̃tamaʀ] *m* Getöse *nt;* **le** ~ **des klaxons** das ohrenbetäubende Hupen; **joyeux** ~ fröhliches Lärmen; **faire du** ~ Lärm [*o* Krach] machen

tintement [tɛ̃tmɑ̃] *m d'une cloche* Läuten *nt; d'un grelot, d'une clochette, sonnette* Klingeln *nt; de verres* Klingen *nt; de bouteilles* Klirren *nt*

◆ ~ **d'oreilles** Ohrensausen *nt*

tinter [tɛ̃te] <1> I. *vi cloche:* läuten; *grelot, clochette:* klingeln; *verres:* klingen; *bouteilles:* klirren; **la sonnette a tinté** es hat geklingelt

II. *vt* läuten *cloche, clochette*

tintin [tɛ̃tɛ̃] *m fam* ~ **!** Pustekuchen! *(fam);* **faire** ~ in die Röhre gucken *(fam);* **j'ai plus qu'à faire** ~ ich gehe mal wieder leer aus

tintinnabuler [tɛ̃tinabyle] <1> *vi littér clochette, grelot:* [leise] klingeln

tintouin [tɛ̃twɛ̃] *m fam* ❶ *(vacarme)* Radau *m (fam)*

❷ *(souci, tracas)* Sorge *f,* Mühe *f*

TIP [tip] *m abr de* **titre interbancaire de paiement** Auszahlungsanweisung für den Bank-an-Bank-Verkehr

tipi [tipi] *m* Tipi *nt; (pour enfants)* Indianerzelt *nt*

tip-top [tiptɔp] *fam* I. *adj qc est vraiment* ~ etw ist einfach top *(fam)*

II. *adv il est toujours habillé* ~ er ist immer top gekleidet *(fam)*

tique [tik] *f* Zecke *f;* **piqûre de** ~ Zeckenbiss *m;* **cette maladie se contracte par piqûre de** ~ diese Krankheit wird durch Zeckenbiss übertragen

tiquer [tike] <1> *vi fam* das Gesicht verziehen, die Augen verdrehen; ~ **sur qc/à l'idée de qc** von etw nicht gerade begeistert sein *(fam);* **faire** ~ **qn** jdm gegen den Strich gehen *(fam)*

tiqueté(e) [tik(ə)te] *adj (qui a de petites taches)* gesprenkelt; *fruit* fleckig

tir [tiʀ] *m* ❶ MIL Schießen *nt;* ~ **à la carabine/à l'arc** Gewehr-/Bogenschießen; ~ **au pistolet** Pistolenschießen; **s'exercer au** ~ Schießübungen machen; **les** ~ **s sont interdits** Schießen verboten

❷ *(projectile tiré)* Schuss *m;* MIL *(série de projectiles)* Feuer *nt,* Beschuss *m;* ~ **d'artillerie/de mitrailleuse** Artillerie-/Maschinengewehrfeuer; ~ **continu** Dauerfeuer; ~ **s permanents** Dauerfeuer, Dauerbeschuss

❸ *(stand)* Schießstand *m; (forain)* Schießbude *f*

❹ FBALL [Tor]schuss *m;* ~ **du pied gauche** Schuss mit dem linken Fuß; ~ **de la tête** Kopfball *m,* Kopfstoß *m;* ~ **direct** Direktschuss; ~ **violent** Gewaltschuss *(fam);* ~ **au but** Torschuss; *(penalty)* Elfmeterschuss, Elfmeter *m;* **les** ~ **s au but** das Elfmeterschießen

▶ **rectifier** [*o* **rajuster**] **le** ~ *(changer de direction)* den Kurs ändern

◆ ~ **de barrage** Sperrfeuer *nt;* ~ **à blanc** Schießen *nt* mit Platzpatronen; ~ **au pigeon** *(sport)* [Ton]taubenschießen *nt; (lieu)* Tontaubenschießstand *m*

T.I.R. [tiːɛʁ] *mpl abr de* **transports internationaux routiers** internationaler Straßengüterverkehr

tirade [tiʁad] *f* ❶ *souvent péj* Tirade *f (pej geh)*, Wortschwall *m kein Pl (pej);* ~ **d'injures** Schimpfkanonade *f (fam)*
❷ THEAT Monolog *m*

tirage [tiʁaʒ] *m* ❶ *(action de tirer au sort) d'une carte, lettre, d'un numéro* Ziehen *nt; d'un numéro gagnant, nom* Auslosung *f; de la loterie, du loto* Ziehung *f*
❷ FIN *d'un chèque* Ausstellung *f; d'une lettre de change* Ziehung *f;* ~ **d'un effet** Wechselausstellung, Ausstellung eines Wechsels; ~ **d'effets de cavalerie** Wechselreiterei
❸ TYP *(opération et résultat) d'un livre, ouvrage* Druck *m; (ensemble des exemplaires)* Auflage *f;* **à fort** [*o* **grand**] ~ auflagenstark, mit hoher Auflage; ~ **limité** limitierte Auflage
❹ ART *(action d'imprimer) d'une estampe, lithographie* Druck *m*
❺ PHOT *(action de reproduire) d'un film, négatif, d'une photo* Abziehen *nt; (résultat)* Abzug *m;* ~ **sur papier brillant** Hochglanzabzug
❻ *(transvasement) d'un vin, porto, whisky* Abziehen *nt*
❼ *(arrivée d'air) d'une cheminée, d'un poêle* Zug *m;* **avoir un bon/ mauvais** ~ gut/schlecht ziehen
▸ **il y a du** ~ *fam* es gibt Reibereien *Pl*
◆ ~ **au sort** Auslosung *f*

tiraillement [tiʁajmɑ̃] *m* ❶ *gén pl (sensation douloureuse)* ~**s dans la jambe/l'estomac/sur une plaie** Ziehen *nt* [*o* ziehende Schmerzen *Pl*] im Bein/Magen/in einer Wunde
❷ *(conflit) (chez une personne)* Hin- und Hergerissensein *nt*, innerer Konflikt; *(entre plusieurs personnes)* Spannungen *Pl*
❸ *(action de tirailler)* Gezerre *nt (pej); (pour lisser un tissu)* Glattziehen *nt*

tirailler [tiʁaje] <1> I. *vt* ❶ [herum]ziehen [*o* zerren *pej*] an (+ *Dat*); glatt ziehen *pli;* ~ **la moustache** am Schnurrbart [herum]zupfen; ~ **qn par le bras/la manche** jdn am Arm ziehen/am Ärmel zupfen
❷ *(harceler)* ~ **qn** *personne:* jdn bedrängen; *chose, personne:* jdm zusetzen; **être tiraillé(e) par un désir/le doute/les remords** von einem Wunsch/von Zweifeln/Gewissensbissen geplagt werden; **être tiraillé(e) par** [*o* **entre**] **des sentiments divers** zwischen verschiedenen Gefühlen hin- und hergerissen sein
II. *vi* Schüsse abgeben, feuern

tirailleur [tiʁajœʁ] *m* ❶ Einzelschütze *m;* **en** ~**s** in geöffneter Ordnung
❷ *(au temps des colonies)* Tirailleur *m*, Infanterist *m*

Tirana [tiʁana] Tirana *nt*

tirant [tiʁɑ̃] *m* ❶ *(cordon)* Schnur *f*
❷ *(partie latérale) d'une chaussure* Besatz *m*
◆ ~ **d'eau** Tiefgang *m*

tire¹ [tiʁ] *f* AUT *arg* Schlitten *m (sl)*, Kiste *f (sl)*
▸ **vol à la** ~ Taschendiebstahl *m*

tire² [tiʁ] *f* CAN *(sirop d'érable)* dickflüssiger Ahornsirup *m*

tiré¹ [tiʁe] *m* FIN *d'un effet, chèque* Bezogene(r) *m (Fachspr.)*, Trassat *m (Fachspr.)*

tiré² [tiʁe] *m* ◆ ~ **à part** Sonderdruck *m*

tiré(e) [tiʁe] *adj (fatigué)* abgespannt; **avoir les traits** ~**s** [*o* **le visage** ~] abgespannt aussehen; *(de souffrance)* mitgenommen aussehen

tire-au-cul [tiʁoky] *m inv fam*, **tire-au-flanc** [tiʁoflɑ̃] *m inv* Drückeberger *m (fam)* **tire-botte** [tiʁbɔt] <tire-bottes> *m (planchette)* Stiefelknecht *m; (crochet)* Schuhanzieher *m* **tire-bouchon** [tiʁbuʃɔ̃] <tire-bouchons> *m* Korkenzieher *m*, Korkzieher (DIAL), Stoppelzieher (A) ▸ **queue en** ~ Ringelschwanz *m;* **pantalon en** ~ Ziehharmonikahose *f (fam);* **avoir des boucles en** ~ Korkenzieherlocken *Pl* haben **tire-bouchonner** [tiʁbuʃɔne] <1> *vi chaussettes, pantalon:* Falten werfen **tire-clou** [tiʁklu] <tire-clous> *m* Nagelklaue *f* **tire-d'aile** [tiʁdɛl] **à** ~ flügelschlagend

tirée [tiʁe] *f* ❶ FIN *d'un effet, chèque* Bezogene *f (Fachspr.)*, Trassatin *f*, Trassat
❷ *fam (longue distance)* **il y a** [*o* **ça fait**] **une** ~ **jusqu'à la poste** das ist ja ein ganz schönes Stück bis zur Post *(fam)*

tire-fesses [tiʁfɛs] *m inv fam* Schlepplift *m* **tire-fond** [tiʁfɔ̃] *m inv* ❶ *(pour suspendre un lustre)* Deckenhaken *m* ❷ *(grosse vis à bois)* Ankerschraube *f* **tire-jus** [tiʁʒy] *m inv pop* Taschentuch *nt*, Rotztuch *nt (vulg)* **tire-lait** [tiʁlɛ] *m inv* Milchpumpe *f* **tire-larigot** [tiʁlaʁigo] **à** ~ *fam* reichlich; **manger/boire à** ~ Riesenmengen essen/trinken *(fam)* **tire-ligne** [tiʁliɲ] <tire-lignes> *m* Reißfeder *f*

tirelire [tiʁliʁ] *f* Sparbüchse *f*

tirer [tiʁe] <1> I. *vt* ❶ ziehen *signal d'alarme, chasse d'eau; (vers le bas)* herunter ziehen *jupe, manche; (vers le haut)* hoch ziehen *chaussettes, collant; (pour lisser)* glatt ziehen *drap, collant; (pour tendre, pour maintenir tendu)* spannen *corde, toile;* ~ **la sonnette** klingeln; ~ **une corde** an einer Schnur [*o* an einem Seil] ziehen; **tire le placard encore un peu à toi!** der Schrank muss noch weiter zu dir herüber! *(fam)*
❷ *(tracter)* ziehen *véhicule, charge;* schleppen *bateau*
❸ *(éloigner)* wegziehen, wegzerren; ~ **une personne/couverture** an einem Menschen/einer Decke ziehen [*o* zerren]
❹ *(fermer)* zuziehen *porte;* vorschieben *verrou; (ouvrir)* aufziehen *tiroir; porte coulissante, rideau;* zurückschieben *verrou;* **le tissu est trop épais, j'ai du mal à** ~ **l'aiguille** der Stoff ist zu dick, ich kann die Nadel schlecht durchziehen
❺ *(aspirer)* ~ **une longue bouffée** einen langen Zug machen
❻ *(lancer un projectile)* abfeuern *balle;* abgeben *coup de fusil, revolver;* abschießen *flèche, fusée éclairante;* abbrennen *feu d'artifice;* ~ **des bombes lacrymogènes dans la foule** mit Tränengasgranaten in die Menge schießen
❼ *(toucher, tuer)* [ab]schießen *perdrix, lièvre*
❽ *(tracer)* ziehen *trait, ligne;* **être tiré(e) au cordeau** schnurgerade angelegt sein
❾ *(prendre au hasard)* ziehen *carte, numéro, lettre*
❿ *(faire sortir)* ~ **qn du lit** jdn aus dem Bett holen; ~ **qn du lit en sonnant à la porte/en faisant sonner le téléphone** jdn heraus klingeln; ~ **qn de son sommeil/ses rêveries/sa torpeur** jdn aus dem Schlaf/seinen Träumen/seiner Lethargie reißen; ~ **qn de ses ennuis** jdm aus einer Schwierigkeiten heraushelfen; ~ **qn du pétrin** jdm aus der Patsche helfen; ~ **un mouchoir de sa poche** ein Taschentuch aus der Tasche ziehen; ~ **l'huile des olives** Öl aus Oliven gewinnen; ~ **qc de qn en recourant à la force** etw aus jdm herauspressen; ~ **des aveux de qn/un son d'un instrument** jdm ein Geständnis/einem Instrument einen Ton entlocken; ~ **une citation/un extrait d'un roman** ein Zitat/einen Auszug [aus] einem Roman entnehmen; ~ **des bénéfices d'une entreprise** Gewinn aus einem Unternehmen ziehen; ~ **de l'argent d'une vente/d'une affaire** bei einem Verkauf/Geschäft [Geld] verdienen; ~ **sa force de sa foi** seine Kraft aus seinem Glauben schöpfen; **elle tire son pouvoir/influence de ses relations** ihre Macht/ihr Einfluss gründet sich auf ihre Beziehungen; ~ **qn d'affaire** *fam* jdm heraushauen *(fam)*
⓫ *(emprunter à)* ~ **son origine de qc** *coutume:* auf etw (*Akk*) zurückgehen; ~ **son nom de qc** *village:* seinen Namen von etw ableiten; ~ **ses mots du latin** *langue:* auf das Lateinische zurückgehen; **être tiré(e) d'un mot latin** auf ein lateinisches Wort zurückgehen; **le roman tire son origine d'un fait réel** der Roman beruht auf einer wahren Begebenheit
⓬ *(déduire)* ~ **une conclusion/leçon de qc** eine Schlussfolgerung/Lehre aus etw ziehen
⓭ *pop (passer du temps)* ~ **sa peine/un mois de prison** seine Strafe/einen Monat [im] Gefängnis absitzen *(fam);* ~ **un mois de service militaire** einen Monat Militärdienst abreißen *(sl);* **cette semaine va être difficile à** ~ diese Woche wird schwer herumzukriegen sein *(fam)*
⓮ FIN ausstellen *chèque;* ziehen *lettre de change*
⓯ PHOT abziehen *film, négatif, photo*
⓰ ART, TYP drucken *ouvrage, estampe, lithographie*
⓱ *(transvaser)* [auf Flaschen] abziehen *vin*
▸ **on ne peut rien** ~ **de qn** *(qn refuse de parler)* aus jdm ist nichts herauszubekommen
II. *vi* ❶ ~ **sur les cheveux de qn** jdn an den Haaren ziehen; ~ **sur les rênes de son cheval** seinem Pferd die Zügel anziehen
❷ *(aspirer)* ~ **sur sa pipe/cigarette** an seiner Pfeife/Zigarette ziehen; ~ **sur la tétine** am Schnuller saugen
❸ *(gêner) peau, cicatrice:* spannen
❹ CHASSE, MIL *personne, arme, fusil:* schießen; *canon:* abgefeuert werden; ~ **dans la foule avec des bombes lacrymogènes** mit Tränengasgranaten in die Menge hineinschießen
❺ SPORT *(au football)* schießen; *(au basket)* werfen; *(au jeu de boules)* eine Kugel werfen mit dem Ziel, eine Setzkugel oder eine gegnerische Spielkugel wegzustoßen; ~ **au but/au panier** aufs Tor schießen/auf den Korb werfen
❻ *(avoir une certaine ressemblance avec)* ~ **sur** [*o* **vers**] **qc** *couleur:* in etw (*Akk*) spielen; ~ **sur qn** BELG, NORD nach jdm schlagen
❼ TYP ~ **à mille exemplaires** eine Auflage von tausend Exemplaren haben
❽ *(avoir du tirage)* ~ **bien/mal** *cheminée, poêle:* gut/schlecht ziehen
III. *vpr* ❶ *pop (s'en aller)* **se** ~ sich verdrücken *(fam)*, sich wegscheren *(fam);* **se** ~ **avec qn** mit jdm abhauen *(sl);* **tire-toi de là!** zieh Leine! *(fam)*
❷ *(se sortir)* **se** ~ **d'une situation/d'embarras** sich aus einer Situation/schwierigen Lage lavieren; **se** ~ **d'un mauvais pas** sich aus der Klemme ziehen *(fam)*
❸ *(se blesser)* **se** ~ **une balle dans la tête** sich *(Dat)* eine Kugel in den Kopf schießen; **se** ~ **dessus** *deux personnes:* aufeinander schießen
▸ **s'en** ~ *fam* **il ne va pas s'en** ~ **comme ça** er wird nicht so einfach davonkommen; **elle s'en est tirée/s'en tirera** sie hat es

überlebt/wird es überleben; **il s'en tire bien/mal** *(à la suite d'un accident, d'une maladie)* er ist noch einmal glimpflich davongekommen/es hat ihn schwer getroffen; *(à la suite d'un ennui)* er zieht sich gut/schlecht aus der Affäre *(fam)*; *(réussir)* er macht seine Sache gut/schlecht; **tu t'en tires bien en n'ayant qu'une peine de prison avec sursis** da kommst du doch nochmal gut weg mit nur einer Gefängnisstrafe auf Bewährung *(fam)*; **je ne vais pas m'en ~** ich schaffe es nicht; **il s'en tire plutôt bien!** er stellt sich ganz geschickt an! *(fam)*
tiret [tiʀɛ] *m* Gedankenstrich *m*; *(division)* Trennungsstrich
tirette [tiʀɛt] *f* ❶ *(planche mobile) d'une table* Ausziehplatte *f*
  ❷ BELG *(fermeture à glissière)* Reißverschluss *m*
tireur [tiʀœʀ] *m* ❶ Schütze *m*
  ❷ SPORT Sportschütze *m*; *(au football)* Torschütze; *(au basket)* Werfer *m*; *(à l'escrime)* Fechter *m*; *(au jeu de boules)* Werfer, der versucht, die Setzkugel oder eine gegnerische Spielkugel wegzuschießen
  ❸ FIN *d'une lettre de change* Aussteller(in) *m(f)*, Trassant(in) *m(f)* *(Fachspr.)*; **~ du chèque** Aussteller des Schecks, Scheckaussteller; **~ d'un/de l'effet** Wechselgläubiger *m*
  ◆ **à l'arc** Bogenschütze *m*; **~ d'élite** Scharfschütze *m*
tireuse [tiʀøz] *f* ❶ Schützin *f*
  ❷ SPORT Sportschützin *f*; *(au football)* Torschützin; *(au basket)* Werferin *f*; *(à l'escrime)* Fechterin *f*
  ❸ FIN **~ du chèque** Ausstellerin *f* des Schecks, Scheckausstellerin; **~ d'un/de l'effet** Wechselgläubigerin *f*
  ❹ *(appareil photographique)* Kopiergerät *nt*
  ◆ **à l'arc** Bogenschützin *f*; **~ de cartes** Kartenlegerin *f*; **~ d'élite** Scharfschützin *f*
tiroir [tiʀwaʀ] *m* Schublade *f*, Schubfach *nt*; **~ de table** Tischschublade; **~ à couverts** Besteckschublade
  ▶ **pièce/roman à ~s** episodenreiches Stück/episodenreicher Roman
tiroir-caisse [tiʀwaʀkɛs] <tiroirs-caisses> *m* Geldschublade *f* der Registrierkasse
tisane [tizan] *f* [Kräuter]tee *m*; **~ de valériane** Baldriantee
  ◆ **à la menthe** Pfefferminztee *m*; **~ au tilleul** Lindenblütentee *m*; **~ sédative** Beruhigungstee
tisanière [tizanjɛʀ] *f* Aufgussgefäß *nt*; **~ individuelle** Teebecher *m* mit Deckel
tison [tizɔ̃] *m* glimmendes Stück Holz; **remuer les ~s** die Glut schüren
tisonner [tizɔne] <1> *vt* schüren
tisonnier [tizɔnje] *m* Schürhaken *m*
tissage [tisaʒ] *m* ❶ *(activité manuelle)* Weben *nt*; **~ des tapis** Teppichweben
  ❷ *(usine)* Weberei *f*; **~ de tapis** Teppichweberei
  ❸ *(industrie)* Webereien *Pl*
tisser [tise] <1> *vt* ❶ weben *tapis*; verweben *laine*; **tissé(e) [à la] main** handgewebt
  ❷ *(ourdir) araignée:* spinnen
  ❸ *(constituer)* spinnen *intrigue*; in die Hand nehmen *destin*; **~ des liens** Freundschaft schließen; **être tissé(e) de légendes/d'aventures** aus Legenden/Abenteuern bestehen
tisserand(e) [tisʀɑ̃, ɑ̃d] *m(f)* Weber(in) *m(f)*
tisserin [tisʀɛ̃] *m* ZOOL Webervogel *m*
tisseur, -euse [tisœʀ, -øz] *m, f* Weber(in) *m(f)*
tissu [tisy] *m* ❶ Stoff *m*; **~ imprimé/à fleurs** bedruckter/geblümter Stoff; **~ fragile/synthétique** feines/synthetisches Gewebe; **~ pour store** Markisenstoff; **~ mural** Textiltapete *f*; **~ d'ameublement** Bezugsstoff; **~ s d'ameublement** Heimtextil *Pl*
  ❷ *(enchevêtrement) de contradictions, d'intrigues* Netz *nt*; *d'inepties* Aneinanderreihung *f*; *d'erreurs* Kette *f*; **~ de mensonges** Lügengespinst *nt*
  ❸ BIO, MED Gewebe *nt*; **~ cellulaire** Zellgewebe; **~ végétal** pflanzliches Gewebe; **~ musculaire/nerveux/osseux** Muskel-/Nerven-/Knochengewebe; **~ de soutien** Stützgewebe; **~ souscutané** Unterhaut *f*
  ❹ SOCIOL Gefüge *nt*; **~ social** soziales Gefüge, Sozialgefüge; **~ urbain** Stadtgefüge; **~ industriel** Industriestruktur *f*
  ◆ **éponge** Frotteestoff *m*, Frottee *m o nt*
tissulaire [tisylɛʀ] *adj* BIO **groupe ~** Gewebegruppe *f*; **liquide ~** Gewebsflüssigkeit *f*
titan [titɑ̃] *m littér* Titan *m* *(geh)*
  ▶ **de ~** gigantisch, titanisch *(geh)*; **travail de ~** Riesenarbeit *f* *(fam)*
titane [titan] *m* Titan *nt*
titanesque [titanɛsk] *adj travail* gewaltig; *entreprise, œuvre* gigantisch; *réalisation* titanisch *(geh)*
titi [titi] *m fam* **~ parisien** Pariser Straßenjunge *m*
titiller [titije] <1> *vt* ❶ kitzeln; **~ l'oreille/le pied à qn** jdn am Ohr/am Fuß kitzeln
  ❷ *fam (asticoter)* **~ le professeur sur qc** den Lehrer mit etw nerven *(fam)*; **l'envie de tout raconter la titille** es juckt sie alles zu erzählen *(fam)*
titrage [titʀaʒ] *m d'un film, livre, ouvrage* Betitelung *f*
titre [titʀ] *m* ❶ *(intitulé)* Titel *m*; *d'un chapitre, article de journal* Überschrift *f*; **~ de roman** Romantitel; **gros ~** Zeitungsüberschrift
  ❷ *(qualité)* Titel *m*; **~ de noblesse** Adelstitel; **le ~ de "citoyen français"** die Bezeichnung „französischer Staatsbürger"
  ❸ *(trophée)* Titel *m*
  ❹ *(pièce justificative)* Bescheinigung *f*, Berechtigungsschein *m*; **~** [*o* **brevet**] **de propriété industrielle** Patenturkunde; **~ de transfert** Übertragungsurkunde; **~ de transfert de propriété** Übereignungsurkunde; **~ universel de paiement** allgemeines Zahlungsformular; **~ attestant la priorité d'un brevet** Prioritätsbeleg *m* *(Fachspr.)*; **~ juridique** Rechtstitel *m* *(Fachspr.)*
  ❺ *(titre de dette)* Schuldtitel *m* *(Fachspr.)*; **~** [**en forme**] **exécutoire** vollstreckbarer Titel, Vollstreckungstitel *(Fachspr.)*; **~ s publics** staatliche Schuldtitel
  ❻ *(valeur, action)* Wertpapier *nt*; **~s d'emprunt en monnaie étrangère** Auslandsbonds *Pl*; **~s à ordre** Orderpapiere; **~s à revenu fixe** Wertpapiere mit festem Ertrag; **~s à revenu variable** Dividendenwerte, Dividendenpapiere; **~ déficitaire** Verlustbringer *m*; **~ endossable constatant une dette foncière** JUR Grundschuldbrief *m*; **~s immobilisés** immaterielle Anlagewerte; **~ nominatif** Rektapapier *(Fachspr.)*; **~ nominatif transmissible** Legitimationspapier; **~ remboursable à longue échéance** BOURSE Langläufer *m* *(fam)*; **~ à revenu fixe remboursable à court terme** BOURSE Kurzläufer *(fam)*; **~s ayant le caractère d'immobilisations** Wertpapiere des Anlagevermögens; **~s sans valeur** wertlose Wertpapiere; **accepter des ~s en Bourse** Wertpapiere zur Börse zulassen
  ❼ *(proportion) d'un alliage, d'une monnaie* Wert *m*; CHIM *d'un alcool, d'une solution* Gehalt *m*
  ❽ *(raison, manière)* **à double ~** in zweierlei [*o* doppelter] Hinsicht; **à juste ~** mit [vollem] Recht, richtigerweise; **à ~ d'essai** auf Probe; **à ~ amical/provisoire** freundschaftshalber/provisorisch; **à ~ posthume** posthum *(geh)*; **à ~ préventif** als Vorbeugungsmaßnahme; **à ce ~** in dieser Eigenschaft, als solche(r, s); **à ~ de comptable** als Buchhalter; **à ~ d'exemple/d'indemnité** als Beispiel/Entschädigung; **à ~ de curiosité** aus Neugier; **à ~ d'essai** probehalber, auf Probe; **au même ~ que...** in gleicher Weise wie ...
  ▶ **faire les gros ~s** Schlagzeilen machen; **en ~** offiziell; **professeur d'université en ~** ordentlicher Universitätsprofessor
  ◆ **~ de crédit** Kreditpapier *nt*; **~ d'emprunt** Anleihepapier *nt*, Bond *m*; **~s de placement** Anlagewerte *Pl*; **~ de propriété** Besitzurkunde *f*; **~ de rente** Rentenpapier *nt*, Rentenwert *m*; **~ de transport** Fahrausweis *m*
titré(e) [titʀe] *adj personne* der/die einen Titel hat [*o* trägt]
titrer [titʀe] <1> *vt* ❶ *(donner un titre à)* **~ qc sur qc** *journal:* mit einer Schlagzeile über etw *(Akk)* aufmachen
  ❷ CHIM **~ 12/25 degrés** einen Gehalt von 12/25 Prozent haben; **~ un alliage** den Gehalt einer Legierung bestimmen
  ❸ SPORT **être titré(e)** mit einem Titel ausgezeichnet werden
titubant(e) [titybɑ̃, ɑ̃t] *adj démarche* schwankend; *jambes* wackelig; *ivrogne* torkelnd
tituber [titybe] <1> *vi* **~ de fatigue** vor Ermüdung *(Dat)* schwanken; **~ d'ivresse** vor Trunkenheit *(Dat)* torkeln
titulaire [titylɛʀ] **I.** *adj* ❶ *(en titre) professeur, instituteur* verbeamtet; *professeur d'université* ordentlich
  ❷ *(détenteur)* **~ d'un poste** ein Amt bekleidend; **~ d'un diplôme/permis** ein Diplom/eine Erlaubnis besitzend; **être ~ d'un poste** ein Amt bekleiden; **être ~ d'un diplôme** ein Diplom besitzen; **être ~ d'un droit de jouissance sur qc** JUR von etw nutznießen *(Fachspr.)*
  II. *mf* ❶ SCOL, UNIV, ADMIN Beamte(r) *m*/Beamtin *f*
  ❷ *(détenteur)* Inhaber(in) *m(f)*, Besitzer(in) *m(f)*; **~ d'une carte/d'un permis** Besitzer(in) einer Karte/Erlaubnis; **~ d'une carte permanente** Dauerkarteninhaber(in); **~ d'un poste** Inhaber(in) eines Amtes; **~ de l'autorisation** [*o* **de l'octroi**] JUR, FIN Bewilligungsinhaber(in) *(Fachspr.)*; **~ d'un droit** JUR Berechtigte(r) *f(m)*, Rechtsinhaber(in); **~ d'un droit de jouissance** Nutzungsberechtigte(r) *f(m)*; **~ de licence** Lizenznehmer(in) *m(f)*; **~ d'une obligation hypothécaire** Pfandbriefbesitzer(in); **~ d'une reconnaissance de dette** Schuldscheininhaber(in); **~ de remboursement de créances sur des crédits futurs** JUR Besserungsscheininhaber(in); **~ d'un titre de créance** JUR Forderungsberechtigte(r) *f(m)*
  ❸ *(bénéficiaire)* Bezieher(in) *m(f)*; **~ de garantie** JUR Garantieempfänger(in) *m(f)* *(Fachspr.)*; **~ d'une/de la prestation** Leistungsempfänger(in); **~ de revenus fixes** Bezieher(in) eines festen Einkommens
titularisation [titylaʀizasjɔ̃] *f* ADMIN, SCOL Verbeamtung *f*; *d'un professeur d'université* Berufung *f*
titulariser [titylaʀize] <1> *vt* verbeamten *fonctionnaire*; ernennen zu *professeur d'université*
T.N.T. [teɛnte] *m abr de* **trinitrotoluène** TNT *nt*

toast [tost] *m* ❶ Toast *m*
❷ *(allocution)* Trinkspruch *m;* **porter un ~ à qn/qc** auf jdn/etw trinken
toasteur [tostœʀ] *m* Toaster *m*
toboggan [tɔbɔgã] *m* ❶ Rutsche *f*
❷ *(piste glissante)* Rutschbahn *f*
❸ CAN *(traîneau sans patins)* Toboggan *m*
❹ *(® viaduc routier)* |Straßen|überführung *f*
toc[1] [tɔk] *interj* **et ~!** *fam* und zack! *(fam);* **~, ~! – Qui est là?** klopf, klopf! – Wer ist da? *(fam)*
toc[2] [tɔk] *m fam (imitation)* **du ~** Ramsch *m (fam);* **faire ~** nach Ramsch aussehen *(fam);* **en ~** unecht
T.O.C [tɔk] *m* PSYCH *abr de* **trouble obsessionnel compulsif** *(besoin de nettoyer)* Waschzwang *m; (besoin de répéter une action)* Wiederholungszwang *m;* **souffrir de ~** unter Wasch-/Wiederholungszwang *(Dat)* leiden
tocade [tɔkad] *f* vorübergehender Spleen
tocante [tɔkãt] *f fam* Uhr *f*
tocard [tɔkaʀ] *m fam* ❶ *(personne)* Flasche *f (fam)*
❷ *(cheval)* Klepper *m (fam)*
tocard(e) [tɔkaʀ, aʀd] *adj fam* billig
toccata [tɔkata] *f* MUS Tokkata *f*
tocsin [tɔksɛ̃] *m vieilli* Alarmglocke *f,* Feuerglocke *(veraltet);* **sonner le ~** Alarm schlagen
tofu [tofy] *m* GASTR Tofu *m o nt*
toge [tɔʒ] *f* Talar *m,* Robe *f;* HIST Toga *f*
Togo [tɔgo] *m* **le ~** Togo *nt*
tohu-bohu [tɔybɔy] *m inv fam* Tohuwabohu *nt (fam)*
toi [twa] *pron pers* ❶ *fam (pour renforcer)* du; **~, monter une entreprise?** was, du willst ein Unternehmen gründen?; **~, tu n'as pas ouvert la bouche** du hast den Mund nicht aufgemacht; **et ~ qui pensais avoir compris!** und du dachtest, du hättest alles verstanden!; **c'est ~ qui l'as dit** du hast das gesagt; **c'est ~ que j'ai entendu(e) à la radio** dich habe ich im Radio gehört; **je veux te voir, ~!** dich möchte ich sehen!; **il veut t'aider, ~?** dir möchte er helfen?
❷ *avec un verbe à l'impératif* **regarde-~** sieh dich an; **imagine-~ ...** stell dir vor ...; **lave-~ les mains** wasch dir die Hände
❸ *avec une préposition* **avec ~** mit dir; **sans ~** ohne dich; **à ~ seul(e)** du allein; **la maison est à ~?** gehört das Haus dir?; **c'est à ~ de décider** du musst entscheiden; **c'est à ~!** du bist dran!
❹ *dans une comparaison* du; **je suis comme ~** ich bin wie du; **plus/aussi fort(e) que ~** stärker als du/genauso stark wie du
❺ *(emphatique)* **c'est ~?** bist du's?; **c'est enfin ~!** da bist du |ja| endlich!; **et ~, alors?** *fam* ja, und du; und was ist mit dir?; **si j'étais ~** wenn ich du wäre
toile [twal] *f* ❶ *(tissu)* Stoff *m;* **~ plastifiée** Kunststofffolie *f;* **~ de jute** Jutestoff; **~ de soie/de laine** Seiden-/Wollgewebe *nt;* **~ à matelas** Stoff für Matratzen; **~ à voile** Segeltuch; **~ de parachute** Ballonseide *f*
❷ *(lin)* Leinen *nt;* **de [o en] ~** leinen, aus Leinen; **sac/torchon de [o en] ~** Leinentasche *f*/-tuch *nt;* **pleine ~** *reliure* ganzleinen; **volume relié pleine ~** Ganzleinenband
❸ ART Gemälde *nt*
❹ NAUT Segel *Pl*
❺ SPORT *fam* Patzer *m (fam)*
❻ *fam (film)* **se payer une ~** ins Kino gehen
❼ INFORM **~ d'araignée mondiale** World Wide Web *nt*
▸ **tisser sa ~** seine Fäden ziehen
◆ **~ d'araignée** Spinnennetz *nt;* **~ (~ poussière)** Spinnwebe *f;* **~ de fond** Hintergrund *m;* **~ de maître** großer Meister *(Gemälde);* **~ de tente** Zelt *nt;* MIL Zeltbahn *f*
toilettage [twalɛtaʒ] *m* ❶ *d'un chat* Pflege *f; d'un chien* Pflege, Trimmen *nt;* **salon de ~** Hunde- und Katzensalon *m*
❷ *fam (retouche)* Abänderung *f*
toilette [twalɛt] *f* ❶ *d'un enfant, défunt* Waschen *nt; (de soi-même)* Waschen; **articles de ~** Toilettenartikel *Pl;* **faire sa ~** *personne:* sich waschen; *animal:* sich putzen; **faire la ~ de qn/d'un animal** jdn waschen/ein Tier säubern; **faire une ~ de chat** Katzenwäsche machen
❷ *(nettoyage) d'un édifice, monument* Reinigung *f*
❸ *(vêtements)* Kleidung *f,* Toilette *f (geh);* **porter une ~ élégante** elegant gekleidet sein
❹ *pl (W.-C.)* Toilette *f;* **aller aux ~s** auf die Toilette gehen; **~s pour dames** Damentoilette; **~s pour les visiteurs** Besuchertoilette; **~s pour handicapés** Behindertentoilette
❺ *(meuble)* Toilettentisch *m*
❻ *pl (roulotte)* Toilettenwagen *m;* **~s transportables** Toilettenhäuschen *nt*
toiletter [twalete] <1> *vt* ❶ pflegen *chat;* trimmen *chien*
❷ *fam (retoucher)* abändern
toi-même [twamɛm] *pron pers* ❶ *(toi en personne)* **n'en savais rien** du selbst wusstest nichts davon; **tu te sens ~ heu-**

reux(-euse) du fühlst dich glücklich; **tu l'as dit ~, c'est ~ qui l'as dit** du selbst hast es gesagt; **tu es venu(e) de ~** du bist von selbst [*o* von dir aus] [*o* aus eigenem Antrieb] gekommen
❷ *(toi aussi)* ebenfalls, auch; **tu étais ~ furieux(-euse)** du warst ebenfalls [*o* auch] sehr wütend
toise [twaz] *f* ❶ Messlatte *f*
❷ HIST Klafter *m o nt*
toiser [twaze] <1> I. *vt* verächtlich anschauen; **~ qn des pieds à la tête** jdn von Kopf bis Fuß mustern
II. *vpr* **se ~** sich |gegenseitig| verächtlich anschauen
toison [twazɔ̃] *f* ❶ *(pelage)* Schaffell *nt*
❷ *(chevelure)* Haarpracht *f*
❸ *(poils)* Behaarung *f*
◆ **la Toison d'or** MYTH das Goldene Vlies
toit [twa] *m* ❶ Dach *nt;* **~ de [o en] chaume** Strohdach; **~ en cuivre** Kupferdach; **~ en pente** schräges Dach; **sous les ~s** unterm Dach; **~ de la/d'une salle** Hallendach; **~ de la/d'une voiture** Autodach; **~ ouvrant** Schiebe-Hebe-Dach, Sonnendach
❷ *(maison)* Bleibe *f;* **vivre sous le même ~** unter einem Dach leben
▸ **crier** [*o* chanter] **qc sur** [tous] **les ~s** etw ausposaunen *(fam)*
toiture [twatyʀ] *f* Bedachung *f*
Tokyo [tɔkjo] Tokio *nt*
tôlard(e) *v.* taulard
tôle[1] [tol] *f* ❶ METAL Blech *nt;* **~ d'acier/d'aluminium** Stahl-/Aluminiumblech; **~ mince/forte** Fein-/Grobblech
❷ AUT |Karosserie|blech *nt;* **de la ~ froissée** Blechschaden *m*
tôle[2] *v.* taule
tôlé(e) [tole] *adj neige* vereist
tolérable [tɔleʀabl] *adj* zumutbar; *douleur* erträglich
tolérance [tɔleʀɑ̃s] *f* ❶ *(largeur d'esprit)* Toleranz *f*
❷ *(concession)* Duldung *f;* COM Freigrenze *f*
❸ MED, CHIM Verträglichkeit *f,* Toleranz *f (Fachspr.);* **~ au stress** Stresstoleranz; **~ écologique** Umweltverträglichkeit; **analyse de ~ écologique** Umweltverträglichkeitsprüfung *f,* UVP *f*
❹ *(marge admise)* Spielraum *m*
tolérant(e) [tɔleʀɑ̃, ɑ̃t] *adj* tolerant
tolérer [tɔleʀe] <5> I. *vt* ❶ *(autoriser)* dulden *infraction, pratique;* **~ qc à qn** etw bei jdm dulden; **~ que qn soit là** [es] dulden, dass jd da ist
❷ *(supporter)* ertragen; aushalten *douleur;* hinnehmen *injustice, attente;* dulden *contradiction, retard, comportement;* **~ la chaleur** *matériau:* der Hitze *(Dat)* standhalten
❸ MED vertragen
II. *vpr (se supporter)* **se ~** sich vertragen
tôlerie [tolʀi] *f (atelier)* Blechbearbeitungswerkstatt *f; (pour voitures)* Karosseriewerkstatt *f*
tolet [tɔlɛ] *m* NAUT Rudergabel *f,* Dolle *f*
tôlier [tolje] *m (artisan)* Blechschmied *m;* **~ de bâtiment** Bauschlosser *m;* **~ en voitures** Autoschlosser; *v. a.* taulier
tôlière *v. a.* taulier
tollé [tɔle] *m* Aufschrei *m* der Empörung
toluène [tɔlyɛn] *m* CHIM Toluol *nt*
T.O.M. [tɔm] *mpl abr de* **territoires d'outre-mer** französische Überseegebiete

Land und Leute

Die **T.O.M.** sind frühere französische Kolonialgebiete in Übersee, die heute nicht vollständig unabhängig sind, aber relativ autonom verwaltet werden. Es gibt vier **T.O.M.**: die pazifischen Inselgruppen Wallis-et-Futuna, Französisch-Polynesien und Neukaledonien sowie die im Indischen Ozean gelegenen *Terres australes et antarctiques.* Die **T.O.M.** wurden 1946 gegründet.

tomahawk [tɔmaok] *m* Tomahawk *m*
tomate [tɔmat] I. *f* ❶ Tomate *f,* Paradeiser *m (A);* **pied de ~** Tomatenpflanze *f;* **envoyer/recevoir des ~s pourries** mit faulen Tomaten werfen/beworfen werden
❷ *(boisson)* Aperitif aus Pastis und Granatapfelsirup
II. *app inv* **rouge ~** tomatenrot; **gants rouge ~** tomatenrote Handschuhe
◆ **~ en arbre** Baumtomate *f;* **~ arbuste** Buschtomate *f,* Strauchtomate; **~ en grappe** Strauchtomate *f*
tomawak *v.* tomahawk
tombal(e) [tɔ̃bal, o] <~s *o* -aux> *adj* Grab-
tombant(e) [tɔ̃bɑ̃, ɑ̃t] *adj* herabhängend; *épaules* hängend; **seins ~s** Hängebrüste *Pl;* **paupières ~es** Schlupflider *Pl*
tombe [tɔ̃b] *f* Grab *nt;* **être dans la ~** soutenu unter der Erde liegen *(geh)*
▸ **être muet(te)** [*o* silencieux(-euse)] **comme une ~** wie ein Grab schweigen; **creuser sa ~** sich *(Dat)* selbst sein Grab schaufeln; **se retourner dans sa ~** *hum* sich im Grab|e| umdrehen
tombeau [tɔ̃bo] <x> *m* ❶ Grabmal *nt;* **mise au ~** Grablegung *f*

❷ *littér (ruine)* Verderben *nt*
❸ *littér (mort)* Grab *nt;* **fidèle jusqu'au ~** treu bis in den Tod
▶ **à ~ ouvert** wie der Teufel *(fam)*
tombée [tɔ̃be] *f* **~ de la nuit** [*o* **du jour**] Einbruch *m* der Dunkelheit
tomber [tɔ̃be] <1> I. *vi + être* ❶ *(chuter)* personne: [hin]fallen; *animal:* stürzen; **~ en arrière/en avant** nach hinten/nach vorne [*o* vornüber] fallen; **~ dans les bras de qn** jdm in die Arme fallen; **~ sur le dos/les genoux** auf den Rücken/die Knie fallen; **~ de bicyclette/d'un arbre** vom Rad/von einem Baum fallen; **~ du troisième étage** aus dem dritten Stock fallen; **~** [**par terre**] *personne, bouteille, chaise:* umfallen; *arbre, pile d'objets, poteau:* umstürzen; *échafaudage:* einstürzen; *branches, casseroles:* herunterfallen; **se laisser ~** sich [hin]fallen lassen; **se laisser ~ par terre** sich zu Boden fallen lassen; **faire ~ qn** jdn zu Fall bringen; **faire ~ qc** etw herunterwerfen; **faire ~ le vase de la table** die Vase vom Tisch herunterstoßen; **qn fait/laisse ~ qc** jd lässt jdn/etw fallen, etw fällt jdm herunter
❷ *(glisser)* bretelle, pantalon: herunterrutschen
❸ *(s'abattre)* **~ du ciel** vom Himmel fallen
❹ *(être affaibli)* **~ de fatigue/sommeil** vor Erschöpfung/Müdigkeit *(Dat)* umfallen
❺ *(se détacher)* cheveux, dent: ausfallen; *feuille, masque:* fallen; *fruit:* herunterfallen; **faire ~ les olives de l'arbre** die Oliven vom Baum herunterschlagen
❻ *(arriver)* nouvelle, télex: eintreffen; **~ un lundi** auf [einen] Montag fallen
❼ *(descendre)* nuit, soir: hereinbrechen; *neige, pluie, averse:* fallen; *brouillard:* aufziehen; *foudre:* einschlagen, niederfahren; THEAT *rideau:* fallen
❽ *(être vaincu)* fallen; *dictateur, gouvernement:* gestürzt werden; *mur de Berlin, ville:* fallen; *record:* gebrochen werden; **faire ~ qn/qc** jdn/etw stürzen
❾ MIL *(mourir)* fallen
❿ *(baisser)* vent: sich legen; *colère:* nachlassen; *conversation:* erlahmen; *enthousiasme, exaltation:* nachlassen; **~ de/à qc** *chiffre, indicateurs, monnaie:* um/auf etw *(Akk)* fallen; *nombre d'adhérents:* um/auf etw *(Akk)* sinken
⓫ *(disparaître, échouer)* objection: widerlegt sein/werden; *obstacle:* beseitigt sein/werden; *plan, projet:* fallen gelassen werden
⓬ *(pendre)* fallen; **avoir les épaules qui tombent** hängende Schultern haben; **son manteau lui tombait jusqu'aux talons** der Mantel reichte ihm/ihr bis zur Ferse; **bien/mal ~** *vêtement:* gut/schlecht fallen
⓭ *fam (se retrouver)* **~ enceinte** schwanger werden; **~ d'accord** sich einig werden; **~ en ruine** verfallen
⓮ *(être pris)* **~ dans un piège** in einen Hinterhalt geraten; **~ aux mains de qn** jdm in die Hände fallen
⓯ *(être entraîné)* **~ dans l'alcoolisme/la folie** dem Alkohol/Irrsinn verfallen; **~ dans l'oubli** in Vergessenheit geraten
⓰ *(concerner par hasard)* **~ sur qn** jdn treffen; *sort:* auf jdn fallen
⓱ *(rencontrer, arriver par hasard)* **~ sur un article** auf einen Artikel stoßen; **~ sur qn** jdn [zufällig] treffen; **~ en plein repas** mitten ins Essen platzen
⓲ *(abandonner)* **laisser ~ un projet/une activité** ein Projekt fallen lassen/eine Tätigkeit sein lassen; **laisser ~ un ami** einen Freund im Stich lassen; *(définitivement)* einen Freund fallen lassen
⓳ CARTES atout, carte: fallen; **faire ~ qc** etw ziehen
⓴ *(se poser)* **~ sur qn/qc** *conversation:* auf jdn/etw kommen; *regard:* auf jdn/etw fallen
㉑ *fam (attaquer)* **~ sur qn** über jdn herfallen; **~ sur le dos** [*o* **le paletot**] [*o* **le râble**] **de qn** jdm auf die Pelle rücken *(fam)*
▶ **bien ~** gelegen kommen, gerade recht kommen; **ça tombe bien** das trifft sich gut; **mal ~** ungelegen kommen; **ça tombe mal** das trifft sich schlecht
II. *vt + avoir* ❶ SPORT legen; POL *fam* schlagen *(fam)*
❷ *pop (séduire)* erobern *femme*
❸ *fam (se défaire de)* ablegen, ausziehen *cravate, veste, pantalon*
tombereau [tɔ̃bʀo] <x> *m* ❶ *(voiture)* Kippkarren *m; (engin de chantier)* [Hinter]kipper *m*
❷ *(contenu)* Wagenladung *f*
❸ *fam (grande quantité)* **des ~x de qc** [Riesen]mengen *Pl* von etw
tombeur [tɔ̃bœʀ] *m* ❶ SPORT **~ de qn** Sieger *m* über jdn
❷ *fam (séducteur)* Frauenheld *m,* Playboy *m (fam)*
tombola [tɔ̃bɔla] *f* Tombola *f*
tome [tɔm] *m* Band *m;* **œuvre en plusieurs ~s** mehrbändiges [*o* vielbändiges] Werk
tom[m]e [tɔm] *f* Käsesorte aus Savoyen
tom[m]ette [tɔmɛt] *f* sechseckige Bodenplatte aus gebranntem Ton
tomo [tɔmo] *f fam abr de* **tomographie** MED CT *f*
tomographie [tɔmɔgʀafi] *f* MED Tomographie *f*
ton[1] [tɔ̃] *m* ❶ Ton *m;* **d'un** [*o* **sur un**] **~ convaincu/humoristique** in einem überzeugten/humoristischen Ton; **sur le ~ de la plaisanterie** in scherzhaftem Ton
❷ *(timbre)* **d'une voix** Klang *m;* **baisser/hausser le ~** zu schreien aufhören/zu schreien anfangen; *(se calmer/s'échauffer)* sich beruhigen/sich erhitzen
❸ *(couleur)* Farbton *m;* **dans les ~s roses** in Rosatönen; **~ sur ~** Ton in Ton
❹ MUS Tonart *f,* Ton *m*
❺ LING, PHON Tonfall *m*
▶ **le ~ fait la chanson** der Ton macht die Musik; **il est de bon ~ de faire qc** es gehört zum guten Ton etw zu tun; **donner le ~ à qn** bei jdm den Ton angeben; **se mettre dans le ~** MUS den Ton anschlagen; *(d'esprit)* sich anpassen; **dire** [*o* **répéter**] **qc sur tous les ~s** etw immer wieder sagen
ton[2] [tɔ̃, te] <tes> *dét poss* dein(e); **~ classeur/vase/tableau** dein Ordner/deine Vase/dein Bild; **à ~ avis** deiner Meinung nach; **le chat se fuyait à ton approche** die Katze lief fort, wenn du dich ihr nähertest
▶ **ne fais pas ~ malin!** gib nicht so an!
tonal(e) [tɔnal, o] <s *o* -aux> *adj* tonal
tonalité [tɔnalite] *f* ❶ RADIO Tonqualität *f*
❷ TELEC Freizeichen *nt*
❸ *(timbre)* **d'une voix** Klang *m*
❹ MUS *(échelle)* Tonalität *f;* PHON Klang *m*
❺ *(impression d'ensemble)* **d'un tableau, paysage, texte** Grundstimmung *f*
tondeur [tɔ̃dœʀ] *m* **~ de moutons/chiens** Schaf-/Hundescherer *m*
tondeuse [tɔ̃døz] *f* ❶ *(personne)* **~ de moutons/chiens** Schaf-/Hundeschererin *f*
❷ *(instrument servant à couper les cheveux/la barbe)* Haar-/Bartschneider *m*
❸ *(machine servant à tondre les animaux)* Schermaschine *f*
❹ *(pour le jardin)* **~** [**à gazon**] Rasenmäher *m;* **~ à main** Handrasenmäher
tondre [tɔ̃dʀ] <14> *vt* ❶ scheren; mähen *gazon;* schneiden *haie*
❷ *fam (escroquer)* rupfen *(fam);* **se faire ~ par qn** von jdm gerupft werden *(fam)*
tondu(e) [tɔ̃dy] I. *part passé de* **tondre**
II. *adj* cheveux geschoren; *personne, tête* [kahl] geschoren; *pelouse, pré* gemäht; *haie* geschnitten
III. *m(f)* [Kahl]geschorene(r) *f(m)*
toner [tɔnɛʀ] *m* Toner *m*
tong [tɔ̃g] *f* Sandale *f* mit Zehenriemchen
tonguer [tɔ̃ge] <1> *vi pop* abhängen *(fam)*
tonicité [tɔnisite] *f* **d'une personne** Spannkraft *f; des muscles* Tonus *m; d'une peau* Spannung *f*
tonifiant [tɔnifjɑ̃] *m* Tonikum *nt*
tonifiant(e) [tɔnifjɑ̃, jɑ̃t] *adj* kräftigend; **air ~** Reizklima *nt*
tonifier [tɔnifje] <1a> I. *vt* ❶ stärken, beleben *personne;* kräftigen *cheveux, muscles, peau;* beleben *esprit*
❷ MED stärken, tonisieren *organisme*
II. *vi* anregen
tonique [tɔnik] I. *adj* ❶ *(revigorant)* froid belebend; *lotion* kräftigend; *boisson* tonisch; *médicament* kräftigend; *(qui rend plus performant)* leistungsfördernd
❷ *(débordant d'énergie)* voller Energie
❸ *(stimulant)* idée, lecture anregend
❹ LING, PHON syllabe, voyelle betont; **accent ~** Betonung *f*
II. *m* MED Tonikum *nt;* **~ sexuel** Sexualtonikum *nt*
III. *f* MUS Tonika *f*
tonitruant(e) [tɔnitʀyɑ̃, ɑ̃t] *adj* laut; *voix* durchdringend; *fig* lautstark
tonitruer [tɔnitʀye] <1> *vi* lärmen
tonnage [tɔnaʒ] *m* Tonnage *f;* **~ brut/net** brutto/netto Raumgehalt *m*
tonnant(e) [tɔnɑ̃, ɑ̃t] *adj* acclamations tosend; *voix* donnernd
tonne [tɔn] *f* ❶ Tonne *f;* **trois ~s de charbon/de bois** drei Tonnen Kohlen/Holz; **~ kilométrique** Tonnenkilometer *m*
❷ *fam (énorme quantité)* [ganze] Tonne *f;* **des ~s de légumes** Tonnen von Gemüse *(fam);* **recevoir des ~s de lettres** bergeweise Post bekommen; **bouffer des ~s de chocolat** kiloweise Schokolade futtern *(fam)*
❸ *(récipient)* Tonne *f*
▶ **en faire des ~s** *fam* dick auftragen *(fam)*
tonneau [tɔno] <x> *m* ❶ *(récipient)* Fass *nt,* Schaff *nt (veraltet);* **mettre en ~ en perce** in ein Fass anzapfen [*o* anstechen]; **~ de bière** Bierfass; **vin au ~** Fasswein *m,* offener Wein
❷ *(accident de voiture)* Überschlag *m; (acrobatie aérienne)* Rolle *f;* **faire un ~** *voiture, personne:* sich überschlagen; *avion:* eine Rolle machen
❸ NAUT Registertonne *f*
▶ **c'est le ~ des Danaïdes** das ist ein Danaidenfass

tonnelet [tɔnlɛ] *m* Fässchen *nt*
tonnelier, -ière [tɔnəlje, -jɛʀ] *m, f* Böttcher(in) *m(f)*
tonnelle [tɔnɛl] *f* [Garten]laube *f*
tonnellerie [tɔnɛlʀi] *f* (*métier*) Böttcherhandwerk *nt*; (*atelier*) Böttcherei *f*; (*marchandises*) Böttcherware *f*
tonner [tɔne] <1> I. *vi* ❶ (*retentir*) *artillerie, canons:* donnern
❷ (*parler*) ~ **contre qc** gegen etw wettern
II. *vi impers* **il tonne** es donnert
tonnerre [tɔnɛʀ] *m* ❶ Donner *m*; **de** ~ donnernd
❷ (*manifestation bruyante*) ~ **de protestations** Proteststurm *m*; ~ **d'applaudissements** Beifallssturm *m*; ~ **de Brest!** [*o* **de Dieu**] [zum] Donnerwetter [noch mal]! (*fam*); **bruit de** ~ Höllenlärm *m*; **marcher du** ~ *fam* wie geschmiert laufen (*fam*); **fille/type/voiture du** ~ super Mädchen/Typ/Auto (*fam*)
tonsure [tɔ̃syʀ] *f* ❶ REL Tonsur *f*; **porter la** ~ eine Tonsur tragen
❷ *fam* (*calvitie*) Haarkranz *m*, Platte *f* (*fam*)
tonte [tɔ̃t] *f* ❶ (*action de tondre les moutons*) Scheren *nt*, Schur *f*; ~ **des moutons** Schafschur
❷ (*action de tondre le gazon*) Mähen *nt*; (*action de tondre une haie*) Schneiden *nt*
❸ (*laine*) [Schur]wolle *f*
❹ (*époque*) Scherzeit *f*
tonton [tɔ̃tɔ̃] *m enfantin* Onkel *m*
tonus [tɔnys] *m* ❶ (*dynamisme*) Tatkraft *f*
❷ PHYSIOL Tonus *m*; ~ **musculaire** Muskeltonus
top [tɔp] I. *adj inv, antéposé* ~ **secret** streng geheim; ~ **model** Topmodel *nt*; ~ **niveau** Topniveau *nt*; **au** ~ **niveau** auf Topniveau
II. *m* ❶ (*vêtement*) Top *nt*; ~ **à fines bretelles** Trägertop
❷ RADIO Gongschlag *m*; **au deuxième/troisième** ~ beim zweiten/dritten Gongschlag
❸ (*signal de départ*) ~ [**de départ**] Startsignal *nt*; SPORT Startschuss *m*
❹ *fam* (*niveau maximum*) **le** ~ das Beste; **c'est le** ~ das ist top (*fam*); **au** ~ *fam* ganz oben (*fam*); **Top 50** Top 50 *Pl*
topaze [tɔpaz] I. *f* Topas *m*
II. *adj inv* topasfarben
toper [tɔpe] <1> *vi* **tope-là!** *fam* geritzt! (*fam*)
topette [tɔpɛt] *f* Fläschchen *f* (*länglich*)
topinambour [tɔpinɑ̃buʀ] *m* BOT Topinambur *m*
topique [tɔpik] I. *adj* ❶ PHILOS topisch
❷ MED lokal wirkend
❸ (*caractéristique*) zur Sache gehörig
II. *m* ❶ PHILOS Topos *m*
❷ MED lokal wirkendes Medikament
top[-]modèle [tɔpmɔdɛl] <top[-]modèles> *mf* Topmodel *nt*
topo [tɔpo] *m fam* ❶ (*exposé*) Kurzvortrag *m*; (*écrit*) kurze Darstellung
❷ *péj* (*répétition ennuyeuse*) Sermon *m*; **c'est toujours le même** ~ es ist immer dasselbe Lied [*o* dieselbe Leier] (*fam*)
topographe [tɔpɔgʀaf] *mf* Topograf(in) *m(f)*
topographie [tɔpɔgʀafi] *f* ❶ *d'un lieu, terrain* Topografie *f*
❷ INFORM Topografie *f*; ~ **en étoile** Sternstruktur *f*
topographique [tɔpɔgʀafik] *adj* topografisch
topoguide [tɔpogid] *m* topographische Wanderkarte *f*
topologie [tɔpɔlɔʒi] *f* Topologie *f*
◆ ~ **en bus** INFORM Busarchitektur *f*
topométrie [tɔpɔmetʀi] *f* [Erd]vermessung *f*
toponyme [tɔpɔnim] *m* Ortsname *m*
toponymie [tɔpɔnimi] *f* Ortsnamenkunde *f*
top[-]secret [tɔpsəkʀɛ] *adj inv* topsecret
toquade *v.* tocade
toquante *v.* tocante
toquard(e) *v.* tocard
toque [tɔk] *f d'un juge, magistrat* Toque *f*; *d'un cuisinier* Mütze *f*; (*distinction*) Stern *m*
toqué(e) [tɔke] I. *adj fam* ❶ (*cinglé*) bekloppt (*fam*)
❷ (*amoureux fou*) **être** ~ (**e**) **de qn** in jdn verknallt sein (*fam*)
II. *m(f) fam* Bekloppte(r) *f(m)* (*fam*); ~(**e**) **de cinéma/musique** Kino-/Musikfreak *m* (*fam*)
toquer [tɔke] <1> I. *vi fam* ~ **à qc** an etw (*Akk*) klopfen
II. *vpr fam* **se** ~ **de qn** sich in jdn verknallen (*fam*)
Torah [tɔʀa] *f* Thora *f*
torche [tɔʀʃ] *f* ❶ (*flambeau*) Fackel *f*
❷ (*lampe électrique*) Taschenlampe *f*
torcher [tɔʀʃe] <1> I. *vt* ❶ *fam* (*essuyer*) abwischen
❷ *fam* (*bâcler*) hinschmieren (*fam*)
▶ **être bien torché(e)** *fam* gelungen sein
II. *vpr pop* **se** ~ [**le derrière**] sich (*Dat*) den Hintern abwischen (*fam*)
torchère [tɔʀʃɛʀ] *f* ❶ IND Hochfackel *f*
❷ (*candélabre*) Leuchter *m*
torchis [tɔʀʃi] *m* Strohlehm *m*
torchon [tɔʀʃɔ̃] *m* ❶ Tuch *nt*; ~ **de cuisine** [*o* **à vaisselle**] Geschirrtuch, Küchentuch; **donner un coup de** ~ **sur/à qc** etw abwischen
❷ *fam* (*mauvais journal*) Käseblatt *nt* (*fam*); (*sale travail*) Geschmiere *nt* (*fam*)
▶ **il ne faut pas mélanger les** ~**s et les serviettes** *fam* man darf nicht alles in einen Topf werfen (*fam*); **le** ~ **brûle** *fam* es herrscht [*o* ist] dicke Luft (*fam*)
torchonner [tɔʀʃɔne] <1> *vt fam* hinschmieren (*fam*)
torcol [tɔʀkɔl] *m* ZOOL Wendehals *m*
tordant(e) [tɔʀdɑ̃, ɑ̃t] *adj fam* (*drôle*) zum Brüllen (*fam*)
tord-boyaux [tɔʀbwajo] *m inv fam* Fusel *m* (*fam*), Rachenputzer *m* (*fam*)
tordre [tɔʀdʀ] <14> I. *vt* ❶ (*serrer en tournant*) [aus]wringen *linge*; zwirnen *brins, fils*; ~ **le bras/cou à qn** jdm den Arm/Hals umdrehen
❷ (*plier*) verbiegen; **être tordu**(**e**) *jambe, nez, règle:* krumm sein; *cuillère, tronc:* verbogen sein
❸ (*déformer*) ~ **la bouche/les traits de qn** jdm den Mund/die Züge so jdm verzerren
❹ *fam* (*faire mal*) **qc me tord les boyaux** bei einer S. dreht sich mir der Magen um
II. *vpr* ❶ (*faire des contorsions*) **se** ~ **de douleur** sich vor Schmerz (*Dat*) verziehen; **se** ~ **de rire** sich schieflachen, sich vor Lachen biegen (*fam*)
❷ (*se luxer*) **se** ~ **un membre** sich (*Dat*) ein Glied verrenken [*o* verstauchen]
❸ (*se déformer*) **se** ~ *outil:* sich verbiegen; *plante, tronc, branche:* sich biegen; *racine:* sich krümmen
tordu(e) [tɔʀdy] I. *part passé de* tordre
II. *adj fam esprit, personne, idée* verschroben; *raisonnement* seltsam (*fam*)
III. *m(f) fam* Verrückte(r) *f(m)* (*fam*)
tore [tɔʀ] *m* ❶ ARCHIT Torus *m*, [Säulen-]wulst *m*
❷ GEOM Torus *m*
◆ ~ **de ferrite** INFORM Ferritkern *m*
toréador [tɔʀeadɔʀ] *m* Stierkämpfer *m*
toréer [tɔʀee] <1> *vi* gegen den Stier kämpfen
torero [tɔʀeʀo] *m* Torero *m*
torgnole [tɔʀɲɔl] *f fam* Backpfeife *f* (*fam*)
toril [tɔʀil] *m* Stierkäfig *m*
tornade [tɔʀnad] *f* Tornado *m*
▶ **comme une** ~ wie ein Wirbelwind
toron [tɔʀɔ̃] *m* TECH Litze *f*
torpédo [tɔʀpedo] *f* AUT, HIST offener Tourenwagen *m*
torpeur [tɔʀpœʀ] *f* ❶ *d'une personne* Erstarrung *f*; **sortir de sa** ~ sich aus seiner Erstarrung lösen
❷ (*état léthargique d'un pays*) Lähmung *f*
torpillage [tɔʀpijaʒ] *m* ❶ MIL Torpedierung *f*
❷ (*sabotage*) Sabotieren *nt*; *d'un projet* Sabotieren
torpille [tɔʀpij] *f* ❶ MIL Torpedo *m*
❷ ZOOL Zitterrochen *m*
torpiller [tɔʀpije] <1> *vt* ❶ MIL torpedieren
❷ (*faire échouer*) sabotieren; hintertreiben *plan, projet*
torpilleur [tɔʀpijœʀ] *m* Torpedoboot *nt*
torréfacteur [tɔʀefaktœʀ] *m* ❶ TECH Röster *m*; ~ **à cacao/café** Kakao-/Kaffeeröster
❷ (*marchand*) Kaffeeröster *m*; (*magasin*) Kaffeerösterei *f*
torréfaction [tɔʀefaksjɔ̃] *f* Rösten *nt*
torréfier [tɔʀefje] <1a> *vt* rösten
torrent [tɔʀɑ̃] *m* ❶ Gebirgsbach *m*
❷ (*flot abondant*) ~ **de boue** Schlammmasse *f*; ~ **de lave** Lavastrom *m*; ~ **de larmes** Strom von Tränen
▶ **il pleut à** ~**s** es gießt in Strömen
torrentiel(le) [tɔʀɑ̃sjɛl] *adj pluies* Sturz-; *crue, eaux* reißend; *régime* wild
torride [tɔʀid] *adj* ❶ heiß; *chaleur* brütend
❷ (*passionné*) heiß (*fam*)
tors(e) [tɔʀ, tɔʀs] *adj fil* gezwirnt; *jambes* krumm; *colonne* gedreht
torsade [tɔʀsad] *f* (*cordelette*) Kordel *f*; (*coiffure*) geflochtener Zopf; **pull à** ~**s** Pullover *m* mit Zopfmuster
torsader [tɔʀsade] <1> *vt* flechten *brins, cheveux*; drehen *drap*; verdrillen *fils*
torse [tɔʀs] *m* Oberkörper *m*; ANAT Rumpf *m*; ART Torso *m*; ~ **nu** mit nacktem Oberkörper
▶ **bomber le** ~ die Brust herausstrecken; *fig* sich in die Brust werfen
torsion [tɔʀsjɔ̃] *f* ❶ (*déformation*) *de la bouche, des traits* Verzerren *nt*; *d'une cheville, d'un pied* Verstauchung *f*
❷ PHYS, TECH Torsion *f*
tort [tɔʀ] *m* ❶ (*erreur*) Fehler *m*; **avoir le** ~ **de faire qc** den Fehler begehen etw zu tun; **avoir des** ~**s envers qn** jdm [ein] Unrecht zugefügt haben
❷ (*préjudice*) Nachteil *m*; (*moral*) Unrecht *nt*; **avoir** ~ Unrecht haben; **avoir** [**grand**] ~ **de faire qc** etw zu Unrecht tun; **donner** ~ **à**

qn jdm Unrecht geben; **être/se mettre en** [*o* **dans son**] ~ im Unrecht sein/sich ins Unrecht setzen; **faire** [*o* **causer**] **du ~ à qn/qc** jdm/einer S. schaden [*o* Schaden zufügen]; **ne faire** [*o* **causer**] **de ~ à personne** niemandem schaden; **porter ~ à qn/qc** jdm/einer S. schaden [*o* Schaden zufügen]; **à ~** zu Unrecht
▶ **à ~ ou à** raison ou Recht oder zu Unrecht; **à ~ et à** travers unüberlegt; **dépenser à ~ et à travers** wie wild ausgeben *(fam)*; **parler à ~ et à travers** ins Blaue hinein reden, sich vergaloppieren *(fam)*; **tirer des munitions à ~ et à travers** *fam* Munition verballern *(fam)*
tortellinis [tɔʀtelini] *mpl* GASTR Tortellini *Pl*
torticolis [tɔʀtikɔli] *m* steifer Hals; **avoir le ~** einen steifen Hals haben
tortillard [tɔʀtijaʀ] *m fam* Bummelzug *m*
tortillement [tɔʀtijmɑ̃] *m* Verrenkung *f*; *des fesses, hanches* Wackeln *nt*
tortiller [tɔʀtije] <1> I. *vt* zwirbeln *cheveux*; [zer]knittern *cravate, mouchoir*; [zer]knüllen *mouchoir*; kneten *doigts*
II. *vi* **des hanches/fesses** mit der Hüfte/dem Hintern wackeln
▶ **y a pas à ~** *fam* daran gibt es nichts zu rütteln
III. *vpr* **se ~** ❶ *(se tourner sur soi-même) personne:* herumzappeln; *animal:* sich winden; **se ~ sur sa chaise** auf seinem Stuhl herumrutschen
❷ *(s'étirer en spirale) racine, tige:* sich winden
tortillon [tɔʀtijɔ̃] *m (chose tortillée)* **~ de papier** zusammengedrehtes Papier; **~ d'étoffe** Stoffwulst *m*
tortionnaire [tɔʀsjɔnɛʀ] *mf* Folterknecht *m; hum* Quälgeist *m*
tortu(e) [tɔʀty] *adj* ❶ *littér* gewunden
❷ *fig littér personne* aalglatt; *idée* verschroben; *raisonnement* seltsam
tortue [tɔʀty] *f* ❶ ZOOL Schildkröte *f*
❷ *fam (personne très lente)* Schnecke *f (fam)*
tortueusement [tɔʀtɥøzmɑ̃] *adv* über Umwege; *fig* auf krummem Wege
tortueux, -euse [tɔʀtɥø, -øz] *adj* ❶ *(sinueux) chemin* verschlungen; *escalier, ruelle* verwinkelt
❷ *(retors) conduite* undurchsichtig; *manœuvres* undurchschaubar
torturant(e) [tɔʀtyʀɑ̃, ɑ̃t] *adj attente* qualvoll; *pensée, réflexion* quälend
torture [tɔʀtyʀ] *f* ❶ *(supplice)* Folter *f*
❷ *(souffrance)* Qual *f*
▶ **être à la ~** Qualen ausstehen, Qualen [er]leiden; **mettre qn à la ~** jdn auf die Folter spannen
torturer [tɔʀtyʀe] <1> I. *vt* ❶ *(supplicier)* foltern *personne*; quälen *animal*
❷ *(faire souffrir) douleur, doute, faim, jalousie, remords:* plagen
❸ *(déformer)* **être torturé(e) par qc** *traits, visage:* durch etw entstellt sein
II. *vpr* **se ~** grübeln; **se ~ l'esprit/la mémoire/les méninges** sich *(Dat)* den Kopf zerbrechen, sich *(Dat)* das Hirn zermartern
torve [tɔʀv] *adj* scheel
tory [tɔʀi] <s *o* tories> *m* POL Tory *m*
toscan(e) [tɔskɑ̃, an] *adj* ❶ *(de la Toscane)* toskanisch
❷ ARCHIT toskanisch; **l'ordre ~** die toskanische Ordnung
Toscane [tɔskan] *f* **la ~** die Toskana
tôt [to] *adv* ❶ *(de bonne heure)* früh
❷ *(à une date ou une heure avancée)* früh; **quelques années plus ~** einige Jahre zuvor
❸ *(vite)* **plus ~** früher, eher; **le plus ~ possible** so bald wie möglich
▶ **le plus ~ sera le** mieux je früher, desto besser; **~ ou** tard früher oder später; **au plus ~** *(au mieux)* frühestens; *(incessamment)* unverzüglich; **pas plus ~ ... que** *(à peine)* kaum ..., da; **pas de si ~** nicht so bald
total [tɔtal, o] <-aux> *m* Gesamtbetrag *m*; **~ d'une addition** Gesamtsumme *f*; **~ des dépenses/de la population** Gesamtausgaben *Pl*/-bevölkerung *f*; **~ de l'actif** ECON Gesamtaktiva *Pl (Fachspr.)*; **~ global de l'actif/du passif** ECON Gesamtsumme der Aktiva/Passiva; **~ des capitaux propres** Gesamtsumme des Eigenkapitals
▶ **faire le ~ de qc** die Bilanz aus etw ziehen; **au ~** *(en tout)* insgesamt; *(somme toute)* alles in Allem
total(e) [tɔtal, o] <-aux> *adj* ❶ *(absolu)* total; *destruction, blocage* vollständig; *maîtrise* vollkommen; *désespoir, obscurité, ruine* völlig
❷ FIN, MATH *hauteur, somme* Gesamt-; **charges ~es** Gesamtlast *f*
totale [tɔtal] *f* MED *fam* Totaloperation *f*
▶ **c'est la ~** das ist echt die Härte *(fam)*
totalement [tɔtalmɑ̃] *adv* völlig; *détruit, ruiné* vollkommen, vollständig
totalisateur [tɔtalizatœʀ] *m* ❶ TECH Rechenmaschine *f*
❷ INFORM Rechenwerk *nt*
totalisation [tɔtalizasjɔ̃] *f (résultat)* [End]abrechnung *f; (action)* Zusammenzählen *nt*; **~ des recettes/dépenses** Zusammenrechnen *nt* der Einnahmen/Ausgaben
totaliser [tɔtalize] <1> *vt* ❶ *(additionner)* zusammenzählen
❷ *(atteindre)* kommen auf *(+ Akk) nombre, points, voix*; zählen *habitants*
totalitaire [tɔtalitɛʀ] *adj* totalitär
totalitarisme [tɔtalitaʀism] *m* Totalitarismus *m*
totalité [tɔtalite] *f* Gesamtheit *f*; **~ des biens** FIN Gesamtvermögen *nt*; **~ des charges** Gesamtlast *f*; **~ des obligations** JUR Gesamtverbindlichkeiten *Pl*; **en ~** völlig, vollkommen
totem [tɔtɛm] *m* ❶ *(symbole)* Totem *nt*
❷ *(statue)* Totempfahl *m*
totémique [tɔtemik] *adj* ❶ *(relatif au totem)* **mât ~** Totempfahl *m*
❷ *(relatif au culte du totem)* totemistisch
toto [toto] *m fam* Laus *f*
toton [tɔtɔ̃] *m* Kreisel *m*
touareg [twaʀɛg] *adj* Tuareg-; **des groupes ~[s]** Tuareg-Gruppen *Pl*
Touareg [twaʀɛg] *mpl* Tuareg *Pl*
toubib [tubib] *m fam* Arzt *m*/Ärztin *f*
toucan [tukɑ̃] *m* ORN Tukan *m*
touchant [tuʃɑ̃] *prép littér (concernant)* **~ ce problème** dieses Problem betreffend, was dieses Problem betrifft
touchant(e) [tuʃɑ̃, ɑ̃t] *adj (émouvant)* rührend, ergreifend; *situation, histoire* ergreifend; **~(e) de gentillesse/naïveté** rührend vor Liebenswürdigkeit/Naivität *(Dat)*
touche [tuʃ] *f* ❶ INFORM Taste *f*; **~ Alternative** Alt-Taste; **~ Alt-Gr** [*o* **Alternative graphique**] Alt-Gr-Taste; **~ fléchée** Pfeiltaste; **~ morte** Tottaste; **~ spéciale** Sondertaste; **~ Contrôle** Steuerung-Taste; **~ Echappement** Escape-Taste; **~ Entrée** Eingabetaste, Enter-Taste; **~ Espace** Leer-Taste, Blank-Taste; **~ Fin** Ende-Taste; **~ Insertion** Einfüge-Taste; **~ Majuscule** Umschalttaste; INFORM Shift-Taste; **appuyer sur la ~ Majuscule** umschalten, [auf] die Umschalttaste drücken; **~ Option** Alt-Taste; **~ Retour arrière** Rücktaste, Backspace-Taste; **~ Retour** Return-Taste; **~ Suppression** Entfernen-Taste, Löschtaste; **~ [de] tabulation** Tabulatortaste; **~ verrouillage majuscule** Feststelltaste, CapsLock-Taste; **~ Verr Num** NumLock-Taste; **~ de/des caractères** Zeichentaste; **~ de/des chiffres** Zifferntaste; **~ de défilement de page-écran vers le haut** Bild-nach-oben-Taste; **~ de défilement de page-écran vers le bas** Bild-nach-unten-Taste; **~ presser la F1** die Taste F1 drücken; **confirmer qc en appuyant sur une ~** etw per Tastendruck bestätigen
❷ MUS *d'un accordéon, piano* Taste *f; d'une guitare, d'un violon* Griffbrett *nt;* **~ noire** Obertaste
❸ *(coup de pinceau)* Strich *m;* **une ~ de couleur/rose** ein Strich Farbe/Rosa
❹ *(style d'un artiste)* Stil *m*
❺ PÊCHE Anbiss *m;* **j'ai une ~** bei mir beißt ein Fisch an; **avertisseur de ~** Avonpose *f;* **détecteur de ~** Bissanzeiger *m,* Bissmelder *m*
❻ SPORT *(en escrime)* Treffer *m; (au football, rugby) (ligne)* Seitenlinie *f; (sortie du ballon)* Aus *nt*
❼ *fam (allure)* Aussehen *nt*
▶ **faire une ~** *fam* eine Eroberung machen; **~ de gaieté/tendresse/d'humour** Spur *f* von Fröhlichkeit/Zärtlichkeit/Humor; **sur la ~** *(au bord du terrain)* auf der Ersatzbank; *fam (à l'écart)* im/ins Abseits *(fam)*
◆ **~ d'aide** INFORM Hilfetaste *f;* **~ de commande** INFORM Befehlstaste *f,* Steuertaste; **~ de curseur** INFORM Cursortaste *f;* **~ de direction** INFORM Cursortaste *f;* **~ éclat** COSMET Highlighter *m;* **~ d'effacement** Entfernen-Taste *f;* **~ [de] Fonction** Funktionstaste *f;* **~ d'interruption** INFORM Unterbrechungstaste *f*
touche-à-tout [tuʃatu] *mf inv fam (enfant)* Kind, das alles anfasst *(fam); (personne aux activités multiples)* Handdampf in allen Gassen *m (fam); (personne aux talents multiples)* Tausendsassa *m (fam)*
toucher[1] [tuʃe] <1> I. *vt* ❶ *(porter la main sur)* anfassen, berühren; **~ qn/qc du doigt/avec la main** jdn/etw mit dem Finger/der Hand berühren
❷ *(entrer en contact avec)* berühren *ballon, fond, sol;* reichen bis an *(+ Akk) plafond;* **faire ~ le sol à son adversaire** seinen Gegner zu Boden bringen
❸ *(être contigu à)* **~ qc** an etw *(Akk)* grenzen
❹ *(frapper) balle, coup, explosion, mesure, politique:* treffen; *maladie:* befallen
❺ *(concerner) betreffen; histoire, affaire:* angehen; **elle me touche de près** sie steht mir nahe; **être touché(e) par qc** von etw betroffen sein
❻ *(émouvoir)* **~ qn** *critique, reproche:* jdn treffen; *drame, deuil, scène:* jdn berühren; *sourire, style:* jdn ansprechen; **profondément touché(e)** tief bewegt
❼ *(recevoir)* bekommen *argent, ration, commission;* beziehen *pension, traitement;* kassieren *prime, tiercé; (à la banque)* abheben *argent;* einlösen *chèque*

❽ *(contacter)* erreichen *personne*
❾ *(atteindre)* erreichen *port, côte*
▸ **touché coulé!** Treffer, versenkt!; **qn n'en touche pas une** *fam* jd blickt's nicht *(fam)*
II. *vi* ❶ *(porter la main sur)* **~ à qc** etw anfassen, an etw *(Akk)* tatschen *(pej fam)*
❷ *(se servir de)* **~ à ses économies** an sein Erspartes gehen; **~ à un instrument** ein Instrument anrühren
❸ *(tripoter)* **~ à qn** jdn anrühren; **ne me touche pas!** lass mich in Ruhe!
❹ *(salir)* **~ à une réputation** einen Ruf beflecken [*o* besudeln]
❺ *(modifier)* **~ au règlement** die Regeln antasten; **~ à un mécanisme/outil/site** an einem Mechanismus/Werkzeug/einer Landschaft herummachen *(fam)*
❻ *(concerner)* **~ à des intérêts** Interessen berühren; **~ à un domaine** ein Gebiet berühren [*o* betreffen]; **~ à un problème/une question** im Zusammenhang mit einem Problem/einer Frage stehen
❼ *(aborder)* **~ à un problème/sujet** ein Problem/Thema ansprechen
❽ *(être proche de)* **~ à un lieu/objet** an einen Ort/ein Objekt fast angrenzen [*o* anstoßen]; **~ au plafond** beinahe die Decke berühren; **~ à la folie/l'inconscience** *soutenu* an Wahnsinn/Gewissenlosigkeit *(Akk)* grenzen; **~ à sa fin** dem Ende zugehen
III. *vpr* **se ~** ❶ *(être en contact) personnes:* sich berühren; *immeubles, localités, propriétés:* aneinandergrenzen
❷ *(se masturber)* sich selbst befriedigen

toucher² [tuʃe] *m* ❶ *(sens)* Tastsinn *m;* **être doux(douce) au ~** sich weich anfühlen
❷ *(qualité d'un tissu)* Griff *m*
❸ MUS Anschlag *m*
❹ SPORT **~ de balle** Ballbehandlung *f*
❺ MED Tastuntersuchung *f*

touche-touche [tuʃtuʃ] *adv* **à ~** *fam* dicht an dicht
touer [twe] <1> *vt* NAUT verholen, schleppen *bateau*
touffe [tuf] *f* Büschel *nt;* **~ de cheveux** Haarbüschel; **~ d'herbe** Grasbüschel
touffu(e) [tufy] *adj* ❶ *(épais)* dicht; *sourcils* buschig; *végétation* üppig; **un arbre très ~** ein dicht belaubter Baum
❷ *(chargé)* überfrachtet; *roman* verwickelt; *style* kompliziert
touillage [tujaʒ] *m fam* Rühren *nt*
touiller [tuje] <1> *vt fam* rühren *sauce;* wenden *salade;* **~ le café** den Kaffee umrühren
toujours [tuʒuʀ] *adv* ❶ *(constamment)* immer
❷ *(encore)* immer noch
❸ *(en toutes occasions)* immer; **je l'ai ~ dit** das habe ich [ja] schon immer gesagt
❹ *(malgré tout)* dennoch; **qc peut ~ servir** etw kann man immer [*o* schon] noch gebrauchen
▸ **~ est-il que tu ne viens pas** jedenfalls kommst du nie; **qn peut ~ faire qc** *(qn aura beau)* jd kann etw tun, so viel er will; **de ~** alt; **depuis ~** seit eh und je
toundra [tundʀa] *f* Tundra *f*
toupet [tupɛ] *m* ❶ *(touffe)* Büschel *nt*
❷ *fam (culot)* Frechheit *f;* **avoir le ~ de faire qc** die Frechheit besitzen etw zu tun
toupie [tupi] *f* ❶ *(jouet)* Kreisel *m*
❷ TECH Fräsmaschine *f*
tour¹ [tuʀ] *m* ❶ *(circonférence)* Umfang *m; d'un visage* Umriss *m; des yeux* Ränder *Pl;* **~ de hanches/poitrine** Hüftweite *f*/Brustumfang
❷ *(brève excursion)* Tour *f;* **à pied/en voiture** [kleiner] Spaziergang/[kleine] Autofahrt; **faire un ~** eine Runde machen [*o* drehen]; **~ en bateau à vapeur** Dampferfahrt *f;* **faire un ~ en bateau à vapeur sur le lac de Constance** eine Dampferfahrt auf dem Bodensee machen
❸ *(succession alternée)* **~ de garde/surveillance** Wachdienst *m;* **attendre son ~** warten, bis man an die Reihe kommt; **c'est au ~ de qn de faire qc** jd ist dran *fam* [*o* an der Reihe] etw zu tun; **passer son ~** aussetzen; **chacun [à] son ~** einer nach dem anderen
❹ *(rotation)* Umdrehung *f;* **~ de manivelle/roue/vis** Kurbeldrehung/Radumdrehung/Schraubendrehung; **donner un ~ de vis** die Schraube fester anziehen; **donner un ~ de clé** den Schlüssel einmal herumdrehen; **fermer qc à double ~** etw zweimal abschließen; **7000 ~s/minute** INFORM 7000 Umdrehungen pro Minute, Umdrehung *f* pro Minute: 7000
❺ *(duperie)* Streich *m;* **un mauvais ~** ein böser Streich; **~ de con** *fam* idiotische Aktion *(fam)*
❻ *(tournure)* [Rede]wendung *f*
❼ *(exercice habile)* Kunststück *nt;* **~ d'adresse/d'agilité** Kunststück; **~ de prestidigitation** [*o* **de magie**] Zaubertrick *m*
❽ *(séance)* Runde *f;* **~ de manège** Karussellrunde
❾ MUS *vieilli* **un disque 33/45/78 ~s** eine LP/Single/78er Platte
❿ POL Wahlgang *m*
⓫ SPORT **~ éliminatoire** Zwischenlauf *m*
▸ **à ~ de bras** mit voller Wucht; **cogner** [*o* **taper**] **qn à ~ de bras** [wie wild] auf jdn einschlagen, jdn verprügeln; **faire le ~ du cadran** zwölf geschlagene [*o* volle] Stunden schlafen; **faire des ~s et des détours** viele Umwege machen; **en un ~ de main** im Handumdrehen, im Handkehrum (CH); **faire le ~ du propriétaire** einen Besichtigungsrundgang machen; **à ~ de rôle** abwechselnd, der Reihe nach; *(à intervalles réguliers)* turnusgemäß; **avoir plus d'un ~ dans son sac** einige Tricks auf Lager haben *(fam);* **~ de table** **faire** [*o* **procéder à**] **un ~ de table** sich reihum äußern; **donner un ~ de vis à qc** etw einschränken; **trois petits ~s** |et **puis s'en vont**| *fam* eins, zwei, drei, und weg waren sie; **plus souvent qu'à mon/son ~** *fam* öfter als gut [für mich/ihn/sie] ist; **faire le ~ du parc/de la ville** einen Rundgang durch den Park/die Stadt machen; **faire le ~ du pays/de la région** eine Rundreise durch das Land/die Region machen; **faire le ~ du problème/de la question** sich eingehend mit dem Problem/der Frage beschäftigen; **faire le ~ de ses amis/relations** seine Freunde/Verwandten aufzählen; **jouer un ~ à qn** jdm übel mitspielen; **jouer un ~/des ~s à qn** *étourderie:* jdm zu schaffen machen *(fam);* **le ~ est joué** *fam* die Sache ist geritzt *(fam);* **prendre un ~ désagréable/inquiétant** einen unangenehmen/beunruhigenden Verlauf nehmen; **c'est un ~ à prendre** das ist eine Frage der Übung; **c'est reparti pour un ~** alles wie gehabt
♦ **~ de chant** Konzert *nt;* **~ de cou** Halsband *nt;* **~ de force** Kraftakt *m; (exploit moral)* Heldentat *f;* **~ de faveur** bevorzugte Behandlung; **Tour de France** Tour *f* de France *f;* **~ de main** *HIST* Wanderschaft eines Handwerksgesellen; **~ d'honneur** Ehrenrunde *f;* **~ d'horizon** Überblick *m;* **faire un ~ d'horizon de qc** einen Überblick über etw *(Akk)* geben; **~ de main** Fingerfertigkeit *f;* **~ du monde** Weltreise *f; (en voilier)* Weltumseg[el]ung *f;* **~ de passe-passe** *fam* Masche *f (fam);* **~ de reins** MED Hexenschuss *m (fam);* **~ de scrutin** Wahlgang *m*
tour² [tuʀ] *m* TECH *d'un potier* Töpferscheibe *f;* **~ [à métaux]** Drehbank *f;* **~ à bois** Drechslerbank
tour³ [tuʀ] *f* ❶ *(monument)* Turm *m;* **~ de l'hôtel de ville/de la mairie** Rathausturm
❷ MIL Wehrturm
❸ *(immeuble)* Hochhaus *nt;* **~ de bureaux** Bürohochhaus
❹ ECHECS Turm *m*
▸ **une vraie ~** *fam* ein richtiger Kleiderschrank *(fam)*
♦ **~ de Babel** REL Turm *m* von Babel; *(mélange de langues)* Sprachgewirr *nt,* Babel *nt;* **~ de contrôle** Tower *m;* **~ de cou** Kropfband *nt;* **~ de forage** Bohrturm *m;* **~ de guet** Wachturm *m;* **~ d'ivoire** Elfenbeinturm *m;* **~ de passe-passe** Taschenspielerkunststück *nt;* **~ de refroidissement** Kühlturm *m;* **~ de télécommunications** Fernmeldeturm *m*
tourbe [tuʀb] *f* AGR Torf *m*
tourbeux, -euse [tuʀbø, -øz] *adj* torfig; *plante, marais* Torf-
tourbière [tuʀbjɛʀ] *f* [Torf]moor *nt*
tourbillon [tuʀbijɔ̃] *m* ❶ *(vent)* Wirbelsturm *m;* **~ de vent** Wirbelwind *m;* **~ de neige** Schneegestöber *nt*
❷ *(masse d'eau)* Strudel *m*
❸ *(colonne tournoyante)* **~ de sable** Sandsturm *m;* **~ de fumée** Wirbel *m* von Rauch
❹ *(agitation)* **~ de la vie** Lauf *m* des Lebens; **~ des danseurs** wildes Treiben der Tänzer
tourbillonnant(e) [tuʀbijɔnɑ̃, ɑ̃t] *adj* ❶ *vent* Wirbel-; *eau* strudelnd; *feuilles, fumée* wirbelnd
❷ *(agité) vie* lebhaft; *danse* schwungvoll
tourbillonnement [tuʀbijɔnmɑ̃] *m* ❶ *(tournoiement)* **~ des feuilles/de la fumée** Blätter-/Rauchwirbel *m*
❷ *(agitation)* **~ des personnes** Menschengedränge *nt*
tourbillonner [tuʀbijɔne] <1> *vi* ❶ *feuilles:* [herum]wirbeln; *eaux* strudeln; *fumée, neige, poussière:* aufwirbeln; *danseurs:* [herum]wirbeln; *oiseaux:* aufsteigen
❷ *(s'agiter, être en ébullition)* **~ dans la tête de qn** *idées, projets:* in jds Kopf herumspuken
tourelle [tuʀɛl] *f* ❶ Türmchen *nt*
❷ MIL, NAUT Geschützturm *m*
tourier, -ière [tuʀje, -jɛʀ] **I.** *adj* Kloster-; **frère ~** Klosterpförtner *m* **II.** *m, f* Klosterpförtner(in) *m(f)*
tourillon [tuʀijɔ̃] *m* Bolzen *m,* Zapfen *m*
tourisme [tuʀism] *m* Tourismus *m,* Fremdenverkehr *m; (secteur d'activités, branche)* Fremdenverkehrsgewerbe *nt;* **~ forfaitaire/vert/de masse** Pauschal-/Natur-/Massentourismus; **~ dans des pays lointains** Ferntourismus; **~ pour les routards** Rucksacktourismus; **faire du ~** Sightseeing machen *(fam);* **voiture de grand ~** Grand-Tourisme-Wagen *m,* GT-Wagen *m*
touriste [tuʀist] *mf* Tourist(in) *m(f);* **en ~** als Tourist, *péj fam* eben mal so *(fam)*
touristique [tuʀistik] *adj* ❶ *(relatif au tourisme)* touristisch; *attrait*

für Touristen; *activités* Freizeit-; **menu/renseignement** ~ Touristenmenü *nt*/-information *f*; **centre** ~ Touristenzentrum *nt*; **guide** ~ Fremdenführer(in) *m(f)*
② *(où l'on fait du tourisme) région* Ferien-; **ville** ~ Ferienort *m*
tourmaline [tuʁmalin] *f* Turmalin *m*
tourment [tuʁmɑ̃] *m littér* ① *(souffrance morale)* Pein *f (liter)*
② *(douleur physique)* Marter *f (liter)*; **~s de l'enfer** Höllenqualen *Pl*
tourmente [tuʁmɑ̃t] *f* ① *soutenu (tempête)* Unwetter *nt*; **~ de neige** Schneesturm *m*
② *littér (bouleversement)* Unruhen *Pl*
tourmenté(e) [tuʁmɑ̃te] *adj* ① *(angoissé)* gequält; **~(e) de scrupules** von Gewissensbissen geplagt
② *(compliqué) côte, formes, paysages* zerklüftet; *style* verzerrt
③ *(agité) mer* stürmisch; *vie* bewegt
tourmenter [tuʁmɑ̃te] <1> **I.** *vt* ① *(tracasser) ambition, envie, jalousie:* quälen; *doute, remords, scrupules:* plagen
② *(importuner)* ~ **qn de qc** jdn mit etw bedrängen [*o* drangsalieren]
③ *(faire souffrir) douleur, faim, maladie:* plagen
II. *vpr* **se** ~ sich *(Dat)* Sorgen machen
tournage [tuʁnaʒ] *m* ① CINE *d'un film, d'une scène* Drehen *nt*; **lors du ~ de ce film** bei den Dreharbeiten *Pl* für diesen Film; **jour de ~** Drehtag *m*
② TECH Drehbankarbeiten *Pl*; **~ sur bois** Drechslerarbeiten *Pl*
tournailler [tuʁnaje] <1> *vi fam* **~ autour de qc/en ville** an/bei etw herumlungern *fam*/sich in der Stadt herumtreiben
tournant [tuʁnɑ̃] *m* ① *(virage)* Kurve *f*; **prendre bien/mal le** [*o* **son**] ~ die Kurve kriegen/nicht kriegen *(fam)*
② *(changement) d'une carrière, histoire, vie* Wendepunkt *m*; *d'un match, d'une politique* Wende *f*; **marquer un ~ dans qc** einen Wendepunkt in etw *(Dat)* bedeuten
▶ **attendre/rattraper qn au ~** *fam* jdn schon noch kriegen/jdn drankriegen *(fam)*; **être au ~** in Sicht sein
tournant(e) [tuʁnɑ̃, ɑ̃t] *adj* ① *(qui peut tourner) plaque, pont, scène* Dreh-
② MIL *mouvement, manœuvre* Einkreisungs-
③ *(en spirale) couloir, ruelle* verwinkelt; **escalier** ~ Wendeltreppe *f*
tournante [tuʁnɑ̃t] *f* Gruppenvergewaltigung *f*
tourné(e) [tuʁne] *adj (aigri)* schlecht geworden; *sauce, vin* umgekippt *(fam)*; *lait* sauer geworden; *(retombé)* zusammengefallen
▶ **personne/taille bien ~e** gut gebaute Person/Figur; **article/lettre bien/mal ~** gut/schlecht formulierter Artikel/Brief; **avoir l'esprit mal ~** eine schmutzige Fantasie haben
tournebouler [tuʁnəbule] <1> *vt fam* durcheinanderbringen; **~ la cervelle** [*o* **l'esprit**] [*o* **les idées**] **à qn** jdn völlig durcheinanderbringen; **être tourneboulé(e)** völlig durcheinander sein
tournebroche [tuʁnəbʁɔʃ] *m* Drehspieß *m*
tourne-disque [tuʁnədisk] <tourne-disques> *m* Plattenspieler *m*
tournedos [tuʁnədo] *m* GASTR Tournedos *nt*
tournée [tuʁne] *f* ① *(circuit)* Runde *f*, Tour *f*; **~ des bistros** *fam* Kneipenbummel *m (fam)*, Kneipentour *f (fam)*; **faire sa ~** seine Runde machen; **faire la ~ des cafés** durch die Kneipen ziehen, eine Runde durch die Kneipen machen; **faire la ~ des boîtes** clubben *(fam)*
② *(voyage) d'un chanteur, groupe* Tournee *f*; *d'une compagnie d'acteurs* Gastspielreise *f*; **~ de conférences** Vortragsreise; **être en ~** touren, auf Tournee sein; **~ théâtrale** Theatertournee; **~ électorale** Wahlkampfreise *f*
③ *fam (au café)* Runde *f*; **~ générale** Lokalrunde *(fam)*; **payer une ~** eine Runde ausgeben; **c'est ma ~** jetzt gebe ich einen [*o* eine Runde] aus
④ *fam (raclée)* Tracht *f* Prügel *(fam)*
▶ **faire la ~ des grands ducs** *o* **des** Zechtour [*o* Sause *fam*] machen
♦ **~ de concerts** Konzertreise *f*, Konzerttournee *f*; **~ d'inspection** Inspektionsrundgang *m*
tournemain [tuʁnəmɛ̃] *m* ▶ **en un ~** im Handumdrehen
tourner [tuʁne] <1> **I.** *vt* ① *(mouvoir en rond)* drehen; herumdrehen *clé*; **~ la poignée** den [Tür]griff [*o* am [Tür]griff] drehen
② *(orienter)* **~ la lampe vers la gauche/le haut** die Lampe nach links/nach oben drehen; **~ les yeux vers qn/qc** den Blick auf jdn/etw richten; **sans daigner ~ les yeux vers nous** ohne uns eines Blickes zu würdigen; **~ la tête vers qn/qc** sich zu jdm/etw umschauen; **~ ses efforts vers qn/qc** seine Kräfte auf etw *(Akk)* konzentrieren; **~ ses pensées vers qn** an jdn denken; **~ ses feuilles vers la lumière** *plante:* sich zum Licht drehen, sich dem Licht zudrehen; **une économie trop tournée vers les importations** eine importlastige Wirtschaft
③ *(retourner)* umdrehen *disque;* umblättern, umschlagen *page;* umdrehen, wenden *viande;* **~ entre ses mains** in seinen/ihren Händen [hin und her] drehen; **~ l'affaire en tous sens** die Angelegenheit von allen Seiten betrachten; **quelle que soit la façon de ~ ce problème...** wie man das Problem auch dreht und wendet ..., man

kann das Problem drehen und wenden, wie man will ...
④ *(remuer)* umrühren
⑤ *(contourner)* umgehen; *(en voiture, à vélo)* umfahren; *(en bateau)* umschiffen; **~ le coin de la rue** um die Ecke biegen
⑥ *(détourner)* abwenden *regard;* wegdrehen *tête;* **~ le dos à qn/qc** sich von jdm/einer S. abwenden, jdm/einer S. den Rücken zuwenden [*o* zukehren]
⑦ *(formuler)* formulieren; **bien ~ ses phrases** sich [gut] ausdrücken können; **savoir comment ~ un compliment** es verstehen, Komplimente zu machen
⑧ *(transformer)* **~ qn/qc en ridicule** [*o* **dérision**] jdn/etw lächerlich machen; **~ qc en plaisanterie** etw nicht ernst nehmen; **~ qc à son avantage** etw zu seinen Gunsten [*o* zu seinem Vorteil] wenden
⑨ CINE drehen
⑩ TECH drehen; drechseln *bois*
▶ **~ et retourner qc** etw hin und her drehen; **~ et retourner un problème** ein Problem drehen und wenden
II. *vi* ① *(pivoter sur son axe)* sich drehen; **~ de travers** *roue:* eiern *(fam)*; **~ sur soi-même** sich um sich selbst drehen
② *(avoir un déplacement circulaire) personne, animal:* im Kreis herumlaufen; *(en fonction d'un système)* seine Runden drehen; *avion, oiseau:* seine Kreise ziehen; **~ autour de qn/qc** jdn/etw umkreisen; **~ autour du soleil** um die Sonne kreisen, sich um die Sonne drehen; **arrête de me ~ autour!** lauf mir nicht ständig zwischen den Beinen herum!
③ *(fonctionner)* laufen; **~ rond** reibungslos laufen; **~ à vide** leer laufen; *moteur:* im Leerlauf sein; **~ à plein rendement** [*o* **régime**] auf vollen Touren [*o* auf Hochtouren] laufen; **~ au ralenti** *affaires:* auf Sparflamme laufen; **faire ~ un moteur** einen Motor laufen lassen; **c'est elle qui fait ~ l'entreprise** sie schmeißt den [ganzen] Laden *(fam)*
④ *(avoir trait à)* **~ autour de qn/qc** *conversation:* sich um jdn/etw drehen; **la discussion tourne autour de qn/qc** bei der Diskussion geht es um jdn/etw
⑤ *(bifurquer)* abbiegen; **~ dans une rue** in eine Straße [ein]biegen
⑥ *(s'inverser)* umschlagen; *vent:* drehen; **la chance a tourné** das Blatt hat sich gewendet
⑦ *(évoluer)* **~ à/en qc** sich zu etw entwickeln; *événement:* als etw enden; *maladie:* zu etw werden, sich zu etw entwickeln; **~ au drame/tragique** als Drama/tragisch enden; **~ au grotesque** allmählich grotesk werden; **~ au vaudeville** sich zur Posse entwickeln; **le temps tourne au beau/au froid/à la pluie** es heitert sich auf/wird kalt/gibt Regen; **en bagarre** in einer Schlägerei enden; **~ à l'avantage/au désavantage de qn** sich zu jds Gunsten/Ungunsten entwickeln [*o* wenden]; **les choses ont tourné autrement** die Dinge haben sich anders entwickelt [*o* sind anders gelaufen] *(fam)*
⑧ *(devenir aigre) crème, lait:* sauer werden; *vin:* schlecht werden
⑨ CINE [Filme] drehen, Filme machen
⑩ *(faire une tournée)* [dienstlich] unterwegs sein
⑪ *(approcher)* **~ autour de qc** *prix, nombre:* sich um etw bewegen, [ungefähr *o* etwa] bei etw liegen
⑫ *(essayer de séduire)* **~ autour de qn** jdn umschwärmen, jdm nachlaufen; *(fayoter)* ständig um jdn herumscharwenzeln *(pej)*
▶ **~ bien/mal** *personne:* sich positiv entwickeln/auf die schiefe Bahn geraten; *chose:* gut/schlecht ausgehen, eine glückliche/böse Wendung nehmen
III. *vpr* ① **se ~ vers qn/qc** *(s'adresser à)* sich an jdn/etw wenden; *(s'orienter)* sich jdm/etw zuwenden; *chose:* sich auf jdn/etw richten; **se ~ vers la littérature/politique/une profession** sich der Literatur/Politik widmen/einen Beruf ergreifen; **se ~ contre qn/qc** sich gegen jdn/etw stellen [*o* wenden]
② *(changer de position)* **se ~ et se retourner dans son lit** sich im Bett hin und her wälzen; **se ~ vers qn/de l'autre côté** sich zu jdm/andersherum drehen
tournesol [tuʁnəsɔl] *m* Sonnenblume *f*
tourneur, -euse [tuʁnœʁ, -øz] *m, f* Dreher(in) *m(f)*; *(sur bois)* Drechsler(in) *m(f)*
tournevis [tuʁnəvis] *m* Schraubendreher *m*, Schraubenzieher *m*; **~ testeur** Phasenprüfer *m*
♦ **~ va-et-vient** TECH Drillschraubenzieher *m*
tournicoter [tuʁnikɔte] <1> *vi*, **tourniquer** [tuʁnike] <1> *vi fam* [ziellos] auf und ab [*o* hin und her] laufen
tourniquet [tuʁnikɛ] *m* ① *(barrière)* Drehkreuz *nt*; *(porte)* Drehtür *f*
② *(pour arroser)* Rasensprenger *m*
③ *(présentoir)* Drehständer *m*
tournis [tuʁni] *m fam* Drehwurm *m (fam)*; **il a le ~** ihm ist schwind[e]lig; **qc donne le ~ à qn** jd bekommt von etw den Drehwurm *(fam)*, jdm wird von etw schwind[e]lig; **donner le ~ à qn** *personne:* jdn ganz schwind[e]lig machen

tournoi [tuʀnwa] *m* Turnier *nt;* ~ **de tennis de table/de tennis/ de golf** Tischtennis-/Tennis-/Golfturnier; ~ **d'adresse** Geschicklichkeitswettbewerb *m*

tournoiement [tuʀnwamɑ̃] *m* Kreisen *nt,* [Sich-im-Kreis-]Drehen *nt; des feuilles* Herumwirbeln *nt*

tournoyer [tuʀnwaje] <6> *vi* sich [im Kreis] drehen; *(plus vite)* herumwirbeln; *eau:* Wirbel bilden; ~ **autour de qc** *oiseau:* seine Kreise ziehen; **faire** ~ [im Kreis] herumwirbeln; **le vent fait** ~ **les feuilles** der Wind lässt die Blätter tanzen

tournure [tuʀnyʀ] *f* ① *(évolution)* Wendung *f;* **vu la ~ que prennent les événements** so wie die Dinge sich entwickeln, so wie die Dinge laufen *(fam);* **prendre une mauvaise** ~ eine böse Wendung nehmen; **prendre bonne** ~ sich zum Guten wenden; **prendre une drôle de** ~ sich nicht wie vorgesehen entwickeln, nicht wie vorgesehen laufen *(fam);* **se présenter sous une meilleure** ~ eine Wendung zum Besseren nehmen
② LING Wendung *f; (idiomatique)* Redewendung
③ *(apparence)* Erscheinung *f;* **avoir belle** ~ eine elegante Erscheinung sein
④ *vieilli (faux-cul)* Turnüre *f*
▶ **prendre** ~ Gestalt annehmen
♦ ~ **d'esprit** Denkweise *f,* Geisteshaltung *f (geh)*

tour-opérateur [tuʀɔpeʀatœʀ] <tour-opérateurs> *m* Reiseveranstalter *m,* Reiseunternehmen *nt*

tourte [tuʀt] *f* Pastete *f*

tourteau[1] [tuʀto] <x> *m* ZOOL Taschenkrebs *m*

tourteau[2] [tuʀto] <x> *m* AGR Ölkuchen *m*

tourtereau [tuʀtəʀo] <x> *m* ① *pl hum (amoureux)* Turteltäubchen *pl*
② ORN Turteltaubenjunge(s) *nt,* junge Turteltaube

tourterelle [tuʀtəʀɛl] *f* Turteltaube *f*

tourtière [tuʀtjɛʀ] *f* ① *(moule à tarte)* runde Pastetenform
② CAN *(tourte à base de porc)* Schweinefleischpastete *f*

toussailler [tusaje] <1> *vi* hüsteln

Toussaint [tusɛ̃] *f* **la** ~ Allerheiligen *nt;* **à la** ~ zu Allerheiligen

Land und Leute

Auch in Frankreich ist **la Toussaint** ein Feiertag. Man besucht die Friedhöfe und gedenkt der Verstorbenen. Die Gräber werden mit Blumen geschmückt, häufig mit Chrysanthemen.

tousser [tuse] <1> *vi* ① *personne:* husten; *(s'éclaircir la gorge)* sich räuspern; *(pour avertir)* hüsteln; **pourquoi tu tousses?** hast du was?, is' was? *(sl);* **faire** ~ einen Hustenreiz auslösen
② *(avoir des ratés) moteur:* stottern

toussotement [tusɔtmɑ̃] *m* [leichter] Husten; *(pour avertir, de gêne)* Hüsteln *nt*

toussoter [tusɔte] <1> *vi* leicht husten; *(pour avertir, de gêne)* hüsteln

tout [tu] *m* ① *(totalité)* Gesamtheit *f*
② *(ensemble)* **le** ~ das Ganze; **pour couronner le** ~ zur Krönung des Ganzen
▶ **le** ~, [c']**est de faire qc**/[c']**est qu'il fasse qc** die Hauptsache [*o* das Wichtigste] ist [*o* es kommt darauf an] etw zu tun/dass er etw tut; **c'est pas le** ~ **de rigoler** man kann nicht immer nur spaßen; **du** ~ **au** ~ vollkommen, ganz [und gar]; **pas du** ~! ganz und gar nicht!, keineswegs!; **pas du** ~ **heureux**(-**euse**) überhaupt nicht glücklich; **plus du** ~ **heureux**(-**euse**) ganz und gar nicht mehr glücklich; **elle n'avait pas du** ~ **de pain** sie hatte überhaupt [*o* gar] kein Brot [im Haus]; **jouer** [*o* **risquer**] [*o* **tenter**] **le** ~ **pour le** ~ alles auf eine Karte setzen, aufs Ganze gehen; **rien du** ~ überhaupt [*o* gar] nichts

tout(**e**) [tu, tut, tus/tu, tut] <tous, toutes> **I.** *adj indéf* ① *sans pl (entier)* ~ **le temps/l'argent** die ganze Zeit/das ganze Geld; ~ **le monde** alle, jeder[mann]; ~**e la France** ganz Frankreich; **il a plu** ~ **e la journée** es hat den ganzen Tag [lang] geregnet; ~ **l'argent dont j'ai besoin** soviel Geld, wie ich brauche; ~ **le long de la rivière** den ganzen Fluss entlang; ~**e une nuit/**~ **un été** eine ganze Nacht/einen ganzen Sommer [lang]; ~**e ma famille** meine ganze Familie; **de** ~ **mon cœur** von ganzem Herzen; ~ **ce bruit** dieser ganze Lärm, all dieser Lärm; ~ **cette affaire** diese ganze Angelegenheit; **nous avons** ~ **notre temps** wir können uns Zeit lassen
② *sans pl (tout à fait)* **c'est** ~ **le contraire** genau das [*o* das genaue] Gegenteil ist der Fall, ganz im Gegenteil; **cet enfant est** ~ **le portrait de son père** dieses Kind ist genau das [*o* das genaue] Ebenbild seines Vaters, dieses Kind ist ganz der Vater; **c'est** ~ **l'un ou** ~ **l'autre** es ist immer entweder – oder; **c'est** ~**e une affaire** das ist eine ziemlich komplizierte Angelegenheit [*o* Sache]; **faire** ~**e une histoire de qc** etw aufbauschen, eine große Geschichte aus etw machen; **c'est** ~ **mon mari/**~**e mon épouse** das ist [wieder einmal] ganz mein Mann/meine Frau, das sieht meinem Mann/meiner Frau ähnlich
③ *sans pl (seul, unique)* **c'est là** ~ **le secret** das ist das ganze Geheimnis; **c'est** ~ **l'effet que ça te fait** mehr fällt dir dazu nicht ein?; **cet enfant est** ~**e ma joie** dieses Kind ist meine ganze Freude; **pour** ~ **bagage/**~**e réponse** als einziges Gepäckstück/einzige Antwort
④ *sans pl (complet)* **j'ai lu** ~ **Balzac** ich habe alles von Balzac gelesen; ~ **Londres** ganz London; **en** ~**e humilité/simplicité/franchise** in aller Bescheidenheit/Einfachheit/Offenheit; **selon** ~**e apparence** allem Anschein nach; **à** ~ **prix** um jeden Preis; **à** ~**e vitesse** in aller Eile, schleunigst; **à** ~**e épreuve** unerschütterlich; **être d'une patience à** ~**e épreuve** eine Engelsgeduld haben; **de** ~**e beauté** von vollendeter Schönheit; **de** ~**e éternité** von Ewigkeiten; **avoir** ~ **loisir de faire qc** in aller Ruhe etw tun können
⑤ *sans pl (quel qu'il soit)* ~ **homme** jeder [Mensch], alle [Menschen]; ~**e personne susceptible de nous aider** jeder, der imstande ist uns zu helfen; alle, die imstande sind uns zu helfen; **de** ~**e manière** jedenfalls, auf jeden Fall; **à** ~ **propos** ständig; **il peut arriver à** ~ **instant** er kann jeden Moment [*o* Augenblick] kommen; **à** ~**e heure du jour et de la nuit** zu jeder Tages- und Nachtzeit; **des plantes de** ~**e espèce** alle möglichen Arten von Pflanzen
⑥ *pl (l'ensemble des)* ~**es les places** alle [*o* sämtliche] Plätze; **tous les jours** jeden Tag; **cela ne se voit pas tous les jours** das sieht man nicht alle Tage [*o* jeden Tag]; **dans tous les cas** in jedem Fall, in allen Fällen; **tous les moyens lui sont bons** ihm/ihr sind alle [*o* ist jedes] Mittel recht; **des hommes politiques de** ~**es les tendances** Politiker aller Richtungen [*o* jeder Couleur]; **mange d'abord tous les légumes** iss zuerst den Gemüse [auf]; **j'ai** ~**es les raisons d'être content**(**e**) ich habe allen Grund zufrieden zu sein; **tous mes muscles** all meine Muskeln; ~**es nos amies** all unsere Freundinnen; **de** ~**es mes forces** mit all meiner Kraft; ~**es ces maisons/tous ces gens** alle [*o* all] diese Häuser/Leute
⑦ *pl (chaque)* **tous les dix mètres** alle zehn Meter; **tous les quinze jours** alle vierzehn Tage; **tous les deux/trois jours/mois** alle zwei/drei Tage/Monate, jeden zweiten/dritten Tag/Monat; **tous les jours/mois** jeden Tag/Monat; ~**es les semaines** jede Woche
⑧ *pl (ensemble)* **nous avons fait tous les deux/cinq ce voyage** wir beide/fünf haben diese Reise gemacht
⑨ *pl (la totalité des)* **à** ~**s égards** in jeder [*o* jeglicher] Beziehung; **en tous lieux** überall, allerorts *(geh);* **de tous côtés** *arriver* von allen Seiten; *regarder* nach allen Seiten; ~**es proportions gardées** im Verhältnis gesehen; ~**es sortes de marchandises** allerlei Waren; **tous feux éteints** ganz ohne Licht; **un film tous publics** ein Film für jedes Publikum; **des meubles tous budgets** Möbel *Pl* für jeden Geldbeutel; **chiffon** ~ **usage** Allzwecktuch *nt;* **le tourisme** ~**es saisons/**~**es destinations** der Rund-ums-Jahr-/Rund-um-die-Welt-Tourismus
⑩ *pl littér (récapitulation)* **le courage et la lucidité,** ~**es qualités nécessaires à un chef...** Mut und Scharfsinn, alles Eigenschaften, die ein Vorgesetzter braucht ...
II. *pron indéf* ① *sans pl (opp: rien)* alles; **manger/vendre de** ~ alles essen/verkaufen; ~ **s'est bien passé/va bien** alles ist gut gegangen/ist in Ordnung; ~ **est pour le mieux** alles steht zum Besten, alles ist bestens; **avoir** ~ **vu,** ~ **entendu,** ~ **compris** alles besser wissen, die Weisheit mit Löffeln gefressen haben *(fam)*
② *pl (opp: personne, aucun)* alle; **un film pour tous** ein Film *m* für alle [*o* jedermann]; **nous tous** wir alle; **je ne peux vous les prêter tous** ich kann sie euch/Ihnen nicht alle ausleihen; **il s'adresse à tous et à** ~**es** er wendet sich an alle[, Männer und Frauen]; **tous/**~**es ensemble** alle zusammen, alle gemeinsam; **parler tous ensemble** alle gleichzeitig sprechen
③ *sans pl (l'ensemble des choses)* ~ **ce qui bouge** alles, was sich bewegt; ~ **ce dont j'ai besoin/ce que je sais** alles, was ich brauche/weiß; ~ **ce que le pays compte d'artistes** alles, was das Land an Künstlern zu bieten hat
▶ **chacun pour soi et Dieu pour tous** *prov* jeder für sich, und Gott für uns alle; **il/elle a** ~ **pour lui/elle** *fam* alles spricht für ihn/sie; **avoir** ~ **d'un sportif/d'un intrigante** ein richtiger Sportler/eine richtige Intrigantin sein; **il a** ~ **de son père** er ist ganz der Vater; ~ **ce qui brille n'est pas or** *prov* es ist nicht alles Gold, was glänzt *(prov);* **c'est** ~! und damit hat sich's! *(fam);* **c'est** ~, **ne pleure plus** ist ja gut, weine nicht mehr *(fam);* ~ **est là** das ist der springende Punkt; **et ce n'est pas** ~! und das ist [noch] nicht alles!; **être** ~ **pour qn** jds Ein und Alles sein; **c**[**e n**]**'est pas** ~ [**que**] **de faire qc** es reicht nicht etw zu tun; ~ **passe,** ~ **casse,** ~ **lasse** *prov* alles ist vergänglich, es geht alles vorbei; **on ne peut pas** ~ **avoir!** man kann nicht alles haben!; **acheter/dépenser à** ~ **va** hemmungslos einkaufen/Geld ausgeben; ~ **est bien qui finit bien** *prov* Ende gut, alles gut *(prov);* **comme** ~ unheimlich, wahnsinnig *(fam);* **il est drôle comme** ~ er ist unheimlich [*o* wahnsinnig] komisch; **et** ~ **et** ~ *fam* und so weiter und so fort; ~ **ou rien** alles oder nichts; **en** ~ *(au total)* im Ganzen, insgesamt; *(dans toute*

chose) in allem, in jeder Beziehung; **en** ~ **et pour** ~ alles in allem III. *adv* ❶ *(totalement)* ganz, völlig; ~ **neuf/~ e neuve** ganz neu, brandneu; ~**(e) petit**(e) ganz klein, winzig; ~ **jeune** ganz jung, blutjung; ~**(e) nu**(e) ganz *[o* völlig] nackt, splitterfasernackt *(fam)*; **le** ~ **premier/dernier** der Allererste/-letzte; **des portes ~es grandes ouvertes** weit offene *[o* sperrangelweit geöffnete] Türen; ~**(e) heureux**(-euse) ganz glücklich, überglücklich; **c'est ~ autre chose** das ist etwas ganz *[o* völlig] Anderes; **paraître ~ endormi**(e) tief *[o* fest] zu schlafen scheinen
❷ *(très, vraiment)* ganz; ~ **autrement/simplement** ganz anders/einfach; ~ **autant/comme...** [ganz] genauso viel/wie ...; ~ **près** ganz in der Nähe; ~ **près de** ganz nahe bei; ~ **à côté** genau *[o* gleich] daneben; ~ **à côté de qn/qc** genau *[o* gleich] neben jdm/etw; ~ **autour** ringsherum; ~ **autour de** rings um; ~ **juste** gerade noch, ganz knapp; ~ **naturellement** wie selbstverständlich
❸ *(aussi)* ~ **e maligne qu'elle soit,...** wie schlau sie auch [immer] sein mag, ..., so schlau sie auch ist, ...; ~ **médecin qu'il soit/~ e directrice qu'elle soit,...** auch wenn er Arzt ist/sie Direktorin ist, ..., Arzt/Direktorin hin oder her, ... *(fam)*
❹ *inv (en même temps)* ~ **en faisant qc** während jd etw tut; *(quoique)* obwohl jd etw tut; **comment peux-tu travailler ~ en regardant la télévision?** wie kannst du arbeiten und dabei [gleichzeitig] fernsehen?; ~ **en étant très riche, il vit fort simplement** obwohl er sehr reich ist, führt er [doch] ein einfaches Leben
❺ *(en totalité)* ganz; **tissu** ~ **laine/soie** Stoff *m* aus reiner Wolle/Seide; **elle était encore** ~ **enfant** sie war noch ein ganz kleines Kind; **être ~ sourire** *personne:* das Lächeln in Person sein
▶ ~ **à coup** plötzlich, auf einmal; ~ **d'un coup** *(en une seule fois)* gleichzeitig, auf einmal *(fam)*; *(soudain)* plötzlich, auf einmal; ~ **à fait** ganz, vollkommen; **être ~ à fait charmant**(e) äußerst charmant sein; **être ~ à fait guéri**(e) wieder ganz gesund sein; **c'est ~ à fait possible** das ist sehr gut möglich; **ce n'est pas ~ à fait de la magie** das ist nicht wirklich Zauberei; **avoir ~ à fait la même taille** [ganz] genau gleich groß sein; ~ **à fait!** [stimmt] genau!; *(d'accord!)* ja klar! *(fam)*; ~ **feu** ~ **flamme** [ganz] Feuer und Flamme; ~ **de suite** sofort, gleich; **ce n'est pas** [encore] **pour** ~ **de suite** *(ce n'est pas pressé)* es muss nicht gleich sein; *(ce n'est pas près d'arriver)* so weit ist es *[o* sind wir] noch nicht; **c'est** ~ **comme** *fam* so gut wie, es läuft auf dasselbe hinaus; **c'est** ~ **un** das läuft aufs Gleiche hinaus; **être** ~ **à qn** jdm zur *[o* zu jds] Verfügung stehen; **c'est** ~ **vu** das ist todsicher *(fam)*, das steht fest; ~ **de même** *(quand même)* trotz alledem; ~ **de même!** also wirklich *[o* ehrlich]!; **tu aurais** ~ **de même pu nous prévenir** du hättest uns immerhin *[o* wenigstens] verständigen können; **le** ~ **théâtre/Paris** die Crème de la crème des Theaters/von Paris; alles, was beim Theater/in *(Dat)* Paris Rang und Namen hat
tout-à-l'égout [tutalegu] *m sans pl* Abwasseranschluss *m;* **avoir le** ~ an die Kanalisation angeschlossen sein
toutefois [tutfwa] *adv* jedoch, indessen
toute-puissance [tutpɥisãs] *f sans pl* Allmacht *f;* **exercer sa** ~ **sur qn** seine/ihre grenzenlose Macht über jdn ausüben
tout-fou [tufu] <tout-fous> I. *adj* total verrückt
II. *m fam* Spinner *m (fam);* **faire le** ~ verrückt spielen
toutim [tutim] *m arg* ▶ **et** [tout] **le** ~ und der ganze Rest *[o* Rattenschwanz] *(fam)*
toutou [tutu] *m enfantin (chien)* Wauwau *m (Kinderspr.)*
▶ **suivre qn comme un** ~ *fam* jdm wie ein Hündchen nachlaufen
tout-petit [tup(ə)ti] <tout-petits> *m* Kleinkind *nt* **tout-puissant, toute-puissante** [tupɥisã, tutpɥisãt] <tout-puissants, toutes-puissantes> I. *adj* allmächtig, omnipotent *(geh)* II. *m, f* ❶ *(souverain absolu)* allmächtiger Herrscher/allmächtige Herrscherin ❷ REL **le Tout-Puissant** der Allmächtige **tout-terrain** [tutɛʀɛ̃] <tout-terrains> I. *adj* Gelände-; **véhicule/pneu** ~ Geländewagen *m*/reifen *m;* Mountainbike *nt* II. *m* ❶ *(véhicule)* Geländewagen *m* ❷ *(sol, relief)* **un véhicule bien/moyennement adapté au** ~ ein Fahrzeug mit guter/mittelmäßiger Geländegängigkeit **tout-venant** [tuv(ə)nã] *m inv* **le** ~ *(gens banals)* jeder x-Beliebige; *(choses courantes)* nichts Besonderes; **prendre du** ~ irgend etwas nehmen; **être fréquenté**(e) **par le** ~ von der breiten Masse besucht werden
toux [tu] *f* Husten *m*
toxicité [tɔksisite] *f* Giftigkeit *f,* Toxizität *f (Fachspr.)*
toxico *abr de* **toxicomane**
toxicologie [tɔksikɔlɔʒi] *f* Toxikologie *f;* ~ **de l'environnement** Umwelttoxikologie
toxicologique [tɔksikɔlɔʒik] *adj* toxikologisch
toxicologue [tɔksikɔlɔg] *mf* Toxikologe *m*/Toxikologin *f*
toxicomane [tɔksikɔman] I. *adj* drogensüchtig
II. *mf (drogué)* [Drogen]süchtige(r) *f(m),* Rauschgiftsüchtige(r) *f(m),* Suchtkranke(r) *f(m); (consommateur)* Drogenkonsument(in) *m(f)*
toxicomanie [tɔksikɔmani] *f* Drogensucht *f,* Suchtkrankheit *f;* **les milieux de la** ~ die Drogenszene

toxine [tɔksin] *f* Toxin *nt*
toxique [tɔksik] I. *adj* giftig, toxisch *(Fachspr.);* **extrêmement** ~ hochgiftig; **gaz/boue** ~ Giftgas *nt*/-schlamm *m;* **pouvoir** ~ Giftigkeit *f,* Toxizität *f (Fachspr.)*
II. *m* Toxikum *nt*
toxoplasmose [tɔksɔplazmoz] *f* MED Toxoplasmose *f*
TP [tepe] *mpl* ❶ SCOL *abr de* **travaux pratiques** praktische Übungen *Pl*
❷ CONSTR *abr de* **travaux publics** Bauarbeiten *Pl* der öffentlichen Hand
trac [tʀak] *m fam* Lampenfieber *nt;* **avoir le** ~ Lampenfieber haben; **donner** *[o* **ficher** *fam]* **le** ~ **à qn** jdm Angst machen
traçabilité [tʀasabilite] *f* ≈ lückenlose Überprüfbarkeit der Herkunft
traçage [tʀasaʒ] *m* [technisches] Zeichnen
traçant(e) [tʀasã, ãt] *adj* **balle**, *obus* Leuchtspur-
tracas [tʀaka] *m* Sorgen *Pl;* **se faire du** ~ sich *(Dat)* Sorgen machen; **valoir** *[o* **procurer**] **des** ~ **à qn** jdm Sorgen bereiten; **se donner bien du** ~ sich *(Dat)* viel Mühe machen
tracasser [tʀakase] <1> I. *vt* ~ **qn** jdm Kummer *[o* Sorgen] bereiten; *administration:* jdn schikanieren
II. *vpr* **se** ~ **pour qn/qc** sich *(Dat)* um jdn/etw *[o* wegen jdm/etw *fam]* Sorgen machen
tracasserie [tʀakasʀi] *f gén pl* Scherereien *Pl (fam);* ~ **s de l'administration** Amtsschimmel *m;* **faire mille** ~ **s à qn** jdm tausend Steine in den Weg legen
tracassier, -ière [tʀakasje, -jɛʀ] *adj* lästig; *administration, bureaucratie* schikanös; **être** ~ **(-ière)** andere gerne schikanieren
trace [tʀas] *f* ❶ *(empreinte)* Spur *f; d'un animal* Spur, Fährte *f;* ~ **d'animal** Tierspur, Tierfährte *f*
❷ *(marque laissée)* Spur *f;* ~ **s d'huile** Ölspur *f;* ~ **de pas/de pneu** Fuß-/Reifenspur; ~ **s de fatigue** Zeichen *Pl* von Müdigkeit; **laisser des** ~ **s sur qn** bei jdm Spuren hinterlassen; *discours:* bei jdm einen bleibenden Eindruck hinterlassen; **laisser des** ~ **s sur un visage/dans la nature** auf einem Gesicht/in der Natur Spuren hinterlassen; **disparaître sans laisser de** ~ **s** spurlos verschwinden
❸ *(cicatrice)* Narbe *f,* Spur *f;* ~ **de brûlure** Brandmal *nt,* Brandnarbe *f*
❹ *pl (indices)* Spuren *Pl;* ~ **s d'encre** Spuren von Tinte; ~ **s de sang** Blutspuren
❺ *(voie tracée)* Pfad *m;* SKI Spur *f*
❻ *gén pl (vestiges)* Spuren *Pl*
❼ *(quantité minime)* ~ **s de poison** Spuren *Pl* von Gift
▶ **marcher sur les** ~ **s de qn** in jds Fußstapfen *(Akk)* treten; **suivre qn à la** ~ sich an jds Fersen *(Akk)* heften, jdm auf den Fersen sein; **suivre un animal à la** ~ der Fährte *(Dat)* eines Tieres folgen; **on peut suivre qn à la** ~ jd hinterlässt überall Spuren; **être sur la** *[o* **les** ~ **s**] **de qn/qc** jdm/etw auf der Spur sein; **mettre qn sur la** ~ **de qn** jdn auf jds Spur *(Akk)* bringen
tracé [tʀase] *m* ❶ *(parcours)* Verlauf *m*
❷ *(plan, dessin) d'un bâtiment, d'installations* Grundriss *m,* Musterzeichnung *f; d'un dessin, motif* Umriss *m; d'une épure* Riss *m*
❸ *(en parlant de rues, de routes)* Straßenführung *f; (en parlant du réseau ferroviaire)* Streckenführung *f; (en parlant de lignes de transport)* Linienführung *f*
❹ *(graphisme)* Linienführung *f,* Duktus *m (geh)*
tracement [tʀasmã] *m* Trassierung *f*
tracer [tʀase] <2> I. *vt* ❶ *(dessiner)* zeichnen *courbe, plan;* schreiben *chiffre, mot;* ziehen *ligne*
❷ *(frayer)* bahnen *piste;* trassieren *(Fachspr.),* anlegen *route*
❸ *(décrire)* skizzieren *portrait, tableau*
▶ ~ **la voie à qn** jdm den Weg ebnen; **tout**(e) **tracé**(e) vorgegeben; **le modèle tout tracé** das ideale Vorbild
II. *vi fam (foncer)* düsen *(fam)*
traceur [tʀasœʀ] *m* ❶ *(personne)* CONSTR Geometer *m;* TECH Anreißer *m;* SPORT jemand, der die Pisten absteckt oder ausflaggt
❷ CHIM, MED, RADIO Indikator *m,* Tracer *m (Fachspr.)*
❸ INFORM Plotter *m;* ~ **à plat** Flachbettplotter; ~ **de courbes** Kurvenplotter; **élaborer un dessin au moyen d'un** ~ eine Zeichnung per Plotter erstellen
traceur, -euse [tʀasœʀ, -øz] *adj* SCI Indikator-, Markierungs-
traceuse [tʀasøz] *f* CONSTR Geometer *m;* TECH Anreißerin *f;* SPORT jemand, der die Pisten absteckt oder ausflaggt
trachée [tʀaʃe] *f* ❶ ANAT Luftröhre *f*
❷ ZOOL, BOT Trachee *f*
trachée-artère [tʀaʃeaʀtɛʀ] <trachées-artères> *f* Luftröhre *f*
trachéite [tʀakeit] *f* Luftröhrenentzündung *f,* Tracheitis *f (Fachspr.)*
trachéotomie [tʀakeɔtɔmi] *f* Luftröhrenschnitt *m,* Tracheotomie *f (Fachspr.)*
trackball [tʀakbal] *m* Trackball *m*
tract [tʀakt] *m* Flugblatt *nt;* ~ **religieux** Traktat *nt;* ~ **publicitaire** Reklamezettel *m; (dépliant)* Werbeprospekt *m*

tractable [tʀaktabl] *adj* Zug-; **poids/charge** ~ Zugleistung *f* [*o* Zugvermögen *nt*]/Anhängerlast *f*
tractation [tʀaktasjɔ̃] *f gén pl* Mauschelei *f (pej)*
tracter [tʀakte] <1> *vt* schleppen; ziehen *caravane;* **artillerie tractée/canons tractés** Feldartillerie *Pl*/mobiles Geschütz
tracteur [tʀaktœʀ] *m* ❶ *(véhicule)* [Sattel]schlepper *m;* AGR Traktor *m*
❷ INFORM Traktor *m*
tracteur, -trice [tʀaktœʀ, -tʀis] *adj* Zug-; **véhicule** ~ Zugmaschine *f*
traction [tʀaksjɔ̃] *f* ❶ TECH Zugkraft *f,* Traktion *f;* **résistance à la** ~ Zugfestigkeit *f*
❷ AUT Antrieb *m;* ~ **avant/arrière** Vorder-/Hinterradantrieb; **c'est une** ~ **avant/arrière** das Auto hat Vorder-/Hinterradantrieb
❸ SPORT *(à la barre, aux anneaux)* Klimmzug *m;* *(au sol)* Liegestütz *m*
❹ CHEMDFER Antrieb *m,* Traktion *f (Fachspr.)*
tractus [tʀaktys] *m* ANAT ~ **digestif** Verdauungstrakt *m;* ~ **gastro-intestinal** Gastrointestinaltrakt
tradition [tʀadisjɔ̃] *f* ❶ *(coutume)* Tradition *f,* Brauch *m;* **c'est une** ~ **dans la famille** es ist Tradition in der Familie, es ist eine Familientradition; **fidèle à la** ~ traditionsgemäß; **rester fidèle à sa** ~ **d'équipe offensive** dem Ruf einer offensiven Mannschaft treu bleiben
❷ *sans pl (coutumes transmises)* Tradition *f,* Überlieferung *f;* REL Tradition *f;* ~ **orale** mündliche Überlieferung
❸ JUR Übergabe *f,* Übertragung *f*
◆ **dans la** [grande] ~ **de qn/qc** nach alter Tradition von jdm/etw, wie es [bei jdm/etw] Tradition ist; **dans la grande** ~ **des sixties** ganz im Stil der sechziger Jahre; **de** ~ traditionell; **il est de** ~ **de faire qc/qu'on fasse qc** es ist Tradition [*o* Brauch] etw zu tun/dass man etw tut; **par** ~ aus Tradition
traditionalisme [tʀadisjɔnalism] *m* Traditionalismus *m*
traditionaliste [tʀadisjɔnalist] I. *adj* traditionalistisch
II. *mf* Traditionalist(in) *m(f)*
traditionnel(le) [tʀadisjɔnɛl] *adj* ❶ *(conforme à la tradition)* traditionell; *idée* althergebracht, herkömmlich, traditionell
❷ *(folklorique)* Trachten-; **costume** ~ Trachtenanzug *m*
❸ *(habituel)* üblich; **rester** ~ **(le)** im Rahmen des Üblichen bleiben
❹ *(classique)* champ d'activité konventionell
traditionnellement [tʀadisjɔnɛlma] *adv* ❶ *(selon la tradition)* traditionsgemäß, nach alter Tradition
❷ *(habituellement)* üblicherweise, herkömmlicherweise
❸ *(comme toujours)* wie üblich
traducteur [tʀadyktœʀ] *m* ❶ Übersetzer *m*
❷ INFORM Konverter *m*
◆ ~ **de poche** Sprachcomputer *m*
traduction [tʀadyksjɔ̃] *f* ❶ *(dans une autre langue)* Übersetzung *f;* ~ **assistée par ordinateur** computergestützte Übersetzung; ~ **simultanée** Simultandolmetschen *nt;* **une** ~ **de Goethe** eine Goethe-Übersetzung; ~ **en allemand/français** Übersetzung ins Deutsche/Französische
❷ *(expression) d'un sentiment* Ausdruck *m; d'une intention, de pensées* Ausdruck, Wiedergabe *f;* **être la** ~ **des pensées de qn** jds Gedanken wiedergeben
traductrice [tʀadyktʀis] *f* Übersetzerin *f*
traduire [tʀadyiʀ] <*irr*> I. *vt* ❶ *(dans une autre langue)* ~ **Goethe de l'allemand en français** Goethe aus dem Deutschen ins Französische übersetzen
❷ *(exprimer)* ~ **une pensée/un sentiment** *chose:* der Ausdruck eines Gedankens/eines Gefühls sein; *personne:* einen Gedanken/ein Gefühl zum Ausdruck bringen
❸ JUR ~ **en justice** [*o* **devant les tribunaux**] dem Gericht überstellen; **pouvant être traduit(e) en justice** JUR belangbar
II. *vpr* ❶ *(être traduisible)* **se** ~ **en qc** sich in etw *(Akk)* übersetzen lassen
❷ *(s'exprimer)* **se** ~ **par qc** *sentiment:* sich in etw *(Dat)* ausdrücken, in etw *(Dat)* zum Ausdruck kommen; *mesures:* sich in etw *(Dat)* auswirken; **se** ~ **par des mesures concrètes** in konkrete Maßnahmen umgesetzt werden
traduisible [tʀadyizibl] *adj* übersetzbar; *doctrine* umsetzbar
trafic [tʀafik] *m* ❶ *(circulation)* Verkehr *m;* ~ **aérien** Luftverkehr; ~ **aérien des marchandises** Luftfrachtverkehr; ~ **ferroviaire** [Eisen]bahnverkehr, Schienenverkehr; ~ **local** Lokalverkehr; ~ **maritime** Schiffsverkehr; ~ **routier** Fahrzeugverkehr; ~ **touristique** Touristenverkehr; ~ **passagers banlieue** [öffentlicher] Personennahverkehr, ÖPNV; ~ **passagers grandes lignes** Personenfernverkehr; ~ **de colis postaux** Kleingutverkehr; ~ **express** Schnellverkehr; ~ [**des**] **voyageurs**/[**de**] **marchandises** Reise-/Güterverkehr; ~ **des marchandises** Warenverkehr; ~ **par expéditions** Stückgutverkehr
❷ *péj (commerce)* Schwarzhandel *m; (commerce international)* Schmuggel *m;* ~ **clandestin** Schleichhandel; ~ **d'armes** Waffenschmuggel, Waffenhandel; ~ **de devises** Devisenschmuggel; ~ **de drogue** Drogenhandel, Rauschgifthandel, Drogengeschäft *nt;* **lutte contre le** ~ **de drogue** [*o* **de stupéfiants**] Rauschgiftbekämpfung *f*
❸ *fam (activité suspecte)* Machenschaften *Pl;* **sais-tu à quels** ~**s ils se sont livrés?** weißt du denn, was sie getrieben haben?; **qu'est-ce que c'est que ce** ~**?** ja, was geht denn hier vor?
❹ JUR ~ **frauduleux du patrimoine** betrügerische Vermögensverschiebung *(Fachspr.)*
◆ ~ **d'influence** Vorteilsnahme *f,* passive Bestechung; *(activité d'un groupe de pression)* Lobbyismus *m*
traficoter [tʀafikɔte] <1> I. *vt fam* ❶ *(falsifier)* frisieren *(fam);* verfälschen *produit*
❷ *(bricoler)* ~ **un appareil** an einem Gerät herumbasteln
❸ *(manigancer)* aushecken *(fam)*
II. *vi fam* ~ **avec qn/dans qc** mit jdm krumme Geschäfte machen/seine Finger in etw *(Dat)* haben *(fam)*
trafiquant(e) [tʀafikã, ãt] *m(f)* Schwarzhändler(in) *m(f),* Schieber(in) *m(f) (pej);* ~**(e) de devises** Devisenschieber(in) *m(f); (pej);* ~**(e) de drogue** Rauschgifthändler(in), Dealer(in) *m(f); (passeur)* Drogenkurier *m*
trafiquer [tʀafike] <1> *vt fam* ❶ *(falsifier)* frisieren *(fam) comptes, moteur;* verfälschen *produit*
❷ *(bricoler)* ~ **qc** an etw *(Dat)* herumbasteln *(fam)*
❸ *(manigancer)* aushecken *(fam)*
tragédie [tʀaʒedi] *f a. fig* Tragödie *f;* ~ **familiale** Familientragödie
tragédien(ne) [tʀaʒedjɛ̃, jɛn] *m(f)* Tragöde *m/*Tragödin *f,* Tragödiendarsteller(in) *m(f)*
tragicomédie [tʀaʒikɔmedi] *f* Tragikomödie *f*
tragicomique [tʀaʒikɔmik] *adj* tragikomisch
tragique [tʀaʒik] I. *adj auteur* Tragödien-; *accident* tragisch
II. *m* ❶ *sans pl (genre littéraire)* Tragische *nt,* Tragödie *f*
❷ *sans pl (gravité)* Tragik *f;* **tourner/prendre au** ~ tragisch enden/nehmen
❸ *(écrivain)* Tragödiendichter(in) *m(f),* Tragiker(in) *m(f) (veraltet)*
tragiquement [tʀaʒikmã] *adv* **mourir** ~ auf tragische [Art und] Weise; **évoluer** ~ sich zur Tragödie entwickeln
trahir [tʀaiʀ] <8> I. *vt* ❶ *(tromper)* verraten; hintergehen, verraten *ami;* betrügen *intime;* missbrauchen *confiance;* enttäuschen *espoir;* ~ **les intérêts de qn** jds Interessen *(Dat)* schaden
❷ *(révéler)* verraten, erkennen lassen
❸ *(dénaturer)* verfälschen *auteur, pièce;* ~ **la pensée/les intentions de qn** jds Denken/Absichten *(Dat)* nicht korrekt wiedergeben
❹ *(lâcher) sens:* täuschen; **ses nerfs/forces l'ont trahi** seine Nerven/Kräfte haben ihn im Stich gelassen; **tes sens t'ont trahi(e)** dein Gefühl hat dich getäuscht
II. *vi* Verrat begehen
III. *vpr* **se** ~ **par une action/un geste** sich durch eine Handlung/Geste verraten
trahison [tʀaizɔ̃] *f* ❶ *(traîtrise)* Verrat *m kein Pl; d'un ami* Verrat, Untreue *f; d'une femme* Treuebruch *m;* **haute** ~ Hochverrat; ~ **de la patrie** Landesverrat
❷ *(falsification) d'une œuvre* Verfälschung *f*
train [tʀɛ̃] *m* ❶ *(moyen de transport)* Zug *m,* [Eisen]bahn *f;* **prendre le** ~ mit dem Zug [*o* der Bahn] fahren; ~ **postal/spécial** Post-/Sonderzug; ~ **autos-couchettes** [*o* **autocouchettes**] Autoreisezug; ~ **express/rapide** Eil-/Schnellzug; ~ **local** Lokalzug; ~ **régional** Regionalbahn; ~ **omnibus** Nahverkehrszug; ~ **sanitaire** Lazarettzug; ~ **fantôme** Geisterbahn *f;* ~ **électrique/à vapeur** Eisenbahn mit Elektrolokomotive/mit Dampflokomotive; **le** ~ **en direction/venant de Lyon** der Zug nach/aus Lyon; ~ **de cinq/de onze heures** Fünfuhr-/Elfuhrzug; **le** ~ **de 6 heures 11** der Zug um 6 Uhr 11; ~ **de marchandises** Güterzug; ~ **de voyageurs** Personenzug, Reisezug; **longueur du** ~ Zuglänge *f;* **numéro de/du** ~ Zugnummer *f;* **ordre de passage des** ~**s** Zugfolge *f;* ~ **électrique** [**miniature**] Spielzeugeisenbahn
❷ *(allure)* Tempo *nt;* **ne pas arriver à suivre le** ~ nicht [mehr] hinterherkommen [*o* mitkommen *fam*]; **au** ~ **où vont les choses** wenn es in dem Tempo weitergeht; **à ce** ~ bei diesem [*o* dem] Tempo; **ralentir/accélérer le** ~ das Tempo verringern [*o* verlangsamen]/beschleunigen; **j'y vais à mon** ~ ich mache das in meinem Tempo
❸ *(file)* ~ **de personnes** Gefolgsleute *Pl;* ~ **de chevaux/mulets** Pferde-/Maultiertross *m,* Pferde-/Maultierkarawane *f;* ~ **de bois** Floß *nt;* ~ **de péniches** Schleppzug *m*
❹ MIL Versorgungs- und Transportwesen *nt*
❺ *(jeu)* Satz *m;* ~ **de roues/pneus** Satz *m* Räder/Reifen; ~ **de soupapes** Ventiltrieb *m*
❻ ADMIN *(série) de textes, négociations* Reihe *f;* ~ **de réformes** Reformpaket *nt;* ~ **d'expulsions/de licenciements** Ausweisungs-/Entlassungsflut *f*
❼ ANAT *(d'un quadrupède)* ~ **d'avant/de derrière** Vorder-/Hinterteil *nt; (d'un cheval)* Vor[der]-/Hinterhand *f*

⑧ AUT ~ **avant/arrière** Vorder-/Hinterachse *f*
▶ **prendre le ~ en marche** sich noch anschließen; **aller** [*o* filer] **bon ~** flott vorangehen; *conversation:* lebhaft sein; *personne:* zügig [*o* flott] vorangehen; **mener ses affaires bon ~** seine Geschäfte energisch führen; **mener grand ~** in Saus und Braus [*o* auf großem Fuße] leben; **aller** [*o* **suivre**] **son** [**petit**] **~** *personne:* so vor sich hin arbeiten *(fam)*, *chose:* seinen Gang gehen; **botter le ~ à qn** *fam* jdm in den Hintern treten *(fam)*; **un ~ peut en cacher un autre** der erste Eindruck kann täuschen; **être ~ de faire qc** gerade etw tun, [gerade] dabei sein etw zu tun; **elle est toujours en ~ de donner des conseils aux autres** sie kann es nicht lassen anderen ständig gute Ratschläge zu geben; **filer le ~ à qn** *fam* jdn verfolgen; *(à pied)* hinter jdm herlaufen, jdn verfolgen; **se magner le ~** *fam* einen Zahn zulegen *(fam)*; **mener le ~** Stimmung machen; SPORT das Tempo machen; **en ~** *(en forme)* fit, in Form; **mettre en ~** *(moralement)* aufmuntern; *(physiquement)* fit machen; *personne)* in Stimmung bringen; **entre deux ~s** auf einen Sprung
◆ **~ d'atterrissage** Fahrwerk *nt*; **~ d'enfer** *fam* Höllentempo *nt [fam]*; **~ à grande vitesse** Hochgeschwindigkeitszug *m*; **~ de maison** Haushalt *m*; **~ de roulement** Fahrwerk *nt*; **~ de sénateur** Schneckentempo *nt*; **~ de vie** Lebensstandard *m*

traînailler [tʀɛnaje] <1> *vi fam* ❶ *(lambiner)* [herum]trödeln *(fam)*
❷ *(être inoccupé)* herumlungern *(fam)*

traînant(e) [tʀɛnɑ̃, ɑ̃t] *adj* ❶ *(lent)* schleppend; *démarche* schlurfend, schleppend
❷ *(qui traîne à terre) ailes* hängend

traînard(e) [tʀɛnaʀ, aʀd] *m(f) fam* ❶ *(lambin)* Bummelant(in) *m(f) (fam)*, Trödelfritze *m*/Trödelliese *f (fam)*
❷ *(en queue de groupe)* Schlusslicht *nt (fam)*

traînasser [tʀɛnase] <1> *vi péj fam* sich herumtreiben [*o* rumtreiben] *(pej fam)*; **~ avec qn/en ville** sich mit jdm/in der Stadt herumtreiben [*o* rumtreiben] *(pej fam)*

traîne [tʀɛn] *f* COUT Schleppe *f*
▶ **à la ~** PECHE mit dem Schleppnetz; *fam (en retard)* zu spät; **être à la ~** zu spät dran sein

traîneau [tʀɛno] <x> *m* Schlitten *m*; *(tiré par des chevaux)* Pferdeschlitten; **aller en ~** mit dem Schlitten fahren; **promenade en ~** Schlittenfahrt *f*

traînée [tʀɛne] *f* ❶ *(trace)* Spur *f*; *d'une étoile filante* Schweif *m*; **~ lumineuse** Lichtschweif; **~ de brouillard** Nebelschweif; **~ de sang** Blutspur; **~ de poussière** Staubwolke *f*
❷ *fam (femme)* Schlampe *f*; *(putain)* Nutte *f*
▶ **comme une ~ de poudre** wie ein Lauffeuer

traînement [tʀɛnmɑ̃] *m* Nachschleppen *nt*; **~ de pieds** Schlurfen *nt*

traîne-misère [tʀɛnmizɛʀ] *mf inv* armer Teufel [*o* Schlucker] *(fam)*

traîner [tʀɛne] <1> I. *vt* ❶ *(tirer)* ziehen; nachziehen *jambe;* **~ qn/qc dans la maison** jdn/etw ins Haus hineinschleppen; **~ qc sur le sol** etw über den Boden schleifen; **continuer à ~ qc** etw weiterschleppen; **~ les pieds** schlurfen
❷ *(emmener de force)* schleppen; wegschleifen *personne, sac*
❸ *(être encombré de) personne:* mitschleppen *(fam)*, mitschleifen *(fam)*; mit sich herumschleppen *(fam) rhume;* **~ avec soi** mit sich herumschleppen *fam* [*o* herumschleifen] *(fam)*
❹ *(ne pas se séparer de)* **une idée** an einer Idee festhalten
❺ *(articuler lentement)* **~ la voix** schleppend sprechen
II. *vi* ❶ *(lambiner) personne:* trödeln, bummeln *(fam)*; *discussion, maladie, procès:* sich [hin]ziehen; **en longueur** sich in die Länge ziehen; **~ à l'arrière d'un groupe** hinter einer Gruppe herzuckeln *fam* [*o* zurückbleiben]; **~ à faire qc** keine Eile haben etw zu tun; **ne pas ~ à faire qc** etw so schnell wie möglich tun; **il n'a pas traîné à répondre** seine Antwort hat nicht auf sich warten lassen; **faire ~ un projet** ein Projekt verzögern; **ça n'a pas traîné** das ging ruck zuck! *(fam)*
❷ *(vadrouiller) personne:* [he]rumhängen *(fam)*, [he]rumlungern *(fam)*; *(errer)* herumstreunen, umherstreunen; *(dans les cafés, la rue)* sich herumtreiben, herumlungern; *microbe:* herumschwirren; **des idées qui traînent partout** Allerweltsüberlegungen *Pl*
❸ *(être en désordre)* herumliegen; **tout laisser ~** alles herumliegen lassen
❹ *(pendre à terre)* schleifen
❺ *(végéter) personne:* vor sich hin vegetieren
❻ *(être lent)* **sa voix traîne** er/sie spricht mit schleppender Stimme; **elle a l'accent qui traîne** sie hat einen schleppenden Tonfall
III. *vpr* ❶ *(se déplacer difficilement)* **se ~** sich dahinschleppen; **se ~ jusque dans la maison** sich ins Haus hineinschleppen; **se ~ jusqu'au fauteuil/jusqu'au téléphone** sich zum Sessel/zum Telefon schleppen, sich an den Sessel/ans Telefon ranschleppen *(fam)*; **se ~ dans un abri** sich in einen Unterstand schleppen; **c'est tout juste si je peux encore me ~** ich kann kaum noch krauchen *(fam)*
❷ *(se forcer)* **se ~ pour faire qc** sich richtig aufraffen [*o* überwinden] müssen etw zu tun

❸ *(s'éterniser)* **se ~** sich [hin]ziehen

traîne-savates [tʀɛnsavat] *mf inv fam* ❶ *(indigent)* Penner(in) *m(f) (fam)*
❷ *(oisif)* Faulenzer(in) *m(f)*

traîneur, -euse [tʀɛnœʀ, -øz] *m, f (qui vagabonde)* Herumtreiber(in) *m(f)*
◆ **~ (-euse) de cafés** Kneipengänger(in) *m(f)*

train-ferry [tʀɛ̃feʀi] <train-ferrys *o* train-ferries> *m* Eisenbahnfähre *f*

trainglot *v.* tringlot

training [tʀeniŋ] *m* ❶ *(entraînement)* [Fitness]training *nt*
❷ *(survêtement)* Jogginganzug *m*

train-train [tʀɛ̃tʀɛ̃] *m sans pl fam* Einerlei *nt,* [Alltags]trott *m;* **reprendre son ~ quotidien** in den Alltagstrott zurückkehren

traire [tʀɛʀ] <irr, défec> *vt* melken

trait [tʀɛ] *m* ❶ *(ligne)* Strich *m*
❷ *(tracé) d'un dessinateur* Linienführung *f*
❸ *(caractéristique)* [Grund]zug *m; d'une époque, d'un individu* [Grund]zug, Charakterzug *m;* **distinctif/dominant** charakteristisches/hervorstechendes Merkmal; **~ de caractère** Charakterzug; **~s de ressemblance** Ähnlichkeiten *Pl*
❹ *gén m/f (lignes du visage)* [Gesichts]züge *Pl;* **~ s de jeune fille** Mädchengesicht *nt;* **il a vraiment des ~ s de fille** er hat ein richtiges Mädchengesicht; **avoir les ~ s tirés** abgespannt aussehen
❺ *(preuve)* Beweis *m;* **~ de générosité/de perfidie** großzügiger/gemeiner Zug; **~ de courage/d'audace** Tapferkeitsbeweis
❻ *littér (sarcasme)* Bemerkung *f;* **~ mordant** Spitze *f*
❼ *(courroie)* Zugriemen *m*
❽ MUS Passage *f*
❾ LING Merkmal *nt*
▶ **à grands ~s** in groben Zügen; **boire à longs ~s** in langen Zügen trinken; **avoir ~ à qc** etw betreffen, mit etw zu tun haben; *film, livre:* von etw handeln; **tirer un ~ sur qc** *(renoncer)* etw aufgeben; *(mettre un terme)* einen Schlussstrich unter etw *(Akk)* ziehen; **dessin au ~** Skizze *f*; **dessiner au ~** skizzieren; **animal de ~** Zugtier *nt;* **d'un ~** in einem Zug, auf einmal; **dormir d'un ~ jusqu'au lendemain** [die ganze Nacht] durchschlafen [ohne aufzuwachen]; **rédiger qc d'un ~ de plume** etw in einem Zug [*o* mit ein paar Federstrichen] niederschreiben; **~ pour ~** ganz genau, haargenau *(fam)*; **se ressembler ~ pour ~** sich *(Dat)* aufs Haar gleichen; **sous les ~s de** als jd, in jds Gestalt *(Dat)*; **dépeindre qn sous d'autres ~s** ein anderes Bild von jdm zeichnen; **comme un ~** wie ein Pfeil
◆ **~ d'esprit** geistreiche Bemerkung; **~ de génie** Geistesblitz *m;* **~ de lumière** Lichtstrahl *m; (révélation)* Erleuchtung *f;* **~ d'union** Bindestrich *m;* *fig (lien)* Bindeglied *nt*

traitable [tʀɛtabl] *adj personne* umgänglich; *chose* machbar

traitant(e) [tʀɛtɑ̃, ɑ̃t] *adj* pflegend; *shampoing, lotion* Pflege-; *médecin* behandelnd

traite [tʀɛt] *f* ❶ *(titre de paiement)* Wechsel *m,* Tratte *f (Fachspr.),* Fristwechsel *(Fachspr.);* **émettre/honorer une ~** eine Tratte ausstellen/einlösen; **accepter une ~** eine Tratte akzeptieren, einen Wechsel mit Akzept versehen *(Fachspr.);* **~ anticipée** Vorauswechsel; **~ bancaire** Bankwechsel, Banktratte; **~ documentaire** Rembourstratte; **~ impayée/nominative** Retour-/Rektawechsel *(Fachspr.);* **~ prolongée** Verlängerungswechsel; **~ tirée par une banque sur un débiteur** Debitorenziehung *f (Fachspr.);* **~ tirée sur un client** Kundenwechsel; **~ à un certain délai de vue** Zeitsichtwechsel
❷ *(achat à crédit)* **~ de qc** Rate *f* für etw
❸ *(action de traire)* Melken *nt*
❹ *(trafic)* Handel *m;* **la ~ des noirs/blanches** der Sklaven-/Mädchenhandel
▶ **une longue ~** *littér* ein weiter Weg; **faire** [*o* **parcourir**] **une longue ~** einen weiten Weg zurücklegen; [**tout**] **d'une seule ~** *boire* in einem einzigen Zug; *marcher, voyager* ohne Unterbrechung
◆ **~ d'associé** FIN Gesellschafterwechsel *m (Fachspr.);* **~ au porteur** FIN Inhaberwechsel *m (Fachspr.);* **~ à tempérament** Teilzahlungswechsel *m;* **~ à vue** FIN Avistawechsel *m (Fachspr.)*

traité [tʀete] *m* ❶ POL, JUR Abkommen *nt,* Vertrag *m;* **~ communautaire/secret** Gemeinschafts-/Geheimvertrag; **~ collectif** JUR Kollektivvertrag *(Fachspr.);* **~ collectif de société** Betriebskollektivvertrag *(Fachspr.);* **~ fondamental** HIST *(entre la R.F.A. et la R.D.A. en 1972)* Grund[lagen]vertrag *m;* **~ bilatéral de protectorat des investissements** JUR bilateraler Investitionsschutzvertrag; **~ d'accession** Beitrittsvertrag; **~ sur le contrôle des armements** Rüstungskontrollabkommen *nt*
❷ *(ouvrage)* Abhandlung *f*
◆ **~ CEE** EU-Vertrag *m*
◆ **~ d'adhésion à la CE** EU-Beitrittsvertrag *m;* **~ de commerce** Handelsvertrag; **~ de Maastricht** Maastrichtabkommen *nt;* **~ de non-prolifération** Atomwaffensperrvertrag *m;* **~ de paix** Friedensabkommen *nt;* **~ de réciprocité** Gegenseitigkeitsvertrag *m;*

~ **de Versailles** Versailler Vertrag *m*
♦ ~ **sur le désarmement** Abrüstungsvertrag *m;* ~ **sur l'Union européenne** Vertrag *m* über die Europäische Union
traitement [tʀɛtmɑ̃] *m* ❶ MED, COSMET Behandlung *f;* **être en ~ pour qc** wegen etw in Behandlung sein; **suivre un ~ contre qc** wegen [*o* gegen] etw behandelt werden; **devoir suivre un ~ strict** strenge Behandlungsmaßnahmen befolgen müssen; ~ **d'un/de l'état de choc** Schockbehandlung; ~ **par ultrasons** Ultraschallbehandlung; ~ **cosmétique** kosmetische Behandlung; ~ **particulier** Sonderbehandlung; ~ **du visage** Gesichtsbehandlung; ~ **aux [rayons] infrarouges** Infrarotbestrahlung *f;* ~ **à base de bains de lumière** Lichtbehandlung; ~ **aux rayons ultraviolets** [*o* **U.V.**] UV-Bestrahlung; ~ **[en centre] hospitalier** Krankenhausbehandlung
❷ *(façon de traiter, expédition) du chômage, d'un problème, d'une question* Behandlung *f,* Handhabung *f;* ~ **d'une/de la commande** Abwicklung *f* eines/des Auftrags, Auftragsabwicklung
❸ *a.* JUR *(comportement)* ~ **de qn** Art *f* mit jdm umzugehen [*o* jdn zu behandeln]; **mauvais ~s** Misshandlungen *Pl;* ~ **de faveur** Sonderbehandlung *f,* Vorzugsbehandlung *f;* ~ **de faveur des citoyens** Inländerprivilegierung *f (Fachspr.);* ~ **de faveur à l'égard d'un créancier** Gläubigerbegünstigung *f (Fachspr.)*
❹ TECH, IND *d'une surface* Behandeln *nt; d'un tissu, du papier* Verarbeitung *f; de l'eau, de déchets radioactifs* [Wieder]aufbereitung *f; du métal* Vergütung *f;* ~ **du bois** Holzverede[e]lung *f;* ~ **du minerai** Erzverhüttung *f;* ~ **thermique** Wärmebehandlung *f;* **industrie de ~ des tissus** textilverarbeitende Industrie
❺ INFORM Verarbeitung *f;* ~ **automatique de la langue** maschinelle Sprachverarbeitung; ~ **en arrière-plan** Hintergrundverarbeitung; ~ **en ligne** Online-Verarbeitung; ~ **multitâche** Multitasking *nt;* ~ **vidéo** Videobearbeitung *f;* **logiciel de ~ de texte** Textverarbeitungsprogramm *nt*
❻ *(rémunération)* Bezüge *Pl;* ~ **annuel** Jahresbezüge; ~ **budgétaire** ECON Dienstbezüge
♦ ~ **des données** Datenverarbeitung *f,* Datenbearbeitung *f;* ~ **d'images** INFORM Bildbearbeitung *f,* Bildverarbeitung *f;* ~ **de l'information** Informationsverarbeitung *f;* ~ **par lots** INFORM Stapelverarbeitung *f,* Stapelbetrieb *m;* ~ **de surface** TECH Oberflächenbehandlung *f;* ~ **de texte** Textverarbeitung *f*

traiter [tʀete] <1> I. *vt* ❶ *(se comporter envers)* behandeln; ~ **qn en malade** jdn wie einen Kranken behandeln; ~ **qn d'égal à égal/de haut/comme moins que rien** jdn als ebenbürtig/von oben herab/wie den letzten Dreck behandeln *(fam)*
❷ MED behandeln; **se faire ~ pour qc** wegen etw in Behandlung sein
❸ *(qualifier)* ~ **qn de fou/menteur** jdn einen Spinner/Lügner nennen
❹ *(analyser)* behandeln, abhandeln *sujet*
❺ *(régler)* erledigen *affaire, question;* bearbeiten, erledigen *dossier;* abwickeln *marché*
❻ TECH behandeln; [wieder]aufbereiten *déchets, eaux;* raffinieren *pétrole;* veredeln, behandeln *cuir;* **non traité(e)** *orange* ungespritzt, unbehandelt; *laine* unbehandelt, naturbelassen
❼ INFORM verarbeiten *données, texte;* ~ **des signaux analogiques et numériques** analoge und digitale Signale verarbeiten
❽ *(recevoir à table)* bewirten
II. *vi* ❶ *(avoir pour sujet)* ~ **de qc** sich mit etw befassen; *conférencier:* über etw *(Akk)* sprechen; *film:* von etw handeln; **ce livre traite d'économie** in diesem Buch geht es um Wirtschaft
❷ *(négocier)* ~ **avec qn** mit jdm verhandeln
III. *vpr (être réglé)* **se ~** erledigt [*o* abgewickelt] werden; **l'affaire s'est traitée rapidement** die Angelegenheit konnte rasch erledigt werden
traiteur [tʀetœʀ] *m* Feinkostgeschäft *nt; (à domicile)* Partyservice *m*
traître, traîtresse [tʀetʀ, -ɛs] I. *adj* ❶ *(qui trahit)* verräterisch; **être ~ (-esse) à qn/qc** jdn/etw verraten
❷ *(sournois)* tückisch; *escalier, virage* gefährlich, tückisch; *soleil* gefährlich; *animal* hinterhältig; *paroles* trügerisch; **ce vin est ~** dieser Wein hat es in sich *(Dat)*
II. *m, f* ~ **(-esse) à qn/qc** Verräter(in) *m(f)* an jdm/etw; **un ~ à sa patrie** ein Vaterlandsverräter
► **en ~** hinterrücks, heimtückisch; **prendre en ~** hinterrücks überrumpeln; **je ne t'ai pas pris**[e] **en ~** dich hab ich doch gewarnt
traîtreusement [tʀetʀøzmɑ̃] *adv* hinterlistig, hinterrücks
traîtrise [tʀetʀiz] *f* ❶ *(déloyauté)* Heimtücke *f,* Hinterlist *f*
❷ *(acte perfide)* Verrat *m*
❸ *(danger caché) f; d'un escalier, virage* Tücke *f; d'un escalier, virage* Tücke *f,* Gefährlichkeit *f; du soleil* Gefährlichkeit *f*
trajectoire [tʀaʒɛktwaʀ] *f* ❶ *(parcours) d'un véhicule* Kurs *m; d'un projectile* Flugbahn *f; d'un avion* Flugweg *m; d'une planète, satellite* Umlaufbahn *f;* **quitter sa ~** vom Kurs abkommen; ~ **d'approche** *d'un avion* Anflugweg *m;* ~ **idéale** *(dans une course)* Ideallinie *f*
❷ *(carrière)* Laufbahn *f*

❸ GEOM Trajektorie *f*
trajet [tʀaʒɛ] *m* ❶ Strecke *f,* Weg *m;* **ça me fait deux heures de ~** für die Strecke brauche ich zwei Stunden; ~ **aller** *(à pied)* Hinweg *m; (en voiture, train)* Hinfahrt *f; (en avion)* Hinflug *m;* ~ **aller et retour** *(à pied)* Hin- und Rückweg; *(en voiture, train)* Hin- und Rückfahrt; *(en avion)* Hin- und Rückflug; ~ **en train/en bateau** Zug-/Schiffsfahrt; ~ **en avion** Flugstrecke
❷ ANAT *d'une artère, d'un nerf* Bahn *f*
tralala [tʀalala] *m fam* Drum und Dran *nt (fam),* Trara *nt (fam);* **surtout pas de ~** nur keinen Aufwand; **avec tout le ~** mit allem Drum und Dran *(fam),* mit allen Schikanen; **et tout le ~** und das ganze Trara *(fam)*
► **en grand ~** in Schale *(fam);* **se mettre en grand ~** sich in Schale werfen *(fam)*
tram *abr de* **tramway**
trame [tʀam] *f* ❶ TEXTIL Schuss[faden *m*] *m,* Einschlag[faden *m*] *m;* **on voit la ~ du tapis** der Teppich hat keinen Flor mehr
❷ *(base) d'un récit, film, livre* Gerüst *nt;* **sur cette ~** vor diesem Hintergrund; **être** [*o* **constituer**] **la ~ de la vie** die Grundlage des Lebens sein [*o* darstellen]
❸ *vieilli* Verschwörung *f*
❹ INFORM, PHOT, TYP Raster *m*
❺ TV [Zeilen]raster *nt*
► **usé(e) jusqu'à la ~** fadenscheinig; *(éculé)* abgegriffen
tramer [tʀame] <1> I. *vt* ❶ *(ourdir)* aushecken *(fam),* planen *coup;* schmieden *complot*
❷ TEXTIL weben
❸ PHOT rastern
II. *vpr* **se ~ contre qn/qc** *intrigue:* gegen jdn/etw im Gange sein; *complot:* gegen jdn/etw geschmiedet werden
traminot [tʀamino] *m* Straßenbahnangestellte(r) *f(m),* Straßenbahner(in) *m(f)*
tramontane [tʀamɔ̃tan] *f* ❶ Tramontana *f*
❷ *vieilli* Polarstern *m*
tramping [tʀɑ̃piŋ] *m* COM **bateau qui fait du ~** Trampschiff *nt*
trampoline [tʀɑ̃pɔlin] *m* Trampolin *nt*
tramway [tʀamwɛ] *m* Straßenbahn *f,* Tram *f*
tranchant [tʀɑ̃ʃɑ̃] *m* ❶ *(côté coupant)* Schneide *f;* **le ~ de la main** die Handkante; **être d'un ~ parfait** messerscharf sein
❷ *(mordant) d'un argument* Durchschlagskraft *f; d'un ton* Schärfe *f; d'un reproche* Härte *f*
► **être à double ~** zweischneidig sein
tranchant(e) [tʀɑ̃ʃɑ̃, ɑ̃t] *adj* ❶ *(coupant)* scharf; **le côté ~/non ~ de la lame** die Schneide/der Rücken der Klinge, die scharfe/stumpfe Seite der Klinge
❷ *(péremptoire)* scharf; *ton* scharf; *reproche* hart, heftig; *argument* schneidend, stichhaltig; *personne* kategorisch
❸ *(trop vif)* hart, grell
tranche [tʀɑ̃ʃ] *f* ❶ *(portion)* Scheibe *f;* ~ **d'orange** Orangenscheibe; ~ **de pain/de jambon/de fromage** Scheibe Brot/Schinken/Käse; **décorer les ~s de viande avec du persil** die Fleischscheiben mit Petersilie garnieren; **vendre qc en ~s** etw scheibenweise verkaufen
❷ *(subdivision) de travaux* Abschnitt *m; de remboursement* Rate *f; de loterie* Teilauszahlung *f; de centrale nucléaire* Stufe *f,* Block *m;* MATH [Zahlen]gruppe *f;* ECON, FIN Tranche *f*
❸ *(bord) d'une pièce de monnaie* Rand *m; d'une planche* Kante *f; d'un livre* Schnitt *m*
❹ *(viande)* Stück Rindfleisch aus einem Teil der Blume
► **doré(e) sur ~** *livre* mit Goldschnitt; *hum personne* betucht; **mener une vie dorée sur ~** auf Rosen gebettet sein; ~ **napolitaine** [Scheibe] Fürst-Pückler-Eis; **s'en payer une ~** *fam* sich prächtig amüsieren, seinen Spaß haben
♦ ~ **d'âge** Altersstufe *f;* ~ **d'imposition** Steuerklasse *f;* ~ **de revenus** Einkommensklasse *f;* ~ **de vie** Lebensabschnitt *m;* **être une ~ de vie** [wie] aus dem Leben gegriffen sein
tranché(e) [tʀɑ̃ʃe] *adj* klar, deutlich; *ligne* scharf, klar; *limite* scharf; *opinion, position* klar, fest; **des couleurs ~es** sich deutlich voneinander abhebende Farben
tranchée [tʀɑ̃ʃe] *f* ❶ *(fossé)* Graben *m; des câbles* Kanal *m*
❷ MIL [Schützen]graben *m*
❸ *(coupe-feu)* Schneise *f*
tranchefile [tʀɑ̃ʃfil] *f* TECH *(sur une reliure)* Kapitalband *m; (sur une chaussure)* Rahmennaht *f*
trancher [tʀɑ̃ʃe] <1> I. *vt* ❶ *(couper au couteau)* durchschneiden; *(couper à l'épée)* durchschlagen; ~ **le cou/la gorge/la tête à qn/un animal** jdm/einem Tier den Hals/die Kehle durchschneiden/den Kopf abschlagen
❷ *(résoudre)* entscheiden *différend, débat;* klären *question;* beseitigen, aus dem Weg räumen *difficulté*
II. *vi* ❶ *(décider)* ~ **en faveur de qn/qc** für jdn/etw entscheiden, eine Entscheidung zugunsten von jdm/etw treffen
❷ *(contraster avec)* ~ **sur** [*o* **avec**] **qc** einen Kontrast zu etw bil-

den; *couleur:* sich von etw abheben, mit etw kontrastieren
tranchoir [tʀɑ̃ʃwaʀ] *m* ❶ *(planche)* Tranchierbrett *nt*
❷ *(couteau)* Tranchiermesser *nt*
tranquille [tʀɑ̃kil] **I.** *adj* ❶ *(calme)* ruhig; *eau, rue* still, ruhig; *élève, enfant* brav, ruhig
❷ *(paisible) endroit* still, friedlich; *voisins* ruhig, friedfertig
❸ *(opp: stressant) vacances, travail* geruhsam
❹ *(en paix)* être ~ *personne:* seine/ihre Ruhe haben; **laisser qn ~** jdn in Ruhe lassen, jdn zufriedenlassen; **laisser qc ~** *fam* die Finger von etw lassen *(fam)*
❺ *(rassuré)* beruhigt; **avoir l'esprit ~** beruhigt sein; **pouvoir dormir/partir ~** unbesorgt [*o* getrost] schlafen/gehen können; **soyez ~ !** ganz ruhig!, keine Angst!
❻ *(assuré) conviction* still; *courage* fest
❼ *iron fam (certain)* là, je suis ~ da kann man Gift drauf nehmen *(fam)*
▶ **pouvoir dormir ~** beruhigt sein können; **se tenir ~** stillhalten, stillsitzen; **faire tenir qn ~** jdn ruhigstellen
II. *adv fam* ❶ *(facilement)* locker *(fam),* mit links *(fam)*
❷ *(sans crainte)* in aller [Seelen]ruhe
tranquillement [tʀɑ̃kilmɑ̃] *adv* ❶ *(paisiblement)* ruhig, in [aller] Ruhe; *vivre* friedlich, in Frieden
❷ *(avec maîtrise de soi)* ruhig, gelassen
❸ *(sans risque)* getrost, unbesorgt
❹ *(sans se presser)* in [aller] Ruhe
tranquillisant [tʀɑ̃kilizɑ̃] *m* Beruhigungsmittel *nt,* Tranquilizer *m*
tranquillisant(e) [tʀɑ̃kilizɑ̃, ɑ̃t] *adj* beruhigend; **produit ~** Beruhigungsmittel *nt*
tranquilliser [tʀɑ̃kilize] <1> **I.** *vt* beruhigen
II. *vpr* **se ~** sich beruhigen
tranquillité [tʀɑ̃kilite] *f* ❶ *(calme)* Ruhe *f; d'un lieu, de la mer, rue* Ruhe, Stille *f;* **assurer la ~ publique** für Ruhe und Ordnung sorgen
❷ *(sérénité)* Ruhe *f; matérielle* Sicherheit *f;* **~ d'esprit** Seelenfrieden *m;* **en toute ~** in aller [Seelen]ruhe, ungestört
transaction [tʀɑ̃zaksjɔ̃] *f* ❶ COM, BOURSE Geschäft *nt,* Transaktion *f;* **~ boursière** Börsentransaktion; **~s boursières** [*o* **de Bourse**] Börsenverkehr *m,* Börsenumsatz *m;* **~ commerciale** Geschäftsvorgang *m,* Handelsgeschäft; **~s financières** Zahlungsverkehr *m;* **~ par chèque** Scheckverkehr; **~s officielles sur les réserves** FIN amtliche Reservetransaktionen; **~s réalisées** abgewickelte Geschäftsvorgänge; **~ à terme fixe** Festgeschäft; **~s d'actions à terme** Aktienterminsgeschäft; **~s d'obligations convertibles** Aktienoptionshandel *m;* **~ de titres non cotés** Handel in unnotierten Werten; **~ de valeur mobilière** Wertpapiergeschäft; **~s non décomposables statistiquement** statistisch nicht aufgliederbare Transaktionen
❷ JUR Vergleich *m,* gütliche Einigung; *(en tant que contrat)* Vergleichsvertrag *m;* **~ patrimoniale** Vermögensvergleich
❸ PSYCH Interaktion *f (Fachspr.)*
◆ **~s d'actions** Aktiengeschäft *nt*
transactionnel(le) [tʀɑ̃zaksjɔnɛl] *adj* ❶ PSYCH Interaktions-
❷ JUR Vergleichs-; **accord ~** Vergleich *m*
transafricain(e) [tʀɑ̃zafʀikɛ̃, ɛn] *adj* transafrikanisch; **chemin de fer ~** Kap-Kairo-Bahn *f*
transalpin(e) [tʀɑ̃zalpɛ̃, in] *adj* ❶ *(italien)* italienisch, jenseits der Alpen
❷ GEOG, HIST transalpin
transamazonien(ne) [tʀɑ̃zamazɔnjɛ̃, njɛn] *adj* **route ~ne** Transamazonas-Straße *f,* Transamazonika *f*
transat[1] [tʀɑ̃zat] *m abr de* **transatlantique** *(chaise)* Liegestuhl *m*
transat[2] [tʀɑ̃zat] *f abr de* **transatlantique** [Trans]atlantikregatta *f*
transatlantique [tʀɑ̃zatlɑ̃tik] **I.** *adj* transatlantisch, überseeisch; **port ~** Überseehafen *m*
II. *m* ❶ *(paquebot)* Überseedampfer *m,* Ozeandampfer *m*
❷ *(chaise)* Liegestuhl *m*
transbahuter [tʀɑ̃sbayte] <1> *fam* **I.** *vt* wegschleppen *(fam)*
II. *vpr* **se ~ à la maison** sich ins Haus schleppen
transbordement [tʀɑ̃sbɔʀdəmɑ̃] *m* ❶ *d'une cargaison* Umladen *nt,* Umschlagen *nt; (transbordement de marchandises)* Warenumschlag *m,* Güterumschlag *m;* **opérer le ~ de qc** etw umschlagen [*o* umladen]; **gare/port de ~** Umladebahnhof *m*/-hafen *m;* **lieu/point de ~** Umladeplatz *m*
❷ *(action de changer de navire)* Umsteigen *nt,* Umschiffen *nt (Fachspr.);* **opérer le ~ de qn** jdn umsteigen lassen, jdn umschiffen *(Fachspr.)*
transborder [tʀɑ̃sbɔʀde] <1> *vt* umschlagen *marchandises;* umsteigen lassen, umschiffen *(Fachspr.) personnes*
transbordeur [tʀɑ̃sbɔʀdœʀ] **I.** *adj* **pont ~** Überladekran *m;* **navire ~** Fähre *f*
II. *m (car-ferry)* Autofähre *f; (train-ferry)* Eisenbahnfähre *f*
transcanadien(ne) [tʀɑ̃skanadjɛ̃, djɛn] *adj* **route ~ne** Trans-Kanada-Straße *f*

transcendance [tʀɑ̃sɑ̃dɑ̃s] *f* Transzendenz *f*
transcendant(e) [tʀɑ̃sɑ̃dɑ̃, ɑ̃t] *adj* ❶ *(remarquable)* überragend; **ne pas être ~(e)** *personne:* nicht gerade eine Leuchte sein *(fam)*
❷ PHILOS, REL, MATH transzendent
transcendantal(e) [tʀɑ̃sɑ̃dɑ̃tal, o] <-aux> *adj* transzendental
transcender [tʀɑ̃sɑ̃de] <1> **I.** *vt* ❶ *(dépasser)* **~ qc** die Grenzen einer S. *(Gen)* überschreiten, etw transzendieren *(geh)*
❷ *(survolter)* beflügeln *personne*
II. *vpr* **se ~** über sich selbst hinauswachsen
transcodage [tʀɑ̃skɔdaʒ] *m (action)* Übersetzen *nt,* Umkodieren *nt; (résultat)* Übersetzung *f,* Umkodierung *f*
transcoder [tʀɑ̃skɔde] <1> *vt* übersetzen, umkodieren
transcodeur [tʀɑ̃skɔdœʀ] *m* Transcoder *m*
transcontinental(e) [tʀɑ̃skɔ̃tinɑ̃tal, o] <-aux> *adj* transkontinental
transcripteur [tʀɑ̃skʀiptœʀ] *m (personne)* Kopist(in) *m(f); (machine)* Kopiergerät *nt,* Kopierer *m*
transcription [tʀɑ̃skʀipsjɔ̃] *f* ❶ *(copie)* Abschrift *f; d'une émission, conversation* Niederschrift *f*
❷ ADMIN, JUR **~ hypothécaire** [Grundbuch]eintragung *f* einer Hypothek; **faire l'objet d'une ~ sur qc** in etw *(Akk)* eingetragen werden
❸ LING, MUS, BIO Transkription *f;* **~ phonétique** Lautschrift *f,* phonetische Umschrift
transcrire [tʀɑ̃skʀiʀ] <*irr*> *vt* ❶ *(copier)* abschreiben, übertragen *manuscrit, texte;* aufschreiben *message oral;* niederschreiben, aufschreiben *souvenir*
❷ ADMIN, JUR **~** eintragen
❸ LING, BIO transkribieren; MUS transkribieren, umschreiben
transculturel(le) [tʀɑ̃skyltyʀɛl] *adj* kulturübergreifend
transcutané(e) [tʀɑ̃skytane] *adj* transkutan *(Fachspr.);* **agir par voie ~e** transkutan wirken *(Fachspr.)*
transdisciplinaire [tʀɑ̃sdisipliˈnɛʀ] *adj* fächerübergreifend
transe [tʀɑ̃s] *f* ❶ *pl (affres)* Ängste *Pl;* **les ~s d'un examen** Prüfungsangst *f;* **être dans des ~s mortelles** *soutenu* Todesängste ausstehen
❷ *(état second)* Trance[zustand *m*] *f*
▶ **être en ~** *(hors de soi)* außer sich *(Dat)* sein; *(en état d'hypnose)* in Trance sein
transept [tʀɑ̃sɛpt] *m* Querschiff *nt*
transeuropéen(ne) [tʀɑ̃sœʀɔpeɛ̃, ɛn] *adj* Trans-Europa[-]
transférable [tʀɑ̃sfeʀabl] *adj* ❶ *(transportable)* transportfähig
❷ FIN transferabel *(Fachspr.); propriété, valeur* übertragbar, transferabel; **être ~ à** [*o* **sur**] **qn/qc** auf jdn/etw übertragen werden können; **être ~ sur un compte** auf ein Konto transferiert werden können
transfèrement [tʀɑ̃sfɛʀmɑ̃] *m* Verlegung *f*
transférer [tʀɑ̃sfeʀe] <5> *vt* ❶ *(déplacer)* versetzen *fonctionnaire;* verlegen *prisonnier, bureaux, gouvernement;* überführen, umlagern *document;* überführen *cendres, dépouille;* **~ un malade** einen Kranken transportieren [*o* überführen]; *(dans un autre hôpital)* einen Kranken umlegen; **nos bureaux ont été transférés** wir sind umgezogen
❷ JUR transferieren; **~ ses biens à qn** sein/ihr Vermögen auf jdn übertragen
❸ FIN **~ une somme à qn** jdm einen Betrag überweisen
❹ PSYCH **~ une émotion sur qn/qc** eine Emotion auf jdn/etw übertragen
❺ INFORM überspielen *données;* **faire ~ des données/des méls** Daten/E-Mails umleiten
transfert [tʀɑ̃sfɛʀ] *m* ❶ *(déplacement) d'un gouvernement, du siège social* Verlegung *f; d'un bureau* Verlegung *f,* Umzug *m; de cendres* Überführung *f; d'un prisonnier* Verlegung *f,* Überführung *f; d'un fonctionnaire* Versetzung *f; de la population* Umsiedlung *f; d'un malade* Transport *m; de documents* Umlagerung *f;* **~ en bus** Bustransfer *m*
❷ SPORT Transfer *m,* Vereinswechsel *m*
❸ JUR Transfer *m,* Übertragung *f;* **~ d'actions/de parts** Aktien-/Anteilsübertragung *f;* **~ de biens patrimoniaux** Vermögensübertragung; **~ d'un/du contrat** Vertragsübertragung; **~ d'un/du droit** Rechtsübergang *m;* **~ de droits sur des tiers** [Rechts]übergang auf Dritte; **~ des frais** Kostenübertragung; **~ d'un/du patrimoine** Vermögensübergang *m;* **~ de ressources** Ressourcentransfer *m;* **~s gratuits** unentgeltliche Übertragungen; **~s unilatéraux** einseitige Übertragungen; **~ à vide** Leerübertragung *(Fachspr.)*
❹ FIN *(versement)* Überweisung *f,* Transferleistung *f,* Transferzahlung *f;* **~s** [*o* **sociaux**] Transferleistungen *Pl;* **~s élevés** hohe Transferleistungen; **~ financier** Finanztransfer
❺ INFORM Übertragung *f,* Transfer *m;* **~ de/d'un fichier** Dateitransfer
❻ PSYCH Übertragung *f*
❼ *(transmission)* **~ des tâches** Aufgabenverlagerung *f*
◆ **~ d'appel[s]** TELEC Rufumleitung *f;* **~ de bénéfices** Gewinnführung *f;* **~ de capitaux** Kapitaltransfer *m;* **~ de créance** Forde-

rungsübergang *f;* **~ de devises** Devisentransfer *m;* **~ de données** INFORM Datentransfer *m;* **~ d'exploitation** JUR Betriebsübertragung *f;* **~ de fonds** Geldtransfer *m;* **~ de licence** Lizenzgeschäft *nt;* **~ de possession** JUR Besitzübertragung *f;* **~ de propriété** JUR Eigentumsübertragung *f,* Besitzübertragung, Eigentumsübergang *m (Fachspr.);* **~ de responsabilité** JUR Haftungsübergang *m (Fachspr.);* **~ des risques** [*o* **du risque**] Risikoübergang *m (Fachspr.);* JUR Gefahrübergang *(Fachspr.);* **~ de technologie** Technologietransfer *m*

transfiguration [tʁɑ̃sfigyʁasjɔ̃] *f* ❶ *(transformation)* Verwandlung *f*
❷ REL **la Transfiguration** die Transfiguration, die Verklärung [Christi]

transfigurer [tʁɑ̃sfigyʁe] <1> *vt* völlig verwandeln; verklären, völlig verwandeln *visage, réalité;* **être transfiguré(e)** *personne:* völlig verwandelt [*o* wie umgewandelt] sein

transfo [tʁɑ̃sfo] *m fam abr de* **transformateur** Trafo *m*

transformable [tʁɑ̃sfɔʁmabl] *adj* verwandelbar; *meubles* zusammenklappbar; **être ~ en qc** in etw *(Akk)* verwandelt sein, sich in etw *(Akk)* verwandeln lassen; *meuble:* zu etw umwandelbar sein, sich in etw *(Akk)* verwandeln lassen; *aspect:* veränderbar sein; **être ~ en argent** sich zu Geld machen lassen

transformateur [tʁɑ̃sfɔʁmatœʁ] *m* ELEC Transformator *m*

transformateur, -trice [tʁɑ̃sfɔʁmatœʁ, -tʁis] *adj industrie* verarbeitend

transformation [tʁɑ̃sfɔʁmasjɔ̃] *f* ❶ *(changement)* Veränderung *f,* Wandel *m kein Pl; d'une maison, pièce* Umbau *m kein Pl; de matières premières* Verarbeitung *f kein Pl,* Veredelung *f kein Pl;* **~ des matières premières/des métaux** Rohstoff-/Metallverarbeitung; **l'industrie de la ~ du papier** die Papier verarbeitende Industrie; **~ d'une entreprise** Umwandlung *f* eines Unternehmens, Unternehmensumwandlung; **connaître de grandes ~s** große Veränderungen durchmachen, sich stark wandeln; **faire des ~s à qc** Veränderungen an etw *(Dat)* vornehmen
❷ *(métamorphose)* **~ en qc** Verwandlung *f* in etw *(Akk)*
❸ RUGBY Erhöhung *f*
❹ MATH, LING Transformation *f;* GEOM Abbildung *f,* Transformation *f*

transformationnel(le) [tʁɑ̃sfɔʁmasjɔnɛl] *adj* LING **grammaire ~le** Transformationsgrammatik *f*

transformer [tʁɑ̃sfɔʁme] <1> I. *vt* ❶ *(modifier)* verwandeln; umstrukturieren *entreprise;* verändern *société;* [ab]ändern *vêtement;* verarbeiten, veredeln *matière première*
❷ *(opérer une métamorphose)* **~ un enfant en pirate** ein Kind zum Piraten machen [*o* in einen Piraten verwandeln]; **~ un pantalon en bermuda** eine Hose in Bermudashorts umarbeiten; **~ une pièce en bureau** einen Raum in ein Arbeitszimmer umgestalten
❸ SPORT verwandeln *pénalité, penalty;* erhöhen *essai*
❹ MATH umformen
II. *vpr* ❶ *(changer)* **se ~** sich verändern, sich wandeln; *animal:* sich verwandeln
❷ *(changer de nature)* **se ~ en jeune homme sérieux** ein ernsthafter junger Mann werden
❸ CHIM, PHYS **l'eau se transforme en glace** Wasser wird zu [*o* gefriert zu *Fachspr.*] Eis

transformisme [tʁɑ̃sfɔʁmism] *m* Abstammungslehre *f,* Deszendenztheorie *f (Fachspr.)*

transformiste [tʁɑ̃sfɔʁmist] I. *adj* ❶ SCI abstammungstheoretisch; **théorie ~** Abstammungslehre *f,* Deszendenztheorie *f (Fachspr.)*
❷ ART **artiste ~** Verwandlungskünstler(in) *m(f)*
II. *mf* Vertreter(in) *m(f)* der Abstammungslehre [*o* Deszendenztheorie *Fachspr.*]

transfrontalier, -ière [tʁɑ̃sfʁɔ̃talje, -jɛʁ] *adj* ECON *production* grenzüberschreitend

transfuge [tʁɑ̃sfyʒ] *mf* Überläufer(in) *m(f)*

transfusé(e) [tʁɑ̃sfyze] *m(f)* Empfänger(in) *m(f)* einer [Blut]transfusion

transfuser [tʁɑ̃sfyze] <1> *vt* übertragen *sang;* **~ qn** jdm Blut übertragen, bei jdm eine Blutübertragung [*o* [Blut]transfusion] vornehmen; **qn est transfusé** jd bekommt eine Blutübertragung [*o* [Blut]transfusion], jdm wird Blut übertragen

transfusion [tʁɑ̃sfyzjɔ̃] *f* [Blut]transfusion *f,* Blutübertragung *f;* **~ sanguine** [Blut]transfusion, Blutübertragung; **faire une ~ à qn** jdm Blut übertragen, bei jdm eine Blutübertragung [*o* [Blut]transfusion] vornehmen; **centre de ~ sanguine** Blutspendezentrale *f*

transgénique [tʁɑ̃sʒenik] *adj* BIO *fruits, légumes* gentechnisch verändert

transgenre [tʁɑ̃sʒɑ̃ʁ] I. *adj* transsexuell
II. *mf* Transsexuelle(r) *f(m)*

transgresser [tʁɑ̃sɡʁese] <1> *vt* **~ la loi** das Gesetz übertreten, gegen das Gesetz verstoßen; **~ un ordre** einem Befehl zuwiderhandeln *(form)*

transgression [tʁɑ̃sɡʁesjɔ̃] *f a.* JUR **~ d'un/du droit** Rechtsübertretung *f;* **d'une interdiction** Verstoß *m* gegen ein Verbot; **~ de la loi** Übertretung *f* des Gesetzes, Verstoß gegen das Gesetz

transhumance [tʁɑ̃zymɑ̃s] *f* Almauftrieb *m,* Herdenwanderung *f*

transhumer [tʁɑ̃zyme] <1> *vi* ❶ *animal:* das Weidegebiet wechseln
❷ *iron personnes:* ziehen

transiger [tʁɑ̃ziʒe] <2a> *vi* ❶ *(faire un compromis)* **~ avec le collègue sur un aspect** über einen Aspekt mit dem Kollegen einen Kompromiss schließen; **~ avec l'injustice** sich mit der Ungerechtigkeit abfinden; **~ avec qn/qc** sich mit jdm/einer S. abfinden; **~ sur l'honneur** es mit der Ehre nicht so genau nehmen; **~ sur un point** in einem Punkt nachgeben
❷ JUR einen Vergleich schließen, sich vergleichen

transir [tʁɑ̃ziʁ] <8> *vt littér* **~ qn** *froid, vent:* jdm durch Mark und Bein gehen; *peur:* jdm das Blut in den Adern erstarren lassen; **transi(e) de qc** starr vor etw *(Dat);* **transi(e) de froid/peur** völlig durchgefroren/erstarrt vor Angst

transistor [tʁɑ̃zistɔʁ] *m* ❶ RADIO Transistorradio *nt,* Kofferradio, Koffergerät *nt*
❷ ELEC Transistor *m*

transistoriser [tʁɑ̃zistɔʁize] <1> *vt* TECH transistorisieren, mit Transistoren versehen

transit [tʁɑ̃zit] *m* ❶ COM *des voyageurs* Transit *m; des marchandises* Transit, Durchfuhr *f;* **cité de ~** Durchgangslager *nt;* **marchandises en ~** Transitgüter *Pl*
❷ PHYSIOL Verdauung *f;* **~ intestinal** MED Verdauungsprozess *m;* **cela aide le ~ intestinal** das fördert die Verdauung
▶ **en ~** Transit-; **voyageur(-euse) en ~** Transitreisende(r) *f(m)*

transitaire [tʁɑ̃ziteʁ] I. *adj* Transit-
II. *mf* Transithändler(in) *m(f)*

transiter [tʁɑ̃zite] <1> *vi* **~ par qc** durch etw reisen, etw durchqueren; *(en avion)* über etw *(Akk)* fliegen; *marchandise:* transitieren; **~ par qn/qc** *chose:* über jdn/etw laufen

transitif, -ive [tʁɑ̃zitif, -iv] *adj* transitiv; **verbe ~ direct/indirect** Verb *nt* mit direktem Objekt/mit indirektem Objekt

transition [tʁɑ̃zisjɔ̃] *f* ❶ *a.* PHYS Übergang *m;* **~ de l'enfance à qc** Übergang von der Kindheit zu etw; **opérer la ~ d'un atome à qc** von einem Atom zu etw überwechseln; **gouvernement de ~** Übergangsregierung *f;* **sans ~** übergangslos
❷ MUS, JUR Überleitung *f*
❸ CINE Überblendung *f*
▶ **~ de possession** JUR Besitzübergang *m*

transitivement [tʁɑ̃zitivmɑ̃] *adv* transitiv

transitivité [tʁɑ̃zitivite] *f* Transitivität *f,* transitiver Charakter

transitoire [tʁɑ̃zitwaʁ] *adj* vorübergehend; *période* Übergangs-; **être ~** nur vorübergehend bestehen

transitoirement [tʁɑ̃zitwaʁmɑ̃] *adv* vorläufig

translation [tʁɑ̃slasjɔ̃] *f* ❶ *d'un tribunal, prisonnier* Verlegung *f*
❷ GEOM Parallelverschiebung *f,* Translation *f (Fachspr.)*
❸ JUR **~ d'un/du droit** Rechtsübertragung *f*

translittération [tʁɑ̃sliteʁasjɔ̃] *f* LING Transliteration *f*

translucide [tʁɑ̃slysid] *adj* durchscheinend; TECH lichtdurchlässig; **papier ~** Transparentpapier *nt*

translucidité [tʁɑ̃slysidite] *f* Transparenz *f;* TECH Lichtdurchlässigkeit *f*

transmanche [tʁɑ̃smɑ̃ʃ] *adj* **trafic ~** Verkehr *m* über den Ärmelkanal, Ärmelkanalverkehr

transmetteur [tʁɑ̃smetœʁ] *m* ❶ TECH Sender *m*
❷ MED, PHYSIOL Botenstoff *m*

transmettre [tʁɑ̃smɛtʁ] <irr> I. *vt* ❶ *(léguer)* weitergeben; **~ une qualité/un titre à qn** jdm eine Eigenschaft/einen Titel vererben; **~ son autorité à qn** seine/ihre Machtbefugnis auf jdn übertragen
❷ *(faire parvenir)* überbringen, zustellen *colis, lettre;* überbringen, übermitteln *message;* weiterleiten *renseignement, ordre;* **se ~ qc** sich *(Dat)* etw übergeben [*o* weitergeben]; **se ~ des nouvelles** sich [gegenseitig] benachrichtigen; **transmettez-lui mon bon souvenir** richten Sie ihm/ihr viele Grüße [von mir] aus
❸ RADIO, TELEC, TV übertragen, senden
❹ INFORM senden *Nachricht*
❺ SPORT übergeben, zuspielen *ballon*
❻ BIO, MED **~ une maladie à qn** eine Krankheit auf jdn übertragen, jdn mit einer Krankheit anstecken; **se ~ une maladie** sich [gegenseitig] anstecken
❼ SCI leiten *son, électricité;* übertragen *signal, énergie*
II. *vpr* **se ~** *recette:* überliefert werden; *secret:* weitergesagt werden; *métier:* weitergereicht werden; *maladie:* übertragen werden; **se ~ héréditairement** sich weitervererben

transmissibilité [tʁɑ̃smisibilite] *f* ❶ MED Übertragbarkeit *f*
❷ JUR, ECON *d'un héritage, privilège* Vererbbarkeit *f; des actions* Übertragbarkeit *f;* **~ du nom commercial** Firmenbeständigkeit *f*

transmissible [tʁɑ̃smisibl] *adj* ❶ MED übertragbar, ansteckend
❷ JUR vererbbar; **être ~ à qn** jdm vererbt werden können

transmission [tʁɑ̃smisjɔ̃] *f* ❶ *(passation)* Weitergabe *f; d'un secret* Weitersagen *nt;* **~ de l'autorité à qn** Übertragung *f* der

Machtbefugnisse auf jdn; ~ **de biens/du caractère à qn** Vererbung *f* von Besitz/des Charakters an jdn; ~ **du droit de vote/d'un brevet** Stimmrechts-/Patentübertragung; ~ **des parts successorales** JUR Erbteilsübertragung *(Fachspr.)*; ~ **de propriété d'un bâtiment** JUR Gebäudeübereignung *f (Fachspr.)*; ~ **d'un/du terrain** Grundstücksübereignung
② *(diffusion) d'une lettre, d'un colis* Zustellung *f; des connaissances* Vermittlung *f;* ~ **d'une information/d'un ordre à qn** Weiterleitung *f* [*o* Übermittlung *f*] einer Information/eines Befehls an jdn
③ RADIO, TELEC, TV, INFORM Übertragung *f;* ~ **à distance** Fernübertragung; ~ **de données synchrone/asynchrone** synchrone/asynchrone Datenübertragung
④ SPORT *d'un ballon* Übergabe *f,* Zuspiel *nt*
⑤ BIO, MED, TECH Übertragung *f*
⑥ AUT Getriebe *nt*
⑦ *pl* MIL Nachrichtendienst *m;* **bataillon de ~s** Fernmeldebataillon *nt*
◆ ~ **de dette** JUR Schuldübergang *m (Fachspr.)*; ~ **légale de dette** gesetzlicher Schuldübergang; ~ **de données** Datenübertragung *f;* ~ **de pensée** Gedankenübertragung *f;* ~ **de propriété** JUR Eigentumsübertragung *f;* ~ **des risques** JUR Gefahrenübertragung *f;* ~ **de la succession** JUR Erbschaftsübergang *m; (acquisition de droits)* Gesamtrechtsnachfolge *f;* ~ **de titre** JUR Legitimationsübertragung *f*
transmuer [trɑ̃smɥe] <1> *vt* ❶ CHIM ~ **un métal en or** ein Metall in Gold *(Akk)* verwandeln [*o* umwandeln]
② *littér (changer de nature)* ~ **une ébauche en qc** einen Entwurf zu etw umgestalten [*o* in etw *(Akk)* verwandeln]
transmutation [trɑ̃smytasjɔ̃] *f* ❶ PHYS, CHIM Umwandlung *f*
② *littér (transformation)* Umgestaltung *f,* Verwandlung *f*
transmuter *v.* transmuer
transocéanique [trɑ̃zɔseanik] *adj* transozeanisch; *navigation, télégraphie* Übersee-
transparaître [trɑ̃spaRɛtR] <*irr*> *vi forme, jour:* durchschimmern, durchscheinen; *forme:* sich abzeichnen; *idées, sentiment:* durchscheinen; **laisser** ~ erkennen lassen, verraten
transparence [trɑ̃spaRɑ̃s] *f* ❶ *(opp: opacité) du cristal, verre* Transparenz *f,* Durchsichtigkeit *f; de l'air* Klarheit *f; de l'eau* Klarheit, Durchsichtigkeit; **d'une parfaite** ~ kristallklar
② *(absence de secret)* Transparenz *f; d'une allusion* Deutlichkeit *f,* Offensichtlichkeit *f;* ~ **fiscale** Steuertransparenz; ~ **juridique** Rechtsklarheit *f;* ~ **des bénéfices/taxes** ECON Gewinn-/Gebührentransparenz; ~ **des frais** Kostentransparenz
▶ **dans la** ~ in aller Offenheit; **se faire dans la** ~ durchschaubar sein
transparent [trɑ̃spaRɑ̃] *m* [Transparent]folie *f; (feuille réglée)* Linienblatt *nt*
transparent(e) [trɑ̃spaRɑ̃, ɑ̃t] *adj* ❶ *(opp: opaque)* durchsichtig; *air*klar; *eau* klar, durchsichtig; **papier** ~ Pauspapier *nt,* transparentpapier *nt*
② *(sans secret)* transparent, durchschaubar; *affaire, négociation* offen, durchschaubar
③ *(limpide) âme, regard, yeux* klar; *personne* leicht zu durchschauen
④ *(évident)* offensichtlich; *allusion* deutlich, offensichtlich; *intention* durchschaubar, durchsichtig, offensichtlich
transpercer [trɑ̃spɛRse] <2> *vt* ❶ *(percer)* durchbohren; *balle:* durchschlagen; ~ **qc** *clou:* sich durch etw bohren
② *(passer au travers) froid:* durchdringen; *regard:* durchbohren; ~ **qc** *pluie:* durch etw dringen; **le froid/la pluie nous avait transpercés** wir waren völlig durchgefroren/[vom Regen] durchnässt
transpiration [trɑ̃spirasjɔ̃] *f* ❶ PHYSIOL *(processus)* Schwitzen *nt,* Transpiration *f (geh); (sueur)* Schweiß *m;* ~ **sous les aisselles** Achselschweiß; *(soudaine)* Schweißausbruch *m;* **en** ~ schweißgebadet
② BOT Transpiration *f*
transpirer [trɑ̃spiRe] <1> *vi* ❶ schwitzen, transpirieren *(geh);* **il transpire des pieds/des mains** *(constamment)* er hat Schweißfüße/schwitzige Hände; *(accidentellement)* er schwitzt an den Füßen/Händen
② *littér (être divulgué)* ~ **d'une conversation** bei einer Unterhaltung durchsickern
③ *fam (se donner du mal)* ~ **sur qc** über [*o* bei] etw ins Schwitzen geraten
transplant [trɑ̃splɑ̃] *m* Transplantat *nt*
transplantable [trɑ̃splɑ̃tabl] *adj* MED transplantierbar; AGR umpflanzbar
transplantation [trɑ̃splɑ̃tasjɔ̃] *f* ❶ BIO, MED Transplantation *f; d'un organe* Transplantation, Verpflanzung *f;* ~ **d'organe** Organverpflanzung, Organtransplantation; ~ **de tissu[s]** Gewebetransplantation; ~ **cardiaque/pulmonaire** Herz-/Lungentransplantation; ~ **rénale/vasculaire** Nieren-/Gefäßtransplantation; **procéder à une** ~ **du foie** eine Lebertransplantation vornehmen
② AGR Verpflanzung *f,* Umpflanzen *nt*
③ *(déplacement)* Verpflanzung *f; d'une population* Umsiedlung *f; de traditions* Mitnahme *f*
transplanté(e) [trɑ̃splɑ̃te] *m(f)* ❶ MED Organempfänger(in) *m(f)*
② *(étranger)* Fremdling *m; (d'une autre région ou ville)* Fremdling, Umsiedler(in) *m(f),* Zugezogene(r) *f(m)*
transplanter [trɑ̃splɑ̃te] <1> I. *vt* ❶ BIO, MED transplantieren, verpflanzen; übertragen *peau;* **être transplanté(e)** *organe:* verpflanzt werden; *personne:* einer Transplantation unterzogen werden
② AGR umpflanzen, umsetzen, verpflanzen
③ SOCIOL *(déplacer)* umsiedeln *population;* mitnehmen *traditions*
II. *vpr* **se** ~ übersiedeln, umsiedeln
transpolaire [trɑ̃spɔlɛR] *adj* über den Süd-/Nordpol; **route** ~ Polroute *f*
transpondeur [trɑ̃spɔ̃dœR] *m* Transponder *m*
transport [trɑ̃spɔR] *m* ❶ *(action de transporter)* Transport *m; de voyageurs* Beförderung *f; de bagages, marchandises* Transport, Beförderung; *d'énergie* Transport, Übertragung *f;* ~ **aérien** [*o* **par air**] Beförderung auf dem Luftweg, Lufttransport; ~ **ferroviaire** [*o* **par le rail**] Beförderung per Bahn, Bahnbeförderung, Bahntransport; ~ **maritime** Seetransport; ~ **maritime de voyageurs** Personenschifffahrt *f,* ~ **routier** [*o* **par la route**] Beförderung per Achse [*o* auf der Straße]; ~ **par hélicoptère** Hubschraubertransport; ~ **terrestre** [*o* **par voie de terre**] Landtransport; ~ **porte-à-porte** TRANSP Haus-Haus-Verkehr *m;* ~ **par véhicule routier de gros tonnage** Schwertransport; ~ **de déchets toxiques** Giftmülltransport; ~ **de marchandises en gros** Massengütertransport; ~ **de marchandises par avion** Luftfrachtbeförderung; **frais de** ~ *de personnes* Fahrtkosten *Pl,* Beförderungskosten; *de marchandises* Transportkosten; **véhicule/hélicoptère/navire de** ~ Transportfahrzeug *nt/*-hubschrauber *m/*-schiff *nt;* **planification/politique des** ~**s** Verkehrsplanung *f/*-politik *f;* **possibilité de** ~ Transportmöglichkeit *f*
② *pl (secteur économique)* Transportwesen *nt,* Verkehrswesen, Transportgewerbe *nt;* ~**s aériens** Luftverkehr *m,* Flugverkehr *m; (en parlant de marchandises)* Luftfrachtverkehr; ~**s ferroviaires** Bahnverkehr, Schienenverkehr; *(transports de fret)* Bahnfrachtverkehr; ~**s routiers** Straßenverkehr; ~**s urbains** öffentlicher Nahverkehr; ~ **pour propre compte** Werksverkehr; ~ **routier de marchandises** Güterkraftverkehr; ~**s des express** Expressgutverkehr; ~ **combiné** kombinierter Verkehr; **le ministre des** ~**s** der Verkehrsminister
③ *pl littér (accès)* ~**s amoureux** stürmische Leidenschaft; ~**s de colère** Wutausbruch *m;* **avec des** ~**s d'enthousiasme/de joie** mit überschwänglicher Begeisterung/Freude
◆ ~**s en commun** öffentliche Verkehrsmittel *Pl;* ~ **sur les lieux** JUR Lokaltermin *m;* ~ **de données** INFORM Datentransport *m;* ~ **d'ions** PHYS, CHIM Ionenwanderung *f;* ~ **de marchandises** Gütertransport *m,* Güterbeförderung *f;* ~ **de masse** Massentransport *m;* ~ **de produits dangereux** Gefahrguttransport *m;* ~ **de troupes** Truppentransport *m;* ~ **de voyageurs** Personenverkehr *m*
transportabilité [trɑ̃spɔRtabilite] *f d'un blessé, malade* Transportfähigkeit *f*
transportable [trɑ̃spɔRtabl] *adj marchandise* transportabel, transportierbar; *blessé, malade* transportfähig
transporter [trɑ̃spɔRte] <1> I. *vt* ❶ transportieren, bringen *blessé, prisonnier;* bringen, befördern *voyageur;* **continuer à** ~ **la valise** *(porter)* den Koffer weitertragen; ~ **qn en ambulance** jdn im Krankenwagen transportieren [*o* fahren]; ~ **qn/qc par hélicoptère** jdn/etw per Hubschrauber befördern; ~ **des marchandises par terre** Güter auf dem Landweg/per Achse befördern
② *(éloigner, évacuer)* wegbefördern, wegtransportieren
③ TECH übertragen *énergie, son*
④ *(transférer)* versetzen; verlegen, verlagern *scène, action;* bringen, tragen *événement, guerre;* **un roman à l'écran/sur [la] scène** einen Roman auf die Leinwand/die Bühne bringen
⑤ *littér (exalter)* begeistern, überwältigen; ~ **qn de fureur** jdn in Rage bringen [*o* in Wut versetzen]; **être transporté(e) de reconnaissance** voller Anerkennung sein; **être transporté(e) de joie/d'enthousiasme** außer sich *(Dat)* vor Freude/Begeisterung sein
II. *vpr* **se** ~ **dans un monde irréel** *personne:* sich in eine irreale [Gedanken]welt versetzen
② *(se déplacer)* **se** ~ **sur les lieux** *juge, parquet:* einen Lokaltermin abhalten, sich an den Ort des Geschehens begeben
transporteur [trɑ̃spɔRtœR] *m* ❶ *(entrepreneur)* Transportunternehmer *m,* Spediteur *m,* Frachtführer *m (Fachspr.); (par les airs)* Luftspediteur *m; (entreprise)* Transportunternehmen *nt,* Spedition *f;* ~ **agréé** Vertragsspediteur; ~ **intermédiaire** ECON Zwischenfrachtführer *(Fachspr.)*
② *(navire)* ~ **de pétrole** [Öl]tanker *m*
③ TECH *(installation)* Förderer *m,* Förderanlage *f;* ~ **à bande** Förderband *nt*
transporteur, -euse [trɑ̃spɔRtœR, -øz] *adj* zum Transport die-

nend; **bande transporteuse** Förderband *nt*
transposable [tʀɑ̃spozabl] *adj* übertragbar, transponierbar *(Fachspr.)*; MUS transponierbar; **être ~ au cinéma/au théâtre** sich verfilmen/dramatisieren lassen, filmisch umsetzbar sein/sich für die Bühne eignen
transposer [tʀɑ̃spoze] <1> *vt* ❶ übertragen
❷ MUS transponieren *morceau*
❸ LING umstellen *mot;* vertauschen, umstellen *lettre*
transposition [tʀɑ̃spozisjɔ̃] *f* ❶ Übertragung *f; (dans une autre époque)* Verlagerung *f*, Übertragung *f;* **une ~ moderne d'une tragédie antique** eine moderne Fassung [*o* Version] einer antiken Tragödie
❷ MUS Transposition *f*
❸ LING Umstellung *f; de lettres* Vertauschung *f*, Umstellung *f*
transsexualisme [tʀɑ̃(s)sɛksyalism] *m* Transsexualismus *m*
transsexuel(le) [tʀɑ̃(s)sɛksyɛl] **I.** *adj* transsexuell
II. *m(f)* Transsexuelle(r) *f(m)*
transsibérien [tʀɑ̃(s)sibeʀjɛ̃] *m* Transsibirische Eisenbahn, Transsib *f (fam)*
transsibérien(ne) [tʀɑ̃(s)sibeʀjɛ̃, jɛn] *adj* transsibirisch
transvasement [tʀɑ̃svɑzmɑ̃] *m* Umfüllen *nt*, Umfüllung *f*
transvaser [tʀɑ̃svɑze] <1> *vt* umfüllen; **~ le vin dans une carafe** den Wein in eine Karaffe [um]füllen
transversal(e) [tʀɑ̃svɛʀsal, o] <-aux> *adj* quer [*o* schräg] verlaufend, transversal; **rue ~e** Seitenstraße *f*, Querstraße *f*; **lignes ~es** [Eisenbahn]querverbindungen *Pl*
transversale [tʀɑ̃svɛʀsal] *f (itinéraire)* Querverbindung *f; (route)* Seitenstraße; *(voie ferrée)* Nebenbahn *f*, Nebenlinie *f*
transversalement [tʀɑ̃svɛʀsalmɑ̃] *adv* quer; **couper ~** quer durchschneiden
transverse [tʀɑ̃svɛʀs] *adj* ANAT **colon ~** Quergrimmdarm *m*, Colon *m* transversum *(Fachspr.)*
transvider [tʀɑ̃svide] <1> *vt* umfüllen
trapèze [tʀapɛz] *m* ❶ GEOM Trapez *nt*
❷ SPORT Trapez *nt;* **~ volant** fliegender Trapezwechsel; **faire du ~** am [*o* auf dem] Trapez turnen
❸ ANAT Trapezmuskel *m*
trapéziste [tʀapezist] *mf* Trapezkünstler(in) *m(f)*
trapézoïdal(e) [tʀapezɔidal, o] <-aux> *adj* trapezförmig
trappe¹ [tʀap] *f* ❶ Klappe *f; (dans le plancher)* Falltür *f;* THEAT [Bühnen]versenkung *f;* AVIAT [Ausstiegs]luke *f;* **~ d'évacuation** Notausstieg *m;* **~ de chargement pour objets longs** *d'un véhicule* Durchlademöglichkeit *f*
❷ *(piège)* Falle *f*, Fallgrube *f*
▶ **passer à la ~** in der Versenkung [*o* Schublade] verschwinden *(fam)*
trappe² [tʀap] *f* Trappistenorden *m; (monastère)* Trappistenkloster *nt*
trappeur [tʀapœʀ] *m* Trapper *m*
trappiste [tʀapist] *m* Trappist *m*
trappistine [tʀapistin] *f* ❶ Trappistin *f*
❷ *(liqueur)* Trappistenlikör *m (ein Kräuterlikör)*
trapu(e) [tʀapy] *adj* ❶ gedrungen; *personne, carrure* stämmig, gedrungen; *bâtiment* massiv
❷ *fam (difficile)* knifflig, verzwickt *(fam)*
❸ *fam (calé)* unheimlich gut *(fam);* **être ~(e) en maths** in Mathe unheimlich was draufhaben *(fam)*
traque [tʀak] *f du gibier* Treibjagd *f; d'un malfaiteur, d'une vedette* Verfolgung *f*, Treibjagd *(pej)*
traquenard [tʀaknaʀ] *m* ❶ CHASSE Falle *f*
❷ *fig* Falle *f; Pl* Fallstricke *Pl*, Falle; **tendre un ~ à qn** jdm eine Falle stellen; **tomber dans le/un ~** in die Falle gehen/in eine Falle geraten
traquer [tʀake] <1> *vt* verfolgen *abus, injustices;* verfolgen, Jagd machen auf (+ *Akk) vedette, voleur;* **~ un renard** einen Fuchs treiben [*o* hetzen]; **être traqué(e)** gehetzt [*o* gejagt] werden; **avoir un air de bête traquée** wie ein gehetztes Tier [*o* Wild] aussehen
trash [tʀaʃ] *adj inv fam* Trash-
trauma [tʀoma] *m* MED, PSYCH Trauma *nt*
traumatique [tʀomatik] *adj* traumatisch
traumatisant(e) [tʀomatizɑ̃, ɑ̃t] *adj* schockierend, erschütternd; **une expérience ~e** ein traumatisches Erlebnis, ein Trauma *nt*
traumatiser [tʀomatize] <1> *vt* ❶ **~ qn** jdm einen Schock versetzen, bei jdm zu einem Trauma führen; *échec, culpabilité:* für jdn zu einem Trauma werden; **être traumatisé(e) par qc** durch etw erschüttert werden [*o* einen Schock erleiden]; **elle est ressortie traumatisée de cette aventure** dieses Abenteuer wurde für sie zum Trauma
❷ MED **~ qn** bei jdm ein Trauma hervorrufen
traumatisme [tʀomatism] *m* ❶ MED Trauma *nt*, Verletzung *f;* **~ crânien** Schädelverletzung, Schädeltrauma *nt;* **~ cervical** [*o* **des vertèbres cervicales**] Halswirbelsäulentrauma
❷ *(forte émotion)* [seelischer] Schock, Trauma *nt;* **~** [**psychique**]

dû à l'accouchement Geburtstrauma; **causer/provoquer un ~ chez** [*o* **en**] **qn** bei jdm zu einem Trauma führen, für jdn zu einem Trauma werden
traumatologie [tʀomatɔlɔʒi] *f* Unfallmedizin *f*, Traumatologie *f (Fachspr.); (service)* Unfallstation *f;* **clinique de ~** Unfallklinik *f*, Unfallkrankenhaus *nt*
traumatologique [tʀomatɔlɔʒik] *adj* einen/den Unfall [*o* ein/das Trauma] betreffend; **chirurgie traumatologique** Unfallchirurgie *f;* **choc ~** Unfallschock *m*
traumatologiste [tʀomatɔlɔʒist] *mf,* **traumatologue** [tʀomatɔlɔg] *mf* Unfallarzt *m/-*ärztin *f*, Traumatologe *m*/Traumatologin *f (Fachspr.); (chirurgien)* Unfallchirurg(in) *m(f)*
trav [tʀav] *m fam abr de* **travelo**
travail [tʀavaj, o] <-aux> *m* ❶ Arbeit *f;* **~ manuel** Handarbeit, manuelle Tätigkeit; SCOL Werken *nt;* **travaux dirigés** [*o* **pratiques**] SCOL [praktische] Übungen *Pl;* **~ physique pénible** schwere körperliche Arbeit; **~ supplémentaire** Mehrarbeit; **~ du gouvernement** Regierungsarbeit; **~ sur ordinateur** Computerarbeit; **~ obligatoire** Zwangsarbeit
❷ *(tâche)* Arbeit *f;* **avoir beaucoup de ~** viel Arbeit [*o* viel zu tun] haben; **avoir un ~ fou** eine Menge Arbeit haben; **être submergé(e) de ~** in [der] Arbeit ersticken, bis über den Kopf in [der] Arbeit stecken; **~ en retard** Arbeitsrückstand *m*
❸ *(activité professionnelle)* Arbeit *f;* **~** [**au**] **noir** Schwarzarbeit; **~ intérimaire** [*o* **temporaire**] Zeitarbeit; **~ occasionnel** Aushilfsarbeit; **~ payé** Lohnarbeit; **~ saisonnier** Saisonarbeit; **~ télépendulaire** Telearbeit; **~ régulier** feste Arbeit; **être sans ~** keine Arbeit haben, arbeitslos sein; **se mettre au ~** sich an die Arbeit machen; **être au ~** am Arbeiten sein, zu tun haben; **prendre son ~ à huit heures** seine Arbeit um acht Uhr aufnehmen, um acht Uhr anfangen zu arbeiten; **pendant les heures de ~** während der Arbeitszeit; **code du ~** Arbeitsgesetzbuch *nt;* **division du ~** Arbeitsteilung *f;* **établissement de ~ protégé** Behindertenwerkstatt *f;* **médecin/inspecteur du ~** Betriebsarzt *m*/Gewerbeaufsichtsbeamter *m*
❹ *pl (ensemble de tâches)* Arbeiten *Pl;* **travaux domestiques/ménagers** häusliche Arbeiten, Hausarbeit *f;* **travaux extérieurs** Außenarbeiten; **les gros travaux** die groben Arbeiten; **travaux des champs** Feldarbeit *f;* **travaux d'entretien** Unterhaltungsarbeiten; **travaux d'inspection** Überholungsarbeiten; **travaux d'intérieur** Innenarbeiten; **travaux de rénovation** Renovierungsarbeiten *Pl;* **travaux d'urbanisme** städtebauliche Maßnahmen *Pl;* **reprendre les travaux dans une maison** an einem Haus weiterbauen
❺ *(réalisation)* Arbeit *f; (résultat)* Werk *nt*, Arbeit; **~ sur commande** Auftragsarbeit
❻ *(publication)* Arbeit *f*
❼ *(façonnage)* Bearbeiten *nt*, Bearbeitung *f; de la pâte* Kneten *nt;* **~ du bois** Holzbearbeitung, Holzverarbeitung *f*
❽ *(fonctionnement)* Arbeit *f;* **~ musculaire** Muskelarbeit; **~ des reins** Nierenfunktion *f*, Nierentätigkeit *f*
❾ *(effet)* [Ein]wirkung *f;* **~ du temps/de l'inconscient** Werk *nt* der Zeit/des Unbewussten; **~ de l'érosion/de la fermentation** Erosions-/Gärprozess *m;* **faire son ~** sein Werk tun
❿ PHYS Arbeit *f*
⓫ MED [Geburts]wehen *Pl*
⓬ ADMIN **travaux publics** Bauarbeiten *Pl* der öffentlichen Hand; *(opp: secteur du bâtiment)* Tiefbau *m;* **ministère des travaux publics** Ministerium *nt* für Bauwesen und Verkehr; **ingénieur des travaux publics** [Hoch- und] Tiefbauingenieur(in) *m(f);* "**travaux!**" "Bauarbeiten!"
⓭ HIST **travaux forcés** Zwangsarbeit *f;* **être condamné(e) à dix ans de travaux forcés** zu zehn Jahren Zwangsarbeit verurteilt werden/sein; **être condamné(e) aux travaux forcés à perpétuité** zu einer lebenslänglichen Zuchthausstrafe verurteilt werden/sein
⓮ *(exercice)* **~ des muscles/de la voix** Muskel-/Stimmbildung *f*
⓯ PSYCH Arbeit *f;* **~ relationnel** Beziehungsarbeit *f;* **faire un ~ relationnel** Beziehungsarbeit leisten; **~ de deuil** Trauerarbeit *f;* **faire un ~ de deuil** Trauerarbeit leisten
▶ **~ d'Hercule** Herkulesarbeit *f;* **avoir du ~ par-dessus la tête** mit Arbeit [reichlich] eingedeckt sein, in [der] Arbeit ersticken; **c'est du beau ~** *iron* eine tolle Leistung; **t'as fait du beau ~!** da hast du ja was Schönes angerichtet!, das hast du ja schön hingekriegt! *(fam);* **mâcher le ~ à qn** jdm alles vorkauen *(fam);* **se tuer au ~** sich totarbeiten [*o* zu Tode arbeiten] *(fam)*
~ à la chaîne Fließbandarbeit *f;* **~ à mi-temps** Halbtagsarbeit *f*, Halbtagsbeschäftigung *f;* **~ à la pièce** Stücklohnarbeit *f;* **~ à plein temps** Ganztagsarbeit *f*, Ganztagsbeschäftigung *f;* **~ à temps dégressif** Altersteilzeit *f;* **~ à temps partiel** Teilzeitarbeit *f*, Teilzeitbeschäftigung *f*
◆ **travaux d'aiguille** Handarbeiten *Pl*, Nadelarbeiten *Pl;* **~ d'amateur** Stümperei *f*, stümperhafte [*o* amateurhafte] Arbeit; **travaux**

d'approche *(pour faire la cour)* Annäherungsversuche *Pl*; *(pour obtenir qc)* Anbiederungsversuche *Pl*; **~ d'art** kunstfertige Arbeit; **c'est un vrai ~ d'art** das ist ein wahres Kunstwerk; **~ d'artisan** Handwerkerarbeit *f*; **~ de bénédictin** schwierige geistige Arbeit, die viel Geduld und Sorgfalt erfordert; **~ de broderie** Stickarbeit *f*; **~ de bureau** Schreibarbeit *f*, Bürotätigkeit *f*; *(secteur, domaine)* Bürowesen *nt*; **~ de création** Schaffensprozess *m*; **~ en cuisine** Küchenarbeit *f*; **~ de deuil** Trauerarbeit *f*; **~ d'enquête** Ermittlungsarbeit *f*, Ermittlungstätigkeit *f*; **~ d'équipe** Teamwork *nt*, Teamarbeit *f*; **~ de force** Schwerstarbeit *f*; **~ de fourmi** Fleißerbeit *f*, mühevolle Kleinarbeit; **~ de groupe** Gruppenarbeit *f*; **~ d'intérêt général** gemeinnützige Arbeit; **~ de manœuvre** Handlangerarbeit *f*; **~ de peinturier** Malerarbeit *f*; **~ de précision** Präzisionsarbeit *f*; **~ de prise de conscience** Erkenntnisprozess *m*; **~ de qualité** Qualitätsarbeit *f*; **~ de recherche** Forschungstätigkeit *f*; **~ de réflexion** Denkarbeit *f*; **~ de réparation** Reparaturarbeit *f*; **~ de Romain** *fam* Muskelarbeit *f (fam)*; **~ de routine** Routinearbeit *f*; **travaux d'utilité publique** [*o* **collective** *vieilli*] Arbeitsbeschaffungsmaßnahmen *Pl*; *(emploi)* ABM-Stelle *f*

travailler [tʀavaje] <1> **I.** *vi* ❶ arbeiten

❷ *(exercer un métier)* arbeiten, beschäftigt sein; **faire ~ qn** jdn zur Arbeit schicken, jdn arbeiten lassen; **pour qn/qc** für/etw arbeiten; **à son compte** selb[st]ständig sein; **à quelle heure finissez-vous de ~?** wann haben Sie Feierabend?

❸ *(s'exercer)* arbeiten; *musicien:* üben, arbeiten; *sportif:* trainieren; **faire ~** trainieren lassen *sportif;* üben lassen *musicien;* trainieren *animal;* arbeiten [*o* üben] mit *élève*

❹ *(viser un but)* **~ à un reportage/sur un projet** an einer Reportage/einem Projekt arbeiten; **~ au succès de qc** sich um das Gelingen einer S. *(Gen)* bemühen; **~ à satisfaire les clients** bestrebt sein [*o* sich bemühen], die Kunden zufrieden zu stellen; **l'argent travaille pour lui** das Geld arbeitet für ihn, das Geld bringt ihm Zinsen; **le temps travaille pour/contre lui** die Zeit arbeitet für/gegen ihn; **faire ~ l'argent** das Geld [für sich] arbeiten lassen

❺ *(fonctionner)* esprit, imagination: arbeiten; *muscle:* beansprucht werden, arbeiten; **faire ~ sa tête** *(l'utiliser)* den Kopf gebrauchen; *(réfléchir beaucoup)* angestrengt nachdenken; **faire ~ ses muscles** sich bewegen, seine Muskeln arbeiten lassen; *(régulièrement)* trainieren

❻ *(subir des modifications)* arbeiten; *bois:* sich verziehen, arbeiten; *cidre, vin:* gären; *pâte:* gehen, arbeiten

II. *vt* ❶ bearbeiten; [durch]kneten *pâte;* bestellen, bearbeiten *terre;* arbeiten [*o* feilen] an (+ *Dat*) *phrase, style;* **être travaillé(e)** *bois, métal, marbre:* bearbeitet worden [*o* sein]; *style, phrase:* ausgefeilt sein; **travaillé(e) à la main** handgearbeitet; **travaillé(e) au tour** maschinengedreht

❷ *(s'entraîner à)* üben; [ein]üben *morceau de musique;* **~ son service** SPORT seine Angabe[technik] trainieren [*o* einüben]; **ne pas ~ suffisamment ses maths** nicht genug für die Mathematik tun

❸ *(agir sur)* versuchen zu beeinflussen

❹ *(tourmenter)* **~ qn** jdm zu schaffen machen; *douleur, fièvre:* jdn plagen; *problème, question:* jdn beschäftigen, jdm keine Ruhe lassen; **cette nouvelle me travaille l'esprit** [*o* **la tête**] diese Neuigkeit geht mir im Kopf herum [*o* beschäftigt mich]; **la faim me travaille l'estomac** der Hunger quält meinen Magen; **être travaillé(e) par la jalousie** von Eifersucht geplagt werden

❺ *(opp: chômer)* **les jours non travaillés** die Tage, an denen nicht gearbeitet wurde; **les heures non travaillées** die nicht gearbeitete Zeit

❻ SPORT trainieren *coup droit;* anschneiden *balle*

travailleur [tʀavajœʀ] *m* ❶ Arbeiter *m*, Berufstätige(r) *m*, Erwerbstätige(r) *m*; **~ étranger** ausländischer Arbeitnehmer; **~ immigré/occasionnel** Gast-/Aushilfsarbeiter *m*; **~ indépendant** Selb[st]ständige(r) *m*; **~ manuel** Handarbeiter; **~ saisonnier** Saisonarbeiter; **~ touchant des honoraires** Honorarverdiener *m*; **~ contraint au travail obligatoire** Zwangsarbeiter

❷ *(personne laborieuse)* fleißiger Mensch, Arbeitsmensch *m*; **être un ~** fleißig sein

◆ **~ de force** Schwerarbeiter *m*

travailleur, -euse [tʀavajœʀ, -jøz] *adj* fleißig

travailleuse [tʀavajøz] *f* ❶ Arbeiterin *f*, Berufstätige *f*, Erwerbstätige *f*; **~ étrangère** ausländische Arbeitnehmerin; **~ familiale** Hauswirtschaftsgehilfin *f*; **~ immigrée/occasionnelle** Gast-/Aushilfsarbeiterin *f*; **~ indépendante** Selb[st]ständige *f*; **~ manuelle** Handarbeiterin; **~ saisonnière** Saisonarbeiterin; **~ contrainte au travail obligatoire** Zwangsarbeiterin

❷ *(personne laborieuse)* fleißiger Mensch, Arbeitsmensch *m*

❸ *(boîte)* Nähkasten *m*, Nähkästchen *nt*

travailliste [tʀavajist] **I.** *adj* POL **parti ~** Labour Party *f*; **programme ~** Labourprogramm *nt*, Programm *nt* der Labour Party **II.** *mf* Mitglied *nt* der Labour Party

travailloter [tʀavajɔte] <1> *vi* wenig arbeiten, sich nicht überarbeiten

travée [tʀave] *f* ❶ *d'une église* [Bank]reihe *f*; *d'un théâtre, amphithéâtre* [Sitz]reihe

❷ ARCHIT Joch *nt*; *d'une nef* Travée *f*

traveller [tʀavlœʀ] *m*, **traveller's check** <traveller's checks>, **traveller's chèque** [tʀavlœʀ(s)ʃɛk] <traveller's chèques> *m* Reisescheck *m*, Travellerscheck

travelling [tʀavliŋ] *m* CINE Kamerafahrt *f*; **~ optique** Zoomaufnahme *f*

travelo [tʀavlo] *m fam* Tunte *f (pej sl)*

travers [tʀavɛʀ] *m* ❶ Schwäche *f*, [kleiner] Fehler, Schrulle *f*

❷ GASTR **~ de porc** [Schweine]rippchen *nt*

▶ **à ~ champs** querfeldein; **avoir qc en ~ de la gorge** etw noch nicht geschluckt [*o* verdaut] haben *(fam)*; **passer au ~** [ungeschoren] davonkommen; *criminel:* entkommen; **passer au ~ d'une maladie** von einer Krankheit verschont bleiben; **prendre qc de ~** etw übelnehmen, etw krummnehmen *(fam)*, etw in den falschen Hals bekommen [*o* kriegen] *(fam)*; **regarder qn de ~** *(avec suspicion)* jdn schief ansehen *(fam)*; *(avec animosité)* jdn böse ansehen; **à ~ qc**, **au ~ de qc** *(en traversant)* durch etw hindurch; *(par l'intermédiaire de)* durch etw, anhand einer S. *(Gen)*; **ne pas voir au ~** nicht hindurchsehen; **passer à ~ les mailles du filet** *fam* der Polizei entkommen, durch die Lappen gehen *(fam)*; **la glace est mince, tu risques de passer à ~** [*o* **au ~**] das Eis ist dünn, du könntest einbrechen; **à ~ les âges/saisons** durch alle Zeiten/Jahreszeiten hindurch, im Wandel der Zeiten/Jahreszeiten; **à ~ les siècles** über Jahrhunderte [hinweg]; **à ~ le monde** überall in der Welt; **juger qn à ~ son œuvre** jdn nach seinem Werk beurteilen; **de ~** *(en biais)* schief, schräg; *(mal)* falsch, verkehrt; **avoir le nez de ~** eine schiefe Nase haben; **mettre son chapeau de ~** seinen Hut schief aufsetzen; **vent de ~** Seitenwind *m*, Dwarswind *m (Fachspr.)*; **avaler qc de ~** sich an etw *(Dat)* verschlucken; **tout va de ~ en ce moment** im Moment geht alles schief; **en ~**, **de ~**; **en ~ de la route/du jardin** quer über die Straße/durch den Garten; **couper/scier qc en ~** etw quer durchschneiden/durchsägen; **se mettre en ~ des projets de qn** *(Akk)* jds Plänen in den Weg stellen, jds Pläne durchkreuzen

traversable [tʀavɛʀsabl] *adj* passierbar; *rue* überquerbar; *rivière, forêt* durchquerbar

traverse [tʀavɛʀs] *f* ❶ CHEMDFER [Eisen]bahnschwelle *f*, Schwelle *f*

❷ TECH Querbalken *m*, Querträger *m*; *d'une fenêtre* Querholz *nt*, Kämpfer *m (Fachspr.)*

traversée [tʀavɛʀse] *f* **~ d'une rue/d'un pont** Überqueren *nt* [*o* Überquerung *f*] einer Straße/Brücke; **~ en bateau** Schiffspassage *f*; **~ d'un fleuve/d'une mer en bateau** Überfahrt *f* über einen Fluss/ein Meer, Überquerung eines Flusses/Meeres; **~ d'une région/d'une ville en voiture** Fahrt *f* durch eine Gegend/Stadt, Durchqueren *nt* einer Gegend/Stadt; **~ des Pyrénées en avion** Überfliegen *nt* der Pyrenäen, Flug *m* über die Pyrenäen; **~ d'une forêt/d'un tunnel à pied** Durchqueren eines Waldes/Tunnels; **la ~ de l'Atlantique** die Überquerung des Atlantiks; **la ~ du fleuve à la nage** das Durchschwimmen des Flusses

▶ **~ du désert** Durststrecke *f*

traverser [tʀavɛʀse] <1> *vt* ❶ überqueren; **~ la rue** *(à pied)* über die Straße gehen; *(à vélo)* über die Straße queren; **~ la rivière** *(à la nage)* durch den Fluss schwimmen, den Fluss durchqueren; **~ la forêt à pied/à vélo** durch den Wald gehen/fahren, den Wald zu Fuss/mit dem Fahrrad durchqueren; **être obligé(e) de ~ la ville** durch die Stadt hindurchmüssen *(fam)*; **pouvoir ~** *piéton:* hinüberkönnen *(fam)*; **faire ~ qn** jdm über die Straße helfen, jdn über die Straße führen

❷ *(se situer en travers de) route:* durchqueren, [quer] führen durch; *fleuve:* durchfließen, durchqueren, fließen durch; *pont:* überqueren, führen [*o* gehen] über (+ *Akk*); **le tunnel traverse la montagne** der Tunnel führt [*o* geht] durch das Gebirge; **le tunnel traverse la ville** der Tunnel führt [*o* geht] unter der Stadt durch; **la route traverse une rivière** die Straße überquert einen Fluss [*o* führt über einen Fluss]

❸ *(transpercer)* dringen durch, durchgehen durch; *clou:* sich bohren durch [*o* in + *Akk*], dringen [*o* gehen] durch; *pluie:* durchnässen; *balle:* durchschlagen, durchbohren

❹ *(subir)* durchmachen; **~ une période difficile** sich in einer schwierigen Phase befinden, eine schwierige Zeit durchmachen

❺ *(se manifester dans)* **cette idée lui traverse l'esprit** diese Idee geht [*o* schießt] ihm/ihr durch den Kopf; **une vive douleur me traversa le crâne** ein heftiger Schmerz durchfuhr meinen Kopf

❻ *(fendre)* sich *(Dat)* einen Weg bahnen durch

❼ *(survivre à)* überdauern, hindurchgehen durch

❽ *(barrer)* **une balafre lui traversait le front** eine Narbe zog sich quer über seine/ihre Stirn, er/sie hatte eine Narbe quer über die Stirn

traversier [tʀavɛʀsje] *m* CAN *(bac)* Fähre *f*

traversier, -ière [tʀavɛʀsje, -jɛʀ] *adj* quer [gestellt]; **flûte traversière** Querflöte *f*

traversin [tʀavɛʀsɛ̃] *m lange, mit Federn gefüllte Kopfkissenrolle*
travesti [tʀavɛsti] *m* ❶ Transvestit *m*
❷ THEAT *(rôle) (pour un homme)* Frauenrolle *f; (pour une femme)* Hosenrolle *f; (artiste)* Travestiekünstler *m;* **faire un numéro de ~** eine Travestieshow machen
travesti(e) [tʀavɛsti] *adj* verkleidet, kostümiert; **bal ~** Maskenball *m*
travestir [tʀavɛstiʀ] <8> I. *vt* ❶ verfälschen, falsch darstellen; falsch wiedergeben *pensée;* verdrehen *(pej fam) paroles;* verzerrt darstellen, verfälschen *vérité, réalité;* verstellen *voix*
❷ *(déguiser)* **~ qn en fée** jdn als Fee verkleiden
II. *vpr* **se ~ en fée** sich als Fee verkleiden
travestisme [tʀavɛstism] *m* PSYCH Transvestismus *m*
travestissement [tʀavɛstismɑ̃] *m* ❶ Verfälschung *f; de la vérité, réalité* Verzerrung *f,* verzerrte Darstellung; *d'une pensée* verzerrte Wiedergabe, Verfälschung; *de la voix* Verstellung *f*
❷ *(déguisement)* Verkleidung *f,* Kostümierung *f*
traviole [tʀavjɔl] **de ~** *fam* **mettre qc de ~** etw schief hinstellen; **comprendre/faire qc de ~** etw falsch [*o* verkehrt] verstehen/machen; **regarder qn/qc de ~** jdn/etw schief angucken *(fam)*
trayeur [tʀɛjœʀ] *m* Melker *m*
trayeuse [tʀɛjøz] *f* ❶ Melkerin *f*
❷ *(machine)* Melkmaschine *f*
trébuchant(e) [tʀebyʃɑ̃, ɑ̃t] *adj* ❶ schwankend; *ivrogne* torkelnd; **s'avancer en ~** sich torkelnd fortbewegen, angetorkelt kommen
❷ *(hésitant) voix* stockend; *diction* holprig, stockend
trébucher [tʀebyʃe] <1> *vi* ❶ **~ sur une pierre** über einen Stein stolpern
❷ *(être arrêté par)* **sur une difficulté** über ein Problem stolpern; **faire ~ qn** jdm ein Bein stellen; *fig* jdn in Schwierigkeiten bringen
trébuchet [tʀebyʃɛ] *m* ❶ [Vogel]falle *f*
❷ *(balance)* Feinwaage *f,* Goldwaage, Präzisionswaage; *(pour la monnaie)* Münzwaage
tréfilage [tʀefilaʒ] *m* Drahtziehen *nt*
trèfle [tʀɛfl] *m* ❶ BOT Klee *m*
❷ CARTES Kreuz *nt;* **jouer ~** Kreuz spielen; **valet/as de ~** Kreuzbube *m/*-ass *nt;* **dame/roi de ~** Kreuzdame *f/*-könig *m*
❸ *(figure)* Kleeblatt *nt;* ARCHIT Dreipass *m;* **carrefour en ~** Kleeblatt; *(carrefour autoroutier)* Autobahnkreuz *nt*
◆ **~ à quatre feuilles** vierblättriges Kleeblatt
tréfonds [tʀefɔ̃] *m littér* Innerste(s) *nt; d'une affaire* eigentlicher Hintergrund; **connaître le fonds et le ~ de qc** etw durch und durch kennen
treillage [tʀɛjaʒ] *m* Gitter[werk *nt*] *nt; (pour des plantes)* Spalier *nt,* Rankrost *m; (clôture)* Scherenzaun *m,* Jägerzaun *m*
treille [tʀɛj] *f* ❶ Weinlaube *f*
❷ *(vigne)* Kletterwein *m,* Spalierwein *m;* **jus de la ~** *hum* Rebensaft *m (geh)*
treillis¹ [tʀɛji] *m* ❶ CONSTR Gitterwerk *nt*
❷ *(clôture en bois)* Scherenzaun *m; (en métal)* Gitter *nt*
❸ *(grillage grossier)* Maschendraht *m; (fin)* Drahtgitter *nt; du garde-manger* Fliegengitter *nt*
treillis² [tʀɛji] *m* ❶ TEXTIL Drillich *m*
❷ TEXTIL *(vêtement)* Drillichanzug *m,* Drillichzeug *nt;* MIL Kampfanzug
treize [tʀɛz] I. *num* ❶ dreizehn
❷ *(dans l'indication de l'âge, la durée)* **avoir/avoir bientôt ~ ans** dreizehn [Jahre alt] sein/werden; **personne de ~ ans** Dreizehnjährige(r) *f(m);* **période de ~ ans** Zeitraum *m* von dreizehn Jahren
❸ *(dans l'indication de l'heure)* **il est ~ heures** es ist dreizehn [Uhr]
❹ *(dans l'indication de la date)* **le ~ mars** *geschrieben:* **le 13 mars** der dreizehnte März *nt;* **~ ou quatorzième** als Dreizehnte(r) oder Vierzehnte(r) kommen
❺ *(dans l'indication de l'ordre)* **arriver ~ ou quatorzième** als Dreizehnte(r) oder Vierzehnte(r) kommen
❻ *(dans les noms de personnages)* **Louis ~** *geschrieben:* **Louis XIII** Ludwig der Dreizehnte *écrit:* Ludwig XIII.
II. *m inv* ❶ Dreizehn *f*
❷ *(numéro)* Nummer *f* dreizehn, Dreizehn *f*
❸ TRANSP **le ~** die Linie [*o* Nummer] dreizehn, die Dreizehn *(fam)*
❹ JEUX Dreizehn *f*
❺ SCOL **avoir ~** [**sur vingt**] ≈ eine Zwei haben
III. *f (table, chambre... numéro treize)* Dreizehn *f; v. a.* **cinq**
treizième [tʀɛzjɛm] I. *adj antéposé* dreizehnte(r, s)
II. *mf* **le/la ~** der/die/das Dreizehnte
III. *m* ❶ *(fraction)* Dreizehntel *nt*
❷ *(étage)* dreizehnter Stock, dreizehnte Etage
❸ *(arrondissement)* dreizehntes Arrondissement; *v. a.* **cinquième**
trekking [tʀɛkiŋ] *m* SPORT Trecking *nt*
tréma [tʀema] I. *m* Trema *nt*
II. *app* **e/i/u ~** e/i/u [mit] Trema; **a/o/u ~** *(en allemand)* ä/ö/ü, a/o/u Umlaut
tremblant(e) [tʀɑ̃blɑ̃, ɑ̃t] *adj* zitternd; *voix* bebend, zitternd; *lueur* flackernd; **être tout(e) ~(e)** am ganzen Körper zittern; **la main ~e** mit zitternder Hand; **~(e) d'émotion** vor Erregung zitternd; **être ~(e) de peur/froid** vor Angst/Kälte zittern [*o* schlottern]
tremble [tʀɑ̃bl] *m* Espe *f,* Zitterpappel *f*
tremblé(e) [tʀɑ̃ble] *adj* zitt[e]rig
tremblement [tʀɑ̃bləmɑ̃] *m* ❶ Zittern *nt; des jambes* Schlottern *nt; de la voix* Beben *nt,* Zittern; *d'une lumière, flamme* Flackern *nt;* **~ de peur/froid** Zittern vor Angst/Kälte; *(très fort)* Schlottern vor Angst/Kälte; **~ de colère** Beben vor Wut; **~s de fièvre** Schüttelfrost *m*
❷ *(vibration)* Beben *nt; d'un mur* Wackeln *nt,* Beben; *de la voix* Zittern *nt,* Beben; *des feuilles* Zittern; **des ~s** Erschütterungen *Pl*
◆ **~ de terre** Erdbeben *nt;* **~ de terre éloigné** Fernbeben
trembler [tʀɑ̃ble] <1> *vi* ❶ zittern; *flamme, lumière:* flackern; **~ de fièvre** vor Fieber zittern; **~ de colère** vor Wut beben; **~ de peur/froid** vor Angst/Kälte schlottern [*o* zittern]
❷ *(vibrer)* beben; *bâtiment, sol:* [er]zittern, beben; *voix:* zittern; **faire ~ le sol** Boden erzittern lassen
❸ *(avoir peur)* erschauern; **à la vue de qc** beim Anblick einer S. [er]zittern [*o* erschauern]; **il tremble à l'idée de faire un discours/qu'elle vienne le voir** er zittert [*o* es graust ihm] bei dem Gedanken eine Rede halten zu müssen/dass sie ihn besuchen kommt; **je tremble de faire ce discours** ich fürchte mich davor diese Rede zu halten; **~ pour qn/qc** um jdn/etw Angst haben [*o* bangen *geh*]; **faire ~ qn** jdm Angst [und Bange] machen
tremblotant(e) [tʀɑ̃blɔtɑ̃, ɑ̃t] *adj* zitt[e]rig; *lumière* flackernd
tremblote [tʀɑ̃blɔt] *f* Zittern *nt;* **avoir la ~** *fam* zittern, schlottern; *(de peur)* das große Zittern haben *(fam); (de vieillesse)* den Tatterich haben *(fam)*
tremblotement [tʀɑ̃blɔtmɑ̃] *m* [leichtes] Zittern; **avec un ~ dans la voix** mit leicht zitternder Stimme
trembloter [tʀɑ̃blɔte] <1> *vi* [leicht] zittern
trémie [tʀemi] *f* TECH [Einfüll]trichter *m*
trémière [tʀemjɛʀ] *adj* **rose ~** Stockrose *f*
trémolo [tʀemɔlo] *m* ❶ MUS Tremolo *nt;* **chanter/jouer avec des ~s** tremolieren
❷ *(tremblement)* Beben *nt,* Zittern *nt;* **avec des ~s dans la voix** mit bebender [*o* zitternder] Stimme
trémoussement [tʀemusmɑ̃] *m* Zappeln *nt,* [Herum]gehampel *nt (pej fam); d'un danseur* Verrenkung *f; des hanches* Wiegen *nt,* Wackeln *nt (pej)*
trémousser [tʀemuse] <1> *vpr* **se ~** *(en dansant)* sich verrenken, Verrenkungen machen *(fam); (en marchant)* sich in den Hüften wiegen, mit den Hüften wackeln *(pej); enfant:* herumhampeln *(fam),* zappeln
trempage [tʀɑ̃paʒ] *m* ❶ *du linge* Einweichen *nt*
❷ TECH *des grains, semences* Weichen *nt; du papier* Befeuchten *nt*
trempe [tʀɑ̃p] *f* ❶ Charakterstärke *f;* **un gars de cette/sa ~** ein Kerl von solchem/seinem Schlag [*o* Kaliber] *(fam);* **être de la même ~** vom gleichen Schlag sein
❷ *fam (correction)* Tracht *f* Prügel, Dresche *f (fam),* Abreibung *f (fam);* **flanquer une de ces ~s à qn** jdm eine Tracht Prügel verabreichen, jdn verdreschen *(fam)*
❸ TECH *de l'acier, du verre* Härten *nt*
trempé(e) [tʀɑ̃pe] *adj* ❶ durchnässt, triefnass, klatschnass *(fam);* **~(e) de larmes** tränenüberströmt; **~(e) de sueur** schweißgebadet
❷ TECH *acier* gehärtet; *verre* vorgespannt; **en verre ~** aus Sicherheitsglas
▶ **bien ~(e)** stark; **volonté bien ~e** starker [*o* eiserner] Wille
tremper [tʀɑ̃pe] <1> I. *vt* ❶ durchnässen; durchtränken *sol*
❷ *(humecter)* weichen, quellen lassen *grains, semence;* befeuchten *papier*
❸ *(plonger)* **~ sa plume dans l'encre** seine Feder in die Tinte eintauchen; **~ son croissant dans son café au lait** sein Croissant in den Milchkaffee [ein]tunken; **~ ses lèvres dans une boisson** an einem Getränk nippen
❹ TECH härten *acier;* abschrecken *verre*
II. *vi* ❶ *(rester immergé)* **laisser ~ des légumes secs** Hülsenfrüchte wässern [*o* quellen lassen]; **laisser ~ le linge** die Wäsche einweichen [*o* weichen lassen]; **ta manche trempe dans l'assiette** du lässt deinen Ärmel in den Teller hängen
❷ *(participer à)* **~ dans qc** in etw *(Akk)* verwickelt sein
III. *vpr* **se ~** mal kurz ins Wasser gehen
trempette [tʀɑ̃pɛt] *f fam* kurzes Bad, [kurzer] Sprung ins Wasser; **faire ~ dans le lac** ein kurzes Bad im See nehmen, mal kurz in den See springen *(fam)*
tremplin [tʀɑ̃plɛ̃] *m* ❶ SPORT Sprungbrett *nt;* SKI Sprungschanze *f*
❷ *(aide, soutien)* Sprungbrett *nt;* **servir de ~ à qn** jdm als Sprungbrett dienen
trémulation [tʀemylasjɔ̃] *f* MED Tremor *f (Fachspr.)*
trench-coat [tʀɛnʃkot] <trench-coats> *m* Trenchcoat *m,* Trench *m (fam)*
trentaine [tʀɑ̃tɛn] *f* ❶ **une ~ de personnes/pages** etwa [*o* unge-

fähr] dreißig Personen/Seiten
❷ *(âge approximatif)* **avoir la ~** ▶ *[o* **une ~ d'années)** ungefähr *[o* etwa] dreißig [Jahre alt] sein; **approcher de la ~** auf die Dreißig zugehen; **avoir largement dépassé la ~** weit über dreißig [Jahre alt] sein
trente [tʀɑ̃t] **I.** *num* ❶ dreißig
❷ *(dans l'indication de l'âge, la durée)* **avoir/avoir bientôt ~ ans** dreißig [Jahre alt] sein/werden; **personne de ~ ans** Dreißigjährige(r) *f(m)*; **période de ~ ans** Zeitraum *m* von dreißig Jahren
❸ *(dans l'indication de l'heure)* **à dix heures ~** um zehn Uhr dreißig
❹ *(dans l'indication des époques)* **les années ~** die dreißiger Jahre
❺ *(dans l'indication de l'ordre)* **arriver ~ ou ~ et unième** als Dreißigste(r) oder Einunddreißigste(r) kommen
II. *m inv* ❶ Dreißig *f*
❷ *(numéro)* Nummer *f* dreißig, Dreißig *f*
❸ TRANSP **le ~** die Linie [*o* Nummer] dreißig, die Dreißig *(fam)*
❹ JEUX Dreißig *f*
III. *f (table, chambre... numéro trente)* Dreißig *f*
◆ **~ et un(e)** einunddreißig ▶ **se mettre/être sur son ~ et un** sich in Schale werfen/geworfen haben *(fam)*; *v. a.* **cinq, cinquante**
trentenaire [tʀɑ̃tnɛʀ] *adj* dreißigjährig; **être ~** dreißig Jahre alt sein; **prescription ~** Verjährungsfrist *f* von dreißig Jahren
trente-six [tʀɑ̃tsis] **I.** *num* ❶ sechsunddreißig; *v. a.* **cinq**
❷ *fam (une grande quantité)* zig[tausend] *(fam)*, x *(fam)*; **~ fois** hundertmal, x-mal *(fam)*; **avoir ~ mille choses à faire** tausend Dinge zu erledigen haben
▶ **voir ~ chandelles** Sterne sehen *(fam)*
II. *m* ▶ **tous les ~ du mois** *fam* alle Jubeljahre [mal] *(fam)*
trentième [tʀɑ̃tjɛm] **I.** *adj antéposé* dreißigste(r, s)
II. *mf* **le/la ~** der/die/das Dreißigste
III. *m (fraction)* Dreißigstel *nt; v. a.* **cinquième**
trépan [tʀepɑ̃] *m* ❶ MED Trepan *m (Fachspr.)*, Schädelbohrer *m*
❷ TECH *(machine) (pour le sol)* Tiefbohrer *m; (pour la pierre)* Bohrmeißel *m; (partie de la machine)* Bohrkopf *m*
trépanation [tʀepanasjɔ̃] *f* MED Trepanation *f (Fachspr.)*
trépaner [tʀepane] <1> *vt* MED am Schädel operieren, trepanieren *(Fachspr.)*
trépas [tʀepɑ] *m littér* Tod *m*, [Da]hinscheiden *nt (geh)*; **passer de vie à ~** sterben, verscheiden *(geh)*
trépasser [tʀepase] <1> *vi littér* entschlafen *(geh)*, verscheiden *(geh)*, [da]hinscheiden *(euph geh)*
trépassés [tʀepase] *mpl littér* **les ~** die Verstorbenen *Pl;* **la fête des ~** Allerseelen *nt*
trépidant(e) [tʀepidɑ̃, ɑ̃t] *adj* ❶ *danse* rhythmisch; *rythme* pulsierend, hämmernd; *moteur* dröhnend
❷ *(fébrile)* pulsierend, bewegt
trépidation [tʀepidasjɔ̃] *f* ❶ *des vitres* Vibrieren *nt; du plancher* Beben *nt*, Vibrieren; *d'une machine* Dröhnen *nt*
❷ *(fébrilité)* Trubel *m*, Hektik *f*
trépider [tʀepide] <1> *vi* vibrieren; *plancher:* beben, vibrieren; *machine:* dröhnen; **faire ~ le sol** den Boden erzittern lassen
trépied [tʀepje] *m* ❶ Dreifuß *m*
❷ *(support)* Dreibein *nt; d'un appareil photo* Stativ *nt*
trépignement [tʀepiɲmɑ̃] *m* Trampeln *nt*, Getrampel *nt (fam)*; *(de colère)* Aufstampfen *nt*
trépigner [tʀepiɲe] <1> *vi* **~ d'enthousiasme** vor Begeisterung trampeln; **~ d'impatience** vor Ungeduld von einem Fuß auf den anderen treten
très [tʀɛ] *adv* sehr; *dangereux, aimable* höchst, sehr; *nécessaire* dringend; **~ intelligent(e)/intéressant(e)** hochintelligent/-interessant, äußerst [*o* sehr] intelligent/interessant; **arriver ~ en avance** viel zu früh ankommen; **rester ~ en arrière** weit zurückbleiben; **être ~ au courant** bestens informiert sein; **avoir ~ faim/peur** großen Hunger/große Angst haben; **faire ~ attention** gut aufpassen; **il fait ~ province** *fam* er wirkt ziemlich hinterwäldlerisch; **pas ~ beau(belle)** nicht sehr [*o* besonders] hübsch; **ce n'est pas ~ nécessaire** das ist eigentlich nicht notwendig; **je ne suis pas ~ ciné** *fam* ich bin kein großer Kinofan; **il n'a pas été ~, ~ aimable** er war nicht besonders freundlich
Très-Haut [tʀɛo] *m* **le ~** der Allerhöchste *(geh)*
trésor [tʀezɔʀ] *m* ❶ Schatz *m*
❷ *pl (richesses)* Schätze *Pl; (richesses artistiques)* Kunstschätze; *d'un pays, d'une terre* Reichtümer *Pl*, Schätze
❸ *(source précieuse)* **un ~ d'informations** eine Fülle von Informationen; **déployer des ~s de patience avec qn** jdm gegenüber grenzenlose Geduld zeigen; **dépenser des ~s d'ingéniosité** sich äußerst einfallsreich zeigen
❹ ADMIN, FIN **Trésor [public]** *(moyens financiers)* Staatskasse *f*; *(l'État)* öffentliche Hand; *(administration)* Finanzverwaltung *f*, Finanzbehörden *Pl; (bureau)* Finanzamt *nt;* **Direction du Trésor au ministère des Finances** Abteilung Staatshaushalt im Finanzministerium

▶ **être un ~** ein Schatz sein; **mon ~!** [mein] [lieber] Schatz!
~ de nuit Nachttresor *m;* **~s de la nature** Naturschätze *Pl*
trésorerie [tʀezɔʀʀi] *f* ❶ *(fonds, ressources)* Finanzen *Pl; (en parlant d'une entreprise)* [Firmen]gelder *Pl*
❷ *(gestion des fonds)* Haushaltsführung *f; (en parlant d'une entreprise)* [betriebliches] Rechnungswesen; *(en parlant d'un État)* Etatverwaltung *f*; **rapport de ~** Geschäftsbericht *m*, Kassenbericht
❸ *(administration)* Finanzverwaltung *f; (service municipal)* Finanzamt *nt*
trésorier, -ière [tʀezɔʀje, -jɛʀ] *m, f* Kassenführer(in) *m(f); d'une association, d'un club* Kassenwart *m*, Kassierer(in) *m(f)*, Vereinskassierer(in) (A, CH, SDEUTSCH); *d'un parti, syndicat* Schatzmeister(in) *m(f)*
trésorier-payeur [tʀezɔʀjepɛjœʀ] <trésoriers-payeurs> *m* **~ général** ≈ Oberfinanzdirektor(in) *m(f)*, Leiter(in) *m(f)* der Finanzverwaltung [eines Departements, einer Provinz]
tressage [tʀesaʒ] *m* Flechten *nt*
tressaillement [tʀesajmɑ̃] *m* Zucken *nt; du corps* Zusammenzucken, Zucken; **il eut un ~ de joie** ein freudiges Beben durchlief ihn
tressaillir [tʀesajiʀ] <*irr*> *vi* zusammenzucken, zusammenfahren; *maison:* erzittern; *cœur:* beben; **faire ~ qn** jdn zusammenzucken lassen; *(de peur)* jdn erschrecken, jdn aufschrecken; **~ de douleur/peur** vor Schmerz/Angst zusammenzucken [*o* zusammenfahren]; **~ de joie** vor Freude [er]beben
tressauter [tʀesote] <1> *vi* ❶ *personne:* hin- und hergeworfen werden; *(dans un véhicule)* durchgerüttelt werden; *carriole, voiture:* holpern; *verre:* wackeln
❷ *(sursauter)* zusammenfahren, zusammenzucken; *(dans son sommeil, dans ses pensées)* auffahren, hochschrecken; **faire ~ qn** jdn erschrecken, jdn zusammenzucken lassen
tresse [tʀɛs] *f* ❶ Zopf *m*, Flechte *f (geh)*
❷ *(cordon)* Litze *f; d'un câble* Umflechtung *f;* MIL Tresse *f*
❸ PÊCHE Multistrand-Schnur *f (Fachspr.)*
tresser [tʀese] <1> *vt* ❶ flechten
❷ *(confectionner)* flechten; winden, flechten *guirlandes de fleurs*
❸ NAUT, PÊCHE spleißen *(Fachspr.)*
tréteau [tʀeto] *m* ❶ Bock *m*
❷ THÉÂT **les ~x** die Bühne; die Bretter, die die Welt bedeuten *(geh)*; **monter sur les ~x** zum Theater gehen, sich *(Akk)* dem Bühnenspiel zuwenden
treuil [tʀœj] *m* Winde *f*
treuillage [tʀœjaʒ] *m* Bergung *f* [mit Hilfe einer Winde]; *d'une personne* Rettung *f* [mit Hilfe einer Winde]; **être sauvé(e) par ~** mit Hilfe einer Winde geborgen werden
treuiller [tʀœje] <1> *vt* mit einer Winde hochziehen; NAUT hieven
trêve [tʀɛv] *f* ❶ Ruhepause *f*, Verschnaufpause; **s'accorder une ~** sich *(Dat)* eine Ruhepause [*o* Verschnaufpause] gönnen
❷ *(arrêt des hostilités)* Waffenruhe *f*, Kampfunterbrechung *f*, Gefechtspause *f*
▶ **mettre une ~ à qc** einer S. *(Dat)* ein Ende setzen; **~ de plaisanteries!** genug gescherzt!, Spaß beiseite!; **~ de sous-entendus!** Schluss mit den Andeutungen!, [jetzt aber mal] Klartext! *(fam)*; **sans ~** ununterbrochen, pausenlos; **sans ~ ni repos** ohne Rast und Ruh[e]
◆ **~ des confiseurs** Weihnachts- und Neujahrspause *f (Unterbrechung der politischen und diplomatischen Tätigkeit während der Feiertage zum Jahresende)*
Trèves [tʀɛv] Trier *nt*
trévise [tʀeviz] *f* Radicchio *m*
tri¹ [tʀi] *m* ❶ [Aus]sortieren *nt;* **faire le ~ de qc** eine Auswahl zwischen etw *(Dat)* treffen
❷ POST Sortieren *nt;* **[bureau de] ~, centre de ~** [postal] Sortierstelle *f*, Briefverteilzentrum *nt*
❸ INFORM Sortieren *nt;* **effectuer un ~ croissant/décroissant** aufsteigend/absteigend sortieren
~ des déchets Mülltrennung *f*, Abfalltrennung *f*
tri² *abr de* **triporteur**
triade [tʀijad] *f* Dreiergruppe *f; a.* LITTÉR, REL Triade *f (geh); de personnes* Terzett *nt*
triage [tʀijaʒ] *m* ❶ CHEMDFER Rangieren *nt;* **gare de ~** Rangierbahnhof *m*
❷ ÉCON Herauslösen *nt*
trial [tʀijal] *m* Moto-Cross-Rad *nt; (course)* Moto-Cross[-Rennen *nt] nt;* **faire du ~** Moto-Cross fahren
triangle [tʀijɑ̃gl] *m* ❶ GÉOM Dreieck *nt;* **en ~** dreieckig
❷ AUT **~ de présignalisation** Warndreieck *nt*
❸ MUS Triangel *m*
◆ **~ des Bermudes** Bermudadreieck *nt*
triangulaire [tʀijɑ̃gylɛʀ] **I.** *adj* ❶ dreieckig; *prisme, pyramide* dreiseitig
❷ *(à trois) accord, débat* zu dritt, zwischen drei Parteien; **relation ~** Dreiecksbeziehung *f*

II. f POL Dreikampf m, Wahl f mit drei Kandidaten
triangulation [tʀiɑ̃gylasjɔ̃] f Triangulation f
trias [tʀijɑs] m Trias[formation f] f
triathlète v. triathlonien
triathlon [tʀi(j)atlɔ̃] m Triathlon m
triathlonien(ne) [tʀi(j)atlɔnjɛ̃, jɛn] m(f) Triathlet(in) m(f)
triatomique [tʀiatɔmik] adj CHIM dreiatomig
tribal(e) [tʀibal, o] <-aux> adj Stammes-; **langue ~e** [o **indigène**] Stammessprache f; **lutte ~e** Stammesfehde f; **organisation ~e** Stammesorganisation f; **violences ~es** gewalttätige Stammeskonflikte [o Stammesfehden] Pl
tribalisme [tʀibalism] m Tribalismus m
triboélectricité [tʀiboelɛktʀisite] f PHYS Reibungselektrizität f
tribord [tʀibɔʀ] m Steuerbord nt kein Pl; **à ~** steuerbord[s]; (direction) **nach Steuerbord**; **le côté de ~** die Steuerbordseite
tribu [tʀiby] f ❶ SOCIOL Stamm m, Stammesverband m; **chef de ~ [indienne]** Indianerhäuptling m
❷ iron (grande famille) Sippe f, Sippschaft f (pej)
tribulations [tʀibylasjɔ̃] fpl unerfreuliche [o missliche geh] Abenteuer Pl; **il n'est pas au bout de ses ~** ihm steht noch einiges bevor, er hat noch einiges auszustehen
tribun [tʀibœ̃] m ❶ HIST (militaire) Tribun m; (civile) [Volks]tribun m
❷ (orateur) Volkstribun m
tribunal [tʀibynal, o] <-aux> m ❶ Gericht nt; **porter une affaire devant le ~** [o **les tribunaux**] mit einer Sache vor Gericht gehen, eine Sache gerichtlich klären lassen; **~ administratif** Verwaltungsgericht; **~ correctionnel** Strafgericht [der zweiten Instanz]; **~ compétent** zuständiges Gericht, Rechtsdomizil nt (CH); **~ compétent pour les règlements judiciaires** ≈ Vergleichsgericht; **~ compétent au lieu d'exécution** Gerichtsstand m am Erfüllungsort; **~ compétent du patrimoine** Gerichtsstand des Vermögens; **le ~ de Rouen est seul compétent** [der] Gerichtsstand in Rouen; **~ fédéral** CH (cour suprême de la Suisse) Bundesgericht; **~ révolutionnaire** Revolutionsgericht, Revolutionstribunal nt; **~ de première/dernière instance** Gericht erster/letzter Instanz; **~ chargé de la tenue d'un registre de publication** JUR Registergericht (Fachspr.); **~ pour les crimes de guerre** Kriegsverbrechertribunal
❷ (bâtiment) Gericht nt, Gerichtsgebäude nt
❸ littér (juge suprême) Tribunal nt; **le ~ de l'histoire** das Urteil der Geschichte
❹ REL **~ suprême** höchstes Gericht, Gericht nt Gottes
◆ **~ des brevets** Patentgericht nt; **~ des cartels** Kartellgericht nt; **~ de cassation** Kassationsgericht nt; **~ de commerce** Handelsgericht nt; **~ de conflit de compétence** Zuständigkeitsgericht nt; **~ du contentieux social** Sozialgericht nt; **~ de droit commun** ordentliches Gericht; **~ d'exception** Sondergericht nt; **~ de la faillite** Konkursgericht nt; **~ de grande instance** Zivilgericht nt [der zweiten Instanz], Landgericht, Landesgericht (A); **~ d'instance** Zivilgericht nt [der ersten Instanz]; **~ de police** ≈ Amtsgericht nt für Strafsachen; **~ pour enfants** Jugendgericht nt
tribune [tʀibyn] f ❶ (emplacement pour l'orateur) Rednertribüne f, Rednerbühne f
❷ (galerie surélevée) [Zuhörer]tribüne f; **d'une église** Empore f; SPORT **d'un champ de courses, stade** [Zuschauer]tribüne f; **~ d'orgue** Orgelempore; **~ de la presse** Pressetribüne
❸ (lieu d'expression) Forum nt, Plattform f; (dans un journal) Kolumne f; (à la radio) eigene Sendung; (débat) Podiumsdiskussion f; **~ libre d'un journal** Leserbriefkolumne einer Zeitung
▶ **monter à la ~** auf die [Redner]tribüne steigen; (prendre la parole) das Wort ergreifen
tribut [tʀiby] m ❶ HIST Tribut m; obligation de payer [un] **~** Tributpflicht f
❷ (sacrifice) Tribut m; **le ~ du sang** der Blutzoll; **le ~ payé à la route est très lourd** der Straßenverkehr fordert einen hohen Tribut; **payer son ~ à la vie/à la nation** dem Leben/dem Volk genüber seine Schuldigkeit tun
tributaire [tʀibytɛʀ] adj ❶ **~ de qn/qc** abhängig von jdm/etw; **~ d'un pays/du revenu de sa femme** auf ein Land/das Einkommen seiner Frau angewiesen; **être ~ de dates fixes** an feste Termine gebunden sein
❷ GEOG **être ~ d'un lac/de la mer** in einen See/das Meer fließen [o münden]; **être ~ du Rhin** in den Rhein münden, ein Nebenfluss des Rheins sein
❸ HIST tributpflichtig
tricentenaire [tʀisɑ̃tnɛʀ] I. adj dreihundertjährig; **être ~** dreihundert Jahre alt sein
II. m d'une personne, chose dreihundertster Geburtstag; d'un événement dreihundertster Jahrestag; (cérémonie) Dreihundertjahrfeier f
tricéphale [tʀisefal] adj dreiköpfig
triceps [tʀisɛps] m Trizeps m
triche [tʀiʃ] f fam Betrug m, Beschiss m (sl); (au jeu) Schummeln nt (fam), Schummelei f (fam), Mogeln nt (fam), Mogelei f (fam);

c'est [o **y a**] **de la ~** das ist Beschiss (fam); (au jeu) das ist geschummelt (fam)
tricher [tʀiʃe] <1> vi ❶ (à l'examen) betrügen; (moins grave) mogeln (fam), schummeln (fam); (au jeu, aux cartes) falschspielen; (moins grave) mogeln (fam), schummeln (fam); **~ à l'examen** in der Prüfung betrügen; (moins fort) in der Prüfung mogeln [o schummeln] (fam); **~ aux cartes** falschspielen; (moins fort) beim Kartenspiel mogeln [o schummeln] (fam); **surprendre un joueur en train de ~** einen Spieler beim Falschspielen ertappen
❷ (au sport) tricksen (fam), gegen die Regeln verstoßen; **~ au foot** beim Fußball[spiel] gegen die Regeln verstoßen
❸ (faire preuve de mauvaise foi, tromper) betrügen, [ein] falsches Spiel treiben; **~ en affaires** keine ehrlichen Geschäfte machen; **~ en amour/dans ses sentiments** in Sachen Liebe unehrlich [o untreu] sein; **~ avec qn** jdn betrügen, ein falsches Spiel mit jdm treiben; **~ avec la vérité** die Wahrheit beschönigen; **~ sur le prix** den Preis verfälschen; **~ sur son âge** sich für jünger/älter ausgeben, als man ist
tricherie [tʀiʃʀi] f Betrügerei f; (au jeu) Falschspiel nt; (moins grave) Schummeln nt (fam), Mogeln nt (fam); (à l'examen) Schummeln nt (fam), Mogeln nt (fam)
tricheur, -euse [tʀiʃœʀ, -øz] I. adj **être ~(-euse)** [viel o gern] schummeln [o mogeln] (fam), ein(e) Schummler(in) sein (fam)
II. m, f Betrüger(in) m(f); (au jeu, à l'examen) Schummler(in) m(f), Mogler(in) m(f); (aux cartes) Falschspieler(in) m(f)
trichine [tʀikin] f BIO Trichine f
trichiné(e) [tʀikine] adj MED muscle trichinös
trichloréthylène [tʀiklɔʀetilɛn] m Trichloräth[yl]en nt
trichromie [tʀikʀɔmi] f TECH Dreifarbenverfahren nt, Dreifarbendruck m
tricolore [tʀikɔlɔʀ] I. adj ❶ blauweißrot; **le drapeau ~** die Trikolore
❷ (français) succès französisch; **l'équipe ~** die französische Nationalmannschaft
❸ (de trois couleurs) dreifarbig
II. mpl SPORT **les ~s** die französische Nationalmannschaft
tricorne [tʀikɔʀn] m Dreispitz m
tricot [tʀiko] m ❶ (vêtement) Pullover m; (gilet tricoté) Strickweste f; **les ~s** die Sticksachen Pl, die Strickwaren Pl, die Strickarbeiten Pl; **entreprise de ~** Strickwarenhersteller m
❷ (ouvrage) Strickzeug nt, Strickarbeit f
❸ TECH (étoffe) Gestrickte(s) nt, Strickware f; **jupe en** [o **de**] **~** Strickrock m; **veste en** [o **de**] **~** Strickjacke f
❹ (action) Stricken nt; **faire du ~** stricken
◆ **~ de corps** Unterhemd nt
tricotage [tʀikɔtaʒ] m Stricken nt
tricoter [tʀikɔte] <1> I. vt stricken; verstricken coton, laine; **tricoté(e) à la main/à la machine** hand-/maschinengestrickt
II. vi ❶ stricken; **aiguille à ~** Stricknadel f
❷ fam (agiter les jambes) **~ des jambes** (pour danser) [wild] herumhüpfen, herumzappeln; (pour courir) die Beine unter den Arm nehmen (fam)
tricoteur, -euse [tʀikɔtœʀ, -øz] m, f Stricker(in) m(f)
tricoteuse [tʀikɔtøz] f Strickmaschine f
trictrac [tʀiktʀak] m Tricktrack nt, Puff[spiel nt] nt
tricycle [tʀisikl] m Dreirad nt
trident [tʀidɑ̃] m ❶ MYTH Dreizack m
❷ AGR [dreizinkige] Heugabel
❸ PECHE dreizackiger Fischspeer; **hameçon ~** Drilling m
tridimensionnel(le) [tʀidimɑ̃sjɔnɛl] adj dreidimensional; **son ~** Raumklang m
trièdre [tʀijɛdʀ] I. adj prisme dreikantig, pyramide dreiseitig
II. m Dreikant m o nt
triennal(e) [tʀijenal, o] <-aux> adj ❶ dreijährig; **plan ~** Dreijahresplan m; **assolement ~** Dreifelderwirtschaft f
❷ (qui a lieu tous les trois ans) alle drei Jahre stattfindend, dreijährlich; **prix ~** Preis, der alle drei Jahre verliehen wird
trier [tʀije] <1a> vt ❶ auswählen, aussuchen; aussortieren fruits, habits; auslesen, verlesen graines, haricots; **non trié(e) marchandise** unsortiert
❷ (classer) sortieren, ordnen; rangieren wagons
❸ INFORM sortieren documents, mots; **~ par ordre croissant/décroissant** aufsteigend/absteigend sortieren
trière [tʀijɛʀ] f HIST Triere f
trieur [tʀijœʀ] m ❶ (personne) Sortierer m; **~ de légumes** Mann, der Gemüse sortiert
❷ MIN Sortiermaschine f; AGR Trieur m
trieuse [tʀijøz] f ❶ (personne) Sortiererin f; **~ de légumes** Frau, die Gemüse sortiert
❷ (dispositif) Sortierer m; (machine) Sortiermaschine f; (pour des cartes perforées) Lochkartenmaschine f
❸ ADMIN Vorordner m; (fixé au mur) Sortieranlage f
trifolié(e) [tʀifɔlje] adj dreiblättrig

trifouiller [tʀifuje] <1> *vi fam* herumwühlen *(fam)*, herumkramen *(fam)*, herumstöbern *(fam)*; **~ dans son moteur** am/an seinem Motor herumfummeln *(fam)*; **qui a trifouillé dans mes affaires?** wer hat in meinen Sachen [herum]gewühlt [*o* meine Sachen durchstöbert]?
trigo *abr de* **trigonométrie**
trigonométrie [tʀigɔnɔmetʀi] *f* Trigonometrie *f*
trigonométrique [tʀigɔnɔmetʀik] *adj* trigonometrisch
trijumeau [tʀiʒymo] ANAT I. *adj* **nerf ~** Trigeminus *m*
II. *m* Trigeminus *m*
trilatéral(e) [tʀilateʀal, o] <-aux> *adj* ❶ ECON, POL trilateral, dreiseitig
❷ GEOM *rare* dreiseitig
trilingue [tʀilɛ̃g] I. *adj personne, édition, dictionnaire* dreisprachig; **grandir dans un environnement ~** dreisprachig aufwachsen
II. *mf (personne qui connaît trois langues)* Mensch, der drei Sprachen spricht; **être ~** dreisprachig sein
trille [tʀij] *m* Triller *m*
trillion [tʀiljɔ̃] *m* Trillion *f*
trilobé(e) [tʀilɔbe] *adj* BOT dreilappig; ARCHIT kleeblattförmig
trilogie [tʀilɔʒi] *f* Trilogie *f*; **~ romanesque** Romantrilogie
trimaran [tʀimaʀɑ̃] *m* Trimaran *m*
trimbal[l]age [tʀɛ̃balaʒ] *m*, **trimbal[l]ement** [tʀɛ̃balmɑ̃] *m fam de meubles* Schlepperei *f (fam)*, Geschleppe *nt (fam)*; *de personnes* Herumkutschiererei *f (fam)*
trimbal[l]er [tʀɛ̃bale] <1> I. *vt fam* ❶ herumschleppen *(fam)*; *(en voiture)* herumkutschieren *(fam)*; schleppen *bagages*; [mit sich] herumschleppen *achats*; **~ qn à travers les rues** jdn durch die Straßen schleppen *(fam)*; **~ qn partout [avec soi]** jdn überallhin mitschleppen *(fam)*
❷ *(détenir)* **qu'est-ce qu'il trimbal[l]e!** mein Gott, ist der blöd! *(fam)*, wie kann man nur so doof sein! *(fam)*
II. *vpr fam* **se ~ dans les rues** durch die Straßen schlendern; **se ~ en voiture** [mit dem Auto] herumfahren [*o* spazieren fahren]
trimer [tʀime] <1> *vi* schuften *(fam)*, sich abrackern *(fam)*; **faire ~ les ouvriers** die Arbeiter schinden [*o* hart herannehmen]
trimestre [tʀimɛstʀ] *m* ❶ Vierteljahr *nt*, Quartal *nt*; SCOL Trimester *nt*; **au premier ~** im ersten Quartal/Trimester; **au dernier ~** im letzten Quartal/Trimester
❷ *(somme)* vierteljährliche Zahlung, Quartalszahlung *f*; **~ de rente** vierteljährliche Ertragszahlung; **un ~ de loyer** die Miete für ein Quartal; **un ~ de frais de scolarité** das Schulgeld für ein Trimester
trimestriel(le) [tʀimɛstʀijɛl] *adj paiement* vierteljährlich; *retraite* vierteljährlich ausgezahlt; *publication* vierteljährlich erscheinend; *entretiens, rencontres* dreimonatlich, vierteljährlich; **bulletin ~** Trimesterzeugnis *nt*, Vierteljahreszeugnis; **composition ~ le** Trimesterabschlussarbeit *f*, Trimesterklausur *f*; **le paiement de la rente est ~** die [Renten]zahlung erfolgt vierteljährlich [*o* quartalsweise]
trimestriellement [tʀimɛstʀijɛlmɑ̃] *adv* vierteljährlich, alle drei Monate, quartalsweise
trimoteur [tʀimɔtœʀ] *m* AVIAT dreimotoriges Flugzeug *nt*
tringle [tʀɛ̃gl] *f* Stange *f*; *d'une penderie* Kleiderstange; **~ à rideaux** Gardinenstange; **~ à journal** [*o* **à journaux**] Zeitungshalter *m*
tringler [tʀɛ̃gle] <1> *vt vulg* ficken *(sl)*, poppen *(sl)*
tringlot [tʀɛ̃glo] *m* Soldat *m* eines Versorgungszugs
Trinité [tʀinite] *f* **la [Sainte] ~** die Dreieinigkeit, die Dreifaltigkeit, die Trinität; **la fête de la ~** das Dreifaltigkeitsfest, Trinitatis *nt (Fachspr.)*
trinôme [tʀinom] *m* MATH Trinom *nt*
trinquer [tʀɛ̃ke] <1> *vi* ❶ **~ à la santé de qn** auf jdn anstoßen
❷ *fam (pâtir)* **~ pour qn** es für jdn ausbaden [müssen] *(fam)*, für jdn den Kopf hinhalten *(fam)*; **faire ~ qn** es jdm heimzahlen [*o* geben *fam*]
trio [tʀijo] *m* MUS ❶ *(œuvre)* Trio *nt*, Terzett *nt*; **~ pour piano** Klaviertrio
❷ *(musiciens)* Trio *nt*, Terzett *nt*; *(pour piano)* Klaviertrio
triolet [tʀijɔlɛ] *m* MUS Triole *f*
triomphal(e) [tʀijɔ̃fal, o] <-aux> *adj* triumphal; *accueil* begeistert; *retour* stürmisch umjubelt, triumphal; *étape* ruhmreich; **marche ~e** Triumphmarsch *m*
triomphalement [tʀijɔ̃falmɑ̃] *adv* triumphierend; *accueillir* jubelnd, mit stürmischem Jubel; **élu(e) ~** mit überwältigender Mehrheit gewählt
triomphalisme [tʀijɔ̃falism] *m* Siegesgewissheit *f*, [übersteigerte] Siegessicherheit; *(après un succès)* Triumphgefühl *nt*, [übersteigerte] Siegesfreude, Siegestaumel *m*
triomphaliste [tʀijɔ̃falist] *adj* [übertrieben [*o* allzu]] siegesgewiss [*o* siegessicher]; *(après un succès)* triumphierend; *chiffres, rapport* glorifizierend
triomphant(e) [tʀijɔ̃fɑ̃, ɑ̃t] *adj* triumphierend; *personne* siegreich, triumphierend

triomphateur, -trice [tʀijɔ̃fatœʀ, -tʀis] I. *adj air* triumphierend; *nation, parti* siegreich
II. *m, f* Sieger(in) *m(f)*
triomphe [tʀijɔ̃f] *m* ❶ Triumph *m*; **~ de la justice** Triumph [*o* Sieg *m*] der Gerechtigkeit; **~ de la mini-jupe** Siegeszug *m* der Minimode
❷ *(grand succès)* Triumph *m*, triumphaler Erfolg; **sur un adversaire** Bezwingung *f* eines Gegners; **faire un ~** einen Triumph feiern; **remporter un véritable ~** einen wahren Triumph feiern; **faire un ~ à qn** jdm einen triumphalen Empfang bereiten
❸ *(joie rayonnante)* Triumph[gefühl *nt*] *m*, Siegesfreude *f*; **cris de ~** Triumphgeschrei *nt*; **avec un air de ~** mit Siegermiene, siegessicher
❹ HIST Triumphzug *m*; **porter qn en ~** jdn [im Triumphzug] auf den Schultern tragen
triompher [tʀijɔ̃fe] <1> *vi* ❶ triumphieren, siegen; *personne:* siegen, den Sieg davontragen; *vérité:* ans Licht kommen; *doctrine, mode:* sich durchsetzen; **~ d'un adversaire/d'une maladie** einen Gegner/eine Krankheit besiegen; **~ de la haine/peur** den Hass/die Angst überwinden [*o* besiegen]; **~ d'un obstacle** ein Hindernis überwinden; **le bons sens triomphe de la bêtise** die Vernunft siegt über [*o* bezwingt] die Dummheit; **faire ~ un politique/parti** einem Politiker/einer Partei zum Sieg verhelfen; **faire ~ une idée** eine Idee durchsetzen
❷ *(crier victoire)* triumphieren, jubeln
❸ *(faire un triomphe)* einen [großen] Triumph feiern, großen Erfolg haben
trip [tʀip] *m fam* Trip *m*
tripaille [tʀipɑj] *f fam* Eingeweide *Pl*, Innereien *Pl*
triparti(e) *v.* **tripartite**
tripartisme [tʀipaʀtism] *m* Dreiparteiensystem *nt*
tripartite [tʀipaʀtit] *adj* dreiseitige, dreigeteilt; POL trilateral *(Fachspr.)*; **gouvernement ~** Dreiparteienregierung *f*; **union ~** Dreimächtebündnis *nt*
tripatouillage [tʀipatujaʒ] *m fam* Machenschaften *Pl (pej)*, Manipulation *f*; *(en parlant des affaires)* faule Geschäfte [*o* Machenschaften] *Pl (pej)*; *(lors des élections)* Schiebung *f (fam)*, Manipulation *f*; **~ fiscal** Steuerbetrügerei *f (fam)*
tripatouiller [tʀipatuje] <1> *vt fam* ❶ *(trafiquer)* manipulieren, verfälschen; herumpfuschen an (+ *Dat*) *(pej fam)*, manipulieren *texte*
❷ befummeln *(fam)*, betatschen *(fam) personne*; herumfummeln an (+ *Dat*) *(fam) objet*
tripatouilleur, -euse [tʀipatujœʀ, -jøz] *m, f fam* ❶ Fälscher(in) *m(f)*; *(en affaires)* Betrüger(in) *m(f)*; **un ~ de résultats électoraux** ein Wahlbetrüger *m*
❷ *(touche-à-tout)* Grapscher(in) *m(f) (fam)*, Fummler(in) *m(f) (fam)*
tripe [tʀip] *f* ❶ *pl* GASTR Kaldaunen *Pl*, Kutteln *Pl* (SDEUTSCH), Gekröse *nt*; **~s à la mode de Caen** Kaldaunen, mit Zwiebeln und Karotten gegart von mit Calvados verfeinert
❷ *pl fam (boyau de l'homme)* Eingeweide *Pl*, Gedärm[e *Pl*] *nt*
❸ *pl fam (ventre)* Bauch *m*
▶ **avoir quelque chose dans les ~s** *fam* Mumm [in den Knochen] haben *(fam)*; **prendre qn aux ~s** *fam nouvelle, accident:* [jdm] unter die Haut gehen *(fam)*; *misère, violence:* [jdm] an die Nieren gehen *(fam)*; **faire qc avec ses ~s** *fam (avec enthousiasme)* etw mit Leib und Seele tun; *(intuitivement)* etw aus dem Bauch heraus tun *(fam)*
triperie [tʀipʀi] *f* ❶ Metzgerei, die auf Innereien spezialisiert ist
❷ *(abats)* Innereien *Pl*
triphasé [tʀifɑze] *m* Drehstrom *m*, Dreiphasenstrom *m*
triphasé(e) [tʀifɑze] *adj* **courant ~** Drehstrom *m*, Dreiphasenstrom *m*; **être ~(e)** mit Drehstrom [*o* Dreiphasenstrom] funktionieren
tripier, -ière [tʀipje, -jɛʀ] *m, f* Metzger(in) *m(f)* in einer „triperie"
triplace [tʀiplas] *adj* dreisitzig; **bob[sleigh] ~** Dreierbob *m*; **avion ~** Dreisitzer *m*
triple [tʀipl] I. *adj* dreifach; **être ~ de qc** dreimal so groß [*o* hoch] wie etw sein; **cela coûte le ~ prix** das ist dreimal so teuer, das kostet dreimal so viel; **sous un ~ aspect** unter drei verschiedenen Gesichtspunkten
II. *m* ❶ **le ~ du prix** das Dreifache des Preises; **le ~ de temps** dreimal so viel Zeit; **9 est le ~ de 3** 9 ist das Dreifache von 3; **gagner le ~ de qn** dreimal so viel wie jd verdienen; **en ~** in dreifacher Ausführung, dreifach
❷ JEUX Dreier *m*
triplé [tʀiple] *m* SPORT dreifacher Sieg, Dreifachsieg *m*; *(trois victoires de suite)* Hattrick *m*; *(les trois premières places)* die ersten drei Plätze
triplement [tʀipləmɑ̃] I. *adv* ❶ dreifach
❷ *(tout à fait)* hundertprozentig; *vrai* absolut; *important* ganz besonders; **avoir ~ raison** hundertprozentig [*o* völlig] Recht haben

II. *m* ❶ Verdreifachung *f*
❷ *(agrandissement)* Erweiterung *f*, Ausbau *m*; *d'une autoroute, voie* Bau *m* einer dritten Spur; *du chemin de fer* Bau [*o* Hinzufügen *nt*] eines dritten Gleises
tripler [tʀiple] <1> **I.** *vt* ❶ verdreifachen
❷ *(agrandir de trois éléments);* ~ **l'autoroute** eine dritte Autobahnspur [aus]bauen; ~ **une ligne de chemin de fer** [auf der Zugstrecke] ein drittes Gleis hinzufügen
II. *vi* ❶ sich verdreifachen, auf das Dreifache ansteigen; ~ **de poids** sein Gewicht verdreifachen, das Dreifache wiegen; ~ **de valeur** seinen Wert verdreifachen, das Dreifache wert sein
triplés, triplées [tʀiple] *mpl, fpl* Drillinge *Pl*
triplex®[1] [tʀipleks] *m (verre)* Verbundglas *nt*, Sicherheitsglas
triplex[2] [tʀipleks] *m* dreigeschossige [Maisonette]wohnung, Wohnung *f* über drei Etagen
triporteur [tʀipɔʀtœʀ] *m* Lieferdreirad *nt*
tripot [tʀipo] *m péj* Spielhölle *f (pej)*
tripotage [tʀipɔtaʒ] *m* ❶ Manipulationen *Pl*, Machenschaften *Pl (pej)*; ~ **s électoraux** Wahlschiebung *f (fam)*, Wahlmanipulationen
❷ *(tripatouillage)* Herumwühlen *nt;* ~ **dans un moteur** Herumbasteln *nt* an einem Motor *(fam)*
❸ *(toucher avec insistance)* Betatschen *nt (fam)*, Befingern *nt (fam)*, Begrapschen *nt (fam)*
tripotée [tʀipɔte] *f vieilli fam* ❶ **une ~ d'admirateurs/de livres** eine Menge [*o* ein Haufen *fam*] Bewunderer/Bücher; **avoir une ~ d'enfants** einen ganzen Stall voll Kinder haben *(fam)*
❷ *(raclée)* Tracht *f* Prügel *(fam)*, Dresche *f (fam);* **flanquer une ~ à qn** jdm eine Tracht Prügel verpassen *(fam)*
tripoter [tʀipɔte] <1> **I.** *vt* ❶ herumspielen mit [*o* an + *Dat*] *(fam) objets;* betatschen *(fam)*, begrapsen *(fam) fruits;* herumfummeln an (+ *Dat*) *(fam) bouton;* ~ **son ordinateur** an seinem Computer herumspielen [*o* herummachen] [*o* rummachen *fam*]
❷ *(toucher avec insistance)* betatschen *(fam)*, befummeln *(fam)*, begrapschen *(fam);* **il lui tripotait les seins** er betatschte [*o* begrapschte] ihre Brüste *(fam)*
II. *vi* ❶ ~ **dans un tiroir** in einer Schublade [herum]kramen [*o* [herum]wühlen] *(fam)*
❷ *(trafiquer)* dunkle Geschäfte machen
III. *vpr* ❶ **se** ~ sich betatschen *(fam)*, sich befummeln *(fam)*; *fam garçon, homme:* sich *(Dat)* einen runterholen *(sl)*, wichsen *(sl)*
❷ *(triturer)* **se ~ la barbe en parlant** beim Sprechen an seinem Bart herumspielen [*o* herumzwirbeln]
tripoteur, -euse [tʀipɔtœʀ, -øz] *m, f* ❶ Fummler(in) *m(f) (fam)*, Grapscher(in) *m(f) (fam)*
❷ *(bricoleur)* Stümper *m (pej)*, Pfuscher *m (pej fam)*
❸ *(trafiquant)* Schieber *m*
tripous, tripoux [tʀipu] *mpl* GASTR Kaldaunen mit Kalbsgekröse und Hammelbein
triptyque [tʀiptik] *m* Triptychon *nt*
trique [tʀik] *f* ❶ Knüppel *m;* **recevoir la ~** eins [*o* ein paar] mit dem Knüppel übergezogen kriegen *(fam)*
❷ *arg (érection)* ~ **matinale** Wasserlatte *f (sl)*
▶ **être sec(sèche) comme un <u>coup</u> de ~** nur Haut und Knochen sein; **éducation à la ~** Erziehung[smethoden *Pl*] *f* mit Drill; **faire marcher qn à la ~** jdn an die Kandare nehmen; **mener qn à ~** jdn unter der Knute halten
trisaïeul(e) [tʀizajœl] <s> *m(f)* Ururgroßvater *m*/-mutter *f*
trisannuel(le) [tʀizanɥɛl] *adj rare* ❶ dreijährlich, alle drei Jahre stattfindend; **cette fête est ~le** diese Feier findet alle drei Jahre statt
❷ *(qui dure trois ans)* plante dreijährig
trisomie [tʀizɔmi] *f* MED Trisomie *f (Fachspr.);* ~ **21** Down-Syndrom *nt*, Trisomie 21 *(Fachspr.)*
trisomique [tʀizɔmik] *adj* MED *enfant* am Down-Syndrom leidend
trisser [tʀise] <1> *vpr* **se ~** *fam* sich verdrücken *(fam)*, sich verziehen *(fam)*
triste [tʀist] *adj* ❶ traurig; *personne* trübsinnig, traurig; *air* trübselig; **très ~** tieftraurig; **avoir l'air ~** ein trauriges Gesicht machen, traurig aussehen; **être ~ de son échec au bac** wegen seines Scheiterns [*o* über sein Scheitern] im Abi traurig sein; **être ~ de devoir partir** traurig sein weggehen [*o* abreisen] zu müssen; **je suis ~ que tu partes déjà** ich bin traurig, dass du schon gehst; **je suis ~ à l'idée de ton départ**/**à l'idée que tu partes** [*o* **pars**] der Gedanke an deine Abreise macht mich traurig/ich bin traurig, wenn ich daran denke, dass du gehst
❷ *a. antéposé* traurig; *pensée* trostlos, trübselig; *paysage, région* trostlos, trist; *couleur, bâtiment* trist; *temps, journée* trist, traurig
❸ *antéposé (affligeant)* nouvelle traurig; *événements, destin* tragisch, traurig, niederdrückend; *mine* kläglich, traurig; *épreuve* schmerzlich; *reportage, souvenir* traurig, niederdrückend; **avoir une ~ mine** schlecht [*o* elend] aussehen; **être dans un ~ état** sich in einem traurigen [*o* kläglichen] Zustand befinden; **c'est bien ~** das ist sehr traurig [*o* schlimm]; **il est de mon ~ devoir de vous dire que** ich habe die traurige Pflicht, Ihnen mitzuteilen, dass
❹ *antéposé péj (déplorable) époque, mémoire* traurig; *lieu* trist, traurig; *affaire* unerfreulich, traurig; *résultats* kümmerlich, kläglich; **être un ~ sire** [*o* **personnage**] eine unrühmliche Figur sein
▶ **être ~ à <u>pleurer</u>** zum Heulen sein *(fam);* **ne pas être ~** *fam personne:* eine Nummer für sich sein *(fam); soirée, voyage:* ein Erlebnis [*o* Abenteuer] sein; **c'était pas ~!** da war vielleicht was los! *(fam)*
tristement [tʀistəmɑ̃] *adv* ❶ *regarder* traurig, voll[er] Trauer; *parler, raconter* voll[er] Traurigkeit, betrübt
❷ *(de façon lugubre)* traurig; *ressentir* wehmütig, auf bedrückende Art
❸ *(cruellement)* auf traurige Weise; **une histoire restée ~ célèbre** ein Geschichte von trauriger Berühmtheit
tristesse [tʀistɛs] *f* ❶ *d'une personne* Traurigkeit *f*, Niedergeschlagenheit *f*; *de l'existence* Freudlosigkeit *f*; *d'une journée, du temps* Trostlosigkeit *f*
❷ *(chagrin)* Trauer *f*
tristounet(te) [tʀistunɛ, ɛt] *adj fam* traurig; *nouvelles* deprimierend, traurig; *temps* trist; **avoir l'air ~** ziemlich down aussehen *(fam)*
trithérapie [tʀiteʀapi] *f* MED *(contre le sida)* Kombitherapie *f*
tritium [tʀitjɔm] *m* Tritium *nt*
triton[1] [tʀitɔ̃] *m* ❶ ZOOL [Wasser]molch *m*
❷ MYTH **Triton** Triton *m*
triton[2] [tʀitɔ̃] *m* MUS Tritonus *m*
trituration [tʀityʀasjɔ̃] *f* ❶ Zermahlen *nt*
❷ TECH *(broyage)* Zerreiben *nt; (pilage)* Zerstoßen *nt; (malaxage)* Durchkneten *nt*
triturer [tʀityʀe] <1> **I.** *vt* ❶ zerkleinern; zerkauen, zermahlen *aliments;* zerstoßen, zerreiben *médicament, sel;* ~ **les muscles à qn** jdm die Muskeln durchkneten [*o* durchwalken *fam*]
❷ *(tripoter)* knautschen *(fam) veste;* knüllen *(fam) mouchoir;* herumkauen auf (+ *Dat*) *(fam) crayon*
❸ *(dénaturer)* manipulieren *opinion;* auseinandernehmen *texte;* verdrehen *pensée*
II. *vpr fam* **se ~ la cervelle** [*o* **les méninges**] sich *(Dat)* das Hirn zermartern *(fam)*
triumvirat [tʀijɔmviʀa] *m* Triumvirat *nt*
trivalent(e) [tʀivalɑ̃, ɑ̃t] *adj* CHIM dreiwertig
trivial(e) [tʀivjal, jo] <-aux> *adj* ❶ ordinär; *mot, expression* anstößig, ordinär; *plaisanterie* primitiv, ordinär; **avoir un langage ~** sich ordinär [*o* vulgär] ausdrücken
❷ *(ordinaire)* banal; *détail* trivial, banal, belanglos; *objet* gewöhnlich, banal; **littérature ~ e** Trivialliteratur *f*
❸ MATH *(évident)* trivial
trivialement [tʀivjalmɑ̃] *adv* ordinär, vulgär; *se conduire* unschicklich, primitiv
trivialité [tʀivjalite] *f* ❶ Primitivität *f*, Gewöhnlichkeit *f*; **la ~ de ses manières** sein ungehobeltes [*o* primitives] Benehmen; **tes plaisanteries sont d'une ~!** deine Witze sind vielleicht primitiv [*o* ordinär]!
❷ *(banalité)* Banalität *f*, Trivialität *f*, Belanglosigkeit *f*
troc [tʀɔk] *m* ❶ ~ Tauschgeschäft *nt*, Tausch *m;* **faire un ~ avec qn** mit jdm ein Tauschgeschäft machen [*o* eingehen]
❷ *(système économique)* **le ~** der Tauschhandel
troène [tʀɔɛn] *f* BOT Liguster *m*
troglodyte [tʀɔglɔdit] **I.** *adj v.* troglodytique
II. *m* ❶ Höhlenmensch *m*, Höhlenbewohner *m*
❷ ORN Zaunkönig *m*
troglodytique [tʀɔglɔditik] *adj* **habitations ~ s** Höhlenwohnungen *Pl*
trogne [tʀɔɲ] *f fam* Rübe *f (fam); (d'un buveur)* Säufergesicht *nt*
trognon [tʀɔɲɔ̃] *m* Kernhaus *nt*, [Kern]gehäuse *nt; de chou* Strunk *m*
troïka [tʀɔjka] *f* Troika *f*
trois [tʀwɑ] **I.** *num* ❶ drei
❷ *(dans l'indication de l'âge, la durée)* **avoir**/**avoir bientôt ~ ans** drei [Jahre alt] sein/werden; **enfant de ~ ans** Dreijährige(r) *f(m);* **période de ~ ans** Zeitraum *m* von drei Jahren
❸ *(dans l'indication de l'heure)* **il est ~ heures** es ist drei [Uhr]
❹ *(dans l'indication de la date)* **le ~ mars** geschrieben: **le 3 mars** der dritte März *écrit:* der 3. März
❺ *(dans l'indication de l'ordre)* **arriver ~ ou quatrième** als Dritte(r) oder Vierte(r) kommen
❻ *(dans les noms de personnages)* **Henri ~** geschrieben: **Henri III** Heinrich der Dritte *écrit:* Heinrich III.
▶ **en ~ mots** mit zwei, drei Worten; **~ ou <u>quatre</u>** drei, vier; ein paar
II. *m inv* ❶ Drei *f*
❷ *(numéro)* Nummer *f* drei, drei *f*
❸ TRANSP **le ~** die Linie [*o* Nummer] drei, die Drei *(fam)*
❹ JEUX Drei *f*
❺ SCOL **avoir ~ sur dix**/**sur vingt** ≈ eine Fünf/eine Sechs haben

tristesse/déception/consternation	
exprimer la tristesse	**Traurigkeit ausdrücken**
Ça me rend triste que nous ne nous entendions pas bien.	Es macht/stimmt mich traurig, dass wir uns nicht verstehen.
C'est tellement dommage qu'il se laisse aller de la sorte.	Es ist so schade, dass er sich so gehen lässt.
Ces événements me dépriment.	Diese Ereignisse deprimieren mich.
exprimer la déception	**Enttäuschung ausdrücken**
Je suis (très) déçu(e) par sa réaction.	Ich bin über seine Reaktion (sehr) enttäuscht.
Tu m'as (terriblement) déçu(e).	Du hast mich (schwer) enttäuscht.
Je n'aurais pas cru ça de sa part.	Das hätte ich nicht von ihr/ihm erwartet.
J'aurais souhaité autre chose.	Ich hätte mir etwas anderes gewünscht.
exprimer la consternation	**Bestürzung ausdrücken**
Ce n'est pas croyable!	Das ist (ja) nicht zu fassen!
Mais c'est monstrueux!	Das ist (ja) ungeheuerlich!
C'est le bouquet!/C'est le comble!	Das ist ja (wohl) die Höhe!
Mais tu veux rire!	Das kann doch nicht dein Ernst sein!
Je n'y crois pas!	Ich fasse es nicht!
Je suis bouleversé(e).	Das bestürzt mich.
Mais ce n'est pas possible!	Das kann/darf (doch wohl) nicht wahr sein!

III. *f* ❶ *(table, chambre... numéro trois)* Drei *f* ❷ *(chaîne de télévision)* la ~ das dritte [Regional]programm, das Dritte; *v. a.* **cinq**

trois-deux [tʀwadø] *m* MUS Dreihalbtakt *m* **trois-étoiles** [tʀwazetwal] I. *adj inv* mit drei Sternen; *hôtel/restaurant* ~ Dreisternehotel *nt*/-restaurant *nt* II. *m inv (hôtel)* Dreisternehotel *nt*; *(restaurant)* Dreisternerestaurant *nt*; *(camping)* Dreisterne-Campingplatz *m* **trois-huit** [tʀwaɥit] *mpl inv* **faire les ~** in drei Schichten arbeiten

troisième[1] [tʀwazjɛm] *adj antéposé* dritte(r, s); **le ~ âge** *(période de vie)* das Alter, der Ruhestand; *(personnes âgées)* die Senioren; **le ~ cycle** *(Studium nach Abschluss der Magisterprüfung, das mit einem Doktortitel oder einer Spezialisierung abschließt)*

troisième[2] [tʀwazjɛm] *m* ❶ **le ~** der/die/das Dritte ❷ *(étage)* dritter Stock ❸ *(arrondissement)* drittes Arrondissement ❹ *(dans une charade)* dritte Silbe

troisième[3] [tʀwazjɛm] *f* ❶ **la ~** der/die/das Dritte ❷ *(vitesse)* dritter Gang ❸ SCOL ≈ neunte Klasse; *v. a.* **cinquième**

troisièmement [tʀwazjɛmmɑ̃] *adv* drittens

trois-mâts [tʀwama] *m inv* Dreimaster *m* **trois-pièces** [tʀwapjɛs] *m inv* ❶ Dreizimmerwohnung *f*, Dreiraumwohnung ❷ COUT costume ~ dreiteiliger Anzug; tailleur ~ dreiteiliges Kostüm **trois-quarts** [tʀwakaʀ] *m inv* ❶ COUT *manteau* ~ Dreiviertelmantel *m* ❷ MUS *(violon)* Dreiviertelgeige *f* ❸ SPORT Dreiviertelspieler *m* **trois-quatre** [tʀwakatʀ] *m inv* MUS Dreivierteltakt *m*

troll [tʀɔl] *m* Troll *m*

trolley[1] [tʀɔlɛ] *m fam abr de* **trolleybus** Obus *m (fam)*

trolley[2] [tʀɔlɛ] *m* ELEC Stromabnehmer *m*

trolleybus [tʀɔlɛbys] *m* Trolleybus *m*, Oberleitungsbus, Oberleitungsomnibus

trombe [tʀɔ̃b] *f* ❶ Wolkenbruch *m*; **il est tombé des ~s [d'eau]** es hat in Strömen geregnet ❷ METEO Windhose *f*, Wasserhose *f*, Trombe *f (Fachspr.)*
▶ **en ~** *fam* wie ein Wirbelwind; **filer en ~** wie der Blitz davondüsen *(fam)*, abzischen *(fam)*; **entrer en ~** [wie ein Wirbelwind] hereinstürzen; **sortir en ~** hinaussausen, [wie ein Wirbelwind] hinausfegen; **passer en ~** vorbeirasen; **démarrer en ~** losdüsen *(fam)*, davonbrausen *(fam)*
◆ **~ d'eau** Wolkenbruch *m*

trombine [tʀɔ̃bin] *f fam* Gesicht *nt*; **elle a fait une drôle de ~!** sie [*o* die] hat vielleicht ein Gesicht gemacht!

trombinoscope [tʀɔ̃binɔskɔp] *m fam* Verbrecherkartei *f (iron)*, Verbrecheralbum *nt (iron)*

tromblon [tʀɔ̃blɔ̃] *m* ❶ MIL *(fusil)* französische Waffe mit trichterförmiger Mündung ❷ *(chapeau)* nach oben breiter werdender Zylinder

trombone [tʀɔ̃bɔn] I. *m* ❶ MUS Posaune *f* ❷ *(attache)* Büroklammer *f* II. *mf* Posaunist(in) *m(f)*
◆ **~ à coulisse** Zugposaune *f*; **~ à pistons** Ventilposaune *f*

trompe [tʀɔ̃p] *f* ❶ MUS Horn *nt*; AUT Hupe *f*; HIST [Signal]horn ❷ ZOOL Rüssel *m*; *d'un insecte* Saugrüssel ❸ ANAT *souvent pl* Eileiter *m*, Tube *f (Fachspr.)*; **ligature des ~s** Eileitersterilisation *f* [durch Unterbinden], Tubenligatur *f (Fachspr.)* ❹ TECH **~ à eau/à mercure** Wasserstrahl-/Quecksilberpumpe *f*
◆ **~ de chasse** Jagdhorn *nt*; **~ d'Eustache** Eustachische Röhre, Ohrtrompete *f*; **~ de Fallope** Eileiter *m*, Tube *f (Fachspr.)*

trompe-la-mort [tʀɔ̃pla mɔʀ] *m inv* un ~, einer, der dem Tod ein Schnippchen schlägt **trompe-l'œil** [tʀɔ̃plœj] *m inv* ❶ Augenwischerei *f (pej)* ❷ ART Trompe-l'œil *m*; **en ~** täuschend echt, mit Trompe-l'œil-Effekt; **peinture en ~** Trompe-l'œil-Malerei *f*

tromper [tʀɔ̃pe] <1> I. *vt* ❶ täuschen, hinters Licht führen; **~ qn sur le prix/la marchandise** jdn mit dem Preis/der Ware betrügen [*o* übers Ohr hauen *fam*]; **~ qn sur la qualité** jdm schlechte Qualität [*o* etwas Schlechtes] andrehen *(fam)* ❷ *(être infidèle à)* **~ qn avec qn** jdn mit jdm betrügen ❸ *(déjouer)* überlisten; irreführen, überlisten *poursuivant*; **~ la vigilance de qn** jdn ablenken ❹ *(décevoir)* enttäuschen *attente, espoir* ❺ *(faire oublier)* hinwegheffen über (+ *Akk*); lindern *faim, soif*; **~ le temps** sich *(Dat)* die Zeit vertreiben; **~ son ennui en écrivant** etwas gegen die Langeweile tun, indem man schreibt; **~ sa soif** etwas gegen den ärgsten Durst trinken
II. *vi* täuschen; **les apparences trompent** der Schein trügt
III. *vpr* ❶ **se ~** sich täuschen, sich irren; **se ~ de dix euros** sich um zehn Euro verrechnen [*o* vertun *fam*]; **se ~ sur qn** sich in jdm irren [*o* täuschen]; **se ~ sur les intentions de qn** jdn falsch einschätzen; **se ~ sur le sens d'une réponse** eine Antwort missverstehen; **se ~ dans son calcul** sich verrechnen; **si je ne me trompe** wenn ich mich nicht irre; **se laisser ~ [par qc]** *clients, acheteurs:* sich [von etw] fehlleiten lassen ❷ *(confondre)* **se ~ de porte** die Tür verwechseln, sich in der Tür irren; **se ~ de direction** die falsche Richtung nehmen; *(en voiture)* sich verfahren; **se ~ de numéro [de téléphone]** sich verwählen; **vous vous trompez de personne!** da haben Sie sich getäuscht! *(fam)*, **tu te trompes d'adresse!** da bist du an der falschen Adresse! *(fam)*, da bist du an den Falschen/die Falsche geraten!
▶ **à s'y ~** zum Verwechseln [*o* Verwechseln] ähnlich; **c'est vraiment à s'y ~** das sieht wirklich täuschend echt aus

tromperie [tʀɔ̃pʀi] *f* ❶ Täuschung *f*, Betrug *m kein Pl*, Betrügerei *f*; *(infidélité)* Untreue *f*; **~ sur la qualité** Betrug hinsichtlich der Qualität; **~ sur le prix** Preisschwindel *m* ❷ *vieilli (illusion)* Täuschung *f*, Illusion *f*

trompeter [tʀɔ̃pete] <3> *vt fig (claironner)* **~ qc** etw an die große

Glocke hängen
trompette¹ [tʀɔ̃pɛt] *m* MUS Trompeter(in) *m(f);* MIL Hornist(in) *m(f)*
trompette² [tʀɔ̃pɛt] *f* MUS Trompete *f;* **petite ~** *(jouet)* Kindertrompete; **coup de ~** Trompetenstoß *m*
trompettiste [tʀɔ̃petist] *mf* Trompeter(in) *m(f);* **~ de jazz** Jazztrompeter(in)
trompeur [tʀɔ̃pœʀ] *m* Betrüger *m*
trompeur, -euse [tʀɔ̃pœʀ, -øz] *adj* trügerisch; *promesse* falsch, trügerisch; *distance, résultats* irreführend; *ressemblance* täuschend; *personne* betrügerisch; *discours* lügnerisch; **des paroles trompeuses** trügerische Worte *Pl*, Lügen *Pl;* **faire qc de manière trompeuse** irreführenderweise etw tun
trompeusement [tʀɔ̃pøzmɑ̃] *adv* betrügerischerweise, in betrügerischer Absicht
tronc [tʀɔ̃] *m* ❶ BOT Stamm *m;* **~ du/d'un pin** Kiefernstamm
❷ ANAT Rumpf *m;* **~ cérébral** [Ge]hirnstamm *m*
❸ *(boîte à offrandes)* Sammelbüchse *f; (à l'église)* Opferstock *m*
❹ ARCHIT *d'une colonne* Schaft *m*
❺ GEOM **~ de pyramide** Pyramidenstumpf *m*
❻ SCOL **~ commun** *(cycle commun)* Unter- und Mittelstufe einer Gesamtschule; *(partie de programme commune)* Pflichtfächer *Pl;* UNIV Pflichtkurse *Pl*
troncation [tʀɔ̃kasjɔ̃] *f* LING Wortverkürzung *f*
tronche [tʀɔ̃ʃ] *f fam* Birne *f (sl); (visage)* Visage *f (sl);* **avoir une sale ~** fies aussehen *(fam)*
troncher [tʀɔ̃ʃe] <1> *vt vulg* ficken *(sl),* vögeln *(sl)*
tronçon [tʀɔ̃sɔ̃] *m* ❶ Teil *m; d'une phrase, d'un texte* Abschnitt *m,* Teil; *d'une voie ferrée* [Strecken]abschnitt, Teilstrecke *f; d'une route, autoroute* Teilstrecke, [Teil]abschnitt, Straßenabschnitt
❷ *(morceau coupé)* Stück *nt; d'une colonne* Trommel *f*
tronçonnage [tʀɔ̃sɔnaʒ] *m,* **tronçonnement** [tʀɔ̃sɔnmɑ̃] *m* Zersägen *nt*
tronçonner [tʀɔ̃sɔne] <1> *vt* zerteilen, zerlegen; *(découper)* zerschneiden; *(scier)* zersägen
tronçonneuse [tʀɔ̃sɔnøz] *f* Motorsäge *f*
tronconique [tʀɔ̃kɔnik] *adj* kegelstumpfförmig
trône [tʀon] *m* ❶ Thron *m; (fauteuil)* Thron[sessel *m*]; **prétendant au ~** Thronprätendent *m;* **monter sur le ~** den Thron besteigen
❷ *iron fam (siège des W.-C.)* Thron *m (fam)*
trôner [tʀone] <1> *vi* thronen; *tableau:* prangen
tronquer [tʀɔ̃ke] <1> *vt* auslassen, weglassen *détail;* weglassen, nicht zu Ende führen *conclusion;* verstümmeln, [ver]kürzen *texte, citation;* verfälschen *données;* **~ un texte de deux paragraphes** einen Text um zwei Absätze kürzen; **colonne tronquée** Säulenstumpf *m*
trop [tʀo] *adv* ❶ *(de façon excessive)* grand, cher zu; *manger, faire* zu viel; *insister, négliger* zu sehr; **ne savoir que ~ ce que qn a fait** nur zu gut wissen, was jd getan hat; **ça n'a que ~ duré** es hat allzu lang[e] gedauert; **je ne le connais que ~** ich kenne ihn zur Genüge [o nur zu gut]!; **en faire ~** übertreiben; **n'en fais pas ~!** lass es gut sein!; **être par ~ indulgent(e)** allzu nachsichtig sein; **négliger par ~ qn** allzu sehr jdn vernachlässigen
❷ *(en quantité excessive)* **~ de personnes/choses** zu viele Menschen/Dinge; **il y en a déjà ~!** es sind bereits zu viele!; **nous ne sommes pas ~ de trois!** drei sind nicht zu viele [Personen]!; **~ de temps/travail** zu viel Zeit *f*/Arbeit *f;* **en demander ~ à qn** von jdm zu viel verlangen; **~, c'est ~!** was zu viel ist, ist zu viel!; **être de ~** überflüssig sein; **c'était une remarque de ~** das war zu viel; **perdre ses kilos en ~** die überflüssigen Kilos loswerden
❸ *(vraiment) aimable, drôle* zu; **c'est ~ injuste/bête!** das ist doch zu ungerecht/dumm!
❹ *(pas tellement)* **ne pas ~ aimer** nicht besonders [o nicht sehr] mögen; **ne pas ~ savoir** nicht genau wissen; **je n'ai pas ~ envie** ich habe keine große Lust; **pas ~ mal** nicht so schlecht; **ne savoir ~ que faire/penser** nicht so recht wissen, was man tun/davon halten soll
▸ **c'en est ~!** jetzt reicht es [mir]!; **c'est ~!** *(il ne fallait pas)* das wäre doch nicht nötig gewesen!; *(c'est la meilleure)* das gibt's doch nicht!; **pas ~!** pas en geht so! *(fam),* nicht besonders!
trope [tʀɔp] *m* LING Trope *f*
trophée [tʀɔfe] *m* Trophäe *f*
▸ **~ de chasse** Jagdtrophäe *f*
tropical(e) [tʀɔpikal, o] <-aux> *adj* climat **~** tropisches Klima, Tropenklima; **folie ~e** Tropenkoller *m*
tropique [tʀɔpik] *m* ❶ GEOG Wendekreis *m;* **~ du Cancer/Capricorne** Wendekreis des Krebses/Steinbocks, nördlicher/südlicher Wendekreis
❷ *(région tropicale)* **les ~s** die Tropen; **sous les ~s** in den Tropen
tropisme [tʀɔpism] *m* Tropismus *m*
troposphère [tʀɔpɔsfɛʀ] *f* METEO Troposhäre *f*
trop-perçu [tʀɔpɛʀsy] <trop-perçus> *m* ADMIN zu viel erhobener Betrag; COM Überschuss *m* **trop-plein** [tʀɔplɛ̃] <trop-pleins> *m*

❶ TECH *d'un barrage, réservoir* Überlauf[becken *nt*] *m; (tuyau d'évacuation)* Überlauf[rohr *nt*] *m* ❷ *(surplus)* Überfülle *f;* **vider le ~ d'un vase** die Vase abgießen ❸ *(excès)* **~ d'amour/d'énergie** Übermaß *nt* an Liebe/Energie; **~ de vie** Übermut *m*
troquer [tʀɔke] <1> *vt* tauschen; **~ un objet contre** [o **pour**] **un autre** einen Gegenstand gegen einen anderen tauschen; **je troquerais bien ma situation contre la tienne** ich würde gerne mit dir tauschen
troquet [tʀɔkɛ] *m fam* Kneipe *f (fam)*
trot [tʀo] *m* ❶ *(allure)* Trab *m;* **mettre son cheval au ~** sein Pferd in Trab setzen
❷ *(discipline)* **~ enlevé** leichter Trab *m;* **course de ~ attelé** Trabrennen [mit Sulky] *nt*
trotskisme [tʀɔtskism] *m* Trotzkismus *m*
trotskiste [tʀɔtskist] I. *adj* trotzkistisch
II. *mf* Trotzkist(in) *m(f)*
trotte [tʀɔt] *f fam* [Weg]strecke *f,* Stück *nt* [Weg] *(fam);* **il y a [o ça fait] une [sacrée] ~** das ist ein ganz schönes Stück *(fam)*
trotter [tʀɔte] <1> *vi* ❶ *fam animal:* trippeln *(fam); personne:* trotten *(fam)*
❷ *(aller au trot) cheval:* traben
❸ *fam (préoccuper)* **faire ~ l'imagination** die Fantasie anregen; **ça me trotte dans la tête/dans l'esprit** es geht mir im Kopf herum/durch den Sinn *(fam)*
trotteur [tʀɔtœʀ] *m* ❶ *(cheval)* Traber *m*
❷ *(pour bébés)* Laufgerät *nt*
❸ *(chaussure)* Trotteur *m*
trotteuse [tʀɔtøz] *f* ❶ *(cheval)* Traber *m*
❷ *(aiguille des secondes)* Sekundenzeiger *m*
trottinement [tʀɔtinmɑ̃] *m* Getrappel *nt; d'un enfant* Trippeln *nt*
trottiner [tʀɔtine] <1> *vi* trappeln; *enfant:* trippeln
trottinette [tʀɔtinɛt] *f* Roller *m,* Kickboard *nt*
trottoir [tʀɔtwaʀ] *m* Bürgersteig *m;* **~ roulant** Laufband *nt*
▸ **faire le ~** auf den [Straßen]strich gehen *(fam); mineurs:* auf den Kinderstrich gehen *(fam)*
trou [tʀu] *m* ❶ *(cavité)* Loch *nt; d'une aiguille* Öhr *nt;* **~ de la serrure** Schlüsselloch
❷ *(moment de libre)* freier Augenblick
❸ *(déficit)* Loch *nt;* **~ dans la caisse** FIN Kassenloch
❹ *péj (bled)* Kaff *nt (fam),* Provinznest *nt (pej fam)*
❺ *(vide) d'un témoignage, d'une œuvre* Lücke *f;* **~ de mémoire** Gedächtnislücke *f;* **avoir un ~** *(ne plus se souvenir)* sich nicht mehr erinnern können; *(en parlant)* stecken bleiben
▸ **boire comme un ~** ein Loch saufen *(sl);* **être au ~** *fam* im Loch sitzen *(sl);* **faire le ~** SPORT die Gegner abhängen; **faire son ~** sich *(Dat)* sein Plätzchen schaffen; **mettre qn au ~** *fam* jdn einlochen *(sl),* **rester dans son ~** *fam* zu Hause herumhocken *(fam)*
▸ **~ à rat** *péj fam* Rattenloch *nt (pej fam)*
▸ **~ d'aération** Belüftungsloch *nt;* **~ d'air** AVIAT Luftloch *nt;* **~ de balle** *fam* Arschloch *nt (vulg);* **~ dans la couche d'ozone** Ozonloch *nt;* **~ du cul** *pop* Arschloch *nt (vulg);* **~ de mémoire** Blackout *m;* **~ de nez** *fam* Nasenloch *nt;* **~ d'obus** Granattrichter *m;* **~ d'ozone** Ozonloch *nt;* **~ du souffleur** Souffleurkasten *m*
troubadour [tʀubaduʀ] *m* Troubadour *m*
troublant(e) [tʀublɑ̃, ɑ̃t] *adj* ❶ *(déconcertant)* irritierend, verwirrend; *élément* störend
❷ *(inquiétant) événement, fait* beunruhigend
❸ *(étrange) événement, mystère* merkwürdig, seltsam
❹ *(qui inspire le désir)* aufregend
trouble¹ [tʀubl] I. *adj* ❶ *(opp: limpide) image, vue* verschwommen, unscharf; *liquide, lumière* trüb; *atmosphère* dunstig
❷ *(équivoque) période* zwiespältig; *sentiment* gemischt; *affaire, personnage* zwielichtig
II. *adv* voir unscharf
trouble² [tʀubl] *m* ❶ *souvent pl* MED Beschwerden *Pl; d'ordre psychique, mental)* Störungen *Pl;* **~s alimentaires** [o **du comportement alimentaire**] Essstörungen; **~s digestifs** Verdauungsbeschwerden; **~s fonctionnels** Funktionsstörungen; **~s névrotiques** nervöse Störungen; **~s intestinaux/rénaux/respiratoires** Darm-/Nieren-/Atembeschwerden *Pl;* **~s oculaires** [o **ophtalmologiques**] Augenbeschwerden; **~ obsessionnel compulsif** [**de nettoyage**] Waschzwang *m;* **~s de l'audition/du comportement** Hör-/Verhaltensstörungen; **~s de la croissance** Wachstumsstörung; **~s du langage/de la vision** Sprach-/Sehstörungen; **~s de la personnalité** PSYCH Persönlichkeitsstörung *f;* **~s de la puissance** [**sexuelle**] Potenzstörungen; **~s** [**de santé**] **dus à la grossesse** Schwangerschaftsbeschwerden; **~s induits par l'activité professionnelle** Berufsschäden *Pl;* **souffrir de ~s digestifs** an Verdauungsbeschwerden *(Dat)* leiden
❷ *pl (désordre)* Unruhen *Pl;* **~s politiques/sociaux** politische/soziale Unruhen; **~s de la/d'une guerre** Kriegswirren *Pl*
❸ *(désarroi)* Aufregung *f;* **~ du cœur/de l'âme** innerliche/seeli-

sche Aufregung [*o* Erregtheit]
④ *(agitation)* Durcheinander *nt*, Unruhe *f*; **son arrivée a provoqué un ~ dans l'assemblée** seine/ihre Ankunft löste in der Versammlung Unruhe aus; **jeter le ~** Unruhe [*o* Verwirrung] stiften
⑤ JUR Störung *f*
⑥ PSYCH **~ obsessionnel et compulsif** Wiederholungszwang *m*
◆ **~ de la possession** JUR Besitzstörung *f (Fachspr.)*; **~ de la propriété** JUR Eigentumsstörung *f (Fachspr.)*
trouble-fête [tʀubləfɛt] <trouble-fêtes> *mf* Spielverderber(in) *m(f)*; **jouer les ~s** ein Spielverderber sein
troubler [tʀuble] <1> I. *vt* ① *(gêner fortement)* stören; **période** [*o* **époque**] **troublée** unruhige Zeit
② *(perturber)* beunruhigen; *(déranger)* stören; *(émouvoir)* verwirren; **être troublé(e)** irritiert sein
③ MED *(altérer)* beeinträchtigen *digestion, facultés mentales;* **~ l'esprit** [*o* **la raison**] **à qn** jdn um den Verstand bringen
④ *(altérer la clarté)* verdüstern *atmosphère, ciel;* trüben *eau;* stören *réception*
II. *vpr* **se ~** ① *(devenir trouble)* sich trüben; *mémoire:* nachlassen; *temps:* sich verschlechtern
② *(perdre contenance)* unsicher werden
troué(e) [tʀue] *adj* durchlöchert; **être ~(e)** ein Loch/Löcher haben
trouée [tʀue] *f* ① *(ouverture)* Loch *nt,* Lücke *f; (dans une digue)* Deichscharte *f; (dans une forêt)* Schneise *f;* **une ~ entre les arbres/dans la haie** eine Lücke zwischen den Bäumen/ein Loch in der Hecke
② MIL Durchbruch *m*
trouer [tʀue] <1> I. *vt* ① *(faire un trou)* ein Loch machen; *(faire plusieurs trous)* zerlöchern; *balles:* durchlöchern
② *(traverser) rayon de lumière:* durchdringen; **une flèche troue l'air** ein Pfeil fliegt durch die Luft; **~ les nuages** *soleil:* [hin]durchbrechen
II. *vpr* **se ~** ein Loch/Löcher bekommen
troufignon [tʀufiɲɔ̃] *m fam* ① *(anus)* [Arsch]loch *nt (vulg)*
② *(derrière)* Hintern *m (fam)*
troufion [tʀufjɔ̃] *m fam* einfacher Soldat *m*
trouillard(e) [tʀujaʀ, jaʀd] I. *adj fam* ängstlich
II. *m(f) fam* Angsthase *m (fam),* Bangbüx *f* (NDEUTSCH *fam)*
trouille [tʀuj] *f pop* **avoir la ~** Schiss haben *(sl);* **ficher** [*o* **flanquer**] **la ~ à qn** jdm Angst einjagen *(fam)*
trouillomètre [tʀujɔmɛtʀ] *m* **avoir le ~ à zéro** *fam* einen Mordsschiss haben *(fam)*
troupe [tʀup] *f* ① THEAT Truppe *f; (groupe permanent)* Ensemble *nt;* **~ de chanteurs/de danseurs** Gesangs-/Tanzgruppe *f;* **~ d'opéra/de l'opéra** Opernensemble; **~ théâtrale** [*o* **du théâtre**] Theaterensemble; **~ de ballet** Ballettruppe
② MIL Truppe *f;* **~ d'assaut/de choc** Sturm-/Stoßtrupp *m;* **engager une ~ de protection internationale** eine internationale Schutztruppe einsetzen; **~ de réserve** Reservetruppe *f;* **~ coloniale** HIST Schutztruppe
troupeau [tʀupo] <x> *m* ① Herde *f;* **~ de vaches/d'éléphants** Kuh-/Elefantenherde
② *péj (foule)* Horde *f (pej),* Massen *Pl; (groupe)* Trupp *m*
trousse [tʀus] *f* Beutel *m;* **~ à ongles** Nagelpflegeset *nt,* Maniküre *f;* **~ à outils** Werkzeugset *nt;* **~ à pharmacie** Reiseapotheke *f;* **~ à couture** Necessaire *nt* für Nähzeug; **~ de beauté** Kosmetiktasche *f*
▶ **avoir qn à ses ~s** jdn im Nacken [*o* auf den Fersen] haben; **être aux ~s de qn** jdm auf den Fersen sein, hinter jdm hersein
◆ **~ d'écolier** [Feder]mäppchen *nt;* **~ de maquillage** Schminktäschchen *nt;* **~ de médecin** Arztkoffer *m;* **~ de toilette** [*o* **de voyage**] Kulturbeutel *m,* Toilettentasche *f*
trousseau [tʀuso] <x> *m* ① *(clés)* Schlüsselbund *m o nt*
② *(vêtements)* Kleidung *f kein Pl; d'une mariée* Aussteuer *f*
◆ **~ de clés** Schlüsselbund *m o nt*
trousser [tʀuse] <1> *vt* ① GASTR zusammenbinden
② *fam (posséder sexuellement)* nehmen *(sl)*
trou-trou [tʀutʀu] <trou[s]-trou[s]> *m* COUT Hohlsaum *m*
trouvaille [tʀuvaj] *f* ① *[glücklicher]* Fund, Entdeckung; **~ fortuite** Zufallsfund; **dernière ~** *iron* neueste Masche *(iron)*
trouvé(e) [tʀuve] *adj* ① *(qui a été trouvé)* **un enfant ~** ein Findelkind *m;* **les objets ~s** die Fundsachen *Pl*
② *(original)* passend; **une réponse bien ~e** eine passende Antwort
trouver [tʀuve] <1> I. *vt* ① finden; bekommen *information;* aufbringen *capitaux;* [heraus]finden *(+ Akk) solution, réponse;* **~ un cadeau à qn** ein Geschenk für jdn finden; **ne pas ~ moins cher/plus beau** nichts Billigeres/Schöneres finden; **~ à boire/à manger** etwas zu Trinken/Essen finden; **~ toujours à se plaindre** immer etwas finden, worüber man sich beklagen kann; **ne pas ~ à se loger** keine Unterkunft finden; **~ à qui parler** [bei jdm] an den Richtigen/die Richtige geraten *(fam)*

② *(avoir le sentiment)* **~ étrange qu'elle ait fait qc** es merkwürdig finden, dass sie etw getan hat; **~ bon de faire qc** es gut finden [*o* es für gut halten] etw zu tun
③ *(voir)* **~ de l'intérêt à faire qc** [das] Interesse haben etw zu tun; **~ du plaisir à faire qc** Gefallen finden etw zu tun; **aller/venir ~ qn** jdn besuchen gehen/kommen; **mais qu'est-ce qu'il lui trouve?** *fam* was findet er nur an ihm/ihr?
▶ **il va/tu vas me ~!** *fam* der kann du/kannst was erleben! *(fam);* **j'ai trouvé!** ich hab's!; **c'est tout trouvé** [das ist] schon erledigt
II. *vpr* ① *(être situé)* **se ~** sich befinden
② *(être)* **se ~ bloqué(e)/coincé(e)** blockiert/eingeklemmt sein; **se ~ dans l'obligation de partir** sich gezwungen sehen zu gehen; **se ~ en compétition avec qn** in Konkurrenz zu jdm stehen
③ *(se sentir)* **se ~ bien/mal** sich gut/schlecht fühlen
④ *(exprime la coïncidence)* **se ~ être nés le même jour** *personnes:* [zufällig] am gleichen Tag geboren sein; **se ~ avoir le même âge que qn** [zufällig] genauso alt wie jdn sein
⑤ *(se rencontrer)* **un bon job se trouve toujours** es findet sich immer eine gute Stelle, eine gute Stelle ist immer zu finden; **une bonne occasion se trouve toujours** eine günstige Gelegenheit bietet [*o* ergibt] sich immer
III. *vpr impers* ① *(par hasard)* **il se trouve que je suis libre** ich habe tatsächlich [*o* zufällig habe ich] gerade Zeit
② *(on trouve, il y a)* **il se trouve toujours un pour faire qc** es findet sich immer einer, mit dem man etw machen kann; **ça se trouve** *fam* das gibt es
▶ **si ça se trouve, il va pleuvoir** *fam* es kann gut sein [*o* es ist gut möglich], dass es regnen wird *(fam)*
trouvère [tʀuvɛʀ] *m (troubadour)* Trouvère *m (nordfranzösischer Minnesänger)*
truand [tʀɥɑ̃] *m* Gauner(in) *m(f)*
truander [tʀɥɑ̃de] <1> I. *vt fam* reinlegen *(fam);* **se faire ~ par qn** auf jdn [he]reinfallen *(fam)*
II. *vi fam* tricksen *(fam),* bescheißen *(sl); (à un examen)* schummeln *(fam)*
trublion [tʀyblijɔ̃] *m* Unruhestifter(in) *m(f)*
truc [tʀyk] *m* ① *fam (chose)* Ding *nt,* Eumel *m (fam);* **ce ~-là** das Ding[s] da *(fam);* **un drôle de ~** etwas Komisches; **un ~ extraordinaire/bizarre** etwas Außergewöhnliches/Seltsames, eine außergewöhnliche/seltsame Sache
② *fam (personne)* Dings *mf (fam);* **c'est Truc, tu sais** das ist der/die Dings, du weißt schon *(fam)*
③ *fam (combine)* Trick *m;* **trouver un ~** einen Trick finden [*o* sich *(Dat)* etwas einfallen lassen]
④ *(tour)* [Zauber]trick *m*
▶ **c'est mon/son ~** *fam* das ist meine/seine Sache *(fam);* **c'est pas mon ~** *fam* das ist nicht mein Fall *(fam);* **trouver le ~ pour faire qc** *fam* den [richtigen] Dreh finden [*o* auf den Dreh kommen], wie man etw macht *(fam)*
trucage [tʀykaʒ] *m* ① *de statistiques, de la réalité* Verfälschung *f; des élections* Fälschung *f; du vin* Panschen *nt*
② CINE, PHOT Trickaufnahme *f*
◆ **~ du bilan** Bilanzfälschung *f,* Bilanzverschleierung *f*
truchement [tʀyʃmɑ̃] *m* **par le ~ de qc/qn** *soutenu* mittels einer S./Person *(Gen)* [geh], über [*o* durch] jdn/etw; **elle donne des ordres par le ~ de son conseiller** sie lässt durch ihren Berater Anweisungen erteilen
trucider [tʀyside] <1> *vt fam* umbringen *(fam);* **se faire ~** umgebracht werden *(fam)*
trucmuche [tʀykmyʃ] *m pop* Dingsbums *nt (fam)*
truculence [tʀykylɑ̃s] *f* Urwüchsigkeit *f*
truculent(e) [tʀykylɑ̃, ɑ̃t] *adj* urwüchsig
truelle [tʀyɛl] *f* Kelle *f*
truffe [tʀyf] *f* ① Trüffel *f*
② *(museau)* Schnauze *f*
truffer [tʀyfe] <1> *vt* ① GASTR trüffeln
② *fig* **~ un texte de citations** einen Text mit Zitaten spicken; **~ le terrain de mines** ein Gelände verminen
truie [tʀɥi] *f* Mutterschwein *nt,* Sau *f*
truisme [tʀɥism] *m littér* Binsenwahrheit *f,* Binsenweisheit *f*
truite [tʀɥit] *f* Forelle *f;* **~ arc-en-ciel** Regenbogenforelle; **~ au bleu** Forelle blau; **~ meunière** Forelle nach Müllerinart
◆ **~ d'élevage** Zuchtforelle *f;* **~ de mer** Meerforelle *f;* **~ de rivière** Bachforelle *f*
trumeau [tʀymo] *m* ① GASTR Rinderhaxe *f*
② ARCHIT *(peinture ornant le dessus d'une cheminée)* Kaminbild *nt*
③ ARCHEOL Mittelpfeiler *m (eines Portals)*
truquage *v.* trucage
truquer [tʀyke] <1> *vt* fälschen; panschen *vin;* frisieren *(fam) bilan;* **valise truquée** Koffer mit doppeltem Boden; **le jeu est truqué** es wird ein falsches Spiel getrieben, es wird manipuliert
truqueur, -euse [tʀykœʀ, -øz] *m, f* Schwindler(in) *m(f); (falsificateur)* Fälscher(in) *m(f)*

trust [tRœst] *m* ECON Trust *m*
truster [tRœste] <1> *vt* ❶ *fam (accaparer)* einheimsen *(fam) médailles, prix*
❷ ECON vertrusten
tsar [tsaR] *m* Zar *m*
tsarévitch [tsaRevitʃ] *m* HIST Zarewitsch *m*
tsarine [tsaRin] *f* Zarin *f*
tsariste [tsaRist] *adj* zaristisch; **à l'époque ~** zur Zeit der Zarenherrschaft
tsatsiki [tsatsiki, tsadziki] *m* GASTR Tzatziki *nt o m*, Zaziki *nt o m*
tsé-tsé *v.* **mouche**
T.S.F. [teesɛf] *m abr de* **télégraphie sans fil** ❶ drahtlose Telegraphie *f*
❷ *(radiodiffusion)* **écouter la T.S.F.** Rundfunk *[o* Radio*]* hören
t-shirt [tiʃœRt] *m abr de* **tee-shirt** T-shirt *nt*
tsigane [tsigan] **I.** *adj* musique ~ Zigeunermusik *f*
II. *mf* Zigeuner(in) *m(f)*
tsoin-tsoin [tswɛ̃tswɛ̃] **I.** *interj* dideldumm
II. *adj inv* elegant
T.S.V.P. *abr de* **tournez s'il vous plaît** b.w.
TT [tete] *m abr de* **transit temporaire** vorübergehende Durchfuhr *f*
T.T.C. [tetese] *abr de* **toutes taxes comprises** inkl. MwSt.
TTU [tetey] *adj abr de* **très, très urgent**(e) brandeilig *(fam)*
tu [ty] <t'> **I.** *pron pers* **~ es grand(e) du** bist groß; **t'as vu ça!** *fam* haste das gesehen! *(fam)*; **t'as du fric, t'es quelqu'un** *fam* haste was, biste was *(fam)*
▶ **être à ~ et à toi avec qn** *fam* mit jdm auf Du und Du stehen *(fam)*
II. *m* **dire ~ à qn** du zu jdm sagen
TU [tey] *m abr de* **temps universel** WZ *f*
tuant(e) [tyɑ̃, ɑ̃t] *adj fig fam (fatigant, pénible)* tödlich *(fig fam)*; **être ~ (e)** *(pénible)* einem auf die Nerven gehen *(fam)*
tuba [tyba] *m* ❶ MUS Tuba *f*
❷ SPORT Schnorchel *m*
tubage [tybaʒ] *m* Intubation *f (Fachspr.)*; **~ gastrique** Einführen eines Schlauchs *[o* einer Sonde*]* in den Magen
tubaire [tybɛR] *adj* **grossesse ~** Eileiterschwangerschaft *f*
tube [tyb] *m* ❶ *(tuyau)* Rohr *nt*; *(petit)* Röhrchen *nt*; ~ **d'un/du canon** Geschützrohr; **petit ~ de** *[o* **en]** **verre** Glasröhrchen; **~ en aluminium** Aluminiumrohr
◆ ELEC Röhre *f*; **~ au** *[o* **de]** **néon** Neonröhre *f*; **~ cathodique** Kathodenstrahlröhre, CRT *f*; **~ électronique** Radioröhre; **~ luminescent** Leucht[stoff]röhre; **~ Roentgen** *(en radiologie)* Röntgenröhre
❸ *(emballage à presser)* Tube *f*; **~ de dentifrice** Zahnpastatube; **consommer un ~ de colle** eine Tube Klebstoff verbrauchen
❹ ANAT **~ digestif** Verdauungstrakt *m*
❺ *fam (chanson)* Hit *m (fam)*; **le meilleur ~** der Tophit; **chanson susceptible de devenir un ~** hitverdächtiges Lied
◆ **~ à essai** Reagenzglas *nt*; **~ à rayons X** Röntgenröhre *f*
◆ **~ de raccordement** Verbindungsrohr *nt*; **~ de rouge [à lèvres]** Lippenstift *m*
tubercule [tybɛRkyl] *m* ❶ BOT [Wurzel]knolle *f*; **~ de pomme de terre** Kartoffelknolle
❷ MED Knoten *m*
tuberculeux, -euse [tybɛRkylø, -øz] **I.** *adj personne* erkrankt an Tuberkulose *f*; **méningite** tuberkulös; **bactéries tuberculeuses** Tuberkulosebakterien *Pl*
II. *m, f* MED Tuberkulosekranke(r) *f(m)*
tuberculine [tybɛRkylin] *f* MED Tuberkulin *f*
tuberculose [tybɛRkyloz] *f* Tuberkulose *f*; **~ osseuse/pulmonaire** Knochen-/Lungentuberkulose
tubéreux, -euse [tybeRø, -øz] *adj* BOT knollenartig; **racine tubéreuse** Wurzelknolle *f*
tubérosité [tybeRozite] *f* ANAT Höcker *m*; **~ d'un os** Knochenfortsatz *m*
tubulaire [tybylɛR] *adj* rohrförmig; *lampe* röhrenförmig; **échafaudage/meuble ~** Stahlrohrgerüst *nt*/-möbel *nt*; **conduit ~** Rohrleitung *f*
tubulure [tybylyR] *f* ❶ *(ensemble de tubes)* Rohrsystem *nt*
❷ *(conduit)* Rohr *nt*; **~ d'admission** Zulaufrohr *nt*, Zulauf *m*, Saugrohr; **~ d'alimentation** Versorgungsleitung *f*; **~ d'échappement** Ablaufrohr, Ablauf *m*
T.U.C. [tyk] *m abr de* **travail d'utilité collective** *vieilli* Arbeitsbeschaffungsmaßnahmen *Pl*; *(emploi)* ABM-Stelle *f*
tucard(e) [tykaR, kaRd] *m(f)* Jugendliche(r) mit einer ABM-Stelle *f(m)*
tuciste *v.* **tucard**
tué(e) [tɥe] *m(f)* Todesopfer *nt*
tue-mouche[s] [tymuʃ] **I.** *adj inv* **papier/ruban ~** Fliegenfänger *m* **II.** *m* Fliegenklatsche *f* **tue-poisson** [typwasɔ̃] <tue- -poissons> *m* PECHE Fischtöter *m*
tuer [tɥe] <1> **I.** *vt* ❶ *(donner la mort à)* **~ qn** jdn töten; *meurtrier:* jdn töten, jdn umbringen; **~ qn à coups de poignard** jdn mit einem Dolch totstechen; **être tué(e) dans un accident** tödlich verunglücken, bei einem Unfall ums Leben kommen; **être tué(e) à la guerre** fallen, im Krieg umkommen; **être tué(e) sur le coup** auf der Stelle tot sein; **se faire ~** umkommen; **la route tue ... personnes par an** auf der Straße sterben jährlich ... Menschen
❷ *(abattre)* erlegen *gibier*
❸ *(nuire à)* zerstören *espoir, environnement;* vernichten *initiative, insectes;* **~ qn déshonneur:** jdn zugrunde richten; **ça n'a jamais tué personne** daran ist noch keiner gestorben
❹ *fam (fatiguer)* fertigmachen *(fam)*
II. *vi animal, personne:* töten; *poison, arme:* tötlich sein; *catastrophe:* Menschenleben [er]fordern; **des balles qui tuent** tödliche Schüsse; **la route tue de plus en plus** immer mehr Menschen sterben auf der Straße
▶ **ça tue** *fam* das ist [echt] ätzend *(fam)*, das macht einen [echt] fertig *(fam)*
III. *vpr* ❶ *(être victime d'un accident)* **se ~** ums Leben kommen, umkommen; **se ~ en tombant d'une falaise** beim Sturz von einer Klippe ums Leben kommen
❷ *(se donner la mort)* **se ~** sich umbringen, sich *(Dat)* das Leben nehmen
❸ *(se fatiguer)* **se ~ à qc** sich mit etw abmühen; **se ~ à faire qc** sich abmühen, etw zu tun; **se ~ au boulot** *fam* sich totschuften *(fam)*
tuerie [tyRi] *f* Gemetzel *nt*
tue-tête [tytɛt] **à ~** lauthals; *chanter* aus voller Kehle; *crier* aus Leibeskräften
tueur, -euse [tɥœR, -øz] **I.** *m, f* Mörder(in) *m(f)*
II. *app* **satellite ~** Killersatellit *m (sl)*; **algue/abeille tueuse** Killeralge *f*/-biene *f (sl)*
◆ **~ (-euse) à gages** bezahlter Mörder/bezahlte Mörderin, gedungener Mörder/gedungene Mörderin *(pej geh)*, Killer(in) *m(f) (fam)*; **~ (-euse) en série** Serienkiller(in) *m(f) (fam)*
tuf [tyf] *m* Tuffstein *m*, Tuff *m*
tuile [tɥil] *f* ❶ *d'un toit* [Dach]ziegel *m*; **~ creuse/faîtière/plate** Hohl-/First-/Flachziegel; **~ d'argile** *[o* **de terre cuite]** Tonziegel
❷ *fam (événement fâcheux)* unangenehme Überraschung; **il m'est arrivé une ~** da ist mir vielleicht etwas Schlimmes passiert *(fam)*
❸ GASTR Teegebäck *nt* (Mandel- oder Schokoladengebäck in Form gewölbter Ziegel)
tuilerie [tɥilRi] *f* Ziegelei *f*
tulipe [tylip] *f* Tulpe *f*
tulipier [tylipje] *m* BOT Tulpenbaum *m*
tulle [tyl] *m* Tüll *m*
tuméfaction [tymefaksjɔ̃] *f* Schwellung *f*
tuméfié(e) [tymefje] *adj* geschwollen
tumescence [tymesɑ̃s] *f* MED ❶ *(gonflement des tissus)* Schwellung *f*, Tumeszenz *f (Fachspr.)*
❷ *(érection)* Versteifung *f*
tumeur [tymœR] *f* Tumor *m*; **~ du** *[o* **au] cerveau** Gehirntumor; **~ du rein** Nierentumor; **~ du sein** Knoten *m* in der Brust; **marqueur de ~** MED Tumormarker *m*
tumoral(e) [tymɔRal, o] <-aux> *adj cellule* Tumor-; **marqueur ~** Tumormarker *m*
tumulte [tymylt] *m d'une foule* Tumult *m*; *des flots, d'un orage* Toben *nt*; *des passions* Sturm *m*; *de la rue, ville* Lärm *m*; **~ d'applaudissements** Beifallssturm; **~ de voix** Stimmengewirr *nt*; **~ des affaires** geschäftliches Treiben; **~ du carnaval** Karnevalstrubel *m*
tumultueusement [tymyltɥøzmɑ̃] *adv littér* aufgebracht; **agiter ~ qn** jdn in Aufruhr bringen *[o* versetzen]
tumultueux, -euse [tymyltɥø, -øz] *adj* ❶ *(agité) passion* stürmisch; *période, vie* bewegt; *discussion* hitzig; *flots* tosend; *(confus)* turbulent
❷ *(bruyant)* lärmend
tumulus [tymylys] *m* Grabhügel *m*
tune *v.* **thune**
tuner [tynœR] *m* Tuner *m*; **~ satellite** Satellitentuner
tungstène [tœkstɛn] *m* CHIM Wolfram *nt*
tuning [tyniŋ] *m* AUT Tuning *nt*
tunique [tynik] *f* ❶ *(dans l'Antiquité)* Tunika *f*
❷ *(veste d'uniforme)* Uniformrock *m*
❸ *(vêtement féminin)* Kasack *m*
Tunisie [tynizi] *f* **la ~** Tunesien *nt*
tunisien(ne) [tynizjɛ̃, jɛn] *adj* tunesisch
Tunisien(ne) [tynizjɛ̃, jɛn] *m(f)* Tunesier(in) *m(f)*
tunnel [tynɛl] *m* ❶ *(galerie)* Tunnel *m*; **~ de métro** U-Bahn-Tunnel; **~ ferroviaire** [Eisen]bahnunterführung *f*
❷ *(période difficile)* Durststrecke *f*; **arriver au bout du ~** wieder Land sehen; **sortir du ~** aus dem Gröbsten raus sein *(fam)*
TUP [typ] *m abr de* **titre universel de paiement** Zahlkarte *f*
tuque [tyk] *f* CAN *(bonnet de laine)* Pudelmütze *f*

turban [tyʀbɑ̃] *m* Turban *m*
turbin [tyʀbɛ̃] *m vieilli pop* Maloche *f (sl)*
turbine [tyʀbin] *f* TECH Turbine *f*; ~ **hydraulique** Wasserturbine ◆ ~ **à eau** Wasserturbine *f*; ~ **à réaction** Überdruckturbine *f*; ~ **à vapeur** Dampfturbine *f*
turbiner [tyʀbine] <1> *vi vieilli pop* malochen *(sl)*
turbo¹ [tyʀbo] *adj inv véhicule, version* mit Turbomotor; **moteur** ~ Turbomotor *m*
turbo² [tyʀbo] *m abr de* **turbocompresseur** Turbo[lader *m*] *m*
turbocompresseur [tyʀbokɔ̃pʀesœʀ] *m* ❶ [Abgas]turbolader *m* ❷ Turbokompressor *m*
turbocompression [tyʀbokɔ̃pʀesjɔ̃] *f* Turboladung *f*
turbopompe [tyʀbopɔ̃p] *f* Turbopumpe *f*
turbopropulseur [tyʀbopʀɔpylsœʀ] *m* AVIAT Turbo-Prop-Triebwerk *nt*
turboréacteur [tyʀboʀeaktœʀ] *m* [Turbo]luftstrahltriebwerk *nt*
turbot [tyʀbo] *m* Steinbutt *m*
turbotière [tyʀbɔtjɛʀ] *f* Fischpfanne *f (rautenförmig)*
turbotrain [tyʀbotʀɛ̃] *m* Gasturbinentriebzug *m*
turbulence [tyʀbylɑ̃s] *f* ❶ *a.* PHYS, METEO, ECON *(agitation)* Turbulenz *f*; ~**s dues au déplacement** Fahr[t]wind *m*; ~**s monétaires** Währungsturbulenzen
❷ *(caractère)* Lebhaftigkeit *f*
turbulent(e) [tyʀbylɑ̃, ɑ̃t] *adj* turbulent; *(agité)* wild; *(rebelle)* aufsässig
turc [tyʀk] *m* **le** ~ Türkisch *nt*, das Türkische; *v. a.* **allemand**
turc, turque [tyʀk] *adj* ❶ türkisch
❷ LING **langue turque** Turksprache *f*
Turc, Turque [tyʀk] *m, f* Türke *m*/Türkin *f*
turf [tœʀf, tyʀf] *m* Pferderennsport *m*
turfiste [tœʀfist, tyʀfist] *mf* jd, der/die bei Pferderennen wettet
turgescence [tyʀʒesɑ̃s] *f* MED Turgeszenz *f (Fachspr.)*
turlupiner [tyʀlypine] <1> *vt fam* ~ **qn** jdn plagen, jdm keine Ruhe lassen
turlututu [tyʀlytyty] *interj* ▸ ~ **chapeau pointu!** papperlapapp!
turne [tyʀn] *f arg* Loch *nt (fam)*
turn[-]over [tœʀnɔvœʀ] <turn[-]over[s]> *m* ❶ *du personnel* Fluktuation *f*; *de marchandises* Umsatz *m*
turpitude [tyʀpityd] *f gén pl* Schandtat *f*
turque *v.* turc
Turquie [tyʀki] *f* **la** ~ Türkei *f*
turquoise [tyʀkwaz] I. *f (pierre)* Türkis *m*
II. *m (couleur)* Türkis *nt*
III. *adj inv* türkis[farben]; **bleu** ~ türkisblau
tussah [tysa] *m* TEXTIL Tussahseide *f*
tussilage [tysilaʒ] *m* BOT Huflattich *m*
tussor [tysɔʀ] *m* TEXTIL Tussahseide *f*
tutélaire [tytelɛʀ] *adj* JUR schützend; *service* Aufsicht führend; **puissance** ~ Schutzmacht *f*; **gestion** ~ Verwaltung *f* durch den Vormund
tutelle [tytɛl] *f* ❶ *(protection abusive)* Bevormundung *f*
❷ JUR *d'un mineur* Vormundschaft *f*; *d'un aliéné* Betreuung *f*; ~ **judiciaire** gerichtliche Vormundschaft; **mettre qn en** [*o* **sous**] ~ jdn unter Vormundschaft stellen/für jdn eine Betreuung einrichten; **avoir qn en** ~ die Vormundschaft über [*o* für] jdn haben/jdn betreuen; **être sous** ~ unter Vormundschaft stehen
❸ ADMIN, POL Kontrolle *f*; Aufsicht *f*; **être soumis(e) à la** ~ **d'un conseil/État** der Aufsicht [*o* Kontrolle] eines Rates/Staates unterliegen; ~ **administrative** [*o* **de l'État**] staatliche Kontrolle; ~ **des lois** Gesetzeskontrolle; **en** [*o* **sous**] ~ unter Aufsicht
▸ **prendre qn sous sa** ~ JUR die Vormundschaft [*o* die Betreuung] für jdn übernehmen; *(protéger)* jdn unter seine Fittiche nehmen *(fam)*; **sous la** ~ **de qn/qc** *(sous la protection)* unter jds Schutz/ unter dem Schutz einer S.; *(sous la domination)* unter jds Schutzherrschaft/unter der Schutzherrschaft [einer S.]
tuteur [tytœʀ] *m* ❶ JUR *d'un mineur* Vormund *m*; *d'un aliéné* Betreuer *m*
❷ SCOL, UNIV Tutor *m*
❸ *(support)* Stütze *f*
tutoiement [tytwamɑ̃] *m* Duzen *nt*
tutorat [tytɔʀa] *m* Tutorium *nt*
tutoyer [tytwaje] <6> I. *vt* duzen
II. *vpr* **se** ~ sich duzen
tutrice [tytʀis] *f* ❶ JUR *d'un mineur* Vormund *m*; *d'un aliéné* Betreuerin *f*
❷ SCOL, UNIV Tutorin *f*
tutti frutti [tutifʀuti] *inv* I. *adj* glace mit gemischten Früchten
II. *f* Tuttifrutti-Eis *nt*
tutti quanti [tutikwɑ̃ti] ▸ **et** ~ und Konsorten *(fam)*, und alle anderen
tutu [tyty] *m* Tutu *nt*
tuyau [tɥijo] <x> *m* ❶ *(tube rigide)* Rohr *nt*, Röhre *f*; *d'une cheminée* Schacht *m*; *d'un orgue* Pfeife *f*; ~ **à gaz** Gasrohr *f*; ~ **de** [*o* **en**] **cuivre** Kupferrohr
❷ *(tube souple)* Schlauch *m*; ~ **en caoutchouc** Gummischlauch
❸ *fam (conseil)* Tipp *m (fam)*
◆ ~ **d'alimentation** Zulauf *m*; ~ **d'arrosage** [Wasser]schlauch *m*; ~ **d'aspiration** Saugrohr *nt*; ~ **de descente** Regenrohr *nt*; ~ **d'échappement** Ablauf *m*; *d'un véhicule* Auspuffrohr *nt*, Auspuff *m*, Abgasleitung *f*; ~ **d'évacuation d'air** Abluftschlauch, *m*; ~ **de raccordement** Anschlussrohr *nt*; *(souple)* Verbindungsschlauch *m*
tuyauter [tɥijote] <1> *vt fam* einen Tipp/Tipps geben *(fam)*
tuyauterie [tɥijotʀi] *f* ❶ *d'une installation, chaudière* Leitungsnetz *nt*; *d'un orgue* Pfeifenwerk *nt*
❷ *fig, hum fam (ensemble des gros vaisseaux sanguins)* Pumpsystem *nt (hum fam)*
tuyère [tɥijɛʀ] *f (dans une machine)* Düse *f*; *(dans une turbine)* Schubdüse *f*
T.V. [teve] *f abr de* **télévision** Fernsehen *nt*
T.V.A. [tevea] *f abr de* **taxe à la valeur ajoutée** FISC Mehrwertsteuer *f*, MwSt.; ~ **déductible** Vorsteuer
TVHD [teveaʃde] *f abr de* **Télévision à Haute Définition** HDTV *nt*
tweed [twid] *m* Tweed *m*; **costume/jupe en** [*o* **de**] ~ Tweedanzug *m*/-rock *m*
twill [twil] *m* TEXTIL Twill *m (veraltet)*
twin-set [twinsɛt] <twin-sets> *m* TEXTIL Twinset *nt o m*
twist [twist] *m* Twist *m*
twister [twistœʀ] *m* PECHE Twister *m (Fachspr.)*
tympan [tɛ̃pɑ̃] *m* ❶ ANAT Trommelfell *nt*; **il/elle s'est perforé le** ~ ihm/ihr ist das Trommelfell geplatzt
❷ ARCHIT Tympanon *nt*, Bogenfeld *nt*
tympanon [tɛ̃panɔ̃] *m* MUS Hackbrett *nt*
type [tip] I. *m* ❶ *(archétype)* Prototyp *m*; ~ **idéal** Idealtyp, Idealtypus *m*; **le** ~ **idéal du gardien de but** der Idealtyp eines Torwarts; **le** ~ **idéal de l'athlète** der idealtypische Athlet/die idealtypische Athletin
❷ *(genre)* Art *f*; ~ **asiatique/humain** asiatischer/menschlicher Typ [*o* Typus]; **un jardin de ce** ~ ein Garten dieser Art *(Gen)*; ~ **de patrimoine** FIN, JUR Vermögensart *f*; ~ **de placement** Anlageform *f*; ~ **de procédure** JUR Verfahrensart
❸ *(modèle)* Typ *m*; **une machine du** ~ ... eine Maschine vom Typ ...; ~ **de machine/véhicule** Maschinen-/Fahrzeugtyp
❹ *(individu quelconque)* Typ *m (fam)*; **un drôle de** ~ ein komischer Kauz *(fam)*; **sale** ~! Dreckskerl! *m (sl)*
❺ TYP [Druck]type *f*
▸ ~ **du troisième** ~ der dritten Art; **c'est mon/son** ~ *fam* das ist mein/sein/ihr Typ *(fam)*
II. *app inv* typisch; **exemple** ~ Musterbeispiel *nt*
typé(e) [tipe] *adj* **être très** ~(**e**) sehr typisch sein
typer [tipe] <1> *vt* typisieren
typesse [tipɛs] *f péj fam* Weibsbild *nt (pej fam)*
typhoïde [tifɔid] I. *adj* **fièvre** ~ Typhusfieber *nt*
II. *f* Typhus *m*
typhon [tifɔ̃] *m* Taifun *m*
typhus [tifys] *m* Typhus *m*
typique [tipik] *adj* ❶ *(caractéristique)* ~ **de qn/qc** typisch für jdn/ etw; **de manière tout à fait** ~ typischerweise
❷ BIO *(spécifique)* **caractère** ~ spezifisches Merkmal
typiquement [tipikmɑ̃] *adv* **c'est** ~ **humain/français** das ist typisch menschlich/französisch
typo [tipo] *f fam abr de* **typographie** Typografie *f*
typographe [tipɔgʀaf] *mf* [Schrift]setzer(in) *m(f)*
typographie [tipɔgʀafi] *f* Typografie *f*
typographique [tipɔgʀafik] *adj* typografisch; **erreur** ~ Setzfehler *m*
typologie [tipɔlɔʒi] *f* Typologie *f*
typologique [tipɔlɔʒik] *adj* typologisch
tyran [tiʀɑ̃] *m* Tyrann *m*
tyrannie [tiʀani] *f* ❶ *d'un monarque* Tyrannei *f*; *d'un régime* Gewaltherrschaft *f*
❷ *(influence excessive) d'une personne* Tyrannei *f*; *des médias* Diktatur *f*; *des passions* gewaltige Macht; ~ **de la mode** Modediktat *nt*
tyrannique [tiʀanik] *adj* ❶ HIST *pouvoir* tyrannisch; **régime** ~ Gewaltherrschaft *f*
❷ *(autoritaire)* tyrannisch, herrschsüchtig; *mode* diktatorisch; *opinion, point de vue* absolut; *passion* überwältigend
tyranniser [tiʀanize] <1> *vt* tyrannisieren
Tyrol [tiʀɔl] *m* **le** ~ Tirol *nt*
tyrolien(ne) [tiʀɔljɛ̃, jɛn] *adj* tirol[er]isch; *chant, population* Tiroler *inv*; **chapeau** ~ Tirolerhut *m*; **danse** ~**ne** Schuhplattler *m*
Tyrolien(ne) [tiʀɔljɛ̃, jɛn] *m(f)* Tiroler(in) *m(f)*
tyrolienne [tiʀɔljɛn] *f* MUS Jodler *m*
tzar *v.* tsar
tzarine *v.* tsarine
tzigane *v.* tsigane

U u

U, u [y] *m inv* ❶ U *nt*/u *nt*; **u accent circonflexe/grave** u mit Accent circonflexe/grave, u Zirkumflex/Gravis; **u tréma** Ü *nt*/ü *nt*, U-Umlaut *nt*, umgelautetes U
❷ *(forme)* **en U** in U-Form, hufeisenförmig
UAL [uaɛl] *f* INFORM *abr de* **unité arithmétique et logique** ALU *f*
ubac [ybak] *m d'une montagne* Nordseite *f*/-hang *m*
ubiquité *v.* **don**
ubuesque [ybyɛsk] *adj* absurd, grotesk
U.C.T. [ysete] *f abr de* **Unité Centrale de Traitement** INFORM CPU *f*
U.D.F. [ydeɛf] *f abr de* **Union pour la démocratie française** *liberal-konservative Parteienkonföderation Frankreichs*
U.D.R. [ydeɛʀ] *f* POL *abr de* **Union des démocrates pour la République** *französische Partei*
UE [yə] *f abr de* **Union européenne** EU *f*; **pays membre de l'~** EU-Land *nt*; **pays non-membre de l'~** Nicht-EU-Land; **pays disposé à adhérer à l'~** [EU-]beitrittswilliges Land
UEFA [yefa] *f abr de* **Union of European Football Associations** UEFA *f*
UEM [yøɛm] *f abr de* **Union économique et monétaire** WWU *f*
UEO [yøo] *f abr de* **Assemblée de l'union de l'Europe occidentale** WEU *f (Westeuropäische Union)*
U.E.R. [yøɛʀ] *f abr de* **unité d'enseignement et de recherche** [*universitärer*] *Fachbereich*
UFC [yɛfse] *f abr de* **Union fédérale des consommateurs** *französische Verbraucherschutzsorganisation*
ufologie [yfɔlɔʒi] *f* Ufologie *f*
U.F.R. [yɛfɛʀ] *f abr de* **unité de formation et de recherche** [*universitärer*] *Fachbereich*
U.H.F. [yaʃɛf] *abr de* **ultra high frequency** UHF
U.H.T. *v.* **lait**
UIT [yite] *f abr de* **Union internationale des télécommunications** IFU *f*
Ukraine [ykʀɛn] *f* **l'~** die Ukraine
ukrainien [ykʀɛnjɛ̃] *m* **l'~** Ukrainisch *nt*, das Ukrainische; *v. a.* **allemand**
ukrainien(ne) [ykʀɛnjɛ̃, jɛn] *adj* ukrainisch
Ukrainien(ne) [ykʀɛnjɛ̃, jɛn] *m(f)* Ukrainer(in) *m(f)*
ulcération [ylseʀasjɔ̃] *f* MED Geschwürbildung *f*, Ulzeration *f (Fachspr.)*
ulcère [ylsɛʀ] *m* Geschwür *nt*, Ulkus *nt*, Ulcus *nt (Fachspr.)*; **~ duodénal** Zwölffingerdarmgeschwür
◆ **~ de** [*o* **à**] **l'estomac** Magengeschwür *nt*
ulcérer [ylseʀe] <5> *vt* tief kränken; **être ulcéré(e) par qn/qc** durch jdn/etw verbittert sein
ulcéreux, -euse [ylseʀø, -øz] **I.** *adj* ❶ MED geschwürig, ulzerös *(Fachspr.)*; **colite ulcéreuse** Colitis ulcerosa *f (Fachspr.)*
❷ *personne* mit einer Ulkuskrankheit
II. *m, f* Geschwürkranke(r) *f(m)*
U.L.M. [yɛlɛm] *m abr de* **ultra-léger motorisé** Ultraleichtflugzeug *nt*
ultérieur(e) [ylteʀjœʀ] *adj* spätere(r, s); **réédition** weitere(r, s), (zu)künftige(r, s)
ultérieurement [ylteʀjœʀmã] *adv* später; *regretter* im Nachhinein
ultimatum [yltimatɔm] *m* Ultimatum *nt*
ultime [yltim] *adj a. antéposé* [aller|letzte(r, s); *ironie* höchste(r, s), äußerste(r, s)
ultra [yltʀa] *mf* ❶ *(extrémiste de droite)* Ultrarechte(r) *f(m)*; *(extrémiste de gauche)* Ultralinke(r) *f(m)*
❷ HIST *(ultraroyaliste)* Monarchist(in) *m(f)*
ultracentralisation [yltʀasãtʀalizasjɔ̃] *f* extreme Zentralisierung
ultrachic [yltʀaʃik] *adj fam* todschick *(fam)*
ultraconfidentiel(le) [yltʀakɔ̃fidãsjɛl] *adj fam* streng vertraulich
ultraconfortable [yltʀakɔ̃fɔʀtabl] *adj fam* äußerst komfortabel, superbequem *(fam)*
ultraconservateur, -trice [yltʀakɔ̃sɛʀvatœʀ, -tʀis] *adj fam* extrem konservativ, ultrakonservativ, reaktionär *(pej)*
ultracourt(e) [yltʀakuʀ, kuʀt] *adj fam* superkurz *(fam)*, ultrakurz; **ondes ~es** Ultrakurzwellen *Pl*, UKW
ultracoûteux, -euse [yltʀakutø, -øz] *adj fam (cher)* superkostspielig *(fam)*; *(qui exige beaucoup)* extrem aufwendig
ultradéveloppé(e) [yltʀadevɔlɔpe] *adj fam odorat* ~ besonders stark entwickelter Geruchssinn
ultraélégant(e) [yltʀaelegã, ãt] *adj fam* äußerst elegant, superchic *(fam)*
ultrafin(e), ultra-fin(e) [yltʀafɛ̃, fin] *adj fam* extrafein, ultrafein *(fam)*
ultragauchiste [yltʀagoʃist] *m* **les ~s** die extreme Linke

ultraléger, -ère, ultra-léger, -ère [yltʀaleʒe, -ɛʀ] *adj* ❶ *(opp: lourd)* extraleicht, ultraleicht; *valise* superleicht *(fam)*
❷ *(opp: fort, concentré)* extramild
ultralibéralisme [yltʀaliberalism] *m* extremer [*o* radikaler] Liberalismus
ultramicroscope [yltʀamikʀɔskɔp] *m* Ultramikroskop *nt*
ultramicroscopique [yltʀamikʀɔskɔpik] *adj* [ultra-]mikroskopisch; **examination** ~ Untersuchung mit dem Ultramikroskop
ultramoderne [yltʀamɔdɛʀn] *adj* hochmodern; *maison* topmodern; **arranger son intérieur de manière ~** sich topmodern einrichten
ultranationaliste [yltʀanasjɔnalist] **I.** *adj* extrem nationalistisch
II. *m* **les ~s** die extremen Nationalisten
ultraperformant(e) [yltʀapɛʀfɔʀmã, ãt] *adj fam* äußerst leistungsfähig, supergut *(fam)*
ultrapériphérique [yltʀaperiferik] *adj* **les îles ~s** zur EU gehörende, nicht mit dem Festland verbundene Inseln wie die französischen Überseedepartements
ultrapessimiste [yltʀapesimist] *adj fam* äußerst [*o* extrem] pessimistisch **ultraradical(e)** [yltʀaradikal] <-aux> *adj* ultraradikal
ultrarapide [yltʀaʀapid] *adj fam* superschnell *(fam)*
ultraréactionnaire [yltʀaʀeaksjɔnɛʀ] *adj fam* ultrareaktionär, erzreaktionär, [extrem] reaktionär *(pej)*
ultrasecret, -ète [yltʀasəkʀɛ, ɛt] *adj fam* supergeheim *(fam)*
ultrasensible [yltʀasãsibl] *adj* hochempfindlich
ultraserré(e) [yltʀaseʀe] *adj fam* **café ~** Kaffee, der die Lebensgeister weckt *m*
ultrasilencieux, -euse [yltʀasilãsjø, -jøz] *adj fam* superleise *(fam)*
ultrasimple [yltʀasɛ̃pl] *adj fam devoir, question* superleicht *(fam)*
ultrasolide [yltʀasɔlid] *adj fam* äußerst solide
ultrason [yltʀasɔ̃] *m* Ultraschall *m*
ultrasonore [yltʀasɔnɔʀ] *adj* Ultraschall-; **signal ~** Ultraschallsignal *nt*
ultrasophistiqué(e) [yltʀasɔfistike] *adj fam* ❶ *(perfectionné)* hochkomplex
❷ *(affecté)* extrem gekünstelt, affektiert
ultraviolet [yltʀavjɔlɛ] *m* Ultraviolett *nt*; **les ~s** ultraviolette Strahlen; **lampe à rayons ~s** UV-Lampe *f*
ultraviolet(te) [yltʀavjɔlɛ, ɛt] *adj* ultraviolett
ululement *v.* **hululement**
ululer *v.* **hululer**
Ulysse [ylis(ə)] *m* Odysseus *m*
U.M.E [yɛmø] *f abr de* **Union monétaire européenne** EWU *f*
un [œ̃] **I.** *m inv* ❶ **Eins** *f*
❷ *(numéro)* Nummer *f* eins, Eins *f*
❸ TRANSP **le ~** die Linie [*o* Nummer] eins, die Eins *(fam)*
❹ JEUX Eins *f*
❺ SCOL **avoir ~ sur dix/sur vingt** ≈ eine Sechs haben
II. *adv* erstens; **~, je suis fatigué(e), deux, j'ai faim** erstens bin ich müde, und zweitens habe ich Hunger
un, une [œ̃, yn] **I.** *art indéf* ❶ *(un certain)* ein(e); **avec ~ grand courage** mit großer Tapferkeit; **d'~e grande bonté/beauté** von großer Güte/Schönheit; **venez ~ jour quelconque** kommen Sie irgendwann [*o* an irgendeinem Tag]; **ce n'est pas ~ Picasso!** das ist kein Picasso!
❷ *(intensif)* **~ de ces bruits** ein derartiger Lärm, so ein Lärm; **~e de ces tempêtes** ein derartiges Unwetter, so ein Unwetter; **il a fait ~e de ces scènes!** der hat vielleicht eine Szene gemacht!; **j'ai eu ~e de ces peurs!** *fam* ich habe vielleicht eine Angst gehabt!; **c'était ~ de ces jours!** das war vielleicht wieder ein Tag!; **être d'~e amabilité** von einer solchen [*o* derartigen] Liebenswürdigkeit sein; **la pièce était d'~e saleté!** der Raum war vielleicht schmutzig!; **ce type est d'~ culot!** der Kerl ist vielleicht frech!
II. *pron* ❶ *(personne, chose parmi d'autres)* ein/eine/ein; **en connaître ~(e) qui...** jemanden [*o* da einen] kennen, der ...; **être l'~ de ceux qui...** zu denen gehören [*o* eines von denen sein], die ...; **être l'~ des meilleurs** einer/eine/eins der Besten [*o* von den Besten] sein; **~ de ses livres** eins seiner Bücher [*o* von seinen Büchern]; **à ~ de ces jours!** bis demnächst [*o* bald]!; **faire qc ~ de ces jours** bei Gelegenheit etw machen; **~ de ces jours, il va tomber!** eines schönen Tages wird er hinfallen!
❷ *(personne, chose opposée à une autre)* **les ~s disent blanc, les autres disent noir** die einen sagen weiß, die anderen schwarz; **ils sont assis en face l'~ de l'autre** sie sitzen einander gegenüber; **aimez-vous les ~s les autres** liebt einander [*o* euch]; **ils sont aussi menteurs l'~ que l'autre** sie lügen alle beide; **s'injurier l'~(e) l'autre** sich gegenseitig beschimpfen

▶ l'~ dans l'autre alles in allem; l'~ (e) ou l'autre [entweder] der/die/das eine oder der/die/das andere; c'est l'~ ou l'autre, décide-toi! entweder, oder, entscheide dich!; à ~ contre deux/trois/... allein gegen zwei/drei/...; comme pas ~ (e) wie kein anderer/keine andere, wie kein Zweiter/keine Zweite; et d'~ (e)! fam das wäre das Erste!; ~ (e) par ~ (e) einer/eine/eines nach dem/der/dem anderen
III. num ① ein/eine/ein
② (dans l'indication de l'âge, la durée) avoir/avoir bientôt ~ an ein Jahr alt [o eins] sein/werden; enfant d'~ an Einjährige(r) f(m); période d'~ an Zeitraum m von einem Jahr
③ (dans l'indication de l'heure) il est ~ e heure es ist ein [Uhr]
④ (dans les noms de personnages) Henri ~ geschrieben: Henri I Heinrich der Erste écrit: Heinrich I.
⑤ (non divisible) einzig; le monde/Dieu est ~ es gibt nur eine [einzige] Welt/einen [einzigen] Gott
▶ c'est tout ~ das ist alles eins; ne faire qu'~ personnes: ein Herz und eine Seele sein; ne faire qu'~ avec qn/qc eine Einheit mit jdm/etw bilden, eins mit jdm/etw sein; ne faire ni ~ e ni deux nicht lange überlegen; il était [o c'était] moins ~ e! fam das war haarscharf! (fam); v. a. cinq
unanime [ynanim] adj approbation, consentement einhellig; avis, sentiment übereinstimmend; vote einstimmig; nous sommes ~s à penser que ... wir sind uns darin einig [o sind der einhelligen Ansicht], dass ...
unanimement [ynanimmɑ̃] adv approuver einhellig; décider, voter einstimmig; le comité en est ~ convaincu das Komitee ist ausnahmslos [o ohne Ausnahme] davon überzeugt
unanimité [ynanimite] f Übereinstimmung f; des suffrages Einstimmigkeit f; à l'~ einstimmig; adopter qc à l'~ etw einstimmig beschließen
underground [œndœrɡraund] I. adj inv film Underground-
II. m Underground m
une [yn] f ① (table, chambre... numéro un) Eins f
② (première page du journal) Titelseite f
③ (premier sujet) Thema nt des Tages
④ TV la ~ das erste Programm, das Erste (fam)
UNEDIC [ynedik] f abr de Union nationale pour l'emploi dans l'industrie et le commerce Gesamtverband m der Arbeitslosenversicherungskassen
U.N.E.F. [ynɛf] f abr de Union nationale des étudiants de France französische Studentenvereinigung
U.N.E.S.C.O. [ynɛsko] f abr de United Nations Educational Scientific and Cultural Organization UNESCO f
uni [yni] m (d'une seule couleur) Einfarbige(s) nt; (sans motifs) Ungemusterte(s) nt
uni(e) [yni] adj ① (sans motifs) ungemustert; (d'une seule couleur) einfarbig
② (en union) vereint; les États Unis d'Amérique die Vereinigten Staaten von Amerika; les Nations Unies die Vereinten Nationen; ~s par qc durch etw verbunden
③ (lisse) surface glatt; chemin eben
U.N.I.C.E.F. [ynisɛf] f abr de United Nations International Children's Emergency Fund UNICEF f
unicellulaire [ynisɛlylɛʀ] adj einzellig; animal ~ Einzeller m
unicité [ynisite] f d'un cas Einmaligkeit f; d'un phénomène Einzigartigkeit f
unicolore [ynikɔlɔʀ] adj einfarbig
unidirectionnel(le) [ynidiʀɛksjɔnɛl] adj unidirektional; courant ~ Gleichstrom m
unième [ynjɛm] adj vingt/trente/... et ~ einundzwanzigste(r, s)/einunddreißigste(r, s)/...; cent ~ einhunderterste(r, s)
unièmement [ynjɛmmɑ̃] adv vingt/trente/... et ~ Punkt einundzwanzig/einunddreißig/...
unificateur, -trice [ynifikatœʀ, -tʀis] adj principe einigend; mouvement ~ Sammelbewegung f
unification [ynifikasjɔ̃] f ① Vereinigung f; l'~ de l'Allemagne die Wiedervereinigung Deutschlands
② (harmonisation) des tarifs Vereinheitlichung f; ~ du droit Vereinheitlichung des Rechts, Rechtsvereinheitlichung; ~ du droit privé Vereinheitlichung des Privatrechts
unifier [ynifje] <1a> I. vt ① (unir) vereinen; zusammenschließen régions, partis
② (uniformiser) vereinheitlichen orthographe, programmes
II. vpr s'~ sich vereinigen, zu einer Einheit werden; la France ne s'est unifiée que lentement Frankreich ist nur langsam zu einer Einheit zusammengewachsen; le parti n'est pas parvenu à s'~ die Partei konnte nicht als Einheit [o nicht geschlossen] auftreten
uniforme [ynifɔʀm] I. adj ① (pareil) gleich[artig]; les journées sont ~s die Tage gleichen sich; goûts ~s Einheitsgeschmack m kein Pl
② (standardisé, homogène) vereinheitlicht; imposition einheitlich
③ (invariable) conduite, vitesse gleichbleibend; paysage, vie eintönig;

mouvement gleichförmig
II. m Uniform f; ~ de la marine Marineuniform; ~ de police Polizeiuniform; en ~ in Uniform; à cette occasion l'~ est obligatoire bei diesem Anlass herrscht Uniformzwang m
uniformément [ynifɔʀmemɑ̃] adv ① (de façon monotone) eintönig
② (de la même façon) gleichermaßen
uniformisation [ynifɔʀmizasjɔ̃] f des habitudes, du mode de vie Angleichung f; des programmes, tarifs Vereinheitlichung f
uniformiser [ynifɔʀmize] <1> vt einander angleichen mœurs, teintes; vereinheitlichen, einander anpassen programmes, tarifs, goûts
uniformité [ynifɔʀmite] f ① (similitude) des habitudes, mœurs Übereinstimmung f; des goûts, produits Einheitlichkeit f
② (monotonie) Eintönigkeit f
unijambiste [yniʒɑ̃bist] I. adj einbeinig
II. mf Einbeinige(r) f(m)
unilatéral(e) [ynilateʀal, o] <-aux> adj désistement, jugement einseitig; contrat, convention, garantie nur für eine Seite verbindlich, unilateral (Fachspr.); stationnement ~ Parken nt auf nur einer der beiden Straßenseiten
unilatéralement [ynilateʀalmɑ̃] adv POL, JUR im Alleingang, einseitig, unilateral (Fachspr.)
unilingue [ynilɛ̃g] adj einsprachig
uninominal(e) [yninɔminal, o] <-aux> adj (opp: de liste) scrutin ~ Persönlichkeitswahl f
union [ynjɔ̃] f ① (alliance) Vereinigung f; de partis Zusammenschluss m; en ~ avec qn gemeinsam mit jdm; ~ bancaire Bankvereinigung
② (vie commune) Lebensgemeinschaft f; ~ conjugale Bund m der Ehe; ~ libre eheähnliche Lebensgemeinschaft, wilde Ehe
③ (juxtaposition) des couleurs, éléments Zusammensetzung f
④ (association) Verband m, Union f; ~ de coopératives Genossenschaftsverband; ~ douanière Zollunion; Union économique Wirtschaftsunion; Union économique et monétaire Wirtschafts- und Währungsunion; rejoindre l'Union économique et monétaire der Wirtschafts- und Währungsunion beitreten; Union européenne Europäische Union; ~ fédérale/sportive Zentral-/Sportverband; Union monétaire Währungsunion; participation à l'Union monétaire Teilnahme f an der Währungsunion; ~ ouvrière/syndicale Arbeiter-/Gewerkschaftsbund m; Union Soviétique HIST Sowjetunion
unionisme [ynjɔnism] m ① die Zielsetzung wirtschaftlicher Zusammenschlüsse eines Verbandes/einer Union
② vieilli politische Doktrin der Unionisten
unioniste [ynjɔnist] mf ① POL, HIST Unionist(in) m(f)
② CAN (membre du parti de l'Union nationale) Parteimitglied nt der Nationalen Union
unipare [ynipaʀ] adj femme ~ Frau, die nur ein Kind zur Welt gebracht hat
unipersonnel(le) v. entreprise
unique [ynik] adj ① (seul) einzig; enfant ~ Einzelkind nt; être enfant ~ [ein] Einzelkind sein, geschwisterlos sein; à voie ~ einspurig; rue à sens ~ Einbahnstraße f
② (qui est le même pour tous les cas) marché, monnaie einheitlich; prix ~ Einheitspreis m
③ (exceptionnel) einzigartig; indemnisation einmalig; c'est ~ au monde das ist einmalig auf der Welt
④ fam (impayable) il/elle est ~! er/sie ist einmalig! (fam)
uniquement [ynikmɑ̃] adv einzig und allein, nur
unir [yniʀ] <8> I. vt ① (associer) verein[ig]en
② (marier) trauen
③ (combiner) verbinden mit; zusammenstellen couleurs
④ a. TRANSP (relier) chemin de fer, langage: verbinden
II. vpr ① (s'associer) s'~ sich vereinigen, sich zusammenschließen
② (se marier) s'~ heiraten
③ (se combiner) s'~ à qc mit etw zusammenkommen, sich mit etw verbinden; couleur: auf etw (Akk) abgestimmt sein
unisexe [ynisɛks] adj für Mann und Frau; coiffeur ~ Damen- und Herrenfriseur m; mode ~ Unisexmode f
unisexué(e) [ynisɛksɥe] adj eingeschlechtig
unisson [ynisɔ̃] m MUS, a. fig Unisono nt; être à l'~ de qc gleichstimmig mit etw sein; se mettre à l'~ de qn mit jdm harmonieren
unitaire [ynitɛʀ] adj POL revendications einheitlich; mouvement, parti geschlossen; nous devons être ~s wir müssen gemeinsam handeln [o geschlossen auftreten]
② COM production auf ein Produkt beschränkt; prix ~ Einheitspreis m
unité [ynite] f ① (cohésion) d'une famille Zusammenhalt m; d'une classe Einheit f; d'un texte Zusammenhang m; d'une œuvre Kohärenz f; ~ d'action/de culture gemeinsames Handeln/gemeinsame Kultur; ~ d'intérêts/de sentiments/vues gleiche [o übereinstimmende] Interessen/Gefühle/Standpunkte; agir dans l'~

gemeinsam handeln; **manquer d'~** *texte:* nicht kohärent sein; **~ d'action/de lieu/de temps** THEAT, CINE Einheit der Handlung/des Ortes/der Zeit; **~ structurelle** ECON Struktureinheit
❷ POL Einheit *f;* **~ administrative** Verwaltungseinheit; **~ monétaire** Währungseinheit
❸ *(étalon de mesure)* Einheit *f;* **~ électrique/optique** elektrische/optische Einheit; **~ thermique** [*o* **de quantité de chaleur**] Wärmeeinheit; **~ de mesure du bois** Holzmaß *nt*
❹ MATH Einer *m*
❺ ECON, COM *(exemplaire)* Einheit *f;* **~s produites** Produktionsstückzahl *f;* **~ de consommation** Konsumeinheit; **à l'~** einzeln; **prix à l'~** Einzelpreis *m*
❻ MIL Einheit *f;* **~ blindée** Panzereinheit; **rejoindre son ~** sich bei seiner Einheit zurückmelden
❼ INFORM, TECH Einheit *f;* **~ arithmétique et logique** Rechenwerk *nt,* ALU *f;* **~ centrale/principale** Zentral-/Haupteinheit; **~ enfichable** Steckeinheit; **~ matérielle** Hardware-Einheit; **~ d'alimentation électrique** Stromversorgungseinheit; **~ de contrôle** Kontrolleinheit, Controller *m;* **~ d'entrée-sortie** [*o* **d'échange**] Eingabe- und Ausgabeeinheit; **~ [périphérique] de sortie** Ausgabegerät *nt;* **~ de stockage** Speichereinheit, Speicher *m;* **~ système** Systemeinheit; **~ de traitement** Verarbeitungseinheit; **~ de transmission** Übertragungseinrichtung *f;* **~ virgule flottante** Fließkomma-Einheit, FPU *f*
❽ JUR Einheit *f;* **~ du système juridique** Einheit der Rechtsordnung; **~ juridique indivisible** untrennbare rechtliche Einheit
❾ ECON **~ [opérationnelle]** Betriebseinheit *f*
❿ TELEC **~ [de base]** Zeittakt *m*
◆ **~ de bande magnétique** Bandlaufwerk *nt;* **~ de base** ECON Basiseinheit *f;* **~ de commande** INFORM Leitwerk *nt,* Steuerwerk; **~ de compte** FIN Verrechnungseinheit *f;* **~ de compte monétaire** FIN Rechnungseinheit *f;* **~ de disque** Diskettenlaufwerk *nt;* **~ de distance** Längenmaß *nt;* **~ d'enseignement et de recherche** [*universitaire*] *Fachbereich;* **~ d'entraînement** SPORT Trainingseinheit *f;* **~ d'entrée** INFORM Eingabegerät *nt;* **~ de fabrication** Betriebsstätte *f;* **~ de formation et de recherche** [*universitärer*] *Fachbereich;* **~ d'information** INFORM Informationseinheit *f;* **~ de l'invention** JUR Einheitlichkeit *f* der Erfindung; **~ de masse** Mengeneinheit *f;* **~ de mesure** Maßeinheit *f;* **~ de police** Polizeieinheit *f;* **~ de production** Produktionseinheit *f,* Betriebsstätte *f;* **~ de ravitaillement** MIL Versorgungseinheit *f;* **~ de réanimation** Intensivstation *f;* **~ de sauvegarde** INFORM Abspeicherungmedium *nt;* **~ de sortie** INFORM Ausgabegerät *nt;* **~ de succession** JUR Nachlasseinheit *f (Fachspr.);* **~ de temps** INFORM Zeiteinheit *f;* **~ de travail** Arbeitseinheit *f;* **~ de valeur** UNIV Studiennachweis *m*

univers [yniνɛʀ] *m* ❶ ASTRON Universum *nt,* Weltall *nt*
❷ *(milieu)* Welt *f;* **l'~ familier** die familiäre Umgebung; **l'~ politique** das politische Umfeld; **l'~ du rêve/de l'enfant** die Welt der Träume/der Kinder; **l'~ mathématique/poétique** die Welt der Mathematik/der Poesie

universalisation [yniνɛʀsalizasjɔ̃] *f* ❶ *(mondialisation)* [allgemeine] Verbreitung *f*
❷ *(du particulier à l'universel)* Verallgemeinerung *f,* Universalisierung *f*

universaliser [yniνɛʀsalize] <1> I. *vt* verallgemeinern
II. *vpr* **s'~** allgemeingültig werden, sich verbreiten

universalité [yniνɛʀsalite] *f* ❶ Universalität *f; d'une idée, vérité, d'un droit* Universalität, Allgemeingültigkeit *f; d'un jugement* Allgemeinverbindlichkeit *f*
❷ *d'un génie, d'une langue* Vielseitigkeit *f,* Universalität *f*
❸ JUR Gesamtheit *f*

universel(le) [yniνɛʀsɛl] *adj* ❶ *(mondial)* sondage weltweit; **exposition ~le** Weltausstellung *f*
❷ *(opp: particulier)* allgemein, universal, universell; *proposition, jugement* allgemeinverbindlich
❸ *(tous usages)* remède universell; *machine, dispositif* allgemein verwendbar; **clé ~le** Universalschlüssel *m*
❹ *(complet) personne* allwissend; **esprit ~** Universalgenie *nt*

universellement [yniνɛʀsɛlmɑ̃] *adv* ❶ allgemein
❷ *(mondialement)* weltweit; **connu(e)** weltweit bekannt

universitaire [yniνɛʀsitɛʀ] I. *adj* universitär; *carrière, titre* akademisch; **résidence ~** Studentenwohnheim *nt;* **diplôme ~** Hochschuldiplom *nt;* **bâtiment/bibliothèque ~** Universitätsgebäude *nt/*-bibliothek *f;* **restaurant ~** Mensa *f*
II. *mf* Hochschullehrer(in) *m(f)*

université [yniνɛʀsite] *f* Universität *f;* **~ privée** Privatuniversität *f*
◆ **~ d'été** Sommerkurs *m;* **~ du troisième âge** Seniorenstudium *nt*

univoque [yniνɔk] *adj* PHILOS eindeutig, univok *(Fachspr.)*
Untel, Unetelle [œ̃tɛl, yntɛl] *m, f* **Monsieur ~/Madame Unetelle** Herr/Frau Sowieso
uploader [œplode] *vt* INFORM hochladen
uppercut [ypɛʀkyt] *m* BOXE Aufwärtshaken *m*

U.P.U [ypey] *f abr de* **Union postale universelle** Weltpostverein *m*
uranifère [yʀanifɛʀ] *adj* MINER Uran-, uranhaltig
uraninite [yʀaninit] *f* MINER Uranpecherz *nt*
uranium [yʀanjɔm] *m* Uran *nt;* **mine d'~** Uranmine *f,* Uranbergwerk *nt*
Uranus [yʀanys] *f* Uranus *m*
urbain(e) [yʀbɛ̃, ɛn] *adj* städtisch; **aménagement ~** Stadtplanung *f;* **paysage ~** Stadtbild *nt*
Urbain [yʀbɛ̃] *m* **~ VI** Urban VI.
urbanisation [yʀbanizasjɔ̃] *f* ❶ *d'une région, d'un pays* Urbanisierung *f*
❷ *(aménagement) d'un secteur, d'une zone* städtische Bebauung *f*
urbaniser [yʀbanize] <1> I. *vt* urbanisieren *région, zone*
II. *vpr* **s'~** urbanisiert werden, verstädtern
urbanisme [yʀbanism] *m* Städtebau *m*
urbaniste [yʀbanist] I. *mf* Stadtplaner(in) *m(f)*
II. *adj v.* **urbanistique**
urbanistique [yʀbanistik] *adj* städtebaulich
urbanité [yʀbanite] *f* ❶ *(politesse)* Gewandheit *f,* Urbanität *f (liter)*
❷ *(caractère de la ville)* städtische Atmosphäre *f*
urée [yʀe] *f* Harnstoff *m*
urémie [yʀemi] *f* MED Harnvergiftung *f,* Urämie *f (Fachspr.)*
uretère [yʀ(ə)tɛʀ] *f* ANAT Harnleiter *m,* Ureter *m (Fachspr.)*
urètre [yʀɛtʀ] *m* Harnröhre *f*
urgence [yʀʒɑ̃s] *f* ❶ *(caractère urgent)* Dringlichkeit *f;* **il y a ~** es eilt; **d'[extrême] ~** *(sans délai)* unverzüglich
❷ *(cas urgent)* dringende Angelegenheit; *a.* MED Notfall *m;* **en ~** als Notfall; **les ~s** Notfallstation *f,* Unfallstation; **le secours de première ~** die erste Hilfe; **pharmacie de première ~** Erste-Hilfe-Apotheke *f*
urgent(e) [yʀʒɑ̃, ʒɑ̃t] *adj besoin, cas, décision* dringend; *affaire* dringlich; *commande* eilig, dringend; *tâche* vordringlich; **c'est ~** es ist dringend; **~! eilt!; il est ~ de faire qc** etw muss dringend getan werden; **il est ~ qu'il fasse qc** es wird Zeit, dass er etw tut
urger [yʀʒe] <2a> *vi* **ça urge!** *fam* es brennt! *(fam),* es eilt!
urinaire [yʀinɛʀ] *adj* **maladie ~** Erkrankung *f* der Harnwege; **appareil ~** Harnapparat *m;* **voies ~s** Harnwege *Pl;* **calcul ~** Harnstein *m*
urinal [yʀinal] <-aux> *m* MED Harnflasche *f,* Urinal *nt*
urine [yʀin] *f* Urin *m*
uriner [yʀine] <1> *vi* urinieren, Wasser lassen
urinoir [yʀinwaʀ] *m* Pissoir *nt*
urique [yʀik] *adj* **acide ~** Harnsäure *f*
urne [yʀn] *f* ❶ POL *(boîte)* [Wahl]urne *f*
❷ *pl (scrutin)* Wahl *f;* **aller** [*o* **se rendre**] **aux ~s** wählen gehen
❸ *(vase funéraire)* [Grab]urne *f*
urogénital(e) [yʀɔʒenital, o] <-aux> *adj* ANAT, MED *canal* urogenital *(Fachspr.)*
urologie [yʀɔlɔʒi] *f* Urologie *f*
urologue [yʀɔlɔg] *mf* Urologe *m/*Urologin *f*
U.R.S.S. [yɛʀɛsɛs] *f* HIST *abr de* **Union des républiques soviétiques: l'~** die UdSSR
URSSAF [yʀsaf] *f abr de* **Union de recouvrement des cotisations de sécurité sociale et d'allocations familiales** Verband *f* für die Beitragszahlungen zur Sozialversicherung und Familienbeihilfe
urticaire [yʀtikɛʀ] *f* [allergischer] Hautausschlag, Urtikaria *f (Fachspr.)*
▶ **qn/qc donne de l'~ à qn** *fam* jd ist gegen jdn/etw allergisch *(fam)*
U.S. [yɛs] *f abr de* **Union sportive de...** SV *m,* SC *m*
us [ys] *mpl* **~ et coutumes** Sitten *Pl* und [Ge]bräuche *Pl; (tenue à table)* Tischsitten
usage [yzaʒ] *m* ❶ *(utilisation)* Gebrauch *m; d'un appareil* Benutzung *f,* Benutzen *nt; d'une méthode* Anwendung *f; d'une salle* Nutzung *f;* **à l'~ de qn/qc** für jdn/etw; **~ privé** Selbstgebrauch, private Nutzung; **à ~ domestique** für den Hausgebrauch; **à ~ interne/externe** nur innerlich/äußerlich anzuwenden; **à ~ privé** der privaten Nutzung vorbehalten; **appareil en ~** Maschine *f* in Gebrauch; **ascenseur hors d'~** Aufzug *m* außer Betrieb; **méthode en ~** verbreitete Methode; **être d'~ courant** häufig benutzt [*o* verwendet] werden; *(habituel)* gang und gäbe sein; **faire ~ de qc** etw anwenden; *(utiliser intelligemment/non intelligemment)* vernünftig [*o* sinnvoll]/unvernünftig mit etw umgehen; **faire bon ~ de ses qualités** seine Fähigkeiten gut nutzen [*o* einsetzen]
❷ JUR Gebrauch *m,* Verwendung *f;* **~ de faux** Verwendung gefälschter Urkunden; **~ de fausse monnaie** Gebrauch [*o* Einsatz *m*] von Falschgeld; **~ de pouvoir** Ermessensgebrauch *(Fachspr.)*
❸ *(façon de se servir) d'un appareil, d'une machine* Bedienung *f*
❹ *(consommation)* Verbrauch *m*
❺ *(faculté)* **retrouver l'~ de ses jambes/de la vue** wieder ge-

hen/sehen können; **perdre/retrouver l'~ de la parole** die Sprache verlieren/wiederfinden
❻ *(fonction) d'un meuble, objet* [Verwendungs]zweck *m;* **servir à des ~s multiples** für mehrere Zwecke geeignet
❼ *souvent pl (coutume)* Brauch *m; (en parlant des affaires)* Usance *f,* Brauch; **~ commercial** [*o* **en affaires**] Geschäftsgepflogenheit *f,* Kaufmannsbrauch; **~ suivi en matière commerciale** Handelsbrauch *m,* Handelsüblichkeit *f;* **~ commercial international** internationaler Handelsbrauch; **c'est contraire aux ~s** das verstößt gegen die Sitten; **c'est l'~ de faire qc** es ist üblich, etw zu tun; **entrer dans l'~** sich durchsetzen; **marchandise d'~** handelsübliche Ware; **~s des cartels** Kartellkodex *m*
❽ LING [Sprach]gebrauch *m; d'un mot* Verwendung *f;* **mot hors d'~** nicht mehr gebräuchliches Wort
▶ **faire de l'~** gute Dienste leisten; **à l'~** in der Praxis
usagé(e) [yzaʒe] *adj* abgenutzt; *pile* verbraucht
usager, -ère [yzaʒe, -ɛʀ] *m, f* Benutzer(in) *m(f);* **~(-ère) de l'électricité** Stromverbraucher(in) *m(f);* **~(-ère) de pneu** Stromkunde *m/-*kundin *f;* **~(-ère) des chemins de fer** Bahnkunde/-kundin; **~(-ère) de la route** Verkehrsteilnehmer(in) *m(f)*
usance [yzɑ̃s] *f* FIN Wechselfrist *f (Fachspr.)*
usant(e) [yzɑ̃, ɑ̃t] *adj* anstrengend
USB [yɛsbe] *m abr de* **Universal Serial Bus** INFORM USB *m*
usé(e) [yze] *adj* ❶ *(détérioré)* abgenutzt; *semelles* abgelaufen; **pneu ~** Altreifen *m*
❷ *(affaibli) personne* verlebt
❸ *(banal)* überholt *(fig),* abgedroschen *(fam)*
user [yze] <1> **I.** *vt* ❶ *(détériorer)* abnutzen; abtragen *roche;* verschleißen *mécanique, cassette*
❷ *(épuiser)* ruinieren *santé;* **~ qn** jdm zusetzen
❸ *(consommer)* verbrauchen
II. *vi* **~ d'un droit** von einem Recht Gebrauch machen; **~ de termes/formules** Ausdrücke *Pl*/Formulierungen *Pl* gebrauchen; **~ d'un stratagème** eine List anwenden
▶ **~ et abuser de qc** etw schamlos ausnutzen
III. *vpr* **s'~** sich abnutzen; **s'~ à qc** sich bei etw aufreiben; **s'~ la santé** sich *(Dat)* die Gesundheit ruinieren; **s'~ les yeux** [*o* **la vue**] sich *(Dat)* die Augen verderben; **s'~ facilement** *appareil:* verschleißanfällig sein; **machine qui s'use facilement** verschleißanfällige Maschine
usinage [yzinaʒ] *f d'une pièce* Bearbeitung *f; d'un produit, matériau* Verarbeitung *f*
usine [yzin] *f* Fabrik *f;* **~ textile** Textilfabrik, Tuchfabrik; **~ de construction aéronautique** Flugzeugfabrik; **~ sidérurgique** Eisenhüttenwerk *nt;* **~ pilote** Pilotanlage *f;* **travailler en ~** [*o* **à l'~**] in der Fabrik arbeiten; **aller à l'~** in die Fabrik gehen; **porte de l'~** Werkstor *nt;* **garderie de l'~** werkseigener Kinderhort
◆ **~ à gaz** Gaswerk *nt*
◆ **~ d'accumulation** Speicherkraftwerk *nt;* **~ d'automobiles** Automobilwerk *nt;* **~ de fabrication de machines** Maschinenfabrik *f;* **~ d'incinération des ordures** [*o* **déchets**] Müllverbrennungsanlage *f;* **~ de produits alimentaires** Lebensmittelfabrik *f;* **~ de traitement des eaux** Wasseraufbereitungsanlage *f;* **~ de traitement des ordures** Müllverwertungsanlage *f;* **~ de traitement des déchets radioactifs** Wiederaufbereitungsanlage *f*
usiner [yzine] <1> *vt* bearbeiten *pièce;* verarbeiten *produit, matériau*
usinier, -ière [yzinje, -jɛʀ] *adj* ❶ *(qui a rapport à l'usine)* Fabrik-
❷ *(industriel) ville, quartier* Industrie-
usité(e) [yzite] *adj* gebräuchlich
ustensile [ystɑ̃sil] *m* Gerät *nt,* Utensil *nt meist Pl;* **~ de cuisine** Küchenartikel *m*
usucapion [yzykapjɔ̃] *f* JUR Ersitzung *f (Fachspr.)*
usuel(le) [yzɥɛl] *adj* gebräuchlich; *emploi* allgemein üblich; *mot, nom* gängig; *objet* weitverbreitet
usuellement [yzɥɛlmɑ̃] *adv* [für] gewöhnlich, üblicherweise
usufruit [yzyfʀɥi] *m* JUR Nutznießung *f,* Nutzerrecht *nt,* Nießbrauch *m (Fachspr.);* **~ brut/légal** Brutto-/Legalnießbrauch *m;* **~ immobilier/d'un patrimoine** Nießbrauch an einem Grundstück/Vermögen; **~ portant sur une proportion donnée d'un droit** [*o* **d'un bien**] Quotennießbrauch; **~ viager** lebenslänglicher Nießbrauch
usufruitier, -ière [yzyfʀɥitje, -jɛʀ] **I.** *adj rare* Nießbrauch-
II. *m, f* Nießbraucher(in) *m(f);* **~ viager/usufruitière viagère** lebenslänglicher Nießbraucher/lebenslängliche Nießbraucherin
usuraire [yzyʀɛʀ] *adj* **taux ~s** Wucherzinsen *Pl*
usure¹ [yzyʀ] *f* ❶ *(détérioration)* Abnutzung *f;* **sans ~** *procédé, technique* verschleißfrei; **l'~ du pouvoir** der Verschleiß durch die Macht
❷ *(état)* abgenutzter Zustand; **un costume luisant d'~** ein vom Tragen glänzender Anzug
❸ *(érosion) d'une roche* [Ab]schleifung *f*
❹ *(affaiblissement) des forces, de l'énergie* Verschleiß *m;* **~ substantielle** ECON Substanzverschleiß
❺ MED **~ pathologique** Verschleißkrankheit *f*
▶ **avoir qn à l'~** *fam* jdn mit der Zeit herumkriegen *(fam)*
usure² [yzyʀ] *f* FIN Wucher *m;* **pratiquer l'~** Wucher treiben; **~ en matière de crédit** Kreditwucher
usurier, -ière [yzyʀje, -jɛʀ] *m, f* Wucherer *m*/Wucherin *f (pej)*
usurpateur, -trice [yzyʀpatœʀ, -tʀis] *m, f* Usurpator(in) *m(f)*
usurpation [yzyʀpasjɔ̃] *f* ❶ JUR *(appropriation)* Anmaßung *f,* widerrechtliche Aneignung; *d'un titre* Anmaßung, unbefugtes Führen; **~ frauduleuse** betrügerische Aneignung
❷ POL Usurpation *f*
◆ **~ de pouvoir** Amtsmissbrauch *m*
usurper [yzyʀpe] <1> *vt* ❶ *(s'approprier)* **~ un titre** sich *(Dat)* einen Titel widerrechtlich aneignen; **~ le pouvoir** widerrechtlich die Macht an sich *(Akk)* reißen
❷ *(être immérité)* **sa réputation est usurpée** sein Ruf ist nicht gerechtfertigt
ut [yt] *m inv* MUS C *nt,* c *nt*
UTA [ytea] *f abr de* **Union des transports aériens** französisches Luftverkehrsunternehmen
utérin(e) [yteʀɛ̃, in] *adj* ❶ *(de la même mère) frères, sœurs* Halb- *(von derselben Mutter)*
❷ ANAT, MED *grossesse, hémorragie* Gebärmutter-; **col ~** Gebärmutterhals *m,* Cervix *f (Fachspr.)*
utérus [yteʀys] *m* Gebärmutter *f;* **cancer de l'~** Gebärmutterkrebs *m*
utile [ytil] **I.** *adj* ❶ *(nécessaire, profitable)* nützlich; *dépenses, mesure, action* sinnvoll; *indications* sachdienlich; **il est ~ de faire un exercice/que qn fasse un exercice** es ist sinnvoll eine Übung zu machen/, dass jd eine Übung macht; **être ~ à qn/qc** jdm/einer S. nützlich sein; **jeu ~ à l'équipe** mannschaftsdienliche Spielweise; **attitude ~ à la collectivité** gemeinschaftsdienliche Einstellung; **se rendre ~** sich nützlich machen
❷ TECH **partie ~** zweckdienliches Teil
II. *m* Nützliche(s) *nt;* **joindre l'~ à l'agréable** das Angenehme mit dem Nützlichen verbinden
utilement [ytilmɑ̃] *adv* nützlich; *employer* nutzbringend; **conseiller ~ qn** jdm nützliche Ratschläge geben
utilisable [ytilizabl] *adj* verwendbar; *matériel* brauchbar; *livre, manuel* benutzbar; *ordinateur, imprimante* funktionsfähig; **ce n'est plus ~** das ist nicht mehr zu gebrauchen
utilisateur, -trice [ytilizatœʀ, -tʀis] *m, f* ❶ Benutzer(in) *m(f)*
❷ INFORM *d'un logiciel* Anwender(in) *m(f);* **~(-trice) de PC** PC-Benutzer(in) *m(f)*
utilisation [ytilizasjɔ̃] *f* ❶ *(emploi) d'un téléphone, logiciel, moyen de transport* Benutzung *f; d'une matière première, somme d'argent, d'un produit* Verwendung *f; de l'énergie* Nutzung *f;* **~ des machines** Auslastung *f* der Maschinen, Maschinenauslastung; **~ des machines à plein rendement** volle Maschinenauslastung; **~ de biogaz** Biogasverwertung *f;* **~ de rayons infrarouges** MED Infrarotbestrahlung *f;* **~ de la voie de droit** Ausnutzung *f* des Rechtsweges; **~ de la capacité** ECON Kapazitätsauslastung *f;* **~ personnelle** Privatgebrauch *m;* **~ maximale de la capacité** ECON volle Kapazitätsauslastung; **~ à plein rendement** volle Auslastung; **~ abusive/incorrecte** missbräuchliche/unsachgemäße Verwendung; **~ préalable** JUR Vorbenutzung *(Fachspr.);* **un appareil facile d'~** ein bedienungsfreundliches Gerät
❷ *(maniement) d'un ordinateur* Bedienung *f*
❸ *(accommodation)* **~ des restes** Resteverwertung *f*
❹ INFORM **~ multimédia** Multimediaanwendung *f*
utiliser [ytilize] <1> *vt* ❶ *(se servir de)* benutzen; **~ du beurre/de l'huile pour la cuisine** Butter/Speiseöl zum Kochen verwenden
❷ INFORM anwenden *programme, système d'exploitation*
❸ *(recourir à)* nutzen, nützen *avantage, compétences, dons;* anwenden *force, moyen, procédé;* gebrauchen *mot, expression;* **~ un droit** von einem Recht Gebrauch machen
❹ *(exploiter)* ausnutzen, ausnützen *personne, relations;* verwerten *restes*
utilitaire [ytilitɛʀ] **I.** *adj* ❶ *(susceptible d'être utilisé)* für den Gebrauch bestimmt; *objet, article* Gebrauchs-; *véhicule* Nutz-
❷ *(intéressé) préoccupations, calculs* auf Nutzen ausgerichtet
II. *m* ❶ INFORM Hilfeprogramm *nt,* Hilfsprogramm, Utility *nt*
❷ AUT Nutzfahrzeug *nt*
utilitarisme [ytilitaʀism] *m* PHILOS Utilitarismus *m*
utilité [ytilite] *f* ❶ *(aide)* Nutzen *m;* ECON *d'un produit* Nutzwert *m;* **être d'une grande ~** von großem Nutzen sein
❷ *(caractère utile)* Nützlichkeit *f;* **association reconnue d'~ publique** gemeinnütziger Verein; **pourquoi une deuxième voiture? Je n'en ai pas l'~** [*o* **elle ne me serait d'aucune ~**] wozu ein zweites Auto? Dafür habe ich keine [*o* keinerlei] Verwendung
utopie [ytɔpi] *f* Utopie *f*
utopique [ytɔpik] *adj* utopisch
utopiste [ytɔpist] *mf* Utopist(in) *m(f)*

U.V.¹ [yve] *mpl abr de* **ultraviolets** UV-Strahlen *Pl*
U.V.² *f abr de* **unité de valeur** UNIV Schein *m*
uval(e) [yval, o] <-aux> *adj* Trauben-

uvulaire [yvylɛʀ] *adj* ❶ ANAT Gaumenzäpfchen-
❷ LING uvular; **r ~** Zäpfchen-R *nt*

V

V, v [ve] *m inv* ❶ V *nt*/v *nt*; **faire le V de la victoire** das Victory-Zeichen machen
❷ *(forme)* **décolleté en V** V-Ausschnitt *m*; **pull en V** Pullover *m* mit V-Ausschnitt
VA *abr de* **voltampère** VA
vacance [vakɑ̃s] *f* ❶ *pl* SCOL, UNIV Ferien *Pl*; *(congé des salariés)* Urlaub *m*; **~s [universitaires]** Semesterferien, Sommerpause *f*; **~s d'été/d'hiver** Sommer-/Winterurlaub; **~s de Noël** Weihnachtsferien; **les grandes ~s** die großen Ferien; **~s judiciaires/parlementaires** Gerichts-/Parlamentsferien, Sommerpause; **~s forcées** Zwangsurlaub; **pendant les ~s** im Urlaub; **~s de neige** Skiferien/-urlaub; **~s en camping** Campingferien/-urlaub; **partir en ~s** in Urlaub fahren; **être en ~s** Ferien/Urlaub haben; **maison de ~s** Ferienhaus; **bonnes ~s!** schöne Ferien!
❷ *(poste sans titulaire)* unbesetzte Stelle, Vakanz *f (geh)*
❸ *(non-pourvoiement)* **~ de poste/siège** unbesetzte Stelle; **~ de chaire** vakanter Lehrstuhl
❹ POL *(vide)* **~ du pouvoir** Machtvakuum *nt*, politisches Vakuum

Land und Leute
In Frankreich beginnen einige der **vacances scolaires** nicht in allen Regionen gleichzeitig, sondern zonenweise jeweils um eine Woche versetzt. Man unterscheidet die drei Zonen A, B und C, die Frankreich streifenartig von Norden nach Süden unterteilen.

vacancier, -ière [vakɑ̃sje, -jɛʀ] *m, f* Urlauber(in) *m(f)*
vacant(e) [vakɑ̃, ɑ̃t] *adj* ❶ *(sans titulaire)* unbesetzt; *chaire, fauteuil* vakant
❷ *(non occupé)* frei; *appartement* leerstehend; *poste* offen
❸ JUR herrenlos; **succession ~e** Nachlass *m* ohne Erben
vacarme [vakaʀm] *m* Lärm *m*
vacataire [vakatɛʀ] *mf* SCOL, UNIV Vertretung *f*; ADMIN Aushilfe *f*
vacation [vakasjɔ̃] *f* ❶ *(temps de travail)* [Arbeits]zeitaufwand *m*; *(rémunération)* Honorar *nt*
❷ *(remplacement)* Vertretung *f*
❸ *pl (vacances judiciaires)* Gerichtsferien *Pl*
vaccin [vaksɛ̃] *m* ❶ *(substance)* **~ contre la grippe/le tétanos** Grippe-/Tetanusimpfstoff *m*; **~ antirabique** Tollwutimpfstoff; **~ vivant** MED Lebendimpfstoff
❷ *(fait de vacciner)* Impfung *f*; **faire un ~ à qn** jdn impfen
vaccinable [vaksinabl] *adj* impfbar
vaccinal(e) [vaksinal, o] <-aux> *adj* Impf-; **complication ~e** durch eine/die Impfung ausgelöste Komplikation
vaccination [vaksinasjɔ̃] *f* Impfung *f*; **~ passive** passive Impfung
vaccine [vaksin] *f* ❶ *(maladie) de la vache* Kuhpocken *Pl*; *du cheval* Pferdepocken *Pl*
❷ MED Variola-Vakzine *f (Fachspr.)*
vacciner [vaksine] <1> *vt* ❶ MED impfen
❷ *fam* immun machen
vachard(e) [vaʃaʀ, aʀd] *adj fam* gemein, fies *(fam)*
vache [vaʃ] I. *f* ❶ ZOOL Kuh *f*; **~ laitière** Milchkuh
❷ *(cuir)* Rindsleder *nt*; *(pour des chaussures)* Vacheleder *nt*
❸ *fam (rosse)* **peau de ~!** *(homme)* Mistkerl! *m (sl)*; *(femme)* Miststück! *nt (sl)*
▶ **être planté(e) [là] comme une ~ qui regarde passer les trains** wie ein Ölgötze dastehen; **manger** [*o* **bouffer** *fam*] **de la ~ enragée** am Hungertuch nagen; **années/période de ~s grasses/maigres** [sieben] fette/magere Jahre; **il pleut comme ~ qui pisse** *fam* es gießt wie aus Eimern *(fam)*, **la ~!** *fam* Donnerwetter! *(fam)*
II. *adj fam* ❶ *(méchant)* gemein; *problème, devoir* vertrackt *(fam)*; **c'est ~ de la part de qn de faire qc** es/das ist gemein von jdm etw zu tun; **être ~ avec qn** gemein zu jdm sein *(fam)*
❷ *(sacré)* **une ~ de voiture/belle moto** ein Superauto/supertolles Motorrad *(fam)*; **un ~ de beau garçon/une ~ de belle fille** ein Prachtexemplar *nt* von einem Jungen/Mädchen *(fam)*
▶ **~ à eau** Wasserbeutel *m*; **~ à lait** *fam (personne exploitée)* Melkkuh *f (fam)*
vachement [vaʃmɑ̃] *adv fam* echt *(fam)*, wahnsinnig *(fam)*
vacher, -ère [vaʃe, -ɛʀ] *m, f* Kuhhirt(in) *m(f)*

vacherie [vaʃʀi] *f fam* ❶ *(dureté, méchanceté)* Gemeinheit *f*
❷ *(action)* Gemeinheit *f*; *(parole)* Gemeinheit *f*, Gehässigkeiten *Pl*; **faire une ~/des ~s à qn** jdm eine Gemeinheit/Gemeinheiten antun
vacherin [vaʃʀɛ̃] *m* ❶ *(fromage)* Weichkäse aus dem französischen Jura
❷ *(dessert)* eisgekühlte Meringe [mit Crème fraîche]
vachette [vaʃɛt] *f* ❶ kleine Kuh
❷ *(cuir)* Vachetteleder *nt*; **en ~** rindsledern
vacillant(e) [vasijɑ̃, jɑ̃t] *adj* ❶ *(instable) démarche* schwankend; *jambes* wackelig
❷ *(tremblant) flamme, lumière, lueur* flackernd
❸ *fig caractère, foi* schwankend; *esprit* wankelmütig *(geh)*; *raison* wirr
vacillement [vasijmɑ̃] *m* ❶ *(oscillation d'un côté et de l'autre) des jambes, murs, meubles* Wackeln *nt*; *d'une personne, d'un arbre* Schwanken *nt*; *(avant la chute)* Wanken *nt*
❷ *(tremblement) de la flamme, lumière* Flackern *nt*
❸ *soutenu (affaiblissement) de la raison* Verwirrung *f*
❹ *(hésitation) d'une personne* Unentschlossenheit *f*; *de la détermination* Wanken *nt*
vaciller [vasije] <1> *vi* ❶ *(être instable) personne:* taumeln; **~ sur ses jambes** unsicher auf den Beinen sein
❷ *(d'un côté et de l'autre) personne, arbre:* schwanken; *(avant la chute)* wanken
❸ *(chanceler) poteau, murs, meubles:* wackeln
❹ *(trembler) flamme, lueur, lumière:* flackern
❺ *(s'affaiblir) courage, détermination:* ins Wanken geraten; *intelligence, raison, mémoire:* nachlassen
❻ *(hésiter)* **~ dans sa détermination** in seiner Überzeugung schwanken
va comme je te pousse [vakɔmʒtəpus] *adv* ▶ **à la ~** *fam* aufs Geratewohl *(fam)*; **ces enfants sont élevés à la ~** diese Kinder sind nach Gutdünken erzogen *(fam)*
vacuité [vakɥite] *f de l'existence* Nichtigkeit *f*; *des propos* Belanglosigkeit *f*
vade-mecum [vademekɔm] *m inv* Vademekum *nt*
vadrouille¹ [vadʀuj] *f* ▶ **être en ~** *fam* auf Achse sein *(fam)*; **partir en ~** *fam* losziehen *(fam)*
vadrouille² [vadʀuj] *f* ❶ NAUT *(instrument de nettoyage)* Dweil *m*
❷ CAN *(balai à franges)* Mopp *m*
vadrouiller [vadʀuje] <1> *vi* ❶ *vieilli (traîner dans les rues)* [auf den Straßen] herumlungern
❷ *(traînasser)* sich herumtreiben *(fam)*
Vaduz [vadyz] Vaduz *nt*
va-et-vient [vaevjɛ̃] *m inv* ❶ *(passage)* Kommen und Gehen *nt*
❷ *(mouvement alternatif)* Hin und Her *nt*; *d'un piston* Auf und Ab *nt*
❸ ELEC Wechselschalter *m*
❹ *(charnière)* **porte à ~** Schwingtür *f*
❺ *(bac)* Pendelfähre *f*
vagabond(e) [vagabɔ̃, ɔ̃d] I. *adj littér* ❶ *(errant) vie* [*o* **existence**] **~e** Vagabundenleben *nt*; **peuple ~** Wandervolk *nt*
❷ *(sans règles) âme, humeur* rastlos; *pensées, imagination* [umher]schweifend
II. *m(f) littér (S.D.F.)* Landstreicher(in) *m(f)*
vagabondage [vagabɔ̃daʒ] *m* ❶ JUR Landstreicherei *f*
❷ *(errance)* Herumziehen *nt*; **ses ~s dans la ville** seine Streifzüge durch die Stadt
❸ *littér (rêverie) de l'imagination, la pensée* Umherschweifen *nt*
vagabonder [vagabɔ̃de] <1> *vi* ❶ *(errer)* vagabundieren
❷ *littér imagination, esprit, pensée:* umherschweifen; **son esprit/sa pensée vagabonde** er/sie ist geistig abwesend, er/sie schweift in Gedanken ab
vagin [vaʒɛ̃] *m* Scheide *f*
vaginal(e) [vaʒinal, o] <-aux> *adj* vaginal; **frottis ~** [Scheiden]abstrich *m*
vaginite [vaʒinit] *f* MED Scheidenentzündung *f*, Kolpitis *f (Fachspr.)*
vagir [vaʒiʀ] <8> *vi bébé:* schreien

vagissement [vaʒismɑ̃] m Wimmern nt

vague¹ [vag] **I.** adj ❶ a. antéposé (indistinct) forme, contours undeutlich; silhouette schemenhaft; bruit, son unbestimmbar

❷ a. antéposé (indéfinissable) douleur, angoisse, désir unbestimmbar; sensation, impression vage

❸ a. antéposé (imprécis) ungenau; indication, idée, souvenir vage; projet, intention unbestimmt; **rester ~ sur qc** sich in Bezug auf etw (Akk) nicht festlegen

❹ antéposé (lointain) entfernt

❺ postposé (absent) **avoir le regard ~** einen leeren Blick haben

❻ antéposé (quelconque) irgendein

❼ (ample) manteau, chemise weit

II. m (imprécision) Unklarheit f; d'une forme, de contours Undeutlichkeit f; **dans le ~** im Unklaren; **rester dans le ~ au sujet de qc** sich in Bezug auf etw (Akk) nicht festlegen

♦ **~ à l'âme** melancholische Stimmung

vague² [vag] f ❶ a. METEO Welle f; **~ de chaleur/de froid** Hitze-/Kältewelle

❷ fig littér **les ~s de sa chevelure** ihr/sein wallendes Haar

❸ (tendance, mode) Welle f; **~ d'achats** Kaufwelle; **~ de consommation** Konsumwelle; **~ [du] porno** fam Pornowelle (fam)

❹ (série) Welle f; **~ d'attentats terroristes** Terrorwelle; **~ d'épuration** Säuberungswelle; **~ de hausses des prix** Teuerungswelle

❺ (phénomène de masse subit) Welle f; **~ d'enthousiasme/de criminalité** Welle der Begeisterung/von Verbrechen; **~ de protestations/de suicides** Protest-/Selbstmordwelle; **~ terroriste** Terrorwelle

❻ (afflux) Strom m; **~ de réfugiés** Flüchtlingswelle f; **~s de touristes/d'immigrants** Ströme Pl von Touristen/Einwanderern; **arriver par ~s** touristes: schwarmweise auftreten

▶ **la Nouvelle Vague** die Nouvelle Vague (Strömung im französischen Kino der späten fünfziger und frühen sechziger Jahre); **faire des ~s** fam Wellen schlagen; **pas de ~s!** fam nur kein Aufsehen [erregen]!

vaguelette [vaglɛt] f kleine Welle f

vaguement [vagmɑ̃] adv ❶ (de façon imprécise) dire, comprendre ungefähr; expliquer in groben Zügen; distinguer schemenhaft; apercevoir flüchtig; **tu sais que Jean a de nouveaux projets? – Ben, il m'en a – parlé, oui** weißt du, ob Jean neue Pläne hat? – Also, er hat mir andeutungsweise davon erzählt, ja

❷ (un peu) **avoir l'air ~ surpris** etwas überrascht aussehen; **ne se sentir que ~ concerné(e)** sich nur bedingt betroffen fühlen

vaguemestre [vagmɛstʀ] m für den Postdienst zuständiger Unteroffizier

vaguer [vage] <1> vi littér umhergehen

❷ fig pensées, yeux: schweifen

vaillamment [vajamɑ̃] adv littér beherzt; (au combat) tapfer

vaillance [vajɑ̃s] f Beherztheit f; (au combat) Tapferkeit f

vaillant(e) [vajɑ̃, ɑ̃t] adj ❶ (énergique, courageux) beherzt; (au combat) tapfer

❷ (vigoureux) bei Kräften

vaille que vaille [vajkəvaj] adv so gut [wie] es geht

vain(e) [vɛ̃, vɛn] adj ❶ (inutile) vergeblich; recherches erfolglos; sacrifice sinnlos; **il est ~ de faire qc** es hat keinen Sinn [o Zweck] etw zu tun

❷ (stérile) discussion sinnlos; **de ~s regrets** sinnloses Bedauern

❸ littér (illusoire) plaisirs, gloire eitel (geh)

❹ antéposé littér (creux) leer; **de ~s mots/~es paroles** leere Worte Pl

❺ postposé littér (fat) personne eitel

▶ **en ~** (sans résultat) vergeblich; (inutilement) umsonst

vaincre [vɛ̃kʀ] <irr> **I.** vi soutenu siegen

II. vt soutenu ❶ MIL bezwingen (geh) ennemi, armée; besiegen pays; **~ qn en luttant** jdn niederringen

❷ SPORT schlagen; **la face nord/l'Everest** ALPIN die Nordwand/den Everest bezwingen

❸ (surmonter) überwinden; meistern difficulté; beseitigen misère

vaincu(e) [vɛ̃ky] **I.** part passé de **vaincre**

II. adj besiegt; **s'avouer ~(e)** sich geschlagen geben

III. m(f) (perdant) Verlierer(in) m(f)

vainement [vɛnmɑ̃] adv (sans résultats) vergeblich; (inutilement) umsonst

vainqueur [vɛ̃kœʀ] **I.** adj ❶ (victorieux) personne, nation siegreich; équipe siegreich, Sieger-; **sortir ~ de qc** als Sieger aus etw hervorgehen

❷ (triomphant) siegessicher; **air ~** Siegermiene f

II. m ❶ MIL Sieger(in) m(f)

❷ SPORT, POL Sieger(in) m(f), Gewinner(in) m(f); ALPIN Bezwinger(in) m(f); **~ du/d'un tournoi** Turniersieger(in) m(f); **~ de la/d'une catégorie** Klassensieger(in)

vainqueur-surprise [vɛ̃kœʀsyʀpʀiz] <vainqueurs-surprise> m

Überraschungssieger(in) m(f)

vairon¹ [vɛʀɔ̃] m Elritze f

vairon² [vɛʀɔ̃] adj **yeux ~s** verschieden[farbig]e Augen

vaisseau [veso] <x> m ❶ ANAT Gefäß nt; **~ lymphatique** Lymphgefäß, Lymphbahn f; **~ sanguin** Blutgefäß

❷ BOT Trachee f

❸ vieilli (navire) Schiff nt

❹ ESPACE **~ spatial** Raumschiff nt

❺ ARCHIT Mittelschiff nt

❻ MUS **le Vaisseau fantôme** der Fliegende Holländer

▶ **brûler ses ~x** alle Brücken hinter sich (Dat) abbrechen

vaisselier [vɛsəlje] m Geschirrschrank m

vaisselle [vɛsɛl] f Geschirr nt; (service de table) [Tafel]geschirr; **faire** [o **laver**] **la ~** das Geschirr spülen, abwaschen; **~ réutilisable** Mehrweggeschirr; **~ en aluminium/en étain/en grès** Aluminium-/Zinn-/Steingutgeschirr; **~ d'argile** [o **de terre cuite**] Tongeschirr

♦ **~ de camping** Campinggeschirr nt

val [val, vo] <vaux> m Tal nt

V.A.L. [val] m abr de **véhicule automatique léger** vollautomatisierter Nahverkehrszug ohne Fahrer

valable [valabl] adj ❶ INFORM adresse gültig

❷ (en règle) passeport, carte de séjour gültig; **ne plus être ~** die [o seine] Gültigkeit verlieren

❸ JUR, COM (acte, contrat [rechts]gültig; offre [rechts]verbindlich; **~ dans tout le pays** landesweit gültig; **juridiquement ~** contrat rechtsverbindlich, rechtswirksam; **non ~** rechtsungültig

❹ (fondé) argument stichhaltig; motif, raison triftig; critère hinreichend; théorie, hypothèse gerechtfertigt

❺ (de qualité) ordentlich (fam); personne in Ordnung (fam)

❻ (qualifié) interlocuteur akzeptabel; témoin brauchbar

❼ fam (profitable) achat günstig; opération, affaire einträglich

valablement [valabləmɑ̃] adv ❶ (légitimement) rechtmäßig

❷ (convenablement) répondre zufriedenstellend; soutenir, alléguer überzeugend

❸ (d'une manière efficace) sinnvoll

Valais [valɛ] m **le ~** das Wallis

valdingue [valdɛ̃g] m fam **faire un ~** runterfallen (fam)

valdinguer [valdɛ̃ge] vi fam **~ contre qc** gegen etw knallen (fam); **quand il est en colère, il envoie tout ~** wenn er wütend ist, schmeißt er alles hin (fam)

valence [valɑ̃s] f CHIM Wertigkeit f; GRAM Valenz f

valériane [valeʀjan] f Baldrian m

valet [valɛ] m ❶ (domestique) [Haus]diener m; THEAT Diener

❷ péj (personne servile) Knecht m

❸ CARTES Bube m; **~ de pique** Pikbube

♦ **~ de chambre** Kammerdiener m; **~ de ferme** Knecht m; **~ de nuit** stummer Diener

valetaille [valtaj] f péj Domestiken Pl

valétudinaire [valetydinɛʀ] adj littér kränkelnd; vieillard gebrechlich

valeur [valœʀ] f ❶ (prix) Wert m; **de ~** wertvoll; **sans** [**aucune**] **~** wertlos; **objet de ~** Wertgegenstand m; **colis/envoi en ~ déclarée** Wertpaket nt/-sendung f; **~ indiquée dans le catalogue** COM Katalogwert; **~ normale** [o **moyenne**] Normalwert

❷ BOURSE (cours) [Kurs]wert m; (titre) Wertpapier nt; **~ boursière/journalière** Börsen-/Tageswert; **~ intéressante** [o **maximale**] Spitzenpapier, Spitzenwert; **~ nominale** Nominalwert; **~ standard** Standardwert; **~ de la garantie** Lombardierungswert (Fachspr.); **~ au pair** BOURSE Pariwert (Fachspr.); **sans ~** titre wertlos

❸ pl FIN (patrimoine) Vermögenswerte Pl, Vermögen nt, Valoren Pl (Fachspr.); **~s foncières** Grundstückswerte; **~s immobilisées** Kapitalanlagegüter; **~s mobilières** Effekten Pl; **~s en devises** Valutawerte; **~s d'un portefeuille** Wertpapier-Portefeuille-Effekten (Fachspr.)

❹ ECON [Waren]wert m; **~ ajoutée** Wertprodukt nt, Wertschöpfung f, Mehrwert; **~ ajoutée brute/nette** Brutto-/Nettowertschöpfung; **~ bilanaire** Bilanzansatz m; **~ brute** Bruttowert; **~ capitalisée** kapitalisierter Wert; **~ commerciale** Geschäftswert; **~ comptable** Buchwert, Bilanzwert; **~ comptable restante** Restbuchwert; **~ en douane** [o **en douane**] Zollwert; **~ déclarée** erklärter Zollwert; **~ fictive/fiscale/fixe** Schein-/Einheits-/Festwert; **~s globales de l'économie nationale** volkswirtschaftliche Gesamtgrößen Pl; **~ individuelle** Einzelwert; **~ industrielle** Industriewert; **~ initiale** FISC Ausgangswert; **~ intrinsèque de l'entreprise**, **~ de l'actif** innerer Wert des Unternehmens; Miet-/Handelswert; **~ maximale** Bestwert, Höchstwert; **~ nette** Nettowert; **~ neutre** sächlicher Wert; **~ partielle** Teilwert; **~ patrimoniale** Vermögenswert; **~ plafond** [o **plancher**] Wertgrenze f; **~ productive** Ertragswert; d'une surface cultivée Nutzwert; **~ réelle comptabilisable** bilanzierbarer Sachwert; **~ résiduelle** Restwert; **~ tarifaire/unitaire** Tarif-/Einheitswert; **~ vénale** [o **à la vente**] Verkaufswert, Verkehrswert; **~ d'acquisition** Anschaffungswert; **~ d'acquisition moins amortissement**

Anschaffungswert abzüglich Abschreibung; ~ **normale de construction d'un bâtiment** Gebäudenormalherstellungswert *(Fachspr.)*; ~ **du coût de revient** Selbstkostenwert; ~ **du fonds de commerce** Firmenwert; ~ **vénale d'un/de l'immeuble** Gebäudewert; ~ **d'innovation** *(en parlant d'une invention)* Erfindungswert; ~ **de production** Produktionswert; ~ **de production brute/nette** Brutto-/Nettoproduktionswert; ~ **de référence** Bezugsgröße *f*, Bezugswert, Vergleichswert; ~ **de remboursement en espèces** Barablösungswert *(Fachspr.)*; ~ **d'un/du terrain** Grundstückswert

⑤ JUR [Rechts]gültigkeit *f*; **avoir ~ générale** [*o* **universelle**] allgemeingültig sein, allgemeine Geltung haben; ~ **probatoire** Beweiswert *m*

⑥ *(nombre exprimant un rapport, une concentration, un taux)* Wert *m*; ~ **idéale** Idealwert; ~ **limite** Grenzwert; ~ **limite supérieure/inférieure** oberer/unterer Grenzwert; ~ **limite du bruit** Lärmgrenzwert; ~ **maximale** Maximalwert; ~ **normale** MED Normalwert; ~ **réelle** [*o* **effective**] Istwert, Ist-Wert [*o* **théorique** [*o* **prévue**] [*o* **exigée**] Sollwert, Soll-Wert; ~ **thermique** AUT Wärmewert

⑦ *(qualité) d'une personne* Wert *m*; **une personne de grande ~** ein sehr wertvoller Mensch; **à sa [juste] ~** nach seinen Verdiensten, gerecht

⑧ *(ce qui est vrai, beau, bien)* Wert *m*; ~ **fondamentale** Grundwert

⑨ *(importance) d'un objet* Wert *m*; *d'une œuvre* Bedeutung *f*; **avoir de la ~** seinen Wert haben; **accorder** [*o* **attacher**] **de la ~ à qc** Wert auf etw *(Akk)* legen; **juger qc au-dessus/au-dessous de sa ~** etw überbewerten/unterbewerten; ~ **impérissable** [*o* **intemporelle**] Ewigkeitswert *(geh)*; ~ **propre** Eigenwert

⑩ *(efficacité)* [*praktischer*] Wert; *d'un acte, d'une conduite* Nutzen *m*

⑪ *a. fig (teneur)* Wert *m*; ~ **bourrative** *fam* Sättigungswert; ~ **calorifique** [*o* **calorique**] Brennwert; ~ **calorique physique** physiologischer Brennwert; ~ **nutritive** Nährwert; ~ **informative** Informationswert; ~ **sentimentale** Erinnerungswert; ~ **utilitaire** Gebrauchswert

⑫ PHILOS [geistiger] Wert, [ideeller] Wert; **hiérarchie des ~s** Wertordnung *f*

⑬ *(équivalent)* **la ~ d'un litre/d'une cuiller à café** ungefähr ein Liter/ein Kaffeelöffel

⑭ MATH, MUS, JEUX Wert *m*; CARTES Spielkartenwert; **la ~ de x** der Wert von x; ~ **de la/d'une note** Notenwert

⑮ LING Bedeutung *f*

⑯ ART Valenz *f (Fachspr.)*; ~ **d'une couleur** Farbwert *m*

⑰ INFORM ~ **initiale** Anfangswert *m*

▸ **mettre qn en ~** jdn zur Geltung bringen; **se mettre en ~** sich in den Vordergrund stellen; **mettre qc en ~** *(souligner, être moulant)* etw betonen; **un pantalon qui met les hanches/la taille in ~** ein hüftbetonte/taillenbetonte Hose

◆~ **d'accélération** TECH Beschleunigungswert; ~ **d'achat d'une entreprise** Kaufwert *m*, Übernahmewert; ~**s d'actif** Aktivvermögen *nt*; ~ **d'apport** Einbringungswert *m*; ~ **de l'assurance** Versicherungswert *m*; ~ **du capital** Kapitalwert *m*; ~ **de consommation** Verbrauchswert *m*; ~ **du contrat** Vertragswert *m*; ~ **du cours** Kurswert *m*; ~ **des devises** Devisenwert *m*; ~ **d'échange** Tauschwert *m*; ~ **d'émission** Emissionswert *m*, Ausgabewert; ~ **de l'escompte** Diskontwert *m*; ~ **d'étalonnage** Eichwert *m*; ~ **d'initialisation** INFORM Anfangswert *m*; ~ **de liquidation** Liquidationswert *m*; ~ **de luminosité** INFORM Helligkeitswert *m*; ~ **de la monnaie** Münzwert *m*; ~ **de placement** Anlagewert *m*; ~ **de rachat** Ablösungswert *m*, Rückkaufswert; ~ **de remplacement** Wiederbeschaffungswert *m*; ~ **de reprise** Rücknahmewert *m*; ~ **de revente** Wiederverkaufswert *m*; ~ **de transaction** Transaktionswert *m*; ~ **d'usage** Nutzwert *m*, Gebrauchswert

valeureux, -euse [valœrø, -øz] *adj antéposé littér* tapfer, couragiert *(geh)*

valeur-refuge [valœrrafyʒ] <valeurs-refuges> *f* FIN Fluchtwert *m*

validation [validasjɔ̃] *f* ① *(certification) d'un passeport, billet de loto* Gültigkeitserklärung *f*; *d'un titre de transport* Entwertung *f*

② *(homologation)* Anerkennung *f*; *des élections, d'une décision* Bestätigung *f*

③ INFORM Bestätigung *f*

④ JUR Gültigkeitserklärung *f*

valide [valid] *adj* ① *(bien portant)* gesund; **être ~** fit sein *(fam)*

② *(valable)* papier, passeport, billet gültig; *contrat* [rechts]gültig

valider [valide] <1> *vt* ① *(certifier)* für gültig erklären *passeport, billet de loto*; entwerten *titre de transport*

② *(homologuer)* anerkennen; bestätigen *élections, décision*

③ INFORM bestätigen

validité [validite] *f* ① *(fait d'être valide)* Gültigkeit *f*; *d'un contrat, d'une opération* Wirksamkeit *f*, Rechtsgültigkeit; ~ **du droit étranger** Gültigkeit ausländischen Rechts; ~ **juridique** Rechtsgültigkeit, Rechtswirksamkeit *f*; ~ **selon la pratique juridique** JUR Verkehrs-

geltung *f*

② *(durée)* Gültigkeitsdauer *f*

③ FIN ~ **bancaire** Bankfähigkeit *f*

valise [valiz] *f* ① [Reise]koffer *m*; ~ **rigide** Schalenkoffer; **couvercle de la/de ~** Kofferdeckel *m*; **serrure de la/de ~** Kofferschloss *nt*; **clé** [*o* **clef**] **de la/de ~** Kofferschlüssel *m*; **faire sa ~/ses ~s** den Koffer/die Koffer packen, seine Sachen packen

② *(bagages)* ~ **diplomatique** Diplomatengepäck *nt*; **par la ~ diplomatique** im Diplomatengepäck

vallée [vale] *f* Tal *nt*; **la ~ du Rhin/Rhône** das Rhein-/Rhônetal; **la ~ de Chamonix** das Tal von Chamonix; ~ **glaciaire** Urstromtal; ~ **transversale** Seitental

vallon [valɔ̃] *m* kleines Tal

vallonné(e) [valɔne] *adj* hügelig

valoche [valɔʃ] *f fam* Koffer *m*

valoir [valwaʀ] <irr> I. vi ① *(coûter)* kosten; ~ **cher** viel kosten; **combien ça vaut?** wie viel kostet das?; **à ~ sur qc** in Anrechnung auf etw *(Akk)*

② *fam (peser financièrement)* ~ **dix millions de dollars** *personne:* zehn Millionen Dollar schwer sein *(fam)*

③ *(avoir de la valeur)* **quelque chose/ne pas ~ grand-chose** etwas wert sein/nicht viel wert sein; **ce roman vaut par son originalité** der Wert dieses Romans liegt in seiner Originalität; **c'est tout ce que ça vaut!** mehr ist das nicht wert!

④ *(être valable, applicable)* ~ **pour qn/dans qc** für jdn/in etw *(Dat)* gelten; *méthode:* bei jdm/in etw *(Dat)* gelten; **autant vaut** [*o* **vaudrait**] **faire qc** da kann [*o* könnte] man genauso gut etw tun

⑤ *(mettre en avant)* **faire ~ un argument/que l'on a des ennuis** ein Argument hervorheben/hervorheben, dass man Ärger hat; **faire ~ ses droits** seine Rechte geltend machen

⑥ *(vanter les mérites de)* **faire ~ qn** jdn zur Geltung bringen

⑦ *(faire fructifier)* **faire ~ des économies/un capital** Ersparnisse/ein Kapital Gewinn bringend anlegen

⑧ *(mettre en valeur)* **sa robe fait ~ sa taille fine** ihr Kleid bringt ihre schlanke Taille zur Geltung

⑨ *(être mauvais, méchant)* **ne rien ~ personne:** nichts wert sein

⑩ *(ne pas être bon pour)* **le soleil ne me vaut rien** die Sonne bekommt mir nicht; **ça ne me vaut rien de prendre des vacances** es bekommt mir nicht, Urlaub zu nehmen

II. vt ① *(être équivalent à)* zählen

② *(pouvoir être comparé à)* **cet ouvrier au noir vaut [bien] un artisan** dieser Schwarzarbeiter steht einem Handwerker in nichts nach; **le nouveau disque ne vaut pas le précédent** die neue Platte kommt an die letzte nicht heran; **rien ne vaut un bon lit quand on est fatigué** es geht [doch] nichts über ein gutes Bett, wenn man müde ist

③ *(mériter)* **cette ville vaut le détour** diese Stadt ist einen Umweg wert; **ce roman vaut d'être lu** es lohnt sich diesen Roman zu lesen

④ *(avoir pour conséquence)* **cette démarche lui a valu des reproches** dieses Vorgehen hat ihm Vorwürfe eingebracht; **ses écarts de comportement lui valent d'être à la une des journaux** seine Ausschweifungen brachten ihn auf die Titelseiten [der Zeitungen]

III. *vpr* **se ~** *(avoir le même prix)* gleich im Preis sein; *(être comparable) personnes, choses:* gleich[wertig] sein; **ces deux-là, ils se valent** bei den beiden ist einer wie der andere

valorisant(e) [valɔʀizɑ̃, ɑ̃t] *adj* dem Ansehen förderlich; *situation, travail* aufwertend

valorisation [valɔʀizasjɔ̃] *f d'une région* Aufwertung *f*; *des déchets* [Wieder]verwertung *f*

valoriser [valɔʀize] <1> *vt* ① ECON aufwerten *terrain, région*; [wieder]verwerten *déchets*

② PSYCH aufwerten

valse [vals] *f* ① *(musique, danse)* Walzer *m*; ~ **musette** Musettewalzer; ~ **viennoise** Wiener Walzer; **danser la ~ à l'envers/à l'endroit** den Walzer linksherum/rechtsherum tanzen

② *fam (changement)* ~ **des directeurs** ständiger Wechsel der Direktoren; ~ **des ministres** Ministerkarussell *nt*, ständiger Wechsel der Minister; ~ **des étiquettes** [*o* **des prix**] [ständige] Preistreiberei

valse-hésitation [valsezitasjɔ̃] <valses-hésitations> *f* [ewiges] Hin und Her *kein Pl*

valser [valse] <1> *vi* ① *(danser une valse)* einen Walzer tanzen

② *fam (être projeté)* ~ **sur le trottoir** unsanft auf dem Gehweg landen *(fam)*

③ *(dépenser sans compter)* **faire ~ de grosses sommes/des millions** große Summen/Millionen springen lassen *(fam)*

④ *(interchanger)* **faire ~ le personnel/les méthodes de travail** laufend das Personal auswechseln/die Arbeitsmethoden verändern

valseur, -euse [valsœʀ, -øz] *m, f* Walzertänzer(in) *m(f)*

valve [valv] *f* ① TECH Ventil *nt*; ~ **du thermostat** Thermostatventil

② ZOOL [Muschel]schale *f*

③ ANAT ~ **mitrale** Mitralklappe *f*
④ *pl* BELG **~s** *(tableau d'affichage)* schwarzes Brett *nt*
valvule [valvyl] *f* Klappe *f;* ~ **aortique** Aortenklappe; ~ **mitrale** Mitralklappe
vamp [vãp] *f* Vamp *m*
vamper [vãpe] *vt (fam)* anmachen *(fam)*
vampire [vãpiʀ] *m* ① *(fantôme)* Vampir *m*
② ZOOL *(chauve-souris)* Vampir *m*
vampiriser [vãpiʀize] *vt fam* ~ **qn** jdn hörig machen
van [vã] *m* Pferdetransporter *m;* **mini** ~ Minivan *m*
vanadium [vanadjɔm] *m* Vanadium *nt*
vandale [vãdal] *mf* ① HIST Wandale *m*/Wandalin *f*
② *(destructeur)* Vandale *m*/Vandalin *f*
vandaliser [vãdalize] <1> *vt* demolieren, [blindwütig] zerstören
vandalisme [vãdalism] *m* Vandalismus *m*
vanesse [vanɛs] *f* ZOOL ~ **des chardons** [*o* **de l'artichaut**] Distelfalter *m*
vanille [vanij] *f* ① GASTR Vanille *f;* **goût/parfum de** ~ Vanillegeschmack *m;* **sauce à la** ~ Vanillesoße *f,* Vanillesauce; **glace à la** ~ Vanilleeis *nt,* Eis mit Vanillegeschmack
② BOT [**gousse de**] ~ Vanilleschote *f*
vanillé(e) [vanije] *adj crème, sucre* Vanille-
vanillier [vanije] *m* Vanillepflanze *f*
vanilline [vanilin] *f* Vanillin *nt,* Vanillearoma *nt*
vanité [vanite] *f* ① *(amour-propre)* Eitelkeit *f*
② *(orgueil)* Einbildung *f;* **être d'une immense** ~ äußerst eingebildet sein; **tirer** ~ **de qn/qc** sich *(Dat)* etwas auf jdn/etw einbilden
③ *littér (illusion) des espoirs, de la gloire* Eitelkeit *f* (*geh*); *de la vie, des plaisirs* Nichtigkeit *f*
▶ **suer la** ~ **par tous les pores** vor Eitelkeit [nur so] strotzen
vaniteux, -euse [vanitø, -øz] I. *adj* eingebildet, eitel
II. *m, f* eingebildeter Mensch; *(femme)* eingebildete Person
vanity-case [vanitikɛz] <vanity-cases> *m* Kosmetikkoffer *m*
vanne [van] *f* ① *d'une écluse, d'un moulin, barrage* Schleusentor *nt*
② *fam (plaisanterie)* **lancer des ~s à qn** über jdn witzeln
vanné(e) [vane] *adj fam* kaputt *(fam)*
vanneau [vano] <x> *m* Kiebitz *m*
vanner [vane] <1> *vt* ① AGR schwingen *blé*
② *fig* erschöpfen *personne*
vannerie [vanʀi] *f* ① *(fabrication)* Korbflechterei *f*
② *(objets)* Korbware *f*
vannier [vanje] *m* Korbmacher(in) *m(f),* Korbflechter(in) *m(f),* Rohrflechter(in)
vantail [vãtaj, o] <-aux> *m d'une porte, fenêtre* Flügel *m; d'un volet* Laden *m*
vantard(e) [vãtaʀ, aʀd] I. *adj* prahlerisch, aufschneiderisch
II. *m(f)* Prahler(in) *m(f),* Zampano *m*
vantardise [vãtaʀdiz] *f* ① *(caractère)* Prahlsucht *f,* Großspurigkeit *f (pej);* **annoncer/promettre qc avec** ~ etw großschnäuzig ankündigen/versprechen *(pej fam)*
② *(propos)* Prahlerei *f*
vanter [vãte] <1> I. *vt* [in den höchsten Tönen] loben; preisen *fait historique, personnage;* herausstreichen *efficacité, mérite, qualité;* [an]preisen *marchandise;* **un remède dont les mérites sont très vantés** ein viel gepriesenes Heilmittel
II. *vpr* ① *(fanfaronner)* **se** ~ prahlen; **sans vouloir me ~,…** ohne mich rühmen zu wollen …; **il n'y a pas de quoi se** ~ das ist wirklich kein Grund stolz [darauf] zu sein
② *(dire avec vantardise)* **se** ~ **de qc** sich einer S. *(Gen)* rühmen, mit etw renommieren *(geh)*
va-nu-pieds [vanypje] *mf inv* Landstreicher(in) *m(f)*
vapes [vap] *fpl* ▶ **être dans les** ~ *fam* Mattscheibe haben *(fam)*
vapeur [vapœʀ] I. *f* ① Dampf *m;* ~ **d'eau** Wasserdampf; **bain de** ~ Dampfbad *nt;* **cuire des légumes à la** ~ Gemüse dünsten
② *(énergie)* Dampf *m;* **machine à** ~ Dampfmaschine *f,* dampfbetriebene Maschine
③ *(brume, buée)* Dunst *m;* **les vitres sont couvertes de** ~ **die** Scheiben sind beschlagen
④ *pl (émanation)* Dämpfe *Pl;* **~s d'essence** Benzindämpfe; **les ~s de l'alcool** *fig* die Wirkung des Alkohols
▶ **renverser la** ~ *einer unguten Entwicklung Einhalt gebieten und umkehren;* **à toute** ~ mit Volldampf *(fam); courir, conduire* mit einem Affenzahn *(fam)*
II. *m* [**bateau à**] ~ Dampfer *m,* Dampfschiff *nt; (qui navigue en rivière)* Flussdampfer
vapocuiseur [vapɔkɥizœʀ] *m* Schnellkochtopf *m*
vaporeux, -euse [vapɔʀø, -øz] *adj* ① *(léger) déshabillé, robe, tissu* hauchdünn; *cheveux, coiffure* duftig
② *littér (nébuleux) ciel, horizon* in Dunst [*o* Nebel] gehüllt; *atmosphère* nebelhaft
vaporisateur [vapɔʀizatœʀ] *m (atomiseur)* Zerstäuber *m; (récipient)* Flasche *f* mit [einem] Zerstäuber; ~ **à poire** Pumpzerstäuber
vaporisation [vapɔʀizasjɔ̃] *f d'un parfum, produit* Zerstäuben *nt; d'une plante, pièce, du nez* Besprühen *nt*
vaporiser [vapɔʀize] <1> I. *vt* ① *(pulvériser)* sprühen
② *(imprégner)* ~ **les cheveux avec une laque** die Haare mit Haarlack besprühen
II. *vpr* **se** ~ **qc** [sich *(Dat)*] etw sprühen; **se** ~ **de parfum** sich mit Parfüm besprühen
vaquer [vake] <1> *vi* ~ **à ses occupations/aux soins du ménage** seiner Beschäftigung/der Hausarbeit nachgehen
varan [vaʀã] *m* ZOOL Waran *m*
varappe [vaʀap] *f* Klettern *nt;* **faire de la** ~ klettern
varapper [vaʀape] <1> *vi* klettern
varappeur, -euse [vaʀapœʀ, -øz] *m, f* ALPIN Kletterer *m*/Kletterin *f*
varech [vaʀɛk] *m* [See]tang *m*
vareuse [vaʀøz] *f (blouse)* Matrosenjacke *f*
variabilité [vaʀjabilite] *f* ① *du temps* Wechselhaftigkeit *f; des humeurs* Veränderlichkeit *f*
② BIO Variabilität *f*
variable [vaʀjabl] I. *adj* ① *revenu, allocation, part* variabel; *récolte, plaisir, qualité* unterschiedlich; **aux États-Unis il y a des lois ~s selon les États** in den USA gibt es je nach Staat unterschiedliche Gesetze
② METEO veränderlich; **vent** ~ Wind *m* aus unterschiedlichen Richtungen; **le baromètre est au** ~ das Barometer steht auf „veränderlich"
③ *(pour divers usages)* **à géométrie** ~ veränderbar; **à foyer** ~ mit unterschiedlicher Brennweite; **à vitesse** ~ mit mehreren Geschwindigkeitsstufen
④ GRAM ~ **en genre/en nombre** veränderlich in Geschlecht/in der Zahl
⑤ SCI, MATH variabel
II. *f* MATH, INFORM Variable *f;* ~ **aléatoire** Zufallsvariable, Zufallsgröße *f*
variante [vaʀjãt] *f* ① *(forme différente)* Variante *f*
② LITTER Fassung *f*
③ LING Variante *f*
variateur [vaʀjatœʀ] *m* ◆ ~ **de lumière** [*o* **d'intensité**] Dimmer *m;* ~ **de vitesse** stufenloses Getriebe
variation [vaʀjasjɔ̃] *f* ① *(changement)* Veränderung *f*
② *(écart)* Schwankung *f;* ~ **conjoncturelle** Konjunkturschwankung; ~ **de stocks** Bestandsveränderungen; ~ **soudaine du/des prix** Preissprung *m;* ~**s des taux du marché monétaire** FIN Geldmarktschwankungen
③ MATH Varianz *f*
④ BIO Variation *f*
⑤ *(nouvelle version)* Variation *f;* ~ **sur le thème du printemps** MUS Variation über das Thema des Frühlings
◆ ~ **de charge** AUT Lastwechsel *m*
varice [vaʀis] *f souvent pl* Krampfader *f*
varicelle [vaʀisɛl] *f* Windpocken *Pl,* Wasserpocken *Pl*
varié(e) [vaʀje] *adj* ① *(composé d'éléments différents)* abwechslungsreich; *choix, gamme* bunt
② *pl (très différent)* verschieden; *opinions, arguments* unterschiedlich
③ MUS mit Variationen
varier [vaʀje] <1a> I. *vi* ① *(évoluer)* sich ändern; *mot:* sich verändern
② *(pouvoir aller, osciller) prix:* schwanken; *couleur:* wechseln; **les prix varient du simple au double** die Preise können bis doppelt so hoch sein
③ *(être différent)* unterschiedlich sein
④ *(changer d'opinion)* seine Meinung ändern
⑤ MATH, PHYS sich ändern; ~ **de zéro à l'infini** von null bis unendlich gehen
II. *vt* ① *(diversifier)* abwechslungsreich[er] gestalten *style, menu, distractions;* ~ **ses produits** seine Produktpalette vielseitiger gestalten
② *(changer)* wechseln
variété [vaʀjete] *f* ① *(diversité)* Vielfalt *f; des animaux, plantes* Artenvielfalt *f;* **grande** ~ **des espèces** Artenreichtum *m*
② *(changement)* Abwechslung *f*
③ *(sorte)* Sorte *f,* ZOOL, BOT Art *f,* Sorte; ~ **de fruits/d'huile** Obst-/ Ölsorte; ~ **de pommes de terre** Kartoffelsorte; ~ **cultivée** *d'une plante* Kulturform *f*
④ MUS Unterhaltungsmusik *f,* Schlagermusik; **star de** ~ Schlagerstar *m*
⑤ THEAT *pl* Varietee *nt,* Varieteetheater *nt*
⑥ AUDIOV *pl* [bunte] Unterhaltungssendung; **émission de** ~ Comedyshow *f,* Comedy *f*
variole [vaʀjɔl] *f* Pocken *Pl*
varioleux, -euse [vaʀjɔlø, -øz] MED I. *adj personne* an Pocken erkrankt; **virus** ~ Pockenvirus *m*
II. *m, f* Pockenkranke(r) *f(m)*

variolique [vaRjɔlik] *adj* Pocken-
variqueux, -euse [vaRikø, -øz] *adj* MED krampfadrig, varikös *(Fachspr.)*
varlope [vaRlɔp] *m* Langhobel *m*
Varsovie [vaRsɔvi] Warschau *nt*
vasculaire [vaskylɛR] *adj* Gefäß-; **chirurgie** ~ Gefäßchirurgie *f*; **troubles** ~**s** Durchblutungsstörungen *Pl*; **système** ~ *d'une personne, plante, d'un animal* Gefäßsystem *nt*
vase¹ [vaz] *m* ❶ *(récipient)* [Blumen]vase *f*; ~ **en** [*o* **de**] **cristal** Kristallvase *f*; ~ **en cuivre** Kupfervase
❷ ARCHEOL Gefäß *nt*
❸ PHYS **le principe des** ~**s communicants** das Prinzip der kommunizierenden Röhren *Pl*
▸ **vivre en** ~ **clos** in einer abgeschlossenen Welt leben; **éducation en** ~ **clos** nicht realitätsbezogene Erziehung
◆ ~ **de nuit** Nachttopf *m*
vase² [vaz] *f* Schlamm *m*
vasectomie [vazɛktɔmi] *f* Vasektomie *f*
vaseline [vazlin] *f* Vaseline *f*
vaseux, -euse [vazø, -øz] *adj* ❶ *(boueux)* schlammig
❷ *fam (confus)* verworren; **idées vaseuses** nebulöse Vorstellungen *Pl*
❸ *fam (mal en point)* **être complètement** ~(**-euse**) völlig daneben sein *(fam)*
vasistas [vazistas] *m* [kleines] Klappfenster
vasoconstricteur [vazɔkɔ̃stRiktœR] MED, PHYSIOL **I.** *adj* gefäßverengend
II. *m* gefäßverengendes Mittel *nt*
vasodilatateur [vazɔdilatœR] MED, PHYSIOL **I.** *adj* gefäßerweiternd
II. *m* gefäßerweiterndes Mittel *nt*
vasodilatation [vazɔdilatasjɔ̃] *f* Gefäßerweiterung *f*
vasomoteur, -trice [vazɔmɔtœR, -tRis] *adj* MED *maux de tête, symptomes* vasomotorisch
vasouillard(e) [vazujaR, aRd] *adj fam réponse* unklar, schwammig
vasouiller [vazuje] <1> *vi fam personne:* unsicher sein
vasque [vask] *f (bassin)* flaches Wasserbecken
vassal(e) [vasal, o] <-**aux**> **I.** *m(f)* HIST Vasall(in) *m(f)*
II. *adj* **pays** ~ POL Vasallenstaat *m*
vasselage [vas(ə)laʒ] *m* HIST Lehnspflicht *f*
vaste [vast] *adj antéposé* ❶ *(immense) mer, monde* weit; *forêt, jardin, plaine* ausgedehnt
❷ *(spacieux) appartement, hall, église* groß[räumig]; *entrepôt* weiträumig; *placard* geräumig
❸ *(ample) vêtement, cape, manteau* weit
❹ *(puissant) groupe, organisation* riesengroß
❺ *(étendu) sujet, entreprise, domaine* umfangreich; *érudition, culture* umfassend
❻ *iron fam (mauvais)* **c'est une** ~ **plaisanterie** das ist ein schlechter Witz
va-t-en-guerre [vatãgɛR] *m inv* Kriegstreiber(in) *m(f) (pej)*
Vatican [vatikã] *m* **le** ~ der Vatikan
vaticination [vatisinasjɔ̃] *f péj littér* Orakel[spruch *m*] *nt*
vaticiner [vatisine] <1> *vi péj littér* Orakelsprüche verkünden
va-tout [vatu] *m inv* ▸ **jouer son** ~ alles auf eine Karte setzen, va banque [*o* Vabanque] spielen *(geh)*
vaudeville [vodvil] *m* ❶ *(pièce de théâtre)* Boulevardstück *nt*; *(pièce chantée)* Vaudeville *nt*
❷ *(chanson)* Spottlied *nt*
vaudevillesque [vodvilɛsk] *adj* wie in einem Vaudeville; *situation* grotesk
vaudou [vodu] **I.** *m inv* Voodoo*kult* *m*
II. *adj inv culte* Voodoo-; *cérémonie* Voodoo*kult*-
vau-l'eau [volo] *adv* ▸ **aller à** ~ Schiffbruch erleiden, bachab gehen (CH)
vaurien(ne) [voRjɛ̃, jɛn] *m(f) (garnement)* Taugenichts *m (pej)*
vautour [votuR] *m* ❶ ORN Geier *m*
❷ *(exploiteur)* Aasgeier *m (fam)*
vautrer [votRe] <1> *vpr* ❶ *(s'étendre)* sich wälzen; **se** ~ **dans un fauteuil/sur un canapé** sich auf einen Sessel/ein Sofa lümmeln *(fam)*; **être vautré(e) sur la banquette** ausgestreckt auf der Bank liegen
❷ *littér (se complaire)* **se** ~ **dans l'oisiveté** Müßiggang treiben; **se** ~ **dans le vice** seinem Laster frönen
va-vite [vavit] *adv fam* ▸ **à la** ~ auf die Schnelle *(fam)*
VDQS [vedekyɛs] *m abr de* **vin délimité de qualité supérieure** Qualitätsstufe der französischen Weine
veau [vo] <x> *m* ❶ ZOOL Kalb *nt*; ~ **marin** Seehund *m*
❷ GASTR Kalb[fleisch *nt*] *nt*
❸ *(peau)* Kalb[s]leder *nt*
❹ *fam (personne)* Tranfunzel *f (fam)*
❺ *fam (voiture)* lahme Ente *(fam)*
▸ **adorer le** ~ **d'or** das Goldene Kalb anbeten; **crier** [*o* **beugler**] **comme un** ~ [**qu'on égorge**] wie am Spieß schreien [*o* brüllen]

vécés [vese] *mpl fam* Klo *nt (fam)*
vecteur [vɛktœR] *m* ❶ MATH Vektor *m*
❷ MED Überträger *m*
❸ MIL Kernwaffenträger *m*
❹ *(support)* ~ **de culture/d'information** Kultur-/Informationsträger *m*
vectoriel(le) [vɛktɔRjɛl] *adj* MATH, PHYS, INFORM *grandeur* vektoriell; *calcul, espace* Vektor-; **données** ~ **les** Vektordaten *Pl*; **graphique/programme** ~ Vektorgrafik *f*/-programm *m*
vectorisation [vɛktɔRizasjɔ̃] *f* INFORM Vektorisierung *f*
vécu [veky] *m* Erlebte(s) *nt*
vécu(e) [veky] **I.** *part passé de* **vivre**
II. *adj* ❶ *(réel)* erlebt; *histoire, aventure* wahr
❷ *(éprouvé)* selbst empfunden; *expérience* eigen
vedettariat [vədɛtaRja] *m* ❶ *(condition de vedette)* Berühmtheit *f*
❷ *(système)* Starkult *m*
vedette¹ [vədɛt] **I.** *f* ❶ *(rôle principal)* Hauptdarsteller(in) *m(f)*; **avoir** [*o* **tenir**] **la** ~ die Starrolle spielen
❷ *(artiste connu)* Star *m*; **super** ~ Topstar; **passer/se produire en** ~ **américaine** *artiste:* als Gast[künstler] *m* auftreten; *groupe:* als Vorgruppe spielen; ~ **de la chanson populaire** Schlageridol *nt*
❸ *(personnage connu) (dans le monde du sport)* Star *m*; *(dans le monde politique)* prominente Persönlichkeit
❹ *(centre de l'actualité) du journal télévisé* Thema *nt* Nummer eins, Hauptthema; **avoir** [*o* **tenir**] **la** ~ im Mittelpunkt stehen; **être en** ~ im Blickfeld sein; **mettre qn en** ~ jdn in den Vordergrund stellen; **mettre qc en** ~ etw in den Vordergrund stellen; *(en faire un gros titre)* etw in den Schlagzeilen bringen; **ravir la** ~ **à qn** jdm die Schau [*o* Show] stehlen
❺ *hum, péj (personnage mondain)* ~ **de la soirée** Partylöwe *m (pej fam)*, Salonlöwe *(pej fam)*, Gesellschaftslöwe *(pej fam)*
❻ *(mot-clé) d'une fiche, d'un catalogue, dictionnaire* Schlagwort *nt*; **être en** ~ in Fettdruck sein
II. *app* **mannequin** ~ Topmodel *nt*; **produit/émission/joueur** ~ Spitzenprodukt *nt*/-sendung *f*/-spieler *m*
vedette² [vədɛt] *f (bateau)* Schnellboot *nt*
vedettisation [vədɛtizasjɔ̃] *f* Verwandlung in einen Star
végan(e) [vegã, an] *m(f)* Veganer(in) *m(f)*
véganisme [veganizm] *m* Veganismus *m*, vegane Ernährungsweise *f*
végétal [veʒetal, o] <-**aux**> *m* Pflanze *f*
végétal(e) [veʒetal, o] <-**aux**> *adj* ❶ *(des plantes) biologie, cellules, vie* pflanzlich; *règne, fibres* Pflanzen-
❷ *(opp: animal) alimentation, produit, crin* pflanzlich; *huile, graisse* Pflanzen-
❸ *(représentant des plantes) décor, ornementation, motif* Pflanzen-
végétalien(ne) [veʒetaljɛ̃, jɛn] **I.** *adj* [streng] vegetarisch, vegan *(Fachspr.)*
II. *m(f)* Vegetarier(in) *m(f)*, Veganer(in) *m(f) (Fachspr.)*
végétalisme [veʒetalism] *m rare* Veganismus *m*
végétarien(ne) [veʒetaRjɛ̃, jɛn] **I.** *adj* [ovo-lakto-]vegetarisch
II. *m(f)* [Ovo-Lakto-]Vegetarier(in) *m(f)*
végétarisme [veʒetaRism] *m* Vegetarismus *m*
végétatif, -ive [veʒetatif, -iv] *adj* PHYSIOL vegetativ; **vie végétative** auf die vegetativen Funktionen beschränktes Leben
végétation [veʒetasjɔ̃] *f* ❶ BOT Vegetation *f*; ~ **au sol** Bodenbewuchs *m*; ~ **des fonds marins** Tiefseevegetation
❷ *pl* MED Polypen *Pl*; **opérer qn des** ~ **s** jdm die Polypen herausnehmen
végéter [veʒete] <5> *vt* ❶ *(mal pousser)* kümmerlich wachsen
❷ *(vivoter)* dahinvegetieren
❸ *(stagner) entreprise, affaire:* stagnieren
véhémence [veemãs] *f d'une discussion* Heftigkeit *f*; **protester avec** ~ mit Vehemenz protestieren
véhément(e) [veemã, ãt] *adj reproches* heftig; *discours, orateur* leidenschaftlich
véhiculaire [veikylɛR] *adj* **langue** ~ Verkehrssprache *f*
véhicule [veikyl] *m* ❶ *(moyen de transport)* Fahrzeug *nt*; ~ **à moteur/à gaz** Motor-/Gasfahrzeug; ~ **tout terrain** Geländefahrzeug; ~ **agricole** landwirtschaftliches Fahrzeug; ~ **hybride** Hybridfahrzeug; ~ **militaire** Militärfahrzeug; ~ **principal** Erstwagen *m*; ~ **solaire** Solarmobil *nt*; ~ **sous-marin** Unterwasserfahrzeug; ~ **utilitaire** Nutzfahrzeug; ~ **automoteur** motorbetriebenes [Land]fahrzeug; ~ **de transport** Transportfahrzeug, Transporter *m*; ~ **de transport pour conteneurs** Containerfahrzeug; **type de** ~ Wagenklasse *f*; **vol de** ~ Autodiebstahl *m*
❷ *(agent de transmission) d'une maladie* Überträger *m*; *d'une idéologie* Vermittler *m*; *d'une information* Übermittler *m*
❸ *(support)* Träger *m*; **le langage est le** ~ **de la pensée** die Sprache ist das Medium des Denkens
◆ ~ **follow-me** Leitfahrzeug *nt*; ~ **de tourisme** Personenwagen *m*
véhiculer [veikyle] <1> *vt* ❶ *(transporter)* fahren; befördern *marchandise, matériel*

veille [vɛj] f ❶ *(jour précédent)* Vortag *m*, vorhergehender Tag; **la ~, il fit ses valises** tags zuvor packte er seine Koffer; **la ~ au soir** am Abend vorher; **la ~ de son départ** am Tag/am Abend vor seiner/ihrer Abreise; **la ~ du mariage** am Vorabend der Hochzeit; **la ~ de Noël** am Heiligen Abend
❷ *(fait de ne pas dormir)* Wachsein *nt;* **état de ~** Wachzustand *m;* **entre la ~ et le sommeil** zwischen Wachen und Träumen
❸ *(garde de nuit)* [Nacht]wache *f;* **infirmière de ~** Nachtschwester *f*
❹ *(recherche et traitement d'informations)* **~ technologique** technologische Überwachung
❺ ELEC, INFORM [mode] **~** Bereitschaftsmodus *m;* **fonction ~** Bereitschaftsfunktion *f*
▶ **ce n'est pas demain la ~** *fam* das wird [*o* kann] noch eine Weile dauern; **à la ~ de qc** *(peu avant)* kurz vor etw *(Dat)*
veillée [veje] f ❶ *(réunion le soir)* Zusammenkunft *f* am Abend
❷ *(période)* Abend[stunden *Pl*] *m*
❸ *(action de veiller)* Wache *f;* **~ funèbre** Totenwache
◆ **~ d'armes** Vorabend *m* eines großen Tages
veiller [veje] <1> I. *vi* ❶ *(faire attention à)* **~ à qc** auf etw *(Akk)* achten; **~ aux intérêts de qn** jds Interessen wahrnehmen
❷ *(surveiller)* Wache halten; *chien de garde:* bewachen; **~ sur qn/qc** auf jdn/etw aufpassen
❸ *(ne pas dormir)* wach sein
❹ *(rester éveillé)* aufbleiben; **~ tard** lange aufbleiben
II. *vt* **~ qn** bei jdm Wache halten
veilleur [vɛjœʀ] *m* **~ de nuit** Nachtwächter *m*
veilleuse [vɛjøz] f ❶ *(petite lampe)* Nachtlicht *nt; d'une sortie de secours* Notausgangslampe *f;* **mettre la lampe en ~** das Licht herunterdimmen
❷ *pl (feu de position)* Standlicht *nt*
❸ *(flamme) d'un chauffe-eau, réchaud* Zündflamme *f;* **mettre le feu/la flamme en ~** das Feuer/die Flamme klein[er] stellen
▶ **la mettre en ~** *fam (parler moins fort)* seine Stimme dämpfen; *(parler moins)* halblang machen *(fam)*; **mettre des projets/revendications en ~** Projekte/Forderungen ruhen lassen
veinard(e) [vɛnaʀ, aʀd] *m(f) fam* Glückspilz *m (fam)*
veine [vɛn] f ❶ ANAT Vene *f*, Blutader *f;* **~ cave** Hohlvene; **~ jugulaire** Drosselvene; **~ porte** Pfortader; **s'ouvrir les ~s** sich *(Dat)* die Pulsadern aufschneiden
❷ *(inspiration)* künstlerische Ader; **écrire plusieurs romans/opéras de la même ~** mehrere Romane/Opern von der gleichen Art schreiben; **être en ~** künstlerische Eingebungen haben
❸ *fam (chance)* Schwein *nt (fam);* **avoir de la ~** Glück [*o* Schwein *fam*] haben; **tu as de la ~ que je sois de bonne humeur** du kannst von Glück reden, dass ich gut gelaunt bin; **avoir de la ~ au jeu/à un examen** Glück im Spiel/in einer Prüfung haben; **avoir de la ~ en amour** [wirklich] Glück in der Liebe haben; **c'est bien ma ~!** *iron fam* ich Unglücksrabe [*o* Pechvogel]!
❹ *(veinure)* Maserung *f*
❺ MIN Ader *f*
❻ BOT [Blatt]ader *f*
▶ **se saigner aux quatre ~s pour qn/que ses enfants puissent réussir** sich *(Dat)* für jdn jeden Bissen vom Mund absparen/jd spart sich *(Dat)* jeden Bissen vom Mund ab, damit es seine Kinder zu etwas bringen; **être en ~ de confidences** in redseliger Stimmung sein
veiné(e) [vene] *adj* ❶ *(aux veines apparentes)* geädert; *main* ad[e]rig
❷ *(avec des veinures) bois, marbre* gemasert
veineux, -euse [vɛnø, -øz] *adj* Venen-; **cathéter ~** Venenkatheter *m;* **valvule veineuse** Venenklappe *f*
veinule [venyl] *f* Äderchen *nt*
veinure [venyʀ] *f* Holzmaserung *f*
vêlage [vɛlaʒ] *m* Kalben *nt*
vélaire [velɛʀ] I. *adj* velar
II. *f* LING Velar[laut *m*] *m*
velcro® [vɛlkʀo] *m* Klettverschluss *m*
vêlement *v.* **vêlage**
vêler [vele] <1> *vi* kalben
vélin [velɛ̃] I. *m* ❶ *(papier)* Velin[papier *nt*] *nt*
❷ *(peau)* Velin *nt*
II. *app* **papier ~** Velinpapier *nt*
véliplanchiste [veliplɑ̃ʃist] *mf* [Wind]surfer(in) *m(f)*
velléitaire [veleitɛʀ] *adj* entschlusslos, willensschwach
velléité [veleite] *f (soutenu)* Anwandlung *f;* **faire taire les ~s d'indépendance de qn** jds Unabhängigkeitsbestrebungen unterbinden
vélo [velo] *m* ❶ *(bicyclette)* [Fahr]rad *nt;* **~ d'enfant** Kinderfahrrad

à ~, en ~ *fam* mit dem [Fahr]rad
❷ *(activité)* [Fahr]rad fahren *nt;* *(sport)* Radsport *m;* **faire du ~** *fam* [Fahr]rad fahren
▶ **avoir un petit ~** *fam* eine Meise haben *(fam)*
◆ **~ tout chemin** Trekkingbike *nt;* **~ tout terrain** Mountainbike *nt*
◆ **~ de course** Rennrad *nt,* Rennmaschine *f;* **~ de ville** Citybike *nt*
vélo-ball [veloball] *m sans pl* Radball *m*
véloce [velɔs] *adj littér* schnell, flink
vélocipède [velɔsipɛd] *m* ❶ *(ancêtre du vélo)* Veloziped *nt*
❷ *hum (bicyclette)* Drahtesel *m (hum)*
vélocité [velɔsite] *f* Geschwindigkeit *f*
vélocross [velokʀɔs] *m* Mountainbike *nt;* **faire du ~** Mountainbike fahren
vélodrome [velodʀom] *m* Radrennbahn *f*
vélomoteur [velomotœʀ] *m* Moped *nt,* Bike *nt*
véloski [veloski] *m* Skibob, Schibob *m*
velours [v(ə)luʀ] *m* ❶ *(tissu)* Samt *m,* Veloursstoff *m,* Velours *m;* **~ côtelé** Cord[samt] *m,* Kord[samt]; **~ frappé** strukturierter Velours[stoff]; **pantalon/veste/fauteuil en** [*o* **de**] **~** Samthose *f/*-jacke *f/*-sessel *m*
❷ *(douceur) d'une pêche, joue* weiche [*o* samtige] Beschaffenheit; **une peau/des joues de ~** samtweiche Haut/Wangen; **des yeux de ~** sanfte Rehaugen *Pl*
▶ **jouer sur le ~** lieber auf Nummer Sicher gehen *(fam)*
velouté [vəlute] *m* ❶ *(douceur) d'une peau, pêche, d'un tissu* weiche [*o* samtige] Beschaffenheit; *d'un vin* milder Geschmack; *d'un potage* Sämigkeit *f; du regard* Sanftheit *f; de la voix* Weichheit *f*
❷ *(potage)* Cremesuppe *f;* **~ d'asperges/de champignons/de tomates** Spargel-/Champignon-/Tomatencremesuppe
velouté(e) [vəlute] *adj* ❶ *(doux au toucher)* samtweich
❷ GASTR *crème* zart; *potage, sauce* sämig; *vin* mild
❸ *(d'aspect doux) teint, couleur* samtig
❹ *(doux) regard, lumière, voix* sanft
❺ TEXTIL *satin, soie* Velours-
velu(e) [vəly] *adj* behaart; *peau, fruit* flaumig; *animal, chenille* haarig
velum, vélum [velɔm] *m* Zeltdach *nt*
venaison [vənɛzɔ̃] *f* Wild[fleisch *nt*] *nt*
vénal(e) [venal, o] <-aux> *adj* käuflich; **valeur ~e** Verkaufswert *m*
vénalité [venalite] *f* Käuflichkeit *f*
venant [vənɑ̃]▶ **à tout ~** dem ersten Besten
vendable [vɑ̃dabl] *adj* verkäuflich; COM verkaufsfähig *(Fachspr.)*
vendange [vɑ̃dɑ̃ʒ] *f souvent pl* ❶ *(récolte)* Weinlese *f;* **faire les ~s** *vigneron:* Weinlese halten; *saisonnier:* Trauben lesen gehen *(fam)*
❷ *sing (raisin récolté)* Traubenernte *f*
❸ *pl (période)* Zeit *f* der Weinlese, Erntezeit

Land und Leute

Gegen Ende September beginnt in Frankreich die Weinlese. Die **vendanges** werden von Aushilfen und Saisonarbeitern durchgeführt. Die Weinlese geschieht auch heute noch hauptsächlich von Hand und nur teilweise maschinell. Das Ende der **vendanges** wird mit großen Festen gefeiert.

vendanger [vɑ̃dɑ̃ʒe] <2a> I. *vi* Trauben lesen
II. *vt* lesen *raisin, muscat;* **~ la vigne** die Rebstöcke abernten
vendangeur [vɑ̃dɑ̃ʒœʀ] *m* Weinleser *m,* Erntearbeiter *m*
vendangeuse [vɑ̃dɑ̃ʒøz] f ❶ Weinleserin *f,* Erntearbeiterin *f*
❷ *(machine)* Weinlesemaschine *f*
Vendée [vɑ̃de] *f* **la ~** die Vendée
vendéen(ne) [vɑ̃deɛ̃, ɛn] *adj* [aus] der Vendée
vendetta [vɑ̃deta, vɑ̃detta] *f* Vendetta *f,* Blutrache *f*
vendeur, -euse [vɑ̃dœʀ, -øz] I. *m, f* ❶ *(dans un magasin)* Verkäufer(in) *m(f)*
❷ *(marchand)* Händler(in) *m(f);* **~ (-euse) de légumes/de fruits/de poissons** Gemüse-/Obst-/Fischhändler(in); **~ de voitures d'occasion** Gebrauchtwagenhändler(in); **~(-euse) de journaux** Zeitungshändler(in), Zeitungsverkäufer(in) *m(f)*
❸ *(dans une entreprise)* Vertriebsreferent(in) *m(f); (de formation)* Vertriebsfachmann *m/*-frau *f*
❹ ECON, COM Verkäufer *m;* JUR Verkäufer, veräußernder Vertragspartner *m/*veräußernde Vertragspartnerin *f*
II. *adj* ❶ *(qui fait vendre)* **argument ~** verkaufsförderndes Argument; **publicité vendeuse** verkaufsfördernde Werbung
❷ *(qui vend)* **les pays ~s de pétrole** die Erdöl exportierenden Länder; **je ne suis pas ~ (-euse)** ich verkaufe nicht
vendre [vɑ̃dʀ] <14> I. *vt* ❶ COM verkaufen; **faire ~** den Absatz fördern; **~ moins cher que la concurrence** die Konkurrenz unterbieten
❷ *(être proposé à la vente)* **être à ~** *maison, terrain, tableau:* zu verkaufen sein
II. *vt* ❶ *(céder)* verkaufen; abstoßen *participations, actions;* **~ une maison à qn** jdm ein Haus verkaufen [*o* veräußern *form*], ein Haus

an jdn verkaufen [o veräußern form]; ~ qc en commission etw in Kommission verkaufen; ~ qc sous contrainte etw zwangsverkaufen; ~ qc par correspondance etw im [o über] Versandhandel verkaufen [o vertreiben]; ~ qc à crédit etw auf Teilzahlung verkaufen; ~ qc aux enchères etw versteigern; ~ qc aux enchères sous contrainte etw zwangsversteigern; ~ qc à forfait COM etw forfaitieren (Fachspr.); vendu(e) à un prix excessif BOURSE fam überverkauft (fam); vendu tel quel/vendue telle quelle JUR ≈ verkauft wie besichtigt

② péj (marchander) ~ son honneur/son âme seine Ehre/Seele verkaufen; ~ son silence/ses faveurs/ses charmes sich (Dat) sein Schweigen/seine Gunst/seine Reize Pl bezahlen lassen

③ (faire du trafic de) ~ de la drogue/des armes mit Drogen/Waffen handeln

④ fam (trahir) verpfeifen (fam)

⑤ fam (faire la promotion de) ~ sa politique/ses idées seine Politik/Ideen verkaufen; ~ son image sich gut verkaufen (fam)

III. vpr ① COM se ~ sich verkaufen lassen; se ~ bien/mal sich gut/schlecht verkaufen; se ~ à la pièce/à la douzaine/par pack stückweise/dutzendweise/im Pack verkauft werden

② (se mettre à son avantage) se ~ candidat, demandeur d'emploi: sich gut verkaufen

③ (se mettre au service de) se ~ à qn/qc sich an jdn/etw verkaufen

vendredi [vɑ̃dʀədi] m Freitag m; **Vendredi saint** Karfreitag; v. a. **dimanche**

vendu(e) [vɑ̃dy] I. part passé de **vendre**
II. adj (corrompu) gekauft
III. m(f) (personne) gekaufte Person, Verräter(in) m(f)

venelle [vənɛl] f kleine Gasse f, Gässchen nt
vénéneux, -euse [venenø, -øz] adj giftig
vénérable [veneʀabl] I. adj (respectable) ehrwürdig; âge ~ ehrwürdiges Alter
II. m (chez les francs-maçons) Logenmeister m
vénération [veneʀasjɔ̃] f Verehrung f; avoir de la ~ pour qn jdn verehren
vénérer [veneʀe] <5> vt verehren; REL in Ehren halten
vénerie [vɛnʀi] f CHASSE Hetzjagd f, Hatz f (Fachspr.)
vénérien(ne) [veneʀjɛ̃, jɛn] adj vieilli maladie ~ne Geschlechtskrankheit f
vénézolan(e) [venezɔlɑ̃, an] adj venezolanisch
Vénézolan(e) [venezɔlɑ̃, an] m(f) Venezolaner(in) m(f)
Venezuela [venezɥela] m le ~ Venezuela nt
vénézuélien(ne) [venezɥeljɛ̃, jɛn] adj venezuelisch
Vénézuélien(ne) [venezɥeljɛ̃, jɛn] m(f) Venezueler(in) m(f)
vengeance [vɑ̃ʒɑ̃s] f (action) Rache f; désir/soif de ~ Rachsucht f/Rachedurst m (geh); crier ~ littér nach Rache schreien; avide de ~ rachsüchtig, rachgierig
▶ la ~ est un plat qui se mange froid prov Rache ist süß (prov)
venger [vɑ̃ʒe] <2a> I. vt ① (réparer) personne: rächen; acte, mort: wieder gut machen
② (dédommager moralement) rächen; retten, wiederherstellen nom, mémoire
③ (constituer une compensation) ~ une victime de qc ein Opfer für etw entschädigen
II. vpr (exercer sa vengeance) se ~ de qn/qc sich an jdm/für etw rächen
vengeur, vengeresse [vɑ̃ʒœʀ, vɑ̃ʒ(ə)ʀɛs] adj voller Rachsucht (geh), rachsüchtig (geh)
véniel(le) [venjɛl] adj ① REL péché ~ lässliche Sünde
② littér (peu grave) faute, oubli verzeihlich
venimeux, -euse [vənimø, -øz] adj ① (qui a du venin) giftig; **serpent** ~ Giftschlange f
② (haineux) giftig; personne, paroles, critique boshaft
venin [vənɛ̃] m ① (poison) Gift nt
② (haine) Gift nt; cracher son ~ sein Gift verspritzen
venir [v(ə)niʀ] <9> I. vi + être ① (arriver) kommen; ~ en voiture/à bicyclette mit dem Auto/Fahrrad kommen; ~ en [o par le] train mit dem Zug kommen; ~ par l'autoroute über die Autobahn kommen; faire ~ un ami einen Freund kommen lassen; faire ~ le médecin den Arzt rufen; viens avec moi! komm mit!
② (se présenter à l'esprit) l'idée m'est venue de chercher dans ce livre mir kam die Idee in diesem Buch zu suchen; l'envie lui vint d'une petite promenade er bekam Lust auf einen kleinen Spaziergang
③ (parvenir) ~ jusqu'à qn/qc bruit, odeur: bis zu jdm/etw dringen
④ (survenir, arriver) kommen; nuit: hereinbrechen; à ~ à propos/au bon moment/mal à propos richtig/gelegen/ungelegen kommen; laisser ~ [erst mal] abwarten; prendre les choses comme elles viennent die Dinge nehmen, wie sie kommen; alors, ça vient? fam na wird's bald? (fam)
⑤ (se situer dans un classement, un ordre) kommen; une équipe vient devant/derrière une autre eine Mannschaft liegt vor/hinter einer anderen; ~ en dernier als Letzte(r, s) kommen; ~ au premier/dernier rang ganz vorn/hinten rangieren; à ~ kommend, folgend; dimanche/le mois/l'année qui vient kommenden Sonntag/Monat/kommendes Jahr

⑥ (se développer) ~ bien/mal plante: gut/schlecht wachsen; des boutons/rougeurs lui viennent sur tout le corps er bekommt am ganzen Körper Pickel/Rötungen

⑦ (étendre ses limites) ~ jusqu'à qc bis zu etw gehen, bis an etw (Akk) reichen; l'eau leur vient [jusqu']aux genoux das Wasser reicht [o geht] ihnen bis an die Knie (Akk)

⑧ (provenir) ~ d'Angleterre/de l'ouest/d'un milieu favorisé aus England/dem Westen/einem bevorzugten Milieu kommen [o stammen]; ~ du latin/grec mot, terme: aus dem Lateinischen/Griechischen kommen [o stammen]

⑨ (être donné par) ce mobilier lui vient de sa mère die Möbel sind [o die Möbel hat er/sie] von seiner/ihrer Mutter

⑩ (découler, être la conséquence) ~ de qc von etw kommen; cela vient de ton imprudence das kommt von deiner Unvorsichtigkeit; ces troubles viennent du foie diese Beschwerden kommen von der Leber; cela vient de ce [o du fait] qu'il ne boit pas assez das kommt daher, dass er nicht genug trinkt

⑪ (attirer) faire ~ les touristes/fourmis Touristen/Ameisen anlocken

⑫ (être poussé à) elle en vint à penser qu'il [le] faisait exprès sie fing [langsam] an zu glauben, dass er es absichtlich tat; j'en viens à douter de son sérieux ich fange [langsam] an seine/ihre Ernsthaftigkeit anzuzweifeln

⑬ (aboutir à) j'en viens au thème de ma conférence/à la conclusion ich komme [schließlich] zum Thema meines Vortrags/zum Ende; où veut-il en ~? worauf will er hinaus?

II. aux + être ① (se déplacer pour) je viens manger ich komme essen; tu viens prendre un verre? kommst du auf ein Glas?; je viens chercher un renseignement ich komme wegen einer Auskunft; quand viendras-tu nous voir? wann kommst du uns besuchen?

② (intervenir) espérons qu'aucun contretemps ne viendra perturber la manifestation hoffen wir, dass uns [bei unserer Kundgebung] keine widrigen Umstände dazwischenkommen; la crise est venue bouleverser toutes les prévisions die Krise hat alle Vorhersagen umgeworfen

③ (avoir juste fini) je viens [juste/à peine] d'avoir fini ich habe gerade aufgehört

④ (être conduit à) s'il venait à se perdre/à passer par là wenn er sich verirren/hier vorbeikommen sollte

III. vi impers + être ① il viendra un temps où es wird eine Zeit kommen, wo

② (provenir) de là vient que + indic daher kommt es, dass; d'où vient que ...? + indic wie kommt es, dass ...?

Venise [vəniz] Venedig nt
vénitien(ne) [venisjɛ̃, jɛn] adj venezianisch; blond ~ rotblond
Vénitien(ne) [venisjɛ̃, jɛn] m(f) Venezianer(in) m(f)
vent [vɑ̃] m ① Wind m; un souffle de ~ ein leichter Windhauch; moulin à ~ Windmühle f; ~ du nord/d'est/de nord-est Nord-/Ost-/Nordostwind; ~ de terre/de mer NAUT ab-/auflandiger Wind; ~ de face Fahrwind; il y a [o il fait] du ~ es ist windig; avoir le ~ dans le dos Rückenwind haben; le ~ se lève es kommt Wind auf; le ~ tombe der Wind legt sich; le ~ tourne der Wind dreht; être exposé(e) au ~ dem Wind ausgesetzt sein; flotter/voler au ~ im Wind flattern/fliegen; de [o en] plein ~ ganz dem Wind ausgesetzt; arbre, maison frei stehend; aux quatre ~s (dispersé) in alle Winde; (ouvert) nach allen Seiten; à tous les ~s bei Wind und Wetter

② (courant d'air) Luftzug m; le ventilateur fait du ~ der Ventilator bringt etwas Luft; instrument à ~ Blasinstrument nt

③ euph (pet) [Darm]wind m; lâcher un ~ einen Darmwind entweichen lassen

④ fig un ~ de haine/révolte eine Welle des Hasses/der Empörung; un ~ de folie souffle sur le pays der Wahnsinn packt das Land

⑤ (tendance) le ~ est à l'optimisme/au pessimisme die Stimmung ist von Optimismus/Pessimismus gekennzeichnet; le ~ est à la révolte es liegt Aufruhr in der Luft; prendre le ~ die Lage sondieren; dans le ~ in Mode

⑥ NAUT naviguer ~ debout mit Gegenwind fahren; avoir le ~ en poupe mit dem Wind segeln, vor dem Wind segeln (Fachspr.); avoir le ~ contraire gegen den Wind segeln, [dicht] am Wind segeln (Fachspr.)

⑦ ASTRON ~ solaire Sonnenwind m

▶ il fait un ~ à décorner les bœufs fam es stürmt wie verrückt (fam); faire qc contre ~ s et marées etw gegen heftigsten Widerstand tun; avoir le ~ en poupe (connaître le succès) eine Glückssträhne haben; qui sème le ~ récolte la tempête prov wer Wind sät, wird Sturm ernten (prov); elle est partie, bon ~! sie ist weg;

Gott sei Dank!; quel bon ~ vous/t'amène? *hum* was verschafft mir die Ehre [Ihres/deines Besuchs]? *(hum)*; avoir eu ~ de qc Wind von etw bekommen haben *(fam)*; autant en emporte le ~ *prov* alles [*o* das] ist vom Winde verweht; c'est du ~, ce n'est que du ~ das ist alles nur heiße Luft [*o* leeres Gerede]; sentir le ~ tourner einen Umschwung spüren; le ~ tourne *(la situation change)* die Dinge nehmen einen anderen [Ver]lauf; allez, du ~! *fam* los, hau/haut ab! *(fam)*

vente [vɑ̃t] *f* ❶ *(fait de vendre)* Verkauf *m;* JUR Veräußerung *f (Fachspr.);* être en ~ libre im freien Verkauf erhältlich sein; être retiré(e) de la ~ aus dem Handel gezogen werden; les vignettes auto sont en ~ en novembre die Vignetten sind ab November im Handel erhältlich; mettre qc en ~ *(vendre)* etw verkaufen, etw zum Verkauf anbieten; *(commercialiser)* etw auf den Markt bringen; ~ à emporter Straßenverkauf; JUR Handkauf *m (Fachspr.);* ~ d'articles bradés Ramschverkauf; ~ commissionnée [*o* en commission] [*o* sur commission] Kommissionsverkauf, Verkauf auf Kommissionsbasis; ~ directe Direktverkauf; JUR Direktgeschäft *nt (Fachspr.);* ~ directe à l'usine Fabrikverkauf; ~ directe d'une émission d'actions freihändiger Verkauf einer Emission *(Fachspr.);* ~ fictive Scheinverkauf; ~ forcée COM Notverkauf, Zwangsverkauf; BOURSE ~ Selbsthilfeverkauf; ~s industrielles Industrievertrieb *m;* ~s intérieures Inlandsabsatz *m;* ~ spécifiée ECON Spezifikationskauf; ~ flash *kurzfristig angesetzte Schleuderpreisaktion in Supermärkten;* ~ par adjudication Versteigerung *f;* ~ à distance JUR Distanzgeschäft *(Fachspr.);* ~ d'un/du bâtiment Gebäudeveräußerung; ~ d'entreprise Betriebsveräußerung; ~ d'un/du terrain Grundstücksveräußerung; ~ avec droit de restitution Verkauf mit Rückgaberecht; ~ suite à un vent de panique BOURSE Panikverkauf; acte/promesse de ~ Kaufakt *m/*-versprechen *nt*

❷ *(article vendu)* dix meilleures ~s Topten *Pl,* Top Ten *Pl*

❸ *(fait d'écouler)* Verkauf *m*

❹ *(service)* Vertrieb *m*

❺ *(métier)* Verkauf *m*

❻ *pl (chiffre d'affaires)* Umsatz *m,* Geschäft *nt;* ~s de Noël Weihnachtsgeschäft; ~ à l'étranger Auslandsabsatz *m;* ~s brutes Bruttoumsatzerlös *m;* ~s directes Direktabsatz *m;* ~s élevées hoher Absatz

❼ *(vente aux enchères)* Versteigerung *f*

◆ ~ à crédit Verkauf *m* auf Teilzahlung, Abzahlungsgeschäft *nt;* ~ à découvert BOURSE Leerverkauf *m (Fachspr.);* ~ au détail Einzelhandel *m;* ~ à domicile Haustürverkauf *m;* ~ aux enchères Versteigerung *f,* Auktion *f;* ~ aux enchères d'œuvres d'art Kunstauktion; achat effectué lors de la/d'une ~ aux enchères Versteigerungskauf *m;* ~ à l'essai Verkauf *m* auf Probe; ~ à forfait COM, JUR Forfaitierung *f;* ~ à la sauvette nicht angemeldeter Straßenverkauf, Schwarzhandel *m;* ~ à spécification FIN Bestimmungskauf *m;* ~ à tempérament Verkauf *m* auf Teilzahlung, Abzahlungsgeschäft *nt,* Teilzahlungsgeschäft *nt;* ~ à terme BOURSE Terminverkauf *m;* ~ de charité *(action)* Wohltätigkeitsverkauf *m; (réunion)* Wohltätigkeitsbasar *m;* ~ de couverture FIN Deckungsverkauf *m;* ~s d'usine Fabrikabsatz *m;* ~ en consignation ECON Konsignationsgeschäft *nt (Fachspr.);* ~ en masse Massenverkauf *m;* ~ par correspondance Versandhandel *m;* ~ de livres par correspondance Versandbuchhandel *m;* ~ par Internet E-Commerce *m,* Verkauf *m* per Internet; ~ par quote-part JUR Bruchteilsveräußerung *f;* ~ sur échantillon Verkauf *m* nach Muster; ~ sur saisie Pfandverkauf *m*

venté(e) [vɑ̃te] *adj* windig

vente-liquidation [vɑ̃tlikidasjɔ̃] <ventes-liquidations> *f* JUR, ECON Liquidationsverkauf *m (Fachspr.)*

venter [vɑ̃te] <1> *vi impers* il vente es windet, es ist windig; qu'il pleuve ou qu'il vente bei Wind und Wetter

venteux, -euse [vɑ̃tø, -øz] *adj* windig

ventilateur [vɑ̃tilatœʀ] *m* Ventilator *m; (dans un ordinateur)* Lüfter *m*

ventilation [vɑ̃tilasjɔ̃] *f* ❶ *(aération)* [Be]lüftung *f*

❷ *(répartition) du courrier* Verteilung *f; des dépenses, crédits* Verteilung, Aufschlüsselung *f*

❸ ANAT, MED ~ pulmonaire Belüftung *f* der Lungen, Ventilation *f (Fachspr.);* pour une bonne ~ pulmonaire um richtig durchzuatmen

◆ ~ des coûts [*o* frais] ECON Kostenverteilung *f,* Kostenaufgliederung *f,* Kostenaufschlüsselung *f*

ventiler [vɑ̃tile] <1> *vt* ❶ *(aérer)* [be]lüften *pièce*

❷ *(répartir)* ~ des dépenses sur plusieurs mois die Ausgaben auf mehrere Monate verteilen

ventilo *abr de* **ventilateur**

ventouse [vɑ̃tuz] *f* ❶ *(dispositif) (adhésif)* Saugfuß *m; (aspirant)* Gummisauger *m,* Saugglocke *f;* crochet à ~ Hafthaken *m;* fléchette à ~ Haftpfeil *m;* faire ~ sich festsaugen

❷ ZOOL Saugorgan *nt,* Saugnapf *m;* BOT Haftwurzel *f*

❸ MED Schröpfkopf *m;* ~ obstétricale Saugglocke *f*

ventral(e) [vɑ̃tʀal, o] <-aux> *adj* Bauch-; position ~e Bauchlage *f;* douleurs ~es Bauchschmerzen *Pl;* ceinture ~e Beckengurt *m;* parachute ~ Brustfallschirm *m;* rouleau ~ Rollsprung *m*

ventre [vɑ̃tʀ] *m* ❶ Bauch *m;* avoir mal au ~ Bauchschmerzen *Pl* haben; avoir le ~ creux [*o* vide]/plein einen leeren/vollen Bauch haben; avoir du ~ einen Bauch haben; perdre son ~ abnehmen; prendre du ~ Bauch ansetzen; se remplir le ~ sich *(Dat)* den Bauch vollschlagen; être [encore] dans le ~ de sa mère *hum* noch nicht auf der Welt sein; dormir sur le ~ auf dem Bauch schlafen, in Bauchlage *(Dat)* schlafen

❷ *(partie intérieure) de la terre, d'un volcan* Innere(s) *nt; d'un navire* Bauch *m;* ~ du bateau Schiffsbauch

❸ *(partie bombée) d'une bouteille, cruche* Bauch *m*

▶ ~ affamé n'a pas d'oreilles *prov* einem hungrigen Magen ist schlecht predigen *(prov);* courir ~ à terre wie der Blitz rennen *(fam);* être/se mettre à plat ~ auf dem Bauch liegen/sich auf den Bauch legen; être/se mettre à plat ~ devant qn vor jdm auf dem Bauch kriechen [*o* liegen] *(fam);* avoir quelque chose dans le ~ etwas draufhaben *(fam);* passer [*o* marcher] sur le ~ de qn rücksichtslos über jdn hinweggehen; il faudra me passer sur le ~ nur über meine Leiche *(fam);* taper sur le ~ de qn *fam* mit jdm dick befreundet sein; la peur/rage au ~ angsterfüllt/wutentbrannt, mit Angst/Wut im Bauch *(fam)*

ventrée [vɑ̃tʀe] *f fam* s'en mettre une ~ sich *(Dat)* eine ordentliche Portion nehmen, ordentlich zulangen *(fam)*

ventriculaire [vɑ̃tʀikylɛʀ] *adj* ventrikulär

ventricule [vɑ̃tʀikyl] *m* Kammer *f,* Ventrikel *m (Fachspr.);* ~ droit/gauche rechte/linke Herzkammer

ventrière [vɑ̃tʀijɛʀ] *f (pièce de toile)* Bauchgurt *m*

ventriloque [vɑ̃tʀilɔk] I. *adj* un homme/une femme ~ ein Bauchredner *m/*eine Bauchrednerin; être ~ bauchreden können

II. *mf* Bauchredner(in) *m(f)*

ventripotent(e) [vɑ̃tʀipɔtɑ̃, ɑ̃t] *adj* dickbäuchig

ventru(e) [vɑ̃tʀy] *adj personne* dickbäuchig; *cruche* bauchig

venu [v(ə)ny] *m* dernier ~ Letztgekommene(r) *m;* nouveau ~ Neuankömmling *m; (débutant)* Neuling *m;* le premier ~ der erste Beste, der Erstbeste

venu(e) [v(ə)ny] I. *part passé de* **venir**

II. *adj* bien/mal ~(e) angebracht/unangebracht; *(bien/mal développé)* gut/schlecht gediehen; être mal ~(e) de faire qc es gerade nötig haben etw zu tun *(pej)*

venue [v(ə)ny] *f* ❶ *(personne)* dernière ~ Letztgekommene *f;* nouvelle ~ Neuankömmling *m; (débutante)* Neuling *m;* la première ~ die erste Beste, die Erstbeste

❷ *(arrivée)* Kommen *nt;* avant ta ~ au monde vor deiner Geburt; attendre la ~ de qn/qc auf jdn/etw warten; la ~ du printemps das Frühling

Vénus [venys] *f* Venus *f*

vépéciste [vepesist] *mf* Versandhaus *nt*

vêpres [vɛpʀ] *fpl* REL Vesper *f*

ver [vɛʀ] *m* Wurm *m; (dans la nourriture)* Wurm, Made *f;* ~ blanc Engerling *m;* ~ luisant Leuchtkäfer *m,* Glühwürmchen *nt (fam);* ~ solitaire Bandwurm *m;* être mangé(e) [*o* piqué(e)] aux ~s *bois:* wurmstichig sein; *fruit:* wurmig [*o* madig] sein

▶ le ~ est dans le fruit da ist der Wurm drin *(fam);* tirer les ~s du nez à qn jdm die Würmer aus der Nase ziehen *(fam);* nu(e) comme un ~ *fam* splitternackt *(fam);* pas piqué(e) des ~s *fam* astrein *(fam)*

◆ ~ de fumier PECHE Mistwurm *m;* ~ de rosée PECHE Tauwurm *m;* ~ à soie Seidenraupe *f;* ~ de terre Regenwurm *m;* ~ de vase Wattwurm *m,* Köderwurm *m*

véracité [veʀasite] *f d'une information, d'un fait* Richtigkeit *f; d'un témoignage* Richtigkeit, Wahrheit *f;* degré de ~ Wahrheitsgehalt *m*

véranda [veʀɑ̃da] *f* Veranda *f*

verbal(e) [vɛʀbal, o] <-aux> *adj* ❶ *récit, accord* mündlich; promesse mündlich [gegeben]; ce n'est qu'une promesse ~e *péj* das sind nur leere Versprechungen *(pej)*

❷ *(constitué de mots)* expression ~e sprachlicher Ausdruck; violence ~e verbale Gewalt

❸ GRAM adjectif ~ Verbaladjektiv *nt;* terminaison ~e Verb-Endung *f;* locution ~e verbale Wendung

verbalement [vɛʀbalmɑ̃] *adv* ❶ *(oralement)* mündlich

❷ *(par des mots)* mit Worten, verbal

verbalisation [vɛʀbalizasjɔ̃] *f* ❶ *par un agent de police* gebührenpflichtige Verwarnung *f*

❷ PSYCH Verbalisieren *nt*

verbaliser [vɛʀbalize] <1> I. *vi* ~ contre qn jdn gebührenpflichtig verwarnen; se faire ~ gebührenpflichtig verwarnt werden

II. *vt* ❶ PSYCH in Worte fassen, verbalisieren *(geh)*

❷ *fam (mettre une contravention)* ~ qn jdm einen Strafzettel verpassen *(fam)*

verbalisme [vɛʀbalism] *m péj* Phrasendrescherei *f,* leeres Gerede

verbatim [vɛʀbatim] **I.** *adv* wörtlich **II.** *m* wortwörtlicher Bericht *m*
verbe [vɛʀb] *m* ❶ GRAM Verb *nt*, Zeitwort *nt*, Tätigkeitswort; **~ d'action** Vollverb
❷ BIBL **le Verbe** das Wort
❸ *littér (parole)* Sprache *f*, Wort *nt*
▶ **avoir le ~ haut** *(parler fort)* laut sprechen; *(être arrogant)* das große Wort führen
verbeux, -euse [vɛʀbø, -øz] *adj commentaire* wortreich; *style* weitschweifig
verbiage [vɛʀbjaʒ] *m péj* leeres Gerede *(pej)*
verbosité [vɛʀbozite] *f* Weitschweifigkeit *f*
verdâtre [vɛʀdɑtʀ] *adj* grünlich; *teint* fahl
verdeur [vɛʀdœʀ] *f* ❶ *d'un propos* Deftigkeit *f*
❷ *(vigueur) d'un vieillard* Rüstigkeit *f*
❸ *(manque de maturité) d'un fruit, vin* Herbheit *f*; *(acidité)* Säure *f*
verdict [vɛʀdikt] *m* Urteil *nt*, Urteilsspruch *m*, Rechtsspruch, Verdikt *nt (geh)*; **des jurés** Spruch der Geschworenen; **d'acquittement** Freispruch; **rendre/prononcer/lever un ~** ein Urteil fällen/verkünden/aufheben
verdier [vɛʀdje] *m* ZOOL Grünfink *m*
verdir [vɛʀdiʀ] <8> **I.** *vi* ❶ *(devenir vert)* nature, arbre, campagne: grün werden, grünen
❷ *(pâlir)* **~ de fureur/dégoût** personne: vor Wut/Ekel *(Dat)* bleich *[o* blass*]* werden
II. *vt* grün färben
verdoiement [vɛʀdwamɑ̃] *m* Grünen *nt*
verdoyant(e) [vɛʀdwajɑ̃, jɑ̃t] *adj* [satt]grün
verdoyer [vɛʀdwaje] <6> *vi (être vert)* grün leuchten; *(devenir vert)* grünen
verdunisation [vɛʀdynizasjɔ̃] *f* TECH des eaux Chlorieren *nt*
verdure [vɛʀdyʀ] *f* ❶ *(végétation)* Grün *nt*; **rechercher un peu de ~** ein Stück grüne Natur suchen; **faire un tapis/écran de ~** einen grünen Teppich/eine grüne Wand bilden
❷ *(légumes)* Grüne(s) *nt*; **manger de la ~** Grünes essen
❸ *(couleur)* Grün *nt*
véreux, -euse [veʀø, -øz] *adj* ❶ *(mangé par un ver) fruit* wurmig, madig
❷ *(louche) personne* zwielichtig; *affaire* anrüchig, zweifelhaft
verge [vɛʀʒ] *f* ❶ ANAT [männliches] Glied
❷ *(baguette)* Stock *m*
▶ **donner [à qn] des ~s pour se faire battre** *[o* **fouetter**] sich *(Dat)* sein eigenes Grab schaufeln
vergé(e) [vɛʀʒe] *adj* **papier ~** Papier mit Wasserzeichen
verger [vɛʀʒe] *m* Obstgarten *m*; *(plantation)* Obstplantage *f*
vergeté(e) [vɛʀʒəte] *adj* **avoir le ventre ~** den Bauch voller Schwangerschaftsstreifen haben
vergeture [vɛʀʒətyʀ] *f* Schwangerschaftsstreifen *m*
verglaçant(e) [vɛʀglasɑ̃, ɑ̃t] *adj* **pluie ~e** überfrierende Nässe
verglacé(e) [vɛʀglase] *adj* vereist; **route ~e** vereiste Fahrbahn
verglacer [vɛʀglase] <2> *vi impers* **ça verglace** es bildet sich Glatteis
verglas [vɛʀglɑ] *m* Glatteis *nt*
vergogne [vɛʀgɔɲ] *f* **sans ~** *(sans scrupule)* schamlos; *(sans pudeur)* ungeniert, ohne Scham
vergue [vɛʀg] *f* Rah[e] *f*
véridique [veʀidik] *adj information* wahrheitsgetreu; *histoire, témoignage* wahr; *amour, repentir* aufrichtig, ehrlich
vérifiable [veʀifjabl] *adj* überprüfbar, nachprüfbar
vérificateur [veʀifikatœʀ] *m* ❶ Prüfer *m*, Kontrolleur *m*; **~ des poids et mesures** Eichbeamte(r) *m*; **~ des comptes** Abschlussprüfer *m*; **~ des coûts** JUR Kostenrevisor *m*
❷ INFORM **~ orthographique** Rechtschreibkontrolle *f*, Rechtschreib[prüf]programm *nt*
vérificateur-étalon [veʀifikatœʀetalɔ̃] <vérificateurs-étalons> *m* Präzisionsmessgerät *nt*
vérificatif, -ive [veʀifikatif, -iv] *adj* überprüfend; **calcul ~** Proberechnung *f*, Probe *f*
vérification [veʀifikasjɔ̃] *f* ❶ *(contrôle)* Überprüfung *f*, Kontrolle *f*, Prüfung *f*; **~ automatique** INFORM automatische Prüfung; **à des fins de ~** zu Prüfzwecken; **~ faite** nach erfolgter Prüfung
❷ MATH Gegenprobe *f*
❸ JUR, FIN Verifikation *f (Fachspr.)*; **d'un bilan** Prüfung *f*; **de l'évidence d'une preuve** Offensichtlichkeitsprüfung *(Fachspr.)*; **~ final des comptes** Abschlussprüfung
❹ *(confirmation)* Bestätigung *f*
◆ **à rebours** FIN Buchungskontrolle *f*
◆ **d'authenticité** Echtheitsprüfung *f*; **de la caisse** Kassenprüfung *f*; **d'identité** Überprüfung *f* der Personalien; **~ de routine** Routineüberprüfung *f*
vérificatrice [veʀifikatʀis] *f* Prüferin *f*, Kontrolleurin *f*; **~ des poids et mesures** Eichbeamtin *f*; **~ des comptes** Abschlussprüfe-

rin *f*; **~ des coûts** JUR Kostenrevisorin *f*
vérifier [veʀifje] <1> **I.** *vt* ❶ *(contrôler)* überprüfen; **~ que/si le gaz est fermé** überprüfen *[o* kontrollieren], ob das Gas abgestellt ist; **~ le numéro de téléphone dans le carnet d'adresse** die Telefonnummer im Adressbuch nachschlagen; **devant être vérifié(e)** JUR prüfungspflichtig
❷ *(confirmer)* bestätigen *prévision, théorie*
II. *vpr* **se ~ *prévision, soupçon, crainte*:** sich bewahrheiten, sich bestätigen; *théorie*: sich bestätigen
vérifieur, -euse [veʀifjœʀ, -jøz] *m*, *f* Kontrolleur(in) *m(f)*
vérin [veʀɛ̃] *m* Winde *f*; **~ hydraulique/pneumatique** hydraulischer/pneumatischer Hebebock; **~ à vis** Schraubenwinde
véritable [veʀitabl] *adj* ❶ *(réel)* wirklich *attr*; **aimer d'un amour ~** aufrichtig lieben; **éprouver une ~ joie à apprendre qc** sich aufrichtig freuen etw zu erfahren
❷ *antéposé (vrai) nom, raison* richtig *attr*, wahr *attr*; **tu ne le connais pas sous son ~ jour** du weißt nicht, wie er wirklich ist; **c'est une ~ folie** das ist ja echter Wahnsinn *(fam)*
❸ *postposé (authentique) cuir, or, perles* echt
véritablement [veʀitabləmɑ̃] *adv* ❶ *(effectivement)* wirklich; *(vraiment)* wirklich, ehrlich; **être ~ fatigué(e)** wirklich müde sein
❷ *(à proprement parler)* eigentlich
vérité [veʀite] **I.** *f* ❶ Wahrheit *f*; **~ première** Grundwahrheit
❷ *sans pl (caractère réel) d'une information, d'un principe* Richtigkeit *f*; **~ du bilan** JUR Bilanzwahrheit *f*; **pratiquer la ~ des prix** eine ehrliche Preispolitik machen; **c'est la ~ vraie** *fam* das ist die reine Wahrheit
❸ *sans pl (connaissance du vrai)* Wahrheit *f*
❹ *sans pl (réalisme)* Wirklichkeitstreue *f*, Realismus *m*
❺ *sans pl (sincérité)* Aufrichtigkeit *f*
▶ **la ~ sort de la bouche des enfants** *prov* Kinder und Narren sprechen die Wahrheit *(prov)*; **toute ~ n'est pas bonne à dire** *prov* ≈ die Wahrheit bleibt manchmal besser unausgesprochen; **être criant(e) de ~** lebensecht sein; **il n'y a que la ~ qui blesse** *prov* getroffene Hunde bellen *(prov)*; **dire** *[o* **sortir** *fam* **] à qn ses quatre ~s** jdm gehörig die Meinung sagen *[o* geigen *sl*]; **à chacun sa ~** *prov* jeder sieht die Dinge auf seine Art; **à la ~** ehrlich gesagt; **en ~** eigentlich; **heure/minute de ~** Stunde/Minute der Wahrheit
II. *app cinéma, roman, théâtre* realistisch
◆ **~ de La Palice** Binsenwahrheit *f*, Binsenweisheit *f*
verjus [vɛʀʒy] *m* Saft *m* von unreifen/sauren Trauben
verlan [vɛʀlɑ̃] *m* Art Geheimsprache, in der die Silben gewisser Wörter in umgekehrter Reihenfolge gesprochen werden
vermeil [vɛʀmɛj] *m* vergoldetes Silber, Vermeil *nt*
vermeil(le) [vɛʀmɛj] *adj* [leuchtend] rot; **bouche ~le** Kirschenmund *m*
vermicelle [vɛʀmisɛl] *m* Suppennudel *f*, Fadennudel *f*; **soupe au ~** Nudelsuppe *f*
vermiculaire [vɛʀmikylɛʀ] *adj* ANAT **appendice ~** Wurmfortsatz *m*, Blinddarm *m (fam)*
vermifuge [vɛʀmifyʒ] **I.** *adj* **remède ~** Mittel *nt* gegen Würmer
II. *m* Wurmmittel *nt*
vermillon [vɛʀmijɔ̃] **I.** *adj inv* zinnoberrot
II. *m* ❶ *(couleur)* Zinnoberrot *nt*
❷ MINER Zinnober *m*
vermine [vɛʀmin] *f* ❶ *sans pl (parasites)* Ungeziefer *nt*
❷ *sans pl (racaille)* Gesindel *nt (pej)*, Abschaum *m (pej)*
vermisseau [vɛʀmiso] <x> *m* Würmchen *nt*, kleiner Wurm
vermoulu(e) [vɛʀmuly] *adj* ❶ *(mangé par les vers) bois, meuble* wurmstichig, von Würmern zerfressen
❷ *(en piteux état)* im Verfall begriffen
vermoulure [vɛʀmulyʀ] *f* [Holz]wurmloch *nt*
vermout[h] [vɛʀmut] *m* Wermut[wein] *m*
vernaculaire [vɛʀnakylɛʀ] *adj* ❶ *(du pays)* Landes-
❷ LING Vernakular- *(Fachspr.)*; **langue ~** Regionalsprache *f*
vernal(e) [vɛʀnal, o] <-aux> *adj* ❶ *(de printemps)* Frühlings-
❷ ASTRON **équinoxe ~** Frühjahrs-Tagundnachtgleiche *f*
verni(e) [vɛʀni] *adj* ❶ *ongles, bois* lackiert; *peinture* gefirnisst; **chaussures/bottes ~es** Lackschuhe *Pl*/-stiefel *Pl*; **ceinture ~e** Lackgürtel *m*; **entretien du bois ~** Lackpflege *f*
❷ *fam (chanceux)* **on peut dire qu'il est ~** der hat vielleicht ein Glück *(fam)*
vernier [vɛʀnje] *m* TECH Nonius *m*
vernir [vɛʀniʀ] <8> **I.** *vt* lackieren *ongles, bois*; firnissen *peinture*
II. *vpr* **se ~ les ongles** sich *(Dat)* die Nägel lackieren
vernis [vɛʀni] *m* ❶ *(pour le bois)* Lack *m*; *(pour la poterie)* Glasur *f*; *(pour la peinture)* Firnis *m*
❷ *(aspect brillant)* Glanz *m*
❸ *(façade)* Fassade *f*; **si tu grattes le ~ ...** wenn du hinter die Fassade schaust, ...
◆ **à ongles** Nagellack *m*; *(servant de base)* Unterlack; *(servant de dernière couche)* Überlack

vernissage [vɛʀnisaʒ] *m* ❶ *(action d'enduire)* Lackieren *nt*; *d'une poterie* Glasieren *nt*; *d'une peinture* Firnissen *nt*
❷ *(inauguration)* Eröffnung *f*, Vernissage *f (geh)*
vernissé(e) [vɛʀnise] *adj* ❶ *(verni)* glasiert
❷ *(brillant)* glänzend
vernisser [vɛʀnise] <1> *vt* glasieren
vernisseur, -euse [vɛʀnisœʀ, -øz] *m, f* Lackierer(in) *m(f)*
vérole [veʀɔl] *f fam* Syphilis *f*; **petite ~** Pocken *Pl*, Blattern *Pl*
vérolé(e) [veʀɔle] **I.** *adj* ❶ *fam (syphilitique)* syphiliskrank
❷ INFORM fehlerhaft
II. *m(f) fam* Syphilitiker(in) *m(f)*
véronique [veʀɔnik] *f* BOT Männertreu *f*
verrat [vɛʀa] *m* Zuchteber *m*
verre [vɛʀ] *m* ❶ *(matière)* Glas *nt kein Pl*; **~ armé/blindé** Draht-/Panzerglas; **~ dépoli** Milchglas; **~ blanc** einfaches Glas; **~ feuilleté** Verbundglas; **~ cathédrale** Kathedralglas; **comme du ~** [zerbrechlich] wie Glas
❷ *(récipient)* Glas *nt*; **~ à bière/à eau/à vin** Bier-/Wasser-/Weinglas; **~ ballon** bauchiges [Rotwein]glas; **~ en cristal** Kristallglas; **lever son ~** sein Glas erheben
❸ *(contenu)* Glas *nt*; **deux ~s de vin/lait/cognac** zwei Glas [*o* Gläser] Wein/Milch/Kognac; **~ de bienvenue** Begrüßungstrunk *m*; **dernier ~** Absacker *m (fam)*; **prendre un ~** ein Gläschen trinken *(fam)*; **je vous paie un ~?** darf ich Sie zu einem Glas einladen?
❹ *(objet) d'une montre, lampe, d'un réveil* Glas *nt*; OPT [Brillen]glas *nt*; **~s progressifs** Bifokalgläser *Pl*; **~s incassables** Kunststoffgläser *Pl*; **porter des ~s** [**correcteurs**] eine Brille tragen; **sous ~** unter [*o* hinter] Glas
▶ **se noyer dans un ~ d'eau** sich sehr ungeschickt anstellen; **avoir un ~ dans le nez** angeheitert sein; **être toujours entre deux ~s** *fam* an der Flasche hängen *(fam)*; **qui casse les ~s les paie** *prov* wer den Schaden anrichtet, muss dafür aufkommen
◆ **~ de contact** Kontaktlinse *f*; **~ à dents** Zahnputzglas *nt*, Zahnputzbecher *m*; **~ à moutarde** [einfaches] Gebrauchsglas; **~ à pied** Stielglas *nt*; **~ à vitre** Fensterglas *nt*; **~ de sécurité** Sicherheitsglas *nt*, bruchsicheres Glas
verrée [vɛʀe] *f* CH *(vin d'honneur)* Empfang *m*
verrerie [vɛʀʀi] *f* ❶ *(fabrication)* Glasherstellung *f*
❷ *(objet)* Glas *nt kein Pl*, Glaswaren *Pl*
❸ *(fabrique)* Glashütte *f*; *(artisanale)* Glasbläserei *f*
verrier [vɛʀje] **I.** *adj artisan ~ (souffleur)* Glasbläser *m*
II. *m (peintre)* Glasmaler *m*; *(ouvrier)* Glaswerker *m*
verrière [vɛʀjɛʀ] *f* ❶ *(toit)* Glasdach *nt*
❷ *(paroi)* Glaswand *f*
verroterie [vɛʀɔtʀi] *f* Glasschmuck *m*
verrou [vɛʀu] *m* ❶ *(loquet)* Riegel *m*
❷ *(serrure)* Schloss *nt*
❸ MIL, FBALL Riegel *m*; POL, ECON Hürde *f*, Hindernis *nt*
▶ **sous les ~s** hinter Schloss und Riegel
verrouillage [vɛʀujaʒ] *m* ❶ *(fermeture)* Verriegelung *f*; *d'un ordinateur* Sperren *nt*; **~ central** [*o* **centralisé**] Zentralverriegelung *f*
❷ *(blocage)* Blockade *f*
❸ *(protection mécanique) d'une disquette* Schreibschutz *m*
verrouiller [vɛʀuje] <1> **I.** *vt* ❶ *(fermer)* verriegeln
❷ POL, FBALL *(bloquer)* blockieren; MIL abriegeln
❸ INFORM *(protéger)* durch Code [*o* Kode] sperren *disquette*; **~ la mémoire d'un ordinateur** den Zugang zum Speicher eines Rechners sperren
II. *vpr* **se ~ chez soi** sich zu Hause einschließen
verrue [vɛʀy] *f* ❶ MED Warze *f*
❷ *littér (bâtiment)* Schandfleck *m*
verruqueux, -euse [vɛʀykø, -øz] *adj excroissance* warzenartig; *peau* warzig
vers[1] [vɛʀ] *prép* ❶ *(en direction de)* **~ qn/qc** auf jdn/etw zu, zu jdm/etw hin; **~ le sud** nach [*o* in Richtung] Süden, südwärts; **tendre la main ~ qn** jdm die Hand hinstrecken; **se tourner ~ qn/qc** sich jdm/etw zuwenden, sich zu jdm/etw hinwenden; **~ une résolution du conflit** auf dem Weg zu einer Konfliktlösung
❷ *(aux environs de) (lieu)* bei; *(temps)* gegen, etwa um; **~ Montpellier** bei [*o* in der Nähe von] Montpellier; **cela s'est passé ~ 1968** das ist etwa [um das Jahr] 1968 passiert; **la mi-juin** etwa Mitte Juni; **~ huit ans** mit etwa acht Jahren; **vous viendrez ~ quelle heure?** wann etwa werdet ihr kommen?
vers[2] [vɛʀ] *m* Verszeile *f*, Vers *m*; **de cinq ~** fünfzeilig; **~ de six pieds** Hexameter *m*; **~ alternés** Kreuzreim *m*; **~ libres** freier Vers; **faire des ~** dichten; **une lettre d'amour en ~** ein Liebesbrief in Gedichtform
▶ **~ de mirliton** *fam* schlechte Verse
◆ **~ de circonstance** Gelegenheitsgedicht *nt*
versaillais(e) [vɛʀsɑjɛ, ɛz] *adj* ❶ *(de Versailles)* Versailler, von Versailles
❷ HIST **l'armée ~e** die Truppen der Versailler Nationalversamm-

versant [vɛʀsɑ̃] *m* ❶ *(pente)* [Berg]hang *m*; *d'un toit* [Dach]schräge *f*; **~ nord/sud/est/ouest** *d'une colline* Nord-/Süd-/Ost-/Westhang; *d'une montagne* Nord-/Süd-/Ost-/Westwand *f*; **le ~ italien des Alpes** die italienische Seite der Alpen *f*
❷ *(aspect)* Aspekt *m*, Seite *f*
versatile [vɛʀsatil] *adj personne, caractère* wankelmütig, unbeständig; **humeur ~** Launenhaftigkeit *f*
versatilité [vɛʀsatilite] *f* Wankelmut *m*, Wankelmütigkeit *f*
verse [vɛʀs] *f* **il pleut à ~** es gießt in Strömen
versé(e) [vɛʀse] *adj littér* **~(e) dans la littérature** bewandert in [*o* auf dem Gebiet] der Literatur
Verseau [vɛʀso] **<x>** *m* ASTROL Wassermann *m*; **être [du signe du] ~** [ein] Wassermann sein
versement [vɛʀsəmɑ̃] *m* ❶ Zahlung *f*; *(sur un compte)* Einzahlung *f*; **~ compensatoire** Ausgleichszahlung; **~ complémentaire de l'impôt** Steuernachzahlung; **~s échelonnés** Ratenzahlungen; **faire un ~ par chèque** per Scheck zahlen; **~ au comptant** ECON Barausschüttung *f (Fachspr.)*
❷ FIN *(garantie d'un prêt)* Einschuss *m (Fachspr.)*
◆ **~ des cotisations** Beitragszahlung *f*; **~ d'espèces** Bareinzahlung *f*; **~ d'une indemnité** Abfindungszahlung *f*, Entschädigungszahlung
verser [vɛʀse] <1> **I.** *vt* ❶ **~ de l'eau à qn** jdm Wasser eingießen [*o* einschenken]; **~ du café à qn dans une tasse** jdm Kaffee in eine Tasse gießen; **~ du riz dans un plat** Reis in die Schüssel tun [*o* füllen]; **~ de la terre dans un fossé** Erde in einen Graben schütten; **je vous verse à boire?** darf ich Ihnen etwas zu trinken einschenken?
❷ *(faire couler)* vergießen *larmes, pleurs, sang*
❸ *(payer)* zahlen; leisten *acompte*; **~ une somme à qn** jdm einen Betrag zahlen; **~ une indemnité à qn** eine Abfindungszahlung an jdn leisten; **~ qc sur un compte** etw auf ein Konto einzahlen
❹ MIL *(affecter)* **~ qn dans** [*o* **à**] **l'infanterie** jdn der Infanterie (*Dat*) zuteilen
❺ *(ajouter)* **~ qc au dossier** etw zu den Akten legen
II. *vi* ❶ *(basculer) véhicule:* umkippen; **~ dans le fossé** in den Graben kippen; **faire ~ qn/qc** jdn/etw zum Kippen bringen
❷ *(faire couler)* **cet arrosoir/cette cafetière verse bien** mit dieser Gieß-/Kaffeekanne gießt es sich gut
❸ *péj (se laisser aller à)* **~ dans le pessimisme** in Pessimismus verfallen; *chose:* in Pessimismus *(Akk)* abgleiten
❹ *(s'orienter vers)* **~ dans la photo d'art** sich der Kunstfotografie *(Dat)* zuwenden
verset [vɛʀsɛ] *m* ❶ *de la Bible, du Coran, d'un poème* Vers *m*
❷ *(couplet)* Strophe *f*
verseur, -euse [vɛʀsœʀ, -øz] *adj* **bec ~** Tülle *f*, Schnabel *m*; **bouchon ~** Verschluss *m* mit Gießtülle; **sucrier ~** Zuckerstreuer *m*
verseuse [vɛʀsøz] *f* Kaffeekanne *f*
versificateur, -trice [vɛʀsifikatœʀ, -tʀis] *m, f* Dichter(in) *m(f)*; *péj* Versemacher(in) *m(f) (pej)*
versification [vɛʀsifikasjɔ̃] *f* ❶ *(technique du vers régulier)* Verslehre *f*
❷ *(technique propre à un poète)* Verskunst *f*
versifier [vɛʀsifje] <1a> **I.** *vi* dichten, Verse verfassen
II. *vt* in Verse setzen
version [vɛʀsjɔ̃] *f* ❶ MUS, THEAT, CINE Version *f*, Fassung *f*; **nouvelle ~** Neufassung *f*; **en ~ originale sous-titrée** in Originalfassung mit Untertiteln
❷ *(modèle)* Version *f*, Modell *nt*; **~ originale** *d'une œuvre, d'un programme, système d'exploitation* Urversion; **~ réduite** Sparversion; **~ standard** Normalversion; **~ suivante** Nachfolgeversion; **la ~ cinq portes** *d'une voiture* die fünftürige Version, das fünftürige Modell; **la plus récente ~ du logiciel** die neueste Software-Version
❸ *(interprétation)* Version *f*; **ma ~ de ce qui c'est passé** meine Version der Ereignisse
❹ SCOL Übersetzung *f* aus der Fremdsprache
◆ **~ de démonstration** Demoversion *f*; **~ de série** Serienausführung *f*
verso [vɛʀso] **I.** *m* Rückseite *f*; **texte au ~** Text *m* auf der Rückseite, rückseitiger Text; **signer au ~** auf der Rückseite [*o* umseitig] unterschreiben; **écrire qc au ~** etw auf die Rückseite schreiben; **voir au ~** siehe Rückseite
II. *app inv* **côté/face ~** Rückseite *f*
versus [vɛʀsys] *prép* versus
vert [vɛʀ] *m* ❶ Grün *nt*; **~ foncé/pâle/tendre** Dunkel-/Blass-/Zartgrün; **~ bouteille** Flaschengrün; **~ olive** Olivgrün; **~ pomme** Apfelgrün; **~ tilleul** Lindgrün; **habillé(e)/peint(e) en ~** grün gekleidet/gestrichen; **le feu est passé au ~** die Ampel hat auf Grün geschaltet; **passer au ~** *personne, voiture:* bei Grün fahren
❷ *(écologiste)* Grüne(r) *m*
▶ **se mettre au ~** *(à la campagne)* aufs Land [*o* ins Grüne] fahren; *(prendre le large)* für eine Zeit untertauchen; **avoir besoin de se**

mettre au ~ erholungsreif sein; un week-end au ~ ein Wochenende auf dem Land [o im Grünen]
vert(e) [vɛʀ, vɛʀt] adj ❶ grün; encre ~ e grüne Tinte; ~ tendre inv zartgrün; ~ flashant inv fam knallgrün (fam); ~ foncé inv dunkelgrün; chaussettes ~ foncé dunkelgrüne Socken
❷ (blême) ~(e) de peur/jalousie blass vor Angst/Neid (Dat); ~(e) de rage grün vor Wut (Dat) (fam)
❸ (écologiste) grün
❹ (de végétation) espaces ~ s Grünanlagen Pl, Grünflächen Pl
❺ (à la campagne) classe ~ e [Aufenthalt m im] Schullandheim nt; station ~ e Luftkurort m; tourisme ~ Urlaub m auf dem Lande
❻ (opp: mûr) fruit grün; vin sauer
❼ (opp: sec) bois grün; légumes frisch; fourrage ~ Grünfutter nt
❽ (vaillant) vieillard rüstig
❾ (agricole) l'Europe ~ e der europäische Agrarmarkt
vert-de-gris [vɛʀdəgʀi] inv I. adj graugrün II. m Grünspan m
vert-de-grisé, vert-de-grisée [vɛʀdəgʀize] <vert-de-grisés> adj mit Grünspan überzogen
verte [vɛʀt] f (écologiste) Grüne f
▶ en avoir déjà vu de[s] ~ s et de[s] pas mûres fam schon allerhand erlebt haben (fam); en raconter [o en dire] de[s] ~ s et de[s] pas mûres fam anzügliche Geschichten erzählen
vertébral(e) [vɛʀtebʀal, o] <-aux> adj colonne ~ e Wirbelsäule f; douleurs ~ es Schmerzen Pl im Bereich der Wirbelsäule; problèmes vertébraux Probleme Pl mit der Wirbelsäule
vertèbre [vɛʀtɛbʀ] f Wirbel m; ~ cervicale Halswirbel, Nackenwirbel; ~ s cervicales Halswirbelsäule f
vertébré [vɛʀtebʀe] m Wirbeltier nt
vertébré(e) [vɛʀtebʀe] adj animal ~ Wirbeltier nt
vertement [vɛʀtəmɑ̃] adv répliquer, rembarrer schroff, scharf
vertex [vɛʀtɛks] m ANAT Scheitel m; présentation en ~ Scheitellage f
vertical(e) [vɛʀtikal, o] <-aux> adj ❶ (opp: horizontal) senkrecht, vertikal; TECH lotrecht; station ~ e aufrechte [Körper]haltung
❷ (hiérarchique) organisation, structure streng hierarchisch
verticale [vɛʀtikal] f Senkrechte f, Vertikale f; TECH Lot nt; à la ~ senkrecht; des falaises à la ~ senkrechte Klippen
verticalement [vɛʀtikalmɑ̃] adv senkrecht, vertikal; TECH lotrecht
verticalité [vɛʀtikalite] f vérifier la ~ du mur überprüfen, ob die Mauer lotrecht [o im Lot] ist
vertige [vɛʀtiʒ] m ❶ sans pl Schwindel[gefühl nt] m; MED Drehschwindel m; être sujet(te) au ~ nicht schwindelfrei sein
❷ (malaise) Schwindelanfall m; il a le ~ ihm wird schwind[e]lig; donner le ~ à qn personne, situation: jdn schwind[e]lig machen; précipice, hauteur: Schwindel erregend sein
❸ (égarement) Taumel m; ~ amoureux Liebesrausch m; ~ de la gloire Ruhmestaumel; ~ de la violence/du pouvoir Gewalt-/Machtrausch
▶ être pris(e) de ~ schwind[e]lig werden, einen Schwindelanfall haben; (en proie à l'ivresse) von einem Taumel [o Rausch] ergriffen werden; (en proie à l'égarement) ganz schwach in den Knien werden
vertigineusement [vɛʀtiʒinøzmɑ̃] adv a. fig Schwindel erregend; progresser ~ inflation: in Schwindel erregendem Tempo fortschreiten
vertigineux, -euse [vɛʀtiʒinø, -øz] adj Schwindel erregend; à une hauteur vertigineuse in schwindelnder [o Schwindel erregender] Höhe
vertu [vɛʀty] f ❶ (qualité) Tugend f
❷ sans pl (moralité) Tugend[haftigkeit f] f; de petite ~ nicht sehr tugendhaft; elle n'est pas un modèle de ~ sie ist kein Muster an Tugend; il a de la ~ à faire cela hum man muss es ihm hoch anrechnen, dass er das tut
❸ (pouvoir) Wirkung f, Kraft f; (effet bénéfique) [positive] Wirkung; ~ curative heilende Wirkung; ~ magique Zauberkraft f
▶ en ~ de qc kraft [o aufgrund] einer S. (Gen); en ~ de la loi kraft Gesetzes; en ~ de quoi weshalb
vertueusement [vɛʀtyøzmɑ̃] adv ❶ tugendhaft
❷ vieilli soutenu (chastement) keusch (veraltet geh)
vertueux, -euse [vɛʀtyø, -øz] adj ❶ tugendhaft
❷ vieilli soutenu (chaste) keusch (veraltet geh)
verve [vɛʀv] f Witz m, Geist m, Esprit m (geh); en ~ in Form; avec beaucoup de ~ mitreißend, mit viel Verve (geh)
verveine [vɛʀvɛn] f Eisenkraut nt; (tisane) Eisenkrauttee m; (liqueur) Eisenkrautlikör m
vesce [vɛs] f BOT Wicke f; ~ cultivée Saatwicke; ~ hérissée rauhaarige Wicke
vésicant v. vésicatoire II.
vésicant(e) [vezikɑ̃, ɑ̃t] adj MED Blasen ziehend; emplâtre ~ Zugpflaster nt; pommade ~ e Zugsalbe f
vésicatoire [vezikatwaʀ] I. adj MED Blasen ziehend
II. m MED Zugpflaster nt, Vesikans nt (Fachspr.)
vésiculaire [vezikylɛʀ] adj ❶ (en forme de vésicule) bläschenförmig, Bläschen-
❷ MED (de la vésicule biliaire) Gallen[blasen]-
vésicule [vezikyl] f ❶ BOT Schwimmblase f
❷ ANAT Blase f, Bläschen nt; ~ [biliaire] Gallenblase f
❸ MED Bläschen nt, Pustel f
vespa® [vɛspa] f Vespa® f
vespasienne [vɛspazjɛn] f Pissoir nt
vespéral(e) [vɛspeʀal, o] <-aux> adj littér abendlich
vesse-de-loup [vɛsdəlu] <vesses-de-loup> f Flaschenbovist m
vessie [vesi] f ❶ ANAT [Harn]blase f
❷ d'un ballon Blase f; d'un poisson Schwimmblase f; ~ de porc Schweinsblase
▶ faire prendre à qn des ~ s pour des lanternes fam jdm einen Bären aufbinden (fam)
vestale [vɛstal] f ❶ HIST (prêtresse) Vestalin f
❷ fig littér (femme chaste) keusche Frau f
veste [vɛst] f ❶ Jacke f; ~ de [o en] laine Wolljacke; ~ de fourrure Felljacke; ~ en velours [côtelé] Cordjacke; ~ de ski/de sport Ski-/Sportjacke
❷ (veston) Jackett nt, Sakko m o nt
❸ (tricot) Strickjacke f
▶ prendre [o ramasser] une ~ fam auf die Nase fallen (fig fam); retourner sa ~ fam sein Mäntelchen nach dem Wind hängen; (ponctuellement) die Fronten wechseln; tomber la ~ fam sich ein wenig frei machen
♦ ~ d'intérieur Hausjacke f; ~ de pyjama Schlafanzugjacke f, Pyjamaoberteil nt
vestiaire [vɛstjɛʀ] m ❶ (dans un appartement) Garderobe f; (dans une salle de sport, piscine, usine) Umkleideraum m; (dans un théâtre, musée) Garderobe f; la dame du ~ die Garderobenfrau
❷ (vêtement) Garderobe f; récupérer son ~ seine Sachen an der Garderobe abholen
▶ laisser qc au ~ fam etw zu Hause lassen (fam); au ~! fam abtreten! (fam)
vestibule [vɛstibyl] m Flur m, Diele f; d'une église Vorhalle f
vestige [vɛstiʒ] m souvent pl d'un passé, d'une guerre, civilisation Spur f; d'un bâtiment, d'une fortune [Über]rest m
vestimentaire [vɛstimɑ̃tɛʀ] adj dépenses ~ s Ausgaben Pl für Kleidung; son élégance ~ seine/ihre elegante Aufmachung
veston [vɛstɔ̃] m Jackett nt, Sakko m o nt; ~ droit/croisé einreihiges/zweireihiges Jackett
vêtement [vɛtmɑ̃] m Kleidungsstück nt; ~ s pour hommes/enfants/dames Herren-/Kinder-/Damenbekleidung f; ~ s d'extérieur Outdoorbekleidung; ~ s d'hiver Winterkleidung, Wintersachen Pl; ~ s de plage Strandkleidung; ~ s de pluie [o imperméables] Regenkleidung; ~ s de protection Schutzkleidung; ~ s de tennis Tennisdress m, Tenniskleidung f; ~ s de travail/de ville Arbeits-/Straßenkleidung f; industrie du ~ Bekleidungsindustrie f; changer de ~ s sich umziehen
vétéran(e) [veteʀɑ̃, an] m(f) ❶ MIL Veteran m
❷ (personne expérimentée) [alter] Routinier m, alter Hase (hum fam)
❸ SPORT Senior(in) m(f); les ~ s die Alten Herren
vétérinaire [veteʀinɛʀ] I. adj examen, traitement, soins tierärztlich, tiermedizinisch; médecin ~ Tierarzt m/-ärztin f; clinique ~ Tierklinik f; école ~ Hochschule f für Veterinärmedizin; produits ~ s Tiermedikamente Pl
II. mf Tierarzt m/-ärztin f; faire examiner/faire soigner son chien par un ~ seinen Hund tierärztlich [o tiermedizinisch] untersuchen/behandeln lassen
vététiste [vetetist] mf Mountainbikefahrer(in) m(f)
vétille [vetij] f Kleinigkeit f, Lappalie f
vêtir [vetiʀ] <irr> I. vpr soutenu se ~ sich ankleiden (geh); se ~ de qc sich in etw (Akk) kleiden (geh); se ~ chaudement sich warm kleiden (geh)
II. vt littér ankleiden (geh)
vétiver [vetivɛʀ] m ❶ (plante) Vetivergras nt
❷ (huile) Vetiveröl nt
veto [veto] m inv Veto nt; droit de ~ Vetorecht nt; mettre [o opposer] son ~ à qc sein Veto gegen etw einlegen
vét[t]étiste [vetetist] mf Mountainbiker(in) m(f)
vêtu(e) [vety] I. part passé de vêtir
II. adj bekleidet, angezogen; ~(e) de qc in etw (Dat) [gekleidet], mit etw bekleidet; ~(e) de blanc weiß gekleidet
vétuste [vetyst] adj littér installations alt, veraltet; bâtiment alt, baufällig
vétusté [vetyste] f littér des installations Überalterung f; des bâtiments Baufälligkeit f
veuf, veuve [vœf, vœv] I. adj verwitwet; ce soir, je suis ~/veuve hum fam heute Abend bin ich Strohwitwer/-witwe (hum fam)
II. m, f Witwer m/Witwe f; veuve de guerre Kriegerwitwe; ~/veuve de qn jds Witwer/Witwe
▶ défendre la veuve et l'orphelin den barmherzigen Samariter spielen

veule [vøl] *adj littér* weichlich, willenlos
veulerie [vølʀi] *f littér* Weichlichkeit *f*, Willenlosigkeit *f*
veuvage [vœvaʒ] *m (d'un veuf)* Witwerschaft *f*, Witwertum *nt*; *(d'une veuve)* Witwenschaft *f*, Witwentum *nt*
veuve *v.* **veuf**
vexant(e) [vɛksɑ̃, ɑ̃t] *adj* ❶ *(blessant)* beleidigend
❷ *(rageant)* ärgerlich
vexation [vɛksasjɔ̃] *f* Demütigung *f*; **subir** [*o* **essuyer**] **des ~s** Demütigungen hinnehmen [*o* einstecken *fam*] müssen
vexatoire [vɛksatwaʀ] *adj littér* demütigend
vexer [vɛkse] <1> **I.** *vt* kränken, demütigen
II. *vpr* **se ~** = gekränkt [*o* beleidigt] sein; **se ~ de qc** etw übelnehmen, sich an etw *(Dat)* stoßen; **se ~ d'un rien** sich an jeder Kleinigkeit stoßen; **être vexé(e)** verletzt [*o* gekränkt] sein
VF [veɛf] *f* CINE *abr de* **version française** französische Fassung *f*
V.H.F. [veaʃɛf] *abr de* **very high frequency** VHF
VHS [veaʃɛs] *m abr de* **Video Home System** VHS *nt*
via [vja] *prép* über, via (+ *Akk*)
viabiliser [vjabilize] <1> *vt* erschließen *terrain*; **être viabilisé(e)** *terrain*: erschlossen sein, baureif sein
viabilité [vjabilite] *f* ❶ *(état d'une route)* Befahrbarkeit *f*
❷ *(aménagement d'un terrain)* Erschließung *f*
❸ *(aptitude à vivre) d'un être vivant, d'une entreprise* Lebensfähigkeit *f*; *d'un projet* Durchführbarkeit *f*
viable [vjabl] *adj être vivant* lebensfähig; *projet* durchführbar, realisierbar; *entreprise* existenzfähig, lebensfähig
viaduc [vjadyk] *m* Viadukt *m o nt*
viager [vjaʒe] *m* Leibrente *f*; **en ~** auf [Leib]rentenbasis
viager, -ère [vjaʒe, -ɛʀ] *adj* auf Lebenszeit, lebenslänglich; **rente viagère** Leibrente *f*
viande [vjɑ̃d] *f* ❶ Fleisch *nt*; **~ noire** Wild *nt*; **~ froide** kalter Braten; **~ séchée** Trockenfleisch; **de bœuf** Rindfleisch, Ochsenfleisch; **~ de mouton/de veau** Hammel-/Kalbfleisch; **~ de cheval/de porc** Pferde-/Schweinefleisch
❷ *péj fam (chair humaine)* **quel étalage de ~!** das ist ja die reinste Fleischbeschau! *(fam)*; **amène ta ~!** los komm, beweg' deine Knochen! *(fam)*
viander [vjɑ̃de] <1> *vpr fam* **se ~** einen Unfall bauen *(fam)*
viatique [vjatik] *m littér* ❶ *(équipement de voyage)* [Marsch]gepäck *nt*; **donner une pomme à qn pour tout ~** jdm nur einen Apfel mit auf die Reise geben
❷ *(soutien)* **un précieux ~** ein wertvolles Kapital
❸ REL *(communion)* letzte Kommunion, Viatikum *nt (Fachspr.)*
vibrage [vibʀaʒ] *m* TECH *du béton* Rütteln *nt*, Verdichten *nt*
vibrant(e) [vibʀɑ̃, ɑ̃t] *adj* ❶ *hommage, voix* leidenschaftlich; *discours* leidenschaftlich, mitreißend; **~(e) de colère/d'émotion** bebend vor Wut/Ergriffenheit *(Dat)*
❷ MUS *corde, lame, membrane* schwingend, vibrierend
vibraphone [vibʀafɔn] *m* Vibraphon *nt*
vibraphoniste [vibʀafɔnist] *mf* Vibraphonist(in) *m(f)*
vibrateur [vibʀatœʀ] *m* TECH ❶ *(appareil)* Vibrator *m*
❷ *(pour le vibrage du béton)* Betonrüttler *m*/-verdichter *m*
vibratile [vibʀatil] *adj* BIO Geißel *f*; **épithélium ~** Flimmerepithel *nt*; **cils ~s** Flimmerhärchen *Pl*
vibration [vibʀasjɔ̃] *f* ❶ *d'une voix* Vibration *f*, Beben *nt*; *d'un moteur* Vibrieren *nt*; *d'une corde* Schwingen *nt*, Schwingung *f*; *de l'air* Flimmern *nt*
❷ *fig* **avoir de bonnes/mauvaises ~s** im Einklang/nicht im Einklang mit seiner Umwelt sein
vibrato [vibʀato] *m* Vibrato *f*
vibratoire [vibʀatwaʀ] *adj* **mouvement/phénomène ~** Schwingung *f*, Vibration *f*; **massage ~** Vibrationsmassage *f*
vibrer [vibʀe] <1> **I.** *vi* ❶ *(trembler) mur, vitres, sol*: erzittern, beben, vibrieren; *corde*: vibrieren, schwingen; *moteur*: vibrieren; *voix*: beben, vibrieren; **faire ~ les vitres** die Fenster erzittern lassen; **faire ~ une corde** eine Saite zum Schwingen bringen
❷ *(trahir une émotion)* **~ de colère/d'émotion** *personne, voix*: vor Zorn/Ergriffenheit *(Dat)* beben
II. *vt* rütteln *béton*; **béton vibré** Rüttelbeton *m*
vibreur [vibʀœʀ] *m d'un haut-parleur* Schwingungserzeuger *m*; **~ sonore** Summer *m*
vibromasseur [vibʀomasœʀ] *m* MED Massagegerät *nt*; *(objet érotique)* Vibrator *m*
vicaire [vikɛʀ] *m* Kaplan *m*; **~ général** Generalvikar *m*
vicariat [vikaʀja] *m* ECCL Vikariat *nt*
vice [vis] *m* ❶ *(défaut)* Untugend *f*, schlechte [An]gewohnheit *f*
❷ *sans pl vieilli (débauche, immoralité)* Laster[haftigkeit *f*] *nt*; **c'est du ~** *fam* das ist pervers *(fam)*; *(une manie)* das ist ein richtiges Laster [*o* eine richtige Manie]
❸ *a.* JUR *(anomalie)* Mangel *m*; **~ apparent** sichtbarer Fehler; **~ caché** [*o* **dissimulé**] verborgener [*o* verdeckter] Mangel; **~ rédhibitoire** Hauptmangel; **constater un ~** einen Mangel feststellen; **répondre d'un ~** für einen Mangel haften

◆ **~ de la chose** JUR Sachmangel *(Fachspr.)*; **~ de construction** Konstruktionsfehler *m*; **~ de conformation** Missbildung *f*; **~ du consentement** JUR Willensmangel *(Fachspr.)*; **~ de droit** JUR Rechtsmangel *(Fachspr.)*; **~ de forme** Formfehler *m*, Formmangel *m (Fachspr.)*; **avec un ~ de forme** formwidrig; **~ de procédure** JUR Verfahrensmangel *m (Fachspr.)*
vice-amiral [visamiʀal, o] <vice-amiraux> *m* Konteradmiral *m*
vice-champion(ne) [visʃɑ̃pjɔ̃, jɔn] <vice-champions> *m(f)* Vizemeister(in) *m(f)*; **~ (ne) du monde** Vizeweltmeister(in); **titre de ~** Vizemeisterschaft *f*; **titre de ~ du monde** Vizeweltmeisterschaft
vice-consul [viskɔ̃syl] <vice-consuls> *m* Vizekonsul *m*
vicelard(e) [vislaʀ, aʀd] **I.** *adj* ❶ *fam (malin) personne* gewieft *(fam)*
❷ *fam (vicieux) histoire* schlüpfrig *(fam)*; *personne* zudringlich, geil *(fam)*; *air* lüstern
II. *m(f)* ❶ *fam (homme)* zudringlicher [*o* geiler *pej*] Kerl *(fam)*; *(femme)* zudringliches [*o* scharfes *pej*] Weib *(fam)*
vice-présidence [visprezidɑ̃s] <vice-présidences> *f* Vizepräsidentschaft *f* **vice-président, vice-présidente** [visprezidɑ̃, visprezidɑ̃t] <vice-présidents> *m, f* Vizepräsident(in) *m(f)*
vice-roi, vice-reine [visʀwa, visʀɛn] <vice-rois> *m, f* Vizekönig(in) *m(f)*
vice versa [vis(e)vɛʀsa] *adv* et ~ und umgekehrt
vichy [viʃi] **I.** *m* ❶ *(tissu)* Vichy[stoff *m*] *m*
❷ *(eau minérale)* **un ~** ein Mineralwasser
II. *f* Mineralwasser *nt*; **une ~** *(bouteille)* eine Flasche Mineralwasser
vicié(e) [visje] *adj* ❶ JUR ungültig
❷ *(pollué)* verschmutzt
❸ *(dévalorisé)* wertlos
vicier [visje] <1a> *vt* verderben *goût, relations*; **l'air vicié** *(d'une pièce)* die verbrauchte [*o* schlechte] Luft; *(des grandes villes)* die verschmutzte [*o* verpestete] Luft
vicieux, -euse [visjø, -jøz] **I.** *adj* ❶ *(obsédé sexuel) personne, regard, air* lüstern *(geh)*, geil *(pej)*; *geste* anzüglich; *(sexuellement) pervers* pervers, abartig
❷ *fam (vache, tordu) coup, personne* gemein, fies *(fam)*; **il faut vraiment être ~ pour faire cela** man muss schon verrückt sein um das zu tun *(fam)*
❸ *(rétif) cheval* heimtückisch
❹ SPORT *balle, tir* angetäuscht
II. *m, f* ❶ *(cochon)* Perverse(r) *f(m)*; **c'est une vicieuse** sie ist pervers; **je t'y prends, petit ~!** hab ich dich erwischt, du kleiner Lustmolch!
❷ *fam (tordu) (homme)* Fiesling *m (fam)*; *(femme)* fiese Person *(fam)*
vicinal(e) [visinal, o] <-aux> *adj* **chemin ~** Gemeindeweg *m*
vicissitudes [visisityd] *fpl littér* ❶ *(changements) d'une existence, vie* Wechselfälle *Pl*
❷ *(ennuis)* Ärgernisse *Pl*, Scherereien *Pl (fam)*; **nous avons connu bien des ~ avec nos enfants** wir haben mit unseren Kindern viel durchgemacht
vicomte, vicomtesse [vikɔ̃t, vikɔ̃tɛs] *m, f* Vicomte *m*/Vicomtesse *f*
victime [viktim] **I.** *f* ❶ *(blessé)* Opfer *nt*; *(mort)* [Todes]opfer *nt*; **~ d'un accident** Unfallgeschädigte(r) *f(m)*; **~ des gaz** Gastote(r) *f(m)*; **~ de guerre** Kriegsopfer *nt*; *(mort)* Kriegstote(r) *f(m)*; **~ du cancer/du sida** Krebs-/Aidstote(r); **~ du choléra** Choleratote(r); **~ de la drogue/de la route** Rauschgift-/Unfalltote(r); **être ~ d'une crise cardiaque** einen Herzanfall haben [*o* erleiden] *fam*; **être ~ du froid** erfrieren, der Kälte *(Dat)* erliegen; **être ~ d'un accident** Opfer eines Unfalls sein; **l'accident n'a pas fait de ~** bei dem Unfall wurde niemand verletzt
❷ *(personne, chose qui subit)* Opfer *nt*; **les ~s des intempéries** die Unwettergeschädigten; **être [la] ~ de qn/qc** jds Opfer/[das] Opfer einer S. *(Gen)* sein; **être ~ de sa bonne foi** das Opfer seiner eigenen Gutgläubigkeit sein; **faire des ~s parmi les P.M.E./salariés** Kleinbetriebe/Arbeitnehmer schädigen [*o* in Mitleidenschaft ziehen]
❸ *(créature sacrifiée)* Opfer *nt*; *(animal)* Opfertier *nt*, Opfer *nt*; **aimer jouer les ~s** gern das Opferlamm spielen
II. *app* **les personnes/résidents ~s du bruit** die lärmgeschädigten Menschen/Anwohner
victoire [viktwaʀ] **I.** *f* ❶ Sieg *m*; *(gain du titre de champion)* Titelgewinn *m*; **~ aux points/par K.-O.** Sieg nach Punkten/durch K. o.; **~ finale/sensationnelle** Gesamt-/Sensationssieg; **~ sur qn/qc** Sieg über jdn/etw; **une ~ sur soi-même** ein Sieg über sich selbst; **emporter la ~** den Sieg davontragen, siegen
❷ *(statue)* **la Victoire** die Siegesgöttin
▸ **à la Pyrrhus** Pyrrhussieg *m*; **chanter** [*o* **crier**] ~ in Jubel ausbrechen, jubeln; **il ne faut jamais chanter ~ trop tôt** man soll den Tag nicht vor dem Abend loben *(prov)*
victorien(ne) [viktɔʀjɛ̃, jɛn] *adj* viktorianisch; **l'époque ~ne** das

Viktorianische Zeitalter
victorieusement [viktɔʀjøzmɑ̃] adv ❶ *(avec succès)* siegreich
❷ *(d'un air triomphant)* triumphierend
victorieux, -euse [viktɔʀjø, -jøz] adj ❶ *(vainqueur)* siegreich
❷ *(fanfaron) personne, sourire, air* siegessicher, triumphierend; **d'un air** ~ mit Siegermiene *f*
victuailles [viktɥɑj] *fpl* Esswaren *Pl*, Lebensmittel *Pl*
vidage [vidaʒ] *m* ❶ *d'une baignoire, d'un étang* Ablassen *nt*, Leeren *nt*
❷ *fam (expulsion)* Rausschmiss *m (fam)*
vidange [vidɑ̃ʒ] *f* ❶ *(action) d'un circuit, d'une fosse* [Ent]leerung *f*; AUT Ölwechsel *m*
❷ *(dispositif) d'un évier, lavabo* Abfluss *m*, Abflussrohr *nt*
❸ *pl (effluents)* Fäkalien *Pl*
❹ BELG *(verre consigné)* Leergut *nt*; ~ **s** *(bouteilles vides)* leere Flaschen
vidanger [vidɑ̃ʒe] <2a> vt ❶ AUT **faire ~ un moteur/une voiture** bei einem Motor/Auto einen Ölwechsel machen lassen
❷ *(vider)* ~ **un circuit/tuyau** das Wasser aus einem Kreislauf/Schlauch ablassen; ~ **une fosse septique** eine Fäkaliengrube [ent]leeren
vidangeur [vidɑ̃ʒœʀ] *m* Fäkaliengrubenentleerer(in) *m(f)*
vide [vid] I. adj ❶ *(opp: plein)* leer; **j'ai l'estomac** [*o* **le ventre**]/**la tête** ~ ich habe einen leeren Magen/mein Kopf ist [ganz] leer; **avoir vraiment la tête** ~ *(être stupide)* wirklich nichts im Kopf haben *(fam)*
❷ *(opp: riche) discussion* sinnlos; *livre, discours* nichts sagend; *existence* unausgefüllt; ~ **de qc** ohne ein, bar einer S. *(Gen) (geh)*
❸ *(opp: occupé) chaise, siège* frei, leer; *appartement, maison* leer stehend, leer
II. *m* ❶ *sans pl (abîme)* Tiefe *f*, Abgrund *m*, Nichts *nt*; **tomber dans le** ~ ins Nichts fallen
❷ PHYS luftleerer Raum; ~ **absolu** absolutes Vakuum; **emballé(e) sous** ~ Vakuum verpackt; **être sous** ~ *pot, bouteille:* Vakuum verschlossen sein
❸ *(espace vide)* Zwischenraum *m*, Lücke *f*; ~ **juridique** Gesetzeslücke; ~ **sanitaire** Hohlraum zur Verlegung von Rohrleitungen bei nicht unterkellerten Häusern; **c'est le grand** ~ [*o* **le** ~ **complet**] **dans la salle** es herrscht gähnende Leere im Saal
❹ *(néant)* Leere *f*; **le** ~ **de son existence** die Sinnlosigkeit seines/ihres Daseins; **sa mort a laissé un grand** ~ sein/ihr Tod hat eine große Leere hinterlassen
▶ **faire le** ~ *(débarrasser)* gründlich aufräumen; *(tout jeter)* alles wegwerfen; *(évacuer ses soucis)* abschalten *(fam)*; **faire le** ~ **autour de soi** sich isolieren; **à** ~ *(pour rien)* ins Leere *(sans chargement)* leer; **voyage à** ~ Leerfahrt *f*; **tourner à** ~ leer laufen; **regarder dans le** ~ ins Leere blicken; **faire une promesse dans le** ~ leere Versprechungen machen; **parler dans le** ~ *(personne n'écoute)* seine Worte verschwenden; *(sans objet)* ins Blaue [hinein]sprechen *(fam)*
vidé(e) [vide] adj ❶ *poisson, poulet* ausgenommen
❷ *fam personne* [völlig] übermüdet, ausgepowert *(fam)*; *ressources* ausgebrannt
vidéo [video] I. *f* ❶ *(technique)* Videotechnik *f*, Video *nt*; **voir un film en** ~ einen Film auf [*o* als] Video ansehen
❷ *(film, émission)* Video *nt*; ~ **porno** *fam* Pornovideo *(fam)*
II. adj inv **caméra/cassette** ~ Videokamera *f*/-kassette *f*; **enregistrement/équipement** ~ Videoaufzeichnung *f*/-ausrüstung *f*; **film/jeu** ~ Videofilm *m*/-spiel *nt*
◆ ~ **sur demande** Video-on-Demand *nt*
vidéocassette [videokasɛt] *f* Videokassette *f*
vidéoclip [videoklip] *m* Videoclip *m*
vidéoclub [videoklœb] *m* Videothek *f*
vidéoconférence [videokɔ̃feʀɑ̃s] *f* Videokonferenz *f*
vidéodisque [videodisk] *m* Videoplatte *f*, Bildplatte *f*
vidéogramme [videogʀam] *m* Video[film *m*] *nt*
vidéographie [videogʀafi] *f* Videotext *m*
vidéophone [videofɔn] *m* Bildtelefon *nt*
vide-ordures [vidɔʀdyʀ] *m inv* Müllschlucker *m*
vidéosurveillance [videosyʀvejɑ̃s] *f* Videoüberwachung *f*
vidéotex® [videotɛks] *m* Videotext *m*; *(interactif)* Bildschirmtext *m*
vidéothèque [videotɛk] *f* Videothek *f*
vidéotransmission [videotʀɑ̃smisjɔ̃] *f* Übertragung *f* auf [eine] Videowand, Videoübertragung *f*
vide-poche [vidpɔʃ] *m* <vide-poches> ❶ AUT Ablage *f*; *(latéral)* Türtasche *f*; *(au dos du siège)* Kartentasche *f* ❷ *(récipient)* Ablageschale *f* **vide-pomme** [vidpɔm] <vide-pommes> *m* Apfelausstecher *m*
vider [vide] <1> I. vt ❶ *(retirer le contenu de)* leeren, leer machen *récipient, sac, poches;* ausräumen, leer räumen *tiroir, pièce, valise;* ~ **un bassin/un circuit de son eau** das Wasser aus einem Becken/Kreislauf ablassen; ~ **une salle** *pompiers, police:* einen Saal räumen lassen; ~ **un bassin de ses poissons** die Fische aus einem Becken herausnehmen; ~ **une maison de ses meubles** die Möbel aus einem Haus räumen; ~ **un appartement/immeuble de ses locataires** eine Wohnung/ein Haus räumen lassen; **une pièce vidée de ses meubles** ein leer geräumtes [*o* ausgeräumtes] Zimmer; **un pamplemousse vidé de sa pulpe** eine vom Fruchtfleisch befreite Grapefruit
❷ *(verser)* ausgießen, ausschütten, auskippen *bouteille, verre, seau;* ausschütten, auskippen *sac, boîte, recipient;* ~ **une bouteille dans l'évier** eine Flasche in den Ausguss leeren; ~ **un sac/une boîte par terre** den Inhalt einer Tasche/einer Schachtel auf den Boden schütten; ~ **son cœur** *fig* sein Herz ausschütten
❸ *(faire s'écouler)* ausgießen, auskippen, ausschütten *substance liquide;* ausschütten, auskippen *substance solide;* ~ **l'eau d'un bassin/d'un tuyau** das Wasser aus einem Becken/einem Schlauch ablaufen lassen; ~ **un liquide dans un récipient** eine Flüssigkeit in einen Behälter gießen
❹ *(consommer)* ~ **son verre/assiette** sein Glas/seinen Teller leeren, sein Glas leer trinken/seinen Teller leer essen
❺ *(voler le contenu de)* ausräumen *(fam) appartement, coffre-fort, tiroirs*
❻ *fam (expulser)* rausschmeißen *(fam)*, vor die Tür setzen *(fam)*; ~ **qn de la salle** jdn aus dem Saal werfen [*o* schmeißen] *(fam)*; **se faire** ~ rausfliegen *(fam)*, rausgeschmissen werden *(fam)*
❼ *fam (fatiguer)* ~ **qn** jdn total schaffen *(fam)*; **être vidé(e)** total geschafft sein *(fam)*
❽ *(retirer les entrailles de)* ausnehmen *poisson, poulet*
❾ *(régler)* austragen *dispute, querelle*
II. vpr ❶ *(perdre son contenu)* **se** ~ *bouteille, réservoir, baignoire:* auslaufen; *(complètement)* leerlaufen; *ville, rue, café:* sich leeren; **la valise s'est vidée** es ist alles aus dem Koffer herausgefallen; **se** ~ **de son eau/son contenu** sein Wasser/seinen Inhalt verlieren; **la bouteille se vide sur le sol** der Inhalt der Flasche ergießt sich auf den Boden; **se** ~ **de son sang** verbluten; **en été, Paris se vide de ses habitants** im Sommer verlassen die Einwohner von Paris die Stadt
❷ *(s'écouler)* **se** ~ **dans le caniveau** *eaux usées ou pluviales:* in den Rinnstein abfließen
❸ *fam (se défoncer)* **se** ~ **les tripes** alles aus sich herausholen *(fam)*
videur, -euse [vidœʀ, -øz] *m, f* Rausschmeißer *m (fam)*
vie [vi] *f* ❶ Leben *nt*; **la** ~ **éternelle** das ewige Leben; **être plein(e) de** ~ voller Leben sein; **être entre la** ~ **et la mort** zwischen Leben und Tod schweben; **donner** ~ **à qc** *personne:* Leben in etw *(Akk)* bringen; *chose:* etw entstehen lassen; **donner la** ~ **à un enfant** *soutenu* einem Kind das Leben schenken *(geh)*; **donner sa** ~ **pour qn/qc** sein Leben für jdn/etw opfern [*o* hingeben *geh*]; **payer qc de sa** ~ etw mit seinem Leben bezahlen; **rappeler** [*o* **ramener**] **qn à la** ~ jdn ins Leben zurückholen; **revenir à la** ~ *(reprendre conscience)* wieder zu sich kommen; *(reprendre goût à la vie)* wieder aufleben; **dans l'autre** ~ im Jenseits; **pour la** ~ fürs Leben, für immer; **jamais de la** ~ **!** nie im Leben!, niemals!; **être en** ~ am Leben [*o* lebendig] sein; **être sans** ~ ohne Leben [*o* leblos] sein
❷ *(façon de vivre)* Leben *nt*, Lebensweise *f*; ~ **active** Berufsleben, Erwerbsleben; ~ **citadine** Stadtleben; ~ **quotidienne/courante** tägliches Leben; ~ **en commun/en communauté** Gemeinschaftsleben; **avoir la** ~ **belle** sich *(Dat)* ein schönes Leben machen; **prendre la** ~ **du bon côté** dem Leben die guten Seiten abgewinnen; **c'est la belle** ~ so lässt es sich leben; **avoir** [*o* **mener**] **une double** ~ ein Doppelleben führen; **mener la grande** ~ in Saus und Braus [*o* auf großem Fuß] leben; **mener joyeuse** ~ es sich *(Dat)* gut gehen lassen; **voir la** ~ **en rose** alles durch die rosa Brille sehen; **c'est la** ~ **!** so ist das Leben!; **ce n'est pas une** ~ **!** das ist doch kein Leben!; **vivre sa** ~ sein [eigenes] Leben leben
❸ *(biographie)* Leben *nt*, Lebensgeschichte *f*; **raconter sa** ~ seine Lebensgeschichte erzählen; *fig fam* einen ganzen Roman erzählen *(fig fam)*
❹ *(animation)* Leben *nt*; **absence de** ~ *d'un centre ville* Leblosigkeit *f*
▶ **c'est triste, la** ~ **d'artiste** *hum* man hat's nicht leicht; **tant qu'il y a de la** ~, **il y a de l'espoir** *prov* es hofft der Mensch, so lang er lebt *(prov)*; **à la** ~, **à la mort** fürs [ganze] Leben, auf Gedeih und Verderb; **passer de** ~ **à trépas** *soutenu* aus dem Leben scheiden *(geh)*; *hum* das Zeitliche segnen *(hum)*; **faire passer qn de** ~ **à trépas** *hum* jdn ins Jenseits befördern *(hum)*; **avoir la** ~ **dure** nicht totzukriegen sein *(fam)*; *préjugé, rumeur:* nicht auszurotten sein; **mener** [*o* **rendre**] **la** ~ **dure à qn** jdm das Leben schwer machen; **faire** la ~ *fam* das Leben genießen; **faire** [*o* **une**] ~ **à qn** *fam* jdm eine Szene machen *(fam)*; **gagner sa** ~ seinen Lebensunterhalt verdienen; **prendre la** ~ **comme elle vient** das Leben so nehmen, wie es kommt; **refaire sa** ~ **avec qn** mit jdm ein neues Leben anfangen; **à** ~ auf Lebenszeit; **condamné(e) à** ~ zu „lebenslänglich" verurteilt; **jamais de** [**toute**] **sa** ~ noch nie in seinem/ihrem ganzen Leben

▶ ~ **de bâton de chaise** ausschweifendes Leben; ~ **de bohème** Künstlerleben *nt;* ~ **de château** fürstliches Leben; ~ **de chien** Hundeleben *nt (fam);* ~ **de cocagne** Leben *nt* im Überfluss; ~ **de pacha** Leben *nt* eines Paschas; ~ **de patachon** *fam* ausschweifendes Leben

vieillard [vjɛjaʀ] *m* alter Mann, Greis *m;* **les ~s** die Alten
vieille [vjɛj] **I.** *adj v.* **vieux**
II. *f* ❶ *(vieille personne)* Alte *f;* **une petite ~** *fam* eine alte Oma *(fam)*
❷ *fam (mère)* Alte *f (sl);* **ma ~** meine Olle (DIAL *sl)*
▶ **ma** [petite] **~!** *fam (affectueux)* meine Gute! *(fam); (agressif)* meine Liebe! *(fam); (étonnement)* Mensch[enskind]! *(fam)*
vieillerie [vjɛjʀi] *f* ~**s** alter Trödel *(fam),* alter Plunder *(fam); (vêtements)* alte Klamotten *Pl (fam)*
vieillesse [vjɛjɛs] *f* ❶ Alter *nt;* **une ~ heureuse** ein schöner Lebensabend
❷ *sans pl (état) d'une personne, d'un vin* [hohes] Alter; **mourir de ~** an Altersschwäche sterben
❸ *sans pl (personnes âgées)* **la ~** das Alter, die Alten *Pl*
vieilli(e) [vjɛji] *adj* ❶ *(marqué par l'âge) personne* gealtert
❷ *(dépassé) expression, mot* veraltet
vieillir [vjɛjiʀ] <8> **I.** *vi* ❶ *(prendre de l'âge) personne:* alt werden, altern; *chose:* altern; *fromage:* reifen; *vin:* ablagern, reifen, altern; **en vieillissant** mit zunehmendem Alter
❷ *péj (diminuer) personne:* altern, [sichtlich] älter werden; **avoir vieilli de dix ans** um zehn Jahre gealtert sein
❸ *(se démoder) expression, terme:* veralten; *auteur, œuvre, théorie:* an Aktualität verlieren; **être vieilli(e)** veraltet [*o* nicht mehr aktuell] sein
II. *vt* ❶ *(faire paraître plus vieux) coiffure, vêtements:* älter machen, älter erscheinen lassen; **la maladie l'a beaucoup vieilli(e)** durch die Krankheit ist er/sie sehr gealtert
❷ *(exagérer l'âge de)* älter machen; **ne me vieillissez pas!** machen Sie mich nicht älter, als ich bin!; **le peintre m'a vieilli(e) sur cette caricature** der Maler hat mich in dieser Karikatur älter gemacht
III. *vpr* **se ~** ❶ *(se faire paraître plus vieux)* sich älter machen, sich *(Dat)* ein älteres Aussehen geben
❷ *(se dire plus vieux)* sich für älter ausgeben [als man ist]
vieillissant(e) [vjɛjisɑ̃, ɑ̃t] *adj personne* alternd; *population, pays* in steigendem Maße überaltert, vergreisend
vieillissement [vjɛjismɑ̃] *m d'une personne* Altern *nt,* Älterwerden *nt; d'un pays, d'une population* Überalterung *f,* Vergreisung *f; d'une idéologie, loi, d'un terme* Veralten *nt; d'un fromage, vin* Reifung *f; d'un vin* Alterung *f;* ~ **de la peau** Hautalterung, Alterung der Haut
vieillot(te) [vjɛjo, jɔt] *adj décor, maison, habits* altmodisch; *idée* altmodisch, überholt
vielle [vjɛl] *f* [Dreh]leier *f*
Vienne [vjɛn] Wien *nt*
viennois(e) [vjɛnwa, waz] *adj* Wiener *inv,* wienerisch
Viennois(e) [vjɛnwa, waz] *m(f)* Wiener(in) *m(f)*
viennoiserie [vjɛnwazʀi] *f* Feingebäck *nt*
vierge [vjɛʀʒ] *adj* ❶ *(non défloré) fille* unschuldig, unberührt, jungfräulich *(geh); garçon* unschuldig; **elle est ~** sie ist noch Jungfrau
❷ *(intact) bande, disquette* leer; *page* leer, unbeschrieben; *film, pellicule* unbelichtet, leer; **avoir un casier judiciaire ~** nicht vorbestraft sein
❸ *(inexploré) espace, terre, neige* unberührt, jungfräulich *(geh); sommet* noch nicht bezwungen; **la forêt ~** der Urwald
❹ *(pur) huile, laine* rein
❺ *soutenu (exempt)* ~ **de qc** frei von etw
Vierge [vjɛʀʒ] *f* ❶ ASTROL Jungfrau *f;* **être** [**du signe de la**] ~ [eine] Jungfrau sein, im Zeichen der Jungfrau geboren sein
❷ REL **la ~ Marie** die Jungfrau Maria; **la Sainte ~** die Heilige Jungfrau; **une ~** *(peinture)* ein Marienbild; *(statue)* eine Madonna
Viêt-nam, Vietnam *m* le ~ Vietnam *nt*
vietnamien [vjɛtnamjɛ̃] *m* le ~ Vietnamesisch *nt,* das Vietnamesische; *v. a.* **allemand**
vietnamien(ne) [vjɛtnamjɛ̃, jɛn] *adj* vietnamesisch
Vietnamien(ne) [vjɛtnamjɛ̃, jɛn] *m(f)* Vietnamese *m*/Vietnamesin *f*
vieux [vjø] **I.** *m* ❶ *(vieille personne)* Alte(r) *m;* **le respect des ~** die Achtung vor dem Alter; **un petit ~** *fam* ein alter Opa *(fam)*
❷ *fam (père)* Alte(r) *m (sl);* **mes ~** meine Alten *(sl);* **mon ~** mein Oller (DIAL *sl)*
❸ *(choses anciennes)* alte Sachen *Pl;* **il faut savoir faire du neuf avec du ~** aus Alt mach Neu *(prov)*
▶ **prendre un coup de ~** *fam personne:* plötzlich alt werden [*o* altern]; *chose:* von heute auf morgen nicht mehr aktuell sein; **un ~ de la vieille** einer von der alten Garde; *(qui a de l'expérience)* ein alter Routinier [*o* Hase *fam*]; **mon** [petit] **~!** *fam (affectueux)* mein Guter! *(fam); (agressif)* mein Lieber! *(fam); (étonnement)* Mensch[enskind]! *(fam)*
II. *adv* **faire ~** *coiffure, habits, couleur:* alt machen; **s'habiller ~** sich wie ein alter Mann/eine alte Frau kleiden
vieux, vieil, vieille [vjø, vjɛj] *adj* ❶ *antéposé (d'un grand âge) animal, plante, chose* alt; *personne* alt, betagt *(geh);* **un couple de vieilles personnes** ein altes Ehepaar; **être ~ comme Mathusalem** alt wie Methusalem sein, uralt sein *(fam);* **qu'est-ce que tu es ~!**(**vieille**) *iron* was bist du schon alt! *(iron)*
❷ *(âgé)* **être ~**(**vieille**) **d'un mois/de deux ans** einen Monat/zwei Jahre alt sein; **elle est plus vieille que moi de quatre ans** sie ist vier Jahre älter als ich; **lequel est le plus ~ des deux?** wer von beiden ist älter?, wer ist der ältere von beiden?
❸ *antéposé (qui date, ancien)* alt; **le Vieux et le Nouveau Monde** die Alte und die Neue Welt; **la vieille ville de Heidelberg** die Altstadt von Heidelberg
❹ *antéposé (usagé) vêtement, livre, voiture* alt; **container pour récupérer les ~ journaux** Altpapiercontainer *m;* **très ~ modèle** Uraltmodell *nt;* **très vieille voiture** Uraltauto *nt*
❺ *antéposé (passé) altercation, coutume, douleur* alt; **c'est vraiment de la vieille histoire** das ist wirklich eine alte Geschichte
❻ *antéposé (de longue date) ami, collègue, amitié* alt, langjährig; **mon vieil ami** mein alter [*o* langjähriger] Freund
❼ *antéposé péj fam (sale) baderne, con, schnock* fies, gemein *(fam);* **vieille crapule** fieser Kerl *(fam)*
▶ **se faire** [*o* **devenir**] ~(**vieille**) alt werden; **vivre ~**(**vieille**) alt werden, ein hohes Alter erreichen
vif [vif] *m* PECHE Köderfisch *m,* Lebendköder *m*
▶ **le ~ du sujet** der Kern der Sache; **avoir les nerfs/une sensibilité à ~** überreizt/übersensibel sein; **au ~** zutiefst; **toucher qn au ~** jdn an seinem wunden Punkt treffen; **trancher** [*o* **couper**] **dans le ~** radikal durchgreifen; **sur le ~** *(sur place)* vor Ort; **photo** [**prise**] **sur le ~** Schnappschuss *m;* **saisir/prendre/recueillir qc sur le ~** etw direkt [*o* hautnah] einfangen; **des portraits sur le ~** lebensechte Porträts; **faire un croquis sur le ~** nach der Natur skizzieren
vif, vive [vif, viv] *adj* ❶ *(plein de vie) personne* lebendig, lebhaft; *style* lebendig; *œil, regard* wach; *imagination* rege; *bébé* lebhaft
❷ *(rapide) allure, mouvement, geste* schnell, rasch, flink; *rythme* schnell; **avoir l'esprit ~** aufgeweckt sein; **ne pas être très ~**(**vive**) etwas schwer von Begriff sein
❸ *(intense) douleur, vent* heftig, stark; *soleil* intensiv, sengend; *air* frisch und kalt; *couleur* kräftig, leuchtend, frisch; *éclat, lumière* hell; *papier peint* farbig; **être rouge ~** krebsrot sein; **rouge/jaune ~** knallrot/knallgelb *(fam);* **le soleil est particulièrement ~ aujourd'hui** die Sonne brennt heute besonders heiß; **il fait un froid très ~** es ist schneidend kalt; **faire cuire à feu ~** bei starker Hitze kochen
❹ *antéposé (profond) plaisir, surprise* groß; *désir, intérêt* groß, lebhaft; *regret* tief, lebhaft; *emotion, impression* tief, stark; *chagrin, reconnaissance, inquiétude* tief; *souvenir* lebendig, lebhaft; **avec nos ~s remerciements** mit herzlichem Dank; **avoir le sentiment très ~ que qc va se passer** das deutliche Gefühl haben, dass etw geschehen wird
❺ *(violent) reproche, terme, ton* heftig; *altercation* heftig, hitzig; *personne* heftig präd, hitzig
❻ *(vivant)* lebend; **eau vive** fließendes Wasser; **haie vive** Hecke *f,* lebender Zaun; **poids ~** Lebendgewicht *nt;* **être brûlé ~/brûlée vive** *(dans un accident)* bei lebendigem Leibe verbrennen; *(par supplice)* bei lebendigem Leibe verbrannt werden; **être enterré ~/enterrée vive** lebend[ig] begraben werden
❼ *(coupant, nu) angle, arête* scharf; *joints* unverfugt; *roc, pierre* nackt; **plaie/fracture à ~** offene Wunde/offener Bruch; **mur de pierres vives** Natursteinmauer *f*
vif-argent [vifaʀʒɑ̃] *m* être du ~ *vieilli* quecksilbrig sein
vigie [viʒi] *f* ❶ *(matelot, poste)* Ausguck[posten *m*] *m*
❷ *(surveillance)* Wache *f*
vigilance [viʒilɑ̃s] *f* Wachsamkeit *f;* **manquer de ~** nicht aufmerksam [*o* wachsam] genug sein; **redoubler de ~** doppelt wachsam sein
vigilant(e) [viʒilɑ̃, ɑ̃t] *adj personne* wachsam; **attention ~e** größte Wachsamkeit; **d'un œil ~** wachsamen Blickes; **malgré des soins ~s** trotz umsichtiger [*o* sorgsamer] Pflege
vigile [viʒil] *mf* Wächter(in) *m(f),* Wachmann *m;* HIST Wache *f;* **les ~s privés** die privaten Wachleute
vigne [viɲ] *f* ❶ BOT Wein *m;* **pied de ~** Weinstock *m,* Rebstock *m;* ~ **vierge** wilder Wein
❷ *(vignoble)* Weinberg *m;* **être dans les ~s** im Weinberg sein; **avoir des ~s en Alsace** Weinberge im Elsass haben
❸ *sans pl (activité viticole)* Weinbau *m;* **pays de ~s** Weinbaugebiet *nt*
▶ **être dans les ~s du Seigneur** betrunken sein
vigneron(ne) [viɲ(ə)ʀɔ̃, ɔn] **I.** *adj* **activité ~ne** Weinbau *m;* **village ~** Weindorf *nt*

II. *m(f)* Weinbauer *m/*-bäuerin *f,* Winzer(in) *m(f),* Weinhauer(in) *m(f)* (A)

vignette [viɲɛt] *f* ❶ *d'une automobile* Kfz-Steuermarke *f;* ~ **auto** *(taxe)* Kfz-Steuer *f*

❷ *(autocollant) d'un médicament* Kontrollabschnitt für die Kostenerstattung durch die Sozialversicherung; *(attestant un paiement)* Quittungsmarke *f*

❸ *(image)* Sammelbild *nt*

❹ ART *(petite illustration)* Vignette *f; d'une bande dessinée* Feld *nt*

vignoble [viɲɔbl] *m* ❶ *(terrain)* Weinberg *m*

❷ *sans pl (ensemble de vignobles)* Weinbaugebiet *nt*

vigogne [vigɔɲ] *f* Vikunja *nt; (tissu)* Stoff *m* aus Vikunjawolle

vigoureusement [viguʀøzmɑ̃] *adv (avec force)* kräftig; *(avec détermination)* energisch

vigoureux, -euse [viguʀø, -øz] *adj* ❶ *(robuste) corps, bras, poigne* kräftig; *plante, personne* kräftig, robust; *santé* eisern

❷ *(ferme) coup* kräftig, kraftvoll

❸ *(énergique) mesure, protestation, lutte* energisch, entschlossen; *réaction* heftig

vigousse [vigus] *adj* CH *fam* ❶ *homme d'affaires* tüchtig, währschaft (CH)

❷ *marchandise* gediegen, solide, währschaft (CH)

❸ *repas* deftig, währschaft (CH)

vigueur [vigœʀ] *f* ❶ *(robustesse) d'une personne* Kraft *f,* Vitalität *f; (énergie)* Energie *f; d'un coup* Heftigkeit *f;* **sans** ~ kraftlos; **retrouver sa** ~ wieder zu Kräften kommen

❷ *(véhémence) d'un argument, d'une passion* Kraft *f; d'un esprit, intellect* Schärfe *f; d'une réaction, protestation* Heftigkeit *f; d'une résistance* Nachdrücklichkeit *f;* **avec** ~ mit Nachdruck

▶ **en** ~ in Kraft, geltend, gültig; **loi en** ~ geltendes Recht; **usages en** ~ lebendige [o lebendig gebliebene] Sitten und Gebräuche; **entrer en** ~ in Kraft treten; **être en** ~ in Kraft sein; **être toujours en** ~ JUR fortgelten

V.I.H. [veiaʃ] *m* MED *abr de* **virus de l'immunodéficience humaine** HIV *nt*

viking [vikiŋ] *adj* wikingisch; **bateau** ~ Wikingerschiff *nt*

Viking [vikiŋ] *m* Wikinger *m*

vil(e) [vil] *adj littér personne, caractère* nichtswürdig *(geh); conduite, action* nichtswürdig *(geh),* schändlich *(geh)*

vilain [vilɛ̃] *m* ❶ *(grabuge)* **il va y avoir** [*o* ça va faire] **du** ~ **das wird Ärger geben**

❷ HIST *(paysan)* Freibauer *m*

❸ HIST *(roturier)* Bürgerliche(r) *m*

❹ *enfantin* böser *[o* unartiger*]* Junge

vilain(e) [vilɛ̃, ɛn] *adj* ❶ *(laid)* hässlich

❷ *antéposé (sale) mot, pensée, photo* hässlich, unanständig; *coup, tour* gemein; *affaire* unschön; *défaut* schlimm; **jouer un** ~ **tour à qn** *antéposé* jdm übel mitspielen

❸ *antéposé (inquiétant) affaire* schlimm, übel; *toux, plaie* schlimm, böse

❹ *antéposé enfantin (personne, animal)* böse; *fille, garçon* böse, ungezogen, unartig

❺ *antéposé (désagréable) odeur* unangenehm, übel; *temps* schlecht, ungemütlich

vilaine [vilɛn] *f enfantin* böses *[o* unartiges*]* Mädchen

vilainement [vilɛnmɑ̃] *adv* ❶ *(laidement)* hässlich; **il est** ~ **bâti** er ist schlecht gebaut

❷ *(désagréablement) parler, se conduire* frech, ungezogen

❸ *(gravement)* schlimm, böse

vilebrequin [vilbʀəkɛ̃] *m* ❶ *(outil)* (mechanischer) Handbohrer, Wendelbohrer *m*

❷ AUT Kurbelwelle *f*

vilenie [vil(ə)ni] *f,* **vilénie** [vileni] *f littér (caractère vil, action vile)* Gemeinheit *f,* Niedertracht *f*

vilipender [vilipɑ̃de] <1> *vt littér* verunglimpfen *(geh)*

villa [vi(l)la] *f* Villa *f;* **les** ~**s romaines** die römischen Villen; ~ **de rêve** Traumvilla; **la** ~ **dont je rêve/dont il rêve, la** ~ **de mes/ses rêves** meine/seine Traumvilla

village [vilaʒ] *m* Dorf *nt;* ~ **de montagne** Gebirgsdorf; ~ **de vacances** Feriendorf; **haut** ~ Oberdorf; ~ **voisin** Nachbardorf; **les gens du** ~ die Dorfbewohner *Pl,* die Dörfler *Pl*

villageois(e) [vilaʒwa, waz] **I.** *adj vieilli mœurs, coutumes* dörflich, ländlich; **fête** ~**e** Dorffest *nt;* **danse** ~**e** Bauerntanz *m*

II. *m(f)* Dorfbewohner(in) *m(f),* Dörfler(in) *m(f)*

village-vacances [vilaʒvakɑ̃s] *m* Feriendorf *nt*

ville [vil] *f* ❶ Stadt *f;* ~ **frontalière** [*o* **frontière**] Grenzstadt; ~ **jumelée** Partnerstadt; ~ **de commerce** [*o* **marchand**] Handelsstadt; ~ **nouvelle** Retortenstadt *f (pej)*

❷ *(quartier)* Stadtteil *m;* ~ **basse/haute** Unter-/Oberstadt *f;* **vieille** ~ Altstadt *f*

❸ *(opp: la campagne)* **la** ~ die Stadt; **les gens de la** ~ die Städter

❹ *(municipalité)* Stadt[verwaltung *f*] *f*

▶ **à la** ~ in der/die Stadt; **chaussures/costume/tenue de** ~ Stra-

ßenschuhe *Pl/-*anzug *m/-*kleidung *f;* **en** ~ in der/die Stadt; *(au centre-ville)* in der/die [Innen]stadt

♦ ~ **d'art** Kunststadt *f;* ~ **d'eau**[**x**] Kurort *m,* Kurstadt *f,* Bad *nt;* ~ **de garnison** Garnisonsstadt *f;* ~ **de province** Provinzstadt *f*

ville-champignon [vilʃɑ̃piɲɔ̃] <villes-champignons> *f* schnell wachsende Stadt **ville-dortoir** [vildɔʀtwaʀ] <villes-dortoirs> *f* Schlafstadt *f*

villégiature [vi(l)leʒjatyʀ] *f* ❶ *(vacances)* Ferien *Pl,* Sommerfrische *f*

❷ *(lieu)* Ferienort *m; (maison)* Ferienhaus *nt*

ville-satellite [vilsatelit] <villes-satellites> *f* Satellitenstadt *f*

villosité [vilozite] *f souvent pl* ANAT Zotte *f;* ~**s intestinales** Darmzotten *Pl*

vin [vɛ̃] *m* Wein *m;* ~ **blanc/rosé/rouge** Weißwein/Rosé[wein]/Rotwein; ~ **chaud** [**à la cannelle**] Glühwein; ~ **cuit** Aperitif-Wein; ~ **naturel** Naturwein; ~ **nouveau** junger Wein; ~ **primeur** Primeur *m;* ~ **de fruit** Obstwein; ~ **de palme** Palmwein; ~ **d'appellation d'origine contrôlée** Wein aus kontrollierter Herkunft und höchster Qualität; ~ **délimité de qualité supérieure** Wein höherer Qualität aus bestimmten Regionen; ~ **de qualité** Qualitätswein; **grand** ~ erlesener Wein; **petit** ~ einfacher Wein

▶ **entre deux** ~**s** [noch] betrunken; **avoir le mauvais/gai/triste** ~ vom Wein übellaunig/fröhlich/schwermütig werden; **quand le** ~ **est tiré, il faut le boire** *prov* wer A sagt, muss auch B sagen; **cuver son** ~ *fam* seinen Rausch ausschlafen *(fam)*

♦ ~ **d'honneur** Empfang *m;* **offrir un** ~ **d'honneur** zu einem Empfang einladen; ~ **de paille** ≈ Trockenbeerenauslese *f;* ~ **de pays** Landwein *m;* ~ **de table** Tafelwein *m,* Tischwein *m*

vinaigre [vinɛgʀ] *m* Essig *m;* ~ **balsamique** Balsamessig; ~ **de vin** Weinessig; ~ **de fruit** Obstessig; ~ **à l'estragon** Estragonessig; ~ **d'alcool** Essigessenz *f*

▶ **faire** ~ *fam* schnell machen *(fam),* sich beeilen; **tourner au** ~ eine schlechte Wendung nehmen

vinaigrer [vinɛgʀe] <1> *vt* mit Essig würzen [*o* abschmecken]; **la salade est trop vinaigrée** am Salat ist zu viel Essig; **une mayonnaise légèrement vinaigrée** eine leicht mit Essig abgeschmeckte Majonäse; **eau vinaigrée** Essigwasser *nt*

vinaigrerie [vinɛgʀəʀi] *f* ❶ *(fabrique)* Essigfabrik *f*

❷ *(fabrication)* Essigherstellung *f*

vinaigrette [vinɛgʀɛt] **I.** *f* Vinaigrette *f*

II. *app inv* **sauce** ~ Vinaigrette *f;* **avocat/tomates** ~ Avocado/Tomaten mit Vinaigrette

vinaigrier [vinɛgʀije] *m* ❶ *(ustensile)* Essigtopf *m*

❷ *(flacon)* Essigfläschchen *nt*

❸ BOT Essigbaum *m*

vinasse [vinas] *f fam* billiger Wein

vindicatif, -ive [vɛ̃dikatif, -iv] *adj (agressif) personne, ton* aggressiv, aufgebracht; *(rancunier)* rachsüchtig

vindicte [vɛ̃dikt] *f littér* **désigner qn à la** ~ **publique** [*o* **populaire**] jdn anprangern

vineux, -euse [vinø, -øz] *adj couleur, teint* weinrot; **avoir un goût** ~ stark nach Wein schmecken; **haleine vineuse** [Alkohol]fahne *f* vom Wein

vingt [vɛ̃] **I.** *num* ❶ zwanzig

❷ *(dans l'indication de l'âge, la durée)* **avoir/avoir bientôt** ~ **ans** zwanzig [Jahre alt] sein/werden; **personne de** ~ **ans** Zwanzigjährige(r) *f(m);* **période de** ~ **ans** Zeitraum *m* von zwanzig Jahren

❸ *(dans l'indication de l'heure)* **à dix heures** ~ um zehn Uhr zwanzig

❹ *(dans l'indication des époques)* **les années** ~ die zwanziger Jahre

❺ *(dans l'indication de l'ordre)* **arriver** ~ **ou** ~ **et unième** als Zwanzigste(r) oder Einundzwanzigste(r) kommen

II. *m inv* ❶ Zwanzig *f*

❷ *(numéro)* Nummer *f* Zwanzig, Zwanzig *f*

❸ TRANSP **le** ~ die Linie [*o* Nummer] zwanzig, die Zwanzig *(fam)*

❹ SCOL **avoir** ~ [**sur vingt**] ≈ eine Eins haben

III. *f (table, chambre... numéro vingt)* Zwanzig *f*

♦ **vingt et un(e)** einundzwanzig; *v. a.* **cinq, cinquante**

vingtaine [vɛ̃tɛn] *f* ❶ **une** ~ **de personnes/pages** etwa [*o* ungefähr] zwanzig Personen/Seiten

❷ *(âge approximatif)* **avoir la** ~ [*o* **une** ~ **d'années**] ungefähr [*o* etwa] zwanzig [Jahre alt] sein; **approcher de la** ~ auf die Zwanzig zugehen; **avoir largement dépassé la** ~ weit über zwanzig [Jahre alt] sein

vingt-deux [vɛ̃tdø] **I.** *num* ❶ zweiundzwanzig

❷ *(dans l'indication de l'âge, la durée)* **avoir/avoir bientôt** ~ **ans** zweiundzwanzig [Jahre alt] sein/werden; **personne de** ~ **ans** Zweiundzwanzigjährige(r) *f(m);* **période de** ~ **ans** Zeitraum *m* von zweiundzwanzig Jahren; **quel âge tu as?** – **Vingt-deux ans** wie alt bist du? – Zweiundzwanzig

❸ *(dans l'indication de l'heure)* **il est** ~ **heures** es ist zweiundzwanzig [Uhr]

④ *(dans l'indication de la date)* **le ~ mars** geschrieben: le 22 mars der zweiundzwanzigste März écrit: der 22. März
⑤ *(dans l'indication de l'ordre)* **arriver ~ ou vingt-troisième** als Zweiundzwanzigste(r) oder Dreiundzwanzigste(r) kommen
▶ **~! *fam*** Achtung!
II. *m inv* ❶ Zweiundzwanzig *f*
❷ *(numéro)* Nummer *f* zweiundzwanzig, Zweiundzwanzig *f*
❸ TRANSP **le ~** die Linie [*o* Nummer] zweiundzwanzig, die Zweiundzwanzig *(fam)*
❹ JEUX Zweiundzwanzig *f*
III. *f (table, chambre... numéro vingt-deux)* Zweiundzwanzig *f*; *v. a.* **cinq**
vingt-deuxième [vɛ̃tdøzjɛm] I. *adj antéposé* zweiundzwanzigste(r, s)
II. *mf* **le/la ~** der/die/das Zweiundzwanzigste
III. *m (étage)* zweiundzwanzigster Stock, zweiundzwanzigste Etage
vingt-et-un [vɛ̃teœ̃] *m inv* CARTES Siebzehnundvier *nt*, Vingt-et-un *nt*; *v. a.* **cinq**
vingtième [vɛ̃tjɛm] I. *adj antéposé* zwanzigste(r, s)
II. *mf* **le/la ~** der/die/das Zwanzigste
III. *m* ❶ *(fraction)* Zwanzigstel *nt*
❷ *(étage)* zwanzigster Stock, zwanzigste Etage
❸ *(arrondissement)* zwanzigstes Arrondissement
❹ *(siècle)* zwanzigstes Jahrhundert; *v. a.* **cinquième**
vingt-quatre [vɛ̃tkat(R)] *num* vierundzwanzig; **quel âge as-tu? – Vingt-quatre ans** wie alt bist du? – Vierundzwanzig
vinicole [vinikɔl] *adj région, établissement* Weinbau-; *production, industrie* Wein-
vinification [vinifikasjɔ̃] *f* Keltern *nt*
vinifier [vinifje] <1a> *vt, vi* keltern
vintage [vɛ̃taʒ, vintɛdʒ] *adj inv (datant réellement de l'époque d'origine)* Vintage-, original erhalten; **vêtements ~** original erhaltene Kleider
vinyle [vinil] *m* ❶ Vinyl *nt*; **manteau en ~** Lackmantel *m*
❷ *(disque)* [Schall]platte *f*
vinylique [vinilik] *adj* Vinyl-
vioc *v.* **vioque**
viol [vjɔl] *m* ❶ Vergewaltigung *f*
❷ *(violation) d'un secret* Verrat *m*; **~ de la loi** Übertretung *f* [*o* Verletzung *f*] des Gesetzes
◆ **~ de sépulture** Grabschändung *f*
violacé(e) [vjɔlase] I. *adj rouge* ins Violett gehend; *teinte, tache, visage* bläulich; *main* blau
II. *fpl* Veilchengewächse *Pl*
violateur, -trice [vjɔlatœR, -tRis] *m, f d'un secret* Verräter(in) *m(f); d'un domicile* Einbrecher(in) *m(f); d'un lieu sacré* Schänder(in) *m(f)*; **~(-trice) des lois** Gesetzesbrecher(in) *m(f)*, Rechtsbrecher(in)
violation [vjɔlasjɔ̃] *f* ❶ *d'un secret* Verrat *m*; *d'un serment* Bruch *m*; *d'un lieu sacré* Schändung *f*
❷ JUR Verletzung *f*; **~ d'un bien protégé juridiquement** Rechtsgutsverletzung *f*; **~ d'un/du contrat** Vertragswidrigkeit *f*, Vertragsverletzung *f*; **~ d'une convention** Verstoß *m* gegen eine Abmachung, Missachtung *f* einer Abmachung; **~ du droit d'auteur** Urheberrechtsverletzung; **~ de la garantie** JUR Garantieverletzung *(Fachspr.)*; **~ de la loi** Verstoß gegen das Gesetz, Missachtung des Gesetzes, Gesetzesübertretung *f*, Gesetzesverletzung *(Fachspr.)*; **~ d'une/de marque** Rufausbeutung *f (Fachspr.)*; **~ d'une marque portant atteinte aux bonnes mœurs** sittenwidrige Rufausbeutung; **~ de la propriété industrielle** JUR Warenzeichenverletzung
◆ **~ de brevet** JUR Patentverletzung *f*; **~ des correspondances** Verletzung *f* des Briefgeheimnisses; **~ de domicile** Hausfriedensbruch *m*; **~ de frontière** Grenzverletzung *f*; **~ de sépulture** Grabschändung *f*; **~ de territoire** Verletzung *f* des Hoheitsgebietes
viole [vjɔl] *f* Bratsche *f*, Viola *f*
◆ **~ d'amour** Viola d'amore *f*; **~ de gambe** Viola da gamba *f*
violemment [vjɔlamɑ̃] *adv* heftig; *désirer* leidenschaftlich
violence [vjɔlɑ̃s] *f* ❶ Gewalt *f*; **par la ~** mit Gewalt; **film de ~** brutaler Film; **spécialiste [*o* expert(e)] de la ~** Gewaltforscher(in) *m(f)*
❷ *(acte de violence) (physique)* Gewalttätigkeit *f*; *(morale)* Druck *m*, Zwang *m*; **avoir subi des ~s** *enfant:* misshandelt worden sein; **exercer des ~s sur qn** an jdm Gewalttaten begehen [*o* verüben] *(geh)*; **~ à agent** tätlicher Angriff auf einen Polizisten; **faire ~ à qn** *(physiquement)* jdm Gewalt antun; *(moralement)* Druck auf jdn ausüben; **se faire ~** sich zwingen
❸ *(agressivité dans le comportement)* Heftigkeit *f*; **~ verbale** aggressive Ausdrucksweise; **parler avec ~** aggressiv reden
❹ *(intensité) d'une tempête, crise* Heftigkeit *f*; *des éléments* Unbändigkeit *f*; *d'un venin* Stärke *f*
❺ *(véhémence) d'un désir, d'une passion* Heftigkeit *f*

▶ **se faire une douce ~** *hum* seiner Schwäche nachgeben
violent(e) [vjɔlɑ̃, ɑ̃t] I. *adj* ❶ *personne* gewalttätig, brutal; *mort, affrontement, collision* gewaltsam; *accident, choc* schwer; *univers* brutal; *sport* hart; *coup, crochet* hart, glashart; **acte ~** Gewalttat *f*
❷ *(intense)* heftig, eruptiv *(geh)*; *effort* gewaltig; *odeur* scharf, durchdringend
❸ *(véhément)* besoin, désir stark; *passion* wild; *propos* stürmisch
▶ **ça c'est [un peu] ~!** *fam* das ist doch ein dicker Hund [*o* wirklich ein starkes Stück]! *(fam)*
II. *m(f)* gewalttätiger [*o* brutaler] Mensch
violenter [vjɔlɑ̃te] <1> *vt (brutaliser)* **~ qn** jdm Gewalt antun
violer [vjɔle] <1> I. *vt* ❶ vergewaltigen; **se faire ~ par qn** von jdm vergewaltigt werden
❷ *(transgresser)* verletzen *droit, tabou, traité*; brechen *promesse, serment*; verraten *secret*; verstoßen gegen *contrat*
❸ *(profaner)* verletzen *frontière*, schänden *lieu sacré*, widerrechtlich eindringen in (+ *Akk*) *domicile, territoire*
II. *vi* vergewaltigen
violet [vjɔlɛ] *m* Violett *nt*
violet(te) [vjɔlɛ, ɛt] *adj* violett; *vapeur, mains* bläulich; **~ pâle** *inv* zartviolett; **une robe ~ pâle** ein zartviolettes Kleid; **devenir ~ de fureur** puterrot vor Wut werden
violette [vjɔlɛt] *f* BOT Veilchen *nt*
violeur [vjɔlœR] *m* Vergewaltiger *m*
violine [vjɔlin] *adj* rötlich-violett
violon [vjɔlɔ̃] *m* ❶ Violine *f*, Geige *f*; **cours de ~** Geigenunterricht *m*
❷ *(musicien)* Geige *f*
❸ *fam (prison)* Arrestzelle *f*
▶ **accorder ses ~s** sich einigen, sich abstimmen; **c'est comme si on pissait dans un ~** *fam* das ist für die Katz *(fam)*
◆ **~ d'Ingres** Steckenpferd *nt*, [künstlerisches] Hobby *nt*
violoncelle [vjɔlɔ̃sɛl] *m* [Violon]cello *nt*
violoncelliste [vjɔlɔ̃selist] *mf* Cellist(in) *m(f)*
violoneux [vjɔlɔnø] *m* ❶ HIST Dorffiedler(in) *m(f)*
❷ *péj fam* Fiedelkratzer(in) *m(f) (pej fam)*
violoniste [vjɔlɔnist] *mf* Geigenspieler(in) *m(f)*; *(musicien professionnel)* Geiger(in) *m(f)*, Violinist(in) *m(f)*
vioque [vjɔk] I. *adj fam* oll *(sl)*
II. *mf pop* Olle(r) *f(m) (sl)*
viorne [vjɔRn] *f* Schneeball *m*
V.I.P. [veipe, viajpi] *m inv abr de* **very important person** *fam* VIP *m*
vipère [vipɛR] *f* ❶ *(serpent)* Viper *f*
❷ *péj (personne malfaisante)* Schlange *f (fam)*, Giftschleuder *f (pej fam)*, Giftspritze *f (pej fam)*
vipérin(e) [vipeRɛ̃, in] *adj* ZOOL **couleuvre ~e** Vipernatter *f*
vipérine [vipeRin] *f* BOT Natternkopf *m*
virage [viRaʒ] *m* ❶ Kurve *f*; **~ en épingle à cheveux** Haarnadelkurve
❷ *(action) d'un véhicule* Kurve *f*; *d'un avion* Schleife *f*; *d'un skieur* Bogen *m*; *d'un coureur* Wende *f*
❸ *(changement d'orientation) d'une personne* Umstellung *f*; *d'une politique* Wende *f*, Kurswechsel *m*
❹ MED *d'une cutiréaction* positive Reaktion
❺ PHOT Tonung *f*; **~ à l'or** Goldtonung
❻ CHIM **~ au bleu/rouge** Blau-/Rotfärbung *f*
▶ **faire un ~** *route:* eine Kurve machen; *homme politique:* sich wandeln; **prendre un/son ~** die Kurve nehmen; **prendre un ~ décisif** *pays:* einen entscheidenden Kurswechsel durchmachen
virago [viRago] *f* Mannweib *nt (pej)*
viral(e) [viRal, o] <-aux> *adj* Virus-; **avoir une origine ~e** durch Viren übertragen werden
vire [viR] *f* [Berg]vorsprung *m*
virée [viRe] *f fam* Spritztour *f (fam)*, Trip *m (fam)*; **faire une ~ à la foire** einen Bummel über die Kirmes machen *(fam)*; **faire une ~ dans les boîtes/les bars** durch die Diskos/Kneipen ziehen *(fam)*; **faire une ~ en bagnole** cruisen *(fam)*
virement [viRmɑ̃] *m* ❶ FIN Überweisung *f*; *(en tant que procédé)* Überweisungsverfahren *nt*, bargeldlose Verrechnung *f*
❷ NAUT Wende *f*
◆ **~ éclair** Blitzgiro *nt*; **~ d'espèces** Bargeldüberweisung *f*
virer [viRe] <1> I. *vi* ❶ *(changer de direction) véhicule:* abbiegen; *avion:* abdrehen; **~ vent devant/arrière** anluven/abfallen; **paré à ~!** klar zur Wende!
❷ *(tourner)* sich drehen; **~ sur soi-même** sich um sich selbst [*o* im Kreise] drehen
❸ *(se modifier) temps:* umschlagen; *personne:* umschwenken; **~ au catholicisme** sich dem Katholizismus zuwenden; **~ au conformisme** [zum] Konformist werden; **~ à la rance** *beurre:* ranzig werden; *relations:* sich verschlechtern; **le temps vire au beau/froid** es wird schöner/kälter [werden]; **le temps vire à la neige/à la pluie** es wird Schnee/Regen geben

❹ *(changer de couleur) personne, visage, couleur:* sich verfärben; *cuti-réaction:* positiv sein; **~ au bleu/rouge** *a.* CHIM sich blau/rot [ver]färben; **faire ~ qc** die Farbe von etw verändern

II. *vt* ❶ FIN **– une somme à qn/au** [*o* **sur le**] **compte de qn** [jdm] einen Betrag überweisen/einen Betrag auf jds Konto überweisen; **faire ~ qc** etw überweisen lassen

❷ *fam (renvoyer)* hinauswerfen, feuern *(fam);* **se faire ~** gefeuert werden *(fam)*

❸ *fam (se débarrasser de)* rausschmeißen *(fam);* rausräumen *(fam) meubles*

❹ MED **il vire sa cuti** seine Tuberkulinprobe ist positiv

vireux, -euse [viʀø, -øz] *adj soutenu plante* giftig; *odeur, saveur* widerlich

virevoltant(e) [viʀvɔlt̃a, ɑ̃t] *adj* wirbelnd

virevolte [viʀvɔlt] *f* ❶ *d'un cheval, d'une danseuse* Drehung *f*
❷ *(volte-face)* Kehrtwendung *f*

virevolter [viʀvɔlte] <1> *vi* eine Drehung vollführen

Virgile [viʀʒil(ə)] *m* Vergil *m*

virginal(e) [viʀʒinal, o] <-aux> *adj soutenu* jungfräulich *(geh); candeur, pureté* unverdorben, jungfräulich *(geh)*

virginité [viʀʒinite] *f* Unschuld *f,* Jungfräulichkeit *f*
▸ **se refaire une ~** einen Schlussstrich unter seine Vergangenheit ziehen

virgule [viʀgyl] *f* Komma *nt*

viril(e) [viʀil] *adj (mâle)* männlich; *attitude, langage, prouesse* mannhaft

virilement [viʀilmɑ̃] *adv* mannhaft

virilisant(e) [viʀilizɑ̃, ɑ̃t] *adj médicament* potenzsteigernd

virilisation [viʀilizasjɔ̃] *f d'une femme, d'un corps* Vermännlichung *f*

viriliser [viʀilize] <1> **I.** *vt* ❶ männlicher machen
❷ MED **~ qn** jds Potenz steigern
II. *vpr* **se ~** vermännlichen

virilité [viʀilite] *f* ❶ ANAT Manneskraft *f,* Potenz *f,* Virilität *f*
❷ *(caractère viril) d'un caractère, comportement* Mannhaftigkeit *f; des traits* Männlichkeit *f; (intrépidité)* Unerschrockenheit *f*

virole [viʀɔl] *f d'un couteau, outil, parapluie* Zwinge *f,* [Ein]fassung *f*

virologie [viʀɔlɔʒi] *f* Virusforschung *f,* Virologie *f (Fachspr.)*

virologiste [viʀɔlɔʒist] *mf,* **virologue** [viʀɔlɔg] *mf* Virusforscher(in) *m(f),* Virologe *m*/Virologin *f (Fachspr.)*

virtualité [viʀtɥalite] *f* Virtualität *f*

virtuel(le) [viʀtɥɛl] *adj* ❶ virtuell; *possibilité, marché, réussite* potentiell
❷ INFORM virtuell; **mémoire ~le** virtueller Arbeitsspeicher; **bureau ~** Telearbeitsplatz *m;* **galerie marchande ~le** Shopping Mall *f*

virtuellement [viʀtɥɛlmɑ̃] *adv* ❶ *(pratiquement)* so gut wie, praktisch
❷ *littér (en puissance)* potentiell

virtuose [viʀtɥoz] **I.** *mf* ❶ MUS Virtuose *m*/Virtuosin *f;* **~ du piano** Klaviervirtuose/-virtuosin
❷ *(expert)* Könner(in) *m(f);* **~ de l'équitation** Spitzenreiter(in) *m(f);* **~ de la langue** Sprachakrobat(in) *m(f)*
II. *adj musicien* virtuos; *artiste* talentiert

virtuosité [viʀtɥozite] *f d'un pianiste, violoniste* Virtuosität *f; d'un artiste, artisan* Kunstfertigkeit *f,* Geschick *nt*

virulence [viʀylɑ̃s] *f* ❶ *(véhémence) d'une critique* Heftigkeit *f; d'un discours* Leidenschaftlichkeit *f; d'un reproche* Bitterkeit *f*
❷ MED *d'un microbe, germe* Virulenz *f; d'un poison* Stärke *f,* starke Wirkung

virulent(e) [viʀylɑ̃, ɑ̃t] *adj* ❶ *(véhément) critique* heftig; *discours* leidenschaftlich; *reproche* bitter
❷ MED *microbe, germe* virulent; *poison* stark [wirkend]

virus [viʀys] *m* ❶ Virus *m o nt;* **- V.I.H.** [*o* **HIV**] HI-Virus
❷ *fig* **~ de la danse/compétition** Tanz-/Wettkampffieber *nt;* **~ du jeu** Spieltrieb *m;* **le ~ l'a gagné(e)** [*o* **pris(e)**] er/sie hat Feuer gefangen *(fam)*
❸ INFORM [Computer]virus *m o nt;* **détecter les ~ sur le disque dur** die Festplatte auf Viren *(Akk)* überprüfen; **reconnaissance du/d'un ~** Viruserkennung *f*
◆ **~ d'Ebola** MED Ebolavirus *nt;* **~ d'Epstein-Barr** MED Epstein-Barr-Virus *nt*

vis [vis] *f* Schraube *f;* **~ à bois/métaux** Holz-/Maschinenschraube; **~ platinée** AUT Unterbrecherkontakt *m;* **~ de ralenti** AUT [Leerlauf]einstellschraube *f*
▸ **serrer la ~ à qn** bei jdm härter durchgreifen
◆ **~ à ailettes** Flügelschraube *f;* **~ d'Archimède** archimedische Schraube; **~ de blocage** Klemmschraube *f;* **~ sans fin** Schneckengewinde *nt;* **~ de réglage** Feststellschraube *f;* **~ de serrage** Klemmschraube *f;* **~ à tête plate** Flachkopfschraube *f*

visa [viza] *m* ❶ Visum *nt;* **~ d'entrée/de sortie** Einreise-/Ausreisevisum
❷ *(signature)* [Genehmigungs]vermerk *m; (cachet)* Amtssiegel *nt,* [Amts]stempel *m; d'un passeport* Sichtvermerk *m; d'un contrôleur* Kontrollvermerk *m,* Kontrollsiegel *nt*
▸ **donner son ~** seine Zustimmung geben
◆ **~ de censure** Freigabevermerk *m*

visage [vizaʒ] *m* ❶ Gesicht *nt;* **moitié du ~** Gesichtshälfte *f;* **~ d'enfant** Kindergesicht; **~ de fillette/de gamin** Mädchen-/Jungengesicht
❷ *(mine)* Miene *f,* Gesicht *nt;* **faire un ~ triste** ein trauriges Gesicht machen; **avoir le ~ plus reposé** ausgeruhter aussehen; **il change de ~** sein Gesichtsausdruck verändert sich
❸ *(personne)* Gesicht *nt;* **Visage pâle** Bleichgesicht *nt*
❹ *(personnalité)* Gesicht *nt*
❺ *(aspect) de la société* [Erscheinungs]bild *nt; d'une ville* [Erscheinungs]bild, Aussehen *nt; d'un bâtiment, journal* Aussehen *nt;* **à ~ humain** mit menschlichem Gesicht
▸ **faire bon ~** gute Miene zum bösen Spiel machen; **faire bon ~ à qn** freundlich zu jdm sein; **à ~ découvert** offen; **se battre à ~ découvert** mit offenem Visier kämpfen; **sans ~** anonym, gesichtslos

visagiste® [vizaʒist] *mf* Visagist(in) *m(f)*

vis-à-vis [vizavi] **I.** *prép* ❶ *(en face de)* **~ de l'église/la gare** gegenüber der Kirche/dem Bahnhof
❷ *(envers)* **~ de qn/qc** jdm/einer S. gegenüber
❸ *(comparé à)* **~ de qn/qc** im Vergleich zu jdm/etw
II. *adv* **être placé(e)s/se trouver ~** *personnes:* einander gegenüber sitzen/stehen; **être/se faire ~** *maisons:* einander gegenüber stehen
III. *m inv* ❶ *(personne, immeuble)* Gegenüber *nt;* **en ~** einander gegenüber
❷ *(canapé)* S-förmiger Doppelsitz

viscéral(e) [viseral, o] <-aux> *adj* ❶ *(profond) attachement* innere(r, s); *haine, peur* tiefsitzend
❷ ANAT **muscle ~** Organmuskel *m;* **cavité ~e** Bauchhöhle *f*

viscéralement [viseralmɑ̃] *adv* zutiefst; **être ~ optimiste** ein eingefleischter Optimist sein

viscère [viseʀ] *f* inneres Organ; **les ~s** die Eingeweide *Pl*

viscose [viskoz] *f* Viskose *f*

viscosité [viskozite] *f* ❶ *de la peau, d'un champignon* schmierige Beschaffenheit, Klebrigkeit *f*
❷ CHIM, PHYS *d'un liquide* Viskosität *f,* Zähflüssigkeit *f*

visée [vize] *f* ❶ **~ d'un appareil** Visieren *nt* mit einem Gerät; **~ d'une arme** Zielen *nt* [*o* Visieren] mit einer Waffe
❷ *pl (dessein)* **~s sur qc** Streben *nt* nach etw; **~s coupables** unlautere Absichten *Pl;* **avoir des ~s sur qn/qc** ein Auge auf jdn/etw geworfen haben
❸ *pl (objectif)* **~s des compressions budgétaires** Einsparziel *nt*

viser¹ [vize] <1> **I.** *vi* ❶ *(avec une arme) chasseur, tireur:* zielen
❷ *(avoir pour but)* **~ au succès** nach Erfolg streben; **~ à réduire le chômage** darauf abzielen die Arbeitslosigkeit zu senken
❸ *(avoir des vues)* **~ haut** hoch hinaus wollen, sein Ziel hoch stecken; **~ bas** tief stapeln; **~ loin** weitgesteckte Ziele verfolgen
II. *vt* ❶ *(diriger vers) chasseur, tireur:* zielen auf (+ *Akk*)
❷ *(ambitionner)* anstreben *but, carrière;* **~ la fortune/l'honneur** nach Glück/Ehre *(Dat)* trachten; **être visé(e)** *but:* anvisiert [*o* angestrebt] sein
❸ *(concerner)* **~ qn/qc** *remarque, critique:* jdm/etw gelten; *mesure, décision:* jdn/etw betreffen; **être/se sentir visé(e) par une remarque/critique** mit einer Bemerkung/Kritik gemeint sein/sich angesprochen fühlen
❹ *(chercher à atteindre)* es abgesehen haben auf (+ *Akk*)
❺ *fam (regarder)* **vise la nana/sa gueule!** schau [*o* guck *sl*] mal die Tussi/die Visage! *(pej);* **vise-moi ce manteau!** hast du den Mantel gesehen!

viser² [vize] <1> *vt (mettre un visa sur)* beglaubigen *document;* abstempeln, mit einem Sichtvermerk versehen *passeport*

viseur [vizœʀ] *m* ❶ *d'une arme à feu* Visier *nt*
❷ ASTRON, OPT Visier *nt,* Fadenkreuz *nt;* CINE, PHOT Sucher *m*

visibilité [vizibilite] *f* ❶ METEO [Fern]sicht *f;* TRANSP Sicht, Sichtverhältnisse *Pl;* **en vol** Flugsicht; **vol sans ~** Blindflug *m;* **virage sans ~** unübersichtliche Kurve
❷ *(caractère visible) d'un objet, phénomène* Sichtbarkeit *f*

visible [vizibl] **I.** *adj* ❶ *(qui peut être vu)* sichtbar, wahrnehmbar; *reprise* augenfällig; **à l'œil nu** mit bloßem Auge erkennbar; **être ~ du... au ... exposition:** von ... bis ... zu besichtigen sein
❷ *(évident) amélioration, embarras* sichtlich, merklich; *souci* offensichtlich; **~ sur son visage** an seinem/ihrem Gesicht ablesbar; **il est ~ qu'il va pleuvoir** es ist offensichtlich, dass es Regen geben wird
❸ *(en état de recevoir)* **être ~** zu sprechen sein
II. *m* Sichtbare(s) *nt*

visiblement [vizibləmɑ̃] *adv* offensichtlich; *fatigué, inquiet, heureux* sichtlich

visière [vizjɛʀ] *f* ❶ *d'une casquette, d'un képi* Schild *m,* Mützen-

schirm *m;* **mettre qc en ~** seine Augen mit etw beschatten [*o* abschirmen]
② PHOT Sonnenblende *f*
③ HIST *d'une armure* Visier *nt*
visioconférence [vizjokɔ̃feʀɑ̃s] *f* Videokonferenz *f*
vision [vizjɔ̃] *f* ① *(faculté)* Sehen *nt;* **~ déficiente** vermindertes Sehvermögen *nt*
② *(perception avec appareil)* Sicht *f;* **une ~ floue/nette** ein verschwommenes/klares Bild
③ *(action de voir qc)* Anblick *m; d'un phénomène* Betrachten *nt; d'un film, spectacle* Anschauen *nt*
④ *(conception)* [An]sicht *f; d'un avenir* Vorstellung *f; d'une Europe, éducation* Auffassung *f,* Vorstellung *f; (image mentale) de la mort, l'avenir* Vision *f;* **~ de la vie/du monde** Lebens-/Weltanschauung *f;* **avoir une ~ optimiste/réaliste de qc** etw optimistisch/realistisch sehen; **c'est ma ~ des choses/du problème** so sehe ich die Sache/das Problem
⑤ *(apparition)* Vision *f;* REL Vision, Erscheinung *f;* **avoir des ~s** *fam* Halluzinationen haben
⑥ *(spectacle) d'horreur, de paix* Bild *nt;* **une ~ de cauchemar** eine Schreckensvision, ein Bild des Schreckens
visionnage [vizjɔnaʒ] *m d'une émission, de diapositives* Vorführung *f*
visionnaire [vizjɔnɛʀ] **I.** *adj* ① *(intuitif)* visionär, [hell]seherisch
② *(halluciné) personne* zu Halluzinationen neigend
II. *mf* ① *a.* REL *(intuitif)* Visionär(in) *m(f)*
② *péj (illuminé)* Spinner(in) *m(f)*
visionner [vizjɔne] <1> *vt* sich *(Dat)* ansehen
visionneuse [vizjɔnøz] *f* ① Bildbetrachter *m; (pour diapositives)* Diabetrachter
② INFORM Betrachterprogramm *nt,* Viewer *m;* **regarder qc à l'aide de la ~** [sich *(Dat)*] etw mit dem Viewer ansehen
visiophone [vizjɔfɔn] *m* Bildtelefon *nt,* Videotelefon *f;* **~ satellite** satellitengestütztes Bildtelefon
Visitation [vizitasjɔ̃] *f* **la ~** die Heimsuchung Mariä
visite [vizit] *f* ① *d'une personne* Besuch *m; (chez un client)* [Kunden]besuch; **rendre ~ à qn** jdn besuchen; **rendre ~ à un malade** einen Krankenbesuch machen; **avoir/recevoir de la ~** *fam* Besuch haben/bekommen; **en ~** zu Besuch; **~ de condoléances/de convention/de courtoisie** [*o* **de politesse**] Beileids-/Pflicht-/Höflichkeitsbesuch; **~ de/au musée** Museumsbesuch; **~ d'affaires** Geschäftsbesuch; **~ de la/de clientèle** Kundenbesuch; **~ d'un/du représentant** Vertreterbesuch; **faire ses ~s** *représentant:* [seine] Kundenbesuche machen; **heures/jours de ~** Besuchszeiten *Pl/-tage Pl;* **faire qc en ~** etw besuchsweise tun
② *(action de visiter) d'un monument, musée, d'une ville* Besichtigung *f;* **~ guidée/organisée/commentée** Führung *f*
③ *(inspection) d'une école, entreprise* Inspektion *f; des bagages, d'un navire* Durchsuchung *f,* Kontrolle *f;* **~ de douane** Zollkontrolle; **~ domiciliaire** JUR Hausdurchsuchung *f;* **~ d'expert** Überprüfung *f* durch einen Fachmann
④ *(examen médical à l'hôpital)* Visite *f; (à domicile)* Hausbesuch *m;* **~ médicale** ärztliche Untersuchung; **passer une ~** [**médicale**], **aller à la ~** sich untersuchen lassen; **l'heure de la ~** die Visite; **~ de contrôle** Kontrolluntersuchung *f;* **faire ses ~s** *(à l'hôpital)* Visite machen; *(à domicile)* Hausbesuche machen
visiter [vizite] <1> **I.** *vt* ① *(explorer)* besichtigen; **faire ~ qc à un groupe** eine Gruppe durch etw führen; **interdiction de ~** Besichtigungsverbot *nt*
② *(prêter assistance à)* besuchen *malades, prisonniers*
③ COM, MED, REL **~ qn** bei jdm einen Hausbesuch machen
④ *vieilli (fouiller)* durchsuchen *boutiques, tiroir, recoins; hum* durchwühlen *appartement, coffre-fort*
II. *vpr* **se ~** zu besichtigen sein
visiteur, -euse [vizitœʀ, -øz] *m, f* ① Besucher(in) *m(f); (hôte)* Gast *m;* **~(-euse) de musée** Museumsbesucher(in) *m(f);* **~(-euse) de prison/hospitalier** Häftlings-/Krankenbetreuer(in) *m(f);* **~(-euse) du/d'un zoo** Zoobesucher; **~ professionnel/visiteuse professionnelle** *d'une foire, d'un salon* Fachbesucher(in)
② *(métier)* **~ médical/visiteuse médicale** Pharmareferent(in) *m(f);* **visiteuse sociale** [*o* **scolaire**] Sozialarbeiterin *f*
◆ **~(-euse) des douanes** Zollinspektor(in) *m(f)*
vison [vizɔ̃] *m* ① *(animal, fourrure)* Nerz *m*
② *(manteau)* Nerzmantel *m*
visonnière [vizɔnjɛʀ] *f* CAN *(élevage de visons)* Nerzfarm *f*
visqueux, -euse [viskø, -øz] *adj* ① *(gluant) liquide* zähflüssig; *surface, peau* klebrig, schmierig
② *littér (mielleux) personne, manières* schleimig; *sourire* süßlich
vissage [visaʒ] *m d'un écrou, d'une pièce* [Fest]schrauben *nt; d'un os* [Knochen]verschraubung *f*
visser [vise] <1> **I.** *vt* ① TECH zuschrauben *couvercle, bouchon;* festschrauben *écrou;* anschrauben *plaque, serrure;* **~ les éléments d'un placard** die Teile eines Schranks zusammenschrauben
② *fam (ne pas bouger)* **être vissé(e) sur sa chaise/devant la télé** auf seinem Stuhl/vor dem Fernseher hocken *(fam);* **garder son chapeau vissé sur la tête** keine Anstalten machen, den Hut abzunehmen
③ *fam (traiter sévèrement)* [ordentlich] rannehmen *(fam) élève, employé*
II. *vi* schrauben
III. *vpr* **se ~** sich schrauben lassen
visu[1] *v. de visu*
visu[2] *abr de* **visuel**
visualisation [vizyalizasjɔ̃] *f* bildliche [*o* visuelle] Darstellung; INFORM Anzeige *f;* **~ de la page** Seitenansicht *f*
visualiser [vizyalize] <1> *vt a.* INFORM bildlich [*o* visuell] darstellen, visualisieren
visuel [vizɥɛl] *m* INFORM Display *nt*
visuel(le) [vizɥɛl] **I.** *adj mémoire* visuell; *effet* optisch; *panneau* bildhaft, anschaulich; **champ ~** Blickfeld *nt;* **acuité ~le** Sehschärfe *f;* **trouble ~** Sehstörung *f;* **il/elle a une mémoire ~le** er/sie hat ein fotografisches Gedächtnis, er/sie ist ein visueller Typ
II. *m(f) (personne)* visueller Typ *m*
visuellement [vizɥɛlmɑ̃] *adv* ① *(quant à la vue)* optisch, für das Auge; **représenter ~ qc** etw visuell darstellen
② *(de visu) constater,* se rendre compte mit eigenen Augen
vital(e) [vital, o] <-aux> *adj* ① BIO, PHILOS *fonction, organe, aliment* lebenswichtig; *force, élan, principe* Lebens-
② *(essentiel) besoin, intérêt* vital; *problème, question* existenziell; *point* wesentlich; *centre* lebenswichtig; *espace, nécessité* Lebens-; *minimum* Existenz-; **être ~(e) pour qn** für jdn lebensnotwendig sein
vitalité [vitalite] *f* ① *d'une personne* Vitalität *f,* Lebenskraft *f,* Leistungsfähigkeit *f; d'une entreprise* Leistungsfähigkeit *f; d'une plante* Lebenskraft; *de l'épiderme* Spannkraft *f*
② *(longévité)* Lebensenergie *f,* Lebenskraft *f*
vitamine [vitamin] *f* Vitamin *nt;* **teneur en ~s** Vitamingehalt *m;* **teneur en ~ A** Vitamin-A-Gehalt; **grande dose de ~s** Vitaminstoß *m;* **médicament contenant des ~s** Vitaminpräparat *nt*
vitaminé(e) [vitamine] *adj* mit Vitaminen angereichert, vitaminhaltig; *pilule* **~e** Vitaminpille *f*
vitaminique [vitaminik] *adj* Vitamin-
vite [vit] *adv* schnell, rasch; *(sous peu)* bald; **ce sera ~ fait** es wird nicht lange dauern, das geht schnell; **faire ~** sich beeilen; **au plus ~** so schnell wie möglich, schnellstmöglich; **pas si ~!** langsam!
▶ **aller un peu/trop ~** etwas/ein bisschen zu weit gehen; **elle comprend ~, mais il faut lui expliquer longtemps** *hum* sie hat eine lange Leitung *(fam);* **il faut le dire ~** na ja [, wenn du meinst/ wenn Sie meinen]!; **~ fait, bien fait** *fam* mal schnell *(fam);* **et plus ~ que ça!** *fam* aber dalli! *(fam)*
vitellus [vitelys] *m* ANAT, BIO Eidotter *m o nt,* Vitellus *m (Fachspr.)*
vitesse [vitɛs] *f* ① Geschwindigkeit *f,* Tempo *nt (fam);* **~ du son** Schallgeschwindigkeit; **~ du train** Zuggeschwindigkeit; **~ de vol** Fluggeschwindigkeit; **~ de pointe** Spitzengeschwindigkeit; **faire de la ~** schnell fahren; **prendre** [*o* **gagner**] **de la ~** beschleunigen; **à la ~ de 100 km/h** mit einer Geschwindigkeit von 100 km/h; **en grande/petite ~** CHEMDFER, POST als Expressgut [*o* Eilgut]/als Frachtgut; **courrier à deux ~s** Postsendung *f* mit unterschiedlicher Beförderungsgeschwindigkeit
② *(promptitude)* Schnelligkeit *f;* **~ de réaction** Reaktionsgeschwindigkeit *f*
③ INFORM *(débit)* Rate *f;* **~ de transfert de données** Datenübertragungsrate
④ AUT Gang *m;* **~ économique** Schongang; **changer de ~** schalten, einen anderen Gang einlegen; **passer en deuxième/quatrième ~** in den zweiten/vierten Gang schalten
▶ **confondre ~ et précipitation** überstürzt handeln; **à la ~ grand V** *fam* in Windeseile *(fam);* **en quatrième ~** raketenartig; **prendre** [*o* **gagner**] **qn de ~** jdn überrunden; **à toute ~** *(à vive allure)* mit hoher Geschwindigkeit; *(rapidement)* in aller Eile; **en** [**quatrième**] **~** *fam* in aller Eile *(fam)*
⑤ **~ de calcul** INFORM Rechengeschwindigkeit *f;* **~ de circulation** ECON Umlaufgeschwindigkeit *f;* **~ de croisière** Reisegeschwindigkeit *f;* ECON normaler Geschäftsgang; **~ d'envol** Startgeschwindigkeit *f;* **~ de repassage** TECH Rückspulgeschwindigkeit *f;* **~ de rotation** INFORM Umdrehungsgeschwindigkeit *f;* **~ de traitement** INFORM Verarbeitungsgeschwindigkeit *f;* **~ de transmission** INFORM Übertragungsgeschwindigkeit *f*

Land und Leute

Auf Frankreichs Autobahnen beträgt die **vitesse maximale** 130 km/h, auf Stadtautobahnen 110, auf der Landstraße 90 und in Ortschaften 50 km/h.

viticole [vitikɔl] *adj* production ~ Weinproduktion *f*; région ~ Weinbaugegend *f*; **coopérative** ~ Winzergenossenschaft *f*
viticulteur, -trice [vitikyltœʀ, -tʀis] *m, f* Winzer(in) *m(f)*, Weinbauer *m/-bäuerin f*
viticulture [vitikyltyʀ] *f* Weinbau *m*
vitrage [vitʀaʒ] *m* Verglasung *f*; **double** ~ Doppelverglasung; **fenêtre à double** ~ Doppelfenster *nt*; **~ isolant** Isolierverglasung; **~ teinté** AUT Colorverglasung
vitrail [vitʀaj, o] <-aux> *m* buntes [Kirchen]fenster *nt*
vitre [vitʀ] *f* ❶ [Fenster]scheibe *f*; **~ de la/de voiture** Autofenster *nt*; **~ arrière** Heckscheibe
▸ *(fenêtre)* Fenster *nt*; **faire les ~s** die Fenster putzen
vitré(e) [vitʀe] *adj* verglast, Glas-
vitrer [vitʀe] <1> *vt* verglasen
vitrerie [vitʀəʀi] *f* ❶ *(activité)* Glaserei *f*, Glaserhandwerk *nt*
❷ *(marchandise)* Glaserartikel *m*
vitreux, -euse [vitʀø, -øz] *adj* ❶ *yeux, regard* glasig
❷ GEOL *roche, structure, état* nichtkristallin; *porcelaine* lichtdurchlässig
vitrier [vitʀije] *m* Glaser(in) *m(f)*
vitrification [vitʀifikasjɔ̃] *f* ❶ *d'un émail, d'une substance* Verschmelzung *f* zu Glas
❷ *(revêtement) d'un parquet* Versiegelung *f*
vitrifier [vitʀifje] <1a> I. *vt* ❶ zu Glas verschmelzen *émail, substance*
❷ *(recouvrir)* versiegeln *parquet*
II. *vpr* **se ~** *roche:* eine nichtkristalline Struktur annehmen; *émail:* lichtdurchlässig werden
vitrine [vitʀin] *f* ❶ Schaufenster *nt*; *(vitrage)* Schaufensterscheibe *f*, Schaufenster; **faire la ~** das Schaufenster [neu] dekorieren; **aménagement** [*o* **décoration**] **de la ~/des ~s** Schaufenstergestaltung *f*
❷ *(armoire vitrée)* Vitrine *f*, Glasschrank *m*
▸ **faire** [*o* **lécher**] **les ~s** *fam* einen Einkaufsbummel machen; *(après la fermeture des magasins)* einen Schaufensterbummel machen
vitriol [vitʀijɔl] *m* ❶ *vieilli* Vitriol *nt (veraltet)*
❷ *fig* critique au ~ ätzende Kritik; **tract/article au ~** geharnischtes *geh* [*o* polemisches] Flugblatt/geharnischter [*o* polemischer] Artikel
vitrioler [vitʀijɔle] <1> *vt* **~ qn** jdm Säure ins Gesicht schütten
vitro *v.* in vitro
vitrocéramique [vitʀoseʀamik] *f* Glaskeramik *f*; **plaque/table de cuisson en ~** Ceran-Kochfeld
vitupération [vitypeʀasjɔ̃] *f littér* Beschimpfung *f*, Schmähung *f (geh); (reproche violent)* heftiger Vorwurf
vitupérer [vitypeʀe] <5> *vi* **~ contre qn** auf [*o* über] jdn schimpfen; **~ contre le gouvernement** über [*o* auf] die Regierung schimpfen; **~ contre une décision/un comportement** eine Entscheidung/ein Verhalten beanstanden, über eine Entscheidung/ein Verhalten schimpfen
vivable [vivabl] *adj* monde lebenswert; *situation* erträglich; *personne* angenehm, erträglich; *appartement* annehmbar, akzeptabel; **cet appartement/cette maison est ~** in dieser Wohnung/in diesem Haus lässt es sich wohnen
vivace [vivas] *adj* ❶ *plante* mehrjährig
❷ *(tenace) foi* lebendig; *haine* tiefsitzend; *préjugé* unausrottbar
vivacité [vivasite] *f* ❶ *(promptitude) d'une personne, d'un animal, d'un mouvement* Lebhaftigkeit *f*; *d'un esprit* Wendigkeit *f*, Regsamkeit *f*; *d'une intelligence* Aufgewecktheit *f*; **~ d'esprit** schnelle Auffassungsgabe *f*
❷ *(brusquerie) d'une critique, d'un langage* Heftigkeit *f*; *d'une humeur* Impulsivität *f*
❸ *(intensité) d'une couleur* Leuchtkraft *f*; *de la lumière* Helligkeit *f*; *d'une émotion, douleur, du vent* Heftigkeit *f*; *d'une passion* Heftigkeit, Feuer *nt*; *d'un plaisir* Intensität *f*; *du froid* Strenge *f*
vivandière [vivɑ̃djɛʀ] *f* HIST Marketenderin *f*
vivant [vivɑ̃] *m* ❶ *(personne en vie)* Lebende(r) *f(m)*; **bon ~** Genießer(in) *m(f)*
❷ REL **les ~s** die Lebenden *Pl*
▸ **du ~ de qn** zu jds Lebzeiten *Pl*
vivant(e) [vivɑ̃, ɑ̃t] *adj* ❶ *(en vie) personne, animal* lebend; **être encore ~(e)** noch am Leben sein; **elle n'en sortira pas ~e** sie wird nicht mit dem Leben [*o* lebend] davonkommen
❷ *(animé) personne, souvenir* lebhaft; *regard* wach, lebhaft; *quartier, rue* belebt
❸ *(doué de vie) matière, organisme* lebend; **être ~** Lebewesen *nt*; **le Dieu ~** der lebendige Gott
❹ *(expressif) image, portrait* lebendig, anschaulich; *art, récit, témoignage* lebendig
❺ *(en usage) langue* lebend; *vocabulaire* gebräuchlich; *croyance* landläufig; *influence* wirksam
vivarium [vivaʀjɔm] *m* Vivarium *nt*
vivat [viva] *m gén pl* Hochruf *m*

vive¹ [viv] I. *adj v.* vif
II. *interj* **~ la mariée/la liberté!** es lebe die Braut/die Freiheit!
vive² [viv] *f* ZOOL Petermännchen *nt*
vivement [vivmɑ̃] I. *adv* ❶ *(intensément) intéresser* lebhaft; *regretter* zutiefst; *désirer, espérer* sehr, von ganzem Herzen; *remercier, féliciter* herzlich; *ressentir, affecter* tief, stark
❷ *(brusquement) parler, rabrouer, rétorquer* barsch; *critiquer* harsch *(geh)*
❸ *(avec éclat) briller, éclairer* hell; *colorer* lebhaft, kräftig
❹ *littér (rapidement)* schnell, rasch
II. *interj (souhait)* **~ Noël/ce soir/les vacances!** wenn nur schon Weihnachten/Abend wäre/Ferien wären!
viveur [vivœʀ] *m* Lebemann *m*, Genussmensch *m*
vivier [vivje] *m* ❶ *(étang)* Fischteich *m*; *(bac)* Frischwasserbehälter *m*, Frischwasserbecken *nt*
❷ *fig* **~ d'ingénieurs/de professeurs** Ausbildungsstätte *f* für Ingenieure/Professoren; **~ de talents** Talentschmiede *f (fam)*
vivifiant(e) [vivifjɑ̃, jɑ̃t] *adj air* kräftigend, stärkend; *ambiance* anregend, belebend
vivifier [vivifje] <1a> *vt* ❶ *(stimuler)* beleben; stärken, kräftigen *personne, corps, plante;* anregen *esprit*
❷ *(animer)* beleben, Leben bringen in (+ *Akk*) *région, ville*
vivipare [vivipaʀ] *adj plante* vivipar; *animal* lebend gebärend, vivipar
vivisection [vivisɛksjɔ̃] *f* Vivisektion *f*
vivo *v.* in vivo
vivoir [vivwaʀ] *m* CAN *(living-room)* Wohnzimmer *nt*
vivoter [vivɔte] <1> *vi fam* dahin vegetieren *(fam); (avec des petits moyens)* sich durchschlagen *(fam); entreprise:* gerade so über die Runden kommen *(fam)*
vivre [vivʀ] <*irr*> I. *vi* ❶ *(mener sa vie, exister)* leben
❷ *(habiter)* leben; **cette espèce vit dans l'eau** diese Art kommt im Wasser vor
❸ *(subsister)* **~ de son salaire/ses rentes** von seinem Gehalt/seiner Rente leben; **~ de pain** sich von Brot ernähren, von Brot leben; **elle vit d'espérance** die Hoffnung hält sie am Leben; **faire ~ qn** jdn ernähren
❹ *(persister) coutume:* lebendig sein; **avoir vécu** *communisme:* sich überlebt haben; *manteau:* ausgedient haben
❺ *(rester vivant)* **~ dans le cœur/le souvenir** *gloire, idée, paysage:* im Herzen/in der Erinnerung fortleben [*o* weiterleben]
❻ *(être plein de vie) portrait:* Lebendigkeit ausstrahlen; *rue:* voller Leben sein
❼ *(profiter de l'existence)* [intensiv] leben
▸ **il faut bien ~** irgendwie muss man sich die Brötchen verdienen; **savoir ~** *(profiter des plaisirs de la vie)* zu leben wissen; *(connaître les convenances)* sich zu benehmen wissen; **qui vivra verra** *prov* kommt Zeit, kommt Rat; **ne plus ~** keine Ruhe mehr finden
II. *vt* ❶ *(passer)* erleben *jour, moment, roman;* leben *vie*
❷ *(être mêlé à)* erleben *événement, période, difficulté;* miterleben *guerre*
❸ *(éprouver intensément)* miterleben *époque;* leben *amour, foi*
III. *mpl* Verpflegung *f*, Lebensmittel *Pl*
▸ **couper les ~s à qn** jdm den Unterhalt streichen
vivrier, -ière [vivʀije, -ijɛʀ] *adj* **cultures vivrières** Lebensmittelkulturen *Pl*
vizir [viziʀ] *m* Wesir *m*; **grand ~** Großwesir *m*
v'là *v.* voilà
vlan [vlɑ̃] *interj fam* peng *(fam)*
V.O. [veo] *f abr de* **version originale** Originalfassung *f*; **en ~ sous-titrée** in Originalfassung mit Untertiteln
vocable [vɔkabl] *m* ❶ *vieilli (d'une langue étrangère)* Vokabel *f*; *(dans la même langue)* Bezeichnung *f*
vocabulaire [vɔkabylɛʀ] *m* ❶ *(terminologie)* Vokabular *nt*; **~ technique** Fachvokabular
❷ *(mots disponibles) d'une personne, langue* Wortschatz *m*
❸ *(dictionnaire) d'une langue* Minimalwörterbuch *nt*, Grundwortschatz *m*; **de la gastronomie, photographie** Wörterbuch *nt*
vocal(e) [vɔkal, o] <-aux> *adj* ❶ *corde, organe* Stimm-
❷ *(du chant)* **musique ~** Vokalmusik *f*; **technique ~** Stimmtechnik *f*; **ensemble ~** Gesangsensemble *nt*
vocalement [vɔkalmɑ̃] *adv* mündlich; **ce passage musical est ~ difficile** diese Passage ist von der Stimme her schwierig
vocalique [vɔkalik] *adj* Vokal-
vocalisation [vɔkalizasjɔ̃] *f* Vokalisation *f*
vocalise [vɔkaliz] *f* Vokalise *f*; **faire des ~s** Vokalisen singen
vocaliser [vɔkalize] <1> I. *vi* vokalisieren
II. *vt* vokalisieren *consonne*
III. *vpr* **se ~** *consonne:* vokalisiert werden
vocatif [vɔkatif] *m* Vokativ *m*
vocation [vɔkasjɔ̃] *f* ❶ *(disposition)* Berufung *f*, Neigung *f*; **avoir une ~ artistique** künstlerische Neigungen [*o* eine künstlerische Berufung] haben; **la ~ d'artiste/pour la médecine** die Berufung

zum Künstler/zum Arzt; **avoir la ~ du** [*o* **une ~ pour le**] **théâtre** zum Schauspieler berufen sein, eine Begabung für das Theater haben; **rater** [*o* **manquer**] **sa ~** seinen Beruf verfehlen; **il faut avoir la ~!** *fam* dazu muss man wirklich berufen sein!

② *(destination) d'une personne, région, d'un peuple* Aufgabe *f*, Bestimmung *f*; **la ~ de la femme/la France est de faire qc** die Frau/Frankreich ist dazu bestimmt etw zu tun; **cette région a une ~ agricole/industrielle** diese Region ist für die Landwirtschaft/Industrie prädestiniert; **l'administration a pour ~ de faire qc** Aufgabe der Verwaltung ist es etw zu tun; **avoir ~ à faire qc** JUR beauftragt [*o* beordert] sein etw zu tun

③ REL [innere] Berufung; **avoir la ~** sich [innerlich] berufen fühlen

vociférateur, -trice [vɔsiferatœr, -tris] *m, f littér* Schreier(in) *m(f)*

vocifération [vɔsiferasjɔ̃] *f souvent pl* Geschrei *nt kein Pl*, Gebrüll *nt kein Pl*, lautstarker Protest *kein Pl*

vociférer [vɔsifere] <5> **I.** *vi* schreien, brüllen; **~ contre qn** jdn anschreien [*o* anbrüllen]; **~ contre qc** gegen etw lautstark protestieren

II. *vt* brüllen *ordre;* ausstoßen *injures, insultes*

vocodeur [vɔkɔdœr] *m* INFORM Spracherkennungs-PC *m*

vodka [vɔdka] *f* Wodka *m*

vœu [vø] <x> *m* ① *(désir)* Wunsch *m*; **faire un ~** sich *(Dat)* etwas wünschen

② *pl (souhaits)* [Glück]wunsch *m*, Glückwünsche *Pl*; **faire des ~x pour qn** jdm alles Gute wünschen; **faire des ~x pour qc** alles Gute für etw wünschen; **~x de bonne année** Neujahrsgruß *m*; **tous mes ~x de prompt rétablissement** meine besten Wünsche für eine schnelle Genesung; **réception des ~x** Neujahrsempfang *m*; **présenter ses ~x télévisés** *président:* seine Neujahrsansprache im Fernsehen halten

③ REL Gelübde *nt*; **prononcer** [*o* **faire**] **ses ~x** seine/ihre Gelübde ablegen; **faire** [**le**] **~ de qc/faire qc** etw geloben/geloben etw zu tun

▶ **~ pieux** *(souhait illusoire)* frommer Wunsch; *(engagement fragile)* schwacher Vorsatz

vogue [vɔg] *f* ① *d'une chanson, danse, mode* Beliebtheit *f*; *d'un artiste* Beliebtheit, Erfolg *m*; **c'est la grande ~** das ist die [große] Mode; **en ~** in Mode, beliebt; **artiste très en ~** viel gefragter Künstler; **être très en ~** hoch im Kurs stehen

② CH *(fête)* Fest *nt*

voguer [vɔge] <1> *vi littér* ① NAUT *bateau, marin:* [dahin] fahren/segeln; *(dériver)* [dahin] treiben

② *(voyager) pensées:* schweben, treiben; **ses pensées voguaient bien loin** in Gedanken schwebte er ganz woanders

voici [vwasi] **I.** *adv* ① *(opp: voilà)* hier; **~ mon père et voilà ma mère** hier mein Vater und da [*o* dort] meine Mutter

② *soutenu (voilà) v.* **voilà**

II. *prép soutenu* **~ quinze ans/près d'une heure que...** vor 15 Jahren/etwa einer Stunde ..., es ist 15 Jahre/etwa eine Stunde her, dass ...; **~ bien des jours que j'attends** ich warte schon seit einigen Tagen [*o* seit einigen Tagen]

III. *interj soutenu* ① *(réponse)* hier!

② *(présentation)* bitte [sehr]!

voie [vwa] *f* ① *(passage)* Weg *m*; *(route)* Straße *f*; **~ d'accès** Zufahrtstraße; *(trajet)* Anfahrtsweg; **~ de communication** Verbindungsweg; **~ de raccordement** Anschlussstraße, Verbindungsstrecke *f*; **grâce aux courtes ~s d'accès** dank der kurzen Anfahrtswege; **~ commerciale** HIST Handelsstraße; **~ publique** Verkehrsstraße

② *(file) d'une route* [Fahr]spur *f*; **~ réservée aux** [**auto**]**bus** Busspur; **à huit ~s** *autoroute* achtspurig; **élargir une autoroute sur huit ~s** eine Autobahn achtspurig ausbauen; **ici, les voitures circulent sur huit ~s** der Verkehr fließt hier achtspurig

③ CHEMDFER *(rail)* [Bahn]gleis *nt*; *(largeur de la voie)* Spur *f*; **~ d'arrivée/de départ** Ankunfts-/Abfahrtsgleis; **~ de chemin de fer** Gleiskörper *m*; **~ ferrée** Eisenbahngleis; **~ libre** Fahrstraße *f*; **~ normale** Normalspur; **~ opposée** Gegengleis; **à ~ étroite** schmalspurig; **ligne à ~ unique** eingleisige Bahnlinie

④ *(moyen de transport)* **~ aérienne/terrestre/maritime** Luft-/Land-/Seeweg *m*; **~ navigable** [Binnen]schifffahrtsweg; **~ fluviale** Binnenwasserstraße *f*; **~s de communication** [Haupt]verkehrswege, Verkehrsverbindungen *Pl*; **par ~ fluviale/postale** per Schiff/per Post

⑤ *(filière)* Weg *m*; **~ administrative** Behördenweg, Verwaltungsweg; **par ~ administrative** auf dem Verwaltungsweg; **par ~ diplomatique** über diplomatische Kanäle; **par ~ d'annonce** über [*o* durch] eine Anzeige; **par une ~ détournée** auf einem [*o* über einen] Umweg; **~ de la réussite/du bonheur** Weg zum Erfolg/Glück

⑥ *(ligne de conduite)* Weg *m*; **suivre la ~ du bien** auf dem Pfad der Tugend wandeln *(geh)*; **s'engager sur la ~ du mal** sich auf Abwege begeben

⑦ ANAT *(conduit)* Weg *m*, Kanal *m*; **~s urinaires/respiratoires** Harn-/Atemwege; **~s digestives** Verdauungstrakt *m*; **~ nerveuse** Nervenbahn *f*; **être à prendre par ~ orale** [*o* **buccale**]/**rectale/intraveineuse** [oral] eingenommen-/[rektal] eingeführt/intravenös gespritzt werden

⑧ *littér (volonté)* **les ~s de la Providence/du Seigneur** die Wege der Vorsehung/des Herrn

⑨ AUT Spurweite *f*

⑩ ASTRON **~ lactée** Milchstraße *f*

▶ **par ~ de conséquence** als logische Folge, infolgedessen; **être en bonne ~** *affaire:* gut vorankommen; **~ royale** idealer Weg, Königsweg *m (geh);* **ouvrir** [*o* **frayer**] **la ~ à qn/qc** jdm/einer S. den Weg ebnen; **être en ~ de guérison** auf dem Wege der Besserung sein; **être en ~ d'achèvement** dem Ende entgegen gehen; **être en ~ d'exécution** [*o* **de réalisation**] *travaux:* im Gange sein; **être en ~ d'extinction** [*o* **de disparition**] vom Aussterben bedroht sein

◆ **~ de contournement** CH Umgehungsstraße *f*, Umfahrung *f*; **~ de distribution** Vertriebsweg *m*; **~ d'eau** NAUT Leck *nt*, undichte Stelle; **~ de fait** JUR *(violence)* Gewalttat *f*; **~ de garage** Abstellgleis *nt*; **~ des ondes** Funk *m*; **~ de recours** JUR *(moyen d'attaquer une décision)* Rechtsmittel *nt*, Rechtsbehelf *m*; *(renvoi)* Instanzenzug *m (Fachspr.);* **~ de recours en matière de violation de brevet** Rechtsbehelf gegen Patentverletzungen; **utiliser une ~ de recours** einen Rechtsbehelf einlegen

◆ **~ sans issue** Sackgasse *f*

voilà [vwala] **I.** *adv* ① *(opp: voici)* da, dort; **voici ma maison, et ~ le jardin** hier mein Haus und da [*o* dort] der Garten

② *(pour désigner, c'est* [*là*]) **~ mes amis** das sind meine Freunde; **~ pour toi** das ist für dich; **~ enfin le printemps** endlich Frühling [*o* kommt der Frühling]; **~ pourquoi/où...** deshalb also/dort[hin] also ...; **~ comment ces événements se sont produits** so haben sich die Vorfälle nämlich ereignet; **~ ce que je compte faire** das habe ich also vor; **et ~ tout** und das ist alles; **la jeune femme que ~** die junge Frau dort; **si tu veux de l'argent, en ~** falls du Geld willst, hier hast du welches; **en ~ une histoire!** das ist vielleicht eine Geschichte!; **me ~/te ~** hier bin ich/da bist du; **nous ~ maintenant dans de beaux draps** jetzt sitzen wir schön in der Klemme; **~ pour ce qui concerne les recettes** *(pour conclure)* soweit zu den Einnahmen

③ *explétif* **~ que la pluie se met à tomber** jetzt fängt es an zu regnen; **~-t-il pas qu'il commence à pleuvoir** *fam* da fängt es doch glatt an zu regnen *(fam);* **et ~ qu'il** [*o* **et le ~ qui**] **recommence** jetzt fängt er schon wieder an *(fam);* **en ~ assez!** jetzt aber genug!; **c'était simple, mais ~, il fallait y penser** es war einfach, nur musste man draufkommen

▶ **~ ce c'est que faire une bêtise** *fam* so geht es [*o* das hat man davon], wenn man eine Dummheit macht *(fam);* **en veux-tu, en ~** *fam* mehr als genug *(fam);* **nous y ~** das ist es also

II. *prép* **~ quinze ans/près d'une heure que ...** es ist 15 Jahre/etwa eine Stunde her, dass ..., vor 15 Jahren/etwa eine Stunde ...; **~ bien une heure que j'attends** ich warte schon seit einer Stunde

III. *interj* ① *(réponse)* hier!

② *(présentation)* bitte [sehr]!

③ *(naturellement)* **et ~!** und natürlich!

voilage [vwalaʒ] *m* Store *m*, Gardine *f*

voile[1] [vwal] *m* ① *(foulard) d'une religieuse, musulmane* Schleier *m*; **prendre le ~** REL den Schleier nehmen *(geh)*, Nonne werden

② *(tissu fin, pour cacher)* Tuch *nt*

③ *(léger écran)* Schleier *m*; **~ de brume** Dunstschleier

④ *fig de l'oubli, de mystère* Schleier *m*

⑤ PHOT Schleier *m*

⑥ MED Schatten *m*; **~ au poumon** Schatten auf der Lunge

⑦ ANAT **du palais** Gaumensegel *nt*, Velum *nt (Fachspr.)*

⑧ BOT *d'un champignon* Schleier *m*

▶ **déchirer le ~** es ans Licht bringen; **sous le ~ de la dévotion/franchise** unter dem Deckmantel der Frömmigkeit/Aufrichtigkeit; **sous le ~ de l'anonymat** unter Wahrung der Anonymität

voile[2] [vwal] *f* ① NAUT Segel *nt*; **bateau à ~s** Segelboot *nt*

② *littér (embarcation)* Segelboot *nt*

③ SPORT **la ~** [das] Segeln; **faire de la ~** segeln

▶ **marcher** [*o* **être**] **à ~ et à vapeur** *fam* bisexuell sein; **mettre les ~s** *(s'en aller)* sich verziehen *(fam)*, verduften *(fam)*

voilé(e)[1] [vwale] *adj* ① *(recouvert d'un voile) femme* verschleiert; *plaque commémorative, statue* verhüllt

② *(dissimulé) accusation, allusion, façon* versteckt; *terme* verhüllend

③ *(opp: clair) ciel* bedeckt; *contour* verschwommen; *éclat, soleil* fahl; *voix* heiser, belegt; *regard* trüb; **un regard ~ de larmes** ein tränenverschleierter Blick

voilé(e)[2] [vwale] *adj (déformé) planche* verbogen, verzogen; **être ~** *roue:* eine Acht haben

voilement [vwalmɑ̃] *m d'une planche* Biegung *f*; *d'une roue* Acht *f*

voiler¹ [vwale] <1> I. *vpr* **se ~** ❶ *(se dissimuler)* sich verschleiern; **se ~ la face/le visage** sich *(Dat)* das Gesicht verschleiern [*o* bedecken]

❷ *(perdre sa clarté) ciel:* sich bedecken; *horizon:* verschwimmen; *regard:* sich trüben; *soleil:* schwächer werden; *voix:* heiser werden II. *vt littér (cacher)* verhüllen, bedecken *visage;* verschleiern, vertuschen *vérité; brouillard:* einhüllen *sommets*

voiler² [vwale] <1> I. *vpr (se fausser)* **se ~** *étagère:* sich verziehen, sich verbiegen; *roue:* sich verbiegen
II. *vt (fausser)* verbiegen *roue, étagère;* **le poids a voilé l'étagère** durch das Gewicht hat sich das Regal verzogen

voilerie [vwalʀi] *f* Segelmacherwerkstatt *f*

voilette [vwalɛt] *f* [Hut]schleier *m*

voilier [vwalje] *m* ❶ Segelboot *nt*, Segeljacht *f;* **~ à moteur** Motorsegler *m*

❷ *(fabricant)* Segelmacher(in) *m(f)*

voilure [vwalyʀ] *f* ❶ NAUT Segelfläche *f*
❷ AVIAT Tragfläche *f*

voir [vwaʀ] <*irr*> I. *vt* ❶ *(percevoir par la vue)* sehen; **je l'ai vu(e) comme je vous vois** ich habe ihn/sie/es mit eigenen Augen gesehen; **tu m'en vois ravi(e)/navré(e)** das freut mich/das tut mir leid
❷ *(montrer)* **laisse-moi** [*o* **fais-moi**] **donc ~ ce que tu fais!** lass mich doch mal sehen [*o* zeig doch mal], was du machst!; **ce rideau laisse tout ~** durch den Vorhang sieht man alles
❸ *(rencontrer)* sehen; *(rendre visite à)* zusammenkommen mit *personne;* ansehen *spectacle;* besuchen *musée;* ansehen, besuchen *exposition;* **aller/venir ~ qn** jdn besuchen, nach jdm sehen; **aller ~ son médecin** zum Arzt gehen, seinen Arzt aufsuchen; **avoir plusieurs malades à ~** mehrere Krankenbesuche machen müssen; **passez me ~!** besuchen Sie mich!, schauen Sie bei mir vorbei!; **je tâcherai de vous ~ demain** morgen werde ich versuchen bei Ihnen vorbeizukommen; **un film à ~** ein sehenswerter Film
❹ *(examiner)* [sich *(Dat)*] ansehen *dossier, leçon;* **~ une question** einer Frage nachgehen; **~ ce qu'on peut faire** sehen, was man tun kann; **voyez la meilleure façon de vous y prendre** sehen Sie zu, wie Sie es am besten anpacken; **~ page 6** siehe Seite 6
❺ *(constater)* sehen; **on le voit:...** eines sieht fest: ...; **~ qn/qc faire qc** erleben, wie jd/etw etw macht; **il faut que je voie si ...** ich muss mich vergewissern, ob ...; **on voit bien qu'il a fait qc** man merkt wohl, dass er etw getan hat
❻ *(connaître)* sehen, erleben *drame, guerre;* **l'année prochaine verra...** im kommenden Jahr wird ... stattfinden; **elle a vu son chiffre d'affaires tripler** ihr Umsatz hat sich verdreifacht; **le pays qui l'a vu naître** das Land seiner Geburt; **en ~** [**de dures**] *fam* Schlimmes erleben, etwas mitmachen; **j'en ai vu dans ma vie** ich habe in meinem Leben einiges durchgemacht; **en avoir vu d'autres** schon ganz anderes [*o* ganz andere Dinge] mitgemacht haben
❼ *(comprendre)* sehen, begreifen *problème;* sehen, abschätzen *conséquences;* **faire ~ à qn qu'il se trompe** jdm klarmachen [*o* begreiflich machen], dass er sich irrt; *expérience:* jdm zeigen, dass er sich irrt
❽ *(se représenter)* sehen *événement, problème, vie;* **les choses de différentes façons** die Dinge unterschiedlich betrachten; **~ déjà son fils médecin/prenant sa succession** seinen/ihren Sohn schon als Arzt/als seinen/ihren Nachfolger sehen; **~ bien qn** [**en**] **comédien** sich *(Dat)* jdn gut als Schauspieler vorstellen; **ne pas ~ comment/où/pourquoi/quand/...** nicht wissen, wie/wo/wohin/warum/wann/...; **~ ça** [**d'ici**]! *fam* sich *(Dat)* etw lebhaft vorstellen können
❾ *(trouver)* **~ une solution à qc** eine Lösung für etw sehen; **voyez-vous un inconvénient à ce qu'il fasse qc** haben Sie etwas dagegen, wenn er etw tut; **je vois encore une chose à ajouter** da muss noch etwas hinzugefügt werden
❿ *(apparaître)* **faire/laisser ~ sa colère/déception** [**à qn**] sich *(Dat)* seine/ihre Wut/Enttäuschung anmerken lassen, jdn seine/ihre Wut/Enttäuschung spüren lassen
⓫ *(sentir)* **~ venir la catastrophe/la guerre** die Katastrophe/den Krieg kommen sehen [*o* ahnen]

▸ **avoir assez vu qn/qc** genug von jdm haben *(fam);* **je voudrais bien t'y/vous y ~** *fam* ich würde dich/Sie gerne mal sehen, du hast/Sie haben gut reden *(fam);* **on aura tout vu!** *fam* das ist nicht zu fassen! *(fam);* **avoir quelque chose/rien à ~ avec ces gens/avec** [*o* **dans**] **cette histoire** etwas/nichts mit diesen Leuten/dieser Geschichte zu tun haben; **il faut le ~ pour le** [*o* **y**] **croire** *fam* man höre und staune *(fam);* **c'est à ~!** mal sehen!, warten wir ab!; **ne pas pouvoir ~ qn** [**en peinture**] *fam* jdn nicht ausstehen können; **va te faire ~** [**ailleurs**]! *fam* zieh Leine! *(fam);* **on va ~ ce qu'on va ~** das wird interessant werden; **~ venir** abwarten; **voyez-vous ça!** sieh mal [einer] an!; **tu vois ce que je vois?** *fam* träum ich? *(fam);* **en faire ~** [**de dures/de toutes les couleurs**] **à qn** *fam* jdm [schwer] zu schaffen machen; **tu n'as encore rien vu** das Beste/Schlimmste kommt noch

II. *vi* ❶ **tu vois** [*o* **tu y vois** *fam*] **sans tes lunettes?** kannst du ohne deine Brille sehen [*o* was sehen *fam*]?
❷ *(prévoir)* **~ grand/petit** groß/klein kalkulieren [*o* planen]; **~ large** großzügig kalkulieren [*o* bemessen]; **~ loin** weitblickend sein, weit vorausplanen; **~ juste** richtig sehen
❸ *(constater)* sehen; **on verra bien** wir werden [schon] sehen
❹ *(veiller)* **il faut ~ à ce qu'il fasse qc** man sollte darauf achten, dass er etw tut; **il faudrait ~ à obéir** *fam* du solltest/ihr solltet besser folgen
❺ *fam (donc)* **essaie/regarde ~!** probier/sieh mal! *(fam)*

▸ **c'est toi qui vois** *fam,* **à toi de ~** du musst es wissen, es liegt an dir; **il faudrait ~ à ~** *fam* Achtung!; [**il**] **faut ~** [**comme**]! *fam* ich kann dir/Ihnen sagen! *(fam);* **ben voyons!** *fam* sonst noch was!; **mais voyons!** also so etwas!; **pour ~** zum Ausprobieren; **vois-tu** weißt du; **voyons!** hörst du/hört ihr/hören Sie!

III. *vpr* ❶ *(être visible)* **se ~ bien la nuit** *couleur:* in der Nacht deutlich zu sehen sein; **un sentiment/mensonge se voit** man spürt ein Gefühl/eine Lüge; **ce film se voit avec plaisir** es macht Spaß diesen Film zu sehen
❷ *(se rencontrer)* **se ~** sich sehen
❸ *(se produire)* **se ~** *phénomène:* sich ereignen; **un préjugé se voit** man trifft auf ein Vorurteil; **cela se voit** das kommt vor; **ça ne s'est jamais vu** das hat es [ja] noch nie gegeben
❹ *(se trouver)* **se ~ contraint(e)** [*o* **dans l'obligation**] **de faire qc** sich gezwungen [*o* genötigt] sehen etw zu tun; **se ~ admiré(e)/exclu(e) par tous** von allen bewundert/ausgeschlossen werden; **se ~ majoré(e)** *essence:* erhöht werden
❺ *(constater)* **se ~ mourir** spüren [*o* merken], dass man stirbt; **se ~ attribuer une récompense** eine Belohnung bekommen; **il s'est vu refuser l'entrée** man hat ihm den Eintritt verwehrt
❻ *(s'imaginer)* **se ~ faire qc** sich *(Dat)* vorstellen können etw zu tun

▸ **il ne s'est pas vu!** *fam* der soll sich selber erst mal [im Spiegel] anschauen! *(fam)*

voire [vwaʀ] *adv* ja sogar

voirie [vwaʀi] *f* ❶ *(routes)* [öffentliche] Straßen *Pl*
❷ *(entretien des routes)* Straßenmeisterei *f; (service administratif)* Straßenbauamt *nt*
❸ *(enlèvement des ordures)* Müllabfuhr *f; (dépotoir)* Müllhalde *f,* Schutthalde *f*

voisin(e) [vwazɛ̃, in] I. *adj* ❶ *maison, village* Nachbar-; *rue* benachbart; *pièce* Neben-; **région ~e de la frontière** Grenzregion *f;* **être ~(e) de qc** angrenzend an etw *(Akk)* sein
❷ *(analogue) sens* ähnlich; *espèce animale* verwandt; *idée, prix* vergleichbar; **être ~(e) de qc** einer S. *(Dat)* ähnlich [*o* mit etw verwandt] [*o* vergleichbar] sein

II. *m(f)* ❶ Nachbar(in) *m(f);* **~(e) de dortoir** Zimmergenosse *m/*-genossin *f;* **~(e) de palier** Flurnachbar(in); **~(e) de table** *(à l'école)* Banknachbar(in); *(lors d'un repas)* Tischnachbar(in); *(dans un cadre formel)* Tischherr *m/*-dame *f;* **passe à ton ~!** weitergeben!

voisinage [vwazinaʒ] *m* ❶ *(voisins)* Nachbarschaft *f;* **des relations de bon ~** gutnachbarliche Beziehungen
❷ *(proximité) d'une montagne, usine, flamme, du printemps* [unmittelbare] Nähe
❸ *(environs)* Umgebung *f*

voisiner [vwazine] <1> *vi* **~ avec qn/qc** neben jdm/etw stehen/sitzen/liegen

voiture [vwatyʀ] *f* ❶ Auto *nt,* Wagen *m;* **~ de course** Rennwagen, Rennauto *nt;* **~ de location** Mietauto, Mietwagen; **~ d'occasion** Gebrauchtwagen; **~ de rêve** Traumauto; **la ~ dont je rêve/dont il rêve, la ~ de mes/tes rêves** mein/dein Traumauto; **~ de série** Serienauto; **~ de sport** Sportwagen; **~ compacte** Kompaktwagen, Kompaktauto; **deuxième ~** Zweitwagen, Zweitfahrzeug; **~ électrique** Elektromobil *nt;* **~ particulière** [*o* **de tourisme**] Personen[kraft]wagen, Pkw, Privatfahrzeug *nt*
❷ CHEMDFER [Eisenbahn]wagen *m;* **~ de métro** U-Bahn-Wagen; **~ de tramway** Straßenbahnwagen
❸ *(véhicule attelé)* Fuhrwerk *nt;* **~ à cheval** Pferdewagen *m;* **~ attelée à quatre chevaux** Vierspänner *m*
❹ *(véhicule utilitaire)* Wagen *m;* **~ de déménagement/de dépannage/de livraison** Möbel-/Abschlepp-/Lieferwagen; **~ de police/de pompiers** Polizei-/Feuerwehrauto *nt*

▸ **en ~ Simone** *fam* also nichts wie los! *(fam);* **se ranger/**[**s'**]**être rangé(e) des ~s** *fam* solide werden/geworden sein; **en ~** mit dem Auto; **en ~, s'il vous plaît!** bitte einsteigen!

▸ **à bras** Handwagen *m;* **~ d'enfant** Kinderwagen *m;* **~ de fonction** Dienstwagen *m,* Geschäftswagen; **~ d'infirme** Rollstuhl *m;* **~ des quatre saisons** fahrbarer Obst- und Gemüsestand

voiture-balai [vwatyʀbalɛ] <voitures-balais> *f* SPORT Begleitfahrzeug *nt* ▸ **faire la ~** *hum* das Schlusslicht machen **voiture--bar** [vwatyʀbaʀ] <voitures-bars> *f* CHEMDFER Büfettwagen *m* **voiture-école** [vwatyʀekɔl] <voitures-écoles> *f* Fahrschule *f* **voiture-lit** [vwatyʀli] <voiture[s]-lits> *f* Schlafwagen *m*

voiture-poste [vwatyʀpɔst] <voitures-poste> f Postauto nt
voiturer [vwatyʀe] <1> vt fam herumkutschieren (fam)
voiture-radio [vwatyʀʀadjo] <voitures-radio> f Funkwagen m
voiture-restaurant [vwatyʀʀɛstɔʀɑ̃] <voitures-restaurants> f Speisewagen m
voiturette [vwatyʀɛt] f AUT Kleinwagen m
voix [vwa] f ❶ Stimme f; ~ **off** [o **hors champ**] TV, CINE Offstimme; **d'une ~ forte/claire** mit einer lauten/hellen Stimme; **à ~ basse/haute/intelligible** leise/laut/deutlich; **crier à pleine ~** lauthals schreien

❷ MUS (organe du chant) [Sing]stimme f; **~ fausse/juste** falsches/richtiges Singen; **~ de ténor/de tête** Tenor-/Kopfstimme; **~ de gorge** Kehlstimme; **~ supérieure** Oberstimme; **avoir de la ~** eine kräftige Stimme haben; **à une/deux ~** ein-/zweistimmig; **chanter à trois ~** dreistimmig singen; **chanson pour trois ~** dreistimmiges Lied

❸ (son) d'un animal Stimme f; d'un oiseau Stimme, Ruf m; d'un instrument Ton m; du vent Lied m

❹ POL (suffrage) [Wahl]stimme f; **d'une seule ~** einstimmig; **mettre qc aux ~** etw zur Wahl stellen

❺ (opinion) du peuple, de Dieu Stimme f; d'un ami Rat m; (appel) de la conscience, raison, du sang Stimme f; **faire entendre sa ~** sich (Dat) Gehör verschaffen; **faire entendre la ~ de qn** in jds Namen (Dat) sprechen; **écoute ma ~/la ~ des syndicats** hör auf mich/auf die Gewerkschaften

❻ LING Form f; **~ passive/active** Passiv/Aktiv nt; **être utilisé(e) à la ~ passive** verbe: im Passiv stehen

▸ **prêter sa ~ aux aveugles** für die Blinden lesen; **avoir ~ au chapitre** [ein Wort] mitzureden haben; **de la ~ et du geste** mit Händen und Füßen; **faire la grosse ~** einen härteren Ton anschlagen; **de vive ~** mündlich; **donner de la ~** aufbegehren; **élever la ~** (hausser le ton) seine Stimme heben, lauter werden; **(s'exprimer)** die Stimme erheben (geh); **sans ~** sprachlos

◆ **~ de crécelle avoir une ~ de crécelle** mit einer Rabe krächzen; **~ de fausset** Falsett nt, Fistelstimme f; **~ de stentor** dröhnende Stimme, Stentorstimme (geh)

vol[1] [vɔl] m ❶ ZOOL Flug m, Fliegen nt; (formation) de canards sauvages, moucherons Schwarm m; de perdrix Kette f

❷ AVIAT Flug m, Fliegen nt; **~ aller** Hinflug; **~ aller et retour** Hin- und Rückflug; **~ charter/régulier** Charter-/Linienflug; **~ direct** Nonstop-Flug, Non-Stop-Flug; **~ domestique** Inlandsflug; **~ économique** Billigflug; **~ spatial** Weltraumflug; **~ de bombardement** Luftangriff m; **~ d'essai** Testflug, Probeflug; **~ de nuit** Nachtflug; **~ de ravitaillement** Versorgungsflug; **~ en solitaire** Alleinflug; **tentative de ~** Flugversuch m; **radio de ~** Flugfunk m

❸ SPORT **~ libre** Drachenfliegen nt; **~ à voile** Segelfliegen, Segelfliegerei f

▸ **à ~ d'oiseau** in der Luftlinie; **de haut ~** ORN von großer Spannweite; fig schweren Kalibers; **en ~ plané** im Gleitflug; **faire un ~ plané** fam in hohem Bogen hinfliegen (fam); **prendre son ~** oiseau: fortfliegen; adolescent: flügge werden; **saisir/cueillir qc au ~** etw im Vorbeigehen [o im Vorübergehen] aufschnappen (fam); **rattraper qc au ~** etw im Flug fangen

◆ **à voile** Segelfliegen nt

vol[2] [vɔl] m (larcin) Diebstahl m; (avec violence) Raub m; **~ d'objets sacrés** Kirchenraub; **~ d'une œuvre d'art/d'œuvres d'art** Kunstdiebstahl; **~ de bijoux** Juwelendiebstahl; **~ de la propriété intellectuelle** Diebstahl geistigen Eigentums

▸ **c'est du ~ manifeste/organisé** das ist glatter Diebstahl

◆ **à l'arraché** Raubüberfall m; **~ avec effraction** Einbruchsdiebstahl m; **~ à l'étalage** Ladendiebstahl m; **~ à main armée** bewaffneter Raubüberfall; **~ à la roulotte** Autoaufbruch m; **~ à la tire** Taschendiebstahl m

volage [vɔlaʒ] adj personne flatterhaft, leichtfertig; époux treulos; humeur wechselhaft; **être d'humeur ~** launisch sein; **cœur ~** unstetes Wesen nt

volaille [vɔlaj] f Geflügel nt; (viande) Geflügel[fleisch nt] nt; **~ rôtie** gebratenes Geflügel

volailler, -ère [vɔlaje, -ɛʀ] m, f Geflügelhändler(in) m(f)

volant [vɔlɑ̃] m ❶ AUT Lenkrad nt, Steuerrad; **~ sport** Sportlenkrad; **prendre le** [o **se mettre au**] **~** sich ans Steuer setzen; **être au ~** am Steuer sitzen

❷ TECH Schwungrad nt, Schwungscheibe f

❸ (garniture) d'un rideau Volant m, Faltenbesatz m; d'une jupe Volant; d'une chemise, robe, d'un chemisier Rüsche f; **chemise/chemisier/robe à ~s** Rüschenhemd nt/-bluse f/-kleid nt

❹ SPORT Federball m

❺ (réserve) **~ de main-d'œuvre/d'intérimaires** Reservegruppe f von Arbeitskräften/Zeitarbeitskräften; **~ d'heures supplémentaires** zusätzliches Quantum nt an Stunden

❻ AVIAT (personnel volant) pl Flugpersonal nt

◆ **~ de sécurité** Sicherheitsrücklage f, eiserne Reserve

volant(e) [vɔlɑ̃, ɑ̃t] adj ❶ (qui vole) fliegend; **machine ~e** Luftfahrzeug nt, Flugmaschine f

❷ (mobile) feuille lose; personnel mobil; pont beweglich; **douane ~e** Zollstreife f; **camp ~** (installation de gitans) Zigeunerlager nt, Wanderlager nt; MIL (installation) provisorischer Stützpunkt; (unité) Militärstreife f

volatil(e) [vɔlatil] adj ❶ flüchtig

❷ soutenu (qui disparaît) bien vergänglich; **électorat ~** Wechselwähler Pl; **mémoire ~e** INFORM Arbeitsspeicher m

volatile [vɔlatil] m Vogel m, Geflügel nt

volatilisation [vɔlatilizasjɔ̃] f ❶ Verdunstung f

❷ (disparition) spurloses Verschwinden

volatiliser [vɔlatilize] <1> I. vt verdunsten lassen

II. vpr **se ~** ❶ verdunsten, sich verflüchtigen

❷ (disparaître) sich in Luft auflösen, spurlos verschwinden

volatilité [vɔlatilite] f Flüchtigkeit f

vol-au-vent [vɔlovɑ̃] m inv Blätterteigpastete f

volcan [vɔlkɑ̃] m ❶ Vulkan m

❷ (personne) [heißer] Vulkan

▸ **être assis(e)** [o **danser**] **sur un ~** auf einem Pulverfass sitzen

volcanique [vɔlkanik] adj ❶ vulkanisch

❷ (impétueux) tempérament aufbrausend; passion, personne wild

volcanisme [vɔlkanism] m Vulkanismus m

volcanologie [vɔlkanɔlɔʒi] f Vulkanologie f

volcanologue [vɔlkanɔlɔg] mf Vulkanologe m/Vulkanologin f

volée [vɔle] f ❶ (groupe) **une ~ de moineaux** ein Schwarm m Spatzen; **une ~ d'enfants** eine Schar [o Horde f] Kinder; CH (élèves d'une même promotion) Jahrgang m

❷ (décharge) **une ~ de projectiles** ein Kugelhagel m; **une ~ de plombs** eine Ladung Blei

❸ (raclée) Schläge Pl; **une ~ de coups** eine Tracht Prügel

❹ SPORT Volley m; **jouer/monter à la ~** am Netz spielen/ans Netz gehen; **~ de coup droit/de revers** Schlag m mit der Vorhand/Rückhand

▸ **~ de bois vert** (critiques violentes) harte [o herbe] Kritik; **entreprise de haute ~** erstklassiges Unternehmen; **personnage de haute ~** hervorragende Persönlichkeit; **prendre sa ~** (s'émanciper) flügge werden; **à la ~** (d'un geste ample) mit Schwung, schwungvoll; (au passage) im Vorübergehen, im Vorbeigehen; **à toute ~** mit viel Schwung; **les cloches sonnent à toute ~** alle Glocken läuten

voler[1] [vɔle] <1> vi ❶ (se mouvoir dans l'air) fliegen

❷ (être projeté) feuilles, pierre: fliegen; information: kursieren; **~ au vent** feuilles: im Wind flattern; **~ dans tous les sens** éclats de verre: umherfliegen; **faire ~ des feuilles/de la poussière** Blätter/Staub aufwirbeln; **des injures volaient** man schleuderte sich gegenseitig Beleidigungen an den Kopf

❸ (courir) eilen

❹ littér (passer rapidement) temps: verfliegen; embarcation: dahinschießen

voler[2] [vɔle] <1> I. vt ❶ (dérober) stehlen; wegnehmen place; **se faire ~ sa place** seinen Platz verlieren; **tâche de ne pas te faire ~ ton argent** lass dir dein Geld nicht stehlen

❷ (tromper) **~ qn sur le poids/la quantité** jdn in Bezug auf das Gewicht/die Menge betrügen

▸ **il ne l'a pas volé(e)** fam er hat es verdient, das geschieht ihm recht (fam)

II. vi stehlen

volet [vɔlɛ] m ❶ (persienne) [Fenster]laden m; **~ roulant** Rollladen m, Rollbalken m (A)

❷ (feuillet) d'une pièce administrative [Falt]blatt nt; (panneau) d'un triptyque Flügel m

❸ AVIAT, TECH, AUT Klappe f; d'une roue à aubes Schaufel f; **~ de freinage/protection** Brems-/Schutzklappe f

❹ (partie) Teil m

▸ **trier des personnes/choses sur le ~** Menschen/Dinge sorgfältig auswählen [o aussuchen]

◆ **~ de protection contre l'écriture** Schreibschutzschalter m

voleter [vɔlte] <4> vi ❶ (voltiger) flattern; **~ dans tous les sens** umherfliegen

❷ littér (flotter) flocons: treiben; pans, rubans: flattern

voleur, -euse [vɔlœʀ, -øz] I. adj (qui dérobe) personne betrügerisch; animal diebisch

II. m, f Dieb(in) m(f); **~(-euse) d'enfants** Kindesentführer(in) m(f)

▸ **au ~!** haltet den Dieb!; **partir** [o **filer**] **comme un ~/une voleuse** sich [wie ein Dieb] davonschleichen

◆ **~(-euse) à l'étalage** Ladendieb(in) m(f); **~(-euse) de grand chemin** Wegelagerer(in) m(f); **~(-euse) à la tire** Taschendieb(in) m(f)

volière [vɔljɛʀ] f Vogelgehege nt, Voliere f

volige [vɔliʒ] f Dachlatte f

volley[-ball] [vɔlɛ(bɔl), vɔlɛ(bal)] m sans pl Volleyball m; **~ de plage** Beachvolleyball; **joueur(-euse) de ~** Volleyballspieler(in)

volleyer [vɔleje] <1> vi Volleyball spielen
volleyeur, -euse [vɔlɛjœʀ, -jøz] m, f ❶ *(joueur de volley)* Volleyballspieler(in) m(f)
❷ TENNIS Netzspieler(in) m(f)
volontaire [vɔlɔ̃tɛʀ] I. adj ❶ *(voulu)* gewollt, beabsichtigt; **incendie** ~ Brandstiftung f
❷ *(non contraint)* freiwillig; **engagé** ~ Freiwillige(r) f(m)
❸ *(décidé)* energisch; *péj enfant, adulte* eigensinnig
II. mf ❶ Freiwillige(r) f(m)
❷ *péj (personne têtue)* Starrkopf m *(pej)*
volontairement [vɔlɔ̃tɛʀmɑ̃] adv ❶ *(exprès)* absichtlich
❷ *(de son plein gré) accomplir, obéir* freiwillig
❸ JUR in gegenseitigem Einvernehmen
volontariat [vɔlɔ̃taʀja] m ❶ Freiwilligkeit f
❷ MIL freiwilliger Dienst
volontarisme [vɔlɔ̃taʀism] m Voluntarismus m
volontariste [vɔlɔ̃taʀist] I. adj voluntaristisch
II. mf PHILOS Voluntarist(in) m(f)
volonté [vɔlɔ̃te] f ❶ *(détermination)* Wille m; ~ **d'obtenir de bons résultats** Leistungswille; **manque de** ~ Willenlosigkeit f
❷ *(désir)* Wunsch m
❸ *(énergie)* Wille m, Willensstärke f
❹ *(disposition)* **bonne** ~ **à payer** COM Zahlungswilligkeit f
▶ **avec la meilleure** ~ **du** monde beim besten Willen; **faire ses quatre** ~**s/les quatre** ~**s de qn** fam seinen [Dick]kopf durchsetzen/nach jds Pfeife tanzen *(fam)*; **y mettre de la bonne/mauvaise** ~ mit gutem Willen [an eine Sache] herangehen/sich absichtlich dumm anstellen; **à** ~ nach Belieben
volontiers [vɔlɔ̃tje] adv ❶ *(avec plaisir)* gern[e]; **plus** ~ **/le plus** ~ lieber/am liebsten
❷ *(souvent)* gern; **être** ~ **inquiet**(-**ète**) schnell beunruhigt sein
▶ **je dirais** ~ **qu'il le fait exprès** ich würde fast sagen, dass er es absichtlich macht
volt [vɔlt] m Volt nt
voltage [vɔltaʒ] m ELEC [Strom]spannung f
voltaïque [vɔltaik] adj ELEC galvanisch
voltaire [vɔltɛʀ] m tiefer Armsessel mit hoher Rückenlehne
voltairien(ne) [vɔltɛʀjɛ̃, jɛn] I. adj esprit, philosophie freidenkerisch
II. m(f) PHILOS Anhänger(in) m(f) der Philosophie Voltaires
volte [vɔlt] f Volte f
volte-face [vɔltəfas] f inv a. fig Kehrtwendung f *(a. fig)*
voltige [vɔltiʒ] f ❶ *(au cirque)* **numéro de haute** ~ Trapeznummer f
❷ AVIAT Kunstfliegen nt
❸ *(équitation)* Kunstreiten nt
❹ fig **haute** ~ **intellectuelle** Gehirnakrobatik f *(fam)*
voltiger [vɔltiʒe] <2a> vi ❶ *(voler çà et là)* hin- und herfliegen, herumflattern
❷ *(flotter légèrement)* **faire** ~ qc etw durch die Luft wirbeln
voltigeur, -euse [vɔltiʒœʀ, -ʒøz] m, f ❶ *(acrobate au trapèze)* Trapezkünstler(in) m(f)
❷ *(acrobate sur un cheval)* Voltigierer(in) m(f)
voltmètre [vɔltmɛtʀ] m Spannungsmesser m
volubile [vɔlybil] adj redselig
volubilis [vɔlybilis] m BOT Winde[ngewächs nt] f
volubilité [vɔlybilite] f Redseligkeit f
volucompteur® [vɔlykɔ̃tœʀ] m TECH Zähler m einer Zapfsäule
volume [vɔlym] m ❶ Volumen nt; d'un réservoir Füllmenge f; ~ **du coffre** Laderaum m
❷ ECON, COM [Gesamt]menge f; des investissements, d'un marché, d'une augmentation d'impôt, baisse d'impôt Umfang m; ~ **de** [**la**] **production** Produktionsausstoß m, Produktionsvolumen nt, Ausbringungsmenge f *(Fachspr.)*; ~ **des ventes** Verkaufsvolumen; ~ **de ventes minimum** Mindestabsatz m; ~ **final** Endaufkommen nt *(Fachspr.)*; ~ **total** [o **global**] Gesamtvolumen nt, Gesamtumfang; ~ **global des taxes** Gebührenaufkommen nt; ~ **global théorique** Sollaufkommen; **en ce qui concerne le** ~, **du point de vue du** ~ umfangsmäßig
❸ *(intensité de la voix)* Volumen nt; ~ **sonore** [o **du son**] Lautstärke f
❹ *(tome)* Band m; **œuvre en plusieurs** ~**s** mehrbändiges [o vielbändiges] Werk
❺ *(objet)* Körper m
❻ INFORM d'un fichier Größe f
❼ PHYSIOL ~ **pulmonaire** Lungenvolumen nt
◆ ~ **d'affaires** ECON Geschäftsvolumen nt; ~ **des capitaux en circulation** FIN Kapitalumsatz m; ~ **du chiffre d'affaires** Umsatzvolumen nt; ~ **des commandes** Auftragsvolumen nt; ~ **du commerce extérieur** Außenhandelsvolumen; ~ **de construction** Bauvolumen; ~ **des échanges** Handelsvolumen; ~ **d'investissement** Investitionsvolumen nt; ~ **de liquidités** FIN Bargeldvolumen nt; ~ **des opérations de Bourse** Börsenumsatzvolu-

men nt; ~ **des prestations** ECON Leistungsumfang m; ~ **des recettes fiscales** FISC Aufkommensvolumen nt; ~ **des titres** Wertpapierumsatz m; ~ **de transport** Transportaufkommen nt, Transportvolumen nt
volumétrique [vɔlymetʀik] adj volumetrisch; **analyse** ~ Maßanalyse f; **compteur** ~ Volumenzähler m
volumineux, -euse [vɔlyminø, -øz] adj dossier umfangreich; paquet voluminös
volumique [vɔlymik] adj **masse** ~ spezifische Masse, Dichte f
volupté [vɔlypte] f ❶ *(plaisir sensuel)* Genuss m, Lust f
❷ *(plaisir sexuel)* Wollust f *(liter)*, Lust f
❸ *(plaisir intellectuel)* Wonne f
voluptueusement [vɔlyptɥøzmɑ̃] adv genüsslich
voluptueux, -euse [vɔlyptɥø, -øz] I. adj sinnlich
II. m, f Sinnenmensch m
volute [vɔlyt] f ❶ *(spirale)* Windung f
❷ ARCHIT Volute f
vomi [vɔmi] m fam Erbrochene nt, Kotze f *(sl)*
vomique [vɔmik] adj BOT **noix** ~ Brechnuss f
vomir [vɔmiʀ] <8> I. vt ❶ *(régurgiter)* [er]brechen, speiben (A); **à** ~ Ekel erregend
❷ *(litter (cracher))* speien *(geh)* feu, lave
❸ litter *(exécrer)* verabscheuen
II. vi sich übergeben
vomissement [vɔmismɑ̃] m ❶ *(action)* Erbrechen nt
❷ *(vomissure)* Erbrochene nt
vomissure [vɔmisyʀ] f souvent pl Erbrochene(s) nt
vomitif [vɔmitif] m PHARM Brechmittel nt
vomitif, -ive [vɔmitif, -iv] adj ❶ PHARM Brechreiz auslösend
❷ fam *(répugnant)* Ekel erregend, zum Kotzen *(sl)*
vorace [vɔʀas] adj animal, personne gefräßig; **appétit** ~ Heißhunger m
voracement [vɔʀasmɑ̃] adv gierig
voracité [vɔʀasite] f a. fig Gefräßigkeit f, Gier f
vortex [vɔʀtɛks] m ❶ *(dans un fluide)* Strudel m
❷ METEO Wirbel m
Vosges [voʒ] fpl **les** ~ die Vogesen Pl
vosgien(ne) [voʒjɛ̃, jɛn] adj der Vogesen *(Gen)*
votant(e) [vɔtɑ̃, ɑ̃t] m(f) ❶ *(participant au vote)* Wähler(in) m(f)
❷ *(électeur)* Stimmberechtigte(r) f(m)
votation [vɔtasjɔ̃] f CH *(vote)* Abstimmung f; ~ **populaire** Volksabstimmung f, Volksentscheid m
vote [vɔt] m ❶ *(adoption)* des crédits Bewilligung f; d'un projet de loi, d'une motion Annahme f
❷ *(action d'exprimer son avis)* Abstimmung f; *(procédé électoral)* Wahl f; ~ **consultatif** Probeabstimmung; ~ **direct/indirect** direkte/indirekte Wahl; ~ **final** Schlussabstimmung; ~ **à l'unanimité** einstimmiges Votum; ~ **d'une grève** Streikabstimmung; **sans droit de** ~ FIN stimmrechtslos
❸ *(voix, suffrage)* Stimme f; **compter les** ~**s** die Stimmen [aus]zählen
◆ ~ **en bloc** Blockabstimmung f; ~ **de confiance** Vertrauensvotum nt; ~ **par correspondance** Briefwahl f; ~ **de défiance** Missbilligungsvotum nt
voter [vɔte] <1> I. vi wählen; ~ **contre/pour qn/qc** gegen/für jdn/etw stimmen; ~ **sur qc** über etw *(Akk)* abstimmen; ~ **à main levée** durch Handzeichen abstimmen; ~ **blanc/nul** einen leeren/ungültigen Stimmzettel abgeben
II. vt stimmen für; bewilligen crédits; verabschieden loi
votif, -ive [vɔtif, -iv] adj cierge, messe Votiv-; **inscription/offrande votive** Votivtafel f/-gabe f
votre [vɔtʀ] <vos> dét poss ❶ *(à plusieurs personnes tutoyées)* euer/eu[e]re; ~ **chaise/vase/maison** euer Stuhl/eu[e]re Vase/euer Haus; **à** ~ **avis** eu[e]rer Meinung nach
❷ *(forme de politesse)* Ihr/Ihre; ~ **chaise/vase/maison** Ihr Stuhl/Ihre Vase/Ihr Haus; **à** ~ **avis** Ihrer Meinung nach
❸ form *(avec un titre)* **Votre Excellence/Majesté** Eu[e]re Exzellenz/Majestät
vôtre [votʀ] I. pron poss ❶ *(à plusieurs personnes tutoyées)* euer/eu[e]re/eu[e]res, der/die/das eu[e]re *(geh)*; **ce n'est pas notre valise, c'est la** ~ das ist nicht unser Koffer, sondern eurer; **cette maison est la** ~? ist dies euer Haus?, gehört dieses Haus euch?; **les** ~**s** *(ceux de votre famille)* eure Angehörigen, eure Familie, die Eu[e]ren *(geh)*; *(vos partisans)* eu[e]re Anhänger, die Eu[e]ren *(geh)*; **il est des** ~**s?** gehört er zu euch?, ist er einer von euch?; **j'espère être des** ~**s ce soir** ich hoffe, ich kann heute abend dabei sein
❷ *(forme de politesse)* **le/la** ~ Ihrer/Ihre/Ihres, der/die/das Ihre *(geh)*; **les** ~**s** *(ceux de votre famille)* Ihre Angehörigen, Ihre Familie, die Ihren *(geh)*; *(vos partisans)* Ihre Anhänger, die Ihren *(geh)*; **il est des** ~**s?** gehört er zu Ihnen?, ist er einer von Ihnen?; **j'espère être des** ~**s ce soir** ich hoffe, ich kann heute Abend dabei sein
▶ **à la** [**bonne**] ~! fam auf Ihr/euer Wohl!

II. *adj poss littér* **qc est ~** etw ist der/die/das eu[e]re [*o* eurige *veraltet geh*]; *(forme de politesse)* etw ist der/die/das Ihre [*o* Ihrige *veraltet geh*]; **cet objectif est ~** dies Ziel ist das eurige/Ihrige; **ces principes, vous les avez faits ~s** Sie haben sich/ihr habt euch diese Prinzipien zu eigen gemacht

vouer [vwe] <1> **I.** *vt* ❶ *(condamner)* **~ à qc** *personne:* zu etw verdammen; *chose:* zu etw bestimmen
❷ *(consacrer)* widmen
❸ REL **~ qc à un saint/une sainte** etw einem/einer Heiligen weihen
❹ *(ressentir)* **~ de la haine à qn** Hass gegen jdn hegen
II. *vpr* **se ~ à qn/qc** sich jdm/einer Sache widmen; **se ~ au célibat** sich dem Zölibat verschreiben

vouivre [vwivʀ] *f* ❶ DIAL schlangenartiges Fabelwesen
❷ *(figure de blason)* Schlange *f*

vouloir[1] [vulwaʀ] <*irr*> **I.** *vt* ❶ *(exiger)* wollen, fordern; **~ un livre de qn** ein Buch von jdm verlangen; **que lui voulez-vous?** was wollen Sie von ihm/ihr?
❷ *(souhaiter)* **il veut/voudrait ce gâteau/deux kilos de pommes** er will/möchte diesen Kuchen/zwei Kilo Äpfel; **elle voudrait être médecin** sie wäre gerne Ärztin
❸ *(consentir à)* **veux-tu/voulez-vous** [*o* **veuillez**] [*o* **voudriez-vous**] **prendre place** *(poli)* würdest du/würden Sie bitte Platz nehmen; *(impératif)* nimm/nehmen Sie bitte Platz
❹ *(attendre)* erwarten *décision, réponse;* **que veux-tu/voulez-vous que je te/vous dise?** was erwartest Du/erwarten Sie von mir?
❺ *(nécessiter)* brauchen *soins, lumière;* erfordern *patience, temps*
❻ *(faire en sorte)* **le hasard a voulu qu'il parte ce jour-là** der Zufall wollte es, dass er an jenem Tag abreiste
❼ *(prétendre)* vorgeben; **la loi veut que tout délit soit puni** das Gesetz gibt vor, dass jedes Vergehen bestraft wird
▶ **bien ~ qu'on fasse qc** einverstanden sein, dass man etw tut; nichts dagegen haben, wenn man etw tut; **si tu veux/vous voulez bien m'aider** wenn du [doch] bitte so freundlich wärest/Sie [doch] bitte so freundlich wären, mir zu helfen; **il l'a voulu!** er hat es [ja] so gewollt!
II. *vi* ❶ *(être disposé)* wollen
❷ *(souhaiter)* wollen, mögen
❸ *(accepter)* **~ de cette personne comme cadre supérieur** ein Interesse an dieser Person als leitende(n) Angestellte(n) haben; **ne plus ~ de qn/qc** von jdm/etw nichts mehr wissen wollen
❹ *(avoir des griefs envers)* **en ~ à un collègue de qc** einem Kollegen wegen etw böse sein
❺ *(avoir des visées sur)* **en ~ à qc/qn** es auf etw/jdn abgesehen haben
▶ [**moi,**] **je veux bien** *(volontiers)* [oh ja,] gerne; ich möchte gerne; *(concession douteuse)* [na ja,] von mir aus; **qu'on le veuille ou non,...** es lässt sich nicht wegdiskutieren [*o* wegreden], dass...; **en ~** *fam* ehrgeizig sein; **en veux-tu, en voilà!** in Hülle und Fülle
III. *vpr* **se ~** nett sein wollen
▶ **s'en ~ de qc** sich Vorwürfe wegen etw machen

vouloir[2] [vulwaʀ] *m littér* ❶ *(disposition)* Wille *m*; **dépendre du bon ~ de qn** von jds gutem Willen abhängen
❷ *(action)* Wollen *nt*

voulu(e) [vuly] **I.** *part passé de* **vouloir**
II. *adj* ❶ *(requis)* effet gewünscht; *formalité, somme* erforderlich; *moment* richtig; **en temps ~** rechtzeitig
❷ *(délibéré)* gewollt; **c'est ~** *fam* das ist beabsichtigt [*o* gewollt *fam*]

vous [vu] **I.** *pron pers, 2. pers. pl* ❶ *sujet* ihr; **~ êtes grands** ihr seid groß; **nous avons fini, mais pas ~** wir sind fertig, aber ihr [noch] nicht; **~ autres**; ihr; **~ autres[, les] Allemands** ihr Deutsche
❷ *complément d'objet direct et indirect* euch; **je ~ aime/suis** ich liebe/folge euch; **il ~ demande le chemin** er fragt euch nach dem Weg
❸ *avec faire, laisser* euch; **il ~ laisse/fait conduire la voiture** er lässt euch das Auto fahren
❹ *avec être, devenir, sembler soutenu* **cela ~ semble bon** das erscheint euch gut; **son amitié ~ est chère** seine/ihre Freundschaft ist euch teuer *(geh)*; **ça ~ est bon de rentrer au pays** es tut [euch] gut heimzukommen; **le café ~ devenait indispensable** ihr konntet nicht mehr auf den Kaffee verzichten
❺ *avec les verbes pronominaux* **~ ~ nettoyez** ihr macht euch sauber; **~ ~ nettoyez les ongles** ihr macht euch die Nägel sauber
❻ *fam (pour renforcer)* **~, monter une entreprise?** was, ihr wollt ein Unternehmen gründen?; **~, n'avez pas ouvert la bouche** ihr habt den Mund nicht aufgemacht; **et ~ qui pensiez avoir compris!** und ihr dachtet, ihr hättet alles verstanden!; **c'est ~ qui l'avez dit** ihr habt das gesagt; **c'est ~ que j'ai entendu à la radio** euch habe ich im Radio gehört; **je veux ~ voir, ~!** euch möchte ich sehen!; **il veut ~ aider, ~?** euch möchte er helfen?
❼ *(avec un sens possessif)* **le cœur ~ battait fort** eure Herzen schlugen heftig
❽ *avec un présentatif* ihr; **~ voici** [*o* **voilà**]! hier [*o* da] seid ihr!; **~ voilà tout(es) propres** jetzt seid ihr [wieder] sauber
❾ *avec une préposition* **avec/sans ~** mit/ohne euch; **à ~ deux** ihr beide; **à ~ deux maintenant** jetzt seid ihr zwei dran; **la maison est à ~?** gehört das Haus euch?; **c'est à ~ de décider** ihr müsst entscheiden; **c'est à ~!** ihr seid dran!
❿ *dans une comparaison* ihr; **nous sommes comme ~** wir sind wie ihr; **plus/aussi fort(e) que ~** stärker als ihr/genauso stark wie ihr
II. *pron pers, forme de politesse* ❶ **~ habitez ici?** wohnen Sie hier?; **nous avons fini, mais pas ~** wir sind fertig, aber Sie [noch] nicht
❷ *complément d'objet direct et indirect* **je ~ aime/suis** ich liebe Sie/folge Ihnen; **il ~ demande/explique le chemin** er fragt Sie nach dem Weg/erklärt Ihnen den Weg
❸ *avec faire, laisser* Sie; **il ~ laisse/fait conduire la voiture** er lässt Sie das Auto fahren
❹ *avec être, devenir, sembler soutenu* **cela ~ semble bon** das erscheint Ihnen gut; **son amitié ~ est chère** seine/ihre Freundschaft ist Ihnen teuer *(geh)*; **ça ~ est bon de rentrer au pays** es tut [Ihnen] gut heimzukommen; **le café ~ devenait indispensable** Sie konnten nicht mehr auf den Kaffee verzichten
❺ *avec les verbes pronominaux* **vous ~ nettoyez les ongles** Sie machen sich die Nägel sauber
❻ *fam (pour renforcer)* **~, monter une entreprise?** was, Sie wollen ein Unternehmen gründen?; **~, vous n'avez pas ouvert la bouche** Sie haben den Mund nicht aufgemacht; **et ~ qui pensiez avoir compris!** und Sie dachten, Sie hätten alles verstanden!; **c'est ~ qui l'avez dit** Sie haben das gesagt; **c'est ~ que j'ai entendu(e) à la radio** Sie habe ich im Radio gehört; **je veux ~ voir, ~!** Sie möchte ich sehen!; **il veut ~ aider, ~?** Ihnen möchte er helfen?
❼ *(avec un sens possessif)* **le cœur ~ battait fort** Ihr Herz schlug heftig
❽ *avec un présentatif* Sie; **~ voici** [*o* **voilà**]! hier [*o* da] sind Sie!; **~ voilà tout(e) propre** jetzt sind Sie [wieder] sauber
❾ *avec une préposition* **avec/sans ~** mit Ihnen/ohne Sie; **à ~ deux** Sie beide; **à ~ deux maintenant** und jetzt zu Ihnen [beiden]; **la maison est à ~?** gehört das Haus Ihnen?; **c'est à ~ de décider** Sie müssen entscheiden; **c'est à ~!** Sie sind dran!; **de ~ à moi** unter uns
❿ *dans une comparaison* Sie; **je suis comme ~** ich bin wie Sie; **plus/aussi fort(e) que ~** stärker als Sie/genauso stark wie Sie
III. *pron* ❶ *(on)* man; **~ ne pouvez même pas dormir** man kann nicht einmal schlafen
❷ [à] *quelqu'un)* **des gens qui viennent ~ importuner** Leute, die [nur] kommen, um einen zu belästigen; **des choses qui ~ gâchent la vie** Dinge, die einem das Leben schwer machen
IV. *m* **~ à qn** Sie zu jdm sagen

vous-même [vumɛm] <**vous-mêmes**> **I.** *pron pers, 2. pers. pl* ❶ *(toi et toi en personne)* **~s n'en saviez rien** ihr selbst wusstet nichts davon; **vous vous sentiez ~s heureux(-euses)** ihr habt euch glücklich gefühlt; **vous l'avez dit ~s, c'est ~s qui l'avez dit** ihr selbst habt es gesagt; **vous êtes venus de ~s** ihr seid von selbst [*o* von euch aus] [*o* aus eigenem Antrieb] gekommen; **commencez ~s!** fangt ihr doch an!
❷ *(toi et toi aussi)* ebenfalls, auch; **vous étiez ~s furieux(-euses)** ihr wart ebenfalls [*o* auch] sehr wütend
II. *pron pers, forme de politesse* ❶ *(toi de politesse en personne)* **~ n'en saviez rien** Sie selbst wussten nichts davon; **vous vous sentiez ~ heureux(-euse)** Sie fühlten sich glücklich; **vous l'avez dit ~, c'est ~ qui l'avez dit** Sie selbst haben es gesagt; **vous êtes venu(e) de ~** Sie sind von selbst [*o* von sich *(Dat)* aus] [*o* aus eigenem Antrieb] gekommen
❷ *(toi de politesse aussi)* ebenfalls, auch; **vous étiez ~ furieux(-euse)** Sie waren ebenfalls [*o* auch] sehr wütend

voussoir [vuswaʀ] *m* ARCHIT Wölbstein *m*, Gewölbestein *m*

voussoyer *v.* **vouvoyer**

voussure [vusyʀ] *f* Wölbung *f*; **~ de la fenêtre/porte** Fenster-/Türbogen *m*

voûte [vut] *f* ❶ ARCHIT Gewölbe *nt*; **~ d'arêtes** Kreuzrippengewölbe
❷ ANAT **~ crânienne** Schädeldach *nt*
❸ *littér (ciel)* **~ étoilée** Sternenzelt *nt* (*liter*)

voûté(e) [vute] *adj* ❶ ARCHIT *(couvert d'une voûte)* überwölbt; **cave ~e** Gewölbekeller *m*
❷ *dos, personne* krumm, gebeugt

voûter [vute] <1> **I.** *vt* ❶ ARCHIT mit einem Gewölbe versehen; **être voûté(e)** gewölbt sein
❷ *(courber)* krümmen; **l'âge avait voûté son dos** sein/ihr Rücken war vom Alter [ganz] gekrümmt
II. *vpr* **se ~** sich krümmen, krumm werden

vouvoiement [vuvwamɑ̃] *m* Siezen *nt*
vouvoyer [vuvwaje] <6> I. *vt* siezen, mit Sie anreden
 II. *vpr* **se ~** sich siezen
vox populi [vɔkspɔpyli] *f inv littér* die Stimme des Volkes
voyage [vwajaʒ] *m* ❶ *(action de voyager)* Reise *f;* **~ aller/retour** Hin-/Rückreise; **~ en Espagne/aux Pays-Bas** Reise nach Spanien/in die Niederlande; **~ en Europe/en Orient** Europa-/Orientreise; **~ en Afrique/en Amérique** Afrika-/Amerikareise; **~ en avion/en bateau** Flug-/Schiffsreise; **~ en bus/en voiture** Bus-/Autoreise; **~ en train** Bahnreise; *(trajet)* Zugfahrt *f;* **~ collectif organisé** Gesellschaftsreise; **~ scolaire** Klassenfahrt *f;* **~ dans le temps** Zeitreise; **~ d'information** Informationsreise; **~ de rêve** Traumreise; **expérience de ~** Reiseerlebnis *nt;* **journal/récit de ~** Reisetagebuch *nt/-*bericht *m;* **impression/souvenir de ~** Reiseeindruck *m/-*erinnerung *f;* **tenue/couverture de ~** Reisekleidung *f/-*decke *f;* **début** [*o* **commencement**] **du ~** Reisebeginn *m*
 ❷ *(trajet)* Fahrt *f;* **~ aller/retour** Hin-/Rückfahrt; **~ en autobus** Autobusfahrt; **~ en car** Überlandfahrt, Autobusfahrt
 ❸ *fam (trip)* Reise *f,* Trip *m (fam)*
 ▶ **le grand ~** *soutenu* die letzte Reise *(geh)*
 ◆ **~ de reconnaissance** Erkundungsfahrt *f*
voyager [vwajaʒe] <2a> *vi* ❶ *(aller en voyage)* reisen; **beaucoup ~** viel herumkommen [*o* rumkommen *fam*]; **j'ai envie de ~** mich packt die Reiselust
 ❷ COM **~ pour une entreprise** Handelsreisende(r) *f(m)* eines Unternehmens sein
 ❸ *(être transporté)* befördert [*o* transportiert] werden
voyageur, -euse [vwajaʒœr, -ʒøz] I. *adj* **être d'humeur voyageuse** reiselustig sein
 II. *m, f* ❶ *(personne qui use d'un véhicule de transport public)* Fahrgast *m;* **d'un train** Fahrgast, Passagier *m;* **d'un avion** Fluggast *m,* Passagier *m;* **d'un bateau** Passagier
 ❷ *(personne qui voyage pour voir de nouveaux pays)* Reisende(r) *f(m)*
 ◆ **~ (-euse) de commerce** [Handels]reisende(r) *f(m)*
voyagiste [vwajaʒist] *m* Reiseveranstalter *m,* Reiseunternehmen *m*
voyance [vwajɑ̃s] *f (occultisme)* Hellsehen *nt*
voyant [vwajɑ̃] *m* ❶ *(devin)* Hellseher *m*
 ❷ *(signal lumineux)* Kontrolllampe *f*
voyant(e) [vwajɑ̃, jɑ̃t] I. *part prés de* **voir**
 II. *adj* ❶ *(qui se remarque)* auffallend
 ❷ *(doué de voyance)* **je ne suis pas ~!** ich bin kein Hellseher!
voyante [vwajɑ̃t] *f* ❶ *(devineresse)* Hellseherin *f*
 ❷ *(opp: aveugle)* Sehende *f*
voyelle [vwajɛl] *f* Vokal *m*
voyeur, -euse [vwajœr, -jøz] *m, f* ❶ *(amateur de scènes lubriques)* Voyeur *m*
 ❷ *(curieux)* Schaulustige(r) *f(m)*
voyeurisme [vwajœrism] *m* ❶ *(perversion du voyeur)* Voyeurismus *m*
 ❷ *(curiosité)* Schaulust *f*
voyou [vwaju] I. *adj* **il/elle est un peu ~** er/sie ist ein kleiner Gauner
 II. *m* ❶ *(délinquant)* Gauner *m,* Ganove *m;* **honneur de ~** Ganovenehre *f*
 ❷ *(garnement)* Schlingel *m*
voyoucratie [vwajukrasi] *f fam* ❶ *(pouvoir exercé par des personnes corrompues)* Ganovenhandel *m (veraltet fam)*
 ❷ *(népotisme)* Vetternwirtschaft *f (pej fam)*
V.P.C. [vepese] *f abr de* **vente par correspondance** Versandhandel *m*
vrac [vrak] *m* Schüttgut *nt;* **en ~** nicht abgepackt, lose; **chargement en ~** Bulkladung *f;* **marchandise en ~** Schüttgutladung *f*
vrai [vrɛ] I. *m* **le ~** das Wahre; **être dans le ~** Recht haben; **il y a du ~ de ce qu'il a dit** da ist etwas Wahres daran
 ▶ **au ~** *soutenu* letztlich; **pour de ~** *fam* im Ernst
 II. *adv* **dire** [*o* **parler**] **~** die Wahrheit sagen; **faire ~** echt aussehen
 ▶ **à dire ~, à ~ dire** offen gestanden
vrai(e) [vrɛ] *adj* ❶ *(véridique)* wahr; *événement* tatsächlich
 ❷ *postposé (conforme à la réalité)* *personnage, tableau* lebensecht
 ❸ *antéposé (authentique)* echt; *cause, délice* wahr; *nom* richtig
 ❹ *antéposé (digne de ce nom)* echt
 ❺ *antéposé (convenable)* *méthode, moyen* [einzig] richtig
 ▶ **un tableau ~ faux** [dieses Bild ist] eine gut gemachte Fälschung; **il n'en est pas moins ~ qu'il est trop jeune** nichtsdestoweniger [*o* trotzdem] ist er zu jung; **pas ~?** *fam* oder? **~ de ~** *fam* waschecht *(fam);* **~?** wirklich?, echt? *(fam)*
vraiment [vrɛmɑ̃] *adv* wirklich
vraisemblable [vrɛsɑ̃blabl] *adj* ❶ *(plausible)* einleuchtend
 ❷ *(probable)* wahrscheinlich
vraisemblablement [vrɛsɑ̃blabləmɑ̃] *adv* wahrscheinlich

vraisemblance [vrɛsɑ̃blɑ̃s] *f* ❶ *(crédibilité)* Glaubwürdigkeit *f*
 ❷ *(probabilité)* Wahrscheinlichkeit *f*
vrille [vrij] *f* ❶ TECH Nagelbohrer *m*
 ❷ AVIAT Schraube *f*
 ❸ BOT Ranke *f*
 ▶ **en ~** spiralenförmig
vrillé(e) [vrije] *adj* ❶ BOT mit Ranken
 ❷ *(tordu)* verdreht
vriller [vrije] <1> I. *vi avion:* trudeln; *cordon, fil:* sich verdrehen
 II. *vt a. fig (percer)* [durch]bohren
vrillette [vrijɛt] *f* Holzwurm *m*
vrombir [vrɔ̃bir] <8> *vi* brummen
vrombissement [vrɔ̃bismɑ̃] *m* Dröhnen *nt,* Brummen *nt*
vroom, vroum [vrum] *interj* brumm
V.R.P. [veɛrpe] *mf abr de* **voyageur représentant placier** *inv* Handelsreisende(r) *f(m)*
vs *prép abr de* **versus** vs.
V.S.O.P. [veɛsope] *m abr de* **very superior old pale** V.S.O.P.
V.T.C. [vetese] *m abr de* **vélo tout chemin** All Terrain Bike *nt,* A.T.B. *nt,* Trekkingbike *nt,* Trekkingrad *nt*
V.T.T. [vetete] *m abr de* **vélo tout terrain** ❶ *(vélo)* Mountainbike *nt,* M.T.B. *nt,* Bike
 ❷ *(sport)* Mountainbike-Fahren *nt*
vu [vy] I. *prép* in Anbetracht *(+ Gen)*
 II. *conj* **~ qu'il est malade...** da er krank ist, ..., in Anbetracht dessen, dass er krank ist, ...
 III. *m* **c'est du déjà/jamais ~** das ist nichts Neues/völlig neu
 ▶ **au ~ et au su de tous** vor aller Augen
 IV. *adv* **ni ~ ni connu** ohne dass jd etw bemerkt
 V. *adj (compris)* alles klar; **c'est ~?** *fam* ist das klar? *(fam)*
vu(e) [vy] I. *part passé de* **voir**
 II. *adj* ❶ *(d'accord)* in Ordnung
 ❷ *form (lu)* zur Kenntnis genommen
 ❸ *(observé)* **la remarque est bien/mal ~e** die Bemerkung ist [zu]treffend/unzutreffend
 ❹ *(apprécié)* **être bien/mal ~(e)** gern/nicht gern gesehen sein
 ▶ **c'est tout ~!** *fam* Schluss jetzt! *(fam)*
vue [vy] *f* ❶ *(sens)* Sehvermögen *nt;* **bonne ~** gute Augen *Pl;* **~ perçante** scharfe Augen *Pl;* **avoir la ~ basse** kurzsichtig sein; **organe de la ~** Sehorgan *nt;* **faire faire un contrôle de la ~** eine Sehschärfeprüfung machen lassen
 ❷ *(regard)* Blick *m;* **perdre qn/qc de ~** jdn/etw aus den Augen verlieren
 ❸ *(panorama)* Aussicht *f*
 ❹ *a.* FIN *(action de voir) d'une personne, du sang* Anblick *m;* **à ~** a vista *(Fachspr.)*
 ❺ *(photo, peinture)* Ansicht *f*
 ❻ *(conception) des événements, de la situation* Vorstellung *f*
 ❼ *pl (opinion, avis)* Ansichten *Pl*
 ❽ *(visées)* **avoir des ~s sur qn/qc** jdn/etw ins Visier nehmen; **avoir qn/qc en ~** jdn/etw im Auge haben
 ❾ INFORM Ansicht *f*
 ▶ **à ~ de nez** *fam* schätzungsweise, über den Daumen gepeilt *(fam);* **à ~ d'œil** merklich; **en mettre plein la ~** [**à qn**] *fam* [bei jdm] Eindruck schinden *(fam);* **besoin d'en mettre plein la ~** Renommiersucht *f (geh);* **changement à ~** plötzlicher Wechsel; THEAT Bühnenumbau bei offenem Vorhang; **dessiner à ~** nach Augenmaß zeichnen; **garder à ~** unter Aufsicht stellen; **payable à ~** zahlbar nach Erhalt; **à la ~ de qn** *(en voyant qn)* bei jds Anblick; *(sous le regard de qn)* vor jds Augen *(Dat);* **à la ~ de qc** beim Anblick einer S. *(Gen);* **en ~** *(visible)* im Blickfeld; *(tout proche)* in Sicht; *(envié)* begehrt; *(célèbre)* sehr bekannt; **chef d'orchestre en ~** Stardirigent(in) *m(f);* **en ~ de** [**faire**] **qc** im Hinblick auf etw
 ◆ **~ d'aigle** Adlerauge *nt;* **~ d'ensemble** [Gesamt]übersicht *f,* [Gesamt]überblick *m;* **~ d'ensemble du marché** Marktübersicht *f;* **~ de l'esprit** weltfremde Vorstellung
vulcain [vylkɛ̃] *m* ZOOL Admiral *m*
vulcanisation [vylkanizasjɔ̃] *f* Vulkanisierung *f*
vulcaniser [vylkanize] <1> *vt* vulkanisieren
vulcanologie *v.* **volcanologie**
vulcanologue *v.* **volcanologue**
vulgaire [vylgɛr] I. *adj* ❶ *(grossier)* ordinär, vulgär; **se maquiller de façon ~** sich nuttenhaft schminken *(sl)*
 ❷ *antéposé (quelconque)* gewöhnlich; *employé, paysan* einfach; *réalité* banal; *problème* alltäglich
 ❸ *postposé (populaire)* volkstümlich; **langue ~** Volkssprache *f*
 ❹ *postposé littér (commun)* allgemein üblich; *esprit* einfach; *opinion* gängig; **modèle/mobilier tout à fait ~** *péj fam* Nullachtfünfzehn-Ausführung *f/-*Einrichtung *f (pej fam);* **tête tout à fait ~** *péj fam (coiffure)* Nullachtfünfzehn-Frisur *f (pej fam)*
 II. *m* ❶ Gewöhnliche(s); **tomber dans le ~** vulgär [*o* ordinär] werden
 ❷ *péj vieilli* Pöbel *m*

vulgairement [vylgɛʀmã] *adv* ❶ *(grossièrement)* vulgär, ordinär ❷ *(couramment) dire, se nommer* für gewöhnlich
vulgarisateur, -trice [vylgaʀizatœʀ, -tʀis] I. *adj* populärwissenschaftlich
II. *m, f* **jouer le rôle de ~ de qc** etw allgemein zugänglich machen
vulgarisation [vylgaʀizasjɔ̃] *f* allgemeine Verbreitung; *de la connaissance, de la science* Popularisierung *f (geh)*; **revue de ~** populärwissenschaftliche Zeitschrift
vulgariser [vylgaʀize] <1> I. *vt* allgemein zugänglich machen, popularisieren *(geh)*
II. *vpr* **se ~** zum Allgemeingut werden
vulgarité [vylgaʀite] *f* ❶ *(grossièreté) d'un langage, ouvrage* vulgärer Stil; *d'une personne* vulgäre Art
❷ *(parole vulgaire)* vulgärer Ausdruck
❸ *littér (manque d'élévation)* Einfachheit *f*
vulgum pecus [vylgɔmpekys] *m inv hum fam* **le ~** der Normalsterbliche *(fam)*
vulnérabilité [vylneʀabilite] *f* Verletzbarkeit *f*; **la ~ de ma situation** meine prekäre Situation
vulnérable [vylneʀabl] *adj* verletzbar; *situation* prekär
vulvaire [vylvɛʀ] *adj* die äußeren Geschlechtsorgane [der Frau] betreffend
vulve [vylv] *f* **la ~** die äußeren Geschlechtsorgane *Pl* [der Frau], die Vulva *(Fachspr.)*

W

W, w [dublǝve] *m inv* W *nt*/w *nt*
W *abr de* **Watt** W
wagnérien(ne) [vagneʀjɛ̃, jɛn] I. *adj* **opéra ~** Wagneroper *f*
II. *m(f)* Wagnerianer(in) *m(f)*
wagon [vagɔ̃] *m* ❶ [Eisenbahn]wagen *m*, [Eisenbahn]waggon *m*; **~ de marchandises** Güterwagen, Güterwaggon; **~ de marchandises ouvert/fermé** offener/geschlossener Güterwagen [*o* Güterwaggon]; **~ postal** Bahnpostwagen; **~ à fond plat** Flachwagen; **~ à impériale** Doppelstockwagen; **~ à double plancher** Doppelstockwagen; **~ à bestiaux** G-Wagen *(Fachspr.)*
❷ *(contenu)* Wagenladung *f*, Waggonladung
❸ *fam (grosse quantité)* **des pleins ~s** ganze Waggons [voll] *(fam)*
wagon-bar [vagɔ̃baʀ] <wagons-bars> *m* CHEMDFER *vieilli* Büfettwagen *m* **wagon-citerne** [vagɔ̃sitɛʀn] <wagons-citernes> *m* Tankwagen *m*, Kesselwagen, G-Wagen *(Fachspr.)* **wagon-lit** [vagɔ̃li] <wagons-lits> *m* Schlafwagen *m*
wagonnet [vagɔnɛ] *m* [Kipp]lore *f*
wagon-restaurant [vagɔ̃ʀɛstɔʀɑ̃] <wagons-restaurants> *m* Speisewagen *m*
Walhalla [valala] *m* Walhalla *f*
walkie-talkie *v.* **talkie-walkie**
walkman® [wɔ(l)kman] <s> *m* Walkman *m*
walkyrie [valkiʀi] *f* Walküre *f*
wallaby [walabi] <wallabies> *m* Wallaby *nt*
Wallis-et-Futuna [walisefytyna] *französisches Territorium auf den Fidschiinseln*
wallon [walɔ̃] *m* **le ~** Wallonisch *nt*, das Wallonische; *v. a.* **allemand**
wallon(ne) [walɔ̃, ɔn] *adj* wallonisch
Wallon(ne) [walɔ̃, ɔn] *m(f)* Wallone *m*/Wallonin *f*
Wallonie [walɔni] *f* **la ~** Wallonien *nt*
waouh [wau] *interj (ouah)* wau
WAP [wap] *m abr de* **Wireless Application Protocol** WAP *nt*
wapiti [wapiti] *m* Wapiti *m*
wapnaute [wapnot] *mf* Handysurfer(in) *m(f)*
wargame [waʀgɛm] *m (jeu électronique, simulation d'un conflit)* Kriegsspiel *nt*
warning [waʀniŋ] *m* Warnblinkanlage *f*
warrant [vaʀɑ̃] *m* COM Lagerschein *m*, Warrant *m*
wasabi [wazabi] *m* GASTR Wasabi *m*
wassingue [vasɛ̃g] *f* NORD Scheuertuch *nt*
water-ballast [watɛʀbalast] <water-ballasts> *m d'un navire* Ballasttank *m*; *d'un sous-marin* Tauchtank *m* **water-closet[s]** *v.* **W.-C.**
watergang [watɛʀgɑ̃g] *m* NORD, BELG *(canal, fossé)* Wasserlauf *m*
wateringue [watʀɛ̃g] *m ou f* BELG *(travaux de dessèchement et drainage)* Entwässerungsarbeiten *Pl*
Waterloo [watɛʀlo] *m* ❶ *(ville belge)* Waterloo *nt*
❷ *(déconfiture)* Waterloo *nt (fig)*

water-polo [watɛʀpɔlo] <water-polos> *m* Wasserball *m*; **match de ~** Wasserballspiel *nt*; **joueur(-euse) de ~** Wasserballer(in) *m(f) (fam)*
waterproof [watɛʀpʀuf] *adj inv* wasserfest; *montre* wasserdicht
waters [watɛʀ] *mpl* Toilette *f*
watt [wat] *m* Watt *nt*
wattheure [watœʀ] *m* Wattstunde *f*
W.-C. [vese, dublǝvese] *m souvent pl abr de* **water-closet[s]** Toilette *f*, WC *nt*; **~ pour les visiteurs** Besucher-WC; **deuxième ~** Gästetoilette; **~ à la turque** Stehklo[sett] *nt*
web, Web [wɛb] I. *m* Web *nt*
II. *adj inv* Web-; **chercheur ~** Suchmaschine *f*; **explorateur ~** Internetbrowser *m*; **page ~** Webseite *f*
webcam [wɛbkam] *f* INFORM Webcam *f*
webmagazine [wɛbmagazin] *m* Internetzeitschrift *f*, Webmagazin *nt*
webmane [wɛbman] *mf* Internetfreak *mf*
webmaster [wɛbmastɛʀ] *m*, **webmestre** [wɛbmɛstʀ] *m* INFORM Webmaster *m*
webnaute [wɛbnot] *mf* [Internet]surfer(in) *m(f)*
webzine [wɛbzin] *m* Internetzeitschrift *f*, Webmagazin *nt*
week-end [wikɛnd] <week-ends> *m* Wochenende *nt*; **bon ~!** schönes Wochenende!
welsch(e) [vɛlʃ] *adj* CH *iron* welsch[schweizerisch]
Welsch(e) [vɛlʃ] *m(f)* CH *iron* Welschschweizer(in) *m(f)*
welter [vɛltɛʀ, wɛltɛʀ] *m* **les [poids] ~s** das Weltergewicht
wesh [wɛʃ] *interj fam* hi *(fam)*
western [wɛstɛʀn] *m* Western *m*
Westphalie [vɛsfali] *f* **la ~** Westfalen *nt*
whisky [wiski] *m* <whiskies> *m* Whisky *m*
white-spirit [wajtspiʀit] *m inv* Terpentinersatz *m*
wigwam [wigwam] *m* Wigwam *m*
wikipédier [wikipedje] <1> *vt, vi* INFORM in [*o* bei] Wikipedia suchen
williams [wiljams] *f* Williams Christbirne *f*
win [win] *f hum fam* ▶ **être de la ~** voll der Gewinner sein *(fam)*
winch [win(t)ʃ] <[e]s> *m d'un yacht* [kleine] Handwinde *f*
winner [winœʀ] *mf hum fam* Gewinner(in) *m(f)*
wisigoth(e) [vizigo, ɔt] *adj* HIST westgotisch; **le peuple ~** die Westgoten
Wisigoth(e) [vizigo, ɔt] *m(f)* HIST Westgote *m*/Westgotin *f*
wisigothique [vizigotik] *adj* HIST westgotisch
wok [wɔk] *m* GASTR Wok *m*
wolfram [vɔlfʀam] *m* MINER Wolframit *nt*
World Wide Web [wœʀldwaidwɛb] *m* World Wide Web *nt*
Wurtemberg [vyʀtɛ̃bɛʀ] *m* **le ~** Württemberg *nt*
Wurtzbourg [vyʀtsbuʀ] Würzburg *nt*
WWW [dublǝvedublǝvedublǝve] *abr de* **World Wide Web** WWW

X x

X, x [iks] *m inv* ❶ X *nt*/x *nt*
❷ *(forme)* **en x** in X-Form; **jambes en X** X-Beine *Pl*
❸ *fam (je ne sais combien)* **je te l'ai déjà dit x fois** ich habe es dir schon x-mal [*o* zigmal] gesagt *(fam)*; **il est x fois millionnaire** *fam* er ist zigfacher Millionär *(fam)*
❹ *(Untel)* [Herr/Frau] X; **X ou Y** irgendeiner; **contre X** gegen unbekannt
❺ MATH x *nt;* **axe des x** x-Achse *f*
❻ CINE **film classé X** nicht jugendfreier Film
❼ UNIV **l'X** *Bezeichnung für die École Polytechnique in Paris*
xénon [gzenɔ̃] *m* CHIM Xenon *nt*
xénophilie [gzenɔfili] *f rare* Xenophilie *f (geh)*
xénophobe [gzenɔfɔb] I. *adj* ausländerfeindlich, xenophob *(geh)*
II. *mf* ausländerfeindliche Person
xénophobie [gzenɔfɔbi] *f* Fremdenfeindlichkeit *f,* Xenophobie *f (geh)*
xérès [kerɛs, gzerɛs] *m* Sherry *m*
xl [iksɛl] *adj inv abr de* **extra-large** XL
xxl [iksiksɛl] *adj inv abr de* **extra-extra-large** XXL
xylographie [ksilɔgrafi, gzilɔgrafi] *f* ❶ *(technique)* Holzschneidekunst *f*
❷ *(œuvre)* Holzschnitt *m*
xylophage [ksilɔfaʒ, gzilɔfaʒ] *adj* Holz fressend; **insecte ~** Holzschädling *m*
xylophène® [ksilɔfɛn, gzilɔfɛn] *m* Holzschutzmittel *nt*
xylophone [ksilɔfɔn, gzilɔfɔn] *m* Xylophon *nt*

Y y

Y, y [igrɛk] *m inv* ❶ Y *nt*/y *nt*
❷ MATH **axe des y** y-Achse *f*
y [i] I. *adv (indiquant le lieu)* dort; *(indiquant la direction)* dorthin; **il n'y était pas** er war nicht dort
II. *pron pers* ❶ *(à cela, sur cela)* **s'y entendre** sich damit auskennen; **n'y plus tenir** keinen Wert mehr darauf legen
❷ *pop (il)* er/sie/es; **regarde le dessin – c'est-y pas beau?** schau dir dieses Bild an – ist es nicht schön?
yacht [jɔt] *m* Jacht *f;* **~ de haute mer** Hochseejacht
yacht-club [jɔtklœb] <yacht-clubs> *m* Jachtklub *m*
yachting [jɔtiŋ] *m* Segelsport *m*
yacht[s]man [jɔtman, -mɛn] <s *o* -men> *m* Segler *m*
ya[c]k [jak] *m* Yak *m*
yaka *v.* **y-a-qu'à**
yang [jãg] *m* Yang *m*
yankee [jãki] *adj péj* **le peuple ~** die Yankees *Pl (pej)*
Yankee [jãki] *mf péj* Yankee *m (pej)*
yaourt [jaurt] *m* Joghurt *m o nt;* **~ à la crème** Sahnejoghurt
yaourtière [jaurtjɛr] *f* Joghurtbereiter *m*
y-a-qu'à [jaka] *m inv* Bevormunden anderer mit besserwisserischen Vorschlägen
yard [jard] *m* Yard *nt*
yearling [jœrliŋ] *m* SPORT Jährling *m*
Yémen [jemɛn] *m* **le ~** Jemen *m*
yen [jɛn] *m* Yen *m*
yéti [jeti] *m* ❶ *(homme des neiges)* Yeti *m*
❷ *(glace à l'eau)* Wassereis *nt*
yeuse [jøz] *f* BOT Steineiche *f*
yéyé, yé-yé [jeje] *fam* I. *adj inv* **musique ~** ≈ Beatmusik *f*
II. *m inv (style)* Musik- und Modestil der sechziger Jahre
III. *mf inv (adepte)* ≈ Beatnik *m*
yiddish [jidiʃ] I. *adj inv* jiddisch
II. *m* **le ~** Jiddisch *nt,* das Jiddische; *v. a.* **allemand**
yin [jin] *m* Yin *nt*
yoga [jɔga] *m* Joga, Yoga *m o nt*
yog[h]ourt *v.* **yaourt**
yogi [jɔgi] *m* Yogi, Jogi *m*
yole [jɔl] *f* Jolle *f*
yougoslave [jugɔslav] *adj* jugoslawisch
Yougoslave [jugɔslav] *mf* Jugoslawe *m*/Jugoslawin *f*
Yougoslavie [jugɔslavi] *f* **République fédérale de ~** Bundesrepublik *f* Jugoslawien
youp [jup] *interj* hopp
youpi, youppie [jupi] *interj* hurra
yourte, iourte [jurt] *f* Jurte *f*
youyou [juju] <s> *m* NAUT Dingi *nt*
yo-yo®, yoyo [jojo] *m inv* Yo-Yo *nt,* Jo-Jo *nt;* **effet ~** Jo-Jo-Effekt *m*
ypérite [iperit] *f* Senfgas *nt*
Ysengrin [izãgrɛ̃] *m* Isegrim *m*
ytterbium [itɛrbjɔm] *m* Ytterbium *nt*
yttrium [itrijɔm] *m* Yttrium *nt*
yucca [juka] *m* Yucca[palme *f*] *f*
yuppie [jupi] *mf* Yuppie *m*

Z z

Z, z [zɛd] *m inv* Z *nt*/z *nt*
Z.A.C. [zak] *f abr de* **zone d'aménagement concerté** *städtebauliches Erschließungsgebiet*
Z.A.D. [zad] *f abr de* **zone d'aménagement différé** *Bauerwartungsland, das der Preisbindung und Vorkaufsrechten unterliegt, um Spekulationen zu vermeiden*
Zaïre [zaiʀ] *m* HIST **le ~** *Zaire nt*
Zambie [zɑ̃bi] *f* **la ~** *Sambia nt*
zapper [zape] <1> *vi* zappen
zappeur, -euse [zapœʀ, -øz] *m, f* Zapper(in) *m(f)*
zapping [zapiŋ] *m* Zappen *nt*
Zarathoustra [zaʀatustʀa] *m* Zarathustra *m*
zarb [zaʀb] *adj*, **zarbi** [zaʀbi] *adj fam* voll komisch *(sl)*
zazou(e) [zazu] *m(f) Jazzfan der 40er und frühen 50er Jahre*
zèbre [zɛbʀ] *m* ❶ ZOOL Zebra *nt*
❷ *fam (individu bizarre)* [komischer] Kauz *(fam)*
zébrer [zebʀe] <5> *vt* **être zébré(e)** gestreift sein, ein Streifenmuster haben
zébrure [zebʀyʀ] *f* ❶ *(rayure)* Streifen *Pl*
❷ *(marques sur la peau)* Striemen *Pl*
zébu [zeby] *m* Zebu *m o nt*
Zélande [zelɑ̃d] *f* **la ~** Seeland *nt*
zélateur, -trice [zelatœʀ, -tʀis] *m, f littér d'une cause, personne* Jünger *m*
zèle [zɛl] *m* [Pflicht]eifer *m;* **faire du ~** *péj* übereifrig sein *(pej)*
zélé(e) [zele] *adj* eifrig
zélote [zelɔt] *m* HIST Zelot *m*
zen [zɛn] I. *adj inv* ❶ Zen-; **le bouddhisme ~** der Zenbuddhismus
❷ *fam (calme)* **être ~** [total] cool sein *(fam)*
II. *m* Zen *nt*
zénith [zenit] *m a. fig* Zenit *m (a. fig)*
Z.E.P. [zɛp] *f abr de* **zone d'éducation prioritaire** *sozial problematisches Gebiet, das gezielte [Schul]bildungsmaßnahmen erfordert*
zéphyr [zefiʀ] *m littér* Zephir *m (geh)*
zeppelin [zɛplɛ̃] *m* Zeppelin *m*
zéro [zeʀo] I. *num* ❶ *antéposé (aucun)* null; **faire ~ faute à la dictée** null Fehler im Diktat haben; **mettre un commutateur sur ~** einen Schalter auf null stellen
❷ *fam (nul)* **qn/qc est ~** jd/etw ist eine Null *(fam)*
❸ *(dans l'indication de l'heure)* **il est ~ heure** es ist null Uhr
II. *m* ❶ *inv (nombre)* Null *f*
❷ METEO, PHYS *a. fig* Gefrierpunkt *m*, Nullpunkt *m*
❸ SCOL **avoir ~ sur dix/sur vingt** ≈ eine Sechs haben; ≈ eine Eins haben *(CH)*
❹ *(rien)* Nichts *nt;* **compter pour ~** *fam* nicht[s] zählen *(fam)*
❺ *(personne incapable)* Null *f (fam); v. a.* **cinq**
zeste [zɛst] *m* ❶ *(écorce)* **~ de citron/d'orange râpé** geriebene Zitronen-/Orangenschale
❷ *(petite dose)* Spur *f*
zeugma [zøgma] *m*, **zeugme** [zøgm] *m* LITTER, LING Zeugma *nt*
zézaiement [zezɛmɑ̃] *m* Lispeln *nt*
zézayer [zezeje] <7> *vi* lispeln, zuzeln (A)
Z.I. [zɛdi] *abr de* **zone industrielle** Gewerbegebiet *nt*, Industriegebiet *nt*
zibeline [ziblin] *f (animal, fourrure)* Zobel *m*
zieuter [zjøte] <1> *vt fam* ansehen, anglotzen *(fam)*
Z.I.F. [zif] *f abr de* **zone d'intervention foncière** [Flächennutzungs]gebiet, das dem Vorkaufsrecht der Gemeinden unterliegt
zig [zig] *m fam* Kerl *m (fam)*
zigoto [zigɔto] *m fam* Typ[e *f*] *m (fam)*
zigouiller [ziguje] <1> *vt fam (tuer)* **~ qn** jdn in Stücke schneiden *(fam)*
zigue *v.* **zig**
zigzag [zigzag] *m* Zickzack[linie *f*] *m*
zigzaguer [zigzage] <1> *vi piéton:* im Zickzack gehen; *chauffeur, cycliste:* im Zickzack fahren; *route:* im Zickzack verlaufen
Zimbabwe [zimbabwe] *m* **le ~** Simbabwe *nt*
zinc [zɛ̃g] *m* ❶ Zink *nt*
❷ *fam (comptoir)* Theke *f*
❸ *fam (avion)* Vogel *m (fam)*
zingage [zɛ̃gaʒ] *m d'une pièce* Verzinken *nt;* **~ électrolytique** TECH galvanische Verzinkung *f*
zinguer [zɛ̃ge] <1> *vt* ❶ *(galvaniser)* verzinken
❷ *(revêtir de zinc)* mit Zinkblech decken
zinguerie [zɛ̃gʀi] *f* TECH ❶ *(pièces de zinc, travaux)* Verzinkung *f*
❷ *(fabrique)* Zinkhütte *f*

zingueur [zɛ̃gœʀ] *m* Galvaniseur *m*
zinnia [zinja] *m* Zinnie *f*
zinzin [zɛ̃zɛ̃] I. *adj fam* **être ~** plemplem sein *(fam)*
II. *m fam* Ding *nt (fam)*
zip® [zip] *m* Reißverschluss *m*
zipper [zipe] <1> *vt* einen Reißverschluss einnähen; **être zippé(e)** *vêtement:* einen Reißverschluss haben
zircon [ziʀkɔ̃] *m* CHIM Zirkon *m*
zirconium [ziʀkɔnjɔm] *m* CHIM Zirkonium *nt*
zizanie [zizani] *f vieilli* Zwietracht *f (veraltet)*
zizi [zizi] *m enfantin fam* Schniedel *m (fam)*, Pipi *m (fam)*
zizique [zizik] *f fam* Musik *f*, Lala *f (fam)*
zloty [zlɔti] *m* Zloty *m*
zob [zɔb] *m vulg* Schwanz *m (sl)*
zodiacal(e) [zɔdjakal, o] <-aux> *adj* **signe ~** Sternzeichen *nt;* **constellation ~e** Sternbild *nt*
zodiaque [zɔdjak] *m* Tierkreis *m;* **signe du ~** Tierkreiszeichen *nt*, Sternzeichen *nt*
zombi[e] [zɔ̃bi] *m fam* Zombie *m (fam)*
zona [zona] *m* Gürtelrose *f*
zonage [zonaʒ] *m* ADMIN Flächennutzung *f*
zonard(e) [zonaʀ, aʀd] I. *adj fam* asozial
II. *m(f) fam* ❶ *(habitant de la zone)* Bewohner(in) *eines sozial schwachen Randbezirks*
❷ *péj (marginal)* Asoziale(r) *f(m) (pej)*
zone [zon] *f* ❶ *(secteur)* Gebiet *nt*, Zone *f;* **~ bleue** Kurzparkzone; **~ interdite aux portables** *(au restaurant, dans un wagon)* handyfreie Zone; **~ commerciale** Supermarktkomplex *m;* **~ industrielle** Industriegebiet, Industrieviertel *nt*
❷ *(zone du corps)* Bereich *m;* **~ érogène** erogene Zone; **~ T** COSMET T-Zone
❸ GEOG, HIST, MIL Zone *f*, Gebiet *nt;* **~ climatique** Klimazone; **~ côtière** Küstengebiet; **~ pétrolière** Erdölzone; **~ interdite** Sperrgebiet; **~ dénucléarisée** atomwaffenfreie Zone; **la ~ libre** HIST die freie Zone; **~ protégée** Schutzgebiet; **~ est** [*o* **soviétique**] Ostzone *f (pej)*
❹ FIN, ECON Zone *f*, Gebiet *nt;* **~ douanière** Zollgebiet; **~ franche** [Zoll]freizone, zollfreies Gebiet; **~ monétaire** Geldwirtschaftszone; **~ dollar** Dollarraum *m;* **~ euro** Eurowährungsgebiet, Eurozone, Euroland *nt (fam);* **~ d'application d'une convention salariale** Tarifbezirk *m;* **~ de fluctuation** Schwankungsbreite *f*
❺ *sans pl (banlieue mal famée)* ≈ sozialer Brennpunkt *(Vorortgürtel mit problematischer Sozialstruktur)*
❻ INFORM *d'une mémoire vive* Bereich *m;* **~ de recherche** Suchbereich; **~ opérande** Operandenfeld *m*
◆ **~ d'aménagement concerté** *v.* **Z.A.C.;** **~ d'aménagement différé** *v.* **Z.A.D.;** **~ de chalandise** Einzugsgebiet *nt;* **~ de dépression** Tiefdruckgebiet *nt*, Tief *nt;* **~ de dialogue** INFORM Dialogbox *f;* **~ d'éducation prioritaire** *v.* **Z.E.P.;** **~ d'extraction** Fördergebiet *nt;* **~ de forage** Fördergebiet *nt;* **~ d'impression** INFORM Druckbereich *m;* **~ d'influence** Einflusszone *f*, Einflussbereich *m;* **~ d'intervention foncière** *v.* **Z.I.F.;** **~ de libre-échange** Freihandelszone *f;* **~ de non-droit** JUR rechtsfreier Raum; **~ d'ombre** *(secteur mal connu)* Dunkelzone *f;* **~ de pêche** Fischereizone *f;* **~ de profit** ECON Gewinnzone *f;* **~ à urbaniser en priorité** *v.* **Z.U.P.;** **~ de vente** Geschäftsfeld *nt*
zoner [zone] <1> I. *vi fam* in den sozial problematischen Randbezirken leben
II. *vpr fam* **se ~** *(se coucher)* sich aufs Ohr legen *(fam)*, sich hinhauen *(sl)*
zonzon [zɔ̃zɔ̃] *f fam* Knast *m (fam)*
zoo [z(o)o] *m* Zoo *m*, zoologischer Garten
zoologie [zɔɔlɔʒi] *f* Zoologie *f*
zoologique [zɔɔlɔʒik] *adj* zoologisch; **jardin ~** zoologischer Garten; **parc ~** Tierpark *m*
zoologiste [zɔɔlɔʒist] *mf* Zoologe *m*/Zoologin *f*
zoom [zum] *m* ❶ *(effet, objectif)* Zoom *nt*
❷ INFORM Bildlupe *f*
zoomer [zume] <1> I. *vi* zoomen
II. *vt* **~ qc au téléobjectif** etw mit dem Teleobjektiv [näher] heranholen
zoomorphe [zɔɔmɔʀf] *adj* in Tiergestalt
zoomorphisme [zɔɔmɔʀfism] *m* MYTH Verwandlung *f* in eine Tiergestalt
zoophile [zɔɔfil] I. *adj* ❶ *(qui aime les animaux)* [übertrieben] tierlieb
❷ *(qui pratique la zoophilie)* sodomitisch
II. *mf* ❶ *(qui aime les animaux)* Tierliebhaber(in) *m(f)*

② *(qui pratique la zoophilie)* Sodomit(in) *m(f)*
zoophilie [zɔɔfili] *f* **①** *(amour des animaux)* Tierliebe *f* **②** *(déviation sexuelle)* Sodomie *f*
zoophobie [zɔɔfɔbi] *f* Angst *f* vor Tieren
zootechnie [zɔɔtɛkni] *f* Tierzüchtungslehre *f*
zoreille [zɔRɛj] *mf fam* Spitzname für einen Neuankömmling in den französischen Überseeprovinzen
zostère [zɔstɛʀ] *f* BOT Seegras *nt*
zou [zu] *interj fam* hopp [hopp]
zouave [zwav] *m* HIST, MIL Zuave *m*
zouk [zuk] *m* Tanzmusik von den Kleinen Antillen und der entsprechende Tanz
zozo [zozo] *m fam* Dummchen *nt (fam)*

zozoter [zɔzɔte] <1> *vi fam* lispeln
Z.U.P. [zyp] *f abr de* **zone à urbaniser en priorité** *Gebiet mit vorrangigen städtebaulichen Entwicklungsmaßnahmen*
zuper [zype] *vt* in ein Gebiet mit vorrangigen städtebaulichen Entwicklungsmaßnahmen umwandeln
Zurich [zyʀik] Zürich
zurichois(e) [zyʀikwa, waz] *adj* aus Zürich, Zürcher (CH)
zut [zyt] *interj fam* verdammt *(fam)*
zyeuter *v.* **zieuter**
zygomatique [zigɔmatik] **I.** *adj* ANAT **os** ~ Jochbein *nt* **II.** *m* Backenmuskulatur *f*
zygote [zigɔt] *m* BIO, MED Zygote *f*

Aa

A, a [a:] <-, -> *nt* ❶ A *m*/a
  ❷ MUS la *m*
  ▶ **A wie Anton** a comme Anatole; **wer A sagt, muss auch B sagen** *Spr.* quand le vin est tiré, il faut le boire; *(man muss Versprechen halten)* il faut savoir assumer; **das A und [das] O einer S.** *(Gen)* l'essentiel *m* de qc; **von A bis Z** *fam* de A à Z
à [a] *Präp + Nom* à; **à ein Liter/drei Euro** à un litre/trois euros
Ä [ɛ:], **ä** [ɛ:] <-, -> *nt* A *m*/a *m* tréma
Aa [a'ʔa] <-> *nt* *Kinderspr.* caca *m (enfantin)*; **~ machen** faire caca
AA ❶ *Abk von* **Auswärtiges Amt**
  ❷ *Abk von* **Anonyme Alkoholiker**
Aachen ['a:xən] <-s> *nt* Aix-la-Chapelle
Aal [a:l] <-[e]s, -e> *m* anguille *f*
  ▶ **glatt wie ein ~** glissant(e) comme une anguille; **sich [drehen und] winden wie ein ~** se faufiler comme une anguille
aalen *r V fam* **sich ~** se prélasser *(fam)*; **sich in der Sonne ~** se prélasser au soleil
aalglatt I. *Adj* glissant(e) comme une anguille
  II. *Adv* **sich ~ herauswinden** s'en sortir par une pirouette
Aalsuppe *f* soupe *f* d'anguille
a.a.O. [a:ʔa:'ʔo:] *Abk von* **am angegebenen Ort** ib[id].
Aargau ['a:ɐɡaʊ] <-s> *m* der ~ l'Argovie *f*
Aas [a:s, *Pl:* 'a:zə] <-es, -e *o* Äser> *nt* ❶ *(Tierleiche)* charogne *f*
  ❷ <Äser> *sl (Schimpfwort)* salaud *m*/salope *f (pop)*
  ❸ *sl (Mensch)* **es war kein ~ zu sehen** il n'y avait pas un chat *(fam)*
aasen *itr V fam* **mit etw ~** *(verschwenderisch verwenden)* gaspiller qc; **mit dem Geld ~** balancer l'argent par les fenêtres *(fam)*; **mit seiner Gesundheit ~** ne pas ménager sa santé
Aasfliege *f* ZOOL mouche *f* à viande, calliphore *f (spéc)* **Aasfresser** <-s, -> *m* charognard *m* **Aasgeier** *m* vautour *m*
ab [ap] I. *Präp + Dat* ❶ *(räumlich)* **~ der Tür** à partir de la porte; **~ hier** à partir d'ici; **der Zug fährt ~ Hamburg** le train part de Hambourg
  ❷ *(zeitlich)* **~ nächster Woche** à partir de la semaine prochaine; **~ zwei Uhr/morgen** à partir de deux heures/demain; **~ sofort** dès maintenant; **~ sofort gelten** s'appliquer immédiatement; **~ sofort gültig** avec effet immédiat; **~ dem achten Lebensjahr** à partir de huit ans; **Kinder ~ zehn Jahre[n]** les enfants à partir de dix ans
  ❸ COM **~ Grenze** à partir de la frontière; **der Preis ~ Werk** le prix au départ usine
  II. *Adv* ❶ *(weg, fort)* **zur Post geht es links ~** pour aller à la poste, il faut tourner à gauche; **jetzt aber ~ nach Hause!** allez, maintenant, on rentre!; **~ ins Bett mit euch!** allez, au lit!; **Berlin ~ 14.15 Uhr, Frankfurt an 19.17 Uhr** départ de Berlin [à] 14 h 15, arrivée à Francfort [à] 19 h 17
  ❷ *fam (entfernt)* **weit ~ sein** être très paumé(e) *(fam)*; **zu weit ~ sein** être beaucoup trop paumé(e) *(fam)*
  ❸ *fam (abgelöst)* **~ sein** *Haken, Knopf, Nagel:* être détaché(e), être cassé(e); **erst muss die alte Farbe ~** il faut d'abord enlever l'ancienne peinture
  ❹ *(herunter)* **Helm/Gewehr ~!** reposez casque/arme!
  ▶ **~ und zu** [*o* **an** NDEUTSCH] de temps en temps
Abakus ['a:bakʊs] <-, -> *m* abaque *m*
ab|ändern *tr V* ❶ *remanier Rede, Text, Programm*; amender *Gesetzentwurf*; réformer *Urteil*; **den Filmtitel in „Glückliche Tage" ~** remplacer le titre du film par "Jours Heureux"
  ❷ *(umnähen)* retoucher *Mantel, Rock*; transformer *Ärmel, Kragen*
Abänderung *f* ❶ *eines Textes* modification *f*; *eines Gesetzentwurfs* amendement *m*; *eines Urteils* réformation *f*; **einige ~en an etw** *(Dat)* **vornehmen** apporter des retouches à qc; **in ~ unseres Programms** suite à une modification de notre programme
  ❷ *(das Umnähen) eines Mantels, Rocks* retouche *f*; *eines Ärmels, eines Kragens* transformation *f*
Abänderungsantrag *m* amendement *m*; **einen ~ einbringen** déposer un amendement
ab|arbeiten I. *tr V* ❶ *(tilgen)* travailler pour rembourser *Schulden*
  ❷ *(der Reihe nach erledigen)* exécuter
  ❸ *(hinter sich bringen)* **die vereinbarten drei Monate ~** faire les trois mois prévus
  II. *r V fam* **sich ~** se crever au boulot *(fam)*; *s. a.* **abgearbeitet**
Abart *f* variété *f*
abartig I. *Adj* ❶ *fam (pervers)* déviant(e)
  ❷ *sl (unglaublich)* dingue *(fam)*
  II. *Adv* ❶ *(pervers)* de manière anormale
  ❷ *sl (sehr)* vachement *(fam)*
Abartigkeit <-, -en> *f* déviance *f*

Abb. *Abk von* **Abbildung** Ill.
Abbau <-s> *m* ❶ *eines Gerüsts, Zeltes* démontage *m*
  ❷ MIN *(von Erz, Kohle)* exploitation *f*
  ❸ *(Verringerung) von Arbeitskräften, Lagerbeständen, Subventionen, der Staatsverschuldung* réduction *f*; *von Vorurteilen* élimination *f*; **sozialer ~** dégradation *f* des conditions sociales
  ❹ PHYSIOL, CHEM *von Alkohol, Kalzium, Zucker* décomposition *f*; *von Giftstoffen, Schadstoffen* filtrage *m*
abbaubar *Adj* CHEM, ÖKOL décomposable; **biologisch ~** biodégradable
ab|bauen I. *tr V* ❶ *(zerlegen)* démonter *Gerüst, Zelt, Regal*
  ❷ MIN **Erz/Kohle ~** exploiter du minerai/du charbon
  ❸ *(verringern)* réduire *Produktion*; supprimer *Arbeitsstellen, Privilegien, Subventionen*; éliminer *Angst, Vorurteile*; **die Belegschaft** [*o* **das Personal**] **~** réduire les effectifs [*o* le personnel]
  ❹ PHYSIOL, CHEM **etw ~** *Körper, Mikroorganismen:* décomposer qc; *Leber, Nieren:* filtrer qc
  II. *itr V fam* connaître une baisse de régime
Abbauprodukt *nt meist Pl* ❶ BIO produit *m* des excrétions
  ❷ CHEM déchets *mpl*
ab|beißen *unreg* I. *tr V* couper avec les dents; **etw ~** couper qc avec les dents; **ein Stück von einer Wurst ~** croquer un morceau de saucisse; **sich** *(Dat)* **einen Fingernagel ~** se ronger un ongle; **sich** *(Dat)* **die Zunge ~** se mordre la langue
  II. *itr V* croquer un morceau, mordre; **jdn von etw** *(Dat)* **~ lassen** laisser qn croquer qc
ab|beizen *tr V* décaper *Schrank, Tür*; **Farbe/Lack ~** enlever de la peinture/du vernis avec du décapant
Abbeizmittel *nt* décapant *m*
ab|bekommen* *tr V unreg fam* ❶ *(als Anteil erhalten)* recevoir; **ein Stück vom Kuchen ~** recevoir une part du gâteau; **jeder bekommt etwas ab** tout le monde en aura
  ❷ *(getroffen werden)* recevoir *Spritzer, Prügel*; récolter *Delle, Kratzer*; **etwas ~** *Person:* être amoché(e) *(fam)*, *Auto, Vase, Gläser:* être esquinté(e) *(fam)*; **nichts ~** *Person:* avoir rien *(fam)*, *Auto, Vase, Gläser:* ne pas être esquinté(e) *(fam)*
  ❸ *(loslösen können)* enlever; **die Tinte von den Fingern ~** enlever l'encre des doigts
ab|berufen* *tr V unreg* rappeler
  ❷ REL *geh* **Gott hat ihn ~** Dieu l'a rappelé à lui *(soutenu)*
Abberufung *f* rappel *m*; *von Aufsichtsratsmitgliedern, Geschworenen* révocation *f*
ab|bestellen* *tr V* décommander *Taxi, Ware*; annuler la réservation de *Hotelzimmer*; **die Zeitung ~** résilier l'abonnement de son journal
Abbestellung *f* **~ einer Ware/eines Taxis** annulation *f* de la commande d'une marchandise/d'un taxi; **~ eines Hotelzimmers** annulation de la réservation d'une chambre d'hôtel; **~ einer Zeitung** résiliation *f* de l'abonnement d'un journal
ab|bezahlen* I. *tr V* achever de payer *Schulden*; **etw ~** payer qc à crédit
  II. *itr V* rembourser des traites
ab|biegen *unreg* I. *tr V + haben fam* détourner *Gespräch, Thema*; **ich konnte das/die Sache gerade noch ~** j'ai pu éviter ça/la chose de justesse
  II. *itr V + sein* **nach links/rechts ~** tourner à gauche/à droite; **von der Straße ~** quitter la route; **von der Hauptstraße nach links ~** quitter la route principale et tourner à gauche
Abbiegespur *f (Rechtsabbiegespur)* file *f* de droite; *(Linksabbiegespur)* file de gauche
Abbiegung *f* virage *m*
Abbild *nt* ❶ *a. fig (Bild)* image *f*
  ❷ *(Plastik)* représentation *f*
ab|bilden *tr V* ❶ représenter; **auf der Titelseite abgebildet sein** être en photo en première page
  ❷ *geh (widerspiegeln)* rendre compte de *Verhältnisse*
Abbildung <-, -en> *f* ❶ illustration *f*; *einer Person* représentation *f*
  ❷ MATH projection *f*
ab|binden *unreg* I. *tr V* ❶ *(losbinden)* dénouer *Krawatte, Schürze*; **sich** *(Dat)* **die Krawatte ~** dénouer sa cravate
  ❷ MED mettre un garrot à *Arm, Bein*; ligaturer *Arterie*
  ❸ *(andicken)* **etw mit etw ~** lier qc avec qc; **zum Abbinden der Soße** pour lier la sauce
  II. *itr V* ❶ *Beton, Gips:* prendre
  ❷ GASTR *Fonds, Soße:* épaissir
Abbitte *f geh* excuses *fpl*
  ▶ **[jdm] ~ leisten** faire amende honorable [à qn] *(soutenu)*
ab|blasen *tr V unreg* ❶ *fam (absagen)* annuler

② *(entfernen)* den Staub/Schmutz von etw ~ enlever la poussière/saleté de qc en soufflant dessus
ab|blättern *itr V* **①** *Pflanze:* s'effeuiller
② *(sich lösen)* **von etw ~** *Farbe, Lack:* s'écailler de qc
ab|bleiben *itr V unreg + sein fam* **wo ist er/sie abgeblieben?** où est-il passé/est-elle passée? *(fam);* **wo ist mein Koffer abgeblieben?** où est passée ma valise? *(fam)*
abblendbar *Adj Rückspiegel* anti-éblouissant(e)
ab|blenden I. *itr V* **①** *Person, Fahrzeug:* se mettre en code[s]
② CINE couper
II. *tr V* **die Scheinwerfer ~** se mettre en code[s]
Abblendlicht *nt* codes *mpl;* **mit ~ fahren** rouler en code[s]
ab|blitzen *itr V + sein fam* **bei jdm mit einem Angebot/Vorschlag ~** se ramasser par qn avec une offre/proposition *(fam);* **jdn ~ lassen** envoyer balader qn *(fam)*
ab|blocken *fam* **I.** *tr V* faire barrage à; **jdn/etw mit etw ~** faire barrage à qn/qc par qc
II. *itr V* refuser la discussion
Abbrand *m* TECH *(im Kernreaktor)* combustion *f* nucléaire
ab|brausen I. *itr V + sein fam (davonfahren)* démarrer sur les chapeaux de roues *(fam)*
II. *tr V + haben* rincer *Person, Pflanze, Salat*
ab|brechen *unreg* **I.** *tr V + haben* **①** *(lösen)* casser *Ast;* cueillir *Blüte;* **ein Stück von etw ~** couper un morceau de qc
② *(abbauen)* lever *Lager;* démonter *Zelt*
③ *(niederreißen)* détruire *Gebäude*
④ *(beenden)* interrompre *Kontakt, Behandlung, Studium, Kurs;* rompre *Beziehungen, Verhandlungen*
⑤ INFORM annuler
▶ **sich** *(Dat)* **einen ~** *sl (viel reden, erklären)* se casser la tête *(fam);* **sich** *(Dat)* **einen ~** [**um etw zu tun**] *sl (sich Mühe geben)* se casser le cul [à faire qc] *(pop);* [**nun**] **brich dir** [**mal**] **keinen ab!** *sl* ne te casse pas le cul! *(pop); (spar dir deine Reden, Erklärungen)* te casse pas la tête! *(fam)*
II. *itr V* **①** *+ sein (kaputtgehen)* se casser
② *(beendet werden) Kontakt, Verhandlungen:* s'interrompre
ab|bremsen I. *tr V* **①** réduire la vitesse de *Fahrzeug*
② *(verlangsamen)* ralentir *Entwicklung*
II. *itr V Person:* ralentir sa vitesse
ab|brennen *unreg* **I.** *tr V + haben* **①** brûler *Gras, Bewuchs, Böschung*
② *(niederbrennen)* incendier *Gehöft, Dorf*
③ *(brennen lassen)* tirer *Feuerwerk, Rakete;* [faire] brûler *Räucherstäbchen*
II. *itr V + sein* **①** *(niederbrennen) Gehöft, Dorf:* être détruit(e) par un incendie
② *fam (sein Haus verlieren) Person:* être victime d'un incendie
③ *(sich aufbrauchen) Feuerwerkskörper, Kerze:* se consumer
▶ **abgebrannt sein** être victime d'un incendie; *fam (kein Geld haben)* être à sec *(fam)*
ab|bringen *tr V unreg* **jdn vom Weg/vom Thema ~** détourner qn du chemin/du sujet; **jdn vom Rauchen/Trinken ~** faire renoncer qn à fumer/boire; **jdn von einer Gewohnheit/Meinung ~** faire changer qn d'habitudes/d'avis; **jdn davon ~ etw zu tun** dissuader qn de faire qc; **sich von einer Gewohnheit/Meinung nicht ~ lassen** ne pas vouloir se défaire d'une habitude/opinion
ab|bröckeln *itr V + sein* **①** *(sich lösen)* s'effriter; **von etw ~** s'effriter de qc
② BÖRSE *Kurse:* s'effriter
Abbruch *m* **①** *(Abriss)* démolition *f*
② *(Beendigung) von Beziehungen, Verhandlungen* rupture *f;* einer Reise, Therapie, eines Studiums arrêt *m*
③ MED *einer Schwangerschaft* interruption *f*
▶ **einer S.** *(Dat)* **keinen ~ tun** *fam* ne pas ternir qc; **etw auf ~ verkaufen** vendre qc pour la démolition
Abbrucharbeiten *Pl* travaux *mpl* de démolition **Abbruchfirma** *f* entreprise *f* de démolition **Abbruchhaus** *nt* maison *f* destinée à la démolition **abbruchreif** *Adj* **①** *(baufällig)* bon(ne) pour la démolition **②** CH *(schrottreif)* bon(ne) pour la casse **Abbruchunternehmen** *nt* entreprise *f* de démolition
ab|brühen *tr V* échauder *Kalbfleisch, Geflügel*
ab|brummen *tr V fam* tirer *(fam) Freiheitsstrafe;* **zwei Stunden ~** *(nachsitzen)* être collé(e) deux heures *(fam)*
ab|buchen *tr V* **①** prélever; **etw vom Konto ~ lassen** faire prélever qc sur son compte; **das Abbuchen** le prélèvement
② COM amortir; **etw unter Verlust ~** passer qc par profits et pertes
Abbuchung *f* prélèvement *m*
Abbuchungsauftrag *m* demande *f* de prélèvement automatique
ab|bürsten *tr V* **①** *(reinigen)* brosser
② *(entfernen)* **sich** *(Dat)* **den Staub vom Mantel ~** brosser la poussière de son manteau; **sich ~ lassen** *Staub, Schmutz:* s'enlever avec une brosse
II. *r V* **sich ~** brosser ses vêtements

ab|büßen *tr V* purger *Strafe;* expier *Schuld*
Abbüßung <-, -en> *f* **nach ~ der Strafe** après avoir purgé sa peine
Abc [a:beːˈtseː, abeˈtseː] <-, -> *nt* **①** SCHULE alphabet *m;* **etw nach dem ~ ordnen** ranger qc par ordre alphabétique
② *(Grundlagen)* **das ~ der Informatik** l'a b c *m* de l'informatique
ab|checken [-tʃɛkn] *tr V fam* **①** *(kontrollieren)* vérifier; **~, ob ...** vérifier que ... *+ indic*
② *(prüfen)* tester
③ *(abhaken)* vérifier
Abc-Schütze [aːbeːˈtseː-, abeˈtseː-] *m hum* petit écolier *m*
ABC-Staaten *Pl* POL l'Argentine, le Brésil et le Chili **ABC--Waffen** *Pl* MIL armes *fpl* ABC
Abdampf *m* TECH vapeur *f* d'échappement
ab|dampfen *itr V fam* s'envoler
ab|danken *itr V Minister, Kanzler, Regierung:* démissionner; *Herrscher:* abdiquer
Abdankung <-, -en> *f* **①** *(Rücktritt)* eines Ministers, einer Regierung démission *f;* eines Herrschers abdication *f*
② CH *(Trauerfeier)* obsèques *fpl*
ab|decken *tr V* **①** débarrasser, desservir *Tisch;* retirer la couverture de *Bett*
② *(bedecken)* recouvrir
③ *(von den Dachziegeln befreien)* **das Dach ~** *Person:* démonter la toiture; *Sturm:* arracher les tuiles du toit
④ *(ausgleichen)* combler *Defizit;* **etw durch** [*o* **mit**] **etw ~** couvrir qc par qc
⑤ *(berücksichtigen)* couvrir
Abdecker(in) <-s, -> *m(f)* équarrisseur(-euse) *m(f)*
Abdeckerei <-, -en> *f* équarrissoir *m*
Abdeckplane *f* plan *m* de revêtement **Abdeckstift** *m* stick *m* correcteur
Abdeckung *f* **①** *(Material)* revêtement *m*
② *kein Pl (das Bedecken)* **zur ~ eines Beets verwendet werden** être utilisé(e) pour couvrir une plate-bande
ab|dichten *tr V* **①** colmater *Leck, Ritzen;* étancher *Rohr*
② *(isolieren)* **etw gegen Feuchtigkeit ~** isoler qc contre l'humidité
Abdichtung *f* **①** *kein Pl (das Abdichten)* **zur ~ des Rohrs** pour refaire l'étanchéité du tuyau
② *(Dichtungsmaterial)* isolement *m*
Abdomen [apˈdoːmən] <-s, *o* Abdomina> *nt* ANAT abdomen *m*
abdominal [apdomiˈnaːl] *Adj* MED abdominal(e)
ab|drängen *tr V* repousser; **jdn vom Tor ~** écarter qn du but; **jdn vom Ball ~** déposséder qn de la balle
ab|drehen I. *tr V + haben* **①** *(abstellen)* fermer *Hahn, Gas, Ventil;* éteindre *Licht, Radio*
② *(ablösen)* arracher *Blüte*
③ CINE tourner *Film, Szene*
II. *itr V + haben o sein Schiff, Flugzeug:* changer de cap; **nach Nordosten ~** virer au nord-est
Abdrift [ˈapdrɪft] <-, -en> *f* NAUT, AVIAT dérive *f*
ab|driften *itr V + sein* **①** *(abgetrieben werden)* dériver
② *fig (abgleiten)* **nach rechts ~** *Person:* virer à droite *(fig);* **in den Suff ~** tourner à l'alcoolo *(fam);* **ins Abseits ~** se retrouver sur la touche
ab|drosseln *tr V* **①** étrangler *Person*
② TECH *a. fig* réduire *Gaszufuhr;* ralentir *Verkehr;* **den Motor ~** *(verlangsamen)* baisser le régime du moteur; *(zum Stillstand bringen)* couper le moteur
Abdruck¹ <-drücke> *m* empreinte *f;* **einen ~ nehmen** [*o* **machen**] *Zahnarzt:* prendre une empreinte
Abdruck² <-drucke> *m* **①** *(Veröffentlichung)* parution *f*
② *kein Pl (das Nachdrucken)* reproduction *f*
ab|drucken *tr V* faire paraître; **abgedruckt werden** *Artikel, Essay, Gedicht:* paraître
ab|drücken I. *tr V* **①** MED comprimer
② *fam (bezahlen)* raquer *(fam) Summe, Betrag, Steuern*
③ *(abfeuern)* **die Pistole ~** tirer un coup de pistolet
④ *fam (umarmen)* **jdn ~** serrer qn dans ses bras
II. *itr V* tirer
ab|ducken *itr V* BOXEN se baisser pour esquiver
ab|dunkeln *tr V* **①** *(abschirmen)* tamiser la lumière de *Lampe*
② *(dunkler machen)* obscurcir *Zimmer, Farbe;* occulter *Fenster*
ab|duschen I. *tr V* doucher; **soll ich dir den Rücken ~?** tu veux que je te rince le dos?
II. *r V* **sich ~** se doucher
ab|ebben *itr V + sein Wut, Missmut:* passer; *Aufruhr, Streit:* se calmer; *Lärm, Grölen:* diminuer
abend^{ALT} *s.* Abend
Abend [ˈaːbənt] <-s, -e> *m* **①** *(Tageszeit)* soir *m;* **letzten ~** hier soir; **jeden ~** tous les soirs; **am ~** *(heute Abend)* ce soir; *(jeden Abend)* le soir; **am frühen/späten ~** tôt/tard dans la soirée;

heute/gestern/morgen ~ ce/hier/demain soir; **Dienstag** ~ mardi soir; **am ~ des 13.** le 13 au soir; **~ für** [*o* **um**] ~ soir après soir; **des ~s** *poet* le soir; **eines** [**schönen**] **~s** un [beau] soir; **gegen ~** vers le soir; **im Laufe des ~s** dans la soirée; **den ganzen ~ über** toute la soirée; **es wird ~** le soir tombe; **es ist ~** il fait nuit; **zu ~ essen** *geh* dîner; **guten ~!** bonsoir!; **jdm guten ~ sagen** dire bonsoir à qn
❷ *(Abendveranstaltung)* **bunter ~** soirée *f* récréative
❸ *veraltet (Westen)* Occident *m*
▶ **je später der ~, desto schöner** [*o* **netter**] **die Gäste** *Spr.* ≈ il faut savoir se faire attendre; **am ~ des Lebens** *geh* au soir de la vie *(littér)*; **du kannst mich** [**mal**] **am ~ besuchen!** *euph fam* tu peux toujours courir! *(fam)*
Abenddandacht *f* complies *fpl* **Abendanzug** *m* tenue *f* de soirée; *(Frack)* habit *m;* **im ~ sein** être en tenue de soirée **Abendblatt** *nt* journal *m* du soir **Abendbrot** *nt* repas *froid du soir;* **~ essen** dîner [froid]

Land und Leute

La plupart des Allemands prennent le soir un **Abendbrot** en guise de dîner. En général, c'est un repas froid pris dans une ambiance assez décontractée. Il est composé de pain, d'un assortiment de charcuterie, d'un plateau de fromages et éventuellement d'un plat chaud, surtout lorsque le repas de midi a lui-même été froid.

Abenddämmerung *f* crépuscule *m*
abendelang *Adv* à longueur de soirée[s]
Abendessen *nt* dîner *m* **abendfüllend** *Adj* qui occupe toute la soirée; **~ sein** occuper toute la soirée **Abendgesellschaft** *f*
❶ *(Gäste)* invités *mpl* [de la soirée] ❷ *(Feier)* soirée *f* **Abendgottesdienst** *m* REL ❶ *(katholisch)* messe *f* du soir ❷ *(evangelisch)* office *m* [religieux] du soir **Abendgymnasium** *nt* cours *mpl* secondaires du soir **Abendkasse** *f* caisse *f* **Abendkleid** *nt* robe *f* du soir; **im ~ sein** être en robe du soir **Abendkleidung** *f* tenue *f* de soirée **Abendkurs** *m* cours *m* du soir **Abendland** *nt kein Pl geh* **das ~** l'Occident *m;* **das christliche ~** l'Occident chrétien
abendländisch I. *Adj* occidental(e)
II. *Adv* **~ geprägt sein** être imprégné(e) de culture occidentale; **~ beeinflusst sein** subir une influence occidentale
abendlich *Adj* ❶ *Nachrichten, Stille, Stoßzeit* du soir; *Veranstaltung, Witterungsumschwung* en soirée
❷ *(festlich) Kleidung* de soirée; *Make-up, Parfüm* du soir
Abendmahl *nt* ❶ *kein Pl* BIBL **das ~** la sainte Cène
❷ *kein Pl (Abendmahlsfeier)* **zum ~ gehen** communier; **das ~ nehmen** [*o* **empfangen** *geh*] recevoir la communion; **jdm das ~ reichen** [*o* **erteilen**] donner la communion à qn
Abendmahlzeit *f geh* dîner *m* **Abendprogramm** *nt* programme *m* de la soirée; **im ~ sehen Sie heute ...** au programme [de] ce soir, vous pourrez voir ... **Abendrot** *nt,* **Abendröte** *f geh* coucher *m* de soleil
abends ['a:bənts] *Adv (heute Abend)* ce soir; *(jeden Abend)* le soir
Abendschule *f* cours *mpl* du soir **Abendschüler(in)** *m(f)* participant(e) *m(f)* au cours du soir; **~ sein** fréquenter un cours du soir **Abendsonne** *f* soleil *m* du soir **Abendstern** *m kein Pl geh* étoile *f* du berger *(soutenu)* **Abendstille** *f* calme *m* du soir; **überall herrschte ~** tout était calme ce soir-là **Abendstunde** *f* heure *f* de la soirée; **bis in die ~n** jusqu'au soir; **bis in die späten ~n** jusqu'à une heure avancée; **in den** [**späten**] **~n** [tard] dans la soirée **Abendverkauf** *m* CH nocturne *f* **Abendvorstellung** *f* séance *f* du soir **Abendzeit** *f geh* **zur ~** le soir **Abendzug** *m* train *m* de nuit
Abenteuer ['a:bəntɔɪɐ] <-s, -> *nt* ❶ *(Erlebnis, sexuelle Beziehung)* aventure *f;* **auf ~ aus sein** être [toujours] en quête d'aventures; **sich in jedes ~ stürzen** être de toutes les aventures
❷ *(Wagnis)* entreprise *f* hasardeuse
Abenteurin *s.* **Abenteurer(in)**
abenteuerlich I. *Adj* ❶ *Reise* riche en aventures; *Leben* aventureux(-euse); **ein ~es Erlebnis** une aventure; **eine ~e Erzählung** un récit d'aventures; **viel Abenteuerliches** de nombreuses aventures
❷ *(fantastisch) Geschichte, Vorfall* rocambolesque
❸ *(wildromantisch) Gestalt, Kleidung* extravagant(e)
❹ *(unglaublich) Ausrede, Forderung* loufoque; *Preis* exorbitant(e)
II. *Adv* ❶ *(fantastisch)* **sich ~ anhören, ~ klingen** sembler extravagant(e)
❷ *(wildromantisch)* **gekleidet sein** de manière extravagante
Abenteuerlichkeit <-, -en> *f* ❶ *kein Pl (das Spannende) eines Erlebnisses, einer Reise* caractère *m* aventureux
❷ *(Unglaublichkeit) einer Geschichte, eines Vorfalls* [côté *m*] rocambolesque; *einer Forderung, These* loufoquerie *f*
Abenteuerlust *f* attrait *m* de l'aventure; **vor ~ brennen** avoir soif d'aventure[s] **abenteuerlustig** *Adj* qui a le goût de l'aventure,

qui a l'esprit aventureux **Abenteuerroman** *m* roman *m* d'aventures **Abenteuerspielplatz** *m* terrain *m* d'aventures
Abenteurer(in) ['a:bəntɔɪrɐ] <-s, -> *m(f)* aventurier(-ière) *m(f)*
aber ['a:bɐ] **I.** *Konj* ❶ *(jedoch)* mais; **die anderen ~** mais les autres; **~ dennoch** [*o* **trotzdem**]**, ...** et pourtant ...
❷ *(und zwar)* **schreib das noch mal ab, ~ sauber!** recopie-moi ça, et proprement!; **verschwinde, ~ plötzlich!** *fam* fous le camp, et plus vite que ça! *(fam)*
❸ *(wirklich)* **das ist ~ nett von Ihnen** ça, c'est sympa [de votre part]; **dann ist er ~ wütend geworden!** alors il a piqué une de ces colères!; **das ist ~ heiß!** ouh, c'est chaud!; **du hast ~ einen schönen Ball!** tu en as un beau ballon!; **bist du ~ braun!** ce que tu es bronzé(e)!, qu'est-ce que tu es bronzé(e)!; **das geht ~ zu weit!** ça alors, c'est trop fort!; **~ selbstverständlich** [*o* **gewiss**]**!** mais bien sûr!; **~ ja!** *(und ob)* et comment!; *(und ob du das tust)* c'est ce qu'on va voir!; **~ nein!** mais non!; **oder ~** ou bien [alors]
❹ *(oh)* voyons, enfin; **~, ~!** [voyons,] voyons!; **~ Hanna/Kinder!** voyons, Hanna/les enfants!; **~ ich muss doch sehr bitten!** mais enfin, je t'en/je vous en prie!
II. *Adv* ▶ **~ und abermals** *geh* à de nombreuses reprises
Aber <-s, - *o fam* -s> *nt* ❶ *(Einwand)* mais *m;* **kein ~!** il n'y a pas de mais [qui tienne]!
❷ *(Schwierigkeit, Haken)* **etw hat ein ~** il y a un hic dans qc *(fam)*
Aberglaube[n] *m (falscher Glaube)* superstition *f*
❷ *fam (Unsinn)* sornettes *fpl*
abergläubisch *Adj* superstitieux(-euse)
aberhundert *Num geh* des centaines; [**hundert und**] **~ Schaulustige** des centaines [et des centaines] de badauds
Aberhunderte *Pl geh* des centaines *fpl;* [**Hunderte und**] **~ des centaines** *fpl* [et des centaines]; **zu ~n** par centaines
ab|erkennen* *tr V unreg* **jdm einen Titel ~** retirer un titre à qn; **jdm ein Recht ~** priver qn d'un droit
Aberkennung <-, -en> *f eines Titels, Ordens* dépossession *f; eines Rechts* privation *f*
abermalig *Adj attr* nouveau(-velle) antéposé; **eine ~e Änderung der Vorschriften** un nouveau changement des instructions
abermals ['a:bɐma:ls] *Adv* une nouvelle fois
ab|ernten *tr V* récolter *Früchte;* **die Obstbäume ~** récolter les fruits des arbres; **die Felder ~** faire la récolte dans les champs
abertausend *Num geh* des milliers [et des milliers]; **tausend und ~ Fische** des milliers [et des milliers] de poissons **Abertausende** *Pl geh* des milliers *mpl* [et des milliers]; **zu ~n** par milliers **Aberwitz** *m kein Pl geh* absurdité *f* **aberwitzig** *Adj geh* insensé(e); **~ sein** être un défi au bon sens
ab|essen *tr V unreg* manger
Abessinien [abɛ'si:niən] <-s> *nt* HIST Abyssinie *f*
Abf. *Abk von* **Abfahrt** ❶
ab|fackeln *tr V* ❶ *(abbrennen lassen)* brûler *Gase*
❷ *fam (niederbrennen)* incendier
abfahrbereit *s.* **abfahrtbereit**
ab|fahren *unreg* **I.** *itr V + sein* ❶ *(losfahren)* partir
❷ SKI descendre [à skis]
❸ *fam (beeindruckt sein)* **auf jdn/etw ~** craquer pour qn/qc *(fam)*
❹ *fam (abgewiesen werden)* **mit einem Vorschlag bei jdm ~** se faire rembarrer par qn avec une proposition *(fam);* **jdn ~ lassen** envoyer qn sur les roses *(fam)*
II. *tr V* ❶ + *haben (abtransportieren)* enlever *Aushub, Müll*
❷ + *haben (abreißen)* **ein Stück von einer Mauer ~** arracher une partie d'un mur [en rentrant dedans]
❸ + *haben o sein (bereisen)* écumer *(péj) Höfe, Ortschaften;* **ein Land ~** parcourir un pays [de long en large]
❹ + *haben o sein (inspizieren)* inspecter *Straße, Strecke*
❺ + *haben* user *Reifen*
III. *r V + haben* **sich ~** *Reifen:* s'user
Abfahrt *f* ❶ *einer Person, eines Zugs, Busses* départ *m*
❷ *fam (Autobahnabfahrt)* sortie *f*
❸ SKI descente *f; (Abfahrtsstrecke)* piste *f* [de ski]
abfahrtbereit I. *Adj* prêt(e) à partir
II. *Adv* **~ warten** être prêt(e) à partir; **der Zug steht ~ auf Gleis 14** quai 14, le train est prêt à partir
Abfahrtslauf *m* descente *f* **Abfahrtsstrecke** *f* SPORT *(beim Skifahren)* [piste *f* de] descente **Abfahrtszeit** *f* heure *f* de départ
Abfall <-[e]s, Abfälle> *m* ❶ *(unbrauchbare Überreste)* déchets *mpl; (Müll)* ordures *fpl*
❷ *kein Pl* POL sécession *f;* ECCL apostasie *f*
❸ *kein Pl (Neigung) eines Geländes, einer Straße* déclivité *f*
Abfallbeseitigung *f* ❶ collecte *f* et traitement des déchets ❷ *fam (Amt für Abfallbeseitigung)* poubelles *fpl (fam)* **Abfalleimer** *m* poubelle *f*
ab|fallen *itr V unreg + sein* ❶ *(herunterfallen)* tomber; **von etw ~** tomber de qc
❷ *(abtrünnig sein) Gläubiger:* apostasier; *Parteimitglied, Gruppierung, Land:* faire sécession; **von einer Partei ~** quitter un parti;

vom rechten Glauben ~ renier sa foi
③ *fam (entfallen, übrig bleiben)* rester; **was fällt für mich dabei ab?** qu'est-ce qu'il me reste? *(fam)*
④ *(schwinden)* **von jdm ~** *Scheu, Unsicherheit:* disparaître de qn; **alle Furcht fiel von ihr ab** ses craintes disparurent complètement
⑤ *(sich neigen)* **gegen** [*o* **zu**] **etw ~** *Gelände, Hang:* descendre vers qc; **leicht ~** descendre en pente douce; **~d** en pente
⑥ *(sich vermindern) Druck, Temperatur:* baisser
⑦ *(zurückfallen) Sportler:* rétrograder; **gegenüber jdm/gegen etw ~** *Schüler:* être moins bon(ne) par rapport à qn/qc
Abfallentsorgung *f* élimination *f* des déchets; *(Müllentsorgung)* élimination des ordures **Abfallexperte** *m*, **-expertin** *f* expert(e) *m(f)* en matière de traitement des déchets **Abfallhaufen** *m* tas *m* d'ordures
abfällig I. *Adj* dédaigneux(-euse)
II. *Adv* avec dédain
Abfallindustrie *f* industrie *f* de récupération et de recyclage des déchets **Abfallprodukt** *nt* **①** CHEM résidu *m* **②** *(Nebenprodukt)* sous-produit *m* **Abfallvermeidung** *f* **~ ist die beste Lösung** la meilleure solution est d'éviter de produire des déchets **Abfallverwertung** *f* recyclage *m* [des déchets] **Abfallwirtschaft** *f* industrie *f* des déchets
abfälschen *tr V* SPORT [faire] dévier
abfangen *tr V unreg* **①** *(abpassen, aufhalten)* intercepter
② *(wieder unter Kontrolle bringen)* redresser *Fahrzeug*
③ *(abwehren, auffangen)* amortir *Hieb, Schlag, Aufprall*
Abfangjäger *m* avion *m* d'interception
abfärben *itr V a. fig* déteindre; **auf jdn/etw ~** déteindre sur qn/qc
abfassen *tr V* rédiger; **etw von jdm ~ lassen** faire rédiger qc par qn
Abfassung *f* rédaction *f*; **jdn mit der ~ einer Rede beauftragen** charger qn de rédiger un discours
abfaulen *itr V + sein* pourrir
abfedern I. *tr V* **+ haben ①** *(dämpfen)* amortir *Sprung, Stoß;* améliorer la suspension de *Wagen*
② *(abmildern)* freiner *Kursverfall, Verlust;* atténuer *Härte, Arbeitslosigkeit;* adoucir *Kritik*
II. *itr V + haben o sein* SPORT **①** *(hochfedern)* prendre de l'élan; **ein gutes Abfedern** une bonne prise d'élan
② *(zurückfedern)* se recevoir [au sol]; **das Abfedern** la réception
abfeiern *tr V fam* **Überstunden ~** récupérer des heures supplémentaires en jours de congé
abfeilen *tr V* limer
abfertigen I. *tr V* **①** *(versandfertig machen)* enregistrer; **etw ~ lassen** faire enregistrer qc
② *(be- und entladen)* s'occuper du fret de
③ *(bedienen)* servir *Antragsteller, Passagier;* **jdn am Zoll ~** contrôler qn à la douane
④ *(behandeln)* **jdn barsch/kurz ~** expédier qn durement/rapidement
⑤ *(abspeisen)* **jdn mit zehn Euro ~** faire l'aumône de dix euros à qn
II. *itr V Grenzbeamter:* effectuer le contrôle [de douane]
Abfertigung *f* **①** *von Paketen, Waren, Briefsendungen* expédition *f*
② *(Abfertigungsstelle)* enregistrement *m*
③ *(Bedienung) eines Kunden* service *m*; **sich bei** [*o* **mit**] **der ~ der Kunden Zeit lassen** servir les clients sans se presser
④ *(Kontrolle) von Reisenden, Fahrzeugen* contrôle *m*
⑤ A *(Abfindung)* dédommagement *m*
Abfertigungshalle *f* hall *m* d'enregistrement **Abfertigungsschalter** *m* guichet *m* d'enregistrement
abfeuern *tr V* décharger *Schusswaffe;* tirer *Flugkörper, Salve, Schuss;* tirer un coup de *Kanone*
abfinden *unreg* **I.** *tr V* dédommager; **jdn [großzügig] ~** dédommager qn [généreusement]
II. *r V* **sich mit jdm/etw ~** s'accommoder de qn/qc; **sich damit ~, dass** s'accommoder du fait que + *subj*
Abfindung <-, -en> *f* dédommagement *m*
abfischen *tr V* dépeupler par la pêche; **sie haben den Teich abgefischt** ils ont pêché tous les poissons de l'étang
abflachen I. *itr V + sein Niveau, Angebot, Interesse:* baisser; *Kultur:* décliner; *Wachstum:* ralentir; *Diskussion:* s'effriter
II. *tr V + haben* niveler *Wall*
Abflachung <-, -en> *f* **①** *(abgeflachte Form)* aplatissement *f*
② *(das Abflachen) eines Hangs, Erdwalls* nivellement *m*
③ *(Sinken) des Niveaus, Angebots, Interesses* baisse *f;* **der Kultur ~** déclin *m*
abflauen ['apflauən] *itr V + sein* **①** *(schwächer werden) Wind:* faiblir; **~d** faible
② *(zurückgehen) Interesse, Nachfrage, Empörung:* retomber; *Konjunktur:* baisser; **~d** en perte de vitesse; *Konjunktur* à la baisse
abfliegen *itr V unreg + sein* **①** *Passagier:* partir; *Pilot, Flugzeug:* décoller; **mit der nächsten Maschine ~** partir par le prochain avion; **nach München ~** s'envoler pour Munich; **von Hamburg ~** décoller de Hambourg
② *(wegfliegen) Vogel:* s'envoler
abfließen *itr V unreg + sein* **①** *(wegfließen)* s'écouler
② *(sich entleeren)* se vider
③ TRANSP *Verkehr:* s'écouler; **der Verkehr fließt jetzt schneller ab** la circulation est devenue plus fluide
Abflug *m eines Passagiers* départ *m* [en avion]; *eines Flugzeugs* décollage *m; von Zugvögeln* migration *f;* **Passagiere nach Paris bitte zum ~!** vol pour Paris, embarquement immédiat!
abflugbereit *Adj* **~ sein** *Passagier:* être prêt(e) à s'envoler; *Flugzeug* être prêt(e) au décollage **Abflughafen** *m* aéroport *m* de départ **Abflughalle** *f* salle *f* d'embarquement **Abflugzeit** *f* AVIAT heure *f* de décollage
Abfluss[RR] *m* **①** *kein Pl (das Abfließen)* écoulement *m*
② *(Abflussrohr)* [conduit *m* d']écoulement
③ *(Abflussstelle) eines Teichs, Sees* écoulement *m*
Abflussgraben[RR] *m* rigole *f* [d'écoulement] **Abflussreiniger**[RR] *m* déboucheur *m* **Abflussrinne**[RR] *f* caniveau *m* **Abflussrohr**[RR] *nt* collecteur *m*
Abfolge *f geh* ordre *m;* **in rascher ~** l'un(e) à la suite de l'autre
abfordern *tr V* **jdm ein Versprechen ~** faire promettre qc à qn; **ihm wurden die Papiere abgefordert** on lui a demandé ses papiers
Abfrage *f* INFORM requête *f*
abfragen *tr V* **①** interroger; **jdn [etw] ~** interroger qn [sur qc]
② INFORM consulter *Daten, Informationen*
abfressen *tr V* **①** *(herunterfressen)* brouter
② *(abnagen)* ronger *Knochen*
abfrieren *unreg* **I.** *itr V + sein Blumen, Blüte, Pflanzen:* geler; **mir frieren die Ohren ab** j'ai les oreilles gelées
II. *tr V + haben* ▶ **sich** *(Dat)* **einen ~** *sl* se les geler *(fam)*
abfühlen *tr V* palper
Abfuhr ['apfuːɐ] *f* **①** *(Zurückweisung)* fin *f* de non-recevoir; **jdm eine ~ erteilen** opposer une fin de non-recevoir à qn; **sich** *(Dat)* **bei jdm eine ~ holen** se faire recevoir par qn *(iron)*
② *(sportliche Niederlage)* **jdm eine ~ erteilen** infliger une défaite à qn; **sich** *(Dat)* **eine ~ holen** subir une défaite
③ *kein Pl form (Abtransport)* ramassage *m*
abführen *tr V* **①** *(wegbringen)* emmener *Person;* **~! emmenez-le/emmenez-la!**
② *(bezahlen)* **etw an jdn/etw ~** verser qc à qn/qc
③ *(ableiten)* évacuer *Abluft, Gase*
④ *(entfernen)* **jdn vom Thema/Ziel ~** éloigner qn d'un sujet/but
II. *itr V* **①** MED être laxatif(-ive); **etwas zum Abführen** quelque chose contre la constipation
② *(wegführen)* **von der Straße/dem Weg ~** quitter la route/le chemin
③ *(entfernen)* **vom Thema ~** s'écarter du sujet
abführend I. *Adj* MED laxatif(-ive); **eine ~e Wirkung haben** avoir un effet laxatif
II. *Adv* **~ wirken** avoir des propriétés laxatives
Abführmittel *nt* laxatif *m*
Abführung *f von Steuern* règlement *m*
Abfüllbetrieb *m* usine *f* de mise en bouteilles **Abfülldatum** *nt* date *f* de mise en bouteille
abfüllen *tr V* **①** *(abziehen)* tirer; **etw in Flaschen ~** mettre qc en bouteilles
② *sl (betrunken machen)* soûler la gueule à *(fam)*
Abfüllung *f* mise *f* en bouteille
abfüttern *tr V fam* donner à bouffer à *(fam)*
Abgabe *f* **①** *kein Pl (das Abgeben) eines Urteils* délivrance *f; eines Widerrufs* rétraction *f;* **sie wurde zur ~ einer Erklärung aufgefordert** on lui a demandé de fournir une explication
② *kein Pl (das Abliefern) eines Passes, einer Waffe, von Gepäck* dépôt *m*
③ *kein Pl (Einreichung) eines Gutachtens, eines Prüfungsarbeit* remise *f*
④ *kein Pl (Verteilung) von Prospekten, Warenproben* distribution *f*
⑤ *kein Pl (Verkauf) von Alkoholika* vente *f*
⑥ *kein Pl (Abstrahlung) von Wärme, Energie* rayonnement *m*
⑦ *kein Pl (das Abspielen) des Balls* passe *f*
⑧ *kein Pl (Verlust) von Punkten* perte *f*
⑨ *(Steuer)* taxe *f;* **jährliche ~n** impôts *mpl*
abgabenfrei I. *Adj* exonéré(e) d'impôts **II.** *Adv* einnehmen sans payer d'impôts **abgabenpflichtig** *Adj* assujetti(e) à l'impôt
Abgabetermin *m* date *f* limite de remise
Abgang <-gänge> *m* **①** *kein Pl (das Weggehen, Ausscheiden) (aus einem Amt, einer Firma)* départ *m; (in den Ruhestand)* départ en retraite; **sich für einen vorzeitigen ~ von der Schule entscheiden** se décider à quitter l'école prématurément
② *kein Pl* THEAT sortie *f;* **vor dem ~** avant de quitter la scène
③ *kein Pl (Absendung) von Briefen, Waren* expédition *f*

④ *(Absprung)* sortie *f*
⑤ MED *form eines Embryos, Nierensteins* expulsion *f*
⑥ *sl (das Sterben)* décès *m*
⑦ A *(Fehlbetrag)* débit *m*
▶ sich *(Dat)* einen guten/glänzenden ~ verschaffen réussir une bonne/brillante sortie
Abgänger(in) <-s, -> *m(f) form* élève *mf* qui quitte l'école
abgängig *Adj* A *form* porté(e) disparu(e); ~ **sein** être manquant(e)
Abgängige(r) *f(m) dekl wie Adj* A personne *f* portée disparue
Abgangszeugnis *nt* certificat *m* de fin de scolarité
Abgas *nt meist Pl* gaz *mpl* d'échappement
abgasarm *Adj Auto* propre; ~ **sein** polluer peu **abgasfrei** I. *Adj* non polluant(e); ~ **sein** ne pas produire de gaz d'échappement II. *Adv* sans polluer **Abgaskatalysator** *m* AUT pot *m* catalytique **Abgassonderuntersuchung** *f s.* **Abgasuntersuchung Abgastest** *m* ÖKOL test *m* antipollution **Abgasuntersuchung** *f* AUT contrôle *m* antipollution

Land und Leute

Depuis le premier avril 1985, tous les véhicules sont régulièrement soumis à un contrôle antipollution. Les véhicules équipés d'un pot catalytique à régulation électronique doivent passer au **Abgasuntersuchung** tous les deux ans et les autres, non équipés, tous les ans. Lors de ce contrôle, on mesure les émissions polluantes du véhicule. Les normes antipollution sont fixées au niveau européen.

Abgaswolke *f* nuage *m* de gaz d'échappement
ab|gaunern *tr V fam* jdm etw ~ carotter qc à qn *(fam)*; sich *(Dat)* von jdm etw ~ lassen se faire carotter qc par qn *(fam)*
abgearbeitet *Adj* vanné(e)
ab|geben *unreg* I. *tr V* ① etw an jdn ~ *(verschenken)* donner qc à qn; *(verkaufen)* céder qc [à qn]; **jdm ein Stück vom Kuchen ~** donner un morceau du gâteau à qn
② *(hinterlegen)* etw bei jdm ~ déposer qc chez qn
③ *(äußern)* donner *Meinung*; **eine Stellungnahme zu etw ~** émettre une opinion à propos de qc
④ PARL donner *Stimme*; **die abgegebenen Stimmen** les suffrages *mpl* [exprimés]
⑤ *(einreichen)* rendre *Prüfungsarbeit, Doktorarbeit*
⑥ *(überlassen, übergeben)* laisser *Arbeit, Auftrag*; **das Amt/den Vorsitz an jdn ~** laisser la fonction/la présidence à qn
⑦ *(liefern)* **den Rahmen für** [*o* zu] **etw ~** constituer le cadre de qc; **den Stoff für** [*o* zu] **etw ~** fournir la matière pour qc
⑧ *fam (darstellen, sein)* **Maria Stuart/eine gute Lehrerin ~** faire Marie Stuart/une bonne enseignante
⑨ *(abfeuern)* **einen Schuss auf jdn/etw ~** tirer sur qn/qc
⑩ *(ausströmen lassen)* émettre *Wärme, Energie, Strahlung*
⑪ *(abspielen)* **den Ball an jdn ~** passer la balle à qn
⑫ *(verlieren)* **Punkte/den Platz an jdn ~** *Spieler, Mannschaft:* céder des points/la place à qn
II. *r V* ① **sich mit seinem Hobby ~** se consacrer à son hobby; **sich nicht mit Kleinigkeiten ~** ne pas perdre son temps avec des babioles
② *pej (sich einlassen)* **sich mit jdm ~** fréquenter qn
III. *itr V Spieler:* faire une passe
abgebrannt *Adj fam* fauché(e) *(fam)*
abgebrochen *Adj* ① *Ausbildung, Studium* interrompu(e)
② *fam (mit abgebrochenem Studium)* **ein ~er Jurist** une personne qui a interrompu ses études de droit; **er ist ein ~er Mediziner** il a interrompu ses études de médecine
abgebrüht *Adj fam (skrupellos)* pourri(e); *(dreist)* culotté(e) *(fam)*
abgedankt *Adj veraltet Offizier* réformé(e); *Dienstbote* congédié(e)
abgedreht I. *PP von* **abdrehen**
II. *Adj fam* déjanté(e) *(fam)*; **total ~ sein** être complètement déjanté(e)
abgedroschen *Adj pej fam* rebattu(e)
abgefeimt ['apgəfaɪmt] *Adj pej* retors(e)
Abgefeimtheit <-, -en> *f pej einer Person* rouerie *f*
abgefuckt ['apgəfakt] *Adj sl (heruntergekommen)* nase *(pop)*
abgegriffen *Adj* ① *(abgenutzt)* abîmé(e)
② *pej (sinnentleert)* usé(e)
abgehackt I. *Adj Silbe, Sprechweise* haché(e)
II. *Adv* ~ **sprechen** avoir un débit haché
abgehangen *Adj Fleisch, Steak* rassis(rassie)
abgehärmt ['apgəhɛrmt] *Adj* ravagé(e) par le chagrin
abgehärtet *Adj* **gegen Schnupfen ~ sein** être résistant(e) aux rhumes; **gegen Vorwürfe/Kritik ~ sein** être vacciné(e) contre les reproches/critiques *(fam)*
ab|gehen *unreg* I. *itr V + sein* ① **von etw ~** *Farbe, Putz, Fleck:* partir de qc; *Knopf:* se détacher de qc
② *(abgezogen werden)* **von dieser Summe gehen fünf Prozent Rabatt ab** il faut déduire cinq pour cent de la somme totale
③ *(verschickt werden)* partir; **die ~de Post** le courrier à expédier

④ *(abzweigen)* **von etw ~** *Straße, Weg:* quitter qc
⑤ *(Abstand nehmen)* **von einer Forderung ~** renoncer à une revendication
⑥ *(abfahren) Zug:* partir; *Schiff:* appareiller; ~**d** en partance; **die ankommenden und ~den Züge** les arrivées et les départs
⑦ *fam (fehlen)* **jdm geht etw ab** qn manque de qc
⑧ *(fortgehen)* **von der Schule ~** quitter l'école
⑨ MED *Embryo, Nierenstein:* être expulsé(e)
⑩ *sl (sterben)* claquer *(fam)*
⑪ SPORT **vom Parallelbarren ~** effectuer une sortie des barres parallèles; **das Abgehen** la sortie
⑫ *(verlaufen)* **ohne Komplikationen ~** se passer sans complications
⑬ *sl (passieren)* se passer; **da geht doch nichts ab!** il n'y a pas d'ambiance! *(fam)*
II. *tr V + sein* ① *(absuchen)* **die Straße ~** repasser dans la rue
② *(in Augenschein nehmen)* **eine Strecke ~** parcourir un itinéraire
abgehetzt *Adj* stressé(e)
abgehoben *Adj* ① *Sprache* abstrait(e); *Ansicht, Vorstellung* irréaliste
② *(weltfremd)* coupé(e) du réel
abgekämpft *Adj* éreinté(e)
abgekartet *Adj fam* goupillé(e) à l'avance *(fam)*; **es war abgekartet, dass** c'était goupillé à l'avance que + *subj*
abgeklärt ['apgəklɛːɐt] I. *Adj* serein(e)
II. *Adv* sereinement
Abgeklärtheit <-> *f* sérénité *f*
abgelagert *Adj* ① GEOL déposé
② *Wein* qui a vieilli
abgelegen *Adj Hof, Dorf, Gegend* isolé(e)
Abgelegenheit *f kein Pl* isolement *m*; **die ~ dieses Landhauses stört mich** ce qui me dérange, c'est que cette maison de campagne soit isolée
ab|gelten *tr V unreg* acquitter *Ansprüche*; **etw bei jdm ~** s'acquitter de qc auprès de qn
abgeneigt *Adj* **jdm nicht ~ sein** ne pas être mal disposé(e) envers qn; **einer S.** *(Dat)* ~/**nicht ~ sein** être/ne pas être réticent(e) à l'égard de qc; **nicht ~ sein etw zu tun** avoir bien envie de faire qc; **ich wäre nicht ~** je n'aurais rien contre
Abgeordnete(r) *f(m) dekl wie Adj* député(e) *m(f)*
Abgeordnetenbank <-bänke> *f* banc *m* des députés **Abgeordnetenhaus** *nt* Chambre *f* des députés
abgerissen *Adj Person, Äußeres* déquenillé(e); *Kleidung* en lambeaux; *Gedanken, Sätze* décousu(e)
Abgesandte(r) *f(m) dekl wie Adj geh* émissaire *m (soutenu)*; POL ambassadeur *m*/ambassadrice *f*
Abgesang *m* ① *(im Minnesang)* épode *f*
② *geh (letzte Würdigung)* ~ **auf etw** *(Akk)* adieu *m* à qc
abgeschieden ['apgəʃiːdən] *geh* I. *Adj* loin de tout
II. *Adv* loin de tout; ~ **leben** vivre isolé(e) du monde; ~ **liegen** être à l'écart
Abgeschiedenheit <-> *f* isolement *m*
abgeschlafft *Adj fam* ① *(erschöpft)* flagada *(fam)*
② *(energielos, ideenlos)* mollasson(ne) *(fam)*; **ihr ~en Typen!** bande de nouilles! *(fam)*
abgeschlagen *Adj* ① *Läufer, Mannschaft* distancé(e); *Politiker, Partei* battu(e); ~ **sein** *Firma:* ne plus être compétitif(-ive)
② *(ermüdet)* abattu(e)
Abgeschlagenheit <-> *f* abattement *m*
abgeschlossen *Adj* ① *attr Appartement, Wohnung* indépendant(e)
② *(umgeben) Grundstück, Hof* clos(e)
abgeschmackt ['apgəʃmakt] I. *Adj* de mauvais goût; **etwas Abgeschmacktes** une incongruité
II. *Adv sich äußern* de manière incongrue
Abgeschmacktheit <-, -en> *f* ① *kein Pl (das Abgeschmacktsein)* mauvais goût *m*
② *(Äußerung)* incongruité *f*
abgesehen *Adv* [mis] à part; ~ **von ihm/dieser Frage** [mis] à part lui/cette question; ~ **davon, dass** mis à part [le fait] que + *indic*
abgespannt *Adj Aussehen* fatigué(e); **einen ~en Eindruck machen** donner l'impression d'être fatigué(e)
Abgespanntheit <-> *f* fatigue *f*
abgestanden ['apgəʃtandən] *Adj* ① *(schal) Bier, Limonade* éventé(e); *Wasser* pas frais(fraîche); ~ **schmecken** *Bier, Limonade:* être éventé(e); *Wasser:* ne pas être frais(fraîche)
② *(verbraucht) Luft* vicié(e); **die Luft ist ~** ça sent le renfermé
abgestumpft *Adj Person* émoussé(e); *Gewissen, Gefühle* émoussé(e); ~ **werden** *Person:* s'endurcir
Abgestumpftheit <-> *f* insensibilité *f*
abgetakelt ['apgətaːkəlt] *Adj pej fam* sur le retour *(hum)*
abgetragen *Adj Stoff, Kleidungsstück* usé(e) jusqu'à la corde
abgetreten *Adj Teppich, Schuhe* usé(e)
abgewetzt *Adj Stoff* élimé(e)

ab|gewinnen* *tr V unreg* ❶ *(mögen)* apprécier; **einer S.** *(Dat)* **etwas/nichts ~** apprécier quelque chose/ne trouver aucun plaisir à qc; **was kannst du dem Rauchen ~?** quel plaisir trouves-tu à fumer?
❷ *(als Gewinn abnehmen)* **jdm etw ~** gagner qc à qn; **jdm etw wieder ~** reprendre qc à qn [en gagnant]
abgewogen *Adj* pondéré(e); *Entscheidung, Worte* bien pesé(e)
ab|gewöhnen* *tr V* **jdm das Rauchen/Trinken ~** faire perdre à qn l'habitude de fumer/boire; **sich** *(Dat)* **das Rauchen/Schnarchen ~** arrêter de fumer/ronfler; **jdm seine schlechte Manieren ~** faire passer les mauvaises manières de qn; **das habe ich mir abgewöhnt** j'en ai perdu l'habitude
▶ **zum Abgewöhnen sein** *sl* être écœurant(e) *(fam)*; **noch eins/einen zum Abgewöhnen** *hum* un petit dernier pour la route *(fam)*
abgewrackt *Adj fam Person* décrépit(e); **ein ~er Typ** une épave *(fam)*
abgezehrt *Adj* étique
ab|gießen *tr V unreg* jeter; **das Wasser vom Gemüse ~** égoutter les légumes
Abglanz *m* reflet *m*; **ein schwacher/matter ~ einer S.** *(Gen)* un faible/pâle reflet de qc
ab|gleichen *tr V unreg* comparer *Dinge*; **etw mit etw ~** comparer qc avec qc
ab|gleiten *itr V unreg + sein geh* ❶ *(abrutschen)* glisser; **von etw ~** glisser de qc
❷ *(abschweifen)* **in etw** *(Akk)* **~** tomber dans qc; **von etw** *(Akk)* **~** s'écarter de qc
❸ *(absinken)* déraper; **ins Chaos ~** sombrer dans un chaos; **das Niveau der Unterhaltung glitt ab** la conversation a dérapé
❹ *(abprallen)* **an jdm ~** *Beleidigung, Frechheit:* laisser qn indifférent(e); **etw an sich** *(Dat)* **~ lassen** rester indifférent(e) à qc
Abgott *m*, **-göttin** *f* idole *f*; **[sich** *(Dat)***] jdn/etw zum ~ machen** vouer un culte à qn/qc
Abgötterei <-> *f* idolâtrie *f*
abgöttisch ['apgœtɪʃ] I. *Adj* idolâtre *(soutenu)*
II. *Adv* jusqu'à l'idolâtrie; **jdn ~ verehren** vouer un culte à qn; **jdn ~ lieben** idolâtrer qn
ab|grasen *tr V* ❶ *(abfressen)* *Tier:* brouter; **etw ~** *Tier:* brouter qc
❷ *fam (besuchen)* **Kunden/ein Vertriebsgebiet ~** *Vertreter:* ratisser des clients/un district de distribution
❸ *fam (bearbeiten)* épuiser *Gebiet, Thema;* **abgegrast sein** être épuisé(e)
ab|greifen *tr V unreg* ❶ MED palper
❷ *sl (einstreichen)* rafler *(fam)*
ab|grenzen I. *tr V* ❶ *(einfrieden)* délimiter; **den Garten gegen die Straße ~** séparer le jardin de la rue
❷ *(eingrenzen)* **Zuständigkeitsbereiche ~** délimiter les domaines de responsabilité; **einen Begriff gegen einen [o von einem] anderen ~** délimiter un terme par rapport à un autre
❸ FIN régulariser *Rechnungsposten*
II. *r V* **sich gegen jdn/etw ~** se démarquer de qn/qc
Abgrenzung <-, -en> *f* ❶ *kein Pl (das Einfrieden)* délimitation *f*
❷ *(Einfriedung)* eines *Gartens, Grundstücks* clôture *f*
❸ *(Eingrenzung) von Einflussbereichen, Begriffen* définition *f*; **die ~ einer S.** *(Gen)* **festlegen** établir les limites de qc
❹ *(das Abgrenzen)* démarcation *f*; **die ~ dieser Ansichten ist nicht leicht** il est difficile de distinguer ces points de vue
❺ *(Rechnungsabgrenzung)* régularisation *f*
Abgrund *m a. fig* abîme *m*
▶ **die Abgründe der menschlichen Seele** *geh* les abîmes *mpl* insondables de l'être humain *(littér)*; **vor dem ~ stehen** être au bord de l'abîme; **ein ~ tut sich auf** le monde s'écroule; **als sie das erkannte, tat sich ein ~ auf** lorsqu'elle a compris ça, elle a cru que le sol allait se dérober sous ses pieds
abgrundhässlich^RR *Adj* laid(e) comme un pou
abgründig *Adj* insondable
abgrundtief *Adj* très profond(e)
ab|gruppieren *tr V* déclasser
ab|gucken I. *tr V fam* pomper; **einen Satz/eine Lösung/einen Trick von jdm ~** pomper une phrase/une solution/un truc sur qn *(fam)*
▶ **jdm etwas ~** *euph fam* reluquer qn *(fam)*; **ich guck dir schon nichts ab!** je vais pas me rincer l'œil!! *(fam)*
II. *itr V* **bei jdm ~** *Schüler:* copier sur qn; **das Abgucken** le copiage
Abguss^RR *m* ❶ KUNST moulage *m*
❷ DIAL *(Ausguss)* évier *m*
ab|haben *tr V unreg fam* **etw von etw ~ dürfen [o können]** pouvoir avoir qc de qc; **etw von etw ~ wollen** vouloir qc de qc; **jdm etw ~ lassen** donner qc à qn; **die anderen nichts ~ lassen** ne partager jamais avec les autres; **Schokolade! Darf ich auch was ~?** du chocolat! Je peux en avoir un morceau?; **lass mich auch was [davon] ~!** laisse-m'en un peu! *(fam)*
ab|hacken *tr V* **einen Baum/Ast ~** abattre un arbre/couper une branche [à la hache]; **jdm/sich etw ~** trancher qc à qn/se trancher qc; *s. a.* **abgehackt**
ab|haken *tr V* ❶ *(markieren)* cocher
❷ *(den Schlussstrich ziehen)* tirer un trait sur *Arbeitsstelle, Affäre*; classer *Sache*; **das kannst du ~!** tu peux tirer un trait dessus!; **das ist abgehakt!** c'est une affaire classée!
ab|halftern *tr V* ❶ débrider *Pferd*
❷ *fam (entlassen)* jeter *(fam)*
ab|halten *tr V unreg* ❶ *(hindern)* **jdn von einer Dummheit ~, jdn davon ~ eine Dummheit zu begehen** empêcher qn de faire une bêtise; **sich von etw ~ lassen** se laisser dissuader par qc
❷ *(am Eindringen hindern)* protéger de *Kälte, Regen, Insekten*
❸ *(durchführen)* organiser *Demonstration, Versammlung, Wahlen*; **einen Gottesdienst ~** *(katholisch)* dire une messe; *(evangelisch)* présider un office; **abgehalten werden** *Demonstration, Versammlung, Wahlen:* avoir lieu
▶ **lass dich nicht ~!** ne te gêne surtout pas!
ab|handeln *tr V* ❶ *(abkaufen)* **jdm etw ~** marchander qc avec qn; **sich** *(Dat)* **etw ~ lassen** céder qc [après marchandage]
❷ *(behandeln)* traiter *Gegenstand, Thema*
abhanden|kommen [ap'handən-] *itr V unreg + sein* disparaître; **jdm kommt etw abhanden** qn perd qc
Abhandenkommen <-s> *nt kein Pl* disparition *f*
Abhandlung *f* ❶ *(wissenschaftliche Arbeit)* étude *f*
❷ *kein Pl (das Abhandeln)* **mit der ~ einer S.** *(Gen)* **befasst sein** être occupé(e) à traiter qc
Abhang *m* versant *m*
ab|hängen^1 *itr V unreg* ❶ + *haben (abhängig sein)* dépendre; **von jdm/etw ~** dépendre de qn/qc; **es** [*o* **alles**] **hängt davon ab, ob ...** tout dépend si ... + *indic*
❷ + *sein* rassir *Fleisch, Steak*; *s. a.* **abgehangen**
ab|hängen^2 *tr V* + *haben* ❶ *(abnehmen, abkuppeln)* décrocher; **etw von etw ~** décrocher qc de qc
❷ *fam (hinter sich lassen)* **jdn/etw ~** semer qn/qc
abhängig *Adj* ❶ *(bedingt)* **von etw ~ sein** dépendre de qc; **davon ~ sein, wie ...** dépendre de la façon dont ...
❷ *(angewiesen)* **von jdm ~ sein** être dépendant(e) de qn
❸ *euph (süchtig)* dépendant(e); **von etw ~ sein** être dépendant(e) de qc
❹ GRAM dépendant(e); *Satz* subordonné(e); **von etw ~ sein** dépendre de qc
Abhängige(r) *f(m) dekl wie Adj* ❶ *(abhängiger Mensch)* personne *f* dépendante
❷ *(Süchtiger)* toxicomane *mf*
Abhängigkeit <-, -en> *f* ❶ *kein Pl (Bedingtheit)* **in ~ von einer S. erfolgen** [*o* **geschehen**] avoir lieu en relation étroite avec qc
❷ *(Angewiesensein)* **~ von jdm** dépendance *f* à l'égard de qn; **ihre gegenseitige ~** leur interdépendance *f*
❸ *euph (Sucht)* dépendance *f*
Abhängigkeitsverhältnis *nt* rapport *m* de dépendance
ab|härten I. *tr V* endurcir; **jdn gegen etw ~** endurcir qn à qc
II. *itr V* **gegen etw ~** endurcir à qc
III. *r V* **sich gegen Erkältungen/Infektionen ~** s'endurcir aux rhumes/infections
Abhärtung <-> *f* ❶ *(das Abhärten)* endurcissement *m*
❷ *(Widerstandsfähigkeit)* **~ gegen etw** *(Akk)* résistance *f* à qc
ab|hauen^1 <hieb ab *o fam* haute ab, abgehauen> *tr V* **einen Baum ~** abattre un arbre [à la hache]; **[jdm] einen Finger ~** couper un doigt [à qn]
ab|hauen^2 <haute ab, abgehauen> *itr V* ❶ + *sein fam (fortgehen)* se casser; **aus der Schule/mit etw ~** se casser de l'école/avec qc *(fam)*; **sie ist von zu Hause abgehauen** elle s'est cassée de chez elle; **hau ab!** casse-toi!
❷ + *haben (abschlagen)* **etw mit einem Hammer ~** faire tomber qc à coups de marteau
ab|häuten *tr V* dépouiller *Tier*
ab|heben *unreg* I. *itr V* ❶ **von etw ~** *Flugzeug, Rakete:* décoller de qc; **das Abheben** le décollage
❷ *(abnehmen)* décrocher *Hörer*
❸ KARTEN couper; **du bist mit dem Abheben dran!** à toi de couper!
❹ JUR form *(sich beziehen)* **auf etw** *(Akk)* **~** *Gericht, Kammer:* faire référence à qc; **darauf ~, dass** prendre en considération le fait que + *indic*
❺ *sl (spinnen)* déconner *(fam)*; *(ins Träumen kommen)* planer *(fam)*
II. *tr V unreg* ❶ **Geld vom Konto ~** retirer de l'argent de son compte
❷ KARTEN tirer *Karte*
❸ *(herunterheben)* rabattre *Masche*
III. *r V* ❶ *(sich unterscheiden)* **sich von jdm/etw ~** se distinguer

de qn/qc; **sich deutlich von etw ~** *Arguments:* trancher sur qc
❷ *(sich abzeichnen)* **sich vom Himmel ~** *Silhouette, Skyline:* se détacher du ciel
ab|heften *tr V* archiver *Papiere*
ab|heilen *itr V Wunde:* guérir
ab|helfen *itr V unreg* ❶ *(entgegenkommen)* **einer Beschwerde ~** apporter une réponse satisfaisante à une plainte
❷ *(ein Ende bereiten)* **einem Missstand ~** remédier à un inconvénient
ab|hetzen *r V* **sich ~** se presser; *s. a.* **abgehetzt**
Abhilfe *f* remède *m*; **~ schaffen** trouver le remède qui s'impose; **in etw** *(Dat)* **~ schaffen** remédier à qc
ab|hobeln *tr V* raboter; **das Abhobeln** le rabotage; **beim Abhobeln der Rinde** en rabotant l'écorce
abholbereit *Adj* prêt(e) à emporter
abhold *Adj* **jdm/einer S.** *(Dat)* **~ sein** *geh* être hostile à qn/qc; **einer S.** *(Dat)* **nicht ~ sein** *iron* ne pas détester qc
ab|holen *tr V* ❶ *(hingehen und mitnehmen)* aller chercher; **jdn/etw bei jdm ~** aller chercher qn/qc chez qn
❷ *(kommen und mitnehmen)* **jdn/etw bei jdm ~** venir chercher qn/qc chez qn; **jdn/etw ~ lassen** faire chercher qn/qc; **er ließ sich am Bahnhof/von ihr ~** il a demandé qu'on vienne le chercher à la gare/qu'elle vienne le chercher
❸ *euph (verhaften)* emmener
Abholmarkt *m* libre-service *m* **Abholpreis** *m* prix *m* à emporter
Abholung <-, -en> *f* **der Preis gilt nur bei ~** notre prix n'est valable que si vous emportez la marchandise; **Ihre Bestellung steht bei uns zur ~ bereit** votre commande est prête, vous pouvez venir la chercher
ab|holzen *tr V* abattre *Bäume, Wald;* déboiser *Gebiet, Landstrich;* **das Abholzen** l'abattage *m*
Abholzung <-, -en> *f* ❶ *von Bäumen* abattage *m*
❷ *eines Waldgebiets* déboisement *m*
Abhöraffäre *f* affaire *f* des écoutes téléphoniques **Abhöraktion** *f* écoutes *fpl* téléphoniques **Abhöranlage** *f* table *f* d'écoute
ab|horchen *tr V* MED ausculter; **das Abhorchen** l'auscultation *f*
Abhöreinrichtung *s.* **Abhöranlage**
ab|hören *tr V* ❶ *(belauschen)* écouter *Gespräch, Telefonat;* **das Abhören** l'écoute *f;* **zum Abhören der Gespräche dienen** servir à écouter les conversations
❷ *(überwachen)* **von jdm abgehört werden** être mis(e) sur écoute par qn
❸ *(abfragen)* interroger *Schüler*
❹ MED ausculter *Patienten*
❺ *(heimlich hören)* écouter *Rundfunksender*
Abhörgerät *nt* micro *m*
abhörsicher *Adj* antiécoute *inv*
ab|hungern *r V* ❶ *fam (durch Hungern verlieren)* **sich** *(Dat)* **fünf Kilo ~** suivre un régime pour perdre cinq kilos *(fam)*
❷ *(mühselig absparen)* **sich** *(Dat)* **ein Geschenk ~** se serrer la ceinture pour acheter un cadeau; **sich** *(Dat)* **einen Betrag ~** se saigner aux quatre veines pour économiser une somme
Abi ['abi] <-s, -s> *nt fam Abk von* **Abitur** bac *m (fam)*

Land und Leute

Après l'examen du bac, les élèves allemands fêtent la fin de leur scolarité en organisant un **Abiball** qui réunit les bacheliers, leurs familles, leurs enseignants, leurs amis et certains anciens bacheliers. La tenue de soirée y est obligatoire. Les élèves organisent cette fête eux-mêmes. Ils y invitent souvent un groupe de musique afin de pouvoir danser. Les élèves jouent des sketches sur leurs professeurs et les professeurs font un discours sur leurs élèves. La fête peut durer toute la nuit.

---

ab|irren *itr V + sein geh Person, Redner:* s'égarer; **vom Thema ~** s'écarter du sujet
Abitur [abi'tuːɐ] <-s, *selten* -e> *nt* baccalauréat *m;* **das ~ machen** [*o* **ablegen**] *form* passer le baccalauréat; **[das] ~ haben** avoir le baccalauréat

---

Land und Leute

L'**Abitur** est le diplôme que l'on obtient si l'on réussit les examens de la dernière année du *Gymnasium*. C'est l'équivalent du baccalauréat en France qui sanctionne 12 ans de scolarité au lieu de 13 pour l'*Abitur* en Allemagne. Depuis peu, le temps a été réduit à 12 ans par certains *Länder* afin d'abaisser l'âge des bacheliers.

Abiturfeier *f* fête *f* des bacheliers
Abiturient(in) [abitu'riɛnt] <-en, -en> *m(f)* bachelier(-ière) *m(f)*
Abiturklasse *f* [classe *f* de] terminale **Abiturzeugnis** *nt* [diplôme *m* du] baccalauréat
ab|jagen *tr V fam* **jdm etw ~** piquer qc à qn *(fam)*
Abk. *Abk von* **Abkürzung** abrév.

ab|kämmen *tr V* ratisser; **ein Gebiet nach jdm/etw ~** ratisser un terrain pour trouver qn/qc, passer un terrain au peigne fin pour retrouver qn/qc
ab|kämpfen *r V* ❶ *(sich verausgaben)* **sich ~** s'éreinter; *s. a.* **abgekämpft**
❷ *fam (sich abmühen)* **sich mit etw ~** se battre avec qc
ab|kanten *tr V* TECH chanfreiner *Holz, Stein, Metall;* biseauter *Spiegel*
ab|kanzeln *tr V fam* engueuler; **jdn für etw ~** engueuler qn à cause de qc *(fam);* **sich nicht einfach ~ lassen** ne pas se laisser engueuler comme ça *(fam)*
ab|kapseln *r V* **sich ~** ❶ *(sich isolieren)* s'isoler du monde; **sich von jdm/etw ~** s'isoler de qn/qc
❷ MED s'enkyster
Abkaps[e]lung <-, -en> *f* ❶ *(Isolierung)* isolement *m*
❷ MED enkystement *m*
ab|karren *tr V* brouetter, évacuer à la brouette *Sand, Steine*
ab|kassieren* I. *tr V* ❶ **jdn/etw ~** *Bedienung, Ober:* encaisser qn/qc
❷ *fam (einnehmen)* empocher
II. *itr V* ❶ *(abrechnen)* **bei jdm ~** *Bedienung, Ober:* encaisser l'addition de qn; **kann ich bei Ihnen ~?** je peux encaisser [l'addition]?
❷ *fam (finanziell profitieren)* palper *(fam);* **beim Lotto ganz schön ~** gagner un sacré paquet au loto *(fam)*
ab|kauen *tr V* ronger *Fingernagel*
ab|kaufen *tr V* ❶ *(von jdm kaufen)* **jdm etw für hundert Euro ~** acheter qc à qn pour cent euros
❷ *fam (glauben)* **kauf ihm/ihr doch nicht diesen Blödsinn ab!** ne gobe pas les idioties qu'il/qu'elle te raconte! *(fam);* **ich kaufe dir das nicht ab!** tu me feras pas gober ça! *(fam)*
Abkehr ['apkeːɐ] <-> *f* **~ von einer Methode** éloignement *m* d'une méthode; **die ~ von der Welt** le renoncement au monde
ab|kehren *geh* I. *tr V* détourner *Blick, Gesicht*
II. *r V* **sich vom Glauben/von der Kirche ~** se détourner de la foi/de l'Église; **sich von allem Irdischen ~** renoncer aux choses terrestres
ab|kippen *tr V* déverser
ab|klappen *tr V (umklappen)* rabattre vers le bas
❷ déverser *Müll*
ab|klappern *tr V fam* **alle Läden nach jdm/etw ~** faire tous les magasins pour trouver qn/qc *(fam);* **die Gegend nach jdm/etw ~** ratisser la région pour trouver qn/qc
ab|klären *tr V* clarifier; **mit jdm ~, ob …** élucider avec qn si …
Abklärung *f* clarification *f*
Abklatsch <-[e]s, -e> *m (schlechte Kopie)* pâle imitation *f*
ab|klemmen *tr V* ❶ *(abquetschen)* **sich** *(Dat)* **etw ~** se coincer qc
❷ *(abbinden)* comprimer *Arterie*
❸ ELEC débrancher *Kabel*
Abklingbecken *nt* CHEM bassin *m* de désactivation
ab|klingen *itr V unreg + sein* ❶ *(leiser werden)* diminuer; **etw klingt ab** [l'intensité de] qc diminue
❷ *(schwinden)* *Erregung, Wut:* [re]tomber; *Erkältung, Infektion:* guérir; *Fieber:* baisser, [re]tomber
ab|klopfen *tr V* ❶ *(abschlagen)* enlever [en tapant dessus]; **etw ~** enlever qc [en tapant dessus]; **den Putz von der Wand ~** enlever le crépi du mur [en tapant dessus]
❷ *(reinigen)* battre *Sessel, Teppich*
❸ MED percuter *Brustkorb;* **jdn ~** ausculter qn par percussion
❹ *fam (untersuchen)* **einen Bewerber/Kandidaten auf etw** *(Akk)* **~** cuisiner un candidat sur qc *(fam);* **jdn auf Eignung/Loyalität** *(Akk)* **~** cuisiner qn pour s'assurer de sa qualification/loyauté *(fam);* **etw auf Schwachstellen** *(Akk)* **~** éplucher qc au cas où il y aurait des points faibles *(fam)*
ab|knabbern *tr V fam* ronger; **sich** *(Dat)* **die Fingernägel ~** se ronger les ongles
ab|knallen *tr V sl* descendre *(fam)*
ab|knapsen ['apknapsən] *tr V fam* **sich** *(Dat)* **hundert Euro ~** se serrer la ceinture pour mettre cent euros de côté *(fam)*
ab|kneifen *tr V unreg* sectionner
ab|knicken I. *tr V + haben* ❶ *(abbrechen)* [plier et] casser *Blume, Stängel*
❷ *(falten)* plier *Papier*
II. *itr V + sein* ❶ *(umknicken und abbrechen)* *Blume, Stängel:* [plier et] casser
❷ *(abzweigen)* bifurquer; **von etw ~** *Straße:* quitter qc
abknöpfbar *Adj* qui se déboutonne; **eine ~e Kapuze** une capuche amovible
ab|knöpfen *tr V* ❶ *(durch Knöpfen entfernen)* déboutonner; **etw von etw ~** déboutonner qc de qc
❷ *fam (abverlangen)* **jdm etw ~** taxer qc à qn *(fam)*
ab|knutschen *tr V pej fam* ❶ *(küssen)* rouler une pelle à; **jdn ~** rouler une pelle à qn *(fam);* **sich ~** se rouler des pelles
❷ *(herzlich umarmen und küssen)* **jdn ~** donner des grosses bises à

qn; **sich von jdm ~ lassen** se laisser embrasser par qn
ab|kochen *tr V* faire bouillir *Wasser*
ab|kommandieren* *tr V* ❶ *(woandershin kommandieren)* détacher; **jdn ins Gebirge/an die Grenze ~** détacher qn à la montagne/à la frontière
❷ *(befehlen)* **jdn ~** donner des ordres à qn; **jdn zum Wachdienst ~** donner l'ordre à qn de monter la garde
ab|kommen *itr V unreg + sein* ❶ *(abweichen)* **vom Weg ~** dévier du chemin
❷ *(aufgeben)* **von einer Gewohnheit ~** perdre une habitude; **vom Rauchen ~** abandonner la cigarette; **von einer Meinung/einem Plan ~** abandonner une opinion/un plan; **davon ~ etw zu tun** perdre l'habitude de faire qc
❸ *(abschweifen)* perdre le fil; **vom Thema/Punkt ~** s'écarter d'un sujet/point
Abkommen <-s, -> *nt* accord *m*; **mit jdm ein ~ treffen** conclure un accord avec qn; **das Münchner ~** les accords de Munich
abkömmlich ['apkœmlɪç] *Adj* disponible; **~ sein** être disponible
Abkömmling ['apkœmlɪŋ] <-s, -e> *m* ❶ *geh (Nachkomme)* descendant *m*
❷ *hum fam (Sprössling)* rejeton *m (fam)*
❸ CHEM dérivé *m*
ab|können *tr V unreg fam* ❶ *(leiden können)* **jdn nicht ~** ne pas pouvoir blairer qn *(pop)*; **etw nicht ~** ne pas supporter qc
❷ *(vertragen können)* **viel ~** tenir l'alcool; **nichts ~** ne pas du tout supporter l'alcool
ab|koppeln I. *tr V* décrocher; **etw von etw ~** décrocher qc de qc
II. *r V fam* **sich von etw ~** se séparer de qc
ab|kratzen I. *tr V + haben* gratter *Tapete*; **den Schmutz von etw ~** gratter la saleté de qc; **sich (Dat) die Haut/den Schorf ~** se gratter la peau/s'arracher la croûte
II. *itr V + sein sl (sterben)* crever *(pop)*
ab|kriegen *s.* abbekommen
ab|kühlen I. *itr V + sein* ❶ *(kälter werden)* refroidir
❷ *(an Intensität verlieren)* se refroidir
II. *tr V + haben* ❶ *(kalt stellen)* **etw ~** mettre qc au frais
❷ *(weniger intensiv machen)* refroidir *Freundschaft, Beziehung, Leidenschaft*; faire retomber *Zorn*
III. *r V + haben* ❶ **es kühlt [sich] ab** ça se rafraîchit
❷ *(an Intensität verlieren)* **sich ~** *Beziehungen, Kontakte:* se refroidir
Abkühlung *f* ❶ METEO rafraîchissement *m*; **eine ~ des Wetters** un rafraîchissement [du temps]
❷ *(kühlende Erfrischung)* **sich (Dat) eine [leichte] ~ verschaffen** se rafraîchir [un peu]
❸ *(Verringerung der Intensität)* refroidissement *m*
Abkunft ['apkʊnft] <-> *f geh* **edler/asiatischer ~ [sein]** [être] d'origine noble/asiatique
ab|kupfern *pej fam* I. *tr V* pomper *(fam) Text, Passage*; **etw bei jdm ~** pomper qc de qn *(fam)*
II. *itr V* **aus etw ~** pomper des passages de qc *(fam)*; **voneinander ~** pomper les un(e)s sur les autres *(fam)*
ab|kürzen I. *tr V* ❶ *(verkürzt schreiben)* abréger; **etw durch etw/mit etw ~** abréger qc en écrivant qc; **"Doktor" wird mit „Dr." abgekürzt** en abrégé, "Docteur" s'écrit "Dr"
❷ *(verkürzen)* **etw um etw ~** écourter qc de qc
II. *itr V* ❶ *(als Abkürzung schreiben)* écrire en abrégé
❷ *(einen kürzeren Weg nehmen)* prendre un raccourci
Abkürzung *f* ❶ *eines Worts* abréviation *f*; *eines Wegs* raccourci *m*
❷ *(Verkürzung)* **jdn zur ~ seines Urlaubs zwingen** *Regenwetter:* pousser qn à abréger ses vacances
Abkürzungsverzeichnis *nt* tableau *m* des abréviations
ab|küssen I. *tr V* couvrir de baisers; **jdn ~** couvrir qn de baisers
II. *r V* **sich ~** s'embrasser à bouche que veux-tu
ab|laden *tr V unreg* ❶ *(deponieren)* déposer *Schutt, Traglast*
❷ *(entladen)* décharger *Anhänger, Wagen*
❸ *(absetzen)* déposer *Passagiere, Touristen*
❹ *fam (abwälzen)* **seinen Ärger/Frust bei jdm ~** décharger sa colère/frustration sur qn *(fam)*; **die Schuld/Verantwortung auf jdn ~** se décharger d'une responsabilité sur qn
Ablage *f* ❶ *(Ablagemöglichkeit)* **etw als ~ für die Zeitungen benutzen** utiliser qc pour y poser les journaux
❷ *(Archiv)* archives *fpl*; *(für Akten)* classeurs *mpl* d'archivage
❸ *kein Pl (das Ablegen)* archivage *m*; **die ~ machen** archiver
❹ *(Ablagekorb)* corbeille *f* à courrier
Ablagekorb *m* corbeille *f* à courrier
ab|lagern I. *tr V + haben* ❶ GEOL déposer *Gestein, Schlamm*
❷ *(lagern)* entreposer *Müll*
II. *itr V + haben o sein Holz, Tabak:* sécher; **abgelagert** bien sec/sèche
III. *r V + haben* **sich auf/in etw (Dat) ~** *Kalk, Sediment, Korallen:* se déposer sur/dans qc
Ablagerung *f* ❶ *kein Pl (Trocknung) von Holz* séchage *m*

❷ *(Sedimentbildung)* sédiment *m*; **die ~ von Fossilien** la formation de fossiles
❸ *meist Pl* MED **~en an den Gefäßwänden** dépôts *mpl* sur les parois des vaisseaux
❹ *(Inkrustierung)* dépôt *m*
Ablass^{RR} <-es, -lässe>, **Ablaß**^{ALT} <-sses, -lässe> *m* ECCL indulgence *f*
ab|lassen *unreg* I. *tr V* ❶ *(abfließen lassen)* **Wasser/Luft aus etw ~** vider l'eau/enlever l'air de qc; **den Dampf aus etw ~** laisser la vapeur s'échapper de qc; **Öl ~** faire la vidange
❷ *(leeren)* vidanger *Teich, Schwimmbecken*
II. *itr V* ❶ *geh (abgehen)* **von etw ~** renoncer à qc
❷ *(in Ruhe lassen)* **von jdm ~** laisser qn tranquille
Ablassventil^{RR} [-vɛntiːl] *nt* purgeur *m*
Ablativ ['aplatiːf, 'ablatiːf] <-s, -e> *m* LING ablatif *m*
Ablauf *m* ❶ *(Verlauf)* déroulement *m*
❷ *(das Verstreichen) einer Frist, eines Ultimatums* expiration *f*; **nach ~ der drei Tage** passé le délai de trois jours
❸ LITER *(Handlungsablauf)* action *f*
❹ *form (das Ablaufen)* écoulement *m*; **der ~ des Wassers erfolgt langsam** l'eau s'écoule lentement
❺ *(Ablaufstelle) eines Sees, Teichs* déversoir *m*
❻ TECH collecteur *m* [principal]
Ablaufdiagramm *nt* diagramme *m* prévisionnel
ab|laufen I. *itr V unreg + sein* ❶ *(abfließen)* s'écouler; **aus etw ~** s'écouler de qc
❷ *(sich leeren) Becken, Wanne:* se vider, s'écouler
❸ *(ungültig werden) Pass, Visum:* expirer; **abgelaufen** périmé(e)
❹ *(verstreichen) Frist, Ultimatum:* expirer; *Zeit:* s'achever
❺ *(auslaufen) Vertrag:* arriver à échéance
❻ *(vonstattengehen)* **gut/friedlich ~** *Demonstration, Konferenz:* se dérouler bien/sans heurts; **glimpflich ~** tourner bien
❼ *(sich abwickeln)* **von etw ~** *Kabel, Seil, Film:* se dérouler de qc
❽ AUDIOV *Film, Tonband, Videokassette:* passer; **einen Film/ein Tonband ~ lassen** passer un film/une bande magnétique
❾ *(abtropfen)* **vom Geschirr ~** s'égoutter [de la vaisselle]
❿ *fam (unbeeindruckt lassen)* **an ihr läuft alles ab** rien ne réussit à la perturber *(fam)*
II. *tr V unreg* ❶ *+ haben (abnützen)* [**sich** *(Dat)*] **die Absätze/Sohlen ~** user ses talons/semelles
❷ *+ haben o sein (abgehen)* **eine Strecke ~** parcourir un trajet [à pied]
❸ *+ haben o sein (absuchen)* **die Stadt/die Geschäfte nach jdm/etw ~** parcourir la ville/faire les magasins pour trouver qn/qc
Ablaut *m* apophonie *f*
Ableben *nt kein Pl form* décès *m (form)*
ab|lecken *tr V* lécher; **sich (Dat) die Finger/die Pfote ~** se lécher les doigts/la patte
ab|ledern *tr V fam (trockenreiben)* passer à la peau de chamois; **etw ~** passer qc à la peau de chamois
ab|legen I. *tr V* ❶ *(hinlegen)* déposer
❷ *(archivieren)* ranger *Akten, Korrespondenz*; **eine Rechnung unter „Erledigt" ~** classer une facture dans les "objets réglés"
❸ *(ausziehen)* retirer *Hut, Mantel, Kleidung*; **kann ich mein Cape hier ~?** je peux laisser ma cape ici?
❹ *(nicht mehr tragen)* **die Trauerkleidung ~** ne plus porter le deuil; **abgelegte Sachen** des vêtements usagés
❺ *(nicht mehr führen)* abandonner *Namen, Titel*
❻ *(aufgeben)* se départir de *Misstrauen, Scheu*; se défaire de *Untugend, Gewohnheit*
❼ *(absolvieren)* passer *Prüfung, Examen*
❽ *(aussprechen, leisten)* faire *Bekenntnis, Geständnis, Gelübde*; prêter *Eid*; **den Eid auf die Verfassung ~** prêter serment sur la constitution; **eine/eine Beichte ~** se confesser/faire une confession
❾ KARTEN écarter
❿ ZOOL pondre *Eier*; déposer *Laich*
II. *itr V* ❶ *Schiff:* lever l'ancre
❷ *geh (den Mantel ausziehen)* se débarrasser; **wo kann ich bei Ihnen ~?** où puis-je me débarrasser [*o* laisser mes vêtements] chez vous?
❸ KARTEN écarter
Ableger <-s, -> *m* ❶ BOT bouture *f*; **sich durch ~ vermehren** se multiplier par rejets
❷ *fam (Filiale)* filiale *f*
❸ *hum fam (Sprössling)* rejeton *m (hum fam)*
ab|lehnen I. *tr V* ❶ *(zurückweisen)* refuser *Bewerber, Hilfe, Zusammenarbeit*; rejeter *Angebot, Antrag*
❷ *(sich weigern)* **es ~ etw zu tun** refuser de faire qc
❸ *(missbilligen)* désapprouver *Ansicht, Art, Benehmen*
II. *itr V* refuser
ablehnend I. *Adj Antwort, Bescheid, Haltung* négatif(-ive); *Einstellung* de refus
II. *Adv* **sich äußern** négativement; **Ihr Antrag wurde ~ beschie-**

den votre demande a reçu une réponse négative; **ich stehe dieser Sache eher ~ gegenüber** je suis plutôt hostile à cette affaire
Ablehnung <-, -en> f ❶ *kein Pl (die Zurückweisung) eines Bewerbers, Postens* refus *m; eines Angebots, Vorschlags* rejet *m;* **auf ~ stoßen** *Bewerber:* se heurter à un refus; *Vorschlag:* être rejeté(e); **mit diesem Vorschlag wirst du bei ihm auf ~ stoßen** tu vas te heurter à son refus à propos de cette proposition
❷ *(Schreiben)* refus *m*
❸ *(Missbilligung)* réprobation *f*
ab|leisten *tr V form* effectuer; **nach abgeleistetem Wehrdienst** après avoir effectué son service militaire
ab|leiten I. *tr V* ❶ *(umleiten)* détourner *Bach, Fluss, Lavastrom*
❷ *(ausströmen lassen)* évacuer *Gase, Abwässer;* **Auspuffgase ins Freie ~** laisser s'échapper les gaz d'échappement à l'air libre
❸ *(herleiten)* déduire *Anspruch, Recht*
❹ MATH déduire *Formel;* dériver *Funktion*
❺ LING dériver *Wort, Form*
II. *r V* **sich aus/von etw ~** *Ereignis, Anspruch:* découler de qc; *Vorrecht:* provenir de qc; LING dériver de qc
Ableitung f ❶ *(Umleitung) eines Wasserlaufs, Lavastroms* détournement *m*
❷ *(das Ausströmenlassen)* évacuation *f*
❸ LING *eines Worts, einer Form* dérivation *f; (abgeleitetes Wort)* dérivé *m*
❹ MATH *einer Funktion* dérivée *f; einer Formel* déduction *f*
ab|lenken I. *tr V* ❶ *(zerstreuen, abbringen)* distraire; **jdn von der Arbeit ~** distraire qn de son travail; **jdn von seinen Sorgen ~** aider qn à oublier ses soucis; **sie lässt sich von nichts ~** rien ne peut la distraire
❷ *(abwenden)* détourner *Schlag*
❸ PHYS diffracter *Licht, Strahlen*
II. *itr V* ❶ *(ausweichen)* dévier; **vom Thema ~** détourner la conversation
❷ *(der Zerstreuung dienen)* changer les idées
III. *r V* **sich mit Sport ~** se changer les idées en faisant du sport
Ablenkung f ❶ *(Zerstreuung)* distraction *f;* **sich** *(Dat)* **mit etw ~ verschaffen** se distraire en faisant qc; **eine ~ von den Alltagsproblemen** un dérivatif aux problèmes quotidiens; **zur ~** pour se changer les idées
❷ *(Störung)* diversion *f*
❸ PHYS diffraction *f*
Ablenkungsmanöver *nt* manœuvre *f* de diversion
ab|lesen *unreg* I. *tr V* ❶ relever *Strom, Gas, Zählerstand;* consulter *Barometer, Messgerät*
❷ *(vorlesen) etw vom Blatt ~* lire qc sur le papier
❸ *(erkennen, erschließen) etw an bestimmten Vorkommnissen ~* déduire qc de certains incidents; **man konnte die Enttäuschung von ihrem Gesicht ~** on pouvait lire la déception sur son visage
II. *itr V* ❶ *(den Zählerstand feststellen)* relever le(s) compteur(s)
❷ *(vorlesen)* lire son texte; **vom Blatt ~** lire sa feuille
ab|leuchten *tr V* éclairer
ab|leugnen I. *tr V* nier; **das Ableugnen** le fait de nier
II. *itr V* nier
Ableugnung *f* **durch ~ der Tat/jeglicher Schuld** en niant cet acte/toute culpabilité
ab|lichten *tr V fam* ❶ *(fotografieren)* photographier
❷ *(fotokopieren)* photocopier
Ablichtung <-, -en> *f* ❶ *fam (das Fotografieren)* photo *f*
❷ *(Fotokopie)* photocopie *f*
ab|liefern *tr V* ❶ remettre *Schlüssel, Auto;* rendre *Diplomarbeit;* **die Schlüssel beim Nachbarn/an der Rezeption ~** remettre les clefs au voisin/à la réception
❷ *(zustellen)* livrer *Bestellung, Ware*
❸ *hum fam (übergeben)* **sein Kind/seinen Hund bei jdm ~** ramener son enfant/chien chez qn
Ablieferung *f* ❶ *(Abgabe)* remise *f;* **bei verspäteter ~ der Prüfungsarbeit** si l'épreuve est rendue en retard
❷ *(Zustellung) einer Bestellung, von Waren* livraison *f*
ab|liegen *itr V unreg + haben* **weit ~** être très loin; **zu weit ~** être trop éloigné(e)
ab|listen *tr V* **jdm etw ~** escroquer qc à qn
ab|locken *tr V* ❶ *(ablisten)* réussir à soutirer [*o* extorquer]; **jdm etw ~** réussir à soutirer [*o* extorquer] qc à qn
❷ *(entlocken)* arracher *Lächeln, Geheimnis*
ab|löschen GASTR I. *tr V* mouiller *Braten*
II. *itr V* **mit Wein ~** déglacer avec du vin
Ablöse <-, -n> *f* ❶ A *(Abstand)* reprise *f* de mobilier
❷ *s.* **Ablösesumme**
ab|lösen I. *tr V* ❶ relayer *Kollegen, Mitarbeiter;* relever *Wachposten*
❷ *(folgen auf, ersetzen)* remplacer *Politiker, Methode, System*
❸ *(abmachen)* détacher, décoller *Preisschild, Etikett, Pflaster;* **sich von etw ~ lassen** se détacher de qc; **beim Ablösen des Etiketts** en enlevant l'étiquette
❹ *(abkratzen)* enlever *Farbschicht, Rost*
❺ FIN purger *Hypothek*
II. *r V* ❶ *(sich abwechseln)* **sich beim Fahren ~** se relayer pour conduire
❷ *(abgehen)* **sich ~** *Briefmarke, Etikett, Rost:* s'enlever; *Lack:* s'écailler; *Netzhaut:* se décoller
Ablösesumme *f* [montant *m* du] transfert
Ablösung *f* ❶ *(Auswechslung) eines Mitarbeiters, Wachpostens* relève *f*
❷ *(Ersatzmann)* remplaçant(e) *m(f)*
❸ *(Entlassung) eines Ministers* remplacement *m*
❹ *(das Entfernen) eines Etiketts, Pflasters* décollage *m*
❺ *(das Sichablösen) der Netzhaut, von Schorf* décollement *m*
❻ FIN *einer Hypothek* purge *f*
Ablösungssumme *s.* **Ablösesumme**
ab|luchsen ['apluksən] *tr V fam* soutirer, extorquer; **jdm etw ~ soutirer** [*o* extorquer] qc à qn
Abluft *f eines Betriebs* rejets *mpl* dans l'atmosphère; *einer Heizung* air *m* vicié
ABM [a:be:'ʔɛm] <-> *f Abk von* **Arbeitsbeschaffungsmaßnahme** mesure *f* d'aide à l'emploi
ab|machen *tr V* ❶ *fam (entfernen)* virer; **etw von etw ~** virer qc de qc *(fam)*
❷ *(vereinbaren)* **etw mit jdm ~** convenir de qc avec qn; **wie abgemacht** comme convenu(e); **abgemacht!** d'accord!; **das hatten wir doch abgemacht!** c'était pourtant convenu!
Abmachung <-, -en> *f accord m;* **sich an die ~en halten** s'en tenir à ce qui a été convenu; **zwischenbetriebliche ~en** conventions *fpl* interentreprises
ab|magern *itr V + sein* maigrir; **[völlig] abgemagert** [complètement] amaigri(e)
Abmagerung <-> *f* amaigrissement *m*
Abmagerungskur *f* cure *f* d'amaigrissement
ab|mähen *tr V* faucher *Böschung, Wiese;* **das abgemähte Gras** l'herbe coupée
ab|mahnen *tr V* **jdn ~** rappeler qn à l'ordre
Abmahnung *f* rappel *m* à l'ordre
ab|malen *tr V* peindre; *(kopieren)* copier; **ein Bild aus einem Buch ~** peindre un tableau d'après un livre; **das Abmalen** la reproduction [picturale]
Abmarsch *m* départ *m*
abmarschbereit *Adj, Adv* prêt(e) pour le départ
ab|marschieren* *itr V + sein* se mettre en marche
Abmeldeformular *nt (für eine Person)* [formulaire *m* de] déclaration *f* de changement de domicile; *(für ein Auto)* déclaration de non-utilisation d'un véhicule
ab|melden I. *tr V* ❶ retirer *Schüler, Kind*
❷ *(nicht mehr nutzen)* demander la résiliation de *Telefon, Fernsehgerät;* **den Wagen ~** faire une déclaration de non-utilisation de sa voiture
❸ *fam (unten durch sein)* **der ist bei mir abgemeldet** je ne veux plus entendre parler de lui
II. *r V* ❶ *(seinen Umzug anzeigen)* **sich ~** faire une déclaration de changement de domicile
❷ *(sein Fortgehen melden)* **sich bei jdm ~** demander une autorisation de sortie à qn; MIL prendre congé [*o* qn]
Abmeldung *f* ❶ *eines Telefons, Fernsehgeräts* résiliation *f; eines Autos* déclaration *f* de non-utilisation
❷ *(Anzeige des Umzugs)* déclaration *f* de changement de domicile
❸ *s.* **Abmeldeformular**
ab|messen *tr V unreg* mesurer *Größe, Strecke;* **hundert Gramm Mehl ~** mesurer cent grammes de farine
Abmessung *f meist Pl* dimension *f*
ab|mildern *tr V* atténuer *Aufprall, Sturz;* édulcorer *Äußerung*
ab|montieren* *tr V* démonter; **etw von der Decke ~** démonter qc du plafond
ABM-Stelle [a:be:'ʔɛm-] *f* ÖKON emploi créé dans le cadre des mesures d'aide à l'emploi
ab|mühen *r V* **sich ~** se donner du mal; **sich mit jdm/etw ~** s'escrimer sur qn/qc; **sich ~ seinen Lebensunterhalt zu verdienen** s'escrimer [*o* s'évertuer] à gagner sa vie
ab|murksen ['apmʊrksən] *tr V sl* zigouiller *(fam)*
ab|mustern I. *tr V* désenrôler *Besatzung, Seemann*
II. *itr V Besatzung, Seemann:* quitter la marine nationale
ab|nabeln I. *tr V* couper le cordon ombilical de *Neugeborenes*
II. *r V fig* **sich ~** couper le cordon [ombilical]; **sich vom Elternhaus ~** couper le cordon avec ses parents
ab|nagen *tr V* ronger; **das Fleisch von den Knochen ~** ronger la viande sur les os
ab|nähen *tr V* resserrer *Rock*
Abnäher <-s, -> *m* pince *f*
Abnahme <-, -n> *f* ❶ *(Rückgang) der Geburten, des Umsatzes*

Abneigung ausdrücken	
Antipathie ausdrücken	**exprimer l'antipathie**
Ich mag ihn nicht (besonders).	Je ne l'aime pas (beaucoup).
Ich finde diesen Typ unmöglich.	Je trouve que ce type est impossible.
Das ist ein (richtiges) Arschloch. *(vulg)*	C'est un (sacré) connard.
Ich kann ihn nicht leiden/ausstehen/riechen. *(fam)*	Je ne peux pas le voir/l'encadrer/le sentir.
Diese Frau geht mir auf den Geist/Wecker/Keks. *(fam)*	Cette femme me tape sur le système/les nerfs.
Langeweile ausdrücken	**exprimer l'ennui**
Wie langweilig!/So was von langweilig!	Comme c'est ennuyeux!/Mais qu'est-ce que c'est ennuyeux!
Ich schlaf gleich ein! *(fam)*/Das ist ja zum Einschlafen!	Ça m'endort!/C'est soporifique!
Der Film ist ja zum Gähnen. *(fam)*	Ce film fait bâiller (d'ennui).
Diese Disco ist total öde.	On s'ennuie (à mourir) dans cette boîte.
Abscheu ausdrücken	**exprimer le dégoût**
Igitt!	Be(u)rk!/Quelle horreur!
Du widerst mich an!	Tu me dégoûtes!
Das ist geradezu widerlich!	C'est absolument répugnant!
Das ist (ja) ekelhaft!	C'est (vraiment) dégoûtant/dégueulasse!
Das ekelt mich an.	Ça me dégoûte.
Ich finde das zum Kotzen. *(sl)*	Je trouve ça dégueulasse. *(fam)*

baisse *f; des Gewichts* perte *f; der Kräfte, des Interesses* déclin *m* ❷ COM *(Kauf)* achat *m;* **bei ~ von hundert Stück** à l'achat de cent pièces ❸ *(Prüfung) eines Neubaus* réception *f; eines Fahrzeugs* contrôle *m* technique ❹ *(das Herunternehmen, Entfernen) eines Gemäldes, einer Lampe* décrochage *m;* **nach der ~ des Verbandes** après avoir enlevé le bandage
Abnahmegarantie *f* COM garantie *f* de prise en charge
ab|nehmen *unreg* **I.** *itr V* ❶ *(dünner werden)* perdre du poids; **an den Hüften/im Gesicht ~** maigrir des hanches/du visage ❷ *(zurückgehen) Anzahl, Geburten, Vorräte, Nachfrage:* baisser; *Kräfte, Interesse:* décliner ❸ TELEC décrocher
II. *tr V* ❶ *(wegnehmen)* **jdm etw ~** retirer qc à qn ❷ *fam (rauben)* **jdm viel Geld ~** piquer beaucoup d'argent à qn *(fam); (abgewinnen)* soutirer au jeu beaucoup d'argent à qn ❸ *(herunternehmen)* décrocher *Vorhang, Bild, Wäsche, Hörer;* enlever *Kopfbedeckung* ❹ *(tragen helfen)* **jdm die Tasche/den Mantel ~** débarrasser qn de son sac/manteau ❺ *(entgegennehmen)* prendre livraison de *Lieferung, Ware;* **jdm etw ~** réceptionner la livraison de qc pour qn ❻ *(übernehmen)* **jdm Arbeit/Sorgen ~** soulager qn du travail/des soucis ❼ KARTEN piocher ❽ *(amputieren)* couper ❾ *fam (glauben)* gober *(fam);* **das nimmt dir keiner ab** tu feras gober ça à personne *(fam)* ❿ *(begutachten)* réceptionner *Gebäude, Wohnung;* **sein Auto vom TÜV ~ lassen** soumettre sa voiture au contrôle technique ⓫ *(durchführen)* effectuer *Inspektion;* faire passer *Prüfung*
Abnehmer(in) <-s, -> *m(f)* acheteur(-euse) *m(f);* **~ finden** trouver preneur
Abneigung *f* aversion *f;* **seine ~ gegen ihn** son aversion pour lui; **seine ~ gegen Thunfisch** son dégoût pour le thon; **eine ~ dagegen haben sich unterzuordnen** éprouver de la répugnance à se soumettre
abnorm [ap'nɔrm] **I.** *Adj* anormal(e)
II. *Adv* ❶ MED de façon anormale ❷ *(überdurchschnittlich)* anormalement
abnormal A, CH *s.* **abnorm**
Abnormität <-, -en> *f* ❶ *kein Pl eines Verhaltens* anormalité *f* ❷ MED *(geistige Auffälligkeit)* anomalie *f; (körperliche Auffälligkeit)* malformation *f*

ab|nötigen *tr V geh* **jdm Respekt/Bewunderung ~** ne pouvoir que susciter le respect/l'admiration de qn
ab|nutzen, ab|nützen DIAL **I.** *tr V* user; **abgenutzt** usé(e)
II. *r V* **sich ~** ❶ *(verschleißen) Bezüge, Reifen, Stoffe:* s'user; *Möbel:* s'abîmer ❷ *(unwirksam werden) Worte, Argumente:* finir par être usé(e); *Drohung:* finir par tomber à plat
Abnutzung *f,* **Abnützung** <-, -en> *f* DIAL usure *f*
Abo ['abo] <-s, -s> *nt fam Abk von* **Abonnement** abonnement *m*
Abonnement [abɔn(ə)'maː] <-s, -s> *nt* abonnement *m;* **das ~ einer Zeitung/für die Oper** l'abonnement à un journal/l'opéra; **im ~** par abonnement
Abonnement[s]preis *m* prix *m* de l'abonnement
Abonnent(in) [abɔ'nɛnt] <-en, -en> *m(f)* abonné(e) *m(f)*
abonnieren* *tr V* s'abonner à *Zeitung, Publikation;* prendre un abonnement à *Konzerte, Theateraufführungen;* **etw seit Jahren abonniert haben** être abonné(e) depuis des années à qc
▶ **auf etw** *(Akk)* **abonniert sein** être abonné(e) à qc
ab|ordnen *tr V* envoyer en mission; **jdn ~** envoyer qn en mission; **jdn zu einem Lehrgang ~** envoyer qn en stage
Abordnung *f* délégation *f*
Abort¹ [a'bɔrt] <-s, -e> *m veraltet* toilettes *fpl,* W.-C. *mpl*
Abort² <-s, -e> *m* MED *(Fehlgeburt)* fausse couche *f; (Schwangerschaftsabbruch)* avortement *m*
ab|packen *tr V* emballer; **abgepackt** préemballé(e)
ab|passen *tr V* ❶ guetter *Gelegenheit, Zeitpunkt;* **den richtigen Zeitpunkt für ein Gespräch ~** attendre le bon moment pour un entretien ❷ *(abfangen)* **jdn ~** guetter qn [pour l'intercepter]; *(jdm auflauern)* guetter qn [pour le coincer *fam*]
ab|pausen *tr V* décalquer
ab|perlen *itr V + sein* perler; **das Wasser perlt vom Lack ab** des gouttes d'eau coulent sur la peinture
ab|pfeifen *unreg* **I.** *tr V* siffler la fin de *Spiel;* siffler *Halbzeit*
II. *itr V (zur Halbzeit/am Spielende pfeifen)* siffler la mi-temps/la fin du match; *(das Spiel unterbrechen)* siffler [une faute]
Abpfiff *m* coup *m* de sifflet final
ab|pflücken *tr V* cueillir
ab|placken *s.* **abplagen**
ab|plagen *r V* **sich ~** se coltiner *(fam);* **sich mit den Kindern/einer Krankheit ~** se coltiner les enfants/une maladie *(fam);* **sich am Computer ~** s'échiner à l'ordinateur
ab|platten *tr V* aplatir; **abgeplattet sein** être aplati(e)
ab|platzen *itr V + sein Gips:* s'effriter; *Knopf:* sauter
Abprall <-[e]s, selten -e> *m eines Balls* rebond *m; eines Geschos-*

ses, einer Kugel ricochet *m*
ab|prallen *itr V + sein* ❶ *(zurückprallen) Ball:* rebondir; **von etw/an etw** *(Dat)* **~** *Ball:* rebondir sur qc; *Geschoss, Stein:* ricocher sur qc
❷ *(nicht treffen)* **an jdm ~** *Beleidigung, Vorwurf:* glisser sur qn
ab|pressen *tr V* **jdm ein Versprechen ~** extorquer une promesse à qn
ab|pumpen *tr V* **Wasser aus etw ~** pomper de l'eau de qc
ab|putzen *tr V* ❶ *(reinigen)* nettoyer; **sich** *(Dat)* **die Hände ~** se nettoyer les mains; **sich** *(Dat)* **die Schuhe ~** nettoyer ses chaussures
❷ *(entfernen)* **Schmutz von etw ~** nettoyer la saleté sur qc
ab|quälen *r V* ❶ *(sich abmühen)* **sich mit einer Arbeit ~** s'acharner sur un travail; **sich mit Zahnschmerzen ~** traîner un mal de dents
❷ *(sich abzwingen)* **sich** *(Dat)* **ein Lächeln/eine Entschuldigung ~** se forcer pour [*o* se forcer à] sourire/s'excuser
ab|qualifizieren *tr V Person:* dénigrer; **jdn ~** *Person:* dénigrer qn; *Kritik, Bemerkung:* discréditer qn
ab|rackern *r V fam* **sich ~** se crever *(fam);* **sich am Computer ~** se crever à l'ordinateur; **sich für jdn/einen Hungerlohn ~** se crever pour qn/un salaire de misère
Abraham ['aːbraham] <-s> *m* Abraham *m*
▶ **[sicher] wie in ~s Schoß** *fam* [protégé(e)] comme un enfant dans le ventre de sa mère
ab|rahmen *tr V* écrémer
▶ **da hat jemand abgerahmt** il y en a un(e) qui s'est sucré(e)
Abrakadabra ['aːbrakaˈdaːbra] <-s> *nt kein Art* abracadabra
ab|rasieren* *tr V* raser; **sich** *(Dat)* **den Bart ~** se raser la barbe; **abrasiert** rasé(e)
❷ *fam (zerstören)* raser *Gebäude; (abtrennen)* arracher *Baumwipfel, Dach*
Abrasion [abraˈzi̯oːn] <-, -en> *f* ❶ GEOL érosion *f*
❷ MED curetage *m*
ab|raten *tr V unreg* déconseiller; **[jdm] von einem Besuch ~** déconseiller une visite [à qn]; **jdm davon ~ etw zu unterschreiben** dissuader qn de signer qc
Abraum *m kein Pl* MIN terril *m*
ab|räumen *tr V* débarrasser *Tisch, Frühstück;* **das Abräumen der Gläser ist deine Aufgabe** c'est à toi de débarrasser les verres
Abräumer ['apʁɔɪmɐ] <-s, -> *m fam* grand(e) gagnant(e) *m(f);* **der Film war ein echter ~ auf der Berlinale** ce film a été le grand gagnant de la Berlinale
Abraumhalde *f* terril *m*
ab|rauschen *itr V + sein fam* décamper *(fam)*
ab|reagieren* I. *tr V* défouler, trouver un exutoire à *Aggressionen, Launen;* **seine Wut/seinen Ärger an jdm ~** passer sa rage/sa colère sur qn
II. *r V fam* **sich ~** se défouler *(fam)*
ab|rechnen I. *itr V* ❶ *(das Gehalt, die Entlohnung berechnen)* faire les comptes; **mit dem Taxifahrer ~** payer la course au chauffeur de taxi; **am Ende des Monats wird abgerechnet** on fait les comptes à la fin du mois
❷ *(die Zeche berechnen)* encaisser; **beim Abrechnen** en faisant la caisse
❸ *(zur Rechenschaft ziehen)* **mit jdm ~** régler ses comptes avec qn
II. *tr V* **den Rabatt von etw ~** décompter la remise de qc
Abrechnung *f* ❶ *(Schlussrechnung)* comptes *mpl;* **die ~ machen** faire les comptes; **machen Sie mir die ~** faites-moi mon compte
❷ *(Aufstellung, Auflistung)* facture *f* détaillée
❸ *(Abzug)* **von Steuern** déduction *f;* **nach ~ der Kosten** après déduction des frais
❹ *(Rache)* règlement *m* de comptes; **die Stunde der ~** l'heure de régler ses comptes
Abrechnungszeitraum *m* période *f* comptable
Abrede *f* JUR *veraltet (Absprache)* accord *m*
▶ **etw in ~ stellen** *form* contester qc
ab|regen *r V fam* **sich ~** se calmer
ab|reiben *tr V unreg* ❶ *(entfernen)* enlever en frottant; **etw ~** enlever qc en frottant
❷ *(säubern)* **sich** *(Dat)* **die Hände an etw** *(Dat)* **~** se frotter les mains sur qc
❸ *(trockenreiben)* **jdn/sich mit einem Handtuch ~** essuyer qn/s'essuyer avec une serviette
Abreibung *f fam* raclée *f (fam)*
Abreise *f* départ *m*
ab|reisen *itr V + sein* ❶ partir en voyage
❷ *(nicht länger bleiben)* s'en aller; *Hotelgast:* quitter sa chambre
ab|reißen *unreg* I. *tr V + haben* ❶ *(abtrennen)* arracher; **etw von der Wand ~** arracher qc du mur
❷ *(niederreißen)* raser *Gebäude*
❸ *sl (hinter sich bringen)* tirer *(fam) Haftstrafe, Dienstzeit*
II. *itr V + sein* ❶ *(reißen) Seil, Schnürsenkel:* se casser; **mir ist ein Knopf abgerissen** j'ai un bouton d'arraché
❷ *(aufhören) Besuche, Kontakt:* s'interrompre; **den Kontakt nicht ~ lassen** essayer de ne pas rompre le contact
❸ *(anhalten)* **nicht ~** *Probleme, Arbeit:* ne pas en finir
Abreißkalender *m* éphéméride *m*
ab|richten *tr V* dresser; **einen Hund auf jdn ~** dresser un chien à attaquer qn
Abrichtung *f* dressage *m*
Abrieb ['aːpriːp] <-[e]s, -e> *m* TECH *der Reifen* usure *f*
ab|riegeln *tr V* boucler *Straße, Gelände*
Abrieg[e]lung <-, -en> *f* bouclage *m*
ab|ringen *tr V unreg* **jdm ein Versprechen/eine Zusage ~** arracher une promesse/réponse positive à qn; **sich** *(Dat)* **ein Lächeln/eine Entschuldigung ~** se forcer à sourire/s'excuser; **dem Meer Land ~** arracher du terrain à la mer
Abriss^RR *m* ❶ *eines Gebäudes* démolition *f*
❷ *(Übersicht)* abrégé *m;* **ein ~ der Stadtgeschichte** un résumé de l'histoire de la ville
Abrissarbeiten^RR *Pl* travaux *mpl* de démolition **Abrissfirma**^RR *f* entreprise *f* de démolition **abrissreif**^RR *Adj* bon(ne) pour la démolition
ab|rollen I. *itr V + sein* ❶ *Kabel, Schnur:* se dérouler; **von einer Spule ~** *Kabel, Schnur:* se dérouler d'une bobine
❷ *(vonstattengehen) Ereignisse, Programm:* se dérouler; **vor jds Augen** *(Dat)* **~** défiler devant les yeux de qn
❸ SPORT faire une roulade
II. *tr V + haben* **ein Kabel von etw ~** dérouler un câble de qc
ab|rücken I. *itr V + sein* ❶ **von einem Vorhaben/Plan ~** écarter l'idée d'un projet/plan; **von seinen Ansichten ~** s'écarter de ses opinions
❷ *(abmarschieren)* se mettre en marche; **in die Kaserne ~** partir à la caserne
❸ *fam (weggehen)* se barrer *(fam);* **sie sind ins Kino abgerückt** ils se sont barrés au cinéma *(fam)*
❹ *(wegrücken)* **von jdm/etw ~** s'écarter de qn/qc
II. *tr V + haben* **etw von der Wand ~** reculer qc du mur
Abruf *m* ❶ FIN *eines Kredits, einer Summe* retrait *m*
❷ INFORM *von Daten* consultation *f*
▶ **sich auf ~ bereithalten** se tenir prêt(e) à intervenir; **auf ~ bereitstehen** être à disposition
abrufbar *Adj Daten* consultable
abrufbereit *Adj* ❶ *Person* prêt(e) à intervenir; *Bestellung, Ware* disponible; **~ warten** être prêt(e) à intervenir; **~ liegen/stehen** *Ware:* être disponible [*o* à disposition]
❷ FIN encaissable; **~ sein** *Kredit:* pouvoir être retiré(e)
ab|rufen *tr V unreg* ❶ prendre livraison de *Bestellung, Waren*
❷ FIN retirer *Kredit, Summe*
❸ INFORM consulter *Daten*
ab|runden *tr V* ❶ arrondir; **eine Zahl [nach unten] ~** arrondir un nombre au chiffre inférieur; **einen Betrag auf zehn Euro ~** arrondir une somme à dix euros; **abgerundet** en arrondissant
❷ *(vollkommen machen)* parachever, parfaire *Abend, Fest, Geschmack*
❸ *(rund machen)* arrondir *Kanten, Ecken*
Abrundung *f* **etw ist eine schöne ~ des Abends** la soirée se termine en beauté avec qc; **zur ~ des Festes/des Geschmacks** pour parachever [*o* parfaire] la fête/le goût
ab|rupfen *tr V* arracher *Blume, Blätter*
abrupt [aˈpʁʊpt, aˈbʁʊpt] I. *Adj* brusque
II. *Adv* brusquement
ab|rüsten I. *itr V* ❶ réduire les armements
II. *tr V* ❶ réduire *Atomwaffen;* réduire les armements de *Armee*
❷ *(vom Gerüst befreien)* retirer l'échafaudage de *Haus, Fassade*
Abrüstung *f kein Pl* désarmement *m*
Abrüstungsbeauftragte(r) *f(m) dekl wie Adj* délégué(e) *m(f)* au désarmement **Abrüstungsgespräche** *Pl* discussions *fpl* pour le désarmement **Abrüstungskonferenz** *f* conférence *f* pour le désarmement **Abrüstungsverhandlungen** *Pl* négociations *fpl* pour le désarmement
ab|rutschen *itr V + sein* ❶ *(abgleiten)* glisser; **an etw** *(Dat)*/**von etw ~** glisser sur qc
❷ *fam (sich verschlechtern)* **vom ersten auf den dritten Platz ~** glisser de la première à la troisième place
Abruzzen [aˈbʁʊtsn̩] *Pl* **die ~** les Abruzzes *mpl*
ABS [aːbeːˈʔɛs] <-> *nt Abk von* **Antiblockiersystem** A.B.S. *m*
Abs. ❶ *Abk von* **Absender** Exp.
❷ *Abk von* **Absatz** ❷
ab|sacken *itr V + sein* ❶ *(einsinken)* s'affaisser; **um einen Meter ~** s'affaisser d'un mètre
❷ *(an Höhe verlieren) Flugzeug:* perdre brusquement de l'altitude
❸ *fam (sich verschlechtern)* **auf den vierten Platz ~** dégringoler à la quatrième place *(fam)*
❹ *fam (abfallen) Blutdruck, Blutzucker, Temperatur, Gewinne:* dégrin-

Absage ['apzaːɡə] f ❶ réponse f négative; **jdm eine ~ erteilen** form donner une réponse négative à qn ❷ (Zurückweisung) **eine ~ an den Nationalismus** une condamnation du nationalisme
ab|sagen I. tr V décommander Besuch, Teilnahme; annuler Demonstration, Spiel
II. itr V [jdm] ~ se décommander [auprès de qn]
ab|sägen tr V ❶ scier Baum, Ast
❷ fam (seiner Stellung entheben) **jdn ~** faire sauter qn (fam)
ab|sahnen fam I. tr V se mettre dans les poches; **etw ~** se mettre qc dans les poches (fam)
II. itr V **bei jdm ~** s'en ficher plein les poches sur le dos de qn (fam)
ab|satteln tr, itr V desseller
Absatz m ❶ (Schuhabsatz) talon m
❷ (Abschnitt) paragraphe m; **einen ~ machen** aller à la ligne
❸ (Treppenabsatz) palier m [de repos]
❹ (Verkauf) ventes fpl; **guten/reißenden ~ finden** se vendre bien/comme des petits pains
▸ **auf dem ~ kehrtmachen** tourner les talons
absatzbedingt Adj conditionné(e) par les ventes **Absatzchance** f débouché m; **etw hat gute ~n** il y a de bons débouchés pour qc **Absatzflaute** f marasme m des ventes **Absatzförderung** f promotion f des ventes **Absatzgebiet** nt secteur m commercial [o de vente] **Absatzkick** m FBALL talonnage m **Absatzkrise** f crise f des ventes **Absatzrückgang** m baisse f des ventes **Absatzschwierigkeiten** Pl difficultés fpl de vente **Absatzsteigerung** f augmentation f des ventes
absatzweise Adv [paragraphe] par paragraphe
ab|saufen itr V unreg + sein ❶ sl (ertrinken) se noyer
❷ fam (untergehen) Schiff: couler
❸ fam (nicht mehr laufen) **hör auf, der Motor säuft ab!** arrête, tu vas noyer le moteur!
❹ (überschwemmt werden) Bergwerk, Stollen: être inondé(e)
ab|saugen tr V ❶ aspirer; **etw aus etw/von etw ~** aspirer qc de qc
❷ (Staub saugen) passer l'aspirateur sur Teppich, Sofa
ab|schaben tr V ❶ (entfernen) **den Putz/den Rost von etw ~** racler le crépi/la rouille sur qc
❷ (abwetzen) râper Kleidungsstück, Stoff; **abgeschabt** Mantel, Sessel râpé(e)
ab|schaffen tr V ❶ (beseitigen) supprimer Zoll, Strafe; abroger Gesetz; abolir Institution, Privileg
❷ (fortgeben) se débarrasser de Auto, Haustier
Abschaffung f ❶ (Beseitigung) eines Gesetzes abrogation f; einer Institution, eines Privilegs abolition f
❷ (Weggabe) **zur ~ seines Autos gezwungen sein** être forcé(e) à se débarrasser de sa voiture
ab|schälen I. tr V écorcer Baumstamm; **die Haut von etw ~** poncer la peau de qc
II. r V **sich ~** Haut: peler; Rinde: se détacher
ab|schalten I. tr V éteindre Fernseher, Herd, Heizung, Maschine; couper Strom, Gas, Telefon; arrêter Motor, Reaktor
II. itr V fam Person: décrocher (fam)
III. r V **sich ~** Maschine, Strom: se couper
Abschaltung f des Stroms, Telefons coupure f; eines Reaktors arrêt m
ab|schätzen tr V évaluer Lage, Risiko, Zeit, Kosten; prévoir Reaktion
abschätzend I. Adj scrutateur(-trice)
II. Adv **jdn ~ betrachten** jauger qn du regard
abschätzig ['apʃɛtsɪç] I. Adj Bemerkung, Äußerung désobligeant(e); Blick méprisant(e)
II. Adv betrachten d'un air méprisant; sich äußern de façon désobligeante
Abschätzung f a. COM évaluation f, estimation f
ab|schauen tr V A fam (abgucken) copier; **etw von jdm ~** copier qc sur qn
Abschaum m kein Pl pej rebut m (péj)
ab|scheiden unreg I. tr V + haben ❶ (absondern) sécréter
❷ CHEM séparer
II. r V CHEM **sich von etw ~** se séparer de qc
ab|scheren tr V sich (Dat) **den Bart ~** se tailler la barbe; **einem Schaf die Wolle ~** tondre la laine d'un mouton
Abscheu ['apʃɔɪ] <-[e]s> m dégoût m; **vor jdm/etw ~ haben** [o **empfinden**] avoir [o éprouver] du dégoût pour qn/qc
ab|scheuern I. tr V ❶ (reinigen) récurer Pfanne; astiquer Fußboden, Kacheln
❷ (entfernen) **den Schmutz mit etw ~** enlever la saleté en frottant avec qc
❸ (abwetzen) user
❹ (abschürfen) sich (Dat) **die Haut am Arm ~** s'égratigner la peau au bras
II. r V **sich ~** ❶ (sich abnutzen) Kragen, Manschetten: s'user

❷ (sich abschürfen) s'égratigner
abscheulich [apˈʃɔɪlɪç] I. Adj ❶ (entsetzlich) abominable; **wie ~!** quelle horreur!
❷ fam (unerträglich) Schmerzen atroce; Kälte épouvantable
II. Adv ❶ (entsetzlich) sich benehmen de façon abominable; **~ zugerichtet werden** être mis(e) dans un état épouvantable; **das schmeckt/riecht ~!** ça a un goût/une odeur abominable!
❷ fam (unerträglich) kalt horriblement; weh tun atrocement
Abscheulichkeit <-, -en> f abomination f; eines Anblicks, Vorgehens atrocité f
ab|schicken tr V expédier Brief, Paket, Sendung; envoyer Boten, Kurier
Abschiebehaft f maintien m administratif; **in ~ kommen** faire l'objet d'une mesure de rétention administrative avant l'expulsion
ab|schieben unreg I. tr V + haben ❶ (ausweisen) expulser; **jdn in sein Heimatland ~** expulser qn dans son pays d'origine
❷ (abwälzen) **die Verantwortung/Schuld auf jdn ~** faire endosser la responsabilité/culpabilité à qn
❸ fam (entfernen) **jdn in eine andere Abteilung ~** expédier qn dans un autre service (fam)
❹ (wegschieben) **den Tisch von der Wand ~** reculer la table du mur
II. itr V + sein sl Person: foutre le camp (pop)
Abschiebepraxis f conditions fpl d'expulsion
Abschiebung f reconduite f à la frontière
Abschiebungshaft s. Abschiebehaft
Abschiebungsverfahren nt procédure f d'expulsion
Abschied ['apʃiːt] <-[e]s, selten -e> m ❶ (Trennung) adieu m souvent pl; **der ~ von jdm/etw** l'adieu à qn/qc; **von jdm ~ nehmen** faire ses adieux à qn; **von einer Stadt ~ nehmen** quitter une ville [pour toujours]; **beim ~** au moment des adieux; **zum ~** en guise d'adieu; **ein ~ für immer** un éternel adieu; **es war ein sehr trauriger ~** les adieux étaient particulièrement tristes
❷ veraltet geh (Entlassung) eines Offiziers, Beamten démission f; **seinen ~ nehmen** [o **einreichen**] donner sa démission
Abschiedsbesuch m visite f d'adieu **Abschiedsbrief** m lettre f d'adieu[x] **Abschiedsfeier** f fête f d'adieu[x] **Abschiedsgesuch** nt lettre f de démission **Abschiedsgruß** m (Wort) mot m d'adieu; (Geste) geste m d'adieu **Abschiedskuss**ʀʀ m baiser m d'adieu **Abschiedsrede** f discours m d'adieu[x] **Abschiedsschmerz** m douleur f de la séparation **Abschiedsszene** f scène f d'adieu[x] **Abschiedsträne** f larme f d'adieu
ab|schießen tr V unreg ❶ MIL, JAGD abattre Piloten, Flugzeug, Tier; détruire Panzer
❷ (abfeuern) tirer Geschoss, Pfeil; lancer Rakete, Torpedo; **Pfeile auf jdn ~** tirer des flèches sur qn
❸ sl (erschießen) descendre (fam)
❹ fam (entlassen) dégommer (fam)
ab|schinden r V unreg fam **sich ~** se décarcasser (fam)
Abschirmdienst m militärischer **~** ≈ services mpl de contre-espionnage; (in Frankreich) D.G.S.E. f
ab|schirmen I. tr V ❶ (isolieren, schützen) isoler; **jdn von jdm/etw ~** isoler qn de qn/qc; **die Augen mit der Hand/gegen das Sonnenlicht ~** se protéger les yeux avec la main/contre la lumière du soleil
❷ (dämpfen) tamiser [la lumière de] Lampe
II. r V **sich von jdm/etw ~** s'isoler de qn/qc; **abgeschirmt** isolé(e)
Abschirmung <-, -en> f ❶ (Isolierung) einer Person isolement m
❷ (Dämpfen) **etw zur ~ des Lichts benutzen** se servir de qc afin de tamiser la lumière
❸ (Schutzschirm) écran m protecteur
ab|schlachten I. tr V massacrer
II. r V **sich [gegenseitig] ~** se massacrer
ab|schlaffen itr V + sein fam avoir un coup de pompe (fam); **abgeschlafft sein** (erschöpft sein) être flagada (fam); (schlapp sein) être ramollo (fam)
Abschlag m ❶ (Preisnachlass) réduction f, rabais m
❷ (Vorschuss) **ein ~ auf etw** (Akk) un acompte [o une avance] sur qc
❸ FBALL remise f en jeu
ab|schlagen unreg I. tr V ❶ (abtrennen) casser Henkel; ébrécher Ecke; couper Ast; **jdm den Kopf ~** décapiter qn
❷ (fällen) abattre Baum, Wald
❸ (ablehnen) décliner Einladung; **jdm eine Bitte ~** repousser une demande à qn; **keinem etwas ~ können** ne rien pouvoir refuser à personne
❹ (überflügeln) **abgeschlagen sein** Läufer, Schlussfeld, Partei: être distancé(e); Firma: être en perte de vitesse
❺ FBALL **den Ball ~** remettre le ballon en jeu
II. itr V Torwart: dégager
abschlägig ['apʃlɛːgɪç] Adj négatif(-ive); **jdn/etw ~ bescheiden** form donner une réponse négative à qn/rejeter qc

Abschlagszahlung f acompte m
ab|schleifen unreg I. tr V ❶ (entfernen) éliminer par ponçage; etw ~ éliminer qc par ponçage
❷ (glätten) poncer Holz, Oberfläche
II. r V sich ~ ❶ (sich abnutzen) s'émousser
❷ (nachlassen, sich verlieren) se dégrossir
Abschleppdienst m service m de dépannage [o remorquage]
ab|schleppen I. tr V ❶ (wegziehen) remorquer; **unbefugt parkende Fahrzeuge werden abgeschleppt!** les véhicules en stationnement non autorisé seront mis à la fourrière!
❷ fam (mitnehmen) **jdn/etw ~** embarquer qn/qc (fam)
II. r V fam sich ~ se briser les reins; **sich mit zwei Koffern ~** s'esquinter à porter [o trimballer] deux valises (fam)
Abschleppfahrzeug nt dépanneuse f **Abschleppseil** nt câble m de remorquage [o remorque] **Abschleppstange** f barre f de remorquage [o remorque] **Abschleppwagen** m dépanneuse f
ab|schließen unreg I. tr V ❶ (zuschließen) fermer à clé; **etw ~** fermer qc à clé
❷ (verschließen) **etw hermetisch ~** fermer qc hermétiquement
❸ (absolvieren) achever Kurs, Schule, Studium; **mit abgeschlossenem Studium** avec un diplôme en poche
❹ (vereinbaren) conclure Abkommen, Geschäft, Handel; passer Vertrag; souscrire Versicherung
❺ (beenden) conclure Rede, Vortrag; clôturer Konferenz, Verhandlungen; clore Geschäftsjahr; clôturer Geschäftsbuch, Konto
❻ (einfassen) **etw ~** Borte, Verzierung: border qc
II. itr V ❶ (zuschließen) fermer à clé
❷ (Vertrag schließen) **mit jdn ~** Vertragspartner, Kunde: faire affaire avec qn
❸ FIN, COM **mit Gewinn/Verlust ~** se solder par des gains/pertes
❹ (zum Abschluss bringen) **mit der Vergangenheit ~** tirer un trait sur le passé
❺ geh (zum Schluss kommen) Redner: en terminer (soutenu)
❻ (eingefasst sein) **mit einer Borte/Verzierung ~** être bordé(e) d'un galon/d'une décoration
III. r V sich von jdm/etw ~ s'isoler de qn/qc
abschließend ['apʃliːsənt] I. Adj Bemerkung, Worte final(e)
II. Adv bemerken, hinweisen en conclusion
Abschluss^RR m ❶ kein Pl (Beendigung) von Verhandlungen, einer Veranstaltung conclusion f; eines Geschäftsjahrs clôture f; **etw zum ~ bringen** conclure qc; **zum ~ kommen** Redner: conclure; **seinen ~ finden** trouver son épilogue; **zum ~ dieser Veranstaltung** pour conclure cette cérémonie
❷ (Abschlussprüfung) diplôme m [de fin d'études]; (Hauptschulabschluss) certificat m de fin d'études
❸ (Zustandekommen) eines Geschäfts, einer Vereinbarung conclusion f; eines Vertrags, einer Versicherung souscription f; **~ einer Wette** pari m; **einen Kredit zum ~ bringen** amener un crédit à terme
❹ (Geschäft, Handel) marché m; **einen ~ tätigen** conclure un marché
❺ FIN von Geschäftsbüchern, Konten bilan m, état m [de compte]; **~ der Bilanz** clôture f de bilan
▶ **der krönende ~** le clou
Abschlussball^RR m bal m de clôture **Abschlussbericht**^RR m rapport m final **Abschlussfeier**^RR f grande fête f; SCHULE, UNIV cérémonie f pour la remise des diplômes **Abschlussklasse**^RR f [classe f de] terminale; **in der ~ sein** être en terminale
Abschlussleiste^RR f ARCHIT baguette f [de finition]
Abschlussprüfung^RR f ❶ (Abschlussexamen) examen m de fin d'études ❷ JUR, FIN examen m final [o vérification f] des comptes
Abschlusszeugnis^RR nt diplôme m de fin d'études
ab|schmecken tr V vérifier l'assaisonnement de Suppe, Gericht; **etw mit Gewürz/Salz ~** assaisonner qc avec des épices/du sel
ab|schmelzen unreg I. tr V + haben fam faire fondre Eis, Metall
II. itr V + sein fondre; **auf etw (Akk) ~** Rücklage, Guthaben: fondre pour atteindre qc
ab|schmettern tr V fam (zurückweisen) envoyer valser (fam) Kandidaten, Antrag; rejeter Klage, Vorschlag
ab|schmieren I. tr V + haben ❶ TECH graisser
❷ fam (abschreiben) **etw von jdm/aus einem Buch ~** pomper vite fait qc sur qn/dans un livre (fam)
II. itr V + sein fam Flugzeug: s'abattre
ab|schminken I. tr V ❶ ~ se démaquiller
II. tr V démaquiller Gesicht, Augen
▶ sich (Dat) etw ~ **können** fam pouvoir faire une croix sur qc (fam)
ab|schmirgeln tr V **einen Tisch ~** passer une table au papier de verre; **den Rost von etw ~** enlever la rouille de qc au papier de verre
ab|schnallen I. itr V sl ❶ (fassungslos sein) être scié(e) (fam); **da schnallst du ab!** ça t'en bouche un coin! (fam)

❷ (nicht folgen können) décrocher (fam)
II. tr V [sich (Dat)] **den Rucksack ~** décrocher son sac à dos; [sich (Dat)] **die Skier ~** enlever ses skis
III. r V sich ~ détacher sa ceinture
ab|schneiden unreg I. tr V ❶ (abtrennen, versperren) couper; **sich (Dat) etw ~** se couper qc
❷ (unterbinden) battre en brèche Einwand; **jdm das Wort ~** couper la parole à qn
❸ (isolieren) **von jdm/etw abgeschnitten sein** être coupé(e) de qn/qc
II. itr V fam **bei etw gut/schlecht ~** s'en tirer [o sortir] bien/mal avec qc (fam)
ab|schnippeln tr V fam découper Papierfetzen; [se] rogner Hautstück
Abschnitt m ❶ (Passus) eines Textes paragraphe m; eines Formulars partie f
❷ (abtrennbares Stück) einer Bestellkarte coupon m; einer Eintrittskarte partie f détachable
❸ (Zeitabschnitt) période f
❹ (Teil, Bereich) eines Gebäudes partie f; einer Autobahn tronçon m; einer Strecke étape f
❺ MIL (Frontabschnitt, Geländeabschnitt) secteur m
❻ GEOM segment m
ab|schnüren tr V garrotter Arm, Bein; **jdm das Blut/die Luft ~** faire un garrot à qn/asphyxier qn
ab|schöpfen tr V ❶ (herunternehmen) **das Fett ~** dégraisser; **den Schaum ~** écumer; **den Rahm von der Milch ~** écrémer le lait
❷ ÖKON résorber Gewinn; éponger Kaufkraft
ab|schotten ['apʃɔtən] I. r V sich ~ s'isoler; **sich gegen äußere Einflüsse ~** se fermer aux influences externes; **abgeschottet leben** mener une vie recluse
II. tr V ❶ NAUT cloisonner
❷ fig **ein Land ~** couper un pays du reste du monde
ab|schrägen ['apʃrɛːgən] tr V biseauter Brett; incliner Dach
Abschrägung <-, -en> f eines Bretts biseau m; eines Dachs inclinaison f
ab|schrauben tr V dévisser
ab|schrecken I. tr V ❶ **jdn von etw ~** dissuader qn de qc; **sich nicht ~ lassen** ne pas se laisser intimider; **sich nicht davon ~ lassen etw zu tun** ne pas se laisser dissuader de faire qc
❷ GASTR refroidir Eier
II. itr V Armee, Waffen: être dissuasif(-ive)
abschreckend I. Adj Beispiel, Wirkung dissuasif(-ive); Eindruck défavorable; Hässlichkeit repoussant(e)
II. Adv ~ **wirken** Strafe, Drohung: avoir un effet dissuasif; **er/sie wirkt ~ auf mich** il/elle me répugne
Abschreckung <-, -en> f ❶ MIL dissuasion f
❷ (das Fernhalten) moyen m d'intimidation; **der ~ von Dieben dienen** servir à éloigner les voleurs
Abschreckungsmittel nt mesure f d'intimidation **Abschreckungswaffe** f arme f de dissuasion **Abschreckungswirkung** f effet m dissuasif
ab|schreiben unreg I. tr V ❶ (kopieren) recopier
❷ (plagiieren) **etw bei jdm/aus etw ~** copier qc sur qn/dans qc
❸ FISC, FIN déduire Anlagen, Maschinen, Betrag
❹ fam (verloren geben) **etw ~ können** pouvoir faire une croix sur qc; **ich hatte ihn schon abgeschrieben** j'en avais [déjà] fait mon deuil
▶ **bei jdm abgeschrieben sein** fam être mort(e) et enterré(e) pour qn (fam)
II. itr V ❶ (plagiieren) **von jdm/etw ~** copier sur qn/qc
❷ (absagen) se décommander
III. r V sich ~ Bleistift, Filzstift: s'user
Abschreiber(in) m(f) fam copieur(-euse) m(f)
Abschreibung f FISC, FIN amortissement m
Abschreibungsobjekt nt ÖKON bien m amorti
ab|schreiten tr V unreg geh ❶ (abmessen) **etw ~** arpenter qc [en comptant ses pas]
❷ (inspizieren) **etw ~** passer qc en revue
Abschrift f copie f, duplicata m; **seine Zeugnisse in ~ einreichen** envoyer un duplicata de ses diplômes; **notariell beglaubigte ~** copie certifiée conforme par un notaire
ab|schrubben fam I. tr V ❶ (reinigen) briquer (fam) Kacheln, Fußboden
❷ (entfernen) brosser Schmutz, Dreck
II. r V sich ~ se récurer (fam)
ab|schuften r V fam sich ~ se défoncer (fam)
ab|schuppen I. r V sich ~ Haut: peler
II. tr V écailler Fisch
ab|schürfen r V sich (Dat) **die Haut/die Ellenbogen ~** s'écorcher la peau/les coudes
Abschürfung <-, -en> f écorchure f
Abschuss^RR m ❶ (das Abfeuern) eines Geschützes tir m; einer

Rakete lancement m
② (Zerstörung) eines Panzers, Flugkörpers destruction f
③ JAGD **zehn Abschüsse erzielen** abattre dix pièces de gibier
④ fam (Entlassung, Sturz) eines Arbeitnehmers, Politikers limogeage m (fam)
▶ **zum ~ freigeben** JAGD autoriser le tir de Tier; fig fam lâcher les chiens [o la meute] sur Politiker
AbschussbasisRR f base f de lancement
abschüssig ['apʃʏsɪç] Adj Böschung, Straße escarpé(e); Hang abrupt(e)
AbschusslisteRR f ▶ **auf der ~ stehen** fam être sur la liste des gens à abattre (fam); **er steht bei ihr auf der ~** elle l'a dans le pif (fam) **Abschussrampe**RR f rampe f de lancement
ab|schütteln tr V ① **den Staub/die Krümel von etw ~** secouer la poussière/les miettes sur qc
② (sich befreien von) semer Verfolger; se débarrasser de Besatzungsmacht, Herrschaft; secouer Joch
③ (vertreiben) évacuer Gedanken, Ärger, Stress
ab|schütten tr V jeter Wasser; vider Eimer, Wanne; égoutter Gemüse, Kartoffeln
ab|schwächen I. tr V atténuer Einfluss, Schock, Wirkung; édulcorer Behauptung, Formulierung, Vorwurf; amortir Aufprall, Aufschlag; **in abgeschwächter Form** sous une forme édulcorée
II. r V **sich ~** Lärm: s'atténuer; Hoch, Tiefdruckgebiet: s'affaiblir; Inflation, Tendenzen: fléchir; Andrang: se calmer
Abschwächung f ① des Einflusses, der Wirkung diminution f; der Inflation, des Andrangs fléchissement m; METEO eines Hochs, Tiefs affaiblissement m
② (Abfederung) des Aufpralls, Aufschlags amortissement m
③ (Korrektur, Umformulierung) **keinen Grund zur ~ eines Vorwurfs sehen** ne voir aucune raison d'édulcorer un reproche
ab|schwatzen tr V fam **jdm etw ~** soutirer qc à qn en le/la baratinant (fam), réussir à extorquer qc à qn en le/la baratinant (fam); **jdm eine Unterschrift ~** soutirer une signature à qn en le baratinant
ab|schwätzen tr V SDEUTSCH fam s. **abschwatzen**
ab|schweifen ['apʃvaɪfən] itr V + sein faire une digression; **vom Thema ~** s'écarter du sujet
Abschweifung <-, -en> f digression f
ab|schwellen itr V unreg + sein ① Entzündung, Füße, Beine: désenfler; Furunkel: se résorber; **etw zum Abschwellen bringen** faire désenfler qc
② (sich vermindern) Lärm: faiblir
ab|schwenken I. itr V + sein ① (abdrehen) Wanderer, Kolonne: s'écarter; **von etw ~** Wanderer, Kolonne: s'écarter de qc; Fahrzeug: obliquer de qc; Kamera: se détourner de qc
② (sich umorientieren) **von etw ~** Partei, Politiker: s'écarter de qc
II. tr V + haben ① rincer Gläser, Geschirr
② GASTR égoutter Kartoffeln, Gemüse
ab|schwindeln tr V pej **jdm Geld/eine Unterschrift ~** escroquer de l'argent/extorquer sa signature à qn
ab|schwirren itr V + sein ① Vogelschwarm: s'envoler dans un bruissement d'ailes; Pfeil: s'éloigner en sifflant
② fam (weggehen) se tirer (fam)
ab|schwören tr V unreg **dem Glauben ~** abjurer sa foi; **dem Teufel ~** renoncer au diable; **dem Alkohol/Rauchen ~** décider de renoncer à l'alcool/la cigarette
Abschwung m ① SPORT sortie f
② (Konjunktur-, Kursrückgang) récession f
ab|segeln itr V + sein lever l'ancre
ab|segnen tr V fam donner sa bénédiction à
absehbar Adj prévisible; **es ist ~, dass** on peut s'attendre à ce que + subj; **das Ende des Studiums ist nicht ~** la fin des études n'est pas en vue
ab|sehen unreg I. tr V ① (voraussehen) **etw ~ können** pouvoir prévoir qc; **es ist abzusehen, dass/wie lange ...** on peut s'attendre à ce que + subj/peut prévoir combien de temps ...
② fam (abgucken) **jdm etw ~** reluquer qc de qn (fam); s. a. **abgesehen**
▶ **es auf jdn abgesehen haben** (jdn schikanieren wollen) avoir qn dans le collimateur; (an jdm interessiert sein) avoir jeté son dévolu sur qn; **es auf etw (Akk) abgesehen haben** en vouloir à qc; **es darauf abgesehen haben, etw zu tun** avoir l'intention de faire qc
II. itr V **von einer Entlassung/Strafe ~** renoncer à un licenciement/une peine; **davon ~ Anzeige zu erstatten** s'abstenir de [o renoncer à] porter plainte
ab|seifen ['apzaɪfən] tr V savonner
ab|seihen tr V passer, filtrer
ab|seilen I. r V **sich ~** ① (sich hinunterlassen) descendre avec une corde; Bergsteiger: descendre en rappel
② fam (verschwinden) reprendre ses billes (fam)
II. tr V **jdn/etw ~** descendre qn/qc à l'aide d'une corde

ab|seinALT s. **ab** II.②, ③
abseits ['apzaɪts] I. Adv SPORT **~ sein** être hors-jeu
II. Präp + Gen **~ des Dorfs** [liegen] [être] à l'écart du village
Abseits <-, -> nt ① SPORT hors-jeu m; **im ~ stehen** être [en position de] hors-jeu
② (das Aus) **im gesellschaftlichen ~ leben** être marginalisé(e) sur le plan social; **sich ins politische ~ manövrieren** se marginaliser sur le plan politique
abseits|bleiben itr V unreg + sein rester à l'écart
abseits|halten r V unreg sich **~** se tenir à l'écart
abseits|stehen itr V unreg + haben o SDEUTSCH, A, CH sein ① être à l'écart
② SPORT être hors-jeu
ab|senden tr V unreg o reg expédier
Absender m expéditeur m; **auf dem Brief steht kein ~** sur la lettre il n'y a pas d'expéditeur
Absender(in) <-s, -> m(f) expéditeur(-trice) m(f)
ab|sengen ['apzɛŋən] tr V roussir; brûler Gras
ab|senken I. tr V abaisser le niveau de Fundament, Terrasse; abaisser, faire baisser Grundwasserstand
II. r V **sich ~** Gelände, Hang: s'incliner
Absenker <-s, -> m BOT marcotte f; (eines Weinstockes) provin m
Absenz [ap'zɛnts] <-, -en> f A, CH absence f; **bei ~** en cas d'absence
ab|servieren* [-vi-] I. tr V ① fam (kaltstellen) balancer (fam)
② sl (umbringen) liquider (fam)
③ (abräumen) débarrasser Gedeck, Geschirr, Tisch
II. itr V Kellner: desservir
absetzbar Adj ① Artikel, Produkt vendable; **schwer/nicht ~** difficile à vendre/invendable
② FISC Ausgabe, Anschaffung déductible; **steuerlich ~ sein** être déductible des impôts
③ (kündbar, abwählbar) **~ sein** pouvoir être destitué(e)
Absetzbarkeit f déductibilité f
ab|setzen I. tr V ① (des Amtes entheben) destituer
② (abnehmen) enlever Brille, Hut, Mütze
③ (hinstellen) poser Gepäck, Trinkgefäß
④ (aussteigen lassen) déposer Mitfahrer, Fahrgast
⑤ MIL larguer Fallschirmjäger, Verpflegung
⑥ COM écouler Produkt, Waren
⑦ FISC **etw von der Steuer ~** déduire qc des impôts
⑧ (nicht stattfinden lassen) annuler Film, Konzert, Veranstaltung; **etw vom Spielplan ~** retirer qc du programme
⑨ MED arrêter Medikament, Behandlung
⑩ (wegnehmen) lever Geigenbogen, Feder, Flöte; **trinken, ohne das Glas abzusetzen** boire d'un trait
⑪ (kontrastieren) faire ressortir Farben, Konturen; **die Farben sind nicht klar voneinander abgesetzt** les couleurs ne ressortent pas nettement
II. r V ① a. CHEM, GEOL **sich ~** se déposer; **in der Flasche hat sich Weinstein abgesetzt** il y a du dépôt dans la bouteille
② fam (verschwinden) **sich ~** se tirer (fam)
③ (sich unterscheiden) **sich gegen jdn/etw** [o **von jdm/etw**] **~** trancher sur qn/qc
III. itr V **trinken ohne abzusetzen** boire d'un trait
Absetzung <-, -en> f ① eines Politikers destitution f
② (das Nichtzeigen) eines Films, einer Veranstaltung annulation f; eines Theaterstücks retrait m; einer [Fernseh]Sendung déprogrammation f
③ ÖKON, FISC amortissement m; **erhöhte ~en** amortissements exceptionnels
ab|sichern I. r V **sich ~** prendre des précautions; **sich gegen etw ~** se prémunir contre qc; **materiell/finanziell abgesichert** à l'abri de difficultés matérielles/financières
II. tr V (sicher machen) **einen Raum durch etw ~** protéger une pièce au moyen de qc
Absicherung f protection f; (Versicherung) assurance f
Absicht <-, -en> f ① die **~ haben zu verreisen** avoir l'intention de partir en voyage; **mit etw eine ~ verfolgen** poursuivre un but avec qc; **in der ~, ihm zu helfen** dans l'intention de l'aider; **in der besten ~** avec des meilleures intentions (du monde); **in betrügerischer/selbstmörderischer ~** dans l'intention d'escroquer/de se suicider
② (Mutwillen) **etw mit ~ tun** faire qc exprès; **mit/ohne ~** exprès/sans [le] faire exprès; **das war keine/das war ~** ce n'était pas/c'était intentionnel
▶ **ernste ~en haben** fam avoir des intentions sérieuses
absichtlich I. Adj intentionnel(le)
II. Adv intentionnellement, exprès
Absichtserklärung f déclaration f d'intention
absichtslos Adj sans intention [particulière]
ab|singen tr V unreg MUS ① (bis zu Ende singen) chanter en entier, chanter tout(e) Kampflied, Hymne

Absicht ausdrücken	
nach einer Absicht fragen	**demander l'intention**
Was bezwecken Sie damit?	Que voulez-vous faire avec cela?
Was hat das alles für einen Zweck?	À quoi ça sert, tout ça?
Was wollen Sie damit behaupten/sagen?	Que voulez-vous dire?
Absicht ausdrücken	**exprimer l'intention**
Ich werde diesen Monat noch das Wohnzimmer tapezieren.	Je vais tapisser le salon, ce mois-ci.
Ich habe für nächstes Jahr eine Reise nach Italien vor/geplant.	J'envisage/Je projette de faire un voyage en Italie l'année prochaine.
Ich beabsichtige, eine Klage gegen die Firma zu erheben.	J'ai l'intention de déposer une plainte contre l'entreprise.
Ich habe bei dem Menü als Dessert eine Mousse au Chocolat ins Auge gefasst.	Au menu, j'ai en vue une mousse au chocolat comme dessert.
Ich habe mir in den Kopf gesetzt, den Pilotenschein zu machen.	Je me suis mis en tête de passer la licence de pilote.
Absichtslosigkeit ausdrücken	**exprimer le manque d'intention**
Das war nicht von mir beabsichtigt.	Je ne l'ai pas fait exprès.
Das liegt mir fern.	Ça ne me viendrait pas à l'idée.
Ich habe nicht die Absicht, dir irgendwelche Vorschriften zu machen.	Je n'ai pas l'intention de te donner des ordres.
Ich habe es nicht auf Ihr Geld abgesehen.	Je n'en veux pas à votre argent.

❷ *(vom Blatt singen)* lire *Lied, Strophe;* **das Lied vom Blatt** ~ lire le chant sur la partition
ab|sinken *itr V unreg + sein* ❶ *Wasserstand, Temperatur, Leistung:* baisser; *Boden:* s'affaisser; **um fünf Grad** ~ *Temperatur:* baisser de cinq degrés
❷ *(tiefer sinken)* **auf den Meeresgrund** ~ *Schiff, Wrack:* sombrer au fond de la mer
Absinken <-s> *nt des Wasserstands, der Temperatur* baisse *f*
Absinth [apˈzɪnt] <-[e]s, -e> *m* absinthe *f*
ab|sitzen *unreg* I. *tr V + haben* ❶ *(verbringen)* laisser passer *Schulstunde, Zeit*
❷ *(verbüßen)* purger *Haftstrafe;* **zwei Stunden Arrest** ~ *Schüler:* faire deux heures de retenue
II. *itr V + sein Reiter:* mettre pied à terre; **abgesessen!** pied à terre!
absolut [apzoˈluːt] I. *Adj* ❶ *Verbot, Ruhe, Stillschweigen* absolu(e); *Ablehnung, Nein* catégorique
❷ *fam (völlig) Blödsinn, Missverständnis* total(e)
II. *Adv fam unmöglich, unverständlich* absolument; ~ **betrachtet** dans l'absolu
Absolutheit <-> *f* ❶ *(Unbedingtheit) eines Dogmas, Grundsatzes* infaillibilité *f*
❷ *(Entschiedenheit)* détermination *f*
Absolutheitsanspruch *m* prétention *f* à l'infaillibilité; **einen** ~ **erheben** prétendre détenir la vérité
Absolution [apzoluˈtsioːn] <-, -en> *f* ECCL absolution *f;* [jdm] **die** ~ **erteilen** donner l'absolution [à qn]
Absolutismus [apzoluˈtɪsmʊs] <-> *m* absolutisme *m*
absolutistisch [apzoluˈtɪstɪʃ] I. *Adj Herrscher* absolu(e); *Herrschaftsanspruch* absolutiste
II. *Adv regieren* en souverain absolu
Absolvent(in) [apzɔlˈvɛnt] <-en, -en> *m(f) (Universitätsabsolvent)* diplômé(e) *m(f)*
absolvieren* [-ˈviːrən] *tr V* effectuer *Ausbildung, Schule, Studium;* passer *Klausur, Prüfung;* accomplir *Wehrdienst, Zivildienst, Probezeit*
Absolvierung <-> *f einer Klausur, Prüfung* passage *m;* **nach** ~ **des Zivildienstes** après avoir accompli son/mon/... service civil; **nach erfolgreicher** ~ **der Prüfung** après avoir passé l'examen avec succès
absonderlich [apˈzɔndɐlɪç] *Adj, Adv* bizarre; ~ **riechen/schmecken** avoir une odeur/un goût bizarre
Absonderlichkeit <-, -en> *f* bizarrerie *f*
ab|sondern I. *tr V* ❶ *(isolieren)* isoler
❷ PHYSIOL sécréter
II. *r V* **sich von jdm** ~ s'isoler de qn
Absonderung [ˈapzɔndərʊŋ] <-, -en> *f* ❶ *(Isolierung)* isolement *m*

❷ PHYSIOL *(das Sekretieren, Sekret)* sécrétion *f*
absorbieren* *tr V* ❶ *(aufnehmen)* absorber *Wirkstoffe, Schadstoffe*
❷ *(dämpfen) etw* ~ *Federung, Stoßdämpfer:* absorber qc
❸ *geh (in Anspruch nehmen)* accaparer
Absorption <-, -en> *f* absorption *f*
Absorptionsspektrum *nt* PHYS spectre *m* d'absorption
ab|spalten I. *r V* ❶ ECCL, POL **sich** ~ faire sécession; **sich von etw** ~ faire sécession de qc
❷ CHEM **sich von etw** ~ se libérer de qc
II. *tr V* CHEM **Moleküle von etw** ~ libérer des molécules de qc
Abspaltung *f* CHEM dissociation *f*
Abspann <-[e]s, -e> *m* CINE, TV générique *m*
ab|spannen I. *tr V* dételer *Zugtier, Wagen*
II. *itr V Person:* se détendre
ab|sparen *tr V* **sich** *(Dat)* **etw von seinem Taschengeld** ~ économiser sur son argent de poche pour payer qc
ab|specken [ˈapʃpɛkən] *fam* I. *itr V* ❶ *(abnehmen)* perdre du lard *(fam)*
❷ *(verkleinert werden) Abteilung, Verwaltung:* dégraisser *(fam)*
II. *tr V (reduzieren)* alléger *Produktpalette, Angebot;* dégraisser *(fam) Haushalt;* **eine abgespeckte Version** une version allégée
ab|speichern *tr V* INFORM sauvegarder; **etw auf der Festplatte** ~ sauvegarder qc sur le disque dur
ab|speisen *tr V* éconduire gentiment; **jdn mit wohlklingenden Worten** ~ renvoyer qn après lui avoir prodigué quelques belles paroles; **ich lasse mich von Ihnen nicht einfach so** ~ **!** vous ne vous en tirerez pas à si bon compte!
abspenstig [ˈapʃpɛnstɪç] *Adj* **jdm jdn/etw** ~ **machen** détourner qn/qc de qn
ab|sperren I. *tr V* ❶ *(versperren)* barrer
❷ *(abstellen)* couper *Gas, Strom, Wasser*
❸ SDEUTSCH *(zuschließen)* **die Tür/das Zimmer** ~ fermer la porte/la pièce à clé
II. *itr V* SDEUTSCH fermer à clé
Absperrgitter *nt* barrière *f* **Absperrhahn** *m* robinet *m* d'arrêt
Absperrkette *f* chaîne *f* [pour empêcher le passage]
Absperrung *f* ❶ *kein Pl (das Absperren, Abriegeln)* barrage *m*
❷ *(Sperre)* barrage *m; (Absperrgitter)* barrière *f*
Abspiel *nt* SPORT ❶ *(das Abspielen)* transmission *f*
❷ *(abgespielter Ball)* passe *f*
ab|spielen I. *r V* **sich** ~ *Szene, Unfall, Verbrechen:* se dérouler; *Bemerkenswertes, Unglaubliches:* se passer; **es spielten sich keine großartigen Aktivitäten mehr ab** il n'était plus question d'activités extraordinaires
▶ **da spielt sich nichts ab!** *fam* je marche pas! *(fam)*
II. *tr V* ❶ passer *Kassette, CD, Schallplatte;* **nach dem Abspielen des Videos** après avoir passé la vidéo

absplittern – abstoppen

②SPORT passer *Ball;* **das Abspielen** la transmission; **beim Abspielen des Balls** au moment de passer le ballon
ab|splittern *itr V + sein Lack, Holz:* sauter, se détacher; **von etw ~ Lack, Holz:** sauter [*o* se détacher] de qc
Absprache *f* accord *m;* **~n/eine ~ treffen** conclure des accords/un accord; **nach ~** après accord
absprachegemäß *Adv* comme convenu
ab|sprechen *unreg* I. *tr V* ① convenir de *Treffpunkt, Termin, Plan;* s'entendre sur *Gutachten, Aussagen;* **wir haben abgesprochen, dass** nous avons convenu que + *indic;* **das war doch so abgesprochen!** mais c'était convenu ainsi!
② *(streitig machen)* [**jdm**] **etw ~** contester qc [à qn]
③ *(aberkennen)* dénier *Recht*
II. *r V* **sich ~** *(eine Vereinbarung treffen)* se concerter; *(kungeln)* se donner le mot; **sich mit jdm ~** s'entendre avec qn; **sich mit jdm darüber ~, wie ...** s'entendre avec qn sur la façon dont ...
ab|springen *itr V unreg + sein* ① sauter; **vom Motorrad/aus einem Flugzeug ~** sauter de la moto/d'un avion; **vom fahrenden Zug ~** descendre [*o* sauter] du train en marche
② SPORT *Weitspringer:* sauter
③ *(sich lösen)* **von etw ~** *Farbe, Lack:* s'écailler de qc
④ *(abprallen)* **an etw** *(Dat)*/**von etw ~** *Ball:* rebondir sur [*o* contre] qc
⑤ *fam (sich zurückziehen)* se raviser; *(austreten) Parteimitglied:* déserter
ab|spritzen I. *tr V* ① *(reinigen)* **jdn mit Wasser ~** asperger qn avec de l'eau; **etw** [**mit dem Schlauch**] **~** passer qc au jet
② *(entfernen)* **den Schmutz von etw ~** retirer la saleté de qc au jet
II. *r V* **sich mit etw ~** s'asperger avec qc
III. *itr V vulg* décharger *(fam)*
Absprung *m* ① *(Absprungstelle)* saut *m*
② *(Abgang vom Gerät)* sortie *f*
③ *fam (Ausstieg)* **den ~ wagen** oser franchir le pas; **den ~ schaffen** sauter le pas; **den ~ verpasst haben** avoir raté le coche *(fam)*
ab|spulen *tr V fam* laisser défiler *Film;* dérouler, débobiner *Kabel*
② *(vorbringen, vortragen)* débiter *(fam)*
ab|spülen *tr V* ① *(reinigen)* rincer
② *(entfernen)* **den Schmutz von etw ~** enlever la saleté sur qc à grande eau; **kannst du mir den Schaum vom Rücken ~?** tu peux me rincer le dos?
③ SDEUTSCH *(abwaschen)* laver *Geschirr*
ab|stammen *itr V kein PP* descendre; **von jdm ~** descendre [*o* être issu(e)] de qn
Abstammung <-, -en> *f* ascendance *f,* origine *f;* **deutscher/französischer ~** [sein] [être] d'origine [*o* d'ascendance] allemande/française
Abstammungslehre *f* BIO théorie *f* de l'évolution
Abstand *m* ① *(räumliche Distanz)* écart *m;* **~ halten** *(im Straßenverkehr)* garder les distances; **jdm in einem bestimmten ~ folgen** suivre qn à une certaine distance
② *(zeitliche Distanz)* intervalle *m;* **in regelmäßigen/unregelmäßigen Abständen** à intervalles réguliers/irréguliers
③ *(innere Distanz)* recul *m;* **~ von jdm/etw gewinnen** prendre du recul par rapport à qn/qc
④ SPORT *(Unterschied in der Wertung)* avance *f; (Rückstand)* retard *m;* **mit** [**großem**] **~ führen** mener [très] largement; **mit weitem ~ folgen** suivre loin derrière; **ein Punkt ~ zum Verfolger/zur führenden Mannschaft** un point d'avance sur le poursuivant/de retard sur le leader
⑤ *s.* **Abstandssumme**
▶ **von etw ~ nehmen** *form* renoncer à qc; **davon ~ nehmen etw zu tun** *form* renoncer à faire qc; **mit ~ de loin; mit ~ die Beste in der Klasse sein** être de loin la meilleure de la classe
Abstandssumme *f (für eine Wohnung)* reprise *f*
ab|statten ['apʃtatən] *tr V* **jdm einen Besuch ~** rendre visite à qn; **jdm seinen Dank ~** faire ses remerciements à qn
ab|stauben ['apʃtaʊbən] I. *tr V* ① dépoussiérer *Möbel;* **das Abstauben** le dépoussiérage
② *fam (sich aneignen)* **etw von/bei jdm ~** resquiller qc à qn *(fam);* **die Jacke habe ich abgestaubt** j'ai embarqué la veste *(fam)*
II. *itr V* faire la poussière
Abstauber ['apʃtaʊbɐ] <-s, -> *m fig fam* resquilleur(-euse) *m(f)*
ab|stechen *unreg* I. *tr V* ① *(schlachten)* saigner *Tier*
② *sl (erstechen)* saigner *(fam)*
③ *(heraustrennen)* couper *Rasen, Torf*
II. *itr V* **von etw/jdm ~** se distinguer de qn/qc
Abstecher <-s, -> *m* ① *(Ausflug)* virée *f (fam); (Umweg)* crochet *m*
② *(Exkurs)* digression *f;* **ein ~ in die Philosophie** une digression philosophique [*o* dans la philosophie]
ab|stecken *tr V* ① *(markieren)* jalonner *Grundstück, Grenze*
② *(feststecken)* épingler *Saum, Hosenbein*
③ *(umreißen)* esquisser les contours de *Programm, Position*

ab|stehen *itr V unreg* ① *Haare:* être hérissé(e); *Zöpfe:* être écarté(e); *Ohren:* être décollé(e); **~ de Ohren haben** avoir les oreilles décollées
② *(entfernt stehen)* **weit von der Wand ~** *Möbelstück:* être loin du mur
Absteige ['apʃtaɪɡə] *f fam* ① *(Stundenhotel)* hôtel *m* de passe
② *(schäbiges Hotel)* hôtel *m* borgne
ab|steigen *itr V unreg + sein* ① *(heruntersteigen) Reiter, Radfahrer:* mettre pied à terre; *Bergsteiger:* descendre; **vom Fahrrad/Pferd ~** descendre de vélo/de cheval
② *fam (sich einquartieren)* **in einer kleinen Pension ~** descendre dans une petite pension
③ *(sich verschlechtern)* **in die zweite Liga ~** descendre en deuxième division; **beruflich/sozial ~** régresser professionnellement/socialement
Absteigequartier *nt* pied-à-terre *m*
Absteiger <-s, -> *m* SPORT relégué *m*
ab|stellen *tr V* ① *(hinstellen)* déposer; **etw bei jdm ~** déposer qc chez qn
② *(parken)* garer *Wagen;* **unbefugt abgestellte Fahrzeuge** des véhicules en stationnement interdit
③ *(ausschalten, abdrehen)* débrancher *Elektrogerät, Computer;* arrêter *Motor;* couper *Gas, Strom, Wasser*
④ *(unterbinden)* mettre un terme à *Missstände, Unsitte*
⑤ *(sein lassen)* **das Rauchen/Trinken ~** arrêter de fumer/de boire
⑥ *(ausrichten)* **etw auf die Bedürfnisse der Kunden ~** adapter qc aux besoins des clients
⑦ *(abrücken)* **etw von der Tür ~** écarter qc de la porte
⑧ *(abkommandieren)* détacher; **jdn für Sonderaufgaben/zu einer Einheit ~** détacher qn pour des tâches extraordinaires/dans une unité
Abstellgleis *nt* voie *f* de garage ▶ **jdn aufs ~ schieben** *fam* mettre qn sur la touche [*o* sur une voie de garage] *(fam)* **Abstellkammer** *f,* **Abstellraum** *m* débarras *m*
ab|stempeln *tr V* ① tamponner *Brief, Karte, Dokument*
② *pej (abwerten)* **jdn als Wichtigtuer ~** cataloguer qn comme frimeur; **ich lass mich doch von dir nicht als** [*o* **zum**] **Lügner ~!** je ne te laisserai pas me traiter de menteur!
ab|steppen *tr V* piquer
ab|sterben *itr V unreg + sein* ① *(eingehen) Baum, Pflanze, Zweig:* mourir; **abgestorbene Äste** des branches mortes
② MED *Embryo, Zehe, Finger:* mourir; *Zelle, Gewebe:* se nécroser; **abgestorbenes Gewebe** des tissus nécrosés
③ *(gefühllos werden) Arm, Bein, Hand:* s'engourdir; **ihm stirbt der Arm ab** il a le bras engourdi; **wie abgestorben sein** être tout engourdi(e)
Abstieg ['apʃtiːk] <-[e]s, -e> *m* ① *(das Hinabklettern)* descente *f*
② *(Verlust der sozialen Stellung)* déchéance *f*
③ SPORT descente *f;* **vom ~ bedroht sein** être au bord de la relégation
ab|stillen I. *tr V* sevrer *Baby*
II. *itr V* cesser d'allaiter
ab|stimmen I. *itr V* voter; **über jdn/etw ~** voter pour élire qn/choisir qc; **~ lassen** faire voter; **über etw** *(Akk)* **~ lassen** soumettre qc au vote
II. *tr V* ① *(in Einklang bringen)* **die Instrumente aufeinander ~** accorder les instruments; **die Termine miteinander ~** coordonner les rendez-vous les un(e)s avec les autres; **den Teppich und die Vorhänge aufeinander ~** assortir le tapis et les rideaux
② *(einstellen)* régler *Empfänger, Gerät;* adapter *Fahrwerk, Stoßdämpfer*
III. *r V* **sich mit jdm ~** s'entendre [*o* se mettre d'accord] avec qn
Abstimmung *f (Stimmabgabe)* vote *m,* scrutin *m;* **eine geheime ~** un vote secret; **in geheimer ~** à bulletin secret; **eine ~ vornehmen** recourir au scrutin; **eine ~ über etw** *(Akk)* **durchführen** procéder à un vote à propos de qc; **etw zur ~ bringen** mettre qc aux voix
② *(Anpassung)* **von Terminen, Plänen** coordination *f; von Farben* assortiment *m*
③ *(Einstellung) des Radios, eines Senders* réglage *mf*
Abstimmungsergebnis *nt* résultat *m* du scrutin **Abstimmungsniederlage** *f* défaite *f* électorale **Abstimmungssieg** *m* victoire *f* électorale
abstinent [apsti'nɛnt] I. *Adj* ① abstinent(e)
② *(sexuell enthaltsam)* continent(e)
II. *Adv* ① dans l'abstinence
② *(sexuell enthaltsam) leben* dans la continence
Abstinenz [apsti'nɛnts] <-> *f* abstinence *f; (sexuelle Enthaltsamkeit)* continence *f*
Abstinenzler(in) <-s, -> *m(f) pej* non-buveur(-euse) *m(f)*
ab|stoppen I. *tr V* ① *(zum Stillstand bringen)* stopper *Kraftfahrzeug;* interrompre *Verkehr*

❷ *(messen)* chronométrer *Zeit, Geschwindigkeit*
 II. *itr V Fahrer, Läufer:* stopper
Abstoß *m* ❶ poussée *f*
 ❷ FBALL dégagement *m*
ab|stoßen *unreg* I. *tr V* ❶ MED rejeter *Transplantat*
 ❷ *(anwidern)* dégoûter, répugner à
 ❸ *(abschlagen)* écorner *Ecke, Stück;* **abgestoßen** écorné(e)
 ❹ *(abnutzen)* user *Kragen, Manschetten;* abîmer *Möbelstück;* **die Jacke ist am Ellenbogen ganz abgestoßen** la veste est toute abîmée [*o* usée] au coude
 ❺ *(verkaufen)* vendre *Wertpapiere, Beteiligung*
 ❻ *(nicht eindringen lassen)* être imperméable à *Regen, Wasser*
 ❼ *(wegstoßen)* **das Boot vom Ufer ~** éloigner le bateau de la rive
 II. *r V (sich wegbewegen)* **sich ~** s'élancer; **sich [mit den Füßen] vom Boden ~** s'élancer du sol
 III. *itr V Aussehen, Verhalten:* être répugnant(e)
abstoßend I. *Adj* répugnant(e)
 II. *Adv* **~ aussehen** avoir un aspect répugnant
Abstoßung <-, -en> *f* MED rejet *m*
Abstoßungsreaktion *f* MED réaction *f* de rejet
ab|stottern *tr V fam* payer à tempérament; **etw ~** payer qc à tempérament; **etw auf hundert Euro pro Monat ~** payer qc à raison de cent euros par mois; **das Abstottern** le paiement à tempérament
abstrahieren* I. *itr V* abstraire
 II. *tr V* **Normen/Prinzipien aus etw ~** abstraire des normes/ principes de qc
ab|strahlen *tr V* ❶ PHYS **Wärme ~** *(wiedergeben)* dégager de la chaleur; *(abgeben)* diffuser de la chaleur
 ❷ *(sandstrahlen)* sabler *Karosserie, Fassade*
abstrakt [ap'strakt] I. *Adj* abstrait(e)
 II. *Adv* abstraitement; **~ denken** avoir une pensée abstraite
Abstraktion <-, -en> *f* abstraction *f*
Abstraktionsvermögen *nt* pouvoir *m* d'abstraction
ab|strampeln *r V fam* **sich ~** ❶ *Fahrradfahrer:* pédaler sec *(fam)*
 ❷ *fam (sich abrackern)* se défoncer *(fam)*
ab|streichen *tr V unreg* ❶ *(entfernen)* enlever *Schmutz*
 ❷ *(reinigen)* déduire *Betrag, Summe*
ab|streifen *tr V* ❶ retirer *Ring, Armbanduhr;* ôter *Handschuhe*
 ❷ DIAL *(reinigen)* essuyer *Schuhe, Füße*
 ❸ *(entfernen)* détacher *Beeren;* enlever *Asche;* **die Asche von der Zigarette ~** faire tomber la cendre de la cigarette
ab|streiten *tr V unreg* ❶ nier *Tat;* dénier *Beteiligung;* **~ etw getan zu haben** nier avoir fait qc
 ❷ *(absprechen)* contester; **das kann man nicht ~** il faut bien le reconnaître
Abstrich *m* ❶ meist *Pl (Streichung von Mitteln)* réduction *f;* **erhebliche ~e an etw** *(Dat)* des coupes *fpl* sombres dans qc
 ❷ *Pl (Einschränkung)* **~e machen [müssen]** *(ideell)* [devoir] en rabattre; *(finanziell)* [devoir] se modérer
 ❸ MED frottis *m*
abstrus [ap'stru:s] *Adj geh* abscons(e) *(soutenu)*, abstrus(e) *(soutenu)*
ab|stufen *tr V* ❶ *(terrassieren)* étager; **abgestuft** en terrasses
 ❷ *(staffeln)* échelonner *Gehälter, Preise;* **die Steuertarife sind abgestuft** l'imposition se fait par tranches
 ❸ *(herabstufen)* rétrograder *Mitarbeiter;* réduire *Tarif*
 ❹ *(nuancieren)* dégrader *Farbtöne, Farbe*
 ❺ *(schneiden)* **jdm die Haare ~** couper à qn les cheveux en dégradé; **abgestuft** en dégradé
Abstufung <-, -en> *f* ❶ kein *Pl (das Abstufen) eines Geländes* étagement *m*
 ❷ *(Geländestufe)* terrasse *f*
 ❸ kein *Pl (das Herabstufen) eines Mitarbeiters* rétrogradation *f; eines Tarifs* réduction *f*
 ❹ *(Staffelung)* barème *m*
 ❺ *(Nuance)* dégradé *m*
ab|stumpfen ['apʃtʊmpfən] I. *tr V + haben* abrutir *Person;* émousser *Gewissen*
 II. *itr V* ❶ *+ sein Person:* s'abrutir; *Gewissen:* s'émousser; **gegen Gewalt ~** être blasé(e) face à la violence
 ❷ *+ haben (abstumpfend wirken) Arbeit, Monotonie:* être abrutissant(e)
Absturz *m* ❶ *eines Flugzeugs* écrasement *m; eines Bergsteigers* chute *f*
 ❷ INFORM *eines Programms, Computers* blocage *m*, plantage *m (fam);* **etw zum ~ bringen** bloquer qc
 ❸ *fam (Abstieg)* [**sozialer**] **~** dégringolade *f (fam)*
ab|stürzen *itr V + sein* ❶ *Flugzeug:* s'écraser; *Bergsteiger:* dévisser; **aus tausend Metern Höhe ~** piquer au sol d'une altitude de mille mètres; **das ~de Flugzeug** l'avion en train de tomber
 ❷ INFORM *Programm, Computer:* se bloquer
 ❸ *fam (einen Abstieg erleben)* [**sozial**] **~** tomber dans la dèche *(fam)*
 ❹ *fam (an Wert verlieren) Währung:* dégringoler *(fam)*
 ❺ *sl (betrunken sein)* se péter la gueule *(pop)*
Absturzstelle *f eines Flugzeugs* lieu *m* de l'écrasement
ab|stützen I. *tr V* étayer *Decke, Stollen*
 II. *r V* **sich mit etw/an etw** *(Dat)* **~** s'appuyer sur qc/à qc
ab|suchen *tr V* ❶ ratisser *Gegend, Stadt;* fouiller *Wohnung, Haus;* scruter *Himmel, Horizont;* **den ganzen Park nach jdm/etw ~** ratisser tout le parc à la recherche de qn/qc
 ❷ *(ableuchten)* **etw ~** *Scheinwerfer:* balayer qc
absurd [ap'zʊrt] *Adj* absurde; **~es Zeug** *fam* des absurdités *fpl;* **so etwas Absurdes!** quelle absurdité!
Absurdität [apzʊrdi'tɛːt] <-, -en> *f* absurdité *f*
Abszess^RR <-es, -e>, **Abszeß**^ALT <-sses, -sse> *m* abcès *m*
Abszisse [aps'tsɪsə] <-, -n> *f* abscisse *f*
Abt [apt, *Pl:* 'ɛptə] <-[e]s, Äbte> *m* abbé *m*
Abt. *Abk von* **Abteilung** ❶
ab|takeln *tr V* NAUT dégréer *Schiff*
ab|tasten *tr V* ❶ *a.* MED palper
 ❷ *(durchsuchen)* **jdn nach Waffen ~** fouiller qn à la recherche d'armes
 ❸ *(vorsichtig kennen lernen)* **sich [gegenseitig]/jdn ~** se jauger/ jauger qn
 ❹ INFORM **etw ~** *Laserstrahl, Scanner:* lire qc par balayage
ab|tauchen *itr V + sein fam (verschwinden)* se planquer *(fam)*
ab|tauen I. *tr V + haben* dégivrer *Kühlschrank, Tiefkühlfach*
 II. *itr V + sein Eis:* fondre
Abtei [ap'taɪ] <-, -en> *f* abbaye *f*
Abteil [ap'taɪl] *nt* compartiment *m;* **~ für Mutter und Kind** compartiment réservé aux personnes accompagnées d'enfants
ab|teilen *tr V* délimiter *Ecke, Raum;* **von etw eine Ecke ~** séparer un coin de qc
Abteilung *f* ❶ *einer Firma, eines Krankenhauses* service *m; eines Geschäfts* rayon *m*
 ❷ MIL détachement *m*
 ❸ kein *Pl (das Abteilen)* cloisonnage *m*
Abteilungsleiter(in) *m(f) einer Firma* chef *mf* de service; *eines Geschäfts* chef de rayon
ab|telefonieren* *fam* I. *itr V* se décommander [par téléphone]
 II. *tr V* **alle Läden nach etw ~** faire tous les magasins par téléphone pour trouver qc *(fam)*
ab|tippen *tr V fam* taper
Äbtissin [ɛp'tɪsɪn] <-, -nen> *f* abbesse *f*
ab|tönen *tr V* nuancer *Farbe*
Abtönung *f* **etw zur ~ einer Farbe verwenden** utiliser qc pour nuancer une couleur
ab|törnen ['aptœːɐnən] *tr V fam* mettre les glandes à *(fam);* **das hat mich abgetörnt** ça m'a mis les glandes *(fam)*
ab|töten *tr V* tuer *Bakterien, Nerv;* **die Gefühle in sich** *(Dat)* **~** étouffer les sentiments en soi
ab|tragen *tr V unreg* ❶ user *Kleidung*
 ❷ *geh (abbezahlen)* s'acquitter de *Schulden*
 ❸ *geh (abräumen)* enlever *Geschirr, Speisen*
 ❹ *(entfernen)* niveler *Gelände;* déblayer *Boden;* démolir *Haus, Mauer*
 ❺ GEOL éroder *Boden*
abträglich ['aptrɛːklɪç] *Adj Bemerkung, Äußerung* préjudiciable; **jdm/einer S.** [*o* **für jdn/etw**] **~ sein** être préjudiciable à qn/qc
Abtragung <-, -en> *f* ❶ *(Abriss) eines Gebäudes, einer Mauer* démolition *f*
 ❷ FIN *eines Kredits, von Schulden* acquittement *m*
 ❸ *(Erosion)* érosion *f*
Abtransport *m* ❶ *von Müll, Bauschutt* enlèvement *m; von Baumaterial* transport *m*
 ❷ *(Evakuierung) von Opfern, Verletzten* évacuation *f; von Gefangenen, Deportierten* transfert *m*
ab|transportieren* *tr V* ❶ *(wegfahren)* transporter *Aushub, Bauschutt;* enlever *Müll*
 ❷ *(evakuieren)* évacuer *Opfer, Verletzte;* transférer *Gefangene*
ab|treiben *unreg* I. *tr V + haben* ❶ MED **ein Kind ~ lassen** se faire avorter d'un enfant; **das Abtreiben** l'avortement *m*
 ❷ *(forttreiben)* déporter *Schiff, Ballon, Flugzeug;* entraîner *Schwimmer;* **das Schiff vom Kurs/den Schwimmer vom Ufer ~** *Sturm:* entraîner le bateau loin de sa route/le nageur loin de la côte
 ❸ *(zu Tal treiben)* faire redescendre *Vieh;* **die Kühe von der Alm ~** ramener les vaches du pâturage
 II. *itr V* ❶ *+ haben* MED **~ [lassen]** [se faire] avorter
 ❷ *+ sein (abkommen) Boot, Ballon:* dériver; **vom Kurs ~** *Boot, Ballon:* dévier de sa route; **vom Land** [*o* **Ufer**] **~** être entraîné(e) au large
Abtreibung <-, -en> *f* avortement *m;* **eine ~ vornehmen lassen** avoir recours à l'avortement; **eine ~ an jdm vornehmen** pratiquer un avortement sur qn

Abtreibungsparagraph *m* article *m* sur l'avortement **Abtreibungspille** *f fam* pilule *f* contragestive **Abtreibungsversuch** *m* tentative *f* d'avortement

ab|trennen *tr V* ❶ *(abreißen)* détacher; **etw von etw ~** détacher qc de qc
❷ *(abmachen, lösen)* **die Ärmel von etw ~** découdre les manches de qc
❸ *(abteilen)* délimiter *Bereich, Raum*; **die Küche vom Wohnbereich ~** séparer la cuisine du séjour
❹ *(abschneiden)* couper; **dem Fisch den Kopf ~** trancher la tête du poisson; **abgetrennt** coupé(e)
❺ *(amputieren)* amputer

Abtrennung *f* ❶ COUT **die ~ der Knöpfe ist schwierig** il est difficile de découdre les boutons
❷ *(das Abteilen)* cloisonnage *m*
❸ *(Vorrichtung)* cloisonnement *m*
❹ *(das Abschneiden) eines Körperteils* amputation *f*, ablation *f*

ab|treten *unreg* I. *tr V + haben* ❶ JUR céder; **jdm etw** [*o* **etw an jdn**] ~ céder qc à qn
❷ *fam (überlassen)* [**jdm**] **etw ~** refiler qc [à qn] *(fam)*
❸ *(abnutzen)* user *Teppich, Schuhe*
❹ *(durch Treten entfernen)* secouer *Schnee*; gratter *Schmutz*
II. *itr V + sein* ❶ *(zurücktreten) Politiker, Regierung:* démissionner; *Monarch:* abdiquer
❷ *(abgehen)* **von der Bühne ~** sortir de scène
❸ *fam (sterben)* claquer *(fam)*
❹ MIL rompre les rangs
III. *r V + haben* **sich ~** *Teppich, Stufen:* s'user

Abtreter <-s, -> *m fam (Fußmatte)* paillasson *m*; *(Gitterrost)* décrottoir *m*

Abtretung <-, -en> *f* JUR cession *f*

Abtrieb *s.* **Almabtrieb**

ab|trinken *tr V* **einen Schluck von etw ~** boire le trop-plein de qc du bout des lèvres

Abtritt *m* ❶ *(das Abtreten) eines Politikers* démission *f*; *eines Sportlers* retrait *m*
❷ *(das Abgehen)* sortie *f*
❸ *veraltet (Toilette)* toilette *f*

ab|trocknen I. *tr V* essuyer; **jdm den Rücken ~** essuyer le dos à qn; **sich** *(Dat)* **die Hände ~** s'essuyer les mains
II. *itr V* essuyer [la vaisselle]; **jdm beim Abtrocknen helfen** aider qn à essuyer [la vaisselle]
III. *r V* **sich ~** s'essuyer

ab|tropfen *itr V + sein* [s']égoutter; **etw ~ lassen** laisser [s']égoutter qc

Abtropfgestell *nt* égouttoir *m*

ab|trotzen *tr V geh* **jdm etw ~** extorquer qc à qn

abtrünnig ['aptrʏnɪç] *Adj Ketzer* renégat(e); *Vasall, Provinz* dissident(e); **jdm ~ werden** se séparer de qn; **der Kirche/dem Glauben ~ werden** renier sa religion/foi

Abtrünnige(r) *f(m) dekl wie Adj* dissident(e) *m(f)*

Abtrünnigkeit <-> *f* POL dissidence *f*; REL apostasie *f*

ab|tun *tr V unreg* ❶ *(nicht beachten)* ignorer *Argument, Bemerkung, Einwand*; **etw mit einem Achselzucken ~** écarter qc d'un haussement d'épaules
❷ *(erledigen)* **die Sache war mit einem Brief abgetan** l'affaire était réglée par une lettre

ab|tupfen *tr V* ❶ *(entfernen)* éponger *Blut, Schweiß*; essuyer *Tränen*; **er hat ihr den Schweiß von der Stirn abgetupft** il lui a éponge la sueur de son front
❷ *(reinigen)* essuyer *Gesicht, Lippen*; nettoyer *Wunde*; **soll ich dir die Stirn/Wunde ~?** tu veux que je t'essuie le front/te nettoie la plaie?

ab|urteilen *tr V* condamner

Aburteilung <-, -en> *f* condamnation *f*

Abverkauf *m* SDEUTSCH, A *(Ausverkauf)* liquidation *f*

ab|verlangen* *s.* **abfordern**

ab|wägen ['apvɛ:gən] *tr V unreg* peser *Worte, Vorteile, Nachteile*; examiner avec soin *Angebot, Plan*; **zwei Möglichkeiten** [**gegeneinander**] **~** comparer avec soin deux possibilités; *s. a.* **abgewogen**

Abwägung <-, -en> *f der Vorteile, Nachteile* comparaison *f*; *eines Angebots, Plans* examen *m*

Abwahl *f* destitution *f*

abwählbar *Adj* **~ sein** *Person:* pouvoir se faire blackbouler; *Schulfach* être facultatif(-ive)

ab|wählen *tr V* blackbouler *Person*; abandonner *Schulfach*

ab|wälzen *tr V* se décharger de *Verantwortung*; répercuter *Kosten*; **die Schuld/Arbeit auf jdn ~** rejeter la faute/se décharger de la corvée sur qn

ab|wandeln *tr V* modifier *Melodie, Motto*

ab|wandern *itr V + sein (wegziehen)* déménager; **vom Land in die Stadt ~** quitter la campagne pour s'installer en ville; **aus der Stadt ins Umland ~** quitter la ville pour s'installer dans les envi- rons
❷ *fam (überwechseln)* **zu jdm/etw ~** *Kunde, Sportler:* passer à qn/qc; **zu einem anderen Verein ~** quitter son club pour un autre
❸ *fig fam Kapital:* fuir; **das abgewanderte Kapital** le capital expatrié

Abwanderung *f* ❶ *der Bewohner, Fachkräfte* émigration *f*
❷ *fig des Kapitals* fuite *f*

Abwandlung *f (Variation)* remaniement *m*; **die ~ eines bekannten Themas sein** *Theaterstück:* être une variation sur un sujet bien connu

Abwärme *f* TECH chaleur *f* perdue

Abwart(in) <-s, -e> *m(f)* CH concierge *mf*, gardien(ne) *m(f)* d'un/de l'immeuble

ab|warten I. *tr V* attendre *Ergebnis, Ende, Zahlung*; **er kann es nicht ~ sie anzurufen** il est impatient de lui téléphoner; **ich kann es nicht ~!** je ne peux pas patienter!; **das bleibt abzuwarten** c'est à voir
II. *itr V* attendre; **sich ~d verhalten** rester dans l'expectative

abwärts ['apvɛrts] *Adv* ❶ *(nach unten)* **weiter ~** plus bas; **wir müssen wieder ~** nous devons redescendre
❷ *fig* **vom Chef ~** depuis le chef jusqu'en bas de la hiérarchie; **von hundert Euro/drei Jahren ~** cent euros/trois ans ou moins

abwärts|fahren *itr V unreg + sein* redescendre **abwärts|gehen** *itr V unreg, unpers + sein* ❶ *(nach unten)* redescendre; **hinter der Kurve geht es abwärts** ça descend après le tournant ❷ *(zum Schlechten)* **es geht mit jdm/etw abwärts** qn/qc est sur la mauvaise pente **abwärts|sausen** *itr V + sein fam Fallbeil:* tomber

Abwärtstrend *m* tendance *f* à la baisse

Abwasch¹ ['apvaʃ] <-[e]s> *m fam* ❶ *(schmutziges Geschirr)* vaisselle *f (sale)*
❷ *(das Spülen)* vaisselle *f*; **den ~ machen** faire la vaisselle
▶ **das ist ein ~** tant que j'y suis/tu y es *(fam)*

Abwasch² <-, -en> *f* A évier *m*

abwaschbar *Adj* lavable

Abwaschbecken *nt* évier *m*

ab|waschen *unreg* I. *tr V* ❶ *(säubern)* laver; **sich** *(Dat)* **den Schmutz von etw ~** se nettoyer la saleté sur qc; **sich** *(Dat)* **die Schminke vom Gesicht ~** se démaquiller le visage à l'eau
❷ *(entfernen)* **die Farbe/den Fleck von etw ~** enlever la peinture/la tache sur qc; **sich nicht ~ lassen** ne pas partir au lavage
❸ *geh (beseitigen)* laver *Schmach, Makel*
II. *r V* **sich** [**kalt**] **~** se laver [à l'eau froide]
III. *itr V* faire la vaisselle

Abwaschlappen *m* lavette *f* **Abwaschwasser** *nt (Wasser zum Abwaschen)* eau *f* pour faire la vaisselle; *(Schmutzwasser)* eau *f* de vaisselle

Abwasser <-wässer> *nt* eaux *fpl* usées; **industrielle Abwässer** eaux industrielles

Abwasseraufbereitung *f* traitement *m* des eaux usées **Abwasserentsorgung** *f* épuration *f* des eaux usées **Abwasserkanal** *m*, **Abwasserleitung** *f* égout *m* **Abwasserreinigung** *f* épuration *f* des eaux usées

ab|wechseln [-vɛksəln] *r V* ❶ *(im Wechsel handeln)* **sich mit jdm ~** alterner avec qn; **sich beim Kochen/Spülen ~** se relayer pour faire la cuisine/vaisselle
❷ *(im Wechsel erfolgen)* **sich ~** *Gefühle, Witterungserscheinungen:* alterner

abwechselnd *Adv (einer nach dem anderen)* à tour de rôle; *(eins nach dem anderen)* tour à tour; **~ Wache halten/einkaufen** monter la garde/faire les courses à tour de rôle; **~ lachen und weinen** passer du rire aux larmes et vice versa; **es regnet und schneit ~** il pleut et il neige tour à tour

Abwechslung <-, -en> *f (Zerstreuung)* distraction *f*; *(Veränderung)* changement *m*; **um ein wenig ~ zu haben** pour se changer un peu les idées; **für ~ in seinem Leben sorgen** mettre de l'animation dans sa vie; **zur ~** pour changer

abwechslungshalber ['apvɛkslʊŋshalbɐ] *Adv* pour changer

abwechslungslos *Adj* immuable, monotone

abwechslungsreich *Adj* varié(e)

Abweg *m meist Pl* **jdn auf ~e führen** [*o* **bringen**] détourner qn du droit chemin; **auf ~e geraten** sortir du droit chemin

abwegig ['apve:gɪç] *Adj* aberrant(e)

Abwegigkeit <-, *selten* -en> *f* aberration *f*

Abwehr ['pve:ɐ] *f* ❶ SPORT **jdm gelingt die ~ des gegnerischen Angriffs** qn réussit à repousser l'attaque de l'adversaire
❷ MIL **~ eines Angriffs** riposte *f* à une attaque; **die ~ des feindlichen Angriffs gelingt nicht** l'attaque ennemie ne peut être repoussée
❸ *(Spionageabwehr)* contre-espionnage *m*
❹ MED *(das Abwehren)* défense *f*; *(Abwehrsystem)* défenses *fpl*; **die ~ der Bakterien** la lutte contre les bactéries
❺ *(Ablehnung)* résistance *f*; **bei jdm auf ~ stoßen** se heurter à la résistance chez qn

abwehrbereit *Adj* MIL prêt(e) à riposter **Abwehrdienst** *m* MIL service *m* de contre-espionnage
ab|wehren I. *tr V* ❶ a. MIL *(zurückschlagen, widerlegen)* repousser ❷ SPORT repousser *Ball, Strafstoß;* stopper *Angriff* ❸ *(abblocken)* parer *Schlag, Stoß* ❹ *(abwenden)* écarter *Gefahr;* enrayer *Auswirkungen* II. *itr V* ❶ *(ablehnen)* refuser; **~d die Hände heben** lever les mains en signe de dénégation ❷ SPORT dégager
Abwehrkampf *m* combat *m* défensif **Abwehrkräfte** *Pl* MED défenses *fpl* [immunitaires] **Abwehrmechanismus** *m* ❶ MED mécanisme *m* immunitaire ❷ PSYCH mécanismes *mpl* de défense **Abwehrreaktion** *f* MED réaction *f* de défense **Abwehrspieler(in)** *m(f)* SPORT défenseur *mf* **Abwehrstoff** *m* MED anticorps *m*
ab|weichen *itr V unreg + sein* ❶ *(nicht befolgen, abgehen von)* s'écarter; **von etw ~** s'écarter de qc ❷ *(sich unterscheiden)* **von etw ~** *Auffassung, Programm, Vorschlag:* s'écarter de qc; **voneinander ~** diverger; **~d** *(verschieden) Meinung* différent(e); *(auffällig) Meinung, Verhalten* déviant(e) ❸ *(nicht übereinstimmen)* **in seinem Verhalten von der Norm ~** avoir un comportement hors norme ❹ *(abkommen)* **vom Kurs ~** dévier de sa route
Abweichler(in) <-s, -> *m(f) pej* déviationniste *mf*
Abweichung <-, -en> *f* ❶ *(Unterschiedlichkeit)* divergence *f;* **~ von etw** divergence *f* par rapport à qc ❷ *(Kursabweichung)* déviation *f* ❸ TECH *(Differenz)* écart *m*
ab|weiden *tr V* brouter
ab|weisen *tr V unreg* ❶ *(wegschicken)* renvoyer; **sich von jdm nicht ~ lassen** ne pas se laisser éconduire par qn ❷ *(ablehnen)* rejeter *Antrag, Bitte, Klage;* refuser, éconduire *Bewerber*
abweisend *Adj* rebutant(e); **~ zu jdm sein** être bourru(e) avec qn
Abweisung *f* ❶ *(das Wegschicken)* renvoi *m* ❷ *(das Ablehnen) eines Antrags, einer Klage* rejet *m*
abwendbar *Adj Ereignis, Unglück, Unfall* évitable
ab|wenden *reg o unreg* I. *r V geh* ❶ *(sich wegdrehen)* **sich ~** se détourner; **sich von jdm/der Tür ~** tourner le dos à qn/la porte; **sich kurz von seiner Arbeit ~** quitter un instant son travail ❷ *(sich innerlich abkehren)* **sich von jdm/etw ~** se détourner de qn/qc II. *tr V* ❶ *(verhindern)* éviter *Folgen, Katastrophe;* détourner *Unheil;* écarter *Gefahr;* **eine Gefahr von jdm/etw ~** écarter un danger de qn/qc ❷ *geh (zur Seite wenden)* détourner *Blick, Gesicht, Kopf;* **die Augen von jdm/etw ~** détourner les yeux de qn/qc; **mit abgewandtem Blick** en regardant ailleurs
ab|werben *tr V unreg* débaucher *Mitarbeiter;* racoler *Abonnenten, Kunden, Wähler;* **Kundschaft von jdm ~** détourner la clientèle de qn; **sich** *(Dat)* **gegenseitig Abonnenten ~** racoler les abonnés l'un de l'autre; **einen Spieler von einem Verein ~** débaucher un joueur d'un club
Abwerbung *f von Mitarbeitern, Arbeitskräften* débauchage *m; von Abonnenten, Kunden, Wählern* racolage *m*
ab|werfen *unreg* I. *tr V* ❶ *(aus der Luft werfen)* lâcher *Ballast;* parachuter *Hilfsgüter;* lancer *Flugblätter;* larguer *Bomben* ❷ *(zu Boden werfen)* **jdn ~** *Reittier:* désarçonner qn ❸ *(verlieren, abstoßen)* perdre *Blätter, Nadeln, Geweih;* **abgeworfene Blätter** des feuilles mortes ❹ *(erzielen)* rapporter *Gewinn, Zinsen* ❺ *geh (abschütteln)* secouer *Joch;* briser *Fesseln* ❻ KARTEN se défausser de *Karte* II. *itr V Torwart:* dégager [à la main]
ab|werten *tr V* ❶ ÖKON dévaluer *Währung;* **den Dollar um drei Prozent ~** dévaluer le dollar de trois pour cent ❷ *(herabsetzen)* déprécier *Ideal, Tugend;* **abgewertet werden/sein** se dévaloriser/être dévalorisé(e)
abwertend I. *Adj* péjoratif(-ive) II. *Adv* péjorativement; **etw ist ~ gemeint** qc a une connotation péjorative
Abwertung *f einer Währung* dévaluation *f; eines Ideals, einer Tugend* dévalorisation *f*
abwesend ['apvɐ:zənt] *Adj* ❶ *(nicht vorhanden)* absent(e) ❷ *(geistesabwesend) Person, Gesichtsausdruck* absent(e); **~ sein** avoir une absence
Abwesende(r) *f/m dekl wie Adj* absent(e) *m(f)*
Abwesenheit <-, *selten* -en> *f* ❶ *(opp: Anwesenheit)* absence *f;* **bei ~** en cas d'absence; **in ~ des Chefs** en l'absence du patron; **in ~ verurteilt werden** être condamné(e) par contumace ❷ *(Geistesabwesenheit)* absence *f* ❸ **durch ~ glänzen** *iron fam* briller par son absence
ab|wetzen *tr V* élimer *Kleidung, Kragen, Sofa;* **eine völlig abgewetzte Hose** un pantalon usé jusqu'à la corde

ab|wickeln I. *tr V* ❶ *(herunterwickeln)* défaire *Verband;* **etw von einer Rolle ~** dérouler qc d'un rouleau; **die Wolle von der Spule ~** débobiner la laine; **sich** *(Dat)* **den Verband ~** défaire son bandage ❷ *(erledigen)* exécuter *Auftrag;* réaliser *Kauf, Geschäft;* régler *Konkurs* ❸ *(schließen)* liquider *Betrieb* ❹ *(entlassen)* licencier *Mitarbeiter* II. *r V* **sich von einer Rolle ~** se dérouler d'un rouleau; **sich von einer Spule ~** se débobiner
Abwicklung <-, -en> *f* ❶ *(Erledigung) eines Auftrags* exécution *f; eines Geschäfts* réalisation *f* ❷ *(Schließung) eines Betriebs* liquidation *f* ❸ *(Entlassung)* licenciement *m*
ab|wiegeln ['apvi:gəln] I. *itr V* minimiser II. *tr V* apaiser *Person, Menschenmenge*
ab|wiegen *tr V unreg* peser; **das Abwiegen** la pesée
ab|wimmeln *tr V fam* ❶ envoyer balader *(fam) Vertreter;* **sich nicht so leicht ~ lassen** ne pas se laisser mettre à la porte si facilement ❷ *(verweigern)* refuser *Arbeit, Auftrag*
Abwind *m* AVIAT, METEO vent *m* descendant
ab|winkeln *tr V* plier *Arm, Bein*
ab|winken I. *itr V* faire un geste de dénégation ▶ **bis zum Abwinken** *fam* à faire crier grâce II. *tr V* SPORT **ein Rennen ~** donner le signal de la fin d'une course
ab|wirtschaften *itr V fam* **abgewirtschaftet haben** être en [pleine] déconfiture *(fam);* **abgewirtschaftet** *Betrieb, Bauernhof* délabré(e); *Firma* en [pleine] déconfiture *(fam); Regierung* aux abois
ab|wischen *tr V* ❶ *(wegwischen)* essuyer *Schmutz, Staub, Tränen;* **sich** *(Dat)* **die Tränen vom Gesicht ~** essuyer les larmes sur son visage; **er wischte ihr den Schweiß von der Stirn ab** il lui essuya la sueur du front ❷ *(säubern)* essuyer *Augen, Hände, Tisch;* [**sich** *(Dat)*] **die Hände an etw** *(Dat)* **~** [s']essuyer les mains à qc
ab|wracken *tr V* mettre à la ferraille; **ein Auto/Schiff ~** mettre une voiture/un bateau à la ferraille
Abwurf *m* ❶ *von Ballast* lâchage *m; von Hilfsgütern* parachutage *m; von Flugblättern* lancement *m; von Bomben* largage *m* ❷ SPORT dégagement *m* [à la main]
ab|würgen *tr V fam* ❶ caler *Motor* ❷ *(im Keim ersticken)* couper court à *Diskussion;* étouffer *Forderung*
ab|zahlen I. *tr V* ❶ *(zurückzahlen)* rembourser *Kredit, Schulden* ❷ *(in Raten bezahlen)* **etw ~** payer qc à tempérament; **etw in Raten ~** payer qc en plusieurs versements II. *itr V* **lange an etw** *(Dat)* **~** payer longtemps les mensualités de qc
ab|zählen I. *tr V* compter *Betrag, Banknoten;* **zählen Sie mir das Geld in Hundertern ab!** faites-moi le compte en billets de cent euros!; **das Fahrgeld abgezählt bereithalten** préparer l'appoint du prix du billet II. *itr V* compter; **das Abzählen** le compte; **sich beim Abzählen vertun** se tromper en comptant
Abzählreim *m* comptine *f*
Abzahlung *f eines Kredits, von Schulden* remboursement *m;* **etw auf ~ kaufen** acheter qc à tempérament
Abzählvers *s.* **Abzählreim**
ab|zapfen ['aptsapfən] *tr V* ❶ *(zapfen)* tirer *Bier, Wein;* **Benzin aus dem Tank ~** siphonner de l'essence du réservoir ❷ *fam (abnehmen)* **jdm Blut ~** prélever du sang à qn *(fam);* **jdm Geld ~** soutirer de l'argent à qn *(fam)*
Abzäunung <-, -en> *f* clôture *f; (Polizeiabsperrung)* barrage *m*
Abzeichen *nt* insigne *m*
ab|zeichnen I. *tr V* ❶ *(abmalen)* reproduire *Bild, Gegenstand;* **etw aus einem Buch/von einer Vorlage ~** reproduire qc à partir d'un livre/modèle ❷ *(signieren)* signer *Scheck, Schriftstück;* **Schriftstücke zum Abzeichnen** des lettres à signer II. *r V* **sich ~** ❶ *(erkennbar werden)* se profiler; **sich am Horizont ~** se profiler à l'horizon; **dieser Konflikt hatte sich schon früh abgezeichnet** ce conflit était prévisible de longue date ❷ *(durchscheinen) Unterwäsche, Träger:* se dessiner
Abziehbild *nt* décalcomanie *f*
ab|ziehen *unreg* I. *itr V* ❶ + *sein* MIL se retirer; **aus einem Gebiet ~** se retirer d'un secteur ❷ + *sein fam (weggehen)* décamper *(fam);* **zieh ab!** *fam* fiche le camp! ❸ + *sein (wegziehen) Rauch, Staubwolke, Nebel:* se dissiper; *Gewitter, Sturmtief:* s'éloigner; **aus einem Raum ~** s'échapper d'un lieu ❹ + *haben (abdrücken)* tirer II. *tr V* + *haben* ❶ *(einbehalten)* retenir *Sozialabgaben, Steuern;* **einen Vorschuss vom Gehalt ~** déduire une avance du salaire ❷ *(abrechnen)* déduire *Betrag;* **ich ziehe Ihnen fünf Prozent**

Rabatt vom Listenpreis ab je vous fais une remise de cinq pour cent sur le prix affiché
❸ *(subtrahieren)* retrancher *Zahlen*
❹ *(entnehmen)* retirer *Einlage, Kapital;* **sein Geld aus der Firma ~** retirer son argent de l'entreprise
❺ *(zurückrufen)* retirer *Truppen*
❻ *(herausziehen, herunterziehen)* retirer *Schlüssel, Ring, Uhr;* **den Ring vom Finger ~** ôter la bague du doigt
❼ *(entfernen)* **jdm die Haut ~** écorcher qn; **einem Tier das Fell ~** dépouiller un animal
❽ *(von den Bezügen befreien)* déhousser *Sofa, Sessel;* retirer *Bettzeug, Laken;* **die Betten/die Kissen ~** retirer les draps [des lits]/les taies [des oreillers]
❾ *(abfüllen)* tirer *Most, Wein*
❿ *(vervielfältigen)* tirer *Text, Vorlage;* **etw fünfmal ~** tirer qc en cinq exemplaires

ab|zielen *itr V* ❶ *(treffen wollen)* **mit seiner Frage auf jdn/etw ~** viser qn/vouloir en venir à qc avec sa question; **auf jdn/etw ~ Bemerkung, Seitenhieb:** viser qn/qc; **worauf zielst du mit deiner Bemerkung ab?** où veux-tu en venir avec ta remarque?
❷ *(zum Ziel haben)* **auf etw** *(Akk)* **~** *Person:* avoir qc en vue; *Gesetz, Maßnahme:* viser à qc

Abzocke ['aptsɔkə] <-> *f fam* ❶ *(Übervorteilung)* arnaque *f (fam);* **das ist die reinste ~!** c'est vraiment l'arnaque!
❷ *(Habgier, rücksichtslose Selbstbereicherung)* magouille *f gén pl (fam);* **die ~ dieser Topmanager** les magouilles de ces cadres supérieurs *(fam)*

ab|zocken *tr V sl* arnaquer *(fam)*

Abzockerei [aptsɔkə'raɪ] *s.* **Abzocke**

Abzug *m* ❶ *(Einbehalt) von Sozialabgaben, Steuern* retenue *f;* **etw in ~ bringen** *form* déduire qc
❷ *(das Abziehen) eines Rabatts, Skontos* déduction *f;* **ohne ~** sans déduction
❸ *(Vervielfältigung)* copie *f; (Korrekturfahne)* épreuve *f,* placard *m*
❹ *(Bilderabzug)* épreuve *f*
❺ *kein Pl MIL* retrait *m;* **jdm freien ~ gewähren** accorder à qn les honneurs de la guerre
❻ *FIN von Kapital* retrait *m*
❼ *(Luftzufuhr) eines Kamins* tirage *m; (Abzugsöffnung)* conduit *m* de fumée
❽ *(Drücker) einer Schusswaffe* détente *f;* **den Finger am ~ haben** avoir le doigt sur la gâchette

abzüglich ['aptsy:klɪç] *Präp + Gen* déduction faite de; **~ eines Rabatts** déduction faite d'une remise

abzugsfähig *Adj Aufwendungen* déductible; **steuerlich ~/nicht ~** fiscalement déductible/non déductible **abzugsfrei** *Adj Einkünfte* exonéré(e) d'impôt **Abzugshaube** *s.* **Dunstabzugshaube Abzugskanal** *m TECH* conduit *m* d'évacuation **Abzugsrohr** *nt* tuyau *m* de cheminée

ab|zupfen *tr V* arracher délicatement *Beeren, Stiele;* **die Blätter von einer Blüte ~** effeuiller les pétales d'une fleur

ab|zwacken *tr V fam* rogner sur *Geld, Summe;* **sich** *(Dat)* **zehn Euro vom Taschengeld ~** rogner dix euros sur son argent de poche

Abzweig *m form* embranchement *m*

ab|zweigen **I.** *itr V + sein Weg, Gleis:* bifurquer; **von etw ~** *Weg, Gleis:* bifurquer de qc; **an etw** *(Dat)***/von etw ~** *Kabel, Leitung:* partir de qc
II. *tr V + haben fam* **hundert Euro von etw ~** prélever cent euros sur qc

Abzweigung <-, -en> *f eines Wegs* embranchement *m; eines Kabels, einer Leitung* branchement *m*

ab|zwicken *tr V* couper [avec une pince]; **etw ~** couper qc [avec une pince]

Accessoire [aksɛ'soaːɐ] <-s, -s> *nt* accessoire *m*

Acetat [atse'taːt] <-s, -e> *nt* acétate *m*

Aceton [atse'toːn] <-s> *nt CHEM* acétone *f*

Acetylen [atsety'leːn] <-s> *nt CHEM* acétylène *m*

ach [ax] **I.** *Interj* ❶ *(Ausruf der Verärgerung)* ah; **~ was** [*o* **wo**]**!** allons donc!
❷ *(Ausruf der Überraschung)* ah; **~ nein!** *fam* allons bon! *(fam);* **~ wirklich?** ah oui?; **~ so!** *(nun gut)* bon, bon!; *(aha)* ah bon!
II. *Adv iron* **unser ~ so schlauer Kollege** notre collègue on ne peut plus malin

Ach <-s, -[s]> *nt (Jammern)* gémissement *m*
▶ **mit ~ und Krach** *fam* de justesse; **er hat die Prüfung mit ~ und Krach bestanden** il a dû ramer pour avoir son examen *(fam);* **~ und Weh schreien** *veraltet geh* se répandre en lamentations

Achat [a'xaːt] <-[e]s, -e> *m* agate *f*

Achillesferse [a'xɪlɛs-] *f einer Person* talon *m* d'Achille; *einer Sache, Ware* défaut *m* de la cuirasse **Achillessehne** *f* tendon *m* d'Achille

AchlautRR *m* consonne de l'allemand écrite *ch,* fricative postvé-

laire après *a, o, u*

Achsabstand *m TECH* écartement *m* des essieux

Achse ['aksə] <-, -n> *f* ❶ *eines Fahrzeugs* essieu *m*
❷ *PHYS, MATH* axe *m*
❸ *POL* axe *m* [politique]; **die ~ Berlin—Rom** *HIST* l'Axe [Rome–Berlin]
▶ **auf ~ sein** *fam* être [toujours] sur les chemins; *(verreist sein)* être en déplacement

Achsel ['aksəl] <-, -n> *f (Achselhöhle)* aisselle *f*
❷ *(Schulter)* épaule *f;* **die** [*o* **mit den**] **~n zucken** hausser les épaules

Achselhaare ['aksəl-] *Pl* poils *mpl* des aisselles **Achselhöhle** *f* aisselle *f;* **in den ~n** au creux des aisselles **Achselzucken** <-s> *nt* haussement *m* d'épaules **achselzuckend** *Adv* en haussant les épaules

Achsenbruch ['aksən-] *m* rupture *f* d'essieu **Achsenkreuz** *nt MATH* système *m* d'axes **Achsenmächte** [-mɛçtə] *Pl HIST* **die ~** les puissances *fpl* de l'Axe

Achslager ['aks-] *nt TECH* coussinet *m* **Achslast** *f* charge *f* maximale autorisée par essieu **Achsstand** *m* empattement *m*

acht[1] [axt] *Num* huit; **~ [Jahre alt] sein** avoir huit ans; **sie wird bald ~ [Jahre alt]** elle va bientôt avoir huit ans; **mit ~ [Jahren]** à huit ans; **es ist ~ [Uhr]** il est huit heures; **um/gegen ~ [Uhr]** à/vers huit heures; **kurz vor ~** peu avant huit heures; **es ist noch vor ~** il n'est pas encore huit heures; **es ist schon kurz nach ~** il est déjà huit heures passées; **es ist ~ [Minuten] nach/vor drei** il est trois heures huit/moins huit; **alle ~ Stunden** toutes les huit heures; **heute/[am] Montag in ~ Tagen** dans huit jours/lundi en huit; **die Linie ~ fährt zum Bahnhof** le huit va à la gare; **es steht ~ zu drei** le score est de huit à trois

acht[2] *Adv* huit; **zu ~ sein** être huit; **etw zu ~ tun** faire qc à huit

Acht[1] <-, -en> *f* ❶ *(Zahl, Spielkarte)* huit *m*
❷ *kein Pl (U-Bahn-, Bus-, Straßenbahnlinie)* huit *m*
❸ *(einer Acht ähnelnde Form, Linie)* **eine ~ haben/laufen** faire un huit

Acht[2] <-> *f* **~ geben** [*o* **haben**] faire attention; **auf jdn/etw ~ geben** [*o* **haben**] surveiller qn/qc; **~ geben** [*o* **haben**], **dass die Arbeit gemacht wird** veiller à ce que le travail soit fait; **gib** [*o* **hab**] **~, wohin du trittst!** fais attention où tu marches!; **außer ~ lassen** ne pas tenir compte de; **nicht außer ~ lassen** ne pas négliger; **nimm dich in ~!** prends garde [à toi]!; **sich in ~ nehmen** se tenir sur ses gardes; **sich vor jdm/etw in ~ nehmen** se méfier de qn/qc

Acht[3] <-> *f HIST* proscription *f*
▶ **jdn in ~ und Bann tun** *Papst:* excommunier qn; *(verdammen)* mettre qn au ban de la société

achtarmig *Adj Krake* octopode; *Leuchter* à huit branches

achtbar *Adj geh* honorable

achte(r, s) *Adj* ❶ huitième; **jeder ~ Franzose/Haushalt** un Français/foyer sur huit
❷ *(bei Datumsangaben)* **der ~ März** *écrit:* **der 8. März** le huit mars *geschrieben:* le 8 mars; **am ~n März** le huit mars; **am Freitag, den ~n März** le vendredi huit mars; **Bonn, den ~n März** Bonn, le huit mars
❸ *SCHULE* **die ~ Klasse** ≈ la troisième; **in der ~n Klasse** ≈ en troisième
❹ *(Namenszusatz)* **Karl der ~** *écrit:* **Karl VIII.** Charles huit *geschrieben:* Charles VIII; **Sophie die ~** *écrit:* **Sophie VIII.** Sophie huit *geschrieben:* Sophie VIII
❺ *(Datumsangabe)* **der ~/am ~n** *écrit:* **der 8./am 8.** le huit *geschrieben:* le 8
❻ *(Sinfonie)* **Beethovens ~** la Huitième Symphonie de Beethoven

Achteck *nt* octogone *m* **achteckig** *Adj* octogonal(e) **achteinhalb** ['axtʔaɪn'halp] *Num* **~ Meter** huit mètres et demi; **~ Pfund** huit livres et demie

achtel ['axtəl] *Adj* huitième; **ein ~ Gramm** un huitième de gramme

Achtel ['axtəl] <-s, -> *nt* ❶ *a. MATH* huitième *m*
❷ *(Achtelliter)* ballon *m;* **ein ~ Rotwein** un ballon de vin rouge
❸ *(achtel Pfund)* **ein ~ Butter** une demi-plaquette de beurre

Achtelfinale *nt* huitième *m* de finale **Achtelliter** *m* demi-quart *m* de litre **Achtelnote** *f* croche *f* **Achtelpause** *f* demi-soupir *m*

achten ['axtən] **I.** *tr V* ❶ *(wertschätzen)* estimer; **jdn als zuverlässigen Kollegen ~** considérer qn comme un collègue fiable; **jdn hoch ~** tenir qn en haute estime; **etw hoch ~** estimer beaucoup qc; **geachtet** estimé(e); **hoch geachtet** *Person* tenu(e) en haute estime; **als Wissenschaftler hoch geachtet** considéré comme

excellent scientifique
② *(respektieren)* respecter *Gesetze, Bräuche, Gefühle*
II. *itr V* ❶ *(aufpassen)* **auf jdn/etw ~** surveiller qn/qc
② *(beachten)* **auf jdn/etw ~** faire attention à qn/qc
❸ *(sehen auf)* **darauf ~ etw zu tun** veiller à faire qc
ächten ['ɛçtən] *tr V* ❶ *(verdammen)* frapper d'ostracisme; **jdn ~** frapper qn d'ostracisme; **gesellschaftlich geächtet werden** être mis(e) au ban de la société
❷ HIST proscrire
achtens ['axtəns] *Adv* huitièmement
achtenswert *Adj Person* respectable; *Leistung, Erfolg* méritoire
Achter <-s, -> *m (Ruderboot)* huit *m*
Achterbahn *f* grand huit *m* **Achterdeck** *nt* pont *m* arrière
achterlei *Adj unv* ~ **Sorten Brot** huit sortes de pain; **in ~ Größen** en huit tailles; **~ gleichzeitig tun** faire huit choses différentes à la fois
achtern *Adv* NAUT à l'arrière
achtfach, 8fach I. *Adj* octuple *(rare)*; **eine ~e Vergrößerung** un agrandissement huit fois plus grand; **die ~e Menge nehmen** prendre huit fois cette quantité; **den ~en Preis verlangen** exiger huit fois le prix; **in ~er Ausfertigung** en huit exemplaires
II. *Adv* **falten/sein**; *ausfertigen* en huit exemplaires
Achtfache(s) *nt dekl wie Adj* octuple *m (rare)*; **das ~ verdienen/bezahlen** gagner/payer huit fois plus; **das ~ an Gehalt haben** avoir un salaire huit fois plus élevé; **um das ~** de huit fois; **um das ~ höher** huit fois plus élevé(e)
Achtfüßer <-s, -> *m* ZOOL octopode *m*
acht|geben *s.* **Acht²**
achtgeschossig *Adj* de huit étages; **~ sein** avoir huit étages
acht|haben *s.* **Acht²**
achthundert *Num* huit cents **achthundertjährig** *Adj* **das ~e Jubiläum** le huitième centenaire; **das ~e Bestehen des Dorfs** les huit cents ans d'existence du village **achthundertste(r, s)** *Adj* huit centième **achthunderttausend** *Num* huit cent mille
achtjährig ['axtjɛːrɪç], **8-jährig**^RR *Adj Kind, Amtszeit* de huit ans
Achtjährige(r) *f(m) dekl wie Adj* garçon *m*/fille *f* de huit ans
achtjährlich *Adj* tous les huit ans; **in ~em Turnus** par roulement de huit ans **Achtkampf** *m* SPORT ❶ *(in der Leichtathletik)* compétition *f (avec huit disciplines)* ❷ *(beim Turnen)* concours *m* général *(avec huit disciplines)* **achtkantig I.** *Adj* à huit arêtes **II.** *Adv* ▸ **jdn ~ rauswerfen** *fam* ficher qn dehors *(fam)*
achtköpfig *Adj Familie* de huit [personnes]
achtlos I. *Adj* inattentif(-ive); **sein/ihr ~es Verhalten** son inattention; **~ sein** ne pas faire attention
II. *Adv* sans faire attention
Achtlosigkeit <-> *f* inattention *f*
achtmal *Adv* huit fois; **~ so viel** huit fois plus; **~ so viele ...** huit fois plus de ...
achtmalig *Adj* **nach ~em Klingeln** au huitième coup de sonnette; **trotz ~er Wiederholung** bien que l'ayant répété(e) huit fois
achtmonatig *Adj* de huit mois
achträd[e]rig *Adj* à huit roues
achtsam I. *Adj geh* précautionneux(-euse) *(soutenu)*; **~ mit etw sein** faire attention à qc
II. *Adv geh* soigneusement
Achtsamkeit <-> *f geh* soin *m*
achtseitig *Adj* de huit pages
achtsilbig *Adj* LITER qui a huit syllabes; **ein ~er Vers** un [vers] octosyllabe
Achtsitzer <-s, -> *m* huit places *f*
achtsitzig *Adj Wagen* à huit places
achtstellig *Adj Zahl* de huit chiffres; *Betrag, Summe* à huit chiffres
achtstöckig *Adj* de huit étages
achtstrophig *Adj Gedicht* de huit strophes; *Lied* de huit couplets
Achtstundentag *m* journée *f* de huit heures
achtstündig ['axtʃtʏndɪç] *Adj attr* de huit heures
achtstündlich I. *Adj Wechsel* toutes les huit heures
II. *Adv* wechseln toutes les huit heures
achttägig *Adj* de huit jours
achttäglich *Adv* wiederholen tous les huit jours **achttausend** *Num* huit mille **Achttausender** <-s, -> *m* [sommet *m* de] huit mille *m* [mètres]
Achtteiler <-s, -> *m* feuilleton *m* en huit épisodes
achtteilig *Adj Film* en huit parties; *Besteck, Satz* de huit pièces
Achttonner *m* huit tonnes *m*
Achtundsechziger(in) <-s, -> *m(f)* soixante-huitard(e) *m(f)* *(fam)*
achtundzwanzig *Num* vingt-huit
Achtung ['axtʊŋ] <-> *f* ❶ *(Wertschätzung)* respect *m*; **vor jdm/etw große ~ haben** avoir un grand respect pour qn/qc; **in jds ~ (Dat) steigen/sinken** monter/tomber dans l'estime de qn; **sich (Dat) ~ bei jdm verschaffen** imposer le respect à qn
② *(Beachtung) einer Person, Sache* respect *m*

❸ *(Vorsicht)* **~!** attention!; MIL garde-à-vous!; **~[, ~], eine Durchsage!** votre attention, s'il vous plaît!; **~, Stufe!** attention à la marche!; **~, fertig, los!** attention! prêts? partez!
▸ **alle ~!** chapeau bas!
Ächtung ['ɛçtʊŋ] <-, -en> *f* ❶ HIST proscription *f*
② *(Verdammung) von Gewalt, Kriegen* condamnation *f*
achtunggebietend *Adj geh* imposant(e); **~ sein** imposer le respect
Achtungserfolg *m* succès *m* d'estime
achtwöchig *Adj* de huit semaines; **wir haben einen ~en Urlaub in Kanada verbracht** nous avons passé huit semaines de vacances au Canada
achtzehn ['axtseːn] *Num* dix-huit; *s. a.* **acht¹** **achtzehnhundert** *Adj unv* mille huit cents; **er verdient ~ Euro im Monat** il gagne mille huit cents euros par mois; **im Jahre ~** en l'an mil[le] huit cents **achtzehnte(r, s)** *Adj* dix-huitième; *s. a.* **achte(r, s)**
achtzeilig *Adj Gedicht, Strophe* de huit vers; *Text* de huit lignes
achtzig ['axtsɪç] *Num* quatre-vingts, huitante (CH), octante (BELG); **~ [Jahre alt] sein** avoir quatre-vingts ans; **er wird bald ~ [Jahre alt]** il va bientôt avoir quatre-vingts ans; **mit ~ [Jahren]** à quatre-vingts ans; **mit ~ Stundenkilometern** à quatre-vingts kilomètres à l'heure
▸ **jdn mit etw auf ~ bringen** *fam* mettre qn en pétard avec qc *(fam)*; **auf ~ sein** *fam* être en pétard *(fam)*
Achtzig <-, -en> *f* quatre-vingts *m*
achtziger ['axtsɪɡɐ], **80er** *Adj unv* quatre-vingts; **die ~ Jahre** les années *fpl* quatre-vingts; **der ~ Jahrgang** *(Wein)* la cuvée quatre-vingts; *fig (Menschen)* la promotion quatre-vingts; **ein ~ Bordeaux** un bordeaux de quatre-vingts
Achtziger¹ <-s, -> *m* ❶ *(Mann in den Achtzigern)* octogénaire *m*
② *s.* **Achtzigjährige(r)**
❸ *(Wein des Jahrgangs 1980)* 1980 *m*
Achtziger² <-, -> *f* HIST *fam (Briefmarke)* timbre *m* à quatre-vingts pfennigs
Achtziger³ *Pl* ❶ *eines Jahrhunderts* **die ~** les années *fpl* quatre-vingts
② *(Lebensalter)* **Mitte der ~/in den ~n sein** avoir quatre-vingts ans bien sonnés/être octogénaire
Achtzigerin <-, -nen> *f* ❶ *(Frau in den Achtzigern)* octogénaire *f*
② *s.* **Achtzigjährige(r)**
Achtzigerjahre *Pl* **die ~** les années *fpl* quatre-vingts
achtzigjährig ['axtsɪçjɛːrɪç] *Adj attr* de quatre-vingts ans
Achtzigjährige(r) *f(m) dekl wie Adj* homme *m*/femme *f* de quatre-vingts ans; **etw als ~(r) tun** faire qc à quatre-vingts ans
achtzigmal ['axtsɪçmaːl] *Adv* quatre-vingts fois; *s. a.* **achtmal**
Achtzigpfennigmarke, 80-Pfennig-Marke *f* HIST timbre *m* à quatre-vingts pfennigs
achtzigste(r, s) *Adj* quatre-vingtième; **jdm zum ~n Geburtstag gratulieren** féliciter qn pour son quatre-vingtième anniversaire
Achtzimmerwohnung *f* appartement *m* de huit pièces
Achtzylinder *m fam* ❶ *(Wagen)* huit cylindres *f (fam)*
② *(Motor)* huit cylindres *m*
Achtzylindermotor *m* moteur *m* [à] huit cylindres
achtzylindrig ['axttsɪlɪndrɪç, 'axttsyːlɪndrɪç] *Adj* [à] huit cylindres
ächzen ['ɛçtsən] *itr V* ❶ gémir; **vor Schmerzen/Anstrengung ~** gémir de douleur/sous l'effort; **~ und stöhnen** *fam* geindre *(fam)*
② *(knarren) Baum, Haus:* grincer
Ächzer <-s, -> *m* ❶ *(Seufzer des Schmerzes)* gémissement *m*; *(Seufzer der Anstrengung)* ahan *m (littér)*
Acker ['akɐ, *Pl:* 'ɛkɐ] <-s, Äcker> *m* champ *m*; **den ~/die Äcker bestellen** cultiver son champ/sa terre
Ackerbau *m kein Pl* agriculture *f*; **~ betreiben** cultiver la terre; **~ treibend** cultivateur(-trice); **~ und Viehzucht** l'agriculture et l'élevage **Ackerfläche** *f* surface *f* cultivable **Ackergaul** *m pej* cheval *m* de labour **Ackerkrume** *f* sol *m* végétal **Ackerland** *nt kein Pl* terre *f* arable
ackern *itr V fam* bosser *(fam)*
Ackersalat *m* DIAL mâche *f* **Ackerwinde** *f* BOT liseron *m* des champs
a conto [a 'kɔnto] *Adv* à titre d'acompte
Acryl [a'kryːl] <-s> *nt* CHEM acrylique *m*
Acrylglas [a'kryːl-] *nt* verre *m* acrylique
Actinium [ak'tiːniʊm] <-s> *nt* CHEM actinium *m*
Action ['ɛktʃən] <-> *f fam (spannende Handlung)* action *f*; *(lebhafte Stimmung)* animation *f*
Actionfilm ['ɛkʃ(ə)n-] *m* film *m* d'action
a.D. [aː'deː] *Abk von* **außer Dienst** E.R.
A.D. ['ano'doːmini] *Abk von* **Anno Domini** apr. J.-C.
Adabei ['aːdabaɪ] <-s, -s> *m* A *fam (Wichtigtuer)* cancanier(-ière) *m(f)*
ad absurdum [at ap'zʊrdʊm] *Adv* **etw ~ führen** *geh* prouver l'absurdité de qc
ADAC [aːdeːʔaː'tseː] <-> *m Abk von* **Allgemeiner Deutscher**

Automobil-Club *club automobile allemand*
ad acta [at'akta] *Adv* **etw ~ legen** *geh* classer [définitivement] qc
Adam ['a:dam] <-s> *m* Adam *m*
▶ **bei ~ und Eva anfangen** *fam* remonter au déluge *(fam)*; **das macht nach ~ Riese** ... *fam* si mes comptes sont bons, ça fait ...; **der alte ~** *hum fam* ≈ les faiblesses *fpl* typiquement humaines
Adamsapfel ['a:damsapfəl] *m fam* pomme *f* d'Adam **Adamskostüm** *nt fam* costume d'Adam; **im ~** *hum* en costume d'Adam
Adaptation [adapta'tsio:n] *s.* **Adaption**
Adapter [a'daptɐ] <-s, -> *m* TECH adaptateur *m*
adaptieren* *tr V* ❶ adapter; **etw fürs Fernsehen ~** adapter qc pour la télévision
❷ A *(einrichten)* aménager *Wohnung*
Adaption <-, -en> *f* ❶ *kein Pl (Anpassung)* **der Augen** accommodation *f*; **des Organismus** adaptation *f*
❷ *(Bearbeitung)* adaptation *f*
adäquat [adɛ'kva:t] *Adj Honorar, Stellung* convenable; *Übersetzung, Kritik* juste; *Verhalten* adéquat(e); **~ sein** convenir; **einer S. *(Dat)* ~ sein** être en rapport avec qc
Adäquatheit <-> *f einer Übersetzung, Kritik* justesse *f*; *eines Verhaltens* adéquation *f*; *einer Belohnung, Stellung* rapport *m* convenable
addieren* I. *tr V* additionner *Zahlen*; **die Zahlen zu einem Betrag ~** faire le total des chiffres
II. *itr V* additionner; **das Addieren** l'addition *f*; **beim Addieren** en additionnant
Addition [adi'tsio:n] <-, -en> *f* addition *f*
Additiv [adi'ti:f] <-s, -e> *nt* CHEM additif *m*; **bleihaltige ~e** additifs à base de plomb
Adduktion [adʊk'tsio:n] <-, -en> *f* ANAT adduction *f*
Adduktor [a'dʊkto:ɐ] <-s, -en> *m* ANAT adducteur *m*
ade [a'de:] *Interj* SDEUTSCH au revoir; [jdm] **~ sagen** dire au revoir [à qn]; **einer S. *(Dat)* ~ sagen** dire adieu à une chose
Adel ['a:dəl] <-s> *m* ❶ *(Adelsgeschlechter)* noblesse *f*; **der hohe/niedere ~** la haute/petite noblesse; **aus altem ~ stammen** être de vieille noblesse; **von ~ sein** être noble; **eine Dame von ~** une dame de la noblesse
❷ *(Adelstitel)* titre *m* de noblesse; **jdm den ~ verleihen** anoblir qn
❸ *geh (edle Gesinnung)* noblesse *f*
▶ **~ verpflichtet** noblesse oblige
adelig ['a:dəlɪç] *s.* **adlig**
Adelige(r) *s.* **Adlige(r)**
adeln ['a:dəln] *tr V* ❶ *(den Adel verleihen)* anoblir
❷ *geh (auszeichnen)* faire honneur à
Adelstitel *m* titre *m* nobiliaire
Ader ['a:dɐ] <-, -n> *f* ❶ ANAT veine *f*; **sich die ~n öffnen** *geh* s'ouvrir les veines
❷ MIN veine *f*, filon *m*
❸ ELEC fil *m*
❹ BOT nervure *f*
▶ **eine künstlerische/poetische ~ haben** avoir un don pour l'art/la poésie; **eine soziale ~ haben** *fam* avoir la fibre sociale; **jdn zur ~ lassen** *veraltet* faire une saignée à qn; **jdn mit etw zur ~ lassen** *fam* ponctionner qc à qn *[fam]*
Äderchen <-s, -> *nt Dim von* **Ader** veinule *f*
Aderlass^RR <-es, -lässe>, **Aderlaß**^ALT <-lasses, -lässe> *m*
❶ *geh (Verlust)* hémorragie *f*
❷ MED *veraltet* saignée *f*
Äderung <-, -en> *f* ❶ ANAT marbrure *f*
❷ BOT nervures *fpl*
Adhäsion [athɛ'zio:n] <-, -en> *f* ❶ PHYS adhésion *f*
❷ MED adhérence *f*
Adhäsionsverschluss^RR *m* fermeture *f* autocollante
ad hoc [at hɔk] *Adv geh* ❶ *(speziell für den Fall)* dans ce cas précis
❷ *(auf der Stelle) entscheiden, Stellung nehmen* sur-le-champ
Ad-hoc-Maßnahme *f geh* mesure *f* ad hoc
adieu [a'djø:] *Interj s.* **ade**
Adjektiv ['atjɛkti:f] <-s, -e> *nt* adjectif *m*
adjektivisch *Adj* adjectival(e)
Adjunkt(in) [at'jʊŋkt] <-en, -en> *m(f)* A, CH adjoint(e) *m(f)*
adjustieren* *tr V* ajuster *Werkstück*; régler *Messgerät, Zielfernrohr*
Adjutant(in) [atju'tant] <-en, -en> *m(f)* aide *mf* de camp
Adler ['a:dlɐ] <-s, -> *m* aigle *m*
Adlerauge *nt* œil *m* d'aigle ▶ **~n haben** avoir un regard d'aigle
Adlerfarn *m* BOT fougère *f* aigle **Adlerhorst** *m* aire *f* **Adlernase** *f* nez *m* aquilin
adlig ['a:dlɪç] *Adj* noble **Adlige(r)** *f(m) dekl wie Adj* noble *mf*
Administration [atminɪstra'tsio:n] <-, -en> *f* ❶ *(Verwaltung)* administration *f*
❷ *(US-Regierung)* Administration *f*
administrativ [atminɪstra'ti:f] I. *Adj* administratif(-ive)
II. *Adv* par la voie administrative
Admiral [atmi'ra:l] <-s, -e *o* Admiräle> *m* ❶ MIL amiral *m*

❷ <-e> ZOOL vulcain *m*
Admiralin <-, -nen> *f* MIL amiral *m*
Admiralität [atmirali'tɛ:t] <-, -en> *f* amirauté *f*
Admiralsrang *m* grade *m* d'amiral; **im ~** avec le grade d'amiral
Adoleszenz [adolɛs'tsɛnts] <-> *f* MED adolescence *f*
Adonis [a'do:nɪs] <-, -se> *m geh* Adonis *m*
adoptieren* *tr V* adopter
Adoption [adɔp'tsio:n] <-, -en> *f* adoption *f*; **ein Kind zur ~ freigeben** consentir à l'adoption d'un enfant
Adoptiveltern *Pl* parents *mpl* adoptifs **Adoptivkind** *nt* [enfant *m*] adopté; **das sind meine ~er** ce sont mes enfants adoptifs
Adrenalin [adrena'li:n] <-s> *nt* adrénaline *f*
Adrenalinstoß *m* décharge *f* d'adrénaline
Adressat(in) [adrɛ'sa:t] <-en, -en> *m(f)* ❶ *geh (Empfänger)* destinataire *mf*
❷ *geh (Ansprechpartner)* interlocuteur(-trice) *m(f)*
❸ *Pl (Zielgruppe)* cible *f*
Adressbuch^RR, **Adreßbuch**^ALT *nt* ❶ *(amtliches Verzeichnis)* annuaire *m*
❷ *(Notizbuch)* carnet *m* d'adresses
Adresse [a'drɛsə] <-, -n> *f* ❶ *a.* INFORM adresse *f*; **etw an jds ~ *(Akk)* richten** *geh* adresser qc à qn
❷ *(Firma, Firmenname)* **die ersten ~n** les meilleures maisons *fpl*; **eine der besten ~n für Software** une des meilleures marques de logiciels
▶ **bei jdm mit etw an der falschen ~ sein** [*o* **an die falsche ~ geraten**] *fam* se tromper d'adresse pour qc [en s'adressant à qn]; **bei jdm mit etw an der richtigen ~ sein** *fam* avoir frappé à la bonne porte avec qc; **sich an die richtige ~ wenden** *fam* frapper à la bonne porte
Adressenliste *f* liste *f* d'adresses
adressieren* *tr V* mettre l'adresse sur; **etw an jdn/etw ~** adresser qc à qn/qc; **der Brief war falsch adressiert** l'adresse sur la lettre était fausse
Adressiermaschine *f* machine *f* à adresses
adrett [a'drɛt] I. *Adj* coquet(te)
II. *Adv* coquettement
Adria ['a:dria] <-> *f* **die ~** l'Adriatique *f*
Adrian <-s> *m* Adrien *m*
adriatisch *Adj* adriatique; **das Adriatische Meer** l'Adriatique *f*, la mer Adriatique
Adsorption [atzɔrp'tsio:n] <-, -en> *f* CHEM, PHYS adsorption *f*
adstringierend *Adj* MED astringent(e)
A-Dur ['a:du:ɐ] *nt* la *m* majeur; **in ~** en la majeur
Advent [at'vɛnt] <-s, selten -e> *m* ❶ *(Zeitraum)* avent *m*; **im ~** pendant l'avent
❷ *(Sonntag im Advent)* **erster/zweiter ~** premier/deuxième dimanche de l'avent

---

Land und Leute

L'**Advent** commence quatre dimanches avant les fêtes de Noël. C'est une période riche en traditions: on fait des *Plätzchen*, les enfants ouvrent chaque jour une petite porte de leur calendrier de l'avent, on fait une couronne de l'avent et on se retrouve entre amis, un verre de vin chaud à la main, au marché de Noël.

Adventist(in) [atvɛn'tɪst] <-en, -en> *m(f)* REL adventiste *mf*
Adventskalender *m* ≈ calendrier *m* de l'avent **Adventskranz** *m* ≈ couronne *f* de l'avent

---

Land und Leute

On peut acheter ou faire soi-même une **Adventskranz**. On la décore avec quatre bougies (représentant chacune un dimanche de l'avent), avec des petits nœuds, des petites boules et des petites figurines. On allume la première bougie le premier dimanche, deux bougies le deuxième dimanche, trois bougies le troisième dimanche. Les quatre bougies ne sont allumées que le dernier dimanche de l'avent.

Adventssonntag *m* dimanche *m* de l'avent **Adventszeit** *f* temps *m* de l'avent
Adverb [at'vɛrp] <-s, -ien> *nt* adverbe *m*
adverbial [atvɛr'bia:l] I. *Adj* adverbial(e)
II. *Adv* adverbialement
Adverbialbestimmung *f* complément *m* circonstanciel; **~ der Zeit/des Ortes** complément circonstanciel de temps/de lieu
Adverbialsatz *m* subordonnée *f* circonstancielle
Advokat(in) [atvo'ka:t] <-en, -en> *m(f)* ❶ A, CH *(Rechtsanwalt)* avocat(e) *m(f)*
❷ *geh (Fürsprecher)* avocat(e) *m(f)*
Advokaturbüro *nt* CH *s.* **Anwaltskanzlei** **Advokaturskanzlei** *f* A *s.* **Anwaltskanzlei**
Aerobic [ɛ'ro:bɪk] <-s> *nt* aérobic *f*

Aerobier [aeˈroːbiɐ] <-s, -> m BIO aérobie m
Aerodynamik [aerodyˈnaːmɪk] f ❶ PHYS aérodynamique f ❷ AUT aérodynamisme m **aerodynamisch** [aerodyˈnaːmɪʃ] I. Adj ❶ PHYS Verhalten aérodynamique; Gesetz de l'aérodynamique ❷ AUT, AVIAT Form aérodynamique II. Adv ~ geformt sein avoir des lignes aérodynamiques
Aerosol [aeroˈzoːl] <-s, -e> nt aérosol m
Affäre [aˈfɛːrə] <-, -n> f ❶ (Angelegenheit) affaire f ❷ (Liebesabenteuer) aventure f
▶ sich mit etw aus der ~ ziehen fam se dépatouiller en faisant qc (fam)
Äffchen <-s, -> nt Dim von **Affe** petit singe m
Affe [ˈafə] <-n, -n> m ❶ singe m ❷ sl (unangenehmer Mensch) conard m (pop); ein eingebildeter ~ un m'as-tu-vu (fam)
▶ wie ein ~ auf dem Schleifstein sitzen sl avoir l'air d'un crapaud sur une boîte d'allumettes (fam); seinem ~n Zucker geben fam enfourcher son dada (fam); ich glaub' [o denk'], mich laust der ~! fam les bras m'en tombent! (fam)
Affekt [aˈfɛkt] <-[e]s, -e> m JUR [im]pulsion f; im ~ sous l'empire d'une pulsion; es war Tötung im ~ c'était un crime passionnel; etw im ~ tun faire qc sous le coup d'une émotion
Affekthandlung f acte m impulsif
affektiert [afɛkˈtiːɐt] pej I. Adj Person maniéré(e); Benehmen, Stil affecté(e)
II. Adv avec affectation
Affenarsch m pej vulg enculé m (vulg); du ~! espèce d'enculé!
affenartig Adj simiesque
Affenbrotbaum m BOT baobab m
affengeil Adj sl génial(e) (fam) **Affenhaus** nt pavillon m des singes **Affenhitze** f fam chaleur f à crever (fam) **Affenliebe** f amour m aveugle **Affenschande** f fam honte f **Affentempo** nt fam vitesse f de dingue (fam); in [o mit] einem ~ à fond la caisse (fam) **Affentheater** nt fam cirque m (fam) **Affenzahn** s. Affentempo
Affiche [aˈfɪʃə] <-, -n> f CH affiche f
affig [ˈafɪç] pej fam I. Adj Benehmen, Getue chichiteux(-euse); Eindruck ridicule
II. Adv sich ~ anstellen faire des simagrées (fam); stell dich nicht so ~ an! arrête tes simagrées! (fam)
Äffin <-, -nen> f guenon f
Affinität [afiniˈtɛːt] <-, -en> f geh affinité f; ~ zu jdm/etw affinité f avec qn/qc
affirmativ [afɪrmaˈtiːf] Adj affirmatif(-ive)
Affront [aˈfrɔ̃ː] <-s, -s> m geh affront m; ~ gegen jdn/etw affront à qn/outrage m à qc
Afghane [afˈɡaːnə] <-n, -n> m, **Afghanin** f Afghan(e) m(f)
afghanisch [afˈɡaːnɪʃ] I. Adj afghan(e)
II. Adv ~ miteinander sprechen discuter en afghan; s. a. deutsch
Afghanisch <-[s]> nt kein Art afghan m; auf ~ en afghan; s. a. Deutsch
Afghanische [afˈɡaːnɪʃə] nt dekl wie Adj das ~ l'afghan m; s. a. Deutsche
Afghanistan [afˈɡaːnɪstaːn] <-s> nt l'Afghanistan m
Aflatoxin [aflatɔˈksiːn] <-s, -e> nt MED aflatoxine f
Afrika [ˈa(ː)frika] <-s> nt l'Afrique f
Afrikaans [afriˈkaːns] <-> nt afrika[a]ns m
Afrikaner(in) [afriˈkaːnɐ] <-s, -> m(f) Africain(e) m(f)
afrikanisch Adj africain(e)
Afrolook[RR] [-lʊk] <-s, -s> m coiffure f afro
After [ˈaftɐ] <-s, -> m anus m
Aftershave[RR] [ˈaːftɐʃeːf] <-[s], -s> nt après-rasage m
Aftershowparty [ˈaːftɐʃoʊ-], **After-Show-Party** f aftershow m
Afterworkparty, **After-Work-Party** [ˈaːftɐvøːɐk-] f soirée f afterwork, after work f
AG [aːˈɡeː] <-, -s> f Abk von **Aktiengesellschaft** S.A. f
Ägäis [ɛˈɡɛːɪs] <-> f die ~ la mer Égée
Agar-Agar [ˈa(ː)ɡarʔaˈ(ː)ɡar] <-s> m o nt agar-agar m
Agave [aˈɡaːva] <-, -n> f agave m
Agenda [aˈɡɛnda] <-, Agenden> f agenda m
Agent(in) [aˈɡɛnt] <-en, -en> m(f) agent m
Agentenring m réseau m d'espionnage **Agententätigkeit** f activité f d'agent secret
Agentur [aɡɛnˈtuːɐ] <-, -en> f COM, MEDIA agence f
Agenturbericht m dépêche f d'agence **Agenturmeldung** f dépêche f d'agence
Agglomerat [aɡloməˈraːt] <-[e]s, -e> nt GEOL agglomérat m
Agglomeration [aɡlomeraˈtsioːn] <-, -en> f geh région f à forte concentration urbaine
Agglutination [aɡlutinaˈtsioːn] <-, -en> f MED agglutination f
Aggregat [aɡreˈɡaːt] <-[e]s, -e> nt TECH organe m; (Stromaggregat) groupe m électrogène
Aggregatzustand m CHEM état m physique [de la matière]; flüssi-

ger/fester/gasförmiger ~ état liquide/solide/gazeux
Aggression [aɡrɛˈsioːn] <-, -en> f ❶ PSYCH agressivité f pas de pl ❷ MIL ~ gegen jdn/etw agression f contre qn/qc
Aggressionstrieb m instinct m d'agression
aggressiv [aɡrɛˈsiːf] I. Adj ❶ agressif(-ive) ❷ CHEM Stoff corrosif(-ive); gegen etw ~ sein attaquer qc
II. Adv agressivement
Aggressivität [-vi-] <-, -en> f agressivité f
Aggressor [aˈɡrɛsoːɐ] <-s, -ssoren> m form agresseur(-euse) m(f)
agieren* [aˈɡiːrən] itr V geh agir; als Vermittler ~ se comporter en intermédiaire
agil [aˈɡiːl] Adj geh ❶ (beweglich) ingambe (soutenu) ❷ (geistig regsam) alerte
Agitation [aɡitaˈtsioːn] <-, -en> f agitation f; ~ treiben faire de l'agitation
Agitator [aɡiˈtaːtoːɐ] <-s, -toren> m, **Agitatorin** f agitateur(-trice) m(f)
agitatorisch [aɡitaˈtoːrɪʃ] Adj POL d'agitation; ~e Mittel moyens d'agitation
agitieren* [aɡiˈtiːrən] itr V geh faire de l'agitation; für eine Partei ~ faire de l'agitation en faveur d'un parti
Agnostiker(in) [aˈɡnɔstikɐ] <-s, -> m(f) agnostique mf
Agnostizismus [aɡnɔstiˈtsɪsmʊs] <-> m PHILOS agnosticisme m
Agonie [aɡoˈniː] <-, -n> f geh agonie f; in ~ liegen Person: être à l'agonie; Land: agoniser
Agrarerzeugnis nt produit m agricole **Agrargesellschaft** f société f agricole **Agraringenieur(in)** m(f) ingénieur m/f agronome **Agrarland** nt pays m agricole **Agrarmarkt** m marché m agricole **Agrarpolitik** f politique f agricole **Agrarreform** f réforme f agraire **Agrarstaat** s. Agrarland **Agrarsubvention** [-vɛn-] f subvention f agricole **Agrarüberschüsse** Pl excédents mpl agricoles **Agrarwirtschaft** f kein Pl agriculture f pas de pl
Agrarwissenschaft f agronomie f
Agrochemie [aɡroçeˈmiː] f agrochimie f
Agronom(in) [aɡroˈnoːm] <-en, -en> m(f) agronome mf
Agronomie [aɡronoˈmiː] <-> f agronomie f
agronomisch Adj agronome
Ägypten [ɛˈɡʏptən] <-s> nt l'Égypte f
Ägypter(in) <-s, -> m(f) Égyptien(ne) m(f)
ägyptisch Adj égyptien(ne)
Ägyptisch nt l'égyptien m
Ägyptische nt dekl wie Adj das ~ l'égyptien m
Ägyptologie <-> f égyptologie f
ah [aː, a] Interj (Ausruf des Erstaunens) ah
Ah Abk von **Amperestunde** Ah
äh [ɛː, ɛ] Interj ❶ (Pausenfüller) euh ❷ (pfui) berk
aha [aˈhaː(ː)] Interj ❶ (ach so) ha [ha] ❷ (sieh da) tiens [tiens]
Aha-Erlebnis nt déclic m
ahd. Abk von **althochdeutsch**
Ahle [ˈaːlə] <-, -n> f alène f
Ahn [aːn] <-[e]s o -en, -en> m geh ancêtre m; unsere ~en nos aïeux mpl (soutenu)
ahnden [ˈaːndən] tr V form sanctionner Verstoß, Straftat; punir Verbrechen; etw mit einer Geldbuße ~ punir qc par une amende
Ahne[1] s. Ahn
Ahne[2] <-, -n> f selten ancêtre f (soutenu)
ähneln [ˈɛːnəln] I. itr V ressembler; jdm/einer S. ~ ressembler à qn/qc
II. r V sich (Dat) [o einander geh] ~ se ressembler; sich im Aussehen ~ se ressembler physiquement
ahnen [ˈaːnən] I. tr V ❶ (vermuten) se douter de Ereignis, Veränderung; pressentir Gefahr, Tod, Unheil; ~, dass die Lage sich ändern wird/warum das passiert ist deviner que la situation va changer/pourquoi c'est arrivé; etwas/nichts von etw ~ se douter/ne pas se douter de qc; ohne es zu ~ sans s'en douter; ohne zu ~, dass sans se douter que + indic; nichts ~d pris(e) au dépourvu; handeln sans se douter de rien; das kann/konnte ich doch nicht ~! je ne peux/pouvais pas le deviner! ❷ (undeutlich wahrnehmen) deviner Lage, Umrisse
▶ [ach,] du ahnst es nicht! fam tu peux pas imaginer! (fam)
II. itr V geh ihm ahnte etwas Schreckliches il avait un horrible pressentiment
Ahnenforschung f généalogie f **Ahnengalerie** f galerie f des ancêtres **Ahnenreihe** f généalogie f **Ahnentafel** f arbre m généalogique
Ahnfrau f veraltet aïeule f (vieilli) **Ahnherr** m veraltet aïeul m (vieilli)
Ahnin s. Ahne[2]
ähnlich [ˈɛːnlɪç] I. Adj semblable; in ~er Weise de façon similaire; ein dem Rokoko ~er Stil un style ressemblant au rococo; jdm

[sehr] ~ **sehen** ressembler [beaucoup] à qn; **sich** *(Dat)* [*o* **einander** *geh*] ~ **sein** se ressembler; **wir sind uns da** ~ sur ce point, nous sommes semblables; **etwas Ähnliches** quelque chose de semblable
II. *Adv* de la même façon; ~ **wie** de la même façon que; **sie ist** ~ **unverfroren wie ihr Bruder** elle est aussi effrontée que son frère ▸ **das sieht ihm/ihr** [**ganz**] ~! *fam* c'est bien de lui/d'elle! *(fam)*
III. *Präp + Dat* comme, de même que
Ähnlichkeit <-, -en> *f* ① *(ähnliches Aussehen)* ressemblance *f*; **mit jdm/etw** ~ **haben** ressembler à qn/qc
② *(Vergleichbarkeit) einer Tat, eines Vorfalls* similitude *f*; **mit etw** ~ **haben** présenter des similitudes avec qc
Ahnung <-, -en> *f* ① *(Vorgefühl)* pressentiment *m*; **meine** ~ **sagt mir, dass sie kommen wird** une intuition me dit qu'elle viendra
② *(Vermutung)* présomption *f*; **eine** ~ [**davon**] **haben, was geschehen ist/er gesagt hat** avoir une idée de ce qui s'est passé/qu'il a dit; **keine** ~ **haben, wie ...** n'avoir aucune idée comment ...; **er hatte keine** ~, **dass wir auf ihn warteten** il ne s'est pas douté que nous l'attendions; **ich hatte ja keine** ~! je n'étais pas du tout au courant!; **hast du eine** ~, **warum/woher ...?** *fam* sais-tu pourquoi/d'où ...?; **keine** ~! *fam* aucune idée! *(fam)*
③ *fam (Wissen)* ~/**keine** ~ **von EDV haben** s'y connaître/n'y rien connaître en informatique
▸ **keine blasse** ~ **von etw haben** *fam (nichts wissen)* ne pas avoir la moindre idée de qc; *(kein Fachwissen haben)* ne strictement rien connaître à qc; **hast du eine** ~! *iron fam* qu'est-ce que t'en sais! *(fam)*
ahnungslos I. *Adj* ① *(arglos)* inconscient(e) [du danger]; ~ **sein** ne se douter de rien
② *(unwissend)* ~ **sein** être ignorant(e)
II. *Adv (arglos)* sans se douter de rien
Ahnungslose(r) *f(m) dekl wie Adj* naïf *m*/naïve *f*; **spiel nicht die** ~! ne fais pas l'innocente!
Ahnungslosigkeit <-> *f* ① *(Arglosigkeit)* inconscience *f*; **in völliger** ~ en toute innocence
② *(Unwissenheit)* ignorance *f*
ahoi [a'hɔi] *Interj* ohé
Ahorn [ˈaːhɔrn] <-s, -e> *m* érable *m*
Ahornblatt *nt* feuille *f* d'érable **Ahornsirup** *m* sirop *m* d'érable
Ähre [ˈɛːrə] <-, -n> *f (Samen-, Blütenstand)* épi *m*; ~**n lesen** glaner des épis
Ährenfeld *nt* champ *m* d'épis
Aids [eɪds, eːts] <-> *nt Abk von* **Acquired Immune Deficiency Syndrome** sida *m*; ~ **haben** avoir le sida
Aidsforschung *f* recherche *f* sur le sida **Aidshilfe** *f* association *f* antisida **aidsinfiziert** *Adj* séropositif(-ive) **aidskrank** *Adj* malade du sida **Aidskranke(r)** *f(m) dekl wie Adj* sidéen(ne) *m(f)* **Aidsspezialist(in)** *m(f)* sidologue *m* **Aidstest** *m* test *m* de dépistage du sida **Aidstherapie** *f* thérapie *f* antisida **Aidsvirus** [-viˑ-] *nt* virus *m* du sida
Aikido [aɪˈkiːdo] <-> *nt SPORT* aïkido *m*
Airbag [ˈɛːɐbɛk] <-s, -s> *m* airbag *m*, coussin *m* de sécurité
Airbus [ˈɛːɐbʊs] *m* airbus *m*
Ajatollah [aja'tɔla] <-s, -s> *m* ayatollah *m*
Akademie [akadeˈmiː] <-, -en> *f* ≈ institut *m* universitaire de technologie; *(Kunstakademie)* école *f* des beaux-arts; ~ **der Wissenschaften** académie *f* des sciences
Akademiker(in) [akaˈdeːmikɐ] <-s, -> *m(f)* diplômé(e) *m(f)* de l'enseignement supérieur
Akademikerschwemme *f fam* pléthore *f* de diplômés
akademisch I. *Adj* ① *Ausbildung, Grad, Würde* universitaire
② *(studentisch) Jugend* estudiantin(e)
③ *(abstrakt) Frage, Interesse* théorique
II. *Adv* ~ **gebildet sein** avoir une formation universitaire
Akazie [aˈkaːtsiə] <-, -n> *f* ① *(Acacia)* acacia *m*
② *(Robinie)* [faux] acacia *m*
Akelei [akəˈlaɪ] <-, -en> *f BOT* ancolie *f*
Akklamation [aklamaˈtsioːn] <-, -en> *f* acclamation *f*; **jdn per** [*o* **durch**] ~ **wählen** nommer [*o* élire] qn par acclamation
Akklimatisation [aklimatizaˈtsioːn] <-, -en> *f* acclimatation *f*
akklimatisieren* *rV* **sich** ~ s'acclimater
Akklimatisierung <-> *f* acclimatement *m* à qc
Akkord [aˈkɔrt] <-[e]s, -e> *m* ① *MUS* accord *m*
② *(Akkordarbeit)* travail *m* à la tâche; **im** ~ **arbeiten** travailler aux pièces
Akkordarbeit *f* travail *m* à la tâche **Akkordarbeiter(in)** *m(f)* ouvrier(-ière) *m(f)* aux pièces
Akkordeon [aˈkɔrdeɔn] <-s, -s> *nt* accordéon *m*
Akkordlohn *m* salaire *m* à la tâche; **einen** ~ **bekommen** [*o* **erhalten**] être payé(e) à la pièce [*o* aux pièces]
akkreditieren* [akrediˈtiːrən] *tr V POL* accréditer
Akkreditierung <-, -en> *f POL* accréditation *f*
Akku [ˈaku] <-s, -s> *m fam Abk von* **Akkumulator** accu *m (fam)*

Akkumulation [akumulaˈtsioːn] <-, -en> *f a. GEOL, MED* accumulation *f*
Akkumulator [akumuˈlaːtoːɐ] <-s, -toren> *m* accumulateur *m*
akkurat [akuˈraːt] I. *Adj Person, Vorgehen, Arbeitsweise* minutieux(-euse)
II. *Adv* ① *(exakt)* minutieusement
② *DIAL (genau, gerade)* exactement; ~ **dieser Umstand hat dazu geführt, dass** justement cette circonstance a fait que
Akkusativ [ˈakuzatiːf] <-s, -e> *m* accusatif *m*
Akkusativobjekt *nt* complément *m* à l'accusatif
Akne [ˈaknə] <-, -n> *f* acné *f*
Akontozahlung [aˈkɔnto-] *f* acompte *m*
akquirieren [akviˈriːrən] *tr V* prospecter
Akquisition [akviziˈtsioːn] <-, -en> *f von Kunden, Aufträgen* prospection *f*
Akribie [akriˈbiː] <-> *f geh* méticulosité *f (littér)*
akribisch [aˈkriːbɪʃ] I. *Adj geh* méticuleux(-euse)
II. *Adv geh* méticuleusement
Akrobat(in) [akroˈbaːt] <-en, -en> *m(f)* acrobate *mf*
Akrobatik <-> *f* acrobatie *f*
akrobatisch *Adj* acrobatique
Akronym [akroˈnyːm] <-s, -e> *nt LING* acronyme *m*
Akt¹ [akt] <-[e]s, -e> *m* ① *KUNST* nu *m*
② *THEAT* acte *m*
③ *(Handlung)* acte *m*; **ein** ~ **der Verzweiflung** un acte désespéré
④ *(Zeremonie)* cérémonie *f*
⑤ *form (Geschlechtsakt)* acte *m* sexuel *(form)*
⑥ *(Zirkusnummer)* numéro *m*
▸ **das ist doch kein** ~! *fam* c'est pas la mer à boire! *(fam)*
Akt² <-[e]s, -en> *m SDEUTSCH, A s.* **Akte**
Aktaufnahme *f* nu *m* photographique **Aktbild** *nt KUNST* nu *m*
Akte [ˈaktə] <-, -n> *f* dossier *m*; **in die** ~**n kommen** être porté(e) au dossier; **erstinstanzliche/öffentlich-rechtliche** ~ *JUR* dossier de première instance/droit public
▸ **etw zu den** ~**n legen** *(ablegen)* classer qc; *(als erledigt betrachten)* classer qc [définitivement]
Aktenanforderung *f* réclamation *f* d'un/du dossier **Aktenberg** *m fam* montagne *f* de dossiers **Akteneinsicht** *f form* accès *m* au dossier; ~ **verlangen** demander à avoir accès au dossier **Aktenkoffer** *m* mallette *f* **aktenkundig** *Adj* ~ **sein** *Vorfall:* être consigné(e) **Aktenmappe** *f* ① *(Hefter)* chemise *f* ② *(Aktentasche)* porte-documents *m* **Aktennotiz** *f* note *f* jointe au dossier **Aktenordner** *m* classeur *m* **Aktenschrank** *m* classeur *m* **Aktentasche** *f* serviette *f* **Aktenvermerk** *m JUR* mention *f* au dossier **Aktenzeichen** *nt* numéro *m* de dossier
Akteur(in) [akˈtøːɐ] <-s, -e> *m(f)* ① *geh (Handelnder)* acteur *m*/actrice *f*
② *THEAT, CINE* acteur *m*/actrice *f*
③ *SPORT* joueur(-euse) *m(f)*
Aktfoto *nt* photo *f* de nu **Aktfotografie** *f kein Pl* photographie *f* de nus
Aktie [ˈaktsiə] <-, -n> *f* action *f*
▸ **die** ~**n stehen gut/schlecht** les actions sont en hausse/baisse; *fig* les perspectives sont bonnes/mauvaises; **jds** ~**n fallen/steigen** les actions de qn baissent/montent; **wie stehen die** ~**n?** *hum fam* comment ça marche? *(fam)*
Aktiengesellschaft *f* société *f* anonyme [*o* par actions] **Aktienindex** *m* indice *m* boursier **Aktienkurs** *m* cours *m* **Aktienmarkt** *m* marché *m* boursier **Aktienmehrheit** *f* majorité *f* des actions
Aktion [akˈtsioːn] <-, -en> *f* ① *a. MIL* action *f*; **in** ~ **sein** être en action; **in** ~ **treten** *Person:* passer à l'action; *Plan, Vorschrift:* entrer en vigueur
② *(Verkaufsmaßnahme)* promotion *f*
Aktionär(in) <-s, -e> *m(f)* actionnaire *mf*
Aktionärsversammlung *f* assemblée *f* des actionnaires
Aktionismus <-> *m pej* activisme *m*
aktionsfähig *Adj* opérationnel(le) **Aktionskomitee** *nt* comité *m* d'action **Aktionspreis** *m* prix *m* promotionnel **Aktionsradius** *m* ① *eines Schiffs, Flugzeugs* rayon *m* d'action ② *(Wirkungsbereich)* champ *m* d'action **Aktionstag** *m* journée *f* d'action[s] **Aktionswoche** *f* semaine *f* d'action[s]
aktiv [akˈtiːf] I. *Adj* ① *(rührig)* actif(-ive)
② *(praktizierend) Mitglied, Sportler* actif(-ive); **in etw** *(Dat)* ~ **sein** être actif(-ive) dans qc
③ *MIL Soldat* d'active; *Laufbahn* actif(-ive)
④ *(berufstätig)* en activité
⑤ *(tätig) Vulkan* en activité; ~ **werden** *Person:* faire quelque chose; **in einer Sache/Angelegenheit** ~ **werden** s'occuper d'une affaire
II. *Adv unterstützen, sich beteiligen* activement
Aktiv [ˈaktiːf] <-s, selten -e> *nt GRAM* forme *f* active; **im** ~ à la forme active

Aktiva [ak'tiːva] *Pl* actif *m;* ~ **und Passiva** l'actif et le passif
Aktivboxen *Pl* INFORM enceintes *fpl* amplifiées
Aktive(r) [-və, -ve] *f(m)* dekl wie Adj SPORT sportif *m* pratiquant/sportive *f* pratiquante
aktivieren* [-viː-] *tr V* ❶ *(mobilisieren)* stimuler
❷ *(aktiver gestalten)* intensifier *Anstrengungen, Wahlkampf*
❸ MED activer
❹ *(auslösen)* activer, déclencher *Mechanismus*
Aktivierung <-, -en> *f a.* CHEM activation *f*
Aktivist(in) [-'vɪ-] <-en, -en> *m(f)* homme *m*/femme *f* d'action; *(politisch aktiver Mensch)* militant(e) *m(f)*
Aktivität [-vi-] <-, -en> *f* activité *f*; **eine erstaunliche ~ entfalten** déployer une activité étonnante
Aktivkohle *f kein Pl* CHEM charbon *m* actif **Aktivposten** *m* ❶ COM poste *m* de l'actif ❷ *fig* atout *m* **Aktivurlaub** *m* vacances *fpl* actives
Aktmalerei *f* académie *f*, peinture *f* de nus **Aktmodell** *nt* modèle *m* nu
aktualisieren* [aktuali'ziːrən] *tr V* ❶ [ré]actualiser
❷ INFORM mettre à jour
Aktualisierung <-, -en> *f* actualisation *f*; *eines Textes, von Daten* mise *f* à jour
Aktualität [aktuali'tɛːt] <-, -en> *f* actualité *f*
Aktuar(in) [aktuˈaːɐ] <-s, -e> *m(f)* CH secrétaire *mf*
aktuell [aktuˈɛl] *Adj* actuel(le); *Buch, Film, Zeitschrift* d'actualité; **von ~ em Interesse** *f* d'actualité; **die ~ sten Nachrichten** les dernières nouvelles *fpl*; **die ~ ste Mode** la [toute] dernière mode; **~ sein/werden** *Thema, Frage:* être/devenir d'actualité; *Formen, Farben:* être/devenir à la mode
Aktzeichnung *f* académie *f*, dessin *m* de nus
Akupressur [akupʁɛˈsuːɐ] <-, -en> *f* massage *m* par pression.
Akupunkteur(in) [akupʊŋkˈtøːɐ, *Pl:* akupʊŋkˈtøːʁə] <-s, -e> *m(f)* acupuncteur(-trice) *m(f)*
akupunktieren* I. *tr V* faire de l'acupuncture à; **akupunktiert werden** se faire soigner par acupuncture
II. *itr V* faire de l'acupuncture
Akupunktur [akupʊŋkˈtuːɐ] <-, -en> *f* acupuncture *f*
Akustik [aˈkʊstɪk] <-> *f* acoustique *f*
akustisch I. *Adj* acoustique; *Problem, Frage* d'acoustique.
II. *Adv* hervorragend, schlecht du point de vue de l'acoustique; *wahrnehmen* par l'ouïe; **jdn/etw ~ nicht verstehen** mal entendre qn/qc
akut [aˈkuːt] *Adj* ❶ MED aigu(ë); **~ sein** être en phase aiguë
❷ *(dringend)* Frage, Problem urgent(e); Mangel aigu(ë)
Akut <-[e]s, -e> *m* LING accent *m* aigu
AKW [aːkaːˈveː] <-s, -s> *nt Abk von* **Atomkraftwerk** centrale *f* nucléaire
Akzent [akˈtsɛnt] <-[e]s, -e> *m* ❶ accent *m*; **einen französischen ~ haben** avoir un accent français; **mit ~ sprechen** parler avec un accent
❷ *(Schwerpunkt)* accent *m*; **den ~ auf etw** *(Akk)* **legen** mettre l'accent sur qc; **~ e setzen** *Jahr, Produkt:* marquer un tournant; *(Richtung weisen)* donner une nouvelle orientation
akzentfrei *Adj, Adv* sans accent
akzentuieren* *tr V* ❶ accentuer *Silbe, Wort;* **akzentuiert sprechen** parler en articulant bien
❷ *geh (hervorheben)* insister sur *Problem, Punkt;* souligner *Unterschied*
❸ *(herausstreichen)* etw ~ *Mode, Designer:* souligner qc
akzeptabel [aktsɛpˈtaːbəl] *Adj* Angebot, Bedingungen acceptable; Gehalt, Umstände, Wohnung convenable
Akzeptanz [aktsɛpˈtants] <-> *f* ~ **einer S.** *(Gen)* admission *f* de qc; **die hohe/geringe ~ dieses Produkts** la bonne/mauvaise acceptation de ce produit
akzeptieren* *tr, itr V* ❶ FIN accepter
à la [aˈla] *Adv* ❶ GASTR à la; **Ente ~ Chef de cuisine** canard du chef
❷ *(im Stil von)* ~ **Bukowski schreiben** écrire à la Bukowski
Alabaster [alaˈbaste] <-s, -> *m* albâtre *m*
Alarm [aˈlarm] <-[e]s, -e> *m* ❶ *(Warnsignal)* alarme *f*
❷ MIL *(Alarmzustand)* alerte *f*; **bei ~** en cas d'alerte; **~! alerte!**
▶ **~ schlagen** donner l'alarme; *(warnen)* tirer la sonnette d'alarme
Alarmanlage *f* système *m* d'alarme **alarmbereit** *Adj* en [état d']alerte; *Rakete, Flugzeug* prêt(e) à décoller **Alarmbereitschaft** *f* état *m* d'alerte; **in ~ sein** [*o* **stehen**] être en état d'alerte; **jdn/etw in ~ versetzen** mettre qn/qc en alerte **Alarmglocke** *f* sonnette *f* d'alarme ▶ **bei jdm geht** [*o* **läutet**] **die ~** *fam* qn s'alarme
alarmieren* *tr V* ❶ alerter *Feuerwehr, Polizei*
❷ *(beunruhigen)* jdn ~ *Gerücht, Nachricht:* alarmer qn
alarmierend *Adj Nachricht, Zustand* alarmant(e)
Alarmruf *m* cri [*o* signal] d'alarme *m* **Alarmsignal** *nt* signal *m* d'alarme **Alarmstufe** *f* seuil *m* d'alerte; **~ rot bedeutet höchste ~** l'alerte rouge indique un seuil d'alerte critique **Alarmübung** *f* exercice *m* d'alerte **Alarmvorrichtung** *f* système *m* d'alarme **Alarmzustand** *m* état *m* d'alerte; **jdn in** [**den**] **~ versetzen** mettre qn en état d'alerte; **im ~ sein** être en état d'alerte
Alaska [aˈlaska] <-s> *nt* l'Alaska *m*
Alaun [aˈlaʊn] <-s, -e> *m* CHEM alun *m*
Alb[1] [alp] <-> *f* **die Schwäbische ~** le Jura souabe
Alb[RR2] *s.* Alp
Albaner(in) [alˈbaːnɐ] <-s, -> *m(f)* Albanais(e) *m(f)*
Albanien [alˈbaːniən] <-s> *nt* l'Albanie *f*
albanisch I. *Adj* albanais(e)
II. *Adv* ~ **miteinander sprechen** discuter en albanais; *s. a.* **deutsch**
Albanisch <-[s]> *nt kein Art* albanais *m*; **auf ~** en albanais; *s. a.* **Deutsch**
Albanische *nt dekl wie Adj* **das ~** l'albanais *m; s. a.* **Deutsche**
Albatros [ˈalbatrɔs] <-, -se> *m* albatros *m*
Albdruck[RR] *s.* Alpdruck
Alben *Pl von* **Album**
Alberei [albaˈraɪ] <-, -en> *f* clownerie *f*
albern[1] [ˈalbɐn] I. *Adj* ❶ *(kindisch)* un peu niais(e); **~ werden** commencer à faire l'andouille *(fam)*
❷ *(unbedeutend)* Vorfall, Vorschlag ridicule; **es ist mir zu ~ dieses Formular auszufüllen** je trouve ça trop bête de devoir remplir ce formulaire
II. *Adv* sich benehmen de façon puérile
albern[2] *itr V* bêtifier
Albernheit <-, -en> *f* ❶ *kein Pl (alberne Art) einer Person* niaiserie *f*
❷ *(Handlung)* enfantillage *m*; *(Äußerung)* bêtise *f*
Albinismus [albiˈnɪsmʊs] <-> *m* MED albinisme *m*
Albino [alˈbiːno] <-s, -s> *m* albinos *mf*
Albtraum[RR] *s.* Alptraum
Album [ˈalbʊm, *Pl:* ˈalbən] <-s, **Alben**> *nt* album *m*
Alchemie [alçeˈmiː] <-> *f* alchimie *f*
Alchemist <-en, -en> *m* alchimiste *m*
Alchimie [alçiˈmiː] *s.* **Alchemie**
Alchimist [alçiˈmɪst] *s.* **Alchemist**
Alcopops [ˈalkɔpɔps] *Pl* alcopops *mpl*
Aldehyd [aldeˈhyːt] <-s, -e> *m* CHEM aldéhyde *m*
al dente [alˈdɛnte] *Adj unv* Spagetti al dente
Alemanne [aleˈmanə] <-n, -n> *m*, **Alemannin** *f* Alaman(e) *m(f)*, Aléman(e) *m(f)*
alemannisch [aleˈmanɪʃ] *Adj* alémanique
Alge [ˈalɡə] <-, -n> *f* algue *f*
Algebra [ˈalɡebra] <-> *f* algèbre *f*
algebraisch *Adj Formel* algébrique; *Regel* d'algèbre
Algenpest *f* prolifération *f* d'algues
Algerien [alˈɡeːʁiən] <-s> *nt* l'Algérie *f*
Algerier(in) <-s, -> *m(f)* Algérien(ne) *m(f)*
algerisch *Adj* algérien(ne)
Algier [ˈalʒiːɐ] <-s> *nt* Alger *m*
ALGOL <-[s]> *nt* INFORM *Abk von* **algorithmic language** algol *m*
Algorithmus [alɡoˈrɪtmʊs] <-, -men> *m* algorithme *m*
alias [ˈaːlias] *Adv* alias
Alibi [ˈaːlibi] <-s, -s> *nt* alibi *m*
Alibicharakter *m* caractère *m* d'alibi **Alibifrau** *f* femme *f* alibi **Alibifunktion** *f* fonction *f* d'alibi; [**nur**] ~ **haben** servir [seulement] d'alibi
Alien [ˈɛɪliən] <-, -s> *m o nt* extraterrestre *m*
Alimente [aliˈmɛntə] *Pl* pension *f* alimentaire
Alk <-[e]s *o* -en, -e[n]> *m* ZOOL pingouin *m*
Alkali [alˈkaːli] <-s, -en> *nt* CHEM alcali *m*
alkalisch [alˈkaːlɪʃ] *Adj* CHEM alcalin(e)
Alkaloid [alkaloˈiːt] <-s, -e> *nt* CHEM alcaloïde *m*
Alkohol [ˈalkohoːl] <-s, -e> *m* alcool *m*; **unter ~ stehen** être en état d'ivresse
alkoholabhängig *Adj* alcoolique **alkoholarm** *Adj* faiblement alcoolisé(e) **Alkoholeinfluss**[RR] *m form* effet *m* de l'alcool; **unter ~** sous l'effet de l'alcool; **unter ~ stehen** être en état d'ébriété *(form)* **Alkoholeinwirkung** *s.* **Alkoholeinfluss** **Alkoholfahne** *f fam* haleine *f* qui sent l'alcool; **eine ~ haben** puer l'alcool *(fam)* **alkoholfrei** *Adj* sans alcool **Alkoholgegner(in)** *m(f)* adversaire *mf* de l'alcool, personne *f* antialcoolique; **~ sein** être antialcoolique **Alkoholgehalt** *m* teneur *f* en alcool; **des Bluts** alcoolémie *f* **Alkoholgenuss**[RR] *m form* consommation *f* d'alcool; **übermäßiger ~** excès *m* d'alcool
alkoholhaltig *Adj* alcoolisé(e)
Alkoholika [alkoˈhoːlika] *Pl* alcools *mpl*
Alkoholiker(in) [alkoˈhoːlikɐ] <-s, -> *m(f)* alcoolique *mf*; **die Anonymen ~** les alcooliques anonymes
alkoholisch *Adj* ❶ *Getränk* alcoolisé(e)
❷ CHEM, PHARM à base d'alcool
alkoholisiert I. *Adj Person* ivre; **in ~ em Zustand** en état d'ébriété
II. *Adv* en état d'ébriété
Alkoholismus <-> *m* alcoolisme *m*

Alkoholkonsum *m* consommation *f* d'alcool **alkoholkrank** *Adj* alcoolique **Alkoholmissbrauch**^RR *m* abus *m* d'alcool **Alkoholpegel** *m* hum s. Alkoholspiegel **Alkoholspiegel** *m* alcoolémie *f*, taux *m* d'alcool dans le sang **Alkoholsteuer** *f* impôt *m* sur les alcools **alkoholsüchtig** *Adj* alcoolique **Alkoholsünder(in)** *m(f) fam* conducteur(-trice) *m(f)* en état d'ivresse **Alkoholtest** *m* alcootest *m* **Alkoholverbot** *nt* interdiction *f* de consommer de l'alcool **Alkoholvergiftung** *f* intoxication *f* par l'alcool

all [al] *Pron indef* ~ **die Arbeit/der Ärger** tout le travail/l'ennui; ~ **das Gerede/die Leute** tous ces racontars/gens; ~ **mein Geld/Vertrauen** tout mon argent/toute ma confiance; ~ **seine Liebe/Vorsicht** tout son amour/sa prudence; ~ **dies/das** tout ça

All <-s> *nt* cosmos *m*
allabendlich [al'a:bəntlɪç] **I.** *Adj* du soir
II. *Adv* tous les soirs
Allah ['ala] <-s> *m* REL Allah *m*; **zu ~ beten** prier Allah
allbekannt *Adj* Phänomen notoire
alldem *Pron* s. **alledem**
alle ['alə] *Adj fam* ❶ *(verzehrt)* liquidé *(fam)*; **das Brot/die Milch ist ~** le pain/le lait est liquidé
❷ *(verbraucht)* **die Seife ist ~** il n'y a plus de savon *(fam)*; **mein Geld ist ~** j'ai plus un rond *(fam)*
▶ **jdn ~ machen** *sl* bousiller qn *(pop)*
alle(r, s) *Pron indef* ❶ *attr (der/die/das gesamte ...)* **~r Fleiß/~ Mühe war umsonst** toute l'application/tout l'effort était peine perdue; **ich wünsche dir ~s Gute** je te souhaite bien des choses; **er hat ihr ~s gesagt** il lui a dit tout; **jdm in ~m zustimmen** être d'accord avec qn en tout point; **das ~s** tout ça; **~s, was du willst** tout ce que tu veux; **trotz ~m** malgré tout; **jdn über ~s lieben** aimer qn par-dessus tout; **[das] Geld geht ihr über ~s** elle place l'argent au-dessus de tout; **vor ~m** avant tout; **das ist/wäre ~s!** c'est/ça sera tout!
❷ *(die gesamten ...)* ~ **Kollegen/Kolleginnen** tous/toutes les collègues; ~ **Hunde/Blumen** tous les chiens/toutes les fleurs; ~ **meine/deine Bücher** tous mes/tes livres; ~ **seine/ihre Schlüssel** toutes ses clés; ~ **beide** tous/toutes les deux; ~ **über 18** tous les plus de 18 ans; **diese Städte habe ich ~ gesehen** j'ai vu toutes ces villes; ~ **die/jenigen, die interessiert sind** tous ceux/toutes celles qui s'y intéressent; ~ **auf einmal** tous/toutes à la fois
❸ *(alle Leute)* **bitte ~ s aussteigen!** tout le monde descend!
❹ *fam (im Einzelnen und insgesamt)* **wer war ~ s da?** qui donc était là?; **was hast du ~ s gegessen?** qu'est-ce que tu as mangé, en fait?; **was hast du denn so ~ s gemacht?** qu'est-ce que tu as fait?; **was sie ~ s weiß!** incroyable tout ce qu'elle sait!
❺ *(regelmäßig jeder/jede ...)* ~ **zwei Stunden/zehn Kilometer** toutes les deux heures/tous les dix kilomètres
❻ *(jeder/jede erdenkliche ...)* **er hat ~n Grund dankbar zu sein** il a de bonnes raisons pour être reconnaissant
▶ **hast du sie noch ~?** *fam* tu es sonné(e)?; *(fam)*; **der hat sie [wohl] nicht mehr ~!** *fam* il déménage! *(fam)*; **~s in ~m** *(zusammengerechnet)* en tout; *(insgesamt betrachtet)* tout compte fait; **~s und jedes** absolument tout; **an ~m und jedem etwas auszusetzen haben** avoir toujours quelque chose à redire [*o* à critiquer]
alledem *Pron* **trotz/von ~** malgré/de tout cela; **zu ~** en plus de tout cela
Allee [a'le:, *Pl:* a'le:ən] <-, -n> *f* allée *f*
Allegorie [alego'ri:] <-, -n> *f* allégorie *f*
allegorisch *Adj* LITER allégorique
Allegro [a'le:gro] <-s, -s *o* Allegri> *nt* MUS allegro *m*
allein [a'laɪn] **I.** *Adj* ❶ seul(e); ~ **sein/leben** être/vivre seul(e); **jdn ~ lassen** laisser qn seul(e); **sich ~ fühlen** se sentir seul(e); **etw ~ entscheiden** décider qc en son nom propre; ~ **stehend** qui vit seul(e); *(ledig)* célibataire; ~ **stehend sein** vivre seul(e); ~ **erziehend sein** être parent unique; ~ **erziehende Mutter** mère *f* qui élève seule son enfant; *(Single)* mère célibataire
❷ *(isoliert, ohne Hilfe)* **tout[e] seul(e)**
II. *Adv* ❶ *(bereits)* rien que
❷ *(ausschließlich)* uniquement; ~ **selig machend** Lehre, Doktrin hors duquel/de laquelle il n'est point de salut; ~ **selig machend sein** *iron (ausschließlich richtig)* être parole d'évangile *(iron)*; **das ist ganz ~ deine Sache** c'est exclusivement ton affaire
❸ *(selbständig, selbsttätig)* **etw von ~ tun** faire qc tout(e) seul(e); *(aus eigenem Antrieb)* faire qc de soi-même; **hör mal, ich weiß von ~, was zu tun ist** écoute, je n'ai pas besoin de toi pour savoir ce qu'il faut faire; **das läuft von ~** ça roule tout seul
Alleinberechtigung *f kein Pl* JUR droit *m* exclusif
alleine [a'laɪnə] s. **allein**
Alleinerbe *m*, **-erbin** *f* unique héritier(-ière) *m(f)*
alleinerziehend s. **allein I.**
Alleinerziehende(r) *f(m) dekl wie Adj* parent *m* unique **Alleingang** <-gänge> *m* initiative *f* individuelle; SPORT action *f* isolée;

etw im ~ tun faire qc en solitaire; **zu Alleingängen neigen** faire volontiers cavalier seul **Alleinherrschaft** *f einer Person* autocratie *f*; *einer Partei* hégémonie *f* **Alleinherrscher(in)** *m(f)* souverain(e) *m(f)* absolu(e)
alleinige(r, s) *Adj* unique; **der ~ Erbe/Nachkomme** l'unique héritier/descendance; **die ~ Vertretung einer S.** *(Gen)* **haben** être le représentant exclusif/la représentante exclusive de qc
Alleinsein *nt* solitude *f*
alleinstehend s. **allein I.**❶
Alleinstehende(r) *f(m) dekl wie Adj* personne *f* [qui vit] seule; *(ledige Person)* célibataire *mf* **Alleinunterhalter(in)** *m(f) a. fig* artiste *mf* **Alleinverdiener(in)** *m(f)* soutien *m* [de famille] **Alleinvertretung** *f* représentation *f* exclusive; **die ~ einer S.** *(Gen)* **haben** être le représentant exclusif/la représentante exclusive de qc **Alleinvertrieb** *m* ❶ *(Vertriebsrecht)* exclusivité *f*; **etw im ~ haben** avoir qc en exclusivité ❷ *(Firma)* distributeur *m* exclusif
allemal ['alə'ma:l] *Adv fam* ❶ *(ohne Schwierigkeit)* à tous les coups *(fam)*; **~!** sans problème! *(fam)*
❷ *(in jedem Falle)* de toute façon
allenfalls ['alən'fals] *Adv* ❶ *(höchstens)* tout au plus
❷ *(bestenfalls)* au mieux
allenthalben ['alənt'halbən] *Adv veraltet geh* de toute[s] part[s]; ~ **bekannt sein** être connu(e) un peu partout; **es wird ~ wärmer** la température va monter un peu partout
allerbeste(r, s) *Adj* **I.** *Adj* meilleur(e); **der/die/das ~ ...** le meilleur/la meilleure ...; **Oma ist die Allerbeste!** mamie est la meilleure de toutes!; **ich wünsche dir das Allerbeste!** je t'adresse tous mes meilleurs vœux! **II.** *Adv* **am ~n** le mieux [du monde]; **es ist am ~n, wenn wir gehen** le mieux serait que nous partions **allerdings** ['alɐˈdɪŋs] *Adv* ❶ *(jedoch)* toutefois ❷ *(in der Tat)* en effet ❸ *(gewiss)* ~! et comment! **allererste(r, s)** *Adj* ❶ tout(e) premier(-ière); **etw als Allererster/Allererste erfahren** être le tout premier/la toute première à apprendre qc; **als Allererstes die Fenster schließen** fermer les fenêtres avant toute chose [*o* en tout premier]; **das Allererste, was wir tun müssen** la première chose à faire ❷ *(ausgezeichnet)* ~ **Qualität** qualité *f* première **allerfrühestens** *Adv* au plus tôt
allergen [alɛrˈgeːn] MED **I.** *Adj* allergène
II. *Adv* ~ **wirken** provoquer des allergies
Allergen <-s, -e> *nt* MED allergène *m*
Allergie [alɛrˈgiː] <-, -n> *f* allergie *f*; **eine ~ gegen etw haben** avoir une allergie à qc
Allergietest *m* test *m* d'allergie
Allergiker(in) [a'lɛrgikɐ] <-s, -> *m(f)* personne *f* allergique; **~/~ in sein** être allergique
allergisch I. *Adj* MED allergique; **gegen ein Tier/etw ~ sein** être allergique à un animal/à qc
▶ **gegen jdn/etw ~ sein** être allergique à qn/qc
II. *Adv* MED ~ **bedingt** d'origine allergique; **auf ein Tier/etw ~ reagieren** faire une allergie à un animal/qc
▶ **er/sie reagiert ~ auf jdn/etw** *fam* qn/qc lui donne des boutons
Allergologe [alɛrgoˈloːgə] <-n, -n> *m*, **Allergologin** *f* MED allergologiste *mf*, allergologue *mf*
Allergologie [alɛrgoloˈgiː] <-> *f* MED allergologie *f*
allergrößte(r, s) *Adj* plus grand(e); **der/die/das ~ ...** le plus grand/la plus grande ...; **am ~n sein** être le plus grand/la plus grande
allerhand *Adj unv fam* ❶ *(allerlei)* ~ **Süßigkeiten** un tas de sucreries *(fam)*; ~ **Auswahl** un sacré choix *(fam)*
❷ *(ziemlich viel)* **erzählen, verdrücken** pas mal de choses *(fam)*; **gewinnen, transportieren** un paquet *(fam)*; ~ **vertragen [können]** *(widerstandsfähig sein)* [pouvoir] supporter pas mal de choses; *(trinkfest sein)* [pouvoir] vraiment supporter un maximum d'alcool
▶ **das ist [ja] ~!** *(das ist unverschämt)* c'est un peu fort! *(fam)*; *(das ist erstaunlich)* eh ben dis donc! *(fam)*
Allerheiligen <-> *nt* Toussaint *f*; **an ~** à la Toussaint
Allerheiligste(s) *nt dekl wie Adj* ❶ *a. fig (Raum mit Gottesbildnis)* sanctuaire *m* ❷ *(Teil des Tempels von Jerusalem)* Saint *m* des Saints ❸ *(geweihte Hostie)* saint sacrement *m* **allerhöchste(r, s) I.** *Adj* ❶ **das ~ Gebäude** l'immeuble le plus haut [de tous]; **der ~ Turm** la tour la plus haute [de toutes]; **am ~n sein** être le plus haut/la plus haute ❷ *(allergrößte)* **der ~ Betrag** le montant le plus élevé; **die ~ Geschwindigkeit** la vitesse la plus élevée; **es ist ~ Zeit!** il est plus que grand temps! ❸ *(oberste, entscheidende)* **die ~ [gerichtliche] Instanz** l'instance [juridique] suprême; **in den ~n Kreisen verkehren** fréquenter en très haut lieu **II.** *Adv* **am ~n** au plus haut **allerhöchstens** *Adv* ❶ *(allenfalls)* tout au plus ❷ *(spätestens)* **in ~ einer Stunde** dans une heure au plus tard **allerkleinste(r, s)** *Adj* plus petit(e); **der/die/das ~ ...** le plus petit/la plus petite ...; **der/die/das Allerkleinste** [*o* **am ~n**] **sein** être le plus petit/la plus petite

allerlei ['alɐ'laɪ] *Adj unv* toutes sortes de; **~ Spielzeug** toutes sortes de jouets; **~ erzählen/erleben** raconter/vivre toutes sortes de choses
Allerlei <-s, *selten* -s> *nt* méli-mélo *m*
allerletzte(r, s) *Adj* ❶ *(letzte, neueste)* tout(e) dernier(-ière); **der/die/das ~ ...** le tout dernier/la toute dernière ...; **das Allerletzte, was er mir sagte** la toute dernière chose qu'il m'ait dite ❷ *fam (äußerst schlecht, geschmacklos)* **das/er ist das Allerletzte!** c'est/il est pire que tout! **allerliebst** I. *Adj* ravissant(e) II. *Adv* d'une manière charmante; **~ aussehen** avoir l'air charmant **allerliebste(r, s)** I. *Adj* ❶ *(Lieblings-)* favori(te), préféré(e); **der ~ von ihren Schülern** son élève préféré; **das wäre mir das Allerliebste** [*o* **am ~n**] c'est ce que je préférerais ❷ *(Anrede im Brief)* **mein ~r Martin/meine ~ Brigitte!** mon très cher Martin/ma très chère Brigitte; II. *Adv* **etw am ~n tun** préférer [de loin] faire qc
Allermeiste(r) *f(m) dekl wie Adj* bien-aimé(e) *m(f)* **allermeiste(r, s)** I. *Adj* **die ~ Zeit/das ~ Geld** la plupart du temps/le plus d'argent; **die ~n** [**Menschen**] la très grande majorité [des gens]; **in den ~n Fällen** dans la plupart des cas; **das ~** la plus grande partie II. *Adv* **am ~n** plus que tout; **am ~n freut mich/tut mir leid, dass** ce qui me fait le plus plaisir/le plus de peine, c'est que + *indic*
allernächste(r, s) I. *Adj* ❶ *(unmittelbar bevorstehend) Zeit, Zukunft* tout(e) prochain(e); **etw als Allernächstes tun** faire à présent qc ❷ *(räumlich nah)* le/la plus proche ❸ *(sehr eng, vertraut)* **die ~n Verwandten/Freunde** les parents/amis les plus proches ❹ *fam (kürzeste)* **der ~ Weg** le chemin le plus court II. *Adv* ❶ *(räumlich nah)* **dem Wald am ~n liegen** être le/la plus proche de la forêt ❷ *(sehr eng, vertraut)* **ihre Tante steht ihr am ~n** sa tante lui est la plus proche **allerneu[e]ste(r, s)** *Adj* **die ~ Ausgabe** la toute dernière édition; **die ~n Nachrichten** les toutes dernières nouvelles; **auf dem ~n Stand sein** être absolument à jour; **dieses Haus ist am ~n** [*o* **das ~**] c'est cette maison la plus récente; **weißt du schon das Allerneueste?** tu connais la dernière? *(fam)* **allerschönste(r, s)** I. *Adj* **der/die/das ~ ...** le plus beau/la plus belle ...; **der Allerschönste** [*o* **am ~n**] **sein** être le plus beau II. *Adv* **am ~n singen** chanter le mieux
Allerseelen <-> *nt* jour *m* des Morts; **an ~** le jour des Morts
allerseits ['alɐ'zaɪts] *Adv* **guten Morgen ~!** bonjour tout le monde!
allerspätestens *Adv* au plus tard
Allerweltsgesicht *nt pej fam* visage *m* commun **Allerweltsname** *m pej fam* nom *m* commun
allerwenigste(r, s) I. *Adj* ❶ *(kleinster Teil)* **die ~ Zeit/das ~ Geld** le minimum de temps/d'argent; **die ~n** [**Menschen**] une petite minorité [de personnes]; **in den ~n Fällen** dans un nombre infime des cas ❷ *(vergleichend)* **das ~ Geld von allen verdienen** gagner le moins d'argent de tous ❸ *(Mindeste)* **das ~** la moindre des choses; **das ist das ~, was man erwarten kann!** c'est le moins qu'on puisse attendre!; II. *Adv* **etw am ~n erwarten** s'attendre le moins du monde à qc; **jdm am ~n gefallen** plaire le moins du monde à qn; **das am ~n!** tout mais pas ça! **allerwenigstens** ['alɐ've:nɪçstəns] *Adv* tout au moins **Allerwerteste(r)** *m dekl wie Adj hum* [précieux] postérieur *m (hum)*
alles ['aləs] *s.* **alle(r, s)**
allesamt *Adv fam* tous/toutes; **ihr könnt ~ gehen** vous pouvez tous/toutes partir
Allesfresser <-s, -> *m* omnivore *m* **Alleskleber** *m* colle *f* universelle **Alleswisser(in)** <-s, -> *m(f)* esprit *m* omniscient; **ein ~** quelqu'un qui sait tout; **dieser ~ Oliver ist unerträglich** Oliver, ce Monsieur Je-sais-tout, est vraiment insupportable
allfällig ['alfɛlɪç] *Adj* CH éventuel(le)
allg. *Abk von* **allgemein** génér.
allgegenwärtig *Adj geh* omniprésent(e); **Gott, der Allgegenwärtige** Dieu qui est omniprésent
allgemein ['algə'maɪn] I. *Adj* ❶ *(nicht speziell, nicht detailliert)* général(e); **im Allgemeinen** *(normalerweise)* en général; *(insgesamt)* dans l'ensemble
❷ *(für alle gültig)* **Wahlrecht** universel(le); **Wehrpflicht** obligatoire
❸ *(öffentlich, allen gemeinsam)* général(e)
II. *Adv* ❶ *(nicht speziell, nicht detailliert) formulieren* de façon générale; **~ bildend** *Schule* d'enseignement général; *Unterricht* général(e)
❷ *(überall, ausnahmslos)* üblich, gültig généralement; *verbreitet* communément; **~ gültige Aussage** affirmation *f* universelle; **es ist ~ bekannt, dass** tout le monde sait que + *indic*
❸ *(öffentlich, für alle)* **~ zugänglich** *Gebäude, Einrichtung* ouvert(e) au public; *Informationen, Daten* accessible au public; **~ verständlich** intelligible à tous; *darstellen, erklären, sich ausdrücken* de manière intelligible; **sich ~ verständlich machen** se faire comprendre de tous
Allgemeinbefinden *nt* état *m* général
allgemeinbildend *s.* **allgemein II.**❶
Allgemeinbildung *f kein Pl* culture *f* générale

allgemeingültig *s.* **allgemein II.**❷
Allgemeingültigkeit *f* universalité *f* **Allgemeingut** *nt* **~ sein, zum ~ gehören** *Wissen, Ideen:* être une chose connue de tous; *Redensart, Sprichwort:* faire partie du patrimoine culturel
Allgemeinheit <-, -en> *f* ❶ *kein Pl (Öffentlichkeit)* collectivité *f*; **der ~** *(Dat)* **zugänglich sein** *Gebäude, Einrichtung:* être ouvert(e) au public; *Informationen, Daten:* être accessible au public
❷ *kein Pl (Unbestimmtheit) einer Äußerung* généralité *f*; **in dieser ~ kann man das nicht sagen** on ne peut pas généraliser comme cela
❸ *meist Pl (Allgemeinplatz)* généralité *f*
Allgemeininteresse *nt kein Pl* intérêt *m* général **Allgemeinmedizin** *f* médecine *f* générale; **Arzt/Ärztin für ~** médecin *m* généraliste **Allgemeinmediziner(in)** *m(f)* MED [médecin *m*] généraliste *mf* **Allgemeinplatz** *m* lieu *m* commun
allgemeinverständlich *s.* **allgemein II.**❸
Allgemeinwissen *nt* connaissances *fpl* générales **Allgemeinwohl** *nt* intérêt *m* général **Allgemeinzustand** *m kein Pl a.* MED état *m* général *pas de pl;* **ihr ~ hat sich verschlechtert** son état s'est aggravé
Allheilmittel [al'haɪl-] *nt* panacée *f*
Allianz [a'liants] <-, -en> *f* alliance *f*
Alligator [ali'ga:to:ɐ] <-s, -toren> *m* alligator *m*
alliiert [ali'i:ɐt] *Adj* allié(e)
Alliierte(r) *f(m) dekl wie Adj* **die ~n** HIST les Alliés *mpl*
All-inclusive-Urlaub ['ɔ:lɪn'klu:sɪf-] *m* vacances *fpl* tout compris
Alliteration [alɪtera'tsio:n] <-, -en> *f* POES allitération *f*
alljährlich I. *Adj attr* annuel(le)
II. *Adv* tous les ans
Allmacht *f kein Pl* toute-puissance *f* **allmächtig** *Adj* tout(e)-puissant(e); **~er Gott!** Dieu tout-puissant! **Allmächtige(r)** *m dekl wie* REL *geh* **der ~** le Tout-Puissant; **~r!** *fam* sacrebleu!
allmählich [al'mɛ:lɪç] I. *Adj attr* progressif(-ive)
II. *Adv* **~ müde/munter werden** commencer à être fatigué(e)/réveillé(e); **es wird ~ Zeit, dass wir ihm schreiben** il sera bientôt temps que nous lui écrivions; **wir sollten ~ aufbrechen** nous devrions doucement y aller
allmonatlich I. *Adj attr* mensuel(le)
II. *Adv* tous les mois
allmorgendlich I. *Adj attr* de chaque matin; **das ~e Aufstehen fällt ihm schwer** il lui est difficile de se lever tous les matins
II. *Adv* tous les matins
allnächtlich ['al'nɛçtlɪç] I. *Adj attr* nocturne; **fast ~e Hustenanfälle** des accès de toux presque chaque nuit
II. *Adv* toutes les nuits
Allparteienregierung *f* gouvernement *m* regroupant tous les partis
Allradantrieb *m* quatre roues *fpl* motrices
Allroundgenie ['ɔ:l'raʊndʒeni:] *nt* homme *m*/femme *f* aux talents multiples **Allroundkünstler(in)** ['ɔ:l'raʊnd-] <-s, -> *m(f)* artiste *mf* complet(-ète) **Allroundman** ['ɔ:l'raʊnd-] <-s, -men> *m* homme *m* polyvalent **Allroundtalent** *s.* **Allroundgenie**
allseitig ['alzaɪtɪç] I. *Adj* unanime; *Zufriedenheit* général(e); *Unruhe* généralisé(e)
II. *Adv* **begabt** universellement; *informiert* sur tout
allseits *Adv* ❶ *(überall)* partout; *bekannt* de tous; **es ist ~ bekannt, dass** tout le monde sait que + *indic*
❷ *(rundum) informiert* sur tout; *vorbereitet* à fond; **~ gewappnet** paré(e)
Alltag ['alta:k] *m* ❶ *(Werktag)* jour *m* ouvrable
❷ *(Einerlei) eines Berufs, einer Ehe* quotidien *m*
alltäglich *Adj* ❶ *attr (tagtäglich)* quotidien(ne)
❷ *(gang und gäbe)* **~ sein** *Situation:* être habituel(le)
❸ *(gewöhnlich)* ordinaire
alltags *Adv* en semaine
Alltagskleidung *f* tenue *f* de tous les jours **Alltagsleben** *nt* quotidien *m* **Alltagssprache** *f* langage *m* courant
allumfassend *Adj geh* universel(le)
Allüren [a'ly:rən] *Pl* manières *fpl*
allwissend *Adj* ❶ *fam* au courant de tout; **~ tun** faire celui/celle qui sait tout *(fam)*; **bin ich ~?** est-ce que je sais, moi? *(fam)*; **ich bin doch nicht ~!** je peux quand même pas tout savoir! *(fam)*
❷ REL omniscient(e); **der Allwissende** Dieu qui sait tout
Allwissenheit <-> *f* omniscience *f*
allwöchentlich I. *Adj* hebdomadaire
II. *Adv* toutes les semaines; **~ einmal/zweimal** une/deux fois par semaine
allzeit ['al'tsaɪt] *Adv geh* toujours; **~ bereit sein** être toujours prêt(e)
allzu *Adv* bien trop; **~ früh** bien trop tôt; **~ lang[e]** bien trop long(longue); **~ oft** bien trop souvent; **~ sehr** que trop; **ich mag Hummer nicht ~ sehr** je n'aime pas le homard outre mesure;

nicht ~ sehr! pas plus que ça!; ~ viel trop; sein Gesicht verrät nicht ~ viel son visage ne trahit pas grand-chose; das ist aber nicht ~ viel! c'est vraiment pas grand-chose! *(fam)*; etw ~ gern tun adorer faire qc; das würde ich ~ gern tun je rêve de faire ça; etw nicht ~ gern machen ne pas trop aimer faire qc; etw nicht ~ gern mögen ne pas raffoler de qc; das weiß ich nur ~ gut je ne le sais que trop [bien]; nur ~ verständlich sein n'être que trop compréhensible

allzufrühᴬᴸᵀ *s.* allzu
allzugernᴬᴸᵀ *s.* allzu
allzugutᴬᴸᵀ *s.* allzu
allzulang[e]ᴬᴸᵀ *s.* allzu
allzuoftᴬᴸᵀ *s.* allzu
allzusehrᴬᴸᵀ *s.* allzu
allzuvielᴬᴸᵀ *s.* allzu
Allzweckreiniger <-s, -> *m* nettoyant *m* multiusage **Allzwecktuch** *nt* chiffon *m* multiusage
Alm [alm] <-, -en> *f* alpage *m*
Almabtrieb *m* descente *f* de l'alpage
Almanach ['almanax] <-s, -e> *m* almanach *m*
Almosen ['almo:zən] <-s, -> *nt* ❶ *(Spende)* aumône *f*
❷ *(geringer Betrag)* misère *f*
Aloe ['a:loe] <-, -n> *f* aloès *m*
Alp [alp] <-[e]s, -e> *m* cauchemar *m*
Alpaka [al'paka] <-s, -s> *nt (Lamaart, Wolle, Gewebe)* alpaga *m*
Alpakawolle *f kein Pl* laine *f* d'alpaga *pas de pl*
Alpdruck ['alpdrʊk] <-[e]s, -drücke> *m* cauchemar *m*
  ▸ wie ein ~ auf jdm lasten poursuivre qn comme un cauchemar
Alpen ['alpən] *Pl* die ~ les Alpes *fpl*
Alpenglühen <-s> *nt* reflets du soleil couchant sur les sommets des Alpes **Alpenland** *nt* pays *m* alpin **Alpenpass**ᴿᴿ *m* col *m* des Alpes **Alpenrepublik** *f hum fam* die ~ la république autrichienne **Alpenrose** *f* rose *f* des Alpes **Alpenstraße** *f (Landstraße)* route *f* des Alpes **Alpenveilchen** *nt* cyclamen *m*
Alpenvorland *nt* das ~ les Préalpes *fpl*
Alpha <-[s], -s> *nt* alpha *m*
Alphabet [alfa'be:t] <-[e]s, -e> *nt* alphabet *m*; das ~ lernen/aufsagen apprendre/réciter l'alphabet; nach dem ~ dans l'ordre alphabétique
alphabetisch I. *Adj* alphabétique
  II. *Adv* par ordre alphabétique
alphabetisieren* *tr V* ❶ *(unterrichten)* alphabétiser
  ❷ *(ordnen)* etw ~ classer qc par ordre alphabétique
Alphabetisierung <-, -en> *f* ❶ *(Unterricht)* alphabétisation *f*
  ❷ *(Anordnung)* classement *m* par ordre alphabétique
alphanumerisch [alfanu'me:rɪʃ] *Adj* alphanumérique
Alphastrahlen *Pl* ᴾᴴʸˢ rayons *mpl* alpha **Alphateilchen** *nt* ᴾᴴʸˢ particule *f* alpha
Alphorn *nt* cor *m* des Alpes
alpin [al'pi:n] *Adj* alpin(e); *Flora (in hohen Lagen)* alpin(e); *(in unteren Lagen)* alpestre; die ~en Skimeisterschaften les championnats *mpl* de ski alpin
Alpinismus [alpi'nɪsmʊs] <-> *m* ˢᴾᴼᴿᵀ alpinisme *m*
Alpinist(in) [alpi'nɪst] <-en, -en> *m(f)* alpiniste *mf*
Alptraum *m* cauchemar *m*
  ▸ der reinste ~ le vrai cauchemar
alptraumhaft *Adj inv* cauchemardesque
Alraun [al'raʊn] <-[e]s, -e> *m*, **Alraune** [al'raʊnə] <-, -n> *f* mandragore *f*
als [als] *Konj* ❶ *(zeitlich)* quand, lorsque; *(zu der Zeit, da)* alors que; damals, ~ ... à l'époque où ...; gerade, ~ ... au moment précis où ...
  ❷ *(vergleichend)* größer/schöner ~ ... plus grand(e)/plus beau(belle) que ...
  ❸ *(gleichsam)* es klang, ~ ob *[o* wenn*]* ein Glas zerbrach ça a fait un bruit comme si un verre se cassait; er sah aus, ~ ob er schliefe il avait l'air de dormir; es sieht aus, ~ würde es bald schneien on dirait qu'il va bientôt neiger
  ❹ *(ausschließend)* es ist zu spät, ~ dass ... il est trop tard pour que ... + *subj*; er ist zu jung, ~ dass er das tun könnte il est trop jeune pour pouvoir faire cela
  ❺ *(zumal)* die Arbeit war um so schwieriger, ~ ... le travail était d'autant plus difficile que ... + *indic*
  ❻ *(zur Bezeichnung einer Eigenschaft)* ~ Lehrer/Bürgermeisterin en tant que professeur/maire; schon ~ Kind hatte er ... déjà enfant, il avait ...; ich ~ dein Onkel ... moi qui suis ton oncle, je ...; noch ~ alte Frau ... devenue une vieille femme, ...; ~ Held gefeiert werden être fêté en héros; jdn ~ Blödmann bezeichnen qualifier qn d'imbécile; ~ Beweis/Kompliment comme preuve/compliment; ~ Warnung dienen servir d'avertissement
alsbald *Adv veraltet geh* promptement **alsbaldig** [als'baldɪç] *Adj form* prompt(e) *(soutenu)* **alsdann** [als'dan] *Adv* ᴰᴵᴬᴸ eh bien
also ['alzo] I. *Adv* ❶ *(folglich)* donc

❷ *(nun ja)* eh bien; ~ wie ich schon sagte bon, comme je l'ai déjà dit
❸ *(tatsächlich)* donc; das ist ~ dein letztes Wort? bon alors, c'est ton dernier mot?
  II. *Interj* ❶ *(aber)* enfin; ~ Thomas! voyons, Thomas!; ~ nein! tout de même!
  ❷ *(ach)* [ainsi] donc; ~ so was! non mais ça alors!; ~ nein! ça alors!; ~ so ein Frechdachs! *fam* non mais quel polisson! *(fam)*; ~ sie war das! c'était donc elle!; ~ doch! donc c'était bien ça!; na ~! ah quand même!
  ❸ *(überleitender Pausenfüller)* bon; allez, c'est bon; ~ gut *[o* schön*]* bon d'accord; ~ dann, ...! bon, allez ...!, bon alors, ...!
Alsterwasser ['alstɐ-] *nt* ᴺᴰᴱᵁᵀˢᶜᴴ panaché *m*
alt [alt] <älter, älteste> *Adj* ❶ *(betagt)* vieux(vieille); ein ~ er Mann un vieil homme; ~ werden vieillir; älter werden devenir vieux(vieille); sie wurde älter als ihr Bruder elle est morte plus âgée que son frère; dafür bin ich zu ~ je suis trop vieux(vieille) pour [faire] cela; *s. a.* älter
  ❷ *(ein bestimmtes Alter habend)* er wird zehn Jahre ~ il aura/va avoir dix ans; zwanzig Jahre ~ sein avoir vingt ans; ein drei Jahre ~es Mädchen une fille [âgée] de trois ans; wie ~ bist du? quel âge as-tu?; darf ich fragen, wie ~ Sie sind? puis-je vous demander votre âge?; mein älterer Bruder mon frère aîné; meine älteste Schwester l'aînée de mes sœurs; sie ist älter als er elle est plus âgée *[o* vieille*]* que lui; er ist zwei Jahre älter als sie il a deux ans de plus qu'elle; sie ist ~ genug um allein zu verreisen elle est assez grande pour voyager seule
  ❸ *(nicht neu, nicht frisch)* Gegenstand, Kleidung, Lebensmittel vieux(vieille) *antéposé*; ~es Brot du pain rassis *[o* pas frais*]*
  ❹ *attr (langjährig)* Freund, Freundschaft, Verbindung vieux(vieille) *antéposé*; eine ~e Freundin une vieille amie
  ❺ *(aus früheren Zeiten)* Kultur, Sprachstufe, Stadt ancien(ne); ~e *[o* ältere*]* Geschichte l'Antiquité *f*; älter sein als ... être plus ancien(ne) que ...
  ❻ *(abgelagert)* Käse, Wein vieux(vieille) *antéposé*; einen ~en Bordeaux trinken boire un vieux bordeaux
  ❼ *attr pej (schrecklich)* du ~er Besserwisser toi, le donneur de leçons invétéré
  ❽ *attr (ehemalig)* mein ~er Kollege mon ancien collègue; das ~e Paris le Paris d'autrefois
  ❾ *attr (unverändert)* der/die Alte sein être le/la même; alles bleibt beim Alten les choses ne changent pas
  ▸ Alt und Jung jeunes et vieux; aus Alt mach Neu Spr. *fam* il faut savoir faire du neuf avec du vieux; ~ aussehen *fam* avoir bonne mine *(iron fam)*; man ist so ~, wie man sich fühlt on a l'âge qu'on veut bien avoir; hier werde ich nicht ~ *fam* je ne vais pas m'encroûter ici *(fam)*
Alt¹ <-s, -e> *m* ᴹᵁˢ ❶ *(Stimme)* [contr]alto *m*; ~ singen chanter en [contr]alto
  ❷ *(Sängerin)* [contr]alto *f*
  ❸ *(Gesamtheit der Stimmen)* altos *mpl*
Alt² *s.* Altbier
altangesehen *Adj* de vieille réputation
Altar [al'ta:ɐ, *Pl:* al'tɛ:ra] <-s, Altäre> *m* autel *m*
  ▸ jdn/etw auf dem ~ der Gerechtigkeit opfern *geh* sacrifier qn/qc sur l'autel de la justice *(soutenu)*; jdn zum ~ führen *geh* conduire qn à l'autel *(soutenu)*
Altaraufsatz *m* retable *m* **Altarraum** *m* sanctuaire *m*
altbacken *Adj* ❶ *Brot, Gebäck* rassis(rassie) ❷ *(altmodisch)* Person vieux jeu *inv*; Ansichten, Methoden dépassé(e) **Altbau** <-bauten> *m* ❶ *(Gebäude)* construction *f* ancienne ❷ *s.* Altbauwohnung
Altbausanierung *f* rénovation *f* de bâtiments vétustes **Altbauwohnung** *f* logement *m* ancien
altbekannt *Adj* Tatsache, Witz archiconnu(e); Lokal de vieille réputation **altbewährt** *Adj* ❶ *Freundschaft, Verbindung* de vieille date; Tradition bien établi(e) ❷ *(erprobt)* Methode, Mittel qui a fait ses preuves; ~ sein avoir fait ses preuves; die ~e Entschuldigung la bonne vieille excuse **Altbier** *nt* bière maltée à haute fermentation **Altbundeskanzler** *m* ancien chancelier *m* fédéral **Altbürgermeister(in)** *m(f)* ancien maire *m* **altdeutsch** *Adj* rustique
Alte(r) *f(m) dekl wie Adj* ❶ *fam (Mensch)* vieux *m*/vieille *f (fam)*; die ~n les vieux *mpl*
  ❷ *pej fam (Ehemann/-frau)* bonhomme *m*/bonne femme *f (fam)*
  ❸ *pej fam (Vater/Mutter)* vieux *m*/vieille *f (fam)*; meine ~n mes vieux *mpl (fam)*
  ❹ *Pl (Menschen der Antike)* die ~n les Anciens *mpl*
  ❺ *Pl (Tiereltern)* die ~n les parents *mpl*
Alte(s) *nt dekl wie Adj* ❶ *(Traditionelles)* das ~ la tradition
  ❷ *(alte Dinge)* ancien *m*; das ~ und das Neue l'ancien et le nouveau
altehrwürdig *Adj geh* vénérable *antéposé (soutenu)* **alteingesessen** *Adj* bien implanté(e) **Alteisen** *nt* ferraille *f*

Altenheim s. Altersheim **Altenhilfe** f kein Pl aide f aux personnes âgées **Altenpflege** f assistance f aux personnes âgées **Altenpflegeheim** nt maison f de retraite médicalisée **Altenpfleger(in)** m(f) infirmier(-ière) m(f) en gériatrie **Altentagesstätte** f club m du troisième âge **Altenteil** nt logement réservé au fermier ayant pris sa retraite ▸ **sich aufs ~ setzen** [o **zurückziehen**] prendre sa retraite **Altenwohnheim** nt résidence f pour les personnes âgées

Alter ['altɐ] <-s, -> nt ❶ (Lebensalter) âge m; **im ~ von fünfzig Jahren** à l'âge de cinquante ans; **im zarten ~ von drei Jahren** geh à l'âge tendre de trois ans; **ein Mann mittleren ~s** un homme entre deux âges; **in vorgerücktem ~** geh à un âge avancé; **sie ist in meinem ~** elle a mon âge; **in deinem ~ gehört sich das nicht!** ce n'est pas de ton âge!
❷ (Bejahrtheit) vieillesse f; **im ~** dans la vieillesse; **im ~ wird man weiser** on devient plus sage sur ses vieux jours; **siebzig ist doch kein ~!** on n'est pas vieux à soixante-dix ans!
▸ **~ schützt vor Torheit nicht** Spr. il n'y a pas d'âge pour faire des bêtises

älter ['ɛltɐ] Adj ❶ Komp von **alt**
❷ (nicht mehr jung) Personne âgé(e)

Ältere(r) f(m) dekl wie Adj ❶ Pl (älterer Mensch) **die ~n** les personnes fpl âgées; **die ~n unter ihnen** les plus âgés d'entre eux
❷ (erstgeborenes, früher geborenes Kind) **der/die ~** l'ancien(ne); **der/die Älteste** le plus âgé/la plus âgée, l'aîné/l'aînée
❸ (Senior) **Plinius der ~** Pline l'Ancien

altern ['altɐn] itr V + sein vieillir; **~d** vieillissant(e); **Haut** qui vieillit; **das Altern** le vieillissement

alternativ I. Adj alternatif(-ive)
II. Adv **leben** de façon alternative; **~ eingestellt sein** avoir des opinions alternatives

Alternativbewegung f mouvement m alternatif
Alternative [-və] <-, -n> f alternative f; **vor eine ~ gestellt werden** être face à une alternative
Alternative(r) [-və, -vɐ] f(m) dekl wie Adj ❶ (Umweltschützer) écolo mf (fam)
❷ POL alternatif(-ive) m(f)
Alternativenergie f l'énergie f alternative
alterprobt Adj qui a fait ses preuves; **~ sein** avoir fait ses preuves
alters ▸ **von** [o **seit**] **~** [**her**] geh de tout temps
Altersaufbau m pyramide f des âges **altersbedingt** Adj dû(due) à l'âge; **~ sein** être lié(e) à l'âge **Altersbeschwerden** Pl maux mpl liés à l'âge **Alterserscheinung** f signe m de vieillesse **Altersfleck** m tache f de vieillesse **Altersforschung** f gérontologie f **Altersgenosse** m, **-genossin** f personne f du même âge; **~n sein** être du même âge **Altersgrenze** f ❶ âge m limite
❷ (für die Rente) âge m de la retraite **Altersgründe** Pl raisons fpl dues à l'âge; **aus ~n** en raison de l'âge **Altersgruppe** f tranche f d'âge **Altersheim** nt maison f de retraite **Altersklasse** f ❶ SPORT catégorie f d'âge ❷ s. **Altersstufe Alterskrankheit** f maladie f sénile **Alterspyramide** f pyramide f des âges **Altersrente** f, **Altersruhegeld** nt form [pension f de] retraite **altersschwach** Adj ❶ Person, Tier diminué(e) [par l'âge] ❷ fam (wacklig) Auto, Gerät foutu(e) (fam); Möbel bien installé (fam) **Altersschwäche** f kein Pl décrépitude f **Alterssitz** m lieu m de retraite **altersspezifisch** I. Adj propre à une tranche d'âge
II. Adv par âge **Altersstarrsinn** m entêtement m sénile **Altersstufe** f ❶ (Altersgruppe) tranche f d'âge ❷ (Lebensabschnitt) étape f de la vie **Altersteilzeit** <-> f cessation f progressive d'activité **Altersübergangsgeld** nt allocation f transitoire de retraite **Altersunterschied** m différence f d'âge **Altersversicherung** f assurance f vieillesse **Altersversorgung** f (Rente) prestations fpl vieillesse; (Vorsorge) retraite f complémentaire; **berufliche/betriebliche ~** prévoyance f vieillesse professionnelle/d'entreprise; **freiwillige** [o **private**] **~** prévoyance vieillesse volontaire [o privée] **Altersweitsichtigkeit** <-> f presbytie f **Alterswerk** nt œuvre f de vieillesse
Altertum ['altɐtuːm] <-s> nt Antiquité f
Altertümer Pl œuvres fpl d'art antiques
altertümlich ['altɐtyːmlɪç] Adj ❶ (altmodisch) passé(e) de mode
❷ (archaisch) Brauchtum [très] ancien(ne); Begriff, Wort archaïque
Altertümlichkeit <-> f ❶ (altmodische Art) caractère m démodé
❷ (archaische Art) ancienneté f; **die ~ dieses Begriffs/Worts** cet archaïsme
Altertumskunde f archéologie f **Altertumswert** m valeur f d'ancienneté ▸ **~ haben** hum fam être une véritable antiquité (hum fam)
Alterung <-, -en> f vieillissement m
Alterungsprozess[RR] m processus m de vieillissement
Ältes s. Alte(s)
Älteste(r, s) Superl von **alt Älteste(r)** f(m) dekl wie Adj plus âgé(e) m(f); (bei Geschwistern) aîné(e) m(f); (in einer Gruppe) doyen(ne) m(f) [d'âge]; (Dorfältester) doyen(ne) m(f)

Ältestenrat m POL ≈ comité m des sages; eines Stammes Conseil m des Anciens
Altflöte f flûte f alto
altfranzösisch Adj Literatur, Text en ancien français **Altfranzösisch** <-[s]> nt kein Art l'ancien français m; **auf ~** en ancien français **Altfranzösische** nt dekl wie Adj **das ~** l'ancien français m
altgedient Adj Soldat, Mitarbeiter blanchi(e) sous le harnais **Altglas** nt verre m usagé **Altglascontainer** [-kɔnteːnɐ] m container m à verre **Altgold** nt veraltet (Gebrauchtgold) vieil or m; (künstlich gedunkelt) or m bruni **altgriechisch** Adj Literatur, Text en grec ancien; Grammatik du grec ancien **Altgriechisch** <-[s]> nt kein Art le grec ancien; **auf ~** en grec ancien **Altgriechische** nt dekl wie Adj **das ~** le grec ancien **althergebracht** Adj, **altherkömmlich** Adj Art, Brauch traditionnel(le); Tradition très ancien(ne) **althochdeutsch** Adj Literatur, Text en ancien haut allemand **Althochdeutsch** <-[s]> nt kein Art l'ancien haut allemand m; **auf ~** en ancien haut allemand **Althochdeutsche** nt dekl wie Adj **das ~** l'ancien haut allemand m
Altist(in) <-en, -en> m(f) MUS alto mf
Altkleidersammlung f collecte f de vieux vêtements **altklug** Adj Kind, Gesicht précoce; Bemerkung d'une maturité précoce **Altlast** f meist Pl ❶ ÖKOL déchet m toxique ❷ (Überbleibsel) vieille baderne f (fam)
ältlich ['ɛltlɪç] Adj plus tout(e) jeune
Altmaterial nt déchets mpl **Altmeister(in)** m(f) ❶ (Könner) maître(-esse) m(f) incontesté(e) ❷ SPORT ex-champion(ne) m(f) **Altmetall** nt vieux métaux mpl **altmodisch** I. Adj ❶ Kleidung démodé(e); Einrichtung, Möbelstück vieillot(te); etwas Altmodisches quelque chose de démodé/vieillot ❷ (rückständig) Ansicht, Methode dépassé(e); **~ sein** être vieux jeu II. Adv **gekleidet** de façon démodée; **eingerichtet** de façon vieillotte **Altöl** nt huile f usagée **Altpapier** nt vieux papiers mpl
Altpapiercontainer [-kɔnteːnɐ] m container m pour les vieux papiers **Altpapiersammlung** f collecte f de vieux papiers **Altphilologe** m, **-philologin** f philologue mf classique **altrosa** Adj unv vieux rose inv; **~ Socken** des chaussettes fpl vieux rose
Altruismus [altruˈɪsmʊs] <-> m PSYCH geh altruisme m
altruistisch [altruˈɪstɪʃ] geh I. Adj altruiste
II. Adv de façon altruiste
Altschnee m vieille neige f **Altsilber** nt ❶ vieil argent m ❷ (künstlich gedunkelt) argent m bruni **Altsprachler(in)** m(f) s. **Altphilologe altsprachlich** Adj Zweig classique; **die ~en Fächer** les langues anciennes **Altstadt** f vieille ville f **Altstadtsanierung** f restauration f de la vieille ville **Altsteinzeit** f paléolithique m **altsteinzeitlich** Adj paléolithique **Altstimme** f voix f d'alto
Alt-Taste f INFORM touche f Option
alttestamentarisch Adj, **alttestamentlich** Adj Name de l'Ancien Testament; Ort mentionné(e) dans l'Ancien Testament; Kenntnisse relatif(-ive) à l'Ancien Testament **altväterlich** I. Adj Brauch, Tradition ancestral(e); Auftreten, Haltung vieillot(te); Tonfall patriarcal(e)
II. Adv **gekleidet** de façon vieillotte **Altwarenhändler(in)** <-s, -> m(f) brocanteur(-euse) m(f) **Altweibersommer** m ❶ (Nachsommer) été m indien ❷ (Spinnfäden) filandres fpl
Alu ['aːlu] <-[s]> nt Abk von **Aluminium** alu m
Alufolie ['aːlufoːliə] f fam papier m [d']alu (fam)
Aluminium [aluˈmiːniʊm] <-s> nt aluminium m
Aluminiumfolie [-liə] f feuille f d'aluminium; (Haushaltsfolie) papier m d'aluminium
Alzheimer ['altshaimɐ] <-s> m MED fam, **Alzheimerkrankheit** f kein Pl maladie f d'Alzheimer pas de pl
am [am] = **an dem** ❶ (zur Bildung des Superlativs) **~ schnellsten rennen** courir le plus vite; **~ lautesten lachen** rire le plus fort; **das ist ~ besten** c'est ce qu'il y a de mieux
❷ fam (beim) **~ Arbeiten/Überlegen sein** être en train de travailler/réfléchir; s. a. **an**
Amalgam [amalˈgaːm] <-s, -e> nt amalgame m
Amaryllis [amaˈrʏlɪs] <-, llen> f BOT amaryllis f
Amateur(in) [amaˈtøːɐ] <-s, -e> m(f) amateur m
Amateurfilm [amaˈtøːɐ-] m film m amateur **Amateurfunker(in)** <-s, -> m(f) radioamateur m
amateurhaft I. Adj d'amateur; **~ sein** faire amateur; **~ wirken** sentir l'amateurisme
II. Adv avec amateurisme
Amateurliga f championnat m amateur **Amateurmannschaft** f équipe f amateur **Amateursport** m sport m amateur
Amazonas [amaˈtsoːnas] <-> m Amazone f
Amazone [amaˈtsoːnə] <-, -n> f amazone f
Ambiente [amˈbiɛntə] <-> nt geh ambiance f
Ambition [ambiˈtsioːn] <-, -en> f meist Pl ambition f; **~en haben** avoir des ambitions; **~en auf etw** (Akk) **haben** ambitionner qc
ambitioniert [ambitsioˈniːɐt] Adj ambitieux(-euse)
ambivalent [ambivaˈlɛnt] Adj geh ambivalent(e); Gefühle, Bezie-

hung ambigu(ë)
Ambivalenz [ambiva'lɛnts] <-, -en> f PSYCH ambivalence f
Amboss^RR <-es, -e>, **Amboß**^ALT <-sses, -sse> m enclume f
ambulant [ambu'lant] I. *Adj* ambulatoire; *Patient* en consultation externe; *Kosten, Tarif* sans hospitalisation
II. *Adv* behandeln, versorgen en ambulatoire
Ambulanz [ambu'lants] <-, -en> f ❶ *einer Klinik* consultation f externe
❷ *(Rettungswagen)* ambulance f
Ameise ['a:maɪzə] <-, -n> f fourmi f
Ameisenbär m fourmilier m   **Ameisenhaufen** m fourmilière f   **Ameisensäure** f acide m formique   **Ameisenstaat** m ZOOL colonie f de fourmis
amen ['a:mɛn, 'a:mən] *Interj* amen, ainsi soit-il
Amen <-s, *selten* -> nt amen m
▶ das ist so sicher wie das ~ in der Kirche c'est aussi sûr que deux et deux font quatre; sein ~ zu etw geben donner sa bénédiction à qc
Amerika [a'me:rika] <-s> nt l'Amérique f; ~ ist ein Einwanderungsland l'Amérique est un pays d'accueil
Amerikaner [ameri'ka:nɐ] <-s, -> m ❶ Américain m
❷ GASTR ≈ palet m glacé
Amerikanerin <-, -nen> f Américaine f
amerikanisch *Adj* américain(e)
Amerikanistik [amerika'nɪstɪk] <-> f philologie f américaine
Amethyst [ame'tyst] <-s, -e> m améthyste f
Ami ['ami] <-s, -s> m fam (US-Bürger) Ricain m (fam)
Aminosäure [a'mi:nozɔɪrə] f CHEM acide m aminé
Ami-Schlitten <-s, -> m hum tire f américaine (fam)
Ammann ['aman, *Pl:* 'amɛnɐ] <-[e]s, -männer> m CH ❶ *(Landammann)* président m du canton; *(Gemeindeammann)* maire m
❷ JUR *(Vollstreckungsbeamter)* huissier m
Amme ['amə] <-, -n> f nourrice f
Ammenmärchen nt fam histoire f à dormir debout (fam)
Ammer ['amɐ] <-, -n> f bruant m
Ammoniak [amo'niak] <-s> nt CHEM ammoniac m
Ammonit [amo'ni:t] <-en, -en> m ammonite f
Amnesie [amne'zi:] <-, -n> f amnésie f
Amnestie [amnɛs'ti:] <-, -n> f amnistie f
amnestieren* tr V amnistier
Amniozentese <-, -n> f MED amniocentèse f
Amöbe [a'mø:bə] <-, -n> f BIO amibe f
Amok ['a:mɔk] <-s> m ~ laufen être pris(e) de folie furieuse; ~ fahren être pris(e) de folie au volant
Amokfahrer(in) m(f) conducteur m fou/conductrice f folle   **Amokfahrt** f course f folle   **Amoklauf** m crise f de folie meurtrière   **Amokläufer(in)** m(f) fou m furieux/folle f furieuse   **Amokschütze** m, **-schützin** f tireur m fou/tireuse f folle
a-Moll nt MUS la m mineur
Amor ['a:mo:ɐ] <-s> m Amour m
▶ ~ s Pfeil geh les flèches fpl de Cupidon (littér)
amoralisch ['amora:lɪʃ] *Adj* amoral(e)
amorph [a'mɔrf] *Adj* ❶ a. BIO *(formlos)* informe; ~ e Masse masse informe
❷ PHYS *(nicht kristallin)* amorphe
Amortisation [amɔrtiza'tsio:n] <-, -en> f ÖKON amortissement m
amortisieren* I. tr V amortir
II. r V sich ~ être amorti(e)
amourös [amu'rø:s] *Adj* geh Verwicklungen, Abenteuer amoureux(-euse)
Ampel ['ampəl] <-, -n> f feu m; eine rote ~ un feu rouge; die ~ ist grün le feu est [au] vert; bei Rot über die ~ fahren passer au [feu] rouge
Ampelanlage f feux mpl de signalisation   **Ampelkoalition** f fam coalition des sociaux-démocrates, des libéraux et des écologistes   **Ampelkreuzung** f carrefour m équipé de feux
Ampere [am'pe:ɐ] <-[s], -> nt PHYS ampère m
Amperemeter nt PHYS ampèremètre m
Ampfer ['ampfɐ] <-s, -> m oseille f
Amphetamin [amfeta'mi:n] <-s, -e> nt PHARM amphétamine f
Amphibie [am'fi:biə] <-, -n> f ZOOL amphibien m
Amphibienfahrzeug [-iən-] nt véhicule m amphibie
amphibisch *Adj* ZOOL, MIL amphibie
Amphitheater nt amphithéâtre m
Amphore [am'fo:rə] <-, -n> f amphore f
Amplitude [ampli'tu:də] <-, -n> f MATH, PHYS amplitude f
Ampulle [am'pʊlə] <-, -n> f ampoule f
Amputation [amputa'tsio:n] <-, -en> f amputation f
amputieren* I. tr V amputer
II. itr V amputer
Amputierte(r) f(m) dekl wie Adj amputé(e) m(f)
Amsel ['amzəl] <-, -n> f merle m
Amsterdam [amstɐ'dam] <-s> nt Amsterdam

Amt [amt, *Pl:* 'ɛmtə] <-[e]s, Ämter> nt ❶ *(Behörde)* administration f; das Auswärtige ~ le ministère des Affaires étrangères allemand
❷ *(Abteilung einer Behörde)* service m [administratif]
❸ *(Stellung)* fonction f; jdn in sein ~ einführen initier qn à ses fonctions; [noch] im ~ sein être [encore] en fonction; jdn seines ~es entheben relever qn de ses fonctions; kraft meines/seines ~es en vertu des pouvoirs qui me/lui sont conférés; etw von ~s wegen tun faire qc à titre officiel; *(auf behördliche Anordnung hin)* faire qc par décision administrative; *(laut amtlichem Beschluss)* faire qc officiellement
❹ *(offizielle Aufgabe)* charge f
❺ *(Fernamt)* central m; vom ~ vermittelt werden Gespräch: passer par l'opérateur(-trice)
❻ *(Amtsleitung)* ligne f [avec l'extérieur]
❼ *(Hochamt)* célébration f
▶ in ~ und Würden sein geh être en fonction; seines ~es walten geh remplir son office (soutenu)
Ämterhäufung f ADMIN cumul m de fonctions [o de mandats]
amtieren* itr V être en fonction; als Bürgermeister ~ exercer les fonctions de maire; *(vorübergehend)* faire fonction de maire; ~d en fonction
amtlich I. *Adj* Dokument, Schreiben, Funktion officiel(le); ~ sein Anordnung, Meldung: être officiel(le); etwas Amtliches quelque chose d'officiel
II. *Adv* officiellement
Amtmann <-männer o -leute> m, **-männin** o **-frau** f ADMIN ≈ fonctionnaire m/f [de catégorie A]
Amtsanmaßung f usurpation f de pouvoir   **Amtsantritt** m entrée f en fonctions   **Amtsarzt** m, **-ärztin** f médecin-conseil mf   **amtsärztlich** I. *Adj* Attest délivré(e) par le/la médecin-conseil; *Untersuchung* effectué(e) par le/la médecin-conseil II. *Adv* par le/la médecin-conseil   **Amtsbereich** m ressort m   **Amtsblatt** nt bulletin m municipal   **Amtsdauer** f [durée f de] mandat m   **Amtsdeutsch** nt pej jargon m administratif   **Amtseid** m serment m professionnel   **Amtseinführung** f installation f dans ses fonctions   **Amtsenthebung** f, **Amtsentsetzung** <-, -en> f CH, A destitution f   **Amtsführung** f kein Pl exercice m des fonctions pas de pl   **Amtsgeheimnis** nt ❶ kein Pl (Schweigepflicht) devoir m de réserve ❷ *(vertrauliche Mitteilung)* secret m professionnel   **Amtsgericht** nt tribunal m d'instance   **Amtsgeschäfte** Pl fonctions fpl publiques   **Amtshandlung** f acte m administratif   **Amtshilfe** f entraide f administrative; jdm/einer Behörde ~ leisten prêter assistance à qn/une [autre] administration   **Amtsinhaber(in)** m(f) titulaire mf d'un/du poste   **Amtskollege** m, **-kollegin** f homologue mf   **Amtsleitung** f TELEC ligne f principale   **Amtsmissbrauch**^RR m abus m de pouvoir   **amtsmüde** *Adj* POL lassé(e) de ses fonctions   **Amtsniederlegung** f démission f   **Amtsperiode** f mandat m   **Amtsrichter(in)** m(f) juge mf d'instance   **Amtsschimmel** ▶ der ~ wiehert hum fam c'est le règne de la paperasserie   **Amtssitz** m résidence f officielle   **Amtssprache** f ❶ *(Landessprache)* langue f officielle ❷ kein Pl *(Behördensprache)* langage m administratif   **Amtsstunden** Pl heures fpl de bureau   **Amtsträger(in)** m(f) agent m administratif   **Amtsvergehen** nt malversation f   **Amtsvorgänger(in)** m(f) prédécesseur mf   **Amtsvorsteher(in)** m(f) chef mf de service   **Amtsweg** m voie f hiérarchique   **Amtszeichen** nt tonalité f   **Amtszeit** f mandat m   **Amtszimmer** nt bureau m
Amulett [amu'lɛt] <-[e]s, -e> nt amulette f
amüsant [amy'zant] I. *Adj* *(lustig)* amusant(e); *(unterhaltsam)* divertissant(e)
II. *Adv* de façon divertissante
amüsieren* I. r V ❶ *(sich vergnügen)* sich ~ s'amuser; sich mit jdm ~ s'amuser avec qn
❷ *(komisch finden)* sich über jdn/etw ~ trouver qn/qc amusant(e); sich darüber ~, dass trouver amusant que + *subj*
II. tr V amuser; amüsiert zuschauen regarder d'un air amusé
Amüsierviertel nt quartier m chaud
amusisch ['amu:zɪʃ] *Adj* geh béotien(ne) *(soutenu)*
an [an] I. *Präp* + Dat ❶ *(direkt bei)* ~ der Tür/am Fenster près de la porte/fenêtre; ~ der Straße au bord de la rue; ~ der Wand/am Fels contre le mur/le rocher; am Fluss/Tatort sur le fleuve/lieu du crime; ~ dieser Stelle à cet endroit; am Klavier/Tisch sitzen être [assis(e)] au piano/à la table; am Computer arbeiten travailler sur ordinateur
❷ *(in Berührung mit)* ~ der Wand stehen Person: être adossé(e) au mur; Gegenstand: être contre le mur; einen Ring am Finger tragen porter au doigt une alliance; jdn ~ der Hand nehmen prendre qn par la main
❸ *(auf, in)* ~ der Universität à l'université; am Institut à l'institut
❹ *(zur Zeit von)* am Morgen/Abend le matin/soir; am Wochenende/Donnerstag le week-end/jeudi; ~ Ostern/Weihnachten à Pâques/Noël; am Jahresende à la fin de l'année; ~ jenem Mor-

gen ce matin-là; ~ **sonnigen/kühlen Tagen** les jours de soleil/où il fait frais
❺ *(nahe bei)* **am Bodensee/~ der Donau** sur le lac de Constance/sur le Danube; **Frankfurt am Main** Francfort-sur-le-Main
❻ *(verbunden mit)* **das Schöne ~ jdm/etw** ce qu'il y a de beau chez qn/dans qc
❼ *(nebeneinander)* **Tür ~ Tür** porte sur porte; **Haus ~ Haus wohnen** habiter l'un à côté de l'autre; **dicht ~ dicht stehen** *Personen:* être serré(e)s les un(e)s contre les autres
II. *Präp + Akk* ❶ *(räumlich)* **~s Telefon gehen** répondre au téléphone; **~s Meer fahren** aller au bord de la mer; **~ den Fels/die Wand gelehnt** posé(e) contre le rocher/le mur; **~ jdn/eine Institution schreiben** écrire à qn/une institution
❷ *(zeitlich)* **~ morgen/alte Zeiten denken** penser à demain/au temps passé; **sich ~ etw erinnern** se souvenir de qc; **bis ~ mein Lebensende** jusqu'à la fin de ma vie
▶ **~ |und für| sich** en soi
III. *Adv* ❶ *(ungefähr)* **~ die zwanzig Personen/Gramm** dans les vingt personnes/grammes
❷ *(Ankunftszeit)* **Köln ~ 16 Uhr 15** arrivée à Cologne 16 h 15
❸ *fam (eingeschaltet)* **~ sein** *Licht, Elektrogerät, Heizung:* être allumé(e); *Gas, Strom, Wasser:* être ouvert(e); **Licht ~!** allume/allumez!; **auf „ ~ " stehen** être sur "marche"
❹ *fam (angezogen)* **ohne etwas ~** sans rien sur le dos; **beeil dich, Mantel ~ und raus!** presse-toi, enfile ton manteau et sors [de là]!
❺ *(ab)* **von jetzt/morgen ~** à partir de maintenant/de demain
Anabolikum [ana'bo:likʊm] <-s, -ka> *nt* PHARM anabolisant *m*
Anachronismus [anakro'nɪsmʊs] <-, -nismen> *m geh* anachronisme *m*
anachronistisch [anakro'nɪstɪʃ] *Adj geh* anachronique
Anakonda [ana'kɔnda] <-, -s> *f* anaconda *m*
anal [a'na:l] I. *Adj* anal(e)
II. *Adv* ❶ *messen, einführen* par voie rectale
❷ PSYCH **~ fixiert sein** être resté(e) au stade anal
Analgetikum [an?al'ge:tikʊm] <-s *o* Analgetika> *nt* MED analgésique *m*
analog [ana'lo:k] I. *Adj* ❶ *(entsprechend)* analogue; **~ zu etw** analogue à qc
❷ INFORM analogique
II. *Adv* ❶ *(entsprechend)* **~ zu etw** par analogie avec qc
❷ INFORM analogiquement
Analogie [analo'gi:] <-, -n> *f* analogie *f*; **in ~ zu etw** par analogie avec qc
Analogieschluss^RR *m* conclusion *f* par analogie
Analogrechner *m* calculateur *m* analogique **Analoguhr** *f* montre *f* à affichage analogique
Analphabet(in) [an?alfabe:t, an?alfa'be:t] <-en, -en> *m(f) a. pej* analphabète *mf*
Analphabetentum [an?alfabe:ten-] <-s> *nt*, **Analphabetismus** [an?alfabe'tɪsmʊs] <-> *m* analphabétisme *m*
Analverkehr *m* coït *m* anal
Analyse [ana'ly:zə] <-, -n> *f* analyse *f*
analysieren* *tr V* analyser
Analysis [a'na:lyzɪs] <-> *f* MATH analyse *f*
Analyst(in) [ana'lyst] <-en, -en> *m(f)* FIN analyste *mf* financier(-ière)
Analytiker(in) [ana'ly:tikɐ] <-s, -> *m(f)* analyste *mf*
analytisch I. *Adj Person, Denken* analytique; *Arbeit, Fähigkeit* d'analyse
II. *Adv* de façon analytique; **~ begabt sein** avoir l'esprit d'analyse
Anämie [anɛ'mi:] <-, -n> *f* MED anémie *f*
anämisch *Adj* MED anémique
Anamnese [anam'ne:zə] <-, -n> *f* MED anamnèse *f*
Ananas ['ananas] <-, - *o* -se> *f* ananas *m*
Anarchie [anar'çi:] <-, -n> *f* anarchie *f*
anarchisch [a'narçɪʃ] *Adj* anarchique; **hier herrschen ~e Zustände** c'est l'anarchie ici
Anarchismus [anar'çɪsmʊs] <-> *m* anarchisme *m*
Anarchist(in) [anar'çɪst] <-en, -en> *m(f)* anarchiste *mf*
anarchistisch *Adj Person, Partei* anarchiste; *Auftreten* anarchique
Anarcho <-[s], -[s]> *m sl anar mf (fam)*
Anästhesie [anɛstɛ'zi:] <-, -n> *f* anesthésie *f*
Anästhesist(in) [anɛstɛ'zɪst] <-en, -en> *m(f)* anesthésiste *mf*
Anatolien [ana'to:liən] <-s> *nt* l'Anatolie *f*
Anatomie [anato'mi:] <-, -n> *f* ❶ *kein Pl (Wissenschaft, Aufbau des Körpers)* anatomie *f*
❷ *(Institut)* laboratoire *m* d'anatomie
Anatomiesaal *m* amphithéâtre *m* d'anatomie
anatomisch [ana'to:mɪʃ] *Adj* anatomique
an|backen *unreg* I. *itr V + sein Kuchen:* attacher
II. *tr V + sein etw* **~** passer qc quelques minutes au four
an|baggern ['anbagɐn] *tr V sl* draguer *(fam)*
an|bahnen I. *tr V* ❶ amorcer *Gespräche, Verhandlungen, Kontakte;* meine Aufgabe ist das Anbahnen von Kontakten ma mission est de nouer des contacts
❷ *veraltet geh (anknüpfen)* nouer *Ehe*
II. *r V sich ~ Veränderungen, Freundschaft:* s'amorcer; *Unangenehmes, Unheil:* se préparer; **bei ihm bahnt sich eine berufliche Veränderung an** il couve un changement professionnel; **zwischen ihnen bahnt sich etwas an** entre eux, il y a anguille sous roche
an|bandeln *itr V* A, SDEUTSCH *fam (anbaggern)* draguer; **mit jdm ~** draguer qn
an|bändeln ['anbɛndəln] *itr V fam* ❶ *(anbaggern)* draguer *(fam)*; **er fing an, mit ihr anzubändeln** il se mit à la draguer
❷ *(Streit suchen)* **mit jdm ~** chercher noise [*o* des noises] à qn *(fam)*
Anbau <-bauten> *m* ❶ *(Gebäude)* bâtiment *m* annexe; *(freistehend)* annexe *f*
❷ *kein Pl (das Anpflanzen)* culture *f*
❸ *kein Pl (das Errichten)* ajout *m*
an|bauen I. *tr V* ❶ *(anpflanzen)* cultiver
❷ *(bauen)* **etw an ein Gebäude ~** ajouter qc à un bâtiment
II. *itr V* [s']agrandir
anbaufähig *Adj* AGR cultivable **Anbaufläche** *f* terre *f* cultivable
Anbaugebiet *nt* zone *f* cultivée; **die wichtigsten ~e für Wein** les principales régions viticoles
Anbaumöbel <-s, -> *nt* élément *m*
Anbeginn *m geh* origine *f*; **von ~ |an|** dès le début
an|behalten* *tr V unreg* **etw ~** garder qc [sur soi]
anbei *Adv form* ci-joint(e)
an|beißen *unreg* I. *itr V* ❶ *Fisch:* mordre
❷ *fam (Interesse haben)* mordre à l'hameçon *(fam)*; **bisher hat noch keiner angebissen!** j'ai pas encore fait de touche! *(fam)*
II. *tr V* entamer *Obst, Kuchen*
▶ **zum Anbeißen** *fam* à croquer *(fam)*
an|belangen* *tr V geh* concerner; **was ihn/sie anbelangt, ...** en ce qui le/la concerne, ...
an|bellen *tr V Hund:* aboyer; **jdn ~** *Hund:* aboyer après qn
an|beraumen* *tr V form* fixer
an|beten *tr V* adorer
Anbeter(in) <-s, -> *m(f)* REL adorateur(-trice) *m(f)*
Anbetracht ['anbətraxt] ▶ **in ~ der Tatsache** (*Gen*), **dass, in ~ dessen, dass** compte tenu du fait que + *indic*
an|betreffen* *s.* **anbelangen**
an|betteln *tr V* mendier; **jdn um etw ~** mendier qc auprès de qn
Anbetung <-, *selten* -en> *f* adoration *f*
an|biedern *r V pej* **sich ~** fayoter *(fam)*; **sich bei jdm ~** fayoter auprès de qn; **~d** fayot(e)
Anbiederung <-, -en> *f pej* fayotage *m (fam)*; **diese ~ hat sie nicht nötig** elle n'a pas besoin de fayoter *(fam)*
Anbiederungsversuch *m pej* tentative *f* de fayotage *(fam)*
an|bieten *unreg* I. *tr V* ❶ *(zur Auswahl vorschlagen)* offrir; **[jdm] etw ~** offrir qc [à qn]
❷ *(produzieren, verkaufen)* proposer
❸ *(zur Verfügung stellen)* **jdm seinen Arm/Platz ~** offrir le bras/la place à qn
❹ *(vorschlagen)* **[jdm] seinen Rücktritt ~** remettre sa démission [à qn]; **[jdm] seine Unterstützung ~** offrir son soutien [à qn]; **jdm das Du ~** proposer à qn de se tutoyer
II. *r V* ❶ *(sich zur Verfügung stellen)* **sich ~ etw zu tun** [se] proposer de faire qc; **sich jdm als Assistent ~** proposer à qn ses services comme assistant
❷ *(naheliegen)* **sich |geradezu| ~** *Lösung:* s'imposer [de toute évidence]; *Ort:* faire [parfaitement] l'affaire; **es bietet sich an einzuwilligen** il est tout indiqué de consentir
Anbieter(in) *m(f)* ❶ offreur(-euse) *m(f)*; *einer Ware* fournisseur(-euse) *m(f)*; *einer Dienstleistung* prestataire *mf*
❷ *(Firma)* entreprise *f*
❸ *(Fernsehsender)* chaîne *f*
an|binden *tr V unreg* ❶ *(festbinden)* attacher; **jdn/ein Tier/etw an etw** *(Akk o Dat)* **~** attacher qn/un animal/qc à qc
❷ *(einschränken)* accaparer; **angebunden |sein|** [être] pris(e); **sich angebunden fühlen** se sentir prisonnier(-ière)
❸ *(anschließen)* **etw an das Verkehrsnetz ~** raccorder qc au réseau de circulation
Anbindung *f (Verkehrsanbindung)* raccordement *m*; **~ an etw** *(Akk)* raccordement *m* à qc
Anblick *m* ❶ *(Bild)* spectacle *m*; **ein angenehmer ~ sein** offrir un spectacle agréable; **ihm bot sich ein fürchterlicher ~** un spectacle terrible s'offrait à lui
❷ *kein Pl (das Blicken, Erblicken)* vue *f*; **beim ~ des Meers** à la vue de la mer
▶ **ein ~ für Götter** un drôle de spectacle
an|blicken *tr V geh* regarder; **jdn zärtlich ~** regarder qn tendrement; **jdn kurz ~** lancer un regard à qn

anbieten	
nach Wünschen fragen, etwas anbieten	**demander un souhait, proposer quelque chose**
Kann ich Ihnen helfen?/Was darf's sein?	Puis-je vous aider?/Vous désirez?
Haben Sie irgendeinen Wunsch?	Vous désirez quelque chose?
Was hättest du denn gern?	Qu'est-ce que tu veux?
Was möchtest/magst du essen/trinken?	Qu'est-ce que tu aimerais/veux manger/boire?
Wie wär's mit einer Tasse Kaffee? *(fam)*	Une tasse de café, ça te/vous dirait?
Darf ich Ihnen ein Glas Wein anbieten?	Puis-je vous offrir un verre de vin?
Sie können gern mein Telefon benutzen.	Vous pouvez volontiers utiliser mon téléphone.
Angebote annehmen	**accepter une offre**
Ja, bitte./Ja, gern.	Oui, s'il vous/te plaît./Oui, volontiers.
Danke, das ist nett/lieb von dir.	Merci, c'est gentil de ta part.
Ja, das wäre nett.	Oui, ce serait gentil.
Oh, das ist aber nett!	Oh, c'est vraiment gentil!
Angebote ablehnen	**refuser une offre**
Nein, danke!	Non, merci!
Aber das ist doch nicht nötig!	Mais ce n'est vraiment pas nécessaire!
Das kann ich doch nicht annehmen!	Je ne peux vraiment pas accepter!

an|blinken *tr V* ❶ *(mit Taschenlampe)* éblouir
❷ AUT jdn ~ faire un appel [*o* des appels] de phares à qn
an|blinzeln *tr V (ansehen)* regarder en clignant des yeux; *(zublinzeln)* faire un clin d'œil; **jdn** ~ *(ansehen)* regarder qn en clignant des yeux; *(zublinzeln)* faire un clin d'œil à qn
an|bohren *tr V* ❶ *Person:* [commencer à] percer [avec une perceuse]; *Holzwurm:* [commencer à] tarauder; **etw** ~ *Person:* [commencer à] percer qc [avec une perceuse]; *Holzwurm:* [commencer à] tarauder qc
❷ MIN forer *Quelle, Erdgaslager*
Anbot A *s.* Angebot
an|braten *tr V unreg* faire revenir
an|brauchen *tr V fam* entamer
an|bräunen *tr V* faire dorer
an|brechen *unreg* I. *itr V + sein Tag:* se lever; *Nacht:* tomber; *Jahreszeit, Periode, Zeitalter:* commencer; **jetzt bricht der Herbst an** maintenant, c'est le début de l'automne; **der ~de Tag/die ~de Nacht** le lever du jour/la tombée de la nuit
II. *tr V + haben* ❶ entamer *Packung, Ersparnisse;* **pro angebrochener Stunde** pour chaque heure entamée
❷ *(teilweise brechen)* **angebrochen werden/sein** *Stuhlbein, Knochen:* se fêler/être fêlé(e); *Leiter:* se fendre/être fendu(e)
an|brennen *unreg* I. *itr V + sein* ❶ brûler; *(anhängen)* attacher; **angebrannt** [sein] [être] brûlé(e); **angebrannt riechen/schmecken** sentir le brûlé/avoir un goût de brûlé
❷ *(zu brennen beginnen) Holz:* prendre; *Papier:* prendre feu
▶ **nichts ~ lassen** *fam* [ne] faire ni une ni deux *(fam)*
II. *tr V + haben* faire prendre
an|bringen *tr V unreg* ❶ *(befestigen)* **etw an etw** *(Dat)* ~ fixer qc à qc
❷ *(montieren)* poser *Steckdose, Regal, Schalter;* installer *Telefon;* fixer *Stiel, Beschlag, Hufeisen*
❸ *(vorbringen)* **etw als Argument** ~ présenter qc comme argument
❹ *(äußern)* émettre *Bemerkung, Bitte, Kritik*
❺ *(verwenden)* **seine Kenntnisse** ~ mettre en œuvre ses connaissances
❻ *fam (herbeibringen)* [jdm] **etw** ~ *Person, Tier:* rapporter qc [à qn]
❼ *fam (absetzen)* **ein Produkt bei jdm** ~ refiler un produit à qn *(fam)*
Anbruch *m kein Pl geh einer Epoche* commencement *m;* **bei ~ des Tags** au lever du jour; **bei ~ der Nacht** [*o* **Dunkelheit**] à la tombée de la nuit
an|brüllen I. *tr V* ❶ **jdn** ~ *Löwe, Tiger:* rugir en direction de qn
❷ *fam (anschreien)* **jdn** ~ *Person:* gueuler après qn *(fam);* **von jdm angebrüllt werden** se faire engueuler par qn *(fam)*
II. *itr V fam* **gegen jdn/etw** ~ gueuler plus fort que qn/qc *(fam)*
Anchovis [an'ço:vɪs, an'ʃo:vɪs] <-, -> *f* anchois *m*

Andacht ['andaxt] <-, -en> *f* ❶ REL prière *f;* ~ **halten** être en prière
❷ *(Kontemplation)* **in ~ versunken sein** être plongé(e) dans la méditation; **etw voller ~ betrachten** regarder qc avec recueillement *(hum)*
andächtig ['andɛçtɪç] I. *Adj* ❶ *Gläubige, Gemeinde, Stille* recueilli(e)
❷ *(ehrfürchtig) Blick, Staunen* admiratif(-ive)
II. *Adv* ❶ *beten* avec recueillement
❷ *hum (ehrfürchtig)* avec componction *(iron)*
Andalusien [anda'lu:ziən] <-s> *nt* l'Andalousie *f*
Andante [an'dantə] <-[s], -s> *nt* MUS andante *m*
Andauer *f kein Pl* persistance *f*
an|dauern *itr V* persister; *Gespräche, Schießereien:* se poursuivre
andauernd I. *Adj* ❶ *(anhaltend)* qui persiste; *Gespräche, Schießereien* qui se poursuit
❷ *(ständig)* continuel(le)
II. *Adv* continuellement
Anden ['andən] *Pl* **die ~** les Andes *fpl*
Andenken <-s, -> *nt* ❶ *(Gegenstand, Souvenir)* souvenir *m;* ~ **an jdn/etw** souvenir *m* de qn/qc
❷ *kein Pl (Erinnerung)* **im ~ an jdn/etw** en souvenir de qn/qc
❸ *kein Pl (Gedenken an einen Verstorbenen)* mémoire *f;* **jdm ein ehrendes ~ bewahren** *geh* continuer à honorer la mémoire de qn
andere(r, s) *Pron indef* ❶ autre; **ein ~s Auto haben als ...** avoir une autre voiture que ...; [*etwas*] ~**s** autre chose; **ich möchte nichts ~s tun, als schlafen** je ne souhaite rien d'autre que dormir; **ein ~r/eine ~** un/une autre; **jemand ~r** quelqu'un d'autre; **niemand/kein ~r** [**als** ...] personne d'autre [que ...]; **die ~n** les autres; **alle ~n** tous/toutes les autres; **und ~** et autres; **etwas/nichts ~s** quelque chose/rien d'autre
❷ *(zusätzlich)* [**noch**] **zwei ~ Bücher lesen** lire [encore] deux autres livres; **ich habe** [**noch**] ~ j'en ai [encore] d'autres; **und ~s mehr** et bien d'autres choses encore
▶ **alles ~ als zufrieden sein** être tout sauf content(e); **unter ~m/~n** entre autres; **und ~s** et cætera
andererseits *Adv* d'un autre côté
andermal *Adv* ▶ **ein ~** une autre fois
ändern ['ɛndɐn] I. *tr V* ❶ *(verändern)* changer *Lage, Umstände; seine Meinung* ~ changer d'avis; **das lässt sich nicht ~** on ne peut rien y changer; **das ändert nichts an der Tatsache, dass** cela ne change rien au fait que + *indic*
❷ *(abändern)* changer de *Namen, Richtung;* modifier *Daten;* **der Code wurde geändert** le code a été changé [*o* modifié]
❸ *(umnähen)* retoucher *Kleidungsstück;* **ein Kleid in einen Rock** ~ transformer une robe en jupe
II. *r V* **sich** ~ changer; **daran hat sich nicht viel geändert** cela n'a pas beaucoup changé
andernfalls *Adv* sinon

andernorts *Adv geh* ailleurs

anders ['andɐs] *Adj, Adv* ❶ *(verschieden)* différemment; **~ denkend** *Bürger* dissident(e); *Kritiker* non-conformiste; **darüber denke ich ~ als du** j'en ai un avis différent du tien; **~ gesinnt** d'opinion différente; **~ gesinnt sein** avoir un avis différent [*o* un autre avis]; **~ lautend** *form* discordant(e); **~ sein** être différent(e); **~ schmecken** avoir un autre goût; [**ganz**] **~ aussehen** avoir une [tout] autre allure; **es sich ~ überlegen** changer d'avis; **es geht nicht ~** il n'y pas moyen de faire autrement

❷ *(sonst)* sinon, autrement; **jemand/niemand ~** quelqu'un/personne d'autre; **was/wer ~?** quoi/qui d'autre; **wo ~?** où sinon?; **wo ~ könnte sie sein als im Kino?** où pourrait-elle être sinon au cinéma?

▸ **jd kann auch ~** *fam* qn peut changer de méthodes [s'il le faut]; **jd kann nicht ~** qn ne peut pas faire autrement *(fam)*; **jdm wird ganz ~** *(jdm wird schwindelig)* qn se sent mal

andersartig *Adj* différent(e)

andersdenkend *s.* **anders**

Andersdenkende(r) *f(m) dekl wie Adj* dissident(e) *m(f);* **man muss ~ tolerieren** il faut tolérer ceux qui pensent différemment

anderseits *s.* **andererseits**

andersfarbig I. *Adj* de couleur différente
II. *Adv* d'une autre couleur; **ich würde die Wände lieber ~ streichen** je préférerais peindre les murs d'une autre couleur

andersgesinnt *s.* **anders** ❶

Andersgesinnte(r) *f(m) dekl wie Adj* personne *f* d'opinion différente; POL dissident(e) *m(f)* **andersgläubig** *Adj* de confession différente **Andersgläubige(r)** *f(m) dekl wie Adj* personne *f* de confession différente **andersherum I.** *Adv* ❶ *(in die andere Richtung)* dans l'autre sens; **etw ~ legen** tourner qc dans l'autre sens ❷ *(aus der anderen Richtung)* hereinfahren, hereinstecken en sens inverse ❸ *(in Bezug auf Kleidung)* tragen de l'autre côté; **etw ~ anziehen** retourner qc **II.** *Adj* ▸ **~ sein** *fam* être homo *(fam)*

anderslautend *s.* **anders** ❶

andersrum ['andɐsrʊm] *s.* **andersherum andersprachig** *Adj* ❶ *Literatur, Buch* écrit(e) dans une autre langue; **deutsche und ~e Literatur** la littérature allemande et étrangère ❷ *(eine andere Sprache sprechend)* parlant une autre langue **anderswie** ['andɐsˈviː] *Adv fam* autrement, d'une autre façon; **konntest du das nicht ~ regeln?** tu n'aurais pas pu régler ça autrement?

anderswo *Adv* ailleurs; **so etwas gibt es nicht ~** cela n'existe nulle part ailleurs **anderswoher** *Adv* d'ailleurs **anderswohin** *Adv* ailleurs

anderthalb ['andɐthalp] *Num* un(e) et demi(e); **~ Jahre** un an et demi **anderthalbfach** *Adj* une fois et demie **anderthalbmal** *Adv* une fois et demie; **~ so viele Demonstranten** une fois et demie plus de manifestants

Änderung ['ɛndərʊŋ] <-, -en> *f* ❶ *eines Entwurfs, Titels* changement *m*, modification *f; eines Gesetzes* amendement *m;* **~en an etw** *(Dat)* **vornehmen** apporter des modifications à qc; **nach ~ des Titels** après avoir modifié le titre; **~en vorbehalten** sous réserve de modification

❷ *(Schneiderarbeit)* retouche *f;* **~en an einem Mantel vornehmen** faire des retouches à un manteau

❸ *(Wandel) einer Gesellschaft, Politik* transformation *f; des Wetters* changement *m*

Änderungsantrag *m* [demande *f* d']amendement *m;* **einen ~ einbringen** déposer une demande d'amendement **Änderungsschneider(in)** *m(f)* retoucheur(-euse) *m(f)* **Änderungsschneiderei** *f* atelier *m* de retouches **Änderungsvorschlag** *m* proposition *f* de modification; *(für ein Gesetz)* proposition *f* d'amendement; **einen ~ machen** proposer un changement [*o* une modification] **Änderungswunsch** *m* demande *f* de modification; **Änderungswünsche haben** souhaiter des modifications

anderweitig I. *Adj attr* autre, supplémentaire; **einer ~en Beschäftigung nachgehen** vaquer à une autre activité
II. *Adv* ❶ *beschäftigt, hören* par ailleurs; *informiert* ailleurs
❷ *(an einen anderen) vergeben* à quelqu'un d'autre; *besetzt par* quelqu'un d'autre
❸ *(anders) verwenden, sich entscheiden* autrement

an|deuten I. *tr V* ❶ *(erwähnen)* évoquer *Angelegenheit, Problem;* **etw nicht ~** ne pas faire allusion à qc
❷ *(zu verstehen geben)* [**jdm**] **seine Absicht ~** laisser entendre ses intentions [à qn]; [**jdm**] **~, dass** laisser entendre [à qn] que + *indic*
❸ *(skizzieren)* esquisser *Umriss, Gestalt, Thema*
II. *r V* **sich bei jdm ~** *Veränderungen:* s'esquisser chez qn

Andeutung *f* ❶ *(Hinweis)* allusion *f;* **eine ~ über jdn/etw machen** faire une insinuation à propos de qn/qc; **~en machen** faire des allusions; **versteckte ~** une allusion voilée
❷ *(Spur) einer Farbe* soupçon *m;* **die ~ eines Schattens** une ombre juste esquissée
❸ *(Anflug) eines Lächelns, einer Verbeugung* ébauche *f*

andeutungsweise *Adv* ❶ *(indirekt)* à mots couverts
❷ *(rudimentär)* très vaguement

an|dicken *tr V* GASTR épaissir *Soße*

an|dienen I. *tr V* **jdm etw ~** faire pression sur qn pour qu'il accepte qc; **sich** *(Dat)* **etw von jdm ~ lassen** être convaincu(e) par qn d'accepter qc; **er hat mir seine Begleitung angedient** il a insisté pour m'accompagner
II. *r V* **sich jdm** [**als Assistent**] **~** proposer ses services à qn [comme assistant]

an|docken *itr V Raumfähre:* s'arrimer à; *Molekül, Virus:* se fixer à; **an etw** *(Akk)* **~** *Raumfähre:* s'arrimer à qc; *Molekül, Virus:* se fixer à qc

Andorra [anˈdɔra] <-s> *nt* l'Andorre *f*
Andorraner(in) <-s, -> *m(f)* Andorran(e) *m(f)*
andorranisch *Adj* andorran(e)

Andrang *m kein Pl* ❶ *(Menschenmenge)* affluence *f*
❷ *(Zustrom) von Wassermassen, einer Flut* afflux *m*

andre(r, s) *s.* **andere(r, s)**

Andreaskreuz [anˈdreːaskrɔɪts] *nt a.* REL croix *f* de Saint-André

an|drehen *tr V* ❶ *(anstellen)* ouvrir *Gas, Wasser;* allumer *Licht, Heizung*
❷ *(festdrehen)* serrer *Schraube, Bolzen*
❸ *fam (verkaufen)* **jdm etw ~** refiler qc à qn *(fam);* **sich** *(Dat)* **etw ~ lassen** se laisser refiler qc *(fam)*

andererseits *s.* **andererseits**

Androgen [androˈgeːn] <-s, -e> *nt* MED androgène *m*
androgyn [androˈgyːn] *Adj* androgyne

an|drohen *tr V* **jdm etw ~** menacer qn de qc

Androhung *f* menace *f;* **unter ~ einer Strafe** sous la menace d'une punition; **unter ~ eines Bußgelds** sous peine d'amende; **unter ~ von Gewalt** en menaçant d'utiliser la violence

Android [anˈdrɔɪt, *Pl:* -ˈiːdən] <-en, -en> *m* humanoïde *m*
Andromache [anˈdroːmaxe] <-s> *f* MYTH Andromaque *f*
Andromeda [anˈdroːmeda] <-s> *f* MYTH Andromède *f*

Andruck <-drucks> *m* ❶ TYP épreuve *f*
❷ *kein Pl* PHYS accélération *f* [de la pesanteur]

an|drucken TYP **I.** *tr V* faire une épreuve de
II. *itr V* commencer le tirage

an|drücken *tr V* presser; appuyer sur *Pflaster*

an|dünsten *tr V* faire cuire [quelques minutes] à la vapeur; **etw ~ faire cuire qc** [quelques minutes] à la vapeur

an|ecken ['anˈʔɛkən] *itr V + sein fam* choquer; **bei jdm mit etw ~** choquer qn par qc

an|eignen *r V* ❶ *(erwerben)* **sich** *(Dat)* **Kenntnisse/eine gewählte Ausdrucksweise ~** acquérir des connaissances/un langage choisi; **sich** *(Dat)* **schlechte Umgangsformen ~** attraper de mauvaises manières
❷ *(nehmen)* **sich** *(Dat)* **etw ~** s'approprier qc

Aneignung <-, *selten* -en> *f* ❶ *(Erwerb) von Kenntnissen, Fertigkeiten* acquisition *f*
❷ *(Inbesitznahme)* appropriation *f;* **widerrechtliche ~** appropriation illégale; **betrügerische ~** usurpation *f* frauduleuse

aneinander [anˈʔaɪˈnandɐ] *Adv* ❶ *(räumlich)* **~ vorbeigehen** passer l'un(e) à côté de l'autre; **~ vorbeisehen** se croiser sans se regarder

❷ *fig* **sich ~ gewöhnen** s'habituer l'un(e) à l'autre; **~ hängen** être attaché(e) l'un(e) à l'autre; **~ vorbeireden** monologuer chacun(e) pour soi

aneinander|fügen I. *tr V* **die Dominosteine ~** mettre les dominos bout à bout, assembler les dominos **II.** *r V* **sich ~** se combiner **aneinander|geraten*** *itr V unreg + sein mit jdm ~** *(sich streiten)* s'empoigner avec qn; *(sich prügeln)* en venir aux mains avec qn **aneinander|halten** *tr V unreg* **zwei Fotos ~** mettre deux photos l'une à côté de l'autre **aneinander|hängen** *tr V unreg* **Waggons ~** attacher les wagons l'un à l'autre **aneinander|reihen I.** *tr V* **Perlen auf einer Schnur ~** enfiler des perles sur un fil
II. *r V* **sich ~** *(räumlich)* s'aligner; *(zeitlich)* se succéder; **die Jahre reihen sich aneinander** les années succèdent aux années **aneinander|schmiegen** *r V* **sich ~** *zwei Personen:* se serrer l'un(e) contre l'autre; *mehrere Personen:* se serrer les un(e)s contre les autres **aneinander|stellen** *tr V* **die Bücher ~** poser les livres l'un contre l'autre [*o* les uns contre les autres] **aneinander|stoßen** *itr V unreg + sein* s'entrechoquer

Anekdötchen <-s, -> *nt Dim von* **Anekdote** *hum fam* petite histoire *f*

Anekdote [anɛkˈdoːtə] <-, -n> *f* anecdote *f*

an|ekeln *tr V* dégoûter; **von etw angeekelt sein** être dégoûté(e) par qc

Anemometer [anemoˈmeːtɐ] *nt* METEO anémomètre *m*
Anemone [aneˈmoːnə] <-, -n> *f* anémone *f*

an|erbieten* *r V unreg geh* **sich ~** s'offrir à; **sich ~ jdm zu helfen** offrir ses services à qn

Anerbieten <-s, -> *nt geh* offre *f*

anerkannt *Adj* ❶ *(unbestritten, allgemein geschätzt) Buch, Kunstwerk, Tatsache* reconnu(e)
❷ *(zugelassen) Experte* agréé(e); *Diplom* reconnu(e); *Prüfung* validé(e); *Schule* habilité(e); **staatlich ~** reconnu(e) par l'État
anerkanntermaßen *Adv* **diese Methode ist ~ besser** tout le monde s'accorde pour dire que cette méthode est meilleure
an|erkennen* *tr V unreg* ❶ *(bestätigen, würdigen)* reconnaître
❷ SPORT homologuer *Rekord, Leistung*
❸ *(akzeptieren)* accepter *Meinung, Forderung, Rechnung*; **~, dass** reconnaître que + *indic*
anerkennend I. *Adj* approbateur(-trice)
II. *Adv* en signe d'approbation
anerkennenswert I. *Adj* méritoire
II. *Adv* de façon méritoire
Anerkenntnis <-ses, -se> *nt* JUR reconnaissance *f*
Anerkennung *f* ❶ *(Bestätigung, Würdigung)* reconnaissance *f*; *einer ausländischen Gerichtsentscheidung* homologation *f*; **gerichtliche/gegenseitige ~** reconnaissance judiciaire/mutuelle; **in ~ Ihrer Verdienste** form en reconnaissance de vos mérites
❷ *(lobende Zustimmung)* approbation *f*; **jds ~ finden** *Leistung*: recevoir les faveurs de qn
❸ SPORT homologation *f*
❹ *(das Akzeptieren, Tolerieren)* acceptation *f*
an|erziehen* *unreg* I. *tr V* inculquer; **jdm etw ~** inculquer qc à qn; **dieses Benehmen ist anerzogen** ce comportement vient de son éducation
II. *r V sich (Dat) etw ~* assimiler qc
an|fachen ['anfaxən] *tr V a. fig geh* attiser
an|fahren *unreg* I. *itr V + sein* ❶ *(losfahren)* démarrer; **das Anfahren am Berg** le démarrage en côte; **Vorsicht beim Anfahren des Zuges!** attention au départ!
❷ *(herbeifahren)* angefahren kommen arriver
II. *tr V + haben* ❶ *(streifen)* accrocher *Person, Auto*
❷ *(liefern)* livrer *Ware*
❸ *fam (auftischen)* servir *Getränke, Speisen*
❹ NAUT mettre le cap sur *Hafen*
❺ *(schelten)* houspiller
Anfahrt *f* ❶ *(Weg, Anfahrtszeit, -weg)* trajet *m*; **eine lange ~ haben** avoir une longue route à faire
❷ *(das Kommen)* **zwanzig Euro für die ~ verlangen** *Taxifahrer, Handwerker*: exiger vingt euros pour la course
Anfahrtskosten *Pl* frais *mpl* d'accès
Anfall *m* ❶ *(Herzanfall, Asthmaanfall)* crise *f*; *(Schwächeanfall)* malaise *m*; *(Ohnmachtsanfall)* syncope *f*; **epileptischer ~ crise d'épilepsie; einen ~ bekommen/haben** avoir une crise; *(ohnmächtig werden)* faire une syncope; *Epileptiker*: avoir une crise d'épilepsie
❷ *(Wutanfall)* accès *m*; **einen ~ kriegen** *fam* piquer sa crise *(fam)*
❸ *(Anwandlung)* **ein ~ von Größenwahn** un accès de folie; **in einem ~ von Leichtsinn** dans un moment d'inconscience
❹ *kein Pl (Aufkommen)* **der ~ an Arbeit/Müll/Kosten (Dat)** la production [en termes] de travail/déchets/coûts
an|fallen *unreg* I. *tr V + haben (angreifen)* attaquer
II. *itr V + sein* ❶ *(entstehen) Nebenprodukte, Müll*: être produit(e); **der ~ de Müll** les ordures produites
❷ FIN *Gebühren, Kosten, Steuern, Zinsen*: être dû(due); **bei dieser Geldanlage fallen hohe Zinsen an** cet investissement produit des intérêts élevés
❸ *(sich anhäufen) Papier*: s'accumuler; **es fällt viel Arbeit an** il y a beaucoup de travail; **es fallen viele Reparaturen an** il y a de nombreuses réparations; **die ~ de Arbeit** le travail à effectuer
anfällig ['anfɛlɪç] *Adj* ❶ *(kränklich) Person* de santé fragile; **für etw ~ sein/werden** être/devenir réceptif(-ive) [*o* sujet(te)] à qc
❷ *(störungsanfällig) Gerät, Motor, Wagen* fragile
Anfälligkeit *f einer Person, Maschine* fragilité *f*; **seine ~ für Infekte** sa réceptivité aux infections
Anfang ['anfaŋ, *Pl*: 'anfɛŋə] <-[e]s, Anfänge> *m* ❶ *(Beginn)* début *m*, commencement *m*; **bei etw/mit etw den ~ machen** prendre l'initiative à l'occasion de qc/pour qc; **einen neuen ~ machen** prendre un nouveau départ; **der ~ ist gemacht** le premier pas est fait; **am ~** au début; **von ~ an** dès le départ, depuis le début; **zu ~** au début, au départ; **gleich zu ~** dès le début [*o* départ]; **~ September** début septembre; **~ des Jahres** au début de l'année; **~ vierzig sein** avoir la quarantaine; **von ~ bis Ende** du début [jusqu']à la fin
❷ *(Ursprung) des Lebens, Universums* commencement *m*; **einer Firma** débuts *mpl*; **seinen ~ nehmen** *geh Universum*: prendre naissance; *Verhängnis*: commencer à se réaliser
▶ **der ~ vom Ende** le commencement de la fin *(fam)*; **im ~ war das Wort** au commencement était le Verbe; **aller ~ ist schwer** *Spr*. tous les débuts sont difficiles
an|fangen *unreg* I. *tr V* ❶ *(beginnen)* commencer *Brief, Unterricht, Arbeit*; **etw mit einer Anekdote ~** commencer qc par une anecdote; **mit jdm ein Gespräch ~** entamer une conversation avec qn; **mit jdm ein Verhältnis ~** s'engager dans une relation avec qn; **du willst wohl Streit ~?** tu cherches la bagarre [*o* des histoires]? *(fam)*
❷ *fam (anbrechen)* entamer *Flasche, Packung, Tube*
❸ *(angehen)* **etw richtig/anders ~** s'y prendre bien/autrement avec qc
❹ *(machen)* **was wird sie mit all dem Geld ~?** qu'est-ce qu'elle va faire de [*o* avec] tout cet argent?; **was soll ich nur ~?** qu'est-ce que je vais faire?
▶ **mit jdm ist nichts anzufangen** il n'y a rien à tirer de qn; **nichts mit sich anzufangen wissen** ne pas savoir quoi faire de ses dix doigts
II. *itr V* ❶ **mit seinem Vortrag ~** commencer sa conférence; **fangt ihr schon mit dem Essen/mit dem Spiel an!** commencez à manger/à jouer!
❷ *(beginnen) Veranstaltung, Leben, Film*: commencer; *Gewitter, Sturm*: éclater; *Regen*: commencer à tomber; **es fängt an zu regnen** il commence à pleuvoir; **das Buch fängt an mich zu langweilen** le livre commence à m'ennuyer
❸ *(ins Berufsleben gehen)* [**als Vertreter**] **~** commencer [*o* débuter] [comme représentant]
Anfänger(in) <-s, -> *m(f)* débutant(e) *m(f)*; **~ sein** être novice; **ein blutiger ~ sein** *fam* être novice en la matière
Anfängerkurs[us] *m* cours *m* pour débutants
anfänglich ['anfɛŋlɪç] I. *Adj attr Schwierigkeiten, Übelkeit* initial(e); **nach ~em Zögern** après avoir hésité au début
II. *Adv* initialement
anfangs ['anfaŋs] I. *Adv* au début
II. *Präp + Gen* CH **~ des Monats/der Woche** en début de mois/semaine; **~ des Jahres/des Winters** au début de l'année/de l'hiver; **~ Januar** début janvier
Anfangsbuchstabe *m* [lettre *f*] initiale *f* **Anfangsgehalt** *nt* salaire *m* de départ [*o* d'embauche] **Anfangsgeschwindigkeit** *f* TECH, PHYS vitesse *f* initiale **Anfangsgründe** *Pl* rudiments *mpl*, premières notions *fpl* **Anfangskapital** *nt* capital *m* initial **Anfangskurs** *m* FIN cours *m* d'ouverture **Anfangsschwierigkeiten** *Pl* difficultés *fpl* initiales [*o* de départ] **Anfangsstadium** *nt einer Krankheit* premier stade *m*; *eines Projekts, Versuchs* phase *f* initiale **Anfangszeit** *f* premiers temps *mpl*
an|fassen I. *tr V* ❶ *(berühren)* toucher; **jdn am Ärmel ~** saisir [*o* prendre] qn par la manche; **jdn grob ~** empoigner qn sans ménagement
❷ *(ergreifen)* **die Flasche am Hals ~** prendre la bouteille par le goulot
❸ *(angehen)* aborder *Angelegenheit, Problem*
❹ *(behandeln)* traiter; **jdn richtig/falsch ~** s'y prendre bien/mal avec qn
❺ DIAL *(bei der Hand nehmen)* **jdn ~** prendre qn par la main
▶ **zum Anfassen** *fam (verständlich)* accessible [à tous]; *(volksnah)* proche des gens
II. *itr V* ❶ *(berühren)* toucher
❷ *(helfen)* **[mit] ~** filer un coup de main *(fam)*
III. *r V (sich bei der Hand nehmen)* **sich** [*o* **einander** *geh*] **~** se donner la main
❷ *(sich anfühlen)* **sich weich/rau ~** être doux(douce)/rêche au toucher
an|fauchen *tr V* ❶ **jdn ~** *Katze, Raubkatze*: feuler en direction de qn
❷ *fam (zurechtweisen)* engueuler *(fam)*
an|faulen *itr V + sein Früchte*: commencer à s'abîmer [*o* se gâter]; *Holz*: commencer à pourrir
anfechtbar ['anfɛçtbaːɐ] *Adj* contestable; JUR annulable
Anfechtbarkeit <-> *f* caractère *m* contestable; JUR caractère *m* attaquable
an|fechten *tr V unreg* ❶ contester *Aussage, These*
❷ JUR contester la validité de *Abkommen, Vertrag*; faire appel de *Beschluss, Urteil*
Anfechtung <-, -en> *f* ❶ *(Anzweiflung)* contestation *f*; *eines Beschlusses, Urteils* recours *m* en annulation; **~ wegen Irrtums/Nötigung/Täuschung** JUR recours en annulation pour erreur/contrainte/dol
❷ *geh (Versuchung)* tentation *f*
an|feinden ['anfaɪndn] I. *tr V* manifester de l'hostilité envers
II. *r V sich ~* s'agresser
Anfeindung <-, -en> *f* attaque *f*; **den ~en der Kollegen ausgesetzt sein** être en butte aux attaques des collègues
an|fertigen *tr V* confectionner *Kleidungsstück*; fabriquer *Kunstgegenstand, Möbelstück*; réaliser *Zeichnung*; dresser *Protokoll*; réaliser *Fälschung, Kopie*; préparer *Lotion*; **sich (Dat) von jdm einen Anzug ~ lassen** se faire faire un costume par qn
Anfertigung *f eines Kleidungsstücks* confection *f*; *eines Möbelstücks, Kunstgegenstands* fabrication *f*; *einer Zeichnung* réalisation *f*; *eines Protokolls, einer Kopie* rédaction *f*; *einer Übersetzung* exécu-

an|feuchten ['anfɔɪçtən] I. tr V humidifier, humecter
II. r V sich (Dat) die Lippen ~ s'humecter [o s'humidifier] les lèvres
an|feuern tr V ❶ (anspornen) encourager; ~de Zurufe des cris d'encouragement
❷ (anheizen) allumer Ofen, Herd
an|fixen tr V sl pousser à se piquer [o shooter] (fam); **jdn** ~ pousser qn à se piquer [o shooter]
an|flehen tr V implorer, supplier; **jdn** ~ **etw zu tun** adjurer [o supplier] qn de faire qc; **jdn um Hilfe** ~ implorer [o quémander] l'aide de qn
an|fliegen unreg I. tr V + haben ❶ **einen Flughafen/eine Stadt** ~ (sich nähern) approcher d'un aéroport/d'une ville; (eine Flugverbindung unterhalten) desservir un aéroport/une ville
❷ (angreifen) attaquer
II. itr V + sein **angeflogen kommen** Flugzeug, Vogel: arriver; Geschoss, Stein: fuser
Anflug m ❶ AVIAT approche f; **beim** ~ **auf Rom** à la descente sur Rome
❷ (Spur, Andeutung) **ein** ~ **von Ironie** une pointe d'ironie; **der** ~ **eines Lächelns** l'ébauche f [o l'esquisse f] d'un sourire
an|flunkern tr V fam raconter des bobards à (fam)
an|fordern tr V demander; **etw bei** [o **von**] **jdm** ~ demander qc à qn
Anforderung f ❶ kein Pl (das Anfordern) demande f; **auf** ~ sur demande
❷ meist Pl (Anspruch) exigences fpl; [**große**] ~**en an jdn stellen** être [très] exigeant(e) avec qn; **den** ~ **genügen** [o **gerecht werden**] remplir les conditions; **welche** ~**en werden an die Bewerber gestellt?** qu'est-ce qui est exigé de la part des candidats?
Anforderungsprofil nt profil m requis
Anfrage f ❶ demande f [de renseignement]; **ich habe eine** ~ j'ai un renseignement à demander; **auf** ~ sur demande
❷ INFORM demande f
❸ PARL **kleine/große** ~ question f orale/écrite
an|fragen itr V demander; (Auskunft erfragen) se renseigner; **bei jdm wegen etw** ~ demander qc à qn
an|freunden r V ❶ sich ~ se lier d'amitié; **sich mit jdm** ~ se lier d'amitié avec qn; **sie haben sich angefreundet** ils/elles se sont lié(e)s d'amitié
❷ (sich gewöhnen an) **sich mit jdm/etw** ~ se faire à qn/qc
an|fügen ['anfyːgən] tr V ❶ (beilegen) [r]ajouter
❷ (hinzufügen) ~, **dass** ajouter que + indic
an|fühlen I. tr V toucher
II. r V **sich weich/rau** ~ être doux(douce)/rêche [au toucher]; **dieses Hemd fühlt sich etwas kratzig an** cette chemise gratte un peu
Anfuhr ['anfuːɐ] <-> f (mit dem LKW) arrivage m
an|führen tr V ❶ (befehligen) commander Bande, Truppe
❷ (vorbringen, erwähnen) donner Beispiel, Tatsache, Grund; fournir Beweise, Ergebnisse; mentionner Zitat
❸ (benennen) donner le nom de Komplizen, Zeugen
❹ fam (hereinlegen) **jdn** ~ rouler qn [dans la farine] (fam)
Anführer(in) m(f) ❶ einer Armee, Truppe commandant m; einer Bande chef mf
❷ pej (Rädelsführer) meneur(-euse) m(f)
Anführung f ❶ einer Bande, Truppe commandement m
❷ (das Erwähnen) eines Beispiels, Zitats mention f; eines Beweises, Grunds production f; **unter** ~ **mehrerer Personen/Beispiele** form en citant [o mentionnant] plusieurs personnes/exemples
Anführungsstrich m, **Anführungszeichen** nt meist Pl guillemets mpl; ~ **e unten/oben** guillemets ouvrants/fermants
an|füllen tr V remplir; **ein Gefäß/einen Raum mit etw** ~ remplir un récipient/une pièce de qc
an|funkeln tr V fusiller du regard; **jdn** ~ fusiller qn du regard
Angabe <-, -n> f ❶ meist Pl (Aussage) déclaration f; ~ **über etw** (Akk)/**zu etw machen** donner des indications à propos de qc/sur qc; **laut** ~**n** selon les indications [o les déclarations]; **nach den** ~**n der Zeugen** selon les indications [o les déclarations] des témoins; ~**n zur Person** renseignements mpl sur l'identité
❷ (Nennung) eines Preises, Namens, Grunds indication f; **er ist ohne** ~ **seiner neuen Adresse verzogen** il a déménagé sans laisser d'adresse
❸ SPORT service m
❹ kein Pl fam (Prahlerei) frime f (fam)
an|gaffen tr V pej regarder bouche bée; **jdn** ~ regarder qn bouche bée; **was gaffst du mich so an?** qu'est-ce que tu as à me regarder avec des yeux pareils?
an|geben unreg I. tr V ❶ (nennen) donner Grund, Namen; citer Zeugen; [**jdm**] **die Mittäter** ~ donner le nom des complices [à qn]
❷ (zitieren) mentionner Gewährsleute, Hintergründe
❸ (behaupten, vorgeben) fournir Gründe; ~ **etw getan zu haben** déclarer avoir fait qc
❹ (deklarieren) déclarer
❺ (anzeigen) indiquer Kategorie, Preis, Temperatur
❻ (bestimmen) [**jdm**] **das Tempo/die Richtung** ~ donner la vitesse/la direction [à qn]
II. itr V ❶ (prahlen) frimer (fam), crâner (fam); **bei jdm mit jdm/etw** ~ frimer [o crâner] avec qn/qc auprès de qn (fam); **gib nicht so an!** arrête de frimer [o de crâner]!
❷ SPORT servir, être au service
Angeber(in) <-s, -> m(f) frimeur(-euse) m(f) (fam), crâneur(-euse) m(f) (fam)
Angeberei <-, -en> f fam ❶ kein Pl (das Prahlen) frime f (fam)
❷ meist Pl (Äußerung, Handlung) fanfaronnade f
angeberisch I. Adj de fanfaron(ne); **wie** ~! quelle frime! (fam)
II. Adv en fanfaronnant; **sich** ~ **aufführen** faire son crâneur/sa crâneuse (fam)
Angebetete(r) f(m) dekl wie Adj geh bien-aimé(e) m(f); **seine** ~ sa bien-aimée; **ihr** ~**r** son bien-aimé
angeblich ['aŋgeːplɪç] I. Adj soi-disant; **der** ~ **e Zeuge** le prétendu [o soi-disant] témoin; **die** ~ **e Cousine** la prétendue [o soi-disant] cousine
II. Adv soi-disant
angeboren Adj ❶ Krankheit, Behinderung congénital(e)
❷ fam (chronisch) inné(e), congénital(e) (péj)
Angebot <-[e]s, -e> nt ❶ offre f; **jdm ein** ~ **machen** [o **unterbreiten** geh] faire une offre à qn; **ein** ~ **einholen** solliciter une offre; **bindendes/freibleibendes** ~ offre ferme/sans engagement
❷ (Warenangebot) choix m; **ein großes** ~ **an Schuhen** un grand choix de chaussures; ~ **und Nachfrage** l'offre et la demande; **die Preise werden durch** ~ **und Nachfrage geregelt** les prix sont déterminés par la loi de l'offre et de la demande
❸ (Sonderangebot) promotion f; **im** ~ **sein** être en promotion; **unser** ~ **der Woche** notre promotion de la semaine
angebracht ['aŋgəbraxt] Adj ❶ (sinnvoll) opportun(e), indiqué(e)
❷ (angemessen) **für jdn/etw** ~ **sein** être approprié(e) [o convenable] pour qn/qc
angedeihen tr V **jdm etw** ~ **lassen** a. iron geh accorder qc à qn
Angedenken nt geh souvenir m, mémoire f; **im** ~ **an jdn/etw** en souvenir m [o mémoire f] de qn/qc
▶ **meine Tante seligen** ~**s** feu ma tante
angegammelt Adj fam Käse, Brot à moitié pourri(e); Frucht gâté(e)
angegossen ['aŋgəgɔsən] Adj ▶ **wie** ~ **passen** [o **sitzen**] fam aller comme un gant
angegraut ['aŋgəgraʊt] Adj Schläfen, Haar grisonnant(e)
angehaucht Adj POL fam **kommunistisch/grün** ~ **sein** avoir des tendances communistes/écologistes; **links/rechts** ~ **sein** être légèrement marqué(e) à gauche/à droite
angeheiratet ['aŋgəhaɪraːtət] Adj par alliance; ~ **sein** être parent(e) par alliance
angeheitert ['aŋgəhaɪtɐt] Adj fam éméché(e) (fam)
an|gehen unreg I. itr V + sein ❶ Licht, Fernseher, Radio: s'allumer; Waschmaschine, Elektrogerät: se mettre en route [o en marche]
❷ (zu brennen beginnen) Feuer: prendre
❸ fam (beginnen) Schule, Kino: commencer; **wieder** ~ recommencer
❹ (vorgehen, ankämpfen) **gegen jdn** ~ agir contre qn; **gegen die Flammen/das Hochwasser** ~ combattre le feu/l'inondation; **gegen den Drogenhandel** ~ s'attaquer au trafic de drogue
❺ (möglich, vertretbar sein) pouvoir se faire, être possible; **es geht nicht an, dass Sie ewig zu spät kommen** il est inacceptable que vous soyez toujours en retard
❻ (anwachsen) Pflanze: pousser
II. tr V ❶ + haben o SDEUTSCH sein (in Angriff nehmen) s'attaquer à Aufgabe, Problem, Projekt; entamer Verhandlungen
❷ + sein (sich nähern) aborder Hindernis, Hürde, Kurve
❸ + sein (vorgehen gegen) aborder Gegner, Konkurrenten
❹ + haben (attackieren) attaquer; **jdn heftig** ~ agresser [o attaquer] qn violemment
❺ + haben (betreffen) concerner; **das geht dich nichts an!** ça ne te regarde pas!; **was geht dich das an?** de quoi je me mêle? (fam); **was mich angeht, so würde ich zustimmen** pour ma part [o en ce qui me concerne], je dirais oui
❻ + haben o SDEUTSCH sein (bitten) **jdn um einen Rat/um Geld** ~ demander un conseil/de l'argent à qn, s'adresser à qn pour obtenir un conseil/de l'argent
angehend Adj futur(e); **die** ~**en Studenten** les futurs étudiants; **sie ist eine** ~**e Abiturientin** c'est quasiment une bachelière
an|gehören* itr V faire partie de; **einer Gruppe** ~ faire partie d'un groupe; **einem Verein/einer Partei** ~ être membre d'une association/d'un parti; **der Vergangenheit** ~ appartenir au passé
angehörig Adj membre de; **einer Organisation/Partei** ~ **sein** être membre d'une organisation/d'un parti
Angehörige(r) f(m) dekl wie Adj ❶ (Familienangehöriger)

[proche] parent(e) *m(f)*; **meine ~n wohnen alle in Süddeutschland** toute ma famille vit en Allemagne du Sud
- ② *(Mitglied)* membre *m*

Angeklagte(r) *f(m) dekl wie Adj* accusé(e) *m(f)*, prévenu(e) *m(f)*

Angel ['aŋəl] <-, -n> *f* ① canne *f* à pêche; **die ~ auswerfen** jeter la ligne; **einen Fisch an der ~ haben** avoir un poisson au bout de la ligne
- ② *(Türangel, Fensterangel)* gond *m*; **die Tür aus den ~n heben** sortir la porte des gonds
- ▸ **aus den ~ heben** chambouler *(fam) Firma*

Angelegenheit *f* ① affaire *f*; **in eigener ~** pour une affaire personnelle; **sich um seine eigenen ~en kümmern** s'occuper de ses affaires; **in welcher ~ wollen Sie mich sprechen?** à quel sujet désirez-vous me voir?
- ② *(Aufgabe)* **das ist seine/ihre ~** cela lui incombe

angelernt *Adj* ① *Arbeiter, Kraft* spécialisé(e)
- ② *(oberflächlich gelernt) Fertigkeit, Wissen* approximatif(-ive)

Angelernte(r) *f(m) dekl wie Adj* ouvrier(-ière) *m(f)* spécialisé(e)

Angelgerät *nt* accessoires *mpl* [*o* attirail *m*] de pêche **Angelhaken** *m* hameçon *m* **Angelleine** *f* ligne *f*

angeln ['aŋəln] I. *itr V* ① pêcher; **~** [*o* **zum Angeln**] **gehen** aller à la pêche; **nach** [*o auf*] **Forellen ~** aller à la pêche à la truite; **das Angeln** la pêche [à la ligne]
- ② *(greifen)* **nach dem Telefon/den Pantoffeln ~** essayer d'attraper le téléphone/les pantoufles
II. *tr V* ① *(fischen)* pêcher; **wir haben noch nichts/noch nicht viel geangelt** nous n'avons rien pris/pas pris grand-chose
- ② *fam (ergattern)* **sich** *(Dat)* **einen Mann/Millionär ~** mettre le grappin sur un homme/un millionnaire *(fam)*

Angelobung <-, -en> *f* A prestation *f* de serment

Angelpunkt *m* question *f* centrale **Angelrute** *f* canne *f* à pêche

Angelsachse *m*, **-sächsin** *f* Anglo-Saxon(ne) *m(f)* **angelsächsisch** *Adj* anglo-saxon(ne)

Angelschein *m* carte *f* de pêche **Angelschnur** *f* fil *m* à pêche, ligne *f* **Angelsport** *m* pêche *f* à la ligne

angemessen I. *Adj Preis* raisonnable; *Honorar* adapté(e); *Kleidung, Ansprache* approprié(e); *Verhalten* convenable; **der Leistung** *(Dat)* **~ sein** être proportionnel(le) [*o* correspondre] au rendement; **dem Anlass ~ sein** *Kleidung*: être approprié(e) à la situation
II. *Adv honorieren, würdigen* à sa/leur juste valeur; *bezahlen* en conséquence; *kleiden, sich verhalten* convenablement

angenehm ['angəne:m] I. *Adj* agréable; **ein ~es Äußeres haben** avoir un physique avantageux; **es ist mir nicht ~, dass du dorthin gehst** je n'aime pas [*o* ça ne me plaît pas] que tu y ailles; **es wäre mir ~er, wenn ...** je préférerais que + *subj*; **das Angenehme mit dem Nützlichen verbinden** joindre l'utile à l'agréable; **[sehr] ~!** enchanté(e)!
II. *Adv* ~ **riechen/duften** sentir bon; **~ klingen** avoir un son agréable; **~ überrascht sein** être agréablement surpris(e)

angenommen *Adj* ① *Name* d'emprunt
- ② *(adoptiert)* adoptif(-ive); *s. a.* **annehmen**

angepasst[RR], **angepaßt**[ALT] I. *Adj* conformiste
II. *Adv sich verhalten* selon la norme

Angepasstheit[RR], **Angepaßtheit**[ALT] <-> *f* conformisme *m*

angeregt ['angəre:kt] I. *Adj Atmosphäre, Diskussion* animé(e)
II. *Adv* de façon animée

angerührt *Adj* A *(beleidigt)* froissé(e)

angesäuselt ['angəzɔɪzəlt] *Adj fam* éméché(e) *(fam)*, pompette *(fam)*

angeschlagen *Adj fam Person* mal fichu(e) *(fam)*; *Gesundheit* chancelant(e); *Nerven* en pelote *(fam)*; **von etw ~ sein** *Person*: être éprouvé(e) par qc

angeschmutzt ['angəʃmʊtst] *Adj* un peu sale

angeschrieben ▸ **bei jdm gut/schlecht ~ sein** *fam* être bien/mal vu(e) de qn

angesehen *Adj Bürger, Kollege, Politiker* estimé(e); *Firma* de renom; **wegen etw ~ sein** *Person*: être estimé(e) pour qc; **hoch ~** très estimé(e)

Angesicht <-[e]s, -er> *nt geh* visage *m*, face *f*; **jdn von ~ kennen** connaître qn de vue; **von ~ zu ~** seul(e) à seul(e)
- ▸ **im ~ der nahenden Katastrophe** devant [*o* face à] l'imminence de la catastrophe; **im ~ des Todes** devant [*o* face à] la mort

angesichts *Präp* + *Gen* face à; **~ der Gefahr** face au danger; **~ der Tatsache, dass** du fait que + *indic*

angespannt ['angəʃpant] I. *Adj* tendu(e)
II. *Adv* [très] attentivement

angestammt ['angəʃtamt] *Adj Rechte, Privilegien* héréditaire; *Platz, Rolle* habituel(le); *Besitz* reçu(e) en héritage

angestaubt ['angəʃtaʊpt] *Adj fig fam* poussiéreux(-euse) *(fig)*; **~e Ansichten** des idées poussiéreuses

Angestellte(r) *f(m) dekl wie Adj* employé(e) *m(f)*

Angestelltengewerkschaft *f* syndicat *m* d'employés **Angestelltenverhältnis** *nt* statut *m* d'employé(e); **im ~ stehen** être

employé(e) **Angestelltenversicherung** *f* assurance *f* des employés

angestrengt ['angəʃtrɛŋt] I. *Adj* ① *Aussehen, Gesicht* fatigué(e)
- ② *(intensiv) Denken, Nachdenken* intense; *Arbeiten* intensif(-ive)
II. *Adv arbeiten, nachdenken* assidûment

angetan ['angəta:n] *Adj* ① *(erbaut)* conquis(e); **von jdm/etw [sehr] ~ sein** être [tout à fait] conquis(e) par qn/qc
- ② *geh (geeignet)* **danach** [*o* **dazu**] **~ sein etw zu tun** être de nature à faire qc; *s. a.* **antun**

angetraut *Adj Ehemann, Ehefrau* légitime

Angetraute(r) *f(m) dekl wie Adj hum fam* **seine ~** sa moitié *(fam)*; **ihr ~r** son cher et tendre époux

angetrunken *Adj* un peu gris(e)

angewandt ['angəvant] *Adj attr Wissenschaft* appliqué(e)

angewiesen ['angəvi:zən] *Adj* **auf jdn/etw ~ sein** dépendre [*o* être dépendant(e)] de qn/qc; **sie sind auf jeden Euro/ganz auf ihr Gehalt ~** ils en sont à compter chaque euro/à vivre sur son seul salaire

an|gewöhnen* I. *tr V* **jdm etw ~** habituer qn à qc; **wer hat dir nur diese Ausdrucksweise angewöhnt?** qui t'a appris à parler comme ça?
II. *r V* **sich** *(Dat)* **das Joggen/Rauchen ~** prendre l'habitude de faire du footing/de fumer; **sich** *(Dat)* **~ früh aufzustehen** prendre l'habitude de se lever tôt

Angewohnheit *f* habitude *f*

angewurzelt *Adj* ▸ **wie ~ dastehen/stehen bleiben** rester planté(e) [là]

angezeigt *Adj form Maßnahme, Schritt* approprié(e), opportun(e); **~ sein** être indiqué(e) [*o* opportun(e)]

an|giften *tr V fam* incendier *(fam)*

Angina [aŋ'gi:na] <-, Anginen> *f* angine *f*

Angina pectoris <-> *f* MED angine *f* de poitrine

an|gleichen *unreg* I. *tr V* harmoniser; **etw einer S.** *(Dat)* [*o* **an etw** *(Akk)*] **~** harmoniser qc avec qc; **[aneinander] angeglichen werden** *Systeme, Methoden*: être harmonisé(e)s [les un(e)s avec les autres]
II. *r V* **sich jdm ~** s'adapter à qn; **sich [aneinander] ~** *Kulturen, Systeme*: s'harmoniser [les uns/unes avec les autres]; **in ihren Auffassungen haben sie sich nach und nach angeglichen** ils/elles ont peu à peu harmonisé leurs conceptions

Angleichung *f* von Währungen, Wettbewerbsbedingungen nivellement *m*, harmonisation *f*; **~ an etw** *(Akk)* harmonisation à qc

Angler(in) ['aŋlɐ] <-s, -> *m(f)* pêcheur(-euse) *m(f)* à la ligne

an|gliedern *tr V* **etw einem Staat ~** annexer qc à un État; **etw einer Partei/einem Konzern ~** rattacher qc à un parti/groupe

Angliederung *f eines Gebiets, Staats* annexion *f*; *einer Partei, Organisation, Firma* rattachement *m*

anglikanisch [aŋli'ka:nɪʃ] *Adj* anglican(e)

Anglist(in) [aŋ'glɪst] <-en, -en> *m(f)* ① *(Wissenschaftler)* angliciste *mf*
- ② *(Student)* étudiant(e) *m(f)* en anglais

Anglistik [aŋ'glɪstɪk] <-> *f* lettres *fpl* et civilisation anglaises

Anglizismus <-, -ismen> *m* LING anglicisme *m*

an|glotzen *tr V fam* regarder avec des yeux ronds *(fam)*; **jdn ~** regarder qn avec des yeux ronds

Angola [aŋ'go:la] <-s> *nt* l'Angola *m*

Angolaner(in) <-s, -> *m(f)* Angolais(e) *m(f)*

angolanisch *Adj* angolais

Angorakaninchen *nt* lapin *m* angora **Angorakatze** *f* chat *m* angora; *(weibliches Tier)* chatte *f* angora **Angorapullover** *m* pull *m* [en] angora **Angorawolle** *f* laine *f* angora

angreifbar *Adj Person* critiquable; *Theorie, These, Behauptung* contestable

an|greifen *unreg* I. *tr V* ① *Truppen, Sportler, Kritiker*: attaquer; **jdn/etw ~** *Truppen, Sportler, Kritiker*: attaquer qn/qc
- ② *(schädigen)* **etw ~** *Droge, Säure, Reinigungsmittel*: attaquer qc; **Nikotin greift das Herz an** la nicotine est mauvaise pour le cœur
- ③ *(beeinträchtigen)* **jdn ~** *Nachricht*: affecter qn; *Erkrankung, Stress*: altérer la santé de qn; **etwas angegriffen sein** *Person*: ne pas être très bien portant(e); *Gesundheit*: être un peu atteint(e)
- ④ *(anbrechen) Vorräte, Geld, Guthaben*
II. *itr V Truppen, Sportler, Kritiker*: attaquer

Angreifer(in) <-s, -> *m(f)* ① MIL assaillant(e) *m(f)*
- ② *meist Pl* SPORT attaquant(e) *m(f)*

an|grenzen *itr V Land*: être limitrophe; *Fluss, See*: être en bordure; **an etw** *(Akk)* **~** *Land*: être limitrophe de qc; *Fluss, See*: être en bordure de qc

angrenzend *Adj attr Gebäude* voisin(e); *Hecke* avoisinant(e); *Mauer, Zaun, Grundstück* attenant(e); *Land* limitrophe; **die an den Bodensee ~en Länder** les pays limitrophes du lac de Constance

Angriff *m* ① MIL, SPORT attaque *f*, offensive *f*; **im ~ spielen** jouer en attaque; **im ~ sehr stark sein** *Mannschaft*: être très fort(e) en attaque

Angst/Sorge ausdrücken

Angst/Befürchtungen ausdrücken | exprimer la peur/les craintes

Angst/Befürchtungen ausdrücken	exprimer la peur/les craintes
Ich habe (da) ein ungutes Gefühl.	J'ai un mauvais pressentiment.
Mir schwant nichts Gutes. *(fam)*	Je ne pressens rien de bon.
Ich rechne mit dem Schlimmsten.	Je m'attends au pire.
Diese Menschenmengen machen mir Angst.	J'ai peur de la foule.
Diese Rücksichtslosigkeit beängstigt mich.	Ce sans-gêne m'inquiète.
Ich habe Angst, dass du dich verletzen könntest.	J'ai peur que tu te blesses.
Ich habe Angst vorm Zahnarzt.	J'ai peur du dentiste.
Ich habe Bammel/Schiss vor der Prüfung. *(fam)*	J'ai la frousse/trouille de l'examen. *(fam)*

Sorge ausdrücken | exprimer le souci

Sorge ausdrücken	exprimer le souci
Sein Gesundheitszustand macht mir große Sorgen.	Son état de santé m'inquiète beaucoup.
Ich mache mir Sorgen um dich.	Je me fais du souci pour toi.
Die steigenden Arbeitslosenzahlen beunruhigen mich.	L'augmentation des chiffres du chômage m'inquiète.
Die Sorge um ihn bereitet mir schlaflose Nächte.	Je passe des nuits blanches à me faire du souci pour lui.

---

❷ *(Kritik)* attaque *f*; **ein ~ auf** [*o* **gegen**] **jdn/etw** une attaque contre qn/qc
▸ **~ ist die beste Verteidigung** *Spr.* la meilleure défense, c'est l'attaque; **zum ~ blasen** MIL sonner la charge; *(den Konkurrenzkampf eröffnen)* passer à l'attaque [*o* à l'offensive]; **etw in ~ nehmen** s'attaquer à qc; **zum ~ übergehen** passer à l'attaque [*o* à l'offensive]
Angriffsfläche *f* cible *f* ▸ [jdm] **eine ~ bieten** MIL offrir [à qn] une cible; *(sich der Kritik aussetzen)* donner prise [à qn] **Angriffskrieg** *m* guerre *f* d'agression **Angriffslust** *f* agressivité *f*; SPORT combativité *f* **angriffslustig** *Adj Journalist, Opposition* combatif(-ive); SPORT offensif(-ive); **Angriffspunkt** *m* MIL *(Ort des Angriffs)* point *m* d'attaque; *(Ausgangsort des Angriffs)* point *m* de départ de l'attaque **Angriffsspiel** *nt* jeu *m* offensif **Angriffsspieler(in)** *m(f)* attaquant(e) *m(f)* **Angriffswaffe** *f* arme *f* offensive
an|grinsen *tr V* regarder en ricanant; **jdn ~** regarder qn en ricanant; **warum grinst du mich so an?** qu'est-ce que tu as à me ricaner au nez?
angst ▸ **jdm wird ~** [**und bange**] qn prend peur
Angst [aŋst, *Pl*: 'ɛŋstə] <-, Ängste> *f* ❶ peur *f*; **vor jdm/etw ~ haben** avoir peur de qn/qc; **um jdn/etw ~ haben** avoir peur [*o* craindre] pour qn/qc; **jdm ~ machen** faire peur à qn; **jdm ~ einjagen** [*o* **einflößen** *geh*] inspirer de la peur à qn *(soutenu)*; **~ und Schrecken verbreiten** semer la terreur; **~ bekommen** [*o* **kriegen**] prendre peur; **aus** [*o* **vor**] **~ de** peur; **aus ~, man könne ihn entlarven** de peur d'être démasqué; **keine ~!** pas de panique! *(fam)*
❷ PSYCH angoisse *f*, anxiété *f*
▸ **jdm steckt** [*o* **sitzt**] **die ~ noch in den Knochen** *fam* qn est encore sous le coup de la peur; **ihm/ihr sitzt die ~ im Nacken** la peur lui colle au ventre; **jdm ~** [**und Bange**] **machen** faire peur à qn
angstfrei *Adj* sans crainte **Angsthase** *m fam* trouillard(e) *m(f)* *(fam)*, froussard(e) *m(f)* *(fam)*
ängstigen ['ɛŋstɪɡn̩] I. *tr V (in Furcht versetzen)* faire peur; *(in Sorge versetzen)* inquiéter; **jdn ~** *(in Furcht versetzen)* faire peur à qn; *(in Sorge versetzen)* inquiéter qn
II. *r V* ❶ *(sich fürchten)* **sich vor jdm/etw ~** avoir peur de qn/qc
❷ *(sich sorgen)* **sich um jdn/wegen etw ~** s'inquiéter pour qn/de qc
Angstkauf *m* le fait d'acheter des produits *(surtout alimentaires)* en réserve par peur d'une pénurie de marchandises
ängstlich ['ɛŋstlɪç] I. *Adj* ❶ *Person, Blick* craintif(-ive)
❷ *(besorgt)* inquiet(-iète); **~ werden** s'inquiéter
II. *Adv hüten, verbergen* jalousement
Ängstlichkeit <-> *f* ❶ *(Furcht)* peur *f*, crainte *f*
❷ *(Besorgtheit)* inquiétude *f*
Angstneurose *f* MED, PSYCH névrose *f* phobique **Angstschrei** *m* cri *m* de frayeur **Angstschweiß** *m* sueur *f* d'angoisse **Angsttraum** *m* cauchemar *m* **angstvoll** *Adj* angoissé(e); **jdn ~ anblicken** lancer un regard angoissé [*o* des regards angoissés] à qn **Angstzustand** *m* état *m* d'angoisse
an|gucken *tr V fam* regarder; **sich** *(Dat)* **etw ~** regarder qc

an|gurten I. *r V* **sich ~** mettre sa ceinture [de sécurité]; **angegurtet sein** avoir [attaché] sa ceinture [de sécurité]
II. *tr V* attacher
Anh. *Abk von* **Anhang** ❶
an|haben *tr V unreg* ❶ *fam (angezogen haben)* porter; **nichts ~** être tout(e) nu(e)
❷ *fam (angeschaltet haben)* **das Radio/den Fernseher ~** avoir la radio/la télé allumée *(fam)*
❸ *(zuleide tun)* **jdm etwas ~ können** pouvoir faire du mal à qn; *Konkurrent, Widersacher:* pouvoir nuire à qn; **die Kälte kann mir nichts ~** le froid n'a aucune prise sur moi
an|haften *itr V* ❶ *(kleben)* **an etw ~** *Schnee, Schmutz:* coller à qc; *Schlamm:* s'attacher à qc; *Farbe:* adhérer à qc
❷ *(zugehören)* **zwei Nachteile haften dieser Sache an** deux inconvénients sont inhérents à cette chose
an|halten *unreg* I. *tr V* ❶ *(stehen bleiben)* s'arrêter
❷ *(fortdauern) Wetter:* continuer; *Beschwerden, Schmerzen:* persister; *Lärm:* durer
❸ *(werben)* **um die Hand der Tochter ~** demander la main de la fille
II. *tr V* ❶ *(stoppen)* stopper *Person, Fahrzeug*; retenir *Luft*; **den Atem ~** retenir son souffle
❷ *(anleiten)* **jdn zu Ordnung und Sauberkeit ~** éduquer qn à être ordonné(e) et propre; **zur Hilfsbereitschaft angehalten werden** être tenu(e) [*o* astreint(e)] à la serviabilité; **angehalten sein etw zu tun** être tenu(e) de [*o* astreint(e) à] faire qc
❸ *(davorhalten)* **jdm/sich einen Pulli ~** tenir un pull devant qn/devant soi
anhaltend *Adj Hitze, Kälte, Beschwerden* persistant(e); *Lärm* continuel(le); **bei dem ~en Sturm** avec cette tempête qui persiste
II. *Adv* continuellement; **das ~ kühle/heiße Wetter** le temps froid/chaud persistant
Anhalter(in) *m(f)* auto-stoppeur(-euse) *m(f)*; **per ~ fahren** faire de l'auto-stop
Anhaltspunkt *m* indice *m*
anhand [an'hant] *Präp + Gen* à l'aide de; **~ eines Fotos** à l'aide d'une photo
Anhang ['anhaŋ, *Pl*: 'anhɛŋə] <-[e]s, Anhänge> *m* ❶ *eines Buchs* appendice *m*
❷ *kein Pl (Kinder)* enfants *mpl*; *(Ehepartner und Kinder)* famille *f*; **keinen ~ haben** ne pas avoir de famille
❸ *kein Pl (Anhängerschaft)* partisans *mpl*
an|hängen I. *tr V* ❶ *(befestigen)* accrocher *Schild*
❷ *(ankuppeln)* accrocher, atteler *Wohnwagen*
❸ *(hinzufügen)* ajouter *Aufforderung, Bemerkung, Satz*
❹ *fam (weitergeben)* **jdm einen Ladenhüter/eine Krankheit ~** refiler un rossignol/une maladie à qn *(fam)*
❺ *fam (anlasten)* **jdm einen Diebstahl ~** coller un vol sur le dos de qn *(fam)*
❻ *fam (geben)* **jdm einen Spitznamen ~** coller un surnom à qn *(fam)*
II. *r V* ❶ *(hinterherfahren)* **sich an jdn/etw ~** *Fahrer, Wagen:* coller qn/qc *(fam)*
❷ *(zustimmen)* **sich an jdn ~** se ranger à l'avis de qn; **sich an die**

Mehrheit ~ se ranger à l'avis de la majorité III. *itr V unreg* ❶ *jdm – Vorwurf, Makel:* coller à la peau de qn *(fam)* ❷ *(sich zugehörig fühlen)* einer Überzeugung/Sekte *(Dat)* ~ adhérer à une conviction/secte
Anhänger <-s, -> *m* ❶ *(Sportfan)* supporte[u]r *m* ❷ *(Gefolgsmann)* partisan *m* ❸ *(Wagen)* remorque *f* ❹ *(Schmuckstück)* pendentif *m* ❺ *(Gepäckanhänger)* étiquette *f*
Anhängerin <-, -nen> *f* ❶ *(Sportfan)* supporter *m*, supportrice *f* ❷ *(Gefolgsfrau)* partisane *f*
Anhängerkupplung *f* AUT attelage *m* de remorque
Anhängerschaft <-> *f* ❶ SPORT supporte[u]rs *mpl* ❷ *(Gefolgsleute)* partisans *mpl*
anhängig *Adj* JUR ~ **sein** être en instance
anhänglich *Adj Partner, Kind* très attaché(e); *Haustier* familier(-ière), attaché(e)
Anhänglichkeit <-> *f eines Partners, Kindes* attachement *m; eines Haustiers* fidélité *f*, attachement *m*
Anhängsel ['anhɛŋzəl] <-s, -> *nt (Mensch)* fardeau *m;* (*Nachtrag*) appendice *m*
anhauchen *tr V* souffler en direction de; **hauchen Sie mich mal an!** soufflez dans ma direction!; *s. a.* **angehaucht**
anhauen *tr V unreg sl* aborder; **jdn um einen Euro/um Geld ~** taper qn d'un euro/taper qn *(fam)*
anhäufen I. *tr V* amasser *Vorräte, Geld;* entasser *Müll* II. *r V* sich ~ s'accumuler
Anhäufung <-, -en> *f von Müll* accumulation *f;* **durch die ~ eines ungeheuren Vermögens** en amassant une fortune immense
anheben *unreg* I. *tr V* ❶ soulever *Möbelstück;* lever *Glas* ❷ *(erhöhen)* augmenter *Abgaben, Steuer, Tarif;* élargir *Freigrenze* II. *itr V geh* **zu sprechen ~** commencer à parler; **sie hob** [*o* **hub** *veraltet*] **zu singen an** elle se mit à chanter
Anhebung <-, -en> *f der Abgaben, Steuern, Tarife* hausse *f; der Freigrenze* élargissement *m*
anheften *tr V* ❶ fixer; **etw mit Heftklammern an eine Akte ~** agrafer qc à un acte; **angeheftet** fixé(e); *(mit Heftklammern)* agrafé(e) ❷ *(anstecken)* **jdm einen Orden ~** épingler une décoration à qn
anheimelnd [an'haɪməlnt] *Adj geh Klänge, Musik* familier(-ière)
anheimfallen *itr V unreg + sein geh* **einem Betrug ~** être victime d'une escroquerie; **dem Staat ~** *Vermögen, Erbschaft:* tomber en déshérence; **der Vergessenheit ~** *(Dat)* – tomber dans l'oubli
anheimstellen *tr V geh* **es jdm ~ etw zu tun** laisser qn libre de faire qc; **jdm eine Entscheidung ~** laisser qn libre de prendre une décision; **das bleibt dir** [*o* **deiner Entscheidung**] **anheimgestellt** la décision que tu prendras est à ton entière discrétion *(soutenu)*
anheischig ['anhaɪʃɪç] ▶ **sich ~ machen etw zu tun** *form* se faire fort de faire qc
anheizen *tr V* ❶ allumer *Kamin, Ofen* ❷ *fam (verschlimmern)* renforcer *Inflation;* aggraver *Krise;* attiser *Unmut, Unruhen*
anherrschen *tr V* réprimander
anheuern ['anhɔɪɐn] I. *tr V* enrôler [comme second]; **jdn** [**als Steuermann**] ~ enrôler qn [comme second] II. *itr V* **bei jdm/auf einem Schiff ~** s'engager chez qn/sur un bateau
Anhieb ['anhi:p] ▶ **auf ~** *fam* d'emblée; **es klappt nicht immer gleich auf ~** ça ne marche pas toujours du premier coup
anhimmeln ['anhɪməln] *tr V fam (verehren)* adorer; *(schwärmerisch ansehen)* dévorer des yeux; **jdn ~** *(verehren)* adorer qn; *(schwärmerisch ansehen)* dévorer qn des yeux
Anhöhe *f* butte *f*, hauteur *f*
anhören I. *tr V* ❶ *(bewusst hören)* écouter; **[sich** *(Dat)***] etw ~** écouter qc ❷ *(mithören)* **ein Gespräch** [**mit**] **~** entendre une conversation; **dein ewiges Lamentieren kann ich nicht mehr** [**mit**] **~!** je ne peux plus supporter d'entendre tes lamentations! ❸ *(Gehör schenken)* écouter ❹ *(anmerken)* **jdm seine Trauer ~** remarquer de la tristesse chez qn; **man hört ihr gleich ihre Herkunft an** on entend tout de suite d'où elle vient; **man hört ihm nicht an, dass er Däne ist** ça ne s'entend pas qu'il est Danois II. *r V* ❶ **sich komisch/heiser ~** *Person:* avoir une drôle de voix/la voix enrouée; **na, wie hört sich der Tenor an?** alors, comment chante le ténor? ❷ *(Klänge wiedergeben)* **sich gut/sauber ~** *Anlage:* avoir un bon son/un son net ❸ *(klingen)* **sich gut ~** *Angebot, Vorschlag:* avoir l'air intéressant(e); **sich nicht übel ~** sonner pas mal [aux oreilles]
Anhörung <-, -en> *f* audition *f;* **nach ~ der Parteien** après audition des parties
Anhörungsverfahren *nt* procédure *f* d'audition
anhupen I. *tr V fam* klaxonner *(fam)* II. *r V fam* **sich ~** se klaxonner *(fam)*
anhusten *tr V* tousser vers [*o* sur *fam*]
Anilin [ani'li:n] <-s> *nt* CHEM aniline *f*
animalisch [ani'ma:lɪʃ] *Adj pej* animal(e)
Animateur(in) [anima'tø:ɐ̯] <-s, -e> *m(f)* animateur(-trice) *m(f)*
Animation [anima'tsio:n] <-, -en> *f* animation *f*
Animierdame [ani'mi:ɐ̯-] *f* entraîneuse *f*
animieren* I. *tr V* **jdn zum Tanzen ~** inviter qn à danser; **jdn zu einer Dummheit ~** inciter qn à [faire] une bêtise II. *itr V* stimuler; **zum Baden ~** *Sonne, Wetter:* donner envie de [*o* inciter à] se baigner
animierend I. *Adj (anregend)* stimulant(e) II. *Adv* **auf jdn/etw wirken** avoir un effet stimulant sur qn/qc
Animierlokal *nt* boîte *f* [de nuit] à entraîneuses **Animiermädchen** *s.* **Animierdame**
Anion ['anio:n] <-s, -en> *nt* CHEM, PHYS anion *m*
Anis [a'ni:s, 'a:nɪs] <-[es], -e> *m* ❶ *(Pflanze, Gewürz)* anis *m* ❷ *s.* **Anisschnaps**
Anislikör *m*, **Anisschnaps** *m* anisette *f*
ankämpfen *itr V* lutter; **gegen jdn/etw ~** lutter contre qn/qc
Ankauf *m* achat *m; eines Grundstücks* acquisition *f;* **An- und Verkauf** vente *f* et achat
ankaufen I. *tr V* acheter; acquérir *Grundstück* II. *r V* **sich bei Berlin ~** acheter près de Berlin
Anker ['aŋkɐ] <-s, -> *m* ❶ ancre *f;* **den ~ werfen/hieven** [*o* **lichten**] jeter/lever l'ancre; **vor ~ gehen** jeter l'ancre, mouiller; **vor ~ liegen** mouiller ❷ *geh (Halt)* planche *f* de salut ❸ CONSTR armature *f* ❹ ELEC induit *m; einer Uhr* ancre *f*
Ankerkette *f* chaîne *f* d'ancre
ankern ['aŋkɐn] *itr V* ❶ *(den Anker werfen)* jeter l'ancre ❷ *(vor Anker liegen)* mouiller
Ankerplatz *m* mouillage *m* **Ankerwicklung** <-, -en> *f* ELEC enroulement *m* [*o* bobinage *m*] d'induit **Ankerwinde** *f* guindeau *m*
anketten *tr V* ❶ attacher *Fahrrad;* **den Hund ~** attacher le chien à la chaîne; **angekettet sein** *Hund:* être attaché(e); **das Fahrrad ist am Gitter angekettet** le vélo est attaché à la grille ❷ *(fesseln)* enchaîner *Sträfling*
ankläffen *tr V* japper après
Anklage *f* ❶ JUR *(Tatvorwurf)* inculpation *f; (Anklagevertreter)* accusation *f;* **gegen jdn ~ wegen etw erheben** engager des poursuites contre qn pour qc; **jdn wegen etw unter ~ stellen** mettre qn en accusation pour qc; **wegen etw unter ~ stehen** faire l'objet de poursuites pour qc ❷ *(Vorwurf, Klage)* accusation *f*
Anklagebank <-bänke> *f* banc *m* des accusés; **jdn wegen etw auf die ~ bringen** traîner qn devant les tribunaux [*o* en justice] pour qc; **wegen etw auf der ~ sitzen** se retrouver sur le banc des accusés pour qc **Anklageerhebung** *f* demande *f* de mise en accusation
anklagen I. *tr V* ❶ JUR inculper; **jdn der Erpressung** *(Gen)* [*o* **wegen Erpressung**] ~ inculper qn de chantage ❷ *(anprangern)* dénoncer *Missstände, Politik* ❸ *(beschuldigen)* **jdn ~ herzlos zu sein** accuser qn d'être sans cœur; **jdn übler Methoden** *(Gen)* ~ accuser qn d'employer des méthodes malhonnêtes II. *itr V Person:* accuser; *Rede, Bild, Buch:* être une accusation [*o* dénonciation]; **stumm ~** *Bild, Denkmal:* être une accusation muette
anklagend I. *Adj* accusateur(-trice) II. *Adv* **ansehen** d'un air accusateur; *formulieren, gestalten* sur un ton accusateur; **~ die Stimme erheben** prendre un ton accusateur
Anklagepunkt *m* chef *m* d'accusation
Ankläger(in) *m(f)* accusateur(-trice) *m(f);* **öffentlicher ~** ministère *m* public
Anklageschrift *f* acte *m* d'accusation **Anklagevertretung** *f* JUR ≈ procureur *mf* de la République
anklammern I. *tr V* ❶ **ein Blatt Papier an etw** *(Akk o Dat)* ~ accrocher [*o* fixer] une feuille à qc ❷ *(mit Wäscheklammern aufhängen)* accrocher II. *r V* **sich an jdn ~** *Kind, Ertrinkender:* s'agripper à qn/qc
Anklang *m* ❶ *kein Pl (Zustimmung)* accueil *m* favorable, écho *m* [favorable]; **bei jdm ~ finden** *Person:* avoir du succès auprès de qn; *Vorschlag, Plan, Film:* être bien accueilli(e) [par qn]; **wenig ~ bei den Lesern finden** avoir peu d'écho auprès des lecteurs ❷ *(Reminiszenz)* **~ an jdn/etw** référence *f* à qn/qc
ankleben I. *tr V + haben* coller; **etw an etw** *(Akk)* ~ coller qc sur

qc
II. *itr V + sein* **am Nudelholz ~** *Teig:* attacher au rouleau à pâtisserie
Ankleidekabine *f (im Schwimmbad)* cabine *f* [de bain]; *(im Kaufhaus)* cabine *f* d'essayage; *(beim Arzt)* cabine *f* [pour se changer]
an|kleiden I. *tr V geh* vêtir *(littér)*
II. *r V geh* **sich ~** s'habiller; **können Sie mir bitte beim Ankleiden helfen?** pouvez-vous m'aider à me vêtir s'il vous plaît? *(littér)*
Ankleideraum *m eines Schwimmbads, Sportclubs* vestiaire *m; eines Geschäfts* cabine *f* d'essayage
an|klicken *tr V* INFORM cliquer sur
an|klingeln *tr V fam* appeler *[o bigophoner fam]* chez
an|klingen *itr V unreg + sein* ❶ *(erinnern)* rappeler; **an etw** *(Akk)* **~** rappeler qc
❷ *(spürbar werden)* **in etw** *(Dat)* **~** *Anklage, Vorwürfe, Wünsche:* transparaître dans qc; **einen Vorwurf in seinen Worten ~ lassen** laisser transparaître un reproche dans ses propos
an|klopfen *itr V* ❶ frapper; **an die** *[o der]* **Tür ~** frapper à la porte
❷ *fam (vorfühlen)* **bei jdm ~** tâter le terrain auprès de qn; **wegen der Wohnung beim Eigentümer ~** aller voir le propriétaire pour l'appartement
an|knabbern *tr V fam* grignoter
an|knacksen I. *r V fam* **sich** *(Dat)* **den Arm/Fuß ~** se faire une fêlure au bras/pied
II. *tr V fam* ébranler; **angeknackst sein** *Person:* être patraque *[o mal fichu(e)]* *(fam); Gesundheit:* être chancelant(e)
an|knipsen *tr V fam* allumer
an|knöpfen *tr V* boutonner; **Träger an eine** *[o einer]* **Hose ~** mettre des bretelles à un pantalon
an|knoten *tr V* nouer; **ein Seil ~** attacher une corde
an|knüpfen I. *tr V* ❶ *(befestigen)* attacher *Band, Schnur*
❷ *(aufnehmen)* nouer *Beziehung, Freundschaft*
II. *itr V* **an alte Zeiten ~** renouer avec le passé
Anknüpfungspunkt *m* motif *m; (für ein Gespräch)* point *m* de départ
an|knurren *tr V fam* grogner après
an|kommen *unreg* I. *itr V + sein* ❶ *(das Ziel erreichen) Person, Zug, Flugzeug:* arriver
❷ *(gebracht werden) Brief, Paket, Sendung:* arriver [à destination]; **bei jdm ~** parvenir à qn
❸ *(anlangen, sich vorarbeiten zu)* **bei etw ~** [en] arriver à qc; **ich bin beim vierten Kapitel angekommen** j'en suis au quatrième chapitre
❹ *fam (sich nähern)* rappliquer *(fam)*
❺ *fam (Anklang finden)* **bei jdm ~** *Idee, Neuerung:* être bien accueilli(e) par qn; *Mode, Witz, Schlager:* avoir du succès auprès de qn; **nicht ~/nicht gut ~** faire un bide *(fam)*; **das wird nicht ~!** ça ne prendra pas!
❻ *fam (Eindruck machen)* **bei jdm ~/gut ~** avoir la cote auprès de qn *(fam)*; **mit der Masche kommst du bei mir nicht an!** ça ne marche pas, ça, avec moi! *(fam)*
❼ *(sich durchsetzen, sich behaupten)* **gegen jdn ~** [können] [arriver à] s'imposer face à qn; *(sich verteidigen können)* [pouvoir] avoir le dessus sur qn; **gegen Vorurteile ~** venir à bout des préjugés; **gegen eine Gewohnheit ~** [können] [arriver à] se défaire d'une habitude; **gegen das Rauchen ~** [können] [arriver à] cesser de fumer
❽ *fam (behelligen)* **jdm mit einem Vorschlag ~** venir trouver qn avec une proposition; **[jdm] wieder mit dem alten Thema ~** revenir à la charge [auprès de qn] avec le vieux sujet
❾ *(angenommen werden)* **bei jdm ~** être pris(e) chez qn
II. *itr V unpers + sein* ❶ *(wichtig sein)* **es kommt darauf an, dass** il importe que + *subj;* **es kommt auf jede Sekunde an** chaque seconde importe [o compte]; **hierbei kommt es auf Geschicklichkeit an** ce qui importe *[o ce qui compte]* alors, c'est d'être habile; **auf eine Stunde mehr oder weniger kommt es jetzt auch nicht mehr an!** on n'en est plus à une heure près, maintenant!
❷ *(abhängig sein)* **es kommt auf jdn/etw an** cela dépend de qn/qc; **es kommt darauf an, ob ...** cela dépend si ...; **wollen Sie kaufen? — Hm, das kommt darauf an!** vous voulez acheter? — hm, il faut voir *[o* ça dépend]!
▸ **es darauf ~ lassen** *fam* risquer le coup *(fam);* **es auf etw** *(Akk)* **~ lassen** *fam* se laisser embarquer dans qc; **lassen wir es doch mal auf einen Versuch ~!** tentons le coup!
III. *itr V + sein geh* **jdn hart** *[o* **schwer]** **~** s'avérer dur(e) [o difficile] pour qn; **es kommt sie hart an, keine Arbeit mehr zu haben** il est dur pour elle de ne plus avoir de travail
Ankömmling ['ankœmlɪŋ] <-s, -e> *m* arrivant(e) *m(f)*
an|koppeln I. *tr V* atteler, accrocher *Waggon*
II. *itr V* **an etw** *(Akk)* **~** *Raumfähre:* arrimer à qc
an|kotzen *tr V fam (anwidern)* faire gerber *(fam)*
an|kreiden ['ankraɪdən] *tr V* reprocher; **jdm etw ~** reprocher qc à qn; **ich will dir das nicht weiter ~** je ne vais pas continuer à t'en vouloir; **das darfst du mir nicht als Schwäche ~** n'interprète pas cela comme [étant] de la faiblesse de ma part
an|kreuzen *tr V* cocher
an|kündigen I. *tr V* annoncer *Person, Veranstaltung, Film;* **jdm seinen Besuch ~** annoncer sa visite à qn; **jdn als besonderen Gast ~** annoncer qn comme étant un invité particulier; **für den 6. Mai angekündigt sein** *Konzert:* être prévu(e) pour le 6 mai
II. *r V* ❶ **sich bei jdm ~** *Person:* s'annoncer auprès de qn
❷ *(sich andeuten)* **sich durch etw ~** *Jahreszeit, Krankheit:* s'annoncer par qc
Ankündigung *f* ❶ *kein Pl (das Ankündigen)* annonce *f;* **Besucher empfängt sie nur nach vorheriger ~** elle ne reçoit les visiteurs que s'ils se sont préalablement annoncés
❷ *(Vorzeichen) einer Katastrophe, Sturmflut* signe *m* avant-coureur
Ankunft ['ankʊnft, *Pl:* 'aŋkʏnftə] <-, Ankünfte> *f* arrivée *f;* **seine ~ am Bahnhof/in Toulouse** son arrivée à la gare/à Toulouse; **bei ~ des Zuges** lors de l'entrée [du train] en gare; **die ~ des Zuges verzögert sich um zehn Minuten** le train a un retard de dix minutes
Ankunftshalle *f* hall *m* d'arrivée **Ankunftstafel** *f* tableau *m* des arrivées **Ankunftszeit** *f* heure *f* d'arrivée
an|kuppeln *tr V* atteler; **den Anhänger an den Wagen ~** atteler la remorque à la voiture
an|kurbeln *tr V* ❶ relancer *Wirtschaft, Konjunktur*
❷ *(in Gang setzen)* **den Motor ~** mettre le moteur en marche
Ankurbelung <-, -en> *f der Wirtschaft, Konjunktur* relance *f*
Anl. *Abk von* **Anlage**
an|lächeln *tr V* sourire à
an|lachen I. *tr V* regarder en riant; *Himmel, Sonne:* sourire à; **jdn ~** regarder qn en riant; *Himmel, Sonne:* sourire à qn
II. *r V* ❶ **sich ~** se regarder en riant
❷ *fam (anbändeln mit)* **sich** *(Dat)* **eine Freundin ~** draguer une copine *(fam)*
Anlage <-, -n> *f* ❶ *(Produktionsgebäude)* site *m,* complexe *m*
❷ *kein Pl (das Schaffen) eines Stausees* construction *f; einer Grünfläche, eines Parks* aménagement *m*
❸ *(Grünanlage)* espace *m* vert
❹ *(Sportanlage)* complexe *m* sportif, installations *fpl* sportives
❺ *(Militäreinrichtung)* site *m*
❻ *(Stereoanlage)* chaîne *f* hi-fi
❼ *(Telefonanlage)* standard *m* [téléphonique]
❽ *(technische Vorrichtung, Einrichtung)* installation *f;* **sanitäre ~n** installations sanitaires
❾ *(Kapitalanlage)* placement *m,* investissement *m*
❿ *(Briefbeilage)* annexe *f;* **als** *[o* **in der] ~** en annexe; **als ~ erhalten Sie unsere Preisliste** recevez ci-joint nos tarifs en vigueur
⓫ *meist Pl (Veranlagung)* [pré]dispositions *fpl;* **das ist eine erbliche ~** c'est héréditaire, c'est congénitale; **die ~ zur Dickleibigkeit haben** avoir les dispositions pour être obèse
⓬ *kein Pl (Gliederung) eines Romans, Theaterstücks* plan *m*
Anlageberater(in) *m(f)* conseiller *m* financier/conseillère *f* financière **Anlagepapier** *nt* FIN, ÖKON titre *m* de placement
an|lagern *r V* **sich ~ an etw** *(Akk)* **~** se fixer à qc
Anlagevermögen *nt* FIN, ÖKON capital *m* investi; **bewegliches/unbewegliches ~** investissements *mpl* mobiliers/immobiliers; **~ zum Anschaffungswert** actif *m* immobilisé à sa valeur d'acquisition; **~ zum Nettobuchwert** actif immobilisé à sa valeur comptable net
an|landen I. *tr V + haben* **etw am Kai ~** débarquer qc au quai
II. *itr V + sein Flugzeug:* atterrir à l'aéroport; **am Kai ~** *Jacht:* accoster
an|langen I. *tr V + haben* ❶ *(betreffen)* concerner; **was Ihren Kollegen anlangt, ...** en ce qui concerne votre collègue, ...
❷ SDEUTSCH *(anfassen)* toucher
II. *itr V + sein geh* arriver
Anlass[RR] ['anlas, *Pl:* 'anlɛsə] <-es, Anlässe>, **Anlaß**[ALT] <-sses, Anlässe> *m* ❶ *(Grund)* motif *m,* raison *f;* **ein/kein ~ zur Freude sein** constituer/ne pas constituer une raison *[o* un motif] pour se réjouir; **es besteht kein ~ zur Beunruhigung** il n'y a pas lieu de s'inquiéter; **jdm ~ geben sich zu ärgern** donner à qn l'occasion de se fâcher; **einen ~/keinen ~ haben etw zu tun** avoir des raisons/ne pas avoir de raison *[o* avoir un motif/ne pas avoir de motif] de faire qc; **was für einen ~ sollte ich haben mich so zu verhalten?** quelle raison *[o* quel motif] aurais-je de me conduire ainsi?; **aus einem bestimmten ~** pour une certaine raison; **aus besonderem ~** pour une raison particulière
❷ *(Gelegenheit, Veranlassung)* occasion *f;* **aus ~ des Todestags der Dichterin** à l'occasion de la mort de la poétesse; **für jdn ein ~ sein etw zu tun** être l'occasion pour qn de faire qc; **ein Ereignis zum ~ nehmen etw zu tun** profiter d'un événement pour faire qc; **dieser Vorfall wurde zum ~ genommen ihr zu kündigen** cet incident fut pris comme motif pour la congédier; **beim gerings-**

ten ~ à tout bout de champ, pour un oui ou pour un non; **aus gegebenem** ~ puisque l'occasion en est/était/... donnée
④ *(Veranstaltung)* **ein festlicher** ~ **sein** être à l'occasion de festivités; **ein Kleid für feierliche Anlässe** une robe pour les grandes occasions; **sich dem ~ entsprechend kleiden** s'habiller pour la circonstance

an|lassen *unreg* **I.** *tr V* ❶ [faire] démarrer *Auto;* **beim Anlassen** au démarrage
❷ *fam (anbehalten)* garder *Mantel, Schuhe*
❸ *fam (nicht abstellen, nicht ausmachen)* laisser tourner *Motor;* laisser brûler *Kerze;* **das Licht/den Fernseher ~** laisser la lumière/télé allumée
II. *r V fam* **sich gut/schlecht ~** *Geschäft, Umsatz, Tag:* s'annoncer [*o* se présenter] bien/mal

Anlasser <-s, -> *m* démarreur *m*

anlässlich[RR], **anläßlich**[ALT] *Präp + Gen* à l'occasion de; **~ der Olympiade** à l'occasion des Jeux olympiques

an|lasten ['anlastən] *tr V* reprocher; **jdm etw ~** reprocher qc à qn; **sein Fehlen wurde ihm als mangelndes Interesse angelastet** son absence lui a été reprochée comme étant une marque de désintérêt

Anlauf *m* ❶ SPORT élan *m;* **~ nehmen** prendre de l'élan; **mit/ohne ~** avec/sans élan
❷ *(Versuch)* essai *m;* **im** [*o* **beim**] **ersten/zweiten ~ du premier/second coup, à la première/seconde tentative;** [**noch**] **einen ~ machen** essayer encore une fois

an|laufen *unreg* **I.** *itr V + sein* ❶ *(beginnen) Saison, Verhandlungen:* commencer, débuter
❷ *(herauskommen) Film:* sortir
❸ *(Anlauf nehmen)* prendre de l'élan [*o* son élan]
❹ *(beschlagen) Brille, Spiegel:* s'embuer
❺ *(die Gesichtsfarbe, Hautfarbe ändern)* **rot ~** devenir rouge; **blau ~** devenir tout(e) bleue
❻ *(oxidieren) Metall:* s'oxyder; **schwärzlich ~** noircir
II. *tr V + haben* faire escale dans *Bucht, Hafen;* **San Francisco ~** *Schiff:* faire escale à San Francisco

Anlaufstelle *f* lieu *m* d'accueil **Anlaufzeit** *f* ❶ *(Vorbereitungszeit)* temps *m* de mise en train; **nach einigen Wochen ~** après quelques semaines de mise en train ❷ *(Warmlaufzeit) eines Motors* temps *m* de chauffage

Anlaut *m* son initial; **im ~** en position initiale

an|läuten *tr, itr V* SDEUTSCH, CH téléphoner, passer un coup de fil; **jdn ~**, [**bei**] **jdm ~** téléphoner [*o* passer un coup de fil] à qn

Anlegebrücke *f* embarcadère *m,* appontement *m*

an|legen I. *tr V* ❶ *(erstellen)* constituer *Akte, Kartei;* établir *Liste, Statistik*
❷ aménager *Beet, Garten*
❸ *(ansammeln)* constituer *Vorräte, Vorratslager*
❹ FIN **sein Vermögen in Aktien/Gold ~** investir [*o* placer] ses biens en actions/or
❺ *(ausgeben)* **tausend Euro für etw ~** mettre mille euros dans qc; **was wollen Sie [dafür] ~ ?** vous voulez [y] mettre combien?
❻ *(beabsichtigen)* **es auf einen Skandal ~** se fixer un scandale comme but; **es auf einen Streit ~** chercher une dispute
❼ *(anlehnen)* mettre *Leiter*
❽ *(hinlegen)* appliquer *Lineal, Wasserwaage*
❾ *(dazulegen)* [dis]poser *Karte, Dominostein*
❿ *geh (anziehen, antun)* mettre *Kleidungsstück, Schmuck*
⓫ *(ausrichten)* **ein Projekt auf sechs Jahre ~** concevoir un projet pour six ans; **der Roman ist auf etwa 400 Seiten angelegt** le roman doit faire environ 400 pages
II. *itr V* ❶ **im Hafen ~** faire escale dans le port; **am Kai ~** accoster le quai
❷ *(zielen)* **mit einem Gewehr auf jdn ~** mettre qn en joue avec un fusil
❸ SPIEL jouer; **kannst du ~ oder nicht?** tu peux jouer ou pas?
III. *r V* **sich mit jdm ~** entrer en conflit avec qn

Anlegeplatz *m* embarcadère *m,* débarcadère *m*

Anleger(in) <-s, -> *m(f)* investisseur(-euse) *m(f)*

Anlegestelle *f* NAUT *s.* **Anlegeplatz**

an|lehnen I. *tr V* ❶ poser; **etw an etw** *(Akk)* **~** poser qc contre qc
❷ *(offen lassen)* **das Fenster ~** laisser la fenêtre entrouverte [*o* entrebâillée]
II. *r V* ❶ **sich an jdn/etw ~** s'appuyer contre qn/qc
❷ *(sich orientieren)* **sich an etw** *(Akk)* **~** *Bearbeitung, Inszenierung:* s'inspirer de qc

Anlehnung <-, -en> *f* ❶ *(Nachahmung)* **die ~ an jdn/etw** les emprunts *mpl* à qn/qc
❷ *(Orientierung)* **in ~ an jdn/etw** en référence à qn/qc
❸ *(Halt)* **~ suchen** avoir besoin de sentir quelqu'un près de soi

Anlehnungsbedürfnis *nt* besoin *m* de se sentir entouré(e)

anlehnungsbedürftig *Adj* qui a besoin de se sentir entouré(e); **~ sein** avoir besoin de se sentir entouré(e)

an|leiern ['anlaɪɐn] *tr V fam* goupiller *(fam)*

Anleihe ['anlaɪə] <-, -n> *f* emprunt *m;* **eine ~ aufnehmen** contracter un emprunt; **~n der öffentlichen Hand** emprunts du secteur public

an|leimen *tr V* **etw an etw ~** coller qc à qc; **ein Stück Holz an etw anleimen** coller un morceau de bois à qc

an|leiten *tr V* ❶ *(unterweisen)* instruire; **jdn ~ etw zu tun** apprendre à qn à faire qc
❷ *(erziehen)* **jdn zur Selbständigkeit/Ordnung ~** apprendre à qn à être autonome/ordonné(e)

Anleitung *f* directives *fpl;* **unter [der] ~ seines Bruders** sous la direction [*o* la houlette] de son frère

Anlernberuf *m* profession *f* à formation accélérée

an|lernen *tr V* ❶ *(einarbeiten)* former; *s. a.* **angelernt**
❷ *fam (aneignen)* **sich** *(Dat)* **etw ~** apprendre sommairement qc

an|lesen *tr V unreg* ❶ lire le début de *Zeitung, Buch;* **angelesen** commencé(e)
❷ *(aneignen)* **sich** *(Dat)* **etw ~** assimiler qc par la lecture; **angelesenes Wissen** savoir livresque

an|leuchten *tr V* éclairer

an|liefern *tr V* livrer à domicile; **etw ~** livrer qc à domicile

Anlieferung *f* livraison *f* [à domicile]

an|liegen *itr V unreg* ❶ *(anstehen) Problem, Tagesordnungspunkt:* être à régler; **was liegt an?** qu'y a-t-il à régler?
❷ *(sich eng anpassen)* **eng [am Körper] ~** *Kleid, Hose:* être moulant(e); **zu eng ~** être trop moulant(e)
❸ *(nicht abstehen) Borsten, Haare:* être plaqué(e)

Anliegen <-s, -> *nt* ❶ *(Bitte)* demande *f;* **ein ~ an jdn haben** avoir une requête [*o* une demande] à adresser à qn; **ich habe ein ~ an dich** j'ai quelque chose à te demander; **noch weitere ~?** d'autres souhaits?
❷ *(Angelegenheit)* affaire *f*

anliegend *Adj* ❶ *(beiliegend) Prospekt, Schreiben* ci-joint(e)
❷ *(angrenzend) Flurstück, Grundstück* attenant(e)
❸ *(den Körper betonend)* **ein eng ~es Kleid** un robe moulante
❹ *(nicht abstehend) Haare* plaqué(e)

Anlieger(in) <-s, -> *m(f)* riverain(e) *m(f);* **~ frei!** accès réservé aux riverains!

Anliegerverkehr *m* circulation *f* des riverains; **~ frei!** accès réservé aux riverains!

an|locken *tr V* attirer *Käufer, Touristen;* appâter *Tier*

an|löten *tr V* souder

an|lügen *tr V unreg* mentir à

Anm. *Abk von* **Anmerkung**

Anmache <-> *f sl* drague *f (fam)*

an|machen *tr V* ❶ *fam (befestigen)* fixer
❷ *(anstellen)* allumer
❸ *(anzünden)* allumer *Ofen, Kamin;* **Feuer ~** faire du feu
❹ *(zubereiten)* assaisonner *Salat*
❺ *sl (interessieren, gefallen)* **jdn total ~** *Projekt, Film:* intéresser vachement qn *(fam);* **das macht mich nicht besonders an** ça ne m'intéresse pas des masses *(fam)*
❻ *sl (flirten, ansprechen)* draguer *(fam)*
❼ *sl (rüde ansprechen)* **jdn ~** prendre qn à partie

an|mahnen *tr V* réclamer *Geld, Bezahlung;* exiger *Maßnahme, Reaktion*

an|malen I. *tr V* ❶ *(bemalen, anstreichen)* peindre
❷ *fam (schminken)* **sich** *(Dat)* **die Nägel/Lippen ~** se foutre du vernis sur les ongles/du rouge à lèvres *(fam);* **sich** *(Dat)* **die Augenbrauen [schwarz] ~** se maquiller les sourcils [en noir]
II. *r V pej fam* **sich ~** se peinturlurer *(fam)*

Anmarsch *m kein Pl* ❶ MIL approche *f;* **im ~ auf eine Stadt sein** marcher sur une ville
❷ *(Marschweg)* marche *f;* **wir haben einen ~ von vier Stunden** nous avons quatre heures de marche
▶ **im ~ sein** MIL être en marche; *fig fam Person:* rappliquer *(fam); Orkan, Unwetter:* approcher

an|marschieren* *itr V + sein* être en marche

an|maßen ['anma:sən] *r V* **sich ~** se permettre; **sich** *(Dat)* **eine Kritik/ein Urteil ~** se permettre une critique/un jugement; **sich** *(Dat)* **ein Recht ~** s'arroger un droit; **sich** *(Dat)* **~ etw zu tun** se permettre de faire qc; **was maßen Sie sich an!** quelle arrogance!

anmaßend ['anma:sənt] *Adj* prétentieux(-euse)

Anmaßung <-, -en> *f* ❶ prétention *f;* **es wäre ~ so etwas zu behaupten** ce serait présomptueux [*o* prétentieux] d'affirmer une chose pareille
❷ JUR usurpation *f*

an|meckern *tr V fam* prendre la tête à *(fam)*

Anmeldebestätigung *f (beim Wechsel des Wohnorts)* certificat *m* de domicile **Anmeldeformular** *nt* formulaire *m* d'inscription **Anmeldefrist** *f* délai *m* d'inscription **Anmeldegebühr** *f* frais *mpl* d'inscription

an|melden I. *tr V* ❶ *(ankündigen)* annoncer *Gast, Besucher;* **seinen**

Besuch bei jdm ~ annoncer sa visite chez qn; **ich bin angemeldet** j'ai rendez-vous; **angemeldet** *Besuch, Besucher* annoncé(e); *Hotelgast* qui a réservé; *Kunde, Patient* qui a pris rendez-vous
② *(vormerken lassen)* inscrire; **jdn bei einer Schule/zu einem Kurs ~** inscrire qn à une école/à un cours; **den Wagen zur Reparatur ~** prendre rendez-vous pour faire réparer la voiture
③ *(polizeilich melden)* déclarer *Wohnsitz, Auto, Untermieter*
④ *(registrieren lassen)* déclarer *Fernseher, Radio*; déposer *Patent*; **ein Gewerbe beim Finanzamt ~** déclarer une activité professionnelle au fisc
⑤ *(geltend machen)* faire valoir *Anspruch, Recht*; exprimer *Bedenken, Bedürfnis, Wunsch*
II. *r V* ① *(ankündigen)* **sich ~** annoncer sa venue; **sich zu einem Besuch bei jdm ~** annoncer sa visite à qn
② *(sich eintragen lassen)* **sich zu einem Kurs ~** s'inscrire à un cours
③ *(einen Termin vereinbaren)* **sich ~** prendre rendez-vous; **sich beim Zahnarzt ~** prendre un rendez-vous chez le dentiste
④ *(sich polizeilich melden)* **sich in Stuttgart ~** déclarer son domicile à Stuttgart
Anmeldeschlussʳʳ *m* [date *f* de] clôture *f* des inscriptions
Anmeldung *f* ① *kein Pl (Ankündigung) eines Besuchs, der Ankunft* annonce *f*
② *(Terminvereinbarung)* **ohne ~ können Sie Herrn Braun nicht sprechen** vous ne pouvez pas rencontrer M. Braun sans avoir pris rendez-vous; **bitte lassen Sie keinen Besucher ohne ~ zu mir vor** n'introduisez aucun visiteur sans m'avoir prévenu
③ *(Einschreibung, Teilnahmeerklärung)* inscription *f*; **wie viele ~en zur Konferenz liegen vor?** combien de personnes ont déclaré vouloir assister à la conférence?
④ *a.* JUR *(Registrierung) eines Einwohners, Fahrzeugs* enregistrement *m*; *eines Fernseh-, Radiogeräts* déclaration *f*; *eines Patents* dépôt *m*
⑤ *(Anmelderaum) einer Arztpraxis* secrétariat *m*; *einer Klinik* [service *m* des] admissions *fpl*
an|merken *tr V* ① *(ansehen)* **jdm seine Verlegenheit/Verwirrung ~** remarquer de la gêne/du désarroi chez qn; **sich *(Dat)* den Ärger ~ lassen** laisser transparaître de la colère; **ich merke dir an, dass du lügst** je remarque chez toi que tu mens
② *(bemerken, äußern)* **etwas/nichts zu etw ~** faire une remarque/ne faire aucune remarque à propos de qc
③ *(notieren)* **sich *(Dat)* etw [rot] ~** noter qc [en rouge]; **etw im Anhang ~** citer qc dans l'appendice
Anmerkung <-, -en> *f* ① *(Erläuterung)* commentaire *m*
② *(Fußnote)* note *f*, annotation *f*
③ *(Kommentar)* commentaire *m*
an|mieten *tr V form* louer
Anmoderation *f* TV, RADIO présentation *f* d'ouverture
an|motzen *tr V fam* **jdn ~** traiter qn de tous les noms *(fam)*
an|mustern *s.* **anheuern**
Anmut ['anmu:t] <-> *f geh* grâce *f*
an|muten *geh* I. *tr V* **jdn angefährlich/wie ein Traum ~** faire à qn l'effet d'être dangereux(-euse)/un rêve
II. *itr V* **sonderbar ~** procurer une impression étrange; **eine bedenklich ~de Entwicklung** une évolution qui ne laisse d'inquiéter *(littér)*
anmutig *Adj geh Person, Bewegung* gracieux(-euse); *Gemälde, Detail* charmant(e)
an|nageln *tr V* clouer; **etw an die Wand ~** clouer qc au mur
▶ **wie angenagelt** comme cloué(e) sur place
an|nagen *tr V* grignoter
an|nähen *tr V* coudre; **eine Tasche an etw *(Akk o Dat)* ~** coudre une poche à qc; **einen Knopf wieder ~** recoudre un bouton
an|nähern I. *r V* **sich [einander] ~** se rapprocher; **sich einem Vorbild/den westlichen Staaten ~** se rapprocher d'un modèle/des pays de l'ouest
II. *tr V* **mehrere Staaten/unterschiedliche Ansichten einander ~** rapprocher plusieurs États/des opinions divergentes
annähernd ['annɛ:ɐnt] I. *Adj* approximatif(-ive)
II. *Adv* approximativement; **~ gleich groß sein** faire approximativement la même taille; **die Qualität ist nicht ~ so hoch, wie sie sein müsste** la qualité est loin d'atteindre le niveau exigé
Annäherung <-, -en> *f* rapprochement *m*
Annäherungsversuch *m* tentative *f* de rapprochement; **~e machen** faire des avances
annäherungsweise *Adv* approximativement
Annäherungswert *m* valeur *f* approximative
Annahme ['anna:mə] *f* ① *(Vermutung)* supposition *f*, hypothèse *f*; **in der ~, dass** en supposant que; **der ~ *(Gen)* sein, dass**; **Sie gehen recht in der ~, dass** vous avez raison de supposer que + *indic*
② *kein Pl (das Annehmen) eines Angebots, Auftrags, einer Lieferung* acceptation *f*; **niemand ist zur ~ unbestellter Sendungen ver**pflichtet personne n'est obligé d'accepter des envois non commandés; **~ verweigert!** refusé(e)!
③ *kein Pl* JUR, POL *eines Gesetzes, einer Resolution* adoption *f*; **~ an Kindes statt** adoption *f* [d'un enfant]
④ *(Annahmestelle)* réception *f*, bureau *m* de dépôt
Annahmefrist *f* délai *m* de réception **Annahmeschluss**ʳʳ *m kein Pl (bei einem Wettbewerb)* clôture *f* des inscriptions; *(bei einem Gewinnspiel)* date *f* limite de participation **Annahmestelle** *f* ① *(für Aufträge, Filme)* bureau *m* de dépôt [*o* de prise en charge] ② *(Lottoannahmestelle)* bureau *m* de validation ③ *(Anlieferstelle für Sperrmüll, Sondermüll)* point *m* de récupération [*o* de collecte] **Annahmeverweigerung** *f* refus *m* d'acceptation
Annalen [a'na:lən] *Pl* annales *fpl*; **in die ~ eingehen** rester dans les annales
annehmbar I. *Adj* ① *(akzeptabel)* acceptable
② *(nicht übel) Qualität, Preis* convenable; *Duft, Geschmack* correct(e)
II. *Adv* ① **duften** ne pas sentir mauvais(e); **~ schmecken** ne pas être mauvais(e)
an|nehmen *unreg* I. *tr V* ① *(entgegennehmen)* accepter; **da ist ein Gespräch für Sie, nehmen Sie es an?** un appel téléphonique pour vous, vous prenez?
② *(akzeptieren)* accepter *Angebot, Rat, Vorschlag, Wette*; relever *Herausforderung*
③ *(voraussetzen, meinen)* supposer; **~, dass** supposer que + *indic*; **angenommen, sie hat Recht** supposons (*o* admettons) qu'elle ait raison; **er ist nicht so dumm, wie man ~ könnte** il n'est pas aussi bête qu'on pourrait le supposer; **du nimmst doch nicht etwa an, dass** tu n'imagines quand même pas que + *indic*
④ *(billigen)* adopter *Antrag, Gesetz, Resolution*
⑤ *(sich zulegen)* prendre *Angewohnheit, Namen*; adopter *Staatsangehörigkeit*; *s. a.* **angenommen**
⑥ *(zulassen)* accepter *Schüler, Anmeldung*; admettre *Patienten*
⑦ *(bekommen)* prendre *Aussehen, Farbe*
⑧ *fam (adoptieren)* adopter; *s. a.* **angenommen**
⑨ *(in sich aufnehmen)* prendre *Farbe*
II. *r V* **sich eines Menschen ~** prendre soin [*o* s'occuper] d'une personne; **sich einer Angelegenheit *(Gen)* ~** se charger d'une affaire
Annehmlichkeit <-, -en> *f* ① *(Bequemlichkeit)* agrément *m*, commodité *f*
② *(Vorteil)* avantage *m*
annektieren* *tr V* annexer
Annektierung <-, -en> *f* annexion *f*
Annexion [anɛk'sio:n] <-, -en> *f* annexion *f*
anno, Anno *Adv* en; **anno 1810** en 1810; **Anno Domini 1530** en l'an de grâce 1530
▶ **von anno dazumal** [*o* **dunnemals**] [*o* **Tobak**] *fam* qui date de Mathusalem *(fam)*
Annonce [a'nõ:sə, a'nɔŋsə] <-, -n> *f* [petite] annonce *f*; **eine ~ aufgeben** mettre [*o* passer] une annonce
annoncieren* [anɔ̃'si:rən, anɔŋ'si:rən] I. *itr V* passer [*o* mettre] une annonce/des annonces
II. *tr V* ① mettre une annonce/des annonces pour *Haus, Auto*; proposer *Angebot*
② *geh (ankündigen)* annoncer
annullieren* *tr V* annuler
Annullierung <-, -en> *f* annulation *f*
Anode [a'no:də] <-, -n> *f* anode *f*
an|öden ['anø:dən] *tr V fam* barber *(fam)*, raser *(fam)*; **du ödest mich an mit deinen blöden Witzen!** tu m'assommes avec tes blagues idiotes! *(fam)*
anomal ['anoma:l] *Adj* anormal(e)
Anomalie [anoma'li:] <-, -n> *f* anomalie *f*
anonym [ano'ny:m] I. *Adj* anonyme; **~e Anrufe bekommen** recevoir des appels anonymes; **~ bleiben** garder l'anonymat
II. *Adv* anonymement; **jdm ~ schreiben** envoyer une lettre anonyme à qn
Anonymität <-> *f* anonymat *m*
Anorak ['anorak] <-s, -s> *m* anorak *m*
an|ordnen *tr V* ① *(festsetzen)* décréter *Maßnahme*; imposer *Überstunden*; **von oben angeordnet werden** être décrété(e) [*o* décidé(e)] en haut lieu
② *(ordnen)* **die Namen alphabetisch ~** classer les noms par ordre alphabétique; **die Bäume symmetrisch ~** planter les arbres symétriquement
Anordnung <-, -en> *f* ① *(Verfügung)* einer Behörde disposition *f*; *eines Vorgesetzten* ordre *m*; **~en treffen** prendre des dispositions; **auf ~ der Geschäftsleitung** sur ordre de la direction; **einer ~ *(Dat)* Folge leisten** *form* obtempérer à un ordre *(form)*; **gegen die ~en des Vorgesetzten verstoßen** désobéir aux ordres de son supérieur; **wessen ~ ist das?** qui a décrété ça?
② JUR injonction *f*, arrêté *m*

⑤ *(Ordnung) von Adressen, Karteikarten* classement *m*
Anorexie [anˀɔrɛˈksiː] <-, -en> *f* MED anorexie *f*
anorganisch [ˈanˀɔrɡaːnɪʃ] *Adj* inorganique
anormal [ˈanɔrmaːl] *s.* anomal
an|packen I. *tr V fam* ❶ *(anfassen)* empoigner
❷ *(beginnen)* se mettre à *Arbeit, Aufgabe, Projekt;* **packen wir's an!** il faut s'y mettre! *(fam)*
❸ *(behandeln)* traiter; **wir müssen ihn ganz vorsichtig ~** nous devons prendre des gants avec lui *(fam)*
II. *itr V fam* [**mit**] **~** filer un coup de main *(fam)*
an|passen I. *tr V* ❶ *(passend machen)* adapter; *Handwerker, Zahnarzt:* ajuster; **etw einer S.** *(Dat)* **~** adapter qc à qc; *Handwerker, Zahnarzt:* ajuster qc à qc
❷ *(abstimmen auf)* adapter *Produkt, Verhalten;* **etw den Gegebenheiten ~** adapter qc aux circonstances; **die Politik der aktuellen Situation ~** réviser la politique en fonction de la situation actuelle
❸ *(neu festsetzen)* **die Renten den Lebenshaltungskosten ~** réajuster la retraite en fonction du coût de la vie
❹ *(anmessen, anprobieren)* **jdm etw ~** essayer qc à qn
II. *r V* **sich** [**jdm**] **~** s'adapter [à qn]; **sich im Verhalten jdm ~** adapter son comportement en fonction de qn; **sich einer S.** *(Dat)* [*o* **an etw** *(Akk)*] **~** *Person:* s'adapter à qc; *Mieten, Preise:* évoluer en fonction de qc; *s. a.* **angepasst**
Anpassung <-, *selten* -en> *f* ❶ adaptation *f;* **die ~ einer S.** *(Gen)* **an etw** *(Akk)* *(Abstimmung)* l'adaptation *f* de qc à qc; *(Neufestsetzung)* le réajustement de qc en fonction de qc
❷ **kein Pl** *(das Sicheinstellen)* **die ~ an jdn/etw** l'adaptation *f* à qn/qc
anpassungsfähig *Adj* capable de s'adapter **Anpassungsfähigkeit** *f* adaptabilité *f* **Anpassungsschwierigkeiten** *Pl* difficultés *fpl* d'adaptation
an|peilen *tr V* ❶ *(orten, den Standort bestimmen)* repérer
❷ *(ansteuern)* mettre le cap sur *Hafen*
❸ *fam (anstreben)* loucher sur *(fam) Gehalt, Position*
an|pfeifen *unreg* I. *tr V Schiedsrichter:* siffler [le coup d'envoi]
II. *tr V* ❶ siffler le coup d'envoi *Spiel*
❷ *fam (zurechtweisen)* engueuler *(fam)*
Anpfiff *m* ❶ SPORT coup *m* d'envoi; **der ~ zur zweiten Halbzeit** le coup d'envoi de la deuxième mi-temps
❷ *fam (Zurechtweisung)* engueulade *f (fam);* **einen ~ bekommen** se prendre un savon *(fam)*
an|pflanzen *tr V* ❶ cultiver; **Getreide/Tabak ~** cultiver du blé/du tabac; **das Anpflanzen von Mais/Salat** la culture du maïs/de la salade; **der frisch angepflanzte Salat** le plant de salade
❷ *(pflanzen)* planter *Baum, Busch, Blumen*
Anpflanzung *f* ❶ plantation *f*
❷ **kein Pl** *(das Pflanzen)* plantation *f; (das Anbauen)* culture *f*
an|pflaumen *tr V fam* mettre en boîte *(fam);* **jdn ~** mettre qn en boîte
an|pflocken *tr V* attacher; **ein Tier ~** attacher un animal à un piquet
an|piepsen *tr V* biper *(fam)*
an|pinkeln *tr V fam* pisser sur *(fam) Person;* pisser contre *(fam) Baum, Wand*
an|pinnen *tr V fam* punaiser
an|pinseln *tr V fam* passer un coup de peinture sur *(fam) Wand, Zaun, Tür;* **etw blau/mit Rostschutzfarbe ~** passer un coup de peinture bleue/antirouille sur qc *(fam)*
an|pirschen *r V* **sich ~** ❶ *Jäger:* s'approcher [sans bruit]; **sich an das Wild ~** s'approcher [sans bruit] du gibier
❷ *fam (sich nähern)* s'approcher en douce *(fam)*
an|pissen *s.* anpinkeln
Anpöbelei <-, -en> *f fam* prise *f* de bec *(fam)*
an|pöbeln *tr V fam* chercher des noises à *(fam)*
an|pochen *itr V* frapper; [**leise**] **~** frapper [doucement]
Anprall <-[e]s, -e> *m* collision *f;* **der ~ gegen die Wand** la collision avec le mur
an|prallen *itr V + sein* **an etw** *(Akk)***/gegen etw ~** entrer en collision avec [*o* rentrer dans] qc; **viele Bäume wurden durch ~ de Fahrzeuge beschädigt** beaucoup d'arbres ont été abîmés à la suite de collisions
an|prangern [ˈanpraŋɐn] *tr V* vilipender; **etw als Missstand ~** dénoncer qc comme étant inacceptable
an|preisen *tr V unreg* vanter; **sich jdm als kompetent ~** se vanter auprès de qn d'être compétent(e); **jdm etw als zuverlässig ~** vanter la fiabilité de qc à qn
Anprobe *f* essayage *m*
an|probieren* *tr, itr V* essayer; **zum Anprobieren in die Kabine gehen** aller dans la cabine d'essayage
an|pumpen *tr V fam* taper; **jdn um zehn Euro ~** taper dix euros à qn
an|pusten *tr V fam* souffler vers *Person;* souffler sur *Feuer*
an|quatschen *tr V fam* tenir la jambe à *(fam);* **von jdm angequatscht werden** se faire tenir la jambe par qn *(fam);* **sich nicht von jedem ~ lassen** ne pas se laisser baratiner par n'importe qui *(fam)*
Anrainer(in) [ˈanraɪnɐ] <-s, -> *m(f)* ❶ voisin(e) *m(f)*
❷ *(Anrainerland) eines Ozeans, Sees* pays *m* riverain; *(Nachbarland)* pays limitrophe
Anrainerstaat *m eines Ozeans, Sees* État *m* riverain; *(Nachbarstaat)* État limitrophe
an|raten *tr V unreg geh* conseiller; **jdm etw ~** conseiller qc à qn; **auf Anraten des Anwalts** sur les conseils de l'avocat
anrechenbar *Adj* à prendre en compte; **auf etw** *(Akk)* **~ sein** pouvoir être pris(e) en compte dans qc
an|rechnen *tr V* ❶ *(gutschreiben)* déduire *Anzahlung;* faire la reprise de *Altgerät, Gebrauchtwagen;* [**jdm**] **etw auf etw** *(Akk)* **~** déduire qc [à qn] de [*o* sur] qc; **jdm etw mit hundert Euro ~** reprendre pour cent euros qc à qn
❷ *(berechnen)* **jdm etw ~** facturer qc à qn
❸ *(bewerten)* compter *Fehler;* **etw als strafmildernd ~** prendre qc en compte pour commuer une peine
❹ *(einschätzen, würdigen)* **jdm/sich etw als Verdienst ~** mettre qc à l'actif de qn/s'attribuer le mérite de qc
Anrechnung *f* ❶ *(Gutschrift)* décompte *m; eines Altgeräts, Altwagens* reprise *f*
❷ *(Berechnung)* facturation *f*
❸ *(Bewertung)* prise *f* en compte
❹ *(Würdigung)* reconnaissance *f;* **unter ~ Ihres Einsatzes** eu égard à votre engagement
Anrecht *nt* **~ auf etw** *(Akk)* droit *m* à qc; **ein** [**gesetzliches**] **~ auf etw** *(Akk)* **haben** [*o* **besitzen**] avoir [légalement] droit à qc; **sein ~ geltend machen** faire valoir son droit [*o* ses droits]
Anrede *f* titre *m;* **wie lautet die richtige ~ für einen Bischof?** comment s'adresse-t-on officiellement à un évêque?; **die ~ mit "Frau Präsidentin" ist korrekt** il est correct de l'appeler "Madame la Présidente"
an|reden I. *tr V* s'adresser à; **jdn mit einem Titel ~** appeler qn par un titre; **jdn mit "du" ~** dire "tu" à qn; **reden Sie mich mit "Herr Professor" an** appelez-moi "Monsieur le Professeur"
II. *tr V* **gegen jdn/etw ~** couvrir le bruit de qn/qc
an|regen I. *tr V* ❶ *(ermuntern)* stimuler; **jdn zu etw ~** inciter qn par qc
❷ *geh (vorschlagen)* **~** [**etw zu tun**] suggérer [de faire qc]
❸ PHYSIOL ouvrir *Appetit; s. a.* **angeregt**
II. *tr V Kaffee, Tee, Sekt:* stimuler
anregend I. *Adj* stimulant(e); *(sexuell stimulierend)* excitant(e)
II. *Adv* **~ wirken** avoir un effet stimulant; *(sexuell stimulierend)* avoir un effet excitant
Anregung *f* ❶ *(Vorschlag)* suggestion *f;* **auf seine/ihre ~ hin** à son instigation
❷ *(Impuls)* impulsion *f;* **die ~ zu etw** l'incitation *f* à qc; **die ~ etw zu tun** l'incitation à faire qc
❸ **kein Pl** PHYSIOL stimulation *f*
an|reichern [ˈanraɪçɐn] I. *tr V* ❶ rehausser; **etw mit Vitaminen ~** rehausser qc avec des vitamines
❷ CHEM **etw mit etw ~** enrichir qc avec qc
II. *r V* ❶ PHYSIOL **sich im Fettgewebe/Körper ~** s'accumuler dans les tissus graisseux/le corps
❷ CHEM **sich mit etw ~** s'enrichir de qc; *(zusätzlich anlagern)* s'enrichir en qc
Anreicherung <-, -en> *f a.* CHEM enrichissement *m; ~* **mit Sauerstoff** enrichissement *m* avec de l'oxygène
Anreise *f* ❶ *(Anfahrt)* voyage *m*
❷ *(Ankunft)* arrivée *f*
an|reisen *itr V + sein* ❶ *(ein Ziel anfahren)* voyager
❷ *(eintreffen)* arriver
an|reißen *tr V unreg* ❶ aborder *Thema, Problem*
❷ *(anbrechen)* **eine Packung an der gestrichelten Linie ~** déchirer un emballage suivant les pointillés; **eine Tüte an der Ecke ~** ouvrir un sachet en déchirant le coin
❸ *(entzünden)* **ein Streichholz an etw** *(Dat)* **~** frotter une allumette contre qc
Anreiz *m* invite *f;* **ein ~ zum Nachdenken** une invite à réfléchir; **~e bieten etw zu tun** donner des motifs *mpl* pour faire qc
an|reizen I. *tr V* ❶ *(anspornen)* exciter l'intérêt de; **jdn dazu ~ etw zu tun** inciter qn à faire qc
❷ *(stimulieren)* stimuler *Potenz;* aiguiser *Appetit*
II. *itr V* **zum Kauf/zu besonderer Leistung ~** inciter à acheter/à accomplir des performances particulières
an|rempeln [ˈanrɛmpəln] *tr V* bousculer
an|rennen *itr V unreg + sein* ❶ **angerannt kommen** *Person:* arriver en courant [*o* au pas de course]; *Pferd:* arriver au galop; *Hund, Katze:* arriver à toute allure
❷ *(anstürmen)* **gegen die feindlichen Stellungen ~** se lancer contre les positions ennemies

Anrichte ['anrɪçtə] <-, -n> f ❶ *(Büfett)* buffet m ❷ *(Raum)* office m
an|richten tr V ❶ *(garnieren)* présenter *Essen* ❷ *form (servieren)* **es ist angerichtet** le repas est servi ❸ *(verursachen)* causer *Schaden, Unheil;* **Unfug/Verwirrung ~** faire des bêtises/du désordre; **was hast du da wieder angerichtet!** qu'est-ce que t'as encore fabriqué! *(fam)*
Anriss^RR m TECH tracé m
an|ritzen tr V égratigner
an|rollen I. itr V + sein ❶ *(zu rollen beginnen)* se mettre en marche ❷ *(heranrollen)* arriver **II.** tr V + haben faire rouler *Fässer*
an|rosten itr V + sein rouiller
an|rösten tr V griller
anrüchig ['anrүçıç] *Adj* ❶ *(mit schlechtem Ruf)* Lokal, Viertel mal famé(e); *Etablissement* douteux(-euse); *Geschäft* louche ❷ *(unanständig)* Abbildung indécent(e)
an|rücken I. tr V + sein ❶ MIL avancer ❷ fam *(herbeikommen)* rappliquer *(fam)* ❸ hum fam *(gebracht werden)* Bestellung, Essen: rappliquer *(hum fam)* ❹ *(heranrücken)* **an jdn ~** se serrer contre qn **II.** tr V **das Bett an die Wand ~** rapprocher le lit du mur
Anruf m ❶ TELEC coup m de téléphone ❷ MIL sommation f
Anrufbeantworter <-s, -> m répondeur m [téléphonique]
an|rufen unreg **I.** tr V ❶ TELEC téléphoner à; **jdn ~** téléphoner à qn; **oft/selten angerufen werden** recevoir beaucoup/peu de coups de téléphone ❷ JUR **eine höhere Instanz ~** en appeler à une plus haute instance ❸ *(appellieren)* **Gott um Gnade ~** invoquer la grâce de Dieu ❹ MIL interpeller **II.** itr V **bei jdm/für jdn ~** téléphoner [o appeler] chez/pour qn
Anrufer(in) <-s, -> m(f) correspondant(e) m(f)
an|rühren tr V ❶ *(berühren)* toucher; **jdn/etw ~** toucher qn/à qc ❷ geh *(innerlich bewegen)* toucher, émouvoir ❸ *(konsumieren)* **das Essen überhaupt nicht ~** ne même pas toucher au repas; **keinen Alkohol ~** ne pas toucher à l'alcool ❹ *(zubereiten)* préparer *Teig* ❺ *(mischen, verrühren)* mélanger *Farbe;* **Gips mit Wasser ~** gâcher du plâtre avec de l'eau
anrührend *Adj* Geschichte, Szene touchant(e)
ans [ans] = **an das** s. **an**
an|säen tr V semer *Blumen, Getreide*
Ansage ['anzaːɡə] f ❶ der Nachrichten présentation f; einer Sendung, des Programms, der Uhrzeit annonce f ❷ KARTEN **jd hat die ~** c'est à qn de parler; *(beim Skat)* qn fait les annonces
an|sagen I. tr V ❶ *(durchsagen)* présenter *Nachrichten;* annoncer *Sendung, Programm, Uhrzeit* ❷ KARTEN **[jdm] etw ~** annoncer qc [à qn] **II.** r V ❶ *(seinen Besuch ankündigen)* **sich bei jdm ~** s'annoncer chez qn; **sich zum Abendessen ~** s'inviter à dîner ❷ *(sich ankündigen)* Frühling: s'annoncer **III.** itr V ❶ RADIO, TV présenter; **im Radio ~** être présentateur/présentatrice de radio ❷ KARTEN faire les annonces; **du sagst an!** c'est à toi de parler!
an|sägen tr V entamer à la scie; **etw ~** entamer qc à la scie; **das Ansägen** le sciage
Ansager(in) <-s, -> m(f) ❶ *(Conférencier)* animateur(-trice) m(f) ❷ veraltet *(Rundfunk-, Nachrichtensprecher)* présentateur(-trice) m(f)
an|sammeln I. tr V amasser *Dinge, Kunstgegenstände;* accumuler *Zinsen, Vermögen* **II.** r V ❶ **sich ~** Personen: se rassembler; *Vermögen, Feuchtigkeit, Staub:* s'accumuler, s'amonceler; *Gegenstände, Müll:* s'entasser ❷ *(sich anstauen)* geh **sich ~** Hass, Wut: s'accumuler chez qn
Ansammlung f ❶ *(das Anhäufen, die Anhäufung) von Gegenständen, Krimskrams* amoncellement m ❷ *(Menschenmenge)* **~ von Demonstranten** foule f de manifestants ❸ *(das Anstauen) von Hass, Wut* accumulation f
ansässig ['anzεsɪç] *Adj form* domicilié(e); **in München ~ sein** résider [o être domicilié(e)] à Munich
Ansässige(r) f(m) dekl wie Adj habitant(e) m(f) du lieu
Ansatz m ❶ *des Halses, der Stirn, der Haare* base f ❷ *(Anzeichen)* **die ersten Ansätze zu einer Veränderung** les premiers signes mpl de changement ❸ *(Beginn, Anlauf)* **im ~ richtig/falsch sein** être juste dans les grandes lignes/faux dès le départ; **im ~ scheitern** échouer dès le départ; **in den [ersten] Ansätzen stecken bleiben** rester au point de départ ❹ *(Schicht, Ablagerung) von Kalk* dépôt m; *von Rost* couche f ❺ *form (Veranschlagung) von Einnahmen, Kosten* évaluation f; **einen Betrag für etw in ~ bringen** porter une somme en compte à titre de qc

Ansatzpunkt m point m de départ *pas de pl* **Ansatzstück** nt raccord m **ansatzweise** *Adv* dans les grandes lignes
an|saufen r V unreg ▶ **sich** *(Dat)* **einen ~** sl se pinter *(pop)*
an|saugen I. tr V aspirer **II.** r V **sich ~** *Blutegel, Muschel:* s'accrocher
Ansaugluft f kein Pl TECH, AUT air m aspiré **Ansaugstutzen** m TECH tubulure f d'admission
an|schaffen I. tr V ❶ *(kaufen)* acheter; **[sich** *(Dat)* **] etw ~** [s']acheter qc ❷ fam *(zulegen)* **sich** *(Dat)* **Kinder ~** avoir des enfants **II.** itr V sl **für jdn ~ gehen** faire le tapin pour qn *(arg)*
Anschaffung <-, -en> f achat m; **~en/eine ~ machen** faire des achats/un achat
Anschaffungsdarlehen nt prêt m pour l'équipement **Anschaffungskosten** Pl frais mpl d'achat
an|schalten I. tr V mettre en marche *Anlage, Gerät;* allumer *Fernseher, Licht, Strom* **II.** r V **sich ~** Anlage: se mettre en marche; *Licht, Strom:* s'allumer
an|schauen I. tr V ❶ *(ansehen)* regarder; **sich** *(Dat)* **etw ~** regarder qc ❷ *(hinnehmen)* **ich habe mir das lange genug angeschaut!** j'ai toléré [o supporté] cela suffisamment longtemps! **II.** itr V ▶ **schau an[, schau an]!** *fam* ça, par exemple! *(fam)*
anschaulich I. *Adj* Unterricht, Beschreibung, Vortrag clair(e); *Beispiel* parlant(e); **[jdm] etw ~ machen** illustrer qc [pour qn] **II.** *Adv* clairement
Anschaulichkeit <-> f des Unterrichts, einer Beschreibung clarté f; eines Vortrags, Beispiels caractère f explicite
Anschauung <-, -en> f ❶ *(Ansicht)* façon f de voir; **nach unserer ~** à notre avis; **eine andere ~ vertreten** concevoir les choses différemment ❷ geh *(Vorstellung)* idée f ❸ geh *(Erfahrung)* **aus eigener ~** de ma/sa/... propre expérience
Anschauungsmaterial nt documents mpl
Anschein m apparence f; **dem äußeren ~ nach** vu(e) de l'extérieur; **er erweckte den ~, nichts zu wissen** [o **als wüsste er nichts**] il fit semblant de ne rien savoir; **sich** *(Dat)* **den ~ geben interessiert zu sein** faire semblant de s'intéresser; **es hat den ~, als wäre alles in Ordnung** [o **als ob alles in Ordnung wäre**] on dirait que tout est pour le mieux ▶ **dem** [o **allem**] **~ nach** selon toute apparence
anscheinend *Adv* apparemment
an|scheißen tr V unreg sl ❶ *(zurechtweisen)* engueuler *(fam)* ❷ *(betrügen)* enfoirer *(arg);* **angeschissen werden** se faire enfler *(arg)*
an|schicken r V geh **sich ~** se disposer; **sich ~ etw zu tun** se disposer à faire qc
an|schieben tr, itr V unreg pousser; **jdm beim Anschieben helfen** aider qn à pousser
an|schießen unreg **I.** tr V ❶ *(verletzen)* blesser [d'un coup de fusil/revolver]; **jdn ~** blesser qn [d'un coup de fusil/revolver] ❷ fam *(kritisieren)* débiner *(fam);* **schwer angeschossen werden** se faire incendier *(fam)* **II.** itr V **angeschossen kommen** Person, Tier, Fahrzeug: arriver comme une flèche; **das Auto kam so schnell angeschossen, dass** la voiture est arrivée si vite que + *indic*
an|schimmeln itr V + sein moisir
an|schirren tr V atteler
Anschiss^RR <-es, -e>, **Anschiß**^ALT <-sses, -sse> m sl engueulade f *(fam);* **einen ~ bekommen** se faire engueuler *(fam)*
Anschlag m ❶ *(Attentat)* attentat m; **auf jdn/etw einen ~ verüben** commettre un attentat contre qn/qc ❷ *(Bekanntmachung)* avis m; *(Plakat)* affiche f ❸ *(geschriebenes Zeichen)* signe m; **zehn Zeilen à fünfzig Anschläge** dix lignes à cinquante signes; **250 Anschläge in der Minute schreiben** taper 250 signes à la minute ❹ MUS *eines Pianisten* toucher m ❺ *(Widerstand) eines Hebels, Knopfs, Pedals* seuil m de résistance; **einen leichten ~ haben** Tastatur: avoir une frappe douce; **bis zum ~** à fond ❻ SPORT **das Foto zeigt die Schwimmerin beim ~** la photo montre la nageuse au moment de toucher le bord ❼ *(schussbereite Stellung)* **die Pistole/das Gewehr im ~ haben** tenir braqué(e) le pistolet/le fusil ❽ *kein Pl* COM, FIN devis m; **Kosten in ~ bringen** form faire entrer les coûts en ligne de compte ▶ **einen ~ auf jdn vorhaben** hum fam avoir un petit service à demander à qn
Anschlagbrett nt panneau m d'affichage

an|schlagen *unreg* **I.** *tr V* + *haben* ❶ *(befestigen)* apposer *Plakat, Aushang;* fixer *Brett;* **etw am schwarzen Brett ~** afficher qc sur le tableau d'affichage
❷ *(betätigen, drücken)* frapper *Taste*
❸ MUS jouer *Ton, Akkord;* frapper *Taste*
❹ *(beschädigen)* ébrécher *Teller, Tasse*
❺ *(anstimmen)* prendre *Ton, Tonfall;* **einen anderen Ton ~** changer de ton
❻ *(anzapfen)* **ein Fass ~** mettre un tonneau en perce
II. *itr V* ❶ + *sein (anprallen)* **mit dem Kopf an etw** *(Akk)* **~** se cogner la tête contre qc; **an die** [*o* **der**] **Kaimauer ~** *Wellen:* se briser contre le quai
❷ + *haben* SPORT *Schwimmer:* toucher
❸ + *haben (bellen)* japper
❹ + *haben (läuten) Glocke, Klingel:* sonner
❺ + *haben (wirken)* **bei jdm ~** *Medikament, Therapie:* agir chez qn; **nicht ~** ne pas agir
❻ + *haben fam (dick machen)* **bei jdm ~** profiter à qn
III. *itr V* **sich ~** se cogner; **sich** *(Dat)* **den Kopf/das Knie ~** se cogner la tête/le genou; *s. a.* angeschlagen
an|schleichen *r V unreg* **sich ~** s'approcher tout doucement; **sich an jdn/etw ~** s'approcher tout doucement de qn/qc; **angeschlichen kommen** s'approcher tout doucement
an|schleppen *tr V* ❶ *(herbeibringen)* traîner *Koffer, Stuhl*
❷ *fam (bringen)* apporter *Getränk, Flasche, Gericht*
❸ *fam (mitbringen)* **jdn ~** trimballer qn *fam*; **seinen Freund immer** [**mit**] **~** trimballer son copain partout [avec soi] *(fam)*
❹ *(zu schleppen beginnen)* remorquer *Auto*
an|schließen *unreg* **I.** *tr V* ❶ *(verbinden)* brancher *Anlage, Elektrogerät, Kabel;* **etw an ein Netz ~** raccorder qc à un secteur
❷ *(befestigen)* **das Fahrrad am Geländer ~** attacher le vélo à la rampe
❸ *(hinzufügen)* ajouter *Bemerkung, Punkt*
II. *r V* ❶ *(sich zugesellen, mitgehen)* **sich jdm ~** se joindre à qn; **sich einer Partei** *(Dat)* **~** s'engager dans un parti; **sich einer Demonstration/dem Kampf ~** s'impliquer dans une manifestation/la lutte; **einer Organisation angeschlossen** [**sein**] [être] rattaché(e) à une organisation
❷ *(beipflichten)* **sich jdm/einer Theorie ~** se rallier à qn/une théorie
❸ *(angrenzen)* **sich ~** *Grundstück, Feld, Wald:* être contigu(ë); *Land, Staat:* être limitrophe; **sich an den Garten ~** *Park, Acker:* toucher le jardin
❹ *(folgen)* **sich an die Preisverleihung ~** succéder à la remise des prix
III. *itr V* **an etw** *(Akk)* **~** succéder à qc
anschließend I. *Adj* qui suit/suivait/... [immédiatement]; **ein Vortrag mit ~er Diskussion** une conférence suivie d'un débat
II. *Adv* ensuite
Anschluss^RR *m* ❶ *(Telefonanschluss)* branchement *m* [téléphonique]; **noch keinen ~ haben** ne pas encore avoir de ligne
❷ *(Telefonverbindung)* **der ~ ist besetzt** la ligne est occupée; **kein ~ unter dieser Nummer!** le numéro que vous avez demandé n'est plus en service actuellement!
❸ *(Stromanschluss)* branchement *m*
❹ *(Wasseranschluss, Gasanschluss)* raccordement *m*
❺ *kein Pl (das Anschließen) eines Computers, Druckers* connexion *f*
❻ *(Anschlusszug)* **~ an einen Zug/nach Marseille haben** avoir une correspondance avec un train/pour Marseille
❼ *kein Pl (Kontakt)* contacts *mpl*; **~ bekommen** [*o* **finden**] nouer des contacts
❽ POL **~ an einen Staat** rattachement *m* à un État
❾ *kein Pl* SPORT **ihr gelang der ~ an die Spitze** elle a réussi à recoller au peloton de tête
▶ **im ~ an den Vortrag** après la conférence; **den ~ verpassen** *(beim Reisen)* rater la correspondance; *(bei einer Entwicklung)* rater le coche *(fam)*
Anschlussflug^RR *m* correspondance *f* **Anschlusskabel**^RR *nt* câble *m* d'alimentation **Anschlusszug**^RR *m* correspondance *f*
an|schmieden *tr V* fixer par forgeage; **an etw** *(Akk)* **angeschmiedet sein** être fixé(e) par forgeage à qc
an|schmiegen ['anʃmiːgən] **I.** *tr V* presser; **etw an jdn/etw ~** presser qc contre qn/qc
II. *r V* ❶ *(sich anlehnen)* **sich an jdn/etw ~** se blottir contre qn/qc
❷ *(anliegen)* **sich eng dem Körper** [*o* **an den Körper**] **~** *Rock, Kleid:* épouser la forme du corps
anschmiegsam *Adj* ❶ *Person, Kind* câlin(e)
❷ *(weich) Material, Stoff* souple
an|schmieren I. *tr V* ❶ *(bemalen)* barbouiller *(fam)*; **etw mit Farbe ~** barbouiller qc avec de la peinture
❷ *fam (betrügen)* **jdn mit etw ~** arnaquer qn avec qc *(fam)*; **du bist ganz schön angeschmiert worden!** tu t'es bien fait arnaquer! *(fam)*; **mit etw** [**ganz schön**] **angeschmiert sein** être pigeonné(e) avec qc *(fam)*; **der/die Angeschmierte sein** être le pigeon dans l'affaire *(fam)*
II. *r V* **sich mit etw ~** se barbouiller de qc
an|schnallen *tr V* ❶ *(angurten)* attacher *Kind;* **sich ~** attacher [*o* boucler] sa ceinture [de sécurité]
❷ *(unterschnallen)* attacher *Schlittschuhe;* **sich** *(Dat)* **die Skier ~** chausser ses skis
Anschnallpflicht *f* port *m* obligatoire de la ceinture [de sécurité]
an|schnauzen *tr V fam* engueuler *(fam)*; **von jdm angeschnauzt werden** se faire engueuler par qn *(fam)*; **warum lässt du dich von ihr so ~?** pourquoi tu la laisses t'engueuler comme ça? *(fam)*
an|schneiden *tr V unreg* ❶ *(anbrechen)* entamer *Brot, Kuchen*
❷ *(ansprechen)* aborder *Problem, Thema*
Anschnitt *m* ❶ *(erstes Stück) eines Käselaibs, Wurstlaibs* entame *f*
❷ *(Schnittfläche)* coupe *f*
Anchovis [anˈʃoːvɪs] *s.* Anchovis
an|schrauben *tr V* visser; **ein Schild an etw** *(Akk o Dat)* **~** visser un écriteau à qc; **das Anschrauben** le vissage
an|schreiben *unreg* **I.** *tr V* ❶ *(schreiben)* **etw an die Tafel ~** écrire qc au tableau
❷ *(sich wenden an)* **jdn wegen etw ~** envoyer un courrier à qn à cause de qc
❸ *fam (auf Kredit geben)* [**jdm**] **etw ~** mettre qc sur le compte [de qn]
II. *itr V* ❶ *fam (Kredit gewähren)* faire crédit; **bei jdm ~ lassen** faire mettre sur sa note [*o* son compte] chez qn
❷ *(opponieren)* **gegen etw ~** dénoncer qc par écrit
an|schreien *tr V unreg* crier après; **jdn wegen etw ~** crier après qn pour qc; **von jdm angeschrien werden** se faire houspiller par qn; **warum lässt du dich von ihr so ~?** pourquoi la laisses-tu crier ainsi après toi?
Anschrift *f* adresse *f*
Anschubfinanzierung *f* rallonge *f* financière; *(für Neugründungen)* coup *m* de pouce financier
an|schuldigen ['anʃʊldɪɡn̩] *tr V* accuser; **jdn einer S.** *(Gen)* **~** accuser qn de qc
Anschuldigung <-, -en> *f* accusation *f*
an|schwärzen ['anʃvɛrtsən] *tr V fam (schlechtmachen)* débiner *(fam)*; **jdn bei jdm ~** débiner qn auprès de qn *(fam)*
❷ *(denunzieren)* **jdn wegen etw ~** balancer qn à cause de qc
an|schweigen *unreg* **I.** *tr V* opposer son mutisme à; **jdn ~** opposer son mutisme à qn; **warum schweigst du mich an?** pourquoi tu ne veux rien me dire?
II. *r V* **sich** [**gegenseitig**] **~** ne plus s'adresser la parole
an|schweißen *tr V* souder; **ein Metallstück an etw** *(Dat o Akk)* **~** souder un morceau de métal à qc
an|schwellen *itr V unreg* + *sein* ❶ *Gelenk, Arm, Haut:* enfler; **rötlich ~** *Finger, Zeh:* enfler en prenant une couleur rougeâtre; **meine Beine schwellen an** j'ai les jambes qui enflent; **angeschwollen** [**sein**] [être] enflé(e)
❷ *(ansteigen) Fluss:* grossir; *Wasser:* monter
❸ *(lauter werden)* s'amplifier
Anschwellung *f* ❶ MED enflure *f*
❷ *von Lärm* amplification *f*
❸ *eines Flusses* gonflement *m*
an|schwemmen *tr V* + *haben Meer, Wellen:* rejeter [sur la rive]; **etw ~** *Meer, Wellen:* rejeter qc [sur la rive]; **angeschwemmt** déposé(e) par les flots
Anschwemmung <-, -en> *f* alluvions *fpl*
an|schwimmen *unreg* **I.** *itr V* + *sein* ❶ nager; **gegen etw ~** nager contre qc
❷ *(sich nähern)* **angeschwommen kommen** *Person:* arriver à la nage
II. *tr V* + *haben* nager jusqu'à *Boje*
an|schwindeln *tr V fam* raconter des bobards à *(fam)*; **sich von jdm ~ lassen** se laisser mener en bateau par qn *(fam)*
an|schwitzen *tr V* GASTR faire blondir
an|segeln *tr V* faire voile sur *Insel, Ziel*
an|sehen *tr V unreg* ❶ *(anblicken, betrachten)* regarder; **jdn unschuldig/böse ~** regarder qn d'un air innocent/méchant; **jdn groß ~** regarder qn en ouvrant de grands yeux; **hübsch/schauderhaft anzusehen sein** être mignon(ne)/affreux(-euse) à regarder
❷ *(besichtigen)* **sich** *(Dat)* **etw ~** visiter qc
❸ *(Zuschauer sein)* **sich** *(Dat)* **etw ~** voir qc; *(Fernsehzuschauer sein)* regarder qc
❹ *(halten für)* **jdn als seinen Freund ~** considérer qn comme son ami; **etw als** [*o* **für**] **seine Pflicht ~** considérer qc comme [étant] son devoir
❺ *(anmerken, ablesen)* **jdm die Erleichterung/Erschöpfung ~** pouvoir lire le soulagement/la fatigue sur le visage de qn; **ihre**

Freude war ihr deutlich anzusehen sa joie était visible; **man sieht ihm sein Alter nicht an** il ne paraît [*o* fait] pas son âge; **man sieht ihm an, dass er lügt** on voit à son air qu'il ment
❻ *(hinnehmen)* supporter *Streiche, Dummheiten;* **nicht [mit] ~ können, wie ...** ne pas supporter de voir de quelle façon ...
▸ **jdn nicht mehr ~** *fam* ne plus voir qn; **sieh mal einer an!** *fam* eh ben, voyons! *(iron fam)*
Ansehen <-s> *nt* ❶ *(Reputation)* réputation *f;* **~ erlangen** arriver à la considération; **bei jdm großes/ein gewisses ~ genießen** jouir d'une grande/certaine estime auprès de qn; **bei seinen Kollegen ~ genießen** jouir de l'estime [*o* de la considération] de ses collègues; **bei jdm an ~ verlieren** perdre de son crédit auprès de qn
❷ *geh (Aussehen)* apparence *f*
▸ **ohne ~ der Person** sans considération de personne
ansehnlich ['anzeːnlɪç] *Adj* ❶ *(beträchtlich) Erbschaft, Informationsmaterial, Betrag* important(e); *Leistung, Bauch* beau(belle); **eine ~e Leistung erbringen** faire une belle performance
❷ *(gut aussehend) Person, Gebäude* beau(belle) *antéposé*
an|seilen *tr V* encorder; **jdn/sich ~** encorder qn/s'encorder
an|seinᴬᴸᵀ *s.* **an III.❸**
an|sengen ['anzɛŋən] *tr V + haben* roussir; **hier riecht es angesengt** ça sent le roussi ici
an|setzen I. *tr V* ❶ *(anfügen)* ajouter; **ein Verlängerungsstück an etw** *(Akk o Dat)* **~** ajouter un raccord à qc
❷ *(annähen)* mettre *Stoffstreifen, Taschen*
❸ *(positionieren)* placer *Wagenheber, Hebel, Skalpell;* **das Glas zum Trinken/die Trompete ~** porter le verre/la trompette à sa bouche; **die Leiter an die Wand ~** poser l'échelle contre le mur
❹ *(veranschlagen)* estimer; **die Kosten zu niedrig ~** sous-estimer les coûts; **den Wert auf tausend Euro ~** estimer la valeur à mille euros
❺ *(festlegen)* fixer *Besprechung, Konferenz, Termin;* **das Treffen ist für** [*o* **auf**] **Montag angesetzt** la réunion est fixée à lundi
❻ *(hetzen)* **einen Detektiv auf jdn/etw ~** mettre un détective derrière qn/sur qc; **einen Hund auf jdn ~** mettre un chien aux trousses de qn
❼ *(bilden)* faire *Blätter, Früchte, Knospen;* **Grünspan/Rost ~** se couvrir de vert-de-gris/de rouille
❽ *(zubereiten)* préparer *Bowle, Fruchtwein*
II. *itr V* ❶ *(beginnen)* **zum Sprechen/Trinken/Überholen ~** s'apprêter à parler/boire/dépasser
❷ *(Blüten, Früchte bilden)* pousser
❸ *(anbrennen)* **leicht** [*o* **schnell**] **~** attacher facilement
❹ *(dick machen)* **bei jdm ~** *Essen:* faire grossir qn
III. *r V* **sich ~** *Kalk, Grünspan:* se déposer
Ansicht <-, -en> *f* ❶ *(Meinung)* avis *m;* **der ~ sein, dass Reformen notwendig sind** être d'avis que des réformes sont nécessaires; **der gleichen ~ sein wie ...** être du même avis que ...; **anderer ~ sein als ...** être d'un autre avis que ...; **ich teile Ihre ~** [*o* **bin ganz Ihrer ~**] je suis tout à fait de votre avis; **nach ~ ihrer Eltern** selon [*o* d'après] ses parents; **meiner/seiner ~ nach** à mon/son avis
❷ *(Abbildung)* vue *f*
❸ *kein Pl (das Ansehen, Prüfen)* examen *m;* **zur ~** pour examen
ansichtig *Adj* **einer Person/einer S.** *(Gen)* **~ werden** *veraltet geh* aviser une personne/qc *(vieilli littér)*
Ansichtskarte *f* carte *f* postale **Ansichtssache** *f* question *f* de point de vue; **[reine] ~ sein** être une question de point de vue; **[das ist] ~!** *fam* ça se discute! *(fam)* **Ansichtssendung** *f* envoi *m* pour examen
an|siedeln I. *tr V* ❶ installer *Stamm, Volk;* introduire *Tiere, Tierart;* implanter *Industrie;* **eine Tierart [wieder] in Mitteleuropa ~** [ré]introduire une espèce en Europe centrale; **Industriebetriebe am Stadtrand ~** implanter des établissements industriels à la périphérie de la ville
❷ *geh (zuordnen)* **einen Roman in den zwanziger Jahren ~** situer l'action d'un roman dans les années vingt; **wo ist dieser Begriff anzusiedeln?** cette notion est du ressort de quel domaine?
II. *r V* **sich ~** *Personen, Keime, Bakterien:* se fixer; *Industrie:* s'implanter; **sich in den Bergen/am Meer ~** *Personen:* se fixer à la montagne/à la mer
Ansiedler(in) *m(f)* colon *m*
Ansiedlung *f* ❶ *(Siedlung)* colonie *f*
❷ *kein Pl a.* JUR *(das Ansiedeln) von Personen, Industriebetrieben* implantation *f; von Tieren* introduction *f;* **~ ohne Rechtstitel** JUR implantation *f* sans titre
Ansinnen ['anzɪnən] <-s, -> *nt geh* exigence *f;* **ein ~ an jdn richten** formuler une exigence à qn
Ansitz *m* affût *m*
ansonsten [an'zɔnstən] *Adv fam* ❶ *(im Übrigen)* pour le reste
❷ *(sonst)* à part ça
❸ *(andernfalls)* sinon

an|spannen I. *tr V* ❶ bander *Muskel;* crisper *Nerven;* **alle Kräfte ~** mobiliser toutes les énergies; *s. a.* **angespannt**
❷ *(anschirren)* atteler *Pferd, Wagen*
II. *itr V* **~ [lassen]** [faire] atteler; **es ist angespannt** les chevaux sont attelés
Anspannung *f* ❶ *(das Anspannen)* **unter ~ aller Kräfte** en mobilisant toutes les énergies
❷ *(Spannung, Konzentration)* tension *f*
Anspiel *nt* SPORT *(das Spiel beginnen)* coup *m* d'envoi; *(das Zuspielen)* passe *f*
an|spielen I. *itr V* ❶ *(andeuten)* faire allusion; **mit einer Bemerkung auf jdn/etw ~** faire allusion par une remarque à qn/qc
❷ FBALL donner le coup d'envoi
II. *tr V* passer le ballon à *Spieler*
Anspielung <-, -en> *f* allusion *f;* **~ en auf jdn/etw machen** faire des allusions à qn/qc
an|spitzen *tr V* ❶ tailler *Bleistift;* appointer *Holzstock*
❷ *fam (antreiben)* secouer les puces à *(fam)*
Ansporn ['anʃpɔrn] <-[e]s> *m* motivation *f*
an|spornen *tr V* ❶ *(ermuntern)* motiver; **jdn ~ etw zu tun** inciter [*o* pousser] qn à faire qc; **jdn zu verstärktem Einsatz ~** inciter [*o* pousser] qn à s'engager davantage
❷ *(antreiben)* éperonner *Pferd*
Ansprache *f* allocution *f;* **eine ~ halten** prononcer une allocution
ansprechbar *Adj Kranker:* lucide; **~ sein** *Kranker:* être lucide; *(nicht beschäftigt sein)* être disponible
an|sprechen *unreg* I. *tr V* ❶ *(anreden)* adresser la parole à; **fremde Menschen auf der Straße ~** aborder les gens dans la rue
❷ *(betiteln)* **jdn mit einem Titel ~** appeler qn par un titre; **wie soll ich Sie ~?** comment dois-je vous appeler?
❸ *(sich wenden an)* **jdn auf etw** *(Akk)* **~** parler à qn de qc
❹ *(bitten)* **jdn um Feuer/einen Gefallen ~** demander du feu/un service à qn
❺ *(zielen auf, meinen)* viser; **mit etw angesprochen sein** être concerné(e) par qc
❻ *(erwähnen)* aborder *Problematik, Punkt, Thema*
❼ *(beeindrucken)* **jdn ~** *Person:* impressionner qn; *Kunstwerk:* interpeller qn; *(gefallen)* plaire à qn; **das spricht mich nicht an** ça ne me dit pas grand-chose
II. *itr V* ❶ **auf etw** *(Akk)* **~** *Patient:* réagir à qc; **bei jdm ~** *Medikament, Therapie:* faire de l'effet à qn; **diese Tabletten sprechen bei ihr nicht an** ces comprimés ne lui font aucun effet
❷ *(reagieren) Bremse, Gaspedal:* répondre; **auf kleinste Veränderungen ~** *Messgerät, Geigerzähler:* réagir aux moindres changements
❸ *(Anklang finden) Konzert, Vorstellung:* trouver un écho, séduire
ansprechend I. *Adj Äußeres* charmant(e); *Angebot, Artikel, Verpackung* attrayant(e); *Umgebung* plaisant(e)
II. *Adv* de façon attrayante; **~ wirken** être attrayant(e)
Ansprechpartner(in) *m(f)* interlocuteur(-trice) *m(f)*
an|springen *unreg* I. *tr V + sein* ❶ *Fahrzeug:* démarrer; **gut/schlecht/schwer ~** *Fahrzeug:* démarrer bien/mal/difficilement
❷ *fam (reagieren)* **auf etw** *(Akk)* **~** réagir à qc; **darauf ist er nicht angesprungen** il n'a pas marché [dans la combine] *(fam)*
II. *tr V + haben* **jdn ~** bondir sur qn; **von hinten angesprungen werden** être assailli(e) par derrière
an|spritzen *tr V Person:* asperger; *Fahrzeug:* éclabousser; **jdn/etw ~** asperger qn/qc; *Fahrzeug:* éclabousser qn/qc
Anspruch *m* ❶ *a.* JUR *(Recht, Anrecht)* droit *m;* **~ auf etw** *(Akk)* **haben** avoir droit à qc; **einen ~ anmelden** notifier [*o* faire connaître] un droit; **einen ~ geltend machen** notifier/faire valoir un droit; **einen ~ zurückweisen** refuser un droit
❷ *(Forderung)* **~ auf etw** *(Akk)* **erheben** *Person:* revendiquer [*o* réclamer] qc; *Konzeption, Theorie, Aufstellung:* prétendre à qc; **~ auf eine Gehaltserhöhung haben** pouvoir prétendre à une augmentation de salaire
❸ *(Gebrauch)* **ein Angebot in ~ nehmen** profiter d'une offre; **ein Recht in ~ nehmen** faire valoir un droit
❹ *Pl (Anforderung)* exigences *fpl;* **hohe Ansprüche an jdn stellen** *Person:* être très exigeant(e) avec qn; *Aufgabe:* exiger beaucoup de qn; **den Ansprüchen gerecht werden** satisfaire aux exigences
❺ *Pl (Wunsch)* prétentions *fpl;* **Ansprüche stellen** avoir des exigences
▸ **jdn in ~ nehmen** accaparer qn
Anspruchsdenken *nt* mentalité *f* d'enfant gâté
anspruchslos *Adj* ❶ *Person, Pflanze* peu exigeant(e); **~ sein** *Person:* ne pas avoir d'exigences; *Pflanze:* demander peu de soins; **ziemlich/völlig ~ sein** *Person:* ne pas demander grand-chose/ne demander absolument rien
❷ *(trivial)* sans prétention; **etwas Anspruchsloses lesen** lire quelque chose de trivial
Anspruchslosigkeit <-> *f* ❶ *einer Person* simplicité *f; eines Kin-*

anspruchsvoll–**Anstoß**

des, Angestellten exigences *fpl* raisonnables; *einer Pflanze* manque *m* d'exigence
② *(Trivialität)* trivialité *f*
anspruchsvoll *Adj* ① *Person, Tätigkeit* exigeant(e); **etwas für Anspruchsvolle** quelque chose pour des gens exigeants
② *(niveauvoll)* ambitieux(-euse)
an|spucken *tr V* cracher sur
an|spülen *tr V* rejeter; **angespülte Wrackteile** des débris *mpl* d'épaves rejetés par les flots
an|stacheln ['anʃtaxəln] *tr V* aiguillonner; **jdn [dazu] ~ etw zu tun** inciter qn à faire qc; **sich durch jdn zu etw ~ lassen** être poussé(e) par qn à qc; **jdn zum Widerstand/zu höherer Leistung ~** pousser qn à la résistance/à accomplir de meilleures performances
Anstalt ['anʃtalt] <-, -en> *f* ① *(Heilanstalt)* établissement *m* spécialisé *(euph)*
② *geh (Einrichtung)* établissement *m*; *(Privateinrichtung)* institution *f*; **eine ~ des öffentlichen Rechts** un établissement de droit public
Anstalten *Pl* préparatifs *mpl*; **~ machen** [*o* **treffen**]**, das Land zu verlassen** prendre des dispositions en vue de quitter le pays; **keine ~ machen aufzubrechen** ne pas sembler disposé(e) à partir
Anstaltsarzt *m*, **-ärztin** *f* médecin *m* de l'établissement
Anstaltsgeistliche(r) *f(m) dekl wie Adj* aumônier *m*
Anstaltskleidung *f* ① *(Klinikkleidung)* tenue *f* [réglementaire]
② *(Gefängniskleidung)* tenue *f* de prisonnier(-ière) **Anstaltsleiter(in)** *m(f)* directeur (-trice) *m(f)* [d'un établissement]
Anstand *m* ① *(gutes Benehmen)* convenances *fpl*; **etw mit [viel] ~ tun** faire qc avec [beaucoup de] courtoisie; **keinen ~ haben** n'avoir aucun sens des convenances
② *(Anstandsregeln)* bienséance *f*; **den ~ verletzen** être une atteinte à la bienséance
▶ **an etw** *(Dat)* **~ nehmen** se formaliser de qc; **ohne ~** *form* sans encombre
anständig ['anʃtɛndɪç] I. *Adj* ① *Person* décent(e); *Verhalten* honorable; *Lokal* convenable
② *fam (akzeptabel)* bon(ne) antéposé *(fam)*
II. *Adv* ① *(gesittet)* convenablement
② *fam (akzeptabel)* **bezahlen, essen** correctement *(fam)*; **sich ~ ausschlafen** piquer un bon roupillon *(fam)*
anständigerweise *Adv* **~ vorher fragen** avoir la correction de demander au préalable
Anständigkeit <-> *f* honorabilité *f*
Anstandsbesuch *m* visite *f* de courtoisie **Anstandsdame** *f* chaperon *m*
anstandshalber *Adv* par souci des convenances
anstandslos *Adv* **einwilligen** sans hésitation; **bezahlen** sans difficulté; **durchkommen** sans encombre
Anstandswauwau <-s, -s> *m fam* chaperon *m*
an|starren *tr V* regarder fixement; **jdn ~** regarder qn fixement
anstatt [an'ʃtat] I. *Präp + Gen* à la place de; **~ der Eltern** à la place des parents; **~ eines Briefs** au lieu d'une lettre
II. *Konj* **~ zu antworten** au lieu de répondre
an|stauben *itr V + sein* **angestaubte Bücher/Hemden** des livres poussiéreux/chemises poussiéreuses
an|stauen I. *tr V* barrer *Bach, Wasserlauf*; retenir *Wasser*
II. *r V* ① **sich ~** *Wasser, Blut*: s'accumuler; **der Bach staut sich vor dem Wehr an** les eaux du ruisseau s'accumulent derrière le barrage
② *(sich aufstauen)* **sich in jdm ~** *Hass, Wut, Verlangen*: s'accumuler en qn; **angestaute Wut** colère *f* accumulée
an|staunen *tr V* regarder avec de grands yeux; **jdn/etw ~** regarder qn/qc avec de grands yeux
an|stechen *tr V unreg* ① piquer *Braten, Kartoffeln, Kuchen*
② *(beschädigen)* crever *Reifen*
③ *(anzapfen)* mettre en perce; **ein Fass ~** mettre un tonneau en perce
an|stecken I. *tr V* ① épingler; **jdm/sich einen Orden ~** épingler une décoration à qn/s'épingler une décoration; **er hat ihr einen Ring angesteckt** il lui a mis une bague au doigt
② *(anzünden)* **sich** *(Dat)* **eine Zigarette ~** s'allumer une cigarette; **ich werde mir eine Pfeife ~** je vais fumer une [petite] pipe
③ *(in Brand stecken)* faire brûler *Papier, Kaminholz*; incendier *Gebäude*
④ *(infizieren)* contaminer; **jdn mit etw ~** passer qc à qn
⑤ *fig* **jdn mit seiner Begeisterung ~** communiquer son enthousiasme à qn; **die anderen ~** *Lachen, Gähnen*: contaminer les autres personnes
II. *r V* **sich bei jdm ~** être contaminé(e) par qn; **sich bei jdm etw ~** attraper qc au contact de qn; **wo hast du dich angesteckt?** où est-ce que tu as attrapé ça?
III. *itr V a. fig Krankheit, Begeisterung, Eifer*: être contagieux(-euse)
ansteckend *Adj* ① *Krankheit* contagieux(-euse)

② *fig* **~ sein** *Begeisterung, Eifer*: être contagieux(-euse) [*o* communicatif(-ive)]
Anstecker *m* insigne *m*; *(Werbeanstecker)* pin's *m*
Anstecknadel *f* épingle *f*
Ansteckung <-, *selten* -en> *f* contamination *f*
Ansteckungsgefahr *f* risque *m* de contagion; **es besteht ~** il y a risque de contagion; **es besteht keine ~** il n'y a aucun risque de contagion
an|stehen *itr V unreg + haben o* SDEUTSCH *sein* ① *(Schlange stehen)* faire la queue; **nach etw ~** faire la queue pour qc
② *(zu erledigen sein)* Arbeit: rester en suspens; *Gerichtssache, Termin*: être à l'ordre du jour; **etw steht bei jdm an** qn a qc à régler; **etw ~ haben** *Gericht*: devoir juger qc; **~de Fragen/Probleme** des questions/problèmes en suspens
③ *(bevorstehen)* **etw steht bei jdm an** qn a qc de prévu
④ *geh (geziemen)* **es steht jdm gut/schlecht an** qc sied bien/mal à qn *(littér)*; **es steht jdm gut/schlecht an etw zu tun** il est séant/malséant pour qn de faire qc *(littér)*
an|steigen *itr V unreg + sein* ① *(sich erhöhen)* monter, grimper; **um zehn Euro/zwei Grad/fünf Prozent ~** monter [*o* grimper] de dix euros/deux degrés/cinq pour cent; **auf hundert Euro/zehn Grad ~** atteindre cent euros/dix degrés; **~de Temperaturen** des températures en hausse
② *(steiler werden)* *Weg, Berghang, Gelände*: monter; **leicht ~des Gelände** terrain *m* en pente douce
anstelle [an'ʃtɛlə] *Präp + Gen* à la place de; **~ eines Menschen/einer Machine** à la place d'un homme/d'une machine
an|stellen I. *tr V* ① allumer *Beleuchtung, Licht*; mettre *Wasser*; ouvrir *Gas*; brancher *Klingel*; **das Wasser wieder ~** remettre l'eau; **eine Maschine ~** mettre une machine en route
② *(beschäftigen)* **jdn [als Drucker] ~** embaucher qn [comme imprimeur]; **bei jdm als Sekretärin angestellt sein** être employé(e) chez qn comme secrétaire
③ *(anlehnen)* **etw an eine Wand ~** mettre [*o* poser] qc contre un mur
④ *(dazustellen)* ajouter *Tisch, Stuhl*
⑤ *form (durchführen)* **Nachforschungen/Überlegungen ~** procéder à des recherches/se mettre à réfléchir
⑥ *fam (bewerkstelligen)* **es geschickt/nicht geschickt ~** s'en sortir bien/mal *(fam)*; **es so ~, dass** se dépatouiller pour que + *subj (fam)*
⑦ *fam (anrichten)* **Blödsinn/Unfug ~** faire des conneries/bêtises; **was hast du da wieder angestellt?** qu'est-ce que t'as encore fabriqué? *(fam)*; **dass ihr mir ja nichts anstellt!** tâchez de pas faire de bêtises! *(fam)*
II. *r V* ① **sich ~** faire la queue; **sich hinten ~** se mettre à la queue
② *fam (sich verhalten)* **sich geschickt/dumm ~** s'y prendre bien/comme un âne *(fam)*; **stell dich nicht [so] an!** *fam* fais pas tant de chichis! *(fam)*
anstellig I. *Adj* adroit(e)
II. *Adv* habilement
Anstellung *f* emploi *m*
Anstellungsvertrag *m* contrat *m* de travail
an|steuern *tr V* ① *Schiff*: mettre le cap sur; **etw ~** *Schiff*: mettre le cap sur qc
② *(anvisieren)* viser *Wachstum, Fortschritt*; poursuivre *Zweck*; vouloir aborder *Thema*
Anstich *m eines Fasses* mise *f* en perce
Anstieg ['anʃtiːk] <-[e]s, -e> *m* ① *kein Pl (das Ansteigen) der Kosten, Preise, Temperaturen* hausse *f*; **rascher ~ der Preise** flambée *f* des prix
② *(Aufstieg)* **der ~ zum Gipfel** l'ascension *f* du sommet
③ *kein Pl (Steigung) einer Straße* pente *f*
an|stieren *tr V pej* lorgner; *(mit Begierde)* reluquer *(fam)*
an|stiften *tr V* ① entraîner; **jdn zu einer Straftat ~** entraîner qn à commettre un délit; **jdn [dazu] ~ Unfug zu machen** inciter qn à faire des bêtises *(fam)*
② *(anzetteln)* fomenter *Komplott, Verschwörung*
③ *fam (anrichten)* **Unfug ~** faire des bêtises *(fam)*
Anstifter(in) *m(f)* instigateur(-trice) *m(f)*
Anstiftung *f* **~ zu einer Straftat** incitation *f* à un délit
an|stimmen *tr V* ① entonner *Lied, Melodie*; **einen Marsch ~** *Kapelle*: attaquer une marche
② *(erheben)* pousser *Geheul, Geschrei*; émettre *Klagen, Lamento*; lancer *Proteste*; **ein großes Lamento ~** se répandre en lamentations
an|stinken *fam* I. *tr V* emmerder *(fam)*; **jdn ~** emmerder qn *(fam)*
II. *itr V* **gegen jdn/etw nicht ~ können** être impuissant(e) face à qn/qc; **dagegen können wir leider nicht ~!** on ne peut malheureusement rien y faire!
Anstoß *m* ① *(Ansporn)* impulsion *f*; **den [ersten] ~ zu etw geben** *Person*: donner la première impulsion à qc; *Ereignis*: être le prélude à qc; **der ~ zu diesem Projekt ging von ihr aus** c'est elle qui a

impulsé ce projet
② *geh (Ärgernis)* - **erregen** susciter la réprobation; **bei jdm ~ erregen** scandaliser qn; **an etw** *(Dat)* **~ nehmen** être choqué(e) par qc
③ FBALL coup *m* d'envoi
④ CH *(Angrenzung)* **mit ~ an etw** *(Akk)* en bordure de qc
an|stoßen *unreg* I. *itr V* ❶ + *sein (dagegengestoßen)* se cogner; **mit dem Ellenbogen an etw** *(Akk)* ~ se cogner le coude contre qc; **mit dem Koffer an etw** *(Akk)* ~ cogner la valise contre qc; [**ein wenig**] **mit der Zunge ~** zézayer [légèrement]
❷ + *haben (prosten)* **auf jdn/etw ~** trinquer à la santé de qn/à qc
❸ + *sein (angrenzen)* **an ein Grundstück ~** être en bordure d'un terrain; **an ein Land ~** toucher un pays
II. *tr V* + *haben* ❶ *(berühren)* **jdn mit dem Fuß ~** pousser qn du pied; **jdn freundschaftlich mit der Schulter ~** donner une bourrade amicale à qn
❷ *(verletzen)* **sich** *(Dat)* **das Knie ~** se cogner le genou
❸ *(in Bewegung setzen)* frapper *Ball, Kugel*
❹ *(in Gang setzen)* déclencher *Entwicklung, Diskussion*
III. *r V* + *haben* **sich an etw** *(Dat)* **~** se cogner contre qc
Anstößer(in) ['anʃtøːsɐ] <-s, -> *m(f)* CH riverain(e) *m(f)*
anstößig ['anʃtøːsɪç] I. *Adj* choquant(e); **das ist doch nichts Anstößiges!** ça n'a rien de choquant!
II. *Adv* de façon choquante
Anstößigkeit <-, -en> *f* ❶ *kein Pl* einer Bemerkung, eines Witzes inconvenance *f*; eines Kleidungsstücks indécence *f*; einer Szene, eines Films obscénité *f*
❷ *(Bemerkung, Handlung)* obscénité *f*
an|strahlen *tr V* ❶ *(anleuchten)* illuminer, éclairer
❷ *(strahlend ansehen)* **jdn ~** regarder qn d'un air rayonnant; **seine Augen strahlten sie an** il porta sur elle un regard rayonnant
an|streben *tr V* aspirer à; ambitionner *Stelle*
an|streichen *tr V unreg* ❶ *(streichen)* peindre; **etw neu** [*o* **frisch**] **~** repeindre qc; **etw lila/rot ~** peindre qc en mauve/en rouge
❷ *(markieren)* marquer *Fehler, Textstelle*; **etw dick/rot ~** marquer qc en gros/en rouge
Anstreicher(in) <-s, -> *m(f)* peintre *mf*
an|strengen ['anʃtrɛŋən] I. *r V* ❶ *(sich einsetzen)* **sich ~** se fatiguer; **sich übermäßig ~** fournir des efforts démesurés
❷ *(sich Mühe geben)* **sich mit dem Essen ~** se donner du mal pour le repas; **sich in der Schule mehr ~** se donner plus de peine à l'école; **sich sehr ~ pünktlich zu sein** se donner beaucoup de mal pour être ponctuel(le)
II. *tr V* ❶ *(strapazieren)* fatiguer
❷ *(beanspruchen)* concentrer *Geist, Kräfte, Muskeln*; **sein Gehör/seine Augen ~** tendre l'oreille/écarquiller les yeux; *s. a.* **angestrengt**
❸ JUR *(einleiten)* intenter *Prozess*
anstrengend *Adj* fatigant(e)
Anstrengung <-, -en> *f* ❶ *(Kraftaufwand)* dépense *f* physique; **vermeiden Sie körperliche ~!** évitez les efforts physiques!
❷ *(Bemühung)* effort *m*; **mit äußerster** [*o* **letzter**] **~ dans un suprême** [*o* **ultime**] **effort**; **~en machen etw zu tun** faire des efforts pour faire qc
Anstrich *m* ❶ *kein Pl (das Anstreichen)* eines Gebäudes, einer Wand peinture *f*
❷ *(Farbüberzug)* couche *f* [de peinture]
❸ *kein Pl (Note)* **ein künstlerischer ~** une touche artistique
Ansturm *m* ❶ *(Andrang)* ruée *f*; **auf die Geschäfte/Banken** ruée *f* sur les magasins/banques
❷ MIL assaut *m*
❸ *fig geh* **~ der Gefühle** flot *m* d'émotions *(soutenu)*
an|stürmen *itr V* + *sein* ❶ MIL **gegen jdn/etw ~** donner l'assaut contre qn/qc
❷ *(angelaufen kommen)* **angestürmt kommen** arriver en trombe
❸ *geh (peitschen gegen)* **gegen etw ~** *Brecher, Flut*: venir battre qc
an|suchen *itr V* A *veraltet* solliciter; **um etw ~** solliciter qc
Ansuchen <-s, -> *nt form* requête *f*; **~ um etw** requête *f* pour obtenir qc; **auf sein ~** à sa requête
Antagonismus [antagoˈnɪsmʊs] <-, -ismen> *m* antagonisme *m*
Antagonist(in) [antagoˈnɪst] <-en, -en> *m(f)* antagoniste *mf*
an|tanzen *itr V* + *sein fam* se pointer *(fam)*; **bei jdm ~** se pointer chez qn; **jdn bei sich ~ lassen** convoquer qn illico *(fam)*
Antarktis [antˈʔarktɪs] <-> *f* **die ~** l'Antarctique *m*
antarktisch *Adj* antarctique
an|tasten *tr V* ❶ *(beeinträchtigen)* porter atteinte à *Würde, Ehre, Recht*
❷ *(anbrechen)* entamer *Ersparnisse, Vorrat*
❸ *(leicht berühren)* **etw nur** [**juste**] effleurer qc
an|tauen I. *itr V* + *sein* commencer à [se] décongeler; **angetaut** *Tiefkühlartikel* [partiellement] décongelé(e)
II. *tr V* décongeler

Anteil *m* ❶ *(Teil)* part *f*; **~ an etw** *(Dat)* part *f* de qc; **~ an etw** *(Dat)* **haben** prendre une part active à qc; **welchen ~ hat er an diesem Werk?** de quelle partie du travail est-il responsable?
❷ *(Kapitalbeteiligung)* **~ an etw** *(Dat)* participation *f* dans qc
❸ *(Anteilnahme)* **an etw** *(Dat)* **~ nehmen** prendre part [*o* compatir] à qc
anteilig ['antaɪlɪç], **anteilmäßig** I. *Adj* proportionnel(le)
II. *Adv* proportionnellement
Anteilnahme ['antaɪlnaːmə] <-> *f* ❶ *(Beileid)* condoléances *fpl*; **seine ~ an dem Unglück** sa sympathie à l'occasion de l'accident; **jdm seine ~ aussprechen** exprimer sa profonde sympathie [*o* ses sincères condoléances] à qn
❷ *(Interesse)* intérêt *m*
❸ *(Beteiligung)* participation *f*; **unter großer ~ der Bevölkerung** avec la participation massive de la population
Anteilschein *m* titre *m* de participation
an|telefonieren* *tr V fam* passer [*o* donner] un coup de fil à *(fam)*; **antelefoniert werden** recevoir un coup de fil *(fam)*
Antenne [anˈtɛnə] <-, -n> *f* antenne *f*
► **eine ~ für etw haben** *fam* avoir un feeling [*o* sixième sens] pour qc *(fam)*
Anthologie [antoloˈgiː] <-, -n> *f* anthologie *f*
Anthrax ['antraks] *m* MED anthrax *m*
Anthrazit [antraˈtsiːt] <-s, *selten* -e> *m* anthracite *m*
anthrazitfarben, **anthrazitfarbig** *Adj* anthracite *inv*
Anthropologe [antropoˈloːgə] <-n, -n> *m*, **Anthropologin** *f* anthropologue *mf*
Anthropologie [antropoloˈgiː] <-> *f* anthropologie *f*
anthropologisch [antropoˈloːgɪʃ] *Adj* anthropologique
Anthroposoph(in) [antropoˈzoːf] <-en, -en> *m(f)* anthroposophe *mf*
Anthroposophie [antropozoˈfiː] <-> *f* anthroposophie *f*
anthroposophisch I. *Adj* anthroposophique
II. *Adv* **erziehen** conformément à l'anthroposophie; **~ angehaucht sein** être teinté(e) d'anthroposophie
Anti-Aging-Creme [antiˈeɪdʒɪn-] *f s.* **Antifaltencreme** **Antialkoholiker(in)** [antiʔalkoˈhoːlikɐ] *m(f)* antialcoolique *mf* **antiautoritär** I. *Adj* antiautoritaire II. *Adv* de façon antiautoritaire; **~ eingestellt sein** avoir une attitude antiautoritaire **Antibabypille** [antiˈbeːbipɪlə] *f fam* pilule *f* *(fam)* **antibakteriell** *Adj* antibactérien(ne)
Antibiotikum [antiˈbioːtikʊm] <-s, -biotika> *nt* MED, PHARM antibiotique *m*
Antiblockiersystem *nt* système *m* antiblocage
antichristlich I. *Adj* antichrétien(ne)
II. *Adv* de façon antichrétienne; **~ eingestellt sein** être antichrétien(ne)
Antidepressivum [antidepʀɛˈsiːvʊm] <-s, -va> *nt* MED, PHARM antidépresseur *m*
Antifa [ˈantifa] <-> *f sl Abk von* **Antifaschismus**
Antifaltencreme *f* crème anti-âge *f*
Antifaschismus *m* antifascisme *m* **Antifaschist(in)** *m(f)* antifasciste *mf* **antifaschistisch** *Adj* antifasciste
Antigen [antiˈgeːn] <-s, -e> *nt* MED antigène *m*
Antigone [anˈtiːgone] <-s> *f* MYTH Antigone *f*
antihaftbeschichtet *Adj Kochtopf, Pfanne* anti-adhésif(-ive)
Antihistamin [antihɪstaˈmiːn] *nt* MED antihistaminique *m*
antik [anˈtiːk] I. *Adj* ❶ *(aus der Antike stammend)* antique
❷ *(als Antiquität anzusehen)* ancien(ne)
II. *Adv* **~ eingerichtet sein** être meublé(e) [en] ancien
Antike [anˈtiːkə] <-> *f* Antiquité *f*
antiklerikal [antikleriˈkaːl] I. *Adj* anticlérical(e)
II. *Adv* de façon anticléricale; **~ eingestellt sein** avoir des idées anticléricales
Antiklopfmittel *nt* AUT, CHEM antidétonant *m*
Antikommunismus *m* anticommunisme *m* **Antikommunist(in)** *m(f)* anticommuniste *mf* **antikommunistisch** I. *Adj* anticommuniste II. *Adv* de façon anticommuniste; [**streng**] **~ eingestellt sein** être [littéralement] anticommuniste **Antikörper** *m* MED anticorps *m* **Antikriegskundgebung** *f* manifestation *f* anti-guerre
Antillen [anˈtɪlən] *Pl* **die ~** les Antilles *fpl*
Antilope [antiˈloːpə] <-, -n> *f* antilope *f*
Antimaterie *f kein Pl* PHYS antimatière *f pas de pl*
Antimon [antiˈmoːn] <-s> *nt* CHEM antimoine *m*
Antipathie [antipaˈtiː] <-, -n> *f* antipathie *f*; **~ gegen jdn** antipathie envers qn
Antipode [antiˈpoːdə] <-n, -n> *m a.* GEOG antipode *m*
an|tippen *tr V* ❶ tapoter *Person, Taste*; effleurer *Bremse, Bildschirm*
❷ *(streifen)* effleurer *Problem, Punkt, Thema*
Antiqua [anˈtiːkva] <-> *f* TYP caractères *mpl* romains
Antiquar(in) [antiˈkvaːɐ, *Pl:* antiˈkvaːrə] <-s, -e> *m(f)* bouquiniste *mf*

Antwort verweigern	
Antwort verweigern	**refuser de répondre**
Sag ich nicht! *(fam)*	Je ne le dirai pas !
Das kann ich dir (leider) nicht sagen.	(Je regrette, mais) je ne peux pas te le dire.
Dazu möchte ich nichts sagen.	Je n'ai rien à dire à ce sujet.
Ich möchte mich zu dieser Angelegenheit nicht äußern. *(form)*	Je me défends de tout commentaire sur cette affaire.

Antiquariat [antikva'ria:t] <-[e]s, -e> *nt (Geschäft)* librairie *f* d'occasion; *(Abteilung)* section *f* de livres d'occasion; **modernes ~** librairie *f* de livres soldés
antiquarisch *Adj, Adv* d'occasion
antiquiert *Adj geh* suranné(e) *(soutenu)*
Antiquität <-, -en> *f* antiquité *f*
Antiquitätengeschäft *nt* magasin *m* d'antiquités **Antiquitätenhandel** *m* commerce *m* d'antiquités **Antiquitätenhändler(in)** *m(f)* antiquaire *mf*
Antisemit(in) [antize'mi:t] *m(f)* antisémite *mf* **antisemitisch** I. *Adj* antisémite II. *Adv* de façon antisémite; **~ eingestellt sein** être antisémite **Antisemitismus** [antizemi'tɪsmʊs] <-> *m* antisémitisme *m* **Antisepsis** [anti'zɛpsɪs] <-> *f* MED antisepsie *f* **Antiseptikum** [anti'zɛptikʊm] <-s, -septika> *nt* MED antiseptique *m* **antiseptisch** [anti'zɛptɪʃ] I. *Adj* antiseptique II. *Adv* **~ wirken** avoir un effet antiseptique **Antispastikum** <-s, -ka> *Adv* MED, PHARM antispasmodique *m* **antistatisch** I. *Adj* antistatique II. *Adv behandeln* avec un [produit] antistatique **Antiteilchen** *nt* antiparticule *f* **Antiterroreinheit** *f* brigade *f* antiterroriste **Antiterrorkampf** *m* lutte *f* contre le terrorisme **Antithese** *f* antithèse *f* **Antivirenprogramm** [anti'vi:rən-] *nt* INFORM antivirus *m*
Antlitz ['antlɪts] <-es, -e> *nt poet* visage *m*
Anton <-s> *m* Antoine *m*
▶ **blauer ~** bleu *m* [de travail]
an|tönen A, CH *s.* andeuten
an|törnen ['antœrnən] I. *tr V sl Droge:* speeder *(arg)*; *Musik:* faire vibrer *(arg)*; **jdn ~** *Droge:* speeder qn *(arg)*; *Musik:* faire vibrer qn *(arg)*; **angetörnt sein** être speedé(e) *(arg)* II. *itr V sl* speeder *(arg)*
Antrag ['antra:k, *Pl:* 'antrɛ:gə] <-[e]s, Anträge> *m* ❶ demande *f*; **einen ~ auf etw** *(Akk)* **stellen** faire une demande de qc; **auf ~ von ...** à la demande de ...
❷ *(Antragsformular)* [formulaire *m* de] demande *f*
❸ JUR requête *f*; **einen ~ auf etw** *(Akk)* **stellen** présenter une requête en vue de qc; **auf ~ von ...** à la requête de..., sur la réquisition de...
❹ PARL motion *f*
❺ *(Heiratsantrag)* demande *f* en mariage; **jdm einen ~ machen** demander qn en mariage
an|tragen *tr V unreg geh* proposer; **jdm etw ~** proposer qc à qn; **jdm [seine] Hilfe ~** proposer son aide à qn
Antragsformular *nt* formulaire *m* de demande
Antragsteller(in) <-s, -> *m(f) form* demandeur(-euse) *m(f)*; JUR requérant(e) *m(f)*
an|trainieren [-trɛ:'ni:rən, -trɛ:ni:rən] *tr V* **sich** *(Dat)* **Muskeln/ Geduld ~** développer des muscles/apprendre à être patient(e); **einem Hund ein Kunststück ~** apprendre un tour à un chien
an|treffen *tr V unreg* ❶ rencontrer; **jdn im Büro/zu Hause ~** rencontrer qn au bureau/à la maison; **um diese Zeit bin ich immer anzutreffen** à cette heure-là, on peut toujours me trouver
❷ *(vorfinden)* **jdn beim Essen ~** trouver qn en train de manger; **jdn bei bester Gesundheit ~** trouver qn en parfaite santé
an|treiben *unreg* I. *tr V + haben* ❶ faire avancer *Person, Tier*
❷ *(drängen)* pousser *Mitarbeiter*; **jdn zur Eile ~** presser qn
❸ *(anschwemmen)* charrier; **etw an den Strand/ans Ufer ~** rejeter qc sur la plage/sur le rivage; **angetrieben werden** être charrié(e) par les flots
❹ *(in Bewegung setzen)* faire avancer *Rad, Fahrzeug*; entraîner *Achse, Turbine*
❺ *(veranlassen)* **jdn ~ etw zu tun** *Liebe, Neugier, Sehnsucht:* pousser qn à faire qc
II. *itr V + sein Treibholz:* flotter vers le rivage; *Wolken:* arriver; **dieses Wrack ist heute Nacht angetrieben** cette épave a été rejetée cette nuit
Antreiber(in) *m(f) pej* négrier(-ière) *m(f) (péj)*
an|treten *unreg* I. *tr V + haben* ❶ *(beginnen)* commencer *Ausbildung, Lehre*; **eine Reise ~** partir en voyage; **eine Strafe ~** commencer à purger une peine
❷ *(übernehmen)* prendre *Stellung*; entrer en possession de *Erbe*; **sein Amt/seinen Dienst ~** prendre ses fonctions/son service

❸ *(festtreten)* tasser *Erde*
❹ *(starten)* démarrer *Motorrad*
II. *itr V + sein* ❶ *(sich aufstellen) Soldaten, Truppen:* se rassembler; **im Hof ~** *Schüler, Häftlinge:* se placer dans la cour; **in Reihen ~** se mettre en rang[s]; **Kompanie ~ zum Appell!** compagnie, rassemblement pour l'appel!
❷ *(erscheinen)* **zum Wettkampf ~** se présenter en compétition; **gegen jdn ~** *Sportler, Mannschaft:* affronter qn; **zur Arbeit/zum Dienst ~** se présenter au travail/pour le service
❸ *(eine Stellung beginnen)* débuter
Antrieb *m* ❶ *(Antriebskraft)* propulsion *f*; [elektrischer] **~** propulsion *f* [électrique]; **den ~ drosseln** réduire la transmission
❷ *(Impuls)* motivation *f*; **etw aus eigenem ~ tun** faire qc de sa propre initiative; **jdm [neuen] ~ geben** donner un nouvel élan à qn
Antriebsachse [-aksə] *f* arbre *m* de commande **Antriebsaggregat** *nt* groupe *m* motopropulseur **Antriebskraft** *f* force *f* motrice **Antriebsrad** *nt* TECH roue *f* motrice **antriebsschwach** *Adj* PSYCH indolent(e) **Antriebsschwäche** *f* PSYCH indolence *f* **Antriebswelle** *f* arbre *m* de transmission
an|trinken *tr V unreg fam* ❶ entamer *Flasche*; **den Rotwein ~** boire un peu du vin rouge
❷ *(sich verschaffen)* **sich** *(Dat)* **Mut ~** se donner du courage en buvant un verre; **sich** *(Dat)* **einen Rausch ~** se cuiter *(fam)*
▶ **sich** *(Dat)* **einen ~** se prendre une cuite *(fam)*
Antritt *m kein Pl* ❶ *einer Fahrt, Reise* début *m*
❷ *(Übernahme) eines Amtes, einer Stellung* prise *f* en charge; *einer Erbschaft* entrée *f* en possession; **vor ~ seiner neuen Stellung** avant de prendre son nouveau poste; **nach ~ seines neuen Amtes** après avoir pris ses nouvelles fonctions
Antrittsbesuch *m* première visite *f* officielle **Antrittsrede** *f* discours *m* inaugural **Antrittsvorlesung** *f* conférence *f* inaugurale
an|trocknen *itr V + sein* ❶ sécher; **an etw** *(Dat)* **~** sécher sur qc
❷ *(ein wenig trocknen)* commencer à sécher; **angetrocknet sein** *Wäsche:* être à peine sec(sèche)
an|tun *tr V unreg* faire; **jdm ein Leid ~** faire du mal à qn; **sich** *(Dat)* **etwas ~** *euph* attenter à ses jours; **tu mir das nicht an!** *fam* pitié, pas ça! *(fam)*
▶ **das hat es ihm/ihr angetan** cela l'a séduit(e); *s. a.* angetan
an|turnen ['antœrnən] *s.* antörnen
Antwerpen [ant'vɛrpən] <-s> *nt* Anvers
Antwort ['antvɔrt] <-, -en> *f* ❶ réponse *f*; **~ auf etw** *(Akk)* réponse *f* à qc; **jdm eine ~ geben** donner une réponse à qn; **jdm zur ~ geben, dass** donner à qn pour [toute] réponse que; **als ~ auf Ihre Frage schlage ich vor, ...** en réponse à votre question, je propose ...; **um ~ wird gebeten!** répondez s'il vous plaît!
❷ *fig* **die deutsche/französische ~ auf jdn/etw** la réplique allemande/française à qn/qc
▶ **nie um eine ~ verlegen sein** ne jamais être à court de réponses; **keine ~ ist auch eine ~** *Spr.* certains silences en disent long
Antwortbrief *m* lettre *f* de réponse
antworten ['antvɔrtən] I. *itr V* ❶ répondre; [jdm] **~** répondre [à qn]; **auf etw** *(Akk)* **~** répondre à qc; **jdm auf seine Frage/seinen Brief ~** répondre à la question/lettre de qn; **mit einem Zitat ~** répondre par une citation
❷ *(reagieren)* **mit einem Lächeln ~** répondre par un sourire
II. *tr V* **~, dass** répondre + *indic;* **was hat sie geantwortet?** qu'est-ce qu'elle a répondu?
Antwortkarte *f* carte-réponse *f*; **frankierte** [*o* **freigemachte**] **~** carte-réponse affranchie **Antwortschein** *m* internationaler **~** coupon-réponse *m* international **Antwortschreiben** *nt form* [lettre-]réponse *f*
an|vertrauen* I. *tr V* confier; **er hat ihr ein Geheimnis/viel Geld anvertraut** il lui a confié un secret/beaucoup d'argent
II. *r V* **sich jdm ~** se confier à qn; **sich der Obhut** *(Dat)* **eines Onkels ~** s'en remettre à la protection d'un oncle
an|visieren* [-vi-] *tr V* ❶ *(ins Visier nehmen)* viser
❷ *(anstreben)* envisager
an|wachsen [-ks-] *itr V unreg + sein* ❶ *(festwachsen) Pflanze:* prendre racine, s'enraciner; *Transplantat:* s'implanter; **angewach-**

sene Ohrläppchen des lobes *mpl* [de l'oreille] collés
② *(zunehmen) Bevölkerung:* augmenter; *Lärm, Lautstärke:* s'intensifier; **um ein Vielfaches ~** s'accroître de manière exponentielle; **auf über drei Millionen ~** accroître pour dépasser les trois millions

Anwachsen *nt* ① *einer Pflanze* enracinement *m; eines Transplantats* implantation *f*
② *(Zunahme)* augmentation *f;* **im ~ [begriffen] sein** être en augmentation

an|wählen *tr V* appeler *Gesprächspartner;* composer *Telefonnummer, Telefonanschluss*

Anwalt ['anvalt, *Pl:* 'anvɛltə] <-[e]s, Anwälte> *m,* **Anwältin** *f*
① avocat(e) *m(f);* **sich** *(Dat)* **einen ~ nehmen** prendre un avocat; **~/Anwältin der Gegenpartei** avocat(e) de la partie adverse
② *geh (Fürsprecher)* défenseur *mf*

Anwaltsbüro *nt* ① *(Anwaltssozietät)* cabinet *m* d'avocats
② *(Büro)* étude *f*

Anwaltschaft <-, *selten* -en> *f* ① *kein Pl (das Verteidigen, Vertreten)* défense *f*
② *(Gesamtheit der Anwälte)* ordre *m* des avocats; *(in einer Stadt)* barreau *m*

Anwaltskammer *f* Conseil *m* de l'ordre des avocats **Anwaltskanzlei** *f* ① *(Anwaltssozietät)* cabinet *m* d'avocats ② *(Büro)* étude *f* **Anwaltskosten** *Pl* frais *mpl* d'avocat

an|wandeln *tr V geh* **ihn/sie wandelt eine Laune/Lust an** il est pris/elle est prise d'une humeur/envie; **was wandelt dich auf einmal an?** qu'est-ce qu'il te prend subitement?

Anwandlung *f* lubie *f;* **etw in einer ~ von Misstrauen/Großzügigkeit tun** faire qc dans un moment de défiance/un [soudain] accès de générosité; **merkwürdige ~en bekommen/haben** changer complètement/avoir complètement changé

an|wärmen *tr V* réchauffer *Soße, Milch;* chauffer *Bett*

Anwärter(in) *m(f)* ① *(Kandidat)* candidat(e) *m(f)*
② SPORT favori(te) *m(f);* **die ~ in auf die Goldmedaille** la favorite pour la médaille d'or

Anwartschaft <-, *selten* -en> *f* ① candidature *f;* **~ auf einen Posten** candidature *f* à un poste; **~ auf ein Erbe/den Thron** prétention *f* à un héritage/au trône
② SPORT **~ auf einen Titel** position *f* de favori(te) pour un titre

an|weisen *tr V unreg* ① *(beauftragen)* donner des instructions [*o* des directives]; **jdn ~ [etw zu tun]** donner des instructions [*o* des directives] à qn [pour qu'il fasse qc]; **sie ist angewiesen uns zu informieren** elle a reçu l'instruction de nous informer
② *(anleiten)* donner des instructions [*o* des indications] à *Auszubildenden, Schüler;* **jdn bei einer Arbeit ~** instruire qn dans un travail; **von jdm angewiesen werden** être mis(e) au courant par qn
③ *(zuweisen)* **jdm einen Platz/ein Zimmer ~** assigner une place/une chambre à qn
④ *(überweisen)* **[jdm] Geld ~** verser de l'argent [sur le compte de qn]; *s. a.* **angewandt**
⑤ *(auszahlen lassen)* **einen Betrag zur Zahlung ~** affecter une somme au paiement

Anweisung *f* ① *(Anordnung)* directive *f,* instruction *f;* **~ haben etw zu tun** avoir l'ordre de faire qc; **auf ~ der Geschäftsleitung** sur ordre de la direction; **ich habe meine ~en!** j'ai des instructions!
② *(Anleitung)* information *f;* **zur ~ der Schüler** pour informer les élèves
③ *(Gebrauchsanweisung)* mode *m* d'emploi
④ *(Zuweisung) eines Platzes, Zimmers* affectation *f*
⑤ *(Überweisung) eines Betrags* versement *m*
⑥ *(Überweisungsformular)* ordre *m* de virement

anwendbar *Adj* applicable; **auf etw** *(Akk)***/in der Praxis ~ sein** être applicable à qc/dans la réalité

Anwendbarkeit <-> *f* possibilités *fpl* d'application; **die ~ einer Theorie auf etw** *(Akk)* **prüfen** examiner la possibilité d'appliquer une théorie à qc

an|wenden *tr V reg o unreg* employer *Mittel, Methode, Technologie;* se servir de *Programm, Gelerntes;* appliquer *Theorie, Urteil, Paragraphen, Regel;* **ein neues Verfahren bei einem Patienten/einer Behandlung ~** employer [*o* utiliser] une nouvelle méthode avec un patient/pour un traitement; **sich auf etw** *(Akk)* **~ lassen** être applicable dans [*o* à] qc; *s. a.* **angewandt**

Anwender(in) <-s, -> *m(f)* INFORM utilisateur(-trice) *m(f)*

Anwendung *f* ① *kein Pl (der Gebrauch)* utilisation *f;* einer *Theorie, Regel, eines Gesetzes* application *f;* **~ von Gewalt** recours *m* à la force; **~ fremden Rechts** application du droit étranger; **die ~ dieser Theorie auf die Praxis** la mise en pratique de cette théorie; **etw zur ~ bringen** *form* avoir recours à qc; **zur ~ kommen, ~ finden** *form* être utilisé(e)
② INFORM application *f*
③ *(Therapiemaßnahme)* séance *f* de soins

Anwendungsbereich *m,* **Anwendungsgebiet** *nt* eines *Gesetzes, Vertrages* champ *m* d'application **Anwendungsvorschrift** *f* conseils *mpl* d'utilisation

an|werben *tr V unreg a.* MIL recruter

Anwerbung *f a.* MIL recrutement *m*

an|werfen *unreg* **I.** *tr V* ① lancer *Motor, Propeller;* **ein Aggregat ~** mettre un groupe en route
② *fam (anstellen)* allumer *Elektrogerät*
II. *itr V* SPORT engager

Anwesen ['anve:zən] <-s, -> *nt geh* propriété *f*

anwesend *Adj* présent(e); **bei einer Besprechung/auf einem Fest ~ sein** être présent(e) à une discussion/une fête
▶ **nicht ganz ~ sein** *fam* être dans la lune *(fam)*

Anwesende(r) *f(m) dekl wie Adj* personne *f* présente; **ist Professor Schwarz unter den ~n?** le professeur Schwarz est-il dans l'assistance?; **~ ausgenommen** je ne parle pas pour vous

Anwesenheit <-> *f* présence *f;* **~ bei einer Sitzung/auf einer Veranstaltung** présence *f* à une réunion/à une manifestation; **in seiner/ihrer ~** en sa présence; **in ~ des Bundeskanzlers** en présence du chancelier fédéral

Anwesenheitsliste *f* feuille *f* de présence **Anwesenheitspflicht** *f* présence *f* obligatoire

an|widern ['anvi:dɐn] *tr V* dégoûter; **jdm angewidert zusehen** regarder qn avec dégoût

an|winkeln *tr V* [re]plier

Anwohner(in) <-s, -> *m(f)* riverain(e) *m(f)*

Anwohnerparkplatz *m* place *f* de stationnement réservée aux riverains

Anwurf *m* ① *(Anschuldigung)* insulte *f*
② *kein Pl* SPORT engagement *m*

an|wurzeln *itr V* ▶ **wie angewurzelt dastehen** [*o* **stehen bleiben**] rester figé(e) [*o* cloué(e)] sur place

Anzahl *f kein Pl* nombre *m;* **eine große ~** un grand nombre; **erforderliche/beschlussfähige ~** *(bei Abstimmungen, Wahlen)* quorum *m*

an|zahlen *tr V* verser un acompte sur le prix de *Auto, Waschmaschine, Wohnung;* **zehn Prozent/tausend Euro ~** verser un acompte de dix pour cent/mille euros; **der angezahlte Wagen** la voiture réglée partiellement par acompte; **die angezahlten fünf Prozent** les cinq pour cent versés comme acompte

Anzahlung *f* acompte *m;* **eine ~ machen** [*o* **leisten** *form*] verser un acompte

an|zapfen *tr V* ① gemmer *Baum;* **ein Fass ~** mettre un tonneau en perce
② *fam (technisch manipulieren)* se brancher clandestinement sur *Leitung, Stromnetz;* **das Telefon ~** mettre le téléphone sur écoute
③ *fam (aushorchen)* soutirer des informations à

Anzeichen *nt* ① *(Indiz)* signe *m*
② MED symptôme *m*

an|zeichnen *tr V* ① *(markieren)* marquer
② *(zeichnen)* **etw an die Wand/die Tafel ~** dessiner qc sur le mur/au tableau

Anzeige ['antsaɪɡə] <-, -n> *f* ① JUR plainte *f;* **~ erstatten** porter plainte; **~ gegen unbekannt** plainte *f* contre X; **jdn/etw zur ~ bringen** *form* engager des poursuites contre qn/qc
② *(Inserat)* annonce *f*
③ *(Bekanntgabe) einer Geburt, Heirat, eines Todesfalls* faire-part *m*
④ *kein Pl (das Anzeigen) der Geschwindigkeit, eines Messwerts* indication *f; des Spielstands* affichage *m*
⑤ *(angezeigte Information)* affichage *m*
⑥ *(Anzeigeinstrument, -anlage)* indicateur *m*

an|zeigen **I.** *tr V* ① JUR signaler *Straftat;* **jdn wegen etw ~** porter plainte contre qn pour qc
② *(angeben)* indiquer *Abfahrtszeit, Geschwindigkeit, Messwert;* signaler *Richtung, Richtungswechsel*
③ *(bekannt geben)* annoncer *Verlobung;* **jdm seinen Besuch ~** faire part à qn de sa visite
④ *(hinweisen auf)* indiquer *Veränderungen*
II. *r V* **sich [selbst] ~** se dénoncer

Anzeigenblatt *nt* journal *m* de petites annonces **Anzeigenteil** *m* rubrique *f* des petites annonces

Anzeigepflicht *f (bei Straftaten)* devoir *m* de dénonciation; *(bei Geburten, Todesfällen)* obligation *f* de déclarer **anzeigepflichtig** *Adj Straftat* qui doit faire l'objet d'une dénonciation; *Geburt, Todesfall, Krankheit* qui doit être déclaré(e); **~ sein** *Straftat:* devoir faire l'objet d'une dénonciation; *Geburt, Todesfall, Krankheit:* devoir être déclaré(e)

Anzeiger *m (Amtsanzeiger)* bulletin *m; (in Zeitungsnamen)* courrier *m,* journal *m*

Anzeigetafel *f* panneau *m* d'affichage; SPORT tableau *m* d'affichage; *(mit Leuchtziffern)* panneau lumineux

an|zetteln *tr V* fomenter *Aufruhr, Verschwörung;* déclencher *Schlägerei, Streit*

an|ziehen *unreg* **I.** *tr V* ① mettre *Kleid, Hose, Schuhe;* **sich** *(Dat)*

etw ~ mettre qc; jdm etw ~ mettre qc à qn; **die Kinder warm ~** habiller les enfants chaudement
❷ *(straffen)* tirer *Schlinge, Seil, Zügel;* tendre *Saite*
❸ *(festziehen)* serrer *Handbremse, Schraube*
❹ *(an den Körper ziehen)* ramener *Arm, Bein*
❺ *(anlocken)* attirer *Besucher, Neugierige*
❻ PHYS **Eisenspäne** — *Magnet:* attirer des copeaux de fer
II. *itr V* ❶ *(sich in Bewegung setzen) Zug, Zugtier:* se mettre en route
❷ *(beschleunigen)* accélérer
❸ *(ansteigen) Preise, Kurse, Inflation:* augmenter
III. *r V* ❶ **sich** — s'habiller; **sich sportlich/modisch ~** s'habiller sport/[à la] mode
❷ *(sich attraktiv finden)* **sich** [**gegenseitig**] **~** *Verliebte:* se sentir attiré(e)s l'un vers l'autre
anziehend *Adj Person, Äußeres* attirant(e); *Anblick* engageant(e); *Werbung* attrayant(e)
Anziehung *f* ❶ *(Reiz)* attrait *m*
❷ PHYS attraction *f*
Anziehungskraft *f* ❶ *(Attraktivität)* attrait *m*
❷ PHYS attraction *f*
Anzug *m* ❶ costume *m;* **im ~** en costume
❷ *(Hosenanzug)* tailleur-pantalon *m*
❸ kein *Pl (Beschleunigungsvermögen)* reprises *fpl*
▶ **aus dem ~ kippen** *fam* tomber dans les pommes *(fam);* **im ~ sein** *Truppe, Armee:* être en marche; *Gewitter:* se préparer; *Gefahr:* être imminent(e); **bei mir ist ein Schnupfen im ~** je couve un rhume
anzüglich ['antsy:klɪç] I. *Adj* ❶ *(verletzend, unangenehm) Bemerkung, Äußerung* désobligeant(e), déplaisant(e); **~ werden** être désobligeant(e)
❷ *(zweideutig) Witz* scabreux(-euse), grivois(e); *Geste* obscène
II. *Adv* ❶ *(verletzend, unangenehm)* de manière déplaisante
❷ *(zweideutig)* de manière équivoque
Anzüglichkeit <-, -en> *f* ❶ *kein Pl (unangenehme Art) einer Bemerkung, eines Lächelns* aspect *m* désobligeant
❷ *kein Pl (zweideutige Art) eines Witzes* grivoiserie *f;* einer Geste caractère *m* équivoque
❸ *(unangenehme Bemerkung)* remarque *f* désobligeante
❹ *(zweideutige Bemerkung)* grivoiserie *f,* obscénité *f*
an|zünden *tr V* ❶ allumer; **ein Feuer im Kamin ~** allumer [*o* faire] du feu dans la cheminée; **sich** *(Dat)* **eine Zigarette ~** s'allumer une cigarette
❷ *(in Brand stecken)* mettre le feu à, incendier *Gebäude, Müll*
Anzünder *m (für Gasherde)* allume-gaz *m; (für Kohle, Grillkohle)* allume-feu *m*
an|zweifeln *tr V* mettre en doute, douter de; **etw ~** mettre qc en doute, douter de qc
an|zwinkern *tr V* **jdn ~** faire un clin d'œil à qn
an|zwitschern *r V fam* **sich** *(Dat)* **einen ~** boire un coup de trop *(fam)*
AOK [a:ʔo:'ka:] <-, -s> *f Abk von* **Allgemeine Ortskrankenkasse** caisses d'assurance-maladie allemande
Äolus ['ɛɔlʊs] <-> *m* MYTH Éole *m*
Aorta [a'ɔrta] <-, Aorten> *f* aorte *f*
Aostatal *nt* **das ~** le Val d'Aoste
Apache [a'patʃə] <-n, -n> *m,* **Apachin** *f* Apache *mf*
apart [a'part] I. *Adj Frau, Gesicht, Kleid, Einrichtung* qui a du cachet; **~ aussehen** avoir de la classe
II. *Adv sich kleiden, sich einrichten* avec recherche
Apartheid [a'pa:ɐthaɪt] <-> *f* apartheid *f*
Apartheidpolitik *f* politique *f* d'apartheid
Apartment [a'partmənt] <-s, -s> *nt* studio *m,* F 1 *m*
Apartmenthaus *nt* résidence *f*
Apathie [apa'ti:] <-, -n> *f* apathie *f*
apathisch [a'pa:tɪʃ] I. *Adj* apathique
II. *Adv* avec apathie
Apenninen *Pl* **die ~** les Apennins *mpl*
aper ['a:pɐ] *Adj* CH, A, SDEUTSCH *Hang* sans neige; *Straße* déneigé(e)
Aperitif [aperi'ti:f] <-s, -s *o* -e> *m* apéritif *m*
Apfel ['apfəl, *Pl:* 'ɛpfəl] <-s, Äpfel> *m* pomme *f*
▶ **der ~ fällt nicht weit vom Stamm** *Spr.* tel père, tel fils; **in den sauren ~ beißen** *fam* avaler la pilule *(fam)*
Apfelbaum *m* pommier *m* **Apfelblüte** *f* ❶ fleur *f* de pommier
❷ kein *Pl (das Blühen)* floraison *f* des pommiers
Äpfelchen <-s, -> *nt Dim von* **Apfel** petite pomme *f*
Apfelernte *f* récolte *f* des pommes **Apfelkompott** *nt* compote *f* de pommes **Apfelkuchen** *m* tarte *f* aux pommes **Apfelmost** *m* ❶ *s.* **Apfelsaft** ❷ SDEUTSCH *s.* **Apfelwein Apfelmus** *nt* compote *f* de pommes **Apfelsaft** *m* jus *m* de pomme **Apfelsaftschorle** *f* mélange *m* de jus de pomme et d'eau minérale gazeuse **Apfelschimmel** *m* cheval *m* pommelé **Apfelschorle** *s.* **Apfelsaftschorle**

Apfelsine [apfəl'zi:nə] <-, -n> *f* orange *f*
Apfelsorte *f* variété *f* de pommes **Apfelstrudel** *m sorte de chausson aux pommes avec des morceaux de pommes à l'intérieur et qui se consomme avec une crème à la vanille* **Apfeltasche** *f* ≈ chausson *m* aux pommes **Apfelwein** *m* ≈ cidre *m*
Aphorismus [afo'rɪsmʊs] <-, -rismen> *m* aphorisme *m*
Aphrodisiakum [afrodi'zi:akʊm] <-s, -disiaka> *nt geh* aphrodisiaque *m*
Apo, APO <-> *f Abk von* **Außerparlamentarische Opposition** HIST *mouvement de protestation universitaire, qui se manifesta en mai 1968*
apodiktisch *geh* I. *Adj* apodictique
II. *Adv* apodictiquement
Apokalypse [apoka'lypsə] <-, -n> *f* ❶ BIBL **die ~** L'Apocalypse *f*
❷ kein *Pl fig geh* apocalypse *f*
apokalyptisch *Adj* ❶ BIBL apocalyptique
❷ *fig geh Vision* apocalyptique
apolitisch ['apoli:tɪʃ] *Adj geh* apolitique
Apoll <-s>, **Apollo** <-s> *m* MYTH Apollon *m*
Apoplexie [apoplɛ'ksi:] <-, -n> *f* MED apoplexie *f*
Apostel [a'pɔstəl] <-s, -> *m* BIBL *a. fig geh (Verfechter)* apôtre *m*
Apostelbrief *m* épître *f* des apôtres **Apostelgeschichte** *f* **die ~** les Actes *mpl* des apôtres
apostolisch *Adj* apostolique
Apostroph [apo'stro:f] <-s, -e> *m* apostrophe *f*
Apotheke [apo'te:kə] <-, -n> *f* pharmacie *f*
Apothekenhelferin *f* préparatrice *f* en pharmacie
apothekenpflichtig *Adj* vendu(e) uniquement en pharmacie
Apotheker(in) <-s, -> *m(f)* pharmacien(ne) *m(f)*
Apothekerwaage *f* trébuchet *m*
Apotheose [apote'o:zə] <-, -n> *f* REL apothéose *f*
App. *Abk von* **Appartement** Apt.
Apparat [apa'ra:t] <-[e]s, -e> *m* ❶ *(elektrisches Gerät, Fotoapparat)* appareil *m*
❷ *(Radioapparat, Fernsehapparat)* poste *m*
❸ *(Rasierapparat)* rasoir *m*
❹ *(Telefon)* appareil *m;* **bleiben Sie am ~!** ne quittez pas!; **wer ist am ~?** qui est à l'appareil?; **kann ich bitte Herrn Braun/Frau Weiß sprechen? — Am ~!** puis-je parler à M. Braun/Mme Weiß, s'il vous plaît? — C'est lui-même/elle-même!
❺ *(Nebenstelle)* poste *m;* **geben Sie mir bitte ~ 23!** veuillez me passer le poste 23!
❻ *Pl selten (Verwaltungsapparat)* appareil *m*
❼ *fam (großer Gegenstand)* sacré engin *m (fam)*
❽ LITER, HIST **kritischer ~** appareil *m* critique
Apparatebau *m kein Pl* construction *f* mécanique **Apparatemedizin** *f pej* mécanothérapie *f*
Apparatschik <-s, -s> *m pej* apparatchik *m (péj)*
Apparatur [apara'tu:ɐ] <-, -en> *f* appareillage *m*
Appartement [apartə'mã:] <-s, -s *o* CH -e> *nt* ❶ *s.* **Apartment**
❷ *(Hotelsuite)* suite *f*
Appel ▶ **für 'nen ~ und 'n Ei** *fam* pour une bouchée de pain, pour trois fois rien *(fam)*
Appell [a'pɛl] <-s, -e> *m* ❶ *(Aufruf)* appel *m;* **~ an die Vernunft/zur Sparsamkeit** appel *m* à la raison/l'économie; **einen ~ an jdn richten** lancer un appel à qn
❷ MIL appel *m;* **zum ~ antreten** se présenter à l'appel
Appellation [apɛla'tsio:n] <-, -en> *f* CH appel *m*
appellieren* *itr V* ❶ *(sich wenden)* exhorter; **an jdn ~** [*etw zu tun*] exhorter qn [à faire qc]
❷ *(ansprechen)* **an etw** *(Akk)* **~** en appeler à qc; **ich muss an Ihre Großzügigkeit ~** il faut que j'en appelle [*o* je fasse appel] à votre générosité
❸ CH **gegen ein Urteil ~** faire appel d'un jugement
Appendix [a'pɛndɪks] <-, Appendizes> *m geh* ❶ ANAT, MED appendice *m* [vermiculaire]
❷ *(Anhang)* appendice *m*
Appenzell ['apəntsɛl] <-s> *nt* ❶ *(Stadt)* Appenzell
❷ *(Kanton)* [canton *m* d']Appenzell
Appenzeller <-s, -> *m (Käse)* Appenzell *m;* **~ [Käse]** [fromage *m* d']Appenzell
Appetit [ape'ti:t] <-[e]s, -e> *m* appétit *m;* **~ auf etw** *(Akk)* **haben** avoir envie de qc; **jdm den ~ verderben** couper l'appétit à qn; **da bekomme ich ~** cela me donne de l'appétit, cela me met en appétit; **guten ~!** bon appétit!
▶ **der ~ kommt beim** [*o* **mit dem**] **Essen** *Spr.* l'appétit vient en mangeant
appetitanregend *Adj* qui ouvre l'appétit; *Speise* appétissant(e); **~ sein** mettre en appétit **Appetithappen** *m* amuse-gueule *m (fam)* **appetithemmend** *Adj Tablette, Mittel* qui coupe la faim, anorexigène *(spéc)*
appetitlich I. *Adj* ❶ *Duft, Speise, Aussehen* appétissant(e)
❷ *fam (ansehnlich) Frau, Mädchen* appétissant(e)

II. *Adv* de manière appétissante
appetitlos *Adj* sans appétit; **~ sein** ne pas avoir d'appétit
Appetitlosigkeit <-> *f* manque *m* d'appétit
Appetitzügler [apeˈtiːtsyːglɐ] <-s, -> *m* coupe-faim *m*, anorexigène *m (spéc)*
applaudieren* *itr V* applaudir; **jdm ~** applaudir qn
Applaus [aˈplaʊs] <-es> *m* applaudissements *mpl*; **stürmischer ~** tempête *f* d'applaudissements; **~ bekommen** être applaudi(e)
Applikation [aplikaˈtsioːn] <-, -en> *f a.* MED application *f*
apportieren* *tr, itr V Hund:* rapporter
Apposition [apoziˈtsioːn] <-, -en> *f* LING apposition *f*
appretieren* *tr V* apprêter, traiter
Appretur [apreˈtuːɐ] <-, -en> *f* apprêt *m*
Approbation [aprobaˈtsioːn] <-, -en> *f (ärztliche/pharmazeutische Zulassung)* inscription *f* à l'ordre des médecins/pharmaciens
approbiert *Adj* inscrit(e) à l'ordre des médecins/pharmaciens
Après-Ski [apreˈʃiː] <-> *nt* sortie *f* [sympa] au ski
Aprikose [apriˈkoːzə] <-, -n> *f* abricot *m*
April [aˈpril] <-[s], *selten* -e> *m* ❶ avril *m*; **der ~ hat 30 Tage** le mois d'avril a 30 jours
  ❷ *(bei Angaben eines Zeitpunkts, Zeitraums)* **im ~** en avril, au mois d'avril; **Anfang/Ende ~** début/fin avril; **den ganzen ~ über** pendant tout le mois d'avril; **ab [dem] ersten ~** à partir du premier avril; **sie ist am 10. ~ 1983 geboren** elle est née le 10 avril 1983; **er/sie hat am 5. ~ Geburtstag** son anniversaire est le 5 avril; **es ist ~** c'est le mois d'avril, on est en avril; **Berlin, den 9. ~ 2008** Berlin, le 9 avril 2008; **Freitag, den 4. ~ 2008** vendredi 4 avril 1998
  ▶**~, ~!** *fam* poisson d'avril!; **jdn in den ~ schicken** faire un poisson d'avril à qn
Aprilscherz *m* poisson *m* d'avril ▶**soll das ein ~ sein?** *fam* c'est une blague? **Aprilwetter** *nt* giboulées *fpl* de mars
a priori [apriˈoːri] *Adv a.* PHILOS *geh* a priori
apropos [aproˈpoː] *Adv geh* au fait, à propos; **~ Kino, da fällt mir ein, dass** à propos [o en parlant de] cinéma, ça me fait penser que + *indic*
Apsis [ˈapsɪs] <-, Apsiden> *f* abside *f*
Aquädukt [akvɛˈdʊkt] <-[e]s, -e> *m o nt* aqueduc *m*
Aquamarin [akvamaˈriːn] <-s, -e> *m* aigue-marine *f*
aquamarinblau *Adj* bleu-vert *inv*, aigue-marine *inv*
Aquaplaning [akvaˈplaːnɪŋ] <-s> *nt* aquaplaning *m*
Aquarell [akvaˈrɛl] <-s, -e> *nt* aquarelle *f*
Aquarellfarbe *f* aquarelle *f* **Aquarellmaler(in)** *m(f)* aquarelliste *mf* **Aquarellmalerei** *f* aquarelle *f*
Aquarium [aˈkvaːriʊm] <-s, -rien> *nt* aquarium *m*
Aquatinta [akvaˈtɪnta] <-, -tinten> *f* aquatinte *f*
Äquator [ɛˈkvaːtoːɐ] <-s, -toren> *m* équateur *m*
äquatorial *Adj* GEOG équatorial(e)
Äquatorialguinea <-s> *nt* la Guinée-Équatoriale
Äquatortaufe *f* baptême *m* de la ligne d'équateur
Aquavit [akvaˈviːt] <-s, -e> *m* aquavit *m*
Aquitanien [akviˈtaːniən] <-s> HIST l'Aquitaine *f*
äquivalent [ɛkvivaˈlɛnt] *Adj geh* équivalent(e)
Äquivalent [ɛkvivaˈlɛnt] <-s, -e> *nt* équivalent *m*; **das französische ~ für dieses deutsche Wort** l'équivalent en français de ce mot allemand
Äquivalenz <-, -en> *f a.* MATH, LING *geh* équivalence *f*
Ar [aːɐ] <-s, -e> *nt o m* are *m*; **zehn ~** dix ares
Ära [ˈɛːra] <-, Ären> *f geh* ère *f*
Ara [ˈaːra] <-, -s> *m* ZOOL ara *m*
Araber [ˈarabɐ] <-s, -> *m (Pferd)* cheval *m* arabe
Araber(in) <-, -nen> *m(f)* Arabe *mf*
Arabeske [araˈbɛska] <-, -n> *f* arabesque *f*
Arabien [aˈraːbiən] <-s> *nt* l'Arabie *f*
arabisch I. *Adj* arabe; *Klima, Wüste* d'Arabie
  II. *Adv* **~ miteinander sprechen** discuter en arabe; *s. a.* **deutsch**
Arabisch <-[s]> *nt kein Art (Sprache, Schulfach)* arabe *m*; **auf ~** en arabe; *s. a.* **Deutsch**
Arabische *nt dekl wie Adj* **das ~** l'arabe *m*; *s. a.* **Deutsche**
Arabistik [araˈbɪstɪk] <-> *f* langue *f* et civilisation *f* arabes
aramäisch [araˈmɛːɪʃ] I. *Adj* araméen(ne)
  II. *Adv* **~ miteinander sprechen** discuter en araméen; *s. a.* **deutsch**
Aramäisch <-[s]> *nt kein Art* araméen *m*; **auf ~** en araméen; *s. a.* **Deutsch**
Aramäische *nt dekl wie Adj* **das ~** l'araméen *m*; *s. a.* **Deutsche**
Arar [ɛˈraːɐ] <-s, -e> *m CH (Staatseigentum)* biens *mpl* d'État
Ararat <-[s]> *m* **der [Berg] ~** le mont Ararat
Arbeit [ˈarbaɪt] <-, -en> *f* ❶ *(Tätigkeit)* travail *m*; **sich an die ~ machen, an die ~ gehen** se mettre au travail; **an [o bei] der ~ sein** être au travail; **an die ~!** au travail!
  ❷ *(Arbeitsplatz, Anstellung)* travail *m*, boulot *m (fam)*; **~ haben** avoir du travail; **ohne ~ sein** être sans travail; **~ suchend** à la recherche d'un emploi; **einer geregelten ~ nachgehen** *geh* avoir un travail régulier
  ❸ *(Produkt, Leistung)* travail *m*; **gute ~ leisten** faire du bon travail
  ❹ *(Werk, Kunstwerk)* travail *m*, ouvrage *m*
  ❺ SCHULE *(Klassenarbeit)* contrôle *m*; *(Hausarbeit)* devoir *m*; **eine ~ schreiben** avoir un contrôle
  ❻ UNIV mémoire *m*
  ❼ *kein Pl (Mühe)* travail *m*; **jdm ~/viel ~ machen** donner du travail [o du mal]/beaucoup de travail à qn; **sich *(Dat)* mit etw ~ machen** se donner du mal pour faire qc
  ❽ *kein Pl (Bearbeitung)* **etw bei jdm in ~ geben** confier qc à qn; **etw in ~ haben** travailler à qc; *(reparieren)* avoir qc en chantier; **in ~ sein** *Anzug, Brille:* être en cours de fabrication; *Aufsatz, Kunstwerk:* être en chantier; **Ihre Bestellung/Ihr Antrag ist in ~** on s'occupe de votre commande/votre demande
  ▶**erst die ~, dann das Vergnügen** *Spr.* le travail passe avant le plaisir; **ganze ~ leisten** *(alles erledigen)* faire les choses à fond; **iron** *(radikal vorgehen)* ne pas faire les choses à moitié; **die ~ läuft uns nicht davon** *hum* le travail peut attendre!
arbeiten [ˈarbaɪtn̩] I. *itr V* ❶ *(tätig sein)* travailler; **an etw** *(Dat)* **~** travailler à qc; **das Arbeiten** le travail; **jdn beim Arbeiten stören** déranger qn dans son travail
  ❷ *(berufstätig sein)* **~ [gehen]** travailler; **an der Universität ~** travailler à l'université; **als Maurer/Lehrer ~** travailler comme maçon/professeur; **bei [der Firma] Müller & Schulze ~** travailler pour l'entreprise Müller & Schulze; **mit Kindern ~** travailler avec les enfants; **die ~de Bevölkerung** la population active
  ❸ *(forschen, schreiben)* **über eine Epoche/ein Thema ~** travailler sur une époque/un sujet
  ❹ *fig* **an sich** *(Dat)* **~** faire un travail sur soi
  ❺ *(funktionieren)* **mit Sonnenenergie ~** *Maschine, Anlage:* fonctionner à l'énergie solaire; **gut/schlecht arbeiten** *Organ, Immunsystem:* fonctionner bien/mal
  ❻ *(sich chemisch, physikalisch verändern)* travailler
  ❼ *(Unruhe bewirken)* **in ihr arbeitet es** ça travaille dans sa tête *(fam)*
  ❽ *(Zinsen bringen)* **sein Geld ~ lassen** faire travailler son argent
  II. *r V* ❶ **sich durch das Gestein ~** se frayer un chemin dans la roche; **sich durch die Akten ~** venir à bout des dossiers
  ❷ *(vorwärtsbewegen)* **sich durch die Menge/das Gebüsch ~** se frayer un chemin dans la foule/les buissons
  ❸ *(sich durchsetzen)* **sich nach oben ~** arriver à la force du poignet
  ❹ *(sich schädigen)* **sich krank ~** se rendre malade à force de travailler
  III. *r V unpers* **mit diesem Programm arbeitet es sich gut** ce programme est un excellent outil de travail
  IV. *tr V* ❶ *(herstellen)* **etw aus Holz/aus Silber ~** fabriquer qc en bois/argent; **von Hand gearbeitet** fait(e) [o fabriqué(e)] main
  ❷ *(schneidern)* **ein Kleidungsstück auf Taille ~** cintrer un vêtement; **wo lassen Sie ~?** où est-ce que vous faites faire vos vêtements?
  ❸ *(beruflich tun)* **etwas/nichts ~** faire quelque chose/ne rien faire; **was ~ Sie?** que faites-vous?
Arbeiter(in) [ˈarbaɪtɐ] <-s, -> *m(f)* ❶ *(Industriearbeiter)* ouvrier(-ière) *m(f)*; **ungelernter ~** manœuvre *m*
  ❷ *(tätiger Mensch)* **ein gewissenhafter ~** un travailleur consciencieux
Arbeiterbewegung *f* mouvement *m* ouvrier **Arbeiterfamilie** [-liə] *f* famille *f* ouvrière **Arbeiterführer(in)** *m(f)* leader *m* ouvrier **Arbeitergewerkschaft** *f* syndicat *m* ouvrier **Arbeiterkind** *nt* enfant *mf* d'ouvrier[s] **Arbeiterklasse** *f* classe *f* ouvrière **Arbeiterpartei** *f* POL parti *m* ouvrier; **Sozialistische ~** parti ouvrier socialiste
Arbeiterschaft <-> *f* ouvriers *mpl*, travailleurs *mpl*
Arbeitersiedlung *f* cité *f* ouvrière
Arbeiter-und-Bauern-Staat *m* HIST État *m* ouvrier et paysan
Arbeiterviertel *nt* quartier *m* ouvrier **Arbeiterwohlfahrt** *f* association comparable à une mutualité ouvrière
Arbeitgeber(in) [ˈarbaɪtgeːbɐ] <-s, -> *m(f)* employeur(-euse) *m(f)*
Arbeitgeberanteil *m* cotisation *f* patronale **Arbeitgeberseite** *f* patronat *m* **Arbeitgeberverband** *m* syndicat *m* patronal
Arbeitnehmer(in) [ˈarbaɪtneːmɐ] *m(f)* salarié(e) *m(f)*
Arbeitnehmeranteil *m* cotisation *f* salariale **arbeitnehmerfeindlich** *Adj Politik* hostile aux intérêts des salariés
Arbeitnehmerschaft <-, -en> *f* salariés *mpl*
Arbeitnehmerseite *f* salariat *m*, salariés *mpl*; **die ~** le salariat, les salariés *mpl* **Arbeitnehmervertretung** *f* représentants *mpl* des salariés
Arbeitsablauf *m* processus *m* de fabrication
Arbeitsagentur *f* agence *f* pour l'emploi *(organisme municipal allemand appelé autrefois "Arbeitsamt" dont le but est de centra-*

liser et de gérer les offres et les demandes d'emploi, d'accorder des stages de reconversion et de formation professionnelle, comme le fait l'ANPE en France; il est également chargé de la gestion de l'assurance chômage, de recouvrer les cotisations et d'effectuer le paiement des indemnités de chômage, rôle assigné en France à l'UNEDIC et aux ASSEDIC) **arbeitsam** ['arbaɪtza:m] Adj geh travailleur(-euse) **Arbeitsamt** nt agence f pour l'emploi **Arbeitsanleitung** f ❶ (mündliche Anweisung) consignes fpl de travail ❷ (schriftliche Anweisung) instructions fpl **Arbeitsantritt** m ❶ (Antritt einer neuen Stelle) entrée f en fonctions; Ihr ~ ist am kommenden Montag vous commencez lundi prochain ❷ (täglicher Arbeitsbeginn) début m de la journée de travail **Arbeitsanweisung** f directive f souvent pl, instructions fpl **Arbeitsanzug** m vêtements mpl [o combinaison f] de travail **Arbeitsatmosphäre** f ambiance f de travail **Arbeitsauffassung** f idée f du travail **Arbeitsaufwand** m somme f de travail; der ~ für die Reparatur le temps de travail nécessaire à la réparation **arbeitsaufwendig** Adj qui demande beaucoup de travail **Arbeitsausfall** m perte f de travail **Arbeitsbedingungen** Pl conditions fpl de travail **Arbeitsbeginn** m ❶ (Beginn der Arbeiten) début m du travail ❷ (täglicher Arbeitsantritt) début m de la journée de travail **Arbeitsbelastung** f surmenage m professionnel **Arbeitsbereich** m ❶ (Ort) poste m de travail ❷ (Arbeitsgebiet) domaine m d'activité **Arbeitsbericht** m rapport m d'activité **Arbeitsbeschaffung** f ❶ (Arbeitsplatzbeschaffung) création f d'emplois ❷ (Auftragsbeschaffung) der ~ dienen servir à entretenir l'activité; eine der Aufgaben eines Chefs ist die ~ une des tâches du patron, c'est de procurer du travail à ses employés **Arbeitsbeschaffungsmaßnahme** f mesure f d'aide à l'emploi **Arbeitsbescheinigung** f certificat m de travail **Arbeitsbiene** f ❶ ZOOL [abeille f] ouvrière ❷ a. pej fam (fleißige Person) bourreau m de travail **Arbeitsdienst** m NS service m du travail obligatoire **Arbeitsdirektor(in)** m(f) représentant(e) m(f) du personnel **Arbeitseifer** m zèle m, ardeur f au travail **Arbeitseinstellung** f ❶ (Arbeitsmoral) attitude f vis-à-vis du travail ❷ (Einstellung der Arbeit) débrayage m, arrêt m du travail **Arbeitsendteilung** f organisation f du travail **Arbeitsende** nt (Ende des Arbeitstags) fin f de la journée de travail **Arbeitsentgelt** nt form rémunération f du travail **Arbeitserlaubnis** f ❶ (Recht) autorisation f de travail ❷ (Bescheinigung) carte f de travail **Arbeitserleichterung** f allégement m du travail; zur ~ afin d'alléger les [o les conditions de] travail **Arbeitsessen** nt repas m d'affaires **Arbeitsexemplar** nt exemplaire m de travail **arbeitsfähig** Adj ❶ Person apte au travail; Personen im ~en Alter les personnes aptes au travail; wieder ~ geschrieben werden obtenir un certificat d'aptitude au travail ❷ (fähig zu arbeiten) capable, en état de travailler **Arbeitsfähige(r)** f(m) dekl wie Adj personne f apte au travail; **Arbeitsfähigkeit** f ❶ einer Person aptitude f au travail; wieder seine volle ~ erreichen retrouver la pleine possession de ses moyens ❷ (Funktionsfähigkeit) fonctionnement m normal **Arbeitsfeld** nt geh domaine m [professionnel] **Arbeitsfläche** f plan m de travail **Arbeitsförderung** f promotion f du travail **Arbeitsförderungsgesetz** nt loi favorisant la création d'emplois **Arbeitsfriede[n]** m paix f sociale **Arbeitsgang** <-gänge> m ❶ (Produktionsabschnitt) phase f de fabrication ❷ (Bearbeitungsabschnitt) phase f [de travail]; zwei Dinge in einem ~ erledigen faire deux choses en une même opération **Arbeitsgebiet** nt champ m d'activité **Arbeitsgemeinschaft** f (Projektgruppe) groupe m d'études [o de travail] **Arbeitsgericht** nt ≈ conseil m des prud'hommes (constitué par des juges professionnels en Allemagne) **Arbeitsgerichtsbarkeit** <-, -en> f JUR juridiction f prud'homale **Arbeitsgruppe** f groupe m de travail **Arbeitshilfe** f meist Pl aide f au travail **arbeitsintensiv** Adj Herstellung, Verfahren qui exige un travail intensif **Arbeitskampf** m conflit m social **Arbeitskleidung** f tenue f de travail **Arbeitsklima** nt ambiance f de travail **Arbeitskollege** m, -kollegin f collègue mf de travail **Arbeitskraft** f ❶ kein Pl (Leistungskraft) puissance f de travail; die menschliche ~ la main-d'œuvre humaine ❷ (Mitarbeiter) travailleur(-euse) m(f); dort sind Arbeitskräfte billig la main-d'œuvre y est bon marché **Arbeitskreis** m ❶ (ständige Institution) commission f ❷ (Arbeitsgruppe bei Konferenzen) groupe m de travail **Arbeitslager** nt camp m de travail **Arbeitsleben** nt kein Pl vie f professionnelle **Arbeitsleistung** f einer Person, Maschine rendement m **Arbeitslohn** m salaire m **arbeitslos** Adj au chômage, chômeur(-euse); ~ werden/sein se retrouver/être au chômage; sich ~ melden s'inscrire au chômage **Arbeitslose(r)** f(m) dekl wie Adj chômeur(-euse) m(f) **Arbeitslosengeld** nt allocation f [de] chômage (accordée pendant les 18 premiers mois de chômage) **Arbeitslosenhilfe** f allocation [de] chômage accordée aux chômeurs de longue durée dans le besoin **Arbeitslosenquote** f taux m de chômage **Arbeitslosenunterstützung** f s. Arbeitslosengeld **Arbeitslosenversicherung** f assurance f chômage **Arbeitslosenzahl** f nombre m des chômeurs **Arbeitslosenziffer** f chiffres mpl du chômage **Arbeitslosigkeit** <-> f chômage m **Arbeitsmangel** m pénurie f de travail **Arbeitsmarkt** m marché m de l'emploi [o du travail] **Arbeitsmaterial** nt (Werkzeug, Ausrüstung) équipement m [professionnel] **Arbeitsmedizin** f médecine f du travail **Arbeitsminister(in)** m(f) ministre mf du Travail **Arbeitsministerium** nt ministère m du Travail **Arbeitsmittel** Pl matériaux mpl et outils servant aux besoins de la profession **Arbeitsmoral** f conscience f professionnelle; was ist denn das für eine ~? qu'est-ce que c'est que cette conception du travail? **Arbeitsniederlegung** f débrayage m, arrêt m du travail **Arbeitsordnung** f kein Pl règlementation f du travail; (eines Betriebes) règlement m intérieur **Arbeitsort** m lieu m de travail **Arbeitspapier** nt ❶ (Entwurf) document m de travail ❷ Pl (Dokument) ~e le dossier **Arbeitspause** f pause f **Arbeitspensum** nt tâche f **Arbeitsplan** m planning m [de travail] **Arbeitsplatz** m ❶ (Platz) poste m de travail; am ~ sur le lieu de travail ❷ (Anstellung) emploi m; den ~ wechseln changer de poste; Arbeitsplätze sichern/abbauen garantir/supprimer des emplois **Arbeitsplatzabbau** m réduction f des emplois **Arbeitsplatzgarantie** f garantie f de l'emploi **Arbeitsplatzsicherung** f sécurité f de l'emploi **Arbeitsplatzverlust** m perte f de l'emploi **Arbeitsplatzwechsel** m changement m de poste **Arbeitsprobe** f échantillon m de travail; seine/ihre ~ l'échantillon de son travail **Arbeitspsychologie** f psychologie f du travail **Arbeitsraum** m bureau m **Arbeitsrecht** nt droit m [o législation f] du travail **arbeitsrechtlich** Adj qui relève du droit du travail **arbeitsreich** Adj Leben, Zeit, Jahr bien rempli(e) **Arbeitsrhythmus** m rythme m de travail **Arbeitsrichter(in)** m(f) ≈ prud'homme mf (juge professionnel en Allemagne) **Arbeitsruhe** f arrêt m du travail; um 19 Uhr ist ~ le travail cesse à 19 heures **arbeitsscheu** Adj pej réfractaire au travail **Arbeitsschluss**[RR] m fin f du travail **Arbeitsschritt** m étape f de travail **Arbeitsschutz** m protection f contre les maladies et les accidents du travail; aus Gründen des ~es pour raison de sécurité **Arbeitsschutzbestimmungen** Pl mesures fpl de protection contre les accidents du travail **Arbeitsspeicher** m INFORM mémoire f vive **Arbeitssprache** f langue f utilisée dans le travail **Arbeitsstätte** f geh lieu m de travail **Arbeitsstelle** f ❶ (Anstellung) situation f ❷ (Arbeitsort) lieu m de travail **Arbeitsstunde** f heure f de travail **Arbeitssuche** f recherche f d'un emploi; auf ~ sein être à la recherche d'un emploi **Arbeitssuchende(r)** f(m) s. Arbeitsuchende(r) **Arbeitstag** m ❶ journée f de travail; ein achtstündiger ~ une journée de huit heures de travail ❷ (Werktag) jour m ouvrable **Arbeitstagung** f séance f de travail **arbeitsteilig** I. Adj Produktion, Wirtschaft basé(e) sur la division [o répartition] du travail
II. Adv vorgehen, produzieren en se répartissant le travail **Arbeitsteilung** f division f [o répartition f] du travail **Arbeitstempo** nt cadence f de travail **Arbeitstier** nt ❶ (Zugtier) bête f de trait; (Lasttier) bête de somme ❷ fig fam (Mensch) bourreau m de travail **Arbeitstisch** m table f de travail **Arbeitstitel** m titre m provisoire **Arbeitsüberlastung** f surcharge f de travail **arbeitsuchend** s. Arbeit ❷ **Arbeitsuchende(r)** f(m) dekl wie Adj demandeur(-euse) m(f) d'emploi **arbeitsunfähig** Adj en incapacité de travail; jdn für eine Woche ~ schreiben donner une semaine d'arrêt de travail à qn **Arbeitsunfähigkeit** f incapacité f de travail **Arbeitsunfähigkeitsbescheinigung** f certificat m d'incapacité de travail **Arbeitsunfall** m accident m du travail **Arbeitsunterlagen** Pl documents mpl de travail **Arbeitsverhältnis** nt contrat m de travail; ein ~ eingehen signer un contrat de travail; das ~ lösen Arbeitgeber: résilier le contrat de travail; Arbeitnehmer: donner sa démission **Arbeitsvermittlung** f ❶ (das Vermitteln) recrutement m ❷ (Abteilung im Arbeitsamt) agence f pour l'emploi ❸ (private Agentur) bureau m de placement **Arbeitsvertrag** m contrat m de travail **Arbeitsverweigerung** f refus m d'effectuer un travail **Arbeitsweise** f ❶ (Vorgehensweise) méthode f de travail ❷ (Funktionsweise) eines Geräts, einer Maschine mode m de fonctionnement **Arbeitswelt** f monde m du travail **arbeitswillig** Adj désireux(-euse) de travailler; ~ sein être prêt(e) à travailler **Arbeitswoche** f semaine f de travail **Arbeitswut** f hum fam frénésie f de travail **arbeitswütig** Adj hum fam acharné(e) au travail **Arbeitszeit** f ❶ (tägliche Arbeitszeit) temps m [o heures fpl] de travail; gleitende ~ horaire m flexible ❷ (benötigte Zeit) temps m de travail **Arbeitszeitermittlung** f détermination f de la durée de travail

Ärger ausdrücken

Unzufriedenheit ausdrücken	exprimer l'insatisfaction
Das entspricht nicht meinen Erwartungen.	Cela ne répond pas à mes attentes.
Ich hätte erwartet, dass Sie sich nun mehr Mühe geben.	J'aurais espéré que vous vous donniez plus de mal.
So hatten wir es nicht vereinbart.	Nous n'en avions pas convenu ainsi.

Verärgerung ausdrücken	exprimer l'irritation
Das ist (ja) unerhört!	C'est incroyable/inouï!
Eine Unverschämtheit ist das!/So eine Frechheit!	Mais c'est une honte!/Quel culot!/Quelle impertinence!
Das ist doch wohl die Höhe!	Alors là, c'est le bouquet/le comble!
Das darf doch wohl nicht wahr sein!	Mais ce n'est pas vrai/possible!
Das nervt! *(fam)*	C'est énervant!/Ça commence à m'énerver!
Das ist ja nicht mehr zum Aushalten! *(fam)*	Ça devient/C'est insupportable!

Arbeitszeitverkürzung *f* réduction *f* du temps de travail
Arbeitszeugnis *nt* certificat *m* de travail **Arbeitszimmer** *nt* bureau *m*
archaisch [ar'ça:ɪʃ] *Adj* archaïque
Archäologe [arçɛo'lo:gə] <-n, -n> *m*, **Archäologin** *f* archéologue *mf*
Archäologie [arçɛolo'gi:] <-> *f* archéologie *f*
archäologisch I. *Adj* archéologique
II. *Adv* sur le plan archéologique
Arche ['arçə] <-, -n> *f* arche *f*; **die ~ Noah** l'Arche de Noé
Archetyp [arçe'ty:p] <-s, -er> *m geh* archétype *m*
Archimedes [arçi'me:dɛs] <-> *s* HIST Archimède *m*
Archipel [arçi'pe:l] <-s, -e> *m* GEOG archipel *m*
Architekt(in) [arçi'tɛkt] <-en -en> *m(f)* architecte *mf*
Architektenbüro *nt* ❶ *(Arbeitsraum)* bureau *m* d'architecte
❷ *(Firma)* cabinet *m* d'architecte
architektonisch [arçitɛk'to:nɪʃ] I. *Adj* Gestaltung, Leistung architectural(e)
II. *Adv* gelungen, interessant sur le plan architectural
Architektur <-, -en> *f* architecture *f*; **~ studieren** faire des études d'architecture
Architekturbüro *nt s.* **Architektenbüro**
Archiv [ar'çi:f] <-s, -e> *nt* archives *fpl*
Archivar(in) [arçi'va:ɐ] <-s, -e> *m(f)* archiviste *mf*
Archivbild *nt* photo *f* d'archives **Archivexemplar** *nt* exemplaire *m* d'archives
archivieren* [-'vi:-] *tr V* archiver
Archivierung <-, -en> *f a.* INFORM archivage *m*
ARD [a:ʔɛr'de:] <-> *f Abk von* **Arbeitsgemeinschaft der Rundfunkanstalten Deutschlands** première chaîne publique de radio et de télévision allemande
Ardennen [ar'dɛnən] *Pl* **die ~** les Ardennes *fpl*
Are ['a:rə] <-, -n> *f* CH *s.* **Ar**
Areal [are'a:l] <-s, -e> *nt* ❶ *(Fläche)* superficie *f*
❷ *(Gelände) eines Unternehmens, Schlosses* terrain *m*
Ären *Pl von* **Ära**
Arena [a're:na, *Pl:* a're:nən] <-, Arenen> *f* ❶ *eines Stadions* terrain *m*
❷ *(Stierkampfarena)* arène *f*
❸ *(Zirkusarena)* piste *f*
▶ **in die ~ steigen** *Matador, Torero*: combattre dans l'arène; *Politiker*: descendre dans l'arène
arg [ark] <ärger, ärgste> SDEUTSCH I. *Adj* ❶ *(schlimm)* grave; *Schicksal* cruel(le); *Enttäuschung* grand(e) antéposé; *Schmerzen, Gestank* horrible; **unser ärgster Feind** notre pire ennemi; **jdm aus einer ~en Verlegenheit helfen** enlever à qn une épine du pied; **das Ärgste befürchten** craindre le pire; **das macht alles nur noch ärger!** cela ne fait qu'aggraver la situation!
❷ *attr fam (groß)* Freude, Liebenswürdigkeit grand(e) antéposé
▶ **das ist mir ~** cela m'est douloureux; **im Argen liegen** *geh* être en mauvaise posture
II. *Adv* ❶ *(schlimm, übel)* **jdm ~ mitspielen** être dur(e) avec qn; **~ in der Klemme stecken** être dans un sacré pétrin *(fam)*; **es [zu] ~ treiben** exagérer
❷ *(sehr) jung, müde* très
Argentinien [argɛn'ti:niən] <-s> *nt* l'Argentine *f*
Argentinier(in) <-s, -> *m(f)* Argentin(e) *m(f)*
argentinisch *Adj* argentin(e)
Ärger ['ɛrgɐ] <-s> *m* ❶ *(Unmut)* colère *f*; **vor ~ außer sich sein** être dans une colère terrible; **zum großen ~ der Anwesenden** au grand mécontentement des personnes présentes
❷ *(Unannehmlichkeiten)* ennuis *mpl*; **~ bekommen** [*o* **kriegen** *fam*] avoir des ennuis *(fam)*; **mit jdm ~ haben** avoir des ennuis avec qn; [jdm] **~ machen** [*o* **bereiten** *geh*] causer des ennuis [à qn]; **jetzt gibt es ~** maintenant ça va aller mal; **wegen ihm/dem Auto gibt es ständig ~** il y a sans arrêt des ennuis à cause de lui/la voiture; **mach [mir] keinen ~!** *fam* [ne] me fais pas d'histoires! *(fam)*; **so ein ~!** *fam* comme c'est embêtant!
▶ **seinem ~ Luft machen** laisser exploser sa colère
ärger *Adj Komp von* **arg**
ärgerlich I. *Adj* ❶ *(verärgert)* Blick, Stimme, Ton irrité(e); **über** [*o* **auf**] **jdn ~ sein** être fâché(e) contre qn; **jdn ~ machen** irriter qn, agacer qn; **~ klingen** *Stimme, Antwort*: trahir l'agacement; **werd' doch nicht gleich ~!** *fam* ne te fâche pas pour un rien!
❷ *(unangenehm)* Angelegenheit, Entwicklung, Entscheidung fâcheux(-euse), ennuyeux(-euse); **wie ~!** comme c'est ennuyeux!
II. *Adv* reagieren avec agacement, avec irritation
ärgern ['ɛrgɐn] I. *tr V* ❶ Person, Verhalten, Kritik: énerver; **jdn ~** *Person, Verhalten, Kritik*: énerver qn; **jdn mit einer Bemerkung ~** énerver qn en faisant une remarque; **es ärgert mich, dass er nie pünktlich ist** cela m'énerve qu'il ne soit jamais à l'heure
❷ *(mutwillig reizen, necken)* agacer, embêter *Person, Tier*
II. *r V* **sich ~** se mettre en colère, s'énerver; **sich über jdn/etw ~** se mettre en colère [*o* s'énerver] contre qn/à cause de qc; **ärgere dich nicht!** ne t'énerve pas!
▶ **nicht ~, nur wundern!** *fam* garde ton calme!
Ärgernis <-ses, -se> *nt* ❶ *(ärgerliche Sache)* [objet *m* de] scandale; **zum ständigen ~ werden** être un [objet de] scandale permanent
❷ *kein Pl (Verärgerung)* scandale *m*; **~ erregen** *geh* faire scandale; **bei jdm ~ erregen** *geh* scandaliser qn
❸ *meist Pl (Unannehmlichkeit)* contrariété *f*
Arglist <-> *f geh* perfidie *f (littér)*, malignité *f*; JUR dol *m*
arglistig *geh* I. *Adj* perfide *(littér)*
II. *Adv* perfidement
arglos I. *Adj* Person confiant(e); *Frage, Bemerkung* innocent(e)
II. *Adv* **sich völlig ~ verhalten** *(vertrauensselig)* agir en toute confiance; *(ohne böse Absicht)* agir en toute innocence
Arglosigkeit <-> *f* candeur *f*, innocence *f*
Argon ['argɔn, ar'go:n] <-s> *nt* CHEM argon *m*
ärgste(r, s) *Adj Superl von* **arg**
Argument [argu'mɛnt] <-[e]s, -e> *nt* argument *m*; **stichhaltige ~e vorbringen** fournir [*o* apporter] des arguments pertinents; **ein ~ für/gegen etw** un argument à l'appui de/contre qc; **das ist doch kein ~!** ce n'est pas un argument!
Argumentation [argumɛnta'tsio:n] <-, -en> *f* argumentation *f*
argumentativ *geh* I. *Adj* Beweisführung, Begründung argumenté(e); *Überzeugung* basé(e) sur des arguments
II. *Adv* überzeugend, schwach sur le plan de l'argumentation; *standhalten, widerlegen* en argumentant, par des arguments
argumentieren* *itr V* argumenter; **[geschickt] ~ [bien]** argumenter; **für/gegen etw ~** invoquer des arguments à l'appui de/contre qc; **mit etw ~** argumenter de qc
Argusaugen ▶ **jdn mit ~ beobachten** *geh* examiner qn à la loupe; **mit ~ über jdn/etw wachen** *geh* surveiller qn/qc avec vigilance
Argwohn ['arkvo:n] <-s> *m geh* défiance *f*, suspicion *f*; **jds ~ erregen** éveiller la défiance de qn; **~ gegen jdn hegen** éprouver de la

défiance pour [o à l'égard de] qn; **mit** [o **voller**] ~ avec défiance
argwöhnen ['arkvø:nən] *tr V geh* soupçonner
argwöhnisch *geh* I. *Adj* soupçonneux(-euse)
  II. *Adv* beobachten d'un air soupçonneux
Ariadne [a'riadnə] <-s> *f* MYTH Ariane *f*
Ariadnefaden *m* fil *m* d'Ariane
Arie ['a:riə] <-, -n> *f* aria *f*; *(Opernarie)* air *m* d'opéra
Arier(in) ['a:riɐ] <-s, -> *m(f)* Aryen(ne) *m(f)*
arisch ['a:rɪʃ] *Adj* aryen(ne)
Aristokrat(in) [arɪstoˈkra:t] <-en, -en> *m(f)* aristocrate *mf*
Aristokratie [arɪstokraˈti:] <-, -n> *f* aristocratie *f*
aristokratisch *Adj* aristocratique
Aristoteles [arɪsˈto:teles] <-> *m* HIST Aristote *m*
Arithmetik [arɪtˈme:tɪk] <-> *f* arithmétique *f*
arithmetisch *Adj* arithmétique
Arkade [arˈka:də] <-, -n> *f* arcade *f*
Arktis ['arktɪs] <-> *f* **die** ~ l'Arctique *m*
arktisch *Adj* ❶ GEOG arctique
  ❷ *fig Kälte, Temperaturen* polaire
arm [arm] <ärmer, ärmste> I. *Adj* ❶ *(mittellos)* pauvre; **jdn ~ machen** ruiner qn; **du machst mich noch mal ~!** *hum fam* tu veux me ruiner!
  ❷ *(bedauernswert) Person* pauvre *antéposé*; **das ~e Kind!** le pauvre enfant!; **meine ~en Hände!** *fam* mes pauvres mains!
  ❸ *(karg) Boden* pauvre; **an ~ Nährstoffen sein** *Erde, Boden:* être pauvre en substances nutritives
  ▶ **Arm und Reich** pauvres *mpl* et riches; **um jdn/eine Illusion ärmer werden** perdre qn/une illusion
  II. *Adv* ▶ ~ **dran sein** *fam* être à plaindre
Arm <-[e]s, -e> *m* ❶ bras *m*; **jdm den ~ reichen** *geh* offrir le bras à qn; **jdn am ~ führen** donner le bras à qn; **in ~** bras dessus, bras dessous; **ein Kind im ~** [o **in den ~en**] **halten** tenir un enfant dans ses bras; **jdn in die ~e** [o **in den ~**] **nehmen** prendre qn dans ses bras; **jdn in die ~e schließen** *geh* serrer qn dans ses bras; **sich** *(Dat)* **in die ~e sinken** tomber dans les bras l'un de l'autre; **sich** *(Dat)* **in den ~en liegen** être enlacé(e)s; **jdm den ~ umdrehen** tordre le bras à qn
  ❷ **kein Pl** *(Zugriff, Machtinstrument)* bras *m;* **der ~ des Gesetzes** *geh* le bras de la justice *(soutenu);* **den längeren ~ haben** avoir le bras long; **der verlängerte ~ der Mafia** le bras armé de la mafia
  ❸ *(Flussarm)* bras *m;* **ein toter ~ der Donau** un bras mort du Danube
  ❹ *(Ärmel)* manche *f;* **ein Hemd mit kurzem ~** une chemise à manches courtes
  ❺ *(armähnlicher Teil) eines Krans* bras *m; eines Leuchters* branche *f*
  ▶ **ein ~ voll** une brassée; **jdn am langen** [o **steifen**] **~ verhungern lassen** *fam* faire cuire qn à petit feu *(fam);* **jdn mit offenen ~en empfangen** recevoir qn à bras ouverts; **jdm in den ~ fallen** empêcher qn d'agir; **jdm unter die ~e greifen** donner un coup de main à qn, tirer qn d'affaire; **jdm in die ~e laufen** *fam* rencontrer qn fortuitement, se fourrer dans les pattes de qn *(fam);* **jdn auf den ~ nehmen** faire marcher qn *(fam),* se payer la tête de qn *(fam);* **jdn dem Feind in die ~e treiben** pousser qn dans les bras de son ennemi
Armada [arˈma:da] <-, -s *o* Armaden> *f* MIL, HIST armada *f*
armamputiert *Adj* amputé(e) du bras, manchot(e)
Armatur [armaˈtu:ɐ, *Pl:* -rən] <-, -en> *f meist Pl* ❶ *(Schalt- und Messgerät) (im Auto)* commande *f; (im Flugzeug)* instrument *m* de bord
  ❷ *(Badarmatur)* **die ~en** la robinetterie
Armaturenbrett *nt* tableau *m* de bord
Armband <-bänder> *nt* bracelet *m* **Armbanduhr** *f* montre-bracelet *f* **Armbeuge** ['armbɔɪɡə] *f* ANAT saignée *f* du bras **Armbinde** *f* ❶ *eines Blinden, Ordners* brassard *m* ❷ *(Armschlinge)* écharpe *f* **Armbruch** *m* fracture *f* du bras **Armbrust** *f* arbalète *f*
Ärmchen <-s, -> *nt Dim von* **Arm** petit bras *m*
armdick *Adj* de la grosseur d'un bras
Armdrücken <-s> *nt kein Pl* SPORT bras *m* de fer
Arme(r) *f(m) dekl wie Adj* ❶ *(mittelloser Mensch)* pauvre(-esse) *m(f);* **die ~n** les pauvres; **die Ärmsten der ~n** les plus pauvres parmi les pauvres
  ❷ *(bedauernswerter Mensch)* **du ~r/~!** mon/ma pauvre [petit(e)]!
  ▶ **es trifft keinen ~n** *hum fam* ça touche pas vraiment un sans-le-sou *(hum fam)*
Armee [arˈme:, *Pl:* arˈme:ən] <-, -n> *f* ❶ MIL armée *f;* **die Rote ~** HIST l'armée rouge
  ❷ *(riesige Menge)* **eine ~ von Arbeitslosen** une armée [o multitude] de chômeurs; **eine ~ von Heuschrecken** une armée de sauterelles
Ärmel ['ɛrməl] <-s, -> *m* manche *f*
  ▶ **[sich** *(Dat)]* **die ~ hochkrempeln** [o **aufkrempeln**] retrousser ses manches; **etw aus dem ~ schütteln** *fam* sortir qc de son cha-

peau
Ärmelaufschlag *m* revers *m,* parement *m*
Ärmeleuteessen *nt pej* nourriture *f* de pauvre
Ärmelkanal *m* **der ~** la Manche
ärmellos *Adj* sans manches
Armenhaus *nt* ❶ HIST asile *m*
  ❷ *fig* région *f* déshéritée; **das ~ Asiens** le parent pauvre de l'Asie
Armenien [arˈme:niən] <-s> *nt* l'Arménie *f*
Armenier(in) <-s, -> *m(f)* Arménien(ne) *m(f)*
armenisch I. *Adj* arménien(ne)
  II. *Adv* **~ miteinander sprechen** discuter en arménien; *s. a.* **deutsch**
Armenisch <-[s]> *nt kein Art* arménien *m; s. a.* **Deutsch**
Armenische *nt dekl wie Adj* **das ~** l'arménien *m; s. a.* **Deutsche**
Armenviertel *nt* quartier *m* pauvre
ärmer *Adj Komp von* **arm**
Armeslänge *f* coudée *f*
armieren* *tr V* armer
armlang *Adj* long(longue) comme le bras **Armlänge** *f* longueur *f* des bras; **ein Vorsprung von einer ~** une avance d'une coudée **Armlehne** *f* accoudoir *m* **Armleuchter** *m* ❶ *(Leuchter)* candélabre *m* ❷ *pej sl (Dummkopf)* andouille *f (fam)*
ärmlich ['ɛrmlɪç] I. *Adj* ❶ *Kleidung, Verhältnisse, Wohnung* misérable, pauvre; **~ wirken** donner une impression de pauvreté
  ❷ *(dürftig) Essen, Mahlzeit* maigre *antéposé*
  II. *Adv* gekleidet, wohnen pauvrement
Ärmlichkeit <-> *f* pauvreté *f*
Armloch *nt* emmanchure *f* **Armprothese** *f* prothèse *f* du bras **Armreif** *m* bracelet *m*
armselig ['armse:lɪç] *Adj* ❶ *(sehr arm)* misérable, miteux(-euse)
  ❷ *(dürftig)* pauvre, maigre *antéposé*
  ❸ *(erbärmlich) Feigling, Lügner* misérable *antéposé; Ausrede* minable; *Summe* misérable
Armseligkeit *f* ❶ *(Armut)* misère *f*
  ❷ *(Dürftigkeit)* pauvreté *f*
Armsessel *m* fauteuil *m* [à accoudoirs]
ärmste(r, s) *Adj Superl von* **arm**
Armstumpf *m* moignon *m* **Armstütze** *f* accoudoir *m*
Armut ['armu:t] <-> *f* ❶ *(Bedürftigkeit, Mangel)* pauvreté *f;* **in bitterer ~ leben** vivre dans une pauvreté extrême; **die neue ~** les nouveaux pauvres *mpl;* **~ an Bodenschätzen** pauvreté en matières premières
  ❷ *(Dürftigkeit) des Stils, Ausdrucks* indigence *f;* **geistige ~** pauvreté *f* intellectuelle
Armutsgrenze *f* seuil *m* de pauvreté; **unterhalb der ~ leben** vivre au-dessous du seuil de pauvreté **Armutszeugnis** ▶ **sich** *(Dat)* **mit einer Bemerkung ein ~ ausstellen** démontrer son incapacité en faisant une remarque; **ein ~ für jdn sein** prouver l'incapacité de qn
Armvoll <-, -> *m s.* **Arm** ▶
Arnika ['arnika] <-> *f* arnica *f*
Aroma [aˈro:ma, *Pl:* aˈro:mən, aˈro:mas, aˈro:mata] <-s, Aromen *o* -s *o* -ta> *nt* arôme *m*
Aromaforschung *f* aromacologie *f*
aromatisch [aroˈma:tɪʃ] *Adj* ❶ *(angenehm) Geruch, Duft* aromatique; **~ duften/riechen** avoir un parfum/une odeur aromatique
  ❷ *(wohlschmeckend)* savoureux(-euse); **~ schmecken** avoir un goût savoureux
aromatisieren* *tr V* aromatiser
Arrak ['arak] <-s, -s *o* -e> *m* arak *m*
Arrangement [arãʒaˈmã:] <-s, -s> *nt* ❶ *geh (Übereinkunft)* disposition *f,* arrangement *m;* **mit jdm ein ~ treffen** prendre des arrangements avec qn
  ❷ *(Bearbeitung) eines Musikstücks* arrangement *m*
  ❸ *(Organisation) einer Veranstaltung* organisation *f*
  ❹ *geh (Blumenarrangement)* composition *f*
arrangieren* [arãˈʒi:rən] I. *tr V* ❶ *(organisieren)* organiser
  ❷ *(gestalten)* arranger
  II. *r V* ❶ *(übereinkommen)* **sich mit jdm ~** s'arranger avec qn
  ❷ *(sich abfinden)* **sich ~** se faire une raison; **sich mit etw ~** s'arranger de qc
Arrest [aˈrɛst] <-[e]s, -e> *m* ❶ *(Freiheitsentzug)* détention *f;* JUR emprisonnement *m*
  ❷ *(Schularrest)* consigne *f,* retenue *f*
  ❸ MIL arrêts *mpl*
Arrestzelle *f* cellule *f*
arretieren* *tr V* bloquer *Hebel, Räder, Waage*
Arretierung <-, -en> *f* ❶ *(das Arretieren)* réglage *m,* positionnement *m*
  ❷ *(Mechanismus)* dispositif *m* de réglage
Arrhythmie [arytˈmi:] <-, -n> *f* arythmie *f;* **ventrikuläre ~n** MED arythmies ventriculaires
arriviert [-ˈvi:-] *Adj geh Künstler, Rechtsanwalt* arrivé(e)

arrogant [aro'gant] I. *Adj* arrogant(e)
II. *Adv* de manière arrogante
Arroganz <-> *f* arrogance *f*
Arsch [arʃ, *Pl:* 'ɛrʃə] <-[e]s, Ärsche> *m vulg* ❶ *(Gesäß)* cul *m (fam)* ❷ *(blöder Mensch)* conard *m (vulg);* **so ein ~!** quel conard! *(vulg)* ▶ **jdm geht der ~ auf** [*o* **mit**] **Grundeis** qn fait dans son froc *(fam);* **am ~ der Welt** en pleine cambrousse *(fam);* **den ~ voll kriegen** se faire botter le cul *(vulg);* **sich** *(Dat)* **den ~ abfrieren** se geler le cul *(vulg);* **sich** *(Dat)* **den ~ aufreißen** se casser le cul *(vulg);* **jdm in den ~ kriechen** lécher le cul à qn *(vulg);* **leck mich** [**doch**] **am ~!** va te faire foutre! *(vulg);* **sich auf den** [*o* **seinen**] **~ setzen** se casser le cul *(vulg);* **jdn** [*o* **jdm**] **in den ~ treten** botter le cul à qn *(vulg); (jdn antreiben)* pousser qn au cul *(vulg);* **jdm geht etw am ~ vorbei** qn n'a rien à cirer de qc *(vulg);* **am** [*o* **im**] **~ sein** être foutu(e) *(fam)*
Arschbacke *f vulg* fesse *f.* **Arschficker** <-s, -> *m vulg* ❶ *pej (Homosexueller)* enculé *m (vulg),* pédé *m (fam)* ❷ *(Schimpfwort)* [espèce *f* d']enculé *m* **Arschkarte** *f kein Pl* ▶ **die ~ ziehen** [*o* **haben**] *sl* tirer le mauvais numéro, ne pas avoir de chance **Arschkriecher(in)** *m(f) sl* lèche-cul *mf (vulg),* lèche-bottes *mf (fam).* **Arschloch** *nt vulg* ❶ *(After)* trou *m* du cul *(vulg)* ❷ *(Schimpfwort)* trou *m* du cul *(vulg);* **dieses ~ von Chef** ce conard [*o* cet enfoiré] de patron *(vulg);* **du ~!** pauvre conard!
Arsen [ar'ze:n] <-s> *nt* CHEM arsenic *m*
Arsenal [arze'na:l] <-s, -e> *nt* ❶ *(Waffenlager)* arsenal *m* ❷ *(Vielzahl)* **ein ~ von Werkzeugen/Schimpfwörtern** une collection d'outils/de jurons
Arsenik [ar'ze:nɪk] <-s> *nt* CHEM arsenic *m* [blanc]
Art. *Abk von* **Artikel** art.
Art [a:et] <-, -en> *f* ❶ *(Spezies)* espèce *f;* **eine vom Aussterben bedrohte ~** une espèce en voie de disparition; **geschützte ~ en** des espèces protégées
❷ *(Sorte)* genre *m,* sorte *f;* **eine/diese ~** [**von**] **Musik** un/ce genre de musique, une/cette sorte de musique; **jede ~ von Gewalt ablehnen** refuser toute forme de violence; **einzig in seiner ~ sein** être unique en son genre; **ein Bursche der übelsten ~** un type de la pire espèce
❸ *(Methode, Weise)* façon *f,* manière *f;* **auf natürliche/seltsame ~** d'une [*o* de] manière naturelle/étrange; **nach ~ der Franzosen, nach französischer ~** à la [manière] française
❹ *kein Pl (Wesensart)* nature *f;* **das ist meine ~** c'est ma façon d'être
❺ *kein Pl (Benehmen)* manières *fpl,* façons *fpl;* **das ist doch keine ~!** *fam* c'est pas des manières! *(fam)* ▶ **etw nach ~ des Hauses zubereiten** préparer qc maison; **auf diese ~ und Weise** de cette façon [*o* manière]; **aus der ~ schlagen** ne ressembler à personne de la famille
arteigen *Adj* spécifique
artenreich *Adj* riche en espèces **Artenreichtum** <-s> *m* BIO grande variété *f.* **Artenschutz** *m* protection *f* des espèces **Artenschutzabkommen** *nt* Convention *f* sur la protection des espèces **Artensterben** *nt* disparition *f* des espèces **Artenvielfalt** *f* variété *f* [*o* diversité *f*] des espèces
Arterhaltung *f* conservation *f* de l'espèce
Arterie [ar'te:riə] <-, -n> *f* ANAT artère *f*
arteriell [arteri'ɛl] *Adj* MED artériel(le)
Arterienverkalkung [-riən-] *f,* **Arteriosklerose** [arterio-] <-, -n> *f* MED artériosclérose *f*
artfremd *Adj* atypique **artgemäß** *s.* **artgerecht Artgenosse** *m,* **-genossin** *f* congénère *mf* **artgerecht** I. *Adj Tierhaltung* qui respecte les besoins des animaux II. *Adv* halten en respectant les besoins des animaux **artgleich** *Adj* de nature identique
Arthritis [ar'tri:tɪs] <-> *f* MED arthrite *f*
arthritisch [ar'tri:tɪʃ] *Adj* MED arthritique
Arthrose [ar'tro:zə] <-, -n> *f* MED arthrose *f*
Arthur <-s> *m* Arthur *m*
artifiziell [artifi'tsiɛl] *Adj* artificiel(le)
artig ['artɪç] I. *Adj Kind, Haustier* gentil(le), sage
II. *Adv* de manière sage
Artigkeit <-> *f (Wohlerzogenheit)* sagesse *f,* gentillesse *f*
Artikel [ar'ti:kəl, ar'tɪkəl] <-s, -> *m* article *m;* **sich auf einen ~ berufen** JUR se fonder sur un article
Artikulation [artikula'tsio:n] <-, -en> *f (Aussprache)* articulation *f*
artikulieren* *I. tr V* ❶ *(aussprechen)* articuler, prononcer
❷ *geh (zum Ausdruck bringen)* articuler, formuler
II. *r V geh* **sich in etw** *(Dat)* **~** s'exprimer dans qc
Artillerie [artɪlə'ri:] <-> *f* artillerie *f*
Artilleriebeschuss[RR] *m* tir *m* d'artillerie **Artilleriefeuer** *nt* feu *m* d'artillerie
Artillerist [artɪlə'rɪst, artɪlə'rɪst] <-en, -en> *m* artilleur *m*
Artischocke [artɪ'ʃɔkə] <-, -n> *f* artichaut *m*
Artischockenboden *m* fond *m* d'artichaut **Artischockenherz** *nt* cœur *m* d'artichaut

Artist(in) [ar'tɪst] <-en, -en> *m(f)* ❶ *(Zirkusartist)* artiste *mf* de cirque; *(Zirkusakrobat)* acrobate *mf*
❷ *(Könner)* artiste *mf*
artistisch *Adj* ❶ *Kunststück, Vorführung* artistique
❷ *(geschickt)* acrobatique
Artur *s.* **Arthur**
Artus <-> *m* MYTH, HIST **König ~** le roi Arthur
artverschieden *Adj* de nature différente **artverwandt** *Adj* d'espèce voisine
Arznei [arts'naɪ] <-, -en> *f* médicament *m* ▶ **eine bittere ~** *geh* une potion amère
Arzneibuch *nt* codex *m,* pharmacopée *f* **Arzneikunde** *f kein Pl* pharmacologie *f* **Arzneimittel** *nt* médicament *m;* **Vorsicht, ~!** ceci est un médicament!
Arzneimittelforschung *f* recherche *f* pharmaceutique **Arzneimittelgesetz** *nt* loi *f* sur les produits pharmaceutiques **Arzneimittelhersteller** *m* fabricant *m* de produits pharmaceutiques **Arzneimittelmissbrauch**[RR] *m* abus *m* de médicaments **Arzneimittelsucht** *f* dépendance *f* aux médicaments, pharmacodépendance *f*
Arzneipflanze *f* plante *f* médicinale **Arzneischränkchen** *nt* armoire *f* à pharmacie
Arzt [a:etst, *Pl:* 'ɛ:etstə] <-es, Ärzte> *m,* **Ärztin** *f* médecin *m,* docteur *mf;* **zum ~ gehen** aller chez le médecin; **praktischer ~ / praktische Ärztin** *veraltet* médecin *m* généraliste
Arztberuf *m* profession *f* de médecin **Arztbesuch** *m* visite *f* du médecin
Ärztekammer *f* conseil *m* de l'ordre des médecins **Ärztekongress**[RR] *m* congrès *m* de médecins **Arztemuster** *nt* MED échantillon *m* médical
Ärzteschaft <-> *f* corps *m* médical
Ärzteschwemme *f fam* pléthore *f* de médecins
Arztfrau *f* femme *f* de médecin **Arzthelfer(in)** *m(f)* auxiliaire *mf* médical(e)
Ärztin ['ɛrtstɪn] *s.* **Arzt**
Arztkosten *Pl* frais *mpl* de consultation [médicale]
ärztlich I. *Adj Attest, Rat, Behandlung* médical(e)
II. *Adv* **sich ~ untersuchen lassen** passer un examen médical; **sich ~ behandeln lassen** suivre un traitement médical; **~ empfohlen** recommandé(e) par le corps médical
Arztpraxis *f* cabinet *m* médical **Arzttermin** *m* rendez-vous *m* chez le médecin
As[ALT1] [as] *s.* **Ass**
As[2] <-, -> *nt* MUS la *m* bémol
Asbest [as'bɛst] <-[e]s, -e> *m* amiante *m;* **~ ist feuerfest** l'amiante résiste au feu
Asbestsanierung *f* désamiantage *m* **Asbeststaub** *m* poussière *f* d'amiante **asbestverseucht** *Adj* contaminé(e) par l'amiante **Asbestzement** *m* fibrociment® *m*
Aschantinuss[RR] *f* A cacahuète *f*
aschblond ['aʃblɔnt] *Adj* blond cendré *inv*
Asche ['aʃə] <-, *selten* -n> *f* cendre *f souvent pl;* **glühende ~** des cendres rouges; **die ~ des Verstorbenen** les cendres du défunt ▶ **sich** *(Dat)* **aufs Haupt streuen** *geh* battre sa coulpe *(soutenu);* **~ zu ~, Staub zu Staub** BIBL souviens-toi que tu es poussière et que tu retourneras en poussière
Äsche ['ɛʃə] <-, -n> *f* ZOOL ombre *m*
Ascheimer ['aʃaɪmɐ] *m s.* **Ascheneimer**
Aschenbahn *f* [piste *f*] cendrée **Aschenbecher** *m* cendrier *m* **Aschenbrödel** ['aʃənbrø:dəl] <-s> *nt* Cendrillon *f* **Ascheneimer** *m* seau *m* à cendres **Aschenplatz** *m* TENNIS [court *m* en] terre *f* battue **Aschenputtel** ['aʃənpʊtəl] <-s> *nt* Cendrillon *f* **Aschenregen** *m* pluie *f* de cendres
Ascher ['aʃɐ] <-s, -> *m fam* cendrier *m*
Aschermittwoch *m* mercredi *m* des Cendres
aschfahl *Adj Gesicht* livide, cendreux(-euse) **aschgrau** *Adj Haar* cendré(e); *Kleidung* [d'un] gris cendré *inv;* **~ e Socken** des chaussettes gris cendré
ASCII-Code ['askiko:t] *m* INFORM code *m* ASCII
äsen ['ɛ:zən] *itr V Wild:* brouter, viander *(spéc)*
Asepsis [a'zɛpsɪs] <-> *f* MED asepsie *f*
aseptisch [a'zɛptɪʃ] *Adj* aseptique, stérile; **etw ~ machen** aseptiser qc, stériliser qc
Äser *Pl von* **Aas**
Aserbaidschan [azɛrbaɪ'dʒa:n] <-s> *nt* l'Azerbaïdjan *f*
asexuell ['asɛksuɛl] *Adj* asexué(e)
Asiat(in) <-en, -en> *m(f)* Asiatique *mf*
asiatisch *Adj* asiatique
Asien ['a:ziən] <-s> *nt* l'Asie *f*
Askese [as'ke:zə] <-> *f* ascèse *f*
Asket(in) [as'ke:t] <-en, -en> *m(f)* ascète *mf*
asketisch I. *Adj* ascétique
II. *Adv* de manière ascétique; **~ leben** mener une vie ascétique

Askorbinsäure [askɔrˈbiːnzɔɪrə] f CHEM acide m ascorbique
Äskulapstab [ɛskuˈlaːpʃtaːp] m bâton m d'Esculape
asozial [ˈazotsiːl] I. Adj asocial(e)
  II. Adv de manière asociale
Asoziale(r) f(m) dekl wie Adj pej asocial(e) m(f)
Aspekt [asˈpɛkt] <-[e]s, -e> m aspect m
Asphalt [asˈfalt] <-[e]s, -e> m asphalte m, bitume m
Asphaltdecke f revêtement m en asphalte
asphaltieren* tr V asphalter, goudronner
Asphaltstraße f (in Ortschaften) rue f asphaltée [o goudronnée]; (außerhalb von Ortschaften) route f asphaltée [o goudronnée]
Aspik [asˈpiːk, ˈaspɪk] <-s, -e> m O A nt aspic m; **Fisch in ~** un aspic de poisson, du poisson en gelée
Aspirant(in) [aspiˈrant] <-en, -en> m(f) geh candidat(e) m(f)
Aspirin® [aspiˈriːn] <-s> nt aspirine f
Ass^RR <-es, -e> nt ❶ (Spielkarte) as m
  ❷ (fähiger Mensch) as m; **ein ~ in Physik sein** être un as de la physique
  ❸ TENNIS ace m
  ▶ **[noch] ein ~ im Ärmel haben** avoir encore un atout dans sa manche
aß [aːs] Imp von **essen**
Assel [ˈasəl] <-, -n> f cloporte m
Assembler [ɛˈsɛmblɐ] <-s, -> m INFORM assembleur m
Assessor [aˈsɛsoːɐ̯] <-s, -ssoren> m, **Assessorin** f ❶ JUR magistrat débutant dans le métier
  ❷ SCHULE professeur mf débutant
Assimilation [asimilaˈtsioːn] <-, -en> f ❶ BIO assimilation f
  ❷ geh (Anpassung) **~ an die Verhältnisse/die Umgebung** assimilation f à la situation/l'environnement
assimilieren* I. r V geh **sich ~** s'assimiler; **sich an die Verhältnisse/die Umgebung ~** s'assimiler à la situation/l'environnement
  II. tr V ❶ BIO assimiler
  ❷ geh (integrieren) assimiler, absorber
  III. itr V Blatt, Pflanze: assimiler
Assimilierung <-, -en> f a. BIO geh assimilation f
Assistent(in) [asɪsˈtɛnt] <-en, -en> f(f) assistant(e) m(f); **medizinisch-technische ~in** assistante de laboratoire; **wissenschaftlicher ~** assistant
Assistenz [asɪsˈtɛnts] <-> f geh (Mithilfe) concours m; **unter ~ von Kollegen** avec le concours de collègues
Assistenzarzt m, **-ärztin** f ≈ interne mf des hôpitaux **Assistenzprofessor(in)** m(f) ≈ maître m de conférences
assistieren* itr V assister; **jdm bei etw ~** assister qn dans qc
Assoziation [asotsiaˈtsioːn] <-, -en> f geh (Gedankenverbindung, Zusammenschluss) association f; **~en auslösen** évoquer des associations
assoziativ Adj associatif(-ive)
assoziieren* I. tr V geh associer; **etw mit etw ~** associer qc à qc
  II. r V **sich an etw** (Akk)/**mit etw ~** s'associer à qc/avec qc
assoziiert Adj Mitglied, Staat associé(e); **[mit] einer Organisation ~ sein** être membre associé d'une organisation
Ast [ast, Pl: ˈɛstə] <-[e]s, Äste> m ❶ (Zweig) branche f
  ❷ (Astknoten) nœud m
  ❸ meist Pl (Verzweigung) eines Blutgefäßes branche f, ramification f
  ▶ **auf dem absteigenden ~ sein** être en perte de vitesse (fam); **den ~ absägen, auf dem man sitzt** fam scier la branche sur laquelle on est assis; **sich** (Dat) **einen ~ lachen** fam se rouler par terre de rire (fam)
AStA [ˈasta] <-[s], -[s] o Asten> m Abk von **Allgemeiner Studentenausschuss** comité général des étudiants d'une université
Aster [ˈastɐ] <-, -n> f aster m
Asteroid [asteroˈiːt, Pl: -ˈiːdən] <-en, -en> m ASTRON astéroïde m
Astgabel f fourche f
Ästhet(in) [ɛsˈteːt] <-en, -en> m(f) esthète mf
Ästhetik [ɛsˈteːtɪk] <-, -en> f ❶ (Wissenschaft) esthétique f
  ❷ kein Pl (Schönheit) caractère m esthétique
ästhetisch Adj esthétique
Asthma [ˈastma] <-s> nt MED asthme m
Asthmatiker(in) <-s, -> m(f) MED asthmatique mf
asthmatisch [astˈmaːtɪʃ] MED I. Adj Patient, Beschwerden, Röcheln asthmatique; Anfall d'asthme
  II. Adv keuchen comme un/une asthmatique; **~ bedingt** d'origine asthmatique
Astloch nt trou m laissé par un nœud **astrein** I. Adj ❶ Holz sans nœud ❷ fam (hervorragend) impec (fam) ❸ fam (moralisch einwandfrei) **nicht ganz ~ sein** Sache: ne pas être clair(e); **der Typ ist nicht ganz ~** il n'est pas net, ce type (fam) II. Adv fam **sich verhalten** super bien (fam)
Astrologe [astroˈloːgə] <-n, -n> m, **Astrologin** f astrologue mf
Astrologie [astroloˈgiː] <-> f astrologie f
astrologisch [astroˈloːgɪʃ] I. Adj Buch, Zeitschrift d'astrologie; Gutachten astrologique
  II. Adv interessiert à l'astrologie; bewandert en astrologie
Astronaut(in) [astroˈnaʊt] <-en, -en> m(f) astronaute mf
Astronom(in) [astroˈnoːm] <-en, -en> m(f) astronome mf
Astronomie <-> f astronomie f
astronomisch Adj ❶ Instrument astronomique; Studium, Werk d'astronomie; Kenntnisse en astronomie
  ❷ fam (riesig) astronomique
Astrophysik [astrofyˈziːk] f astrophysique f **Astrophysiker(in)** [astroˈfyːzikɐ] m(f) astrophysicien(ne) m(f)
Astwerk nt branchage m, ramure f (soutenu)
ASU <-, -s> f Abk von **Abgassonderuntersuchung** HIST contrôle m antipollution
Asyl [aˈzyːl] <-s, -e> nt ❶ Pl selten (Zuflucht) asile m; **um [politisches] ~ bitten** demander l'asile [politique]; **jdm ~ gewähren** Staat, Land: accorder le droit d'asile à qn; Privatperson: offrir un asile à qn
  ❷ (Obdachlosenheim) asile m de nuit [pour les sans-abri]
Asylant(in) [azyˈlant] m(f) demandeur(-euse) m(f) d'asile
Asylantenwohnheim nt établissement m pour les demandeurs d'asile
Asylantrag m demande f d'asile **Asylbewerber(in)** m(f) demandeur(-euse) m(f) d'asile **Asylrecht** nt ❶ (Recht auf Asyl) droit m d'asile ❷ (Asylgesetze) droit m d'asile diplomatique **Asylsuchende(r)** f(m) dekl wie Adj demandeur(-euse) m(f) d'asile **Asylverfahren** nt procédure f de demande d'asile
Asymmetrie [azymeˈtriː] f asymétrie f
asymmetrisch [ˈazymeˌtrɪʃ] I. Adj asymétrique
  II. Adv de façon asymétrique
asynchron [ˈazʏnkroːn] geh I. Adj asynchrone
  II. Adv de façon asynchrone
Aszendent [astsɛnˈdɛnt] <-en, -en> m ASTRON, ASTROL ascendant m
at [æt] nt INFORM ar[r]obas m
A.T. nt Abk von **Altes Testament** Ancien Testament m
Atavismus [ataˈvɪsmʊs] <-, -ismen> m BIO atavisme m
atavistisch [ataˈvɪstɪʃ] Adj BIO atavique
Atelier [ateˈlieː, ateˈlieː] <-s, -s> nt ❶ (Künstlerwerkstatt) atelier m
  ❷ (Filmatelier) studio m [de production]
Atelieraufnahme [ateˈlieː-] f prise f de vue en studio
Atem [ˈaːtəm] <-s> m ❶ (Atemluft) souffle m; **nach ~ ringen** respirer difficilement, suffoquer; **außer ~ sein** être hors d'haleine, être à bout de souffle; **wieder zu ~ kommen** reprendre son souffle
  ❷ (Atemgeruch) haleine f; **ein frischer ~** une haleine fraîche; **ein schlechter ~** une mauvaise haleine
  ❸ (das Atmen) respiration f; **ihr ~ ging stoßweise** elle avait un souffle saccadé et court
  ▶ **mit angehaltenem ~** en retenant sa respiration; (sehr gespannt) en retenant son souffle; **den längeren ~ haben** tenir le coup (fam); **den ~ anhalten** retenir sa respiration; (sehr gespannt sein) retenir son souffle; **jdn in ~ halten** (jdn auf Trab halten) tenir qn en mouvement; (jdn in Spannung halten) tenir qn en haleine; **~ holen** (einatmen) respirer; (sich erholen) reprendre son souffle; **das/es verschlägt einem [glatt] den ~!** c'est à en avoir le souffle coupé!
atemberaubend I. Adj Tempo, Entwicklung, Schönheit vertigineux(-euse)
  II. Adv à donner le vertige
Atembeschwerden Pl troubles mpl respiratoires **Atemgerät** nt appareil m respiratoire **Atemgeräusch** nt bruit m de respiration
Atemholen <-s> nt Schmerzen beim ~ haben avoir des douleurs en respirant
atemlos Adj ❶ (außer Atem) essoufflé(e); **~ ankommen** arriver tout essoufflé(e)
  ❷ (gespannt) Stille absolu(e); **~ lauschen** écouter en retenant son souffle
Atemlosigkeit <-> f essoufflement m
Atemluft f air m [respirable] **Atemmaske** f masque m **Atemnot** f crise f d'étouffements **Atempause** f pause f pour respirer **Atemschutzgerät** nt appareil m respiratoire **Atemschutzmaske** s. Atemmaske **Atemstillstand** m arrêt m respiratoire **Atemwege** Pl voies fpl respiratoires **Atemwegserkrankung** f MED affection f des voies respiratoires **Atemzug** m inspiration f; **einen tiefen ~ machen** inspirer profondément ▶ **in einem ~, im selben ~** en même temps
Äthanol [ɛtaˈnoːl] <-s> nt CHEM alcool m éthylique
Atheismus [ateˈɪsmʊs] <-> m athéisme m
Atheist(in) [ateˈɪst] <-en, -en> m(f) athée mf
atheistisch [ateˈɪstɪʃ] Adj athée
Athen [aˈteːn] <-s> nt Athènes f
Äther [ˈɛːtɐ] <-s> m ❶ CHEM éther m
  ❷ (Medium) **etw in** [o **durch**] **den ~ schicken** faire passer qc sur les ondes
  ❸ poet (Himmel) éther m (poét)

ätherisch [ɛˈteːrɪʃ] *Adj* ❶ CHEM *Öl* essentiel(le)
❷ *poet (zart)* éthéré(e) *(littér)*; ~ **wirken** avoir quelque chose d'éthéré *(littér)*
Äthiopien [etiˈoːpiən] <-s> *nt* l'Éthiopie *f*
Äthiopier(in) <-s, -> *m(f)* Éthiopien(ne) *m(f)*
äthiopisch *Adj* éthiopien(ne)
Athlet(in) [atˈleːt] <-en, -en> *m(f) (Sportler, kräftiger Mensch)* athlète *mf*
athletisch I. *Adj Körperbau, Übung* athlétique
II. *Adv* ~ **gebaut sein** être taillé(e) en athlète
Äthylalkohol [ɛˈtyːlalkoˌhoːl] *m* CHEM alcool *m* éthylique
Atlanten *Pl von* **Atlas**
Atlantik [atˈlantɪk] <-s> *m* **der** ~ l'Atlantique *m*
Atlantikküste *f* côte *f* Atlantique; **an der** ~ **liegen** *Dorf, Stadt:* être situé(e) sur la côte Atlantique
atlantisch *Adj* atlantique
Atlas[1] [ˈatlas, *Pl:* atˈlantən] <- *o* -ses, Atlanten *o* -se> *m (Kartenwerk)* atlas *m*
Atlas[2] <- *o* -ses, -se> *m (Gewebe)* satin *m*
Atlas[3] <-> *m* GEOG **der** ~ l'Atlas *m*
atmen [ˈaːtmən] I. *itr V* respirer; **frei/schwer** ~ respirer librement/difficilement; **ihm fällt das Atmen schwer** il a du mal à respirer
II. *tr V* ❶ respirer
❷ *poet (ausstrahlen)* **den Geist vergangener Zeiten** ~ respirer l'esprit des temps passés
Atmosphäre [atmoˈsfɛːrə] <-, -n> *f* ❶ *a.* PHYS *(Lufthülle, Druck)* atmosphère *f*
❷ *(Stimmung)* atmosphère *f*, ambiance *f*; **in entspannter** ~ dans une atmosphère détendue
Atmosphärendruck <-drücke> *m* PHYS pression *f* atmosphérique
Atmosphärenüberdruck <-drücke> *m* PHYS ≈ bar *m*
atmosphärisch *Adj* atmosphérique
Atmung [ˈaːtmʊŋ] <-> *f* respiration *f*
atmungsaktiv *Adj* thermoactif(-ive)
Atmungsorgane *Pl* organes *mpl* de la respiration
Ätna [ˈɛtna] <-[s]> *m* **der** ~ l'Etna *m*
Atoll [aˈtɔl] <-s, -e> *nt* atoll *m*
Atom [aˈtoːm] <-s, -e> *nt* atome *m*
Atomangriff *m* attaque *f* nucléaire **Atomantrieb** *m* propulsion *f* nucléaire [*o* atomique]
atomar [atoˈmaːɐ] I. *Adj* ❶ PHYS atomique
❷ MIL *Bedrohung, Sprengkopf* nucléaire
II. *Adv* ❶ MIL *bedrohen, vernichten* au moyen d'armes nucléaires; *bewaffnet* d'armes nucléaires
❷ TECH *angetrieben* à l'énergie nucléaire
Atombombe *f* bombe *f* atomique **Atombombenversuch** *m* essai *m* nucléaire **Atombunker** *m* abri *m* antiatomique **Atomenergie** *f* énergie *f* nucléaire [*o* atomique] **Atomexplosion** *f* explosion *f* nucléaire **Atomforschung** *f kein Pl* PHYS recherche *f* nucléaire *pas de pl* **Atomgegner(in)** *m(f)* adversaire *mf* atomgetrieben *Adj* à propulsion nucléaire **Atomgewicht** *nt* masse *f* atomique **Atomindustrie** *f kein Pl* ÖKON industrie *f* nucléaire
atomisieren* *tr V* pulvériser
Atomkern *m* noyau *m* [de l'atome] **Atomkraft** *f kein Pl* énergie *f* nucléaire [*o* atomique] **Atomkraftwerk** *nt* centrale *f* nucléaire [*o* atomique] **Atomkrieg** *m* guerre *f* nucléaire [*o* atomique] **Atomlobby** [-lɔbi] *f* lobby *m* du nucléaire [*o* atomique] **Atommacht** *f* puissance *f* nucléaire **Atommeiler** *m* réacteur *m* nucléaire **Atommodell** *nt* modèle *m* atomique **Atommüll** *m* déchets *mpl* nucléaires **Atomphysik** *f* physique *f* nucléaire **Atomphysiker(in)** *m(f)* spécialiste *mf* de physique nucléaire **Atompilz** *m* champignon *m* atomique **Atomrakete** *f* fusée *f* nucléaire [*o* atomique] **Atomreaktor** *m* réacteur *m* nucléaire **Atomschutzbunker** *m* abri *m* antiatomique **Atomsperrvertrag** *m* traité *m* de non-prolifération [des armes nucléaires] **Atomsprengkopf** *m* ogive *f* [*o* tête *f*] nucléaire **Atomstreit** *m* querelle *f* nucléaire **Atomstreitmacht** *f* puissance *f* atomique [*o* nucléaire] **Atomstrom** *m kein Pl fam* énergie *f* nucléaire *pas de pl* **Atomtest** *m* essai *m* nucléaire **Atomteststoppabkommen** *nt* accord *m* sur l'arrêt des essais nucléaires **Atomtransport** *m* transport *m* de déchets nucléaires **Atomuhr** *f* horloge *f* atomique **Atomversuch** *m* essai *m* nucléaire **Atomwaffe** *f* arme *f* nucléaire [*o* atomique]
atomwaffenfähig *Adj inv Material, Plutonium* utilisable pour la fabrication d'armes nucléaires **atomwaffenfrei** *Adj Zone* dénucléarisé(e) **Atomwaffensperrvertrag** *m* traité *m* de non-prolifération [des armes nucléaires]
Atomzeitalter *nt kein Pl* ère *f* atomique; **das** ~ l'ère *f* [*o* l'époque *f*] atomique **Atomzerfall** *m* désintégration *f*
atonal [atoˈnaːl] *Adj* MUS atonal(e)
Atonie [atoˈniː] <-, -n> *f* MED atonie *f*; **gastrische** ~ atonie gastrique

atoxisch [aˈtɔksɪʃ] *Adj* MED, CHEM non[-]toxique
Atrium [ˈaːtriʊm] <-s, **Atrien**> *nt* ❶ patio *m*
❷ HIST atrium *m*
Atriumhaus *nt* maison *f* avec patio; HIST maison *f* avec atrium
Atrophie [atroˈfiː, *Pl:* atroˈfiːən] <-, -n> *f* MED atrophie *f*
Atropin [atroˈpiːn] <-s> *nt* BIO, MED atropine *f*
ätsch [ɛːtʃ] *Interj fam* bien fait *(fam)*
Attaché [ataˈʃeː] <-s, -s> *m* attaché(e) *m(f)*
Attachment [aˈtatʃmənt] <-s, -s> *nt* INFORM pièce *f* jointe, fichier *m* joint
Attacke [aˈtakə] <-, -n> *f* ❶ MIL *(Reiterangriff)* charge *f* de cavalerie
❷ SPORT, MED *a. fig* attaque *f*
▶ **zur** – **blasen** MIL sonner la charge; *fig* déclencher l'offensive; **eine** ~ **gegen jdn/etw reiten** déclencher une offensive contre qn/qc
attackieren* *tr V* ❶ *geh (verbal angreifen)* attaquer
❷ MIL, SPORT attaquer
Attentat [ˈatənˌtaːt] <-[e]s, -e> *nt* attentat *m*; **ein** ~ **auf jdn verüben** commettre un attentat contre qn
▶ **ein** ~ **auf jdn vorhaben** *hum fam* avoir une faveur à demander à qn
Attentäter(in) [ˈatənˌtɛːtɐ] *m(f)* auteur *m* de l'attentat
Attest [aˈtɛst] <-[e]s, -e> *nt* certificat *m* [médical]
attestieren* *tr V geh* attester; **jdm gute Arbeit** ~ attester à qn qu'il fait du bon travail; **einer S.** *(Dat)* **Qualität** ~ attester la qualité de qc
Attila [ˈatila] <-s> *m* HIST Attila *m*
Attitüde [atiˈtyːdə] <-, -n> *f geh* ❶ *(Körperhaltung)* pose *f*
❷ *(Gebaren)* **die** ~ **einer Filmdiva** les poses *fpl* d'une star de cinéma
Attraktion [atrakˈtsioːn] <-, -en> *f* ❶ *kein Pl (Anziehungskraft)* attrait *m*
❷ *(Glanznummer)* attraction *f*
attraktiv [atrakˈtiːf] *Adj* ❶ *Mann, Frau* séduisant(e), attirant(e)
❷ *(verlockend) Stadt, Region* attrayant(e); *Angebot, Gehalt, Stellung* intéressant(e)
Attraktivität [atraktiviˈtɛːt] <-> *f* ❶ *einer Person* pouvoir *m* de séduction
❷ *(Anreiz) einer Stadt, Region* caractère *m* attrayant; *eines Angebots, Gehalts, einer Stellung* caractère intéressant
Attrappe [aˈtrapə] <-, -n> *f* ❶ *(Nachbildung)* objet *m* factice
❷ *(gemalte optische Täuschung)* trompe-l'œil *m*
❸ MIL leurre *m*; *(Feindattrappe)* poupée *f* mannequin
▶ **das ist nur** ~ c'est une vaste fumisterie *(fam)*; *(ist nur Schein)* ce n'est que de la poudre aux yeux
Attribut [atriˈbuːt] <-[e]s, -e> *nt* ❶ *geh (Eigenschaft)* particularité *f*
❷ *geh (Kennzeichen)* attribut *m*; **die** ~**e der Macht** les marques *fpl* du pouvoir
❸ GRAM *eines Substantivs* épithète *f*
attributiv [atribuˈtiːf] I. *Adj Adjektiv* épithète *f*; ~**er Gebrauch** emploi *m* comme épithète
II. *Adv* ~ **gebraucht** employé(e) comme épithète
atü [aˈtyː] *Abk von* **Atmosphärenüberdruck** ≈ bar *m*
atypisch [ˈaːtyːpɪʃ] *Adj* atypique
ätzen [ˈɛtsən] I. *itr V Säure:* corroder, attaquer
II. *tr V* **etw in etw** *(Akk)* ~ graver qc dans qc
ätzend I. *Adj* ❶ CHEM corrosif(-ive)
❷ *(beißend) Geruch, Schwaden* délétère
❸ *fig Kritik, Spott* corrosif(-ive), caustique
❹ *sl (sehr schlecht)* chiant(e) *(fam)*
II. *Adv sl (furchtbar)* à chier *(vulg)*
Ätznatron *nt* CHEM soude *f* caustique
Ätzung <-, -en> *f* ❶ MED *(Verätzung)* brûlure *f*
❷ KUNST morsure *f*
au [aʊ] *Interj* ❶ *(Ausruf des Schmerzes)* aïe, ouille
❷ *(Ausruf der Freude)* ~ **ja/klasse!** *fam* ouah super! *(fam)*
❸ SDEUTSCH, A *s.* **Aue**
AU [aːˈʔuː] <-, -s> *f Abk von* **Abgasuntersuchung** contrôle *m* antipollution
aua [ˈaʊa] *Interj fam* aïe, ouille
Aubergine [obɛrˈʒiːnə] <-, -n> *f* aubergine *f*
auberginefarben [obɛrˈʒiːnə-] *Adj* aubergine *inv*; ~ **e Socken** des chaussettes aubergine
auch [aʊx] *Adv* ❶ *(ebenfalls)* aussi; **ich möchte** ~ **mitkommen** j'aimerais aussi venir; moi aussi, j'aimerais venir; ~ **die Regierung** le gouvernement [lui] aussi; **nicht nur ich, sondern** ~ **er** non seulement moi, mais lui aussi; **ich** ~ **nicht** moi non plus; **Gewalt ist aber** ~ **keine Lösung!** la violence n'est pas non plus une solution!
❷ *(sogar)* même; ~ **wenn** même si; ~ **dann, wenn du nicht magst** même si tu n'as pas envie; ~ **wenn du noch so brüllst** tu auras beau hurler
❸ *(verstärkend)* effectivement; **wozu [denn]** ~**?** de toute façon, à

quoi bon?; **so was Ärgerliches aber ~!** il ne manquait plus que ça!; **Mist aber ~!** *fam* mince alors! *(fam)*; **ich habe das nicht nur gesagt, ich meine das ~!** je ne l'ai pas seulement dit, je le pense [effectivement]!

❹ *(immer)* **was er ~ sagen wird** quoi qu'il dise, il aura beau dire; **so schnell sie ~ laufen mag** elle aura beau courir vite; **wie dem ~ sei** quoi qu'il en soit

▶ **~ gut!** [eh bien] tant pis!; **~ das noch!** il ne manquait plus que ça!

Audienz [audiˈɛnts] <-, -en> *f* audience *f*

Audimax [audiˈmaks] <-> *nt fam Abk von* **Auditorium maximum** grand amphi *m (fam)*

audiovisuell [audioviˈzuɛl] *Adj* audiovisuel(le)

Auditorium [audiˈtoːriʊm] <-s, -rien> *nt* ❶ *geh (Zuhörerschaft)* auditoire *m*

❷ *(Hörsaal)* amphithéâtre *m*; **~ maximum** grand amphithéâtre *m*

Aue [ˈauə] <-, -n> *f* DIAL *poet* prairie *f*

Auerhahn [ˈauəhaːn] *m* coq *m* de bruyère **Auerhenne** *f* poule *f* de bruyère **Auerhuhn** *nt* ZOOL [grand] tétras *m* **Auerochse** [-ɔksə] *m* aurochs *m*

auf [auf] I. *Präp + Dat* ❶ sur; **~ dem Tisch/dem Teller** sur la table/dans l'assiette; **~ dem Boden** par terre; **~ der Straße** dans la rue; **~ dem Meeresgrund** au fond de la mer; **~ dem Land** à la campagne; **~ einer Insel** sur une île; **auf Mallorca/Korsika** à Majorque/en Corse

❷ *(in, bei)* à; **~ der Schule/Post/Bank** à l'école/la poste/la banque; **~ einem Sparkonto** sur un compte [d']épargne

❸ *(während)* pendant, au cours de; **~ der Fahrt** pendant le [o au cours du] trajet; **~ dem Weg** en chemin; **~ der Feier** à la fête

❹ *(für)* **~ einen Tee/eine Zigarette bleiben** rester le temps de boire un thé/fumer une cigarette

II. *Präp + Akk* ❶ sur; **~ den Tisch/den Teller** sur la table/dans l'assiette; **~ den Boden** par terre; **~ die Straße** dans la rue; **~s Land fahren** aller à la campagne; **~ eine Leiter/einen Berg steigen** monter sur une échelle/escalader une montagne

❷ *(zu)* à; **~ die Schule/Post/Bank** à l'école/la poste/la banque; **~ das Fest gehen** aller à la fête

❸ *(bei Zeitangaben)* **einen Dienstag fallen** tomber un mardi; **etw ~ die nächste Woche verschieben** repousser qc à la semaine prochaine; **es geht ~ Ostern zu** Pâques approche; **in der Nacht ~ Dienstag** dans la nuit de lundi [à mardi]

❹ *(bei Maß- und Mengenangaben)* à; **etw ~ zwei Meter kürzen** raccourcir qc à deux mètres; **sich ~ zehn Meter nähern** s'approcher à dix mètres; **~ die Sekunde/den Pfennig genau** à la seconde/au centime près

❺ *(pro)* pour; **fünf Liter ~ hundert Kilometer verbrauchen** consommer cinq litres aux cent [kilomètres]

❻ *(nach, über)* **Sieg ~ Sieg erringen** remporter victoire sur victoire

❼ *(aufgrund, infolge)* sur, à, suite à; **~ Wunsch des Chefs** sur [o à] la demande du chef; **~ den Rat des Arztes** [hin] suite au conseil du médecin; **~ seine Bewerbung/ihren Vorschlag** [hin] suite à sa candidature/proposition

❽ *(mittels)* **~ diese Art** de cette manière [o façon]; **es ~ die freundliche Art versuchen** essayer la manière aimable

❾ *(in Trinksprüchen)* **~ dein Wohl!** à la tienne!; **~ unser Projekt!** à notre projet!

❿ *(mit Superlativen)* **jdn ~ das herzlichste begrüßen** saluer qn de la manière la plus cordiale; **~ das grausamste** de la façon la plus cruelle

III. *Adv* ❶ *(los)* **~ geht's!** on y va!; **~ nach Kalifornien!** en route pour la Californie!

❷ *fam (setz/setzt auf)* **Helm ~!** mets ton/mettez votre casque!

❸ *fam (offen)* **~ sein** être ouvert(e); **Mund ~!** ouvre/ouvrez la bouche!; **Fenster ~!** ouvre/ouvrez la fenêtre!

❹ *fam (aufgestanden)* **~ sein** être debout

❺ *(nach oben)* **~ und ab fahren** *Aufzug:* monter et descendre; **~ und ab tanzen** *Boot:* tanguer

▶ **~ und ab gehen** faire les cent pas, marcher de long en large; **mit etw geht es ~ und ab** qc a des hauts et des bas; **~ und davon sein** avoir filé [o déguerpi]

IV. *Konj* **~ dass** *geh* souhaitons que *+ subj*; **dass wir uns in Zukunft vertragen mögen!** *geh* puissions-nous nous entendre à l'avenir! *(soutenu)*

Auf *nt* **das ~ und Ab** *(Schaukelbewegung)* le tangage; *(Höhen und Tiefen)* les hauts *mpl* et les bas

auf|arbeiten *tr V* ❶ traiter *Akten*; **alles, was liegen geblieben ist, ~** mettre à jour tout ce qui est resté en attente

❷ *(auswerten)* exploiter *Belege, Literatur*

❸ *(verarbeiten, bewältigen)* assumer *Vergangenheit*

❹ *(renovieren)* **ein Möbelstück ~** *(reparieren/herrichten)* rénover/remettre un meuble en état/à neuf

Aufarbeitung <-, -en> *f* ❶ *(Erledigung)* mise *f* à jour

❷ *(Erneuerung)* remise *f* à neuf

❸ PSYCH *(Bewältigung)* assimilation *f*

auf|atmen *itr V* ❶ respirer profondément [o à pleins poumons]

❷ *(erleichtert sein)* respirer; **ein Aufatmen ging durch die Menge** la foule a respiré

auf|backen *tr V unreg* passer [quelques minutes] au four; **etw ~** passer qc [quelques minutes] au four; **etw noch einmal ~** repasser qc au four

auf|bahren [ˈaufbaːrən] *tr V* exposer *Toten, Sarg*

Aufbau <-bauten> *m* ❶ kein Pl *(Zusammenbauen)* eines *Regals, Gerüsts, Zelts* montage *m*; einer *Stereoanlage* installation *f*

❷ kein Pl *(Wiederaufbau)* eines *Landes, Gebäudes, einer Stadt* reconstruction *f*; **~ Ost** reconstruction de l'Est

❸ kein Pl *(Errichtung, Schaffung)* einer *Wirtschaftsordnung* instauration *f*; eines *Unternehmens, einer Organisation* mise *f* sur pied

❹ kein Pl *(das Herstellen)* von *Kontakten, Beziehungen* établissement *m*

❺ kein Pl *(Struktur)* eines *Landes, einer Organisation* organisation *f*; eines *Geräts* agencement *m*; eines *Romans, Kunstwerks* composition *f*; einer *Zelle, eines Atoms* structure *f*

❻ *(Teil eines Gebäudes, Schiffs)* superstructure *f*

❼ *(Karosserie)* carrosserie *f*

auf|bauen I. *tr V* ❶ monter *Regal, Gerüst, Zelt;* installer *Stereoanlage*

❷ *(errichten)* [wieder] **~** reconstruire *Land, Gebäude, Stadt*

❸ *(schaffen)* instaurer *Wirtschaftsordnung;* **ein Unternehmen/eine Organisation ~** mettre une entreprise/une organisation sur pied; **sich** *(Dat)* **eine Firma ~** mettre sa propre firme sur pied; **sich** *(Dat)* **eine Existenz ~** organiser sa vie

❹ *(herstellen)* établir *Kontakt, Beziehung*

❺ *(arrangieren)* installer *Exponate, Spielfiguren;* dresser *Büfett*

❻ *(basieren)* **etw auf einer Voraussetzung ~** fonder qc sur une prémisse; **etw auf der Vermutung ~, dass** fonder qc en supposant que *+ indic*

❼ *(vorbereiten)* **jdn zu einem Star ~** faire une star de qn; **jdn zu seinem Nachfolger ~** préparer qn à devenir [o pour en faire] son successeur

❽ ELEC, PHYS, TELEC établir *Druck, Spannung*

❾ PHYS, CHEM **symmetrisch aufgebaut sein** avoir une structure symétrique

II. *itr V* **auf etw** *(Dat)* **~** *Planung, Theorie:* se fonder sur qc

III. *r V* ❶ *fam (sich postieren)* **sich vor jdm/etw ~** se planter devant qn/qc

❷ *(sich bilden)* **sich ~** *Wolken, Gewitterfront:* se former

❸ INFORM **sich ~** *Homepage, Grafik:* s'afficher

Aufbaukurs *m* cours *m* de perfectionnement

auf|bäumen [ˈaufbɔɪmən] *r V* ❶ **sich ~** *Person:* se redresser d'un bond; *Tier:* se cabrer

❷ *fig (sich widersetzen)* **sich gegen jdn/etw ~** se cabrer contre qn/qc; **das Aufbäumen** la rébellion

Aufbaupräparat *nt* reconstituant *m*

auf|bauschen [ˈaufbauʃən] *tr V* ❶ gonfler *Segel, Stoff*

❷ *(übertreiben)* gonfler *Sache, Kleinigkeit;* **etw zu einem Skandal ~** faire tout un scandale de qc

Aufbaustudium *nt* complément *m* de formation [universitaire]

auf|begehren* *itr V geh* **gegen jdn/etw ~** se soulever contre qn/qc; **das Aufbegehren** la rébellion

auf|behalten* *tr V unreg* garder *Brille, Hut*

auf|beißen *unreg* I. *tr V* **eine Nuss/Packung ~** casser une noix/ouvrir un paquet avec les dents

II. *r V* **sich** *(Dat)* **die Lippe ~** se mordre la lèvre

auf|bekommen* *tr V unreg fam* ❶ SCHULE avoir [à faire]; **Hausaufgaben ~** avoir des devoirs [à faire]; **für morgen bekommt ihr nichts auf** je ne vous donne rien [à faire] pour demain

❷ *(öffnen können)* arriver à ouvrir

auf|bereiten* *tr V* ❶ ÖKOL traiter *Wasser, Erze;* retraiter *Brennelemente*

❷ *(vorbereiten)* remanier *Manuskript, Textvorlage*

Aufbereitung <-, -en> *f* ❶ von *Wasser, Erzen* traitement *m*

❷ *(Wiederaufbereitung)* von *Brennelementen* retraitement *m*

❸ *(Vorbereitung)* eines *Manuskripts, einer Textvorlage* remaniement *m*

Aufbereitungsanlage *f* usine *f* de retraitement

auf|bessern *tr V* ❶ *(erhöhen)* augmenter *Gehalt;* arrondir *Taschengeld*

❷ *(auffrischen)* améliorer *Kenntnisse*

Aufbesserung <-, -en> *f* ❶ *(Erhöhung)* augmentation *f*; **zur ~ seines Taschengeldes** pour arrondir son argent de poche

❷ *(Auffrischung)* amélioration *f*; **zur ~ meiner Englischkenntnisse** pour améliorer mes connaissances d'anglais

auf|bewahren* *tr V* ❶ conserver, garder *Lebensmittel, Zeitschriften;* **kühl/trocken ~!** à conserver au frais/au sec!

❷ *(verwahren, nicht wegwerfen)* garder

Aufbewahrung <-, -en> *f* ❶ *(Verwahrung)* dépôt *m*; **jdn um ~ der Akten bitten** prier qn de conserver les dossiers; **jdm etw zur**

~ geben confier la garde de qc à qn; **ein Testament/einen Wertgegenstand in ~ geben** déposer un testament/un objet de valeur
② *(Ort der Gepäckaufbewahrung)* consigne *f*
Aufbewahrungsort *m* **der ~ des Gemäldes** l'endroit *m* où est déposé le tableau; **etw an einen sicheren ~ bringen** déposer qc en lieu sûr
auf|bieten *tr V unreg* ❶ mobiliser *Polizei, Fähigkeiten, Mittel*
② *(Eheschließungsabsichten veröffentlichen)* publier les bans du mariage de
Aufbietung <-> *f der Polizei, Fähigkeiten, Mittel* mise *f* en œuvre; **unter ~ aller meiner Kräfte** en mobilisant toute mon énergie
auf|binden *tr V unreg* ❶ défaire *Knoten, Schleife, Krawatte;* délacer *Schuh;* **sich** *(Dat)* **die Schürze ~** défaire son tablier
② *(hochbinden)* **Zweige ~** attacher des branches en hauteur
③ *(befestigen)* **jdm etw ~** attacher qc sur le dos de qn; **sich** *(Dat)* **etw ~** s'attacher qc sur le dos
④ *fam (weismachen)* **jdm eine Lüge ~** faire gober un mensonge à qn *(fam)*
auf|blähen I. *tr V* ❶ gonfler *Ballon, Hülle;* ballonner *Bauch, Darm*
② *fig* **aufgebläht** *Verwaltungsapparat* hypertrophié(e)
II. *r V* **sich ~** ❶ *Ballon, Hülle:* [se] gonfler; *Bauch, Darm:* ballonner
❷ *s.* **aufblasen** ❷
aufblasbar *Adj* gonflable
auf|blasen *unreg* I. *tr V* gonfler *Luftballon, Luftmatratze;* **soll ich dir den/einen Luftballon ~?** veux-tu que je te gonfle ton/un ballon?; **zum Aufblasen** *Ball* gonflable
II. *r V* ❶ **sich** [automatisch] **~** se gonfler [automatiquement]
❷ *pej fam (sich wichtigmachen)* **sich ~** se rengorger; **aufgeblasen** bouffi(e) d'orgueil; **aufgeblasen sein** se croire sorti(e) de la cuisse de Jupiter *(fam)*
auf|bleiben *itr V unreg + sein fam* ❶ *(geöffnet bleiben)* rester ouvert(e)
❷ *(nicht zu Bett gehen)* rester debout; **wie lange bleibst du abends auf?** à quelle heure vas-tu te coucher le soir?
auf|blenden I. *itr V* ❶ *(das Fernlicht einschalten)* se mettre en pleins phares; *(die Lichthupe betätigen)* faire un appel de phares; **mit aufgeblendeten Scheinwerfern** en pleins phares
❷ PHOT ouvrir le diaphragme
II. *tr V* **die Scheinwerfer ~** se mettre en pleins phares
auf|blicken *itr V* ❶ lever les yeux; **zu jdm/etw ~** lever les yeux en direction de qn/qc
❷ *fig (als Vorbild verehren)* **zu jdm ~** admirer qn
auf|blinken *itr V* ❶ AUT *fam* faire un appel de phares
❷ *(kurz blinken) Lämpchen, Warnlampe:* clignoter
auf|blitzen *itr V* ❶ + *haben (aufleuchten) Lichtreflex, Leuchtturm:* jeter un éclair de lumière
❷ + *sein fig* **in jdm ~** *Erinnerung, Gedanke:* jaillir dans l'esprit de qn
auf|blühen *itr V + sein* ❶ *(sich öffnen) Blume, Knospe:* s'épanouir; **aufgeblüht** épanoui(e)
❷ *(aufleben) Person:* s'épanouir
❸ *(sich entwickeln) Kultur, Kunst, Handel:* fleurir
auf|bocken *tr V* **ein Auto ~** soulever une voiture avec un cric; **ein Motorrad ~** mettre une moto sur [sa] béquille
auf|bohren *tr V* ouvrir à la perceuse; **etw ~** ouvrir qc à la perceuse
auf|brauchen *tr V* épuiser *Vorräte, Kräfte, Geld;* finir *Packung;* **meine Geduld ist aufgebraucht** ma patience est à bout
auf|brausen *itr V + sein* ❶ *Beifall, Jubel:* éclater
❷ *(wütend werden) Person:* monter comme une soupe au lait
aufbrausend *Adj Person* soupe au lait *inv;* **er/sie ist sehr ~** il/elle est très soupe au lait
auf|brechen *unreg* I. *tr V + haben* forcer *Deckel, Verschluss;* forcer, fracturer *Pkw, Schloss, Tresor*
II. *itr V + sein* ❶ *Knospe:* éclore; *Erde, Asphalt, Eisdecke:* se fendre; *Wunde:* s'ouvrir
❷ *(aufflackern) Konflikt, Hass:* se raviver
❸ *(sich auf den Weg machen)* **zu einer Reise/nach Prag ~** partir en voyage/à Prague
auf|brezeln *r V fam* se bichonner
auf|bringen *tr V unreg* ❶ *(bezahlen)* réunir *Summe;* régler *Miete, Raten*
❷ *(mobilisieren)* trouver *Energie, Geduld, Mut*
❸ *(erzürnen)* **jdn gegen jdn/etw ~** monter [la tête à] qn contre qn/qc; *s. a.* **aufgebracht**
❹ *(ins Leben rufen)* faire circuler *Gerücht, Unsinn;* lancer *Mode, Sitte*
❺ NAUT dérouter *Schiff*
❻ *fam (aufbekommen)* arriver à ouvrir *Tür, Schublade*
❼ *(auftragen)* **Farbe auf etw** *(Akk)* **~** appliquer de la couleur sur qc
Aufbruch *m kein Pl* ❶ *(das Fortgehen)* départ *m;* **sich zum ~ fertig machen** se préparer au départ; **das Zeichen zum ~ geben** donner le signal du départ
❷ *geh (Erneuerung)* renouveau *m* (soutenu); **ein Kontinent im ~** un continent en mutation

Aufbruchstimmung *f* ❶ **in ~ sein** *Gäste:* avoir envie de partir; **es herrscht ~** tout le monde semble vouloir partir
❷ *(reformfreudige Stimmung)* atmosphère *f* de renouveau
auf|brühen *tr V* préparer; **sich** *(Dat)* **einen Tee ~** se faire un thé
auf|brummen *tr V fam* coller *(fam);* **jdm eine Strafe/Arbeit ~** coller une punition/un travail à qn
auf|bürden ['aʊfbʏrdən] *tr V geh* **jdm eine Last/Arbeit ~** accabler qn d'un fardeau/travail; **jdm die ganze Verantwortung ~** imputer toute la responsabilité à qn
auf|decken I. *tr V* ❶ découvrir *Liegenden, Schlafenden;* défaire *Bett*
❷ *(enthüllen)* découvrir *Wahrheit, Hintergründe;* élucider *Zusammenhänge, Verbrechen;* démasquer *Komplott, Verschwörung;* **einen Fehler ~** mettre une faute à jour
❸ KARTEN retourner *Spielkarte*
❹ *(auf den Tisch legen)* mettre *Tischtuch, Geschirr;* servir *Gericht*
II. *itr V* mettre la table [*o* le couvert]
Aufdeckung <-, -en> *f (Enthüllung)* découverte *f; (Aufklärung)* élucidation *f*
auf|donnern *r V pej sl* **sich ~** se faire un look d'allumeuse *(péj fam);* **aufgedonnert** avec un look d'allumeuse *(péj fam)*
auf|drängen I. *tr V* ❶ forcer à prendre; **jdm etw ~** forcer qn à prendre qc
II. *r V* **sich jdm ~** *Person:* imposer sa présence à qn; *Gedanke, Verdacht:* s'imposer à [l'esprit de] qn; **sich jdm als Berater ~** s'imposer à qn comme conseiller
auf|drehen I. *tr V* ❶ ouvrir *Hahn, Ventil, Wasser*
❷ *fam (lauter stellen)* pousser le son de *Verstärker;* **das Radio voll ~** mettre la radio à plein[s] tube[s] *(fam)*
❸ *(aufziehen)* remonter *Spieluhr, Uhrwerk*
❹ *(aufrollen)* **sich** *(Dat)* **die Haare ~** mettre des bigoudis
II. *itr V fam* ❶ *(loslegen) Person:* s'éclater *(fam);* **aufgedreht sein** être remonté(e) *(fam)*
❷ *(Gas geben)* appuyer sur le champignon *(fam)*
aufdringlich ['aʊfdrɪŋlɪç] *Adj* ❶ *Person* envahissant(e); **~ werden** *Person:* se faire pressant(e); **ich möchte nicht ~ sein** je ne voudrais pas être importun(e)
❷ *(unangenehm, auffällig) Geruch, Parfüm* pénétrant(e); *Farbe, Kleidung* voyant(e)
Aufdringlichkeit <-, -en> *f* ❶ *kein Pl einer Person* caractère *m* importun
❷ *(aufdringliches Verhalten)* **sich der ~ eines Verehrers erwehren** *geh* se défendre contre un soupirant pressant
❸ *(Penetranz, Auffälligkeit) einer Farbe, eines Kleidungsstücks* côté *m* tape-à-l'œil; **die ~ dieses Geruchs/Parfüms** cette odeur très pénétrante/ce parfum très pénétrant
auf|dröseln *tr V fam* démêler *Knoten;* démêler *Fadengewirr*
Aufdruck <-drucke> *m* ❶ *(Zeichen)* inscription *f; (Text)* impression *f*
❷ *(Überdruck) einer Briefmarke* surcharge *f*
auf|drucken *tr V* imprimer; **etw auf etw** *(Akk)* **~** imprimer qc sur qc
auf|drücken I. *tr V* ❶ *(öffnen)* ouvrir en poussant dessus; **etw ~** ouvrir qc en poussant dessus
❷ *(drücken auf)* apposer *Siegel, Stempel*
❸ *(fest aufsetzen)* **den Stift/Kuli ~** appuyer le crayon/stylo-bille
II. *itr V* **mit einem Stift beim Schreiben ~** appuyer en écrivant avec un crayon
aufeinander [aʊfaɪ'nandɐ] *Adv* ❶ *(räumlich)* l'un sur l'autre
❷ *(gegen) ~* **losgehen** *zwei Personen:* s'élancer l'un(e) sur l'autre; *mehrere Personen:* s'élancer les un(e)s sur les autres
❸ *(gegenseitig) ~* **angewiesen sein** *zwei Personen:* être tributaires l'un(e) de l'autre; *mehrere Personen:* être tributaires les un(e)s des autres; **sich ~ verlassen können** *zwei Personen:* pouvoir compter l'un(e) sur l'autre; *mehrere Personen:* pouvoir compter les un(e)s sur les autres
aufeinander|folgen *itr V + sein* se succéder
aufeinanderfolgend *Adj Ereignisse* successif(-ive); *Tage, Wochen* de suite
aufeinander|legen *tr V* **zwei Scheiben Brot ~** mettre deux tartines de pain l'une sur l'autre
aufeinander|liegen *itr V unreg + haben o* SDEUTSCH, A, CH *sein Personen, Tiere:* être couché(e)s l'un sur l'autre/les uns sur les autres; *Gegenstände:* être empilé(e)s
aufeinander|prallen *itr V + sein Fahrzeuge:* se télescoper; *Kontrahenten, Truppen:* se heurter; *Gegensätze, Meinungen:* s'affronter
aufeinander|schichten *tr V* empiler
aufeinander|stellen I. *tr V* empiler
II. *r V* **sich ~** grimper l'un(e) sur l'autre
aufeinander|stoßen *itr V unreg + sein,* **aufeinander|treffen** *itr V unreg + sein Truppen, Kontrahenten, Meinungen:* s'affronter
Aufenthalt ['aʊfɛnthalt] <-[e]s, -e> *m* ❶ séjour *m;* **der ~ ist hier verboten** il est interdit de rester ici

Aufenthalter–Aufgabe

❷ *(Halt eines Zugs)* arrêt *m;* **zehn Minuten ~ haben** avoir dix minutes d'arrêt
❸ *geh (Aufenthaltsort)* lieu *m* de résidence
Aufenthalter(in) <-s, -> *m(f)* CH résident(e) *m(f)* [temporaire]
Aufenthaltsberechtigung *f* régularité *f* du séjour **Aufenthaltsbewilligung** *f* permis *m* de séjour *(limité, pour des études, par ex.)* **Aufenthaltsdauer** *f* durée *f* du séjour **Aufenthaltserlaubnis** *f* permis *m* de séjour *(pour les membres de l'Union Européenne, par ex.); (Dokument)* carte *f* de séjour; **befristete Aufenthalts- und Arbeitserlaubnis** carte de séjour temporaire **Aufenthaltsgenehmigung** *f* permis *m* de séjour **Aufenthaltsort** *m* lieu *m* de résidence **Aufenthaltsraum** *m* salle *f* de détente
auf|erlegen* *tr V geh* imposer; **jdm eine Prüfung/Strafe ~** imposer un examen/infliger une punition à qn; **jdm ~ etw zu tun** imposer à qn de faire qc
auf|erstehen* *itr V unreg + sein* ressusciter; **der Auferstandene** le Christ ressuscité
Auferstehung <-, -en> *f* résurrection *f*
▸ **~ feiern** *hum* revenir [à la mode]
auf|essen *unreg* I. *tr V* terminer *Essen;* **den Kuchen [ganz] ~** manger tout le gâteau
II. *itr V* finir son assiette
auf|fädeln *tr V* enfiler
auf|fahren *unreg* I. *itr V + sein* ❶ monter; **auf eine Rampe/Fähre ~** monter sur une rampe/un ferry; **auf die Autobahn ~** prendre l'autoroute; **beim Auffahren auf die Autobahn** sur la bretelle d'accès à l'autoroute
❷ *(kollidieren mit)* **auf jdn/ein Fahrzeug ~** emboutir qn/un véhicule; **auf ein Hindernis ~** heurter un obstacle
❸ *(näher heranfahren)* **auf jdn/etw ~** [venir] serrer qn/qc; **dicht auf seinen Vordermann ~** talonner le véhicule qui précède
❹ *(hochschrecken)* sursauter; **aus dem Schlaf ~** s'éveiller en sursaut
II. *tr V + haben* ❶ *(herfahren)* apporter *Dünger, Erde*
❷ MIL *(in Stellung bringen)* **Panzer/Geschütze ~** mettre des chars/des pièces d'artillerie en batterie [*o* en position de tir]
❸ *(ins Feld führen)* avancer *Argumente, Beweise*
❹ *sl (herbeischaffen)* sortir *(fam) Getränke, Speisen*
Auffahrt *f* ❶ *kein Pl (das Hinauffahren)* montée *f*
❷ *(Zufahrt)* accès *m; (Autobahnauffahrt)* bretelle *f* d'accès [à l'autoroute]
Auffahrunfall ['aʊfaːʔʊnfal] *m* carambolage *m*
auf|fallen *itr V unreg + sein* ❶ *(ins Auge springen) Person:* ne pas passer inaperçu(e); *Sache:* se remarquer; **jdm ~** *Person:* attirer l'attention de qn; *Sache:* frapper qn; **an einem Namen/Foto fällt jdm etw auf** qn remarque qc dans un nom/sur une photo; **mir fällt auf, dass** je remarque que + *indic*
❷ *(auf angenehme/unangenehme Weise bemerkt werden) Person:* se distinguer/se faire remarquer; **angenehm/unangenehm ~** produire une impression agréable/désagréable; **als unzuverlässig ~** se révéler être peu fiable; **als Radikaler ~** se signaler comme extrémiste
auffallend I. *Adj Farbe, Kleidungsstück* voyant(e); *Ähnlichkeit* frappant(e); *Eleganz, Intelligenz* remarquable; **das ist ~** c'est frappant
II. *Adv* ruhig, zurückhaltend étonnamment; **stimmt ~!** *fam* tout juste, Auguste!
auffällig ['aʊffɛlɪç] I. *Adj Benehmen, Aussehen, Kleidung* qui ne passe pas inaperçu(e); *Farbe* voyant(e); *Narbe* visible; **an jdm/etw nichts Auffälliges bemerken** ne rien remarquer de particulier chez qn/sur qc
II. *Adv* nervös visiblement; *sich verhalten* étrangement; **~ gefärbt sein** être d'une couleur voyante
auf|falten I. *tr V* déplier
II. *r V sich* ~ ❶ *Fallschirm:* s'ouvrir
❷ GEOL *Gesteinsschichten:* se plisser
Auffangbecken *nt* ❶ *(Becken)* collecteur *m*
❷ *(Sammlungsbewegung)* creuset *m*
auf|fangen *tr V unreg* ❶ attraper *Ball;* **fang [den Ball] auf!** attrape [la balle]!
❷ *(sammeln)* recueillir *Regenwasser, Flüssigkeit*
❸ *(zufällig hören)* intercepter *Funkspruch;* saisir [au vol] *Gesprächsfetzen, Worte*
❹ *(kompensieren)* compenser *Verluste*
❺ *(dämpfen)* amortir *Aufprall, Stoß*
Auffanggesellschaft *f* ÖKON holding *m* **Auffanglager** *nt* centre *m* d'accueil
auf|fassen *tr V* concevoir; **etw als Einladung/Beleidigung ~** concevoir qc comme une invitation/offense; **etw richtig/falsch/anders ~** comprendre qc comme il faut/de travers/autrement
Auffassung *f* ❶ *(Vorstellung)* conception *f; (Meinung)* avis *m;* **nach seiner/meiner ~, seiner/meiner ~ nach** à son/mon avis; **nach allgemeiner ~** de l'avis de tous; **nach katholischer ~** selon la conception catholique
❷ *s.* Auffassungsgabe
Auffassungsgabe *f kein Pl* intelligence *f;* **eine rasche ~ haben** avoir l'esprit vif
auffindbar *Adj* **~ sein** pouvoir être retrouvé(e); **nicht ~ sein** être introuvable
auf|finden *tr V unreg* retrouver; **nirgends aufzufinden sein** être introuvable
auf|fischen *tr V* ❶ *fam (aus dem Wasser ziehen)* repêcher *Person, Gegenstand*
❷ *sl (aufgabeln)* dégoter *(fam) Person*
auf|flackern *itr V + sein* ❶ *Feuer, Kerze:* se raviver
❷ *(losbrechen) Gefühl:* se ranimer; *Kämpfe:* se rallumer
auf|flammen ['aʊfflamən] *itr V + sein* ❶ *Feuer:* flamboyer; *Brand:* partir
❷ *(losbrechen) Empörung, Unruhen:* éclater
auf|fliegen *itr V unreg + sein* ❶ *(hochfliegen) Vogel, Schwarm:* prendre son envol
❷ *(sich öffnen) Fenster, Tür:* s'ouvrir brusquement
❸ *fam (entdeckt werden) Bande, Verbrecher:* se faire pincer *(fam); Betrug:* être démasqué(e); **jdn/einen Betrug ~ lassen** faire pincer qn /démasquer une escroquerie
❹ *fam (gestört werden)* **einen Kongress ~ lassen** faire tourner court un congrès
auf|fordern *tr V + sein* ❶ prier; **jdm zum Bleiben/Gehen ~** prier qn de rester/partir; **jdn ~ zu schweigen** prier qn de se taire
❷ *(zum Tanz bitten)* **jdn ~** inviter qn [à danser]
auffordernd I. *Adj Blick, Geste* d'invite
II. *Adv* **~ winken** faire un signe d'invite
Aufforderung *f* ❶ *(Bitte)* demande *f* pressante; *(Bitte um einen Tanz)* invitation *f*
❷ *a.* JUR *(Anordnung) der Polizei* ordre *m; eines Gerichts* convocation *f;* **~ zur Angebotsabgabe** appel *m* d'offres; **einer ~** *(Dat)* **Folge leisten** obtempérer à un ordre/une convocation
auf|forsten ['aʊffɔrstən] *tr V* boiser *Wald, Gelände;* **etw wieder ~** reboiser qc; **das Aufforsten** le [re]boisement
Aufforstung <-, -en> *f* [re]boisement *m*
auf|fressen *tr V unreg* ❶ dévorer
❷ *fig fam* **die Arbeit frisst mich auf** le travail me bouffe *(fam)*
▸ **ich fress' dich [schon] nicht auf!** *fam* je ne vais pas te bouffer! *(fam)*
auf|frischen I. *tr V + haben* ❶ rafraîchir *Kenntnisse, Erinnerungen;* renouer *Freundschaft*
❷ *(erneuern)* ravaler *Anstrich*
❸ MED faire le rappel de *Impfung*
❹ *(ergänzen)* renouveler *Vorrat*
II. *itr V + haben o sein Wind:* fraîchir
III. *tr V unpers + sein* **es frischt auf** ça se rafraîchit
Auffrischungsimpfung *f* [piqûre *f* de] rappel *m* **Auffrischungskurs** *m* cours *m* de remise à niveau
auf|führen I. *tr V* ❶ représenter *Autor, Theaterstück;* interpréter *Komponisten;* jouer *Oper;* **was wird heute aufgeführt?** qu'est-ce qu'on joue aujourd'hui?
❷ *(auflisten)* produire *Zeugen;* énumérer *Beweise, Fakten;* citer *Beispiele*
II. *r V sich gut/schlecht ~* bien/mal se comporter
Aufführung *f* ❶ *eines Autors, Theaterstücks* représentation *f;* **zur ~ einer Oper gehen** aller écouter un opéra; **zur ~ kommen** [*o* **gelangen**] *form Autor, Drama:* être joué(e) [*o* représenté(e)]; *Opernkomponist, Oper:* être interprété(e); **jdn/etw zur ~ bringen** jouer [*o* représenter] qn/qc; *Orchester:* interpréter qn/qc
❷ *(Auflistung) von Zeugen* production *f; von Beweisen* énumération *f;* **jdn um die ~ weiterer Beispiele bitten** demander à qn de citer d'autres exemples
Aufführungsrecht *nt (für Theaterstücke)* droit *m* de représentation; *(für Musikstücke)* droit d'exécution
auf|füllen *tr V* ❶ remplir *Tank, Regal;* **die Gießkanne mit Wasser ~** remplir l'arrosoir d'eau
❷ *(nachfüllen) Benzin ~* reprendre de l'essence; **Öl ~** remettre de l'huile
❸ *(ergänzen)* ajouter; **den Inhalt der Packung mit einem Liter Wasser ~** rajouter un litre d'eau au contenu du paquet
Aufgabe ['aʊfgaːbə] <-, -n> *f* ❶ tâche *f;* **die ~ haben etw zu tun** avoir pour tâche de faire qc; **sich** *(Dat)* **etw zur ~ machen** se donner qc pour tâche
❷ *(Pflicht)* devoir *m*
❸ *(Auftrag)* mission *f*
❹ SCHULE *(Übung)* exercice *m; (Mathematikaufgabe)* problème *m;* **seine ~n machen** faire ses devoirs *mpl*
❺ *(Zweck)* fonction *f;* **eine bestimmte ~ haben** *Gegenstand, Gerät:* remplir une certaine fonction
❻ *kein Pl (Übergabe, Ablieferung) von Gepäck* dépôt *m; eines Pakets* expédition *f*

auffordern	
jemanden auffordern	**demander à quelqu'un de faire quelque chose**
Kannst du gerade mal kommen?	Pourrais-tu venir une minute?
Besuch mich doch mal.	Passe donc me voir.
Denk daran, mich heute Abend anzurufen.	N'oublie pas de me téléphoner ce soir.
Ich muss Sie bitten, den Raum zu verlassen. *(form)*	Je dois vous prier de quitter la pièce. *(form)*
zu gemeinsamem Handeln auffordern	**inviter quelqu'un à une action commune**
Auf geht's! *(fam)*	Allons-y!
An die Arbeit!/Fangen wir mit der Arbeit an!	(Allez,) au travail!/Mettons-nous au travail!
Lasst uns mal in Ruhe darüber reden.	Parlons-en tranquillement.
Wollen wir jetzt nicht endlich mal damit anfangen?	Et si nous commencions/nous nous y mettions (à la fin)?
verlangen	**exiger**
Ich will/bestehe darauf, dass du gehst.	Je veux que/j'insiste pour que tu partes.
Ich verlange eine Erklärung von Ihnen.	J'exige des explications de votre part.
Das ist das Mindeste, was man verlangen kann.	C'est le minimum qu'on puisse demander.

❼ *kein Pl (Verzicht)* ~ **eines Plans/einer Hoffnung** renoncement *m* à un plan/un espoir; ~ **von Ansprüchen** renonciation *f* aux prétentions; **zur ~ seines Geschäfts gezwungen sein** être contraint(e) de fermer son magasin; **die ~ des Studiums erwägen** envisager d'abandonner ses études
❽ *kein Pl a.* SPORT *(Nichtfortführen) eines Wettkampfs, Kampfs, des Widerstands* abandon *m*
❾ *kein Pl (Kapitulation)* reddition *f*
auf|gabeln *tr V sl* dégoter *(fam) Person*
Aufgabenbereich *m* ressort *m* **Aufgabengebiet** *s.* Aufgabenbereich **Aufgabenheft** *nt* cahier *m* d'exercices **Aufgabenstellung** *f* ❶ *(gestellte Aufgabe)* mission *f;* **die ~en der Politik** le rôle de la politique ❷ SCHULE *(Formulierung)* **die ~ ist ziemlich unklar** l'exercice *m* n'est pas posé clairement **Aufgabenverteilung** *f* répartition *f* des tâches
Aufgang <-gänge> *m* ❶ *der Sonne, des Mondes* lever *m*
❷ *(Treppe)* escalier *m; (Treppenhaus)* cage *f* d'escalier
auf|geben *unreg* I. *tr V* ❶ abandonner *Studium, Arbeit, Widerstand, Hoffnung;* quitter *Freunde, Stellung, Wohnung, Wohnort;* fermer [définitivement] *Firma, Geschäft;* se défaire de *Gewohnheit;* renoncer à *Alkohol, Sucht;* **seinen Plan nicht ~** ne pas renoncer à son plan; **gib's auf!** *fam* laisse tomber! *(fam)*
❷ *(als hoffnungslos betrachten)* cesser de se battre pour *Schüler, Patienten, Vermissten*
❸ *(auftragen)* **jdm Hausaufgaben ~** donner des devoirs à qn
❹ *(zu lösen geben)* **jdm Fragen/ein Rätsel ~** poser des questions/une énigme à qn
❺ *(übergeben, abliefern)* faire enregistrer *Gepäck;* poster *Brief, Paket;* [faire] passer *Annonce*
II. *itr V Partei:* abandonner la partie; *Sportler:* abandonner
aufgeblasen *Adj fam (angeberisch)* bouffi(e) d'orgueil *(fam);* **~ sein** se croire sorti(e) de la cuisse de Jupiter
Aufgebot *nt* ❶ *(große Menge)* quantité *f;* **ein beängstigendes ~ von Panzern** des quantités *fpl* inquiétantes de chars; **ein großes ~ von Freiwilligen** une multitude de bénévoles
❷ *(Heiratsankündigung)* publication *f* des bans; **das ~ bestellen** faire publier les bans
❸ JUR *~ der Gläubiger* appel *m* des créanciers
aufgebracht I. *Adj* en colère; **wegen jdm/etw ~ sein** être déchaîné(e) contre qn/à cause de qc; **bist du seinetwegen/ihretwegen ~?** es-tu furieux(-euse) à cause de lui/d'elle?
II. *Adv* reden, gestikulieren sous l'emprise de la colère
aufgedreht *Adj fam* **~ sein** *(lebhaft)* être remonté(e) *(fam)*
aufgedunsen ['aʊfgədʊnzən] *Adj Person, Gesicht* bouffi(e); *Bauch, Leib* gonflé(e)
auf|gehen *itr V unreg + sein* ❶ *Sonne, Mond:* se lever
❷ *(sich öffnen) Tür, Verschluss, Knopf:* s'ouvrir; *Vorhang:* se lever
❸ *(sich lösen) Knoten, Zopf:* se défaire
❹ *(sich lösen, verwirklichen lassen) Rechnung:* tomber juste; *Planung, Vorhaben:* se réaliser
❺ *(klar werden)* **jdm geht etw auf** qn commence à comprendre qc; **ihm ist noch nicht aufgegangen, worum es hier geht** il n'est pas encore arrivé à comprendre de quoi il s'agit

❻ *(Erfüllung finden)* **[völlig] in etw** *(Dat)* **~** s'investir [entièrement] dans qc
❼ *(wachsen, größer werden) Saat, Hefeteig:* lever
aufgehoben *Adj* **bei jdm gut/schlecht ~ sein** être en de bonnes/mauvaises mains chez qn
auf|geilen *sl* I. *tr V* faire bander *(fam) Mann;* faire mouiller *(vulg) Frau*
II. *r V* **sich ~** *Mann:* bander *(fam); Frau:* mouiller *(vulg);* **sich an jdm/etw ~** s'exciter en regardant qn/qc
aufgeklärt ['aʊfgəklɛːɐt] *Adj* PHILOS *Person* éclairé(e)
aufgekratzt *Adj fam* excité(e); **~ sein** bicher *(fam)*
aufgelegt ['aʊfgəleːkt] *Adj* ❶ **gut/schlecht ~ sein** être de bonne/mauvaise humeur; **zum Blödeln ~ sein** *fam* avoir envie de déconner *(fam);* **wie bist du heute ~?** tu es de quelle humeur aujourd'hui?
❷ *attr* DIAL *pej (offensichtlich) Schwindel, Unsinn* manifeste
aufgelöst ['aʊfgəløːst] *Adj* ❶ *(außer sich)* bouleversé(e); **[völlig] ~ sein** être [complètement] bouleversé(e)
❷ *(erschöpft)* fourbu(e); **ganz ~ sein** n'en plus pouvoir
aufgeräumt ['aʊfgərɔɪmt] *Adj geh Person* de belle humeur *(soutenu)*
aufgeregt ['aʊfgəreːkt] I. *Adj Person* excité(e); *(nervös)* énervé(e); **sie hatte ihn noch nie so ~ gesehen** elle ne l'avait encore jamais vu dans un tel état d'excitation; **ein ~es Stimmengewirr** un brouhaha d'où perce l'excitation
II. *Adv reagieren* en manifestant de l'excitation; **ganz ~ berichten** raconter tout(e) excité(e)
Aufgeregtheit <-> *f* [état *m* d'] excitation *f; (Nervosität)* énervement *m*
aufgeschlossen ['aʊfgəʃlɔsən] *Adj Person* ouvert(e); **für etw ~ sein, einer S.** *(Dat)* **~ sein** être ouvert(e) à qc
Aufgeschlossenheit <-> *f* ouverture *f* d'esprit
aufgeschmissen ['aʊfgəʃmɪsən] *Adj fam* paumé(e) *(fam);* **~ sein** être dans le potage
aufgesetzt I. *Adj Lächeln, Fröhlichkeit* forcé(e)
II. *Adv* **~ wirken** faire l'effet d'être forcé(e)
aufgeweckt ['aʊfgəvɛkt] *Adj* vif(vive) [d'esprit]; *Kind* dégourdi(e), éveillé(e)
Aufgewecktheit <-> *f* vivacité *f* [d'esprit]
auf|gießen *tr V unreg* ❶ verser *Kaffeewasser;* reverser *Getränk*
❷ *(aufbrühen)* **[den] Kaffee/Tee ~** verser de l'eau sur le café/thé
auf|gliedern I. *tr V* décomposer; **etw in etw** *(Akk)* **~** décomposer qc en qc
II. *r V* **sich in etw** *(Akk)* **~** se décomposer en qc
Aufgliederung *f* décomposition *f*
auf|glimmen *itr V unreg + sein geh* ❶ *(brennen) Lämpchen, Streichholz:* jeter une pâle lueur
❷ *(aufflackern) Hass, Widerstand, Leidenschaft:* se ranimer
auf|glühen *itr V + haben o sein Holzkohle, Scheit:* se mettre à rougeoyer
auf|graben *tr V unreg* creuser *Erde, Boden*
auf|greifen *tr V unreg* ❶ saisir *Vorschlag;* s'emparer de *Fall;* **eine Idee/ein Thema wieder ~** reprendre une idée/un sujet

❷ *(festnehmen)* arrêter *Täter*
aufgrund [aʊfˈɡrʊnt] *Präp + Gen* en raison de; **~ zahlreicher Beschwerden** suite à de nombreuses plaintes
Aufguss^RR *m* ❶ PHARM infusion *f*
❷ *(in der Sauna)* projection *f* d'eau
Aufgussbeutel^RR *m* sachet *m* d'infusion
auf|haben *unreg fam* **I.** *tr V* ❶ *(geöffnet haben)* ouvrir *Geschäft;* **das Fenster/die Tür ~** laisser la fenêtre/la porte ouverte; **seine Jacke ~** avoir sa veste ouverte; **einen Knopf ~** avoir un bouton défait
❷ *(aufgesetzt haben)* avoir [mis] *Brille, Hut*
❸ *(aufgemacht haben)* avoir ouvert *Paket;* avoir défait *Knoten*
❹ *(als Aufgabe bekommen haben)* avoir *Hausaufgaben;* **heute haben wir nichts/viel auf** aujourd'hui, on n'a pas/on a beaucoup de devoirs
II. *itr V Geschäft:* être ouvert(e); **ab/bis wann haben Sie auf?** à quelle heure/jusqu'à quelle heure vous ouvrez?
auf|hacken *tr V* ❶ ouvrir à coups de pioche *Boden;* **den Boden/die Straße ~** ouvrir le sol/casser la route à coups de pioche
❷ *(mit dem Schnabel öffnen)* etw ~ *Vogel:* casser qc [à coups de bec]
auf|halsen [ˈaʊfhalzən] *fam* **I.** *tr V* ❶ coller *(fam);* **jdm eine Arbeit/ eine Pflicht ~** coller un travail/un devoir à qn
II. *r V sich (Dat)* etw ~ se coller qc sur le dos *(fam);* **da hast du dir ja 'was Schönes aufgehalst!** tu t'es collé un drôle de truc sur le dos! *(fam)*
auf|halten *unreg* **I.** *tr V* ❶ *(am Weitermachen hindern)* retenir; **jdn bei einer Arbeit ~** retarder qn dans un travail
❷ *(am Weiterkommen hindern)* retenir *Person;* arrêter *Fahrzeug, Entwicklung;* **der Verkehr hat uns aufgehalten** le trafic nous a retardé
❸ *fam (offen hinhalten)* tendre *Hand, Mütze;* **seine Tasche ~** tendre son sac ouvert
II. *r V* ❶ **sich in der Wohnung/im Garten ~** se trouver dans l'appartement/le jardin; **sich drei Tage in Paris ~** rester trois jours à Paris; **sich einige Jahre in Wien ~** séjourner quelques années à Vienne
❷ *(verweilen)* **sich bei einem Punkt ~** s'attarder sur un point
❸ *fam (sich weiterhin befassen)* **sich mit jdm/etw ~** passer du temps avec qn/à faire qc
auf|hängen **I.** *tr V* ❶ [sus]pendre, accrocher *Bild, Mantel;* pendre, étendre *Wäsche;* raccrocher *Hörer*
❷ *(erhängen)* **jdn am Galgen ~** pendre qc à la potence
❸ *(anknüpfen, festmachen)* **etw an einer Frage/einem Thema ~** développer qc à partir d'une question/d'un thème
❹ *fam (aufhalsen)* **jdm etw ~** coller qc à qn *(fam)*
II. *r V* ❶ **sich an etw (Dat) ~** se pendre à qc
❷ *hum fam (ablegen)* **wo kann ich mich ~?** où est-ce que je peux pendre mes affaires?
Aufhänger <-s, -> *m* ❶ COUT bride *f*
❷ *fam (Anknüpfungspunkt)* **als [geeigneter] ~ für etw dienen** servir de point de départ [adéquat] pour qc
Aufhängung <-, -en> *f* TECH suspension *f*
auf|hauen I. *tr V + haben reg o unreg fam* casser
II. *itr V + sein fam* **mit dem Kopf auf etw** *(Akk o Dat)* **~** se cogner la tête sur qc
auf|häufen I. *tr V* amasser
II. *r V* **sich ~** s'amasser
auf|heben *unreg* **I.** *tr V* ❶ ramasser; **etw von der Erde ~** ramasser qc à terre; **etw vom Boden/Teppich ~** ramasser qc sur le sol/ tapis
❷ *(hochheben, aufrichten)* relever *Person*
❸ *(aufbewahren)* garder; **jdm etw [o etw für jdn] ~** garder qc pour qn; **hebt mir ein Stück Torte auf!** gardez-moi un morceau de gâteau [de côté]!
❹ *(abschaffen)* abroger *Gesetz, Vorschrift, Verfügung;* casser *Urteil*
❺ *(beenden)* lever *Sitzung, Embargo, Belagerung;* **aufgehoben werden** *Naturgesetze, Schwerkraft:* être aboli(e)
II. *r V* **sich ~** s'annuler
Aufheben ▸ **viel/nicht viel ~[s] machen** *geh* faire/ne pas faire toute une histoire; **viel/nicht viel ~s von jdm/etw machen** *geh* faire/ne pas faire grand cas de qn/qc; **ohne [großes] ~** *geh* discrètement
Aufhebung <-, -en> *f* ❶ *eines Gesetzes, einer Verfügung* abrogation *f; eines Urteils* invalidation *f*
❷ *(Beendigung)* levée *f*
auf|heitern [ˈaʊfhaɪtɐn] **I.** *tr V* dérider *Person;* détendre *Stimmung*
II. *r V* **sich ~** ❶ *Gesicht:* s'éclairer
❷ METEO *Himmel:* se dégager; **es heitert sich auf** le temps s'éclaircit
Aufheiterung <-, -en> *f* ❶ zur allgemeinen ~ pour détendre l'atmosphère
❷ METEO éclaircie *f;* **gelegentliche ~en** quelques éclaircies

auf|heizen I. *tr V* ❶ chauffer *Wasser, Zimmer;* faire chauffer *Backofen*
❷ *(emotional aufladen)* [é]chauffer *Person, Stimmung;* réchauffer *Atmosphäre;* **aufgeheizt** *Atmosphäre, Klima* enfiévré(e)
II. *r V sich ~* ❶ *Luft, Wohnung:* se réchauffer; *Herdplatte:* chauffer
❷ *(sich emotional aufladen)* *Atmosphäre, Stimmung:* s'enfiévrer
Aufheizung *f* [r]échauffement *m;* **~ des Klimas** réchauffement du climat
auf|helfen *itr V unreg* aider à se mettre debout; **jdm ~** aider qn à se mettre debout
auf|hellen I. *tr V* ❶ éclaircir *Haare, Haarfarbe*
❷ *(erhellen, aufklären)* éclaircir *Sachverhalt*
II. *r V* **sich ~** *Gesicht, Miene:* s'éclairer; *Himmel, Wetter:* s'éclaircir
Aufheller <-s, -> *m* ❶ *(Waschsubstanz)* agent *m* blanchissant; **optischer ~** azurant *m* optique
❷ *(Haarfärbemittel)* produit *m* éclaircissant
Aufhellung <-, -en> *f* kein *Pl (Aufklärung)* **zur ~ eines Sachverhalts beitragen** contribuer à éclaircir des faits
❷ METEO éclaircie *f*
auf|hetzen *tr V* ❶ exciter à la révolte; **jdn ~** exciter qn à la révolte; **jdn gegen jdn/etw ~** exciter qn contre qn/qc; **jdn zu Gewalttaten ~** pousser qn à des actes de violence; **jdn dazu ~ etw zu tun** exciter qn à faire qc
Aufhetzung <-, -en> *f* instigation *f;* **~ zum Rassenhass** incitation *f* à la haine raciale
auf|heulen *itr V* ❶ *Person, Tier:* pousser un hurlement; **vor Wut/ Schmerz ~** pousser un hurlement de rage/de douleur
❷ *fam (zu weinen beginnen)* éclater en sanglots
❸ *(laut tönen) Sirene:* se mettre à mugir; *Sturm:* se mettre à rugir; *Motor:* s'emballer; **seinen Motor ~ lassen** faire rugir son moteur
auf|holen I. *tr V* rattraper *Rückstand, Zeit*
II. *itr V* rattraper son retard
auf|horchen *itr V* dresser l'oreille
auf|hören *itr V* ❶ *Straße, Linie, Musik:* s'arrêter; *Zustand, Vorgang:* cesser; *Freundschaft, Korrespondenz:* s'interrompre
❷ *(nicht weitermachen)* arrêter, cesser; **~ zu lachen** arrêter [o cesser] de rire; **mit dem Rudern ~** arrêter l'aviron
❸ *(kündigen)* **bei jdm/einer Firma ~** quitter son emploi chez qn/ dans une firme
▸ **da hört sich doch alles auf!** *fam* là, c'est le bouquet! *(fam)*
auf|hussen [ˈaʊfhʊsən] *tr V* A *fam (aufwiegeln)* exciter
Aufkauf *m (Kauf der restlichen Waren)* accaparement *m; (Kauf großer Mengen)* achat *m* en masse [o en grandes quantités]
auf|kaufen *tr V* accaparer; **eine Sammlung/die Restbestände ~** accaparer une collection/les restes, acheter toute une collection/ tous les restes; **Immobilien ~** acheter des biens immobiliers en grande quantité
Aufkäufer(in) *m(f)* COM [r]acheteur(-euse) *m(f);* ÖKON accapareur(-euse) *m(f); von Firmen* repreneur *m*
auf|keimen *itr V + sein* ❶ *Saat, Getreide:* germer
❷ *(sich entwickeln)* **in jdm ~** *Hoffnung, Zweifel:* naître en qn; **~d** naissant(e)
auf|klaffen *itr V* bâiller
aufklappbar *Adj Deckel, Fenster, Verdeck* rabattable; **~ sein** *Deckel, Fenster, Verdeck:* pouvoir s'ouvrir [o être rabattu(e)]
auf|klappen I. *tr V + haben* ❶ soulever *Deckel;* ouvrir *Buch, Verdeck, Taschenmesser;* déplier *Liegestuhl;* **beim Aufklappen** en soulevant/ouvrant/dépliant
❷ *(hochschlagen)* relever *Kragen*
II. *itr V + sein Deckel:* se soulever; *Buch, Verdeck:* s'ouvrir; *Liegestuhl:* se déplier
auf|klaren [ˈaʊfklaːrən] *itr V Himmel, Wetter:* se dégager; **es klart auf** le temps s'éclaircit
auf|klären I. *tr V* ❶ *(aufdecken)* tirer au clair; **ein Rätsel/Verbrechen ~** tirer une énigme/un crime au clair
❷ *(erklären)* expliquer *Irrtum, Missverständnis;* **das lässt sich ~** ça s'explique
❸ *(informieren)* **jdn über etw** *(Akk)* **~** mettre qn au courant de qc; **über etw** *(Akk)* **aufgeklärt sein** être au courant de qc
❹ *(über Sexuelles unterrichten)* **jdn ~** faire l'éducation sexuelle de qn; **aufgeklärt sein** avoir reçu une éducation sexuelle
❺ MIL reconnaître *Lage*
II. *r V* **sich ~** ❶ *Rätsel, Himmel:* s'éclaircir; *Missverständnis:* s'expliquer
❷ *(sich aufheitern) Gesicht, Miene:* s'éclairer
Aufklärer <-s, -> *m* ❶ PHILOS esprit *m* éclairé; **dieser Philosoph war ein ~** c'était un philosophe des lumières
❷ *(Aufklärungsflugzeug)* avion *m* de reconnaissance
aufklärerisch *Adj* ❶ PHILOS qui appartient au Siècle des Lumières
❷ *(belehrend)* instructif(-ive)
❸ *(freigeistig)* éclairé(e)
Aufklärung *f* ❶ *(Lösung, Aufdeckung)* élucidation *f*
❷ *(Klärung) eines Irrtums, einer Angelegenheit* explication *f;* **zur ~ einer S.** *(Gen)* **beitragen** permettre de tirer qc au clair

❸ *(Information)* ~ **über etw** *(Akk)* éclaircissements *mpl* sur qc; **um** ~ **über etw** *(Akk)* **bitten** demander à être informé(e) de qc
❹ *(sexuelle Aufklärung)* éducation *f* sexuelle
❺ MIL reconnaissance *f*
❻ *kein Pl* PHILOS **die** ~ **les lumières** *fpl*
Aufklärungsarbeit *f* travail *m* d'information; **sehr viel** ~ **leisten** fournir un très gros travail d'information **Aufklärungsbuch** *nt* ouvrage *m* d'éducation sexuelle **Aufklärungsfilm** *m* film *m* d'éducation sexuelle **Aufklärungsflugzeug** *s.* **Aufklärer** ❷ **Aufklärungskampagne** [-kampanjə] *f* campagne *f* de sensibilisation **Aufklärungspflicht** *f kein Pl eines Arztes, Herstellers* devoir *m* d'information; *eines Richters* devoir de s'informer **Aufklärungsquote** *f* ~ **bei Steuervergehen** pourcentage *m* de délits fiscaux élucidés **Aufklärungssatellit** *m* satellite *m* d'observation
auf|klauben *tr V* SDEUTSCH, A *fam* ramasser *Kastanien, Äpfel*
auf|kleben *tr V* coller; **etw auf etw** *(Akk)* ~ coller qc sur qc
Aufkleber *m* autocollant *m*
auf|knacken *tr V* ❶ casser *Nuss*
❷ *fam (aufbrechen)* fracturer *Auto, Tresor*
auf|knöpfen *tr V* ❶ déboutonner *Bluse, Hemd;* défaire *Knopf;* **sich** *(Dat)* **das Hemd** ~ déboutonner sa chemise; **kannst du ihm das Hemd ~?** peux-tu lui déboutonner sa chemise?; **aufgeknöpft** *Bluse, Hemd* ouvert(e); *Knopf* défait(e)
❷ *(befestigen)* **einen Kragen/eine Kapuze auf etw** *(Akk)* ~ boutonner un col/une capuche sur qc
auf|knoten *tr V* dénouer *Schnürsenkel, Tuch;* défaire *Knoten*
auf|knüpfen *tr V* ❶ *(aufhängen)* pendre; **jdn/sich an etw** *(Dat)* ~ pendre qn/se pendre à qc
❷ *s.* aufknoten
auf|kochen I. *tr V + haben* ❶ porter à ébullition; **die Milch/Suppe** ~ porter le lait/la soupe à ébullition
❷ *(aufwärmen)* réchauffer *Gemüse, Suppe*
II. *itr V + sein Milch, Suppe, Wasser:* commencer à bouillir; **etw ~ lassen** porter qc à ébullition
auf|kommen *itr V unreg + sein* ❶ *(finanzieren)* **für jdn** [*o* jds Unterhalt] ~ subvenir aux besoins de qn; **für die Kosten/den Schaden** ~ prendre les coûts/les dégâts en charge
❷ *(entstehen) Kritik, Zweifel:* se faire jour; *Gerücht:* commencer à circuler; **Zweifel ~ lassen** faire naître des doutes; **Kritik gar nicht erst ~ lassen** étouffer toute critique dans l'œuf; **~d** *Zweifel, Kritik* naissant(e)
❸ METEO *Nebel, Wind:* se lever; *Regen:* se mettre à tomber; **~ der Nebel** brouillard *m* qui se lève
❹ *(sich durchsetzen)* **gegen jdn nicht ~** ne pas pouvoir s'affirmer contre qn; **jdn nicht ~ lassen** ne laisser aucune place à qn
❺ *(landen)* **hart/weich auf dem** [*o* **den**] **Boden ~** *Person:* se recevoir rudement/en douceur au sol; **beim Aufkommen** à la réception
Aufkommen <-s, -> *nt* ❶ *(Gesamtmenge)* **~ an Steuern** produit *m* des impôts; **das ~ an Verkehr/Müll** le trafic routier/la quantité de déchets produits
❷ *kein Pl (das Entstehen) einer Methode, Mode* apparition *f; von Zweifeln* naissance *f*
auf|kratzen *tr V* gratter *Oberfläche, Schicht;* **eine Wunde/die Haut ~** gratter une plaie/la peau jusqu'au sang
auf|kreischen *itr V* pousser des cris; **vor Freude/Schreck ~** pousser des cris de joie/d'épouvante
auf|krempeln *tr V* retrousser *Ärmel, Hosenbeine;* **sich** *(Dat)* **die Ärmel ~** retrousser ses manches; **etw mit aufgekrempelten Ärmeln tun** faire qc les manches retroussées
auf|kreuzen *itr V* ❶ *+ sein fam (erscheinen)* se pointer *(fam);* **bei jdm ~** se pointer chez qn
❷ *+ haben o sein* NAUT **gegen den Nordwind ~** louvoyer au plus près du vent du nord
auf|kriegen *tr V fam* ❶ arriver à ouvrir *Tür, Flasche, Deckel*
❷ *(aufgetragen bekommen)* **Hausaufgaben ~** avoir des devoirs [à faire]
auf|kündigen *tr V* résilier *Dienstverhältnis, Vertrag;* quitter *Stellung;* **jdm die Freundschaft/den Gehorsam ~** retirer son amitié/refuser d'obéir à qn
Aufkündigung *f eines Dienstverhältnisses, Vertrags* résiliation *f; des Gehorsams* refus *m;* **jdm mit der ~ der Freundschaft drohen** menacer qn de lui retirer son amitié
Aufl. *Abk von* **Auflage** ❶ éd.
auf|lachen *itr V* éclater de rire
auf|laden *unreg* I. *tr V* ❶ charger; **etw auf etw** *(Akk)* ~ charger qc sur qc; **jdm/einem Tier etw ~** charger qc sur le dos de qn/d'un animal
❷ *fam (aufbürden)* **jdm die ganze Arbeit/Verantwortung ~** mettre tout le travail/toute la responsabilité sur le dos de qn; **sich** *(Dat)* **etw ~** se mettre qc sur le dos
❸ ELEC [re]charger *Batterie*

❹ *(aufheizen)* **die Stimmung ~** rendre l'atmosphère tendue
II. *r V* **sich ~** *Batterie:* se charger d'électricité
Aufladung *f* charge *f;* **elektrostatische ~** charge électrostatique
Auflage <-, -n> *f* ❶ édition *f;* **dritte, durchgesehene ~** troisième édition revue [et corrigée]
❷ *(Auflagenhöhe, Auflagenzahl)* tirage *m;* **hohe ~n erreichen** atteindre un tirage élevé
❸ *(Bedingung, Verpflichtung)* condition *f;* **jdm eine ~/~n machen** imposer un cahier des charges à qn; **die ~ haben etw zu tun** avoir l'obligation de faire qc; *Beamter:* avoir pour consigne de faire qc; **mit der ~ etw zu tun** à condition de faire qc
❹ *(Überzug, Beschichtung)* couche *f*
❺ *(Polster)* coussin *m*
Auflage[n]höhe *f* tirage *m* **auflagenschwach** *Adj* à faible tirage; **~ sein** avoir un faible tirage **auflagenstark** *Adj* à grand tirage; **~ sein** avoir un grand tirage
Auflager *nt* ARCHIT support *m,* appui *m*
auf|lassen *tr V unreg* ❶ *fam (geöffnet lassen)* laisser ouvert(e); *(hochgeklappt lassen)* laisser soulevé(e); **etw ~** laisser qc ouvert(e); *(hochgeklappt lassen)* laisser qc soulevé(e)
❷ *fam (aufbehalten)* garder *Hut, Mütze*
❸ *fam (aufbleiben lassen)* laisser debout *Kind*
❹ JUR transférer *Grundstück*
❺ *(stilllegen)* fermer *Bergwerk*
❻ A, SDEUTSCH *(schließen)* fermer *Betrieb, Geschäft*
Auflassung <-, -en> *f* ❶ JUR transfert *m*
❷ *(Stilllegung) eines Bergwerks* fermeture *f*
❸ A, SDEUTSCH *(Schließung)* fermeture *f*
auf|lauern *itr V* guetter; **jdm ~** guetter qn
Auflauf *m* ❶ *(Speise)* soufflé *m*
❷ *(Menschenauflauf)* attroupement *m*
auf|laufen *itr V unreg + sein* ❶ *Person:* rentrer; *Schiff:* s'échouer; **auf etw** *(Akk o Dat)* ~ *Person:* rentrer dans qc; *Schiff:* s'échouer sur qc
❷ *(scheitern)* échouer; **einen Antragsteller ~ lassen** faire lanterner un demandeur; **einen Antrag ~ lassen** laisser une demande s'enliser
❸ *(sich ansammeln) Zinsen, Schulden:* s'accumuler
❹ *(ansteigen) Wasser, Flut:* monter
Auflaufform *f* moule *m* à soufflé
auf|leben *itr V + sein* ❶ *Person:* s'animer; *(neuen Lebensmut bekommen)* se sentir revivre
❷ *(wiederbelebt werden) Erinnerungen, Debatte, Hass:* se ranimer
auf|lecken *tr V* lécher
auf|legen I. *tr V* ❶ mettre *Gedeck, Tischdecke, Schallplatte;* reposer *Telefonhörer;* [re]mettre *Holz, Kohle*
❷ *(veröffentlichen)* éditer *Buch, Titel;* **neu** [*o* **wieder**] **aufgelegt werden** être réédité(e)
❸ *(produzieren)* sortir *Modell, Serie*
❹ BÖRSE, FIN émettre *Aktien, Anleihen*
❺ NAUT **ein Schiff ~** mettre un bateau en cale
II. *itr V Person:* raccrocher
auf|lehnen *r V* **sich ~** se rebeller; **sich gegen jdn/etw ~** se rebeller contre qn/qc
Auflehnung <-, -en> *f* rébellion *f*
auf|lesen *tr V unreg* ❶ ramasser; **etw vom Boden/von der Straße ~** ramasser qc sur le sol/dans la rue
❷ *pej fam (zufällig finden und mitnehmen)* dégoter *(fam) Person;* pêcher *(fam) Wort, Ausdruck;* **jdn von der Straße ~** ramasser qn dans la rue *(péj)*
auf|leuchten *itr V + haben o sein Augen, Sterne:* se mettre à briller; *Lampe, Licht:* s'allumer; *Blitz:* déchirer le ciel
auf|liegen *unreg* I. *itr V* ❶ reposer; **auf etw** *(Dat)* ~ reposer sur qc; **richtig auf etw** *(Dat)* ~ être bien mis(e) sur qc
❷ *(ausliegen) Zeitung, Zeitschrift:* être à la disposition du public
II. *r V* **sich** *(Dat)* **den Rücken ~** attraper des escarres au dos; **aufgelegen** couvert(e) d'escarres
auf|listen ['aʊflɪstən] *tr V* faire la liste de; **aufgelistet sein** être sur la liste
Auflistung <-, -en> *f* ❶ *kein Pl (das Auflisten)* listage *m*
❷ *(Liste)* liste *f*
auf|lockern I. *tr V* ❶ *(lockerer machen)* ameublir *Erdboden*
❷ SPORT détendre *Muskeln, Muskulatur*
❸ *(ansprechender machen)* détendre *Atmosphäre, Stimmung;* adoucir *Frisur, Muster;* **den Unterricht/einen Vortrag ~** rendre le cours plus attrayant/une conférence plus attrayante
II. *r V* **sich ~** ❶ SPORT *Person:* se détendre
❷ METEO *Bewölkung:* se dissiper; **aufgelockerte Bewölkung** des nuages *mpl* épars
Auflockerung *f* ❶ *des Erdreichs* ameublissement *m*
❷ SPORT *der Muskeln* assouplissement *m*
❸ *(ansprechendere Gestaltung)* **zur ~ des Unterrichts/der Fassade** pour rendre plus attrayant le cours/plus attrayante la façade;

der ~ der Stimmung dienen servir à détendre l'atmosphère; zur ~ eines Musters beitragen contribuer à adoucir un motif
④ METEO der Bewölkung dissipation f
auf|lodern ['aʊfloːdən] itr V + sein ❶ Flammen: jaillir [en flamboyant]
❷ (beginnen) Hass, Kämpfe: se déchaîner; neu ~ se ranimer
auflösbar Adj a. CHEM soluble; Gleichung résoluble
auf|lösen I. tr V ❶ Person: [faire] dissoudre; Säure: décomposer; etw ~ Person: [faire] dissoudre qc; Säure: décomposer qc; etw in einer Flüssigkeit ~ [faire] dissoudre qc dans une liquide
❷ (aufheben, beenden) disperser Demonstration, Versammlung; dissoudre Parlament, Partei, Bündnis; fermer Konto; liquider Haushalt, Wohnung
❸ MATH, MUS résoudre Klammern, Vorzeichen
❹ (aufklären) expliquer Widerspruch; dissiper Missverständnis
❺ OPT, PHOT rendre Bildpunkte, Details
II. r V sich ~ ❶ (sich zersetzen) se décomposer; Salz, Zucker, Pulver, Tablette: se dissoudre; Nebel, Wolken: se dissiper; sich in einzelne Nebelfelder ~ se dissiper en nappes isolées
❷ (sich klären) Probleme, Schwierigkeiten: se résoudre; Widerspruch: s'expliquer; Missverständnis: se dissiper
❸ (nicht mehr existieren, vorhanden sein) Partei, Verein: se dissoudre; sich in Luft ~ se volatiliser; sich in nichts ~ s'évanouir; Problem: finir par se dissiper
Auflösung f ❶ kein Pl (Zersetzung) dissolution f; von Wolken, Nebel dissipation f
❷ kein Pl (Klärung) zur ~ der Missverständnisse pour dissiper les malentendus
❸ kein Pl (Beendigung der Existenz, Schließung) eines Parlaments, Unternehmens, einer Partei dissolution f; einer Demonstration, Versammlung dispersion f; einer Wohnung, eines Haushalts liquidation f; eines Kontos fermeture f; eines Vertrags résolution f; zwangsweise ~ eines Unternehmens dissolution forcée d'une entreprise; ~ durch Gerichtsentscheid dissolution par décision judiciaire
❹ (Bildauflösung) définition f; INFORM résolution f
❺ (Verstörtheit) désarroi m
Auflösungszeichen nt MUS bécarre m
auf|machen I. tr V ❶ fam ouvrir; défaire Mantel, Knöpfe, Schnürsenkel; sich (Dat) den Reißverschluss ~ ouvrir sa fermeture éclair
❷ (eröffnen) monter Firma, Unternehmen
❸ (präsentieren) présenter Buch, Zeitung; einen Bericht spannend ~ présenter un reportage de façon captivante; eine groß aufgemachte Reportage un reportage monté en épingle; ansprechend aufgemacht sein avoir une présentation attrayante
④ sl (operieren) ouvrir
II. itr V [jdm] ~ ouvrir [à qn]; mach auf! ouvre!; täglich um zehn Uhr ~ Geschäft: ouvrir à dix heures tous les jours; in wenigen Tagen ~ Geschäft, Büro: ouvrir dans quelques jours
III. r V ❶ (aufbrechen) sich in die Stadt ~ partir en ville; sich zu einer Wanderung/einem Spaziergang ~ partir en randonnée/promenade
❷ (beginnen) sich [dazu] ~ etw zu tun s'apprêter à faire qc
Aufmacher m PRESSE [article m] leader
Aufmachung <-, -en> f einer Person tenue f; einer Ware, Zeitschrift, Titelseite présentation f; über etw in großer ~ berichten monter qc en épingle
auf|malen tr V (mit einem Pinsel) peindre; (mit einem Stift) dessiner; etw auf etw (Akk) ~ (mit einem Pinsel) peindre qc sur qc; (mit einem Stift) dessiner qc sur qc
Aufmarsch m ❶ (das Aufmarschieren) défilé m
❷ MIL (Beziehen der Stellungen) déploiement m
auf|marschieren* itr V + sein ❶ (herankommen) défiler
❷ MIL se déployer; die Truppen ~ lassen faire se déployer les troupes
Aufmaß nt ARCHIT métré m
auf|meißeln tr V ❶ percer Wand, Mauer
❷ MED einen Knochen ~ percer un os [avec un trépan]
auf|merken itr V ❶ dresser l'oreille
❷ geh (Acht geben) faire attention
aufmerksam ['aʊfmɛrkzaːm] I. Adj ❶ attentif(-ive); ~ werden faire attention; auf jdn/etw ~ werden remarquer qn/qc; jdn auf etw (Akk) ~ machen faire remarquer qc à qn
❷ (zuvorkommend) attentionné(e); [das ist] sehr ~ [von Ihnen]! c'est très aimable [à vous]!
II. Adv zuhören, zusehen attentivement, avec attention; sich ~ am Unterricht beteiligen participer activement à la classe
Aufmerksamkeit <-, -en> f ❶ kein Pl (Wachsamkeit) attention f; der ~ (Dat) der Wächter entgehen Vorfall: échapper à l'attention des gardiens
❷ kein Pl (Zuvorkommenheit) attentions fpl
❸ (Geschenk) [kleine] ~ (gentille) attention f
auf|möbeln tr V fam ❶ retaper (fam); etw [wieder] ~ retaper qc
❷ (aufmuntern) requinquer (fam) Person

auf|montieren* tr V monter; etw auf etw (Akk) ~ monter qc sur qc
auf|motzen tr V fam relooker (fam) Kleidung, Äußeres; trafiquer (fam) Auto, Motorrad
auf|mucken itr V fam râler (fam); gegen jdn/etw ~ râler contre qn/qc
auf|muntern ['aʊfmʊntɐn] tr V ❶ Person: remonter [le moral à]; Kaffee, Dusche: ragaillardir; jdn ~ Person: remonter [le moral à] qn; Kaffee, Dusche: ragaillardir qn
❷ (ermutigen) jdn zu etw ~ encourager qn à [faire] qc
aufmunternd I. Adj Lächeln, Zurufe d'encouragement
II. Adv jdm ~ zulächeln sourire à qn pour l'encourager; ~ gemeint sein se vouloir encourageant(e)
Aufmunterung <-, -en> f ❶ (Belebung) eine Tasse Kaffee zur ~ trinken boire une tasse de café pour se donner un coup de fouet
❷ (Ermutigung) encouragement m
aufmüpfig ['aʊfmʏpfɪç] Adj fam Schüler récalcitrant(e); sei nicht so ~! fais pas ta mauvaise tête! (fam)
auf|nähen tr V coudre; etw auf etw (Akk) ~ coudre qc sur qc; aufgenäht cousu(e) sur le vêtement/les vêtements
Aufnahme ['aʊfnaːmə] <-, -n> f ❶ kein Pl (Empfang) accueil m; von Gästen réception f; bei jdm/in einem Land ~ finden être accueilli(e) chez qn/héberge(e) par un pays
❷ kein Pl (Rezeption) ~ eines Theaterstücks durch das Publikum accueil m réservé à une pièce de théâtre par le public
❸ kein Pl (das Aufnehmen) ~ in ein Krankenhaus/einen Verein admission f dans un hôpital/une association; ~ von Namen in eine Liste insertion f de noms dans une liste
❹ (Aufnahmeraum einer Klinik) accueil m
❺ (aufgenommener Patient) entrée f
❻ kein Pl (Beginn) von Gesprächen, einer Tätigkeit début m; es kommt zur ~ von Verhandlungen des négociations s'engagent
❼ kein Pl (Einverleibung) von Nahrung prise f; von Nährstoffen, Vitaminen absorption f
❽ kein Pl (das Fotografieren, Filmen) ~ einer Szene prise f de vue[s]; Achtung, ~! silence, on tourne!
❾ (Fotografie) photo[graphie] f; Film mit 24 ~n pellicule de 24 poses; ~n machen faire des photos; von jdm/etw eine ~ machen prendre qn/qc en photo
❿ (Tonbandaufnahme, Videoaufnahme) enregistrement m; ~n machen faire des enregistrements
⑪ kein Pl (das Feststellen, Protokollieren) eines Unfalls constat m; ~ der Personalien contrôle m d'identité
⑫ kein Pl (das Leihen, Aufnehmen) die ~ eines Kredits/von Kapital le recours à un crédit/à des capitaux
Aufnahmeantrag m demande f d'admission **Aufnahmebedingung** f condition f d'admission **aufnahmefähig** Adj Person réceptif(-ive); für etw ~ sein Person: être réceptif(-ive) à qc **Aufnahmefähigkeit** f kein Pl einer Person réceptivité f pas de pl, attention f pas de pl **Aufnahmegebühr** f droits mpl d'admission **Aufnahmelager** nt centre m d'accueil **Aufnahmeland** nt POL pays m d'accueil **Aufnahmeleiter(in)** m(f) responsable mf des prises de vue[s] **Aufnahmeprüfung** f examen m [o concours m] d'entrée **Aufnahmestudio** nt studio m d'enregistrement **Aufnahmetaste** f touche f d'enregistrement **Aufnahmewagen** m car m de reportage
Aufnahmsprüfung A s. Aufnahmeprüfung
auf|nehmen tr V unreg ❶ (empfangen) accueillir Gast
❷ (beherbergen) héberger Gäste; accueillir Asylbewerber, Flüchtlinge; jdn bei sich ~ héberger/accueillir qn chez soi
❸ (rezipieren) prendre Nachricht, Auftrag; accueillir Buch, Kunstwerk
❹ (zulassen) jdn ~ Schule, Internat, Akademie: admettre qn; jdn in einen Verein/Orden ~ admettre qn dans une association/un ordre
❺ (beginnen) entamer Studium, Tätigkeit; prendre Kontakt; nouer Beziehung; Verbindung zu jdm ~ entrer en relation avec qn; wieder ~ reprendre
❻ (sich einverleiben) prendre Nahrung; absorber Nährstoffe, Vitamine
❼ (fotografieren) jdn/etw ~ prendre qn/qc en photo; (filmen) filmer qn/qc
❽ (auf Tonband, Video festhalten) enregistrer
❾ (feststellen, erfassen) prendre Personalien, Protokoll; enregistrer Antrag, Wunsch; etw in eine Liste ~ insérer qc dans une liste
❿ (eindringen lassen) etw ~ Haut, Oberfläche: absorber qc; Blut, Darm, Magen: assimiler qc
⑪ (geistig verarbeiten) enregistrer
⑫ (fassen) zehn Liter ~ [können] [pouvoir] contenir dix litres; tausend Personen ~ [können] [pouvoir] recevoir mille personnes
⑬ (aufheben) ramasser; etw von der Erde/vom Boden ~ ramasser qc à terre/sur le sol
⑭ (aufwischen) éponger

⑮ FIN prendre *Kredit, Hypothek;* emprunter *Gelder;* **einen Kredit auf etw** *(Akk)* ~ prendre un crédit sur qc
▶ **es mit jdm/etw ~ können** pouvoir se mesurer avec [*o* à] qn/qc
Aufnehmer <-s, -> *m* ❶ NDEUTSCH serpillière *f*
❷ *(Kehrichtschaufel)* pelle *f*
äufnen ['ɔɪfnən] *tr V* CH faire fructifier *Geld;* réunir *Fonds*
auf|nötigen *tr V* **jdm einen Nachtisch ~** forcer qn à prendre un dessert; **jdm seine Meinung ~** imposer son opinion à qn
auf|opfern *r V* **sich ~** se sacrifier; **sich für jdn/etw ~** se sacrifier pour qn/qc
aufopfernd *s.* **aufopferungsvoll**
Aufopferung *f* dévouement *m*
aufopferungsvoll I. *Adj Person, Haltung* dévoué(e); *Tätigkeit* qui requiert du dévouement
II. *Adv* avec dévouement
auf|packen *tr V* ❶ charger; [**jdm/einem Tier**] **etw ~** charger qc [sur le dos de qn/sur un animal]; **sich** *(Dat)* **etw ~** charger qc sur son dos
❷ *fam (aufbürden)* **jdm eine Arbeit/Aufgabe ~** coller un travail/un devoir à qn *(fam)*
auf|päppeln ['aʊfpɛpəln] *tr V fam* retaper *(fam)*
auf|passen *itr V* ❶ faire attention; **im Unterricht ~** être attentif(-ive) en cours; **~, was geschieht** faire attention à ce qui se passe; **~, dass das nicht wieder geschieht** veiller à ce que cela n'arrive plus; **kannst du denn nicht ~?** tu ne peux pas faire attention?; **pass auf!** [*o* **aufgepasst**!] attention!
❷ *(beaufsichtigen)* **auf jdn ~** surveiller qn; **auf einen Hund/eine Wohnung ~** garder un chien/un appartement
Aufpasser(in) <-s, -> *m(f) pej* ❶ surveillant(e) *m(f);* SCHULE pion(ne) *m(f) (fam)*
❷ *(Spitzel)* indicateur(-trice) *m(f) (péj)*
auf|peitschen *tr V* ❶ fouetter *Meer, Wellen;* **aufgepeitscht** déchaîné(e)
❷ *(in Erregung versetzen)* exciter *Menschenmenge, Sinne, Begierde*
auf|peppen ['aʊfpɛpən] *tr V fam* relooker *(fam)*
auf|pflanzen I. *tr V* planter *Fahne;* **das Bajonett ~** mettre [la] baïonnette au canon
II. *r V fam* **sich vor jdm/etw ~** se planter devant qn/qc *(fam)*
auf|pfropfen ['aʊfpfrɔpfən] *tr V* ❶ HORT greffer; **etw auf etw** *(Akk)* **~** greffer qc sur qc
❷ *fig* **jdm etw ~** greffer qc à qn
auf|picken *tr V* ❶ *(aufnehmen)* picorer *Körner, Futter*
❷ *(mit dem Schnabel öffnen)* **etw ~** ouvrir qc [à coups de bec]
auf|platzen *itr V + sein Frucht, Schote:* éclater; *Naht:* craquer; *Wunde:* s'ouvrir
auf|plustern ['aʊfpluːstən] I. *tr V* gonfler *Federn, Gefieder;* **aufgeplustert** *Vogel* aux plumes gonflées
II. *r V* **sich ~** ❶ *Vogel:* gonfler ses plumes
❷ *pej fam (sich wichtigmachen)* faire de l'esbroufe *(fam)*
auf|polieren* *tr V* ❶ [re]polir *Möbelstück, Oberfläche*
❷ *fig fam* rafraîchir *Kenntnisse, Wissen;* redorer *Image*
auf|prägen *tr V* ❶ graver; **etw auf etw** *(Akk)* **~** graver qc sur qc
❷ *fig* **jdm/einer Sache seinen Stempel ~** marquer qn/une chose de son empreinte
Aufprall ['aʊfpral] <-[e]s, -e> *m* choc *m;* *eines Geschosses* impact *m;* **vor dem ~ auf das Hindernis** avant de s'écraser contre l'obstacle
auf|prallen *itr V + sein* s'écraser; **auf etw** *(Akk o Dat)* **~** s'écraser contre qc
Aufpreis *m* supplément *m;* **gegen ~ erhältlich sein** être disponible moyennant [le paiement d']un supplément
auf|probieren* *tr V* essayer
auf|pumpen *tr V* gonfler *Ballon, Reifen*
auf|putschen I. *tr V* ❶ doper; **~d** dopant(e); **~de Mittel** des dopants *mpl*
❷ *(aufwiegeln)* **jdn/etw gegen jdn/etw ~** exciter qn/qc contre qn/qc
II. *r V* **sich ~** se doper; **sich mit Drogen/Medikamenten ~** prendre des drogues/médicaments pour se doper
Aufputschmittel *nt* dopant *m*
Aufputz <-es, -e> *m* A *(Verzierung)* décoration
auf|putzen *tr V* ❶ *(schmücken)* parer; **jdn/etw festlich ~** parer qn/qc pour la fête
❷ *pej (zurechtmachen)* **seltsam aufgeputzt sein** être drôlement accoutré(e) *(péj)*
❸ DIAL *s.* **aufwischen**
auf|quellen *itr V unreg + sein* gonfler
auf|raffen I. *r V* ❶ se relever; **sich von seinem Lager ~** se soulever de sa couche; **sich [wieder] vom Boden ~** se [re]lever péniblement du sol
❷ *(sich entschließen)* **sich zu einem Brief/Spaziergang ~** [parvenir à] se décider à écrire une lettre/à faire une promenade
II. *tr V* ❶ *(aufheben)* **etw ~** ramasser qc [d'un geste vif];

❷ *(raffen)* retrousser *Rock*
auf|ragen ['aʊfraːɡən] *itr V Berg, Turm:* se dresser
auf|rappeln ['aʊfrapəln] *r V fam* ❶ *(sich aufraffen)* **sich [wieder] ~** se ramasser *(fam); (zu Kräften kommen)* se retaper *(fam)*
❷ *(sich entschließen)* **sich [endlich] ~ etw zu tun** se décider à faire qc
auf|rauen^RR**, auf|rauhen**^ALT *tr V* gratter [légèrement] *Oberfläche, Stoff;* **die Hände/Haut ~** rendre les mains rugueuses/la peau rugueuse; **aufgerauter Stoff** tissu rêche
auf|räumen I. *tr V* ranger *Zimmer, Schrank, Sachen*
II. *itr V* ❶ *(Ordnung schaffen)* ranger
❷ *fam (beseitigen)* **mit etw ~** mettre fin à qc
Aufräumungsarbeiten *Pl* travaux *mpl* de déblaiement
auf|rechnen *tr V* ❶ *(in Rechnung stellen)* décompter; **jdm etw ~** décompter qc à qn
❷ *(verrechnen)* **etw gegen etw ~** défalquer qc de qc
❸ *fig* **die Schuld beider Länder gegeneinander ~** faire la part des responsabilités réciproques des deux pays
aufrecht ['aʊfrɛçt] I. *Adj Gang* en position verticale; *Körperhaltung* le dos droit
II. *Adv* **sich halten, sitzen** le dos droit; **geh ~!** marche le dos droit!; **etw ~ hinstellen** mettre qc debout
aufrecht|erhalten* *tr V unreg* ❶ maintenir *Beziehung, Kontakt, These;* persister dans *Anklage, Behauptung, Entschluss*
❷ *(moralisch stützen)* **jdn ~** *Hoffnung, Hilfe:* permettre à qn de tenir
Aufrechterhaltung *f der Freundschaft, des Kontakts, eines Anspruchs* maintien *m;* **~ wohlerworbener Rechte** JUR maintien des droits acquis
auf|regen I. *tr V* énerver; **das regt mich nicht weiter auf** ça ne m'émeut pas plus que ça
II. *r V* **sich über jdn/etw ~** s'énerver à cause de qn/qc
aufregend *Adj* passionnant(e); **wie ~!** *fam* comme c'est palpitant!
Aufregung *f* ❶ *(aufgeregte Stimmung)* excitation *f; (Beunruhigung)* énervement *m;* **jdn/etw in ~ versetzen** mettre qn/qc en émoi; **nur keine ~!** ne nous énervons pas!; **in seiner ~** dans son émoi; **in heller ~ sein** être dans tous ses états; **in helle ~ geraten** être bouleversé(e)
❷ *(Durcheinander)* agitation *f*
auf|reiben *unreg* I. *tr V* ❶ *(zermürben)* user *Person*
❷ *(wund reiben)* écorcher
❸ MIL anéantir *Truppen*
II. *r V* ❶ *(sich zermürben)* **sich ~** s'user
❷ *(sich wund reiben)* **sich** *(Dat)* **etw ~** s'écorcher qc; **er reibt sich** *(Dat)* **die Fersen in** [*o* **an**] **den Schuhen auf** il a des chaussures qui lui écorchent les talons
aufreibend *Adj Arbeit* usant(e)
auf|reihen I. *tr V* ❶ enfiler *Perlen*
❷ *(aufstellen)* aligner *Bücher, Gegenstände*
❸ *(aufzählen)* répertorier *Fakten, Daten*
II. *r V* **sich ~** *Personen:* s'aligner; **aufgereiht** en rangs; **aufgereiht vor jdm stehen** être [debout] aligné(e)s devant qn
auf|reißen *unreg* I. *tr V + haben* ❶ ouvrir *Brief, Straße, Bürgersteig;* déchirer *Umschlag, Karton, Packung;* **das Fenster/die Tür ~** ouvrir la fenêtre/la porte d'un geste brusque; **die Augen/den Mund ~** ouvrir de grands yeux/rester bouche bée
❷ *(beschädigen, verletzen)* déchirer *Kleid, Rock;* égratigner *Haut;* **sich** *(Dat)* **den Mantel an etw** *(Dat)* **~** faire un accroc à son manteau à qc; **sich** *(Dat)* **die Haut an etw** *(Dat)* **~** s'égratigner la peau à qc
❸ *sl (kennen lernen)* lever *(fam)*
❹ *(im Aufriss zeichnen)* **etw ~** projeter qc sur un plan vertical
II. *itr V + sein Naht:* craquer; *Narbe, Wunde:* s'ouvrir; *Wolkendecke:* se déchirer
auf|reizen *tr V* ❶ *(sexuell erregen)* exciter
❷ *(provozieren)* **jdn zu etw ~** exciter qn à qc
aufreizend I. *Adj* excitant(e)
II. *Adv* **sich ~ anziehen** mettre des vêtements excitants
auf|richten I. *tr V* ❶ remettre debout, relever; **den Oberkörper ~** redresser le buste
❷ *(aufbauen, aufrecht hinstellen)* monter *Zelt;* dresser *Weihnachtsbaum, Maibaum*
❸ *(ermutigen)* **jdn wieder ~** redonner courage à qn
II. *r V* **sich ~** se redresser
❷ *geh (Mut fassen)* **sich an jdm/etw ~** retrouver courage au contact de qn/qc
aufrichtig I. *Adj Gefühl, Liebe* sincère; *Person* sincère, franc(franche); **~ zu jdm sein** être franc(franche) avec qn
II. *Adv* sincèrement
Aufrichtigkeit <-> *f* sincérité *f*
Aufriss^RR *m* ARCHIT élévation *f;* **etw im ~ zeichnen/darstellen** dessiner/représenter l'élévation de qc
auf|ritzen *tr V* ❶ **jdm die Haut ~** égratigner [*o* érafler] la peau à qn;

aufrollen–aufschrecken

sich *(Dat)* **die Hand** ~ s'égratigner [*o* s'érafler] la main
❷ *(öffnen)* ouvrir *Packung*
auf|rollen I. *tr V* ❶ rouler *Teppich;* enrouler *Kabel, Seil, Toilettenpapier*
❷ *(entrollen)* dérouler *Fahne, Poster, Dokument*
❸ *(erneut aufgreifen)* **wieder** ~ rouvrir *Fall, Prozess*
❹ *fam (aufdrehen)* **jdm die Haare** ~ faire une mise en plis à qn
❺ MIL *(angreifen)* **die Flanke** ~ attaquer de flanc
II. *r V* sich [**automatisch**] ~ *Kabel, Bandmaß:* se rembobiner [automatiquement]
auf|rücken *itr V + sein* ❶ *(weiterrücken)* se pousser
❷ *(aufsteigen)* être promu(e), monter en grade; **zum Abteilungsleiter** ~ accéder [*o* être promu(e)] au poste de chef de service
Aufruf *m* ❶ appel *m;* **ein** ~ **zum Streik** un appel à la grève; **einen** ~ **an jdn richten** lancer un appel à qn
❷ *kein Pl (das Aufrufen) einer Person, Namens* appel *m; eines Flugs* annonce *f;* **letzter** ~**!** dernier appel!
❸ *kein Pl* INFORM *eines Programms* appel *m*
auf|rufen *unreg* I. *tr V* ❶ appeler; **jdn zum Streik/zur Hilfe** ~ appeler qn à la grève/l'aide; **jdn** ~ **etw zu tun** appeler qn à faire qc
❷ *(rufen)* faire l'appel de *Teilnehmer, Namen*
❸ *(auffordern)* appeler *Passagier, Patienten, Zeugen;* désigner *Schüler*
❹ *(bekannt geben)* annoncer *Flug*
❺ INFORM appeler *Programm*
II. *itr V* **zum Streik/Widerstand** ~ appeler à la grève/résistance
Aufruhr ['aʊfruː] <-[e]s, *selten* -e> *m* ❶ *(Aufstand)* émeute *f;* **der** ~ **der Armen** le soulèvement des pauvres
❷ *kein Pl geh (Unruhe, Erregung) der Bevölkerung* [vive] agitation *f; der Gefühle* bouillonnement *m;* **in** [*o* **im**] ~ **sein** être en effervescence; **jdn in** ~ **versetzen** mettre qn en ébullition; *(nervös machen)* mettre qn dans tous ses états; **für** ~ **sorgen** susciter l'émoi *(littér)*
auf|rühren *tr V* ❶ *(nach oben bringen)* faire remonter; **gedankenverloren rührte sie den Bodensatz ihres Kaffees auf** perdue dans ses pensées, elle remuait le fond de son café
❷ *(in Erinnerung rufen)* réveiller
❸ *(in Aufruhr versetzen)* soulever; **er versteht es, die Massen aufzurühren** il sait s'y prendre pour soulever les masses
❹ *geh (aufwühlen)* émouvoir
Aufrührer(in) ['aʊfryːre] <-s, -> *m(f)* rebelle *mf,* émeutier(-ière) *m(f)*
aufrührerisch I. *Adj* ❶ *attr Bevölkerung, Menge, Soldaten* rebelle; *Stimmung* insurrectionnel(le)
❷ *(aufwiegelnd) Flugblatt, Parole, Rede* séditieux(-euse)
II. *Adv* sich betätigen de façon [*o* manière] rebelle; *sich äußern* séditieusement
auf|runden *tr V* arrondir; **etw auf hundert Euro** ~ arrondir qc à cent euros; **ein aufgerundeter Betrag** un compte rond
auf|rüsten I. *itr V* s'armer
II. *tr V* ❶ armer *Land, Streitkräfte*
❷ INFORM augmenter la capacité de *Rechner*
❸ *(aufmuntern)* **jdn moralisch** ~ remonter le moral à qn
Aufrüstung *f* ❶ armement *m;* **konventionelle/atomare** ~ armement conventionnel/nucléaire
❷ INFORM *eines Rechners* augmentation *f* de la capacité
❸ *(Aufmunterung)* **moralische** ~ réconfort *m* moral
auf|rütteln *tr V* ❶ **jdn** ~ réveiller qn en le secouant; **jdn aus dem Schlaf** ~ tirer qn du sommeil
❷ *(aufstören)* provoquer un choc parmi *Bevölkerung;* provoquer un choc chez *Person;* réveiller *Gewissen;* **jdn aus der Lethargie/ Untätigkeit** ~ sortir qn de [*o* arracher qn à] sa léthargie/passivité
aufs [aʊfs] = **auf das** ❶ *fam s.* **auf**
❷ *bei Superl* – **Äußerste** à l'extrême; ~ **Beste** au mieux; ~ **Entschiedenste** de la façon [*o* manière] la plus déterminée
auf|sagen *tr V* réciter *Gedicht, Spruch*
auf|sammeln *tr V* ramasser
aufsässig ['aʊfzɛsɪç] I. *Adj* récalcitrant(e); *Bevölkerung, Mitarbeiter* insoumis(e)
II. *Adv* de façon [*o* manière] récalcitrante
Aufsässigkeit <-> *f eines Kinds, Schülers* indiscipline *f; eines Mitarbeiters, der Bevölkerung* insoumission *f*
Aufsatz *m* ❶ *(Schulaufsatz)* rédaction *f; (in der Oberstufe)* dissertation *f*
❷ *(Essay)* essai *m*
❸ *(aufgesetzter Teil) eines Möbelstücks* corniche *f*
Aufsatzthema *nt* sujet *m* de rédaction; *(in der Oberstufe)* sujet *m* de dissertation
auf|saugen *tr V reg o unreg* ❶ éponger *Flüssigkeit;* absorber *Tintenklecks;* aspirer *Krümel, Staub*
❷ *fig geh (aufnehmen)* **jds Worte** [**in sich** *(Akk)*] ~ boire les paroles de qn
auf|schauen *s.* **aufblicken**
auf|schäumen I. *itr V + sein Getränk:* mousser; *Meer, Wogen:* écumer
II. *tr V + haben* faire bouillir *Kunststoff;* faire mousser *Milch*
auf|scheuchen *tr V* ❶ effaroucher *Reh, Vogel;* **einen Vogel von seinem Nistplatz** ~ chasser [*o* débusquer] un oiseau de son nid
❷ *fam (stören)* embêter *(fam) Person;* **jdn aus seiner Ruhe** ~ arracher qn à sa tranquillité; **ganz aufgescheucht sein** être dans tous ses états
auf|scheuern I. *tr V* écorcher *Haut;* **sich** *(Dat)* **die Knie** ~ s'écorcher les genoux
II. *r V* **seine Hände haben sich aufgescheuert** il s'est écorché les mains
auf|schichten *tr V* empiler
auf|schieben *tr V unreg* ❶ *(öffnen)* ouvrir *Schiebetür*
❷ *(zurückschieben)* tirer *Riegel*
❸ *(verschieben)* **etw auf den nächsten Tag** ~ remettre qc au lendemain
▸ **aufgeschoben ist nicht aufgehoben** *Spr.* ce n'est que partie remise
auf|schießen *unreg* I. *itr V + sein* ❶ *Flammen, Fontäne:* jaillir
❷ *(wachsen) Saat:* pousser à vue d'œil; *Jugendlicher:* monter en graine
II. *tr V + haben* faire sauter *Tür, Schloss*
Aufschlag *m* ❶ *(Aufprall)* impact *m*
❷ SPORT service *m;* ~ **haben** être au service
❸ *(Aufpreis)* majoration *f*
❹ *(an Kleidungsstücken)* revers *m*
auf|schlagen *unreg* I. *itr V* ❶ + *sein (auftreffen)* s'écraser, s'abattre; **auf etw** *(Akk o Dat)* ~ s'écraser [*o* s'abattre] sur qc; *Meteorit:* tomber sur qc; **mit dem Kopf auf den** [*o* **dem**] **Boden** ~ se cogner la tête par terre
❷ + *sein (auflodern)* **hoch** ~ *Flammen:* s'élever en jaillissant
❸ + *haben (teurer werden, die Preise anheben)* augmenter
❹ + *haben* SPORT servir
II. *tr V + haben* ❶ ouvrir *Buch, Zeitschrift*
❷ *(aufbrechen)* casser *Nuss, Ei;* briser *Eis*
❸ *(öffnen)* ouvrir *Augen*
❹ *(aufbauen)* monter *Zelt*
❺ *(einrichten)* installer *Quartier, Lager*
❻ *(zusätzlich berechnen)* **hundert Euro auf etw** *(Akk)* ~ majorer [*o* augmenter] le prix de qc de cent euros
❼ *(verteuern)* majorer *Preise*
❽ *(umlegen)* remonter *Ärmel, Kragen*
Aufschläger(in) *m(f)* SPORT serveur(-euse) *m(f)*
auf|schließen *unreg* I. *tr V* ouvrir *Tür, Zimmer, Schrank*
II. *itr V* ❶ [**jdm**] ~
❷ SPORT **zu jdm/etw** ~ remonter qn/qc; **wieder zur Spitze** ~ recoller au peloton de tête
auf|schlitzen ['aʊfʃlɪtsən] *tr V* ❶ décacheter *Briefumschlag*
❷ *(beschädigen)* taillader; **einen Waggon/ein Schiff** ~ couper un wagon/bateau en deux
❸ *(verletzen)* **sich** *(Dat)* **die Pulsadern** ~ s'ouvrir les veines; **jdm/ einem Tier den Bauch** ~ éventrer qn/un animal
Aufschluss[RR] *m (Aufklärung)* [**jdm**] ~ **über jdn/etw geben** donner des éclaircissements [*o* explications] [à qn] sur qn/qc
auf|schlüsseln ['aʊfʃlʏsəln] *tr V* ❶ *(zuordnen)* établir un calcul détaillé de *Zahlen, Kosten*
❷ *(analysieren)* **etw nach Altersgruppen** ~ analyser qc par tranches d'âge
aufschlussreich[RR] *Adj* instructif(-ive); *Information* révélateur(-trice)
auf|schnappen *tr V* ❶ *fam (mitbekommen)* saisir au vol; **einen Namen** ~ saisir un nom au vol; **wo hast du denn dieses Wort aufgeschnappt?** où as-tu été pêcher ce mot-là? *(fam)*
❷ *fam (fangen)* **etw** ~ *Tier:* choper qc *(fam)*
auf|schneiden *unreg* I. *tr V* ❶ *(tranchieren)* découper *Gans, Hähnchen, Kuchen;* **den Braten/Schinken** ~ découper le rôti/jambon [en tranches]
❷ *(auseinanderschneiden)* couper *Knoten, Kordel, Seiten*
❸ MED inciser *Geschwür, Karbunkel*
II. *itr V fam (prahlen)* frimer *(fam)*
Aufschneider(in) *m(f) fam* frimeur(-euse) *m(f) (fam)*
Aufschneiderei *f (Handlung, Äußerung)* frime *f*
Aufschnitt *m kein Pl (Wurstaufschnitt)* charcuterie *f* en tranches; *(Käseaufschnitt)* fromage *m* en tranches
auf|schnüren *tr V* défaire *Paket;* délacer *Schuh;* défaire, dénouer *Schnürsenkel*
auf|schrammen *s.* **aufschürfen**
auf|schrauben *tr V* ❶ *(öffnen)* ouvrir *Marmeladenglas;* dévisser *Deckel*
❷ *(schraubend schließen)* visser *Verschluss;* **den Deckel auf das Glas** ~ visser le couvercle sur le bocal
❸ *(befestigen)* fixer *Schild, Brett*
auf|schrecken[1] <schreckte auf, aufgeschreckt> *tr V + haben*

❶ *(wecken)* réveiller en sursaut; **jdn ~** réveiller qn en sursaut; **jdn aus seinen Gedanken/dem Schlaf ~** arracher qn à ses pensées/à son sommeil
❷ *(aufrütteln)* faire sursauter; **das Erdbeben hatte die Bevölkerung aufgeschreckt** le tremblement de terre a effrayé la population
auf|schrecken² <schreckte *o* schrak auf, aufgeschreckt> *itr V + sein Person:* sursauter; *(aus dem Schlaf)* se réveiller en sursaut; **aus seinen Gedanken ~** être brutalement tiré(e) de ses pensées
Aufschrei *m* ❶ *(Schrei)* cri *m* strident
❷ *(Lamento)* **ein ~ |der Empörung ~|** un tollé
auf|schreiben *unreg* **I.** *tr V* ❶ *(niederschreiben)* noter, inscrire; **sich** *(Dat)* **etw ~** noter qc
❷ *fam (polizeilich notieren)* coller un p.-v. à *(fam)*
❸ MED *(verordnen)* **|jdm| etw ~** prescrire qc [à qn]
❹ *fam (anschreiben)* **|jdm| etw ~** noter qc sur le compte de qn|
II. *itr V* **beim Metzger ~ lassen** avoir une ardoise chez le charcutier
auf|schreien *itr V unreg* pousser un cri
Aufschrift *f* inscription *f*
Aufschub *m* ❶ *(Verzögerung)* report *m;* **keinen ~ dulden** ne souffrir aucun délai
❷ FIN *(Stundung)* délai *m;* **jdm ~ gewähren** accorder un délai à qn
auf|schürfen *tr V* **sich** *(Dat)* **die Haut/das Knie ~** s'écorcher [*o* s'égratigner] la peau/le genou
auf|schütteln *tr V* secouer *Kissen, Bettdecke, Saft*
auf|schütten *tr V* ❶ *(aufgießen)* **Wasser ~** rajouter de l'eau
❷ *(nachfüllen)* remettre *Kohlen*
❸ *(aufhäufen)* déverser *Steine, Sand*
❹ *(errichten)* remblayer *Deich*
Aufschüttung <-, -en> *f* remblai *m*
auf|schwatzen *tr V fam* **jdm etw ~** fourguer qc à qn *(fam);* **sich** *(Dat)* **etw von jdm ~ lassen** se faire refiler qc par qn *(fam)*
auf|schwätzen *tr V* DIAL *fam s.* **aufschwatzen**
auf|schwemmen I. *tr V* rendre [tout(e)] boursouflé(e) [*o* bouffi(e)]; **jdn/etw ~** rendre qn/qc [tout(e)] boursouflé(e) [*o* bouffi(e)]
II. *itr V* rendre boursouflé(e) [*o* bouffi(e)]
auf|schwingen *unreg r V + haben* ❶ *(sich aufraffen)* **sich ~** prendre son courage à deux mains; **sich zu einem Spaziergang ~** avoir le courage de faire une promenade; **na, kannst du dich jetzt ~ mitzukommen?** alors, tu vas enfin te décider à venir avec nous?
❷ *geh (hochfliegen)* **sich ~** *Vogel:* prendre son essor *(soutenu)*
Aufschwung *m* ❶ *(Auftrieb)* élan *m*
❷ ÖKON essor *m;* **wirtschaftlicher ~** boom *m* économique; **sich im ~ befinden** être en plein essor
❸ SPORT rétablissement *m*
auf|sehen *itr V unreg* lever les yeux; **von etw ~** lever les yeux de qc; **zu jdm ~** lever les yeux vers qn; *(bewundern)* vénérer qn
Aufsehen *nt* remue-ménage *m;* **~ erregen** faire sensation; **mit etw |großes| ~ erregen** faire [véritablement] sensation avec qc; **~ erregend** *Neuigkeit* sensationnel(le); *Modell* qui fait sensation; *Bericht, Veränderung* qui fait du bruit; **um etw viel ~ machen** faire toute une histoire pour [*o* de] qc; **ohne |großes/jedes| ~** sans tapage; **das wird für ~ sorgen** ça va faire du bruit
aufsehenerregend *s.* **Aufsehen**
Aufseher(in) <-s, -> *m(f)* gardien(ne) *m(f)*
auf|seinᴬᴸᵀ *s.* **auf III.**❸**, III.**❹
aufseitenᴿᴿ *Adv* du côté de; **~ der Schwächeren** du côté des plus faibles
auf|setzen I. *tr V* ❶ mettre *Kopfbedeckung, Brille;* **sich** *(Dat)* **einen Hut/die Brille ~** mettre un chapeau/ses lunettes
❷ *(auf den Herd stellen)* **etw ~** mettre qc sur le feu [*o* à cuire]; **aufgesetzt sein** être sur le feu
❸ *(auf den Boden)* poser *Fuß, Gegenstand, Möbelstück*
❹ *(verfassen)* rédiger *Antrag, Entwurf, Schreiben*
❺ *(zur Schau tragen)* prendre *Miene;* afficher *Lächeln, Grinsen;* **ein aufgesetztes Lächeln/eine aufgesetzte Freundlichkeit** un sourire/une amabilité de façade
❻ *(aufrichten)* redresser *Kranken*
II. *r V* **sich ~** se redresser
III. *itr V* **auf der Piste ~** *Flugzeug:* se poser sur la piste
auf|seufzen *itr V* soupirer
Aufsicht <-, -en> *f* ❶ *kein Pl (Überwachung)* surveillance *f;* **~ über jdn** surveillance *f* de qn; **|die| ~ führen [o haben|** surveiller; **unter ärztlicher/polizeilicher ~** sous surveillance médicale/policière; **~ führend** [chargé(e)] de [la] surveillance
❷ *(Person)* personne *f* [chargée] de [la] surveillance
aufsichtführend *s.* **Aufsicht** ❶
Aufsichtführende(r) *f(m) dekl wie Adj* eines Museums: surveillant(e) *m(f);* eines Parks gardien(ne) *m(f)*
Aufsichtsbehörde *f* autorité *f* de contrôle [*o* de tutelle]
Aufsichtspersonal *nt* personnel *m* de surveillance [*o* de gardiennage]
Aufsichtspflicht *f* devoir *m* [*o* obligation *f*] de surveillance
Aufsichtsrat *m* ❶ *(Mitglied des Aufsichtsrats)* membre *m* du conseil de surveillance ❷ *(Gremium)* conseil *m* de surveillance
Aufsichtsrätin *f* membre *m* du conseil de surveillance
Aufsichtsratsvorsitzende(r) *f(m) dekl wie Adj* président(e) *m(f)* du conseil de surveillance
auf|sitzen *itr V unreg* ❶ *+ sein Reiter:* monter en selle; **aufgesessen!** en selle!
❷ *+ haben fam (aufgerichtet sitzen)* **im Bett ~** être assis(e) dans le lit
❸ *+ haben* NAUT **auf einer Sandbank ~** *Schiff, Wrack:* être échoué(e) sur un banc de sable
❹ *+ sein fam (hereinfallen)* **jdm ~** se faire avoir par qn *(fam);* **ich bin einem Betrug aufgesessen** je me suis fait avoir par une escroquerie *(fam)*
auf|spalten I. *tr V* ❶ *(teilen)* diviser; **etw in etw** *(Akk)* **~** diviser qc en qc
❷ CHEM **etw in etw** *(Akk)* **~** décomposer qc en qc
II. *r V* **sich in etw** *(Akk)* **~** se diviser en qc
Aufspaltung *f* CHEM décomposition *f*
auf|spannen *tr V* ❶ *(ausbreiten)* tendre *Netz*
❷ *(öffnen)* ouvrir *Schirm, Trockenständer*
❸ *(aufziehen)* **eine Leinwand auf etw** *(Akk)* **~** tendre une toile sur qc
auf|sparen *tr V* économiser *Energie, Kräfte;* **[sich** *(Dat)***] etwas Käse ~** [se] mettre un peu de fromage de côté
auf|sperren *tr V* ❶ *(aufreißen)* **den Schnabel ~** ouvrir le bec en grand
❷ SDEUTSCH, A *(aufschließen)* ouvrir *Tür, Wohnung*
auf|spielen I. *r V fam* **sich ~** faire de l'esbroufe *(fam);* **sich als Held ~** jouer au héros
II. *itr V veraltet* jouer un air
auf|spießen *tr V* piquer; *(mit einem Spieß)* embrocher; *(mit einer Nadel)* épingler; **jdn/etw mit dem Degen ~** transpercer qn/qc avec une épée
auf|springen *itr V unreg + sein* ❶ *(hochspringen)* bondir
❷ *(auf etw springen)* **auf den Zug ~** sauter dans le train [en marche]
❸ *(sich öffnen)* s'ouvrir d'un seul coup
❹ *(aufplatzen) Haut:* se crevasser; *Lippen:* [se] gercer; **aufgesprungen** *Haut* crevassé(e); *Lippen* gercé(e)
❺ *(auftreffen) Ball:* rebondir
auf|spritzen *tr V* **sich** *(Dat)* **die Lippen ~ lassen** se faire gonfler les lèvres
auf|sprühen *tr V* bomber *(fam) Parolen, Graffiti;* **Farbe/Lack auf etw** *(Akk)* **~** appliquer de la peinture/laque au pistolet sur qc
auf|spulen ['aʊfʃpuːlən] *tr V* embobiner
auf|spüren *tr V Person:* dépister; *Tier:* flairer; **jdn/ein Tier ~** *Person:* dépister qn/un animal; *Tier:* flairer qn/un animal
auf|stacheln ['aʊfʃtaxəln] *tr V* exciter; **jdn zum Widerstand ~** exciter qn à la résistance; **jdn gegen jdn ~** monter qn contre qn
auf|stampfen *itr V* trépigner; **|mit dem Fuß| ~** trépigner
Aufstand *m* ❶ soulèvement *m,* insurrection *f*
❷ *fig* **das gibt einen ~** *fam* c'est la révolution *(fam);* **mach nicht so einen ~!** *fam* n'en fais pas tout un foin! *(fam)*
aufständisch ['aʊfʃtɛndɪʃ] *Adj* insurgé(e), révolté(e)
Aufständische(r) *f(m) dekl wie Adj* insurgé(e) *m(f)*
auf|stapeln *tr V* empiler
auf|stauen I. *tr V* retenir *Wasserlauf, Wasser*
II. *r V* **sich ~** *Wasser, Ärger:* s'accumuler
auf|stechen *tr V unreg* percer
auf|stecken I. *tr V* ❶ *(darauf stecken)* mettre *Kerze;* **Fahnen ~** pavoiser
❷ *(hochstecken)* relever *Haare*
❸ *fam (aufgeben)* laisser tomber *(fam)*
II. *itr V fam (aufgeben)* laisser tomber *(fam)*
auf|stehen *itr V unreg + sein* ❶ *(sich erheben)* se lever; **vom Stuhl ~** se lever de sa chaise; **vom Tisch ~** se lever de table; **jdm beim Aufstehen helfen** aider qn à se lever
❷ *(das Bett verlassen)* se lever; **das Aufstehen** le lever; **jdm fällt das Aufstehen schwer** qn a du mal à se lever
❸ *(offen sein)* être [grand(e)] ouvert(e)
❹ *veraltet geh (sich auflehnen)* **gegen jdn/etw ~** se soulever [*o* s'insurger] contre qn/qc
▶ **da musst du früher [*o* eher] ~!** *fam* il faudra te lever de bonne heure!
auf|steigen *itr V unreg + sein* ❶ *(in die Luft steigen)* s'élever [dans les airs]; **in einem Ballon ~** faire une ascension en ballon
❷ *(besteigen)* **auf ein Pferd ~** monter sur un cheval
❸ *(befördert werden)* monter en grade; **zum Abteilungsleiter/zur Abteilungsleiterin ~** être promu(e) chef de service
❹ SPORT **in die Bundesliga ~ ≈** monter en première division
❺ *(hochsteigen) Rauch, Nebel:* monter
❻ ALPIN **zum Gipfel ~** grimper jusqu'au sommet; **an der Steil-**

küste ~ escalader la falaise
    ❼ geh (aufragen) aus etw ~ Berge, Gipfel, Klippen: se dresser au-dessus de qc
    ❽ (entstehen) in jdm ~ Erinnerung, Gefühl, Hass: monter en qn
aufsteigend Adj croissant(e)
Aufsteiger <-s, -> m ❶ (erfolgreicher Mensch) homme m [o personne f] qui gravit [tous] les échelons
    ❷ SPORT promu m
Aufsteigerin <-, -nen> m fam femme f [o personne f] qui gravit [tous] les échelons
auf|stellen I. tr V ❶ (aufbauen) installer Gerät, Schild; ériger Denkmal; dresser Mast; poser Falle
    ❷ (äußern) poser Behauptung, Forderung; avancer Vermutung
    ❸ (ausarbeiten) établir Programm; échafauder Theorie
    ❹ (erstellen) dresser Liste; établir Rechnung, Tabelle
    ❺ (postieren) poster Wachposten
    ❻ (nominieren) désigner Kandidaten; sélectionner Spieler; composer Mannschaft; lever Truppen
    ❼ (auf den Herd stellen) etw ~ mettre qc sur le feu
    ❽ (erzielen) établir Rekord
    ❾ (aufrecht hinstellen) remettre debout Gegenstand
    ❿ (aufrichten) dresser Ohren, Stacheln
    ⓫ CH (aufmuntern) requinquer (fam)
    II. r V sich ~ ❶ (sich hinstellen) Schüler, Sportler, Wache: se placer
    ❷ (sich hochstellen) Haare, Nackenhaare, Ohren: se dresser
Aufstellung f ❶ kein Pl (das Aufstellen) eines Geräts, Plakats, Schilds installation f; eines Denkmals érection f
    ❷ kein Pl (Äußerung) einer Behauptung, Forderung formulation f
    ❸ kein Pl (Ausarbeitung) eines Programms, einer Theorie élaboration f
    ❹ kein Pl (Erstellung) einer Liste, Rechnung, Tabelle établissement m
    ❺ kein Pl MIL einer Wache mise f en place; einer Truppe, Division levée f
    ❻ (Formation) ~ nehmen se rassembler; Soldaten: se mettre en formation; Fußballspieler: s'aligner
    ❼ kein Pl (Nominierung) eines Kandidaten désignation f; eines Spielers sélection f
    ❽ (Zusammenstellung) einer Mannschaft composition f
    ❾ kein Pl SPORT eines Rekords établissement m
Aufstieg ['aʊfʃtiːk] <-[e]s, -e> m ascension f; der berufliche ~ la promotion professionnelle; ihr ~ zur Chefredakteurin sa promotion au grade de rédactrice en chef; der ~ in die Bundesliga ≈ la montée en première division
Aufstiegschance [-ʃãːs(ə), -ʃɑ̃s(ə)] f perspective f de promotion [o d'avancement] **Aufstiegsrunde** f poule f de qualification pour la montée **Aufstiegsspiel** nt match m de barrage pour la montée
auf|stöbern ['aʊfʃtøːbɐn] tr V ❶ (entdecken) dénicher
    ❷ JAGD débusquer
auf|stocken ['aʊfʃtɔkən] I. tr V ❶ (erhöhen) augmenter; etw auf tausend Euro ~ augmenter qc jusqu'à mille euros; etw um zehn Prozent ~ augmenter qc de dix pour cent
    ❷ ARCHIT surélever Gebäude; das Aufstocken la surélévation
    II. itr V FIN procéder à une augmentation de capital
auf|stöhnen itr V pousser un gémissement
auf|stoßen unreg I. itr V ❶ + haben (rülpsen) avoir un renvoi; Baby: faire son rot
    ❷ + haben o sein (Rülpsen verursachen) jdm ~ Essen: donner des renvois à qn
    ❸ + sein fam (auffallen) jdm ~ frapper qn
    II. tr V + haben ❶ (öffnen) die Tür ~ ouvrir la porte d'un coup
    ❷ (verletzen) sich (Dat) das Knie ~ se blesser au genou [en se cognant]
aufstrebend Adj ❶ Stadt, Land en plein développement [o essor]; Volk en pleine évolution
    ❷ (ehrgeizig) ambitieux(-euse)
auf|streichen unreg I. itr V + sein (auffliegen) prendre son envol
    II. tr V + haben appliquer Farbe
Aufstrich m préparation f à tartiner; was möchten Sie als ~? vous voulez une tartine de quoi?
auf|stülpen sich (Dat) einen Hut ~ s'enfoncer un chapeau sur la tête; sie stülpte ihm die Mütze auf elle lui a enfoncé la casquette sur la tête
auf|stützen I. tr V ❶ s'appuyer sur Arme, Ellenbogen
    ❷ (aufrichten) den Kranken ~ aider le malade à se redresser
    II. r V sich auf etw (Akk) ~ s'appuyer sur qc
auf|suchen tr V geh ❶ (besuchen) aller consulter Arzt; rendre visite à Freunde
    ❷ (sich begeben) die Toilette ~ aller aux toilettes
    ❸ (suchen) [re]chercher
auf|takeln ['aʊftaːkəln] I. tr V gréer Segelschiff
    II. r V pej fam sich ~ s'attifer (fam); aufgetakelt [sein] [être] drôlement attifé(e) (fam)

Auftakt m ❶ (Beginn) ouverture f; der ~ zu etw le début de qc; den ~ zu etw bilden constituer le point de départ de qc
    ❷ MUS anacrouse f
auf|tanken I. tr V faire le plein [de carburant] de Wagen, Flugzeug; in der Luft aufgetankt werden être ravitaillé(e) en vol
    II. itr V ❶ (volltanken) faire le plein [de carburant]
    ❷ fam (sich erholen) se requinquer (fam)
auf|tauchen itr V + sein ❶ Person, U-Boot, Wrack: remonter à la surface; aus der Tiefe ~ émerger des profondeurs
    ❷ (zum Vorschein kommen) Person, Gegenstand, Beweisstück: apparaître
    ❸ (sichtbar werden) aus dem Nebel ~ apparaître dans le brouillard; (plötzlich) surgir du brouillard
    ❹ (sich ergeben) faire surface
auf|tauen I. itr V + sein ❶ (tauen) Tiefkühlkost: décongeler; Erdreich: dégeler
    ❷ fig Person: se dégeler
    II. tr V + haben décongeler Tiefkühlkost; dégeler Wasserleitung, Autoschloss
auf|teilen tr V ❶ (aufgliedern) diviser; etw in Bereiche/Parzellen ~ diviser qc en secteurs/parcelles
    ❷ (verteilen) den Kuchen unter die Kinder ~ distribuer le gâteau aux enfants; sie wollen die Kosten unter sich (Akk) [o untereinander] ~ ils veulent [se] répartir les coûts entre eux
Aufteilung f (Einteilung) ~ in Teams (Akk) division f en équipes
auf|tischen ['aʊftɪʃən] tr V ❶ (servieren) servir Essen
    ❷ fam (erzählen) jdm etw ~ faire gober qc à qn (fam)
Auftrag ['aʊftraːk, Pl: 'aʊftrɛːgə] <-[e]s, Aufträge> m ❶ (Bestellung von Produkten) commande f; (Bestellung von Leistungen) contrat m; den ~ für ein Projekt bekommen obtenir le marché pour un projet; im ~ und auf Rechnung von ... d'ordre et pour le compte de ... (form); etw bei einem Schreiner in ~ geben passer commande à un menuisier de qc
    ❷ (Anweisung) ordre m; den ~ haben etw zu tun être chargé(e) de faire qc; jdm den ~ geben etw zu tun charger qn de faire qc; etw im ~ von jdm tun faire qc sur ordre de qn
    ❸ kein Pl geh (Mission) mission f
auf|tragen unreg I. tr V ❶ (aufstreichen) appliquer; etw auf etw (Akk) ~ appliquer qc sur qc
    ❷ form (beauftragen) jdm ~ etw zu tun charger qn de faire qc; jdm eine Botschaft an jdn ~ charger qn de transmettre un message à qn
    ❸ geh (servieren) servir Essen
    ❹ (abnutzen) einen Mantel ~ porter un manteau jusqu'au bout
    II. itr V Stoff, Mantel: grossir
    ▶ dick [o stark] ~ pej fam en rajouter (fam)
Auftraggeber(in) m(f) mandant(e) m(f); eines Lieferanten client(e) m(f); eines Autors, Verbrechers commanditaire mf **Auftragnehmer(in)** <-s, -> m(f) mandataire mf
Auftragsarbeit f travail m sur commande **Auftragsbestätigung** f confirmation f de commande **Auftragsbuch** nt livre m de commandes **Auftragseingang** m entrée f de commandes **Auftragsflaute** f stagnation f des commandes **auftragsgemäß** I. Adj conforme à l'ordre [o à la commande] II. Adv conformément à l'ordre [o à la commande] **Auftragslage** f état m des carnets de commandes **Auftragsrückstand** m retard m dans l'exécution des commandes
auf|treffen itr V unreg + sein auf der Linie ~ Ball: toucher la ligne; mit dem Kopf auf der Stufe ~ heurter la marche avec la tête; das Auftreffen l'impact m
auf|treiben tr V unreg + haben ❶ fam (ausfindig machen) dégoter (fam)
    ❷ (aufblähen) etw ~ Backpulver, Hefe: faire lever qc; Krankheit, Blähungen: ballonner qc
auf|trennen tr V défaire Naht; découdre Saum
auf|treten unreg I. itr V + sein ❶ (den Fuß aufsetzen) poser le pied; leise ~ ne pas faire de bruit en marchant; fest ~ avancer d'un pied ferme
    ❷ (eintreten) Probleme, Schwierigkeiten: apparaître; Verzögerungen: survenir; das Auftreten dieses Problems l'apparition f de ce problème
    ❸ MED Übelkeit: survenir; Krankheit: se déclarer; Krankheitserreger, Symptom: se manifester
    ❹ (erscheinen) Zeuge: être appelé(e); als Zeuge ~ comparaître comme témoin; jdn als Zeugen ~ lassen faire citer qn comme témoin; als Sachverständiger ~ se présenter comme expert
    ❺ THEAT (spielen) se produire; (auftauchen) entrer en scène; in einem Stück/auf der Bühne ~ se produire dans une pièce/sur scène; als Mephisto ~ jouer [le rôle de] Méphisto
    ❻ (sich benehmen) arrogant/bescheiden ~ se montrer arrogant(e)/modeste
    ❼ (handeln) als Vermittler ~ intervenir en tant que médiateur
    II. tr V + haben enfoncer Tür

Auftreten <-s> nt ❶ *(Benehmen)* comportement m, conduite f
❷ MED *von Krankheiten, Fieber, Übelkeit* apparition f
❸ *(Erscheinen) einer Person* apparition f; **das ~ in der Öffentlichkeit vermeiden** éviter d'apparaître en public
Auftrieb m ❶ *kein Pl* PHYS poussée f verticale [o d'Archimède]
❷ *kein Pl (Aufschwung)* essor m
❸ *kein Pl (frischer Schwung)* impulsion f
❹ *(Almauftrieb)* transhumance f
Auftriebskraft f PHYS force f ascensionnelle
Auftritt m ❶ *(Erscheinen)* apparition f
❷ THEAT entrée f en scène; **ich habe meinen ~ erst im zweiten Akt** j'entre en scène seulement au deuxième acte
❸ *(Streit)* scène f
auf|trumpfen itr V ❶ *(sich großtun)* parader; **mit etw ~** parader avec qc
❷ *(schadenfroh sein)* triompher
auf|tun unreg I. r V ❶ *geh (sich öffnen)* Tür, Erdspalte, Abgrund: s'ouvrir; **sich vor jdm ~** Tür, Erdspalte, Abgrund: s'ouvrir devant qn
❷ *(sich ergeben)* **sich ~** Möglichkeit, Chance, Geschäft: se présenter
II. tr V ❶ sl *(ausfindig machen)* dégoter *(fam)*
❷ fam *(servieren)* **jdm Kartoffeln ~** servir des pommes de terre à qn
auf|türmen ['aʊftʏrmən] I. tr V empiler
II. r V geh **sich ~ ❶** *Gebirge:* se dresser
❷ *(unüberschaubar sein)* Hindernisse, Probleme: s'accumuler
auf|wachen itr V + *sein* s'éveiller, se réveiller; **aus einem Traum ~** sortir d'un rêve
auf|wachsen [-ks-] itr V unreg + *sein* grandir
auf|wallen ['aʊfvalən] itr V + *sein* ❶ *Wasser, Brühe:* frémir
❷ *geh (aufsteigen)* **in jdm ~** Leidenschaft, Wut: monter en qn
Aufwallung f accès m; **eine ~ von Wut** un accès de colère
Aufwand ['aʊfvant] <-[e]s> m ❶ *(Einsatz)* investissement m; *(finanziell)* dépense f; **der zeitliche ~** le temps investi; **der ~ an Energie/Material** la dépense en énergie/matériel
❷ *(Luxus)* faste m; **[großen] ~ treiben** *(viel Geld ausgeben)* mener grand train; *(viel einsetzen)* investir beaucoup
aufwändig^RR I. Adj ❶ *(teuer)* coûteux(-euse)
❷ *(umfangreich)* Prozess, Verfahren, Planung de longue haleine; **zu ~ sein** demander un trop gros investissement
II. Adv ausstatten, sich einrichten à grands frais; **~ ausgestattet** Auto luxueusement équipé(e)
Aufwandsentschädigung f indemnités fpl de représentation
auf|wärmen I. tr V ❶ réchauffer Essen
❷ fam *(zur Sprache bringen)* etw [wieder] **~** remettre qc sur le tapis *(fam)*
II. r V **sich ~** se réchauffer; Sportler: s'échauffer
auf|warten itr V geh ❶ *(zu bieten haben)* avoir à offrir; **mit etw ~** avoir qc à offrir
❷ *veraltet (anbieten)* [jdm] **mit etw ~** offrir qc [à qn]
❸ *(bedienen)* **jdm ~** servir qn
aufwärts ['aʊfvɛrts] Adv ❶ *(nach oben)* vers le haut
❷ *(ab)* **von fünf Euro ~** à partir de cinq euros; **vom Abteilungsleiter [an] ~** à partir du chef de service
Aufwärtsentwicklung f der Inflation, Preise hausse f; der Konjunktur essor m **aufwärts|fahren** itr V unreg + *sein* **im Fahrstuhl ~** monter en ascenseur **aufwärts|führen** itr V **der Weg führt aufwärts** le chemin monte **aufwärts|gehen** itr V unreg, unpers + *sein* ❶ *(gesundheitlich)* **es geht jdm aufwärts** la santé de qn va mieux [o se rétablit] ❷ *(erfreulich verlaufen)* **es geht mit jdm/etw aufwärts** la situation de qn/qc s'améliore **Aufwärtshaken** m BOXEN uppercut m
Aufwartung f **jdm seine ~ machen** veraltet geh présenter ses hommages [o civilités] à qn *(soutenu)*
Aufwasch m DIAL s. **Abwasch**
▶ **ich werde das in einem ~ tun** fam pendant que j'y suis, je vais faire ça *(fam)*
auf|wecken tr V réveiller
auf|weichen ['aʊfvaɪçən] I. tr V + *haben* ❶ *(morastig machen)* détremper Weg
❷ *(weich machen)* ramollir Brot
❸ geh *(lockern)* amollir *(littér)*, provoquer le relâchement de Systeme, Fronten
II. itr V + *sein* ❶ *(morastig werden)* Boden, Erde: se ramollir; **nach und nach ~** Boden, Weg: finir par être détrempé(e)
❷ geh *(sich lockern)* System, Fronten: se relâcher
auf|weisen ['aʊfvaɪzən] tr V unreg ❶ *(haben)* présenter; **Kenntnisse aufzuweisen haben** avoir des connaissances à son actif
❷ *(enthalten)* comporter Fehler, Irrtümer
auf|wenden tr V reg o unreg ❶ *(einsetzen)* déployer Energie, Mühe; consacrer Zeit; engager Material; **viel Mühe ~** se donner beaucoup de peine [o de mal]
❷ FIN engager Mittel, Kredite; débourser Geld
aufwendig Adj, Adv s. **aufwändig**

Aufwendung f ❶ *kein Pl (das Investieren) von Geld, Mitteln* dépense f
❷ Pl *(private Ausgaben)* dépenses fpl
❸ Pl *(Firmenausgaben)* charges fpl
❹ *kein Pl (das Aufbieten)* **unter ~ aller meiner Kräfte** en déployant toutes mes forces
auf|werfen unreg I. tr V ❶ soulever Frage, Probleme
❷ *(aufhäufen)* élever Damm
II. r V **sich zum Herrscher/Richter ~** s'ériger en maître/juge
auf|werten I. tr V ❶ ÖKON réévaluer; **etw um zwei Prozent ~** réévaluer qc de deux pour cent
❷ fig rehausser Ansehen, Werte; revaloriser Rolle, Ideale
II. itr V ÖKON Land: réévaluer
Aufwertung f ❶ ÖKON réévaluation f
❷ fig des Ansehens renforcement m; eines Ideals, einer Rolle revalorisation f
auf|wickeln tr V ❶ *(aufrollen)* enrouler Garn, Stoffbahn; **etw wieder ~** rembobiner qc
❷ *(lösen)* défaire Verband
auf|wiegeln ['aʊfvi:gəln] tr V exciter à la révolte; **jdn ~** exciter qn à la révolte; **jdn zum Streik ~** inciter qn à [faire] la grève; **Menschen gegeneinander ~** monter les gens les uns contre les autres
Aufwiegelung <-, -en> f incitation f à la révolte
auf|wiegen tr V unreg compenser
Aufwiegler(in) ['aʊfvi:glɐ] <-s, -> m(f) pej agitateur(-trice) m(f)
Aufwind m ❶ *kein Pl (Aufschwung)* reprise f; [neuen] **~ bekommen** avoir [de nouveau] le vent en poupe
❷ METEO courant m ascendant
auf|wirbeln I. itr V + *sein* s'envoler en tourbillonnant
II. tr V + *haben* soulever des tourbillons de Blätter, Staub
auf|wischen I. tr V essuyer Wasser, Schmutz; passer la serpillière sur Fußboden; passer la serpillière dans Bad, Küche
II. itr V passer la serpillière
auf|wühlen tr V ❶ *(aufwerfen)* Tier: retourner; Orkan: soulever; **etw ~** Tier: retourner qc; Orkan: soulever qc; **aufgewühlt [sein]** Meer: [être] démonté(e) [o déchaîné(e)]; Wasser: [être] très agité(e)
❷ geh *(stark bewegen)* jdn ~ Eindrücke, Erlebnisse: bouleverser qn
auf|zählen tr V énumérer
Aufzahlung s. **Aufpreis**
Aufzählung f énumération f
auf|zäumen ['aʊftsɔʏmən] tr V brider
▶ **etw von hinten** [o **verkehrt herum**] **~** fam prendre qc par le mauvais bout
auf|zehren tr V geh grignoter Vorrat, Ersparnisse; épuiser Kräfte
auf|zeichnen tr V ❶ enregistrer Sendung
❷ *(aufmalen)* **etw auf etw** (Akk) **~** dessiner qc sur qc; *(erklärend)* faire un croquis de qc [sur qc]; **jdm ~, wie die Straße verläuft** faire à qn un croquis de la route
❸ *(aufschreiben)* noter
Aufzeichnung f ❶ einer Sendung enregistrement m
❷ *(Zeichnung)* dessin m
❸ meist Pl *(Notizen)* notes fpl
auf|zeigen tr V démontrer
auf|ziehen unreg I. tr V + *haben* ❶ *(öffnen)* ouvrir Reißverschluss, Vorhang; défaire Schleife, Schnürsenkel
❷ *(herausziehen)* tirer Schublade
❸ *(aufkleben)* **etw ~** coller qc sur un support; **Fotos auf Pappe ~** coller des photos sur du carton
❹ *(befestigen)* monter Saite, Reifen
❺ *(spannen)* remonter Feder, Uhr
❻ *(großziehen)* élever Kind, Tier
❼ HORT faire pousser Pflanze
❽ fam *(verspotten)* **jdn mit etw ~** charrier [o se ficher de] qn à cause de qc *(fam)*
❾ *(veranstalten)* organiser Fest, Veranstaltung; **dieses Jubiläum wird ganz groß aufgezogen** pour l'organisation de ce jubilé, on fait bien les choses
❿ fam *(gründen)* monter Firma, Unternehmen
⓫ *(hochziehen)* hisser Flagge, Segel
⓬ *(einsaugen)* remplir Spritze; remplir une seringue de Serum, Flüssigkeit
II. itr V + *sein* ❶ Gewitter, Wolken: s'approcher
❷ *(aufmarschieren)* venir prendre position
Aufzucht f kein Pl ❶ *(das Großziehen)* élevage m
❷ *(Jungtiere)* jeunes animaux mpl
Aufzug m ❶ *(Fahrstuhl)* ascenseur m; *(Lastenaufzug)* monte-charge m; *(Speiseaufzug)* monte-plat m
❷ *(Festzug)* défilé m
❸ *kein Pl (das Herannahen) eines Gewitters, von Wolken* arrivée f
❹ THEAT acte m
❺ *kein Pl pej fam (Kleidung)* accoutrement m; **was ist denn das für ein ~?** tu as vu comment tu es attifé(e)? *(fam)*
Aufzugsschacht m ARCHIT cage f d'ascenseur

auf|zwingen *unreg* I. *tr V* ❶ *(gewaltsam auferlegen)* imposer; **jdm etw ~** imposer qc à qn
❷ *(aufdrängen)* **jdm ein Trinkgeld ~** forcer qn à accepter un pourboire; **jdm ein Stück Kuchen ~** forcer qn à manger un morceau de gâteau
II. *r V* **sich jdm ~** *Gedanke, Vorstellung:* s'imposer à qn
Augapfel *m* ANAT globe *m* oculaire
▶ **jdn/etw wie seinen ~ hüten** surveiller qn/qc comme la prunelle de ses yeux
Auge ['aʊgə] <-s, -n> *nt* ❶ œil *m;* **grüne/braune ~n haben** avoir les yeux verts/marron; **jdm in die ~n sehen** [*o* **schauen**] regarder qn dans les yeux; **sich tief in die ~n sehen** se regarder les yeux dans les yeux; **mit den ~n blinzeln** [*o* **zwinkern**] cligner des yeux; **mit den ~n rollen** rouler les yeux; [**die**] **~n rechts/links!** tête à droite/gauche!
❷ *(Sehfähigkeit)* **gute/schlechte ~n** [**haben**] [avoir] une bonne/mauvaise vue; **meine ~n werden immer schlechter** ma vue est de plus en plus mauvaise
❸ *(Punkt beim Würfeln)* point *m;* **sechs ~n werfen** faire un six
❹ BOT *einer Kartoffel* œil *m*
❺ *(Fettauge)* œil *m*
▶ **das ~ des Gesetzes** *hum* les forces *fpl* de l'ordre; **ich habe doch ~n im Kopf!** *fam* j'ai les yeux en face des trous! *(fam)*; **keine ~n im Kopf haben** *fam* avoir de la merde dans les yeux *(fam)*, ne pas avoir les yeux en face des trous *(fam)*; **sich** *(Dat)* **die ~n aus dem Kopf gucken** *fam* ouvrir de grands yeux comme des soucoupes; **~n wie ein Luchs haben** *(gut sehen)* avoir des yeux de lynx; *(alles merken)* ne pas avoir les yeux dans sa poche; **die** [*o* **seine**] **~n sind größer als der Magen** *fam* il a les yeux plus grands que le ventre; **aus den ~n, aus dem Sinn** *Spr.* loin des yeux, loin du cœur; **~ um ~, Zahn um Zahn** BIBL œil pour œil, dent pour dent; **jdn/etw mit anderen ~n** [**an**]**sehen** voir qn/qc d'un autre œil; **mit einem blauen ~ davonkommen** *fam* s'en tirer à bon compte; **etw nicht nur** [**um**] **jds schöner blauer ~n willen tun** ne pas faire qc simplement pour les beaux yeux de qn; **mit bloßem** [*o* **nacktem**] **~** à l'œil nu; **etw mit** [**seinen**] **eigenen ~n gesehen haben** avoir vu qc de ses propres yeux; **vor seinem/ihrem geistigen** [*o* **inneren**] **~** mentalement; **jdn mit großen ~n ansehen** [*o* **anschauen**] regarder qn en ouvrant de grands yeux; **ich hab' doch hinten keine ~n!** *fam* j'ai pas des yeux dans le dos [*o* derrière la tête]! *(fam)*; **mit einem lachenden und einem weinenden ~** pleurant d'un œil et riant de l'autre; mi-figue, mi-raisin; **ich würde ihm am liebsten die ~n auskratzen** *fam* j'aimerais lui arracher les yeux; **die ~ offen halten** ouvrir l'œil; **mit offenen ~n schlafen** avoir les yeux ailleurs [*o* dans le vague]; **jdm schöne ~n machen** faire les yeux doux à qn; **jdm wird schwarz vor ~n** tout se brouille devant les yeux de qn; **sehenden ~s** *geh* sciemment; **ein sicheres ~ für etw haben** avoir l'œil pour qc; **da bleibt kein ~ trocken** *hum fam (vor Lachen)* tout le monde est écroulé *(fam)*; *(vor Rührung)* tout le monde a la larme à l'œil; **seine ~n überall** [*o* **hinten und vorn**] **haben müssen** *fam* devoir avoir l'œil à tout; **seine ~n nicht überall haben können** *fam* ne pas pouvoir être au four et au moulin; **mit verbundenen Augen** *(mit einer Binde vor den Augen)* les yeux bandés; *(mit absoluter Sicherheit)* les yeux fermés; **unter vier ~n** entre quat'z'yeux *(fam)*; **so weit das ~ reicht à** perte de vue; **jdm etw an** [*o* **von**] **den ~n ablesen** lire qc dans les yeux de qn; **die ~n aufmachen** [*o* **aufsperren**] [*o* **auftun**] *fam (genau hinschauen)* ouvrir les yeux; *(sich Mühe geben)* se donner la peine de regarder autour de soi; **sich** *(Dat)* **die ~n nach jdm/etw ausgucken** *fam* chercher qn/qc à s'en abîmer les yeux; **jdn/etw im ~ behalten** *(beobachten)* ne pas quitter qn/qc des yeux; *(sich vormerken)* marquer qn/qc sur ses tablettes; **jdm etw aufs ~ drücken** *fam* imposer qc à qn; **ins ~ fassen** examiner qc/qn, envisager *Möglichkeit, Investition;* **ins ~ fassen etw zu tun** envisager de faire qc; **jdm etw vor ~n führen** montrer qc à qn; **geh mir aus den ~n!** hors de ma vue!; **jdm gehen die ~n auf** qn commence à y voir clair; **jdm gehen die ~n über** qn est subjugué(e); **ins ~ gehen** *fam* foirer *(fam)*; **ein ~ auf jdn/etw geworfen haben** lorgner qn/qc; **jdm/etw im ~ haben** *(ausersehen haben)* avoir des vues [*o* visées] sur qn/qc; **ein ~ auf jdn/etw haben** *(aufpassen)* avoir l'œil sur qn/qc; **etw noch** [**deutlich/lebhaft**] **vor ~n haben** avoir encore qc [précisément] en tête; **nur ~n für jdn haben** n'avoir d'yeux que pour qn; **jdn nicht aus den ~n lassen** ne pas quitter qn des yeux, ne pas perdre qn de vue; [**große**] **~n machen** *fam* ouvrir de grands yeux; **jdm die ~n öffnen** ouvrir les yeux à qn; **sich** *(Dat)* **die ~n reiben** se frotter les yeux; **ein ~ riskieren** *fam* risquer un œil, jeter un coup d'œil; **die ~ schließen** *geh* fermer les yeux à jamais *(soutenu);* **jdm schwimmt alles vor den ~n** tout se brouille devant les yeux de qn; **kaum aus den ~n sehen** [*o* **gucken**] **können** avoir les yeux qui ne tiennent plus ouverts; **jdm aus den ~n sehen** *Dummheit, Verschmitztheit:* se lire dans le regard de qn; **ins ~ springen** [*o* **fal-**

len] [*o* **stechen**] sauter aux [*o* crever les] yeux; **seinen ~n nicht trauen** n'en pas croire ses yeux; **sich aus den ~n verlieren** se perdre de vue; **etw aus den ~n verlieren** perdre de vue qc; **die ~n vor etw** *(Dat)* **verschließen** se boucher les yeux devant qc; **ein ~/beide ~n zudrücken** *fam* fermer un œil/les yeux; **kein ~ zutun** *fam* ne pas fermer l'œil; **auf einem ~ blind sein; jds ~n** *(Dat)* aux yeux de qn; **~ in ~** face à face; **unter jds ~n** *(Dat)* sous les yeux de qn; **vor aller ~n** aux yeux de tous; **~n zu und durch!** *fam* foncer tête baissée! *(fam)*
äugen *itr V fam* zieuter *(fam)*
Augenarzt *m,* **-ärztin** *f* oculiste *mf* **augenärztlich** I. *Adj attr Behandlung, Beratung, Leistung* d'ophtalmologie II. *Adv* **sich untersuchen lassen** par un(e) oculiste **Augenaufschlag** *m* œillade *f;* **mit einem unschuldigen ~** en levant les yeux innocemment
Augenblick *m* instant *m,* moment *m;* **im ersten ~** dans un premier temps; **im letzten ~** au dernier moment; **im nächsten ~** l'instant d'après; **der passende** [*o* **richtige**] **~** le moment favorable, le bon moment; **im passenden** [*o* **richtigen**] **~** au bon moment; **im ~** pour le moment; **in diesem ~** à cet instant; **in einem schöpferischen ~** dans un moment d'inspiration; **in einem schwachen ~** dans un moment de faiblesse; **alle ~e** à tout bout de champ, à chaque instant; **einen ~**[**, bitte**] un instant [*o* un moment][, s'il vous plaît]; **jeden ~** à tout moment [*o* instant]; **keinen ~** à aucun moment; **~ mal!** *(he)* eh! un moment!; *(ach ja)* attends/attendez voir!
augenblicklich I. *Adj* ❶ *(sofortig) Entscheidung, Rücknahme* immédiat(e), instantané(e)
❷ *(derzeitig)* actuel(le)
❸ *(vorübergehend) Besserung* momentané(e); *Modeerscheinung* passager(-ère)
II. *Adv* ❶ *(sofort)* immédiatement
❷ *(zur Zeit)* pour le moment
Augenbraue ['aʊgənbraʊə] *f* sourcil *m;* **die ~n hochziehen** froncer les sourcils
Augenbrauenstift *m* crayon *m* à sourcils
Augenentzündung *f* MED ophtalmie *f (spéc)*
augenfällig ['aʊgənfɛlɪç] *Adj Abweichen* évident(e); *Unterschied* qui saute aux yeux
Augenfarbe *f* couleur *f* des yeux/d'yeux **Augengläser** *Pl A fam (Brille)* lunettes *fpl* **Augenheilkunde** ['aʊgənhaɪlkʊndə] *f* ophtalmologie *f* **Augenhöhe** *f* niveau *m* des yeux; **in ~** au niveau des yeux **Augenhöhle** *f* orbite *f* **Augenklappe** *f* cache-œil *m* **Augenklinik** *f* MED clinique *f* ophtalmologique **Augenkrankheit** *f* maladie *f* des yeux **Augenlicht** *nt kein Pl geh* vue *f* **Augenlid** *nt* paupière *f* **Augen-Make-up** *nt* maquillage *m* pour les yeux **Augenmaß** *nt kein Pl* ❶ *(für Entfernungen)* [**ein gutes**] **~** le coup d'œil; **ein gutes/schlechtes ~ haben** avoir/ne pas avoir le compas dans l'œil; **nach ~** à vue d'œil ❷ *fig* juste vision *f* des choses; **das ~ verlieren** perdre le sens de la mesure
Augenmerk ['aʊgənmɛrk] <-s> *nt kein Pl* attention *f;* **sein ~ auf etw** *(Akk)* **lenken** [*o* **richten**] fixer son attention sur qc; **jds ~ auf etw** *(Akk)* **lenken** [*o* **richten**] attirer l'attention de qn sur qc
Augenoperation *f* opération *f* des yeux/de l'œil **Augenoptiker** *s.* Optiker(in) **Augenringe** *Pl,* **Augenschatten** *mpl* **Augenschein** *m kein Pl* ❶ *(Anschein)* apparence *f;* **dem ~ nach** en apparence ❷ JUR **richterlicher ~** descente *f* judiciaire sur les lieux ❸ CH *s.* Lokaltermin ▶ **jdn/etw in ~ nehmen** examiner qn/qc
augenscheinlich I. *Adj* évident(e)
II. *Adv* manifestement
Augentropfen *Pl* gouttes *fpl* pour les yeux, collyre *m* **Augenweide** *f* régal *m* pour les yeux **Augenwimper** *f* cil *m;* **künstliche ~n** faux cils **Augenwinkel** *m* coin *m* de l'œil; **aus dem** [*o* **einem**] **~** du coin de l'œil **Augenwischerei** [aʊgənvɪʃəˈraɪ] <-, -en> *f pej* poudre *f* aux yeux **Augenzeuge** *m,* **-zeugin** *f* témoin *m* oculaire; **~ bei etw sein** être témoin de qc
Augenzeugenbericht *m* récit *m* d'un témoin oculaire
Augenzwinkern <-s> *nt* clignement *m* d'œil **augenzwinkernd** *Adv* en clignant de l'œil
Augiasstall [auˈgiːas-] *m kein Pl pej geh* écuries *fpl* d'Augias
Augur ['aʊgʊr] <-s *o* -guren, -guren> *m* augure *m*
August[1] [aʊˈgʊst] <-[e]s, -e> *m* août *m; s. a.* April
August[2] <-s> *m* Auguste *m*
▶ **den dummen ~ spielen** faire le pitre [*o* le guignol]
Augustfeier *f* CH fête *f* du premier d'août
Augustiner(in) [aʊgʊsˈtiːnɐ] <-s, -> *m(f),* **Augustinermönch** *m,* **-nonne** *f* augustin(e) *m(f)*
Augustinus <-> *m* HIST Saint Augustin
Auktion [aʊkˈtsi̯oːn] <-, -en> *f* vente *f* aux enchères
Auktionator [aʊktsi̯oˈnaːtoːɐ] <-s, -toren> *m,* **Auktionatorin** *f* commissaire-priseur(-euse) *m(f)*
Aula ['aʊla] <-, Aulen> *f* salle *f* des fêtes

Aupairmädchen^RR, **Au-pair-Mädchen** [oˈpɛːr-] *nt* [jeune] fille *f* au pair **Aupairstelle**^RR, **Au-pair-Stelle** *f* place *f* de jeune fille au pair

Aura [ˈaʊra] <-> *f geh* aura *f (soutenu)*

Aureole [aʊreˈoːlə] <-, -n> *f* auréole *f*

aus [aʊs] **I.** *Präp + Dat* ❶ *(räumlich)* de; ~ **dem Zimmer gehen** sortir de la chambre; ~ **dem Fenster sehen** regarder par la fenêtre; **einen Artikel ~ der Zeitung ausschneiden** découper un article dans le journal; **Zigaretten ~ dem Automaten ziehen** prendre des cigarettes au distributeur; ~ **der Flasche trinken** boire à la bouteille
❷ *(zur Angabe der Ursache)* par; ~ **Angst/Liebe** par peur/amour; ~ **einer Eingebung heraus** pris(e) d'une inspiration subite
❸ *(zur Angabe der Herkunft)* de; ~ **Hamburg/Frankreich** d'Hambourg/de France; ~ **vornehmer Familie stammen** descendre d'une famille aristocratique; ~ **einem Gedicht/~ dem Französischen** d'un poème/du français; ~ **dem letzten Jahrhundert stammen** dater du siècle dernier
❹ *(zur Angabe der Beschaffenheit)* en; ~ **Gold/Wolle** en or/laine; **Bier wird ~ Hopfen und Malz hergestellt** la bière est faite avec du houblon et du malt
II. *Adv fam* ❶ *(beendet)* ~ **sein** *Schule:* être fini(e); *Konzert, Film, Krieg:* être fini(e) [*o* terminé(e)]; **in einer halben Stunde ist das Stück ~** la pièce va se terminer dans une demi-heure; **wenn der Film ~ ist ...** quand le film sera fini ...; **damit ist es ~** c'en est fini de cela; **mit** [*o* **zwischen**] **ihnen ist es ~** c'est fini entre eux; **mit ihm ist es ~** *euph* il peut faire sa prière *(fam)*
❷ *(nicht an)* ~ **sein** *Gerät, Feuer:* être éteint(e); *Motor:* être arrêté(e); *Licht:* ~! éteins/éteignez la lumière!; *Musik* ~! arrête/arrêtez la musique!; **auf „ ~ " drücken** appuyer sur "arrêt"; **den Schalter auf „ ~ " stellen** mettre le commutateur sur "arrêt"
❸ *SPORT* ~ **sein** *Ball:* être hors jeu
❹ *(ausgerichtet)* **auf jdn ~ sein** avoir jeté son dévolu sur qn; **auf etw** *(Akk)* ~ **sein** ne viser que qc
❺ *(ausgegangen)* **mit jdm ~ sein** être sorti(e) avec qn

Aus <-> *nt* ❶ *SPORT* sortie *f*; **ins ~ gehen** *Ball:* sortir
❷ *(Spielende)* **das ~** la fin du match
❸ *(Ende)* fin *f;* **das soziale ~** la mort sociale; [**das ist**] **das ~ für die Verhandlungen** [cela signifie] la rupture des négociations

ausǀarbeiten *tr V* élaborer, mettre au point; **etw ~** élaborer qc, mettre qc au point

Ausarbeitung <-, -en> *f* élaboration *f,* mise *f* au point

ausǀarten [ˈaʊsartən] *itr V + sein* [**in einen Streit**] ~ dégénérer en dispute

ausǀatmen I. *itr V* expirer
II. *tr V* expirer; **den Rauch durch die Nase ~** rejeter la fumée par le nez

ausǀbacken *unreg tr V* GASTR *(in der Pfanne)* faire frire; *(im Backofen)* faire cuire

ausǀbaden *tr V fam* trinquer pour *(fam);* **das musst du alleine ~** c'est à toi de payer seul les pots cassés

ausǀbaggern *tr V* ❶ *(vertiefen)* draguer *Fahrrinne, Fluss, Teich;* creuser *Graben*
❷ *(herausholen)* draguer *Sand, Schlamm;* extraire *Erdreich*

ausǀbalancieren* [-balãːsiːrən] *tr V a. fig* équilibrer

Ausbau *m kein Pl* ❶ *(das Ausbauen)* eines Dachgeschosses aménagement *m*
❷ *(das Herausmontieren)* eines Geräteteils, einer Maschine démontage *m*
❸ *(das Verbessern)* von Beziehungen, einer Verbindung renforcement *m;* einer Freundschaft consolidation *f*
❹ *(das Vergrößern)* einer Position, eines Vorsprungs renforcement *m,* consolidation *f*

ausǀbauen *tr V* ❶ *(baulich erweitern)* aménager; **etw zu einem Studio ~** aménager qc en studio
❷ *(herausmontieren)* **etw aus etw ~** démonter qc de qc
❸ *(verbessern)* renforcer *Kontakte, Verbindungen;* consolider *Freundschaft*
❹ *(konsolidieren)* consolider, renforcer *Position, Vorsprung, Markt*

ausbaufähig *Adj* ❶ *fam (viel versprechend)* Leistung très prometteur(-euse)
❷ *fam (verbesserungsfähig)* Idee, Aufsatz, Artikel perfectible
❸ COM *Absatz, Markt* qui peut être consolidé(e)
❹ *(viel versprechend)* Beziehungen, Verbindungen qui peut être renforcé(e)

ausǀbedingen* *tr V unreg* **sich** *(Dat)* **von jdm ein Recht/eine Freiheit ~** se réserver un droit/une liberté de la part de qn

ausǀbeißen *tr V unreg* **sich** *(Dat)* **einen Zahn ~** se casser une dent

ausǀbessern *tr V* raccommoder *Kleidungsstück;* réparer *Dach, Bruchstelle*

Ausbesserung <-, -en> *f* eines Kleidungsstücks raccommodage *m;* eines Dachs, einer Bruchstelle réparation *f*

Ausbesserungsarbeiten *Pl* travaux *mpl* de réparation

ausǀbeulen I. *tr V* ❶ déformer *Kleidungsstück, Tasche*
❷ *(reparieren)* redresser *Beule, Kotflügel*
II. *r V* **sich ~** se déformer

Ausbeute *f* ❶ MIN rendement *m;* **die ~ an Erz/Kohle** le rendement en minerai/charbon
❷ *(Gewinn)* gain *m;* **die ~ eines Monats/der Anstrengungen** le gain d'un mois/le bénéfice des efforts

ausǀbeuteln *tr V A (ausschütteln)* secouer *Teppich, Staubtuch*

ausǀbeuten *tr V a.* MIN exploiter

Ausbeuter(in) <-s, -> *m(f) pej* exploiteur(-euse) *m(f)*

Ausbeutung <-, -en> *f* MIN, ÖKON, JUR exploitation *f;* ~ **fremder Leistung** JUR exploitation de la prestation d'un tiers

ausǀbezahlen* *tr V* ❶ verser *Geld, Gehalt;* payer *Arbeitnehmer, Überstunden, Urlaub*
❷ *(abfinden)* racheter les parts de *Geschäftspartner;* **einen Erben ~** racheter à un héritier sa part

ausǀbilden I. *tr V* ❶ *(beruflich unterweisen)* former *Azubi, Rekruten;* entraîner *Nachwuchssportler;* **jdn zum Arzt/Sänger ~** former qn à la médecine/au chant; **ausgebildet** de formation, diplômé(e)
❷ *(entwickeln)* développer *Fähigkeiten, Stimme;* **eine ausgebildete Stimme** une voix qui a été travaillée
❸ *(hervorbringen)* former *Knospe, Blatt*
II. *r V* ❶ *(sich schulen)* **sich als Pianist** [*o* **zum Pianisten**] ~ se former au piano
❷ BOT **sich ~** *Knospe, Blatt:* se former

Ausbilder(in) <-s, -> *m(f)* ❶ *(in einem Betrieb)* formateur(-trice) *m(f)*
❷ MIL instructeur(-trice) *m(f)*

Ausbildnerin [ˈaʊsbɪldnɐ] A, CH *s.* **Ausbilder(in)**

Ausbildung *f* ❶ *(Schulung)* von Auszubildenden, Akademikern formation *f;* von Rekruten instruction *f;* von Nachwuchssportlern entraînement *m;* **die ~ zum Lehrer** la formation des professeurs
❷ *(Entwicklung)* von Fähigkeiten, Fertigkeiten développement *m;* der Stimme travail *m*
❸ BOT einer Knospe, eines Blatts formation *f*

Ausbildungsbeihilfe *f* allocation *f* de formation professionnelle
Ausbildungsberuf *m* profession *f* à formation professionnelle
Ausbildungsförderung *f* bourse *f* d'études **Ausbildungsplatz** *m* place *f* d'apprenti [*o* en apprentissage] **Ausbildungsplatzabgabe** *f kein Pl* impôt pour les entreprises ne formant pas d'apprentis **Ausbildungsverhältnis** *nt* **im ~ stehen** [*o* **sein**] être en apprentissage **Ausbildungsvertrag** *m* contrat *m* d'apprentissage [*o* de formation]

ausǀbitten *r V unreg geh* **sich** *(Dat)* **von jdm Ruhe ~** exiger le silence de la part de qn
▸ **das möchte ich mir** [**auch**] **ausgebeten haben!** je l'espère pour vous/pour toi! *(soutenu)*

ausǀblasen *unreg tr V* souffler *Kerze*

ausǀbleiben *itr V unreg + sein* ❶ *Besucher, Gäste:* ne pas venir
❷ *(nicht erfolgen, nicht passieren)* ne pas venir; *Symptome:* ne se déclarer [*o* manifester]; *Puls, Atmung:* s'arrêter; *Bericht, Meldung, Nachricht:* ne pas arriver; *Sturm, Orkan:* ne pas éclater; **die erwarteten Schneefälle sind ausgeblieben** la neige attendue n'est pas tombée; **es konnte** [**ja**] **nicht ~, dass** ça ne pouvait pas manquer que + *subj*

Ausbleiben <-s> *nt a.* MED, PHYSIOL absence *f*

ausǀblenden I. *tr V* ❶ *(herausnehmen)* couper *Bild, Szene;* **es wird ausgeblendet** il y a une coupure
❷ *(ausklingen lassen)* **den Ton** [**langsam**] ~ éteindre le son en fondu; **es wird** [**langsam**] **ausgeblendet** il y a une fermeture en fondu
II. *r V* **wir müssen uns leider ~** nous sommes malheureusement obligés de rendre l'antenne

Ausblendung <-, -en> *f* ❶ TV, RADIO des Bildes fermeture *f* en fondu; des Tons fondu *m*
❷ INFORM mode *m* réduction

Ausblick *m* ❶ *(Aussicht)* vue *f;* **der ~ auf etw** *(Akk)* la vue sur qc; **von hier aus hat man einen tollen ~** d'ici on a une superbe vue
❷ *(Zukunftsvision)* perspective *f;* **einen ~ auf etw** *(Akk)* **geben** donner une vue d'ensemble à qc; **der ~ auf die nahe Zukunft** les proches perspectives d'avenir

ausǀbluten I. *itr V + sein* Person, Tier: perdre son sang; [**völlig**] ~ Person, Tier: perdre [tout] son sang; **ein Tier ~ lassen** saigner un animal
II. *tr V* **ein Land ~** saigner un pays à blanc

ausǀbohren *tr V* ❶ *(bohren)* creuser; *(erweitern)* agrandir; **einen Brunnen ~** creuser un puits
❷ *(entfernen)* **einen Ast aus dem Holz ~** enlever une branche en forant le bois

ausǀbomben *tr V* **ausgebombt werden** être sinistré(e) suite à un bombardement

ausǀbooten [ˈaʊsboːtən] *tr V fam* débarquer *(fam)* Teilhaber, Konkurrenten

aus|borgen tr V fam ❶ (verleihen) filer (fam); [jdm] etw ~ filer qc [à qn]
❷ (sich ausleihen) [sich (Dat)] etw von jdm ~ piquer qc à qn (fam)
aus|brechen unreg I. itr V + sein ❶ s'évader; aus dem Gefängnis ~ s'évader de prison; aus dem Käfig ~ s'échapper de la cage; ausgebrochen Häftling évadé(e); Tier échappé(e)
❷ MIL Truppen: rompre l'encerclement; aus einem Kessel ~ se dégager d'un encerclement
❸ fig aus der Ehe/einer Beziehung ~ rompre avec le mariage/une relation; aus dem Trott ~ rompre avec le train-train
❹ (zur Eruption gelangen) Vulkan: entrer en éruption; das Ausbrechen l'éruption
❺ (losbrechen) Jubel, Krieg: éclater; Hass, Wut: se déchaîner; Brand, Seuche: se déclarer
❻ (verfallen in) in Jubel ~ laisser éclater sa joie; in Tränen ~ fondre en larmes; in Gelächter ~ éclater de rire
❼ (außer Kontrolle geraten) vor einem Hindernis ~ Tier: se dérober avant un obstacle; in der Kurve ~ Pkw: faire une embardée [dans un virage]
❽ (austreten) jdm bricht der Schweiß/Angstschweiß aus qn se met à suer/à avoir des sueurs froides
II. tr V + haben abattre Wand; percer Fenster; Steine aus der Mauer ~ détacher des pierres du mur; sich (Dat) einen Zahn ~ se casser une dent
Ausbrecher(in) <-s, -> m(f) évadé(e) m(f)
aus|breiten I. tr V ❶ (hinlegen) étaler; etw vor jdm ~ étaler qc devant qn
❷ (ausstrecken) déployer Flügel; die Arme ~ ouvrir [grand] les bras
❸ (darlegen) seine Pläne vor jdm ~ exposer ses plans à qn
II. r V ❶ (sich erstrecken) sich ~ Klimazone, Wüste: s'étendre
❷ (übergreifen) sich auf etw (Akk o Dat)/über etw (Akk o Dat) ~ Brand, Seuche: se propager à/sur qc; Krieg: s'étendre à qc; Hoch, Tief, Regengebiet: s'installer sur qc
❸ (überhandnehmen) sich ~ propagresser, se propager
❹ fam (sich breitmachen) sich auf dem Sofa ~ s'étaler sur le canapé (fam)
Ausbreitung <-, -en> f ❶ eines Brands, einer Seuche propagation f; eines Kriegs extension f; eines Hochs, Tiefs installation f
❷ (das Überhandnehmen) des Hasses, Rassismus propagation f
ausbrennen unreg I. itr V + sein ❶ Haus, Auto: brûler
❷ (herunterbrennen) Feuer, Kerze, Petroleumlampe: s'éteindre
❸ sl (energielos sein) ausgebrannt sein être nase (fam)
II. tr V + haben cautériser Schlangenbiss, Wunde
aus|bringen tr V unreg ❶ (ausrufen) ein Hoch auf jdn ~ pousser un hourra en l'honneur de qn; einen Toast auf jdn ~ porter un toast à/en l'honneur de qn
❷ NAUT mouiller Anker; ein Boot ~ mettre un bateau à l'eau
Ausbruch m ❶ (das Ausbrechen) évasion f; ~ aus etw évasion f de qc; jdm gelingt der ~ qn réussit à s'évader
❷ MIL percée f
❸ (Beginn) déclenchement m
❹ (Eruption) éruption f; eines Geysirs jaillissement m
❺ (Entladung) ~ von Hass/Wut explosion f de haine/colère
Ausbruchsversuch m ❶ eines Häftlings tentative f d'évasion
❷ MIL tentative f de sortie [o de percée]
aus|brüten tr V ❶ Vogel: couver [jusqu'à éclosion]; etw ~ Vogel: couver qc [jusqu'à éclosion]; ausgebrütet arrivé(e) à éclosion
❷ fam (aushecken) mijoter (fam)
❸ fam (entwickeln) couver Erkältung, Grippe
aus|buchen tr V FIN, ÖKON sortir d'un compte, biffer
aus|buchten itr V Küste: former une échancrure/des échancrures; die Straße buchtet aus il y a un renfoncement dans la rue; ein ausgebuchtetes Ufer une côte échancrée
Ausbuchtung ['aʊsbʊxtʊŋ] <-, -en> f échancrure f
aus|buddeln ['aʊsbʊdəln] tr V fam ❶ (ausgraben) déterrer
❷ (ausfindig machen) dégoter (fam)
aus|bügeln tr V ❶ (durch Bügeln glätten) défroisser au fer Falte
❷ fam (bereinigen) arranger Angelegenheit, Missverständnis
aus|buhen ['aʊsbuːən] tr V fam huer; ausgebuht werden se faire conspuer [o huer]
Ausbund m kein Pl modèle m (soutenu); ein ~ an [o von] Frömmigkeit/Tugend un modèle de piété/vertu
aus|bürgern ['aʊsbʏrɡɐn] tr V déclarer déchu(e) de sa nationalité; jdn ~ déclarer qn déchu(e) de sa nationalité; aus Deutschland ausgebürgert werden être déchu(e) de la nationalité allemande
Ausbürgerung <-, -en> f déchéance f [o privation f] de la nationalité
aus|bürsten tr V brosser Anzug, Mantel; einen Fleck ~ enlever une tache à la brosse
aus|checken [-'tʃɛkn] itr V Fluggast: passer les contrôles; Hotelgast: régler sa note
Ausdauer f kein Pl persévérance f, ténacité f; (körperlich) endurance f, résistance f
ausdauernd I. Adj Mitarbeiter, Arbeiter persévérant(e); Arbeiten, Bemühungen constant(e); Sportler résistant(e)
II. Adv avec persévérance
ausdehnbar Adj extensible
aus|dehnen I. tr V ❶ sich ~ Ballonhülle: se gonfler; Metall, Gas: se dilater; ausgedehnt Fläche, Park étendu(e)
❷ (sich ausbreiten) sich auf/über ein Land ~ Brand, Krieg, Seuche: s'étendre à/sur un pays
❸ (dauern) sich ~ Prüfung, Verhandlungen, Wartezeit: se prolonger; ausgedehnt Erholungspause, Spaziergang prolongé(e)
II. tr V ❶ (verlängern) prolonger Aufenthalt, Urlaub
❷ (erweitern) etw auf das Nachbarland ~ étendre qc au pays voisin
Ausdehnung f ❶ (Verlängerung) eines Aufenthalts prolongation f
❷ (Ausbreitung) eines Kriegs extension f; eines Brands, einer Seuche propagation f
❸ (Vergrößerung) des Einflussbereichs, Universums extension f
❹ (Fläche) étendue f
aus|denken tr V unreg ❶ inventer; sich (Dat) eine Ausrede/Geschichte ~ inventer une excuse/histoire; sich (Dat) einen Plan ~ imaginer un plan; wer hat sich das bloß ausgedacht? qui a encore été inventer ça?
❷ (sich vorstellen) ich hatte mir dieses Abendessen so schön ausgedacht! j'étais si content à l'idée de ce dîner!; etw ist nicht auszudenken qc est inimaginable; es ist nicht auszudenken! c'est pas pensable!
▶ da musst du dir schon etwas anderes ~! fam il va falloir inventer autre chose!; das hast du dir so [o fein] ausgedacht! fam ça c'est ce que tu crois!
aus|dienen itr V fam ausgedient haben pouvoir être mis(e) au rancart (fam); ausgedient Möbel vieux (vieille); Brennstäbe usagé(e)
aus|diskutieren* tr V discuter [o débattre] [à fond]; etw ~ discuter [o débattre] qc [à fond]
aus|dörren I. tr V + haben (austrocknen) déshydrater Person; dessécher Land, Boden; ausgedörrt Person, Kehle déshydraté(e); Boden, Gebiet aride
II. itr V + sein se dessécher
aus|drehen tr V fam fermer (fam)
Ausdruck¹ <-drücke> m ❶ (Bezeichnung) expression f
❷ kein Pl (Gesichtsausdruck) expression f
❸ kein Pl (Bekundung) der ~ einer S. (Gen) l'expression f de qc; in etw (Dat) zum ~ kommen s'exprimer à travers qc; etw zum ~ bringen, einer S. (Dat) ~ geben [o verleihen] form exprimer qc; als ~ meiner Dankbarkeit en témoignage de ma gratitude; mit dem ~ des Bedauerns form avec l'expression de mes/ses/... regrets (form); mit dem ~ der Hochachtung form avec l'expression de ma/sa/... plus haute considération (form)
❹ kein Pl (Ausdrucksweise) façon f de s'exprimer; gewandt im ~ sein s'exprimer avec aisance
Ausdruck² <-drucke> m (ausgedruckter Text) imprimé m
aus|drucken tr V lister Statistik, Tabelle; imprimer Brief, Text
aus|drücken I. tr V ❶ (bekunden, zeigen) exprimer; Enttäuschung/Hilflosigkeit ~ Gesicht, Blick: exprimer de la déception/détresse; [jdm] seine Dankbarkeit/sein Mitgefühl ~ exprimer sa reconnaissance/sympathie [à qn]
❷ (formulieren) exprimer Meinung, Unzufriedenheit; und das ist noch milde ausgedrückt et c'est peu dire; anders ausgedrückt en d'autres termes; vorsichtig ausgedrückt et je pèse mes termes
❸ (auspressen) presser Schwamm, Tube, Orange; [sich (Dat)] einen Pickel ~ [se] percer un bouton
❹ (löschen) écraser Zigarette
II. r V ❶ (formulieren) sich ~ s'exprimer
❷ (sich widerspiegeln) sich in etw (Dat) ~ s'exprimer dans qc; sich in jds Gesicht (Dat) ~ Enttäuschung: se lire sur le visage de qn
ausdrücklich ['aʊsdrʏklɪç] I. Adj attr Erlaubnis, Genehmigung exprès(-esse); Zuwiderhandlung caractérisé(e); auf ~en Wunsch der Eltern suivant le vœu exprès des parents
II. Adv expressément
ausdruckslos Adj inexpressif(-ive)
ausdrucksstark Adj expressif(-ive) **Ausdruckstanz** m danse f d'expression **ausdrucksvoll** Adj expressif(-ive) **Ausdrucksweise** f façon f de s'exprimer
aus|dünnen ['aʊsdʏnən] tr V ❶ (reduzieren) réduire Bestand, Team, Angebot
❷ HORT éclaircir Obstbaum
❸ (herausschneiden) désépaissir Haare
aus|dünsten tr V dégager
Ausdünstung <-, -en> f einer Person, eines Tiers transpiration f; von Farbe émanation f; giftige/übel riechende ~en des émanations toxiques/malodorantes
auseinander [aʊsaɪˈnandɐ] Adv ❶ (räumlich entfernt) [weit] ~

sein *Personen, Zähne:* être [très] écarté(e)s
❷ *(zeitlich entfernt)* **drei Jahre ~ sein** *Personen:* avoir trois ans de différence
❸ *fam (getrennt)* **~ sein** *Paar:* être séparé(e)s
auseinander|bekommen* *tr V unreg* **die Finger nicht ~** ne pas pouvoir écarter les doigts; **die verklebten Teile ~** réussir à décoller les pièces [l'une de l'autre] **auseina̱nder|biegen** *tr V unreg* écarter **auseina̱nder|brechen** *unreg* I. *tr V + haben* rompre II. *itr V + sein Möbelstück, Familie:* se disloquer **auseina̱nder|bringen** *tr V unreg* **zwei Menschen ~** bousiller un couple *(fam);* **sie will die beiden ~** elle veut bousiller leur couple *(fam)* **auseina̱nder|dividieren** *tr V* créer la division entre *Freunde, Eheleute* **auseina̱nder|falten** *tr V* déplier **auseina̱nder|gehen** *itr V unreg + sein* ❶ *(kaputtgehen) Möbelstück:* se déglinguer *(fam)* ❷ *(voneinander abweichen) Ansichten, Überzeugungen:* diverger *(fam)* ❸ *(sich trennen) Paar:* se séparer; *Beziehung, Ehe, Freundschaft:* se briser; *Menschenmenge, Demonstranten:* se disperser ❹ *fam (dicker werden) Person:* [se] faire du lard *(fam)* **auseina̱nder|halten** *tr V unreg (unterscheiden)* différencier **auseina̱nder|klaffen** *itr V Wunde:* s'ouvrir; *Riss:* s'écarter; *Meinungen:* différer **auseina̱nder|laufen** *itr V + sein fam Demonstranten, Menge:* se disperser; *Wege, Straßen:* se séparer **auseina̱nder|leben** *r V sich* **~** *Eheleute, Lebensgefährten:* devenir [des] étrangers l'un pour l'autre; **sich mit jdm ~** se détacher de qn **auseina̱nder|liegen** *itr V unreg* ❶ *(räumlich)* **weit ~** *Ortschaften, Gehöfte:* être [très] loin les un(e)s des autres ❷ *(zeitlich)* [**zeitlich**] **weit ~** *Ereignisse:* être éloigné(e)s [dans le temps] **auseina̱nder|machen** *tr V* détacher *Seiten;* dépiler *Karte, Zeitung;* écarter *Beine;* ouvrir *Arme* **auseina̱nder|nehmen** *tr V unreg* ❶ *(demontieren)* démonter *Motor, Maschine, Getriebe* ❷ *sl (kaputtmachen)* bousiller *(fam) Einrichtung, Laden* ❸ *fam (zerpflücken)* démolir *Entwurf, Aussage* **auseina̱nder|reißen** *tr V unreg* déchirer *Stoff, Karton;* détruire *Auto, Flugzeug;* séparer *Geschwister, Familie* **auseina̱nder|rücken** I. *itr V + sein Personen:* se pousser II. *tr V + haben* pousser *Tische, Stühle* **auseina̱nder|schneiden** *tr V unreg* [dé]couper **auseina̱nder|schreiben** *tr V unreg* **etw ~** écrire qc séparément **auseina̱nder|setzen** I. *tr V* ❶ *(getrennt setzen)* **zwei Schüler ~** séparer deux élèves ❷ *fig (erklären)* **jdm ~** expliquer qc à qn II. *r V* ❶ *(getrennt setzen)* **sich ~** se placer séparément ❷ *(sich befassen)* **sich mit jdm/etw ~** se pencher sur qn/ qc; *(sich genau ansehen)* prêter attention à qn/qc ❸ *(sich streiten)* **sich mit jdm über etw ~** *(Akk)* s'expliquer avec qn au sujet de qc **Auseina̱ndersetzung** <-, -en> *f* ❶ *(Streit)* explication *f;* **mit jdm eine ~ haben** avoir une explication avec qn; **es kommt wegen etw zu einer ~/zu ~en** il y a une explication/des explications à cause de qc
❷ *(Beschäftigung)* **die ~ mit etw** la prise en compte de qc
❸ JUR *(Besitzaufteilung)* **gerichtliche/außergerichtliche ~** partage *m* judiciaire/amiable
auseina̱nder|streben *itr V + sein geh Menschen:* s'éparpiller; *Meinungen, Tendenzen:* diverger **auseina̱nder|treiben** *unreg* I. *tr V + haben* disperser *Menschenmenge, Herde* II. *itr V + sein Boote:* s'éloigner les uns des autres; *Wolken:* se disperser
auserkoren ['aʊsɛkoːʁən] *Adj geh* élu(e) *(littér);* **dazu ~ sein, etw zu tun** être appelé(e) à faire qc
auserlesen ['aʊsɛleːzən] I. *Adj* de choix
II. *Adv* particulièrement
aus|ersehen* *tr V unreg geh* élire; **jdn zu etw ~** élire qn comme qc; **zur Nachfolgerin ~ sein** être élue comme successeur
aus|erwählen* *tr V geh* élire; **jdn zu etw ~** élire qn pour qc; **jdn ~ etw zu tun** choisir qn pour faire qc
Auserwählte(r) *f(m) dekl wie Adj* ❶ *geh* élu(e) *m(f)*
❷ *hum* **der/die ~** l'heureux élu/l'heureuse élue; **ihr ~r** l'élu de son cœur
ausfahrbar ['aʊsfaːɐbaːɐ] *Adj Fahrgestell, Kopfstütze* escamotable; *Antenne* télescopique
aus|fahren *unreg* I. *tr V + haben* ❶ *(spazieren fahren)* sortir [o emmener] en voiture; **ein Baby ~** sortir un bébé dans son landau; **jdn ~** sortir [o emmener] qn en voiture
❷ *(ausliefern)* livrer *Waren*
❸ *(auf Höchstgeschwindigkeit bringen)* **seinen Wagen [voll] ~** pousser sa voiture [à fond]
❹ *(herauslassen)* sortir *Antenne, Fahrwerk*
❺ *(nicht schneiden)* **eine Kurve ~** bien prendre un virage
II. *itr V + sein* ❶ *(spazieren fahren)* sortir [en voiture]
❷ *(sich nach außen bewegen) Antenne, Fahrwerk:* sortir
❸ REL **aus jdm ~** *Geist, Dämon:* sortir de qn
Ausfahrt *f* ❶ *(Garagenausfahrt, Hofausfahrt, Autobahnausfahrt)* sortie *f;* **vor einer ~ parken** être garé(e) en bloquant une sortie; **~ freihalten!** sortie de voitures!
❷ *(Spazierfahrt)* sortie *f* [o promenade *f*] en voiture
❸ *kein Pl (Erlaubnis zur Abfahrt)* **die ~ freigeben** donner la voie; **keine ~ haben** *Zug:* attendre que la voie soit libre

Ausfahrt[s]schild *nt* panneau *m* de sortie d'autoroute
Ausfall *m* ❶ *(Fehlbetrag)* déficit *m,* baisse *f; (Verlust)* perte *f*
❷ *(Versagen)* panne *f,* défaillance *f; der Atmung, eines Organs* arrêt *m*
❸ *kein Pl (das Nichtstattfinden)* annulation *f*
❹ *kein Pl (Fehlen) von Lehrern, Mitarbeitern* absence *f*
❺ LING *(Wegfall)* chute *f*
❻ *geh (Beleidigung)* invective *f (littér)*
❼ MIL sortie *f*
❽ *(Attacke beim Fechten)* botte *f*
aus|fallen *itr V unreg + sein* ❶ *(herausfallen) Haare, Zähne:* tomber; **ihr fallen die Haare aus** elle perd ses cheveux
❷ *(nicht stattfinden)* être supprimé(e) [o annulé(e)]; **~ lassen** laisser tomber *(fam) Termin;* faire sauter *Unterrichtsstunde;* sauter *Mahlzeit, Essen*
❸ *(nicht funktionieren) Apparat, Anlage, Motor:* tomber en panne; *Atmung:* s'arrêter; *Organ:* cesser de fonctionner
❹ *(entfallen) Einnahmen, Verdienst:* disparaître
❺ *(nicht zur Verfügung stehen) Person:* manquer; *Maschine, Triebwerk:* lâcher; **aus Krankheitsgründen ~** *Person:* être absent(e) pour raison de santé
❻ LING *Endung, Konsonant, Vokal:* tomber
❼ *(beschaffen sein)* **groß/klein/eng ~** *Kleidungsstück:* tailler grand/petit/étroit; **gut/schlecht ~** *Prüfung, Klassenarbeit:* être bon/mauvais; **[zu] lang ~** *Artikel, Rede:* être [trop] long(longue); *s. a.* **ausgefallen**
aus|fällen *tr V* CHEM précipiter dans une solution; **etw aus einer Lösung ~** précipiter qc dans une solution
ausfallend I. *Adj* offensant(e); **~ werden** se faire insultant(e)
II. *Adv* de [o d'une] manière insultante
ausfällig *s.* **ausfallend**
Ausfallstraße *f* route *f* de sortie de ville, voie *f* de dégagement
aus|fechten *tr V unreg* vider *Streit;* **einen Kampf ~** livrer bataille jusqu'au bout; **einen Prozess ~** poursuivre un procès jusqu'au bout; **ich werde das mit ihm ~ müssen** il va falloir que je me batte avec lui sur ce point
aus|fegen *tr V* balayer
aus|feilen *tr V (zurechtfeilen)* limer *Grat, Unebenheit*
❷ *fig* peaufiner *(littér) Aufsatz, Artikel, Rede*
aus|fertigen *tr V form* établir, délivrer *Pass, Dokument*
Ausfertigung *f form* ❶ *kein Pl eines Dokuments* établissement *m*
❷ *(Abschrift)* exemplaire *m;* **in einfacher/dreifacher ~** en un/ triple exemplaire; **in mehrfacher ~** en plusieurs exemplaires
ausfindig ['aʊsfɪndɪç] *Adj* **jdn/etw ~ machen** trouver qn/qc
aus|fliegen *unreg* I. *itr V + sein* ❶ *Vogel:* s'envoler, quitter le nid
❷ *fam (weggehen)* s'envoler *(fam);* **sie ist ausgeflogen** elle s'est envolée *(fam)*
II. *tr V + haben* **jdn/etw aus einer Stadt ~** évacuer qn/qc d'une ville par avion
aus|fließen *itr V unreg + sein Öl, Gift:* s'écouler; *Container, Fass:* fuir
aus|flippen ['aʊsflɪpən] *itr V + sein fam* ❶ *(wütend werden)* piquer une [o sa] crise *(fam);* **völlig ~** péter les plombs *(fam);* **flipp nicht aus!** du calme! *(fam)*
❷ *(sich freuen)* ne plus se sentir *(fam)*
❸ *(durchdrehen)* débloquer *(fam); (aufgrund von Drogen, Alkohol)* être défoncé(e) *(fam);* [**total**] **ausgeflippt sein** être [complètement] cinglé(e) *(fam)*
Ausflucht ['aʊsflʊxt, *Pl:* 'aʊsflʏçta] <-, -flüchte> *f* prétexte *m,* faux-fuyant *m;* **Ausflüchte machen** tergiverser *(littér)*
Ausflug *m* ❶ *(Betriebsausflug, Schulausflug)* excursion *f; (Wanderung)* randonnée *f;* **einen ~ machen** faire une [o partir en] excursion
❷ *(Exkurs)* **einen [kurzen] ~ in die Theorie machen** faire une [brève] digression sur la théorie
Ausflügler(in) ['aʊsfly:klɐ] <-s, -> *m(f)* excursionniste *mf*
Ausflugsdampfer *m* bateau *m* de plaisance **Ausflugslokal** *nt* restaurant *m* touristique **Ausflugsort** *m* lieu *m* d'excursion
Ausflugsziel *nt* but *m* d'excursion
Ausfluss[RR] *m* ❶ *(Abflussstelle) eines Beckens* écoulement *m; eines Teichs* décharge *f*
❷ *kein Pl* MED pertes *fpl* [blanches]
aus|folgen *tr V* A *form (aushändigen)* remettre *Dokument, Waren*
aus|forschen *tr V* sonder
aus|fragen *tr V* **jdn ~** interroger qn en détail
aus|fransen ['aʊsfʁanzən] *itr V + sein Stoffrand:* s'effilocher
aus|fressen *tr V unreg fam* **etwas ausgefressen haben** avoir quelque chose sur la conscience *(fam);* **hast du wieder was ausgefressen?** tu as encore fait quelque chose de travers? *(fam)*
Ausfuhr ['aʊsfuːɐ] <-, -en> *f* ❶ *kein Pl (Export)* exportation *f; von Technologie* transfert *m*
❷ *Pl (Waren)* exportations *fpl*
Ausfuhrartikel *m* article *m* d'exportation

ausführbar *Adj* réalisable
Ausfuhrbeschränkung *f* restriction *f* à l'exportation **Ausfuhrbestimmungen** *Pl* dispositions *fpl* réglementant les exportations
aus|führen *tr V* ❶ *(durchführen)* exécuter *Anweisung, Beschluss, Befehl;* remplir *Auftrag;* réaliser *Entwurf, Plan;* réaliser, mener *Bauarbeiten;* faire *Operation*
❷ SPORT tirer *Elfmeter, Strafstoß*
❸ *(exportieren)* exporter
❹ *(darlegen, erläutern)* [**jdm**] **etw ~** exposer qc [à qn]
❺ *(spazieren führen)* sortir
❻ *hum (öffentlich zeigen)* montrer *Kleid*
Ausführende(r) *f(m) dekl wie Adj* THEAT, MUS interprète *mf*
Ausführgüter *Pl* ÖKON biens *mpl* d'exportation **Ausfuhrhafen** *m* ÖKON port *m* d'exportation **Ausfuhrkontrolle** *f* contrôle *m* des exportations **Ausfuhrland** *nt* ❶ *(exportierendes Land)* pays *m* exportateur ❷ *(importierendes Land)* pays *m* importateur
ausführlich ['aʊsfyːɐlɪç] I. *Adj* détaillé(e), circonstancié(e)
II. *Adv* en détail
Ausführlichkeit <-> *f* présentation *f* détaillée; **in aller ~** dans les moindres détails
Ausfuhrsperre *f* embargo *m* **Ausfuhrstopp** *m* gel *m* des exportations **Ausfuhrüberschuss**^{RR} *m* excédent *m* des exportations
Ausführung *f* ❶ kein Pl *(Durchführung)* exécution *f; einer Anweisung, eines Beschlusses* application *f; eines Entwurfs, der Bauarbeiten, einer Erfindung* réalisation *f; eines Elfmeters, Strafstoßes* tir *m;* **zur ~ gelangen** [*o* **kommen**] *form* être exécuté(e)
❷ *(Qualität) eines Produkts* qualité *f*
❸ *(Modell)* modèle *m;* **einfache/elegante ~** version *f* ordinaire/de luxe
❹ *meist Pl (Darlegung)* exposé *m*
Ausfuhrverbot *nt* interdiction *f* d'exporter **Ausfuhrzoll** *m* COM droit *m* de douane à l'exportation
aus|füllen *tr V* ❶ remplir *Antrag, Formular, Liste*
❷ *(gerecht werden)* **einen Posten unzureichend ~** mal remplir ses fonctions
❸ *(befriedigen)* **jdn** [**ganz**] **~** *Beschäftigung:* satisfaire [parfaitement] qn
❹ *(in Anspruch nehmen)* occuper *Zeit*
❺ *(verbringen)* **sein Leben/die Zeit mit etw ~** passer sa vie/son temps à faire qc
❻ *(stopfen)* boucher *Spalt, Loch*
aus|füttern *tr V* ❶ *(mit Innenfutter versehen)* doubler; **eine Jacke mit Seide ~** doubler une veste de soie; **einen Mantel mit Pelz ~** fourrer un manteau
❷ *(auskleiden)* **mit Stoff ausgefüttert** tapissé(e) [*o* garni(e)] de tissu
❸ ARCHIT *(ausfüllen)* colmater
Ausgabe *f* ❶ kein Pl *(das Austeilen, Verkaufen) von Proviant, Hilfsgütern* distribution *f; von Fahrkarten, Dokumenten* délivrance *f*
❷ kein Pl FIN, BÖRSE *von Aktien, Anleihen* émission *f*
❸ INFORM *einer Datei, von Daten* édition *f*
❹ *(Schalter) (Bücherausgabe)* guichet *m; (Essensausgabe)* comptoir *m*
❺ *(Edition) eines Buchs, einer Zeitung* édition *f; (Version)* version *f*
❻ *Pl (Kosten)* dépenses *fpl*
Ausgabegerät *nt* INFORM périphérique *m* de sortie
Ausgabenbeleg *m* facture *f,* ticket *m* de caisse
Ausgabeschalter *m* guichet *m* **Ausgabestelle** *f* bureau *m* de distribution; FIN bureau *m* d'émission
Ausgang <-gänge> *m* ❶ *eines Gebäudes, einer Ortschaft* sortie *f; eines Waldes* lisière *f*
❷ AVIAT porte *f*
❸ MED *eines Organs* orifice *m*
❹ *(Ausgeherlaubnis)* **~ haben** pouvoir sortir; *Personal:* avoir son jour de sortie; MIL avoir une permission
❺ kein Pl *(Ende) einer Epoche, Geschichte* fin *f*
❻ kein Pl *(Ergebnis)* issue *f;* **einen traurigen/glücklichen ~ nehmen** connaître un triste/heureux dénouement; **ein Unfall mit tödlichem ~** un accident mortel
❼ *Pl (Post)* courrier *m* à expédier; *(Waren)* envois *mpl*
ausgangs *Präp + Gen* ❶ *(räumlich)* à la sortie de
❷ *(zeitlich)* à la fin de
Ausgangsbasis *f* base *f* de départ; **wir haben die gleiche ~** nous démarrons sur la même base **Ausgangshafen** *m* port *m* d'embarquement **Ausgangslage** *f* situation *f* initiale **Ausgangsposition** *f* position *f* initiale **Ausgangsprodukt** *nt* produit *m* de base **Ausgangspunkt** *m* point *m* de départ
Ausgangssperre *f (für Zivilisten)* couvre-feu *m; (für Soldaten)* consigne *f;* **~ haben** *Soldaten:* être consigné(e)
Ausgangssprache *f* langue-source *f* **Ausgangsstellung** *f* SPORT position *f* initiale

ausgebaut *Adj Infrastruktur, Verkehrssystem* organisé(e); *Straße* aménagé(e); [**gut**] **~** *Infrastruktur, Verkehrssystem* [bien] organisé(e); *Straße* [bien] aménagé(e)
aus|geben *unreg* I. *tr V* ❶ *(austeilen, verteilen)* distribuer; **Essen/Medikamente an jdn ~** distribuer des repas/médicaments à qn
❷ *(aushändigen, verkaufen)* délivrer *Ausweise, Dokumente, Fahrkarten;* donner *Karten*
❸ *(erteilen)* donner *Befehle*
❹ INFORM **etw ~** *Drucker:* sortir qc
❺ FIN émettre *Aktie, Geldschein, Scheckkarte*
❻ *(aufwenden)* **hundert Euro für etw ~** dépenser cent euros pour qc; **was hast du für die Tasche ausgegeben?** combien as-tu payé ton sac?
❼ *fam (spendieren)* **eine Runde/ein Bier ~** payer une tournée/bière *(fam);* [**jdm**] **einen ~** *fam* payer un coup [*o* pot] [à qn] *(fam)*
❽ *(darstellen)* **jdn als** [*o* **für**] **die eigene Schwester ~** faire passer qn pour sa propre sœur; **etw als eigene Erfindung ~** présenter qc comme sa propre invention
II. *r V* **sich jdm gegenüber als Arzt/Ärztin ~** se faire passer pour un/une médecin aux yeux de qn
ausgebrannt ['aʊsgəbrant] *Adj* vanné(e) *(fam); (körperlich)* sur les genoux [*o* rotules] *(fam); (geistig)* vidé(e) *(fam)*
ausgebucht ['aʊsgəbuːxt] *Adj* ❶ *Hotel, Ferienort* complet(-ète); *Reise, Angebot* complètement réservé(e)
❷ *fig fam* **ich bin ~** je suis pris(e); **meine Abende sind auf Monate hin ~** mes soirées sont déjà prises pour plusieurs mois
ausgebufft ['aʊsgəbʊft] *Adj fam Person* roublard(e) *(fam),* rusé(e) *(fam); Methode* pas très catholique *(fam)*
Ausgeburt *f* ❶ *der Phantasie* produit *m,* création *f*
❷ *pej (Geschöpf)* **eine ~ der Faulheit sein** être la paresse incarnée
ausgedehnt *Adj* ❶ *(zeitlich)* prolongé(e)
❷ *(räumlich)* vaste, étendu(e)
Ausgedinge <-s, -> *nt* A *(Altenteil)* retraite *f*
ausgefallen *Adj Person* original(e); *Hobby, Speise* peu ordinaire
ausgeglichen ['aʊsgəglɪçən] *Adj Person* pondéré(e)
Ausgeglichenheit <-> *f einer Person* pondération *f*
aus|gehen *itr V unreg + sein* ❶ *(aus dem Haus gehen)* sortir; *(spazieren gehen)* aller faire un tour; **mit jdm ~** sortir avec qn
❷ *(ausfallen) Haare, Federn:* tomber; **ihm gehen die Haare aus** il perd ses cheveux
❸ *(zugrunde legen)* **von einem geringen Umsatz ~** escompter un chiffre d'affaire modeste; **von jds Verschwiegenheit ~** compter sur la discrétion de qn; **davon ~, dass es so ist** partir du principe [*o* supposer] que c'est ainsi
❹ *(herrühren)* **von jdm ~** *Idee, Anregung, Vorschlag:* être de qn
❺ *(seinen Ursprung haben)* **von etw ~** *Kabel, Straße:* partir de qc; *Strahlung, Wärme:* se dégager de qc
❻ *(erlöschen) Streichholz, Feuer, Ofen:* s'éteindre
❼ *(enden)* **gut/schlecht ~** *Spiel, Match, Verhandlungen:* bien/mal se terminer; *Film, Buch:* bien/mal finir
❽ *(schwinden) Vorräte:* s'épuiser; **uns geht der Gesprächsstoff/das Geld aus** nous manquons de sujets de conversation/d'argent; **mir geht die Geduld/Puste aus** *fam* je suis à bout de patience/de souffle *(fam)*
ausgehend *Adj attr* **das ~e Mittelalter** le Moyen Âge finissant; **im ~en 19. Jahrhundert** à la fin du 19ᵉ siècle
ausgehungert *Adj* ❶ *fam (sehr hungrig)* affamé(e); **~ sein** avoir les crocs *(fam)*
❷ *(ausgezehrt)* famélique
Ausgehuniform ['aʊsgəʔuniˈfɔrm] *f* tenue *f* de sortie
ausgekocht *Adj pej fam (durchtrieben)* roublard(e) *(fam)*
ausgelassen I. *Adj Kind* turbulent(e); *Stimmung, Party, Gesellschaft* débridé(e)
II. *Adv* avec entrain
Ausgelassenheit <-> *f (ausgelassene Stimmung)* exubérance *f; (auf einer Party)* ambiance *f* du tonnerre *(fam); von Kindern* turbulence *f*
ausgemacht *Adj* ❶ **es ist ~, dass...** il est convenu que...; **es ist eine ~e Sache, dass** c'est une affaire entendue que + *indic*
❷ *attr fam Witzbold, Schlitzohr* sacré(e) *antéposé (fam), Lügner, Schwindler* fieffé(e) *antéposé (fam)*
ausgemergelt ['aʊsgəmɛrgəlt] *Adj* décharné(e)
ausgenommen ['aʊsgənɔmən] *Präp + Akk* à l'exception de, sauf; **ihn/sie ~** excepté [*o* sauf] lui/elle; **Kranke nicht ~** y compris les malades
ausgepowert [aʊsgəˈpaʊɐt] *Adj fam Person* vidé(e) *(fam)*
ausgeprägt *Adj* ❶ *(markant)* prononcé(e); *Stolz* grand(e)
❷ *(markant) Gesichtszüge* accusé(e); *Nase, Kinn, Adamsapfel* proéminent(e)
ausgerechnet *Adv* juste; **~ jetzt/heute** juste maintenant/aujourd'hui; **~ mir muss das passieren!** c'est justement à moi que ça arrive!; **~ du musst mir das erzählen!** et c'est toi qui viens

me dire cela!
ausgeschlafen I. *PP von* **ausschlafen**
 II. *Adj* bien reposé(e)
ausgeschlossen ['aʊsɡəʃlɔsən] I. *PP von* **ausschließen**
 II. *Adj* [völlig] ~! c'est [absolument] hors de question!
ausgeschnitten ['aʊsɡəʃnɪtən] *Adj Bluse, Kleid* décolleté(e)
ausgesorgt ▶ ~ **haben** avoir assuré ses vieux jours
ausgesprochen ['aʊsɡəʃprɔxən] I. *Adj* ❶ *(besonders)* extrême, particulier(-ière); *Begabung* affirmé(e); *Ähnlichkeit* grand(e)
 ❷ *(ausgeprägt) Bierbauch, O-Beine* prononcé(e); **ein ~er Geizkragen/eine ~e Schönheit sein** être un sacré avare/une vraie beauté *(fam)*; **du hast wirklich ~es Pech!** tu n'as vraiment pas de chance!
 II. *Adv* vraiment, extrêmement
aus|gestalten* *tr V* aménager, décorer *Zimmer, Haus*; développer *Theorie, Methode*
Ausgestaltung *f* ❶ *einer Feier* organisation *f*
 ❷ *eines Raums* agencement *m*
ausgestorben ['aʊsɡəʃtɔrbən] *Adj* ❶ *Tierart* disparu(e)
 ❷ *(verlassen)* [wie] ~ **sein** *Gegend* être désert(e)
Ausgestoßene(r) *f(m) dekl wie Adj* exclu(e) *m(f)*, paria *m*
ausgesucht ['aʊsɡəzu:xt] *Adj* ❶ *Wein* fin(e); *Frucht, Güte, Qualität* choisi(e)
 ❷ *(gewählt) Worte* choisi(e); *(erlesen) Gesellschaft* trié(e) sur le volet
 ❸ *(besonders groß)* **mit ~er Freundlichkeit** avec une particulière amabilité
ausgewachsen [-vaks-] *Adj* ❶ *Tier* adulte
 ❷ *fam (ausgesprochen) Blödsinn, Schwachsinn* achevé(e); *Skandal* parfait(e)
ausgewählt *Adj* ❶ *Gedichte, Lyrik, Werke* choisi(e)
 ❷ *(erlesen)* sélectionné(e); *Publikum, Mannschaft, Kreise* d'élite; *Weine* fin(e)
ausgewiesen *Adj* CH *Kenner, Fachmann* expert(e)
ausgewogen ['aʊsɡəvo:ɡən] *Adj Kräfteverhältnis, Politik, Ernährung* équilibré(e); *Programm* bien réparti(e)
Ausgewogenheit <-> *f* équilibre *m*, mesure *f*; **eine Politik der ~** une politique du juste milieu
ausgezeichnet I. *Adj* excellent(e)
 II. *Adv* [très] bien; ~ **schmecken** être excellent(e)
ausgiebig ['aʊsɡi:bɪç] I. *Adj Mahlzeit* copieux(-euse); *Mittagsschlaf* réparateur(-trice); *Bericht, Informationen* détaillé(e); *Gebrauch* abondant(e)
 II. *Adv* schlafen, frühstücken, schwimmen bien; *berichten* par le menu; *gebrauchen* abondamment; ~ **duschen** prendre une bonne douche; ~ **Ski laufen** skier tout son soûl
aus|gießen *tr V unreg* ❶ *(weggießen)* jeter *Wasser, Kaffee*
 ❷ *(leeren)* vider *Behälter, Krug, Topf*
 ❸ *(füllen)* **etw mit etw ~** remplir qc de qc; *(abdichten)* colmater qc avec qc
 ❹ *geh (überschütten)* **Hohn/Spott über jdn ~** abreuver qn de sarcasmes
Ausgleich ['aʊsɡlaɪç] <-[e]s, *selten* -e> *m* ❶ *(Kompensierung)* compensation *f*; **zum ~ etwas Sport treiben** faire un peu de sport pour compenser
 ❷ *kein Pl* SPORT égalisation *f*; **den ~ erzielen** égaliser [le score]
 ❸ FIN *der Schuld* remboursement *m*; **zum ~ des Kontos** pour balancer le compte
 ❹ *(das Wettmachen) des Schadens, Fehlers* compensation *f*
 ❺ *(das Korrigieren) von Ungleichheiten, Gegensätzlichkeiten* compensation *f*; *von Konflikten, Spannungen* règlement *m*
aus|gleichen *unreg* I. *tr V* ❶ *(wettmachen, korrigieren)* compenser
 ❷ FIN balancer *Konto*; rembourser *Schulden*; régler *Rechnung*
 ❸ *(ausbalancieren)* régler, aplanir *Konflikte, Spannungen*
 II. *itr V* SPORT **zum 1:1 ~** égaliser 1 à 1
 III. *r V* **sich durch etw ~** *Konflikte, Spannungen*: s'équilibrer avec qc; *Ungleichheiten, Gegensätzlichkeiten*: être compensé(e) [par qc]; *s. a.* **ausgeglichen**
Ausgleichsabgabe *f* FIN indemnité *f* compensatoire **Ausgleichsgetriebe** *nt* TECH [engrenage *m*] différentiel *m* **Ausgleichskasse** *f* CH caisse *f* d'allocations familiales **Ausgleichssport** *m* sport *m* de compensation **Ausgleichstor** *nt*, **Ausgleichstreffer** *m* but *m* égalisateur
ausgleichungspflichtig *Adj* JUR tenu(e) au rapport
aus|gleiten *itr V unreg + sein geh* glisser; **auf etw** *(Dat)* ~ glisser sur qc
aus|gliedern *tr V* détacher
aus|graben *tr V unreg* ❶ *(aus der Erde herausholen)* exhumer *Leiche*; déterrer *Pflanzen*; mettre à jour *Altertümer, Ruinen*
 ❷ *(hervorholen)* ressortir *Anekdote, Gegenstände*
Ausgrabung *f* ❶ *eines Schatzes, einer Leiche* exhumation *f*
 ❷ ARCHÄOL *(Grabungsarbeiten)* fouilles *fpl*; *(Grabungsfund)* trouvaille *f* due aux fouilles
aus|greifen *itr V unreg Redner*: s'étendre
ausgreifend *Adj Schritte* grand(e); *Bewegung* ample; [weit] ~ *Schritte* [très] grand(e); *Bewegung* [extrêmement] ample; **mit weit ~en Schritten** à grandes enjambées
aus|grenzen *tr V* exclure; **jdn/etw aus einem Bereich ~** exclure qn/qc d'un domaine
Ausgrenzung <-> *f* ~ **aus einem Bereich** exclusion *f* d'un domaine; **die ~ durch die Kollegen** la mise à l'écart par les collègues
Ausguck ['aʊsɡʊk] <-[e]s, -e> *m* NAUT vigie *f*; ~ **halten** être en vigie
aus|gucken *r V fam* **sich** *(Dat)* **jdn/etw ~** repérer qn/qc *(fam)*
Ausguss^RR *m* ❶ *(Spüle)* évier *m*
 ❷ DIAL *(Schnabel) einer Kanne* bec *m* [verseur]
aus|haben *unreg* I. *tr V fam* ❶ *(beendet haben)* avoir fini [de lire] *Buch*; **Schule ~** quitter l'école, sortir de l'école
 ❷ *(ausgezogen haben)* avoir enlevé *Kleidungsstück, Schuhe*
 II. *itr V fam Schüler*: sortir [de l'école]
aus|hacken *tr V* ❶ enlever à la pioche; **das Unkraut ~** enlever la mauvaise herbe à la pioche
 ❷ *(mit dem Schnabel herauspicken)* crever *Augen*; arracher *Federn*
aus|haken ['aʊsha:kən] I. *tr V* décrocher *Fensterladen, Kette*
 II. *itr V unpers* ▶ **bei jdm hakt es aus** *fam (jd versteht nichts mehr)* qn patauge *(fam)*; *(jd wird wütend)* qn pique une [o sa] crise *(fam)*
aus|halten *unreg* I. *tr V* ❶ *(ertragen können)* supporter; **hältst du es [noch] aus?** tiendras-tu le coup?; **das ist ja nicht zum Aushalten!** c'est insupportable!; **mit ihr lässt es sich ~** elle est facile à vivre; **hier lässt es sich ~** on n'est pas [trop] mal ici
 ❷ *(standhalten)* supporter *Belastungen, Gewicht, Druck*
 ❸ *pej fam (unterhalten)* entretenir; **sich von jdm ~ lassen** se faire entretenir par qn
 II. *itr V* **bei jdm ~** tenir bon auprès de qn
aus|handeln *tr V* négocier; **etw mit jdm ~** négocier qc avec qn
aus|händigen ['aʊshɛndɪɡən] *tr V* remettre; **jdm etw ~** remettre qc à qn
Aushändigung <-, -en> *f* remise *f*
Aushang *m* affiche *f*
aus|hängen I. *tr V* ❶ *(bekannt machen)* afficher *Nachricht, Plakat*
 ❷ *(aus den Angeln heben)* décrocher *Tür, Fenster*; faire sauter *Haken*
 II. *itr V unreg Ankündigung, Nachricht*: être affiché(e)
 III. *r V* **sich ~** ❶ *(sich lösen) Tür, Fensterflügel, Kette*: se déboîter
 ❷ *(sich glätten) Kleid*: se défroisser
Aushängeschild *nt* ❶ *(Reklametafel)* enseigne *f*
 ❷ *(Renommierstück)* figure *f* de proue
aus|harren ['aʊsharən] *itr V (geduldig/mutig sein)* persévérer patiemment/courageusement
aus|härten *tr, itr V* TECH durcir
aus|hauchen *tr V geh* expirer *Luft, Atem*; rejeter *Rauch*; **sein Leben** [o **seine Seele**] ~ rendre l'âme
aus|hebeln *tr V (zunichtemachen)* faire sauter
aus|heben *tr V unreg* ❶ *(ausschaufeln)* déblayer *Erde*; creuser *Graben, Grab*; **die ausgehobene Erde** les déblais *mpl*
 ❷ *(ausrauben, rauben)* dénicher *Vogelnest, Vögel*
 ❸ *(hochgehen lassen)* débusquer *Bande, Hehler*; neutraliser *Schlupfwinkel, Drogenlabor*
Aushebung <-, -en> *f* MIL CH recrutement *m*
aus|hecken ['aʊshɛkən] *tr V fam* manigancer *(fam)*
aus|heilen I. *tr V* guérir [complètement]
 II. *itr V + sein* guérir [complètement]
aus|helfen *itr V unreg* donner un coup de main; [jdm] ~ donner un coup de main [à qn]; **jdm mit etw ~** dépanner qn en lui prêtant qc
aus|heulen I. *itr V fam* **ausgeheult haben** avoir fini de pleurer
 II. *r V fam* **sich bei jdm ~** aller pleurer chez qn
Aushilfe *f* ❶ *(Hilfe)* intérim *m*; **jdn zur ~ einstellen** embaucher qn temporairement; **Putzfrau zur ~ gesucht** cherche femme de ménage intérimaire
 ❷ *(Hilfskraft)* intérimaire *mf*; **als ~ arbeiten** faire de l'intérim
Aushilfsarbeit *f* travail *m* occasionnel **Aushilfskellner(in)** *m(f)* extra *mf* **Aushilfskraft** *f* intérimaire *mf* **Aushilfspersonal** *nt* personnel *m* intérimaire **aushilfsweise** *Adv* **in einer Firma ~ tätig sein** être intérimaire [o faire de l'intérim] dans une entreprise
aus|höhlen *tr V* ❶ évider *Kürbis, Brötchen, Baumstamm*; éroder, affouiller *Ufer, Steilküste*
 ❷ *(schwächen)* saper *Autorität, Position*; affaiblir *Abwehrkraft, Gesundheit*
Aushöhlung <-, -en> *f* ❶ *(Höhle)* caverne *f*; *(unterspülte Steilküste)* formation *f* de cavités
 ❷ *kein Pl (das Unterspülen)* affouillement *m*
 ❸ *kein Pl (das Schwächen)* **zur ~ der Gesundheit führen** ruiner

la santé; **zur ~ der Autorität/Position führen** saper l'autorité/la position
aus|holen *itr V* ❶ *Boxer, Schläger:* lever la main/le bras [pour frapper]; *Tennisspieler, Speerwerfer:* prendre son élan; **mit dem Hammer/dem Schläger/der Stange ~** brandir le marteau/la raquette/la barre; **zum Schlag ~** lever le bras pour frapper; **mit weit ~den Schritten** à grandes enjambées
❷ *(ausschweifen)* **weit ~** *Redner:* se perdre dans les détails
aus|horchen *tr V fam* cuisiner *(fam)*; **jdn über jdn/etw ~** cuisiner qn sur qn/qc
Aushub <-[e]s> *m* ARCHIT creusage *m*, creusement *m*
aus|hungern *tr V* ❶ réduire par la famine; **jdn ~** réduire qn par la famine; **einen Staat politisch/wirtschaftlich ~** étrangler un Etat sur le plan politique/économique; *s. a.* **ausgehungert**
aus|husten I. *tr V* expectorer *Schleim;* **eine Gräte ~** recracher une arête [en toussant]
II. *itr, r V* [**sich**] **~** tousser un bon coup; [**sich**] **ausgehustet haben** avoir fini de tousser
aus|kämmen *tr V* ❶ *(entfernen)* enlever avec le peigne; **Grashalme ~** enlever des brins d'herbe avec le peigne
❷ *(gründlich kämmen)* peigner avec soin
aus|kehren *tr, itr V* balayer
aus|keimen *itr V + sein* germer; **ausgekeimt** dégermé(e)
aus|kennen *r V unreg* **sich ~** s'y connaître; **sich in Paris ~** bien connaître Paris; **sich mit Kindern ~** savoir s'y prendre avec les enfants; **sich mit Computern/in der Steuerpolitik ~** s'y connaître en ordinateurs/politique fiscale; **mit solchen Problemen kenne ich mich aus!** ce genre de problèmes, ça me connaît!
aus|kippen *tr V fam* vider
aus|klammern *tr V* **etw ~** éluder qc, mettre qc entre parenthèses
Ausklang *m geh kein Pl* fin *f;* **den ~ einer Fete bilden** terminer une fête
aus|klappbar *Adj* escamotable
aus|klappen *tr V* sortir; tirer *Tischplatte*
aus|kleiden I. *tr V* ❶ *(beziehen)* recouvrir; **etw mit einer Tapete ~** recouvrir qc de papier peint; **etw mit feuerfesten Steinen ~** habiller qc de briques réfractaires
❷ *geh (entkleiden)* dévêtir *(soutenu)*
II. *r V geh* **sich ~** se dévêtir *(soutenu)*
Auskleidung *f* ARCHIT revêtement *m*
aus|klingen *itr V unreg + sein geh Tag:* décliner *(soutenu);* **mit etw ~** *Veranstaltung:* s'achever par/sur qc; **etw mit einem Lied ~ lassen** terminer qc en chantant
aus|klinken I. *itr V* larguer, lâcher
II. *itr V Bombe, Container:* se décrocher
III. *r V* ❶ **sich ~** *Pilot:* se décrocher
❷ *fam (nicht mehr mitmachen)* **sich [aus etw] ~** tirer son épingle du jeu *(fam)*
aus|klopfen *tr V* battre *Teppich, Kleidungsstück;* débourrer *Pfeife*
aus|klügeln ['aʊsklyːɡəln] *tr V fam* goupiller *(fam) System, Verfahren;* **ausgeklügelt** ingénieux(-euse), astucieux(-euse)
aus|kneifen *itr V unreg + sein fam (weglaufen)* se débiner *(fam)*
aus|knipsen *tr V fam* éteindre *Licht, Lampe*
aus|knobeln *tr V fam* concocter *(fam)*
aus|knöpfbar *Adj Futter* amovible
aus|kochen *tr V* ❶ faire bouillir *Knochen*
❷ *(säubern)* faire bouillir *Wäsche, Spritzen, Instrumente*
❸ *fam (ausdenken)* mijoter *(fam); s. a.* **ausgekocht**
aus|kommen *itr V unreg + sein* ❶ *(zurechtkommen)* **mit dem Geld ~** s'en sortir avec l'argent; **mit einer Mahlzeit am Tag ~** tenir le coup avec un repas par jour; **ohne Kollegen/Auto ~** pouvoir se passer de collègues/voiture
❷ *(sich vertragen)* **mit jdm gut/nicht gut ~** s'entendre bien/mal avec qn
❸ A *(entkommen)* s'échapper; **jdm ~** échapper à qn
Auskommen <-s> *nt* revenu *m*, ressources *fpl;* **sein ~ haben/finden** [bien] s'en sortir
▶ **mit jdm ist kein ~** aucune entente n'est possible avec qn
auskömmlich ['aʊskœmlɪç] I. *Adj* ❶ *(ausreichend) Gehalt, Gewinn, Verhältnisse* suffisant(e), confortable; *Preis* modéré(e), raisonnable
❷ *(verträglich) Mensch* facile à vivre; *Verhältnis* facile, aisé(e)
II. *Adv (bequem)* confortablement
aus|kosten *tr V (genießen)* savourer; profiter [*o* jouir] de *Leben*
aus|kotzen *tr, r V sl* [**sich**] **~** dégueuler *(pop)*
aus|kramen *tr V fam* ❶ *(hervorkramen)* ressortir *alte Briefe, Fotos*
❷ *(leeren)* vider en fouillant *Schublade, Kiste*
❸ *(ausplaudern)* déballer *(fam) Geheimnisse*
aus|kratzen *tr V* gratter, récurer *Bratpfanne*
aus|kriegen *tr V fam* arriver à enlever *Jacke, Pullover, Schuhe*
aus|kristallisieren* I. *itr V + sein Honig, Salze:* cristalliser
II. *r V + haben* **sich ~** se cristalliser
aus|kugeln *tr V* **sich (Dat) den Arm/das Gelenk ~** se démettre

le bras/l'articulation; **ausgekugelt** démis(e)
aus|kühlen I. *tr V + haben* geler *Person, Körper*
II. *tr V + sein Person:* prendre froid; *Raum:* se refroidir; *Speise:* refroidir
Auskühlung *f einer Person* hypothermie *f;* **an ~ sterben** mourir de froid
Auskultation [aʊskʊltaˈtsioːn] <-, -en> *f* MED auscultation *f*
aus|kundschaften ['aʊskʊntʃaftən] *tr V* reconnaître *Weg;* explorer *Lage;* découvrir *Versteck;* espionner *feindliche Stellungen;* **~, ob/wann ...** se renseigner [*o* partir en reconnaissance] pour savoir si/quand ...
Auskunft ['aʊskʊnft, *Pl:* ˈaʊskʏnftə] <-, -künfte> *f* ❶ *(Information)* renseignement *m;* **bei jdm eine ~ über jdn/etw einholen** se renseigner sur qn/qc auprès de qn; **jdm eine ~ über jdn/etw geben** [*o* **erteilen**] donner un renseignement à qn sur qn/qc
❷ *(Auskunftsschalter)* information *f*
❸ *(Fernsprechauskunft)* renseignements *mpl*
Auskunftei [aʊskʊnfˈtai] <-, -en> *f* agence *f* de renseignements
aus|kuppeln *itr V* débrayer
aus|kurieren* I. *tr V fam* soigner jusqu'à complète guérison; **etw ~** soigner qc jusqu'à complète guérison
II. *r V fam* **sich ~** bien se soigner
aus|lachen I. *tr V* se moquer de
II. *itr V* **ausgelacht haben** avoir fini de rire; **he, hast du bald ausgelacht?** *fam* c'est pas bientôt fini de rire, oui? *(fam)*
aus|laden *tr V unreg* ❶ *(entladen)* décharger
❷ *(Einladung zurücknehmen)* décommander *Gast*
ausladend *Adj Baum* aux rameaux retombants; *Äste* retombant(e); *Dach* débordant(e); *Hüften, Becken* large; *Bewegung* ample
Auslage *f* ❶ *(Schaufenster, Schaukasten)* vitrine *f*
❷ *(ausgestellte Ware)* étalage *m*, choix *m*
❸ *meist Pl* FIN frais *mpl*
Auslagefläche *f* étalage *m*
aus|lagern *tr V* ❶ *(verlagern)* transférer; délocaliser *Produktion*
❷ COM déstocker *Lagerbestände*
❸ *(sicherstellen)* **Kunstgegenstände ~** mettre des objets d'art en lieu sûr
Auslagerung *f* transfert *m*
Ausland ['aʊslant] *nt kein Pl* étranger *m;* **aus dem ~** en provenance de l'étranger; **ins/im ~** à l'étranger; **das westliche ~** les autres pays occidentaux
Ausländer(in) ['aʊslɛndɐ] <-s, -> *m(f)* étranger(-ère) *m(f)*
Ausländerbeauftragte(r) *f(m)* délégué(e) *m(f)* des étrangers
Ausländerbehörde *f* service *m* des étrangers **Ausländerbeirat** *m commission communale chargée de problèmes propres aux étrangers* **ausländerfeindlich** *Adj* xénophobe; **~ eingestellt sein** avoir des opinions xénophobes **Ausländerfeindlichkeit** *f* xénophobie *f* **ausländerfreundlich** *Adj* xénophile *f* **Ausländerfreundlichkeit** *f* xénophilie *f* **Ausländerhass**[RR] *m* xénophobie *f* **Ausländerwahlrecht** *nt* droit *m* de vote des étrangers **Ausländerwohnheim** *nt* foyer *m* pour étrangers
ausländisch *Adj* ❶ *attr (aus dem Ausland stammend) Freunde, Erzeugnisse* étranger(-ère); *Pflanze* exotique
❷ *(fremdländisch)* étranger(-ère)
Auslandsabteilung *f* service *m* des relations avec l'étranger **Auslandsanleihe** *f* emprunt *m* à l'étranger **Auslandsaufenthalt** *m* séjour *m* à l'étranger **Auslandsbericht** *m* rapport *m* de l'étranger **Auslandsbeziehungen** *fpl* relations *fpl* avec l'étranger **Auslandsbrief** *m* lettre *f* pour l'étranger **Auslandserfahrung** *f* expérience *f* de l'étranger **Auslandsgeschäft** *nt* affaire *f* [*o* affaires *fpl*] avec l'étranger **Auslandsgespräch** *nt* communication *f* avec l'étranger **Auslandsguthaben** *nt* avoir *m* à l'étranger **Auslandsinvestition** *f* investissement *m* à l'étranger **Auslandskorrespondent(in)** *m(f)* correspondant(e) *m(f)* à l'étranger **Auslandsnachfrage** *f* demande *f* de l'étranger **Auslandsnachrichten** *Pl* nouvelles *fpl* de l'étranger **Auslandspresse** *f* presse *f* étrangère **Auslandsreise** *f* voyage *m* à l'étranger **Auslandsschutzbrief** *m* contrat *m* d'assistance [pour l'étranger] **Auslandssemester** *nt* semestre *m* [d'études] à l'étranger **Auslandstournee** *f* tournée *f* à l'étranger **Auslandsvertretung** *f* ❶ POL légation *f* ❷ COM comptoir *m*, représentation *f* [à l'étranger]
Auslaß[ALT] ['aʊslas, *Pl:* -lɛsə] <-sses, -lässe> *m,* **Auslass**[RR] <-es, -lässe> *m* déversoir *m*
aus|lassen *unreg* I. *tr V* ❶ *(weglassen)* omettre; oublier *Satz, Wort*
❷ *(verpassen)* laisser passer *Chance, Gelegenheit*
❸ *(abreagieren)* **seine Wut/Launen an jdm ~** passer sa colère/mauvaise humeur sur qn
❹ GASTR faire fondre *Butter, Fett;* faire revenir *Speck*
❺ *fam (ausgeschaltet lassen)* ne pas allumer *Radio, Licht*
❻ *(nicht anziehen)* ne pas mettre *Jacke, Pullover*
❼ A *(freilassen)* lâcher
II. *r V* **sich über jdn/etw ~** se prononcer sur qn/qc; **sich nicht**

weiter [*o* näher] über jdn/etw ~ ne pas s'étendre sur qn/qc
III. *itr V* A lâcher; **lass aus, das ist mein Ball/Auto!** laisse ça, c'est mon ballon/ma voiture!; *s. a.* **ausgelassen**
Auslassung <-, -en> *f* ❶ *kein Pl* (*das Weglassen*) omission *f*
❷ (*weggelassene Stelle*) omission *f* volontaire
❸ *Pl* (*Äußerung*) remarques *fpl*
Auslassungspunkte *Pl* points *mpl* de suspension **Auslassungszeichen** *nt* apostrophe *f*
auslasten *tr V* ❶ (*voll beansprucht*) utiliser à plein rendement; **etw ~** utiliser qc à plein rendement
❷ (*voll fordern*) **jdn ~** *Arbeit, Betätigung:* occuper [*o* solliciter] qn à plein temps; **ausgelastet [sein]** [être] très occupé(e)
Auslauf *m* ❶ *kein Pl* (*Bewegungsfreiheit*) espace *m* [pour se dépenser]
❷ (*Ausfluss*) *des Sees, Teichs* écoulement *m*
auslaufen *unreg* I. *itr V* + *sein* ❶ (*herauslaufen*) *Flüssigkeit:* [s'é]couler; *Behälter:* fuir
❷ NAUT appareiller
❸ (*nicht fortgeführt werden*) *Modell, Serie:* être en fin de série
❹ (*enden*) *Straße, Weg:* s'arrêter; *Vertrag:* expirer
❺ (*zum Stillstand kommen*) *Läufer, Rad, Förderband:* terminer sa course sur sa lancée
❻ (*übergehen in*) **in etw** (*Akk*) [*o* **zu etw**] **~** *Straße, Weg:* se prolonger par qc; **in eine weite Ebene ~** *Tal:* se transformer en une vaste plaine
II. *r V* + *haben* **sich ~** *Kind:* se dépenser
Ausläufer <-s, -> *m* ❶ METEO prolongement *m*
❷ *meist Pl* GEOG contreforts *mpl*
❸ BOT rejet[on] *m*
Auslaufmodell *nt* ÖKON fin *f* de série
auslaugen *tr V* ❶ (*Nährstoffe entziehen*) épuiser *Boden*
❷ (*austrocknen*) dessécher *Haut*
❸ (*erschöpfen*) épuiser *Person*
Auslaut *m* son *m* final
auslauten *itr V* se terminer; **auf etw** (*Akk*) **~** se terminer par [*o* en] qc; **~ d** *Konsonant, Silbe* final(e)
ausleben I. *r V* **sich ~** ❶ (*das Leben auskosten*) profiter de la vie
❷ (*sich verwirklichen*) *Phantasie, Gelüste, Hass:* se manifester, s'exprimer
II. *tr V geh* objectiver (*soutenu*) *Gelüste, Neigungen*
auslecken *tr V* lécher
ausleeren *tr V* vider *Eimer, Glas;* **etw ins Meer/in den Abfluss ~** déverser qc dans la mer/canalisation; **einen Eimer Wasser über jdn** [*o* **jdm**] **~** jeter un seau d'eau sur qn
auslegen *tr V* ❶ (*ausbreiten*) étaler *Waren, Einzelteile, Saatgut*
❷ (*hinlegen*) placer *Köder*
❸ (*bedecken*) **etw mit Stoff/Papier/Fliesen ~** revêtir qc de tissu/papier/carreaux; **einen Raum mit Teppichboden ~** moquetter une pièce
❹ (*deuten*) interpréter *Text, Gesetz;* **etw richtig/unterschiedlich ~** interpréter qc bien/différemment; **ein Gesetz falsch ~** interpréter une loi de manière erronée; **ein Gesetz eng ~** interpréter strictement une loi
❺ (*vorstrecken*) **jdm zehn Euro ~** avancer dix euros à qn
❻ (*konzipieren*) **auf 200 km/h ausgelegt sein** *Motor:* être prévu(e) pour faire 200 km/h; **weich ausgelegt sein** *Federung, Fahrgestell:* être conçu(e) pour être souple
Ausleger <-s, -> *m* ❶ TECH *des Krans* flèche *f*
❷ NAUT balancier *m*
Auslegeware *f kein Pl* COM moquette *f*
Auslegung <-, -en> *f a.* JUR (*Deutung*) interprétation *f*; **falsche ~** interprétation erronée
Auslegungssache *f* affaire *f* d'interprétation
ausleiern I. *itr V* + *sein* se détendre
II. *r V* + *haben* **sich ~** se détendre
III. *tr V* + *haben* détendre *Gummizug, Feder, Uhrwerk*
Ausleihe ['auslaɪə] <-, -n> *f* ❶ *kein Pl* (*das Ausleihen*) prêt *m*
❷ (*Schalter*) guichet *m* de prêt
ausleihen *tr V unreg* **jdm etw ~, etw an jdn ~** prêter qc à qn; **sich** (*Dat*) **etw bei/von jdm ~** emprunter qc à qn
auslernen *itr V* **ausgelernt haben** *Auszubildender:* avoir terminé son apprentissage; **ausgelernt** diplômé(e)
▸ **man lernt nie aus** *Spr.* on apprend à tout âge
Auslese ['auslezə] <-, -n> *f* ❶ (*Elite*) élite *f*
❷ (*Wein*) grand cru *m*
❸ *kein Pl* (*Auswahl*) sélection *f*; **natürliche ~** sélection naturelle; **eine ~ treffen** [*o* **vornehmen**] faire un choix
auslesen *unreg* I. *tr V* ❶ lire jusqu'au bout; **ein Buch ~** lire un livre jusqu'au bout
❷ (*aussondern*) trier
II. *itr V zur Perf* **ausgelesen haben** avoir fini de lire
Ausleseprozess^RR *m* [processus *m* de] sélection *f* **Ausleseprüfung** *f* examen *m* de sélection **Auslesever fahren** *nt* [système *m* de] sélection *f*
ausleuchten *tr V* ❶ éclairer *Raum, Bühne*
❷ (*die Hintergründe klären*) faire la lumière sur *Angelegenheit, Frage*
auslichten *tr V* élaguer
ausliefern *tr V* ❶ (*liefern*) livrer *Waren, Bestellung*
❷ (*überstellen*) **jdn an ein Land ~** extrader qn dans un pays
❸ (*preisgeben*) **jdm/einer S. ausgeliefert sein** être livré(e) à qn/qc
Auslieferung *f* ❶ (*Lieferung*) *einer Ware, Bestellung* livraison *f*
❷ (*Überstellung*) *einer Person* extradition *f*
Auslieferungsantrag *m* POL, JUR demande *f* d'extradition
ausliegen *itr V unreg* ❶ (*bereitliegen*) être étalé(e); *Prospekte, Zeitschriften:* être à disposition; **im Schaufenster ~** être exposé(e) en vitrine
❷ (*als Fangvorrichtung daliegen*) *Schlinge, Reuse:* être posé(e)
Auslinie [-liːniə] *f* (*beim Fußball*) ligne *f* de touche; (*beim Tennis, Hockey*) limite *f*
ausloben *tr V* offrir une récompense; **1.000 Euro für etw ~** offrir une récompense de 1000 euros pour qc
auslöffeln *tr V* vider [à la cuillère]; **das Honigglas ~** vider le pot de miel [à la cuillère]; **die Suppe ~** manger la soupe [à la cuillère]
▸ **etw ~ müssen** *fam* trinquer pour qc (*fam*)
ausloggen *r V* INFORM **sich ~** clôturer une [*o* la] session
auslöschen *tr V* ❶ (*löschen, ausschalten*) éteindre *Feuer;* souffler *Kerze;* éteindre *Licht*
❷ (*beseitigen, tilgen*) effacer *Inschriften, Spuren, Erinnerung*
❸ (*vernichten*) éliminer *Volk;* détruire *Existenz, Leben*
auslosen ['auslozən] *tr, itr V* tirer au sort; **jdn/etw ~** tirer qn/qc au sort
auslösen *tr V* ❶ (*in Gang setzen*) déclencher *Mechanismus, Alarmanlage*
❷ (*bewirken, hervorrufen*) déclencher
❸ *veraltet* (*einlösen*) dégager *Pfand*
❹ *veraltet* (*freikaufen*) racheter *Gefangenen*
Auslöser <-s, -> *m* ❶ PHOT déclencheur *m*
❷ (*Anlass*) motif *m*, raison *f;* PSYCH déclencheur *m;* **der ~ für etw sein** provoquer qc
Auslosung <-, -en> *f* tirage *m* au sort
Auslösung *f* ❶ *eines Mechanismus, Alarms* déclenchement *m*
❷ (*das Hervorrufen*) *einer Reaktion, eines Aufstands* déclenchement *m*
❸ *veraltet* (*Einlösung*) *eines Pfands* dégagement *m*
❹ *veraltet* (*Freikauf*) *eines Gefangenen* rachat *m*
❺ (*Aufwandsentschädigung*) indemnité *f*
ausloten ['auslotən] *tr V* ❶ NAUT sonder *Wassertiefe*
❷ *geh* (*ergründen*) sonder
❸ TECH prendre l'aplomb de *Wände, Mauern*
ausmachen *tr V* ❶ *fam* (*löschen, ausschalten*) éteindre
❷ (*entdecken*) apercevoir *Gestalt, Gegenstand;* (*ermitteln*) repérer *Position*
❸ (*vereinbaren*) fixer *Termin, Zeitpunkt, Treffpunkt;* **etw mit jdm ~** convenir de qc avec qn; **mit jdm ~, dass** convenir avec qn que + *indic*
❹ (*regeln, klären*) **etw mit sich [selbst] ~** décider qc [en son for intérieur]; **das müsst ihr unter euch** (*Dat*) **~** il vous faut régler ça entre vous
❺ (*darstellen*) **den Zauber einer Landschaft ~** faire le charme d'un paysage; **ein paar Brocken Englisch machen noch keinen Dolmetscher aus** quelques rudiments d'anglais ne font pas [pour autant] un interprète
❻ *fam* (*Wirkung haben*) **etwas/viel/nichts ~** faire de l'effet/beaucoup d'effet/ne faire aucun effet
❼ (*betragen*) **zehn Euro ~** *Rabatt, Unterschied:* être de dix euros; **die Verspätung macht schon zwei Stunden aus** ça fait déjà deux heures de retard
❽ (*stören*) **jdm etwas/nichts ~** déranger/ne pas déranger qn
ausmalen I. *r V* **sich** (*Dat*) **etw ~** s'imaginer qc, se figurer qc
II. *tr V* ❶ (*kolorieren*) colorier
❷ (*schildern*) [**jdm etw**] décrire [qc à qn]
ausmanövrieren* [-øvriː-] *tr V* évincer
Ausmaß *nt* ❶ (*Ausdehnung*) étendue *f;* (*Größe*) dimensions *fpl*
❷ (*Umfang*) *des Schadens, der Verwüstung* ampleur *f;* **immer größere ~e annehmen** prendre des proportions de plus en plus grandes
ausmerzen ['ausmɛrtsən] *tr V* ❶ (*ausrotten*) éliminer
❷ (*beseitigen*) supprimer *Nachlässigkeiten, Fehler*
ausmessen *tr V unreg* mesurer
Ausmessung *f* ❶ *kein Pl* (*das Ausmessen*) *eines Raums, einer Fläche* mesurage *m*
❷ *Pl* (*Abmessungen*) mesures *fpl*
ausmisten I. *tr V* ❶ nettoyer *Stall*
❷ *fam* (*ausräumen*) faire le tri dans *Schrank, Schublade, Zimmer*

II. *itr V fam* faire le nettoyage par le vide *(fam)*
aus|mustern *tr V* ❶ *(aussortieren)* éliminer *Maschine, Fahrzeug, Möbel;* abandonner *Artikel*
❷ MIL réformer
Ausnahme <-, -n> *f* exception *f;* **bei jdm/etw eine/keine ~ machen** faire une/ne pas faire d'exception pour qn/qc; **bei etw die ~ sein** faire exception dans qc; **mit ~ von ein paar Zuschauern** excepté quelques spectateurs; **mit einer ~** à une exception près; **ohne [jede] ~** sans [aucune] exception
▶ **~n bestätigen die Regel** *Spr.* l'exception confirme la règle
Ausnahmebestimmung *f* mesure *f* d'exception **Ausnahmeerscheinung** *f* cas *m* exceptionnel **Ausnahmefall** *m* cas *m* d'exception **Ausnahmegenehmigung** *f* autorisation *f* d'exceptionnelle **Ausnahmeregelung** *f* règlement *m* d'exception **Ausnahmesituation** *f* situation *f* exceptionnelle **Ausnahmezustand** *m* état *m* d'urgence; **über etw** *(Akk)* **den ~ verhängen** proclamer l'état d'urgence dans qc
ausnahmslos *Adj, Adv* sans exception
ausnahmsweise *Adv* exceptionnellement
aus|nehmen *unreg* **I.** *tr V* ❶ *(ausweiden)* éviscérer *Fisch, Geflügel, Schlachtvieh*
❷ *(aus dem Nest nehmen)* dénicher *Jungvögel, Eier*
❸ *(leeren)* vider *Nest*
❹ *(ausschließen)* **jdn von einer Regelung/Maßnahme ~** excepter qn d'une règle/mesure
❺ *(befreien)* **jdn von einer Pflicht ~** dispenser qn d'une obligation
❻ *fam (um Geld erleichtern) (beim Glücksspiel)* plumer *(fam);* *(bei einem Handel)* arnaquer *(fam)*
❼ A *(erkennen)* apercevoir *Passanten, Auto*
II. *r V* **geh sich gut/nicht gut ~** faire/ne pas faire bel effet; **sich neben jdm wie ein Riese ~** faire l'effet d'un géant comparé à qn; *s. a.* **ausgenommen**
ausnehmend *geh* **I.** *Adj Erscheinung, Schönheit, Eleganz* exceptionnel(le)
II. *Adv* extraordinairement
aus|nüchtern I. *tr V + haben* dégriser
II. *itr V + sein* dessoûler
Ausnüchterung <-, -en> *f* dégrisement *m*
Ausnüchterungszelle *f* cellule *f* de dégrisement
aus|nutzen *tr V* ❶ *(ausbeuten)* exploiter
❷ *(sich zunutze machen)* profiter de
aus|nützen ['aʊsnʏtsən] *bes.* SDEUTSCH, A *s.* **ausnutzen**
Ausnutzung <-> *f* ❶ *(Ausbeutung) einer Person* exploitation *f;* **unter ~ seiner Unerfahrenheit** en profitant de son inexpérience
❷ *(das Wahrnehmen) einer Gelegenheit, Chance* mise *f* à profit
Ausnützung *bes.* SDEUTSCH, A *s.* **Ausnutzung**
aus|packen **I.** *tr V* défaire *Koffer, Reisetasche;* ouvrir *Paket, Geschenk;* déballer *Ware*
II. *itr V fam (gestehen)* se mettre à table *(fam); (seine Meinung sagen)* vider son sac *(fam)*
aus|peitschen *tr V* fouetter; **das Auspeitschen** le supplice du fouet
aus|pfeifen *tr V unreg* siffler
aus|pflanzen *tr V* transplanter
aus|plaudern *tr V* rapporter
aus|plündern *tr V* ❶ *(ausrauben)* dévaliser *Person;* piller *Ortschaft, Laden*
❷ *hum (leer räumen)* dévaliser *(fam) Kühlschrank*
aus|posaunen* *tr V fam* crier sur les toits *(fam);* **etw ~** crier qc sur les toits
aus|prägen *r V* ❶ *(sich darstellen)* **sich in etw** *(Dat)* **~** s'exprimer dans qc
❷ *(sich entwickeln)* **sich ~** se manifester; *s. a.* **ausgeprägt**
Ausprägung <-> *f* ❶ *einer Begabung, Eigenschaft* manifestation *f*
❷ *(Ausgeprägtheit)* accentuation *f*
aus|pressen *tr V* ❶ *(herauspressen)* presser *Frucht, Saft, Schwamm*
❷ *(ausbeuten)* pressurer *Land, Person*
❸ *(brutal ausfragen)* **jdn ~** harceler qn de questions
aus|probieren* *tr V* essayer; **~, ob/wie ...** faire un essai pour voir si/comment ...; **etw an jdm ~** tester qc sur qn; **es mit jdm ~** faire un essai avec qn
Auspuff ['aʊspʊf] <-[e]s, -e> *m* pot *m* d'échappement
Auspuffgase *Pl* gaz *mpl* d'échappement **Auspuffrohr** *nt* tuyau *m* d'échappement **Auspufftopf** *m* pot *m* d'échappement, silencieux *m*
aus|pumpen *tr V* ❶ *(leer pumpen)* vider [avec une pompe]; **einen Behälter/den Keller ~** vider un récipient/la cave [avec une pompe]; **jdm den Magen ~** faire un lavage d'estomac à qn
❷ *fam (erschöpfen)* **ausgepumpt sein** être pompé(e) *(fam)*
aus|pusten *tr V fam* souffler
aus|putzen *tr V* nettoyer
aus|quartieren* *tr V* déloger; **jdn in ein anderes Zimmer ~** loger qn [provisoirement] dans une autre pièce

aus|quetschen *tr V* ❶ *(auspressen)* presser *Saft, Südfrüchte*
❷ *fam (ausfragen)* **jdn über jdn/etw ~** cuisiner qn sur qn/qc *(fam)*
aus|radieren* *tr V* ❶ *(wegradieren)* gommer
❷ *fam (vernichten)* exterminer *Menschheit, Volk;* **eine Stadt ~** rayer une ville de la carte
aus|rangieren* [-raŋˈʒiːrən, -raˈʒiːrən] *tr V fam* mettre au rancart *(fam);* **etw ~** mettre qc au rancart
aus|rasieren* *tr V* **sich** *(Dat)* **die Achselhöhlen ~** se raser les aisselles; **er hat ihm den Nacken ausrasiert** il lui a rasé la nuque
aus|rasten **I.** *itr V + sein* ❶ TECH se débloquer
❷ *fam (durchdrehen)* craquer *(fam)*
II. *itr V unpers + haben fam* **bei ihm hat es ausgerastet** il a piqué sa crise *(fam)*
aus|rauben *tr V* dévaliser; piller *Grabstätte*
aus|rauchen *tr V* finir [de fumer]
aus|räuchern *tr V* enfumer; **Ungeziefer/einen Raum ~** enfumer la vermine/une pièce
aus|raufen *r V selten* **sich** *(Dat)* **die Haare ~** s'arracher les cheveux
aus|räumen *tr V* ❶ vider *Schrank, Schublade*
❷ *(herausschaffen)* sortir *Möbel*
❸ *fam (ausrauben)* vider *Kasse, Tresor, Wohnung*
❹ *(beseitigen)* régler *Missverständnis, Konflikt;* balayer *Zweifel, Bedenken*
aus|rechnen *tr V* ❶ *(ermitteln)* évaluer, calculer *Gewicht, Länge, Summe;* **~, wie viel/ob ...** calculer combien/pour voir si ...
❷ *(lösen)* résoudre *Mathematikaufgabe*
❸ *(vermuten)* **sich** *(Dat)* **Chancen ~** compter sur ses chances
❹ *(sich vorstellen)* **sich** *(Dat)* **etw ~ können** pouvoir estimer qc; **das kannst du dir leicht ~** tu peux bien le penser; *s. a.* **ausgerechnet**
Ausrede *f* prétexte *m;* **faule ~** *fam* faux prétexte; **keine ~n! ** pas d'excuses!
▶ **nie um eine ~ verlegen sein** ne jamais être à court d'excuses
aus|reden **I.** *itr V* finir de parler; **jdn ~ lassen** laisser qn terminer
II. *tr V* **jdm etw ~** dissuader qn de [faire] qc
III. *r V bes.* A *(sich aussprechen)* **sich ~ [en]** discuter
aus|reiben *tr V unreg* ❶ *(entfernen)* frotter *Flecken*
❷ *(trockenreiben)* essuyer *Geschirr, Gläser*
aus|reichen *itr V Geld, Platz, Essen:* suffire; **für jdn/etw ~** *Geld, Platz, Essen:* suffire pour qn/qc; **reicht deine Phantasie dafür aus?** peux-tu t'imaginer cela?
ausreichend **I.** *Adj* ❶ *(genügend)* suffisant(e)
❷ *(Schulnote)* ≈ passable; *(in Frankreich)* neuf/dix sur vingt
II. *Adv* suffisamment
aus|reifen *itr V + sein* ❶ *Frucht, Wein:* mûrir
❷ *(sich entwickeln)* **ausgereift sein** *Technik, Idee:* être au point
Ausreise *f* sortie *f* [du territoire]
Ausreiseantrag *m* demande *f* [d'autorisation] de sortie du territoire **Ausreiseerlaubnis** *f,* **Ausreisegenehmigung** *f* autorisation *f* de sortie du territoire, visa *m*
aus|reisen *itr V + sein* quitter le territoire [*o* pays]
Ausreisevisum [-viː-] *nt* visa *m* de sortie **Ausreisewillige(r)** *f(m) dekl wie Adj* volontaire *mf* pour quitter le territoire [*o* pays]
aus|reißen *unreg* **I.** *tr V + haben* arracher *Haare, Unkraut*
II. *itr V + sein* ❶ *(abreißen) Ärmel, Kragen:* s'arracher
❷ *(einreißen) Naht:* lâcher; *Knopfloch:* se découdre
❸ *fam (davonlaufen)* se sauver
Ausreißer(in) <-s, -> *m(f)* ❶ *(Person, Tier)* fugueur(-euse) *m(f)*
❷ *fam (Ausnahme, Abweichung)* exception *f*
aus|reiten *unreg* **I.** *itr V + sein* sortir à cheval
II. *tr V + haben* sortir *Pferd;* **sein Pferd voll ~** faire galoper son cheval à fond
aus|reizen *tr V* ❶ KARTEN **seine Karten ~** annoncer l'enchère maximum en fonction de ses cartes
❷ *(ausschöpfen)* épuiser *Möglichkeiten*
aus|renken ['aʊsrɛŋkən] *tr V* **sich** *(Dat)* **den Arm ~** se déboîter [*o* démettre] le bras; **er hat ihm den Arm ausgerenkt** il lui a déboîté [*o* démis] le bras
aus|richten **I.** *tr V* ❶ *(übermitteln)* transmettre *Gruß;* **jdm ~, dass die Probe ausfällt** dire à qn que la répétition est annulée; **bitte richten Sie ihm einen Gruß von mir aus!** donnez-lui, je vous prie, le bonjour de ma part!
❷ *(bewirken)* **etwas ~ [können]** [réussir à] obtenir quelque chose; **nichts ~ [können]** ne rien [pouvoir] obtenir
❸ *(aufstellen)* faire s'aligner *Rekruten, Schüler;* disposer *Schachfiguren*
❹ *(einstellen)* orienter; **das Teleskop auf etw** *(Akk)* **~** orienter le télescope sur qc
❺ *(konzipieren)* **die Produkte auf den Markt ~** adapter les produits en fonction du marché
❻ *(veranstalten)* organiser *Hochzeit, Fest, Essen*

❼ A *(schlechtmachen)* jdn ~ dire du mal de qn, critiquer qn
❽ CH *(zahlen)* **jdm sein Gehalt/eine Entschädigung ~** payer son salaire/un dédommagement à qn
II. *r V* **sich an etw** *(Dat)* **~** se ranger à qc; **sich an den Menschenrechten ~** *Politik:* être axé(e) sur les droits de l'homme
Ausrichter(in) <-s, -> *m(f)* organisateur(-trice) *m(f)*
Ausrichtung *f kein Pl* ❶ *(Einstellung) einer Antenne* orientation *f*; *eines Teleskops* mise *f* au point; **die ~ des Teleskops auf etw** *(Akk)* l'orientation du télescope sur qc
❷ *(Orientierung) einer Person* orientation *f*; **die ~ der Jugendlichen auf bestimmte Vorbilder** l'orientation des adolescents vers certains modèles
❸ *(Veranstaltung) eines Fests, einer Hochzeit* organisation *f*
Ausritt *m* sortie *f* à cheval
aus|rollen I. *tr V + haben* ❶ *(entrollen)* dérouler *Teppich, Kabel*
❷ *(rollen)* **den Teig ~** étendre la pâte [au rouleau]
II. *itr V + sein Flugzeug, Fahrzeug:* terminer sa course
aus|rotten ['aʊsrɔtən] *tr V* exterminer *Personen, Volk;* éliminer *Schädlinge, Ideen*
Ausrottung <-, -en> *f* extermination *f*
aus|rücken *itr V + sein* ❶ *Truppen, Panzer:* se mettre en marche; *Polizei, Feuerwehr:* sortir
❷ *fam (ausreißen)* fuguer *(fam); Sträfling, Heiminsasse:* faire le mur *(fam)*
Ausruf *m* ❶ exclamation *f*
❷ *kein Pl (das Ausrufen)* **etw durch ~ bekannt machen** proclamer qc
aus|rufen *tr V unreg* ❶ *(laut rufen)* s'exclamer
❷ *(feilbieten)* **etw ~** annoncer qc [à haute voix]
❸ *(bekannt geben)* annoncer *Haltestelle*
❹ *(über Lautsprecher suchen)* **jdn ~ [lassen]** [faire] appeler qn
❺ *(proklamieren)* proclamer *Streik, Krieg;* **jdn zum König ~** proclamer qn roi
Ausrufer(in) <-s, -> *m(f)* HIST héraut *m*
Ausrufezeichen *nt* point *m* d'exclamation
Ausrufung <-, -en> *f des Streiks, Kriegs* proclamation *f*
Ausrufungszeichen *nt,* **Ausrufzeichen** *nt* CH point *m* d'exclamation
aus|ruhen I. *itr, r V* se reposer; **sich ~** se reposer; **ausgeruht [sein]** [être] bien reposé(e)
II. *tr V* reposer *Füße*
aus|rupfen *tr V* arracher *Federn, Unkraut*
aus|rüsten *tr V* armer *Armee, Schiff;* équiper *Fahrzeug, Expedition, Mannschaft*
Ausrüstung *f* ❶ *kein Pl (das Ausrüsten) eines Fahrzeugs, einer Mannschaft, Expedition* équipement *m; einer Armee, eines Schiffs* armement *m*
❷ *(Ausrüstungsgegenstände) eines Schiffs, Expeditionstrupps* équipement *m; einer Armee* armement *m*
❸ *(Kleidung)* équipement *m*
Ausrüstungsgegenstand *m* [pièce *f* d']équipement *m*
aus|rutschen *itr V + sein* ❶ *(ausgleiten)* glisser; **auf etw** *(Dat)* **~** glisser sur qc
❷ *(entgleiten)* **ihr ist das Messer ausgerutscht** le couteau lui a glissé des mains
Ausrutscher <-s, -> *m fam (Fehlleistung)* faux pas *m; (Fehltritt)* gaffe *f (fam)*
Aussaat *f* ❶ *kein Pl (das Säen)* semis *mpl; des Getreides* semailles *fpl*
❷ *(Saat)* semence *f*
aus|säen *tr V* semer; **das Aussäen** les semis
Aussage ['aʊsa:gə] *f* ❶ *(Darstellung)* déclaration *f; (Zeugenaussage)* déposition *f*; **eine schriftliche ~** une déclaration écrite/déposition par écrit; **eine eidliche ~** une déposition sous serment; **es steht ~ gegen ~** les [*o* leurs] déclarations sont contradictoires
❷ *(Sinngehalt) eines Artikels, Romans* message *m*
Aussagekraft *f kein Pl* force *f* d'expression
aussagekräftig *Adj* expressif(-ive)
aus|sagen I. *tr V* ❶ JUR déclarer
❷ *(deutlich machen)* **viel/wenig über jdn/etw ~** *Buch, Foto, Film:* en dire long/peu sur qn/qc; **was willst du mit diesem Gedicht ~?** que veux-tu exprimer dans ce poème?
II. *itr V* JUR **vor Gericht** *(Dat)* **~** *Angeklagter:* déposer en justice; *Zeuge:* témoigner en justice; **für/gegen jdn ~** déposer en faveur de/contre qn; **unter Eid ~** faire une déclaration sous [la foi [du]] serment
aus|sägen *tr V* découper [à la scie]; **etw ~** découper qc [à la scie]
Aussagesatz *m* GRAM proposition *f* énonciative **Aussageverweigerung** *f* refus *m* de déposer [*o* témoigner]
Aussatz <-es> *m veraltet* lèpre *f*
aussätzig *Adj veraltet* lépreux(-euse)
Aussätzige(r) *f(m) dekl wie Adj veraltet* lépreux(-euse) *m(f)*
aus|saufen *tr V unreg* ❶ boire tout(e); **das [ganze] Wasser/den [ganzen] Eimer ~** boire toute l'eau/tout le seau
❷ *sl (austrinken)* siffler *(fam) Flasche, Wein*
aus|saugen *tr V* ❶ *(leer saugen)* sucer
❷ *(ausbeuten)* **jdn/etw ~** saigner qn/qc à blanc
aus|schaben *tr V* ❶ *(säubern)* récurer *Pfanne, Essensreste*
❷ *(aushöhlen)* épépiner *Frucht*
❸ MED cureter *Gebärmutter*
Ausschabung <-, -en> *f* MED curetage *m*
aus|schachten ['aʊsʃaxtən] *tr, itr V* creuser
Ausschachtung <-, -en> *f* ❶ *kein Pl (das Ausschachten)* creusement *m*
❷ *(Baugrube)* excavation *f*
Ausschachtungsarbeiten *Pl* travaux *mpl* d'excavation
aus|schaffen *tr V* CH reconduire à la frontière; **jdn ~** reconduire qn à la frontière
Ausschaffung *f* CH reconduite *f* à la frontière
aus|schalten I. *tr V* ❶ *(abstellen)* éteindre *Gerät, Licht;* couper *Strom*
❷ *fig* faire taire *Gefühl*
❸ *(eliminieren)* éliminer *Gegner, Konkurrenz*
II. *r V* **sich [automatisch] ~** s'arrêter [automatiquement]
Ausschaltung *f (Eliminierung)* élimination *f*
Ausschank ['aʊsʃaŋk, *Pl:* -ʃɛŋkɛ] <-[e]s, -schänke> *m* ❶ *(Schankraum)* débit *m* de boissons; *(Schanktisch)* comptoir *m*
❷ *kein Pl (das Ausschenken)* **~ von 18 bis 24 Uhr** service *m* de 18 à 24 heures; **der ~ von Alkohol ist verboten** il est interdit de servir de l'alcool
Ausschankerlaubnis *f* licence *f*
Ausschau <-> *f* **nach jdm/etw ~ halten** regarder pour trouver qn/qc; **halte ~, ob das Taxi kommt!** regarde [pour voir] si le taxi arrive!
aus|schauen *itr V* ❶ *(entgegensehen)* **nach jdm/etw ~** chercher qn/qc des yeux
❷ DIAL *(aussehen, anmuten)* **gut/krank ~** avoir l'air en bonne forme/l'air malade; **es [*o* die Sache] schaut nicht gut aus** cela ne promet rien de bon; **es schaut aus, als würde es klappen** on dirait que ça va marcher; **wie schaut's aus?** *fam* qu'est-ce que ça donne? *(fam)*
❸ DIAL *(sich umtun, umsehen)* **nach etw ~** être à l'affût de qc
aus|schaufeln *tr V* déblayer *Erde;* **einen Graben ~** creuser un fossé [à la pelle]
aus|schäumen *tr V* garnir de mousse; **etw ~** garnir qc de mousse
aus|scheiden *unreg* **I.** *itr V + sein* ❶ *(nicht weitermachen)* quitter; **aus seinem Amt ~** quitter ses fonctions; **aus einem Wettkampf/Rennen ~** se retirer d'une compétition/course
❷ *(nicht in Betracht kommen) Plan, Möglichkeit:* ne pas être retenu(e); *Bewerber, Kandidat, Verdächtige:* être éliminé(e)
II. *tr V + haben* éliminer *Giftstoffe*
Ausscheidung <-, -en> *f* ❶ *kein Pl von Kot* élimination *f*
❷ *Pl (Exkremente)* excréments *mpl*
❸ SPORT match *m* [*o* épreuve *f*] éliminatoire
Ausscheidungskampf *m* match *m* [*o* épreuve *f*] éliminatoire **Ausscheidungsorgan** *nt* organe *m* excréteur **Ausscheidungsprodukt** *nt* excrétion *f* **Ausscheidungsspiel** *nt* SPORT match *m* [*o* épreuve *f*] éliminatoire
aus|schenken *tr V* ❶ *(verkaufen)* servir; **Wein an jdn ~** servir du vin à qn
❷ *(ausgießen)* verser *Tee, Wein*
aus|scheren ['aʊsʃe:rən] *itr V + sein* ❶ *(abschwenken)* **nach links/rechts ~** *Soldat:* sortir du rang; *Fahrzeug, Schiff:* déboîter à gauche/droite; *Flugzeug:* quitter la formation vers la gauche/la droite
❷ *(abweichen) Person, Kolonie:* partir; **aus einem Bündnis ~** sortir d'une alliance
aus|schicken *tr V* envoyer
aus|schießen *unreg* **I.** *tr V + haben* ❶ **ihm wurde ein Auge ausgeschossen** une balle lui a crevé un œil
❷ TYP imposer *Seiten*
II. *itr V + sein* SDEUTSCH, A *Stoff, Farben:* se décolorer
aus|schiffen I. *tr V* débarquer *Waren, Passagiere*
II. *r V* **sich ~** débarquer; **die Matrosen durften sich ~** les marins eurent la permission de débarquer
aus|schildern *tr V* signaler [par un panneau indicateur]; **etw ~** signaler qc [par un panneau indicateur/ par des panneaux indicateurs]; **ausgeschildert** indiqué(e)
aus|schimpfen *tr V* gronder; **jdn wegen etw ~** gronder qn à cause de qc
aus|schirren *tr V* dételer
aus|schlachten *tr V* ❶ *fam (verwerten)* mettre en pièces; **ein altes Auto ~** mettre une vieille auto en pièces; **ein Buch ~** exploiter un livre [à fond]
❷ *fam (ausnutzen)* **einen Skandal/ein Ereignis ~** mettre un scandale/événement à profit

aus|schlafen *unreg* I. *tr V* seinen Rausch ~ cuver son vin/sa bière *(fam)*
II. *itr, r V* [sich] ~ dormir tout son soûl; *(spät aufstehen)* faire la grasse matinée; *s. a.* ausgeschlafen
Ausschlag *m* ❶ *einer Kompassnadel, eines Zeigers* déviation *f*
❷ MED éruption *f* [cutanée]; einen ~ bekommen/haben attraper/avoir des boutons
▶ bei etw den ~ geben être déterminant(e) [*o* décisif(-ive)] pour/dans qc
aus|schlagen *unreg* I. *tr V* + haben ❶ *(herausschlagen)* casser; jdm einen Zahn ~ casser une dent à qn
❷ *(auskleiden)* etw mit Stoff ~ tendre qc de tissu
❸ *(ablehnen)* décliner *Einladung*
❹ *(löschen)* das Feuer mit etw ~ éteindre le feu avec qc
❺ DIAL *(ausschütteln)* secouer *Fußmatte, Staubtuch*
II. *itr V* ❶ + haben *(treten)* Pferd: ruer
❷ + haben *o* sein *(sich bewegen)* Kompassnadel, Zeiger: osciller; *Wünschelrute:* vibrer
❸ + haben *o* sein *(sprießen)* Baum, Strauch: bourgeonner
❹ *(zu schlagen aufhören)* die Turmuhr hat ausgeschlagen l'horloge a fini de sonner
ausschlaggebend *Adj* Faktor, Umstand, Grund déterminant(e), décisif(-ive); *Stimme* prépondérant(e); für etw ~ sein faire pencher la balance en faveur de qc
aus|schließen *tr V unreg* ❶ *(aussperren)* enfermer dehors; jdn/sich [aus der Wohnung] ~ enfermer qn/s'enfermer dehors; *s. a.* ausgeschlossen
❷ *(entfernen)* jdn aus einer Gemeinschaft/von den Verhandlungen ~ exclure qn d'une communauté/des négociations
❸ *(für unmöglich halten)* exclure *Fehler, Möglichkeit*
ausschließlich I. *Adj attr* Vertretung exclusif(-ive); das ~e Recht le droit exclusif
II. *Adv* exclusivement; das ist ~ unsere Angelegenheit ça ne regarde que nous
III. *Präp + Gen* alle Bundesländer ~ Bayerns tous les Länder sauf la Bavière
aus|schlüpfen *itr V* + sein *Küken, Insekt:* éclore
Ausschluss^RR *m* exclusion *f;* unter ~ der Öffentlichkeit à huis clos
Ausschlussprinzip^RR *nt* principe *m* d'exclusion
aus|schmücken *tr V* ❶ *(dekorieren)* décorer; *(ausgestalten)* enjoliver; etw mit etw ~ *(dekorieren)* décorer qc avec qc; *(ausgestalten)* enjoliver qc avec qc
Ausschmückung <-, -en> *f (Dekoration)* décoration *f; (Ausgestaltung)* enjolivement *m*
Ausschneidebogen *m* découpages *mpl*
aus|schneiden *tr V unreg* découper; etw aus einer Zeitung ~ découper qc dans un journal; *s. a.* ausgeschnitten
Ausschnitt *m* ❶ *(Zeitungsausschnitt)* coupure *f* [de presse]
❷ MATH *(Sektor)* secteur *m*
❸ *(Dekolleté)* décolleté *m*
❹ *(kleiner Auszug)* ein ~ aus einem Foto/Film un détail d'une photo/un extrait d'un film
aus|schöpfen *tr V* ❶ *(herausschöpfen)* puiser *Wasser*
❷ *(leeren)* vider *Fass, Gefäß;* écoper *Boot*
❸ *(Gebrauch machen von)* user de *Befugnisse, Kompetenzen, Vollmachten;* exploiter à fond *Möglichkeiten, Angebot, Thema;* épuiser *Kreditrahmen, Reserven*
aus|schreiben *tr V unreg* ❶ *(ungekürzt schreiben)* écrire en toutes lettres *Namen, Wort*
❷ *(ausstellen)* établir *Rechnung;* libeller *Scheck;* rédiger *Rezept*
❸ *(bekannt machen)* annoncer *Wahlen;* ein Projekt ~ mettre un projet en adjudication; eine Stelle ~ mettre un poste au concours
Ausschreibung <-, -en> *f eines Projekts, einer Arbeit* mise *f* en adjudication, appel *m* d'offres; *einer Stelle* mise au concours; *von Wahlen* annonce *f*
aus|schreiten *itr V unreg* + sein geh marcher à grands pas
Ausschreitung <-, -en> *f meist Pl (Gewalttaten)* acte *m* de violence
Ausschuss^RR *m* ❶ *(Komitee)* comité *m,* commission *f;* ~ der Regionen Comité des régions
❷ *kein Pl (Fehlproduktion)* rebut *m*
❸ *(opp: Einschuss)* point *m* de sortie
Ausschussmitglied^RR *nt* membre *m* du comité [*o* de la commission] Ausschusssitzung^RR *f* réunion *f* du comité
Ausschussware^RR *f* marchandise *f* de rebut
aus|schütteln *tr V* secouer *Tischtuch, Staubtuch*
aus|schütten *tr V* ❶ *(ausleeren)* vider
❷ *(verschütten)* renverser
❸ *(absondern)* sécréter *Hormon*
❹ FIN distribuer, verser *Prämie, Dividende*
Ausschüttung <-, -en> *f* ❶ *kein Pl (das Absondern)* eines Hormons sécrétion *f*

❷ FIN *einer Dividende* distribution *f*
aus|schwärmen *itr V* + sein *Urlauber:* migrer; *Soldaten:* se déployer [en tirailleurs]; *Bienen:* essaimer
aus|schweifen *itr V* + sein *Fantasie:* vagabonder
ausschweifend ['aʊsʃvaɪfənt] *Adj Fantasie* débordant(e); *Leben* de débauche
Ausschweifung <-, -en> *f* excès *mpl*
aus|schweigen *r V unreg* sich ~ garder le silence; sich über jdn ~ ne pas se prononcer au sujet de qn; sich über etw *(Akk)* ~ ne rien dire au sujet de [*o* sur] qc
aus|schwemmen *tr V* ❶ éliminer *Giftstoffe, Schwermetalle*
❷ *(reinigen)* nettoyer *Wunde;* tamiser *Sand*
❸ *(aushöhlen, auswaschen)* creuser *Ufer;* balayer *Boden*
aus|schwenken I. *tr V* + haben ❶ *(ausspülen)* rincer *Geschirr, Wäsche*
❷ *(zur Seite schwenken)* faire pivoter *Kran, Beiboot*
II. *itr V* + sein zur Seite ~ *Kolonne, Anhänger:* se déporter sur le côté
aus|schwitzen *tr V* ❶ éliminer en transpirant; Giftstoffe ~ éliminer des toxines en transpirant; eine Erkältung ~ guérir un rhume en transpirant
❷ *(absondern)* die Wand schwitzt Feuchtigkeit aus le mur suinte, l'humidité suinte du mur
❸ GASTR Mehl ~ faire suer de la farine
aus|sehen *unreg* I. *itr V* ❶ gut/schlecht ~ avoir bonne/mauvaise mine; jung/sportlich ~ faire jeune/sportif(-ive); krank/müde ~ avoir l'air malade/fatigué(e); in diesem Kleid siehst du wirklich gut aus cette robe te va à merveille; wie siehst du denn [bloß] aus! mais de quoi as-tu l'air?; es sieht bei ihm unordentlich aus ce n'est pas rangé chez lui; es sieht sehr trübe/regnerisch aus le temps est très maussade/pluvieux; wie sieht ein Leguan aus? à quoi ressemble un iguane?; gut ~ *dial* beau(belle)
❷ *(den Anschein haben)* sie sieht [ganz so] aus, als ... on dirait qu'elle ... + *indic;* es sieht ganz so aus, als ... on dirait que ... + *indic;* nach etwas/nichts ~ *Haus, Mantel:* faire de l'effet/ne ressembler à rien; es sieht nach Schnee/Regen aus on dirait qu'il va neiger/pleuvoir; das sieht nach einem Konflikt aus ça a tout l'air d'un conflit; das sieht [mir] sehr nach Bestechung aus ça m'a tout l'air d'être de la corruption
▶ so siehst du [gerade] aus! *fam* à d'autres! *(fam);* sehe ich so aus? *fam* est-ce que j'en ai l'air?
II. *itr V unpers* + haben es sieht gut/schlimm mit ihm aus il est en bonne/mauvaise voie; mit dem Urlaub sieht es gut/schlecht aus ça marche/ne marche pas avec les vacances; heute sieht es bei mir nicht gut aus ça ne va pas aujourd'hui en ce qui me concerne; [na], wie sieht's aus? *fam* alors, qu'est-ce que tu en dis/vous en dites? *(fam)*
Aussehen <-s, -> *nt* aspect *m;* ein gesundes ~ haben avoir l'air en bonne santé; jdn nach dem [*o* seinem] ~ beurteilen juger qn sur les apparences; dem ~ nach ist er Sportler d'après son apparence, c'est un sportif
aus|sein^ALT *s.* aus II.
außen ['aʊsən] *Adv* à l'extérieur; ~ an der Windschutzscheibe sur la surface extérieure du pare-brise; von ~ de l'extérieur; nach ~ aufgehen *Tür, Fenster:* s'ouvrir sur l'extérieur; nach ~ [hin] *(äußerlich)* de l'extérieur; *(auf den ersten Blick)* à première vue
▶ ~ vor bleiben *Person:* être laissé(e) à l'écart; *Angelegenheit:* être laissé(e) de côté; jdn ~ vor lassen laisser qn sur la touche [*o* à l'écart]; etw ~ vor lassen laisser qc de côté; ~ vor sein être mis(e) sur la touche [*o* à l'écart]
Außenansicht *f eines Gebäudes* vue *f* extérieure Außenantenne *f* antenne *f* extérieure Außenaufnahme *f (Fotografie)* prise *f* de vue en extérieur; *(Filmaufnahme)* [prise de vue en] extérieur *m* Außenbahn *f* SPORT *des Stadions, Schwimmbeckens* couloir *m* extérieur Außenbeleuchtung *f eines Gebäudes, Parks* éclairage *m* extérieur Außenbezirk *m* quartier *m* périphérique Außenborder <-s, -> *m* NAUT *fam* hors-bord *m inv* Außenbordmotor *m* NAUT moteur *m* hors-bord
aus|senden *tr V unreg geh* ❶ *(ausschicken)* envoyer *Boten, Expedition*
❷ *(ausstrahlen)* émettre *Strahlung, Signal*
Außendienst *m* visites *fpl* à la clientèle; im ~ arbeiten [*o* sein] rendre visite à la clientèle, être représentant(e)
Außendienstler(in) <-s, -> *m(f)* représentant(e) *m(f)* de commerce
Außendienstmitarbeiter(in) *m(f)* représentant(e) *m(f)* de commerce
Außenhandel *m* commerce *m* extérieur
Außenhandelsgesetz *nt* loi *f* régissant le commerce extérieur Außenhandelslizenz *f* licence *f* pour le commerce extérieur Außenhandelspolitik *f* politique *f* en matière de commerce extérieur Außenhandelsquote *f* part *f* du commerce extérieur au PNB

Außenhaut f eines Schiffs bordé m; eines Flugzeugs revêtement m du fuselage **Außenkurve** [-və] f extérieur m du virage **Außenminister(in)** m(f) ministre m/f des Affaires étrangères **Außenministerium** nt ministère m des Affaires étrangères **Außenpolitik** f politique f extérieure **Außenpolitiker(in)** m(f) homme m/femme f chargé(e) de la politique extérieure **außenpolitisch** I. Adj Berater, Erfahrung en matière de politique extérieure; Debatte, Frage, Ereignis concernant la politique extérieure; Kurs de la politique extérieure II. Adv en politique extérieure **Außenquartier** nt CH quartier m de banlieue **Außenseite** f ❶ eines Kleidungsstücks, Stoffs endroit m; eines Gebäudes façade f extérieure ❷ fig einer Person aspect m extérieur ❸ (Rand) eines Spielfelds aile f **Außenseiter(in)** m <-s, -> m(f) marginal(e) m(f); SPORT outsider m **Außenseiterrolle** f rôle m [de] marginal(e); SPORT rôle d'outsider **Außenspiegel** m rétroviseur m extérieur **Außenstände** Pl dettes fpl actives; **nicht einziehbare ~** créances fpl irrécouvrables **Außenstehende(r)** f(m) dekl wie Adj personne f extérieure **Außenstelle** f filiale f **Außenstürmer(in)** m(f) ailier(-ière) m(f) **Außentasche** f poche f extérieure **Außentemperatur** f température f extérieure **Außenwand** f mur m extérieur **Außenwelt** f monde m extérieur **Außenwinkel** m angle m externe **Außenwirtschaft** f commerce m extérieur
außer ['ausɐ] I. Präp + Dat ❶ (ausgenommen) sauf, excepté; **alle ~ dir** tous sauf toi, tous toi excepté; **~ den Kindern habe ich niemanden gesehen** à part les enfants, je n'ai vu personne; **man hörte nichts ~ ihrem Atem** on n'entendait rien sa respiration; **täglich ~ montags** tous les jours, sauf le lundi
❷ (außerhalb) **~ Sicht/Gefahr sein** être hors de vue/danger
▸ **~ sich** (Dat) **sein** être hors de soi
II. Präp + Akk **etw ~** [**jeden**] **Zweifel stellen** mettre qc hors de doute
▸ **~ sich geraten** sortir de ses gonds
III. Präp + Gen selten **~ Landes gehen** s'expatrier
IV. Konj **~ dass** si ce n'est que + indic; **~** [**wenn**] sauf si
Außerachtlassung <-, -en> f non-respect m
außerberuflich Adj extra-professionnel(le) **außerbetrieblich** Adj, Adv hors entreprise
außerdem ['ausɐde:m] Adv en plus
außerdienstlich I. Adj Gespräch, Telefonat privé(e); Verhalten en privé; Betätigung, Zeit en dehors des heures de service [o de travail] II. Adv privé; **~ unterwegs sein** faire un déplacement à caractère privé
äußere(r, s) Adj ❶ (außerhalb gelegen) Rand, Schicht, Verletzung externe; Planet supérieur(e)
❷ (von außen kommend) Anlass, Eindruck apparent(e); **~ Erscheinung** apparence f
❸ (auswärtig) **die ~n Angelegenheiten** les affaires étrangères
Äußere(s) nt dekl wie Adj apparence f; **ein angenehmes ~s haben** avoir un physique agréable
außerehelich ['ausɐʔe:əlɪç] I. Adj Beziehung, Geschlechtsverkehr extraconjugal(e); Kind illégitime II. Adv hors mariage **außerfahrplanmäßig** I. Adj Zug supplémentaire II. Adv en dehors des horaires prévus; **~ eingesetzter Zug/Bus** train/bus supplémentaire
außergerichtlich I. Adj Entscheidung extrajudiciaire II. Adv extrajudiciairement **außergewöhnlich** I. Adj Person, Begabung, Leistung exceptionnel(le); **etwas Außergewöhnliches** quelque chose d'exceptionnel [o de particulier] II. Adv particulièrement
außerhalb ['ausɐhalp] I. Adv ❶ à l'extérieur; **~ wohnen** habiter en dehors (de la ville); **von ~ kommen** venir de l'extérieur
❷ (ausgegrenzt) **~ stehen** être en marge
II. Präp + Gen en dehors de; **~ des Schulhofs/der Sprechzeiten** en dehors de la cour/des horaires; **~ der Stadt** à la périphérie de la ville; **~ der Legalität** en dehors de la légalité
außerirdisch Adj extraterrestre
Außerkraftsetzung <-, -en> f form einer Bestimmung, eines Erlasses, Gesetzes abrogation f
äußerlich ['ɔɪsɐlɪç] Adj ❶ Ähnlichkeit extérieur(e); Verletzung externe; **nur zur ~en Anwendung** uniquement pour usage externe
❷ (oberflächlich) superficiel(le); [**rein**] **~ betrachtet** au premier abord
Äußerlichkeit <-, -en> f ❶ (äußere Form) superficialité f
❷ (Unwesentliches) détails mpl superficiels
äußerln ['ɔɪsɐln] tr, itr V nur Infin A fam sortir; **den Hund ~** [**führen**] sortir le chien
äußern ['ɔɪsɐn] I. tr V exprimer Meinung, Wunsch, Bedenken; émettre Kritik; **Zweifel an etw** (Dat) **~** émettre des doutes quant à qc
II. r V **sich zu etw ~** (Stellung nehmen) se prononcer sur qc; (seine Meinung sagen) donner son avis sur qc; **sich wohlwollend/abfällig über jdn ~** porter un jugement positif/défavorable sur qn; **sich dahin gehend ~, dass** s'exprimer en ce sens que + indic; **dazu möchte ich mich nicht ~** je préfère ne rien dire à ce sujet

❷ (in Erscheinung treten) **sich durch etw ~** Krankheit, Unzufriedenheit: se manifester par qc
außerordentlich I. Adj ❶ (ungewöhnlich) exceptionnel(le)
❷ (nicht planmäßig, nicht vorgesehen) exceptionnel(le); Professor non titulaire d'une chaire; Sitzung extraordinaire II. Adv extrêmement; **das ist mir ~ angenehm** ça me convient parfaitement
außerorts Adv CH, A hors agglomération **außerparlamentarisch** Adj extraparlementaire **außerplanmäßig** I. Adj ❶ Besuch, Ausgaben non prévu(e) ❷ (außerhalb des Fahrplans) (wegen einer Veranstaltung) spécial(e); (in der Hochsaison) supplémentaire II. Adv en dehors des horaires prévus **außerschulisch** Adj extrascolaire **außersinnlich** Adj Wahrnehmung extrasensoriel(le)
äußerst ['ɔɪsɐst] Adv (höchst) extrêmement; (absolut) vraiment
außerstande [ausɐ'ʃtandə] Adj **~ sein etw zu tun** être dans l'impossibilité de faire qc; (körperlich unfähig sein) être hors d'état de faire qc; **sich ~ sehen/erklären etw zu tun** se voir/se dire [être] dans l'impossibilité de faire qc
äußerste(r, s) Adj ❶ le plus éloigné; **der ~ Punkt** le point le plus éloigné; **die ~ Grenze/Schicht** la limite/la couche la plus éloignée; **am ~n Ende des Tisches** à l'extrémité de la table; **im ~n Norden/Süden** dans l'extrême Nord/Sud; **der ~ Termin** la dernière date
❷ (nicht mehr steigerbar) Zugeständnis, Preis dernier(-ière); **mit ~r Konzentration** en se concentrant énormément; **eine Angelegenheit von ~r Dringlichkeit** une affaire d'extrême urgence; **mit ~r Kraft** de toutes ses/mes/... forces
Äußerste(s) nt dekl wie Adj **auf das ~ gefasst sein** s'attendre au pire; **bis zum ~n gehen** aller jusqu'au bout; **das ~ wagen** tenter l'impossible
äußerstenfalls ['ɔɪsɐstən'fals] Adv [tout] au plus
außertourlich ['ausɐtu:ɐlɪç] A, SDEUTSCH I. Adj s. außerplanmäßig ❷
II. Adv (zusätzlich) en plus
Äußerung ['ɔɪsɐrʊŋ] <-, -en> f ❶ (Bemerkung) observation f; (Aussage) propos mpl
❷ (Zeichen, Ausdruck) expression f
Aussetzen s. Aussetzung
aus|setzen I. tr V ❶ abandonner Kind, Haustier; lâcher Wild, Fische
❷ NAUT débarquer Passagiere; mettre à flot Boot
❸ (preisgeben) **jdn/etw einer Gefahr/der Sonne** (Dat) **~** exposer qn/qc à un danger/au soleil; **heftigen Vorwürfen ausgesetzt sein** faire l'objet de reproches virulents
❹ (festsetzen) offrir Belohnung; accorder Summe; **auf seinen Kopf sind 500 $ ausgesetzt** sa tête est mise à prix pour 500 $
❺ (unterbrechen) suspendre Debatte, Prozess, Verhandlung; cesser Rückzahlung, Zinsen
❻ JUR surseoir Strafvollstreckung, Strafverfolgung
❼ (bemängeln) **an jdm/an etw etwas auszusetzen haben** avoir quelque chose à redire à qn/à qc; **daran ist nichts ~** il n'y a rien à redire [o critiquer] à cela
II. r V **sich einer Gefahr** (Dat) **~** s'exposer à un danger; **sich öffentlicher Kritik ~** prêter le flanc à la critique
III. itr V ❶ (pausieren) **bei etw ~** faire une pause au cours de qc; **eine Runde ~** passer son tour
❷ (versagen) Atmung, Herz: s'arrêter; Motor: caler; Zündung: avoir des ratés
❸ (unterbrechen) **mit der Pille/der Behandlung ~** arrêter la pilule/le traitement; **ohne auszusetzen** sans interruption
Aussetzer <-s, -> m TECH fam raté m
Aussetzung <-, -en> f ❶ (das Aussetzen) eines Kindes, Haustiers abandon m; von Wild, Fischen lâcher m
❷ NAUT von Passagieren débarquement m; eines Bootes mise f à flot
❸ (Festsetzung) einer Belohnung offre f
❹ (Unterbrechung) einer Debatte, von Zahlungen suspension f
Aussicht f ❶ (Blick) vue f; **~ auf etw** (Akk) vue f sur qc
❷ (Chance) chance f; **gute ~en/keine ~ auf Erfolg** (Akk) **haben** avoir de bonnes chances/n'avoir aucune chance de réussir; **das sind ja schöne ~en!** iron fam ça promet! (fam)
❸ (Erwartung) **die ~en auf das Wetter von morgen** les prévisions pour le temps qu'il fera demain
▸ **etw in ~ haben** avoir qc en vue; **in ~ stehen** être en vue; **jdm etw in ~ stellen** laisser entrevoir qc à qn
aussichtslos Adj vain(e); [**so gut wie**] **~ sein** être [quasiment] impossible [o n'avoir aucune chance] d'y arriver [o d'y réussir] [o vouée] à l'échec]
Aussichtslosigkeit <-> f einer Situation caractère m désespéré
Aussichtspunkt m point m de vue **aussichtsreich** Adj prometteur(-euse); Kandidat, Bewerber qui a de bonnes chances [de réussir] **Aussichtsturm** m belvédère m
aus|sieben tr V ❶ séparer à l'aide d'un tamis; **Steinchen aus dem Sand ~** séparer des cailloux du sable à l'aide d'un tamis
❷ fam (auswählen) **die Besten aus einer Gruppe ~** sélectionner les meilleurs d'un groupe
❸ fam (aussondern) **ungeeignete Bewerber ~** trier les candidats

non qualifiés
aus|siedeln *tr V* expatrier
Aussiedler(in) <-s, -> *m(f) (Emigrant)* émigrant(e) *m(f)*; *(Zurückgekehrte)* rapatrié(e) *m(f)*
aus|sitzen *tr V unreg fam* résoudre par l'attentisme; **ein Problem ~** résoudre un problème par l'attentisme
aus|söhnen ['aʊszøːnən] **I.** *tr V* réconcilier; **jdn mit jdm/etw ~** réconcilier qn avec qn/qc
II. *r V* **sich mit jdm ~** se réconcilier avec qn; **sich mit seinem Schicksal ~** *geh* accepter son destin
Aussöhnung <-, -en> *f* réconciliation *f*
aus|sondern *tr V (als nicht geeignet ansehen)* trier; *(als geeignet ansehen)* sélectionner
Aussonderung <-, -en> *f* triage *m*; *eines Bewerbers* élimination *f*
aus|sortieren* *tr V* trier
aus|spähen **I.** *tr V* espionner
II. *itr V* **nach etw ~** guetter qc
aus|spannen **I.** *tr V* ❶ dételer *Pferde, Ochsen, Pflug*
❷ *(ausbreiten)* tendre *Leine, Netz*; déployer *Sprungtuch*
❸ *(herausdrehen)* **einen Bogen aus der Schreibmaschine ~** retirer une feuille de la machine à écrire
❹ *fam (abspenstig machen)* **er hat ihm die Freundin ausgespannt** il lui a piqué sa petite amie *(fam)*
❺ *fam (sich ausborgen)* **jdm etw ~** piquer qc à qn *(fam)*
II. *itr V Person:* se détendre
Ausspannung *f kein Pl* détente *f*
aus|sparen *tr V* ❶ *(frei lassen)* ne pas recouvrir *Fläche, Platz*
❷ *(ausnehmen)* laisser de côté *Frage, Thema*
Aussparung <-, -en> *f* emplacement *m*
aus|speien *unreg geh* **I.** *tr V* ❶ *(ausspucken)* cracher
❷ *(ausstoßen)* **etw ~** *Vulkan:* vomir qc *(soutenu)*; *Geysir:* projeter qc; *Schlot:* cracher qc
II. *itr V* **vor jdm ~** cracher devant qn
aus|sperren **I.** *tr V* ❶ enfermer dehors; **jdn ~** enfermer qn dehors
❷ *(von der Arbeit ausschließen)* lock-outer
II. *r V* **sich ~** s'enfermer dehors *(en laissant les clés à l'intérieur)*
Aussperrung <-, -en> *f* lock-out *m*
aus|spielen **I.** *tr V* ❶ jouer *Karte, Trumpf*
❷ *(als Preis aussetzen)* **ausgespielt werden** *Summe, Betrag:* être mis(e) en jeu
❸ *(manipulativ einsetzen)* **jdn gegen jdn ~** se servir de qn contre qn; **etw gegen jdn ~** faire valoir [*o* jouer] qc [contre qn]
II. *itr V (das Spiel eröffnen)* ouvrir la partie [*o* le jeu]; *(eine Karte ablegen)* jouer une carte
▶ **bei jdm ausgespielt haben** ne plus avoir aucune chance auprès de qn
Ausspielung <-, -en> *f einer Gewinnsumme* tirage *m*
aus|spinnen *unreg* **I.** *tr V* développer *Gedanken, Ideen, Vorschläge*
II. *r V fam* **sich ~** se défouler *(fam)*; **jetzt spinn dich aus!** arrête de faire l'idiot(e)! *(fam)*
aus|spionieren* *tr V* espionner
Aussprache *f* ❶ *kein Pl (Artikulation)* prononciation *f*
❷ *(Unterredung)* explication *f*
▶ **eine feuchte ~ haben** *hum* postillonner
Ausspracheangabe *f* transcription *f* phonétique **Aussprachewörterbuch** *nt* dictionnaire *m* de prononciation
aussprechbar *Adj* prononçable; **schwer ~ sein** être difficile à prononcer
aus|sprechen *unreg* **I.** *tr V* ❶ *(artikulieren)* prononcer *Laut, Wort*; **etw wird lang/kurz ausgesprochen** qc est long(longue)/bref(brève)
❷ *(äußern)* dire *Satz, Verleumdung*; exprimer *Anliegen, Meinung, Verdächtigung*; donner *Warnung*
❸ *(ausdrücken)* **jdm sein Bedauern ~** exprimer son regret à qn
❹ JUR prononcer *Scheidung, Strafe*
II. *r V* ❶ *(offen sprechen)* **sich mit jdm über etw** *(Akk)* **~** s'expliquer à propos de qc avec qn; **sprich dich aus!** dis ce que tu as sur le cœur!
❷ *(Stellung nehmen)* **sich für/gegen jdn/etw ~** se prononcer pour/contre qn/qc
❸ *(sich äußern)* **sich sehr anerkennend über jdn ~** dire beaucoup de bien de qn
❹ *(sich artikulieren lassen)* **wie spricht sich dieses Wort aus?** comment prononce-t-on ce mot?
III. *itr V* finir [de parler]; **lassen Sie mich doch ~!** laissez-moi finir!
Ausspruch *m* ❶ *(Bemerkung)* remarque *f*
❷ *(geflügeltes Wort)* bon mot *m*
aus|spucken **I.** *tr V* ❶ *(ausspeien)* cracher
❷ *fam (hergeben)* **Geld ~** *Person:* débourser de l'argent *(fam)*
❸ *fam (auswerfen, ausgeben)* **etw ~** *Computer, Automat:* cracher qc *(fam)*
❹ *fam (sagen, verraten)* cracher *(fam) Namen, Versteck;* **los,**

spuck's aus! alors, accouche! *(fam)*
II. *itr V* ❶ **vor jdm ~** cracher devant qn
❷ *fam (reden)* lâcher le morceau *(fam)*
aus|spülen *tr V* rincer *Geschirr, Glas*; **sich** *(Dat)* **den Mund ~ se** rincer la bouche
Ausspülung *f des Mundes* rinçage *m*
aus|staffieren* **I.** *tr V* ❶ *(einrichten)* aménager *Raum*
❷ *(einkleiden)* **jdn mit etw ~** affubler [*o* attifer] qn de qc *(fam)*
II. *r V* **sich [ganz] neu ~** se faire habiller des pieds à la tête *(fam)*; **sich mächtig ~** *iron* se mettre sur son trente-et-un *(fam)*
Ausstand *m* ❶ *(Streik)* grève *f*; **in den ~ treten** se mettre en grève; **sich im ~ befinden** être en grève
❷ CH, A, SDEUTSCH *(Abschiedsfeier)* retrait *m*; **seinen ~ geben** fêter son départ
ausständig *Adj* A, SDEUTSCH *Gebühren, Rechnung* arriéré(e)
aus|stanzen *tr V* découper; **etw aus einer Metallfolie ~** découper qc dans une feuille de métal
aus|statten ['aʊʃtatən] *tr V* ❶ *(versehen, ausrüsten)* équiper; **jdn mit etw ~** équiper qn de qc; **ein Auto mit Airbags ~** équiper une voiture de coussins gonflables de sécurité
❷ *fig* **mit Intelligenz ausgestattet sein** être doté(e) d'intelligence
❸ ADMIN **jdn mit Vollmachten ~** investir qn de pouvoirs; **jdn mit Privilegien ~** pourvoir [*o* doter] qn de privilèges
❹ *(einrichten)* aménager *Wohnung, Haus*; **mit Tapeten/Vorhängen ausgestattet sein** être tendu(e) de papier peint/rideaux
❺ *(gestalten)* garnir *Buch*
Ausstattung <-, -en> *f* ❶ *(Ausrüstung)* équipement *m*
❷ *(Einrichtung)* agencement *m*
❸ *(Gestaltung) eines Buchs* présentation *f*; *einer Inszenierung* mise *f* en scène
aus|stechen *tr V unreg* ❶ *(zerstören, entfernen)* crever *Auge*; **die Disteln/das Unkraut ~** creuser pour arracher les chardons/la mauvaise herbe
❷ *(herstellen)* creuser *Graben*; **Plätzchen ~** découper des biscuits à l'emporte-pièce
❸ *(übertreffen)* supplanter; **jdn im Beruf ~** supplanter qn dans sa profession
Ausstechform *f* emporte-pièce *m*
aus|stehen *unreg* **I.** *tr V* supporter *Schmerzen, Qualen*; **große Angst um jdn ~** avoir très peur pour qn; **viel mit jdm ~ müssen** devoir endurer bien des choses avec qn
▶ **das ist jetzt ausgestanden!** le plus dur est passé!; **jdn/etw nicht ~ können** *fam* ne pas pouvoir supporter qn/qc *(fam)*
II. *itr V* ❶ *(anstehen)* [noch] ~ *Antwort:* ne pas être encore là; *Sendung, Paket:* ne pas être encore arrivé(e); *Entscheidung, Lösung, Stellungnahme:* être attendu(e); **die Antwort steht seit drei Wochen aus** cela fait trois semaines qu'on attend la réponse
❷ COM, FIN être dû(due) [*o* impayé(e)]; **~ de Forderungen** créances arriérées; **~ de Zahlungen auf Aktien** créances à recouvrer sur actions
aus|steigen *itr V unreg + sein* ❶ descendre; **aus dem Bus/Zug ~** descendre du bus/train; **Endstation, alles ~!** terminus, tout le monde descend!; **wo möchtest du ~** [*o* **abgesetzt werden?**]**?** où veux-tu que je te dépose?
❷ *sl (abspringen) Pilot:* sauter
❸ *fam (aufgeben, sich zurückziehen)* **aus etw ~** abandonner qc
❹ *fam (sich von der Gesellschaft zurückziehen)* tourner le dos [à l'establishment]
Aussteiger(in) <-s, -> *m(f) (Berufs-, Studienabbrecher)* personne *f* qui a décroché *(fam)*; *(sich von der Gesellschaft Abwendender)* marginal(e) *m(f)*; *(sich vom Terrorismus Abwendender)* repenti(e) *m(f)*
aus|stellen **I.** *tr V* ❶ *(zur Schau stellen)* exposer *Waren, Bilder, Kollektion*
❷ *(ausfertigen)* établir *Rechnung*; délivrer *Bescheinigung, Ausweis*; **einen Scheck auf jdn ~** émettre un chèque au nom de qn
❸ *fam (abstellen)* éteindre *Radio, Fernseher*; arrêter *Kaffeemaschine, Heizung, Motor*
II. *itr V Künstler:* exposer
Aussteller(in) <-s, -> *m(f)* ❶ exposant(e) *m(f)*
❷ *(Ausfertiger) eines Schecks* tireur(-euse) *m(f)*
❸ *(ausstellende Behörde)* bureau *m* de délivrance
Ausstellfenster *nt* AUT déflecteur *m*
Ausstellung <-, -en> *f* ❶ *(Kunstausstellung, Messe)* exposition *f*
❷ *kein Pl (Ausfertigung) einer Rechnung* établissement *m*; *einer Urkunde* délivrance *f*; *eines Schecks* émission *f*
Ausstellungsdatum *nt* date *f* de délivrance [*o* d'établissement]; *eines Visums* date d'émission **Ausstellungsfläche** *f* surface *f* d'exposition **Ausstellungsgelände** *nt* parc *m* d'exposition **Ausstellungshalle** *f* hall *m* d'exposition **Ausstellungskatalog** *m* catalogue *m* [de l'exposition] **Ausstellungspavillon** *m* pavillon *m* d'exposition **Ausstellungsraum** *m* salle *f* d'exposition **Ausstellungsstand** *m* stand *m* d'exposition

Ausstellungsstück *nt* modèle *m* d'exposition   **Ausstellungstag** *m* jour *m* d'exposition; *eines Schecks* date *f* d'émission
aus|sterben *itr V unreg + sein Familie, Geschlecht:* s'éteindre; *Tierart, Pflanzenart:* disparaître
Aussterben *nt einer Familie, eines Geschlechts* extinction *f; einer Tierart, Pflanzenart* disparition *f;* **vom ~ bedroht sein** être menacé(e) de disparition
Aussteuer <-, -n> *f* trousseau *m*
Ausstieg ['aʊsʃtiːk] <-[e]s, -e> *m* ❶ *kein Pl (das Aussteigen)* descente *f;* **~ aus dem Bus/Zug** descente *f* du bus/train; **~ aus einer Höhle** sortie *f* d'une grotte
❷ *(Ausgang) eines Busses, Wagens* sortie *f; eines U-Boots* sas *m*
❸ *kein Pl (das Aufgeben)* abandon *m;* **der ~ aus der Atomenergie** l'abandon de l'énergie atomique
aus|stopfen *tr V* ❶ *(präparieren)* empailler *Tier*
❷ *(ausfüllen)* bourrer *Kissen, Puppe;* calfeutrer *Ritze*
Ausstoß *m* ❶ *(Produktion)* production *f*
❷ *(Emission) von Schadstoffen, Giftgas* émission *f*
aus|stoßen *tr V unreg* ❶ **den Atem durch die Nase ~** expirer par le nez
❷ *(von sich geben)* pousser *Laut, Schrei, Seufzer;* proférer *Drohung*
❸ *(herausstoßen)* émettre, rejeter *Staub, Gas, Rauchwolken;* expulser *Plazenta*
❹ *(abschießen)* lancer *Torpedo*
❺ *(ausschlagen)* **jdm einen Zahn ~** casser une dent à qn
❻ *(ausschließen)* **jdn aus einer Organisation ~** exclure qn d'une organisation; **jdn aus einer Gemeinschaft/einem Stamm ~** rejeter [*o* bannir] qn d'une communauté/tribu; *s. a.* **Ausgestoßene(r)**
❼ *(produzieren)* produire
Ausstoßung <-> *f* **~ aus einer Organisation** exclusion *f* d'une organisation; **~ aus einer Gemeinschaft/einem Stamm** bannissement *m* [*o* exclusion] d'une communauté/tribu
aus|strahlen I. *tr V + haben* ❶ *(abstrahlen, senden)* diffuser; *Wärme* ~ diffuser de la chaleur
❷ *(verbreiten)* exprimer *Gelassenheit, Zufriedenheit, Ruhe;* répandre *Hektik, Unruhe;* **Freude ~** rayonner de joie
II. *itr V + sein (sich ausdehnen) Wärme:* se diffuser; *Licht:* jaillir; [**bis**] **in die Schulter ~** *Schmerz:* irradier [jusque] dans l'épaule
❷ *(übergehen)* **auf jdn/etw ~** gagner qn/qc
Ausstrahlung *f* ❶ *(Wirkung) einer Person* rayonnement *m,* aura *f (littér);* **~ haben** rayonner
❷ *(das Senden, die Sendung)* diffusion *f*
aus|strecken I. *tr V* tendre *Arm, Bein;* sortir *Fühler;* **die Hand nach jdm/etw ~** tendre la main vers qn/qc
II. *r V* **sich ~** s'étirer; **ausgestreckt daliegen** être étendu(e) là de tout son long
aus|streichen *tr V unreg (wegstreichen)* rayer *Wörter, Zeilen*
❷ *(innen bestreichen)* enduire *Backform, Auflaufform;* **eine Backform mit Butter/Fett ~** beurrer/graisser un moule à gâteau
❸ *(ausfüllen)* **etw mit Gips/Lehm ~** colmater qc avec du plâtre/de l'argile
❹ *(glätten)* lisser *Knitterfalten*
aus|streuen *tr V* ❶ *(verstreuen)* répandre *Vogelfutter, Sand*
❷ *(bestreuen)* **einen Weg/eine Backform mit etw ~** couvrir un chemin/un moule à gâteau de qc
❸ *(verbreiten)* répandre *Gerücht, Parolen*
aus|strömen I. *tr V + haben* ❶ *(austreten lassen)* exhaler *Duft;* dégager *Kälte, Wärme*
❷ *(verbreiten)* répandre *Behaglichkeit, Ruhe*
II. *itr V + sein* ❶ *(herauskommen)* **aus etw ~** *Flüssigkeit, Wasser:* s'écouler de qc; *Dampf, Gas:* s'échapper de qc
❷ *(ausgehen)* **von jdm/etw ~** *Duft, Duftwolke:* émaner de qn/qc
❸ *(ausstrahlen)* **von etw ~** *Hitze, Wärme:* se dégager de qc; **von jdm ~** *Gelassenheit, Ruhe, Zufriedenheit:* émaner de qn
aus|suchen *tr V* choisir *Person, Gegenstand;* **jdm** [*o* **für jdn**] **etw ~** choisir qc pour qn; **sich** *(Dat)* **jdn/etw ~** choisir qn/qc; *s. a.* **ausgesucht**
Austausch *m* échange *m;* **im ~ gegen etw** en échange de qc
austauschbar *Adj* ❶ *Teil* remplaçable; *Begriffe, Übersetzungen* interchangeable
❷ *(nicht unverwechselbar)* **~ sein** *Person:* être permutable
aus|tauschen I. *tr V* ❶ *(ersetzen)* remplacer *Spieler;* échanger *Motor;* **einen Spieler gegen einen anderen ~** remplacer un joueur par un autre
❷ *(wechselseitig geben)* échanger *Gefangene, Erfahrungen, Gedanken*
II. *r V* **sich ~** en parler; **sich über jdn/etw ~** parler de qn/qc
Austauschmotor *m* moteur *m* de remplacement   **Austauschschüler(in)** *m(f)* élève *mf* qui participe à un échange scolaire   **Austauschstoff** *m* produit *m* de substitution
aus|teilen *tr V* ❶ *(verteilen)* distribuer *Essen, Spielkarten;* **etw an die** [*o* **unter der**] **Bevölkerung ~** distribuer qc à la population

❷ *(erteilen)* donner *Segen, Befehle, Schläge;* administrer *Sakrament*
Austeilung *f* ❶ *(Verteilung)* distribution *f*
❷ *(Erteilung) eines Sakraments* administration *f*
Auster ['aʊstɐ] <-, -n> *f* huître *f*
Austernbank <-bänke> *f* banc *m* d'huîtres   **Austernfischer** *m* ostréiculteur(-trice) *m(f)*   **Austernmesser** *nt* GASTR couteau *m* à huîtres   **Austernpilz** *m* pleurote *m*   **Austernschale** *f* coquille *f* d'huître   **Austernzucht** *f* ostréiculture *f*
aus|testen *tr V a.* INFORM tester
aus|tilgen *tr V geh* ❶ *(vernichten)* détruire *Unkraut, Ungeziefer*
❷ *(auslöschen)* éliminer *Unterschiede, Eigenart*
aus|toben I. *tr V* **seinen Zorn an jdm ~** décharger sa colère sur qn
II. *r V* **sich ~** *Kind:* se défouler; *Erwachsener:* mener une vie de bâton de chaise; **der Orkan hat sich ausgetobt** l'ouragan a fait rage
aus|tragen *unreg* **I.** *tr V* ❶ *(zustellen)* **die Post ~** distribuer le courrier [à domicile]
❷ *(stattfinden lassen)* régler *Konflikt, Meinungsverschiedenheit;* disputer *Wettkampf, Kampf;* **wo werden die nächsten Olympischen Spiele ausgetragen?** où se dérouleront les prochains Jeux Olympiques?
❸ *(streichen)* **etw aus dem Kalender ~** rayer qc du calendrier
❹ *(bis zur Geburt behalten)* garder *Kind*
II. *r V* **sich aus einer Liste ~** se rayer d'une liste
Austräger(in) *m(f) (Zeitungsausträger/Prospektverteiler)* distributeur(-trice) *m(f)* de journaux/prospectus
Austragung <-, -en> *f eines Wettkampfs* déroulement *m*
Austragungsort *m* lieu *m* organisateur de la compétition
Australien [aʊsˈtraːliən] <-s> *nt* l'Australie *f*
Australier(in) <-s, -> *m(f)* Australien(ne) *m(f)*
australisch *Adj* australien(ne)
aus|träumen *itr V* **ausgeträumt haben** être sorti(e) de son rêve; **sein Traum vom Reichtum ist ausgeträumt** son rêve de richesse s'est envolé en fumée
aus|treiben *unreg* **I.** *tr V* ❶ *(abgewöhnen)* **jdm seine Launen ~** faire passer ses humeurs à qn; **das werde ich ihm schon ~!** je vais lui en faire passer l'envie!
❷ *geh (verbannen)* exorciser *Dämon, Geist*
❸ *(auf die Weide treiben)* **das Vieh ~** mener les bêtes au pâturage
❹ *(forttreiben)* chasser *Person*
II. *itr V Blätter, Knospen:* bourgeonner, se former; *Baum:* bourgeonner
Austreibung <-, -en> *f eines Dämons* exorcisation *f; von Personen* expulsion *f*
aus|treten *unreg* **I.** *itr V + sein* ❶ *(nach außen treten) Flüssigkeit, Öl:* s'écouler; *Gas:* s'échapper; *Blut:* couler; *Bruch:* sortir
❷ *nur Infin fam (zur Toilette gehen)* aller quelque part [*o* aux W.-C.]
❸ *(ausscheiden)* **aus einer Partei ~** quitter un parti; **aus der Kirche ~** se détourner de l'Église
II. *tr V + haben* ❶ *(auslöschen)* **das Feuer ~** éteindre le feu avec les pieds; **eine Zigarettenkippe ~** écraser un mégot [du pied]
❷ *(abnutzen)* élargir *Schuhe;* **ausgetreten** *Schuhe* usé(e) [à force d'être porté(e)]; *Treppen, Stufen* usé(e) [par les passages]
aus|tricksen ['aʊstrɪksən] *tr V fam* rouler *(fam);* feinter *(fam) Fußballspieler*
aus|trinken *unreg* **I.** *tr V* finir *Getränk;* vider *Tasse, Glas*
II. *itr V* vider son verre
Austritt *m* ❶ *kein Pl (das Herauskommen) von Wasser, Öl* fuite *f; von Gas* émission *f; von Blut* écoulement *m*
❷ *(das Ausscheiden)* démission *f;* **die ~e aus der Kirche häufen sich** de plus en plus de personnes se détournent de l'Église
Austrittserklärung *f* déclaration *f* de démission
aus|trocknen I. *tr V + haben* ❶ *(trockenlegen)* assécher *Moor, Sumpf*
❷ *(trocken machen)* dessécher *Haut, Kehle*
II. *itr V + sein Wasserlauf:* tarir; *Haut, Kehle:* se déshydrater; *Brot, Käse, Kuchen:* se dessécher; **meine Haut/Kehle ist ausgetrocknet** j'ai la peau/gorge sèche
aus|trompeten* *s.* ausposaunen
aus|tüfteln ['aʊstʏftəln] *tr V fam* bricoler *(fam) Konstruktion, Computerprogramm;* mijoter *(fam) Plan*
aus|üben *tr V* ❶ *(praktizieren, innehaben)* exercer
❷ *(wirksam werden lassen)* **Einfluss auf jdn ~** exercer une influence sur qn; **eine große Anziehungskraft auf jdn ~** exercer une grande attraction sur qn; **auf jdn Druck ~** faire pression sur qn
Ausübung *f eines Rechts* exercice *m;* **in ~ ihrer Pflicht** dans l'exercice de ses fonctions
aus|ufern *itr V + sein* ❶ dégénérer; **in eine endlose Diskussion ~** dégénérer en une discussion interminable
❷ *selten (über die Ufer treten)* déborder
Ausverkauf *m* ❶ soldes *mpl;* **~ wegen Geschäftsaufgabe** liqui-

ausverkaufen–auszeichnen

dation f pour cessation de commerce; **im ~** en solde
❷ pej (Aufgabe) liquidation f
aus|verkaufen* tr V ❶ (restlos verkaufen) **die** [o **alle**] **Sandalen ~** vendre toutes les sandalettes
❷ (räumen) **das Lager ~** liquider totalement les stocks
ausverkauft Adj Lager, Sonderangebot épuisé(e); Konzert, Veranstaltung complet(-ète)
aus|wachsen unreg I. itr V ❶ (keimen) Getreide: germer sur pied
❷ (das Wachstum beenden) **ausgewachsen sein** Person: avoir terminé sa croissance
▶ **das** [o **es**] **ist** [ja] **zum Auswachsen!** DIAL fam c'est à s'[en] arracher les cheveux! (fam)
II. r V + haben ❶ (verschwinden) **sich ~** Narbe, Missbildung: disparaître
❷ (ausufern) **sich zu einem Skandal ~** dégénérer en scandale
Auswahl f ❶ (Wahl, Sortiment) choix m; **die** [**freie**] **~ haben** avoir libre choix; **verschiedene Dinge zur ~ haben** avoir le choix parmi différentes choses; **eine ~ treffen** faire un choix; **drei Kandidaten stehen zur ~** il y a le choix entre trois candidats; **eine reichhaltige ~ an** [o **von**] **Obst haben** Geschäft: avoir un grand choix de fruits; **in großer ~ vorhanden sein** avoir du choix en qc
❷ (Auswahlmannschaft) équipe f sélectionnée
aus|wählen I. tr V choisir; **sich** (Dat) **jdn/etw ~** choisir qn/qc; **jdn unter mehreren Bewerbern ~** choisir qn parmi plusieurs candidats; s. a. **ausgewählt**
II. itr V choisir
Auswahlmannschaft f équipe f sélectionnée **Auswahlmenü** nt INFORM barre f de sélection **Auswahlmöglichkeit** f a. INFORM possibilité f de sélectionner **Auswahlspieler(in)** m(f) joueur(-euse) m(f) sélectionné(e) **Auswahlverfahren** nt sélection f
aus|walzen tr V ❶ (walzen) laminer
❷ pej (breittreten) **ein Thema ~** s'appesantir sur un sujet
Auswanderer m, **Auswanderin** f émigrant(e) m(f)
aus|wandern itr V + sein émigrer; **nach Australien/in die USA ~** émigrer en Australie/aux Etats-Unis
Auswanderung f émigration f
auswärtig ['aʊsvɛrtɪç] Adj attr ❶ (auswärts befindlich) étranger(-ère)
❷ (von auswärts stammend) Besucher, Gast, Kunde [qui vient] de l'extérieur; Schüler [venant] d'une autre localité
❸ POL Angelegenheiten extérieur(e); Vertretung étranger(-ère); s. a. **Amt**
auswärts ['aʊsvɛrts] Adv wohnen, spielen à l'extérieur; **von ~ kommen** venir de l'extérieur; **~ essen** manger en ville
Auswärtsspiel nt match m à l'extérieur
aus|waschen unreg I. tr V ❶ (beseitigen) faire partir; **die Flecken aus einem Kleid ~** faire partir les taches d'une robe en la lavant
❷ (säubern) laver Geschirr; rincer Pinsel, Wäsche; laver Wunde
❸ GEOL éroder Felsen, Gestein
II. r V **sich ~** Farbe: passer
auswechselbar [-ks-] Adj Mitarbeiter permutable; Begriff interchangeable; Teil, Element remplaçable
aus|wechseln tr V remplacer Spieler; changer Zündkerzen; **die Batterien ~** remplacer les piles usées
▶ **wie ausgewechselt sein** être comme transformé(e)
Auswechselspieler(in) m(f) remplaçant(e) m(f)
Auswechs[e]lung <-, -en> f einer Person remplacement m; einer Geschäftsleitung, eines Teils changement m
Ausweg m issue f; **der letzte ~** la dernière issue [o solution]; **sich** (Dat) **einen ~ offenlassen** [o **offenhalten**] se garder une porte de sortie; **keinen ~ mehr wissen** ne plus savoir que faire pour s'en sortir
ausweglos Adj Lage sans issue; Situation désespéré(e)
Ausweglosigkeit <-> f désespoir m; **die ~ seiner Situation erkennen** se rendre compte de sa situation désespérée
aus|weichen itr V unreg + sein ❶ (ein Hindernis umgehen) faire une embardée; **nach links/rechts ~** faire une embardée sur la gauche/droite; **jdm/einer S. ~** éviter qn/qc; **gerade noch ~ können** avoir tout juste le temps de faire une embardée [o se déporter]
❷ fig **jdm/einer S. ~** se défiler devant qn fam/esquiver qc; **~de Antworten geben** répondre évasivement; **du weichst** [**mir**] **aus!** tu cherches des faux-fuyants!
❸ (als Alternative wählen) **auf etw** (Akk) **~** se rabattre sur qc
Ausweichmanöver nt ❶ manœuvre f d'évitement ❷ (Ausflucht) échappatoire f **Ausweichmöglichkeit** f possibilité f d'évitement
aus|weiden tr V étriper Tier
aus|weinen I. r V soulager son cœur; **sich bei jdm ~** soulager son cœur auprès de qn
II. itr V **ausgeweint haben** avoir fini de pleurer

III. tr V geh **seinen Kummer ~** se soulager de son chagrin en pleurant
Ausweis ['aʊsvaɪs, Pl: -vaɪzə] <-es, -e> m (Dokument) carte f; (Personalausweis) carte f d'identité; **Ihren ~ bitte!** vos papiers, s'il vous plaît!
aus|weisen ['aʊsvaɪzən] unreg I. tr V ❶ (des Landes verweisen) expulser
❷ (Identität nachweisen) **jdn als Betrüger ~** Papiere: prouver que qn est un fraudeur
❸ (vorsehen) **etw ~** Bebauungsplan: prévoir qc; **als Grünfläche ausgewiesen sein** être prévu(e) comme espace vert
II. r V ❶ **sich ~** justifier son identité
❷ (sich erweisen) **sich als gute Geschäftsfrau ~** se révéler [être] une bonne commerçante
Ausweishülle f porte-cartes m **Ausweiskontrolle** f contrôle m d'identité
ausweislich Adv (aufgrund von) **~ einer S.** (Gen) comme l'atteste [o le montre] qc
Ausweispapiere Pl pièce f d'identité
Ausweisung f (Abschiebung) expulsion f
aus|weiten I. tr V ❶ (weiter machen) élargir
❷ (verbessern) développer Kontakte, Handel
II. r V ❶ **sich ~** Kleidung, Schuhe: s'élargir; Gummiband: se distendre
❷ (sich ausdehnen) **sich zu etw ~** Konflikt, Streik, Unruhen: dégénérer en qc
Ausweitung <-, -en> f ❶ (Ausdehnung) von Kleidung, Schuhen élargissement m
❷ (das Auswachsen) eines Konflikts, Streiks extension f
auswendig ['aʊsvɛndɪç] Adv **etw ~ lernen/können** apprendre/savoir qc par cœur
▶ **das kann ich schon ~!** pej fam je connais ça par cœur!
Auswendiglernen nt **ein Gedicht zum ~** un poème à apprendre par cœur
aus|werfen tr V unreg ❶ jeter Anker, Netz
❷ (ausstoßen) cracher, vomir (littér) Lava, Asche
❸ INFORM sortir Informationen
❹ (herausschaufeln) creuser Erde, Graben
❺ (verteilen) allouer Dividende, Gewinnanteile
aus|werten tr V éplucher Zeitungen, Prospekte; dépouiller Statistiken; exploiter Erfahrungen
Auswertung f von Zeitungen, Prospekten épluchage m; einer Statistik dépouillement m; von Erfahrungen exploitation f
aus|wickeln tr V enlever le papier de Geschenk, Päckchen
aus|wiegen tr V unreg peser
aus|winden tr V unreg SDEUTSCH, CH tordre
aus|wirken r V **sich ~** avoir des répercussions; **sich negativ/positiv auf etw** (Akk) **~** avoir des répercussions négatives/positives sur qc
Auswirkung f répercussion f souvent pl
aus|wischen tr V ❶ (löschen) effacer Schrift, Tafel
❷ (säubern) essuyer
▶ **jdm eins ~** fam jouer un sale tour à qn (fam)
aus|wringen ['aʊsvrɪŋən] tr V unreg tordre
Auswuchs ['aʊsvuːks, Pl: 'aʊsvyːksə] <-es, **Auswüchse**> m
❶ MED excroissance f
❷ (Missstand) excès m; **Auswüchse der Fantasie** aberrations fpl de l'imagination
aus|wuchten tr V équilibrer
Auswurf m ❶ MED expectoration f
❷ kein Pl (das Auswerfen) von Asche, Lava projection f
aus|zahlen I. tr V ❶ (Betrag aushändigen) verser, payer Gehalt, Spesen; rembourser Pflichtteil; **jdm sein Erbteil ~** verser à qn sa part d'héritage
❷ (abfinden) régler Arbeiter; désintéresser Gläubiger; rembourser Kompagnon, Miterben
II. r V **sich für jdn ~** Unternehmung: être payant(e) pour qn
aus|zählen tr V ❶ dépouiller Stimmen
❷ BOXEN **jdn ~** compter qn K.-O.
Auszahlung f ❶ eines Gehalts, von Spesen versement m; eines Erbteils paiement m; eines Pflichtteils remboursement m; **die ~ der Löhne** la paie; **zur ~ kommen** [o **gelangen**] être versé(e); **~ in voller Höhe** paiement [o versement] intégral
❷ (Abfindung) einer Person remboursement m
Auszählung f von Stimmen dépouillement m
Auszehrung <-, -en> f ❶ (Kräfteverfall) épuisement m
❷ veraltet (Schwindsucht) consomption f
aus|zeichnen I. tr V ❶ (mit Preisschild versehen) étiqueter Ware, Artikel; **etw mit einem Preis ~** marquer [o indiquer] le prix sur qc
❷ (ehren) **jdn mit einem Preis/Orden ~** décerner un prix/une médaille à qn
❸ (hervorheben) distinguer Person; **es zeichnet dich aus, dass du ihm verziehen hast** c'est tout à ton honneur de lui avoir par-

donné
④ TYP préparer *Manuskript*; mettre en relief *Textstelle*
II. *r V* **sich durch etw ~** se distinguer par qc
Auszeichnung *f* ❶ *kein Pl (das Auszeichnen) eines Artikels* étiquetage *m*
❷ *(Preisetikett)* étiquette *f*
❸ TYP *eines Manuskripts* préparation *f; einer Textstelle* mise *f* en relief
❹ *kein Pl (das Ehren)* distinction *f* honorifique
❺ *(Orden)* décoration *f*
❻ *(Preis)* prix *m;* **etw mit ~ bestehen** réussir qc avec mention
Auszeit *f* SPORT temps *m* mort
ausziehbar *Adj Antenne* télescopique; *Tisch* à rallonges
aus|ziehen *unreg* I. *tr V + haben* ❶ *(entkleiden)* déshabiller *Person*
❷ *(ablegen)* enlever *Kleidungsstück;* **sich** *(Dat)* **die Jacke ~** enlever [*o* retirer] sa veste; **komm, ich ziehe dir die Schuhe aus!** allez, je t'enlève tes chaussures!
❸ *(verlängern)* [r]allonger *Tisch, Ausziehleiter;* [é]tirer *Antenne*
❹ *(nachzeichnen)* tracer *Linie*
II. *itr V + sein* ❶ *(Wohnung aufgeben)* déménager; **aus einer Wohnung ~** quitter un appartement
❷ *(ausrücken)* **auf Abenteuer/zur Jagd ~** partir pour [*o* à] l'aventure/la chasse
III. *r V + haben* **sich ~** se déshabiller
Ausziehleiter *f* échelle *f* coulissante **Ausziehplatte** *f eines Tisches* rallonge *f* **Ausziehtisch** *m* table *f* à rallonges
aus|zischen *tr V* siffler
Auszubildende(r) <-n, -n> *f(m) dekl wie Adj* apprenti(e) *m(f)*
Auszug <-[e]s, Auszüge> *m* ❶ *(Umzug)* déménagement *m*
❷ *(Auswanderung)* procession *f;* **der ~ aus Ägypten** l'Exode *m* [des Hébreux]
❸ *(Ausschnitt) eines Textes, einer Rede* extrait *m;* **etw in Auszügen zitieren** citer des extraits de qc
❹ *(Kontoauszug)* relevé *m*
❺ JUR extrait *m; ~* **aus dem Grundbuch** extrait du cadastre; **~ aus dem Handelsregister/Vereinsregister** extrait du registre du commerce/des associations
❻ *(Extrakt)* extrait *m*, essences *fpl*
auszugsweise *Adv* par extraits; **etw ~ lesen** lire des extraits de qc
aus|zupfen *tr V* épiler *Haare*
autark [aʊˈtark] *Adj Land* qui vit dans l'autarcie; *Wirtschaft* autosuffisant(e); **landwirtschaftlich ~ sein** disposer d'une agriculture autarcique
Autarkie [aʊtarˈkiː, *Pl:* -ˈkiːən] <-, -n> *f (wirtschaftlich)* autosuffisance *f; (landwirtschaftlich)* autarcie *f*
authentisch [aʊˈtɛntɪʃ] *Adj* authentique
Authentizität [aʊtɛntitsiˈtɛːt] <-> *f* authenticité *f*
Autismus [aʊˈtɪsmʊs] <-> *m* MED autisme *m*
autistisch *Adj* MED autiste
Auto [ˈaʊto] <-s, -s> *nt* voiture *f; ~* **fahren** conduire; *(mitfahren)* aller en voiture; **mit dem ~ fahren** prendre la voiture; *(mitfahren)* aller en voiture; **auf dieser Straße darf man nicht mit dem ~ fahren** on n'a pas le droit d'emprunter cette rue en voiture
▶ **wie ein ~ gucken** *fam* en rester comme deux ronds de flan *(fam)*
Autoantenne *f* antenne *f* de voiture **Autoatlas** *m* atlas *m* routier **Autobahn** *f* autoroute *f*
Autobahnabschnitt *m* tronçon *m* d'autoroute **Autobahnanschlussstelle**[RR] *f* bretelle *f* d'autoroute **Autobahnauffahrt** *f* bretelle *f* d'accès [à l'autoroute] **Autobahnausfahrt** *f* sortie *f* d'autoroute **Autobahnbrücke** *f* pont *m* [d'une autoroute]; *(über die Autobahn)* pont *m* [au-dessus d'une autoroute] **Autobahndreieck** *nt* échangeur *m* **Autobahngebühr** *f* péage *m*

Land und Leute

En Autriche et en Suisse, on doit payer un **Autobahngebühr** pour l'utilisation de l'autoroute. En Suisse, il s'agit d'une vignette que l'on colle sur le pare-brise et qui reste valable un an. En Autriche, la durée de validité des vignettes, appelées *Pickerl*, varie de 10 jours à un an. En Allemagne, seuls les camionneurs doivent payer un *Lkw-Maut* depuis janvier 2005.

Autobahnkreuz *nt* échangeur *m* **Autobahnpolizei** *f* gendarmerie *f* **Autobahnraststätte** *f* restoroute *m* **Autobahnring** *m* périphérique *m* autoroutier **Autobahnvignette** [-vɪnjɛta] *f* vignette *f* d'autoroute **Autobahnzubringer** *m* bretelle *f* d'accès [à l'autoroute]
Autobatterie *f* batterie *f* de voiture
Autobiografie[RR] *f* autobiographie *f* **autobiografisch**[RR] *Adj* autobiographique **Autobiographie** *f s.* Autobiografie **autobiographisch** *Adj s.* autobiografisch

Autobombe *f* voiture *f* piégée **Autobus** *m veraltet* [auto]bus *m* **Autocar** [ˈaʊtokaːɐ̯] *m* CH car *m*
Autodidakt(in) [aʊtoˈdidakt] <-en, -en> *m(f)* autodidacte *mf* **autodidaktisch** I. *Adj* autodidacte II. *Adv* en autodidacte
Autodieb(in) *m(f)* voleur(-euse) *m(f)* de voiture[s] **Autodiebstahl** *m* vol *m* de voiture **Autodrom** [aʊtoˈdroːm] <-s, -e> *nt* ❶ SPORT autodrome *m* ❷ A piste *f* d'autos tamponneuses **Autoelektrik** *f* installation *f* électrique [de la voiture] **Autofähre** *f* [car-]ferry *m*, transbordeur *m* **Autofahren** *nt ~* **ist seine Lieblingsbeschäftigung** rouler en voiture est son occupation favorite; **keine Lust zum ~ haben** ne pas avoir envie de prendre la voiture **Autofahrer(in)** *m(f)* automobiliste *mf* **Autofahrt** *f* trajet *m* en voiture
Autofokus [ˈaʊtoˌfoːkʊs] *m* autofocus *m*
autofrei *Adj Tag* sans voiture; *Straße, Zone* interdit(e) aux voitures **Autofriedhof** *m hum fam* cimetière *m* de voitures **Autogas** *nt* gaz *m* de pétrole liquéfié, G.P.L. *m*
autogen [aʊtoˈgeːn] *Adj* TECH, PSYCH autogène
Autogramm [aʊtoˈgram] <-s, -e> *nt* autographe *m*
Autogrammjäger(in) *m(f) fam* chasseur(-euse) *m(f)* d'autographes
Autohändler(in) *m(f)* vendeur(-euse) *m(f)* de voitures **Autokarte** *f* carte *f* routière **Autokino** *nt* ciné-parc *m* **Autoknacker(in)** [ˈaʊtoknakɐ] <-s, -> *m(f) fam* cambrioleur(-euse) *m(f)* de voitures **Autokolonne** *f* file *f* de voitures
Autokrat(in) [aʊtoˈkraːt] <-en, -en> *m(f)* autocrate *mf*
Autokratie [aʊtokraˈtiː] <-, -n> *f* autocratie *f*
autokratisch *Adj* autocratique
Autolenker(in) *bes.* CH *s.* Autofahrer(in) **Automarder** [ˈaʊtomardɐ] *m fam* cambrioleur *m* de voitures **Automarke** *f* marque *f* [de voiture]
Automat [aʊtoˈmaːt] <-en, -en> *m* ❶ *(Verkaufsautomat)* distributeur *m* [automatique]; *(Musikautomat)* juke-box *m; (Spielautomat)* machine *f* à sous
❷ ELEC *(Sicherung)* disjoncteur *m*
Automatenknacker(in) <-s, -> *m(f) fam* cambrioleur(-euse) *m(f)* de distributeurs **Automatenrestaurant** [-rɛstorã:] *nt* restaurant *m* à distributeurs automatiques
Automatik [aʊtoˈmaːtɪk] <-, -en> *f* ❶ *(Steuerungsautomatik)* automatisme *m*
❷ *(Automatikgetriebe)* embrayage *m* automatique
Automatikgetriebe *nt* AUT boîte *f* [de vitesses] automatique **Automatikgurt** *m* AUT ceinture *f* de sécurité à enrouleur
Automation [aʊtomaˈtsjoːn] <-> *f* automatisation *f*
automatisch I. *Adj* automatique
II. *Adv* ❶ *(selbsttätig)* automatiquement
❷ *fam (unwillkürlich)* spontanément; **das geht ganz ~** c'est automatique
automatisieren* *tr V* automatiser
Automatisierung <-, -en> *f* automatisation *f*
Automatismus [aʊtomaˈtɪsmʊs] <-, -ismen> *m* MED automatisme *m*
Automechaniker(in) *m(f)* mécanicien(ne) *m(f)* [-auto] **Automobil** [aʊtomoˈbiːl] <-s, -e> *nt* automobile *f (vieilli)*
Automobilausstellung *f* Salon *m* de l'automobile **Automobilbau** *m kein Pl* construction *f* automobile **Automobilclub** *m* club *m* automobile; **Allgemeiner Deutscher ~** *club automobile allemand* **Automobilindustrie** *f* industrie *f* automobile
Automobilist(in) [aʊtomobiˈlɪst] <-en, -en> *m(f)* CH *geh* automobiliste *m*
Automobilklub *s.* Automobilclub **Automobilsalon** *s.* Automobilausstellung
Automodell *nt* modèle *m* de voiture
autonom [aʊtoˈnoːm] *Adj* autonome
Autonome(r) *f(m) dekl wie Adj* autonomiste *mf*
Autonomie [aʊtonoˈmiː] <-, -n> *f* autonomie *f*
Autonummer *f* numéro *m* d'immatriculation **Autopapiere** *Pl* papiers *mpl* du véhicule
Autopilot *m* TECH pilotage *m* automatique
Autopsie [aʊˈtpsiː] <-, -n> *f* autopsie *f*
Autor [ˈaʊtoːɐ̯] <-s, -toren> *m*, **Autorin** *f* auteur *mf*
Autoradio *nt* autoradio *m* **Autoreifen** *m* pneu *m* [de voiture] **Autoreisezug** *m* train *m* autos-couchettes **Autorennen** *nt* course *f* automobile **Autoreparaturwerkstatt** *f* garage *m*
autorisieren* *tr V* autoriser; **jdn ~ ein Dokument zu veröffentlichen** autoriser qn à publier un document; **autorisiert** *Personal, Übersetzung, Fachhandel* autorisé(e)
autoritär [aʊtoriˈtɛːɐ̯] *Adj* autoritaire
Autorität [aʊtoriˈtɛt] <-, -en> *f* autorité *f*
autoritätsgläubig *Adj pej Person* qui accepte aveuglément une autorité
Autoritätsgläubigkeit *f pej* reconnaissance *f* aveugle d'une autorité

Autosalon s. Automobilausstellung **Autoschalter** m guichet m drive-in **Autoschlange** f file f de voitures **Autoschlosser(in)** m(f) carrossier m automobile **Autoschlüssel** m clé f de voiture **Autoskooter** ['aʊtoskuːtɐ] <-s, -> m auto f tamponneuse **Autostopp** ['aʊtoʃtɔp] m kein Pl auto-stop m; per ~ fahren voyager en auto-stop; ~ **machen** faire de l'auto-stop **Autostrich** m sl quartier m réservé à la prostitution en voiture **Autostunde** f heure f de voiture; **eine ~ von Köln entfernt sein** être à une heure de voiture de Cologne **Autosuggestion** [aʊtozʊgɛsˈtioːn] f autosuggestion f **Autotelefon** nt radiotéléphone m **Autotür** f portière f **Autotypie** [aʊtoty'piː] <-, -n> f TYP similigravure f **Autounfall** m accident m de voiture **Autoverkehr** m circulation f [automobile] **Autoverleih** m, **Autovermietung** f ❶ (Unternehmen) société f de location de voitures; (Niederlassung) agence f de location de voitures
❷ kein Pl (das Vermieten) location f de voitures **Autowerkstatt** f garage m **Autowrack** nt épave f [o carcasse f] de voiture **Autozoom** [-zuːm] nt zoom m automatique **Autozubehör** nt accessoires mpl auto **Autozug** s. Autoreisezug
autsch [aʊtʃ] Interj fam aïe (fam)
auweh [aʊ'veː], **auwei[a]** Interj oh là là
Avance [a'vãːsə] f ▶ **jdm ~n machen** geh faire des avances à qn
avancieren* [avã'siːʀən] itr V + sein **zur Geschäftsführerin ~** être promue gérante
Avantgarde [avã'gaʀdə] <-, -n> f geh avant-garde f

avantgardistisch [avãgaʀˈdɪstɪʃ] Adj avant-gardiste
AvD [aːfaʊˈdeː] <-> m Abk von **Automobilclub von Deutschland** club automobile allemand
Ave-Maria ['aːvə-] <-[s], -[s]> nt Ave [Maria] m
Aversion [avɛʀˈzioːn] <-, -en> f aversion f; ~ **gegen jdn/etw** aversion f pour qn/qc; **eine ~ gegen jdn/etw haben** [o hegen geh] avoir qn/qc en aversion
avisieren* [-vi-] I. tr V aviser, prévenir; **jdm seine Ankunft/das Eintreffen der Waren ~** aviser [o prévenir] qn de son arrivée/de la livraison des marchandises
II. itr V FIN **~ de Bank** banque f notificatrice
Avocado [avoˈkaːdo] <-, -s> f avocat m
Axialverschiebung f TECH déplacement m axial
Axiom [aksiˈoːm] <-s, -e> nt axiome m
Axt [akst, Pl: ˈɛkstə] <-, **Äkste**> f hache f
▶ **die ~ im Haus erspart den Zimmermann** Spr. les bons outils font les bons artisans; **sich wie eine [o die] ~ im Walde benehmen** fam ne pas faire dans la dentelle (fam)
AZ Abk von **Aktenzeichen**
Azalee [atsaˈleːa] <-, -n> f Fachspr. s. Azalie
Azalie [aˈtsaːlie] <-, -n> f azalée f
Azoren [aˈtsoːʀən] Pl **die ~** les Açores fpl
Azteke [atsˈteːkə] <-n, -n> m, **Aztekin** f Aztèque mf
Azubi [aˈtsuːbi] <-s, -s> m, <-, -s> f Abk von **Auszubildende(r)** apprenti(e) m(f)
azurblau [aˈtsuːɐ̯blaʊ] Adj geh bleu azur inv; **~e Augen** des yeux mpl bleu azur

B b

B, b [beː] <-, -> nt ❶ (Buchstabe) B m/b m
❷ MUS (Note, Ton) si m bémol; (Erniedrigungszeichen) bémol m
▶ **B wie Berta** b comme Berthe
babbeln DIAL I. tr V jacasser; **Unsinn ~** raconter des âneries
II. itr V Baby: babiller
Babel ['baːbl̩] <-s> nt ❶ (Sündenbabel) lieu m de perdition
❷ (vielsprachige Stadt) Babel f
Baby ['beːbi, ˈbeɪbi] <-s, -s> nt bébé m
Babyausstattung ['beːbi-] f layette f **Babybekleidung** f layette f **Babyboom** ['beːbibuːm] m baby-boom m **Babydoll** ['beːbidɔl, beːbiˈdɔl] <-s, -s> nt baby-doll m **Babyfläschchen** ['beːbiˈflɛʃçən] nt biberon m
Babyfon [beːbiˈfoːn] <-s, -e> nt babyphone m **Babyjahr** nt fam congé m parental d'éducation **Babykost** f alimentation f pour bébé
Babylon ['baːbylɔn] <-s> nt HIST Babylone
Babylonier(in) [babyˈloːniɐ] <-s, -> m(f) HIST Babylonien(ne) m(f)
babylonisch [babyˈloːnɪʃ] Adj HIST babylonien(ne)
Babynahrung f kein Pl aliments mpl pour bébés **babysitten** ['beːbɪzɪtən] itr V nur Infin faire du baby-sitting **Babysitter(in)** ['beːbɪzɪtɐ] <-s, -> m(f) baby-sitter mf **Babyspeck** m hum fam rondeurs fpl de bébé (fam) **Babystrich** m sl quartier m réservé à la prostitution des mineur(e)s; **auf den ~ gehen** faire le trottoir **Babytragetasche** f porte-bébé m **Babywaage** f pèse-bébé m **Babywäsche** f kein Pl layette f **Babywippe** f baby-relax m
Bach [bax, Pl: ˈbɛçə] <-[e]s, **Bäche**> m ruisseau m; (Gebirgsbach) torrent m
▶ **den ~ runtergehen** fam tomber à l'eau (fam)
Bache ['baxə] <-, -n> f ZOOL laie f
Bachelor ['bɛtʃəlɐ] <-[s], -s> m (Hochschulabschluss) bachelor m, Bachelor m; **den ~ machen** faire un bachelor [o un Bachelor]
Bachelorstudiengang ['bɛtʃəlɐ-] m études fpl de bachelor [o de Bachelor]
Bachforelle f truite f de rivière
Bächlein <-s, -> nt Dim von **Bach** ruisselet m
▶ **ein ~ machen** Kinderspr. faire un petit pipi (enfantin)
Bachstelze f bergeronnette f
Back[1] [bak] <-, -en> f NAUT gaillard m d'avant
Back[2] [bɛk] <-s> m SPORT CH, A défenseur m
Backblech nt plaque f de four
Backbord ['bakbɔʀt] <-[e]s, selten -e> nt NAUT bâbord m
backbord[s] Adv NAUT à bâbord
Bäckchen <-s, -> nt Dim von **Backe** joue f
Backe ['bakə] <-, -n> f ❶ (Wange) joue f; **mit vollen ~n kauen** jouer des mandibules (fam)

❷ fam (Pobacke) fesse f
❸ TECH eines Schraubstocks, einer Bremse mâchoire f
▶ **eine Haftstrafe auf einer ~ absitzen** sl tirer une peine de prison vite fait bien fait (fam); **au ~!** fam oh là là!
backen [ˈbakən] <backt o bäckt, backte o veraltet buk, gebacken> I. tr V ❶ faire Brot, Kuchen; **knusprig gebacken** bien croustillant(e); **selbst gebacken** fait(e) maison
❷ DIAL (braten) faire frire Fisch, Krapfen; faire Pfannkuchen; **es gibt gebackenen Fisch** on va manger du poisson frit
II. itr V ❶ Brot, Kuchen: cuire
❷ DIAL (braten) Fisch, Krapfen: frire
Backenbart m favoris mpl **Backenknochen** m pommette f **Backentasche** f abajoue f **Backenzahn** m molaire f
Bäcker [ˈbɛkɐ] <-s, -> m ❶ boulanger m
❷ (Bäckerei) **zum ~ gehen** aller à la boulangerie; **beim ~** chez le boulanger
Backerbse f A, SDEUTSCH petites boules pour potage
Bäckerei [bɛkəˈʀaɪ] <-, -en> f ❶ (Bäckerladen) boulangerie f
❷ A (Gebäck) pâtisserie f
Bäckerin <-, -nen> f boulangère f
Bäckerladen m boulangerie f **Bäckermeister(in)** m(f) maître m boulanger
Bäckersfrau f femme f du boulanger
backfertig Adj prêt(e) à cuire **Backfisch** m ❶ poisson m frit
❷ veraltet (Mädchen) gamine f **Backform** f moule m à gâteau
Background ['bɛkɡʀaʊnt, ˈbækɡʀaʊnt] <-s, -s> m ❶ geh (Milieu) milieu m
❷ (Berufserfahrung) expérience f
❸ CINE background m, contexte m
❹ MUS fond m musical
Backhähnchen nt, **Backhendl** nt SDEUTSCH, A poulet m rôti **Backmischung** f préparation f instantanée pour gâteaux **Backobst** nt fruits mpl secs **Backofen** m four m ▶ **es ist heiß wie in einem ~** il fait chaud comme dans un four
Backpfeife f DIAL gifle f
Backpfeifengesicht nt pej fam tête f à claque (péj fam)
Backpflaume f pruneau m **Backpulver** nt levure f chimique **Backrohr** nt A s. Backröhre **Backröhre** f four m
Backslash [ˈbɛkslɛʃ] <-s, -s> m INFORM barre f oblique inverse [o inversée]
Backspace-Taste [ˈbækspɛɐ̯s-] f touche f Retour arrière
backstage [ˈbɛksteːtʃ] Adv backstage
Backstein m brique f
Backsteinbau <-bauten> m construction f en briques **Backsteingotik** f gothique f de briques
Backstube f fournil m

bäckt [bɛkt] 3. Pers Präs von **backen**
Backtrog m pétrin m
Backup [bæk'ʔap] nt INFORM copie f de sauvegarde [o de secours]
Backwaren Pl pâtisseries fpl **Backzeit** f temps m de cuisson
Bad [baːt, Pl: 'bɛːdə] <-[e]s, Bäder> nt ❶ bain m; [sich (Dat)] ein ~ einlaufen lassen faire couler un bain; ein ~ nehmen prendre un bain
❷ (das Schwimmen) baignade f
❸ (Badezimmer) salle f de bains
❹ (Schwimmbad) piscine f
❺ (Kurort) station f thermale; (Seebad) station balnéaire
❻ CHEM bain m
▶ ein ~ in der Menge un bain de foule
Badeanstalt f piscine f **Badeanzug** m maillot m de bain [une pièce] **Badegast** m ❶ (eines Schwimmbads) baigneur(-euse) m(f) ❷ (Kurgast) curiste mf **Badehandtuch** nt drap m de bain **Badehose** f maillot m [o slip m] de bain **Badekappe** f bonnet m de bain **Badekur** f MED cure f thermale **Badelatschen** m fam tongs fpl **Bademantel** m peignoir m **Badematte** f tapis m de bain **Bademeister(in)** m(f) maître-nageur m **Bademütze** s. Badekappe
baden ['baːdən] I. itr V ❶ prendre un bain; [warm/heiß] ~ prendre un bain [chaud/bouillant]
❷ (schwimmen) in einem See ~ se baigner dans un lac; ~ gehen aller se baigner
▶ mit etw ~ gehen fam se casser le nez avec qc (fam); (durch eigenes Verschulden scheitern) se planter dans qc (fam)
II. tr V ❶ donner un bain à Kind
❷ MED baigner Augen, Wunde
III. r V sich ~ prendre un bain
Baden <-s> nt le Bade
Badenixe f hum sirène f
Baden-Württemberg ['baːdən'vyrtəmbɛrk] <-s> nt le Bade-Wurtemberg
Badeofen m chauffe-bain m **Badeort** s. Bad ❺ **Badesaison** [-zɛzɔ̃ː, -zɛzɔn] f saison f balnéaire **Badesalz** nt sels mpl de bain **Badeschuh** m sandale f de bain **Badestrand** m plage f **Badetuch** s. Badehandtuch **Badewanne** f baignoire f **Badewasser** nt eau f du bain **Badewetter** nt temps m idéal pour se baigner **Badezeit** f ❶ (Saison) saison f balnéaire ❷ Pl (Öffnungszeiten) heures f d'ouverture de la piscine **Badezeug** nt affaires fpl de bain [o de piscine] **Badezimmer** f salle f de bains **Badezusatz** m (Salz/Öl) sels mpl/huile f de bain
badisch ['baːdɪʃ] Adj badois(e); im Badischen en badois
Badminton ['bɛtmɪntən] <-> nt badminton m
baff [baf] Adj fam ▶ ~ sein rester bouche bée (fam); da bist du ~, was? ça t'en bouche un coin, hein? (fam)
Bafög ['baːfœk], **BAFöG** <-> nt Abk von Bundesausbildungsförderungsgesetz fam (Stipendium) ≈ bourse f d'études (en partie à titre de prêt); ~ bekommen recevoir une bourse
Bagage [ba'gaːʒə] <-> f pej fam smala f (fam)
Bagatelldelikt nt affaire f mineure
Bagatelle [baga'tɛlə] <-, -n> f bagatelle f
bagatellisieren* I. tr V minimiser
II. itr V minimiser l'affaire
Bagatellschaden m dommage m minime
Bagger ['bagɐ] <-s, -> m excavatrice f; (Flussbagger) drague f
Baggerführer(in) m(f) conducteur(-trice) m(f) de pelle
baggern ['bagɐn] I. tr V creuser Baugrube, Graben; **Kies/Sand ~** excaver du gravier/sable
II. itr V creuser
Baggersee m lac m artificiel (ancienne gravière remplie d'eau)
Baguette [ba'gɛt] <-s, -s> nt (Brot) baguette f
bäh [bɛː] Interj ❶ (Ausdruck des Ekels) be[u]rk, pouah; da ist ~ Kinderspr. c'est caca (enfantin)
❷ (Ausdruck der Schadenfreude) tralalalalère
❸ (Laut eines Schafs) mê; ~ machen Kinderspr. faire mê (enfantin)
Bahamaer(in) [baha'maːɐ] <-s, -> m(f) Bahamien(ne) m(f)
bahamaisch [baha'maːɪʃ] Adj bahamien(ne)
Bahamas [ba'haːmas] Pl die ~ les Bahamas fpl
Bahn [baːn] <-, -en> f ❶ (Eisenbahn) train m; mit der ~ par le train; per ~ par rail [o voie ferrée]
❷ (Verkehrsnetz, Verwaltung der Eisenbahn) chemins mpl de fer; bei der ~ arbeiten [o sein fam] travailler aux chemins de fer; (in Frankreich) travailler à la S.N.C.F.
❸ (Straßenbahn) tram m
❹ SPORT (Rennbahn, Kegelbahn, Schlittenbahn) piste f; eines Schwimmbeckens couloir m
❺ (zurückzulegende Strecke) eines Geschosses, einer Rakete trajectoire f; eines Himmelskörpers orbite f
❻ (Stoffbahn) lé m; (Tapetenbahn) panneau m; (Papierbahn) bande f

❼ (Weg) eines Flusses cours m; sich (Dat) eine ~ durch etw schlagen [o schaffen] se frayer un passage dans qc
❽ (Fahrbahn) voie f
▶ ~ frei! cédez le passage!; freie ~ haben avoir le champ libre; in geregelten ~en verlaufen être bien réglé(e); etw in die richtige ~ lenken mettre qc sur la bonne voie; auf die schiefe ~ geraten [o kommen] être sur la mauvaise pente; sich (Dat) ~ brechen faire son chemin; einer S. (Dat) ~ brechen ouvrir la voie à qc; jdn aus der ~ werfen déboussoler qn; aus der ~! barrez-vous! (fam)
Bahnanschluss^RR m raccordement m au réseau ferroviaire **Bahnarbeiter(in)** m(f) cheminot(e) m(f) **Bahnbeamte(r)** m dekl wie Adj, **Bahnbeamtin** f employé(e) m(f) des chemins de fer **bahnbrechend** I. Adj révolutionnaire II. Adv ~ auf etw (Akk) wirken révolutionner qc **Bahnbrecher(in)** m(f) (Vorreiter) pionnier(-ière) m(f) **Bahnbus** m autobus m des chemins de fer
Bähnchen <-s, -> nt Dim von Bahn ❶
Bahndamm m remblai m
bahnen ['baːnən] tr V sich (Dat) einen Weg ~ Person: se frayer un chemin; Fluss: se creuser un passage
Bahnfahrt f voyage m en train **Bahnfracht** f fret m ferroviaire **bahnfrei** Adj COM franco de fret **Bahngelände** nt zone f ferroviaire **Bahngleis** nt voie f ferrée **Bahnhof** m gare f ▶ [ein] großer ~ fam [un] tralala (fam); [immer] nur ~ verstehen ne pas comprendre un mot [de tout ça]
Bahnhofsbuchhandlung f librairie f de la gare **Bahnhofsgaststätte** f restaurant m de la gare **Bahnhofshalle** f hall m de la gare **Bahnhofsmission** f centre m d'accueil de la gare **Bahnhofsplatz** m place f de la gare **Bahnhofsuhr** f horloge f de la gare **Bahnhofsvorstand** m A, CH s. Bahnhofsvorsteher **Bahnhofsvorsteher(in)** m(f) chef m(f) de gare
Bahnkörper m plate-forme f de la voie ferrée **bahnlagernd** Adj Frachtgut gare restante; etw ~ versenden expédier qc en gare restante **Bahnlinie** [-liːni̯ə] f ligne f de chemin de fer **Bahnpolizei** f ❶ service m de police chargé du maintien de l'ordre dans les gares ❷ (Polizeistation) commissariat m [de police] de la gare **Bahnpost** f bureau m de poste ambulant **Bahnreise** f voyage m en train **Bahnschranke** f, **Bahnschranken** m A barrière f de passage à niveau **Bahnstation** f station f de chemin de fer **Bahnsteig** ['baːnʃtaɪk] m quai m [de chemin de fer]; auf ~ drei [au] quai trois **Bahnstrecke** f (Anlage) ligne f [de chemin de fer] **Bahntransport** m transport m par voie ferrée **Bahnüberführung** f pont m de chemin de fer; (Fußgängerbrücke) passerelle f **Bahnübergang** m passage m à niveau; beschrankter/unbeschrankter ~ passage m à niveau muni de barrières/sans barrières **Bahnunterführung** f passage m inférieur; (Tunnel) passage m souterrain **Bahnverbindung** f liaison f ferroviaire **Bahnwärter(in)** m(f) garde-barrière mf **Bahnwärterhäuschen** [-hɔɪsçən] nt maison f du garde-barrière
Bahre ['baːrə] <-, -n> f (Krankenbahre) civière f; (Totenbahre) catafalque m
Baiser [bɛ'zeː] <-s, -s> nt meringue f
Baisse ['bɛːs(ə)] <-, -> f BÖRSE baisse f; auf ~ spekulieren spéculer à la baisse
Bajonett [bajo'nɛt] <-[e]s, -e> nt baïonnette f
Bajonettverschluss^RR m fermeture f à baïonnette
Bajuware [baju'vaːrə] m Bayer(in)
Bake <-, -n> f TRANSP, AVIAT, NAUT balise f
Bakelit® [bake'liːt] <-s> nt CHEM bakélite® m
Bakkarat ['bakara(t)] <-s, -> nt baccara m
Bakschisch ['bakʃɪʃ] <-s, -e -s> nt bakchich m
Bakterie [bak'teːri̯ə] <-, -n> f meist Pl bactérie f, microbe m
bakteriell I. Adj bactérien(ne), microbien(ne)
II. Adv par des bactéries [o microbes]; ~ bedingt sein être d'origine bactérienne [o microbienne]
Bakterienkultur [-riːən-] f culture f bactérienne [o microbienne]
Bakterienträger(in) m(f) porteur(-euse) m(f) de bactéries [o microbes]
Bakteriologe [bakterio'loːgə] <-n, -n> m, **Bakteriologin** f bactériologiste mf
Bakteriologie <-> f bactériologie f
bakteriologisch Adj bactériologique
bakterizid [bakteri'tsiːt] I. Adj bactéricide
II. Adv wirken être bactéricide
Balalaika [bala'laɪka] <-, -s o Balalaiken> f balalaïka f
Balance [ba'lãːs(ə)] <-, -n> f équilibre m; die ~ halten/verlieren garder/perdre l'équilibre
▶ jdn aus der ~ bringen faire perdre l'équilibre à qn; fig déséquilibrer qn, déstabiliser qn
Balanceakt [ba'lãːs(ə)-] m eines Artisten numéro m d'équilibre
balancieren* [balã'siːrən] I. tr V + haben tenir en équilibre; etw auf dem Kopf ~ tenir qc en équilibre sur sa tête
II. itr V + sein (sich bewegen) über etw (Akk) ~ se tenir en équi-

libre sur qc
Balancierstange [balã'siːɐ̯-] f balancier m
bald [balt] <eher o DIAL fam bälder, am ehesten> I. Adv ❶ (in Kürze) bientôt; **so ~ wie** [o **als**] **möglich** le plus tôt possible; **nicht so ~** pas de si tôt; **komm ~ wieder!** (bleib nicht lange fort) reviens vite!; (besuch mich/uns wieder) reviens bientôt me/nous voir; **auf** [o **bis**] **~!** à bientôt!
❷ (schnell) vite; **~ darauf** peu après; **er hatte ~ begriffen, dass** il eut vite compris que + indic
❸ (fast) presque; **~ wäre ich hingefallen** j'ai failli tomber
❹ fam (endlich) enfin; **er/sie wird ~ einsehen, dass** il/elle finira par comprendre que + indic
▸ **wird's ~?** fam alors, ça vient? (fam); **verschwinde! Wird's ~?** fiche le camp! Et plus vite que ça! (fam)
II. Konj geh **~ regnet es, ~ schneit es** tantôt il pleut, tantôt il neige
Baldachin ['baldaxiːn] <-s, -e> m baldaquin m
Bälde ['bɛldə] ▸ **in ~** bientôt
baldig ['baldıç] Adj attr Antwort rapide; Besuch, Wiedersehen prochain(e); Genesung prompt(e)
baldigst ['baldıkst] Adv aussi tôt que possible
baldmöglichst Adj form dans les plus brefs délais
Baldrian ['baldriaːn] <-s, -e> m valériane f
Baldriantropfen Pl teinture f de valériane
Balearen [bale'aːrən] Pl **die ~** les Baléares fpl
Balg[1] [balk, Pl: 'bɛlɡə] <-[e]s, Bälge> m ❶ eines Akkordeons soufflet m
❷ (Blasebalg) soufflet m
❸ (Tierhaut) peau f
Balg[2] [balk, Pl: 'bɛlɡə] <-[e]s, Bälger> m o nt pej fam (Kind) mioche m (fam)
balgen ['balɡən] r V Kinder: se chamailler, se bagarrer; Hunde: se battre; **sich um etw ~** Kinder: se chamailler [o se bagarrer] pour qc; Hunde: se battre pour qc
Balgerei <-, -en> f bagarre f
Balkan ['balkaːn] <-s> m **der ~** les Balkans mpl; (das Gebirge) le [mont] Balkan; **auf dem ~** dans les Balkans
Balkanhalbinsel f péninsule f balkanique
Balkanisierung <-> f balkanisation f
Balkanstaaten Pl États mpl balkaniques [o des Balkans]
Balken ['balkən] <-s, -> m ❶ (Holzbalken) poutre f
❷ (Stützbalken) pilier m
❸ SPORT (Schwebebalken) poutre f
❹ TYP barre f
▸ **lügen, dass sich die ~ biegen** fam mentir comme un arracheur de dents (fam)
Balkendecke f plafond m en solives **Balkendiagramm** nt diagramme m en bâtons **Balkenkonstruktion** f assemblage m de poutres **Balkenüberschrift** f manchette f **Balkenwaage** f balance f à fléau
Balkon [bal'kɔŋ, bal'koːn, bal'kɔ̃ː] <-s, -s> m balcon m
Balkonpflanze [bal'kɔŋ-] f plante f de balcon **Balkontür** f porte f du balcon **Balkonzimmer** nt chambre f avec balcon
Ball [bal, Pl: 'bɛlə] <-[e]s, Bälle> m ❶ (in der Größe eines Fußballs) ballon m; **~ spielen** jouer à la balle/au ballon; **den ~ an jdn abspielen** passer le ballon à qn
❷ (runder Gegenstand) boule f
❸ (Tanzfest) bal m; **auf dem ~** au bal
▸ **am ~ bleiben** [o **sein**] Spieler: avoir la balle; fig s'accrocher (fam); **bei jdm am ~ bleiben** ne pas lâcher qn; **sich** (Dat) **gegenseitig die Bälle zuspielen** [o **zuwerfen**] se renvoyer la balle
Ballade [ba'laːdə] <-, -n> f ballade f
Ballast ['balast] <-[e]s, selten -e> m ❶ NAUT, AVIAT lest m
❷ (Unnützes) poids m mort
❸ (lästiger Mensch) charge f
▸ **~ abwerfen** jeter du lest; fig laisser tomber le superflu
Ballaststoffe Pl fibres fpl [alimentaires]
ballen ['balən] I. tr V **die Faust ~, die Hand zur Faust ~** serrer le poing; s. a. **geballt**
II. r V **sich ~** ❶ Menschenmenge: se presser; Wolken: s'amonceler; Verkehr: se concentrer
❷ (gehäuft auftreten) Probleme: s'accumuler
Ballen <-s, -> m ❶ (Packen) balle f; (klein) ballot m; **ein ~ Stoff** une balle/un ballot d'étoffes
❷ (Daumenballen) éminence f thénar (spéc); **sich** (Akk o Dat) **aus Versehen in den ~ schneiden** se couper accidentellement dans le gras du pouce
❸ (Muskelpolster am Fuß) éminence f du gros orteil
❹ (Teil der Pfote) coussinet m
Ballerei <-, -en> f fam pétarade f (fam)
Ballerina[1] [balə'riːna] <-, Ballerinen> f ballerine f
Ballerina[2] <-s, Ballerinas> m (Schuh) ballerine f
Ballermann ['baləman] <-[e]s, -männer> m sl flingue m (pop)

ballern ['balən] fam I. itr V ❶ (schießen) tirailler; **mit etw ~** tirailler avec qc
❷ (Knallkörper zünden) faire du boucan avec des pétards (fam); **Silvester wurde wieder viel geballert** à la Saint-Sylvestre, on a encore tiré beaucoup de pétards
❸ (krachen) Schuss: éclater
❹ (hämmern) **gegen** [o **an**] **die Tür ~** tambouriner contre la porte
II. tr V ❶ (werfen) **die Tür ins Schloss ~** claquer la porte
❷ (schießen) **das Leder ins Tor ~** shooter dans les buts
▸ **jdm eine ~** en mettre une à qn (fam)
Ballett [ba'lɛt] <-[e]s, -e> nt ❶ (klassischer/moderner Tanz) danse f classique/moderne
❷ (Werk) ballet m
❸ (Tanzgruppe) troupe f de danseurs; eines Opernhauses corps m de ballet; **zum ~ gehen/beim ~ sein** devenir/être danseur(-euse)
Ballettänzer(in)[ALT] s. **Balletttänzer(in)**
Ballettaufführung f spectacle m de danse
Balletteuse [balɛ'tøːzə] <-, -n> f geh ballerine f
Ballettkorps nt corps m de ballet **Balletttmeister(in)** m(f) maître(-esse) m(f) de ballet **Balletttröckchen** nt tutu m **Balletttänzer(in)**[RR] m(f) danseur(-euse) m(f) **Balletttruppe** f troupe f de danseurs
Ballistik [ba'lıstık] <-> f PHYS balistique f
ballistisch [ba'lıstıʃ] Adj balistique
Balljunge m ramasseur m de balles **Ballkleid** nt robe f de bal
Ballmädchen nt ramasseuse f de balles
Ballon [ba'lɔŋ, ba'loːn, ba'lɔ̃ː] <-s, -s>, **Ballon** <-s, -e> m ❶ (Luftballon, Fesselballon) ballon m; (Heißluftballon) montgolfière f, ballon m; **im ~ fahren** voyager en ballon
❷ fam (Kopf) bouille f (fam)
▸ **so einen ~ bekommen** [o **kriegen**] fam piquer un fard (fam)
Ballondilatation [ba'lɔŋ-] <-, -en> f MED angioplastie f transluminale **Ballonfahrer(in)** m(f) pilote mf de ballon, aérostier(-ière) m(f) **Ballonfahrt** f voyage m en ballon **Ballonmütze** f casquette f à la Gavroche **Ballonreifen** m pneu m ballon
Ballsaal m salle f de bal **Ballspiel** nt jeu m de ballon **Ballspielen** <-s> nt **beim ~** en jouant au ballon; **~ verboten!** défense de jouer au ballon!
Ballung ['baluŋ] <-, -en> f concentration f
Ballungsgebiet nt, **Ballungsraum** m région f à forte concentration urbaine **Ballungszentrum** nt zone f à forte concentration urbaine
Ballwechsel m échange m [de balles]
Balsam ['balzaːm] <-s, Balsame> m baume m
Balte ['baltə] <-n, -n> m, **Baltin** f Balte mf
Baltikum ['baltikʊm] <-s> nt **das ~** les pays mpl baltes
baltisch Adj balte
Balustrade [balʊs'traːdə] <-, -n> f balustrade f
Balz [balts] <-> f ❶ parade f nuptiale
❷ (Balzzeit) pariade f
balzen ['baltsən] itr V ❶ Vogel: effectuer une parade nuptiale
❷ hum Mann: se pavaner
Balzzeit f pariade f
Bambus ['bambʊs] <-[ses], -se> m bambou m
Bambushütte f case f de [o en] bambou **Bambusrohr** nt bambou m **Bambussprossen** Pl pousses fpl de bambou
Bammel ['baməl] <-s> m fam avoir la trouille (fam); **vor jdm/etw ~ haben** avoir la trouille de qn/qc
bamstig Adj A fam (aufgedunsen) boursouflé(e)
banal [ba'naːl] Adj banal(e); **~ klingen** avoir l'air banal
banalisieren* itr V geh banaliser
Banalität [banali'tɛːt] <-, -en> f banalité f; **das ist doch eine ~!** mais, c'est d'une banalité!
Banane [ba'naːnə] <-, -n> f banane f
Bananendampfer m bananier m **Bananenrepublik** f pej république f bananière (péj) **Bananenschale** f peau f de banane **Bananensplit** <-s, -s> nt banana split m inv **Bananenstaude** f bananier m **Bananenstecker** m veraltet [fiche-]banane f
Banause [ba'naʊzə] <-n, -n> m, **Banausin** f pej ignare mf; **du ~!** espèce d'ignare!
band [bant] Imp von **binden**
Band[1] [bant, Pl: 'bɛndə] <-[e]s, Bänder> nt ❶ (aus Stoff, Kunststoff) ruban m; (Absperrband an Baustellen) bande f
❷ fig **einem ~ ähneln** Fluss, Straße: ressembler à un ruban
❸ (Maßband, Farbband) ruban m
❹ (Tonband) bande f (magnétique); **auf ~ aufnehmen/diktieren** enregistrer/dicter sur bande magnétique
❺ (Fließband, Montageband) chaîne f; (Förderband) tapis m; **am ~ arbeiten** [o **stehen**] travailler à la chaîne; **vom ~ laufen** sortir des chaînes de montage
❻ meist Pl ANAT ligament m
❼ (Sägeband) ruban m

► am laufenden ~ *fam* sans arrêt; *produzieren* en série; durchs ~ [weg] CH sans exception

Band² [bant, *Pl:* bandə] <-[e]s, -e> *nt geh* lien *m*
► zarte ~e knüpfen nouer une idylle *(soutenu)*

Band³ [bant, *Pl:* 'bɛndə] <-[e]s, Bände> *m* volume *m*; in zwei Bänden en deux volumes
► darüber könnte man Bände schreiben on pourrait écrire un roman là-dessus; etw spricht Bände qc en dit long

Band⁴ [bænd, bɛnt] <-, -s> *f* groupe *m*; *(Jazzband)* orchestre *m*

Bandage [ban'da:ʒə] <-, -n> *f* bandage *m*
► dort wird mit harten ~n gekämpft là, on ne se fait pas de cadeaux

bandagieren* [banda'ʒi:rən] *tr V* bander

Bandaufnahme *f* enregistrement *m* sur bande magnétique

Bandbreite *f von Gehältern* échelle *f*; *von Meinungen* éventail *m*; *von Wechselkursen* marge *f* de fluctuation; die große ~ des Warenangebots l'immense choix des produits; die moderne Malerei in ihrer ganzen ~ la peinture moderne dans toute sa diversité

Bändchen <-s, -> *nt Dim von* Band¹ ⓘ, Band³

Bande¹ ['bandə] <-, -n> *f* ⓘ *(Verbrecherbande)* gang *m*
ⓘ *fam (Kinder)* bande *f*; so eine freche ~! quelle bande de voyous! *(fam)*

Bande² <-, -n> *f SPORT* bande *f*; *einer Eis-, Reitbahn* bordure *f*

Bändel^RR ['bɛndl] *m* lacet *m*

Bandenchef(in) [-ʃɛf] *m(f)*, **Bandenführer(in)** *m(f)* chef *mf* de [la] bande **Bandenkriminalität** *f* délinquance *f* de groupe

Bandenwerbung *f* affichage *m* publicitaire des stades

Banderole [bandə'ro:lə] <-, -n> *f* bande *f* fiscale

Bänderriss^RR ['bɛndɐrɪs] *m MED* déchirure *f* des ligaments **Bänderzerrung** *f MED* claquage *m* **Bandgeschwindigkeit** *f* AUDIOV vitesse *f* de défilement

bändigen ['bɛndɪɡən] *tr V* ⓘ dompter *Tobsüchtigen, Tier, Feuer, Temperament*
ⓘ *(beruhigen)* en venir à bout avec *Kind*; die Kinder ließen sich kaum ~ il était presque impossible de venir à bout des enfants
ⓘ *(in Form bringen)* discipliner *Haare*

Bändigung <-, -en> *f* ⓘ *(Zähmung)* domptage *m*
ⓘ *(Bezwingung) einer Person* neutralisation *f*
ⓘ *(Eindämmung) eines Feuers* enraiement *f*

Bandit(in) [ban'di:t] <-en, -en> *m(f)* bandit *m*
► einarmiger ~ machine *f* à sous

Bandmaß *nt* mètre *m* souple; *(aus Metall)* mètre à ruban **Bandnudeln** *Pl* tagliatelles *fpl*

Bandoneon [ban'do:neɔn] <-s, -s> *nt* bandonéon *m*

Bandsäge *f* scie *f* à ruban **Bandsalat** *m fam* bande *f* magnétique emmêlée; Achtung, sonst gibt's ~! attention, sinon la bande va s'emmêler! **Bandscheibe** *f* disque *m* [intervertébral]

Bandscheibenschaden *m MED* altération *f* des disques intervertébraux **Bandscheibenvorfall** *m MED* hernie *f* discale

Bandwurm *m* ver *m* solitaire

bang[e] <-er *o* bänger, -ste *o* bängste> *Adj Augenblick* angoissant(e); *Schweigen* plein(e) d'inquiétude; in ~er Erwartung etw tun avoir qc plein(e) d'inquiétude; jdm ist ~/wird ~ [zumute] qn a/prend peur; *(aus Besorgnis)* qn est inquiet(-ète)/s'inquiète; jdm ist ~ vor jdm/etw qn a peur de qn/qc
► ~e machen gilt nicht! *fam* faut pas s'en faire! *(fam)*

Bange *f* [nur] keine ~! *fam* pas de panique! *(fam)*

bangen ['baŋən] *itr V geh* trembler; um jdn/etw ~ trembler pour qn/qc; jdm bangt [es] vor etw qn s'inquiète pour qc

Bangkok ['baŋkɔk] <-s> *nt* Bangkok

Bangladesch [baŋla'dɛʃ] <-> *nt* le Bangladesh

Bangladescher(in) [baŋla'dɛʃɐ] <-s, -> *m(f)* Bangladais(e) *m(f)*

bangladeschisch [baŋla'dɛʃɪʃ] *Adj* bangladais(e)

Banjo ['banjo, 'bændʒo] <-s, -s> *nt* banjo *m*

Bank¹ [baŋk, *Pl:* 'bɛŋkə] <-, Bänke> *f* ⓘ banc *m*; in der ersten/ letzten ~ sitzen être [assis(e)] au premier/dernier rang
ⓘ *(Werkbank)* établi *m*
ⓘ *(Sandbank, Nebelbank, Wolkenbank, Austernbank)* banc *m*
► etw auf die lange ~ schieben *fam* remettre qc aux calendes grecques; [alle] durch die ~ *fam* [tous/toutes] sans exception; ihr seid alle durch die ~ Lügner! vous êtes des menteurs, tous autant que vous êtes!

Bank² [baŋk, *Pl:* 'baŋkən] <-, -en> *f (Geldinstitut, Spielbank)* banque *f*; die ~ halten/sprengen tenir/faire sauter la banque

Bankangestellte(r) *f(m) dekl wie Adj* employé(e) *m(f)* de banque **Bankanweisung** *f* mandat *m* bancaire **Bankautomat** *m* distributeur *m* automatique de billets **Bankbürgschaft** *f* garantie *f* bancaire

Bänkchen <-s, -> *nt Dim von* Bank¹ ⓘ

Bankdirektor(in) *m(f)* directeur(-trice) *m(f)* de banque **Bankeinzug** *m* prélèvement *m* bancaire; per [*o* mit] ~ zahlen payer par prélèvement bancaire

Bänkellied ['bɛŋkəli:t, *Pl:* 'bɛŋkəli:də] *nt HIST* chanson *f* des rues **Bänkelsänger** *m HIST* chanteur *m* des rues

Bankenaufsicht *f* contrôle étatique *m* exercé sur les banques **Bankenkrach** *m* krach *m* financier **Bankenviertel** *nt* quartier *m* des banques

Banker(in) ['bɛŋkɐ] <-s, -> *m(f)* banquier(-ière) *m(f)*

Bankett [baŋ'kɛt] <-[e]s, -e> *nt* banquet *m*

Bankette [baŋ'kɛtə] <-, -n> *f* accotement *m*

Bankfach *nt* ⓘ *(Schließfach)* coffre[-fort] *m* ⓘ *(Bankgewerbe)* secteur *m* bancaire **Bankfiliale** *f FIN* succursale *f* **Bankgebühren** *Pl* frais *mpl* bancaires **Bankgeheimnis** *nt* secret *m* bancaire **Bankguthaben** *nt* avoir *m* en banque **Bankhalter(in)** *m(f)* banquier(-ière) *m(f)* **Bankhaus** *nt geh* banque *f*

Bankier [baŋ'kie:] <-s, -s> *m* banquier *m*

Banking ['bɛŋkɪŋ] *nt* elektronisches ~ *FIN* services *mpl* télébancaires

Bankkaufmann *m*, **-kauffrau** *f* employé(e) *m(f)* de banque diplômé(e) **Bankkonto** *nt* compte *m* en banque **Bankkredit** *m* crédit *m* bancaire **Banklehre** *f* apprentissage *m* dans une banque **Bankleitzahl** *f* code *m* banque **Banknote** *f* billet *m* [de banque]

Bankomat <-en, -en> *m* distributeur *m* automatique de billets **Bankraub** *m* hold-up *m* **Bankräuber(in)** *m(f)* cambrioleur(-euse) *m(f)* de banque

bankrott [baŋ'krɔt] *Adj Person, Firma* en faillite; jdn ~ machen mettre qn en faillite

Bankrott <-[e]s, -e> *m* faillite *f*; ~ machen faire faillite **Bankrotterklärung** *f* déclaration *f* de faillite

Bankrotteur(in) [baŋkrɔ'tø:ɐ] <-s, -e> *m(f) form* banqueroutier(-ière) *m(f)*

bankrott|gehen^RR *itr V unreg + sein* faire faillite

Bankschließfach *nt* coffre[-fort] *m* **Banküberfall** *m* hold-up *m* **Banküberweisung** *f* virement *m* [bancaire] **banküblich** *Adj* conforme aux usages bancaires **Bankverbindung** *f* coordonnées *fpl* bancaires; jdm seine ~ mitteilen communiquer ses coordonnées *fpl* bancaires à qn; *(in Frankreich)* donner son RIB à qn **Bankverkehr** *m FIN* transactions *fpl* bancaires **Bankvollmacht** *f* procuration *f* bancaire **Bankwesen** *nt ÖKON* système *m* bancaire

Bann [ban] <-[e]s> *m* ⓘ *geh (Einfluss)* envoûtement *m*; in den ~ einer Person/Sache geraten se laisser envoûter par qn/qc; in jds ~ *(Dat)* stehen être sous le charme de qn; ganz im ~e der Musik sein être totalement sous le charme de la musique
ⓘ *HIST* bannissement *m*; *REL* anathème *m*; jdn mit dem ~ belegen frapper qn d'anathème; jdn vom ~ lösen annuler le bannissement de qn
► jdn in seinen ~ schlagen [*o* ziehen] fasciner qn

Bannbulle *f HIST* bulle *f* d'excommunication

bannen ['banən] *tr V* ⓘ *geh (faszinieren)* fasciner *Zuschauer; s. a.* gebannt
ⓘ *(abwenden)* conjurer *Gefahr, Unheil, Geister*
ⓘ *(darstellen)* jdn/etw auf die Leinwand ~ *(malen)* fixer qn/qc sur la toile; *(filmen)* fixer qn/qc sur la pellicule
ⓘ *(exkommunizieren)* anathématiser

Banner ['banɐ] <-s, -> *nt* étendard *m*

Bannerträger(in) *m(f) a. fig* porte-drapeau *m*

Bannfluch *m REL* anathème *m* **Bannkreis** *m* sphère *f* d'influence **Bannmeile** *f* périmètre *m* de sécurité **Bannwald** *m* A, CH forêt *f* de protection

Bantamgewicht ['bantam-] *nt SPORT* poids *m* coq **Bantamgewichtler(in)** <-s, -> *m(f) SPORT* poids *m* coq

Bantu¹ ['bantu] <-[s]> *nt kein Art (Sprache)* le bantou; *s. a.* Deutsch

Bantu² <-[s], -[s]> *m (Person)* Bantou *m*

Baptist(in) [bap'tɪst] <-en, -en> *m(f)* baptiste *mf*

bar [ba:ɐ] **I.** *Adj* ⓘ en liquide; ~es Geld de l'argent liquide; gegen ~ [au] comptant; in ~ en espèces
ⓘ *(rein) Zufall, Unsinn* pur(e); das ist doch ~er Unsinn! c'est de la pure sottise!
ⓘ *geh (ohne)* ~ jeder Grundlage *(Gen)* dépourvu(e) de tout fondement
II. *Adv* ~ zahlen payer en espèces

bar [ba:ɐ], **Bar** <-s, -s> *nt PHYS* bar *m*; zwei ~ deux bar

Bar [ba:ɐ] <-, -s> *f* ⓘ *(Nachtlokal)* boîte *f* de nuit
ⓘ *(Theke)* bar *m*

Bär [bɛ:ɐ] <-en, -en> *m* ⓘ ours *m*
ⓘ *ASTRON* der Große/Kleine ~ la Grande/Petite Ourse
► stark wie ein ~ sein *fam* être fort(e) comme un bœuf; jdm einen ~en aufbinden *fam* mener qn en bateau *(fam)*; schlafen wie ein ~ *fam* dormir comme un loir *(fam)*

Baracke [ba'rakə] <-, -n> *f* baraque *f*

Barauszahlung *f* paiement *m* en espèces

Barbadier(in) [bar'ba:diɐ] <-s, -> *m(f)* Barbadien(ne) *m(f)*

barbadisch [bar'ba:dɪʃ] *Adj* barbadien(ne)
Barbados [bar'ba:dɔs, 'barbadɔs] <-> *nt* la Barbade
Barbar(in) [bar'ba:ɐ] <-en, -en> *m(f)* barbare *mf*
▶ **sich wie die ~en benehmen** se comporter comme des sauvages
Barbarei [barba'raɪ] <-, -en> *f* barbarie *f*
barbarisch I. *Adj* ❶ *a.* HIST barbare
❷ *fam (gewaltig)* **~en Hunger haben** avoir une faim atroce
II. *Adv* ❶ sauvagement
❷ *fam (sehr) heiß, kalt* atrocement *(fam)*
Barbarossa <-s> *m* HIST Barberousse *m*
Barbe ['barbə] <-, -n> *f* ZOOL barbeau *m*
bärbeißig ['bɛɐbaɪsɪç] *Adj fam Ton* grincheux(-euse); *Miene* renfrogné(e); **ein ~er Mensch** un ours [mal léché]
Barbier [bar'bi:ɐ] <-s, -e> *m veraltet* barbier *m (vieilli)*
Barbiturat [barbitu'ra:t] <-[e]s, -e> *nt* PHARM barbiturique *m*
Barbitursäure [barbi'tu:ɐ-] *f* PHARM acide *m* barbiturique
barbusig I. *Adj* avec les seins nus; **~ sein** être seins nus
II. *Adv* seins nus
Bardame *f* barmaid *f*
Barde ['bardə] <-n, -n> *m* barde *m*
Bärendienst ['bɛːrən-] *f* ▶ **jdm/einer S. einen ~ erweisen** rendre un mauvais service à qn/qc **Bärendreck** *m* SDEUTSCH, CH réglisse *m o f* **Bärenhaut** ▶ **auf der ~ liegen** *pej fam* flemmarder *(fam)* **Bärenhunger** *m fam* **faim** *f* de loup; **einen ~ haben** avoir une faim de loup **Bärenjagd** *f* chasse *f* à l'ours **Bärenkräfte** *Pl* force *f* de colosse **Bärennatur** ▶ **eine ~ haben** *fam* avoir une santé de fer **bärenstark** *Adj fam* ❶ fort(e) comme un bœuf
❷ *(ausgezeichnet) Typ, Mode, Musik* génial(e) *(fam)*
Barett [ba'rɛt] <-[e]s, -e *o* -s> *nt* ❶ MIL béret *m*
❷ UNIV, JUR toque *f*
❸ ECCL barrette *f*
barfuß *Adj* pieds nus; **~ sein/gehen** être/marcher pieds nus
barfüßig *Adj* pieds nus; **ein ~es Kind** un enfant aux pieds nus
barg [bark] *Imp von* **bergen**
Bargeld *nt* argent *m* liquide
bargeldlos I. *Adj* par virement; **der ~e Zahlungsverkehr** la transaction par virement
II. *Adv (per Überweisung)* par virement; *(mit Scheck/Kreditkarte)* par chèque/carte
barhäuptig *Adj geh* nu-tête; **~ sein** être nu-tête
Barhocker *m* tabouret *m* de bar
Bärin ['bɛːrɪn] *f* ourse *f*
Bariton ['ba:ritɔn, *Pl:* 'ba:ritɔnə] <-s, -e> *m* baryton *m*
Barium ['ba:riʊm] <-s> *nt* CHEM baryum *m*
Barkasse [bar'kasə] <-, -n> *f* barcasse *f*
Barkauf *m* achat *m* au comptant
Barke ['barkə] <-, -n> *f* barque *f*
Barkeeper ['ba:eki:pɐ] <-s, -> *m* barman *m*
Bärlapp ['bɛːrlap] <-s, -e> *m* BOT lycopode *m*
Barmann <-männer> *s.* **Barkeeper**
barmherzig [barm'hɛrtsɪç] *Adj* charitable; **der ~e Gott** le Dieu de Miséricorde; **~ sein** être charitable; *Gott:* être miséricordieux(-euse)
Barmherzigkeit <-> *f* charité *f*; *Gottes* miséricorde *f*; **~ an jdm üben** *geh* faire la charité à qn
Barmixer *s.* **Barkeeper**
barock *Adj* ❶ baroque
❷ *(üppig)* opulent(e); **eine Frau mit ~en Formen** une femme aux formes opulentes
❸ *(pompös) Lebensstil* pompeux(-euse)
Barock [ba'rɔk] <-[s]> *nt o m* baroque *m*
Barockkirche *f* église *f* baroque **Barockzeit** *f* baroque *m*
Barometer [baro'me:tɐ] <-s, -> *nt a. fig* baromètre *m*; **das ~ fällt/steigt** le baromètre baisse/[re]monte
▶ **das ~ steht auf Sturm** il y a de l'orage dans l'air
Barometerstand *m* hauteur *f* barométrique
Baron(in) [ba'ro:n] <-s, -e> *m(f)* baron(ne) *m(f)*
Baroness[RR] <-, -en>, **Baroneß**[ALT] <-, -essen>, **Baronesse** [baro'nɛsə] <-, -n> *f veraltet* baronne *f*
Barrel ['bɛrəl] <-s, -s> *nt* baril *m*; **hundert ~ Öl** cent barils de pétrole
Barren ['barən] <-, -> *m* ❶ barres *fpl* parallèles; *(Stufenbarren)* barre *f* fixe
❷ *(Goldbarren, Silberbarren)* lingot *m*; **drei ~ Gold** trois lingots d'or
Barrengold *nt or m* en lingot
Barriere [ba'rie:rə] <-, -n> *f* ❶ *(Hindernis, Schlagbaum)* barrière *f*
❷ *(psychische Blockade)* blocage *m*
❸ CH *(Bahnschranke)* barrière *f* de passage à niveau
Barrikade [bari'ka:də] <-, -n> *f* barricade *f*
▶ **für etw auf die ~n gehen** [*o* **steigen**] monter sur les barricades pour qc

barsch [barʃ] I. *Adj* brusque; **in einem ~en Ton** d'un ton brusque
II. *Adv* brutalement; **~ antworten** répondre sèchement
Barsch <-[e]s, -e> *m* perche *f*
Barschaft <-> *f geh* argent *m* liquide; **das ist meine ganze ~** c'est tout ce que j'ai comme argent liquide
Barscheck *m* chèque *m* de retrait **Barsortiment** *nt (Buchhandel)* centre *m* de distribution *(de livres)*
barst [barst] *Imp von* **bersten**
Bart [ba:ɐt, *Pl:* 'bɛːɐtə] <-[e]s, Bärte> *m* ❶ *(Vollbart)* barbe *f*; *(Schnurrbart)* moustache *f*; *(Kinnbart)* bouc *m*, barbiche *f*; **einen ~ haben/tragen** avoir une/porter la barbe; **sich** *(Dat)* **einen ~ wachsen lassen** se laisser pousser la barbe; **mit ~** barbu(e); **ohne ~** sans barbe
❷ *(Tasthaare) einer Katze* moustaches *fpl*; *einer Robbe* vibrisses *fpl*
❸ *(Teil eines Schlüssels)* panneton *m*
▶ **beim ~e des Propheten** par la barbe du prophète; **etw in seinen ~ brummeln** *fam* marmonner qc entre ses dents; **jdm um den ~ gehen** [*o* **streichen**] *fam* passer de la pommade à qn; **etw hat [so] einen ~** qc est vieux(vieille) comme le monde [*o* comme Hérode]; **der ~ ist ab!** *fam* ça suffit!
Bärtchen <-s, -> *nt (Schnurrbart)* moustache *f*; *(Kinnbart)* bouc *m*
Barte ['bartə] <-, -n> *f* ZOOL fanon *m*
Bartel <-, -n> *f* ZOOL barbillon *m*
Bartenwal *m* baleine *f*
Bartflechte *f* ❶ MED sycosis *f* ❷ BOT lichen *m* **Barthaar** *nt* ❶ poil *m* de barbe ❷ *Pl (Schnurrhaare)* moustaches *fpl*
Bartholomäusnacht [bartolo'mɛʊs-] *f* HIST **die ~** le massacre de la Saint-Barthélemy
bärtig ['bɛrtɪç, 'bɛːɐtɪç] *Adj* barbu(e)
bartlos *Adj* imberbe **Bartstoppeln** *Pl* barbe *f* piquante **Bartwisch** *m* A balayette *f* **Bartwuchs** *m eines Mannes* barbe *f*; *einer Frau* pilosité *f (spéc)*
Barverkauf *m* vente *f* au comptant **Barvermögen** *nt* valeurs *fpl* disponibles
Baryt [ba'ry:t] <-[e]s, -e> *m* CHEM baryte *f*
Barzahlung *f* paiement *m* en espèces; **sofortige ~** paiement comptant immédiat
Basalt [ba'zalt] <-[e]s, -e> *m* MINER basalte *m*
Basar [ba'za:ɐ] <-s, -e> *m* ❶ *(Markt)* bazar *m*
❷ *(Wohltätigkeitsbasar)* vente *f* de charité
Base ['ba:zə] <-, -n> *f* ❶ CHEM base *f*
❷ *veraltet (Cousine)* cousine *f*
Baseball ['beɪsbɔːl] <-s> *m* base-ball *m*
Baseballschläger ['beɪsbɔːl-] *m* batte *f* de base-ball
Basedow ['ba:zədo] *m*, **basedowsche Krankheit**[RR] *f* MED maladie *f* de Basedow
Basel ['ba:zəl] <-s> *nt* Bâle
Basen *Pl von* **Basis**, **Base**
BASIC ['be:sɪk, 'beɪsɪk] <-[s]> *nt Abk von* **Beginner's All-purpose Symbolic Instruction Code** INFORM basic *m*
basieren* I. *itr V* **auf einer S. ~** s'appuyer sur qc
II. *tr V* **eine Vermutung auf etw** *(Akk o Dat)* **~** fonder une supposition sur qc
Basilika [ba'zi:lika, *Pl:* ba'zi:likən] <-, Basiliken> *f* basilique *f*
Basilikum [ba'zi:likʊm] <-s> *nt* basilic *m*
Basilisk [bazi'lɪsk] <-en, -en> *m* MYTH, BOT basilic *m*
Basis [ba'zɪs] <-, Basen> *f* ❶ POL, ARCHIT, MIL base *f*
Basisarbeit *f* travail *m* à la base **Basiscamp** ['ba:zɪskɛmp] *nt* camp *m* de base
basisch CHEM I. *Adj* basique
II. *Adv* **~ reagieren** avoir une réaction basique
Basisdemokratie *f* démocratie *f* directe **basisdemokratisch** I. *Adj* Organisation à démocratie directe; *Arbeit, Forderung* de démocratie directe II. *Adv* sous forme de démocratie directe **Basisgruppe** *f* groupe *m* de base **Basislager** *nt* camp *m* de base
Baske ['baskə] <-n, -n> *m*, **Baskin** *f* Basque *mf*
Baskenland *nt* **das ~** le Pays basque **Baskenmütze** *f* béret *m* basque
Basketball ['ba:skɛtbal] *m* basket[-ball] *m*
baskisch *Adj* basque
Basrelief ['barelief] *nt* bas-relief *m*
bass[RR] [bas], **baß**[ALT] *Adv hum fam* ▶ **~ erstaunt** [*o* **verwundert**] **sein** être fort surpris(e)
Bass[RR] [bas, *Pl:* 'bɛsə] <-es, Bässe>, **Baß**[ALT] <-sses, Bässe> *m* ❶ MUS *(Stimme, Sänger)* basse *f*
❷ RADIO, TV basses *fpl*
baß[ALT] *s.* **bass**
Baß[ALT] <-sses, Bässe> *s.* **Bass**
Bassbariton[RR] *m* baryton-basse *m*
Bassena [ba'se:na] <-, -s> *f* A lavabo *m* à l'étage
Bassgeige[RR] *f fam* contrebasse *f*
Bassgitarre[RR] *f* guitare *f* basse, basse *f*
Bassin [ba'sɛ̃:] <-s, -s> *nt* ❶ *(Schwimmbecken)* bassin *m*

② *(Behälter)* citerne *f*
Bassist(in) [ba'sɪst] <-en, -en> *m(f)* ❶ *(Sänger)* basse *f*
② *(Streicher)* [contre]bassiste *mf*
Bassschlüssel^RR *m* clé *f* de fa   **Bassstimme**^RR *f* [voix *f* de] basse *f*
Bast [bast] <-[e]s, *selten* -e> *m (Pflanzenfaser)* raphia *m*
basta ['basta] *Interj fam* ça suffit
Bastard ['bastart] <-[e]s, -e> *m* ❶ *pej sl (Schimpfwort)* fils *m* de pute *(péj pop)*; **du ~!** fils de pute!
② HIST bâtard(e) *m(f)*
❸ BOT hybride *m*
Bastei [bas'taɪ] <-, -en> *f* bastion *f*
Bastelarbeit *f* ❶ *(das Basteln)* bricolage *m*
② *(gebastelter Gegenstand)* travail *m* manuel; **das ist eine ~ von mir** c'est moi qui ai bricolé cela; **die ~en seiner Kinder** les travaux manuels de ses enfants
❸ *(knifflige Arbeit)* travail *m* minutieux
Bastelei <-, -en> *f* ❶ *pej fam (knifflige Arbeit)* travail *m* fastidieux
② *(gebastelter Gegenstand)* bricolage *m*
basteln ['bastəln] I. *itr V* ❶ bricoler à; **an etw** *(Dat)* ~ bricoler à qc
② *fig* **an einem Text** ~ travailler à un texte
II. *tr V* **[jdm] etw** ~ bricoler qc [pour qn]; **sich** *(Dat)* **etw** ~ se bricoler qc; **ist das gekauft oder gebastelt?** tu l'as acheté(e) ou tu l'as fait(e) toi-même?
Basteln <-s> *nt* bricolage *m;* **das ~ eines Drachens** la fabrication d'un cerf-volant; **stör' mich nicht beim ~!** ne me dérange pas quand je bricole!
Bastion [bas'tjo:n] <-, -en> *f* bastion *f*
Bastler(in) ['bastlɐ] <-s, -> *m(f)* bricoleur(-euse) *m(f)*
Bastmatte *f* natte *f* en [*o* de] raphia
bat [ba:t] *Imp von* **bitten**
BAT [be:ʔa:'te:] <-> *m Abk von* **Bundesangestelltentarif** grille des salaires des agents non-fonctionnarisés de la fonction publique
Bataillon [batal'jo:n] <-s, -e> *nt* bataillon *m*
Bataillonskommandeur(in) [batal'jo:nskɔmandø:ɐ] *m(f)* commandant(e) *m(f)* de bataillon
Batik ['ba:tɪk] <-, -en> *f* batik *m*
batiken ['ba:tɪkən] I. *itr V* faire du batik
II. *tr V* **etw** ~ teindre qc en batik; **gebatikt** teint(e) en batik
Batist [ba'tɪst] <-[e]s, -e> *m* batiste *f*
Batterie [batə'ri:] <-, -n> *f* ❶ pile *f*; *(Autobatterie)* batterie *f*; **die ~ ist leer** la pile est usée; *(in Bezug auf die Autobatterie)* la batterie est à plat
② *(Mischbatterie)* mélangeur *m*
❸ *fam (Ansammlung)* **eine ganze ~ von Parfümflaschen** tout un stock de flacons de parfum *(fam)*
④ MIL batterie *f*
Batteriebetrieb *m* alimentation *f* sur piles   **batteriebetrieben** *Adj* [qui fonctionne] à piles   **Batteriegerät** *nt* ELEC appareil *m* à piles   **Batteriehuhn** *nt* poulet *m* de batterie   **Batterieladegerät** *nt* chargeur *m* de batterie
Batzen ['batsən] <-s, -> *m* ❶ *(Klumpen)* motte *f*
② HIST *(Münze)* sou *m*
▶ **ein ganzer** [*o* **schöner**] ~ [**Geld**] *fam* un joli magot *(fam)*
Bau [baʊ] <-[e]s, -ten> *m* ❶ *kein Pl (das Bauen)* construction *f*; **im ~ befindlich** en [cours de] construction; **im** [*o* **in**] ~ **sein** être en construction
② *(Gebäude)* bâtiment *m*
❸ *(Bauwerk)* ouvrage *m*
④ *kein Pl fam (Baustelle)* chantier *m*; **auf dem ~ arbeiten** travailler sur des chantiers
❺ *kein Pl fam (Wohnung)* **nicht aus dem ~ herauskommen** ne pas mettre le nez dehors *(fam)*
❻ <Baue> *(Fuchsbau, Dachsbau, Kaninchenbau)* terrier *m; (Biberbau)* hutte *f*
❼ *kein Pl fam (Arrestzelle)* trou *m (fam);* **in den ~ kommen** aller au trou *(fam)*
Bauabschnitt *m* tranche *f* de travaux [*o* construction]   **Bauamt** *nt* office *m* d'urbanisme   **Bauarbeiten** *Pl* travaux *mpl*   **Bauarbeiter(in)** *m(f)* ouvrier(-ière) *m(f)* du bâtiment   **Bauart** *f* ❶ ARCHIT *[style m d']architecture f;* **offene/geschlossene ~** architecture composite/uniforme; **diese ~ gleicht derjenigen von Hundertwasser** ce style ressemble à celui de Hundertwasser
② TECH modèle *m*   **Bauaufsichtsbehörde** *f* ADMIN service *m* de surveillance des travaux   **Baubeginn** *m* mise *f* en chantier   **Bauboom** *m* ÖKON boom *m* de la construction   **Baubude** *f* baraque *f* de chantier
Bauch [baʊx, *Pl:* 'bɔɪçə] <-[e]s, Bäuche> *m* ❶ *von Personen, Tieren* ventre *m;* **auf den ~ liegen/schlafen** coucher/dormir sur le ventre; **einen ~ bekommen** [*o* **kriegen**] prendre du ventre; **den ~ einziehen** rentrer son ventre
② *(Magen)* [noch] **nichts im ~ haben** *fam* n'avoir rien dans le ventre; **sich** *(Dat)* **mit etw den ~ vollschlagen** *fam* s'empiffrer de qc *(fam)*
❸ *fig eines Schiffs* coque *f; eines Flugzeugs* soute *f; einer Flasche, Vase* ventre *m*
▶ **einen dicken ~ haben** *sl* avoir un gros ventre; *(schwanger sein)* être en cloque *(arg);* **aus dem hohlen ~** *fam* de but en blanc; **ein voller ~ studiert nicht gern** *Spr.* à ventre plein, esprit vide; **mit etw auf den ~ fallen** *fam* se casser la figure avec qc *(fam);* **sich** *(Dat)* [**vor Lachen**] **den ~ halten** *fam* se bidonner *(fam);* **vor jdm auf dem ~ kriechen** [*o* **liegen**] *fam* se mettre à plat ventre devant qn; **aus dem ~** [**heraus**] *entscheiden, antworten* instinctivement; *spielen, darstellen* avec ses tripes *(fam)*
Bauchansatz *m* brioche *f (fam);* **zum ~ neigen** avoir tendance à prendre du ventre   **Bauchbinde** *f* ❶ MED ceinture *f* abdominale
② *(Banderole) einer Zigarre* bague *f; eines Buchs* bandeau *m*   **Bauchdecke** *f* ANAT paroi *f* abdominale   **Bauchfell** *nt* ANAT péritoine *m*   **Bauchfellentzündung** *f* MED péritonite *f*   **Bauchfleck** *m s.* **Bauchklatscher**   **Bauchfleisch** *nt* lard *m* non fumé   **Bauchhöhle** *f* cavité *f* abdominale   **Bauchhöhlenschwangerschaft** *f* MED grossesse *f* extra-utérine
bauchig ['baʊxɪç] *Adj* bombé(e)
Bauchklatscher <-s, -> *m fam* plat *m*   **Bauchladen** *m* éventaire *m*   **Bauchlandung** *f eines Flugzeugs* atterrissage *m* sur le ventre ▶ **eine ~ mit etw machen** *fam* se planter avec qc *(fam)*
Bäuchlein <-s, -> *nt hum* bedon *m (fam); eines Babys* petit ventre *m;* **ein ~ bekommen** *fam* prendre du ventre
bäuchlings *Adv* à plat ventre
Bauchmuskeln *Pl* abdominaux *mpl*   **Bauchnabel** *m* nombril *m*   **bauchreden** *itr V nur Infin und PP* ~ **können** pouvoir faire le ventriloque   **Bauchredner(in)** *m(f)* ventriloque *mf*   **Bauchschmerzen** *Pl* mal *m* au ventre; ~ **kriegen/haben** attraper/avoir mal au ventre ▶ **das verursacht mir ~** ça m'inquiète   **Bauchschuss**^RR *m* blessure *f* au ventre par balle; **einen ~ haben** avoir reçu une balle dans le ventre   **Bauchspeck** *m* ❶ *fam (Fettansatz)* ventre *m*, brioche *f (pop)* ② GASTR lard *m* maigre   **Bauchspeicheldrüse** *f* ANAT pancréas *m*   **Bauchtanz** *m* danse *f* du ventre   **Bauchtänzerin** *f* danseuse *f* du ventre   **Bauchweh** *nt s.* **Bauchschmerzen**
Baud [bɔ:t] <-[s], -> *nt* TELEC baud *m*
Baudenkmal *nt* construction *f* à caractère historique   **Bauelement** *nt eines Gebäudes* élément *m* [préfabriqué]; *einer Maschine* composant *m*, module *m*
bauen ['baʊən] I. *tr V* ❶ construire *Gebäude, Straße, Tunnel;* faire *Nest, Höhle*
② *(herstellen)* fabriquer *Möbel;* construire *Maschine, Flugzeug*
❸ *fam (verursachen)* provoquer *Unfall*
④ *fam (schaffen)* réussir *Examen, s. a.* **gebaut**
II. *itr V* ❶ *(ein Haus bauen)* [faire] construire; **billig ~** faire construire pour un prix avantageux; **solide ~** faire construire de manière solide; **an etw** *(Dat)* ~ travailler à [la construction de] qc
② *(vertrauen)* **auf jdn/etw ~** compter sur qn/qc; **darauf ~, dass** compter sur le fait que + *indic*
Bauentwurf *m* esquisse *f* architecturale
Bauer^1 ['baʊɐ] <-n *o selten* -s, -n> *m* ❶ *(Landwirt)* paysan *m; agriculteur m*
② *pej fam* plouc *m (fam);* **ein richtiger ~ sein** être un vrai plouc *(fam)*
❸ SCHACH pion *m*
▶ **die dümmsten ~n haben die größten** [*o* **dicksten**] **Kartoffeln** *Spr.* aux innocents les mains pleines; **was der ~ nicht kennt, frisst er nicht** *Spr.* ≈ on ne mange que ce qu'on connaît
Bauer^2 <-s, -> *nt o selten m (Vogelkäfig)* cage *f*
Bäuerchen ['bɔɪɐçən] *nt* ❶ *Dim von* **Bauer**^1
② *Kinderspr. (das Aufstoßen)* [**ein**] ~ **machen** faire son rot *(fam)*
Bäuerin ['bɔɪərɪn] *f* paysanne *f; (Landwirtin)* agricultrice *f*
bäuerisch *s.* **bäurisch**
bäuerlich I. *Adj (ländlich)* agricole
II. *Adv* ~ **geprägt sein** *Gegend:* avoir un caractère agricole
Bauernaufstand *m* révolte *f* des paysans   **Bauernbrot** *nt* pain *m* de campagne   **Bauernbub** SDEUTSCH, A, CH *s.* **Bauernjunge**   **Bauernfang** ▶ **auf ~ gehen** *pej fam* chercher un pigeon *(fam)*   **Bauernfänger(in)** *m(f) pej fam* arnaqueur(-euse) *m(f) (fam)*   **Bauernfängerei** <-> *f pej fam* arnaque *f (fam)*   **Bauernfrühstück** *nt* plat composé de pommes de terre rôties, d'œufs brouillés et de lard   **Bauernhaus** *nt* ferme *f*   **Bauernhochzeit** *f* noce *f* villageoise   **Bauernhof** *m* ferme *f*   **Bauernjunge** *m* fils *m* de paysan   **Bauernkrieg** *m* guerre *f* des paysans   **Bauernmöbel** *nt* meuble *m* rustique; **das Esszimmer ist mit ~n eingerichtet** la salle à manger a un ameublement rustique   **Bauernopfer** *nt fig* sacrifice *m* d'un pion   **Bauernregel** *f* dicton *m* paysan   **Bauernschaft** <-> *f* paysans *mpl*   **bauernschlau** *Adj* finaud(e)   **Bauernschläue** *f* ruse *f*   **Bauerntölpel** *m pej* balourd *m (péj)*
Bauersfrau *f* fermière *f*   **Bauersleute** *Pl* paysans *mpl*

Bauerwartungsland nt zone f urbanisable **baufällig** Adj délabré(e) **Baufälligkeit** f délabrement m **Baufinanzierung** f financement m de la construction **Baufirma** f entreprise f de construction **Baugeld** nt [fonds m d']aide f à la construction **Baugenehmigung** f permis m de construire **Baugenossenschaft** f ÖKON coopérative f de construction **Baugerüst** nt échafaudage m **Baugesellschaft** f société f de construction **Baugewerbe** nt [industrie f du] bâtiment m **Baugrube** f fouille f de construction **Baugrundstück** nt terrain m à bâtir **Bauhandwerker(in)** m(f) artisan(e) m(f) du bâtiment **Bauhaus** nt KUNST das ~ le Bauhaus **Bauherr(in)** m(f) maître m d'ouvrage **Bauherrenmodell** nt investissement immobilier bénéficiant d'avantages fiscaux **Bauholz** nt bois m de charpente **Bauindustrie** f industrie f du bâtiment **Bauingenieur(in)** [-ɪnʒeniøːɐ] m(f) ingénieur mf du bâtiment **Baujahr** nt eines Gebäudes année f de construction; eines Autos année f de fabrication; **ein älteres ~ sein** Haus: être une construction ancienne; Auto: être un vieux modèle **Baukasten** m jeu m de construction **Baukastensystem** nt système m modulaire; **im ~** par éléments modulaires **Bauklotz** m pièce f de jeu de construction ▶ **Bauklötze[r] staunen** fam ne pas en revenir **Baukonjunktur** f conjoncture f dans le bâtiment **Baukosten** Pl coûts mpl de [la] construction **Baukostenzuschuss**ᴿᴿ m FIN participation f aux frais de construction **Baukran** m TECH grue f de chantier **Baukunst** f geh architecture f **Bauland** nt terrain m constructible **Baulärm** m kein Pl bruit m de[s] travaux [de construction] **Bauleiter(in)** m(f) chef m de chantier **Bauleitung** f direction f des travaux
baulich I. Adj **~ e Veränderungen vornehmen** faire des transformations
II. Adv en ce qui concerne le gros œuvre
Baulichkeit <-, -en> f meist Pl form édifice m
Baulöwe m fam gros promoteur m **Baulücke** f terrain m vague
Baum [baʊm, Pl: ˈbɔɪmə] <-[e]s, Bäume> m ❶ arbre m; **auf einen ~ klettern** grimper à un arbre; **auf einem ~ sitzen** être [perché(e)] dans un arbre; **auf dem/den ~** dans l'arbre
❷ fam (Weihnachtsbaum) sapin m
❸ INFORM arbre m
▶ **der ~ der Erkenntnis** l'arbre de la science du bien et du mal; **die Bäume wachsen nicht in den Himmel** Spr. ≈ tout a des limites; **einen alten ~ soll man nicht verpflanzen** Spr. ≈ on ne transplante pas un vieil arbre; **stark wie ein ~ sein** être fort(e) comme un chêne; **Bäume ausreißen können** fam pouvoir soulever des montagnes
Baumarkt m ❶ (Geschäft) hypermarché m de l'outillage et des matériaux ❷ (Baugewerbe) [industrie f du] bâtiment m **Baumaschine** f machine f de chantier **Baumaßnahme** f mesures fpl en vue de la construction **Baumaterial** nt matériaux mpl de construction
Baumbestand m peuplement m forestier; **ein Grundstück mit altem ~** un terrain avec plantation de vieux arbres
Bäumchen <-s, -> nt Dim von **Baum** arbuste m
▶ **~-wechsle-dich spielen** hum papillonner de l'un(e) à l'autre
Baumeister(in) m(f) ❶ HIST maître m d'œuvre
❷ geh (Architekt) architecte mf
baumeln [ˈbaʊməln] itr V fam ❶ Gegenstand: pendiller; **an etw** (Dat) **~** Gegenstand: pendiller à qc; **an einem Seil ~** Person: se balancer à une corde; **mit den Beinen ~** laisser balancer ses jambes; **die Arme/Beine ~ lassen** laisser pendre les bras/les jambes
❷ sl (erhängt werden) se balancer au bout d'une corde
bäumen s. **aufbäumen**
Baumfarn m fougère f arborescente **Baumgrenze** f limite f [de pousse] des arbres **Baumgruppe** f bouquet m d'arbres **baumhoch** Adj très haut(e) **Baumkrone** f cime f de l'arbre **baumlang** Adj fam immense; **ein ~er Kerl** un grand gaillard **baumlos** Adj dépourvu(e) d'arbres **Baumnuss**ᴿᴿ f CH noix f **Baumriese** m geh arbre m géant **Baumrinde** f écorce f d'arbre **Baumschere** f sécateur m **Baumschule** f pépinière f **Baumstamm** m tronc m d'arbre **baumstark** Adj Kerl fort(e) comme un chêne **Baumsterben** nt dépérissement m des arbres **Baumstruktur** f INFORM structure f arborescente **Baumstumpf** m souche f [d'arbre] **Baumwipfel** m cime f de l'arbre **Baumwolle** f coton m **baumwollen** Adj attr en coton
Baumwollernte f cueillette f du coton **Baumwollpflücker(in)** m(f) cueilleur m/cueilleuse f de coton
Bauordnung f législation f sur les constructions **Bauplan** m ❶ (Planzeichnung) plan m de construction ❷ fig genetischer ~ structure f génétique ❸ Pl (Bauvorhaben) projets mpl de construction **Bauplanung** f projet m de construction **Bauplatz** m terrain m à bâtir **Baupolizei** f service m de contrôle du bâtiment **Baupreis** m meist Pl prix m du bâtiment **Baurecht** nt droit m relatif aux constructions **Baureihe** f série f [de fabrication]
bäurisch Adj pej grossier(-ière)
Bauruine f construction f inachevée **Bausatz** m kit m

Bausch [baʊʃ] <-es, Bäusche o -e> m ❶ (Wattebausch, Tupfer) tampon m
❷ COUT bouffant m
▶ **in ~ und Bogen** en bloc
bauschen [ˈbaʊʃən] I. r V **sich ~** Kleidungsstück, Vorhang: bouffer
II. tr V ❶ (blähen) **die Segel ~** Wind: gonfler les voiles
❷ COUT **gebauschte Ärmel** des manches bouffantes
bauschig Adj bouffant(e)
Bauschlosser(in) m(f) serrurier(-ière) m(f) en bâtiment **Bauschutt** m gravats mpl **bausparen** itr V nur Infin souscrire une épargne-logement; **das Bausparen** l'épargne-logement f **Bausparer(in)** m(f) titulaire mf d'un plan d'épargne-logement **Bausparkasse** f caisse f d'épargne-logement **Bausparvertrag** m plan m d'épargne-logement **Baustein** m ❶ (Stein) pierre f de construction ❷ INFORM **elektronischer ~** composant m électronique ❸ (Bestandteil) élément m constitutif **Baustelle** f chantier m; **Achtung, ~!** attention, travaux!; **Betreten der ~ verboten!** Chantier interdit au public! **Baustil** m style m [architectural] **Baustoff** s. **Baumaterial Baustopp** m arrêt m des travaux; **einen ~ verhängen** ordonner l'arrêt des travaux **Bausubstanz** f état m du gros œuvre **Bautechniker(in)** m(f) technicien(ne) m(f) du génie civil **Bauteil** nt ❶ CONSTR élément m préfabriqué ❷ (Maschinenbauteil) constituant m
Bauten [ˈbaʊtən] Pl von **Bau**
Bautischler(in) m(f) menuisier(-ière) m(f) du bâtiment **Bauträger(in)** m(f) promoteur m immobilier **Bauunternehmen** nt entreprise f de bâtiment **Bauunternehmer(in)** m(f) entrepreneur(-euse) m(f) de bâtiment **Bauvolumen** nt ÖKON volume m de construction **Bauvorhaben** nt projet m de construction **Bauweise** f (Art des Bauens) méthode f de construction; (Stil) style m; **offene/geschlossene ~** construction f individuelle/alignée **Bauwerk** nt construction f; (Gebäude) édifice m **Bauwesen** nt bâtiment m **Bauwirtschaft** f industrie f du bâtiment
Bauxit [baʊˈksiːt] <-s, -e> m bauxite f
bauz [baʊts] Interj Kinderspr. boum (enfantin); **~ machen** faire boum (enfantin)
Bauzaun m clôture f de chantier **Bauzeichnung** f plan m de construction **Bauzeit** f durée f de construction
Bayer(in) [ˈbaɪɐ] <-n, -n> m(f) Bavarois(e) m(f)
bayerisch [ˈbaɪərɪʃ] Adj bavarois(e)
Bayern [ˈbaɪɐn] <-s> nt la Bavière
bayrisch [ˈbaɪrɪʃ] s. **bayerisch**
Bazillus [baˈtsɪlʊs] <-, Bazillen> m ❶ MED bacille m
❷ fig geh virus m
BCG-Schutzimpfung [beːtseːˈgeː-] f B.C.G.® m
Bd., Bde. Abk von **Band**, **Bände**
BDI [beːdeːˈʔiː] <-> m Abk von **Bundesverband der Deutschen Industrie** confédération du patronat allemand
BDÜ [beːdeːˈʔyː] <-> m Abk von **Bundesverband der Dolmetscher und Übersetzer** association fédérale des interprètes et traducteurs allemands
B-Dur [ˈbeːduːɐ, ˈbeːˈduːɐ] <-> nt MUS si m bémol majeur
BE Abk von **Broteinheit**
beabsichtigen* [bəˈʔapzɪçtɪgən] tr V ❶ (planen) envisager; **~ etw zu tun** envisager de faire qc; **beabsichtigt** Entlassung, Veränderung envisagé(e); **wie beabsichtigt** comme prévu
❷ (wollen, bezwecken) **was beabsichtigt er mit diesem Brief?** où veut-il en venir avec cette lettre?; **das war nicht/das war beabsichtigt** ce n'était pas/c'était voulu; **beabsichtigt** Wirkung recherché(e)
beachten* tr V ❶ (befolgen) suivre Anleitung, Hinweis, Ratschlag; respecter Vorschrift, Verkehrszeichen, Vorfahrt
❷ (berücksichtigen) tenir compte de; **es ist zu ~, dass** il faut tenir compte du fait que + indic
❸ (mit Aufmerksamkeit bedenken) faire attention à
beachtenswert Adj remarquable; **es ist ~, wie schnell er das gelernt hat** c'est remarquable de voir avec quelle rapidité il a appris ça
beachtlich I. Adj ❶ (beträchtlich) considérable; Leistung remarquable; **Beachtliches leisten** faire des choses remarquables; **~! chapeau!**
❷ (bedeutsam) Stellung, Position important(e)
II. Adv ❶ (deutlich) considérablement
❷ (bemerkenswert) remarquablement
Beachtung <-> f ❶ einer Anleitung, Gebrauchsanweisung observation f; einer Vorschrift, eines Verkehrszeichens respect m; **bei ~ der Vorschriften** si l'on observe rigoureusement les instructions; **unter ~ dieser Zahlen** en considération de ces chiffres
❷ (Aufmerksamkeit) **jdm/einer S. [große] ~ schenken** prêter [une grande] attention à qn/qc; **bei jdm [große] ~ finden** retenir [beaucoup] l'attention de qn; **~ verdienen** mériter considération; **dieser Junge verdient deine ~** ce garçon mérite ta considération; **keine ~ finden** ne pas retenir l'attention; **zur geflissentlichen ~**

form à votre aimable attention
Beachvolleyball ['biːtʃ-] *m* ❶ *kein Pl (Spiel)* volley-ball *m* de plage ❷ *(Ball)* ballon *m* de volley
Beamte(r) [bə'ʔamtə, -te] *m dekl wie Adj,* **Beamtin** *f* fonctionnaire *mf; (Bahnbeamter, Beamter in öffentlichen Ämtern)* employé(e) *m(f);* ~(**r**)/**Beamtin auf Lebenszeit** fonctionnaire titulaire; ~(**r**)/**Beamtin auf Widerruf** agent *m* contractuel

Land und Leute
L'État allemand employait en 2004 environ 2 millions de **Beamte**. Ces employés de l'État sont des enseignants, des juges et avocats, des employés de la poste, de l'armée et des membres de la police. En tant que fonctionnaires, ils ne peuvent pas être licenciés, mais ils n'ont pas non plus le droit de grève.

Beamtenanwärter(in) *m(f)* candidat(e) *m(f)* à la fonction publique **Beamtenbeleidigung** *f* outrage *m* à magistrat **Beamtenbesoldung** *f* JUR traitement *m* des fonctionnaires **Beamtenbestechung** *f* corruption *f* de fonctionnaire **Beamtendeutsch** *nt pej* jargon *m* administratif **Beamtenlaufbahn** *f* carrière *f* de fonctionnaire **Beamtenmentalität** *f pej* mentalité *f* de fonctionnaire **Beamtenrecht** *nt* statut *m* de la fonction publique
Beamtenschaft <-> *f* fonction *f* publique
Beamtentum <-s> *nt* ❶ *(Stand der Beamten)* fonctionnariat *m* ❷ *(Beamtenschaft)* fonction *f* publique
Beamtenverhältnis *nt* statut *m* de fonctionnaire; **ins ~ übernommen werden** être fonctionnarisé(e); *Lehrer:* être titularisé(e); **im ~ stehen** être fonctionnaire
beamtet *Adj* fonctionnarisé(e); *Lehrer* titulaire
beängstigen* *tr V geh* inquiéter
beängstigend I. *Adj* inquiétant(e)
II. *Adv* ~ **schön/schnell** [**sein**] [être] d'une beauté troublante/ d'une rapidité inquiétante
beanspruchen* [bə'ʔanʃpruxən] *tr V* ❶ *(fordern)* demander *Ungestörtheit, Zimmer, Schadenersatz;* **ein Territorium/einen Anteil für sich ~** revendiquer [*o* réclamer] un territoire/une part pour soi
❷ *(erfordern)* prendre *Zeit, Raum*
❸ *(in Anspruch nehmen)* accaparer *Zeit, Kraft;* **jds Gastfreundschaft ~** abuser de l'hospitalité de qn; **jds volle Aufmerksamkeit ~** réclamer l'attention totale de qn; **ich möchte Ihre Zeit nicht übermäßig ~** je ne voudrais pas abuser de votre temps
❹ *(strapazieren)* **die Bremsen stark ~** beaucoup solliciter les freins; **beruflich sehr beansprucht sein** être très pris(e) par le travail
Beanspruchung <-, -en> *f* ❶ *(das Fordern) eines Territoriums* revendication *f; eines Schadenersatzes, Anteils* réclamation *f*
❷ *(Inanspruchnahme) der Aufmerksamkeit, Kräfte* sollicitation *f;* **die ~ durch die Kinder/den Beruf** les sollicitations dues aux enfants/au travail
❸ *(Belastung) eines Motors, einer Maschine* sollicitation *f* excessive; *der Psyche* surmenage *m*
beanstanden* [bə'ʔanʃtandən] *tr V* critiquer; **etw an jdm/etw ~** critiquer qc chez qn/dans qc; **an diesem Buch habe ich zu ~, dass es zu oberflächlich ist** ce que je reproche à ce livre, c'est qu'il est [*o* soit] trop superficiel; **beanstandete Waren** des marchandises faisant/ayant fait l'objet d'une réclamation
Beanstandung <-, -en> *f* critique *f; von Waren* réclamation *f;* **bei ~ der Ware** en cas de réclamation concernant la marchandise; **Anlass zu ~ en geben** donner lieu à réclamation[s]; **Grund zur ~ haben/finden** avoir/trouver quelque chose à redire; **es gibt keinen Grund zur ~** il n'y a rien à redire
beantragen* *tr V* ❶ demander *Mitarbeiter, Kredit, Sozialhilfe;* **wie Sie am 17.2. beantragt haben** comme vous l'avez sollicité le 17.2.
❷ JUR requérir *Freispruch, Strafe*
❸ PARL proposer *Abstimmung, Gesetzesänderung;* **ich beantrage, dass** je propose que + *subj*
beantworten* *tr V* répondre à *Frage;* **eine Frage mit [einem] Ja/Nein ~** répondre à une question par oui/non; **alle Bildzuschriften werden beantwortet** toutes les lettres accompagnées d'une photo recevront une réponse
Beantwortung <-, -en> *f* réponse *f;* ~ **einer Frage** réponse *f* à une question; **in ~ Ihrer Frage** *form* en réponse à votre question
bearbeiten* *tr V* ❶ s'occuper de *Antrag, Fall, Bestellung*
❷ *(herrichten, gestalten)* travailler *Material, Boden, Land*
❸ *(behandeln)* **das Holz mit Wachs ~** traiter le bois avec de la cire
❹ *(überarbeiten)* remanier *Manuskript;* arranger *Musikstück;* adapter *Buch, Text, Bühnenstück;* **das Wörterbuch ist [neu] bearbeitet worden** le dictionnaire a été revu et corrigé
❺ *fam (traktieren)* malmener *Musikinstrument;* **jdn mit den Fäusten ~** battre qn à coups de poing; **die Tür mit Fußtritten ~** maltraiter la porte à coups de pied

❻ *fam (einwirken auf)* travailler *(fam);* **jdn politisch ~** influencer qn politiquement
Bearbeiter(in) *m(f)* ❶ *(Sachbearbeiter)* personne *f* compétente; *einer Akte, Steuererklärung* personne chargée
❷ *(Autor)* rédacteur(-trice) *m(f); eines Musikstücks* arrangeur(-euse) *m(f); eines Bühnenstücks, Drehbuchs* adaptateur(-trice) *m(f)*
Bearbeitung <-, -en> *f* ❶ *eines Werkstoffs* travail *m*
❷ *(das Behandeln) eines Antrags, Falls, einer Akte, Bestellung* traitement *m*
❸ *(die Überarbeitung)* remaniement *m; eines Musikstücks* arrangement *m; eines Bühnenstücks, Drehbuchs* adaptation *f*
❹ *(bearbeitete Fassung) eines Buchs* nouvelle édition *f*
Bearbeitungsgebühr *f* frais *mpl* de dossier
beargwöhnen* *tr V* regarder d'un mauvais œil; **jdn/etw ~** regarder qn/qc d'un mauvais œil
Beat [biːt] <-[s]> *m* beat *m*
Beatband ['biːtbɛnt, 'biːtbænd] <-, -bands> *f* groupe *m* pop
beatmen* *tr V* **jdn von Mund zu Mund ~** faire du bouche-à-bouche à qn; **jdn künstlich ~** pratiquer la respiration artificielle sur qn
Beatmung *f (Mund-zu-Mund-Beatmung)* bouche-à-bouche *m;* **künstliche ~** respiration *f* artificielle
Beatmungsgerät *nt* masque *m* à oxygène
Beatmusik ['biːtmuˈziːk] *f* musique *f* pop
Beau [boː] <-, -s> *m iron geh* beau *m (vieilli)*
beaufsichtigen* *tr V* surveiller
Beaufsichtigung <-, -en> *f* surveillance *f;* **staatliche ~** surveillance de l'Etat
beauftragen* *tr V* charger; **jdn mit etw ~** charger qn de qc; **jdn ~ etw zu tun** charger qn de faire qc
Beauftragte(r) *f(m) dekl wie Adj* mandataire *mf; (Anwalt)* chargé(e) *m(f)* d'affaires
beäugen* *tr V fam* zieuter *(fam);* **jdn misstrauisch ~** regarder qn de travers
Beautysalon ['bjuːti-] *m* salon *m* de beauté
bebauen* *tr V* ❶ construire; **dicht/locker bebaut sein** être fortement/peu urbanisé(e); **dieses Grundstück darf nicht bebaut werden** ce terrain n'est pas constructible
❷ *(für den Anbau nutzen)* cultiver *Acker, Feld;* **ein mit Mais bebautes Feld** un champ de maïs
Bebauung <-, -en> *f* ❶ *(das Bebauen)* aménagement *m*
❷ *(Bauten)* construction *f*
❸ *(das Anbauen)* culture *f*
Bebauungsplan *m* plan *m* d'occupation des sols
beben ['beːbən] *itr V* ❶ *Mauer, Erde:* trembler; **vor Wut** *(Dat)* **~** trembler de fureur
❷ *geh (bangen)* **um jdn/etw ~** trembler pour qn/qc
Beben <-s, -> *nt* ❶ *kein Pl (das Wackeln, Zittern)* tremblement *m*
❷ *(Erdbeben)* tremblement *m* de terre
bebildern* *tr V* illustrer
Bebilderung <-, -en> *f* ❶ *kein Pl (das Bebildern)* illustration *f*
❷ *(Illustrationen)* illustrations *fpl*
bebrillt *Adj hum fam* porteur(-euse) de lunettes; **~ sein** porter des lunettes
Béchamelsoße [beʃa'mɛl-] *f* sauce *f* béchamel
Becher ['bɛçɐ] <-s, -> *m* gobelet *m; (mit Henkel)* tasse *f; (Plastikbecher, Pappbecher, Zahnputzbecher)* verre *m; (Pappbecher für Eis)* pot *m*
bechern ['bɛçɐn] *itr V hum fam* picoler *(fam)*
becircen* [bə'tsɪrtsn] *tr V fam* faire du charme à
Becken ['bɛkən] <-s, -> *nt* ❶ *(Bassin, Schwimmbecken)* bassin *m; (Brunnenbecken)* vasque *f*
❷ *(Spülbecken)* bac *m* [à évier]; *(Waschbecken)* lavabo *m; (Toilettenbecken)* cuvette *f*
❸ GEOL bassin *m*
❹ ANAT bassin *m;* **ein gebärfreudiges ~ haben** être faite pour avoir des enfants
❺ *meist Pl* MUS cymbales *fpl*
Beckenbruch *m* fracture *f* du bassin **Beckengurt** *m* ceinture *f* de sécurité *(qui ne s'ajuste qu'à la taille)* **Beckenknochen** *m* os *m* du bassin
Becquerel [bɛka'rɛl] <-s, -> *nt* PHYS becquerel *m*
bedachen* *tr V* mettre une toiture sur; **mit etw bedacht sein** être recouvert(e) de qc
bedacht [bə'daxt] **I.** *Adj* ❶ *(überlegt)* réfléchi(e)
❷ *(besorgt)* **auf etw** *(Akk)* **~ sein** être très soucieux(-euse) de qc; **darauf ~ sein, keinen Fehler zu machen** veiller à ne pas faire de fautes; **darauf ~ sein, dass jd etw tut** accorder une grande importance à ce que qn fasse qc
II. *Adv* avec circonspection
Bedacht ▸ **mit ~** *geh (vorsichtig)* avec circonspection; *(absichtlich)* volontairement; **ohne ~** *geh* sans réfléchir; **voll ~** *geh (überlegt)* avec discernement; *(absichtlich)* en connaissance de cause
Bedachte(r) *f(m) dekl wie Adj* légataire *mf*

bedächtig [bəˈdɛçtɪç] **I.** *Adj* ❶ *(gemessen)* posé(e) ❷ *(besonnen)* réfléchi(e) **II.** *Adv* ❶ *(gemessen)* posément ❷ *(vorsichtig)* avec circonspection
Bedächtigkeit <-> *f* ❶ *(Langsamkeit)* lenteur *f* ❷ *(Besonnenheit)* circonspection *f*
bedachtsam *Adj geh* réfléchi(e)
Bedachung <-, -en> *f form* couverture *f*
bedanken* *r V* ❶ **sich ~** dire merci; **sich bei jdm für etw ~** remercier qn de qc
❷ *iron (verantwortlich machen)* **für den Ärger kannst** [*o* **darfst**] **du dich bei ihm/ihr ~!** c'est à lui/elle que tu dois ces ennuis!
Bedarf [bəˈdarf] <-[e]s> *m* besoins *mpl*; **der ~ an Vitaminen** les besoins en vitamines; **~/keinen ~ an Holz** *(Dat)* **haben** avoir/ne pas avoir besoin de bois; **Dinge des täglichen ~s** articles *mpl* de première nécessité; **Güter des gehobenen ~s** articles *mpl* de demi-luxe; **einen ~ schaffen** créer un besoin; **bei ~** en cas de besoin; **je nach ~** selon les besoins
▶ **mein ~ ist gedeckt!** *iron fam* j'ai eu ma dose! *(fam)*; [**danke,**] **kein ~!** *iron fam* merci bien! *(fam)*
Bedarfsartikel *m* article *m* de consommation courante **Bedarfsermittlung** *f* détermination *f* des besoins **Bedarfsfall** *m form* **für den/im ~** en cas de besoin **bedarfsgerecht** *Adj* adapté(e) à la demande **Bedarfsgüter** *Pl* biens *mpl* de consommation [courante] **Bedarfshaltestelle** *f* arrêt *m* facultatif
bedauerlich [bəˈdaʊɐlɪç] *Adj* regrettable; **jdm etw Bedauerliches mitteilen** annoncer quelque chose de pénible à qn
bedauerlicherweise *Adv* malheureusement
bedauern* *tr V* ❶ regretter; **er bedauert, dass sie verärgert ist** il regrette qu'elle soit fâchée
❷ *(bemitleiden)* plaindre; **er ist zu ~** il est à plaindre
❸ *(als Höflichkeitsformel)* [**ich**] **bedau[e]re, ich habe kein Kleingeld!** je regrette, je n'ai pas de monnaie!
Bedauern <-s> *nt* ❶ *(Kummer)* regret *m*; **zu meinem großen ~ muss ich absagen** à mon grand regret, je dois décommander
❷ *(Mitgefühl)* sympathie *f*; **jdm sein ~ aussprechen** témoigner sa sympathie à qn
bedauernd I. *Adj* compatissant(e)
II. *Adv* d'un air compatissant; *sagen* d'un ton compatissant; *absagen, ablehnen* avec regret
bedauernswert *Adj*, **bedauernswürdig** *Adj geh* malheureux(-euse) *antéposé*; **~ sein** être à plaindre
bedecken* I. *tr V* ❶ *(zudecken)* recouvrir *Körper*
❷ *(verhüllen)* couvrir *Möbel, Flächen, Körperteil*; **sein Gesicht mit den Händen ~** cacher son visage dans ses mains
❸ *(überhäufen)* **jdn mit Küssen ~** couvrir qn de baisers
II. *r V* **sich mit etw ~** se couvrir de qc
bedeckt *Adj Himmel* couvert(e)
▶ **sich bezüglich einer S.** *(Gen)* **~ halten** ne pas se prononcer à propos de qc
Bedecktsamer [bəˈdɛktzaːmɐ] <-s, -> *m* BOT angiosperme *f*
Bedeckung <-, -en> *f* MIL escorte *f*
bedenken* *unreg* **I.** *tr V* ❶ *(in Betracht ziehen)* penser à *Folgen, Umstände*
❷ *(durchdenken)* réfléchir à *Plan, Maßnahmen*; [**jdm**] **etw zu ~ geben** *geh* soumettre qc à [la] réflexion [de qn] *(soutenu)*; [**jdm**] **zu ~ geben, dass** faire remarquer [à qn] que + *indic*; **das will sorgfältig bedacht sein** *geh* cela demande réflexion; **wenn man es recht bedenkt** réflexion faite
❸ *geh (beschenken)* **jdn mit Geld/Geschenken ~** léguer de l'argent/des cadeaux à qn; **mit etw bedacht werden** recevoir qc en cadeau; **er hat mich in seinem Testament bedacht** il m'a couché(e) sur son testament
❹ *geh (zuteilwerden lassen)* **jdn mit Kritik/Lob ~** abreuver qn de critiques/compliments
II. *r V geh* **sich ~** réfléchir
Bedenken <-s, -> *nt* ❶ *Pl (Zweifel)* doutes *fpl*; **~ haben** émettre des réserves; **jdm kommen ~** qn commence à avoir des doutes
❷ *kein Pl (das Überlegen)* réflexion *f*; **ohne ~** sans hésitation
bedenkenlos I. *Adj (nicht zögernd)* inconditionnel(le)
II. *Adv* ❶ *(ohne Überlegung)* sans hésitation
❷ *(skrupellos)* sans scrupules
Bedenkenlosigkeit <-> *f* ❶ *(Unüberlegtheit)* inconséquence *f*
❷ *(Skrupellosigkeit)* absence *f* de scrupules
bedenkenswert *Adj* qui mérite réflexion; **dein Vorschlag ist ~** ta proposition mérite qu'on y réfléchisse
bedenklich *Adj* ❶ *(fragwürdig) Methoden, Verhalten* douteux(-euse)
❷ *(Besorgnis erregend) Aussichten, Neuigkeiten* inquiétant(e); *Gesundheitszustand, Lage* critique
❸ *(besorgt) Gesicht, Miene* préoccupé(e); **jdn ~ stimmen** préoccuper qn
Bedenkzeit *f* délai *m* de réflexion; [**jdn**] **um ~ bitten** demander un délai de réflexion [à qn]; **jdm ~ geben** donner un délai de réflexion à qn; **ich brauche etwas/einen Tag ~** il me faut un peu de temps pour réfléchir/un jour de réflexion
bedeuten* *tr V* ❶ *(ausdrücken)* signifier; *(meinen)* vouloir dire; *(versinnbildlichen)* symboliser; **was hat das zu ~?** qu'est-ce que ça veut dire?; **das hat nichts zu ~** ça ne veut rien dire; **das hat nicht viel zu ~** cela n'a pas grande importance
❷ *(ankündigen)* présager; **das kann nichts Gutes ~** ça ne présage rien de bon
❸ *(gelten)* **Geld bedeutet mir viel/nichts** j'attache beaucoup/je n'attache pas du tout d'importance à l'argent; **was bedeute ich dir?** qu'est-ce que je représente pour toi?
❹ *geh (zu verstehen geben)* **jdm ~, dass** signifier à qn que + *indic*; **jdm ~ näher zu treten** signifier [*o* intimer] à qn de s'approcher *(form)*
bedeutend I. *Adj* ❶ *(wichtig) Person, Film, Roman, Erkenntnis, Rolle* important(e); *Leistung* remarquable
❷ *(groß) Betrag, Summe* important(e); *Erfolg* considérable
II. *Adv (beträchtlich)* nettement
bedeutsam I. *Adj* ❶ *(wichtig)* important(e); *Fortschritt* considérable
❷ *(viel sagend) Blick, Lächeln, Geste* significatif(-ive)
II. *Adv* d'un air plein de signification; **jdm ~ zulächeln** adresser un sourire très significatif à qn; **jdn ~ anblicken** lancer un regard plein de signification à qn
Bedeutung <-, -en> *f* ❶ *(Sinn)* sens *m*; **in wörtlicher/übertragener ~** au sens propre/figuré
❷ *(Wichtigkeit)* importance *f*; *(Geltung)* valeur *f*; **für jdn/etw von ~ sein** être important(e) pour qn/qc; **von übergeordneter ~ sein** être de la plus haute importance; **überhaupt nicht von ~ sein** n'avoir aucune importance; **es ist von größter ~, dass** il est extrêmement important que + *subj*; **einer S.** *(Dat)* **~/große ~ beimessen** attacher de l'importance/une grande importance à qc; **nichts von ~** rien d'important
bedeutungslos *Adj* insignifiant(e)
Bedeutungslosigkeit <-> *f* insignifiance *f*
bedeutungsvoll *s.* **bedeutsam Bedeutungswandel** *m* changement *m* de sens
bedienen* I. *tr V* ❶ servir *Kunden, Gast*; **werden Sie schon bedient?** on s'occupe de vous?; **sind Sie gut bedient worden?** êtes-vous content(e) du service?
❷ *(umsorgen, versorgen)* **sich von jdm ~ lassen** se faire servir par qn
❸ *(benutzen)* se servir de *Telefon, Gerät*; faire fonctionner *Computer, Steuerung*; faire marcher *Geschütz*
❹ *(befahren)* desservir *Strecke*
❺ KARTEN fournir à *Farbe*; **Trumpf ~** fournir en atout
▶ **mit etw gut/schlecht bedient sein** pouvoir/ne pas pouvoir être satisfait(e) de qc; **da sind Sie noch gut bedient!** *iron fam* vous vous en sortez bien!; **bedient sein** *iron fam* en avoir assez *(fam)*
II. *itr V* ❶ *Kellner, Verkäufer:* servir
❷ KARTEN fournir
III. *r V* ❶ **sich ~** se servir; **~ Sie sich!** servez-vous!
❷ *geh (gebrauchen)* **sich jds/einer S. ~** se servir de qn/qc
Bediener(in) *m(f) (Benutzer, Anwender)* utilisateur(-trice) *m(f)*; *(professioneller Bediener)* opérateur(-trice) *m(f)*
bedienerfreundlich *Adj* facile d'utilisation; INFORM convivial(e); **etw ~ machen** rendre qc facile d'emploi [*o* à utiliser]; INFORM rendre qc convivial(e)
Bedienerin <-, -nen> *f* A femme *f* de ménage
bedienstet *Adj* A *(angestellt)* **~ sein** être employé(e)
Bedienstete(r) *f(m) dekl wie Adj* ❶ ADMIN agent *m* de la fonction publique, employé(e) *m(f)*
❷ *veraltet (Dienstbote)* domestique *mf*
Bedienung <-, -en> *f* ❶ *kein Pl (Handhabung)* utilisation *f*; *einer Druckmaschine, Schaltzentrale* fonctionnement *m*; *eines Geschützes* service *m*, utilisation *f*
❷ *kein Pl (das Bedienen) eines Kunden, Gastes* service *m*; **~ inbegriffen** service compris
❸ *(Kellner)* garçon *m*; *(Kellnerin)* serveuse *f*; **~!** garçon/Mademoiselle!; **~ kommt gleich!** tout de suite!
Bedienungsanleitung *f* mode *m* d'emploi **Bedienungsfehler** *m* erreur *f* de manipulation **Bedienungshinweise** *Pl* conseils *mpl* d'utilisation **Bedienungskomfort** [-kɔmfoːɐ] *m* **mit hohem ~ ausgestattet sein** être très facile à utiliser **Bedienungsvorschrift** *f* notice *f* d'emploi **Bedienungszuschlag** *m* service *m*
bedingen* *tr V* ❶ *(verursachen)* provoquer; **durch etw bedingt sein** être dû(due) à qc
❷ *(verlangen)* nécessiter
bedingt I. *Adv (eingeschränkt)* partiellement; **~ gültig/richtig** partiellement valable/correct; **das ist nur ~ richtig** c'est vrai en par-

tie
II. *Adj* ❶ *Erlaubnis* conditionnel(le); *Lob* réservé(e)
❷ JUR *Straferlass* conditionnel(le)

Bedingung <-, -en> *f* condition *f;* **~en stellen** poser des conditions; **[es] zur ~ machen, dass** poser comme condition que + *subj;* **unter der ~, dass** à [la] condition que + *subj;* **[nur] unter einer ~** à une [seule] condition; **unter keiner ~** en aucun cas; **unter diesen ~en** dans ces conditions

bedingungslos I. *Adj* sans condition
II. *Adv* inconditionnellement; **jdm ~ vertrauen** avoir une confiance absolue en qn

Bedingungssatz *m* GRAM proposition *f* conditionnelle

bedrängen* *tr V* ❶ *(bestürmen)* harceler; **jdn mit etw ~** harceler qn de qc; **jdn ~ etw zu tun** presser qn de faire qc; **hart bedrängt** réduit(e) à la dernière extrémité
❷ SPORT pousser; **hart bedrängt werden** être poussé(e) violemment
❸ *(belasten)* tourmenter

Bedrängnis <-, -se> *f geh* détresse *f;* **jdn in ~ bringen** mettre qn en difficulté; **in [schwere] ~ geraten** se retrouver en [grande] difficulté; **in finanzieller ~ sein** être financièrement aux abois

bedrohen* *tr V* menacer; **jdn mit einer Waffe ~** menacer qn d'une arme; **von Hochwasser bedroht sein** être menacé(e) d'inondation

bedrohlich I. *Adj* menaçant(e); **~e Ausmaße annehmen** prendre des proportions menaçantes
II. *Adv* de façon menaçante; **das Hochwasser stieg ~ an** le niveau de l'eau montait de façon menaçante

Bedrohung *f* menace *f;* **eine ~ darstellen** [*o* bedeuten] représenter [*o* constituer] une menace

bedrucken* *tr V* imprimer; **Papier/Stoff mit Punkten ~** imprimer des pois sur du papier/tissu; **bedruckte Stoffe** des [tissus] imprimés *mpl*

bedrücken* *tr V* tourmenter

bedrückend *Adj Anblick, Nachricht* déprimant(e); *Vorstellung, Schweigen* oppressant(e)

bedrückt I. *Adj Person* abattu(e); *Schweigen* pesant(e)
II. *Adv schweigen* lugubrement

Bedrückung <-> *f* accablement *m*

Beduine [bedu'i:nə] <-n, -n> *m,* **Beduinin** *f* Bédouin(e) *m(f)*

bedürfen* <bedarf, bedurfte, bedurft> *itr V geh* ❶ *(brauchen)* avoir besoin; **eines Freundes ~** avoir besoin d'un ami; **der Unterstützung/Hilfe ~** nécessiter le soutien/l'aide; **das bedarf einer Erklärung** ça demande une explication
❷ *unpers (vonnöten sein)* **es bedarf des Muts um so etwas zu tun** il faut du courage pour faire ce genre de choses; **es hätte nur eines Wortes bedurft** il aurait suffi d'un mot; **es bedarf keiner weiteren Fragen** il n'est pas besoin de questions supplémentaires *(littér)*

Bedürfnis [bə'dyrfnɪs] <-ses, -se> *nt* besoin *m;* **~ nach Zuwendung** besoin *m* d'attention; **die ~se des täglichen Lebens** les besoins essentiels; **es ist mir ein ~ Ihnen zu danken** je ressens [*o* j'éprouve] le besoin de vous remercier
▶ **ein dringendes ~** *euph* un besoin pressant

Bedürfnisanstalt *f form* toilettes *fpl* publiques

bedürfnislos *Adj* frugal(e)

Bedürfnislosigkeit <-> *f (in der Lebensführung)* modération *f;* *(in Bezug auf Essen)* frugalité *f;* **in größter ~ leben** vivre dans la plus grande simplicité

bedürftig *Adj Person* dans le besoin; **die Bedürftigen** les personnes *fpl* dans le besoin; **der Ruhe/Hilfe** *(Gen)* **~ sein** *geh* avoir grand besoin de repos/d'aide

Bedürftigkeit <-> *f* dénuement *m*

Beefsteak ['bi:fste:k] *nt* ❶ *(Steak)* bifteck *m*
❷ *(Frikadelle)* **deutsches ~** steak *m* haché

beehren* I. *tr V iron geh* **jdn mit seiner Anwesenheit ~** honorer qn de sa présence; **jdn mit seinem Besuch ~** faire l'honneur de sa visite à qn; **bitte ~ Sie uns bald wieder!** au plaisir de vous revoir!
II. *r V form* **sich ~ etw zu tun** avoir l'honneur de faire qc *(form)*

beeiden* *tr V* affirmer sous serment; **etw ~** affirmer qc sous serment

beeilen* *r V* ❶ *(schnell machen)* **sich ~** se dépêcher; **sich mit dem Abwasch ~** se dépêcher de faire la vaisselle; **beeil dich mit der Arbeit!** dépêche-toi de finir ce travail!
❷ *geh (nicht zögern)* **sich ~ etw zu tun** s'empresser de faire qc

Beeilung <-> *f* **[los], ~!** *fam* grouille-toi/grouillez-vous! *(fam)*

beeindrucken* *tr V* impressionner; **jdn mit etw ~** impressionner qn par qc; **sich ~ lassen** se laisser impressionner; **[tief] beeindruckt sein** être très impressionné(e)

beeindruckend *Adj* impressionnant(e)

beeinflussbar[RR] [bə'ʔaɪnflʊsba:ɐ̯], **beeinflußbar**[ALT] *Adj* influençable; *Vorgang, Entscheidung* qui peut être changé(e)

beeinflussen* *tr V* influencer; **leicht zu ~ sein** *Person:* être fa-

cilement [*o* très] influençable; **durch etw beeinflusst werden/sein** être influencé(e) par qc

Beeinflussung <-, -en> *f* influence *f;* **unzulässige ~ einer Jury** influence illégitime sur un jury; **die ~ des Spiels durch die Zuschauer/den Regen** l'influence des spectateurs/de la pluie sur le match

beeinträchtigen* [bə'ʔaɪntrɛçtɪgən] *tr V* nuire à; **jdn in seiner Freiheit ~** restreindre la liberté de qn; **der Lärm beeinträchtigt meine Konzentration** le bruit m'empêche de bien me concentrer

Beeinträchtigung <-, -en> *f einer Beziehung, Freundschaft* dégradation *f; der Qualität* détérioration *f; der Arbeit, Ruhe* perturbation *f; der Bewegungsfreiheit* restriction *f*

Beelzebub [be'ɛltsəbu:p, 'be:ltsəbu:p] <-s> *m* Belzébuth *m*

beenden* *tr V* mettre fin à *Gespräch, Verhandlungen, Prozess;* terminer *Schule, Studium;* mettre un terme à *Streit, Beziehung;* lever *Blockade, Sitzung;* cesser *Krieg, Kampfhandlungen,* INFORM quitter *Programm*

beendigen* *s.* **beenden**

Beendigung <-> *f eines Gesprächs, von Verhandlungen* fin *f;* **~ des Arbeitsverhältnisses** cessation *f* du contrat de travail; **~ des Vertragsverhältnisses** cessation du lien juridique résultant du contrat; **nach ~ seines/ihres Studiums** une fois ses études terminées

beengen* *tr V* **jdn ~** *Person, Umgebung:* étouffer qn; *Zimmerdecke, Möbel:* oppresser qn; *Kleidungsstück:* serrer qn

beengt I. *Adj* étroit(e); **wir sind [sehr] ~ in unserer Wohnung** nous sommes [très] à l'étroit dans notre appartement; **in sehr ~en Verhältnissen wohnen** être logé(e) très à l'étroit
II. *Adv wohnen, leben* à l'étroit; **sich ~ fühlen** *(räumlich/seelisch eingeengt)* se sentir à l'étroit/oppressé(e)

Beengtheit <-> *f* exiguïté *f*

beerben* *tr V* ❶ hériter *Verstorbenen*
❷ *(nachfolgen)* succéder à *Politiker, Amtsinhaber*

beerdigen* *tr V* enterrer

Beerdigung <-, -en> *f* enterrement *m*

Beerdigungsfeier *f* funérailles *fpl (form)* **Beerdigungsinstitut** *nt* [entreprise *f* de] pompes *fpl* funèbres

Beere ['be:rə] <-, -n> *f* baie *f; (Weinbeere)* grain *m*

Beerenauslese *f* vin *m* liquoreux *(issu d'une sélection de grains avec pourriture noble)* **Beerenfrucht** *f* baie *f* **Beerenobst** *nt* fruits *mpl* rouges

Beet [be:t] <-[e]s, -e> *nt* plate-bande *f; (Blumenbeet)* parterre *m; (Gemüsebeet)* carré *m*

befähigen* [bə'fɛ:ɪgən] *tr V* ❶ *(in die Lage versetzen)* **jdn zu etw ~** *Körperkraft, Erziehung:* rendre qn capable de qc; **jdn dazu ~ etw zu tun** rendre qn capable de faire qc
❷ *(berechtigen)* **jdn zu etw ~** *Ausbildung, Examen:* qualifier qn pour qc

befähigt *Adj (fähig)* compétent(e); *(qualifiziert)* qualifié(e)

Befähigung <-> *f (Können, Kompetenz)* compétence *f; (naturgegebene Eignung)* aptitude *f; (Qualifikation)* qualification *f;* **die ~ zum Richteramt haben** avoir accès à la magistrature

Befähigungsnachweis *m* certificat *m* d'aptitude

befahl *Imp von* **befehlen**

befahrbar *Adj Straße, Strecke* praticable; *Pass* franchissable; *Wasserweg* navigable

befahren* *tr V unreg* ❶ emprunter *Straße, Brücke, Bahnstrecke;* naviguer sur *Wasserstraße, Schiffsroute, Seeweg;* **viel/wenig ~ sein** être peu/très fréquenté(e)
❷ MIN descendre dans *Schacht;* exploiter *Grube*

Befahren <-s> *nt* **das ~ der Brücke ist verboten!** défense d'emprunter le pont!

Befall <-[e]s> *m* **~ einer Pflanze mit Schädlingen** invasion *f* d'une plante d'insectes nuisibles; **bei ~ der inneren Organe/der Bäume** si les organes/les arbres sont attaqués

befallen*[1] *tr V unreg* ❶ *Virus, Pilz:* contaminer; **jdn ~** *Virus, Pilz:* contaminer qn; **eine Pflanze ~** *Schädlinge, Ungeziefer:* infester une plante
❷ *(überkommen)* **jdn befällt hohes Fieber/eine Krankheit** qn est pris(e) d'une forte fièvre/atteint(e) d'une maladie

befallen[2] *Adj Organ* contaminé(e); *Blatt, Pflanze* infesté(e)

befangen *Adj* ❶ *(gehemmt)* inhibé(e)
❷ *(parteiisch)* partial(e); **jdn als ~ ablehnen** récuser qn pour cause de suspicion
❸ *geh (gefangen)* **in Vorurteilen ~ sein** être imbu(e) de préjugés; **in einem Irrtum ~ sein** persister dans l'erreur

Befangenheit *f* ❶ *(Gehemmtheit)* inhibitions *fpl*
❷ *(Parteilichkeit)* partialité *f;* **jdn wegen ~ ablehnen** récuser qn pour cause de suspicion [légitime]

befassen* I. *r V* **sich ~** s'occuper; **sich mit jdm/etw ~** s'occuper de qn/qc; **sich mit einem Angebot/einer Frage/einem Gebiet ~** étudier une offre/une question/un domaine; **sich mit etw näher ~** examiner qc de plus près
II. *tr V form* **jdn mit etw ~** charger qn de qc; **mit etw befasst sein**

être chargé(e) de qc; JUR être saisi(e) de qc
befehden* I. *tr V* ❶ *geh (bekämpfen)* combattre
❷ HIST **jdn/etw** ~ se battre contre qn/partir en guerre contre qc
II. *r V* **sich** *[o* **einander** *geh]* ~ se faire la guerre
Befehl [bəˈfeːl] <-[e]s, -e> *m* ❶ ordre *m;* **der ~ zum Angriff** l'ordre d'attaquer; **[jdm] einen ~ geben** donner un ordre [à qn]; **[jdm] den ~ geben etw zu tun** donner [à qn] l'ordre de faire qc; **den ~ haben etw zu tun** avoir [l']ordre de faire qc; **auf ~ handeln** agir sur ordre; **auf ~ des Generals [hin]** sur [l']ordre du général; **einen ~ verweigern** refuser de suivre un ordre; **~ ist ~** les ordres sont les ordres; **zu ~!** à vos ordres!
❷ *(Befehlsgewalt)* **den ~ über etw** *(Akk)* **übernehmen/haben** prendre/avoir le commandement de qc; **unter jds ~** *(Dat)* **stehen** être sous les ordres [*o* sous le commandement] de qn
❸ INFORM commande *f*
▸ **auf höheren ~** sur [l']ordre d'un supérieur; **auf ~** *fam* sur commande; MIL selon les ordres
befehlen <befiehlt, befahl, befohlen> I. *tr V* ❶ *(anordnen)* ordonner; **~, dass** ordonner que + *subj;* **jdm ~ das Haus zu verlassen** ordonner à qn de quitter la maison; **jdm Stillschweigen ~** ordonner à qn de garder le silence; **du hast mir gar nichts zu ~!** tu n'as pas d'ordres à me donner!; **von dir lasse ich mir nichts ~!** je n'ai pas d'ordres à recevoir de toi!
❷ MIL **jdm ~ das Feuer einzustellen** donner l'ordre de cesser le feu; **den Angriff/Rückzug ~** donner l'ordre de l'offensive/la retraite; **jdn an die Front ~** envoyer qn au front
❸ *(beordern)* **jdn zur Geschäftsleitung ~** convoquer qn à la direction
❹ *veraltet form (gebieten, verlangen)* désirer; **Herr Graf ~?** Monsieur le Comte désire?; **[jawohl,] ganz wie Sie ~!** comme il vous plaira!
II. *itr V a.* MIL **über jdn/etw ~** commander qn/qc; **[jdm] ~ sich zurückzuziehen** commander [à qn] de se retirer; **in ~dem Ton** d'un ton impérieux
befehligen* *tr V* commander
Befehlsempfänger(in) *m(f)* exécutant(e) *m(f)* **Befehlsform** *f* GRAM impératif *m;* **in der ~ stehen** être à l'impératif **befehlsgemäß** I. *Adj* conforme aux ordres [reçus] II. *Adv* conformément aux ordres [reçus] **Befehlsgewalt** *f* commandement *m;* **die ~ über etw** *(Akk)* **haben** avoir le commandement de [*o* sur] qc **Befehlshaber(in)** *m(f)* commandant(e) *m(f)* **Befehlssatz** *m* GRAM phrase *f* à l'impératif **Befehlston** *m* ton *m* impérieux [*o* de commandement] **Befehlsverweigerung** *f* MIL insubordination *f* **Befehlszeile** *f* INFORM ligne *f* de commande
befestigen* *tr V* ❶ *(anbringen)* fixer; **etw an etw** *(Dat)* **~** fixer qc à qc
❷ *(fest, haltbar machen)* stabiliser *Fahrbahn, Straße;* consolider *Böschung, Deich*
❸ MIL fortifier
Befestigung <-, -en> *f* ❶ *(das Befestigen, die Vorrichtung)* fixation *f;* **die ~ der Lampe an der Decke** la fixation de la lampe au plafond
❷ MIL fortification *f*
❸ *(bauliche Konsolidierung) einer Straße, Fahrbahn* stabilisation *f; eines Damms, einer Böschung* consolidation *f*
Befestigungsanlage *f* fortifications *fpl* **Befestigungslinie** *f* ligne *f* de fortifications
befeuchten* *tr V* humidifier *Luft;* **den Stoff ~** *Person:* humecter le tissu; *Regen:* mouiller le tissu; **sich** *(Dat)* **die Stirn mit einem Tuch ~** se passer de l'eau sur le front avec un mouchoir humide; **seinen Finger mit Speichel ~** mouiller son doigt de salive
befeuern* *tr V* ❶ *s.* **beheizen**
❷ *(beschießen)* mitrailler
❸ NAUT, AVIAT baliser
❹ *fam (bewerfen)* canarder *(fam) Person;* **jdn mit Tomaten ~** bombarder qn de tomates
Befeuerung <-, -en> *f* NAUT, AVIAT balisage *m*
Beffchen [ˈbɛfçən] <-s, -> *nt* rabat *m*
befiehlt [bəˈfiːlt] *3. Pers Präs von* **befehlen**
befinden* *unreg* I. *r V* ❶ *(sich aufhalten)* se trouver; **sich im Ausland/Urlaub/auf Reisen ~** être [*o* se trouver] à l'étranger/en vacances/en voyage; **sich in guter Stimmung/schlechter Laune ~** être de bonne/mauvaise humeur
❷ *form (sich fühlen)* **sich gut/schlecht ~** se porter bien/mal
II. *tr V form* **jdn für kompetent/geeignet ~** déclarer qn compétent(e)/approprié(e); **etw für nötig/angemessen ~** considérer qc nécessaire/convenable
III. *itr V geh* **über jdn/etw ~** se prononcer sur qn/qc
Befinden <-s> *nt* ❶ *(Gesundheitszustand)* état *m* [de santé]; **wie ist sein ~?** comment se porte-t-il?; **wie ist das werte ~?** *hum* comment se porte Monsieur/Madame?
❷ *geh (Meinung)* position *f;* **nach meinem/seinem/...~** à mon/son/... avis; **jeder kann nach eigenem ~ urteilen** chacun peut juger comme bon lui semble
befindlich [bəˈfɪntlɪç] *Adj meist attr form* **die an der Macht ~e Regierung** le gouvernement [qui est/était] au pouvoir; **der im Schrank ~e Schmuck** les bijoux qui sont/étaient [*o* se trouvent/se trouvaient] dans l'armoire; **im Bau/Umlauf ~ [sein]** [être] en construction/circulation
Befindlichkeit <-, -en> *f* état *m* d'esprit
befingern* *tr V fam* tripoter *(fam)*
beflaggen* *tr V* pavoiser *Gebäude, Straßen, Schiff*
Beflaggung <-, -en> *f* ❶ *(das Beflaggen)* pavoisement *m*
❷ *(Gesamtheit der Flaggen)* drapeaux *mpl; eines Schiffs* pavillons *mpl*
beflecken* *tr V* ❶ *(schmutzig machen)* tacher; **das Tischtuch mit Wachs ~** tacher la nappe de cire; **ein beflecktes Hemd** une chemise tachée
❷ *geh (entehren)* salir *Ehre, Ruf*
befleißigen* [bəˈflaɪsɪɡən] *r V geh* s'appliquer; **sich einer gepflegten Sprache** *(Gen)* **~** s'appliquer à soigner son langage; **sich ~ etw zu tun** s'appliquer à faire qc
befliegen* *tr V unreg* **eine Strecke ~** *Fluggesellschaft:* assurer une liaison; **eine stark beflogene Strecke** une route aérienne très fréquentée
beflissen [bəˈflɪsən] I. *Adj Schüler* appliqué(e); *Mitarbeiter* zélé(e); *Diener* empressé(e)
II. *Adv* avec empressement
Beflissenheit <-> *f geh eines Schülers* application *f; eines Mitarbeiters* zèle *m; eines Dieners* empressement *m*
beflügeln* *tr V geh* stimuler; **jdn ~** stimuler qn; *Liebe, Angst:* donner des ailes à qn; **jdn dazu ~ sich weiter anzustrengen** inciter qn à continuer de faire des efforts
befohlen [bəˈfoːlən] *PP von* **befehlen**
befolgen* *tr V* suivre; respecter *Vorschrift, Regel, Gebot;* exécuter *Befehl*
Befolgung <-, -en> *f einer Anordnung, Vorschrift* respect *m; eines Befehls* exécution *f*
befördern* *tr V* ❶ *(transportieren)* transporter; acheminer *Briefe;* **etw mit/durch etw ~ lassen** expédier qc par qc
❷ *(aufrücken lassen)* **jdn zum Abteilungsleiter ~** promouvoir qn chef de service; **befördert werden** avoir de l'avancement; *Soldat:* monter en grade
❸ *fam (bringen)* **jdn nach draußen [*o* ins Freie]/ins Gefängnis ~** expédier qn dehors/en prison *(fam)*
❹ *(begünstigen)* favoriser *Karriere, Projekt*
Beförderung *f* ❶ *von Personen, Waren, Gepäck* transport *m; von Postsendungen* acheminement *m*
❷ *(das Aufrücken) eines Mitarbeiters, Soldaten* promotion *f; eines Beamten* avancement *m;* **ihre ~ zur Leiterin der Buchhaltung** sa promotion au rang de directrice de la comptabilité
Beförderungsbedingungen *Pl* conditions *fpl* de transport **Beförderungskosten** *Pl form* frais *mpl* de transport **Beförderungsmittel** *nt* moyen *m* de transport **Beförderungspflicht** *f (in Bezug auf Personen, Tiere)* obligation *f* de prise en charge; *(in Bezug auf Güter)* obligation de résultat **Beförderungsweg** *m* moyen *m* de transport
befrachten* *tr V* ❶ *(beladen)* charger *Schiff*
❷ *geh (überladen)* **einen Artikel mit zu vielen Informationen ~** charger un article de trop d'informations; **übermäßig befrachtet sein** *Artikel, Darstellung, Rede:* être surchargé(e)
befragen* *tr V* ❶ *(ausfragen)* interroger; entendre *Zeugen;* **jdn über etw** *(Akk)*/**zu etw ~** interroger qn sur qc/au sujet de qc
❷ *(um eine Stellungnahme bitten)* **jdn nach seiner Meinung ~** demander son avis à qn
❸ *(um Rat fragen)* consulter *Karten, Orakel*
Befragte(r) *f(m) dekl wie Adj* personne *f* interrogée
Befragung <-, -en> *f* ❶ *(das Ausfragen)* interrogation *f; eines Zeugen* interrogatoire *m*
❷ *(das Deuten) von Karten, eines Orakels* consultation *f*
❸ *(Umfrage)* sondage *m*
befreien* I. *tr V* ❶ libérer *Person, Land;* **jdn aus der Gefangenschaft ~** libérer qn de sa captivité; **ein Land von der Diktatur ~** libérer un pays de la dictature
❷ *(freistellen)* **jdn von einer Pflicht ~** exempter qn d'une obligation; **jdn vom Wehrdienst/Unterricht ~** dispenser qn du service militaire/de l'école; **jdn von der Steuer ~** exonérer qn des impôts
❸ *(entlasten)* **jdn von einer Verantwortung ~** soulager [*o* délivrer] qn d'une charge
❹ *(erlösen)* **jdn von seinen Schmerzen ~** soulager qn de ses douleurs
❺ *(reinigen)* **jdn von Parasiten ~** délivrer qn des parasites; **die Straßen vom Abfall ~** débarrasser les rues des détritus
II. *r V* ❶ **sich aus einer Zelle ~** s'évader d'une cellule
❷ *(überwinden)* **sich von einer Militärdiktatur ~** se libérer d'une dictature militaire

❸ *(sich lösen)* **sich von Vorurteilen ~** se débarrasser des préjugés
befreiend I. *Adj Lachen* libérateur(-trice)
II. *Adv* ~ **wirken** soulager
Befreier(in) <-s, -> *m(f)* libérateur(-trice) *m(f)*
befreit I. *Adj Person* soulagé(e); *Lächeln, Aufatmen* de soulagement
II. *Adv* lächeln, aufatmen de soulagement
Befreiung <-, -en> *f* ❶ *(das Befreien)* einer Person, eines Volkes, Landes libération *f*; *eines Tiers* délivrance *f*
❷ *(Freistellung)* dispense *f*; **~ von der Steuer** exonération *f* des impôts
❸ *(Erlösung)* soulagement *m*
Befreiungsbewegung *f* mouvement *m* de libération **Befreiungskampf** *m* lutte *f* pour l'indépendance **Befreiungskrieg** *m* guerre *f* d'indépendance **Befreiungsorganisation** *f* organisation *f* de libération **Befreiungsschlag** *m* ❶ SPORT dégagement *m*
❷ POL a. fig bouffée *f* d'oxygène **Befreiungsversuch** *m* tentative *f* de libération
befremden* I. *tr V* déconcerter
II. *itr V* paraître insolite
Befremden <-s> *nt* stupeur *f*; **zu seinem/meinem/... ~** à sa/ma/... [grande] stupeur
befremdet *Adj* stupéfait(e)
befremdlich [bəˈfrɛmtlɪç] *Adj geh* déconcertant(e)
Befremdung <-> *f* stupéfaction *f*; **der Film löste beim Publikum ~ aus** le film a provoqué la stupéfaction du public
befreunden* *r V (sich anfreunden)* se lier d'amitié; **sich mit jdm ~** se lier d'amitié avec qn
❷ *(sich gewöhnen)* **sich mit einem Gedanken/einer Vorstellung ~** se faire à une idée
befreundet *Adj Person* ami(e), *Staat* allié(e), ami(e); **ein mit uns ~er Journalist** un journaliste de nos amis; **das ~e Ausland** les pays *mpl* amis; **mit jdm ~ sein** être un ami/une amie de qn; **er ist mit ihm gut ~** c'est un bon ami à lui; **sie sind [eng] ~** ils/elles sont [très] ami(e)s
befrieden* [bəˈfriːdən] *tr V POL geh* rétablir la paix dans *Land*
befriedigen* [bəˈfriːdɪɡən] I. *tr V* ❶ *(zufriedenstellen, abfinden)* satisfaire
❷ *(stillen)* satisfaire *Wünsche, Neugier*; assouvir *Gelüste*
❸ *(sexuell befriedigen)* donner du plaisir à
II. *itr V Lösung, Regelung:* être satisfaisant(e)
III. *r V* **sich [selbst] ~** s'adonner au plaisir solitaire
befriedigend *Adj a.* SCHULE satisfaisant(e)
befriedigt I. *Adj* satisfait(e); *(sexuell erfüllt)* comblé(e) sur le plan sexuel
II. *Adv* avec satisfaction
Befriedigung <-> *f* ❶ *(das Zufriedenstellen, die Zufriedenheit)* satisfaction *f*; **mit ~ feststellen, dass** constater avec satisfaction que
❷ *(das Stillen)* assouvissement *m*
❸ *(sexuelle Befriedigung)* satisfaction *f* [sexuelle]
❹ FIN, JUR *eines Gläubigers* désintéressement *m*; **bevorzugte ~ eines Gläubigers** désintéressement préférentiel d'un créancier
befristen* *tr V* fixer un délai pour *Tätigkeit, Projekt*; **etw auf ein Jahr ~** limiter qc à un an
befristet I. *Adj* ❶ temporaire; *Arbeitsverhältnis* à durée déterminée; **auf zwei Jahre ~ [sein]** [être] limité(e) à deux ans; **ein auf drei Monate ~es Visum** un visa valable trois mois
❷ FIN *Anlage* à [court/long] terme
II. *Adv* ~ **gelten** avoir une durée de validité déterminée
Befristung <-, -en> *f* ❶ limitation *f* de durée; **eine ~ auf ein Jahr** une limitation de durée à un an; **eine Anstellung mit ~** un emploi à durée déterminée
❷ *(Gültigkeitsdauer) eines Visums, einer Genehmigung* durée *f* de validité
befruchten* *tr V* ❶ féconder; **jdn/ein Tier künstlich ~** inséminer qn/un animal artificiellement
❷ *(geistig anregen)* enrichir; **auf jdn/etw ~d wirken** être fructueux(-euse) pour qn/qc
Befruchtung <-, -en> *f* fécondation *f*; **künstliche ~** insémination *f* artificielle; *(in der Gebärmutter vorgenommen)* fivète *f*
befugen* *tr V form* autoriser, habiliter *(form)*; **wer hat Sie dazu befugt?** qui vous y a autorisé?
Befugnis [bəˈfuːknɪs] <-, -se> *f form* habilitation *f*; **seine/ihre ~se** ses compétences; **dazu haben Sie keine ~** ce n'est pas de votre compétence
befugt *Adj form* avoir autorité; **~ sein etw zu tun** avoir autorité pour faire qc; **zur Kontrolle der Papiere ~ sein** avoir autorité pour le contrôle des pièces d'identité
befühlen* *tr V* tâter
befummeln* *tr V fam* tripoter *(fam)*
Befund <-[e]s, -e> *m* résultat *m*; **[ärztlicher] ~** résultat *m* [de l'analyse médicale]; **negativer/positiver ~** résultat d'analyse négatif/positif; **der Urin war ohne ~** l'analyse des urines était négative; **Cholesterin: ohne ~** cholestérol: néant
befürchten* *tr V* craindre; **~, dass** craindre [o redouter] que + *subj*; **sie befürchtet, dass sie krank wird** elle craint de tomber malade; **es ist [o steht] zu ~, dass** il est à craindre que + *subj*; **es ist nicht zu ~, dass** il n'y a pas de danger que + *subj*; **ein Rückfall ist nicht zu ~** une rechute n'est pas à craindre; **wie befürchtet** comme je le craignais/on le craignait/...
Befürchtung <-, -en> *f* craintes *fpl*; **die ~ haben [o hegen geh], dass** craindre [o redouter] que + *subj*; **die schlimmsten ~en bei jdm wecken** inspirer les pires craintes à qn; **es soll ~en geben, dass** on craint, paraît-il, que + *subj*
befürworten* [bəˈfyːɐ̯vɔrtən] *tr V* appuyer *Antrag, Gesuch*; être partisan(e) de *Vorgehen, Einstellung*; **ich befürworte das sehr** j'y suis très favorable; **~, dass** préconiser que + *subj*
befürwortend I. *Adj* favorable
II. *Adv* favorablement
Befürworter(in) <-s, -> *m(f) einer Haltung, eines Vorgehens* partisan(e) *m(f)*; *einer Idee* avocat(e) *m(f)*
Befürwortung <-, -en> *f* recommandation *f*; **durch die ~ dieses Plans** en soutenant ce projet
begabt [bəˈɡaːpt] *Adj* doué(e); **musikalisch ~ sein** être doué(e) pour la musique; **für solche Arbeiten ist er sehr ~** il est très doué pour ce genre de travail; **die mathematisch begabteste Schülerin** l'élève la plus douée en mathématiques; **nicht [gerade] mit viel Verstand ~ sein** ne pas être doué(e) de beaucoup de raison; **die Begabten fördern** pousser les élèves/les étudiants doués; **hoch ~** surdoué(e)
Begabtenförderung *f* ❶ *(Verfahren)* attribution d'une bourse d'études aux élèves et étudiants particulièrement doués
❷ *(Geld)* bourse d'études attribuée aux élèves et étudiants particulièrement doués
Begabung [bəˈɡaːbʊŋ] <-, -en> *f* ❶ *(Talent)* don *m*; **eine ~ für Zahlen haben** avoir un don pour les chiffres; **er hat die [seltene] ~, im richtigen Moment anzurufen** *iron* il a vraiment le chic pour appeler [o le don d'appeler] au bon moment *(iron)*
❷ *(Mensch)* talent *m*; **sie ist eine ~** c'est un talent
begaffen* *tr V pej fam* regarder avec des yeux ronds *(fam)*; **jdn ~** regarder qn avec des yeux ronds *(fam)*
begann [bəˈɡan] *Imp von* **beginnen**
begatten* I. *tr V* ❶ **ein Weibchen ~** couvrir une femelle; *Vogel:* côcher une femelle *(spéc)*
❷ *geh (koitieren mit)* avoir des relations sexuelles avec *(form)*
II. *r V* **sich ~** ❶ ZOOL s'accoupler
❷ *geh (koitieren)* avoir des relations sexuelles *(form)*, coïter *(spéc)*
Begattung <-, -en> *f* ❶ ZOOL saillie *f*
❷ *geh (Koitus)* coït *m*, copulation *f (hum)*
begeben* *r V unreg geh* ❶ *(gehen, fahren)* **sich ~** aller, se rendre; **sich in den Garten/ins Ausland ~** aller [o se rendre] dans le jardin/à l'étranger; **sich ins Haus ~** entrer dans la maison; **sich an die Arbeit ~** se mettre au travail
❷ *fig* **sich in eine schwierige Lage ~** se mettre dans une situation difficile; **sich in Gefahr ~** s'exposer au danger; **sich in Behandlung ~** aller se faire soigner
❸ *(verzichten)* **sich eines Rechts/seines Einflusses ~** renoncer à un droit/son influence; **sich einer Möglichkeit** *(Gen)* **~** se priver d'une possibilité
Begebenheit <-, -en> *f geh* événement *m*
begegnen* I. *itr V + sein* ❶ *(treffen, stoßen auf)* rencontrer; **jdm/einer S. ~** rencontrer qn/qc
❷ *geh (entgegentreten)* **jdm freundlich [o mit Freundlichkeit] ~** traiter qn aimablement [o avec amabilité]; **einer S.** *(Dat)* **mit Misstrauen/Zurückhaltung ~** accueillir qc avec méfiance/réserve
❸ *(widerfahren)* **jdm begegnet etw** qc arrive à qn
II. *r V* **sich** *(Dat)* **einander ~** se rencontrer
Begegnung <-, -en> *f* ❶ a. SPORT rencontre *f*; **er vermied eine weitere ~ mit ihr** il évita de la rencontrer à nouveau; **ich lege auf eine ~ mit ihm keinen Wert** je ne tiens pas à le rencontrer
❷ *(das Kennenlernen)* **~ mit etw** contact *m* avec qc
Begegnungsstätte *f* lieu *m* de rencontre
begehbar *Adj* praticable à pied
begehen* *tr V unreg* ❶ *(verüben)* commettre *Tat, Verbrechen*; faire *Dummheit*
❷ *geh (feiern)* célébrer
❸ *(betreten)* passer [o marcher] sur *Weg, Planken*; **die Treppe ~ (hinauf-/hinabgehen)** monter/descendre l'escalier; **dieser Weg wird viel begangen** ce chemin est très fréquenté
begehren* *tr V* ❶ *geh (Verlangen haben nach)* désirer; **jdn zum Mann/zur Frau ~** désirer faire de qn son mari/sa femme
❷ *veraltet (verlangen)* **etw von jdm ~** demander qc à qn; **er begehrt mit ihr zu sprechen** il désire [o aimerait] lui parler
Begehren <-s, selten -> *nt* ❶ *geh (Verlangen)* désir *m*; **~ nach jdm/etw** envie *f* de qn/besoin *m* de qc
❷ *veraltet (Wunsch, Forderung)* demande *f*; **was ist Ihr ~?** que

désirez-vous?
begehrenswert *Adj Person* désirable; *Gegenstand* tentant(e)
begehrlich *geh* I. *Adj* de convoitise
II. *Adv* avec convoitise
Begehrlichkeit <-, -en> *f geh* convoitise *f*
begehrt *Adj Frau, Junggeselle* courtisé(e); *Posten, Stellung* convoité(e); *Urlaubsort* prisé(e)
Begehung <-, -en> *f* JUR perpétration *f*
begeistern* I. *tr V* enthousiasmer; **jdn für seine Ziele ~** rallier qn à ses visées; **sie ist für nichts zu ~** rien ne l'enthousiasme; **eine ~ de Rede** un discours à l'enthousiasme communicatif
II. *r V* **sich für jdn/etw** [*o* **an etw** *(Dat)*] **~** s'enthousiasmer pour qn/qc
begeistert I. *Adj* ❶ *(hingerissen)* enthousiaste; **von etw ~ sein** être enthousiasmé(e) par qc
❷ *(leidenschaftlich)* passionné(e) *(fam)*
II. *Adv* avec enthousiasme
Begeisterung <-> *f* enthousiasme *m;* **über etw** *(Akk)* **in ~ geraten** se laisser gagner par l'enthousiasme pour qc; **seine ~ für Sport/über das Match** son enthousiasme pour le sport/à propos du match; **etw mit ~ tun** faire qc avec enthousiasme
begeisterungsfähig *Adj* capable de s'enthousiasmer **Begeisterungsfähigkeit** *f* capacité *f* à s'enthousiasmer **Begeisterungssturm** *m* débordements *mpl* d'enthousiasme
Begierde [bə'giːɐdə] <-, -n> *f geh* ❶ soif *f;* **~ nach Besitz/Macht** soif *f* de possession/pouvoir; **voller ~** avec avidité
❷ *(sexuelles Verlangen)* concupiscence *f;* **voller ~** brûlant(e) de désir *(soutenu)*
▶ **brennen vor ~ etw zu tun** brûler du désir de faire qc
begierig I. *Adj* ❶ avide; **~ auf eine Antwort sein** être avide d'entendre [*o* d'apprendre] une réponse; **~ sein mehr zu erfahren** être avide [*o* désireux(-euse)] d'en savoir plus; **~ [darauf] sein etw zu tun** être avide de faire qc
❷ *(voll sexuellem Verlangen)* concupiscent(e) *(hum)*
II. *Adv* avidement
begießen* *tr V unreg* ❶ arroser *Pflanze*
❷ *fam (feiern)* arroser *(fam);* **das muss begossen werden!** il faut arroser ça! *(fam),* ça s'arrose! *(fam)*
Beginn [bə'gɪn] <-[e]s> *m (zeitlicher Anfang)* commencement *m,* début *m; (räumlicher Anfang)* début *m;* **bei** [*o* **zu**] **~** au début; **gleich zu ~** dès le début
beginnen [bə'gɪnən] <**begann, begonnen**> I. *itr V* ❶ *(anfangen)* commencer; **mit der Arbeit ~** commencer le travail; **mit der Suppe ~** *(zunächst die Suppe essen)* commencer par la soupe; *(als Erster die Suppe essen)* commencer à manger la soupe
❷ *(eintreten, seinen Verlauf nehmen)* **mit etw ~** *Film, Schule, Anfall:* recommencer par qc; **wieder ~** recommencer; **eine ~ de Erkältung** un début de rhume; **bei ~ der Dämmerung** à la tombée de la nuit
II. *tr V* ❶ *(anfangen)* **etw mit etw ~** commencer qc par qc
❷ *geh (angehen)* **wir müssen die Sache anders ~** nous devons nous y prendre autrement; **ich weiß nicht recht, wie ich es ~ soll** je ne sais pas par quel bout commencer [*o* comment m'y prendre]; **was soll ich damit ~?** qu'est-ce que je dois faire de ça?
beglaubigen* [bə'glaʊbɪɡn̩] *tr V* ❶ légaliser *Unterschrift;* authentifier *Testament;* **eine Kopie ~ lassen** faire certifier une copie conforme; **beglaubigt** *Unterschrift* légalisé(e); *Kopie* certifié(e) conforme; **amtlich/notariell beglaubigt** authentique/notarié(e)
❷ *(akkreditieren)* **jdn als Botschafter bei einer Regierung ~** accréditer qn auprès d'un gouvernement en qualité d'ambassadeur
Beglaubigung <-, -en> *f* ❶ *einer Kopie* attestation *f* de conformité; *einer Unterschrift* légalisation *f; eines Testaments* authentification *f*
❷ *(Akkreditierung)* accréditation *f*
Beglaubigungsschreiben *nt* lettres *fpl* de créance
begleichen* *tr V unreg* régler *Rechnung, Schulden*
Begleichung <-, selten -en> *f* règlement *m;* **zur ~ meiner Schulden** en règlement de mes dettes
Begleitbrief *s.* **Begleitschreiben**
begleiten* *tr V* ❶ *Person, Wünsche, Erfolg:* accompagner; **jdn ~** *Person, Wünsche, Erfolg:* accompagner qn; **jdn ins Kino/zur Tür ~** accompagner qn au cinéma/à la porte; **jdn nach Hause ~** raccompagner qn
❷ *(eskortieren)* **jdn/etw ~** escorter qn/qc; *Flugzeug, Schiff:* convoyer qn/qc
❸ MUS **jdn am Klavier/auf der Gitarre ~** accompagner qn au piano/à la guitare
Begleiter(in) <-s, -> *m(f)* accompagnateur(-trice) *m(f)*
▶ **ständiger ~/ständige ~in** *euph* chevalier *m* servant/compagne *f* [attitrée]
Begleiterscheinung *f* effet *m* secondaire **Begleitinstrument** *nt* instrument *m* d'accompagnement **Begleitmann-**
schaft *f* escorte *f* **Begleitmusik** *f* ❶ *eines Films* musique *f* de/du film ❷ *sl (begleitende Aktionen)* toile *f* de fond **Begleitperson** *f form* accompagnateur(-trice) *m(f); eines Geldtransports* convoyeur *m* **Begleitschein** *m* bordereau *m* d'expédition **Begleitschreiben** *nt* lettre *f* d'accompagnement; *einer Warensendung* notice *f* explicative **Begleitumstände** *Pl* circonstances *fpl* concomitantes
Begleitung <-, -en> *f* ❶ *kein Pl (das Begleiten)* compagnie *f*
❷ *kein Pl (Gesellschaft)* **in ~** accompagné(e); **in ~ eines Freundes** en compagnie d'un ami
❸ *kein Pl (Begleiter)* accompagnateur(-trice) *m(f); (Gefolge)* escorte *f;* **ohne ~** non accompagné(e); **ich gehe lieber als ~ mit** je préfère t'accompagner/vous accompagner
❹ MUS accompagnement *m* [musical]
beglücken* *tr V Person:* combler d'aise; *Lottogewinn:* rendre heureux(-euse); **jdn ~** *Person:* combler d'aise qn; *Lottogewinn:* rendre qn heureux(-euse); **jdn mit** [*o* **durch**] **etw ~** combler d'aise qn avec [*o* par] qc; *iron fam* gratifier qn de qc *(hum);* **~ d** *Gefühl* de bonheur; *Erlebnis* qui rend heureux(-euse)
beglückt I. *Adj* heureux(-euse), ravi(e)
II. *Adv* comblé(e)
beglückwünschen* *tr V* féliciter; **jdn zu seiner Wahl ~** féliciter qn de son choix; **du kannst dich zu deinem Mann/Vorschlag ~** tu peux te féliciter d'avoir ton mari/d'avoir fait cette proposition
begnadet [bə'ɡnaːdət] *Adj Künstler* d'un talent exceptionnel; **er ist ein ~er Sänger** il chante comme un dieu; **~ sein** avoir la grâce
begnadigen* [bə'ɡnaːdɪɡn̩] *tr V* gracier; **jdn zu lebenslanger Haft ~** commuer la peine [de mort] de qn en réclusion à perpétuité
Begnadigung <-, -en> *f* grâce *f*
Begnadigungsgesuch *nt* recours *m* en grâce **Begnadigungsrecht** *nt kein Pl* droit *m* de grâce
begnügen* [bə'ɡnyːɡn̩] *r V* ❶ *(sich zufriedengeben)* **sich ~** se contenter; **sich mit etw ~** se contenter de qc
❷ *(sich beschränken)* **sich damit ~ etw zu tun** se contenter de faire qc
Begonie [be'ɡoːniə] <-, -n> *f* bégonia *m*
begonnen [bə'ɡɔnən] *PP von* **beginnen**
begraben* *tr V unreg* ❶ *(beerdigen)* enterrer
❷ *(verschütten)* **jdn/etw unter sich** *(Dat)* **~** ensevelir qn/qc sous soi
❸ *(aufgeben, beenden)* enterrer *Hoffnung, Streit;* renoncer à *Wunsch, Feindschaft*
▶ **sich mit etw ~ lassen können** *fam* pouvoir aller se rhabiller avec qc *(fam);* **ich möchte dort nicht ~ sein** *fam* j'aimerais pas aller m'y enterrer *(fam)*
Begräbnis [bə'ɡrɛːpnɪs] <-ses, -se> *nt* enterrement *m*
begradigen* [bə'ɡraːdɪɡn̩] *tr V* rectifier
Begradigung <-, -en> *f* rectification *f*
begreifen* *unreg* I. *tr V* ❶ *(verstehen)* comprendre; **~, dass** comprendre que + *indic*
❷ *(nachvollziehen, mitempfinden)* concevoir *Verhalten, Gefühl;* comprendre *Person;* **~, dass** comprendre que + *subj;* **nicht ~, wie/warum/...** ne pas comprendre comment/pourquoi/...; **es ist nicht zu ~, dass** il est inconcevable que + *subj*
❸ *(auffassen, interpretieren)* **etw als Herausforderung ~** considérer qc comme un défi
II. *itr V* **schnell/langsam ~** comprendre facilement/difficilement
III. *r V* **sich [selbst] nicht ~** ne pas se comprendre [soi-même]
❷ *(sich betrachten)* **sich als Künstler ~** se considérer comme artiste
begreiflich *Adj* compréhensible; **jdm etw ~ machen** faire comprendre qc à qn; **sich jdm ~ machen** se faire comprendre de qn; **das ist ~** ça se comprend; **mir ist nicht ~, wie das geschehen konnte!** je n'arrive pas à comprendre comment cela a pu se passer!
begreiflicherweise *Adv* bien entendu
begrenzen* *tr V* ❶ *(die Grenze bilden)* [dé]limiter
❷ *(beschränken)* **die Zahl der Teilnehmer auf zwanzig ~** limiter le nombre des participants à vingt
begrenzt I. *Adj* limité(e); *Rahmen* étroit(e)
II. *Adv* de façon limitée
Begrenztheit <-> *f* caractère *m* limité
Begrenzung <-, -en> *f* ❶ *kein Pl (das Begrenzen) einer Fläche, eines Geländes* délimitation *f;* **die ~ der Geschwindigkeit auf 30 km/h** la limitation de la vitesse à 30 km/h
❷ *(Grenze) eines Gartens, Feldes* limite *f*
Begriff <-[e]s, -e> *m* ❶ *(Wort)* terme *m; (Inhalt)* notion *f*
❷ *(Vorstellung)* conception *f;* **sich** *(Dat)* **einen ~ von etw machen** se faire une idée de qc; **du machst dir keinen ~ von der Armut dieser Menschen** *fam* tu n'imagines pas la misère de ces gens; **für meine/seine ~e** selon moi/lui; **nach menschlichen ~en** d'après l'expérience humaine
❸ *(Inbegriff)* symbole *m*
▶ **schwer von ~ sein** *fam* avoir la comprenette un peu dure *(fam);*

jd/etw ist jdm ein ~ qn connaît qn/qc; jd/etw ist jdm kein ~ qn ne connaît pas qn/qc; ein ~ sein être une référence; im ~ sein etw zu tun être sur le point de faire qc
begriffen *Adj form* im Gehen [*o* Aufbruch] ~ sein être sur le point de partir; im Umbau ~ sein être en cours de modification
begrifflich I. *Adj attr* sémantique
II. *Adv* du point de vue sémantique
begriffsstutzig *Adj* borné(e); ~ sein avoir du mal à comprendre **Begriffsstutzigkeit** <-> *f* lenteur *f* d'esprit **Begriffsvermögen** *nt* entendement *m*
begründen* *tr V* ❶ *(erläutern, rechtfertigen)* justifier; etw mit etw ~ justifier qc par qc
❷ *(gründen)* fonder *Hausstand, Geschäft;* créer *Ruhm, Erfolg*
Begründer(in) *m(f) eines Staats, Reichs* fondateur(-trice) *m(f); einer Wissenschaft, Theorie* créateur(-trice) *m(f)*
begründet *Adj Hoffnung, Verdacht* fondé(e); *Beschwerde, Klage* fondé(e) [en droit]
▶ in etw *(Dat)* ~ liegen [*o* sein] s'expliquer par qc
Begründung *f* ❶ *(Erläuterung, Rechtfertigung)* justification *f;* etw als ~ für seine Entscheidung anführen donner qc comme justification de sa décision
❷ *(Urteilsbegründung)* exposé *m* des motifs
❸ geh *s.* Gründung ❶
Begrünung <-, -en> *f* ❶ *(das Begrünen)* aménagement *m* d'espaces verts
❷ *(Pflanzen)* verdure *f*
begrüßen* *tr V* ❶ *(willkommen heißen)* saluer; jdn mit etw ~ saluer qn par qc; jdn als Befreier ~ accueillir qn comme libérateur; es ist mir eine große Ehre Sie bei uns ~ zu dürfen c'est un honneur pour moi de vous recevoir chez nous
❷ *(gutheißen)* saluer; es ist zu ~, dass il faut saluer le fait que + *subj*
begrüßenswert *Adj Vorschlag, Initiative* qui mérite d'être salué(e); es ist ~, dass je me félicite/nous nous félicitons de ce que + *subj*
Begrüßung <-, -en> *f* souhaits *mpl* de bienvenue; zur ~ pour [lui/leur] souhaiter la bienvenue; zur ~ erhielt jeder ein Glas Champagner en guise d'accueil, on offrit un verre de champagne à chacun

> **Land und Leute**
> En Allemagne, il n'est pas commun de se faire la bise pour se dire bonjour ou au revoir. **Zur Begrüßung**, on se serre la main même si l'on se connaît bien. Parfois, les plus jeunes préfèrent se saluer, c'est-à-dire *grüßen*, en frappant la paume de leur main contre celle de leurs amis.

Begrüßungsansprache *f* allocution *f* de bienvenue **Begrüßungscocktail** *m* cocktail *m* de bienvenue
begucken* *tr V fam* regarder; *(genau, prüfend betrachten)* examiner
begünstigen* *tr V* ❶ *Situation, Klima, Nachfrage:* favoriser; etw ~ *Situation, Klima, Nachfrage:* favoriser qc
❷ *(vorziehen)* jdn vor jdm/bei etw ~ favoriser [*o* avantager] qn au détriment de qn/pour qc
❸ JUR prêter assistance à
Begünstigung <-, -en> *f* ❶ *kein Pl (das Begünstigen)* eine ~ des öffentlichen Verkehrs bewirken *Maßnahme:* favoriser les transports en commun
❷ *kein Pl (das Bevorzugen)* ~ eines Kindes favoritisme *m* à l'égard d'un enfant
❸ JUR ~ des Täters assistance *f* prêtée à l'auteur du crime
begutachten* *tr V* ❶ *(fachlich prüfen)* expertiser *Gegenstand, Schaden*
❷ *fam (ansehen)* examiner
Begutachtung *f* expertise *f*
begütert [bəˈgy:tɐt] *Adj geh* fortuné(e)
begütigend I. *Adj* apaisant(e)
II. *Adv* de façon apaisante
behaart [bəˈhaːɐt] *Adj Person, Brust, Körper* poilu(e); stark/schwach ~ velu(e)/peu poilu(e)
Behaarung <-, -en> *f einer Person, eines Körperteils* pilosité *f*
❷ ZOOL pelage *m*
behäbig [bəˈhɛːbɪç] *Adj* ❶ *(langsam) Person* flegmatique; *Bewegung, Hantieren* posé(e)
❷ *(breit, ausladend) Möbel* confortable
Behäbigkeit <-> *f* ❶ *(Langsamkeit) einer Person* flegme *m; von Bewegungen* allure *f* posée
❷ *(ausladende Form) eines Möbelstücks* confort *m*
behaftet [bəˈhaftət] *Adj* atteint(e); mit einer Krankheit ~ sein être atteint(e) d'une maladie; mit einer abwertenden Bedeutung ~ sein *Begriff, Wort:* être chargé(e) d'une connotation péjorative; mit Fehlern/Mängeln ~ sein être défectueux(-euse)
behagen* [bəˈhaːɡən] *itr V Person, Arbeit, Angebot:* plaire; jdm ~ *Person, Arbeit, Angebot:* plaire à qn; er behagt ihr nicht il ne lui plaît pas; an dir behagt mir vieles nicht beaucoup de choses ne me plaisent pas chez toi; es behagt mir [gar] nicht, dass ich das tun soll/dass er das tut ça ne me plaît pas [du tout] de devoir faire cela/qu'il fasse cela
Behagen <-s> *nt* plaisir *m*
behaglich [bəˈhaːklɪç] I. *Adj Wohnung, Raum, Kaminfeuer* agréable; *Schnurren* de plaisir; es sich *(Dat)* ~ machen s'installer confortablement
II. *Adv* eingerichtet confortablement; *warm* agréablement; *brummen, schnurren* de bien-être; sich ~ fühlen se sentir à l'aise
Behaglichkeit <-> *f* confort *m;* ~ ausstrahlen créer une ambiance agréable; eine Atmosphäre der ~ une atmosphère agréable
behalten* *tr V unreg* ❶ *(nicht hergeben, nicht forttun)* garder; etw in der Hand/Tasche ~ garder qc dans la main/le sac
❷ *(bewahren)* garder *Fassung, Ruhe, Wert, Form;* contrôler *Nerven*
❸ *(nicht vergessen)* retenir
❹ *(sich nicht trennen von, nicht aufgeben)* garder *Mitarbeiter, Namen, Stellung;* jdn bei sich ~ *(jdn zu Gast haben)* retenir qn à la maison; *(jdn zu sich nehmen)* recueillir qn
❺ *(zurückbehalten)* von einem Unfall eine Narbe ~ garder une cicatrice à la suite d'un accident
▶ nichts bei sich ~ [können] ne rien pouvoir garder; etw für sich ~ garder qc pour soi
Behälter [bəˈhɛltɐ] <-s, -> *m,* **Behältnis** <-ses, -se> *nt* récipient *m; (groß)* réservoir *m*
behämmert [bəˈhɛmɐt] *s.* bescheuert
behänd[e]^RR *geh* I. *Adj* preste *(soutenu)*
II. *Adv* prestement *(soutenu)*
behandeln* *tr V* ❶ *(umgehen mit)* traiter; jdn/etw gut ~ traiter bien qn/qc; jdn/etw schlecht ~ maltraiter qn/qc; jdn korrekt ~ traiter qn d'une façon correcte; etw vorsichtig ~ traiter qc prudemment; etw schonend/mit Sorgfalt ~ prendre soin de qc
❷ *(versorgen)* traiter *Patient;* soigner *Verletzung, Zahn, Krankheit;* der ~de Arzt le médecin traitant
❸ *(pflegen)* etw mit Wachs ~ entretenir qc avec de la cire
❹ *(chemisch bearbeiten)* traiter *Pflanze, Lebensmittel, Holz;* den Weizen mit Pflanzenschutzmitteln ~ traiter le blé avec des produits phytosanitaires
❺ *(abhandeln)* traiter *Thema, Frage*
Behändigkeit^RR <-> *f geh* prestesse *f (littér)*
Behandlung <-, -en> *f* ❶ *(Umgang)* traitement *m*
❷ *(Versorgung) eines Patienten* consultation *f* [médicale]; *einer Verletzung, Krankheit, eines Zahns* soins *mpl* [médicaux]; *(Therapie)* traitement *m* [médical]; bei jdm in ~ sein être en traitement chez qn; in psychoanalytischer ~ sein être en [psych]analyse
❸ *(Pflege)* entretien *m*
❹ *(chemische Bearbeitung)* traitement *m*
❺ *(Abhandlung)* bei der ~ dieser Frage/dieses Themas en traitant cette question/ce sujet
behandlungsbedürftig *Adj* qui nécessite des soins; ~ sein nécessiter des soins **Behandlungskosten** *Pl* coût *m* du traitement, frais *mpl* médicaux **Behandlungsmethode** *f* méthode *f* de traitement [*o* de soins] **Behandlungsraum** *m,* **Behandlungszimmer** *nt* salle *f* de soins
Behang [bəˈhaŋ] <-[e]s, -hänge> *m (Schmuck) eines Tannenbaums* décoration *f; (Wandbehang)* tenture *f*
behangen *Adj* ❶ *Obstbaum, Zweig* chargé(e); mit Früchten ~ couvert(e) de fruits
❷ *fig, pej* mit Schmuck ~ couvert(e) de bijoux
behängen* *tr V* die Wände mit Bildern ~ accrocher des tableaux aux murs; jdn/sich mit Orden ~ *pej* couvrir qn/se couvrir de décorations
beharren* *itr V* ❶ s'obstiner; auf einer Bedingung ~ s'obstiner à maintenir une condition; auf seiner Meinung ~ ne pas démordre de son opinion; darauf ~, dass es stimmt s'obstiner à prétendre que c'est exact; trotz seines Beharrens malgré son insistance
❷ *selten (bleiben)* in einem Zustand ~ demeurer dans un état
beharrlich I. *Adj Person* persévérant(e), tenace; *Schweigen* obstiné(e); *Widerstand* tenace
II. *Adv* avec ténacité; *schweigen, sich weigern* obstinément
Beharrlichkeit <-> *f einer Person* ténacité *f;* die ~, mit der er leugnete l'obstination avec laquelle il niait
Beharrungsvermögen *nt* ❶ *(Standhaftigkeit)* persévérance *f*
❷ PHYS force *f* d'inertie
behauen* *tr V* tailler
behaupten* [bəˈhaʊptən] I. *tr V* ❶ *(sagen)* prétendre; ~, dass prétendre que + *indic;* es wird behauptet, dass on prétend que + *indic;* von ihm wird behauptet, dass er knallhart sei on prétend de lui qu'il est impitoyable; man kann von ihm nicht ~, dass sie fair sei on ne peut pas dire qu'elle soit fair-play
❷ *(erfolgreich verteidigen)* maintenir *Tabellenplatz, Vorsprung*
II. *r V* sich gegen jdn/etw ~ s'imposer face à qn/qc

Behauptung <-, -en> f ❶ *(Äußerung)* affirmation f; **du stellst da irgendwelche ~en auf!** tu affirmes n'importe quoi!
❷ *(das Sichbehaupten)* **die ~ eines Produkts am Markt** le maintien d'un produit sur le marché
❸ *(Verteidigung)* maintien m

Behausung [bəˈhaʊzʊŋ] <-, -en> f *hum geh* logis m *(littér)*; **weitab von jeder menschlichen ~** loin de toute habitation humaine

Behaviorismus [biheviəˈrɪsmʊs] <-> m SOZIOL, PSYCH behaviorisme m

beheben* *tr V unreg* ❶ réparer *Fehler, Schaden;* remédier à *Störung, Fehler, Missstände;* aplanir *Schwierigkeit*
❷ A retirer *Geldbetrag*

Behebung <-, -en> f ❶ *kein Pl (Beseitigung) eines Fehlers, einer Störung* réparation f; *eines Missstands* correction f
❷ A *(das Abheben)* retrait m

beheimatet [bəˈhaɪmaːtat] *Adj* **in Berlin ~** originaire de Berlin

beheizbar *Adj Raum, Freibad* disposant d'un chauffage; *Heckscheibe* chauffant(e); **~ sein** *Raum, Freibad:* avoir un chauffage; **mit Kohle/Holz ~ sein** *Ofen:* fonctionner [o s'alimenter] au charbon/bois

beheizen* *tr V* chauffer *Zimmer, Wohnung;* alimenter *Heizkessel, Ofen;* **einen Ofen/ein Haus mit Öl ~** alimenter un poêle avec du/chauffer une maison au mazout; **beheizt** *Raum, Schwimmbad* chauffé(e)

Behelf [bəˈhɛlf] <-[e]s, -e> m moyen m de fortune

behelfen* *r V unreg* ❶ *(als Ersatz verwenden)* **sich mit etw ~** se contenter provisoirement de qc
❷ *(auskommen)* **sich ~** se débrouiller

Behelfsausfahrt f sortie f provisoire

behelfsmäßig I. *Adj (provisorisch)* provisoire; *(improvisiert)* de fortune
II. *Adv* provisoirement

behelligen* *tr V* importuner *(soutenu)*

behend[e]^{ALT} s. **behänd[e]**

Behendigkeit^{ALT} s. **Behändigkeit**

beherbergen* *tr V* héberger

Beherbergung <-, -en> f hébergement m

beherrschen* I. *tr V* ❶ *(können)* maîtriser *Instrument, Sprache;* [bien] connaître *Handwerk, Spielregeln, Tricks*
❷ *(herrschen über)* dominer
❸ *(zügeln)* maîtriser *Gefühle;* dominer *Leidenschaft, Temperament*
❹ *(Gewalt haben über)* maîtriser *Fahrzeug, Situation*
❺ *(dominieren)* dominer *Stadtbild, Landschaft, Platz;* **~ d** *Eindruck, Erscheinung* dominant(e)
❻ *(verfolgen)* **von einer Idee beherrscht werden** être dominé(e) par une idée
II. *r V* **sich ~** se dominer
▶ **ich kann mich ~!** *iron fam* très peu pour moi! *(fam)*

beherrscht I. *Adj Mann* maître de lui; *Frau* maîtresse d'elle; *Auftreten, Miene* contrôlé(e); **~ bleiben** garder la maîtrise de soi
II. *Adv* avec maîtrise de soi; **sich [sehr] ~ verhalten** avoir une [très] grande maîtrise de soi

Beherrschtheit s. **Beherrschung** ❷

Beherrschung <-> f ❶ *(das Können) eines Instruments, einer Sprache* maîtrise f; *eines Handwerks, von Spielregeln, Tricks* connaissance f
❷ *(Kontrolle, Zügelung)* maîtrise f de soi, self-control m; **die [o seine] ~ verlieren** perdre la maîtrise de soi [o son self-control]
❸ *(das Herrschen)* domination f

beherzigen* *tr V* suivre *Rat;* **eine Ermahnung ~** prendre une exhortation à cœur

beherzt [bəˈhɛrtst] I. *Adj* courageux(-euse); *(entschlossen)* résolu(e)
II. *Adv* résolument

Beherztheit <-> f vaillance f

behilflich *Adj* **jdm beim Aussteigen ~ sein** aider qn à descendre; **könntest du mir mit hundert Euro ~ sein?** pourrais-tu m'aider et m'avancer cent euros?

behindern* *tr V* gêner *Person;* **jdn beim Treppensteigen ~** *Person, Kleid:* gêner qn pour monter les escaliers; *Verletzung:* handicaper qn pour monter les escaliers; **geistig/körperlich behindert** handicapé(e) mental(e)/physique; **schwer behindert** lourdement handicapé(e)

behindert *Adj* handicapé(e); **körperlich/geistig ~** handicapé(e) physique/mental(e)

Behinderte(r) f(m) *dekl wie Adj* handicapé(e) m(f); **geistig/körperlich ~** handicapé(e) m(f) mental(e)/physique

behindertengerecht *Adj* adapté(e) aux handicapés **Behindertenolympiade** f Jeux mpl olympiques handisports **Behindertenparkplatz** m place f de parking réservée aux handicapés **Behinderten-WC** [-veːtseː] nt toilettes fpl pour handicapés

Behinderung <-, -en> f ❶ handicap m; **[geistige/körperliche] ~** handicap m [mental/physique]
❷ *kein Pl (das Behindern)* **~ eines Menschen** gêne f causée à une personne; **~ des Straßenverkehrs/des freien Wettbewerbs** entrave f à la circulation/à la libre concurrence; **unbillige ~** JUR, FIN entrave injuste
❸ *(Hindernis)* **es gibt Staus und ~en** il y a des embouteillages et des encombrements mpl

Behörde [bəˈhøːɾdə] <-, -n> f ❶ *(Dienststelle)* service m [administratif]; **die zuständige/vorgesetzte ~** l'autorité f compétente/supérieure; **die städtischen ~n** les services municipaux
❷ *(Amtsgebäude)* bâtiment m public

Behördengang <-gänge> m démarche f administrative [o officielle] **Behördenschikane** f chicanerie f administrative *gén pl* **Behördenweg** m voie f administrative

behördlich [bəˈhøːɾtlɪç] I. *Adj* officiel(le)
II. *Adv* anordnen, genehmigen officiellement

behüten* *tr V* ❶ *(schützend bewachen)* veiller sur
❷ *(bewahren)* **jdn vor etw** *(Dat)* **~** préserver qn de qc
▶ [Gott] **behüte!** et puis quoi encore!

behütet I. *Adj* protégé(e)
II. *Adv* à l'abri du monde

behutsam [bəˈhuːtsaːm] I. *Adj* précautionneux(-euse); **bei einer Untersuchung ~ sein** prendre des précautions en faisant un examen médical
II. *Adv* avec précaution; *beibringen* avec ménagement [o précaution]

Behutsamkeit <-> f précaution f; **~ walten lassen** user de précautions

bei [baɪ] *Präp + Dat* ❶ *(räumlich)* **~ jdm** chez qn; *(in der Nähe von jdm)* auprès de qn; **~ m Bäcker** chez le boulanger; **~ uns zu Hause** chez nous à la maison; **~ mir im Schrank** dans mon armoire; **~ der Kirche warten** attendre près de l'église; **der Brief ist ~ den Akten** la lettre est dans les dossiers
❷ *(mit)* **etw ~ sich haben** avoir qc sur soi; **sie hat Geld ~ sich** elle a de l'argent sur elle; **sie hatte ihren Freund ~ sich** elle avait son ami avec elle [o auprès d'elle]; **~ den Demonstranten waren auch ältere Leute** parmi les manifestants, il y avait aussi des gens âgés
❸ *(zur Angabe eines Tätigkeitsbereichs)* **~ einer Behörde/der Post arbeiten** travailler dans une administration/à la poste; **~ m Film sein** travailler dans le domaine du cinéma; **~ etw mitwirken** [o **beteiligt sein**] participer à qc
❹ *(an)* **jdn ~ der Hand fassen** prendre qn par la main
❺ *(anlässlich, während)* **~ der Besichtigung** lors de la visite; **~ der Vorführung/ihrer Rede** pendant la présentation/son discours; **~ seiner Ankunft/Abreise** à son arrivée/départ; **das ist mir ~ m Bügeln eingefallen** l'idée m'en est venue alors que je repassais; **störe mich nicht ~ der Arbeit!** ne me dérange pas quand je travaille!
❻ *(zur Angabe der Umstände)* **~ Kerzenlicht** aux chandelles; **~ einer Flasche Wein** en buvant une bouteille de vin; **~ vierzig Grad** par quarante degrés; **~ diesem Wetter/Lärm** par ce temps/bruit; **~ Eis und Schnee** qu'il gèle ou qu'il neige; **Paris ~ Regen** Paris sous la pluie
❼ *(im Fall von)* **~ Gefahr/Feuer/Nebel** en cas de danger/d'incendie/de brouillard
❽ *(zur Angabe der Herkunft, Urheberschaft)* **der Fehler lag ~ ihr** l'erreur venait d'elle; **~ ihm finde ich kein Verständnis** je ne trouve aucune compréhension chez lui; **~ Camus** chez Camus
❾ *(zur Angabe annähernder Größen)* **der Preis liegt ~ hundert Euro** le prix est d'environ cent euros
❿ *(trotz)* **~ all seinen Bemühungen/aller Vorsicht** malgré tous ses efforts/toute la prudence
⓫ *(in Schwurformeln)* **~ meiner Ehre/meinem Leben** sur mon honneur/ma vie; **ich schwöre ~ Gott** je jure devant Dieu
▶ **nicht [ganz] ~ sich sein** fam ne pas avoir toute sa tête à soi *(fam)*

bei|behalten* *tr V unreg* garder

Beibehaltung <-> f maintien m; **einer Tradition, eines Brauchs** conservation f

bei|biegen *tr V unreg sl* **sie hat uns die römische Geschichte beigebogen** elle nous a mis l'histoire romaine dans le ciboulot *(pop)*

Beiblatt nt feuille f jointe; *(mit Erklärungen)* notice f

Beiboot nt canot m de bord

bei|bringen *tr V unreg* ❶ *(lehren, mitteilen)* apprendre; **jdm etw ~** apprendre qc à qn; **jdm ~, dass** apprendre à qn + *indic*; *(zu verstehen geben)* faire comprendre à qn que + *indic*; **sich** *(Dat)* **das Schwimmen selbst ~** apprendre tout(e) seul(e) à nager
❷ *(zufügen)* **jdm eine Wunde ~** faire une blessure à qn; **jdm eine Niederlage ~** faire subir une défaite à qn
❸ s. **herbeibringen**

Beichte ['baɪçtə] <-, -n> f confession f; **zur ~ gehen** aller se confesser; **bei jdm die ~ ablegen** se confesser à qn; **jdm die ~ abnehmen** confesser qn
▶ **eine ~ ablegen** *hum* avouer

beichten ['baɪçtən] **I.** tr V a. fig, hum fam (gestehen) confesser; [jdm] ~ confesser qc [à qn]
II. itr V se confesser; ~ **gehen** aller se confesser
Beichtgeheimnis nt secret m de la confession **Beichtstuhl** m confessionnal m **Beichtvater** m confesseur m
beidarmig I. Adj à deux bras
II. Adv à deux bras
beidbeinig I. Adj des deux jambes
II. Adv SPORT des deux jambes
beide ['baɪdə] Pron, Adj ① les deux; **die ~n Frauen/Häuser** les deux femmes/maisons; **für eine von ~n [Frauen]** pour l'une des deux [femmes]; **die Bilder gefallen mir nicht, ich möchte keins von ~n!** je n'aime pas ces tableaux, je ne veux aucun des deux!; **welches von den ~n Kleidern willst du?** laquelle des deux robes veux-tu?; **[alle] ~ lachten** [tous/toutes] les deux riaient; **ihr ~[n] solltet kommen** vous devriez venir tous les deux; **die ~n lieben sich** ils s'aiment tous les deux; **euch/uns ~n** vous/nous deux
② (zwei Dinge) ~**s** les deux [choses]; **eins von ~n!** c'est l'un ou [c'est] l'autre!
③ TENNIS **fünfzehn/dreißig ~** quinze/trente partout
beidemal^{ALT} s. **Mal**¹
beiderlei ['baɪdəlaɪ] Adj unv, attr **Kinder ~ Geschlechts** des enfants des deux sexes
beiderseitig ['baɪdəzaɪtɪç] Adj réciproque; Gespräche bilatéral(e); Vertrauen mutuel(le); Zufriedenheit des deux parties
beiderseits ['baɪdəzaɪts] **I.** Adv ① (auf beiden Seiten) des deux côtés
② (gegenseitig) chacun(e) de son côté
II. Präp + Gen ~ **des Rheins** des deux côtés [o de part et d'autre] du Rhin
beidfüßig I. Adj Absprung à pieds joints
II. Adv abspringen à pieds joints
beidhändig I. Adj Person ambidextre; Griff, Rückhand à deux mains
II. Adv à deux mains
bei|drehen itr V NAUT ① (die Fahrt verlangsamen) ralentir, s'immobiliser
② (zum Wind drehen) virer de bord vent devant
beidseitig ['baɪtzaɪtɪç] **I.** Adj ① Beschichtung, Furnier des deux côtés; Lähmung bilatéral(e)
② s. **beiderseitig**
II. Adv des deux côtés; ~ **gelähmt sein** avoir une paralysie bilatérale
beidseits CH, SDEUTSCH s. **beiderseits II.**
beieinander [baɪʔaɪˈnandɐ] Adv l'un(e) près de l'autre/les un(e)s près des autres; ~ **sein** être réuni(e)s; **sehr dicht ~ wohnen** (in einer Siedlung) habiter les un(e)s sur les autres
▶ [noch] gut ~ sein fam (körperlich) avoir [encore] la pêche (fam); (geistig) avoir [encore] toute sa tête
beieinander|haben tr V unreg **seine Familie/seine Sachen ~** avoir sa famille/ses affaires au complet
▶ sie nicht [mehr] alle ~ fam débloquer [légèrement] (fam)
beieinander|sein^{ALT} s. **beieinander**
beieinander|stehen itr V unreg + haben o SDEUTSCH, A, CH **sein dicht ~** être près l'un(e) de l'autre
Beifahrer(in) m(f) passager(-ère) m(f) avant; (bei einer Rallye) coéquipier(-ière) m(f); (zusätzlicher Fahrer) deuxième chauffeur m **Beifahrerairbag** [-ˈɛːɐbæɡ] m airbag m [du] passager **Beifahrersitz** m siège m du passager avant
Beifall <-[e]s> m ① (Applaus) applaudissements mpl; ~ **klatschen** applaudir; ~ **auf offener Szene** applaudissements spontanés
② (Zustimmung) approbation f; **den ~ der Kollegen finden** avoir [o recevoir] l'approbation des collègues; ~ **heischend** [en] quêtant l'approbation
beifallheischend ['baɪfalhaɪʃənt] s. **Beifall** ②
beifällig ['baɪfɛlɪç] **I.** Adj approbateur(-trice)
II. Adv nicken, schmunzeln d'un air approbateur; aufnehmen favorablement
Beifallsäußerung f, **Beifallsbekundung** f manifestation f d'approbation **Beifallsruf** m acclamation f **Beifallssturm** m tempête f [o tonnerre m] d'applaudissements
bei|fügen tr V ① (mitsenden) joindre; **etw [einem Brief] ~** joindre qc [à une lettre]
② (ergänzend sagen) ajouter Satz, Bemerkung
Beifügung <-, -en> f ① kein Pl (das Mitsenden) **unter ~ eines Lebenslaufs** form en joignant un C.V.
② GRAM épithète f
Beifuß <-es> m BOT armoise f
Beigabe <-, -n> f ① kein Pl (das Beigeben) addition f; **unter ~ von etwas Pfeffer** en ajoutant un peu de poivre
② (Beilage) accompagnement m
beige [beːʃ] Adj unv beige
Beige [beːʃ] <-, - o fam -s> nt beige m

bei|geben tr V unreg ① (mitsenden, dazutun) joindre; **etw [einem Brief] ~** joindre qc [à une lettre]; **beigegeben** joint(e)
② (hinzufügen) **dem Püree etwas Salz ~** ajouter un peu de sel à la purée
③ geh (mitgeben) **jdm einen Helfer ~** adjoindre un aide à qn
beigefarben [beːʃ-, ˈbeːʒə-] Adj beige, de couleur beige
Beigeordnete(r) f(m) dekl wie Adj adjoint(e) m(f)
Beigeschmack m ① petit goût m
② fig eines Wortes connotation f
Beiheft nt (beigegebenes Heft) encart m; PRESSE supplément m
bei|heften tr V joindre; **etw [einer Zeitschrift** (Dat)**] ~** joindre qc [à un magazine]
Beihilfe f ① (finanzielle Unterstützung) aide f financière, subside m; ~ **aus öffentlichen Mitteln** subventions fpl publiques
② JUR ~ **zum Diebstahl** complicité f de vol; ~ **leisten** agir en complicité [par aide]; **sich der ~ (Gen) schuldig machen** commettre une faute de complicité [par aide]
Beihilfeempfänger(in) m(f) allocataire mf
Beiklang m ① (Unterton) einer Äußerung résonance f
② MUS son m discordant
bei|kommen itr V unreg + sein venir à bout de; **jdm/einer S. ~/nicht ~** venir/ne pas venir à bout de qn/qc
Beikost f complément m [nutritif]
Beil [baɪl] <-[e]s, -e> nt ① (Werkzeug) hache f
② (Fallbeil, Hackbeil) couperet m
Beilage f ① GASTR garniture f
② kein Pl (das Beilegen) **wir bitten Sie um ~ der Rechnung** nous vous prions de joindre la facture à votre envoi
③ (Publikation) supplément m; (Werbebeilage) encart m publicitaire
④ A, CH s. **Anlage**
beiläufig ['baɪlɔɪfɪç] **I.** Adj incident(e); **eine ~e Bemerkung** une remarque [faite] en passant
II. Adv ① (nebenbei) incidemment, en passant
② A (ungefähr) à peu près
bei|legen tr V ① (dazulegen) joindre; **etw einer S.** (Dat) **~** joindre qc à qc
② (schlichten) régler; **etw gütlich ~** régler qc à l'amiable
beileibe [baɪˈlaɪbə] Adv **das ist ~ nicht teuer** ce n'est pas cher du tout; ~ **nicht!** surtout pas!, pour rien au monde!
Beileid nt kein Pl condoléances fpl; **jdm sein ~ aussprechen** [o **ausdrücken**] présenter [o exprimer] ses condoléances à qn
▶ [mein] <u>herzliches</u> ~! [mes] sincères condoléances!; fam (du tust mir leid) mon pauvre [vieux]/ma pauvre [vieille]! (fam)
Beileidsbesuch m visite f de condoléances; **jdm einen ~ abstatten** rendre visite à qn pour lui présenter ses condoléances **Beileidskarte** s. **Kondolenzkarte**
bei|liegen itr V unreg être joint(e); **einer S.** (Dat) **~** être joint(e) à qc
beiliegend I. Adj joint(e)
II. Adv **~ übersenden wir Ihnen ...** veuillez trouver ci-joint ...
beim [baɪm] = **bei dem** s. **bei**
bei|mengen tr V ajouter Gewürze, Backpulver; mélanger Gift; **etw einer S.** (Dat) **~** ajouter/mélanger qc à qc
bei|messen tr V unreg accorder; **einer S.** (Dat) **Bedeutung/großes Gewicht ~** accorder de l'importance/une grande importance à qc
bei|mischen s. **beimengen**
Bein [baɪn] <-[e]s, -e> nt ① einer Person jambe f; eines Tiers patte f; [ungeduldig] **von einem ~ aufs andere treten** danser d'un pied sur l'autre; **sich** (Dat) **die ~e vertreten** se dégourdir [o dérouiller] les jambes
② (Tischbein, Stuhlbein) pied m
③ (Hosenbein) jambe f
④ (Knochen) os m
▶ die **~e** unter den <u>Arm</u> [o in die <u>Hand</u>] nehmen fam prendre ses jambes à son cou; sich (Dat) **die ~e** in den <u>Bauch</u> [o <u>Leib</u>] **stehen** fam faire le pied de grue (fam); **mit einem ~ im <u>Gefängnis</u> stehen** frôler l'illégalité; **mit einem ~ im <u>Grab</u> stehen** avoir un pied dans la tombe; **mit beiden ~en im <u>Leben</u> stehen** avoir les deux pieds sur terre; **die ~e unter jds <u>Tisch</u>** (Akk) **strecken** fam vivre sous le toit de qn; **auf <u>eigenen</u> ~en stehen** voler de ses propres ailes; **noch gut auf den ~en sein** avoir encore bon pied bon œil; **nicht mehr so gut auf den ~en sein** ne plus avoir ses jambes de vingt ans; **jd ist mit dem <u>linken</u> ~ zuerst aufgestanden** fam qn s'est levé(e) du pied gauche (fam); **schwach** [o **unsicher**] [o **wacklig**] **auf den ~en sein** ne pas être très solide sur ses jambes; **sich** (Dat) **die ~e nach etw <u>ablaufen</u>** [o **abrennen**] fam faire des kilomètres pour trouver qc (fam); **sich** (Dat) **kein ~ <u>ausreißen</u>** fam ne pas se casser la nénette (fam); ~ **bekommen** fam se volatiliser; **sich** (Dat) **etw ans ~ <u>binden</u>** se mettre qc sur le dos (fam); **jdn wieder auf die ~e <u>bringen</u>** [o **<u>stellen</u>**] remettre qn d'aplomb [o sur pied]; **immer wieder auf die ~e <u>fallen</u>** fam

retomber toujours sur ses pieds; **jdn/etw am ~ haben** *fam* avoir qn/qc sur le dos *(fam)*; **sich kaum noch/nicht mehr auf den ~en halten können** tenir à peine/ne plus tenir sur ses jambes; **alles, was ~e hat** tous ceux qui ont des jambes pour courir; **jdm [wieder] auf die ~e helfen** *(jdm beim Aufstehen helfen)* aider qn à se relever; *(jdm aus einer Notlage helfen)* remettre qn à flot [*o* en selle]; **laufen, was die ~e hergeben** courir à toutes jambes; **wieder auf die ~e kommen** *(aufstehen)* se relever; *(gesunden)* se remettre; *(sich wirtschaftlich erholen)* se remettre à flot, refaire surface; **jdm ~e machen** *fam (fortjagen)* faire décamper qn *(fam)*; *(antreiben)* pousser qn aux fesses *(fam)*; **sich auf die ~e machen** *fam* se mettre en route; *(in Bewegung sein)* être sur ses jambes; **wieder auf den ~en sein** *(auf sein)* être debout; **auf einem ~ kann man nicht stehen!** *fam* on ne va pas en rester là!; **etw auf die ~e stellen** mettre qc sur pied; **jdm ein ~ stellen** faire un croche-pied à qn; *(hereinlegen)* mettre des bâtons dans les roues à qn *(fam)*; **es zuckt ihm/ihr in den ~en** il lui prend l'envie de danser

beinah[e] ['baɪna:(ə)] *Adv* presque; **~ immer/nie** presque toujours/jamais; **~ hätte es einen Unfall gegeben** il a failli y avoir un accident; **ich hätte ~ vergessen dich anzurufen** j'ai failli oublier de t'appeler

Beinahezusammenstoß *m* collision *f* évitée de justesse
Beiname *m* surnom *m;* **er hatte den ~n „Löwenherz"** on l'avait surnommé "Cœur de Lion"
Beinamputation *f* amputation *f* de la jambe **beinamputiert** ['baɪnʔamputiːet] *Adj* amputé(e) d'une jambe; *(beidseitig)* amputé(e) des deux jambes **Beinarbeit** *f kein Pl* jeu *m* de jambes
Beinbruch *m* fracture *f* de la jambe ▶ **das ist kein ~** *fam* ça vaut mieux qu'une jambe cassée *(fam)*, c'est pas la mort *(fam)*
beinern ['baɪnɐn] *Adj (aus Knochen)* en os; *(aus Elfenbein)* en ivoire, d'ivoire
Beinfreiheit *f* espace *m* pour les jambes
beinhalten* [bəˈʔɪnhaltən] *tr V* ❶ *(enthalten)* comporter
❷ *(bedeuten)* signifier
beinhart *fam* I. *Adj* impitoyable
II. *Adv* de manière impitoyable
Beinhaus *nt* ossuaire *m*
Beinprothese *f* jambe *f* artificielle **Beinschiene** *f* MED gouttière *f*, attelle *f* **Beinstumpf** *m* moignon *m*
beiordnen *tr V* adjoindre; **jdm einen Experten ~** adjoindre un spécialiste [dans la matière] à qn; **jdm einen Pflichtverteidiger ~** commettre un avocat d'office à la défense de qn
Beiordnung *f* JUR commission *f* d'office; **~ eines Rechtsanwalts** commission d'un avocat d'office
Beipack <-[e]s> *m kein Pl* fret *m* supplémentaire
Beipackzettel *m* notice *f*
beipflichten ['baɪpflɪçtən] *itr V* approuver; **jdm/einer S. in allen Punkten ~** approuver qn/qc sur tous les points
Beirat ['baɪraːt] <-[e]s, -räte> *m* conseil *m* [*o* comité *m*] consultatif; **juristischer ~** *(Rechtsberater)* avocat-conseil *m*
Beiried <-, -> *f* A *(Roastbeef)* rosbif *m*
beirren* *tr V* **sich durch etw nicht ~ lassen** ne pas se laisser troubler [*o* démonter] par qc; **ich lasse mich durch niemanden/nichts ~** personne/rien ne peut me détourner
Beirut [baɪˈruːt] <-s> *nt* Beyrouth *m*
beisammen [baɪˈzamən] *Adv* ❶ l'un(e) près de l'autre/les un(e)s près des autres; **~ sein** être réuni(e)s
❷ *fig* **körperlich/geistig [noch] gut ~ sein** être [encore] très alerte/avoir [encore] toute sa tête
beisammenhaben *tr V unreg fam* avoir [réuni]; **das Geld für ein Sofa ~** avoir [réuni] de quoi acheter un canapé
▶ **[sie] nicht alle ~** *fam* déménager *(fam)*, débloquer *(fam)*
beisammenseinᴬᴸᵀ *s.* **beisammen ~**
Beisammensein *nt* réunion *f;* **das war ein nettes ~** on a passé un bon moment ensemble
beisammenstehen *itr V unreg + haben o* SDEUTSCH, A, CH *sein* **dicht ~** être près l'un(e) de l'autre
beisammenwohnen *itr V* **sehr dicht ~** *(in einer Siedlung)* habiter les un(e)s sur les autres
Beisatz *m* GRAM apposition *f*
Beischlaf *m form* coït *m (spéc)*; **den ~ vollziehen** [*o* **ausüben**] accomplir l'acte sexuel
Beisein ['baɪzaɪn] *nt* ▶ **im ~ von Zeugen** en présence de témoins; **in seinem ~** en sa présence; **ohne sein ~** en son absence
beiseite [baɪˈzaɪtə] *Adv* de côté
beiseitedrücken *tr V* **jdn/etw ~** pousser qn/qc à côté **beiseitegehen** *itr V unreg + sein* **geh bitte etwas beiseite!** écarte-toi un peu, s'il te plaît! **beiseitelassen** *tr V unreg* **etw ~** laisser qc de côté **beiseitelegen** *tr V* **etw ~** mettre qc de côté **beiseiteschaffen** *tr V* **jdn/etw ~** supprimer [*o* liquider] qn/détourner qc **beiseiteschieben** *tr V unreg* **jdn/etw ~** pousser qn/qc de côté

Beis[e]l <-s, -n> *nt* A *fam* bistro[t] *m (fam)*
beisetzen *tr V geh* inhumer *(soutenu)* Toten; déposer Urne
Beisetzung <-, -en> *f geh* **eines Toten** inhumation *f (soutenu),* **einer Urne** dépôt *m*
Beisitzer(in) <-s, -> *m(f)* assesseur(-euse) *m(f)*
Beispiel ['baɪʃpiːl] *nt* ❶ exemple *m;* **[jdm] als ~ dienen** servir d'exemple [*o* de modèle] à qn; **[wie] zum ~ [comme]** par exemple
❷ *(Vorbild)* **jdm ein gutes/schlechtes ~ sein** montrer le bon/mauvais exemple à qn
▶ **mit gutem ~ vorangehen** montrer l'exemple; **sich *(Dat)* an jdm/etw ein ~ nehmen** prendre exemple sur qn/qc
beispielhaft I. *Adj* ❶ *(vorbildlich)* modèle
❷ *(veranschaulichend)* exemplaire
II. *Adv* de manière exemplaire
beispiellos *Adj* ❶ *(einzigartig gut)* unique
❷ *(einzigartig schlecht, schlimm)* sans précédent; Frechheit inouï(e)
Beispielsatz *m* phrase *f* modèle
beispielsweise *Adv* par exemple
beispringen *itr V unreg + sein (helfen)* venir au secours; **jdm ~** venir au secours de qn
beißen ['baɪsən] <biss, gebissen> I. *tr V* ❶ mordre; **nichts Hartes ~ können** ne rien pouvoir manger de dur
❷ *(verletzen)* **jdn ~** Person, Hund: mordre qn; Schlange, Floh: piquer qn; **der Hund/die Schlange hat ihn ins Bein gebissen** le chien lui a mordu/le serpent lui a piqué la jambe
▶ **etwas/nichts zu ~ haben** *fam* avoir quelque chose/n'avoir rien à se mettre sous la dent; **er/sie wird dich schon nicht ~** *fam* il/elle ne te mangera pas *(fam)*, il/elle ne va pas te mordre
II. *itr V* ❶ *(zubeißen)* **auf/in etw *(Akk)* ~** mordre dans qc
❷ *(bissig, gefährlich sein)* Hund: mordre; Schlange, Floh: piquer; **nach jdm/etw ~** chercher à mordre/piquer qn/qc
❸ *(brennen)* brûler; **in die [*o* der] Nase/die [*o* den] Augen ~** Rauch, Geruch: irriter le nez/les yeux
❹ *(anbeißen)* Fisch: mordre
▶ **an etw *(Dat)* zu ~ haben** *fam* avoir du fil à retordre avec qc *(fam)*
III. *r V* ❶ **sich *(Akk o Dat)* auf die Zunge/die Lippen ~** se mordre la langue/les lèvres; **sich [gegenseitig] ~** se mordre
❷ *(nicht harmonieren)* **sich mit etw ~** jurer avec qc; **diese Farben ~ sich** ces couleurs jurent entre elles
beißend *Adj* ❶ Rauch, Geruch âcre
❷ *fig* Spott, Ironie mordant(e), caustique
Beißerchen *Pl hum fam* quenottes *fpl*
Beißring *m* anneau *m* de dentition **Beißzange** *f* tenailles *fpl*
Beistand *m kein Pl* soutien *m;* **eines Priesters** assistance *f;* **jdm ~ leisten** prêter assistance à qn; **jdm seelischen ~ leisten** soutenir qn moralement
Beistandspakt *m* pacte *m* d'assistance
beistehen *itr V unreg* assister; **jdm ~** assister qn; **sich *(Dat)* [*o* einander] geh ~** se prêter mutuellement assistance
beistellen *tr V* A **jdm etw ~** mettre qc à la disposition de qn
Beistelltisch *m* table *f* d'appoint
beisteuern *tr V* verser Betrag, Summe; **eine Kaffeemaschine zum Haushalt ~** apporter une cafetière électrique dans le ménage; **seinen Teil zu etw ~** apporter sa contribution à qc; **soll ich auch einen Witz ~ ?** voulez-vous que je raconte à mon tour une blague?
beistimmen *s.* zustimmen
Beistrich *m bes.* A virgule *f*
Beitel ['baɪtəl] <-s, -> *m* ciseau *m* à bois
Beitrag ['baɪtraːk, *Pl:* ˈbaɪtrɛːgə] <-[e]s, Beiträge> *m* ❶ *(Mitgliedsbeitrag)* cotisation *f;* *(Versicherungsbeitrag)* prime *f;* **Beiträge an die Sozialversicherung entrichten** acquitter les cotisations sociales
❷ *(Artikel, Aufsatz)* article *m*
❸ *(Filmbeitrag, Radiobeitrag)* sujet *m*
❹ *(Mitwirkung)* **~ zu etw** contribution *f* à qc; **einen ~ zu etw [*o* für etw] leisten** apporter sa contribution à qc
❺ CH *(Subvention)* subvention *f*
beitragen *unreg* I. *itr V* contribuer; **zum Gelingen einer S. *(Gen)* ~** contribuer au succès de qc; **dazu ~, dass** contribuer à ce que + *subj*
II. *tr V* **viel zum Sieg der Mannschaft ~** contribuer largement à la victoire de l'équipe
Beitragsbemessungsgrenze *f* plafond *m (de la Sécurité sociale)* **beitragsfrei** I. *Adj* gratuit(e) II. *Adv* versichert gratuitement **Beitragsgruppe** *f* tranche *f* de cotisation **Beitragsklasse** *f* tranche *f* de cotisation **Beitragspflicht** *f* obligation *f* de cotiser **Beitragsrückerstattung** *f* remboursement *m* de la prime **Beitragssatz** *m* taux *m* de cotisation; *(bei einer Versicherung)* tarif *m* de la prime **Beitragszahler(in)** *m(f)* cotisant(e) *m(f)* **Beitragszahlung** *f* versement *m* des cotisations
beitreiben *tr V unreg* recouvrir

Beitreibung <-, -en> f JUR recouvrement m
bei|treten itr V unreg + sein adhérer; **einem Verein/einer Partei ~** adhérer à un club/un parti
Beitritt m adhésion f; **der ~ der Türkei zur EU** l'entrée f de la Turquie dans la Communauté européenne; **seinen ~ erklären** s'inscrire
Beitrittsantrag m demande f d'adhésion **Beitrittserklärung** f déclaration f d'adhésion **Beitrittsgesuch** nt demande f d'adhésion
Beiwagen m side-car m
Beiwagenfahrer(in) m(f) passager(-ère) m(f) du side-car
Beiwerk nt geh rajout m
bei|wohnen itr V form ❶ (miterleben) assister; **einer S. (Dat) ~** assister à qc
❷ veraltet (beischlafen) **einer Frau (Dat) ~** partager la couche d'une femme (vieilli littér)
Beiwort <-wörter> nt LING ❶ qualificatif m, épithète f
❷ (Adjektiv) adjectif m
Beiz f CH, SDEUTSCH bistro[t] m
Beize¹ ['baɪtsə] <-, -n> f ❶ (Holzbeize) teinture f
❷ (das Färben) teinture f
❸ GASTR marinade f
❹ JAGD fauconnerie f
Beize² DIAL s. **Beiz**
beizeiten [baɪ'tsaɪtən] Adv (rechtzeitig) à temps, en temps voulu; (früh) assez tôt
beizen ['baɪtsən] tr V ❶ (mit Beize behandeln) teinter; **etw hell/dunkel ~** teinter qc [en] clair/brun foncé
❷ GASTR [faire] mariner
Beizjagd f fauconnerie f **Beizmittel** nt teinture f **Beizvogel** m oiseau m de poing
bejahen* tr V ❶ répondre par l'affirmative à Frage
❷ (gutheißen) approuver
bejahend I. Adj affirmatif(-ive)
II. Adv affirmativement
bejahrt [bə'jaːɐt] Adj geh Person âgé(e); Tier vieux (vieille)
Bejahung <-, -en> f ❶ acquiescement m; **die ~ einer Frage** la réponse affirmative à une question
❷ (Gutheißung) approbation f
bejammern* tr V ❶ se lamenter sur Schicksal, Verlust, Tod
❷ (bedauern) **jdn ~** se lamenter sur [le sort de] qn, prendre qn en pitié
bejammernswert Adj Person pitoyable; Anblick, Lage, Schicksal lamentable
bejubeln* tr V fêter; **jdn als Retter ~** fêter qn comme un sauveur
bekakeln* tr V DIAL fam discuter [en long et en large]; **etw ~** discuter de qc [en long et en large]
bekämpfen* I. tr V ❶ combattre
❷ (eindämmen) lutter contre, enrayer Krankheit, Arbeitslosigkeit, Hunger
II. r V **sich [gegenseitig] ~** se combattre [mutuellement]
Bekämpfung <-, -en> f lutte f; **~ der Arbeitslosigkeit/von Krankheiten** lutte f contre le chômage/la maladie; **zur ~ der Kriminalität** pour combattre la criminalité
bekannt [bə'kant] Adj ❶ (berühmt) célèbre; **~ werden** accéder à la notoriété; **durch etw in der Öffentlichkeit ~ werden** se faire connaître du public par qc; **jdn ~ machen** rendre qn célèbre; **~ für etw sein** être connu(e) [o réputé(e)] pour qc; **wohl ~** geh Person, Stimme, Buch bien connu(e); Institution réputé(e)
❷ (nicht unbekannt) connu(e); **[jdm] ~ sein** être connu(e) [de qn]; **das war mir nicht ~** je n'étais pas au courant de cela; **das ist doch allgemein ~** tout le monde sait cela
❸ (nicht fremd) **jdm ~ sein** être connu(e) à qn; **ein mir ~er Philosoph** un philosophe que je connais (ò qui m'est connu); **jdn mit jdm ~ machen** présenter qn à qn; **sich [mit jdm] ~ machen** faire la connaissance de qn; **mit jdm ~ sein** connaître qn; **ist dir dieser Name ~?** ce nom ne-lá te dit quelque chose?; **sie/ihr Gesicht kommt mir ~ vor** j'ai l'impression de la connaître/de connaître son visage
❹ (öffentlich) **~ geben** proclamer, annoncer Wahlergebnis; **jdm etw ~ geben** annoncer qc à qn; **ihre Verlobung geben ~: ...** font part de leurs fiançailles; **~ machen** publier Aufruf; révéler Information, Nachricht; **~ werden** être divulgué(e); **das darf nicht ~ werden** personne ne doit l'apprendre
▸ **sich mit etw ~ machen** (vertraut) se familiariser avec qc, s'initier à qc
Bekannte(r) f(m) dekl wie Adj connaissance f, relation f; (Freund) ami(e) m(f); **wir sind alte ~** nous sommes de vieilles connaissances
Bekanntenkreis m relations fpl, connaissances fpl; **einen großen ~ haben** connaître beaucoup de monde
bekanntermaßen s. **bekanntlich**
Bekanntgabe f einer Nachricht, Hochrechnung, eines Vorfalls annonce f; **eines Wahlergebnisses** proclamation f
bekannt|geben s. **bekannt** ❹
Bekanntheit <-> f notoriété f; **die ~ der Fakten voraussetzen** supposer que les faits sont connus
Bekanntheitsgrad m degré m de notoriété
bekanntlich Adv comme chacun sait
bekannt|machen s. **bekannt** ❹
Bekanntmachung <-, -en> f ❶ publication f; **gerichtliche ~en** annonces fpl judiciaires
❷ (Anschlag) avis m
Bekanntschaft <-, -en> f ❶ kein Pl (das Kennenlernen) relations fpl; **eine/jds ~ machen** faire une rencontre/faire la connaissance de qn; **gleich in den ersten Tagen ihrer ~** dès les premiers jours qui suivirent leur rencontre; **bei näherer ~** quand on le/la/... connaît mieux
❷ fam (Bekanntenkreis) connaissances fpl
▸ **mit etw ~ machen** hum faire connaissance avec qc (hum)
bekannt|werden s. **bekannt** ❹
Bekassine [beka'siːnə] <-, -n> f ZOOL bécassine f
bekehren* tr, r V **[sich] ~** [se] convertir; **jdn/sich zu etw ~** convertir qn/se convertir à qc
Bekehrung <-, -en> f conversion f
bekennen* unreg I. tr V ❶ (eingestehen) reconnaître; **öffentlich seine Fehler ~** reconnaître ses torts publiquement
❷ REL confesser, proclamer
II. r V ❶ **sich zu jdm ~** se prononcer pour qn; **sich schuldig ~** s'avouer coupable; **sich zu seinem Glauben ~** professer sa foi; **sich zu einem Irrtum/einer Tat ~** reconnaître une erreur/un fait; **sich zu einem Attentat ~** revendiquer un attentat
❷ (sich zeigen als) **~der Christ/~de Christin sein** être chrétien(ne) déclaré(e)
Bekenner(in) <-s, -> m(f) REL confesseur m
Bekennerbrief m, **Bekennerschreiben** nt lettre f pour revendiquer une action
Bekenntnis nt ❶ (Eingeständnis) aveu m
❷ (das Eintreten) **~ zu etw** profession f de foi en faveur de qc
❸ REL des Glaubens, von Sünden confession f
Bekenntnisfreiheit s. **Glaubensfreiheit**
bekenntnislos Adj sans confession
Bekenntnisschule f école f confessionnelle
beklagen* I. tr V déplorer; **zehn Tote sind zu ~** on déplore la mort de dix personnes
II. r V **sich bei jdm/über etw ~** se plaindre à qn/de qc
▸ **sich nicht ~ können** ne pas avoir à se plaindre
beklagenswert Adj regrettable
beklagt Adj JUR **die ~e Partei** le défendeur/la défenderesse
beklatschen* tr V applaudir
beklauen* tr V fam voler Personen; faucher dans (fam) Kaufhaus, Supermarkt; **ich bin beklaut worden** je me suis fait(e) dévaliser
bekleben* tr V coller; **eine Wand mit etw ~** coller qc sur un mur; **mit Plakaten beklebt** couvert(e) d'affiches; **mit Etiketten beklebt** étiqueté(e)
bekleckern* fam I. tr V tacher; **die Tischdecke mit etw ~** tacher la nappe de qc, faire des taches [de qc] sur la nappe; **sich (Dat) das Kleid ~** barbouiller [o tacher] sa robe; **sich (Dat) das Hemd mit Farbe ~** faire des taches de peinture sur sa chemise; **bekleckert** taché(e)
II. r V **sich mit etw ~** se barbouiller de qc, se tacher avec qc
bekleiden* geh I. tr V occuper Posten, Rang, Stellung; exercer Amt
II. r V **sich mit etw ~** se vêtir de qc (soutenu)
bekleidet Adj vêtu(e), habillé(e); **mit etw ~ sein** être vêtu(e) [o habillé(e)] de qc
Bekleidung f ❶ vêtements mpl; **leichte ~ wird empfohlen** il est conseillé de s'habiller léger; **in warmer ~** chaudement vêtu(e); **ohne ~** dépouillé(e) de ses vêtements
❷ kein Pl form (das Innehaben) eines Amtes exercice m
Bekleidungsindustrie f industrie f du vêtement
beklemmend I. Adj ❶ Enge oppressant(e)
❷ (beängstigend) Anblick, Gefühl, Schweigen angoissant(e)
II. Adv **~ wirken** Zimmer, Haus: avoir quelque chose d'oppressant; **in dem Raum war es ~** eng l'exiguïté de la pièce était oppressante; **es ist ~ still auf den Straßen** un silence angoissant règne dans les rues
Beklemmung <-, -en> f oppression f; **~en bekommen** être pris(e) d'angoisses
beklommen [bə'klɔmən] I. Adj angoissé(e); **mit ~er Stimme sprechen** parler d'une voix étranglée
II. Adv avec angoisse; **du klingst so ~** ta voix traduit une telle angoisse
Beklommenheit <-> f angoisse f
bekloppt [bə'klɔpt] s. **bescheuert**
beknackt s. **bescheuert**
beknien* tr V fam tanner (fam); **jdn so lange ~, bis ...** tanner qn

bekommen * *unreg* **I.** *tr V + haben* ❶ *(erhalten)* recevoir; percevoir *Ration, Verpflegung;* obtenir *Anschluss, Telefon;* **ein Geschenk von jdm ~** recevoir un cadeau de qn; **etw geschenkt ~** recevoir qc en cadeau; **sie hat das Buch geliehen ~** on lui a prêté ce livre; **die Mehrheit/fünf Gegenstimmen ~** obtenir la majorité des voix/cinq voix contre; **soeben ~ wir die Nachricht, dass** nous venons d'apprendre que + *indic;* **ich bekomme noch zehn Euro von dir** tu me dois encore dix euros; **was ~ Sie für die Fahrt?** combien vous dois-je pour la course?; **wann bekommt man hier etwas zu essen?** quand est-ce que l'on peut manger, ici?
❷ *fig* **etw zu tun ~** aller avoir de quoi faire; **etw an den Kopf ~** recevoir qc à la tête; **ich habe etwas ins Auge ~** j'ai quelque chose qui m'est rentré dans l'œil; **sie hat ihren Wunsch erfüllt ~** elle a eu ce qu'elle a souhaité; **der wird was zu hören ~!** celui-là, il va en entendre!; **da wirst du etwas zu sehen ~!** tu vas pouvoir t'en mettre plein la vue! *(fam)*
❸ *(sich einhandeln)* avoir *Ärger, Probleme, Strafe;* prendre *(fam),* écoper *[de] (fam) Gefängnisstrafe*
❹ *(erdulden, sich zuziehen)* attraper *Krankheit, Fieber;* avoir *Schlaganfall;* **ich glaube, ich bekomme einen Schnupfen** je crois que je suis en train d'attraper un rhume; **ich bekomme meine Allergie** mon allergie me reprend; **wir werden Regen ~** on va avoir de la pluie; **wir ~ anderes Wetter** le temps va changer
❺ *(entwickeln)* avoir *Angst, Skrupel, Bedenken;* **Risse ~** se fissurer; **Flecken ~** se tacher; **eine Glatze ~** se dégarnir; **einen Zahn ~** [être en train de] faire une dent; **neue Hoffnung ~** reprendre espoir; **Lust auf etw** *(Akk)* **~** avoir une envie [o des envies] de qc
❻ *(zur Welt bringen)* **sie hat gestern ein Mädchen ~** elle a eu une fille hier
❼ *(erwarten)* **sie ~ Nachwuchs** ils attendent une naissance [o un heureux événement]
❽ *(erreichen)* avoir, attraper *(fam) Bus, Flugzeug, Zug*
❾ *(behandelt werden mit)* **ein Kreislaufmittel ~** devoir prendre un veinotonique; **dieser Patient bekommt eine Massage/Spritze** on fait un massage/une piqûre à ce patient
❿ *(wünschen)* **was ~ Sie bitte?** *(im Restaurant)* qu'est-ce que je vous sers?; *(im Laden)* qu'est-ce que vous désirez?; **ich bekomme ein Brötchen** pour moi, ce sera un petit pain
⓫ *(bewegen können)* **jdn ins Bett/aus dem Bett ~** faire aller qn au lit/tirer qn du lit; **jdn/etw aus der Wohnung ~** arriver à faire sortir qn/qc du logement; **etw nach oben/unten ~** arriver à monter/descendre qc; **etw durch die Tür ~** arriver à faire passer qc par la porte; **etw vom Schrank ~** arriver à descendre qc du placard
▸ **jdn dazu ~ etw zu tun** *fam* arriver à faire faire qc à qn; *s. a.* **kriegen**
II. *itr V + sein* **das Essen ist ihr gut/nicht ~** elle a bien/n'a pas supporté le repas; **die frische Luft bekommt ihm nicht** l'air frais lui réussit bien/ne lui réussit pas; **die Sonne bekommt mir nicht** le soleil n'est pas bon pour moi; **der Urlaub wird dir sicher gut ~!** les vacances te feront sûrement du bien!
bekömmlich [bə'kœmlɪç] *Adj Getränk, Speise* digeste; **nicht sehr ~** peu digeste
Bekömmlichkeit <-> *f* digestibilité *f;* **zur besseren ~** pour faciliter la digestion
bekǫstigen* [bə'kœstɪgən] *tr V* nourrir
Bekǫstigung <-, -en> *f* ❶ *(das Beköstigen)* alimentation *f;* **der Küchenchef plant die ~ von 200 Personen** le chef cuisinier se prépare à restaurer 200 personnes
❷ *(Kost)* nourriture *f*
bekräftigen* *tr V* confirmer *Absicht;* confirmer, corroborer *Alibi, Eindruck, Verdacht;* **jdn in etw** *(Dat)* **~** confirmer qn dans qc
Bekräftigung <-, -en> *f* confirmation *f;* **zur ~ seiner Worte** à l'appui de ses dires
bekränzen* *tr V* couronner; **jdn/etw mit etw ~** couronner qn/qc de qc; **die Touristen werden mit Blumen bekränzt** on passe des colliers de fleurs aux touristes
bekreuzigen* *r V* se signer; **sich vor jdm/etw ~** se signer [o faire le signe de la croix] devant qn/qc
bekriegen* **I.** *r V* **sich [gegenseitig] ~** se faire la guerre
II. *tr V* faire la guerre à
bekritzeln* *tr V* griffonner sur; **bekritzelt** *Buch, Heft* griffonné(e), gribouillé(e); *Mauer, Wand* couvert(e) de graffiti[s]
bekümmert *Adj (sorgenvoll)* soucieux(-euse), préoccupé(e); *(traurig)* affligé(e); **über etw ~ sein** avoir de la peine à cause de qc; **über dein Verhalten bin ich zutiefst ~** ton comportement m'affecte beaucoup
bekunden* *tr V* manifester; **sein Interesse/seine Abneigung ~** manifester son intérêt/sa réprobation
Bekundung <-, -en> *f* manifestation *f*
belächeln* *tr V* sourire de; **belächelt werden** faire sourire
belachen* *tr V* faire rire; **jd belacht jdn/etw** qn/qc fait rire qn; **von allen belacht werden** faire rire tout le monde

beladen* ¹ *unreg* **I.** *tr V* charger *Wagen*
II. *r V* **sich mit etw ~** transporter qc; *fig* prendre qc sur soi
beladen² *Adj* chargé(e); **mit Säcken ~** chargé(e) de sacs; **hoch ~** lourdement chargé(e); **schwer ~** lourdement chargé(e)
Belag [bə'laːk, *Pl:* bə'lɛːɡə] <-[e]s, Beläge> *m* ❶ *einer Pizza, eines Kuchens* garniture *f*
❷ *(Zahnbelag)* plaque *f* dentaire; *(Zungenbelag)* dépôt *m;* **einen ~ auf der Zunge haben** avoir la langue chargée
❸ *(Schicht)* dépôt *m*
❹ *(Bremsbelag)* garniture *f*
❺ *(Fußbodenbelag, Straßenbelag)* revêtement *m*
Belagerer [bə'laːɡərɐ] <-s, -> *m,* **Belagerin** *f* assiégeant(e) *m(f)*
belagern* *tr V a. fig fam* assiéger
Belagerung <-, -en> *f* MIL siège *m*
Belagerungszustand *m* état *m* de siège; **den ~ verhängen** proclamer l'état de siège; **sich im ~ befinden** être en état de siège
belämmertRR [bə'lɛmɐt] *fam* **I.** *Adj* ❶ *(betreten)* déconfit(e)
❷ *(dumm)* **du bist wohl ~!** mais ça va pas, la tête! *(fam)*
II. *Adv* **sich ~ anstellen** être bête à ce point-là *(fam)*
Belang [bə'laŋ] <-[e]s, -e> *m* ❶ *Pl (Interesse, Angelegenheit)* affaires *fpl;* **er vertritt die ~ e seiner Mandantin** il défend les intérêts de sa cliente
❷ *(Bedeutung)* **etwas/nichts von ~** quelque chose/rien d'important; **für jdn/etw ohne/von ~ sein** être sans importance/avoir de l'importance pour qn/qc
belangen* *tr V* ❶ JUR poursuivre [en justice]; **jdn wegen etw ~** poursuivre qn [en justice] pour qc
❷ *veraltet (betreffen)* **was mich belangt, ...** en [o pour] ce qui me concerne, ...
belanglos *Adj* insignifiant(e); **~ werden** *Unterhaltung:* devenir futile; **für etw ~ sein** être sans importance pour qc
Belanglosigkeit <-, -en> *f* ❶ *kein Pl (Bedeutungslosigkeit)* insignifiance *f,* futilité *f*
❷ *(Bemerkung, Einzelheit)* futilité *f*
belạssen* *tr V unreg* ❶ *(bewenden lassen)* **es bei etw ~** s'en tenir à qc; **wir es dabei!** restons-en là!
❷ *form (bleiben lassen)* **jdn im Amt ~** maintenir qn dans ses fonctions; **ein Möbelstück an seinem Platz ~** laisser un meuble à sa place
❸ *(verhaftet sein lassen)* **jdn in seinem Irrtum/Wahn ~** laisser qn dans l'erreur/à sa folie; **jdn in seinem Glauben ~** laisser croire qn
belastbar *Adj* ❶ **ein bis zu zwei Tonnen ~er Stahlträger** une poutrelle dont la charge admissible est de deux tonnes; **eine bis zu zwanzig Tonnen ~e Brücke** un pont pouvant porter une charge allant jusqu'à vingt tonnes
❷ *(beanspruchbar)* **~ sein** *Person, Gedächtnis:* être performant(e); *Körper, Kreislauf, Organ:* être résistant(e) [o performant(e)]; **nur bis zu einem bestimmten Grad ~ sein** être performant(e)/résistant(e) jusqu'à un certain degré
❸ ÖKOL **unsere Umwelt ist nur bis zu einer gewissen Grenze ~** il y a une limite aux nuisances que peut supporter l'environnement; **die Atmosphäre ist nicht unbegrenzt ~** on ne peut indéfiniment polluer l'atmosphère; **die Gewässer sind immer weniger ~** l'équilibre hydrographique est de plus en plus fragile
❹ FIN **mit bis zu 2000 Euro ~ sein** pouvoir avoir un découvert jusqu'à 2000 euros; **wie hoch ist mein Konto ~?** de quel découvert puis-je disposer sur mon compte?
Belastbarkeit <-, -en> *f* ❶ *einer Brücke, Straße, eines Stahlträgers* charge *f* admissible; *eines Aufzugs* poids *m* autorisé
❷ *fig einer Person* possibilités *fpl;* *eines Körpers, Organs* résistance *f,* possibilités *fpl*
❸ ÖKOL **die ~ der Atmosphäre ist überschritten** les limites de la pollution atmosphérique sont dépassées
❹ FIN *eines Steuerzahlers* capacité *f* fiscale
belạsten* **I.** *tr V* ❶ *(beschweren)* charger; **der Aufzug darf nur mit maximal 500 kg belastet werden** la charge admise dans l'ascenseur est de 500 kg maximum
❷ *(stark fordern)* exiger trop de *Person;* **jdn mit Arbeit/neuen Aufgaben ~** accabler qn de travail/de nouvelles tâches
❸ *(bedrücken, bekümmern)* **jdn mit etw ~** encombrer qn de qc; **etw belastet sein Gewissen** [*o* **ihn**] qc pèse sur sa conscience [*o* sur lui]; **~ d** *Problem, Schuld, Sorge* pesant(e)
❹ ÖKOL polluer *Umwelt;* **stark belastet sein** *Gewässer, Luft:* être très pollué(e)
❺ MED mettre à contribution, solliciter *Körper, Kreislauf*
❻ JUR charger; **~ d** *Aussage, Beweis* à charge; **~ de Umstände** charges *fpl;* **~ des Material** pièces *fpl* à conviction
❼ FIN débiter *Konto;* **etw nachträglich ~** débiter qc ultérieurement; **jdn mit Steuern ~** frapper qn d'impôts; **jdn mit hohen Gebühren ~** grever qn avec des taxes élevées; **das Haus mit einer Hypothek ~** grever la maison d'une hypothèque
II. *r V* ❶ *(sich aufbürden)* **sich [mit etw] ~** s'encombrer de qc

② JUR **sich [selbst]** ~ se charger soi-même
belästigen* [bəˈlɛstɪɡən] *tr V Person:* incommoder; *Lärm:* gêner; **jdn ~** *Person:* incommoder qn; *Lärm:* gêner qn; **jdn mit Fragen ~** importuner qn par des questions; **jdn sexuell ~** harceler qn sexuellement
Belästigung <-, -en> *f* ❶ *(Störung, Nachstellung)* harcèlement *m*; **sexuelle ~** harcèlement sexuel; **ich verbitte mir solche ~ en!** je ne tolérerai pas qu'on m'importune ainsi!
② *(Geruchsbelästigung)* gêne *f*
Belastung [bəˈlastʊŋ] <-, -en> *f* ❶ *(schweres Gewicht)* charge *f*; **zulässige/höchstmögliche ~** charge admise/maximale
② *(Anstrengung) einer Person* charges *fpl; (Last)* corvée *f*; **die doppelte ~ durch Beruf und Kinder** la double corvée que représentent le métier et les enfants
❸ *(Bürde)* poids *m*, fardeau *m*
❹ ÖKOL pollution *f*; **eine ~ der Umwelt darstellen** représenter une nuisance pour l'environnement
❺ *(Beanspruchung)* **eine ~ für die Nerven sein** mettre les nerfs à l'épreuve
❻ JUR charges *fpl*
❼ FISC *(Steuer-, Abgabenlast)* charge *f*, imposition *f*; **die steuerliche ~** la pression fiscale
❽ FIN *eines Kontos* débit *m*; **die ~ eines Grundstücks mit einer Hypothek** la garantie hypothécaire d'un terrain
❾ *Pl (Ausgaben)* dépenses *fpl*
Belastungs-EKG <-s, -s> *nt* MED électrocardiogramme *m* après effort **Belastungsfähigkeit** *f kein Pl* TECH capacité *f* de charge **Belastungsgrenze** *f* TECH limite *f* de charge **Belastungsmaterial** *nt* pièces *fpl* à conviction **Belastungsprobe** *f* ❶ *(Prüfung der Statik)* charge *f* d'essai ② *(medizinische Untersuchung)* test *m* d'endurance ❸ ÖKON, FIN *a. fig* épreuve *f* de vérité; **~ für die Ehe/Koalition** épreuve [*o* test *m*] de vérité pour le mariage/la coalition **Belastungszeuge** *m*, **-zeugin** *f* témoin *m* à charge
belaubt [bəˈlaʊpt] *Adj* feuillu(e); **dunkelgrün ~er Baum** un arbre couvert de feuilles vert foncé
belauern* *tr V Person:* surveiller, épier; *Tier:* guetter, épier; **jdn/ein Tier ~** *Person:* surveiller [*o* épier] qn/un animal; *Tier:* guetter [*o* épier] qn/un animal
belaufen* *r V unreg* se monter à; **sich auf hundert Euro** *(Akk)* **~** se monter à cent euros
belauschen* *tr V* épier
beleben* I. *tr V* ❶ *(anregen)* ragaillardir, revigorer *Person;* activer *Kreislauf*
② *(lebendig gestalten)* animer *Unterhaltung;* rendre vivant(e) *Artikel, Text;* **etw neu ~** ranimer qc
❸ *(ankurbeln)* stimuler *Konjunktur, Wirtschaft;* **etw neu ~** relancer qc
II. *r V* ❶ **sich ~** *Augen:* s'animer; *Natur:* se réveiller
② *(sich bevölkern) Straßen:* s'animer
III. *itr V* stimuler, donner un coup de fouet
belebend *Adj (anregend)* stimulant(e), revigorant(e); *(erfrischend) Bad, Dusche* tonifiant(e)
belebt *Adj* ❶ *(bevölkert)* animé(e)
② *(lebendig) Natur* vivant(e)
Belebtheit <-> *f* animation *f*
Belebung <-, -en> *f* ❶ *(Anregung)* stimulation *f*; **ein Mittel zur ~ des Kreislaufs** un stimulant pour la circulation
② *(Ankurbelung) der Konjunktur* relance *f*; **der ~ der Wirtschaft dienen** aider à stimuler [*o* relancer] l'économie
Beleg [bəˈleːk] <-[e]s, -e> *m* ❶ *(Kassenbon)* ticket *m* de caisse; *(Quittung)* quittance *f*
② *(Nachweis)* justificatif *m*, pièce *f* justificative; *(Unterlage)* document *m* [à l'appui]
❸ *(Quellennachweis)* référence *f*
Belegarzt *m*, **-ärztin** *f* médecin *m* disposant d'un secteur privé à l'hôpital
belegbar *Adj* vérifiable; **es ist ~, dass/wann ...** on peut vérifier que + *indic*/quand ...
Belegbett *nt* lit *m* d'hôpital réservé au secteur privé
belegen* *tr V* ❶ GASTR garnir *Scheibe Brot;* **etw mit etw ~** garnir qc de qc; **ein mit Schinken belegtes Brot** ≈ un sandwich au jambon
② *(beweisen)* prouver *Abstammung, Identität;* justifier *Behauptung, Vorwurf, Zitat*
❸ *(bestrafen)* **jdn mit einer Strafe/einem Bußgeld ~** frapper qn d'une sanction/d'une amende
❹ UNIV suivre *Kurs*
❺ *(innehaben, bewohnen)* occuper *Platz, Tabellenspitze, Wohnung;* **s. a. belegt**
Belegexemplar *nt* exemplaire *m* justificatif
Belegschaft <-, -en> *f personnel m*, effectif *m*
▶ **die ganze ~** *hum fam* toute la bande *(fam)*
Belegschaftsaktie [-aktsiə] *f* part *f* de capital **Belegschaftsmitglied** *nt* membre *m* du personnel

Belegstation *f* MED service d'un hôpital se trouvant sous la responsabilité d'un praticien en activité libérale
belegt *Adj Zunge* chargé(e); *Mandeln* blanc(blanche); *Stimme* enroué(e)
Belegung <-, -en> *f* **~ eines Kurses/Seminars** inscription *f* à un cours/séminaire
Belegungsrecht *nt* JUR droit *m* d'occupation
belehrbar *Adj* réceptif(-ive)
belehren* I. *tr V* ❶ *pej (besserwisserisch korrigieren)* faire la leçon à
② *(informieren)* **jdn über etw** *(Akk)* **~** informer qn de qc; JUR renseigner qn sur qc
❸ *(von seiner Meinung abbringen)* faire entendre raison à; **sich ~ lassen** accepter d'entendre raison; **jdn eines anderen ~** ouvrir les yeux à qn
II. *itr V* instruire
belehrend *pej* I. *Adj* doctoral(e)
II. *Adv* doctoralement; **~ den Finger heben** lever le doigt d'un air professoral
Belehrung <-, -en> *f* ❶ *pej (Lehre)* conseil *m*
② *(Zurechtweisung) eines Zeugen, Angeklagten* information *f*; *eines Verkehrssünders* avertissement *m*
beleibt [bəˈlaɪpt] *Adj geh* corpulent(e); **sehr ~** de forte corpulence
Beleibtheit <-> *f geh* corpulence *f*
beleidigen* [bəˈlaɪdɪɡən] *tr V* offenser; **jdn mit einer Bemerkung ~** offenser qn en faisant une remarque; **~d** offensant(e)
beleidigt I. *Adj* offensé(e); **~ sein** être vexé(e); **er ist schnell ~** il se vexe pour un rien; **sei nicht gleich ~!** ne prends pas aussitôt la mouche!
II. *Adv* vexé(e); **~ tun** *fam* prendre des airs offensés
Beleidigung <-, -en> *f* ❶ *(das Beleidigen, Äußerung)* injure *f*; **die ~ dieses Menschen/dieser Institution** l'injure à cette personne/institution
② *(Missachtung)* **eine ~ des Geschmacks/für das Auge sein** offenser le goût/les yeux *(soutenu)*
beleihen* *tr V unreg* hypothéquer *Haus, Grundstück;* **Schmuck ~** prendre des bijoux en gage
belemmern^ALT *s.* **belämmern**
belesen *Adj* cultivé(e), lettré(e)
Belesenheit <-> *f* culture *f* [littéraire]
beleuchten* *tr V* ❶ *(erhellen)* éclairer
② *(mit Festbeleuchtung versehen)* illuminer
❸ *geh (betrachten)* examiner *Angelegenheit, Problem;* **eine Frage von allen Seiten ~** mettre une question en lumière sous tous ses aspects
Beleuchter(in) <-s, -> *m(f)* éclairagiste *mf*
Beleuchtung <-, -en> *f* ❶ *(das Beleuchten, Lichtquelle)* éclairage *m*
② *(Festbeleuchtung)* illumination *f*
❸ *geh (Untersuchung) einer Angelegenheit, eines Problems* examen *m* [attentif]
Beleuchtungsanlage *f* TECH installation *f* d'éclairage **Beleuchtungskörper** *m form* luminaire *m* **Beleuchtungstechnik** *f* éclairagisme *m*
beleumdet *Adj* **schlecht** [*o* **übel**] **~** *geh* mal famé(e)
Belgien [ˈbɛlɡiən] <-s> *nt* la Belgique
Belgier(in) <-s, -> *m(f)* Belge *mf*
belgisch *Adj* belge
Belgrad [ˈbɛlɡraːt] <-s> *nt* Belgrade
belichten* *tr V* exposer
Belichtung <-, -en> *f* exposition *f*
Belichtungsautomatik *f* commande *f* automatique du temps de pose **Belichtungsmesser** <-s, -> *m* posemètre *m*, cellule *f* **Belichtungszeit** *f* temps *m* de pose
belieben* *geh* I. *tr V iron* **~ etw zu tun** se plaire à faire qc; **Sie ~ [wohl] zu scherzen!** vous voulez rire [sans doute]!
II. *itr V* **was dir/ihm/... beliebt** *geh* ce qui te/lui/... plaît; **wie es euch beliebt** *geh* comme il vous plaira
Belieben <-s> *nt* [bon] plaisir *m*; **in jds ~** *(Dat)* **liegen** [*o* **stehen**] *geh* dépendre du bon plaisir de qn; **das steht ganz in Ihrem ~** c'est selon votre bon plaisir; **[ganz] nach ~** [tout] à sa/ma/... guise
beliebig I. *Adj* n'importe quel; **jedes ~e Argument/Rätsel** n'importe quel argument/quelle énigme; **einen ~en Stift/eine ~e Tasse nehmen** prendre un stylo/une tasse quelconque, prendre le stylo/la tasse que l'on veut; **in ~er Menge** en toute quantité; **alles Beliebige fragen** demander n'importe quoi
II. *Adv* à volonté; **~ viele Versuche machen** faire autant d'essais que l'on veut; **~ lange/oft** aussi longtemps/souvent que l'on veut
beliebt [bəˈliːpt] *Adj Person* apprécié(e), populaire; **bei jdm ~ sein** *Person:* être populaire auprès de qn; *Sache:* être apprécié(e) [de qn], être en vogue [chez qn]; **sich ~ machen** se faire bien voir; **sich bei jdm ~ machen** s'attirer les faveurs de qn
Beliebtheit <-> *f* popularité *f*; *eines Buchs, Films, Romans* au-

dience *f; eines Orts* renommée *f;* **sich bei der Jugend großer ~ erfreuen** *Mode, Sport:* être très apprécié(e) chez les jeunes
beliefern *tr V* fournir; **jdn/ein Geschäft mit Getränken ~** fournir qn/un magasin en boissons
Belieferung *f* livraison *f;* **die ~ dieser Firma wurde eingestellt** cette maison n'est plus livrée
Belize [be'li:s, be'liθe] <-s> *nt* le Belize
Belizer(in) [be'li:sɐ] <-s, -> *m(f)* Bélizien(ne) *m(f)*
belizisch *Adj* bélizien(ne)
Belladonna [bɛla'dɔna] <-, Belladonnen> *f* ❶ BOT belladone *f* ❷ PHARM atropine *f*
bellen ['bɛlən] I. *itr V Hund:* aboyer; **das Bellen** les aboiements *mpl*
II. *tr V fam* aboyer *Anweisung, Befehl*
bellend *Adj Stimme* gueulard(e); *Husten* rauque
Belletristik [bɛle'trɪstɪk] <-> *f* [belles-]lettres *fpl*
belletristisch *Adj* littéraire; **die ~e Literatur** les ouvrages littéraires
belobigen* *tr V* citer
Belobigung <-, -en> *f form* félicitations *fpl;* **offizielle ~** citation *f* officielle; **jdm eine ~ aussprechen** citer qn
belohnen* *tr V* récompenser; **jdn für seine Bemühungen ~** récompenser qn de ses efforts; **den Einsatz der Mitarbeiter ~** récompenser l'engagement des collaborateurs; **unsere Arbeit wurde durch Erfolg belohnt** le succès est venu récompenser notre travail
Belohnung <-, -en> *f* récompense *f;* **eine ~ für etw aussetzen** offrir une récompense pour qc; **hundert Euro ~ bekommen** recevoir cent euros de récompense; **zur** [*o* **als**] **~ en** [*o* **comme**] récompense
Belsazar [bɛl'za:tsar] <-s> *m* BIBL Balthazar *m*
belüften* *tr V* aérer
Belüftung ❶ *kein Pl (das Belüften)* aération *f* ❷ *(Anlage)* ventilation *f*
Beluga [be'lu:ga] <-, -s> *m* ZOOL béluga *m,* béluga *f*
belügen* *unreg* I. *tr V* mentir à
II. *r V* **sich** [**selbst**] **~** se faire des illusions
belustigen* I. *tr V Person:* amuser, divertir; *Verhalten, Kleidung:* faire rire qn; **jdn ~** *Person:* amuser [*o* divertir] qn; *Verhalten, Kleidung:* faire rire qn; **was belustigt dich an mir?** qu'est-ce que j'ai qui te fait rire?; **~d** amusant(e)
II. *r V geh* **sich über jdn/etw ~** s'amuser de qn/qc *(soutenu)*
belustigt I. *Adj* **über etw** *(Akk)* **~ sein** être amusé(e) par qc
II. *Adv* **~ lächeln** avoir un sourire amusé
Belustigung <-, -en> *f* divertissement *m,* amusement *m;* **zu jds ~** pour amuser [*o* divertir] qn
bemächtigen* *r V geh* ❶ *(in seine Gewalt bringen)* **sich jds/einer S.** *(Gen)* **~** s'emparer [*o* se saisir] de qn/qc
❷ *(überkommen)* **sich jds ~** *Gefühl, Laune, Stimmung:* s'emparer de qn; *Gedanke:* envahir qn
bemäkeln* *tr V fam* critiquer; **etw an jdm/etw ~** critiquer qc chez qn/à qc; **stets an allem etwas zu ~ haben** trouver toujours le moyen de tout dénigrer
bemalen* I. *tr V* peindre; **etw mit Blumen ~** peindre des fleurs sur qc; **etw bunt ~** peindre qc en couleurs; **mit Ornamenten bemalt werden** être peint(e) avec des motifs décoratifs; **von Hand bemalt** peint(e) à la main
II. *r V pej fam* **sich ~** se peinturlurer *(fam)*
Bemalung <-, -en> *f* ❶ *kein Pl (das Bemalen)* ornementation *f,* décoration *f*
❷ *(Motiv)* décor *m,* ornementation *f*
bemängeln* *tr V* critiquer; **etw an jdm/einer S. ~** critiquer qc chez qn/à propos de qc; **an dem Stück gab es für die Kritik einiges zu ~, dass** se plaindre [de ce] que + *subj*
Bemängelung <-, -en> *f* critiques *fpl;* **~ einer S.** *(Gen)* critiques *fpl* concernant qc
bemannen* *tr V* pourvoir d'un équipage; **[ein Schiff/eine Rakete] ~** pourvoir [un navire/une fusée] d'un équipage
bemannt [bə'mant] *Adj* ❶ habité(e); **~e Raumfahrt** navigation *f* spatiale habitée; **~ sein** *Raumschiff, U-Boot:* avoir un équipage
❷ *fam (liiert)* **~ sein** avoir trouvé chaussure à son pied *(hum),* avoir un mec *(pop)*
bemänteln* *tr V* camoufler
Bembel ['bɛmbəl] <-s, -> *m* DIAL pichet *m (pour servir le cidre)*
bemerkbar *Adj* perceptible; **für jdn ~ sein** être perceptible de [*o* par] qn; **sich durch etw ~ machen** *Person:* se manifester [*o* faire signe] par qc; *Störung, Krankheit:* se manifester par qc
bemerken* *tr V* ❶ *(wahrnehmen)* remarquer; **~, dass/wie ...** remarquer que ... + *indic,* s'apercevoir que ... + *subj*
❷ *(äußern)* **etwas zu etw ~** faire une remarque à propos de qc
bemerkenswert I. *Adj* remarquable; *Punkt* digne d'attention; **etwas/nichts Bemerkenswertes** quelque chose/rien qui mérite d'être noté(e)
II. *Adv* remarquablement; **~ schön/elegant** d'une beauté/élégance remarquable
Bemerkung <-, -en> *f* remarque *f;* **eine ~ über jdn/etw machen** [*o* **fallen lassen**] faire [*o* laisser échapper] une remarque à propos de qn/qc
bemessen* *unreg* I. *tr V* **knapp/reichlich ~ sein** *Zeit:* être calculé(e) juste/large; **tausend Euro sind etwas knapp ~** mille euros, ça fait un peu juste
II. *r V form* **sich nach etw ~** *Gehalt:* se mesurer à qc; *Steuer, Strafe, Unterstützung:* se calculer selon [*o* en fonction de] qc
Bemessung *f* évaluation *f,* calcul *m*
Bemessungsgrundlage *f* base *f* de calcul, assiette *f*
bemitleiden* [bə'mɪtlaɪdən] I. *tr V* prendre en pitié; **jdn ~** prendre qn en pitié; **zu ~ sein** être à plaindre
II. *r V* **sich** [**selbst**] **~** se lamenter sur son [propre] sort
bemitleidenswert *Adj* à plaindre, pitoyable; **~ sein** être à plaindre
bemittelt [bə'mɪtəlt] *Adj geh* fortuné(e); **sehr/nicht sehr ~ sein** être fortuné(e)/n'avoir guère les moyens
bemoost [bə'mo:st] *Adj* moussu(e), couvert(e) de mousse
bemühen* I. *r V* ❶ *(sich Mühe geben)* **sich ~** faire des efforts; **sich gar nicht ~** ne faire aucun effort; **sich ~, keinen Lärm zu machen** s'efforcer de ne pas faire de bruit; **sosehr sie sich auch bemühte, ...** elle avait beau se donner beaucoup de mal, ...; **bitte bemühen Sie sich nicht!** je vous en prie, ne vous dérangez pas!
❷ *(sich kümmern)* **sich um jdn ~** être aux petits soins avec qn; **sich um jds Freundschaft/Gunst ~** essayer de gagner [*o* rechercher] l'amitié/les faveurs de qn; **sich um eine Stelle ~** s'efforcer d'obtenir un poste
❸ *geh (gehen)* **sich zu jdm ~** rendre visite à qn; **sich nach nebenan ~** aller dans la pièce à côté; **würdest du dich bitte zur Tür ~?** veux-tu bien te donner la peine d'aller jusqu'à la porte?
II. *tr V geh* ❶ *(beauftragen)* faire appel à; **ich bemühe Sie ungern, aber ...** ce n'est pas dans mes habitudes de vous déranger, mais ...
❷ *(benutzen)* avoir recours à *Ausrede;* consulter *Notizbuch*
Bemühen <-s> *nt geh* efforts *mpl (littér);* **~ um jdn/etw** efforts *mpl* pour obtenir qn/qc
bemüht *Adj Mitarbeiter* sérieux(-euse); *Schüler* appliqué(e); **~ sein** être appliqué(e) [à la tâche]; **[darum] ~ sein gut zu arbeiten** s'appliquer à faire du bon travail; **um Gerechtigkeit ~ sein** s'efforcer d'être juste
Bemühung <-, -en> *f* ❶ effort *m;* **danke für Ihre ~en!** merci de vous être donné tout ce mal!
❷ *Pl (Dienstleistung) eines Arztes* soins *mpl; eines Anwalts* services *mpl*
bemüßigt [bə'my:sɪçt] *Adj* **sich ~ fühlen/sehen etw zu tun** *iron geh* se croire obligé(e)/se voir dans l'obligation de faire qc *(iron)*
bemuttern* *tr V* materner, dorloter; **sich ~ lassen** se faire dorloter
benachbart [bə'naxba:ɐt] *Adj* voisin(e)
benachrichtigen* *tr V* informer; **jdn von etw ~** informer qn de qc; **davon benachrichtigt werden, dass** être informé(e) [de ce] que + *indic*
Benachrichtigung <-, -en> *f* ❶ *kein Pl (das Benachrichtigen)* **sich um die ~ der Eltern kümmern** se charger d'informer les parents; **ohne vorherige ~** sans avis préalable; **ich bitte um sofortige ~** je désire être mis(e) au courant immédiatement
❷ *(Nachricht)* notification *f,* avis *m*
benachteiligen* *tr V* ❶ *(zurücksetzen)* désavantager, défavoriser; **jdn wegen etw ~** désavantager [*o* défavoriser] qn en raison de qc; **sich benachteiligt fühlen** se sentir désavantagé(e) [*o* défavorisé(e)]
❷ *(behindern)* **jdn jdm gegenüber ~** *Umstand:* handicaper qn par rapport à qn
Benachteiligte(r) *f(m) dekl wie Adj* déshérité(e) *m(f)*
Benachteiligung <-, -en> *f* ❶ *kein Pl (das Benachteiligen)* **die ständige ~ von Minderheiten** le fait que les minorités sont constamment défavorisées; **die ~ eines Menschen aus religiösen Gründen ist verboten** personne ne doit être l'objet de discrimination religieuse
❷ *(Nachteil)* handicap *m,* inconvénient *m*
Bendel^{ALT} ['bɛndəl] *s.* **Bändel**
benebeln* *tr V fam* abrutir; **benebelt sein** être dans les vapes *(fam);* **von etw benebelt sein** être abruti(e) par qc
Benediktiner(in) [benedɪk'ti:nɐ] <-s, -> *m(f)* bénédictin(e) *m(f)*
Benediktinerorden *m* ordre *m* bénédictin [*o* de Saint-Benoît]
Benefizkonzert *nt* concert *m* [au bénéfice d'une œuvre] de bienfaisance **Benefizvorstellung** *f* gala *m* de bienfaisance
benehmen* *r V unreg* ❶ *(sich gesittet verhalten)* **sich ~** se tenir bien; **benimm dich!** tiens-toi bien!
❷ *(sich verhalten)* **sich anständig/schlecht ~** se tenir correctement/mal; **sich wie ein Idiot ~** se comporter comme un imbécile
Benehmen <-s> *nt* comportement *m;* **jdn zu höflichem ~ erziehen** apprendre à qn les bonnes manières; **das ist kein**

[gutes] ~ ce n'est pas comme ça qu'on se tient; **kein ~ haben** ne pas savoir se tenir, n'avoir aucun savoir-vivre
▶ **sich mit jdm ins ~ setzen** *form* prendre langue avec qn *(littér)*
beneiden* *tr V* envier; **jdn um etw** *[o* **wegen etw]** ~ envier qc à qn; **wegen seiner Erfolge wird er von vielen beneidet** beaucoup lui envient ses succès; **er ist nicht zu ~** sa situation n'est guère enviable
beneidenswert I. *Adj* enviable; **ein ~er Mensch** une personne qu'on peut envier; **du bist wirklich ~!** il y a de quoi être jaloux de toi!
II. *Adv* **ihr habt es hier ~ ruhig** j'envie le calme dont vous bénéficiez ici
Beneluxländer ['be:nelʊks-], **Beneluxstaaten** *Pl* **die ~** le Benelux, les pays *mpl* du Benelux
benennen* *tr V unreg* ❶ *(mit Namen versehen)* nommer, appeler; **die Tochter nach der Großmutter ~** donner à sa fille le nom de la grand-mère
❷ *(nennen)* **jdn als Experten ~** désigner qn comme expert; **dem Gericht wurden drei Zeugen benannt** trois témoins ont été cités devant le tribunal
Benennung <-, -en> *f* ❶ *(Bezeichnung)* dénomination *f*, appellation *f*
❷ *(Ernennung) eines Sachverständigen, Kandidaten* désignation *f*; *eines Zeugen* citation *f*
benetzen* *tr V geh* mouiller; humecter *Lippen;* baigner *(littér)* *Wangen, Stirn;* **Tränen benetzten ihre Wangen** ses joues étaient baignées de larmes *(littér)*
Bengale [bɛŋˈgaːlə] <-n, -n> *m*, **Bengalin** *f* Bengali(e) *m(f)*, Bengalais(e) *m(f)*
Bengel [ˈbɛŋl̩] <-s, -[s]> *m* ❶ *(frecher Junge)* garnement *m*; **du frecher/unverschämter ~!** espèce d'effronté/de petit voyou!
❷ *fam (netter Junge)* gamin *m*; **was für ein süßer ~!** quel mignon petit bambin!
Benimm [bəˈnɪm] <-s> *m fam* [bonnes] manières *fpl*; **keinen ~ haben** ne pas savoir se tenir
Benin [beˈniːn] <-s> *nt* le Bénin
Beniner(in) [beˈniːnɐ] <-s, -> *m(f)* Béninois(e) *m(f)*
beninisch *Adj* béninois(e)
Benjamin <-s, -e> *m* ❶ Benjamin *m*
❷ *fam (Jüngster)* **der ~** le benjamin *(fam)*
benommen [bəˈnɔmən] *Adj (vom Schlaf, Lärm, durch Drogen)* hébété(e), abruti(e); *(durch einen Schlag)* sonné(e); *(durch einen Schock)* étourdi(e); **jdn ~ machen** abrutir qn
Benommenheit <-> *f* engourdissement *m*, hébétude *f*
benoten* *tr V* noter; **ihre Prüfung wurde mit „Sehr gut" benotet** elle a eu son examen avec la mention "Très bien"
benötigen* *tr V* avoir besoin de; **etw dringend ~** avoir un besoin urgent de qc; **wie viel Geld benötigst du?** combien d'argent te faut-il?
Benotung <-, -en> *f* ❶ *kein Pl (das Benoten)* notation *f*
❷ *(Note)* note *f*
benutzbar *Adj Gegenstand* utilisable; *Weg* praticable
benutzen* *tr V*, **benützen** *tr V* SDEUTSCH, A, CH ❶ utiliser; consulter *Literatur, Werk;* **etw als Bücherregal ~** utiliser qc comme *[o* en guise de] bibliothèque; **etw als Vorwand ~** utiliser qc comme *[o* en guise de] prétexte; **das benutzte Geschirr** la vaisselle sale; **nach dem Benutzen** après usage
❷ *(nicht ungenutzt lassen)* saisir *Gelegenheit, Anlass;* **den Nachmittag für einen Spaziergang ~** profiter de l'après-midi pour aller se promener
❸ *(fahren mit)* prendre *Bus, Straßenbahn*
❹ *(ausnutzen)* se servir de *Person;* **sich benutzt fühlen** se sentir exploité(e)
Benutzer(in) <-s, -> *m(f)*, **Benützer(in)** <-s, -> *m(f)* SDEUTSCH, A, CH *eines Geräts, Wörterbuchs, einer Software* utilisateur(-trice) *m(f); einer Bibliothek, eines Verkehrsmittels* usager(-ère) *m(f)*
benutzerfreundlich I. *Adj Gerät, Wörterbuch* pratique; *Computer, Programm* convivial(e) II. *Adv* de manière pratique; **~ konzipiert** d'une conception pratique **Benutzerfreundlichkeit** *f kein Pl eines Gerätes, Wörterbuchs* facilité *f* d'utilisation; *eines Computers, Programms* convivialité *f* **Benutzerhandbuch** *nt* guide *m* de l'utilisateur **Benutzername** *m* INFORM nom *m* d'utilisateur **Benutzeroberfläche** *f* INFORM interface *f* d'utilisateur **benutzerunfreundlich** I. *Adj* peu commode; *Computer* peu convivial(e) II. *Adv* **~ konzipiert** de conception peu conviviale
Benutzung *f kein Pl*, **Benützung** *f kein Pl* SDEUTSCH, A, CH *eines Gegenstands* usage *m; eines Wegs, Eingangs, Zimmers* utilisation *f; eines Nachschlagewerks* consultation *f*, utilisation *f*; **etw in ~ nehmen/haben** utiliser qc; **jdm etw zur ~ überlassen** laisser qc à qn pour qu'il puisse l'utiliser
Benutzungsgebühr *f* droit *m [o* taxe *f]* d'utilisation; *(Leihgebühr)* droit *[o* taxe] de location **Benutzungsordnung** *f* JUR

réglementation *f*
Benzin [bɛnˈtsiːn] <-s, -e> *nt* essence *f*
Benziner <-s, -> *m fam* voiture *f* à essence
Benzinfeuerzeug *nt* briquet *m* à essence **Benzingutschein** *m* bon *m* d'essence **Benzinkanister** *m* bidon *m* d'essence **Benzinmotor** *m* moteur *m* à essence **Benzinpreis** *m* prix *m* de l'essence **Benzinpumpe** *f* pompe *f* à essence **Benzinstand** *m kein Pl* AUT, AVIAT niveau *m* d'essence **Benzintank** *m* AUT réservoir *m* [d'essence] **Benzinuhr** *f* AUT jauge *f* **Benzinverbrauch** *m* consommation *f* d'essence
Benzoesäure [ˈbɛntsoe-] *f* CHEM acide *m* benzoïque
Benzol [bɛnˈtsoːl] <-s> *nt* CHEM benzène *m*
beobachten* [bəˈʔoːbaxtən] *tr V* ❶ *(genau betrachten)* observer; **jdn bei der Gartenarbeit ~** observer qn occupé(e) au jardinage *[o* en train de faire le jardinage]; **sich von jdm beobachtet fühlen** avoir l'impression d'être observé(e) par qn
❷ *(observieren)* **jdn/etw ~ lassen** faire surveiller qn/qc; **beobachtet werden** être surveillé(e)
❸ *(bemerken)* **Veränderungen an jdm/etw ~** observer *[o* constater] des changements chez qn/dans qc; **gut beobachtet!** bien vu!
Beobachter(in) <-s, -> *m(f)* observateur(-trice) *m(f)*
Beobachtung <-, -en> *f* ❶ *kein Pl (das Beobachten)* observation *f*
❷ *(Observierung, Kontrolle)* surveillance *f*; **unter ~ stehen** *(observiert werden)* être sous surveillance; *(medizinisch kontrolliert werden)* être en observation
❸ *(Ergebnis des Beobachtens)* observation *f*, constatation *f*; **eine interessante ~ machen** observer quelque chose d'intéressant; **diese ~ habe ich noch nie gemacht** c'est une chose que je n'ai encore jamais remarquée
Beobachtungsgabe *f kein Pl* esprit *m* d'observation **Beobachtungsposten** *m* **auf ~ sein** *fam* être en faction **Beobachtungsstation** *f* ❶ MED station *f* d'observation ❷ ASTRON station *f* d'observation astronomique
beordern* *tr V* convoquer; **jdn nach Bonn/zu sich ~** envoyer qn à Bonn/convoquer qn; **zu jdm beordert werden** être convoqué(e) chez qn
bepacken* I. *tr V* charger *Person, Tier, Auto;* **schwer bepackt** lourdement chargé(e)
II. *r V* **sich mit etw ~** se charger de qc
bepflanzen* *tr V* planter *Beet*
Bepflanzung *f* ❶ *kein Pl (das Bepflanzen)* plantation *f*; **sich um die ~ der Beete kümmern** se charger de planter quelque chose dans les parterres
❷ *(die Pflanzen)* plantations *fpl*
bepinkeln* *fam* I. *tr V* pisser sur *[o* contre] *(fam)*
II. *r V* **sich ~** se pisser dessus *(fam)*
bepinseln* *tr V* ❶ badigeonner *Kuchen, Wunde;* **man hat ihr die Wunde mit Jodtinktur bepinselt** on lui a badigeonné la plaie de teinture d'iode
❷ *fam (vollschreiben)* **ein Blatt Papier mit etw ~** gribouiller qc sur une feuille de papier *(fam)*
bequatschen* *tr V sl* ❶ *(bereden)* discuter; **etw mit jdm ~** discuter de qc avec qn
❷ *(überreden)* **jdn [dazu] ~ einzuwilligen** baratiner qn pour qu'il consente *(fam);* **sich von jdm ~ lassen** se laisser embobiner par qn *(fam)*
bequem [bəˈkveːm] I. *Adj* ❶ *(angenehm) Sitzmöbel, Kleidungsstück* confortable; **es sich** *(Dat)* **~ machen** se mettre à l'aise; **macht es euch ~** mettez-vous à votre aise
❷ *(mühelos) Bedienung, Handhabung* commode
❸ *(leicht zu bedienen) Elektrogerät* pratique
❹ *pej (träge) Person* paresseux(-euse); **dazu ist er viel zu ~** il aime beaucoup trop ses aises pour cela
II. *Adv* ❶ **~ sitzen** *Person:* être assis(e) confortablement *[o* commodément]; *Anzug:* être confortable
❷ *(mühelos)* bedienen, handhaben commodément
bequemen* *r V* ❶ *(sich entschließen)* consentir à; **sich zu einer Antwort ~** consentir à répondre; **sich [dazu] ~ sich zu entschuldigen** consentir à s'excuser; **er konnte sich nicht dazu ~ aufzustehen** il ne pouvait pas se résoudre à se lever
❷ *(sich begeben)* **sich zu jdm/nach Dijon ~** consentir à se rendre chez qn/à Dijon; **könntest du dich jetzt wohl ins Bett ~?** veux-tu aller au lit?
Bequemlichkeit <-> *f* ❶ *(Behaglichkeit)* confort *m*
❷ *(Trägheit)* paresse *f*; **aus ~** par paresse
berappeln* *r V fam* ❶ *(wieder zu Kräften kommen)* **sich** [**wieder**] **~** se requinquer *(fam)*
❷ *(sich aufraffen)* **sich doch noch ~, was zu tun** finir par se remotiver pour faire quelque chose *(fam)*
berappen* *tr V fam* payer; **viel Geld für etw ~** cracher pour [obtenir] qc *(pop)*

beraten* *unreg* I. *tr V* ❶ *(informieren)* conseiller; **sich von jdm ~ lassen** se faire conseiller par qn; **du bist gut/schlecht ~, wenn du diese Aktien kaufst** tu es bien/mal inspiré(e) d'acheter ces actions
❷ *(besprechen)* délibérer de [*o* sur]; discuter un amendement *Gesetzesnovelle*
II. *r V* **sich über jdn/etw ~** délibérer au sujet de qn/qc, débattre de qn/qc; **sich mit jdm über jdn/etw ~** se concerter avec qn au sujet de qn/qc
beratend I. *Adj* consultatif(-ive)
II. *Adv* **jdm ~ zur Seite stehen** assister qn à titre de conseiller(-ère)
Berater(in) <-s, -> *m(f)* conseiller(-ère) *m(f)*; COM, FIN, JUR conseil *m*
Beratertätigkeit *f* consultation *f* **Beratervertrag** *m* contrat *m* de consultant
beratschlagen* I. *tr V* délibérer de *Plan, Frage*; **~, wie ...** délibérer de la manière dont ...
II. *itr V* **über etw** *(Akk)* **~** délibérer de qc
Beratung <-, -en> *f* ❶ *kein Pl (Besprechung)* délibération *f*; *einer Gesetzesnovelle* discussion *f*; **sich zur ~ zurückziehen** se retirer pour délibérer
❷ *(das Beratenwerden)* **auf die ~ durch Experten angewiesen sein** devoir s'en remettre aux conseils des experts
❸ *(Information) eines Klienten, Patienten* consultation *f*
Beratungsgesetz *nt additif restrictif à la loi sur l'I.V.G., repoussé en 1989* **Beratungsstelle** *f* service *m* de consultation **Beratungszimmer** *nt* salle *f* de consultation
berauben* *tr V* ❶ *(bestehlen)* dévaliser; **jdn einer S.** *(Gen)* **~** dépouiller qn de qc
❷ *geh (entziehen)* **jdn seiner Freiheit/seiner Rechte ~** priver qn de sa liberté/ses droits; **jdn aller Hoffnung ~** ôter tout espoir à qn
berauschen* *geh* I. *tr V* enivrer
II. *r V* ❶ *(sich betrinken)* **sich am Wein ~** s'enivrer de vin
❷ *(in Ekstase geraten)* **sich an einer Vorstellung ~** se délecter [*o* se repaître] d'une idée *(littér)*
berauschend I. *Adj Droge* euphorisant(e), enivrant(e); *Getränk, Wirkung* grisant(e)
▸ **das ist/war nicht [gerade] ~** *fam* c'est/c'était pas terrible! *(fam)*
II. *Adv* **~ wirken** *Droge:* agir comme un stupéfiant; *Getränk:* avoir un effet euphorisant
Berber ['bɛrbə] <-s, -> *m* ❶ Berbère *m*
❷ *sl (Obdachloser)* clodo *m (pop)*
❸ *(Teppich)* tapis *m* berbère
Berberin <-, -nen> *f* ❶ Berbère *f*
❷ *sl (Obdachlose)* clodo *f (pop)*
Berberitze <-, -n> *f* épine-vinette *f*
Berberteppich *m* tapis *m* berbère
berechenbar [bəˈrɛçənbaːɐ̯] *Adj* ❶ *Kosten, Projekt* évaluable; **~ sein** pouvoir être évalué(e) [*o* estimé(e)]
❷ *(einschätzbar) Person* dont on peut prévoir les réactions; *Politik* prévisible; **~er werden** *Politik:* devenir moins imprévisible; **nicht ~ sein** être imprévisible
berechnen* *tr V* ❶ *(ausrechnen)* calculer; **~, ob/wie/wie viel ...** calculer si/comment/combien ...
❷ *(in Rechnung stellen)* **[jdm] etw ~** facturer [*o* compter] [à qn]; **zu teuer berechnet werden** *Artikel, Leistung:* être facturé(e) trop cher
❸ *(veranschlagen)* **das Rezept ist für zwei Personen berechnet** la recette est prévue pour deux personnes
❹ *(im Voraus abwägen)* calculer *Effekt, Wort, Geste*
berechnend *Adj pej* calculateur(-trice)
Berechnung *f* ❶ *(das Rechnen)* calcul *m*; **seiner ~ nach, nach seiner ~** d'après ses calculs
❷ *(bewusster Einsatz) von Worten, Gesten* calcul *m*
❸ *pej (Eigennutz)* calcul *m*; **mit eiskalter ~ vorgehen** opérer avec un professionnalisme froid; **etw aus ~ tun** faire qc par calcul
Berechnungsgrundlage *f* ÖKON base *f* de calcul
berechtigen* [bəˈrɛçtɪɡən] I. *tr V* **jdn zu einer optimistischen Sicht ~** donner lieu à qn d'être optimiste; **berechtigt sein etw zu tun** être habilité(e) à [faire] qc, avoir le droit de faire qc; **sich zu etw berechtigt fühlen** se sentir autorisé(e) [*o* légitimé(e)] à faire qc
II. *itr V* ❶ **zur Benutzung der Busse ~** autoriser à circuler en bus
❷ *(Anlass geben)* **zu den größten Hoffnungen ~** autoriser [*o* permettre] de très grands espoirs; **zu der Annahme ~, dass** autoriser à supposer que + *indic*
berechtigt *Adj* légitime, justifié(e)
berechtigterweise *Adv form* à juste titre, de façon légitime [*o* justifiée]
Berechtigung <-, *selten* -en> *f* ❶ *(Befugnis)* autorisation *f*; **die/**

keine ~ haben etw zu tun être/ne pas être autorisé(e) à faire qc
❷ *(Rechtmäßigkeit) eines Anspruchs, einer Forderung* légitimité *f*, bien-fondé *m*
bereden* I. *tr V* ❶ discuter; **etw mit jdm ~** discuter qc avec qn
❷ *(überreden)* **jdn ~ etw zu tun** convaincre qn de faire qc
II. *r V* **sich ~** se concerter; **sich mit jdm über etw** *(Akk)* **~** discuter avec qn de qc
beredsam [bəˈreːtzaːm] *Adj* ❶ *(redegewandt)* disert(e) *(littér)*, éloquent(e)
❷ *(mitteilsam)* loquace
Beredsamkeit <-> *f geh* éloquence *f*
beredt [bəˈreːt] *Adj geh* ❶ *(ausdrucksvoll) Gestik, Mimik* expressif(-ive), suggestif(-ive)
❷ *(viel sagend) Schweigen, Miene* éloquent(e)
❸ *(redegewandt)* éloquent(e)
Bereich [bəˈraɪç] <-[e]s, -e> *m* ❶ *(Gebiet)* zone *f*
❷ *(Verantwortungsbereich)* domaine *m*, secteur *m*; **der ~ „Personal"** le secteur "personnel"; **er kennt sich in diesem ~ gut aus** c'est là un domaine qui lui est familier; **das fällt in meinen ~** cela entre dans mes attributions, c'est de mon ressort
▸ **im ~ des Möglichen liegen** être du domaine du possible
bereichern* I. *r V* **sich ~** s'enrichir; **sich an jdm/etw ~** s'enrichir grâce à qn/avec qc
II. *tr V* ❶ **seine Sammlung um neue Stücke ~** enrichir sa collection de nouvelles pièces
❷ *(beglücken)* enrichir
Bereicherung <-, -en> *f* enrichissement *m*
Bereifung <-, -en> *f* pneumatiques *mpl*
bereinigen* I. *tr V* régler *Angelegenheit*
II. *r V* **sich von selbst ~** s'arranger de lui-même/d'elle-même
Bereinigung *f eines Konflikts* règlement *m*
bereisen* *tr V* parcourir
bereit [bəˈraɪt] *Adj* ❶ *(fertig, vorbereitet)* prêt(e)
❷ *(willens)* disposé(e); **~ sein jdm zu helfen** être disposé(e) à aider qn; **sich ~ erklären die Kosten zu übernehmen** se déclarer prêt(e) à prendre les frais à sa charge
▸ **allzeit ~ [, immer ~]!** scouts, toujours prêts!
bereiten* *tr V* ❶ *(verursachen)* causer; **jdm Freude/Schwierigkeiten ~** causer [*o* apporter] de la joie/des difficultés à qn; **jdm Kopfschmerzen ~** donner mal à la tête à qn
❷ *(zuteilwerden lassen)* **jdm eine Überraschung/einen Empfang ~** réserver une surprise/un accueil à qn
❸ *geh (zubereiten)* **[jdm] ein Mahl/ein Bad ~** préparer un repas/un bain [à qn]
bereit|haben^{RR} *tr V* avoir tout(e) prêt(e); **etw ~** avoir qc tout(e) prêt(e)
bereit|halten I. *tr V unreg* ❶ *(griffbereit haben)* préparer *Ausweis, Geld, Parkschein;* tenir prêt(e) *Gerät, Spritze, Schusswaffe;* **bitte die Pässe ~!** veuillez préparer vos passeports!
❷ *(in petto haben)* **für jdn eine Überraschung ~** réserver une surprise à qn
II. *r V* **sich für etw ~** se tenir prêt(e) pour qc
bereit|legen *tr V* préparer; **[jdm] etw ~** préparer qc [à qn]
bereit|liegen *itr V unreg* être prêt(e); **für jdn ~** être à la disposition de qn; **zur Abholung ~** être prêt(e) à être emporté(e)
bereit|machen *r V* se préparer; **sich für jdn/etw ~** se préparer pour qn/qc
bereits [bəˈraɪts] *Adv* déjà
Bereitschaft <-, -en> *f* ❶ *kein Pl (Bereitwilligkeit)* bonne volonté *f*; **mangelnde ~** manque *m* de bonne volonté; **seine ~ erklären etw zu tun** se déclarer prêt(e) à faire qc
❷ *kein Pl (Bereitschaftsdienst)* service *m* de garde; **~ haben** être de [service de] garde
❸ *(Alarmbereitschaft)* **in ~ sein** être en alerte, être prêt(e) à intervenir
❹ *(Einheit der Polizei)* unité *f* de gardes mobiles
Bereitschaftsarzt *m*, **-ärztin** *f* médecin *m* de garde **Bereitschaftsdienst** *m* service *m* de garde; **~ haben** être de garde **Bereitschaftspolizei** *f corps de police correspondant aux Compagnies Républicaines de Sécurité*
bereit|stehen *itr V unreg* être prêt(e); **für jdn ~** *Essen, Wagen, Flugzeug:* être prêt(e) pour qn; **Ihr Taxi steht [unten] für Sie bereit** votre taxi vous attend [en bas]; **zur Abholung ~** être prêt(e) à être emporté(e)
bereit|stellen *tr V* ❶ *(zur Verfügung stellen)* préparer; **Gelder für etw ~** débloquer des fonds pour qc; **etw für jdn ~** mettre qc à la disposition de qn
❷ *(einsetzen)* prévoir *Zug, Sonderzug;* **Truppen ~** mettre des troupes en place
Bereitstellung *f von Material, Fahrzeugen* mise *f* à disposition; *von Zügen, Truppen* mise en place
bereitwillig I. *Adj Helfer, Verkaufspersonal* empressé(e)
II. *Adv* avec empressement; **~ gestehen** s'empresser d'avouer

Bereitwilligkeit <-> f empressement m
bereuen* tr V se repentir de; ~ **etw getan zu haben** se repentir d'avoir fait qc
Berg [bɛrk] <-[e]s, -e> m ❶ montagne f; (Hügel) colline f
❷ Pl (Gebirge) montagne f; **in die ~e fahren/in den ~en leben** aller/vivre à la montagne
❸ (große Menge) **ein ~ von Geschirr** une montagne de vaisselle; **~e von Zeitschriften** des monceaux de revues
▶ **– Heil!** salut que s'adressent les montagnards; **wenn der ~ nicht zum Propheten kommt, muss der Prophet zum ~ kommen** Spr. si la montagne ne veut pas venir à Mahomet, Mahomet ira à elle; **über ~ und Tal** par monts et par vaux; **mit etw hinterm** [o **hinter dem**] **~ halten** faire mystère de qc; **über den ~ sein** fam avoir passé le cap [difficile]; **noch nicht über den ~ sein** fam ne pas être sorti(e) de l'auberge (fam); **über alle ~e sein** fam avoir pris le large (fam)
bergab [bɛrk'ʔap] Adv en descente; **~ gehen** descendre; **es geht ~** ça descend ▶ **mit jdm geht es ~** qn file un mauvais coton; **mit etw geht es ~** qc est sur la mauvaise pente, qc périclite **bergabwärts** Adv en descente **Bergakademie** f école f des mines
Bergamotte [bɛrga'mɔtə] <-, -n> f bergamote f
Bergamt nt service m des mines **bergan** [bɛrk'ʔan] s. bergauf **Bergarbeiter(in)** s. Bergmann **bergauf** [bɛrk'ʔaʊf] Adv en montant; **~ gehen** grimper, gravir la pente; **~ führen** Weg: monter en pente raide ▶ **mit jdm geht es ~** qn remonte la pente, qn reprend du poil de la bête (fam); **mit etw geht es ~** qc va mieux; **mit dem Umsatz geht es wieder ~** les affaires reprennent **bergaufwärts** s. bergauf **Bergbahn** f (Zahnradbahn) train m de montagne; (Seilbahn) téléphérique m **Bergbau** m kein Pl industrie f minière; **im ~ arbeiten** travailler à la mine **Bergbesteigung** f ascension f d'une montagne **Bergbewohner(in)** m(f) montagnard(e) m(f) **Bergdorf** nt village m de montagne
Bergelohn m indemnité f de sauvetage
bergen ['bɛrgən] <birgt, barg, geborgen> tr V ❶ (retten, sicherstellen) sauver Personen, Kunstschätze; remonter Ertrunkenen; récupérer Giftfässer, Schiffsladung; renflouer Schiffswrack, Tanker; **jdn aus dem Wasser ~** remonter qn de l'eau
❷ (befreien) dégager Unfallopfer, Verschütteten
❸ geh (enthalten) **Kunstschätze** [in sich (Dat)] **~ – Erde, Höhle:** recéler des trésors
❹ (mit sich bringen) **eine Gefahr/Vorteile** [in sich] **~** présenter [o comporter] un danger/des avantages
❺ geh (verstecken) **sein Gesicht in den Händen ~** dissimuler son visage dans ses mains
Bergfahrt f [re]montée f **Bergfried** <-[e]s, -e> m donjon m **Bergführer(in)** m(f) guide mf de montagne **Berggeist** m esprit m des montagnes **Berggipfel** m sommet m **Berghang** m versant m **Berghütte** f refuge m
bergig Adj montagneux(-euse)
Bergkamm m crête f d'une montagne **Bergkette** f chaîne f de montagnes **Bergkristall** m cristal m de roche **Bergkuppe** f dôme m, mamelon m **Bergland** nt région f montagneuse **Bergmann** <-leute> m mineur m GEOG massif m montagneux **Bergnot** f **in ~ geraten/sein** se trouver en difficulté/être en détresse **Bergpredigt** f Sermon m sur la Montagne **Bergrücken** m arête f **Bergrutsch** m glissement m de terrain **Bergsee** m lac m de montagne **Bergspitze** f pic m **Bergstation** f station f supérieure, [gare f d']arrivée f du téléphérique **bergsteigen** itr V unreg, nur Infin und PP+ haben o sein faire de l'alpinisme; **~ gehen** partir faire de l'alpinisme; **wir waren ~** nous avons fait de l'alpinisme; [**das**] **Bergsteigen** l'alpinisme m; **zum Bergsteigen** pour faire de l'alpinisme **Bergsteiger(in)** <-s, -> m(f) alpiniste mf **Bergstraße** f ❶ route f de montagne ❷ GEOG **die ~** région allemande à l'ouest de l'Odenwald **Bergtour** [-tu:ɐ] f randonnée f en montagne **Berg-und-Tal-Bahn** f montagnes fpl russes **Berg-und-Tal-Fahrt** f parcours m de montagnes russes
Bergung ['bɛrgʊŋ] <-, -en> f von Verletzten sauvetage m; eines Schiffswracks renflouement m; einer Ladung récupération f; **die ~ der Erdbebenopfer/Ertrunkenen war schwierig** il était difficile de dégager les victimes du séisme/de remonter les noyés
Bergungsarbeiten Pl ❶ (Rettungsarbeiten) opérations fpl de sauvetage; (bei Unfällen, Erdbeben) opérations fpl de dégagement; (bei Schiffsunglücken) opérations fpl de renflouement ❷ (Sicherstellung von Ladungen) entreprise f de récupération **Bergungsmannschaft** f équipe f de secours [o sauvetage] **Bergungstrupp** m groupe m de sauveteurs
Bergvolk nt peuple m montagnard **Bergwacht** f secours m en montagne **Bergwand** f paroi f rocheuse; **steile Bergwände** des parois abruptes **Bergwanderung** f randonnée f en montagne **Bergwerk** nt mine f; **im ~ arbeiten** travailler à la mine
Beriberi [beri'be:ri] <-> f MED béribéri m

Bericht [bə'rɪçt] <-[e]s, -e> m ❶ (Reportage, Nachricht) reportage m; (Zeitungsbericht) compte rendu m, reportage; **ein ausführlicher ~ über etw** (Akk) un compte rendu détaillé de qc; **widersprüchliche ~e** des informations contradictoires; **ein offizieller ~** un communiqué officiel
❷ (Report) rapport m; **~ zur Lage** compte-rendu m de la situation; **jdm ~ erstatten** form faire un rapport à qn
berichten* I. tr V ❶ (mitteilen) informer; **jdm über etw** (Akk) **~** informer qn de qc, rendre compte à qn de qc; **jdm darüber ~, dass** informer qn que + indic; **von Zeugen wurde uns berichtet, wie ...** des témoins nous ont appris comment ...; **es wird berichtet, dass** on raconte que + indic
❷ **aus Athen/aller Welt ~** Journalist: envoyer des reportages d'Athènes/du monde entier; **für den Rundfunk ~** travailler comme correspondant pour la radio; **das Fernsehen berichtet über das Tagesgeschehen** la télévision nous informe sur les faits du jour; **wie unsere Korrespondentin aus Beirut berichtet** comme nous le communique notre envoyée spéciale à Beyrouth; **wie uns soeben berichtet wird** comme on nous le communique à l'instant
II. tr V **jdm etw ~** raconter qc à qn
Berichterstatter(in) <-s, -> m(f) reporter mf, correspondant(e) m(f) **Berichterstattung** f ❶ (Nachrichteninformation) reportage m ❷ POL consultation f
berichtigen* [bə'rɪçtɪgən] I. tr V a. JUR corriger
II. r V sich ~ se corriger, rectifier son erreur
Berichtigung <-, -en> f ❶ correction f
❷ JUR rectification f
Berichtsjahr nt exercice m, année f de référence **Berichtszeitraum** m période f de référence
beriechen* unreg I. tr V renifler
II. r V fam **sich** [**gegenseitig**] **~** faire connaissance
berieseln* tr V ❶ (bewässern) arroser
❷ fam (einwirken lassen) **jdn ~** Musik, Werbung: inonder qn; **andauernd von Werbung berieselt werden** subir constamment l'effet insidieux de la publicité
Berieselung <-, -en> f AGR arrosage m
Berieselungsanlage f installation f [o dispositif m] d'arrosage
beringen* tr V baguer
beritten [bə'rɪtən] Adj à cheval; **~e Polizei** police f montée
Berkelium [bɛr'ke:liʊm] <-s> nt CHEM berkélium m
Berlin [bɛr'li:n] <-s> nt Berlin

Land und Leute

Les Berliner Filmfestspiele, également appelés **Berlinale**, ont lieu tous les ans depuis 1951. Pendant le festival, on peut découvrir des films en compétition et hors compétition. De plus, on peut assister à la fête du cinéma pour les enfants et au forum international des films pour la jeunesse. Les autres parties du programme consistent en des hommages et diverses rétrospectives. Les prix remis représentent des ours, symbole de Berlin.

Berliner[1] [bɛr'li:nɐ] <-s, -> m ❶ Berlinois m
❷ DIAL (Gebäck) beignet m
Berliner[2] Adj attr berlinois(e); **das ~ Wappen** les armoiries de Berlin
Berlinerin <-, -nen> f Berlinoise f
berlinern* itr V fam baragouiner [en] berlinois
Bermudadreieck nt triangle m des Bermudes **Bermudainseln** Pl **die ~** les Bermudes fpl
Bermudas[1] [bɛr'mu:das] Pl GEOG **die ~** les Bermudes fpl
Bermudas[2] Pl, **Bermudashorts** [bɛr'mu:da'ʃɔːɐts] Pl bermuda m
Bern [bɛrn] <-s> nt Berne
Berner Adj attr de Berne, bernois(e)
Berner(in) <-s, -> m(f) Bernois(e) m(f)
Bernhardiner [bɛrnhar'di:nɐ] <-s, -> m ❶ (Mönch) bernardin m ❷ (Hund) saint-bernard m
Bernstein ['bɛrnʃtaɪn] m kein Pl ambre m jaune
bernsteinfarben Adj ambré(e), ambre
Berserker [bɛr'zɛrkɐ] <-s, -> m **toben wie ein ~** être [comme] fou(folle) furieux(-euse)
bersten ['bɛrstən] <birst, barst, geborsten> itr V + sein geh ❶ Glasgefäß, Vase: se fendre; Erde, Damm: exploser; Ballon: éclater; Reifen: crever
❷ fig **vor Neugierde/Ungeduld** [**fast**] **~** [faillir] crever de curiosité/d'impatience
▶ **zum Bersten voll** plein(e) à craquer
Berta <-> f ▶ **die dicke ~** HIST fam la grosse Bertha (fam)
berüchtigt [bə'rʏçtɪçt] Adj Person tristement célèbre; Gegend, Lokal, Gefängnis mal famé(e); **wegen etw ~ sein** n'être que trop connu(e) pour qc; **er bekam einen seiner ~en Wutanfälle** il a eu l'un de ces fameux accès de colère

beruhigen	
beruhigen	**calmer**
Nur keine Panik/Aufregung!	Pas de panique/d'affolement!
Machen Sie sich keine Sorgen.	Ne vous faites pas de soucis.
Keine Angst, das werden wir schon hinkriegen.	Ne vous en faites pas, nous finirons bien par y arriver.
Abwarten und Tee trinken. *(fam)*	Nous verrons bien (ce qui se passera).
Es wird schon werden.	Ça va aller.
Alles halb so schlimm.	Ce n'est pas si grave.
Ganz ruhig bleiben!	Restons calme!/Ne nous affolons pas! *(fam)*

berückend *Adj geh* ravissant(e) *(soutenu)*; **eine Musik von ~ er Schönheit** une musique sublime
▶ **nicht** gerade [*o* **nicht sehr**] **~ sein** *iron* ne pas être spécialement [*o* très] réjouissant(e) *(fam)*
berücksichtigen* [bəˈrʏkzɪçtɪgən] *tr V* ❶ considérer, tenir compte de *Alter*; **~, dass** prendre en considération le fait que + *indic*; **wenn man berücksichtigt, dass** quand on considère que + *indic*; **berücksichtigt werden** être pris(e) en compte
❷ *(wohlwollend prüfen)* **bestimmte Tatsachen ~** prendre certains faits en considération; **eine Bewerbung ~** retenir une candidature
Berücksichtigung <-> *f* prise *f* en considération; **in** [*o* **unter**] **~ seines Alters** compte tenu de son âge; **die ~ Ihrer Bewerbung war uns nicht möglich** il ne nous a pas été possible de retenir votre candidature
Beruf [bəˈruːf] <-[e]s, -e> *m* profession *f*; *(Handwerksberuf)* métier *m*; **freier ~** profession libérale; **einen ~ ergreifen** choisir une profession/un métier; **im ~ stehen** exercer une activité professionnelle; **einen ~ ausüben** exercer une profession; **von ~ Schreiner sein** être menuisier de métier; **was sind Sie von ~?** quelle est votre profession?
▶ **seinen ~ verfehlt haben** avoir raté sa vocation; **von ~s wegen** pour raison professionnelle
berufen¹ *Adj* ❶ *(kompetent)* compétent(e)
❷ *(auserwählt)* **zum Priester ~ sein** avoir la vocation de prêtre; **zu Höherem ~ sein** être destiné(e) à une tâche plus élevée; **sich für etw ~ fühlen** se sentir une vocation pour qc; **sich ~ fühlen etw zu tun** se sentir la vocation de faire qc
▶ **viele sind ~, aber wenige sind auserwählt**| il y a beaucoup d'appelés [mais peu d'élus]
berufen*² *unreg* I. *tr V* nommer; **jdn in ein Amt/zum Nachfolger ~** nommer qn à une fonction/comme successeur
II. *r V* **sich auf jdn/etw ~** se référer à qn/qc
III. *itr V* JUR A faire appel
beruflich I. *Adj* professionnel(le)
II. *Adv* professionnellement; **was machen Sie ~?** quelle est votre profession?; **~ viel unterwegs sein** être souvent en déplacement; *(für Verhandlungen)* être souvent en voyage d'affaires; **~ in Frankreich sein** être en France pour affaires
Berufsausbildung *f* formation *f* professionnelle **Berufsaussichten** *Pl* débouchés *mpl* **Berufsbeamtentum** *nt* fonction *f* publique **berufsbedingt** *Adj* professionnel(le); **diese Krankheit ist ~** c'est une maladie professionnelle **Berufsberater(in)** *m(f)* conseiller(-ère) *m(f)* d'orientation **Berufsberatung** *f* orientation *f* professionnelle **Berufsbezeichnung** *f* profession *f* **berufsbezogen** I. *Adj* professionnel(le); **~ er Unterricht** cours *m* d'enseignement professionnel II. *Adv* **~ unterrichten** faire de l'enseignement professionnel **Berufsbild** *nt* profil *m*; **das ~ der Krankenschwester** le profil de l'infirmière **Berufsboxer(in)** *m(f)* SPORT boxeur(-euse) *m(f)* professionnel(le) **Berufserfahrung** *f* expérience *f* professionnelle **Berufsethos** *nt* déontologie *f* [professionnelle] **Berufsfachschule** *f* ≈ lycée *m* d'enseignement professionnel **Berufsfeuerwehr** *f* [sapeurs-]pompiers *mpl* professionnels **berufsfremd** *Adj Tätigkeit* qui ne correspond pas à sa/ma/... formation **Berufsgeheimnis** *nt* secret *m* professionnel **Berufsgenossenschaft** *f* caisse *f* de prévoyance des accidents du travail **Berufsgruppe** *f* catégorie *f* professionnelle **Berufsheer** *nt* armée *f* de métier **Berufskleidung** *f* vêtement *m* de travail **Berufskrankheit** *f* maladie *f* professionnelle **Berufsleben** *nt* vie *f* professionnelle; **im ~ stehen** exercer une activité professionnelle **berufsmäßig** I. *Adj* professionnel(le)
II. *Adv* professionnellement; **etw ~ betreiben** pratiquer qc à titre professionnel **Berufsoffizier(in)** *m(f)* officier *m* de carrière **Berufspraxis** *f kein Pl* pratique *f* professionnelle **Berufsrisiko** *nt* risques *mpl* du métier

Berufsschule *f* centre *m* de formation [professionnelle]

Land und Leute
Tous les apprentis en Allemagne doivent aller une à deux fois par semaine à la **Berufsschule**. On y enseigne des matières d'enseignement général ainsi que des matières de formation professionnelle. C'est globalement l'équivalent, en France, du C. F. A. (centre de formation des apprentis).

Berufsschüler(in) *m(f)* élève *mf* d'un centre de formation [professionnelle] **Berufssoldat(in)** *m(f)* soldat(e) *m(f)* de métier **Berufsspieler(in)** *m(f)* ❶ *(Sportler)* professionnel(le) *m(f)*
❷ *(Glücksspieler)* joueur(-euse) *m(f)* professionnel(le) **Berufssportler(in)** *m(f)* sportif(-ive) *m(f)* professionnel(le) **Berufsstand** *m* corps *m* de métier; *von Ärzten, Anwälten* ordre *m* **berufstätig** *Adj* actif(-ive); **~ sein** travailler **Berufstätige(r)** *f(m) dekl wie Adj* personne *f* active **Berufstätigkeit** *f* activité *f* professionnelle **berufsunfähig** *Adj* qui ne peut plus exercer de profession; **~ sein** ne plus pouvoir exercer de profession **Berufsunfähigkeit** *f* incapacité *f* à exercer une profession **Berufsverband** *m* association *f* professionnelle **Berufsverbot** *nt* interdiction *f* professionnelle; **jdm ~ erteilen** frapper qn d'interdiction professionnelle; **~ haben** être victime d'interdiction professionnelle **Berufsverbrecher(in)** *m(f)* professionnel(le) *m(f)* du crime **Berufsvereinigung** *f* association *f* professionnelle **Berufsverkehr** *m* circulation *f* aux heures de pointe; **im ~ stecken bleiben** être coincé(e) dans les bouchons des heures de pointe **Berufswahl** *f* choix *m* d'une profession; **das Recht auf freie ~** la liberté de choisir sa profession **Berufswechsel** *m* changement *m* de métier **Berufszweig** *m* branche *f* professionnelle

Berufung [bəˈruːfʊŋ] <-, -en> *f* ❶ JUR appel *m*; *(in Frankreich)* cassation *f*; **in die ~ gehen** se pourvoir en appel; *(in Frankreich)* se pourvoir en cassation; **gegen ein Urteil ~ einlegen** faire appel d'un jugement
❷ *(Angebot für ein Amt)* **~ auf einen Lehrstuhl** nomination *f* à une chaire
❸ *(innere Bestimmung)* vocation *f*; **aus ~** par vocation; **ihre ~ zur Nonne/zu einem asketischen Leben** sa vocation de religieuse/pour une vie ascétique
❹ *(Bezugnahme)* **unter ~ auf jdn/etw** en se référant à qn/qc; **die ~ auf die Vorschriften hilft Ihnen nichts** cela ne sert à rien de vous référer au règlement
Berufungsfrist *f* délai *m* d'appel **Berufungsgericht** *nt* cour *f* d'appel **Berufungsinstanz** *f* cour *f* d'appel
beruhen* *itr V* **auf etw** *(Dat)* **~** *Angelegenheit, Bericht:* reposer sur qc; *Brauch, Fest:* remonter à qc
▶ **etw auf sich** *(Dat)* **~ lassen** ne pas donner suite à qc
beruhigen* I. *tr V* ❶ **jdn ~** *Musik, Medikament:* calmer qn; *Auskunft, Nachricht:* rassurer qn
❷ *(Bedenken zerstreuen)* rassurer; *(trösten)* calmer
❸ *(reduzieren, entlasten)* réduire *Verkehr*; **die Innenstadt ~** rendre le centre ville plus calme
II. *r V* **sich ~** se calmer
beruhigend I. *Adj* ❶ *Gewissheit, Nachricht, Wissen* rassurant(e); *Musik* apaisant(e)
❷ PHARM *Medikament* calmant(e)
II. *Adv* de façon rassurante; **~ wirken** *Medikament:* avoir un effet calmant; **auf jdn wirken** *Musik:* avoir un effet apaisant sur qn; *Worte, Stimme:* avoir un effet rassurant sur qn
beruhigt I. *Adj* rassuré(e); **~ sein** être rassuré(e)
II. *Adv* rassuré(e); **du kannst ganz ~ schlafen** tu peux dormir sur tes deux oreilles
Beruhigung <-> *f* ❶ *(das Beruhigen)* **sich um die ~ der Kinder kümmern** se charger de calmer les enfants; **zur ~ der Nerven**

pour calmer les nerfs; **etwas zur ~ nehmen** prendre quelque chose pour se calmer
❷ *(das Beruhigtsein)* apaisement *m*
❸ *(Versicherung)* **zu deiner ~ [kann ich sagen]**: ... pour te rassurer, [je peux te dire]: ...
Beruhigungsmittel *nt* calmant *m*   **Beruhigungsspritze** *f* piqûre pour calmer *f*
berühmt [bəˈryːmt] *Adj* célèbre; **für** [*o* **wegen**] **etw ~ sein** être célèbre pour qc
▸ **nicht gerade ~ sein** *iron fam* ne pas être fameux(-euse) *(fam)*
Berühmtheit <-, -en> *f (das Berühmtsein, berühmte Persönlichkeit)* célébrité *f;* ~ **erlangen** devenir célèbre
▸ **zu trauriger ~ gelangen** se rendre tristement célèbre
berühren* I. *tr V* ❶ toucher; **etw leicht ~** effleurer qc; **das Berühren der Ware ist verboten** il est interdit de toucher à la marchandise
❷ *(seelisch bewegen)* toucher; **jdn peinlich ~** gêner qn; **jdn schmerzlich/seltsam ~** faire mal/un effet bizarre à qn
❸ *(kurz erwähnen)* évoquer; **etw nur kurz ~** ne faire qu'effleurer qc
II. *r V* ❶ **sich ~** *Personen, Gegenstände:* se toucher
❷ *fig* **sich in verschiedenen Punkten ~** *Ideen, Vorstellungen, Interessen:* se rejoindre sur différents points
berührt *Adj* touché(e); **von etw peinlich/schmerzlich ~ sein** être gêné(e)/peiné(e) par qc; **sie war davon angenehm ~** cela lui a fait très plaisir
Berührung <-, -en> *f* ❶ *(Anfassen)* contact *m; (leicht, vorsichtig)* effleurement *m;* **Angst vor körperlicher ~ haben** avoir peur des contacts physiques
❷ *(Erwähnung) eines Themas* évocation *f*
▸ **jdn mit etw in ~ bringen** mettre qn en contact avec qc; **mit jdm/etw in ~ kommen** toucher qn/qc; *fig* entrer en contact avec qn/qc
Berührungsangst *f meist Pl* peur *f* de contacts physiques; *fig* peur des contacts   **Berührungsbildschirm** *m* INFORM écran *m* tactile   **Berührungspunkt** *m* point *m* commun; GEOM point *m* de contact
Beryllium [beˈrʏliʊm] <-s> *nt* CHEM béryllium *m*
bes. *Abk von* **besonders**
besabbern* *fam* I. *tr V* ficher de la bave sur *(fam)*
II. *r V* **sich ~** se baver dessus *(fam)*
besagen* *tr V* vouloir dire; **~, dass** vouloir dire que + *indic;* **nicht ~, dass** ne pas vouloir dire que + *indic o subj;* **gar nichts ~ ne vouloir absolument rien dire; was besagt das schon?** qu'est-ce que ça prouve?
besagt *Adj attr form* ledit(ladite); **der/die ~e ...** ledit/ladite ...; **der ~e Schriftsteller/Abend** ledit écrivain/soir; **~e Frau Braun** ladite Madame Braun; **der/die Besagte** le susnommé/la susnommée
besaiten* [bəˈzaɪtən] *tr V* mettre des cordes à; **eine Gitarre neu ~** recorder une guitare
besamen* [bəˈzaːmən] *tr V* faire une insémination à; **jdn künstlich ~** faire une insémination artificielle à qn; **ein Tier künstlich ~** inséminer un animal
besammeln* *s.* **versammeln**
Besammlung *s.* **Versammlung**
Besamung <-, -en> *f* insémination *f;* **künstliche ~** insémination artificielle
besänftigen* *tr V* calmer; **jdn/sich ~** calmer qn/se calmer
Besänftigung <-, -en> *f* ❶ **zu seiner ~** pour le calmer; **zur ~ ihres Zornes** pour calmer sa colère
besät *Adj* ❶ recouvert(e); **mit Blumen ~** recouvert(e) de fleurs; **dicht ~** entièrement recouvert
❷ *fig* **mit Sternen ~ sein** être parsemé(e) d'étoiles
Besatz <-es, Besätze> *m (Einfassung)* garniture *f; (Borte)* bordure *f*
Besatzer(in) <-s, -> *m(f)* occupant(e) *m(f)*
Besatzung <-, -en> *f* ❶ *eines Schiffes, Flugzeugs, Panzers* équipage *m;* **einer Festung** garnison *f*
❷ *(Besatzungsarmee)* troupes *fpl* d'occupation
Besatzungsarmee *f* armée *f* d'occupation   **Besatzungsmacht** *f* occupant *m*   **Besatzungstruppen** *Pl* troupes *fpl* d'occupation   **Besatzungszone** *f* zone *f* d'occupation
besaufen* *r V unreg sl* **sich ~** se soûler la gueule *(pop)*
Besäufnis [bəˈzɔɪfnɪs] <-ses, -se> *nt sl* beuverie *f (fam)*
besäuselt *Adj fam* éméché(e) *(fam)*
beschädigen* *tr V* abîmer *Gegenstand, Lack;* endommager *Fahrzeug, Haus, Gerät;* **schwer beschädigt** *Wagen, Haus* gravement endommagé(e); *veraltet Person* lourdement handicapé(e)
Beschädigung <-, -en> *f* ❶ *(das Beschädigen)* endommagement *m;* **eines Fahrzeugs** endommagement *m* d'un véhicule
❷ *(beschädigte Stelle)* dégâts *mpl*
beschaffen*1 *tr V* procurer; **[jdm] etw ~** procurer qc [à qn]; **sich**

(Dat) **etw ~ se procurer qc; dieses Material ist schwer zu ~** il est difficile de se procurer ce matériau
beschaffen² *Adj form* **so ~ sein, dass** être tel(le) que; **mit jdm/etw ist es gut/schlecht ~** qn/qc va bien/mal
Beschaffenheit <-> *f eines Materials, Werks* texture *f*
Beschaffung <-> *f* ❶ approvisionnement *m;* **~ von Rauschgift** approvisionnement *m* en drogue(s); **jdm bei der ~ falscher Papiere helfen** aider qn de se procurer de faux papiers; **sich um die ~ einer Unterkunft/der notwendigen Papiere kümmern** s'occuper de trouver un hébergement/les papiers nécessaires
Beschaffungskriminalität *f* délits *mpl* commis pour se procurer de la drogue   **Beschaffungsprostitution** *f* prostitution *f* pour se procurer de la drogue
beschäftigen* [bəˈʃɛftɪgən] I. *r V* **sich ~** s'occuper; **sich mit jdm ~** s'occuper de qn; **sich mit etw ~** s'intéresser à qc
II. *tr V* ❶ **jdn mit etw ~** *Eltern, Lehrer:* occuper qn à qc
❷ *(interessieren)* **jdn ~** *Frage, Problem:* préoccuper qn
❸ *(an-, einstellen)* employer
beschäftigt *Adj* ❶ occupé(e); **mit jdm/etw ~ sein** être occupé(e) avec qn/à qc; **viel ~** très occupé(e)
❷ *(angestellt)* **~ sein** travailler; **als Sekretärin/bei einer Bank ~ sein** travailler comme secrétaire/dans une banque
Beschäftigte(r) *f(m) dekl wie Adj* employé(e) *m(f);* **die ~n** *(Werktätige)* les employé(e)s; *(Belegschaft)* le personnel; **die ~n in den Banken** les employés de banque; **die ~n in der Textilindustrie** les salariés *mpl* de l'industrie textile
Beschäftigung <-, -en> *f* ❶ *(Tätigkeit)* occupation *f*
❷ *kein Pl (geistige Tätigkeit)* **mit etw** étude *f* de qc
❸ *kein Pl (Beschäftigungsverhältnis)* emploi *m;* **einer/keiner ~ nachgehen** exercer une/n'exercer aucune activité; **ohne ~ sein** être sans emploi
Beschäftigungsförderungsgesetz *nt* loi *f* favorisant la création d'emplois
beschäftigungslos *Adj* sans emploi
Beschäftigungsnachweis *m* certificat *m* délivré par l'employeur   **Beschäftigungsprogramm** *nt* programme *m* pour la création d'emplois   **Beschäftigungstherapeut(in)** *m(f)* ergothérapeute *mf*   **Beschäftigungstherapie** *f* ergothérapie *f*
▸ **das ist [doch] die reinste ~** *hum* c'est [vraiment] histoire de l'occuper/m'occuper/... *(fam)*
beschämen* *tr V* faire honte à
beschämend I. *Adj* ❶ *(demütigend)* humiliant(e)
❷ *(schändlich)* honteux(-euse); **für jdn ~ sein** être honteux(-euse) de la part de qn
II. *Adv* de honte
beschämt *Adj Person* honteux(-euse)
Beschämung <-, *selten* -en> *f* [sentiment *m* de] honte *f;* **zu meiner ~** à ma grande honte
beschatten* *tr V* ❶ prendre en filature; **jdn ~** prendre qn en filature; **jdn ~ lassen** faire suivre qn
❷ *geh (mit Schatten bedecken)* ombrager
Beschattung <-, *selten* -en> *f (Überwachung)* filature *f*
beschauen* *tr V* ❶ JUR contrôler *Fleisch*
❷ DIAL *(betrachten)* **[sich** *(Dat)*] **jdn/etw ~** contempler qn/qc
beschaulich I. *Adj* paisible; REL contemplatif(-ive)
II. *Adv* **verbringen, leben** au calme; **gestalten** tranquillement
Beschaulichkeit <-> *f* calme *m*
Bescheid [bəˈʃaɪt] <-[e]s, -e> *m* ❶ ADMIN réponse *f;* **positiver ~** confirmation *f;* **negativer ~** réponse *f* négative
❷ *(Nachricht)* information *f;* **jdm ~ über etw** *(Akk)* **geben** informer qn de qc; **Sie erhalten von uns ~** nous vous [en] informerons
▸ **jdm ~ sagen** dire à qn; **jdm [ordentlich] ~ sagen** [*o* **stoßen**] *fam* dire ses quatre vérités à qn *(fam); (informiert sein)* être au courant de qc; **ich weiß ~!** oui, oui, je sais!; **sobald ich genauer ~ weiß, ...** dès que j'en saurai plus, ...
bescheiden¹ I. *Adj* ❶ *(genügsam, einfach)* modeste
❷ *fam (gering)* assez minable *(fam)*
❸ *(nebensächlich) Frage, Bemerkung* modeste; **dürfte ich die ~e Frage stellen, wann ...** puis-je vous demander quand ... *(iron)*
❹ *euph fam (miserabel) Essen* infect(e); *Gefühl, Situation* désagréable; *Wetter* sale antéposé; *Zustand* minable *(fam)*
II. *Adv* ❶ *(selbstgenügsam, einfach)* modestement
❷ *euph fam (miserabel)* **ihm geht es ~** il est mal foutu *(pop)*
bescheiden*² *unreg* I. *tr V* ❶ *form (entscheiden)* statuer sur *(form) Gesuch, Antrag;* **etw positiv/abschlägig ~** accepter/rejeter qc
❷ *geh (zuteilwerden lassen)* **jdm beschieden sein** être donné(e) à qn; **ihm war kein Glück beschieden** il n'avait pas de chance
II. *r V* **geh sich mit etw ~** se contenter de qc
Bescheidenheit <-> *f* ❶ *einer Person* modestie *f;* **aus [reiner/falscher] ~** par [pure/fausse] modestie
❷ *(Einfachheit) einer Einrichtung, eines Lebensstils* simplicité *f*

❸ *(Geringfügigkeit) eines Gehalts* modicité *f; einer Leistung* médiocrité *f*
▶ ~ **ist eine Zier, doch weiter kommt man ohne ihr** *hum fam* la modestie est vertu, le monde ne s'en soucie; [**nur**] **keine falsche** ~**!** pas de fausse modestie!; *(Aufforderung zum Zugreifen)* ne fais/faites pas de manières!

bescheinen* *tr V unreg Fackel, Feuer, Mond, Sonne:* éclairer; **jdn/etw ~** *Fackel, Feuer, Mond, Sonne:* éclairer qn/qc; **von der Sonne beschienen werden** *Person, Tier:* s'exposer au soleil; *Gebäude, Baum, Tal:* être exposé(e) au soleil

bescheinigen* [bə'ʃaɪnɪgən] *tr V* certifier; **den Empfang einer S.** *(Gen)* ~ accuser réception de qc; **jdm etw ~** faire un certificat [*o* une attestation] de qc à qn; **jdm etw ~ können** pouvoir certifier qc à qn; [**jdm**] ~**, dass** certifier [à qn] que + *indic;* **sich** *(Dat)* **etw von jdm ~ lassen** se faire délivrer une attestation de qc par qn

Bescheinigung <-, -en> *f* ❶ *kein Pl (das Bescheinigen)* attestation *f*
❷ *(Dokument)* certificat *m*

bescheißen* *unreg sl* I. *tr V* **jdn um etw ~** entuber qn de qc *(pop);* **beschissen werden** se faire entuber *(pop)*
II. *itr V* **bei etw ~** tricher à qc

beschenken* *tr V* faire un cadeau/des cadeaux; **jdn ~** faire un cadeau/des cadeaux à qn; **jdn mit etw ~** faire cadeau de qc à qn; **jdn großzügig ~** combler qn de cadeaux; **sich** [**gegenseitig**] ~ se faire des cadeaux

bescheren* *tr V* ❶ *(schenken)* offrir; **jdm etw ~** offrir qc à qn pour Noël
❷ *(beschenken)* **jdn mit etw ~** faire cadeau de qc à qn pour Noël; **die Kinder ~** donner aux enfants leurs cadeaux de Noël
❸ *(zuteilwerden lassen)* **jdm etw ~** accorder qc à qn

Bescherung <-, -en> *f* distribution *f* des cadeaux de Noël
▶ [**das ist ja**] **eine schöne ~!** *iron* eh bien, c'est réussi! *(iron fam);* **da** [*o* **jetzt**] **haben wir die ~!** nous voilà dans de beaux draps!

Land und Leute

Le soir du réveillon de Noël, c'est-à-dire le 24 décembre, les cadeaux de Noël sont, très tôt et à la vue de tous, déposés autour du sapin. Lorsque le père Noël est passé (souvent beaucoup plus tôt qu'en France, vers 18 heures, ou après le repas du réveillon), vient le grand moment de la **Bescherung** pour les enfants qui déballent et découvrent ainsi leurs cadeaux.

---

bescheuert [bə'ʃɔɪɐt] *fam* I. *Adj* ❶ *(blöd)* débile *(fam);* **dieser ~e Kerl** ce taré *(fam)*
❷ *(unangenehm) Gefühl, Situation* emmerdant(e) *(fam); Wetter* dégueulasse *(fam)*
II. *Adv* **sich ~ anstellen** faire le con/la conne *(fam);* ~ **aussehen** avoir l'air débile *(fam);* ~ **fragen** poser des questions débiles *(fam)*

beschichten* *tr V* recouvrir; **etw mit Lack ~** recouvrir qc de vernis

Beschichtung <-, -en> *f* TECH ❶ *(das Beschichten)* application *f*
❷ *(Schicht)* couche *f*

beschicken* *tr V* ❶ présenter; **eine Ausstellung mit etw ~** présenter qc lors d'une exposition; **gut beschickt sein** *Messe:* présenter un large éventail de produits
❷ TECH **einen Hochofen mit Kohle ~** alimenter un haut fourneau en charbon

beschießen* *tr V unreg* ❶ **jdn/etw ~** *Person:* tirer sur qn/qc; *Geschütze:* mitrailler qn/qc; *Flugzeug, Kriegsschiff:* bombarder qn/qc; **feindliche Stellungen mit Artillerie ~** mitrailler les camps fortifiés ennemis à la artillerie
❷ PHYS **etw mit Neutronen ~** bombarder qc avec des neutrons

Beschießung <-, -en> *f* bombardement *m; (Geschützfeuer)* mitraillage *m*

beschildern* *tr V* ❶ *(mit Verkehrszeichen versehen)* signaliser *Straße, Bahnübergang*
❷ *(mit Etiketten versehen)* étiqueter *Exponate*

Beschilderung <-, -en> *f* ❶ *kein Pl (das Aus-, Beschildern) von Straßen* signalisation *f; von Pflanzen, Exponaten* étiquetage *m*
❷ *(Verkehrsschilder)* signalisation *f; (Informationsschilder)* panneaux *mpl* indicateurs

beschimpfen* *tr V* insulter; **sich** [**gegenseitig**]**/jdn als Banausen ~** se traiter/traiter qn de béotien

Beschimpfung <-, -en> *f* ❶ *kein Pl (das Beschimpfen)* injure *f*
❷ *(Schimpfworte)* insultes *fpl*

Beschissᴿᴿ [bə'ʃɪs] <-es>, **Beschiß**ᴬᴸᵀ <-sses> *m sl* arnaque *f (fam)*

beschissen [bə'ʃɪsən] *sl* I. *Adj Lage, Situation, Gefühl* emmerdant(e) *(fam); Wetter, Bezahlung, Zustand* dégueulasse *(fam)*
II. *Adv* ~ **schmecken** être dégueulasse *(fam);* ~ **fühlen** être mal foutu(e) *(pop);* **ihm geht es ~** il est dans la merde *(vulg)*

Beschlag <-[e]s, Beschläge> *m* ferrure *f*
▶ **jdn/etw mit ~ belegen, jdn/etw in ~ nehmen** monopoliser qn/qc

beschlagen*¹ *unreg* I. *tr V + haben* ferrer *Pferd, Schuhe*
II. *itr V + sein (anlaufen) Fenster, Spiegel, Brille:* se couvrir de buée; **die Scheibe ist ~** la vitre est couverte de buée

beschlagen² *Adj* **in etw** *(Dat)* [**sehr**] ~ **sein** être [très] ferré(e) en qc

Beschlagnahme [bə'ʃlaːkna:mə] <-, -n> *f* saisie *f; (in Kriegszeiten)* réquisition *f*

beschlagnahmen* *tr V* ❶ JUR saisir
❷ *hum (in Anspruch nehmen)* **jdn ~** *Person, Arbeit:* accaparer qn

Beschlagnahmung <-, -en> *f* JUR, ADMIN saisie *f*

beschleichen* *tr V unreg geh* envahir

beschleunigen* [bə'ʃlɔɪnɪgən] I. *tr V* accélérer; **seine Schritte ~** presser le pas
II. *r V* **sich ~** s'accélérer
III. *itr V* accélérer

Beschleunigung <-, -en> *f* accélération *f*

Beschleunigungsvermögen *nt* pouvoir *m* d'accélération

beschließen* *unreg* I. *tr V* ❶ décider; ~ **etw zu tun** décider de faire qc
❷ *(verbindlich festlegen)* adopter *Gesetz, Satzung, Plan;* **das ist** [**eine**] **beschlossene Sache** c'est une chose arrêtée
❸ *geh (beenden)* **eine Veranstaltung/ein Schreiben mit etw ~** terminer une manifestation/une lettre par qc
II. *itr V* **über etw** *(Akk)* ~ décider de qc

beschlossen ▶ **in etw** *(Dat)* ~ **liegen** [*o* **sein**] *geh* être contenu(e) dans qc

Beschlussᴿᴿ <-es, Beschlüsse>, **Beschluß**ᴬᴸᵀ <-sses, Beschlüsse> *m* ❶ *(Entscheidung)* décision *f;* **einen ~ fassen** prendre une décision
❷ JUR *eines Gerichts* arrêt *m;* **auf ~ des Gerichts** par décret du tribunal

beschlussfähigᴿᴿ *Adj* ~ **sein** atteindre le quorum **Beschlussfähigkeit**ᴿᴿ *f* capacité *f* de statuer; **wenn die ~ des Ausschusses nicht gegeben ist** si le comité n'atteint pas le quorum

beschlussunfähigᴿᴿ *Adj* ~ **sein** ne pas atteindre le quorum

beschmeißen* *tr V unreg fam* canarder; **jdn/etw mit etw ~** canarder qn/qc avec qc

beschmieren* I. *tr V* ❶ *(besudeln)* barbouiller *Grabstein, Tafel;* **die Tischdecke mit Schokolade ~** faire des taches de chocolat sur la nappe
❷ *(bestreichen)* **etw mit Butter ~** beurrer qc; **ein Brötchen mit Marmelade ~** tartiner un petit pain de confiture
II. *r V* **sich ~** se tacher

beschmutzen* I. *tr V* ❶ *(schmutzig machen)* salir; **sich/jdm die Hose ~** salir son pantalon/le pantalon de qn; **beschmutzt** sale
❷ *fig salir Ehre, Ruf;* **beschmutzt** sali(e)
II. *r V* **sich mit etw ~** se salir avec qc

Beschmutzung <-, -en> *f* salissures *fpl*

beschneiden* *tr V unreg* ❶ tailler *Baum, Strauch;* rogner *Bogen, Buchblock, Flügel*
❷ REL circoncire *Jungen;* exciser *Mädchen*
❸ *(beschränken)* réduire; amputer *Rechte*

Beschneidung <-, -en> *f* ❶ *von Bäumen, Sträuchern* taille *f; von Buchblöcken, Bögen, der Flügel* rognage *m*
❷ REL *eines Jungen* circoncision *f; eines Mädchens* excision *f*
❸ *(Beschränkung)* réduction *f; von Rechten* amputation *f*

beschneit *Adj* enneigé(e)

beschnitten *Adj* REL *Mann* circoncis; *Frau* excisée

beschnüffeln* I. *tr V* ❶ **jdn/etw ~** *Tier:* renifler qn/qc
❷ *fam (prüfen)* sonder
❸ *pej fam (bespitzeln)* espionner
II. *r V* **sich** [**gegenseitig**] ~ *Tiere:* se renifler; *fig fam Personen:* se jauger

beschnuppern* I. *tr V* ❶ *Tier:* flairer; **jdn/etw ~** *Tier:* flairer qn/qc
❷ *fam (kennen lernen)* tâter
II. *r V* **sich** [**gegenseitig**] ~ *Tiere:* se renifler; *fig fam Personen:* se jauger

beschönigen* [bə'ʃøːnɪgən] *tr V* embellir *Angelegenheit, Vorfall;* minimiser *Machenschaften, Übergriff;* ~**-d** *Bezeichnung, Darstellung, Bericht* édulcoré(e); **ein ~der Ausdruck** un euphémisme

Beschönigung <-, -en> *f* embellissement *m;* **ohne ~en** sans édulcorer

beschranken* *tr V* **einen Übergang ~** munir un passage d'une barrière/de barrières

beschränken* I. *tr V* ❶ limiter; **die Ausgaben auf ein Minimum ~** limiter les dépenses au minimum
❷ *(einschränken)* **jdn in seinen Rechten ~** limiter les droits de qn
II. *r V* **sich auf etw** *(Akk)* ~ se limiter à qc; **sich darauf ~ etw zu tun** se contenter de faire qc

beschränkt *Adj* ❶ *(eingeschränkt)* limité(e); **räumlich ~ sein** être à l'étroit

❷ *pej (geistig)* limité(e) *(fam)*; *(engstirnig)* borné(e)
Beschränktheit <-> f ❶ *(Begrenztheit) von Mitteln* insuffisance f
❷ *(mangelnde Intelligenz)* manque m d'intelligence; *(Engstirnigkeit)* étroitesse f d'esprit
Beschränkung <-, -en> f *von Ausgaben, Importen, Teilnehmerzahlen* limitation f; **jdm ~en auferlegen** imposer des limites à qn; *(in finanzieller Hinsicht)* imposer des restrictions à qn
beschreiben* *tr V unreg* ❶ *(darstellen)* décrire; **können Sie den Täter ~ ?** pouvez-vous donner le signalement du malfaiteur?
❷ *(vollschreiben)* remplir *Heft, Seite*
❸ *(vollführen)* décrire *Kreis, Bahn*
▸ [jdm] **etw gar nicht ~ können** ne pouvoir décrire [o expliquer] qc [à qn]; **kaum/nicht zu ~ sein** être indescriptible
Beschreibung f ❶ a. JUR *(das Beschreiben, Schildern)* description f; *eines Täters* signalement m; **vorläufige/endgültige ~ eines Patents** JUR description provisoire/définitive d'une invention
❷ *fam (Beipackzettel, Gebrauchsanweisung)* notice f
▸ **das spottet jeder ~** cela défie toute description
beschreiten* *tr V unreg geh* ❶ emprunter *Pfad, Weg*
❷ *fig* prendre *Weg*; **ungewöhnliche/ganz neue Wege ~** sortir des sentiers battus
Beschrieb <-s, -e> m CH s. **Beschreibung** ❶
beschriften* *tr V* mettre une adresse sur *Umschlag*; étiqueter *Schulheft, Ordner, Marmeladenglas;* **die Gedenktafel mit einem Spruch ~** graver une inscription sur la plaque commémorative
Beschriftung <-, -en> f ❶ *kein Pl (das Beschriften)* inscription f; *eines Grabsteins, einer Gedenktafel* gravure f; *eines Schulhefts, Marmeladenglases* étiquetage m; **die ~ des Umschlags** l'inscription de l'adresse sur l'enveloppe
❷ *(Aufschrift)* inscription f; *eines Schulheftes, Marmeladenglases* étiquette f
beschuldigen* [bəˈʃʊldɪɡən] *tr V* accuser; **jdn einer S.** *(Gen)* ~ accuser qn de qc; JUR inculper qn de qc; **jdn ~ etw getan zu haben** accuser qn d'avoir fait qc
Beschuldigte(r) f(m) *dekl wie Adj* accusé(e) m(f)
Beschuldigung <-, -en> f accusation f
beschummeln* *fam* I. *tr V* rouler *(fam)*; **jdn beim Kartenspiel/um zehn Euro ~** rouler qn aux cartes/de dix euros
II. *itr V* **bei etw ~** tricher à qc
beschuppt *Adj* couvert(e) d'écailles; **~ sein** avoir des écailles
Beschuss[RR], **Beschuß**[ALT] m ❶ *(mit Handfeuerwaffen, Munition)* tir m; *(mit Granaten, Raketenwerfern)* bombardement m; *(mit automatischen Waffen)* mitraillage m
❷ PHYS *(Neutronenbeschuss)* bombardement m
▸ **unter ~ geraten** se trouver exposé(e) aux tirs; *fig* se faire attaquer; **etw unter ~ nehmen** *(mit Handfeuerwaffen, Munition)* tirer sur qc; *(mit Granaten, Raketenwerfern)* bombarder qc; *(mit automatischen Waffen)* mitrailler qc; *fig (kritisieren)* attaquer qc
beschützen* *tr V (behüten)* protéger; *(verteidigen)* défendre; **jdn vor jdm/etw ~** *(behüten)* protéger qn contre qn/qc; *(verteidigen)* défendre qn contre qn/qc; **er legte ~d den Arm um ihre Schultern** il l'enlaça d'une manière protectrice
Beschützer(in) <-s, -> m(f) protecteur(-trice) m(f)
beschwatzen* *tr V fam* ❶ *(überreden)* baratiner *(fam)*
❷ *(bereden)* **etw mit jdm ~** discuter avec qn de qc
beschwätzen* *s.* beschwatzen
Beschwerde [bəˈʃveːɐdə] <-, -n> f ❶ plainte f; **Grund zur ~ haben** avoir des raisons de se plaindre; **~ gegen jdn führen** déposer une plainte contre qn
❷ JUR recours m; *(gegen das Urteil einer höheren Instanz)* pourvoi m; **gegen etw ~ einlegen** interjeter un recours contre qc
❸ *Pl* MED *(Leiden, Schmerzen)* douleurs fpl; **~n beim Atmen/Schlucken haben** avoir des difficultés à respirer/avaler; **~n mit dem Herzen haben** avoir des troubles cardiaques; **das macht mir [immer wieder] ~** cela me fait [toujours] souffrir
Beschwerdebuch nt cahier m des doléances **beschwerdefrei** *Adj Zeit, Stadium* sans douleurs; **~ sein** ne pas avoir de plaintes **Beschwerdefrist** f délai m de recours **Beschwerdeführer(in)** m(f) *form* réclamant(e) m(f); JUR plaignant(e) m(f) **Beschwerdeschrift** f JUR recours m; *(gegen das Urteil einer höheren Instanz)* pourvoi m **Beschwerdeweg** m *form* procédure f de recours *(form)*; **auf dem ~** par voie de recours
beschweren* I. *r V* **sich ~** se plaindre; **sich über jdn/etw ~** se plaindre de qn/qc; **sich über die laute Musik ~** se plaindre de la musique trop forte
II. *tr V* **die Briefe/Dachziegel mit etw ~** poser qc sur les lettres/tuiles pour les empêcher de bouger
beschwerlich *Adj* pénible
Beschwerlichkeit <-, -en> f ❶ *kein Pl (das Beschwerlichsein) eines Aufstiegs, einer Fahrt, Reise* difficulté f
❷ *Pl (Mühsal)* incommodités fpl; **die ~en des Alters** les désagréments mpl de la vieillesse
beschwichtigen* [bəˈʃvɪçtɪɡən] *tr V* calmer *Person, Zorn*; soulager *Gewissen*
beschwichtigend I. *Adj* apaisant(e)
II. *Adv* **~ auf jdn einreden** parler à qn en essayant de le calmer
Beschwichtigung <-, -en> f apaisement m; **zur ~ seines Zorns** pour apaiser sa colère
Beschwichtigungspolitik f politique f d'apaisement
beschwindeln* *tr V fam* ❶ *(belügen)* raconter des bobards mpl à *(fam)*
❷ *(betrügen)* rouler *(fam)*
beschwingen* *tr V* donner de l'entrain à
beschwingt [bəˈʃvɪŋt] *Adj Person* plein(e) d'entrain; *Musik* entraînant(e); *Gang* léger(-ère)
beschwipst [bəˈʃvɪpst] *Adj fam* éméché(e) *(fam)*
beschwören* *tr V unreg* ❶ *(beeiden)* jurer; **~[, dass]** jurer [que + *indic*]; **eine Aussage vor Gericht ~** faire une déclaration sous serment devant un tribunal
❷ *(anflehen)* **jdn ~ [etw zu tun]** supplier qn [de faire qc]; **ich beschwöre dich!** je t'en supplie!
❸ *(magisch beeinflussen)* conjurer *Dämon, Geist, Teufel*; charmer *Schlange*
❹ *geh (hervorrufen)* évoquer *Erinnerung, Vergangenheit*
beschwörend I. *Adj Blick* suppliant(e); **mit ~en Worten** par des supplications
II. *Adv* en suppliant; **er sah sie ~ an** il lui lança un regard suppliant
Beschwörung <-, -en> f ❶ *(das Anflehen)* supplication f
❷ *(das Hervorrufen) von Bildern, Erinnerungen* évocation f
❸ *(magische Beeinflussung) eines Dämons, Geistes, Teufels* conjuration f
❹ *(Beschwörungsformel)* incantation f
beseelen* [bəˈzeːlən] *tr V* ❶ *(durchdringen) Mut, Zuversicht:* remplir; *Geist:* animer; **jdn ~** *Mut, Zuversicht:* remplir qn; *Geist:* animer qn; **jds Gesicht ~** *Lächeln:* éclairer la figure de qn
❷ *(mit Leben erfüllen)* animer; **dieses Gemälde wirkt wie beseelt** on dirait que cette peinture est animée
besehen* *unreg* I. *tr V* examiner; **sich** *(Dat)* **etw ~** regarder qc de [plus] près
II. *r V* **sich ~** se regarder
beseitigen* [bəˈzaɪtɪɡən] *tr V* ❶ faire disparaître *Fleck, Spuren, Hindernisse*; enlever *Schmutz, Müll, Essensreste*; dissiper *Zweifel*; liquider *Regime, Regierung*
❷ *euph (umbringen)* supprimer
Beseitigung <-> f ❶ *von Spuren* élimination f; *von Flecken, Schmutz, Müll* enlèvement m; *eines Regimes, einer Regierung* liquidation f; *eines Zweifels* dissipation f; *eines Hindernisses* suppression f
❷ *euph (Tötung) einer Person* suppression f *(euph)*
Besen [ˈbeːzən] <-s, -> m ❶ balai m
❷ *pej sl (streitsüchtige Frau)* mégère f *(fam)*
▸ **mit eisernem ~ [aus]kehren** donner un [bon] coup de balai *(fam)*; **neue ~ kehren gut** *Spr.* tout nouveau, tout beau; **ich fresse einen ~, wenn ...** *fam* je veux bien être pendu(e) si ... *(fam)*
Besenbinder(in) <-s, -> m(f) faiseur(-euse) m(f) de balais
Besenkammer f placard m à balais **besenrein** *Adj* balayé(e)
Besenschrank m placard m à balais **Besenstiel** m manche m à balai ▸ **steif wie ein ~** raide comme un manche à balai; **..., als hätte er einen ~ verschluckt** *fam* ..., comme s'il avait avalé son parapluie *(fam)*
besessen [bəˈzɛsən] *Adj* ❶ *(unter einem Zwang stehend)* obsédé(e); **von etw ~ sein** être obsédé(e) par qc
❷ REL **vom Teufel ~ sein** être possédé(e) du démon
▸ **wie ~** comme un forcené/une forcenée
Besessene(r) f(m) *dekl wie Adj* ❶ *(fanatischer Mensch)* fanatique mf
❷ REL possédé(e) m(f)
▸ **wie ein ~r/eine ~** comme un forcené/une forcenée
Besessenheit <-> f ❶ obsession f
❷ REL possession f
besetzen* *tr V* ❶ *(belegen)* réserver *Platz, Stuhl*
❷ *(widerrechtlich beziehen)* occuper; squatter *Haus*
❸ *(ausfüllen)* pourvoir *Stelle, Amt, Posten*; distribuer *Rolle*; **eine Stelle/eine Rolle mit jdm ~** attribuer un poste/un rôle à qn
❹ *(bestücken)* **etw mit Jungtieren ~** [re]peupler qc de jeunes animaux; **etw einer neuen Fischbrut ~** alevinér qc
❺ *(verzieren)* **einen Kragen mit Pailletten/Pelz ~** garnir un col de paillettes/de fourrure
besetzt *Adj* ❶ *(nicht frei) Platz, Stuhl, WC* occupé(e); **die Leitung ist ~** la ligne est occupée
❷ *(gefüllt)* **bis auf den letzten Platz ~ sein** *Saal:* être comble, *Theater, Kino:* être plein(e) à craquer
❸ *(bezogen)* occupé(e); **ein Haus ~ halten** squatter une maison; **ein ~es Haus** un squat
Besetztzeichen nt signal m "occupé"; **sie hörte immer nur das ~** ça sonnait sans arrêt occupé

Besetzung <-, -en> f ❶ *eines Postens, einer Stelle* attribution f ❷ *(Vergabe) einer Rolle* distribution f ❸ *(Mannschaftskonstellation)* formation f ❹ a. MIL *(das Okkupieren)* occupation f; *eines Hauses* squat m
besichtigen* [bəˈzɪçtɪɡən] tr V visiter
Besichtigung <-, -en> f ❶ *(Besuch)* visite f
❷ *(Prüfung)* inspection f; **~ durch das Gericht** JUR inspection judiciaire
besiedeln* tr V ❶ peupler *Gebiet, Land, Territorium*
❷ *(kolonisieren)* **etw ~** *Siedler:* coloniser qc; *(bewohnen)* habiter dans qc
❸ *(bewachsen)* **etw ~** *Pflanze, Pflanzenart:* peupler qc; **mit** [*o* **von**] **Flechten besiedelt** recouvert(e) de lichen
besiedelt *Adj* peuplé(e); **schwach ~** peu peuplé(e)
Besied[e]lung <-, -en> f ❶ *kein Pl (das Besiedeln) einer Landschaft* colonisation f; *eines Wirtschaftsraums* peuplement m
❷ *(Ansiedlung)* peuplement m
Besiedlungsdichte f densité f de population
besiegeln* tr V ❶ *(bestärken)* sceller; confirmer *Versprechen, Zusage*
❷ *(endgültig machen)* sceller *Schicksal, Untergang;* sanctionner *Scheitern*
besiegen* tr V vaincre *Person, Land;* battre *Mannschaft;* **sich selbst ~** remporter une victoire sur soi-même
Besiegte(r) f(m) dekl wie Adj vaincu(e) m(f)
besingen* tr V unreg *(rühmen)* chanter
besinnen* r V unreg ❶ *(überlegen)* **sich ~** réfléchir; **ohne sich lange zu ~** sans hésiter; **nach kurzem Besinnen** après courte réflexion; **sich anders** [*o* **eines anderen** *geh*] **~** changer d'avis; **sich eines Besseren ~** *geh* se raviser
❷ *(zur Vernunft kommen)* **sich** [**wieder**] **~** revenir à la raison
❸ *(sich erinnern)* **sich auf jdn/etw ~** se souvenir de qn/qc; **wenn ich mich recht besinne** si mes souvenirs sont exacts, si je me souviens bien
besinnlich *Adj Person, Temperament, Wesen* méditatif(-ive); *Abend, Augenblick, Zeit* de méditation; **ein paar ~e Minuten** quelques minutes de recueillement; **~ werden** *Person:* devenir songeur(-euse); **etwas Besinnliches** quelque chose qui incite à la méditation
Besinnung <-> f ❶ *(Bewusstsein)* connaissance f; **bei/ohne ~ sein** être conscient(e)/sans connaissance; **die ~ verlieren/wiedererlangen** perdre/reprendre connaissance
❷ *(Reflexion)* recueillement m; **~ auf etw** *(Akk)* méditation f sur qc; *(Rückbesinnung)* retour m à qc
▶ **jdn wieder zur ~ bringen** *(zu Bewusstsein)* faire reprendre ses esprits à qn; *(zur Vernunft)* ramener qn à la raison; **wieder zur ~ kommen** *(zu Bewusstsein)* reprendre connaissance; *(zum Nachdenken)* pouvoir réfléchir
Besinnungsaufsatz m dissertation f
besinnungslos *Adj* ❶ sans connaissance; **~ werden** perdre connaissance
❷ *fig Angst, Wut* aveugle
▶ **er ist** [**wie**] **~** il est hors de lui
Besinnungslosigkeit <-> f inconscience f
Besitz <-es> m ❶ *(Eigentum)* biens mpl; *(Grundbesitz)* propriété f; *(landwirtschaftlicher Besitz)* terres fpl; **allgemeiner ~** des biens collectifs; **staatlicher ~** propriété de l'État; **in jds ~** *(Akk)* **übergehen/gelangen** passer/entrer en la possession de qn; **in jds ~** *(Dat)* **sein, sich in jds ~** *(Dat)* **befinden** form être en la possession de qn; **das ist mein ~** c'est mon bien
❷ *(das Besitzen)* possession f; *einer Schusswaffe* détention f; **von etw ~ ergreifen** geh prendre possession de qc; **etw in ~ nehmen** entrer en possession de qc; **in den ~ einer S.** *(Gen)* **gelangen** [*o* **kommen**] entrer en possession de qc; **etw in ~ haben** form avoir qc en sa possession *(form)*; **im ~ einer S.** *(Gen)* **sein** form être en possession de qc
▶ **von jdm ~ ergreifen** geh *Leere, Verzweiflung:* s'emparer de qn
Besitzanspruch m droit m de possession; **einen ~ auf etw** *(Akk)* **haben** avoir des droits sur qc; **seine Besitzansprüche auf etw** *(Akk)* **anmelden** faire valoir ses droits sur qc **besitzanzeigend** *Adj* GRAM possessif(-ive)
besitzen* tr V unreg ❶ *(Eigentümer sein)* posséder
❷ *(haben)* avoir; **jds Vertrauen/Zustimmung/Unterstützung ~** avoir la confiance/l'accord/le soutien de qn
besitzend *Adj* possédant(e)
Besitzer(in) <-s, -> m(f) propriétaire mf; **der rechtmäßige ~** le propriétaire légal; **den ~ wechseln** changer de propriétaire
besitzergreifend *Adj* possessif(-ive) **Besitzergreifung** f form appropriation f; *(Eroberung eines Landes)* annexion f
besitzlos *Adj (ohne Besitz)* sans biens; *(mittellos)* démuni(e)
Besitzstand m acquis m
Besitztum <-s, -tümer> nt *(Grundbesitz)* terres fpl; *(Eigentum)* propriété f

Besitzung <-, -en> f *(Land- und Grundbesitz)* propriété f; *(landwirtschaftlicher Besitz)* terres fpl; *(Kolonialbesitz, Ländereien)* possessions fpl
Besitzverhältnisse Pl répartition f des biens
besoffen [bəˈzɔfən] *Adj sl* bourré(e) *(fam)*
▶ **du bist wohl ~?** ça va pas la tête? *(fam)*
Besoffene(r) f(m) dekl wie Adj sl type m bourré/nana f bourrée *(fam)*
besohlen* tr V mettre une semelle à *Schuh;* **etw neu ~** ressemeler qc; **Stiefel zum Besohlen bringen** donner des bottes à ressemeler
besolden* tr V rétribuer; **jdn/eine Stelle nach A 15 ~** rétribuer qn/un poste au tarif A 15
Besoldung <-, -en> f ❶ *(das Besolden)* rétribution f
❷ *(Gehalt)* traitement m
Besoldungsgruppe f catégorie f salariale **Besoldungsordnung** f grille f des salaires
besondere(r, s) [bəˈzɔndərə, -re, -rəs] *Adj* ❶ *(ungewöhnlich)* particulier(-ière); *(außergewöhnlich) Anstrengung, Fall, Umstand* spécial(e); *Ehre, Freude* tout(e) particulier(-ière); **von ~r Qualität/Schönheit sein** être d'une qualité/beauté exceptionnelle
❷ *(speziell)* particulier(-ière); **~ Gäste** des invités mpl spéciaux
❸ *(zusätzlich, gesondert) Raum, Antenne, Tür* à part; *Eiskarte, Weinkarte* séparé(e)
Besondere(s) nt dekl wie Adj ❶ *(Eigenschaft)* **das ~ an diesem Gerät** ce que cet appareil a de particulier
❷ *(Person)* **jemand/nichts ~s** quelqu'un de spécial/d'ordinaire
❸ *(Sache)* **etwas/nichts ~s** quelque chose/rien de spécial
▶ **im ~n** en particulier
Besonderheit <-, -en> f particularité f; *einer Person* signe m particulier
besonders [bəˈzɔndəs] *Adv* ❶ *schön, warm, teuer* particulièrement; **nicht ~ warm/teuer** pas tellement chaud(e)/cher(chère); **nicht ~ viel** pas vraiment beaucoup
❷ *(vor allem)* surtout; **~ du müsstest das wissen** toi le premier/la première tu devrais savoir ça
❸ *(speziell) anfertigen, behandeln, verpacken* spécialement
❹ *(einzeln) verpacken* séparément
▶ **sich nicht ~ fühlen** ne se sentir patraque *(fam);* **nicht ~ sein** *fam* ne pas être terrible *(fam);* [**ihm geht es**] **nicht ~** *fam* [il ne va] pas très fort *(fam)*
besonnen [bəˈzɔnən] I. *Adj Person, Charakter, Vorgehen* réfléchi(e); *Art* posé(e)
II. *Adv* avec circonspection; **sich ~ verhalten** garder son sang-froid
Besonnenheit <-> f circonspection f
besorgen* tr V ❶ *(beschaffen)* procurer; **jdm/sich etw ~** procurer qc à qn/se procurer qc
❷ *(kaufen)* acheter; **jdm/sich etw ~** acheter qc à qn/s'acheter qc
❸ *(erledigen)* effectuer *Arbeit;* se charger de *Auftrag*
▶ **was du heute kannst ~, das verschiebe nicht auf morgen** *Spr.* ne remets pas au lendemain ce que tu peux faire le jour même; **es jdm ~** *fam* faire son affaire à qn *(fam)*
Besorgnis [bəˈzɔrknɪs] <-, -se> f inquiétude f; **große** [*o* **tiefe**] **~ haben** être très inquiet(-ète); **etw mit ~ betrachten/verfolgen** considérer/suivre qc avec inquiétude; **in jdm ~ erregen** inquiéter qn; **~ erregend sein** être inquiétant(e)
besorgniserregend s. Besorgnis
besorgt [bəˈzɔrkt] *Adj* ❶ *(voller Sorge) Person* inquiet(-ète); *Miene* soucieux(-euse); **wegen etw ~ sein** être inquiet(-ète) à cause de qc
❷ *(fürsorglich)* **um jdn ~ sein** être aux petits soins pour qn; **um etw ~ sein** être très soucieux(-euse) de qc
Besorgtheit <-> f inquiétude f; **seine ~ um euch** son inquiétude à votre sujet
Besorgung <-, -en> f ❶ *(Einkauf)* course f; **~en/eine ~ machen** [*o* **erledigen**] faire des courses/une course
❷ *kein Pl (das Kaufen)* achat m
bespannen* tr V ❶ tapisser *Wand;* recouvrir *Liegestuhl;* [re]corder *Gitarre, Tennisschläger;* **den Stuhl mit grünem Stoff ~** recouvrir la chaise d'un tissu vert
❷ *(anspannen)* atteler *Fuhrwerk, Wagen;* **die Kutsche mit vier Pferden ~** atteler le carrosse à quatre chevaux
Bespannung f ❶ *(Stoffbespannung)* tenture f; **für die ~ des Liegestuhls** pour recouvrir la chaise longue
❷ *(Saiten) eines Instruments* cordes fpl; *eines Tennisschlägers* cordage m
❸ *kein Pl (das Bespannen)* **~ einer Gitarre/eines Tennisschlägers** pose f des cordes sur une guitare/raquette
bespielbar *Adj* ❶ *Videokassette, Tonband* enregistrable
❷ SPORT *Rasen, Spielfeld* praticable
bespielen* tr V ❶ enregistrer; **eine Kassette mit etw ~** enregistrer qc sur une cassette; **bespielt** enregistré(e); **eine Kassette immer wieder neu ~** réenregistrer une cassette plusieurs fois; **womit ist die Kassette bespielt?** qu'est-ce qui est enregistré sur la cassette?

② SPORT jouer sur *Platz, Feld*
bespitzeln* *tr V* espionner
Bespitzelung <-, -en> *f* espionnage *m*
besprechen* *unreg* **I.** *tr V* ❶ discuter; **etw mit jdm ~** discuter de qc avec qn; **wie besprochen** comme convenu
② *(rezensieren)* faire la critique de *Buch, Artikel;* **in einer Zeitung positiv besprochen werden** obtenir une bonne critique dans un journal
③ AUDIOV enregistrer un texte sur *Schallplatte, Band;* **besprochen** *Schallplatte* parlé(e)
II. *r V* **sich über etw** *(Akk)* **~** se concerter au sujet de qc; **sich mit jdm über etw** *(Akk)* **~** s'entretenir de qc avec qn
Besprechung <-, -en> *f* ❶ *(Konferenz)* réunion *f;* *(Unterredung)* entretien *m;* **eine ~ haben** être en réunion
② *(Rezension)* critique *f*
❸ *kein Pl (das Besprechen)* **~ einer Frage** discussion *f* sur une question
Besprechungsexemplar *nt* exemplaire *m* de presse **Besprechungszimmer** *nt* salle *f* de réunion
bespritzen* **I.** *tr V* ❶ *(befeuchten)* asperger
② *(beschmutzen)* éclabousser; **sich** *(Dat)* **die Bluse mit Tinte ~** éclabousser son chemisier d'encre
❸ *(besprühen)* vaporiser *Pflanze*
II. *r V* **sich ~** ❶ *(sich befeuchten)* s'asperger
② *(sich beschmutzen)* s'éclabousser
besprühen* **I.** *tr V* ❶ *(einsprühen)* vaporiser; **etw mit Wasser ~** vaporiser de l'eau sur qc; **Pflanzen mit Pestiziden ~** vaporiser de l'insecticide sur des plantes; **die Haare mit Haarspray ~** vaporiser du spray sur les cheveux
② *(bemalen)* bomber *U-Bahn, Wand;* **eine mit Graffiti besprühte Wand** un mur avec des graffiti
II. *r V* **sich ~** *(sich beschmutzen)* s'éclabousser
bespucken* *tr V* cracher sur; **bespuckt** couvert(e) de crachats
besser ['bɛsɐ] **I.** *Adj Komp von gut* ❶ *(von höherer Qualität)* meilleur(e); **ein ~er Computer/eine ~e Armbanduhr** un ordinateur/une montre de meilleure qualité; **eine ~e Wohnung** un appartement de meilleur standing; **etwas Besseres** *(Gegenstand, Gerät, Kleidung)* quelque chose de mieux; *(Speisen, Getränke)* quelque chose de meilleur; **nichts Besseres** *(Gegenstand, Gerät, Kleidung)* rien de mieux; *(Speisen, Getränke)* rien de meilleur; **~ sein** *(von höherer Qualität sein)* être meilleur(e); **sein als das Vorgängermodell** *Auto:* être mieux que l'ancien modèle; **das Wetter wird ~** le temps s'améliore
② *(von höherer Qualifikation, Eignung)* **~ sein** *(höher befähigt)* être meilleur(e); *(besser geeignet)* être mieux
❸ *(vernünftiger, angebrachter)* **es ist ~, wenn ...** il vaut mieux que ... + *subj;* **es ist ~ zuerst das hier zu machen** il vaut mieux commencer par faire ceci; **Besseres zu tun haben** avoir mieux à faire
❹ *(sozial höhergestellt) Kreise* supérieur(e); **das sind ~e Leute** ce sont des gens de la haute société; **er wohnt in einer ~en Gegend** il habite dans les beaux quartiers
❺ *iron fam* **er ist [nur] ein ~er Chauffeur** ce n'est guère plus qu'un chauffeur
▸ **jdn eines Besseren belehren** détromper qn; **ich lasse mich gerne eines Besseren belehren** on peut me faire changer d'avis; **sich eines Besseren besinnen** se raviser
II. *Adv Komp von gut, wohl* ❶ *schwimmen, tanzen, singen* mieux; **jdm/etw geht es ~** qn/qc va mieux; **dieser Käse/Apfel schmeckt ~ als der andere** ce fromage est meilleur/cette pomme est meilleure que l'autre; **ich kann das ~!** je sais mieux le faire!
② *fam (lieber)* **lass das ~ bleiben** il vaut mieux que tu laisses tomber; **du solltest jetzt ~ gehen** il vaudrait mieux que tu partes maintenant; **er täte ~ daran zu schweigen** il ferait mieux de se taire
▸ **oder ~ gesagt** plus exactement; **es ~ haben** avoir une vie plus agréable; **es kommt noch ~** *iron fam* il y a encore mieux *(fam);* **immer alles ~ wissen** [wollen] se croire plus malin(-igne) que tout le monde; **um so ~!** *fam* tant mieux! *(fam)*
besser|gehen *s.* II.❶
bessergestellt *Adj* aisé(e)
Bessergestellte(r) *f(m)* nanti(e) *m/f*
bessern **I.** *r V* **sich ~** s'améliorer
II. *tr V* corriger *Person;* améliorer *Lage*
Besserung <-> *f* ❶ amélioration *f;* **ich gelobe ~!** je promets de m'améliorer!
② *(Gesundheit)* **sich auf dem Weg der ~ befinden** être en voie de rétablissement; **gute ~!** bon rétablissement!
Besserungsanstalt *f* maison *f* de correction
Besserverdienende(r) *f(m) dekl wie adj* **die ~n** les gros salaires *mpl*
Besserwisser(in) <-s, -> *m(f) pej* pédant(e) *m(f) (péj);* **ein ~/**

eine ~ in sein se croire plus malin/maligne que tout le monde
Besserwisserei <-> *f pej* pédanterie *f*
besserwisserisch **I.** *Adj* pédant(e)
II. *Adv* comme un(e) pédant(e)
bestallen* *tr V form* nommer; **jdn zum Chefredakteur ~** nommer qn rédacteur en chef; **bestallt** *Beamter, Lehrer* titularisé(e); *Vormund* désigné(e)
Bestallung <-, -en> *f form* nomination *f;* **~ zum Chefredakteur** nomination *f* au poste de rédacteur en chef; **~ zum Beamten** titularisation *f* comme fonctionnaire; **seine/ihre ~ zum Vormund** sa désignation comme tuteur/tutrice
Bestallungsurkunde *f form* titre *m* de nomination
Bestand [bə'ʃtant] <-[e]s, Bestände> *m* ❶ *kein Pl (Fortdauer) einer Abmachung, eines Unternehmens* persistance *f; einer Regierung, Koalition* stabilité *f;* **~ haben, von ~ sein** être durable
② *(vorhandene Menge)* **~ an Medikamenten** stock *m* de médicaments; **~ an Bäumen** peuplement *m* [forestier]
❸ *(Lagerbestand)* stock *m;* **effektiver ~** stock effectif; **den ~ von etw aufnehmen** faire l'inventaire de qc
❹ *kein Pl* A *(das Bestehen)* existence *f*
bestanden **I.** *PP von* **bestehen**
II. *Adj* SCHULE, UNIV *Prüfung* réussi(e)
beständig *Adj* ❶ *(gleich bleibend) Person, Verhalten* constant(e); *Wetter* stable
② *(dauerhaft) Freundschaft, Beziehung* durable
❸ *(widerstandsfähig)* **~ gegen Korrosion sein** être résistant(e) à la corrosion
❹ *attr (ständig) Gestank, Lärm, Gejammere* continuel(le); *Regen* ininterrompu(e)
Beständigkeit <-> *f* ❶ *des Wetters, der Witterung* stabilité *f*
② *(Dauerhaftigkeit)* constance *f*
❸ *(Widerstandsfähigkeit)* **~ gegen Korrosion** résistance *f* à la corrosion
Bestandsaufnahme *f* inventaire *m* ▸ **fig** bilan *m* ▸ **~ machen** faire l'inventaire; *fig* faire le bilan **Bestandsvertrag** *m* JUR A *(Mietvertrag)* bail *m* **Bestandszahlen** *Pl* ÖKON données *fpl* d'encours
Bestandteil *m* composant *m; (Einzelteil, Bauteil)* élément *m;* **sich in seine ~e auflösen** se décomposer; *Stuhl:* se disloquer; **etw in seine ~e zerlegen** démonter qc
bestärken* *tr V* appuyer; **jdn in seinem Entschluss ~** conforter qn dans sa décision
Bestärkung *f* ❶ *(Unterstützung)* appui *m*
② *(Erhärtung) eines Verdachts, Vorsatzes, Wunsches* renforcement *m*
bestätigen* *tr V* ❶ renforcer la certitude de *Person;* confirmer *Theorie, Aussage;* entériner *Urteil;* **jdn als Bürgermeister/in seinem Amt ~** confirmer qn dans ses fonctions de maire/dans ses fonctions; **ich sehe mich endlich bestätigt** j'ai enfin confirmation
② *(zustimmen)* **..., sagte er ~d ...,** confirma-t-il
❸ *(quittieren)* attester *Anwesenheit, Teilnahme;* confirmer *Auftrag, Bestellung;* valider *Befehl, Eingabe;* **den Empfang** [*o* **Erhalt**] **eines Schreibens ~** accuser réception d'un courrier; **hiermit wird bestätigt, dass** par la présente, nous certifions que
Bestätigung <-, -en> *f* ❶ *a.* JUR *(das Bestätigen)* confirmation *f;* **zur ~ des Urteils** pour confirmer [*o* entériner] le jugement
② *kein Pl (das Attestieren, Quittieren) der Anwesenheit, Teilnahme* attestation *f; eines Auftrags, einer Bestellung* confirmation *f;* INFORM *eines Befehls, einer Eingabe* validation *f;* **die ~ des Empfangs** [*o* **Erhalts**] la confirmation de réception
❸ *(Schriftstück) der Teilnahme* attestation *f; eines Auftrags, einer Bestellung* confirmation *f*
bestatten* *tr V geh* inhumer *(soutenu);* **wo liegt er bestattet?** où a-t-il été inhumé?
Bestatter(in) <-s, -> *m(f) geh* ordonnateur(-trice) *m(f)* de pompes funèbres
Bestattung <-, -en> *f geh* inhumation *f (soutenu),* obsèques *fpl (form)*
Bestattungsinstitut *nt,* **Bestattungsunternehmen** *nt geh* [entreprise *f* de] pompes *fpl* funèbres **Bestattungsunternehmer(in)** *m(f) geh* ordonnateur(-trice) *m(f)* de pompes funèbres
bestäuben* *tr V* ❶ *Biene:* féconder; **etw ~** *Biene:* féconder qc
② GASTR saupoudrer
Bestäubung <-, -en> *f* pollinisation *f*
bestaunen* *tr V* admirer
bestbezahlt *Adj attr* **der ~e Tennisspieler** le joueur de tennis le mieux payé; **die ~e Schauspielerin** l'actrice la mieux payée
beste(r, s) ['bɛstə, -tɐ, -təs] **I.** *Adj Superl von gut* ❶ *attr* meilleur(e); **von ~r Qualität** de la meilleure qualité; **~r Laune sein** être d'excellente humeur; **aus ~m Hause** [*o* **~r Familie**] de très bonne famille; **das ist der ~ Witz, den ich je gehört habe!** c'est la meilleure blague que j'aie jamais entendue!; **das Beste, was es gibt** ce qu'il y a de mieux
② *(am besten qualifiziert, geeignet)* **der/die Beste** le meilleur/la

meilleure
▶ der/die/das erste Beste le premier venu/la première venue; sein Bestes geben donner le maximum; ein Lied zum Besten geben y aller de sa chanson; es für das Beste halten etw zu tun croire qu'il vaut mieux faire qc; jdn zum Besten halten faire marcher qn; hoffen wir das Beste! [nous] espérons [que ce sera pour le mieux]!; es steht mit etw nicht zum Besten qc ne va pas pour le mieux; sein Bestes tun faire de son mieux; sie wollen nur sein/dein/... Bestes ils ne veulent que son/ton/... bien; aufs [o auf das] ~ au mieux; das Beste vom Besten le fin du fin; zu seinem/ihrem Besten pour son bien
II. Adv er/sie singt am ~ c'est lui/elle qui chante le mieux; es wäre [wohl] am ~ n, wenn ... le mieux serait que ... + subj; am ~ n sprechen Sie nicht darüber vous feriez mieux de ne pas en parler
bestechen* unreg I. tr V ❶ soudoyer; bestochen werden etw zu tun être payé(e) pour faire qc; ich lasse mich nicht ~! on ne m'achète pas!; sie ist bestochen worden elle a été corrompue
❷ (für sich einnehmen) séduire
II. itr V Person: fasciner; Gemälde, Garten: séduire; sie besticht durch ihre Schönheit elle fascine par sa beauté
bestechend I. Adj séduisant(e)
II. Adv einfach, schön étonnamment; klar, logisch admirablement
bestechlich [bə'ʃtɛçlɪç] Adj vénal(e)
Bestechlichkeit <-> f vénalité f
Bestechung <-, -en> f corruption f; eines Zeugen subornation f; aktive/passive ~ corruption active/passive
Bestechungsgeld nt meist Pl pot-de-vin m **Bestechungsversuch** m tentative f de corruption
Besteck [bə'ʃtɛk] <-[e]s, -e> nt ❶ couverts mpl
❷ (medizinische Instrumente) instruments mpl
❸ (Drogenbesteck) matériel m de drogué
Besteckkasten m ménagère f
bestehen* unreg I. tr V ❶ réussir Prüfung
❷ (durchstehen) surmonter Gefahr, Probe, Schicksalsschlag; sortir vainqueur de Kampf, Phase
II. itr V ❶ (mit Erfolg absolvieren) réussir Prüfung
❷ (gegeben sein) es besteht die Möglichkeit, dass sie nach Italien fährt il se peut qu'elle aille en Italie; es besteht der Verdacht, dass er/sie das getan hat on le/la soupçonne d'avoir fait cela; es besteht die Gefahr, dass sie fällt elle risque de tomber
❸ (existieren) lassen conserver Bestimmung; eine Einrichtung/Regelung ~ lassen laisser une institution/une convention en place; seit langem ~ Brauch, Tradition: exister depuis longtemps; ~ bleiben Hoffnung, Verdacht, Vermutung: demeurer; Abmachung, Bestimmung, Vorschrift: rester valable
❹ (sich zusammensetzen) aus Einzelteilen ~ se composer d'éléments; aus Holz/Plastik ~ être en bois/plastique
❺ (zum Inhalt haben) die Aufgabe besteht darin, ein Verzeichnis anzulegen notre tâche consiste à créer un répertoire
❻ (standhalten) vor jdm/etw ~ können pouvoir affronter qn/qc; neben jdm/etw ~ können soutenir la comparaison avec qn/qc
❼ (insistieren) auf etw (Dat) ~ tenir à qc; auf seinem Recht ~ insister sur son bon droit; er besteht darauf, dass sie auch eingeladen wird il tient à ce qu'elle soit aussi invitée
Bestehen <-s> nt ❶ (Vorhandensein) existence f; das fünfzigjährige ~ eines Unternehmens feiern fêter les cinquante ans d'existence d'une entreprise; seit [dem] ~ der Schulpflicht depuis que l'école est obligatoire
❷ (Beharren) insistance f
❸ (erfolgreiches Absolvieren) ~ einer Prüfung réussite f à un examen; bei ~ der Prüfung en cas de réussite à l'examen
bestehen|bleiben^ALT s. bestehen II.❸
bestehend Adj ❶ (geltend) Gesetz, Vorschrift, Regelung, Zensur en vigueur
❷ (existierend) Gesellschaftsordnung existant(e); Umstände, Verhältnisse actuel(le)
bestehen|lassen^ALT s. bestehen II.❸
bestehlen* tr V unreg voler
besteigen* tr V unreg ❶ (erklettern) escalader Berg, Gletscher; monter au sommet de Turm; gravir Hügel; monter sur Gerüst, Podest, Thron; monter à Leiter, Tribüne
❷ (aufsteigen) monter sur Pferd
❸ (einsteigen) monter dans Bus, Flugzeug, S-Bahn, Auto; monter sur Fahrrad, Motorrad, Fähre
Besteigung f eines Berges ascension f; ~ des Throns accession f au trône
bestellen* I. tr V ❶ (kaufen wollen) commander; etw bei jdm ~ commander qc chez qn; ich habe dir neue Jeans bestellt je t'ai commandé un nouveau jean; das Bestellte la commande
❷ (verzehren wollen) etw bei jdm ~ commander qc à qn; [sich (Dat)] etw ~ [se] commander qc; ich habe dir ein Glas Wein bestellt je t'ai commandé un verre de vin
❸ (reservieren) réserver Hotelzimmer, Tisch

❹ (ausrichten) jdm etw von jdm ~ transmettre qc à qn de la part de qn; bestell ihnen viele Grüße von mir! donne-leur le bonjour de ma part; bestell ihm, dass er mich heute Abend anrufen soll! dis-lui de me téléphoner ce soir!; bestell ihr, dass ich mich darum kümmern werde! dis-lui que je vais m'en occuper!
❺ (kommen lassen) faire venir Mitarbeiter; donner un rendez-vous à Patienten; appeler Taxi, Krankenwagen; für zehn Uhr bestellt sein avoir [un] rendez-vous à dix heures; zur Untersuchung ins Krankenhaus bestellt werden être convoqué(e) pour un examen à l'hôpital
❻ (bearbeiten) cultiver Acker, Land, Feld
▶ wie bestellt und nicht abgeholt hum fam tout(e) bête (fam); nichts/nicht viel zu ~ haben n'avoir rien/pas grand-chose à dire; um jdn/mit etw ist es gut bestellt qn/qc va bien; um jdn/mit etw ist es schlecht bestellt qn/qc va mal
II. itr V bei jdm ~ commander à qn
Besteller(in) <-s, -> m(f) client(e) m(f)
Bestellkarte f bon m de commande **Bestellliste**^RR f bulletin m de commande **Bestellmenge** f quantité f commandée **Bestellnummer** f numéro m de commande **Bestellschein** m bon m de commande
Bestellung <-, -en> f ❶ commande f; eine ~ aufgeben passer une commande; (in einem Lokal) commander; eine ~ annehmen accepter une commande
❷ (Reservierung) réservation f
❸ (Bearbeitung) eines Ackers, Feldes culture f
❹ (Berufung) eines Gutachters, Vormundes désignation f
▶ auf ~ sur commande
Bestellzettel s. Bestellschein
bestenfalls Adv au mieux
bestens ['bɛstəns] Adv ❶ très bien; bedienen, vorbereiten, sich bewähren parfaitement; das hat sich ~ bewährt cela s'est avéré parfait
❷ (herzlich) danken, grüßen cordialement
❸ ÖKON (zum optimalen Preis) etw ~ kaufen/verkaufen acheter/vendre qc au mieux
bester s. beste(r, s)
Bestes s. beste(r, s)
besteuern* tr V imposer Person, Firma, Einkommen; taxer Verbrauchsgüter, Alkohol, Tabak; etw nicht ~ ne pas soumettre qc à l'impôt
Besteuerung <-, -en> f einer Person, Firma, von Einkünften imposition f; von Gütern taxation f
Bestform s. Höchstform
bestialisch [bɛs'tia:lɪʃ] I. Adj ❶ (grausam) Verbrechen, Grausamkeit sauvage
❷ fam (unerträglich) Gestank infect(e); ~e Schmerzen aushalten souffrir le martyre
II. Adv fam stinken, wehtun vachement (fam)
Bestialität [bɛstjali'tɛ:t] <-, -en> f eines Menschen, Tieres bestialité f; einer Tat atrocité f
besticken* tr V broder; ein Tischtuch mit Blumen ~ broder des fleurs sur une nappe
Bestie ['bɛstiə] <-, -n> f ❶ (Tier) bête f féroce
❷ pej (Mensch) monstre m
bestimmbar Adj Dauer, Kosten, Anzahl déterminable; Duft, Farbe définissable
bestimmen* I. tr V ❶ (festsetzen) fixer Preis, Ort, Zeit; déterminer Grenze
❷ (entscheiden) etw ~ décider qc; Gesetzgeber, Parlament, Stadtrat: décréter qc; Gesetz, Vorschrift: stipuler qc; ~, dass décider/décréter/stipuler que + indic
❸ (prägen) caractériser Landschaft, Epoche, Stil
❹ (beeinflussen) déterminer Preis, Wert, Konjunktur
❺ (wissenschaftlich einordnen) identifier Tier, Pflanze, Fund; déterminer Bedeutung, Alter, Herkunft
❻ (vorsehen) jdn zum Vorsitzenden/Nachfolger ~ désigner qn comme président/successeur; ein Erbteil/Geschenk für jdn ~ destiner une part d'héritage/un cadeau à qn
❼ geh (bewegen) jdn zum Nachgeben/Bleiben ~ Person: inciter qn à céder/rester; Umstand, Vorfall: pousser qn à céder/rester
II. itr V ❶ (befehlen) décider
❷ (verfügen) über jdn/etw ~ disposer de qn/qc; über etw (Akk) frei ~ können pouvoir disposer librement de qc
bestimmend Adj ❶ (entscheidend) Faktor, Einfluss déterminant(e); für jdn/etw ~ sein être déterminant(e) pour qn/qc
❷ (dominant) Person, Persönlichkeit fort(e); sie ist ein sehr ~er Mensch elle sait s'imposer
bestimmt [bə'ʃtɪmt] I. Adj ❶ (speziell, genau genannt) Buch, Uhr, Vorstellung, Information précis(e)
❷ (festgesetzt) Preis, Betrag, Summe fixé(e); am ~en Tag/Ort au jour/lieu dit; zur ~en Stunde à l'heure dite
❸ GRAM Artikel défini(e)

❹ *(entschieden) Person, Auftreten* décidé(e); *Ton* ferme
❺ *(nicht näher genannt) Personen, Kreise, Vorstellungen* certain(e); **aus –en Gründen** pour certaines raisons
II. *Adv* ❶ *(sicher)* certainement; **|ganz| ~ wissen, dass** être [vraiment] sûr(e) que; **du kommst doch ganz ~?** es-tu vraiment sûr(e) de venir?; **ich komme ganz ~!** je viendrai sans faute!; **ganz ~!** sûr et certain!; **ist es auch ~ dieses Auto?** es-tu/êtes-vous sûr(e) que c'est cette voiture?
❷ *(entschieden) ablehnen* catégoriquement; **sehr ~ auftreten** être très déterminé(e)
Bestimmtheit <-> *f einer Person, eines Auftretens* détermination *f; eines Tons* fermeté *f;* **in [***o* **mit] aller ~** avec fermeté; **etw mit aller ~ ablehnen** refuser qc catégoriquement; **etw mit ~ sagen können** pouvoir dire qc avec certitude
Bestimmung <-, -en> *f* ❶ *(Vorschrift)* règlement *m; (Verwaltungsvorschrift)* disposition *f;* **gesetzliche ~en** dispositions légales; **vertragliche/zwingende ~en** clauses *fpl* contractuelles/impératives
❷ *kein Pl (Zweck)* destination *f;* **eine Straße/Brücke ihrer ~ übergeben** ouvrir une route/un pont à la circulation
❸ *(Schicksal)* destinée *f; (Berufung)* vocation *f;* **das war ~!** c'était écrit!
❹ *(Festsetzung, Festlegung)* fixation *f;* **~ der Zuständigkeit** détermination de compétence
❺ *(Analyse, Ermittlung) eines Fundes, einer Pflanze* identification *f; des Alters* détermination *f*
❻ *(Definition) eines Begriffs* définition *f*
❼ GRAM **adverbiale ~** complément *m* circonstanciel
Bestimmungsbahnhof *m* gare *f* de destination **Bestimmungshafen** *m* port *m* de destination **Bestimmungsland** *nt* pays *m* de destination **Bestimmungsort** *m* [lieu *m* de] destination *f;* **am ~ ankommen** arriver à destination **Bestimmungswort** <-wörter> *nt* GRAM déterminant *m*
Bestleistung *f* meilleure performance *f*
Best.-Nr. *Abk von* **Bestellnummer** réf.
bestrafen* *tr V* ❶ punir; pénaliser *Sportler*
❷ JUR condamner; **jdn mit zehn Monaten Gefängnis ~** condamner qn à dix mois de prison
Bestrafung <-, -en> *f* punition *f; eines Missetäters* châtiment *m; eines Sportlers* pénalisation *f*
bestrahlen* *tr V* ❶ MED traiter aux rayons X; **jdn ~** traiter qn aux rayons X
❷ *(beleuchten)* illuminer *Gebäude, Bühne*
Bestrahlung *f* ❶ MED radiothérapie *f;* **~en bekommen** recevoir des rayons X
❷ *(Beleuchtung)* illumination *f*
Bestreben *nt* **im ~ etw zu tun** soucieux(-euse) de faire qc; **in seinem/ihrem ~ etw zu tun** dans son souci de faire qc; **es ist immer mein ~ gewesen den Menschen zu helfen** je me suis toujours efforcé(e) d'aider les gens
bestrebt [bə'ʃtre:pt] *Adj* **~ sein etw zu tun** s'efforcer de faire qc
Bestrebung *f meist Pl* effort *m*
bestreichen* *tr V unreg* **etw mit Salbe/Farbe ~** enduire qc de pommade/peinture; **das Brot mit Butter/Marmelade ~** beurrer le pain/tartiner le pain de confiture
bestreiken* *tr V* faire grève dans *Fabrik, Firma, Industriezweig;* **der Betrieb wird bestreikt** l'entreprise est en grève; **bestreikt en grève**
bestreitbar *Adj* **nicht ~ sein** être incontestable
bestreiten* *tr V unreg* ❶ *(leugnen)* contester; **~ etw zu tun** nier faire qc; **~ etw getan zu haben** nier avoir fait qc; **sich nicht ~ lassen** être incontestable; **es lässt sich nicht ~, dass** il est indéniable que + *indic*
❷ *(finanzieren)* payer *Kosten, Unterhalt;* financer *Studium;* **seinen Lebensunterhalt nicht ~ können** ne pas arriver à subvenir à ses besoins
❸ *(gestalten)* assurer *Veranstaltung, Gestaltung*
❹ *(streitig machen)* **jdm das Recht auf etw** *(Akk)* **~** contester à qn le droit de [*o* à] qc
bestreuen* *tr V* ❶ répandre; **etw mit Sand/Splitt ~** répandre du sable/gravillon sur qc; **den Weg mit Blumen ~** joncher le chemin de fleurs
❷ *(verzieren)* **den Kuchen mit etw ~** saupoudrer le gâteau de qc
bestricken* *tr V geh* envoûter
Bestseller ['bɛstsɛlɐ] <-s, -> *m* best-seller *m*
Bestsellerautor(in) ['bɛstsɛlɐ-] *m(f)* auteur *mf* de best-sellers **Bestsellerliste** *f* meilleures ventes *fpl*
bestsituiert A s. **gutsituiert**
bestücken* *tr V* équiper *Küche, Haushalt, Rakete;* remplir *Lager, Keller;* **das Regal mit Büchern ~** garnir l'étagère de livres; **das Auto mit einem Airbag ~** équiper la voiture d'un airbag
bestürmen* *tr V* assaillir; **jdn mit etw ~** assaillir qn de qc
bestürzen* *tr V* **jdn ~** *Ereignis, Vorgang, Tod:* bouleverser qn
bestürzend I. *Adj Ereignis, Nachricht* bouleversant(e); *Tod* tragique

II. *Adv* **~ gering/schlecht/hoch** extrêmement faible/mauvais(e)/haut(e)
bestürzt [bə'ʃtʏrtst] **I.** *Adj Person, Gesicht* bouleversé(e); *Miene* consterné(e); **über etw** *(Akk)* **~ sein** être bouleversé(e) par qc
II. *Adv* avec consternation
Bestürzung <-> *f* consternation *f;* **mit tiefer ~** avec beaucoup de consternation
Bestzeit *f* meilleur temps *m*
Besuch [bə'zu:x] <-[e]s, -e> *m* ❶ visite *f;* **einen ~ machen** faire une visite; **einen ~ bei jdm machen** aller voir qn; **jdm einen ~ abstatten** *geh* rendre visite à qn; **von jdm ~ bekommen** recevoir la visite de qn; **einen ~ bei den Großeltern einplanen** prévoir d'aller chez les grands-parents; **sich zu einem ~ bei jdm entschließen** décider d'aller voir qn; **bei jdm auf [***o* **zu] ~ sein** être en visite chez qn; **~ beim Arzt** visite chez le médecin
❷ *(Frequentieren) einer Schule, Veranstaltung* fréquentation *f;* **für den ~ des Gottesdienstes** pour assister à l'office religieux
❸ *(Besucher)* visiteur *m; (Gast)* invité(e) *m(f);* **~ erwarten/bekommen/haben** attendre/recevoir/avoir de la visite
besuchen* *tr V* ❶ aller voir *Freund, Verwandten;* **oft von seinen Angehörigen besucht werden** recevoir souvent la visite de sa famille; **besuch mich bald wieder!** reviens me voir bientôt!
❷ *(aufsuchen)* aller voir *Kunden;* visiter *Patienten;* **den Arzt ~** aller chez le médecin
❸ *(frequentieren)* aller à *Schule, Kino, Theater, Lokal, Konzert;* visiter *Ausstellung, Museum;* assister à *Gottesdienst;* suivre *Kurs*
Besucher(in) <-s, -> *m(f)* ❶ visiteur(-euse) *m(f); (Gast)* invité(e) *m(f)*
❷ *(Interessent, Kunde) einer Veranstaltung, Ausstellung, eines Museums* visiteur(-euse) *m(f); eines Lokals, Kasinos* client(e) *m(f)*
❸ *(Zuschauer)* spectateur(-trice) *m(f); (Zuhörer)* auditeur(-trice) *m(f)*
❹ *(Teilnehmer) eines Kurses* participant(e) *m(f);* **die ~ des Gottesdienstes** ceux qui assistent à la messe; *(protestantisch)* ceux qui assistent au culte
besucherfeindlich *Adj* peu accueillant(e) [pour les visiteurs] **besucherfreundlich** *Adj* agréable pour les visiteurs **Besucherparkplatz** *m* parking *m* réservé aux visiteurs **Besucherritze** *f hum fam* fente située entre les deux matelas d'un lit conjugal **Besucherzahl** *f* nombre *m* de visiteurs; *(in Bezug auf Theater, Konzerte)* nombre *m* de spectateurs; **die ~en** les visiteurs *mpl; von Theatern, Kinos* les entrées *fpl*
Besuchserlaubnis *f* droit *m* de visite; **eine ~ bekommen** obtenir une autorisation de visite **Besuchsrecht** *nt* droit *m* de visite **Besuchstag** *m* jour *m* de visite **Besuchszeit** *f* heures *fpl* de visite **Besuchszimmer** *nt eines Gefängnisses, Klosters* parloir *m*
besucht *Adj* **gut/schlecht [***o* **schwach] ~** *Ausstellung, Museum* beaucoup/peu visité(e); **viel ~** qui attire un grand nombre de personnes; **das Konzert/Theater war sehr gut ~** le récital/le théâtre a fait salle comble; **das Konzert/Theater war schwach ~** le récital/le théâtre n'a pas fait salle comble
besudeln* *geh* **I.** *tr V a. fig* souiller *(soutenu);* **sich** *(Dat)* **den Kittel mit Blut ~** souiller sa blouse de sang *(soutenu)*
II. *r V* **sich mit etw ~** se salir avec qc
Beta ['be:ta] <-[s], -s> *nt (Buchstabe)* bêta *m*
Betablocker ['be:tablɔkɐ] <-s, -> *m* PHARM, MED bêtabloquant *m*
betagt [ba'ta:kt] *Adj geh* âgé(e) *(soutenu)*
betanken* *tr V* ravitailler *Flugzeug;* remplir de carburant *Tankwagen;* **die Maschine wird betankt** l'avion est ravitaillé [en carburant]
betasten* *tr V* palper; tâter *Frucht, Käse*
Betastrahlen *Pl* PHYS rayons *mpl* bêta **Betateilchen** *nt* PHYS électron *m* bêta
betätigen* I. *tr V* actionner *Hebel;* appuyer sur *Pedal, Bremse, Schalter;* tourner *Knopf;* tirer *Wasserspülung;* **die Zündung wird betätigt, indem man den Schlüssel herumdreht** l'allumage s'effectue en tournant la clé
II. *r V* ❶ *(aktiv sein)* **sich sportlich/politisch ~** faire du sport/de la politique; **sich künstlerisch ~** avoir une activité artistique; **sich als Gärtner/im Garten ~** faire le jardinier/du jardinage
❷ *fam (mithelfen)* **sich ~** donner un coup de main *(fam)*
Betätigung <-, -en> *f* ❶ *kein Pl (das Betätigen)* **durch ~ dieses Hebels/Knopfes** en actionnant ce levier/en appuyant sur ce bouton; **vor ~ des Schalters** avant d'actionner le commutateur
❷ *(Tätigkeit)* activité *f;* **ihm fehlt es an körperlicher ~** il manque d'exercice
Betätigungsfeld *nt* domaine *m*   **Betätigungsfreiheit** *f* FIN libre choix *m* des activités; **wirtschaftliche ~** libre choix des activités économiques
betatschen* *tr V pej fam* peloter *(péj fam)* **betatschen*** *tr V* ❶ *pej fam* peloter *(péj fam); Kind:* tripoter *(péj fam);* **etw ~** *pej fam* peloter qc; *Kind:* tripoter qc
betäuben* I. *tr V* ❶ MED endormir
❷ *(unterdrücken)* faire taire *Skrupel, Gewissen;* **seinen Kummer**

mit [o durch] Alkohol/durch Arbeit ~ noyer son chagrin dans l'alcool/le travail
▶ |wie| betäubt sein *Person:* être [comme] assommé(e)
II. *r V* sich mit etw ~ s'étourdir de qc
betäubend *Adj Lärm, Krach* assourdissant(e); *Duft, Parfüm* entêtant(e)
Betäubung <-, -en> *f* ① MED anesthésie *f;* örtliche [*o* lokale] ~ anesthésie locale; zur ~ der Schmerzen pour calmer les douleurs
② *(Benommenheit)* étourdissement *m*
③ *(Unterdrückung) des Kummers, Gewissens* refoulement *m*
Betäubungsmittel *nt* anesthésique *m* **Betäubungsmittelgesetz** *nt* loi *f* sur la consommation de stupéfiants
Betbruder *m,* **-schwester** *f pej fam* bigot(e) *m(f) (péj fam)*
Bete ['be:tə] <-, *selten* -n> *f* Rote ~ betterave *f* rouge
beteilen* *tr V* A distribuer; jdn mit etw ~ distribuer qc à qn
beteiligen* [bə'taılıgən] I. *tr V* faire participer; jdn mit fünf Prozent am Umsatz/Gewinn ~ attribuer une part de cinq pour cent du chiffre d'affaires/ du bénéfice à qn; jdn an einer Firma ~ faire participer qn aux bénéfices d'une entreprise
II. *r V* sich an etw *(Dat)* ~ participer à qc; sich kaum am Unterricht ~ ne guère participer au cours; sich mit 20 000 Euro an einer Firma ~ apporter un capital de 20 000 euros dans une entreprise
beteiligt *Adj* ① an etw *(Dat)* ~ sein *(teilnehmen, mitwirken)* être associé(e) à qc; *(verwickelt sein)* être impliqué(e) dans qc
② BÖRSE, COM mit 10 000 Euro/fünf Prozent an einer Firma ~ sein avoir une part de 10 000 euros/cinq pour cent dans une entreprise
Beteiligte(r) *f(m) dekl wie Adj* ① *(Teilnehmer, Mitwirkender)* participant(e) *m(f)*
② *(Betroffener)* personne *f* concernée; *(in ein Geschehen Verwickelter)* personne impliquée; alle am Unfall ~n toutes les personnes impliquées dans l'accident
③ JUR berufsfremde(r) ~(r) participant(e) *m(f)* sans rapport avec la profession exercée; die am Verfahren ~n les parties *fpl* au procès
Beteiligung <-, -en> *f* ① *kein Pl (Teilnahme)* participation *f;* ~ an etw *(Dat)* participation *f* à qc; unter großer ~ der Belegschaft avec la participation massive du personnel
② *kein Pl (finanzielles Teilhaben)* die ~ der Mitarbeiter am Gewinn la participation des employés au bénéfice
beten ['be:tən] *tr V* prier; zu Gott ~ prier Dieu; vor dem Schlafengehen ~ faire sa prière du soir; für jdn ~ prier pour qn; für etw/um etw ~ prier pour qc; lasset uns ~! prions!; das Beten la prière
II. *tr V* dire Vaterunser
beteuern* *tr V* protester de *(littér);* seine Unschuld ~ protester de son innocence; ~, dass assurer que + *indic;* jdm seine Liebe/Treue ~ assurer qn de son amour/sa fidélité
Beteuerung <-, -en> *f* ① *kein Pl (das Beteuern)* assurance *f;* trotz der ~ seiner Unschuld malgré l'assurance de son innocence
② *(Äußerung)* serment *m*
Bethlehem ['be:tleham] <-s> *nt* Bethléem *m*
betiteln* *tr V* ① intituler *Buch, Sendung, Film;* die Sendung ist folgendermaßen betitelt: ... l'émission s'intitule comme suit: ...
② *pej (beschimpfen)* jdn [mit] Lügner ~ traiter qn de menteur
③ *(anreden)* jdn [mit] Herr Direktor ~ appeler qn par Monsieur le Directeur; wie soll man sie ~? quel titre doit-on lui donner?
Beton [be'tɔŋ, be'tɔ̃:, be'to:n] <-s, *selten* -s> *m* béton *m;* aus ~ en béton; ~ besteht aus ... le béton est composé de ...
Betonbau <-bauten> [be'tɔŋ-] *m* ① construction *f* en béton
② *kein Pl (Bauweise)* béton *m* **Betonblock** *m* ① <-blöcke> *(Klotz)* bloc *m* de béton ② <-blöcke *o* -blocks> *(hohes/langes Gebäude)* tour *f/*bloc *m* de béton **Betonbunker** *m* ① bunker *m* de béton ② *pej fam (Gebäude)* bunker *m* de béton *(péj fam)* **Betonburg** *f pej fam* cité *f* de béton *(péj fam)* **Betondecke** *f* ① *(Gebäudedecke)* dalle *f* de béton ② *(Straßendecke)* revêtement *m* en béton
betonen* *tr V* ① PHON accentuer; schwach betont faiblement accentué(e)
② MUS soutenir, appuyer sur
③ *(zur Geltung bringen)* souligner, mettre en valeur *Figur, Formen*
④ *(nachdrücklich erwähnen)* insister sur; ~, dass souligner que + *indic; s. a.* betont
betonieren* *tr V* bétonner
Betonklotz *s.* Betonblock **Betonkopf** *m pej* tête *f* de pioche *(péj fam)* **Betonmischer** <-s, -> *m* ① *s.* Betonmischmaschine ② *(Lkw)* toupie *f* **Betonmischmaschine** *f* bétonnière *f* **Betonsilo** *m pej fam* tour *f* en béton *(péj fam)*
betont [bə'to:nt] I. *Adj* Höflichkeit, Kühle, Sachlichkeit marqué(e); *Eleganz* prononcé(e); *Gleichgültigkeit, Lässigkeit* ostensible
II. *Adv* ostensiblement
Betonung <-, -en> *f* ① PHON accentuation *f;* die ~ liegt auf der ersten Silbe la première syllabe est accentuée

② MUS durch die ~ dieser Takte bekommt die Sonate mehr Ausdruckskraft en appuyant [o en soulignant] ces mesures, la sonate devient plus expressive
③ *kein Pl (das Hervorheben)* mise *f* en valeur
④ *kein Pl (nachdrückliche Erwähnung)* die ~ einer S. *(Gen)* l'accent *m* mis sur qc
⑤ *kein Pl (Nachdruck)* insistance *f;* die ~ liegt auf etw *(Dat)* l'accent est mis sur qc
Betonungszeichen *nt* accent *m*
Betonwüste [be'tɔŋ-] *f pej* désert *m* de béton *(péj)*
betören* [bə'tø:rən] *tr V* envoûter
betörend I. *Adj* envoûtant(e)
II. *Adv* d'une façon envoûtante
Betörung <-, -en> *f* envoûtement *m*
betr. *Abk von* betreffend, betreffs
Betr. *Abk von* Betreff
Betracht [bə'traxt] <-[e]s> *m* ▶ in ~/nicht in ~ kommen entrer/ne pas entrer en ligne de compte; etw außer ~ lassen ne pas prendre en considération; etw nicht außer ~ lassen ne pas négliger qc; in ~ ziehen, dass envisager que + *subj*
betrachten* I. *tr V* ① *(anschauen)* contempler *Person, Kunstwerk;* regarder *Foto;* eine Pflanze/einen Gegenstand genau ~ examiner une plante/un objet
② *(bedenken, untersuchen)* considérer; genau betrachtet tout bien considéré; sich *(Dat)* die Sache genauer ~ y regarder de plus près
③ *(halten für)* jdn als Freund/Rivalen ~ considérer qn comme un ami/rival
II. *r V* ① *(sich anschauen)* sich im Spiegel ~ se contempler dans le miroir
② *(sich halten für)* sich als jds Rivale[n] ~ se considérer comme le rival de qn; ~ Sie sich ab sofort als entlassen! considérez-vous comme licencié(e) sur l'heure!
Betrachter(in) <-s, -> *m(f) eines Kunstwerks, Fotos* contemplateur(-trice) *m(f); eines Geschehens, Vorgangs* observateur(-trice) *m(f)*
beträchtlich [bə'trɛçtlıç] I. *Adj* considérable; um ein Beträchtliches höher/teurer sein être sensiblement plus haut(e)/cher(chère)
II. *Adv* erhöhen, steigen, zurückgehen considérablement; höher, niedriger nettement
Betrachtung <-, -en> *f* ① *kein Pl (das Anschauen) einer Person, eines Kunstwerks* contemplation *f; eines Gegenstands, Fotos, einer Pflanze* observation *f*
② *(Untersuchung, Analyse)* étude *f;* bei näherer [*o* genauerer] ~ en y regardant de plus près; bei oberflächlicher ~ au simple coup d'œil
③ *meist Pl (Überlegung)* réflexion *f;* ~en über jdn/etw anstellen se livrer à des considérations sur qn/qc
Betrachtungsweise *f* façon *f* de voir
Betrag [bə'tra:k, *Pl:* bə'trɛ:gə] <-[e]s, Beträge> *m (Rechnungsbetrag)* montant *m; (Geldbetrag)* somme *f;* ~ dankend erhalten pour acquit
betragen* *unreg* I. *itr V* s'élever; hundert Euro/drei Prozent ~ s'élever à cent euros/trois pour cent; zwei Meter/fünf Tonnen ~ représenter deux mètres/cinq tonnes
II. *r V* sich gut/schlecht ~ se conduire bien/mal
Betragen <-s> *nt* conduite *f;* ~: ungenügend zéro de conduite
betrauen* *tr V* jdn mit etw ~ confier qc à qn; jdn damit ~ etw zu tun confier à qn la charge de faire qc
betrauern* *tr V* pleurer *Toten, Tod;* déplorer *Verlust*
beträufeln* *tr V* etw mit Zitronensaft/Rum ~ mettre quelques gouttes de citron/rhum sur qc
Betreff [bə'trɛf] <-[e]s, -e> *m form* objet *m (form)*
betreffen* *tr V unreg* ① *(angehen)* concerner; was mich/dich betrifft quant à moi/toi; was die Feier betrifft pour ce qui est de la fête
② *geh (heimsuchen)* frapper *(soutenu);* Japan wurde von einem Erdbeben betroffen le Japon a été frappé par un tremblement de terre
③ *geh (bestürzen)* jdn *[tief]* ~ affecter qn [profondément]
betreffend *Adj attr* ① *(besagt)* en question; die ~e Zeitung le journal en question
② *(zuständig)* die ~e Kollegin la collègue compétente
③ *(bezüglich)* den Vertrag/unser Projekt ~ concernant le contrat/notre projet
Betreffende(r) *f(m) dekl wie Adj (betroffene Person)* personne *f* concernée; *(zuständige Person)* personne *f* compétente
betreffs *Präp + Gen form* concernant *(form);* ~ Ihres Angebots concernant votre offre
betreiben* *tr V unreg* ① *(ausüben, treiben)* exercer *Gewerbe, Handwerk;* effectuer *Forschung;* eine gemäßigte Politik ~ pratiquer une politique modérée

❷ *(unternehmerisch führen)* tenir *Geschäft, Lokal, Firma;* exploiter *Kraftwerk;* régir *Radio-, Fernsehsender*
❸ *(hinarbeiten auf)* travailler à *Stilllegung, Spaltung;* mener *Untersuchung, Prozess, Projektabschluss;* **auf Betreiben** *(Akk)* **des Ministers** [hin] à l'instigation du ministre
❹ TECH **elektrisch/mit Batterien/mit Dampf betrieben werden** fonctionner à l'électricité/à pile/à la vapeur
Betreiber(in) <-s, -> *m(f)* ❶ exploitant(e) *m(f); einer Spielhalle, eines Restaurants* tenancier(-ière) *m(f); eines Hotels, eines Geschäfts* gérant(e) *m(f); eines Radio-, Fernsehsenders* administrateur *m*
❷ *(Betreiberfirma)* société *f* d'exploitation
Betreibung <-, -en> *f* ❶ conduite *f*
❷ COM exploitation *f*
❸ *eines Kraftwerks, einer Funkanlage* exploitation *f; eines Fernsehers, eines Radiogerätes* utilisation *f,* mise *f* en service
betreten*[1] *tr V unreg* ❶ entrer dans *Gebäude, Raum, Zimmer;* monter sur *Podium, Tribüne;* entrer en *Bühne;* **das Stadion/das Spielfeld ~** *Spieler, Mannschaft:* entrer dans le stade/sur le terrain; **von wo aus kann man den Innenhof ~?** par où peut-on accéder à la cour intérieure?; [das] **Betreten der Baustelle** [ist] **verboten!** chantier interdit au public!; **beim Betreten einer Kirche nimmt man den Hut ab** on enlève son chapeau quand on entre dans une église
❷ *(treten auf)* marcher sur *Parkett, Teppich, Rasen;* [das] **Betreten des Rasens** [ist] **verboten!** défense de marcher sur la pelouse!
❸ *fig* **gefährliches Terrain ~** aborder un sujet dangereux
betreten[2] **I.** *Adj Person* gêné(e); *Schweigen* embarrassé(e); *Gesicht, Miene* déconfit(e); **~ sein** être gêné(e)
II. *Adv* **~ schweigen** garder un silence gêné; **~ dreinschauen** avoir l'air confus; **jdn ~ anschauen** regarder qn l'air confus
Betretenheit <-> *f einer Person* embarras *m;* **die ~ seiner/ihrer Miene** son air déconfit
betreuen* [bəˈtrɔɪən] *tr V* prendre en charge *Kind, Patienten, Reisegruppe, Sportler;* s'occuper de *Kunden, Tier;* être responsable de *Bibliothek, Abteilung, Projekt;* **liebevoll betreut werden** *Patient:* être bienveillamment soigné(e); *Kind:* être choyé(e); *Tier:* être bien soigné(e)
Betreuer(in) <-s, -> *m(f) einer Reisegruppe* responsable *mf; einer Mannschaft* dirigeant(e) *m(f);* **medizinischer ~** soigneur *m*
Betreuung <-> *f* ❶ *(das Betreuen)* prise *f* en charge
❷ *(Betreuer) von Senioren, Pflegebedürftigen* aide-soignant(e) *m(f); einer Mannschaft* encadrement *m*
Betreuungskosten *Pl* frais *mpl* de garde
Betrieb [bəˈtriːp, *Pl:* baˈtriːbə] <-[e]s, -e> *m* ❶ *(Industriebetrieb)* entreprise *f;* **schon um sechs Uhr im ~ sein** être dès six heures au travail
❷ *(Belegschaft)* personnel *m*
❸ kein *Pl (Betriebsamkeit)* activité *f*
❹ *(Tätigkeit, Ablauf)* activité *f; einer Anlage, Maschine, Fabrik* fonctionnement *m; einer Bahn-, Buslinie* exploitation *f;* **etw in ~ nehmen** mettre qc en service; **etw in ~ setzen** mettre qc en marche; **etw außer ~ setzen** stopper qc; **in/außer ~** [sein] *(funktionieren/nicht funktionieren)* [être] en/hors service
betrieblich I. *Adj attr (zur Firma gehörend, die Firma betreffend)* de l'entreprise; *Altersversorgung, Kindergarten, Leistungen* d'entreprise
❷ *(firmenintern)* interne à l'entreprise
II. *Adv* **regeln, beschließen** au sein de l'entreprise; **~ bedingt** lié(e) au fonctionnement de l'entreprise
Betriebsaltersversorgung *f kein Pl* régime *m* de retraite d'entreprise
betriebsam [bəˈtriːpzaːm] **I.** *Adj* actif(-ive)
II. *Adv* activement; **~ agieren** s'activer
Betriebsamkeit <-> *f* activité *f*
Betriebsangehörige(r) *f(m) dekl wie Adj* employé(e) *m(f)* de l'entreprise **Betriebsangelegenheit** *f* affaire *f* de la société **Betriebsanleitung** *f* notice *f* d'utilisation **Betriebsarzt** *m,* **-ärztin** *f* médecin *m* d'entreprise **Betriebsausflug** *m* sortie *f* d'entreprise **betriebsbereit** *Adj Anlage, Gerät, Maschine* prêt(e) à fonctionner; **etw ~ liefern** livrer qc clés en main; **ein Gerät ~ machen** mettre un appareil en service; **sich in ~em Zustand befinden** *Maschine:* être prêt(e) à être mis(e) en marche **Betriebsbesichtigung** *s.* Betriebsführung **betriebsblind** *Adj* sclérosé(e) par la routine **Betriebskindergarten** *m* de l'entreprise **Betriebserlaubnis** *f* JUR permis *m* d'exploitation **Betriebsferien** *Pl* fermeture *f* annuelle **Betriebsfest** *nt* fête *f* d'entreprise **betriebsfremd** *Adj* étranger(-ère) à l'entreprise **Betriebsführung** *f* ❶ *(Besichtigung)* visite *f* d'entreprise ❷ *s.* Betriebsleitung **Betriebsgeheimnis** *nt* information *f* confidentielle, *(Produktionsgeheimnis)* secret *m* de fabrication **Betriebsgelände** *nt* enceinte *f* de l'entreprise **betriebsintern** *s.* betrieblich **Betriebskapital** *nt* fonds *m* de roulement **Betriebsklima** *nt* climat *m* de l'entreprise **Betriebskosten** *Pl*

einer Firma, Maschine frais *mpl* d'exploitation; *eines Kraftfahrzeugs* frais fixes **Betriebskrankenkasse** *f* caisse *f* de maladie de l'entreprise **Betriebsleiter(in)** *m(f)* directeur(-trice) *m(f)* d'entreprise **Betriebsleitung** *f* ❶ kein *Pl (das Leiten)* direction *f* [d'entreprise] ❷ *(Person, Büro)* direction *f* **Betriebsnudel** *f fam* boute-en-train *m inv;* **sie ist eine echte ~!** elle est un vrai boute-en-train! **Betriebsorganisation** *f* structure *f* de l'entreprise **Betriebsprüfer(in)** *m(f)* auditeur(-trice) *m(f)* **Betriebsprüfung** *f* contrôle *m* fiscal **Betriebsrat** *m* comité *m* d'entreprise **Betriebsrat** *m,* **-rätin** *f* délégué(e) *m(f)* du personnel **Betriebsschluss**[RR] *m* fermeture *f* [de l'entreprise] **betriebssicher** *Adj* fiable **Betriebssicherheit** *f* kein *Pl* TECH, INFORM sécurité *f* d'exploitation **Betriebsstilllegung**[RR] *f* fermeture *f* d'une entreprise **Betriebsstörung** *f* panne *f* **Betriebssystem** *nt* INFORM système *m* d'exploitation **Betriebstemperatur** *f* température *f* de régime **Betriebsunfall** *m* ❶ accident *m* du travail ❷ *hum fam (ungewollte Schwangerschaft)* accident *m (hum fam)* **Betriebsvereinbarung** *f* accord *m* d'entreprise **Betriebsverfassung** *f* convention *f* collective *(précisée par le règlement intérieur)* **Betriebsverfassungsgesetz** *nt* législation *f* relative à la participation et à la cogestion **Betriebsverfassungsrecht** *nt* JUR législation *f* relative aux relations globales entre entrepreneurs et salariés
Betriebsvermögen *nt* capital *m* [d'entreprise] **Betriebsversammlung** *f* assemblée *f* générale [du personnel] **Betriebswirt(in)** *m(f)* diplômé(e) *m(f)* en gestion d'entreprise **Betriebswirtschaft** *f (Schulfach)* économie *f* d'entreprise; *(Studienfach)* gestion *f* [d'entreprise] **betriebswirtschaftlich** *Adj Kenntnisse, Überlegung* relatif(-ive) à la gestion
Betriebswirtschaftslehre *f kein Pl* gestion *f* d'entreprise **Betriebswirtschaftsplan** *m* plan *m* de gestion
Betriebszugehörigkeit *f* **nach dreijähriger ~** après trois ans de maison
betrinken* *r V unreg* **sich ~** se soûler; **sich mit etw ~** se soûler à qc
betroffen [bəˈtrɔfən] **I.** *Adj* ❶ *(beteiligt)* concerné(e); **von etw ~ sein** être concerné(e) par qc
❷ *(bestürzt) Gesicht, Miene, Schweigen* consterné(e); **über etw** *(Akk)* **~ sein** être consterné(e) par qc; **jdn ~ machen** consterner qn
II. *Adv* avec consternation
Betroffene(r) *f(m) dekl wie Adj* personne *f* concernée
Betroffenheit <-> *f* consternation *f*
betrüben* *tr V Person:* faire de la peine à; *Verhalten:* désoler; **jdn ~** *Person:* faire de la peine à qn; *Verhalten:* désoler qn
betrüblich [bəˈtryːplɪç] *Adj* attristant(e); **~ sein** être fâcheux(-euse); **mit meinen Finanzen sieht es ~ aus** mes finances sont en fâcheux état
betrüblicherweise *Adv* malencontreusement
Betrübnis <-, -se> *f geh* affliction *f*
betrübt *Adj Gesicht, Miene* désolé(e); **über etw** *(Akk)* **~ sein** désolé(e) de qc
Betrug [bəˈtruːk] <-[e]s> *m* ❶ *(Straftat)* escroquerie *f*
❷ *(Schwindel)* **~ an jdm** duperie *f* de qn; **das ist ~ an den Wählern** c'est duper les électeurs
betrügen* *unreg* **I.** *tr V* ❶ *(finanziell hintergehen)* frauder; **jdn um etw ~** escroquer qc à qn [o qn de qc]; **betrogen** escroqué(e); **sich um etw betrogen sehen** se sentir volé(e) de qc
❷ *(beschwindeln)* duper; **sich in etw** *(Dat)* **betrogen sehen** se sentir abusé(e) dans qc
❸ *(untreu sein)* **jdn mit jdm ~** tromper qn avec qn
II. *r V* **sich** [selbst] **~** s'abuser
Betrüger(in) <-s, -> *m(f)* fraudeur(-euse) *m(f); (beim Spielen)* tricheur(-euse) *m(f)*
Betrügerei <-, -en> *f pej* ❶ *(finanzieller Betrug)* escroquerie *f*
❷ *(Schwindel)* duperie *f; (beim Spielen)* tricherie *f*
❸ *meist Pl (Seitensprung)* infidélités *fpl*
betrügerisch *pej* **I.** *Adj* frauduleux(-euse); **in ~er Weise** de façon frauduleuse; **etw in ~er Absicht tun** faire qc à des fins frauduleuses
II. *Adv* **etw ~ erwerben** JUR acquérir qc frauduleusement
betrunken [bəˈtrʊŋkən] **I.** *Adj* ivre; **in ~em Zustand** en état d'ivresse; **völlig ~ sein** être ivre mort(e)
II. *Adv* **lallen, herumtorkeln** en étant complètement ivre
Betrunkene(r) *f(m) dekl wie Adj* personne *f* ivre
Betrunkenheit <-> *f* ivresse *f*
Betschwester *s.* Betbruder
Bett [bɛt] <-[e]s, -en> *nt* ❶ *(Möbel)* lit *m;* **französisches ~** grand lit; **ins ~ gehen aller se coucher; im ~ sein** être dans son lit; **im ~ liegen** être couché(e); **jdn ins ~ bringen** coucher qn; **ins ~ machen** faire [pipi] au lit; **am ~ eines Kranken wachen** veiller au chevet d'un malade

Bettag–Bevölkerungsstatistik

❷ *(Bettdecke)* couverture *f*; *(Daunenbett)* couette *f*; **die ~ en neu beziehen** changer les draps
❸ *(Flussbett)* lit *m*
▸ **ans ~ gefesselt sein** geh être cloué(e) au lit; **sich ins gemachte ~ legen** n'avoir plus qu'à s'installer; **mit jdm ins ~ gehen** euph coucher avec qn; **jdn aus dem ~ holen** tirer qn du lit; **das ~ hüten müssen** geh devoir garder le lit *(soutenu)*
Bettag *m s.* **Buß- und Bettag**
Bettanzug *m* CH housse *f* de couette **Bettbank** A *s.* **Bettsofa**
Bettbezug *m* housse *f* de couette

Land und Leute

Les Allemands ont une manière de faire leur lit assez différente de celle des Français. Ils n'utilisent ni drap de dessus, ni couverture et ils ne connaissent pas le traversin. Ils se servent d'oreillers et de couettes qu'ils glissent dans un **Bettbezug** constitué d'une taie d'oreiller et d'une housse de couette.

Bettcouch *s.* **Bettsofa**   **Bettdecke** *f* couverture *f; (Daunendecke)* couette *f*
Bettel ['bɛtəl] <-s> *m* ▸ **der ganze ~** *fam* tout ce bordel *(fam)*; **den [ganzen] ~ hinschmeißen** *fam* envoyer balader [tout] le bordel *(fam)*
bettelarm *Adj* totalement démuni(e)
Bettelei <-, -en> *f pej* mendicité *f*
Bettelmönch *m* moine *m* mendiant
betteln ['bɛtəln] *itr V* mendier; **bei jdm um etw ~** mendier qc auprès de qn; **Betteln verboten!** mendicité interdite!
Bettelorden *m* ordre *m* mendiant   **Bettelstab** *m* ▸ **jdn an den ~ bringen** mettre qn sur la paille; **an den ~ kommen** se retrouver sur la paille
betten ['bɛtən] I. *tr V (hinlegen)* coucher; **weich gebettet** douillettement couché(e); **den Kopf des Verletzten etwas höher ~** coucher le blessé avec la tête légèrement surélevée
II. *r V* ▸ **wie man sich bettet, so liegt man** *Spr.* comme on fait son lit, on se couche
Bettenburg *f hum* usine *f* à touristes *(hum)*
Bettfedern *Pl* ❶ *(Springfedern)* ressorts *mpl* ❷ *(Füllung)* duvet *m*
Bettflasche *f* SDEUTSCH, CH bouillotte *f*   **Bettgeschichte** *f pej*
❶ *(Verhältnis)* coucherie *f (fam)* ❷ PRESSE vie *f* intime   **Bettgestell** *nt* bois *m* de lit   **Betthimmel** *m* ciel *m* de lit   **Betthupferl** ['bɛthʊpfəl] <-s, -> *nt* bonbon *m (avant d'aller au lit)*   **Bettkante** *f* [re]bord *m* du lit   **Bettkasten** *m* tiroir *m* de rangement
Bettlade SDEUTSCH, A *s.* **Bettgestell**
bettlägerig ['bɛtlɛːɡərɪç] *Adj (momentan)* alité(e); *(dauernd)* grabataire
Bettlaken *nt* drap *m*   **Bettlektüre** *f* livre *m* de chevet; **Zeitungen sind als ~ nicht so gut geeignet** les journaux ne sont pas pratiques comme livres de chevet
Bettler(in) ['bɛtlɐ] <-s, -> *m(f)* mendiant(e) *m(f)*
Bettnässen ['bɛtnɛsən] <-s> *nt* incontinence *f* nocturne   **Bettnässer(in)** <-s, -> *m(f)* incontinent(e) *m(f)*; **mein Sohn ist ~** mon fils fait pipi au lit   **Bettpfanne** *f* bassin *m*   **Bettpfosten** *m* montant *m* de lit   **Bettrand** *s.* **Bettkante**   **bettreif** *Adj fam* qui tombe de sommeil *(fam)*; **~e Kinder** des enfants qui tombent de sommeil; **~ sein** tomber de sommeil   **Bettruhe** *f* repos *m*; **der Arzt hat ihm/ihr eine Woche ~ verordnet** le médecin lui a prescrit de garder le lit une semaine   **Bettschwere** *f* ▸ **die nötige ~ haben** être assez fatigué(e) pour s'endormir; **noch nicht die richtige ~ haben** ne pas être encore assez fatigué(e) pour s'endormir   **Bettsofa** *nt* canapé-lit *m*   **Bettszene** *f* CINE scène *f* de lit
Bettuchᴿᴿ ['bɛtuːx] <-[e]s, -tücher> *s.* **Bettlaken**   **Bettvorleger** ['bɛtvoːɐleːɡɐ] *m* descente *f* de lit   **Bettwäsche** *f* parure *f* de lit   **Bettzeug** *nt* linge *m* literie *f*
betucht [bəˈtuːxt] *Adj fam* rupin(e) *(fam)*; **~/nicht ~ sein** rouler/ne pas rouler sur l'or *(fam)*
betupfen* *tr V* tamponner *Wunde, Ekzem, Pickel*; moucheter *Stoff, Leinwand*
betuppen* *tr V* DIAL *fam* arnaquer, truander *(fam)*; **jdn um etw ~** arnaquer [o truander] qn de qc
Beuge ['bɔɪɡə] <-, -n> *f* ❶ *eines Arms, Knies* pliure *f*
❷ *(Rumpfbeuge)* flexion *f*
Beugehaft *f* astreinte *f* par corps
Beugel <-s, -> *m* A croissant *m*
Beugemuskel *m* muscle *m* fléchisseur
beugen ['bɔɪɡən] I. *tr V* ❶ *(neigen)* pencher *Kopf, Rumpf, Oberkörper*; fléchir *Knie, Arm; s. a.* **gebeugt**
❷ GRAM conjuguer *Verb*; décliner *Adjektiv, Substantiv*
II. *r V* ❶ *(sich neigen)* **sich nach links/nach vorn/zur Seite ~** se pencher sur la gauche/en avant/sur le côté
❷ *(sich unterwerfen)* **sich ~** s'incliner; **sich einem Herrscher ~** s'assujettir à un souverain; **sich einer Anordnung/jds Willen ~** se plier à un règlement/la volonté de qn
Beugung <-, -en> *f* ❶ *(das Beugen)* eines Arms, Beins flexion *f*
❷ GRAM flexion *f*
❸ *(Brechung)* von Licht, Strahlen diffraction *f*
Beule ['bɔɪlə] <-, -n> *f* bosse *f*; **viele ~n haben** *Person:* avoir de nombreuses bosses; *Auto:* être tout(e) cabossé(e)
beulen *itr V* goder; **die Jacke beult am Ellenbogen** la veste gode au coude
Beulenpest *f* MED peste *f* bubonique
beunruhigen* I. *tr V* inquiéter; **~d** inquiétant(e)
II. *r V* **sich wegen jdm/etw ~** s'inquiéter au sujet de qn/qc
beunruhigt *Adj* inquiet(-ète); **über etw** *(Akk)* **~ sein** être inquiet(-ète) de qc; **worüber bist du so ~?** qu'est-ce qui t'inquiète tant?
Beunruhigung <-, -en> *f* inquiétude *f*
beurkunden* [bəˈʔuːɐkʊndən] *tr V* authentifier
Beurkundung <-, -en> *f* ❶ *kein Pl (das Beurkunden)* authentification *f*; **notarielle ~** authentification d'un acte; **gerichtliche/öffentliche ~** authentification judiciaire/officielle
❷ *(Urkunde)* attestation *f*
beurlauben* [bəˈʔuːɐlaʊbən] *tr V* ❶ *(Urlaub geben, bewilligen)* donner un congé à; **einen Schüler vom Unterricht ~** dispenser un élève de cours; **einen Soldaten ~** donner une permission à un soldat; **jdn für drei Tage ~** donner un congé de trois jours à qn
❷ *(vom Dienst suspendieren)* **jdn ~** mettre qn en disponibilité; **von etw beurlaubt sein** être suspendu(e) de qc
❸ UNIV **sich ~ lassen** *Lehrkraft:* se mettre en disponibilité; *Student:* demander l'autorisation d'interrompre ses études; **beurlaubt sein** *Lehrkraft:* être en disponibilité
Beurlaubung <-, -en> *f* ❶ *kein Pl (das Beurlauben)* congé *m*; MIL permission *f*; **~ vom Unterricht** dispense *f* de cours
❷ *(Suspendierung)* suspension *f*
❸ UNIV mise *f* en disponibilité
❹ MIL *fam (Urlaubsschein)* perm[e] *f (fam)*
beurteilen* *tr V* juger; estimer *Bild, Kunstobjekt, Wertgegenstand*
Beurteilung <-, -en> *f* ❶ *kein Pl (das Beurteilen)* **~ einer Person** jugement *m* sur une personne; **an die rechtliche ~ gebunden sein** JUR être assujetti(e) au jugement légal
❷ *(Einschätzung)* einer Publikation, Aufführung critique *f*; eines Kunstobjekts, Wertgegenstands estimation *f*; **die ~ des Theaterstücks** la critique sur la pièce de théâtre
❸ *(schriftliches Urteil)* appréciation *f*
Beurteilungsmaßstab *m (für Mitarbeiter)* barème *m* de jugement; *(für ein Kunstobjekt, einen Wertgegenstand)* critère *m* d'estimation
Beuschel ['bɔɪʃəl] <-s, -n> *nt* A, SDEUTSCH ❶ *(Lungenhaschee)* mou *m* de veau
❷ *fam (Lunge)* **rauch nicht so viel, denk an dein ~!** ne fume pas autant, pense à tes poumons!
Beute ['bɔɪtə] <-> *f* ❶ *(Jagdbeute) eines Jägers* prise *f; eines Tiers* proie *f*; **ohne ~ heimkehren** rentrer bredouille
❷ *(Diebesbeute, Kriegsbeute)* butin *m*; **[fette/reiche] ~ machen** ramasser un [lourd/riche] butin
❸ *geh (Opfer)* proie *f*; **eine leichte ~ sein** être une proie facile
Beutel ['bɔɪtəl] <-s, -> *m* ❶ *(Tasche)* sac *m; (Tabakbeutel)* blague *f* à tabac
❷ *fam (Geldbeutel)* bourse *f*
❸ ZOOL poche *f*
beuteln *tr V* A, *fam* secouer; **das Leben hat sie tüchtig gebeutelt** elle en a vu de toutes les couleurs *(fam)*
Beutelratte *f* ZOOL sarigue *f*   **Beuteltier** *nt* marsupial *m*
Beutestück *nt* pièce *f* de butin   **Beutezug** *m* razzia *f; eines Tiers* chasse *f*
bevölkern* [bəˈfœlkɐn] I. *tr V* ❶ *(beleben)* remplir *Platz, Straße, Innenstadt*
❷ *(besiedeln)* peupler *Gebiet, Land*
II. *r V* **sich mit Zuschauern ~** se remplir de spectateurs
bevölkert *Adj* ❶ *(belebt)* fréquenté(e); **dicht/kaum ~ sein** être très/peu fréquenté(e)
❷ *(besiedelt)* peuplé(e); **schwach ~** peu peuplé(e); **dicht ~ sein** *Land:* avoir une population dense
Bevölkerung <-, -en> *f* population *f*
Bevölkerungsabnahme *f* recul *m* démographique   **Bevölkerungsdichte** *f* densité *f* de population   **Bevölkerungsdruck** *m kein Pl* pression *f* démographique   **Bevölkerungsentwicklung** *f* évolution *f* démographique   **Bevölkerungsexplosion** *f* explosion *f* démographique   **Bevölkerungsgruppe** *f* groupe *m* de population   **Bevölkerungspolitik** *f kein Pl* POL politique *f* démographique   **Bevölkerungsschicht** *f* couche *f* de [la] population   **Bevölkerungsstatistik** *f* statistiques *fpl* démogra-

phiques **Bevölkerungsstruktur** f structure f démographique **Bevölkerungswachstum** nt croissance f démographique **Bevölkerungszahl** f chiffre m de [la] population **Bevölkerungszunahme** f croissance f démographique

bevollmächtigen* tr V donner pouvoir à; **jdn ~ [etw zu tun]** donner pouvoir à qn [de faire qc]; **jdn zur Abholung eines Pakets ~** donner une procuration à qn pour prendre un paquet

Bevollmächtigte(r) f(m) dekl wie Adj fondé(e) m(f) de pouvoir; POL mandataire mf

bevor [bə'fo:ɐ] Konj ❶ (ehe) avant que + subj; **~ ich abreise, möchte ich gerne ...** avant de partir en voyage, je voudrais ...
❷ (solange) **~ du nicht aufräumst, darfst du nicht gehen** tu ne partiras pas tant que tu n'auras pas rangé; **nein, nicht ~ du sagst ... non**, pas tant que tu n'auras pas dit ...

bevormunden* [bə'fo:ɐmʊndən] tr V tenir en [o sous sa] tutelle; **jdn ~** tenir qn en [o sous sa] tutelle

Bevormundung <-, -en> f tutelle f; (durch einen Chef, Staat) paternalisme m

bevorrechtigt [bə'fo:ɐrɛçtɪçt] Adj privilégié(e); (vorfahrtberechtigt) prioritaire

bevor|stehen itr V unreg ❶ (zu erwarten haben) attendre; **jdm ~** attendre qn; **uns scheint ein harter Winter bevorzustehen** il semble qu'il faille s'attendre à un rude hiver; **das Schlimmste steht uns noch bevor** on n'est pas encore au bout de nos peines
❷ (in Kürze eintreten) **etw steht bevor** on est à la veille de qc

bevorstehend Adj imminent(e)

bevorzugen* [bə'fo:ɐtsu:gən] tr V ❶ (begünstigen) favoriser; **jdn vor jdm ~** favoriser qn par rapport à qn
❷ (lieber mögen) préférer

bevorzugt I. Adj ❶ (privilegiert) privilégié(e)
❷ (beliebt) préféré(e)
II. Adv bedienen, behandeln avec des égards particuliers; abfertigen, ausliefern, zustellen en priorité

Bevorzugung <-, -en> f ❶ kein Pl (das Bevorzugen) préférence f; **~ der Tochter vor dem Sohn** préférence f pour la fille par rapport au fils
❷ (bevorzugte Behandlung) **seine/ihre ~** le traitement de faveur [accordé] à lui/elle

bewachen* tr V ❶ (beaufsichtigen) surveiller
❷ SPORT marquer Spieler; garder Tor

Bewacher(in) <-s, -> m(f) ❶ (Wächter) gardien(ne) m(f); eines Geldtransports vigile mf
❷ SPORT gardien m

bewachsen* [bə'vaksən] I. tr V unreg Pflanze: recouvrir; **etw ~** Pflanze: recouvrir qc
II. Adj **mit Moos ~** recouvert(e) de mousse

Bewachung <-, -en> f ❶ kein Pl (das Bewachen) surveillance f; **unter ~** sous surveillance
❷ (Wachmannschaft) garde f

bewaffnen* tr, r V [sich] **~** [s']armer; **jdn/sich mit etw ~** armer qn/s'armer de qc

bewaffnet Adj armé(e); **ein ~er Überfall** une attaque à main armée; **mit etw ~** armé(e) de qc; **schwer ~** solidement armé(e)

Bewaffnete(r) f(m) dekl wie Adj personne f armée; **mehrere Zehntausend ~** plusieurs dizaines de milliers de gens en armes

Bewaffnung <-, -en> f armement m

bewahren* tr V ❶ (schützen) préserver; **jdn vor jdm/etw ~** préserver qn de qn/qc; **jdn davor ~ etw zu tun** préserver qn de faire qc; **vor etw (Dat) bewahrt bleiben** demeurer à l'abri de qc
❷ (behalten) préserver Ruf, Ehre, Traditionen; garder Geheimnis; **sich (Dat) etw ~** garder qc
❸ geh (aufbewahren) etw für jdn **~** garder qc pour qn
▶ **[Gott] bewahre!** fam jamais de la vie!

bewähren* r V sich **~** Person, Methode: faire ses preuves; Freundschaft: résister au temps; **sich als Torwart ~** (Dat) faire ses preuves comme gardien de but; **bewährt** qui a fait ses preuves

bewahrheiten* r V sich **~** se vérifier; Befürchtung, Gerücht: se confirmer; Prophezeiung: se réaliser

bewährt [bə'vɛ:ɐt] Adj éprouvé(e), qui a fait ses preuves

Bewahrung <-, -en> f geh ❶ (Erhaltung) préservation f; **jdm um die ~ eines Geheimnisses bitten** prier qn de garder un secret
❷ geh (Aufbewahrung) garde f

Bewährung <-, -en> f JUR sursis m; **~ bekommen** bénéficier d'un sursis; **mit ~** avec sursis; **ohne ~** ferme

Bewährungsauflage f JUR conditions fpl du sursis (à l'exécution d'une peine) **Bewährungsfrist** f période f de probation **Bewährungshelfer(in)** m(f) agent m de probation **Bewährungsprobe** f mise à l'épreuve; **die ~ bestehen** réussir la mise à l'épreuve

bewaldet [bə'valdət] Adj boisé(e)

bewältigen* tr V ❶ (meistern, verzehren) venir à bout de
❷ (verarbeiten) assumer Vergangenheit; digérer (fam) Erlebnis, Eindrücke

Bewältigung <-, -en> f ❶ kein Pl (das Meistern) **jdm bei der ~ seiner Schwierigkeiten helfen** aider qn à surmonter ses difficultés
❷ (Verarbeitung) der Vergangenheit, von Erlebnissen, Eindrücken prise f en compte; **die ~ dieser Eindrücke wird einige Zeit dauern** il va falloir quelque temps pour digérer ces impressions (fam)

bewandert [bə'vandət] Adj **in Physik/auf einem Gebiet ~ sein** être expert(e) en physique/dans un domaine

Bewandtnis [bə'vantnɪs] <-, -se> f geh **mit jdm/etw hat es eine besondere [o eigene] ~** qn/qc est un cas particulier; **das hat [o damit hat es] folgende ~** geh voilà ce qui en est (soutenu)

bewässern* tr V arroser; irriguer Feld

Bewässerung <-, -en> f arrosage m; eines Feldes irrigation f

Bewässerungsanlage f dispositif m d'arrosage [o d'irrigation] **Bewässerungsgraben** m fossé m d'irrigation **Bewässerungskanal** m canal m d'irrigation **Bewässerungssystem** nt système m d'arrosage; **computergesteuertes ~** arrosage m automatique

bewegen*[1] [bə've:gən] I. tr V ❶ (rühren) déplacer; **etw zur Tür ~** déplacer qc vers la porte; **etw von der Stelle ~** déplacer qc; **der schwere Safe lässt sich nicht ~** le lourd coffre-fort est impossible à déplacer; **sein Bein lässt sich nicht ~** il ne peut pas bouger sa jambe
❷ (beschäftigen) jdn **~** Gedanke, Vorstellung: occuper l'esprit de qn; (aufwühlen) Ereignis, Erlebnis: remuer qn
❸ (bewirken) **viel/wenig ~** faire bouger beaucoup/peu de choses
II. r V sich **~** Person: bouger
❷ (sich beeilen) **nun beweg dich mal!** fam bouge-toi! (fam)
❸ (verkehren) sich frei **~** se déplacer librement; **sich in einflussreichen Kreisen ~** fréquenter des personnes d'influence
❹ (rotieren) sich um die Sonne **~** se déplacer autour du soleil
❺ (schwanken) sich um die hundert Euro **~** Preis: tourner autour de cent euros

bewegen*[2] <bewog, bewogen> tr V **jdn zum Nachgeben/Einlenken ~** amener qn à céder/composer; **sich ~ lassen etw zu tun** se laisser convaincre de faire qc
▶ **sich bewogen fühlen etw zu tun** geh se sentir poussé(e) à faire qc

bewegend Adj émouvant(e)

Beweggrund m mobile m

beweglich [bə've:klɪç] Adj ❶ Gelenk, Griff, Feiertag mobile
❷ (wendig) Person mobile; Fahrzeug maniable
❸ (geistig beweglich) **~ sein** être vif(vive)

Beweglichkeit <-> f mobilité f; (geistige Wendigkeit) vivacité f

bewegt [bə've:kt] Adj ❶ Oberfläche, Wasser, See agité(e)
❷ (erlebnisreich) mouvementé(e)
❸ (innerlich gerührt) **von etw ~ sein** être touché(e) par qc

Bewegung <-, -en> f ❶ mouvement m; (Geste) geste m; (Fortbewegung) déplacement m; **sich in ~ setzen** se mettre en mouvement; **etw in ~ setzen** [o bringen] mettre qc en mouvement; **keine [falsche] ~!** pas un geste!
❷ (körperliche Betätigung) exercice m; **in ~ sein** avoir de l'exercice; **sich (Dat) ~ verschaffen** faire de l'exercice
❸ (Ergriffenheit) émotion f
❹ POL, KUNST mouvement m
❺ (Dynamik, Änderung) changement m; **~ in die Sache bringen, die Sache in ~ bringen** faire bouger les choses

Bewegungsablauf m enchaînement m des mouvements **Bewegungsenergie** f énergie f cinétique **Bewegungsfreiheit** f liberté f de mouvement

bewegungslos Adj, Adv immobile

Bewegungslosigkeit <-, -en> f immobilité f

Bewegungsmangel m kein Pl manque m d'exercices **Bewegungsmelder** m détecteur m de mouvement **Bewegungstherapie** f kinésithérapie f **bewegungsunfähig** Adj, Adv incapable de se mouvoir; (unfähig herumzugehen) incapable de se mouvoir

bewehrt Adj armé(e); **~ mit etw** armé(e) de qc

beweihräuchern* I. tr V REL encenser
❷ pej (mit Lob bedenken) jdn **~** porter qn aux nues (péj)
II. r V pej sich [selbst] **~** s'envoyer des fleurs (péj)

beweinen* tr V pleurer Verstorbenen; déplorer Scheitern, Verlust, Tod

Beweis [bə'vaɪs] <-es, -e> m a. JUR preuve f; **den ~ für etw erbringen/antreten** produire/faire la preuve de qc; **etw als ~ zulassen** admettre qc à la preuve; **mangels ~en** en faute de preuve; **als [o zum] ~ seiner Freundschaft** comme preuve de son amitié
▶ **etw unter ~ stellen** prouver qc

Beweisantrag m demande f de preuve **Beweisaufnahme** f examen m des preuves

beweisbar Adj prouvable; **diese Anschuldigungen sind nicht ~** ces accusations ne peuvent pas être prouvées

beweisen* *unreg* I. *tr V* ❶ *(nachweisen)* prouver; **jdm etw ~** *(anlasten)* prouver qc contre qn
❷ *(erkennen lassen)* **Takt ~** faire preuve de tact; **das beweist, dass/wie sehr ich dich liebe** cela prouve que/à quel point je t'aime; **das beweist, wie du wirklich über mich denkst** cela montre ce que tu penses vraiment de moi
▶ **was zu ~ war** C.Q.F.D.; **was [noch] zu ~ wäre** ce qui reste à démontrer
II. *r V* **sich [als Fachmann] ~** faire ses preuves [en tant qu'expert]
Beweiserhebung *s.* Beweisaufnahme **Beweisführung** *f* exposé *m* des preuves **Beweisgegenstand** *m* JUR corps *m* du délit **Beweiskraft** *f* force *f* probante; **~/keine ~ haben** [o **besitzen**] avoir force/n'avoir aucune force de preuve **beweiskräftig** *Adj* probant(e) **Beweislage** *f* preuves *fpl* rassemblées **Beweismaterial** *nt* preuves *fpl* **Beweismittel** *s.* Beweisstück **Beweisnot** *f* insuffisance *f* de preuves **Beweisstück** *nt* pièce *f* à conviction
bewenden *tr V* **es bei** [*o* **mit**] **etw ~ lassen** s'en tenir à qc; **es dabei ~ lassen etw zu tun** se contenter de faire qc
Bewenden *nt* ▶ **damit hat es sein ~** les choses en restent là
Bewerb [bə'vɛrp] <-[e]s, -e> *m* A concours *m*
bewerben* *unreg* I. *r V* **sich ~** poser sa candidature; **sich bei jdm um eine Stelle ~** poser sa candidature à un emploi auprès de qn; **sich als Redakteurin ~** poser sa candidature en qualité de rédactrice; **sich auf eine Anzeige ~** poser sa candidature en réponse à une annonce
II. *tr V* promouvoir *Produkt*
Bewerber(in) <-s, -> *m(f)* candidat(e) *m(f)*
Bewerbung <-, -en> *f* ❶ candidature *f*; **~ um eine Stelle** candidature *f* à un emploi
❷ *(Werbemaßnahmen)* promotion *f*
Bewerbungsbogen *m* formulaire *m* de candidature **Bewerbungsformular** *nt* formulaire *m* de candidature **Bewerbungsgespräch** *nt* entretien *m* [d'embauche] **Bewerbungsmappe** *f* dossier *m* de candidature **Bewerbungsschreiben** *nt (auf eine Anzeige hin)* lettre *f* de candidature; *(bei einer Initiativbewerbung)* lettre de demande d'emploi **Bewerbungsunterlagen** *Pl* dossier *m* de candidature
bewerfen* *unreg* I. *tr V* ❶ bombarder; **jdn/etw mit etw ~** bombarder qn/qc de qc
❷ *(verputzen)* **etw mit Mörtel ~** crépir qc au mortier
II. *r V* **sich [gegenseitig] mit etw ~** se bombarder de qc
bewerkstelligen* [bə'vɛrkʃtɛlɪɡən] *tr V* ❶ *(zuwege bringen)* réussir [à faire]
❷ *pej fam (anstellen)* fabriquer *(fam)*
bewerten* *tr V* ❶ *(benoten)* évaluer *Bewerber, Schüler, Arbeit*; **jdn nach [seiner] Leistung ~** évaluer qn en fonction de son travail
❷ *(schätzen)* estimer *Besitz, Kunstobjekt, Vermögen*; **etw zu hoch/ niedrig ~** surestimer/sous-estimer qc
Bewertung *f* ❶ *(Benotung)* einer Person, Leistung évaluation *f*
❷ *(Schätzung)* eines Besitzes, Vermögens estimation *f*
❸ *(Prüfung, Einschätzung)* von finanziellen Forderungen évaluation *f*; **~ von Ansprüchen** appréciation *f* de prétentions
Bewertungsmaßstab *m* SCHULE barème *m*
bewiesenermaßen [bə'viːzənɐ'maːsən] *Adv* **das ist ~ richtig/ eine Lüge** il est prouvé que c'est vrai/un mensonge
bewilligen* [bə'vɪlɪɡən] *tr V* approuver *Geldmittel*; accorder *Summe, Betrag, Antrag*
Bewilligung <-, -en> *f* ❶ *kein Pl (das Bewilligen)* eines Etats, einer Steuererhöhung, Stelle approbation *f*; von Geldmitteln octroi *m*; von Krediten accord *m*
❷ *(schriftliche Genehmigung)* autorisation *f*
bewirken* *tr V* ❶ *(verursachen)* provoquer
❷ *(erreichen)* **bei jdm etwas/nichts ~** obtenir quelque chose/ne rien obtenir auprès de qn
bewirten* *tr V* régaler; *(im Restaurant)* restaurer; **jdn mit etw ~** servir qc à qn
bewirtschaften* *tr V* ❶ exploiter *Land, Betrieb, Lokal*
❷ *(staatlich kontrollieren)* réglementer; rationner *Lebensmittel*
Bewirtschaftung <-, -en> *f* ❶ *kein Pl (das Bewirtschaften)* exploitation *f*
❷ *(staatliche Kontrolle)* réglementation *f*; von Lebensmitteln rationnement *m*
Bewirtung <-, -en> *f* ❶ *kein Pl (das Bewirten)* **sich** *(Dat)* **die ~ seiner Freunde einiges kosten lassen** ne pas lésiner pour régaler ses amis; **danke für die [gute] ~!** merci de m'avoir si bien traité(e)/nous avoir si bien traité(e)s!
❷ *(Bedienung)* service *m*; **sich um die ~ der Gäste kümmern** *(im Restaurant)* s'occuper du service de la clientèle; *(privat)* servir les invités
❸ *(Speisen und Getränke)* boire *m* et manger
bewog [bə'voːk] *Imp von* **bewegen**[2]
bewogen [bə'voːɡən] *PP von* **bewegen**[2]

bewohnbar *Adj* habitable; **etw ~ machen** rendre qc habitable
bewohnen* *tr V* habiter
Bewohner(in) <-s, -> *m(f)* habitant(e) *m(f)*
Bewohnerschaft <-, -en> *f form* habitants *mpl*; *eines Mietshauses* locataires *mpl*; *eines Ortes* résidants *mpl*
bewohnt *Adj* habité(e)
bewölken* *r V* **sich ~** ❶ *Himmel*: se couvrir
❷ *liter Stirn*: s'assombrir
bewölkt *Adj* nuageux(-euse); **wechselnd ~** des nuages intermittents
Bewölkung <-, -en> *f* nuages *mpl*; **zunehmende ~** augmentation de la nébulosité; **wechselnde ~** des nuages intermittents; **schau dir mal diese ~ an!** regarde un peu tous ces nuages!
Bewölkungsauflockerung *f* éclaircie *f*; **im Tagesverlauf kommt es zu ~en** au cours de la journée, les nuages se dissiperont
Bewölkungszunahme *f* augmentation *f* de la nébulosité
Bewuchs [bə'vuːks] *m* végétation *f*
Bewunderer <-s, -> *m*, **Bewunderin** *f* admirateur(-trice) *m(f)*
bewundern* *tr V* admirer; **jdn/etw wegen etw ~** admirer qn/qc pour qc; **etw an jdm ~** admirer qc chez qn
bewundernd I. *Adj* admiratif(-ive)
II. *Adv* d'un air admiratif; *aufblicken* avec admiration
bewundernswert, **bewundernswürdig** *Adj geh* admirable; **an jdm/etw ~ sein** être admirable chez qn/dans qc
bewundert *Adj* admiré(e)
Bewunderung <-, *selten* -en> *f* admiration *f*; **meine ~!** je te/vous tire mon chapeau! *(fam)*
bewunderungswürdig *Adj s.* bewundernswürdig
Bewundrer(in) *s.* Bewunderer
bewusst[RR] [bə'vʊst], **bewußt**[ALT] I. *Adj* ❶ *attr (vorsätzlich)* délibéré(e)
❷ *attr (überlegt) Person, Handlung* réfléchi(e); *Ernährung* équilibré(e)
❸ *attr (überzeugt) Abstinenzler, Nichtraucher* convaincu(e); *Ablehnung, Einstellung* délibéré(e)
❹ PSYCH conscient(e); **sich** *(Dat)* **einer S.** *(Gen)* **~ werden/sein** prendre conscience/être conscient(e) de qc; **mir wurde/ist ~, dass** j'ai pris conscience/je suis conscient(e) du fait que
❺ *attr (besagt)* fameux(-euse) antéposé
II. *Adv* ❶ *(überlegt) leben, sich ernähren* de façon équilibrée
❷ *(vorsätzlich)* délibérément
❸ *(klar)* **jdm etw ~ machen** faire prendre conscience de qc à qn; **sich** *(Dat)* **etw ~ machen** prendre conscience de qc
Bewusstheit[RR], **Bewußtheit**[ALT] <-> *f* ❶ *(Vorsätzlichkeit)* intention *f*
❷ *(Überlegtheit)* **dank der ~ seines Lebens** grâce à sa vie équilibrée; **jdm größere ~ beim Essen empfehlen** conseiller à qn de manger de façon plus équilibrée [*o* plus sainement]
bewusstlos[RR], **bewußtlos**[ALT] *Adj Person* inconscient(e); *Verfassung, Zustand* d'inconscience; **~ werden/sein** perdre connaissance/être inconscient(e) [*o* sans connaissance]; **man prügelte ihn ~** ils l'ont frappé jusqu'à ce qu'il perde connaissance; **~ zusammenbrechen** s'effondrer en perdant connaissance
Bewusstlose(r)[RR], **Bewußtlose(r)**[ALT] *f(m) dekl wie Adj* personne *f* inconsciente
Bewusstlosigkeit[RR], **Bewußtlosigkeit**[ALT] <-, -en> *f* inconscience *f*; *(kurzfristig)* évanouissement *m*; *(Koma)* coma *m*; **in tiefer ~ liegen** être dans un coma profond
bewusst|machen[RR], **bewußt|machen**[ALT] *s.* bewusst II.❸
Bewusstsein[RR], **Bewußtsein**[ALT] <-s> *nt* ❶ *(bewusster Zustand)* conscience *f*; **bei vollem/klarem ~ sein** être conscient(e)/lucide; **das ~ verlieren** perdre conscience; **wieder zu ~ kommen** reprendre conscience; **alles bei vollem ~ mitbekommen** avoir pleine conscience de tout ce qui se passe
❷ PHILOS, PSYCH conscient *m*; **jdm etw ins ~ rufen** faire prendre conscience de qc à qn
❸ *(explizites Wissen)* conscience *f*; **das ~, dass er im Recht war** la conscience d'avoir raison; **im ~ meiner Kraft** conscient(e) de ma force physique
Bewusstseinsbildung[RR] *f* conscientisation *f* **bewusstseinserweiternd**[RR] *Adj Drogen* psychédélique **Bewusstseinserweiterung**[RR] *f* psychédélisme *m* **Bewusstseinsspaltung**[RR] *f* PSYCH dédoublement *m* de la personnalité **Bewusstseinsstörung**[RR] *f* PSYCH troubles *mpl* de la personnalité **Bewusstseinsveränderung**[RR] *f* évolution *f* des esprits
bez. ❶ *Abk von* **bezahlt**
❷ *Abk von* **bezüglich**
Bez. ❶ *Abk von* **Bezirk**
❷ *Abk von* **Bezeichnung**
bezahlbar *Adj (erschwinglich)* abordable
bezahlen* *tr, itr V* payer; **[Herr Ober,] [bitte] ~!** [garçon,] l'addition [s'il vous plaît]!
Bezahlfernsehen *nt* chaîne *f* à péage

bezahlt *Adj* payé(e); **jd bekommt etw ~** qc est payé(e) à qn; **ein ~er Mord** un meurtre commandé; **gut ~** *Position, Stellung* bien payé(e)
▶ **sich für jdn ~ machen** être payant(e) pour qn
Bezahlung *f* ❶ *kein Pl (das Bezahlen)* paiement *m*; **bis zur vollständigen ~** jusqu'à paiement complet; **~ gegen offene Rechnung** COM moyennant paiement de la facture à recouvrer
❷ *(Entlohnung)* rémunération *f*; *(Lohn, Gehalt)* paie *f*; **gegen/ohne ~** contre paiement/pour rien
bezähmen* *geh* I. *tr V* réfréner *(soutenu)*
II. *r V* **sich ~ [etw zu tun]** se retenir [de faire qc]
bezaubern* I. *tr V* charmer *Person;* **bezaubert sein** être sous le charme
II. *itr V* avoir du charme
bezaubernd *Adj* ❶ *Person, Gesang, Klang* charmant(e); *Gegenstand, Schönheit* ravissant(e)
❷ *iron (wenig erfreulich) Aussichten* charmant(e) antéposé
bezecht *Adj* grisé(e)
bezeichnen* I. *tr V* ❶ *(bedeuten) Wort:* désigner; **etw ~** *Wort:* désigner qc
❷ *(kennzeichnen)* indiquer; **die kranken Bäume mit einem Symbol ~** indiquer les arbres malades par un symbole
❸ *(benennen)* qualifier; **jdn als Lügner/heimtückisch ~** qualifier qn de menteur/de sournois
II. *r V* **sich als liberal ~** se qualifier de libéral(e); **sie bezeichnet sich mir gegenüber immer als großzügig** elle se dit toujours [être] généreuse envers moi
bezeichnend *Adj* typique; **für jdn/etw ~ sein** être typique pour qn/qc
bezeichnenderweise *Adv* **er hat das ~ verschwiegen** il est typique qu'il ait gardé le silence à ce sujet; **als man sie danach fragte, wurde sie ~ rot** quand on le lui demanda, elle rougit, ce qui en dit long
Bezeichnung *f* ❶ *(Ausdruck, Name, Beschreibung)* désignation *f*
❷ *(Kennzeichnung)* indication *f*
bezeugen* *tr V* ❶ *(bestätigen) Person:* certifier; *Äußerung, Verhalten:* attester; **~[, dass]** *Person:* certifier [que + *indic*]; *Äußerung, Verhalten:* attester [que + *indic*]; **etw unter Eid ~** témoigner qc sous serment
❷ *geh (nachweisen)* certifier *Richtigkeit, Umstand;* **durch etw bezeugt werden** être attesté(e) par qc; **es konnte bezeugt werden, wo ...** on a pu établir où ...
bezichtigen* [bəˈtsɪçtɪɡən] *tr V* accuser; **jdn einer S.** *(Gen)* **~** accuser qn de qc; **jdn ~ gestohlen zu haben** accuser qn de vol
Bezichtigung <-, -en> *f* accusation *f*
beziehbar *Adj* ❶ *(bezugsfertig) Haus, Wohnung* habitable
❷ *(erhältlich)* disponible; **bei jdm ~ sein** être en vente chez qn
beziehen* *unreg* I. *tr V* ❶ recouvrir *Polster;* **die Betten frisch ~** changer les draps
❷ *(einnehmen)* emménager dans *Wohnung;* prendre *Posten, Stellung, Standpunkt*
❸ COM recevoir *Lieferung, Zeitschrift*
❹ FIN percevoir *Einkommen, Rente;* CH percevoir *Steuern*
❺ *fam (bekommen)* [se] prendre *(fam) Ohrfeige, Schelte*
❻ *(in Beziehung setzen)* **etw auf jdn/etw ~** rapporter qc à qn/qc
II. *r V* ❶ **sich ~** *Himmel:* se couvrir
❷ *(betreffen)* **sich auf jdn/etw ~** *Bemerkung:* se rapporter à qn/qc
❸ *(sich berufen)* **sich auf jdn/etw ~** se référer à qn/qc
Bezieher(in) <-s, -> *m(f)* ❶ FIN bénéficiaire *mf;* **von Sozialleistungen** prestataire *mf*
❷ *(Abonnent)* abonné(e) *m(f)*
❸ COM *eines Artikels, einer Ware* acheteur(-euse) *m(f)*
Beziehung [bəˈtsiːʊŋ] <-, -en> *f* ❶ *(Verhältnis)* rapport *m;* **zwei Dinge zueinander in ~ setzen** faire le rapprochement entre deux choses; **diese Ereignisse stehen in keiner ~ zueinander** ces événements n'ont aucun rapport entre eux
❷ *meist Pl (nützliche Bekanntschaften)* relation *f souvent pl;* **seine ~en für jdn spielen lassen** pistonner qn
❸ *(Verbindung, Kontakt)* relation *f;* **diplomatische/menschliche ~en** des relations diplomatiques/humaines; **keine ~ zu jdm/etw haben** n'avoir aucune relation avec qn/être imperméable à qc
❹ *(Liebesbeziehung)* relation *f;* **seine ~ zu ihr** sa relation avec elle; **unsere ~ zueinander** notre relation; **intime ~en** des relations sexuelles
❺ *(Hinsicht)* **in mancher/jeder ~ Recht haben** avoir raison à bien des égards/à tous égards; **in keiner ~ Recht haben** n'avoir aucunement raison
Beziehungskiste *f sl* histoires *fpl* de couple *(fam)*
beziehungslos *Adj* indépendant(e)
Beziehungslosigkeit <-> *f* indépendance *f*
beziehungsweise *Konj (oder auch)* ou bien; *(oder vielmehr)* ou plutôt; *(respektive)* respectivement
beziffern* [bəˈtsɪfɐn] I. *tr V* chiffrer *Schaden, Verlust;* estimer *Anzahl;* **die Verluste wurden auf mehrere Millionen beziffert** on a estimé les pertes à plusieurs millions
II. *r V* **sich auf tausend Euro ~** *Schaden, Verlust:* se chiffrer à mille euros; **die Zahl der Opfer beziffert sich auf hundert** le nombre des sinistrés s'élève à cent
Bezifferung <-, -en> *f* ❶ *kein Pl (das Beziffern) eines Schadens, Verlustes* chiffrage *m;* **einer Anzahl** évaluation *f*
❷ *(Gesamtheit der Zahlen)* chiffres *mpl*
Bezirk [bəˈtsɪrk] <-[e]s, -e> *m* ❶ *(Gebiet)* région *f*
❷ COM secteur *m*
❸ *(Verwaltungsbezirk)* district *m* administratif; A, CH district
❹ *(Stadtbezirk)* ≈ arrondissement *m*
Bezirksgericht A, CH *s.* **Amtsgericht Bezirkshauptmann** *m,* **-männin** *f* A responsable administratif(-ive) d'un district **Bezirksklasse** *f,* **Bezirksliga** *f* ligue *f* de district **Bezirksschule** *f* CH école *f* de district **Bezirksspital** *bes.* CH *s.* **Kreiskrankenhaus Bezirksstadt** *s.* **Kreisstadt**
bezirzen* *s.* **becircen**
bezug *s.* **Bezug**
Bezug [bəˈtsuːk] <-[e]s, Bezüge> *m* ❶ *(Bettbezug)* housse *f;* *(Kissenbezug)* taie *f;* **die Bezüge wechseln** changer la literie
❷ *(Bezugsstoff)* revêtement *m*
❸ COM achat *m;* **von Zeitschriften** abonnement *m*
❹ *(das Erhalten) von Einkommen, Rente, Arbeitslosenhilfe* perception *f;* **bei ~ einer Rente** quand on perçoit une retraite
❺ *Pl (Einkünfte) eines Verwaltungsangestellten* émoluments *mpl;* *eines Abgeordneten* indemnités *fpl;* *(Honorar)* honoraires *mpl*
❻ *(Beziehung)* **~ zu etw** rapport *m* à qc; **keinen ~ zur Wirklichkeit haben** ne pas avoir le sens des réalités
❼ CH *(das Beziehen) eines Hauses* emménagement *m;* **der ~ der Wohnung** l'emménagement dans l'appartement
▶ **auf etw** *(Akk)* **~ nehmen** faire référence à qc; **~ nehmend auf etw** *(Akk)* en référence à qc; **in ~ auf etw** concernant qc
Bezüger(in) [bəˈtsyːɡɐ] <-s, -> *m(f)* CH *von Strom, Gas, einer Zeitung* abonné(e) *m(f);* *von Rente, Lohn* bénéficiaire *mf*
bezüglich [bəˈtsyːklɪç] I. *Präp + Gen* concernant; **~ Ihres Angebots** *form* concernant votre offre
II. *Adj* ❶ GRAM relatif(-ive)
❷ *(betreffend)* **auf etw** *(Akk)* **~** relatif(-ive) à qc; **in unserem darauf ~en Brief** dans notre courrier se référant à cela
Bezugnahme [bəˈtsuːknaːmə] *f form* ▶ **unter ~ auf etw** *(Akk)* en référence à qc
bezugsberechtigt *Adj* bénéficiaire; **für etw ~ sein** être bénéficiaire de qc **Bezugsberechtigte(r)** *f(m)* bénéficiaire *mf*
Bezugsdauer *f* durée *f* de référence
bezugsfertig *Adj* habitable; **eine ~e Wohnung** un appartement tout installé
Bezugsperson *f* personne *f* d'identification [*o* de référence]
Bezugsprämie *f* prime *f* de souscription **Bezugspreis** *m* prix *m* d'achat **Bezugsquelle** *f* source *f* d'approvisionnement **Bezugsschein** *m* ticket *m* de rationnement; **auf ~** contre des tickets de rationnement
Bezugsstoff *m* tissu *m* d'ameublement
Bezugszeitraum *m (Referenzzeitraum)* période *f* de référence
bezuschussen *tr V* staatlich ~ subventionner
bezwecken* [bəˈtsvɛkən] *tr V* ❶ *(bewirken)* **etwas/nichts ~** servir à quelque chose/ne servir à rien
❷ *(beabsichtigen)* **etwas mit etw ~** rechercher quelque chose avec qc; **etw ~** *Bestimmung, Maßnahme, Vorschrift:* viser qc; **was bezweckst du damit?** que recherches-tu ainsi?
bezweifeln* *tr V* **etw ~** mettre qc en doute; **etw ist nicht zu ~** on ne peut mettre qc en doute; **~, dass** douter que + *subj;* **es ist doch sehr zu ~, dass** on peut vraiment douter que + *subj*
bezwingen* *unreg* I. *tr V* ❶ *(besiegen)* vaincre
❷ *(überwinden)* prendre *Befestigung, Festung;* **der Mount Everest ist schon mehrmals bezwungen worden** le mont Everest a déjà été vaincu plusieurs fois
❸ *(bezähmen)* maîtriser *Neugierde, Wut*
II. *r V* **sich ~** se maîtriser
Bezwinger(in) <-s, -> *m(f)* vainqueur *mf*
BfA [beːʔɛfˈʔaː] <-> *f Abk von* **Bundesversicherungsanstalt für Angestellte** caisse fédérale de retraite pour employés
BGB [beːɡeːˈbeː] <-> *nt Abk von* **Bürgerliches Gesetzbuch** ≈ code *m* civil
BGH [beːɡeːˈhaː] <-> *m Abk von* **Bundesgerichtshof** cour *f* suprême fédérale
BGS *Abk von* **Bundesgrenzschutz**
BH [beːˈhaː] <-[s], -[s]> *m fam Abk von* **Büstenhalter** soutif *m (fam)*
Bhagwan [ˈbagvan] <-s, -s> *m* Bhagwan *m*
Bhf. *Abk von* **Bahnhof**
Bhutan [ˈbuːtan] <-s> *nt* le Bhoutan
Bhutaner(in) [buˈtaːnɐ] <-s, -> *m(f)* Bhoutanais(e) *m(f)*

bhutanisch *Adj* bhoutanais(e)
bi [biː] *Adj sl* **~ sein** être bi *(fam)*
Biathlon ['biːatlɔn] <-s, -s> *nt* biathlon *m*
bibbern ['bɪbɐn] *itr V fam* trembloter *(fam)*; **vor Aufregung/ Angst ~** trembloter d'excitation/de peur; **vor Kälte ~** grelotter de froid
Bibel ['biːbəl] <-, -n> *f* ❶ *kein Pl* **die ~** la Bible
❷ *(Exemplar der Bibel)* bible *f*
bibelfest *Adj Person* qui connaît bien sa Bible; **~ sein** bien connaître sa Bible **Bibelspruch** *m* verset *m* biblique **Bibelstelle** *f* passage *m* de la Bible **Bibeltext** *m* ❶ *(Text der Bibel)* texte *m* biblique ❷ *s.* Bibelstelle **Bibelvers** *s.* Bibelspruch
Biber ['biːbɐ] <-s, -> *m* ❶ *(Tier, Fell)* castor *m*
❷ *(Baumwollflanell)* flanelle *f*
Biberbau <-baue> *m* hutte *f* de castor **Biberbetttuch**^{RR} *nt* drap *m* de flanelle **Biberburg** *s.* Biberbau **Biberpelz** *m* fourrure *f* de castor **Biberschwanz** *m* ❶ ZOOL queue *f* de castor
❷ *(Dachziegel)* tuile *f* plate
Bibliografie^{RR} [biblioɡraˈfiː] <-, -n> *f* bibliographie *f*
bibliografisch^{RR} I. *Adj* bibliographique
II. *Adv* **etw ~ erfassen** répertorier qc, cataloguer qc
Bibliographie [biblioɡraˈfiː] *s.* **Bibliografie**
bibliographisch *s.* **bibliografisch**
bibliophil [biblioˈfiːl] *Adj Person* bibliophile; *Ausgabe* pour bibliophiles
Bibliothek [biblioˈteːk] <-, -en> *f* bibliothèque *f*
Bibliothekar(in) [biblioteˈkaːɐ] <-s, -e> *m(f)* bibliothécaire *mf*
bibliothekarisch *Adj* de bibliothécaire
Bibliothekskatalog *m* fichier *m* de la bibliothèque
biblisch ['biːblɪs] *Adj* ❶ *(aus der Bibel)* biblique
❷ *hum (ungewöhnlich) Alter* canonique
Bickbeere ['bɪk-] *f* NDEUTSCH myrtille *f*
Bidet [biˈdeː] <-s, -s> *nt* bidet *m*
Bidon [biˈdɔ̃ː] <-s, -s> *m o nt* CH bidon *m*
bieder ['biːdɐ] *Adj* ❶ *(brav) Kleidung, Geschmack, Inszenierung* bien sage
❷ *pej (einfältig)* simplet(te)
❸ *veraltet (rechtschaffen) probe (vieilli)*
Biedermann <-männer> *m pej* homme *m* honnête; **ein braver ~** un brave homme honnête
Biedermeier ['biːdɐmaɪɐ] <-s> *nt* Biedermeier *m (correspond au style Louis-Philippe)*
biegen ['biːɡən] <bog, gebogen> I. *tr V + haben* ❶ tordre; plier *Zweig, Weidengerte*; **jdm den Arm nach hinten ~** tordre le bras de qn en arrière; *s. a.* gebogen
❷ GRAM A décliner *Adjektiv, Substantiv*; conjuguer *Verb*
▶ **auf Biegen und** [*o oder*] **Brechen** *fam* envers et contre tout; **es geht auf Biegen und** [*o oder*] **Brechen** *fam* ça passe ou ça casse
II. *itr V + sein* **nach rechts/links ~** tourner à droite/gauche; **zu schnell um die Kurve ~** *Fahrer, Fahrzeug*: prendre son virage trop vite
III. *r V + haben* ❶ **sich nach vorne/rechts ~** se pencher en avant/à droite; **sich mit dem Oberkörper weit nach hinten ~** renverser le buste loin en arrière
❷ *(sich verziehen)* **sich ~** *Baum*: plier; *Kerze, Metallstab*: se tordre; *Regalbrett*: ployer
biegsam *Adj* souple
Biegsamkeit <-> *f* souplesse *f*
Biegung <-, -en> *f* ❶ *(Kurve) einer Straße, eines Wegs* tournant *m*; *eines Flusses, Kanals* courbe *f*; **eine ~ machen** *Straße, Weg*: faire un virage; *Fluss*: faire une courbe
❷ *(Krümmung) einer Wirbelsäule* courbure *f*
❸ GRAM A flexion *f*
Biene ['biːnə] <-, -n> *f* abeille *f*
▶ **eine flotte** [*o* **kesse**] **~** *fam* une sacrée minette [*o* nénette] *(fam)*
Bienenfleiß *m* obstination *f* de fourmi **Bienengift** *nt* venin *m* d'abeille **Bienenhaus** *nt* rucher *m* **Bienenhonig** *nt* miel *m* d'abeilles **Bienenkönigin** *f* reine *f* des abeilles **Bienenkorb** *m* ruche *f* en paille **Bienenschwarm** *m* essaim *m* [d'abeilles] **Bienenstich** *m* ❶ *(Stich)* piqûre *f* d'abeille ❷ GASTR amandine *f (gâteau aux amandes)* **Bienenstock** *m* ruche *f* [en bois] **Bienenvolk** *nt* colonie *f* d'abeilles **Bienenwabe** *f* rayon *m*, gâteau *m* de cire **Bienenwachs** *nt* cire *f* d'abeille **Bienenzucht** *f kein Pl* apiculture *f* **Bienenzüchter(in)** *m(f)* apiculteur(-trice) *m(f)*
Biennale [biɛˈnaːlə] <-, -n> *f* biennale *f*
Bier [biːɐ] <-[e]s, -e> *nt* bière *f*; **dunkles/helles ~** bière brune/blonde; **~ vom Fass** [bière] pression *f*
▶ **das ist mein ~** *fam* c'est mes oignons *(fam)*; **das ist nicht mein ~** *fam* c'est pas mes oignons *(fam)*
Bierbauch *m fam* abdo[minaux] *mpl* Kronenbourg® *(fam)* **Bierbrauer(in)** *m(f)* brasseur(-euse) *m(f)* **Bierbrauerei** *f* brasserie *f*
Bierchen <-s, -> *nt fam* petite mousse *f (fam)*

Bierdeckel *m* sous-bock *m* **Bierdose** *f* canette *f* [de bière] **bierernst** *Adj fam* sérieux(-euse) comme un pape **Bierernst** *m* grand sérieux *m* **Bierfass**^{RR} *nt* tonneau *m* à bière **Bierfilz** *m* sous-bock *m (en feutre)* **Bierflasche** *f* bouteille *f* à bière **Biergarten** *m* brasserie *f* en plein air

---

Land und Leute

Le **Biergarten** est né en Bavière. C'est là, ainsi que dans le reste du sud de l'Allemagne, qu'il existe encore sous sa forme la plus ancestrale et la plus typique. Il s'agit d'une brasserie aménagée en plein air avec des bancs et des tables en bois très simples. Plus on va vers le nord de l'Allemagne, plus les **Biergärten** ressemblent à de simples terrasses de restaurant. En principe, ils sont ouverts du premier mai à la fin du mois de septembre.

Bierglas *nt* verre *m* à bière **Bierhefe** *f kein Pl* levure *f* de bière **Bierkasten** *m* caisse *f* de bouteilles de bière **Bierkeller** *m* ❶ *(Wirtschaft)* caveau *m (brasserie installée dans une cave)* ❷ *(Lager)* cave *f* à bière **Bierkneipe** *f* brasserie *f* **Bierkrug** *m* chope *f* [à bière] **Bierlaune** *f fam* ▶ **aus einer ~ heraus** dans un élan d'euphorie **Bierleiche** *f fam* personne ivre morte ayant bu trop de bière **Bierlokal** *nt* brasserie *f* **Bierschinken** *m* saucisson *m* au jambon **Bierseidel** <-s, -> *nt* chope *f* **Bierteig** *m* ≈ pâte *f* à la bière **Bierzelt** *nt* chapiteau *m (grande tente où est installée une brasserie)*

Land und Leute

Les grandes fêtes populaires allemandes, les *Volksfeste,* très nombreuses dès le printemps, sont généralement organisées en plein air sous des **Bierzelte**. Ce sont de grandes tentes sous lesquelles tout est organisé pour boire et manger des spécialités allemandes. Une scène y est souvent érigée, permettant à une fanfare ou à un groupe de jouer de la musique, au rythme de laquelle les gens dansent et chantent des chansons populaires. La boisson la plus servie sous cette **Bierzelt** est bien entendu la bière, d'où le nom de cette construction.

Biese ['biːzə] <-, -n> *f (Besatz)* liseré *m; (Fältchen)* nervure *f; (an Schuhen)* piqûre *f*
Biest [biːst] <-[e]s, -er> *nt pej fam* ❶ *(bösartiges Tier)* sale bête *f; (Insekt)* bestiole *f (fam)*
❷ *(durchtriebene Frau)* teigne *f (fam)*
biestig *fam* I. *Adj* hargneux(-euse) *(fam)*; **ein ~es Weibsstück** une teigne *(fam)*
II. *Adv* hargneusement
bieten ['biːtən] <bot, geboten> I. *tr V* ❶ *(anbieten, geben)* offrir; **Anlass zur Sorge ~** donner matière à s'inquiéter
❷ *(aufweisen)* offrir *Luxus, Platz*; présenter *Vorteil, Vorzug*
❸ *(darbieten)* offrir *Anblick, Spannung, Leistung*; procurer *Nervenkitzel*; donner *Film, Theatererlebnis*
❹ *pej (zumuten)* infliger; **sich *(Dat)* etw ~/nicht ~ lassen** tolérer/ne pas tolérer qc
II. *itr V* ❶ KARTEN annoncer
❷ *(ein Angebot machen)* enchérir
III. *r V* ❶ *(sich anbieten)* **sich ~** *Chance, Lösung, Möglichkeit*: se présenter; **es bot sich ihm eine einmalige Gelegenheit** une occasion unique s'offrit à lui
❷ *(sich darbieten)* **sich jdm ~** *Anblick, Schauspiel*: s'offrir à qn
Bieter(in) <-s, -> *m(f)* enchérisseur(-euse) *m(f)*
Bigamie [biɡaˈmiː] <-, -n> *f* bigamie *f*; **in ~ leben** vivre en bigamie
Bigamist(in) [biɡaˈmɪst] <-en, -en> *m(f)* bigame *mf*
bigott [biˈɡɔt] *Adj* bigot(e); **du ~er Heuchler!** espèce de tartuf[f]e!
Bigotterie [biɡɔtəˈriː] <-, -n> *f* ❶ *(Frömmigkeit)* bigoterie *f*
❷ *(Scheinheiligkeit)* hypocrisie *f*
Bikini [biˈkiːni] <-s, -s> *m* deux-pièces *m*
Bilanz [biˈlants] <-, -en> *f* bilan *m*; **eine ~ aufstellen** dresser un bilan; **~ machen** *fam* faire le bilan
▶ **~ ziehen** tirer [*o* faire] le bilan
Bilanzaufstellung *f* établissement *m* du bilan **Bilanzbuchhalter(in)** *m(f)* [*expert-*]*comptable chargé(e) du bilan* **Bilanzbuchhaltung** *f* comptabilité *f* du bilan
Bilanzierung <-, -en> *f* établissement *m* d'un/du bilan
Bilanzprüfer(in) *m(f)* ÖKON commissaire *mf* aux comptes **Bilanzprüfung** *f* contrôle *m* du bilan **Bilanzsumme** *f* total *m* du bilan
bilateral ['biːlateːraːl] *Adj* bilatéral(e)
Bild [bɪlt] <-[e]s, -er> *nt* ❶ *(Gemälde)* tableau *m; (Zeichnung)* dessin *m*
❷ *(Foto)* photo *f*; **ein ~ machen** prendre une photo; **etw im ~ festhalten** fixer qc sur la pellicule
❸ TV, CINE image *f*

④ *(Spiegelbild)* image f
⑤ *(Anblick)* spectacle m; *(Aussehen)* aspect m
⑥ *(Vorstellung, bildhafter Ausdruck)* image f; **du machst dir kein ~ davon, wie schwer das war!** tu n'a pas idée comme c'était lourd!
▶ **ein ~ für [die] Götter** *fam* un spectacle à mourir de rire; **das ist ein schwaches ~!** *fam* c'est pas brillant! *(fam);* **über jdn/etw im ~ e sein** être renseigné(e) sur qn/qc; **jetzt bin ich im ~ e** maintenant je suis au courant
Bildagentur f agence f [de photos] **Bildarchiv** nt archives fpl photographiques **Bildatlas** m atlas m illustré **Bildauflösung** f définition f [d'image] **Bildausfall** m panne f d'image **Bildausschnitt** m TYP, PHOT détail m **Bildband** <-bände> m livre m illustré **Bildbearbeitung** f INFORM retouche f d'image **Bildbericht** m reportage m photographique **Bildbeschreibung** f description f de tableau **Bilddatei** f INFORM fichier m vidéo **Bilddokument** nt document m illustré
bilden ['bɪldən] I. tr V ① *(hervorbringen)* former; **sich** *(Dat)* **eine Meinung über jdn/etw** [se] faire une opinion sur qn/qc
② GRAM, PHON former; produire *Laut;* **viele Verben ~ kein Passiv** de nombreux verbes n'ont pas de passif
③ POL, FIN *(schaffen)* former *Kabinett, Regierung, Ausschuss;* constituer *Fonds, Überschuss, Vermögen*
④ *(darstellen)* constituer *Gruppe, Höhepunkt, Regel*
⑤ *(erziehen, ausbilden)* former; **jdn politisch/musisch ~** former qn à la politique/l'art; *s. a.* **gebildet**
⑥ KUNST *(formen)* **etw aus etw ~** modeler qc en qc
II. r V **sich ~** ① *(entstehen)* se former
② *(sich Bildung verschaffen)* se cultiver
III. itr V former
Bilderbogen ['bɪldɐ-] m planche f **Bilderbuch** nt livre m d'images ▶ **eine Landschaft wie aus dem ~!** un paysage de rêve [o de carte postale]! **Bildergeschichte** f histoire f en images **Bilderhaken** m patte f **Bilderrahmen** m cadre m **Bilderrätsel** nt rébus m **Bilderschrift** f idéographie f **Bildersturm** m HIST iconoclasme m **Bilderstürmer(in)** m(f) HIST iconoclaste mf
Bildfläche f écran m ▶ **auf der ~ erscheinen** *fam* faire son apparition; **von der ~ verschwinden** *(fam verschwinden)* s'éclipser; *(vergessen werden)* disparaître [de la circulation *fam*] **Bildfolge** f kein Pl *(im Film)* cadence f d'images **Bildfrequenz** f fréquence f d'images **Bildfunk** m TELEC phototélégraphie f [sans fil]
bildhaft I. *Adj* imagé(e)
II. *Adv* de façon imagée; **sich** *(Dat)* **etw ~ vorstellen können** pouvoir bien s'imaginer qc
Bildhauer(in) ['bɪlthaʊɐ] <-s, -> m(f) sculpteur(-euse) m(f) **Bildhauerei** <-> f, **Bildhauerkunst** f geh sculpture f **bildhübsch** *Adj* ravissant(e)
bildlich I. *Adj* ① *Darstellung* imagé(e)
② *(in bildhafter Sprache)* figuré(e), métaphorique; **ein ~ er Ausdruck** une métaphore
II. *Adv* ① *darstellen* en images; **ich stelle mir das ~ vor** je me le représente comme si je l'avais devant moi; **stell dir das mal ~ vor!** représente-toi la scène!
② *(in bildhafter Sprache)* au [sens] figuré; **~ gesprochen** par métaphore
Bildmaterial nt *(Film-, Videoaufnahmen)* images fpl; *(Fotos)* photo[graphie]s fpl; *(in einer Bildstelle, Bildagentur)* iconographie f **Bildmischer(in)** m(f) TV monteur(-euse) m(f)
Bildnis ['bɪltnɪs] <-ses, -se> nt geh portrait m; *(auf Münzen)* effigie f *(soutenu)*
Bildplatte f vidéodisque m **Bildplattenspieler** m lecteur m de vidéodisques **Bildpunkt** m INFORM pixel m **Bildqualität** f ① TV, CINE qualité f de l'image ② PHOT qualité f d'image **Bildreportage** f reportage m photographique **Bildreporter(in)** m(f) reporter mf photographe **Bildröhre** f tube m cathodique **Bildschärfe** f netteté f de l'image **Bildschirm** m écran m; **viel Zeit vor dem ~ verbringen** *(fernsehen/am Computer sitzen)* passer beaucoup de temps devant la télévision/ son écran d'ordinateur
Bildschirmarbeit f travail m sur écran **Bildschirmarbeitsplatz** m poste m de travail sur écran **Bildschirmschoner** m INFORM économiseur m d'écran **Bildschirmseite** f page-écran f **bildschön** s. **bildhübsch** **Bildstelle** f centre m de documentation audiovisuelle; *(in einem Verlag)* documentation f iconographique **Bildstock** m ① REL SDEUTSCH, A calvaire m ② TYP cliché m **Bildstörung** f perturbation f de l'image; *(Bildausfall)* panne f d'image **Bildtafel** f planche f **Bildtelefon** nt visiophone m
Bildung ['bɪldʊŋ] <-, -en> f ① kein Pl *(Kenntnisse)* culture f; *(Erziehung)* formation f; **höhere ~** des études secondaires; **keine ~ haben** ne pas être cultivé(e)
② kein Pl a. BOT *(das Hervorbringen)* formation f
③ kein Pl *(das Bilden) einer Regierung* constitution f; *einer Meinung, Theorie* formation f; *von Fonds, Vermögen* constitution f
④ GRAM formation f
⑤ LING *(Wort)* forme f
Bildungsbürger(in) m(f) citoyen m cultivé/citoyenne f cultivée **Bildungschancen** [-faːsn̩, -ʃansn̩] Pl chances fpl d'accéder à une formation **Bildungseinrichtung** f form établissement m de formation **Bildungsgang** <-gänge> m cursus m de formation **Bildungsgrad** m niveau m d'instruction **Bildungsgut** nt bien m culturel **Bildungshunger** m soif f de culture **Bildungslücke** f lacune f **Bildungsniveau** [-nivoː] nt niveau m culturel **Bildungsnotstand** m situation f critique de l'enseignement **Bildungspolitik** f politique f éducative **bildungspolitisch** *Adj* relatif(-ive) à la politique de l'éducation **Bildungsreform** f POL réforme f de l'enseignement **Bildungsreise** f voyage m éducatif **Bildungsroman** m LITER roman m d'éducation **Bildungsstand** m niveau m culturel **Bildungsstätte** f établissement m d'enseignement **Bildungsurlaub** m congé-formation m **Bildungsweg** m formation f; **auf dem zweiten ~** en formation parallèle **Bildungswesen** nt enseignement m
Bildunterschrift f légende f **Bildwiederholfrequenz** f INFORM fréquence f de rafraîchissement d'image **Bildwörterbuch** nt dictionnaire m illustré **Bildzuschrift** f réponse f avec photo
bilingual ['biːlɪŋɡuaːl] *Adj* bilingue
Billard ['bɪljart] <-s, -e o A -s> nt billard m; **mit jdm ~ spielen** jouer au billard avec qn
Billardkugel ['bɪljart-] f boule f de billard **Billardstock** m queue f [de billard] **Billardtisch** m billard m
Billeteur(in) [bɪljɛˈtøːɐ] <-s, -e> m(f) A *(Platzanweiser)* placeur(-euse) m(f)
Billett [bɪˈljɛt] <-[e]s, -e o -s> nt ① A *(Brief)* lettre f
② CH *(Fahrkarte)* billet m
Billiarde [bɪˈljardə] <-, -n> f mille billions mpl
billig ['bɪlɪç] *Adj* ① *(preisgünstig)* bon marché; **~ einkaufen** acheter à bon prix, acheter [pour] pas cher *(fam);* **nicht ganz ~ sein** ne pas être bon marché [o donné(e)]; **[jdm] etw ~/~er verkaufen** vendre qc [à qn] à prix réduit/moins cher; **hier kauft man sehr ~ ein** ici, ça n'est vraiment pas cher; **diese Äpfel sind ~er** ces pommes sont meilleur marché; **~ abzugeben** à vendre pas cher
② *fam (niedrig) Preis* bas(se), réduit(e)
③ *pej (minderwertig)* de dernière catégorie, de pacotille; **das ist ~er Kram/~es Zeug** c'est de la pacotille
④ *pej (primitiv)* **eine ~e Ausrede** une pauvre excuse *(fam);* **ein ~er Trick** un truc gros[sier] *(fam)*
⑤ *veraltet (angemessen)* **es ist nicht mehr als ~, wenn** ce n'est que justice que + *subj*
Billiganbieter m discounter m
billigen ['bɪlɪɡn̩] tr V ① approuver; **~, dass jd etw tut** approuver que qn fasse qc; **ich kann sein Verhalten nicht ~** je ne peux pas accepter son comportement
Billigflagge f NAUT pavillon m de complaisance **Billigflieger** m fam, **Billigfluglinie** f compagnie f aérienne à bas prix, compagnie aérienne discount **Billiglohnland** nt pays m à faibles coûts salariaux **Billigpreis** m prix m bas **Billigtarif** m tarif m réduit
Billigung <-, -en> f approbation f; [sogar] **die ~ der Opposition finden** recevoir [même] l'assentiment m de l'opposition
Billigwaren Pl ÖKON marchandises fpl bas de gamme
Billion [bɪˈli̯oːn] <-, -en> f billion m
bimbam *Interj* ding, ding, dong
Bimbam ['bɪmˈbam] ▶ **[ach du] heiliger ~!** *fam* bonté divine! *(fam)*
Bimmel ['bɪməl] <-, -n> f fam clochette f
Bimmelbahn f fam tortillard m
bimmeln itr V fam carillonner *(fam);* *Telefon, Wecker:* sonner
Bimsstein ['bɪmsʃtaɪn] m ① pierre f ponce
② *(Baustein)* béton m ponce
bin [bɪn] 1. Pers Präs von **sein**[1]
binär [biˈnɛːɐ] *Adj* binaire
Binärcode [-koːt] m INFORM code m binaire **Binärdatei** f INFORM binaire m **Binärdaten** Pl INFORM données fpl binaires **Binärsystem** nt kein Pl INFORM système m de numération binaire
Binde ['bɪndə] <-, -n> f ① MED bande f; *(Schlinge)* écharpe f
② *(Monatsbinde)* serviette f hygiénique
③ *(Armbinde)* brassard m
④ *(Augenbinde)* bandeau m
▶ **sich** *(Dat)* **einen hinter die ~ gießen** [o **kippen**] *fam* s'en jeter un [derrière la cravate] *(fam)*
Bindegewebe nt tissu m conjonctif
Bindegewebsmassage [-masaːʒə] f massage m fibreux
Bindeglied nt lien m **Bindehaut** f conjonctive f **Bindehautentzündung** f conjonctivite f
Bindemittel nt agglutinant m; CONSTR liant m
binden ['bɪndn̩] <band, gebunden> I. tr V ① *(zusammenbinden)* *(durch Bündeln)* lier; *(durch Knoten)* nouer; **Blumen zu einem Strauß/Kranz ~** faire un bouquet/une couronne de fleurs; **eine [schöne] Schleife ~** faire un [beau] nœud; **die Krawatte ~** faire un

nœud de cravate
② *(herstellen)* fabriquer *Kranz, Strauß*
③ *(fesseln, festbinden)* ligoter *Gefangenen;* **an den Beinen gebunden sein** être attaché(e) par les pieds; **das Boot an einen Pflock ~** amarrer le bateau à un piquet
④ *(verpflichten)* **jdn an etw** *(Akk)* **~** lier qn à qc; **an ein Unternehmen/einen Ort gebunden sein** être lié(e) à une entreprise/un lieu; *s. a.* **gebunden**
⑤ *(emotional verbinden)* **jdn an sich** *(Akk)* **~** s'attacher qn
⑥ CHEM fixer; **etw mit/durch etw ~** fixer qc avec qc; **Wasser bindet Staub** l'eau retient la poussière
⑦ GASTR, CONSTR lier, épaissir
⑧ FIN **Kapital ~** immobiliser des capitaux
⑨ *(mit einem Einband versehen)* relier *Buch*
II. *itr V (eine Gefühlsbindung schaffen)* lier
III. *r V* ① *(eine Beziehung eingehen)* **sich an jdn ~** se lier avec qn
② *(sich verpflichten)* **sich an jdn/eine Firma ~** s'engager envers qn/une entreprise
bindend *Adj* ferme; **eine ~e Zusage [machen]** [faire] une promesse ferme; **für jdn ~ sein** engager qn; **für beide Seiten ~ sein** *Abmachung:* engager les deux parties; **noch nicht ~ sein** être encore sans engagement
Binder <-s, -> *m (Bindemittel)* émulsifiant *m*
Bindestrich *m* trait *m* d'union   **Bindewort** <-wörter> *nt* conjonction *f*
Bindfaden *m* ficelle *f*
▶ **es regnet Bindfäden** *fam* il pleut des cordes *(fam)*
Bindung ['bɪndʊŋ] <-, -en> *f* ① *(Verbundenheit)* attachement *m;* **die ~ zum Partner/an den Geburtsort** l'attachement au partenaire/au lieu de naissance
② *(Verpflichtung)* engagement *m;* **vertragliche ~** engagement contractuel
③ *(Beziehung)* liaison *f;* **keine ~ eingehen wollen** ne pas vouloir se lier; **mit jdm eine [neue] ~ eingehen** avoir une [nouvelle] liaison avec qn
④ SKI fixation *f*
⑤ TEXTIL armure *f*
⑥ CHEM liaison *f*
⑦ PHYS combinaison *f*
binnen ['bɪnən] *Präp + Dat o Gen* dans un délai de; **~ einem Jahr** [*o* **eines Jahres**] *form*] dans un délai d'un an; **~ kurzem** sous peu
Binnenfischerei *f* pêche *f* d'eau douce   **Binnengewässer** *nt* eaux *fpl* continentales   **Binnenhafen** *m* port *m* fluvial   **Binnenhandel** *m* commerce *m* intérieur du pays   **Binnenland** *nt* intérieur *m* du pays   **Binnenmarkt** *m* marché *m* intérieur; **der europäische ~** le marché intérieur européen   **Binnenmeer** *nt* mer *f* intérieure
Binnenschiffahrt^ALT *s.* **Binnenschifffahrt**
Binnenschiffer(in) *m(f)* marinier(-ière) *m(f)*, batelier(-ière) *m(f)*
Binnenschifffahrt^RR *f* navigation *f* fluviale   **Binnensee** *m* lac *m* intérieur   **Binnenverkehr** *m* TRANSP circulation *f* intérieure; COM trafic *m* interne
binokular [binoku'laːɐ] *Adj* binoculaire
Binom [bi'noːm] <-s, -e> *nt* MATH binôme *m*
binomisch [bi'noːmɪʃ] *Adj* MATH binomial(e)
Binse ['bɪnzə] <-, -n> *f* jonc *m*
▶ **in die ~n gehen** *fam* foirer *(fam)*
Binsenwahrheit *f*, **Binsenweisheit** *f* truisme *m*
Bio <-> *kein Art* SCHULE *fam* sci[ences] *fpl* nat *(fam);* **sie ist gut in ~** elle est bonne en bio *(fam)*
bioaktiv [bioʔak'tiːf, 'bio-] *Adj* à activateur biologique   **Biochemie** [bioçe'miː] *f* biochimie *f*   **Biochemiker(in)** *m(f)* CHEM biochimiste *mf*   **biochemisch** *Adj* CHEM biochimique   **Biochip** ['biːɔtʃɪp] <-s, -s> *m* biopuce *f*   **biodynamisch** *Adj* biologique   **Bioethik** ['biːoʔeːtɪk] *f* bioéthique *f*   **Biogas** *nt* biogaz *m*   **Biogenese** <-, -n> *f* biogenèse *f*   **biogenetisch** *Adj* biogénétique   **Biograf(in)**^RR [bio'graːf] <-en, -en> *m(f)* biographe *mf*   **Biografie**^RR [biogra'fiː] <-, -n> *f (Buch)* biographie *f*
② *(Lebenslauf)* curriculum *m* [vitæ]
biografisch^RR *Adj* biographique
Biograph(in) *s.* **Biograf(in)**
Biographie *s.* **Biografie**
biographisch *s.* **biografisch**
Bioladen *m fam* magasin *m* bio *(fam)*
Biologe [bio'loːɡə] <-n, -n> *m*, **Biologin** *f* biologiste *mf*
Biologie [biolo'ɡiː] <-> *f* biologie *f*
biologisch I. *Adj* biologique; **kontrolliert ~er Anbau** culture *f* biologique contrôlée
II. *Adv* biologiquement; **~ abbaubar** biodégradable; **~ anbauen** pratiquer l'agriculture biologique; **~ düngen** utiliser des engrais biologiques
Biomasse *f* biomasse *f*   **Biomechanik** *f kein Pl* biomécanique *f*
Biometrie [biome'triː] <-> *f* biométrie *f*   **biometrisch**

[biome'trɪʃ] *Adj* biométrique; **~e Daten** données *fpl* biométriques
Biomüll *m* déchets *mpl* organiques   **Biophysik** *f* biophysique *f*
Biopsie [biɔ'psiː] <-, -n> *f* biopsie *f;* **bei jdm eine ~ machen** faire une biopsie à qn
Biorhythmus *m* biorythme *m*   **Biosphäre** *f* biosphère *f*   **Biotechnik** *f*, **Biotechnologie** *f* biotechnique *f*, biotechnologie *f*
Biotonne *f* poubelle *f* pour déchets organiques
Biotop [bio'toːp] <-s, -e> *nt* biotope *m*
Biowissenschaften *Pl* sciences *fpl* biologiques
BIP [beːʔiː'peː] <-> *nt Abk von* **Bruttoinlandsprodukt** P.I.B. *m*
birgt [bɪrkt] *3. Pers Präs von* **bergen**
Birke ['bɪrkə] <-, -n> *f* bouleau *m*
Birkenwald *m* boulaie *f*
Birkhahn *m* coq *m* des bouleaux   **Birkhuhn** *nt* tétras-lyre *m*
Birma ['bɪrma] <-s> *nt* la Birmanie
Birmane [bɪr'maːnə] <-n, -n> *m*, **Birmanin** *f* Birman(e) *m(f)*
birmanisch *Adj* birman(e)
Birnbaum *m* poirier *m*
Birne ['bɪrnə] <-, -n> *f* ① *(Frucht)* poire *f*
② *(Glühbirne)* ampoule *f*
③ *fam (Kopf)* caboche *f (fam)*
▶ **eine weiche ~ haben** *sl* avoir le cerveau ramolli *(fam)*
birnenförmig *Adj* en forme de poire
birst [bɪrst] *3. Pers Präs von* **bersten**
bis [bɪs] I. *Präp + Akk* ① *(zeitlich)* jusqu'à, jusque; *(nicht später als)* d'ici; **warte ~ nächste Woche** attends jusqu'à la semaine prochaine; **~ Freitag/Weihnachten sollte es fertig sein** ça devrait être fini d'ici vendredi/Noël; **vom ersten ~ dritten März** du premier au trois mars
② *(räumlich)* **~ Frankfurt fahren** aller jusqu'à [*o* jusque] Francfort
II. *Präp mit Adv o Pron* ① *(zeitlich)* **~ jetzt** jusqu'à maintenant, jusqu'à présent; **~ dahin** [*o* **dann**] d'ici là; **~ morgen/einschließlich morgen** jusqu'à demain/demain inclus; **ich bin ~ heute Abend wieder zurück** je serai rentré(e) d'ici ce soir; **~ eben habe ich nichts davon gewusst** je n'en savais rien jusqu'à maintenant; **er hat ~ jetzt noch nicht angerufen** il n'a pas encore appelé; **wann habt ihr noch Ferien?** jusqu'à quand êtes-vous encore en vacances?; **~ wann soll ich das fertig machen?** je dois finir ça d'ici combien de temps?; **von wann ~ wann dauerte der Dreißigjährige Krieg?** de quand à quand a duré la guerre de Trente Ans?; **~ bald!** à bientôt!; **~ dann!** à tout à l'heure!; **~ gleich!** à tout de suite!; **~ später!** à plus tard!; **~ auf weiteres** jusqu'à nouvel ordre
② *(räumlich)* **~ hierhin** jusqu'ici; **~ dorthin/nach Hause** jusque-là/jusqu'à la maison; **~ zum Dorf/auf den Gipfel** jusqu'au village/sommet; **~ Seite 35** jusqu'à la page 35; **von oben ~ unten** de haut en bas; **er hat sie ~ nach Hause/vor die Haustür begleitet** il l'a accompagnée jusque chez elle/devant la porte; **~ wohin ...?** jusqu'où ...?
③ *(einschließlich)* **alles ~ auf den letzten Krümel aufessen** manger tout jusqu'à la dernière miette
④ *(mit Ausnahme von)* **alle ~ auf Robert** tous sauf [*o* excepté] Robert; **alle ~ auf einen** tous à l'exception d'un seul; **alle Großstädte ~ auf London** toutes les grandes villes à l'exception de Londres
III. *Adv* **~ zum Herbst muss es fertig sein** ça doit être fini d'ici l'automne; **vom ersten ~ zum dritten März** du premier au trois mars; **ich bin ~ gegen acht Uhr noch da** je serai encore là jusque vers huit heures [*o* jusqu'à huit heures environ]; **Kinder ~ acht Jahre** les enfants jusqu'à huit ans; **~ zum 17. Lebensjahr** jusqu'à l'âge de 17 ans; **~ zu zehn Metern hoch werden** atteindre jusqu'à dix mètres de haut; **~ zu hundert Grad heiß werden** atteindre des températures de cent degrés
▶ **ins letzte/kleinste** jusqu'au moindre détail
IV. *Konj* ① *(ungefähr)* **zwei ~ drei Stunden/Meter** entre deux et trois heures/mètres; **das Wetter morgen: bewölkt ~ bedeckt** le temps de demain: de nuageux à couvert
② *(so lange, bis)* jusqu'à ce que + *subj;* **warte hier, ~ ich wiederkomme** attends que je revienne; **ich muss hierbleiben, ~ er angerufen hat** je dois rester ici jusqu'à ce qu'il ait téléphoné
Bisam ['biːzam] <-s, -e *o* -s> *m (Bisampelz)* rat *m* musqué
Bisamratte *f* rat *m* musqué
Bischof ['bɪʃɔf, *Pl:* 'bɪʃœːfə] <-s, Bischöfe> *m*, **Bischöfin** *f* évêque *m*
bischöflich *Adj* épiscopal(e)
Bischofsamt *nt* épiscopat *m*   **Bischofskonferenz** *f* conférence *f* épiscopale   **Bischofsmütze** *f* mitre *f*   **Bischofssitz** *m* évêché *m*   **Bischofsstab** *m* crosse *f*
Bisexualität [bizɛksuali'tɛːt, 'biːsɛksualiˌtɛːt] *f* bisexualité *f*   **bisexuell** [bizɛksuˈɛl, 'biːsɛksuɛl] *Adj* bisexuel(le)
bisher [bɪs'heːɐ] *Adv* jusqu'à présent; **~ noch nicht!** pas encore!
bisherig *Adj attr* ① **die ~e Personalchefin** *(gegenwärtig/ehema-*

bitten	
bitten	**demander**
Kannst/Könntest du bitte mal den Müll runterbringen?	Peux-tu/Pourrais-tu descendre la poubelle, s'il te plaît?
Bitte sei so gut und bring mir meine Jacke.	Sois gentil(le), apporte-moi ma veste.
Wärst du so nett und würdest mir die Zeitung mitbringen?	Aurais-tu la gentillesse de me rapporter un journal?
Würden Sie bitte so freundlich sein und Ihr Gepäck etwas zur Seite rücken?	Auriez-vous l'amabilité de pousser votre valise sur le côté?
Darf ich Sie bitten, Ihre Musik etwas leiser zu stellen?	Puis-je vous demander de baisser un peu votre musique?
um Hilfe bitten	**demander de l'aide**
Kannst du mir einen Gefallen tun?	Peux-tu me rendre un service?
Darf/Dürfte ich Sie um einen Gefallen bitten?	Puis-je/Pourrais-je vous demander un service?
Könntest du mir bitte helfen?	Pourrais-tu m'aider, s'il te plaît?
Könnten Sie mir bitte behilflich sein?	Pourriez-vous m'aider, s'il vous plaît?
Ich wäre Ihnen dankbar, wenn Sie mir dabei helfen könnten.	Je vous serais très reconnaissant(e) de bien vouloir m'aider.

lig) la chef du personnel actuelle/en poste jusqu'ici; **die ~en Erkenntnisse der Polizei** les renseignements obtenus jusqu'à présent par la police; **sein ~es Verhalten** le comportement qu'il a eu jusqu'à présent

❷ *(nicht wiedergewählt)* sortant(e)

Biskaya [bɪs'ka:ia] <-> *f* GEOG **die ~** le golfe de Gascogne
Biskotte [bɪs'kɔtə] <-, -n> *f* A *(Löffelbiskuit)* biscuit *m* à cuiller
Biskuit [bɪs'kvi:t, bɪs'kui:t] <-[e]s, -s *o* -e> *nt o* génoise *f*
Biskuitgebäck [bɪs'kvi:t-] *nt* biscuit *m* de Savoie **Biskuitrolle** *f* gâteau *m* roulé **Biskuitteig** *m* génoise *f*
bislang [bɪs'laŋ] *s*. bisher
Bismarckhering ['bɪsmark-] *m* hareng *m* mariné
Bison ['bi:zɔn] <-s, -s> *m* bison *m*
biss^{RR} [bɪs], **biß**^{ALT} *Imp von* **beißen**
Biss^{RR} <-es, -e>, **Biß**^{ALT} <-sses, -sse> *m* ❶ *(das Beißen)* **mit einem [kräftigen] ~** d'un [bon] coup de dent
❷ *(Bissverletzung, -wunde)* morsure *f*
❸ *fam (intellektuelle Schärfe)* mordant *m*; *(Angriffslust)* punch *m*; **~ haben** *(intellektuell)* avoir du mordant; *(sportlich)* avoir la pêche *(fam)*; **ihm fehlt der [rechte] ~** il lui manque du mordant
❹ *(Bissfestigkeit)* **[noch] ~ haben** Nudeln, Gemüse: rester ferme(s) sous la dent, être al dente

bisschen^{RR} ['bɪsçən], **bißchen**^{ALT} I. *Pron indef, unv* **ein ~ Milch/Brot** un peu de lait/de pain; **kein ~ Geduld haben** ne pas avoir du tout de patience; **das ~ Geld** le peu d'argent; **mit dem ~ Gehalt** avec ce salaire de rien du tout; **bitte ein klein[es] ~ Ruhe!** *fam* un petit peu de silence, s'il vous plaît!; **ein ~ schnell/teuer** un peu vite/cher; **ein ~ mehr** un peu plus; **ein ~ wenig/zu wenig** pas assez/trop peu; **kein ~ besser/schlechter** pas mieux/pas pire; **kein ~ teurer** pas du tout plus cher(chère)
II. *nt kleingeschrieben* **ein ~** un peu; **wenn man nur so ein ~ verdient** si on gagne aussi peu; **das ~** le peu qu'il y a/avait; **das ~, das [o was]** le peu qui/que; **und für das ~ wollen die zehn Euro?** et pour si peu, ils demandent dix euros?
▶ **[ach] du liebes ~!** *fam* mince [alors]! *(fam)*

Bissen ['bɪsən] <-s, -> *m* ❶ *(Happen)* morceau *m*; **ein leckerer ~** un morceau de choix; **sie hat heute noch keinen ~ gegessen** *[o* **angerührt]** elle n'a encore rien avalé de la journée
❷ *(Mundvoll)* bouchée *f*
▶ **sich** *(Dat)* **jeden ~ vom Munde absparen** se priver de tout

bissig ['bɪsɪç] I. *Adj* ❶ *Hund* qui mord; **~ sein** mordre; **[Vorsicht,] ~er Hund!** [attention,] chien méchant!
❷ *(sarkastisch)* virulent(e); *Ton, Antwort, Äußerung* mordant(e).
II. *Adv* antworten d'une manière mordante; *reagieren* avec virulence

Bissigkeit <-, -en> *f* ❶ *kein Pl (Sarkasmus)* virulence *f*
❷ *(Bemerkung)* sarcasme *m*
Bisswunde^{RR} *f* morsure *f*
bist [bɪst] *2. Pers Präs von* **sein**¹
Bistro ['bɪstro] <-s, -s> *nt* bistro[t] *m*
Bistum ['bɪstu:m, *Pl:* 'bɪsty:mɐ] <-s, -tümer> *nt* évêché *m*
bisweilen [bɪs'vaɪlən] *Adv geh* de temps à autre
Bit [bɪt] <-[s], -[s]> *nt* INFORM bit *m*
Bittbrief *m* requête *f*
bitte ['bɪtə] *Adv* ❶ *(Höflichkeitsformel in Bitten, Aufforderungen)* s'il vous plaît, je vous prie *(soutenu)*; *(wenn man den Gesprächs-* *partner duzt)* s'il te plaît, je t'en prie *(soutenu)*; **Sie wünschen ~?**, **~ schön[, was darf es sein]?** *(im Geschäft)* vous désirez?; *(im Lokal)* qu'est-ce que vous prenez?; **Herr Ober, ~ zahlen!** garçon, l'addition s'il vous plaît!; **hier entlang, ~!** par ici, je vous prie!; **hätten Sie ~ einen Moment Zeit für mich?** pourriez-vous m'accorder un instant s'il vous plaît *[o* je vous prie]?
❷ *(Höflichkeitsformel in Antworten)* **~ [schön]!** je vous en prie!; *(wenn man den Gesprächspartner duzt)* je t'en prie!; **~, gern geschehen!** il n'y a pas de quoi!, de rien!; **Entschuldigung! — Bitte!** excusez-moi! — Je vous en prie, il n'y a pas de mal!; *(wenn man den Gesprächspartner duzt)* excuse-moi! — Je t'en prie, il n'y a pas de mal!; **noch eine Tasse Kaffee? — [Ja] ~!** vous prenez encore un café? — [Oui] merci!; **darf ich Ihnen in den Mantel helfen? — [Ja] ~!** puis-je vous aider à mettre votre manteau? — Oui, c'est gentil [à vous]!; **~ nach Ihnen!** mais je vous en prie, après vous!; **[hier, ~!** *[tenez,]* voilà!; *(wenn man den Gesprächspartner duzt)* [tiens,] voilà!; **~ nicht!** j'aime mieux pas! *(fam)*; **(auf keinen Fall!)** surtout pas!
❸ *(in ironischen, sarkastischen Antworten)* **na ~!** ah, vous voyez [bien]!; *(wenn man den Gesprächspartner duzt)* ah, tu vois [bien]!; **~, wie Sie wollen/du willst!** c'est comme vous voudrez/tu voudras!
❹ *(Höflichkeitsformel in Nachfragen)* **[wie] ~?** comment?, pardon?
▶ **~ ~ machen** *fam Kind:* dire s'il vous plaît; *chien:* faire le beau *(fam)*

Bitte ['bɪtə] <-, -n> *f* demande *f*, prière *f*; **eine ~ an jdn richten**, **sich mit einer ~ an jdn wenden** *geh* adresser une requête à qn *(form)*; **ich habe eine ~ an Sie** je veux vous demander une faveur; **er hat ihr diese ~ erfüllt/abgeschlagen** il lui a accordé/refusé ce qu'elle lui avait demandé

bitten ['bɪtn] <bat, gebeten> I. *tr V* ❶ demander; **jdn um etw ~** demander qc à qn; **jdn ~ etw zu tun** prier qn de faire qc; **jdn inständig um Hilfe ~** implorer l'aide de qn; **darf** *[o* **dürfte]** **ich Sie um das Brot ~?** pourriez-vous me passer le pain, s'il vous plaît?
❷ *(einladen)* **jdn zum Abendessen ~** inviter qn à dîner; **jdn auf ein Glas zu sich ~** inviter qn à prendre un verre chez lui
❸ *(bestellen)* **jdn zu sich ~** demander à voir qn
▶ **sich gerne ~ lassen** aimer [bien] se faire prier; **sich nicht [lange] ~ lassen** ne pas se faire prier [longtemps]; **[aber] ich bitte Sie/dich!** mais [enfin,] voyons!; *(schockiert)* je vous en/t'en prie!
II. *itr V* ❶ **darf ich um Ihre Aufmerksamkeit ~?** puis-je vous demander un peu d'attention?; **darf ich ~?** *(beim Tanzen)* puis-je me permettre?; **es wird gebeten nicht zu rauchen** *form (als Hinweis)* on est prié de ne pas fumer; *(als Schildaufschrift)* prière de ne pas fumer
❷ *(flehen)* supplier; **um Gnade ~** demander grâce
❸ *(hereinbitten)* **ich lasse ~!** faites entrer!; **der Herr Direktor lässt ~!** Monsieur le Directeur vous prie d'entrer!
▶ **~ und betteln** *fam* supplier sur tous les tons; **wenn ich ~ darf!** *(auffordernd)* si possible!; *(befehlend)* je vous prie!; **ich muss doch [sehr] ~!** un peu de tenue, s'il vous plaît *[o* je vous en prie]!; *(wenn man den Gesprächspartner duzt)* un peu de tenue, s'il te plaît *[o* je t'en prie]!; **ich bitte [sogar] darum!** *geh* je vous en prie!; *(soutenu)*; **darum möchte ich auch gebeten haben!** *geh* je l'es-

Bitten <-s> *nt* supplications *fpl*, prières *fpl*; **sich aufs ~ verlegen** passer aux supplications
bittend I. *Adj* suppliant(e)
II. *Adv* en suppliant; **seine Augen** [*o* **seinen Blick**] **~ auf jdn richten** *geh* adresser un regard suppliant à qn
bitter ['bɪtɐ] I. *Adj* ❶ *Geschmack* amer(-ère); **~e Schokolade** chocolat *m* noir
❷ *(schmerzlich) Enttäuschung, Erfahrung* amer(-ère); *Verlust* douloureux(-euse); *Leid, Unrecht, Schicksal* cruel(le); *Kälte, Frost* rigoureux(-euse); **~es Leid erfahren** souffrir cruellement; **~e Tränen weinen** verser des larmes amères
❸ *(beißend) Hohn, Ironie, Spott* amer(-ère)
❹ *(verbittert) Klage, Lachen, Worte* amer(-ère)
II. *Adv* ❶ **~ schmecken** avoir un goût amer
❷ *(verbittert) lachen* avec amertume
❸ *(sehr) bereuen* amèrement; **etw ~ nötig haben** avoir désespérément besoin de qc; **das rächt sich ~** cela se paie cher
bitterböse I. *Adj Person* très fâché(e), *Kommentar, Brief* très méchant(e); *Blick* mauvais(e); **~ werden** se mettre en colère
II. *Adv antworten, sich ausdrücken* sur un ton méchant; **jdn ~ ansehen** regarder qn d'un œil mauvais **bitterernst** I. *Adj Person* très sérieux(-euse); *Lage* très grave; **eine ~e Miene** une tête d'enterrement; **ihm ist es mit etw ~** il est très sérieux en ce qui concerne qc II. *Adv* **es ~ meinen** être tout ce qu'il y a de plus sérieux(-euse)
bitterkalt *Adj Tag, Nacht* glacial(e); **es ist ~** il fait un froid glacial
Bitterkeit <-> *f. fig* amertume *f*
bitterlich I. *Adj* amer(-ère)
II. *Adv weinen* amèrement; **~ frieren** souffrir cruellement du froid
Bittermandel *f* amande *f* amère **Bittermandelöl** *nt kein Pl* huile *f* d'amandes amères
Bitternis <-, -se> *f liter* amertume *f (littér)*
Bittersalz *nt* CHEM sulfate *m* de magnésium **bittersüß** *Adj (süßsauer)* doux-amer(douce-amère); **ein ~es Gefühl** un sentiment mi-figue, mi-raisin
Bittgang ['bɪtɡaŋ] <-[e]s, -gänge> *m geh* requête *f* **Bittgottesdienst** *m* messe *f* d'action de grâce[s] **Bittschrift** *f* pétition *f* **Bittsteller(in)** <-s, -> *m(f)* pétitionnaire *mf*
Bitumen [bi'tuːmən] <-s, -*o* Bitumina> *nt* CHEM bitume *m*
bivalent [-va-] *Adj* bivalent(e)
Biwak ['biːvak] <-s, -s *o* -e> *nt* bivouac *m*
biwakieren* *itr V* bivouaquer
bizarr [bi'tsar] I. *Adj* bizarre
II. *Adv geformt, gestaltet* bizarrement
Bizeps ['biːtsɛps] <-es, -e> *m* biceps *m*
BKA [beːkaː'ʔaː] <-> *nt Abk von* **Bundeskriminalamt** direction générale de la police judiciaire
Blabla [blaˈblaː] <-> *nt pej fam* [bla]blabla *m (fam)*
bla bla [bla] *Interj pej fam* bla[h] bla[h] bla[h] *(fam)*
Blache ['blaxə] <-, -n> *f* A, CH bâche *f*
Blackbox^RR ['blɛkbɔks] <-, - -es> *f* AVIAT boîte *f* noire
Blackout [blɛk'ʔaʊt], **Black-out**^RR ['blɛk'ʔaʊt, blɛk'ʔaʊt] <-[s], -s> *m* ❶ *(Bewusstseinstrübung)* perte *f* de conscience momentanée; *(in einer Prüfung)* trou *m* [noir]
❷ *(Stromausfall)* panne *f* de courant générale
blad [blaːt] *Adj* A *pej sl (korpulent)* obèse
blaffen ['blafən] *itr V fam* ❶ *Hund:* japper
❷ *pej (schimpfen)* aboyer *(péj)*
Blag <-s, -en> *nt*, **Blage** ['blaːɡə] <-, -n> *f pej fam* galopin *m (fam)*
blähen ['blɛːən] I. *tr V* ❶ gonfler, faire gonfler *Segel, Vorhänge*
❷ *(weit öffnen)* gonfler *Nasenflügel, Nüstern*
II. *r V* **sich ~** *Segel, Vorhänge:* se gonfler
III. *itr V Hülsenfrüchte:* ballonner
blähend I. *Adj* flatulent(e)
II. *Adv* **~ wirken** provoquer des ballonnements
Blähung <-, -en> *f meist Pl* ballonnement *m*
blamabel [blaˈmaːbəl] *Adj geh* honteux(-euse), humiliant(e)
Blamage [blaˈmaːʒə] <-, -n> *f geh* honte *f*; **diese Niederlage ist eine große ~** cette défaite est une véritable humiliation; **das ist wirklich eine ~!** c'est vraiment une honte!
blamieren* I. *tr V* ridiculiser
II. *r V* **sich durch etw ~** se couvrir de ridicule par qc
blanchieren* [blãˈʃiːrən] *tr V* blanchir
blank [blaŋk] *Adj* ❶ *(glänzend)* brillant(e); *(sauber)* étincelant(e) [de propreté]; *(abgescheuert)* lustré(e); **~ gewetzt** lustré(e); **~ polieren** étinceler(e), [bien] astiqué(e); **etw ~ polieren/reiben** faire briller [à fond] qc; **~ sein** *(glänzend)* briller
❷ *(rein, pur)* pur(e); *(total) Wahnsinn* à l'état pur
❸ *(bloß)* nu(e); **auf dem ~en Boden** à même le sol
❹ *poet (strahlend) Augen* brillant(e)
❺ *veraltet (gezogen) Degen, Säbel* dégainé(e)
▶ **~ sein** *fam* être fauché(e) *(fam)*

Blank [blæŋk] *nt* TYP, INFORM blanc *m*, espace *m*
Blankett [blaŋˈkɛt] <-[e]s, -e> *nt* GASTR blanquette *f*
blankgewetzt *s.* **blank ❶**
blanko ['blaŋko] *Adv* en blanc
Blankokredit *m* crédit *m* en blanc **Blankoscheck** ['blaŋko-] *m* chèque *m* en blanc **Blankovollmacht** *f* blanc-seing *m*; **jdm ~ geben** [*o* **erteilen**] donner les pleins pouvoirs à qn
blankpoliert *s.* **blank ❶**
Blankvers *m* LITER vers *m* blanc
Bläschen ['blɛːsçən] <-s, -> *nt Dim von* **Blase ❷, ❸**. MED bouton *m*; *(im Mund)* aphte *m*
Blase ['blaːzə] <-, -n> *f* ❶ ANAT vessie *f*; **eine schwache ~ haben** avoir des problèmes de vessie; **sich** *(Dat)* **die ~ erkälten** attraper froid au ventre
❷ MED ampoule *f*; *(Brandblase)* cloque *f*; **sich** *(Dat)* **~n laufen** attraper des ampoules
❸ *(Luftblase)* bulle *f*; **~n werfen** *Farbe, Teig:* faire des bulles
❹ *(Sprechblase)* bulle *f*
❺ *pej fam (Clique)* bande *f (fam)*
Blasebalg <-[e]s, -bälge> *m* soufflet *m*
blasen ['blaːzən] <bläst, blies, geblasen> I. *itr V* ❶ *(Luft ausstoßen)* souffler
❷ *(musizieren)* **auf einem Kamm ~** faire de la musique en soufflant sur un peigne; **einfach himmlisch ~** *Trompeter:* jouer divinement bien
❸ *(wehen) Wind:* souffler
II. *itr V unpers fam* **es bläst ganz schön!** ça souffle pas mal! *(fam)*
III. *tr V* ❶ **den Staub vom Buch ~** souffler sur la poussière du livre; **er blies ihr seinen Atem ins Gesicht** il lui souffla son haleine en plein visage
❷ *(spielen)* jouer *Melodie, Weise;* jouer de *Trompete, Horn*
❸ *sl (fellationieren)* **jdm einen ~** faire [*o* tailler] une pipe à qn *(vulg)*
▶ **dem/dir werde ich was ~!** *sl* il peut toujours se/tu peux toujours te toucher! *(vulg)*
Blasenentzündung *f* MED cystite *f*; **eine ~ bekommen** attraper une cystite **Blasenkatarr[h]**^RR *m* MED cystite *f* **Blasenleiden** *nt* infection *f* urinaire **Blasenschwäche** *f* MED atonie *f* de la vessie **Blasenspiegelung** *f* MED cystoscopie *f* **Blasenstein** *m* MED calculs *mpl* vésicaux **Blasentee** *m* tisane *f* diurétique
Bläser(in) ['blɛːzɐ] <-s, -> *m(f)* joueur(-euse) *m(f)* d'instrument à vent; **die ~ und die Streicher** les cuivres *mpl* et les cordes
Bläserquartett *nt* quatuor *m* à vent
blasiert [blaˈziːɐt] I. *Adj pej geh* hautain(e)
II. *Adv* **sich benehmen** de manière snob; *sprechen* sur un ton hautain; **~ lächeln** faire un sourire blasé
Blasiertheit <-, -en> *f pej geh* ❶ *kein Pl (blasierte Art)* snobisme *m*
❷ *(Äußerung)* réflexion *f* condescendante
blasig ['blaːzɪç] *Adj Flüssigkeit, Masse, Teig* qui fait des bulles, bulleux(-euse)
Blasinstrument ['blaːs-] *nt* instrument *m* à vent **Blaskapelle** *f* fanfare *f* **Blasmusik** *f* musique *f* de fanfare **Blasorchester** *nt* orchestre *m* d'instruments à vent
Blasphemie [blasfeˈmiː] <-, -n> *f geh* blasphème *m*
blasphemisch *Adj geh* blasphématoire
Blasrohr *nt* sarbacane *f*
blass^RR [blas], **blaß**^ALT *Adj* ❶ *(bleich)* pâle; **vor Schreck** *(Dat)* **~ werden** pâlir de terreur; **du wirst ja ganz ~, was ist los?** tu es tout(e) pâle, qu'est-ce que tu as?
❷ *(hell) Farbton* pâle
❸ *geh (fahl) Mond, Lichtschein* blafard(e) *(littér)*
❹ *(schwach) Erinnerung, Vorstellung* vague; **eine blasse Hoffnung** un mince espoir
❺ *(nichtssagend) Ausdruck, Schilderung* fade
Blässe ['blɛsə] <-, -n> *f* ❶ *(blasse Farbe)* pâleur *f*
❷ *(nichtssagende Art)* fadeur *f*
Blässhuhn^RR, **Bläßhuhn**^ALT *nt* foulque *f*
blässlich^RR, **bläßlich**^ALT *Adj* pâlot(te)
bläst [blɛst] 3. *Pers Präs von* **blasen**
Blatt [blat, *Pl:* 'blɛtə] <-[e]s, Blätter> *nt* ❶ *einer Pflanze* feuille *f*
❷ *(Blatt Papier)* feuille *f*; **lose** [*o* **fliegende**] **Blätter** des feuilles volantes
❸ *(Seite)* page *f*
❹ *(Grafik)* feuillet *m*
❺ *(Zeitung)* journal *m*
❻ *(flächiger Teil) eines Ruders, Propellers* pale *f*
❼ KARTEN jeu *m*
❽ JAGD, GASTR *(Schulter)* épaule *f*
▶ **kein ~ vor den Mund nehmen** ne pas mâcher ses mots; **[noch] ein unbeschriebenes ~ sein** être [encore] novice [*o* inexpérimenté(e)]; **kein unbeschriebenes ~ mehr sein** ne pas être tombé(e) de la dernière pluie; **das ~ hat sich gewendet** le vent a tourné;

das steht auf einem anderen ~ c'est une autre affaire; vom ~ singen/spielen chanter/jouer en suivant la partition
Blattader f BOT nervure f
Blättchen ['blɛtçən] <-s, -> nt Dim von Blatt ❶ einer Pflanze foliole f
❷ (Blatt Papier) petite feuille f
Blätterdach nt toit m de feuilles
blätterig Adj Anstrich, Farbe écaillé(e); Teig feuilleté(e); ~ werden Anstrich, Farbe: s'écailler
Blättermagen m feuillet m
blättern ['blɛtɐn] **I.** itr V ❶ feuilleter; (suchend) chercher; **in etw** (Dat) ~ feuilleter qc; (suchend) chercher dans qc
❷ INFORM dérouler; **nach oben/unten ~** faire défiler vers le haut/le bas
II. tr V **mehrere Scheine auf den Tisch ~** aligner plusieurs billets sur la table
Blätterpilz m BOT champignon m à lamelles **Blätterteig** m pâte f feuilletée
Blätterteiggebäck nt feuilleté m; (mit Puddingfüllung) mille-feuille m
Blattfeder f TECH ressort m à lames **Blattform** f forme f de feuille **Blattgemüse** nt légume m vert en branches **Blattgold** nt feuille f d'or **Blattgrün** nt chlorophylle f **Blattlaus** f puceron m **Blattpflanze** f plante f verte
blättrig s. blätterig
Blattsalat m salade f verte **Blattschuss**[RR] m JAGD balle f de cœur **Blattspinat** m épinards mpl en branches **Blattwerk** nt kein Pl feuillage m
blau [blau] Adj ❶ Farbe, Himmel, Wasser, Augen bleu(e)
❷ (blutunterlaufen) bleu(e); **ein ~es Auge** un œil au beurre noir; **ein ~er Fleck** un bleu
❸ (vor Kälte verfärbt) **~e Lippen haben** avoir les lèvres bleues [de froid]
❹ GASTR **Forelle ~** truite f au bleu
❺ fam (betrunken) **~ sein** être soûl(e) (fam)
Blau <-s, - fam -s> nt bleu m
Blaualge f cyanobactérie f
blauäugig ['blauʔɔɪgɪç] Adj ❶ (mit blauen Augen) aux yeux bleus; **~ sein** avoir les yeux bleus
❷ (naiv) naïf(-ïve)
Blauäugigkeit <-> f naïveté f
Blaubeere f myrtille f
blaublütig Adj de sang bleu
Blaue ['blauə] ▶ **er lügt das ~ vom** Himmel **herunter]** fam il ment comme il respire (fam); **jdm das ~ vom** Himmel **versprechen** fam promettre la lune à qn (fam); **ins ~ [hinein]** fam fragen, reden au petit bonheur la chance (fam)
Blaue(r) m dekl wie Adj sl billet m de cent marks
Bläue ['blɔɪə] <-> f geh azur m (littér)
Blaufelchen m lavaret m **Blaufuchs** m renard m bleu **blaugrau** Adj gris bleu inv; **~e Socken** des chaussettes fpl gris bleu **blaugrün** Adj bleu vert inv; **~e Augen** des yeux mpl bleu vert **Blauhelm** m casque m bleu **Blaukraut** nt SDEUTSCH, A chou m rouge
bläulich ['blɔɪlɪç] Adj bleuté(e); (ins Blaue spielend) bleuâtre
Blaulicht nt gyrophare m; **mit ~** avec le gyrophare en marche **blau|machen I.** itr V fam (krank feiern) se passer d'aller au boulot (fam), se faire porter pâle [o malade] **II.** tr V fam **einen Tag ~** sécher une journée de travail (fam); **er macht den Montag immer blau** Schüler: tous les lundis, il se fait porter pâle (fam) **Blaumann** m fam bleu m [de travail]; **im ~** en bleu de travail **Blaumeise** f mésange f bleue **Blaupapier** nt papier m carbone **Blaupause** f bleu m **blaurot** Adj rouge bleu inv; **~e Blüten** des fleurs fpl rouge bleu **Blausäure** f CHEM acide m prussique **Blauschimmelkäse** m fromage m bleu **blauschwarz** Adj bleu nuit inv; **~e Socken** des chaussettes bleu nuit **Blaustich** m dominante f bleue; **einen ~ haben** tirer sur le bleu **blaustichig** Adj à dominante bleue; **~ sein** avoir une dominante bleue **Blaustrumpf** m pej veraltet bas-bleu m (vieilli) **Blautanne** f sapin m noble; (Fichte) épicéa m glauque **Blauwal** m [grande] baleine f bleue
Blazer ['bleːzɐ, 'bleɪzɐ] <-s, -> m blazer m
Blech [blɛç] <-[e]s, -e> nt ❶ kein Pl (Material) tôle f; (Weißblech) fer-blanc m
❷ (Stück Blech) [morceau m de] tôle f
❸ (Backblech) plaque f [de four]
❹ kein Pl fam (Unsinn) bêtises fpl (fam); **du redest nur ~!** tu ne dis que des conneries! (fam)
❺ kein Pl pej fam (Orden) batterie f de cuisine (fam)
Blechbläser(in) <-s, -> m(f) cuivres mpl **Blechblasinstrument** nt cuivre m **Blechbüchse** f, **Blechdose** f boîte f en fer-blanc
blechen ['blɛçən] fam **I.** tr V raquer (fam)

II. itr V casquer (fam)
blechern ['blɛçɐn] Adj ❶ attr Garagentor, Sarg en tôle; (aus Weißblech) Eimer, Verschlag en fer-blanc
❷ (scheppernd) Geräusch creux(-euse); Klang, Stimme métallique; **~ klingen/tönen** avoir un son métallique
Blechgeschirr nt vaisselle f en fer-blanc **Blechinstrument** s. Blechblasinstrument **Blechkanister** m bidon m en fer-blanc; (für Kraftstoff) jerrican[e] m **Blechkiste** f pej fam (Auto) tas m de ferraille (fam), tape-cul m (fam) **Blechlawine** f pej fam longue file f de voitures **Blechmusik** f pej musique f de fanfare **Blechnapf** m gamelle f **Blechschaden** m dégâts mpl matériels [de tôle]; **bei dem Unfall entstand nur ~** il n'y a eu que de la tôle froissée dans cet accident **Blechschere** f cisaille f [à tôle] souvent pl **Blechtrommel** f tambour m en fer-blanc
blecken ['blɛkən] tr V montrer Zähne
Blei [blaɪ] <-[e]s, -e> nt ❶ kein Pl (Metall) plomb m; **~ gießen** couler du plomb
❷ (Lot) fil m à plomb
❸ (Kugeln) plomb m; **jdn mit ~ vollpumpen** sl truffer qn de plomb (fam)
▶ **etw liegt jdm wie ~ in den** Gliedern [o Knochen] qn se sent des jambes de plomb suite à qc; **das liegt ihr wie ~ im Magen** (ist schwer verdaulich) ça lui fait comme du plomb sur l'estomac; (bedrückt sie) ça lui pèse sur l'estomac
Bleibe ['blaɪbə] <-, -n> f demeure f; (vorübergehend) abri m; **bei jdm eine ~ finden** trouver logis chez qn; **eine/keine ~ haben** avoir un logement/être sans logis; **die Stadtstreicher haben keine ~** les clochards n'ont pas de toit
bleiben ['blaɪbən] <blieb, geblieben> **I.** itr V + sein ❶ (verweilen) rester; **zu Hause/bei jdm/im Büro ~** rester à la maison/chez qn/au bureau; **am Computer/Schreibtisch ~** rester à l'ordinateur/au bureau; **für sich ~** rester seul(e); **sie möchten unter sich ~** ils préfèrent rester entre eux/elles; **wo bleibst du so lange?** mais qu'est-ce que tu fais [o fabriques] [encore]?; **wo sie nur so lange bleibt?** où peut-elle bien être?
❷ (weiterhin sein) **gleich ~** rester stable; **wach/ruhig ~** rester éveillé(e)/tranquille; **unbeachtet ~** passer inaperçu(e); **unvergessen/unbeantwortet ~** rester inoubliable/sans réponse; **liegen ~** Person: rester couché(e); (nicht mehr aufstehen) rester étendu(e); Ware: rester en rayon; Schnee: rester; **offen ~** Tür, Geschäft: rester ouvert(e); **stehen ~** Formulierung, Satz: rester [comme ça]; (nicht zerstört werden) Gebäude: rester; **die Arbeit bleibt immer an mir hängen** fam c'est encore moi qui doit faire le travail; **lass uns gute Freunde ~!** restons bons amis!; **es soll regnerisch ~** les pluies doivent persister
❸ (zurückbleiben) **liegen ~** Gegenstände: rester là; **in der Straßenbahn/im Zug liegen ~** rester dans le tramway/le train; **ist hier ein Schirm liegen geblieben?** est-ce que quelqu'un aurait trouvé un parapluie?
❹ (übrig bleiben) **drei Fehler sind stehen geblieben** on a oublié trois fautes
❺ (in der Erinnerung bleiben) **an jdm hängen ~** Verdacht, Verleumdung: peser sur qn; **etwas bleibt immer hängen** il subsiste toujours un doute
❻ (festsitzen) **mit dem Ärmel an etw** (Dat) **hängen ~** rester accroché(e) à qc par la manche; **an etw** (Dat) **kleben ~** Briefmarke, Zettel, Kaugummi: rester collé(e) [à qc]; Insekt: rester accroché(e) [à qc]; **nicht kleben ~** Briefmarke: se décoller; **stecken ~** Dorn, Splitter, Geschoss: rester planté(e); **die Gräte blieb ihm im Hals stecken** l'arête est restée coincée dans sa gorge
❼ (nicht vorankommen) **liegen ~** Fahrer, Fahrzeug: rester immobilisé(e); **mit einer Panne liegen ~** rester en panne; **in etw** (Dat) **stecken ~** Fahrer, Fahrzeug: s'enliser dans qc; **ich bin mit dem Wagen im Schlamm stecken geblieben** ma voiture s'est embourbée; **in einem Gedicht/Text stecken ~** fig avoir un trou [de mémoire] en récitant un poème/texte; **stehen ~** Person: s'arrêter; Uhr: être arrêté(e); Fahrzeug: s'immobiliser, s'arrêter; **~ Sie sofort stehen!** halte!; **hängen [o kleben] ~** fam Schüler: redoubler
❽ (hinkommen, hingeraten) **wo ist meine Brille geblieben?** où sont passées mes lunettes?
❾ fam (unterkommen) **wo sollen die Leute alle ~?** où vont-ils tous crécher? (fam); **sieh zu, wo du bleibst!** débrouille-toi [tout(e) seul(e)]!
❿ (verharren) **bei einer Marke/einem Getränk ~** rester fidèle à une marque/une boisson; **es bleibt bei meiner Entscheidung** je maintiens ma décision
⓫ (übrig bleiben) **stehen ~** Getränk, Essen: rester; **uns bleibt** [o **es bleibt uns**] **noch eine Möglichkeit** il nous reste encore une possibilité; **mir bleibt** [o **es bleibt mir**] **keine andere Wahl** je n'ai pas le choix; **was blieb ihm anderes, als nachzugeben?** que pouvait-il faire d'autre sinon abandonner?
⓬ euph (umkommen) **auf See ~** disparaître en mer (euph); **im**

Krieg ~ tomber à la guerre *(euph)*
▶ **sich** *(Dat)* **gleich** ~ *Person:* rester égal(e) à soi-même; **das bleibt sich gleich** ça revient au même; **das Schwätzen** ~ **lassen** *fam* cesser le bavardage; **das wirst du hübsch** ~ **lassen!** *fam* t'as pas intérêt! *(fam)*; **das Rauchen** ~ **lassen** *fam* arrêter de fumer; **wo waren wir stehen geblieben?** où en étions-nous [resté(e)s]?; **das bleibt unter uns** cela reste entre nous
II. *itr V unpers* **es bleibt zu hoffen, dass** il ne reste qu'à espérer que; **es bleibt abzuwarten, ob ...** il ne reste plus qu'à attendre si ...

bleibend *Adj* ❶ *(beständig)* permanent(e); *Wert* durable
❷ *(unveränderlich)* **gleich** ~ constant(e); **gleich** ~ **sein** rester constant(e); **dem Patienten geht es gleich** ~ **schlecht** l'état du patient demeure préoccupant

bleiben|lassen s. bleiben I.

Bleiberecht *nt kein Pl* POL droit *m* de séjour [pour réfugiés]

bleich [blaɪç] *Adj* ❶ *(blass) Person, Gesicht* blême; *Gesichtsfarbe, Haut* pâle; ~ **vor Wut/Zorn** blême de colère/rage; **vor Schreck** ~ **werden** *(Dat)* blêmir de terreur
❷ *(fahl) Licht, Schimmer* blême, blafard(e)

bleichen ['blaɪçən] <bleichte *o veraltet* blich, gebleicht *o veraltet* geblichen> I. *tr V + haben* blanchir *Farbe, Wäsche;* éclaircir *Haare*
II. *itr V + sein* **diese Tapeten** ~ **schnell** ces papiers [peints] perdent vite leurs couleurs

Bleichgesicht *nt fam* visage *m* pâle **bleichgesichtig** *Adj fam* [qui a le visage] pâle; ~ **e Frauen** des femmes à la peau pâle **Bleichmittel** *nt* agent *m* blanchissant **Bleichsellerie** *m kein Pl* céleri *m* à côtes **Bleichsucht** *f kein Pl* MED anémie *f,* chlorose *f*

bleiern ['blaɪɐn] *Adj* ❶ *attr (aus Blei)* en [*o* de] plomb
❷ *(bleifarben)* plombé(e)
❸ *(schwer lastend) Müdigkeit, Schwere* accablant(e); *Schlaf* de plomb

Bleierz *nt* minerai *m* de plomb **bleifrei** *Adj Benzin* sans plomb; ~ **fahren** rouler [avec du carburant] sans plomb; ~ **tanken** prendre du [carburant] sans plomb **Bleifuß** ▶ **mit** ~ **fahren** rouler avec le pied au plancher *(fam)* **Bleigießen** <-s> *nt* coulage *m* du plomb *(coutume qui consiste à lire l'avenir dans des figures de plomb obtenues en jetant du plomb fondu dans de l'eau)* **bleihaltig** *Adj* plombifère; *Benzin* contenant du plomb; ~ **sein** contenir du plomb **Bleikristall** *nt* cristal *m* de plomb **Bleikugel** *f* balle *f* de plomb **Bleisatz** *m* TYP composition *f* au plomb **bleischwer** *Adj* de plomb **Bleistift** *m* crayon *m* [à papier]; **mit** ~ [**geschrieben**] [écrit(e)] au crayon

Bleistiftabsatz *m* talon *m* aiguille **Bleistiftspitzer** *m* taille-crayon *m* **Bleistiftzeichnung** *f* [dessin *m* au] crayon *m*

Bleivergiftung *f* intoxication *f* par le plomb **Bleiverglasung** *f* résille *f*

Blende ['blɛndə] <-, -n> *f* ❶ PHOT *(Öffnung)* diaphragme *m;* (Blendenzahl) ouverture *f;* **die** ~ **öffnen/schließen** ouvrir/fermer le diaphragme; ~ **8 einstellen** régler une ouverture sur 8
❷ *(Lichtschutz)* écran *m*
❸ ARCHIT *(blinder Bogen)* arcade *f* aveugle; *(blinde Tür)* fausse porte *f;* (blindes Fenster) fenêtre *f* aveugle
❹ *(Stoffblende)* garniture *f*

blenden ['blɛndən] I. *tr V* ❶ éblouir; **jdn/ein Tier** ~ *Scheinwerfer, Licht:* éblouir qn/un animal
❷ *(betören)* **jdn mit etw** ~ éblouir qn par qc; **von jdm/etw wie geblendet sein** être ébloui(e) par qn/qc
❸ *(täuschen)* **jdn durch etw** ~ abuser qn par qc
❹ *(blind machen)* **jdn** ~ aveugler qn
II. *itr V* ❶ *Sonne, Scheinwerfer:* éblouir, aveugler
❷ *(hinters Licht führen)* chercher à impressionner [*o* à faire illusion]

Blendenautomatik *f* mise *f* au point automatique

blendend I. *Adj Laune, Stimmung* excellent(e); **eine** ~ **e Erscheinung sein** éblouir tout le monde par son allure
II. *Adv* ❶ *(großartig)* merveilleusement bien; ~ **aussehen** avoir une mine resplendissante
❷ *(strahlend)* ~ **weiß** d'un blanc éclatant

blendendweiß^{ALT} *s.* blendend II.❷

Blender(in) <-s, -> *m(f)* charlatan *m*

blendfrei *Adj* ❶ *Glas, Bildschirm* antireflet *inv* ❷ *(nicht grell) Beleuchtung* indirect(e) **Blendschutz** *m (gegen Sonne)* pare-soleil *m;* INFORM dispositif *m* anti-éblouissant

Blendschutzzaun *m* barrière *f* anti-éblouissante

Blendung <-, -en> *f* aveuglement *m*

Blendwerk *nt kein Pl liter* imposture *f*

Blesse ['blɛsə] <-, -n> *f* tache *f* blanche; *(sternförmig)* étoile *f*

Blesshuhn^{RR} *nt* ZOOL foulque *f*

Blessur [blɛˈsuːɐ̯] <-, -en> *f geh* blessure *f* [légère]; *(von einer Stoßwaffe verursacht)* blessure *f* [légère]

blich *Imp von* bleichen

Blick [blɪk] <-[e]s, -e> *m* ❶ *(das Schauen)* regard *m;* (flüchtig)

coup *m* d'œil; **einen** ~ **auf jdn/etw werfen** jeter un coup d'œil sur qn/qc; ~ **e wechseln** échanger des regards; **er wollte ihren** ~ **erwidern/ihrem** ~ **ausweichen** il avait envie de répondre à son regard/d'éviter son regard; **sich jds** ~ **en entziehen** *geh* se soustraire aux regards de qn *(littér);* **jdn keines** ~ **es würdigen** *geh* ne pas daigner honorer qn d'un regard *(soutenu)*
❷ *(Augen)* **den** ~ **heben/senken** lever/baisser les yeux; **den** ~ **auf jdn/etw heften** *geh* fixer qn/qc du regard, fixer son regard sur qn/qc; **alle** ~ **e auf sich** *(Akk)* **ziehen** attirer tous les regards [sur soi]
❸ *kein Pl (Augenausdruck)* regard *m*
❹ *kein Pl (Ausblick)* vue *f;* **von hier aus fällt der** ~ **auf den Dom** d'ici on a vue sur la cathédrale; **mit** ~ **auf die Stadt** avec vue sur la ville
❺ *kein Pl (Urteilskraft)* coup *m* d'œil; **mit sicherem** ~ d'un coup d'œil sûr; **einen** [**guten**] ~ **für etw haben** avoir l'œil pour qc; **keinen** ~ **für etw haben** ne pas avoir le coup d'œil pour qc
❻ *(Hinblick, Hinsicht)* **mit** ~ **auf die kommenden Wahlen** eu égard aux prochaines élections
▶ **einen** ~ **hinter die Kulissen werfen** jeter un œil derrière les coulisses; **den bösen** ~ **haben** avoir le mauvais œil; **wenn** ~ **e töten könnten!** *fam* si ses/tes/... yeux étaient des révolvers! *(fam);* **jdn/etw mit** ~ **en verschlingen** dévorer qn/qc du regard; **auf den ersten** ~ *(sofort)* du premier coup d'œil; *(beim ersten flüchtigen Hinsehen)* à première vue; **auf den zweiten** ~ en [y] regardant de plus près; **auf einen** ~**, mit einem** ~ d'un [seul] coup d'œil

blicken ['blɪkən] I. *itr V* ❶ *(sehen)* regarder; **auf jdn/etw** ~ regarder qn/qc; **aus dem Fenster/zur Seite/nach hinten** ~ regarder de la fenêtre/sur le côté/derrière
❷ *geh (dreinblicken)* **böse/erstaunt/streng** ~ regarder d'un air méchant/étonné/sévère; **freudig/unschlüssig** ~ avoir l'air heureux(-euse)/indécis(e)
II. *tr V* ❶ **sich** ~ **lassen** se montrer; **sich bei jdm** ~ **lassen** faire son apparition chez qn, aller voir qn; **sich bei jdm/einer Vorstellung nicht** ~ **lassen** ne pas aller chez qn/à une séance; **sich bei jdm/in der Schule nicht mehr** ~ **lassen** ne plus mettre les pieds chez qn/à l'école *(fam);* **lass dich doch mal bei uns** ~**!** viens donc nous voir!; **lass dich** [**hier**] **ja nicht mehr** ~**!** ne remets plus jamais les pieds ici! *(fam)*
❷ *sl (begreifen)* **etw** ~ piger qc *(fam);* **sie hat das sofort geblickt** elle a tout de suite pigé *(fam)*

Blickfang *m* point *m* de mire **Blickfeld** *nt* champ *m* de vision; **in jds** ~ **geraten** apparaître dans le champ de vision de qn; **aus dem** ~ **verschwinden** disparaître du champ de vision ▶ **jdn/etw ins** ~ **rücken** occuper le devant de la scène, devenir le point de mire de tous **Blickkontakt** *m* contact *m* visuel; ~ **haben** se regarder; **mit jdm** ~ **haben** regarder qn dans les yeux **Blickpunkt** *m* point *m* de vue; **vom politischen** ~ **aus** [**betrachtet**] du [*o* d'un] point de vue politique ▶ **im** ~ [**der Öffentlichkeit**] **stehen** occuper le devant de la scène, être le point de mire de tous **Blickrichtung** *f*
❶ *(beim Schauen)* direction *f* [du regard]; **in** ~ [**nach**] **Westen** direction ouest ❷ *(Richtung der Gedanken)* ligne *f* de vision **Blickwinkel** *m* angle *m;* **aus diesem** [*o* **unter diesem**] ~ **sous cet angle**

blieb [bliːp] *Imp von* bleiben

blies [bliːs] *Imp von* blasen

blind [blɪnt] I. *Adj* ❶ aveugle; **auf einem Auge/dem rechten Auge** ~ **sein** être aveugle d'un œil/de l'œil droit; **von Geburt** [**an**] ~ **sein** être aveugle de naissance; **ich bin doch nicht** ~**!** *fam* je ne suis [quand même] pas aveugle! *(fam);* **bist du** ~**?** *fam* t'es aveugle ou quoi? *(fam)*
❷ *(unkritisch)* aveugle; **für etw** ~ **sein** être aveugle à qc
❸ *(wahllos) Schicksal* aveugle; **es war der** ~ **e Zufall** c'était le pur hasard
❹ *(hemmungslos) Eifersucht, Hass, Wut* aveugle; **vor Wut** *(Dat)* ~ **sein** être aveuglé(e) par la colère
❺ *(getrübt) Fenster, Metallfläche, Spiegel* mat(e), terni(e)
❻ *(ohne Ausgang)* en cul-de-sac
II. *Adv* ❶ *(wahllos)* au hasard, à l'aveuglette
❷ *(unkritisch) folgen, glauben, gehorchen* aveuglément; **jdm** ~ **vertrauen** avoir une confiance aveugle en qn

Blindband <-bände> *m* maquette *f* **Blindbewerbung** *f* candidature *f* spontanée **Blinddarm** *m* ANAT appendice *m* ~

Blinddarmentzündung *f* appendicite *f;* **eine** ~ **haben/bekommen** avoir une crise d'appendicite **Blinddarmoperation** *f* appendicectomie *f*

Blind Date ['blaɪnt 'deːt] <- [-s], - -s> *nt* rendez-vous *m* avec un inconnu/une inconnue; **ein** ~ **haben** avoir un rendez-vous avec un inconnu/une inconnue

Blinde(r) *f(m) dekl wie Adj* aveugle *mf*
▶ **unter den** ~**n ist der Einäugige König** *Spr.* au royaume des aveugles, les borgnes sont rois; **das sieht doch ein** ~ **r** [**mit dem**

Krückstock]! *fam* ça saute aux yeux! *(fam)*
Blindekuh *kein Art* colin-maillard *m;* ~ |**spielen**| [jouer à] colin-maillard *m*
Blindenhund *m* chien *m* d'aveugle **Blindenschrift** *f* [écriture *f*] braille *m;* **in** ~ en braille
blind|fliegen *itr V unreg + sein* AVIAT voler sans visibilité
Blindflug *m* vol *m* sans visibilité **Blindgänger** ['blɪntɡɛŋə] <-s, -> *m* MIL engin *m* explosif non éclaté **Blindgänger(in)** <-s, -> *m(f) sl* fumiste *mf (fam)* **blindgläubig I.** *Adj* aveugle **II.** *Adv* aveuglément
Blindheit <-> *f kein Pl* cécité *f*
▶ [**wie**] **mit** ~ **geschlagen sein** être [comme] aveugle
Blindlandung *f* atterrissage *m* sans visibilité
blindlings ['blɪntlɪŋs] *Adv* aveuglément
Blindschleiche ['blɪntʃlaɪçə] <-, -n> *f* orvet *m*
blindwütig I. *Adj* aveuglé(e) par la colère
II. *Adv* dans une rage aveugle
blinken ['blɪŋkən] **I.** *itr V* ❶ *Edelstein, Schmuckstück:* scintiller
❷ *(blitzen)* **vor Sauberkeit** ~ *Küche:* étinceler
❸ *(Zeichen geben) Boje, Leuchtturm:* clignoter; [**rechts/links**] ~ *Autofahrer:* mettre son clignotant [à droite/gauche]
II. *tr V* SOS ~ émettre des signaux de S.O.S.; **ein Signal** ~ envoyer des signaux [lumineux]
Blinker <-s, -> *m* ❶ *(an Fahrzeugen)* clignotant *m;* **den** ~ **betätigen** allumer son clignotant
❷ *(Angelköder)* cuillère *f*
Blinkfeuer *nt* feu *m* clignotant **Blinklicht** *nt* ❶ *(Signal)* feu *m* clignotant ❷ *fam (Blinkleuchte)* clignotant *m* **Blinkzeichen** *nt* signal *m* optique; ~ **geben** faire des signaux lumineux
blinzeln ['blɪntsəln] *itr V* cligner des yeux; *(zwinkern)* faire un clin d'œil
Blister ['blɪstɐ] *m,* **Blisterpackung** *f* blister *m*
Blitz [blɪts] <-es, -e> *m* ❶ éclair *m; (Blitzschlag)* foudre *f;* **vom** ~ **getroffen werden** être frappé(e) par la foudre; **vom** ~ **erschlagen werden** être foudroyé(e)
❷ *(das Aufblitzen)* éclair *m*
❸ PHOT flash *m*
▶ **wie ein** ~ **aus heiterem Himmel** comme un coup de tonnerre; **wie ein geölter** ~ *fam* comme une flèche *(fam);* **wie vom getroffen** [*o* **gerührt**] comme foudroyé(e), comme frappé(e) par la foudre; **wie ein** ~ **einschlagen** faire l'effet d'une bombe; **wie der** ~ *fam* comme un éclair
Blitzableiter <-s, -> *m* ❶ paratonnerre *m* ❷ *fig* souffre-douleur *m inv* **Blitzaktion** *f* opération *f* éclair **blitzartig I.** *Adj* d'une rapidité foudroyante **II.** *Adv* en un éclair **blitzblank** *Adj fam* nickel *inv (fam);* **etw** ~ **polieren** faire briller qc; **etw** ~ **putzen** astiquer *m* fond qc
blitzen ['blɪtsən] **I.** *itr V unpers* **es blitzt** il y a des éclairs; **hat es da nicht geblitzt?** il n'y a pas eu un éclair?
II. *itr V* ❶ *(strahlen)* étinceler, briller
❷ *(sichtbar werden)* **aus ihren Augen blitzt Zorn** ses yeux flamboient de colère
III. *tr V fam* [**jdn/etw**] ~ photographier [qn/qc] au flash; **geblitzt werden** *Autofahrer:* se faire prendre par un radar
Blitzesschnelle in [*o* **mit**] ~ à une vitesse foudroyante; **etw in** ~ **erledigen** accomplir qc en un éclair
Blitzgerät *nt* radar *m* **blitzgescheit** *Adj fam* super-intelligent(e) *(fam)* **Blitzkarriere** [-karie:rə] *f* carrière *f* fulgurante **Blitzkrieg** *m* MIL guerre *f* éclair **Blitzlicht** *nt* flash *m;* **mit** ~ avec un flash **Blitzlichtbirne** *f* ampoule *f* de flash **Blitzlichtgewitter** *nt fam* crépitement *m* des flash[e]s **Blitzlichtwürfel** *m* flash-cube *m* **blitzsauber** *s.* blitz[e]blank **Blitzschlag** *m* foudre *f;* **vom** ~ **getroffen** frappé(e) par la foudre **blitzschnell** *s.* blitzartig **Blitzstrahl** *m geh* éclair *m* **Blitzumfrage** *f* sondage *m* éclair
Blizzard ['blɪzɐt] <-s, -s> *m* blizzard *m*
Block[1] [blɔk, *Pl:* blœka] <-[e]s, **Blöcke**> *m* ❶ *(Quader)* bloc *m; (aus Schokolade)* plaque *f;* **ein** ~ **aus Granit** un bloc de granit
Block[2] <-[e]s, **Blöcke** *o* -s> *m* ❶ *(Häuserblock)* pâté *m* de maisons; *(großes Mietshaus)* bloc *m*
❷ *(Schreibblock)* bloc *m; (Notizblock)* bloc-notes *m; (Fahrkartenblock)* carnet *m*
❸ POL bloc *m*
❹ *(Kernreaktorblock)* réacteur *m*
blocken *tr V* SPORT *(sperren)* bloquer; *Boxer:* contrer
Blockbuster ['blɔkbastɐ] <-s, -> *m* blockbuster *m* **Blockflöte** *f* flûte *f* à bec **blockfrei** *Adj* non-aligné(e); **die** ~**en Staaten** les

États non-alignés **Blockfreiheit** *f* non-alignement *m* **Blockhaus** *nt* cabane *f* en rondins
blockieren* I. *tr V* bloquer; couper *Stromzufuhr*
II. *itr V* Bremsen, Lenkung, Rad: [se] bloquer
Blockpartei *f* parti appartenant à un bloc politique **Blocksatz** *m* composition *f* en carré **Blockschokolade** *f* chocolat *m* à cuire **Blockschrift** *f* caractères *mpl* d'imprimerie **Blockunterricht** *m kein Pl* cours *mpl* regroupés **Blockwart** <-[e]s, -e> *m* HIST gardien(ne) d'immeuble chargé(e) d'espionner ses concitoyens pendant la période nazie
blöd [blø:t] *fam,* **blöde** ['blø:də] *fam* **I.** *Adj* ❶ *(dumm)* idiot(e), stupide; **so ein ~er Kerl!** quel [pauvre] idiot! *(fam)*
❷ *(unangenehm) Situation* embêtant(e) *(fam);* **ein ~es Gefühl** une drôle d'impression; **so ein ~es Wetter!** quel fichu temps! *(fam);* **zu** ~! c'est con! *(fam)*
II. *Adv* comme un idiot/une idiote; **gucken** bêtement; **sich verhalten comme ein manche** *(fam);* **sich** ~ **anstellen** s'y prendre bêtement; ~ **fragen** poser une question idiote/des questions idiotes
Blödelei <-, -en> *f fam* ❶ *kein Pl (das Blödeln)* idioties *fpl,* conneries *fpl (fam)*
❷ *(Bemerkung)* bêtises *fpl;* **nichts als ~en im Sinn haben** ne penser qu'à déconner *(fam)*
blödeln ['blø:dəln] *itr V fam* déconner *(fam)*
blöderweise ['blø:dɐvaɪzə] *Adv fam* bêtement
Blödhammel *m fam* abruti *m (fam)*
Blödheit <-, -en> *f fam* connerie *f (fam)*
Blödian ['blø:dia:n] <-[e]s, -e> *m,* **Blödmann** <-männer> *m fam* imbécile *m (fam)*
Blödsinn *m kein Pl pej fam* bêtise *f;* **nichts als** ~ **im Kopf haben** ne penser qu'à faire des bêtises [*o* des conneries *fam*]; **das ist doch** ~! c'est complètement idiot!; **machen Sie keinen** ~! ne faites pas de bêtises [*o* de conneries *fam*]!
blödsinnig *Adj pej fam* Idee, Plan, Vorschlag stupide; **so etwas Blödsinniges!** quelle connerie! *(fam)*
Blog [blɔk] <-s, -s> *nt o m* INFORM blog *m,* blogue *m*
bloggen ['blɔɡən] *itr V* INFORM bloguer
Blogger(in) ['blɔɡɐ] <-s, -> *m(f)* INFORM blogueur(-euse) *m(f)*
blöken ['blø:kən] *itr V* bêler
blond [blɔnt] *Adj Person, Haare* blond(e); ~ **gelockt** blond(e) bouclé(e); **viele ~e Menschen** beaucoup de blonds; **sich (Dat) die Haare ~ färben** se teindre les cheveux en blond
Blond <-s> *nt* blond *m*
Blonde(r) *f(m) dekl wie Adj* blond(e) *m(f)*
blondgelockt *s.* blond
blondieren* *tr V* **die Haare** ~ teindre les cheveux en blond
Blondine [blɔn'di:nə] <-, -n> *f* blonde *f*
bloß [blo:s] **I.** *Adj* ❶ *(unbedeckt) Kopf, Arm, Schulter* nu(e); **etw mit ~en Armen/Händen tun** faire qc à bras nus/mains nues; **mit ~em Oberkörper/~en Füßen arbeiten** travailler torse nu/pieds nus; **etw auf der ~en Haut tragen** porter qc à même la peau; **auf der ~en Erde** à même le sol
❷ *attr (alleinig) Neid, Dummheit* pur(e); **bei der ~en Vorstellung, dass** rien qu'à la pensée que *+ cond;* **schon der ~e Gedanke/Anblick war schlimm** la simple pensée/vue était terrible; **er kam mit dem ~en Schrecken davon** il en fut quitte pour la peur
II. *Adv fam* ❶ *(nur)* simplement, seulement; **nicht** ~ **heute, sondern auch in Zukunft** pas seulement aujourd'hui, mais aussi à l'avenir
❷ *(eine Frage oder Aufforderung verstärkend)* **was hat sie ~?** qu'est-ce qui lui prend?; **hör** ~ **auf damit!** arrête donc!
Blöße [blø:sə] <-, -n> *f geh (Nacktheit)* nudité *f*
▶ **sich (Dat) eine/keine** ~ **geben** montrer/ne pas montrer son point faible
bloß|legen *tr V* ❶ *(ausgraben)* dégager ❷ *(enthüllen)* dévoiler **bloß|liegen** *itr V unreg + sein* être mis(e) à nu; **unter der Wunde lag der Knochen bloß** dans la plaie, l'os était à vif **bloß|stellen I.** *tr V* couvrir de ridicule, ridiculiser; **jdn ~ couvrir** qn de ridicule, ridiculiser qn **II.** *r V* **sich** ~ se couvrir de ridicule **bloß|strampeln** *r V* **sich** ~ se découvrir [en s'agitant]
Blouson [blu'zɔ̃:] <-[s], -s> *m o nt* blouson *m*
blubbern ['blʊbɐn] *itr V fam* gargouiller
Blücher ['blyçɐ] ▶ **rangehen wie** ~ *fam* ne pas y aller par quatre chemins *(fam)*
Bluejeans ['blu:dʒi:ns] *Pl* blue-jean *m,* blue-jeans *mpl*
Blues [blu:s] <-, -> *m (Musik)* blues *m; (Tanz)* slow *m*
Bluetooth® ['blu:tu:θ] <-[s]> *m o nt* TELEC Bluetooth® *m*
Bluff [blʊf] <-[e]s, -s> *m* bluff *m;* **auf einen** ~ **hereinfallen** se faire bluffer *(fam);* **das ist doch sicher nur ein** ~! c'est sûrement du bluff!
bluffen ['blʊfən, 'blœfən] *tr, itr V fam* bluffer *(fam)*
blühen ['bly:ən] *itr V* ❶ *Pflanze: Garten, Park:* être en fleurs; **rot/rosa/gelb** ~ avoir des fleurs rouges/roses/jaunes; **zum Blühen kommen** fleurir; **es blüht überall** tout est en fleurs [*o* fleuri]

② *(florieren)* être florissant(e)
③ *fam (bevorstehen)* **ihm blüht ein Prozess** un procès lui pend au nez *(fam)*; **dann blüht dir aber was!** tu vas prendre quelque chose! *(fam)*; **das kann mir auch noch ~!** ça me pend au nez! *(fam)*
blühend ['bly:ənt] *Adj* ① *Pflanze, Garten* en fleur[s]
② *(sehr gut) Gesichtsfarbe, Gesundheit* florissant(e); **ein ~es Aussehen** une mine resplendissante
③ *(florierend)* florissant(e)
④ *(ausufernd) Unsinn, Phantasie* délirant(e) *(fam)*
Blümchen <-s, -> *nt Dim von* **Blume** ① petite fleur *f*
② *(Blümchenmuster)* fleur *f*; **mit kleinen/blauen ~ gemustert** imprimé(e) à petites fleurs/à fleurs bleues
Blume ['blu:mə] <-, -n> *f* ① *(Blüte, Pflanze)* fleur *f*; **die ~n gießen** arroser les fleurs
② *(Duftnote) des Weins, Weinbrands* bouquet *m*
③ *(Bierschaum)* mousse *f*
▶ **die blaue ~** LITER la fleur bleue; **etw durch die ~ sagen,** etw **durch die ~ zu verstehen geben** faire comprendre qc à demi-mot; **danke für die ~!** *iron* merci pour les fleurs!
Blumenbank <-bänke> *f (Fensterbank)* rebord *m* de fenêtre garni de plantes; *(Möbelstück)* porte-fleurs *m* **Blumenbeet** *nt* parterre *m* [de fleurs] **Blumendraht** *m* fil *m* à lier les fleurs **Blumendünger** *m* engrais *m* pour fleurs **Blumenerde** *f* terreau *m* **Blumenfrau** *f* marchande *f* de fleurs **Blumengeschäft** *nt* magasin *m* de fleurs; **blumengeschmückt** *Adj* fleuri(e) **Blumenhändler(in)** *m(f)* fleuriste *mf* **Blumenkasten** *m* jardinière *f* [de fleurs] **Blumenkohl** *m* chou-fleur *m* **Blumenkorso** *m* corso *m* fleuri **Blumenladen** *m* fleuriste *m* **Blumenmädchen** *nt* bouquetière *f* **Blumenmuster** *nt* motif *m* fleuri [*o* à fleurs] **Blumenständer** *m* jardinière *f* **Blumenstock** *m* plante *f* à fleurs **Blumenstrauß** <-sträuße> *m* bouquet *m* [de fleurs] **Blumentopf** *m* ① *(Topf)* pot *m* à fleurs ② *(Topfpflanze)* pot *m* de fleurs ▶ **damit kannst du keinen ~ gewinnen** *fam* tu ne vas pas récolter grand-chose *(fam)* **Blumenvase** [-va:-] *f* vase *m* **Blumenzwiebel** *f* bulbe *m*
blumig ['blu:mɪç] **I.** *Adj* ① *Parfüm, Seife* fleuri(e); *Wein* bouqueté(e)
② *(verschnörkelt) Stil, Sprache, Vergleich* fleuri(e)
II. *Adv* **sich ~ ausdrücken** utiliser un langage fleuri
Blunze <-, -n>, **Blunzen** <-, -> *f A fam (Blutwurst)* boudin *m* noir
Blu-ray Disc® ['blu:re: dɪsk, blu're: dɪsk] <- -, - -s> *f* TELEC disque *m* Blu-ray®
Bluse ['blu:zə] <-, -n> *f (mit Kragen)* chemisier *m*; *(Hemdbluse)* chemise *f*; *(elegant geschnitten)* corsage *m*
▶ **ganz schön/ was in der ~ haben** *sl* avoir une belle paire d'amortisseurs *(arg)*
Blut [blu:t] <-[e]s> *nt* ① sang *m*; **jdm ~ abnehmen** faire une prise de sang à qn; **~ spenden** donner son sang; **ihr steigt [*o* schießt] das ~ in den Kopf** le sang lui monte à la tête; **es ist viel ~ geflossen** le sang a coulé; **es wurde viel ~ vergossen** le sang a coulé abondamment
② *(Geblüt, Erbe)* sang *m*
▶ **jdm stockt das ~ in den Adern** le sang de qn se glace dans ses veines; **~ und Wasser schwitzen** *fam* avoir des sueurs froides *(fam)*; *(sich sehr anstrengen müssen)* suer sang et eau *(fam)*; **blaues ~ in den Adern haben** être de sang bleu; **das macht** [*o* schafft] [*o* gibt] **böses ~** cela crée des rancœurs; **frisches ~** du sang frais; **heißes** [*o* feuriges] **~ haben** avoir le sang chaud; **kaltes ~ bewahren** garder son sang-froid; **[nur] ruhig ~!** du calme!; **das geht [einem] ins ~** cela [vous] fouette le sang; **jd hat ~ geleckt** qn y a pris goût; **jd hat etw im ~, etw liegt jdm im ~** qn a qc dans le sang; **bis aufs ~** *aussauger, bekämpfen* jusqu'à la mort; *reizen, peinigen* à mort *(fam)*
Blutabnahme *f* prise *f* de sang **Blutalkohol[gehalt]** *m* [taux *m* d']alcoolémie *f* **Blutandrang** *m* congestion *f*; **blutarm** *Adj* anémié(e), anémique **Blutarmut** *f* anémie *f* **Blutbad** *nt* bain *m* de sang; **ein ~ anrichten** faire un carnage **Blutbahn** *f* circuit *m* sanguin; **direkt in die ~ gelangen** passer directement dans le sang **Blutbank** <-banken> *f* banque *f* du sang; **blutbefleckt** *Adj* taché(e) de sang **blutbeschmiert** *Adj* couvert(e) de sang **Blutbild** *nt* formule *f* sanguine; **bei jdm ein ~ machen** faire un examen de la formule sanguine de qn **Blutblase** *f* ampoule *f* remplie de sang **Blutbuche** *f* BOT hêtre *m* rouge **Blutdruck** *m* tension *f* [artérielle]; **hoher/niedriger ~** hypertension *f*/hypotension *f*; **bei jdm den ~ messen** prendre la tension de qn; **zu hohen/niedrigen ~ haben** faire de l'hypertension/l'hypotension **Blutdruckmesser** *m* tensiomètre *m*
blutdrucksenkend I. *Adj* hypotenseur(-euse); **ein ~es Mittel** un hypotenseur
II. *Adv* [leicht/stark] **~ wirken** avoir un effet [légèrement/fortement] hypotenseur
Blüte ['bly:tə] <-, -n> *f* ① *einer Pflanze* fleur *f*; **~n treiben** fleurir; **die ersten ~n treiben** commencer à fleurir

② *kein Pl (das Blühen)* floraison *f*; **in [hoher/voller] ~ stehen** *Baum:* être en [pleine] floraison
③ *fam (falsche Banknote)* faux billet *m*
④ *kein Pl geh (Höhepunkt)* apogée *m*; **eine wirtschaftliche ~ erleben** *Land:* connaître une période de prospérité
▶ **in der ~ seiner/ihrer Jahre** dans la fleur de l'âge; **merkwürdige** [*o* seltsame] **~n treiben** prendre des dimensions curieuses
Blutegel ['blu:tʔe:gəl] *m* sangsue *f*
bluten ['blu:tən] *itr V* saigner; **an der Hand/aus dem Mund ~** saigner à la main/de la bouche; **meine Nase blutet** je saigne du nez
▶ **jd muss/soll ~** *fam* qn doit casquer *(fam)*; **er musste ganz schön ~** *fam* il a dû casquer un max *(fam)*
Blütenblatt *nt* pétale *m* **Blütenhonig** *m* miel *m* de fleurs **Blütenkelch** *m* calice *m* **Blütenknospe** *f* bouton *m* [de fleur] **Blütenstand** *m* inflorescence *f* **Blütenstaub** *m* pollen *m*
blütenweiß *Adj* d'une blancheur éclatante **Blütenzweig** *m* rameau *m* en fleurs
Bluter ['blu:te] <-s, -> *m* hémophile *m*
Bluterguss^RR ['blu:tʔegʊs] *m* hématome *m*
Bluterkrankheit ['blu:te-] *f* hémophilie *f*
Blütezeit ① *(Zeit des Blühens)* floraison *f*
② *(Zeit hoher Blüte) einer Kultur, Zivilisation* prospérité *f*
Blutfarbstoff *m* hémoglobine *f* **Blutfett** *nt* cholestérol *m* **Blutfleck** *m* tache *f* de sang **Blutgefäß** *nt* vaisseau *m* sanguin **Blutgerinnsel** *nt* caillot *m* [de sang] **Blutgerinnung** *f* coagulation *f*; **blutgierig** *Adj geh* sanguinaire **Blutgruppe** *f* groupe *m* sanguin; **jds ~ bestimmen** déterminer le groupe sanguin de qn; [die] **~ A haben** être du groupe A; **welche ~ haben Sie?** quel est votre groupe sanguin? **Blutgruppenbestimmung** *f* détermination *f* du groupe sanguin **Bluthochdruck** *m* hypertension *f*; **~ haben** faire de l'hypertension; **an ~ leiden** souffrir d'hypertension; **Patienten mit ~** les malades qui font de l'hypertension **Bluthund** *m* limier *m* ▶ **ein ~ sein** être un monstre sanguinaire
blutig *Adj* ① *(blutend) Hand, Nase* en sang, ensanglanté(e)
② *(blutbefleckt) Wäschestück, Kleidungsstück* taché(e) de sang; **~ sein** être plein(e) de sang
③ GASTR saignant(e)
④ *(grausam) Schlacht* sanglant(e)
⑤ *fam (völlig)* **ein ~er Anfänger** un novice complet *(fam)*; **ein ~er Anfänger sein** être totalement novice
blutjung *Adj* tout [*o* toute] jeune **Blutkonserve** [-və] *f* poche *f* de sang *(destinée à la transfusion)* **Blutkörperchen** ['blu:tkœrpeçən] *nt* globule *m*; [rotes/weißes] **~** globule *m* [rouge/blanc] **Blutkrebs** *m* leucémie *f* **Blutkreislauf** *m* circulation *f* sanguine **Blutlache** *f* mare *f* de sang **blutleer** *Adj* MED *Gesicht, Kopf* exsangue **Blutorange** [-ōrāʒə, -orãʒə] *f* sanguine *f* **Blutplasma** *nt* plasma *m* sanguin **Blutplättchen** ['blu:tplɛtçən] <-s, -> *nt* plaquette *f* [sanguine] **Blutprobe** *f* prise *f* de sang; **bei jdm eine ~ machen** faire une prise de sang à qn **Blutrache** *f* vendetta *f* **Blutrausch** *m* frénésie *f* meurtrière; [wie] **im ~** dans un accès de folie meurtrière **blutreinigend I.** *Adj* MED dépuratif(-ive) **II.** *Adv* MED **~ wirken** avoir un effet dépuratif **blutrot** *liter Adj* rouge sang *inv*; **~e Fingernägel** des ongles *mpl* rouge sang; **der Abendhimmel war ~ gefärbt** le soleil ensanglantait le crépuscule *(poét)*
blutrünstig ['blu:trʏnstɪç] *Adj* sanguinaire, assoiffé(e) de sang
Blutsauger *m (Insekt)* suceur *m* de sang
Blutsauger(in) *m(f)* suceur(-euse) *m(f)* de sang, vampire *m*
Blutsbruder *m* frère *m* de sang **Blutsbrüderschaft** *f* pacte *m* du sang
Blutschande *f* inceste *m* **Blutschuld** *f liter* faute *f* capitale; [eine] **~ auf sich** *(Akk)* **laden** se rendre coupable d'une faute capitale **Blutschwamm** *m* MED tache de vin *f* **Blutsenkung** *f* MED sédimentation *f* du sang; **eine ~ machen** contrôler la vitesse de sédimentation du sang **Blutserum** *nt* sérum *m* sanguin **Blutspende** *f* don *m* du sang **Blutspenden** <-s> *nt* don *m* du sang **Blutspender(in)** *m(f)* donneur(-euse) *m(f)* de sang **Blutspur** *f* trace *f* de sang **blutstillend I.** *Adj* hémostatique; **ein ~es Mittel** un hémostatique **II.** *Adv* **~ wirken** avoir un effet hémostatique
Blutstropfen *m* goutte *f* de sang
Blutstuhl *m* MED selles *fpl* sanglantes **Blutsturz** *m* MED hémorragie *f*
blutsverwandt *Adj* consanguin(e) **Blutsverwandte(r)** *f(m) dekl wie Adj* consanguin(e) *m(f)* **Blutsverwandtschaft** *f* consanguinité *f*
Bluttat ['blu:tta:t] *f geh* assassinat *m* **Bluttransfusion** *f* transfusion *f* sanguine; **an jdm eine ~ vornehmen** faire une transfusion à qn **blutüberströmt** ['blu:ty:bɐ(')strø:mt] *Adj* tout ensanglanté(e); **~ auf dem Boden liegen** baigner dans son sang à même le sol **Blutübertragung** *s.* **Bluttransfusion**
Blutung <-, -en> *f* ① saignement *m*; **innere ~en** hémorragie *f*

interne ❷ *(Monatsblutung)* règles *fpl*
blutunterlaufen ['bluːtʊntɐ(ʔ)laʊfən] *Adj* Augen injecté(e) de sang; **eine ~e Stelle** une ecchymose **Blutuntersuchung** *f* analyse *f* de sang; **eine ~ durchführen** procéder à une analyse de sang; **an jdm eine ~ vornehmen** faire une analyse de sang à qn **Blutvergießen** <-s> *nt geh* effusion *f* de sang *souvent pl (soutenu)* **Blutvergiftung** *f* empoisonnement *m* du sang **Blutverlust** *m* perte *f* de sang **Blutwäsche** *f* MED hémodialyse *f* **Blutwurst** *f* boudin *m* [noir] **Blutzirkulation** *f* MED circulation *f* du sang **Blutzoll** *m geh* tribut *m* en vies humaines **Blutzucker** *m* glycémie *f* **Blutzuckerspiegel** *m* taux *m* de glycémie **Blutzuckerwert** *m* MED glycémie *f* **Blutzufuhr** *f* irrigation *f*; **die ~ zum Gehirn** l'irrigation du cerveau
BLZ [beːʔɛlˈtsɛt] *Abk von* **Bankleitzahl** code *m* banque
b-Moll ['beː-] *nt* si *m* bémol mineur
BMX-Rad [beːʔɛmˈʔɪksraːt] *nt* bicross *m*
BND [beːʔɛnˈdeː] <-> *m Abk von* **Bundesnachrichtendienst** service *m* de renseignements fédéral allemand
Bö [bøː] <-, -en> *f* rafale *f*
Boa [ˈboːa] <-, -s> *f* ZOOL, COUT boa *m*
boarden [ˈboːɐdən] *tr V + haben o sein (Snowboard fahren)* faire du snowboard, faire du surf des neiges
Bob [bɔp] <-s, -s> *m* bob[sleigh] *m*
Bobbahn *f* piste *f* de bob[sleigh] **Bobfahrer(in)** *m(f)* bobeur(-euse) *m(f)* **Bobsport** *m kein Pl* bobsleigh *m*
Boccia [ˈbɔtʃa] <-, -s> *nt o f* jeu *m* de boules
Bock[1] [bɔk, *Pl:* ˈbœkə] <-[e]s, Böcke> *m* ❶ *(Schafbock)* bélier *m*; *(Ziegenbock)* bouc *m*; *(Rehbock)* chevreuil *m*; *(Rammler)* bouquin *m*
  ❷ *(Untergestell)* tréteau *m*
  ❸ *(Sportgerät)* cheval *m* de bois
  ❹ *fam (Lust)* ~/**keinen ~ auf eine Party haben** avoir/ne pas avoir envie de faire la fête; ~/**keinen ~ haben etw zu tun** avoir/ne pas avoir envie de faire qc; **null ~ haben** n'avoir aucune envie
  ❺ *fam (Schimpfwort)* **ein alter ~** un vieux bouc *(fam)*; **ein geiler ~** un chaud lapin *(fam)*; **so ein sturer ~!** quelle tête de mule! *(fam)*
  ❻ *(Kutschbock)* siège *m* du cocher
  ▶ **den ~ zum Gärtner machen** *fam* enfermer le loup dans la bergerie; **die Böcke von den Schafen scheiden** [*o* **trennen**] *fam* mélanger les torchons et les serviettes *(fam)*; **einen** [**kapitalen**] **~ schießen** se planter [complètement] *(fam)*; **stinken wie ein ~** *fam* puer comme un bouc *(fam)*
Bock[2] *s.* **Bockbier**
bockbeinig *Adj fam* têtu(e) comme une mule *(fam)*
Bockbier *nt* bière *f* forte
bocken *itr V fam* ❶ *Person:* faire la tête *(fam); Tier:* refuser d'avancer; **vor etw** *(Dat)* ~ se dérober devant qc
  ❷ *fam (nicht funktionieren) Auto:* avoir un soubresaut/des soubresauts; *Motor:* tousser *(fam)*
bockig *Adj* Erwachsener récalcitrant(e); *Tier* rétif(-ive); **ein ~es Kind** un enfant entêté, une forte tête; **~ sein** *Kind:* être entêté(e), être une forte tête; **sei nicht so ~!** arrête de faire la [*o* ta] mauvaise tête!
Bockleiter *f* échelle *f* double **Bockmist** *m sl (Unsinn)* conneries *fpl (fam)*; ~ **machen** faire une connerie/des conneries *(fam)*
Bocksbeutel *m* ❶ *(Flasche)* bouteille *f* à large panse ressemblant à celle de l'armagnac ❷ *(Wein)* vin *m* de Franconie **Bockshorn** [ˈbɔkshɔrn] ▶ **sich von jdm ins ~ jagen lassen** *fam* se laisser intimider par qn
Bockspringen *nt* SPORT saut *m* au cheval de bois **Bocksprung** *m* ❶ SPORT saut *m* au cheval de bois ❷ *(Sprung über einen Menschen)* saute-mouton *m* **Bockwurst** *f* saucisse *f (réchauffée à l'eau)*
Boden [ˈboːdən, *Pl:* ˈbøːdən] <-s, Böden> *m* ❶ *(Erde, Grundfläche)* sol *m*; **zu ~ fallen/sinken** *Person:* s'effondrer; **zu ~ gehen** aller au tapis; **jdn mit sich zu ~ reißen** entraîner qn au sol avec soi; **jdn zu ~ schlagen** [*o* **strecken** *geh*] envoyer qn au tapis, terrasser qn *(soutenu)*
  ❷ *(Acker)* sol *m*; *(Erdreich)* terre *f*, sol *m*; **aus dem ~ schießen** *Pflanzen:* pousser comme un rien
  ❸ **kein Pl** *(Grund und Boden)* terrain *m*, terres *fpl*
  ❹ *(Territorium)* sol *m*; **auf britischem ~** sur le sol britannique; **den ~ der Heimat betreten** fouler le sol de la patrie
  ❺ *(Fußboden)* sol *m*
  ❻ *(Teppichboden)* moquette *f*
  ❼ NDEUTSCH *(Dachboden)* grenier *m*
  ❽ *(unterster Teil) eines Behälters, Gewässers* fond *m; einer Flasche* cul *m*
  ❾ *(Tortenboden)* fond *m* de tarte
  ❿ *(Grundlage)* base *f*, terrain *m*; **einer S.** *(Dat)* **wird der ~ entzogen** se retrouve dénué(e) de tout fondement
  ▶ [**wieder**] **festen ~ unter den Füßen haben** se [re]trouver sur la terre ferme; **den ~ unter den Füßen verlieren** perdre pied; **jdm den ~ unter den Füßen wegziehen** *(die Existenzgrundlage nehmen)* retirer à qn son gagne-pain; **auf dem ~ der Tatsachen bleiben** s'en tenir aux faits; **auf dem ~ der Wirklichkeit stehen** avoir les pieds sur terre; **bei jdm auf fruchtbaren ~ fallen** *Vorschlag:* trouver une oreille attentive chez qn; **ihm wird der ~ [unter den Füßen] zu heiß** *fam* ça sent le roussi pour qn; **sich auf schwankendem** [*o* **unsicherem**] **~ bewegen** se trouver sur un terrain mouvant; **jdm/einer S. den ~ bereiten** préparer le terrain à qn/qc; **gegenüber jdm/etw an ~ gewinnen/verlieren** gagner/perdre du terrain sur qn/qc; **etw aus dem ~ stampfen** faire sortir qc de terre; **ich könnte vor Scham im ~ versinken** je voudrais disparaître sous terre; **am ~ zerstört sein** *fam (erschöpft sein)* être complètement claqué(e) *(fam); (deprimiert sein)* être complètement abattu(e)
Bodenbelag *m* revêtement *m* du sol **Bodenbelastung** *f* pollution *f* du sol **Bodenbeschaffenheit** *f* nature *f* du sol **Boden-Boden-Rakete** *f* MIL missile *m* sol-sol **Bodendecker** <-s, -> *m* plante *f* couvre-sol **Bodenerhebung** *f* élévation *f* de terrain **Bodenertrag** *m* rendement *m* du sol **Bodenfrost** *m* gelée *f* au sol **Bodenhaftung** *f* adhérence *f* au sol **Bodenkontrollstation** *f* RAUM station *f* au sol **Bodenkunde** *f kein Pl* GEOG pédologie *f*
bodenlos *Adj* ❶ *fam (unerhört)* inouï(e)
  ❷ *(sehr tief) Abgrund* sans fond; **ins Bodenlose fallen** être en chute libre
Boden-Luft-Rakete *f* MIL missile *m* sol-air **Bodennebel** *m* brouillard *m* [au sol] **Bodennutzung** *f* AGR exploitation *f* du sol **Bodenpersonal** *nt* AVIAT personnel *m* au sol **Bodenprobe** *f* AGR échantillon *m* du sol **Bodenreform** *f* réforme *f* agraire **Bodensatz** *m* ❶ dépôt *m*; *(im Kaffee)* marc *m*; *(im Wein)* lie *f* ❷ CHEM *(Sediment)* résidu *m* ❸ *fig (Abschaum)* rebut *m* **Bodenschätze** *Pl* richesses *fpl* minières **Bodenschwelle** *f* ralentisseur *m* **Bodensee** *m* **der ~** le lac de Constance **Bodenspekulation** *f* spéculation *f* foncière
bodenständig *Adj* ❶ *(lange ansässig)* autochtone
  ❷ *(fest in einer Region verwurzelt) Person* attaché(e); *Firma* bien établi(e)
  ❸ *(unkompliziert) Person* nature; *Methode* bon(ne) vieux(vieille)
Bodenstation *f* RAUM station *f* au sol **Bodenstreitkräfte** *Pl* MIL forces *fpl* terrestres **Bodenturnen** *nt* gymnastique *f* au sol **Bodenvase** *f* grand vase *m (posé par terre)* **Bodenverschmutzung** *f* pollution *f* du sol **Bodenwelle** *f* dos *m* d'âne
Body [ˈbɔdi] <-s, -s> *m* body *m*
Bodybuilding [ˈbɔdibɪldɪŋ] <-s> *nt* culturisme *m*, body-building *m* **Bodysuit** [ˈbɔdisjuːt] <-[s], -s> *m* body *m*
Böe [ˈbøːə] <-, -n> *f* bourrasque *f*
Bofist [ˈboːfɪst, boˈfɪst] <-s, -e> *m* BIO vesse-de-loup *f*
bog [boːk] *Imp von* **biegen**
Bogen [ˈboːgən, *Pl:* ˈbøːgən] <-s, - *o* Bögen> *m* ❶ **a.** MATH *(Bogenlinie)* arc *m*; **einen ~ machen** *Straße, Fluss:* faire un coude
  ❷ *(Papierbogen)* feuille *f*
  ❸ *(Schusswaffe)* arc *m*
  ❹ MUS *eines Streichinstruments* archet *m*; *(Haltebogen)* [signe *m* de] liaison *f*
  ❺ ARCHIT arc *m*, arceau *m*
  ❻ *(Brückenbogen)* arche *f*
  ▶ **in hohem ~** à la volée; *hinausfliegen, hinauswerfen* à toute volée; **den ~ heraushaben** *fam* avoir trouvé le truc *(fam)*; **einen [großen] ~ um jdn/etw machen** *Person:* éviter qn/qc; **den ~ überspannen** tirer trop sur la ficelle [*o* la corde]
Bogenfenster *nt* fenêtre *f* cintrée
bogenförmig [ˈboːgənfœrmɪç] *Adj* arqué(e)
Bogengang <-gänge> *m* arcades *fpl* **Bogenlampe** *f* lampe *f* à arc **Bogenschießen** *nt* tir *m* à l'arc **Bogenschütze** *m*, -**schützin** *f* archer *m*/archère *f*; SPORT tireur *m*/tireuse *f* à l'arc **Bogensehne** *f* corde *f* de l'arc
Boheme [boˈeːm, boˈɛːm] <-> *f geh* bohème *f*
Bohemien [boeˈmiɛ̃] <-s, -s> *m geh* bohème *mf (vieilli)*
Bohle [ˈboːlə] <-, -n> *f* madrier *m*; *(Eisenbahnbohle)* traverse *f*
Böhme [ˈbøːmə] <-n, -n> *m*, **Böhmin** *f* Bohémien(ne) *m(f)*
Böhmen [ˈbøːmən] <-s> *nt* la Bohême
Böhmin <-, -nen> *f s.* **Böhme**
böhmisch [ˈbøːmɪʃ] *Adj* bohémien(ne)
Bohne [ˈboːnə] <-, -n> *f* ❶ haricot *m*; **grüne/rote/weiße ~n** haricots verts/rouges/blancs; **dicke ~n** fèves *fpl*
  ❷ *(Kaffeebohne)* grain *m* [de café]
  ▶ **du hast wohl ~n in den Ohren!** *fam* t'as les portugaises ensablées! *(fam)*; **nicht die ~!** *fam* [mais] pas du tout!; **das kümmert mich nicht die ~!** je m'en fiche comme de l'an quarante! *(fam)*
Bohneneintopf *m* potée *f* de haricots **Bohnenkaffee** *m* café *m*; *(ungemahlen)* café *m* en grains **Bohnenkraut** *nt* sarriette *f* **Bohnensalat** *m* GASTR salade *f* de haricots **Bohnenstange** *f* ❶ rame *f* ❷ *hum fam (großer Mensch)* grande perche *f (fam)*

Bohnenstroh ▸ **dumm wie ~** *fam* bête à manger du foin *(fam)*
Bohnensuppe *f* soupe *f* aux haricots
Bohner <-s, -> *m*, **Bohnerbesen** *m* cireuse *f*
Bohnermaschine *f* cireuse *f* [électrique]
bohnern ['bo:nɐn] I. *tr V* cirer *Parkett*; **Vorsicht, frisch gebohnert!** attention, parquet ciré!
II. *itr V* passer la cireuse; **das Bohnern** le cirage [du sol]
Bohnerwachs [-vaks] *nt* encaustique *f*, cire *f*
bohren ['bo:rən] I. *tr V* ❶ creuser, forer *Brunnen;* **ein Loch in etw** *(Akk)* **~** percer un trou dans qc
❷ TECH percer *Beton, Holz, Metall*
❸ *(graben)* **einen Gang/ein Loch ~** *Wurm, Insekt:* creuser un passage/un trou
❹ *(hineinstoßen)* **etw in etw** *(Akk)* **~** enfoncer qc dans qc
II. *itr V* ❶ *(stochern)* **in der Nase ~** se mettre les doigts dans le nez; **im Ohr ~** se gratter dans l'oreille
❷ MED *Zahnarzt:* passer la roulette
❸ MIN **nach Bodenschätzen ~** creuser pour trouver des richesses minières
❹ *fam (fragen)* revenir à la charge
❺ *(quälend nagen)* **in jdm ~** *Zweifel:* ronger qn
III. *r V* **sich durch den Fels ~** *Bohrgerät:* [trans]percer le rocher; **sich in die Erde ~** *Speer, Trümmerteile:* se planter dans le sol; **sich in/durch den Körper ~** *Schwert:* s'enfoncer dans le corps
bohrend *Adj Schmerz* lancinant(e); *Zweifel, Ungewissheit* torturant(e); *Frage* pressant(e); *Blick* perçant(e)
Bohrer <-s, -> *m* ❶ *(Bohrmaschine)* perceuse *f*; *(Bohreinsatz)* mèche *f*
❷ *(Handbohrer)* chignole *f*
❸ MED *(Zahnarztbohrer)* fraise *f*
Bohrfeld *nt* champ *m* pétrolifère **Bohrinsel** ['bo:ɐʔɪnzəl] *f* plate-forme *f* de forage [*o* pétrolière] **Bohrloch** *nt* ❶ MIN puits *m* de forage ❷ *(gebohrtes Loch)* trou *m* **Bohrmaschine** *f* perceuse *f* [électrique] **Bohrturm** *m* derrick *m*
Bohrung <-, -en> *f* ❶ *kein Pl (das Bohren)* forage *m;* **eine ~ nach Erdöl** un forage pour trouver du pétrole
❷ *(Bohrloch)* forage *m*
böig ['bø:ɪç] I. *Adj Wetter* venteux(-euse); **~er Wind** vent *m* en rafales
II. *Adv* **~ auffrischen** *Wind:* se rafraîchir en soufflant en rafales
Boiler ['bɔɪlɐ] <-s, -> *m* chauffe-eau *m;* **den ~ anstellen** allumer le chauffe-eau
Boje ['bo:jə] <-, -n> *f* bouée *f*, balise *f*
Bolero [bo'le:ro] <-s, -s> *m* MUS, COUT boléro *m*
Bolivianer(in) [bolivi̯a:nɐ] <-s, -> *m(f)* Bolivien(ne) *m(f)*
bolivianisch *Adj* bolivien(ne)
Bolivien [bo'li:vi̯ən] <-s> *nt* la Bolivie
Böller ['bœlɐ] <-s, -> *m* ❶ MIL petit mortier *m,* crapouillot *m*
❷ *(Feuerwerkskörper)* pétard *m*
bollern *itr V* NDEUTSCH tambouriner; **gegen etw ~** tambouriner contre qc
Böllerschuss[RR] *m* salve *f* d'artillerie, coup *m* de canon
Bollwerk ['bɔlvɛrk] *nt geh* bastion *m*
Bolschewik(in) [bɔlʃe'vɪk] *s.* **Bolschewist**
Bolschewismus [bɔlʃe'vɪsmʊs] <-> *m* HIST bolchevisme *m*
Bolschewist(in) <-en, -en> *m(f)* HIST bolcheviste *mf*, bolchevik *mf*
bolschewistisch *Adj* HIST bolchevique
bolzen ['bɔltsən] *fam* I. *itr V* jouer au foot *(fam)*
II. *tr V* **den Ball an den Pfosten ~** tirer sur le poteau
Bolzen <-s, -> *m* ❶ TECH boulon *m*
❷ *(Geschoss)* flèche *f*
Bolzenschneider *m* coupe-boulon *m*
Bombardement [bɔmbardə'mã:] <-s, -s> *nt* ❶ MIL bombardement *m*
❷ *fig* **ein ~ von Fragen** un feu nourri [*o* une avalanche] de questions
bombardieren* *tr V* ❶ *(mit Bomben)* bombarder; *(mit Granaten)* pilonner
❷ *(überschütten)* **jdn mit Fragen ~** assaillir qn de questions
Bombardierung <-, -en> *f (mit Bomben)* bombardement *m;* *(mit Granaten)* pilonnage *m*
bombastisch [bɔm'bastɪʃ] *pej* I. *Adj* ❶ *(schwülstig)* ronflant(e) *(péj), Sprache* ampoulé(e)
❷ *(pompös)* pompeux(-euse)
II. *Adv* pompeusement
Bombe ['bɔmbə] <-, -n> *f* ❶ MIL bombe *f*
❷ *(Geldbombe)* sacoche *f*
❸ FBALL *fam* boulet *m* de canon *(arg)*
▸ **wie eine ~ einschlagen** faire l'effet d'une bombe
Bombenalarm *m* alerte *f* à la bombe; *(Fliegeralarm)* alerte aérienne **Bombenangriff** *m* bombardement *m* **Bombenanschlag** *m,* **Bombenattentat** *nt* attentat *m* à la bombe

Bombendrohung *f* alerte *f* à la bombe
Bombenerfolg *m fam* succès *m* fou [*o* monstre] *(fam)* **bombenfest** *Adv fam kleben, sitzen* comme du béton *(fam)* **Bombengeschäft** *nt fam* affaire *f* en or; **mit jdm ein ~ machen** faire des affaires juteuses avec qc *(fam)*
bombensicher[1] I. *Adj Bunker* anti-bombe
II. *Adv lagern, unterbringen* à l'abri des bombes
bombensicher[2] *fam* I. *Adj Tipp* absolument sûr(e); **das ist eine ~e Sache** c'est dans la poche *(fam)*
II. *Adv* sûr(e) *(fam)*
Bombensplitter *m* éclat *m* de bombe[s]
Bombenstimmung *f kein Pl fam* ambiance *f* d'enfer *(fam)*
Bombenteppich *m* tapis *m* de bombes; **mit einem ~ belegt werden** subir un déluge de bombes **Bombenterror** *m* attentats *mpl* à la bombe **Bombentrichter** *m* cratère *m* de bombe[s]
Bomber ['bɔmbɐ] <-s, -> *m* fam bombardier *m*
bombig *Adj fam* **eine ~e Stimmung** une ambiance du tonnerre *(fam)*
Bommel ['bɔməl] <-, -n> *f*, <-s, -> *m* DIAL pompon *m*
Bon [bɔŋ, bɔ:] <-s, -s> *m* ❶ *(Kassenzettel)* ticket *m* de caisse
❷ *(Gutschein)* bon *m,* avoir *m*
Bonbon [bɔŋ'bɔŋ, bɔ̃'bɔ̃:] <-s, -s> *nt o m* ❶ *(Süßigkeit)* bonbon *m*
❷ *(Attraktion)* gâterie *f*
bonbonfarben, bonbonfarbig [bɔŋ'bɔŋ-] *Adj* [de] couleur bonbon
Bonbon[n]iere[RR] [bɔ̃bɔ'ni̯e:rə] <-, -n> *f* ❶ *(Behälter)* bonbonnière *f*
❷ *(Pralinenpackung)* boîte *f* de pralines
bongen ['bɔŋən] *tr V fam* enregistrer
▸ **|das ist| gebongt!** *sl* pas de problème! *(fam)*
Bonität [boni'tɛ:t] <-, -en> *f* FIN solvabilité *f*
Bonitätsprüfung *f* FIN examen *m* de solvabilité
Bonmot [bɔ̃'mo:] <-s, -s> *nt geh* mot *m* d'esprit
Bonn [bɔn] <-s> *nt* Bonn
Bonsai [bɔnzai] <-[s], -s> *m* bonsaï *m*
Bonus ['bo:nʊs] <- *o* -ses, - *o* -se *o* Boni> *m* ❶ *(Versicherungsrabatt)* bonus *m*
❷ *(Punktgutschrift)* bonification *f*
❸ *(Vorteil)* bonus *m*
Bonze ['bɔntsə] <-n, -n> *m* ❶ *pej* pontife *m (fam)*
❷ REL bonze *m*
Booklet ['bʊklɪt] <-s, -s> *nt* livret *m*
Bookmark ['bʊkma:k] <-, -s> *f* INFORM signet *m*
Boom [bu:m] <-s, -s> *m a.* BÖRSE boom *m;* **ein ~ bei Antiquitäten** un boom sur les antiquités
boomen ['bu:mən] *itr V* connaître un boom
Boot [bo:t] <-[e]s, -e> *nt* bateau *m;* *(Ruderboot)* barque *f;* *(Segelboot)* voilier *m,* bateau *m* à voiles; **~ fahren** faire du bateau
▸ **wir sitzen alle in einem** [*o* **im selben**] **~** nous sommes tous logés/toutes logées à la même enseigne
Bootdiskette ['bu:t-] *f* INFORM disquette *f* de démarrage
booten ['bu:tən] *tr V* INFORM amorcer; **das Booten** l'amorce *f*
Bootsbauer(in) <-s, -> *m(f)* constructeur(-trice) *m(f)* de bateaux **Bootsfahrt** *f* promenade *f* en bateau **Bootshaus** *nt* hangar *m* à bateaux **Bootslänge** *f* longueur *f* de bateau **Bootsmann** <-leute> *m* NAUT quartier-maître *m;* MIL premier-maître *m* **Bootssteg** *m* ponton *m* **Bootsverleih** *m* location *f* de bateaux **Bootsverleiher(in)** *m(f)* loueur(-euse) *m(f)* de bateaux
Bor [bo:ɐ] <-s> *nt* CHEM bore *m*
Borax ['bo:raks] <-[es]> *m* CHEM borax *m*
Bord[1] [bɔrt] <-[e]s, -e> *m (Schiffsrand)* bord *m;* **an ~ gehen/kommen** monter à bord; **jdn/etw an ~ nehmen** prendre qn/qc à [son] bord; **an ~ sein** être à bord; **von ~ gehen** débarquer; **über ~ gehen** passer par-dessus bord; **frei an ~** franco à bord
▸ **etw über ~ werfen** jeter qc par-dessus bord; *fig* mettre qc au panier
Bord[2] [bɔrt, *Pl:* 'bɔrdə] <-[e]s, -e> *nt (Wandbrett)* tablette *f*
Bordbuch *nt* journal *m* de bord **Bordcomputer** [-kɔmpju:tɐ] *m* ordinateur *m* de bord
Bordell [bɔr'dɛl] <-s, -e> *nt* maison *f* close
Bordfunk *m* radio *f* de bord **Bordfunker(in)** *m(f)* NAUT, AVIAT radio *m* [de bord] **Bordkarte** *f* carte *f* d'embarquement **Bordpersonal** *nt* AVIAT équipage *m*
Bordstein *m* bordure *f* de trottoir ▸ **den ~ mitnehmen** *fam* se payer la bordure *(fam)* **Bordsteinkante** *f* bordure *f* de trottoir
Bordüre [bɔr'dy:rə] <-, -n> *f* bordure *f*, galon *m*
Bordwaffen *Pl* armes *fpl* de bord **Bordwand** *f eines Schiffs* bordage *m; eines Flugzeugs* paroi *f* latérale
Borg [bɔrk] **auf ~** à crédit
borgen ['bɔrgən] I. *r V* **sich** *(Dat)* **etw von jdm ~** emprunter qc à qn
II. *tr V* **jdm etw ~** prêter qc à qn
Borke ['bɔrkə] <-, -n> *f* ❶ BOT écorce *f*

② NDEUTSCH *(Schorf)* croûte *f*
Borkenkäfer *m* ZOOL bostryche *m*
Born [bɔrn] <-[e]s, -e> *m poet* ❶ *(Quelle)* fontaine *f*, source *f*
② *(Ursprung)* source *f*
borniert [bɔr'niːɛt] *Adj pej* borné(e)
Bor[r]etsch ['bɔrɛtʃ] <-[e]s> *m* bourrache *f*
Borsalbe *f* vaseline *f* boriquée
Börse ['bœrzə] <-, -n> *f* ❶ *(Wertpapierhandel, Gebäude)* Bourse *f*
② *veraltet (Geldbeutel)* porte-monnaie *m*
Börsenaufsicht *f* surveillance *f* des opérations de Bourse **Börsenauftrag** *m* ordre *m* de Bourse **Börsenaussichten** *Pl* perspectives *fpl* boursières **Börsenbeginn** *m* ouverture *f* de la Bourse; **bei** ~ à l'ouverture **Börsenbericht** *m* bulletin *m* de la Bourse **Börseneinführung** *f*, **Börsengang** <-gänge> *m* introduction *f* en Bourse **Börsengeschäft** *nt* opération *f* boursière **Börsenhandel** *m* commerce *m* boursier **Börsenkrach** *m* krach *m* boursier **Börsenkurs** *m* cours *m* de Bourse **Börsenmakler(in)** *m(f)* agent *m* de change **Börsenneuling** *m (Spekulant, Händler)* novice *m* en Bourse; *(Unternehmen)* entreprise *f* cotée depuis peu **Börsennotierung** *f* cotation *f* en Bourse **Börsenplatz** *m* place *f* boursière **Börsenschluss**^{RR} *m* clôture *f* de la Bourse; **bei** ~ à la clôture **Börsenspekulation** *f* spéculation *f* en Bourse **Börsenstart** *m* FIN introduction *f* en Bourse **Börsentendenz** *f* tendance *f* de la Bourse **Börsentipp**^{RR} *m fam* tuyau *m* boursier *(fam)* **Börsenverkehr** *m* échanges *mpl* boursiers, transactions *fpl* boursières **Börsenwert** *m* valeur *f* boursière **Börsenzulassung** *f* admission *f* à la Bourse
Börsianer(in) [bœr'ziaːnɐ] <-s, -> *m(f) fam* ❶ *(Börsenmakler)* boursier(-ière) *m(f)*
② *(Spekulant)* spéculateur(-trice) *m(f)*; *(Kleinspekulant)* boursicoteur(-euse) *m(f)*
Borste ['bɔrstə] <-, -n> *f* ❶ *einer Bürste* poil *m*; *(fein)* soie *f*
② *(Schweineborste)* soie *f*
③ *Pl hum fam (Kopfhaare)* tifs *mpl (fam)*; *(Barthaare)* barbouze *f (fam)*
Borstenvieh *nt hum fam* ❶ *(einzelnes Schwein)* porc *m*
② *(Schweine)* **das** ~ la gent porcine *(hum)*
borstig *Adj* poilu(e)
Borte ['bɔrtə] <-, -n> *f* bordure *f*, galon *m*
Borwasser *nt* eau *f* boriquée
bös [bøːs] *s.* **böse**
bösartig ['bøːsʔaːɛtɪç] *Adj* ❶ méchant(e)
② MED malin(-igne)
Bösartigkeit <-, -en> *f* ❶ *(Tücke)* méchanceté *f*
② MED malignité *f*
Böschung ['bœʃʊŋ] <-, -en> *f einer Straße, eines Bahndamms* talus *m; eines Flusses, Kanals* berge *f*
böse [bøːzə] **I.** *Adj* ❶ *(übelwollend) Person, Gesichtsausdruck, Grinsen* méchant(e); *Fee* méchant(e) *antéposé; Absicht, Geist* mauvais(e) *antéposé; Kräfte* maléfique
② *fam (unartig)* vilain(e); **du** ~ **s Kind!** sale gosse! *(fam)*
③ *attr (übel, unangenehm) Angelegenheit, Sache* sale *antéposé; Folgen, Konsequenzen* fâcheux(-euse) *antéposé; Streich* mauvais(e) *antéposé*
④ *(verärgert) Gesicht* fâché(e); **auf jdn** ~ **sein** être fâché(e) [*o* en colère] contre qn; **mit jdm** ~ **sein** *fam* être fâché(e) avec qn; **sei** [**mir**] **nicht** ~, **aber ...** ne m'en veux pas, mais ...
❺ *fam (schlimm)* méchant(e) *antéposé (fam)*
II. *Adv* ❶ *(übelwollend)* méchamment; **ich habe es nicht** ~ **gemeint!** je n'ai pas pensé à mal!
② *(schlimm)* ~ **aussehen** *Wunde, Entzündung:* ne pas être beau(belle) [à voir]; **dein Husten hört sich** ~ **an** tu as une méchante toux; **das/es sieht** ~ **für ihn aus** ça se présente mal pour lui; ~ **dran sein** être en mauvaise posture; **das wird** ~ **ausgehen** ça va se terminer mal
③ *fam (sehr) sich blamieren* méchamment *(fam)*
Böse(r) *f(m) dekl wie Adj* ❶ CINE, THEAT méchant(e) *m(f)*
② *geh (Teufel)* **der** ~ le malin
Böse(s) *nt dekl wie Adj* ❶ *a.* REL mal *m;* **das** ~ le mal
② *(Übles)* [etwas] ~ **s** quelque chose de mal; **jdm etwas/nichts** ~ **s antun wollen** vouloir faire du mal/ne vouloir faire rien de mal à qn; **im** ~ **n** [auseinandergehen] [se quitter] fâché(e)s
Bösewicht ['bøːzəvɪçt] <-[e]s, -e *o* -er> *m hum veraltet (Schurke)* gredin *m (vieilli)*
② *hum fam* **na, du kleiner** ~! espèce de petit galopin! *(fam)*
boshaft ['boːshaft] **I.** *Adj Person, Bemerkung, Grinsen* méchant(e)
II. *Adv* méchamment
Bosheit <-, -en> *f* méchanceté *f*; **aus** [**lauter**] ~ **par** [pure] méchanceté
Boskop ['bɔskɔp] <-s, -> *m* boskoop *f*
Bosnien ['bɔsniən] <-s> *nt* la Bosnie
Bosnien-Herzegowina ['bɔsniən-] <-s> *nt* la Bosnie-Herzégovine
Bosnier(in) ['bɔsniɐ] <-s, -> *m(f)* Bosniaque *mf*

bosnisch ['bɔsnɪʃ] *Adj* bosniaque
Bosporus ['bɔspɔrʊs] <-> *m* **der** ~ le Bosphore
Boss^{RR} [bɔs] <-es, -e>, **Boß**^{ALT} <-sses, -sse> *m fam* boss *m (fam)*
böswillig I. *Adj* ❶ *Bemerkung* méchant(e); *Plan* malveillant(e)
② JUR *Absicht, Verlassen* délictueux(-euse)
II. *Adv* avec malveillance; ~ **handeln** agir dans une mauvaise intention
Böswilligkeit <-> *f* méchanceté *f*, malveillance *f*
bot [boːt] *Imp von* **bieten**
Botanik [boˈtaːnɪk] <-> *f* botanique *f*
Botaniker(in) [boˈtaːnikɐ] <-s, -> *m(f)* botaniste *mf*
botanisch I. *Adj* botanique
II. *Adv betrachten* du point de vue botanique
Botanisiertrommel *f* boîte *f* d'herboriste
Bote ['boːtə] <-n, -n> *m*, **Botin** *f* ❶ *(Kurier)* messager(-ère) *m(f)*
② *(Laufbursche)* coursier(-ière) *m(f); einer Kanzlei, Firma* commissionnaire *mf*
③ *liter (Anzeichen)* messager(-ère) *m(f) (littér)*
Botendienst *m* tâche *f* de coursier **Botengang** <-gänge> *m* commission *f*, course *f*; **für jdn einen** ~ **machen** [*o* **erledigen**] faire [*o* effectuer] une course pour qn
Botox ['boːtɔks] <-> *nt* botox *m*
Botox-Behandlung *f* traitement *m* au botox
Botschaft ['boːtʃaft] <-, -en> *f* ❶ *(Gesandtschaft)* ambassade *f*
② *geh (Nachricht)* annonce *f; (Mitteilung, Nachricht)* message *m*
③ *(Aussage) eines Werks* message *m*
▶ **die Frohe** ~ la bonne nouvelle
Botschafter(in) <-s, -> *m(f)* ambassadeur *m*/ambassadrice *f*
Botswana [bɔˈtsvaːna] <-s> *nt* le Botswana
Botswaner(in) [bɔˈtsvaːnɐ] <-s, -> *m(f)* Botswanais(e) *m(f)*, Botswanéen(ne) *m(f)*
botswanisch *Adj* botswanais(e), botswanéen(ne)
Böttcher(in) ['bœtçɐ] <-s, -> *m(f)* tonnelier(-ière) *m(f)*
Bottich ['bɔtɪç] <-[e]s, -e> *m* baquet *m*, bac *m*
Bouclé [buˈkleː] <-s, -s> *nt (Garn)* bouclette *f; (Wolle)* laine *f* bouclette
Bouillon [bʊlˈjɔ̃ː, bʊlˈjɔŋ] <-, -s> *f* bouillon *m* gras
Bouillonwürfel [bʊlˈjɔŋ-, bʊlˈjɔ̃ː-] *m* cube *m* de bouillon
Boulevard [bulaˈvaːɐ̯] <-s, -s> *m* boulevard *m*
Boulevardblatt [bulaˈvaːɐ̯-] *nt pej* journal *m* à sensation **Boulevardjournalist(in)** *m(f)* journaliste *mf* people **Boulevardpresse** *f pej* presse *f* à sensation **Boulevardtheater** *nt* théâtre *m* de boulevard **Boulevardzeitung** *f* journal *m* à sensation
Bourgeois [burˈʒoa] <-, -> *m pej geh* bourgeois(e) *m(f)*
Bourgeoisie [burʒoaˈziː] <-, -n> *f veraltet geh* bourgeoisie *f*
Boutique [buˈtiːk] <-, -n> *f* boutique *f*
Bovist ['boːvɪst, boˈvɪst] *s.* **Bofist**
Bowle ['boːlə] <-, -n> *f* boisson alcoolisée à base de vin ou de champagne à laquelle on ajoute des fruits
Bowling ['boːlɪŋ, 'bɔʊlɪŋ] <-s, -s> *nt* bowling *m*
Bowlingkugel ['boːlɪŋ-] *f* boule *f* de bowling
Box [bɔks] <-, -en> *f* ❶ *(Pferdebox, Einstellplatz)* box *m*
② *(Montageplatz für Rennwagen)* stand *m*
③ *(Behälter)* mallette *f*
④ *(Lautsprecherbox)* enceinte *f*
boxen ['bɔksən] **I.** *itr V* boxer; **gegen jdn/um etw** ~ boxer contre qn/pour qc
II. *tr V* ❶ *(schlagen)* donner des coups de poing à
② BOXEN *sl* boxer
III. *r V* ❶ *fam (sich schlagen)* **sich** ~ se tabasser *(fam)*
② *fam (einen Weg bahnen)* **sich durch die Menge** ~ traverser la foule en jouant des coudes
Boxen <-s> *nt* boxe *f*
Boxer <-s, -> *m* ❶ *(Sportler)* boxeur(-euse) *m(f)*
② *(Hund)* boxer *m*
Boxerin <-, -nen> *f* boxeuse *f*
Boxermotor *m* AUT moteur *m* à cylindres opposés
Boxernase *f* nez *m* de boxeur **Boxershorts** [-ˈʃɔːɐts, -ˈʃɔrts] *Pl* boxer-short *m*
Boxhandschuh *m* gant *m* de boxe **Boxkampf** *m* ❶ *(Kampf, Wettkampf)* match *m* [*o* combat *m*] de boxe ② *kein Pl (Boxsport)* boxe *f* **Boxring** *m* ring *m* **Boxsport** *m* boxe *f*
Boy [bɔɪ] <-s, -s> *m* ❶ TOURISMUS groom *m*, chasseur *m; (Liftboy)* garçon *m* d'ascenseur, liftier *m*
② *sl (junger Kerl)* mec *m (fam)*
Boykott [bɔɪˈkɔt] <-[e]s, -e *o* -s> *m* boycott[age] *m*
Boykottaufruf [bɔɪˈkɔt-] *m* appel *m* de boycottage
boykottieren* [bɔɪkɔˈtiːrən] *tr V* boycotter
Bq *Abk von* **Becquerel** Bq
BR RADIO *Abk von* **Bayerischer Rundfunk** radio et télévision de Bavière
brabbeln ['brabəln] *fam* **I.** *tr V fam* marmonner

II. *itr V* marmonner; *Säugling:* babiller
brach [braːx] *Imp von* **brechen**
Brachfeld *nt* jachère *f*
brachial [braˈxiaːl] *Adj* ❶ MED brachial(e)
❷ *geh* brutal(e)
Brachialgewalt *f geh* violence *f* extrême; **etw mit ~ tun** faire qc avec une violence extrême
Brachland *nt* friche *f* **brach|legen** *tr V* laisser en friche; *(vorübergehend)* laisser [*o* mettre] en jachère; **etw ~** *(generell)* laisser qc en friche; *(vorübergehend)* laisser [*o* mettre] qc en jachère **brach|liegen** *itr V unreg* ❶ AGR *(generell)* être en friche; *(vorübergehend)* être en jachère ❷ *(ungenutzt sein) Talent, Kenntnisse:* être [laissé(e)] en friche; *(vorübergehend)* être [laissé(e)] en jachère; **etw ~ lassen** laisser dormir qc
brachte [ˈbraxtə] *Imp von* **bringen**
Brachvogel *m* ZOOL courlis *m*
brackig *Adj* saumâtre
Brackwasser [ˈbrakvasə] *nt* eau *f* saumâtre
Brahmane [braˈmaːnə] <-n, -n> *m* brahmane *m*
brahmanisch [braˈmaːnɪʃ] *Adj* brahmanique
Brailleschrift [ˈbraj-] *f* braille *m*, écriture *f* braille
Braindrain^RR [ˈbreɪndreɪn] <-s> *m kein Pl* fuite *f* des cerveaux
Brainstorming [ˈbreɪnstɔːmɪŋ] <-s> *nt* brainstorming *m*, remue-méninges *m*
Branche [ˈbrãːʃə] <-, -n> *f (Wirtschaftszweig, Tätigkeitsbereich)* branche *f*
Branchenbuch *nt* ≈ pages jaunes *fpl* **branchenfremd** *Adj* qui n'est pas de la branche; **~ sein** ne pas être de la branche **Branchenführer(in)** *m(f)* leader *m* dans la branche **Branchenkenntnis** *f* connaissance *f* dans la branche **branchenkundig** *Adj* expert(e) dans la branche **branchentypisch** *Adj* propre à la/une branche **Branchenverzeichnis** *nt* annuaire *m* professionnel
Brand [brant, *Pl:* ˈbrɛndə] <-[e]s, Brände> *m* ❶ *(Feuer)* incendie *m*; **etw in ~ stecken** mettre le feu à qc; **einen ~ legen** mettre le feu; **in ~ geraten** prendre feu
❷ *fam (Durst)* **einen ~ haben** avoir la pépie *(fam)*
❸ MED gangrène *f*
❹ BOT rouille *f*
brandaktuell *Adj fam Thema, Frage, Buch* d'une brûlante actualité **Brandanschlag** *m* incendie *m* criminel; **einen ~ auf etw** *(Akk)* **verüben** commettre un incendie criminel contre qc **Brandbinde** *f* MED pansement *m* pour brûlure **Brandblase** *f* cloque *f* **Brandbombe** *f* bombe *f* incendiaire **brandeilig** *Adj fam* super urgent(e) *(fam)*
branden [ˈbrandən] *itr V* déferler, se briser; **an** [*o* **gegen**] **etw ~** déferler [*o* se briser] contre qc
Brandenburg [ˈbrandənbʊrk] <-s> *nt (Bundesland)* le Brandebourg
Brandenburger(in) [ˈbrandənbʊrɡɐ] <-s, -> *m(f)* Brandebourgeois(e) *m(f)*
Brandfleck *m* [trace *f* de] brûlure *f* **Brandgefahr** *f* risque *m* d'incendie **Brandgeruch** *m* odeur *f* de brûlé [*o* de roussi] **Brandherd** *m* foyer *m* d'incendie
brandig *Adj* ❶ *Geruch, Geschmack* de brûlé; **~ riechen** sentir le brûlé [*o* le roussi]
❷ BOT *Blatt, Pflanze* rouillé(e)
❸ MED gangreneux(-euse)
Brandkatastrophe *f* incendie *m* catastrophique **Brandleger** *bes.* A *s.* **Brandstifter Brandlegung** <-, -en> *f* A incendie *m* **Brandmal** <-s, -e> *nt geh* cicatrice *f* de brûlure
brandmarken [ˈbrantmarkən] *tr V* ❶ *(anprangern)* dénoncer, stigmatiser; **jdn** [**als Betrüger**] **~** dénoncer [*o* stigmatiser] qn [comme étant un escroc]; **etw** [**als Verrat**] **~** dénoncer [*o* stigmatiser] qc [comme étant une trahison]
❷ HIST **jdn ~** marquer qn au fer [rouge]
Brandmauer *f* mur *m* coupe-feu **Brandmeister(in)** *m(f)* capitaine *m* des pompiers **brandneu** *Adj fam Computer, Auto* flambant neuf(neuve); **der ~e Film von Woody Allen** le tout dernier film de Woody Allen; **~ sein** *CD, Buch, Film:* venir de sortir **Brandopfer** *nt* ❶ *(Opfer eines Brandes)* victime *f* [de l'incendie], brûlé(e) *m(f)* ❷ REL holocauste *m* **Brandrodung** *f* défrichement *m* par le feu **Brandsalbe** *f* pommade *f* pour les brûlures **Brandschaden** *m* dégâts *mpl* [*o* dommages *mpl*] causés par le feu **brandschatzen** *tr V* HIST piller *Gebiet, Dorf* **Brandschutz** *m* protection *f* contre l'incendie **Brandsohle** *f* première *f* [semelle *f*] **Brandstelle** *f* ❶ *(Ort des Brandes)* lieu *m* de l'incendie ❷ *(verbrannte Stelle)* brûlure *f* **Brandstifter(in)** *m(f)* incendiaire *mf* **Brandstiftung** *f* incendie *m* criminel [*o* volontaire] **Brandteig** *m* pâte *f* à choux
Brandung [ˈbrandʊŋ] <-, -en> *f* déferlement *m* des vagues; **heftige ~** ressac *m*
Brandursache *f* causes *fpl* [*o* origine *f*] de l'incendie **Brand-**

versicherung *f* assurance *f* incendie **Brandwache** *f* ❶ *(das Überwachen, der Posten)* piquet *m* d'incendie ❷ CH *(Feuerwehr)* [sapeurs-]pompiers *mpl* **Brandwunde** *f* brûlure *f* **Brandzeichen** *nt eines Tiers* marque *f* au fer rouge
brannte [ˈbrantə] *Imp von* **brennen**
Branntwein *m* eau-de-vie *f*, spiritueux *m (form)*
Brasilianer(in) [braziˈliaːnɐ] <-s, -> *m(f)* Brésilien(ne) *m(f)*
brasilianisch *Adj* brésilien(ne)
Brasilien [braˈziːli̯ən] <-s> *nt* le Brésil
brät [brɛːt] *3. Pers Präs von* **braten**
Brät <-s> *nt* SDEUTSCH, CH chair *f* à saucisse *(très finement hachée)*
Bratapfel *m* pomme *f* [cuite] au four
braten [ˈbraːtən] <brät, briet, gebraten> *I. tr V* faire cuire; **etw in der Pfanne/im Ofen ~** faire cuire qc à la poêle/au four; **etw am Spieß ~** faire rôtir qc [à la broche]; **etw in Olivenöl ~** faire cuire qc à l'huile d'olive; **sich** *(Dat)* **ein Steak ~** se faire cuire un steak; **das Braten** *(in der Pfanne)* la cuisson; *(am Spieß)* le rôtissage
II. *itr V* ❶ *(gar werden)* cuire
❷ *fig fam* **in der Sonne ~** [se faire] rôtir au soleil *(fam)*
Braten <-s, -> *m* rôti *m*; **kalter ~** rôti froid
▸ **den ~ riechen** *fam* flairer la combine *(fam)*
Bratenfett *nt* graisse *f* de cuisson **Bratensaft** *m* jus *m* de rôti **Bratensoße** *f* sauce *f* de rôti **Bratenwender** <-s, -> *m* tourne-broche *m*
Bräter [ˈbrɛːtɐ] <-s, -> *m* GASTR sauteuse *f*
Bratfett *nt* matière *f* grasse **Bratfisch** *m* ❶ *(gebratener Fisch)* poisson *m* frit ❷ *(Fisch zum Braten)* poisson *m* à frire **Brathähnchen** *nt*, **Brathendl** [ˈbraːthɛnd(ə)l] <-s, -[n]> *nt* A, SDEUTSCH poulet *m* rôti **Brathering** *m* hareng *m* frit puis mariné **Brathuhn** *s.* **Brathähnchen Bratkartoffeln** *Pl* pommes *fpl* de terre sautées **Bratpfanne** *f* poêle *f* [à frire] **Bratröhre** *f* DIAL four *m* **Bratrost** *m* gril *m*
Bratsche [ˈbraːtʃə] <-, -n> *f* alto *m*
Bratschist(in) [braˈtʃɪst] <-en, -en> *m(f)* altiste *mf*
Bratspieß *m* broche *f*; *(klein)* brochette *f* **Bratwurst** *f* ❶ *(gebratene Wurst)* saucisse *f* grillée ❷ *(Wurst zum Braten)* saucisse *f* à griller
Brauch [braʊx, *Pl:* ˈbrɔɪçə] <-[e]s, Bräuche> *m* coutume *f*, usage *m*; **die Sitten und Bräuche** les us et coutumes; **nach altem ~** selon l'ancienne coutume; **das ist bei uns/ihnen so ~** c'est la coutume chez nous/eux
brauchbar *Adj* ❶ *(geeignet)* adéquat(e); **das ist für diesen Zweck ganz ~** c'est adapté(e) à cet usage
❷ *(verwendbar)* utilisable; **das ist nicht mehr/noch ~** ce n'est plus/c'est encore utilisable
❸ *(gut)* valable; **er ist ein ganz ~er Koch** *fam* il est pas mauvais comme cuisinier *(fam)*
brauchen [ˈbraʊxən] *I. tr V* ❶ *(nötig haben)* avoir besoin de; **jdn/etw ~** avoir besoin de qn/qc; **für den Umzug brauche ich einen Helfer** j'ai besoin de quelqu'un pour aider à déménager
❷ *(aufwenden müssen)* **eine Stunde ~ um etw zu tun** mettre une heure pour faire qc; **ich brauche eine Stunde bis zum Bahnhof** je mets [*o* il me faut] environ une heure pour aller jusqu'à la gare; **wie lange ~ Sie noch?** il vous faut encore combien de temps?; **der Kuchen braucht noch eine halbe Stunde** il faut compter encore une demi-heure [de cuisson] pour le gâteau; **alles braucht seine Zeit** il faut du temps pour tout
❸ *(gebrauchen)* **jdn gut ~ können** avoir sérieusement besoin de qn; **jdn/etw nicht ~ können** n'avoir vraiment pas besoin de qn/qc; **etw gut ~ können** pouvoir avoir besoin de qc; **ich kann dich jetzt nicht ~!** fiche-moi la paix! *(fam)*; **ich kann jetzt keinen Streit ~!** j'ai pas besoin d'histoires comme ça en ce moment! *(fam)*
❹ *(verbrauchen)* consommer *Strom, Wasser, Benzin*
II. *Hilfsv modal* **du brauchst nur anzurufen** tu dois juste téléphoner; **er braucht nicht zu warten** [*o* **nicht warten** *fam*] il n'a pas besoin d'attendre, il n'est pas obligé d'attendre; **die Fenster ~ nicht geputzt zu werden** les fenêtres n'ont pas besoin d'être faites; **sie es gar nicht erst zu versuchen** ce n'est pas la peine d'essayer; **sie ~ nicht alles zu wissen** ils n'ont pas besoin de tout savoir; **ein Geschenk braucht nicht teuer zu sein** un cadeau ne doit pas forcément être cher
III. *tr V unpers* CH, SDEUTSCH **es braucht viel Personal/Geld** cela demande beaucoup de personnel/d'argent
Brauchtum <-[e]s, -tümer> *nt* coutumes *fpl*
Brauchwasser *nt* eau *f* industrielle; *(im Privathaushalt)* eau pour usages sanitaires
Braue [ˈbraʊə] *s.* **Augenbraue**
brauen [ˈbraʊən] *tr V* ❶ brasser *Bier*
❷ *fam (zubereiten)* concocter *Kaffee, Tee, Punsch;* **jdm/sich einen Grog ~** faire un grog à qn/se faire un grog
Brauer(in) <-s, -> *m(f)* brasseur(-euse) *m(f)*
Brauerei <-, -en> *f* ❶ *(Betrieb)* brasserie *f*
❷ *kein Pl (das Brauen)* brassage *m*

Brauhaus *nt* brasserie *f* **Braumeister(in)** *m(f)* maître *m* brasseur

braun [braʊn] *Adj* ❶ *Haar, Haarfarbe* brun(e); *Augen, Pullover* marron *inv;* **~e Augen** des yeux *mpl* marron; **~ gefärbt** *Haare* coloré(s) en brun; *T-Shirt* teinté(e) en marron
❷ *(dunkelhäutig) Haut, Hautfarbe* mat(te)
❸ *(sonnengebräunt)* **~ [gebrannt]** bronzé(e); **schnell ~ werden** bronzer vite
❹ *pej (nationalsozialistisch)* nazi(e); **die ~e Ideologie** la peste brune; **die Braunen** les nazis

Braun <-s, -> *nt* marron *m; der Haut, Augen* couleur *f* brune; *der Haare* brun *m*

braunäugig ['braʊnʔɔɪɡɪç] *Adj* aux yeux marron; **~ sein** avoir les yeux marron

Braunbär *m* ours *m* brun

Bräune ['brɔɪnə] <-> *f* couleur *f* brune; *(Sonnenbräune)* bronzage *m*

bräunen I. *tr V* ❶ brunir; **jdn/die Haut ~** faire bronzer qn/brunir la peau
❷ GASTR faire revenir *Speck;* faire dorer [*o* roussir] *Zwiebeln, Butter;* faire brunir [*o* roussir] *Mehl;* **gebräunte Butter** beurre *m* roux
II. *itr V* ❶ *Sonne:* bronzer
❷ *(braun werden)* **in der Sonne ~** bronzer au soleil
❸ GASTR *Braten:* dorer; *Butter, Zwiebel:* rissoler
III. *r V* **sich ~** *Person:* se [faire] bronzer; *Haut:* brunir

braungebrannt *s.* **braun** ❸

braunhaarig *Adj* brun(e) **Braunkohle** *f* lignite *m*
Braunkohlekraftwerk *nt* centrale *f* thermique au lignite
bräunlich *Adj* brunâtre
Braunschweig ['braʊnʃvaɪk] <-s> *nt* Brunswick
Bräunung <-> *f (das Braunwerden)* bronzage *m*
Bräunungscreme [-kreːm] *f* crème *f* bronzante **Bräunungsstudio** *nt* solarium *m;* **ins ~ gehen** aller [se faire] faire des U.V.
Braus *s.* **Saus**
Brause ['braʊzə] <-, -n> *f* ❶ DIAL *veraltet (Dusche)* douche *f;* **sich unter die ~ stellen** se doucher
❷ *(Aufsatz für Gießkannen)* pomme *f* [d'arrosoir]
❸ *veraltet (Limonade)* limonade *f*
brausen *itr V* ❶ + *haben Wind, Wellen:* mugir; **~ der Beifall** un tonnerre d'applaudissements
❷ + *sein fam (rasen)* **durch die Stadt ~** foncer à travers la ville *(fam)*

Brausepulver [-fɐ, -və] *nt* limonade *f* en poudre **Brausetablette** *f* comprimé *m* effervescent
Braut [braʊt, *Pl:* 'brɔɪtə] <-, Bräute> *f* ❶ mariée *f*
❷ *veraltet (Verlobte)* fiancée *f*
❸ *veraltet sl (junge Frau)* pépée *f (vieilli fam)*
Brautführer *m* garçon *m* d'honneur
Bräutigam ['brɔɪtɪɡam] <-s, -e> *m* ❶ marié *m*
❷ *veraltet (Verlobter)* fiancé *m*
Brautjungfer *f* demoiselle *f* d'honneur **Brautkleid** *nt* robe *f* de mariée **Brautkranz** *m* couronne *f* de mariée **Brautleute** *Pl* mariés *mpl* **Brautmutter** *f* mère *f* de la mariée **Brautpaar** *nt* [jeunes] mariés *mpl* **Brautschau** ▶ **auf ~ gehen** *hum* chercher la femme de sa vie **Brautschleier** *m* voile *m* de mariée **Brautvater** *m* père *m* de la mariée

brav [braːf] I. *Adj* ❶ *(artig) Kind* sage; *Haustier* brave *antéposé;* **das war ~ von dir** c'était gentil de ta part
❷ *(bieder) Person, Frisur, Kleid* sage
❸ *veraltet (rechtschaffen) Bürger, Beamter* brave *antéposé*
II. *Adv* ❶ *(artig)* **sich ~ verhalten** *Kind:* se comporter gentiment; *Haustier:* se comporter sagement
❷ *(rechtschaffen)* sagement

bravo ['braːvo] *Interj* bravo
Bravoruf [-voː-] *m* bravo *m*
Bravour [bra'vuːɐ] <-> *f geh (Meisterschaft)* virtuosité *f;* (*Kühnheit)* bravoure *f;* **etw mit ~ tun** *(meisterhaft)* faire qc avec brio; *(mit Kühnheit)* faire qc avec entrain
Bravourleistung [bra'vuːɐ-] *f* exploit *m,* coup *m* de maître
bravourös [bravu'røːs] I. *Adj* ❶ *(meisterhaft)* magistral(e)
❷ *(kühn) Einsatz, Haltung* courageux(-euse)
II. *Adv* ❶ *(meisterhaft)* avec brio
❷ *(kühn)* courageusement
Bravourstück [bra'vuːɐ-] *nt* ❶ *(Glanznummer)* exploit *m*
❷ MUS morceau *m* de bravoure
Bravur^RR [bra'vuːɐ] *s.* **Bravour**
Bravurleistung^RR *s.* **Bravourleistung**
bravurös^RR *s.* **bravourös**
Bravurstück^RR *s.* **Bravourstück**
BRD [beːʔɛrˈdeː] <-> *f Abk von* **Bundesrepublik Deutschland:** **die ~** la R.F.A.
Breakdance ['brɛɪkdɛːns] <-[s]> *m* MUS smurf *m*
Brechbohnen *Pl* haricots *mpl* mange-tout

Brechdurchfall *m* gastro-entérite *f*
Brecheisen *nt* pince-monseigneur *f*
brechen ['brɛçən] <bricht, brach, gebrochen> I. *tr V* + *haben*
❶ casser *Knochen;* **sich/jdm den Arm ~** se casser le bras/casser le bras à qn
❷ *(zerbrechen)* briser *Eis;* rompre *Brot;* **den Stock/die Schokoladentafel in Stücke ~** casser le bâton/la tablette de chocolat en morceaux
❸ *(herausbrechen)* **die Steine aus der Mauer ~** arracher les pierres du mur
❹ *(abbauen)* **Marmor/Schiefer ~** extraire du marbre/de l'ardoise
❺ *(nicht einhalten)* rompre *Vertrag, Gelöbnis, Schwur*
❻ *(übertreffen)* battre *Rekord*
❼ *(niederkämpfen)* briser *Widerstand;* **jds Willen/Persönlichkeit ~** détruire la volonté/la personnalité de qn; *s. a.* **gebrochen**
❽ *geh (pflücken)* cueillir *Blume, Zweig*
❾ *(abprallen lassen)* réfracter *Licht;* **die Wellen ~ Klippen:** briser les vagues
❿ *(erbrechen)* vomir; **Blut ~** vomir du sang
II. *itr V* ❶ + *sein Achse, Ast, Brett, Balken:* [se] casser
❷ + *sein (brüchig sein) Leder:* se fendre; *Teppich:* se couper
❸ + *sein (hindurchbrechen)* **durch die Wolken ~** *Sonne:* faire une percée à travers les nuages
❹ + *haben (den Kontakt, die Gewohnheit beenden)* **mit jdm/etw ~** rompre avec qn/qc
❺ + *haben (sich erbrechen)* vomir
▶ **zum Brechen voll sein** *fam* être plein(e) à craquer
III. *r V* + *haben* **sich an etw ~** *Wellen:* se briser contre qc; *Licht:* se réfracter sur qc; *Schall:* se répercuter sur qc
Brecher ['brɛçɐ] <-s, -> *m* lame *f* brisante
Brechmittel *nt* PHARM vomitif *m* ▶ **ein ~ für jdn sein** *fam* filer la nausée à qn *(fam)* **Brechreiz** *m* envie *f* de vomir, nausée *f* **Brechstange** *f* pince-monseigneur *f*
Brechung <-, -en> *f des Lichts* réfraction *f; des Schalls* répercussion *f; der Meereswellen* déferlement *m*
Bredouille [bre'dʊlja] <-> *f* ▶ **in die ~ kommen** *fam* se fourrer dans le pétrin *(fam);* **in der ~ sein** *fam* être dans le pétrin *(fam)*
Brei [braɪ] <-[e]s, -e> *m* ❶ *(Speise)* bouillie *f;* (*Püree)* purée *f;* **etw zu ~ zerstampfen** réduire qc en purée
❷ *(dickflüssige Masse)* pâte *f*
▶ **um den [heißen] ~ herumreden** *fam* tourner autour du pot *(fam);* **jdn zu ~ schlagen** *sl* mettre qn en bouillie *(fam)*
breiig ['braɪɪç] *Adj* visqueux(-euse)
breit [braɪt] I. *Adj* ❶ *(opp: schmal)* large; *Druckspalte, Buchstabe, Schrift* étendu(e); **eine ~e Nase haben** avoir le nez plat [*o* épaté]; **drei Meter ~ sein** avoir trois mètres de large; **etw ~er machen** élargir qc
❷ *(breitschultrig)* large [d'épaules]
❸ *(ausgedehnt) Bekanntenkreis, Publikum* vaste; *Zustimmung* large *antéposé;* **die ~e Öffentlichkeit** le grand public
❹ *(ungeniert) Grinsen, Schmunzeln* large *antéposé; Lachen* gros(se) *antéposé*
❺ *(stark ausgeprägt) Dialekt* prononcé(e)
❻ DIAL *fam (betrunken)* **~ sein** être bourré(e) *(fam)*
II. *Adv* ❶ **etw ~ drücken** aplatir qc
❷ *(kräftig)* **~ gebaut sein** être carré(e) d'épaules
❸ *(ungeniert)* **~ grinsen** arborer un large sourire; **~ lachen** éclater d'un gros rire
❹ *(breitbeinig)* **sich ~ hinsetzen** s'étendre
❺ *(ausgeprägt)* **~ Schwäbisch sprechen** parler un souabe prononcé

Breitbandantibiotikum *nt* MED antibiotique *m* de spectre large
breitbeinig *Adj, Adv* les jambes écartées; **einen ~en Gang haben** marcher les jambes écartées
Breite ['braɪtə] <-, -n> *f* ❶ largeur *f;* **eine ~ von zwei Metern haben** avoir deux mètres de large
❷ *(Ausgedehntheit) des Bekanntenkreises, der Zustimmung* étendue *f; der Interessen* étendue *f*
❸ GEOG **auf 60° nördlicher/südlicher ~ liegen** être à 60 degrés de latitude Nord/Sud
❹ *Pl (Gebiet)* **in unseren ~n** sous nos latitudes
❺ *(Ausführlichkeit)* **[jdm] etw in aller ~ erklären** expliquer qc [à qn] en long et en large
▶ **in die ~ gehen** *fam* [se] faire du lard *(fam)*
breiten *geh* I. *tr V* ❶ *(ausbreiten)* étendre *Decke*
❷ *(spreizen)* déployer *Flügel*
II. *r V* **sich über das Tal ~** *Nebel, Nacht:* s'étendre sur la vallée
Breitenarbeit *f* travail *m* à la base **Breitengrad** *m* GEOG degré *m* de latitude **Breitenkreis** *m* GEOG parallèle *m* **Breitensport** *m* sport *m* populaire [*o* de masse] **Breitenwirkung** *f* effet *m* de masse; **die größte ~ haben** avoir le rayon d'action [*o* l'impact] le plus important
breitkrempig *Adj* à large bord

breit|machen *r V* sich ~ ❶ *(viel Raum einnehmen) Person:* prendre beaucoup de place [*o* toute la place]; **sich in jds Wohnung** *(Dat)* ~ s'imposer [*o* s'incruster] dans l'appartement de qn; **mach dich doch nicht so breit!** ne t'étale pas comme ça! *(fam)*
❷ *(um sich greifen, sich ausbreiten) Stimmung:* monter; *Ansicht, Vorurteil, Ideologie:* se répandre; *Unkraut:* se propager
breitrandig *Adj Hut* à large bord; *Brille* à monture épaisse
breit|schlagen *tr V unreg fam* baratiner *(fam)*; **jdn ~ [etw zu tun]** baratiner qn [pour qu'il fasse qc]; **sich von jdm ~ lassen** se laisser baratiner par qn *(fam)*
breitschult[e]rig *Adj* large d'épaules
Breitseite *f* ❶ NAUT bordée *f*
❷ *(scharfe Attacke)* attaque *f* cinglante
▸ **eine ~ abfeuern** lâcher une bordée
breitspurig *Adj* à écartement large
breit|treten *tr V unreg fig fam*, **breit|walzen** *tr V fig fam* s'appesantir sur *Thema;* étaler *Geschichte, Details*
Breitwand *f* grand écran *m* **Breitwandfilm** *m* film *m* sur grand écran [*o* en cinémascope®]
Bremen ['breːmən] <-s> *nt* Brême
Bremsanlage ['brɛms-] *s.* **Bremssystem Bremsbacke** *f* mâchoire *f* de frein **Bremsbelag** *m* plaquette *f* de frein[s]
Bremse¹ ['brɛmzə] <-, -n> *f* frein *m;* **auf die ~ treten** donner un coup de frein[s]; **die ~ hat versagt** les freins ont lâché
Bremse² <-, -n> *f* ZOOL taon *m*
bremsen *itr V* ❶ *Person, Fahrzeug:* freiner
❷ *(hinhaltend reagieren) Partei, Opposition:* faire barrage
❸ *(sich mäßigen)* **mit den Ausgaben für etw ~** freiner sur les dépenses de qc
II. *tr V* ❶ *(abbremsen)* [faire] freiner *Fahrzeug, Zug;* **sich nicht mehr ~ lassen** *Fahrzeug:* ne plus freiner
❷ *(verzögern)* freiner *Entwicklung, Inflation*
❸ *(dämpfen)* refréner *Begeisterung, Spontaneität*
❹ *fam (zurückhalten)* retenir *Person, Redefluss;* **er/sie ist nicht zu ~** on ne peut pas l'arrêter
III. *r V* ▸ **ich kann mich ~!** *fam* je ne suis pas fou(folle)!
Bremser(in) <-s, -> *m(f)* EISENBAHN, SPORT serre-frein[s] *m*
▸ **den ~ spielen** *fam* freiner des quatre fers *(fam)*
Bremsfallschirm *m* parachute *m* de freinage **Bremsflüssigkeit** *f* liquide *m* de frein[s] **Bremsgummi** *nt* patin *m* de frein **Bremshebel** *m* levier *m* de frein **Bremsklappe** *f* volet *m* d'atterrissage **Bremsklotz** *m* cale *f*, sabot *m* de frein **Bremskraftverstärker** *m* servofrein *m* **Bremsleuchte** *f*, **Bremslicht** *nt* AUT feu *m* de stop **Bremspedal** *nt* pédale *f* de frein **Bremsrakete** *f* rétrofusée *f* **Bremsscheibe** *f* AUT, TECH disque *m* de frein **Bremsspur** *f* trace *f* de freins [*o* de freinage] **Bremssystem** *nt* système *m* de freinage
Bremsung <-, -en> *f* freinage *m*
Bremsvorrichtung *f form* dispositif *m* de freinage **Bremsweg** *m* distance *f* de freinage
brennbar *Adj* combustible
Brenndauer *f* TECH *einer Birne* durée *f* d'éclairage **Brennelement** *nt* PHYS élément *m* combustible
brennen ['brɛnən] <brannte, gebrannt> I. *itr V* ❶ *(in Flammen stehen)* brûler; **~ d** en feu, en flammes
❷ *(angezündet sein)* brûler; *Pfeife, Zigarette, Feuerzeug:* être allumé(e); **nicht richtig ~** ne pas brûler; *Pfeife, Zigarette:* ne pas s'allumer; *Holz:* ne pas prendre; **~ d** allumé(e); *Holz, Kohle, Gas, Öl* en train de brûler
❸ *(sich entzünden)* **nicht ~** ne pas s'allumer; *Streichholz, Holz, Kohle:* ne pas s'enflammer
❹ *(angeschaltet sein)* être allumé(e); **es brennt noch Licht** il y a encore de la lumière
❺ *(schmerzen)* brûler; **auf der Haut ~** *Seife, Brennnessel:* piquer la peau; *Säure:* brûler la peau; **auf der Zunge ~** piquer la langue
❻ *(inständig sinnen)* **auf Rache** *(Akk)* **~** avoir soif de vengeance
❼ *(ungeduldig sein)* **vor Ungeduld** *(Dat)* **~** brûler d'impatience; **darauf ~ etw zu tun** brûler de faire qc
II. *itr V unpers* **es brennt im Nachbarhaus** il y a le feu chez les voisins; **es brennt!** au feu!
▸ **wo brennt's denn?** fam il y a le feu quelque part? *(fam)*
III. *tr V* ❶ *(rösten)* griller *Mandeln;* torréfier *Kaffee, Kaffeebohnen*
❷ *(destillieren)* distiller
❸ *(härten)* **Ton ~** cuire de l'argile; **nach dem Brennen** après la cuisson [*o* la cuite]
❹ *(einbrennen, aufbrennen)* **ein Loch in den Teppich ~** faire un trou sur le tapis; **den Rindern ein Zeichen ins Fell ~** marquer les bœufs au fer [rouge]
IV. *r V* **sich an etw** *(Dat)* **~** se brûler à qc
brennend I. *Adj* ❶ *Hitze* torride; *Durst* ardent(e)
❷ *(sehr groß) Frage, Problem* brûlant(e), *Wichtigkeit* capital(e); *Interesse* vif(vive) antéposé
II. *Adv fam interessiert, sich interessieren* vivement

Brenner <-s, -> *m* ❶ distillateur *m*
❷ TECH brûleur *m*
Brennerei <-, -en> *f* distillerie *f*
Brennerin <-, -nen> *f* distillatrice *f*
Brennesselᴬᴸᵀ *s.* **Brennnessel**
Brennglas *nt* miroir *m* ardent **Brennholz** *nt* bois *m* de chauffage **Brennkammer** *f* chambre *f* de combustion **Brennmaterial** *nt* combustibles *mpl* **Brennnessel**ᴿᴿ ['brɛnnɛsəl] *f* ortie *f* **Brennofen** *m* four *m* à cuire; *(für Töpferware)* four céramique **Brennpunkt** *m* ❶ OPT foyer *m* ❷ MATH focale *f* ❸ *(Zentrum) der Ereignisse* centre *m;* **im ~ des Interesses stehen** être au centre des préoccupations **Brennschere** *f* fer *m* à friser **Brennspiegel** *m* TECH miroir *m* ardent **Brennspiritus** *m* alcool *m* à brûler **Brennstab** *m* [barre *f* de] combustible *m* nucléaire **Brennstoff** *m* combustible *m*
Brennstoffkreislauf *m* cycle *m* de retraitement du combustible
Brennweite *f* OPT distance *f* focale
brenzlig ['brɛntslɪç] *Adj* ❶ *fam (bedenklich) Situation* critique; **das ist/wird mir zu ~** ça sent le roussi *(fam)*
❷ *veraltet (verbrannt)* **es riecht ~** ça sent le brûlé
Bresche ['brɛʃə] <-, -n> *f* HIST brèche *f;* **eine ~ in die Mauer schlagen/schießen** ouvrir une brèche dans le mur
▸ **für jdn/etw eine ~ schlagen** prendre fait et cause pour qn/qc; **für jdn in die ~ springen** *(verteidigen)* monter au créneau pour défendre qn; *(einspringen)* monter en première ligne à la place de qn
Bretagne [breˈtanjə] <-> *f* **die ~** la Bretagne
Bretone [breˈtoːnə] <-n, -n> *m*, **Bretonin** *f* Breton(ne) *m(f)*
bretonisch I. *Adj* breton(ne)
II. *Adv* **~ miteinander sprechen** discuter en breton; *s. a.* **deutsch**
Brett [brɛt] <-[e]s, -er> *nt* ❶ *(Planke)* planche *f*
❷ *(Regalbrett)* étagère *f*
❸ *(Holzplatte)* planche *f*; *(klein)* planchette *f*
❹ *(Sprungbrett)* plongeoir *m*
❺ *(Spielbrett)* plateau *m* [de jeu]; *(Schachbrett)* échiquier *m*; *(Damebrett)* damier *m*
❻ *Pl (Ski)* skis *mpl*
❼ *Pl (Boden des Boxrings)* **jdn auf die ~ er schicken** envoyer qn au tapis; **auf die ~ er gehen** aller au tapis
▸ **ein ~ vorm** [*o* **vor dem**] **Kopf haben** *fam* être complètement bouché(e) *(fam)*; **die ~ er, die die Welt bedeuten** *geh* les planches; **das schwarze ~** le tableau [*o* le panneau] d'affichage

---

Land und Leute

Dans les écoles et les universités allemandes, toutes les informations adressées aux élèves/aux étudiants sont affichées sur un panneau que l'on appelle **schwarzes Brett**. Ces informations concernent la vie des élèves/étudiants : les heures et les salles de cours, les dates de différentes manifestations (manifestations sportives, concerts, etc.), les dates de stages. C'est, pour l'élève/l'étudiant, le tableau de référence dans l'enceinte de son établissement.

Brettchen <-s, -> *nt (im Haushalt)* planchette *f*
Bretterboden *m* plancher *m* **Bretterbude** *f* baraque *f*
brettern *itr V + sein fam* rouler à toute berzingue *(fam);* **über die Autobahn ~** rouler à toute berzingue sur l'autoroute *(fam)*
Bretterwand *f* mur *m* en bois **Bretterzaun** *m* palissade *f*
Brettspiel *nt* jeu *m* de table
Brevet [breˈveː] <-s, -s> *nt* CH brevet *m;* UNIV diplôme *m*
Brevier [breˈviːɐ] <-s, -e> *nt (Leitfaden, Gebetbuch)* bréviaire *m*
Brezel ['breːtsəl] <-, -n> *f* bretzel *m*

Land und Leute

On fabrique cette spécialité souabe avec une pâte blanche qui, en cuisant, devient moelleuse. On obtient la coloration brune en plongeant le bretzel avant la cuisson dans la saumure. Les **Brezeln** sont ensuite saupoudrés de sel et sont vendus nature ou beurrés dans les boulangeries ou les petits stands à **Brezel** dans la rue.

---

bricht [brɪçt] 3. *Pers Präs von* **brechen**
Bridge [brɪtʃ, brɪdʒ] <-> *nt* bridge *m*
Brief [briːf] <-[e]s, -e> *m* ❶ lettre *f;* **auf meinen ~ hin** en réponse à ma lettre; **mit jdm ~ e wechseln** correspondre avec qn
❷ *(Versandungsart)* **etw als ~ schicken** envoyer qc comme lettre
❸ BIBL épître *f*
▸ **darauf gebe ich Ihnen ~ und Siegel!** je vous en donne ma parole!; **blauer ~** SCHULE *fam* avertissement *m;* *(Kündigung)* lettre *f* de licenciement; *(vom Vermieter)* [lettre *f* de] préavis *m*; **offener ~** lettre ouverte
Briefablage *f* ❶ *(Fach)* corbeille *f* à courrier ❷ *(das Ordnen)* classement *m* du courrier **Briefbeschwerer** ['briːfbəʃveːɐ] <-s, -> *m* presse-papiers *m* **Briefblock** *m* bloc *m* de correspondance **Briefbogen** *m* feuille *f* de papier à lettres **Briefbombe** *f* lettre

Briefe

Anrede in Briefen

Liebe …/Lieber …,

Hallo, …!/Hi, …! *(fam)*

Lieber Herr …,/Liebe Frau …,

Sehr geehrter Herr …,/Sehr geehrte Frau …, *(form)*

Sehr geehrte Damen und Herren,

Formule de début de lettre

Mon cher/Ma chère …,

Salut, …!

Cher Monsieur/Chère Madame …,

Monsieur/Madame …, *(form)*

Madame, Monsieur/Mesdames, Messieurs,

Schlussformeln in Briefen

Tschüss! *(fam)*/Ciao! *(fam)*

Alles Gute! *(fam)*

Herzliche/Liebe Grüße *(fam)*

Viele Grüße

Mit (den) besten Grüßen

Mit freundlichen Grüßen *(form)*

Formule de fin de lettre

Salut! *(fam)*

Bonne chance!

Je vous/t'embrasse bien fort

Grosses bises

Je vous prie/Nous vous prions d'agréer, Madame …/ Monsieur …, mes/nos très sincères salutations.

Je vous prie/Nous vous prions de croire, Madame …/ Monsieur …, à l'assurance de mes/nos sentiments distingués. *(form)*

---

piégée
Briefchen <-s, -> nt ❶ *Dim von* **Brief** billet *m* ❷ *(kleines Päckchen)* ein ~ Streichhölzer/Nähnadeln une pochette d'allumettes/un étui à aiguilles; ein ~ Heroin un sachet d'héroïne
Briefdrucksache *f* imprimé-lettre *m*
briefen ['bri:fən] *tr V* briefer *Mitarbeiter, Journalisten*
Brieffreund(in) *m(f)* correspondant(e) *m(f)* **Brieffreundschaft** *f* amitié *f* par correspondance **Briefgeheimnis** *nt* secret *m* postal
Briefing ['bri:fɪŋ] <-s, -s> *nt* briefing *m*
Briefkarte *f* carte-lettre *f* **Briefkasten** *m* boîte *f* aux lettres; elektronischer ~ boîte aux lettres électronique ▶ ein toter ~ une boîte aux lettres [secrète]
Briefkastenfirma *f* société *f* fictive [*o* boîte aux lettres] *f*
Briefkopf *m* en-tête *m* [de lettre] **Briefkurs** *m* BÖRSE cours *m* offert
brieflich *Adj, Adv* par écrit
Briefmarke *f* timbre[-poste] *m*
Briefmarkenalbum *nt* album *m* de timbres **Briefmarkenautomat** *m* distributeur *m* [automatique] de timbres[-poste] **Briefmarkensammler(in)** *m(f)* philatéliste *mf*, collectionneur(-euse) *m(f)* de timbres **Briefmarkensammlung** *f* collection *f* de timbres
Brieföffner *m* coupe-papier *m* **Briefpapier** *nt* papier *m* à lettres
Briefpartner(in) *m(f)* correspondant(e) *m(f)* **Briefporto** *nt* affranchissement *m* lettres **Briefroman** *m* roman *m* épistolaire **Briefschreiber(in)** *m(f)* épistolier(-ière) *m(f)*; ein guter ~/eine gute ~in un bon épistolier/une bonne épistolière; ich bin kein ~ je n'aime pas écrire [des lettres] **Brieftasche** *f* portefeuille *m* **Brieftaube** *f* pigeon *m* voyageur **Briefträger(in)** *m(f)* facteur(-trice) *m(f)* **Briefumschlag** *m* enveloppe *f* **Briefwaage** *f* pèse-lettres *m* **Briefwahl** *f* vote *m* par correspondance; ~ machen voter par correspondance **Briefwähler(in)** *m(f)* électeur(-trice) *m(f)* votant par correspondance **Briefwechsel** [-vɛksl] *m* correspondance *f*; mit jdm in ~ stehen correspondre avec qn; einen ~ mit jdm führen entretenir une correspondance avec qn **Briefzusteller(in)** *m(f) form* préposé(e) *m(f)*
Bries [bri:s] <-es, -e> *nt* GASTR ris *m*
briet [bri:t] *Imp von* **braten**
Brigade [bri'ga:də] <-, -n> *f* brigade *f*
Brigadegeneral(in) *m(f)* général(e) *m(f)* de brigade
Brigg [brɪk] <-, -s> *f* NAUT brick *m*
Brikett [bri'kɛt] <-s, -s *o* -e> *nt* briquette *f*
brillant [brɪ'liant] *Adj* brillant(e)
Brillant [brɪ'liant] <-en, -en> *m* brillant *m*
Brillantine [brɪljan'ti:nə] <-, -n> *f* brillantine *f*
Brillantkollier [brɪl'iantkɔlie:] *nt* collier *m* de diamants **Brillantring** *m* bague *f* sertie de brillants; *(mit einem Brillant)* solitaire *m* **Brillantschmuck** *m* bijou *m* de diamant[s]
Brillanz [brɪ'liants] <-> *f* *einer Rede, Darbietung* virtuosité *f*; *eines Einfalls* ingéniosité *f*; *des Klangs* pureté *f*; *eines Fotos* netteté *f*
Brille ['brɪlə] <-, -n> *f* ❶ lunettes *fpl*; eine ~ tragen porter des lunettes; mehrere ~n plusieurs paires de lunettes ❷ *(Toilettenbrille)* lunette *f*
▶ etw durch eine rosa|rote ~ sehen voir qc en rose
Brillenetui [-ɛtvi:] *nt* étui *m* à lunettes **Brillengestell** *nt* monture *f* de lunettes **Brillenglas** *nt* verre *m* de lunettes **Brillenschlange** *f* ❶ ZOOL naja *m* ❷ *pej fam (Brillenträgerin)* serpent *m* à lunettes *(fam)* **Brillenträger(in)** *m(f)* porteur(-euse) *m(f)* de lunettes; ~ sein porter des lunettes
brillieren* [brɪ'ji:rən] *itr V geh* briller; mit etw ~ briller par qc
Brimborium [brɪm'bo:rium] <-s> *nt pej fam* ❶ *(unnötiges Drumherum)* chichis *mpl*; mach nicht solch ein ~! [ne] fais pas tant de chichi! ❷ *(viel Aufheben)* cinéma *m*; viel ~ um etw machen faire tout un cinéma [*o* toute une histoire] de qc
bringen ['brɪŋən] <brachte, gebracht> *tr V* ❶ apporter; [jdm] etw ~ apporter qc [à qn] ❷ *(servieren)* [jdm] etw ~ servir qc [à qn]; ~ Sie mir bitte ein Bier! apportez-moi [*o* donnez-moi] une bière, s'il vous plaît!; sich *(Dat)* die Weinkarte ~ lassen demander la carte des vins ❸ *(wegbringen)* etw zur Post ~ [ap]porter qc à la poste; etw in den Keller ~ aller porter qc à la cave ❹ *(vermitteln)* jdm eine Nachricht ~ apporter une nouvelle à qn ❺ *(befördern)* jdn/etw zum Bahnhof ~ amener qn/qc à la gare; *Fahrer:* conduire qn/qc à la gare; das Auto in die Garage ~ mettre la voiture au garage ❻ *(begleiten)* jdn nach Hause ~ ramener qn à la maison; das Kind zum Kindergarten ~ amener l'enfant à l'école maternelle; jdn zur Tür ~ [r]accompagner qn à la porte; jdn ins Bett ~ mettre qn au lit ❼ *(darbieten, aufführen)* etw ~ *Artist, Tänzerin, Sportler, Theater:* présenter qc; *Kino:* passer qc; *Schauspieler, Varietee:* jouer qc; *Fernsehen:* diffuser qc ❽ *(veröffentlichen)* etw ~ *Journalist, Zeitung:* publier qc ❾ *(bescheren)* viel Regen ~ apporter beaucoup de pluie; [jdm] eine reiche Ernte ~ *Herbst, Klima:* donner [à qn] une bonne récolte; das wird [dir] Glück/Ärger ~ ça va [t']apporter du bonheur/des ennuis; mal sehen, was uns der Tag noch bringt! attendons de voir ce que la journée nous réserve! ❿ *(schicken, versetzen)* jdn vor Gericht/ins Gefängnis ~ mener qn devant le tribunal/en prison; jdn in Schwierigkeiten ~ mettre qn en difficulté ⓫ *(rauben)* jdn um den Schlaf ~ empêcher qn de dormir; du wirst mich noch um den Verstand ~ tu me feras perdre la tête ⓬ *(lenken)* das Gespräch auf jdn/etw ~ amener la conversation sur qn/qc ⓭ *(einbringen)* das wird [ihm] viel Geld ~ cela [lui] rapportera beaucoup d'argent ⓮ *fam (hin-, wegbekommen)* etw nicht von der Stelle ~ ne pas arriver à bouger qc; den Korken nicht aus der Flasche ~ ne pas arriver à retirer le bouchon; die Flecken aus dem Hemd ~ arriver à faire partir les taches de la chemise ⓯ *(bewegen)* jdn dazu ~ etw zu tun amener qn à faire qc; jdn so weit ~, dass er kündigt/aufgibt forcer qn à démissionner/céder

⑯ *(bewerkstelligen)* **jdn zum Weinen ~** faire pleurer qn; **jdn zum Schweigen ~** réduire qn au silence; **etw zum Stehen ~** parvenir à immobiliser qc; **eine Maschine zum Laufen ~** parvenir à mettre en marche une machine
⑰ *(erreichen)* **sie brachte es auf 105 Jahre** elle a atteint 105 ans; **es auf eine Zwei in Deutsch ~** ≈ réussir à avoir un quinze en allemand; **das Auto bringt 200 km/h Spitze** *fam* la voiture fait du 200 km/h maxi *(fam)*
⑱ *(Erfolg haben)* **es zu etwas/nichts ~** arriver à quelque chose/n'arriver à rien; **es [bis] zum Firmenchef ~** réussir à devenir chef d'entreprise
⑲ *fam (machen)* **das kannst du doch nicht ~!** tu vas pas faire ça!
⑳ *sl (gut sein)* **es [voll] ~** assurer [un max] *(fam)*; **das bringt's [voll]!** ça tient [carrément] la route! *(fam)*; **es nicht ~** ne pas assurer *(fam)*; **das bringt's nicht** c'est nul
㉑ *fam (funktionieren)* **es nicht mehr ~** *Motor:* ne plus tenir le coup *(fam)*
㉒ *(sich aneignen)* **etw an sich** *(Akk)* **~** s'approprier qc
㉓ *(bewältigen)* **etw hinter sich** *(Akk)* **~** en finir [*o* en terminer] avec qc
㉔ *(zur Folge haben)* **etw mit sich ~** avoir qc pour conséquence; **Unannehmlichkeiten mit sich ~** s'accompagner de désagréments
㉕ *(fertigbringen)* **es nicht über sich** *(Akk)* **~ etw zu tun** ne pas pouvoir se résoudre à faire qc
▶ **das bringt nichts** *fam* c'est pas la peine *(fam)*, ça sert à rien *(fam)*
brisant [briˈzant] *Adj* ❶ *geh (heikel)* brûlant(e)
❷ *(explosiv) Sprengstoff* explosif(-ive)
Brisanz [briˈzants] *<-> f geh* **eines Problems, Themas** caractère *m* explosif [*o* brûlant]
Brise [ˈbriːzə] *<-, -n> f* brise *f*; **eine kräftige ~** une forte brise; **es weht eine steife ~** il vente grand frais
Britannien [briˈtaniən] *<-s> nt* HIST les îles *fpl* Britanniques
britannisch [briˈtanɪʃ] *Adj* HIST britannique
Brite [ˈbrɪtə, ˈbriːtə] *<-n, -n> m*, **Britin** *f* Britannique *mf*
britisch [ˈbrɪtɪʃ] *Adj* britannique
bröckelig *Adj Brot, Gestein, Mauer* friable; **~ werden** *Gestein, Mauer:* s'effriter
bröckeln [ˈbrœkəln] *itr V* ❶ + *haben (zerfallen) Gestein, Mauer:* s'effriter; *Brot:* s'émietter
❷ + *sein* **von etw ~** *Putz:* s'effriter de qc; *Farbe:* se détacher de qc; *Stuck:* tomber en morceaux de qc
Brocken [ˈbrɔkən] *<-s, -> m* ❶ *(Erdbrocken)* motte *f*
❷ *(Steinbrocken)* bloc *m* [de pierre]
❸ *Pl fig* **ein paar ~ Französisch** quelques bribes *fpl* de français
❹ *fam (massiger Mensch)* costaud *m (fam)*
▶ **ein harter ~ sein** *fam Gegner, Aufgabe:* être un gros morceau *(fam)*
brockenweise *Adv* par [petits] morceaux
bröcklig *Adj s.* **bröckelig**
brodeln [ˈbroːdəln] *itr V* ❶ *Wasser, Brei, Lava:* bouillonner
❷ *liter (wallen) Dämpfe, Nebelschwaden:* flotter
Brodem [ˈbroːdəm] *<-s, -> m liter (Dunst)* émanations *fpl* pestilentielles
Broiler [ˈbrɔɪlɐ] *<-s, -> m* DIAL poulet *m* rôti
Brokat [broˈkaːt] *<-[e]s, -e> m* brocart *m*
Broker(in) [ˈbroːkɐ] *<-s, -> m(f)* courtier *m* en bourse, agent *m* de change
Brokkoli [ˈbrɔkoli] *Pl* brocoli *m*
Brom [broːm] *<-s> nt* CHEM brome *m*
Brombeere [ˈbrɔmbeːrə] *f* ❶ *(Frucht)* mûre *f*
❷ *(Strauch)* ronce *f*
Brombeerstrauch *m* ronce *f*, roncier *m*
bronchial [brɔnˈçiaːl] *Adj* bronchique
Bronchialasthma [brɔnˈçiaːlʔastma] *nt* asthme *m* bronchique
Bronchialkatarrh *m* bronchite *f*
Bronchie [ˈbrɔnçiə] *<-, -n> f meist Pl* bronche *f*
Bronchitis [brɔnˈçiːtɪs] *<-, -tiden> f* bronchite *f*
Bronchoskopie [brɔnçoskoˈpiː] *<-, -n> f* MED bronchoscopie *f*
Bronze [ˈbrɔ̃ːsə] *<-, -n> f* bronze *m*
bronzefarben *Adj* couleur bronze *inv* **Bronzemedaille** [ˈbrɔ̃ːsəmedaljə] *f* médaille *f* de bronze
bronzen [ˈbrɔ̃ːsn] *Adj* ❶ *(aus Bronze)* en [*o* de] bronze
❷ *(von bronzener Farbe)* [de] couleur bronze
Bronzezeit [ˈbrɔ̃ːsə-] *f* âge *m* du bronze
Brosche [ˈbrɔʃə] *<-, -n> f* broche *f*
broschiert [brɔˈʃiːɐt] *Adj Ausgabe, Buch* broché(e)
Broschüre [brɔˈʃyːrə] *<-, -n> f* brochure *f*
Brösel [ˈbrøːzəl] *<-s, -> m bes.* A *(Krümel)* miette *f*
bröselig *Adj* friable
bröseln [ˈbrøːzəln] *itr V* ❶ *Kuchen, Brot:* s'émietter; *Gestein:* s'effriter

❷ *(Brösel machen) Person:* faire des miettes
bröslig *s.* **bröselig**
Brot [broːt] *<-[e]s, -e> nt* ❶ pain *m*; **ein halbes/ganzes ~** un demi-pain/pain entier; **unser täglich ~ gib uns heute!** REL donne-nous aujourd'hui notre pain de ce jour [*o* quotidien *vieilli*]!
❷ *(Schnitte)* tranche *f* de pain; *(Butterbrot)* tartine *f*; **belegtes ~** sandwich *m*
❸ *(Lebensunterhalt)* **sich** *(Dat)* **sein ~ als Taxifahrer verdienen** gagner son pain comme chauffeur de taxi
▶ **wes ~ ich ess', des Lied ich sing'** *Spr.* les payeurs ont toujours raison; **ein hartes** [*o* **schweres**] **~** un dur labeur; **das ist unser täglich[es] ~** c'est notre pain [*o* lot] quotidien

Land und Leute

On trouve dans les boulangeries différentes sortes de **Brot** et **Brötchen**. Si on en faisait l'inventaire, on en trouverait certainement plus de cent. Le pain noir est le pain préféré de la plupart des Allemands. Ces dernières années, le pain complet est devenu le pain le plus consommé, car jugé particulièrement bon pour la santé.

Brotaufstrich *m* préparation *f* [*o* pâte *f*] à tartiner; **was willst du als ~?** qu'est-ce que tu veux sur ton pain? **Brotbelag** *m* garniture *f* sur le pain; **was willst du als ~?** qu'est-ce que tu veux sur ton pain? **Brotbeutel** *m* musette *f*
Brötchen [ˈbrøːtçən] *<-s, -> nt* petit pain *m*
▶ **kleinere/kleine ~ backen** *fam* viser moins haut/plus petit; **sich** *(Dat)* **seine ~ verdienen** *fam* gagner sa croûte *(fam)*
Brötchengeber(in) *m(f) hum fam* employeur(-euse) *m(f)*
Broteinheit *f* unité *f* de pain **Broterwerb** *m* gagne-pain *m*; **etw zum ~ betreiben** faire qc pour gagner sa vie **Brotkasten** *m* boîte *f* à pain **Brotkorb** *m* corbeille *f* à pain ▶ **jdm den ~ höherhängen** fam serrer les cordons de la bourse à qn *(fam)* **Brotkrume** *f*, **Brotkrümel** *m* miette *f* de pain **Brotkruste** *f* croûte *f* du pain **brotlos** *Adj (stellungslos)* sans emploi [*o* travail]; **jdn ~ machen** faire perdre son gagne-pain à qn **Brotmaschine** *s.* **Brotschneidemaschine Brotmesser** *nt* couteau *m* à pain **Brotrinde** *f* croûte *f* du pain **Brotröster** *<-s, -> m* grille-pain *m* **Brotschneidemaschine** *f* trancheuse *f* à pain **Brotschnitte** *f* tranche *f* de pain **Brotsuppe** *f* panade *f* **Brotteig** *m* pâte *f* à pain **Brotzeit** *f* DIAL ❶ *(Pause)* heure *f* du casse-croûte ❷ *(Essen)* casse-croûte *m* ▶ **eine ~ machen** faire une pause casse-croûte
Browsen [ˈbraʊzən] *<-s> nt* INFORM exploration *f*
Browser [ˈbraʊzɐ] *m* INFORM explorateur *m*, logiciel *m* de navigation; *(für das Internet)* navigateur *m* Web, explorateur de réseau
brr [br] *Interj* ❶ *(Befehl an ein Zugtier)* ho; ❷ *(Ausruf bei Kälte)* brr
BRT *Abk von* **Bruttoregistertonne**
Bruch¹ [brʊx, *Pl:* ˈbrʏçə] *<-[e]s, Brüche> m* ❶ *(das Brechen) einer Achse, eines Damms* rupture *f*
❷ *(Nichteinhaltung) eines Eids, Vertrags, einer Abmachung* rupture *f*; *eines Gesetzes, einer Bestimmung* violation *f*
❸ MED *(Knochenbruch)* fracture *f*; *(Eingeweidebruch)* hernie *f*; **eingeklemmter ~** hernie étranglée; **sich** *(Dat)* **einen ~ heben** attraper une hernie
❹ *fig* **der ~ in einer Entwicklung/Partei** la cassure dans un développement/parti; **der ~ mit der Tradition** la rupture avec la tradition
❺ *(Zerwürfnis, Entzweiung)* rupture *f*
❻ MATH fraction *f*
❼ *kein Pl (zerbrochene Ware)* débris *mpl*
❽ *sl (Einbruch)* casse *m (arg)*; **einen ~ machen** faire un casse *(arg)*
▶ **zu ~ gehen** *Geschirr, Vase:* se casser, se briser; **bei dem Umzug ging einiges zu ~** dans le déménagement, il y a eu un peu de casse; **in die Brüche gehen** *Beziehung, Ehe:* se solder par un échec
Bruch² *<-[e]s, Brüche> m o nt* GEOG marécage *m*
Bruchband *nt* MED bandage *m* herniaire **Bruchbude** *f pej fam* taudis *m* **bruchfest** *Adj* robuste **Bruchfestigkeit** *f* TECH robustesse *f*
brüchig [ˈbrʏçɪç] *Adj* ❶ *Gestein, Mauerwerk* friable; *Leder, Pergament, Papyrus* cassant(e)
❷ *(rau) Stimme* cassé(e)
❸ *(überholt, hinfällig)* fragile
Bruchlandung *f* atterrissage *m* forcé; **eine ~ machen** atterrir [*o* faire un atterrissage] en catastrophe **Bruchrechnen** *nt*, **Bruchrechnung** *f* calcul *m* de fractions **bruchsicher** *Adj* incassable **Bruchstelle** *f (in einem Gegenstand)* cassure *f*; *(in einem Knochen)* fracture *f* **Bruchstrich** *m* barre *f* de fraction **Bruchstück** *nt* ❶ *(Scherbe)* fragment *m*, morceau *m* ❷ *(Ausschnitt) eines Lieds* fragment *m*; *einer Rede* bribes *fpl* **bruchstückhaft I.** *Adj* fragmentaire, morcelé(e); *Beweis* incomplet(-ète)
II. *Adv* partiellement; *mitbekommen* par bribes **Bruchteil** *m* fraction *f*; **im ~ einer Sekunde** en une fraction de seconde
Bruchzahl *f* nombre *m* fractionnaire

Brücke ['brʏkə] <-, -n> f ❶ a. fig pont m; **eine ~ über den Fluss bauen** construire un pont sur la rivière; **eine ~ zwischen den Völkern schlagen** établir un pont entre les peuples
❷ NAUT passerelle f
❸ (Zahnersatz) bridge m
❹ (Teppich) carpette f
❺ SPORT pont m
▸ jdm **goldene ~n/eine goldene ~ bauen** tendre la perche à qn; **alle ~n hinter sich** (Dat) **abbrechen** couper les ponts [derrière soi]

Brückenbau <-bauten> m ❶ kein Pl (das Bauen) construction f de ponts ❷ (Brücke) pont m **Brückenbogen** m arche f de pont **Brückengeländer** nt parapet m, garde-fou m **Brückenkopf** m MIL tête f de pont; **einen ~ bilden** [o **errichten**] créer [o constituer] une tête de pont **Brückenpfeiler** m pilier m du pont **Brückenschlag** m fig rapprochement m **Brückentag** m pont m; **einen ~ machen** faire le pont

Bruder ['bruːdɐ, Pl: 'bryːdɐ] <-s, Brüder> m ❶ frère m; **mein jüngerer ~** mon petit frère; **mein jüngster ~** le plus jeune de mes frères
❷ (Mönch) frère m
❸ pej fam (Kerl) lascar m (fam); **euch Brüder kenne ich!** vous, mes lascars, je vous connais!
▸ **der große ~** le grand frère; (Überwachungsstaat) le big brother; **unter Brüdern** fam entre potes (fam)

Brüderchen <-s, -> nt ❶ (kleiner Bruder) petit frère m
❷ (als Anrede) frérot m (fam), frangin m (fam)
Bruderherz nt hum cher frangin m (fam) **Bruderkrieg** m guerre f fratricide
Brüderlein s. Brüderchen
brüderlich I. Adj fraternel(le)
II. Adv fraternellement
Brüderlichkeit <-> f fraternité f
Brudermord m fratricide m **Brudermörder(in)** m(f) fratricide mf
Bruderschaft <-, -en> f REL confrérie f
Brüderschaft <-, -en> f **mit jdm ~ trinken** trinquer avec qn (pour marquer le début du tutoiement)
Brügge ['brʏɡə] <-s> nt Bruges
Brühe ['bryːə] <-, -n> f ❶ (Suppe) bouillon m; **eine kräftige ~** un consommé
❷ pej fam (dünner Kaffee, Tee) lavasse f (fam)
❸ pej fam (Schmutzwasser) eau f cradingue (fam); (Abwasser) eau d'égout
❹ sl (Schweiß) **jdm läuft die ~ herunter** qn sue comme une bête (fam)
brühen tr V se faire; [**sich** (Dat)] **einen Kaffee/Tee ~** se faire un café/un thé
Brühkartoffeln Pl pommes de terre fpl bouillies (dans un bouillon gras) **brühwarm** fam I. Adj tout(e) chaud(e) II. Adv weitererzählen illico (fam) **Brühwürfel** m cube m de bouillon **Brühwurst** f (heiße Wurst) saucisse f bouillie
Brüllaffe m ZOOL [singe m] hurleur m
brüllen ['brʏlən] I. itr V ❶ Person: crier; (lang und heftig) hurler; **vor Lachen/Schmerzen ~** hurler de rire/douleur; **brüll doch nicht so!** ce n'est pas la peine de crier comme ça!
❷ (Laute von sich geben) Affe: hurler; Raubtier: rugir; Stier, Vieh: mugir [o beugler]
▸ **zum Brüllen** fam à hurler de rire (fam)
II. tr V **er brüllte mir etwas ins Ohr** il m'a crié quelque chose à l'oreille
Brüller ['brʏlɐ] m fam blague f hilarante
Brummbär m ❶ Kinderspr. nounours m ❷ fam (brummiger Mensch) râleur(-euse) m(f) **Brummbass**^{RR} m fam basse f profonde
brummeln I. itr V grommeler
II. tr V **etw** [**vor sich hin**] **~** grommeler qc, marmonner qc
brummen ['brʊmən] I. itr V ❶ Insekt, Kreisel: bourdonner; Bär: grogner; Motor: ronfler; Propeller, Triebwerk: vrombir
❷ (singen) chanter d'une voix caverneuse
❸ fam (in Haft sein) être en cabane (fam)
❹ (murren) ronchonner
II. tr V grommeler Antwort, Namen
Brummer <-s, -> m fam ❶ (Insekt) espèce f de bourdon
❷ (Lastwagen) gros-cul m (fam), bahut m (fam)
Brummi ['brʊmi] <-s, -s> m hum fam bahut m (fam)
brummig fam I. Adj grognon, grincheux(-euse)
II. Adv en maronnant (fam)
Brummkreisel m toupie f bourdonnante **Brummschädel** m fam mal m de crâne (fam); (nach Alkoholgenuss) gueule f de bois (fam); **einen ~ haben** avoir mal au crâne (fam); (verkatert sein) avoir la gueule de bois (fam)
Brunch [brantʃ] <-[e]s, -[e]s o -e> nt brunch m

brunchen ['brantʃən] itr V prendre un brunch
Brunei ['bruːnaɪ] <-s> nt le Brunei
brünett [bryˈnɛt] Adj brun(e)
Brünette [bryˈnɛtə] f dekl wie Adj brune f
Brunft [brʊnft] <-, Brünfte> f [période f du] rut m; **in der ~ sein** être en rut [o en chaleur]
brunftig Adj Wild en rut, en chaleur
Brunftplatz m place f de rut **Brunftschrei** m brame[ment] m **Brunftzeit** f période f du rut
Brunnen ['brʊnən] <-s, -> m ❶ (Ziehbrunnen) puits m; **artesischer ~** puits artésien
❷ (Zierbrunnen) fontaine f
▸ **den ~ erst zudecken, wenn das Kind hineingefallen ist** Spr. ≈ prendre des mesures après coup
Brunnenbauer(in) <-s, -> m(f) puisatier m **Brunnenbecken** nt vasque f **Brunnenfigur** f statue f de fontaine **Brunnenhaus** nt fontaine f couverte **Brunnenkresse** f cresson m de fontaine **Brunnenkur** f cure f d'eau minérale **Brunnenschacht** m puits m **Brunnenvergifter(in)** <-s, -> m(f) fig semeur(-euse) m(f) de zizanie **Brunnenvergiftung** f ❶ empoisonnement m de puits ❷ fig, pej calomnie f; **~ betreiben** semer la zizanie **Brunnenwasser** nt eau f de la fontaine
Brünnlein <-s, -> nt poet Dim von Brunnen petite fontaine f
Brunst [brʊnst, Pl: 'brʏnstə] s. Brunft
brünstig ['brʏnstɪç] Adj ❶ Tier en rut, en chaleur
❷ hum (lüstern) Person lubrique, concupiscent(e); Schrei de plaisir
Brunstschrei s. Brunftschrei **Brunstzeit** s. Brunftzeit
brüsk [brʏsk] I. Adj brutal(e)
II. Adv **sich abwenden** brusquement; **sagen, abfertigen** brutalement
brüskieren* tr V brusquer; **jdn mit etw/durch etw ~** brusquer qn avec qc/par qc; **er fühlt sich brüskiert** il a l'impression qu'on le presse
Brüskierung <-, -en> f ❶ kein Pl (das Brüskieren) brusquerie f; **die ~ dieses wichtigen Kunden** la brusquerie avec laquelle on traite ce client important
❷ (brüskierende Handlung, Äußerung) **etw als ~ empfinden** ressentir qc comme de la brusquerie
Brüssel ['brʏsəl] <-s> nt Bruxelles
Brüsseler Adj de Bruxelles, bruxellois(e); **~ Spitzen** des dentelles de Bruxelles
Brüsseler(in) <-s, -> m(f) Bruxellois(e) m(f)
Brust [brʊst, Pl: 'brʏstə] <-, Brüste> f ❶ (Brustkasten) thorax m; **die ~ herausdrücken** bomber le torse
❷ (weibliche Brust) sein m; (Büste) poitrine f, seins mpl; **die rechte ~** le sein droit; **eine flache ~** une poitrine plate; **dem Kind die ~ geben** donner le sein à l'enfant
❸ GASTR poitrine f; von Geflügel blanc m
❹ (Brustschwimmen) **die 200 Meter ~ gewinnen** gagner le 200 mètres brasse f
▸ **schwach auf der ~ sein** hum fam (schwach sein) avoir les pectoraux un peu faiblards (fam); (an Geldmangel leiden) être fauché(e) (fam); **sich an jds ~** (Dat) **ausweinen** s'épancher dans les bras de qn; **einen zur ~ nehmen** fam s'en jeter un derrière la cravate (fam); **sich** (Dat) **jdn zur ~ nehmen** fam prendre qn entre quat'z'yeux (fam)
Brustbein nt ANAT sternum m **Brustbeutel** m pochette f de sécurité (portée sur la poitrine autour du cou) **Brustbild** nt KUNST, PHOT portrait m (de la tête et du buste) **Brustdrüse** f ANAT glande f mammaire
brüsten ['brʏstən] r V **sich ~** se vanter; **sich mit etw ~** se vanter de qc
Brustfell nt ANAT plèvre f **Brustfellentzündung** f MED pleurésie f **Brustflosse** f nageoire f pectorale **Brustgegend** f poitrine f; **Schmerzen in der ~ haben** avoir mal dans la poitrine **Brusthöhe** f hauteur f de [la] poitrine; **in ~** à hauteur de [la] poitrine **Brusthöhle** f ANAT cavité f thoracique **Brustkasten** m fam coffre m (fam) **Brustkorb** m cage f thoracique **Brustkrebs** m cancer m du sein **Brustmuskel** m [muscle m] pectoral m **Brust-OP** ['brʊstʔoːpeː] <-, -s> f fam, **Brustoperation** <-, -en> f opération f des seins **Brustschwimmen** nt brasse f; **gut ~ sein** être bon(ne) en brasse **Brustschwimmer(in)** m(f) nageur(-euse) m(f) de brasse **Bruststimme** f voix f de poitrine **Bruststück** nt GASTR morceau m de poitrine **Brusttasche** f (außen) poche f de poitrine; (innen) poche intérieure **Brustton** m MUS son m émis avec une voix de poitrine; **im ~ der Überzeugung** d'un [o sur un] ton profondément convaincu **Brustumfang** m tour m de poitrine
Brüstung ['brʏstʊŋ] <-, -en> f ❶ (Balkonbrüstung) balustrade f
❷ (Fensterbrüstung) appui m de fenêtre
Brustwarze f mamelon m **Brustwehr** f ❶ MIL parapet m ❷ HIST créneaux mpl **Brustweite** f tour m de poitrine **Brustwirbel** m ANAT vertèbre f dorsale
Brut ['bruːt] <-, -en> f ❶ kein Pl (das Brüten) couvaison f

brutal–Bückling

② *(die Jungtiere)* von Hühnern, Vögeln couvée *f*; von Bienen couvain *m*
③ *pej fam (Gesindel)* racaille *f (péj)*
brutal [bruˈtaːl] I. *Adj* ① *(grausam)* Person, Vorgehen, Misshandlung brutal(e); **ein ~er Kerl** une brute
② *(Grausamkeit ausdrückend)* Gesicht de brute
③ *sl (schlimm)* Kopfschmerzen pas possible *(fam)*; Ungerechtigkeit énorme; **eine ~e Niederlage** une raclée *(fam)*
II. *Adv* ① *(grausam)* brutalement
② *(ohne Rücksicht)* aussprechen, sagen, zeigen sans ménagement, brutalement
③ *sl (sehr)* vachement *(fam)*; **~ viel** vachement *(fam)*; **der weiß echt ~ wenig!** il sait que dalle! *(fam)*
brutalisieren* *tr V* rendre brutal(e) [*o* bestial(e)]; **jdn ~** rendre qn brutal(e) [*o* bestial(e)]
Brutalisierung <-> *f* déshumanisation *f*
Brutalität [brutaliˈtɛːt] <-, -en> *f* brutalité *f*
Brutapparat *m* incubateur *m*
brüten [ˈbryːtən] *itr V* ① *Vogel*: couver
② *(grübeln)* **über etw** *(Dat)* **~** cogiter sur qc
brütendheiß^(ALT) *s*. heiß I.①
Brüter <-s, -> *m* **schneller ~** sur[ré]générateur *m*
Bruthitze *f fam* chaleur *f* d'étuve **Brutkasten** *m* MED couveuse *f* **Brutpflege** *f* élevage *m* de la portée; *(bei Vögeln)* élevage de la couvée; **~ betreiben** élever sa portée; *Vogel*: élever sa couvée **Brutplatz** *m* nichoir *m*; AGR couvoir *m* **Brutreaktor** *m* sur[ré]générateur *m* **Brutstätte** *f* ① *(Nistplatz)* nid *m* ② *fig* **eine ~ des Lasters** un lieu de perdition
brutto [ˈbrʊto] *Adv* brut
Bruttoeinkommen *nt* revenu *m* brut **Bruttogehalt** *nt* salaire *m* brut **Bruttogewicht** *nt kein Pl* poids *m* brut **Bruttoinlandsprodukt** *nt* produit *m* intérieur brut, P.I.B. *m* **Bruttolohn** *m* salaire *m* brut **Bruttopreis** *m* prix *m* brut **Bruttoregistertonne** *f* NAUT tonneau *m* de jauge brut **Bruttosozialprodukt** *nt* produit *m* national brut, P.N.B. *m* **Bruttoumsatz** *m* chiffre *m* d'affaires brut **Bruttowert** *m* valeur *f* brute
brutzeln [ˈbrʊtsəln] I. *itr V fam* cuire; **in der Pfanne ~** cuire à la poêle II. *tr V fam* **sich** *(Dat)* **etw ~** [se] faire cuire [*o* griller] qc
BSE [beːʔɛsˈʔeː] <-> *f Abk von* **bovine spongiforme Enzephalopathie** encéphalopathie *f* spongiforme bovine
Btx [beːteːˈʔɪks] *Abk von* **Bildschirmtext** HIST ≈ minitel® *m*
Btx-Anschluss^(RR) [beːteːˈʔɪks-] *m* ≈ branchement *m* minitel®
Btx-Nummer *f* ≈ code *m* minitel®
Bub [buːp] <-en, -en> *m* SDEUTSCH, A, CH gamin *m*
Bube [ˈbuːbə] <-n, -n> *m* KARTEN valet *m*
Bubikopf [ˈbuːbi-] *m veraltet* coiffure *f* à la garçonne; **sich** *(Dat)* **einen ~ schneiden lassen** se faire coiffer à la garçonne
Buch [buːx, *Pl:* ˈbyːçə] <-[e]s, Bücher> *nt* ① livre *m*, bouquin *m (fam)*; **ein schlaues ~** *fam* un livre réponse à tout *(fam)*; **über seinen Büchern sitzen** être plongé(e) dans ses livres
② *meist Pl (Geschäftsbuch)* livre *m* de comptes; **über etw** *(Akk)* **~ führen** tenir un inventaire de qc, noter qc; [**jdm**] **die Bücher führen** tenir la comptabilité [de qn]
③ REL livre *m*, écriture *f*; **die Bücher Mose** le Pentateuque
▶ **jdm ein ~ mit sieben Siegeln sein** *Person* être un mystère pour qn; *Wissenschaft* être de l'hébreu [*o* du chinois] pour qn; **das Goldene ~ der Stadt** le livre d'or de la ville; **wie ein ~ reden** *fam* être un vrai moulin à paroles *(fam)*; *Vertreter*: avoir du bagou[t]; **zu ~e schlagen** *(das Budget belasten)* peser dans le budget; *(ins Gewicht fallen)* entrer en ligne de compte; **mit tausend Euro zu ~e schlagen** peser de mille euros dans le budget; **..., wie er/sie/es im ~e steht** ..., tel(le) qu'on se l'imagine; **das ~ der Bücher** *geh* la Sainte Écriture, l'Écriture *f*
Buchausstattung *f* présentation *f* du livre **Buchbesprechung** *f* compte *m* rendu **Buchbinder(in)** <-s, -> *m(f)* relieur(-euse) *m(f)* **Buchbinderei** <-, -en> *f* ① *(Betrieb)* atelier *m* de relieur ② *kein Pl (das Binden)* reliure *f* **Buchblock** <-blöcke> *m* TYP corps *m* du livre **Buchdeckel** *m* plat *m*; **der vordere/hintere ~** le plat supérieur/inférieur **Buchdruck** *m kein Pl* typographie *f* **Buchdrucker(in)** *m(f)* typographe *mf* **Buchdruckerei** *f* ① *(Betrieb)* atelier *m* de typographie ② *kein Pl (das Drucken)* typographie *f* **Buchdruckerkunst** *f* art *m* typographique
Buche [ˈbuːxə] <-, -n> *f* hêtre *m*
Buchecker [ˈbuːxʔɛkɐ] <-, -n> *f* faine *f*
Bucheinband *m* couverture *f*
buchen [ˈbuːxən] *tr V* ① *(vorbestellen)* réserver *Fahrt, Flug, Hotelzimmer*; s'inscrire à *Reise*; **etw bei jdm ~** réserver qc/s'inscrire à qc auprès de qn
② COM *(verbuchen)* **etw ~** *Person*: comptabiliser qc; *Registrierkasse*: enregistrer qc
Buchenholz *nt* [bois *m* de] hêtre *m*
Bücherbord <-borde> *nt* *(Brett)* tablette *f*; *(Regal)* étagères *fpl*

Bücherbrett *nt* tablette *f* **Bücherbus** *m* bibliobus *m*
Bücherei <-, -en> *f* bibliothèque *f*
Büchereinsicht *f* JUR examen *m* des livres **Bücherfreund** *m* bibliophile *m* **Büchernarr** *m* bibliomane *m* **Bücherregal** *nt* étagères *fpl*; *(in einer Bibliothek)* rayon *m* de bibliothèque **Bücherschrank** *m* bibliothèque *f* **Büchersendung** *f* colis *m* de livres **Büchertisch** *m* présentoir *m* de livres **Bücherverbrennung** *f* autodafé *m* de livres **Bücherwand** *f* bibliothèque *f* murale **Bücherweisheit** *f* sagesse *f* livresque; **sein Wissen ist nur ~** sa science est purement livresque **Bücherwurm** *m hum* rat *m* de bibliothèque *(fam)*
Buchfink *m* pinson *m*
Buchform *f* **in ~** sous forme de volume [*o* de livre] **Buchformat** *nt* format *m* **Buchführung** *f* comptabilité *f*; **einfache/doppelte ~** comptabilité en partie simple/double; **außerhalb der ~** FIN en dehors de la comptabilité **Buchgemeinschaft** *f* club *m* du livre **Buchhalter(in)** *m(f)* comptable *mf* **buchhalterisch** I. *Adj* Pflichten, Tätigkeit de comptable; Arbeit de comptabilité II. *Adv* betrachtet du point de vue comptable **Buchhaltung** *f* ① *(Rechnungsabteilung)* [service *m* de la] comptabilité *f* ② *(Buchführung)* comptabilité *f* **Buchhandel** *m* ① *(Handel)* commerce *m* du livre; **im ~ erhältlich** disponible en librairie ② *(Gesamtheit der Buchhändler)* libraires *mpl* **Buchhändler(in)** *m(f)* libraire *mf* **buchhändlerisch** I. *Adj* de libraire II. *Adv* **sich ~ betätigen** avoir une activité de libraire **Buchhandlung** *f* librairie *f* **Buchhülle** *f* jaquette *f* **Buchklub** *m* club *m* de presse [*o* du livre] **Buchladen** *m* librairie *f* **Buchmacher(in)** *m(f)* bookmaker *m* **Buchmalerei** *f* enluminure *f* **Buchmesse** *f* foire *f* du livre **Buchprüfer(in)** *m(f)* expert-comptable *m* **Buchprüfung** *f* vérification *f* des livres, expertise *f* comptable **Buchrücken** *m* dos *m* du livre
Buchs [buks] <-es, -e> *m s*. **Buchsbaum**
Buchsbaum [ˈbuksbaʊm] *m* buis *m*
Buchse [ˈbʊksə] <-, -n> *f* ① ELEC douille *f*
② TECH manchon *m*
Büchse [ˈbʏksə] <-, -n> *f* ① *(Behälter, Konserve)* boîte *f*
② *(Sammelbüchse)* tronc *m*
③ *(Jagdgewehr)* carabine *f*
Büchsenfleisch *nt* viande *f* en boîte **Büchsenmilch** *f* lait *m* concentré *(en boîte)* **Büchsenöffner** *m* ouvre-boîte *m*
Buchstabe [ˈbuːxʃtaːbə] <-n[s], -n> *m* lettre *f*; *(Druckbuchstabe)* caractère *m* d'imprimerie]; **großer/kleiner ~** majuscule *f*/minuscule *f*; **in ~n** en lettres
▶ **nach dem ~n des Gesetzes** aux termes de la loi; **sich auf seine vier ~n setzen** *hum fam* poser ses fesses *(fam)*
buchstabengetreu *Adj, Adv* à la lettre **Buchstabenrätsel** *nt* logogriphe *m* **Buchstabenschloss**^(RR) *nt* serrure *f* à combinaison [de lettres] **Buchstabenschrift** *f* écriture *f* alphabétique
buchstabieren* *tr V* épeler
buchstäblich [ˈbuːxʃtɛːplɪç] *Adv* littéralement
Buchstütze *f* serre-livres *m*
Bucht [bʊxt] <-, -en> *f* ① *(Meeresbucht)* baie *f*; *(klein)* crique *f*; **die Deutsche ~** la baie allemande
② *(Parkbucht)* place *f* [de parking]
Buchtel [ˈbʊxtəl] <-, -n> *f* A beignet *m*
buchtenreich *Adj* découpé(e)
Buchtitel *m* titre *m* du livre **Buchumschlag** *m* jaquette *f* **Buchung** [ˈbuːxʊŋ] <-, -en> *f* ① TOURISMUS réservation *f*
② *(Verbuchung)* écriture *f*
Buchungsbeleg *m* FIN document *m* [*o* pièce *f*] comptable **Buchungsfehler** *m* erreur *f* comptable **Buchungsgebühr** *f* frais *mpl* d'enregistrement **Buchungssystem** *nt* système *m* de réservation **buchungstechnisch** *Adj* comptable
Buchweizen *m* sarrasin *m*
Buckel [ˈbʊkəl] <-s, -> *m* ① *(Verwachsung)* bosse *f*
② *fig* **einen ~ machen** *Katze*: faire le gros dos
③ *fam (Rücken)* dos *m*
④ *fam (Bergkuppe)* mamelon *m*
⑤ *(Wölbung)* bosse *f*
▶ **den ~ vollkriegen** *fam* se faire chatouiller les côtes *(fam)*; **rutsch mir [doch] den ~ runter!** *fam* lâche-moi les baskets! *(fam)*
buckelig *s*. **bucklig**
Buckelige(r) *s*. **Bucklige(r)**
buckeln *itr V fam* ① *Katze*: faire le gros dos
② *pej (devot sein)* **vor jdm ~** courber l'échine devant qn
Buckelpiste *f* piste *f* bosselée **Buckelrind** *nt* ZOOL zébu *m*
bücken [ˈbʏkən] *r V* se pencher; **sich nach etw ~** se pencher pour ramasser qc; *s. a*. **gebückt**
bucklig *Adj fam* ① *Person* bossu(e)
② *(uneben)* Straße, Fläche bosselé(e)
Bucklige(r) *f(m) dekl wie Adj* bossu(e) *m(f)*
Bückling <-s, -e> *m* ① *(Hering)* hareng *m* saur
② *hum fam (Verbeugung)* courbette *f*; [**vor jdm**] **einen ~ machen**

faire une courbette à qn
Budapest ['bu:dapɛst] <-s> nt Budapest
Buddel ['bʊdəl] <-, -n> f fam bouteille f
buddeln ['bʊdəln] fam **I.** itr V faire un trou/des trous **II.** tr V creuser Loch
Buddha ['bʊda] <-s, -s> m ❶ REL Bouddha m ❷ (Buddhastatue) bouddha m
Buddhismus [bʊ'dɪsmʊs] <-> m bouddhisme m
Buddhist(in) [bʊ'dɪst] <-en, -en> m(f) bouddhiste mf
buddhistisch [bʊ'dɪstɪʃ] **I.** Adj bouddhiste **II.** Adv selon le rite bouddhiste
Bude ['bu:də] <-, -n> f ❶ (Hütte) cabane f ❷ (Baubude) cabane f de chantier ❸ (Kiosk) stand m ❹ fam (Zimmer, kleine Wohnung) piaule f (fam)
▸ die ~ auf den Kopf stellen fam mettre la maison sens dessus dessous; sturmfreie ~ haben fam avoir le champ libre à la maison; jdm die ~ einrennen fam rappliquer chez qn (fam); jdm auf die ~ rücken se pointer chez qn (fam)
Budget [by'dʒe:] <-s, -s> nt budget m
Budgetberatung f discussion f budgétaire **Budgetentwurf** m projet m budgétaire
Budgetierung [bʏdʒe'ti:rʊŋ] f établissement m du budget
Budgetüberwachung f suivi m budgétaire
Büfett [bʏ'fɛt, bʏ'fe:] <-[e]s, -e o -s> nt ❶ (Anrichte) buffet m ❷ (angerichtete Speisen) **kaltes ~** buffet m froid ❸ (Schanktisch) comptoir m
Büffel ['bʏfəl] <-s, -> m buffle m
Büffelei [bʏfə'laɪ] <-, -en> f fam bachotage m (fam)
Büffelherde f troupeau m de buffles **Büffelleder** nt peau f de buffle
büffeln ['bʏfəln] tr, itr V fam bosser (fam), bûcher (fam)
Buffet [bʏ'fe:] <-s, -s> nt, **Büffet** <-s, -s> nt **I.** ❶ A, CH s. **Büfett** ❷ CH (Bahnhofsgaststätte) buffet m
Buffo ['bʊfo, Pl: 'bʊfi] <-s, Buffi o -s> m MUS chanteur m bouffe
Bug [bu:k] <-[e]s, -e> m ❶ eines Schiffs proue f; eines Flugzeugs nez m ❷ <Büge> GASTR épaule f
Bügel ['by:gəl] <-s, -> m ❶ (Kleiderbügel) cintre m ❷ (Brillenbügel) branche f ❸ (Steigbügel) étrier m ❹ (Einfassung) einer Geldbörse, Handtasche monture f ❺ (Schleppliftbügel) perche f ❻ (Handtaschengriff) poignée f
Bügelbrett nt table f à repasser, planche f à repasser **Bügeleisen** nt fer m à repasser **Bügelfalte** f pli m [de pantalon] **bügelfrei** Adj infroissable; **~ sein** ne pas se repasser **Bügelmaschine** f machine f à repasser
bügeln tr, itr V repasser; **etw glatt ~** repasser qc [pour enlever les faux plis]; **das Bügeln** le repassage
Buggy ['bagi] <-s, -s> m (Kinderwagen) poussette-canne f
Bugrad nt AVIAT train m [d'atterrissage] avant
bugsieren* **I.** tr V ❶ remorquer Schiff ❷ fam (bewegen) **etw über den Flur ~** transbahuter qc par le couloir (fam) ❸ fam (drängen) **jdn aus dem Zimmer ~** pousser qn hors de la pièce **II.** itr V NAUT effectuer un remorquage/des remorquages
Bugwelle f vague f d'étrave
buh [bu:] Interj [h]ou
buhen ['bu:ən] itr V fam pousser des huées de mécontentement
buhlen ['bu:lən] itr V pej geh **um etw ~** chercher à s'attirer qc
Buhmann ['bu:man] <-[e]s, -männer> m fam bouc m émissaire; **jdn zum ~ machen** prendre qn comme bouc émissaire
Bühne ['by:nə] <-, -n> f ❶ eines Theaters scène f; **auf der ~ stehen** se produire [sur scène] ❷ (Theater) théâtre m; **zur ~ gehen** monter sur les planches ❸ (Tribüne) eines Konzertsaals, einer Aula estrade f ❹ (Hebebühne) pont m élévateur ❺ DIAL (Dachboden) grenier m
▸ **von der ~ abtreten** quitter le devant de la scène; **etw über die ~ bringen** fam en finir avec qc; **hinter der ~** dans la coulisse, dans les coulisses
Buhne ['bu:nə] <-, -n> f brise-lames m
Bühnenanweisung f indication f scénique **Bühnenarbeiter(in)** m(f) machiniste mf **Bühnenaussprache** f prononciation f adoptée au théâtre **Bühnenausstattung** f décors mpl **Bühnenautor(in)** m(f) auteur mf dramatique **Bühnenbearbeitung** f version f pour la scène **Bühnenbeleuchtung** f éclairage m scénique **Bühnenbild** nt décors mpl **Bühnenbildner(in)** ['by:nənbɪltnɐ] <-s, -> m(f) scénographe mf **Bühnenerfahrung** f expérience f de la scène [o du théâtre] **Bühnenraum** m espace m scénique **bühnenreif** Adj ❶ Stück prêt(e) [à être représenté(e)] ❷ iron Auftritt, Szene théâtral(e); **dein Blick war wirklich ~!** quand tu as lancé ce regard, on se serait cru au théâtre! **Bühnenstück** nt pièce f de théâtre **Bühnentechnik** f technique f du théâtre **bühnenwirksam** **I.** Adj scéniquement approprié(e) **II.** Adv pour la scène
Buhruf ['bu:ru:f] m huées fpl; **laute ~e** des huées
buk Imp von backen
Bukarest ['bu:karɛst] <-s> nt Bucarest
Bukett [bu'kɛt] <-s, -s o -e> nt (Strauß, Duft) bouquet m
bukolisch [bu'ko:lɪʃ] Adj geh bucolique
Bulette [bu'lɛtə] <-, -n> f DIAL boulette f [de viande]
▸ **ran an die ~n!** fam faut y aller!
Bulgare [bʊl'ga:rə] <-n, -n> m, **Bulgarin** f Bulgare mf
Bulgarien [bʊl'ga:riən] <-s> nt la Bulgarie
bulgarisch **I.** Adj bulgare **II.** Adv **~ miteinander sprechen** discuter en bulgare; s. a. deutsch
Bulgarisch <-[s]> nt kein Art (Sprache, Schulfach) bulgare m; **auf ~** en bulgare; s. a. **Deutsch**
Bulgarische nt dekl wie Adj **das ~** le bulgare; s. a. **Deutsche**
Bulimie [buli'mi:] <-> f MED boulimie f
bulimisch [bu'li:mɪʃ] Adj MED boulimique
Bullauge ['bʊlʔaʊgə] nt hublot m **Bulldogge** <-, -n> f ZOOL bouledogue m
Bulldozer ['bʊldo:ze] <-s, -> m bulldozer m
Bulle[1] ['bʊlə] <-n, -n> m ❶ (Rind) taureau m ❷ (männliches Tier) mâle m ❸ fam (starker Mann) gros balèze m (fam) ❹ sl (Polizist) flic m (fam)
Bulle[2] <-, -n> f HIST bulle f
Bullenhitze f fam chaleur f à crever (fam)
Bulletin [bʏl'tɛ̃:] <-s, -s> nt communiqué m
bullig Adj fam ❶ (massig) Kerl, Mann balèze (fam) ❷ (sehr groß) **~e Hitze** chaleur f à crever (fam)
bum [bʊm] Interj boum; **[es machte] ~** [ça a fait] boum
Bumerang ['bʊməraŋ, 'bu:məraŋ] <-s, -s o -e> m boomerang m
▸ **sich als ~ erweisen** revenir en boomerang
Bummel ['bʊməl] <-s, -> m balade f
Bummelant(in) [bʊmə'lant] <-en, -en> m(f) pej fam glandeur(-euse) m(f) (fam)
Bummelei <-, -en> f pej fam **Schluss mit der ~!** arrête/arrêtez de traînasser!
bummelig Adj a. pej fam lambin(e); **~ sein** lambiner
bummeln itr V ❶ + sein (schlendern, spazieren) se balader; **~ gehen** aller se balader ❷ + haben fam (trödeln) traînasser
Bummelstreik m grève f du zèle **Bummelzug** m fam tortillard m (fam)
Bummler(in) <-s, -> m(f) fam traînard(e) m(f)
bums [bʊms] Interj s. **bum**
bumsen ['bʊmzən] **I.** itr V unpers + haben fam **es bumst (es kracht)** ça fait boum; **(ein Unfall passiert)** ça cartonne (fam) **II.** itr V ❶ + haben fam (schlagen) **gegen die Tür ~** tambouriner à la porte [en faisant un boucan pas possible] (fam) ❷ + sein (prallen) **auf/gegen etw ~** rentrer dans qc; **sie ist mit dem Kopf gegen die Wand gebumst** sa tête a tapé dans le mur ❸ + haben sl (koitieren) baiser (fam); **mit jdm ~** coucher avec qn (fam); **das Bumsen** la baise (fam) **III.** tr V + haben sl **jdn ~** baiser qn (fam)
Bumslokal nt pej fam boui-boui m (fam)
Bund[1] [bʊnt, Pl: 'bʏndə] <-[e]s, Bünde> m ❶ (Vereinigung, Verband) association f ❷ (Konföderation) fédération f ❸ (Bündnis) alliance f ❹ POL **[der] ~ und [die] Länder** le Bund et les Länder ❺ fam (Bundeswehr) **der ~** l'armée [allemande]; **zum ~ gehen** aller à l'armée ❻ (Rockbund, Hosenbund) ceinture f ❼ MUS eines Zupfinstruments touche f
▸ **den ~ der Ehe eingehen, den ~ fürs Leben schließen** geh contracter mariage [soutenu]; **mit dem Teufel im ~e sein [o stehen]** être le/la complice de qn
Bund[2] [bʊnt, Pl: 'bʊndə] <-[e]s, -e> nt botte f; **zwei ~ Radieschen/Spargel** deux bottes de radis/d'asperges
BUND [be:ʔu:ʔɛn'de:] <-> m ÖKOL Abk von **Bund für Umwelt und Naturschutz Deutschland** association pour l'environnement et la protection de la nature en Allemagne
Bündchen ['bʏntçən] <-s, -> nt ❶ (am Hals) col m ❷ (am Ärmel) poignet m
Bündel ['bʏndəl] <-s, -> nt ❶ **ein ~ Wäsche/Kleidung** un paquet de linge/vêtements; **ein ~ Banknoten** une liasse de billets de banque; **ein ~ Stroh** une botte de paille; **ein ~ Reisig** un fagot

de bois mort
② *(große Menge)* **ein ganzes ~ von Fragen** tout un tas de questions
▶ **sein ~ schnüren** *hum fam* faire ses valises; **jeder hat sein ~ zu tragen** chacun doit porter sa croix
bündeln *tr V* ① *(zusammenschnüren)* faire un paquet/des paquets avec *Zeitungen, Altpapier;* faire une liasse/des liasses avec *Banknoten;* faire une botte/des bottes avec *Radieschen, Karotten, Stroh*
② OPT focaliser *Strahlen*
bündelweise *Adv* verkaufen en bottes
Bundesagentur *f* agence *f* fédérale **Bundesamt** *nt* office *m* fédéral **Bundesangestelltentarif** *m* grille des salaires des agents non-fonctionnarisés de la fonction publique **Bundesanleihe** *f* emprunt *m* fédéral **Bundesanstalt** *f* office *m* fédéral **Bundesanwalt** *m,* **-anwältin** *f* procureur *mf* fédéral(e) **Bundesanwaltschaft** *f* parquet *m* fédéral **Bundesarbeitsgericht** *nt* JUR tribunal *m* fédéral du travail **Bundesausbildungsförderungsgesetz** *nt* loi fédérale visant à promouvoir la formation et déterminant les bourses d'études **Bundesautobahn** *f* autoroute *f* fédérale **Bundesbahn** *f* **die** Deutsche **~** HIST les chemins *mpl* de fer allemands; **die Östereichischen/Schweizerischen ~en** les chemins de fer autrichiens/suisses **Bundesbank** *f* **die** [Deutsche] **~** la banque fédérale [allemande] **Bundesbehörde** *f* administration *f* [d'un Land]; **oberste ~** administration fédérale **Bundesbürger(in)** *m(f)* citoyen(ne) *m(f)* de la République fédérale d'Allemagne **bundesdeutsch** *Adj* de la République fédérale d'Allemagne **Bundesdeutsche(r)** *f(m) dekl wie Adj* ressortissant *m* allemand/ressortissante *f* allemande **Bundesebene** *f* **auf ~** à l'échelon fédéral **bundeseigen** *Adj* fédéral(e) **Bundesfeier** *f* CH fête *f* nationale [du 1er août] **Bundesfinanzhof** *m* Cour *f* fédérale des finances **Bundesgebiet** *nt* territoire *m* fédéral **Bundesgenosse** *m,* **-genossin** *f* allié(e) *m(f)* **Bundesgericht** *nt* CH Tribunal *m* fédéral [suprême] **Bundesgerichtshof** *m* cour *f* suprême fédérale **Bundesgesetz** *nt* loi *f* fédérale **Bundesgrenzschutz** *m* police fédérale allemande pour la protection des frontières **Bundeshauptstadt** *f* capitale *f* fédérale **Bundeshaus** *nt* ① siège *m* du Parlement fédéral ② CH siège *m* du Parlement de la Confédération **Bundeshaushalt** *m* budget *m* fédéral **Bundesheer** *nt* A armée *f* autrichienne **Bundeskabinett** *nt* cabinet *m* fédéral **Bundeskanzler(in)** *m(f)* chancelier *m* fédéral/chancelière *f* fédérale; CH chancelier(-ière) *m(f)* de la Confédération

Land und Leute

En Allemagne, le **Bundeskanzler** est élu par le parlement fédéral et ensuite nommé par le président de la République fédérale. Il est le chef du gouvernement. En Autriche, le parti ayant le plus de représentants au Conseil national propose un candidat pour la fonction de chancelier que le président de la République fédérale nomme par la suite. Il est le président du gouvernement et dirige la chancellerie fédérale. En Suisse, le chancelier de la Confédération dirige la chancellerie qui est placée sous la tutelle du président de la Confédération.

Bundeskanzleramt *nt* chancellerie *f* fédérale **Bundeskriminalamt** *nt* direction générale de la police judiciaire **Bundeslade** *f* BIBL arche *f* d'alliance **Bundesland** *nt* Land *m*

Land und Leute

La République fédérale d'Allemagne est constituée depuis la réunification de 16 **Bundesländer** et l'Autriche de 9 Länder. Il y a une capitale par Land où se trouve le siège du gouvernement du Land.

Bundesliga ['bʊndəsliːga] *f* SPORT ≈ première division *f* **Bundesminister(in)** *m(f)* ministre *mf* fédéral(e) **Bundesministerium** *nt* ministère *m* fédéral **Bundesnachrichtendienst** *m* service de renseignements fédéral allemand **Bundespost** *f* **die** Deutsche **~** HIST la poste fédérale allemande; **die Österreichische ~** la poste fédérale autrichienne **Bundespräsident(in)** *m(f)* président(e) *m(f)* de la République fédérale; CH président(e) *m(f)* de la Confédération

Land und Leute

Le **Bundespräsident** est en Allemagne et en Autriche le chef de l'État. Il exerce principalement des fonctions représentatives. En Suisse, en revanche, il fait partie du gouvernement qui est composé de sept personnes et que l'on appelle le Conseil fédéral. Celui-ci élit tous les ans un **Bundespräsident** parmi ses membres. Toutefois, il fait seulement fonction de représentant.

Bundesrat *m* Conseil *m* fédéral **Bundesrat** *m,* **-rätin** *f* CH, A conseiller *m* fédéral/conseillère *f* fédérale

Land und Leute

En Allemagne, les membres des gouvernements des Länder forment le **Bundesrat**. Le nombre de députés dépend de la grandeur du Land. Le **Bundesrat** joue un rôle au niveau législatif. En Autriche, le **Bundesrat** est une partie du parlement. Le nombre d'habitants des Länder décide de la représentation de ces derniers au **Bundesrat**. En revanche, en Suisse, le **Bundesrat** est en fait le gouvernement. Il est constitué de sept membres élus pour quatre ans et dont le président n'est autre que le président de la Confédération.

Bundesrechnungshof *m* Cour *f* fédérale des comptes **Bundesregierung** *f* gouvernement *m* fédéral **Bundesrepublik** *f* **die ~** [Deutschland] la République fédérale [d'Allemagne] **bundesrepublikanisch** *Adj* de la République fédérale [d'Allemagne] **Bundesschatzbrief** *m* bon *m* du Trésor fédéral **Bundesstaat** *m* ① *(Staatenbund)* fédération *f* d'États, État *m* fédéral ② *(Gliedstaat)* État *m* fédéré **Bundesstraße** *f* ≈ route *f* nationale **Bundestag** *m* Bundestag *m,* Parlement *m* fédéral

Land und Leute

Les membres de la représentation nationale de la République fédérale d'Allemagne sont élus pour quatre ans lors d'élections libres à bulletins secrets. Le **Bundestag** élit le chancelier, discute et adopte les projets de lois.

Bundestagsabgeordnete(r) *f(m) dekl wie Adj* député(e) *m(f)* au Bundestag **Bundestagsdebatte** *f* débat *m* au Bundestag **Bundestagsfraktion** *f* POL groupe *m* parlementaire [du Bundestag] **Bundestagspräsident(in)** *m(f)* président(e) *m(f)* du Bundestag **Bundestagswahl** *f* élections *fpl* au Bundestag **Bundestrainer(in)** [-trɛːnɐ] *m(f)* entraîneur *m/*entraîneuse *f* de l'équipe nationale **Bundesverdienstkreuz** *nt* croix *f* fédérale du Mérite **Bundesverfassung** *f* constitution *f* fédérale **Bundesverfassungsgericht** *nt* tribunal *m* constitutionnel suprême **Bundesversammlung** *f* Assemblée *f* fédérale **Bundesversicherungsanstalt** *f* **~ für Angestellte** caisse fédérale de retraite pour employés **Bundesverwaltungsgericht** *nt* tribunal *m* administratif de la République fédérale [d'Allemagne] **Bundeswehr** *f* armée *f* fédérale, Bundeswehr *f* **bundesweit** *Adj, Adv* dans l'ensemble du territoire fédéral
Bundfalte *f* pince *f* **Bundfaltenhose** *f* pantalon *m* à pinces
Bundhose *f* knickers *mpl*
bündig ['byndɪç] **I.** *Adj* ① *Antwort, Auskunft* concis(e)
② *(auf gleicher Ebene)* plan(e); **die Bücher ~ ins Regal stellen** aligner les livres sur l'étagère
II. *Adv* antworten de manière concise
Bündigkeit <-> *f* concision *f;* *(Bestimmtheit)* netteté *f*
Bündnis ['bʏntnɪs] <-ses, -se> *nt* alliance *f,* pacte *m;* **~ 90/Die Grünen** POL parti allemand écologiste et alternatif
Bündnisblock <-blöcke> *m* bloc *m* des alliés **Bündnisgrüne(r)** *f(m) dekl wie Adj* membre du parti écologiste et alternatif **Bündnispartner(in)** *m(f)* partenaire *mf* de l'alliance **Bündnispolitik** *f kein Pl* politique *f* de l'alliance **Bündnissystem** *nt* système *m* d'alliance **Bündnistreue** *f* fidélité *f* à l'alliance
Bundweite *f* taille *f*
Bungalow ['bʊŋɡalo] <-s, -s> *m* bungalow *m*
Bungeejumping ['bandʒɪdʒampɪn] <-s> *nt,* **Bungeespringen** *nt* saut *m* à l'élastique
Bunker ['bʊnkɐ] <-s, -> *m* ① MIL bunker *m*
② *(Luftschutzbunker)* abri *m* antiaérien
③ SPORT bunker *m*
④ *sl (Gefängnis)* trou *m* *(fam)*
bunkern *tr V* ① *(einlagern)* entreposer *Kohle, Erz*
② NAUT **die Schiffe können in diesem Hafen Brennstoffe ~** les bateaux peuvent s'avitailler en combustible dans ce port
③ *fam (verstecken)* planquer *(fam)*
Bunsenbrenner ['bʊnzənbrɛnɐ] *m* bec *m* Bunsen
bunt [bʊnt] **I.** *Adj* ① de toutes les couleurs; *Stoff, Vorhang* multicolore, bariolé(e); **sehr ~** très coloré(e)
② *(ungeordnet) Durcheinander, Reihenfolge* disparate
③ *(vielgestaltig) Menge, Gewirr* bigarré(e); *Mischung, Auswahl* varié(e)
II. *Adv* ① anstreichen, anmalen de toutes les couleurs; **~ bemalt** peint(e) [de multiples couleurs]; **~ gefleckt** tacheté(e); **~ gestreift** avec des rayures de toutes les couleurs; **~ getupft** tacheté(e) de pois multicolores; **~ kariert** avec des carreaux de toutes les couleurs; **~ schillernd** aux reflets irisés; **sich ~ färben** *Laub:* devenir multicolore
② *(ungeordnet)* **~ verstreut im Zimmer liegen** être posé(e) pêle-mêle dans la pièce
③ *(abwechslungsreich)* **~ gemischt** varié(e)

► es zu ~ treiben *fam* y aller trop [*o* un peu] fort *(fam)*; jdm wird es zu ~ *fam* qn en a marre *(fam)*
buntbemalt *s.* bunt II.❶
buntgefleckt *s.* bunt II.❶
Buntheit <-> *f* variété *f* de couleurs
buntkariert *s.* bunt II.❶
Buntmetall *nt* métal *m* lourd non ferreux Buntpapier *nt* papier *m* [gommé] de couleur Buntsandstein *m* grès *m* bigarré buntscheckig *Adj attr* bigarré(e)
buntschillernd *s.* bunt II.❶
Buntspecht *m* pic *m* épeiche Buntstift *m* crayon *m* de couleur Buntwäsche *f* linge *m* de couleur
Bürde ['byrdə] <-, -n> *f geh* fardeau *m*
Bure ['buːrə] <-n, -n> *m*, Burin *f* Boer *m*/[femme *f*] Boer *f*
Burenwurst *f* A *(Bockwurst)* saucisse *f* (réchauffée à l'eau bouillante)
Bürette [byˈrɛtə] <-, -n> *f* CHEM burette *f*
Burg [burk] <-, -en> *f*❶ HIST château *m* fort
❷ *(Sandburg)* château *m* de sable
Bürge ['byrgə] <-n, -n> *m*, Bürgin *f* JUR garant(e) *m(f)*, caution *f*; [jdm] einen ~n stellen [*o* bringen *fam*] fournir [*o* donner] une caution [à qn]
bürgen *itr V* ❶ JUR se porter garant; für jdn ~ se porter garant pour qn; für einen Kredit ~ se porter garant d'un crédit
❷ *(garantieren)* für die Qualität einer S. *(Gen)* ~ garantir la qualité de qc
Burgenland *nt* das ~ le Burgenland
Bürger(in) ['byrgɐ] <-s, -> *m(f)* citoyen(ne) *m(f)*
Bürgerbeauftragte(r) *f(m) dekl wie Adj* der/die Europäische ~ le Médiateur européen Bürgerbeteiligung *f* participation *f* des citoyens Bürgerentscheid <-[e]s, -e> *m* référendum *m* bürgerfern *Adj* éloigné(e) des préoccupations des citoyens bürgerfreundlich *Adj* attentif(-ive) aux préoccupations des citoyens Bürgerhaus *nt* ❶ *(Gemeindezentrum)* centre *m* social et culturel ❷ ARCHIT maison *f* bourgeoise Bürgerinitiative [-və] *f* comité *m* de défense Bürgerkrieg *m* guerre *f* civile bürgerkriegsähnlich *Adj* comparable à une guerre civile; ~e Zustände un climat de guerre civile
bürgerlich *Adj* ❶ *attr* Recht civil(e)
❷ *(dem Bürgertum entsprechend)* bourgeois(e)
Bürgerliche(r) *f(m) dekl wie Adj* roturier(-ière) *m(f)*
Bürgermeister(in) *m(f)* maire *mf* bürgernah *Adj* proche des préoccupations des citoyens Bürgernähe *f* prévenance *f* à l'égard des citoyens; sich um [mehr] ~ bemühen s'efforcer d'être [davantage] à l'écoute des citoyens Bürgerpflicht *f* devoir *m* civique Bürgerrecht *nt meist Pl* droit *m* civique; das Schweizer ~ la citoyenneté suisse Bürgerrechtler(in) <-s, -> *m(f)* défenseur *mf* des droits du citoyen
Bürgerrechtsbewegung *f* mouvement *m* de défense des droits du citoyen Bürgerrechtsgesuch *nt* CH demande *f* de naturalisation
Bürgerschaft <-, *selten* -en> *f* ❶ *(die Bürger)* citoyens *mpl*
❷ *(Bürgervertretung)* municipalité *f*
Bürgerschaftswahl *f* élections *fpl* municipales
Bürgerschreck *m* terreur *f* des bourgeois Bürgersinn *m* esprit *m* civique Bürgersteig ['byrgɐʃtaɪk] <-[e]s, -e> *m* trottoir *m*
Bürgertum <-[e]s> *nt* bourgeoisie *f*
Burgfriede[n] *m* trêve *f* Burggraben *m einer Festung* fossé *m*; *eines Schlosses* douve *f* Burgherr(in) *m(f)* HIST châtelain(e) *m(f)*
Bürgin ['byrgɪn] *s.* Bürge
Burgruine *f* ruines *fpl* d'un château
Bürgschaft ['byrkʃaft] <-, -en> *f* caution *f*; für jdn/etw ~ leisten se porter garant pour qn/de qc; für jdn die ~ übernehmen se porter caution pour qn
Burgund [burˈgʊnt] <-[s]> *nt* la Bourgogne
Burgunder <-s, -> *m (Wein)* bourgogne *m*
Burgverlies *nt* oubliettes *fpl*
Burin ['buːrɪn] <-, -nen> *f s.* Bure
Burkina Faso [burˈkiːna ˈfaːzo] <- -s> *nt* le Burkina Faso
burlesk [burˈlɛsk] *Adj* burlesque
Burleske <-, -n> *f* pièce *f* burlesque
Burma ['burma] <-s> *nt* la Birmanie
Burn-out ['bəːnʔaʊt] <-s, -s> *m* MED épuisement *m* physique et moral, burn[-]out *m*
Burn-out-Syndrom [bøːɛnˈʔaʊt-] *nt* MED syndrome *m* d'épuisement physique et moral
Burnus ['burnʊs, *Pl:* 'burnʊsə] <- *o* -ses, -se> *m* burnous *m*
Büro [byˈroː] <-s, -s> *nt* bureau *m*
Büroangestellte(r) *f(m) dekl wie Adj* employé(e) *m(f)* de bureau Büroarbeit *f* travail *m* de bureau Büroausstattung *f (Büromaterialien, -geräte)* matériel *m* de bureau Bürobedarf *m* fournitures *fpl* de bureau Bürogebäude *nt* immeuble *m* de bureaux

Bürogehilfe *m*, -gehilfin *f* auxiliaire *mf* de bureau Bürohaus *nt* immeuble *m* de bureaux Bürohengst *m pej* rond-de-cuir *m (péj)* Bürokaufmann *m*, -kauffrau *f* secrétaire *mf* commercial(e) Büroklammer *f* trombone *m* Bürokommunikation *f* bureautique® *f* Bürokraft *f* employé(e) *m(f)* de bureau
Bürokrat(in) [byroˈkraːt] <-en, -en> *m(f) pej* bureaucrate *mf*
Bürokratie [byrokraˈtiː] <-, -n> *f* bureaucratie *f*
bürokratisch I. *Adj* bureaucratique
II. *Adv* de façon bureaucratique
Bürokratismus <-> *m pej* bureaucratie *f*
Büromaschine *f* machine *f* de bureau Büromaterial *nt* matériel *m* de bureau Büromensch *m fam* gratte-papier *m (péj)* Büroschluss^{RR} *m* fermeture *f* des bureaux Bürostunden *Pl* heures *fpl* de bureau Büroturm *m* tour *f* de bureaux Bürozeiten *Pl* heures *fpl* de bureau
Bursche ['burʃə] <-n, -n> *m* ❶ *(Halbwüchsiger)* jeune *m*; na warte, ~! attends un peu, mon gaillard!
❷ *fam (Kerl)* ein [ganz] übler ~ un sale type
❸ *fam (Exemplar)* engin *m (fam)*
Burschenschaft <-, -en> *f* corporation *f* d'étudiants
Burschenschafter <-s, -> *m* membre *m* d'une corporation d'étudiants
burschikos [burʃiˈkoːs] I. *Adj Mädchen* sans façons; *Art, Benehmen* décontracté(e) *(fam)*; *Ausdrucksweise* relâché(e)
II. *Adv sich benehmen* d'une façon décontractée *(fam)*; *sich ausdrücken* d'une façon relâchée
Bürste ['byrstə] <-, -n> *f* brosse *f*
bürsten *tr V* brosser *Mantel, Schuhe*; jdm/sich die Haare ~ brosser les cheveux à qn/se brosser les cheveux; sich *(Dat)* den Rücken ~ se frotter le dos [avec une brosse]
Bürstenmacher(in) *m(f)* fabricant(e) *m(f)* de brosses Bürstenmassage [-masaˈʒə] *f* friction *f* à la brosse Bürstenschnitt *m* coupe *f* en brosse
Burundi [buˈrʊndi] <-s> *nt* le Burundi
Burundier(in) [buˈrʊndiɐ] <-s, -> *m(f)* Burundais(e) *m(f)*
burundisch *Adj* burundais(e)
Bürzel ['byrtsəl] <-s -> *m* croupion *m*
Bus [bʊs] <-ses, -se> *m* ❶ bus *m*; *(Reisebus)* car *m*
❷ INFORM bus *m*
Busbahnhof *m* gare *f* routière Busbucht *f* arrêt d'autobus encastré dans le trottoir
Busch [buʃ, *Pl:* 'byʃə] <-[e]s, Büsche> *m* ❶ *(Strauch)* buisson *m*
❷ *(Buschwald)* brousse *f*
❸ *selten (Strauß)* bouquet *m*; ein ~ [von] Federn une touffe de plumes
► mit etw hinterm ~ halten *fam* cacher qc; [irgend]etwas ist im ~ *fam* il y a anguille sous roche; bei jdm auf den ~ klopfen *fam* tâter le terrain [auprès de qn]; sich [seitwärts] in die Büsche schlagen *fam* prendre la tangente *(fam)*
Buschbohne *f* haricot *m* nain
Büschel ['byʃəl] <-s, -> *nt* touffe *f*; ein ~ Gras/Haare une touffe d'herbe/de cheveux
büschelweise *Adv* par touffes
Buschenschenke A *s.* Straußenwirtschaft
Buschfeuer *nt* feu *m* de brousse
buschig I. *Adj* touffu(e); *Augenbrauen* en broussaille
II. *Adv* wachsen en buisson
Buschmann <-männer> *m* Bochiman *m*
Buschmannfrau *f* femme *f* Bochiman
Buschmesser *nt* machette *f* Buschwerk *nt kein Pl* broussailles *fpl* Buschwindröschen [-røːsçən] *nt* anémone *f*
Busen ['buːzən] <-s, -> *m* ❶ poitrine *f*, seins *mpl*; viel ~ zeigen *Kleid:* dégager bien la gorge
❷ *geh (Innerstes)* etw in seinem ~ bewahren garder qc au fond de son cœur
Busenfreund(in) *m(f)* ami(e) *m(f)* intime
Busenwunder *nt fam* super poitrine *f*
Busfahrer(in) *m(f)* conducteur *m*/conductrice *f* de bus Bushaltestelle *f* arrêt *m* de bus
Business ['bɪznɪs, 'bɪznɛs] <-> *nt fam* ❶ *(Geschäftsleben, Berufsleben)* travail *m*
❷ *(Firma, Unternehmen)* affaire *f*
Businessclass^{RR}, Business-Class^{RR} ['bɪznɪsklaːs] <-> *f* classe *f* affaires
Buslinie [-liːniə] *f* ligne *f* de bus
Bussard ['busart] <-s, -e> *m* buse *f*
Buße ['buːsə] <-, -n> *f* ❶ *kein Pl* REL pénitence *f*; ~ tun faire pénitence
❷ *(Schadenersatz)* amende *f*; jdn zu einer ~ verurteilen condamner qn à une amende
❸ CH *(Geldbuße)* amende *f*
büßen ['byːsən] I. *tr V* ❶ er hat seinen Leichtsinn mit dem Leben gebüßt son inconscience lui a coûté la vie; das wirst

[*o sollst*] **du mir ~!** tu vas me le payer!
② CH *(mit einer Geldbuße belegen)* **jdn** ~ frapper qn d'une amende
II. *itr V* **für etw** ~ subir les conséquences de qc; **dafür wird er mir ~!** il me le paiera!
Büßer(in) <-s, -> *m(f)* pénitent(e) *m(f)*
Büßergewand *nt* habit *m* de pénitent
▶ **nicht im ~ umherlaufen** rester la tête haute
Busserl ['bʊsɐl] <-s, -[n]> *nt* SDEUTSCH, A *fam* bisou *m (fam)*
bußfertig *Adj Sünder* repentant(e) **Bußgang** <-gänge> *m* **geh einen ~ antreten** faire acte de pénitence [*o* de contrition] *(soutenu)* **Bußgebet** *nt* prière *f* de pénitence **Bußgeld** ['bu:s-] *nt* amende *f*; **ein ~ verhängen** infliger une amende
Bußgeldbescheid *m* contravention *f* **Bußgeldkatalog** *m* liste *f* de tarification des amendes
Bussi ['bʊsi] <-s, -s> *nt fam* bisou *m (fam)*
Bußpredigt *f* sermon *m* sur la pénitence **Bußtag** *m* REL jour *m* de pénitence [et de jeûne] **Buß- und Bettag** *m* jour férié protestant consacré à la pénitence et au recueillement
Büste ['bʏstə] <-, -n> *f* ① *a.* KUNST buste *m*
② *(Schneiderpuppe)* mannequin *m*
Büstenhalter *m* soutien-gorge *m*
Busverbindung *f* correspondance *f* [de bus]
Butan [bu'ta:n] <-s, -e> *nt* CHEM butane *m*
Butangas *nt* butane *m*
Butt [bʊt] <-[e]s, -e> *m* turbot *m*
Bütt [bʏt] <-, -en> *f* DIAL tribune *f* de carnaval *(en forme de tonneau qui sert aux discours de carnaval)*
Büttel ['bʏtəl] <-s, -> *m* ① *pej geh (Handlanger)* larbin *m*
② *veraltet (Gerichtsbote)* huissier *m*
Bütten ['bʏtən] <-s> *nt* papier *m* [à la] cuve
Büttenpapier *nt kein Pl* papier *m* [à la] cuve **Büttenrede** *f* DIAL discours *m* de carnaval
Butter ['bʊtɐ] <-> *f* beurre *m*; **braune/zerlassene ~** beurre noir/fondu
▶ **jdm nicht die ~ auf dem Brot gönnen** *fam* ne pas accepter que qn mette du beurre dans ses épinards; **sich** *(Dat)* **von jdm nicht die ~ vom Brot nehmen lassen** *fam* ne pas se laisser manger la laine sur le dos par qn; **weich wie ~** mou(molle) comme du beurre; **alles** [**ist**] **in ~** *fam* ça baigne [dans l'huile] *(fam)*
Butterberg *m hum* montagne *f* de beurre **Butterblume** *f fam* bouton d'or **Butterbrot** *nt* tartine *f* [de beurre] ▶ **jdm etw aufs ~ schmieren** *fam* ressasser qc à qn *(fam)*; **für ein ~ fam** pour une bouchée de pain **Butterbrotpapier** *nt* papier *m* sulfurisé
Buttercreme [-kre:m] *f* crème *f* au beurre
Buttercremetorte *f* gâteau *m* garni de crème au beurre
Butterdose *f* beurrier *m* **Butterfahrt** *f* excursion en bateau au cours de laquelle les passagers ont la possibilité d'acheter des marchandises hors taxes **Butterfass**[RR] *nt* ① *veraltet (zur Herstellung)* baratte *f (vieilli)* ② *(zur Aufbewahrung)* tinette *f*
Butterflystil *s.* **Schmetterlingsstil**
Butterkäse *m* fromage *m* gras à pâte pressée **Butterkeks** *m* petit-beurre *m*; **ein paar ~e essen** manger quelques petits-beurre **Butterkuchen** *m* gâteau au levain garni de flocons de beurre et de sucre **Buttermilch** *f* petit-lait *m*
buttern I. *tr V* ① *(bestreichen)* beurrer *Toast*
② *fam (investieren)* **viel Geld in etw** *(Akk)* **~** fourrer beaucoup d'argent dans qc *(fam)*
II. *itr V* faire [*o* battre] le beurre
Butterpilz *m* bolet *m* jaune **Buttersäure** *f* CHEM acide *m* butyrique **Butterschmalz** *nt* beurre *m* fondu **butterweich** I. *Adj* ① *Frucht* fondant(e); *Metall, Plastik* mou(molle) ② *(sanft) Landung* en douceur II. *Adv aufsetzen, landen* en douceur
Button ['batən] <-s, -s> *m* badge *m*
Button-down-Kragen [batən'daʊnkra:gən] *m* col *m* à boutons
Butzenscheibe *f* vitre *f* en cul de bouteille
b.w. *Abk von* **bitte wenden** T.S.V.P.
BWL [be:ve:'ʔɛl] *Abk von* **Betriebswirtschaftslehre** sciences *fpl* éco
Bypass ['baɪpas, *Pl:* -'baɪpɛsə] <-es, Bypässe> *m* pontage *m*
Bypassoperation ['baɪpas-] *f* pontage *m*
Byte [baɪt] <-s, -s> *nt* INFORM octet *m*
byzantinisch [bytsan'ti:nɪʃ] *Adj* byzantin(e)
Byzanz [by'tsants] <-> *nt* Byzance
bzgl. *Abk von* **bezüglich**
bzw. *Abk von* **beziehungsweise**

Cc

C, c [tse:] <-, -> *nt* ① *(Buchstabe)* C *m*/c *m*
② MUS do *m*, ut *m*; **das hohe ~** le contre-ut
▶ **C wie Cäsar** c comme Célestin; *s. a.* **K, Z, SCH**
C *Abk von* **Celsius** C
ca. *Abk von* **circa** env.
Cabrio ['ka:brio] <-[s], -s> *nt*, **Cabriolet** [kabrio'le:] <-s, -s> *nt* cabriolet *m*
CAD [tse:ʔa:'de:] <-> *nt Abk von* **computer-aided design** C.A.O. *f*
Caddie ['kɛdi] <-s, -> *m* SPORT ① *(Mensch)* caddie *m*
② *(Wagen)* chariot *m* de golf
Cadmium ['katmiʊm] <-s> *nt* CHEM cadmium *m*; **~ ist ein Metall** le cadmium est un métal
Café [ka'fe:] <-s, -s> *nt* ≈ salon *m* de thé
Cafeteria [kafete'ri:a] <-, -s> *f* cafétéria *f*
cal *Abk von* [**Gramm**]**kalorie** cal.
Calcium ['kaltsiʊm] *s.* **Kalzium**
Californium [kali'fɔrniʊm] <-s> *nt* CHEM californium *m*
Callboy ['kɔ:lbɔɪ] <-s, -s> *m* call-boy *m* **Callcenter** ['ko:lsɛntɐ] <-s, -> *nt* centre *m* d'appels **Callgirl** ['kɔ:lgɛːl] <-s, -s> *nt* call-girl *f*
CAM [tse:ʔa:'ɛm] <-> *nt Abk von* **computer-aided manufacturing** fabrication *f* assistée par ordinateur
Camcorder ['kɛmkɔrdɐ] <-s, -> *m* caméscope *m*
Camembert ['kamãbɛːɐ̯, 'kaməmbɛːɐ̯] <-s, -s> *m* camembert *m*
Camion [ka'miõ:] <-s, -s> *m* CH camion *m*
Camp [kɛmp] <-s, -s> *nt* ① *(Lager)* camp *m*
② *(Gefangenenlager)* camp *m* [de prisonniers]
campen ['kɛmpən] *itr V* faire du camping; **an einem See ~** faire du camping [*o* camper] au bord d'un lac; **das Campen** le camping
Camper(in) ['kɛmpɐ] <-s, -> *m(f)* campeur(-euse) *m(f)*
campieren* [kam'pi:rən] *itr V* A, CH *s.* **campen**
Camping <-s> *nt* camping *m*
Campingartikel ['kɛmpɪŋ-] *m*, **Campingausrüstung** *f* matériel *m* de camping **Campingbus** *m* camping-car *m* **Campingführer** *m* guide *m* de camping et de caravaning
Campingplatz *m* terrain *m* de camping
Campus ['kampʊs] <-, -> *m* campus *m*
Canasta [ka'nasta] <-> *m* canasta *f*
Cancan [kã'kã:] <-s, -s> *m* [french] cancan *m*
Cannabis ['kanabɪs] <-> *m* cannabis *m*
Cannelloni [kanɛ'lo:ni] *Pl* cannelloni[s] *mpl*
Cañon ['kanjɔn] <-s, -s> *m* canyon *m*
Cape [keɪp] <-s, -s> *nt* cape *f*
CapsLock-Taste ['kæpslɔk-] *f* INFORM touche *f* verrouillage majuscule
Car [ka:ɐ̯] <-s, -s> *m* CH car *m*
Caravan ['karavan] <-s, -s> *m (Wohnwagen)* caravane *f*
Carepaket ['kɛːɐ̯pake:t] *nt* HIST colis *m* de ravitaillement
Carport ['ka:ɐ̯pɔɐ̯t] <-s, -s> *m* auvent servant d'abri à une voiture
Carsharing[RR] ['ka:ɐ̯ʃɛːrɪŋ, 'ka:(r)ʃæːrɪŋ] <-s> *m* covoiturage *m*
Cartoon [kar'tu:n] <-s, -s> *m o nt* dessin *m* [humoristique]; *(Bildgeschichte)* B.D. *f*, bédé *f*
Casanova [kaza'no:va] <-s, -s> *m* don Juan *m*
Cäsar[1] ['tse:zar] <-s, -> *m* César *m*
Cäsar[2] <-saren, -saren> *m (Titel)* césar *m*
Cashewnuss[RR] ['kɛʃunʊs] *f* noix *f* de cajou
Cashflow[RR] ['kɛʃfloʊ] <-s, -s> *m* cash-flow *m*
Cäsium ['tsɛːziʊm] <-s> *nt* CHEM césium *m*; **~ zählt zu den Metallen** le césium fait partie des métaux
Casting ['ka:stɪŋ] <-[s], -s> *nt* CINE, TV casting *m*
Castingshow ['ka:stɪŋʃo:] *f* soirée *f* casting
catchen ['kɛtʃn] *itr V* SPORT catcher
Catcher(in) ['kɛtʃɐ] <-s, -> *m(f)* catcheur(-euse) *m(f)*
Cateringservice ['kɛɪtərɪŋsøːvɪs] *m* traiteur *m*
Cayennepfeffer [ka'jɛn-] *m* poivre *m* de Cayenne
CB-Funk [tse:'be:-] *m* C.B. *f* **CB-Funker(in)** *m(f)* cibiste *mf*
cbm *veraltet Abk von* **Kubikmeter** m³
CD [tse:'de:] <-, -s> *f Abk von* **Compact Disc** C.D. *m*, compact *m*
CD-Brenner [tse:'de:-] *m* graveur *m* de CD **CD-Player** [-plɛɪɐ̯] <-s, -> *m* lecteur *m* [*o* platine *f*] laser **CD-ROM** [tse:de:'rɔm]

<-, -s> f INFORM CD-ROM m; eine ~ in das Laufwerk legen introduire un CD-ROM dans le lecteur; etw auf eine ~ brennen graver qc sur un CD-ROM

CD-ROM-Brenner m INFORM graveur m de CD-ROM **CD-ROM--Laufwerk** nt INFORM lecteur m de CD-ROM

CD-Spieler s. **CD-Player**

CDU [tse:de:'?u:] <-> f Abk von **Christlich-Demokratische Union** parti chrétien-démocrate d'Allemagne

C-Dur ['tse:du:ɐ] <-> nt do m majeur, ut m majeur; **in ~** en do [o ut] majeur

CD-Wechsler [tse:'de:-] m changeur m de disques compacts

Cellist(in) [tʃɛ'lɪst] <-en, -en> m(f) violoncelliste mf

Cello ['tʃɛlo, Pl: 'tʃɛlos, 'tʃɛli] <-s, -s o **Celli**> nt violoncelle m

Cellophan® [tsɛlo'fa:n] <-s> nt cellophane® f

Celsius ['tsɛlzius] kein Art, unv Celsius

Cembalo ['tʃɛmbalo, Pl: tʃɛmbalos, 'tʃɛmbali] <-s, -s o **Cembali**> nt clavecin m

Cent [sɛnt] m cent m, euro centime m

Cer [tse:ɐ] <-s> nt CHEM cérium m; **~ ist ein Metall** le cérium est un métal

ces, Ces [tsɛs] <-, -> nt do m bémol

Ceylon ['tsaɪlɔn] <-s> nt HIST le Ceylan

cf. Abk von confer cf.

Cha-Cha-Cha ['tʃatʃatʃa] <-[s], -s> m cha-cha-cha m

Chagrinleder [ʃa'grɛ̃:-] nt chagrin m

Chalet [ʃa'le:, ʃa'lɛ] <-s, -s CH chalet m

Chamäleon [ka'mɛ:leɔn] <-s, -s> nt caméléon m
▸ **ein ~ sein** pej être un caméléon [o une girouette]

Champagner [ʃam'panje] <-s, -s> m champagne m

Champignon ['ʃampɪnjɔn] <-s, -s> m champignon m de couche [o de Paris]

Champion ['tʃɛmpiən] <-s, -s> m champion(ne) m(f)

Chance ['ʃɑ̃:s(ə)] <-, -n> f ❶ (Möglichkeit) chance f; **die ~, dass es gelingt, ist groß** il y a de fortes chances que cela réussisse; **wir haben kaum eine ~ es zu schaffen** nous avons peu de chance de réussir; **eine/keine ~ ungenutzt lassen** laisser/ne pas laisser passer sa chance; **jdm eine [letzte] ~ geben** donner une [dernière] chance à qn; **gegen jdn keine ~ haben** n'avoir aucune chance face à [o contre] qn
❷ (Torchance) occasion f
❸ Pl (Aussichten) chances fpl; **die ~n auf einen Erfolg** les chances de succès; **es bestehen kaum ~n, dass** il y a peu de chances que + subj; **die ~n stehen gut, dass wir den Prozess gewinnen** nos chances de gagner le procès sont bonnes; **die ~n, dass diese Mannschaft gewinnt, stehen 100:1** il y a 99 chances sur 100 [pour] que cette équipe gagne; **wie stehen die ~n?** fam comment ça se présente?
▸ **bei jdm keine ~ haben** fam ne pas avoir du succès auprès de qn

Chancengleichheit ['ʃɑ̃:sn-] f kein Pl égalité f des chances

chancenlos Adj malchanceux(-euse); **~ sein** n'avoir aucune chance

changieren* [ʃɑ̃'ʒi:rən, ʃaŋ'ʒi:rən] itr V Seide, Moiré: chatoyer

Chanson [ʃɑ̃'sɔ̃:] <-s, -s> nt chanson f (à texte)

Chanson[n]ette [ʃɑ̃sɔ'nɛt] <-, -n> f chanteuse f de variétés

Chansonsänger(in) [ʃɑ̃'sɔ̃:-] m(f) chanteur(-euse) m(f) (à texte)

Chaos ['ka:ɔs] <-> nt chaos m; **in der Wohnung herrscht [ein einziges] ~** c'est le chaos [total] dans l'appartement

Chaostheorie ['ka:ɔs-] f théorie f du chaos

Chaot(in) [ka'o:t] <-en, -en> m(f) pej personne f bordélique (fam); **ein ~/eine ~ in sein** être bordélique (fam)

chaotisch [ka'o:tɪʃ] I. Adj Person bordélique (fam); Durcheinander chaotique (fam)
II. Adv bei den Nachbarn geht es **~ zu** c'est le bordel [o le foutoir] chez les voisins (fam); **ziemlich ~ klingen** avoir l'air bien confus(e)

Charakter [ka'raktɐ, Pl: karak'te:rə] <-s, -tere> m ❶ (Wesen) caractère m; **den ~ prägen** [o **formen**] former le caractère
❷ (Eigenart) caractère m; **den ~ einer Drohung haben** avoir tout d'une menace
❸ (Mensch) personnalité f; **sie sind ganz gegensätzliche ~e** ils ont des personnalités opposées
❹ Pl (Gestalt) caractère m; **die typischen ~e in den Komödien Molières** les personnages typiques des comédies de Molière
▸ **~ haben** avoir du caractère; **ein Mann/eine Frau von ~** un homme/une femme de caractère

Charakteranlage [ka'raktɐ-] f disposition f de caractère **Charakterdarsteller(in)** m(f) acteur m/actrice f qui joue des rôles de caractère **Charaktereigenschaft** f trait m de caractère **Charakterfehler** m défaut m de caractère **charakterfest** Adj de caractère; **~ sein** avoir du caractère **Charakterfestigkeit** f fermeté f de caractère

charakterisieren* [ka-] tr V ❶ (schildern) décrire; **jdn als verschlossen ~** décrire [o dépeindre] qn comme quelqu'un de renfermé(e); **die Lage als verworren ~** décrire [o dépeindre] la situation comme étant confuse
❷ (kennzeichnen) caractériser

Charakterisierung <-, -en> f description f

Charakteristik [karaktə'rɪstɪk] <-, -en> f ❶ (Schilderung) portrait m
❷ TECH (Eigenschaft) caractéristique f

Charakteristikum [karakte'rɪstikʊm] <-s, Charakteristika> nt geh caractéristique f

charakteristisch [karaktə'rɪstɪʃ] Adj caractéristique; **für jdn/etw ~ sein** être caractéristique chez qn/de qc

Charakterkopf [ka-] m tête f [o physionomie f] expressive

charakterlich I. Adj de caractère; **das ist eine seiner ~en Stärken** c'est une des forces de son caractère
II. Adv sich verändern en ce qui concerne le caractère

charakterlos I. Adj Person sans caractère; Verhalten méprisable; **~ sein** Person: ne pas avoir de caractère
II. Adv de façon méprisable

Charakterlosigkeit <-, -en> f bassesse f

Charakterologie [karakterolo'gi:] <-> f PSYCH caractérologie f

Charakterrolle f rôle m de caractère **Charakterschwäche** f faiblesse f de caractère **Charakterschwein** nt sl salaud m (fam) **Charakterstärke** f force f de caractère **charaktervoll** I. Adj ❶ (anständig) Verhalten droit(e), loyal(e) ❷ (ausdrucksstark) Gesichtszüge, Kinn, Nase, Stirn qui a du caractère II. Adv loyalement **Charakterzug** m trait m de caractère

Charge ['ʃarʒə] <-, -n> f ❶ **die höheren/unteren ~n** les personnes haut placées/les sous-fifres
❷ THEAT rôle m de composition
❸ PHARM lot m

Charisma ['ça:rɪsma, ça:'rɪsma] <-s, Charismen o Charismata> nt geh charisme m

charismatisch [çarɪs'ma:tɪʃ] Adj charismatique

Charleston ['tʃarlstn] <-, -s> m charleston m

charmant [ʃar'mant] I. Adj charmant(e), gentil(le); **sehr ~ von dir!** très gentil de ta part!
II. Adv de façon charmante, aimablement

Charme [ʃarm] <-s> m charme m; **~ haben** avoir du charme

Charmeur [ʃar'mø:ɐ] <-s, -e> m charmeur m

Charta ['karta] <-, -s> f charte f; **die Magna ~** HIST la Grande Charte [d'Angleterre]

Charterflug ['tʃartɐ-] m (vol m) charter m **Charterfluggesellschaft** f compagnie f de charters [o charter] **Charterflugzeug** s. **Chartergesellschaft** s. **Charterfluggesellschaft Chartermaschine** f (avion m) charter m

chartern ['tʃartɐn] tr V affréter, chartériser Flugzeug, Schiff

Charts [tʃa:(r)ts] Pl hit-parade m, Top 50 m; **in den ~** au hit-parade

Chassis [ʃa'si:] <-, -> nt châssis m

Chat [tʃɛt, tʃæt] <-s, -s> m INFORM chat m

chatten ['tʃɛtən, 'tʃætən] itr V INFORM chatter (fam)

Chauffeur(in) [ʃɔ'fø:ɐ] <-s, -e> m(f) chauffeur m

chauffieren* [ʃɔ'fi:rən] I. tr V veraltet geh conduire; **jdn zum Bahnhof/Friseur ~** conduire qn à la gare/chez le coiffeur
II. itr V veraltet geh conduire

Chaussee [ʃo'se:, ʃɔ'se:, Pl: -'se:ən] <-, -n> f veraltet route f de campagne

Chauvi [ʃo'vi] <-s, -s> m sl macho m (fam)

Chauvinismus [ʃovi'nɪsmʊs] <-> m pej ❶ POL chauvinisme m
❷ (männlicher Chauvinismus) machisme m, phallocratie f

Chauvinist [ʃovi'nɪst] <-en, -en> m pej ❶ POL chauvin(e) m(f)
❷ (Sexist) machiste m, phallocrate m

Chauvinistin [ʃovi'nɪstɪn] <-, -nen> f POL pej chauvine f

chauvinistisch [ʃovi'nɪstɪʃ] I. Adj ❶ POL chauvin(e)
❷ (sexistisch) machiste, phallocrate
II. Adv pej (sexistisch) comme un machiste/phallocrate

checken ['tʃɛkən] tr V ❶ (überprüfen) vérifier; **~, wer/ob ...** vérifier qui/si ...
❷ sl (begreifen) piger (fam)
❸ SPORT contrer Mitspieler

Check-in ['tʃɛk-] <-s, -s> m enregistrement m

Checkliste f ❶ (Passagierliste) liste f des passagers
❷ (Kontrollliste des Piloten) liste f de vérification
❸ (allgemeine Aufstellung) liste f

Check-up ['tʃɛkap] <-s, -s> m ❶ MED bilan m de santé
❷ TECH révision f

Chef [ʃɛf] <-s, -s> m einer Firma patron m, chef m; einer Behörde, Abteilung chef m (fam)

Chefarzt ['ʃɛf-] m, **-ärztin** f médecin-chef mf **Chefetage** [-eta:ʒə] f bureaux mpl de la direction **Chefideologe** m, **-ideologin** f idéologue m/f principal(e)

Chefin ['ʃɛfɪn, 'ʃɛfɪn] <-, -nen> f ❶ einer Firma patronne f; einer Behörde, Abteilung chef f (fam); einer Delegation, eines Kabinetts

directrice *f*
② *fam (Frau des Chefs)* patronne *f (fam)*
Chefkoch ['ʃɛf-] *m*, **-köchin** *f* chef *mf* [de cuisine] **Chefredakteur(in)** [-redaktø:ɐ] *m(f)* rédacteur(-trice) *m(f)* en chef **Chefsekretär(in)** *m(f)* secrétaire *mf* de direction
chem. *Adj Abk von* **chemisch**
Chemie [çe'mi:] <-> *f* ① chimie *f*
② *fam (Chemikalie)* produit *m* chimique
▶ **zwischen den beiden stimmt die ~** il y a entre eux des atomes crochus
Chemiearbeiter(in) [çe'mi:-] *m(f)* ouvrier(-ière) *m(f)* de l'industrie chimique **Chemiefaser** *f* fibre *f* synthétique **Chemiegigant** *m* géant *m* de l'industrie chimique **Chemieingenieur(in)** *m(f)* ingénieur *mf* chimiste **Chemielaborant(in)** *m(f)* laborantin(e) *m(f)* chimiste **Chemielehrer(in)** *m(f)* professeur *mf* de chimie **Chemieunterricht** *m* cours *m* de chimie
Chemikalie [çemi'ka:liə] <-, -n> *f meist Pl* produit *m* chimique
Chemiker(in) ['çe:mikɐ] <-s, -> *m(f)* chimiste *mf*
Cheminée [ʃəmi'ne] <-s, -s> *nt* CH cheminée *f*
chemisch ['çe:mɪʃ] I. *Adj* chimique; *Labor* de chimie
II. *Adv* chimiquement; **~ behandelt sein** avoir subi un traitement chimique; *Frucht, Gemüse:* être traité(e); **etw ~ untersuchen** faire une analyse chimique de qc; **etw ~ reinigen lassen** porter qc au nettoyage
Chemotechnik [çemo-] *f kein Pl* technologie *f* chimique **Chemotechniker(in)** *m(f)* technicien(ne)-chimiste *m* **Chemotherapeutikum** <-s, -ka> *nt* médicament *m* chimique **Chemotherapie** [çemotera'pi:] *f* chimiothérapie *f*
Cherub ['çe:rʊp, 'ke:rʊp, *Pl:* 'ke:rubi:m, çeru'bi:nən] <-s, -im *o* -binen> *m* chérubin *m*
Chiasmus <-, -men> *m* LING chiasme *m*
chic [ʃɪk] *Adj s.* **schick**
Chicorée ['ʃikore:, ʃiko're:] <-> *f*, <-s> *m* endive *f*
Chiffon ['ʃɪfɔn, ʃɪ'fɔ:] <-s, -s> *m* gaze *f*
Chiffre ['ʃɪfrə] <-, -n> *f* ① *einer Annonce* numéro *m* [d'identification]
② *(Zeichen)* code *m* secret
chiffrieren* [ʃɪ'fri:rən] *tr V* coder
Chiffriermaschine [ʃɪ'fri:r-] *f* dispositif *m* de cryptage
Chile ['çi:le, 'tʃi:le] <-s> *nt* le Chili
Chilene [çi'le:nə] <-n, -n> *m*, **Chilenin** *f* Chilien(ne) *m(f)*
chilenisch *Adj* chilien(ne)
Chili ['tʃi:li] <-s> *m* ① *(Schote)* piment *m* fort
② *(Soße)* chili *m*
chillen ['tʃɪlən] *itr V fam* glander *(fam)*, buller *(fam)*
Chimäre <-, -n> *f a.* BIO chimère *f*
China ['çi:na] <-s> *nt* la Chine
Chinakohl ['çi:na-] *m* chou *m* de Chine
Chinchilla[1] [tʃɪn'tʃɪla] <-, -s> *f (Tier)* chinchilla *m*
Chinchilla[2] <-s, -s> *nt (Pelz)* chinchilla *m*
Chinese [çi'ne:zə] <-n, -n> *m*, **Chinesin** *f* Chinois(e) *m(f)*
chinesisch [çi'ne:zɪʃ] I. *Adj* chinois(e)
▶ **das ist ~ für mich** *fam* pour moi, c'est du chinois
II. *Adv* **~ miteinander sprechen** discuter en chinois; *s. a.* **deutsch**
Chinesisch <-[s]> *nt kein Art (Sprache, Schulfach)* chinois *m*; **auf ~** en chinois; *s. a.* **Deutsch**
Chinesische [çi'ne:zɪʃə] *nt dekl wie Adj* **das ~** le chinois; *s. a.* **Deutsche**
Chinin [çi'ni:n] <-s> *nt* PHARM quinine *f*; **~ ist ein Mittel gegen Malaria** la quinine est un médicament contre le paludisme
Chip [tʃɪp] <-s, -s> *m* ① INFORM puce *f*
② *meist Pl (Kartoffelchip)* chips *f*
③ *(runde Spielmarke)* jeton *m*; *(rechteckige Spielmarke)* plaque *f*
Chipkarte *f* INFORM carte *f* à puce
Chiropraktik [çiro'praktɪk] *f* chiropractie *f* **Chiropraktiker(in)** [çiro'praktike] *m(f)* chiropraticien(ne) *m(f)*
Chirurg(in) [çi'rʊrk] <-en, -en> *m(f)* chirurgien(ne) *m(f)*
Chirurgie [çirʊr'gi:] <-, -n> *f (Fachgebiet, Klinikabteilung)* chirurgie *f*
chirurgisch [çi'rʊrgɪʃ] I. *Adj* chirurgical(e); *Ausbildung* en chirurgie; **~e Abteilung** service *m* de chirurgie
II. *Adv einpflanzen, entfernen* chirurgicalement
Chitin [çi'ti:n] <-s> *nt* ZOOL chitine *f*
Chlodwig ['klo:tvɪç] <-s> *m* HIST Clovis *m*
Chlor [klo:ɐ] <-s> *nt* CHEM chlore *m*; **~ ist ein Desinfektionsmittel** le chlore est un désinfectant
chloren ['klo:rən] *tr V* chlorer
chlorfrei *Adj* sans chlore
chlorhaltig *Adj* CHEM chloré(e); **das Wasser ist stark ~** il y a beaucoup de chlore dans l'eau
Chlorid <-[e]s, -e> *nt* CHEM chlorure *m*
chlorieren* [klo'ri:rən] *tr V* chlorer

chlorig ['klo:rɪç] *Adj Wasser* chloré(e), javellisé(e)
Chlorkalk [klo:ɐ-] *m* chlorure *m* de chaux
Chloroform [kloro'fɔrm] <-s> *nt* chloroforme *m*
chloroformieren* *tr V* chloroformer
Chlorophyll [kloro'fʏl] <-s> *nt* chlorophylle *f*
Choke [tʃo:k] <-s, -s> *m* starter *m*
Cholera ['ko:lera, 'kɔləra] <-> *f* MED choléra *m*
Choleriker(in) [ko'le:rike] <-s, -> *m(f)* homme *m* coléreux/femme *f* coléreuse
cholerisch [ko'le:rɪʃ] *Adj* colérique
Cholesterin [çɔlɛste'ri:n, kɔlɛste'ri:n] <-s> *nt* cholestérol *m*; **~ kommt in allen tierischen Geweben vor** le cholestérol se trouve dans tous les tissus animaux
Cholesterinspiegel [çɔlɛste'ri:n-, kɔlɛste'ri:n-] *m* taux *m* de cholestérol
Chor [ko:ɐ, *Pl:* 'kø:rə] <-[e]s, **Chöre**> *m* ① *(Gruppe von Sängern)* chorale *f*; *(in der Kirche, Armee)* chœur *m*; *(Opernchor)* chœurs *mpl*; **im ~ singen/rufen** chanter/crier en chœur
② *(Komposition, Altarraum)* chœur *m*
③ *(Chorempore)* tribune *f*
④ HIST, LITER chœur *m*
Choral [ko'ra:l, *Pl:* ko'rɛ:lə] <-s, **Choräle**> *m* choral *m*
Choreograf(in)[RR] [koreo'graf] <-en, -en> *m(f)* chorégraphe *mf*
Choreografie[RR] [koreogra'fi:] <-, -n> *f* chorégraphie *f*
choreografisch[RR] I. *Adj* chorégraphique
II. *Adv betrachtet* du point de vue chorégraphique
Choreograph(in) *s.* **Choreograf(in)**
Choreographie *s.* **Choreografie**
choreographisch [koreo'gra:fɪʃ] *s.* **choreografisch**
Chorgesang ['ko:ɐ-] *m* chœur *m* **Chorgestühl** ['ko:ɐgəʃty:l] *nt* stalles *fpl* **Chorknabe** *m* petit chanteur *m* **Chorleiter(in)** *m(f)* chef *mf* de chorale **Chorsänger(in)** *m(f)* choriste *mf*
Chose ['ʃo:zə] <-, -n> *f fam* ① *(Angelegenheit)* truc *m (fam)*
② *(Dinge)* **die ganze ~** tout le bazar *(fam)*
Chr. J.C., *Abk von* **Christus, Christi**
Christ(in) [krɪst] <-en, -en> *m(f)* chrétien(ne) *m(f)*
Christbaum ['krɪst-] *m* DIAL arbre *m* de Noël
Christbaumschmuck *m* décorations *fpl* de l'arbre de Noël
christdemokratisch *m(f)* chrétien(ne)-démocrate *m(f)* **christdemokratisch** *Adj* chrétien(ne)-démocrate
Christenheit ['krɪstn-] <-> *f* chrétienté *f*
Christenpflicht *f* devoir *m* chrétien
Christentum <-[e]s> *nt* christianisme *m*
Christenverfolgung *f* persécution *f* des chrétiens
Christfest ['krɪst-] *nt* DIAL jour *m* de Noël
Christi *Gen von* **Christus**
christianisieren* [krɪstiani'zi:rən] *tr V* évangéliser
Christianisierung [krɪstiani'zi:rʊŋ] <-, -en> *f* évangélisation *f*
Christin *s.* **Christ**
Christkind ['krɪst-] *nt* ① enfant *m* Jésus
② *(Symbolfigur für Weihnachten)* petit Jésus *m*
christlich I. *Adj* chrétien(ne)
II. *Adv* dans la foi chrétienne, chrétiennement
Christmesse, Christmette ['krɪstmɛtə] *f* messe *f* de minuit
Christnacht *f* nuit *f* de Noël
Christo *Dat von* **Christus**
Christoph ['krɪstɔf] <-s> *m* ① Christophe *m*
② HIST **~ Kolumbus** Christophe Colomb
Christrose ['krɪst-] *f* rose *f* de Noël **Christstolle[n]** *m* GASTR gâteau brioché consommé principalement pendant la période de Noël
Christum *Akk von* **Christus**
Christus ['krɪstʊs] <Christi> *m* REL le Christ; KUNST christ *m*; **vor/nach Christi [Geburt]** avant/après Jésus-Christ, avant/après J-C; **Christi Himmelfahrt** l'Ascension *f*
Chrom [kro:m] <-s> *nt* CHEM chrome *m*; **~ ist ein silberfarbenes Metall** le chrome est un métal argenté
Chromatik [kro'ma:tɪk] <-> *f* MUS, OPT chromatisme *m*
chromatisch [kro'ma:tɪʃ] *Adj* chromatique
chromblitzend ['kro:m-] *Adj Auto* aux chromes étincelants
Chromnickelstahl *m* acier *m* nickel au chrome
Chromosom [kromo'zo:m] <-s, -en> *nt* chromosome *m*
Chromstahl *m* TECH acier *m* chromé
Chronik ['kro:nɪk] <-, -en> *f* chronique *f*
chronisch ['kro:nɪʃ] I. *Adj Krankheit, Beschwerden, Unzufriedenheit* chronique; **bei jdm ~ sein/werden** être/devenir chronique chez qn
II. *Adv* **~ kranke Menschen** des malades chroniques
Chronist(in) [kro'nɪst] <-en, -en> *m(f)* chroniqueur(-euse) *m(f)*
Chronologie [kronolo'gi:] <-, -n> *f* chronologie *f*
chronologisch [krono'lo:gɪʃ] I. *Adj* chronologique
II. *Adv* dans l'ordre chronologique
Chronometer [krono-] <-s, -> *nt* montre *f* de précision

Chrysantheme [kryzan'tε:mə] <-, -n> *f* chrysanthème *m*
Chuzpe ['xʊtspə] <-> *f pej sl* culot *m (fam)*
CIA ['si:?aɪ'?e:] <-> *f o m Abk von* **Central Intelligence Agency** CIA *f*
Cicero ['tsi:tsero] <-s> *m* HIST Cicéron *m*
Cineast(in) [sine'ast] <-en, -en> *m(f) geh* ❶ *(Filmschaffender)* cinéaste *mf*
❷ *(Filmkenner)* cinéphile *mf*
cineastisch [sine'astɪʃ] *Adj* cinématographique
circa ['tsɪrka] *s.* zirka
Circulus vitiosus ['tsɪrkulʊsvi'tsio:zʊs] <- -, Circuli vitiosi> *m geh* cercle *m* vicieux
cis, Cis [tsɪs] <-, -> *nt* do *m* dièse
City ['sɪti] <-, -s> *f* centre-ville *m*
cl *Abk von* **Zentiliter** cl
Clan [klaːn, klεn] <-s, -e *o* -s> *m a. fig, pej* clan *m*
Claqueur [kla'kø:ɐ] <-s, -e> *m pej geh* personne *f* qui fait partie de la claque; **die ~ e** la claque
Clavicembalo [klavi'tʃεmbalo] *nt* clavecin *m*
clean [kli:n] *Adj sl* clean *(arg);* **~ sein** *Person:* être clean
Clearingstelle *f* ÖKON office *m* de clearing
Clementine *s.* Klementine
clever ['klενɐ] **I.** *Adj fam* ❶ *(gewitzt, geschickt)* futé(e); **nicht ~ genug sein** ne pas être assez fute-fute *(fam)*
❷ *pej (raffiniert)* Schachzug habile *(péj)*
II. *Adv fam* ❶ *(geschickt)* astucieusement
❷ *pej (raffiniert)* sournoisement *(péj)*
Cleverness[RR], **Cleverneß**[ALT] ['klενɐnεs] <-> *f* ❶ *(Aufgewecktheit)* astuce *f*
❷ *pej (Raffinesse)* roublardise *f (fam)*
Clinch [klɪn(t)ʃ] <-[e]s> *m* ❶ BOXEN corps à corps *m;* **mit jdm in den ~ gehen** aller au corps à corps avec qn
❷ *fam (Auseinandersetzung)* partie *f* de bras de fer; **mit jdm im ~ sein** [*o* **liegen**] être en désaccord avec qn
Clip <-s, -s> *m* ❶ *(Videoclip)* clip *m* [vidéo]
❷ *(Ohrclip)* clip *m*
❸ *(Spange)* eines Füllers, Kugelschreibers agrafe *f*
Clique ['klɪkə, 'kli:kə] <-, -n> *f* ❶ *(Freundeskreis)* bande *f*
❷ *pej* clique *f*
Cliquenwesen ['klɪkn̩-] *nt,* **Cliquenwirtschaft** *f pej fam* esprit *m* de coterie, copinage *m (fam)*
Clochard [klɔ'ʃaːɐ] <-s, -s> *m* clochard *m*
Clou [kluː] <-s, -s> *m* ❶ *(Glanzpunkt)* clou *m*
❷ *(Kernpunkt) einer Geschichte* nœud *m*
Clown(in) [klaʊn] <-s, -s> *m(f)* clown *m*
▶ **sich/jdn zum ~ machen** se ridiculiser/ridiculiser qn; **den ~ spielen** faire le clown
Club *s.* Klub
cm *Abk von* **Zentimeter** cm
c-Moll ['tse:-] <-> *nt* do *m* mineur, ut *m* mineur; **in ~** en do [*o* ut] mineur
Co. *Abk von* **Kompagnon, Kompanie** Co
Coach [koːtʃ] <-[s], -s> *m* entraîneur *m*
COBOL ['koːbɔl] <-s> *nt* INFORM *Abk von* **common business oriented language** cobol *m*
Coca-Cola® <-, -[s]> *f,* <-[s], -[s]> *nt* coca-cola *m inv*
Cockerspaniel ['kɔkɐrʃpaːniɛl] <-s, -s> *m* cocker *m*
Cockpit ['kɔkpɪt] <-s, -s> *nt* cockpit *m*
Cocktail ['kɔkteɪl, 'kɔkteːl] <-s, -s> *m* cocktail *m*
Cocktailkleid ['kɔkteɪl-] *nt* robe *f* de cocktail **Cocktailparty** ['kɔkteɪlpaːɐti] *f* cocktail *m*
Code [koːt] *s.* Kode
Codein [kode'iːn] <-s> *nt* BIO codéine *f*
Codex ['koːdεks] *s.* Kodex
Coffein [kɔfe'iːn] <-s> *nt* BIO caféine *f*
Cognac® ['kɔniak] <-s, -s> *m* cognac *m*
Coiffeur [koa'føːɐ] <-s, -e> *m,* **Coiffeuse** *f* CH coiffeur(-euse) *m(f)*
Coiffeursalon [koa'føːezalɔ̃:, -zalɔn] *m* CH salon *m* de coiffure
Coitus [ko:itʊs] <-, -> *m* coït *m;* **~ interruptus** coït interrompu
Cola ['koːla] <-, -[s]> *f,* <-[s], -[s]> *nt fam* coca *m*
Collage [kɔ'laːʒə] <-, -n> *f* KUNST, MUS collage *m*
Collie ['kɔli] <-s, -s> *m* colley *m*
Collier [kɔ'lieː] <-s, -s> *nt* collier *m*
Colt® [kɔlt] <-s, -s> *m* colt *m*
Combo ['kɔmbo] <-, -s> *f* combo *m*
Comeback [kam'bεk], **Come-back**[RR] [kam'bæk] <-[s], -s> *nt* come-back *m,* rentrée *f;* **ein** [*o* **sein**] **~ feiern** faire son come-back
Comecon, COMECON ['kɔmekɔn] <-> *m o nt Abk von* **Council for Mutual Economic Assistance/Aid** HIST Comecon *m*
Comic ['kɔmɪk] *m,* **Comicheft** *nt* bande *f* dessinée, B.D. *f (fam)*
Coming-out [kamɪŋ'?aʊt] <-[s], -s> *nt eines Homosexuellen* aveu *m* public de son homosexualité; **sein ~ haben** avouer ouvertement son homosexualité
Compactdisc[RR] [kɔm'paktdɪsk], **Compact Disc** [kɔm'pakt'dɪsk] <- -, - -s> *f* disque *m* compact, C.D. *m*
Compiler [kɔm'paɪlɐ] <-s, -> *m* INFORM compilateur *m*
Computer [kɔm'pjuːtɐ] <-s, -> *m* ordinateur *m;* **den ~ einschalten** mettre l'ordinateur en marche; **den ~ ausschalten** éteindre l'ordinateur; **etw auf ~ umstellen** informatiser qc; **sie werden auf ~ umstellen** ils vont s'informatiser
Computerarbeitsplatz *m* poste *m* de travail informatisé **Computerausdruck** *m* listing *m* **Computerdiagnostik** *f* diagnostic *m* informatisé **Computerfehler** *m* erreur *f* informatique **Computerfreak** [-fri:k] *m fam* mordu(e) *f* d'ordinateur *(fam)* **computergesteuert I.** *Adj Fertigung* informatisé(e); *Ampel, Verkehrsregelung* commandé(e) par ordinateur **II.** *Adv* par ordinateur **Computergrafik** *f* graphique *m* sur ordinateur **Computergrafiker(in)** *m(f)* infographiste *mf*
computerisieren* [kɔmpjutəri'ziːrən] *tr V* informatiser
Computerkasse [kɔm'pjuːtɐ-] *f* caisse *f* informatisée **Computerkriminalität** *f* délinquance *f* informatique **Computerkurs** *m* cours *m* d'informatique **computerlesbar** *Adj* lisible informatiquement **Computerlinguistik** *f* linguistique *f* informatique **Computersimulation** *f* simulation *f* par ordinateur **Computerspiel** *nt* jeu *m* vidéo **Computertechnik** *f* technique *f* informatique **Computertisch** *m* desserte *f* informatique, bureau *m* multimédia **Computertomograf**[RR] *s.* **Computertomograph Computertomografie**[RR] *s.* **Computertomographie Computertomograph** *m* MED scanner *m* **Computertomographie** *f* MED scanographie *f* **computerunterstützt** *Adj* assisté(e) par ordinateur; **~es Entwerfen** conception assistée par ordinateur; **~er Unterricht** enseignement assisté par ordinateur **Computervirus** [-vi:-] *m* virus *m* [informatique] **Computerzeitalter** *nt* époque *f* de l'informatique
Conditio sine qua non [kɔn'diːtsio 'ziːnə 'kva: 'noːn] <- - - -> *f geh* condition *f* sine qua non
Conférencier [kɔ̃ferɑ̃'sieː] <-s, -s> *m* animateur *m,* présentateur *m*
Confiserie [kɔ̃fizə'riː, kɔnfizə'riː, *Pl:* -'riːən] <-, -n> *f* CH confiserie *f*
Container [kɔn'tεːnɐ, kɔn'teɪnɐ] <-s, -> *m* ❶ COM conteneur *m*
❷ *(Müllcontainer)* benne *f* [à ordures]
Containerbahnhof [kɔn'teɪnɐ-] *m* gare *f* [à] conteneurs **Containerhafen** *m* port *m* de conteneurs **Containerschiff** *nt* porte-conteneurs *m* **Containerterminal** [-tœːemɪnl] *m o nt* terminal *m* pour conteneurs **Containerverkehr** *m* trafic-container *m*
Containment [kɔn'teɪnmənt] <-s, -s> *nt* TECH *eines Kernkraftwerks* enceinte *f* de confinement
Contenance [kɔ̃ntə'nãːs] <-> *f geh* calme *m;* **die ~ bewahren** garder son calme [*o* sang-froid]
Contergan® [kɔntɐ'gaːn] *nt* PHARM thalidomide *f*
Contergankind *nt fam* enfant *m* victime de la thalidomide
Controller(in) [kɔn'troːlɐ] <-s, -> *m(f)* contrôleur(-euse) *m(f)* de gestion
Cookie ['kʊki] <-s, -s> *nt* INFORM mouchard *m* électronique, cookie *m*
cool [kuːl] *Adj sl* ❶ *(gefasst) Art, Person* cool *(fam)*
❷ *(sehr gut) Job, Typ, CD, Musik* sympa *(fam)*
Copilot(in) ['koː-] *m(f)* copilote *mf*
Copyright ['kɔpiraɪt] <-s, -s> *nt* copyright *m* **Copyshop** ['kɔpiʃɔp] <-s, -s> *m* magasin *m* de reprographie
coram publico *Adv geh* en public
Cord [kɔrt] <-, -s> *m* velours *m* [côtelé]
Cordanzug *m* costume *m* en velours [côtelé] **Cordhose** *f* pantalon *m* en velours [côtelé] **Cordjeans** ['kɔrtdʒiːns] *Pl* jean *m* velours
Cordon bleu [kɔrdɔ̃'bløː] <- -, - -s -s> *nt* cordon *m* bleu
Corner ['kɔːnɐ] <-s, -> *m* A, CH corner *m*
Cornflakes[RR] ['kɔːnfleɪks], **Corn-flakes** ['kɔːnfleɪks] *Pl* corn-flakes *mpl*
Cornichon [kɔrni'ʃɔ̃ː] <-s, -s> *nt* cornichon *m* [au vinaigre]
Corps *s.* Korps
Corpus ['kɔrpʊs] <-, Corpora> *nt* ❶ ANAT corps *m*
❷ LING corpus *m*
Corpus Delicti[RR] ['kɔrpʊs de'lɪkti] <- -, Corpora -> *nt* corps *m* du délit
Cortison [kɔrti'zoːn] <-s, -e> *nt* PHARM, MED *Fachspr.* cortisone *f*
cos *Abk von* **Kosinus** cos
Costa Rica ['kɔsta 'riːka] <- -s> *nt* Costa Rica *m*
Costa[-]Ricaner(in)[RR] [kɔstari'kaːnɐ] <-s, -> *m(f)* Costaricain(e) *m(f)*
costa-ricanisch[RR] *Adj* costaricien(ne), costaricain(e)
Couch [kaʊtʃ] <-, -s *o* -en> *f o* CH *m* canapé *m*
Couchgarnitur ['kaʊtʃ-] *f* salon *m* **Couchtisch** *m* table *f* de salon
Couleur [ku'løːɐ] <-, -s> *f geh* couleur *f;* **Journalisten verschie-**

dener/jeder ~ des journalistes de différentes/toutes couleurs politiques
Coulomb [ku'lɔ̃:] <-s, -> *nt* PHYS Coulomb *m*
Countdown ['kaʊntdaʊn], **Count-down**^RR <-s, -s> *m o nt* compte *m* à rebours
Coup [ku:] <-s, -s> *m* coup *m*; **einen ~ landen** réussir un coup [de maître]
Coupé [ku'pe:] <-s, -s> *nt* ❶ *(Limousine)* coupé *m*
❷ A *(Zugabteil)* compartiment *m*
Coupon [ku'pɔ̃:] <-s, -s> *m* ❶ ticket *m* détachable
❷ *(Antwortschein)* coupon-réponse *m*
❸ FIN coupon *m* [d'action]
Courage [ku'ra:ʒə] <-> *f fam* courage *m*
couragiert [kura'ʒi:et] I. *Adj* courageux(-euse)
II. *Adv* courageusement; **sich ~ verhalten** avoir une attitude courageuse
Courtage [kʊr'ta:ʒə] <-, -n> *f* courtage *m*
Cousin [ku'zɛ̃:] <-s, -s> *m* cousin *m*
Cousine [ku'zi:nə] <-, -n> *f* cousine *f*
Cover ['kavɐ] <-s, -[s]> *nt* ❶ *(Titelseite)* couverture *f*
❷ *(Plattenhülle)* pochette *f*
Covergirl ['kavɐgœrl] <-s, -s> *nt* cover-girl *f* **Coverversion** *f* nouvelle version *f*
Cowboy ['kaʊbɔɪ] <-s, -s> *m* cow-boy *m*
Crack¹ [krɛk, kræk] <-s, -s> *m* SPORT crack *m*
Crack² [krɛk, kræk] <-s> *nt (Rauschgift)* crack *m*
Cracker ['krækɐ] <-s, -[s]> *m* cracker *m*
Crashkurs ['krɛʃkʊrs, 'kræʃ-] *m* cours *m* accéléré **Crashtest** ['krɛʃtɛst, 'kræʃ-] *m* essai *m* de collision
Credo ['kre:do] <-s, -s> *nt* REL a. *fig* credo *m inv*
Creme [krɛ:m, krɛ:m] <-, -s> *f* crème *f*
Crème [krɛ:m] *f* ▶ **die ~ de la Crème** *geh* la fine fleur
cremefarben [krɛ:m-, krɛ:m-] *Adj* [de couleur] crème
Cremetorte *f* gâteau *m* à la crème
cremig ['kre:mɪç] I. *Adj* crémeux(-euse)
II. *Adv* **rühren**, **schlagen** jusqu'à consistance crémeuse
Crêpe [krɛp] <-, -s> *f* GASTR crêpe *f*
Crescendo [krɛ'ʃɛndo] <-s, -s o Crescendi> *nt* crescendo *m*
Crew [kru:] <-, -s> *f* ❶ AVIAT, NAUT équipage *m*
❷ *(Arbeitsgruppe)* équipe *f*

Croissant [kroa'sã:] <-[s], -s> *nt* croissant *m*
Cromargan® [kromar'gan] <-s> *nt* inox® *m*
Croupier [kru'pie:] <-s, -s> *m* croupier *m*
Crux [krʊks] <-> *f* ❶ *(Schwierigkeit)* problème *m*; **die ~ bei der Sache ist ...** le problème dans l'histoire c'est ...
❷ *(Kummer)* **man hat seine** [*o* **es ist eine**] **~ mit ihm/ihr** on n'est pas gâté(e) avec lui/elle
C-Schlüssel ['tse:-] *m* clé *f* d'ut
CSU [tse:?ɛs'?u:] <-> *f Abk von* **Christlich-Soziale Union** aile bavaroise du parti chrétien-démocrate
c.t. [tse:'te:] *Adv Abk von* **cum tempore** en tenant compte du quart d'heure académique; **um acht Uhr ~** à huit heures et quart
cum laude *Adv* avec mention honorable
cum tempore *Adv* en tenant compte du quart d'heure académique
Cunnilingus [kʊni'lɪŋgʊs] <-, -lingi> *m geh* cunnilingus *m*
Cup [kap] <-s, -s> *m* ❶ SPORT coupe *f*
❷ *(BH-Körbchen)* bonnet *m*
Cupido [ku'pi:do] <-s> *m* Cupidon *m*
Curie [ky'ri:] <-, -> *nt* PHYS curie *m*
Curium ['ku:rium] <-s> *nt* CHEM curium *m*; **~ ist ein Metall** le curium est un métal
Curling ['kœ:lɪŋ] <-s> *nt* SPORT curling *m*
Curriculum [kʊ'ri:kulʊm] <-s, Curricula> *nt geh (Lehrplan)* programme *m* scolaire
Curry ['kœri] <-s, -s> *m o nt* curry *m*
Currywurst ['kœrivʊrst] *f* saucisse *f* au curry
Cursor ['kœ:zɐ, 'kœrzɐ] <-s, -> *m* INFORM curseur *m*
Cut [kat] <-s, -s> *m* CINE coupe *f*
cutten ['katn] I. *itr V* faire un [*o* le] montage; **das Cutten** le montage
II. *tr V* faire le montage de *Filmszene*, *Tonbandaufnahme*
Cutter(in) ['katɐ] <-s, -> *m(f)* monteur(-euse) *m(f)*
CVJM [tse:vaʊjɔt'?ɛm] *m Abk von* **Christlicher Verein Junger Menschen** Union *f* des jeunes chrétiens
CVP [tse:faʊ'pe:] *f* POL *Abk von* **Christlich-Demokratische Volkspartei** PDC *m (parti démocrate-chrétien de la Suisse)*
C-Waffe ['tse:-] *f* arme *f* chimique
Cybercafé ['saɪbɐ-] *nt* cybercafé *m* **Cybersex** ['saɪbɐsɛks] *m* cybersexe *m* **Cyberspace** ['saɪbɐspeɪs] *m* cyberespace *m*

Dd

D, d [de:] <-, -> *nt* ❶ *(Buchstabe)* D *m*/d *m*
❷ MUS ré *m*
▶ **D wie Dora** D comme Désiré
d.Ä. *Abk von* **der Ältere** l'Ancien
da I. *Adv* ❶ *(dort, an dieser Stelle)* là; **~ ist ein Bach** voici [*o* voilà] un ruisseau; **~ drüben/vorne/draußen** là-bas/là devant/là dehors; **~, wo ...** là où ...; **schau mal, ~!** regarde voir!; **diese Frau/dieses Haus ~** cette femme/cette maison[-là]; **~ kommt sie/kommst du [ja]!** la/te voilà!; **ach, ~ steckst du also!** ah te voilà!
❷ *(hier)* **~!** tiens/tenez!, le/la/les voilà!; **~ hast du dein Buch!** voilà ton livre!; **gib her!** — **Also gut, ~!** donne-le-moi! — D'accord, voilà!; **wo ist denn nur meine Brille? — Da!** où sont passées mes lunettes? — [Tiens,] les voilà!
❸ *fam (anwesend)* **~ sein** être là; **so, ich bin wieder ~!** me revoilà! *(fam)*; **ich bin gleich** [**wieder**] **~!** je reviens tout de suite!
❹ *(gekommen)* **für jdn ~ sein** être là pour qn; **jetzt bin ich ganz für dich ~** maintenant, je suis à toi [*o* je peux m'occuper de toi]; **ist Post für mich ~?** il y a du courrier pour moi?; **war der Postbote schon ~?** le facteur est passé?; **ist die Überweisung inzwischen ~?** est-ce que mon virement est arrivé?
❺ *(vorhanden)* **ist noch Bier ~?** est-ce qu'il y a encore [*o* qu'il reste] de la bière?
❻ *(verfügbar)* **für jdn ~ sein** être là pour qn
❼ *fam (geistig anwesend)* **nur halb ~ sein** avoir la tête ailleurs; **noch nicht ganz ~ sein** être encore un peu ailleurs [*o* à côté de ses pompes *fam*]; **wieder ganz** [*o* **voll**] **~ sein** être de nouveau frais(fraîche) et dispos(e)
❽ *(in diesem Augenblick)* **ich ging aus dem Haus, ~ schlug es zwei** je sortis de chez moi, [juste] à ce moment deux heures sonnaient
❾ *liter (damals)* **vor vielen Jahren, ~ lebte eine Königin** il y a longtemps, bien longtemps, vivait une reine
❿ *(daraufhin)* alors; **~ lachte sie nur** [mais] elle s'est contentée de rire
⓫ *fam (in diesem Fall)* **~ hast du Glück gehabt!** tu as eu de la chance!; **was gibt's denn ~ zu lachen?** il n'y a pas de quoi rire!; **und ~ wunderst du dich noch?** et ça t'étonne?; **~ siehst du, was du angerichtet hast!** tu vois ce que tu as fait!; **~ sieht man's mal wieder!** on ne constate une fois de plus!; **~ fällt mir gerade ein, ...** tiens, au fait, ...; **~ kann man nichts machen** on n'y peut rien
▶ [**es ist**] **alles schon mal ~ gewesen** rien de nouveau sous le soleil; **so etwas ist noch nie ~ gewesen** on n'a encore jamais vu ça [*o* une chose pareille]; **~ und dort** ici et là
II. *Konj* ❶ *(weil)* comme, étant donné que + *indic*; **~ er nicht nach Hause gehen wollte** comme il ne voulait pas rentrer chez lui
❷ *geh (als, wenn)* où; **die Stunde, ~ ...** l'heure où ...
DAAD ['de:?a?a'de:] *m Abk von* **Deutscher Akademischer Austauschdienst** DAAD *m*
da|behalten* *tr V unreg* ❶ garder
❷ *(in Haft halten)* incarcérer
dabei [da'baɪ, 'da:baɪ] *Adv* ❶ *(daneben)* avec; *(in der Nähe)* à côté; **ich stand direkt ~** je me trouvais [juste] à côté
❷ *(währenddessen)* en même temps; *(bei dieser Gelegenheit, diesem Ereignis)* à cette occasion; **sie aß und arbeitete ~ weiter** elle mangeait tout en continuant de travailler; **der Wagen kam ins Schleudern und streifte ~ eine Mauer** la voiture en dérapant frôla un mur
❸ *(im Begriff)* [**gerade**] **~ sein etw zu tun** être en train de faire qc; **ich bin schon eine Weile ~** ça fait un bon moment que j'y suis
❹ *(bei dieser Handlung, in diesem Zusammenhang)* **er wusch ab, und sie sah ihm ~ zu** elle le regardait en train de faire la vaisselle; **~ wurde er leider beobachtet/erwischt** malheureusement, on l'a observé/surpris en train de faire cela; **kauf diesen Wagen,**

aber denk ~ daran, dass tu peux acheter cette voiture, mais n'oublie pas que + *indic;* ein wenig Angst/Neid war schon [mit] ~ ce n'était pas sans une certaine crainte/jalousie; das Dumme ~ ist, dass ce qui est bête [dans cette affaire], c'est que + *indic;* ich habe ~ nicht viel gelernt je n'y ai pas appris grand--chose; es kommt nichts ~ heraus il n'en sortira rien; ich habe mir nichts ~ gedacht j'ai dit ça comme ça; was hast du dir denn ~ gedacht? qu'est-ce qui t'a pris?

⑤ *(bei einer Veranstaltung, Unternehmung)* bei etw ~ sein participer à qc; ich war ~ j'y étais; ich bin [mit] ~ je suis partant(e); ich bin mit zehn Euro ~ je veux bien mettre dix euros; ~ sein ist alles j'essentiel, c'est de participer

⑥ *(obgleich)* et pourtant, alors que + *indic;* sie hat ihn geschlagen, ~ hatte er doch gar nichts getan elle l'a frappé et pourtant il n'avait rien fait [*o* alors qu'il n'avait rien fait]

⑦ *(wie es gesagt, vereinbart ist)* wir sollten es ~ belassen nous devrions en rester là; es bleibt ~, dass ihr morgen alle mitkommt c'est toujours d'accord, vous venez tous demain; ich bleibe ~, dass das alles gelogen ist je maintiens ma déclaration, tout cela n'est que mensonge; ..., und ~ bleibt es! ..., un point, c'est tout!

▶ nichts ~ finden[, wenn jd etw tut] ne pas voir ce qu'il y a de mal [à ce que qn fasse qc]; es ist nichts ~[, wenn jd etw tut] il n'y a pas de mal [à ce que qn fasse qc]; da ist [doch] nichts ~! *(das ist nicht schwierig)* ça n'est pas sorcier!; *(das ist nicht schlimm)* ça n'a pas d'importance!; was ist schon ~? qu'est-ce que ça peut faire?, et après?

dabei|bleiben *itr V unreg + sein* dabei|haben *tr V unreg* avoir avec/sur soi; jdn ~ avoir qn avec soi; etw ~ avoir qc sur soi
dabei|sein^ALT *s.* dabei ③, ④, ⑤, ▶
dabei|sitzen *itr V unreg* être là; mit ~ être là; bei etw [mit] ~ être présent(e) à qc dabei|stehen *itr V unreg* être là; mit ~ être là; bei etw [mit] ~ être présent(e) à qc
da|bleiben *itr V unreg + sein (hier)* rester [ici]; *(dort)* rester [là]; sie bat ihn dazubleiben elle l'a prié de rester; bleibst du über Nacht da? *(hier)* tu restes ici cette nuit?; *(dort)* tu y passes la nuit?
da capo [da'ka:po] *Adv* ① MUS da capo
② *(Zuruf)* ~! bis!
Dach [dax, *Pl:* dɛçə] <-[e]s, Dächer> *nt* ① toit *m;* flaches/steiles ~ toit plat/en pente; unterm ~ wohnen habiter sous les combles
② *(Schutzdach)* auvent *m,* avant-toit *m*
▶ etw unter ~ und Fach bringen *(in Sicherheit bringen)* mettre qc à l'abri, rentrer qc; *(zum Abschluss bringen)* conclure qc; ein/kein ~ über dem Kopf haben *fam* posséder un toit/être sans abri; das ~ der Welt le toit du monde; eins aufs ~ bekommen [*o* kriegen] *fam* se faire sonner les cloches *(fam);* jdm aufs ~ steigen *fam* sonner les cloches à qn *(fam)*
Dachantenne *f* antenne *f* extérieure Dacharbeiten *Pl* réparations *fpl* de toiture Dachbalken *m* entrait *m* Dachboden *m* grenier *m,* combles *mpl;* auf dem ~ au grenier, sous les combles Dachdecker(in) <-s, -> *m(f)* couvreur(-euse) *m(f)* ▶ das kannst du halten wie ein ~ *fam* tu fais comme tu veux Dachfenster *nt* ① fenêtre *f* mansardée ② *(Luke)* lucarne *f* Dachfirst *m* faîte *m,* faîtage *m* Dachgarten *m* ① HORT jardin-terrasse *m,* jardin suspendu ② DIAL *(Dachterrasse)* toit *m* en terrasse Dachgepäckträger *m* galerie *f* Dachgeschoss^RR *nt* étage *m* mansardé Dachgesellschaft *f* ÖKON holding *m* Dachgesims *nt* corniche *f* du toit Dachgleiche[nfeier] *f* A *s.* Richtfest Dachkammer *f* mansarde *f* Dachkännel ['daxkɛnəl] CH *s.* Dachrinne Dachlatte *f* volige *f* Dachlawine *f* chute *f* de neige *(du toit)* Dachluke *f* lucarne *f* Dachorganisation *f* centrale *f* Dachpappe *f* carton *m* bitumé [*o* goudronné] Dachpfanne *f* tuile *f* flamande Dachrinne *f* gouttière *f,* chéneau *m*
Dachs [daks] <-es, -e> *m* blaireau *m*
Dachsbau <-baue> *m* terrier *m* de blaireau
Dachschaden *m* dégât *m* de toiture ▶ einen ~ haben *fam* avoir une araignée au plafond *(fam),* travailler du chapeau *(fam)* Dachschräge *f* pente *f* de comble; ein Raum mit ~ une pièce mansardée
Dächsin ['dɛksɪn] *f* blaireau *m* femelle
Dachsparren *m* chevron *m* Dachstube *f* DIAL mansarde *f* Dachstuhl *m* charpente *f,* comble *m,* combles *mpl*
dachte ['daxtə] *Imp von* denken
Dachterrasse *f* toit *m* en terrasse Dachträger *m (für Fahrräder)* porte-vélos *m; (für Skier)* porte-skis *m* Dachtraufe *f* DIAL gouttière *f* Dachverband *m* confédération *f* Dachwohnung *f* appartement *m* mansardé Dachziegel *m* tuile *f* Dachzimmer *nt* mansarde *f*
Dackel ['dakəl] <-s, -> *m* ① teckel *m*
② DIAL *fam (Schimpfwort)* idiot *m*
Dadaismus [dada'ɪsmʊs] <-> *m* dadaïsme *m*
Dadaist(in) [dada'ɪst] <-en, -en> *m(f)* dadaïste *mf*

Dädalus ['dɛ:dalʊs] <-> *m* MYTH Dédale *m*
Daddelautomat ['dadəl-] *m fam* machine *f* à sous Daddelhalle *f fam* salle *f* de jeux
daddeln ['dadəln] *itr V fam* jouer aux machines à sous
dadurch [da'dʊrç, 'da:dʊrç] *Adv* ① *(da hindurch)* par-là
② *(aus diesem Grund)* de ce fait, ainsi; *(auf diese Weise)* de cette façon; ~, dass du fait que + *indic*
dafür [da'fy:ɐ, 'da:fy:ɐ] *Adv* ① *(für das)* pour cela [*o* ça]; was wohl der Grund ~ sein mag? quelle peut bien en être la raison?; das ist kein Beweis ~, dass er es war cela ne prouve pas que c'était lui
② *(deswegen)* pour ça; ~ bin ich ja da je suis là pour ça; ich bezahle Sie nicht ~, dass je ne vous paie pas pour que + *subj;* er ist ~ ausgeschimpft worden, dass il s'est fait disputer parce que + *indic*
③ *(als Gegenleistung)* en échange; er packte aus, ~ ließ man ihn laufen il a parlé, c'est pour cela qu'on l'a relâché
④ *(andererseits)* en revanche, par contre
⑤ *(im Hinblick darauf)* ~, dass du angeblich nichts weißt, bist du aber erstaunlich gut informiert pour quelqu'un qui prétend ne rien savoir, tu es étonnamment bien informé(e); ~, dass er erst sechs Jahre ist, ist er [schon] sehr groß pour un enfant de six ans seulement, il est vraiment [déjà] grand
⑥ *(für das, für dieses)* ich interessiere mich nicht ~ ça ne m'intéresse pas; ich kann mich nicht ~ begeistern ça ne me laisse froid, ça ne me passionne pas; ich werde ~ sorgen, dass je vais faire en sorte que + *subj;* sie opfert ihre ganze Freizeit ~ elle y consacre tous ses loisirs; es ist zwar kein Silber, man könnte es aber ~ halten ce n'est pas de l'argent, mais on pourrait croire que c'en est
⑦ *(befürwortend)* ~ sein être pour [*o* d'accord]; ich bin ~, dass ... je suis d'avis [pour] que ... + *subj;* wer ist ~, dass ...? qui serait pour que ...? + *subj*
dafür|können *itr V unreg* ich kann nichts dafür, dass ... je n'y suis pour [*o* je n'y peux] rien, moi, si ...; kann ich vielleicht etwas dafür, dass es so regnet? c'est pas ma faute, s'il pleut des cordes! *(fam);* was kann ich denn dafür? que veux-tu/voulez-vous que j'y fasse?
dafür|stehen *itr V unreg* A valoir la peine [*o* le coup *fam*]
DAG [de:?a:'ge:] <-> *f Abk von* Deutsche Angestellten-Gewerkschaft syndicat *m* des employés et cadres
dagegen [da'ge:gən, 'da:ge:gən] I. *Adv* ① *(örtlich)* là contre, contre *(fam);* er setzte sich an den Baumstamm und lehnte sich ~ il s'assit au pied de l'arbre et s'appuya contre
② *(gegen das, gegen dieses)* contre cela; ~ sein être contre; ~ sein, dass être contre le fait que + *subj,* voir une objection à ce que + *subj;* nichts ~ haben, dass n'avoir rien contre le fait que + *subj;* sie kann doch nichts ~ haben elle ne peut pas ne pas être d'accord; haben Sie etwas ~, wenn ich rauche? ça vous dérange si je fume?; sollen wir ausgehen? — Ich hätte nichts ~! on sort? — Je veux bien!; ich kann nichts ~ machen je n'y peux rien; hilft nichts il n'y a rien à y faire; die Beweise sprechen ~ les preuves parlent contre lui/elle/vous/...
③ *(im Vergleich dazu)* en comparaison
II. *Konj* en revanche, par contre
dagegen|halten *tr V unreg* ① *(einwenden)* etw ~ [y] opposer qc; ~, dass [y] objecter que + *indic* ② *(vergleichend hinhalten)* etw ~ mettre qc à côté dagegen|setzen *tr V fig* opposer; etwas ~ y opposer quelque chose dagegen|stellen *r V fig* sich ~ s'y opposer dagegen|stemmen *r V fig* sich ~ s'y opposer [avec force]
da|haben *tr V unreg, Zusammenschreibung nur bei Infin und PP fam* ① *(vorrätig haben)* avoir [en réserve]; *(zur Hand haben)* avoir [sous la main]; etw ~ avoir qc [en réserve/sous la main]
② *(zu Besuch haben)* jdn ~ avoir la visite de qn
daheim [da'haɪm] *Adv* SDEUTSCH, A, CH ① *(in Bezug auf die Wohnung)* chez moi/soi/...; ~ ist es am gemütlichsten c'est chez soi qu'on est le mieux; bei ihm ~ chez lui; ich bin für niemanden ~ je ne suis là pour personne
② *(in Bezug auf den Wohnort)* wie jetzt wohl das Wetter ~ sein mag? quel temps peut-il bien faire chez nous?
③ *(in Bezug auf die Heimat)* von ~ fortgehen quitter sa région natale/son pays natal; in Augsburg ~ sein être d'Augsbourg; wo bist du ~? d'où es-tu?
Daheim <-s> *nt* SDEUTSCH, A, CH chez-soi *m;* mein/unser ~ mon chez-moi/notre chez-nous
Daheimgebliebene(r) *f(m)* die ~n ceux qui sont restés chez eux/celles qui sont restées chez elles
daher [da'he:ɐ, 'da:he:ɐ] *Adv* ① *(von dort)* de là, en; ich komme gerade ~ j'en viens; er kommt aus Hessen, und sie stammt auch ~ il est originaire de Hesse, et elle aussi
② *(aus diesem Grund)* [von], ~ pourquoi + *indic,* c'est pour ça que + *indic;* ~ kommt es, dass c'est pourquoi + *indic,* c'est la raison pour laquelle; ... ~ war sie verärgert ... de là [*o* ce qui explique] son énervement; ~ also die ganze Aufregung! c'est ce qui

daher|bringen tr V unreg A apporter **dahergelaufen** Adj pej venu(e) d'on ne sait où; **ein ~er Kerl** un pas grand-chose (péj fam); **jeder ~e Wichtigtuer** n'importe quel frimeur (péj) **daher|kommen** itr V unreg + sein ❶ (herankommen) arriver ❷ fam (sich zeigen) **schick ~** être bien habillé(e); **wie kommst du denn wieder daher!** qu'est-ce que c'est que cette allure! (fam) ❸ (auftreten) **dezent/arrogant ~** Person: avoir des manières discrètes/arrogantes **daher|reden** I. itr V parler sans réfléchir; **dumm ~** parler sans réfléchir, dire n'importe quoi II. tr V etw ~ dire qc [sans réfléchir]; **das war nur so [von mir] dahergeredet** j'ai dit ça comme ça (fam); **was der wieder daherredet!** [il dit] n'importe quoi! (fam)

dahin [da'hɪn, 'da:hɪn] I. Adv ❶ (an diesen Ort) y, là-bas; **ich will nicht ~** je ne veux pas y aller; **kommst du auch mit ~?** tu viens avec moi/nous?; **er ist schon auf dem Weg ~** il est déjà en route; **ist es noch weit bis ~?** c'est encore loin?
❷ (in dem Sinne) **~ gehend** en ce sens; **sie haben sich ~ gehend geeinigt, dass** ils se sont mis d'accord pour que + subj; **all unsere Bestrebungen gehen ~, dass** tous nos efforts tendent à ce que + subj
▸ **er brachte es ~, dass** tout ce qu'il a réussi à faire, c'est que + indic; **du bringst mich noch ~, dass ich mich vergesse** tu finiras par me faire sortir de mes gonds; **es kommt [noch] ~, dass** on va en arriver à ce que + subj; **bis ~** (solange) d'ici là; (inzwischen) entre-temps
II. Adj **~ sein** Vase, Kanne: être irréparable; Teppich: être irrécupérable; **all meine Hoffnungen sind ~** tous mes espoirs se sont évanouis

dahinab [dahɪr'nap, hinweisend: 'da:hɪnap] s. **dorthinunter**
dahinauf [dahɪr'nauf, hinweisend: 'da:hɪnauf] s. **dorthinauf**
dahinaus [dahɪr'naus, hinweisend: 'da:hɪnaus] s. **dorthinaus**
dahin|dämmern itr V + haben o sein somnoler
dahinein [dahɪr'naɪn, hinweisend: 'da:hɪnaɪn] s. **dorthinein**
dahin|fliegen itr V unreg + sein ❶ geh Landschaft: défiler; Zug: filer à toute allure; Tage, Stunden, Jahre: s'envoler, défiler, fuir (littér)
❷ liter (fliegen) Enten, Zugvögel: s'envoler
dahingegen [dahɪn'ge:gən, 'da:hɪngəgən] Adv geh en revanche
dahin|gehen itr V unreg + sein geh ❶ (vergehen) Zeit, Jahre: passer; **schnell ~** fuir (littér) ❷ euph (sterben) disparaître, s'en aller (littér) **dahingestellt** Adj ▸ **das bleibt** [o **sei**] [**mal**] **~** la question reste posée; **es ~ sein lassen** laisser cela en suspens **dahin|raffen** tr V liter emporter; **jdn ~** Seuche, Krankheit: emporter qn; Tod: faucher qn **dahin|sagen** tr V dire sans réfléchir; **etw [nur so] ~** dire qc sans réfléchir; **das war nur so dahingesagt** j'ai/il a/... dit ça comme ça (fam) **dahin|schleppen** r V ❶ (mit Mühe gehen) **sich ~** se traîner ❷ (sich hinziehen) **sich ~** Verhandlungen: traîner [en longueur]; Zeit, Stunden, Tage: s'étirer en longueur **dahin|schwinden** itr V unreg + sein geh ❶ (weniger werden) Vorräte, Ersparnisse: diminuer, fondre; Kräfte, Interesse: diminuer, s'amoindrir ❷ (vergehen) Tage, Stunden: s'écouler, fuir (littér) **dahin|siechen** itr V + sein geh dépérir, aller en dépérissant **dahin|stehen** itr V unreg **das steht** [**noch**] **dahin** cela demeure en suspens; **ob etw passiert, steht noch dahin** on ne sait pas encore si qc va se passer

dahinten [da'hɪntən, 'da:hɪntən] Adv là-bas
dahinter [da'hɪntɐ] Adv ❶ (räumlich) [là] derrière
❷ (zeitlich) après
▸ **da ist etwas ~** ça cache quelque chose, il y a anguille sous roche; **da ist nichts ~** il n'y a rien là-dessous
dahinterher [dahɪntə'heːɐ] Adj fam derrière; **~ sein**[, **dass**] être derrière [pour faire attention que + subj]; **er ist schon lange ~ die Wohnung zu bekommen** ça fait longtemps qu'il se démène pour avoir l'appartement; **sind die Lieferungen eingetroffen? — Noch nicht, aber ich bin ~!** est-ce qu'on a été livré? — Pas encore, mais je m'en occupe!
dahinter|klemmen, dahinter|knien r V fam **sich ~**[, **dass**] mettre le turbo fam [o se démener] [pour que + subj]
dahinter|kommen itr V unreg + sein **~**[, **wie/warum ...**] arriver à comprendre [o piger fam] [comment/pourquoi ...]; **zum Glück ist keiner dahintergekommen** heureusement que personne n'a découvert le pot aux roses
dahinter|stecken itr V fam **~** da steckt dein Bruder dahinter derrière tout ça, il y a ton frère; **vielleicht steckt jemand von der Konkurrenz dahinter?** peut-être que c'est un concurrent qui est derrière tout ça [o qui tire les ficelles]?; **da steckt** [**doch**] **was dahinter!** ça cache quelque chose!, il y a anguille sous roche!; **wenn ich nur wüsste, was dahintersteckt** si seulement je savais ce qui se cache là-dessous; **da steckt doch nichts dahinter!** (das sind leere Versprechungen) c'est du vent!
dahinter|stehen itr V unreg + haben o SDEUTSCH, A, CH sein **voll/ mit ganzer Kraft ~** apporter pleinement/à fond son soutien; **wir können das nur erreichen, wenn alle ~** nous n'atteindrons nos objectifs que si tous, nous soutenons à fond le projet
dahinunter [dahɪr'nʊntɐ, hinweisend: 'da:hɪnʊntɐ] s. **dorthinunter**
dahin|vegetieren* [-ve-] itr V + sein végéter; **ein Dahinvegetieren** une vie végétative
Dahlie ['daːliə] <-, -n> f dahlia m
Dakapo [daˈkaːpo] <-s, -s> nt bis m
da|lassen tr V unreg ❶ (an Ort und Stelle lassen) laisser; **jdn ~** laisser qn; **etw ~** laisser qc là
❷ (überlassen) **jdm etw ~** laisser qc à qn
da|liegen itr V unreg ❶ (liegen) Person: être étendu(e) là; Gegenstand: être là; **bewegungslos ~** gésir inanimé(e); **man sah viele Opfer ~** de nombreuses victimes étaient étendues [o gisaient] par terre; **seine Geldbörse lag offen da** son porte-monnaie était posé en évidence
❷ (sein) **der See lag ruhig da** rien ne troublait le calme du lac
dalli ['dali] Adv fam ▸ [**nun**] **mach mal ~!** [allez,] magne-toi! (fam); **~, ~!** et que ça saute! (fam)
Dalmatien [dal'maːtsiən] <-s> nt la Dalmatie
Dalmatiner [dalmaˈtiːnɐ] <-s, -> m (Hund) dalmatien(ne) m(f)
Dalmatiner(in) <-s, -> m(f) Dalmate mf
dalmatinisch, dalmatisch Adj dalmate
damalig Adj attr d'alors, de ce temps-là
damals ['daːmaːls] Adv à cette époque-là, à l'époque; **seit ~** depuis lors, depuis ce temps-là; **von ~** de cette époque, de cette époque-là; **von ~, als ...** de l'époque où ..., du temps où ...
Damaskus [daˈmaskʊs] <-> nt Damas m
Damast [daˈmast] <-[e]s, -e> m damas m
Dämchen <-s, -> nt Dim von **Dame** ❶ petite dame f
Dame ['daːmə] <-, -n> f ❶ (Frau) dame f; **eine ältere ~** une dame d'un certain âge; **die ~ des Hauses** la maîtresse de maison; **guten Abend, die ~n!** bonsoir, mesdames!; **womit kann ich dienen, meine ~?** que puis-je faire pour vous, madame?; **meine** [**sehr verehrten**] **~n und Herren!** form Mesdames et Messieurs!
❷ (Begleiterin) **die Herren können ihre ~n mitbringen** les messieurs peuvent venir accompagnés
❸ (Tanzpartnerin) cavalière f
❹ Pl SPORT dames fpl; **unsere ~n** notre équipe féminine, nos féminines (fam)
❺ kein Pl (Spiel) dames fpl, jeu m de dames; **~ spielen** jouer aux dames
❻ (Schach, Karten) dame f

Land und Leute

Lorsque l'on s'adresse à quelqu'un dans une lettre, on dit «Sehr geehrte Damen und Herren». Dans un discours, on dit «Meine Damen und Herren», cependant, lorsqu'on s'adresse à une femme directement, on emploie Frau accompagné de son nom de famille, comme dans Frau Schneider, mais jamais Frau tout seul. On trouve le mot **Dame** dans les composés suivants: Damenbegleitung, Damenbesuch, Damendoppel, Damenfahrrad, Damentoilette et Damenwahl, mais on parle de Karrierefrau, Frauenbewegung ou de Frauenarzt.

Damebrett nt damier m
Damenbart m moustache f (chez une femme) **Damenbegleitung** f partenaire f; **er war in ~** il était en galante compagnie **Damenbekanntschaft** f connaissance f [féminine]; **~en haben** avoir des amies; **eine ~ machen** faire une rencontre [féminine], rencontrer une femme **Damenbesuch** m visite f féminine; **~ haben** avoir la visite d'une dame **Damenbinde** f serviette f périodique **Damendoppel** nt double m dames **Dameneinzel** nt simple m dames **Damenfahrrad** nt vélo m de femme **Damenfriseur** m coiffeur m pour dames **Damenfußball** m football m féminin **Damengesellschaft** f ❶ (Damenrunde) cercle m féminin ❷ (Damenbegleitung) **in ~ sein** être en galante compagnie
damenhaft I. Adj Kleidungsstück féminin(e); **ein sehr ~es Aussehen/Auftreten haben** avoir vraiment l'air d'une dame
II. Adv sich verhalten, sich kleiden comme une dame
Damenmannschaft f SPORT équipe f féminine **Damenmode** f mode f féminine **Damenoberbekleidung** f kein Pl vêtements mpl pour dames **Damenrad** nt s. **Damenfahrrad Damensattel** m selle f de femme; **im ~ reiten** monter en amazone **Damensitz** m kein Pl **im ~ reiten** monter en amazone **Damentoilette** [-toalɛtə] f toilettes fpl pour dames **Damenwahl** f quart m d'heure américain
Damespiel nt jeu m de dames **Damestein** m pion m **Damhirsch** ['damhɪrʃ] m daim m
damisch ['daːmɪʃ] fam I. Adj SDEUTSCH, A ❶ (dämlich) idiot(e); **dieser ~e Kerl!** quel idiot!
❷ (schwindlig) **mir ist ~** j'ai la tête qui tourne, j'ai le tournis (fam);

jdn ~ **machen** donner le tournis à qn *(fam)*
II. *Adv* SDEUTSCH, A *(sehr)* drôlement *(fam)*
damit [da'mɪt, 'da:mɪt] **I.** *Adv* ❶ *(mit diesem Gegenstand)* avec; ~ **kann man Wasser erhitzen** on peut chauffer de l'eau avec; **womit soll ich essen, etwa ~?** avec quoi est-ce que je vais manger, avec ça? *(fam)*; **was soll ich ~?** que veux tu/voulez vous que j'en fasse?
❷ *(mit dieser Angelegenheit)* **nichts ~ zu tun haben** n'avoir rien à voir là-dedans; ~ **fing alles an** c'est ainsi que tout a commencé; ~ **ist noch bis Oktober Zeit** ça peut attendre octobre; **ich habe keine Ahnung, was es ~ auf sich hat** je n'ai aucune idée de ce que ça veut dire; **musst du denn immer wieder ~ anfangen?** est-il vraiment nécessaire de revenir sans arrêt là-dessus?; **jetzt fängst du schon wieder ~ an!** et voilà que tu recommences avec ça!
❸ *(mit diesen Worten, diesem Verhalten)* ~ **hatte ich nicht gerechnet** je ne m'y attendais pas, je n'avais pas prévu ça; **was willst du ~ sagen?** qu'entends-tu [*o* que veux tu dire] par là?; **weißt du, was er ~ meint?** tu sais ce qu'il entend par là?; **sind Sie ~ einverstanden?** vous êtes d'accord?; **du sollst ~ aufhören!** arrête!
❹ *(in Befehlen)* **weg ~!** enlève-moi/enlevez-moi ça!; **Schluss ~!** ça suffit!, arrête/arrêtez-vous!; **her ~, das ist mein Geld!** par ici [*o* donne-moi/donnez-moi ça], c'est mon argent!
❺ *(somit)* ainsi
❻ *(nun, jetzt)* ~ **ist unser Programm beendet** ainsi se termine notre programme; *s. a.* **mit**
II. *Konj* afin que + *subj*, pour + *infin;* **sie gab ihm einen Stift, ~ er mitschreiben konnte** elle lui donna un stylo afin qu'il [*o* pour qu'il] puisse prendre des notes; **halt dich fest, ~ du nicht fällst!** tiens-toi bien pour [*o* afin de] ne pas tomber!; ~ **er zuvorkommend bedient wird, gibt er immer Trinkgeld** pour être [*o* afin d'être] bien servi, il donne toujours un pourboire
dämlich ['dɛːmlɪç] *pej fam* **I.** *Adj* ❶ *(dumm)* stupide; **ein ~es Gesicht machen** prendre un air stupide [*o* ahuri]; **dieser ~e Kerl** cet abruti [*o* imbécile] *(fam)*, cette espèce d'abruti
❷ *(ungeschickt)* **zu ~!** c'est trop bête [*o* trop con *fam*]!
II. *Adv* **sich ~ anstellen** s'y prendre comme un manche *(fam)*; **guck nicht so ~!** ne prends pas cet air idiot!; **du fragst vielleicht ~!** tu en poses des questions [idiotes]!
Dämlichkeit <-, -en> *f pej fam* ❶ *kein Pl (dummes Verhalten)* bêtise *f*, connerie *f (fam)*
❷ *(dumme Handlung)* bêtise *f*, connerie *f (fam)*
Damm [dam, *Pl:* 'dɛmə] <-[e]s, Dämme> *m* ❶ *(Staudamm)* barrage *m; (Deich)* digue *f*
❷ *(Schutzwall)* digue *f*
❸ ANAT périnée *m*
▶ **wieder auf dem ~ sein** *fam* être de nouveau d'attaque *(fam)*; **nicht [ganz] auf dem ~ sein** *fam* ne pas se sentir [vraiment] dans son assiette *(fam)*
Dammbruch *m* rupture *f* de la digue
dämmen *tr V* amortir *Trittschall, Schall;* isoler *Rohr, Wand*
dämmerig *Adj* ❶ commencé(e) à faire nuit; **es wird/ist ~** la nuit tombe, il commence à faire nuit
❷ *(düster) Licht, Kerzenschein* faible *antéposé*
Dämmerlicht ['dɛmɐ-] *nt* ❶ *(Halbdunkel)* pénombre *f*
❷ *(nach Sonnenuntergang)* crépuscule *m;* **im ~** au crépuscule
dämmern ['dɛmɐn] **I.** *itr V* ❶ *geh Tag:* se lever, poindre *(littér); Abend:* tomber; **der Morgen dämmert** l'aube point *(littér)*
❷ *fam (klar werden)* **so langsam dämmert es mir, was er meinte** je commence à piger ce qu'il a voulu dire *(fam)*; **ihm dämmerte die Erkenntnis/Vermutung, dass** elle commença à se rendre compte/croire que; **[na,] dämmert es [dir] jetzt?** *fam* [ça y est,] tu piges? *(fam)*
❸ *(im Dämmerzustand sein)* **vor sich hin ~** somnoler
II. *itr V unpers* **es dämmert** *(morgens)* il commence à faire jour; *(abends)* la nuit tombe, il commence à faire nuit
Dämmerschlaf *m* état *m* de somnolence; **im ~** dans un demi-sommeil **Dämmerstunde** *f* crépuscule *m;* **in der ~** au crépuscule, entre chien et loup
Dämmerung ['dɛmərʊŋ] <-, -en> *f* ❶ *(Abenddämmerung)* crépuscule *m;* **die ~ bricht an** [*o* **herein**] le soir tombe; **in der ~** au crépuscule
❷ *(Morgendämmerung)* aube *f;* **die ~ bricht an** le jour se lève; **bei ~** à l'aube
Dämmerzustand *m* ❶ *(Halbschlaf)* demi-sommeil *m;* **im ~ sein** dans un demi-sommeil
❷ MED trouble *m* momentané de la conscience
dämmrig *s.* **dämmerig**
Dammriss[RR] *m* MED déchirure *f* périnéale **Dammschnitt** *m* MED épisiotomie *f*
Dämmstoff *m (gegen Kälte)* matériau *m* isolant; *(zur Schalldämmung)* matériau insonorisant

Dämmung <-> *f* amortissement *m; ~* **des Schalls** insonorisation *f;* ~ **der Geräusche/des Trittschalls** amortissement des bruits/du bruit des pas
Damoklesschwert ['da:mɔklɛsʃveːɐt] *nt geh* épée *f* de Damoclès
▶ **wie ein ~ über jdm** [*o* **jds Haupt**] **hängen** être suspendu(e) au-dessus de qn [*o* de la tête de qn] comme une épée de Damoclès
Dämon ['dɛːmɔn, *Pl:* dɛ'moːnən] <-s, Dämonen> *m* démon *m*
dämonisch I. *Adj* démoniaque
II. *Adv* d'une façon démoniaque
Dampf [dampf, *Pl:* 'dɛmpfə] <-[e]s, Dämpfe> *m* ❶ *(Wasserdampf)* vapeur *f* [d'eau]
❷ *Pl* CHEM émanation *f*, vapeur *f*
▶ ~ **dahinter machen** activer le mouvement, pousser les feux; ~ **ablassen** *fam* se défouler, décompresser *(fam);* **jdm ~ machen** *fam* secouer les puces à qn *(fam)*
Dampfbad *nt* ❶ bain *m* de vapeur ❷ *(Gebäude)* hammam *m* ❸ *(Raum)* étuve *f* humide **Dampfbügeleisen** *nt* fer *m* [à] vapeur **Dampfdruck** *m* pression *f* de la vapeur
dampfen ['dampfən] *itr V* ❶ + *haben Speise, Schüssel:* fumer; *Badewasser, Kochtopf:* dégager de la vapeur; *Badezimmer:* être plein(e) de vapeur; *Pferd:* être fumant(e)
❷ + *sein fam (fahren)* **in den Bahnhof ~** entrer en gare; **aus dem Hafen ~** sortir du port
dämpfen ['dɛmpfən] *tr V* ❶ *(abschwächen)* étouffer, assourdir *Geräusch, Schall;* baisser *Stimme;* **gedämpft** *Geräusch, Musik* assourdi(e); *Stimme* assourdi(e), étouffé(e); *Farben* estompé(e); *Licht* tamisé(e)
❷ *(mindern)* amortir *Aufprall, Stoß, Wucht*
❸ *(mäßigen, verlangsamen)* freiner *Person;* tempérer *Freude, Begeisterung;* apaiser *Wut, Ärger;* **dieser Vorfall hat die Stimmung gedämpft** cet incident a jeté un froid; **gedämpft** *Freude* tempéré(e); *Stimmung* morose
❹ *(mit Dampf glätten)* **ein Kleid/eine Hose ~** repasser une robe/un pantalon à la vapeur
❺ GASTR **etw ~** cuire qc à l'étuvée [*o* à l'étouffée], étuver qc
Dampfer ['dampfɐ] <-s, -> *m* vapeur *m*
▶ **auf dem falschen ~ sein** *fam* se mettre le doigt dans l'œil *(fam)*
Dämpfer ['dɛmpfɐ] <-s, -> *m* einer Trompete, eines Saxophons sourdine *f; eines Klaviers* étouffoir *m*
▶ **jdm/etw einen ~ aufsetzen** freiner qn/qc; **einen ~ bekommen** être refroidi(e); *Zuversicht:* être ébranlé(e)
Dampfheizung *f* chauffage *m* central à vapeur
dampfig *Adj Badezimmer, Waschküche* plein(e) de vapeur; *Luft* saturé(e) de vapeur; *Niederung* voilé(e) de vapeur, vaporeux(-euse) *(littér)*
Dampfkessel *m* chaudière *f* à vapeur **Dampfkochtopf** *m* autocuiseur *m*, cocotte-minute® *f* **Dampfkraft** *f* force *f* motrice à vapeur **Dampfkraftwerk** *nt* centrale *f* thermique **Dampfflok** *f*, **Dampflokomotive** [-tiːvə] *f* locomotive *f* à vapeur **Dampfmaschine** *f* machine à vapeur *f* **Dampfnudel** *f* SDEUTSCH boule au levain cuite à l'étuvée **Dampfschiff** *s.* **Dampfer Dampfschifffahrt**[RR] *f* NAUT navigation *f* à vapeur **Dampfstrahler** *m* éjecteur *m* à vapeur **Dampfturbine** *f* turbine *f* à vapeur
Dämpfung <-, -en> *f* ❶ *(Abschwächung)* von *Schall, Geräuschen* amortissement *m*, étouffement *m*
❷ *(Verlangsamung) der Inflation, Konjunktur* ralentissement *m*
Dampfwalze *f* rouleau *m* compresseur
Damwild ['damvɪlt] *nt* daims *mpl*
Dan [daːn] <-> *m* SPORT dan *m*
danach [da'naːx, 'daːnaːx] *Adv* ❶ *(zeitlich, örtlich)* après
❷ *(zielgerichtet)* **das Kind sah den Ball und wollte ~ greifen** l'enfant a aperçu le ballon et a voulu l'attraper; **er ging an dem Motorrad vorbei und drehte sich mehrmals ~ um** il a passé devant la moto et s'est retourné plusieurs fois pour la regarder
❸ *(demnach)* **es liegen Zeugenaussagen vor,** ~ **war er in der fraglichen Zeit dort** il y a des témoignages, selon [*o* d'après] lesquels il était à cet endroit pendant le laps de temps en question
❹ *(hiernach)* **ich sehne mich so ~** j'en aurais tellement envie; **bitte richten Sie sich ~!** veuillez vous y conformer!; **ich habe mein Auto seit Monaten nicht gewaschen — Danach sieht es auch aus!** je n'ai pas lavé ma voiture depuis des mois — Ça se voit!
❺ *fam (zumute)* **ein Spaziergang? Irgendwie ist mir [gerade] ~!** une promenade? J'en ai [justement] bien envie!; **mir ist im Moment nicht [so] ~** ça ne me dit rien pour l'instant; *s. a.* **nach**
Danaergeschenk ['daːnaɐ-] *nt geh* cadeau *m* empoisonné
Dandy ['dɛndi, 'dændi] <-s, -s> *m* dandy *m*
Däne ['dɛːnə] <-n, -n> *m*, **Dänin** *f* Danois(e) *m(f)*
daneben [da'neːbən, 'daːneːbən] *Adv* ❶ *(räumlich)* à côté; **rechts ~** à sa/leur/... droite; **links ~** à sa/leur/... gauche
❷ *(verglichen damit)* à côté
❸ *(außerdem)* **tagsüber ist sie im Büro, ~ muss sie sich noch um den Haushalt kümmern** pendant la journée, elle est au

sich bedanken	
sich bedanken	**remercier**
Danke!	Merci!
Danke sehr/schön!/Vielen Dank!	Merci beaucoup!/Un grand merci!
Tausend Dank!	Mille fois merci!
Danke, das ist sehr lieb von dir!	Merci, c'est très gentil de ta part!
Vielen (herzlichen) Dank!	Merci bien!
Ich bedanke mich (recht herzlich)!	Je vous remercie (beaucoup)!
auf Dank reagieren	**répondre à un remerciement**
Bitte!	Je t'en/vous en prie!
Bitte schön!/Gern geschehen!/Keine Ursache!	Je t'en/vous en prie!/Il n'y a pas de quoi!/De rien!
Bitte, bitte!/Aber bitte, das ist doch nicht der Rede wert!	De rien!/Mais il n'y a pas de quoi!
(Aber) das hab ich doch gern getan!/Das war doch selbstverständlich!	Tout le plaisir est pour moi!/C'était tout naturel!
dankend anerkennen	**remercier avec reconnaissance**
Vielen Dank, du hast mir sehr geholfen.	Merci bien, tu m'as beaucoup aidé(e).
Wo wären wir ohne dich!	Que ferions-nous sans toi!
Ohne deine Hilfe hätten wir es nicht geschafft.	Nous n'y serions pas arrivé(e)s sans ton aide.
Sie waren uns eine große Hilfe.	Vous nous avez été d'une très grande aide.
Ich weiß Ihr Engagement sehr zu schätzen.	J'apprécie beaucoup votre engagement.

bureau, et il faut [en plus] qu'elle s'occupe des tâches ménagères **daneben|benehmen*** *r V unreg fam* **sich ~** se comporter mal; **benimm dich nicht wieder daneben!** ne recommence pas à te conduire comme un(e) mal élevé(e)! **daneben|gehen** *itr V unreg + sein* ❶ *Ball, Schuss:* manquer son but ❷ *fig fam Experiment:* rater; *Plan, Versuch:* foirer *(fam)* **daneben|greifen** *itr V unreg* ❶ manquer son coup; *(auf Musikinstrumenten)* faire une fausse note ❷ *fam (sich irren)* **mit etw ~** se planter dans qc *(fam)* **daneben|hauen** *itr V unreg* ❶ *(vorbeihauen)* frapper à côté; **mit der Faust ~** frapper du poing à côté ❷ *fam (sich irren)* se planter *(fam)* **daneben|liegen** *itr V unreg fam* être à côté de la plaque *(fam);* **mit etw ~** être à côté de la plaque [*o* se planter] [en faisant qc] *(fam)* **daneben|schießen** *itr V unreg* ❶ *(das Ziel verfehlen)* rater son coup, tirer à côté ❷ *fam (sich irren)* être à côté de la plaque *(fam)* **daneben|sein** *itr V unreg + sein fam Person:* être à côté de la plaque *(fam),* être à la masse *(fam)* **daneben|treffen** *itr V unreg* ❶ *(vorbeitreffen) Person:* manquer son coup; *Pfeil, Schuss:* manquer son but; **mit dem Hammer ~** taper à côté avec son marteau; **danebengetroffen!** raté! ❷ *(sich täuschen)* se tromper; **danebengetroffen!** faux!
Dänemark ['dɛːnəmark] <-s> *nt* le Danemark
dang [daŋ] *veraltet Imp von* **dingen**
danieder|liegen *itr V unreg* ❶ *geh* être alité(e); **mit etw ~** être alité(e) pour cause de qc
❷ *(nicht leistungsfähig sein) Firma, Wirtschaft:* être mal en point, être malade
Dänin *s.* **Däne, Dänin**
dänisch I. *Adj* danois(e)
II. *Adv ~* **miteinander sprechen** discuter en danois; *s. a.* **deutsch**
Dänisch <-[s]> *nt kein Art* danois *m; s. a.* **Deutsch**
Dänische *nt dekl wie Adj* **das ~** le danois; *s. a.* **Deutsche**
dank [daŋk] *Präp + Gen o Dat* grâce à; **~ deiner Hilfe** grâce à ton aide
Dank <-[e]s> *m* ❶ *(Anerkennung)* remerciement *m;* **jdm für etw ~ sagen** *geh* remercier qn pour [*o* de] qc; **als ~ für etw** en remerciement pour [*o* de] qc; **nimm dieses Geschenk als ~** reçois ce cadeau comme remerciement; **vielen ~** merci beaucoup; **herzlichen ~** je te/vous remercie de tout cœur; **tausend ~** merci mille fois; **mit bestem ~ zurück!** [je te/la rends] avec tous mes remerciements!; **das war ein schlechter ~** curieuse façon de me/le remercier!
❷ *iron (Undank)* **zum ~** pour tout remerciement *(iron);* **zum ~ dafür, dass ich ihn abschreiben ließ, bekam ich eine Fünf** je l'ai laissé copier et, pour tout remerciement, j'ai eu un huit [sur vingt]; **[das ist] der [ganze] ~ dafür** voilà le remerciement *(iron)*
❸ *(Dankbarkeit)* gratitude *f,* reconnaissance *f*
Dankadresse *f form* remerciements *mpl* officiels
dankbar I. *Adj* ❶ *Person, Blick* reconnaissant(e); **jdm für etw ~ sein** être reconnaissant(e) à [*o* envers] qn de qc; **sich jdm gegenüber ~ erweisen** se montrer reconnaissant(e) envers qn; **ich wäre dir/Ihnen ~, wenn ...** je te/vous serais reconnaissant(e) de ... + *infin*
❷ *(lohnend) Arbeit, Aufgabe, Rolle* gratifiant(e); *(finanziell)* lucratif(-ive)
❸ *(anspruchslos) Zuhörer* facile; *Publikum* facile, bon(ne) antéposé
II. *Adv* avec gratitude; **jdn ~ anlächeln** adresser un sourire reconnaissant à qn
Dankbarkeit <-> *f* gratitude *f,* reconnaissance *f;* **jdm seine ~ für etw beweisen** témoigner sa gratitude [*o* sa reconnaissance] à qn qui a fait qc; **aus ~ schenkte sie ihm eine CD** reconnaissante [*o* en signe de reconnaissance], elle lui offrit un CD
danke *Adv* merci; **~ schön** [*o* **sehr**] merci bien [*o* beaucoup]; **jdm für etw ~ sagen** dire merci à qn pour qc; **~ ja, ja, ~** oui, merci; **~ nein, nein, ~** non, merci; **vielmals** merci bien
▸ **mir geht's ~** *fam* ça va bien, merci; **sonst geht's dir [wohl] ~!** *iron* ça va pas la tête? *(fam)*
danken I. *itr V* remercier; **jdm für seine Hilfe/sein Geschenk ~** remercier qn de son aide/pour son cadeau; **sage ihm, ich lasse für die Rosen ~** dis-lui que je le remercie pour ses roses; **man dankt** *fam* merci; **nichts zu ~!** de rien!, [il n'y a] pas de quoi!
II. *tr V* **jdm etw ~** dire merci à qn pour qc; **wie kann ich Ihnen das nur ~?** comment pourrai-je vous remercier?
dankend *Adv* **~ annehmen** accepter avec joie; **~ ablehnen** refuser poliment; *iron (verärgert zurückweisen)* opposer une fin de non-recevoir; **Betrag ~ erhalten** pour acquit
dankenswert *Adj* méritoire, digne de reconnaissance; **es ist ~, dass Sie sich für eine Mitarbeit zur Verfügung stellen wollen** nous vous savons gré de votre collaboration
dankenswerterweise *Adv* obligeamment, d'une façon méritoire
Dankeschön <-s> *nt* ❶ *(Dank)* remerciement *m;* **jdm ein herzliches ~ sagen** dire à qn merci de tout cœur
❷ *(Aufmerksamkeit)* attention *f,* cadeau *m* de remerciement; **als kleines ~** en signe de remerciement
Dankesworte *Pl geh* mots *mpl* de remerciement
Dankgottesdienst *m* action *f* de grâce **Danksagung** <-, -en> *f* remerciement *m* souvent *pl* **Dankschreiben** *nt* lettre *f* de remerciement
dann [dan] *Adv* ❶ *(danach)* ensuite, puis; **noch drei Tage, ~ habe ich Geburtstag** encore trois jours et c'est mon anniversaire
❷ *(irgendwann später)* tout à l'heure, un peu plus tard; **bis ~!** à

tout à l'heure!

③ *(zu dem Zeitpunkt)* ~ , **wenn ...** au moment où ...

④ *(unter diesen Umständen)* à ce moment-là, alors; **ich fahre nur ~ , wenn du mitkommst** je ne partirai qu'à condition que tu m'accompagnes; **~ eben nicht!** comme tu veux/vous voulez!; **~ erst recht nicht** à plus forte raison

⑤ *(sonst)* **wenn nicht du, wer ~ ?** si ce n'est pas toi, qui est-ce?; **falls das so nicht geht, wie ~ ?** si ce n'est pas comme ça qu'on fait, comment doit-on faire?

⑥ *(außerdem)* **erst zu spät kommen und ~ [auch] noch stören** non seulement il/elle arrive en retard, mais en plus il/elle dérange tout le monde

▸ **~ und wann** de temps en temps

dannen ['danən] *Adv veraltet* ▸ **von** ~ parti; **er war bereits von ~** il était déjà parti; **die Zigeuner zogen wieder von ~** les bohémiens se remettaient en route

daran [da'ran, 'da:ran] *Adv* ① *(örtlich)* befestigen, sich anlehnen y; vorbeigehen, vorbeischießen à côté; **der Behälter ist warm, halt mal deine Hand ~** le flacon est chaud, mets ta main contre

② *(zeitlich)* ensuite; **~ knüpfte sich eine lebhafte Diskussion** il s'ensuivit une vive discussion

③ *(an dieser Sache)* noch **~ sitzen/arbeiten** être encore en train de le faire/d'y travailler; **erinnerst du dich noch ~ ?** tu t'en souviens?; **~ denken** y penser; **bist du ~ interessiert?** ça t'intéresse?; **~ stirbt man nicht!** on n'en meurt pas!; **~ sieht man wieder mal, dass** ça montre bien que + *indic;* **das ändert nichts ~** ça n'y change rien; **~ ist nichts/kein Wort wahr** il n'y a rien/pas un mot de vrai dans tout ça [*o* là-dedans]; **das Dumme/Gute/Schöne ~ ist, dass** ce qui est bête/bien/agréable [là-dedans], c'est que + *indic; s. a.* **an**

daran|geben *tr V unreg geh* donner; **ich würde einiges/viel ~ , wenn ich mich noch einmal anders entscheiden könnte** je donnerais beaucoup pour pouvoir revenir sur ma décision **daran|gehen** *itr V unreg + sein* se mettre; **~ etw zu tun** se mettre à faire qc **daran|machen** *r V fam* **sich ~** s'y mettre; **sich ~ etw zu tun** se mettre à faire qc **daran|setzen** I. *tr V* mettre en œuvre; **alles ~ etw zu tun** mettre tout en œuvre pour faire qc; **er hat viel Zeit und Geld darangesetzt** il y a investi beaucoup de temps et d'argent; **er setzte einiges ~ ihn umzustimmen** il a fait des pieds et des mains pour le faire changer d'avis II. *r V* **sich ~** s'y mettre

darauf [da'rauf, 'da:rauf] *Adv* ① *(örtlich)* dessus; **ein Hut mit einer Feder ~** un chapeau avec une plume [dessus]; **ein hohes Gebäude mit sechs Schornsteinen ~** un haut bâtiment surmonté de six cheminées; **als sie das Geschäft entdeckt hatte, ging sie ~ zu** ayant découvert le magasin, elle se dirigea droit dessus

② *(danach)* puis; **bald** [*o* **kurz**] **~** peu [de temps] après; **~ folgend** suivant(e); **am ~ folgenden Tag, am Tag ~** le lendemain; **im Jahr/am Abend ~** l'année suivante/le soir suivant; **ein Jahr/einen Monat ~** un an/un mois après; **die Tage, die ~ folgten** les jours qui suivirent

③ *(auf einen Bezugspunkt zurückführend)* **~ basieren/fußen** se fonder/reposer là-dessus; **sich ~ beziehen** s'y référer; **~ zurückkommen** y revenir; **sich ~ stützen, dass** s'appuyer sur le fait que + *indic;* **~ zurückzuführen sein, dass** venir du [*o* s'expliquer par le] fait que + *indic*

④ *(als Reaktion)* **sagen, schreiben** là-dessus, à ce sujet; **was wollen Sie ~ antworten?** que voulez-vous répondre [à cela]?; **wie sie wohl ~ reagieren wird?** comment va-t-elle réagir [à cela]?; **~ wollen wir jetzt trinken!** levons nos verres!

⑤ *(auf eine Sache)* y, en; **sich ~ vorbereiten** s'y préparer; **sich ~ verlassen** compter dessus; **wir freuen uns sehr ~** nous nous en réjouissons beaucoup; **ich wette ~ , dass** je parie que + *indic;* **~ Rücksicht nehmen, dass** prendre en considération le fait que + *indic;* **ein Recht ~ haben** y avoir droit; **~ kannst du stolz sein** tu peux [en] être fier(fière); **ich bestehe ~ , dass du mir antwortest** j'exige [*o* je tiens à ce] que tu me répondes; **~ also wolltest du die ganze Zeit hinaus!** c'est là que tu voulais en venir!; *s. a.* **auf**

darauffolgend *s.* **darauf** ②

daraufhin *Adv* ① *(infolgedessen)* dans la suite; **sie hatte inseriert und ~ viele Zuschriften bekommen** elle avait fait passer une annonce et reçu dans la suite de nombreuses lettres

② *(im Hinblick darauf)* **etw ~ untersuchen/prüfen, ob ...** inspecter/examiner qc pour voir si ...

daraus [da'raus, 'da:raus] *Adv* ① *(aus diesem Material)* en; **~ kann man etwas schnitzen/Marmelade machen** on peut tailler quelque chose là-dedans/en faire de la confiture

② *(aus diesem Gefäß)* **~ kann man essen/trinken** on peut manger/boire dedans

③ *(aus dieser Sache, Angelegenheit)* **~ ergibt sich ...** il en résulte ...; **wie Sie ~ ersehen, ...** comme vous pouvez le voir, ...; **~ folgt/**

ergibt sich, dass il s'ensuit/il en résulte que + *indic;* **was ist ~ eigentlich geworden?** qu'est-ce que ça a donné?

darben ['darbən] *itr V geh* être dans le besoin; **die Leute mussten sehr ~** les gens ont dû se priver

dar|bieten ['da:ɐ̯biːtən] *unreg* I. *tr V geh* ① *(vorführen)* présenter *Tanz, Schauspiel;* réciter, dire *Gedicht*

② *(anbieten)* offrir *Getränke, Speisen;* tendre *Hand, Rechte*

II. *r V* **sich jdm ~** *Anblick, Gelegenheit:* se présenter à qn, s'offrir à qn

Darbietung <-, -en> *f* ① *(das Vorführen)* représentation *f*

② *(Nummer)* numéro *m*

dar|bringen *tr V unreg geh* ① féliciter; **jdm Glückwünsche ~** féliciter qn; **jdm Ovationen ~** ovationner qn

② *(hingeben, schenken)* faire *Opfer;* **jdm etw zum Opfer ~** offrir qc en sacrifice à qn

darein [da'rain, *hinweisend:* 'da:rain] *Adv veraltet* ① *(in etw hinein)* dedans, y; **steck den Brief ~** mets la lettre dedans, mets-y la lettre

② *(in diesen Umstand)* **sich ~ fügen** en prendre votre parti, s'en accommoder; **sich ~ ergeben** s'y résigner

darein|finden *r V unreg geh* **sich ~** s'y résigner; **sich ~ etw zu tun** se résigner à faire qc **darein|setzen** *tr V geh* y mettre *Ehrgeiz;* y déployer, y employer *Energie*

darf [darf] *3. Pers Präs von* **dürfen**

darin ['da:rɪn, da'rɪn] *Adv* ① *(in dem/der)* dedans, à l'intérieur; **eine Schachtel mit köstlichem Konfekt ~** une boîte remplie de délicieux bonbons

② *(in dieser Hinsicht)* **es gibt einen Punkt, ~ unterscheiden sie sich** il y a un point sur lequel ils/elles se distinguent; **~ ist sie unübertroffen** pour ça elle est inégalée; **~ war sie jedem überlegen** dans ce domaine, elle surpassait tout le monde; **sie stimmen ~ überein, dass** ils/elles sont d'accord sur le fait que + *indic;* **der Unterschied besteht ~ , dass** la différence réside dans le fait que + *indic;* **~ irrst du dich!** là, tu te trompes!

dar|legen ['da:ɐ̯leːɡən] *tr V* exposer, expliquer

Darlegung <-, -en> *f* exposé *m,* explication *f*

Darlehen ['da:ɐ̯leːən] <-s, -> *nt (aus Sicht der Bank)* prêt *m; (aus Sicht des Kunden)* emprunt *m;* **ein ~ in Höhe von ...** un prêt/emprunt d'un montant de ...; **ein ~ gewähren/aufnehmen** consentir un prêt/faire un emprunt; **ein ~ sichern** garantir un prêt/emprunt; **ungesichertes ~** prêt/emprunt non garanti; **eingefrorenes ~** prêt/emprunt gelé

Darlehensgeber(in) <-s, -> *m(f)* prêteur(-euse) *m(f)* **Darlehensnehmer(in)** <-s, -> *m(f)* emprunteur(-euse) *m(f)* **Darlehensschuld** *f* somme *f* empruntée **Darlehenssumme** *f* somme *f* prêtée; **eine höhere ~ vereinbaren** *(aus Sicht der Bank)* convenir d'un prêt plus élevé; *(aus Sicht des Kunden)* contracter un emprunt plus important **Darlehenszins** *m* FIN intérêt *m* *mpl*

Darm [darm, *Pl:* 'dɛrmə] <-[e]s, Därme> *m* ① ANAT intestin *m*

② *(von Schlachttieren)* boyau *m*

Darmausgang *m* anus *m;* **künstlicher ~** anus artificiel **Darmblutung** *f* MED hémorragie *f* intestinale **Darmentleerung** *f* défécation *f* **Darmflora** *f* flore *f* intestinale **Darmgrippe** *f* grippe *f* intestinale **Darminfektion** *f* entérite *f* **Darmkrebs** *m* MED cancer *m* de l'intestin **Darmsaite** *f* corde *f* de boyau **Darmschleimhaut** *f* muqueuse *f* intestinale **Darmspülung** *f* lavement *m* intestinal **Darmtätigkeit** *f* transit *m* intestinal **Darmträgheit** *f* paresse *f* intestinale **Darmverschlingung** *f* volvulus *m* intestinal **Darmverschluss**[RR] *m* occlusion *f* intestinale

Darre ['darə] <-, -n> *f* ① *(Trockengestell)* séchoir *m*

② *(in der Brauerei)* touraille *f,* four *m* à sécher

dar|reichen ['da:ɐ̯raɪçən] *s.* **darbieten** ②

darren ['darən] *tr V* sécher, torréfier

darstellbar *Adj* ① *(zu berichten)* qui peut être exposé(e); **nicht leicht ~ sein** ne pas être facile à exposer

② *(wiedergebbar)* représentable; **zeichnerisch nicht ~ sein** ne pas pouvoir être représenté(e) par un dessin

dar|stellen ['da:ɐ̯ʃtɛlən] I. *tr V* ① *(wiedergeben)* représenter; **blau dargestellt sein** être représenté(e) en bleu

② *(verkörpern)* jouer, interpréter

③ *(beschreiben)* exposer *Theorie, Sachverhalt;* établir *Verlauf;* **jds Verdienste vorteilhaft ~** souligner les mérites de qn en termes avantageux

④ *(bedeuten)* représenter, constituer *Fortschritt, Höhepunkt*

II. *r V* ① **sich als schwierig ~** s'avérer difficile; **die Arbeit stellte sich als nicht einfach dar** il s'est avéré que la tâche n'était pas facile

② *(sich ausgeben als)* **er stellt sich [immer] als großzügig dar** il raconte [toujours] qu'il est généreux

Darsteller(in) <-s, -> *m(f)* interprète *mf*

darstellerisch I. *Adj* **das ~e Können** le talent d'interprétation; **eine ~e Leistung** une prestation de comédien

II. *Adv* **der Film ist ~ hervorragend** dans ce film, l'interprétation est excellente; **das Stück war ~ hervorragend besetzt** la pièce était remarquablement interprétée
Darstellung <-, -en> *f* ① *kein Pl (das Darstellen)* représentation *f* ② *kein Pl* THEAT *einer Rolle* interprétation *f*; *eines Stoffes* représentation *f* ③ *(objektive/subjektive Wiedergabe) von Ereignissen, Fakten* description *f*/présentation *f*
Darstellungsform *f* mise *f* en scène **Darstellungsmittel** *nt* moyens *mpl* d'expression **Darstellungsweise** *f* manière *f* de décrire [*o* de représenter], style *m*
Darts [da:ɛts] <-> *nt* fléchettes *fpl*
darⅠtun *tr V unreg geh s.* **darlegen**
darüber ['daːrybɐ, daˌryːbɐ] *Adv* ① *(weiter oben)* au-dessus; **das ist Herr Martin vom Stockwerk ~** c'est monsieur Martin de l'étage au-dessus
② *(mehr)* **die Teilnehmer waren 50 Jahre alt und ~** les participants avaient 50 ans et plus; **ich biete tausend Euro und keinen Cent ~** j'offre mille euros et pas un cent de plus; **es war nicht 8.15 Uhr, sondern schon eine halbe Stunde ~** il n'était pas 8 h 15, mais déjà une demi-heure plus tard
③ *(währenddessen)* pendant ce temps; **der Film war so spannend, dass sie ~ vergessen hat, ...** le film était si passionnant qu'elle en a oublié ...; **Jahre vergingen ~** les années passèrent; **es wurde ~ immer später** et il se fit de plus en plus tard; **sie hatte gelesen und war ~ eingeschlafen** elle s'était endormie en lisant
④ *(über eine Angelegenheit)* à ce sujet; **~ reden** en parler; **~ nachdenken** y réfléchir; **sie war sehr erfreut ~** elle s'en était beaucoup réjouie; **ich muss mich doch sehr ~ wundern, was du dir wieder für Sachen ausdenkst** je suis très surpris(e) de ce que tu peux inventer; **sie beklagte sich ~, dass sie es im Leben so schwer habe** elle se plaignait d'avoir une vie difficile; **~ kann man ja nur lachen** on ne peut qu'en rire; **~ spricht man nicht** on ne parle pas de ces choses-là
▶ **~ hinweg sein** *(über den Ärger)* avoir dépassé ce stade; *(über einen Verlust)* en avoir fait son deuil; **jdm ~ hinweghelfen** aider qn à passer le cap; **~ hinaus** au delà, au-dessus; **seine Forderungen gehen noch ~ hinaus** ses exigences vont encore au delà [*o* au-delà]; *s. a.* **über**

darüberⅠfahren *itr V unreg + sein* **über etw** *(Akk)* **~** passer sur qc; **fahr mal mit der Hand/dem Tuch darüber!** passe ta main/le chiffon dessus!
darüberⅠhängen *tr V* **etw über etw** *(Akk)* **~** accrocher qc sur qc; **er hängte den Mantel auf den Bügel und die Jacke ~** il a pendu son manteau sur le cintre et sa veste par-dessus
darüberⅠliegen *itr V unreg + haben o* SDEUTSCH, A, CH *sein* se situer au-dessus; *Nebel, Schwaden:* recouvrir; **er lag mit seinem Angebot/seinen Forderungen noch darüber** il proposait/exigeait davantage
darüberⅠschauen *itr V* **über etw** *(Akk)* **~** regarder par-dessus qc; **die Mauer war so hoch, dass man nicht ~ konnte** le mur était si haut qu'on ne pouvait regarder par-dessus
darüberⅠspringen *itr V unreg + sein* **über etw** *(Akk)* **~** sauter par-dessus qc; **der Graben ist nicht breit, man kann ~** le fossé n'est pas large, on peut l'enjamber d'un saut
darüberⅠstehen *itr V unreg + haben o* SDEUTSCH, A, CH *sein* **über etw** *(Akk)* **~** être au-dessus de ça; **du musst einfach ~!** dis-toi que tu es au-dessus de ça!
darum ['daːrʊm, daˌrʊm] *Adv* ① *(deshalb)* c'est pourquoi; **sie ist zwar klein, aber ~ nicht schwach** elle est petite, mais pas faible pour autant; **sie hat das ~ gesagt, weil ...** si elle a dit ça, c'est parce que ...; **warum? — Darum!** pourquoi ? — Parce que!; **ach, ~!** ah bon, c'est pour ça!
② *(örtlich) ~* [**herum**] tout autour; *s. a.* **um**
③ *(um diese Angelegenheit)* **jdn ~ bitten etw zu tun** demander à qn de faire qc; **es geht ~, wer am schnellsten laufen kann** il s'agit de savoir qui court le plus vite; **wir kommen nicht ~ herum** nous ne pouvons pas faire autrement; **rede nicht lange ~ herum** ne tourne pas autour du pot
darunter ['daːrʊntɐ, daˌrʊntɐ] *Adv* ① *(unter diesem/diesen Gegenstand)* en dessous; **~ hervorsehen** *Person:* apparaître; *Gegenstand:* dépasser; **Wasser sprudelte ~ hervor** de l'eau jaillit
② *(unter dieser Etage)* en dessous, plus bas; **das Stockwerk [*o* der Stock] ~** l'étage en dessous
③ *(unter diesem Preis/dieser Grenze)* **ich kann die Ware nicht ~ abgeben** je ne peux pas vendre la marchandise à moindre prix; **Kinder im Alter von zwölf Jahren und ~** des enfants de douze ans et moins
④ *(mitten unter diesen)* parmi eux/elles; **es waren auch einige angefaulte Äpfel ~** il y avait quelques pommes pourries dans le lot; **einige Länder der EU, ~ Dänemark, Frankreich, ...** quelques pays de la Communauté européenne, dont [*o* parmi lesquels] le Danemark, la France, ...

⑤ *(unter dieser Angelegenheit)* [**sehr**] **~ leiden** en souffrir [beaucoup]; **was verstehst du denn ~?** qu'est-ce que tu veux dire [*o* tu entends] par là?; **~ kann ich mir nichts/nicht viel vorstellen** ça ne me dit rien/pas grand-chose
▶ **es nicht ~ machen** [*o* **tun**] *fam* ne pas descendre en dessous; *s. a.* **unter**
darunterⅠfallen *itr V unreg + sein* ① *(zu einer Kategorie gehören)* entrer dans cette catégorie, en faire partie
② *(davon betroffen sein)* être concerné(e)
darunterⅠgehen *itr V unreg + sein* ① *(räumlich)* **der Koffer geht darunter** on peut y mettre la valise [*o* mettre la valise dessous]; **gehe ich noch darunter?** est-ce que je passe [dessous]?
② *(unter diesen Preis/diese Grenze) Verkäufer:* descendre en dessous; *Temperatur:* descendre plus bas
darunterⅠliegen *itr V unreg + haben o* SDEUTSCH, A, CH *sein* **Werte, Leistung:** être inférieur(e) [*o* plus bas(se)]; **die Leistung des Mitbewerber lag darunter** les autres concurrents ont fait de moins bonnes prestations
darunterⅠmischen *tr V* **etw ~** y mélanger qc; **noch etwas Mehl ~** [r]ajouter un peu de farine; **bei Demonstrationen mischen sich immer einige Provokateure darunter** dans les manifestations, il y a toujours des provocateurs qui se fondent dans la masse
darunterⅠsetzen *tr V* **seine Unterschrift ~** y apposer sa signature
Darwinismus [darviˈnɪsmʊs] <-> *m* BIO darwinisme *m*
das[1] [das] *Art def, Neutrum, Nom und Akk Sing* le/la; **~ kleine Mädchen** la petite fille; **~ Haus/Buch** la maison/le livre; **~ Florenz der Renaissance** Florence à l'époque de la Renaissance; **~ Arbeiten** le travail; **~ Schöne** le beau
das[2] I. *Pron dem, Neutrum, Nom und Akk Sing* ce(t)/cette; **~ Baby/Kind** [da] ce bébé[-là]/cet enfant[-là]; **~ Auto** [da] cette voiture[-là]; **was ist denn ~ da?** qu'est-ce que c'est que ça?
II. *Pron rel, Neutrum, Nom Sing* **ein Mädchen/Kind, ~ gut Klavier spielt** une fille/un enfant qui joue bien du piano; **ein Pferd, ~ nicht gehorcht** un cheval qui n'obéit pas
III. *Pron rel, Neutrum, Akk Sing* **ein Mädchen/Kind, ~ alle mögen** une fille/un enfant que tous apprécient; **ein Huhn, ~ man schlachten wird** un poulet que l'on va abattre
daⅠsein[ALT] ['daːzaɪn] *s.* **da** I. ③, ④, ⑤, ⑥, ⑦, ▶
Dasein <-s> *nt* ① *a.* PHILOS existence *f*; **ein jämmerliches ~ führen** traîner une existence misérable; **ein kümmerliches ~ fristen** vivoter
② *(Anwesenheit)* présence *f*
Daseinsberechtigung *f* ① *(Recht zu existieren)* droit *m* à l'existence ② *(Zweck)* raison *f* d'être **Daseinsfreude** *f geh* joie *f* de vivre **Daseinskampf** *s.* **Existenzkampf**
daselbst [daˈzɛlpst] *Adv veraltet* au même endroit
daⅠsitzen *itr V unreg + sein* untätig: **~** rester [assis(e)] sans rien faire; **er saß traurig/zitternd da** il était assis, triste/tremblant
② *fam (zurechtkommen müssen)* **ohne Hilfe/einen Pfennig ~** se retrouver sans aide/un sou
dasjenige ['daːsiːˌnɪɡə] *Pron dem* ce(t)/cette; **~ Baby/Mädchen, das ...** ce bébé/cette fille qui te plaît; **~, was du dir ausgesucht hast** ce que tu as choisi; **unser Haus ist kleiner als ~ unserer Freunde** notre maison est plus petite que celle de nos amis
dass[RR] [das], **daß**[ALT] *Konj* ① *(im Subjektsatz)* que + *subj*; **schade, ~ du schon gehen musst** dommage que tu sois obligé(e) de partir; **es ist schon lange her, ~ ich ihn gesehen habe** voilà longtemps que je ne l'ai vu; **die Hauptsache ist, ~ dir nichts passiert ist** le principal, c'est qu'il ne te soit rien arrivé
② *(im Objektsatz)* que + *subj o indic;* **ich möchte, ~ ihr geht** je veux que vous partiez; **ich nehme es ihr übel, ~ sie mir davon nichts erzählt hat** je lui en veux de ne pas m'en avoir parlé
③ *(im Attributivsatz)* que + *subj o indic;* **ich bin dagegen, ~** je ne suis pas d'accord que + *subj;* **ich bin fest davon überzeugt, ~ er kommen wird** je suis absolument sûr(e) qu'il viendra; **vorausgesetzt, ~** à supposer que + *subj*
④ *(zur Angabe des Grundes, des Mittels)* que + *subj o indic;* **das liegt daran, ~** cela vient de ce [*o* du fait] que + *subj o indic;* **ich freue mich, ~ wir uns wiedersehen** je me réjouis que nous nous revoyions; **dadurch, ~ es so lange nicht geregnet hat, ...** ... du fait qu'il n'a pas plu depuis longtemps; **sie bestreitet ihren Lebensunterhalt damit, ~ sie schreibt** elle gagne sa vie en écrivant
⑤ *(zur Angabe der Folge)* que + *indic;* **er hupte so laut, ~ alle wach wurden** il a klaxonné si fort que tous se sont réveillés
⑥ *geh (wenn nur)* si seulement, pourvu que + *subj;* **~ du doch Recht hättest!** si seulement tu avais raison!; **~ das nur hält!** pourvu que ça dure!
⑦ *(als Einleitung einer Aufforderung)* surtout; **und ~ du pünktlich zurückkommst!** et tâche de rentrer à l'heure!

dasselbe [das'zɛlbə] *Pron dem, Nom und Akk Sing* le/la même; **~ Baby/Kind** le même bébé/enfant; **das ist ~ Geräusch wie vorhin** c'est le même bruit que tout à l'heure; **sie hat ~ Kleid wie neulich an** elle porte la même robe que l'autre jour; **er sagt immer ~** il dit toujours la même chose

da|stehen *itr V unreg* ① être là; **ratlos ~** rester là perplexe; **hilflos ~** rester là ne sachant que faire; **einfach nur ~** rester planté(e) là; **er stand ganz geduldig da und wartete** il attendait debout, patiemment
② *(erscheinen)* **gut/schlecht ~** faire bonne/mauvaise figure; **allein ~** se retrouver seul(e); **als Lügner ~** faire figure de menteur; **ohne Geld ~** se retrouver sans argent; **wie stehe ich jetzt da! (welche Blamage!)** de quoi j'ai l'air[, maintenant]?

DAT [dat, de:?a:'te:] <-s, -s> *nt Abk von* digital audio tape D.A.T. *m*

Date [de:t] <-[s], -s> *nt fam* rancard *m (fam)*; **ein ~ haben** avoir un rancard *(fam)*

Datei [da'taɪ] <-, -n> *f* INFORM fichier *m*; **eine ~ öffnen/sichern** ouvrir/sauvegarder un fichier

Dateianhang *m* fichier *m* attaché [*o* annexe] **Dateimanager** *m* INFORM gestionnaire *m* de fichiers **Dateiname** *m* nom *m* de fichier **Dateiverwaltungstools** [-tu:ls] *Pl* INFORM outils *mpl* de manipulation de fichiers

Daten¹ ['da:tən] *Pl von* Datum

Daten² *Pl* ① *a.* INFORM *(Angaben)* données *fpl*
② TECH informations *fpl*; **technische ~** caractéristiques *fpl*

Datenabgleich *m* comparaison *f* de données **Datenaustausch** *m* échange *m* de données **Datenautobahn** *f* autoroute *f* de l'information **Datenbank** <-banken> *f* banque *f* [*o* base *f*] de données **Datenbanksystem** *nt* système *m* de gestion de banques de données **Datenbankverwaltung** *f* gestion *f* de banques de données **Datenbestand** *m* stock *m* de données **Datenerfassung** *f* saisie *f* de données **Datenfeld** *nt* zone *f* de données **Datenfernübertragung** *f* télétransmission *f* **Datenfernverarbeitung** *f* télétraitement *m* **Datenflut** *f* masse *f* d'informations **Datenformat** *nt* format *m* de données **Datenfunkgerät** *nt* terminal *m* radio **Datenhandschuh** *m* gant *m* de données **Datenklau** <-s> *m kein Pl fam* piratage *m* de données **Datenkomprimierung** *f* compression *f* de données **Datenmenge** *f* masse *f* de données **Datenmissbrauch**^RR *m* utilisation *f* abusive [*o* non autorisée] de données **Datennetz** *nt* INFORM réseau *m* de données **Datenschrott** *m fam* données *fpl* non exploitables **Datenschutz** *m* protection *f* des données **Datenschutzbeauftragte(r)** *f(m) dekl wie Adj* commissaire *mf* à la protection des données **Datenschützer(in)** <-s, -> *m(f) fam* contrôleur(-euse) *m(f)* de l'utilisation des données **Datenschutzgesetz** *nt* JUR loi *f* informatique et liberté[s] **Datensicherung** *f* sauvegarde *f* des données **Datensichtgerät** *nt* écran *m* d'affichage, console *f* de visualisation; **Passkontrolle mit ~** contrôle *m* de passeports avec lecteur *m* **Datensperre** *f* système *m* de verrouillage d'accès [aux données] **Datenträger** *m* support *m* de données **Datentypist(in)** <-en, -en> *m(f)* opérateur(-trice) *m(f)* de saisie **Datenübernahme** *f* réception *f* de données **Datenübertragung** *f* transmission *f* [*o* transfert *m*] de données **Datenverarbeitung** *f* traitement *m* des données; **elektronische ~** traitement électronique des données

Datenverarbeitungsanlage *f* système *m* informatique **Datenverarbeitungssystem** *nt* système *m* de traitement [de données] **Datenverbund** *m* intercommunication *f* informatique **Datenvergleich** *m* comparaison *f* de fichiers **Datenzentrum** *nt* serveur *m* de réseau **Datenzwischenspeicher** *m* INFORM mémoire *f* cache

datieren* I. *tr V (mit Datum versehen)* dater; **etw auf den 5. Mai ~** dater qc du 5 mai
II. *itr V* ① *(stammen)* **aus der Steinzeit ~** dater de l'âge de pierre
② *(mit Datum versehen sein)* **vom 30. April ~** être daté(e) du 30 avril; **von wann datiert der Brief?** de quand la lettre est-elle datée?
③ *(bestehen)* **seit letzten Sommer ~** *Beziehung, Freundschaft:* dater de l'été dernier

Datierung <-, -en> *f* datation *f*

Dativ ['da:ti:f] <-s, -e> *m* datif *m*; **im ~ stehen** être au datif

Dativobjekt *nt* complément *m* au datif

DAT-Kassette *f* cassette *f* D.A.T.

dato [da:to] *Adv geh* ▶ **bis** ~ jusqu'à ce jour

Datscha [datʃa] <-, Datschen> *f* datcha *f*

Dattel ['datəl] <-, -n> *f* datte *f*

Dattelpalme *f* [palmier *m*] dattier *m*

Datum ['da:tum] <-s, Daten> *nt* date *f*; **das heutige/gestrige/morgige ~** la date d'aujourd'hui/d'hier/de demain; **älteren ~s** d'une époque déjà ancienne; **neueren ~s** récent(e), de fraîche date; **es gilt das ~ des Poststempels** le cachet de la poste faisant foi; **alle Briefe müssen mit ~ versehen werden** toutes les lettres doivent être datées; **was für ein ~ haben wir heute?** quel jour [*o* le combien] sommes-nous aujourd'hui?

Datumsanzeige *f einer Uhr, eines PC* affichage *m* de la date **Datumsgrenze** *f* ligne *f* de changement de date **Datumsstempel** *m* ① *(Stempel)* dateur *m* ② *(Aufdruck)* cachet *m*; **der ~ vom 15.7.1998** le cachet à date du 15-7-1998

Daube ['daʊbə] <-, -n> *f (Fassdaube)* douve *f*

Dauer ['daʊɐ] <-> *f* durée *f*; **von kurzer/langer ~ sein** être de courte/longue durée; **für die ~ von drei Tagen/ihres Aufenthaltes** pour une durée de trois jours/la durée de son séjour
▶ **keine ~ haben** ne pas durer; **von ~ sein** durer; **auf die ~** à la longue; **auf ~** pour une durée illimitée; *Anstellung* à durée indéterminée; **auf ~ kannst du nicht hierbleiben** tu ne peux pas rester ici éternellement

Dauerarbeitslose(r) *f(m) dekl wie Adj* chômeur(-euse) *m(f)* de longue durée **Dauerarbeitslosigkeit** *f* chômage *m* de longue durée **Dauerauftrag** *m* FIN virement *m* permanent; **per ~** par virement permanent **Dauerbeanspruchung** *f* sollicitation *f* continuelle **Dauerbehandlung** *f* traitement *m* à long terme **Dauerbelastung** *f* charge *f* permanente **Dauerbeschäftigung** *f* emploi *m* à durée indéterminée **Dauerbeziehung** *f* relation *f* durable **Dauerbrenner** <-s, -> *m fam* ① *(Thema)* question *f* qui reste d'actualité ② *fam (Erfolg)* succès *m*; **der Film/das Stück war ein ~** le film/la pièce a fait un tabac ③ *fam (Kuss)* baiser *m* interminable **Dauereinrichtung** *f* ① *(ständige Institution)* installation *f* permanente; **zu einer ~ werden** devenir définitif(-ive) ② *(Gewohnheit)* habitude *f*, institution *f (iron)* **Dauerfrost** *m* gel *m* permanent **Dauergast** *m* ① *in Kneipe, Nachtlokal* habitué(e) *m(f)* ② *(in Hotel, Pension)* pensionnaire *mf*

dauerhaft I. *Adj* ① *Farbe, Material* résistant(e)
② *Bündnis, Frieden, Partnerschaft* durable; *Einrichtung* permanent(e)
II. *Adv* durablement; **das Gehirn wurde ~ geschädigt** le cerveau a subi des lésions irréversibles

Dauerhaftigkeit <-> *f* ① *einer Farbe, eines Materials* résistance *f*
② *eines Bündnisses, Friedens, einer Partnerschaft* stabilité *f*, durabilité *f*; *des Wetters* persistance *f*

Dauerkarte *f* carte *f* d'abonnement **Dauerlauf** *m* jogging *m*; **einen ~ machen** faire un jogging; **im ~** au pas de course **Dauerlutscher** *m* sucette *f*

dauern ['daʊɐn] *itr V* ① *(andauern)* durer; **das dauert mir zu lange** je trouve que ça dure trop longtemps
② *(Zeit benötigen)* **es dauerte lange, bis er den Weg gefunden hatte** il a mis longtemps à trouver le chemin; **warum dauert das Schminken bei ihr immer so lange?** pourquoi est-elle si longue à se maquiller?; **dauert es noch lange[, bis du endlich fertig bist]?** tu en as encore pour longtemps?
③ *geh (dauerhaft sein)* être durable, durer
▶ **das dauert und dauert!** *fam* [mon Dieu] que c'est long!

dauernd ['daʊɐnt] I. *Adj Frieden, Regelung, Partnerschaft* durable; *Ausstellung* permanent(e); *Anstellung* stable; *Wohnsitz* fixe; *Ärger, Nörgelei* continuel(le), perpétuel(le)
II. *Adv* ① *(für immer)* définitivement
② *(immer wieder)* sans arrêt, tout le temps; **musst du ~ so blöd fragen?** tu n'arrêteras donc jamais de poser des questions idiotes?

Dauernörgler(in) *m(f)* ronchonneur(-euse) *m(f)* invétéré(e) **Dauerobst** *nt* fruits *mpl* qui se gardent longtemps **Dauerparker(in)** <-s, -> *m(f)* abonné(e) *m(f)* [au parking]; **~ zahlen pro Monat hundert Euro in diesem Parkhaus** dans ce parking, les abonnés paient cent euros par mois **Dauerregen** *m* pluie *f* persistante, pluies *fpl* continuelles **Dauerstellung** *f* emploi *m* stable; **in ~ [beschäftigt]** employé(e) pour une durée indéterminée **Dauerstress**^RR *m* stress *m* permanent **Dauerthema** *nt* thème *m* qui reste d'actualité **Dauerton** *m* tonalité *f* continue **Dauervertrag** *m* contrat *m* à durée indéterminée **Dauerwelle** *f* permanente *f*; **sich (Dat) eine ~ machen lassen** se faire faire une permanente **Dauerwurst** *f* saucisson *m* sec **Dauerzustand** *m* état *m* permanent; **ein ~ werden** devenir la règle [*o* une habitude]; **das kann kein ~ sein** cet état de choses ne saurait durer

Däumchen ['dɔɪmçən] <-s, -> *nt Dim von* Daumen
▶ **~ drehen** *fam* se tourner les pouces

Daumen ['daʊmən] <-s, -> *m* pouce *m*; **am ~ lutschen** sucer son pouce
▶ **jdm die ~ drücken** [*o* **halten**] croiser les doigts pour porter chance à qn; **über den ~ gepeilt** grosso modo, à vue de nez; **etw über den ~ peilen** estimer qc grosso modo [*o* à vue de nez]

Daumenlutscher(in) *m(f) pej* enfant *m* qui suce son pouce; **ihr Sohn ist noch ein ~** son fils suce encore son pouce **Daumennagel** *m* ongle *m* du pouce **Daumenregister** *nt* index *m* à encoches **Daumenschraube** *f meist Pl* poucettes *fpl* ▶ **jdm die ~n anlegen** HIST mettre les poucettes à qn; *fam (unter Druck setzen)*

mettre le couteau sous la gorge à qn
Däumling ['dɔɪmlɪŋ] <-s, -e> *m* ❶ *(Schutzkappe)* poucier *m* ❷ *(Märchengestalt)* der ~ le Petit Poucet
Daune ['daʊnə] <-, -n> *f* plumule *f*; ~ **n** du duvet
Daunendecke *f* couette *f* en duvet **Daunenjacke** *f* doudoune *f* **Daunenmantel** *m* manteau *m* en duvet matelassé **Daunenschlafsack** *m* duvet *m* **daunenweich** *Adj* moelleux(-euse)
David[s]stern ['daːfɪd-, 'daːvɪd-] *m* étoile *f* de David
Daviscup^RR ['deɪvɪskap] <-[s]> *m* coupe *f* Davis
davon [da'fɔn, 'daːfɔn] *Adv* ❶ *(von diesem Ort, dieser Stelle)* de là; **nicht weit ~** un peu plus loin, non loin de là; **zehn Meter ~ weg stehen** se trouver à dix mètres [de l'endroit]; **du stehst/sitzt/bist zu weit weg ~** tu es trop loin; **der Weg geht [rechts] ~ ab** un chemin bifurque [sur la droite]; **hier bin ich auf dem Foto, links ~ meine Tante** c'est moi sur la photo, et à ma gauche ma tante
❷ *(von diesem)* **~ essen/nehmen** en manger/prendre; **möchten Sie mehr ~?** vous en voulez plus?; **geben Sie mir das Doppelte ~!** donnez-m'en le double!; **nichts ist ihm ~ geblieben** il ne lui [en] est rien resté; **das ist nicht alles, sondern nur ein Teil ~** ce n'est pas tout mais seulement une partie
❸ *(von dieser Sache, diesem Gegenstand)* **sich kaum ~ unterscheiden** ne s'en distinguer que par un petit détail
❹ *(dadurch)* **~ wird man müde/dick** ça fatigue/fait grossir; **~ stirbst du nicht!** tu n'en mourras pas!; **sie wachte ~ auf** ça la réveilla; **sind Sie nicht betroffen** ça ne vous concerne pas
❺ *(mittels dieser Sache)* **sich ~ ernähren** se nourrir de ça; **ich lebe doch ~!** j'en vis!, c'est mon gagne-pain!; **~ kannst du einen Pullover stricken** avec ça, tu peux tricoter un pull-over
❻ *(hinsichtlich dieser Sache)* **was halten Sie ~?** qu'en pensez-vous?; **reden/sprechen wir nicht mehr ~!** n'en parlons plus!; **wissen Sie etwas ~?** vous êtes au courant?; **genug ~!** assez!, ça suffit [comme ça]!
▶ **nichts ~ haben** ne rien y gagner; **ich habe nichts ~!** je n'en ai que faire!; **das hast du nun ~!** voilà ce qui arrive!; **was hast du denn ~?** qu'est-ce que tu y gagnes?; **hast du etwas ~?** ça t'avance à quelque chose?; **das kommt ~!** voilà ce qui arrive!

davon|brausen *itr V + sein* partir sur les chapeaux de roue **davon|eilen** *itr V + sein geh* partir en hâte, s'en aller rapidement **davon|fahren** *itr V unreg + sein* ❶ *geh (wegfahren) Person:* s'en aller; *Auto, Bus:* démarrer, partir ❷ *(hinter sich lassen)* **jdm ~** distancer qn **davon|fliegen** *itr V unreg + sein geh* s'envoler **davon|gehen** *itr V unreg + sein geh* s'en aller, partir **davon|jagen** I. *tr V + haben* chasser, faire déguerpir II. *itr V + sein Person:* s'enfuir [à toutes jambes]; *Auto:* s'éloigner à toute allure **davon|kommen** *itr V unreg + sein* s'en sortir; **mit einer Geldstrafe ~** s'en tirer [*o* sortir] avec une amende; **er kommt mir nicht so einfach davon** il ne m'échappera pas si facilement; **nicht ungeschoren ~** y laisser des plumes; **sie kam mit dem Schrecken davon** elle en a été quitte pour la peur **davon|laufen** *itr V unreg + sein* ❶ *(weglaufen)* se sauver; *(von zu Hause fortlaufen)* fuguer, faire une fugue ❷ *(hinter sich lassen)* **jdm ~** distancer qn ❸ *fam (verlassen)* **jdm ~** laisser qn en plan, lâcher qn *(fam)*; **sie ist ihrem Mann davongelaufen** elle a plaqué son mari *(fam)* ❹ *(eskalieren) Kosten, Preise:* s'envoler; **die Kosten laufen den Einkommen davon** les prix augmentent plus vite que les salaires **davon|machen** *r V* **sich ~** *fam* se casser *(fam)*, se tirer *(fam)* **davon|rennen** *itr V unreg* partir en courant **davon|schleichen** *unreg* I. *itr V + sein* s'esquiver, s'éclipser II. *r V* **sich ~** s'esquiver, s'éclipser **davon|stehlen** *s.* davonschleichen II. **davon|tragen** *tr V unreg* ❶ *(wegtragen)* emporter ❷ *(erleiden)* subir *Schaden, Verletzung;* recevoir *Prellung, Stoß* **davon|ziehen** *itr V unreg + sein* ❶ *geh (sich weiterbewegen)* continuer son chemin ❷ SPORT *fam* prendre de l'avance; **jdm ~** distancer qn, lâcher qn, semer qn ❸ TECH *Technologie:* progresser

davor^1 [da'foːɐ] *Adv* ❶ *(räumlich)* devant
❷ *(zeitlich)*
❸ *(in Bezug auf eine Sache)* **jdn ~ warnen etw zu tun** avertir [*o* prévenir] qn de ne pas faire qc; **jdn ~ bewahren etw zu tun** éviter à qn de faire qc; **Angst ~ haben etw zu tun** avoir peur de faire qc; **ich habe dich ~ gewarnt!** je t'avais prévenu(e) d'avance!; **wieso ekelst du dich ~?** pourquoi est-ce que ça te dégoûte?; *s. a.* **vor**
davor^2 [da'foːɐ] *Adv* ❶ *(räumlich)* devant; **dort ist das Rathaus, und ~ befindet sich ...** la mairie est là-bas, et juste devant se trouve ...
❷ *(zeitlich)* **ich muss zur Post gehen und ~ noch zum Bäcker** il faut que j'aille à la poste et avant chez le boulanger
❸ *(vor dieser Person, Sache)* **[genau] ~ fürchtet er sich** c'est [justement] ça qu'il craint; **~ habe ich dich gewarnt** je t'avais prévenu(e) d'avance!
davor|liegen *itr V unreg + haben o* SDEUTSCH, A, CH *sein* **jd/etw**

liegt davor il y a qn/qc devant; **ein Baumstamm liegt davor** il y a un tronc d'arbre devant
davor|stehen *itr V unreg + haben o* SDEUTSCH, A, CH *sein* **jd/etw steht davor** il y a qn/qc devant
davor|stellen *tr, r V* **sich/etw ~** se mettre/mettre qc devant
DAX [daks] <-> *m* FIN *Abk von* **Deutscher Aktienindex** *indice boursier allemand*
dazu^1 [da'tsuː] *Adv* ❶ *(gleichzeitig)* en même temps; **sie singt, und ~ spielt sie Harfe** elle chante tout en jouant de la harpe
❷ *(außerdem)* par-dessus le marché
❸ *(zu dem Gegenstand)* **dies ist die Tischdecke, und dies sind die Servietten ~** voici la nappe, et voici les serviettes qui vont avec
❹ *(zur Konsequenz)* **das führte ~, dass** ça a eu pour résultat que + *indic*
❺ *(zu dem Zweck, der Sache)* **die Bereitschaft ~ hat nachgelassen** maintenant, on est beaucoup moins disposé; **gibst du mir die Erlaubnis ~?** tu me donnes la permission?; **du musst mir helfen! — Wie komme ich ~!** *fam* il faut que tu m'aides! — Tu veux rire ou quoi! *(fam)*; **ich würde gern etwas ~ sagen** je voudrais dire quelques mots à ce propos; **was meinst du ~?** qu'en penses-tu?
dazu^2 [da'tsuː] *Adv* ❶ *(zu dieser Sache)* avec cela; **wozu gehört dieses Teil? — Dazu!** avec quoi va cette pièce? — Avec ça!
❷ *(zu dieser Konsequenz)* **wie konnte es nur ~ kommen?** comment a-t-on pu en arriver là?
❸ *(dafür)* **~ ist er zu unerfahren** pour ça, il n'a pas assez d'expérience; **Urlaub? Dazu reicht mein Geld nicht** les vacances? Je n'ai pas assez d'argent pour ça!; **~ habe ich dich nicht studieren lassen, dass** je ne t'ai pas laissé faire des études pour que + *subj*; **~ habe ich keine Lust/Zeit!** je n'[en] ai pas envie/le temps!
dazu|geben *tr V unreg* ❶ *(zusätzlich geben)* donner en plus; **jdm etw ~** donner à qn qc en plus ❷ *(dazutun)* ajouter *Salz, Backpulver*
dazu|gehören* *itr V* ❶ *Gast, Freund:* être à sa place; *Zubehör:* aller avec; **du bist mein Freund und gehörst dazu!** tu es mon ami et tu as ta place ici [*o* parmi nous]!; **du gehörst nicht dazu!** tu n'as rien à faire là! *(fam)* ❷ *(erforderlich sein)* **es gehört schon einiges dazu das zu tun** il faut une certaine dose de courage pour oser faire ça
dazugehörig *Adj attr* qui va avec
dazu|kommen *itr V unreg + sein* ❶ *(unangemeldet/plötzlich hinzukommen)* arriver en plus/surgir; **ständig kommen neue Gäste dazu!** il arrive toujours de nouveaux invités! ❷ *(hinzugefügt werden)* venir s'ajouter; **kommt noch etwas dazu?** et avec ça [*o* cecì]?; **diese Zeitschrift kommt auch noch dazu!** et vous me mettrez encore cette revue! **dazu|legen** *tr V* ❶ *(dazutun)* ajouter; **jdm etw ~** ajouter qc à qn ❷ *(dazugeben)* **ich lege noch hundert Euro dazu** j'ajoute [*o* je rajoute] cent euros II. *r V* **komm, leg dich dazu** viens te coucher avec moi/nous!
dazu|lernen *tr V* apprendre
dazumal ['daːtsumaːl] *Adv veraltet* dans le temps
dazu|rechnen *tr V* ajouter en plus; **etw ~** *(hinzurechnen)* ajouter qc en plus; *(in Betracht ziehen)* prendre aussi qc en compte
dazu|setzen I. *tr V* ❶ *(dazuschreiben)* ajouter *Gruß, Namen* ❷ *(platzieren)* asseoir *Person* II. *r V* **sich ~** s'asseoir; **komm, setz dich doch dazu!** viens donc t'asseoir avec nous! **dazu|tun** *tr V unreg fam* ajouter; **Salz/etwas Essig ~** ajouter du sel/un peu de vinaigre; **zehn Euro ~** [r]ajouter dix euros **Dazutun** *nt* ▶ **ohne ~ der Eltern** sans l'aide des parents; **ohne sein ~** sans son aide
dazwischen [da'tsvɪʃən, 'daːtsvɪʃən] *Adv* ❶ *(zwischen zwei Dingen)* entre les deux; *(zwischen mehreren Dingen)* y; **ich habe die Post durchgesehen, aber der Brief war nicht ~** j'ai épluché le courrier, mais la lettre ne s'y trouvait pas
❷ *(in der Zwischenzeit)* entre-temps
dazwischen|fahren *itr V unreg + sein* ❶ *(eingreifen)* intervenir ❷ *(unterbrechen)* intervenir dans la conversation; **jdm ~** interrompre qn **dazwischen|funken** *itr V fam* y mettre son grain de sel *(fam)*; **jdm ~** venir enquiquiner qn *(fam)*
dazwischen|gehen *itr V irr fam* intervenir **dazwischen|kommen** *itr V unreg + sein* ❶ *(dazwischengeraten)* [se] coincer; **mit dem Finger/Fuß ~** s'y coincer le doigt/pied; **mit dem Ärmel ~** coincer sa manche ❷ *(als Störung eintreten)* **leider ist [mir] etwas dazwischengekommen** j'ai malheureusement eu un contretemps [*o* un empêchement]; **wenn nichts dazwischenkommt, ...** sauf imprévu, ...; **falls dir etwas ~ sollte, ruf mich kurz an!** en cas d'empêchement, passe-moi un coup de fil! **dazwischen|reden** *itr V* couper la parole; **jdm ~** couper la parole à qn **dazwischen|rufen** *unreg* I. *itr V* s'exclamer II. *tr V* crier **dazwischen|schlagen** *itr V unreg* taper dans le tas *(fam)*
dazwischen|stehen *itr V unreg* ❶ *(zwischen zwei Personen stehen)* être entre les deux ❷ *fig politisch* ~ se trouver entre deux chaises sur le plan politique ❸ *geh (trennend sein) Missverständnis, Problem:* faire obstacle **dazwischen|treten** *itr V unreg + sein* ❶ *(schlichtend eingreifen)* s'interposer; **das Dazwischentreten** l'intervention *f* ❷ *geh (störend auftreten)* s'immiscer *(soutenu)*

dB [de:'be:] *Abk von* **Dezibel** dB
DB <-> *f Abk von* **Deutsche Bahn** société des chemins de fer allemands
DBB *Abk von* **Deutscher Beamtenbund** fédération des fonctionnaires allemands
DBP *f* HIST *Abk von* **Deutsche Bundespost** poste fédérale allemande
DCC [de:tse:'tse:] <-> *f Abk von* **digital compact cassette** DCC *f*
DD-Diskette [de:'de:-] *f* disquette *f* double densité
DDR [de:de:'ʔɛr] <-> *f Abk von* **Deutsche Demokratische Republik** HIST R.D.A. *f*; **die** ~ la R.D.A.; **die ehemalige** ~ l'ex-R.D.A.
DDR-Bürger(in) [de:de:'ʔɛr-] *m(f)* HIST citoyen(ne) *m(f)* de [la] R.D.A.
DDT [de:de:'te:] <-> *nt Abk von* **Dichlordiphenyltrichloräthan** D.D.T. *m*
D-Dur *nt* MUS ré *m* majeur
Deal [di:l] <-s, -s> *m sl* deal *m (arg)*; **mit jdm einen ~ machen** passer un marché avec qn
dealen ['di:lən] *itr V sl* dealer *(arg)*; **mit etw ~** dealer qc
Dealer(in) ['di:lɐ] <-s, -> *m(f) fam* dealer *m*
Debakel [de'ba:kəl] <-s, -> *nt geh* échec *m* [total]; **mit etw ein ~ erleiden** essuyer un échec [total] avec qc *(soutenu)*
Debatte [de'batə] <-, -n> *f* ❶ *(Streitgespräch)* débat *m*; **etw zur ~ stellen** soumettre qc au débat; **zur ~ stehen** être à l'ordre du jour; **sich auf keine ~ einlassen** refuser la discussion; **sich auf eine/ keine ~ über etw** *(Akk)* **einlassen** accepter/refuser de discuter qc; **etw in die ~ werfen** jeter qc dans le débat
❷ PARL débats *mpl*
debattieren* I. *tr V* débattre; **etw ~** débattre [de] qc
II. *itr V* débattre; **mit jdm über etw** *(Akk)* ~ débattre qc avec qn
Debet ['de:bɛt] <-s, -s> *nt* FIN débit *m*; **mit tausend Euro im ~ stehen** *[o* **sein]** avoir un débit de mille euros
debil [de'bi:l] *Adj* débile [mental(e)]
Debilität <-> *f* MED débilité *f* [mentale]
Debüt [de'by:] <-s, -s> *nt* débuts *mpl*; **mit etw sein ~ liefern** faire ses débuts avec qc; **sein ~ als Sänger geben** faire ses débuts de chanteur
Debütant(in) [deby'tant] <-en, -en> *m(f)* débutant(e) *m(f)*
debütieren* *itr V a. fig* débuter; **als Antigone ~** débuter dans le rôle d'Antigone; **mit einem Werk ~** faire ses débuts avec une œuvre
Dechant(in) [de'çant, 'dɛçant, *Pl:* dɛ'çantən] <-en, -en> doyen(ne) *m(f)*
dechiffrieren* [deʃɪ'fri:rən] *tr V* déchiffrer
Dechiffrierung [deʃɪ'fri:rʊŋ] <-, -en> *f* décodage *m*
Deck [dɛk] <-[e]s, -s> *nt* ❶ *(Schiffsdeck)* pont *m*; **an ~** sur le pont; **an ~ gehen** monter sur le pont
❷ *(Parkdeck)* niveau *m*
Deckadresse *f* boîte *f* aux lettres **Deckaufbauten** *Pl* superstructure *f* **Deckbett** *nt* couette *f* **Deckblatt** *nt* ❶ *einer Zigarre* cape *f* ❷ BOT bractée *f* ❸ KARTEN carte *f* du dessus ❹ *(Blatt Papier) eines Schreibblocks, einer Abhandlung* couverture *f*
Deckchen <-s, -> *nt Dim von* **Decke** napperon *m*
Decke ['dɛkə] <-, -n> *f* ❶ *(Zimmerdecke)* plafond *m*
❷ *(Wolldecke)* couverture *f*
❸ *(Bettdecke)* couette *f*
❹ *(Tischdecke)* nappe *f*
❺ *(Straßendecke)* tapis *m*
❻ *(Mantel) eines Reifens* enveloppe *f*
▶ **jdm fällt die ~ auf den Kopf** *fam* qn a l'impression d'avoir la tête dans un bocal *(fam)*; **an die ~ gehen** *fam* exploser *(fam)*; **vor Freude an die ~ springen** *fam* sauter de joie au plafond *(fam)*; **mit jdm unter einer ~ stecken** *fam* être de mèche avec qn *(fam)*; **sich nach der ~ strecken müssen** *fam* s'y faire *(fam)*
Deckel ['dɛkəl] <-s, -> *m* ❶ *(Verschluss, verschließbarer Teil)* couvercle *m*
❷ *(Buchdeckel)* couverture *f*
▶ **jdm eins auf den ~ geben** *fam* remonter les bretelles à qn *(fam)*; **von jdm eins auf den ~ kriegen** *fam* se faire remonter les bretelles par qn *(fam)*
decken ['dɛkən] I. *tr V* ❶ *(breiten)* couvrir; **ein Tuch über jdn/ etw ~** [re]couvrir qn/qc d'un drap
❷ *geh (herrichten)* **den Tisch ~** dresser le couvert *(soutenu)*
❸ *(bedecken, bedachen)* couvrir *Dach, Haus*
❹ *(abschirmen)* couvrir *Komplizen, Tat;* SPORT marquer *Gegner*
❺ *(ausgleichen)* couvrir *Bedarf, Kosten, Defizit*; **der Scheck ist gedeckt/nicht gedeckt** le chèque est approvisionné/sans provision
❻ *(begatten)* couvrir
II. *itr V* ❶ *(überdecken)* couvrir; **eine ~de Farbe** une peinture couvrante
❷ SPORT marquer l'adversaire
❸ *(den Tisch herrichten)* **es ist gedeckt!** la table est mise!

III. *r V* **sich ~** ❶ *Ansichten, Aussagen:* coïncider, se recouper
❷ GEOM *Figuren:* coïncider
❸ *(sich schützen) Boxer:* se couvrir
Deckenbalken *m* ARCHIT solive *f* **Deckenbeleuchtung** *f* éclairage *m* au plafond **Deckengemälde** *nt* peinture *f* du plafond **Deckenlampe** *f* plafonnier *m*; *(Hängelampe)* suspension *f* **Deckenstrahler** *m* spot *m*
Deckfarbe *f* peinture *f* couvrante **Deckflügel** *m* élytre *m* **Deckhaar** *nt kein Pl* pelage *m* **Deckhengst** *m* étalon *m* **Deckmantel** *m* prétexte *m*; **unter dem ~ der Nächstenliebe** sous couvert de l'altruisme **Deckname** *m* pseudonyme *m*
Deckung ['dɛkʊŋ] <-, *selten* -en> *f* ❶ SPORT *(das Decken)* marquage *m*; *(Verteidigung, schützende Boxhaltung)* défense *f*
❷ *(Feuerschutz)* couverture *f*; **jdm ~ geben** couvrir qn
❸ MIL abri *m*; **in ~ gehen** se mettre à couvert *[o* à l'abri]; **volle ~!** à couvert!
❹ *(das Verheimlichen) einer Tat* dissimulation *f*
❺ COM, FIN *eines Schecks, Wechsels* provision *f*; **zur ~ der Schulden** pour couvrir les dettes
❻ *(Übereinstimmung)* **unterschiedliche Interessen zur ~ bringen** faire coïncider des intérêts différents
Deckungsauflage *f* tirage *m* de couverture **deckungsgleich** *Adj* ❶ GEOM coïncident(e) ❷ *(übereinstimmend) Ansicht, Aussage* concordant(e); **~ sein** coïncider **Deckungsgleichheit** *f* ❶ GEOM coïncidence *f* ❷ *(Übereinstimmung) von Ansichten, Aussagen* concordance *f* **Deckungskapital** *nt* capital *m* de couverture **Deckungszusage** *f* FIN promesse *f* de garantie
Deckweiß *nt* blanc *m* couvrant **Deckwort** <-wörter> *nt* nom *m* de code
Decoder [de'ko:dɐ] <-s, -> *m* décodeur *m*
decodieren* *tr V* décoder
Décolleté [dekɔl'te:] *s.* **Dekolleté**
Decrescendo [dekrɛ'ʃɛndo, *Pl:* dekrɛ'ʃɛndi] <-s, -s *o* Decrescendi> *nt* decrescendo *m*
deduktiv [dedʊk'ti:f] *Adj* déductif(-ive)
Deern [de:ɐn] <-, -s> *f* NDEUTSCH fille *f*
Deeskalation [de:ʔɛskala'tsio:n] *f* désescalade *f*
de facto [de: 'fakto] *Adv* de facto
De-facto-Anerkennung *f* JUR reconnaissance *f* de facto
Defätismus [defɛ'tɪsmʊs] <-> *m geh* défaitisme *m*
Defätist(in) [defɛ'tɪst] <-en, -en> *m(f) geh* défaitiste *mf*
defätistisch *Adj geh* défaitiste
defekt [de'fɛkt] *Adj* défectueux(-euse)
Defekt <-[e]s, -e> *m* ❶ TECH panne *f*; **einen ~ haben** avoir un problème
❷ MED *(Missbildung)* malformation *f*; *(psychische Störung)* troubles *mpl*
defensiv [defɛn'zi:f] I. *Adj* ❶ *(auf Abwehr bedacht) Maßnahmen, Taktik* défensif(-ive)
❷ *(auf Sicherheit bedacht) Fahrweise* prudent(e); *Spielweise* défensif(-ive)
II. *Adv fahren* prudemment; *spielen* défensivement
Defensive [defɛn'zi:və] <-, -n> *f* MIL défensive *f*; SPORT défense *f*; **jdn in die ~ drängen** contraindre qn à la défensive; **in der ~ bleiben** rester sur la défensive
Defensivkrieg *m* guerre *f* défensive **Defensivspiel** *nt* jeu *m* défensif
defilieren* *itr V + haben o sein* défiler; **vor jdm/etw ~** défiler devant qn/qc
definierbar [defi'ni:ɐba:ɐ] *Adj* définissable; **leicht/schwer ~ sein** être facile/difficile à définir
definieren* *tr V* définir
Definition [defini'tsio:n] <-, -en> *f* définition *f*
definitiv [defini'ti:f] I. *Adj* précis(e)
II. *Adv sich entscheiden* définitivement; **das ist ~ das letzte Mal** c'est bien la dernière fois
Defizit ['de:fitsɪt] <-s, -e> *nt* ❶ FIN, COM déficit *m*; **mit etw ein ~ machen** être en déficit avec qc
❷ *(Mangel)* **~ an Liebe/Zuwendung** *(Dat)* manque *m* d'amour/ d'attention; **ein ~ an etw haben** manquer de qc
defizitär [defitsi'tɛ:ɐ] I. *Adj Haushalt, Politik, Betrieb* déficitaire
II. *Adv sich entwickeln* en générant un déficit
Defizithaushalt *m* budget *m* déficitaire
Deflation [defla'tsio:n] <-, -en> *f* ÖKON déflation *f*
deflationär *Adj,* **deflationistisch** *Adj* ÖKON déflationniste
Defloration [deflora'tsio:n] <-, -en> *f* MED défloration *f*
deflorieren* *tr V* déflorer
Deformation <-, -en> *f* ❶ MED difformité *f*; *einer Nase, Wirbelsäule* déformation *f*
❷ PHYS déformation *f*
deformieren* *tr V* déformer
Deformierung <-, -en> *f* ❶ MED *(Verunstaltung)* déformation *f*; *(das Deformieren)* difformité *f*

① PHYS déformation f
Defroster [deˈfrɔstɐ] <-s, -> m dégivrant m
deftig [ˈdɛftɪç] I. Adj ① Mahlzeit consistant(e); **etwas Deftiges** quelque chose de consistant
② (anständig) Ohrfeige, Prügel bon(ne) antéposé
③ (derb) Humor, Witz cru(e)
④ (beträchtlich) Preis, Gebührenerhöhung sacré(e) antéposé (fam)
II. Adv ~ **kochen** cuisiner de manière rustique
Deftigkeit <-, -en> f ① kein Pl GASTR consistance f
② (Derbheit) eines Witzes grivoiserie f
Degen [ˈdeːɡən] <-s, -> m épée f
Degeneration [deɡenəraˈtsioːn] <-, -en> f a. MED dégénérescence f
Degenerationserscheinung f signe m de dégénérescence
degeneriert Adj dégénéré(e)
Degenfechten nt (escrime f à l')épée f
degradieren* tr V dégrader; **jdn zum Gefreiten ~** dégrader qn au rang de caporal
Degradierung <-, -en> f dégradation f
Degression [deɡrɛˈsioːn] <-, -en> f POL, ÖKON régression f
degressiv [deɡrɛˈsiːf] Adj dégressif(-ive)
Degustation [deɡustaˈtsioːn] <-, -en> f CH dégustation f
degustieren* tr V CH déguster
dehnbar [ˈdeːnbaːɐ] Adj a. fig élastique
Dehnbarkeit <-> f a. fig élasticité f
dehnen [ˈdeːnən] I. tr V ① détendre Gummizug; étirer Bänder, Glieder
② (gedehnt aussprechen) allonger
II. r V **sich ~** ① Zeit, Vorgang: se dilater
② (sich strecken) Person: s'étirer
Dehnung <-, -en> f ① (das Dehnen) eines Gummizugs tension f
② (gedehnte Aussprache) allongement m
Dehnungsfuge f CONSTR joint m de dilatation
dehydrieren* tr V déshydrogéner
Dehydrierung <-, -en> f déshydrogénation f
Deibel [ˈdaɪbəl] <-s, -> m NDEUTSCH fam ▶ **pfui ~!** beurk, quelle horreur! (fam)
Deich [daɪç] <-[e]s, -e> m digue f
Deichbruch m effondrement m de la digue **Deichkrone** f niveau m de la digue
Deichsel [ˈdaɪksəl] <-, -n> f timon m
deichseln tr V fam goupiller (fam)
dein[1] [daɪn] Pron pers, Gen von **du** veraltet poet de toi; **ich werde ~ gedenken** je me souviendrai de toi
dein[2] Pron poss ① ton(ta); **~ Bruder** ton frère; **~e Schwester/Freundin** ta sœur/ton amie; **~e Eltern** tes parents; **~ Auto** ta voiture; **~e Wohnung** ton appartement; **dieses Buch ist ~[e]s** ce livre est à toi; **das ist alles ~s** tout est à toi; **ist das sein Pullover oder ~ er?** c'est son pull-over ou c'est le tien?; **ich bin ~** poet je suis à toi
② substantivisch **der/die/das ~e** le tien/la tienne; **das sind die Deinen** ce sont les tiens/tiennes; **du hast das Deine bekommen** tu as eu ta part; **du hast das Deine getan** tu as fait ce que tu avais à faire; **der/die Deine** geh ton époux/épouse; **die Deinen** les tiens; **stets der Deine, .../die Deine, ...** geh à toi pour toujours, ...
③ (gewohnt, üblich) **willst du jetzt ~ Nickerchen machen?** tu veux faire ta petite sieste habituelle?
deiner Pron pers, Gen von **du** geh de toi; **ich werde ~ gedenken** je me souviendrai de toi; **hat sich niemand ~ erbarmt?** personne n'a eu pitié de toi?
deinerseits [ˈdaɪnɐzaɪts] Adv ① (du wiederum) de ton côté
② (was dich betrifft) pour ta part
deines s. **dein**
deinesgleichen [ˈdaɪnəsˈɡlaɪçən] Pron unv ① pej (Menschen deines Schlags) tes semblables; **du und ~** toi et tes semblables mpl
② (Menschen wie du) **du verkehrst nur mit ~** tu ne fréquentes que les gens de ta sorte; **ich kenne niemanden ~** geh je ne connais personne qui t'égale [o de ta trempe] (soutenu)
deinethalben Adv veraltet s. **deinetwegen**
deinetwegen [ˈdaɪnətˈveːɡən] Adv ① (wegen dir) à cause de toi
② (dir zuliebe) pour toi; **ich bin nur ~ gekommen** je suis venu(e) rien que pour toi
③ (wenn es nach dir ginge) s'il ne tient/tenait qu'à toi
deinetwillen [ˈdaɪnətˈvɪlən] **um ~** pour te faire plaisir, pour ton bien
deinige [ˈdaɪnɪɡə] Pron poss veraltet geh **der/die/das ~** le tien/la tienne; **das sind die ~n** ce sont les tiens/tiennes; **du hast das Deinige getan** tu as fait ce que tu avais à faire; **der/die Deinige** geh ton époux/épouse; **die Deinigen** les tiens
Deismus [deˈɪsmʊs] <-> m déisme m
deistisch Adj PHILOS déiste
Déjà-vu-Erlebnis [deʒaˈvyː-] nt impression f de déjà-vu

de jure [deˈjuːrə] Adv de jure
De-jure-Anerkennung f reconnaissance f de jure
Deka [ˈdɛka] A s. **Dekagramm**
Dekade [deˈkaːdə] <-, -n> f (zehn Tage) décade f; (zehn Jahre) décennie f
dekadent [dekaˈdɛnt] Adj décadent(e)
Dekadenz <-> f décadence f
Dekaeder [dekaˈeːdɐ] <-s, -> m décaèdre m
Dekagramm [dekaˈɡram] nt A décagramme m
Dekalog [dekaˈloːk, Gen: dekaˈloːɡəs] <-[e]s> m décalogue m
Dekan(in) <-s, -e> m(f) doyen(ne) m(f)
Dekanat [dekaˈnaːt] <-[e]s, -e> nt décanat m
Deklamation <-, -en> f déclamation f
deklamatorisch [deklamaˈtoːrɪʃ] Adj déclamatoire
deklamieren* I. tr V geh déclamer
II. itr V geh réciter des vers
Deklaration [deklaraˈtsioːn] <-, -en> f déclaration f
deklarieren* tr V déclarer
Deklarierung <-, -en> f déclaration f
deklassieren* tr V ① (sozial benachteiligen) dégrader
② (im ökonomischen Wettbewerb, im Sport überflügeln) surpasser, surclasser
Deklassierung <-, -en> f déclassement m
Deklination [deklinaˈtsioːn] <-, -en> f GRAM déclinaison f
deklinierbar Adj GRAM déclinable
deklinieren* tr V GRAM décliner
dekodieren* s. **decodieren**
Dekolleté, Dekolletee[RR] [dekɔlˈteː] <-s, -s> nt décolleté m
dekolletiert [dekɔlˈtiːɐt] Adj décolleté(e)
Dekompression [dekɔmprɛˈsioːn] f décompression f
Dekompressionskammer f chambre f de décompression
Dekomprimierung <-, -en> f INFORM décompression f
Dekontamination [dekɔntaminaˈtsioːn] f décontamination f
dekontaminieren* tr V décontaminer
Dekonzentration f, **Dekonzentrierung** <-, -en> f déconcentration m
Dekor [deˈkoːɐ] <-s, -s o -e> m o nt ① (Muster) motif m
② THEAT, CINE décor m
Dekorateur(in) [dekoraˈtøːɐ] <-s, -e> m(f) décorateur(-trice) m(f)
Dekoration [dekoraˈtsioːn] <-, -en> f ① kein Pl (Ausschmückung) décoration f
② (Schaufensterdekoration) vitrine f
③ THEAT, CINE décors mpl
dekorativ [dekoraˈtiːf] Adj décoratif(-ive); **~ aussehen** être décoratif(-ive); **~ wirken** avoir un effet décoratif
dekorieren* tr V ① (ausgestalten) décorer
② (auszeichnen) **jdn mit etw ~** décorer qn de qc
Dekostoff [ˈdeːkoʃtɔf] m tissu m d'ameublement
Dekret [deˈkreːt] <-[e]s, -e> nt décret m
Deleatur[zeichen] <-, -s -> nt TYP deleatur m
Delegation [deleɡaˈtsioːn] <-, -en> f (Abordnung, Abtretung) délégation f
Delegationsleiter(in) m(f) chef mf de délégation
delegieren* tr V déléguer; **etw an jdn ~** déléguer qc à qn
Delegierte(r) [deleˈɡiːɐtə] f(m) dekl wie Adj délégué(e) m(f)
Delfin[RR] s. **Delphin**
Delfinschwimmen[RR] s. **Delphinschwimmen**
delikat [deliˈkaːt] Adj ① (wohlschmeckend) délicieux(-euse); **sehr ~** succulent(e)
② (behutsam) subtil(e)
③ (heikel) délicat(e)
④ geh (empfindlich) sensible
Delikatesse [delikaˈtɛsə] <-, -n> f ① (Leckerbissen) mets m de choix
② geh (Außergewöhnliches) régal m
③ kein Pl geh (Feingefühl) tact m
Delikatessengeschäft nt épicerie f fine
Delikt [deˈlɪkt] <-[e]s, -e> nt délit m
Delinquent(in) [delɪŋˈkvɛnt] <-en, -en> m(f) geh délinquant(e) m(f)
delirieren* itr V geh délirer
Delirium [deˈliːrium] <-s, -rien> nt délire m; **im ~ sein** délirer; **im ~ randalieren** chahuter dans son délire
Delirium tremens <- -> nt MED delirium m [tremens]
Delkrederehaftung f JUR responsabilité f ducroire
Delle [ˈdɛlə] <-, -n> f fam bosse f
delogieren* [deloˈʒiːrən] tr V A déloger
Delphin[1] [dɛlˈfiːn] <-s, -e> m dauphin m
Delphin[2] s. **Delphinschwimmen**
Delphinschwimmen nt [brasse f] papillon m
Delta [ˈdɛlta] <-s, -s o Delten> nt delta m
Deltagleiter <-s, -> m deltaplane m **Deltamündung** f [embou-

chure f de| delta m **Deltastrahlen** Pl PHYS rayons mpl delta
De-Luxe-Ausführung [də'lyks-] f haut m de gamme
dem[1] [de(:)m] I. Art def, maskulin, Dat Sg von **der**[1], I. ❶ **von/mit ~ Nachbarn sprechen** parler du/avec le voisin; **an ~** [o **am**] **Balken hängen** être suspendu(e) à la poutre; **sie folgte ~ Mann/ Demonstrationszug** elle suivit l'homme/le cortège des manifestants; **er gab ~ Großvater den Brief** il donna la lettre à son grand-père; **sag das ~ Friseur** dis-le au coiffeur
❷ fam (in Verbindung mit Eigennamen) **ich werde es ~ Frank sagen** je le dirai à Frank
II. Art def, Neutrum, Dat Sg von **das**[1]: **mit/von ~ Kind sprechen** parler avec/de l'enfant; **~ Baby den Schnuller geben** donner sa sucette au bébé; **sie folgte ~ kleinen Mädchen** elle suivit la petite fille; **an ~** [o **am**] **Fenster klopfen** frapper à la fenêtre; **die Frau auf ~ Foto** la femme sur la photo; **man sieht ~ Gerät seinen Preis an** le prix de cet appareil se voit à l'œil nu
dem[2] I. Pron dem, maskulin, Dat Sg von **der**[2], I. ❶ **zeig deine Eintrittskarte ~ Mann da!** présente ton billet d'entrée à ce monsieur[-là]!; **das Fahrrad gehört ~ Jungen** [**da**] c'est le vélo de ce garçon[-là]
❷ (allgemein auf ein Tier, eine Sache bezogen) ce/cette; **gib ~ Hund/Wellensittich** [**da**] **zu fressen!** donne à manger à ce chien[-là]/cette perruche[-là]!
II. Pron dem, Neutrum, Dat Sg von **das**[2]: **das gehört ~ Baby/ Kind/Mädchen** [**da**] c'est à ce bébé[-là]/cet enfant[-là]/cette petite fille[-là]; **möchtest du mit ~ Plüschtier** [**hier**] **spielen?** veux-tu jouer avec cette peluche[-là]?
III. Pron rel, maskulin, Dat Sing von **der**[2], I.: **der Kollege, ~ ich den Brief geben soll** le collègue à qui je dois donner la lettre; **der Freund, mit ~ ich mich gut verstehe** l'ami avec qui je m'entends bien; **der Hund, ~ er zu fressen gibt** le chien à qui il donne à manger; **der Druck, unter ~ sie stehen** la pression qu'ils subissent
IV. Pron rel, Neutrum, Dat Sing von **das**[2], II.: **das Kind/Mädchen, ~ dieses Spielzeug gehört** l'enfant/la petite fille à qui appartient ce jouet; **das Plüschtier, mit ~ du so gerne spielst** la peluche avec laquelle tu aimes tellement jouer
Demagoge [dema'go:gə] <-n, -n> m, **Demagogin** f pej démagogue mf
Demagogie [demago'gi:] <-, -n> f pej démagogie f
demagogisch pej I. Adj démagogique
II. Adv avec démagogie
Demarche [de'marʃ(ə)] <-, -n> f démarche f; **eine ~ unternehmen** entreprendre une démarche
Demarkationslinie [-li:niə] f ligne f de démarcation
demaskieren* I. tr V geh démasquer; **jdn als Verräter ~** démasquer qn comme traître
II. r V geh **sich als Lügner ~** se démasquer comme étant un menteur
Dementi [de'mɛnti] <-s, -s> nt démenti m
dementieren* I. tr V démentir
II. itr V donner un démenti
Dementierung <-, -en> f démenti m
dementsprechend ['de:m?ɛnt'ʃprɛçənt] I. Adj Entlohnung, Anordnung en conséquence; Bemerkung dans ce sens; **~ sein** être à l'avenant II. Adv entlohnen, handeln en conséquence; **sich äußern** dans ce sens **demgegenüber** Adv en revanche **demgemäß** ['de:mgə'mɛ:s] s. dementsprechend
demilitarisieren* tr V démilitariser
Demilitarisierung <-, -en> f démilitarisation f
Demission [demɪ'sio:n] <-, -en> f démission f
demissionieren* itr V démissionner
demnach Adv ❶ (danach) il [en] ressort que + indic
❷ (folglich) en conséquence
demnächst ['de:m'nɛ:kst] Adv d'ici peu; **~ in diesem Kino!** prochainement dans cette salle
Demo ['de:mo] <-, -s> f fam Abk von **Demonstration** manif f (fam)
demobilisieren* tr V démobiliser
Demodulation [demodula'tsio:n] <-, -en> f INFORM, TELEC démodulation f
Demographie <-, -en> f (Wissenschaft) démographie f
demographisch Adj démographique
Demokrat(in) [demo'kra:t] <-en, -en> m(f) démocrate mf
Demokratie [demokra'ti:] <-, -n> f démocratie f; **parlamentarische ~** démocratie parlementaire
demokratisch [demo'kra:tɪʃ] I. Adj ❶ Partei, Wahlen, Verfassung démocratique
❷ (den US-Demokraten angehörend) démocrate
II. Adv sich verhalten démocratiquement
demokratisieren* tr V démocratiser
Demokratisierung <-, -en> f démocratisation f
demolieren* tr V ❶ (zerstören) démolir

❷ (beschädigen) endommager Fahrzeug; [**völlig**] **demoliert** [complètement] défoncé(e)
Demonstrant(in) [demɔn'strant] <-en, -en> m(f) manifestant(e) m(f)
Demonstration [demɔnstra'tsio:n] <-, -en> f ❶ (Protestkundgebung) manifestation f
❷ (Bekundung, Veranschaulichung) démonstration f; **eine ~ des guten Willens** une marque de bonne volonté
Demonstrationsrecht nt kein Pl droit m de manifester
Demonstrationsverbot nt interdiction f d'une manifestation
Demonstrationszug m cortège m de manifestants
demonstrativ [demɔnstra'ti:f] I. Adj ostensible
II. Adv ostensiblement
Demonstrativpronomen nt (adjektivisches/substantivisches Pronomen) adjectif m/pronom m démonstratif
demonstrieren* I. itr V manifester
II. tr V ❶ (bekunden) manifester; **Entschlossenheit ~** faire preuve de détermination
❷ (veranschaulichen) démontrer
Demontage [demɔn'ta:ʒə] <-, -n> f ❶ (das Demontieren) démontage m; einer Anlage, Fabrik démantèlement m
❷ geh (Abbau) von Sozialleistungen effondrement m
demontieren* tr V ❶ (abmontieren) démanteler Anlage, Fabrik
❷ geh (abbauen) briser Person; anéantir Ruhm, Vertrauen
demoralisieren* tr V ❶ (entmutigen) démoraliser
❷ (moralisch untergraben) avilir Bevölkerung
Demoskop(in) [demo'sko:p] <-en -en> m(f) sondeur(-euse) m(f)
Demoskopie [demosko'pi:] <-, -n> f ❶ kein Pl (Meinungsforschung) étude f des courants d'opinion
❷ (Meinungsumfrage) sondage m d'opinion
demoskopisch Adj Institut de sondage; Erhebung, Zahlen des instituts de sondage; **~e Untersuchungen** des enquêtes par des instituts de sondage
demotivieren* tr V PSYCH geh démotiver
demselben I. Pron dem, Dat Sing von **derselbe**: **~ Bettler Geld geben** donner de l'argent au même mendiant; **~ Mann helfen/ nachgehen** aider/suivre le même homme; **mit ~ Verkäufer sprechen** parler au même vendeur
II. Pron dem, Dat Sing von **dasselbe**: **~ Mädchen/Kind ein Geschenk geben** donner un cadeau à la même fille/au même enfant
Demut ['de:mu:t] <-> f humilité f; **in ~** humblement
demütig ['de:my:tɪç] I. Adj humble
II. Adv humblement
demütigen ['de:my:tɪɡən] I. tr V humilier
II. r V **sich vor jdm ~** s'humilier devant qn
Demütigung <-, -en> f humiliation f
demzufolge Adv ❶ (wonach) il en ressort que + indic
❷ (folglich) donc
den[1] I. Art def, maskulin, Akk Sg von **der**[1] ❶ (auf eine Person, ein männliches Tier bezogen) le; **sie begrüßt ~ Nachbarn/Freund** elle salue le voisin/l'ami; **~ Hengst fotografieren** photographier l'étalon
❷ (allgemein auf ein Tier, eine Sache bezogen) le/la; **~ Hund/ Wellensittich rufen** appeler le chien/la perruche; **~ Käse/Salat essen** manger le fromage/la salade; **~ Tisch/Spiegel putzen** nettoyer la table/le miroir; **~ Wunsch haben zu verreisen** avoir le désir de partir en voyage
❸ (bei verallgemeinernden Aussagen) **~ Franzosen interessiert Sport** les Français s'intéressent au sport
❹ fam (in Verbindung mit Eigennamen) **~ Papa anrufen** téléphoner à papa; **~ Andreas grüßen lassen** dire bonjour à Andreas
II. Art def, Dat Pl von **die**[1], II.: **mit ~ Freundinnen sprechen** parler avec ses copines; **von ~ Kolleginnen sprechen** parler des collègues; **sie folgte ~ Frauen** elle suivit les femmes; **er gab ~ beiden Großmüttern den Brief** il donna la lettre aux deux grand-mères; **an ~ Türen klopfen** frapper aux portes; **an ~ Wänden hängen** être pendu(e) aux murs
III. Art def, Dat Pl von **das**[1]: **von/mit ~ Kindern sprechen** parler des/avec les enfants; **~ Babys den Schnuller geben** donner la sucette aux bébés; **sie folgte ~ kleinen Mädchen** elle suivit les petites filles; **an ~ Toren klopfen** frapper aux portails; **die Frau auf ~ Fotos** la femme sur les photos; **man sieht ~ Geräten ihren Preis an** le prix de ces appareils se voit à l'œil nu
IV. Art def, Dat Pl von **die**[1], II.: **~ Eltern/Kindern etwas schenken** offrir quelque chose aux parents/enfants; **~ Freunden helfen** aider les amis; **~ Demonstranten folgen** suivre les manifestants; **von/mit ~ Kollegen sprechen** parler des/avec les collègues
den[2] I. Pron dem, maskulin, Akk Sg von **der**[2], I. ❶ (auf eine Person, ein männliches Tier bezogen) ce; **kennst du ~ Mann/Jungen** [**da**]? connais-tu cet homme[-là]/ce garçon[-là]?; **ich möchte ~ Hengst** [**da**] **fotografieren** j'aimerais photographier cet étalon[-là];

~ Angeber kann ich nicht leiden! je ne supporte pas ce frimeur!; siehst du ~ nicht? ne le vois-tu pas celui-là!
② *(allgemein auf ein Tier, eine Sache bezogen)* **er möchte ~ Hund/Wellensittich [da] kaufen** il veut acheter ce chien[-là]/cette perruche[-là]; **darf ich ~ streicheln?** je peux le caresser, celui-là?; **ich hätte gern ~ Pulli [da]** je voudrais ce pull[-là]; **sie werden ~ Baum [da] fällen** ils vont abattre cet arbre[-là]
II. *Pron rel, Akk Sing von der², II.* que; **der Mann, ~ sie kennt** l'homme qu'elle connaît; **der Film, ~ du sehen möchtest** le film que tu veux voir; **der Kandidat, ~ man gewählt hat** le candidat qu'on a élu

denaturieren* *tr V* dénaturer
denen I. *Pron dem, Dat Pl von die², II.*: **ich glaube ~ kein Wort** je ne crois pas un mot de ce qu'ils disent; **er will mit ~ nichts zu tun haben** il ne veut rien avoir affaire à ceux-là; **dieser Hund gehört ~ da** ce chien est à ceux-là
II. *Pron rel, Dat Pl von die²*: **die Kollegen, ~ ich den Brief geben soll** les collègues à qui je dois donner la lettre; **die Freunde, mit ~ ich mich gut verstehe** les amis avec qui [o lesquels] je m'entends bien; **die Hunde, ~ er zu fressen gibt** les chiens à qui [o auxquels] il donne à manger; **die Ängste, unter ~ er leidet** les angoisses dont il souffre
dengeln ['dɛŋəln] *tr V* battre *Sense*
Den Haag <-s> *m* La Haye *f*
Denim <-s, -s> *m o nt* denim *m*
Denkansatz *m* point *m* [o idée *f*] de départ **Denkanstoß** *m* piste *f* de réflexion; **jdm einen ~ geben** fournir une piste de réflexion à qn **Denkaufgabe** *f* énigme *f*
denkbar I. *Adj* concevable; **sich** *(Dat)* **alle nur ~-e Mühe geben** se donner toutes les peines possibles et imaginables; **es ist durchaus ~, dass** il n'est pas impensable que + *subj*
II. *Adv* schlecht, günstig très; **der ~ beste Eindruck** le meilleur effet possible
denken ['dɛŋkən] <dachte, gedacht> I. *itr V* ① *(überlegen)* logisch/schnell/klar ~ penser [o réfléchir] logiquement/rapidement/clairement; **in die richtige/falsche Richtung ~** réfléchir dans la bonne/mauvaise direction
② *(meinen)* ~[, dass] penser que + *indic*; **ich dachte bei mir, dass** je pensais [o me disais] en moi-même que + *indic*; **ich denke nicht** [o nein] je ne pense pas; **ich denke ja** [o schon] je pense que oui
③ *(urteilen)* gut/schlecht von jdm/etw ~ penser du bien/du mal de qn/qc; **anders über jdn/etw ~** avoir un jugement différent à propos de qn/qc; **inzwischen denke ich anders über ihn/diese Sache** j'ai changé d'avis à propos de lui/cette affaire; **wie ~ Sie darüber?** qu'en pensez-vous?
④ *(eingestellt sein)* **positiv ~** penser de façon positive; **eine liberal ~-de Frau** une femme libérale
⑤ *(sich vorstellen)* **denk nur, Eva heiratet!** imagine, Eva se marie!
⑥ *(sich erinnern)* **an jdn/etw ~** penser à qn/qc; **die wird noch an mich ~!** elle va voir comment je m'appelle!
⑦ *(erwägen)* **an größere Veränderungen ~** penser à de plus grands changements; **daran ~ etw zu tun** penser faire qc; **[gar] nicht daran ~ etw zu tun** ne pas avoir l'intention de faire qc; **daran ist gar nicht zu ~!** ce n'est même pas la peine d'y penser!
⑧ *(im Sinn haben)* **nur an sich/seinen Vorteil ~** ne penser qu'à soi/son intérêt
▶ **ich denke [gar] nicht daran!** je n'en ai pas la moindre intention!; **jdm zu ~ geben** donner [matière] à réfléchir à qn; **wo denkst du/~ Sie hin!** qu'est-ce que tu crois/vous croyez!
II. *tr V* ① *(annehmen, glauben)* **nur das Beste/Schlechteste von jdm ~** penser tout le bien/mal possible de qn; **was denkst du, wird sie zustimmen?** qu'en penses-tu? Va-t-elle consentir?
② *(ahnen)* **das habe ich mir fast gedacht** j'en étais à peu près sûr(e); **dachte ich mir's doch!, das habe ich mir doch gedacht!** c'est bien ce que je pensais!
③ *(sich vorstellen)* **sich** *(Dat)* **etw ~** s'imaginer qc; **ich habe mir das so gedacht: ...** je vois les choses comme ça: ...; **das kann ich mir ~, dass euch das so passen würde** j'imagine aisément que ça vous arrangerait; **denk dir nur, sie lassen sich scheiden!** tu te rends compte, ils divorcent!; **das hast du dir [so] gedacht!** *fam* c'est ce que tu crois! *(fam)*; **was denkst du gerade?** à quoi est-ce que tu penses, en ce moment?; **wie denkst du dir das [eigentlich]?** mais [en fait] qu'est-ce que tu t'imagines?; **gedacht** MATH imaginaire
④ *(bestimmen)* **für jdn/etw gedacht sein** être pour qn/qc; **so war das nicht gedacht** ce n'était pas prévu comme ça
⑤ *(beabsichtigen)* **sich** *(Dat)* **nichts Böses ~** ne pas penser à mal; **was hast du dir dabei gedacht?** mais qu'est-ce qui t'a pris?
▶ **denkste!** en voilà une idée! *(fam)*
Denken <-s> *nt* ① *(das Überlegen)* action *f* de penser; **jdm am ~ hindern** empêcher qn de penser [o de réfléchir]; **bei diesem**

Lärm fällt mir das ~ schwer j'ai du mal à réfléchir dans ce vacarme
② *(Denkweise)* pensée *f*; **logisches/positives ~** esprit *m* logique/positif; **abstraktes ~** pensée abstraite; **vernetztes ~** pensée rhizomatique
③ *(Gedanken)* pensées *fpl*; **ihr ganzes ~ kreiste nur um diesen Mann** toutes ses pensées étaient tournées vers cet homme
④ *(Denkvermögen)* pensée *f*; **Alkoholgenuss beeinträchtigt das ~** l'alcool empêche de pouvoir penser clairement
Denker(in) <-s, -> *m(f)* penseur/-euse *m(f)*
Denkerfalte *f meist Pl hum* ride *f* du front **Denkerstirn** *f hum* front *m* dégagé
Denkfabrik *f* usine *f* à concepts **denkfaul** *Adj* paresseux(-euse) d'esprit **Denkfaulheit** *f* paresse *f* d'esprit **Denkfehler** *m* erreur *f* de raisonnement **Denkfigur** *f geh* figure *f* de pensée
Denkmal ['dɛŋkma:l] <-s, Denkmäler *o* liter-e> *nt* monument *m*; **jdm ein ~ errichten** élever [o ériger] un monument à [la gloire de] qn; **sich** *(Dat)* **[selbst] mit etw ein ~ errichten** [o setzen] passer à la postérité avec qc
Denkmal[s]pflege *f* conservation *f* et restauration des monuments historiques **Denkmal[s]schutz** *m* protection *f* des monuments historiques; **etw unter ~ stellen** classer qc [monument historique]; **unter ~ stehen** être classé(e) [monument historique]
Denkmodell *nt* modèle *m* théorique **Denkpause** *f* pause *f* [de réflexion]; **eine ~ einlegen** faire une pause [pour réfléchir] **Denkprozess**RR *m* évolution *f* des mentalités **Denkschema** *nt* schéma *m* de pensée **Denkschrift** *f* mémorandum *m* **Denksport** *m* gymnastique *f* de l'esprit **Denksportaufgabe** *s.* Denkaufgabe **Denkübung** *f* exercice *m* de réflexion **Denkvermögen** *nt kein Pl* capacité *f* de réflexion [o de penser] **Denkweise** *f* façon *f* de penser **denkwürdig** *Adj* mémorable **Denkwürdigkeit** *f* importance *f* **Denkzettel** *m fam* leçon *f*; **jdm einen ~ geben** [o verpassen] flanquer une bonne leçon à qn *(fam)*
denn [dɛn] I. *Konj* ① *(weil)* car; **ich glaube ihm nicht, ~ er lügt oft** je ne le crois pas car il ment souvent
② *(vorausgesetzt)* **es sei ~, ihr wartet auf mich** à moins que vous m'attendiez
③ *geh (als)* **besser/schöner ~ je** mieux/plus beau(belle) que jamais
II. *Adv* ① *(eigentlich)* donc; **wie geht's ~ so?** alors, comment ça va?; **he, was soll das ~?** holà, qu'est-ce qui se passe?; **wer/wie/wo ~?** qui/comment/où ça?; **was/wo ~ sonst?** quoi/où d'autre?
② NDEUTSCH *fam (dann)* alors; **na, ~ beeilt euch mal!** bon, alors dépêchez-vous!; **so kam es ~ auch** c'est ainsi que c'est passé
dennoch ['dɛnɔx] *Adv* malgré tout; **und ~** et pourtant
denselben I. *Pron dem, Akk von derselbe* ① *(auf eine Person, ein männliches Tier bezogen)* le même; **~ Lieblingsautor haben** avoir le même auteur préféré; **für ~ Sänger schwärmen** raffoler du même chanteur; **immer auf ~ Wallach setzen** miser toujours sur le même hongre
② *(allgemein auf ein Tier, eine Sache bezogen)* le/la même; **ich habe ~ Hund/Wellensittich gesehen wie neulich** j'ai vu le même chien/la même perruche que l'autre jour; **für ~ Drucker hundert Euros weniger bezahlen** payer cent euros moins cher pour la même imprimante
II. *Pron dem, Dat von dieselben*: **er schreibt immer ~ Leuten Ansichtskarten** il envoie ses cartes postales toujours aux mêmes personnes; **sie haben ~ Musikern applaudiert, die tags zuvor ausgebuht worden waren** ils ont applaudi les mêmes musiciens qui s'étaient fait huer la veille
dental [dɛnˈtaːl] *Adj* ① MED dentaire
② PHON dental(e)
Dental <-s, -e> *m* PHON dentale *f*
Dentallabor *nt* laboratoire *m* d'orthodontie
Denunziant(in) [denʊnˈtsiant] <-en, -en> *m(f) pej* délateur(-trice) *m(f)*
Denunziantentum <-s> *nt pej* délation *f*
Denunziation <-, -en> *f pej* dénonciation *f*
denunzieren* *tr V* ① *pej (anzeigen)* dénoncer; **jdn bei jdm ~** dénoncer qn à qn; **jdn als Staatsfeind ~** dénoncer qn comme étant un ennemi de l'État
② *geh (brandmarken)* **etw als nationalistisch ~** dénoncer le caractère nationaliste de qc
Deo ['deːo] <-s, -s> *nt fam* déodorant *m*
Deodorant [deodoˈrant] <-s, -s *o* -e> *nt* déodorant *m*
deodorierend I. *Adj* déodorant(e)
II. *Adv* **~ wirken** avoir un effet déodorant
Deoroller *m* déodorant *m* à bille **Deospray** [-ʃpreː, -spreː] *nt o m* déodorant *m*; *(Behälter)* bombe *f* de déodorant **Deostift** *m* déodorant *m* en stick
Departement [departəˈmãː] <-s, -s> *nt* département *m*
Dependance [depãˈdãːs] <-, -n> *f* ① *(Nebengebäude)* dépen-

dances *fpl*
❷ *geh (Zweigstelle)* succursale *f*
Depesche [de'pɛʃə] <-, -n> *f veraltet* dépêche *f*
deplaciert [-'siːɛt], **deplatziert**^RR [depla'tsiːɛt], **deplaziert**^ALT incongru(e); **in einer Gruppe ~ sein** détonner [*o* ne pas être à sa place] dans un groupe
Depolarisation [depolariza'tsioːn] <-, -en> *f* MED, PHYS dépolarisation *f*
Deponie [depo'niː] <-, -n> *f* décharge *f*
deponieren* *tr V* ❶ *(hinterlegen)* mettre en dépôt; **etw bei jdm/ bei der Bank ~** mettre qc en dépôt chez qn/à la banque
❷ *(hinstellen)* **etw auf der Terrasse/im Keller ~** mettre qc sur la terrasse/dans la cave
Deportation [depɔrta'tsioːn] <-, -en> *f* déportation *f*
deportieren* *tr V* déporter
Deportierte(r) *f(m) dekl wie Adj* déporté(e) *m(f)*
Depositar, Depositär <-s, -e> *m* JUR dépositaire *mf*
Depositen [depo'ziːtən] *Pl* dépôts *mpl* à court terme
Depot [de'poː] <-s, -s> *nt* ❶ *(Lager)* entrepôt *m*
❷ FIN coffre-fort *m*
❸ TRANSP dépôt *m*
❹ *(Bodensatz) von Wein* dépôt *m*
❺ CH *(Flaschenpfand)* consigne *f*
Depotbesitz *m* FIN possession *f* de dépôt
Depp [dɛp] <-en *o* -s, -e[n]> *m* SDEUTSCH, A, CH *fam* andouille *f (fam)*
deppert ['dɛpɐt] SDEUTSCH, A **I.** *Adj fam* con(ne) *(fam)*; **dieser ~e Kerl!** ce con! *(fam)*
II. *Adv fam* **sich ~ anstellen** se débrouiller comme un manche *(fam)*
Depression [deprɛ'sioːn] <-, -en> *f* dépression *f*; **an ~en leiden** souffrir de dépression
depressiv I. *Adj* dépressif(-ive)
II. *Adv* **~ veranlagt sein** avoir des tendances dépressives; **~ gestimmt sein** être dépressif(-ive)
deprimieren* *tr V* déprimer; **~d** déprimant(e)
Deputat [depu'taːt] <-[e]s, -e> *nt* nombre *m* d'heures d'enseignement dues
Deputation <-, -en> *f veraltet* députation *f*
Deputierte(r) [depu'tiːɐtə] *f(m) dekl wie Adj* député(e) *m(f)*
der[1] [deːɐ] **I.** *Art def, maskulin, Nom Sing* ❶ *(auf eine Person, ein männliches Tier bezogen)* le; **~ Nachbar/Freund** le voisin/l'ami; **~ Eber/Hengst** le verrat/l'étalon
❷ *(allgemein auf ein Tier, eine Sache bezogen)* le/la; **~ Hund/ Wellensittich** le chien/la perruche; **~ Käse/Salat** le fromage/la salade; **~ Tisch/Schlüssel** la table/clé; **~ Mai** [le mois de] mai
❸ *(bei verallgemeinernden Aussagen)* **~ Franzose isst gern gut** les Français aiment la bonne cuisine
❹ *fam (in Verbindung mit Eigennamen)* **~ Papa hat's erlaubt** papa l'a permis; **~ Andreas lässt dich grüßen** Andreas te donne le bonjour
II. *Art def, feminin, Gen Sing von* **die**[1], **I.** ❶ *(auf eine Person, ein weibliches Tier bezogen)* de la; **die Hände ~ Frau/Freundin** les mains de la femme/de l'amie; **das Fell ~ Kuh** le poil de la vache
❷ *(allgemein auf ein Tier, eine Sache bezogen)* de la/du; **die Augen ~ Maus/Katze** les yeux de la souris/du chat; **die Form ~ Tasse/Schüssel** la forme de la tasse/du saladier; **eine Frage ~ Ethik** une question d'éthique
❸ *(bei verallgemeinernden Aussagen)* **die politische Einstellung ~ Engländerin** la position politique des Anglaises
❹ *fam (in Verbindung mit Eigennamen)* **die Eltern/Schuhe ~ Barbara** les parents/chaussures de Barbara
III. *Art def, feminin, Dat Sing von* **die**[1], **I.** ❶ **mit/von ~ Nachbarin sprechen** parler avec/de la voisine; **an ~ Tür klopfen** frapper à la porte; **an ~ Decke hängen** être suspendu(e) au plafond; **sie folgte ~ Frau/Menge** elle suivit la femme/foule; **er gab ~ Großmutter den Brief** il donna la lettre à sa grand-mère
❷ *fam (in Verbindung mit Eigennamen)* **ich werde es ~ Brigitte sagen** je le dirai à Brigitte
IV. *Art def, Gen Pl von* **die**[1], **II.** des; **die Wohnung ~ Eltern** l'appartement des parents; **das Ende ~ Ferien** la fin des vacances
der[2] **I.** *Pron dem, maskulin, Nom Sing* ❶ *(auf eine Person, ein männliches Tier bezogen)* ce; **~ Mann/Junge** [da] cet homme[-là]/ce garçon[-là]; **~ Hengst** [da] cet étalon[-là]; **~ weiß das doch nicht!** lui, il ne le sait pas!; **~ Angeber!** quel frimeur, celui-là!
❷ *(allgemein auf ein Tier, eine Sache bezogen)* ce/cette; **~ Hund/Wellensittich** [da] ce chien[-là]/cette perruche[-là]; **~ Pullover/Tisch** [da] **gefällt mir** ce pull[-là]/cette table[-là] me plaît; **~ Baum** [da] cet arbre[-là]; **beißt ~?** est-ce qu'il mord?
II. *Pron rel, maskulin, Nom Sing* qui; **ein Mann, ~ es eilig hatte** un homme qui était pressé; **ein Film, ~ gut ankommt** un film qui a du succès; **ein Kandidat, ~ gewählt wurde** un candidat qui a été élu; **ein Roman, ~ von Millionen gelesen wurde** un roman qui a été lu par des millions de personnes
III. *Pron dem, feminin, Gen Sing von* **die**[2], **I.** ❶ *(auf eine Person, ein weibliches Tier bezogen)* **die Hände ~ Frau** [da] les mains de cette femme[-là]; **das Fell ~ Kuh** [da] le poil de cette vache[-là]
❷ *(allgemein auf ein Tier, eine Sache bezogen)* **die Augen ~ Katze** [da] les yeux de ce chat[-là]; **die Form ~ Tasse** [da] la forme de cette tasse[-là]
IV. *Pron dem, feminin, Dat Sing von* **die**[2], **I.**: **das Fahrrad gehört ~ Kollegin** [da] la bicyclette est à cette collègue[-ci]; **man muss ~ Frau** [da] **die Eintrittskarte vorzeigen** il faut présenter son billet d'entrée à cette dame[-là]; **mit ~ Freundin verstehe ich mich gut** je m'entends bien avec cette copine; **glaub ~ bloß nicht!** ne la crois surtout pas, celle-là!
V. *Pron dem, Gen Pl von* **die**[1], **II.**: **das Verhalten ~ Leute/Nachbarn** [da] le comportement de ces gens[-là]/voisins[-là]; **die Farben ~ Blüten** [da] les couleurs de ces fleurs[-là]
VI. *Pron dem o rel, maskulin, Nom Sing* celui qui; **~ dieses Amt anstrebt** celui qui brigue ce fauteuil; **~ mir das erzählt hat, hat gelogen** celui qui m'a raconté ça a menti
VII. *Pron rel, feminin, Dat Sing von* **die**[2], **III.**: **die Kollegin, ~ ich den Brief geben soll** la collègue à laquelle je dois donner la lettre; **die Freundin, mit ~ ich mich gut verstehe** l'amie avec qui je m'entends bien; **die Katze, ~ er zu fressen gibt** le chat à qui il donne à manger; **die Hitze/Kälte, unter ~ sie leiden** la chaleur/le froid dont ils souffrent
derart *Adv* de telle manière; **~ reizen/provozieren, dass** provoquer à tel point que + *indic*; **dein Benehmen ist ~, dass** ton comportement est tel que + *indic*; **es ist ~ heiß, dass** il fait si [*o* tellement] chaud que + *indic*
derartig I. *Adj* tel(le); **etwas Derartiges habe ich noch nie gesehen** je n'ai encore rien vu de tel
II. *Adv* si
derb [dɛrp] **I.** *Adj* ❶ *(grob)* Manieren, Witz, Sprache grossier(-ère)
❷ *(fest)* Stoff, Leder, Schuhe solide
II. *Adv* ❶ *(heftig)* anfahren brutalement
❷ *(grob)* sich ausdrücken grossièrement
Derbheit <-, -en> *f* ❶ *(Grobheit)* grossièreté *f*
❷ kein Pl *(derbe Beschaffenheit)* solidité *f*
Derby ['dɛrbi] <-s, -s> *nt* derby *m*
deregulieren* *tr V* POL, ÖKON dérégler
Deregulierung [de-] *f* dérégulation *f*
dereinst [deːɐ'ʔaɪnst] *Adv geh* un jour
deren ['deːrən] **I.** *Pron dem, Gen Sing von* **die**[2], **II.**: **seine Mutter, seine Schwester und ~ Hund** sa mère, sa sœur et le chien de cette dernière
II. *Pron dem, Gen Pl von* **die**[2], **III.**: **ein Ehepaar mit seinen Freunden und ~ Kindern** un couple avec ses amis et les enfants de ces derniers
III. *Pron rel, Gen Sg von* **die**[2], **III.** ❶ *(auf eine Person, ein weibliches Tier bezogen)* dont; **die Frau, ~ Namen ich vergessen habe** la femme dont j'ai oublié le nom; **die Freundin, mit ~ Hilfe ich eine Wohnung gefunden habe** l'amie avec l'aide de qui j'ai trouvé un logement
❷ *(allgemein auf ein Tier, eine Sache bezogen)* dont, duquel/de laquelle; **die Kirche, ~ Turm zu sehen ist** l'église dont on aperçoit le clocher
IV. *Pron rel, Gen Pl von* **die**[2], **V.** ❶ *(auf Personen bezogen)* dont, de qui
❷ *(auf Tiere, Sachen bezogen)* dont, duquel/de laquelle; **eine Politik, ~ Folgen unabsehbar sind** une politique dont les conséquences sont incalculables
derenthalben ['deːrənt'halbən], **derentwegen** ['deːrənt'veːgən] *Adv veraltet* ❶ *(wegen welcher)* (*auf eine Person bezogen)* pour qui; *(auf ein Tier, eine Sache bezogen)* pour lequel/laquelle; **die Prominente, ~ die Fotografen sich drängten** la star pour laquelle les photographes se bousculaient; **die Reise, ~ er sparte** le voyage pour lequel il économisait
❷ *(wegen welchen)* (*auf Personen bezogen)* pour qui; *(auf Tiere, Sachen bezogen)* pour lesquels/lesquelles
❸ *(wegen dieser)* (*auf eine Person bezogen)* pour celle-là; *(auf Tiere, Sachen bezogen)* pour celui-là/celle-là; **gräm dich doch ~ nicht!** ne t'afflige pas à propos de celle-là!
❹ *(wegen diesen)* (*auf Personen bezogen)* pour ceux-là/celles-là
derentwillen ['deːrənt'vɪlən] *Adv* ❶ *(wegen welcher)* **um ~** (*auf eine Person bezogen)* pour qui, pour lequel/laquelle; *(auf ein Tier, eine Sache bezogen)* pour lequel/laquelle
❷ *(wegen welchen)* **um ~** (*auf Personen bezogen)* pour qui; *(auf Tiere, Sachen bezogen)* pour lesquels/lesquelles
❸ *(wegen dieser)* **um ~** (*auf eine Person bezogen)* pour celle-là; *(auf ein Tier, eine Sache bezogen)* pour celui-là/celle-là
❹ *(wegen diesen)* **um ~** (*auf eine Person bezogen)* pour celle-là; *(auf Tiere, Sachen bezogen)* pour celui-là/celle-là

derer ['deːrə] *Pron dem, Gen Pl von* **die²**, II. ❶ **die Zahl ~, die unzufrieden sind** le nombre de ceux qui sont mécontents; **das Schicksal ~, die vermisst werden** le sort de ceux qui sont portés disparus
❷ *geh (der Herren)* **die Wälder ~ von Bismarck** les forêts des seigneurs de Bismarck
dergestalt *Adv geh* ainsi; **~, dass** à tel point que + *indic*
dergleichen *Pron dem, unv* ce genre; **~ Fälle/Fragen sind selten** ce genre de cas/questions est rare; **~ ist ihnen unbekannt** ils ne connaissent pas ce genre de choses, ce genre de choses leur est inconnu; **ich will nichts ~ hören!** je ne veux rien entendre de pareil!; **und ~ [mehr]** et cetera
Derivat [-'vaːt] <-[e]s, -e> *nt* dérivé *m*
derivativ *Adj* ❶ LING dérivé(e)
❷ JUR **~er Anspruch** droit *m* dérivé
derjenige ['deːɐ̯ˈjeːnɪɡə] *Pron dem, maskulin, Nom Sing* ❶ *(auf eine Person, ein männliches Tier bezogen)* ce; **~ Kollege/Mann, der ...** le collègue/l'homme qui ...; **~ Stier, der ...** le taureau qui ...; **~, der das gesagt hat** celui qui a dit cela
❷ *(allgemein auf ein Tier, eine Sache bezogen)* ce/cette; **~ Hund/Wellensittich, der ...** le chien/la perruche qui ...; **~ Garten/Salat, der ...** le jardin/la salade qui ...; **ihr Drucker ist schneller als ~ ihres Vaters** son imprimante est plus rapide que celle de son père
▸ **das ist ~, welcher** *fam (der, auf den es ankommt)* c'est lui notre homme!; *(der, über den man redet)* c'est bien lui *(fam)*
derlei ['deːɐ̯laɪ] *Pron dem, unv* ce genre; **~ Probleme/Anspielungen kennt sie gut** elle connaît bien ce genre de problèmes/d'allusions; **~ gibt es nur in Paris** ce genre de choses existe uniquement à Paris
dermaßen ['dɛɐ̯ˈmaːsən] *s.* **derart**
Dermatologe [dɛrmatoˈloːɡə] <-n, -n> *m*, **Dermatologin** *f* dermatologue *mf*
Dermatologie [dɛrmatoloˈɡiː] <-> *f* dermatologie *f*
derselbe [deːɐ̯ˈzɛlbə] *Pron dem, Nom Sing* ❶ *(auf eine Person bezogen)* le même; **diese beiden Filme hat ~ Regisseur gemacht** c'est le même metteur en scène qui a fait ces deux films
❷ *(allgemein auf ein Tier, eine Sache bezogen)* le/la même; **das war ~ Hund/Wellensittich wie neulich** c'était le même chien/la même perruche que l'autre jour; **~ Mantel/Drucker kostet dort hundert Euro weniger** là-bas, le même manteau/la même imprimante coûte cent euros moins cher
derweil[en] I. *Adv veraltet (inzwischen)* pendant ce temps
II. *Konj veraltet (während)* pendant que + *indic*
Derwisch ['dɛrvɪʃ] <-es, -e> *m* derviche *m*
derzeit *Adv* actuellement
derzeitig *Adj attr* actuel(le); **mein ~es Befinden ist ausgezeichnet** je suis en excellente forme actuellement
des¹ [dɛs] I. *Art def, maskulin, Gen Sing von* **der¹**, I. ❶ *(auf eine Person, ein männliches Tier bezogen)* du; **die Wohnung ~ Nachbarn/Freundes** l'appartement du voisin/de l'ami; **das Fell ~ Ebers/Hengstes** le poil du verrat/de l'étalon
❷ *(allgemein auf ein Tier, eine Sache bezogen)* du/de la; **der Name ~ Hundes/Wellensittichs** le nom du chien/de la perruche; **der Preis ~ Käses/Salats** le prix du fromage/de la salade; **die Form ~ Tischs/Schlüssels** la forme de la table/clé
II. *Art def, Neutrum, Gen Sing von* **das**, I. du/de la; **die Schuhe ~ Kindes/[kleinen] Mädchens** les chaussures de l'enfant/de la [petite] fille; **die Augen ~ Kalbs/Eichhörnchens** les yeux du veau/de l'écureuil; **das Ende ~ Jahres/Jahrhunderts** la fin de l'année/du siècle
III. *Pron dem, maskulin, Gen Sing von* **der²**, I. ❶ *(auf eine Person, ein männliches Tier bezogen)* de ce; **die Stimme ~ Mannes/Jungen [da]** la voix de cet homme[-là]/de ce garçon[-là]
❷ *(allgemein auf ein Tier, eine Sache bezogen)* de ce/de cette; **der Name ~ Hundes [da]/~ Wellensittichs [da]** le nom de ce chien[-là]/de cette perruche-[là]; **die Farbe ~ Wagens [da]** la couleur de cette voiture[-là]
IV. *Pron dem, Neutrum, Gen Sing von* **das** II. de ce/de cette; **der Name ~ Kindes [da]** le nom de cet enfant[-là]; **die Augen ~ Kalbs [da]** les yeux de ce veau[-là]
des², **Des** <-> *nt* MUS ré *m* bémol
Desaster [deˈzastɐ] <-s, -> *nt* désastre *m*
desensibilisieren* *tr V* désensibiliser; **jdn gegen etw ~** désensibiliser qn à qc
Desensibilisierung <-, -en> *f* MED désensibilisation *f*
Deserteur(in) [dezɛrˈtøːɐ̯] <-s, -e> *m(f)* déserteur *m*
desertieren* *itr V + sein o selten haben* déserter; **von der Truppe ~** déserter des rangs; **zum Feind/zu den Engländern ~** passer à l'ennemi/chez les Anglais
Desertion [dezɛrˈtsioːn] <-, -en> *f* désertion *f*
desgleichen [dɛsˈɡlaɪçən] *Adv* également
deshalb *Adv* pour cela; **~ ist das nicht möglich** c'est la raison pour laquelle cela n'est pas possible; **ich bin ~ gekommen, weil ...** si je suis venu, c'est parce que ...; **also ~ [o ~ also]** war er so verlegen! c'est pour ça qu'il était tellement embarrassé! + *indic*; **~ müssen Sie sich nicht gleich aufregen!** ce n'est pas une raison pour vous énerver!
Design [diˈzaɪn] <-s, -s> *nt* design *m*; *eines Kleidungsstücks* style *m*
Designer(in) [diˈzaɪnɐ] <-s, -> *m(f)* designer *mf*; *(Modeschöpfer)* styliste *mf*
Designerdroge [diˈzaɪnɐ-] *f* drogue *f* de synthèse **Designerkleid** *nt* robe *f* créée par des stylistes **Designerlampe** *f* lampe *f* design **Designermöbel** *Pl* meubles *mpl* design **Designermode** *f* mode *f* de créateurs
designiert [deziˈɡniːɐ̯t] *Adj attr* désigné(e)
desillusionieren* [dɛsʔɪluzioˈniːrən, deziːlu-] *tr V* désillusionner; **~ de Erfahrungen machen** perdre ses illusions
Desillusionierung [dɛsʔɪ-, deziːlu-] <-, -en> *f* désillusion *f*
Desinfektion [dɛzɪnfɛkˈtsioːn, dɛsʔɪnfɛkˈtsioːn] <-, -en> *f* désinfection *f*
Desinfektionsmittel [dɛsʔɪ-, dezɪ-] *nt* [produit *m*] désinfectant *m*
desinfizieren* [dɛsʔɪnfiˈtsiːrən, dezɪ-] *tr V* désinfecter
Desinfizierung [dɛsʔɪ-, dezɪ-] <-, -en> *s.* **Desinfektion**
Desinformation [dɛsʔɪnfɔrmaˈtsioːn, dezɪ-] *f* ❶ *(Verfahrensweise)* désinformation *f*
❷ *(falsche Information)* fausse information *f*
Desintegration [dɛsʔɪnteɡraˈtsioːn, dezɪ-] *f geh* dissolution *f*
Desinteresse [dɛsʔɪntəˈrɛsə, dezɪ-] *nt* manque *m* d'intérêt; **~ an jdm/etw** manque *m* d'intérêt pour qn/qc; **sein ~ an etw** *(Dat)* **bekunden** [*o* **zeigen**] manifester [*o* montrer] son manque d'intérêt pour qc
desinteressiert [dɛsʔɪntərəˈsiːɐ̯t] *Adj Zuhörer, Zuschauer* peu intéressé(e); **er machte ein ~es Gesicht** le manque d'intérêt se lisait sur son visage; **an jdm/etw ~ sein** ne pas être intéressé(e) par qn/qc
Desktop ['dɛsktɔp] <-s, -s> *m* INFORM ordinateur *m* de table
Desktoppublishing[RR], **Desktop publishing**[ALT], **Desktop-Publishing**[RR] ['dɛsktɔppablɪʃɪŋ] <-> *nt* publication *f* assistée par ordinateur
desolat [dezoˈlaːt] *Adj geh Anblick, Zustand* piteux(-euse) *antéposé*; *Wirtschaft* en piteux état
desorientiert [dɛsʔoriɛnˈtiːɐ̯t, dezoriɛnˈtiːɐ̯t] *Adj* désorienté(e)
Desorientierung ['dɛsʔoriɛnti:rʊŋ] *f* ❶ *(Verwirrung)* désarroi *m*
❷ *(Störung der Orientierungsfähigkeit)* désorientation *f* [spatio-temporelle]
Desoxidation [dɛsʔɔksidaˈtsioːn] <-, -en> *f* CHEM désoxydation *f*
Desoxyribonukleinsäure [dɛsʔɔksyriboˈnukleˈʔiːn-] *f* acide *m* désoxyribonucléique
despektierlich [dɛspɛkˈtiːɐ̯lɪç] *geh* I. *Adj* irrévérencieux(-euse) *(littér)*
II. *Adv* irrévérencieusement *(littér)*
Desperado [dɛspeˈraːdo] <-s, -s> *m geh* desperado *m*
Despot(in) [dɛsˈpoːt] <-en, -en> *m(f)* despote *mf*
despotisch I. *Adj* despotique
II. *Adv* en despote
desselben I. *Pron dem, Gen Sing von* **derselbe** ❶ *(auf eine Person, ein männliches Tier bezogen)* du même; **mehrere Romane ~ Autors lesen** lire plusieurs romans du même écrivain
❷ *(allgemein auf ein Tier, eine Sache bezogen)* du même/de la même
II. *Pron dem, Gen Sing von* **dasselbe** du même/de la même; **zwei Exemplare ~ Buchs haben** avoir deux exemplaires du même livre
dessen ['dɛsən] I. *Pron dem, Gen Sing von* **der²**, I.: **mein Vater, mein Onkel und ~ Haus** mon père, mon oncle et la maison de ce dernier
II. *Pron dem, Gen Sing von* **das²**, I.: **mein Onkel, sein Kind und ~ Spielzeug** mon oncle, son gosse et les jouets de ce dernier
III. *Pron rel, Gen Sing von* **der²**, II. ❶ *(auf eine Person, ein männliches Tier bezogen)*; **der Mann, ~ Namen ich vergessen habe** l'homme dont [*o* de qui] j'ai oublié le nom; **der Freund, mit ~ Hilfe ich das Auto repariert habe** l'ami avec l'aide de qui [*o* duquel] j'ai réparé la voiture
❷ *(allgemein auf ein Tier, eine Sache bezogen)* dont, duquel/de laquelle; **der Fluss, ~ Mündung ein Delta bildet** le fleuve dont l'embouchure constitue un delta
IV. *Pron rel, Gen Sing von* **das²**, II. dont; **das Kind, ~ Namen ich vergessen habe** l'enfant dont [*o* duquel] j'ai oublié le nom; **das Mädchen, dank ~ Hilfe ich die Apotheke gefunden habe** la fille grâce à l'aide de qui [*o* de laquelle] j'ai trouvé la pharmacie; **das Haus, ~ Dach gerade repariert wird** la maison la toiture de laquelle est en train d'être réparée; **das Pferd, ~ Fell schwarz ist** le cheval dont les poils sont noirs
dessentwillen ['dɛsəntˈvɪlən] *Adv* pour lui/elle; **das Kind/Mädchen, um ~ sie sich gesorgt hatten** l'enfant/la fille pour qui ils

s'étaient fait des soucis; **der Frieden, um ~ sie zu Verhandlungen bereit waren** la paix pour laquelle ils étaient prêts à entamer des négociations
dessenungeachtetALT ['dɛsən?ʊngə'?axtət] s. **ungeachtet**
Dessert [dɛ'sɛːɐ] <-s, -s> nt dessert m
Dessertteller m assiette f à dessert
Dessin [dɛ'sɛ̃ː] <-s, -s> nt motif m
Dessous [dɛ'suː, Pl: dɛ'suːs] <-, -> nt meist Pl dessous mpl
destabilisieren tr V déstabiliser
Destabilisierung <-, -en> f geh déstabilisation f
Destillat [dɛstɪ'laːt] <-[e]s, -e> nt distillat m
Destillation [dɛstɪla'tsioːn] <-, -en> f distillation f
destillieren* tr V distiller
Destillierkolben [dɛstɪ'liːɐ-] m alambic m
desto ['dɛsto] Konj d'autant plus; **je eher du dich daranmachst, ~ schneller bist du fertig** plus vite tu t'y mettras, plus vite tu auras terminé; **je länger ich darüber nachdenke, ~ fragwürdiger finde ich dieses Angebot** plus je réfléchis, plus cette offre me paraît louche
destruktiv [destrʊk'tiːf] Adj négatif(-ive)
deswegen ['dɛs'veːgən] s. **deshalb**
Deszendent <-en, -en> m descendant m
Detail [de'taɪ, de'taːj] <-s, -s> nt détail m; **im ~/in allen ~s** dans le détail/les moindres détails; **ins ~ gehen** entrer dans les détails; **die Schwierigkeit liegt im ~** la difficulté est une affaire de détails
Detailfrage [de'taɪ-, de'taːj-] f question f de détail **Detailkenntnisse** Pl connaissances fpl détaillées
detaillieren* [deta'jiːrən] tr V a. COM détailler; **jdm etw ~** détailler qc à qn
detailliert [deta'jiːɐt] I. Adj ❶ (genau) Angaben détaillé(e); Vorstellung précis(e)
  ❷ COM détaillé(e)
  II. Adv en détail
Detaillist(in) [deta'jɪst] <-en, -en> m(f) CH commerçant(e) m(f) au détail
Detektei s. **Detektivbüro**
Detektiv(in) [detɛk'tiːf] <-s, -e> m(f) ❶ (Privatdetektiv) détective m [privé]
  ❷ (Zivilfahnder) inspecteur(-trice) m(f)
Detektivbüro nt agence f de détectives [privés]
detektivisch [-vɪʃ] I. Adj de détective; Kleinarbeit de fourmi
  II. Adv à la manière d'un détective
Detektivroman m roman m policier
Detektor [de'tɛktoɐ] <-s, -en> m détecteur m
Determinante [detɛrmi'nantə] <-, -n> f MATH, MED déterminant m
determinieren* tr V geh déterminer
Determinismus [detɛrmi'nɪsmʊs] <-> m déterminisme m
deterministisch Adj déterministe
Detonation [detona'tsioːn] <-, -en> f détonation f; **etw zur ~ bringen** faire exploser qc
detonieren* itr V + sein exploser
Deubel ['dɔɪbəl] DIAL s. **Deibel**
deucht 3. Pers Präs von **dünken**
deuchte Imp von **dünken**
Deus ex MachinaRR <- -, Dei -> m geh deus ex machina m
Deut [dɔɪt] ▸ **du bist [um] keinen ~ besser als er** tu ne vaux pas mieux que lui; **keinen [o nicht einen] ~ wert sein** ne pas valoir un sou; **er kümmert sich keinen ~ um seine Familie** il ne s'occupe pas d'un pouce de sa famille
deuteln ['dɔɪtəln] itr V ergoter; **an etw** (Dat) **~** ergoter à propos de qc; **daran gibt es nichts zu ~!** il n'y a pas à tortiller là-dessus! (fam)
deuten ['dɔɪtən] I. tr V interpréter Erscheinung, Traum, Text; **jdm die Zukunft ~** prédire la zukunft à qn
  II. itr V ❶ (zeigen) **mit etw auf jdn/etw ~** montrer qn/qc de qc
  ❷ (hinweisen) **auf jdn/etw ~** faire penser à qn/qc; **alles deutet darauf, dass** tout laisse à penser que + indic
deutlich ['dɔɪtlɪç] I. Adj ❶ (klar) Konturen, Muster net(te); Aussprache distinct(e); Skizze clair(e); Schrift lisible
  ❷ (eindeutig) clair(e); **eine ~e Sprache sprechen** Vorfälle, Beweise: le dire clairement; **~/~er werden** Person: mettre les points sur les i; **..., oder muss ich ~er werden?** (muss ich handgreiflich werden?) ..., ou faut-il que j'emploie les grands moyens?; **das war ~!** c'est on ne peut plus clair!
  II. Adv ❶ (klar) distinctement; zeichnen avec précision; schreiben lisiblement
  ❷ (eindeutig) sagen, fühlen, sich ausdrücken clairement; merken sans le moindre doute
Deutlichkeit <-, -en> f clarté; **ihre Ablehnung ließ an ~ nichts zu wünschen übrig** son refus clair et net ne laissait pas de place au moindre doute; **etw in [o mit] aller ~ sagen** dire qc sans la moindre ambiguïté
deutsch [dɔɪtʃ] I. Adj allemand(e); **die ~e Nordseeküste** la côte allemande da la mer du Nord; **die ~e Staatsangehörigkeit** la nationalité allemande
  II. Adv ❶ (in der Art der Deutschen) denken, fühlen en allemand
  ❷ (in deutscher Sprache) **~ schreiben** écrire en allemand; **~ miteinander sprechen** discuter en allemand
Deutsch <-[s]> nt kein Art ❶ (Sprache) l'allemand m; **~ lernen/verstehen** apprendre/comprendre l'allemand; **~ können** savoir parler l'allemand; **~ sprechen** parler allemand; **fließend ~ sprechen** parler couramment l'allemand; **sprechen Sie ~?** parlez-vous allemand?; **~ sprechend** germanophone; **sein/ihr ~ ist fehlerlos** son allemand est irréprochable; **~ für Ausländer unterrichten** donner des cours d'allemand pour étrangers; **sich auf ~ unterhalten** discuter en allemand; **wie heißt "arrivederci" auf ~?** comment dit-on "arrivederci" en allemand?
  ❷ (Unterrichtsfach) **der Unterricht in ~** l'enseignement de l'allemand; **[nicht] gut in ~ sein** [ne pas] être bon(ne) en allemand; **eine Eins in ~ haben** ≈ avoir vingt sur vingt en allemand
  ▸ **auf gut ~** fam en bon français (fam)
Deutsche nt dekl wie Adj **das ~** l'allemand m; **das Futur im ~n** le futur en allemand; **etw aus dem ~n übersetzen** traduire qc de l'allemand; **etw aus dem Französischen ins ~ übersetzen** traduire qc du français en allemand
Deutsche(r) f(m) dekl wie Adj Allemand(e) m(f); **~(r) sein** être Allemand(e)
Deutschenfeind(in) m(f) germanophobe mf; **ein ~ sein** ne pas aimer les Allemands **Deutschenfreund(in)** m(f) germanophile mf; **ein ~ sein** aimer les Allemands **Deutschenhass**RR m germanophobie f **Deutschenhasser(in)** <-s, -> m(f) germanophobe mf; **ein ~ sein** haïr les Allemands
deutschfeindlich Adj germanophobe **Deutschfeindlichkeit** f germanophobie f **deutsch-französisch** Adj franco-allemand(e); **ein ~es Wörterbuch** un dictionnaire allemand-français; **die ~e Freundschaft** l'amitié franco-allemande **deutschfreundlich** Adj germanophile **Deutschfreundlichkeit** f germanophilie f **deutsch-italienisch** Adj Koproduktion germano-italien(ne)
Deutschland nt l'Allemagne f; **in ~** en Allemagne; **das [wieder]vereinte ~** l'Allemagne [ré]unifiée
Deutschlandfrage f question f allemande **Deutschlandlied** nt l'hymne m national allemand **Deutschlandpolitik** f politique f allemande
Deutschlehrer(in) m(f) professeur mf d'allemand **deutschnational** Adj national(e)-allemand(e) **Deutschordensritter** m HIST chevalier m de l'Ordre teutonique **Deutschritterorden** m HIST Ordre m teutonique **Deutschschweiz** f CH **die ~** la Suisse alémanique **Deutschschweizer(in)** m(f) Suisse m/Suissesse f alémanique **deutschschweizerisch** Adj suisse alémanique
deutschsprachig ['dɔɪtʃpraːxɪç] Adj Bevölkerung, Gebiet germanophone, de langue [o d'expression] allemande; Literatur, Zeitung en langue allemande
deutschsprachlich Adj Unterricht de l'allemand
deutschsprechend s. **Deutsch** ❶
deutschstämmig ['dɔɪtʃtɛmɪç] Adj d'origine allemande
Deutschstämmige(r) f(m) dekl wie Adj Allemand(e) m(f) d'origine [o de souche]
Deutschstunde f cours m d'allemand
Deutschtum <-s> nt culture f allemande
Deutschtürke m, **-türkin** f Allemand(e) m(f) d'origine turque
deutschtürkisch Adj inv germano-turque
Deutung <-, -en> f interprétation f; **die ~ der Zukunft** la prédiction de l'avenir
Devise [de'viːzə] <-, -n> f devise f
Devisen Pl FIN devises fpl; **freie/blockierte ~** devises convertibles/non convertibles
Devisenbeschränkungen Pl restrictions fpl en matière de devises **Devisenbestimmungen** Pl réglementation f des changes **Devisenbringer** <-s, -> m fam source f de devises **Devisengeschäft** nt opération f en devises [o de change] **Devisenhandel** m marché m des changes **Devisenknappheit** f pénurie f de devises **Devisenkurs** m taux m de change; **zum gegenwärtigen ~** au cours du change actuel **Devisenmarkt** m marché m des devises **Devisenreserven** Pl réserves fpl en devises **Devisenschmuggel** m contrebande f de devises **Devisenspekulation** f FIN spéculation f sur les devises **Devisenvergehen** nt infraction f à la réglementation des changes **Devisenwert** m valeur f des devises
devot [de'voːt] pej I. Adj soumis(e)
  II. Adv dans une attitude servile
Devotionalien [devotsio'naːliən] Pl objets mpl de piété
Dextrose [dɛks'troːzə] <-> f CHEM dextrose m
Dezember [de'tsɛmbɐ] <-s, -> m décembre m; s. a. **April**
dezent [de'tsɛnt] I. Adj Farbe, Parfüm, Hinweis, Lächeln discret(-ète)
  II. Adv andeuten, sich verhalten discrètement; gekleidet, geschminkt

avec discrétion; ~ **lächeln** arborer un sourire discret
dezentral I. *Adj* décentralisé(e)
   II. *Adv* de façon [*o* manière] décentralisée
dezentralisieren* *tr V* décentraliser
Dezentralisierung <-, -en> *f* décentralisation *f*
Dezernat [dɛtsɛr'naːt] <-[e]s, -e> *nt* service *m*
Dezernent(in) [dɛtsɛr'nɛnt] <-en, -en> *m(f)* chef *mf* de service
Dezibel ['deːtsibɛl, detsi'bɛl] <-s, -> *nt* décibel *m*
dezidiert [detsi'diːɐt] *geh* I. *Adj Befürworter, Gegner* déterminé(e); *Haltung* résolu(e); *Forderung* ferme; *Ablehnung* catégorique
   II. *Adv befürworten* fermement; *ablehnen* catégoriquement
Dezigramm [detsi'gram, 'deːtsigram] *nt* décigramme *m* **Deziliter** ['deːtsiliːtɐ, detsi'liːtɐ] *m o nt* décilitre *m*
dezimal [detsi'maːl] *Adj* décimal(e)
Dezimalbruch *m* MATH fraction *f* décimale **Dezimalrechnung** *f kein Pl* MATH calcul *m* décimal **Dezimalstelle** *f* décimale *f* **Dezimalsystem** *nt* système *m* décimal **Dezimalzahl** *f* nombre *m* décimal
Dezime ['deːtsimə, de'tsiːmə] <-, -n> *f* MUS dixième *f*
Dezimeter ['deːtsimeːtɐ, detsi'meːtɐ] *m o nt* décimètre *m*
dezimieren* *tr V* décimer
Dezimierung <-, -en> *f* décimation *f (rare)*; **die ~ der feindlichen Truppen anstreben** chercher à décimer les troupes ennemies
DFB [deːʔɛf'beː] <-> *m* SPORT *Abk von* **Deutscher Fußball-Bund** fédération allemande de football
DFÜ [deːʔɛf'ʔyː] <-> *f Abk von* **Datenfernübertragung** télétransmission *f* des données
DGB [deːgeː'beː] <-> *m Abk von* **Deutscher Gewerkschaftsbund** confédération des syndicats allemands
dgl. *Abk von* **dergleichen, desgleichen** de même
d. Gr. *Abk von* **der/die Große** le Grand/la Grande
d.h. *Abk von* **das heißt** c.-à-d.
Dia ['diːa] <-s, -s> *nt* diapo *f (fam)*
Diabetes [dia'beːtɛs] <-> *m* MED diabète *m*
Diabetiker(in) [dia'beːtikɐ] <-s, -> *m(f)* diabétique *mf*
Diabetikerschokolade *f* chocolat *m* pour diabétiques
diabetisch [dia'beːtɪʃ] I. *Adj* diabétique; *Beschwerden* dû(due) au diabète
   II. *Adv* **~ bedingt** dû(due) au diabète
diabolisch [dia'boːlɪʃ] *geh* I. *Adj* diabolique
   II. *Adv* **~ lächeln/grinsen** avoir un ricanement/sourire diabolique
diachron[isch] [-'kroː-] *Adj* diachronique
Diadem [dia'deːm] <-s, -e> *nt* diadème *m*
Diadochen [dia'dɔxən] *Pl* diadoques *mpl*
Diagnose [dia'gnoːzə] <-, -n> *f* MED diagnostic *m;* **eine ~ stellen** faire un diagnostic
Diagnosezentrum *nt* centre *m* de médecine préventive
Diagnostik [dia'gnɔstɪk] <-> *f* science *f* du diagnostic
diagnostisch [dia'gnɔstɪʃ] *Adj* diagnostique
diagnostizieren* *tr V* diagnostiquer; **etw bei jdm ~** diagnostiquer qc chez qn
diagonal [diago'naːl] I. *Adj* diagonal(e)
   II. *Adv* en diagonale
Diagonale <-, -n> *f* diagonale *f*
Diagramm [dia'gram] <-s, -e> *nt* diagramme *m*
Diakon(in) [dia'koːn] <-s *o* -en, -e[n]> *m(f)* diacre *m*
Diakonie [diako'niː] <-> *f* diaconat *m*
diakonisch *Adj* diaconal(e)
Diakonisse [diako'nɪsə] <-, -n> *f,* **Diakonissin** <-, -nen> *f* diaconesse *f*
diakritisch [dia'kriːtɪʃ] *Adj* diacritique
Dialekt [dia'lɛkt] <-[e]s, -e> *m* dialecte *m*

Land und Leute

En Allemagne, en Autriche et en Suisse, chaque région, voire chaque ville, possède son propre **Dialekt**. Certains dialectes sont tellement différents les uns des autres que les habitants d'un même pays ont parfois du mal à se comprendre entre eux. Voici quelques dialectes existant en Allemagne : *Berlinerisch, Plattdeutsch, Sächsisch, Fränkisch, Bairisch, Alemannisch* et *Schwäbisch*.

dialektal *Adj* dialectal(e)
Dialektausdruck *m* expression *f* dialectale
Dialektik [dia'lɛktɪk] <-> *f* PHILOS dialectique *f*
dialektisch [dia'lɛktɪʃ] *Adj* PHILOS dialectique
Dialog [dia'loːk] <-[e]s, -e> *m* dialogue *m;* **in [einen] ~ treten** entamer un dialogue
Dialogbereitschaft *f* volonté *f* de dialoguer **Dialogbetrieb** *m* INFORM mode *m* conversationnel **Dialogfähigkeit** *f* ouverture *f* au dialogue **Dialogfeld** *nt* INFORM boîte *f* de dialogue **Dialogfenster** *nt* INFORM fenêtre *f* de dialogue conversationnel
Dialyse [dia'lyːzə] <-, -n> *f a.* MED dialyse *f*

Dialysepatient(in) *m(f)* dialysé(e) *m(f)*
Diamant [dia'mant] <-en, -en> *m* diamant *m*
diamanten [dia'mantən] *Adj attr Ring, Schmuck* [orné(e)] de diamants
Diamantring *m* bague *f* de diamants **Diamantschleifer(in)** <-s, -> *m(f)* diamantaire *mf* **Diamantstaub** *m* poudre *f* de diamant
diametral [diame'traːl] *Adv geh* diamétralement; **~ entgegengesetzt** diamétralement opposé(e)
Diaphragma [dia'fragma] <-s, -men> *nt* MED diaphragme *m*
Diapositiv [diapozi'tiːf, 'diːapoziːtiːf] *nt* diapositive *f* **Diaprojektor** *m* projecteur *m* de diapositives **Diarahmen** *m* cadre-cache *m*
Diarrhö [dia'røː, *Pl:* -'røːən] <-, -en> *f* MED diarrhée *f*
Diaspora [di'aspora] <-> *f* diaspora *f*; **in der ~ leben** être en minorité
Diastole [di'astole, dia'stoːlə, *Pl:* dia'stoːlən] <-, -n> *f* MED diastole *f*
diastolisch [dia'stoːlɪʃ] *Adj* MED diastolique
diätᴬᴸᵀ *s.* **Diät**
Diät [di'ɛːt] <-, -en> *f* régime *m* [alimentaire]; **fettarme ~** régime hypocalorique; **jdn auf ~ setzen** *fam* mettre qn au régime; **streng ~ leben** suivre un régime stricte
Diätassistent(in) *m(f)* diététicien(ne) *m(f)*
Diäten *Pl* POL indemnité *f* parlementaire
Diätetik [diɛ'teːtɪk] <-, -en> *f* diététique *f*
diätetisch *Adj a.* MED diététique
Diätfahrplan *s.* **Diätplan** **Diätkost** *f* aliments *mpl* diététiques **Diätkur** *f* cure *f* diététique
diatonisch [dia'toːnɪʃ] *Adj* MUS diatonique
Diätplan *m* programme *m* de régime
dich [dɪç] I. *Pron pers, Akk von* **du**: **ich habe ~ gesehen** je t'ai vu(e); **er hat ~ gemeint** c'est de toi qu'il parlait; **ich werde ~ dafür vorschlagen** je vais te proposer; **ohne/für ~** sans/pour toi
   II. *Pron refl* **du hast ~ verändert** tu as changé; **du darfst ~ nicht wundern, wenn ...** ne t'étonne pas si ...; **betrachte ~ mal im Spiegel** regarde-toi dans le miroir; **wie fühlst du ~ ?** comment te sens-tu?; **hast du ~ entschuldigt?** tu t'es excusé(e)?
Dichotomie [dɪçoto'miː] <-, -n> *f* MED dichotomie *f*
dicht [dɪçt] I. *Adj* ❶ épais(se); *Gedränge, Menschenmenge, Verkehr* dense; *Reihe* serré(e)
❷ *(undurchdringlich) Nebel* épais(se); *Schneetreiben, Regen* dru(e)
❸ *(undurchlässig)* étanche; *Fenster, Tür* hermétique; *Stoff, Schuh* imperméable; *Rollläden, Vorhänge* épais(se)
❹ *(fest) Gewebe, Stoff* serré(e)
▶ **nicht ganz ~ sein** *sl* déconner *(fam)*
   II. *Adv* ❶ *(nah)* **~ beieinanderstehen** être près les uns/unes des autres; **~ auffahren** coller au pare-chocs; **~ gefolgt von ...** suivi de près par ...; **~ hinter jdm/etw stehen** être juste derrière qn/qc; **~ hinter jdm sein** *Verfolger:* être sur les talons de qn; **~ an der Straße** tout au bord de la route
❷ *(unmittelbar)* **~ bevorstehen** être imminent(e)
❸ *(stark)* **~ bevölkert** [*o* **besiedelt**] **sein** être très peuplé(e); **~ bewölkt sein** être très nuageux(-euse); **~ belaubt sein** être [très] feuillu(e); **~ mit Blumen übersät** jonché(e) de fleurs; **~ behaart sein** *Mann, Brust:* être tout(e) velu(e) [*o* poilu(e)]; **~ gedrängt** *Menschenmenge* [très] dense; **~ gedrängt auf dem Platz stehen** s'entasser sur la place
❹ *(fest) schließen, verhängen* hermétiquement; *weben* serré
▶ **~ an ~ stehen** *Personen:* être les uns/unes contre les autres; *Bäume:* pousser en rangs serrés
dichtauf *Adv folgen* de près; *liegen* juste derrière; *bleiben* près l'un de l'autre/les uns des autres
dichtbehaart *s.* **dicht** II.❸
dichtbelaubt *s.* **dicht** II.❸
dichtbesiedelt *s.* **dicht** II.❸
dichtbevölkert *s.* **dicht** II.❸
dichtbewölkt *s.* **dicht** II.❸
Dichte <-, -n> *f a.* PHYS densité *f*; *eines Gebüsches, Waldes* épaisseur *f*
dichten ['dɪçtən] I. *tr V* composer *Ode, Ballade*
   II. *itr V* faire de la poésie
Dichter(in) <-s, -> *m(f)* poète *m*/poétesse *f*
dichterisch I. *Adj* poétique
   II. *Adv darstellen, wiedergeben* poétiquement; **~ begabt** doué(e) pour la poésie
Dichterlesung *f* LITER lecture *f* de poèmes; **eine ~ halten** faire une lecture de ses propres poèmes **Dichterwort** <-worte> *nt* citation *f* [de poète/d'écrivain]
dichtgedrängt *s.* **dicht** II.❸
dicht|halten *itr V unreg sl* ne pas lâcher le morceau *(fam)*
Dichtkunst *f* art *m* poétique
dicht|machen *tr, itr V fam* fermer *Laden, Fabrik, Grenze*
Dichtung[1] <-, -en> *f* ❶ *kein Pl (Dichtkunst)* poésie *f*
❷ *kein Pl (Fiktion)* fiction *f*

❸ *(Gedicht)* poème *m*
Dichtung² <-, -en> *f* TECH joint *m*
Dichtungsmasse *f* mastic *m* [pour joints]; **Dichtungsring** *m*, **Dichtungsscheibe** *f* joint *m* [d'étanchéité]
dick [dɪk] **I.** *Adj* ❶ gros(se) *antéposé*; ~ **werden** grossir; ~ **machen** *Süßigkeiten:* faire grossir
❷ *(stark)* **ein zwei Zentimeter ~ es Brett** une planche de deux centimètres d'épaisseur; **einen Meter ~ sein** avoir un mètre d'épaisseur
❸ *fam (beträchtlich) Gehalt, Belohnung, Geschäft* gros(se) *antéposé*
❹ *fam (schwer) Fehler* gros(se) *antéposé*; *Lob, Kompliment* grand(e) *antéposé*
❺ *(geschwollen)* gros(se) *antéposé*
❻ *(dickflüssig) Flüssigkeit, Sauce* épais(se); *Milch* caillé(e); ~ **werden** *Soße:* épaissir; *Milch:* cailler
❼ *fam (dicht) Schwaden, Nebel* épais(se); *Verkehr, Gewühl* grand(e) *antéposé*
❽ *fam (eng) Freundschaft* grand(e) *antéposé*
❾ *fam (breit)* **sich ~ machen** s'étaler *(fam)*
▸ **mit jdm durch ~ und dünn gehen** suivre qn jusqu'en enfer
II. *Adv* ❶ *(warm)* **sich ~ anziehen** bien se couvrir
❷ *(deutlich)* anstreichen, unterstreichen en gros
❸ *(reichlich)* **etw ~ auftragen** étaler une grosse couche de qc
❹ *fam (sehr gut)* **~ befreundet sein** être comme cul et chemise *(fam)*; ~ **im Geschäft sein** faire son beurre *(fam)*
▸ **auftragen** *pej fam* en rajouter *(fam)*; **es ~ [e] haben** *fam* être plein(e) aux as *(fam)*; **es nicht so ~ [e] haben** *fam* ne pas rouler sur l'or *(fam)*; **jdn/etw ~ [e] haben** *fam* en avoir ras le bol de qn/qc *(fam)*; **es kommt ~ [e]** *fam* ça n'arrête pas *(fam)*
dickbauchig *Adj Krug, Vase* ventru(e), pansu(e)
dickbäuchig ['dɪkbɔɪçɪç] *Adj Person* ventru(e)
Dickdarm *m* gros intestin *m*
Dicke ['dɪkə] <-, -n> *f* grosseur *f*; *einer Schicht, Eisdecke* épaisseur *f*; **eine ~ von einem Meter haben** avoir un mètre d'épaisseur
Dicke(r) *f(m) dekl wie Adj fam* gros(se) *m(f) (fam)*; **sie ist so eine kleine ~** c'est une [petite] boulotte *(fam)*, **he, ~ r!** hé, gros! *(fam)*
Dickerchen ['dɪkɐçən] <-s, -> *nt hum fam* petit gros *m*/petite grosse *f*; **mein ~!** mon petit gros! *(fam)*
dickfellig ['dɪkfɛlɪç] *Adj pej fam* buté(e) *(fam)*
Dickfelligkeit <-> *f pej fam* entêtement *m*
dickflüssig *Adj* visqueux(-euse); *Sauce* épais(se); ~ **werden** devenir visqueux(-euse); *Sauce:* épaissir
Dickhäuter ['dɪkhɔɪtɐ] <-s, -> *m hum fam* pachyderme *m*
▸ **ein ~ sein** avoir la peau dure
Dickicht ['dɪkɪçt] <-[e]s, -e> *nt* ❶ *(Gebüsch)* fourré *m*
❷ *(Unübersichtlichkeit)* maquis *m*
Dickkopf *m fam* ❶ *(Starrsinn)* entêtement *m*; **einen ~ haben** être tête de mule *(fam)*; **seinen ~ durchsetzen** faire ses quatre volontés *(fam)*
❷ *(Mensch)* tête *f* de mule; **sei kein ~!** ne fais pas ta tête de mule!
dickköpfig *Adj fam* têtu(e) *(fam)*
dickleibig *Adj geh Person* corpulent(e); *Band, Wälzer* volumineux(-euse) *(soutenu)*
Dickleibigkeit <-> *f geh* embonpoint *m*
dicklich *Adj* ❶ *Person* grassouillet(te)
❷ *(dickflüssig)* épais(se); ~ **werden** épaissir
Dickmilch *f* lait *m* caillé **Dickschädel** *s.* Dickkopf
dickschalig *Adj Orange* à écorce [o peau] épaisse; *Nuss* à coque épaisse; ~ **sein** avoir une écorce/coque épaisse
dickwandig *Adj Gefäß* en verre/en grès/... épais; *Gebäude, Keller* aux murs épais; ~ **sein** *Gebäude:* avoir des murs épais
Dickwanst *m pej fam* gros *m* plein de soupe *(péj)*
Didaktik [di'daktɪk] <-, -en> *f* didactique *f*
didaktisch I. *Adj* didactique
II. *Adv* au niveau didactique
die¹ [di(:)] **I.** *Art def, feminin, Nom und Akk Sing* ❶ *(auf eine Person, ein weibliches Tier bezogen)* la; ~ **Nachbarin/Freundin geht** la voisine/l'amie part; ~ **Kollegin begleiten** accompagner la collègue; ~ **Großmutter anrufen** téléphoner à la grand-mère; **für ~ Dietrich schwärmen** raffoler de la Dietrich; ~ **Kuh streicheln** caresser la vache
❷ *(allgemein auf ein Tier, eine Sache bezogen)* le/la; ~ **Katze frisst** le chat mange; ~ **Uhr ist kaputt** la montre est cassée; **vergiss ~ Tasche nicht!** n'oublie pas ton sac!; **das ist ~ Donau auf diesem Foto** sur cette photo, c'est le Danube
II. *Art def, Nom und Akk Pl von* **der¹, die¹ I., das¹** les; ~ **Kinder singen** les enfants chantent; ~ **neuen Nachbarn einladen** inviter les nouveaux voisins; ~ **Kollegen anrufen** téléphoner aux collègues; **hier sind ~ Schlüssel** voici les clés
die² **I.** *Pron dem, feminin, Nom und Akk Sing* ❶ *(auf eine Person, ein weibliches Tier bezogen)* cette; ~ **Frau/Verkäuferin** [da] cette femme[-là]/vendeuse[-là]; ~ **Stute** [da] cette jument[-là]; ~ **weiß das doch nicht!** celle-là, elle ne le sait pas!; ~ **Angeberin!** cette frimeuse!
❷ *(allgemein auf ein Tier, auf eine Sache bezogen)* ce/cette; ~ **Katze/Kuh** [da] ce chat[-là]/cette vache[-là]; ~ **Pflanze** [da] cette plante[-là]; **ich hätte gern ~ Jeans/Tischdecke** [da] je voudrais ce jean[-là]/cette nappe[-là]
II. *Pron dem, Nomin und Akk Pl von* **der² I., die² I., das² I.** ces; ~ **Männer/Frauen** [da] ces hommes[-là]/femmes[-là]; ~ **wissen das doch nicht!** ils ne la savent pas, eux!
III. *Pron rel, feminin, Nom Sing* qui; **eine Frau, ~ es eilig hatte** une femme, qui était pressée; **eine Kandidatin, ~ gewählt wird** une candidate qui va être élue; **eine Geschichte, ~ von Millionen gelesen wurde** une histoire qui a été lue par des millions de personnes
IV. *Pron rel, feminin, Akk Sing* que; **eine Frau, ~ man schätzt** une femme qu'on apprécie; **eine Kandidatin, ~ wir wählen** une candidate que nous élisons; **eine Geschichte, ~ Millionen gelesen haben** une histoire que des millions de personnes ont lue
V. *Pron rel, Nom Pl* qui; **Menschen, ~ es eilig hatten** des gens qui étaient pressés; **mehrere Bücher, ~ mich interessieren** plusieurs livres qui m'intéressent
VI. *Pron rel, Akk Pl* que; **einige Personen, ~ er kennt** plusieurs personnes qu'il connaît; **drei Städte, ~ wir besichtigen werden** trois villes que nous allons visiter
VII. *Pron dem o rel, feminin, Nom Sing* celle qui; ~ **dieses Amt anstrebt** celle qui brigue ce fauteuil; ~ **mir das erzählt hat, hat gelogen** celle qui m'a raconté ça a menti
Dieb(in) [di:p, 'di:bɪn] <-[e]s, -e> *m(f)* voleur(-euse) *m(f)*; **haltet den ~!** au voleur!
▸ **die kleinen ~ e hängt man, die großen lässt man laufen** *Spr.* c'est toujours le petit qui trinque
Dieberei <-, -en> *f fam meist Pl* **kleine ~ en** des chapardages *mpl (fam)*
Diebesbande *f* bande *f* de voleurs **Diebesgesindel** *s.* Diebespack **Diebesgut** ['di:bəsgu:t] *nt kein Pl* butin *m* **Diebespack** *nt pej* racaille *f (péj)*
diebisch I. *Adj* ❶ *Person* voleur(-euse)
❷ *(heimlich) Freude, Vergnügen* furtif(-ive)
II. *Adv* **sich ~ freuen** bicher dans son coin *(fam)*
Diebstahl <-[e]s, Diebstähle> *m* vol *m*; **schwerer ~** vol qualifié; **geistiger ~** plagiat *m*
Diebstahlsicherung *f* assurance *f* contre le vol **Diebstahlversicherung** *f* assurance *f* contre le vol
diejenige *Pron dem, feminin, Nom und Akk Sing (auf eine Person, ein weibliches Tier bezogen)* cette; ~ **Kollegin, die ...** cette collègue qui ...; **für ~ Schülerin mit den besten Noten** pour l'élève ayant obtenu les meilleurs résultats; ~ **Stute, die ...** cette jument qui ...; ~, **die das gesagt hat** celle qui a dit cela; **unsere Garage ist kleiner als ~ unserer Nachbarn** notre garage est plus petit que celui de nos voisins
▸ ~, **welche** *fam* notre vieille connaissance *(fam)*
diejenigen *Pron dem, Nom und Akk Pl von* derjenige, diejenige, dasjenige ~ **Schüler/Schülerinnen, die teilnehmen wollen** ceux parmi les élèves qui souhaitent participer; **eine Überraschung für ~n unter Ihnen, die ...** une surprise pour ceux d'entre vous qui ...; **für meine Schuhe und ~ meiner Kinder** pour mes chaussures à moi et celles de mes enfants
▸ ~, **welche** *fam* notre vieille connaissance *(fam)*
Diele ['di:lə] <-, -n> *f* ❶ *(Flur)* vestibule *m*
❷ *(Dielenbrett)* lame *f* de parquet
dienen ['di:nən] *itr V* ❶ *(nützlich sein)* servir; **der Verteidigung** *(Dat)* ~ servir à la défense; **wozu soll das alles ~?** ça sert à quoi, tout ça?
❷ *(helfen)* **mit etw ~ [können]** [pouvoir] être utile en qc; **womit kann ich ~?** en quoi puis-je être utile?; **mit dieser Auskunft ist mir wenig gedient** ce renseignement ne m'avance pas beaucoup; **ist dir mit einem Schraubenzieher gedient?** est-ce qu'un tournevis t'irait?
❸ *(verwendet werden)* **als Briföffner ~** servir de coupe-papier
❹ MIL **bei der Marine ~** servir [o faire son service] dans la marine; **s. a. gedient**
❺ *veraltet (beschäftigt sein)* **als Kutscher ~** servir comme cocher
Diener <-s, -> *m* ❶ *a. fig geh* serviteur *m (vieilli)*; **ein ~ Gottes** un serviteur de Dieu *(soutenu)*; **Ihr [sehr] ergebener ~** *veraltet* votre très humble serviteur *(vieilli)*
❷ *fam (Verbeugung)* **einen ~ machen** s'incliner; **mit einem tiefen ~** en s'inclinant profondément
Dienerin <-, -nen> *f* servante *f (vieilli)*
dienern ['di:nɐn] *itr V pej* faire des courbettes; **vor jdm ~** faire des courbettes à qn
Dienerschaft <-, -en> *f* domestiques *mpl*
dienlich *Adj* utile; **jdm/einer S. ~ sein** être utile à qn/qc
Dienst [di:nst] <-[e]s, -e> *m* ❶ service *m*; **im ~ sein** être de ser-

vice; **bei** jdm ~ **tun** travailler chez qn; ~ **nach Vorschrift machen** faire la grève du zèle; **jdn vom** ~ **befreien/beurlauben** [*o* **suspendieren**] donner un congé à qn/suspendre qn; **den** ~ **quittieren** quitter le service; **im** ~ pendant le service; **nach** ~ après le service; **außer** ~ *(in der Freizeit)* en congé; *(im Ruhestand)* en retraite; **ich bin im** ~ **!** je suis en service!
❷ *(Bereitschaftsdienst)* service *m*; ~ **haben** être de service; ~ **habend** [*o* **tuend**] de garde
❸ *(Betrieb)* **etw in** ~ **stellen** mettre qc en service
❹ *meist Pl (Unterstützung, Gefallen)* services *mpl*; **jdm einen** [**guten/schlechten**] ~ **erweisen** rendre [un bon/mauvais] service à qn; **jdm gute** ~ **e leisten** rendre bien service à qn; **sich in den** ~ **einer S. stellen** se mettre au service de qc
❺ *(öffentlicher Sektor)* service *m*; **öffentlicher** ~ fonction *f* publique; **der mittlere/gehobene** [*o* **höhere**] ~ le corps des moyens/hauts fonctionnaires; **diplomatischer** [*o* **auswärtiger**] ~ corps *m* diplomatique
❻ *veraltet (Dienstverhältnis)* **in jds** ~ [**en**] **sein** [*o* **stehen**] être au service de qn; **in jds** ~ [**e**] **treten** entrer au service de qn; **jdn in** [**seinen**] ~ [*o* **in seine** ~ **e**] **nehmen** prendre qn à son service; **jdm zu** ~ **en stehen** être au service de qn
▶ ~ **ist** ~, **und Schnaps ist Schnaps** *fam* le travail est une chose, le plaisir en est une autre; **jdm den** ~ **versagen** *Beine:* se dérober à qn
Dienstabteil *nt* compartiment *m* de service
Dienstag ['di:nsta:k] *m* mardi *m*; **am** ~ *(dienstags)* le mardi; *(kommenden Dienstag)* mardi prochain; *(letzten Dienstag)* mardi dernier; **heute ist schon** ~ on est déjà mardi [aujourd'hui]; ~ **vormittags/abends/nachts** le mardi matin/soir/dans la nuit; **jeden** ~ tous les mardis; [**am**] **letzten** ~ mardi dernier; **seit letztem** ~ depuis mardi dernier; **am nächsten** ~ mardi prochain; **ab nächstem** ~ à partir de mardi prochain; **an einem** ~ un mardi; **hast du diesen** [*o* **an diesem**] ~ **Zeit?** tu as le temps mardi?; **eines** ~ un mardi; ~ **in einer Woche** [*o* **acht Tagen**] mardi en huit [jours]; ~ **vor einer Woche** [*o* **acht Tagen**] mardi il y a une semaine; ~, **der 18. März** le mardi 18 mars; **am** ~, **dem** [*o* **den**] **2. August** le mardi 2 août; **heute ist** ~, **der 31. Mai** aujourd'hui nous sommes le mardi 31 mai
Dienstagabend *m* mardi *m* soir; **am** ~ le mardi soir **Dienstagmorgen** *m* mardi *m* matin; **am** ~ le mardi matin **Dienstagnachmittag** *m* mardi *m* après-midi; **am** ~ le mardi après-midi
dienstags *Adv* le mardi
Dienstalter *nt* années *fpl* de service **Dienstälteste(r)** *f(m) dekl wie Adj* **die/der** ~ le doyen/la doyenne **Dienstantritt** *m* prise *f* de service; **vor** ~ avant la prise de service **Dienstanweisung** *f* instruction *f* de service **Dienstauffassung** *f* déontologie *f* **Dienstaufsicht** *f* inspection *f*; **die** ~ **über etw** *(Akk)* **haben** inspecter qc **Dienstausweis** *m* carte *f* d'identité de service
dienstbar *Adj* serviable; **sich** *(Dat)* **jdn/etw** ~ **machen** mettre qn/qc à profit; **sich jdm** ~ **erweisen** se montrer serviable envers qn
Dienstbarkeit <-, -en> *f* JUR servitude *f*
dienstbeflissen *Adj* zélé(e) **dienstbereit** *Adj* ❶ **Apotheke** de garde ❷ *veraltet (hilfsbereit)* serviable **Dienstbereitschaft** *f (Notbereitschaft)* garde *f* **Dienstbezüge** *Pl* traitements *mpl* **Dienstbote** *m*, **-botin** *f veraltet* domestique *mf* **Dienstboteneingang** *m veraltet* entrée *f* de service **Diensteid** *m* serment *m* professionnel **Diensteifer** *m* zèle *m* **diensteifrig** *s.* **dienstbeflissen** **Dienstenthebung** *f* suspension *f*, mise *f* à pied; **vorläufige** ~ mise à pied provisoire **dienstfrei** *Adj* **Tag** de libre; **jeden zweiten Sonntag** ~ **haben** avoir un dimanche sur deux de libre **Dienstgebrauch** *m* **nur für den** ~ réservé(e) au service **Dienstgeheimnis** *nt* secret *m* professionnel **Dienstgespräch** *nt* communication *f* de service [*o* professionnelle] **Dienstgrad** *m* ❶ *(Rangstufe)* grade *m* ❷ *(Person)* gradé *m* **Dienstgradabzeichen** *nt* insigne *m* de grade
diensthabend ['di:nstha:bṇt] *s.* **Dienst** ❷
Dienstherr *m* ❶ *(Arbeitgeber)* employeur *m*; **öffentlich-rechtlicher** ~ employeur public ❷ *(vorgesetzte Dienstbehörde)* autorité *f* supérieure **Dienstjahr** *nt meist Pl* année *f* de service **Dienstjubiläum** *nt* **20-jähriges** ~ jubilé *m* des 20 années de service **Dienstkleidung** *f* tenue *f* [de service] **Dienstleister** *m* prestataire *m* de services **Dienstleistung** *f* ❶ *meist Pl* prestation *f* de service; **industrielle** ~ **en** prestations de service industrielles ❷ *(Gefälligkeit)* service *m*
Dienstleistungsbereich *m* secteur *m* de services **Dienstleistungsberuf** *m* métier *m* du [secteur] tertiaire **Dienstleistungsbetrieb** *m* entreprise *f* du [secteur] tertiaire **Dienstleistungssektor** *m* secteur *m* tertiaire **Dienstleistungsunternehmen** *nt* entreprise *f* de services **Dienstleistungsverkehr** *m* JUR échange *m* des services
dienstlich I. *Adj* ❶ *Angelegenheit* professionnel(le); *Schreiben* officiel(le)

❷ *(offiziell, streng)* **Befehl** officiel(le); ~ **werden** *fam* prendre un ton officiel
II. *Adv* **verreisen** à titre professionnel; **sprechen** pour affaires
Dienstmädchen *nt veraltet* bonne *f (vieilli)* **Dienstmütze** *f* casquette *f* [d'uniforme] **Dienstpersonal** *nt* personnel *m* de services **Dienstpflicht** *f* obligations *fpl* professionnelles, *(Staatsbürgerpflicht)* devoir *m* civique **Dienstplan** *m* tableau *m* de service **Dienstrang** *s.* **Dienstgrad** **Dienstreise** *f* déplacement *m* professionnel; **auf** ~ **gehen** partir en déplacement **Dienstsache** *f* ❶ *(Angelegenheit)* affaire *f* officielle ❷ *(Schreiben)* pli *m* de service **Dienstschluss**^(RR) *m* fermeture *f*; **nach** ~ après la fermeture; **jetzt ist** ~ **!** c'est l'heure de la fermeture! **Dienstsiegel** *nt* sceau *m* officiel **Dienststelle** *f* bureau *m*; **die höhere** ~ l'autorité *f* [hiérarchique] supérieure **Dienststempel** *m* cachet *m* officiel **Dienststunden** *Pl (Zeiten für Publikumsverkehr)* heures *fpl* d'ouverture [au public] **diensttauglich** *Adj* apte au service [militaire]
diensttuend *s.* **Dienst** ❷
dienstunfähig *Adj* **Beamter** en incapacité de travail **dienstuntauglich** *Adj* inapte au service [militaire] **Dienstvergehen** *nt* faute *f* de service **dienstverpflichten*** *tr V* mobiliser; **dienstverpflichtet werden** être mobilisé(e) **Dienstvertrag** *m* convention *f* **Dienstvorschrift** *f* règlement *m* [intérieur]; MIL consigne *f* **Dienstwagen** *m* voiture *f* de fonction **Dienstweg** *m* voie *f* hiérarchique **Dienstwohnung** *f* logement *m* de fonction **Dienstzeit** *f* ❶ *(Arbeitszeit)* horaire *m* de travail; **während der** ~ pendant les heures de bureau ❷ *(Dienstjahre)* années *fpl* de service **Dienstzeugnis** *nt* certificat *m* de travail
dies [di:s] *Pron dem, unv* ❶ *(das hier)* voici; ~ **ist meine Tante** voici ma tante; ~ **sind meine Kinder/Schuhe** voici mes enfants/ce sont mes chaussures; ~ **ist der Freund, der bei uns wohnt** c'est l'ami qui habite chez nous; ~ **ist eine Lüge** c'est un mensonge; ~ **alles gehört mir** tout ceci [*o* ça] est à moi; **ich hätte gerne** ~ [**da**]**!** j'aimerais bien celui-ci/celle-ci!
❷ *(dieses)* **Paar/Haus** ce couple-là/cette maison-ci
▶ **über** ~ **und das sprechen** parler de choses et d'autres
diesbezüglich *Adj, Adv* form à ce sujet *(soutenu)*
diese(r, s) ['di:zə, -zɐ, -zəs] *Pron dem* ce(tte)/cette; ~ **r Stift/Baum** ce stylo/cet arbre; ~ **Geschichte/Vase** cette histoire/ce vase; ~ **s Kind/Buch** cet enfant/ce livre; ~ **Bäume/Geschichten/Bücher** ces livres/arbres/histoires; **jenes Haus dort und** ~ **s** [**hier**] **cette maison là-bas et celle-ci**; **der rote Pulli gefällt mir besser als** ~ **r** [**hier**] je préfère le pull rouge à celui-ci; **nimm nicht die grünen Bananen, sondern** ~ [**da**]**!** ne prends pas ces bananes vertes mais celles-là!; **in** ~ **n Jahren** ces années-là
▶ ~ **s und jenes** différentes choses *fpl*; **sich über** ~ **s und jenes unterhalten** parler de choses et d'autres
Diesel[1] ['di:zəl] <-s> *nt fam (Kraftstoff)* gazole *m*, gasoil *m*
Diesel[2] <-s, -> *m* ❶ *(Wagen)* diesel *m*
❷ *s.* **Dieselmotor**
dieselbe *Pron dem, Nom und Akk Sg von* **derselbe** ❶ *(auf eine Person, ein weibliches Tier bezogen)* la même; **diese beiden Bücher hat** ~ **Journalistin geschrieben** c'est la même journaliste qui a écrit ces deux livres; **für** ~ **Schauspielerin schwärmen** raffoler de la même actrice; **immer auf** ~ **Stute setzen** miser toujours sur la même jument
❷ *(allgemein auf ein Tier, eine Sache bezogen)* le/la même; **das war** ~ **Katze/Frisur wie neulich** c'était le même chat/la même coiffure que l'autre jour
dieselben *Pron dem, Nom und Akk Pl von* **derselbe, dieselbe, dasselbe** les mêmes
Dieselkraftstoff *m* diesel *m* **Diesellok**[**omotive**] [-və] *f* locomotive *f* diesel **Dieselmotor** *m* [moteur *m*] diesel *m* **Dieselöl** *s.* **Diesel**[1]
dieser, dieses *s.* **diese(r, s)**
diesig ['di:zɪç] *Adj* brumeux(-euse); **es ist** ~ il y a de la brume
diesjährig *Adj attr* de cette année
diesmal *Adv* cette fois-ci; **für** ~ pour cette fois[-ci]
diesseitig *Adj* ❶ *(auf dieser Seite)* de ce côté-ci
❷ *geh (irdisch)* **Existenz, Freuden, Leben** d'ici-bas; **Denken** temporel(le)
diesseits ['di:szaɪts] *Präp + Gen* de ce côté-ci; ~ **des Flusses** de ce côté-ci du fleuve
Diesseits <-> *nt* vie *f* ici-bas; **das** ~ *(die Welt)* les choses *fpl* d'ici-bas; *(das Leben)* la vie ici-bas; **im** ~ dans ce bas monde
Dietrich ['di:trɪç] <-s, -e> *m* rossignol *m*; **eine Tür mit einem** ~ **öffnen** crocheter une porte
dieweil [di:'vaɪl] *veraltet* I. *Adv* pendant ce temps-là
II. *Konj* ❶ *(während)* pendant que + *indic*
❷ *(da, weil)* puisque + *indic*, parce que + *indic*
diffamieren* *tr V* diffamer; **jdn als Verrückten** ~ diffamer qn en l'accusant d'être fou; **etw als Schwindel** ~ diffamer qc en l'accusant d'être de l'imposture

diffamierend I. *Adj* diffamatoire
II. *Adv* de façon diffamatoire
Diffamierung <-, -en> *f* diffamation *f*
Differential [dɪfərɛn'tsia:l] *s*. **Differenzial**
Differentialgetriebe *s*. **Differenzialgetriebe** **Differentialrechnung** *s*. **Differenzialrechnung**
Differenz [dɪfə'rɛnts] <-, -en> *f* ❶ différence *f*; **eine ~ von hundert Euro aufweisen** montrer une différence de cent euros
❷ *(zeitlicher Abstand)* écart *m*
❸ *meist Pl (Meinungsverschiedenheit)* différend *m*
Differenzbetrag *m* différence *f*
Differenzial^{RR} [dɪfərɛn'tsia:l] <-s, -e> *nt* ❶ *(Differenzialgetriebe)* différentiel *m*
❷ MATH différentielle *f*
Differenzialgetriebe^{RR} *nt* [engrenage *m*] différentiel *m* **Differenzialgleichung**^{RR} *f* MATH équation *f* différentielle; **Poisson'sche ~** CHEM équation *f* de Poisson **Differenzialrechnung**^{RR} *f* MATH calcul *m* différentiel
differenzieren* *geh* I. *itr V* différencier; **zwischen zwei Phänomenen ~** faire la distinction entre deux phénomènes; **hier muss man ~** il faut considérer cette question sous différents aspects
II. *tr V* nuancer *Aussage, Behauptung, Urteil;* modifier *Angebot, Vorschlag*
III. *r V sich ~* se différencier
differenziert *geh* I. *Adj* nuancé(e); *Denken, Methode, Werbung* subtil(e)
II. *Adv* de façon nuancée
Differenzierung <-, -en> *f geh* ❶ kein Pl *(das Differenzieren)* jugement *m* nuancé *(soutenu)*
❷ BIO différenciation *f*
differieren* *itr V geh* différer; **stark ~** *Angaben, Aussagen:* différer grandement; **um zehn Grad ~** *Temperaturen:* différer de dix degrés; **unsere Einschätzungen ~ etwas** nos estimations diffèrent quelque peu
diffizil [dɪfɪ'tsi:l] *Adj geh* compliqué(e)
diffus [dɪ'fu:s] I. *Adj* ❶ *Beleuchtung, Licht* diffus(e)
❷ *(verworren)* confus(e)
II. *Adv* ❶ *leuchten* diffusément
❷ *(verworren)* confusément
Diffusion [dɪfu'zio:n] <-, -en> *f* CHEM, PHYS diffusion *f*
digital [digi'ta:l] I. *Adj Daten, Anzeige, Übertragung, Steuerung* numérique; *Technik* digital(e); *Kassette* audionumérique
II. *Adv* **~ erfolgen** s'effectuer par numérisation; **etw ~ darstellen** digitaliser qc
Digitalanzeige *f* affichage *m* numérique **Digitalband** *nt* bande *f* audionumérique **Digitalbaustein** *m* unité *f* logique **Digitalfernsehen** *nt* télévision *f* numérique
digitalisieren* *tr V* ❶ numériser *Daten, Anzeige, Übertragung, Steuerung*
❷ *(digital darstellen)* digitaliser
Digitalisierung <-, -en> *f* numérisation *f*
Digitalkamera *f* appareil *m* photo numérique **Digitalrechner** *m veraltet* calculateur *m* numérique *(vieilli)* **Digitaltechnik** *f* technique *f* digitale **Digitaluhr** *f* montre *f* digitale
Diktat [dɪk'ta:t] <-[e]s, -e> *nt* ❶ *(Schreibübung)* dictée *f*
❷ *(das Diktieren)* [**kommen Sie**] **bitte zum ~!** s'il vous plaît, j'ai quelque chose à [vous] dicter!
❸ *(diktierter Text)* **~e tippen** taper des lettres dictées; **das ~ auf Band sprechen** dicter le courrier sur cassette
❹ *(Zwang, Willkür)* diktat *m*
❺ *geh (Gebot)* **das ~ der Vernunft/der Mode** les diktats *mpl* de la raison/les impératifs *mpl* de la mode
Diktator [dɪk'ta:to:ɐ] <-s, -toren> *m*, **Diktatorin** *f pej* dictateur(-trice) *m(f)*
diktatorisch *pej* I. *Adj* dictatorial(e)
II. *Adv* en dictateur
Diktatur [dɪkta'tu:ɐ] <-, -en> *f pej* dictature *f*; **in** [*o* **unter**] **einer ~ leben** vivre sous une dictature
diktieren* *tr V* dicter; **jdm etw ~** dicter qc à qn
Diktiergerät *nt* dictaphone *m*
Diktion [dɪk'tsio:n] <-, -en> *f geh* diction *f*
dilatorisch [dila'to:rɪʃ] *JUR* I. *Adj* dilatoire
II. *Adv* de manière dilatoire
Dildo ['dɪldo] <-s, -s> *m* godemiché *m*
Dilemma [di'lɛma] <-s, -s *o* -ta> *nt geh* dilemme *m;* **in ein ~ geraten** se trouver confronté(e) à un dilemme; **sich in einem ~ befinden** être [enfermé(e)] dans un dilemme
Dilettant(in) [dilɛ'tant] <-en, -en> *m(f)* dilettante *mf*
dilettantisch *pej* I. *Adj* de dilettante; **auf ~e Weise** en dilettante; **mit Ihrem ~en Verhalten** par votre dilettantisme
II. *Adv* en dilettante
Dilettantismus [dilɛtan'tɪsmʊs] <-> *m* dilettantisme *m*
Dill [dɪl] <-[e]s, -e> *m* aneth *m*

Dimension [dimɛn'zio:n] <-, -en> *f* dimension *f*; **ungeahnte/immer größere ~en annehmen** prendre des dimensions insoupçonnées/de plus en plus grandes
Diminutivform [diminu'ti:f-] *f* diminutif *m*
Dimmer ['dɪmɐ] <-s, -> *m* variateur *m*
DIN [di:n, dɪn] <-> *f Abk von* **Deutsche Industrie-Norm**[en] *norme industrielle allemande;* **im Format ~ A4** ≈ de format A4
Dinar [di'na:ɐ] <-s, -e> *m* dinar *m*
Diner [di'ne:] <-s, -s> *nt geh* dîner *m (soutenu)*
DIN-Format *nt* format *m* standard *(aux normes allemandes)*
Ding <-[e]s, -e *o fam* -er> [dɪŋ] *nt* ❶ *(Gegenstand, Sache)* chose *f*, machin *m (fam);* **räum diese ~er weg!** enlève ces machins! *(fam)*
❷ *(Eigentum)* **persönliche ~e** des affaires *fpl* personnelles; **ein paar ~e einpacken** mettre quelques affaires dans sa valise/son sac
❸ *fam (Vorfall, Nachricht)* [**das ist**] **ein tolles ~!** c'est super, ce truc! *(fam)*
❹ *Pl (Angelegenheit, Frage)* **so, wie die ~e liegen** au point où en sont les choses; **wie ich die ~e sehe, wird das nicht einfach sein** il me semble que cela ne sera pas facile + *indic;* **in ~en der Kunst/des Steuerrechts** en matière d'art/de fiscalité
❺ PHILOS chose *f*
❻ *fam (Mädchen, Frau)* **ein junges ~** une jeunesse *(fam);* **die jungen ~er** les [petites] jeunottes *(fam)*
❼ *sl (Unerlaubtes)* **ein** [**krummes**] **~/**[**krumme**] **~er drehen** faire un mauvais coup/des magouilles *(fam)*
❽ *sl (Schlag)* **jdm ein ~ verpassen** filer un pain à qn *(pop)*
▸ **die ~e beim** [**rechten**] **Namen nennen** appeler les choses par leur nom; **jedes ~ hat zwei Seiten** *Spr.* toute médaille a son revers; **das ist ein ~ der Unmöglichkeit** cela relève de l'impossible; **gut ~ will Weile haben** *Spr.* Paris ne s'est pas fait en un jour; **vor allen ~en** avant toute chose; **aller guten ~e sind drei** *Spr.* jamais deux sans trois; **guter ~e sein** *geh* être de bonne humeur; **nicht mit rechten ~en zugehen** il y a quelque chose de pas catholique *(fam);* **unverrichteter ~e zurückkommen** revenir bredouille; **der ~e harren, die da kommen** [**sollen**] attendre la suite des événements; **über den ~en stehen** être au-dessus de ça
Dingelchen ['dɪŋəlçən] <-s, -> *nt fam* babiole *f*
dingen <dang *o* dingte, gedungen> *tr V pej geh* soudoyer *Mörder, Schläger;* **gedungener Mörder** tueur *m* à gages
Dingens ['dɪŋəns] *s*. **Dings**[1]
dingfest *Adj* en état d'arrestation; **jdn ~ machen** appréhender [*o* arrêter] qn
Dingi ['dɪŋgi] <-s, -s> *nt* dinghy *m*
Dings[bums][1] ['dɪŋsbʊms] <-> *nt fam (Gegenstand)* truc *m (fam),* bidule *m (fam)*
Dings[bums][2] <-> *mf fam* machin(e) *m(f);* **hat der/die ~ angerufen?** est-ce que Machin/Machine [Chouette] a téléphoné? *(fam)*
Dingsda[1] ['dɪŋsda:] <-> *nt fam s*. **Dings**[**bums**][1]
Dingsda[2] <-> *mf fam s*. **Dings**[**bums**][2]
dinieren* *itr V geh* dîner; **bei/mit jdm ~** dîner chez/avec qn *(soutenu)*
Dinkel <-s> *m* BOT épeautre *m*
Dinosaurier [dino'zaʊriɐ] *m* dinosaure *m*
Diode [di'o:də] <-, -n> *f* diode *f*
Diogenes [di'o:genɛs] <-> *m* HIST Diogène *m*
Dioptrie [dio:p'tri:, *Pl:* dio:p'tri:ən] <-, -n> *f* dioptrie *f*
Dioxid ['di:ʔɔksi:t, di:ʔɔ'ksi:t] <-s, -e> *nt* CHEM dioxyde *m*
Dioxin [dio'ksi:n] <-s, -e> *nt* CHEM dioxine *f*; **~ ist giftig** la dioxine est toxique
Dioxyd ['di:ʔɔksy:t, di:ʔɔ'ksy:t] <-s, -e> *nt s*. **Dioxid**
Diözese [diø'tse:zə] <-, -n> *f* diocèse *m*
Dip [dɪp] <-s, -s> *m* GASTR sauce *f* dip
Diphtherie [dɪftə'ri:] <-, -n> *f* MED diphtérie *f*; **gegen ~ geimpft sein** être vacciné(e) contre la diphtérie
Diphthong [dɪf'tɔŋ] <-s, -e> *m* PHON diphtongue *f*
Dipl. *Abk von* **Diplom**
Dipl.-Ing. *Abk von* **Diplomingenieur**
Dipl.-Kfm. *Abk von* **Diplomkaufmann**
diploid [diplo'i:t] *Adj* BIO, MED diploïde
Diplom [di'plo:m] <-s, -e> *nt* diplôme *m;* **ein ~ als Chemiker haben** avoir un diplôme de chimie; **das ~ in Biologie machen** *(studieren)* préparer son diplôme de biologie; *(den Abschluss machen)* passer son diplôme de biologie
Diplomarbeit *f* mémoire *m*
Diplomat(in) [diplo'ma:t] <-en, -en> *m(f)* diplomate *mf*
Diplomatenausweis *m* laissez-passer *m* diplomatique **Diplomatenkoffer** *m* attaché-case *m* **Diplomatenlaufbahn** *f* carrière *f* diplomatique; **die ~ einschlagen** embrasser la carrière diplomatique
Diplomatie [diploma'ti:] <-> *f* diplomatie *f*
diplomatisch I. *Adj* diplomatique; **~ sein** être diplomate
II. *Adv sich verhalten* avec diplomatie; **einen Staat ~ anerkennen**

Diplombibliothekar(in) *m(f)* bibliothécaire *mf* diplômé(e)
diplomieren* *itr V* CH **in etw ~** *(Dat)* passer son diplôme de qc
diplomiert *Adj* diplômé(e)
Diplomingenieur(in) [-ɪnʒeniøːɐ] *m(f)* ingénieur *mf* diplômé(e)
Diplomkaufmann *m*, **-kauffrau** *f* diplômé(e) *m(f)* d'études commerciales **Diplomlandwirt(in)** *m(f)* ingénieur *mf* agronome
Diplomprüfung *f* examen *m* [pour l'obtention d'un/du diplôme]
Diplompsychologe *m*, **-psychologin** *f* psychologue *mf* diplômé(e)
Dipol [ˈdiːpoːl] <-s, -e> *m* PHYS dipôle *m*
Dippel [ˈdɪpəl] <-s, -n> *m* A *fam (Schwellung)* enflure *f*
dippen [ˈdɪpən] *tr V* etw [in etw *(akk)*] ~ tremper qc dans une sauce dip
dir [diːɐ] I. *Pron pers, Dat von* **du: das wird ~ gut tun** ça te fera du bien; **ich werde ~ helfen/folgen** je vais t'aider/te suivre; **ich habe ~ etwas mitgebracht** je t'ai apporté quelque chose; **gehört das Fahrrad ~?** c'est à toi, ce vélo?; **~ verrate ich es nicht!** ce n'est pas à toi que je vais le dire; **geht es ~ heute besser?** tu vas mieux aujourd'hui?; **hinter/vor ~** derrière/devant toi; **bitte nach ~!** après toi!
II. *Pron refl* **stell ~ vor, es klappt!** figure-toi, ça marche!; **was hast du ~ dabei gedacht?** qu'est-ce que tu avais en tête?; **wasch ~ die Hände!** lave-toi les mains!
direkt [diˈrɛkt] I. *Adj* direct(e)
II. *Adv* ① *(auf kürzestem Wege)* directement
② *(unverblümt) antworten, fragen* sans détour
③ *fam (eindeutig)* franchement
④ *(ohne Aufzeichnung)* etw ~ übertragen retransmettre qc en direct
Direktabbuchung *f* prélèvement *m* direct **Direktabnehmer** *m* acheteur *m* direct **Direktbank** *f* banque *f* directe **Direktflug** *m* AVIAT vol *m* direct
Direktion [dirɛkˈtsioːn] <-, -en> *f* ① *(Geschäftsleitung, Büro)* direction *f*
② CH *(Ressort)* ministère *m* cantonal
Direktive [dirɛkˈtiːvə] <-, -n> *f geh* directive *f*
Direktmandat *nt* mandat *m* direct *(obtenu dans une circonscription)*
Direktor <-s, -toren> *m*, **Direktorin** *f* directeur(-trice) *m(f)*; **eines Gymnasiums** proviseur *mf*; **einer Realschule** principal(e) *m(f)*
Direktorat <-[e]s, -e> *nt* SCHULE *geh (Funktion, Büro)* direction *f*
Direktorium [dirɛkˈtoːrium, *Pl:* dirɛkˈtoːriən] <-s, -rien> *nt*
① *(Gremium)* directoire *m*
② HIST **das ~** le Directoire
Direktrice [dirɛkˈtriːsə] <-, -n> *f* styliste *f*
Direktsendung *f*, **Direktübertragung** *f* retransmission *f* en direct **Direktverbindung** *f* liaison *f* directe **Direktverkauf** *m* vente *f* directe **Direktversicherer** *m* assureur *m* direct **Direktzugriff** *m* INFORM accès *m* direct; **im ~** directement
Dirigent(in) [diriˈgɛnt] <-en, -en> *m(f)* chef *mf* d'orchestre
Dirigentenstab *m* baguette *f* [de chef d'orchestre]
dirigieren* I. *tr V* ① diriger *Orchester, Aufführung;* diriger l'exécution de *Musikstück*
② *(leiten)* diriger *Firma, Wirtschaft;* régler *Verkehr;* **die Touristen durchs Schloss ~** guider les touristes dans le château; **das Auto in die Parklücke ~** guider quelqu'un qui se gare
II. *itr V* diriger [un orchestre]
Dirigismus [diriˈgɪsmʊs] <-> *m* dirigisme *m*
dirigistisch *Adj* dirigiste
Dirndl [ˈdɪrnd(ə)l] <-s, -> *nt* ① *s*. Dirndlkleid
② SDEUTSCH, A *(Mädchen)* fille *f*
Dirndlkleid *nt* dirndl *m (costume bavarois ou autrichien)*
Dirne [ˈdɪrnə] <-, -n> *f* prostituée *f*
Dirnenmilieu [-miliøː] *nt* milieu *m* [de la prostitution]
dis, Dis [dɪs] <-, -> *nt* ré *m* dièse
Disagio [dɪsˈʔaːdʒo] <-s, -s> *nt* FIN *(zwischen Nennwert und Ausgabekurs)* prime *f* d'émission; *(zwischen Nennwert und Tageskurs)* décote *f*
Disco *s*. Disko
Discounter [dɪsˈkaʊntɐ] <-s, -> *m* ① *(Person)* discounte[u]r *m*
② *(Geschäft)* magasin *m* discount
Discountgeschäft [dɪsˈkaʊnt-] *nt* magasin *m* discount **Discounthändler(in)** *m(f)* discounter *m* **Discountladen** *s*. Discountgeschäft **Discountmarkt** [dɪsˈkaʊnt-] *m s*. Discounter
② **Discountpreis** *m* prix *m* choc
Disharmonie [dɪsharmoˈniː, *Pl:* dɪsharmoˈniːən] *f* ① MUS discordance *f*
② *geh (Unstimmigkeit)* discorde *f (soutenu)*
disharmonisch [dɪsharˈmoːnɪʃ] *Adj* ① MUS discordant(e)
② *(unpassend) Farbgebung, Zusammenstellung* discordant(e)
③ *(unharmonisch)* Ehe en proie à la discorde *(soutenu); Atmosphäre* de discorde *(soutenu)*

Diskant [dɪsˈkant] <-s, -e> *m (Singstimme, Tonlage)* soprano *m;* (Klaviaturhälfte) aigu *m*
Diskette [dɪsˈkɛta] <-, -n> *f* disquette *f;* **eine ~ in das Laufwerk schieben** introduire une disquette dans le lecteur
Diskettenbox *f* boîte *f* à disquettes **Diskettenlaufwerk** *nt* lecteur *m* de disquettes
Diskjockey [ˈdɪskdʒɔki] *m* disque-jockey *m*
Disko [ˈdɪsko] <-, -s> *f fam* boîte *f (fam);* **in die ~ gehen** aller en boîte *(fam)*
Diskont [dɪsˈkɔnt] <-s, -e> *m* ① escompte *m*
② *(Diskontsatz)* taux *m* d'escompte
diskontinuierlich [dɪs-] *Adj* discontinu(e)
Diskontsatz *m* taux *m* d'escompte
Diskothek [dɪskoˈteːk] <-, -en> *f* discothèque *f*
diskreditieren* *tr V geh* discréditer
Diskrepanz [dɪskreˈpants] <-, -en> *f* divergence *f*
diskret [dɪsˈkreːt] *geh* I. *Adj Person* discret(-ète); *Angelegenheit, Thema* confidentiel(le)
II. *Adv* avec discrétion
Diskretion [dɪskreˈtsioːn] <-> *f* discrétion *f;* [äußerste] **~ wahren** faire preuve de [la plus grande] discrétion; **~ [ist] Ehrensache!** discrétion assurée!
diskriminieren* *tr V geh* ① *(benachteiligen)* discriminer; **durch jdn/etw diskriminiert werden** être discriminé(e) par qn/qc
② *(herabwürdigen)* jeter le discrédit sur; **sich diskriminiert fühlen** se sentir atteint(e) dans son honneur
diskriminierend *Adj geh* ① *(benachteiligend)* discriminatoire
② *(herabwürdigend)* infamant(e)
Diskriminierung <-, -en> *f geh* ① *(Benachteiligung)* discrimination *f;* **~ am Arbeitsplatz** discrimination sur le lieu de travail; **umgekehrte ~** discrimination inversée
② *(Herabwürdigung)* diffamation *f*
Diskurs [dɪsˈkʊrs] <-es, -e> *m geh* débat *m*
Diskus [ˈdɪskʊs] <-, -se *o* Disken> *m* ① *(Scheibe)* disque *m*
② *fam (das Diskuswerfen)* lancer *m* du disque
Diskussion [dɪskʊˈsioːn] <-, -en> *f* ① *(Streitgespräch)* débat *m;* **keine weitere ~!** le débat est clos!
② *(geistige Auseinandersetzung)* **etw zur ~ stellen** proposer de discuter qc; **zur ~ stehen** être à l'ordre du jour; **das steht nicht zur ~** là n'est pas la question
Diskussionsbeitrag *m* contribution *f* à la discussion; **Diskussionsbeiträge liefern** apporter sa contribution à la discussion **Diskussionsforum** *nt* forum *m* de discussion **Diskussionsleiter(in)** *m(f)* personne *f* qui mène les débats **Diskussionsteilnehmer(in)** *m(f)* intervenant(e) *m(f)*
Diskuswerfen <-s> *nt* lancer *m* du disque; **im ~** au lancer du disque **Diskuswerfer(in)** *m(f)* lanceur(-euse) *m(f)* de disque
diskutabel [dɪskuˈtaːbəl] *Adj geh* intéressant(e); **etw nicht für ~ halten** considérer qc comme inacceptable
diskutieren* I. *tr V* discuter; débattre de *Frage*
II. *itr V* **mit jdm über etw** *(Akk)* ~ discuter avec qn de qc; **ein viel diskutierter Film** un film très discuté
disparat [dɪspaˈraːt] *Adj geh* disparate
dispensieren* *tr V geh* dispenser; **jdn vom Dienst ~** dispenser qn de service
Dispersion [dɪspɛrˈzioːn] <-, -en> *f* dispersion *f*
Dispersionsfarbe *f* peinture *f* à dispersion
Display [dɪsˈpleɪ] <-s, -s> *nt* INFORM écran *m* de visualisation
Dispokredit *s*. Dispositionskredit
disponieren* *itr V geh* ① *(verfügen)* disposer; **[frei] über sein Geld ~** disposer [librement] de son argent
② *(planen)* prendre des dispositions
Disposition <-, -en> *f geh* ① disposition *f;* **etw zu seiner ~ haben** avoir qc à sa disposition; **jdm zur ~ stehen** être disponible à qn
② *(Vorbereitung)* **~ en treffen** prendre des dispositions
▶ **zur ~ stehen** être remis(e) en question
Dispositionskredit *m* découvert *m* autorisé
Disput <-[e]s, -e> *m geh* discussion *f (soutenu)*
disputieren* *itr V geh* discuter; **mit jdm über etw** *(Akk)* ~ discuter avec qn de qc
Disqualifikation <-, -en> *f* disqualification *f*
disqualifizieren* I. *tr V* ① SPORT disqualifier
② *geh (als ungeeignet erweisen)* **jdn für etw ~** *Verhalten, Äußerung:* disqualifier qn pour qc
II. *r V geh* **se ~** se disqualifier; **sich mit etw ~** se disqualifier en faisant qc
Disqualifizierung *s*. Disqualifikation
Disse [ˈdɪsə] <-, -s> *f sl Abk von* Diskothek boîte *f (fam)*
Dissens [ˈdɪsɛns] <-es, -e> *m geh* désaccord *m*
Dissertation <-, -en> *f* thèse *f* [de troisième cycle]
Dissident(in) <-en, -en> *m(f)* dissident(e) *m(f)*
dissonant [dɪsoˈnant] *Adj* MUS dissonant(e)

Dissonanz <-, -en> f ❶ MUS dissonance f
❷ geh s. **Disharmonie**
Distanz <-, -en> f a. fig distance f; ~ **halten** [o **wahren**] garder ses distances; **zu jdm/etw auf ~ gehen** prendre ses distances par rapport à qn/qc; **aus der ~ betrachtet** avec du recul
distanzieren* r V **sich ~** prendre ses distances; **sich von jdm/etw ~** prendre ses distances par rapport à qn/qc
distanziert geh I. Adj distant(e)
II. Adv sich verhalten de façon distante
Distel <-, -n> f chardon m
Distelfink m chardonneret m
distinguiert [dɪstɪŋˈgiːɐt] geh I. Adj distingué(e) (soutenu)
II. Adv avec distinction (soutenu)
Distribution [dɪstribuˈtsjoːn] <-, -en> f ÖKON, COM distribution f
Distrikt <-[e]s, -e> m district m
Disziplin <-, -en> f discipline f; **~ üben** faire preuve de discipline
disziplinarisch I. Adj disciplinaire
II. Adv bestrafen de façon draconienne; **gegen jdn ~ vorgehen** prendre des mesures disciplinaires à l'égard de qn
Disziplinarstrafe f sanction f disciplinaire **Disziplinarverfahren** nt procédure f disciplinaire
disziplinieren* geh I. tr V discipliner (soutenu)
II. r V **sich ~** s'astreindre à une discipline
diszipliniert geh I. Adj discipliné(e)
II. Adv de façon disciplinée
disziplinlos I. Adj indiscipliné(e)
II. Adv de façon indisciplinée
Disziplinlosigkeit <-, -en> f ❶ kein Pl (Einstellung) indiscipline f
❷ (Handlung) acte m d'indiscipline
dito Adv de même
Diva [ˈdiːva, Pl: ˈdiːvən] <-, -s o **Diven**> f (Sängerin) diva f; (Filmschauspielerin) star f
Divergenz <-, -en> f a. MATH divergence f
divergieren* [-vɛr-] itr V geh diverger; **stark ~** Ansichten, Interessen: diverger totalement; **~de Überzeugungen** des convictions fpl divergentes
divers [-ˈvɛrs] Adj attr geh divers(e); **~e Fragen** diverses questions; **Diverses besprechen** discuter de diverses choses
Diversifikation [-vɛr-] <-, -en> f diversification f
Diversität [divɛrziˈtɛːt] <-> f geh diversité f
Dividend [-vi-] <-en, -en> m MATH dividende m
Dividende <-, -n> f dividende m
Dividendenausschüttung f distribution f des dividendes
dividieren* [-vi-] tr, itr V diviser; **eine Zahl durch drei ~** diviser un nombre par trois; **30 dividiert durch 6 ist** [o **gibt**] **5** 30 divisés par 6 font 5
Divis [diˈviːs] <-es, -e> nt TYP division f
Division [-vi-] <-, -en> f MATH, MIL division f
Divisionskommandeur(in) m(f) commandant(e) m(f) de division **Divisionsstab** m état-major m divisionnaire **Divisionsstärke** f force f divisionnaire
Divisor [-ˈviː-] <-s, -en> m MATH eines Bruchs dénominateur m; (Teiler) diviseur m
Diwan <-s, -e> m veraltet divan m
d.J. ❶ Abk von **dieses Jahres** de l'année courante
❷ Abk von **der Jüngere** le Jeune
DJH [deːjɔtˈhaː] <-[s]> nt Abk von **Deutsches Jugendherbergswerk** fédération f des auberges de jeunesse allemandes
DKP [deːkaːˈpeː] <-> f Abk von **Deutsche Kommunistische Partei** HIST parti communiste ouest-allemand
dl Abk von **Deziliter** dl
DLRG <-> f Abk von **Deutsche Lebens-Rettungs-Gesellschaft** fédération allemande de sauvetage aquatique
dm Abk von **Dezimeter** dm
DM Abk von **Deutsche Mark** DM
d.M. Abk von **dieses Monats** courant
D-Mark [ˈdeː-] <-> f HIST mark m
d-Moll nt MUS ré m mineur
DNA-Spur [deːʔɛnˈʔaː-] f empreinte f ADN
D-Netz nt réseau m de radiotéléphone à couverture européenne
DNS [deːʔɛnˈʔɛs] <-> f Abk von **Desoxyribonukleinsäure** A.D.N. m
do. Abk von **dito** id.
doch Konj I. mais
II. Adv ❶ (dennoch) quand même; **höflich, ~ bestimmt absagen** annuler poliment mais fermement; **du weißt ja ~ immer alles besser!** tu sais toujours tout mieux que les autres!; **komm Sie ~ morgen wieder** revenez donc demain; **zeigen Sie ~ mal her!** montrez voir!
❷ (wirklich) tout de même; **das war ~ gar nicht schlimm** tu vois/vous voyez bien que ça n'était pas grand-chose; **es wäre ~ schön, wenn du mir schreiben würdest** j'aimerais bien que tu m'écrives

❸ (Widerspruch ausdrückend) si; **~, ~!** mais si!; **das stimmt nicht! — Doch!** c'est pas vrai! — Mais si!; **das ist ~ gar nicht wahr!** mais ce n'est pas vrai du tout!
❹ (bloß, nur) donc; **wie war das ~?** c'était quoi donc?; **wie war ~ [gleich] Ihr Name?** quel était votre nom[, déjà]?; **wäre es ~ schon Sommer!** si seulement c'était l'été!
❺ (hoffentlich) **du hast dich ~ bei ihr bedankt?** j'espère bien que tu l'as remerciée?; **du hast mir ~ die Wahrheit gesagt, oder?** tu m'as bien dit la vérité, n'est-ce pas?
❻ (zweifellos) **du weißt ~, wie das ist** tu sais bien comment c'est; **Sie kennen sich hier ~ aus** vous connaissez certainement l'endroit; **das haben Sie ~ gewusst, oder?** vous le saviez bien, non?
Docht <-[e]s, -e> m mèche f
Dock <-s, -s o -e> nt dock m
Dockarbeiter(in) m(f), **Docker(in)** <-s, -> m(f) docker m
Doge [ˈdoːʒə] <-n, -n> m doge m
Dogge [ˈdɔɡə] <-, -n> f dogue m
Dogma <-s, Dogmen> nt dogme m; **etw zum ~ erheben** ériger qc en dogme
dogmatisch Adj pej dogmatique (péj)
Dogmatismus <-s> m dogmatisme m
Dohle <-, -n> f choucas m
Doktor <-s, -toren> m, **Doktorin** f ❶ (Arzt) docteur mf; **guten Tag, Frau/Herr ~!** bonjour, docteur!; **Frau ~ Müller kommt gleich** [Mme le] docteur Müller arrive dans un instant
❷ (akademischer Grad) docteur mf; **~ der Theologie/Rechte** docteur en théologie/droit; **~ der Philosophie** docteur ès lettres; **den ~ haben** fam avoir obtenu le doctorat
Doktorand(in) <-en, -en> m(f) doctorant(e) m(f)
Doktorarbeit f thèse f [de troisième cycle] **Doktorgrad** m doctorat m, grade m de docteur; **den ~ erwerben** obtenir le doctorat
Doktorhut m bonnet m [de docteur]
Doktorin s. **Doktor(in)**
Doktortitel m titre m de docteur; **jdm den ~ verleihen** conférer à qn le titre de docteur; **den ~ haben/führen** posséder/porter le titre de docteur **Doktorvater** m patron m de thèse **Doktorwürde** s. **Doktortitel**
Doktrin <-, -en> f ❶ (Programm) principe m
❷ geh (Lehre) doctrine f
doktrinär Adj pej doctrinal(e); **~ sein** être doctrinaire
Dokument <-[e]s, -e> nt ❶ (Schriftstück) document m
❷ (Zeugnis) témoignage m
Dokumentar(in) <-s, -e> m(f) documentaliste mf
Dokumentarfilm m [film m] documentaire m
dokumentarisch I. Adj documentaire
II. Adv beweisen par des documents; **etw ~ belegen** documenter qc
Dokumentation <-, -en> f ❶ (Nachweissammlung) dossier m
❷ (Beschreibung) documentation f
❸ geh (Zeugnis) témoignage m
dokumentieren* I. tr V ❶ (aufzeigen) manifester; **etw ~** Person: manifester qc; Schriftstück, Bericht: témoigner de qc
❷ (belegen) justifier; justifier de Identität, Tätigkeit
II. r V geh **sich in etw** (Dat) **~** se manifester dans qc
Dokusoap, Doku-Soap [ˈdoːkusoʊp] <-, -s> f TV feuilleton m docudrame
Dolce Vita^RR [ˈdɔltʃaˈviːta] <-> nt o f dolce vita f
Dolch <-[e]s, -e> m poignard m
Dolchstoß m coup m de poignard
Dolchstoßlegende f HIST légende f du coup de poignard dans le dos
Dolde <-, -n> f BOT ombelle f
Doldenblütler <-s, -> m BOT fleur f en ombelle
doll fam I. Adj ❶ (schlimm) Wunde, Beule, Foul méchant(e) antéposé; Gestank, Lärm sacré(e) antéposé
❷ (großartig) super (fam); **eine ~e Überraschung** une super surprise (fam)
❸ (unerhört) dingue (fam); **das Dollste** la meilleure (fam)
II. Adv sich freuen drôlement (fam); **so ~, dass** tellement que + indic; **es regnet immer ~er** ça dégringole de plus en plus fort (fam)
Dollar <-[s], -s> m dollar m
Dollarkurs m cours m du dollar **Dollarzeichen** nt symbole m du dollar
Dolle [ˈdɔlə] <-, -n> f NAUT tolet m
dolmetschen I. itr V servir d'interprète; **für jdn ~** servir d'interprète à qn; **simultan ~** faire de l'interprétation simultanée
II. tr V traduire [oralement] Gespräch
Dolmetscher(in) <-s, -> m(f) interprète mf
Dolmetscherinstitut nt, **Dolmetscherschule** f école f d'interprétariat
Dolomit [doloˈmiːt] <-s, -e> m GEOL ❶ (Stein) dolomite f

② *(Gestein)* dolomie *f*
Dolomiten *Pl* **die** ~ les Dolomites *fpl*
Dom <-[e]s, -e> *m* cathédrale *f*
Domäne <-, -n> *f* domaine *m*
Domestikation <-, -en> *f* domestication *f*
Domherr *s.* **Domkapitular**
Domina <-, -s> *f* prostituée *f* sadomasochiste
dominant *Adj* ① *Person* dominateur(-trice); **eine ~e Persönlichkeit** une forte personnalité
② BIO dominant(e); **~ vererbt werden** être un caractère héréditaire dominant
Dominante <-, -n> *f* MUS dominante *f*
Dominanz <-, -en> *f* ① autorité *f*
② BIO dominance *f*
Dominica [dɔˈmiːnika] <-s> *nt* la Dominique
dominieren* I. *itr V* ① *(vorherrschen)* commander
② *(überwiegen)* **in etw** *(Dat)* **~** [pré]dominer dans qc
II. *tr V* dominer
dominierend *Adj geh Ereignis, Stellung* dominant(e); *Rolle, Einfluss* prépondérant(e)
Dominikaner(in) <-s, -> *m(f)* dominicain(e) *m(f)*
Dominikanerkloster *nt* monastère *m* dominicain **Dominikanerorden** *m* ordre *m* des dominicains
dominikanisch *Adj* dominicain(e)
Domino[1] <-s, -s> *m (Maskenkostüm)* domino *m*
Domino[2] <-s, -s> *nt*, **Dominospiel** *nt* dominos *mpl*
Dominostein *m* ① *(Spielstein)* domino *m*
② GASTR bouchée *f* de pain d'épice fourré nappé de chocolat
Domizil <-s, -e> *nt geh* domicile *m*
Domkapitel *nt* chapitre *m* de la cathédrale **Domkapitular** <-s, -e> *m* chanoine *m* **Dompfaff** <-en o -s, -en> *m* bouvreuil *m*
Dompteur [dɔmpˈtøːɐ] <-s, -e> *m* dompteur *m*
Dompteurin [dɔmpˈtøːrɪn] <-, -nen>, **Dompteuse** [dɔmpˈtøːzə] <-, -n> *f* dompteuse *f*
Domschatz *m* trésor *m* de la cathédrale
Donau <-> *f* Danube *m*
donauabwärts *Adv* en descendant le Danube; **~ fahren** descendre le Danube **donauaufwärts** *Adv* en remontant le Danube; **~ fahren** remonter le Danube **Donaumonarchie** *f* monarchie *f* austro-hongroise **Donauraum** *m* région *f* danubienne **Donaustaaten** *Pl* États *mpl* danubiens
Döner [ˈdøːne] <-s, -> *m Abk von* **Dönerkebab** kébab *m*, kebab *m*
Dönerbude *f fam* kiosque *m* à kébabs [*o* kebabs], stand *m* de kébabs [*o* kebabs]
Dönerkebab <-s, -s> *m* kebab *m*
Donner <-s, selten -> *m* tonnerre *m*
▶ **wie vom ~ gerührt** *fam* comme frappé(e) par la foudre
Donnerbalken *m hum sl* gogues *mpl (fam)* **Donnergott** *m* dieu *m* du tonnerre **Donnergrollen** <-s> *nt geh* grondement *m* de tonnerre **Donnerkeil** *m* bélemnite *f*; *(durch Blitzschlag erzeugt)* fulgurite *f*
donnern I. *itr V unpers + haben* tonner; **es donnert** il tonne
II. *itr V fam* ① *+ haben (poltern)* **mit etw an etw** *(Akk)* [*o* **gegen etw**] **~** taper comme un sourd avec qc à [*o* sur] qc
② *+ sein (prallen)* **auf das Dach ~** s'abattre à grand fracas sur le toit; **mit dem Auto gegen den Baum ~** s'écraser avec fracas contre un arbre en voiture
③ *+ sein (sich bewegen)* **durch den Bahnhof ~** *Zug:* traverser la gare dans un bruit fracassant
III. *tr V + haben fam* **etw in die Ecke/gegen die Wand ~** claquer qc dans un coin/contre le mur
▶ **jdm eine ~** *sl* coller un pain à qn *(fam)*
donnernd *Adj* avec un bruit de tonnerre; **ein ~er Applaus/Jubel** un tonnerre d'applaudissements/d'acclamations; **die ~e Brandung** le grondement du ressac
Donnerschlag *m* coup *m* de tonnerre
▶ **jdn wie ein ~ treffen** frapper qn de stupeur; **~!** *veraltet fam* tonnerre de Brest!
Donnerstag *m* jeudi *m*; *s. a.* **Dienstag**
Donnerstagabend *m* jeudi *m* soir; **am ~** jeudi soir **Donnerstagmorgen** *m* jeudi *m* matin; **am ~** jeudi matin **Donnerstagnachmittag** *m* jeudi *m* après-midi; **am ~** jeudi après-midi
donnerstags *Adv* le jeudi
Donnerwetter *nt* ① *veraltet (Gewitter)* orage *m*
② *fam (Schelte)* tempête *f*; **ein ~ über sich** *(Akk)* **ergehen lassen müssen** devoir laisser passer l'orage *(fam)*; **das wird ein ~ geben!** ça va barder!
▶ **~!** *fam* chapeau! *(fam)*; [**zum**] **~!** *fam* mille tonnerres! *(fam)*
doof <doofer *o* döfer, doofste *o* döfste> *Adj fam* ① *(unsinnig)* débile *(fam)*; **das wird mir jetzt zu ~!** je commence à trouver ça trop débile! *(fam)*
② *(geistig beschränkt)* **~ sein** *Person:* être un crétin/une crétine *(fam)*; **unser ~er Nachbar** notre crétin de voisin *(fam)*; **hau ab,**
du ~er Kerl! fous le camp, pauvre débile! *(fam)*
③ *(ärgerlich)* **eine ~e Sache** une affaire *f* de con *(fam)*; **so etwas Doofes!** quelle connerie! *(fam)*; **zu ~** [**aber auch**]**!** c'est vraiment trop bête! *(fam)*
Doofheit <-, -en> *f fam* connerie *f (fam)*
Doofi <-[s], -s> *m fam* bêta *m*/bêtasse *f (fam)*
Doofkopp <-s, -köppe>, **Doofmann** <-männer> *m sl* con[n]ard *m (pop)*; **du ~!** espèce de con[n]ard!
Dopamin [dopaˈmiːn] <-s, -e> *nt* BIO dopamine *f*
Dope [doːp] <-s, -s> *nt sl* dope *f (arg)*
dopen I. *tr V* doper
II. *itr, r V* [**sich**] ~ se doper
Doping <-s, -s> *nt* dopage *m*
Dopingfall *m* cas *m* de dopage **Dopingkontrolle** *f* contrôle *m* antidopage **Dopingmittel** *nt* [produit *m*] dopant *m* **Dopingskandal** *m* scandale *m* de dopage **Dopingsünder(in)** *m(f)* sportif(-ive) *m(f)* convaincu(e) de dopage
Doppel <-s, -> *nt* ① *(Duplikat)* double *m*
② TENNIS *(Spiel)* double *m*; *(Mannschaft)* équipe *f* de double; **im ~ spielen** jouer en double
Doppeladler *m* aigle *f* à deux têtes **Doppelagent(in)** *m(f)* agent *m* double **Doppelband** <-bände> *m* ① *(doppelt umfängliches Werk)* volume *m* double ② *(zweibändiges Werk)* ouvrage *m* en deux volumes; **als ~ herauskommen** sortir en deux volumes **Doppelbelastung** *f* double charge *f* **Doppelbelichtung** <-, -en> *f* PHOT, CINE double exposition *f* **Doppelbeschluss**RR *m* double décision *f* **Doppelbesteuerung** *f* double imposition *f* **Doppelbett** *nt* lit *m* à deux places **Doppelbock** *nt o m* double bière *f* **Doppelbuchstabe** *m* lettre *f* double **Doppeldecker** <-s, -> *m* ① *fam (Bus)* autobus *m* à impériale ② *(Flugzeug)* biplan *m* **Doppeldeckerbus** *m* [auto]bus *m* à deux étages
doppeldeutig *Adj* à double sens
Doppeldeutigkeit <-, -en> *f* ambiguïté *f*
Doppelfehler *m* double faute *f* **Doppelfenster** *nt* double fenêtre *f*
Doppelgänger(in) <-s, -> *m(f)* sosie *m*; **einen ~/eine ~in haben** avoir un sosie
Doppelglasfenster *nt* fenêtre *f* à double vitrage
doppelgleisig I. *Adj Strecke* à double voie
II. *Adv* **etw ~ ausbauen** élargir qc à deux voies
▶ **~ fahren** jouer sur [les] deux tableaux
Doppelhaus *nt* maisons *fpl* jumelées
Doppelhaushälfte *f* maison *f* jumelée
Doppelkinn *nt* double menton *m*; **ein ~ bekommen/haben** attraper/avoir un double menton **Doppelklick** <-s, -s> *m* INFORM double-clic *m*; **per ~ en** cliquant deux fois **doppelklicken** <PP doppelgeklickt, Infin doppelzuklicken> *itr V* cliquer deux fois **Doppelkonsonant** *m* consonne *f* double **Doppelkopf** *m* jeu de cartes pour 4 joueurs avec deux jeux de 24 cartes **Doppelkorn** *m* double eau-de-vie *f* **Doppellaut** *m* ① *(Diphthong)* diphtongue *f* ② *s.* **Doppelkonsonant, Doppelvokal Doppelleben** *nt* double vie *f* **Doppelmoral** *f* double morale *f* **Doppelmord** *m* double meurtre *m*
doppeln *tr V* ressemeler *Schuhe, Stiefel*
Doppelname *m (Nachname)* nom *m* double; *(Vorname)* prénom *m* double **Doppelpass**RR *m* SPORT une-deux *m* **Doppelpunkt** *m* deux-points *mpl*; **hier steht ein ~** ici il y a deux-points **Doppelrolle** *f* double rôle *m* ▶ **eine ~ spielen** *Schauspieler:* jouer un double rôle; *fig* remplir un double rôle **Doppelsanktion** *f* JUR double sanction *f* **Doppelseite** *f* TYP double page *f*
doppelseitig I. *Adj* ① *Lungenentzündung* double; *Lähmung* bilatéral(e) ② *(zweiseitig)* sur une double page II. *Adv* **~ gelähmt sein** avoir une paralysie bilatérale **Doppelsinn** *m* double sens *m*
doppelsinnig *s.* **doppeldeutig Doppelspiel** *nt pej* double jeu *m*; **mit jdm ein ~ treiben** jouer [un] double jeu avec qn **Doppelstecker** *m* prise *f* multiple **doppelstöckig** *Adj Haus, Bett, Bus* à deux étages; **~ sein** avoir deux étages **Doppelstunde** *f* heure *f* double
doppelt I. *Adj* ① *(zweifach)* double; **das ~e Gehalt** le double salaire; **der ~e Umfang/die ~e Menge** deux fois le périmètre/la quantité; **~ so viel Geld/Zeit** deux fois plus d'argent/de temps; **etw ~ haben** avoir qc en double
② *(verdoppelt) Einsatz, Enthusiasmus* redoublé(e)
II. *Adv* ① **~ so groß/alt/teuer** [**wie ...**] deux fois plus grand/vieux/cher [que ...]
② *(zweifach)* prüfen, versichern, bezahlen deux fois; **~ sehen** voir double
③ *(um so mehr)* vorsichtig, zählen, sich freuen doublement
▶ **~ und dreifach** plutôt deux fois qu'une; **das ist ~ gemoppelt** *fam* c'est une redondance; **~ genäht hält besser!** deux précautions valent mieux qu'une
Doppelte(r) *m dekl wie Adj fam (Schnaps)* double *m*
Doppelte(s) *nt dekl wie Adj* double *m*; **das ~** le double; **auf das ~**

steigen *Kosten:* doubler
Doppeltür *f* contre-porte *f* **Doppelverdiener(in)** *m(f)* ❶ *Pl (Paar)* couple *m* avec deux salaires ❷ *(Einzelperson)* ~ **sein** cumuler deux salaires **Doppelvokal** *m* voyelle *f* double **Doppelwährungsphase** *f (in der EU)* période *f* de double circulation **Doppelzentner** *m* quintal *m* **Doppelzimmer** *nt* chambre *f* double **doppelzüngig** *pej* I. *Adj* hypocrite II. *Adv* ~ **reden** tenir un double langage **Doppelzüngigkeit** <-, -en> *f pej* hypocrisie *f*
Dopplereffekt *m* PHYS effet *m* Doppler
Dorado *s.* Eldorado
Dorf <-[e]s, Dörfer> *nt* village *m*; **auf dem** ~ [e] dans le village; **er ist vom** ~ il est de la campagne; **die Leute vom** ~ les villageois *mpl*
▶ **das sind für ihn/mich böhmische Dörfer** c'est de l'hébreu pour lui/moi; **potemkinsche Dörfer** *geh* des installations *fpl* en trompe-l'œil
Dorfälteste(r) *f(m) dekl wie Adj* ❶ *(ältester Bewohner)* doyen(ne) *m(f)* du village ❷ *(Vorsteher)* chef *mf* du village **Dorfbewohner(in)** *m(f)* villageois(e) *m(f)*
Dörfchen <-s, -> *nt Dim von* **Dorf** petit village *m; (Weiler)* hameau *m*
Dorfjugend *f* jeunesse *f* du village **Dorfkirche** *f* église *f* du village **Dorfkrug** *m* auberge *f* du village
dörflich *Adj* rural(e)
Dorfmusikant *m veraltet* ménétrier *m* **Dorfplatz** *m* place *f* du village **Dorfpolizist** *m* garde *m* champêtre
Dorfschaft <-, -en> *f* CH petite commune *f*
Dorfschule *f* école *f* de village **Dorfschullehrer(in)** *m(f) veraltet* instituteur(-trice) *m(f)* du village **Dorfschulze** <-n, -n> *m* HIST maire *m* du village **Dorftrottel** *m fam* idiot *m* du village
dorisch *Adj* ❶ ARCHIT, KUNST dorique
❷ MUS dorien(ne)
Dorn <-[e]s, -en> *m* ❶ *(Stachel)* épine *f*
❷ <Dorne> *(Metallstift) einer Gürtelschnalle* ardillon *m; (Werkzeug)* mandrin *m*
▶ **jdm ein** ~ **im Auge sein** *Person:* hérisser qn; *Gegenstand, Angelegenheit:* être une insulte permanente pour qn
Dornbusch *m* buisson *m* épineux; **der brennende** ~ BIBL le buisson ardent
Dornengestrüpp *nt* broussailles *fpl* [épineuses], roncier *m* **Dornenhecke** *f* haie *f* d'épines **Dornenkrone** *f* couronne *f* d'épines
Dornfortsatz *m* ANAT apophyse *f* épineuse
dornig *Adj* ❶ *Gestrüpp, Hecke* épineux(-euse)
❷ *geh* **ein** ~ **er Weg** un chemin de croix *(soutenu)*
Dornröschen ['-ˈrøːsçən] *nt* la Belle au bois dormant **Dornröschenschlaf** *m* [douce] torpeur *f*; **in einen** ~ **versinken** tomber en léthargie
Dornfortsatz *m* ANAT apophyse *f* épineuse
dorren [ˈdɔrən] *itr V geh* se dessécher
dörren I. *tr V + haben* [des]sécher; **etw** ~ *Person:* sécher qc; *Hitze, Sonne:* dessécher qc
II. *itr V + sein Obst, Fisch:* sécher
Dörrfisch *m* poisson *m* séché **Dörrfleisch** *nt* DIAL viande *f* séchée **Dörrobst** *nt* fruits *mpl* secs [*o* séchés] **Dörrpflaume** *f* pruneau *m*
dorsal [dɔrˈzaːl] *Adj* ANAT, LING dorsal(e)
Dorsch <-[e]s, -e> *m* morue *f*
dort *Adv* là-bas; ~ **drüben** là-bas [en face]; ~ **oben** là-haut; ~ **unten** là en bas; **von** ~ [**aus**] de là[-bas]; **ich komme gerade von** ~ j'en [re]viens juste; **von** ~ **sind es noch drei Kilometer** il y a encore trois kilomètres de là-bas; **hallo, wer ist** [*o* **spricht**] ~ ? allô, qui est à l'appareil [*o* au bout du fil]?
dort|behalten* *tr V unreg* **jdn** ~ garder qn [sur place]
dort|bleiben *itr V unreg + sein* rester là-bas
dorther *Adv* de-là; **ich komme doch gerade** ~ ! mais je viens juste d'en revenir! **dorthin** *Adv* là-bas; ~ **gehen** aller là-bas, y aller; **bis** ~ jusque là-bas; **wie komme ich** ~ ? comment je peux y aller? **dorthinab** *s.* dorthinunter **dorthinauf** *Adv* là-haut **dorthinaus** *Adv* là[-bas]; ~ **bitte!** la sortie est là-bas! **schau** ~ ! regarde par là[-bas]! ▶ **frech bis** ~ **sein** *fam* être insolent(e) à un point pas possible *(fam)*; **sich bis** ~ **ärgern** se fâcher un max *(fam)* **dorthinein** *Adv* là-dedans **dorthinunter** *Adv* là; ~ **gehen** descendre par là
dortig *Adj attr Einrichtungen* sur place; *Gepflogenheiten* de là-bas
DOS® [dɔs] <-> *nt* INFORM *Abk von* **Disc Operating System** DOS *m*
Döschen [ˈdøːsçən] <-s, -> *nt Dim von* **Dose** petite boîte *f*
Dose <-, -n> *f* ❶ *(Büchse)* boîte *f*; **in** ~ **n** en boîte
❷ *(Steckdose)* prise *f*; *(Verteilerdose)* boîtier *m* de distribution
Dosen *Pl von* **Dosis**
dösen *itr V fam* somnoler; **vor sich hin** ~ somnoler
Dosenbier *nt* bière *f* en canette **Dosenfleisch** *nt* viande *f* en boîte **Dosenmilch** *f* lait *m* en boîte **Dosenöffner** *m* ouvre--boîte *m* **Dosenpfand** *nt* consigne *f* sur les cannettes
dosierbar *Adj* dosable; **leicht** ~ **sein** être facile à doser
dosieren* *tr V* doser; **etw genau/sparsam** ~ doser qc juste/avec parcimonie
Dosierung <-, -en> *f* ❶ *(Dosis)* dose *f*, posologie *f*
❷ *kein Pl (das Dosieren)* dosage *m*
dösig *fam* I. *Adj* ❶ *(dösend)* dans les vapes *(fam)*
❷ *(blöd)* abruti(e) *(fam)*
II. *Adv* **sich** ~ **anstellen** jouer les abrutis *(fam)*
Dosimeter <-s, -> *nt* dosimètre *m*
Dosis <-, Dosen> *f* dose *f*; **in kleinen Dosen** à petite[s] dose[s]
Döskopp <-s, -köppe> *m* NDEUTSCH *fam* ❶ *(Dummkopf)* abruti(e) *m(f) (fam)*
❷ *(unaufmerksamer Mensch)* ahuri(e) *m(f) (fam)*
Dossier [dɔˈsjeː] <-s, -s> *nt* dossier *m*
Dotation <-, -en> *f geh* donation *f (soutenu)*
Dotcom-Unternehmen *nt* [entreprise *f*] dotcom *f*
dotieren* *tr V* rémunérer; **eine Stelle mit ... Euro** ~ rémunérer un emploi à hauteur de ... euros; **mit ... Euro dotiert sein** *Preis:* être doté(e) d'une récompense de ... euros; **gut dotiert** lucratif(-ive); **hoch dotiert** très bien payé(e)
Dotter <-s, -> *m o nt* jaune *m* d'œuf
Dotterblume *s.* Sumpfdotterblume
doubeln [ˈduːbln] I. *tr V* doubler *Schauspieler, Szene*
II. *itr V* faire des doublages
Double [ˈduːbl] <-s, -s> *nt* doublure *f*
Doublé [duˈbleː] <-s, -s> *nt* doublé *m*
Douglastanne [ˈduː(ː)ɡlas-] *f* sapin *m* Douglas
Dow-Jones-Index [ˈdaʊˈdʒoːnz-] *m* indice *m* Dow-Jones
down [daʊn] *Adj sl* à plat *(fam)*; ~ **sein** être à plat
Download [ˈdaʊnlɔʊd] <-s, -s> *m o nt* INFORM téléchargement *m*
downloaden [ˈdaʊnloʊdən] *tr V* INFORM télécharger *Text*
Dozent(in) <-en, -en> *m(f) (Universitätsdozent)* maître *m* de conférences; *(Volkshochschuldozent)* formateur(-trice) *m(f)*; ~ **für Linguistik sein** être chargé(e) de cours de linguistique
Dozentur <-, -en> *f* charge *f* d'enseignement [dans une faculté]
dozieren* *itr V geh* ❶ *(lehren)* donner un cours/des cours; **über etw** *(Akk)* ~ donner un cours/des cours sur qc
❷ *(belehren)* pontifier; **~ d** doctoral(e)
dpa [deːpeːˈʔaː] <-> *f Abk von* **Deutsche Presse-Agentur** agence *f* dpa
dpt *Abk von* **Dioptrie** dioptrie
Dr. *Abk von* **Doktor** Dr; **guten Tag, Herr/Frau** ~ **Bauer!** bonjour Monsieur/Madame Bauer!
Drache <-n, -n> *m* MYTH dragon *m*
Drachen <-s, -> *m* ❶ *(Papierdrachen)* cerf-volant *m;* **einen** ~ **steigen lassen** lancer un cerf-volant
❷ *(Flugdrachen)* deltaplane *m*
❸ *pej fam (zänkische Frau)* dragon *m (péj fam)*
Drachenfliegen *nt* deltaplane *m* **Drachenflieger(in)** *m(f)* libériste *mf*
Drachme <-, -n> *f* HIST *(ehemalige Währung)* drachme *f*
Dragee, Dragée [draˈʒeː] <-s, -s> *nt* dragée *f*
Dragoner <-s, -> *m* dragon *m*
Draht <-[e]s, Drähte> *m* fil *m* métallique
▶ **zu jdm einen guten** ~ **haben** être bien avec qn; **der heiße** ~ le téléphone rouge; [**schwer**] **auf** ~ **sein** *fam (aufpassen)* être dans le coup *(fam)*; *(clever sein)* ne pas être né(e) de la dernière pluie *(fam)*
Drahtbürste *f* brosse *f* métallique **Drahtesel** *m fam* bécane *f (fam)* **Drahtgeflecht** *nt* treillis *m* métallique **Drahtgestell** *nt* support *m* en treillis métallique **Drahtgitter** *nt* grillage *m* métallique **Drahtglas** *nt* ARCHIT verre *m* armé
drahtig *Adj* ❶ *Person, Figur* nerveux(-euse)
❷ *(rau) Bart, Haar* dru(e)
Drahtkorb *m* panier *m* en fil métallique
drahtlos *Adj* sans fil; ~ **e Telegrafie** radiotélégraphie *f*
Drahtrolle *f* rouleau *m* de fil de fer **Drahtschere** *f* cisaille *f* **Drahtseil** *nt* câble *m* métallique
Drahtseilakt *m* numéro *m* de haute voltige ▶ **ein** [**echter**] ~ **sein** être très risqué(e) **Drahtseilbahn** *f (Schwebebahn)* téléphérique *m; (Schienenbahn)* funiculaire *m*
Drahtverhau *m* [réseau *m* de] fils *mpl* de fer **Drahtzaun** *m* grillage *m*
Drahtzieher(in) <-s, -> *m(f)* instigateur(-trice) *m(f)*; **er soll der** ~ **sein** on dit qu'il tire les ficelles
Drainage *s.* Dränage
drainieren* [drɛˈniːrən] *tr V s.* dränieren
Draisine [drɛˈziːnə] <-, -n> *f* draisine *f*
drakonisch I. *Adj* draconien(ne)
II. *Adv* de façon draconienne
drall *Adj Frau, Busen* plantureux(-euse); *Backen* rebondi(e); *Arme, Beine* bien en chair
Drall <-[e]s, -e> *m* ❶ *eines Geschosses* dérivation *f*; *eines Balls, einer*

Billardkugel effet *m*; *eines Rohrlaufs* pas *m* de rayure ❷ *(Tendenz)* ~ **nach links** penchant *m* pour la gauche
Dralon® <-[s]> *nt* dralon® *m*
Drama <-s, Dramen> *nt* drame *m*
▸ **ein/kein ~ aus etw machen** faire/ne pas faire un drame de qc
Dramatik <-> *f* intensité *f* dramatique; *(Dichtkunst)* dramaturgie *f*
Dramatiker(in) <-s, -> *m(f)* dramaturge *mf*
dramatisch I. *Adj* dramatique
II. *Adv* de façon dramatique
dramatisieren* *tr, itr V* dramatiser
Dramatisierung <-, -en> *f* dramatisation *f*
Dramaturg(in) <-en, -en> *m(f)* conseiller(-ère) *m(f)* artistique
Dramaturgie [-'giː] <-, -en> *f* ❶ *(Lehre)* dramaturgie *f*
❷ *(Gestaltung)* adaptation *f*
❸ *(Abteilung)* réalisation *f*
dramaturgisch *Adj Geschick* d'adaptation; **~e Gestaltung** adaptation *f*
dran *Adv fam* ▸ [**zu**] **früh/spät ~ sein** être en avance/en retard; **gut/schlecht ~ sein** *fam* être bien loti(e)/en mauvaise posture *(fam)*; **ich bin/er ist ~** c'est à moi/lui; **an ihm/ihr ist nichts ~** *(er/sie ist mager)* il/elle n'a que la peau et les os; **an etw ist nichts/etwas ~** il n'y a rien de vrai/il y a quelque chose de vrai dans qc *(fam)*; *s. a.* **daran**
Dränage [drɛˈnaːʒə] <-, -n> *f* drainage *m*
dran|bleiben *itr V unreg* + *sein fam* ❶ *Anrufer:* ne pas quitter
❷ SPORT **an jdm ~** s'accrocher à qn
drang *Imp von* **dringen**
Drang <-[e]s, Dränge> *m* besoin *m*; **sein/ihr ~ nach Anerkennung** son besoin d'approbation; **der ~ nach Osten** la poussée vers l'Est
dran|geben *tr V unreg fam* ❶ donner; **sein Leben für etw ~** donner sa vie pour qc ❷ *s.* **darangeben dran|gehen** *itr V unreg* + *sein fam* ❶ *(berühren)* toucher; **an etw** *(Akk)* **~** toucher à qc ❷ *s.* **darangehen**
Drängelei <-, -en> *f fam* ❶ *(Gedränge)* bousculade *f*
❷ *kein Pl (das Drängeln)* harcèlement *m*
drängeln I. *itr V Kunden, Wartende:* pousser, se bousculer; **bitte nicht ~!** ne bousculez pas, s'il vous plaît!
II. *tr V jdn ~* harceler qn; **das Drängeln** le harcèlement
III. *r V* **sich ~** jouer des coudes; **sich an der Kasse ~** jouer des coudes à la caisse
drängen I. *itr V* ❶ pousser; **zum Ausgang ~** pousser vers la sortie; **in den Bus ~** se bousculer pour entrer dans le bus
❷ *(fordern)* **zum Aufbruch ~** vouloir hâter le départ; **bei jdm auf eine Antwort ~** insister auprès de qn pour obtenir une réponse; **darauf ~, dass jd sich entscheidet** insister pour que qn prenne une décision; **warum drängst du so zur Eile?** pourquoi nous presses-tu ainsi?
❸ *(eilig sein)* **die Zeit drängt** le temps presse
II. *tr V* ❶ *(drücken)* **jdn ans Fenster/zur Seite ~** pousser qn vers la fenêtre/sur le côté
❷ *(auffordern)* **jdn ~ etw zu tun** presser qn de faire qc; **jdn zur Unterschrift ~** pousser qn à signer; **sich von jdm nicht ~ lassen** ne pas se laisser stresser par qn
❸ *(treiben)* **jdn ~ etw zu tun** *Umstände, Unruhe:* pousser qn à faire qc; **meine Termine ~ mich zur Eile** mes rendez-vous m'obligent à me dépêcher; **es drängt mich Ihnen zu sagen ...** il faut que je vous dise ...
III. *r V* **sich zum Eingang ~** se bousculer vers l'entrée; **sich durch die Menge ~** se frayer un chemin dans la foule
❷ *(sich häufen) Termine:* s'accumuler
❸ *(unbedingt wollen)* **sich nach etw ~** courir après qc
Drängen <-s> *nt* insistance *f*; **auf sein/ihr ~ [hin]** sur son insistance
drängend *Adj* pressant(e)
Drangsal [ˈdraŋzaːl] <-, -e> *f geh* tourment *m*
drangsalieren* *tr V jdn ~ Person:* harceler qn; *Insekten:* tourmenter qn
dran|hängen *fam* **I.** *tr V* ❶ *(befestigen)* accrocher; **etw ~** [y] accrocher qc
❷ *(erübrigen)* **an eine Sendung noch eine halbe Stunde ~** prolonger une émission d'une demi-heure
II. *r V* **sich an jdn ~** ne pas lâcher qn d'une semelle *(fam)*
dränieren* *tr V* drainer
dran|kommen *itr V unreg* + *sein fam* ❶ *(erreichen)* attraper; **an etw** *(Akk)* **~** arriver à attraper qc; **kommst du dran?** tu peux l'attraper/les attraper? ❷ *(an die Reihe kommen)* **du kommst/er kommt dran** c'est ton/son tour ❸ *(aufgerufen werden)* se faire interroger ❹ *(durchgenommen werden)* être traité(e); **was kommt im Unterricht dran?** Quel est le sujet du cours? ❺ *(bearbeitet, erledigt werden)* **zuerst kommt das Bad dran** on commence [le ménage] par la salle de bains **dran|kriegen** *tr V fam* ❶ *(hereinlegen)* entuber *(fam)*; **dran|lassen** *tr V unreg fam* ❶ *(hän-*
gen lassen) laisser; **etw an der Wand ~** laisser qc au mur ❷ *s.* **ran|lassen dran|machen** *fam* **I.** *r V* **sich ~** s'y mettre *(fam)* **II.** *tr V* **du kannst das Plakat da ~** tu peux mettre l'affiche là *(fam)*
dran|nehmen *tr V unreg fam* interroger *Schüler;* prendre *(fam) Patienten.* **dran|setzen I.** *tr V* ❶ mettre en œuvre; **alles/seine ganze Kraft ~ um zu ~** mettre tout en œuvre pour ... ❷ *fam (beauftragen)* **jdn ~** mettre qn sur le coup *(fam)* **II.** *r V fam* **sich ~** s'y mettre *(fam)*
drapieren* *tr V* ❶ *(falten)* draper; **ein Tuch um etw ~** draper une étoffe autour de qc
❷ *(dekorieren)* **das Fenster mit etw ~** draper la fenêtre de qc
Drapierung <-, -en> *f* ❶ *kein Pl (das Drapieren)* action *f* de draper; **die ~ des Festsaals dauerte Stunden** on mettait des heures à draper la salle des fêtes
❷ *(Dekoration)* drapé *m*
drastisch I. *Adj* ❶ *(einschneidend)* draconien(ne)
❷ *(überdeutlich)* radical(e)
II. *Adv* ❶ *(einschneidend)* de façon draconienne
❷ *(überdeutlich)* **um es ~ auszudrücken** pour le dire tout à fait clairement
drauf *Adv fam* dessus
▸ **gut/nicht gut ~ sein** *fam* avoir/[ne] pas avoir la pêche *(fam)*; **~ und dran sein etw zu tun** être à deux doigts de faire qc *(fam)*
drauf|bekommen* *unreg fam* ▸ **eins ~** *(geschlagen werden)* en prendre une *(fam)*; *(ausgeschimpft werden)* se faire passer un savon *(fam)* **Draufgabe** *f* ❶ cadeau *m* gratuit; **etw als ~ bekommen** *Käufer:* recevoir qc en cadeau gratuit ❷ A *(Zugabe)* rappel *m*
Draufgänger(in) <-s, -> *m(f)* fonceur(-euse) *m(f) (fam)*
draufgängerisch *Adj Person* fonceur(-euse); **seine/ihre ~e Art** sa nature de fonceur/fonceuse; **ein ~er Typ sein** être un fonceur
drauf|gehen *itr V unreg* + *sein fam* ❶ *(sterben)* rester *(fam)*; **bei einem Unfall ~** y rester lors d'un accident ❷ *(ausgegeben werden) beim Pokern: Geld:* y passer dans une partie de poker *(fam)*
❸ *(beschädigt werden)* **bei etw ~** *Anzug, Geschirr:* être bousillé(e) au cours de qc **drauf|haben** *tr V unreg fam* ❶ *(wissen, kennen)* connaître; **seinen Text ~** connaître son texte le bout du doigt *(fam)*; **viele Witze ~** être un sacré déconneur *(fam)*; **etwas ~** être calé(e) *(fam)*; **nichts ~** être un nullard/une nullarde *(fam)*
❷ *(fahren)* **ein hohes Tempo ~** tracer *(fam)*; **gut hundert Sachen ~** faire bien du cent *(fam)* **drauf|halten** *fam* **I.** *tr V unreg* mettre dessus; **halt den Finger da drauf!** mets le doigt là-dessus!
II. *itr V* **mit dem Gewehr ~** viser avec le fusil **drauf|hauen** *itr V unreg fam* cogner dessus *(fam)* **drauf|knallen** *fam* **I.** *tr V* carotter de plus; **jdm hundert Euro auf die Miete ~** carotter qn de cent euros de plus pour le loyer *(fam)* II. *itr V* **er ist mir draufgeknallt** il a défoncé l'arrière de ma voiture *(fam)* **drauf|kommen** *itr V unreg* + *sein fam* démasquer *(fig fam)*; **jdm ~** démasquer qn **drauf|kriegen** *s.* **draufbekommen drauf|legen** *tr V fam* mettre de plus *(fam)*; **hundert Euro ~** y mettre cent euros de plus
drauflos *Adv* droit au but; **immer [munter] ~!** allez, du nerf! *(fam)*
drauflos|arbeiten *itr V fam* se lancer tête baissée dans le travail *(fam)* **drauflos|fahren** *itr V fam* partir à l'aventure *(fam)* **drauflos|gehen** *itr V unreg* + *sein fam* ❶ partir carrément à l'aventure *(fam)* ❷ *(zielstrebig gehen)* y aller carrément *(fam)* **drauflos|reden** *itr V fam* se mettre à causer à tort et à travers *(fam)* **drauflos|schreiben** *itr V fam* écrire comme ça vient *(fam)*
drauf|machen *tr V* ▸ **einen ~** faire la java *(fam)* **drauf|satteln** *tr V fam* ❶ *(gewähren)* refiler *(fam)*; **ein Prozent Tariferhöhung ~** refiler une rallonge d'un pourcent sur les tarifs ❷ *(vorbringen)* revenir à la charge avec *(fam) Forderung*
drauf|seinᴬᴸᵀ *s.* **drauf**
drauf|setzen I. *tr V fam* mettre dessus; **jdn ~** mettre qn dessus *(fam)*; **das Kind auf das Pony ~** mettre l'enfant sur le poney ▸ [**noch**] **eins** [*o* **einen**] **~** *fam* en rajouter *(fam)* II. *r V* **sich ~** s'asseoir dessus; *(aufsteigen)* monter dessus **Draufsicht** *f Fachspr.* vue *f* plongeante **drauf|stehen** *itr V unreg fam* être écrit(e) dessus *(fam)*; **auf der Liste ~** être sur la liste **drauf|stoßen** *tr V unreg fam* mettre dessus; **jdn mit der Nase ~** mettre à qn le nez dessus *(fam)* **drauf|zahlen** *fam* **I.** *tr V* payer en surplus; **hundert Euro ~** *(zusätzlich bezahlen)* mettre une rallonge de cent euros *(fam)*; *(zu viel bezahlen)* se faire carotter de cent euros *(fam)* II. *itr V* **~ [müssen]** [devoir] y laisser des plumes *(fam)*
draus *Adv s.* **daraus**
draußen *Adv* ❶ dehors; **nach ~** dehors; **von ~** de [*o* du] dehors
❷ *(nicht im Hafen)* en mer; **~ auf dem Meer** en pleine mer
Drechselbank [-ks-] <-, -bänke> *f* tour *m*
drechseln I. *tr V* façonner au tour; **etw ~** façonner qc au tour
II. *itr V* travailler au tour
Drechsler(in) <-s, -> *m(f)* tourneur(-euse) *m(f)* sur bois
Drechslerbank *s.* **Drechselbank**
Drechslerei <-, -en> *f* atelier *m* de tourneur
Dreck <-[e]s> *m* ❶ *fam (Schlamm)* gadoue *f (fam)*; *(Schmutz)* saloperie *f (fam)*; **~ machen** faire des cochonneries *(fam)*; **vor ~**

starren être dégueulasse *(fam)*
② *pej sl (Schund)* merde *f (péj pop)*
③ *pej sl (nichts)* **einen ~ [davon] verstehen** y piger que dalle *(fam);* **einen ~ wert sein** valoir des clopinettes *(fam);* **sich einen ~ um jdn/etw kümmern** *sl* en avoir rien à branler de qn/qc *(vulg);* **das geht Sie einen [feuchten] ~ an!** occupez-vous de votre cul! *(vulg)*
▶ **~ am Stecken haben** *fam* traîner une casserole *(fam);* **der letzte ~ sein** *sl* n'être qu'une merde *(vulg);* **jdn wie den letzten ~ behandeln** *sl* traiter qn comme s'il/si elle était de la merde *(vulg);* **mach deinen ~ alleine!** *fam* démerde-toi tout(e) seul(e) *(fam);* **im ~ sitzen** [*o* **stecken**] *fam* être dans la merde *(fam);* **jdn/etw in** [*o* **durch**] **den ~ ziehen** *fam* traîner qn/qc dans la boue
Dreckarbeit *f fam* ① *(Schmutzarbeit)* travail *m* salissant ② *pej (niedere Arbeit)* sale boulot *m (fam)* **Dreckfink** *m fam* porc *m (fam)*
dreckig I. *Adj* ① *(schmutzig)* sale; **sich an etw** *(Dat)* **~ machen** se salir en se frottant à qc
② *fam (gemein)* sale antéposé *(fam)*
II. *Adv* ① *(abstoßend)* **~ lachen** avoir un sale rire *(fam)*
② *(miserabel)* **es geht ihr ~** elle est mal foutue *(fam); (finanziell)* elle est dans la mouise *(fam)*
Dreckloch *nt pej sl* cambuse *f (péj fam)* **Drecksack** *m sl* saligaud *m (pop)* **Drecksau** *f pej vulg (Frau)* salope *f (péj vulg); (Mann)* salaud *m (péj vulg)* **Dreckschleuder** *f pej fam* ① *(Person)* fouteur(-euse) *m(f)* de merde *(fam)* ② *(umweltbelastendes Auto/Unternehmen)* voiture *f*/entreprise *f* qui empeste; **eine ~ sein** empester *(fam)* **Dreckschwein** *s.* **Drecksau**
Dreckskerl *s.* **Drecksack**
Dreckspatz *m fam* [petit] cochon *m (fam)*
Dreh <-s, -s *o* -e> *m fam* truc *m (fam);* **den [richtigen] ~ heraushaben** *fam* avoir trouvé le [bon] truc *(fam)*
▶ [so] **um den ~** *fam* à la quelque chose près *(fam)*
Dreharbeit *f meist Pl* tournage *m pas de pl;* **bei den ~en zu seinem neuen Film** sur le tournage de son dernier film **Drehbank** *f* <-bänke> *f* tour *m*
drehbar I. *Adj* pivotant(e)
II. *Adv* **~ gelagert** pivotant(e)
Drehbewegung *f* rotation *f* **Drehbleistift** *m* portemine *m* **Drehbrücke** *f* pont *m* tournant **Drehbuch** *nt* scénario *m*
Drehbuchautor(in) *m(f)* scénariste *mf*
Drehbühne *f* scène *f* tournante
drehen I. *tr V* ① *(herumdrehen)* bouger *Hand, Bein;* tourner *Kopf, Schlüssel, Knopf, Monitor;* faire tourner *Kreisel;* **nach links/rechts ~** tourner à gauche/droite
② *(rollen)* rouler *Zigarette;* faire *Pillen*
③ *CINE* tourner
④ *(stellen)* **etw leise/leiser ~** baisser [le son de] qc; **etw laut/lauter ~** monter [le son de] qc
⑤ *sl (hinkriegen)* goupiller *(fam)*
▶ **wie man es auch dreht und wendet** qu'on prenne le problème par n'importe quel bout *(fam)*
II. *itr V* ① **an einem Knopf ~** tourner un bouton; **am Radio/an der Heizung ~** toucher à la radio/au chauffage
② *(umdrehen) Fahrer:* faire demi-tour; *Wind:* tourner; **auf West ~** tourner à l'ouest
③ *(Filmaufnahmen machen)* tourner
▶ **daran ist nichts zu ~ und zu deuteln** il n'y a pas à épiloguer là-dessus
III. *r V* ① *(rotieren)* **sich um die Sonne ~** tourner autour du soleil
② *(sich umdrehen)* **sich nach rechts/links ~** se tourner à droite/gauche
③ *(betreffen)* **sich um Politik ~** traiter de politique; **es dreht sich darum, dass** ce qu'il y a, c'est que + *indic;* **es dreht sich um jdn/etw** il s'agit de qn/qc; **alles dreht sich um ihn** il est le centre du monde
▶ **sich ~ und winden** tergiverser; **jdm dreht sich alles** qn a la tête qui tourne
Dreher(in) <-s, -> *m(f)* tourneur(-euse) *m(f)*
Drehfeld *nt ELEC* champ *m* tournant **Drehkran** *m* grue *f* tournante **Drehkreuz** *nt* tourniquet *m* **Drehleiter** *f* échelle *f* orientable **Drehmoment** *nt PHYS* moment *m* de rotation **Drehorgel** *f* orgue *m* de Barbarie **Drehpause** *f* pause *f* [entre les prises] **Drehpunkt** *m* centre *m* de rotation; **der Dreh- und Angelpunkt von etw sein** *fig* être le pivot et le centre de qc **Drehrestaurant** [-rɛstorã] *nt* restaurant *m* panoramique **Drehschalter** *m* commutateur *m* rotatif **Drehscheibe** *f a. fig* plaque *f* tournante **Drehstrom** *m ELEC* [courant *m*] triphasé *m* **Drehstuhl** *m* chaise *f* pivotante **Drehtag** *m CINE* journée *f* de tournage **Drehtür** *f* porte *f* à tambour
Drehung <-, -en> *f* rotation *f; (Kreis)* tour *m;* **eine ~ zur Seite machen** pivoter sur le côté
Drehwurm ▶ **den ~ kriegen/haben** *fam* avoir/attraper le tournis *(fam)* **Drehzahl** *f* nombre *m* de tours

Drehzahlbereich *m* régime *m;* **im oberen/unteren ~** à régime accéléré/ralenti **Drehzahlmesser** <-s, -> *m* compte-tours *m*
drei *Num* trois; *s. a.* **acht**[1]
▶ **für ~ essen** *fam* manger comme quatre *(fam);* **er sieht aus, als könne er nicht bis ~ zählen** il a un air de ne pas y toucher
Drei <-, -en> *f* ① *(Zahl, Spielkarte, Augenzahl)* trois *m*
② *kein Pl (Bus-, Straßenbahnlinie, U-Bahn-Linie)* trois *m*
③ *(Schulnote)* note située entre onze et treize sur vingt; *s. a.* **Acht**[1]
dreiachsig [-aksɪç] *Adj* à trois essieux; **~ sein** avoir trois essieux
Dreiachteltakt *m* [mesure *f* à] trois-huit *m*
Dreiakter <-s, -> *m THEAT, MUS* pièce *f* en trois actes
dreibändig *Adj* en trois volumes
dreibeinig *Adj Hocker, Tisch* à trois pieds
Dreibettzimmer *nt* chambre *f* pour trois
dreiblätt[e]rig *Adj* à trois feuilles
Drei-D-Effekt [draɪˈdeː-] *m* effet *m* de relief **Drei-D-Film** *m* film *m* en 3D
dreidimensional I. *Adj* tridimensionnel(le); *Raum* à trois dimensions II. *Adv darstellen, wiedergeben* en trois dimensions **Dreieck** *nt* triangle *m* **dreieckig** *Adj* triangulaire
Dreieckstuch *nt COUT* foulard *m; (groß)* châle *m; MED* écharpe *f* **Dreiecksverhältnis** *nt* ménage *m* à trois; **ein ~ haben** faire ménage à trois
dreieinhalb *Num* trois et demi; **~ Meter** trois mètres et demi
dreieinig *s.* **dreifaltig** **Dreieinigkeit** *s.* **Dreifaltigkeit**
Dreier <-s, -> *m fam* ① *(Schulnote)* note convenable située entre onze et treize sur vingt
② *(kleinster Lottogewinn)* trois bons numéros *mpl*
▶ **ein flotter ~** *sl* une partouze à trois *(fam)*
dreierlei *Adj unv* de trois sortes; **~ Sorten Brot** trois sortes de pain; *s. a.* **achterlei**
Dreierreihe *f* rangée *f* de trois; **in ~n** en rangs par trois
dreifach, 3fach I. *Adj* triple; **die ~e Menge nehmen** en prendre trois fois plus
II. *Adv falten* trois fois; *s. a.* **achtfach**
Dreifache(s) *nt dekl wie Adj* triple *m;* **das ~ verdienen** gagner trois fois plus; *s. a.* **Achtfache(s)**
Dreifachstecker *m ELEC* fiche *f* triple
dreifaltig *Adj* en trois personnes; **der Dreifaltige** le Dieu en trois personnes
Dreifaltigkeit <-> *f REL* Trinité *f;* **die Heilige ~** la sainte Trinité
Dreifaltigkeitssonntag *m* [le dimanche de] la Trinité
Dreifarbendruck <-drucke> *m* ① *kein Pl (Verfahren)* trichromie *f*
② *(Gedrucktes)* image *f* trichrome
dreifarbig *Adj* tricolore
Dreifelderwirtschaft *f kein Pl* assolement *m* triennal
Dreifuß *m* trépied *m*
dreifüßig *Adj* à trois pieds; **~ sein** avoir trois pieds
Dreigangschaltung *f* dérailleur *m* à trois vitesses
Dreigespann *nt* troïka *f* **Dreigestirn** *nt* ① *ASTRON* trois étoiles *fpl*
② *(Dreiergruppe)* trio *m*
Dreigroschenheft[chen] *nt pej* brochure *f* à quatre sous *(péj)* **Dreigroschenoper** *f a. fig* opéra *m* de quatre sous *(fam)*
dreihundert *Num* trois cents
dreijährig *Adj Kind, Amtszeit* de trois ans
Dreijährige(r) *f(m) dekl wie Adj* garçon *m*/fille *f* de trois ans
Dreikampf *m* triathlon *m*
Dreikäsehoch <-s, -s> *m hum fam* demi-portion *f (hum fam)*
Dreiklang *m* triple accord *m*
Dreikönige *Pl,* **Dreikönigsfest** *nt* Épiphanie *f;* **das ~** Épiphanie *f*
Dreikönigstag *m* jour *m* des Rois
dreiköpfig *Adj Familie* de trois [personnes]
Dreiländereck *nt* triangle *m* de trois pays
dreimal *Adv* trois fois
▶ **~ darfst du raten!** *fam* je te le donne en mille!; *s. a.* **achtmal**
dreimalig *Adj* trois fois; **nach ~em Klingeln** après avoir sonné trois fois; *s. a.* **achtmalig**
Dreimaster <-s, -> *m* trois-mâts *m*
Dreimeilenzone *f* zone *f* des eaux territoriales [de trois milles marins]; **außerhalb/innerhalb der ~** hors des/dans les eaux territoriales [de trois milles marins]
Dreimeterbrett *nt* plongeoir *m* de trois mètres
dreimonatig *Adj Kündigungsfrist* de trois mois
Dreimonatsgeld *nt FIN* placement *m* bancaire à trois mois
drein *s.* **darein**
drein|blicken *itr V* avoir le regard ...; **glücklich/traurig ~** avoir l'air heureux/triste **drein|finden** *r V* **sich ~** s'y faire **drein|reden** *itr V fam* ① *(belehren)* se mêler; **er/sie lässt sich** *(Dat)* **nicht ~** il/elle fait comme bon lui semble; **lass dir nicht ~!** n'écoute pas les autres! ② *(unterbrechen)* **jdm ~** couper la parole à qn *(fam)* **drein|schauen** *s.* **dreinblicken** **drein|schlagen** *itr V unreg fam* taper dans le tas *(fam)*

Dreipunktgurt m ceinture f [de sécurité] trois points
Dreirad nt ❶ *(Spielzeug)* tricycle m
❷ *(Lieferfahrzeug)* triporteur m
Dreisatz m kein Pl règle f de trois
Dreisatzrechnung f calcul m par la règle de trois
dreiseitig Adj Brief de trois pages
dreispaltig Adj sur trois colonnes; ~ **sein** faire trois colonnes
Dreispitz <-es, -e> m tricorne m
Dreisprung m kein Pl triple saut m
dreispurig Adj, Adv à trois voies
dreißig Num trente; s. a. **achtzig**
Dreißig <-, -en> f trente m
dreißiger, 30er Adj unv **die** ~ [**Jahre**] les années trente; s. a. **achtziger**
Dreißiger[1] <-s, -> m ❶ *(Mann in den Dreißigern)* homme m qui a la trentaine
❷ s. **Dreißigjährige(r)**
Dreißiger[2] <-, -> f HIST fam *(Briefmarke)* timbre m à trente pfennigs
Dreißiger[3] Pl ❶ **die** ~ *eines Jahrhunderts* les années fpl trente
❷ *(Lebensalter)* **in den** ~**n sein** avoir la trentaine
Dreißigerin <-, -nen> f ❶ *(Frau in den Dreißigern)* femme f qui a la trentaine
❷ s. **Dreißigjährige(r)**
Dreißigerjahre Pl **die** ~ les années fpl trente
dreißigjährig Adj attr de trente ans; s. a. **achtzigjährig**
Dreißigjährige(r) f(m) dekl wie Adj homme m/femme f de trente ans; **etw als** ~**(r) tun** faire qc à trente ans
dreißigste(r, s) Adj trentième; s. a. **achtzigste(r, s)**
Dreißigstel <-s, -> nt trentième m
dreist Adj impudent(e); **immer** ~**er werden** avoir de plus en plus d'aplomb
dreistellig Adj Betrag à trois chiffres; Zahl de trois chiffres
Dreistigkeit <-, -en> f einer Person, eines Verhaltens impudence f; eines Einbruchs audace f; **die** ~ **besitzen** [o **haben**] **etw zu tun** avoir l'impudence de faire qc
dreistufig Adj à trois couches
Dreitagebart m barbe f de trois jours **Dreitagefieber** nt MED exanthème m subit
dreitägig Adj attr [d'une durée] de trois jours
dreitausend Num trois mille **Dreitausender** <-s, -> m fam [sommet m de plus de] trois mille mètres m
dreiteilig Adj en trois parties; **ein** ~**er Anzug** un costume trois-pièces
Dreiteilung f division f en trois parties
Dreitürer <-s, -> m fam trois portes f
dreitürig Adj [à] trois portes; ~ **sein** avoir trois portes
dreiviertel[ALT] ['-frtl] s. **viertel**
dreiviertellang Adj Jacke, Mantel trois-quarts; Rock aux mollets
Dreiviertelliterflasche f bouteille f de 75 cl **Dreiviertelmehrheit** f majorité f aux trois quarts **Dreiviertelstunde** f trois quarts mpl d'heure **Dreivierteltakt** m mesure f à trois temps; **im** ~ à trois temps
Dreiwegekatalysator m AUT pot m catalytique à trois voies
dreiwertig Adj trivalent(e)
Dreizack <-s, -e> m trident m
dreizehn Num treize; s. a. **acht**[1] ▶ **jetzt schlägt's aber** ~ *fam* [alors là,] c'est le bouquet! *(fam)* **dreizehnte(r, s)** Adj treizième; s. a. **achte(r, s)**
Dreizeiler <-s, -> m tercet m
dreizeilig Adj Gedicht, Strophe de trois vers; Mitteilung de trois lignes; ~ **sein** Gedicht, Strophe: faire trois vers; Mitteilung: faire trois lignes
Dreizimmerwohnung f trois-pièces m
Dresche <-> f fam dérouillée f *(fam)*; ~ **bekommen** [o **kriegen**] se prendre une dérouillée *(fam)*
dreschen <drischt, drosch, gedroschen> I. tr V ❶ battre Getreide
❷ *fam (prügeln)* **jdn windelweich** ~ flanquer une bonne dérouillée à qn *(fam)*
II. itr V ❶ battre le blé
❷ *fam (schlagen)* **wild um sich** ~ filer des coups dans tous les sens *(fam)*
III. r V fam **sich** ~ se tabasser *(fam)*
Drescher(in) <-s, -> m(f) AGR batteur m
Dreschflegel m fléau m **Dreschmaschine** f batteuse f
Dresden <-s> nt Dresde
Dress[RR] <-es, -e> m, <-, -en> f A, **Dreß**[ALT] <-sses, -sse> m, <-, -ssen> f A tenue f [de sport]
dressieren* tr V ❶ *(abrichten)* dresser; **ein Tier darauf** ~ **etw zu tun** apprendre à un animal à faire qc; **ein dressierter Hund** un chien savant; **dieser Wachhund ist auf den Mann dressiert** ce chien de garde a été dressé à l'attaque
❷ *pej (erziehen)* dresser Person

Dressing <-s, -s> nt sauce f de salade
Dressman ['drɛsmən] <-s, -men> m mannequin m [homme]
Dressur <-, -en> f dressage m
Dressurpferd nt cheval m de dressage **Dressurreiten** <-s> nt dressage m
dribbeln itr V dribbler
Dribbling ['drɪblɪŋ] <-s, -s> nt SPORT dribble m
Drift [drɪft] <-, -en> f dérive f
driften itr V + sein ❶ *(auf dem Wasser treiben)* dériver
❷ *(hintreiben)* **zur Mitte** ~ Partei: dériver vers le centre; **in die Isolation** ~ Person, Staat: s'isoler de plus en plus
Drill <-[e]s> m ❶ MIL mise f au pas
❷ SCHULE pej rabâchage m *(fam)*
Drillbohrer m chignole f
drillen tr V ❶ MIL mettre au pas; **jdn** ~ mettre qn au pas
❷ *(erziehen)* **jdn aufs Auswendiglernen** ~ faire travailler qn à la baguette à l'apprentissage par cœur; **auf absoluten Gehorsam gedrillt sein** Schüler, Kind: être dressé(e) à obéir au doigt et à l'œil
Drillich <-s, -e> m coutil m
Drillichanzug m treillis m
Drilling <-s, -e> m ❶ triplé m; ~**e bekommen** avoir des triplés mpl
❷ *(Jagdgewehr)* drilling m, fusil m à triple canon
drin Adv fam ❶ dans; **in der Vase ist noch Wasser** ~ il y a encore de l'eau dans le vase; s. a. **darin**
❷ *(möglich)* ~ **sein** pouvoir se faire; **das ist nicht** ~ c'est pas possible *(fam)*; **für sie ist noch alles** ~ elle a encore toutes ses chances
dringen <drang, gedrungen> itr V ❶ + sein *(stoßen)* traverser; **durch etw** ~ Person, Tier: pénétrer dans qc; Speer, Strahlen, Regen: traverser qc; Sonne, Licht: percer qc; **in etw** *(Akk)* ~ Geschoss: traverser qc
❷ + sein *(vordringen)* **zu jdm/an die Öffentlichkeit** ~ Nachricht, Skandal: arriver jusqu'à qn/être connu(e) du grand public
❸ geh *(einwirken)* **mit Bitten/Fragen in jdn** ~ presser qn de prières/questions *(soutenu)*; **in jdn** ~ **etw zu tun** presser qn de faire qc *(soutenu)*
❹ + haben *(fordern)* **auf etw** *(Akk)* ~ exiger qc; **darauf** ~, **etw zu tun/dass etw getan wird** insister pour faire qc/que qc soit fait(e); s. a. **gedrungen**
dringend I. Adj Anruf, Verabredung urgent(e); Operation d'urgence; Bitte, Warnung pressant(e).
II. Adv benötigen de toute urgence; operieren d'urgence; warnen, bitten, abraten avec insistance; erforderlich, notwendig absolument
dringlich s. **dringend**
Dringlichkeit <-> f urgence f; **von großer** ~ **sein** être très urgent(e)
Dringlichkeitsantrag m demande f d'urgence
Drink <-s, -s> m boisson f; *(mit Alkohol)* drink m
drinnen Adv ❶ *(im Haus, im Innern)* à l'intérieur; **von** ~ de l'intérieur
❷ *(ins Haus, ins Innere)* à l'intérieur; **nach** ~ **gehen** rentrer à l'intérieur
drin|sein[ALT] s. **drin**
drin|sitzen itr V unreg fam ❶ *(im Haus sein, bleiben)* rester enfermé(e) *(fam)* ❷ *(in Schwierigkeiten sein)* **ganz schön** ~ être dans le pétrin *(fam)* **drin|stecken** itr V fam ❶ **in etw** *(Dat)* ~ **Schlüssel:** être dans qc ❷ *(verwickelt sein)* **in etw** *(Dat)* [**mit**] ~ être dans le coup; **in was steckst du da wieder drin?** dans quoi tu t'es encore embarqué(e)? *(fam)* ❸ s. **drinsitzen** ❹ *(investiert sein)* **in diesem Haus steckt viel Arbeit/Geld drin** on a mis beaucoup de travail/d'argent dans cette maison *(fam)* ▶ **da steckt man nicht drin** on n'y est pour rien *(fam)* **drin|stehen** itr V unreg fam ❶ *(im Innern stehen)* être dedans; **im Haus** ~ être dans la maison ❷ *(verzeichnet sein)* **in der Zeitung/einem Buch** ~ se trouver dans le journal/un livre
drischt 3. Pers Präs von **dreschen**
dritt Adv **zu** ~ être à trois; s. a. **acht**[2]
dritte(r, s) Adj ❶ troisième
❷ *(bei Datumsangaben)* **der** ~ **Mai** écrit: **der 3. Mai** le trois mai geschrieben: le 3 mai
❸ SCHULE **die** ~ **Klasse** classe qui correspond au CE2 en France; s. a. **achte(r, s)**
Dritte(r) f(m) dekl wie Adj ❶ troisième mf
❷ *(bei Datumsangaben)* **der** ~/**am** ~**n** écrit: **der 3./am 3.** le trois geschrieben: le 3
❸ *(Namenszusatz)* **Karl der** ~ écrit: **Karl III.** Charles trois geschrieben: Charles III; **Sophie die** ~ écrit: **Sophie III.** Sophie trois geschrieben: Sophie III
❹ JUR tiers m
❺ *(Symphonie)* **Beethovens** ~ la Troisième Symphonie de Beethoven
▶ **der** ~ **im Bunde** le troisième de la bande; **der lachende** ~ le troisième larron; **wenn zwei sich streiten, freut sich der** ~ Spr.

les disputes des uns font le bonheur des autres; *s. a.* **Achte(r, s)**
drittel *Adj* troisième; *s. a.* **achtel**
Drittel <-s, -> *nt* ❶ *a.* MATH tiers *m*
　❷ *(Teil der Spielzeit)* période *f*
dritteln *tr V* etw ~ partager qc en trois
drittens *Adv* troisièmement
Dritte-Welt-Laden *m* magasin *m* [spécialisé dans la vente] de produits du tiers-monde
drittgrößte(r, s) *Adj* troisième par ordre de grandeur; **der ~ Schüler** le troisième élève par ordre de taille; **das ~e Haus** la troisième maison par ordre de grandeur **dritthöchste(r, s)** *Adj* troisième en ce qui concerne la hauteur; **der ~ Berg** la troisième montagne [en ce qui concerne la hauteur]
drittklassig *Adj pej* miteux(-euse) *(péj fam)*
Drittland *nt* pays *m* tiers **drittletzte(r, s)** *Adj* qui précède l'avant-dernier(dernière); **der ~ Besucher** l'avant avant-dernier visiteur
Drittmittel *Pl* fonds *mpl* fournis par un tiers
DRK [deː?ɛrˈkaː] <-> *nt Abk von* **Deutsches Rotes Kreuz** Croix-Rouge *f* allemande
droben *Adv geh* là-haut
Droge <-, -n> *f* drogue *f*; **~n nehmen** prendre de la drogue; **harte/weiche ~n** des drogues dures/douces; **unter ~n stehen** être drogué(e)
Drögeler(in) <-s, -> *m(f)* CH drogué(e) *m(f)*
drogenabhängig *Adj* toxicomane; **jdn ~ machen** faire de qn un/une toxicomane **Drogenabhängige(r)** *f(m) dekl wie Adj* toxicomane *mf* **Drogenabhängigkeit** *f* toxicomanie *f* **Drogenbaron** *m fam* gros bonnet *m* de la drogue *(fam)* **Drogenbekämpfung** *f* lutte *f* antidrogue **Drogenberatung[sstelle]** *f* association *f* d'aide pour les drogués **Drogeneinfluss**ʀʀ *m* effet *m* de la drogue; **unter ~ stehen** être sous l'effet de la drogue **Drogenhandel** *m* trafic *m* de drogue **Drogenkonsum** *m* consommation *f* de drogue **Drogenkriminalität** *f* criminalité *f* due à la toxicomanie **Drogenmissbrauch**ʀʀ *m* consommation *f* abusive de stupéfiants **Drogensucht** *s.* **Drogenabhängigkeit drogensüchtig** *s.* **drogenabhängig Drogensüchtige(r)** *s.* **Drogenabhängige(r)** **Drogenszene** *f* milieu *m* de la drogue **Drogentote(r)** *f(m) dekl wie Adj* mort(e) *m(f)* d'une [*o par*] overdose
Drogerie [-ˈriː] <-, -n> *f* droguerie-herboristerie *f*
Drogist(in) <-en, -en> *m(f)* droguiste-herboriste *mf*
Drohbrief *m* lettre *f* de menace
drohen *itr V* ❶ menacer; **jdm mit etw ~** menacer qn de qc; **jdm ~ etw zu tun** menacer qn de faire qc
　❷ *(bevorstehen) Gewitter, Gefahr:* menacer; **ihnen droht die Verurteilung** leur condamnation semble inévitable
　❸ *(im Begriff sein)* **zu verlieren/einzustürzen ~** menacer de perdre/de s'écrouler
drohend I. *Adj Haltung, Blick, Wolken* menaçant(e); *Krieg, Unheil, Gefahr* imminent(e)
II. *Adv* **~ die Hand heben** lever la main en signe de menace
Drohgebärde *f (Geste)* geste *m* de menace; *fig* manœuvre *f* d'intimidation **Drohmittel** *nt* moyen *m* de menace
Drohne <-, -n> *f* ❶ ZOOL faux bourdon *m*
　❷ *pej (Schmarotzer)* parasite *m (péj)*
dröhnen *itr V* ❶ *(dumpf klingen) Stimme, Musik, Lautsprecher:* résonner; *Donner:* gronder
　❷ *(dumpf widerhallen) Boden, Wand:* résonner; **ihm/mir dröhnt der Schädel** il a/j'ai la tête qui bourdonne
dröhnend *Adj Stimme* de stentor; *Gelächter* sonore; *Applaus* vibrant(e); **ein ~er Lärm** un grondement
Drohung <-, -en> *f* menace *f*; **eine versteckte/offene/leere ~** une menace déguisée/à peine voilée/en l'air
drollig *Adj* ❶ *(belustigend) Art, Anekdote* drôle
　❷ *(niedlich)* mignon(ne)
Dromedar <-s, -e> *nt* dromadaire *m*
Drops <-, -*o* -e> *m o nt* bonbon *m* [aux fruits]; **saure ~** des bonbons acidulés
drosch *Imp von* **dreschen**
Droschke <-, -n> *f veraltet* ❶ *(Pferdedroschke)* fiacre *m*
　❷ *(Taxi)* taxi *m*
Drossel <-, -n> *f* grive *f*
Drosselklappe *f* TECH clapet *m* d'étranglement
drosseln *tr V* réduire *Heizung, Leerlauf;* **das Tempo auf 30 km/h ~** réduire la vitesse à 30 km/h
Drosselung <-, -en> *f s.* **Drosslung**
Drosselventil *nt* TECH soupape *f* d'étranglement
Drosslungʀʀ, **Droßlung**ᴬᴸᵀ <-, -en> *f* réduction *f*
drüben *Adv* en face, de l'autre côté
drüber *Adv s.* **darüber**
Druck[1] <-[e]s, Drücke> *m* ❶ PHYS pression *f*
　❷ *(drückendes Gefühl) (in der Brust)* oppression *f*; *(im Magen, Kopf)* lourdeur *f*; **[einen] ~ auf der Blase haben** avoir une envie pressante

　❸ *kein Pl (das Drücken)* **mit einem ~ auf diesen Knopf/diese Taste** par simple pression sur ce bouton/cette touche
　❹ *kein Pl (Zwang, Zeitnot)* contrainte *f*; **in** [*o* **im**] **~ sein** être pressé par le temps; **unter ~ stehen** être sous pression; *(in Zeitnot sein)* être pressé par le temps; **auf jdn ~ ausüben** faire pression sur qn; **jdn unter ~ setzen** presser qn; **hinter etw** *(Akk)* **~ machen** *fam* faire accélérer qc
　❺ *sl (Drogeninjektion)* shoot *m (arg)*
Druck[2] <-[e]s, -e> *m* ❶ *kein Pl (das Drucken)* impression *f*; **etw in ~ geben** faire imprimer qc; **in ~ gehen** partir à l'impression; **im ~ sein** être sous presse
　❷ *(gedrucktes Werk)* imprimé *m*
Druckabfall *m* chute *f* de la pression **Druckanstieg** *m* hausse *f* de la pression **Druckanzug** *m* combinaison *f* pressurisée **Druckausgleich** *m* PHYS compensation *f* de pression **Druckbehälter** *m* récipient *m* sous pression, autoclave *m* **Druckbleistift** *m* portemine *m* **Druckbogen** *m* feuille *f* d'impression **Druckbuchstabe** *m* caractère *m* d'imprimerie; **in ~n** en caractères d'imprimerie
Drückeberger(in) <-s, -> *m(f) pej fam* ❶ *(Faulenzer)* tire-au-cul *m (fam)*
　❷ *(Feigling)* dégonflé(e) *m(f) (fam)*
druckempfindlich *Adj Körperregion, Stelle* sensible; *Obst* fragile
drucken *tr, itr V (vervielfältigen, aufdrucken)* imprimer; **etw auf buntem Papier ~** imprimer qc sur papier coloré; *s. a.* **gedruckt**
drücken I. *tr V* ❶ appuyer sur *Klinke, Knopf, Taste*
　❷ *(pressen)* **jdn an sich ~** *(Akk)* étreindre qn; **jdm einen Kuss auf die Stirn ~** déposer un baiser sur le front de qn; **jdm einen Stift in die Hand ~** mettre un stylo dans la main de qn
　❸ *(schieben)* **jdn/etw nach vorne ~** pousser qn/qc en avant; **den Hut in die Stirn ~** enfoncer le chapeau jusqu'aux oreilles
　❹ *(behindern, schmerzen)* **jdn ~** *Schuhe, Gürtel:* serrer qn; *Rucksack, Last:* peser sur qn
　❺ *(herabsetzen)* faire baisser *Leistung, Niveau*
　❻ *(bedrücken)* **jdn ~** *Kummer, Sorgen, Schulden:* oppresser qn; *s. a.* **gedrückt**
　❼ *sl (Rauschgift spritzen)* **sich** *(Dat)* **Heroin ~** se shooter à l'héroïne *(arg)*
II. *itr V* ❶ *(ein Druckgefühl verursachen) Brille, Schuhe:* serrer; **im Magen ~** *Essen:* peser sur l'estomac
　❷ *(pressen)* **auf einen Knopf ~** appuyer sur un bouton; [**bitte**] **~!** Poussez [S.V.P.]!
　❸ *(bedrückend sein) Kummer, Sorgen, Verantwortung:* être oppressant(e)
　❹ *sl (Rauschgift spritzen)* se shooter *(arg)*
III. *r V* ❶ **sich an die Wand ~** se plaquer contre le mur; **sich in eine Ecke ~** se blottir dans un coin
　❷ *fam (sich entziehen)* **sich ~** se défiler *(fam)*; **sich vor einem Problem ~** essayer de couper à un problème *(fam)*; **sich um eine Entscheidung ~** se défiler pour ne pas devoir prendre de décision *(fam)*
drückend *Adj* ❶ *(lastend) Bürde, Last, Steuern* lourd(e); *Armut, Sorgen, Verantwortung* accablant(e)
　❷ *(schwül)* lourd(e)
Drucker <-s, -> *m* ❶ *(Person)* imprimeur *m*
　❷ *(Gerät)* imprimante *f*
Drücker <-s, -> *m* ❶ ELEC *(Knopf)* bouton *m*; *(Türöffner)* loquet *m*
　❷ *(Gewehrabzug)* détente *f*
　❸ *fam (Zeitschriftenwerber)* vendeur *m* de journaux au porte-à-porte
▶ **auf den letzten ~** *fam* à la dernière minute; **am ~ sein** [*o* **sitzen**] *fam* être aux commandes
Druckerei <-, -en> *f* imprimerie *f*
Druckerin <-, -nen> *f* imprimeuse *f*
Drückerin <-, -nen> *f fam* vendeuse *f* de journaux au porte-à-porte
Druckerlaubnis *f* imprimatur *m*
Druckerpresse *f* presse *f* [à imprimer] **Druckerschwärze** *f* encre *f* d'imprimerie **Druckertreiber** *m* INFORM driver *m*
Druckerzeugnis *nt* imprimé *m*
Druckfahne *f* placard *m* **Druckfarbe** *f* encre *f* d'imprimerie **Druckfehler** *m* faute *f* d'impression **druckfertig** *s.* **druckreif druckfrisch** *Adj* tout juste sorti(e) des presses; **~ sein** venir de sortir des presses
Druckkabine *f* cabine *f* pressurisée **Druckknopf** *m* bouton-pression *m*
Druckkosten *Pl* frais *mpl* d'impression **Drucklegung** <-, -en> *f* mise *f* à l'impression
Druckluft *f kein Pl* air *m* comprimé
Druckluftbremse *f* frein *m* à air comprimé
Druckmaschine *f* presse *f*
Druckmesser <-s, -> *m* manomètre *m*
Druckmittel *nt* moyen *m* de pression

Druckplatte f forme f imprimante
Druckpumpe f TECH pompe f [re]foulante **Druckregler** m TECH régulateur m de pression
druckreif Adj prêt(e) à imprimer **Drucksache** f imprimé m; **als ~ comme imprimé Druckschrift** f ❶ (Schriftart) [écriture f en] lettres fpl d'imprimerie; **in ~** en lettres d'imprimerie ❷ MEDIA imprimé m
drucksen ['drʊksən] itr V fam bafouiller (fam)
Drucksorte f A (Formblatt) formulaire m **Druckstelle** f meurtrissure f; **Äpfel mit ~n** des pommes talées **Drucktaste** f touche f
druckunempfindlich Adj Körperregion insensible à la pression
Druckventil nt TECH soupape f de compression **Druckverband** m bandage m compressif
Druckverfahren nt procédé m d'impression **Druckvorlage** f original m
Druckwasserreaktor m réacteur m à eau sous pression
Druckwelle f onde f de choc
Druckwerk nt ouvrage m [imprimé] **Druckzylinder** m TYP rouleau m d'imprimerie
Drudenfuß m pentacle m
Druide <-n, -n> m druide m
drum Adv fam ❶ (um den, die, das) ~ **herum** tout autour ❷ (deswegen) ~ **sagt er nichts** c'est pour ça qu'il ne dit rien (fam) ▶ **das Drum und Dran** l'accessoire m; **mit allem Drum und Dran** avec tout le tralala (fam); **sei's ~!** soit!; s. a. **darum**
Drumherum <-s> nt fam tralala m (fam); **das [ganze] ~** le tralala; **das ganze ~ weglassen** laisse tomber toutes les broutilles (fam)
drunten Adv DIAL en bas
drunter Adv ▶ **alles** [o **es**] **geht ~ und drüber** c'est la pagaille (fam); **das Drunter und Drüber** le remue-ménage; s. a. **darunter**
Druse ['druːzə] <-n, -n> m REL Druze, Druse m
Drüse <-, -n> f glande f; **etwas mit den ~n haben** avoir un dysfonctionnement des glandes
DSB [deːʔɛsˈbeː] <-s> m Abk von **Deutscher Sportbund** fédération allemande de sport
Dschibuti [dʒiˈbuːti] <-s> nt le Djibouti
Dschibutier(in) [dʒiˈbuːtiɐ] <-s, -> m(f) Djiboutien(ne) m(f)
dschibutisch Adj djiboutien(ne)
Dschihad [dʒiˈhaːt] <> m REL djihad m
Dschingis Khan ['dʒɪŋgɪs 'kaːn] <-s> m HIST Gengis Kahn m
Dschungel <-s, -> m jungle f
▶ **der ~ der Großstadt** geh la jungle de la grande ville (soutenu)
Dschunke <-, -n> f jonque f
DSG [deːʔɛsˈgeː] <-> m Abk von **Deutsche Schlafwagen- und Speisewagen-Gesellschaft** Compagnie f allemande des wagons-lits [et des wagons-restaurants]
DSL [deːʔɛsˈʔɛl] Abk von **Digital Subscriber Line** INFORM ADSL m; **~ haben** avoir l'ADSL
dt. Adj, Adv Abk von **deutsch** alld.
DTP [deːteːˈpeː] <-> nt Abk von **Desktop publishing** P.A.O. f
Dtzd. Abk von **Dutzend**
du Pron pers, 2. Pers, Sing ❶ tu; **hast ~ Zeit?** as-tu le temps?; **das bist/warst ~** c'est/c'était toi; **~ selbst hast das gesagt** c'est toi qui l'as dit; **~ nicht!** pas toi!; **wenn ich ~ wäre** si j'étais toi; **~, die ~ keine Mühe scheust** toi qui ne recules devant aucune peine
❷ (als Anrede) toi; **zu jdm ~ sagen** dire tu à qn; **sie sagen ~ zueinander** ils/elles se disent tu; **he, ~ da!** dis donc, toi!; **~ Arme!** ma pauvre!; **~ Dummkopf!** [espèce d'] idiot(e)!; **~ Glücklicher!** [oh le] veinard! (fam); **~ [Mutti], kannst ~ mir mal helfen?** dis, [maman], est-ce que tu peux m'aider?
▶ **mit jdm per ~ sein** tutoyer qn
Du <-[s]> nt tutoiement m; **sie hat ihm das ~ angeboten** elle lui a proposé de la tutoyer; **in Studentenkreisen ist das ~ üblich** chez les étudiants, le tutoiement est de règle
▶ **mit jdm auf ~ und ~ stehen** être à tu et à toi avec qn (fam)
dual Adj Fachspr. dual(e)
Dualismus [duaˈlɪsmʊs] <-> m PHILOS dualisme m
Dualsystem nt système m binaire
Dübel <-s, -> m cheville f
dübeln tr V cheviller; **etw ~** cheviller qc
dubios [duˈbioːs] Adj geh Vergangenheit douteux(-euse)
Dublee <-s, -s> nt plaqué m
Dublette <-, -n> f ❶ (doppeltes Exemplar) doublet m, [exemplaire m] double m
❷ (Edelsteinimitat) imitation f
Dublin ['dablɪn] <-s> nt Dublin
ducken I. r V ❶ (sich bücken) **sich ~** se baisser; **sich vor etw** (Dat) **~** se baisser pour éviter qc; **sich [ängstlich] in eine Ecke ~** se tapir [apeuré] dans un coin; s. a. **geduckt**
❷ pej (unterwürfig sein) **sich ~** plier l'échine (péj)
II. tr V ❶ (unterdrücken) **jdn ~** faire plier l'échine à qn
❷ selten (einziehen) baisser Kopf
Duckmäuser(in) <-s, -> m(f) pej dégonflé(e) m(f) (fam)

duckmäuserisch I. Adj pej Verhalten, Art de dégonflé (fam); **~ sein** être un dégonflé/une dégonflée (fam)
II. Adv pej comme un dégonflé/une dégonflée (fam)
Dudelei <-, -en> f pej fam rengaine f (péj fam)
dudeln I. itr V pej fam Radio: seriner la même rengaine (péj fam); **das Dudeln der Drehorgel** les rengaines fpl de l'orgue de Barbarie (péj fam)
II. tr V pej fam seriner (péj fam)
Dudelsack m cornemuse f
Dudelsackspieler(in) m(f) MUS joueur(-euse) m(f) de cornemuse
Duell <-s, -e> nt duel m; **jdn zum ~ [heraus]fordern** provoquer qn en duel; **mit jdm ein ~ austragen** se battre en duel avec qn
Duellant(in) [duɛˈlant] <-en, -en> m(f) duelliste mf
duellieren* [duɛˈliːrən] r V **sich ~** se battre en duel; **sich mit jdm ~** se battre en duel avec qn
Duett <-[e]s, -e> nt duo m; **etw im ~ singen** chanter qc en duo
Duft <-[e]s, Düfte> m von Blumen, Gewürzen parfum m; eines Essens, Kaffees, Parfüms arôme m; eines Bratens fumet m
dufte Adj DIAL sl d'enfer (fam); **etw ~ finden** trouver qc d'enfer (fam), trouver que qc est d'enfer (fam)
duften I. itr V sentir bon; **gut ~** sentir très bon; [intensiv] **nach Harz ~** sentir [fort] la résine
II. itr V unpers **es duftet** ça sent bon; **es duftet nach Veilchen** ça sent [bon] la violette
duftend Adj attr odorant(e)
duftig Adj Kleid, Stoff vaporeux(-euse)
Duftmarke f marque f odorante [laissée par un animal] **Duftnote** f ❶ des Parfüms note f parfumée ❷ pej (Ausdünstung) odeur f [corporelle] **Duftöl** nt huile f aromatique **Duftstoff** m CHEM substance f aromatique; BIO substance f odorante **Duftwolke** f bouffée f de parfum
Dukaten <-s, -> m ducat m
dulden I. tr V tolérer; supporter [le poids de] Leid, Entbehrungen
II. itr V geh **klaglos ~** porter sa croix sans se plaindre (fig soutenu)
Dulder(in) <-s, -> m(f) geh martyr(e) m(f)
duldsam I. Adj tolérant(e); **jdm/einer S. gegenüber ~ sein** être tolérant(e) à l'égard de qn/face à qc
II. Adv d'une façon tolérante
Duldsamkeit <> f tolérance f
Duldung <-, selten -en> f eines Verhaltens, einer Kleidung acceptation f; **die ~ durch die Polizei** l'assentiment m de la police; **mit** [o **unter**] **stillschweigender ~ der Behörden** avec l'accord m implicite de l'administration
Duma ['duːma] <-, -s> f douma f
Dumdumgeschoss^{RR} [dʊmˈdʊm-] nt balle f dum-dum
dumm <dümmer, dümmste> I. Adj ❶ (geistig beschränkt) bête
❷ (albern, unsinnig) stupide; **~es Zeug reden** dire des bêtises; **das wird mir jetzt zu ~!** je perds mon temps avec ces sottises! (fam)
❸ (unklug) bête; **es wäre ~ etw zu tun** ce serait bête de faire qc; **etwas Dummes tun** faire une bêtise
❹ fam (unangenehm, ärgerlich) Sache, Geschichte sale antéposé; **ein ~es Gefühl** une drôle d'impression; **ich habe das ~e Gefühl, dass** j'ai le sentiment désagréable que + indic; **[es ist] zu ~, dass es schon so spät ist** c'est bête qu'il soit déjà si tard (fam); **mir ist etwas Dummes passiert** il m'est arrivé une chose idiote
▶ **~ geboren, nichts dazugelernt** Spr. ≈ tu es/il est/... aussi bête qu'il en a l'air
II. Adv **~ fragen** poser des questions idiotes; **~ dastehen** se retrouver comme un idiot; **sich ~ anstellen** [o **verhalten**] faire l'idiot(e)
▶ **sich** (Akk) **~ und dämlich suchen** fam chercher à en devenir chèvre (fam); **sich** (Akk) **~ und dämlich zahlen** fam dépenser un pognon fou (fam); **jdm ~ kommen** fam marcher sur les pieds de qn; **jdn für ~ verkaufen** fam prendre qn pour une andouille (fam)
Dummchen s. **Dummerchen**
dummdreist I. Adj bête et méchant(e)
II. Adv de façon bête et méchante; **~ fragen** poser des questions bêtes et méchantes; **~ grinsen** avoir un sourire d'abruti(e)
Dumme(r) f(m) dekl wie Adj fam gros bêta m/grosse bêtasse f (fam); **der ~ sein** être le dindon [de la farce]; **einen ~n finden** trouver une bonne poire f
Dummejungenstreich m fam blague f de gamin
Dummenfang m kein Pl pej attrape-nigaud m; **auf ~ ausgehen** [o **sein**] n'attendre que la bonne poire f
Dummerchen <-s, -> nt fam nunuche f (fam)
dummerweise Adv ❶ (leider) malheureusement; **~ habe ich kein Geld dabei** c'est bête, je n'ai pas d'argent sur moi
❷ (unklugerweise) bêtement
Dummheit <-, -en> f bêtise f; **eine ~ machen** [o **begehen**] faire une bêtise; **[mach bloß] keine ~en!** fam [ne fais] pas de bêtises!
Dummkopf m pej fam andouille f (fam); **sei kein ~!** ne fais pas le con! (fam)
dümmlich I. Adj niais(e)

II. *Adv* niaisement
Dummy ['dami] <-, -s> *m* mannequin *m*
dümpeln *itr V* tanguer
dumpf I. *Adj* ❶ *(hohl klingend)* sourd(e); *Ton* grave
❷ *(feucht, muffig)* Atmosphäre, Luft moite; *Geruch* de renfermé
❸ *(unbestimmt)* Gefühl, Ahnung, Erinnerung vague; *Schmerz* diffus(e)
❹ *(stumpfsinnig)* Geist, Sinn obtus(e)
II. *Adv* ❶ *(hohl klingend)* sourdement; *aufprallen* avec un son sourd
❷ *(stumpfsinnig)* starren d'un air stupide
Dumpfbacke *f pej, fig* tache *f*
Dumping ['dampɪŋ] <-s> *nt* dumping *m*
Düne <-, -n> *f* dune *f*
Dung <-[e]s> *m* fumier *m*
Düngemittel *nt* engrais *m*
düngen I. *tr V* mettre de l'engrais dans *Acker, Garten;* mettre de l'engrais à *Beet, Pflanzen;* **die Pflanzen mit Kompost ~** composter les plantes
II. *itr V* ❶ mettre de l'engrais; **mit etw ~** mettre qc comme engrais; **organisch ~** mettre de l'engrais organique
❷ *(düngende Wirkung haben)* **gut/schlecht ~** être un bon/mauvais engrais
Dünger <-s, -> *m* engrais *m*
Düngung <-, -en> *f* fertilisation *f;* **es reicht eine einmalige ~ pro Jahr** il suffit de mettre de l'engrais une fois par an
dunkel *Adj* ❶ *Zimmer, Nacht* sombre; **es ist/wird ~** il fait sombre/ de plus en plus sombre; **im Dunkeln** dans l'obscurité
❷ *(von düsterer Farbe)* Kleidung, Hautfarbe, Wolke sombre; *Haare* foncé(e); *Brot* bis(e); **sich ~ kleiden** s'habiller de couleurs sombres; **etw ~ streichen** peindre qc de couleur sombre; **ein Dunkles, bitte!** une brune, s'il vous plaît!
❸ *(tief)* Stimme, Klang grave
❹ *(unklar)* Andeutung, Erinnerung confus(e); *Ursprung* obscur(e); *Verdacht* vague *antéposé*
❺ *pej (zwielichtig)* Punkt, Vergangenheit obscur(e); *Geschäfte* louche
▸ **jdn im Dunkeln lassen** laisser qn dans le vague; **im Dunkeln liegen** rester dans l'incertitude; **im Dunkeln ist gut munkeln** *Spr.* l'obscurité est propice aux confidences; **im Dunkeln tappen** être dans le brouillard
Dunkel <-s> *nt* geh ❶ *(Dunkelheit)* obscurité *f;* **das ~ der Nacht** l'obscurité de la nuit
❷ *(Undurchschaubarkeit)* mystère *m;* **in ~ gehüllt sein** être nimbé(e) de mystère
Dünkel <-s> *m pej* suffisance *f*
dunkeläugig *Adj* aux yeux foncés; **~ sein** avoir les yeux foncés
dunkelblau *Adj* bleu foncé *inv;* **ein ~er Rock** une jupe bleu foncé **dunkelblond** *Adj* blond foncé *inv;* **sich** *(Dat)* **die Haare ~ färben** se teindre les cheveux en blond foncé **dunkelgrün** *Adj* vert foncé *inv;* **~ Decken** des couvertures vert foncé **dunkelhaarig** *Adj* aux cheveux bruns, brun(e); **~ sein** avoir les cheveux bruns, être brun(e)
dünkelhaft I. *Adj pej* prétentieux(-euse); **~ sein** être imbu(e) de sa personne
II. *Adv pej* avec suffisance
dunkelhäutig *Adj* à la peau brune; **~ sein** être brun(e) de peau
Dunkelheit <-> *f* obscurité *f;* **die ~ bricht herein** *geh* la nuit tombe; **bei einbrechender ~** à la nuit tombante
Dunkelkammer *f* chambre *f* noire **Dunkelmann** <-männer> *m pej* individu *m* agissant dans l'ombre *(péj)*
dunkeln I. *itr V* ❶ unpers **+ haben** *geh (Abend werden)* commencer à faire sombre; **es dunkelt** le soir tombe
❷ **+ sein** *(nachdunkeln)* foncer
II. *tr V* **+ haben** selten foncer; **gedunkelt** patiné(e)
dunkelrot *Adj* Kleidungsstück, Stoff rouge foncé *inv;* Gesicht cramoisi(e); **eine ~e Krawatte** une cravate rouge foncé
Dunkelziffer *f* chiffres *mpl* non connus
dünken <dünkte *o veraltet* deuchte, gedünkt *o veraltet* gedeucht> I. *tr, itr V unpers veraltet geh* **jdn** [*o selten* **jdm**] **merkwürdig ~** sembler étrange à qn; **jdn dünkt** [*o* **es dünkt jdm**], **dass** qn a le sentiment étrange que + *indic*
II. *r V veraltet geh* **sich schlau/eine Schönheit ~** se croire rusé(e)/une beauté
Dünkirchen <-s> *nt* Dunkerque
dünn I. *Adj* ❶ *(schlank)* mince; *(mager)* maigre; **~er werden** maigrir; **sich ~ machen** *sl* rentrer son ventre
❷ *(nicht konzentriert)* Brei liquide; *Kaffee, Tee* léger(-ère); *Suppe* clair(e)
❸ *(fein, leicht)* Stoff, Tuch, Bluse fin(e)
❹ *(spärlich)* Haarwuchs, Besiedlung clairsemé(e)
II. *Adv* **~ besiedelt/bevölkert sein** être peu peuplé(e)
▸ **~ gesät sein** ne pas courir les rues
dünnbesiedelt *s.* dünn II.
dünnbevölkert *s.* dünn II.
Dünndarm *m* ANAT intestin *m* grêle
Dünndruckausgabe *f* édition *f* sur papier bible **Dünndruckpapier** *nt* papier *m* bible
dünnflüssig *Adj* liquide **dünngesät** *Adj s.* dünn▸
dünnhäutig *Adj* ❶ *Insektenflügel* fin(e)
❷ *(zart besaitet)* sensible
dünn|machen *r V sl* **sich ~** se casser *(pop)* **Dünnpfiff** *m fam* courante *f (fam)* **Dünnsäure** *f* CHEM déchets *mpl* industriels de sulfates acides
dünnschalig *Adj* Nuss, Ei qui a la coquille fine; *Frucht* qui a la peau fine
Dünnschiss[RR] *m sl* chiasse *f (pop)*
dünnwandig *Adj* Glas fin(e); *Rohr* aux parois fines; *Haus* aux murs minces; **~ sein** *Glas:* être fin(e); *Rohr:* avoir des parois fines; **das Haus ist ~** les murs de la maison sont minces
Dunst <-[e]s, Dünste> *m* ❶ *(Nebel)* brume *f*
❷ *(Dampf)* vapeur *f*
❸ *(Geruch)* odeur *f;* (Ausdünstung) émanation *f*
▸ **keinen blassen ~ von etw haben** *fam* n'y connaître que dalle à qc *(fam);* **jdm blauen ~ vormachen** *fam* jeter de la poudre aux yeux à qn
Dunstabzugshaube *f* hotte *f* (aspirante)
dünsten *tr V* [faire] cuire à la vapeur; **etw ~** faire cuire qc à la vapeur; **gedünstet** cuit(e) à la vapeur
Dunstglocke *f* nappe *f* de pollution
dunstig *Adj* ❶ *(neblig)* brumeux(-euse)
❷ *(verraucht)* Kneipe, Wartesaal enfumé(e)
Dunstkreis *m geh einer Persönlichkeit* entourage *m* **Dunstschleier** *m* voile *m* de brume **Dunstwolke** *f* nuage *m* de fumée
Dünung <-, -en> *f* houle *f*
Duo <-s, -s> *nt* ❶ MUS duo *m*
❷ *(Paar)* tandem *m;* **ihr zwei seid mir ein feines ~!** vous deux, vous me faites une sacrée paire!
Duodezimalsystem *nt* système *m* duodécimal
düpieren* *tr V geh* abuser *(soutenu)*
Duplikat <-[e]s, -e> *nt* double *m;* ADMIN duplicata *m*
Dur <-> *nt* mode *m* majeur
durch I. *Präp + Akk* ❶ *(hindurch)* par; **~ die Tür/das Fenster** par la porte/la fenêtre; **~ die Stadt bummeln** faire un tour en ville; **~ den Wald streifen** se promener dans les bois; **~ den Fluss waten** passer une rivière à gué; **einen Schlauch atmen** respirer par un tuyau; **quer ~ das Tal gehen/verlaufen** Weg, Strecke: traverser/couper la vallée; **mitten ~s Herz** en plein cœur; **~ sein** *(passiert haben)* Person, Bus, Zug: être passé(e)
❷ *(mit Hilfe)* **etw ~ einen Boten/~ Lautsprecher bekannt geben** faire savoir qc par un messager/dans les haut-parleurs
❸ *(aufgrund, infolge)* **~ [einen] Zufall/ein Versehen** par hasard/ erreur; **~ Fragen** à force de demander; **~ Üben** en s'entraînant; **~ den Unfall das Bewusstsein verlieren** perdre conscience à la suite de l'accident
❹ *(dank)* **~ jdn/etw** grâce à qn/qc
❺ *(während)* **das ganze Jahr ~ arbeiten** travailler pendant toute l'année; **~ den Winter kommen** tenir tout l'hiver
❻ MATH **vier [geteilt] ~ zwei** quatre divisé par deux
II. *Adv* ❶ *fam (vorbei)* **es ist Mittag ~** il est midi passé(e)
❷ *fam (fertig)* **durch** [*o* **mit**] **etw ~ sein** avoir fini [de lire] qc
❸ *fam (kaputt)* **~ sein** Seil, Sohlen, Hose: être nase *(fam)*
❹ *fam (genehmigt)* **~ sein** Gesetz: être passé(e); *Antrag:* être accordé(e)
❺ *fam (gar)* **~ sein** être bien cuit(e); **nicht ganz ~ sein** ne pas être cuit
❻ *fam (reif)* **~ sein** Käse: être bien fait(e)
▸ **~ und ehrlich sein** être sincère, ne pas en pouvoir plus intègre; **~ und nass sein** être mouillé(e) jusqu'aux os; **~ und verlogen sein** être menteur(-euse) comme un arracheur de dents; **das geht ihm ~ und ~** ça lui donne la chair de poule
durch|ackern *tr V fam* potasser *(fam)* Lehrbuch; éplucher *(fam)* Akten
II. *r V fam* **sich ~** s'en sortir; **sich durch etw ~** se farcir qc *(fam)*
durch|arbeiten I. *tr V* ❶ étudier [à fond]; **ein Buch ~** étudier un livre [à fond]
❷ *(durchkneten)* travailler Teig, Knetmasse
II. *itr V* travailler sans interruption; *(keine Mittagspause machen)* faire la journée continue
III. *r V* ❶ **sich durch die Post/ein Buch ~** venir à bout du courrier/d'un livre
❷ *(sich durchkämpfen)* **sich durch ein Dickicht ~** se frayer un passage à travers le fourré
durcharbeitet *Adj* Nacht, Wochenende passé(e) à travailler
durch|atmen *itr V* respirer profondément [*o* à fond]
▸ **[wieder] ~ können** [pouvoir] respirer à nouveau
durchaus *Adv,* **durchaus** *Adv* ❶ *(unbedingt)* absolument

durch|beißen *unreg* I. *tr V* couper avec ses dents; **etw ~** couper qc avec ses dents
II. *r V fam* **sich ~** s'en sortir à force de persévérance *(fam)*
durch|bekommen* *tr V unreg fam* ❶ *(durchtrennen)* arriver à couper
❷ *s.* **durchbringen**
durch|biegen *unreg* I. *tr V* courber; **den Rücken ganz ~** courber complètement le dos
II. *r V* **sich ~** se courber
durch|blasen *unreg* I. *tr V* déboucher; **ein Rohr/die Ohren ~** déboucher un tuyau/les oreilles en insufflant de l'air
II. *itr V (wehen durch)* souffler; **es bläst überall durch** il y a des courants d'air partout
durch|blättern *tr V*, **durchblättern*** *tr V* feuilleter
Durchblick *m* ❶ *(Ausblick)* vue *f*; **der ~ auf das Tal** la vue sur la vallée
❷ *fam (Überblick)* **bei etw haben** assurer dans qc *(fam)*; **[überhaupt] keinen ~ haben** n'y piger rien [du tout] *(fam)*; **den ~ verlieren** n'y piger plus rien *(fam)*
durch|blicken *itr V* ❶ *(hindurchsehen)* regarder à travers; **durch ein Fernglas ~** regarder à travers des jumelles; **durch eine Scheibe ~** regarder à travers une vitre
❷ *fam (den Überblick haben)* **ich blicke da nicht mehr durch** j'y pige plus rien *(fam)*
❸ *(erkennbar werden)* **etw ~ lassen** laisser [trans]paraître qc; **~ lassen, dass** laisser entendre que + *indic*
durchbluten*¹ *tr V* irriguer; **gut durchblutet sein** être bien irrigué(e); **schlecht durchblutete Hände haben** avoir des problèmes de circulation dans les mains
durch|bluten² *itr V* ❶ *Wunde:* saigner à travers le pansement; **es blutet durch** ça saigne beaucoup
❷ *(vollbluten)* **den Verband ~** *Wunde:* saigner à travers le pansement; **durchgeblutet sein** *Verband, Hemd:* être [tout] imbibé(e) de sang
Durchblutung *f* irrigation *f* [sanguine]; **eine gute/schlechte ~ haben** avoir une bonne/mauvaise circulation
Durchblutungsstörung *f* problème *m* de circulation
durch|bohren*¹ *tr V* ❶ *(durchdringen) Kugel, Granatsplitter:* transpercer
❷ *fig* **jdn mit Blicken ~** fusiller qn du regard
durch|bohren² I. *tr V* percer; **ein Loch/einen Tunnel durch etw ~** percer un trou/un tunnel dans qc
II. *r V* **sich durch etw ~** *Speer, Pfeil:* s'enfoncer dans qc; *Insekt, Larve:* creuser des galeries dans qc
durch|boxen I. *tr V fam* catapulter; **jdn bei einer Wahl ~** catapulter qn dans une élection; **ein Gesetz ~** faire passer une loi en force; **bei jdm eine Gehaltserhöhung ~** obtenir une augmentation de salaire de qn au forcing *(fam)*
II. *r V fam* ❶ *(sich durchzwängen)* **sich zur Bühne ~** forcer le passage jusqu'à la scène
❷ *(sich durchkämpfen)* **sich ~** se battre, s'en sortir à force de persévérance
durch|braten *unreg* I. *tr V + haben* faire [bien] rôtir; **durchgebratenes Fleisch** de la viande [bien] cuite
II. *itr V + sein* rôtir
durch|brechen¹ *unreg* I. *tr V + haben* casser; **etw ~** casser qc en deux
II. *itr V + sein* ❶ *Brett:* se casser; **durch die Eisdecke ~** *Person:* passer à travers la glace
❷ *(hervorkommen) Sonne, Zahn:* percer; *Knospen, Keimling:* sortir
❸ *(sich zeigen) Eifersucht, Jähzorn:* transparaître
❹ MED *Blinddarm:* se perforer
durchbrechen*² *tr V unreg* ❶ *(gewaltsam passieren)* enfoncer *Grenzzaun, Mauer*
❷ *(überwinden)* franchir *Schallmauer*; forcer *Blockade*
durch|brennen *tr V unreg* ❶ + *haben (ununterbrochen brennen) Ofen, Feuer:* continuer de brûler; *Lampe:* brûler
❷ + *sein (entzweigehen) Glühbirne:* griller; *Sicherung:* sauter
❸ + *sein fam (davonlaufen)* **jdm ~** *Kind:* fuguer de chez qn *(fam)*; **mit jdm ~** *Ehepartner:* se barrer avec qn *(fam)*
durch|bringen *unreg* I. *tr V* ❶ *(durchsetzen)* réussir à faire passer *Gesetz, Antrag, Kandidaten;* **jdn bei einer Wahl ~** réussir à faire passer qn dans une élection
❷ *(mit Unterhalt versorgen)* **jdn ~** subvenir aux besoins de qn
❸ *(ausgeben)* dilapider *Vermögen*
II. *r V* **sich ~** réussir à s'en sortir
durchbrochen *Adj Stoff, Stickerei* ajouré(e)
Durchbruch *m* ❶ *(Erfolg)* percée *f*; **sein ~ zur Spitzenklasse** son pas décisif vers la tête; **jdm zum ~ verhelfen** aider qn à percer; **einer S. *(Dat)* zum ~ verhelfen** permettre à qc de percer
❷ MIL percée *f*
❸ *kein Pl (das Hindurchkommen) eines Zahnes* percée *f*; **zum ~ kommen** *Naturell, Eifersucht:* se faire jour
❹ MED *des Blinddarms* perforation *f*
❺ *(Öffnung)* brèche *f*
durch|checken [-tʃɛkn] *tr V fam* ❶ examiner; **jdn ~** *Arzt:* examiner qn; **sich ~ lassen** se faire examiner
❷ *(überprüfen)* **die Passagierliste ~** passer la liste des passagers en revue
durchdacht *Adj* bien pensé(e); **wohl ~** mûrement réfléchi(e)
durch|denken *tr V unreg*, **durchdenken*** *tr V unreg* réfléchir mûrement; **etw ~** réfléchir mûrement à qc
durch|diskutieren* *tr V* discuter à fond; **etw mit jdm ~** discuter à fond de qc avec qn; **einen Plan wieder und wieder ~** tourner un projet dans tous les sens
durch|drehen I. *itr V* ❶ + *haben Räder:* tourner dans le vide
❷ + *haben o sein fam (die Nerven verlieren)* disjoncter *(fam)*; **durchgedreht sein** *fam* avoir pété les plombs *(fam)*
II. *tr V + haben* GASTR mouliner *Gemüse, Kartoffeln;* hacher *Fleisch*
durch|dringen¹ *itr V unreg + sein* ❶ *(eindringen)* passer à travers; **durch etw ~** *Regen, Kälte:* passer à travers qc
❷ *(hindurchdringen) Stimme, Geräusch:* passer à travers; **bis zu jdm ~** parvenir jusqu'à qn; **durch die Wand dringt Musik durch** on entend de la musique à travers le mur
❸ *(durchsetzen)* **mit einem Vorschlag ~** faire passer une proposition; **bei jdm mit einer neuen Idee ~** arriver à imposer une nouvelle idée auprès de qn
durchdringen*² *tr V unreg* ❶ *(durch etw dringen)* passer à travers *Material;* percer *Dunkelheit*
❷ *geh (erfüllen)* **jdn ~** *Idee, Gefühl:* s'emparer de qn *(fam)*
durchdringend *Adj Kälte, Wind* mordant(e); *Schmerz* aigu(ë); *Schrei, Blick* perçant(e); *Geruch, Schwaden* pénétrant(e)
Durchdringung <-> *f* ❶ *(das Durchdringen)* pénétration *f*
❷ *(geistige Erfassung)* compréhension *f*
durch|drücken *tr V* ❶ tendre *Knie, Ellbogen*
❷ *fam (durchsetzen)* faire passer *Vorhaben, Änderungen;* **bei jdm ~, dass** réussir à obtenir de qn que + *subj*
durcheinander *Adj fam* ❶ *(unordentlich)* pêle-mêle; **~ sein** *Wohnung, Schreibtisch:* être en pagaille *(fam)*; *Karteikarten, Unterlagen:* être tout(e) mélangé(e) *(fam)*; **hier ist alles ~** c'est le foutoir ici *(fam)*
❷ *(verwirrt)* **~ sein** être tourneboulé(e) *(fam)*
Durcheinander <-s> *nt* ❶ *(Unordnung)* désordre *m*
❷ *(Wirrwarr)* confusion *f*
durcheinander|bringen *tr V unreg* ❶ *(in Unordnung bringen)* **etw ~** déranger qc
❷ *(verwechseln)* **etw ~** confondre qc
❸ *(verwirren)* **jdn mit Fragen ~** perturber qn avec des questions
durcheinander|essen *tr V unreg* **viel ~** manger beaucoup et n'importe comment *(fam)*
durcheinander|geraten* *itr V unreg + sein Person:* perdre le nord; *Briefe, Unterlagen:* se mélanger
durcheinander|reden *itr V* **alle reden durcheinander** tous parlent en même temps; **ihr sollt nicht alle ~ !** ne parlez pas tous en même temps!
durcheinander|trinken *tr V unreg* **viel ~** boire beaucoup et n'importe comment *(fam)*
durcheinander|wirbeln *tr V* semer la pagaille dans *(fam)*, mettre le boxon dans *(pop) Branche, Politik;* **die Unterlagen ~** *Wind:* faire virevolter les documents
durch|exerzieren* *tr V fam* ❶ *(üben)* réviser; **mit jdm Vokabeln ~** réviser du vocabulaire avec qn
❷ *(durchspielen)* **einige Möglichkeiten mit jdm ~** répéter quelques possibilités avec qn
durch|fahren¹ *itr V unreg + sein* ❶ *(fahren)* passer; **durch etw ~** passer par qc; **unter der Brücke/zwischen den Häusern ~** passer sous le pont/entre les maisons
❷ *(nicht anhalten)* **bei Rot ~** passer au [feu] rouge; **bis Frankfurt ~** *Zug:* ne pas s'arrêter avant Francfort
❸ *(ununterbrochen fahren) Person:* rouler sans arrêt; **die ganze Nacht ~** rouler toute la nuit
durchfahren*² *tr V unreg* ❶ *(fahrend durchqueren)* traverser *Gegend, Land;* parcourir *Strecke*
❷ *(durchzucken)* **jdn ~** *Schreck:* s'emparer de qn; **ein Gedanke durchfuhr sie** une idée lui traversa l'esprit
Durchfahrt *f* ❶ *(Öffnung)* passage *m*; **~ bitte freihalten!** ne pas stationner!
❷ *kein Pl (das Durchfahren)* passage *m*; **~ verboten!** passage interdit!
❸ *kein Pl (das Fahren im Transitverkehr)* **auf der ~ sein** être en transit

Durchfahrtsstraße f grand axe m
Durchfall m ① MED diarrhée f; ~ **haben** avoir la diarrhée
② fam (Misserfolg) échec m
durch|fallen itr V unreg + sein ① (fallen) passer [à travers]; **durch ein Sieb** ~ passer à travers une passoire
② fam (nicht bestehen) **bei etw** [o **in etw** (Dat)] ~ se faire étendre à qc (fam)
③ (einen Misserfolg haben) **bei jdm/etw** ~ Autor, Aufführung, Film: être un fiasco auprès de qn/qc
durch|faulen itr V + sein pourrir [complètement]
durch|fechten tr V unreg mener à terme; **etw** ~ mener qc à terme
durch|feiern[1] itr V fam (ohne Pause feiern) faire la java (fam)
durch|feiern[*2] itr V faire la fête; **die ganze Nacht** ~ faire la fête toute la nuit; **eine durchfeierte Nacht** une nuit passée à faire la fête
durch|feilen tr V limer Gitter
durchfeuchten* tr V tremper Watte; **durchfeuchtet sein** être trempé(e)
durch|finden itr, r V unreg [sich] ~ s'y retrouver; [sich] **durch etw/in etw** (Dat) ~ se retrouver dans qc
durch|fliegen[1] itr V unreg + sein ① (fliegen) passer [en volant]; **durch etw** ~ passer [en volant] par qc; **unter dem Zaun/zwischen den Büschen** ~ passer [en volant] sous la clôture/entre les buissons
② (ohne Zwischenstopp fliegen) voler sans escale
③ fam (durchfallen) se faire étendre (fam)
durch|fliegen[*2] tr V unreg traverser Wolken, Gewitter
durch|fließen[1] itr V unreg + sein s'écouler à travers; **durch etw** ~ Wasser: s'écouler à travers qc
durch|fließen[*2] tr V unreg traverser, arroser Tal, Aue
Durchfluss[RR] m ① kein Pl (das Durchfließen) écoulement m
② (Öffnung) chenal m
Durchflussmenge[RR] f débit m
durchfluten* tr V geh ① (erhellen) baigner; **etw** ~ Licht, Sonne: baigner qc (littér)
② (durchströmen) jdn ~ Wärme, Gefühl: submerger qn
durchforschen* tr V ① (durchstreifen) explorer Gegend, Land
② (durchsuchen) **Bücher nach etw** ~ consulter des livres à la recherche de qc
durchforsten* tr V fam éplucher; **etw nach etw** ~ éplucher qc à la recherche de qc (fam)
durch|fragen r V sich ~ finir par trouver [à force de poser des questions]
durch|fressen unreg I. r V ① (korrodieren) **sich** ~ Säure, Rost: finir par traverser; **sich durch etw** ~ ronger complètement qc
② (nagen) **sich** ~ Tier: se frayer un passage; **sich durch die Hecke** ~ faire un trou dans la haie [en la rongeant]
③ pej fam (schmarotzen) **sich bei jdm** ~ jouer les pique-assiettes chez qn (fam)
II. tr V **das Metall** ~ Säure, Rost: corroder le métal; **das Gewebe** ~ Motten: ronger l'étoffe
durchfroren Adj [complètement] gelé(e)
Durchfuhr f transit m
durchführbar Adj réalisable
durch|führen I. tr V ① faire Messung, Reform, Haussuchung; **einen Plan/Beschluss** ~ mettre un plan/une décision à exécution
② (hindurchführen) **jdn durch etw** ~ Führer, Verkäufer: guider qn à travers qc
③ (durchleiten) **eine Straße unter einer Brücke** ~ faire passer une rue sous un pont; **ein Kabel durch eine Mauer/unter einer Mauer** ~ faire passer un câble à travers/sous un mur
II. itr V (verlaufen) **durch etw** ~ traverser qc
Durchfuhrrecht nt droit m de transit
durch|füttern tr V fam entretenir; **sich von jdm** ~ **lassen** vivre aux crochets de qn (péj fam)
Durchgang m ① passage m; **kein** ~ **!** passage interdit !
② (Phase) einer Wahl, eines Wettkampfs, Verfahrens tour m
durchgängig I. Adj (allgemein feststellbar) général(e)
II. Adv ablehnen, befürworten à l'unanimité; feststellen de manière constante
Durchgangsbahnhof m gare f de transit **Durchgangslager** nt camp m de transit **Durchgangsstraße** f grand axe m **Durchgangsverkehr** m trafic m de transit; [Straße] **für den** ~ **gesperrt** passage interdit sauf riverains
durch|geben tr V unreg (über Radio, Fernsehen) communiquer; **jdm etw** ~ donner [o communiquer] qc à qn; **jdm** ~**, dass** communiquer [o faire savoir] à qn que + indic
durchgefroren Adj [complètement] gelé(e)
durch|gehen unreg I. itr V + sein ① Person: avancer; **durch den Zoll** ~ passer la douane
② fam (durchpassen) **durch die/unter der Tür** ~ passer à travers/sous la porte
③ (keinen Zwischenstopp machen) Flug, Zug: être direct(e)

④ fam (ohne Unterbrechung andauern) être non-stop (fam); **von morgens bis abends** ~ Verhandlungen, Kongress: durer non-stop du matin au soir (fam)
⑤ (durchdringen) **durch jdn/etw** ~ Strahlung, Regen: traverser qn/qc
⑥ (angenommen werden) Antrag, Gesetz: être adopté(e)
⑦ fam (weglaufen) **mit jdm/etw** ~ Person: se tirer avec qn/qc (fam)
⑧ (außer Kontrolle geraten) **mit jdm/etw** ~ Pferd: s'emballer et s'enfuir avec qn/qc; **ihr Temperament ist mit ihr durchgegangen** elle n'a pas pu contenir son tempérament; **seine Nerven gingen ihm durch** ses nerfs le lâchèrent
⑨ (eingeschätzt werden) **für zwanzig** ~ faire vingt ans; **für einen Mann** ~ passer pour un homme
▶ **etw** ~ **lassen** laisser passer qc; **jdm etw** ~ **lassen** passer qc à qn
II. tr V + sein (prüfend durchlesen) revoir, réviser Text, Liste; **die Vokabeln mit jdm** ~ revoir le vocabulaire avec qn
durchgehend I. Adj ① Öffnungszeiten sans interruption
② (ohne Zwischenhalt fahrend) Zug direct(e)
II. Adv (ständig) en permanence; ~ **geöffnet** ouvert(e) sans interruption
durchgeistigt Adj geh Person d'une intellectualité supérieure (littér); Wesen empreint(e) de sagesse (littér)
durchgeknallt Adj fam Person à la masse (fam); ~ **sein** être [complètement] à la masse (fam)
durch|gießen tr V unreg passer; **etw durch ein Sieb** ~ passer qc avec une passoire
durch|graben unreg I. tr V creuser; **einen Tunnel durch etw** ~ creuser un tunnel dans qc
II. r V sich durch etw/unter etw (Dat) ~ se creuser un passage à travers/sous qc
durch|greifen itr V unreg ① (eingreifen) prendre des mesures énergiques; **hart/streng** ~ sévir; **zu wenig** ~ ne pas avoir assez de poigne, ne pas être assez énergique
② (hindurchfassen) **durch etw** ~ passer la main à travers qc
durchgreifend I. Adj Maßnahme énergique; Änderung, Verbesserung radical(e)
II. Adv sich ändern, sich verbessern fondamentalement
durch|gucken s. durchblicken ①
durch|haben tr V unreg fam ① avoir fini de lire Buch, Artikel; avoir révisé Vokabeln, Prüfungsstoff
② (durchtrennt haben) **etw** ~ avoir coupé qc en deux
durch|hacken tr V découper à la hache; **ein Brett/einen Ast** ~ découper une planche/branche à la hache
durch|halten unreg I. tr V ① (ertragen) supporter
② (weiterhin durchführen) poursuivre Ausstand, Streik
③ (beibehalten) tenir Tempo; aller jusqu'au bout de Strecke
④ (aushalten) résister à Beanspruchung
II. itr V (standhalten, funktionieren) tenir bon
Durchhalteparole f pej paroles fpl d'encouragement; (im Krieg) mot m d'ordre jusqu'au-boutiste **Durchhaltevermögen** nt endurance f
durch|hängen itr V unreg + haben o sein ① (nach unten hängen) être arqué(e); [nach unten] ~ Hängebrücke: être arqué(e); Seil: être lâche
② fam (abgespannt sein) être à plat (fam); (deprimiert sein) avoir le blues (fam); **lass dich nicht so** ~ **!** ne te laisse pas aller comme ça !
Durchhänger <-s, -> m ▶ **einen** ~ **haben** fam (körperlich) être mal fichu(e) (fam); (moralisch) déprimer (fam)
durch|hauen tr V ① (zerteilen) couper en deux; **etw mit etw** ~ couper qc en deux avec etw
② fam (verprügeln) tabasser (fam)
II. r V sich durch etw ~ se frayer un chemin à travers qc
durch|hecheln tr V pej fam se régaler des histoires sur Nachbarn, Verwandte, Affäre; **in der Presse durchgehechelt werden** être livré(e) en pâture à la presse
durch|heizen tr V (ohne Unterbrechung heizen) chauffer jour et nuit; (gründlich heizen) chauffer à fond
II. itr V (gründlich heizen) **die Wohnung** ~ chauffer l'appartement à fond; Kamin, Heizung: réchauffer l'appartement
② (ohne Unterbrechung heizen) **etw** ~ chauffer qc sans arrêt
durch|helfen unreg I. itr V aider à passer/traverser; **jdm durch einen Spalt/eine Öffnung** ~ aider qn à passer par une fente/ouverture; **jdm durch eine schwierige Zeit** ~ aider qn à traverser des moments difficiles
II. r V sich ~ se débrouiller; **sich selbst** ~ se débrouiller soi-même
durch|hören tr V ① entendre à travers; **etw durch etw** ~ entendre qc à travers qc
② (heraushören) **bei jdm Enttäuschung/Unsicherheit** ~ percevoir de la déception/de l'incertitude chez qn
durch|ixen tr V fam barrer
durch|kämmen[1] tr V peigner; (durchbürsten) coiffer

durchkämmen*² *tr V (durchsuchen)* passer au peigne fin; **etw nach jdm ~** passer qc au peigne fin pour trouver qn
durch|kämpfen I. *r V* ❶ *(sich einen Weg bahnen)* se frayer un chemin; **sich durch etw ~** se frayer un chemin à travers qc
❷ *(durcharbeiten)* **sich ~** en venir à bout; **sich durch etw ~** venir à bout de qc
❸ *(sich behaupten)* **sich [hart/mühsam] ~** se battre [beaucoup/péniblement] pour s'imposer
❹ *(sich durchringen)* **sich dazu ~ etw zu tun** se résoudre à faire qc; **sich zu einer Entscheidung ~** se résoudre à prendre une décision
II. *tr V (erkämpfen)* réussir à imposer *Recht, Verbesserung;* **etw ~ müssen** devoir se battre pour imposer qc
III. *itr V Soldaten, Armee:* continuer les combats
durch|kauen *tr V* ❶ [bien] mâcher *Essen, Fleisch;* [**gut**] **durchgekaut** [bien] mâché(e)
❷ *fam (behandeln)* **etw mit jdm ~** rabâcher qc avec qn *(fam)*
durch|klettern *itr V + sein* passer à travers; **durch etw ~** passer à travers qc
durch|klingen *itr V unreg* ❶ *+ haben (mitschwingen) Ärger, Gereiztheit:* transparaître; **~ lassen, dass** laisser entendre que *+ indic*
❷ *+ sein (hörbar sein)* [**durch etw**] **~** *Stimme, Instrument:* être audible
durch|kneten *tr V* ❶ GASTR [bien] pétrir *Teig*
❷ *fam (massieren)* **jdn/jds Muskeln ~** masser [vigoureusement] qn/les muscles de qn
durch|kommen *itr V unreg + sein* ❶ *(durchfahren)* passer; **durch ein Dorf ~** traverser un village
❷ *(vorbeikommen, passieren)* **durch etw ~** *Person, Fahrzeug:* pouvoir passer à travers qc
❸ *(durchdringen)* **durch etw ~** *Feuchtigkeit, Wasser:* s'infiltrer à travers qc
❹ *(sichtbar werden)* **durch etw ~** *Farbe, Untergrund:* se voir au travers de qc; *Sonne:* percer qc
❺ *(in Erscheinung treten)* **bei jdm ~** *Eifersucht, Neid:* se faire sentir chez qn; **bei ihm kommt [immer wieder] der Psychologe durch** on sent le psychologue chez lui
❻ *(Erfolg haben)* **bei jdm mit etw ~** avoir du succès avec qc auprès de qn; **mit Englisch kommt man überall durch** avec l'anglais on passe partout; **damit kommen Sie bei mir nicht durch!** ça ne prend pas avec moi!
❼ *(durch etw gelangen)* **durch etw ~** arriver à passer par qc; *(hineinkommen)* arriver à passer dans qc; **mit der Hand durch das Loch ~** arriver à passer la main par [o dans] le trou
❽ *(Prüfung bestehen)* réussir; **in Mathe ~** réussir en maths
❾ *fam (überleben)* s'en tirer *(fam)*
❿ *(durchgesagt werden)* **im Radio ~** *Meldung, Nachricht:* passer à la radio
durch|können *itr V unreg fam* pouvoir passer; **durch etw ~** pouvoir passer par qc
durchkreuzen*¹ *tr V geh* ❶ *(vereiteln)* contrarier *Pläne, Vorhaben*
❷ *(durchqueren)* parcourir
durch|kreuzen² *tr V (durchstreichen)* barrer
durch|kriechen *itr V unreg + sein* ramper; **durch etw/unter etw** *(Dat)* **~** ramper dans qc/sous qc
durch|kriegen *s.* **durchbekommen**
durch|langen *fam* **I.** *itr V* passer la main; **durch etw ~** passer la main à travers qc
II. *tr V (durchreichen)* **jdm etw ~** filer qc à qn *(fam)*
Durchlass^{RR} <-es, -lässe>, **Durchlaß**^{ALT} <-sses, -lässe> *m* ❶ *(Durchgang)* passage *m*
❷ *kein Pl geh (Zugang, Einlass)* **jdm ~ verschaffen/gewähren** frayer un passage/accorder le droit de passage à qn; **sich ~ verschaffen** se frayer un passage
durch|lassen *tr V unreg* ❶ laisser passer *Person, Licht*
❷ *fam (durchgehen lassen)* **jdm etw ~** passer qc à qn
durchlässig ['dʊrçlɛsɪç] *Adj* ❶ *(porös)* perméable
❷ *fig* **~ sein** *System:* être souple; *Grenze:* être facile à passer
Durchlässigkeit <-> *f* ❶ *(Porosität)* perméabilité *f*
❷ *fig eines Systems* souplesse *f;* **die ~ einer Grenze** la facilité à passer une frontière
Durchlaucht ['dʊrçlaʊxt] <-, -en> *f* HIST Altesse *f* sérénissime; **Euer ~** votre Altesse
Durchlauf *m* ❶ INFORM exécution *f*
❷ SKI manche *m*
durch|laufen¹ *unreg* **I.** *itr V + sein* ❶ *(rinnen)* passer; **durch etw ~** *Kaffee, Saft:* passer dans qc
❷ *(passieren)* passer
❸ *(ohne Unterbrechung laufen)* **drei Stunden/ohne Pause ~** marcher trois heures/sans s'arrêter
II. *tr V + haben* user *Schuhe, Sohlen*
durchlaufen*² *tr V unreg* ❶ *(durchqueren)* traverser *Gebiet, Stadt*

❷ SPORT parcourir *Strecke*
❸ *(absolvieren)* faire *Ausbildung;* traverser *Phase;* **die Schule [problemlos] ~** effectuer sa scolarité [sans problème]
❹ *(erfassen)* **jdn ~** *Schauder, Frösteln:* parcourir qn; **es durchlief mich siedend heiß** j'en ai eu des bouffées de chaleur
durchlaufend *Adj Geländer, Fries, Sims* continu(e)
Durchlauferhitzer <-s, -> *m* chauffe-eau *m*
durch|lavieren* [-viː-] *r V fam* donner le change; **sich durch etw ~** donner le change dans qc
durchleben* *tr V* ❶ *(erleben)* vivre *Jugend, Kindheit, Zeit*
❷ *(durchmachen)* passer par *Angst, Tiefen, Höhen*
durchleiden* *tr V unreg* endurer *Qualen, Entbehrungen*
durch|lesen *tr V unreg* lire; **sich** *(Dat)* **etw ~** lire qc; *(bis zum Ende)* lire qc en entier; **etw auf Fehler/auf Ungenauigkeiten** *(Dat)* **~** relire qc pour trouver des fautes/inexactitudes; **das Durchlesen** la lecture; **beim Durchlesen** en lisant
durchleuchten*¹ *tr V* ❶ MED radiographier *Patienten, Lunge;* **das Durchleuchten** la radio[graphie]
❷ *fam (überprüfen)* éplucher *Geschäfte, Angelegenheit, Vorleben;* **einen Bewerber ~** examiner un candidat à la loupe
durch|leuchten² *itr V passer;* **durch etw ~** *Licht, Sonne:* passer à travers qc
Durchleuchtung <-, -en> *f* ❶ MED radio[graphie] *f*
❷ *(Überprüfung)* examen *m* approfondi
durch|liegen *unreg* **I.** *tr V* user *Matratze, Bett;* **durchgelegen** usé(e)
II. *r V* **sich ~** avoir des escarres [à force d'être alité(e)]; **mit durchgelegenem Rücken** meurtri(e) par des escarres au dos
durchlöchern* *tr V* ❶ perforer *Karosserie;* transpercer *Opfer;* **durchlöchert** *Karosserie:* perforé(e); *Kleidung:* troué(e); [**von Kugeln**] **durchlöchert** criblé(e) de balles
❷ *(schwächen)* miner *Gesetzeswerk, Verfassung*
durch|lotsen *tr V fam* piloter; **jdn durch etw ~** piloter qn à travers qc
durch|lüften *tr, itr V* aérer [à fond]
durch|machen **I.** *tr V* ❶ *(mitmachen)* avoir *Krankheit;* traverser *schwere Zeiten;* vivre *Unangenehmes, Schreckliches;* **Schweres/viel durchgemacht haben** en avoir vu de dures/de toutes les couleurs *(fam)*
❷ *(durchlaufen)* faire *Ausbildung, Lehre;* passer par *Phase, Wandlung*
II. *itr V fam* ❶ *(durchfeiern)* faire la bringue jusqu'au petit matin *(fam)*
❷ *(durcharbeiten)* travailler en non-stop
Durchmarsch *m* ❶ *von Truppen, von Soldaten* passage *m;* **der ~ durch die Stadt** le passage dans la ville; **auf dem ~ sein** être de passage
❷ *fam (Sieg)* victoire *f*
❸ *kein Pl sl (Durchfall)* chiasse *f (vulg);* **~ haben** *sl* avoir la chiasse *(vulg)*
durch|marschieren* *itr V + sein* défiler; **durch die Stadt ~** défiler dans la ville; **bis zum Ziel ~** marcher jusqu'au but
durch|messen *tr V unreg geh* parcourir *Zimmer, Hof, Stadtteil*
Durchmesser <-s, -> *m* diamètre *m;* TECH calibre *m;* **im ~ de** diamètre/calibre
durch|mischen¹ *tr V (gut mischen)* [bien] mélanger
durchmischen*² *tr V* ❶ mélanger; **etw mit Sand ~** mélanger [o mêler] du sable à qc
❷ *fig* **ein gut durchmischtes Team** une équipe hétérogène
durch|mogeln **I.** *r V fam* **sich ~** se débrouiller; **sich durch die Kontrolle ~** se débrouiller pour passer le contrôle *(fam);* **sich durch die Schule ~** ne pas être très catholique à l'école *(fam)*
II. *tr V fam* **jdn/etw durch etw ~** faire passer qn/qc à travers qc
durch|müssen *itr V unreg fam* ❶ *(durchgehen müssen)* devoir passer; **durch etw ~** devoir passer à travers qc
❷ *(durchmachen müssen)* **durch etw ~** devoir passer par qc
durch|nagen *tr V* **etw ~** couper qc [en deux] à force de ronger
durchnässen* *tr V* tremper; **völlig durchnässt [sein]** [être] complètement trempé(e)
durch|nehmen *tr V unreg* faire
durch|numerieren* *tr V* numéroter
durch|organisieren* *tr V* organiser [dans le détail]; [**gut**] **durchorganisiert sein** être [bien] organisé(e)
durch|pauken *tr V fam* ❶ SCHULE bûcher; **etw mit jdm ~** bûcher qc avec qn
❷ *(durchsetzen)* imposer *Kandidaten, Gesetz, Änderungen*
❸ *(durch Schwierigkeiten bringen)* **einen Mandanten/Schüler ~** tirer un mandant/un élève d'affaire
durch|pausen ['dʊrçpaʊzən] *tr V* calquer
durch|peitschen *tr V* ❶ *fam (durchbringen)* faire passer à la va-vite; **etw ~** faire passer qc à la va-vite
❷ *(auspeitschen)* fouetter
durch|plumpsen *itr V + sein fam* ❶ se ramasser *(fam)*
❷ *s.* **durchfallen** ❷

durch|probieren* *tr V* ❶ *(testen, ausprobieren)* essayer
  ❷ *fam (schlafen mit)* **die Kollegen/Kolleginnen alle ~** coucher avec tous/toutes ses collègues
durch|prügeln *tr V fam* flanquer une bonne raclée; **jdn ~** flanquer une bonne raclée à qn *(fam)*; **von jdm durchgeprügelt werden** recevoir une bonne raclée par qn *(fam)*
durch|pusten *s.* durchblasen
durchqueren* *tr V* traverser
durch|quetschen I. *r V fam* **sich ~** se faufiler; **sich durch eine Öffnung ~** se faufiler par une ouverture; **sich durch eine Menschenmenge ~** se frayer un passage à travers la foule
  II. *tr V fam (durchpressen)* écrabouiller ❶
durch|rasen *itr V + sein fam* passer à toute berzingue *(fam)*; **durch die Radarkontrolle ~** passer à toute berzingue au contrôle radar
durch|rasseln *s.* durchfallen ❷
durch|rechnen *tr V (vollständig rechnen)* calculer; **noch einmal ~** *(prüfen)* recompter encore une fois
durch|regnen *itr V unpers* ❶ *(Regen durchlassen)* passer; **es regnet durch etw durch** la pluie passe à travers qc
  ❷ *(weiterregnen)* **es regnet durch** il n'arrête pas de pleuvoir; **es regnet stundenlang/tagelang durch** il pleut pendant des heures/jours
Durchreiche ['dʊrçraɪçə] <-, -n> *f* passe-plat *m*
durch|reichen *tr V* passer; **etw durch etw ~** passer qc par qc
Durchreise *f* ❶ *(das Durchreisen)* traversée *f*; **die ~ durch ein Land** la traversée d'un pays
  ❷ *(Durchfahrt)* **auf der ~** être de passage; **auf der ~ nach Berlin** lors de mon passage à Berlin
durch|reisen[1] *itr V + sein* ❶ voyager sans s'arrêter; **die Nacht/bis nach Hamburg ~** voyager toute la nuit/jusqu'à Hambourg
  ❷ *(durchqueren)* **durch etw ~** traverser qc
durchreisen*[2] *tr V* parcourir *Gegend, Land, Welt*
Durchreisende(r) *f(m) dekl wie Adj (Transitreisende)* voyageur(-euse) *m(f)* en transit; *(im Hotelgewerbe)* client(e) *m(f)* de passage; **~ nach Bangkok** les passagers pour Bangkok
Durchreisevisum [-viː-] *nt* visa *m* de transit
durch|reißen *unreg* I. *tr V + haben* déchirer; **etw mitten** [*o* **in der Mitte**] **~** déchirer qc en son milieu [*o* en deux]; **durchgerissen** [**sein**] [être] déchiré(e) en deux
  II. *itr V + sein Seil:* se casser; *Tuch, Stoff:* se déchirer
durch|rieseln[1] *itr V + sein* passer; **durch etw ~** *Sand, Steinchen:* passer à travers qc
durchrieseln*[2] *tr V geh Schauder:* parcourir; *Wonne:* inonder
durch|ringen *r V unreg* **sich ~** se résoudre; **sich zu einer Entscheidung ~** se résoudre à prendre une décision; **sich zu einer Zustimmung ~** se décider à donner son assentiment; **sich dazu ~ etw zu tun** se résoudre à faire qc
durch|rosten *itr V + sein* rouiller [complètement]
Durchrostung <-, -en> *f* AUT corrosion *f*
durch|rufen *itr V unreg fam* passer un coup de fil *(fam)*
durch|rühren *tr V* remuer
durch|rutschen *itr V + sein fam* ❶ glisser; **durch etw ~** *Gegenstand:* glisser à travers qc; **unter etw** *(Dat)* **~** *Person:* se glisser sous qc
  ❷ *(durchkommen)* **bei der Prüfung gerade noch ~** être reçu(e) de peu à un examen
durch|rütteln *tr V* secouer
durchs [dʊrçs] = **durch das** *s.* **durch**
durch|sacken *itr V + sein Flugzeug:* faire une abattée
Durchsage ['dʊrçzaːgə] *f* communiqué *m*; *(Verkehrsdurchsage)* point *m* sur la circulation routière; *(Wetterdurchsage)* bulletin *m* météo
durch|sagen *tr V* ❶ RADIO, TV communiquer; **die Zeit im Radio ~** donner l'heure à la radio
  ❷ *(mündlich weitergeben)* **nach vorne/hinten ~** transmettre *Parole, Anweisung;* **nach vorne/hinten ~!** fais/faites passer devant/derrière!
durch|sägen *tr V* scier [en deux]; **etw ~** scier qc [en deux]
durch|saufen *unreg* I. *tr V sl* picoler *(fam)*
  II. *r V sl* **sich ~** se rincer la gueule *(fam)*; **sich bei jdm ~** se rincer la gueule sur le compte de qn
durch|sausen *itr V + sein fam* ❶ *s.* **durchrasen**
  ❷ *s.* **durchfallen** ❷
durchschaubar *Adj* ❶ clair(e); **leicht/schwer ~** clair(e)/peu clair(e)
  ❷ *Charakter, Person* transparent(e); **ein schwer ~er Mensch** personne impénétrable; **nicht leicht ~** très énigmatique
durch|schauen*[1] *tr V* voir clair dans *Lüge, Intrige;* deviner *Absichten;* [**leicht**] **zu ~ sein** être facile à déceler; **jdn ~** voir clair dans le jeu de qn; **leicht/schwer zu ~ sein** *Person:* être transparent(e)/impénétrable; **ich habe ihn gleich durchschaut** j'ai vu tout de suite clair dans son jeu; **du bist durchschaut!** tu es découvert(e)!

durch|schauen[2] *s.* **durchsehen**
durch|scheinen *itr V unreg* ❶ *(scheinen)* luire; **durch etw ~** *Licht, Sonne:* luire à travers qc
  ❷ *(sichtbar sein)* **etw scheint unter etw** *(Dat)***/durch etw durch** *Farbe, Muster, Unterrock:* on voit qc à travers qc
durchscheinend *Adj* transparent(e)
durch|scheuern I. *tr V* user; **am Ärmel durchgescheuert sein** être élimé(e) à la manche
  II. *r V* **sich verschleißen** **sich ~** s'user
durch|schieben *tr V unreg* glisser; **etw durch etw ~** glisser qc à travers qc; **etw unter etw** *(Dat)* **~** glisser qc sous qc
durch|schießen[1] *tr V unreg* tirer; **durch etw ~** tirer à travers qc
durch|schießen*[2] *tr V unreg* ❶ *(mit Kugeln)* tirer dans *Arm;* tirer sur *Person, Zielscheibe;* **durchschossen** [**sein**] [être] atteint(e) d'une balle; **mit durchschossener Hand** atteint(e) d'une balle à la main
  ❷ *(einfallen)* **jdn ~** *Gedanke, Einfall:* traverser d'un coup l'esprit de qn
  ❸ TYP espacer *Zeilen, Seite*
durch|schimmern *itr V* luire; **durch etw ~** luire à travers qc
durch|schlafen *itr V unreg* dormir d'une traite
Durchschlag *m* ❶ *(Kopie)* copie *f*
  ❷ *(Sieb)* passoire *f*
durch|schlagen[1] *unreg* I. *tr V + haben* ❶ *(durchbrechen)* fendre *Ziegelstein;* enfoncer *Wand;* **ein Brett ~** couper une planche en deux
  ❷ *(einschlagen)* **einen Nagel durch etw ~** enfoncer un clou à travers qc
  II. *itr V* ❶ *+ sein (sich bemerkbar machen)* **bei/in jdm ~** *Charakter, Eigenschaft:* ressortir chez qn; **in ihm schlägt der Vater durch** c'est tout son père
  ❷ *+ sein (durchdringen)* **durch etw ~** *Geschoss, Meteorit:* passer à travers qc; *Feuchtigkeit:* s'infiltrer dans qc
  ❸ *+ haben fam (abführend wirken)* **bei jdm ~** faire effet chez qn
  ❹ *+ sein (sich auswirken)* **auf etw** *(Akk)* **~** avoir des répercussions sur qc
  III. *r V + haben (sich durchbringen)* **er muss sich ~** il doit se débrouiller comme il peut *(fam)*; **sich mit Mühe ~** tirer le diable par la queue
durchschlagen*[2] *tr V unreg (durchdringen) Geschoss, Kugel:* traverser
durchschlagend *Adj Erfolg, Sieg* éclatant(e); *Wirkung, Beweis, Argument* décisif(-ive)
Durchschlagpapier *nt* ❶ *(dünnes Papier)* papier *m* pelure
  ❷ *(Kohlepapier)* [papier *m*] carbone *m*
Durchschlagskraft *f* ❶ *eines Geschosses* force *f* de pénétration
  ❷ *(überzeugende Wirkung)* impact *m* **durchschlagskräftig** *Adj Beweis* concluant(e); *Argument* percutant(e)
durch|schlängeln ['dʊrçʃlɛŋəln] *r V* **sich ~** se faufiler; **sich zu jdm/etw ~** se faufiler jusqu'à qn/qc; **sich durch etw ~** *Bach:* serpenter à travers qc
durch|schleppen *tr V fam* [**mit**] **~** *(helfen)* soutenir *Kollegen, Mitschüler;* *(versorgen)* faire vivre *Bedürftige, Verwandte*
durch|schleusen *tr V* ❶ NAUT écluser *Schiff*
  ❷ *fam* faire passer; **jdn durch den Nebeneingang ~** faire passer qn par l'entrée latérale; **jdn durch eine Kontrolle/Grenze ~** faire passer qn à un contrôle/une frontière à qn
Durchschlupf <-[e]s, -schlüpfe> *m* passage *m* [étroit]
durch|schlüpfen *itr V + sein* ❶ *(schlüpfen)* se faufiler; **durch etw/unter etw** *(Dat)* **~** se faufiler par/sous qc
  ❷ *(sich durchmogeln)* **durch eine Kontrolle ~** passer à travers un contrôle
durch|schmecken *tr V (herausschmecken)* sentir *Gewürz, Zutat*
durch|schmuggeln *tr V* passer en fraude; **etw durch die Grenze ~** passer qc en fraude [*o* en contrebande] à la frontière; **etw durch die Kontrolle ~** passer le contrôle avec qc
durch|schneiden[1] *tr V unreg* couper *Brot, Draht;* **etw in der Mitte ~** couper qc au milieu; **jdm die Kehle ~** trancher la gorge à qn
durchschneiden*[2] *tr V unreg* ❶ *geh (entzweischneiden)* couper *Band, Seil*
  ❷ *geh (durchziehen)* **ein Gebiet/einen Wald ~** *Graben, Kanal, Bahnlinie:* traverser une région/une forêt
  ❸ *geh (durchpflügen)* **das Meer ~** *Bug, Schiff:* sillonner les mers
Durchschnitt ['dʊrçʃnɪt] *m* ❶ *(Mittelwert)* moyenne *f*; **~ sein** être moyen(ne); **guter ~ sein** être dans la bonne moyenne; **über/unter dem ~** au-dessus/en dessous de la moyenne; **im ~** en moyenne
  ❷ *(die Mehrzahl)* **der ~ der Kunden/Leser** la majorité des clients/lecteurs
durchschnittlich ['dʊrçʃnɪtlɪç] I. *Adj* moyen(ne)
  II. *Adv* ❶ *(im Durchschnitt)* en moyenne
  ❷ *(mäßig)* moyennement

Durchschnittsalter nt âge m moyen **Durchschnittsbürger** m citoyen m moyen **Durchschnittssehe** f couple m normal; **eine ~ führen** mener une vie de couple normal **Durchschnittseinkommen** nt revenu m moyen **Durchschnittsgeschwindigkeit** f vitesse f moyenne **Durchschnittsgesicht** nt visage m quelconque **Durchschnittskosten** Pl coût m moyen **Durchschnittsmensch** m Monsieur m/Madame f Tout-le-monde; **kein ~ sein** ne pas être une personne ordinaire **Durchschnittspreis** m prix m moyen **Durchschnittsschüler(in)** m(f) élève mf moyen(ne) **Durchschnittstemperatur** f température f moyenne **Durchschnittsverbrauch** m consommation f moyenne **Durchschnittsware** f marchandise f de catégorie moyenne **Durchschnittswert** m valeur f moyenne
durchschnüffeln* tr V, **durch|schnüffeln** tr V pej fam fourrer son nez dans (fam) Korrespondenz, Handtasche; fouiner dans (fam) Wohnung, Zimmer
Durchschreibeblock m bloc m à calquer
durch|schreiben tr V unreg calquer Formular
Durchschreibepapier nt papier m pelure
durchschreiten* tr V unreg geh franchir Halle, Saal; parcourir Park
Durchschrift f double m
Durchschussᴿᴿ m ① (Schuss) perforation f par balle; **es war ein glatter ~** la balle est ressortie
② TYP interligne m
durch|schütteln tr V secouer
durchschweifen* tr V poet parcourir Gegend
durch|schwimmen¹ itr V unreg + sein ① (hindurchschwimmen) passer à la nage; **durch etw/zwischen/unter etw** (Dat) **~ passer** à travers/entre/sous qc à la nage
② (ohne Pause schwimmen) nager sans s'arrêter
durchschwimmen*² tr V unreg nager Strecke; **eine Meerenge/einen Kanal ~** traverser un détroit/un canal à la nage
durch|schwitzen tr V tremper de sueur; **etw ~** tremper qc de sueur
durch|segeln itr V + sein ① NAUT **zwischen den Felsen ~** naviguer entre les rochers
② s. durchfallen
durch|sehen unreg I. tr V ① (überprüfen) vérifier; **etw auf Fehler** (Akk) **~** relire qc pour corriger
② (durchblättern) feuilleter Zeitschrift, Katalog
II. tr V (hindurchsehen) **durch etw ~** regarder à travers qc; **zwischen etw** (Dat) **~** regarder à travers qc; **durch das Kleid kann man ~** on peut voir à travers la robe
durch|seihen tr V filtrer; **etw durch etw ~** filtrer qc à travers qc
durch|seinᴬᴸᵀ s. durch I.①, II.②, ③, ④, ⑤, ⑥
durch|setzen¹ I. tr V ① (erzwingen) imposer
② (verwirklichen) imposer Plan, Vorschlag, Willen; faire aboutir Forderung
③ (bewilligt bekommen) **etw bei jdm ~** faire accepter qc par qn; **bei jdm ~, dass** obtenir de qn que + subj
II. r V ① (sich Geltung verschaffen) sich ~ s'imposer; **sich bei jdm/gegen jdn ~** s'imposer auprès de/face à qn; **sich mit etw ~** arriver à imposer qc; **sich mit etw nicht ~ können** ne pas avoir beaucoup de succès avec qc
② (sich verbreiten) **sich ~** Idee, Meinung, Mode: s'imposer
durchsetzen*² tr V (infiltrieren) noyauter; **eine Organisation mit jdm/etw ~** noyauter une organisation avec qn/qc; **mit** [o **von**] **jdm durchsetzt sein** être noyauté(e) par qn
Durchsetzung <-> f von Ansprüchen, Forderungen satisfaction f; von Reformen adoption f; **bei der ~ ihrer Forderungen** pour faire aboutir ses/leurs revendications; **zur ~ seines Willens** pour imposer sa volonté
Durchsetzungsvermögen nt capacité f de s'imposer
Durchseuchung <-, -en> f contamination f
Durchsicht f examen m; einer Rechnung vérification f; **bei/nach ~ der Rechnungen** en vérifiant/après avoir vérifié les factures; **jdm etw zur ~ geben/vorlegen** donner/présenter pour examen qc à qn; **die Post zur ~** le courrier à dépouiller
durchsichtig Adj ① transparent(e)
② (offensichtlich) évident(e)
Durchsichtigkeit f transparence f
durch|sickern itr V + sein ① (bekannt werden) filtrer; **zu jdm ~** filtrer jusqu'à qn; **es ist durchgesickert, dass** on a divulgué que + indic; **es darf auf keinen Fall ~, dass** ça ne doit absolument pas filtrer le fait que + subj; **etw ~ lassen** laisser filtrer qc; **~ lassen, dass** laisser filtrer l'information selon laquelle
② (durchdringen) **in/durch etw** (Akk) **~** Flüssigkeit: s'infiltrer dans/à travers qc; **durch etw ~** Blut: traverser qc
durch|sieben¹ tr V ① tamiser Sand, Mehl
② (ausmustern) **die Kandidaten ~** passer les candidats au crible
durchsieben*² tr V fam (durchlöchern) cribler; **jdn/etw mit etw ~** cribler qn/qc de qc
durch|spielen tr V envisager

durch|sprechen tr V unreg discuter; **etw mit jdm ~** discuter de qc avec qn
durch|spülen tr V [bien] rincer Wäsche
durch|starten itr V Fahrer: démarrer; Pilot, Flugzeug: remettre les gaz
durch|stechen¹ tr V unreg **mit einer Nadel durch etw ~** piquer une aiguille à travers qc
durchstechen*² tr V unreg ① (durchdringen) percer; **etw mit einer Nadel ~** percer qc avec une aiguille; **sich** (Dat) **die Ohrläppchen ~ lassen** se faire percer les oreilles
② (durchbohren) **jdn mit etw ~** transpercer qn avec qc
durch|stecken tr V faire passer; **eine Hand [durch etw] ~** passer une main à travers [qc]; **einen Brief [durch etw] ~** glisser une lettre [dans qc]
durch|stehen tr V unreg ① (ertragen) surmonter harte Zeiten; endurer Entbehrungen, Unangenehme
② (standhalten) résister Beanspruchung; réussir Test; tenir Tempo
durch|steigen itr V unreg + sein ① (steigen) passer; **durch etw ~** passer par qc; **steigen Sie hier durch!** passez par ici!
② sl (verstehen) y piger quelque chose (fam); **nicht ~** y piger que dalle (fam)
durch|stellen I. tr V passer Gespräch; **ich stelle Sie [zu ihm/ihr] durch!** je vous le/la passe!
II. itr V **einen Moment, ich stelle durch!** un moment, je vous mets en communication!
Durchstieg <-[e]s, -e> m passage m
durchstöbern* tr V, **durch|stöbern** tr V fam farfouiller (fam); **einen Schrank nach etw ~** farfouiller dans une armoire pour trouver qc
Durchstoß m MIL percée f
durchstoßen*¹ tr V unreg ① (durchbohren) transpercer
② MIL percer
durch|stoßen² unreg I. itr V + sein ① (durchdringen) s'enfoncer; **durch etw ~** s'enfoncer dans qc
② MIL (vorstoßen) **bis zu etw ~** faire une percée jusqu'à qc
II. tr V + haben **eine Stange durch etw ~** enfoncer une barre dans qc
durch|streichen tr V unreg (ausstreichen) rayer
durchstreifen* tr V geh parcourir Gegend
durch|strömen¹ tr V + sein se jeter; **durch/zwischen etw ~** Fluss: se jeter dans/entre qc; Menschenmenge: affluer par/entre qc
durchströmen*² tr V geh ① (fließen) traverser; **ein Gebiet ~** traverser une région
② (durchdringen) **jdn ~** Kraft, Energie: envahir qn
durch|stylen [-staɪlən] tr V sl arranger Inneneinrichtung, Haus; **durchgestylt sein** Person: avoir une de ces touches (fam); Büro, Ambiente: être super design inv (fam)
durchsuchen* tr V fouiller Person, Wohnung; explorer Gegend; **jdn nach etw ~** fouiller qn pour trouver qc; **eine Wohnung nach etw ~** fouiller un appartement à la recherche de qc; Polizei: perquisitionner un appartement à la recherche de qc; **eine Gegend nach jdm ~** explorer une région à la recherche de qn
Durchsuchung <-, -en> f ① fouille f
② (durch die Polizei) eines Zimmers, einer Wohnung perquisition f; einer Stadt, Gegend exploration f
Durchsuchungsbefehl m mandat m de perquisition
durch|tanzen I. itr V danser sans arrêt; **die ganze Nacht ~** danser toute la nuit
II. tr V (abnutzen) Schuhe/Sohlen **~** user ses chaussures/semelles à force de danser
durch|trainieren* [-treniːrən, -trɛ-] tr V muscler Körper; **seine Muskeln ~** faire de la musculation; [gut] **durchtrainiert** Muskeln [bien] entretenu(e); Körper [bien] musclé(e); Sportler en bonne forme physique
durchtränken* tr V imprégner; **mit** [o **von**] **etw durchtränkt** [sein] [être] imprégné(e) de qc
durch|trennen tr V, **durchtrennen*** tr V sectionner
durch|treten unreg I. tr V + haben ① (betätigen) appuyer à fond sur Pedal
② (abnutzen) user Teppich, Schuhe, Sohle
II. itr V + sein ① fam (durchgehen) entrer
② (durchsickern) [**durch etw**] **~** passer à travers [qc], traverser [qc]
durchtrieben [dʊrçˈtriːbən] Adj pej rusé(e)
Durchtriebenheit <-> f pej ruse f
durch|tropfen tr V + sein goutter; **durch etw ~** goutter de qc
durchwachen* tr V passer à veiller; **die Nacht ~** passer la nuit à veiller; **eine durchwachte Nacht** une nuit de veille
durch|wachsen¹ [ˈdʊrçvaksən] tr V unreg + sein pousser à travers; **durch etw ~** pousser à travers qc
durchwachsen² [dʊrçˈvaksən] Adj ① Speck maigre
② hum fam (mittelmäßig) **~ sein** être couci-couça (fam)
Durchwahl f ① ligne f directe
② fam (Durchwahlnummer) numéro m de poste

durch|wählen I. *itr V* appeler directement; **nach Paris/in die USA** ~ appeler Paris/les USA directement
II. *tr V* **einen Apparat/eine Nummer** ~ obtenir un poste/numéro directement
Durchwahlnummer *f* numéro *m* de poste
durch|wandern¹ *itr V + sein* marcher; **fünf Stunden** ~ marcher pendant cinq heures; **bis zur Brücke** ~ continuer à marcher jusqu'au pont
durchwandern*² *tr V* parcourir à pied; **eine Gegend** ~ parcourir une région à pied
durch|waschen *tr V unreg fam* laver *Wäsche*
durch|waten¹ *itr V + sein* passer à gué; **durch etw** ~ passer qc à gué; **durch eine Furt** ~ passer à gué
durchwaten*² *tr V* passer *Furt*; **einen Bach** ~ passer un ruisseau à gué
durch|weben* *tr V unreg* ❶ TEXTIL entrelacer *Gewebe, Stoff*; **ein mit Goldfäden durchwebter Stoff** un tissu entrelacé de fils d'or
❷ *geh (durchziehen)* **mit** [*o* **von**] **etw durchwoben sein** *Rede, Erzählung:* être tissé(e) de qc *(littér)*
durchweg *Adv*, **durchwegs** *Adv* A entièrement; **sie sind** ~ **zufrieden** ils sont tous contents/elles sont toutes contentes
durchwehen* *tr V geh* souffler dans *Haar, Haus, Zimmer*
durch|weichen¹ *itr V + sein* s'imbiber; **durchgeweicht sein** être détrempé(e)
durchweichen² *tr V* [dé]tremper
durch|wetzen *tr V* user *Ärmel, Kragen*; **durchgewetzt** [**sein**] [être] usé(e)
durch|winden *r V unreg* ❶ *(sich winden)* **sich** ~ serpenter; **sich durch etw** ~ *Fluss:* serpenter à travers qc; **sich zwischen etw** *(Dat)* ~ *Person:* se faufiler entre qc
❷ *(sich durchschlängeln)* **sich durch die Vorschriften** ~ s'y retrouver au milieu des instructions
durchwirken* *s.* **durchweben**
durch|wollen *itr V fam* vouloir passer; **zwischen/unter etw** *(Dat)/* **durch etw** ~ vouloir passer entre/sous/par qc
durch|wühlen¹ I. *tr V* fouiller; **etw nach etw** ~ fouiller qc à la recherche de qc
II. *r V* ❶ *(sich durcharbeiten)* **sich** ~ voir le bout; **sich durch etw** ~ venir à bout de qc
❷ *(durch Wühlen gelangen)* **sich durch etw/unter etw** *(Dat)* ~ *Maulwurf, Wühlmaus:* se creuser un passage dans/sous qc
durchwühlen*² *tr V* ❶ *(durchstöbern)* retourner *Schrank, Zimmer*
❷ *(aufwühlen)* **die Erde nach etw** ~ fouiller la terre à la recherche de qc; **den Boden** ~ *Granaten:* ravager le sol
durch|wurschteln *r V*, **durch|wursteln** *r V sl* **sich** ~ se démerder *(fam)*
durch|zählen *tr, itr V* compter
durchzechen* *tr V fam* passer à picoler *(fam)*; **die Nacht** ~ passer la nuit à picoler
durch|ziehen¹ *unreg* I. *tr V + haben* ❶ *(hindurchziehen)* faire passer; **einen Faden durch etw** ~ passer un fil par qc
❷ *fam (zu Ende führen)* **einen Plan/seine Arbeit** ~ mener à bien un plan/son travail; **etw bis zum Schluss** ~ mener qc à bien jusqu'au bout
II. *itr V + sein* ❶ *(durchkommen)* **durch die Stadt** ~ traverser la ville
❷ GASTR *(marinieren)* macérer
III. *r V + haben* **sich durch etw** ~ *Motiv, Thema:* se retrouver tout au long de qc
durchziehen*² *tr V unreg* ❶ *(durchqueren, durchwandern)* parcourir
❷ *(enthalten sein)* **ein Buch/Werk** ~ *Thema, Motiv:* traverser un livre/une œuvre
❸ *(durch etw verlaufen)* **Graben, Fluss, Verkehrswege:** traverser; **von Flüssen/Schluchten durchzogen** [**sein**] [être] traversé(e) de fleuves/ravins
durchzucken* *tr V* ❶ *geh Blitz:* sillonner
❷ *(einfallen)* *Einfall, Gedanke:* traverser
Durchzug *m* ❶ *kein Pl (Luftzug)* courant *m* d'air; ~ **machen** faire courant d'air
❷ *(das Durchziehen) von Truppen, eines Hochdruckgebiets* passage *m*
▶ **auf** ~ **schalten** *fam* faire la sourde oreille
dürfen¹ ['dʏrfən] <darf, durfte, gedurft> *Hilfsv modal* ❶ avoir la permission; **etw tun** ~ pouvoir faire qc; *(Erlaubnis haben)* avoir la permission [*o* le droit] de faire qc; **etw nicht tun** ~ ne pas avoir le droit de faire qc; **Sie** ~ **hier nicht rauchen/halten** vous ne pouvez pas fumer/vous arrêter ici
❷ *(Anlass haben, können)* **ich darf annehmen, dass** je peux supposer que + *indic*; **wir freuen uns Ihnen mitteilen zu** ~ ... nous sommes heureux de pouvoir vous annoncer ...; **wir** ~ **uns nicht beklagen** on n'a pas à se plaindre; **ich darf wohl sagen, dass** je dois dire que + *indic*; **Sie** ~ **mir** [**das**] **ruhig glauben** vous pouvez

me croire; **man wird doch wohl noch fragen** ~ ! on a tout de même le droit de poser la question!
❸ *(sollen, müssen)* **wir** ~ **den Bus nicht verpassen** il ne faut pas que nous rations notre bus; **wir** ~ **uns nichts anmerken lassen** nous ne devons rien laisser transparaître; **du darfst nicht voreilig urteilen** tu n'as pas à juger hâtivement; **das hätte er nicht tun** ~ il n'aurait pas dû faire ça; **das darf nicht wieder vorkommen!** que cela ne se reproduise plus!; **das durfte einfach nicht passieren!** ça n'aurait pas dû arriver!; **du darfst ihm das nicht übel nehmen** il ne faut pas lui en vouloir; **ihr dürft euch nichts vormachen** il ne faut pas vous faire d'illusions; **es darf nicht sein, dass** il est inadmissible que + *subj*
❹ *(in Höflichkeitsformeln)* **darf/dürfte ich noch ein Stück Kuchen haben?** puis-je/pourrais-je avoir encore un morceau de gâteau?; **darf/dürfte ich um Ruhe/um Ihre Aufmerksamkeit bitten!** puis-je/pourrais-je avoir le silence/votre attention s'il vous plaît!; **darf ich** [**um den nächsten Tanz**] **bitten?** m'accorderez-vous la prochaine danse?; **was darf es denn sein?** vous désirez?, qu'est-ce que ce sera?; **darf es etwas mehr sein?** il y en a un peu plus, ça va comme ça?
❺ *(zum Ausdruck der Wahrscheinlichkeit)* **es dürfte genügen, wenn** ... cela [*o* ça] devrait suffire si ...; **es dürfte wohl das Beste sein, wenn** le mieux serait de + *infin* [*o* que + *subj*]; **es klingelt, das dürfte Christina sein** ça sonne, ça doit être Christina
dürfen² <darf, durfte, gedurft> I. *itr V* pouvoir; *(Erlaubnis haben)* avoir la permission; **darf ich?** — **Ja, du darfst** je peux? — Oui, tu peux; **darf er mit ins Kino?** a-t-il la permission d'aller au cinéma avec moi/toi/...; **sie hat nicht gedurft** elle n'a pas eu la permission
II. *tr V* **er darf alles** il peut faire tout ce qu'il veut; **darf sie das wirklich?** elle a vraiment la permission?; **das hätten Sie nicht** ~ ! vous n'auriez pas dû faire ça!
dürftig ['dʏrftɪç] I. *Adj* ❶ *(kärglich) Essen, Verpflegung* frugal(e); *Unterkunft* rudimentaire; *Bekleidung* miteux(-euse); **in** ~ **er Bekleidung** *(unzureichend)* en tenue légère
❷ *pej (kümmerlich) Einkommen, Gehalt* dérisoire; **sehr** ~ vraiment dérisoire
❸ *(nicht ausreichend) Ergebnis* piètre *antéposé*
❹ *(spärlich) Haarwuchs, Vegetation* clairsemé(e)
II. *Adv* ❶ *(kümmerlich)* **beleuchtet sein** faiblement; ~ **bekleidet** [**sein**], *(ärmlich)* [être] habillé(e) misérablement; *(unzureichend)* [être] en tenue légère
Dürftigkeit <-> *f der Verpflegung* frugalité *f*; *einer Unterkunft* caractère *m* rudimentaire; *eines Einkommens, Gehalts* insuffisance *f*; *der Vegetation* pauvreté *f*
dürr [dʏr] *Adj* ❶ *(trocken) Ast, Laub, Unterholz* mort(e); *Boden* sec(sèche)
❷ *pej (dünn)* maigre
❸ *(knapp)* succinct(e)
Dürre ['dʏrə] <-, -n> *f* sécheresse *f*
Dürrejahr *nt* année *f* de sécheresse **Dürrekatastrophe** *f* sécheresse *f* catastrophique **Dürreperiode** *f* période *f* de sécheresse
Durst [dʊrst] <-[e]s> *m* soif *f*; *(großen)* ~ **haben** avoir [très] soif; ~ **auf etw** *(Akk)* **haben** avoir envie de boire qc; *(langsam)* ~ **bekommen** [commencer à] avoir soif; **seinen** ~ **mit etw löschen** étancher sa soif avec qc; ~ **machen** *Essen:* donner soif
▶ **einen** [*o* **ein Glas**] **über den** ~ **getrunken haben** *fam* avoir bu un coup [*o* verre] de trop *(fam)*
dursten *itr V* ❶ *geh (Durst haben)* être assoiffé(e); **er muss** ~ il doit rester sans boire
❷ *s.* **dürsten** II.
dürsten ['dʏrstən] I. *tr V unpers geh* ❶ *(Durst haben)* avoir soif; **jdn dürstet, es dürstet jdn** qn a soif
❷ *(verlangen)* **es dürstet ihn** [*o* **ihn dürstet**] **nach Erfolg** qn a soif de succès
II. *itr V geh* **nach etw** ~ avoir soif de qc; **sein/ihr Dürsten nach Freiheit** sa soif de liberté
Durstgefühl *nt* soif *f*
durstig *Adj Person* assoiffé(e); **jdn** ~ **machen** donner soif à qn
durstlöschend *Adj*, **durststillend** *Adj* désaltérant(e) **Durststrecke** *f* période *f* difficile **Durststreik** *m* grève *f* de la soif
Dusche ['duːʃə, 'dʊʃə] <-, -n> *f* douche *f*; **eine kalte/heiße** ~ une douche froide/chaude; **unter die** ~ **gehen** aller sous la douche; **unter der** ~ **sein** [*o* **stehen**] être sous la douche; **eine** ~ **nehmen** prendre une douche
▶ **eine kalte** ~ **für jdn sein** être une douche froide pour qn; **wie eine kalte** ~ **auf jdn wirken** faire l'effet d'une douche froide à qn
duschen ['duːʃən, 'dʊʃən] I. *itr, r V* [**sich**] ~ se doucher; [**sich**] **heiß/kalt** ~ prendre une douche chaude/froide
II. *tr V* doucher
Duschgel ['duːʃgeːl] *nt* gel *m* douche **Duschkabine** *f* cabine *f* de douche **Duschraum** *m* douches *fpl* **Duschvorhang** *m* rideau *m* de douche

Düse ['dy:zə] <-, -n> *f a.* AVIAT tuyère *f*
Dusel ['du:zəl] <-s> *m* ① *(Glück)* pot *m;* ~ **haben** *fam* avoir du pot *(fam);* **das ist** [**reiner**] ~ *fam* c'est un coup de pot *(fam);* **so ein ~!** *fam* quel pot! *(fam)*
② *(Benommenheit)* **im ~** [**sein**] *fam* [être] dans les vapes *(fam)*
duselig *Adj fam* dans les vapes; ~ **sein** *(benommen)* être dans les vapes *(fam);* **jdm wird ~** qn se sent vaseux(-euse) *(fam)*
düsen *itr V* + *sein fam* filer *(fam);* **nach München ~** *(fliegen)* filer en avion à Munich; *(fahren)* filer à Munich; **um die Ecke/zum Bäcker ~** *(schnell gehen)* foncer au coin/chez le boulanger *(fam)*
Düsenantrieb *m* propulsion *f* par réaction **mit ~** à réaction **Düsenflugzeug** *nt* avion *m* à réaction **Düsenjäger** *m* MIL chasseur *m* à réaction **Düsentriebwerk** *nt* propulseur *m* à réaction
duslig *s.* duselig
Dussel ['dʊsəl] <-s, -> *m fam* andouille *f (fam)*
dusselig ['dʊsəlɪç] **I.** *Adj fam* con(ne) *(fam)*
II. *Adv fam (dämlich)* **sich ~ anstellen** faire le con/la conne *(fam);* **~ herumstehen** rester debout comme un con/une conne *(fam)*
Dusseligkeit <-, -en> *f fam* connerie *f (fam)*
dusslig[RR], **dußlig**[ALT] *s.* dusselig
Dussligkeit[RR], **Dußligkeit**[ALT] *s.* Dusseligkeit
düster ['dy:stɐ] *Adj* ① *(finster) Himmel, Wetter, Tag* sombre; **es ist ~ draußen** il fait sombre dehors; **mir ist es im Haus zu ~** je trouve qu'il fait trop sombre dans la maison
② *(bedrückend) Gestalten* sinistre; **damit/mit der Prüfung sieht es ~ aus** ça/l'examen ne s'annonce pas très bien
③ *(niedergedrückt) Miene, Gedanken* sombre
Düsterkeit <-> *f des Himmels* obscurité *f; des Wetters* grisaille *f; der Gedanken* mélancolie *f;* **die ~ seiner Miene** son air sombre
Dutt [dʊt] <-[e]s, -s *o* -e> *m* DIAL chignon *m*
Dutyfreeshop[RR], **Duty-free-Shop**[ALT] ['dju:ti'fri:ʃɔp] <-s, -s> *m* duty-free *m*
Dutzend ['dʊtsənt] <-s, -e> *nt* ① *(zwölf Stück)* douzaine *f;* **ein halbes ~** une demi-douzaine; **ein rundes ~** une bonne douzaine; **im ~ billiger** *fam* moins cher(chère) à la douzaine
② *Pl fam (jede Menge)* douzaines *fpl;* **~e von Schülern kamen angelaufen** des douzaines d'élèves sont arrivés en courant; **sie kamen in/zu ~en** ils sont venus par douzaines
dutzendfach I. *Adj (sehr häufig)* mille et un(e) *antéposé;* **in ~en Varianten** sous de multiples variantes
II. *Adv* **zeigen, erklären** x fois; **sich melden** par dizaines; **es gibt ~ Belege** il y a des dizaines de références
Dutzendgesicht *nt pej* visage *m* quelconque **dutzendmal** *Adv fam* des dizaines de fois *(fam)* **Dutzendware** *f pej* produit *m* bas de gamme; **das ist reine ~** c'est du bas de gamme
dutzendweise *Adv* ① *(im Dutzend) kaufen, verkaufen* à la douzaine
② *fam (in großen Mengen)* par douzaines
duzen ['du:tsən] **I.** *tr V* tutoyer; **sich von jdm ~ lassen** se faire tutoyer par qn
II. *r V* **sich ~** se tutoyer
Duzfreund(in) *m(f)* ami(e) *m(f)* intime; **sie sind alte ~e** ils sont à tu et à toi depuis longtemps
DV [de:'faʊ] <-> *f* INFORM *Abk von* **Datenverarbeitung** informatique *f*
DVD [de:faʊ'de:] <-, -s> *f* ① *Abk von* **digital videodisc** DVD *m*
② *Abk von* **digital versatile disc** DVD *m*
DVD-Brenner *m* graveur *m* [de] DVD **DVD-Player** [-pleɪɐ] <-s, -> *m* lecteur *m* DVD
DV-Fachmann [de:'faʊ-] *m,* **-frau** *f* informaticien(ne) *m(f)*
Dynamik [dy'na:mɪk] <-> *f* ① PHYS dynamique *f*
② *(Triebkraft) einer Idee, Entwicklung* dynamique *f; einer Person* dynamisme *m*
dynamisch I. *Adj* ① *Person, Entwicklung, Politik* dynamique
② *(regelmäßig angepasst) Lebensversicherung, Rente* indexé(e)
II. *Adv* avec dynamisme
dynamisieren* *tr V* indexer
Dynamisierung <-, -en> *f* indexation *f*
Dynamit [dyna'mi:t, dyna'mɪt] <-s> *nt a. fig* dynamite *f*
Dynamo ['dy:namo] <-s, -s> *m* dynamo *f*
Dynastie [dynas'ti:] <-, -n> *f* dynastie *f*
Dysprosium [dʏs'pro:ziʊm] <-s> *nt* CHEM dysprosium *m*
dz *Abk von* **Doppelzentner** q
D-Zug [de:-] *m veraltet* express *m*
▶ **ich bin** [**doch**] **kein ~!** *hum fam* je ne suis pas aux pièces! *(fam)*
D-Zug-Tempo *nt* ▶ **im ~** *fam* en quatrième vitesse *(fam)*

E e

E, e [e:] <-, -> *nt* ① E *m/*e *m*
② MUS mi *m*
▶ **E wie Emil** e comme Eugène
Eau de Cologne [o:dəko'lɔnjə] <-, -> *nt* Eau *f* de Cologne
Ebbe ['ɛbə] <-, -n> *f* marée *f* basse; **~ und Flut** le flux et le reflux; **es ist ~ce ist** [la] marée basse; **bei ~** à marée basse; **mit der ~** à marée descendante
▶ **bei mir/in meiner Kasse ist** [*o* **herrscht**] **~** *fam* je suis dans la dèche *fam/*c'est la dèche *fam*
eben[1] ['e:bən] **I.** *Adj* ① *(flach, glatt)* plat(e); **zu ~er Erde** *(im Erdgeschoss)* au rez-de-chaussée; *(auf dem Erdboden)* à même le sol
II. *Adv* verlaufen se plat
eben[2] *Adv* ① *(gerade)* **was hast du ~ gesagt?** qu'est-ce que tu viens de dire?; **der Zug ist ~** [**erst**] **abgefahren** le train vient [juste] de partir; **dein Bruder war ~ noch hier/da** ton frère était encore ici/là à l'instant
② *(kurz)* **kommst du ~ mal** [*o* **mal ~**] **mit?** tiens, tu viens avec moi?; **kann ich Sie ~ mal** [*o* **mal ~**] **sprechen?** tenez, puis-je vous parler?
③ *(nämlich)* justement; **das ist es ja ~** eh bien, [c']est justement [ça]; **nein, das ~ nicht** non, justement pas; **~ das wollte ich sagen** c'est justement ce que je voulais dire; [**na**] **~!** [alors,] tu vois/vous voyez!
④ *(nun einmal)* tout simplement; **dann wartest du ~ auf ihn** eh bien, tu n'as qu'à l'attendre; tu vois ça
⑤ *(gerade noch) (mengenmäßig)* [tout] juste; *(zeitlich)* de justesse; **das Geld wird ~ reichen** l'argent suffira bien; **er hat den Bus** [**so**] **~ noch erreicht** il a eu le bus de justesse
⑥ *(direkt)* **nicht ~ schön/billig** pas vraiment beau(belle)/bon marché
Ebenbild *nt* portrait *m;* [**ganz**] **sein/dein ~** [tout] son/ton portrait; **sie ist** [**ganz**] **das ~ ihrer Mutter** elle est [tout] le portrait de sa mère
ebenbürtig ['e:bənbʏrtɪç] *Adj Gegner, Partner* de même valeur;
jdm an Kraft/Geschicklichkeit ~ sein égaler qn en force/habilité; **jdm an Kenntnissen/Wissen ~ sein** avoir le même niveau de connaissances/savoir que qn; **sich** [*o* **einander**] **~ sein** être du même niveau
Ebenbürtigkeit <-> *f* valeur *f* égale
ebenda ['e:bən'da:] *Adv (genau dort)* là-même; *(in Verweisen)* ibidem **ebendahin** ['e:bəndaˈhɪn] *Adv* là-bas; **~ fahre ich ja** c'est justement là que je vais **ebendarum** ['e:bəndaˈrʊm] *Adv* voilà justement pourquoi; **nein, ~ frage ich ja!** non, c'est [justement] pour ça que je demande! **ebender, ebendie, ebendas** *Pron* **dem ~ Ramses befahl, dass** c'était justement ce Ramsès-là qui a ordonné que + *subj;* **mit ebendem Feuerzeug** c'est/c'était justement avec ce briquet-là que; **ebendas wollte ich dir sagen!** c'était justement cela que je voulais te dire! **ebendeshalb, ebendeswegen** *s.* ebendarum **ebendiese(r, s)** *Pron dem,* **geh ~r Verkäufer/~ Kellnerin behauptete, dass** c'était justement ce vendeur-là/cette serveuse-là qui a prétendu que + *indic*
Ebene ['e:bənə] <-, -n> *f* ① *(ebene Gegend)* plaine *f*
② GEOM, PHYS **schiefe ~** plan *m* incliné
③ *(Stufe)* échelon *m,* niveau *m;* **auf sozialer/politischer ~** au niveau [*o* sur le plan] social/politique; **auf höchster/gleicher ~ verhandeln** négocier au plus haut/même niveau; **dafür ist die ~ der Geschäftsleitung zuständig** ceci est de la compétence de la direction
▶ **auf die schiefe ~ kommen** tomber bien bas
ebenerdig ['e:bən?e:ɐdɪç] *Adj* de plain-pied
ebenfalls *Adv* aussi, également; **ich ~** moi aussi; **ich war ~ nicht eingeladen** moi non plus, je n'étais pas invité(e); **danke, ~!** merci, pareillement!
Ebenholz ['e:bən-] *nt* [bois *m* d'] ébène *m;* **schwarz wie ~** noir(e) comme l'ébène
ebenjene(r, s) *Pron geh* **~r Kunde sagte, dass** c'était justement ce client-là qui a dit que; **~n Rock habe ich mir gekauft** c'est justement cette jupe-là que je me suis achetée

Ebenmaß *nt kein Pl geh* harmonie *f*
ebenmäßig I. *Adj Proportionen, Wuchs, Gesichtszüge* harmonieux(-euse); *Gestalt, Körperteil* bien proportionné(e)
II. *Adv* ~ **geformt** [sein] [être] bien proportionné(e)
ebenso *Adv* ❶ *(genauso)* tout aussi; ~ **gern** tout aussi bien; ~ **gut** tout aussi bien; ~ **lang**[e] [tout] aussi longtemps; ~ **oft** [tout] aussi souvent; ~ **sehr** tout autant; ~ **viel** tout autant; ~ **wenig** tout aussi peu; **sich ~ anstrengen/freuen** se fatiguer/réjouir tout autant; ~ **intelligent/reich wie ...** tout aussi intelligent/riche que ...; **er ist ~ Lehrer wie ich** il est professeur tout comme moi; **sie hat ~ Jura studiert wie ich** elle a étudié le droit tout comme moi
❷ *(desgleichen)* également
ebensogernᴬᴸᵀ *s.* **ebenso** ❶
ebensogutᴬᴸᵀ *s.* **ebenso** ❶
ebensolang[**e**]ᴬᴸᵀ *s.* **ebenso** ❶
ebensooftᴬᴸᵀ [-zɔʔɔft] *s.* **ebenso** ❶
ebensosehrᴬᴸᵀ *s.* **ebenso** ❶
ebensovielᴬᴸᵀ *s.* **ebenso** ❶
ebensowenigᴬᴸᵀ *s.* **ebenso** ❶
Eber ['e:bɐ] <-s, -> *m* verrat *m; (wilder Eber)* sanglier *m*
Eberesche *f* sorbier *m*
ebnen ['e:bnən] *tr V* aplanir *Boden*
▸ **jdm den Weg ~** frayer le chemin à qn
E-Business ['i:ˈbɪznɪs] <-> *nt* e-commerce *m*
EC [e:ˈtse:] <-s, -s> *m* ❶ *Abk von* **Eurocity**[**zug**] Eurocity *m*
❷ FIN *Abk von* **Euroscheck** eurochèque *m*
echauffieren* [eʃɔˈfiːrən] *r V veraltet* **sich ~** s'échauffer *(vieilli);* **sich über jdn/etw ...** s'échauffer au sujet de qn/qc
Echo ['ɛço] <-s, -s> *nt* ❶ *(Widerhall, Reaktion)* écho *m;* **wenig/ein begeistertes ~ finden** rencontrer peu d'écho/un écho enthousiaste
❷ *(Nachbeter)* réplique *f*
Echolot *nt* sonde *f* acoustique
Echse ['ɛksə] <-, -n> *f* saurien *m*
echt [ɛçt] I. *Adj* ❶ *(nicht künstlich)* véritable; *Haar, Haarfarbe, Bräunung* naturel(le); *(nicht gefälscht) Unterschrift, Gemälde* authentique; **ein ~er Geldschein** un vrai billet; **ist der Stein ~?** c'est une vraie pierre?
❷ *(aufrichtig) Liebe, Zuneigung* sincère; *Schmerz* vrai(e)
❸ *(typisch)* vrai(e) *antéposé*
❹ *(beständig) Farbe* grand teint *inv*
❺ *(wirklich) Manko, Problem, Reinfall* véritable *antéposé*
II. *Adv* ❶ *(typisch)* typique; **das ist ~ van Gogh** c'est typique de Van Gogh; **das ist wieder mal ~ deine Mutter!** je reconnais bien là ta mère!
❷ *(rein)* ~ **Gold/Silber** [sein] [être] de l'or/l'argent véritable
❸ *fam (wirklich)* vraiment
Echtheit <-> *f (echte Beschaffenheit)* authenticité *f; (Aufrichtigkeit)* sincérité *f*
Echtzeit *f* temps *m* réel
Eck [ɛk] <-[e]s, -e> *nt* ❶ ᴀ, sᴅᴇᴜᴛsᴄʜ *(Ecke)* coin *m*
❷ sᴘᴏʀᴛ *(Ecke des Tores)* coin *m;* **das kurze/lange ~** l'angle *m* fermé/opposé; **das linke/rechte ~** le coin gauche/droit; **das linke/rechte obere ~** la lucarne gauche/droite
▸ **über ~** *(diagonal)* en diagonale
EC-Karte, ec-Karte [eˈtse:-] *f* ≈ carte *f* bancaire, ≈ carte de paiement; **mit** [**der**] **~ bezahlen** payer par carte bancaire [*o* de paiement]
Eckball *m* corner *m;* **einen ~ geben/schießen** accorder/tirer un corner; **einen ~ verwandeln** marquer un but sur corner **Eckbank** <-bänke> *f* banquette *f* d'angle **Eckbrett** *nt* encoignure *f* **Eckdaten** *s.* **Eckwert**
Ecke ['ɛkə] <-, -n> *f* ❶ *eines Zimmers, Tisches, Buches* coin *m; eines Kragens* pointe *f;* ɢᴇᴏᴍ *eines Flächs, eines Körpers* angle *m;* **jdn in die ~ stellen** mettre qn au coin; **in die ~!** au coin!
❷ *(Straßenecke)* coin *m;* **gleich um die ~** juste au coin; **Goethestraße, ~ Mandlstraße** au coin [*o* à l'angle] de la rue Goethe et de la rue Mandl; **an der nächsten ~ biegen Sie rechts ab** au prochain coin de rue, vous tournez à droite
❸ *(Käseecke)* portion *f*
❹ *fam (Gegend)* coin *m*
❺ *fam (Strecke)* bout *m* de chemin; **eine ganz schöne ~** un sacré bout de chemin *(fam)*
❻ ғʙᴀʟʟ corner *m;* **eine kurze ~** un petit corner; **eine lange ~** un corner devant le but
❼ ʙᴏxᴇɴ coin *m*
▸ **es fehlt an allen ~n und Enden** tout manque; **an allen ~n und Enden sparen** économiser sur tout [et n'importe quoi]; **mit ~n und Kanten** carré(e); **eine ganze ~ teurer** *fam* bien plus cher(chère); **um ein paar ~n** [**herum**] **verwandt sein** *fam* être vaguement parent; **jdn um die ~ bringen** *fam* faire la peau à qn *(fam);* **jdn in eine bestimmte ~ stellen** coller à qn une certaine étiquette

Ecker ['ɛkɐ] <-, -n> *f* faîne *f*
Eckfenster *nt* fenêtre *f* d'angle **Eckgebäude** *nt* bâtiment *m* qui fait l'angle **Eckgrundstück** *nt* terrain *m* qui fait l'angle **Eckhaus** *nt* maison *f* qui fait l'angle
eckig *Adj* ❶ *Tisch* carré(e); *Skulptur, Gesicht* anguleux(-euse)
❷ *(ungelenk)* raide
Ecklohn *m* salaire *m* de référence **Eckpfeiler** *m* ❶ ᴀʀᴄʜɪᴛ pilier *m* d'angle ❷ *(wichtige Stütze) einer Ideologie, Theorie* pierre *f* angulaire **Eckpfosten** *m* poteau *m* cornier **Eckplatz** *m* place *f* de coin **Eckregal** *nt* étagère *f* d'angle **Eckschrank** *m* armoire *f* d'angle **Eckstein** *m* ❶ ᴄᴏɴsᴛʀ pierre *f* angulaire ❷ *s.* **Eckpfeiler** ❷ **Eckstoß** *s.* **Eckball Ecktisch** *m* table *f* du coin **Eckwert** *m meist Pl* valeur *f* de référence **Eckzahn** *m* canine *f*
E-Commerce ['i:kɔmɔ:ɐs] *m* commerce *m* électronique, vente *f* par Internet
Economyklasse *f kein Pl* ᴛᴏᴜʀɪsᴍᴜs classe *f* économique
Ecstasy ['ɛkstəsi] <-s> *nt (Droge)* ecstasy *f*
Écu [eˈky:] <-[s], -[s]> *m*, <-, -> *f Abk von* **European currency unit** écu *m*
Ecuador [ekuaˈdoːɐ] <-s> *nt* l'Équateur *m*
Ecuadorianer(in) [ekuadoriˈaːnɐ] <-s, -> *m(f)* Équatorien(ne) *m(f)*
ecuadorianisch *Adj* équatorien(ne)
Edamer <-s, -> *m* édam *m*
Edda <-> *f* Edda *f*
edel I. *Adj* ❶ *geh* noble
❷ *(hochwertig) Hölzer* précieux(-euse); *Rose* sélectionné(e); *Wein* noble
❸ *(reinrassig) Katze, Pferd* de race
❹ *geh (schön geformt) Nase, Profil* aristocratique
❺ *attr veraltet (vornehm, adlig)* noble; **verzeiht, edler Herr** pardon, Monseigneur
II. *Adv handeln* noblement; *verarbeitet, gestylt* élégamment; **~ denken** avoir des pensées nobles; **~ geformte Züge** des traits harmonieux
Edelboutique *f* boutique *f* de luxe **Edelfaser** *f* fibre *f* précieuse **Edelfrau** *f* dame *f* de la noblesse **Edelgas** *nt* gaz *m* rare **Edelholz** *nt* bois *m* précieux **Edelkastanie** [-kastaːniə] *f* châtaignier *m* **Edelkitsch** *m iron* kitsch *m* pompier **Edelmann** <-leute> *m* gentilhomme *m* **Edelmetall** *nt* métal *m* précieux **Edelmut** *m kein Pl geh* noblesse *f* d'âme
edelmütig I. *Adj geh* noble
II. *Adv* avec magnanimité; **~ handeln** se montrer magnanime; **~ denken** faire preuve de noblesse de caractère
Edelpilzkäse *m* fromage *m* à moisissure noble
Edelrestaurant *nt* restaurant *m* de luxe **Edelrose** *f* rose *f* sélectionnée **Edelschnulze** *f iron (Film)* film *m* à l'eau de rose; *(Roman)* roman *m* à l'eau de rose **Edelstahl** *m* acier *m* affiné **Edelstein** *m* pierre *f* précieuse **Edeltanne** *f* sapin *m* argenté **Edelweiß** <-[es], -e> *nt* edelweiss *m*
Eden <-s> *nt* éden *m (littér);* **der Garten ~** le jardin d'éden
edieren* *tr V form* éditer
Edikt <-[e]s, -e> *nt* édit *m*
editieren* *tr V* ɪɴғᴏʀᴍ éditer *Datei, Text*
Edition <-, -en> *f* ❶ *(Ausgabe)* édition *f*
❷ *(Verlag)* maison *f* d'édition
Editor <-s, -toren> *m* ❶ *geh (Herausgeber)* éditeur *m*
❷ ɪɴғᴏʀᴍ éditeur *m* [de textes]
Editorial [editoˈriaːl, ɛdɪˈtɔːrɪəl] <-s, -s> *nt* éditorial *m*
Editorin <-, -nen> *f geh* éditrice *f*
editorisch *Adj* au niveau de l'édition
EDV [eːdeːˈfaʊ] <-> *f kein Pl* ɪɴғᴏʀᴍ *Abk von* **elektronische Datenverarbeitung** informatique *f*
EDV-Anlage [eːdeːˈfaʊ-] *f* installation *f* informatique **EDV-Ausbildung** *f* formation *f* en informatique **EDV-Fachmann** *m*, **-frau** *f* informaticien(ne) *m(f)* **EDV-Lehrgang** *m* stage *m* d'informatique **EDV-Spezialist(in)** *m(f)* spécialiste *mf* en informatique
EEG [eːʔeːˈgeː] <-s, -s> *nt* ᴍᴇᴅ *Abk von* **Elektroenzephalogramm** électro-encéphalogramme *m*
Efeu <-s> *m* lierre *m*
Efeff ▸ **aus dem ~** *fam* sur le bout des doigts
Effekt <-[e]s, -e> *m* ❶ *(Wirkung)* effet *m;* **keinen ~ zeigen** ne pas produire d'effet; **mit welchem ~?** pour quel résultat?
❷ *(besondere Wirkung)* [**optischer/akustischer**] **~** effet *m* [optique/acoustique]
Effekten *Pl* ʙöʀsᴇ effets *mpl*
Effektenbörse *f* Bourse *f* des valeurs **Effektenhandel** *m* opérations *fpl* sur titres
Effekthascherei <-, -en> *f pej* fla[-]fla *m (fam)*
effektiv I. *Adj* ❶ *(wirksam) Maßnahme, Schutz* efficace
❷ *(tatsächlich) Verbesserung, Gewinn* effectif(-ive); *Rendite, Zinsen* réel(le)

II. *Adv* ❶ *(wirksam)* gestalten, kooperieren efficacement; **sich als sehr/wenig ~ herausstellen** se révéler très/peu efficace ❷ *(tatsächlich) betragen, verdienen* réellement
Effektivität [-vi-] <-> *f* efficacité *f*
Effektivzins *m* taux *m* réel
effektvoll *Adj* qui fait de l'effet; **~ sein** faire de l'effet
effizient I. *Adj geh* performant(e)
II. *Adv geh* avec efficience
Effizienz <-, -en> *f geh* efficacité *f*, efficience *f (spéc)*
Efta ['ɛfta] <-> *f Abk von* **European Free Trade Association** A.E.L.E. *f*
eG, e. G. *Abk von* **eingetragene Genossenschaft**
EG[1] [eːɡeː] <-> *f Abk von* **Europäische Gemeinschaft** HIST C.E. *f*
EG[2] <-s> *nt Abk von* **Erdgeschoss**
egal I. *Adj fam* ❶ *(gleichgültig)* [jdm] **~ sein** ne pas avoir d'importance [pour qn]; **~, was ...** quoi que ... + *subj*; **wie/wo/ warum ...** peu importe comment/où/pourquoi ...; **das ist mir ~** ça m'est égal; **das kann dir doch ~ sein!** qu'est-ce que ça peut bien te faire!
❷ *(gleich aussehend)* identique
II. *Adv fam (gleich)* pareillement; **~ lange/dicke Schrauben** des vis de même taille/grosseur
EG-Binnenmarkt *m kein Pl* marché *m* intérieur européen
Egel <-s, -> *m* sangsue *f*
Egge <-, -n> *f* herse *f*
eggen *tr, itr V* herser; **das Eggen** le hersage
EG-Kommission *f kein Pl* Commission *f* européenne **EG- -Ministerrat** *m kein Pl* Conseil *m* des ministres européen
Ego <-s, -s> *nt* ego *m*
Egoismus <-, -ismen> *m* égoïsme *m*
Egoist(in) <-en, -en> *m(f)* égoïste *mf*
egoistisch I. *Adj* égoïste
II. *Adv* d'une manière égoïste
Egomane <-n, -n> *m*, **Egomanin** *f geh* égoïste *mf* forcené(e)
Egomanie <-> *f geh* égoïsme *m* forcené
Egotrip <-s, -s> *m fam* nombrilisme *m (fam)*; **auf dem ~ sein** *fam* ne penser qu'à sa pomme *(fam)*
Egozentriker(in) <-s, -> *m(f) geh* égocentriste *mf*
egozentrisch *Adj geh* égocentriste
eh[1] *Interj sl* ❶ *(he)* eh
❷ *(wie bitte)* hein *(fam)*
eh[2] *Adv bes.* SDEUTSCH, A *fam* de toutes façons
▶ **seit/wie ~ und je** depuis/comme toujours
ehe *Konj (bevor)* avant que [ne] + *subj*; **~ es zu spät ist** avant qu'il ne soit trop tard; **sie verabschiedet sich, ~ sie fährt** elle dit au revoir avant de partir; **~ ihr nicht aufhört zu streiten, ...** tant que vous ne cesserez pas de vous disputer ...
Ehe <-, -n> *f* mariage *m*; **die ~ eingehen** [*o* **schließen**] *form* Paar: contracter mariage *(form)*; **die ~ schließen** Standesbeamter: procéder au mariage; **jdm die ~ versprechen** promettre le mariage à qn; **mit jdm die ~ schließen** s'unir à qn par les liens du mariage; **die ~ brechen** commettre un adultère; **eine glückliche/ unglückliche ~ führen** former un couple heureux/malheureux; **in zweiter ~ mit jdm verheiratet sein** être marié(e) une deuxième fois avec qn *fpl*; **aus erster/zweiter ~** d'un premier/ second mariage; **~ ohne Trauschein** union *f* libre; **offene ~** couple *m* pratiquant l'amour libre; **wilde ~** *veraltet* union *f* libre
eheähnlich *Adj* **mit jdm in einer ~en Gemeinschaft leben** vivre maritalement avec qn **Eheberater(in)** *m(f)* conseiller(-ère) *m(f)* conjugal(e) **Eheberatung** *f* ❶ *(das Beraten)* consultation *f* conjugale ❷ *(Stelle)* cabinet *m* de consultation conjugale **Ehebett** *nt* lit *m* conjugal
ehebrechen *itr V nur Infin veraltet geh* commettre un adultère
Ehebrecher(in) <-s, -> *m(f)* homme *m*/femme *f* adultère
ehebrecherisch *Adj* adultère
Ehebruch *m* adultère *m*; **~ begehen** commettre un adultère
ehedem *Adv* ▶ **von ~** *geh* de jadis *(soutenu)*; **wie ~** *geh* comme jadis
Ehefrau *f* femme *f* **Ehegatte** *m* ❶ *form* époux *m* ❷ *Pl* JUR **die ~n** les époux
Ehegattensplitting [-ʃp-, -sp-] *nt* FISC imposition *f* séparée des époux
Ehegattin *f form* épouse *f* **Eheglück** *nt* bonheur *m* conjugal **Ehehindernis** *nt* empêchement *m* au mariage **Ehekrach** *m fam* scène *f* de ménage **Ehekrise** *f* crise *f* conjugale **Eheleben** *nt kein Pl* vie *f* conjugale **Eheleute** *Pl form* conjoints *mpl (form)*; **die jungen ~** les jeunes mariés
ehelich I. *Adj* conjugal(e); *Kind* légitime; *Rechte* matrimonial(e)
II. *Adv* **ein ~ geborenes Kind** un enfant légitime
ehelichen *tr V hum* convoler avec *(hum)*
ehelos *Adv* bleiben célibataire; leben dans le célibat
Ehelosigkeit <-> *f* célibat *m*
ehemalig *Adj attr (früher)* ancien(ne) antéposé; **die Ehemaligen** *(Schüler)* les anciens élèves; **mein Ehemaliger/meine Ehemalige** *hum fam* mon ex *(fam)*
ehemals *Adv form* jadis *(soutenu)*
Ehemann <-männer> *m* mari *m* **Ehemündigkeit** <-> *f* JUR majorité *f* matrimoniale **Ehepaar** *nt* couple *m* **Ehepartner(in)** *m(f)* conjoint(e) *m(f)*
eher *Adv* ❶ *(früher)* kommen, gehen plus tôt; **je ~, desto besser** plus tôt ce sera, mieux ce sera; **ich gehe nicht ~, bis Sie** [nicht] ... je ne partirai pas avant que vous + *subj* [*o* tant que vous + *indic*] ...
❷ *(wahrscheinlicher)* plutôt; **das ist ~ möglich/wahrscheinlich** c'est plus probable/vraisemblable; **um so ~, als** d'autant plus que + *indic*
❸ *(lieber, mehr)* plutôt
Eherecht *nt kein Pl* droit *m* matrimonial **Ehering** *m* alliance *f*
ehern *Adj geh* d'airain *(littér)*
Ehescheidung *f* divorce *m* **Eheschließung** *f* mariage *m*
ehest *Adv* A [très] bientôt
Ehestand *m kein Pl geh* vie *f* conjugale; **in den ~ treten** se marier
eheste(r, s) I. *Adj* **der ~ Termin** le prochain rendez-vous possible; **bei ~r Gelegenheit** à la première occasion
II. *Adv* **am ~n** *(am wahrscheinlichsten)* très vraisemblablement; *(am liebsten)* de préférence; **das scheint am ~ möglich** cela semble le plus probable
ehestens *Adv* ❶ *(frühestens)* au plus tôt
❷ A *s.* **ehest**
Eheverkündigung *f* CH publication *f* des bans **Ehevermittlung** *f* ❶ *kein Pl (das Vermitteln)* conseil *m* matrimonial ❷ *(Büro)* agence *f* matrimoniale **Eheversprechen** *nt* promesse *f* de mariage **Ehevertrag** *m* contrat *m* de mariage **Eheweib** *nt hum fam* moitié *f (fam)*
Ehrabschneider(in) <-s, -> *m(f) pej form* diffamateur(-trice) *m(f)*
ehrbar *Adj* respectable
Ehrbegriff *m* conception *f* de l'honneur
Ehre <-, -n> *f* honneur *m*; **zu ~n kommen** être à l'honneur; **jdm zu ~n** en l'honneur de qn; **jdm ~/wenig ~ machen** faire honneur/peu honneur à qn; **jdm zur ~ gereichen** *geh Tat, Verhalten:* être tout à son/ton/...; **in ~n halten** respecter *Andenken*; **ein Geschenk in ~n halten** garder un cadeau avec soin; **jdn in seiner ~ kränken** blesser qn dans son honneur; **wir geben uns** *(Dat)* **die ~, ...** *form* nous avons l'honneur de ...; **es ist/war mir eine** [große] **~** c'est/c'était un [grand] honneur pour moi; **es ist mir eine besondere ~** c'est un grand honneur pour moi; **jdm die letzte ~ erweisen** *geh* rendre les derniers honneurs à qn *(soutenu)*; **mit militärischen ~n** avec les honneurs militaires; **~ sei Gott in der Höhe** Gloire à Dieu au plus haut des cieux
▶ **auf ~ und Gewissen** en son/ton/... âme et conscience; **~/ keine ~ im Leib haben** avoir/ne pas avoir le sens de l'honneur; **in ~n ergraut sein** *geh* être honorablement connu(e); **~, wem ~ gebührt** *Spr.* à tout seigneur, tout honneur; **habe die ~!** A, SDEUTSCH mes hommages!; **mit wem habe ich die ~?** *iron form* à qui ai-je l'honneur? *(form)*; **jdn bei seiner ~ packen** en appeler à l'honneur de qn; **was verschafft mir die ~?** *iron form* qu'est-ce qui me vaut l'honneur?; **deine Meinung/dein Wort in allen ~n, aber ...** sauf le respect que j'ai pour ton avis/ta parole, mais ...
ehren *tr V* ❶ *(würdigen)* honorer; **jdn durch/mit etw ~** honorer qn de qc; **hoch geehrt** très honoré(e) antéposé
❷ *(Ehre machen)* honorer; **sich durch etw geehrt fühlen** être honoré(e) de qc; *s. a.* **geehrt**
Ehrenamt *nt* fonction *f* honorifique **ehrenamtlich I.** *Adj Mitarbeiter, Tätigkeit* bénévole; *Vorsitzender* honoraire **II.** *Adv* bénévolement **Ehrenbürger(in)** *m(f)* citoyen(ne) *m(f)* d'honneur **Ehrenbürgerrecht** *nt* droit *m* de cité honoris causa **Ehrendoktor** *m* ❶ *(Titel)* titre *m* de docteur honoris causa ❷ *(Inhaber)* docteur *m* honoris causa **Ehrendoktorwürde** *f* titre *m* de docteur honoris causa **Ehrenerklärung** *f* ❶ JUR réparation *f* d'honneur ❷ *(Ausspruch des Vertrauens)* déclaration *f* de confiance **Ehrenformation** *f* MIL garde *f* d'honneur **Ehrengast** *m* invité(e) *m(f)* d'honneur **Ehrengericht** *nt* JUR cour *f* d'honneur
ehrenhaft I. *Adj* honorable
II. *Adv* honorablement
Ehrenhaftigkeit <-> *f* honorabilité *f*
ehrenhalber *Adv* ❶ *(als Ehrung)* à titre honorifique
❷ *(ohne Bezahlung)* bénévolement
Ehrenlegion *f* légion *f* d'honneur **Ehrenloge** *f* loge *f* d'honneur **Ehrenmal** *nt* monument *m* aux morts **Ehrenmann** <-männer> *m* homme *m* d'honneur **Ehrenmitglied** *nt* membre *m* d'honneur **Ehrenplatz** *m* place *f* d'honneur **Ehrenpreis**[1] <-es, -e> *m (Auszeichnung)* prix *m* d'honneur **Ehrenpreis**[2] <-es, -> *nt* BOT véronique *f*
Ehrenrechte *Pl* **bürgerliche ~** droits *mpl* civiques **Ehrenrettung** *f* réhabilitation *f*; **zu seiner/ihrer ~** pour son réhabilitation **Ehrenrunde** *f* ❶ SPORT tour *m* d'honneur; **eine ~ drehen** [*o* lau-

fen] faire un tour d'honneur ❷ SCHULE *iron* redoublement *m* **Ehrensache** *f* affaire *f* d'honneur; **~!** *fam* parole d'honneur! **Ehrensalve** [-və] *f* salve *f* d'honneur **Ehrentag** *m geh* grand jour *m*; **zum heutigen ~** en ce jour solennel **Ehrentor** *nt* SPORT but *m* de consolation **Ehrentribüne** *f* tribune *f* d'honneur **Ehrenurkunde** *f* diplôme *m* d'honneur **ehrenvoll** *Adj Auftrag, Aufgabe, Friede* honorable; *Begräbnis* solennel(le); **etw als ~ betrachten** considérer qc comme un honneur; **ich habe die ~e Aufgabe, ...** j'ai le grand honneur de ... **Ehrenvorsitzende(r)** *f(m) dekl wie Adj* président(e) *m(f)* d'honneur **Ehrenwache** *f* garde *f* d'honneur; **die ~ halten** monter la garde **ehrenwert** *s.* ehrbar **Ehrenwort** <-worte> *nt* parole *f* d'honneur; **sein ~ brechen** manquer à sa parole; **[jdm] sein ~ geben** donner sa parole d'honneur [à qn]; **sein ~ halten** tenir parole; **[großes] ~!** *fam* c'est juré! *(fam)*
ehrerbietig *geh* I. *Adj* déférent(e)
  II. *Adv* avec déférence
Ehrerbietung <-> *f geh* déférence *f*
Ehrfurcht *f* respect *m*; **die ~ vor jdm/etw** le respect pour [*o* envers] qn/de qc; **~ vor jdm/etw haben** respecter qn/qc; **sich voller ~ verneigen** se prosterner avec respect; **in ~ erstarren** s'immobiliser dans une attitude révérencieuse *(littér)*; **~ gebietend** qui inspire le respect
ehrfurchtgebietend *s.* Ehrfurcht
ehrfürchtig, ehrfurchtsvoll I. *Adj* respectueux(-euse)
  II. *Adv* avec respect
Ehrgefühl *nt kein Pl* sens *m* de l'honneur; **etw aus falschem ~ [heraus] tun** faire qc à cause d'un sens de l'honneur mal placé **Ehrgeiz** *m* ambition *f* **ehrgeizig** *Adj* ambitieux(-euse)
ehrlich I. *Adj* ❶ *(aufrichtig)* sincère; *Absicht, Angebot* honnête; **es ~ mit jdm meinen** être sincère avec qn
  ❷ *(verlässlich) Mitarbeiter, Finder* honnête
  ▶ **~ währt am längsten** *Spr.* l'honnêteté finit toujours par être récompensée
  II. *Adv* ❶ *teilen, verdienen, spielen* honnêtement
  ❷ *(aufrichtig, offen)* **~ gesagt, ...** franchement ..., à vrai dire, ...; **um ~ zu sein, ...** pour parler franchement, ...
  ❸ *fam (wirklich)* **ich kann nichts dafür, ~!** je n'y peux rien, vraiment!; **~?** c'est vrai?
ehrlicherweise *Adv* honnêtement, en toute honnêteté
Ehrlichkeit <-> *f* ❶ *(Aufrichtigkeit)* sincérité *f*
  ❷ *(Verlässlichkeit)* honnêteté *f*
ehrlos I. *Adj Person* sans honneur
  II. *Adv* de façon infâme
Ehrlosigkeit <-> *f* infamie *f (littér)*
Ehrung <-, -en> *f* ❶ *kein Pl (das Ehren)* hommage *m*; **die ~ der Sieger** l'hommage aux vainqueurs
  ❷ *(Beweis der Wertschätzung)* distinction *f*; **mit ~en überhäuft werden** être comblé(e) d'honneurs
Ehrverletzung *f* atteinte *f* à l'honneur
Ehrwürden Euer ~! Votre Révérence!
ehrwürdig *Adj* ❶ *Gebäude, Alter, Vergangenheit* vénérable
  ❷ ECCL révérend(e)
ei *Interj* ❶ *(Ausdruck der Verwunderung)* et bien, tiens
  ❷ *(Ausdruck von Zärtlichkeit)* là; **bei der Mieze ~ [~] machen** *Kinderspr.* faire des mimis au minou
Ei <-[e]s, -er> *nt* ❶ œuf *m*; **hartes** [*o* hart gekochtes]/**weiches** [*o* weich gekochtes] **~** œuf dur/à la coque; **faules ~** œuf pourri; **russische/verlorene ~er** œufs à la russe/pochés; **ein ~ legen** pondre un œuf; **aus dem ~ kriechen** sortir de l'œuf
  ❷ PHYSIOL ovule *m*
  ❸ *Pl vulg (Hoden)* couilles *fpl (vulg)*; **sie trat ihm [kräftig] in die ~er** elle lui a donné un [bon] coup dans les parties *(fam)*
  ❹ *Pl sl (Euro)* balles *fpl (fam)*
  ▶ **das ~ will klüger sein als die Henne** on n'apprend pas à un vieux singe à faire la grimace; **das ist das ~ des Kolumbus** c'est [comme] l'œuf de [Christophe] Colomb; **das ist ein dickes ~!** *fam* c'est un peu fort! *(fam)*; **ach, du dickes ~!** *fam* bon sang [de bonsoir]! *(fam)*; **wie aus dem ~ gepellt** *fam* tiré(e) à quatre épingles *(fam)*; **jdn wie ein rohes ~ behandeln** prendre des gants avec qn; **das sind ungelegte ~er** *fam* on n'y est pas encore!; **wie aufs ~ern gehen** *fam* marcher sur des œufs; **sich** *(Dat)* [*o* einander] **gleichen wie ein ~ dem anderen** se ressembler comme deux gouttes d'eau
Eibe <-, -n> *f* if *m*
Eibisch ['aɪbɪʃ] <-[e]s, -e> *m* BOT guimauve *f*
Eichamt *nt* service *m* des poids et mesures
Eiche <-, -n> *f (Baum, Holz)* chêne *m*
Eichel <-, -n> *f* ❶ BOT, ANAT gland *m*
  ❷ *Pl* KARTEN trèfle *m*
Eichelhäher *m* geai *m*
eichen[1] *Adj Schrank, Tisch* de [*o* en] chêne
eichen[2] *tr V* étalonner *Messgerät, Maß, Gewicht*; jauger *Gefäß*

▶ **auf etw** *(Akk)* **geeicht sein** *fam* être calé(e) [*o* incollable] en qc *(fam)*; **darauf bin ich geeicht** je suis expert(e) en la matière **Eichenholz** *nt* chêne *m* **Eichenlaub** *nt* feuilles *fpl* de chêne **Eichensarg** *m* cercueil *m* de chêne **Eichenwald** *m* forêt *f* de chênes
Eichhörnchen, Eichkätzchen *nt* DIAL écureuil *m*
Eichmaß *nt*, étalon *m*; *(Hohlmaß)* jauge *f* **Eichstrich** *m* trait *m* repère
Eichung <-, -en> *f* étalonnage *m*; *eines Gefäßes* jaugeage *m*
Eid <-[e]s, -e> *m* JUR serment *m*; **einen ~ auf jdn/etw ablegen** [*o* leisten] prêter serment sur qn/qc; **einen falschen ~ schwören** faire un faux serment; **jdm einen ~ abnehmen** faire prêter serment à qn; **etw auf seinen ~ nehmen** être prêt(e) à jurer qc; **unter ~ stehen** être assermenté(e); **an ~es statt** sur l'honneur
  ▶ **jeden ~ schwören, dass** jurer que + *indic*
Eidbruch *m* parjure *m*
eidbrüchig *Adj* parjure; **~ werden** se parjurer *(soutenu)*
Eidechse [-ɛksə] *f* lézard *m*
Eiderente *f* eider *m*
Eidesformel *f* formule *f* de prestation de serment; **jdm die ~ vorsprechen/nachsprechen** dicter à qn/répéter après qn la formule de prestation de serment **eidesstattlich** I. *Adj Erklärung* sur l'honneur II. *Adv* **etw ~ erklären** déclarer qc sur l'honneur
Eidgenosse *m*, **-genossin** *f* citoyen(ne) *m(f)* helvétique **Eidgenossenschaft** *f* **die Schweizerische ~** la Confédération helvétique **eidgenössisch** *Adj* helvétique, suisse; *(im Gegensatz zu kantonal)* confédéral(e)
eidlich I. *Adj Abmachung* passé(e) sous serment; *Versicherung* sous serment; **eine ~e Erklärung abgeben** faire une déclaration sous serment
  II. *Adv gebunden, verpflichtet* par serment
Eidotter *m o nt* jaune *m* d'œuf
Eierbecher *m* coquetier *m* **Eierbrikett** *nt* boulet *m* **Eierhandgranate** *f* grenade *f* à main [ovale] défensive **Eierkocher** *m* œufrier *m* **Eierkohle** *f* boulet *m* de charbon **Eierkopf** *m pej sl (Kopf)* grosse tête *f (fam)*; *(Person)* intello *mf (fam)* **Eierkuchen** *m* ≈ crêpe *f* **Eierlikör** *m* liqueur *f* au jaune d'œuf **Eierlöffel** *m* cuillère *f* à œufs
eiern *itr V fam Rad, Reifen:* être voilé(e); *Schallplatte:* être gondolé(e)
Eierpfannkuchen *m* ≈ crêpe *f* **Eierschale** *f* coquille *f* d'œuf **Eierschneider** *m* découpe-œufs *m* **Eierschwamm** *m*, **Eierschwammerl** <-s, -e> *nt* A *fam* chanterelle *f*, girolle *f* **Eierspeise** *f* ❶ *(Gericht aus Eiern)* ≈ plat *m* à base d'œufs ❷ A *(Rührei)* œufs *mpl* brouillés **Eierstock** *m* ANAT ovaire *m* **Eierstockentzündung** *f* MED infection *f* des ovaires **Eiertanz** *m fam* ▶ **einen ~ um etw aufführen** louvoyer au sujet de qc **Eieruhr** *f* sablier *m*
Eifer <-s, -> *m* ❶ zèle *m*; **mit [großem] ~** avec [beaucoup de] zèle, avec ardeur; **mit ~ bei der Sache sein** se donner à fond
  ❷ *(Eile, Aufregung)* **er hat im ~ die Schlüssel vergessen** dans son agitation, il a oublié les clés
  ▶ **im ~ des Gefechts** *fam* dans le feu de l'action; **blinder ~ schadet nur** *Spr.* rien ne sert de courir, il suffit de partir à point
Eiferer <-s, -> *m* zélateur(-trice) *m(f)*
eifern *itr V geh* **gegen etw ~** fulminer contre qc
Eifersucht *f kein Pl* jalousie *f*; **aus ~ auf seinen Rivalen** par jalousie envers son rival
Eifersüchtelei <-, -en> *f pej* perpétuelle jalousie *f*
eifersüchtig *Adj* jaloux(-ouse); **auf jdn/etw ~ sein** être jaloux(-ouse) de qn/qc; **jdn ~ machen** rendre qn jaloux(-ouse)
Eifersuchtsszene *f* scène *f* de jalousie
Eiffelturm *m* tour *f* Eiffel
eiförmig *Adj* ovale, ovoïde *(spéc)*
eifrig I. *Adj Schüler* studieux(-euse), assidu(e); *Leser, Sammler* fervent(e); *Theater-, Museumsbesucher* assidu(e); *Bemühen* empressé(e); *Suche* intensif(-ive)
  II. *Adv lernen, üben* avec assiduité; **~ bemüht sein etw zu tun** s'efforcer avec zèle de faire qc; **sich ~ an etw** *(Dat)* **beteiligen** participer activement à qc
Eigelb <-s> *nt* jaune *m* d'œuf
eigen *Adj* ❶ *Zimmer, Haus, Auto* propre *antéposé*; **sie hat ein ~es Auto** elle a sa [propre] voiture; **er besitzt kein ~es Land** il n'a pas de terrain à lui
  ❷ *(ganz persönlich) Meinung* personnel(le); **seine ~en Worte** ses propres paroles
  ❸ *(separat) Bad, Eingang* particulier(-ière)
  ❹ *(typisch)* **jdm ~ sein** être propre à qn; **mit ihm ~en Optimismus/Charme** avec l'optimisme qui lui est propre/son charme habituel
  ❺ *(eigenartig) Reiz, Schönheit* particulier(-ière)
  ❻ DIAL *(pingelig)* **in etw** *(Dat)* **~ sein** être pointilleux(-euse) sur qc
  ▶ **sich** *(Dat)* **etw zu eigen machen** s'approprier qc; **etw sein Eigen nennen** *geh* détenir [*o* posséder] qc

Eigenarbeit f travail m personnel **Eigenart** f einer Person particularité f; einer Landschaft, Stadt caractère m particulier; **das ist eine seiner/ihrer ~en** c'est une de ses spécialités

eigenartig I. Adj particulier(-ière); Aussehen, Kleidung bizarre; **das ist aber ~!** c'est vraiment bizarre!
II. Adv sich benehmen bizarrement; **~ riechen** sentir une drôle d'odeur; **~ aussehen** être bizarre

Eigenbau m kein Pl (eigene Konstruktion) œuvre f de ma/sa/... fabrication **Eigenbedarf** m ① besoins mpl personnels, autoconsommation f; **Gemüse für den ~ anbauen** cultiver les légumes dont on a besoin [pour sa consommation] ② JUR **eine Wohnung wegen ~s kündigen** résilier un bail pour usage personnel **Eigenbericht** m communiqué m rédactionnel **Eigenbewegung** f mouvement m propre **Eigenblutbehandlung** f traitement m par autotransfusion **Eigenblutinjektion** f autotransfusion f **Eigenbrötler(in)** <-s, -> m(f) individualiste mf, original(e) m(f) **eigenbrötlerisch** Adj Person, Verhaltensweise original(e); **ein ~er Mensch** un(e) original(e) **Eigendynamik** f dynamique f interne; **eine ~ entwickeln** développer sa propre dynamique **Eigenfinanzierung** f autofinancement m **Eigengewicht** nt eines Fahrzeugs poids m à vide; einer Ware poids m net

eigenhändig I. Adj Testament [h]olographe; **Ihre ~e Unterschrift** votre propre signature; **eine ~e Widmung des Autors** une dédicace de la main de l'auteur
II. Adv de mes/ses/... propres mains, moi-même/lui-même/...; **er hat diesen Brief ~ geschrieben** il a écrit cette lettre lui-même [o de sa propre main]

Eigenheim nt maison f individuelle **Eigenheimzulage** f aide f à l'accession à la propriété **Eigenheit** s. Eigenart **Eigeninitiative** [-initsiati:və] f initiative f individuelle; **auf seine/unsere ~ [hin]** suite à son/notre initiative personnelle; **in ~ de sa/leur/... propre initiative Eigenkapital** f einer Person apport m personnel; einer Firma capital m propre **Eigenleben** nt kein Pl ① (Privatsphäre) vie f personnelle ② (opp: Arbeitsleben) vie f privée ③ (selbstständige Existenz) **ein ~ führen** Person, Institution, Tier: mener une existence propre **Eigenleistung** f ① (eigene Schöpfung) œuvre f personnelle ② (eigene Arbeit) travail m personnel; **etw in ~ erstellen/errichten** faire qc soi-même **Eigenliebe** f kein Pl amour-propre m **Eigenlob** nt éloge m de soi ▸ **~ stinkt!** fam qu'il est laid de se vanter! **eigenmächtig** I. Adj Entscheidung pris(e) sans concertation préalable; **~es Vorgehen** initiative f individualiste et non concertée II. Adv anordnen, handeln de son/mon/... propre chef **Eigenmächtigkeit** <-, -en> f ① kein Pl (Selbstherrlichkeit) individualisme m; **die ~ seines Vorgehens** sa façon d'agir individualiste ② (Handlung) initiative f individualiste **Eigenmittel** Pl form apport m personnel; **aus ~n** avec mes/ses/... propres ressources **Eigenname** m nom m propre **Eigennutz** <-es> m intérêt m personnel; **aus ~** par intérêt personnel

eigennützig I. Adj intéressé(e)
II. Adv par intérêt [personnel]; **~ denken** penser à son intérêt personnel

Eigenregie f **etw in ~ machen** faire qc de son propre chef **eigens** Adv ① (extra) spécialement
② (ausschließlich) tout exprès, spécialement

Eigenschaft <-, -en> f ① (Charaktereigenschaft) trait m de caractère; **gute und schlechte ~en** des qualités et des défauts ② CHEM, PHYS propriété f
③ (Funktion) qualité f; **in amtlicher/geschäftlicher ~** en mission officielle/d'affaires; **in meiner/seiner/... als Wähler** en ma/sa/... qualité d'électeur, en tant qu'électeur

Eigenschaftswort <-wörter> nt adjectif m **Eigensinn** m kein Pl obstination f; **aus ~** par entêtement **eigensinnig** I. Adj obstiné(e) II. Adv obstinément **eigenstaatlich** Adj indépendant(e) **Eigenstaatlichkeit** <-> f indépendance f **eigenständig** I. Adj autonome
II. Adv de façon autonome

Eigenständigkeit <-> f autonomie f; eines Kunstwerks originalité f **eigentlich** I. Adj ① (wirklich) Name, Wesen, Zweck véritable; Tatsache, Wert réel(le)
② (ursprünglich) d'origine
II. Adv ① (normalerweise) en principe
② (überhaupt) au juste; **wie reden Sie ~ mit mir?** qu'est-ce que c'est, cette façon de [me] parler?
③ (wirklich) en fait, à proprement parler, à vrai dire; **wie alt bist du ~?** mais quel âge as-tu au fait?

Eigentor nt but m contre son camp
▸ **ein ~ schießen** marquer un but contre son camp; (sich selbst schaden) se faire du tort à soi-même

Eigentum <-s> nt propriété f; (Besitzgüter) biens mpl; **dieser Sportwagen ist mein ~** cette voiture de sport est à moi [o m'appartient]; **das ~ an etw** (Dat) **erwerben** devenir propriétaire de qc **Eigentümer(in)** <-s, -> m(f) propriétaire mf

eigentümlich I. Adj ① (merkwürdig) particulier(-ière); Verhalten singulier(-ière), curieux(-euse)
② geh (typisch) **jdm/einer S. ~ sein** être caractéristique de qn/qc; **mit der ihm ~en Gelassenheit** avec le calme qui le caractérise
③ (übel) **mir ist/wird [ganz] ~** je me sens/commence à me sentir [tout(e)] drôle
II. Adv sich verhalten bizarrement; **~ aussehen** avoir un drôle d'aspect

Eigentümlichkeit <-, -en> f ① einer Person particularité f; eines Minerals, einer Pflanze propriété f
② kein Pl (Merkwürdigkeit) bizarrerie f; **die ~ seines Verhaltens** son comportement bizarre

Eigentumsdelikt nt atteinte f à la propriété **Eigentumserwerb** m JUR acquisition f de la propriété **Eigentumsrecht** nt droit m de propriété; **~ an etw** (Dat) droit m de propriété sur qc **Eigentumswohnung** f appartement m en copropriété **eigenverantwortlich** I. Adj Handeln autonome II. Adv de son/mon/... propre chef, en prenant la responsabilité sur soi **Eigenverantwortung** f autoresponsabilité f **Eigenwerbung** f autopublicité f **eigenwillig** Adj ① (eigensinnig) obstiné(e) ② (unkonventionell) original(e) **Eigenwilligkeit** <-, -en> f ① kein Pl (Eigensinn) obstination f; (unkonventionelle Art) originalité f ② (Handlung) **ich habe genug von deinen ~en!** j'en ai assez de subir tes quatre volontés!

eignen r V sich ~ être apte; **sich für eine bestimmte Arbeit ~** être apte à faire un certain travail; **sich zum Lehrer ~** être apte à être enseignant(e); **sich als Illustration ~** pouvoir servir d'illustration; **die CD eignet sich [sehr gut] zum Verschenken** le CD fera [sûrement] un beau cadeau; s. a. geeignet

Eigner(in) <-s, -> m(f) form propriétaire mf **Eignung** <-> f aptitude f; **seine ~ für diese** [o **zu dieser**] **Arbeit** son aptitude f à faire ce travail; **die ~ zum Lehrer** l'aptitude pour être enseignant **Eignungsprüfung** f, **Eignungstest** m examen m [o test m] d'aptitude

Eihäute Pl ANAT membranes fpl fœtales **Eiklar** <-s> nt A, SDEUTSCH blanc m d'œuf **Eiland** <-lande> nt liter île f **Eilbote** m, **-botin** f porteur(-euse) m(f) spécial(e); **durch ~n** par porteur(-euse) spécial(e) **Eilbrief** m lettre f [par] exprès; **als ~ en exprès Eile** <-> f hâte f; **in ~ sein** être pressé(e); **etw in aller ~ tun** faire qc en toute hâte; **jdn zur ~ antreiben** inciter qn à se dépêcher [davantage]; **keine [große] ~ haben** Person: ne pas être [très] pressé(e); Angelegenheit: ne pas être [très] urgent(e); **nur keine ~!** pas de précipitation!

Eileiter m trompe f de Fallope; (bei Tieren) oviducte m **Eileiterschwangerschaft** f grossesse f tubaire [o extra-utérine] **eilen** I. itr V ① + sein se dépêcher; **nach Hause ~** se dépêcher de rentrer; **zum Briefkasten ~** se dépêcher d'aller à la boîte aux lettres; **durch die Straßen ~** courir dans les rues; **ich eile!** je me dépêche!
② + sein fig **von Erfolg zu Erfolg ~** accumuler les succès
③ + haben (dringlich sein) Angelegenheit: être urgent(e); **Eilt! urgent!**
II. itr V unpers + haben **es eilt** c'est urgent; **es eilt nicht** il n'y a pas urgence, cela ne presse pas; **damit eilt es!** c'est urgent!
III. r V fam **sich ~** se dépêcher

eilends Adv d'urgence **eilfertig** I. Adj geh empressé(e), diligent(e) (littér)
II. Adv geh avec empressement

Eilfertigkeit f geh empressement m **Eilgut** nt envoi m exprès **eilig** I. Adj ① (dringend) urgent(e); **es mit etw ~ haben** être pressé(e) de faire qc; **wir haben es damit nicht so ~** ça ne presse pas; **er hatte nichts Eiligeres zu tun als dieses Fax zu schreiben** iron il n'a rien eu de plus pressé que d'envoyer ce fax-là
② (schnell) pressé(e); **mit ~en Schritten** à pas pressés
II. Adv rapidement, à toute vitesse; **nur nicht so ~!** doucement!

eiligst Adv le plus vite possible **Eilmarsch** m a. MIL marche f forcée **Eilsendung** f envoi m [par] exprès **Eiltempo** nt **im ~** fam à toute vitesse, en quatrième vitesse (fam) **Eilzug** m veraltet express m **Eilzustellung** f distribution f exprès

Eimer <-s, -> m seau m
▸ **es gießt wie mit** [o **aus**] **~n** fam il pleut à seaux; **im ~ sein** sl être foutu(e) (pop)

eimerweise Adv par seaux entiers; (in Eimern) par seaux **ein** Adv marche; **auf „~" drücken** appuyer sur "marche"; **den**

Schalter auf „~" stellen mettre le commutateur sur "marche"; ▶ **weder ~ noch aus wissen, weder aus noch ~ wissen** ne plus savoir quoi faire
ein, eine, ein I. *Num* un/une; **es ist ~ Uhr** il est une heure; **~e Stunde/~en Tag dauern** durer une heure/une journée; **~ Pfund/Kilo wiegen** peser une livre/un kilo; **sie hat nicht ~ Wort gesagt** elle n'a pas dit un seul mot; *s. a.* **eins**
▶ **mein/sein/ihr Ein und Alles** tout ce que j'ai/qu'il/qu'elle a de plus cher; **das ist doch ~ und dasselbe** c'est du pareil au même *(fam)*; **immer ~ und dasselbe Kleid tragen** porter toujours la même robe; **~ und derselbe/dieselbe** *(dieselbe Person)* une seule et même personne; **~ und derselbe Kollege/dieselbe Kollegin** ce/cette même collègue
II. *Art indef* ❶ un/une; **~ Buch/Tisch** un livre/une table; **~e Tür/Vase** une porte/un vase; **als Tochter ~er Lehrerin** en tant que fille d'enseignante; **~e Hitze ist das hier!** il fait une de ces chaleurs ici!; **so ~e Frechheit!** quelle insolence!; *s. a.* **eine(r, s)**
❷ *(jeder)* **~ Wal ist ein Säugetier** les baleines sont des mammifères
einachsig [-aksıç] *Adj* à un essieu; **~ sein** avoir un [seul] essieu
Einakter <-s, -> *m* pièce *f* en un acte
einander *Pron geh* nous/vous; **sie gleichen ~** ils se ressemblent; **wir respektieren ~** nous nous respectons mutuellement; **reicht ~ die Hände** donnez-vous la main
ein|arbeiten I. *r V* **sich ~** *(am Arbeitsplatz)* s'adapter; **sich in etw** *(Akk)* **~** se mettre au courant de qc
II. *tr V* ❶ *(einweisen)* former; **jdn in etw** *(Akk)* **~** initier qn à qc
❷ *(einfügen)* insérer *Ergänzung, Zitat*; coudre *Futter, Polster*
Einarbeitungszeit *f* période *f* de formation
einarmig I. *Adj Person* manchot(e)
II. *Adv* avec un [seul] bras
ein|äschern *tr V* ❶ incinérer *Toten*
❷ *(durch Feuer vernichten)* **etw ~** réduire qc en cendres
Einäscherung <-, -en> *f* incinération *f*
ein|atmen I. *tr V* respirer; inhaler *Gas, Dämpfe*
II. *itr V* inspirer
einäugig *Adj* borgne
Einbahnstraße *f* [rue *f* à] sens *m* unique
ein|balsamieren* **I.** *tr V* embaumer
▶ **sich** *(Dat)* **~ lassen können** *hum fam* pouvoir prendre sa retraite *(hum)*
II. *r V hum fam* **sich mit etw ~** s'enduire le corps de qc
Einbalsamierung <-, -en> *f* embaumement *m*
Einband <-bände> *m* reliure *f*
einbändig *Adj* en un volume
Einbau <-bauten> *m* ❶ *kein Pl (das Einbauen)* installation *f*; *eines Getriebes, Motors* montage *m*
❷ *meist Pl (eingebautes Teil)* équipement *m*
ein|bauen *tr V* ❶ *(montieren)* installer *Küchenmöbel, Schrank*; poser, monter *Motor, Geräteteil*; **eingebaut** *Küche, Blitzlicht, Netzteil* intégré(e); **eingebauter Schrank** placard *m*
❷ *(einfügen)* insérer *Hinweis, Zitat*; intégrer *Theorie*
Einbauküche *f* cuisine *f* intégrée
Einbaum *m* pirogue *f*
Einbaumöbel *Pl* mobilier *m* encastrable **Einbauschrank** *m* placard *m*
ein|behalten* *tr V unreg* retenir
einbeinig *Adj Person* unijambiste; *Hocker, Tisch* à un pied
ein|berufen* *tr V unreg* ❶ *(zusammenkommen lassen)* convoquer
❷ MIL incorporer
Einberufene(r) *f(m) dekl wie Adj* appelé(e) *m(f)*
Einberufung *f* ❶ *kein Pl* convocation *f*; MIL incorporation *f*
❷ *s.* **Einberufungsbescheid**
Einberufungsbescheid *m* avis *m* d'incorporation
ein|betonieren* *tr V* sceller dans du béton; **einen Pfeiler ~** sceller un pilier dans du béton
ein|betten *tr V* implanter *Fundament*; insérer *Implantat*
Einbettzimmer *nt* chambre *f* à un lit; *(im Krankenhaus)* chambre privée
ein|beulen I. *tr V* cabosser
II. *r V* **sich ~** se déformer
ein|beziehen* *tr V unreg* ❶ *(mitreden lassen)* impliquer; *(mitwirken lassen)* associer; **jdn in etw** *(Akk)* **[mit] ~** *(mitreden lassen)* impliquer qn dans qc; *(mitwirken lassen)* associer qn à qc
❷ *(berücksichtigen)* **etw in etw** *(Akk)* **[mit] ~** prendre en compte qc pour [*o* dans] qc
Einbeziehung *f* ❶ *kein Pl (das Beteiligen)* implication *f*
❷ *kein Pl (das Berücksichtigen)* prise *f* en compte; **unter ~ von …** eu égard à …, compte tenu de …
ein|biegen *itr V unreg + sein* tourner; **in eine Straße ~** tourner dans une rue; **nach links ~** tourner à gauche
ein|bilden *r V* ❶ *(phantasieren)* **sich ~** s'imaginer; **sich** *(Dat)* **etw ~** s'imaginer qc; **sich** *(Dat)* **~, dass** s'imaginer que + *indic*;

das hast du dir nur eingebildet tu as rêvé
❷ *(stolz sein)* **sich** *(Dat)* **etwas/einiges auf seine Leistungen ~** être fier(fière)/ne pas être peu fier(fière) de ses performances; **darauf brauchst du dir nichts einzubilden** tu n'as pas de quoi en être fier(fière); **was bildest du dir eigentlich ein?** *fam* pour qui tu te prends? *(fam)*
Einbildung *f* ❶ *kein Pl (Phantasie)* imagination *f*; **das ist reine ~!** c'est de l'imagination pure et simple!
❷ *kein Pl (Arroganz)* prétention *f*
▶ **~ ist auch eine Bildung!** *fam* tu peux/il peut/… toujours courir! *(fam)*, tu rêves/il rêve/…, ou quoi! *(fam)*; **an ~ leiden** *iron* être imbu(e) de sa personne
Einbildungskraft *f kein Pl* imagination *f*
ein|binden *tr V unreg* ❶ *(mit Einband versehen)* relier; **ein Buch in Leder** *(Akk)* **~** relier un livre en cuir
❷ *(einbeziehen)* engager *Kollegen, Freund*; intégrer *Gebiet, Land*; **jdn in die Verantwortung ~** impliquer qn sur le plan de la responsabilité; **sich in etw** *(Akk)* **~ lassen** s'engager dans qc; **einen Außenseiter in etw** *(Akk)* **~** intégrer un marginal dans qc
Einbindung *f* intégration *f*; **die ~ der Jugend in die Politik** l'intégration des jeunes dans la politique
ein|bläuen[RR] ['aınblɔıən] *tr V fam* ❶ *(einschärfen)* rabâcher *(fam)*; **jdm etw ~** rabâcher qc à qn
❷ *(einprügeln)* **ihnen wurden die Grammatikregeln eingebläut** on leur a fait rentrer les règles de grammaire à coups de trique
ein|blenden I. *tr V* CINE, TV insérer; RADIO intercaler; **etw in etw** *(Akk)* **~** CINE, TV insérer qc dans qc; RADIO intercaler qc dans qc
II. *r V* TV, RADIO **sich [in etw** *(Akk)*] **~** passer [*o* donner] l'antenne à qc; **sich wieder in die Übertragung des Spiels ~** reprendre la retransmission en direct du match
Einblendung *f einer Werbung, Telefonnummer* insertion *f*
ein|bleuen[ALT] *tr V fam s.* **einbläuen**
Einblick *m* ❶ *(Einsichtnahme)* aperçu *m*; **~ in etw** *(Akk)* aperçu *m* de qc; **jdm ~ in etw** *(Akk)* **gewähren** *(betrachten lassen)* laisser qn regarder dans qc; *(kennen lernen lassen)* laisser qn recueillir des informations sur qc; **~ in etw** *(Akk)* **gewinnen** pouvoir se faire une idée de qc; **~ in die Unterlagen haben/nehmen** avoir/prendre connaissance des documents
❷ *Pl (Kenntnisse)* **jdm [interessante] ~e eröffnen** ouvrir des perspectives [intéressantes] à qn
❸ *(Sicht)* **[einen] ~ in den Garten haben** avoir vue sur le jardin
ein|brechen *unreg* **I.** *itr V* ❶ *+ haben o sein (einen Einbruch verüben)* cambrioler; **bei jdm/in etw** *(Akk o Dat)* **~** cambrioler qn/qc; **bei mir ist eingebrochen worden** j'ai été cambriolé(e)
❷ *+ sein (eindringen)* **in ein Land ~** envahir un pays
❸ *+ sein (einsinken)* **auf dem Eis ~** passer au travers de la glace
❹ *+ sein (einstürzen) Decke*: s'effondrer; *Stollen, Tunnel*: s'ébouler, s'écrouler
❺ *+ sein fam (Misserfolg haben)* s'effondrer *(fam)*
II. *tr V + haben* enfoncer *Tür, Wand*
Einbrecher(in) *m(f)* cambrioleur(-euse) *m(f)*
Einbrenn[e] <-, -en> *f* À roux *m*
ein|brennen *unreg* **I.** *tr V* ❶ marquer au fer rouge *Brandzeichen*
❷ INFORM graver *CD*
❸ GASTR cuire; roussir *Mehl*
II. *r V* ▶ **sich ins Gedächtnis ~** se graver dans la mémoire
ein|bringen *unreg* **I.** *tr V* ❶ *(eintragen)* rapporter; **[jdm] etw ~** rapporter qc [à qn]
❷ *(beitragen)* apporter *Kapital, Know-how*
❸ *(einfahren)* rentrer *Ernte*
❹ *(vorschlagen)* présenter *Gesetzesvorlage*; **etw im Parlament ~** déposer qc au Parlement
II. *r V* **sich bei etw/in etw** *(Akk)* **~** s'investir dans qc
ein|brocken *fam* **I.** *tr V* **jdm etwas [Schönes] ~** mettre qn dans le pétrin *(fam)*; **da hast du uns wieder was eingebrockt!** tu nous as encore mis dans de beaux draps!
II. *r V* **sich** *(Dat)* **etw ~** chercher qc *(fam)*; **das hast du dir selber eingebrockt!** tu t'es mis tout seul/toute seule dans ce pétrin! *(fam)*
Einbruch *m* ❶ cambriolage *m*; **~ in etw** *(Akk)* cambriolage *m* de qc; **einen ~ in etw** *(Akk)* **verüben** cambrioler qc
❷ *kein Pl (das Eindringen) von Polarluft* poussée *f*
❸ *kein Pl (Einsturz)* effondrement *m*
❹ *kein Pl (dramatischer Abschwung) des Kurses, der Preise* chute *f*
❺ *(Verluste, Misserfolg)* échec *m*
❻ *(Beginn) des Winters* irruption *f*; **vor ~ der Dunkelheit/Nacht** avant la tombée de la nuit
Einbruch[s]diebstahl *m* vol *m* avec effraction **einbruch[s]sicher** *Adj Fenster, Tür* antivol *inv*; *Gebäude* protégé(e) contre le vol
Einbruch[s]werkzeug *nt* attirail *m* de cambrioleur
ein|buchten *tr V sl* coffrer *(fam)*, mettre en taule *(arg)*; **jdn ~** coffrer qn *(fam)*, mettre qn en taule *(arg)*

Einbuchtung <-, -en> f ❶ (Delle) trace f d'enfoncement
❷ (Bucht) anse f
ein|buddeln I. tr V fam enterrer, enfouir
II. r V fam sich ~ s'enterrer
ein|bürgern I. tr V ❶ ADMIN naturaliser; **sich in der** [o **die**] **Schweiz ~ lassen** se faire naturaliser Suisse
❷ (heimisch machen) **ein Tier/eine Pflanze in etw** (Akk o Dat) **~** acclimater un animal/une plante dans qc
❸ (verbreiten) importer, assimiler Fremdwort, Brauch
II. r V ❶ (übernommen werden) **sich ~** Fremdwort, Brauch: s'implanter
❷ (üblich werden) **das hat sich bei uns/in der Firma so eingebürgert** c'est devenu une habitude chez nous/dans l'entreprise
Einbürgerung <-, -en> f ❶ ADMIN naturalisation f
❷ kein Pl (das Heimischmachen) einer Pflanze, eines Tieres acclimatation f
❸ kein Pl (die Verbreitung) eines Fremdwort[e]s, Brauchs importation f
Einbürgerungsantrag m POL demande f de naturalisation
Einbuße f perte f; **mit etw finanzielle ~n erleiden** subir des pertes financières par suite de qc; **eine ~ an Prestige** une perte de prestige
ein|büßen I. tr V perdre; **sein Leben/ein Bein ~** perdre la vie/une jambe
II. itr V [**sehr**] **an Ansehen/Macht ~** perdre [beaucoup de] son crédit/pouvoir
ein|checken [-tʃɛkn] I. itr V ❶ Fluggast: se faire enregistrer; **nach dem Einchecken** après l'enregistrement
❷ (absteigen) **im Hotel ~** descendre dans l'hôtel; (sich anmelden) se présenter à l'hôtel
II. tr V enregistrer Fluggast; faire enregistrer Gepäck
ein|cremen I. tr V mettre de la crème; **er cremt ihr den Rücken ein** il lui met de la crème sur le dos
II. r V **sich** [**mit Feuchtigkeitscreme**] **~** se mettre de la crème [hydratante]; **sich** (Dat) **das Gesicht ~** se mettre de la crème sur le visage
ein|dämmen tr V a. fig endiguer; enrayer Seuche; circonscrire Brand
ein|dämmern itr V s'assoupir
Eindämmung f a. fig endiguement m; einer Seuche, der Inflation enraiement m
ein|decken I. r V **sich ~** s'approvisionner; **sich mit Gemüse/Fleisch ~** s'approvisionner en légumes/viande; **sich mit Holz/Kohle ~** faire des provisions de bois/charbon
II. tr V ❶ **das Dach mit etw ~** couvrir le toit de qc
❷ fam (überhäufen) **jdn mit etw ~** submerger qn de qc; **mit Arbeit eingedeckt sein** crouler sous le travail, être submergé(e) de travail
Eindecker <-s, -> m AVIAT monoplan m
ein|deichen tr V endiguer
ein|dellen tr V fam enfoncer Kotflügel, Tür; **er hat mir den Kotflügel eingedellt** il m'a enfoncé l'aile
eindeutig I. Adj ❶ (unmissverständlich) clair(e); Absage, Weigerung, Bitte explicite
❷ (unzweifelhaft) Beweis, Niederlage, Sieg indiscutable, incontestable
II. Adv ❶ (unmissverständlich) clairement
❷ (ohne jeden Zweifel) manifestement; **ganz ~** de toute évidence
Eindeutigkeit <-> f ❶ (Unmissverständlichkeit) clarté f
❷ (Unzweifelhaftigkeit) netteté f, évidence f; eines Beweises caractère m indiscutable
ein|deutschen tr V LING, POL germaniser
ein|dicken I. tr V + haben épaissir, lier Soße
II. itr V + sein Farbe: durcir; Soße: épaissir
eindimensional Adj ❶ MATH unidimensionnel(le)
❷ (phantasielos) Denkweise monolithique
ein|dosen tr V mettre en conserve; **etw ~** mettre qc en conserve
ein|dösen itr V + sein fam s'assoupir
ein|drängen itr V + sein **auf jdn ~** harceler qn; Fans: assiéger qn; Erinnerungen, Bilder: se bousculer dans la tête de qn
ein|drecken fam I. itr V + sein Schuhe, Kleidung: s'encrasser
II. r V + haben **sich ~** se dégueulasser (fam)
ein|drehen tr V ❶ (schrauben) visser
❷ (aufdrehen) **sich** (Dat) **die Haare ~** se mettre des bigoudis
ein|dreschen itr V unreg fam flanquer une raclée (fam); **auf jdn ~** flanquer une raclée à qn
ein|dringen itr V unreg + sein ❶ Einbrecher: s'introduire; Truppen, Armee: pénétrer; **in etw** (Akk) **~** Einbrecher: s'introduire dans qc; Truppen, Armee: pénétrer dans qc
❷ (hineindringen, hineinsickern) **in etw** (Akk) **~** pénétrer dans qc
❸ (sich einarbeiten) **in die Materie ~** étudier plus à fond le sujet
❹ (sich verbreiten) **in die Sprache ~** passer dans la langue
❺ (bestürmen) **mit etw auf jdn ~** harceler qn de qc

eindringlich I. Adj Bitte, Stimme, Warnung pressant(e); Rede suppliant(e)
II. Adv bitten, warnen avec insistance; **~st** avec beaucoup d'insistance
Eindringlichkeit f einer Bitte, Warnung insistance f
Eindringling <-s, -e> m intrus(e) m(f)
Eindruck <-drücke> m ❶ impression f; **den ~ haben, dass** avoir l'impression que + indic; **von jdm/etw den ~ gewinnen, dass** avoir peu à peu le sentiment à propos de qn/qc que + indic; **sich des ~s nicht erwehren können, dass** geh ne pas arriver à se défaire de l'impression que + indic; **den ~ erwecken, als sei alles in Ordnung** donner l'impression que tout va bien; **einen gefassten/nervösen ~ auf jdn machen** donner à qn l'impression d'être calme/nerveux(-euse); **Eindrücke sammeln** emmagasiner des impressions
❷ (Wirkung, Effekt) **großen/keinen ~ auf jdn machen** faire [grande]/ne faire aucune impression sur qn; **unter dem ~ einer S. stehen** être sous le coup de qc; **seinen ~ auf jdn nicht verfehlen** ne pas rater son effet sur qn
❸ s. **Abdruck**[1]
▶ **~ schinden wollen** fam vouloir épater la galerie (fam)
ein|drücken I. tr V ❶ (beschädigen) Person, Wassermassen: enfoncer; Sturm, Explosion: défoncer, démolir; **etw ~** Person, Wassermassen: enfoncer qc; Sturm, Explosion: défoncer qc, démolir qc
❷ (verletzen) **das Lenkrad hat ihm den Brustkorb eingedrückt** le volant lui a écrasé la cage thoracique
II. r V **sich in etw** (Akk) **~** Tischbeine, Reifen: laisser des marques sur qc
eindrücklich Adj CH s. **eindrucksvoll**
eindrucksvoll I. Adj impressionnant(e)
II. Adv de façon saisissante
eine(**r, s**) Pron indef ❶ (jemand) quelqu'un; **~ aus der Nachbarschaft** une voisine, une personne du voisinage; **~s der Kinder** un des enfants; **der ~ von diesen Männern** [l']un de ces hommes; **die ~n sagen so** il y en a qui disent ça; **du bist mir ~**(**r**)**!** fam [non mais,] toi alors!; **das ist ~r!** c'est quelqu'un!; s. a. **ein**
❷ fam (man) **und das soll ~r glauben?** laisse-moi rire! (fam); **dieser Film macht ~n traurig** ce film [vous] rend triste
❸ (eine Sache) **~s** [o **eins**] **gefällt mir nicht an ihm** il y a une chose qui me déplaît en lui; s. a. **eins**
▶ **~r für alle, alle für ~n** Spr. un pour tous, tous pour un
ein|ebnen tr V aplanir, niveler
Einehe f monogamie f
eineiig Adj **~e Zwillinge** de vrais jumeaux, des jumeaux univitellins
eineinhalb Num un(e) ... et demi(e); **~ Jahre** un an et demi
eineinhalbmal Adv une fois et demie
Einelternfamilie [-liə] f famille f monoparentale
einem Pron indef, Dat von **man** on; **solch ein Entschluss fällt ~ schwer** on a du mal à prendre une telle décision; **wenn ~ das nicht gefällt** si on n'aime pas cela
einen[1] tr V geh Person: unir; **Menschen/ein Volk ~** Person: unir des gens/un peuple; äußere Gefahr, Gedanke: souder [o unir] des gens/un peuple
einen[2] Pron indef, Akk von **man** on; **das freut ~** on s'en réjouit; **er grüßt ~ nie** il ne vous dit jamais bonjour
ein|engen tr V ❶ (bedrängen) étouffer
❷ (beschränken) **jdn in etw** (Dat) **~** restreindre qn dans qc
❸ (beengen) Kleidungsstück: serrer; **sich in etw** (Dat) **eingeengt fühlen** être [o se sentir] étriqué(e) dans qc
❹ (begrenzen) **einen Begriff auf etw** (Akk) **~** circonscrire [o limiter] une notion à qc
Einengung <-, -en> f ❶ (Gefühl der Bedrängung) sensation f d'étouffement
❷ (Beschränkung) limitation f
einer Pron s. **eine**(**r, s**)
Einer <-s, -> m ❶ MATH unité f
❷ SPORT skif[f] m
einerlei Adj unv **~ sein** être égal(e); **das ist mir/ihm ~** ça m'est/lui est égal
Einerlei <-s> nt monotonie f
einerseits Adv d'un côté; **~ ... andererseits ...** d'un côté ..., de l'autre [côté] [o d'un autre côté] ...
Einerzimmer nt CH chambre f individuelle [o particulière]
eines Pron s. **eine**
einesteils Adv d'une part; **~ ... ander**[**e**]**nteils ...** d'une part ..., d'autre part ...
einfach I. Adj ❶ (nicht schwierig, nicht kompliziert) simple, facile; Grund, Maschine simple; **eine ganz ~e Konstruktion** une construction élémentaire; **es sich** (Dat) **mit etw zu ~ machen** s'en tirer un peu vite avec qc
❷ (gewöhnlich) Person, Kleidung, Essen simple
❸ (nicht doppelt) Knoten, Faden simple; Ausfertigung en un exem-

plaire; *Buchführung* en partie simple
④ *(nicht hin und zurück)* **eine ~ e Fahrkarte** un aller simple; **einmal ~ nach München** un aller simple [pour] Munich
▶**warum ~, wenn's auch umständlich geht?** *iron* pourquoi faire simple quand on peut faire compliqué?
II. *Adv* **①** *(leicht) erklären* simplement; **~ zu verstehen sein** être facile à comprendre
② *(schlicht)* simplement
③ *(einmal) zusammenfalten, zusammenlegen* en deux
④ *(geradezu) lächerlich, zu dumm, grotesk* vraiment, tout simplement; *herrlich, toll* vraiment
⑤ *(ohne Umstände) weggehen, ohrfeigen, hinunterschlingen* tout bonnement; **du kannst doch nicht ~ verschwinden!** tu ne peux tout de même pas t'en aller comme ça!
⑥ *(verstärkend)* **er will ~ nicht hören!** il ne veut rien entendre, c'est simple!; **es will ~ nichts werden** ça ne veut pas marcher
Einfachheit <-> *f* simplicité *f*; **der ~ halber** pour plus de simplicité, pour simplifier
ein|fädeln I. *tr V* **❶** enfiler; **einen Faden/einen Film in etw** *(Akk)* **~** faire passer un fil/engager une pellicule dans qc
② *fam (einleiten)* combiner *Geschäft;* manigancer *(fam) Intrige*
II. *r V* **sich in etw** *(Akk)* **~** *Autofahrer:* s'insérer dans qc
ein|fahren *unreg* I. *itr V + sein* **❶** entrer; **in den Bahnhof/Hafen ~** entrer en gare/dans le port; **in etw** *(Akk)* **~** *Rennfahrer:* faire son entrée dans/sur qc
② MIN **in etw** *(Akk)* **~** descendre dans qc
II. *tr V + haben* **❶** *(kaputtfahren)* défoncer *Mauer, Tor*
② *(einziehen)* rentrer *Antenne, Fahrgestell, Sehrohr*
③ *(zu benutzen beginnen)* roder
④ *fam (erzielen)* enregistrer *Verlust, Gewinn*
⑤ *(einbringen)* rentrer *Ernte*
Einfahrt *f* **❶** *kein Pl des Zuges* entrée *f* en gare; *des Schiffes* arrivée *f* au port; **~ haben** *Zug:* entrer en gare
② *(Zufahrt)* voie *f* d'accès; **~ freihalten!** sortie de véhicules
Einfall *m* **❶** *(Idee)* idée *f;* **du hast manchmal Einfälle!** tu as parfois de ces idées!; **plötzlich kam sie auf den ~ sich zu verkleiden** soudain, il lui vint l'idée de se déguiser
② MIL **der ~ des Feindes in unser Land** l'invasion de notre pays par l'ennemi
③ *kein Pl (das Einfallen) des Lichtes, der Strahlen* pénétration *f*
ein|fallen *itr V unreg + sein* **❶** *(in den Sinn kommen)* venir à l'esprit; **jdm ~** venir à l'esprit de qn; **mir wird schon was ~** je vais bien trouver quelque chose; **sich** *(Dat)* **etwas ~ lassen** trouver quelque chose; **sie haben sich etwas ganz Besonderes ~ lassen** ils ont fait preuve d'une imagination débordante; **da musst du dir etwas anderes/Besseres ~ lassen** trouve autre chose! *(fam)*; **was fällt Ihnen ein!** qu'est-ce qui vous prend? *(fam)*
② *(in Erinnerung kommen)* **jdm fällt etw** [**wieder**] **ein** qn retrouve qc
③ *(einstürzen)* s'écrouler
④ *(eindringen)* **in etw** *(Akk)* **~** envahir qc
⑤ *(hereinströmen)* **in etw** *(Akk)* **~** *Licht:* rentrer dans qc
⑥ *(einsetzen) Chor, Singstimmen:* commencer à chanter; *Instrument:* commencer à jouer; **in den Gesang ~** se joindre au chant
⑦ *(einsinken) Gesicht, Wangen:* se creuser; *s. a.* **eingefallen**
einfallslos *Adj, Adv* sans imagination
Einfallslosigkeit <-> *f einer Person* absence *f* [*o* manque *m*] d'imagination; *eines Entwurfs, einer Gestaltung* manque *m* d'originalité
einfallsreich I. *Adj* qui fait preuve d'imagination, ingénieux(-euse)
II. *Adv* de façon ingénieuse; *(originell)* de manière originale **Einfallsreichtum** *m kein Pl einer Person* ingéniosité *f*
Einfallswinkel *m* angle *m* d'incidence
Einfalt <-> *f* naïveté *f*; **in seiner ~** dans sa naïveté
einfältig I. *Adj Person, Frage* naïf(-ïve); *Gemüt* candide
II. *Adv fragen* naïvement
Einfaltspinsel *m pej fam* gogo *m (fam),* nigaud(e) *m(f) (fam)*
Einfamilienhaus [-liən-] *nt* maison *f* individuelle
ein|fangen *unreg* I. *tr V* **❶** prendre *Person;* capturer *Tier;* **wieder ~** reprendre *Person;* capturer à nouveau *Tier*
② *(wiedergeben)* **die Stimmung/Atmosphäre in einem Bild ~** rendre l'ambiance/atmosphère dans un tableau
II. *r V fam* **sich** *(Dat)* **eine Erkältung/einen Schnupfen ~** attraper froid/un rhume
ein|färben *tr V* **❶** teindre; **die Haare/einen Stoff schwarz ~** teindre ses cheveux/un tissu en noir
② TYP **etw mit Druckfarbe ~** encrer qc avec de l'encre d'imprimerie
einfarbig I. *Adj* d'une seule couleur, unicolore; *Stoff* uni(e)
II. *Adv* **streichen** d'une seule couleur
ein|fassen *tr V* **❶** border *Beet, Grab, Quelle;* entourer *Garten;* **ein Grundstück mit einer Hecke ~** entourer une propriété avec une haie

② *(umsäumen) (mit einer Borte)* galonner; *(mit einem Saum)* ourler
③ *(fassen)* sertir, enchâsser *Edelstein;* **etw in Gold ~** sertir qc dans de l'or
Einfassung <-, -en> *f* **❶** *(Umrandung)* encadrement *m;* (Rand) bord *m*
② *(Zaun)* clôture *f*
③ *(Saum)* ourlet *m*
ein|fetten *tr V* graisser; **Leder/eine Backform mit etw ~** graisser le cuir/un moule à gâteau avec qc; [**sich** *(Dat)*] **die Haut mit etw ~** [s']enduire la peau de qc
ein|finden *r V unreg form* **sich ~** *Besucher, Gäste:* arriver; **Sie werden gebeten, sich beim Chef einzufinden** vous êtes prié de vous présenter chez le directeur
ein|flechten *tr V unreg* **❶** tresser *Band, Muster;* entrelacer *Bänder;* **Blumen in einen Kranz ~** tresser des fleurs dans une couronne
② *(einfließen lassen)* **Kommentare in seine Rede ~** glisser des commentaires dans son discours; **~, dass** glisser [*o* signaler] que
ein|fliegen *unreg* I. *tr V + haben* **❶** *(transportieren)* acheminer par avion; **jdn/etw in ein Gebiet ~** acheminer qn/qc par avion dans une région
② *(erzielen)* engranger *Gewinn;* essuyer *Verlust*
II. *itr V + sein* arriver par avion
ein|fließen *itr V unreg + sein* **❶** *(einen Zuschuss darstellen)* être alloué(e); **in etw** *(Akk)* **~** être alloué(e) à qc
② METEO **ein Hoch lässt Warmluft nach Mitteleuropa ~** un anticyclone amène de l'air chaud vers l'Europe centrale
③ *(nebenbei bemerken)* **etw ~ lassen** mentionner [incidemment] qc; **~ lassen, dass** mentionner [incidemment] que + *indic*
ein|flößen *tr V* **❶** *(geben)* faire prendre; **jdm Arznei ~** faire prendre des médicaments à qn
② *(erwecken)* **jdm Ehrfurcht/Vertrauen ~** inspirer du respect/[de la] confiance à qn; **du flößt ihm Angst ein** tu lui fais peur
Einflugschneise *f* axe *m* d'atterrissage
Einfluss[RR] *m* **❶** *(Einwirkung) einer Person* influence *f; der Witterung, des Windes* action *f;* **ihr ~ auf ihn** son/leur influence sur lui; **unter jds ~** *(Akk)* **geraten** tomber sous l'influence de qn; **auf jdn/etw ~ haben** [*o* **ausüben**] avoir [*o* exercer] une influence sur qn/qc; **auf etw** *(Akk)* **~ nehmen** peser sur qc; **unter dem ~ von jdm/etw** [**stehen**] [être [*o* se trouver]] sous l'influence de qn/qc
② *(Wirkung)* **unter** [**dem**] **~ von Drogen** sous l'effet *m* [*o* l'influence *f*] de la drogue
③ *(Beziehungen)* influence *f,* crédit *m;* **~ besitzen** [*o* **haben**] posséder de l'influence; **seinen ~ geltend machen** faire jouer son crédit
Einflussbereich[RR] *m* **❶** POL sphère *f* d'influence **②** METEO zone *f* d'influence **Einflussnahme**[RR] <-, selten -n> *f* influence *f;* **seine ~ auf ihn/die Politik** son influence *f* sur lui/la politique
einflussreich[RR] *Adj* influent(e)
ein|flüstern *tr V pej* souffler; **jdm etw ~** souffler qc à [l'oreille de] qn
ein|fordern *tr V geh* exiger; **etw von jdm ~** exiger qc de qn
einförmig I. *Adj* uniforme
II. *Adv verlaufen* de façon uniforme
Einförmigkeit <-, -en> *f* uniformité *f*
ein|frieden *tr V geh* enclore *(soutenu);* **ein Grundstück mit etw ~** enclore une propriété avec qc
Einfriedung <-, -en> *f geh (Umzäunung)* enclos *m (soutenu)*
ein|frieren *unreg* I. *itr V + sein Wasserleitung:* geler; **im See ~** *Boot, Pflanzen:* être pris(e) dans les glaces du lac
II. *tr V + haben* **❶** *(konservieren)* congeler *Lebensmittel*
② *(suspendieren)* geler *Projekt, Beziehungen, Geld*
ein|fügen I. *tr V* **❶** rajouter; **Steine in ein Mosaik/Mauerwerk ~** rajouter des pierres à une mosaïque/sur un mur
② *(einfließen lassen, ergänzen)* **einen Satz/ein Zitat in einen Brief ~** rajouter une phrase/introduire une citation dans une lettre; **darf ich kurz ~, dass ...?** puis-je signaler brièvement que ... + *indic*?
II. *r V* **❶** *(sich anpassen)* **sich in eine Gemeinschaft ~** s'adapter à une communauté
② *(hineinpassen)* **sich** [**gut**] **in die Landschaft ~** *Bauwerk:* [bien] s'intégrer à [*o* dans] l'environnement
Einfügetaste *f* touche *f* Insertion
ein|fühlen *r V* **sich ~** se mettre à la place; **sich in jdn ~** se mettre à la place de qn; **ein Schauspieler sollte sich in jede Rolle ~** un bon acteur devrait se mettre dans la peau de chaque personnage
einfühlsam I. *Adj Person, Verhalten, Worte* compréhensif(-ive)
II. *Adv vorgehen, sich verhalten* avec tact; *schildern* avec beaucoup de sensibilité
Einfühlungsvermögen *nt (gegenüber Menschen)* faculté *f* d'identification; *(gegenüber Werken)* sensibilité *f*
Einfuhr <-, -en> *f* importation *f;* **freie ~** entrée *f* en franchise
Einfuhrbeschränkung *f* limitation *f* des importations

ein|führen I. *tr V* ❶ *(importieren)* importer ❷ *(bekannt machen)* introduire; établir *Sitte;* **einen Artikel in den Markt/in ein Land ~** lancer un article sur le marché/importer un article dans un pays ❸ *(einweisen)* **jdn in seine Arbeit/ein Wissensgebiet einführen** initier qn à son travail/une discipline ❹ *(hineinschieben)* **etw in etw** *(Akk)* **~** introduire qc dans qc II. *r V* **sich gut/hervorragend ~** *Person:* faire bonne/très bonne impression III. *itr V* **in etw** *(Akk)* **~** *Person, Vortrag:* initier à qc; **in die Philosophie Sartres ~** *Buch:* constituer une initiation à la philosophie de Sartre; **~ de Worte** paroles d'introduction

Einfuhrgenehmigung *f* licence *f* d'importation **Einfuhrhafen** *m* port *m* d'importation **Einfuhrland** *nt* pays *m* importateur **Einfuhrsperre** *f* arrêt *m* des importations

Einführung *f* ❶ *(das Einführen)* introduction *f; eines Brauchs* établissement *m* ❷ *(Import)* importation *f* ❸ *(Markteinführung)* lancement *m* ❹ *(Einweisung)* **die ~ in eine Tätigkeit/neue Aufgabe** l'initiation *f* à une activité/une nouvelle tâche; **die ~ in ein Amt** l'installation *f* dans une fonction ❺ *(Einleitung)* **die ~ in etw** *(Akk)* l'introduction *f* à qc

Einführungskurs *m* ❶ *(Lehrveranstaltung)* cours *m* d'initiation ❷ FIN *von Wertpapieren* cours *m* initial **Einführungspreis** *m* prix *m* de lancement

Einfuhrverbot *s.* Einfuhrsperre **Einfuhrzoll** *m* taxe *f* à l'importation

ein|füllen *tr V* verser; **etw in einen Behälter ~** verser qc dans un récipient

Einfüllstutzen *m* tubulure *f* de remplissage

Eingabe *f* ❶ ADMIN pétition *f;* **eine ~ an jdn machen** adresser une pétition à qn ❷ INFORM entrée *f*

Eingabegerät *nt* INFORM périphérique *m* [o unité *f*] d'entrée-sortie **Eingabetaste** *f* INFORM touche *f* Entrée

Eingang <-gänge> *m* ❶ entrée *f;* **kein ~!** entrée interdite! ❷ *(Zugang, Anfang) einer Ortschaft, Schonung* entrée *f; eines Waldes* lisière *f* ❸ *Pl (Eingangspost im Büro)* courrier *m* ❹ **kein *Pl* (*Erhalt*)** réception *f;* **nach ~** après réception ❺ **kein *Pl* (*Aufnahme*) in die Annalen finden** faire son entrée dans les annales ❻ **kein *Pl* (*Beginn*) am ~ der Vorlesung** au début du cours

eingängig I. *Adj* ❶ *(einprägsam) Spruch, Slogan* évocateur(-trice), frappant(e); **~ e Melodie** rengaine *f* ❷ *(einleuchtend) Erklärung, Theorie* limpide II. *Adv* d'une façon limpide

eingangs I. *Adv* au début; **gleich ~ auf etw** *(Akk)* **hinweisen** indiquer qc dès le début II. *Präp + Gen* au début de; **~ der Kurve** en début de virage

Eingangsbestätigung *f* accusé *m* de réception **Eingangsdatum** *nt* date *f* de réception **Eingangshalle** *f* hall *m* d'entrée **Eingangsstempel** *m* cachet *m* de réception **Eingangstür** *f* porte *f* d'entrée

ein|geben *tr V unreg* ❶ *(verabreichen)* administrer, faire prendre; **jdm etw ~** administrer [o faire prendre] qc à qn ❷ INFORM **etw in den Computer ~** entrer qc dans l'ordinateur ❸ *geh (inspirieren)* **jdm einen Gedanken/eine Idee ~** inspirer une pensée/idée à qn

eingebildet *Adj* ❶ *pej (hochmütig)* prétentieux(-euse), imbu(e) de sa personne; **auf etw** *(Akk)* **~ sein** être très fier(fière) de qc ❷ *(imaginär)* imaginaire

eingeboren *Adj* ❶ *(einheimisch)* indigène, autochtone ❷ REL **Gottes ~er Sohn** le fils unique de Dieu

Eingeborene(r) *f(m) dekl wie Adj* indigène *mf*

Eingebung <-, -en> *f* inspiration *f; göttliche ~* inspiration divine

eingedenk *Adj geh* ~ **einer S.** *(Gen)* eu égard à qc; **einer S.** *(Gen)* **~ sein/bleiben** avoir/garder souvenance de qc *(littér.)*

eingefahren *Adj Verhaltensweise, Denkmuster, Ansichten* conventionnel(le); **die ~ in Bahnen verlassen** sortir des sentiers battus

eingefallen *Adj Gesicht* émacié(e); *Wangen* creux(-euse)

eingefleischt *Adj attr Junggeselle, Optimist* endurci(e); *Demokrat* convaincu(e); *Vorurteil* enraciné(e)

ein|gehen *unreg* I. *itr V + sein* ❶ *(ankommen) Post, Meldung, Bewerbung:* arriver, parvenir; **im Sekretariat ~** *Post, Meldung, Bewerbung:* arriver [o parvenir] au secrétariat; **~d** *Post, Bestellung* arrivé(e) ❷ FIN **auf dem Konto ~** être viré(e) sur le compte ❸ *(sterben)* **an etw** *(Dat)* **~** *Tier, Pflanze:* mourir de qc ❹ *fam (kaputtgehen) Person:* crever *(fam)* ❺ *fam (pleitegehen) Laden, Firma, Zeitschrift:* faire la culbute *(fam)* ❻ *(einlaufen)* **beim Waschen ~** *Kleidung:* rétrécir au lavage ❼ *(sich auseinandersetzen)* **auf jdn/etw ~** s'occuper de qn/aborder qc ❽ *(zustimmen)* **auf einen Plan/Vorschlag ~** souscrire à un projet/une proposition; **auf ein Angebot ~** accepter une offre ❾ *(Aufnahme finden)* **in die Geschichte/Annalen ~** entrer dans l'histoire/les annales ❿ *fam (aufgenommen werden)* **der Slogan geht mir leicht ein** je retiens facilement le slogan ⓫ *fam (einleuchten)* **diese Argumente gehen einem leicht ein** ces arguments sont faciles à comprendre; **es will mir nicht ~, dass** je n'arrive pas à comprendre que + *indic* II. *tr V + sein* accepter *Kompromiss;* courir *Risiko;* prendre *Verpflichtung;* faire *Wette;* contracter *Ehe;* **ein Bündnis mit jdm ~** conclure un pacte avec qn

eingehend I. *Adj* détaillé(e) II. *Adv* à fond

eingekeilt *Adj Person, Auto* coincé(e)

Eingemachte(s) *nt dekl wie Adj* conserves *fpl*
▸ **es geht ans ~** *fam* on touche à l'essentiel

ein|gemeinden* *tr V* rattacher [administrativement]; **einen Ort in die Stadt München** [o **nach München**] **~** rattacher une commune [administrativement] à Munich

Eingemeindung <-, -en> *f* rattachement *m*

eingenommen *Adj* **von jdm/etw ~ sein** estimer [beaucoup] qn/qc; **gegen jdn/etw ~ sein** avoir des préjugés contre qn/qc
▸ **von sich** *(Dat)* **~ sein** *pej* être imbu(e) de soi-même

eingeschlechtig *Adj* unisexué(e), dicline *(spéc)*

eingeschnappt *Adj pej fam* vexé(e); **gleich ~ sein** prendre la mouche

eingeschossig *Adj* à un étage

eingeschränkt *Adj Möglichkeiten* limité(e); **in seinen Bewegungen/Rechten ~ sein** être limité(e) dans ses mouvements/droits; **in ~en Verhältnissen leben** *(finanziell bescheiden)* vivre en se restreignant; *(eingeengt)* vivre dans un espace exigu

eingeschrieben I. *Adj Mitglied* inscrit(e); *Brief* recommandé(e) II. *Adv* en recommandé

eingeschworen *Adj* **auf etw** *(Akk)* **~ sein** *Konsument:* ne jurer que par qc; *Politiker, Fraktion:* être attaché(e) à qc

eingesessen *Adj* installé(e) de longue date

eingespannt *Adj* [sehr] **~ sein** être [très] pris(e)

eingespielt *Adj* bien rodé(e); **gut aufeinander ~ sein** former une bonne équipe

Eingeständnis *nt* aveu *m*

ein|gestehen* *unreg* I. *tr V* admettre, avouer *Irrtum, Schwäche;* **jdm einen Fehler ~** avouer une erreur à qn II. *r V* **sich** *(Dat)* **~, dass** s'avouer que + *indic;* **sich** *(Dat)* **etw nicht ~ wollen** ne pas vouloir reconnaître [o admettre] qc

eingestellt *Adj* ❶ *(gesinnt)* **konservativ/links ~ sein** être conservateur(-trice)/de gauche; **fortschrittlich/modern ~e Menschen** des partisans du progrès/de la modernité ❷ *(vorbereitet)* **auf Besuch ~ sein** s'attendre à [recevoir] de la visite ❸ *(ausgerichtet)* **sie war auf einen ruhigen Sonntag ~** elle pensait passer un dimanche tranquille

eingetragen *Adj Mitglied* inscrit(e); *Verein* déclaré(e); *Warenzeichen* déposé(e); **amtlich/gerichtlich/handelsgerichtlich ~** enregistré(e) officiellement [o publiquement]/par voie judiciaire /par une chambre des affaires commerciales; **amtlich/gerichtlich/handelsgerichtlich nicht ~** non enregistré(e) officiellement [o publiquement]/par voie judiciaire /par une chambre des affaires commerciales

Eingeweide <-s, -> *nt meist Pl* viscères *mpl*

Eingeweihte(r) *f(m) dekl wie Adj (Experte)* initié(e) *m(f)*

ein|gewöhnen* *r V* **sich ~** s'acclimater; **sich in etw** *(Akk)* **~** s'acclimater à qc

Eingewöhnung *f* acclimatation *f*

ein|gießen *tr V unreg* verser; **etw in ein Glas ~** verser qc dans un verre; [**jdm**] **Saft ~** servir du jus [à qn]; **sich** *(Dat)* **noch etwas ~ se** reverser à boire

ein|gipsen *tr V* ❶ MED plâtrer; **man hat ihm den Fuß ~ müssen** il a fallu lui plâtrer le pied ❷ CONSTR **etw in die Wand ~** sceller qc [avec du plâtre] dans le mur

eingleisig I. *Adj Strecke* à voie unique; **diese Strecke ist nur ~** cette section n'est qu'à une voie II. *Adv* ❶ *fahren, verkehren* sur une voie ❷ *fig* **völlig ~ denken** suivre toujours le même schéma de pensée

ein|gliedern I. *tr V* ❶ *(integrieren)* réinsérer; **jdn** [**wieder**] **in etw** *(Akk)* **~** réinsérer qn dans qc ❷ ADMIN, POL **etw in ein Unternehmen ~** incorporer qc dans une entreprise II. *r V* **sich in etw** *(Akk)* **~** s'intégrer [o s'insérer] dans qc

Eingliederung *f* réinsertion *f; eines Ausländers* intégration *f; einer Behörde, eines Territoriums* incorporation *f*

ein|graben *unreg* I. *tr V* enterrer
II. *r V* ❶ **sich** ~ *Tier:* s'enfouir; *Fluss:* s'enfoncer
❷ *(sich einprägen)* **sich tief in das Gedächtnis** ~ se graver profondément dans la mémoire
ein|gravieren* [-vi:-] *tr V* graver; **etw in etw** *(Akk)* ~ graver qc dans qc
ein|greifen *itr V unreg* ❶ *(einschreiten) Behörde, Polizei:* intervenir
❷ *(sich einschalten)* **in etw** *(Akk)* ~ intervenir dans qc; **helfend/hinweisend** ~ donner un coup de main/ajouter une remarque
❸ *(beschneiden)* **in etw** *(Akk)* ~ *Gesetz, Maßnahme:* empiéter sur qc
❹ TECH **in etw** *(Akk)* ~ *Zahnrad:* s'engrener dans qc
Eingreifen <-s> *nt* **durch das** ~ **der Polizei** grâce à l'intervention de la police
ein|grenzen *tr V* ❶ délimiter *Grundstück, Gebiet*
❷ *fig* circonscrire, délimiter *Problem, Thema;* **etw auf die wichtigsten Punkte** ~ limiter qc aux points essentiels
Eingriff *m* ❶ MED, JUR intervention *f;* **sich einem** ~ **unterziehen** subir une intervention
❷ *(Übergriff)* **ein** ~ **in etw** *(Akk)* une atteinte à qc
ein|gruppieren* *tr V* classer; **jdn in eine Tarifgruppe** ~ classer qn dans une catégorie tarifaire
Eingruppierung *f* classification *f*
ein|haken I. *tr V* accrocher; **etw in etw** *(Akk)* ~ accrocher qc dans qc
II. *itr V fam* **bei einem Thema/an einem Punkt** ~ intervenir [*o* réagir aussitôt] à propos d'un sujet/sur un point
III. *r V* **sich bei jdm** ~ prendre le bras à qn; **eingehakt gehen** marcher bras dessus, bras dessous [*o* en se donnant le bras]
Einhalt *m geh* **jdm/einer S.** ~ **gebieten** arrêter qn/qc
ein|halten *unreg* I. *tr V* ❶ *(beachten)* respecter, observer *Abmachung, Termin, Vorschrift;* observer, suivre *Diät;* remplir *Verpflichtung*
❷ *(beibehalten)* garder, maintenir *Geschwindigkeit, Kurs*
II. *itr V geh* s'interrompre; **in etw** *(Dat)* [*o* **mit etw**] ~ s'interrompre dans qc; **halt ein mit deinen Vorwürfen!** cesse donc tes reproches! *(soutenu)*
Einhaltung *f* ❶ *(das Beachten)* respect *m;* einer Diät observation *f*
❷ *(Beibehaltung) der Geschwindigkeit, des Kurses* maintien *m*
ein|hämmern I. *tr V* rabâcher; **jdm Formeln/Vokabeln** ~ rabâcher des formules/du vocabulaire à qn; **jdm** ~, **dass** *Werbung, Propaganda:* rabâcher à qn que + *indic*
II. *itr V* ❶ *(einschlagen)* **mit etw auf einen Gegenstand** ~ taper avec qc sur un objet; **mit den Fäusten auf jdn** ~ bourrer qn de coups de poing
❷ *(eindröhnen)* **der Lärm/die Musik hämmerte auf ihn ein** le bruit/la musique lui résonnait dans la tête
III. *r V* **sich** *(Dat)* ~, **dass** se mettre [bien] dans la tête que + *indic*
ein|handeln *tr V fam* ❶ *(hinnehmen müssen)* s'attirer *(fam) Probleme/Ärger;* **sich** *(Dat)* **Probleme/Ärger** ~ s'attirer des problèmes/des ennuis *(fam);* **sich** *(Dat)* **Prügel/eine Krankheit** ~ attraper une raclée/maladie *(fam)*
einhändig I. *Adj* manchot(e)
II. *Adv* d'une [seule] main
ein|händigen *tr V form* remettre; **jdm Unterlagen/einen Schlüssel** ~ remettre des documents/une clé à qn
ein|hängen I. *tr V* ❶ *(montieren)* accrocher *Tür, Fenster*
❷ *(auflegen)* raccrocher *Hörer*
II. *itr V* raccrocher
III. *r V* **sich bei jdm** ~ prendre le bras à qn; **komm, häng dich [bei mir] ein!** allez, donne-moi le bras!
ein|hauchen *tr V geh* **jdm/einer S. neues Leben** ~ faire revivre qn/donner un second souffle à qc
ein|hauen *unreg* I. *tr V* démolir *Tür;* briser *Fensterscheibe;* **jemand hat ihm die Zähne/den Schädel eingehauen** on lui a cassé les dents/fracassé le crâne
II. *itr V* **auf jdn/etw** ~ taper sur qn/qc
ein|heben *tr V unreg* A encaisser *Geld, Steuern*
ein|heften *tr V* classer; **etw in einen Ordner** ~ classer qc dans un classeur
einheimisch *Adj* ❶ *(ortsansässig) Bevölkerung* local(e); *(in dem Land, der Gegend ansässig)* indigène
❷ *(opp: ausländisch) Produkt, Industrie* national(e); *Mannschaft* local(e)
❸ BOT, ZOOL local(e), du pays
Einheimische(r) *f(m) dekl wie Adj (Ortsansässiger)* habitant(e) *m(f);* (*Inländer*) personne *f* du pays; **die ~n** *(Ortsbewohner)* les gens *mpl* du coin; *(Inländer)* les gens *mpl* du pays
ein|heimsen *tr V fam* récolter *Betrag, Gewinn;* remporter *Erfolg*
Einheirat *f* entrée *f* par alliance; **die ~ in eine Familie/einen Betrieb** l'entrée *f* par alliance dans une famille/entreprise
ein|heiraten *itr V* entrer par alliance; **in eine Familie/einen Betrieb** ~ entrer par alliance dans une famille/entreprise
Einheit <-, -en> *f* ❶ *a.* MIL, PHARM, JUR unité *f;* **eine [geschlossene]**
~ **bilden** former un tout; ~ **der Rechtsordnung** unité du système juridique; **untrennbare rechtliche** ~ unité juridique indivisible
❷ *(Einigkeit)* union *f*
❸ *(Telefoneinheit)* unité *f*
einheitlich I. *Adj* ❶ *(gleich) Farbe, Kleidung* uniforme
❷ *(in sich geschlossen) Gestaltung, Werk* homogène; *Front* unitaire
II. *Adv* **handeln, vorgehen** de façon unitaire; **gestalten** de façon homogène; **sich kleiden** de façon uniforme
Einheitlichkeit <-> *f* ❶ *(Gleichheit) der Farbe, Kleidung* uniformité *f*
❷ *(Geschlossenheit) des Vorgehens, der Gestaltung* homogénéité *f*
Einheitsbrei *m kein Pl pej fam* bouillie *f* uniforme **Einheitskleidung** *f* uniforme *m* **Einheitsliste** *f* POL liste *f* unique **Einheitslook** [-lʊk] <-s, -s> *m* look *m* uniforme **Einheitspartei** *f* parti *m* unique **Einheitspreis** *m* prix *m* unique **Einheitstarif** *m* tarif *m* unique **Einheitsvertrag** *m* contrat *m* type **Einheitswährung** *f* monnaie unique *f;* **europäische** ~ monnaie unique européenne
ein|heizen *itr V* ❶ mettre le chauffage; **tüchtig** ~ bien chauffer
❷ *fam* **jdm** ~ *(die Meinung sagen)* secouer les puces à qn *(fam); (zu schaffen machen)* donner du fil à retordre à qn
einhellig I. *Adj* unanime
II. *Adv* unanimement
Einhelligkeit *f* unanimité *f*
einher|gehen *itr V unreg* + *sein geh* **mit etw** ~ s'accompagner de qc
ein|holen I. *tr V* ❶ *(einziehen)* [r]amener *Netz;* haler *Tau, Halteleine;* amener *Fahne, Segel*
❷ *(anfordern)* demander *Gutachten, Genehmigung, Rat*
❸ *(erreichen)* rattraper
❹ *([wieder] einholen)* rattraper *Versäumtes, Zeit*
II. *tr, itr V fam* ~ **[gehen]** [aller] faire les commissions [*o* les courses]; **Getränke** ~ acheter des boissons
Einholung <-, -en> *f* eines *Rates, Gutachtens* demande *f*
Einhorn *nt* licorne *f*
ein|hüllen I. *tr V geh* envelopper *Person, Bild*
II. *r V geh* **sich in eine Decke/einen Pelz** ~ s'envelopper dans une couverture/s'emmitoufler dans une fourrure
einhundert *Num* cent
einig *Adj* ❶ *(geeint)* uni(e)
❷ *(einer Meinung)* **sich** *(Dat)* **über etw** *(Akk)* ~ **sein/werden** être/se mettre d'accord sur qc; **sich** *(Dat)* **[darüber]** ~ **sein, dass** être d'accord pour que + *subj*
einige(r, s) *Pron indef* ❶ *(ziemlich viel, ziemlich groß)* pas mal de; **~s Geld/~ Zeit** pas mal d'argent/de temps; **es gab ~n Ärger** il y a eu pas mal d'ennuis; **in ~r Entfernung** à une certaine distance; **mit ~r Sicherheit/Überzeugungskraft** avec une quasi-certitude/certaine force de persuasion; **er/sie hat ~s gelernt** il/elle a appris pas mal de choses; **~s an Mut** une certaine dose de courage; **das kostet aber ~s!** ça n'est pas donné!
❷ *(mehrere)* plusieurs; ~ **Kunden** plusieurs clients; ~ **tausend Teilnehmer** plusieurs milliers de participants; **in/vor ~n Tagen** dans/il y a quelques jours; ~ **Mal** plusieurs fois; ~ **von euch quelques-uns** [*o* certains] d'entre vous; **[nur]** ~ **wenige** [seuls] quelques-uns; **mit Ausnahme ~r weniger** à l'exception d'un petit nombre de gens; **[nur]** ~ **wenige Schüler** [seul] un petit nombre d'élèves; ~ **sind dagegen** quelques-uns(-unes) sont contre; ~ **andere** certains autres; **[der Äpfel] haben Druckstellen** quelques-unes [des pommes] sont talées
ein|igeln *r V* **sich** ~ ❶ *(sich zusammenrollen)* se rouler en boule
❷ *(sich zurückziehen)* rentrer dans sa coquille; **sich in seinen vier Wänden** ~ se calfeutrer dans ses quatre murs
❸ MIL se disposer en hérisson
einigemal^ALT *s.* **einige(r, s)** ❷
einigen I. *r V* **sich** ~ se mettre d'accord; **sich auf/über etw** *(Akk)* ~ tomber [*o* se mettre] d'accord sur qc; **sich dahin gehend** ~, **dass** se mettre d'accord sur le fait que + *indic*
II. *tr V* **Menschen/ein Volk** ~ unifier des personnes/un peuple
einiger *Pron s.* **einige(r, s)**
einigermaßen I. *Adv* ❶ *(ziemlich)* relativement; **darin kenne ich mich ~ aus** je m'y connais relativement bien; **ich bin ~ überrascht, dass** je suis relativement surpris(e) que + *subj*
❷ *(leidlich)* moyennement; **er hat sich wieder ~ erholt** il s'est à peu près remis
II. *Adj fam* **der Film/der Nachtisch war** ~ le film/le dessert n'était pas trop mal *(fam)*
einiges *s.* **einige(r, s)**
einig|gehen *itr V unreg* + *sein* **mit jdm in etw** *(Dat)* ~ être d'accord avec qn sur qc; **mit jdm darin** ~, **dass** être d'accord avec qn sur le fait que + *indic*
Einigkeit <-> *f* ❶ *(Eintracht) einer Nation, eines Volkes* union *f*
❷ *(Übereinstimmung)* entente *f;* **in diesem Punkt herrscht** ~ tous les avis sont unanimes sur ce point; **es herrscht ~ darüber,**

dass tout le monde est d'accord [sur le fait] que + *indic*
▶ **macht stark** *Spr.* l'union fait la force
Einigung <-, -en> *f* ❶ *kein Pl (das Vereinen) von Staaten* unification *f;* **die ~ Europas** l'union *f* de l'Europe
❷ *(Übereinstimmung, Vereinbarung)* accord *m;* **eine einvernehmliche ~** un arrangement à l'amiable; **über etw** *(Akk)* **[eine] ~ erzielen** parvenir à un accord sur qc
Einigungsvertrag *m* POL traité *f* d'union
ein|impfen *tr V* inoculer; **jdm etw ~** inoculer qc à qn + *indic;* **jdm ~, dass** inoculer à qn que + *indic*
ein|jagen *tr V* **jdm Furcht/Schrecken ~** effrayer qn; **jdm Angst ~** faire peur à qn; **hast du mir einen Schrecken eingejagt!** tu m'as fait une de ces peurs!
einjährig *Adj* ❶ *Kind, Tier* [âgé(e)] d'un an
❷ BOT annuel(le)
❸ *(ein Jahr dauernd)* d'un an
ein|kalkulieren* *tr V* ❶ *(mit bedenken)* prendre en compte; **etw in seine Überlegungen** [mit] **~** prendre qc en compte dans son raisonnement; [mit] **~, dass** tenir compte du fait que + *indic*
❷ *(mit einrechnen)* **etw in seine Berechnungen** [mit] **~** inclure qc dans ses calculs
Einkammersystem *nt* POL monocamérisme *m*
ein|kapseln I. *tr V* PHARM mettre en gélules; **etw ~** mettre qc en gélules
II. *r V* **sich in etw** *(Dat)* **~** *Gewebe:* s'enkyster dans qc
ein|kassieren* *tr V* ❶ *(kassieren)* encaisser; **einen Betrag von jdm ~** encaisser une somme auprès de qn
❷ *fam (wegnehmen)* embarquer *(fam)*
Einkauf *m* ❶ *(das Einkaufen)* achat *m;* **Einkäufe machen** [*o* **tätigen** *form*] faire [*o* effectuer *form*] des courses
❷ *(eingekaufter Artikel)* achat *m*
❸ *kein Pl (Einkaufsabteilung)* achats *mpl*
ein|kaufen I. *tr V* acheter; **etw** [**billig/teuer**] **~** acheter qc [bon marché/cher]
II. *itr V* **beim Bäcker/in der Bäckerei ~** faire des courses chez le boulanger/dans la boulangerie; **~ gehen** aller faire des/les courses
III. *r V* (einen Anteil erwerben) **sich in etw** *(Akk)* **~** acheter des parts dans qc
Einkäufer(in) *m(f)* acheteur(-euse) *m(f)*
Einkaufsabteilung *f* service *m* des achats **Einkaufsbummel** *m* lèche-vitrines *m;* **mit jdm einen ~ machen** faire du lèche-vitrines avec qn **Einkaufscenter** *s.* **Einkaufszentrum Einkaufsmeile** *f* rue *f* commerçante **Einkaufsmöglichkeiten** *Pl* possibilités *fpl* pour faire ses courses **Einkaufsnetz** *nt* filet *m* à provisions **Einkaufspassage** *f* passage *m* commercial **Einkaufspreis** *m* prix *m* coûtant; [zum] **~** [à] prix *m* coûtant **Einkaufstasche** *f* sac *m* à provisions **Einkaufstüte** *f* sac *m* à provisions **Einkaufswagen** *m* chariot *m,* caddie® *m* **Einkaufszeile** *f* alignement *m* de boutiques; *(Haupteinkaufsstraße)* rue *f* commerçante **Einkaufszentrum** *nt* centre *m* commercial **Einkaufszettel** *m* liste *f* des commissions
Einkehr <-> *f* ❶ *geh (Besinnung)* méditation *f;* **~ halten** se recueillir
❷ *veraltet (Gaststättenbesuch)* **in einem Gasthof ~ halten** s'arrêter dans une auberge pour se restaurer
ein|kehren *itr V + sein* ❶ *veraltet* s'arrêter pour se restaurer, **in einem Gasthaus ~** s'arrêter dans une auberge pour se restaurer
❷ *geh (sich einstellen)* **bei jdm** [**wieder**] **~** *Ruhe, Friede, Not:* s'installer chez qn; **der Frühling ist eingekehrt** le printemps est arrivé
ein|keilen *tr V* coincer, caler
einkeimblättrig *Adj* BOT monocotylédone
ein|kellern *tr V* entreposer [dans la/sa cave]; **etw ~** entreposer qc [dans la/sa cave]
ein|kerben *tr V* graver; **Zeichen/Linien in etw** *(Akk)* **~** graver des signes/lignes dans qc
Einkerbung <-, -en> *f* ❶ *kein Pl (das Einkerben)* gravure *f*
❷ *(Eingekerbtes)* inscription *f*
ein|kerkern *tr V geh* incarcérer, emprisonner
ein|kesseln *tr V* encercler
einklagbar *Adj* exigible par voie de justice; *Schulden* recouvrable par une action en justice
ein|klagen *tr V* opposer juridiquement *Anspruch, Zusage;* réclamer juridiquement [*o* poursuivre] le recouvrement de *Schulden*
ein|klammern *tr V* mettre entre parenthèses; **etw ~** *(mit runden/eckigen Klammern)* mettre qc entre parenthèses/crochets
Einklang *m geh* accord *m,* harmonie *f;* **verschiedene Tendenzen** [miteinander] **in ~ bringen** concilier des tendances diverses; **den Körper mit der Seele in ~ bringen** concilier le corps avec l'âme; **in** [*o* **im**] **~ mit etw stehen** être conforme à qc; **seine Worte stehen nicht in** [*o* **im**] **~ mit seinen Taten** ses paroles ne sont pas en conformité [*o* harmonie] avec ses actes
ein|kleben *tr V* coller; **etw in ein Album ~** coller qc dans un album
ein|kleiden I. *tr V* ❶ habiller *Rekruten, Novizen;* **sich von jdm neu ~ lassen** se faire renouveler sa garde-robe par qn
❷ *geh (fassen)* **einen Gedanken/Wunsch in etw** *(Akk)* **~** envelopper une idée/un souhait de qc
II. *r V* **sich neu ~** renouveler sa garde-robe
Einkleidung *f eines Rekruten* habillement *m; einer Novizin* prise *f* de voile
ein|klemmen *tr V* ❶ *(quetschen) Lenkrad, Baum:* coincer; **jdn ~** *Lenkrad, Baum:* coincer qn; **sich** *(Dat)* **etw ~** se coincer qc; **ich habe ihm den Finger ~** je lui ai coincé le doigt
❷ *(festdrücken)* **etw in den Schraubstock ~** serrer qc dans l'étau
ein|klinken I. *tr V* ❶ *(schließen)* enclencher *Tür*
❷ *(einrasten lassen)* enclencher, accrocher *Sicherheitsgurt;* **ein Seil in etw** *(Akk)* **~** accrocher une corde dans qc
II. *itr V Tür:* s'enclencher
III. *r V fam* **sich in etw** *(Akk)* **~** se mêler à qc
ein|knicken I. *itr V + sein* ❶ *Person:* se tordre le pied; **in** [*o* **mit**] **den Knien ~** se tordre les genoux; **mein Fuß knickt dauernd ein** je me tords continuellement le pied
❷ *(geknickt werden) Papier, Bild:* se plier; **am Rand/an der Ecke eingeknickt** écorné(e)
II. *tr V + haben* plier *Papier;* casser *Streichholz, Zweig*
einknöpfbar *Adj* qui se boutonne; **~ sein** *Futter:* se boutonner
ein|knöpfen *tr V* boutonner; **etw in etw** *(Akk)* **~** boutonner qc dans qc
ein|knüppeln *itr V* **mit etw auf jdn ~** frapper qn avec qc
ein|kochen I. *tr V + haben* mettre en conserve; **etw ~** mettre qc en conserve
II. *tr V + sein* réduire
ein|kommen *itr V unreg + sein form* **bei jdm um etw ~** solliciter qc auprès de qn
Einkommen <-s, -> *nt* revenu *m;* **festes/steuerpflichtiges ~** revenu fixe/imposable
Einkommenseinbuße *f* perte *m* de revenu **Einkommensgrenze** *f (obere Grenze)* plafond *m* de ressources; *(untere Grenze)* seuil *m* de revenu **Einkommensgruppe** *f* catégorie *f* de revenus **einkommensschwach** *Adj* à faibles revenus, défavorisé(e) **einkommensstark** *Adj* à revenus élevés, favorisé(e) **Einkommensteuer** *s.* **Einkommenssteuer Einkommensstopp** *m* gel *m* des salaires **Einkommensstufe** *f* catégorie *f* de revenus
Einkommensteuer *f* impôt *m* sur le revenu
Einkommensteuererklärung *f* déclaration *f* d'impôts [sur le revenu] **einkommensteuerpflichtig** *Adj* imposable, assujetti(e) à l'impôt sur le revenu
Einkommensverhältnisse *Pl* revenus *mpl*
ein|kreisen *tr V* ❶ *(kennzeichnen)* encercler, entourer *Zahl, Wort, Stelle*
❷ *(umschließen)* encercler *Person, Tier*
❸ *(eingrenzen)* cerner
Einkreisung <-, -en> *f einer Person, Truppe, von Wild* encerclement *m*
ein|kriegen *r V fam* **sich** [**wieder**] **~** se reprendre; **sich nicht mehr ~ können** ne plus en pouvoir; *(vor Freude außer sich sein)* ne plus se sentir
Einkünfte *Pl* revenus *mpl;* **~ aus Vermietung und Verpachtung** revenus fonciers
ein|kuppeln *itr V* embrayer
ein|laden¹ *unreg* I. *tr V* ❶ inviter; **jdn zum Abendessen/in ein Restaurant ~** inviter qn à dîner/au restaurant; **jdn zu sich ~** inviter qn chez soi; **bei jdm eingeladen sein** être invité(e) chez qn
❷ *(freihalten)* **jdn zu einem Bier/zum Essen ~** inviter qn à boire une bière/à manger; **eingeladen sein** être invité(e)
❸ CH *(auffordern)* **jdn ~ etw zu tun** inviter qn à faire qc
II. *itr V geh* **zum Rasten/Verweilen ~** *Landschaft, Ort:* inviter à faire une halte/s'attarder
ein|laden² *tr V unreg* charger; **etw in einen Wagen ~** charger qc dans une voiture
einladend I. *Adj* ❶ *(auffordernd) Geste* engageant(e); *Blick, Lächeln* enjôleur(-euse)
❷ *(appetitlich) Essen* appétissant(e); *Lokal* attrayant(e); **dieses Lokal sieht nicht gerade ~ aus** ce restaurant n'a vraiment rien de ragoûtant
II. *Adv* dekorieren, *Tisch decken* de façon charmante
Einladung *f* invitation *f;* **einer ~ Folge leisten** *form* donner suite à une invitation *(form)*

Land und Leute

Si vous êtes invité(s) à dîner, il est bien vu d'offrir un bouquet de fleurs à la maîtresse de maison et une bouteille de vin au maître de maison. Ne sachant pas si ce vin ira avec le repas déjà préparé, ils ne le dégusteront très probablement pas avec vous, ce qui est tout à fait normal en Allemagne.

einladen	
einladen	inviter
Besuch mich doch, ich würde mich sehr freuen.	Viens me voir, ça me ferait très plaisir.
Nächsten Samstag mache ich eine Party. Kommst du auch?	Je fais une fête samedi prochain. Tu viens aussi?
Darf ich Sie zu einem Arbeitsessen einladen?	Puis-je vous inviter à un repas/dîner d'affaires?
Ich würde Sie gern zum Abendessen einladen.	J'aimerais vous inviter à dîner.

Einladungskarte *f* carte *f* [*o* carton *m*] d'invitation **Einladungsschreiben** *nt* lettre *f* d'invitation
Einlage <-, -n> *f* ❶ *(Schuheinlage)* semelle *f* [intérieure]
❷ THEAT intermède *m*
❸ *(Intarsie)* incrustation *f*
❹ GASTR Brühe mit ~ bouillon enrichi de vermicelles, de légumes ou de petits morceaux de viande
❺ FIN *(Spareinlage)* dépôt *m*; *(Beteiligung)* apport *m*
einllagern *tr V* faire [sa] provision de *Vorräte, Kartoffeln, Kohlen*; entreposer *Brennstäbe, Raketen*; **eingelagert** stocké(e)
Einlagerung *f* ❶ *(das Einlagern)* stockage *m*; **bei der ~ der Vorräte** au stockage des provisions
❷ MINER incrustation *f*
einllangen *itr V* A arriver
Einlass^RR <-es, Einlässe>, **Einlaß**^ALT <-sses, Einlässe> *m*
❶ *kein Pl (Zutritt)* entrée *f*, accès *m*; ~ **ab 19 Uhr** ouverture *f* des portes à partir de 19 heures; **um ~ bitten** demander à entrer; **jdm ~ in etw** *(Akk)* **gewähren** laisser entrer qn dans qc; **~ finden** être admis(e); **sich** *(Dat)* ~ **in etw** *(Akk)* **verschaffen** [réussir à] s'introduire dans qc
❷ TECH admission *f*
einllassen *unreg I. tr V* ❶ *(eintreten lassen)* faire entrer; **jdn nicht ~** ne pas laisser entrer qn
❷ *(einlaufen lassen)* [*sich (Dat)*] **ein Bad ~** [se] faire couler un bain
❸ *(einarbeiten)* **etw in Holz/Metall ~** incruster qc dans du bois/métal; **Edelsteine in Gold ~** enchâsser [*o* sertir] des pierres précieuses [dans de l'or]
❹ A *(bohnern)* cirer *Boden*
II. *r V* ❶ *(eingehen auf)* **sich auf ein Abenteuer/eine Diskussion ~** s'embarquer dans une aventure/une discussion; **sich auf einen Kompromiss ~** consentir à un compromis; **er weiß, worauf er sich da einlässt** il sait à quoi il s'engage dans cette histoire; **darauf lasse ich mich nicht ein!** c'est hors de question [pour moi]!
❷ *pej (Kontakt aufnehmen)* **sich mit jdm ~** s'acoquiner avec qn
❸ JUR **sich zu etw ~** déposer des conclusions concernant qc
Einlassung <-, -en> *f* JUR déclaration *f*
Einlauf *m* ❶ *kein Pl (das Betreten)* entrée *f*; **~ ins Stadion** entrée *f* dans le stade
❷ *kein Pl (das Hineinlaufen)* **~ ins Ziel** franchissement *m* de la ligne d'arrivée; **beim ~ in die Zielgerade** au moment d'aborder la [dernière] ligne droite
❸ MED lavement *m*; **jdm einen ~ machen** faire [*o* administrer] un lavement à qn
einllaufen *unreg I. itr V + sein* ❶ *(kleiner werden)* Pullover, T-Shirt: rétrécir
❷ *(hineinströmen) Badewasser*: couler
❸ *(eingehen)* **bei jdm/einer Firma ~** Bewerbungen, Bestellungen: affluer chez qn/dans une entreprise
❹ *(hineinlaufen, betreten)* **aufs Spielfeld/ins Stadion ~** faire son entrée sur le terrain de jeu/dans le stade; **in die Zielgerade ~** aborder la dernière ligne droite
❺ *(einfahren)* **in den Hafen ~** entrer dans le port
II. *tr V + haben* **Schuhe/Stiefel ~** faire des chaussures/bottes [à son pied]
III. *r V* **sich ~** *Sprinter*: [courir pour] s'échauffer; *Maschine*: se roder
einlläuten *tr V* ❶ *Glocken*: sonner [pour annoncer]; **den Sonntag ~** *Glocken*: sonner [pour annoncer] dimanche
❷ SPORT **eine neue Runde ~** sonner le début d'un nouveau round
❸ *fig* **den Wahlkampf ~** ouvrir la campagne électorale
einlleben *r V* **sich ~** s'intégrer, s'acclimater; **sich bei jdm/in etw** *(Akk o Dat)* ~ s'intégrer chez qn/s'acclimater à qc
Einlegearbeit *f* ❶ *(Intarsie)* incrustations *fpl*, marqueterie *f*
❷ *(Möbelstück)* ouvrage *m* de marqueterie
einllegen *tr V* ❶ *(hineintun)* introduire *Film, Kassette*; mettre *Sohlen*
❷ *(die Gangschaltung betätigen)* enclencher, passer *Gang*
❸ GASTR faire mariner *Gurken, Heringe*
❹ *(machen)* faire *Pause, Sonderschicht*
❺ *(geltend machen)* **Protest gegen etw ~** émettre une protestation contre qc

❻ *(einzahlen)* déposer *Gelder*
❼ *(einarbeiten)* incruster *Intarsien, Ornamente*
Einlegesohle *f* semelle *f* [intérieure]
einlleiten *tr V* ❶ ouvrir *Untersuchung*; engager *Verfahren*; **gegen jdn Maßnahmen/Schritte ~** prendre des mesures/entamer une action contre qn
❷ MED provoquer, déclencher *Geburt*
❸ *(eröffnen)* **eine Veranstaltung mit Musik ~** ouvrir une manifestation par de la musique
❹ *(den Beginn darstellen)* marquer le début de *Zeitalter, Kunstrichtung*
❺ *(den Auftakt bilden)* **ein Buch ~** *Text*: introduire un livre
❻ *(hineinleiten)* **Abwässer in einen See ~** déverser des eaux usées dans un lac
einleitend I. *Adj* préliminaire, introductif(-ive)
II. *Adv* en [guise d']introduction
Einleitung *f* ❶ *(Beginn)* introduction *f*, préface *f*
❷ *kein Pl (die Inangriffnahme) einer Untersuchung* ouverture *f*; *eines Verfahrens* engagement *m*; *von Maßnahmen* prise *f*; *von Schritten* mise *f* en œuvre
❸ *kein Pl (das Einleiten) von Abwasser* déversement *m*
einllenken *itr V* ❶ *(einbiegen)* bifurquer; **in eine Querstraße ~** bifurquer dans une rue transversale
❷ *(sich versöhnlich zeigen)* lâcher du lest; **das Einlenken** attitude *f* plus conciliante; **jdn zum Einlenken bringen** amener qn à faire des concessions
einllesen *unreg I. tr V* INFORM entrer; **etw in den Rechner ~** entrer qc dans l'ordinateur par lecture directe
II. *r V* **sich ~ in ein Buch/Sachgebiet ~** se familiariser avec un livre/un domaine
einlleuchten *itr V* Argument, Grund, Erklärung: être clair(e); **das leuchtet mir ein** cela me paraît évident; **es leuchtet** [**ihr**] **ein, dass sie nicht kommen können** il est clair [pour elle] qu'ils ne pourront pas venir; **es leuchtet mir nicht ein, wieso ...** je ne vois pas bien pourquoi ...
einleuchtend I. *Adj Erklärung*: clair(e); *Argument, Grund* convaincant(e)
II. *Adv* erklären clairement; begründen de façon convaincante
einllliefern *tr V* hospitaliser; **jdn** [**ins Krankenhaus/Gefängnis**] ~ hospitaliser/incarcérer qn; **der eben eingelieferte Patient** le malade qui vient d'être admis; **ein neu eingelieferter Häftling** un nouvel arrivant à la prison; **etw beim Postamt ~** déposer qc à la poste
Einlieferung *f* eines Patienten hospitalisation *f*; eines Häftlings incarcération *f*; von Briefen, Paketen dépôt *m*
Einlieferungsschein *m* POST récépissé *m*
einllochen *tr V* ❶ *fam (inhaftieren)* coffrer *(fam)*; **jdn wegen etw ~** coffrer qn pour qc
❷ *(ins Loch befördern)* **den Ball/die Kugel ~** rentrer la balle/la boule [dans le trou]
einlloggen *r V* INFORM se connecter; **sich ins Netz/ins Internet ~** se connecter au réseau/sur Internet; **beim Einloggen** lors de la connexion
einlösbar *Adj Scheck* remboursable
einllösen *tr V* ❶ FIN honorer *Scheck, Wechsel*
❷ *(auslösen)* retirer *Pfand*
❸ *(wahr machen)* honorer *Versprechen, Wort*
Einlösung *f* ❶ *eines Schecks* paiement *m*
❷ *(Auslösung) eines Pfands* retrait *m*
❸ *(das Wahrmachen) eines Versprechens* accomplissement *m*; *einer Zusage* respect *m*
einllullen *tr V a. fig fam* endormir; **jdn mit Versprechungen ~** endormir qn par des promesses
einllmachen *tr V* mettre en bocaux *Obst, Gemüse*; **Obst/Gemüse ~** mettre des fruits/légumes en bocaux; **eingemachtes Obst** des fruits en bocaux
Einmachglas *nt (für Obst, Gemüse)* bocal *m*; *(für Marmelade)* pot *m* [à confitures] **Einmachring** *m* caoutchouc *m* [pour bocaux]
einmal *Adv* ❶ *(ein einziges Mal)* une fois; **wieder ~** encore une fois; **~ mehr** une fois de plus; **~ vier ist vier** une fois quatre quatre

❷ *(mal)* un jour, une fois; **~ sagt er dies, ~** [*o* **ein andermal**] das il dit tantôt blanc, tantôt noir; **nicht ~** [ne] ... même pas
❸ *(irgendwann in der Vergangenheit)* autrefois; **es war ~** il était une fois; **das war ~!** c'est du passé!; **das mag ich ja ~ gesagt haben, aber ...** peut-être que j'ai dit ça [un jour], mais ...
❹ *(irgendwann in der Zukunft)* un jour; **ich will ~ Pilot werden** plus tard, je veux être pilote; **besuchen Sie mich doch ~** venez me voir un de ces jours
❺ *fam (eben)* **so ist es nun ~** c'est comme ça [et pas autrement] *(fam)*; **sag ~** dis voir *(fam)*; **alle ~ herhören!** écoutez voir un peu! *(fam)*
▸ **ist keinmal** *Spr.* une fois n'est pas coutume; **~ und nicht** [*o* **nie**] **wieder** plus jamais ça!; **auf ~** *(plötzlich)* tout d'un coup; *(an einem Stück)* d'un seul coup, en une seule fois
Einmaleins <-> *nt* ❶ table *f* de multiplication; **das kleine/große ~** la table de multiplication jusqu'à dix/vingt ❷ *(die Grundzüge)* b.a.-ba *m*, a b c *m* **Einmalhandschuh** *m* gant *m* jetable
Einmalhandtuch *nt* essuie-mains *m* jetable
einmalig I. *Adj* unique
  II. *Adv schön, gut* extraordinairement
Einmaligkeit <-> *f* caractère *m* exceptionnel
Einmalspritze *f* seringue *f* jetable
Einmannbetrieb *m* ❶ *(Unternehmen)* entreprise *f* unipersonnelle
  ❷ *kein Pl (das Betreiben durch eine Person) (bei Bussen, Straßenbahnen)* service effectué par un seul agent
Einmarkstück *nt* pièce *f* d'un mark
Einmarsch *m* ❶ MIL invasion *f*; **~ in ein Land** invasion *f* d'un pays
  ❷ *(Einzug)* **~ ins Stadion** entrée *f* dans le stade
ein|marschieren* *itr V + sein* ❶ MIL envahir le pays; **in ein Gebiet/Land ~** envahir un territoire/pays
  ❷ *(einziehen)* **ins Stadion/Festzelt ~** faire son entrée dans le stade/sous le chapiteau
ein|massieren* *tr V* appliquer en massant légèrement; **[jdm] etw ~** appliquer qc [à qn] en massant légèrement
ein|mauern *tr V* ❶ *(einfügen)* sceller; **etw in eine Wand/ein Fundament ~** sceller qc dans un mur/des fondations
  ❷ *(ummauern)* emmurer *Person;* sceller *Schatztruhe, Dokumente*
Ein-Megabit-Chip [-tʃɪp] *m* INFORM puce *f* de 128 Ko
ein|meißeln *tr V* graver; **eine Inschrift in etw** *(Akk)* **~** graver une épitaphe dans qc
Einmeterbrett *nt* tremplin *m* d'un mètre
ein|mieten *r V* **sich ~** louer un logement; **sich bei jdm/in etw** *(Dat)* **~** louer un logement chez qn/dans qc
ein|mischen *r V* **sich ~** s'immiscer; **sich in etw** *(Akk)* **~** s'immiscer dans qc; **misch dich da nicht ein!** ne te mêle pas de ça!; **er muss sich immer in alles ~!** il faut toujours qu'il mette son grain de sel partout!
Einmischung *f* ingérence *f*; **~ in fremde Angelegenheiten** ingérence *f* [*o* immixtion *f*] dans les affaires des autres
einmonatig *Adj attr* d'un mois
einmonatlich *Adj* mensuel(le)
ein|montieren* *tr V* monter; **ein Ersatzteil in etw** *(Akk)* **~** monter une pièce de rechange dans qc
einmotorig *Adj* monomoteur
ein|motten *tr V* ❶ ranger avec de l'antimite; **Kleider ~** ranger des vêtements avec de l'antimite
  ❷ *fig* **ein Kriegsschiff/Kernkraftwerk ~** mettre un navire de guerre hors service/mettre une centrale nucléaire en sommeil
ein|mumme[l]n *fam* **I.** *tr V* emmitoufler dans une couverture; **jdn in eine Decke ~** emmitoufler qn dans une couverture
  II. *r V* **sich ~** s'emmitoufler
ein|münden *itr V + sein Straße, Weg:* déboucher; *Fluss, Kanal, Rohr:* se jeter; **in etw** *(Akk)* **~** *Straße, Weg:* déboucher sur qc; *Fluss, Kanal, Rohr:* se jeter dans qc
Einmündung *f* ❶ *einer Straße* débouché *m;* **an der ~ dieser Straße in die Sackgasse** au débouché de cette rue sur le cul-de-sac
  ❷ *(Mündung) eines Flusses* confluent *m; eines Stromes* embouchure *f; eines Kanals, Rohrs* arrivée *f*, sortie *f*
einmütig I. *Adj* unanime
  II. *Adv* befürworten, verurteilen unanimement, d'une seule voix; **~ zusammenstehen** faire bloc
Einmütigkeit <-> *f* unanimité *f*
ein|nähen *tr V* ❶ *(nähen)* coudre; **etw in einen Rock ~** coudre qc à une jupe; **eingenäht** cousu(e)
  ❷ *(enger machen)* reprendre *Kleid, Jacke*
Einnahme *f*, -n> *f* ❶ *(eingenommenes Geld)* recette *f*, rentrée *f* [d'argent]; **~n und Ausgaben** les recettes et [les] dépenses
  ❷ *Pl (Einkünfte)* revenus *mpl*
  ❸ *kein Pl (das Einnehmen) eines Medikaments* prise *f*
  ❹ *kein Pl (das Erobern) einer Stellung, Stadt* prise *f*
Einnahmequelle *f* source *f* de revenus, ressources *fpl*; **[sich** *(Dat)***] neue ~n erschließen** se procurer de nouvelles sources de revenus
ein|nehmen *tr V unreg* ❶ *(verdienen)* encaisser *Geld, Summe;* **eine größere Summe ~** avoir une rentrée [d'argent] assez importante
  ❷ *(einziehen)* percevoir *Steuern*
  ❸ *(zu sich nehmen)* prendre *Medikament*
  ❹ *(besetzen)* occuper *Sitz, Position, Stellung, Tabellenplatz;* **seinen Platz ~** prendre place
  ❺ *(vertreten)* adopter *Haltung, Standpunkt*
  ❻ MIL prendre, s'emparer de; **die eingenommene Stadt** la ville conquise
  ❼ *(gewinnen)* **jdn für sich ~** conquérir qn; **jdn gegen sich ~** donner une mauvaise image de soi à qn; **jdn für etw ~** gagner qn à qc
  ▸ **von sich eingenommen sein** *pej* être imbu(e) de sa personne [*o* de soi-même]
einnehmend *Adj* plein(e) de séduction
ein|nicken *itr V + sein fam* piquer du nez *(fam)*
ein|nisten *r V* ❶ *pej (sich niederlassen)* **sich ~** *Person:* s'incruster *(fam); Ungeziefer:* s'installer; **sich bei jdm ~** *Person:* s'incruster chez qn; *Ungeziefer:* s'installer chez qn
  ❷ *(nisten)* **sich ~** *Vogel:* nicher
  ❸ PHYSIOL **sich in der Gebärmutter ~** *Ei:* s'implanter dans l'utérus
Einöde *f* étendue *f* déserte
Einödhof *m* ferme *f* isolée
ein|ölen I. *tr V* ❶ mettre [*o* passer] de l'huile sur le corps; **jdn ~** mettre [*o* passer] de l'huile sur le corps de qn; **sich** *(Dat)* **den Körper ~** s'enduire le corps d'huile
  ❷ *(ölen)* huiler *Holzboden, Fahrradkette*
  II. *r V* **sich ~** se mettre [*o* se passer] de l'huile [sur le corps]; **sich mit Kokosöl ~** s'enduire [le corps] d'huile de noix de coco
ein|ordnen I. *tr V* ❶ *(einsortieren)* classer; **etw in eine Kartei ~** classer qc dans un fichier
  ❷ *(klassifizieren)* **jdn/etw in eine Kategorie ~** classer qn/qc dans une catégorie; **ein Kunstwerk zeitlich ~** déterminer l'époque d'une œuvre
  II. *r V* ❶ *(sich einfügen)* **sich in etw** *(Akk)* **~** s'intégrer dans qc
  ❷ *(Fahrspur wählen)* **sich [richtig] ~** se mettre dans la bonne file; **sich links/rechts ~** prendre [*o* se mettre dans] la file de gauche/droite
ein|packen I. *tr V* ❶ *(verpacken)* emballer; **etw in Papier ~** emballer qc dans du papier; **etw ~ lassen** faire emballer qc
  ❷ *(einstecken)* **jdm einen Pulli für die Reise ~** mettre un pull dans le sac de voyage de qn; **dem Kind ein Butterbrot [für die Schule] ~** mettre une tartine dans le cartable de l'enfant; **sich** *(Dat)* **warme Sachen ~** mettre des vêtements chauds [dans son sac/sa valise]; **hast du unsere Pässe eingepackt?** tu as pris nos passeports?; **hast du alles eingepackt?** as-tu tout préparé?
  ❸ *fam (einmummeln)* **jdn in etw** *(Akk)* **~** emmitoufler qn dans qc; **dick eingepackt** bien emmitouflé(e)
  II. *itr V* faire sa valise [*o* ses valises]
  ▸ **~ können** *sl* pouvoir remballer ses gaules *(pop)*
  III. *r V fam* **sich in etw** *(Akk)* **~** s'emmitoufler dans qc; **packt euch warm ein!** tâchez de bien vous emmitoufler!
ein|parken I. *itr V Fahrer:* se garer; **vorwärts ~** se garer en marche avant; **rückwärts ~** se garer en marche arrière; **[parallel zum Straßenrand] ~** faire un créneau; **das Einparken** le stationnement
  II. *tr V* garer *Auto*
Einparteiensystem *nt* système *m* à parti unique
ein|passen I. *tr V* ajuster; **ein Bord in ein Regal ~** ajuster une planche dans une étagère
  II. *r V* **sich in etw** *(Akk)* **~** s'intégrer dans qc, s'adapter à qc
ein|pauken *tr V fam* faire potasser *(fam);* **den Schülern etw ~** faire potasser qc aux élèves
ein|pendeln *r V* **sich ~** se stabiliser; **sich auf etw** *(Akk)* **~** se stabiliser à qc
ein|pennen *itr V + sein sl* se mettre à roupiller [*o* pioncer] *(fam)*
Einpersonenhaushalt *m* ménage *m* d'une personne **Einpersonenstück** *nt* pièce *f* à un personnage
ein|pferchen *tr V* parquer, entasser
ein|pflanzen *tr V* ❶ planter; **etw in einen Topf/die Erde ~** planter qc dans un pot/la terre; **frisch eingepflanzte Büsche** des buissons fraîchement plantés [*o* qui viennent d'être plantés]
  ❷ MED **[jdm] etw ~** implanter qc [à qn]
ein|pinseln *tr V* ❶ badigeonner; **einen Kuchen mit etw ~** badigeonner un gâteau avec qc
  ❷ MED **eine Wunde mit etw ~** badigeonner une plaie de qc
ein|planen *tr V* prévoir; **etw [mit] ~** prévoir qc
ein|pökeln *tr V* mettre dans la saumure; **etw ~** mettre qc dans la saumure
ein|prägen I. *r V* **sich jdm ~** *Namen, Bild, Zahlen, Melodie:* rester gravé(e) dans la mémoire de qn; **sich leicht ~** être facile à retenir
  II. *tr V* ❶ *(einschärfen)* **sich** *(Dat)* **einen Namen ~** retenir un nom; **sich** *(Dat)* **den genauen Wortlaut ~** retenir les termes exacts; **jdm etw ~** inculquer qc à qn

❷ *(prägen)* etw in Metall/in Papier ~ graver qc dans du métal/sur du papier
ein|prägsam *Adj* facile à retenir
ein|programmieren* *tr V* INFORM installer
ein|prügeln I. *tr V fam* jdm Ordnung ~ apprendre l'ordre à qn à coups de pied aux fesses *(fam)*
II. *itr V* mit **Gummiknüppeln auf** jdn ~ rosser qn de coups de matraque
ein|pudern I. *r V* sich ~ se poudrer
II. *tr V (sich (Dat)]* die Hände ~ [se] poudrer les mains; **dem Baby den Po** ~ talquer le derrière du bébé
ein|quartieren* I. *tr V* loger; MIL cantonner; **jdn bei jdm** ~ loger qn chez qn; MIL cantonner qn chez qn
II. *r V* sich bei jdm ~ *Gast:* s'installer chez qn
ein|rahmen *tr V a. fig* encadrer
▶ das kann er sich/kannst du dir ~ lassen *fam* il peut/tu peux en faire des confettis *(fam)*
ein|rammen *tr V* défoncer *Tür;* **einen Pfahl in die Erde** ~ enfoncer un pieu dans la terre
ein|rasten *itr V + sein* s'enclencher; **in etw** *(Akk)* ~ s'enclencher dans qc
ein|räumen *tr V* ❶ *(hineinstellen)* ranger; **etw in den Schrank** ~ ranger qc dans l'armoire; **Möbel ins Zimmer** ~ [re]mettre des meubles en place dans une pièce; **das Einräumen** le rangement
❷ *(füllen)* ranger *Schrank, Regal*
❸ *(mit Möbeln füllen)* installer *Wohnung, Zimmer*
❹ *(zugeben)* admettre; **jdm gegenüber** ~, **dass man sich getäuscht hat** admettre devant qn qu'on s'est trompé(e)
❺ *(gewähren)* accorder, consentir *Frist, Kredit*
❻ *(zugestehen)* reconnaître, accorder *Freiheiten, Rechte*
Einräumung *f kein Pl (das Zugestehen) eines Rechts* reconnaissance *f*
ein|rechnen *tr V (mit einbeziehen, berechnen)* inclure; **jdm/etw [mit]** ~ inclure qn/qc; **dich mit eingerechnet** toi compris(e), y compris toi; **Bedienung mit eingerechnet** service compris
ein|reden I. *tr V* faire croire; **jdm etw** ~ faire croire qc à qn; **jdm** ~, **dass** répéter à qn que + *indic;* **sich** *(Dat)* ~, **dass** se persuader que + *indic;* **das redest du dir [nur] ein!** c'est toi qui t'es mis ça dans la tête!
II. *itr V* auf jdn ~ harceler qn [de paroles]
ein|regnen *r V unpers* es regnet sich ein la pluie s'installe
ein|reiben *unreg* **I.** *tr V* ❶ *(reiben)* frictionner; **etw in die Haut/Haare** ~ frictionner la peau/les cheveux avec qc
❷ *(massieren)* **jdn mit etw** ~ frictionner qn avec qc; **jdm den Rücken** ~ frictionner le dos de qn
II. *r V* sich mit etw ~ se frictionner avec qc
ein|reichen *tr V* ❶ *(übersenden)* déposer *Bewerbungen, Unterlagen*
❷ *(beantragen)* remettre *Demissionierung, Entlassung;* déposer une demande de *Versetzung, Pensionierung*
Einreichung *f* <-, *selten* -en> *f* ❶ *(das Einreichen, Übersenden)* dépôt *m*
❷ JUR *einer Klage* dépôt *m; eines Urteils* production *f*
❸ *(die Beantragung) der Pensionierung, Versetzung* demande *f*
ein|reihen I. *tr V* classer; **jdn in eine Gruppe/eine Kategorie** ~ classer qn dans un groupe/une catégorie; **jdn unter die Künstler** ~ classer qn parmi les artistes
II. *r V* sich in eine Schlange ~ prendre place dans une file d'attente
Einreiher <-s, -> *m* costume *m* droit
einreihig ['aınraııç] *Adj* à un seul rang; *Jacke* droit(e)
Einreise *f* entrée *f;* **die ~ in die USA/nach Großbritannien** l'entrée aux États-Unis/en Grande-Bretagne
Einreisebestimmungen *Pl* dispositions *fpl* d'entrée **Einreiseerlaubnis** *f*, **Einreisegenehmigung** *f* autorisation *f* d'entrée
ein|reisen *itr V + sein form* entrer; **in die USA/nach Großbritannien** ~ entrer aux États-Unis/en Grande-Bretagne
Einreiseverbot *nt* interdiction *f* d'entrée; ~ **haben** être interdit(e) d'entrée **Einreisevisum** [-vi-] *nt* visa *m* d'entrée
ein|reißen *unreg* **I.** *tr V + sein* ❶ *(einen Riss bekommen) Haut:* se fendiller; *Stoff, Papier, Seite:* se déchirer
❷ *fam (zur Gewohnheit werden)* devenir une [mauvaise] habitude; **das wollen wir nicht ~ lassen** nous n'allons pas tolérer que cette mauvaise habitude s'installe
II. *tr V + haben* ❶ *(niederreißen)* abattre *Mauer, Barrikade*
❷ *(mit einem Riss versehen)* déchirer *Stoff, Papier, Seite*
❸ *(sich verletzen)* **sich** *(Dat)* **einen Dorn** ~ s'enfoncer une épine dans la peau
ein|reiten *unreg* **I.** *tr V + haben* débourrer *Pferd*
II. *itr V + sein* faire son entrée [à cheval]; **in die Manege/Reithalle** ~ faire son entrée [à cheval] sur la piste/dans la salle de manège
III. *r V* sich ~ s'échauffer à cheval
ein|renken I. *tr V* ❶ MED remboîter *Arm, Schulter;* **sie hat mir den Arm [wieder] eingerenkt** elle m'a remboîté le bras
❷ *fam (in Ordnung bringen)* **etw [wieder]** ~ aider à recoller les morceaux *(fam)*
II. *r V fam* sich wieder ~ se tasser *(fam)*
ein|rennen *unreg* **I.** *r V fam* sich *(Dat)* **das Knie/den Kopf an etw** *(Dat)* ~ se défoncer le genou/la tête contre qc *(fam)*
II. *tr V* enfoncer *Tor*
ein|richten I. *tr V* ❶ *(möblieren)* aménager *Wohnung;* **modern eingerichtet sein** être meublé(e) en moderne; **fertig eingerichtet** entièrement meublé(e)
❷ *(ausstatten)* aménager *Hobbyraum, Sauna;* installer *Labor, Praxis;* **sich** *(Dat)* **einen Partykeller** ~ aménager [une pièce dans] sa cave pour faire des boums
❸ *(schaffen)* créer *Dienststelle, Lehrstuhl, Buslinie*
❹ *(eröffnen)* ouvrir *Konto*
❺ *(arrangieren)* **es so** ~, **dass alle dabei sein können** s'arranger pour [*o* faire en sorte] que tous soient là; **das lässt sich** ~ ça peut se faire
❻ MED réduire *Bruch;* **man muss ihr das gebrochene Bein** ~ il faut qu'on lui remette la jambe cassée
II. *r V* ❶ *(sich möblieren)* **sich neu** ~ se meubler de neuf
❷ *(sich der Lage anpassen)* **sich** ~ s'adapter
❸ *(sich einstellen)* **sich auf lange Wartezeiten** ~ se préparer mentalement à une longue attente
Einrichtung <-, -en> *f* ❶ *(Wohnungseinrichtung)* mobilier *m*
❷ *(Ausstattung) eines Labors, einer Praxis* aménagement *m* [intérieur]
❸ *kein Pl (das Möblieren) einer Wohnung, eines Zimmers* ameublement *m; (das Ausstatten) eines Labors, einer Praxis* équipement *m*
❹ *kein Pl (das Installieren) eines Hobbyraums, einer Sauna* installation *f,* aménagement *m*
❺ *kein Pl (das Schaffen) einer Dienststelle, eines Lehrstuhls* création *f;* einer Behörde installation *f*
❻ *kein Pl (das Eröffnen) eines Kontos* ouverture *f;* einer Verkehrslinie création *f,* ouverture *f*
❼ *Pl (Anlage)* installation *f;* **sanitäre ~ en** installations sanitaires
❽ *(Institution)* organisation *f*
Einrichtungsgegenstand *m* meuble *m* **Einrichtungshaus** *nt* magasin *m* de meubles
ein|ritzen *tr V* graver; **seinen Namen in etw** *(Akk)* ~ graver son nom dans qc
ein|rollen I. *tr V* rouler *Teppich, Plakat;* **sich** *(Dat)* **die Haare** ~ se mettre des bigoudis [*o* rouleaux] dans les cheveux
II. *r V + haben* **sich** ~ *Person:* se pelotonner; *Igel, Katze, Hund:* se rouler en boule; *Schlange:* se lover
III. *itr V + sein Zug:* entrer en gare
ein|rosten *itr V + sein* ❶ *(rostig werden)* [se] rouiller
❷ *fam (ungelenkig werden) Person, Gelenke:* se rouiller; **seine Gelenke ~ lassen** laisser ses articulations se rouiller
❸ *fam (vergessen werden) Kenntnisse:* se rouiller
ein|rücken I. *itr V + sein* ❶ *(eindringen)* pénétrer; **in ein Land** ~ pénétrer dans un pays
❷ *(eingezogen werden) Soldat:* être incorporé(e); **zum Militär** ~ partir au service [militaire] [*o* à l'armée]
❸ *(zurückkehren) Feuerwehr, Truppen:* **[wieder]** ~ réintégrer ses quartiers
II. *tr V + haben* TYP **etw** ~ mettre qc en retrait
ein|rühren *tr V* brouiller *Ei;* **das Farbpulver langsam in das Wasser** ~ délayer peu à peu le colorant dans l'eau
ein|rüsten *tr V* dresser un échafaudage contre *Haus*
eins I. *Num* un; **es ist** ~ il est une heure; **etw ~ zu ~ umsetzen** appliquer qc à la lettre; *s. a.* **acht¹**
▶ ~ **a** *fam* extra *(fam);* ~, **zwei, drei** *fam (im Nu)* en moins de deux *(fam);* **es kommt ~ zum anderen** une chose en entraîne une autre; **das kommt** [*o* **läuft] auf ~ hinaus** *fam* ça revient au même *(fam); s. a.* **eine(r, s)**
II. *Adj* ❶ *(eine Einheit):* ~ **sein** être une seule et même chose; **Denken und Handeln sollten** ~ **sein** la réflexion et l'action devraient aller de pair; **das ist alles** ~ *fam* c'est du pareil au même *(fam)*
❷ *fam (egal)* **das ist mir** ~ je m'en balance *(fam)*
❸ *(einig)* **mit jdm/etw** ~ **sein** être en harmonie avec qn/qc; **sich mit jdm** ~ **wissen/fühlen** se savoir/se sentir en harmonie avec qn
Eins <-, -en> *f* ❶ *(Zahl, Augenzahl)* un *m*
❷ *(Schulnote)* excellente note entre dix-huit et vingt
❸ *kein Pl (Bus-, Straßenbahnlinie)* un *m*
ein|sacken¹ *tr V fam* ❶ *(an sich bringen)* empocher; **Geld** ~ empocher de l'argent
❷ *(einheimsen)* ramasser *(fam) Prämien, Preise*
ein|sacken² *itr V + sein fam* s'affaisser; **in etw** *(Akk)* ~ s'affaisser dans qc
ein|sagen *tr V* A *fam (vorsagen)* souffler; **jdm etw** ~ souffler qc à qn

ein|salben *tr V* enduire; **jdn/sich mit etw ~** enduire qn/s'enduire de qc

ein|salzen *tr V* mettre dans la saumure; **etw ~** mettre qc dans la saumure; **eingesalzt** passé(e) à la saumure

einsam I. *Adj* ❶ *(verlassen) Person* seul(e); *Leben* solitaire; **es ist ~ um ihn geworden** le vide s'est fait autour de lui
❷ *(abgelegen, menschenleer) Dorf, Alm, Strand* solitaire
❸ *(vereinzelt) Boot, Fasan* isolé(e), solitaire
❹ *(allein getroffen) Entschluss, Entscheidung* unilatéral(e)
▸ **~ und verlassen sein** être abandonné(e) de tous
II. *Adv* **leben, liegen** à l'écart

Einsamkeit <-, *selten* -en> *f* solitude *f*

ein|sammeln *tr V* ❶ ramasser *Pässe, Schulhefte*; collecter *Spenden*; **die Kollekte ~** faire la quête
❷ *(aufsammeln)* ramasser *Gegenstände, Fallobst*

ein|sargen *tr V* mettre en bière; **das Einsargen** la mise en bière
▸ **damit kann er sich/kannst du dich ~ lassen** *sl* avec ça il peut aller se/tu peux aller te rhabiller *(fam)*

Einsatz <-es, **Einsätze**> *m* ❶ *(Leistungsbereitschaft)* engagement *m*; **~ zeigen** *Spieler:* faire preuve d'engagement; *Mitarbeiter:* mettre du cœur à l'ouvrage [*o* de l'énergie au travail]
❷ SPIEL mise *f*
❸ BÖRSE mise *f* de fonds
❹ *kein Pl (die Aufbietung, Verwendung) eines Spielers* entrée *f* en jeu; *von Truppen* engagement *m;* **der ~ von Atomwaffen** le recours aux armes nucléaires; **unter ~ von Artillerie** en recourant à l'artillerie; **zum ~ kommen** [*o* **gelangen**] *Spieler:* entrer en jeu; *Wasserwerfer, Polizei:* entrer en action; **unter ~ seines Lebens/aller Kräfte** au péril de sa vie/en y mettant toutes ses forces
❺ *(Aktion) der Polizei, Feuerwehr* intervention *f; von Truppen* opération *f; im ~ sein Feuerwehr:* être en action; *Soldaten:* être en opération
❻ MUS départ *m;* **den ~ geben** donner le départ
❼ *(Teil eines Kochtopfs)* panier *m*
❽ *(Teil eines Kleidungsstücks)* motif *m* incrusté, incrustation *f*

Einsatzbefehl *m der Polizei, Sicherheitskräfte* ordre *m* d'intervention; *der Truppen* ordre *m* d'engagement [*o* de mission]; **den ~ geben** donner l'ordre d'intervenir **einsatzbereit** *Adj Truppen, Panzer, Geschütze* opérationnel(le); *Feuerwehr, Wasserwerfer* prêt(e) à entrer en action [*o* intervenir] **Einsatzbereitschaft** *f* **in ~ sein, sich in ~ befinden** être à pied d'œuvre [*o* prêt(e) à intervenir] **einsatzfähig** *Adj* ❶ *Sportler* disponible, opérationnel(le); *Spieler* prêt(e) à jouer; **voll ~** en pleine possession de ses moyens
❷ *(verwendungsfähig) Truppen, Panzer, Geschütze* opérationnel(le)
Einsatzkommando *nt* **mobiles ~** groupe *m* d'intervention rapide; *(in Frankreich)* G.I.G.N. *m* **Einsatzleiter(in)** *m(f)* chef *mf* des secours **Einsatztruppe** *f* MIL troupe *f* d'intervention **Einsatzwagen** *m* ❶ *(Polizeifahrzeug)* véhicule *m* d'intervention
❷ *(zusätzlicher Bus)* véhicule *m* supplémentaire

ein|saugen *tr V* aspirer *Luft, Duft*

ein|scannen [-skænən] *tr V* scanner; **das Einscannen** le scannage

ein|schalten I. *tr V* ❶ *(in Betrieb setzen)* allumer; **das Einschalten** *eines Radios, Fernsehers* l'allumage *m; einer Alarmanlage* la mise en marche
❷ *(hinzuziehen)* **jdn in die Ermittlungen ~** avoir recours à qn pour l'enquête
II. *r V* **sich in etw** *(Akk)* **~** intervenir dans qc

Einschaltquote *f* audimat *m*, taux *m* d'écoute

Einschaltung *f* ❶ *eines Geräts* allumage *m; einer Alarmanlage* mise *f* en marche
❷ *(Hinzuziehung)* **die ~ eines Experten** le recours à un expert

ein|schärfen *tr V* bien recommander; **jdm etw ~** bien recommander qc à qn; **jdm ~, etw zu tun** bien recommander à qn de faire qc; **sich** *(Dat)* **etw ~** se mettre qc dans la tête

ein|schätzen *tr V* estimer; **jdn/etw richtig ~** estimer qn/qc à sa juste valeur; **jdn/etw falsch ~** se tromper sur qn/qc

Einschätzung *f* **die ~ einer S.** *(Gen)* le jugement porté sur qc; **nach meiner ~** à mon point de vue; **nach allgemeiner ~** de l'avis de tous

ein|schenken *tr V* verser; **[jdm] etw ~** verser qc [à qn]

Einschicht *f* A *(Einöde)* désert *m*

ein|schicken *tr V* envoyer; **etw an jdn/etw ~** envoyer qc à qn/qc

ein|schieben *tr V unreg* ❶ *(hineinschieben)* introduire; **eine CD-ROM in das Laufwerk ~** introduire [*o* glisser] un CD-ROM dans le lecteur
❷ *(zusätzlich einsetzen)* ajouter *Sonderzug*
❸ *fam (zwischendurch drannehmen)* **einen Patienten ~** prendre un patient en plus *(fam)*
❹ *(einfügen)* se ménager *Pause, Unterbrechung*

Einschienenbahn *f* monorail *m*

ein|schießen *unreg* **I.** *tr V + haben* ❶ *(kaputtschießen)* briser; *(mit einer Schusswaffe)* faire sauter; **etw ~** *(mit einem Ball)* briser qc; *(mit einer Schusswaffe)* faire sauter qc
❷ *(gebrauchsfähig machen)* faire des essais de tir avec *Schusswaffe*
❸ TYP intercaler *Bogen*
II. *r V + haben* ❶ *(Schießübungen abhalten)* **sich ~** s'exercer au tir; **sich auf jdn/etw ~** régler son tir sur qn/qc
❷ *fig* **sich auf jdn/etw ~** *Kritiker, Presse:* prendre qn/qc pour cible
III. *itr V* ❶ *+ haben* SPORT **zum 3:0 ~** marquer le but du 3:0
❷ *+ sein (hineinströmen)* **in die Schleusen ~** *Wasser:* s'engouffrer dans les écluses; **sie spürte, wie die Milch in ihre Brüste einschoss** elle a perçu la montée du lait

ein|schiffen I. *tr V* embarquer
II. *r V* **sich in Hamburg/nach Australien ~** [s']embarquer à Hambourg/pour l'Australie

Einschiffung <-, -en> *f* NAUT embarquement *m*

ein|schirren *tr V* harnacher *Pferd*

ein|schlafen *itr V unreg + sein* ❶ *(in Schlaf fallen)* s'endormir; **bei/über etw** *(Dat)* **~** s'endormir pendant/sur qc; **schlecht ~ können** avoir du mal à s'endormir
❷ *euph (sterben)* s'endormir *(littér);* **friedlich ~** s'éteindre dans la paix *(soutenu)*
❸ *(gefühllos werden)* s'engourdir; **mir schläft der Arm ein** j'ai le bras qui s'engourdit; **mein Bein ist eingeschlafen** j'ai la jambe engourdie
❹ *(nachlassen) Beziehung, Briefwechsel:* s'espacer puis s'interrompre; *Freundschaft:* ne plus être entretenu(e)

ein|schläfern *tr V* ❶ endormir *Kind*
❷ *(schläfrig machen)* **jdn ~** *Hitze, Geräusch:* endormir qn
❸ *euph (töten)* piquer *Tier;* **ein Tier ~ lassen** faire piquer un animal

einschläfernd *Adj a.* MED soporifique; **ein ~es Mittel** un somnifère

Einschlafstörungen *Pl* MED troubles *mpl* du sommeil

Einschlag *m* ❶ **der ~ des Blitzes** la foudre
❷ MIL *eines Geschosses* impact *m*
❸ *(Schussloch)* [point *m* d'] impact *m*
❹ *(Anteil)* **ein leichter asiatischer ~** un petit air asiatique
❺ AUT braquage *m*

ein|schlagen *unreg* **I.** *tr V + haben* ❶ planter *Nagel, Pfahl;* **einen Nagel/Pfahl in etw** *(Akk)* **~** planter un clou/un pieu dans qc
❷ *(aufbrechen)* défoncer *Tür;* fracasser *Fenster*
❸ *(zerschmettern)* **jdm den Schädel/die Zähne ~** fracasser le crâne/les dents de qn
❹ *(einwickeln)* **etw in Zeitungspapier** *(Akk)* **~** emballer qc dans du papier journal
❺ *(wählen)* prendre *Weg, Richtung;* entrer dans *Laufbahn;* **den eingeschlagenen Kurs ändern** *Boot:* changer sa route [*o* de cap]
❻ AUT braquer *Räder, Lenkrad*
II. *itr V* ❶ *+ haben o sein* **in etw** *(Akk)* **~** *Blitz:* tomber sur qc; **der Blitz muss irgendwo eingeschlagen haben** la foudre a dû tomber quelque part
❷ *+ sein* MIL *(auftreffen)* **in etw** *(Akk)* **~** *Geschoss:* tomber sur qc
❸ *+ haben o sein fam (für Aufsehen sorgen) Nachricht:* faire grand bruit
❹ *+ haben (einprügeln)* **auf jdn/etw ~** taper comme un sourd sur qn/qc
❺ *+ haben (seinen Handschlag geben)* toper; **schlag ein!** tope là!

einschlägig I. *Adj Literatur, Paragraph* s'y rapportant
II. *Adv* JUR à ce titre

ein|schleichen *r V unreg* ❶ *(hineinschleichen)* **sich in ein Haus ~** se glisser dans une maison
❷ *fig* **sich ~** *Verdacht:* s'insinuer; *Fehler, Irrtum:* se glisser

ein|schleimen *r V pej fam* **sich [bei jdm] ~** faire de la lèche [à qn]

ein|schleppen *tr V* introduire; **etw in ein Land/nach Frankreich ~** introduire qc dans un pays/en France

ein|schleusen *tr V* introduire clandestinement; **jdn in die Schweiz/nach Europa ~** introduire qn clandestinement en Suisse/en Europe

ein|schließen *tr V unreg* ❶ *(einsperren)* enfermer; **jdn/sich in einen** [*o* **einem**] **Raum ~** enfermer qn/s'enfermer dans une pièce
❷ *(wegschließen)* **etw in einen Schrank ~** enfermer qc dans une armoire; **eingeschlossen** mis(e) sous clé
❸ *(inbegriffen sein)* **im Preis eingeschlossen sein** être compris(e) [*o* inclus(e)] dans le prix
❹ MIL *(einkesseln)* encercler
❺ *(einbeziehen)* **jdn in sein Gebet ~** associer qn à sa prière

einschließlich I. *Präp + Gen* y compris; **~ aller Ausgaben** y compris toutes les dépenses, toutes les dépenses comprises
II. *Adv* inclus(e), inclusivement; **bis Seite 25 ~** jusqu'à la page 25 incluse [*o* inclusivement]

ein|schlummern *itr V + sein geh* ❶ *(einschlafen)* s'assoupir
❷ *euph (sterben)* s'en aller *(euph)*

Einschluss[RR] *m* ❶ GEOL inclusion *f*
❷ *(Einbeziehung, Einberechnung)* **alle Fahrzeuge mit** [*o* **unter**

~ der Fahrräder *form* tous les véhicules, y compris les bicyclettes
ein|schmeicheln *r V* **sich** ~ s'insinuer; **sich bei jdm** ~ s'insinuer dans les bonnes grâces de qn
einschmeichelnd *Adj Stimme* enjôleur(-euse), langoureux(-euse); *Musik* langoureux(-euse)
ein|schmeißen *tr V unreg fam* péter [à coups de pierres] *(fam) Fenster;* **ein Fenster** ~ péter une fenêtre [à coups de pierres]
ein|schmelzen *tr V unreg* [re]fondre *Metall, Münzen*
ein|schmieren I. *tr V fam* ❶ *(einölen)* graisser, lubrifier *Metallteil*
❷ *(eincremen)* [**jdm**] **den Rücken mit etw** ~ enduire le dos [de qn] de qc
II. *r V fam* **sich mit Sonnenöl** ~ s'enduire le corps d'huile solaire
ein|schmuggeln I. *tr V* ❶ *(einschleusen)* introduire clandestinement; **jdn in ein Land** ~ introduire qn clandestinement dans un pays
❷ *(hineinschaffen)* **etw** ~ glisser qc subrepticement; **Drogen/Devisen in ein Land** ~ introduire de la drogue/des devises en fraude dans un pays
II. *r V* **sich** ~ s'infiltrer, s'insinuer
ein|schnappen *itr V + sein* ❶ *Tür, Türschloss:* se [re]fermer
❷ *fam (beleidigt sein)* **eingeschnappt sein** faire la gueule *(fam)*
ein|schneiden *unreg* I. *tr V* ❶ *(einen Schnitt machen)* entailler *Papier, Stoff*
❷ *(hineinschneiden)* **einen Namen/ein Zeichen in etw** *(Akk)* ~ graver un nom/un signe dans qc
❸ *(dazutun)* **Gemüse in den Eintopf** ~ couper des légumes directement dans la potée
❹ GEOG **in den Fels eingeschnitten** [sein] *Tal, Flussbett:* [être] entaillé(e) dans la roche
II. *itr V* [**in die Haut**] ~ rentrer dans la peau
einschneidend *Adj Bedeutung* décisif(ive); *Veränderung, Wirkung* radical(e)
ein|schneien *itr V + sein Auto, Haus:* se couvrir de neige; **eingeschneit** [sein] *Person:* [être] bloqué(e) par la neige; *Haus, Landschaft:* [être] recouvert(e) de neige
Einschnitt *m* ❶ GEOG entaille *f;* **ein** ~ **im Fels** une entaille dans la roche
❷ *(Schnitt)* coupure *f* [accidentelle]; *(in eine Baumrinde)* entaille *f*
❸ MED incision *f;* **einen** ~ **in etw** *(Akk)* **machen** faire une incision dans qc
❹ *(Zäsur)* **das ist ein** ~ **in seinem Leben** cela marque une coupure [*o* un tournant] dans sa vie
ein|schnüren *tr V* serrer, comprimer; **jdm die Taille** ~ serrer [*o* comprimer] la taille de qn
ein|schränken I. *tr V* ❶ *(reduzieren)* restreindre *Ausgaben, Alkoholkonsum;* **das Essen** ~ se restreindre sur la nourriture
❷ *(beschränken)* restreindre *Rechte, Vollmachten;* **jdn in seiner Freiheit/seinen Befugnissen** ~ restreindre la liberté/l'autorité de qn
II. *r V* **sich** ~ se restreindre, restreindre son train de vie
einschränkend I. *Adj* restrictif(-ive)
II. *Adv* à titre restrictif
Einschränkung <-, -en> *f* ❶ *(Beschränkung)* restriction *f;* ~ **en machen** apporter des restrictions; **mit** ~ [**en**] avec des réserves; **mit der** ~, **dass** sous réserve que + *subj;* **ohne** ~ [**en**] sans restriction
❷ *kein Pl (das Reduzieren) des Alkoholkonsums* réduction *f*
ein|schrauben *tr V* visser
Einschreib[e]brief *m* lettre *f* recommandée; **als** ~ en recommandé **Einschreib[e]gebühr** *f* ❶ POST taxe *f* de recommandation ❷ UNIV droits *mpl* d'inscription
ein|schreiben *unreg* I. *tr V* **etw** ~ **lassen** envoyer qc en recommandé; **eingeschrieben** *Brief, Päckchen* recommandé(e)
II. *r V* ❶ **sich in eine Liste/für einen Kurs** ~ s'inscrire sur une liste/pour un cours
❷ *(sich immatrikulieren)* **sich für etw** ~ s'inscrire en qc
Einschreiben *nt* [envoi *m*] recommandé *m;* ~ **mit Rückschein** [envoi *m*] recommandé m avec accusé de réception; **etw als** [*o* **per**] ~ **schicken** envoyer qc en recommandé
Einschreibung *f* inscription *f*
ein|schreien *tr V unreg* incendier *(fam);* **auf jdn** ~ incendier qn
ein|schreiten *itr V unreg + sein* intervenir; **gegen jdn** ~ intervenir contre qn; **gegen etw** ~ prendre des mesures contre qc
Einschreiten <-s> *nt* intervention *f;* **das** ~ **gegen jdn** l'intervention *f* contre qn; **das** ~ **gegen etw** les mesures *fpl* prises contre qc
ein|schrumpeln *itr V + sein fam Frucht:* se ratatiner; *Haut:* se rider
ein|schrumpfen *itr V + sein Wäschestück:* rétrécir; *Frucht:* se ratatiner
Einschub *m* rajout *m*
ein|schüchtern *tr V* intimider; **jdn durch Drohungen/mit einer Waffe** ~ intimider qn par des menaces/avec une arme
Einschüchterung <-, -en> *f* intimidation *f*
Einschüchterungsversuch *m* manœuvre *f* d'intimidation
ein|schulen *tr V* scolariser; **eingeschult werden** être scolarisé(e)

Einschulung *f* scolarisation *f;* **der Tag der** ~ le premier jour d'école
Einschuss[RR] *m (in einem Gebäude)* [point *m* d']impact *m; (im Körper)* [marque *f* de] blessure *f* par balle
Einschussloch[RR] *nt*, **Einschussstelle**[RR] *f* [point *m* d']impact *m* [d'une balle]
ein|schütten I. *tr V* [**jdm**] **etw** ~ verser qc [à qn]
II. *r V* **sich** *(Dat)* **etw** ~ se verser qc; **sich noch einmal** ~/**sich noch Tee** ~ se resservir/reprendre du thé
ein|schweißen *tr V* ❶ emballer sous vide *Nahrungsmittel;* **Nahrungsmittel** ~ emballer des aliments sous vide; **ein Buch** ~ emballer un livre sous plastique; **Gewürze in Plastikfolie** ~ emballer des épices sous film plastique
❷ TECH souder *Rohrstück, Blechstück*
Einschweißfolie [-liə] *f* plastique *m* transparent *(pour conditionner des denrées sous vide)*
ein|schwören *tr V unreg* imposer; **jdn auf etw** *(Akk)* ~ imposer qc à qn
ein|segnen *tr V* ❶ consacrer *Kirche;* bénir *Haus*
❷ *(konfirmieren)* confirmer
Einsegnung *f* ❶ *einer Kirche* consécration *f; eines Hauses* bénédiction *f*
❷ *(Konfirmation)* confirmation *f*
einsehbar *Adj Gelände, Raum* visible
ein|sehen *tr V unreg* ❶ *(begreifen)* reconnaître; ~, **dass man sich geirrt hat** admettre [*o* reconnaître] qu'on s'est trompé(e); ~ **einen Fehler gemacht zu haben** reconnaître avoir fait une erreur; **das sehe ich nicht ein!** je ne suis pas d'accord!; **ich sehe nicht ein, warum** ... je ne vois pas pourquoi ...
❷ *(prüfen) (eingehend)* examiner; *(flüchtig)* prendre connaissance de
❸ *(hineinsehen)* avoir vue sur *Garten, Gelände;* **der Innenhof kann nicht eingesehen werden** on ne peut pas voir la cour intérieure
Einsehen <-> *nt* **ein** ~ **haben** se montrer compréhensif(-ive); **kein** ~ **haben** ne rien vouloir entendre; **so haben Sie doch ein** ~! faites donc preuve de compréhension!
ein|seifen *tr V* ❶ savonner; **jdn/sich** ~ savonner qn/se savonner; **sich** *(Dat)* **das Gesicht** ~ se savonner le visage; *(mit Rasierseife)* se savonner la barbe [*o* le visage]
❷ *fam (mit Schnee einreiben)* **jdn mit Schnee** ~ frictionner qn de neige
❸ *fam (hintergehen)* rouler *(fam)*
einseitig I. *Adj* ❶ *Liebe, Zuneigung* non partagé(e); *Willenserklärung, Absicht* unilatéral(e)
❷ MED localisé(e) d'un côté
❸ *(unausgewogen) Ausbildung, Studium* trop spécialisé(e); *Begabung* limité(e) [à un seul domaine]; *Ernährung* peu varié(e), peu équilibré(e)
❹ *(voreingenommen)* partial(e)
II. *Adv* ❶ *(auf einer Seite)* d'un [seul] côté; *s. a.* **halbseitig**
❷ *(unausgewogen)* **sich** ~ **ernähren** avoir une alimentation peu variée [*o* déséquilibrée]
❸ *(parteiisch)* avec partialité
Einseitigkeit <-, *selten* -en> *f* ❶ *(Voreingenommenheit)* partialité *f*
❷ *(Unausgewogenheit) der Ausbildung* manque *m* de diversité; *der Ernährung* déséquilibre *m*
ein|senden *tr V unreg* envoyer; **etw an jdn/etw** ~ envoyer qc à qn/qc
Einsender(in) *m(f)* expéditeur(-trice) *m(f)*
Einsendeschluss[RR] *m* date *f* limite d'envoi; **der** ~ **für etw** la date limite d'envoi de qc; **am 31. Mai ist** ~ la date limite est fixée au 31 mai
Einsendung *f* ❶ *kein Pl (das Einsenden)* envoi *m*
❷ *(Zuschrift)* réponse *f*
Einser <-s, -> *m fam (Schulnote)* excellente note entre dix-huit et vingt
ein|setzen I. *tr V* ❶ *(einfügen)* poser *Fensterscheibe, Ersatzteil*
❷ *(einnähen)* poser *Flicken, Innentasche;* monter *Ärmel;* **den Kragen in das Hemd** ~ poser le col sur la chemise
❸ *(hineinschreiben)* inscrire *Lösungswort, Ziffer*
❹ *(ernennen)* instituer *Komitee, Gremium;* **jdn zum** [*o* **als**] **Erben** ~ instituer qn héritier
❺ *(zum Einsatz bringen)* faire appel à *Truppen, Polizei;* avoir recours à *Waffen;* **Tränengas gegen jdn** ~ avoir recours au gaz lacrymogène contre qn; **einen Sonderzug** ~ mettre un train supplémentaire en service
❻ *(aufbieten)* déployer *Kraft;* **Mittel** ~ mettre des moyens en œuvre; **sein Leben** ~ mettre sa vie en jeu
❼ SPIEL jouer *Spielfigur, Los;* miser *Geldbetrag, Jeton*
II. *itr V* ❶ *(beginnen) Musik, Krach, Wehen:* commencer; *Sturm:* se mettre à souffler; *Regen:* se mettre à tomber; **die Ebbe/Flut setzt**

ein la marée commence à descendre/monter; **bei jdm ~** *Fieber, Beschwerden, Leichenstarre:* survenir chez qn; **verstärkt ~** *Lärm, Sturm, Regen:* reprendre de plus belle

❷ MUS *Musiker:* attaquer

III. *r V* ❶ *(sich engagieren)* **sich ~** s'investir; **sich voll ~ se donner à fond**

❷ *(sich verwenden für)* **sich für jdn/etw ~** intervenir en faveur de qn/œuvrer pour qc; **sich bei jdm dafür ~, dass die Haftbedingungen erleichtert werden** intervenir auprès de qn pour que les conditions de détention soient adoucies

Einsetzung <-, -en> *f* ❶ *einer Kommission* institution *f*; **ihre ~ in dieses Amt** son installation dans ces fonctions

❷ JUR *(persönliche Surrogation)* désignation *f*

Einsicht *f* ❶ *(Vernunft)* raison *f*; **jdn zur ~ bringen** faire entendre raison à qn; **zur ~ kommen** [*o* **gelangen**] se rendre à la raison, [finir par] devenir raisonnable

❷ *(Erkenntnis)* révélation *f*; **jdn zur ~ bringen, dass es so besser ist** faire comprendre à qn que c'est préférable ainsi; **zu der ~ kommen, dass eine Veränderung notwendig ist** en arriver à la conclusion qu'un changement est nécessaire

❸ *(Durchsicht)* **~ in die Akten/Unterlagen** consultation *f* des dossiers/documents; **jdm etw zur ~ vorlegen** présenter qc à qn pour examen; **~ in die Akten nehmen** prendre connaissance des [*o* consulter les] dossiers; **jdm die ~ in etw** *(Akk)* **verwehren** refuser à qn le droit de consulter qc

❹ *(Blick, Einblick)* **~ in das Zimmer/den Garten** vue *f* sur la pièce/le jardin

einsichtig *Adj* ❶ *(vernünftig)* sensé(e); **~ sein** se montrer raisonnable

❷ *(verständlich)* plausible; **es ist nicht ~, warum ...** la raison pour laquelle ... n'est pas évidente; **ist das ~ für dich?** c'est clair pour toi?

Einsichtnahme <-, -n> *f form* prise *f* de connaissance, consultation *f*

ein|sieden <sott *o* siedete ein, eingesotten> *tr V* A *fam* conserver *Früchte*

Einsiedler(in) *m(f)* ❶ REL ermite *m*

❷ *fig* ermite *m*, sauvage *m*

Einsiedlerkrebs *m* ZOOL bernard-l'ermite *m inv*

einsilbig *Adj* ❶ *Wort* monosyllabique

❷ *(wortkarg) Person* laconique, peu loquace; *Antwort* laconique

Einsilbigkeit <-> *f einer Person* caractère *m* peu loquace

ein|sinken *itr V unreg + sein* [s']enfoncer; **in etw** *(Akk o Dat)* **~** [s']enfoncer dans qc

ein|sitzen *itr V unreg form Sträfling:* purger une peine de prison *(form)*

ein|sortieren* *tr V* classer *Dias, Papiere, Karteikarten;* **etw in die Fächer der Schublade ~** ranger qc dans les compartiments du tiroir

einspaltig *Adj Artikel* d'une colonne; **~ sein** être sur une colonne; **etw ~ setzen** composer qc sur une colonne

ein|spannen *tr V* ❶ atteler *Ochsen, Pferd*

❷ *(hineinspannen)* serrer *Werkstück;* placer *Briefbogen*

❸ *fam (heranziehen)* **jdn für etw ~** mettre qn à contribution pour qc; **sich für etw ~ lassen** se laisser embrigader dans qc; *s. a.* **eingespannt**

Einspänner <-s, -> *m* ❶ *(Kutsche)* cabriolet *m*

❷ A *(Kaffee)* cappuccino *m*

einspännig I. *Adj* à [*o* tiré(e) par] un cheval

II. *Adv* **~ fahren** se promener attelé(e) à un seul cheval

ein|sparen *tr V* ❶ ÖKOL économiser, faire des économies de *Energie, Strom, Wasser*

❷ FIN économiser sur *Ausgaben, Geld, Löhne*

Einsparung <-, -en> *f* ❶ ÖKOL *von Energie, Strom, Wasser* économie *f*

❷ FIN compression *f*; **der Zwang zur ~ unnötiger Kosten** l'obligation d'éviter des frais inutiles

ein|speichern *tr V* INFORM entrer; **Daten in den Rechner ~** entrer des données dans l'ordinateur

ein|speisen *tr V* ❶ alimenter *Strom;* **Strom in das Netz ~** alimenter le réseau en courant [électrique]; **Programme in das Kabelnetz ~** diffuser des programmes sur le réseau câblé

❷ INFORM entrer *Daten, Programme*

ein|sperren *tr V* ❶ enfermer; **jdn in einen** [*o* **einem**] **Raum ~** enfermer qn dans une pièce

❷ *fam (inhaftieren)* coffrer *(fam);* **der/die gehört eingesperrt!** il faudrait le/la coffrer! *(fam)*

ein|spielen I. *r V* ❶ **sich ~** *Regelung, Zusammenarbeit:* se roder

❷ *(sich aneinander gewöhnen)* **sich aufeinander ~** *Beziehungspartner:* apprendre à se connaître; *Kollegen:* apprendre à travailler ensemble; *s. a.* **eingespielt**

❸ SPORT **sich ~** *Spieler:* s'échauffer; *Mannschaft:* trouver ses automatismes

II. *tr V* ❶ *(einbringen)* couvrir *Kosten*

❷ *(senden)* diffuser *Beitrag*

Einsprache CH *s.* **Einspruch**

einsprachig *Adj Wörterbuch* unilingue, monolingue

ein|sprechen *itr V unreg* **auf jdn ~** essayer de convaincre qn

ein|sprengen *tr V* humecter *Wäschestück*

ein|springen *itr V unreg + sein* ❶ *(vertreten)* venir à la rescousse; **für jdn ~** remplacer qn au pied levé

❷ *(finanziell aushelfen)* mettre la main au porte-monnaie; **mit hundert Euro ~** mettre cent euros de sa poche

Einspritzanlage *f* dispositif *m* à injection **Einspritzdüse** *f* injecteur *m*

ein|spritzen *tr V* ❶ MED injecter; **jdm etw ~** injecter qc à qn

❷ AUT injecter

Einspritzer <-s, -> *m*, **Einspritzmotor** *m* moteur *m* à injection

Einspritzpumpe *f* pompe *f* d'injection

Einspruch *m* ❶ *(Einwand)* objection *f*; **gegen etw ~ erheben** élever une protestation contre qc

❷ *(Rechtsmittel)* recours *m*; **gegen etw ~ einlegen** [*o* **erheben**] déposer un recours contre qc

einspurig I. *Adj* ❶ *Strecke* à une voie

❷ *pej Denken* sectaire

II. *Adv* ❶ *befahrbar* sur une [seule] voie

❷ *pej denken* de façon sectaire

einst *Adv* ❶ *(früher)* autrefois; **Russland ~ und heute** la Russie d'hier et d'aujourd'hui

❷ *geh (in Zukunft)* un jour

ein|stampfen *tr V* ❶ fouler *Trauben, Kohl*

❷ *(vernichten) Bücher ~* mettre des livres au pilon

Einstand *m* ❶ *(Arbeitsanfang)* entrée *f* en fonction; **seinen ~ geben** [*o* **feiern**] arroser son entrée en fonction[s]

❷ *kein Pl* TENNIS égalité *f*

ein|stechen *itr V unreg* **mit einem Messer auf jdn/etw ~** larder qn/qc de coups de couteau

ein|stecken *tr V* ❶ *(in die Tasche tun)* mettre dans sa poche; **etw ~** mettre qc dans sa poche

❷ *(mitnehmen)* **ich habe vergessen Geld einzustecken** j'ai oublié de prendre de l'argent [avec moi]

❸ *fam (in die eigene Tasche stecken)* rafler *(fam)*

❹ *fam (einwerfen)* **einen Brief ~** mettre une lettre à la boîte

❺ *fam (hinnehmen, erleiden)* encaisser *(fam)*

❻ *(anschließen)* brancher *Stecker*

Einstecktuch *nt* pochette *f*

ein|stehen *itr V unreg + sein* ❶ *(sich verbürgen)* répondre; **für jdn/etw ~** répondre de qn/qc; **dafür ~, dass es klappen wird** garantir que ça va marcher; **mit seinem Wort dafür ~, dass** donner sa parole que + *indic*

❷ *(aufkommen)* **für einen Schaden ~** répondre d'un dommage

ein|steigen *itr V unreg + sein* ❶ *(besteigen)* monter; **in ein Auto/einen Zug ~** monter en voiture/dans un train; **bitte ~!** en voiture, s'il vous plaît!

❷ *fam (hineinklettern)* **durch das Fenster/über den Balkon in eine Wohnung ~** pénétrer dans un appartement en passant par la fenêtre/en escaladant le balcon

❸ *fam (sich beteiligen)* **in ein Geschäft ~** entrer dans une affaire; **in die Politik ~** se lancer dans la politique

einstellbar *Adj* réglable; **auf etw** *(Akk)* **~** réglable en fonction de qc

ein|stellen I. *tr V* ❶ embaucher; **jdn** [**als Buchhalter**] **~** embaucher qn [comme comptable]

❷ *(beenden)* cesser *Arbeit, Erscheinen, Kampfhandlungen;* stopper *Projekt;* suspendre *Prozess;* **ein Verfahren ~** rendre un non-lieu

❸ *(regulieren, justieren)* régler; **das Fernglas auf die richtige Entfernung ~** régler les jumelles à la bonne distance

❹ *(hineinstellen)* ranger *Buch,* garer *Auto*

❺ *(egalisieren)* égaler *Rekord*

II. *r V* ❶ *(auftreten)* **sich ~** *Zweifel:* se manifester; *Beschwerden, Fieber, Übelkeit:* survenir; *Schmerzen:* se faire sentir; **ernsthafte Bedenken stellten sich bei ihr ein** de sérieuses réserves se sont manifestées chez elle

❷ *(sich anpassen)* **sich auf jdn/etw ~** se mettre au diapason de qn/qc

❸ *(sich vorbereiten)* **sich auf etw** *(Akk)* **~** se préparer mentalement à qc; **ich hatte mich auf deinen Besuch eingestellt** j'attendais ta visite

❹ *(sich einfinden)* **sich ~** *Person:* paraître

III. *itr V Firma:* embaucher

einstellig *Adj* à un chiffre; **~ sein** avoir un seul chiffre

Einstellknopf *m* bouton *m* de réglage **Einstellplatz** *m* place *m* [*o* emplacement *m*] de parking **Einstellschraube** *f* molette *f* [de mise au point]

Einstellung *f* ❶ *von Mitarbeitern* embauche *f*

❷ *(Beendigung) einer Arbeit, Suche, eines Projekts* interruption *f*;

des Geschäftsbetriebs, Verfahrens suspension *f*; **Antrag auf ~ des Verfahrens** demande *f* de suspension [*o* d'interruption]
❸ *(Regulierung, Justierung)* réglage *m*; *der Blende, Entfernung* réglage *m*, mise *f* au point
❹ *(Kameraeinstellung)* plan *m*; **eine lange ~** un plan-séquence
❺ *meist Pl* INFORM paramètre *m*
❻ *(Haltung, Meinung)* **ihre ~ zu dieser Frage** sa position au sujet de cette question; **seine ~ zum Leben** sa conception de la vie; **eine kritische ~ zu etw haben** [*o* **vertreten**] être critique vis-à-vis de qc; **die richtige ~ mitbringen** faire preuve du bon état d'esprit; **das ist die falsche ~** c'est la mauvaise attitude
Einstellungsbedingung *f* condition *f* d'embauche **Einstellungsbescheid** *m* avis *m* d'embauche **Einstellungsgespräch** *nt* entretien *m* d'embauche **Einstellungsstopp** *m* gel *m* de l'embauche; **einen ~ beschließen** décider de geler l'embauche **Einstellungstermin** *m* date *f* d'embauche
Einstich *m* piqûre *f*
Einstieg <-[e]s, -e> *m* ❶ *(Tür, Öffnung)* porte *f*, portière *f*
❷ *kein Pl (das Einsteigen)* **der ~ ist hinten** la montée se fait à l'arrière; **~ nur mit Fahrausweis** accès réservé aux personnes munies d'un titre de transport; **[hier] kein ~!** montée interdite!
❸ *(Zugang)* **der ~ in die Materie** l'initiation *f* à cette matière; **für den ~ in die EDV** pour s'initier à l'informatique
❹ *kein Pl (Übernahme, Anwendung)* **~ in die Marktwirtschaft/Kernenergie** entrée *f* dans l'économie de marché/adoption *f* de l'énergie nucléaire
❺ ALPIN **der ~ in die Bergwand** l'ascension *f* de la paroi rocheuse
Einstiegsdroge *f* drogue *f* douce *(favorisant l'escalade vers les substances dures)*
einstig *Adj attr* ancien(ne) antéposé
ein|stimmen I. *itr V* ❶ *(mitsingen)* se mettre également à chanter; **in einen Kanon [mit] ~** reprendre un canon
❷ *(sich anschließen)* faire chorus; **in etw** *(Akk)* **~** s'associer à qc
II. *tr V* **jdn/sich auf ein Fest ~** mettre qn/se mettre dans l'ambiance de la fête
einstimmig I. *Adj* ❶ *Lied* à une [seule] voix
❷ *(einmütig) Beschluss, Wahl* unanime; **~ es Votum** vote *f* à l'unanimité
II. *Adv* ❶ *singen* à l'unisson
❷ *(einmütig) wählen* à l'unanimité; *erklären* unanimement; **etw ~ beschließen** adopter qc à l'unanimité
Einstimmigkeit <-> *f* unanimité *f*
Einstimmung *f kein Pl* **zur ~ auf die Veranstaltung** comme prélude à la manifestation
einstmals *s.* **einst**
einstöckig *Adj* à un [*o* d'un] étage; **~ sein** avoir un [seul] étage
ein|stöpseln *tr V fam* brancher
ein|stoßen *tr V unreg* enfoncer
Einstrahlung <-, -en> *f* METEO irradiation *f*
ein|streichen *tr V unreg* ❶ *fam (einheimsen)* empocher
❷ *(bestreichen)* **etw mit Kleister ~** passer une couche de colle sur qc
ein|streuen *tr V* ❶ *(einflechten)* glisser *Bemerkung*; **eine Bemerkung in etw** *(Akk)* **~** glisser une remarque dans qc; **einige Zitate in etw** *(Akk)* **~** parsemer qc de quelques citations
❷ *(ganz bestreuen)* **etw mit Streusalz ~** saler qc
ein|strömen *itr V + sein* ❶ *(zusammenströmen) Luft, Wind:* arriver; **nach Süddeutschland ~** *Luft, Wind:* arriver sur l'Allemagne du sud; **~ de Kaltluft** un flux d'air froid
❷ *(hineindringen) Gas:* se répandre; *Wasser:* s'engouffrer; **in den Raum war Gas eingeströmt** le gaz s'était répandu dans la pièce
einstrophig *Adj* à un [seul] couplet; **~ sein** avoir un [seul] couplet
ein|studieren* *tr V* répéter, étudier *Lied, Gedicht, Rolle*; **etudier** *Antwort, Grimasse*; **einstudiert** *Antwort* préparé(e), tout(e) prêt(e); *Gebärde* étudié(e), calculé(e)
ein|stufen *tr V* [re]classer *Person*; classer *Produkt*; **etw in eine Güteklasse ~** classer qc dans une catégorie
einstufig *Adj* à un étage
Einstufung <-, -en> *f* classification *f*; *(Umstufung)* [re]classement *m*; **die ~ in eine höhere Gehaltsklasse** le [re]classement à un échelon [salarial] supérieur; **~ nach der Leistungsfähigkeit** classification axée sur la performance
einstündig *Adj attr* d'une heure; **~ sein** durer une heure
ein|stürmen *itr V + sein* **auf jdn ~** *Journalisten, Fans:* se précipiter sur qn; *Eindrücke, Gerüche:* assaillir qn; **mit Bitten/Fragen auf jdn ~** assaillir qn de demandes/questions
Einsturz *m eines Gebäudes* écroulement *m*; *einer Decke* effondrement *m*; *einer Mauer* éboulement *m*; **etw zum ~ bringen** faire s'écrouler/s'effondrer/s'ébouler qc
ein|stürzen *itr V + sein* ❶ *(zusammenbrechen) Gebäude:* s'écrouler; *Decke:* s'effondrer; *Mauer:* s'ébouler
❷ *(eindringen)* **auf jdn ~** *Ereignisse:* s'abattre sur qn
Einsturzgefahr *f* risque *m* d'écroulement/d'effondrement/

d'éboulement; **[es besteht] ~** [il y a] risque *m* d'écroulement/d'effondrement/d'éboulement
einstweilen *Adv* ❶ *(vorläufig)* momentanément
❷ *(in der Zwischenzeit)* entre-temps
einstweilig *Adj attr Schließung, Sperrung* temporaire; **Anordnung** provisoire
ein|suggerieren* *tr V* souffler; **jdm etw ~** souffler qc à qn; **jdm ~, dass** faire croire à qn que + *indic*
eintägig *Adj attr* d'une [seule] journée
Eintagsfliege *f* ❶ ZOOL éphémère *m o f*
❷ *fig* chose *f* éphémère
ein|tätowieren* *tr V* tatouer; **sich** *(Dat)* **etw ~ lassen** se faire tatouer qc; **eintätowiert** tatoué(e)
ein|tauchen I. *tr V + haben* tremper; **etw in den Kaffee/die Farbe ~** tremper qc dans le café/la couleur
II. *itr V + sein* **in etw** *(Akk)* **~** *Person:* plonger dans qc; *U-Boot:* s'enfoncer dans qc
Eintausch *m eines Gutscheins* échange *m*; *von Banknoten* change *m*
ein|tauschen *tr V* ❶ *(tauschen)* échanger, troquer; **etw gegen etw ~** échanger [*o* troquer] qc contre qc
❷ *(umtauschen)* changer *Devisen*
eintausend *Num form* mille
ein|teilen *tr V* ❶ *(aufteilen)* répartir *Vorräte, Urlaub*; **sich** *(Dat)* **die Arbeit/die Zeit ~** répartir son travail/son temps; **ich habe mir das so eingeteilt, dass** je me suis organisé(e) de telle sorte que + *indic o subj*
❷ *(verpflichten)* **jdn zu etw ~** affecter qn à qc
❸ *(unterteilen)* subdiviser *Skala*; **etw in Abschnitte ~** [sub]diviser qc en segments; **etw in Unterarten ~** classer qc en sous-espèces
Einteiler <-s, -> *m* SPORT maillot *m* une pièce
einteilig *Adj* une pièce; **ein ~ er Badeanzug** un [maillot] une pièce
Einteilung *f* ❶ *(Aufteilung) der Vorräte, Zeit, des Geldes* répartition *f*
❷ *(Verpflichtung)* **~ zum Wachdienst** affectation *f* au service de garde
ein|tippen *tr V* saisir *Daten, Text*; **etw in den Computer ~** entrer qc dans l'ordinateur
eintönig I. *Adj Musik, Arbeit* monotone; *Landschaft, Leben* uniforme, monotone; *Stimme* monocorde
II. *Adv vortragen* de façon monocorde; **~ klingen** rendre un son monotone
Eintönigkeit <-> *f der Musik, Stimme, Arbeit* monotonie *f*; *der Landschaft, des Lebens* uniformité *f*, monotonie *f*
Eintopf *m*, **Eintopfgericht** *nt* potée *f*
Eintracht <-> *f* concorde *f*; **in ~** dans la concorde
einträchtig I. *Adj Atmosphäre, Stimmung* cordial(e); **ein ~ es Zusammenleben** une vie partagée dans la concorde
II. *Adv* dans la concorde
Eintrag <-[e]s, Einträge> *m* ❶ *(Vermerk)* note *f*
❷ JUR inscription *f*
❸ SCHULE avertissement *m*
❹ *(Artikel in einem Wörterbuch, Lexikon)* article *m*
❺ *form (Einleiten) von Schadstoffen, Abwässern* émission *f*
ein|tragen *tr V unreg* ❶ *(einschreiben)* inscrire; **jdn/sich in eine Liste ~** inscrire qn/s'inscrire sur une liste
❷ JUR **jdn/etw ins Handelsregister ~** inscrire qn/qc au registre du commerce; **etw amtlich ~** enregistrer qc; *s. a.* **eingetragen**
❸ *(einzeichnen)* **etw auf einer Karte ~** inscrire [*o* porter] qc sur une carte
❹ *geh (einbringen)* **jdm Neid/Anerkennung ~** valoir des jalousies/de la considération à qn
einträglich *Adj* lucratif(-ive)
Eintragung <-, -en> *f (Vermerk)* note *f*
ein|träufeln *tr V* instiller *(form)*; **jdm etw ~** instiller qc à qn *(form)*; **sich** *(Dat)* **Tropfen ins Ohr ~** se mettre des gouttes dans l'oreille
ein|treffen *itr V unreg + sein* ❶ *(ankommen)* arriver; **am Ziel/in Frankfurt/bei jdm ~** arriver au but/à Francfort/chez qn
❷ *(in Erfüllung gehen) Prophezeiung:* s'accomplir; *Vorhersage:* se vérifier; *Katastrophe:* se produire
ein|treiben *tr V unreg* ❶ rentrer *Vieh, Herde*
❷ *(einziehen)* recouvrer *Geld, Steuern*
Eintreibung <-, -en> *f von Geld, Steuern* recouvrement *m*
ein|treten *unreg* **I.** *itr V* ❶ *+ sein (betreten)* entrer; **in den Raum ~** entrer dans la pièce
❷ *+ sein (beitreten)* **in eine Partei/einen Club ~** entrer dans un parti/un club
❸ *+ sein (beginnen)* **mit jdm in Verhandlungen/eine Diskussion ~** entrer en négociations/discussion avec qn
❹ *+ sein (sich ereignen) Fall, Besserung:* se produire; *Verschlechterung, Übelkeit:* se manifester; *Bewusstlosigkeit, Tod:* intervenir; **das Eintreten** l'apparition *f*
❺ *+ sein (auftreten) Stille:* se faire; *Tauwetter, Schneeschmelze:* arriver
❻ *+ sein (gelangen)* **in die Umlaufbahn ~** se mettre sur orbite;

eintrichtern – einwirken

einwilligen	
einwilligen	**donner son accord**
Einverstanden!/Okay!/Abgemacht!	D'accord!/O.k.!/Marché conclu!
Kein Problem!	Pas de problème!
Geht in Ordnung!	D'accord!/Ça marche!
Wird gemacht!/Mach ich!	Ce sera fait!/Je le fais!

[wieder] **in die Erdatmosphäre ~** rentrer dans l'atmosphère terrestre
❼ + *sein (sich einsetzen)* **für jdn/etw ~** prendre fait et cause pour qn/défendre qc
❽ + *haben (treten)* **auf jdn ~** donner des coups de pied à qn
II. *tr V* + *haben* ❶ *(zerstören)* **die Tür ~** défoncer la porte [à coups de pied]
❷ *(sich eindrücken)* **sich** *(Dat)* **einen Dorn ~** s'enfoncer une épine dans le pied
ein|trichtern *tr V fam* seriner *(fam);* **jdm etw ~** seriner qc à qn *(fam)*
Eintritt *m* ❶ *(das Betreten)* entrée *f;* **~ in den Raum** entrée *f* dans la pièce; **~ verboten!** entrée interdite!, défense d'entrer!
❷ *(Beitritt)* **~ in einen Club** entrée *f* dans un club; **sich zum ~ in eine Partei entschließen** se décider d'entrer à un parti
❸ *(Eintrittsgeld)* entrée *f*
❹ *(Einlass)* **~ in ein Museum** entrée *f* dans un musée; **~ frei** entrée libre; *(bei Besichtigungen)* entrée gratuite
❺ JUR **~ in ein Vertragsverhältnis** adhésion *f* au rapport contractuel; **~ in ein Rechtsverhältnis** ouverture *f* d'un rapport de droit
❻ *(Beginn) des Winters* arrivée *f;* **bei ~ der Dunkelheit** à la tombée de la nuit; **der ~ des Todes** *form* le décès *(form)*
Eintrittsgeld *nt* prix *m* d'entrée **Eintrittskarte** *f* ticket *m* d'entrée **Eintrittspreis** *m* prix *m* d'entrée
ein|trocknen *itr V* + *sein* ❶ *(trocknen) Blut, Farbe, Sauce:* sécher; **eingetrocknet** séché(e)
❷ *(verdunsten) Bach, Teich:* s'assécher; **eingetrocknet** asséché(e), tari(e)
❸ *(trocken werden) Frucht, Käse:* sécher, se dessécher
ein|trüben *r V unpers* **sich ~** se brouiller
Eintrübung *f* détérioration *f* du temps
ein|trudeln *itr V* + *sein fam* se pointer *(fam)*
ein|tunken *tr V* DIAL tremper; **Brot in etw** *(Akk)* **~** tremper du pain dans qc
ein|üben *tr V* répéter *Rolle, Stück*
ein|verleiben* *tr V* ❶ *(eingliedern)* annexer *Gebiet;* absorber *Firma;* **einem Land ein Gebiet ~** annexer un territoire à un pays; **einem Konzern eine Firma ~** absorber une firme dans un groupe
❷ *(hinzufügen)* **etw einer Ausstellung ~** s'approprier qc pour enrichir une exposition
❸ *hum fam (verzehren)* **sich** *(Dat)* **etw ~** engouffrer qc *(fam)*
Einverleibung <-, -en> *f eines Gebietes* annexion *f; einer Firma* absorption *f*
Einvernahme A, CH *s.* **Vernehmung**
ein|vernehmen* A, CH *s.* **vernehmen**
Einvernehmen <-s> *nt* accord *m;* **im ~ mit jdm** en accord avec qn; **in gegenseitigem** [*o* **beiderseitigem**] **~** d'un commun accord; **in gutem** [*o* **bestem**] **~** en bonne intelligence
einvernehmlich *form* **I.** *Adj* consensuel(le)
II. *Adv* à l'amiable
einverstanden *Adj* d'accord; **mit jdm/etw ~ sein** être d'accord avec qn/sur qc; **sich mit etw ~ erklären** donner son accord pour qc; **damit ~ sein, dass es so gemacht wird** être d'accord pour que cela soit fait ainsi; **~!** d'accord!
Einverständnis *s.* **Einvernehmen**
Einverständniserklärung *f* accord *m* écrit
Einwaage <-> *f (Reingewicht)* poids *m* net
ein|wachsen¹ [-ks-] *tr V* cirer *Boden;* farter *Skier*
ein|wachsen*² *itr V unreg* + *sein Nagel:* s'incarner
Einwand <-[e]s, **Einwände**> *m* objection *f;* **einen ~ gegen etw haben/vorbringen** avoir/formuler une objection à qc
Einwanderer *m,* **Einwanderin** *f* immigrant(e) *m(f)*
ein|wandern *itr V* + *sein* immigrer; **nach Neuseeland/in die USA ~** immigrer en Nouvelle Zélande/aux États-Unis
Einwanderung *f* immigration *f*
Einwanderungsbehörde *f* office *m* d'immigration **Einwanderungsland** *nt* pays *m* d'immigration **Einwanderungspolitik** *f kein Pl* politique *f* de l'immigration
einwandfrei **I.** *Adj* ❶ *(tadellos)* impeccable; *Benehmen, Leumund* irréprochable; *Lebensmittel* [de qualité] irréprochable

❷ *(unzweifelhaft) Beweis, Tatsache* irréfutable, incontestable
II. *Adv* ❶ *(tadellos)* impeccablement
❷ *(unzweifelhaft)* zeigen formellement; **beweisen, feststehen** de façon irréfutable; *erlogen* incontestablement
Einwanderin ['aɪnvandərɪn] <-, -nen> *f s.* **Einwanderin**
einwärts *Adv* vers l'intérieur
ein|weben *tr V unreg* tisser; **etw in einen Stoff ~** tisser qc dans une étoffe; **eingewebt** tissé(e)
ein|wechseln [-ks-] *tr V* ❶ changer *Geldschein;* **Euro in** [*o* **gegen**] **Dollar ~** changer des euros en [*o* contre] dollars
❷ SPORT **jdn ~** faire jouer qn en remplacement
ein|wecken *tr V* DIAL mettre en conserve; **Obst/Gemüse ~** mettre des fruits/légumes en conserve; **eingeweckt** en conserve
Einwegfeuerzeug *nt* briquet *m* jetable **Einwegflasche** *f* bouteille *f* non consignée **Einwegglas** *nt* verre *m* perdu **Einwegspritze** *f* seringue *f* à usage unique **Einwegverpackung** *f* emballage *m* jetable [*o* perdu]
ein|weichen *tr V* ramollir *Brötchen, Zwieback;* faire tremper *Linsen, Wäsche*
ein|weihen *tr V* ❶ *(eröffnen)* inaugurer
❷ *(vertraut machen)* **jdn in etw** *(Akk)* **~** mettre qn au courant de qc
Einweihung <-, -en> *f* inauguration *f*
Einweihungsfeier *f* cérémonie *f* inaugurale [*o* d'inauguration]
ein|weisen *tr V unreg* ❶ MED hospitaliser; **jdn** [**in ein Krankenhaus**] **~** hospitaliser qn; **jdn in eine psychiatrische Klinik ~** interner qn dans une clinique psychiatrique; **jdn ~ lassen** faire hospitaliser/interner qn
❷ *(unterweisen)* **jdn in seine Aufgaben ~** mettre qn au courant en ce qui concerne ses tâches; **sie hat mich in meine neue Arbeit eingewiesen** elle m'a expliqué en quoi consistait mon travail
❸ *(Zeichen machen)* guider, diriger
Einweisung *f* ❶ MED hospitalisation *f;* **~** [**in ein Krankenhaus**] hospitalisation *f;* **~ in eine psychiatrische Klinik** internement *m* dans une clinique psychiatrique
❷ *(Unterweisung)* **~ in neue Aufgaben** mise *f* au courant en ce qui concerne de nouvelles tâches
ein|wenden *tr V unreg* objecter; **etwas gegen ein Vorhaben ~** objecter quelque chose à un projet; **etwas/nichts gegen etw einzuwenden haben** avoir quelque chose/n'avoir rien à objecter à qc; **etwas gegen jdn ~** reprocher quelque chose à qn; **etwas/nichts gegen jdn einzuwenden haben** avoir quelque chose/n'avoir rien contre qn; **er hat immer etwas einzuwenden** il a toujours quelque chose à redire; **dagegen lässt sich nichts ~** il n'y a rien à y redire
Einwendung *f* ❶ objection *f;* **gegen etw ~en machen** contester qc
❷ JUR contestation *f;* **eine ~ erheben** opposer une exception; *s. a.* **Einwand**
ein|werfen *unreg* **I.** *tr V* ❶ poster *Brief, Umschlag;* glisser *Münze;* **etw in den Postkasten/Automaten ~** mettre qc à la boîte aux lettres/dans le distributeur
❷ *(zerschlagen)* [fra]casser *Fensterscheibe*
❸ SPORT **den Ball ~** remettre le ballon en jeu
❹ *(bemerken)* **eine Bemerkung in die Debatte ~** glisser une remarque dans le débat; **~, dass** faire remarquer que + *indic*
II. *itr V Spieler:* faire la remise en jeu
einwertig *Adj* CHEM monovalent(e)
ein|wickeln **I.** *tr V* ❶ envelopper; **jdn in eine Decke ~** envelopper qn dans une couverture
❷ *fam (überlisten)* embobiner *(fam)*
II. *r V* **sich in etw** *(Akk)* **~** s'enrouler dans qc; **sich warm ~** se couvrir chaudement
ein|willigen *itr V* donner son accord; **in etw** *(Akk)* **~** donner son accord pour qc
Einwilligung <-, -en> *f* accord *m;* **seine ~ zu etw geben** donner son accord à qc; **jdn zur ~ in einen Vertrag zwingen** obliger qn à accepter un contrat
ein|wirken *itr V* ❶ *(beeinflussen)* **auf jdn/etw ~** exercer une influence sur qn/qc

❷ *(Wirkung haben)* **auf etw** *(Akk)* ~ *Kraft:* exercer une action sur qc; *Salbe, Tinktur:* agir sur qc; **etw ~ lassen** laisser agir qc
Einwirkung *f* ❶ *(Einfluss)* influence *f*; **~ auf jdn/etw** influence *f* sur qn/qc; **die Möglichkeit der ~ auf jdn/etw** la possibilité d'influencer qn/qc
❷ *(Wirkung) einer Kraft* effet *m; einer Salbe, eines Mittels* action *f*
einwöchig *Adj Lehrgang, Urlaub* d'une semaine
Einwohner(in) <-, -> *m(f)* habitant(e) *m(f)*
Einwohnermeldeamt *nt* administration locale où chaque changement de domicile doit être déclaré
Einwohnerschaft <-, *selten* -en> *f* population *f*
Einwohnerzahl *f* nombre *m* d'habitants
Einwurf *m* ❶ *kein Pl (das Einwerfen) eines Briefs, Umschlags* postage *m; einer Münze, Altglasflasche* introduction *f*; **~ hier** introduire ici; **~ zwei Euro** introduire deux euros
❷ *(Einwurföffnung) eines Briefkastens* fente *f; eines Automaten, Containers* ouverture *f*
❸ SPORT [re]mise *f* en jeu; **den ~ ausführen** effectuer la touche [*o* la remise en jeu]
❹ *(Bemerkung)* remarque *f*
ein|wurzeln I. *itr V + sein* prendre racine
II. *r V* **sich ~** s'enraciner
Einzahl *f kein Pl* GRAM singulier *m*
ein|zahlen *tr V* verser; **Geld auf ein Konto ~** verser de l'argent sur un compte
Einzahlung *f* versement *m;* **eine ~ vornehmen** faire un versement
Einzahlungsbeleg *s.* **Einzahlungsschein** ❶ **Einzahlungsformular** *nt (für Bareinzahlung)* bordereau *m* de versement en espèces; *(bei Scheckeinreichung)* bordereau *m* remise de chèques **Einzahlungsschalter** *m* guichet *m* de dépôt **Einzahlungsschein** *m* ❶ *(für Bareinzahlung)* reçu *m* de versement en espèces; *(bei Scheckeinreichung)* reçu *m* de remise de chèques ❷ CH *s.* **Zahlkarte**
ein|zäunen *tr V* clôturer
Einzäunung <-, -en> *f* ❶ *(Zaun)* clôture *f*
❷ *kein Pl (das Einzäunen)* **jdn mit der ~ des Gartens beauftragen** charger qn de clôturer le jardin
ein|zeichnen *tr V* faire figurer; **etw auf etw** *(Dat)* **~** faire figurer qc sur qc; **auf einer Karte eingezeichnet sein** figurer sur une carte
einzeilig *Adj Notiz* d'une ligne
Einzel <-s, -> *nt* SPORT simple *m;* **im ~/das ~ gewinnen** gagner en simple/le simple
Einzelanfertigung *f* modèle *m* unique [*o* sur mesure] **Einzelausgabe** *f* édition *f* séparée **Einzelband** <-bände> *m* tome *m* unique **Einzelbett** *nt* lit *m* pour une personne **Einzelblatteinzug** *m* alimentation *f* feuille à feuille **Einzelfahrschein** *m* ticket *m* à l'unité **Einzelfall** *m* cas *m* isolé **Einzelfrage** *f* meist *Pl* question *f* particulière **Einzelgänger(in)** <-s, -> *m(f)* ❶ solitaire *mf* ❷ ZOOL animal *m* solitaire **einzelgängerisch** I. *Adj* solitaire II. *Adv* de façon solitaire **Einzelhaft** *f* isolement *m* cellulaire; **in ~** *(Dat)* **sitzen** être en isolement cellulaire **Einzelhandel** *m* commerce *m* de détail
Einzelhandelsgeschäft *nt* magasin *m* de détail **Einzelhandelskaufmann** *m,* **-kauffrau** *f* détaillant(e) *m(f)* **Einzelhandelspreis** *m* prix *m* de détail
Einzelhändler(in) *m(f)* détaillant(e) *m(f)* **Einzelhaus** *nt* maison *f* individuelle
Einzelheit <-, -en> *f* détail *m;* **nähere ~en** des détails plus précis; **in allen ~en, bis in die kleinsten ~en** [jusque] dans les moindres détails
Einzelkabine *f (Schiffskabine)* cabine *f* individuelle; *(Umkleidekabine)* cabine de déshabillage **Einzelkampf** *m* SPORT rencontre *f* individuelle **Einzelkämpfer(in)** *m(f) fig* combattant(e) *m(f)* solitaire **Einzelkind** *nt* enfant *m* unique; **ein ~ sein** être fils/fille unique
Einzeller <-s, -> *m* BIO [organisme *m*] unicellulaire *m*
einzellig *Adj* BIO unicellulaire
einzeln I. *Adj* ❶ *(separat)* seul(e); **der ~e** [*o* **ein ~er**] **Teller kostet ...** une assiette seule coûte ...; **die ~en Teile des Regals** les différentes parties de l'étagère
❷ *(individuell)* **ein ~er Mensch** un individu seul; **jeder ~e Bürger** chaque citoyen à lui tout seul
❸ *(gesondert, einsam)* isolé(e)
❹ *(einige wenige)* **~e Gäste/Autos** quelques rares invité(e)s/voitures; **~e Fragen/Schauer** des questions/des averses isolées; **Einzelne waren unzufrieden** quelques-un(e)s n'étaient pas satisfait(e)s
❺ *substantivisch (Mensch)* **der Einzelne** l'individu *m;* **ein Einzelner/eine Einzelne** une personne seule; **jeder/jede Einzelne** chacun/chacune en particulier
❻ *substantivisch (manches)* **Einzelnes habe ich nicht verstan-**

den je n'ai pas compris certaines choses
▶ **bis ins Einzelne** jusque dans le moindre détail; **im Einzelnen** en détail
II. *Adv abgeben, verkaufen, kaufen* séparément; **bitte ~ eintreten!** une seule personne à la fois, s'il vous plaît!; **mehrere Dinge ~ aufführen** *(nennen)* énumérer plusieurs choses en détail; *(verbuchen)* établir une écriture séparée pour plusieurs choses
Einzelperson *f* personne *f* seule **Einzelpreis** *m* prix *m* à l'unité **Einzelradaufhängung** *f* suspension *f* à roues indépendantes **Einzelschicksal** *nt* destin *m* individuel **Einzelstück** *nt* pièce *f* unique **Einzeltäter(in)** *m(f)* malfaiteur(-trice) *m(f)* isolé(e) **Einzelteil** *nt* pièce *f;* **etw in ~e zerlegen** mettre qc en pièces détachées ▶ **etw in seine ~e zerlegen** *hum fam* démonter qc complètement **Einzeltherapie** *f* thérapie *f* individuelle **Einzelunterricht** *m* cours *m* particulier **Einzelwertung** *f* SPORT classement *m* individuel **Einzelzelle** *f* cellule *f* individuelle **Einzelzimmer** *nt* chambre *f* individuelle
ein|zementieren* *tr V* cimenter
ein|ziehen *unreg* I. *tr V + haben* ❶ rentrer; **automatisch eingezogen werden** [se] rentrer automatiquement
❷ *(nach innen ziehen)* accepter *Geldschein;* **das Papier [automatisch] ~** tirer le papier [automatiquement]
❸ *(kassieren)* prélever *Steuern, Gebühren*
❹ *(beschlagnahmen)* confisquer
❺ *(aus dem Umlauf nehmen)* **etw ~** retirer qc de la circulation
❻ *(einberufen)* **jdn zum Militärdienst ~** incorporer qn au service militaire
❼ *(hineinnähen, -tun)* **etw in etw** *(Akk)* **~** enfiler qc dans qc
❽ *(einbauen)* monter *Wand;* poser *Zwischendecke*
❾ *(einsaugen)* aspirer *Flüssigkeit;* inspirer *Luft;* inhaler *Rauch*
❿ *(einholen)* prendre *Erkundigungen*
II. *itr V + sein* ❶ *(in eine Wohnung ziehen)* **in etw** *(Akk)***/bei jdm ~** emménager dans qc/chez qn
❷ *(aufgesogen werden)* **in etw** *(Akk)* **~** pénétrer dans qc
❸ *(einmarschieren)* **in etw** *(Akk)* **~** *Sportler, Truppen:* entrer dans qc
❹ *(gewählt werden)* **ins Parlament ~** faire son entrée au parlement
❺ *(einkehren) Gemütlichkeit, Frühling:* s'installer
Einziehung *f von Gebühren, Steuern* prélèvement *m; eines Führerscheins, Vermögens* confiscation *f; von Banknoten* retrait *m* de la circulation
einzig I. *Adj* ❶ *(alleinig)* seul(e); **eine ~e Frage** une seule question; **etw als Einziger/Einzige tun** être le seul/la seule à faire qc; **kein** [*o* **nicht ein**] **Einziger** pas un/une; **kein** [*o* **nicht ein**] **~er Schüler** pas le moindre/la moindre élève; **das Einzige, was bleibt** la seule chose qui reste
❷ *substantivisch (einziges Kind)* **unser Einziger/unsere Einzige** notre fils/fille unique
❸ *(unvergleichlich)* **~ in seiner Art sein** être unique en son genre
❹ *(völlig)* **eine ~e Qual** une vraie torture
II. *Adv* uniquement; **die ~ mögliche Lösung** la seule et unique solution possible; **das ~ Richtige** la seule chose de correcte
▶ **~ und allein** uniquement; **es liegt ~ und allein an Ihnen** il n'en tient uniquement à vous
einzigartig I. *Adj* unique en son genre
II. *Adv* extraordinairement; **~ schön sein** être d'une beauté sans nom
Einzigartigkeit <-> *f* caractère *m* unique
Einzimmerwohnung *f* studio *m*
Einzug *m* ❶ *(Bezug einer Wohnung)* emménagement *m;* **seinen ~ feiern** pendre la crémaillère
❷ *(Einmarsch) von Sportlern, Truppen* entrée *f*
❸ *(Wahlerfolg)* **~ ins Parlament** entrée *f* au parlement
❹ *geh (Beginn)* **~ halten** *Frühling, Winter:* commencer
❺ *(das Kassieren) von Gebühren, Steuern* prélèvement *m*
❻ TYP retrait *m*
Einzugsbereich *m einer Stadt, eines Senders* zone *f* d'influence; *eines Geschäftszentrums* zone de chalandise; *einer Schule* circonscription *f* scolaire **Einzugsermächtigung** *f* autorisation *f* de prélèvement automatique **Einzugsverfahren** *nt* FIN système *m* de prélèvement automatique
ein|zwängen *tr V* serrer *Person, Hals, Taille;* **das Gepäck in den Kofferraum ~** coincer les bagages dans le coffre; **zwischen Koffern eingezwängt sitzen** être coincé(e) entre des valises; **in etw** *(Akk)* **eingezwängt sein** *(unbequem gekleidet sein)* être à l'étroit dans qc; *(unfrei sein)* être coincé(e) dans qc
Einzylinder *m* monocylindre *m*
Einzylindermotor *m* moteur *m* monocylindrique
Eis <-es> *nt* ❶ glace *f;* **zu ~ werden** [*o* **gefrieren**] se transformer en glace; **aufs ~ gehen** marcher sur la glace; *(mit Schlittschuhen)* faire du patin à glace; **~ führen** *Fluss:* charrier des blocs de glace; **Champagner auf ~ legen** mettre du champagne au frais

❷ *(Eiswürfel)* glaçon *m* ❸ *(Speiseeis)* glace *f;* **zwei Kugeln** ~ deux boules de glace; ~ **am Stiel** esquimau® *m*
▸ **das ewige** ~ les glaces éternelles; **das** ~ **brechen** briser la glace; **jdn/etw auf** ~ **legen** *fam* mettre qn/qc au placard *(fam);* **auf** ~ **liegen** *fam* être au point mort *(fam)*
Eisbahn *f* patinoire *f* **Eisbär** *m* ours *m* blanc **Eisbecher** *m* ❶ *(Gefäß)* coupe *f* à glace; *(Pappbecher)* petit pot *m* à glace ❷ *(Portion)* coupe *f* de glace; *(in einem Pappbecher)* petit pot *m* de glace **Eisbein** *nt* ❶ jambonneau *m* ❷ *Pl hum fam (kalte Füße)* ~**e bekommen/haben** avoir les pieds qui commencent à geler/les pieds gelés *(fam)* **Eisberg** *m* iceberg *m* **Eisbeutel** *m* sachet *m* rempli de glace **Eisblock** <-blöcke> *m* bloc *m* de glace **Eisblume** *f* fleur *f* de givre **Eisbombe** *f* bombe *f* glacée **Eisbrecher** *m* brise-glace *m* **Eiscafé** *s.* **Eisdiele**
Eischnee *m (von einem Ei/mehreren Eiern)* blanc *m* [battu]/blancs [battus] en neige
Eiscreme [-krɛːm] *f* crème *f* glacée **Eisdecke** *f* couche *f* de glace **Eisdiele** *f* glacier *m*
Eisen <-s, -> *nt* ❶ *kein Pl a.* MED fer *m;* ~ **ist ein Schwermetall** le fer est un métal lourd; **aus** ~ **en fer**
❷ *(Eisenbeschlag)* ferrure *f*
▸ **mehrere/noch ein** ~ **im Feuer haben** *fam* avoir plus d'une corde à son arc; **zum alten** ~ **gehören** [*o* **zählen**] *fam* être bon(ne) à mettre au rancart *(fam);* **man muss das** ~ **schmieden, solange es heiß ist** *Spr* il faut battre le fer pendant qu'il est chaud; **ein heißes** ~ un sujet brûlant; **voll in die** ~ **steigen** [*o* **treten**] *fam* freiner à mort *(fam)*
Eisenbahn *f* ❶ *(Zug)* train *m;* **mit der** ~ **fahren** prendre le train; *(reisen)* voyager en train; **mit der** ~ **transportiert werden** être acheminé(e) par le rail
❷ *(Spielzeugeisenbahn)* train *m* [électrique]
▸ **es ist** [**aller**]**höchste** ~! *fam* on est à la bourre! *(fam)*
Eisenbahnabteil *nt* compartiment *m* de train **Eisenbahnbeamte(r)** *m,* **-beamtin** *f* employé(e) *m(f)* des chemins de fer **Eisenbahnbrücke** *f* pont *m* de chemin de fer
Eisenbahner(in) <-s, -> *m(f) fam* cheminot(e) *m(f)*
Eisenbahnfähre *f* ferry-boat *m* **Eisenbahnfahrkarte** *f* billet *m* [de train] **Eisenbahnfahrplan** *m* horaire *m* des trains **Eisenbahngesellschaft** *f* compagnie *f* ferroviaire **Eisenbahngleis** *nt* voie *f* ferroviaire **Eisenbahnknotenpunkt** *m* nœud *m* ferroviaire **Eisenbahnlinie** *f* ligne *f* de chemin de fer **Eisenbahnnetz** *nt* réseau *m* ferroviaire **Eisenbahnschaffner(in)** *m(f)* contrôleur(-euse) *m(f)* des chemins de fer **Eisenbahnschiene** *f* rail *m* **Eisenbahnschranke** *f* barrière *f* de passage à niveau **Eisenbahnschwelle** *f* traverse *f* [de chemin de fer] **Eisenbahnstation** *f* station *f* **Eisenbahnstrecke** *f* ligne *f* de chemin de fer **Eisenbahntunnel** *m* tunnel *m* de chemin de fer **Eisenbahnüberführung** *f* passage *m* supérieur du chemin de fer **Eisenbahnunglück** *nt* accident *m* de train **Eisenbahnunterführung** *f* passage *m* souterrain du chemin de fer **Eisenbahnverbindung** *f s.* **Zugverbindung Eisenbahnverkehr** *m* liaison *f* [ferroviaire] **Eisenbahnwagen** *m* wagon *m* **Eisenbahnzug** *m* train *m*
Eisenbeschlag *m* ferrure *f* **eisenbeschlagen** *Adj* avec des ferrures **Eisendraht** *m* fil *m* de fer **Eisenerz** *nt* minerai *m* de fer **Eisengehalt** *m* teneur *f* en fer **Eisengießerei** *f* fonderie *f* **Eisengitter** *nt* grille *f* en fer **eisenhaltig** *Adj Erz* ferreux(-euse); *Nahrungsmittel, Wasser, Gestein* riche en fer **Eisenhut** *m* BOT **blauer** ~ aconit *m* **Eisenhüttenwerk** *nt* usine *f* sidérurgique **Eisenindustrie** *s.* **Eisen- und Stahlindustrie Eisenmangel** *m* carence *f* en fer **Eisenoxid** *nt* oxyde *m* de fer **Eisenpräparat** *nt* préparation *f* à base de fer **Eisenspan** *m* copeau *m* de fer **Eisenstange** *f* barre *f* de fer **Eisenträger** *m* ARCHIT poutre *f* en fer **Eisen- und Stahlindustrie** *f* sidérurgie *f* **Eisenverbindung** *f* liaison *f* ferreuse **Eisenwaren** *Pl* articles *mpl* de quincaillerie
Eisenwarenhändler(in) *m(f)* quincaillier(-ière) *m(f)* **Eisenwarenhandlung** *f* quincaillerie *f*
Eisenzeit *f kein Pl* âge *m* du fer
eisern I. *Adj a. fig* de fer; ~ **sein** [*o* **bleiben**] *fam* rester de fer *(fam)*
II. *Adv* ❶ *(unerschütterlich)* **schweigen** obstinément; **sparen, trainieren** inlassablement; **einhalten** résolument; ~ **entschlossen sein** être d'une résolution inébranlable
❷ *(hart)* **durchgreifen** d'une façon implacable
Eiseskälte *f geh* froid *m* sibérien
Eisfach *nt* compartiment *m* à glace **Eisfläche** *f* surface *f* gelée **eisfrei** *Adj* ❶ *Straße* sans verglas; ~ **bleiben** ne pas verglacer ❷ *(schiffbar)* qui n'est pas pris(e) dans les glaces **Eisgang** <-[e]s> *m* débâcle *f* **eisgekühlt** *Adj* glacé(e); ~ **servieren!** servir glacé! **eisglatt** *Adj Straße* verglacé(e) **Eisglätte** *f* verglas *m* **Eisheilige** *Pl* **die ~n** les saints *mpl* de glace **Eishockey** [-hɔki, -hɔkeː] *nt* hockey *m* sur glace

eisig I. *Adj* ❶ *(kalt)* glacial(e)
❷ *fig* glacial(e); *Schrecken, Grauen* glaçant(e)
II. *Adv* **empfangen** de manière glaciale
Eiskaffee *m* glace à la vanille avec du café froid et de la chantilly **eiskalt I.** *Adj* ❶ glacé(e); *Zimmer, Wohnung* glacial(e) ❷ *fig* glacé(e); *Mörder* implacable **II.** *Adv* **handeln, vorgehen** de sang froid; ~ **reagieren** rester de glace; **jdn** ~ **anblicken** jeter un regard glacé à qn **Eiskanal** *m* SPORT piste *f* de bob[sleigh] **Eiskasten** *m* A *fam* réfrigérateur *m* **Eiskristall** *nt* cristal *m* de glace **Eiskübel** *m* seau *m* à glace
Eiskunstlauf *m,* **Eiskunstlaufen** <-s> *nt* patinage *m* artistique **Eiskunstläufer(in)** *m(f)* patineur(-euse) *m(f)* artistique
Eisläufer(in) *m(f)* patineur(-euse) *m(f)* **Eismaschine** *f* sorbetière *f* **Eismeer** *nt* mer *f* de glace; **Nördliches/Südliches** ~ océan *m* Glacial Arctique/Antarctique **Eispickel** *m* piolet *m*
Eisprung *m* ovulation *f*
Eisregen *m* grésil *m; (gefrierender Regen)* pluie *f* verglaçante **Eisrevue** [-rəvyː] *f* spectacle *m* sur glace **Eissalat** *m kein Pl* laitue *f (à feuilles épaisses)* **Eissalon** [-zalɔ̃ː, -zaloːn] *m* A café *m* glacier **Eisschießen** <-s> *nt* curling *m*
Eisschnelllauf^ALT *s.* **Eisschnelllauf**
Eisschnellläufer(in)^ALT *s.* **Eisschnellläufer(in)**
Eisschnelllauf^RR *m* patinage *m* de vitesse **Eisschnellläufer(in)**^RR *m(f)* patineur(-euse) *m(f)* de vitesse **Eisscholle** *f* bloc *m* de glace **Eisschrank** *s.* **Kühlschrank Eissport** *m* sports *mpl* de glace **Eisstadion** *nt* patinoire *f* **Eistanz** *m* danse *f* sur glace **Eistorte** *f* gâteau *m* glacé, ≈ vacherin *m* **Eisverkäufer(in)** *m(f)* marchand(e) *m(f)* de glaces **Eisvogel** *m* martin-pêcheur *m* **Eiswaffel** *f* cornet *m* de glace **Eiswasser** *nt (Wasser mit Eiswürfeln)* eau *f* glacée **Eiswein** *m* vin de raisins récoltés après les premières gelées **Eiswürfel** *m* glaçon *m* **Eiszapfen** *m* stalactite *f* de glace **Eiszeit** *f* ❶ période *f* glaciaire ❷ *fig* période *f* de refroidissement **eiszeitlich** *Adj* [de l'époque] glaciaire
eitel *pej* **I.** *Adj (selbstgefällig)* vaniteux(-euse); *(in Bezug auf das Äußere)* coquet(te)
II. *Adv (selbstgefällig)* de manière vaniteuse; *(in Bezug auf das Äußere)* coquettement
Eitelkeit <-> *f pej (Selbstgefälligkeit)* vanité *f; (in Bezug auf das Äußere)* coquetterie *f*
Eiter <-s> *m* pus *m*
Eiterbeule *f* MED furoncle *m* **Eiterbläschen** [-blɛːsçən] *nt* pustule *f* **Eiterherd** *m* foyer *m* purulent
eiterig *s.* **eitrig**
eitern *itr V* suppurer; ~ **de Wunde** plaie *f* purulente
Eiterpickel *m* bouton *m* purulent
eitrig *Adj* ❶ *(Eiter aufweisend, eiternd)* purulent(e)
❷ *(mit Eiter getränkt)* **Binde, Verband** plein(e) de pus
Eiweiß *nt* ❶ protéine *f*
❷ GASTR blanc *m* d'œuf; ~ **zu Schnee schlagen** battre des blancs en neige
eiweißarm I. *Adj* pauvre en protéines
II. *Adv* **sich** [**zu**] ~ **ernähren** avoir une nourriture [trop] pauvre en protéines
eiweißhaltig *Adj* qui contient des protéines
Eiweißmangel *m kein Pl* carence *f* en protéines **eiweißreich** *Adj* riche en protéines
Eizelle *f* ovule *m*
Ejakulat <-[e]s, -e> *nt* sperme *m*
Ejakulation <-, -en> *f* éjaculation *f*
ejakulieren* *itr V* éjaculer
EKD [eːkaːˈdeː] <-> *f Abk von* **Evangelische Kirche in Deutschland** Église *f* réformée [*o* protestante] d'Allemagne
Ekel[1] <-s> *m (Abscheu)* dégoût *m; (Überdruss)* nausée *f;* ~ **erregend** répugnant(e); **vor jdm/etw** [**einen**] ~ **haben** [*o* **empfinden**] avoir [*o* éprouver] de la répulsion pour qn/qc; **vor** ~ de dégoût
Ekel[2] <-s, -> *nt pej fam (ekelhafter Mensch)* salaud *m*/salope *f (fam);* **du** ~! espèce de dégueulasse! *(fam)*
ekelerregend *s.* **Ekel**[1]
ekelhaft I. *Adj* ❶ répugnant(e), infect(e); ~ **zu jdm sein** *fam* être dégueulasse *fam* avec qn
❷ *fam (heftig)* **Schmerzen** affreux(-euse)
II. *Adv* ❶ **stinken, sich benehmen** de façon dégoûtante *(fam);* ~ **riechen** puer; ~ **schmecken** avoir un goût dégoûtant
❷ *fam (unangenehm)* **jucken** affreusement
ekelig *s.* **ekelhaft**
ekeln I. *tr V* ❶ écœurer, dégoûter
❷ *fam (vertreiben)* **jdn aus der Wohnung/Firma** ~ dégoûter qn de son appartement/entreprise
II. *tr V unpers* **mich** [*o* **mir**] **ekelt es vor jdm/etw** je suis dégoûté(e) par qn/qc
III. *r V* **sich vor jdm/etw** ~ éprouver de la répulsion pour qn/qc
EKG [eːkaːˈgeː] <-s, -s> *nt Abk von* **Elektrokardiogramm** élec-

trocardiogramme *m*
Eklat [e'kla(:)] <-s, -s> *m geh* éclat *m (soutenu)*; **es kommt zum ~** cela fait un éclat
eklatant *Adj geh* flagrant(e)
eklig *s.* **ekelhaft**
Eklipse <-, -n> *f* éclipse *f*
Ekstase <-, -n> *f* extase *f*; **in ~ geraten** s'extasier
ekstatisch *Adj geh Person, Tanz* exalté(e); *Blick* d'extase
Ekzem <-s, -e> *nt* eczéma *m*
Elaborat <-[e]s, -e> *nt pej geh* élucubration *f (péj)*
Elan <-s> *m geh* entrain *m;* **mit viel ~** avec beaucoup d'entrain
elastisch *Adj* élastique; *Gelenk* mobile
Elastizität <-, *selten* -en> *f a. fig* élasticité *f*
Elbe <-> *f* **die ~** l'Elbe *f*
Elch <-[e]s, -e> *m* élan *m*
Elchtest *m* test *m* de la baïonnette; **den ~ bestehen** passer le test de la baïonnette avec succès
Eldorado <-s, -s> *nt* eldorado *m;* **ein ~ für Bergsteiger** un paradis pour alpinistes
Electronic Banking [elɛk'trɔnɪk'bɛŋkɪŋ] <- -s> *nt* règlement *m* électronique des opérations bancaires **Electronic Cash-Service** [-'kɛʃsø:ɛvɪs] <- -> *m* paiement *m* par carte
Elefant <-en, -en> *m* éléphant *m*
▸ **wie ein ~ im Porzellanladen** *fam* comme un éléphant dans un magasin de porcelaine *(fam)*
Elefantenbaby [-be:bi] *nt* ❶ éléphanteau *m* ❷ *pej fam (schwerfälliger Mensch)* [gros(se)] lourdaud(e) *m (fam)* **Elefantenbulle** *m* éléphant *m* mâle **Elefantenhochzeit** *f* OKON *fam* mariage *m* de géants **Elefantenkuh** *f* éléphant *m* femelle **Elefantenrüssel** *m* trompe *f* d'éléphant
Elefantiasis <-, -tiasen> *f* MED éléphantiasis *m*
elegant I. *Adj* élégant(e)
II. *Adv* avec élégance
Eleganz <-> *f* élégance *f*
Elegie [-'gi:] <-, -n> *f* élégie *f*
elegisch *Adj Dichtung, Stimmung* élégiaque
elektrifizieren* *tr V* électrifier
Elektrifizierung <-, -en> *f* électrification *f*
Elektrik <-, -en> *f* installation *f* électrique
Elektriker(in) <-s, -> *m(f)* électricien(ne) *m(f)*
elektrisch I. *Adj* électrique; **einen ~en Schlag bekommen** recevoir une décharge électrique
II. *Adv* heizen, kochen, funktionieren à l'électricité; **sich rasieren au** rasoir électrique; **~ geladen** *Zaun* électrifié(e)
elektrisieren* *tr V Musik, Idee:* électriser; **jdn |förmlich| ~** *Musik, Idee:* électriser qn
▸ **wie elektrisiert** comme électrisé(e)
Elektrizität <-> *f* électricité *f*
Elektrizitätsgesellschaft *f* compagnie *f* d'électricité **Elektrizitätsversorgung** *f* alimentation *f* en électricité **Elektrizitätswerk** *nt* centrale *f* électrique
Elektroantrieb *m* propulsion *f* électrique **Elektroartikel** *m* appareil *m* électrique; **ein Fachgeschäft für ~** un magasin spécialisé dans l'électroménager **Elektroauto** *nt* voiture *f* électrique **Elektrochemie** [-çe-] *f* électrochimie *f* **elektrochemisch** *Adj* électrochimique **Elektrochirurgie** *f kein Pl* MED électrochirurgie *f*
Elektrode <-, -n> *f* électrode *f*
Elektrodynamik *f* PHYS électrodynamique *f* **Elektroenzephalogramm** *nt* électro-encéphalogramme *m* **Elektrofahrzeug** *nt* véhicule *m* électrique **Elektrogerät** *nt* appareil *m* électrique **Elektrogeschäft** *nt* magasin *m* d'électroménager **Elektroherd** *m* cuisinière *f* électrique **Elektroindustrie** *f* industrie *f* électrotechnique **Elektroingenieur(in)** [-ɪnʒeniø:ɐ] *m(f)* ingénieur *mf* électricien **Elektroinstallateur(in)** *m(f)* électricien(ne) *m(f)* **Elektrokardiogramm** *nt* MED électrocardiogramme *m*
Elektrolyse <-, -n> *f* électrolyse *f*
Elektrolyt [elɛktro'ly:t] <-en, -en> *m* CHEM électrolyte *m*
elektrolytisch *Adj* électrolytique
Elektromagnet *m* électroaimant *m* **elektromagnetisch** I. *Adj* électromagnétique II. *Adv* par électromagnétisme **Elektromagnetismus** *m* électromagnétisme *m*
Elektrometer *nt* électromètre *m*
Elektromobil <-s, -e> *nt* voiture *f* électrique **Elektromotor** *m* moteur *m* électrique
Elektron ['e:lɛktrɔn, e'lɛktrɔn] <-s, -tronen> *nt* électron *m*
Elektronenbeschleuniger *m* accélérateur *m* d'électrons **Elektronenblitz** *m* flash *m* électronique **Elektronenblitzgerät** *nt veraltet* flash *m* électronique **Elektronenhülle** *f* nuage *m* électronique **Elektronenmikroskop** *nt* microscope *m* électronique **Elektronenrechner** *m* INFORM calculatrice *f* électronique **Elektronenröhre** *f* tube *m* électronique **Elektronenstrahl** *m* faisceau *m* électronique **Elektronenvolt** *nt* PHYS électron-volt *m*

Elektronik <-> *f* électronique *f*
Elektronikschrott *m* déchets *mpl* électroniques
elektronisch I. *Adj* électronique
II. *Adv* électroniquement
Elektrophorese [elɛktrofo'reːzə] <-, -n> *f* MED électrophorèse *f*
Elektrorasierer *m* rasoir *m* électrique **Elektroschock** *m* électrochoc *m* **Elektroschocker** *m* pistolet *m* à électrochoc
Elektroskop <-s, -e> *nt* PHYS électroscope *m*
Elektrosmog *m* pollution *f* électromagnétique **Elektrostatik** *f* électrostatique *f* **elektrostatisch** I. *Adj* électrostatique II. *Adv* d'électricité statique; **sich ~ aufladen** se charger en électricité statique **Elektrotechnik** *f kein Pl* électrotechnique *f* **Elektrotechniker(in)** *m(f)* ❶ électrotechnicien(ne) *m(f)* ❷ *s.* **Elektriker(in)** **elektrotechnisch** *Adj Gerät, Industrie* électrotechnique
Elektrotherapie *f* MED électrothérapie *f*
Element <-[e]s, -e> *nt* élément *m;* **die einzelnen/vorgefertigten ~e** les éléments isolés/préfabriqués; **chemisches/radioaktives ~** élément chimique/radioactif; **das nasse ~** l'élément liquide; **~ des Jugendstils enthalten** contenir des éléments du style Art Nouveau; **ein belebendes ~** un élément vivifiant; **dunkle/kriminelle ~e** *pej fam* des éléments louches/criminels
▸ **in seinem ~ sein** *Person:* être dans son élément
elementar *Adj* ❶ élémentaire; **nur über die ~sten Kenntnisse verfügen** n'avoir que des connaissances les plus élémentaires ❷ *(urwüchsig, mächtig)* primaire; **mit ~er Wucht** avec une force primaire
Elementarbegriff *m* notion *f* fondamentale **Elementargewalt** *f geh* forces *fpl* élémentaires **Elementarladung** *f* PHYS charge *f* élémentaire **Elementarstufe** *f* SCHULE cours *m* élémentaire **Elementarteilchen** *nt* PHYS particule *f* élémentaire **Elementarunterricht** *m* cours *m* élémentaire
elend I. *Adj* ❶ *Leben, Verhältnisse, Hütte* misérable; **die Elenden** les malheureux *mpl*
❷ *(krank) Aussehen* pitoyable; **~ aussehen** avoir une allure pitoyable; **sich ~ fühlen** se sentir mal, être mal fichu(e) *(fam)*
❸ *pej fam (gemein)* misérable; **dieser ~e Betrüger!** ce misérable escroc!
❹ *fam (unangenehm)* **eine ~e Hitze** une sacrée chaleur *(fam);* **~en Hunger haben** crever la dalle *(fam)*
II. *Adv* ❶ *fam (sehr)* vachement *(fam)*
❷ *(jämmerlich) leben, dahinvegetieren* misérablement
Elend <-[e]s> *nt* ❶ *(Armut)* misère *f;* **ins ~ geraten** tomber dans la misère; **jdn ins ~ stürzen** causer la misère de qn
❷ *(Leid, Kummer)* misère *f;* **viel ~ erlebt haben** avoir vécu beaucoup de misères; **es ist schon ein ~!** *fam* c'est quand même malheureux! *(fam);* **es ist ein ~ mit dir!** *fam* c'est lamentable de te voir dans cet état! *(fam)*
▸ **das heulende ~ kriegen** *fam* attraper le blues *(fam);* **langes ~** *fam* grande perche *f (fam)*
elendig DIAL *s.* **elend**
elendiglich *Adv geh* ignominieusement *(littér)*
Elendsquartier *nt* taudis *m* **Elendsviertel** [-fɪrtl] *nt* quartier *m* miséreux
Eleve [e'leːvə] <-n, -n> *m*, **Elevin** *f geh* élève *mf*
elf *Num* onze; *s. a.* **acht**[1]
Elf[1] <-, -en> *f* ❶ *(Zahl)* onze *m*
❷ *kein Pl (U-Bahn-Linie, Bus-, Straßenbahnlinie)* onze *m*
❸ *(Fußballmannschaft)* onze *m;* **die französische ~** le onze tricolore
Elf[2] <-en, -en> *m* elfe *m*
Elfe <-, -n> *f* sylphide *f*
Elfenbein *nt* ivoire *m;* **aus ~** en ivoire
elfenbeinfarben *Adj* couleur d'ivoire **Elfenbeinküste** *f* **die [Republik] ~** la [République de] Côte-d'Ivoire **Elfenbeinturm** *m* tour *f* d'ivoire
Elferrat *m* conseil de onze personnes, chargé de préparer les fêtes de Carnaval
Elfmeter *m* penalty *m;* **einen ~ geben/schießen** accorder/tirer un penalty
Elfmetermarke *f,* **Elfmeterpunkt** *m* point *m* de penalty **Elfmeterschießen** <-s> *nt* tir *m* au but **Elfmeterschütze** *m* tireur *m* de penalty
elfte(r, s) *Adj* ❶ onzième
❷ *(bei Datumsangaben)* **der ~ März** *écrit:* **der 11. März** le onze mars *geschrieben:* le 11 mars; *s. a.* **achte(r, s)**
Elfte(r) *f(m) dekl wie Adj* ❶ onzième
❷ *(bei Datumsangaben)* **der ~/am ~n** *écrit:* **der 11./am 11.** le onze *geschrieben:* le 11
❸ *(als Namenszusatz)* **Karl der ~:** **Karl XI.** Charles onze *geschrieben:* Charles XI; *s. a.* **Achte(r)**
eliminieren* *tr V* éliminer *Gegner, Konkurrenten;* supprimer *Fehler*
Eliminierung <-, -en> *f (geh) eines Gegners* élimination *f; eines Fehlers, einer Unklarheit* suppression *f*

elitär I. *Adj Person, Einstellung* élitiste; *Gruppe, Schicht* élitaire II. *Adv denken, handeln* de façon élitiste
Elite <-, -n> *f* élite *f*
Elitebildung *f* formation *f* des élites **Elitedenken** *nt* pensée *f* élitaire **Eliteschule** *f* école *f* prestigieuse **Elitetruppe** *f* troupe *f* d'élite **Eliteuniversität** *f* université *f* d'élite
Elixier <-s, -e> *nt* élixir *m*
Ellbogen <-bogen> *m* coude *m*
▸ **die** [*o* **seine**] ~ **gebrauchen** jouer des coudes
Ellbogenfreiheit *f kein Pl* liberté *f* d'action; **genügend** ~ **haben** avoir les coudées assez franches **Ellbogengesellschaft** *f* société *f* d'arrivistes **Ellbogenmensch** *m pej* arriviste *mf*
Elle <-, -n> *f* ❶ ANAT cubitus *m*
❷ *(Maßstock)* aune *f*
❸ *(altes Längenmaß)* coudée *f*
▸ **alles mit der gleichen** [*o* **mit gleicher**] ~ **messen** mesurer tout à la même aune
Ellenbogen *s.* **Ellbogen**
ellenlang *Adj fam Liste, Roman* interminable; **ein** ~ **er Kerl** une grande perche *(fam)*
Ellipse <-, -n> *f* ellipse *f*
elliptisch *Adj* elliptique
E-Lok [ˈeːlɔk] <-, -s> *f Abk von* **elektrische Lokomotive** locomotive *f* électrique
eloquent *geh* I. *Adj* éloquent(e) *(soutenu)*
II. *Adv* avec éloquence *(soutenu)*
Eloquenz <-> *f geh* éloquence *f (soutenu)*
El Salvador [ɛlzalvaˈdoːɐ̯] <-s> *nt* le Salvador
Elsass[RR] <- *o* -es>, **Elsaß**[ALT] <- *o* -sses> *nt* **das** ~ l'Alsace *f*
Elsässer(in) <-s, -> *m(f)* Alsacien(ne) *m(f)*
elsässisch *Adj* alsacien(ne); **die** ~ **e Hauptstadt** la capitale de l'Alsace
Elsässisch <-[s]> *nt* l'alsacien *m;* **auf** ~ **en** alsacien
Elsässische *nt dekl wie Adj* **das** ~ l'alsacien *m*
Elsass-Lothringen[RR] *nt* HIST l'Alsace-Lorraine *f*
Elster <-, -n> *f* pie *f*
▸ **sie ist eine diebische** ~ elle est voleuse comme une pie
elterlich *Adj Fürsorge, Liebe* des parents; ~ **e Sorge** autorité *f* parentale; **noch in der** ~ **en Wohnung leben** vivre encore sous le toit de ses parents
Eltern *Pl* parents *mpl*
▸ **nicht von schlechten** ~ **sein** *fam Antwort:* ne pas être piqué(e) des vers *(fam); Ohrfeige:* ne pas être volé(e) *(fam)*
Elternabend *m* réunion *f* parents-professeurs **Elternbeirat** *m* conseil *m* des parents **Elterngeld** *nt* allocation *f* parentale **Elternhaus** *nt* ❶ *(Gebäude)* maison *f* familiale ❷ *(familiäres Umfeld)* milieu *m* familial; **aus gutem** ~ **kommen** être de bonne famille **Elternliebe** *f* amour *m* des parents
elternlos I. *Adj* orphelin(e); ~ **werden** perdre ses parents
II. *Adv* aufwachsen sans avoir de parents
Elternrecht *nt* JUR droit *m* parental
Elternschaft <-, -en> *f* ❶ *(Gesamtheit der Eltern)* parents *mpl* [d'élèves]
❷ *kein Pl (das Elternsein)* fait *m* d'être parent
Elternsprechstunde *f* heures *fpl* de rendez-vous avec les parents **Elternsprechtag** *m* journée *f* de rencontre parents-enseignants **Elternteil** *m* ~ **verlieren** perdre l'un de ses deux parents **Elternvertreter(in)** *m(f)* délégué(e) *m(f)* des parents
EM [eːˈʔɛm] <-, -s> *f Abk von* **Europameisterschaft** championnat *m* d'Europe; *(Fußball-EM)* coupe *f* d'Europe
Email [eˈmaɪ, eˈmaːj] <-s, -s> *nt* émail *m*
E-Mail [ˈiːmeɪl] <-s, -s> *f o nt (Nachricht)* courrier *m* électronique, mél *m;* **ein**[e] ~ **empfangen/verschicken** recevoir/envoyer un mél
E-Mail-Adresse [ˈiːmeɪl-] *f* adresse *f* électronique
e-mailen [ˈiːmeːlən] INFORM I. *tr V (per E-Mail mitteilen)* **jdm etw** ~ envoyer qc à qn par courriel [*o* par mail]
II. *itr V (eine E-Mail schreiben, E-Mails schreiben)* **jdm** ~ envoyer [*o* écrire] un mail/des mails à qn
Emaille [eˈmalia, eˈmaɪ] <-, -n> *s.* **Email**
emaillieren* [emaˈjiːrən, emaˈjiːrən] *tr V* émailler
Emanze [eˈmantsə] <-, -n> *f pej fam* féministe *f*
Emanzipation [emantsipaˈtsioːn] <-, -en> *f* émancipation *f*
Emanzipationsbewegung *f* mouvement *m* d'émancipation
emanzipatorisch *Adj* émancipateur(-trice)
emanzipieren* *r V* **sich** ~ s'émanciper; **sich von etw** ~ s'émanciper de qc
emanzipiert *Adj* émancipé(e)
Embargo [ɛmˈbargo] <-s, -s> *nt* embargo *m;* **ein** ~ **über ein Land verhängen** décréter un embargo sur un pays
Emblem [ɛmˈbleːm, ɛˈbleːm] <-[e]s, -e> *nt* ❶ *(Hoheitszeichen)* emblème *m*
❷ *(Sinnbild)* symbole *m*

Embolie [ɛmboˈliː] <-, -n> *f* MED embolie *f*
Embryo [ˈɛmbryo] <-s, -s *o* Embryonen> *m o A nt* MED embryon *m*
embryonal [ɛmbryoˈnaːl] *Adj* MED embryonnaire
Embryonalentwicklung *f* MED développement *m* embryonnaire
Embryonenforschung *f* MED recherche *f* sur les embryons
emeritieren* *tr V* accorder des droits à la retraite; **einen Professor/eine Professorin** ~ accorder à un/une professeur d'université ses droits à la retraite; **emeritierter Professor/emeritierte Professorin** professeur *mf* honoraire
Emigrant(in) [emiˈgrant] <-en, -en> *m(f)* émigré(e) *m(f)*
Emigration [emigraˈtsioːn] <-, -en> *f* émigration *f;* **in die** ~ **gehen** émigrer; **in der** ~ **leben** vivre en exil
▸ **die innere** ~ *geh* l'émigration *f* intérieure *(soutenu)*
emigrieren* *itr V* + *sein* émigrer; **nach Frankreich/in die USA** ~ émigrer en France/aux Etats-Unis
eminent [emiˈnɛnt] *geh* I. *Adj Bedeutung, Unterschied* primordial(e)
II. *Adv* éminemment; ~ **wichtig** éminemment important
Eminenz <-, -en> *f* éminence *f;* **Seine/Eure** ~ Son/Votre Éminence
▸ **graue** ~ éminence *f* grise
Emir [eˈmiːɐ̯] <-s, -e> *m* émir *m*
Emirat [emiˈraːt] <-[e]s, -e> *nt* émirat *m;* **die Vereinigten Arabischen** ~ **e** les Émirats arabes unis
Emission [emiˈsioːn] <-, -en> *f* ÖKOL, FIN émission *f*
Emissionshandel *m* ÖKOL commerce *m* des émissions
Emissionskurs *m* FIN cours *m* d'émission **Emissionswert** *m* FIN, ÖKON valeur *f* d'émission
emittieren* *tr V* ÖKOL dégager *Abgase, Schadstoffe*
Emmentaler [ˈɛmənˌtaːlɐ] <-s, -> *m (Käsesorte)* emmenthal *m*
e-Moll <-> *nt* MUS mi *m* mineur
Emoticon [eˈmoːtikɔn, ɪˈmɔʊtɪkən] <-s, -s> *nt* INFORM émoticone *m*
Emotion [emoˈtsioːn] <-, -en> *f* émotion *f*
emotional [emotsioˈnaːl] I. *Adj* émotif(-ive)
II. *Adv* émotivement
emotionell [emotsioˈɛl] *s.* **emotional**
emotionsfrei *Adj* sans émotion **emotionsgeladen** *Adj* chargé(e) d'émotion
emotionslos *Adj* qui n'éprouve aucune émotion
empfahl [ɛmˈpfaːl] *Imp von* **empfehlen**
empfand [ɛmˈpfant] *Imp von* **empfinden**
Empfang [ɛmˈpfaŋ, *Pl:* ɛmˈpfɛŋə] <-[e]s, Empfänge> *m* ❶ *kein Pl (das Entgegennehmen)* réception *f;* **zahlbar bei/nach** ~ payable à/après réception; **etw in** ~ **nehmen** réceptionner qc; **jdn in** ~ **nehmen** *fam* accueillir qn
❷ *kein Pl* TV, RADIO réception *f;* **etw auf** ~ **schalten** mettre qc sur la position d'écoute
❸ *(Rezeption)* réception *f;* **bitte warten Sie am** ~ veuillez attendre à la réception, s'il vous plaît
❹ *kein Pl (Begrüßung)* accueil *m;* **jdm einen stürmischen** ~ **bereiten** réserver un accueil enthousiaste à qn
❺ *(Festveranstaltung)* réception *f;* **einen** ~ **geben** donner une réception
empfangen <empfängt, empfing, empfangen> *tr V* ❶ *geh (erhalten)* recevoir *Post, Auftrag*
❷ *geh (begrüßen)* accueillir *Gäste, Freunde;* **jdn mit Blumen** ~ accueillir qn avec des fleurs; **von einem Regenguss** ~ **werden** être accueilli(e) par une averse
❸ TV, RADIO **einen Sender über Satellit** ~ capter une chaîne par satellite; **einen Sender gut/schlecht** ~ capter bien/mal une chaîne
❹ *geh (schwanger werden)* concevoir *Kind*
Empfänger [ɛmˈpfɛŋɐ] <-s, -> *m* ❶ *eines Briefs, Pakets* destinataire *m; einer Zahlung, Überweisung* bénéficiaire *m;* ~ **unbekannt** destinataire inconnu; ~ **verzogen** n'habite plus à l'adresse indiquée
❷ MED *eines Organs, einer Blutspende* receveur *m*
❸ *(Empfangsgerät)* récepteur *m*
Empfängerin <-, -nen> *f* ❶ *eines Briefs, Pakets* destinataire *f; einer Zahlung, Überweisung* bénéficiaire *f*
❷ MED *eines Organs, einer Blutspende* receveuse *f*
Empfängerland *nt* pays *m* destinataire
empfänglich *Adj* ❶ *(anfällig)* sensible; **für bestimmte Krankheiten** ~ **sein** être sensible à certaines maladies
❷ *(offen, aufgeschlossen)* réceptif(-ive)
Empfängnis <-> *f* conception *f;* **die** ~ **verhüten** éviter une conception
▸ **die Unbefleckte** ~ l'Immaculée Conception
empfängnisverhütend I. *Adj Mittel, Maßnahmen* contraceptif(-ive) II. *Adv* ~ **wirken** avoir une action contraceptive **Empfängnisverhütung** *f* contraception *f* **Empfängnisverhütungsmittel** *nt* [moyen *m*] contraceptif *m*
empfangsberechtigt *Adj* mandaté(e)

Empfangsberechtigte(r) f(m) dekl wie Adj mandataire mf **Empfangsbereich** m TELEC zone f de réception **Empfangsbescheinigung** f accusé m de réception **Empfangsbestätigung** f accusé m de réception **Empfangschef(in)** [-ʃɛf] m(f) chef mf de la réception **Empfangsdame** s. **Empfangschef(in)** **Empfangsgerät** s. **Empfänger** ❸ **Empfangskomitee** nt comité m d'accueil **Empfangsstation** f ❶ TV, RADIO station f réceptrice ❷ ÖKON destination f **Empfangszimmer** nt salle f [de réception]

empfängt [ɛmˈpfɛŋt] 3. Pers Präs von **empfangen**

empfehlen [ɛmˈpfeːlən] <empfiehlt, empfahl, empfohlen> I. tr V ❶ recommander; [jdm] etw ~ recommander qc [à qn]; jdm ~ etw zu tun recommander à qn de faire qc; das ist sehr zu ~ c'est vraiment à conseiller; dieses Medikament wird sehr [o besonders] empfohlen ce médicament est particulièrement recommandé
❷ veraltet geh (anvertrauen) ich empfehle mein Kind deiner Obhut je te confie mon enfant; er empfahl seine Seele Gott il recommanda son âme à Dieu
❸ veraltet form (grüßen) empfehlen Sie mich/uns Ihrer werten Gattin! présentez mes/nos hommages à madame votre épouse! (form)
II. r V unpers (ratsam sein) es empfiehlt sich etw zu tun il est recommandé de faire qc
III. r V ❶ sich [jdm] als Sachverständiger/als zuverlässig ~ se présenter [à qn] comme expert/comme personne de confiance
❷ hum geh (sich verabschieden) sich ~ tirer sa révérence (hum)

empfehlenswert Adj ❶ (ratsam) recommandé(e); es ist ~ jetzt umzukehren il est préférable de faire demi-tour maintenant; etw für ~ er halten considérer qc comme préférable
❷ (gut) Lokal, Hotel recommandable

Empfehlung <-, -en> f ❶ (Rat, Referenz) recommandation f; die ~ en der Freunde beherzigen prendre à cœur les recommandations des amis; auf ~ seines Anwalts sur recommandation de son avocat; erstklassige ~ en vorweisen können pouvoir présenter des références de première classe
❷ meist Pl form (höflicher Gruß) meine/unsere ~ an die Frau Gemahlin! mes/nos hommages à madame votre épouse! (form); ... verbleibe ich mit den besten ~ en, Ihr/Ihre ... ... avec mes sentiments les plus dévoués ... (form)

Empfehlungsschreiben nt lettre f de recommandation

empfiehlt [ɛmˈpfiːlt] 3. Pers Präs von **empfehlen**

empfinden [ɛmˈpfɪndən] <empfand, empfunden> tr V ❶ éprouver Gefühl, Schmerzen; ressentir Lust, Befriedigung, Hunger; etwas für jdn ~ éprouver quelque chose pour qn
❷ (auffassen) ressentir; jdn als unangenehm/Eindringling ~ ressentir qn comme désagréable/intrus(e); etw als störend/Beleidigung ~ ressentir qc comme dérangeant(e)/une vexation

Empfinden <-s> nt impression f; meinem ~ nach, für mein ~ à mon sens

empfindlich [ɛmˈpfɪntlɪç] I. Adj ❶ (leicht reizbar) susceptible; sie ist sehr ~ in dieser Angelegenheit elle est très susceptible sur ce point-là; sei doch nicht immer so ~! ne sois donc pas toujours aussi susceptible!
❷ (leicht zu beschädigen) fragile; gegen Sonnenlicht/Kälte ~ sein craindre la lumière du soleil/le froid
❸ (anfällig, wenig robust) Person sensible; Pflanze fragile; gegen Zugluft ~ sein Person: être sensible aux courants d'air
❹ (spürbar) sévère; Kälte vif(vive)
❺ (fein reagierend) Messgerät, Film sensible; hoch ~ Sensor, System très sensible; Film ultrasensible
II. Adv ❶ (heftig) von der Kritik ~ getroffen werden être touché(e) au vif par la critique
❷ (unangenehm) es ist ~ kalt il fait un froid saisissant
❸ (sensibel) auf etw (Akk) reagieren réagir vivement à qc

Empfindlichkeit <-, -en> f ❶ (Reizbarkeit) susceptibilité f
❷ kein Pl (Beschaffenheit) eines Materials, Stoffs fragilité f; PHOT, TECH sensibilité f
❸ kein Pl MED ~ gegen eine Krankheit sensibilité f à une maladie

empfindsam [ɛmˈpfɪntzaːm] Adj sensible

Empfindsamkeit <-> f sensibilité f

Empfindung <-, -en> f ❶ (Gefühlsregung) sentiment m; jds ~ en erwidern partager les sentiments de qn
❷ (sinnliche Wahrnehmung) sensation f
❸ (Eindruck) impression f

empfindungslos Adj insensible

Empfindungsvermögen nt geh [faculté f de] sensation f

empfing [ɛmˈpfɪŋ] Imp von **empfangen**

empfunden [ɛmˈpfʊndən] PP von **empfinden**

Emphase [ɛmˈfaːzə] <-, -n> f geh emphase f

emphatisch [ɛmˈfaːtɪʃ] geh I. Adj emphatique
II. Adv avec emphase

Empire[1] [ãˈpiːr] <-[s]> nt KUNST style m Empire; im Stil des ~ de style Empire

Empire[2] [ˈɛmpaɪɐ] <-[s]> nt das [britische] ~ l'Empire m [britannique]

Empirestil [ãˈpiːr-] s. **Empire**[1]

Empirie [ɛmpiˈriː] <-> f geh empirisme m

empirisch [ɛmˈpiːrɪʃ] I. Adj empirique
II. Adv empiriquement

empor [ɛmˈpoːɐ] Adv geh en haut

empor|arbeiten r V geh sich ~ parvenir par son travail; sich zu etw ~ parvenir par son travail à devenir qc **empor|blicken** itr V lever les yeux; zu jdm/etw ~ lever les yeux vers qn/qc

Empore [ɛmˈpoːrə] <-, -n> f galerie f; (Orgelempore) tribune f

empören* I. tr V indigner
II. r V ❶ (sich entrüsten) sich über jdn/etw ~ s'indigner contre qn/de qc
❷ (rebellieren) sich gegen jdn/etw ~ se révolter contre qn/qc

empörend Adj révoltant(e)

empor|heben tr V unreg geh lever **empor|kommen** itr V unreg + sein geh ❶ (nach oben kommen) monter [à la surface] ❷ (erfolgreich sein) faire son chemin; im Beruf ~ réussir professionnellement

Emporkömmling [ɛmˈpoːɐkœmlɪŋ] <-s, -e> m pej parvenu(e) m(f) (péj)

empor|lodern itr V + sein geh Feuer: s'élever en flamboyant; Flammen: s'élever **empor|ragen** itr V geh se dresser; über etw (Akk) ~ se dresser au dessus de qc **empor|schwingen** unreg I. tr V geh brandir Fahne II. r V a. fig geh sich ~ prendre son essor **empor|steigen** unreg I. itr V + sein ❶ Rauch, Gebete, Nebel: s'élever ❷ fig in jdm ~ Angst, Zweifel: monter en qn II. tr V + sein monter Stufen, Treppe; gravir Berg

empört [ɛmˈpøːɐt] I. Adj indigné(e); über jdn/etw ~ sein être indigné(e) contre qn/de qc
II. Adv avec indignation

Empörung [ɛmˈpøːrʊŋ] <-, -en> f ❶ kein Pl (Entrüstung) indignation f; ~ über jdn/etw indignation f contre qn/à propos de qc
❷ (Rebellion) révolte f

emsig [ˈɛmzɪç] I. Adj Person travailleur(-euse); Ameise, Biene laborieux(-euse); Tätigkeit intense
II. Adv arbeiten avec ardeur; lernen avec assiduité; sammeln infatigablement

Emsigkeit <-> f ardeur f

Emu [ˈeːmu] <-s, -s> m émeu m

Emulgator [emʊlˈgaːtoːɐ] m émulsifiant m

emulgieren* tr V émulsionner

Emulsion [emʊlˈzioːn] <-, -en> f émulsion f

E-Musik [ˈeː-] f kein Pl musique f classique

en bloc [ãˈblɔk] Adv en bloc

Endabnehmer(in) m(f) ÖKON client(e) m(f) en bout de chaîne **Endabrechnung** f facture f définitive **Endausscheidung** f a. SPORT épreuve f éliminatoire; in die ~ gelangen franchir le cap des éliminatoires **Endbahnhof** m terminus m **Endbetrag** m montant m définitif **Enddarm** m ANAT côlon m **Enddreißiger(in)** m(f) homme m/femme f proche de la quarantaine

Ende [ˈɛndə] <-s, -n> nt ❶ kein Pl (zeitlicher Abschluss) fin f; eines Projekts aboutissement m; zu ~ gehen Urlaub, Vortrag: se terminer; Vorräte: s'épuiser; zu ~ sein être terminé(e); etw zu ~ bringen [o führen geh] mener qc à son terme; einer S. (Dat) ein ~ machen [o bereiten] mettre un terme à qc; kein ~ finden fam Person: ne pas en finir; ein böses ~ nehmen finir mal
❷ kein Pl (bei Zeit-, Altersangaben) ~ Januar fin janvier; ~ 1950 à la fin de l'année 1950; er ist ~ zwanzig il approche de la trentaine
❸ (räumlicher Abschluss) bout m; das vordere/hintere ~ des Zugs la tête/la queue du train; am vorderen/hinteren ~ des Tisches à l'extrémité de la table
❹ kein Pl geh (Tod) fin f (soutenu); sein ~ nahen fühlen sentir venir sa fin; bis an sein seliges ~ jusqu'à la fin de ses jours
❺ DIAL (Stückchen) bout m; ein ~ Draht un bout de fil de fer
❻ kein Pl fam (Strecke) ein ganzes [o schönes] ~ un bon bout de chemin
❼ JAGD (Geweihende) épois m
▶ das ~ der Fahnenstange fam le grand maximum (fam); das ~ vom Lied fam le résultat des courses (fam); lieber ein ~ mit Schrecken als ein Schrecken ohne ~ Spr. mieux vaut une fin effroyable qu'une frayeur sans fin; das ~ der Welt (Weltuntergang) la fin du monde; am ~ der Welt wohnen fam vivre au bout du monde; das dicke ~ fam le pire; ~ gut, alles gut Spr. tout est bien qui finit bien; letzten ~s au bout du compte; (schließlich) en fin de compte; (sogar, vielleicht) des fois (fam); am ~ sein (erschöpft sein) être vidé(e) (fam); (ruiniert, mittellos sein) être raide (fam)

Endeffekt m résultat m; im ~ en fin de compte **Endeinkommen** nt ÖKON revenu m final

Endemarke f INFORM marque f de fin

endemisch [ɛnˈdeːmɪʃ] Adj MED, BIO endémique

enden [ˈɛndən] itr V ❶ (zu Ende gehen) Jahr, Urlaub: se terminer; mit einer Feier ~ se terminer avec une fête; nicht ~ wollender

Beifall des applaudissements à n'en plus finir; **wie wird das noch ~?** comment ça va finir?
② *(ablaufen) Frist, Ultimatum:* expirer
③ *(räumlich) Rock, Stange, Leitung, Weg:* s'arrêter; **d|ies|er Zug endet hier!** terminus [du train]!
Endergebnis *nt* résultat *m* définitif; **im ~** en fin de compte **Endgerät** *nt* INFORM périphérique *m* **Endgeschwindigkeit** *f* vitesse *f* maximale **endgültig I.** *Adj* définitif(-ive) **II.** *Adv* définitivement **Endgültigkeit** *f* irrévocabilité *f* **Endhaltestelle** *f* terminus *m* **Endhersteller** *m* fabricant *m* final
Endivie [ɛnˈdiːviə] <-, -n> *f* chicorée *f*
Endkampf *m* finale *f* **Endkontrolle** *f* contrôle *m* final **Endlager** *nt* atomares **~** lieu *m* de stockage définitif de déchets nucléaires **endlagern** *tr V* stocker définitivement; **etw ~** stocker qc définitivement **Endlagerung** *f* stockage *m* définitif
endlich [ˈɛntlɪç] **I.** *Adv* à la fin, enfin; **sie haben jetzt ~ zugestimmt** ils/elles ont enfin donné leur accord; **lass mich ~ in Ruhe!** laisse-moi tranquille à la fin!; **na ~!** *fam* c'est pas trop tôt! *(fam)*
II. *Adj* MATH, PHILOS fini(e)
endlos I. *Adj* ① *(ständig) Ärger, Streitereien* sans fin
② *(sehr lang, ausgedehnt)* interminable; *Weite* infini(e)
II. *Adv (sehr lange)* indéfiniment
Endlosformular *nt* imprimé *m* en continu
Endlosigkeit <-> *f* infinité *f*
Endlospapier *nt* papier *m* en continu
Endlösung *f* NS solution *f* finale **Endmontage** *f* montage *m* définitif **Endmoräne** *f* GEOL moraine *f* frontale
endogen [ɛndoˈgeːn] *Adj* MED, PSYCH endogène
Endorphin [ɛndɔrˈfiːn] <-s, -e> *nt* MED endorphine *f*
Endoskop [ɛndoˈskoːp] <-s, -e> *nt* MED endoscope *m*
Endphase *f* phase *f* finale **Endprodukt** *nt* produit *m* final **Endpunkt** *m einer Reise* point *m* d'arrivée; *einer Strecke* terminus *m* **Endreim** *m* rime *f* finale **Endresultat** *s.* **Endergebnis Endrunde** *f* SPORT finale *f*; **in die ~ kommen** arriver en finale **Endsieg** *m a.* NS victoire *f* finale **Endsilbe** *f* syllabe *f* finale **Endspiel** *nt* SPORT finale *f* **Endspurt** *m* SPORT sprint *m*; **zum ~ ansetzen** entamer le sprint **Endstadium** *nt einer Krankheit* stade *m* terminal; **Krebs im ~** cancer au stade terminal **Endstation** *f* TRANSP *a. fig* terminus *m* **Endsumme** *f* somme *f* totale
Endung <-, -en> *f* terminaison *f*
Endverbraucher(in) *m(f)* consommateur *m* final/consommatrice *f* finale **Endverbraucherpreis** *m* ÖKON prix *m* public
Endvierziger(in) *m(f)* homme *m*/femme *f* proche de la cinquantaine **Endzeit** *f* fin *f* des temps **Endzeitstimmung** *f* atmosphère *f* de fin du monde **Endziel** *nt einer Reise, Wanderung* destination *f* finale; *von Bestrebungen, Aktivitäten* objectif *m* final **Endziffer** *f* dernier chiffre *m* **Endzustand** *m* résultat *m* final, état *m* définitif **Endzweck** *m* objectif *m* final
Energetik <-> *f* PHYS énergétique *f*
energetisch *Adj* PHYS énergétique
Energie [enɛrˈgiː] <-, -n> *f* ① PHYS énergie *f*; **alternative ~n** énergies alternatives; **~ freisetzen/sparen** libérer/économiser l'énergie
② *kein Pl (Tatkraft)* énergie *f*; **viel/wenig ~ haben** être très/peu dynamique; **kriminelle ~** énergie criminelle
Energieaufwand *m* dépenses *fpl* en énergie **Energiebedarf** *m* besoins *mpl* énergétiques **energiebewusst**[RR] *Adj* économe en énergie **II.** *Adv* de façon économe en énergie **Energieform** *f* forme *f* d'énergie **Energiehaushalt** *m* PHYSIOL, ÖKON bilan *m* énergétique **Energiekrise** *f* crise *f* de l'énergie **Energiepolitik** *f* politique *f* énergétique **energiepolitisch** *Adj Maßnahme, Wende* en matière d'énergie **Energiequelle** *f* source *f* d'énergie **Energiesektor** *m* secteur *m* énergétique **Energiesparen** *nt* économies *fpl* d'énergie **energiesparend** *Adj* à faible consommation d'énergie **Energiesparlampe** *f* ampoule *f* à faible consommation [d'énergie] **Energiesparmaßnahme** *f* mesure *f* d'économie d'énergie **Energieträger** *m* source *f* d'énergie **Energieverbrauch** *m* consommation *f* d'énergie **Energieverlust** *m* perte *f* d'énergie **Energieverschwendung** *f* gaspillage *m* d'énergie **Energieversorgung** *f* approvisionnement *m* en énergie **Energievorrat** *m* ressources *fpl* énergétiques **Energiewirtschaft** *f* secteur *m* de l'énergie **Energiezufuhr** *f* approvisionnement *m* en énergie
energisch [eˈnɛrgɪʃ] **I.** *Adj* énergique
II. *Adv* énergiquement
Enfant terrible [ãfãtˈribl] <- -, -s -s> *nt geh* enfant *m* terrible
eng [ɛŋ] **I.** *Adj* ① *Öffnung, Straße, Kurve* étroit(e)
② *(beengt) Raum, Wohnung* exigu(ë)
③ *(knapp sitzend) Kleidung* étroit(e); **[jdm] zu ~ sein** serrer trop [qn]
④ *(dicht gedrängt) Pflanzung* rapproché(e)
⑤ *(beschränkt)* étroit(e); *Horizont* limité(e); *Rahmen, Sinn* strict(e)

⑥ *(eingeschränkt)* **im ~eren Sinne** dans un sens plus strict; **in die ~ere Wahl kommen** être parmi les premiers choix
⑦ *(nah, vertraut) Beziehung, Freundschaft* étroit(e); *Verwandtschaft* proche; **etw im ~sten Kreis feiern** fêter qc dans l'intimité
⑧ *fam (schwierig)* **das wird ~** *fam* ça va être dur *(fam)*; **der Markt ist ~ geworden** le marché s'est rétréci
II. *Adv* ① *(knapp)* **~ anliegen** *Kleidung:* être moulant(e); **~ anliegend** moulant(e); **einen Rock ~er machen** ajuster une jupe; **deine Jeans sitzt zu ~** ton jean est trop moulant
② *(dicht)* **~ beschrieben/bedruckt** écrit(e)/imprimé(e) serré; **~ nebeneinandersitzen/-stehen** être serré(e)s l'un(e) contre l'autre; **sehr ~ tanzen** danser étroitement enlacé(e)s
③ *(beschränkt)* **~ begrenzt** bien délimité(e)
④ *(nah, vertraut) liiert* étroitement; **~ befreundet** étroitement lié(e); **~ befreundet sein** avoir des liens d'amitié étroits
⑤ *fam (kleinlich, intolerant)* **etw [zu] ~ sehen** être trop à cheval sur qc; **etw nicht so ~ sehen** ne pas être trop pointilleux(-euse) sur qc
Engagement [ãgaʒəˈmã:] <-s, -s> *nt* ① *geh* engagement *m*; **ihr ~ für die Umwelt** son engagement pour l'environnement; **das militärische ~ der Amerikaner** l'engagement militaire des Américains
② *(Verpflichtung) eines Künstlers* engagement *m*
engagieren* [ãgaˈʒiːrən] **I.** *tr V* engager; **an der Oper engagiert sein** être engagé(e) à l'opéra
II. *r V* **sich für jdn/etw ~** s'engager pour qn/qc
engagiert [ãgaˈʒiːɐt] *Adj geh Person, Kunstwerk* engagé(e)
enganliegend [ˈɛŋʔanliːgənt] *s.* **eng II.**①
engbefreundet *s.* **eng II.**④
engbegrenzt *s.* **eng II.**③
Enge [ˈɛŋə] <-> *f* ① *einer Straße, Kurve* étroitesse *f*; *eines Raums, einer Wohnung* exiguïté *f*
② *fig* **die geistige ~ einer Kleinstadt** l'étroitesse *f* d'âme d'une petite ville
▸ **jdn in die ~ treiben** pousser qn dans ses derniers retranchements
Engel [ˈɛŋəl] <-s, -> *m* ① ange *m*
② *fam (guter Mensch)* **du bist ein ~!** tu es un ange! *(fam)*
▸ **die ~ im** Himmel **singen hören** *fam* en voir trente-six chandelles *(fam)*
Engelchen *nt* ① *Dim von* **Engel** petit ange *m*
② *fam (liebes Kind)* petit(e) *m(f)* adorable *(fam)*
Engelmacherin *f emph fam* faiseuse *f* d'anges
Engelsgeduld *f* patience *f* angélique **Engelszungen** *Pl* ▸ **[wie] mit ~ reden** parler en étant tout miel
Engerling [ˈɛŋɐlɪŋ] <-s, -e> *m* ver *m* blanc
engherzig *Adj* mesquin(e)
Engherzigkeit <-> *f* mesquinerie *f*
engl. *Adj Abk von* **englisch** angl.
England [ˈɛŋlant] *nt* l'Angleterre *f*
Engländer(in) [ˈɛŋlɛndɐ] <-s, -> *m(f)* Anglais(e) *m(f)*
englisch [ˈɛŋlɪʃ] **I.** *Adj* anglais(e)
II. *Adv* ① **~ miteinander sprechen** discuter en anglais; *s. a.* **deutsch**
② *(auf britische Art)* **das Fleisch ~ braten** faire griller la viande de façon saignante
Englisch <-[s]> *nt kein Art (Sprache, Schulfach)* anglais *m*; **auf ~** en anglais; *s. a.* **Deutsch**
Englische *nt dekl wie Adj* **das ~** l'anglais *m*; *s. a.* **Deutsche**
Englischunterricht *m* cours *m* d'anglais
engmaschig *Adj* ① *Netz* à mailles serrées
② *fig Überwachung* très étroit(e)
Engpass[RR] *m* ① GEOG défilé *m*
② *(Fahrbahnverengung)* rétrécissement *m*
③ *(finanziell schwierige Situation)* goulot *m* d'étranglement
en gros [ãˈgro:] *Adv* en gros
engstirnig *pej* **I.** *Adj Person* borné(e); *Denken, Entscheidung* étroit(e)
II. *Adv handeln* à courte vue; **~ denken** faire preuve d'étroitesse d'esprit
Engstirnigkeit <-> *f* étroitesse *f* d'esprit
Enjambement [ãʒãbəˈmã:] <-s, -s> *nt* POES enjambement *m*
Enkel(in) [ˈɛŋkəl] <-s, -> *m(f)* ① petit-fils *m*/petite-fille *f*; **die ~ les** petits-enfants *mpl*
② *(Nachfahre)* descendant(e) *m(f)*
③ *fig* **der politische ~/die politische ~in von …** l'héritier(-ière) *m(f)* politique de …
Enkelkind *s.* **Enkel(in) Enkelsohn** *m* petit-fils *m* **Enkeltochter** *f* petite-fille *f*
Enklave [ɛnˈklaːvə] <-, -n> *f* enclave *f*
en masse [ãˈmas] *Adv fam* en masse; **Kartoffeln gab es ~** il y avait des pommes de terre en masse [o à la pelle] *(fam)*
enorm [eˈnɔrm] **I.** *Adj* ① *(sehr groß) Belastung* énorme; *Hitze, Kälte*

terrible; *Kraft, Geschwindigkeit* inouï(e); *Summe* exorbitant(e)
② *fam (beeindruckend, sehr gut)* **das ist ja ~!** ça, c'est vraiment super! *(fam)*
II. *Adv fam (sehr) günstig, praktisch* drôlement *(fam)*, vachement *(fam)*; **das ist aber ~ viel!** ça fait vachement!
en passant [ãpa'sã:] *Adv* en passant
Enquete [ã'kɛ:t(ə), ã'kɛ:t(ə)] <-, -n> *f* ❶ *(Umfrage)* enquête *f*
② A *form (Arbeitstagung)* séance *f* de travail
Enquetekommission [ã'kɛ:t(ə)-, ã'kɛ:t(ə)-] *f* commission *f* parlementaire
Ensemble [ã'sã:bəl] <-s, -s> *nt* ❶ THEAT troupe *f*
② MUS, COUT ensemble *m*
entarten* *itr V + sein* dégénérer; **das Fest entartete zu einer Orgie** la fête a dégénéré en orgie
Entartung <-, -en> *f* dégénération *f*
entäußern* *r V geh* **sich ~** se défaire; **sich einer S.** *(Gen)* **~** *(auf etw verzichten)* renoncer à qc; *(etw weggeben)* se défaire de qc
entbehren* I. *r V* ❶ *(verzichten auf)* **jdn/etw ~/nicht ~ können** pouvoir/ne pas pouvoir se passer de qn/qc; **nicht zu ~ sein** être indispensable; **kannst du mich für eine Weile ~?** peux-tu te passer de moi un instant?
② *geh (vermissen)* **jdn/etw ~** être privé(e) de qn/qc
II. *itr V geh* **einer S.** *(Gen)* **~** être dépourvu(e) de qc
entbehrlich [ɛnt'be:ɐlɪç] *Adj* superflu(e)
Entbehrung <-, -en> *f* privation *f*; **~en auf sich** *(Akk)* **nehmen** supporter des privations
entbehrungsreich *Adj* **Jahre** de vaches maigres; **Leben** de grande[s] privation[s]; **~e Jahre** des années de vaches maigres; **ein ~es Leben** une vie de grande[s] privation[s]
entbieten* *tr V unreg geh* **jdm seinen Gruß ~** présenter ses salutations à qn; **jdm ein Willkommen ~** souhaiter la bienvenue à qn *(soutenu)*
entbinden* *unreg* I. *tr V* ❶ MED accoucher; **eine Frau von einem Kind ~** accoucher une femme d'un enfant
② *(dispensieren)* **jdn von seinem Versprechen/seinen Aufgaben ~** délier qn de sa promesse/ses fonctions
II. *itr V* MED accoucher
Entbindung *f* ❶ MED accouchement *m*
② *kein Pl (Dispensierung)* déliement *m*; **um ~ von seinen Aufgaben bitten** demander à être délié de ses fonctions
Entbindungsklinik *f* maternité *f*   **Entbindungsstation** *f* maternité *f*
entblättern* I. *r V* ❶ *sich ~ Bäume:* perdre ses feuilles
② *hum fam* **sich vor jdm ~** faire un strip-tease devant qn
II. *tr V* **die Bäume ~** *Sturm:* faire tomber les feuilles des arbres
entblöden* *r V* ▶ **sich nicht ~ etw zu tun** *pej geh* avoir le front de faire qc *(soutenu)*, ne pas avoir honte de faire qc
entblößen* *geh* I. *tr V* ❶ dénuder *Arme, Beine, Oberkörper*; **sein Haupt ~** se découvrir
② MIL, SPORT découvrir; **die Deckung ~** découvrir la défense
II. *r V* **sich ~** se découvrir; *Exhibitionist:* s'exhiber
entblößt *geh Adj Person, Haupt* nu(e); *Schultern, Brüste* dénudé(e); **mit ~em Oberkörper arbeiten** travailler torse nu; **eine Kirche mit ~em Haupt betreten** entrer dans une église tête nue
entboten *PP von* **entbieten**
entbrennen* *itr V unreg + sein geh* ❶ *Kampf, Streit:* éclater
② *fig* **für jdn/etw ~** s'enflammer pour qn/qc; **in Leidenschaft** *(Dat)* **~** s'enflammer de passion
entbunden *PP von* **entbinden**
Entchen <-s, -> *nt Dim von* **Ente** caneton *m*
entdecken* I. *tr V* ❶ dénicher *Person, Gegenstand*; trouver *Fehler, Versteck*
② *(durch Forschung finden)* découvrir *Virus, Kontinent*
❸ *veraltet (offenbaren)* **jdm etw ~** révéler qc à qn
II. *r V veraltet* **sich jdm ~** se confier à qn
Entdecker(in) <-s, -> *m(f)* explorateur(-trice) *m(f)*; **Kolumbus ist der ~ Amerikas** Christophe Colomb a découvert l'Amérique
Entdeckung *f (das Entdecken, das Entdeckte)* découverte *f*; *(talentierter Mensch)* révélation *f*
Entdeckungsreise *f* voyage *m* d'exploration
▶ **auf ~ gehen** *hum fam Kind, Tourist:* partir à la découverte   **Entdeckungstour** *f* circuit *m* de découverte
Ente ['ɛntə] <-, -n> *f* ❶ canard *m*; *(weibliches Tier)* cane *f*; **~ mit Orange** canard à l'orange
② *fam (Falschmeldung)* bobard *m (fam)*
③ *fam (Auto)* deuche *f (fam)*
④ *fam (Uringefäß)* urinal *m*
▶ **wie eine** bleierne **~ schwimmen** *hum fam* nager comme un fer à repasser *(fam)*; lahme **~** *fam* lourdingue *mf (fam)*
entehren* *tr V* déshonorer; **~de Anschuldigungen** des accusations déshonorantes
Entehrung <-, -en> *f* déshonneur *m*
enteignen* *tr V* exproprier

Enteignung <-, -en> *f* expropriation *f*; **direkte/indirekte ~** expropriation directe/indirecte
enteilen* *itr V + sein geh Zeit:* s'enfuir
enteisen* *tr V* dégivrer *Fensterscheibe*
Entenbraten *m* canard *m* rôti   **Entenei** *nt* œuf *m* de cane   **Entengrütze** *f kein Pl* lentilles *fpl* d'eau   **Entenküken** *nt* caneton *m*
Entente [ã'tã:t(ə), *Pl:* ã'tã:tən] <-, -n> *f* entente *f*
enterben* *tr V* déshériter
Enterbung <-, -en> *f* exclusion *f* de la succession, déshéritement *m*
Enterhaken *m* HIST grappin *m*
Enterich ['ɛntərɪç] <-s, -e> *m* canard *m* [mâle]
entern ['ɛntɐn] I. *tr V + haben* prendre à l'abordage; **ein Schiff ~** prendre un bateau à l'abordage
II. *itr V + sein* monter à l'abordage; **das Entern** l'abordage *m*
Entertainer(in) ['ɛntɐte:nɐ, 'ɛntəteɐnɐ] <-s, -> *m(f)* animateur(-trice) *m(f)*
Enter-Taste *f* INFORM touche *f* Entrée
entfachen* *tr V geh* ❶ déclencher *Brand, Feuer*
② *(entfesseln)* attiser *Leidenschaft*; déclencher *Streit*
entfahren* *itr V unreg + sein Seufzer, Schrei, Fluch:* échapper; **jdm ~** *Seufzer, Schrei, Fluch:* échapper à qn
entfallen* *itr V unreg + sein* ❶ *(aus dem Gedächtnis kommen)* sortir de l'esprit, échapper; **jdm ~** sortir de l'esprit à qn, échapper à qn; **das ist mir ganz ~** ça m'a complètement échappé
② *(wegfallen, nicht stattfinden) Punkt:* être laissé(e) de côté; *Konferenz, Veranstaltung:* être annulé(e)
❸ *(zukommen)* **auf jdn ~** *Anteil:* revenir à qn; **auf jeden ~ hundert Euro** ça revient à cent euros par personne
④ *geh (entgleiten)* **die Vase entfiel ihr** le vase lui tomba des mains
entfalten* I. *tr V* ❶ déplier *Zeitung, Brief*; épanouir *Blüte, Blatt, Knospe*
② *(entwickeln)* déployer *Aktivität, Betriebsamkeit*; épanouir *Fähigkeiten, Kräfte, Talente*
❸ *(zur Geltung bringen)* déployer *Pracht*
II. *r V* **sich ~** ❶ *Knospe, Blüte:* s'épanouir; *Fallschirm:* s'ouvrir
② *(sich entwickeln) Persönlichkeit, Talent:* s'épanouir
Entfaltung <-, *selten* -en> *f* ❶ *einer Blüte* épanouissement *m*; *eines Fallschirms* ouverture *f*
② *(Entwicklung) von Aktivitäten, Tätigkeiten* déploiement *m*; *eines Talents, der Persönlichkeit* épanouissement *m*; **etw zur ~ bringen** permettre à qc de s'épanouir; **zur ~ kommen** [*o* **gelangen**] s'épanouir
❸ *(Demonstration) von Pracht* déploiement *m*
entfärben* *tr, r V* [sich] **~** [se] décolorer
Entfärber <-s, -> *m*, **Entfärbungsmittel** *nt* décolorant *m*
entfernen* I. *tr V* ❶ enlever *Fleck, Aufkleber, Hindernis*; **das Preisschild von der Verpackung ~** enlever l'étiquette de l'emballage; **jdm den Blinddarm ~** enlever l'appendice à qn
② *(forttun, fortbringen)* **jdn von** [*o* **aus**] **der Schule ~** exclure qn de l'école; **jdn aus seinem Amt ~** écarter qn de ses fonctions; **jdn vom Thema ~** *Frage, Diskussion:* éloigner qn du sujet
II. *r V* ❶ *(weggehen)* **sich von/aus etw ~** s'éloigner de qc; **Sie können sich jetzt ~** vous pouvez vous en aller maintenant
② *(abweichen)* **sich vom Thema/von der Wahrheit ~** s'éloigner du sujet/de la vérité
Entfernen-Taste *f* touche *f* Effacement
entfernt [ɛnt'fɛrnt] *Adj* ❶ reculé(e); **die ~en Teile des Landes** les parties reculées du pays; **von jdm/etw ~ sein** être loin de qn/qc; **fünf Kilometer/drei Stunden ~ von etw ~ sein** [*o* **liegen**] être [*o* se trouver] à cinq kilomètres/trois heures de qc
② *(weitläufig) Verwandter, Verwandtschaft* éloigné(e)
❸ *(gering) Ähnlichkeit* vague *antéposé*
▶ **weit davon ~ sein etw zu tun** être bien loin de faire qc
II. *Adv* ❶ *(geringfügig)* de loin; *erinnern* vaguement
② *(weitläufig)* **mit jdm ~ verwandt sein** être parent(e) éloigné(e) de qn
▶ **nicht im Entferntesten** ne pas le moins du monde; **er ist im Entferntesten so frech wie sein Bruder** il n'est en aucune manière aussi impertinent que son frère
Entfernung <-, -en> *f* ❶ *distance f*; **in einer ~ von drei Metern, in drei Metern ~** à une distance de trois mètres; **auf eine ~ von zwölf Metern, auf zwölf Meter ~** à une distance de douze mètres; **aus der ~** de loin
② *kein Pl (das Entfernen) eines Flecks, Hindernisses* élimination *f*; **seine ~ aus dem Amt** sa révocation de ses fonctions
❸ *kein Pl (das Weggehen)* **unerlaubte ~ von der Truppe** absence *f* illégale de la troupe
Entfernungsmesser <-s, -> *m* OPT télémètre *m*
entfesseln* *tr V* déclencher *Begeisterung, Krieg*
entfesselt *Adj* déchaîné(e)

entfetten* *tr V* dégraisser *Haut, Haar;* dessuinter *Wolle*
Entfettungskur *f fam* cure *f* d'amaigrissement
entflammbar [ɛnt'flamba:ɐ] *Adj* ① inflammable
② *hum fam (begeisterungsfähig)* **leicht ~ sein** s'enflammer facilement *(fam)*
entflammen* *geh* I. *tr V* + *haben* ① *(entfachen)* enflammer *Begierde, Leidenschaft, Hass*
② *(begeistern)* **jdn für etw ~** enflammer qn pour qc
③ *(verliebt machen)* conquérir; **er hat sie gleich für sich entflammt** il l'a tout de suite conquise
II. *itr V* + *sein* ① *Zorn, Streit:* éclater; *Leidenschaft, Liebe:* s'enflammer; **eine neu entflammte Leidenschaft** une passion à nouveau ravivée
② *(verliebt sein)* **für jdn entflammt sein** être épris(e) de qn *(soutenu)*
entflechten* *tr V unreg* ① ÖKON scinder *Großkonzern, Kartell*
② *(entwirren)* dénouer *Durcheinander*
entfliegen* *itr V unreg* + *sein* s'échapper; **aus einem Käfig ~** s'échapper d'une cage; **ein entflogener Wellensittich** une perruche échappée
entfliehen* *itr V unreg* + *sein* ① *(fliehen)* s'enfuir; **aus der Haft ~** s'évader de la prison
② *geh (entkommen)* **dem Lärm/der Hektik ~** échapper au bruit/à l'agitation
③ *geh (schnell vergehen)* s'envoler *(soutenu)*
entflogen *PP von* **entfliegen**
entflohen *PP von* **entfliehen**
entfremden* I. *tr V* ① *(fremd machen)* rendre étrangers(-ères) l'un(e) à l'autre; **zwei Menschen einander ~** rendre deux personnes étrangères l'une à l'autre; **die Kinder einander ~** rendre les enfants étrangers l'un à l'autre; **jdn seiner Heimat** *(Dat)* ~ *Exil:* rendre qn étranger(-ère) par rapport à son propre pays
② *(zweckentfremden)* **etw seinem Zweck/seiner Bestimmung ~** détourner qc de son usage/de sa destination première
II. *r V* **sich jdm ~** se détacher de qn
Entfremdung <-, -en> *f* détachement *m;* **seine zunehmende ~ von jdm/etw** son détachement croissant vis-à-vis de qn/qc
entfrosten* *tr V* dégivrer
Entfroster <-s, -> *m* dégivreur *m*
entführen* *tr V* ① enlever, kidnapper *Kind, Geisel;* détourner *Flugzeug*
② *hum fam (wegnehmen)* **jdm jdn/etw ~** emprunter qn/qc à qn; **kann ich dir mal kurz deinen Mann ~?** je peux t'emprunter ton mari un moment? *(fam)*
Entführer(in) *m(f)* ravisseur(-euse) *m(f);* (*Luftpirat*) pirate *mf* de l'air
Entführung *f eines Kindes, einer Geisel* rapt *m*, enlèvement *m; eines Flugzeugs* détournement *m*
entgangen *PP von* **entgehen**
entgegen [ɛnt'ge:gən] I. *Adv* ① **au devant de; dem Ziel ~** au devant du but; **dem Morgen/Sommer ~** vers le matin/l'été
II. *Präp* + *Dat* ① *(zuwider)* **~ unserer Abmachung** contrairement à notre accord
② *(im Gegensatz zu)* **~ allen Erwartungen** contre toute attente
entgegen|bringen *tr V unreg* faire preuve de; **jdm Vertrauen/Achtung ~** faire preuve de confiance/respect à l'égard de qn; **einer S.** *(Dat)* **Interesse/Verständnis ~** manifester de l'intérêt/de la compréhension pour qc **entgegen|eilen** *itr V* + *sein* courir à la rencontre; **jdm ~** courir à la rencontre de qn; **jdm entgegengeeilt kommen** venir en courant à la rencontre de qn; **dem Ziel ~** *Läufer:* voler vers le but **entgegen|fahren** *itr V unreg* + *sein* aller à la rencontre; **jdm ~** aller à la rencontre de qn **entgegen|fiebern** *itr V* attendre avec impatience; **einer S.** *(Dat)* **~** attendre qc avec impatience **entgegen|gehen** *itr V unreg* + *sein* ① aller à la rencontre; **jdm ~** aller à la rencontre de qn ② *(zu erwarten haben)* **einer Gefahr/dem Tod ~** aller au devant d'un danger/de la mort; **seinem Untergang ~** courir à sa perte; **[o seinem] Ende ~** toucher à sa fin **entgegengesetzt** I. *Adj Ende, Richtung, Interessen, Meinungen* opposé(e); **an der ~en Seite des Tisches sitzen** être assis(e) de l'autre côté de la table; **diametral ~e Auffassungen** des conceptions diamétralement opposées II. *Adv* **~ handeln** faire le contraire; **genau ~ reagieren** réagir de façon exactement inverse **entgegen|halten** *tr V unreg* ① *(hinhalten)* tendre; **jdm etw ~** tendre qc à qn; **sein Gesicht der Sonne ~** tendre son visage vers le soleil ② *(als Gegenargument anführen)* présenter *Einwand, Beweis* **entgegen|kommen** *itr V unreg* + *sein* ① venir à la rencontre; *(fahrend)* arriver en sens inverse; **jdm ~** venir à la rencontre de qn; *(fahrend)* arriver en sens inverse de qn; **der ~de Verkehr** la circulation en sens inverse ② *(Zugeständnisse machen)* **jdm ~** faire une concession à qn; **dem Wunsch/der Bitte der Bürger ~** répondre au souhait/à la demande des citoyens ③ *(entsprechen)* **jds Interessen** *(Dat)* **~** aller dans le sens des intérêts de qc; **jdm sehr ~** *Vorschlag, Angebot:* aller tout à fait à qn **Entgegenkommen** <-s> *nt* ① *(gefällige Haltung)* compréhension *f* ② *(Zugeständnis)* concession *f* **entgegenkommend** *Adj* bienveillant(e) **entgegen|laufen** *itr V unreg* + *sein* ① courir à la rencontre; **jdm ~** courir à la rencontre de qn ② *(zuwiderlaufen)* **einer S.** *(Dat)* **~** être contraire à qc
Entgegennahme <-, -n> *f einer Bestellung, Lieferung, Ware* réception *f; einer Zahlung* encaissement *m*
entgegen|nehmen *tr V unreg* accepter *Brief, Ware;* encaisser *Geldbetrag* **entgegen|schlagen** *itr V unreg* + *sein Hitze, Kälte, Geruch:* assaillir; *Flammen:* jaillir en direction; *Jubel, Hass, Ablehnung:* accueillir; **jdm ~** *Hitze, Kälte, Geruch:* assaillir qn; *Flammen:* jaillir en direction de qn; *Jubel, Hass, Ablehnung:* accueillir qn **entgegen|sehen** *itr V unreg* ① *(in die Richtung sehen)* regarder dans la direction; **jdm/einem ankommenden Zug ~** regarder dans la direction de qn/d'un train qui arrive ② *geh (erwarten)* **einer Antwort/Entscheidung** *(Dat)* **~** être dans l'attente d'une réponse/décision *(soutenu)* **entgegen|setzen** I. *tr V* opposer; **einer S.** *(Dat)* **Widerstand ~** opposer une résistance à qc; **nichts entgegenzusetzen haben** n'avoir rien à redire à qc II. *r V* **sich jdm/einer S. ~** s'opposer à qn/qc **entgegen|stehen** *itr V unreg* s'opposer à; **einer S.** *(Dat)* **~** s'opposer à qc; **dem steht nichts entgegen** rien ne s'y oppose **entgegen|stellen** *r V* ① *(ablehnen)* **sich jdm/einer S. ~** s'opposer à qn/qc ② MIL **sich den Angreifern ~** faire face aux agresseurs **entgegen|steuern** *itr V* combattre; **einem Trend ~** combattre une tendance **entgegen|strecken** *tr V* tendre; **jdm etw ~** tendre qc à qn **entgegen|treten** *itr V unreg* + *sein* ① *(in den Weg treten)* faire front à; **jdm ~** faire front à qn ② *(sich zur Wehr setzen)* **jdm/einer S. ~** lutter contre qn/qc **entgegen|wirken** *itr V* agir contre; **einer S.** *(Dat)* **~** agir contre qc
entgegnen* *tr V* répliquer, rétorquer; **„Sei still!" entgegnete sie "Tais-toi!"** rétorqua-t-elle; **was hätte man ihm [darauf] ~ sollen?** qu'aurait-on dû lui répondre [à cela]?
Entgegnung <-, -en> *f* réplique *f*
entgehen* *itr V unreg* + *sein* ① *(nicht bemerkt werden) Bemerkung, Pointe, Fehler:* échapper à; **jdm ~** *Bemerkung, Pointe, Fehler:* échapper à qn; **es entgeht jdm nicht, dass** il n'échappe pas à qn que + *indic*
② *(entrinnen, entkommen)* **dem Schicksal/der Strafe ~** échapper au destin/à la punition
③ *(ungenutzt bleiben)* **sich** *(Dat)* **etw ~ lassen** laisser passer qc
entgeistert [ɛnt'ɡaɪstɐt] I. *Adj* hébété(e)
II. *Adv* **~ anstarren** l'air hébété
Entgelt [ɛnt'ɡɛlt] <-[e]s, -e> *nt form* rétribution *f;* **als** [*o* **zum**] **~ für etw** en contrepartie de qc; **für ein geringes ~** moyennant une faible rémunération; **gegen ~** moyennant finances; **ohne ~** sans contrepartie financière
entgelten* *tr V unreg geh* dédommager; **jdm etw ~** dédommager qn de qc
entgiften* *tr V* ÖKOL, MED épurer
Entgiftung <-, -en> *f* ÖKOL, MED épuration *f*
entgleisen* *itr V* + *sein* ① *Zug, Straßenbahn:* dérailler; **einen Zug zum Entgleisen bringen** faire dérailler un train
② *(ausfallend werden)* commettre un impair
Entgleisung <-, -en> *f* ① déraillement *m*
② *(Taktlosigkeit)* impair *m*
entgleiten* *itr V unreg* + *sein* ① glisser [*o* échapper] des mains; **jdm** [*o* **jds Händen**] **~** glisser [*o* échapper] des mains de qn
② *(verloren gehen)* **jdm ~** *Kontrolle, Leitung:* échapper à qn
entgolten *PP von* **entgelten**
entgräten* *tr V* enlever les arêtes de; **entgrätet** sans arêtes
enthaaren* *tr V* épiler
Enthaarung <-, -en> *f* épilation *f*
Enthaarungscreme *f* crème *f* dépilatoire **Enthaarungsmittel** *nt* [d]épilatoire *m*
enthalten* *unreg* I. *tr V* ① contenir; **Kohlensäure/Alkohol ~** contenir du gaz carbonique/de l'alcool
② *(einschließen)* **im Preis [mit] ~ sein** être compris(e) dans le prix
II. *r V* ① *(nicht abstimmen)* **sich [der Stimme] ~** s'abstenir
② *geh (verzichten)* **sich eines Kommentars/des Weines ~** s'abstenir de faire un commentaire/boire du vin
enthaltsam [ɛnt'haltza:m] I. *Adj Person* modéré(e); **Leben** d'abstinence
II. *Adv* **~ leben** vivre dans l'abstinence
Enthaltsamkeit <-> *f* abstinence *f*; *(sexuelle Abstinenz)* chasteté *f*
Enthaltung *f (Stimmenthaltung)* abstention *f*
enthärten* *tr V* adoucir *Wasser*
enthaupten* *tr V* décapiter
Enthauptung <-, -en> *f* décapitation *f*
enthäuten* *tr V* ① GASTR enlever la peau de
② JAGD dépouiller
entheben* *tr V unreg geh* ① *(entlassen)* relever *(form);* **jdn seines Amtes/Dienstes ~** relever qn de ses fonctions/destituer qn de son

poste
② *(entbinden)* **jdn aller Verpflichtungen ~** dégager qn de toute obligation
enthemmen* I. *tr V* désinhiber *Person*
II. *itr V Alkohol, Drogen:* avoir un effet désinhibant, lever les inhibitions
Enthemmung *f kein Pl* désinhibition *f*, levée *f* des inhibitions
enthoben *PP von* **entheben**
enthüllen* I. *tr V* ① dévoiler *Denkmal, Gesicht*
② *geh (aufdecken)* [jdm] **ein Geheimnis/einen Plan ~** dévoiler un secret/projet [à qn]
II. *r V* **sich jdm ~** se révéler à qn
Enthüllung <-, -en> *f* ① *eines Denkmals, Gesichts* dévoilement *m*
② *(Aufdeckung, enthüllter Sachverhalt)* révélation *f*
Enthüllungsjournalismus *m* journalisme *m* de révélations
Enthusiasmus [ɛntuziˈasmʊs] <-> *m* enthousiasme *m;* **jds ~ bremsen** [*o* **zügeln**] freiner l'enthousiasme de qn
Enthusiast(in) <-en, -en> *m(f)* enthousiaste *mf*
enthusiastisch I. *Adj* enthousiaste, plein(e) d'enthousiasme
II. *Adv* avec enthousiasme
entjungfern* *tr V* dépuceler
Entjungferung <-, -en> *f* dépucelage *m*
entkalken* *tr V* détartrer *Wasserkessel, Kaffeemaschine;* adoucir *Wasser*
entkeimen* *tr V* débarrasser, désinfecter; **etw ~** débarrasser qc de ses germes, désinfecter qc
entkernen* *tr V* dénoyauter *Kirsche, Pfirsich, Olive;* épépiner *Apfel, Birne, Orange*
entkleiden* *geh tr V* [sich] ~ [se] dévêtir *(soutenu)*
entknoten* *tr V* dénouer
entkolonialisieren* *tr V* décoloniser; **entkolonialisiert werden** être décolonisé(e)
Entkolonialisierung *f* décolonisation *f*
entkommen* *itr V unreg + sein* s'échapper; **jdm ~** échapper à qn; **über die Grenze ~** s'échapper en passant la frontière
Entkommen <-> *nt* évasion *f;* **es gibt für ihn/sie kein ~** il n'y a pas moyen pour lui/elle de s'évader
entkorken* *tr V* déboucher
entkräften* *tr V* ① *(schwächen)* épuiser; **entkräftet sein** être épuisé(e), ne plus avoir de forces
② *(widerlegen)* réfuter *Behauptung, Verdacht, Einwand*
Entkräftung <-, -en> *f* ① *(Erschöpfung)* épuisement *m*
② *(Widerlegung)* infirmation *f*
entkrampfen* I. *tr V* ① *(lockern)* décontracter *Muskeln, Körper*
② *(entspannen)* décrisper *Atmosphäre, Lage*
II. *r V* **sich ~** ① *(sich lockern)* Muskulatur, Körper: se décontracter
② *(sich entspannen)* Atmosphäre, Lage: se décrisper
Entkrampfung <-, -en> *f* ① *(Lockerung)* décontraction *f*
② *(Entspannung)* décrispation *f;* **zur ~ der Lage beitragen** contribuer à détendre la situation
entladen* *unreg* I. *tr V* décharger; **das Entladen** le déchargement
II. *r V* ① **sich über jdm/etw ~** *Gewitter:* éclater au-dessus de qn/qc
② ELEC **sich ~** se décharger
③ *(ausbrechen)* **sich ~** *Begeisterung, Emotionen:* éclater; **sich über jdm ~** *Zorn:* éclater contre qn
Entladung *f* déchargement *m*
entlang [ɛntˈlaŋ] I. *Präp + Dat o Gen* le long de; **~ dem Kanal** [*o* **des Kanals**]/**der Straße** le long du canal/de la route
II. *Präp + Akk* **den Kanal/die Straße ~** le long du canal/de la route
III. *Adv* **hier ~** par ici; **wir müssen die Grenze ~** nous devons longer la frontière; **am Zaun ~ standen Schaulustige** le long de la clôture il y avait des badauds
entlang|blicken *itr V* **die** [*o* **an den**] **Baumreihen ~** regarder tout du long les arbres alignés **entlang|fahren** *itr V + sein* longer; **den Kanal ~** *(mit dem Auto/Fahrrad)* longer le canal [en voiture/à vélo] ② *(entlangstreichen, deuten)* **mit dem Finger die Grenze ~** suivre du doigt le long de la frontière **entlang|gehen** *unreg itr V + sein* longer; **eine Straße ~** longer une route; **an einem Park ~** longer un parc **entlang|laufen** *itr V + sein* ① *(laufen)* courir le long de; **eine Gasse ~** courir le long d'une ruelle; **an einem Garten ~** courir le long d'un jardin ② *(verlaufen)* **am Kanal ~** *Weg:* longer le canal
entlarven* I. *tr V* ① *(enttarnen)* démasquer; **jdn** [**als Spion**] **~** démasquer qn [comme étant un espion]
② *(aufdecken)* **ein Angebot als Falle ~** découvrir qu'une offre est un piège
II. *r V* **sich selbst** [**als Lügner**] **~** se démasquer soi-même [comme étant un menteur]
Entlarvung <-, -en> *f* **ihm/ihr gelang die ~ des Agenten** il/elle a réussi à démasquer l'agent
entlassen* *tr V unreg* ① licencier *Mitarbeiter*

② *(gehen lassen)* laisser sortir *Patienten;* libérer *Häftling;* **jdn aus dem Krankenhaus ~** laisser sortir qn de l'hôpital; **jdn aus der Haft ~** libérer qn de prison; **aus der Schule ~ werden** quitter l'école; **aus der Haft ~ werden** sortir de prison
③ *geh (verabschieden)* congédier *Besucher, Bittsteller*
④ *geh (entbinden)* **jdn aus einer Verpflichtung/Verantwortung ~** dégager qn d'une obligation/responsabilité
Entlassung <-, -en> *f (Kündigung)* licenciement *m*, renvoi *m;* **sofortige/grundlose ~** licenciement [*o* renvoi] immédiat/sans motif
Entlassungsgesuch *nt* lettre *f* de démission **Entlassungsschreiben** *nt* lettre *f* de licenciement **Entlassungszeugnis** *nt* dossier *m* scolaire
entlasten* *tr V* ① JUR décharger; **jdn völlig ~** laver qn de tout soupçon, innocenter complètement qn; **~d** à décharge
② *(von einer Belastung befreien)* décharger, soulager *Person;* délester *Verkehr;* **jdn steuerlich ~** dégrever qn
③ *(ausgleichen)* créditer *Konto*
④ *(bestätigen)* donner quitus à *Vorstand, Hausverwaltung*
Entlastung <-, -en> *f* ① JUR décharge *f;* **zu seiner/ihrer ~** à sa décharge
② *(Hilfe, Erleichterung)* soulagement *m;* **es wäre eine große ~** [**für mich**], **wenn ...** ça me déchargerait beaucoup si ...; **zu deiner ~** pour te décharger
③ *(Bestätigung) eines Geschäftsführers* quitus *m;* **~ des Vorstands** quitus donné au directoire
Entlastungsmaterial *nt* documents *mpl* à décharge **Entlastungszeuge** *m*, **-zeugin** *f* témoin *m* à décharge **Entlastungszug** *m* train *m* supplémentaire
entlauben* I. *tr V* défolier; **entlaubt** sans feuilles, nu(e)
II. *r V* **sich ~** perdre ses feuilles
Entlaubungsmittel *nt* défoliant *m*
entlaufen* *itr V unreg + sein* ① *(fliehen) Häftling, Insasse, Sklave:* s'évader; *Heimkind:* faire une fugue; **entlaufen** évadé(e); *Heimkind* fugueur(-euse)
② *(fortlaufen)* **jdm ~** *Tier:* se sauver et échapper à qn; **unser Hund ist ~** nous avons perdu notre chien; **Hund/Katze ~!** perdu chien/chat!; **entlaufen** qui s'est sauvé(e)
entledigen* *r V geh* ① *(aus dem Wege räumen)* **sich eines Komplizen ~** se débarrasser d'un complice
② *(erfüllen)* **sich einer Verpflichtung/eines Auftrags ~** s'acquitter d'une obligation/mission
③ *(ablegen)* **sich seines Mantels ~** se débarrasser de son manteau
entleeren* *tr V* vider *Behälter, Darm, Blase;* vidanger *Grube, Becken*
Entleerung *f eines Behälters* vidage *m;* einer Grube, eines Beckens vidange *f;* **zur ~ der Blase** pour vider la vessie
entlegen [ɛntˈleːɡən] *Adj* ① *(abgelegen)* isolé(e)
② *(abwegig) Gedanke, Vorstellung* saugrenu(e)
entlehnen* *tr V* emprunter; **ein Wort aus einer fremden Sprache ~** emprunter un mot à une langue étrangère
Entlehnung <-, -en> *f* LING emprunt *m*
Entleiher(in) <-s, -> *m(f)* emprunteur(-euse) *m(f)*
Entlein <-s, -> *nt* caneton *m*, petit canard *m*
entloben* *r V* **sich ~** rompre ses fiançailles
Entlobung <-, -en> *f* rupture *f* des fiançailles
entlocken* *r V* **jdm etw ~** soutirer qc à qn; **einem Instrument Töne ~** tirer des sons d'un instrument
entlohnen*, **entlöhnen** *tr V* CH **jdn für etw ~** rétribuer qn pour qc
Entlohnung <-, -en> *f*, **Entlöhnung** <-, -en> *f* CH *(das Entlohnen)* rétribution *f*
entlüften* *tr V* ① aérer, ventiler *Raum*
② TECH purger *Bremsen, Heizung*
Entlüftung <-, -en> *f* ① *(das Entlüften, Entlüftungsanlage) eines Raums* ventilation *f*
② TECH *von Bremsen, einer Heizung* purge *f*
Entlüftungsventil *nt* TECH ventouse *f*
entmachten* *tr V* renverser
Entmachtung <-, -en> *f eines Diktators, Regimes* renversement *m;* eines Gegenspielers mise *f* sur la touche
entmannen* *geh tr V* [sich] ~ [se] châtrer
entmenscht [ɛntˈmɛnʃt] *Adj* inhumain(e), barbare
entmilitarisieren* *tr V* démilitariser; **entmilitarisierte Zone** zone *f* démilitarisée
Entmilitarisierung *f* démilitarisation *f*
entmündigen* *tr V* mettre sous tutelle; **jdn wegen etw ~** mettre qn sous tutelle pour qc; **jdn ~ lassen** faire mettre qn sous tutelle
Entmündigung <-, -en> *f* ① JUR mise *f* sous tutelle
② *(Bevormundung)* déresponsabilisation *f*
entmutigen* *tr V* décourager; **sich ~ lassen** se décourager
Entmutigung <-, -en> *f* découragement *m*
Entnahme [ɛntˈnaːmə] <-, -n> *f* prélèvement *m*
Entnazifizierung [ɛntnatsifiˈtsiːrʊŋ] <-, -en> *f* HIST, POL dénazifi-

sich entscheiden	
nach Entschlossenheit fragen	**s'assurer d'une décision**
Sind Sie sicher, dass Sie das wollen?	Êtes-vous sûr(e) de vouloir cela?
Haben Sie sich das gut überlegt?	Y avez-vous bien réfléchi?
Wollen Sie nicht lieber dieses Modell?	Ne préféreriez-vous pas plutôt ce modèle?
Entschlossenheit ausdrücken	**exprimer sa détermination**
Ich habe mich entschieden: Ich werde an der Feier nicht teilnehmen.	Je me suis décidé(e): je ne participerai pas à la cérémonie.
Ich habe mich dazu durchgerungen, ihr alles zu sagen.	Je me suis résolu(e) à tout lui dire.
Wir sind (fest) entschlossen, nach Australien auszuwandern.	Nous sommes (fermement) décidé(e)s à émigrer en Australie.
Ich lasse mich von nichts/niemandem davon abbringen, es zu tun.	Rien/Personne ne me dissuadera de le faire.
Ich werde auf keinen Fall kündigen.	Il est hors de question que je démissionne.
Unentschlossenheit ausdrücken	**exprimer son hésitation**
Ich weiß immer noch nicht, was ich tun soll.	Je ne sais toujours pas quoi faire.
Wir sind uns noch im Unklaren darüber, was wir tun werden.	Nous ne savons pas encore ce que nous ferons.
Ich bin mir noch unschlüssig, ob ich die Wohnung mieten soll oder nicht.	J'hésite encore si je prends l'appartement ou non.
Ich habe mich noch nicht entschieden.	Je ne me suis pas encore décidé(e).
Ich bin noch zu keinem Entschluss darüber gekommen.	Je n'ai pas encore pris de décision.

cation *f*
entnehmen* *tr V unreg* ❶ *(herausnehmen)* retirer; **etw |aus| der Schublade/Kasse ~** retirer qc du tiroir/de la caisse
❷ MED **jdm Blut ~** prélever du sang à qn
❸ *(schlussfolgern)* **einer Rede** *(Dat)* **etw ~** déduire qc d'un discours; **einem Artikel ~, dass** déduire d'un article que + *indic*
entnerven* *tr V* énerver, mettre à bout [de nerfs]; **~d** énervant(e), nerveusement épuisant(e)
entnervt *Adj, Adv* excédé(e), à bout [de nerfs]
Entomologie [ɛntomoloˈgiː] <-> *f* entomologie *f*
entpuppen* *r V* **sich als Betrüger ~** se révéler être un escroc
entrahmen* *tr V* écrémer
enträtseln* *tr V* déchiffrer *Schrift*; **ein Geheimnis ~** percer un secret à jour; **den Sinn von etw ~** élucider qc
entrechten* *tr V* priver de ses droits; **jdn ~** priver qn de ses droits
Entrechtete(r) *f(m) dekl wie Adj, meist Pl* opprimé(e) *m(f)*
Entrechtung <-, -en> *f* privation *f* des droits
entreißen* *tr V unreg* ❶ *(wegreißen)* arracher; **jdm etw ~** arracher qc à qn
❷ *fig* **jdn dem Tod/den Flammen ~** arracher qn à la mort/aux flammes
entrichten* *tr V form* régler, payer; acquitter *Gebühr*
Entrichtung *f form* règlement *m*, paiement *m*
entringen* *tr V unreg geh* arracher de force; **jdm etw ~** arracher de force qc à qn
entrinnen* *itr V unreg + sein geh* échapper; **jdm/einer S. ~** échapper à qn/qc
Entrinnen <-s> *nt* ▸ **es gibt kein ~** on ne peut y échapper
entrissen *PP von* **entreißen**
entrollen* I. *tr V* déployer *Segel*
II. *r V geh* **sich ~** *Geschehnisse, Bilder:* défiler
Entropie [ɛntroˈpiː] <-, -n> *f* entropie *f*
entrosten* *tr V* dérouiller; **entrostet werden** être débarrassé(e) de sa rouille
entrücken* *tr V geh* **jdn einer S.** *(Dat)* **~** retrancher qn de qc
entrückt [ɛntˈrʏkt] *Adj geh* absent(e); **der Wirklichkeit** *(Dat)* **~ sein** être détaché(e) de la réalité
entrümpeln* *tr V* débarrasser
Entrümp[e]lung <-, -en> *f* ❶ *(das Entrümpeln)* **die ~ des Kellers dauerte Tage** il a fallu des jours pour débarrasser la cave
❷ *(Befreiung von Unnützem)* lifting *m*
entrüsten* *r V* **sich über jdn ~** être scandalisé(e) par qn; **sich über etw ~** s'indigner de qc
entrüstet I. *Adj* indigné(e), outré(e); **über jdn/etw ~ sein** être scandalisé(e) par qn/qc

II. *Adv* d'un air outré; *rufen, sagen* d'un ton outré
Entrüstung *f* indignation *f;* **~ über jdn/etw** indignation *f* contre qn/qc; **voller ~** plein(e) d'indignation
entsaften* *tr V* ❶ *(auspressen)* presser le jus de
❷ *(auskochen)* extraire le jus de
Entsafter <-s, -> *m (Presse)* centrifugeuse *f;* *(mit Hitze)* extracteur *m* de jus de fruit
entsagen* *itr V geh* renoncer à; **einer S.** *(Dat)* **~** renoncer à qc
Entsagung <-, -en> *f geh* renoncement *m*
entsagungsvoll *Adj geh Leben* tout(e) de renoncement; *Blick* plein(e) de renoncement; *Geste* en signe de renoncement
entsalzen* *tr V* dessaler
Entsalzung <-, -en> *f* dessalement *m*
entsandt *PP von* **entsenden**
entschädigen* *tr V a.* JUR dédommager; **jdn für etw ~** dédommager qn de qc; **einen Schaden/Verlust durch/mit etw ~** compenser un dommage/une perte par qc
Entschädigung *f* ❶ *(das Entschädigen)* dédommagement *m;* **etw als ~ bekommen** |*o* **erhalten**| recevoir qc en dédommagement
❷ *(Entschädigungsleistung)* indemnité *f;* **jdm eine ~ zahlen** verser une indemnité à qn
Entschädigungsanspruch *m* droit *m* à indemnisation **Entschädigungssumme** *f* indemnité *f*
entschärfen* *tr V* ❶ désamorcer *Bombe, Mine;* **das Entschärfen** le désamorçage
❷ *(säubern)* expurger *Buch, Film*
❸ *(entspannen)* décrisper *Debatte, Lage, Konflikt*
Entscheid [ɛntˈʃaɪt] *s.* **Entscheidung**
entscheiden* *unreg* I. *tr V* ❶ *(beschließen)* décider; **~, dass/ob/wann ...** décider que + *indic*/si/quand ...
❷ *(klären)* trancher *Fall, Streit, Frage;* **entschieden sein** être décidé(e); **noch ist nichts entschieden** les jeux ne sont pas encore faits
❸ *(ausschlaggebend sein)* **etw ~** *Umstand, Faktor:* avoir une influence décisive sur qc
❹ *(gewinnen)* **etw |für sich| ~** avoir une influence décisive sur qc; **das Spiel ist entschieden** le match est joué
II. *itr V* **über etw** *(Akk)* **~** décider de qc; **für jdn/etw ~** se prononcer en faveur de qn/qc; **gegen jdn/etw ~** se prononcer contre qn/qc
III. *r V* ❶ *(beschließen)* **sich ~** se décider, prendre une décision; **sich ~ etw zu tun** se décider à faire qc, prendre la décision de faire qc; **sich für jdn/etw ~** se prononcer en faveur de qn/qc; **sich gegen jdn/etw ~** se prononcer contre qn/qc
❷ *(sich herausstellen)* **es entscheidet sich, ob/wann/wie ...** on

sich entschuldigen	
zugeben, eingestehen	**admettre, avouer**
Ich bin schuld daran.	C'est de ma faute.
Ja, es war mein Fehler.	Oui, c'était de ma faute.
Da habe ich Mist gebaut. *(sl)*	Là, j'ai fait une connerie. *(fam)*
Ich gebe es ja zu: Ich habe vorschnell gehandelt.	Je l'admets : j'ai agi trop vite.
Sie haben Recht, ich hätte mir die Sache gründlicher überlegen sollen.	Vous avez raison, j'aurais dû mieux réfléchir à la question.
sich entschuldigen	**s'excuser**
(Oh,) das habe ich nicht gewollt!	(Oh,) je ne l'ai pas fait exprès !
Das tut mir leid!	Je suis désolé(e) !
Entschuldigung!/Verzeihung!/Pardon!	Excuse-moi !/Excusez-moi !/Pardon !/Je te/vous demande pardon !
Entschuldigen Sie bitte!	Excusez-moi !/Je suis désolé(e) !
Das war nicht meine Absicht.	Ce n'était pas dans mes intentions.
Ich muss mich dafür wirklich entschuldigen.	Excusez-moi, je suis vraiment désolé(e).
auf Entschuldigungen reagieren	**accepter des excuses**
Schon okay! *(fam)*/Das macht doch nichts!	Ça va !/Ça ne fait rien !
Keine Ursache!/Macht nichts!	Ce n'est pas grave !/Ça ne fait rien !/Ne t'en fais pas !
Machen Sie sich darüber keine Gedanken.	Ne vous faites pas de soucis !
Lassen Sie sich darüber keine grauen Haare wachsen. *(fam)*	Ne vous faites pas de cheveux blancs pour ça !

va voir si/quand/comment ...; *s. a.* **entschieden**
entscheidend I. *Adj (ausschlaggebend)* décisif(-ive); *Fehler, Irrtum* grave; **von ~er Bedeutung** d'une importance capitale; **für jdn/etw ~ sein** être décisif(-ive) pour qn/qc
II. *Adv* de manière décisive
Entscheidung *f* ❶ *(Beschluss)* décision *f;* **finanzielle/personelle ~en** des décisions concernant les finances/le personnel; **vor einer ~ stehen** devoir prendre une décision; **jdn vor eine ~ stellen** mettre qn au pied du mur; **zu einer ~ kommen** [*o* **gelangen**] parvenir à une décision; **eine ~ treffen** prendre une décision; **die ~ liegt bei ihr** la décision lui appartient
❷ JUR *verdict m;* **eine ~ anfechten/aufheben** attaquer/casser une décision
❸ SPORT *résultat m;* **um die ~ spielen** jouer pour emporter la décision
Entscheidungsbefugnis *f* pouvoir *m* de décision **Entscheidungsfreiheit** *f* liberté *f* de décision; **völlige ~ haben** avoir toute liberté de décision **entscheidungsfreudig** *Adj* avec un esprit de décision; **~ sein** avoir l'esprit de décision **entscheidungsreif** *Adj Projekt* en attente de décision **Entscheidungsschlacht** *f* bataille *f* décisive, combat *m* décisif **entscheidungsschwach** *Adj* sans esprit de décision; **~ sein** manquer d'esprit de décision **Entscheidungsspiel** *nt* match *m* décisif
entschieden [ɛntˈʃiːdən] I. *PP von* **entscheiden**
II. *Adj* ❶ *(entschlossen) Befürworter, Gegner* résolu(e)
❷ *(eindeutig) Ablehnung, Gegnerschaft* catégorique; *Befürwortung* total(e); *Stellungnahme* clair(e) [*et* net(te)]
III. *Adv* ❶ *(entschlossen) ablehnen, bekämpfen* catégoriquement
❷ *(eindeutig)* incontestablement, sans conteste
Entschiedenheit <-> *f* détermination *f;* **mit [aller] ~** catégoriquement, avec [la plus extrême] fermeté
entschlacken* I. *tr V* désintoxiquer
II. *itr V* avoir un effet dépuratif
Entschlackung <-, -en> *f* **der ~** *(Dat)* **des Blutes dienen** servir à libérer le sang de ses toxines
entschlafen* *itr V unreg + sein geh* rendre le dernier soupir *(soutenu)*
Entschlafene(r) *f(m) dekl wie Adj geh* défunt(e) *m(f) (littér)*
entschleiern* *tr V geh* dévoiler, percer *Geheimnis*
entschließen* *r V unreg* **sich ~** se décider, prendre une décision; **sich ~ etw zu tun** se décider à faire qc, prendre la décision de faire qc; **sich für/zu etw ~** opter pour qc; **sich zu nichts ~ können** ne pas arriver à se décider; *s. a.* **entschlossen**

entschlossen [ɛntˈʃlɔsən] I. *PP von* **entschließen**
II. *Adj* décidé(e); **fest ~** déterminé(e); **fest ~ sein [etw zu tun]** être bien décidé(e) [à faire qc]; **wild ~** *fam* remonté(e) à bloc *(fam)*; **zu allem ~** prêt(e) à tout
III. *Adv* avec détermination; **etw kurz ~ tun** ne pas y aller par quatre chemins et faire qc
Entschlossenheit <-> *f* détermination *f*
entschlummern* *itr V + sein geh* ❶ *euph (sterben)* décéder *(soutenu)*
❷ *veraltet (einschlafen)* s'assoupir
entschlüpfen* *itr V + sein* ❶ *(entkommen)* se sauver; **jdm ~** échapper à qn
❷ *(entfahren)* **jdm ~** *Äußerung, Name, Wort:* échapper à qn
Entschluss^RR *m* décision *f;* **einen ~ fassen** prendre une décision; **zu einem/keinem ~ kommen** arriver/ne pas arriver à prendre une décision; **aus eigenem ~ handeln** agir de son propre chef; **es ist sein fester ~ zu heiraten** il a la ferme intention de se marier
entschlüsseln* *tr V* décoder
Entschlüsselung <-, -en> *f* décodage *m*
entschlussfreudig^RR *Adj* avec un esprit de décision; **~ sein** avoir l'esprit de décision **Entschlussfreudigkeit**^RR <-> *f* esprit *m* de décision **Entschlusskraft**^RR *f kein Pl* esprit *m* de décision **entschlusslos**^RR I. *Adj* irrésolu(e) II. *Adv* sans pouvoir se décider
entschuldbar *Adj* excusable
entschuldigen* I. *itr V* **~ Sie, können Sie mir sagen, ...** s'il vous plaît [*o* excusez-moi], pouvez-vous me dire ...; **entschuldige, ich tu das nicht wieder!** excuse-moi [*o* pardon], je ne recommencerai pas!; **Sie müssen ~, ...** je vous demande pardon, ..., excusez-moi, ...
II. *r V* ❶ **sich bei jdm ~** s'excuser auprès de qn; **sich für sein Verhalten ~** s'excuser de son comportement; **ich muss mich bei Ihnen wegen meines Zuspätkommens ~** je vous prie de bien vouloir excuser mon retard
❷ *(sich abwesend melden)* **sich ~** *Schüler:* s'excuser; **sich ~ lassen** se faire excuser
III. *tr V* ❶ **jdn ~ excuser qn**; **sein Verhalten mit etw ~** excuser son comportement en invoquant qc; **dieser Fehler ist durch nichts zu ~** cette faute n'est pas excusable
❷ *(als abwesend melden)* **jdn/etw bei jdm ~** excuser qn/qc auprès de qn; **ich möchte meine Tochter für morgen ~** je vous prie de bien vouloir excuser l'absence de ma fille demain
❸ *(verzeihlich machen)* **etw ~** *Umstand, Tatsache:* excuser qc
entschuldigend *Adj Ton, Tonfall, Geste* d'excuse

Entschuldigung <-, -en> f ❶ *(Bitte um Verzeihung)* excuses fpl; **sie hat ihre Eltern wegen etw um ~ gebeten** elle a prié [o demandé à] ses parents de l'excuser de qc; **er bittet um ~, dass/weil er zu spät gekommen ist** il s'excuse d'être arrivé en retard; **ich muss Sie um ~ bitten, wenn ich Sie verletzt habe** je vous prie de bien vouloir m'excuser si je vous ai offensé; **ich bitte vielmals um ~** je vous demande mille fois pardon; **~!** pardon!, excuse-moi/excusez-moi!; **~, wie spät ist es bitte?** excusez-moi, vous avez l'heure s'il vous plaît?
❷ *(Rechtfertigung)* excuse f; **als** [o **zur**] **~ für etw** pour excuser qc; **zu meiner/deiner ~** à ma/ta décharge
❸ *(Entschuldigungsschreiben)* mot m d'excuse
Entschuldigungsgrund m JUR excuse f
entschweben* itr V + sein hum geh tirer sa révérence *(soutenu)*, s'envoler vers d'autres horizons *(soutenu)*
entschwefeln* tr V désulfurer
Entschwefelung <-, -en> f désulfuration f
entschwinden* itr V unreg + sein geh ❶ *(verschwinden)* disparaître; **ins Haus ~** disparaître dans la maison; **den Blicken der Menge ~** se dérober aux regards de la foule
❷ *(vergehen)* Zeit, Stunden: fuir *(littér)*
entseelt [ɛntˈzeːlt] Adj, Adv geh Körper inanimé(e), sans vie
entsenden* tr V unreg o reg geh ❶ *(offiziell)* déléguer; **jdn zu einer Tagung ~** déléguer qn à une conférence
❷ *(schicken)* **jdn zu jdm ~** envoyer qn auprès de qn
Entsendung f eines Botschafters envoi m
entsetzen* I. tr V Umstand, Tatsache: effarer; **jdn ~** Umstand, Tatsache: effarer qn
II. r V **sich über jdn/etw ~** être horrifié(e) par qn/qc; *(fassungslos sein)* être effaré(e) par qc
Entsetzen <-s> nt horreur f; **voller** [o **mit**] **~** avec horreur; **vor ~** d'horreur; **zu seinem/ihrem großen** [o **größten**] **~** à sa grande frayeur
Entsetzensschrei m cri m d'horreur
entsetzlich [ɛntˈzɛtslɪç] I. Adj horrible, épouvantable; **~ aussehen** être affreux(-se); **wie ~!** quelle horreur!
II. Adv affreusement, horriblement
entsetzt [ɛntˈzɛtst] I. Adj horrifié(e); *(fassungslos)* effaré(e); **über jdn/etw ~ sein** être horrifié(e) par qn/qc; *(fassungslos)* être effaré(e) par qn/qc
II. Adv l'air épouvanté; **~ aufschreien** pousser un cri d'épouvante
entseuchen* tr V décontaminer
entsichern* tr V enlever le cran de sûreté de Pistole
entsinnen* r V unreg geh se souvenir; **sich eines Freundes/Vorfalls ~** se souvenir d'un ami/incident; **wenn ich mich recht entsinne** si mes souvenirs sont exacts; **entsinnst du dich noch?** t'en souvient-il? *(littér)*
entsorgen* tr V ❶ *(wegschaffen)* évacuer
❷ *(von Abfällen befreien)* éliminer les déchets de Stadt
Entsorgung [ɛntˈzɔrgʊŋ] <-, -en> f von Müll évacuation f
Entsorgungsbetrieb m usine f de traitement des déchets
entspannen* I. r V **sich ~** Person, Lage, Verhältnis: se détendre;
entspannt détendu(e)
II. tr V ❶ *(lockern)* détendre Muskeln, Nerven
❷ *(beruhigen)* détendre, décrisper Lage, Verhältnis
Entspannung f détente f; **zur ~** pour se détendre
Entspannungspolitik f politique f de détente **Entspannungsübung** f exercice m de relaxation
entspinnen* r V unreg **sich ~** se tisser; **sich aus etw ~** se tisser à partir de qc
entsprechen* itr V unreg ❶ *(übereinstimmen mit)* correspondre à; **einer S.** *(Dat)* **~** correspondre à qc
❷ *(genügen)* **den Anforderungen/Bedingungen ~** satisfaire aux exigences/conditions
❸ geh *(nachkommen)* **einer Bitte/einem Wunsch ~** accéder à une demande/un souhait
entsprechend I. Adj ❶ *(angemessen)* Entschädigung, Gehalt, Vergütung correspondant(e)
❷ *(gemäß)* Benehmen, Kleidung approprié(e)
❸ *(zuständig)* Sachbearbeiter compétent(e)
❹ *(dementsprechend)* **~ sein** être à l'avenant
II. Adv bezahlen, sich benehmen, handeln en conséquence
III. Präp + Dat **Ihrem Vorschlag/unserer Abmachung** conformément à votre proposition/notre accord
Entsprechung <-, -en> f ❶ *(Gegenstück)* pendant m
❷ *(Übereinstimmung)* point m commun
entspringen* itr V unreg + sein ❶ Fluss: prendre sa source; **in den Bergen ~** Fluss: prendre sa source dans les montagnes
❷ *(seinen Ursprung haben)* **einer S.** *(Dat)* **~** sortir [o être le fruit] de qc
entstammen* itr V + sein ❶ être issu(e) de; **einer armen Familie** *(Dat)* **~** être issu(e) d'une famille pauvre
❷ *(herrühren)* **dem Russischen ~** Begriff: venir du russe; **einer berühmten Sammlung** *(Dat)* **~** Gemälde, Skulptur: provenir d'une collection célèbre
entstauben* tr V dépoussiérer
entstehen* itr V unreg + sein ❶ *(zu existieren beginnen)* se constituer; Kunstwerk, Gebäude, Stadtteil: naître; **das Haus ist in acht Monaten entstanden** la maison a été construite en l'espace de huit mois; **im Entstehen begriffen sein** geh être en cours de réalisation *(soutenu)*
❷ *(verursacht werden)* Brand, Streit, Unruhe: se déclencher
❸ CHEM se former, se constituer
❹ *(sich ergeben)* **ihm ~ durch den Unfall Kosten/Nachteile** l'accident lui a occasionné des frais/inconvénients; **für den entstandenen Schaden aufkommen** prendre en charge les frais du dommage occasionné
Entstehung <-, -en> f ❶ *(das Werden)* des Lebens origine f; eines Kunstwerkes création f; eines Gebäudes construction f
❷ *(Verursachung)* eines Streits, Brandes origine f
❸ CHEM formation f
Entstehungsgeschichte f einer Kultur, eines Werks genèse f
Entstehungsort m lieu m de création
entsteigen* itr V unreg + sein geh sortir; **dem Bad/Wasser ~** sortir du bain/de l'eau; **einem Fahrzeug ~** descendre d'un véhicule
entsteinen* tr V dénoyauter
entstellen* tr V ❶ *(verunstalten)* défigurer Person, Gesicht
❷ *(verzerren)* **etw ~** Hass, Schmerz: déformer qc
❸ *(verzerrt wiedergeben)* déformer Vorfall, Wahrheit; **einen Vorfall entstellt wiedergeben** rendre compte d'un incident en le déformant
Entstellung f ❶ *(Verunstaltung)* défiguration f; **zur völligen ~** [**des Gesichts**] **führen** Krankheit: défigurer complètement
❷ *(Verzerrung)* déformation f
entstören* tr V déparasiter
Entstörung f déparasitage m
Entstörungsstelle s. Störungsstelle
entströmen* itr V + sein geh Flüssigkeit: s'écouler, couler; Gas: se dégager; **einem Rohr ~** Flüssigkeit: s'écouler [o couler] d'un tuyau; Gas: se dégager d'un tuyau
enttabuisieren* tr V lever les tabous; **etw ~** lever les tabous qui pèsent sur qc
enttarnen* tr V démasquer; **jdn** [**als Spion**] **~** démasquer qn [comme étant un espion]
enttäuschen* I. tr V décevoir
II. itr V Sportler, Mannschaft: décevoir, être décevant(e); Auto, Elektrogerät: se révéler décevant(e)
enttäuschend I. Adj décevant(e)
II. Adv schlecht, kurz étonnamment; **~ spielen** Mannschaft: être décevant(e); **unser Gespräch ist ~ verlaufen** notre entretien a été décevant
enttäuscht I. Adj déçu(e); **über jdn/etw** [o **von jdm/etw**] **~ sein** être déçu(e) par qn/qc
II. Adv dreinschauen d'un air déçu; sagen d'un ton déçu; **~ aussehen** avoir l'air déçu; **du klingst ~** à t'entendre, on sent que tu es déçu(e)
Enttäuschung f déception f; **jdm eine ~ bereiten** décevoir [les espérances de] qn; **zu seiner/ihrer** [**großen**] **~** à sa grande déception
entthronen* tr V geh détrôner
entvölkern* tr V dépeupler
Entvölkerung <-> f dépeuplement m
entwachsen* [-ks-] itr V unreg + sein geh dépasser; **einer S.** *(Dat)* **~** dépasser qc
entwaffnen* tr V a. fig désarmer
entwaffnend I. Adj désarmant(e)
II. Adv **~ lächeln** avoir un sourire désarmant
Entwaffnung <-, -en> f désarmement m
Entwaldung <-, -en> f ÖKOL déforestation f
entwarnen* itr V donner le signal de fin d'alerte; **es wird entwarnt** le signal de fin d'alerte est donné
Entwarnung f signal m de fin d'alerte; **~ geben** donner le signal de fin d'alerte
entwässern* tr V drainer
Entwässerung <-, -en> f ❶ *(Entwässern)* dessèchement m; eines Moores, Geländes drainage m
❷ MED *(Dehydratation)* déshydratation f
Entwässerungsgraben m drain m, fossé m de drainage **Entwässerungssystem** nt système m de drainage
entweder [ˈɛntveːdɐ] Konj **~ ..., oder ...** ou [bien] ..., ou [bien] ...; **~ ~ oder!** [c'est] l'un ou l'autre!
Entweder-oder[RR] <-, -> nt alternative f
entweichen* itr V unreg + sein ❶ *(austreten)* Gas, Luft: fuir; **aus etw ~** Gas, Luft: fuir de qc
❷ geh *(fliehen)* **aus etw ~** s'enfuir [o s'échapper] de qc
entweihen* tr V profaner

Entweihung <-, -en> f profanation f
entwenden* tr V geh dérober; **Geld aus der Kasse ~** dérober de l'argent de la caisse; [jdm] **etw ~** dérober qc [à qn] (littér)
entwerfen* tr V unreg ❶ (zeichnerisch) concevoir; faire les plans de Gartenanlage, Gebäude
❷ (ausarbeiten) élaborer
entwerten* tr V ❶ (abstempeln) composter, valider Fahrschein, Eintrittskarte; oblitérer Briefmarke
❷ (im Wert mindern) dévaluer Banknoten, Münzen
❸ fig déprécier Aussage, Argument
Entwerter <-s, -> m composteur m
Entwertung f ❶ (das Abstempeln) compostage m, validation f; von Briefmarken oblitération f
❷ (Wertminderung) von Banknoten, Münzen dévaluation f
❸ fig zur **~ eines Alibis führen** avoir pour effet de diminuer la crédibilité d'un alibi
entwichen PP von **entweichen**
entwickeln* I. tr V ❶ (erfinden) développer
❷ (am Bildschirm entwerfen) concevoir
❸ (ausarbeiten) élaborer; **hoch entwickelt** (technisch fortschrittlich) ultraperfectionné(e)
❹ (entfalten) développer Talent, Fähigkeit; déployer Kräfte, Energie
❺ PHOT développer
❻ (entstehen lassen) dégager Gas, Hitze
II. r V **sich ~** ❶ (sich entfalten) se développer; **aus der Raupe entwickelt sich der Schmetterling** la chenille se transforme en papillon; **hoch entwickelt** Volk, Kultur, Reich très développé(e)
❷ (vorankommen) Projekt, Verhandlungen: évoluer; **sich erstaunlich/positiv ~** évoluer de façon remarquable/positive
❸ CHEM Gase, Wärme: se former
Entwickler <-s, -> m révélateur m
Entwicklung <-, -en> f ❶ (das Entwickeln) mise f au point; eines Präparats, Verfahrens développement m; [noch] **in der ~ sein** Automodell, Gerät: en être [encore] au stade de la conception
❷ (das Entwerfen) élaboration f
❸ (Entfaltung) développement m; von Kräften, Energie déploiement m; [noch] **in der ~ sein** Person: être en période de croissance; **die rückläufige ~ der Zinsen** la régression [o l'évolution à la baisse] des intérêts
❹ PHOT développement m
❺ (das Vorankommen) eines Projektes, von Verhandlungen évolution f
❻ CHEM formation f
Entwicklungsdienst m organisme chargé des coopérants et de l'aide aux pays en voie de développement; **in den ~ gehen** partir en coopération   **entwicklungsfähig** Adj Mitarbeiter capable de progresser; Design, Konzept, Text évolutif(-ive)   **Entwicklungsgeschichte** f génétique f   **entwicklungsgeschichtlich** Adj BIO ontogénétique   **Entwicklungshelfer(in)** m(f) coopérant(e) m(f)
Entwicklungshilfe f ❶ POL aide f au[x pays en voie de] développement, coopération f; **in die ~ gehen** partir en coopération ❷ FIN fonds m d'aide au développement   **Entwicklungsjahre** Pl **in den ~n sein, sich in den ~n befinden** être en pleine puberté   **Entwicklungsland** nt pays m en voie de développement   **Entwicklungspolitik** f politique f de développement   **Entwicklungsstadium** nt stade m de développement   **Entwicklungsstufe** f stade m de développement   **Entwicklungszeit** f ❶ eines Jugendlichen puberté f ❷ PHOT temps m de développement
entwinden* unreg geh I. tr V (gewaltsam wegnehmen) arracher; **jdm etw ~** arracher qc à [o des mains de] qn
II. r V **sich jdm/einer S. ~** échapper à l'étreinte de qn/se dégager de qc (soutenu)
entwirren* tr V démêler, débrouiller
entwischen* itr V + sein se sauver; **aus etw ~** se sauver de qc; **jdm ~** échapper à qn
entwöhnen* tr V ❶ sevrer Säugling
❷ fig einer S. (Dat) **entwöhnt sein** avoir perdu l'habitude de qc
Entwöhnung <-> f sevrage m
entworfen PP von **entwerfen**
entwürdigend Adj dégradant(e); **es ist ~, wie ...** la façon dont ... est dégradante
Entwürdigung f avilissement m
Entwurf m ❶ (Skizze) projet m; (eines Modemachers) croquis m, dessin m; **im ~** à l'état de projet; **(als Skizze)** sur plan
❷ (Konzept) ébauche f; **das neue Gesetz ist im ~ fertig** le projet de nouvelle loi est terminé; **das ist nur ein erster ~** cela n'est qu'un projet
entwurzeln* tr V déraciner
Entwurzelte(r) f(m) dekl wie Adj déraciné(e) m(f)
Entwurzelung <-, -en> f déracinement m
entzaubern* tr V geh ❶ (den Glanz nehmen) faire descendre de son piédestal Person; faire tomber de haut Sache
❷ (von einem Zauber befreien) désenvoûter

entzerren* tr V ❶ (zeitlich) étaler
❷ TECH égaliser, corriger la distorsion de
Entzerrung f des Verkehrs, der Arbeitszeiten étalement m
entziehen* unreg I. tr V ❶ (wegziehen) retirer; **sie entzog ihm die** [o **ihre**] **Hand** elle retira sa main qu'il tenait
❷ (wegnehmen) **jdm den Führerschein/die Erlaubnis ~** retirer le permis de conduire/la permission à qn; **jdm die Unterstützung/das Vertrauen ~** retirer son aide/sa confiance à qn
❸ (fernhalten) **jdn der Kontrolle/den Blicken der Schaulustigen ~** soustraire qn au contrôle/à la vue des badauds
❹ (entnehmen) einer S. (Dat) **die Feuchtigkeit/Nährstoffe ~** absorber l'humidité/les éléments nutritifs de qc; einer S. (Dat) **den Schwefel/das Wasser ~** extraire le soufre/l'eau de qc
II. r V **sich jdm/einer S. ~** se dérober à qn/qc
Entziehung f ❶ a. ADMIN retrait m
❷ (Entziehungskur) cure f de désintoxication
Entziehungskur f cure f de désintoxication; **eine ~ machen** suivre une cure de désintoxication
entzifferbar Adj déchiffrable
entziffern* tr V déchiffrer
Entzifferung <-, -en> f déchiffrement m
entzogen PP von **entziehen**
entzücken* tr V ravir; **von jdm entzückt sein** être sous le charme de qn; **über etw** (Akk) **entzückt sein** être ravi(e) de qc; **von etw wenig entzückt sein** être loin d'être ravi(e) de qc
Entzücken [ɛnˈtsykən] <-s> nt ravissement m; **zu seinem/ihrem größten ~** à son grand plaisir
entzückend Adj ravissant(e)
▶ **das ist ja ~!** iron [voilà qui est] charmant!
Entzug <-[e]s> m ❶ ADMIN eines Führerscheins, einer Lizenz retrait m
❷ MED désaccoutumance f; **kalter ~** sevrage m
❸ fam (Entziehungskur) cure f de désintoxication; **auf ~ sein** être en cure de désintoxication
Entzugserscheinung f syndrome m de manque
entzündbar [ɛntˈtsʏntbaːɐ] Adj inflammable
entzünden* I. tr V geh allumer; [faire] craquer Streichholz
II. r V ❶ (erkranken, in Brand geraten) **sich ~** s'enflammer; **entzündet** enflammé(e)
❷ fig **die Begeisterung/der Streit entzündet sich an etw** (Dat) qc fait s'enflammer l'enthousiasme/éclater la dispute
entzündlich Adj ❶ Erkrankung, Prozess inflammatoire; **ein leicht ~es Organ** un organe qui s'infecte facilement
❷ (brennbar) Gas, Brennstoff inflammable; **leicht ~** Material facilement [o très] inflammable
Entzündung f inflammation f; **akute/chronische ~** infection aiguë/chronique
entzündungshemmend Adj anti-inflammatoire
Entzündungsherd m foyer m infectieux
entzwei [ɛntˈtsvaɪ] Adj cassé(e); **~ sein** être cassé(e)
entzweibrechen unreg I. itr V + sein se casser
II. tr V + haben casser Stock; **Brot ~** rompre le pain; **ein Brötchen ~** couper un petit pain en deux
entzweien* geh I. tr V diviser Freunde
II. r V **sich mit jdm wegen etw ~** se brouiller avec qn à cause de qc
entzweigehen itr V unreg + sein se casser
Entzweiung <-, -en> f geh brouille f, différend m
en vogue [ãˈvoːk] Adj geh en vogue; **~ sein** être en vogue
Enzephalogramm [ɛntsefalo'gram] <-s, -e> nt encéphalogramme m
Enzian [ˈɛntsiaːn] <-s, -e> m (Blume, Schnaps) gentiane f
Enzyklika [ɛnˈtsyːklika] <-, Enzykliken> f encyclique f
Enzyklopädie [ɛntsyklopɛˈdiː] <-, -n> f encyclopédie f
enzyklopädisch [ɛntsykloˈpɛːdɪʃ] I. Adj encyclopédique
II. Adv **~ gebildet sein** avoir des connaissances encyclopédiques
Enzym [ɛnˈtsyːm] <-s, -e> nt MED, BIO enzyme f
Epen Pl von **Epos**
ephemer [efeˈmeːɐ] Adj a. BOT, ZOOL éphémère
Epidemie [epideˈmiː] <-, -n> f MED épidémie f
epidemisch [epiˈdeːmɪʃ] Adj MED épidémique
Epidermis [epiˈdɛrmɪs] <-, Epidermen> f ANAT épiderme m
Epigone [epiˈɡoːnə] <-n, -n> m geh épigone m (littér)
Epigramm [epiˈɡram] <-s, -e> nt épigramme f
Epik [ˈeːpɪk] <-> f littérature f [o genre m] épique
Epikureer(in) [epikuˈreːɐ] <-s, -> m(f) PHILOS épicurien(ne) m(f)
Epilepsie [epilɛpˈsiː] <-, -n> f MED épilepsie f
Epileptiker(in) [epiˈlɛptikɐ] <-s, -> m(f) MED épileptique mf
epileptisch [epiˈlɛptɪʃ] MED I. Adj épileptique
II. Adv **~ veranlagt sein** être prédisposé(e) à l'épilepsie
Epilog [epiˈloːk] <-s, -e> m épilogue m
Epiphanias [epiˈfaːnias] <-> nt REL Épiphanie f
episch [ˈeːpɪʃ] Adj ❶ Gedicht épique

② *geh (endlos ausschmückend)* prolixe
Episkopat [epɪsko'paːt] <-[e]s, -e> *m o nt* épiscopat *m*
Episode [epi'zoːdə] <-, -n> *f* épisode *m*
Epistel [e'pɪstəl] <-, -n> *f* épître *f*
Epitaph [epi'taːf] <-s, -e> *nt geh* ① *(Gedenktafel)* ex-voto *m*
② *(Grabinschrift)* épitaphe *f*
Epithel [epi'teːl] <-s, -e *o* Epithelien> *nt* BIO, ANAT épithélium *m*
Epizentrum [epi'tsɛntrʊm] *nt* GEOL *eines Erdbebens* épicentre *m*
epochal *Adj* qui fait date
Epoche [e'pɔxə] <-, -n> *f* époque *f*
▸ ~ **machen** faire date; ~ **machend** qui fait date
epochemachend *s.* Epoche
Epos ['eːpɔs] <-, Epen> *nt* épopée *f*
Equipe [e'kɪp, e'kiːp, *Pl:* e'kɪpən, e'kiːpən] <-, -n> *f* équipe *f*
er [eːɐ] *Pron pers, 3. Pers Sing, Nom* ① *(auf eine Person, ein männliches Tier bezogen)* il; *(betont)* lui; ~ **ist nicht da** il n'est pas là; **sie ist größer als** ~ elle est plus grande que lui; **da kommt** ~ **!** le voilà qui arrive!; ~ **ist es** [**wirklich**]**!** c'est bien lui!
② *(allgemein auf ein Tier, eine Sache bezogen)* **einem Storch/Hubschrauber zuschauen, wie** ~ **fliegt** regarder voler une cigogne/un hélicoptère
Er <-, -s> *m fam* ① **ein** ~ un homme; **Sie, 31, sucht sportlichen** ~ femme, 31 ans, cherche homme sportif; **ein** ~ **und eine Sie** *hum fam* un mâle et une femelle *(hum fam)*
② *(männliches Tier)* **unsere Katze ist ein** ~ notre chat est un mâle
erachten* *tr V geh* considérer; **etw als** [*o* **für**] **notwendig** ~ considérer que qc est nécessaire; **es als seine Pflicht** ~ **etw zu tun** considérer de son devoir de faire qc; **das erachte ich als meine Pflicht** je considère que c'est mon devoir
Erachten <-s> *nt* **meines** ~ à mon avis
erahnen* *tr V geh* entrevoir *(soutenu)*; **etw** ~ **lassen** laisser entrevoir qc *(soutenu)*
erarbeiten* *tr V* ① *(durch Arbeit erwerben)* acquérir à la sueur de son front; **sich** *(Dat)* **sein Wissen/Vermögen hart** ~ acquérir ses connaissances/sa fortune à la sueur de son front
② *(ausarbeiten)* réaliser *Entwurf, Plan, Vorschlag*
Erarbeitung <-, -en> *f* ① *(Ausarbeitung)* élaboration *f*
② *(Erwerb)* acquisition *f*
Erasmus [e'rasmʊs] *m* HIST Érasme *m*
Erbadel ['ɛrpʔaːdəl] *m* noblesse *f* héréditaire **Erbanlage** *f meist Pl* caractère *m* héréditaire
erbarmen* **I.** *tr V* faire pitié à
II. *r V* ① *(Mitleid haben)* **sich eines Bettlers/einer S.** ~ avoir pitié d'un mendiant/de qc; **Herr, erbarme dich unser!** Seigneur, prends pitié de nous!
② *hum fam (sich annehmen)* **sich** ~ se dévouer *(fam)*
Erbarmen [ɛɐ'barmən] <-s> *nt* pitié *f*; ~ **mit jdm/etw haben** avoir de la pitié pour qn/qc; **kein** ~ **kennen** n'avoir aucune [*o* ne pas avoir de] pitié; **voller** ~ pris(e) de pitié; **aus/ohne** ~ par/sans pitié; ~ **!** pitié!
▸ **zum** ~ **aussehen** *fam* faire pitié; **zum** ~ **singen** *fam* chanter d'une façon pitoyable; **die Musik ist zum** ~ **!** c'est pitié que d'entendre cette horrible musique!
erbarmenswert *Adj geh* pitoyable; ~ **sein** être pitoyable, faire pitié
erbärmlich [ɛɐ'bɛrmlɪç] **I.** *Adj* ① *(gemein) Kerl, Schuft* infâme
② *(furchtbar) Angst, Hunger, Kälte* terrible
③ *(jämmerlich)* lamentable; *Hütte, Unterkunft* misérable
II. *Adv pej* ① *(gemein)* **sich** ~ **verhalten** se conduire de façon déplorable
② *(furchtbar) kalt, frieren, wehtun* terriblement
③ *(jämmerlich)* **schluchzen** à fendre l'âme; **in etw** *(Dat)*/**mit etw** ~ **aussehen** avoir l'air pitoyable dans qc
Erbärmlichkeit <-> *f* ① *(Gemeinheit)* bassesse *f*
② *(Dürftigkeit)* médiocrité *f*
③ *(Elend, Jämmerlichkeit)* misère *f*
erbarmungslos **I.** *Adj* impitoyable, sans pitié
II. *Adv* impitoyablement, sans pitié
erbauen* **I.** *tr V* ① *(errichten)* bâtir, construire *Gebäude, Ortschaft*
② *geh (seelisch bereichern)* **jdn** ~ *Kunstwerk, Musik:* enrichir spirituellement qn
③ *(begeistern)* **über etw** *(Akk)* **erbaut sein** être enthousiasmé(e) par qc
II. *r V geh* **sich an etw** *(Dat)* ~ savourer spirituellement qc
Erbauer(in) <-s, -> *m(f)* bâtisseur(-euse) *m(f)*
erbaulich *Adj* édifiant(e)
▸ **nicht gerade** [*o* **sehr**] ~ pas très réjouissant(e)
Erbauung <-, -en> *f* ① *eines Gebäudes* construction *f*, édification *f*
② *(seelische Bereicherung)* **etw zur** ~ **lesen/hören** lire/écouter qc pour sa propre édification
erbberechtigt *Adj* successible **Erbbiologie** *f* génétique *f* **erbbiologisch** *Adj* du patrimoine héréditaire

Erbe ['ɛrbə] <-s> *nt* JUR *a. fig* héritage *m;* **das** ~ **annehmen/ausschlagen** accepter/refuser l'héritage; **kulturelles/geistiges** ~ héritage culturel/spirituel
Erbe <-n, -n> *m,* **Erbin** *f* héritier(-ière) *m(f);* **direkter/gesetzlicher** ~ héritier direct/légitime; **jdn als** ~ **n**/**Erbin einsetzen** instituer qn comme héritier(-ière)
▸ **die lachenden** ~ **n** *hum* les héritiers qui se frottent les mains
erbeben* *itr V + sein geh* ① *(beben) Erde, Gebäude:* trembler
② *(zittern)* **vor Angst/Wut** *(Dat)* ~ trembler de peur/colère
erben ['ɛrbən] **I.** *tr V* ① JUR hériter; **etw von jdm** ~ hériter qc de qn
② *hum fam (geschenkt bekommen)* **etw von jdm** ~ récupérer qc de qn *(fam)*
③ BIO **etw von jdm** ~ hériter de qc de qn
II. *itr V* hériter
Erbengemeinschaft *f* communauté *f* des héritiers
erbeten *PP von* erbitten
erbetteln* *tr, r V* quémander; [**sich** *(Dat)*] **etw** ~ quémander qc; [**sich** *(Dat)*] **etw erbettelt haben** avoir obtenu [*o* arraché] qc
erbeuten* *tr V Tier:* capturer; *Verbrecher, Soldat:* s'emparer de; **etw** ~ *Tier:* capturer qc; *Verbrecher, Soldat:* s'emparer de qc
Erbfaktor *m* MED facteur *m* héréditaire **Erbfehler** *m* BIO défaut *m* héréditaire **Erbfeind(in)** *m(f)* ennemi *m(f)* héréditaire **Erbfolge** *f* [ordre *m* de] succession *f*; **gesetzliche** ~ ordre *m* de succession légal **Erbgut** *nt kein Pl* MED patrimoine *m* héréditaire, génotype *m* **erbgutschädigend** *Adj* MED dangereux(-euse) sur le plan génétique, qui détériore le patrimoine héréditaire
erbieten* *r V unreg geh* **sich** ~ **etw zu tun** se proposer pour faire qc
Erbin ['ɛrbɪn] *s.* Erbe
Erbinformation *f* MED information *f* génétique
erbitten* *r V unreg geh* demander; **etw von jdm** ~ demander qc à qn
erbittern* *tr V* ulcérer
erbittert I. *Adj* acharné(e)
II. *Adv* avec acharnement
Erbitterung <-> *f* acharnement *m*
Erbium ['ɛrbiʊm] <-s> *nt* CHEM erbium *m*
Erbkrankheit *f* MED maladie *f* héréditaire
erblassen* *itr V + sein geh* pâlir, blêmir; **vor Schreck/Neid** ~ pâlir [*o* blêmir] de frayeur/d'envie
Erblasser(in) ['ɛrplasɐ] <-s, -> *m(f)* testateur(-trice) *m(f)*
Erblast *f* passif *m*
erbleichen* *itr V + sein geh* pâlir, blêmir; **vor Angst** ~ pâlir [*o* blêmir] de peur
erblich ['ɛrplɪç] **I.** *Adj* héréditaire
II. *Adv* héréditairement; ~ **belastet** [**sein**] *(gesundheitlich)* [être] porteur(-euse) d'une maladie héréditaire; *hum (charakterlich)* avoir une prédisposition héréditaire
Erblichkeit <-> *f* hérédité *f*
erblicken* *tr V geh* ① *(sehen)* apercevoir
② *(erkennen)* **in jdm/einer S. eine Gefahr** ~ voir en qn/dans qc un danger, considérer qn/qc comme un danger
erblinden* *itr V + sein* perdre la vue, devenir aveugle
Erblindung <-, -en> *f* cécité *f*
erblühen* *itr V + sein geh* fleurir
Erbmasse ['ɛrpmasə] *f* MED patrimoine *m* génétique, génotype *m*
Erbonkel *m fam* oncle *m* à héritage
erbosen* **I.** *tr V* fâcher; **über jdn/etw erbost sein** être fâché(e) [*o* en colère] contre qn/qc
II. *r V geh* **sich über jdn/etw** ~ se fâcher [*o* se mettre en colère] contre qn/qc
erboten *PP von* erbieten
erbrechen *unreg* **I.** *tr V* ① *(ausspucken)* vomir
② *veraltet (aufbrechen)* **das Amtssiegel** ~ briser les scellés
II. *itr V* vomir
▸ **bis zum Erbrechen** *fam* jusqu'à la nausée
III. *r V* **sich** ~ vomir
Erbrecht *nt* droit *m* de succession
erbringen* *tr V unreg* ① *(aufbringen)* régler *Summe, Ratenzahlung;* verser *Kaution;* réaliser *Leistung*
② *(einbringen)* rapporter *Gewinn*
③ *(ergeben)* aboutir à *Kenntnisse, Ergebnisse*
④ JUR apporter *Beweis;* produire *Alibi*
Erbrochene(s) *nt dekl wie Adj* vomi *m*
Erbschaft <-, -en> *f* héritage *m*
Erbschaft[s]steuer *f* droits *mpl* de succession
Erbschein *m* certificat *m* d'hérédité **Erbschleicher(in)** <-s, -> *m(f)* capteur(-trice) *m(f)* [de testament] **Erbschleicherei** <-> *f* JUR captation *f* d'héritage
Erbse ['ɛrpsə] <-, -n> *f* pois *m;* [**grüne**] ~ **n** petits pois
erbsengroß *Adj* de la taille d'un pois
Erbsensuppe *f* soupe *f* aux pois
Erbstück *nt* bien *m* reçu en héritage; **ein** ~ **der Großmutter** un héritage de la grand-mère **Erbsünde** *f* péché *m* originel

Erbtante *f fam* tante *f* à héritage **Erbteil** *nt* ❶ JUR part *f* d'héritage ❷ *(Veranlagung)* **das ist ihr väterliches/mütterliches ~** elle tient cela de son père/sa mère
Erdachse ['eːɐtʔaksə] *f* axe *m* terrestre
erdacht *Adj* inventé(e)
Erdaltertum *nt* GEOG ère *f* primaire **Erdanziehung** *f kein Pl* attraction *f* terrestre **Erdapfel** *m* A, SDEUTSCH pomme *f* de terre **Erdarbeiten** *Pl* travaux *mpl* de terrassement **Erdarbeiter(in)** *m(f)* terrassier(-ière) *m(f)* **Erdatmosphäre** *f* atmosphère *f* terrestre **Erdbahn** *f kein Pl* ASTROL orbite *f* terrestre **Erdball** *s.* **Erdkugel Erdbeben** *nt* tremblement *m* de terre, séisme *m* **Erdbebeneinsatz** *m* intervention *f* sur les lieux du séisme **Erdbebengebiet** *nt* région *f* sismique **Erdbebenherd** *m* hypocentre *m* **erdbebensicher** *Adj* antisismique **Erdbebenwarte** *f* observatoire *m* sismologique **Erdbebenwelle** *f* onde *f* sismique **Erdbeere** *f* ❶ *(Frucht)* fraise *f* ❷ *(Pflanze)* fraisier *m* **Erdbeschleunigung** *f kein Pl* PHYS accélération *f* de la gravité **Erdbestattung** *f* enterrement *m* (en pleine terre) **Erdbevölkerung** *f* population *f* terrestre **Erdbewohner(in)** *m(f)* terrien(ne) *m(f)* **Erdboden** *m* sol *m* ▸ **etw dem ~ gleichmachen** raser qc **als hätte ihn der ~ verschluckt** comme s'il s'était volatilisé
Erde ['eːɐdə] <-, -n> *f* ❶ *kein Pl (Welt)* terre *f*; **auf der ganzen ~** sur terre, au monde; **auf der ~** sur terre; **auf ~n** *geh* en ce monde *(soutenu)*
❷ *(Planet)* Terre *f*
❸ *(Erdboden, Erdreich)* terre *f*; **auf der ~** par terre; **über/unter der ~** au dessus du niveau du sol/sous terre; **zu ebener ~** au niveau du sol, à ras de terre
❹ CHEM **seltene ~n** terres *fpl* rares
❺ ELEC terre *f*
▸ **in fremder/heimatlicher ~ ruhen** *geh* reposer en terre étrangère/dans sa terre natale *(soutenu)*; **jdn unter die ~ bringen** *fam* faire mourir qn; **etw aus der ~ stampfen** *fam* faire sortir qc de terre; **~ zu ~** terre, tu seras terre
erden *tr V* mettre à la terre; **etw ~** mettre qc à la terre
Erdenbürger(in) *m(f) hum* terrien(ne) *m(f)*; **ein kleiner [o neuer] ~** un nouveau-né
erdenken* *tr V unreg* imaginer
erdenklich *Adj attr* imaginable; **alles ~ Gute/Schlechte** tout le bien/mal possible; **alles Erdenkliche tun** faire tout ce qu'on puisse imaginer
Erderwärmung *f* ÖKOL réchauffement *f* de la terre
erdfarben ['eːɐtfaʁbən] *Adj* kaki
Erdgas *nt* gaz *m* naturel
Erdgasversorgung *f* approvisionnement *m* en gaz naturel
Erdgeist *m* esprit *m* de la terre **Erdgeschichte** *f kein Pl* géologie *f* **erdgeschichtlich** I. *Adj attr* géologique II. *Adv* géologiquement **Erdgeschoss**[RR] *nt* rez-de-chaussée *m*; **im ~** au rez-de-chaussée **Erdhalbkugel** *f* GEOG hémisphère *m* **Erdhaufen** *m* tas *m* de terre
erdichten* *tr V geh* inventer
erdig ['eːɐdɪç] I. *Adj* terreux(-euse)
II. *Adv* ~ **schmecken** *Wein:* avoir un goût de terroir
Erdinnere(s) *nt dekl wie Adj* profondeurs *fpl* de la Terre **Erdkabel** *nt* TECH câble *m* souterrain **Erdkern** *m* noyau *m* terrestre **Erdklumpen** *m* motte *f* de terre **Erdkreis** *m* ‒ la Terre **Erdkröte** *f* crapaud *m* vulgaire **Erdkruste** *f* croûte *f* [*o* écorce *f*] terrestre **Erdkugel** *f* globe *m* terrestre **Erdkunde** *f* géographie *f*
erdkundlich *Adj Kenntnisse* en géographie; *Werk* de géographie
Erdmagnetismus *m* GEOG magnétisme *m* terrestre **Erdmittelalter** *nt kein Pl* [ère *f*] secondaire *m* **Erdmittelpunkt** *m kein Pl* GEOG centre *m* de la terre **erdnah** I. *Adj* proche de la terre II. *Adv* près de la terre; **~ stationierter Satellit** satellite circumterrestre **Erdnuss**[RR] *f* ❶ *(Frucht)* cacah[o]uète *f* ❷ *(Pflanze)* arachide *f* **Erdnussbutter**[RR] *f* beurre *m* de cacah[o]uète **Erdnussflips**[RR] [-flɪps] *Pl* cacah[o]uètes *fpl* soufflées **Erdnussöl**[RR] *nt* huile *f* d'arachide
Erdoberfläche *f* surface *f* terrestre **Erdöl** *nt* pétrole *m*
erdolchen* *tr V geh* poignarder
Erdölgewinnung *f* production *f* de pétrole **Erdölleitung** *f* oléoduc *m* **Erdölpreis** *m* prix *m* du pétrole **Erdölprospektion** *f* prospection *f* pétrolière **Erdölraffinerie** *f* raffinerie *f* de pétrole **Erdölverbrauch** *m* consommation *f* de pétrole **Erdölversorgung** *f* approvisionnement *m* en pétrole **Erdölvorkommen** *nt* gisement *m* de pétrole
Erdreich *nt* terre *f*
erdreisten* *r V* **sich ~** ne pas se gêner; **sich ~ etw zu tun** ne pas se gêner pour faire qc, avoir l'audace de faire qc
Erdrinde *s.* **Erdkruste**
erdröhnen* *itr V + sein* ❶ *(widerhallen) Gebäude, Raum:* résonner; **von Musik/Gehämmer ~** *Gebäude, Raum:* résonner de musique/coups de marteau
❷ *(dröhnen) Lautsprecher, Wand, Decke:* vibrer
erdrosseln* *tr V* étrangler
Erdrosselte(r) *f(m) dekl wie Adj* victime *f* [qui a été] étranglée
erdrücken* *tr V* ❶ *(zermalmen)* écraser; *Schlange:* étouffer; **jdn ~** écraser qn; *Schlange:* étouffer qn
❷ *fig* **jdn mit etw ~** étouffer qn avec qc
❸ *fig (überwältigen)* **jdn ~ Last, Sorgen:** étouffer qn; *Schulden:* prendre qn à la gorge
erdrückend *Adj Beweise, Beweismaterial* accablant(e); *Übermacht* écrasant(e)
Erdrutsch ['eːɐtrʊtʃ] *m* ❶ *(Erdbewegung)* glissement *m* de terrain
❷ *(überwältigender Wahlsieg)* raz *m* de marée
erdrutschartig *Adj* **ein ~er Wahlausgang/Wahlsieg** un raz de marée électoral
Erdsatellit *m* satellite *m* terrestre **Erdschatten** *m kein Pl* ombre *f* de la terre **Erdschicht** *f* ❶ *(Schicht Erde)* couche *f* de terre ❷ GEOL strate *f* **Erdscholle** *f* motte *f* de terre **Erdspalte** *f* crevasse *f* **Erdstoß** *m* secousse *f* sismique **Erdteil** *m* continent *m*; **der Schwarze ~** le continent africain
erdulden* *tr V* endurer
Erdumdrehung *f* rotation *f* de la Terre [sur elle-même] **Erdumfang** *m* circonférence *f* terrestre **Erdumkreisung** *f* rotation *f* autour de la Terre **Erdumlaufbahn** *f* orbite *f* terrestre **Erdumsegelung** *f* SPORT circumnavigation *f* de la terre
Erdung ['eːɐdʊŋ] <-, -en> *f* ❶ *(das Erden)* mise *f* à la terre
❷ *(Verbindung)* prise *f* de terre
Erdwall *m* levée *f* de terre **Erdwärme** *f* géothermie *f* **Erdzeitalter** *nt* ère *f* géologique
ereifern* *r V* **sich ~** s'emporter; **sich über etw** *(Akk)* **~** s'emporter au sujet de qc
ereignen* *r V* **sich ~** se produire
Ereignis <-ses, -se> *nt* événement *m*; **ein freudiges ~** un heureux événement
ereignislos I. *Adj* calme, sans incident II. *Adv* ~ **verlaufen** se dérouler sans incident **ereignisreich** *Adj* mouvementé(e)
ereilen* *tr V geh Schicksal, Tod:* rattraper; *Nachricht:* parvenir à; **jdn ~** *Schicksal, Tod:* rattraper qn; *Nachricht:* parvenir à qn
Erektion [erɛkˈtsioːn] <-, -en> *f* érection *f*; **eine ~ haben** avoir une érection, être en érection
Eremit(in) [ereˈmiːt] <-en, -en> *m(f)* ermite *m*
ererbt *Adj* hérité(e)
erfahren[1] *unreg* I. *tr V* ❶ *(zu hören bekommen)* apprendre *Neuigkeit;* être informé(e) de *Plan, Absichten;* **etw über jdn ~** apprendre qc au sujet de qn/qc; **eine Neuigkeit aus der Zeitung ~** apprendre une nouvelle du journal
❷ *(erleben)* **Glück/Leid/Liebe ~** faire l'expérience du bonheur/malheur/de l'amour
❸ *fig form* **eine Veränderung ~** faire l'objet d'un changement
II. *itr V* **von etw/über etw** *(Akk)* **~** être informé(e) [*o* mis(e) au courant] de qc
erfahren[2] *Adj (kundig)* expérimenté(e); **auf einem Gebiet ~ sein** avoir de l'expérience dans un domaine
Erfahrenheit <> *f geh* expérience *f*
Erfahrung <-, -en> *f* expérience *f*; **~ haben** avoir de l'expérience; **~en machen** [*o* **sammeln**] faire ses propres expériences; **damit habe ich gute ~en gemacht** ça m'a bien/mal réussi; **[nur] gute ~en mit jdm/etw machen** n'avoir qu'à se féliciter de qn/qc; **[nur] schlechte ~en [mit jdm/etw] machen** [n']avoir [que] des déconvenues [avec qn/qc]; **aus [eigener] ~** par expérience; **ihre ~en mit jdm/etw** son expérience avec qn/qc; **eine heilsame ~** une expérience salutaire; **eine Kollegin mit ~** une collègue expérimentée [*o* avec de l'expérience]; **ein Mann mit ~** un homme d'expérience; **die ~ machen, dass** faire l'expérience que + *indic*; **du wirst auch noch die ~ machen, dass** tu vas te rendre compte que + *indic*; **hast du schon mal die ~ gemacht, dass ...?** est-ce que ça t'est déjà arrivé que ... + *subj?*; **diese ~ habe ich nie gemacht** ce genre de choses ne m'est jamais arrivé; **die ~ zeigt, dass** l'expérience montre que + *indic*; **wie die ~ zeigt, ...** comme le montre l'expérience, ...; **nach meiner ~** d'après ce que j'ai pu constater
▸ **etw in ~ bringen** apprendre qc
Erfahrungsaustausch *m* échange *m* d'expériences **erfahrungsgemäß** *Adv* comme l'expérience le prouve
erfassbar[RR] *Adj* ❶ *(begreifbar)* concevable
❷ *(zu ermitteln)* **~ sein** *Naturerscheinung, Wahlverhalten:* pouvoir être enregistré(e)
erfassen* *tr V* ❶ *(mitreißen) Auto, Strömung:* happer; **jdn/etw ~** *Auto, Strömung:* happer qn/qc
❷ *(befallen)* **jdn ~** *Traurigkeit, Furcht, Verlangen:* saisir qn
❸ *(begreifen)* saisir, comprendre
❹ *(registrieren)* recenser
❺ INFORM saisir *Daten, Text*
Erfassung *f* ❶ STATIST recensement *m*

❷ INFORM saisie f
erfinden* tr V unreg ❶ (neu hervorbringen) inventer
❷ (erdichten) inventer Ausrede, Geschichte; **frei erfunden sein** Behauptung, Vorwurf: être inventé(e) de toutes pièces; Namen, Personen: être imaginaire
Erfinder(in) m(f) inventeur(-trice) m(f)
Erfindergeist m kein Pl esprit m d'invention
erfinderisch I. Adj inventif(-ive), ingénieux(-euse)
II. Adv ~ **tätig werden** se lancer dans l'activité d'invention
Erfindung <-, -en> f invention f; **eine ~ machen** inventer quelque chose
Erfindungsgabe f, **Erfindungsgeist** m inventivité f; (Fantasie) imagination f
erflehen* tr V geh implorer; **etw von jdm ~** implorer qc auprès de qn
Erfolg [ɛɐˈfɔlk] <-[e]s, -e> m ❶ succès m; **~ haben** réussir; **mit etw/bei jdm keinen ~ haben** ne pas avoir de succès avec qc/ auprès de qn; **sie hat ~ mit ihrer Arbeit** elle réussit bien dans son travail; **~ bei Frauen/Männern haben** avoir du succès avec les femmes/les hommes; **ein voller ~ sein** être un succès total; **~ versprechend** prometteur(-euse); **~ versprechend aussehen** avoir l'air prometteur(-euse); **mit/ohne ~** avec/sans succès; **viel ~!** bonne chance!
❷ (Folge) résultat m; **mit dem ~, dass** avec pour conséquence [o résultat] que + indic
erfolgen* itr V + sein form avoir lieu; **alle Bewerbungen haben schriftlich zu ~** toutes les candidatures doivent être présentées [o se faire] par écrit
erfolglos I. Adj ❶ Person malchanceux(-euse); **~ sein** ne pas avoir de succès
❷ (vergeblich) Bestrebungen, Versuch infructueux(-euse); **~ bleiben** rester vain(e)
II. Adv sans succès, en vain
Erfolglosigkeit <-> f ❶ eines Autors, Künstlers insuccès m
❷ (Vergeblichkeit) inutilité f
erfolgreich I. Adj couronné(e) de succès; **~ sein** réussir
II. Adv avec succès
Erfolgsautor(in) m(f) auteur mf à succès **Erfolgsbuch** nt livre m à succès **Erfolgsdenken** nt manière f positive de penser **Erfolgserlebnis** nt réussite f; **ein ~ haben** faire une expérience valorisante **Erfolgsfilm** m film m à succès **Erfolgshonorar** nt rémunération f au prorata **Erfolgsmeldung** f annonce f d'un succès **Erfolgsmensch** m personne f à qui tout réussit professionnellement **Erfolgsrezept** nt recette f du succès **Erfolgsstück** nt pièce f à succès **erfolgsträchtig** Adj prometteur(-euse) de succès **Erfolgszwang** m obligation f de réussir; **unter ~ stehen** être obligé(e) de réussir
erfolgversprechend I. Adj prometteur(-euse)
II. Adv de façon prometteuse; **~ aussehen** avoir l'air prometteur(-euse)
erforderlich [ɛɐˈfɔrdɐlɪç] Adj nécessaire; **es ist ~, dass** il est nécessaire que + subj; **für etw ~ sein** être nécessaire pour qc; **etw ~ machen** rendre qc nécessaire; **alles Erforderliche veranlassen** faire le nécessaire
erfordern* tr V exiger, nécessiter; demander Zeit
Erfordernis <-ses, -se> nt ❶ (Voraussetzung) exigence f, nécessité f; **zwingendes ~** impératif m
❷ (Anspruch) exigence f
erforschen* tr V explorer; étudier Verhalten, Zusammenhänge; rechercher Hintergründe, Wahrheit; **sein Gewissen ~** interroger sa conscience, faire un examen de conscience
Erforschung f einer Gegend, des Weltraums exploration f; eines Zusammenhangs, Verhaltens étude f; von Hintergründen, der Wahrheit recherche f; **~ des Gewissens** examen m de conscience
erfragen* tr V demander; **etw von jdm ~** demander qc à qn
erfreuen* I. tr V faire plaisir à; **jdn mit etw ~** faire plaisir à qn avec qc
II. r V ❶ (Freude haben) **er hat sich an ihrem Geschenk erfreut** son cadeau lui a fait plaisir; **sie erfreut sich an der Schönheit der Natur** la beauté de la nature lui procure du plaisir
❷ geh (genießen) **sich großer Beliebtheit/zunehmenden Interesses ~** jouir d'une grande popularité/d'un intérêt croissant
erfreulich I. Adj réjouissant(e), qui fait plaisir; [**sehr**] **~ sein** faire [très] plaisir; **es wäre ~, wenn Sie mir ...** cela me ferait plaisir si vous ..., je serais heureux(-euse) que ... + subj; **alles andere als ~ sein** être tout sauf réjouissant(e); **alles andere als ~ verlaufen** se dérouler d'une façon qui n'a rien de réjouissant
II. Adv remarquablement
erfreulicherweise Adv heureusement, par bonheur
erfreut I. Adj content(e); **über jdn/etw ~ sein** être content(e) de qn/qc; **sehr ~!** geh enchanté(e)!
II. Adv antworten l'air réjoui
erfrieren* itr V unreg + sein ❶ (eingehen) Obst, Pflanze, Blüte: geler
❷ (absterben) **ihm sind die Finger/Zehen erfroren** il a les doigts/orteils gelés
❸ (sterben) mourir de froid; **erfroren** gelé(e)
Erfrierung <-, -en> f meist Pl gelure f
erfrischen* I. tr V ❶ (abkühlen) Dusche, Getränk: rafraîchir; **jdn ~** Dusche, Getränk: rafraîchir qn
❷ (beleben) **jdn ~** Kaffee, Ruhepause: faire du bien à qn; **wieder erfrischt sein** être de nouveau en forme
II. itr V rafraîchir
III. r V **sich ~** se rafraîchir
erfrischend I. Adj Getränk, Dusche, Humor rafraîchissant(e)
II. Adv ~ **wirken** Getränk, Dusche: avoir un effet rafraîchissant; **~ kühl** rafraîchissant(e); **~ unkompliziert/jugendlich** d'une simplicité/juvénilité rafraîchissante
Erfrischung <-, -en> f ❶ (Getränk) rafraîchissement m; **zur ~** comme rafraîchissement
❷ (Abkühlung) **eine ~ brauchen** avoir besoin de se rafraîchir; **zur ~** pour se rafraîchir
Erfrischungsgetränk nt boisson f rafraîchissante **Erfrischungsraum** m cafétéria f **Erfrischungstuch** nt serviette f rafraîchissante
erfroren PP von erfrieren
erfüllen* I. tr V ❶ remplir Funktion, Zweck; satisfaire Erwartung, Forderung, Bitte, Wunsch; accomplir Aufgabe, Pflicht; **sich** (Dat) **einen Wunsch ~** se faire [un petit] plaisir
❷ (anfüllen) **den Raum ~** Duft, Klänge, Rauch: emplir la pièce
❸ (durchdringen) **jdn ~** Gefühl, Freude, Ekel: envahir qn
II. r V **sich ~** Wunsch, Traum: se réaliser, s'accomplir
Erfüllung f ❶ satisfaction f; einer Pflicht respect m; **in ~ gehen** se réaliser, s'accomplir
❷ (Befriedigung) épanouissement m; **in etw** (Dat) **keine ~ finden** ne pas pouvoir s'épanouir dans qc
❸ JUR exécution f
Erfüllungsgehilfe m, **-gehilfin** f JUR auxiliaire mf d'exécution; **sich zum ~n einer Person/einer S. machen** pej devenir l'exécutant(e) d'une personne/de qc
erfunden PP von erfinden
Erg [ɛrk] <-s, -> nt erg m
ergangen PP von ergehen
ergänzen* I. tr V (vervollständigen) compléter; **etw durch etw ~** compléter qc avec qc; **etw um etw ~** augmenter qc de qc
II. r V **sich** [o **einander** geh] **~** se compléter, être complémentaire
ergänzend I. Adj complémentaire
II. Adv pour compléter
Ergänzung <-, -en> f ❶ (das Vervollständigen) [r]ajout m
❷ (das Aufgefüllte) eines Lagers, von Vorräten [ré]approvisionnement m; einer Sammlung enrichissement m; **der ~ einer S.** (Gen) **dienen** servir à compléter qc
❸ (Zusatz) [r]ajout m
❹ GRAM complément m
Ergänzungsabgabe f impôt m supplémentaire **Ergänzungsband** <-bände> m supplément m **Ergänzungshaushalt** m budget m de report
ergattern* tr V fam dégot[t]er (fam)
ergaunern* tr, r V fam escroquer; [**sich** (Dat)] **etw ~** escroquer qc
ergeben*[1] unreg I. tr V ❶ (als Resultat haben) montrer; **die Untersuchungen haben ~, dass** les examens ont montré que + indic
❷ (reichen für) correspondre à
❸ MATH donner Betrag, Summe, Prozentsatz
II. r V ❶ MIL **sich** [jdm] **~** se rendre [à qn]
❷ (sich fügen) **sich in sein Schicksal ~** se résigner à son sort
❸ (sich hingeben) **sich dem Alkohol/Spiel ~** s'adonner à l'alcool/au jeu; **einer S.** (Dat) **~ sein** être dépendant(e) de qc
❹ (folgen) **sich aus etw ~** résulter de qc
III. r V unpers **es ergibt sich, dass** il s'avère que + indic
ergeben[2] Adj ❶ Gesicht, Blick résigné(e)
❷ (treu) Person dévoué(e)
Ergebenheit <-> f ❶ (Demut) résignation f
❷ (Treue) dévouement m
Ergebnis [ɛɐˈgeːpnɪs] <-ses, -se> nt résultat m; **zu keinem ~ führen** n'aboutir à rien; **zu dem ~ führen, dass** avoir pour conséquence [o pour résultat] que + indic; **zu einem/keinem ~ kommen** parvenir à un résultat/ne parvenir à aucun résultat; **im ~ au bout du compte; ohne ~** sans résultat
ergebnislos I. Adj sans résultat; **~ bleiben** ne pas aboutir, aboutir à rien
II. Adv sans [qu'on parvienne à un] résultat
ergebnisorientiert Adj orienté(e) vers un résultat
ergehen* unreg I. itr V + sein form **an jdn ~** Bescheid, Aufforderung, Einladung: être adressé(e) à qn; **es erging der Befehl, dass** on ordonna que + subj, l'ordre fut donné que + subj (form)

▶ **etw über sich** *(Akk)* ~ **lassen** supporter qc
II. *itr V unpers + sein* **es ergeht jdm gut/schlecht** ça va bien/mal pour qn; **es ist mir immer gut ergangen?** ça s'est toujours bien passé pour moi; **wie ist es euch im Urlaub ergangen?** comment se sont passées vos vacances?
III. *r V + haben* ❶ *(sich auslassen)* **sich in Schmähungen gegen jdn/etw** ~ se répandre en invectives contre qn/qc
❷ *geh (spazieren gehen)* **sich im Freien** ~ se promener en plein air
ergiebig [ɛɐˈgiːbɪç] *Adj* ❶ *(sparsam) Waschmittel, Shampoo* économique
❷ *(fruchtbar) Diskussion, Gesprächsthema* fructueux(-euse), fertile
Ergiebigkeit <-> *f eines Waschmittels, Shampoos* pouvoir *m* concentré
erglänzen* *itr V + sein geh* scintiller, briller de tous ses feux *(soutenu)*
erglühen* *itr V + sein geh* rougir; **vor Scham/Zorn** *(Dat)* ~ rougir de honte/colère
ergo [ˈɛrgo] *Konj* donc
Ergometer [ɛrgoˈmeːtɐ] <-s, -> *nt* MED appareil *m* ergométrique
Ergonomie [ɛrgonoˈmiː] <-> *f* ergonomie *f*
ergonomisch [ɛrgoˈnoːmɪʃ] I. *Adj* ergonomique
II. *Adv* dans un souci d'ergonomie
ergötzen* *geh* I. *tr V* divertir; **zu seinem/ihrem Ergötzen** à son grand divertissement
II. *r V* **sich an etw** *(Dat)* ~ se délecter de qc *(soutenu)*
ergrauen* *itr V + sein* grisonner; **ergraut** grisonnant(e)
ergreifen* *tr V unreg* ❶ *(fassen)* saisir *Hand, Gegenstand*
❷ *(dingfest machen)* arrêter *Flüchtigen, Verbrecher*
❸ *(übergreifen)* **von den Flammen ergriffen werden** être pris(e) dans les flammes
❹ *(wahrnehmen)* saisir *Chance, Gelegenheit*
❺ *(in die Wege leiten)* prendre *Maßnahmen*
❻ *(bewegen)* **jdn** ~ *Angst, Sehnsucht:* saisir qn
ergreifend I. *Adj* émouvant(e), bouleversant(e)
II. *Adv* schildern, berichten de façon bouleversante
Ergreifung <-, -en> *f* prise *f*
ergriffen [ɛɐˈgrɪfən] *Adj* ému(e), bouleversé(e)
Ergriffenheit <-> *f* émotion *f*, bouleversement *m*
ergründen* *tr V* étudier; élucider *Geheimnis, Phänomen;* pénétrer *Sinn*
Erguss^RR [ɛɐˈgʊs, *Pl:* ɛɐˈgʏsə] *m* ❶ *(Bluterguss)* hématome *m*
❷ *(Samenerguss)* éjaculation *f*
❸ GEOL *von Lava* coulée *f*
❹ *pej (Gefühlsausbruch)* épanchement *m*
erhaben [ɛɐˈhaːbən] *Adj* ❶ *(feierlich stimmend)* sublime, grandiose; *Gedanke* noble
❷ *(würdevoll) Fürst, Herrscher* auguste *antéposé (littér)*
❸ *(überlegen)* **über etw** *(Akk)* ~ **sein** être au-dessus de qc
Erhabenheit <-> *f* majesté *f*; *eines Augenblicks* solennité *f*; *eines Gedankens* noblesse *f*
Erhalt *m kein Pl* ❶ *form (Empfang) einer Lieferung, Zahlung* réception *f*; **den** ~ **einer S.** *(Gen)* **bestätigen** accuser réception de qc
❷ *(das Bewahren)* ~ **der Macht** maintien *m* au pouvoir
erhalten* *unreg* I. *tr V* ❶ *(bekommen)* recevoir; obtenir *Erlaubnis, Urlaub, Preis*
❷ *(bewahren)* sauvegarder, préserver *Bauwerk, Fassade;* maintenir *Arbeitskraft, Leistungsfähigkeit;* conserver *Gesundheit, Vitamine;* **sich** *(Dat)* **seinen Optimismus** ~ garder son optimisme; ~ **bleiben** *Bausubstanz, Wirkstoffe:* être préservé(e); **gut/vollständig** ~ **sein** *Altstadt, Kirche:* être bien/parfaitement conservé(e)
❸ *fam (treu)* **jdm** ~ **bleiben** *Person:* rester aux côtés de qn
II. *r V* **sich** ~ *Brauch:* se maintenir
erhältlich [ɛɐˈhɛltlɪç] *Adj* disponible, en vente; **kaum noch** ~ pratiquement introuvable
Erhaltung *f kein Pl einer Fassade, eines Kunstwerks* sauvegarde *f*, conservation *f*; *der Arbeitskraft, Gesundheit* protection *f*, préservation *f*; *des Friedens, Einvernehmens* maintien *m*
erhängen* I. *tr V* pendre; **Tod durch Erhängen** mort *f* par pendaison
II. *r V* **sich** ~ se pendre
erhärten* I. *tr V Zeuge:* confirmer, corroborer; *Aussage, Beweis:* étayer, renforcer; **etw** ~ *Zeuge:* confirmer qc, corroborer qc; *Aussage, Beweis:* étayer qc, renforcer qc
II. *r V* **sich** ~ *Verdacht:* se confirmer
Erhärtung <-, -en> *f* confirmation *f*, renforcement *m*
erhaschen* *tr V geh* ❶ *(ergreifen)* attraper, se saisir de
❷ *(wahrnehmen)* percevoir furtivement *Bild;* **Wortfetzen** ~ saisir des morceaux de conversation au passage
erheben* *unreg* I. *tr V* ❶ *(hochheben)* lever *Glas, Waffe;* **die Hand zum Gruß** ~ faire un geste de la main pour saluer; **hoch erhoben** *Kopf* droit(e); *Arm, Zeigefinger* levé(e); **hoch erhobenen Hauptes** la tête haute

❷ *(einfordern)* **eine Steuer/Gebühr auf etw** *(Akk)* ~ percevoir un impôt/une taxe sur qc
❸ *(ermitteln, zusammentragen)* relever, rassembler *Fakten, Daten*
❹ *(deklarieren)* **etw zum Prinzip** ~ ériger qc en principe
II. *r V* ❶ *(aufstehen)* **sich von seinem Platz** ~ se lever de son siège
❷ *(sich auflehnen)* **sich gegen jdn/etw** ~ se soulever [*o* se révolter] contre qn/qc
❸ *(aufragen)* **sich über etw** *(Akk)* ~ s'élever au-dessus de qc
❹ *(herabblicken auf)* **sich über jdn** ~ s'élever au-dessus de qn
❺ *(aufkommen)* **sich** ~ *Frage:* se poser; *Bedenken, Zweifel:* se faire jour; *Geschrei, Wehklagen:* s'élever; *Brise, Wind:* se lever
erhebend *Adj geh* exaltant(e)
erheblich [ɛɐˈheːplɪç] I. *Adj Belastung, Verspätung, Summe* considérable, important(e); *Vorteil* substantiel(le); *Nachteil* grave, sérieux(-euse)
II. *Adv* ❶ stören considérablement; beeinträchtigen sérieusement
❷ *(deutlich)* teurer, besser, weniger, mehr nettement
Erhebung *f* ❶ *(Einforderung) von Gebühren, Abgaben* perception *f*
❷ *(Aufstand)* soulèvement *m*, insurrection *f*
❸ *(Ermittlung) von Daten, Zahlen* relevé *m;* ~ **en/eine** ~ **über etw** *(Akk)* **durchführen** mener des enquêtes/une enquête sur qc
❹ GEOG éminence *f*, hauteur *f*
erheitern* *tr V* dérider
Erheiterung <-, *selten* -en> *f* gaieté *f*, hilarité *f*; **zur** ~ **der Gäste** pour la plus grande joie des invités
erhellen* I. *tr V* ❶ *(hell machen)* éclairer
❷ *(klären)* **ein Geheimnis/eine Affäre** ~ *Person:* élucider un secret/une affaire; *Hinweis, Aussage:* permettre d'élucider un secret/une affaire; **die Hintergründe einer S.** *(Gen)* ~ *Person:* lever le voile sur les dessous de qc; *Hinweis, Aussage:* permettre de lever le voile sur les dessous de qc
II. *r V* **sich** ~ *Himmel:* s'éclaircir
Erhellung <-, *selten* -en> *f* ❶ *(das Erhellen)* éclaircissement *m*
❷ *(das Aufklären) von Hintergründen* élucidation *f*
erhitzen* I. *tr V* ❶ *(heiß machen)* faire chauffer; **etw auf 70 °C** ~ faire chauffer qc à 70° C; **erhitzt werden** être chauffé(e)
❷ *(zum Schwitzen bringen)* **jdn** ~ donner chaud à qn; **erhitzt** en sueur, en nage; **vom Laufen erhitzt sein** avoir chaud d'avoir couru
II. *r V* **sich an etw** *(Dat)* ~ s'échauffer à propos de qc
Erhitzung <-, *selten* -en> *f* ❶ *(das Heißmachen)* **bei** ~ **auf 100 °C** en faisant chauffer à 100°
❷ *(Erregung)* énervement *m*
erhoben *PP von* **erheben**
erhoffen* *r V* **sich** ~ espérer; **sich** *(Dat)* **etw von jdm/etw** ~ espérer qc de qn/qc; **was erhoffst du dir davon?** qu'est-ce que tu espères [*o* attends]?
erhöhen* I. *tr V* ❶ rehausser; **etw um einen Meter** ~ rehausser qc d'un mètre
❷ FIN, FISC accroître *Zahl*
❸ *(verstärken)* accroître, renforcer *Wirkung;* faire monter *Spannung*
❹ MUS hausser, dièser *(spéc) Note*
II. *r V* ❶ FIN, FISC **sich um drei Prozent** ~ augmenter de trois pour cent; **sich auf hundert Euro** ~ s'élever [*o* se monter] à cent euros
❷ *(sich verstärken)* **sich** ~ *Blutdruck:* augmenter; *Wirkung:* s'intensifier
erhöht *Adj* ❶ MED *Blutdruck* élevé(e); *Wert* en augmentation; *Herzschlag, Puls* accéléré(e); **bei** ~ **em Blutdruck** en cas d'hypertension
❷ *(gesteigert) Aufmerksamkeit* accru(e)
Erhöhung <-, -en> *f* ❶ *(Anhebung) von Gehältern, Gebühren, Steuern* augmentation *f*, hausse *f*; *von Zahlen* accroissement *m*, augmentation *f*
❷ *(Zunahme)* einer *Spannung* accroissement *m*, renforcement *m;* einer *Wirkung* intensification *f*; *des Blutdrucks, der Geschwindigkeit, Produktion* augmentation *f*; *der Frequenz* accélération *f*
Erhöhungszeichen *nt* dièse *m*
erholen* *r V* ❶ *(von einer Krankheit genesen)* **sich** ~ se remettre, se rétablir; **sich von einer Krankheit/Operation** ~ se remettre [*o* se rétablir] d'une maladie/opération; **sich von einem Schrecken/Rückschlag** ~ se remettre d'une peur/rechute
❷ *(ausspannen)* **sich** ~ se reposer
❸ *fig* **sich** ~ *Pflanze:* reprendre, retrouver de la vigueur; *Preise, Aktien, Kurse:* se redresser, se raffermir
erholsam [ɛɐˈhoːlzaːm] *Adj Urlaub* reposant(e); *Schlaf* réparateur(-trice)
Erholung <-> *f* ❶ *einer Person* repos *m*, détente *f*; **gute** ~ **!** reposez-toi/reposez-vous bien!; **zur** ~ pour me/se/… reposer
❷ *(Aufwärtsentwicklung) von Preisen* relance *f*; *von Aktien, Kursen* redressement *m*, reprise *f*
Erholungsaufenthalt *m* séjour *m* de repos **erholungsbedürftig** *Adj* qui a besoin de repos [*o* de se reposer] **Erholungsgebiet** *nt* région *f* de détente **Erholungsheim** *nt* maison *f* de repos **Erholungskur** *f* cure *f* de repos **Erholungsort** *m* lieu *m*

de repos, villégiature f **Erholungspause** f récréation f, pause f [détente]; **eine ~ machen** [o **einlegen**] s'accorder un moment de détente, faire une pause **Erholungsurlaub** m vacances fpl, congé m pour se détendre **Erholungswert** m valeur f récréative
erhören* tr V geh ❶ exaucer Bitte, Gebet; accéder à Flehen
❷ (sich erweichen lassen) jdn ~ céder à qn
erigieren* itr V entrer en érection; **erigiert** en érection
Erika ['eːrika] <-, Eriken> f BOT bruyère f
erinnerlich Adj form présent(e) à la mémoire; **jdm ~ sein** être présent(e) à la mémoire de qn
erinnern* I. tr V rappeler; **jdn an etw** (Akk) ~ rappeler qc à qn, faire penser qn à qc; **jdn daran ~ etw zu tun** rappeler à qn de faire qc
II. r V sich **an jdn/etw** ~ se souvenir de qn/qc, se rappeler qn/qc; **wenn ich mich recht erinnere** si je me souviens bien, si mes souvenirs sont bons; **soweit ich mich ~ kann** autant que je me souvienne
III. itr V ❶ (hinweisen auf) **daran ~, dass** rappeler que + indic
❷ (denken lassen an) **an jdn/etw** ~ rappeler qn/qc, faire penser à qn/qc
Erinnerung <-, -en> f ❶ (Gedächtnis) mémoire f; **jds ~** (Dat) **nachhelfen** rafraîchir la mémoire de qn; **sich in ~ bringen** redonner signe de vie
❷ meist Pl (Eindruck) ~ **an etw** (Akk) souvenir m de qc; **eine/keine ~ an jdn/etw haben** se souvenir/n'avoir aucun souvenir de qn/qc; **jdn in guter/schlechter ~ haben** garder un bon/mauvais souvenir de qn; **nur noch eine vage ~ an etw** (Akk) **haben** ne plus avoir qu'un vague souvenir de qc; **in austauschen** échanger des souvenirs; **zur ~ an die schönen Jahre** en souvenir des belles années
❸ Pl (Memoiren) souvenirs mpl, mémoires fpl
❹ form (Zahlungserinnerung) rappel m
Erinnerungslücke f trou m de mémoire **Erinnerungsstück** nt souvenir m; **~ an jdn/etw** souvenir m de qn/qc **Erinnerungsvermögen** nt kein Pl mémoire f
Eritrea [eriˈtreːa] <-s> nt l'Érythrée f
Eritreer(in) <-s, -> m(f) Érythréen(ne) m(f)
eritreisch Adj érythréen(ne)
erkalten* itr V + sein ❶ (kalt werden) Toter, Hände, Füße: se refroidir; **der Leichnam ist schon erkaltet** le cadavre est déjà froid
❷ (abkühlen) Pudding, Lava: refroidir
❸ geh (nachlassen) Gefühl, Begeisterung: se refroidir
erkälten* I. r V sich ~ s'enrhumer, prendre froid
II. tr V sich (Dat) **etw** ~ prendre froid à qc
erkältet Adj enrhumé(e); **stark ~** très enrhumé(e); **~ klingen** avoir une voix enrhumée
Erkältung <-, -en> f refroidissement m, rhume m; **eine ~ bekommen/haben** attraper/avoir un rhume; **sich** (Dat) **eine ~ zuziehen** form contracter un refroidissement (form)
Erkältungskrankheit f refroidissement m
erkämpfen* tr V ❶ conquérir, obtenir de haute lutte; [**sich** (Dat)] **etw ~** conquérir qc, obtenir qc de haute lutte
❷ SPORT arracher Platz, Sieg; décrocher Medaille; **ein hart erkämpfter zweiter Platz** une seconde place remportée de haute lutte
erkaufen* tr V ❶ (sich mit Geld verschaffen) acheter
❷ fig (durch Opfer erreichen) **etw teuer ~** payer cher qc
erkennbar Adj ❶ (sichtbar) visible
❷ (wahrnehmbar) **für jdn/etw ~ sein** être perceptible pour qn/qc; **an diesem Trend ist ~, dass** cette tendance laisse entrevoir que + indic
erkennen* unreg I. tr V ❶ (wahrnehmen) distinguer Einzelheiten, Details; se rendre compte de, s'apercevoir de Fehler; **etw als falsch/richtig/gut ~** se rendre compte que qc est faux(fausse)/juste/bien; **~, dass/wie ...** s'apercevoir que + indic/à quel point ...; **jdm zu ~ geben, dass** faire comprendre à qn que + indic; **~ lassen, dass** indiquer que + indic; **Unsicherheiten/Schwächen ~ lassen** révéler des incertitudes/faiblesses
❷ (identifizieren) reconnaître Person, Stimme; déceler Krankheit, Motorschaden; **jdn an etw** (Dat) ~ reconnaître qn à qc
❸ (entlarven) **an du bist erkannt!** tu es démasqué(e)!
II. itr V ❶ JUR **auf Freispruch/eine Haftstrafe ~** prononcer un non-lieu/une peine de prison
❷ SPORT **auf Elfmeter/Freistoß** (Akk) ~ accorder un penalty/coup franc
III. r V **erkenne dich selbst!** connais-toi toi-même!; **sich jdm [als Verbündeter] zu ~ geben** se faire connaître à qn [comme étant un allié]
erkenntlich [ɛɐ̯ˈkɛntlɪç] Adj **sich [jdm] für etw ~ zeigen** témoigner [à qn] sa reconnaissance pour qc
Erkenntlichkeit <-, -en> f ❶ kein Pl (Dankbarkeit) reconnaissance f, gratitude f
❷ (Geschenk) témoignage m de reconnaissance
Erkenntnis f a. PHILOS, PSYCH connaissance f; **zu der ~ kommen** [o **gelangen**], **dass** arriver [o parvenir] à la conclusion que + indic
Erkenntnisstand m kein Pl form état m des connaissances
Erkennungsdienst m service m anthropométrique **erkennungsdienstlich** I. Adj Beamte de l'anthropométrie [judiciaire]; Arbeit, Behandlung anthropométrique II. Adv behandeln selon les méthodes anthropométriques **Erkennungsmarke** f plaque f d'identité **Erkennungsmelodie** f MUS indicatif m **Erkennungszeichen** nt signe m de reconnaissance
Erker [ˈɛrkɐ] <-s, -> m encorbellement m
Erkerfenster nt fenêtre f en encorbellement, oriel m **Erkerzimmer** nt pièce f avec une fenêtre en encorbellement
erklärbar [ɛɐ̯ˈklɛːɐ̯baːɐ̯] Adj explicable; **nicht ~** inexplicable
erklären* I. tr V ❶ (erläutern) expliquer; **jdm etw an einem Beispiel ~** expliquer qc à qn à l'aide d'un exemple; **jdm ~, dass/warum ...** expliquer à qn que + indic/pourquoi ...; **sich** (Dat) **etw ~** s'expliquer qc; **das lässt sich nur schwer ~** c'est difficile à expliquer; **das erklärt alles** cela explique tout
❷ KUNST, LITER expliquer, interpréter Bild, Gemälde; commenter, analyser Gedicht, Text
❸ (bekannt geben) annoncer Rücktritt; exprimer Einverständnis; déclarer Krieg; **etw für eröffnet/gescheitert ~** déclarer qc d'ouvert/d'échoué; **hiermit erkläre ich die Sitzung für beendet!** la séance est close!
❹ (deklarieren) **jdn für tot/schuldig/vermisst ~** déclarer qn mort(e)/coupable/disparu(e); **etw für gültig/gefälscht ~** déclarer qc valable/falsifié(e); **hiermit erkläre ich Sie für Mann und Frau** je vous déclare unis par les liens du mariage
II. r V ❶ (sich aufklären) sich ~ Vorfall, Umstand: s'expliquer; **so erklärt es sich, dass** c'est ainsi que + indic
❷ (sich bezeichnen) **sich mit jdm solidarisch ~** se déclarer solidaire de qn; **sich mit etw einverstanden ~** exprimer son accord avec qc
❸ (sich offenbaren) **sich jdm ~** dévoiler son amour à qn
erklärend I. Adj explicatif(-ive)
II. Adv bemerken, hinzufügen à titre explicatif
erklärlich Adj explicable, compréhensible
erklärt Adj attr Gegner, Liebling déclaré(e); Ziel avoué(e); **der ~e Favorit dieses Rennens** le super-favori de cette course; **sein ~es Ziel ist es anderen zu helfen** son but avoué, c'est d'aider les autres
Erklärung f ❶ (Darlegung) explication f; **eine/keine ~ für etw haben** avoir une explication/ne pas avoir d'explication à qc; **für alles eine ~ haben** avoir réponse à tout; **dafür gibt es eine/keine ~** il y a une/il n'y a aucune explication à cela
❷ (Presseerklärung, öffentliche Stellungnahme) déclaration f; **eine ~ zu etw abgeben** faire une déclaration au sujet de qc
erklimmen* [ɛɐ̯ˈklɪmən] tr V unreg geh ❶ (ersteigen) grimper à Baum, Leiter; escalader, gravir Bergwand
❷ fig (erreichen) accéder à Spitze, Stufe
erklingen* itr V unreg + sein geh retentir
erkor Imp von **erküren**
erkoren PP von **erküren**
erkranken* itr V + sein Person, Tier: tomber malade; Pflanze: attraper une maladie; **an etw** (Dat) ~ attraper qc; **an Krebs** (Dat) **erkrankt sein** être atteint(e) du cancer; **der erkrankte Freund** l'ami malade
Erkrankung <-, -en> f maladie f; **die Zahl der ~en ist gering** le nombre de malades est faible
erkühnen* r V geh sich ~ **etw zu tun** avoir le front [o l'outrecuidance] littér] de faire qc
erkunden* tr V ❶ MIL reconnaître
❷ (sondieren) sonder
erkundigen* r V ❶ (fragen nach) sich ~ se renseigner; **sich bei jdm nach jdm/etw** ~ se renseigner auprès de qn sur qn/qc
❷ (Informationen einholen) **sich bei jdm über jdn/etw ~** prendre des renseignements sur qn/qc auprès de qn; **sich ~, was der Flug kostet** se renseigner sur le prix du billet d'avion
Erkundigung <-, -en> f recherche f, investigation f; **~en über jdn/etw einholen** [o **einziehen** form] prendre des renseignements [o des informations] sur qn/qc
Erkundung <-, -en> f MIL reconnaissance f
erküren <erkor, erkoren> tr V ❶ veraltet geh (erwählen) ériger (littér); **jdn zum Retter ~** ériger qn en sauveur; Schicksal: désigner qn comme sauveur
❷ hum (wählen) **jdn zum Vorsitzenden ~** sacrer qn président (hum); **mich also habt ihr zum Sündenbock erkoren?** c'est donc à moi qu'a été dévolu le rôle de bouc émissaire?
Erlagschein [ɛɐ̯ˈlaːkʃaɪn] m A (Einzahlungsschein) reçu m de versement
erlahmen* itr V + sein ❶ (kraftlos werden) Arme: s'engourdir, s'ankyloser
❷ (nachlassen) Arbeitseifer, Interesse: s'émousser; **seine Kräfte erlahmten** ses forces l'ont abandonné

erlauben	
um Erlaubnis bitten	**demander la permission**
Darf ich Sie kurz stören/unterbrechen?	Puis-je vous déranger/interrompre un instant?
Haben/Hätten Sie was dagegen, wenn ich das Fenster aufmache?	Cela vous dérange si j'ouvre la fenêtre?
Sind Sie damit einverstanden, wenn ich im Juli Urlaub nehme?	Êtes-vous d'accord pour que je prenne mes vacances en juillet?
erlauben	**permettre**
Wenn du mit deinen Hausaufgaben fertig bist, darfst du raus spielen.	Tu pourras aller jouer quand tu auras fini tes devoirs.
Sie dürfen gern hereinkommen.	Entrez (donc), je vous prie.
In diesem Bereich dürfen Sie rauchen.	Vous avez le droit de fumer dans cette zone.
Wenn Sie möchten, können Sie hier parken.	Vous pouvez vous garer ici, si vous voulez.

erlangen* *tr V geh* obtenir
Erlass^{RR} <-es, -e *o* A Erlässe> [ɛɐ'las], **Erlaß**^{ALT} <-sses, -sse *o* A Erlässe> *m* ❶ *(Verordnung)* décret *m*, arrêté *m* ❷ *kein Pl (das Erlassen) einer Strafe, von Schulden* remise *f; von Sünden* rémission *f*
erlassen* *tr V unreg* ❶ exonérer *Gebühren;* faire grâce *Strafe;* remettre *Schulden/Sünden;* **jdm die Gebühren ~** exonérer qn des taxes; **jdm seine Strafe ~** faire grâce à qn de sa peine; **jdm die Schulden/Sünden ~** remettre les dettes/péchés à qn ❷ *(verkünden)* édicter *Befehl;* promulguer *Verfügung*
erlauben* **I.** *tr V* ❶ *(gestatten)* permettre; **jdm etw ~** permettre qc à qn; **jdm ~ etw zu tun** permettre à qn de faire qc, autoriser qn à faire qc; **keine Ausnahme ~** *Vorschriften:* ne pas souffrir d'exception; **~ Sie/erlaubst du, dass** vous permettez/tu permets que + *subj;* **~ Sie, dass ich mich vorstelle!** permettez-moi de me présenter!; **~ Sie?, Sie ~ doch?** *form* vous permettez? ❷ *form (ermöglichen)* [jdm] **etw ~** *Finanzen, Mittel:* permettre qc [à qn]; **ihr Vermögen erlaubt es ihnen oft zu verreisen** leur fortune leur permet de partir souvent en voyage ▸ **~ Sie mal!** permettez! **II.** *r V (sich leisten)* **sich** *(Dat)* **etw ~** s'offrir qc; **ich kann mir kein Auto mehr ~** je ne peux plus me permettre d'avoir une voiture ❷ *(wagen)* **sich** *(Dat)* **eine Bemerkung ~** se permettre [de faire] une remarque; **sich** *(Dat)* **~ etw zu tun** se permettre de faire qc; **was sich die Jugend heutzutage alles erlaubt!** la jeunesse se croit tout permis aujourd'hui!; **was ~ Sie sich [eigentlich]!** pour qui vous prenez-vous?
Erlaubnis <-, *selten* -se> *f* ❶ *(Genehmigung)* autorisation *f*, permission *f;* [jdn] **um ~ bitten** [*o* **fragen**] demander la permission [à qn]; **jdm die ~ geben** [*o* **erteilen** *form*] **etw zu tun** donner [*o* accorder] la permission à qn de faire qc; **die ~ der Eltern haben etw zu tun** avoir la permission de ses parents de faire qc; **mit Ihrer** [**freundlichen/gütigen**] **~** *form* avec votre [aimable] permission ❷ *(Schriftstück)* autorisation *f*
erlaucht [ɛɐ'lauxt] *Adj Gäste* éminent(e), honorable *antéposé; Gesellschaft* distingué(e), illustre
erläutern* *tr V* expliquer; [jdm] **etw ~** expliquer qc [à qn]
erläuternd I. *Adj* explicatif(-ive)
II. *Adv* bemerken, hinzufügen en guise d'explication
Erläuterung <-, -en> *f* explication *f;* **~en zum Text** des explications relatives au texte; **zur ~ dieses Vorschlags** pour expliquer cette proposition; **etw zur ~ sagen** dire qc dans un but explicatif
Erle ['ɛrlə] <-, -n> *f (Baum, Holz)* aulne *m*
erleben* *tr V* ❶ vivre *Ereignis, Geburtstag, Angenehmes;* passer *Urlaub;* **du wirst wieder bessere Zeiten ~** tu retrouveras des temps meilleurs ❷ *(durchmachen)* endurer *Schlimmes, Leid;* connaître *Enttäuschung;* essuyer, subir *Misserfolg, Niederlage;* **er hat mehrere Kriege erlebt** il a traversé plusieurs guerres; **dass ich das** [**noch**] **~ muss!** il aura fallu que je voie ça!; **der/die kann was ~!** *fam* ça va barder pour lui/elle! *(fam)* ❸ *(Zeitzeuge sein von)* connaître *Herrscher* ❹ *(kennen lernen, mit ansehen)* entendre *Redner, Musiker;* voir *Schauspieler;* **jdn wütend/gelassen ~** voir qn en colère/calme; [**et**]**was ~ wollen** avoir envie de faire quelque chose d'intéressant; **wir haben viel/wenig erlebt** nous avons vu beaucoup de choses/n'avons pas vu grand-chose; **~, wie die Leute sterben** voir les gens mourir; **es ~, wie** [*o* **dass**] voir que + *indic;* **du wirst es noch ~, wie er uns um Verzeihung bittet!** tu vas voir qu'il va nous demander pardon!; **das möchte ich ~!** *fam* je voudrais bien voir ça!; *(fam)* **hat man so** [**et**]**was schon erlebt!** *fam* qu'est-ce qu'il faut pas voir/entendre! *(fam);* **das muss man erlebt haben!** c'est vraiment quelque chose!
Erlebensfall *m* JUR **im ~** en cas de survie
Erlebnis <-ses, -se> *nt* expérience *f* [vécue]; **diese Reise wird zu einem großen ~** ce voyage sera une expérience mémorable; **das war ein wundervolles/schreckliches ~** ça a été un moment magnifique/terrible; **sie hat einmal ein ähnliches ~ gehabt** elle a vécu quelque chose d'analogue
Erlebnisaufsatz *m* ≈ narration *f*
erlebnishungrig *Adj* avide d'aventures
erledigen* **I.** *tr V* ❶ *(ausführen)* accomplir *Aufgabe, Auftrag, Formalitäten;* effectuer *Besorgung;* **ich muss noch schnell etwas ~** j'ai encore quelque chose à finir en vitesse; [**das**] **wird erledigt!** *fam* ça roule! *(fam)* ❷ *fam (erschöpfen)* **jdn ~** *Arbeit:* crever qn *(fam)* ❸ *sl (umbringen)* liquider qn ❹ *(k.o. schlagen)* **jdn mit ein paar gut platzierten Schlägen ~** étendre qn pour le compte en lui balançant quelques coups bien appliqués *(fam)* ▸ **das ist erledigt!** c'est achevé!; *fam (Schwamm drüber)* c'est réglé! **II.** *r V* **sich von selbst ~** s'arranger tout(e) seul(e); [**das**] **hat sich schon erledigt!** c'est une affaire réglée!
erledigt [ɛɐ'le:dɪçt] **I.** *PP von* **erledigen**
II. *Adj* ❶ *fam (erschöpft)* crevé(e) *(fam)* ❷ *sl (verloren, am Ende)* **~ sein** être foutu(e) *(pop)* ❸ *(nicht mehr interessant)* **für jdn ~ sein** *Person:* ne plus exister pour qn; *Angelegenheit, Fall:* être réglé(e) pour qn
Erledigung <-, -en> *f* ❶ *(Ausführung)* exécution *f;* **für die ~ der Korrespondenz zuständig sein** être responsable de la correspondance ❷ *(Besorgung)* **~en machen müssen** avoir des choses à faire
erlegen* *tr V* ❶ abattre *Tier* ❷ A *(bezahlen)* acquitter, verser *Geldbetrag*
erleichtern* **I.** *tr V* ❶ *(einfacher machen)* faciliter *Arbeit, Aufgabe;* adoucir, soulager *Los, Schicksal;* **sie hat uns die Arbeit erleichtert** elle nous a facilité le travail ❷ *(beruhigen)* **jdn ~** *Nachricht, Geständnis, Umstand:* soulager qn ❸ *(leichter machen)* alléger *Tasche, Rucksack* ❹ *hum fam (bestehlen)* **jdn um hundert Euro ~** soulager qn de cent euros
II. *r V euph geh* **sich ~** se soulager
erleichtert I. *Adj Person, Blick* soulagé(e); **ein ~es Aufatmen** un soupir de soulagement
II. *Adv* **~ aufatmen** pousser un soupir de soulagement
Erleichterung <-, -en> *f* ❶ soulagement *m;* **mit** [*o* **voller**] **~** avec soulagement; **zu seiner/ihrer großen ~** à son grand soulagement; **zu deiner ~ kann ich dir sagen, dass** pour te rassurer, je peux te dire que + *indic* ❷ MED **jdm ~ verschaffen** procurer [*o* apporter] un soulagement à qn
erleiden* *tr V unreg* subir *Niederlage, Verluste, Schaden;* endurer *Schmerzen, Qualen*
erlernbar *Adj* qui s'apprend; [**leicht/schnell/schwer**] **~ sein** s'apprendre [facilement/vite/difficilement]
erlernen* *tr V* apprendre
erlesen *Adj Geschmack* délicat(e), raffiné(e); *Kunstwerk, Teppich* de qualité; *Wein* de choix; **~ sein** *Kunstwerk, Marmor:* être recher-

Erleichterung

Erleichterung ausdrücken	exprimer le soulagement
Bin ich froh, dass es so gekommen ist!	Heureusement que ça s'est passé comme ça!
Mir fällt ein Stein vom Herzen!	Ça me libère d'un gros poids!
Ein Glück, dass du gekommen bist!	Quelle chance que tu sois venu(e)!
Gott sei Dank!	Dieu merci!
Geschafft!	Ça y est!
Endlich!	Enfin!

ché(e)
erleuchten* *tr V* ❶ *(erhellen)* éclairer; **hell erleuchtet** *Raum, Fenster* brillamment éclairé(e) [*o* illuminé(e)]
❷ *(inspirieren)* **jdn** ~ *Gott:* éclairer qn; *Eingebung:* illuminer qn; **erleuchtet** *Person* éclairé(e)
Erleuchtung <-, -en> *f* ❶ *(Inspiration)* illumination *f*, révélation *f*
erliegen* *itr V unreg + sein* ❶ succomber; **der Krankheit/seinen Verletzungen** ~ succomber à la maladie/ses blessures; **einem Irrtum** ~ être dans l'erreur
❷ *(stillstehen)* **zum Erliegen bringen** bloquer; **zum Erliegen kommen** *Aktivitäten, Verkehr:* être bloqué(e) [*o* paralysé(e)]; *Atmung, Herztätigkeit:* s'arrêter
erlischt *3. Pers Präs von* **erlöschen**
erlitten *PP von* **erleiden**
Erlös [ɛɐˈløːs] <-es, -e> *m* recette *f*, produit *m*; ~ **aus Kapitalvermögen** revenus du capital
erlöschen <erlischt, erlosch, erloschen> *itr V + sein* ❶ *Kerze, Feuer, Leidenschaft:* s'éteindre
❷ JUR expirer, prendre fin
Erlöschen *nt einer Firma* dissolution *f*
erlösen* *tr V* ❶ *(befreien)* délivrer; **jdn aus/von etw** ~ délivrer qn de qc
❷ REL racheter; **erlöse uns von dem Übel** délivre-nous du mal
❸ *(Gewinn machen)* **aus etw hundert Euro** ~ retirer cent euros de qc
erlösend I. *Adj Wort* libérateur(-trice)
II. *Adv* ~ **wirken** apporter un soulagement
Erlöser(in) <-s, -> *m(f)* rédempteur *m*
❷ REL **der** ~ le Rédempteur, le Sauveur
Erlösung *f* ❶ *(Erleichterung)* soulagement *m*; **der Tod war für ihn eine** ~ la mort fut pour lui une délivrance
❷ REL Rédemption *f*
ermächtigen* *tr V* autoriser; **jdn dazu** ~ **etw zu tun** autoriser qn à faire qc; **jdn [zu etw]** ~ habiliter qn [à faire qc]
Ermächtigung <-, -en> *f* autorisation *f*
Ermächtigungsgesetz *nt kein Pl* POL, HIST loi *f* sur les pleins pouvoirs
ermahnen* *tr V* ❶ *(warnend mahnen)* avertir, rappeler à l'ordre; **jdn** ~ avertir qn, rappeler qn à l'ordre
❷ *(anhalten zu)* **jdn zu etw** ~ exhorter [*o* inviter] qn à qc; **jdn** ~ **etw zu tun** demander à qn de faire qc
Ermahnung *f* rappel *m* à l'ordre
Ermang[e]lung <-> *f geh* **in** ~ **eines Hammers** à défaut d'un marteau; **in** ~ **eines Besseren** faute de mieux
ermannen* *r V geh* **sich** ~ prendre son courage à deux mains; **sich zu etw** ~ se décider [*o* se résoudre] à qc
ermäßigen* I. *tr V* faire une réduction sur; **etw um fünf Euro/drei Prozent** ~ faire une réduction sur cinq euros/trois pour cent; **etw um ein Viertel** ~ ramener qc d'un quart; **ermäßigt** réduit(e)
II. *r V* **sich um sieben Prozent** ~ être réduit(e) de sept pour cent
Ermäßigung <-, -en> *f* réduction *f*
ermatten* *geh* I. *tr V + haben* épuiser; **von etw ermattet sein** être harassé(e) par qc *(soutenu)*
II. *itr V + sein* faiblir
ermessen* *tr V unreg* concevoir
Ermessen <-s> *nt* appréciation *f*; **nach meinem** ~ à mon sens; **nach eigenem** ~ en son/mon/... âme et conscience; **nach menschlichem/freiem** ~ pour autant qu'on puisse juger/en toute liberté; **in jds** ~ *(Dat)* **liegen** [*o* **stehen**] être laissé(e) à l'appréciation de qn; **das stelle ich in Ihr** ~ je laisse cela à votre appréciation
Ermessensentscheidung *f* JUR décision *f* discrétionnaire
Ermessensspielraum *m* JUR pouvoirs *mpl* discrétionnaires
ermitteln* I. *tr V* ❶ *(herausfinden)* identifier *Täter;* retrouver *Gesuchten;* découvrir *Versteck;* établir *Identität*
❷ *(feststellen)* déterminer; désigner *Gewinner, Sieger*

❸ *(errechnen)* calculer *Wert, Summe*
II. *itr V* JUR **gegen jdn wegen etw** ~ enquêter sur qn pour qc; **es wurde gegen unbekannt ermittelt** une enquête a été menée pour identifier le coupable
Ermittler <-s, -> *m* enquêteur *m*
Ermittlung <-, -en> *f* ❶ *kein Pl (das Feststellen) eines Gewinners, Siegers* désignation *f*
❷ JUR ~ **en durchführen** [*o* **anstellen**] mener une enquête
Ermittlungsrichter(in) *m(f)* juge *mf* d'instruction **Ermittlungsverfahren** *nt* information *f* judiciaire; **ein** ~ **einleiten** ouvrir une information judiciaire
ermöglichen* *tr V* permettre; **jdm etw** ~ permettre qc à qn; **es jdm** ~ **etw zu tun** permettre à qn de faire qc
ermorden* *tr V* assassiner
Ermordete(r) *f(m) dekl wie Adj* victime *f* [de meurtre]
Ermordung <-, -en> *f* assassinat *m*
ermüden* I. *tr V + haben* fatiguer *Person*
II. *itr V + sein* ❶ *(müde werden)* se fatiguer
❷ TECH fatiguer
ermüdend *Adj* fatigant(e)
Ermüdung <-, selten -en> *f* ❶ *(das Ermüden)* fatigue *f*; **vor** ~ **de fatigue**
❷ TECH usure *f*
Ermüdungserscheinung *f* signe *m* de fatigue
ermuntern* *tr V* ❶ *(ermutigen)* encourager; **jdn zu einer Ansprache** ~ encourager qn à faire une allocution; **jdn** ~ **etw zu tun** encourager qn à faire qc
❷ *(beleben)* revigorer
Ermunterung <-, -en> *f* encouragement *m*; **zu seiner/ihrer** ~ pour le/la réconforter
ermutigen* *tr V* encourager; **jdn zu einer Bewerbung** ~ encourager qn à poser sa candidature
ermutigend I. *Adj Nachricht, Tatsache* encourageant(e); *Worte* d'encouragement; ~ **sein** être encourageant(e)
II. *Adv* **zunicken** en guise d'encouragement
Ermutigung <-, -en> *f* encouragement *m*
ernähren* I. *tr V* ❶ *(mit Nahrung versorgen)* nourrir *Person;* donner à manger à *Tier*
❷ *(unterhalten)* **jdn** ~ *Person:* entretenir [*o* nourrir] qn; *Beruf, Tätigkeit:* faire vivre qn
II. *r V* ❶ **sich von etw** ~ se nourrir de qc; **sich einseitig/ungesund** ~ se nourrir de manière peu équilibrée/peu variée
❷ *(seinen Unterhalt bestreiten)* **sich** ~ assurer sa subsistance; **sich von etw** ~ vivre de qc
Ernährer(in) <-s, -> *m(f)* soutien *m*; **der** ~ **/die** ~ **in sein** être celui/celle qui entretient la famille
Ernährung <-> *f* ❶ *(Art des Ernährens)* alimentation *f*; **richtige** ~ alimentation saine [*o* équilibrée]; **falsche** ~ mauvaise alimentation
❷ *(Unterhalt)* entretien *m*
❸ *(Nahrung)* [**pflanzliche**] ~ nourriture *f* [végétarienne]
ernährungsbedingt *Adj* dû(due) à l'alimentation **Ernährungsgewohnheit** *f* habitude *f* alimentaire **Ernährungslehre** *f* science *f* de la nutrition, diététique *f* **Ernährungsstörung** *f* dysfonctionnement *m* alimentaire **Ernährungsweise** *f* alimentation *f* **Ernährungswissenschaft** *f* diététique *f* **Ernährungswissenschaftler(in)** *m(f)* nutritionniste *mf*
ernennen* *tr V unreg* nommer; **selbst ernannt** autoproclamé(e)
Ernennung *f* nomination *f*; **ihre** ~ **zur Ministerin** sa nomination en qualité de ministre
Ernennungsurkunde *f* acte *m* de nomination
erneuerbar [ɛɐˈnɔʏɐbaːɐ] *Adj* ❶ *(austauschbar) Teil, Material* remplaçable
❷ ÖKOL, BIO renouvelable
Erneuerer <-s, -> *m*, **Erneuerin** *f* rénovateur(-trice) *m(f)*
erneuern* *tr V* ❶ changer *Bettwäsche, Reifen;* renouveler *Verband, Ausweis, Pass*
❷ *(renovieren)* rénover; **etw** ~ **lassen** faire rénover qc

Erneuerung f ❶ von Bettwäsche, Reifen changement m; eines Verbands, Ausweises, Passes renouvellement m
❷ (Renovierung) rénovation f
❸ (Wandel) renouvellement m

erneut [ɛɐ̯'nɔɪ̯t] I. Adj attr nouveau(-velle) antéposé; **erst auf ~ es Klopfen wurde ihr aufgemacht** il a fallu qu'elle frappe de nouveau pour qu'on lui ouvre
II. Adv de nouveau

erniedrigen* I. tr V ❶ (demütigen) humilier; **~d** humiliant(e)
❷ MUS [a]baisser
II. r V **sich ~** s'abaisser, s'avilir

Erniedrigung <-, -en> f ❶ (Demütigung) humiliation f
❷ MUS **ein b bedeutet die ~ um eine halbe Note** un bémol abaisse la note d'un demi-ton

Erniedrigungszeichen nt bémol m

ernst [ɛrnst] Adj ❶ (gravierend) Krankheit, Lage grave; Zustand sérieux(-euse); **etwas/nichts Ernstes** quelque chose/rien de sérieux; **es steht ~ um ihn** son état est sérieux [o grave]
❷ (nicht heiter) Person grave, sérieux(-euse); Stimmung de gravité; Miene, Blick austère; **sich bemühen ~ zu bleiben** s'efforcer de garder son sérieux; **ich muss mal ein ~es Wort mit ihr reden** il faut que je lui parle sérieusement
❸ (aufrichtig) Absicht réel(le); **es ~ meinen** être sérieux(-euse); **die ~e Absicht haben etw zu tun** avoir sérieusement l'intention de faire qc; **ich weiß nicht, ob er es ~ mit ihr meint** je ne sais pas si ses intentions sont sérieuses; **damit ist es ihr ~** cela lui tient à cœur; **~ gemeint** sérieux(-euse); **bitte nur ~ gemeinte Zuschriften!** pas sérieux s'abstenir!
❹ (wichtig) Anlass grave; Anliegen important(e); **jdn/etw ~ nehmen** prendre qn/qc au sérieux

Ernst <-[e]s> m ❶ (Ernsthaftigkeit) eines Blicks, einer Stimme gravité f; von Worten sérieux m; **feierlicher ~** ferme résolution f; **mit feierlichem ~ in der Stimme** d'une voix grave et solennelle; **im ~ , allen ~es** sérieusement; **das ist sein ~** c'est sérieux; **das ist mein voller ~** je suis catégorique là-dessus; **ist das dein ~ ?** tu es sérieux(-euse)?; **das kann doch nicht Ihr ~ sein!** vous ne parlez pas sérieusement!
❷ (Bedrohlichkeit) einer Situation, Lage gravité f
❸ (Entschlossenheit) détermination f; **mit ~ bei der Sache sein** être tout entier(-ière) à sa tâche
▶ **der ~ des Lebens** la dure réalité de la vie; **etw mit tierischem ~ tun** pej faire qc vachement sérieusement; **~ machen** passer aux actes; **mit etw ~ machen** mettre qc à exécution

Ernstfall m situation f de crise; **im ~** en cas de coup dur; **für den ~ proben** procéder à des exercices d'alerte simulée

ernstgemeint s. ernst ❸

ernsthaft I. Adj ❶ Person, Angebot, Vorschlag sérieux(-euse)
❷ (eindringlich) Ton, Worte grave; Blick, Miene sévère
❸ MED grave
II. Adv ❶ (wirklich) glauben, wollen, verliebt sérieusement, pour de bon
❷ (ernstlich, gravierend) erkranken, krank gravement, sérieusement
❸ (eindringlich) ermahnen, warnen sérieusement, avec insistance

Ernsthaftigkeit <-> f (Aufrichtigkeit) sérieux m

ernstlich I. Adj attr Absicht ferme antéposé; Bedenken sérieux(-euse)
II. Adv s. ernsthaft II.

Ernte ['ɛrntə] <-, -n> f ❶ (Ertrag) récolte f; **die ~ einbringen** rentrer la récolte
❷ kein Pl (Getreideernte) moisson f; (Obsternte) cueillette f; (Kartoffelernte) récolte f

Erntedankfest nt jour f d'action de grâce (pour les moissons et les récoltes) **Ernteeinsatz** m engagement m pour les moissons

Ernteertrag m produit m de la récolte

ernten ['ɛrntən] tr V ❶ récolter; moissonner Getreide; cueillir Obst
❷ (erlangen) etw für etw ~ récolter [o recueillir] qc pour qc

ernüchtern* tr V Alltag: ramener à la réalité, Wirklichkeit: faire retomber sur terre; **jdn ~** Alltag: ramener qn à la réalité; Wirklichkeit: faire retomber qn sur terre; **~d** Erlebnis, Vorfall qui fait l'effet d'une douche froide; Gespräch qui ramène à la réalité; **für jdn ~d sein** ramener qn à la réalité

Ernüchterung <-, -en> f désillusion f, désenchantement m

Eroberer [ɛɐ̯'ʔoːbərɐ] <-s, -> m, **Eroberin** f conquérant(e) m(f)

erobern* tr V MIL a. fig conquérir

Eroberung <-, -en> f conquête f
▶ **eine ~ machen** fam faire une conquête (fam)

Eroberungskrieg m guerre f de conquête

eröffnen* I. tr V ❶ ouvrir Geschäft, Praxis; inaugurer Ausstellung, Museum
❷ JUR ouvrir, engager Verfahren, Vergleich
❸ (beginnen) ouvrir Diskussion, Sitzung, Schachpartie, Feuer; **etw für eröffnet erklären** form déclarer qc ouvert(e)
❹ (mitteilen) **jdm etw ~** révéler qc à qn
❺ (bieten) **jdm gute Aussichten/Möglichkeiten ~** ouvrir de bonnes perspectives/possibilités à qn
II. r V **sich jdm durch etw ~** Möglichkeiten, Wege: s'ouvrir à qn grâce à qc
III. itr V FIN **ruhig/hektisch ~** démarrer [o débuter] calmement/très vite; **mit etw ~** ouvrir à qc

Eröffnung f ❶ eines Geschäfts, einer Praxis ouverture f; einer Ausstellung, eines Museums, Betriebs inauguration f
❷ a. JUR, MIL (Beginn) ouverture f
❸ geh (Mitteilung) **jdm eine ~ machen** faire part à qn d'une information

Eröffnungsansprache f discours m d'ouverture **Eröffnungsgebot** nt ÖKON offre f d'ouverture **Eröffnungsspiel** nt SPORT match m d'ouverture

erogen [ero'geːn] Adj érogène

erörtern* tr V discuter, débattre [de]; **der erörterte Plan** le projet en discussion

Erörterung <-, -en> f ❶ (Erörterungsaufsatz) dissertation f
❷ kein Pl (das Erörtern) **~ einer Frage** discussion f [o débat m] sur une question

Eros ['eːrɔs] <-> m Éros m

Eroscenter^RR ['eːrɔssɛntɐ] <-s, -> nt euph éros-center m

Erosion [ero'zjoːn] <-, -en> f érosion f

Erotik [e'roːtɪk] <-> f érotisme m

Erotika Pl littérature f érotique

erotisch Adj érotique

Erpel ['ɛrpəl] <-s, -> m canard m [mâle]

erpicht [ɛɐ̯'pɪçt] Adj **auf Geld** (Akk) **~ sein** en vouloir à l'argent; **auf Schmeicheleien/Klatsch ~ sein** être friand(e) de flatteries/ragots; **darauf/nicht darauf ~ sein etw zu tun** brûler d'envie/n'avoir aucune envie de faire qc

erpressen* tr V ❶ (nötigen) faire chanter
❷ (abpressen) **Geld/eine Information von jdm ~** extorquer de l'argent/une information à qn

Erpresser(in) <-s, -> m(f) maître m chanteur

Erpresserbrief m lettre f de chantage

erpresserisch I. Adj Verhalten, Maßnahme de maître chanteur; **ein ~es Vorgehen** un chantage; **dein Verhalten ist ~** ton comportement est du chantage
II. Adv en maître chanteur

Erpressung <-, -en> f ❶ (das Erpressen) einer Person chantage m; **räuberische ~** extorsion f sous la menace, racket m avec violence
❷ (das Abpressen) von Geld, eines Zugeständnisses extorsion f

Erpressungsversuch m tentative f de chantage

erproben* tr V tester Gerät, Verfahren; **ein Medikament an jdm ~** tester [o expérimenter] un médicament sur qn

erprobt Adj ❶ (erfahren) Person expérimenté(e), chevronné(e)
❷ (zuverlässig) Gerät fiable; Verfahren éprouvé(e)

Erprobung <-, -en> f essai m

erquicken* tr V Quelle, Getränk: rafraîchir; Schlaf: revigorer; **jdn ~** Quelle, Getränk: rafraîchir qn; Schlaf: revigorer qn; **sich erquickt fühlen** se sentir revigoré(e) [o ragaillardi(e)]

erquicklich Adj iron Aussichten, Nachricht réjouissant(e)

Erquickung <-, -en> f rafraîchissement m; **zur ~ en guise de rafraîchissement; **zu seiner/meiner/... ~** pour se/me/... rafraîchir

Errata [ɛ'raːta] Pl errata mpl

erraten* tr V unreg deviner; **[du hast es] ~!** fam tout juste[, Auguste fam]!

errechnen* tr V calculer

erregbar [ɛɐ̯'reːkbaːɐ̯] Adj ❶ (leicht aufzuregen) irritable, susceptible; **leicht ~ sein** être hypersusceptible
❷ (sexuell erregbar) excitable

Erregbarkeit <-> f susceptibilité f

erregen* I. tr V ❶ (aufregen) Ärger, Vorwurf, Streit: irriter, énerver; **jdn ~** Ärger, Vorwurf, Streit: irriter [o énerver] qn
❷ (sexuell anregen) exciter, émoustiller
❸ (hervorrufen) susciter Missfallen, Neid, Heiterkeit; éveiller, faire naître Zweifel; **Aufsehen/Anstoß ~** faire sensation/scandale
II. r V **sich über jdn/etw ~** être énervé(e) par qn/qc; **darüber erregte sie sich sehr** cela l'a exaspérée

Erreger <-s, -> m agent m pathogène

erregt I. Adj ❶ Wortwechsel, Debatte orageux(-euse)
❷ (aufgeregt) énervé(e), agité(e); (aufgebracht) en colère
II. Adv (aufgeregt) en proie à l'agitation; (aufgebracht) en proie à la colère

Erregung f ❶ (Aufgewühltsein) énervement m, agitation f; **die ~ der Gemüter** l'agitation des esprits
❷ (Aufgebrachtsein) irritation f; **in ~ geraten** se mettre dans tous ses états; **jdn in ~ versetzen** mettre qn dans tous ses états
❸ (sexuelle Erregung) excitation f
❹ kein Pl (Erzeugung) von Missfallen, Zweifel naissance f, appari-

tion f; ~ öffentlichen Ärgernisses outrage m à la pudeur publique
erreichbar Adj ❶ Person: joignable; Ort: accessible; **leicht/schwer ~ sein** Person: être facilement/difficilement joignable; Ort: être facile/difficile d'accès
❷ (nicht abgelegen) **der Bahnhof ist zu Fuß/in zehn Minuten ~** on peut rejoindre la gare à pied/en dix minutes
erreichen* tr V ❶ (reichen an) (in der Entfernung) attraper; (in der Höhe) atteindre; **etw mit der Hand ~** (in der Entfernung/Höhe) attraper/atteindre qc avec la main
❷ (erlangen) atteindre Ziel, Zweck, Alter
❸ (bewirken) **etw bei jdm ~** obtenir qc de qn; **damit erreichst du nur, dass sie ärgerlich wird** [comme ça,] tu ne vas réussir qu'à l'énerver
❹ (antreffen) **jdn ~** Person: joindre [o toucher] qn; Brief, Nachricht: parvenir à qn; **wann bist du telefonisch zu ~?** quand puis-je t'appeler?
❺ (nicht verpassen) avoir Zug, Flugzeug, Fähre
❻ (eintreffen) **den Bahnhof/Hafen ~** Zug, Schiff: atteindre la gare/le port; **sein Ziel/seinen Bestimmungsort ~** arriver à destination
❼ (hingelangen) arriver à, rejoindre Amt, Gebäude
Erreichung <-> f form **bei/nach ~ der gesetzlichen Altersgrenze** à la limite d'âge légale une fois atteinte; **bei ~ des 60. Lebensjahres** une fois 60 ans
erretten* tr V geh ❶ (retten) sauver; **jdn vor dem Tod/Ertrinken ~** sauver qn de la mort/noyade
❷ (befreien) **jdn aus schwerer Not ~** délivrer qn d'une grande détresse
Erretter(in) m(f) geh sauveur(-euse) m(f); **eines Landes** libérateur(-trice) m(f)
Errettung f kein Pl geh libération f, délivrance f
errichten* tr V ❶ (erbauen) construire Haus; élever, ériger Denkmal, Gebäude, Bauwerk; **etw ~ lassen** faire construire qc
❷ (aufstellen) dresser, élever Barrikaden; dresser, monter Podium, Plakatwand
❸ (begründen) installer, instaurer Herrschaft, Tyrannei; fonder, établir Reich
Errichtung f ❶ eines Gebäudes, Bauwerks construction f; eines Denkmals édification f
❷ (Aufstellung) von Barrikaden construction f; eines Podiums, einer Plakatwand installation f
❸ (Begründung) einer Herrschaft instauration f, avènement m
erringen* tr V unreg ❶ (erkämpfen) remporter Sieg
❷ (erlangen) gagner Vertrauen
erröten* itr V + sein rougir; **vor Freude/Scham ~** rougir de plaisir/honte; **jdn zum Erröten bringen** faire rougir qn
errungen PP von **erringen**
Errungenschaft [ɛɛ'rʊŋənʃaft] <-, -en> f ❶ (Erfolg) conquête f; **die neuesten ~en der Technik** les toutes dernières nouveautés fpl techniques; **geistige ~** JUR acquisition f intellectuelle
❷ hum (Anschaffung) acquisition f
Ersatz [ɛɛ'zats] <-es> m ❶ (Mensch) remplaçant(e) m(f); (Gerät) appareil m de remplacement [o de rechange]; (Stoff, Ware) produit m de remplacement [o de rechange]; **als** [o **zum**] **~ für jdn/etw** en remplacement de qn/qc
❷ (Entschädigung) dédommagement m; **für etw ~ leisten** verser une indemnité pour qc
Ersatzbefriedigung f compensation f **Ersatzbrille** f lunettes fpl de rechange **Ersatzdienst** m service m civil **Ersatzkasse** f caisse f complémentaire d'assurance maladie
ersatzlos Adv sans être remplacé
Ersatzmann <-männer o -leute> m suppléant(e) m(f), remplaçant(e) m(f) ❷ SPORT s. Ersatzspieler(in) **Ersatzreifen** m pneu m de rechange **Ersatzschlüssel** m double m **Ersatzspieler(in)** m(f) remplaçant(e) m(f) **Ersatzteil** nt pièce f de rechange
ersatzweise [ɛɛ'zatsvaɪzə] Adv en remplacement; **~ für etw** en remplacement de qc
ersaufen* itr V unreg + sein sl boire le bouillon (hum fam)
ersäufen* tr V ❶ (ertränken) noyer
❷ fam (betäuben) **seine Sorgen im Alkohol ~** noyer ses soucis dans l'alcool
erschaffen tr V unreg a. REL créer
Erschaffung f a. REL création f
erschallen <erscholl o erschallte, erschollen o erschallt> itr V + sein Stimme, Lachen: résonner; Fanfare: retentir; Posaune, Trompete: sonner
erschaudern* itr V + sein geh frémir (soutenu)
erschauern* itr V + sein geh frissonner; **vor Entsetzen ~** frissonner d'épouvante; **jdn ~ lassen** donner le frisson à qn
erscheinen* itr V unreg + sein ❶ (sichtbar werden) apparaître
❷ (veröffentlicht werden) Buch, Zeitschrift: paraître, sortir

❸ (scheinen, vorkommen) **jdm ruhig/aufgeregt ~** sembler [o paraître] calme/énervé(e) [à qn]; **jdm unglaubwürdig/zweifelhaft ~** paraître [o sembler] peu crédible/douteu(x-euse) à qn; **jdm wie ein Traum ~** faire à qn l'effet d'un rêve [o d'être un rêve]
❹ (sich einfinden) **beim Chef ~** se présenter au chef; **zum Dienst ~** prendre son service; **[wieder] auf der Bildfläche ~** hum [ré]apparaître
❺ (sich als Vision zeigen) **jdm ~** Geist, Verstorbener: apparaître à qn
Erscheinen <-s> nt ❶ (das Auftreten) von Gästen, Besuchern venue f, arrivée f; **beim ~ des Präsidenten** à l'arrivée du président; **um rechtzeitiges ~ wird gebeten** prière d'arriver à l'heure; **um zahlreiches ~ wird gebeten** venez nombreux; **das persönliche ~ der Parteien** JUR la comparution personnelle des parties
❷ (Veröffentlichung) parution f, sortie f; **sein ~ einstellen** suspendre sa parution, cesser de paraître
❸ (Vision) von Verstorbenen, Geistern apparition f
Erscheinung <-, -en> f ❶ (Phänomen) phénomène m; **in ~ treten** se montrer, se manifester; **persönlich in ~ treten** apparaître en personne
❷ (Persönlichkeit) **eine elegante/seltsame ~** une figure élégante/étrange
❸ (Vision) apparition f, vision f; **eine ~ haben** avoir une vision
Erscheinungsbild nt einer Person apparence f [extérieure]; einer Stadt, eines Gebäudes aspect m extérieur **Erscheinungsform** f manifestation f **Erscheinungsjahr** nt année f de parution **Erscheinungsort** m lieu m de parution **Erscheinungstermin** m date f de parution **Erscheinungsweise** f mode m de parution
erschießen* unreg I. tr V abattre; **standrechtlich erschossen werden** être fusillé(e), être passé(e) par les armes
II. r V **sich ~** se tuer [d'un coup d'une arme à feu]
Erschießung <-, -en> f exécution f; **standrechtliche ~** exécution militaire; **mit der ~ der Geiseln drohen** menacer d'abattre les otages
Erschießungskommando nt peloton m d'exécution
erschlaffen* itr V + sein ❶ Muskeln: se relâcher, mollir; Arme, Penis: mollir; Haut: se ramollir, devenir flasque; **etw ~ lassen** relâcher qc
❷ (nicht mehr gespannt sein) Seil: se détendre
erschlagen*¹ tr V unreg ❶ (töten) tuer; **von einem Baum ~ werden** être écrasé(e) par un arbre; **von einem Blitz ~ werden** être touché(e) mortellement par l'éclair
❷ fig **von den Informationen/dem riesigen Angebot ~ werden** être submergé(e) d'informations/par l'immense offre; **von der Pracht ~ werden** se sentir écrasé(e) par la splendeur; **von den Farben eines Bildes ~ werden** être agressé(e) par les couleurs d'un tableau
erschlagen² Adj fam crevé(e), vanné(e) (fam); **~ sein** être crevé(e) [o vanné(e)]
erschleichen* r V unreg **sich** (Dat) **einen Posten/eine Vergünstigung ~** s'arroger un poste/un privilège; **sich** (Dat) **jds Vertrauen/Gunst ~** s'arroger la confiance/bienveillance de qn
erschließen* unreg I. tr V ❶ viabiliser Grundstück, Baugebiet
❷ (sich zugänglich machen) ouvrir Gebiet, Absatzmarkt; gagner, conquérir Käuferschicht, Wählerschicht; dégager Einnahmequelle; **Bodenschätze ~** mettre des ressources minières en exploitation
❸ (zugänglich werden) **sich jdm ~** Gedicht: se révéler à qn; Wunderwelt: s'ouvrir à qn
❹ LING **die Bedeutung eines Worts aus etw ~** retrouver la signification d'un mot à partir de qc
II. r V geh ❶ **sich ~** Blüte, Knospe: éclore
❷ (sich anvertrauen) **sich jdm ~** se confier à qn
Erschließung <-, -en> f mise f en valeur
erscholl [ɛɛ'ʃɔl] Imp von **erschallen**
erschollen [ɛɛ'ʃɔlən] PP von **erschallen**
erschöpfen* I. tr V ❶ (ermüden) épuiser
❷ (aufbrauchen) épuiser Kräfte, Geduld; absorber Mittel; **meine Geduld ist erschöpft!** ma patience est à bout!
II. r V ❶ (zu Ende gehen) **sich ~** s'épuiser; Geduld, Langmut: s'user, s'épuiser; Interesse, Bereitschaft: s'émousser
❷ (sich beschränken auf) **sich in Phrasen** (Dat) **~** se réduire [o se résumer] aux belles paroles
erschöpfend I. Adj ❶ (zur Erschöpfung führend) épuisant(e), éreintant(e)
❷ (ausführlich) complet(-ète), exhaustif(-ive)
II. Adv berichten, kommentieren de façon complète [o exhaustive], par le menu
Erschöpfung <-, selten -en> f épuisement m; **vor ~** d'épuisement; **bis zur [völligen] ~ arbeiten** travailler jusqu'à l'épuisement [total]
Erschöpfungszustand m état m d'épuisement
erschossen I. PP von **erschießen**
II. Adj fam [völlig] **~ sein** être [complètement] crevé(e) [o vidé(e)]

Erschossene(r) f(m) dekl wie Adj mort(e) m(f) par balle
erschrak Imp von **erschrecken**²
erschrecken¹ <erschreckte, erschreckt> tr V + haben ❶ (in Schrecken versetzen) faire peur à
❷ (bestürzen) **das erschreckt mich** je suis effrayé(e) par cela; **es erschreckt einen wirklich zu sehen, wie ...** c'est vraiment effrayant de voir comment ...; **es hat mich erschreckt, wie schlecht er aussah** j'ai été effrayé(e) de voir à quel point il avait mauvaise mine
erschrecken² <erschrickt, erschrak, erschrocken> itr V + sein avoir peur, être effrayé(e); **vor jdm/etw** ~ avoir peur de qn/qc, être effrayé(e) [par qn/qc]; **er erschrak bei dem Gedanken, dass** il a été effrayé à l'idée que + subj; ~ **Sie nicht, ich bin's nur!** n'ayez pas peur, ce n'est que moi!
erschrecken³ <erschrickt, erschreckte o erschrak, erschreckt o erschrocken> r V + haben fam **sich ~** être effrayé(e); **sich über eine Nachricht ~** être effrayé(e) par un message
Erschrecken nt kein Pl terreur f, épouvante f
erschreckend I. Adj effrayant(e)
II. Adv ❶ (schrecklich) de façon épouvantable; ~ **aussehen** avoir un aspect effrayant
❷ (unglaublich) wenig, wenige vraiment; ~ **viel Material/viele Bürger** vraiment beaucoup de matériel/citoyens
erschreckt I. PP von **erschrecken**¹, **erschrecken**³
II. Adv avec effroi
erschrickt 3. Pers Präs von **erschrecken**
erschrocken [ɛɐˈʃrɔkən] **I.** PP von **erschrecken**², **erschrecken**³
II. Adj effrayé(e)
erschüttern* tr V ❶ (zum Beben bringen) Erdstoß, Explosion: ébranler, secouer; **etw ~** Erdstoß, Explosion: ébranler qc, secouer qc
❷ (infrage stellen) ébranler, entamer Glaubwürdigkeit, Vertrauen
❸ (tief bewegen) **jdn ~** Nachricht, Vorfall: bouleverser qn; **das hat mich sehr erschüttert** ça m'a beaucoup frappé(e); **sie kann nichts [mehr] ~ [plus]** rien ne peut l'atteindre; **mich kann nichts mehr ~!** j'en ai vu d'autres!
erschütternd Adj Nachricht, Szene bouleversant(e); Umstand, Vorfall dramatique
erschüttert Adj Person bouleversé(e); Gesicht, Gesichtsausdruck décomposé(e), bouleversé(e); **über etw (Akk) ~ sein** être atterré(e) [o consterné(e)] par qc
Erschütterung <-, -en> f ❶ (Stoß, Bewegung) ébranlement m, secousse f; **schwere ~en des Bodens** d'importantes secousses sismiques
❷ fig eines Staates, Preisgefüges déstabilisation f pas de pl; **schwere ~en der Konjunktur** de graves secousses fpl qui ébranlent la conjoncture
❸ (Beeinträchtigung) affaiblissement m
❹ (Ergriffenheit) consternation f
erschweren* tr V compliquer; **[jdm] etw ~** compliquer qc [à qn]; **[es] jdm ~ etw zu tun** rendre plus difficile pour qn [o augmenter pour qn la difficulté] de faire qc
erschwerend I. Adj Umstand qui complique les choses; JUR aggravant(e)
II. Adv **sich ~ auswirken** venir compliquer les choses; ~ **kommt hinzu, dass** ce qui complique les choses, c'est que + indic
Erschwernis [ɛɐˈʃveːrnɪs] <-, -se> f complication f
Erschwerung <-, -en> f complication f; **eine zusätzliche ~** une difficulté supplémentaire; **eine ~ der Prüfung/Bergungsarbeiten** un surcroît de difficulté dans l'examen/les opérations de sauvetage
erschwindeln* tr V escroquer; **[sich (Dat)] etw von jdm ~** escroquer qc à qn
erschwinglich [ɛɐˈʃvɪŋlɪç] Adj Anschaffung, Preis abordable; Lebensstandard accessible; **kaum noch ~e Mieten** des loyers presque inabordable
ersehen* tr V unreg voir; **etw aus etw ~** voir qc d'après qc; **aus etw ~, dass** voir d'après qc que + indic
ersehnen* tr V geh désirer ardemment; **heiß ersehnt** tant attendu(e)
ersetzbar Adj Mitarbeiter, Ring, Brille remplaçable; Schaden, Verlust réparable; **ein kaum ~er Verlust** une perte quasiment irréparable
ersetzen* tr V ❶ (erstatten) rembourser Unkosten, Schaden
❷ (austauschen) **etw durch etw ~** remplacer [o changer] qc par qc
❸ (vertreten) **den Kindern die Mutter ~** remplacer [o suppléer] la mère auprès des enfants
ersichtlich [ɛɐˈzɪçtlɪç] Adj Grund, Ursache apparent(e), visible; **aus etw ist ~, dass** il ressort de qc que + indic
ersinnen* tr V unreg geh imaginer, échafauder
erspähen* tr V repérer
ersparen* tr V ❶ épargner, éviter; **jdm etw ~** épargner [o éviter] qc à qn; **sich (Dat) Ärger ~** s'épargner des ennuis; **jdm bleibt nichts erspart** rien n'est épargné(e) à qn

❷ FIN [**sich** (Dat)] **ein Vermögen ~** mettre une fortune de côté; [**sich** (Dat)] **ein Haus ~** acquérir une maison à force d'économies
Ersparnis <-, -se> f, <-ses, -se> nt A ❶ kein Pl (Einsparung) économie f; **eine ~ an Arbeitskräften/Kosten** une économie de main d'œuvre/frais; **eine ~ von einer Stunde** un gain d'une heure
❷ meist Pl FIN économies fpl; ~**se der privaten Haushalte** épargne f des ménages
Ersparte(s) nt dekl wie Adj économies fpl
ersprießlich Adj geh fructueux(-euse)
erst [eːrst] Adv ❶ (zuerst) d'abord; **mach ~ mal die Arbeit fertig!** finis d'abord ton travail!; ~ **sagst du ja, dann wieder nein!** tu commences par dire oui, et ensuite tu dis non!; **wenn du das ~ einmal hinter dir hast, ...** quand tu en auras terminé, ...
❷ (nicht früher, jünger als) ~ **jetzt** seulement maintenant; ~ **um zwei Uhr anfangen** commencer seulement à deux heures, ne commencer qu'à deux heures; **der nächste Flug geht ~ um fünf Uhr** le prochain vol ne partira qu'à cinq heures; ~ **als ich dich sah** ce n'est que lorsque je t'ai vu(e) + indic; ~ **wenn alle da sind** c'est seulement quand tous seront là que + indic; **er ist ~ zwölf** il a seulement [o n'a que] douze ans
❸ (gar) alors, pour le coup; **sie ist ja schon langsam, aber ihre Schwester ~!** elle est déjà lente, mais alors [que dire de] sa sœur!
❹ (nur) **wie wird das ~, wenn du älter bist?** qu'est-ce que cela sera quand tu seras plus grand?
❺ (schon) seulement; **wären wir nur ~ am Strand!** si seulement nous étions déjà à la plage!
❻ (gerade, unlängst) **eben** [o **gerade**] ~ à l'instant; **er hat eben ~ das Büro verlassen** il vient de quitter son travail; ~ **gestern/heute** pas plus tard qu'hier/seulement aujourd'hui; ~ **vor kurzem** tout récemment seulement
▸ **jetzt ~ recht** eh bien, raison de plus; **jetzt ~ recht nicht** si c'est comme ça, d'autant moins!
erstarken* itr V + sein geh se renforcer; Glaube: s'affermir
erstarren* itr V + sein ❶ (fest werden) se solidifier; **bei 0° C erstarrt Wasser zu Eis** l'eau gèle à 0° C
❷ (steif werden) **vor Kälte (Dat) ~** Person: être transi(e) de froid; Finger, Hände: s'engourdir [de froid]; **meine Füße sind halb erstarrt** j'ai les pieds transis [o tout engourdis]
❸ fig se figer; **vor Schrecken (Dat) ~** être paralysé(e) par la peur; **das Blut erstarrte ihr in den Adern** son sang s'est glacé dans ses veines; **das Lächeln erstarrte ihm auf den Lippen** son sourire s'est figé sur ses lèvres
Erstarrung <-> f raideur f; (durch Kälte) engourdissement m; von Lava solidification f
erstatten* tr V ❶ rembourser Unkosten, Auslagen
❷ form (mitteilen) signaler qc; **[jdm] Bericht über etw (Akk) ~** faire un rapport [à qn] sur qc (form); **gegen jdn Anzeige ~** déposer plainte contre qn (form)
Erstattung <-, -en> f (Vergütung) remboursement m
erstaufführen tr V nur Infin und PP [re]présenter pour la première fois; **etw ~** [re]présenter qc pour la première fois **Erstaufführung** f première f **Erstauflage** f première édition f, édition originale
erstaunen* **I.** tr V + haben étonner, surprendre; **jdn ~** étonner [o surprendre] qn
II. itr V + sein **über etw (Akk) erstaunt sein** être étonné(e) par qc, s'étonner de qc; **ich bin immer wieder über dich erstaunt** tu m'étonneras toujours
Erstaunen nt étonnement m; **voller ~** rempli(e) d'étonnement; **jdn in ~ versetzen** remplir qn d'étonnement, étonner [o surprendre] qn; **zu seinem/meinem großen ~** à sa/ma grande surprise, à son/mon grand étonnement
erstaunlich I. Adj étonnant(e), surprenant(e); **es ist ~, dass/wie ...** c'est étonnant que + subj/de voir comment ...; **nichts Erstaunliches** rien d'extraordinaire
II. Adv gut, billig, wenig étonnamment; **für sein Alter kann er schon ~ viel** c'est étonnant tout ce qu'il sait déjà faire pour son âge
erstaunlicherweise Adv étonnamment
erstaunt I. PP von **erstaunen**
II. Adj étonné(e)
III. Adv avec étonnement; **du schaust so ~!** tu en as un air étonné!
Erstausgabe f ❶ (erste Veröffentlichung) première édition f
❷ (Buch) édition f originale **Erstausstattung** <-, -en> f équipement m initial **Erststrahlung** f première diffusion f **erstbeste(r, s)** Adj attr **der ~ Mann** le premier homme venu; **das ~ Auto** la première voiture venue **Erstbesteigung** f ALPIN première f
erste(r, s) [ˈeːɐstə, -tə, -təs] Adj ❶ premier(-ière) antéposé; **die ~n drei Häuser** les trois premières maisons; **das ~ Mal** la première fois; **es ist das ~ Mal, dass** c'est la première fois que + indic; **beim ~n Mal** la première fois; **zum ~n Mal** pour la première fois;

ich höre davon zum ~n Mal c'est la première fois que j'en entends parler; **das Erste, was ich tat** la première chose que j'ai faite; **das ist das Erste, was ich höre!** première nouvelle!
② *(bei Datumsangaben)* **am ~n September** le premier septembre
③ SCHULE **die ~ Klasse** [*o* **die ~** *fam*] ≈ le cours préparatoire, ≈ le C.P. *(fam)*
④ *(führend)* **das ~ Hotel am Ort** le premier hôtel de la ville ▶**der/die/das ~ beste ...** le premier ... venu/la première ... venue; **fürs Erste, als Erstes** pour commencer, dans un premier temps; **zum Ersten, zum Zweiten, zum Dritten!** une fois, deux fois, trois fois!
Erste(r) *f(m) dekl wie Adj* ① premier(-ière) *m(f)*; **~r/~ werden** terminer premier(-ière); **~r/~ sein** être premier(-ière); **als ~r/~ kommen** être le premier/la première à arriver; **als ~r/~ durchs Ziel gehen** franchir la ligne d'arrivée en tête; **sie ist die ~ in der Klasse** elle est [la] première de la classe; **welcher Wagen wurde ~r?** quelle voiture est arrivée première?
② *(bei Datumsangaben)* **der ~** le premier; **vor dem jeweiligen ~n** avant le premier du mois; **vom nächsten ~n an** à partir du premier du mois prochain
③ *(Namenszusatz)* **Friedrich der ~** *écrit:* **Friedrich I.** Frédéric premier *geschrieben:* Frédéric Iᵉʳ; **Elisabeth die ~** *écrit:* **Elisabeth I.** Élisabeth première *geschrieben:* Élisabeth Iʳᵉ
④ *(Sinfonie)* **Beethovens ~** la Première Symphonie de Beethoven ▶**der ~ unter Gleichen** le premier entre ses égaux [*o* parmi ses pairs]
erstechen* *tr V unreg* poignarder; **jdn mit etw ~** poignarder qn avec qc
erstehen* *unreg* I. *tr V + haben* acheter
II. *itr V + sein* ① *(entstehen)* naître
② *(erwachsen)* **daraus würden Ihnen nur Unannehmlichkeiten ~** cela ne vous attirerait [*o* procurerait] que des désagréments
Erste-Hilfe-Kurs *m* cours *m* de secourisme **Erste-Hilfe-Leistung** *f* premiers soins *mpl*
ersteigen* *tr V unreg a.* ALPIN escalader
ersteigern* *tr V* ÖKON acquérir aux enchères
Ersteigung *f* ascension *f*
Erste-Klasse-Abteil *nt* compartiment *m* de première classe
Erste-Klasse-Wagen *m* voiture *f* de première classe
erstellen* *tr V* ① *(bauen)* construire; **etw in Beton/Sandstein** *(Dat)* **~** construire qc en béton/en grès; **dieses Haus wurde in Leichtbauweise erstellt** cette maison est de construction légère
② *(anfertigen)* dresser, établir *Gutachten, Liste, Abrechnung;* **sich** *(Dat)* **von jdm eine Liste ~ lassen** se faire dresser une liste par qn
Erstellung *f* ① *(Erbauung)* construction *f*
② *(Anfertigung) eines Gutachtens* établissement *m*
erstemalᴬᴸᵀ ['eːɐstəmaːl] *s.* **erste(r, s)** ①
erstenmalᴬᴸᵀ ['eːɐstən'maːl] *s.* **erste(r, s)** ①
erstens ['eːɐstəns] *Adv* premièrement, primo
erster ['eːɐstɐ] *Adj s.* **erste(r, s)**
erstere(r, s) ['eːɐstərə, -rɐ, -rəs] *Adj* **der/die/das Erstere** le premier/la première; **sie traf Paul und Daniel, Ersterer war erkältet** elle a croisé Paul et Daniel, le premier était enrhumé
erstes *Adj s.* **erste(r, s)**
Erstgebärende *f dekl wie Adj* [femme *f*] primipare *f* **erstgeboren** ['eːɐstgəboːrən] *Adj attr* aîné(e); **das ~e Kind** l'aîné(e) *m(f)*; **der/die Erstgeborene** l'aîné(e) *m(f)* **Erstgeburtsrecht** *nt* JUR droit *m* de primogéniture **erstgenannt** ['eːɐstgənant] *Adj attr Person, Gegenstand* nommé(e) en premier, cité(e) en premier
ersticken* I. *itr V + sein* ① *(sterben)* s'étouffer; **am Rauch/Gas ~** s'étouffer avec de la fumée/asphyxier par le gaz; **an einer Fischgräte ~** s'étrangler avec une arête; **zum Ersticken sein** *fam* être irrespirable
② *(erlöschen) Feuer:* s'éteindre, s'étouffer
③ *fig* **im Geld ~** crouler sous l'or; **in Arbeit ~** être submergé(e) de travail; **im Verkehr ~** *Stadt:* être complètement engorgé(e) par la circulation
II. *tr V + haben* étouffer
erstickt *Adj Stimme, Röcheln* étouffé(e)
Erstickung <-> *f* étouffement *m*
Erstickungsanfall *m* crise *f* d'étouffement
erstiegen *PP von* **ersteigen**
erstklassig ['eːɐstklasɪç] I. *Adj* ① excellent(e); *Service, Stoff* de première qualité; *Essen, Wein, Ware* de premier choix
② *(sehr kompetent) Chirurg, Anwalt* de premier plan
II. *Adv* à la perfection; **sich kleiden** impeccablement; **~ schmecken** être excellent(e)
Erstklässler(in)ᴿᴿ, **Erstkläßler(in)**ᴬᴸᵀ ['eːɐstklɛslɐ] <-s, -> *m(f) bes.* SDEUTSCH, CH ≈ élève *mf* du cours préparatoire, ≈ C.P. *mf (fam)*
Erstkommunion *f* ECCL première communion *f*
Erstling ['eːɐstlɪŋ] <-s, -e> *m* ① *(erstes Werk)* première œuvre *f*
② *(erstes Kind)* premier-né *m*/première-née *f*

Erstlingswerk *nt* LITER première œuvre *f*
erstmalig ['eːɐstmaːlɪç] I. *Adj* premier(-ière) antéposé
II. *Adv form* pour la première fois
erstmals ['eːɐstmaːls] *Adv* pour la première fois
erstrahlen* *itr V + sein geh* resplendir; **in weihnachtlichem Glanz ~** resplendir de l'éclat des lumières de Noël
erstrangig ['eːɐstraŋɪç] *Adj* ① *(wichtig)* primordial(e)
② FIN de premier rang
erstreben* *tr V geh* aspirer à
erstrebenswert *Adj* enviable, tentant(e); **nicht unbedingt ~ sein** *Stelle, Posten:* n'avoir rien de particulièrement enviable; **etwas Erstrebenswertes** quelque chose d'enviable
erstrecken* I. *r V* ① *(sich ausdehnen)* **sich ~** s'étendre; **sich in beide Richtungen/über große Weiten ~** s'étendre des deux côtés/sur de grandes étendues
② *(beziehen)* **sich auf Details ~** s'étendre aux détails
II. *tr V* CH **eine Frist/einen Abgabetermin um eine Woche ~** prolonger un délai/une date limite de remise d'une semaine
Erstschlag *m* MIL attaque *f* préventive **Erststimme** *f* première voix *f* (vote exprimé par l'électeur pour un candidat de sa circonscription lors des élections au Parlement fédéral à l'opposition de la deuxième voix qui vise un parti) **Ersttagsbrief** *m* FIN enveloppe *f* premier jour
erstunken [ɛɐˈʃtʊŋkən] *Adj* ▶**das ist ~ und erlogen** *fam* tout ça, c'est des bobards *(fam)*
Erstveröffentlichung *f* ① *(erstmalige Veröffentlichung)* parution *f*, sortie *f* ② *(Werk)* nouvelle publication *f* **Erstwähler** *m* nouvel électeur *m* **Erstzulassung** *f eines Fahrzeugs* première immatriculation *f*
ersuchen* *tr V form* ① *(auffordern)* **jdn um etw ~** requérir qc de qn *(form);* **jdn ~ etw zu tun** demander [*o* enjoindre *littér*] à qn de faire qc; **Sie werden ersucht sich zur Verfügung zu halten** vous êtes invité(e) à vous tenir à la disposition
② *(bitten)* [**jdn**] **um etw ~** solliciter qc (de la part de qn)
Ersuchen <-s, -> *nt form* requête *f*; **auf ~ des/von ...** à la requête [*o* sur demande [expresse]] du ...
ertappen* I. *tr V* prendre sur le fait; **jdn ~** prendre qn sur le fait; **jdn beim Lügen/Stehlen ~** surprendre qn en train de mentir/voler
II. *r V* **sich bei dem Gedanken an jdn/etw ~** se surprendre à penser à qn/qc; **ich habe mich dabei ertappt, dass ich an ihn dachte** je me suis surpris(e) à penser à lui
erteilen* *tr V form* ① *(zukommen lassen)* donner *Auftrag;* accorder *Genehmigung, Lizenz;* décerner *Lob;* **jdm einen Rat ~** prodiguer un conseil à qn
② SCHULE [**jdm**] **Unterricht ~** donner un cours [à qn]
ertönen* *itr V + sein* se faire entendre; **seine Stimme ~ lassen** faire retentir sa voix; **ein Lied ~ lassen** entonner une chanson
Ertrag [ɛɐˈtraːk, *Pl:* ɛɐˈtrɛːgə] <-[e]s, Erträge> *m* ① *(Ernteertrag)* rendement *m*; **gute Erträge bringen** [*o* **abwerfen**] être d'un bon rendement, rendre bien
② FIN bénéfice *m;* **gute Erträge bringen** [*o* **abwerfen**] assurer des bénéfices, être d'un bon rapport
ertragen* *tr V unreg* supporter; endurer *Schmerzen;* subir *Launen;* **nicht mehr/nicht zu ~ sein** ne plus être supportable/être insupportable [*o* intolérable]
Ertragfähigkeit *f kein Pl* rentabilité *f*
erträglich [ɛɐˈtrɛːklɪç] *Adj* supportable
ertragreich *Adj* ayant un bon rendement
ertragsarm *Adj* ayant peu de rendement **Ertragseinbruch** *m* effondrement *m* du rendement **Ertragssteigerung** *f* ÖKON augmentation *f* du rendement
ertränken* I. *tr V* ① *(ersäufen)* noyer
② *(betäuben)* **seine Sorgen in Alkohol ~** noyer ses soucis dans l'alcool
II. *r V* **sich ~** se noyer
erträumen* *r V* **sich** *(Dat)* **jdn/etw ~** rêver de qn/qc; **das Haus, das er sich schon immer erträumt hatte** la maison de ses rêves [*o* dont il rêvait depuis toujours]
ertrinken* *itr V unreg + sein* se noyer; **in etw** *(Dat)* **~** se noyer dans qc
Ertrinken <-s> *nt* noyade *f;* **Tod durch ~** mort *f* par noyade
ertrotzen* *tr V geh* **sich** *(Dat)* **etw ~** arracher qc
ertrunken *PP von* **ertrinken**
Ertrunkene(r) *f(m) dekl wie Adj* noyé(e) *m(f)*
ertüchtigen* *geh* I. *tr V* endurcir
II. *r V* **sich ~** s'endurcir, s'aguerrir
Ertüchtigung <-, -en> *f geh* entraînement *m;* [**körperliche**] **~** entraînement *m* [physique]
erübrigen* I. *r V* **sich ~** être superflu(e) [*o* inutile]; **es erübrigt sich, ihnen zu schreiben/dass wir ihnen schreiben** il est inutile de leur écrire/que nous leur écrivions; **da erübrigt sich jeder Kommentar!** ça se passe de commentaire!

II. *tr V* **etw ~ können** ne plus avoir besoin de qc; **Geld für jdn/etw ~ können** arriver à mettre de l'argent de côté pour qn/qc; **etwas Zeit für jdn ~ können** s'arranger pour accorder un peu de temps à qn
eruieren* *tr V form* ❶ *(in Erfahrung bringen)* élucider, tirer au clair ❷ A, CH *(ausfindig machen)* identifier *Person*
Eruption [erʊpˈtsioːn] <-, -en> *f* éruption *f*
Eruptivgestein [erʊpˈtiːf-] *nt* GEOG roches *fpl* éruptives
erwachen* *itr V + sein geh* ❶ *(aufwachen)* se réveiller; **aus einem Traum/der Narkose ~** s'éveiller d'un rêve/de l'anesthésie; **vom Lärm ~** être réveillé(e) par le bruit
❷ *(sich regen) Gefühle, Interesse:* s'éveiller
Erwachen <-s> *nt geh* réveil *m*; **beim ~** au réveil
▸ **ein böses ~** un réveil douloureux
erwachsen*¹ [ɛɐˈvaksən] *itr V unreg + sein geh Probleme:* retomber; *Kosten:* incomber; *Vorteile:* revenir; **jdm ~** *Probleme:* retomber sur qn; *Kosten:* incomber à qn; *Vorteile:* revenir à qn; **daraus können dir nur Unannehmlichkeiten ~** il ne peut en résulter pour toi que des ennuis
erwachsen² *Adj Person* adulte; **als ~er Mensch** en tant qu'adulte; **eine ~e Tochter haben** avoir une grande fille
Erwachsene(r) *f(m) dekl wie Adj* adulte *mf*; **nur für ~** réservé aux adultes
Erwachsenenbildung *f* formation *f* pour adultes **Erwachsenentaufe** *f* baptême *m* d'adultes
erwägen* [ɛɐˈvɛːɡən] *tr V unreg* étudier *Angebot, Vorschlag*; envisager *Möglichkeit*; réfléchir *Schritt*; **~ etw zu tun** envisager de faire qc
Erwägung <-, -en> *f* réflexion *f*; **etw in ~ ziehen** envisager qc; **in ~ ziehen etw zu tun** envisager de faire qc
erwähnen* *tr V* ❶ *(nennen)* citer *Person, Namen*; mentionner *Vorschlag, Angebot*
❷ *(bemerken)* **jdm gegenüber ~, dass** évoquer devant qn le fait que + *indic*
erwähnenswert *Adj* digne d'être mentionné(e) [*o* signalé(e)]; **das ist nicht weiter ~** ça ne vaut pas la peine d'en parler; **nichts Erwähnenswertes** ne ... rien qui mérite d'être signalé
Erwähnung <-, -en> *f* mention *f*
erwärmen* **I.** *tr V* ❶ *(warm machen)* faire chauffer *Suppe, Essen*; réchauffer *Luft, Zimmer*; **auf 30 °C erwärmt werden** être chauffé(e) à 30° C; **etw wieder ~** [faire] réchauffer qc
❷ *(begeistern)* **jdn für etw ~** gagner qn à qc; **dafür kann ich mich kaum ~** ça ne me dit pas grand-chose
II. *r V* ❶ **sich ~** se réchauffer; **sich auf 30 °C ~** atteindre 30° C [en se réchauffant]
❷ *(sich begeistern)* **sich für etw ~** se passionner pour qc; **dafür kann ich mich nicht ~** ça ne me passionne pas
Erwärmung <-, -en> *f* réchauffement *m*
erwarten* *tr V* ❶ *(entgegensehen)* attendre *Kind, Besuch, Post*
❷ *(voraussetzen)* [**sich** *(Dat)*] **etw von jdm ~** attendre qc [de la part] de qn; **von jdm ~, dass** attendre [de qn] que + *subj*; **ich hätte mehr Verständnis von dir erwartet** j'espérais [*o* j'attendais] plus de compréhension de ta part; **du erwartest doch nicht von mir, dass ich dir das glaube?** tu n'espères tout de même pas que je vais croire cela?
❸ *(rechnen mit)* attendre *Unheil*; **es ist** [*o* **steht** *form*] **zu ~, dass** on peut [*o* il faut] s'attendre à ce que + *subj*; **das war zu ~** il fallait s'y attendre; **wider Erwarten** contre toute attente
Erwartung <-, -en> *f* ❶ *Pl (Hoffnung)* espoirs *mpl*, attentes *fpl*; **den ~en entsprechen** *Person:* répondre aux espoirs; *Leistung, Ergebnis:* être conforme aux espérances; **alle ~en übertreffen** dépasser toutes les espérances; **den ~en der Eltern gerecht werden** répondre à l'attente des parents; **die ~en der Zuschauer enttäuschen** décevoir les attentes des spectateurs; **seine ~en zu hoch spannen** nourrir des espoirs excessifs; **große ~en an etw** *(Akk)* **knüpfen** fonder de grands espoirs sur qc
❷ *kein Pl (Anspannung)* **voller ~** rendu(e) fébrile par l'attente; **in gespannter ~** dans l'expectative et l'anxiété; **in ~ Ihres Briefs** *form* dans l'attente de votre lettre
erwartungsgemäß *Adv* comme prévu **Erwartungshaltung** *f* attentes *fpl* **Erwartungshorizont** *m kein Pl* degré *m* des attentes *fpl* **erwartungsvoll I.** *Adj* plein(e) d'espoir; **zu ~ sein** en attendre trop **II.** *Adv* plein(e) d'espoir
erwecken* *tr V* ❶ *(hervorrufen)* susciter *Hoffnung, Interesse, Zweifel*; donner *Eindruck*
❷ *geh (aufwecken)* **jdn aus dem Schlaf/der Lethargie ~** tirer qn de son sommeil/sa léthargie
erwehren* *r V geh* **sich eines Angreifers ~** faire face à [*o* se défendre contre] un agresseur; **sich eines Eindrucks kaum/nicht ~ können** pouvoir difficilement/ne pas pouvoir se défaire d'une impression; **sich kaum der Tränen ~ können** avoir peine à contenir ses larmes
erweichen* *tr V* ❶ *(umstimmen)* fléchir; **sich ~ lassen** se laisser fléchir

❷ *(weich machen)* ramollir *Wachs, Asphalt*
erweisen* *unreg* **I.** *tr V* ❶ **jdm einen Dienst/Gefallen ~** rendre un service [à qn]; **erwiesen** *Anteilnahme, Vertrauen* manifesté(e), témoigné(e)
❷ *(nachweisen)* établir, mettre en évidence *Schuld, Täterschaft*; **erwiesen** *Behauptung* avéré(e), démontré(e); *Beteiligung, Unschuld* reconnu(e); **es ist erwiesen, dass** il est prouvé que + *indic*
II. *r V* ❶ **sich als richtig/falsch ~** se révéler [être] juste/faux(fausse); **es wird sich bald ~, dass** l'avenir ne tardera pas à prouver que + *indic*
❷ *(sich zeigen)* **sich jdm gegenüber dankbar ~** se montrer reconnaissant(e) envers [*o* vis-à-vis de] qn
erweitern* **I.** *tr V* ❶ *(verbreitern)* élargir *Öffnung, Durchfahrt*
❷ *(umbauen)* agrandir, étendre *Gebäude, Flughafen, Gelände*; **der Parkplatz wurde um hundert Stellplätze erweitert** la capacité du parking a été augmentée de cent places
❸ *(vergrößern)* élargir *Angebot*; augmenter *Kapazität*; enrichir *Produktpalette, Katalog*
II. *r V* ❶ **sich auf etw** *(Akk)* **/um etw ~** *Straße, Tunnel:* s'élargir à/de qc
❷ PHYSIOL **sich ~** *Gefäß, Herz, Pupille:* se dilater
Erweiterung <-, -en> *f* ❶ *(Verbreiterung)* einer *Durchfahrt, Öffnung, Straße* élargissement *m*
❷ *(Umbau) eines Flughafens, Parkplatzes* agrandissement *m*, extension *f*; **die ~ des Parkplatzes um das Dreifache** le triplement de la taille [*o* des capacités] du parking
❸ *(Vergrößerung) eines Angebots* élargissement *m*; *eines Katalogs* enrichissement *m*; *der Kapazität* accroissement *m*, extension *f*; **eine ~ auf das Doppelte** un doublement
❹ MED, PHYSIOL dilatation *f*
Erwerb [ɛɐˈvɛrp] <-[e]s, -e> *m form* ❶ *kein Pl (Kauf)* acquisition *f*
❷ *(Erwerbstätigkeit)* gagne-pain *m*; **einem/keinem ~ nachgehen** s'adonner à une/ne s'adonner à aucune activité professionnelle *(form)*
erwerben* *tr V unreg* ❶ *(erlangen)* acquérir; obtenir *Besitz, Titel, Würde*; conquérir *Achtung*; gagner *Vertrauen*
❷ *(kaufen)* faire l'acquisition de; **etw günstig/für wenig Geld ~** acheter qc bon marché/pour pas grand chose
erwerbsfähig *Adj form* apte à exercer un emploi **Erwerbsgrundlage** *f* source *f* de revenus **Erwerbsleben** *nt form* **im ~ stehen** être dans la vie active *(form)*
erwerbslos *Adj form* sans-emploi
Erwerbslosigkeit <-> *f* chômage *m*
erwerbstätig *Adj* actif(-ive) **erwerbsunfähig** *Adj form* inapte à exercer un emploi; **~ sein** être en incapacité de travail **Erwerbszweig** *m* branche *f* d'activité professionnelle
Erwerbung *f* acquisition *f*
erwidern* *tr V* ❶ *(antworten)* répondre, répliquer; **sie hat ihm auf seine Frage etwas/nichts erwidert** elle lui a répondu [*o* répliqué] quelque chose/ne lui a répondu rien à sa question; **er erwiderte, dass er nichts davon wüsste** il répondit qu'il n'en savait rien
❷ *(zurückgeben)* rendre *Gruß, Kuss, Zärtlichkeit*; retourner *Kompliment*
Erwiderung <-, -en> *f* réponse *f*; **die ~ seiner Liebe** la réponse à son amour; **~ des Klägers** JUR réponse *f* du demandeur
erwiesen *PP von* **erweisen**
erwiesenermaßen [ɛɐˈviːzənɐˈmaːsən] *Adv* **das ist ~ richtig/falsch** il est avéré que c'est juste/faux
erwirken* *tr V* JUR **etw gegen jdn ~** obtenir qc à l'encontre de qn
erwirtschaften* *tr V* réaliser, dégager *Gewinn*; enregistrer *Verlust*
erwischen* *tr V fam* ❶ *(ertappen)* pincer *(fam)*; **jdn beim Lügen/Stehlen ~** pincer qn en train de mentir/voler; **man darf sich nicht ~ lassen** il [ne] faut pas se faire pincer [*o* piquer] *(fam)*
❷ *(zu fassen bekommen)* choper *(fam) Person, Tier*
❸ *(erreichen)* réussir à avoir *Bus, Bahn*; **jdn [gerade noch] ~** trouver qn [encore]
❹ *(treffen)* **die Kugel hat ihn am Arm erwischt** il s'est pris une balle dans le bras *(fam)*
▸ **jdn hat's erwischt** *sl (ist verliebt)* qn est vachement mordu(e) *(fam)*; *(ist erkrankt)* qn tient quelque chose *(fam)*; *(ist umgekommen)* qn y est passé(e) *(fam)*
erwog [ɛɐˈvoːk] *3. Pers Imp von* **erwägen**
erworben [ɛɐˈvɔrbən] *Adj* MED acquis(e)
erwünscht [ɛɐˈvʏnʃt] *Adj* ❶ *(gewünscht) Effekt, Wirkung* espéré(e), escompté(e); *Eigenschaft, Kenntnisse* souhaité(e)
❷ *(willkommen) Gelegenheit* attendu(e), opportun(e); *Anwesenheit* souhaité(e), bienvenu(e); **nicht ~ sein** *Person:* être indésirable; **Rauchen nicht ~!** prière de ne pas fumer!
erwürgen* *tr V* étrangler
Erwürgte(r) *f(m) dekl wie Adj* mort(e) *m(f)* par strangulation
Erz [eːɐts, ɛrts] <-es, -e> *nt* minerai *m*

Erzader ['ɛrtsʔaːdɐ] f MIN filon m métallifère
erzählen* I. tr V raconter; [jdm] etw ~ raconter qc [à qn]; [jdm] ~, was passiert ist raconter [à qn] ce qui s'est passé; es wird erzählt, dass on raconte que + indic, il paraît que + indic
▶ das **kannst** du sonst wem [o einem anderen] ~! fam à d'autres! (fam); mir **kannst** du viel ~! fam cause toujours! (fam); dem/der **werd'** ich was ~! fam je vais lui dire deux mots! (fam), il/elle va m'entendre! (fam); **wem** ~ Sie/**erzählst** du das! fam à qui le dites-vous/dis-tu! (fam), et comment! (fam)
II. itr V raconter
Erzähler(in) m(f) ❶ (Novellist) conteur(-euse) m(f)
❷ LITER (im Roman) narrateur(-trice) m(f)
❸ (Geschichtenerzähler) conteur(-euse) m(f)
erzählerisch Adj narratif(-ive)
Erzählung f ❶ (Prosawerk) conte m
❷ kein Pl (das Erzählen) récit m
Erzbergwerk nt MIN mine f
Erzbischof ['ɛrts-], **-bischöfin** f archevêque m **erzbischöflich** Adj attr archiépiscopal(e) **Erzbistum** ['ɛrtsbɪstuːm] nt archevêché m **Erzdiözese** f archidiocèse m **Erzengel** m archange m
erzeugen* tr V ❶ (produzieren, hervorbringen) produire
❷ (hervorrufen) provoquer, faire naître Ärger, Misstrauen, Unbehagen; Langeweile bei jdm ~ provoquer de l'ennui chez qn; es verstehen Spannung zu ~ s'y entendre pour créer le suspense
Erzeuger(in) <-s, -> m(f) ❶ landwirtschaftlicher Produkte producteur(-trice) m(f)
❷ hum fam (Vater) géniteur m, paternel m (fam)
Erzeugnis <-ses, -se> nt produit m; dieser Wein ist unser eigenes ~ ce vin est de notre propre production
Erzeugung <-, -en> f production f
Erzfeind(in) ['ɛrts-] m(f) ennemi(e) juré(e) m **Erzgauner** m escroc m consommé
Erzgebirge ['ɛːɛːts-, 'ɛrts-] nt das ~ les monts Métallifères **Erzgewinnung** f MIN extraction f de minerai
Erzherzog(in) ['ɛrts-] m(f) archiduc m/archiduchesse f
erziehbar Adj leicht/schwer ~ sein s'élever facilement/difficilement; schwer ~ inadapté(e)
erziehen* tr V unreg ❶ élever, éduquer Kind; gut/schlecht erzogen sein être bien/mal élevé(e); jdn streng katholisch ~ donner une éducation strictement catholique à qn
❷ (anleiten) jdn zu einem kritischen Menschen ~ faire de qn un être critique; jdn zur Ordnung/Selbständigkeit ~ enseigner [o apprendre] l'ordre/l'indépendance à qn
❸ hum (zu verändern versuchen) faire l'éducation de Ehepartner, Freund
Erzieher(in) <-s, -> m(f) éducateur(-trice) m(f)
erzieherisch Adj éducatif(-ive)
Erziehung f kein Pl ❶ (das Erziehen) éducation f; eine autoritäre/antiautoritäre ~ une éducation autoritaire/antiautoritaire; die ~ zur Selbständigkeit/Sauberkeit l'éducation à l'indépendance/la propreté; die Aufgaben der ~ les tâches éducatives
❷ (das Anerzogene) éducation f, savoir-vivre m; keine ~ haben n'avoir aucune éducation [o aucun savoir-vivre]; was ist denn das für eine ~! en voilà une éducation!
erziehungsberechtigt Adj investi(e) de l'autorité parentale **Erziehungsberechtigte(r)** f(m) dekl wie Adj responsable mf légal(e) **Erziehungsgeld** nt allocation f parentale d'éducation **Erziehungsheim** nt centre m d'éducation surveillée **Erziehungsjahr** nt année f de congé parental **Erziehungsmethode** f méthode f éducative [o d'éducation] **Erziehungsurlaub** m congé m parental d'éducation **Erziehungswesen** nt kein Pl système m éducatif, éducation f **Erziehungswissenschaft** f kein Pl pédagogie f, sciences fpl de l'éducation
erzielen* tr V ❶ (erreichen) aboutir à, parvenir à Einigung, Erfolg, Kompromiss; obtenir Ergebnis, Wirkung, Resultat; remporter, gagner Gewinn, Preis; tirer Treffer; atteindre Geschwindigkeit
❷ SPORT établir Rekord; réaliser Jahresbestzeit; marquer Tor, Punkt
erzittern* itr V + sein se mettre à trembler; etw ~ lassen faire trembler qc
erzkonservativ [-va-] Adj ultraconservateur(-trice)
erzogen PP von erziehen
erzürnen* ❶ tr V mettre en colère; jdn ~ mettre qn en colère; über jdn/etw erzürnt sein être en colère contre qn/à propos de qc
II. r V sich über jdn/etw ~ se mettre en colère contre qn/à propos de qc
erzwingen* tr V unreg forcer Entscheidung; das Einverständnis der Eltern ~ arracher le consentement des parents; von jdm ein Zugeständnis/eine Genehmigung ~ obtenir par la force une concession/une autorisation de qn; Liebe lässt sich nicht ~ l'amour ne se commande pas; ein erzwungenes Geständnis un aveu obtenu sous la contrainte

es [ɛs] I. Pron pers, 3. Pers Sing, Nom ❶ (auf eine Person bezogen) il/elle; das Kind/kleine Mädchen ist müde, ~ gähnt pausenlos l'enfant est fatigué/la petite fille est fatiguée, il/elle n'arrête pas de bâiller
❷ (allgemein auf ein Tier, eine Sache bezogen) il/elle; das Eichhörnchen war zutraulich, ~ kam ganz nah heran l'écureuil n'était pas farouche, il est venu tout près; wo ist mein Buch/Hemd? — Es liegt auf dem Bett! où est mon livre/ma chemise? — Il/Elle est sur le lit!
❸ (das) ~ ist Onkel Paul/Tante Inge c'est l'oncle Paul/la tante Inge; ich bin ~ c'est moi; ~ sind meine Kinder/Bücher ce sont mes enfants/livres; ~ ist mein Koffer c'est ma valise; hoffentlich macht ~ Ihnen nichts aus j'espère que cela [o ça fam] ne vous gêne pas; ~ ist wirklich ein Skandal! c'est vraiment un scandale!; ~ ist zu dumm c'est trop bête
❹ (einem Subjektsatz vorausgehend) ~ gefällt ihr, dass ça lui plaît que + subj; ~ freut mich, dass es dir gut geht je suis content(e) que tu ailles bien; ~ interessiert ihn sehr, wer/was/wo ... cela [o ça fam] l'intéresse beaucoup de savoir ce qui/ce que/où ...; ~ ist noch fraglich, ob ich mitkommen kann il n'est pas encore sûr que je puisse venir
❺ (in unpersönlichen Ausdrücken) ~ regnet/schneit il pleut/neige; ~ ist warm il fait chaud; ~ klopft on frappe; ~ geht ihr/ihnen gut elle va/ils vont bien; ~ ist schon drei Uhr il est déjà trois heures; hier stinkt ~, ge hupe ici (fam); jetzt reicht ~! cela [o ça fam] suffit maintenant!; hat ~ nicht eben geklingelt? est-ce que quelqu'un ne vient pas de sonner?
❻ (in passivischen Ausdrücken) ~ wurde gearbeitet/getanzt on travaillait/dansait
❼ (in reflexiven Ausdrücken) hier lebt ~ sich angenehm ici, la vie est agréable
❽ (als Einleitewort mit folgendem Subjekt) ~ meldete sich niemand personne ne se manifesta; ~ fehlen zehn Euro il manque dix euros
II. Pron pers, 3. Pers Sing, Akk ❶ (auf eine Person bezogen) le/la; ich hob das Kind/kleine Mädchen auf den Arm und wiegte ~ je pris l'enfant/la petite fille sur mes bras et le/la berçai
❷ (allgemein auf ein Tier, eine Sache bezogen) le/la; dort drüben ist ein Eichhörnchen/Huhn, siehst du ~? il y a un écureuil/une poule là-bas, est-ce que tu le/la vois?; möchtest du dieses Brötchen/Stück Kuchen oder kann ich ~ nehmen? veux-tu ce petit pain/cette partie du gâteau ou puis-je le/la prendre?
❸ (das) le; ich glaube ~ nicht je ne le crois pas
❹ (einem Objektsatz vorausgehend) ~ nicht mögen, dass/wenn ... ne pas aimer que + subj
Es¹ <-, -> nt MUS mi m bémol
Es² <-, -> nt PSYCH ça m
ESA ['eːza] <-> f Abk von European Space Agency ASE f
Escape-Taste [ɪ'skeɪp-] f touche f Echappement
Esche ['ɛʃə] <-, -n> f (Baum, Holz) frêne m
Eschenholz nt bois m de frêne
Escudo [ɛs'kuːdo] <-[s], -[s]> m HIST (ehemalige Währung) escudo m
Es-Dur <-> nt MUS mi m bémol majeur
Esel ['eːzəl] <-s, -> m ❶ âne m
❷ fam (Dummkopf) du ~! espèce d'andouille [o d'âne]! (fam); ich ~! ce que je suis bête!
Eselin <-, -nen> f ânesse f
Eselsbrücke f fam moyen m mnémotechnique ▶ jdm eine ~ bauen donner un pense-bête à qn **Eselsohr** nt fam corne f
Eskalation [ɛskala'tsɪoːn] <-, -en> f eines Konflikts, von Spannungen aggravation f; von Gewalt escalade f
eskalieren* I. tr V accroître Spannungen, Krieg; envenimer Konflikt
II. tr V accroître Spannungen, Krieg; zu etw ~ dégénérer en qc
Eskapade [ɛska'paːdə] <-, -n> f geh ❶ incartade f
❷ (Seitensprung) frasque f
Eskimo ['ɛskimo] <-s, -s> m, **-frau** f Esquimau(de) m(f)
Eskorte [ɛs'kɔrtə] <-, -n> f escorte f
eskortieren* tr V escorter
es-Moll <-> nt MUS mi m bémol mineur
Esoterik [ezo'teːrɪk] <-> f ésotérisme m
esoterisch Adj ésotérique
Espe ['ɛspə] <-, -n> f tremble m
Espenlaub nt ▶ wie ~ zittern fam trembler comme une feuille
Esperanto [ɛspe'ranto] <-s> nt espéranto m
Espresso [ɛs'prɛso] <-[s], -s o Espressi> m [café m] express m
Espressomaschine f [cafetière f] expresso f
Esprit [ɛs'priː] <-s> m geh esprit m; eine Frau mit ~ une femme d'esprit
Essay ['ɛse, 'ɛseɪ] <-s, -s> m o nt essai m
Essayist(in) [ɛse'ɪst] <-en, -en> m(f) essayiste mf
essbarᴿᴿ ['ɛsbaːɐ], **eßbar**ᴬᴸᵀ Adj Pilz, Beeren comestible; etwas/nichts Essbares im Haus haben fam avoir quelque chose/

EssbesteckRR, **Eßbesteck**ALT *nt* couverts *mpl*; *(Garnitur)* ménagère *f*

Esse ['ɛsə] <-, -n> *f* ❶ *(Rauchfang)* hotte *f*
❷ DIAL *(Schornstein)* cheminée *f*

EsseckeRR, **Eßecke**ALT *f* coin *m* repas

essen ['ɛsən] <isst, aß, gegessen> I. *tr V* manger; **gern Obst ~** aimer les fruits
▸ **das** [*o* **der Fall**] **ist gegessen** *fam* c'est classé
II. *itr V* ❶ manger; **gut/warm ~** manger bien/chaud; [**chinesisch**] **~ gehen** aller manger [chinois]; **gern chinesisch ~** aimer la cuisine chinoise; **von einem Teller ~** manger dans une assiette; [**gerade**] **beim Essen sein** être [juste] en train de manger
❷ *(probieren)* **von etw ~** manger [*o* prendre] de qc

Essen <-s, -> *nt* ❶ *(Mahlzeit, Speise)* repas *m*; **das ~ kochen** faire à manger [*o* la cuisine]; **zum ~ kommen** venir manger; **jdn zum ~ einladen** inviter qn à manger; **bleib doch zum ~!** reste donc manger!
❷ *(Festessen)* banquet *m*; **ein ~ geben** donner un [grand] repas [*o* un banquet]
❸ *(Nahrung)* nourriture *f*
❹ *(Portion, Ration)* ration *f*
▸ **~ auf Rädern** repas à domicile

Essen[s]ausgabe *f* ❶ *(Schalter)* guichet *m* de distribution ❷ *kein Pl (Verteilung)* distribution *f* de la nourriture **Essen[s]marke** *f* ticket *m* [de] repas **Essenszeit** *f* heure *f* du repas

essentiell [ɛsɛn'tsjɛl] *Adj s.* **essenziell**

Essenz [ɛ'sɛnts] <-, -en> *f a. fig* essence *f*

essenziellRR [ɛsɛn'tsjɛl] *Adj* essentiel(le)

Esser(in) ['ɛsɐ] <-s, -> *m(f)* mangeur(-euse) *m(f)*; **ein guter/schlechter ~** [sein] [être] un gros/petit mangeur

EssgeschirrRR, **Eßgeschirr**ALT *nt* service *m* de table; MIL gamelle *f*

EssgewohnheitenRR, **Eßgewohnheiten**ALT *Pl* habitudes *fpl* alimentaires

Essig ['ɛsɪç] <-s, -e> *m* vinaigre *m*; **milder/scharfer ~** vinaigre doux/fort
▸ **mit etw ist es ~** *fam* qc tombe à l'eau

Essigessenz *f* essence *f* de vinaigre **Essiggurke** *f* cornichon *m* à la russe **essigsauer** *Adj* essigsaures **Salz** acétate *m*; **essigsaure Tonerde** acétate *m* d'aluminium **Essigsäure** *f* acide *m* acétique

EsskastanieRR, **Eßkastanie**ALT [-kasta:niə] *f* châtaigne *f*, marron *m*

EsskulturRR, **Eßkultur**ALT *f* culture *f* gastronomique

EsslöffelRR, **Eßlöffel**ALT *m* ❶ cuillère *f* [*o* cuiller *f*] à soupe
❷ *(Menge)* cuillerée *f* à soupe; **ein ~ Zucker** une cuillerée de sucre

EssstörungRR, **Eßstörung**ALT *f* troubles *mpl* du comportement alimentaire

EsstischRR, **Eßtisch**ALT *m* table *f* [de salle à manger]

EsswarenRR, **Eßwaren**ALT *Pl* denrées *fpl* alimentaires

EsszimmerRR, **Eßzimmer**ALT *nt* salle *f* à manger

Establishment [ɪs'tɛblɪʃmənt] <-s, -s> *nt* ❶ *(Oberschicht)* bonne société *f*
❷ *pej (etablierte Gesellschaft)* establishment *m*

Este ['e:stə] <-n, -n> *m*, **Estin** *f* Estonien(ne) *m(f)*

Ester ['ɛstɐ] <-s, -> *m* CHEM ester *m*

Estland ['ɛstlant] *nt* l'Estonie *f*

estländisch *Adj* estonien(ne)

estnisch ['ɛstnɪʃ] I. *Adj* estonien
II. *Adv* **~ miteinander sprechen** discuter en estonien; *s. a.* **deutsch**

Estnisch <-[s]> *nt kein Art (Sprache, Schulfach)* l'estonien *m*; **auf ~** en estonien; *s. a.* **Deutsch**

Estnische *nt dekl wie Adj* **das ~** l'estonien *m*; *s. a.* **Deutsche**

Estragon ['ɛstragɔn] <-s> *m* estragon *m*; **~ duftet stark** l'estragon sent fort

Estrich ['ɛstrɪç] <-s, -e> *m* ❶ chape *f* de ciment
❷ CH *(Dachboden)* grenier *m*

ESZB [e:?ɛstsɛt'be:] <-> *nt Abk von* **Europäisches System der Zentralbanken** SEBC *m*

Eszett [ɛs'tsɛt] <-, -> *nt s m* tsett

etablieren* I. *tr V* établir
II. *r V* **sich** [**als Arzt**] ~ s'établir [comme médecin]; **sich in einer Wohnung/in Frankfurt ~** s'installer dans un appartement/à Francfort

etabliert *Adj geh* établi(e)

Etablissement [etablɪsə'mã:] <-s, -s> *nt geh* ❶ *(Lokal)* établissement *m*
❷ *euph (Bordell)* maison *f* [de tolérance]

Etage [e'ta:ʒə] <-, -n> *f* étage *m*; **in** [*o* **auf**] **der fünften/obersten ~** au cinquième/dernier étage

Etagenbett [e'ta:ʒən-] *nt* lits *mpl* superposés **Etagenheizung** *f* chauffage *m* central par étage **Etagenwohnung** *f* appartement *m* [en étage]

Etappe [e'tapə] <-, -n> *f* ❶ *a.* SPORT étape *f*; **in ~n** par étapes
❷ MIL arrière *m*; **in der ~** à l'arrière

Etappensieg *m* victoire *f* d'étape **Etappensieger(in)** *m(f)* vainqueur *mf* d'étape

Etat [e'ta:] <-s, -s> *m a.* POL budget *m*; **Eingriffe in den ~** ponctions *fpl* budgétaires; **das übersteigt meinen ~** *hum* ce n'est plus à la portée de mon budget

Etatjahr *nt* année *f* budgétaire

etc. [ɛt'tse:tera] *Abk von* **et cetera** etc.

etepetete ['e:təpə'te:tə] *Adj fam* **~ sein** être chichiteux(-euse) *(fam)*

Eternit® [etɐr'ni:t] <-s> *m o nt* fibrociment *m*

Ethik ['e:tɪk] <-> *f* éthique *f*

Ethikunterricht *m* SCHULE cours *m* d'éthique

ethisch *Adj* éthique

ethnisch ['ɛtnɪʃ] *Adj* ethnique

EthnografieRR, **Ethnographie** [ɛtnogra'fi:] <-, -n> *f* ethnographie *f*

Ethnologie [ɛtnolo'gi:] <-, -n> *f* ethnologie *f*

Ethos ['e:tɔs] <-> *nt* éthique *f*

Etikett [eti'kɛt] <-[e]s, -e[n]> *nt* étiquette *f*

Etikette [eti'kɛtə] <-> *f (Verhaltensregeln)* étiquette *f*

Etikettenschwindel *m* tromperie *f* sur la marchandise

etikettieren* *tr V* étiqueter

etliche(r, s) ['ɛtlɪçɐ, -çə, -çəs] *Pron indef* ❶ *attr* pas mal de; **~ neue Gesichter** pas mal de nouvelles têtes
❷ *(zahlreiche Personen)* **~ waren zum ersten Mal da** [un] bon nombre d'entre eux étaient là pour la première fois
❸ *(einiges)* **~s** pas mal de choses; **um ~s älter sein** avoir pas mal d'années de plus; **um ~s größer sein** être bien plus grand(e); **um ~s geschrumpft sein** avoir rapetissé de beaucoup

etlichemal *Adv* plus d'une fois, à plusieurs reprises

Etrusker(in) [e'truskɐ] <-s, -> *m(f)* Étrusque *mf*

etruskisch [e'truskɪʃ] *Adj* étrusque

Etüde [e'ty:də] <-, -n> *f* MUS étude *f*

Etui [ɛt'vi:, ety'i:] <-s, -s> *nt* étui *m*

etwa ['ɛtva] *Adv* ❶ *(ungefähr)* à peu près; [**in**] **~** à peu près
❷ *(zum Beispiel)* par exemple
❸ *(womöglich)* par hasard; **willst du ~ hierbleiben?** tu veux vraiment rester ici?; **oder ~ doch?** ou est-ce que je me trompe?; **oder ~ nicht?** ou [bien] non?; **du wirst doch nicht ~ absagen?** tu ne vas quand même pas annuler?

etwaige(r, s) ['ɛtvaɪɡə] *Adj attr* éventuel(le)

etwas ['ɛtvas] *Pron indef* ❶ quelque chose; **~/nichts sagen** dire quelque chose/ne rien dire; **kannst du mir ~ davon abgeben?** peux-tu m'en donner?; **hast du ~ von ihr gehört?** as-tu eu de ses nouvelles?; **hast du ~?** il y a quelque chose qui ne va pas?
❷ *attr* **~ Interessantes/Nettes/Neues** quelque chose d'intéressant/de gentil/de nouveau; **~ anderes wäre es, wenn ...** ce serait [tout] autre chose si ... *+ indic;* **~ Schöneres habe ich noch nie gesehen!** je n'ai encore jamais rien vu de plus beau!; **so ~ Dummes!** que c'est bête!
❸ *(ein wenig)* un peu; **~ Kaffee** un peu de café; **~ arbeiten** travailler un peu; **~ frech sein** être un peu insolent(e); **das ist ~ wenig!** ce n'est pas beaucoup!

Etwas <-> *nt* **ein kleines** [*o* **winziges**] **~** quelque chose de petit [*o* de minuscule]
▸ **das gewisse ~** un je ne sais quoi

Etymologie [etymolo'gi:] <-, -n> *f* étymologie *f*

etymologisch [etymo'lo:ɡɪʃ] *Adj* étymologique

Etzel ['ɛtsl] <-s> *m* HIST Attila *m*

EU [e:'?u:] <-> *f Abk von* **Europäische Union** UE *f*

EU-Asylpolitik *f* politique *f* européenne du droit d'asile **EU-Außenminister** *m* ministre *m* européen des Affaires étrangères **EU-Außenministerkonferenz** *f* conférence *f* des ministres européens des Affaires étrangères **EU-Beitritt** *m* entrée *f* dans l'UE **EU-Beitrittsvertrag** [e:'?u:-] *m* traité *m* d'adhésion à l'UE **EU-Binnenmarkt** *m* marché *m* unique européen

euch [ɔyç] I. *Pron pers, Dat von* **ihr**[1] ❶ vous; **mit ~** avec vous; **alle außer ~** tous excepté vous; **eine Bekannte von ~** une de vos connaissances; **er wird es ~ sagen/geben** il vous le dira/donnera; **sie werden ~ helfen** ils vont vous aider; **weg mit ~!** allez-vous-en!
❷ *refl* vous; **stellt ~ vor, sie heiraten!** figurez-vous, ils vont se marier!
II. *Pron pers, Akk von* **ihr**[1] ❶ vous; **er beobachtet ~** il vous regarde; **eine Karte, die an ~ gerichtet ist** une carte qui vous est adressée
❷ *refl* **beeeilt ~!** dépêchez-vous!

Eucharistie [ɔyçarɪs'ti:] <-> *f* eucharistie *f*

euer¹ [ɔɪɐ] *Pron pers, Gen von* **ihr¹** *veraltet poet* **wir werden ~ gedenken** nous garderons votre souvenir

euer² *Pron poss* ❶ *(bei Singular)* votre; *(bei Plural)* vos; **~ Bruder** votre frère; **eure Schwester** votre sœur; **eure Bücher** vos livres; **dieser Koffer ist eurer** cette valise est à vous; **das ist alles eures** tout est à vous; **ist das mein Schlüssel oder eurer?** est-ce ma clé ou la vôtre?; **alles Liebe, eure Petra/Eltern** affectueusement, Petra/vos parents
❷ *substantivisch geh* **der/die/das eure** le/la vôtre; **sind das unsere Schlüssel oder die euren?** est-ce que ce sont nos clés ou les vôtres?; **tut ihr das Eure!** faites ce que vous avez à faire!; **die Euren** les vôtres *mpl (soutenu)*
❸ *(gewohnt, üblich)* **wollt ihr jetzt ~ Nickerchen machen?** vous voulez faire votre petite sieste habituelle?

Eugenik [ɔɪˈgeːnɪk] <-> *f MED* eugénisme *m*, eugénique *f*
eugenisch [ɔɪˈgeːnɪʃ] *Adj* eugénique
EU-Haushalt [eˈʔuː-] *m* budget *m* communautaire
Eukalyptus [ɔɪkaˈlʏptʊs] <-, Eukalypten> *m* eucalyptus *m*
Eukalyptusbonbon [-bɔŋbɔŋ, -bɔ̃bɔ̃ː] *m o nt* bonbon *m* à l'eucalyptus
EU-Kartellrecht [eˈʔuː-] *nt JUR* droit *m* applicable aux cartels dans la communauté européenne **EU-Kommissar(in)** *m(f)* commissaire *mf* européen(ne) **EU-Kommission** *f* Commission *f* européenne **EU-Land** *nt* pays *m* de l'UE; **die EU-Länder** les pays membres de l'UE
Eule [ɔɪlə] <-, -n> *f* chouette *f*; *(mit Ohrfedern)* hibou *m*
▶ **~ n nach Athen tragen** *Spr.* porter de l'eau à la rivière
Eulenspiegel *m* espiègle *m*
EU-Ministerrat [eˈʔuː-] *m* Conseil *m* européen **EU-Mitgliedstaat** *m* Etat *m* membre de l'UE **EU-Norm** *f* norme *f* européenne
Eunuch [ɔɪˈnuːx] <-en, -en> *m* eunuque *m*
EU-Osterweiterung *f* élargissement *m* à l'Est de l'Union européenne
Euphemismus [ɔɪfeˈmɪsmʊs] <-, -mismen> *m* euphémisme *m*
euphemistisch I. *Adj* euphémique
II. *Adv* euphémiquement; **sich ausdrücken** par euphémisme
Euphorie [ɔɪfoˈriː] <-, -n> *f* euphorie *f*
euphorisch [ɔɪˈfoːrɪʃ] *Adj* euphorique
EUR *Abk von* **Euro** EUR
Euratom [ɔɪraˈtoːm] <-> *f Abk von* **Europäische Atomgemeinschaft** Euratom *m*
EU-Recht [eˈʔuː-] *nt* droit *m* de la communauté européenne
Eureka [ɔɪˈreka, juˈɑːrɪkə] <-> *f Abk von* **European Research Coordination Agency** EUREKA
eurerseits [ɔɪrɐzaɪts] *Adv* ❶ *(ihr wiederum)* de votre côté
❷ *(was euch betrifft)* pour votre part
eures [ɔɪrəs] *s.* **euer**
euresgleichen *Pron unv* ❶ *pej (Menschen eures Schlags)* vos semblables *mpl*; **[ihr und]** ~ [vous et] vos semblables *mpl*
❷ *(Menschen wie ihr)* **ihr verkehrt nur mit ~** vous ne fréquentez que les gens de votre sorte; **ich kenne niemanden ~** *geh* je ne connais personne qui vous égale *(soutenu)*
euretwegen [ˈɔɪrətveːɡən] *Adv (wegen euch)* à cause de vous; *(euch zuliebe)* pour vous
euretwillen [ˈɔɪrətvɪlən] *Adv* **um ~** pour [l'amour de] vous
Eurhythmie [ɔɪrʏtˈmiː] <-> *f* eurythmie *f*
EU-Richtlinie [eˈʔuː-] *f* directive *f* communautaire
Euro [ɔɪro] <-[s], -[s]> *m* euro *m*; **der Übergang zum ~** le passage à l'euro; **auf ~ lauten** être libellé(e) en euros; **eine Währung an den ~ binden** relier une monnaie à l'euro; **am ~ teilnehmen** participer au passage à l'euro
Eurobanknoten *Pl* billets *mpl* [en] euro **Eurocent** *m* eurocent[ime] *m*, centime *m* d'euro **Eurocheque** [-ʃɛk] *s.* **Euroscheck Eurocity** [-sɪti] <-s, -s> *m* Eurocity *m* **Eurocityzug** [ɔɪroˈsɪtɪtsuːk] *m* train *m* Eurocity **Eurodollars** *Pl* eurodollars *mpl* **Eurokommunismus** *m HIST* eurocommunisme *m*
Eurokrat(in) <-en, -en> *m(f)* eurocrate *mf (péj fam)*
Eurokurs *m* cours *m* de l'euro; **steigender ~** cours de l'euro en hausse **Euroland** *nt* zone *f* euro, pays *m* de l'UE **Euromarkt** *m* marché *m* européen **Euromünzen** *Pl* pièces *fpl* [en] euro
Europa [ɔɪˈroːpa] <-s> *nt* l'Europe *f*
Europaabgeordnete(r) *f(m) dekl wie Adj* eurodéputé(e) *m(f)*, député(e) *m(f)* européen(ne) **Europacup** [ɔɪˈroːpakap] *m* coupe *f* d'Europe
Europäer(in) [ɔɪroˈpɛːɐ] <-s, -> *m(f)* Européen(ne) *m(f)*
europäisch *Adj* européen(ne)
Europäisierung <-> *f* européisation *f*
Europameister(in) *m(f)* champion(ne) *m(f)* d'Europe **Europameisterschaft** *f* championnat *m* d'Europe **Europaparlament** *nt kein Pl* Parlement *m* européen **Europapass**^RR *m* passeport *m* européen **Europapokal** *m* coupe *f* d'Europe **Europapolitik** *f kein Pl* politique *f* européenne **Europarat** *m kein Pl* Conseil *m* de l'Europe **Europastraße** *f* route *f* européenne **Europawahl** *f* élections *fpl* européennes **europaweit** I. *Adj* à l'échelle européenne II. *Adv* dans l'Europe entière

Europol [ˈɔɪropoːl] <-> *f POL* Europol *m* **Euroscheck** *m HIST* eurochèque *m* **Euroscheckkarte** *f HIST* carte *f* européenne de crédit; *(für Geldautomaten)* carte interbancaire **Euroscheine** *Pl* billets *mpl* [en] euro **Eurosignal** *nt* eurosignal *m* **Euroskeptiker(in)** *m(f) POL* eurosceptique *mf* **Eurotunnel** *m* tunnel *m* sous la Manche **Eurovision** [-vi-] *f* eurovision *f* **Eurovisionssendung** *f* [émission *f* en] eurovision *f* **Eurowährung** *f* eurodevise *f* **Eurowährungsgebiet** *nt* zone *f* euro **Eurozone** *s.* **Eurowährungsgebiet**

Euter [ˈɔɪtɐ] <-s, -> *nt o m* pis *m*
Euthanasie [ɔɪtanaˈziː] <-> *f* euthanasie *f*
EU-Verfassung [eˈʔuː-] *f* constitution *f* [de l'Union] européenne [o de l'UE] **EU-Vertrag** *m* traité *m* UE **EU-Wettbewerbsrecht** *nt* droit *m* de la concurrence de la Communauté européenne
ev. *Abk von* **evangelisch** protestant(e)
e.V. [eːˈfaʊ], **E.V.** *Abk von* **eingetragener Verein** association *f* déclarée
Eva¹ [ˈeːfa, ˈeːva] <-s> *f* Ève *f*
Eva² <-, -s> *f hum fam (Frau)* fille *f* d'Ève
Evakostüm [ˈeːfa-] *s.* **Evaskostüm**
evakuieren* [-a-] *tr V* évacuer *Bewohner, Stadt, Region*
Evakuierung <-, -en> *f* évacuation *f*
evangelisch [evaŋˈɡeːlɪʃ] *Adj* protestant(e)

> **Land und Leute**
>
> Né de la Réforme au seizième siècle, le protestantisme ou la **evangelische Religion** comme l'appellent les Allemands, est la conséquence directe de l'opposition de Luther au pape, dont il refusait l'autorité. La **evangelische Kirche** rassemble, en Allemagne, près de 30 millions de fidèles qui se trouvent majoritairement dans le nord du pays.

evangelisch-lutherisch [evaŋˈɡeːlɪʃ-] *Adj* protestant(e)-luthérien(ne)
Evangelist [evaŋɡeˈlɪst] <-en, -en> *m* évangéliste *m*
Evangelium [evaŋˈɡeːliʊm] <-s, -lien> *nt* évangile *m*
❷ *fig* **das ist für ihn/sie [ein] ~** c'est pour lui/elle parole d'évangile
Evaskostüm [ˈeːfas-] ▶ **im ~** *hum* en tenue d'Ève
Event [iˈvɛnt] <-s, -s> *nt o m* événement *m*, évènement *m*
Eventualfall [-vɛn-] *m* éventualité *f*; **im/für den ~** le cas échéant, en cas de malheur
Eventualität [evɛntualiˈtɛːt] <-, -en> *f* éventualité *f*; **auf alle ~en vorbereitet sein** être prêt(e) à parer à toute éventualité
eventuell [evɛntuˈɛl] I. *Adj* éventuel(le)
II. *Adv* éventuellement
Evergreen [ˈɛvɐɡriːn] <-s, -s> *m* succès *m* de toujours
evident [eviˈdɛnt] *Adj geh* évident(e); **es ist ~, dass** il est évident que + *indic*
ev.-luth. *Abk von* **evangelisch-lutherisch**
Evolution [evoluˈtsioːn] <-, -en> *f* évolution *f*
Evolutionstheorie *f BIO* théorie *f* de l'évolution
evtl. *Abk von* **eventuell**
E-Werk [ˈeː-] *nt Abk von* **Elektrizitätswerk** centrale *f* électrique
EWG [eːveːˈɡeː] <-> *f HIST Abk von* **Europäische Wirtschaftsgemeinschaft** C.E.E. *f*
EWI [eːveːˈʔiː] <-> *nt Abk von* **Europäisches Währungsinstitut** IME *m*
ewig [ˈeːvɪç] I. *Adj* ❶ *(immer während)* éternel(le); **~ er Schnee** neiges *fpl* éternelles
❷ *pej fam (ständig)* perpétuel(le); **der ~ e Ärger mit den Nachbarn** ces éternelles histoires avec les voisins
II. *Adv* ❶ *(seit jeher) bestehen, existieren* de toute éternité
❷ *(für immer)* **er schwor ihr ~ treu zu sein** il jura qu'il lui serait éternellement fidèle; **auf ~** pour toujours
❸ *fam (ständig)* éternellement; **in der Kantine gibt es ~ das Gleiche** à la cantine, il y a toujours la même chose
❹ *fam (eine lange Zeit)* une éternité; *(seit langem)* depuis une éternité; **das dauert ja ~**[, bis ...] ça dure une éternité [avant que ... + *subj*]!; **den habe ich schon ~ nicht mehr gesehen** ça fait une éternité que je ne l'ai pas vu
▶ **drum prüfe, wer sich ~ bindet** ≈ il faut bien réfléchir avant de se lier à quelqu'un
Ewiggestrige(r) [ˈeːvɪçɡɛstrɪɡə] *f(m) dekl wie Adj pej* passéiste *mf* incurable
Ewigkeit <-, -en> *f* ❶ *kein Pl* éternité *f*
❷ *fam (lange Zeit)* éternité *f*; **es dauert eine [halbe] ~** [, bis ...] ça dure une éternité [avant que ... + *subj*]; **seit ~en** [o **einer ~**] depuis une éternité; **wir haben uns ja seit ~en** [o **seit einer ~**]

nicht gesehen! ça fait une éternité [*o* une paye *fam*] qu'on ne s'est pas vu(e)s!
▶ **bis in alle ~** pour l'éternité; *(wer weiß wie lange)* indéfiniment; **in die ~ eingehen** *geh* entrer dans la vie éternelle
EWS [eːveːʔɛs] <-> *nt Abk von* **Europäisches Währungssystem** S.M.E. *m*
EWU [eːveːʔuː] <-> *f Abk von* **Europäische Währungsunion** U.M.E. *f*
ex [ɛks] *Adv fam* ▶ ~ **und hopp!** et on n'en parle plus! *(fam)*; **mit etw ist es ~** c'est râpé pour qc *(fam)*; **etw [auf] ~ trinken** boire qc cul sec *(fam)*
exakt [ɛˈksakt] **I.** *Adj* exact(e)
II. *Adv* exactement; *arbeiten* avec [beaucoup de] précision; **das ist ~ das, was ich gesagt habe** c'est exactement ce que j'ai dit
Exaktheit <-> *f* exactitude *f*
exaltiert [ɛksalˈtiːɐt] *Adj Benehmen* excentrique; **ein ~er Mensch** un(e) exalté(e)
Examen [ɛˈksaːmən, *Pl:* ɛˈksaːmina] <-s, *-o* **Examina**> *nt* examen *m*; **das mündliche/schriftliche ~** l'examen oral/écrit; **~ machen** passer ses examens; **das ~ mit gut bestehen** réussir l'examen avec mention bien; **durch das ~ fallen** échouer à l'examen, être recalé(e) [à l'examen] *(fam)*
Examensangst *f* anxiété *f* due à l'examen **Examensarbeit** *f* épreuve *f* d'examen **Examenskandidat(in)** *m(f)* candidat(e) *m(f)* à un examen
examinieren* *tr V geh* ① *(prüfen)* examiner; **jdn in Mathematik** *(Dat)*/**über etw** *(Akk)* ~ examiner qn en mathématique/sur qc
② *(ausforschen)* **jdn ~** soumettre qn à un interrogatoire
Exegese [ɛkseˈgeːzə] <-, -n> *f Fachspr.* exégèse *f*
exekutieren* *tr V form* exécuter
Exekution [ɛksekuˈtsioːn] <-, -en> *f* ① exécution *f*
② A *(Pfändung)* saisie *f*
Exekutionskommando *nt* peloton *m* d'exécution
Exekutive [ɛksekuˈtiːvə] <-, -n> *f* exécutif *m*
Exekutivgewalt *f* POL pouvoir *m* exécutif **Exekutivorgan** *nt* POL organe *m* exécutif
Exekutor(in) [ɛkseˈkuːtɔr] <-s, -en> *m(f)* A *(Gerichtsvollzieher)* huissier *m*
Exempel [ɛˈksɛmpəl] <-s, -> *nt geh* ① *(Beispiel)* exemple *m* typique; **an/mit jdm ein ~ statuieren** faire un exemple de qn
② *veraltet (Rechenaufgabe)* calcul *m*
Exemplar [ɛksɛmˈplaːɐ] <-s, -e> *nt* exemplaire *m*; **ein seltenes ~** un spécimen rare
exemplarisch [ɛksɛmˈplaːrɪʃ] **I.** *Adj* ① *(beispielhaft)* exemplaire
② *(typisch)* **für etw ~ sein** être typique de qc
II. *Adv vormachen, zeigen, bestrafen* de façon exemplaire
exerzieren* **I.** *itr V* MIL faire l'exercice; **das Exerzieren** l'exercice *m*
II. *tr V* ① répéter
② *geh (praktizieren)* pratiquer
Exerzierplatz [ɛksɛrˈtsiːɐ-] *m* terrain *m* d'exercices
Exerzitien [ɛksɛrˈtsiːtsiən] *Pl* exercices *mpl* spirituels
Ex-Frau *f fam* ex-femme *f* **Ex-Freund(in)** *m(f) fam* ex-ami(e) *m(f)*
Exhibitionismus [ɛkshibitsioˈnɪsmʊs] <-> *m* exhibitionnisme *m*
Exhibitionist(in) <-en, -en> *m(f)* exhibitionniste *mf*
exhumieren* *tr V* exhumer
Exhumierung <-, -en> *f* exhumation *f*
Exil [ɛˈksiːl] <-s, -e> *nt* exil *m*; **ins ~ nach Südamerika gehen** s'exiler en Amérique du Sud; **im ~ leben** vivre en exil
Exilliteratur *f* littérature *f* d'exil **Exilregierung** *f* gouvernement *m* en exil
existent [ɛksɪsˈtɛnt] *Adj geh* existant(e); **für jdn nicht mehr ~ sein** ne plus exister pour qn
Existentialismus [ɛksɪstɛntsjaˈlɪsmʊs] *s.* **Existenzialismus**
Existentialist(in) [ɛksɪstɛntsjaˈlɪst] *s.* **Existenzialist(in)**
existentialistisch *s.* **existenzialistisch**
existentiell [ɛksɪstɛnˈtsjɛl] *s.* **existenziell**
Existenz [ɛksɪsˈtɛnts] <-, -en> *f* ① *kein Pl (das Existieren)* existence *f*; **von der ~ einer S.** *(Gen)* **wissen** connaître l'existence de qc
② *(Leben)* **eine kärgliche ~ fristen** mener une existence misérable
③ *(Lebensgrundlage)* moyens *mpl* d'existence
④ *pej (Mensch)* **eine gescheiterte** [*o* **verkrachte** *fam*] **~** un(e) raté(e) *m(f) fam*, un loser *fam*
Existenzangst *f* angoisse *f* existentielle **Existenzberechtigung** *f kein Pl einer Person* droit *m* à l'existence; *einer Sache* raison *f* d'être
Existenzgründer(in) *m(f)* créateur(-trice) *m(f)* d'entreprise
Existenzgrundlage *f* moyens *mpl* d'existence **Existenzgründung** *f* création *f* d'entreprise
Existenzialismus[RR] [ɛksɪstɛntsjaˈlɪsmʊs] <-> *m* existentialisme *m*
Existenzialist(in)[RR] [ɛksɪstɛntsjaˈlɪst] <-en, -en> *m(f)* existentialiste *mf*
existenzialistisch[RR] *Adj* existentialiste
existenziell[RR] [ɛksɪstɛnˈtsjɛl] *Adj* vital(e)
Existenzkampf *m* lutte *f* pour l'existence **Existenzminimum** *nt* minimum *m* vital **Existenzsicherung** *f* assurance *f* de l'existence
existieren* *itr V* ① *(vorhanden sein)* exister
② *(leben)* **von etw ~** vivre de qc
Exitus [ˈɛksitʊs] <-> *m* MED décès *m*
Exklave [ɛksˈklaːvə] <-, -n> *f* enclave *f*
exklusiv [ɛkskluˈziːf] *Adj* raffiné(e); *Restaurant* raffiné(e), sélect(e) *fam*
Exklusivbericht *m* reportage *m* exclusif
exklusive [ɛkskluˈziːvə] **I.** *Präp + Gen* non compris(e); **Preis: tausend Euro ~ Mehrwertsteuer** prix: mille euros, non compris la T.V.A. [*o* T.V.A. non comprise]
II. *Adv geh* **bis zum Ersten ~** jusqu'au premier exclu
Exklusivität [-vi-] <-> *f geh eines Gegenstands, Designs* classe *f*; *einer Einrichtung* grand standing *m*; *des Geschmacks* raffinement *m*
Exklusivrecht *nt* droit *m* exclusif
Exkommunikation *f* excommunication *f*
exkommunizieren* *tr V* excommunier
Exkrement <-[e]s, -e> *nt meist Pl geh* excrément *m*
Exkurs [ɛksˈkʊrs] <-es, -e> *m* digression *f*
Exkursion [ɛkskʊrˈzioːn] <-, -en> *f* excursion *f*
Exlibris [ɛksˈliːbriːs] <-, -> *nt* ex-libris *m*
Ex-Mann *m fam* ex-mari *m*
Exmatrikulation [ɛksmatrikulaˈtsioːn] <-, -en> *f* radiation de la liste des étudiants inscrits à l'université
exmatrikulieren* *tr V* radier; **jdn/sich ~** radier qn/se faire radier de la liste des étudiants
Exodus [ˈɛksodʊs] <-, -se> *m geh der Bevölkerung, von Firmen* exode *f*; *von Besuchern, Abgeordneten* départ *m* en masse
exogen [ɛksoˈgeːn] *Adj* BOT, MED, PSYCH exogène
exorbitant [ɛksɔrbiˈtant] *Adj geh* exorbitant(e); *Erfolg* énorme, extraordinaire
Exorzist(in) [ɛksɔrˈtsɪst] <-en, -en> *m(f)* exorciste *mf*
Exot(in) [ɛˈksoːt] <-en, -en> *m(f)* ① *(Mensch)* habitant(e) *m(f)* d'un pays lointain; *fam (ausgefallene Person)* drôle *m* de spécimen *(fam)*
② *(Pflanze)* plante *f* exotique; *(Tier)* animal *m* exotique; *fam (ausgefallenes Exemplar)* modèle *m* rare
exotisch [ɛˈksoːtɪʃ] *Adj* ① *(fremdländisch) Person* d'un pays lointain; *Gewächs, Pflanze, Aussehen* exotique
② *fam (ausgefallen) Person* farfelu(e) *(fam)*; *Exemplar, Modell* extravagant(e); *Hobby, Beruf* insolite
Expander <-s, -> *m* extenseur *m*
expandieren* *itr V* ① *(sich vergrößern) Firma, Branche:* prendre de l'extension; **ein stark ~der Konzern** un groupe industriel en pleine expansion
② PHYS *Gas, Wasserdampf:* se dilater; *Universum:* être en expansion
Expansion [ɛkspanˈzioːn] <-, -en> *f* POL, COM expansion *f*
Expansionspolitik *f* politique *f* expansionniste, expansionnisme *m* **Expansionsrate** *f* taux *m* d'expansion
expansiv *Adj a.* ÖKON d'expansion
Expedition [ɛkspediˈtsioːn] <-, -en> *f* ① *(Forschungsreise)* expédition *f*
② *(Versandabteilung)* [service *m* d']expédition *f*
Experiment [ɛkspeʁiˈmɛnt] <-[e]s, -e> *nt* expérience *f*; *(wissenschaftlicher Versuch)* expérimentation *f*; **sich auf keine ~e einlassen** ne pas expérimenter [*o* tenter d'expériences]
experimentell [ɛkspeʁimɛnˈtɛl] **I.** *Adj* expérimental(e); **auf ~e Weise** expérimentalement
II. *Adv* expérimentalement; **~ vorgehen** expérimenter
experimentieren* *itr V* faire des expériences; **mit etw/an Tieren ~** faire des expériences avec qc/sur des animaux; **das Experimentieren** l'expérimentation *f*
experimentierfreudig *Adj* expérimentateur(-trice)
Experte [ɛksˈpɛrtə] <-n, -n> *m*, **Expertin** *f* expert(e) *m(f)*
Expertensystem *nt* INFORM système *m* expert
Expertise [ɛkspɛrˈtiːzə] <-, -n> *f* expertise *f*; **Antiquitäten mit ~** des antiquités expertisées
explizit [ɛkspliˈtsiːt] *geh* **I.** *Adj Anordnung, Verbot* explicite
II. *Adv* explicitement
explodieren* *itr V + sein a. fig* exploser
Explorer [ɛksˈploːʁe, ɪkˈsplɔːʁe] <-s, -> *m* INFORM explorateur *m*
Explosion [ɛksploˈzioːn] <-, -en> *f a. fig* explosion *f*; **etw zur ~ bringen** faire exploser qc
explosionsartig I. *Adj* ① **ein ~es Geräusch** un bruit d'explosion, une détonation
② *(rasant) Zunahme* explosif(-ive)

II. *Adv* à une vitesse [*o* de façon] fulgurante
Explosionsgefahr *f* danger *m* d'explosion
explosiv [ɛksploˈziːf] *Adj* explosif(-ive)
Explosiv <-s, -e> *m*, **Explosivlaut** *m* LING occlusive *f*
Exponat [ɛkspoˈnaːt] <-[e]s, -e> *nt* pièce *f* d'exposition
Exponent [ɛkspoˈnɛnt] <-en, -en> *m* ❶ représentant *m*
❷ MATH exposant *m*
Exponentialfunktion *f* fonction *f* exponentielle
Exponentin <-, -nen> *f* représentante *f*
exponiert *Adj* ❶ *Ort, Lage* exposé(e)
❷ *fig* en vue
Export [ɛksˈpɔrt] <-[e]s, -e> *m* exportation
Exportabteilung *f* service *m* des exportations **Exportartikel** *m* produit *m* d'exportation **Exportausführung** *f* version *f* exportation **Exportbeschränkung** *f* limitation *f* des exportations
Exporteur(in) [ɛkspɔrˈtøːɐ, *Pl*: ɛkspɔrˈtøːrə] <-s, -e> *m(f)* exportateur(-trice) *m(f)*
Exportfirma *f* entreprise *f* d'exportation **exportfreudig** *Adj* exportateur(-trice) **Exporthandel** *m* commerce *m* d'exportation
exportieren* *tr V* ❶ exporter; *etw* ins Ausland/nach Australien ~ exporter qc à l'étranger/vers l'Australie
❷ *fig* exporter *Arbeitslosigkeit, Inflation;* transmettre *Krankheit, Virus*
Exportkaufmann *m*, **-kauffrau** *f* exportateur(-trice) *m(f)* **Exportkontingent** *nt* contingent *m* d'exportation **Exportmarkt** *m* marché *m* des exportations **Exportschlager** *m* meilleure exportation *f*
Exposé, Exposee^RR [ɛkspoˈzeː] <-s, -s> *nt* exposé *m* écrit
Exposition [ɛkspoziˈtsioːn] <-, -en> *f a.* MUS exposition *f*
Express^RR [ɛksˈprɛs] <-es>, **Expreß**^ALT <-sses> *m* per ~ par exprès
Expressgut^RR *nt* [envoi *m*] exprès *m*
Expressionismus [ɛksprɛsioˈnɪsmʊs] <-> *m* expressionnisme *m*
Expressionist(in) [ɛksprɛsioˈnɪst] <-en, -en> *m(f)* expressionniste *mf*
expressionistisch *Adj* expressionniste
expressis verbis [ɛksˈprɛsiːsˈvɛrbiːs] *Adv geh* expressément
expressiv [ɛkspreˈsiːf] *Adj* expressif(-ive)
exquisit [ɛkskviˈziːt] I. *Adj Essen, Wein* exquis(e); *Lokal* excellent(e)
II. *Adv* ~ schmecken être exquis(e); das Essen war ~ zubereitet la cuisine était raffinée; in diesem Restaurant isst man ~ dans ce restaurant, la cuisine est [très] raffinée
Extension [ɛksten'zioːn] <-, -en> *f a.* INFORM, MED extension *f*
extensiv [ɛkstɛnˈziːf] *Adj Landwirtschaft* extensif(-ive)
extern [ɛksˈtɛrn] *Adj Schüler* externe; *Kandidat* venu(e) de l'extérieur; *Prüfung* subi(e) à l'extérieur
Externe(r) *f(m) dekl wie Adj (Schüler)* externe *mf*
exterritorial [ɛkstɛrito'riaːl] *Adj* qui bénéficie de l'exterritorialité; ~ er Status statut *m* d'exterritorialité
extra [ˈɛkstra] *Adv* ❶ *(besonders)* extra[-]; ~ dünne Scheiben des tranches *fpl* extrafines
❷ *(zusätzlich)* en plus
❸ *(eigens)* exprès
❹ *(gesondert)* à part
❺ *fam (absichtlich)* exprès

Extra <-s, -s> *nt* accessoire *m* [optionnel]
Extraausgabe *f* ❶ édition *f* spéciale ❷ *(Geldausgabe)* dépense *f* supplémentaire **Extraausstattung** *f* équipement *m* optionnel **Extrablatt** *nt* édition *f* spéciale **Extrafahrt** *f* CH trajet *m* spécial **extrafein** *Adj* très fin(e) **Extraklasse** *f* première catégorie *f*; ein Sportler/Wagen der ~ un sportif/une voiture d'exception
Extrakt [ɛksˈtrakt] <-[e]s, -e> *m* extrait *m*
Extraktion [ɛkstrakˈtsioːn] <-, -en> *f a.* CHEM extraction *f*
Extraration *f* ration *f* supplémentaire **Extratour** *f fam* lubie *f (fam)*
extravagant [ˈɛkstravagant] I. *Adj* extravagant(e)
II. *Adv* de façon extravagante
Extravaganz [ˈɛkstravagants] <-, -en> *f* extravagance *f*
extravertiert [ˈɛkstravɛrtiːɐt] *Adj* extraverti(e)
Extrawurst *f fam* régime *m* spécial ▶ jdm eine ~ braten faire une fleur à qn *(fam);* immer eine ~ [gebraten haben] wollen vouloir qu'on fasse toujours ses quatre volontés *(fam)* **Extrazug** *m* CH train *m* spécial
extrem [ɛksˈtreːm] I. *Adj* extrême
II. *Adv* ❶ *mit Adj (äußerst)* ~ gefährlich extrêmement dangereux(-euse); ~ links/rechts stehen *Politiker:* être d'extrême gauche/droite
❷ *mit Verb (in hohem Maße)* sich ~ konzentrieren se concentrer énormément
Extrem <-s, -e> *nt* extrême *m;* das entgegengesetzte ~ l'extrême opposé
▶ von einem ~ ins andere fallen tomber d'un extrême dans l'autre
Extremfall *m* cas *m* extrême; im ~ au grand maximum; *(bestenfalls)* dans le meilleur des cas; *(schlimmstenfalls)* dans le pire des cas
Extremismus [ɛkstreˈmɪsmʊs] <-, -mismen> *m* extrémisme *m*
Extremist(in) <-en, -en> *m(f)* extrémiste *mf*
extremistisch *Adj* extrémiste
Extremitäten [ɛkstremiˈtɛːtən] *Pl* extrémités *fpl*
Extremsportart *f* sport *m* extrême **Extremwert** *m* MATH valeur *f* extrême
extrovertiert [ɛkstroverˈtiːɐt] *Adj* extraverti(e)
exzellent [ɛkstsɛˈlɛnt] I. *Adj* excellent(e)
II. *Adv* sich *fühlen* en excellente forme; *speisen* extrêmement bien; ~ schmecken être excellent(e)
Exzellenz [ɛkstsɛˈlɛnts] <-, -en> *f* Excellence *f;* Eure ~! Votre Excellence!; Seine ~, der Herr Botschafter! Son Excellence Monsieur l'ambassadeur!
Exzenterwelle *f* TECH onde *f* excentrique
exzentrisch [ɛksˈtsɛntrɪʃ] *Adj* excentrique
exzerpieren* *tr V geh* extraire; etw aus etw ~ extraire qc de qc
Exzerpt [ɛksˈtsɛrpt] <-[e]s, -e> *nt geh* extrait *m*
Exzess^RR [ɛksˈtsɛs] <-es, -e>, **Exzeß**^ALT <-sses, -sse> *m meist Pl* excès *m;* etw bis zum ~ treiben pousser qc [jusqu']à l'extrême
exzessiv *Adj* excessif(-ive); ~es Rauchen abus *m* de tabac; bei deiner ~en Lebensweise avec tous tes excès
Eyeliner [ˈaɪlaɪnɐ] <-s, -> *m* eye-liner *m*
EZB [eːtsɛtˈbeː] <-> *f Abk von* Europäische Zentralbank BCE *f*

Ff

F, f [ɛf] <-, -> *nt* ❶ *(Buchstabe)* F *m*/f *m*
❷ MUS fa *m*
▶ F wie Friedrich f comme François
f. ❶ *Abk von* folgende [Seite] et la page qui suit, sq.; die Erläuterungen stehen auf S. 17~ les explications se trouvent p. 17 sq.
❷ *Abk von* für pour
Fa. *Abk von* Firma Sté
Fabel [ˈfaːbəl] <-, -n> *f* ❶ *a. fig* fable *f*
❷ LITER *einer Erzählung* affabulation *f*
fabelhaft I. *Adj Person, Aussehen, Wetter* merveilleux(-euse); *Qualität, Angebot* fabuleux(-euse); das ist ja ~! c'est vraiment sensationnel!
II. *Adv* merveilleusement [bien]; ~ aussehen avoir une mine splendide
fabeln *itr V* [af]fabuler; von etw ~ raconter des histoires de qc; was fabelst du da? qu'est-ce que tu inventes?
Fabeltier *nt* animal *m* fabuleux **Fabelwesen** *nt* être *m* fabuleux
Fabrik [faˈbriːk] <-, -en> *f* usine *f*; in der ~ arbeiten travailler à l'usine

Fabrikanlage *f* installation *f* industrielle
Fabrikant(in) [fabriˈkant] <-en, -en> *m(f)* ❶ *(Fabrikbesitzer)* industriel(le) *m(f)*
❷ *(Hersteller)* fabricant(e) *m(f)*
Fabrikarbeit *f* travail *m* en usine **Fabrikarbeiter(in)** *m(f)* ouvrier(-ière) *m(f)* d'usine
Fabrikat [fabriˈkaːt] <-[e]s, -e> *nt* ❶ *(Produkt)* produit *m*
❷ *(Markenprodukt)* marque *f*
Fabrikation [fabrikaˈtsioːn] <-, -en> *f* fabrication *f*
Fabrikationsfehler *m* défaut *m* [*o* vice *m*] de fabrication
Fabrikbesitzer(in) *m(f)* industriel(le) *m(f)* **Fabrikerzeugnis** *nt* produit *m* manufacturé **Fabrikgebäude** *nt* bâtiment *m* industriel **Fabrikgelände** *nt* terrain *m* industriel **Fabrikhalle** *f* atelier *m* de production **fabrikmäßig** *Adj* de série; ~ hergestellt manufacturé(e) **fabrikneu** *Adj* fraîchement sorti(e) d'usine; *Wagen* flambant neuf(neuve) **Fabrikschiff** *nt* bateau *m* usine **Fabrikware** *f* article *m* de série
fabrizieren* *tr V a. fig* fabriquer; da hast du ja wieder was Schönes fabriziert! *fam* tu en as encore fait de belles! *(fam)*

Facelifting ['feɪslɪftɪŋ] <-s, -s> *nt* lifting *m*
Facette [fa'sɛtə] <-, -n> *f* facette *f*
Facettenauge [fa'sɛtn-] *nt* ZOOL œil *m* à facettes **facettenreich** *Adj Persönlichkeit, Thema* à facettes; *Charakter, Darstellung* complexe
Fach [fax, *Pl:* 'fɛçɐ] <-[e]s, Fächer> *nt* ❶ *einer Tasche, Brieftasche* compartiment *m*; *eines Schranks, Regals* rayon *m*
❷ *(Schubfach)* tiroir *m*
❸ *(Schulfach)* matière *f*
❹ *(Sachgebiet)* domaine *m*; **sein ~ verstehen** s'y connaître [dans son domaine]; **vom ~/nicht vom ~ sein** être/ne pas être du métier
Facharbeiter(in) *m(f)* ouvrier *m* qualifié/ouvrière *f* qualifiée
Facharbeiterbrief *m* brevet *m* d'ouvrier(-ière) qualifié(e)
Facharzt *m*, **-ärztin** *f* [médecin *m*] spécialiste *mf*; **~ für Gynäkologie/innere Krankheiten** spécialiste en gynécologie/des maladies internes **fachärztlich** I. *Adj Behandlung, Untersuchung* par un(e) spécialiste; *Attest, Gutachten* d'un(e) spécialiste II. *Adv* par un(e) spécialiste **Fachausdruck** <-ausdrücke> *m* expression *f* [*o* terme *m*] technique; **ein juristischer ~** une expression du vocabulaire juridique **Fachberatung** *f* conseil *m* technique **Fachbereich** *m* ❶ *einer Universität, Hochschule* ≈ unité *f* de formation et de recherche ❷ *(Sachgebiet)* spécialité *f* **Fachbesucher(in)** *m(f)* *einer Messe* visiteur *m* professionnel/visiteuse *f* professionnelle **fachbezogen** *Adj* technique **Fachbibliothek** *f* bibliothèque *f* spécialisée **Fachblatt** *nt* journal *m* spécialisé **Fachbuch** *nt* ouvrage *m* spécialisé [*o* technique] **Fachbuchhandlung** *f* librairie *f* spécialisée
fächeln ['fɛçəln] I. *itr V* **mit etw ~** agiter qc pour produire un courant d'air
II. *tr V* **jdn/sich mit etw ~** éventer qn/s'éventer avec qc; **sich** *(Dat)* **das Gesicht ~** s'éventer
Fächer ['fɛçɐ] <-s, -> *m* éventail *m*
Fächerpalme *f* palmier *m* en éventail
fächerübergreifend *Adj s.* **fachübergreifend**
Fachfrau *f* spécialiste *f* **fachfremd** I. *Adj* non spécialisé(e); **sich mit ~ en Aufgaben beschäftigen** s'occuper de tâches qui ne sont pas de sa compétence II. *Adv* [en de]hors de sa compétence; **~ unterrichten** enseigner dans des disciplines étrangères à sa spécialité **Fachgebiet** *nt* spécialité *f* **fachgebunden** ['faxɡəbʊndən] *Adj Studium* spécialisé(e) **fachgerecht** I. *Adj* approprié(e); *Ausbildung* spécialisé(e) II. *Adv* selon [*o* dans] les règles de l'art **Fachgeschäft** *nt* magasin *m* spécialisé **Fachgruppe** *f* commission *f* spécialisée, groupe *m* de travail **Fachhandel** *m* commerce *m* spécialisé **Fachhändler(in)** *m(f)* spécialiste *mf* **Fachhochschule** *f* école supérieure spécialisée où on peut faire des études techniques ou artistiques

---

Land und Leute

Les **Fachhochschulen** sont des universités d'enseignement technique ou artistique qui correspondent globalement aux I.U.T. (Instituts Universitaires Techniques) en France. L'enseignement, particulièrement axé sur la pratique, dure trois ans au lieu de deux dans les I.U.T. Pour pouvoir accéder à une **Fachhochschule**, il faut posséder un baccalauréat d'enseignement général ou d'enseignement professionnel.

Fachhochschulreife *f* ≈ brevet *m* d'études professionnelles
Fachidiot(in) *m(f) pej fam* spécialiste *mf* borné(e) **Fachjargon** [-ʒarɡõː, -ʒarɡɔn] *m* jargon *m* de spécialiste **Fachkenntnisse** *Pl* connaissances *fpl* professionnelles **Fachkonferenz** *f (an einer Schule)* conseil *m* d'enseignement **Fachkraft** *f* spécialiste *mf*; **Fachkräfte** personnel *m* qualifié **Fachkreise** *Pl* milieux *mpl* spécialisés; **die medizinischen ~** milieux médicaux; **in ~n** dans les milieux spécialisés **fachkundig** ['faxkʊndɪç] I. *Adj* compétent(e); *Publikum* averti(e); **sich ~ machen** se familiariser avec le sujet; **~ sein** être expert(e) en la matière II. *Adv* avec compétence **fachkundlich** *Adj* spécialisé(e) **Fachlehrer(in)** *m(f)* enseignant(e) *mf* qualifié(e) **Fachleiter(in)** *m(f) (am Gymnasium)* professeur *mf* responsable de la discipline; *(am Studienseminar)* ≈ conseiller(-ère) *m(f)* pédagogique **Fachleute** *Pl von* **Fachmann**
fachlich I. *Adj Ausbildung, Qualifikation* professionnel(le); *Beratung, Betreuung, Rat* compétent(e)
II. *Adv* sur le plan professionnel
Fachliteratur *f* littérature *f* spécialisée **Fachmann** <-leute *o* selten -männer> *m* spécialiste *m* **fachmännisch** ['faxmɛnɪʃ] I. *Adj* de spécialiste II. *Adv* betrachten, prüfen en connaisseur; *beraten, erledigen* avec compétence **Fachmesse** *f* salon *m* professionnel **Fachpresse** *f* presse *f* spécialisée **Fachpublikation** *f* publication *f* spécialisée **Fachrichtung** *f* branche *f*
Fachschaft <-, -en> *f* étudiants *mpl* de la discipline; **die ~ Romanistik** la section romaniste
Fachschule *f* école *f* professionnelle **Fachschulreife** *s.* **Fachhochschulreife**
Fachsimpelei [faxzɪmpə'laɪ] <-, -en> *f fam* discussion *f* entre gens du métier
fachsimpeln ['-zɪmpəln] *itr V fam* parler boutique *(fam)*; **mit jdm ~** parler boutique avec qn *(fam)*
fachspezifisch I. *Adj Arbeit, Ausbildung, Aufgabe* spécifique; *Literatur, Unterricht* spécialisé(e) II. *Adv* de façon spécifique **Fachsprache** *f* jargon *m* **fachübergreifend** *Adj* interdisciplinaire **Fachverband** *m* association *f* professionnelle **Fachwelt** *f* ensemble *m* des spécialistes **Fachwerk** *nt kein Pl* colombage *m* **Fachwerkhaus** *nt* maison *f* à colombages **Fachwissen** *nt* savoir *m* technique **Fachwort** *nt* terme *m* spécialisé [*o* technique] **Fachwörterbuch** *nt* dictionnaire *m* spécialisé **Fachzeitschrift** *f* revue *f* spécialisée
Fackel ['fakəl] <-, -n> *f* torche *f*, flambeau *m*
fackeln *itr V fam* **nicht [lange] ~** ne faire ni une ni deux *(fam)*
Fackelschein *m* lueur *f* des torches [*o* flambeaux] **Fackelzug** *m* retraite *f* aux flambeaux
Factoring ['fɛktərɪŋ, 'fæktərɪŋ] <-s> *nt* COM factoring *m*, affacturage *m*; **echtes ~** affacturage avec garantie de bonne fin; **verdecktes ~** affacturage masqué
fad *s.* **fade**
Fädchen <-s, -> *nt Dim von* **Faden** [bout *m* de] fil *m*
fade ['fa:də] I. *Adj* ❶ *Geschmack, Essen* fade
❷ *(langweilig) Person* insipide
II. *Adv* **~ schmecken** avoir un goût fade, être fade
fädeln ['fɛːdln] *s.* **auffädeln, einfädeln**
Faden ['fa:dən] <-s, Fäden> *m a.* MED fil *m*; **die Fäden ziehen** *Arzt:* retirer les fils; **Fäden ziehen** *Käse:* filer
▶ **alle Fäden [fest] in der Hand halten/behalten** tenir les rênes/garder les choses [bien] en main; **keinen trockenen ~ am Leib haben** *fam* ne plus avoir un poil de sec *(fam)*; **keinen guten ~ an jdm/etw lassen** *fam* descendre qn/qc en flammes *(fam)*; **der rote ~** le fil conducteur; **alle Fäden laufen bei ihm/dort zusammen** c'est lui qui/c'est là qu'on tire [toutes] les ficelles; **den ~ verlieren** perdre le fil
Fadenkreuz *nt* OPT réticule *m* ▶ **ins ~ geraten** tomber dans le collimateur; **jdn im ~ haben** avoir qn dans le collimateur [*o* à l'œil]; **etw im ~ haben** avoir l'œil sur qc **Fadennudeln** *Pl* vermicelles *mpl*
fadenscheinig ['fa:dənʃaɪnɪç] *Adj* ❶ *pej Argument, Ausrede* cousu(e) de fil blanc
❷ *(abgewetzt)* usé(e) jusqu'à la corde
Fadenwurm *m* nématode *m*
Fadheit <-> *f* fadeur *f*
fadisieren* *tr, r V* A *fam (langweilen)* **[sich] ~** [s']ennuyer
Fagott [fa'ɡɔt] <-[e]s, -e> *nt* basson *m*
Fagottbläser(in) *m(f)*, **Fagottist(in)** [faɡɔ'tɪst] <-en, -en> *m(f)* basson *m*
fähig ['fɛːɪç] *Adj* capable; **~ sein etw zu tun** être capable de faire qc; **zu einem Verrat/zu allem ~ [sein]** [être] capable d'une trahison/de tout
Fähigkeit <-, -en> *f* ❶ *kein Pl (das Imstandesein)* faculté *f*, capacité *f*; **die ~ haben etw zu tun** avoir la faculté [*o* être capable] de faire qc
❷ *(Begabung)* aptitude *f*; **hellseherische ~en besitzen** posséder des dons de voyance; **bei seinen/ihren ~en** étant donné ses capacités
fahl [fa:l] *Adj* blafard(e), blême
Fähnchen <-s, -> *nt* ❶ *Dim von* **Fahne** petit drapeau *m*
❷ *(Wimpel)* fanion *m*
❸ *pej fam (Kleid)* bout *m* de tissu *(fam)*
▶ **sein ~ nach dem Wind hängen** *fam* être une vraie girouette
fahnden ['fa:ndən] *itr V* rechercher; **nach jdm/etw ~** rechercher qn/qc
Fahndung <-, -en> *f* recherches *fpl*; **die ~ nach den Tätern** les recherches entreprises pour retrouver les malfaiteurs; **jdn zur ~ ausschreiben** lancer un avis de recherche à l'encontre de qn
Fahndungserfolg *m* succès *m* des recherches **Fahndungsliste** *f* liste *f* des personnes recherchées; **auf der ~ stehen** figurer sur la liste des personnes recherchées
Fahne ['fa:nə] <-, -n> *f* ❶ *(Banner)* drapeau *m*
❷ *fam (Alkoholfahne)* haleine *f* qui pue l'alcool; **eine ~ haben** *fam* puer l'alcool
❸ *(Fahnenabzug)* placard *m*
▶ **mit fliegenden ~n** drapeaux au vent; **etw auf seine ~n schreiben** se fixer qc comme objectif
Fahnenabzug *m* placard *m* **Fahneneid** *m* serment *m* de fidélité au drapeau **Fahnenflucht** *f kein Pl* désertion *f*; **~ begehen** déserter **fahnenflüchtig** *Adj* **~er Soldat** déserteur *m*; **~ werden** déserter **Fahnenflüchtige(r)** *f(m) dekl wie Adj* déserteur *m* **Fahnenmast** *m* mât *m* **Fahnenstange** *f* hampe *f* **Fahnenträger(in)** *m(f)* porte-drapeau *m*

Fähnlein <-s, -> nt ❶ Dim von **Fahne** petit drapeau m ❷ (Wimpel) fanion m ❸ HIST (Truppeneinheit) compagnie f
Fähnrich ['fɛːnrɪç] <-s, -e> m aspirant m; **~ zur See** enseigne m de vaisseau
Fahrausweis m ❶ titre m de transport ❷ CH (Führerschein) permis m de conduire **Fahrbahn** f ❶ (Straße) chaussée f ❷ (Fahrspur) voie f [de circulation]
fahrbar Adj Serviertisch, Teewagen roulant(e); Garderobenständer mobile
fahrbereit Adj en état de marche **Fahrbereitschaft** f parc m des véhicules de fonction **Fahrdamm** m chaussée f **Fahrdienstleiter(in)** m(f) chef mf de section
Fähre ['fɛːrə] <-, -n> f bac m; (Autofähre) [car-]ferry m
Fahreigenschaften fpl AUT caractéristiques fpl de conduite
fahren ['faːrən] <fährt, fuhr, gefahren> I. itr V ❶ + sein (sich fortbewegen, Fahrgast sein) aller; **nach Hamburg/Frankreich ~** aller à Hambourg/en France; **mit dem Zug/Taxi ~** prendre le train/le taxi; **auf der Autobahn/Landstraße ~** rouler sur l'autoroute/la route secondaire; **erster Klasse ~** voyager en première classe; **wollen wir ~ oder zu Fuß gehen?** nous y allons en voiture ou à pied?; **wie lange fährt man von hier nach Basel?** combien de temps faut-il pour aller d'ici à Bâle?; **das Fahren** les trajets mpl
❷ + sein (sich bewegen) Fahrzeug: rouler; **durch einen Tunnel ~** passer dans un tunnel; **nach oben/nach unten ~** Fahrstuhl, Rolltreppe: monter/descendre
❸ + sein (ein Fahrzeug lenken) conduire; **links ~** rouler à gauche; **gegen etw ~** rentrer dans qc; **das Fahren** la conduite
❹ + sein (losfahren) partir; **der Bus fährt/wir ~ in fünf Minuten** le bus/on part dans cinq minutes
❺ + sein (verkehren) passer; **alle zehn Minuten ~** Straßenbahn, Bus: passer toutes les dix minutes; **~ heute keine Busse?** les bus ne circulent pas aujourd'hui?; **welche Linie fährt zum Odeonsplatz?** quelle ligne va jusqu'à la place de l'Odéon?; **sonntags ~ keine Züge nach Wustrow** le dimanche il n'y a aucun train pour Wustrow
❻ + sein (reisen) **mit der Bahn ~** voyager en train; **in Urlaub/nach Spanien ~** partir en vacances/en Espagne
❼ + sein (zucken) **jdm durch den Kopf ~** venir à l'esprit de qn; **der Schreck fuhr ihr in die Glieder** la peur lui a coupé les jambes; **was ist [denn] in dich gefahren?** qu'est-ce qui t'a pris?
❽ + haben o sein (streichen) **sich (Dat) mit der Hand über die Stirn ~** se passer la main sur le front
❾ + sein (verfahren) **mit jdm/etw gut ~** être satisfait(e) de qn/qc
❿ + haben (loslassen) **jdn/etw ~ lassen** lâcher qn/qc; (aufgeben) laisser tomber qn/abandonner qc
▶ **einen ~ lassen** fam lâcher un pet (fam)
II. tr V ❶ + haben (lenken) conduire, piloter Auto, Motorrad; rouler sur Fahrrad
❷ + haben (befördern) **jdn ins Büro ~** conduire qn au bureau; **etw zu jdm ~** transporter qc chez qn; **ich fahre dich nach Hause!** je te ramène chez toi!
❸ + sein (nehmen, benutzen) Autobahn/Landstraße ~ Person: prendre l'autoroute/la route secondaire; **die Strecke Kehl — Paris ~** Bahn: emprunter la ligne Kehl — Paris; **welche Strecke fährt die Linie zwölf?** quel est le parcours de la ligne douze?
❹ + haben o sein (verwenden) **bleifrei ~** rouler à l'essence sans plomb; **mit Winterreifen ~** rouler avec des pneus neige
❺ + sein (als Geschwindigkeit haben) **90 km/h ~** rouler à 90 km/h; **was [o wie viel] fährt der Wagen?** quelle est la vitesse de cette voiture?
❻ + haben o sein SPORT effectuer Rennen, Runde; réaliser Zeit; établir Rekord
❼ + haben (durchführen) faire Sonderschicht, Überstunden; (betreiben) faire marcher Kernkraftwerk; **die Produktion nach oben/unten ~** augmenter/réduire la production; **die Produktion wird vorübergehend mit fünfzig Prozent gefahren** la production est provisoirement assurée à cinquante pour cent
III. r V + haben **sich leicht/angenehm ~ lassen** Auto, Motorrad: se conduire facilement/agréablement; Fahrrad: rouler facilement/agréablement
fahrend Adj Musikant ambulant(e); Volk nomade
Fahrenheit ['faːrənhaɪt] Fahrenheit
fahren‖lassen* s. **fahren** I.❿, ▶
Fahrensmann <-leute o -männer> m DIAL loup m
Fahrer(in) ['faːrɐ] <-s, -> m(f) ❶ (Autofahrer) conducteur(-trice) m(f); (Radfahrer) cycliste mf; (Motorradfahrer) motard(e) m(f), pilote mf; (Rennfahrer) pilote mf ❷ (Chauffeur) chauffeur m
Fahrerei [faːrəˈraɪ] <-, -en> f pej allées fpl et venues fpl en voiture
Fahrerflucht f délit m de fuite; **~ begehen** commettre un délit de fuite **Fahrerhaus** nt cabine f

Fahrerlaubnis f form permis m de conduire
Fahrersitz m siège m du conducteur
Fahrgast m passager(-ère) m(f), voyageur(-euse) m(f) **Fahrgeld** nt (für den Bus, die U-Bahn) argent m pour le ticket; (für den Zug) argent pour le billet; **das ~ bitte passend [o abgezählt] bereithalten!** pour votre règlement, prière de faire l'appoint!
Fahrgelegenheit f moyen m de transport **Fahrgemeinschaft** f covoiturage m

Land und Leute

Afin de réduire les déplacements en voiture, par souci écologique, certains Allemands – souvent des collègues de travail mais aussi des étudiants, se regroupent pour faire le même trajet dans un seul véhicule. Ils forment ainsi une **Fahrgemeinschaft**. Au lieu d'utiliser chacun son propre véhicule pour aller au travail, les automobilistes se donnent rendez-vous et montent tous dans la même voiture. Ils en changent éventuellement à tour de rôle.

Fahrgeschwindigkeit f vitesse f au volant **Fahrgestell** nt eines Autos châssis m; eines Flugzeugs train m d'atterrissage
fahrig ['faːrɪç] Adj Person surexcité(e), agité(e); Bewegung nerveux(-euse)
Fahrkarte f (für den Bus, die U-Bahn) ticket m; (für den Zug) billet m
Fahrkartenausgabe s. **Fahrkartenschalter** **Fahrkartenautomat** m billetterie f, distributeur m [automatique] de tickets **Fahrkartenkontrolleur(in)** m(f) contrôleur(-euse) m(f) [de billets] **Fahrkartenschalter** m guichet m [de vente] des billets
Fahrkosten Pl s. **Fahrtkosten**
fahrlässig ['faːɐlɛsɪç] I. Adj Person, Handlung imprudent(e); Körperverletzung, Tötung par imprudence
II. Adv imprudemment; **~ handeln** agir par imprudence; **grob ~ handeln** commettre une faute lourde
Fahrlässigkeit <-, -en> f einer Person, Handlung imprudence f; **leichte ~** légère imprudence; **grobe ~** faute f lourde; **schuldhafte/strafbare ~** négligence f fautive/punissable
Fahrlehrer(in) m(f) moniteur(-trice) m(f) d'auto-école **Fahrleistung** f AUT performance f
Fährmann ['fɛːɐ-] <-[e]s, -männer o -leute> m passeur m
Fahrnis <-, -se> f JUR biens mpl mobiliers
Fahrpersonal nt EISENBAHN personnel m des chemins de fer **Fahrplan** m ❶ [indicateur m] horaire m ❷ fam (Programm) planning m **Fahrplanauszug** m fiche-horaire f des trains **fahrplanmäßig** I. Adj prévu(e) [o prévu à l'horaire] II. Adv selon l'horaire prévu **Fahrpraxis** f kein Pl pratique f de la conduite **Fahrpreis** m prix m du transport **Fahrpreisermäßigung** f réduction f de tarif **Fahrprüfung** f examen m du permis de conduire **Fahrrad** ['faːɐraːt] nt vélo m, bicyclette f; **[mit dem] ~ fahren** rouler en vélo [o à bicyclette]; **mit dem ~ in die Stadt/zur Arbeit ~** aller en vélo [o à bicyclette] en ville/au travail
Fahrradcomputer m mini-ordinateur m de vélo **Fahrradfahrer(in)** m(f) cycliste mf **Fahrradhändler(in)** m(f) marchand(e) m(f) de vélos **Fahrradkette** f chaîne f de vélo **Fahrradkurier** m coursier(-ière) m(f) à bicyclette **Fahrradpumpe** f pompe f à vélo **Fahrradrikscha** f vélo-pousse m **Fahrradständer** m (am Fahrrad) béquille f; (Gestell für Fahrräder) support m pour vélos **Fahrradweg** m piste f cyclable
Fahrrichtung CH s. **Fahrtrichtung** **Fahrrinne** f chenal m **Fahrschein** m (für den Bus, die U-Bahn) ticket m; (für den Zug) billet m **Fahrscheinautomat** m billetterie f, distributeur m automatique [de tickets] **Fahrscheinentwerter** m composteur m
Fahrschiff s. **Fähre**
Fahrschule f auto-école f **Fahrschüler(in)** m(f) élève mf d'auto-école **Fahrspur** f voie f [de circulation]; **die rechte/linke ~** la voie de droite/gauche; **die ~ wechseln** changer de voie **Fahrstil** m façon f de conduire; **einen nervösen ~ haben** avoir une conduite [o une façon de conduire] nerveuse **Fahrstrecke** f ❶ (zurückgelegter Weg) trajet m ❷ (zu fahrende Strecke) distance f [à parcourir] ❸ (vorgegebener Weg) itinéraire m **Fahrstreifen** A s. **Fahrspur** **Fahrstuhl** m ascenseur m
Fahrstuhlführer(in) m(f) liftier(-ière) m(f) **Fahrstuhlschacht** m cage f d'ascenseur
Fahrstunde f leçon f de conduite
Fahrt [faːɐt] <-, -en> f ❶ (das Fahren) trajet m; **die ~ mit dem Auto bevorzugen** préférer aller en voiture; **freie ~** circulation f fluide; (für Züge) voie f libre; **gute ~!** bonne route!
❷ (Geschwindigkeit) allure f, vitesse f; **mit voller ~** à pleine vitesse; **volle ~ voraus!** NAUT en avant toute!
❸ (Reise) voyage m; **eine ~ machen** faire un tour [en voiture]; **hattet ihr eine gute ~?** vous avez fait bon voyage?; **was kostet eine einfache ~ nach Rom?** combien coûte un aller simple pour Rome?

❹ *(Kamerafahrt)* travelling *m*
▶ eine ~ ins **Blaue** une excursion surprise; **freie ~ haben** *(ungehindert handeln können)* avoir les coudées franches; **jdm freie ~ geben** *(ungehindert handeln lassen)* laisser à qn les coudées franches; **jdn in ~ bringen** *fam* mettre qn en rogne *(fam)*; **in ~ kommen/sein** *fam (wütend werden/sein)* se mettre/être en rogne *(fam)*; *(in Schwung kommen/sein)* se mettre/être en train, trouver la forme/être en forme
fährt [fɛːɐt] *3. Pers Präs von* **fahren**
Fahrtantritt *m* départ *m*
fahrtauglich *Adj* en état de [*o* apte à] conduire **Fahrtauglichkeit** *f* aptitude *f* à conduire
Fahrtdauer *f* durée *f* du trajet [*o* du voyage]
Fährte ['fɛːɐtə] <-, -n> *f* trace *f*, piste *f*; **eine ~ verfolgen** suivre une piste
▶ jdn auf eine **falsche ~ locken** attirer [*o* entraîner] qn sur une fausse piste; **auf der falschen ~ sein** être sur la mauvaise piste; jdn auf die **richtige ~ bringen** mettre qn sur la bonne piste; **auf der richtigen ~ sein** être sur la bonne piste
Fahrtechnik *f* technique *f* de conduite
Fahrtenbuch *nt* AUT carnet *m* de route; *(Tagebuch)* journal *m (tenu pendant un voyage)* **Fahrtenmesser** *nt* poignard *m* scout
Fahrtenschreiber *m* tachygraphe *m*
Fahrtkosten *Pl* frais *mpl* de transport **Fahrtrichtung** *f* destination *f*; **in ~** dans le sens de la marche; **entgegen der ~** dans le sens contraire; **in beiden ~en** dans les deux sens **Fahrtrichtungsanzeiger** *m* AUT indicateur *m* de direction **Fahrtschreiber** *m s.* **Fahrtenschreiber**
fahrtüchtig *Adj Person* en état de conduire; *Kraftfahrzeug* en [bon] état de marche **Fahrtüchtigkeit** *f einer Person* aptitude *f* à conduire; *eines Kraftfahrzeugs* [bon] état *m* de marche
Fahrtunterbrechung *f* interruption *f* de trajet **Fahrtwind** *m* courant *m* [*o* déplacement *m*] d'air
fahruntüchtig ['faːɐˀʊntʏçtɪç] *Adj Person* inapte à conduire; *Kraftfahrzeug* qui n'est pas en état de marche
Fährverbindung *f* liaison *f* ferry **Fahrverbot** *nt* interdiction *f* de circuler; **gegen jdn ein ~ verhängen** prononcer une suspension de permis contre qn **Fahrverhalten** *nt* AUT conduite *f* **Fahrwasser** *nt* chenal *m* ▶ **in ein politisches ~ geraten** *Diskussion:* glisser sur un terrain politique; **im richtigen ~ sein** *fam* enfourcher son dada *(fam)*; **in jds ~ (Dat) segeln** [*o* **schwimmen**] *fam* naviguer dans les eaux de qn **Fahrweise** *f* façon *f* de conduire, conduite *f* **Fahrwerk** *nt eines Autos* châssis *m*; *eines Flugzeugs* train *m* d'atterrissage **Fahrzeit** *s.* **Fahrtdauer**
Fahrzeug <-, -e> *nt* véhicule *m*
Fahrzeugbrief *m* titre de propriété du véhicule **Fahrzeughalter(in)** *m(f)* propriétaire *mf* du véhicule **Fahrzeugkolonne** *f* convoi *m* de véhicules **Fahrzeuglenker(in)** *m(f)* CH conducteur(-trice) *m(f)* **Fahrzeugnummer** *f* numéro *m* de série **Fahrzeugpapiere** *Pl* papiers *mpl* du véhicule **Fahrzeugpark** *m form* parc *m* automobile [*o* de véhicules] **Fahrzeugschein** *m* ≈ carte *f* grise **Fahrzeugzulassung** *f* immatriculation *f* du véhicule
Faible ['fɛːblə, 'fɛːbl] <-s, -s> *nt* faible *m*, penchant *m*
fair [fɛːɐ] **I.** *Adj Person* fair-play; *Angebot, Spiel, Entscheidung* correct(e); **jdm gegenüber ~ sein** être correct(e) [*o* régulier(-ière)] avec qn; **das ist nicht ~!** ce n'est pas juste!
II. *Adv* spielen avec fair-play; *boxen, kämpfen* loyalement, avec fair-play; *behandeln, sich verhalten* de façon correcte
Fairness[RR] ['fɛːɐnɛs], **Fairneß**[ALT] <-> *f* fair-play *m*
Fäkalien [fɛˈkaːliən] *Pl* matières *fpl* fécales
Fake [feɪk] <-s, -s> *m o nt fam* fake *m (fam)*
Fakir [faˈkiːɐ] <-s, -e> *m* fakir *m*
Faksimile [fakˈziːmile] <-s, -s> *nt* fac-similé *m*
Faksimileausgabe *f* réédition *f* en fac-similé
Fakt [fakt] <-[e]s, -en> *m o nt* fait *m*; **~ ist, dass ...** le fait est que ... + *indic*
faktisch ['faktɪʃ] **I.** *Adj attr* effectif(-ive)
II. *Adv* en fait
Faktor ['faktoːɐ] <-s, -toren> *m* facteur *m*
Faktotum [fakˈtoːtʊm] <-s, -s *o* Faktoten> *nt geh* ❶ *(Arbeitskraft)* factotum *m*
❷ *fam (schrulliger Mensch)* drôle *m* de personnage
Faktum ['faktʊm] <-s, Fakten> *nt geh* fait *m*
fakturieren[*] *tr V* facturer
Fakultas [faˈkʊltas, *Pl:* fakulˈtɛːtn] <-, Fakultäten> *f* ≈ licence *f* [d'enseignement]; **die ~ für etw haben** ≈ être licencié(e) de qc
Fakultät [fakʊlˈtɛːt] <-, -en> *f* faculté *f*; **philosophische/naturwissenschaftliche ~** faculté de philosophie/des sciences
▶ **von der anderen ~ sein** *hum (homosexuell sein)* être de la pédale *(fam)*
fakultativ [fakʊltaˈtiːf] *Adj geh* facultatif(-ive)
Falbe ['falbə] <-n, -n> *m* aubère *m*

Falke ['falkə] <-n, -n> *m a.* POL faucon *m*
Falklandinseln ['fɔːklənd-] *Pl* **die ~** les îles *fpl* Malouines
Falkner(in) ['falknɐ] <-s, -> *m(f)* fauconnier(-ière) *m(f)*
Fall [fal] <-[e]s, Fälle> *m* ❶ *a.* GRAM cas *m*; **in diesem ~** dans ce cas, s'il en est ainsi; **im anderen/äußersten ~** [*o*] dans le cas contraire/tout au plus; **im günstigsten/schlimmsten ~** [e] dans le meilleur/le pire des cas; **für den ~, dass** au cas où ... + *cond*; **das ist nicht der ~** ce n'est pas le cas; **gesetzt den ~** à supposer que + *subj*; **auf jeden ~** en tout cas, de toute façon; **auf keinen ~** en aucun cas; **für alle Fälle** pour tous les cas; **für solche Fälle** pour ce genre de cas
❷ JUR cas *m*; *(polizeiliche Angelegenheit)* affaire *f*; *(Akte)* dossier *m*; **schwebender ~** affaire en cours; **einen ~ verhandeln** siéger une cause; **einen ~ wieder aufrollen** rouvrir un dossier
❸ MED cas *m*; **er ist ein hoffnungsloser ~** on ne peut plus rien faire pour lui
❹ *kein Pl a. fig (das Fallen)* chute *f*; **der freie ~** la chute libre
▶ **auf alle Fälle** *(sicherheitshalber)* pour tous les cas; *(unbedingt)* en tout cas; **klarer ~!** *fam* évidemment! *(fam)*; **etw zu ~ bringen** *geh* faire échouer qc; **zu ~ kommen** *geh (hinfallen)* faire une chute; *(scheitern)* échouer; **sein/mein/... ~ sein** *fam Person:* être son/mon/... genre *(fam)*; *Sache:* être son/mon/... truc *(fam)*; **nicht sein/mein/... ~ sein** *fam Person:* ne pas être son/mon/... genre *(fam)*; *Sache:* ne pas être son/mon/... truc *(fam)*; **im ~e eines ~es** en cas [de nécessité]; **von ~ zu ~** cas par cas
Fallbeil *nt* guillotine *f*
Falle ['falə] <-, -n> *f* ❶ *(Fanggerät)* piège *m*; **~n stellen** [*o* **legen**] tendre des pièges; **in die ~ gehen** se prendre au piège
❷ *fig* piège *m*, traquenard *m*; **jdm eine ~ stellen** tendre un piège à qn; **jdn in eine ~ locken** attirer qn dans un piège; **in eine ~ geraten** tomber dans un piège [*o* un traquenard]; **jdm in die ~ gehen** tomber dans le piège de qn; **in der ~ sitzen** être pris(e) au piège
❸ *sl (Bett)* pieu *m (fam)*; **sich in die ~ hauen** aller au pieu *(fam)*; **in der ~ liegen** être au pieu *(fam)*
fallen ['falən] <fällt, fiel, gefallen> *itr V + sein* ❶ *(hinabfallen, umfallen)* tomber; **auf den Boden/ins Wasser ~** tomber par terre/dans l'eau; **etw ~ lassen** laisser tomber qc; **sich im Fallen verletzen** se blesser en tombant
❷ *(niedersinken)* Schnee, Vorhang, Hüllen: tomber; Fallbeil, Hammer: s'abattre
❸ *(stolpern)* **über etw** *(Akk)* **~** trébucher [*o* buter] sur qc
❹ *fam (nicht bestehen)* **durch die Prüfung ~** être recalé(e) à l'examen *(fam)*
❺ *(sinken)* Wert, Wasser, Thermometer, Fieber: baisser; **die Aktien sind deutlich/stark gefallen** les actions ont connu une baisse sensible/ont chuté
❻ MIL Soldat: tomber à la guerre; Festung, Stadt: tomber
❼ *(treffen)* **auf jdn ~** Wahl, Verdacht: se porter sur qn
❽ *(dringen)* **auf/durch/in etw** *(Akk)* **~** Licht, Schein, Strahl: tomber sur/passer par/pénétrer dans qc
❾ *(in Bezug auf Datumsangaben)* **auf einen Dienstag/den Zehnten ~** tomber un mardi/le dix
❿ JUR **an den Erben/die Siegermacht ~** revenir à l'héritier/au vainqueur; **in die Konkursmasse/das gemeinschaftliche Vermögen ~** tomber dans l'actif de la faillite/les biens communs
⓫ *(ergehen)* Beschluss, Entscheidung: être pris(e); *Urteil:* tomber
⓬ SPORT *Tor, Ausgleichstreffer:* être marqué(e)
⓭ *(abgegeben werden)* Schuss: être tiré(e)
⓮ *(geäußert werden)* Name, Wort: être prononcé(e); Bemerkung: être fait(e)
▶ **~ lassen** abandonner Absicht, Plan; laisser tomber Mitarbeiter; laisser échapper Bemerkung
fällen ['fɛlən] *tr V* ❶ *(umhauen)* abattre Baum, Wald
❷ JUR prendre Entscheidung; rendre Urteil
fallen|lassen[*] *s.* **fallen** ▶
Fallensteller(in) <-s, -> *m(f)* piégeur(-euse) *m(f)*
Fallgeschwindigkeit *f* PHYS vitesse *f* de chute **Fallgesetz** *nt* PHYS loi *f* sur la chute des corps **Fallgrube** *f* trappe *f*
fällig ['fɛlɪç] *Adj* ❶ FIN parvenu(e) à échéance; *Steuer, Betrag* parvenu(e) à échéance; *Forderung* dû(due); **~ werden** arriver à échéance; **~ sein** être exigible; **der Betrag ist bis zum 23./innerhalb von zehn Tagen ~** la somme est payable avant le 23/dans les dix jours
❷ *(anstehend) Entschuldigung:* dû(e); *Reform* en suspens, attendu(e); **~ sein** *fam* être [tout] indiqué(e)
❸ *fam (geliefert)* **~ sein** ne pas y couper *(fam)*; **wenn ich den erwische, der ist ~!** si je le pince, ça va être sa fête! *(fam)*
Fälligkeit <-, -en> *f* échéance *f*; **bei ~** à l'échéance; **nach/vor ~** après/avant [l']échéance
Fallobst *nt* fruits *mpl* tombés
Fallout ['fɔːlˀaʊt], **Fall-out**[RR] ['fɔːlˀaʊt] <-s, -s> *m* retombées *fpl* [radioactives]
Fallreep ['falreːp] *nt* NAUT échelle *f* de coupée
falls [fals] *Konj* au cas où + *cond*; **~ möglich/nötig** si possible/

nécessaire
Fallschirm *m* parachute *m;* **mit dem ~ abspringen** sauter en parachute
Fallschirmabsprung *m* saut *m* en parachute **Fallschirmjäger(in)** *m(f)* MIL parachutiste *mf,* para *mf* (fam) **Fallschirmspringen** *nt* parachutisme *m;* **beim ~** en faisant du parachutisme **Fallschirmspringer(in)** *m(f)* parachutiste *mf*
Fallstrick *m* piège *m* ▸ **jdm ~e legen** tendre des embûches à qn **Fallstudie** *f* étude *f* de cas
fällt [fɛlt] *3. Pers Präs von* **fallen**
Falltür *f* trappe *f*
fallweise *Adv* au cas par cas
Fallwind *m* vent *m* rabattant
falsch [falʃ] **I.** *Adj* ❶ *(nicht richtig)* faux(fausse); *Schlüssel, Zeitpunkt, Zug* mauvais(e); *Verdacht* non fondé(e); **sie sah, dass es der ~e Mann war** elle vit que cet homme n'était pas le bon; **hier sind Sie ~** vous n'êtes pas où il faut [*o* à la bonne adresse!]
❷ *(nicht aufrichtig) Versprechung* mensonger(-ère); *Pathos* affecté(e)
❸ *(nachgemacht, gefälscht) Schmuck, Ausweis, Banknote* faux(fausse); *Würfel* truqué(e)
❹ *pej (hinterhältig)* faux(fausse); **er ist ein ~er Hund** c'est un faux jeton
❺ *(unangebracht) Scham, Zurückhaltung* faux(fausse)
▸ **an den Falschen/die Falsche geraten** ne pas avoir choisi la bonne adresse; **bei jdm/mit etw ~ liegen** *fam* se fourrer le doigt dans l'œil en ce qui concerne qn/à propos de qc *(fam);* **wie man's macht, ist es ~** *fam* quoi qu'on fasse, on se plante *(fam)*
II. *Adv* **singen** faux
Falschaussage *f* JUR faux témoignage *m;* **uneidliche ~** faux témoignage non fait sous serment **Falschbuchung** *f* erreur *f* comptable **Falscheid** *m* JUR faux serment *m*
fälschen ['fɛlʃən] *tr V* contrefaire *Banknoten, Unterschrift;* falsifier *Ausweis, Urkunde*
Fälscher(in) <-s, -> *m(f)* faussaire *mf*
Falschfahrer(in) *m(f)* automobiliste *mf* circulant à contresens [sur une autoroute] **Falschgeld** *nt* fausse monnaie *f*
Falschheit <-> *f* fausseté *f*
fälschlich ['fɛlʃlɪç] **I.** *Adj* ❶ *(irrtümlich) Annahme, Glaube* erroné(e)
❷ *(falsch) Behauptung, Beschuldigung* faux(fausse)
II. *Adv s.* **fälschlicherweise**
fälschlicherweise *Adv* ❶ *(irrtümlicherweise)* de façon erronée
❷ *(zu Unrecht)* à tort
Falschmeldung *f* fausse nouvelle *f* **Falschmünzer(in)** ['falʃmʏntsɐ] <-s, -> *m(f)* faux-monnayeur *m*/fausse-monnayeuse *f* **Falschmünzerei** <-, -en> *f* fabrication *f* de fausse monnaie **Falschparker(in)** ['falʃparkɐ] *m(f)* automobiliste *mf* mal garé(e) **falsch|spielen** *itr V* tricher
Falschspieler(in) *m(f)* tricheur(-euse) *m(f)*
Fälschung ['fɛlʃʊŋ] <-, -en> *f* ❶ *kein Pl (das Fälschen)* falsification *f;* *von Banknoten, Unterschriften* contrefaçon *f,* falsification *f*
❷ *(das Gefälschte)* faux *m*
fälschungssicher *Adj* infalsifiable
Falsett [fal'zɛt] <-[e]s, -e> *nt* voix *f* de tête [*o* de fausset]; **~ singen** chanter en voix de tête [*o* de fausset]
Faltblatt *nt* dépliant *m* **Faltboot** *nt* canot *m* pliant
Fältchen <-s, -> *nt (Hautfältchen)* ridule *f*
Falte ['faltə] <-, -n> *f* ❶ *eines Kleidungsstücks, Papiers* pli *m; eines Stoffs* fronce *f;* **~n werfen** faire des plis
❷ *(Hautfalte)* ride *f;* **die Stirn in ~n legen** [*o* **ziehen**] plisser le front
falten ['faltən] *tr V* ❶ plier *Papierbogen, Wäschestück;* joindre *Hände*
❷ *(in Falten legen)* plisser *Stirn*
Faltengebirge *nt* GEOG montagne *f* formée par plissement
faltenlos *Adj Gesicht, Haut* sans rides
Faltenrock *m* jupe *f* plissée **Faltenwurf** *m kein Pl eines Stoffes* draperie *f*
Falter ['faltɐ] <-s, -> *m* papillon *m*
faltig *Adj* ❶ *(zerknittert)* froissé(e)
❷ *(runzelig) Gesicht, Haut* ridé(e); **~ werden** se rider
Faltkarton [-kartɔŋ, -kartɔ̃ː, -kartoːn] *m* carton *m* pliant **Faltprospekt** *m* dépliant *m*
Falz [falts] <-es, -e> *m* ❶ *eines Papiers* pli *m*
❷ TECH rainure *f*
falzen ['faltsən] *tr V* plier *Seite, Papierbogen*
Fam. *Abk von* **Familie** famille *f*
familiär [fami'ljɛːɐ] **I.** *Adj* ❶ *(die Familie betreffend)* familial(e)
❷ *(zwanglos) Atmosphäre* décontracté(e); *Umgangston* familier(-ière)
II. *Adv (zwanglos)* familièrement; **da geht es ~ zu** tout se passe sans façon
Familie [fa'miːliə] <-, -n> *f* famille *f;* **kinderreiche ~n** familles nombreuses; **eine vierköpfige ~** une famille de quatre personnes;

aus guter ~ sein être [issu(e)] de bonne famille; **zur ~ gehören** faire partie de la famille; **eine ~ gründen** fonder une famille; **~ haben** *fam* avoir de la famille *(fam)*
▸ **das kommt in den besten ~n vor** ça peut arriver à tout le monde; **in der ~ bleiben** ne pas sortir de la famille; **in der ~ liegen** être de famille
Familienangehörige(r) *f(m) dekl wie Adj* membre *m* de la famille **Familienanzeige** *f* faire-part *m inv* **Familienbeihilfe** *f* A ≈ allocations *fpl* familiales **Familienbesitz** *m* propriété *f* familiale [*o* de famille]; **in ~ sein** être propriété familiale **Familienbetrieb** *m* entreprise *f* familiale **Familienbild** *nt* photo *f* de famille **Familienbuch** *nt* livret *m* de famille **Familienchronik** *f* chronique *f* familiale **Familienehre** *f* honneur *m* de la famille **Familienfeier** *f* réunion *f* familiale **familienfreundlich** *Adj Politik* en faveur des familles; *Hotel* favorable aux familles **Familienglück** *nt* bonheur *m* familial **Familiengrab** *nt* caveau *m* de famille **Familienkreis** *m* **im engsten ~** dans la plus stricte intimité **Familienleben** *nt* vie *f* familiale [*o* de famille] **Familienmitglied** *s.* **Familienangehörige(r)** **Familienname** *m* nom *m* de famille, patronyme *m (littér);* **mit ~n heißt er Braun** son nom de famille est Braun **Familienoberhaupt** *nt* chef *m* de famille **Familienpackung** *f* paquet *m* familial [*o* géant] **Familienplanung** *f* planning *m* familial **Familienpolitik** *f* politique *f* familiale **Familienrecht** *nt* droit *m* familial **Familiensitz** *m* domaine *m* familial **Familienstand** *m* situation *f* de famille **Familienunternehmen** *s.* **Familienbetrieb** **Familienvater** *m* père *m* de famille **Familienverhältnisse** *Pl* situation *f* familiale **Familienvorstand** *s.* **Familienoberhaupt** **Familienwappen** *nt* armoiries *fpl* familiales **Familienzulage** *f* complément familial aux assurances chômage **Familienzusammenführung** *f* regroupement *m* familial **Familienzuwachs** *m* agrandissement *m* de la famille; **die Duponts erwarten ~** les Dupont attendent une naissance
famos [fa'moːs] *Adj veraltet fam Person* épatant(e) *(fam); Idee, Sache, Vorschlag* bath *(vieilli fam)*
Fan [fɛn, fæn] <-s, -s> *m* fan *mf*
Fanal [fa'naːl] <-s, -e> *nt geh* signal *m;* **mit einem Streik ein ~ setzen** lancer un signal important par une grève
Fanatiker(in) [fa'naːtikɐ] <-s, -> *m(f)* fanatique *mf*
fanatisch [fa'naːtɪʃ] **I.** *Adj Person* fanatique; *Schrei* excité(e)
II. *Adv* fanatiquement
Fanatismus [fana'tɪsmʊs] <-> *m* fanatisme *m*
Fanclub ['fænklʊb] *m* fan-club *m*
fand [fant] *Imp von* **finden**
Fanfare [fan'faːrə] <-, -n> *f* ❶ *(Instrument)* clairon *m*
❷ *(Signal)* fanfare *f*
Fang [faŋ] <-[e]s, **Fänge**> *m* ❶ *kein Pl (das Fischen)* **~ von Schollen** pêche *f* aux plies; **zum ~ auslaufen** sortir en mer
❷ *kein Pl (das Fangen)* **~ von Füchsen** chasse *f* aux renards
❸ *(Beute) einer Person* prise *f;* *eines Tiers* proie *f*
❹ *Pl (Fangzähne)* crocs *mpl; (Klauen)* serres *fpl*
▸ **einen guten ~ machen** *Polizei:* réussir un beau coup de filet; **mit jdm/etw einen guten ~ machen** faire une belle prise avec qn/qc; **jdn/etw in den Fängen haben** *fam* avoir qn/qc en son pouvoir
Fangarm *m* tentacule *m*
fangen ['faŋən] <**fängt, fing, gefangen**> **I.** *tr V* ❶ attraper *Ball*
❷ *(festnehmen)* arrêter
❸ *(als Jäger erbeuten)* attraper *Tier;* capturer *Pelztier;* prendre *Fisch*
❹ *(als Tier erbeuten)* attraper
▸ **eine ~** *fam* en attraper une
II. *itr V* attraper
III. *r V* ❶ *(nicht stürzen)* **sich ~** reprendre l'équilibre
❷ *(sich seelisch beruhigen)* **sich wieder ~** se ressaisir
❸ *(in eine Falle gehen)* **sich in etw** *(Dat)* **~** être pris(e) à qc
Fangen <-s> *nt* **~ spielen** jouer au chat
Fangflotte *f* flotte *f* de pêche **Fangfrage** *f* question *f* piège; **[jdm] eine ~ stellen** poser une question piège [à qn] **Fanggründe** *Pl* zone *f* poissonneuse **Fangnetz** *nt* filet *m* de pêche
Fango ['faŋo] <-s> *m* boue *f* minérale
Fangopackung *f* cataplasme *m* [chaud] de boue minérale
Fangquote *f* quota *m* de pêche **Fangschaltung** *f* système *m* de détection de la provenance des appels; **eine ~ legen** installer un détecteur d'appels téléphoniques **Fangschiff** *nt* bateau *m* de pêche **Fangschuss**^{RR} *m* coup *m* de grâce
fängt [fɛŋt] *3. Pers Präs von* **fangen**
Fangzahn *m* croc *m*
Fanklub ['fæn-] *s.* **Fanclub** **Fanpost** *f* lettres *fpl* de fans
Fantasie [fanta'ziː] <-, -n> *f* ❶ *kein Pl (Vorstellungskraft)* imagination *f;* **eine lebhafte ~ haben** avoir une imagination débordante; **eine schmutzige ~ haben** avoir l'esprit mal tourné
❷ *meist Pl (Träumerei)* fantasme *m;* **das sind doch nur ~n** ce ne sont que des mensonges

❸ MUS fantaisie *f*
fantasiebegabt *Adj Person* qui a beaucoup d'imagination **Fantasiegebilde** *nt* créature *f* imaginaire
fantasielos *Adj Person* dépourvu(e) d'imagination; *Sache* banal(e)
Fantasielosigkeit <-> *f* absence *f* d'imagination
fantasieren* I. *itr V* ❶ [af]fabuler; **von jdm/etw ~** [af]fabuler à propos de qn/qc
❷ MED délirer
II. *tr V* inventer *Szene, Erlebnis*
fantasievoll I. *Adj Person* imaginatif(-ive); *Darstellung* plein(e) d'imagination
II. *Adv* gestalten avec beaucoup d'imagination
Fantast(in) [fan'tast] <-en, -en> *m(f) pej* utopiste *mf*, rêveur(-euse) *m(f)*
Fantasterei <-, -en> *f pej* fantasme *m*
fantastisch I. *Adj* ❶ *fam (großartig)* formidable; *Figur, Stimme* fantastique
❷ *fam (erstaunlich) Geschwindigkeit, Höhe* incroyable
❸ *geh (illusionär) Vorstellung, Geschichte* fantastique
II. *Adv fam* ❶ *(großartig)* merveilleusement [bien]; **~ duften** sentir vachement bon *(fam)*; **~ schmecken** avoir vachement bon goût *(fam)*
❷ *(erstaunlich)* de façon fantastique; **das mag ~ klingen, aber ...** ça peut sembler extraordinaire, mais ...
Fantasy ['fæntəzi] *f* fantastique *m*
Faradaykäfig ['farade-, 'farade:-] *m* PHYS cage *f* de Faraday
Farbband <-bänder> *nt* ruban *m* **Farbbeutel** *m* sachet *m* de peinture **Farbbild** *nt* photo *f* en couleurs **Farbdruck** *m* ❶ *kein Pl* impression *f* en couleurs ❷ *(Erzeugnis)* imprimé *m* en couleurs **Farbdrucker** *m* imprimante *f* couleur
Farbe ['farbə] <-, -n> *f* ❶ *(Farbton)* couleur *f*; *eines Stoffs, Kleidungsstücks* coloris *m*; **in ~** en couleurs
❷ *(Gesichtsfarbe)* teint *m*; **~ bekommen** prendre des couleurs
❸ *(Druckfarbe, Färbemittel)* couleur *f*; *(Malfarbe, Anstrich)* peinture *f*
❹ *(symbolische Farbe) eines Landes, Vereins, von Spielkarten* couleur *f*
▸ **etw in den schwärzesten ~n malen** [*o* **schildern**] peindre qc en noir; **~ bekennen** annoncer la couleur
farbecht *Adj* grand teint *inv*
Färbemittel *nt* teinture *f*
färben ['fɛrbən] I. *tr V* ❶ teindre; **sich** *(Dat)* **die Haare [blond/rot] ~** se teindre les cheveux [en blond/en roux]
❷ *fig* **etw ironisch ~** mettre une note ironique dans qc; **ein patriotisch gefärbter Film** un film aux connotations patriotiques
II. *itr V fam (abfärben)* déteindre
III. *r V* **sich ~** *Laub:* se colorer; **sich gelb/rot ~** *Laub, Äpfel:* jaunir/rougir; **sich orange ~** prendre des teintes orangées
farbenblind *Adj* daltonien(ne) **Farbenblindheit** *f kein Pl* daltonisme *m* **Farbendruck** *m* impression *f* en couleurs **farbenfreudig** *Adj* aux couleurs vives **farbenfroh** *Adj* très coloré(e) **Farbengeschäft** *nt* droguerie *f* **Farbenholzschnitt** *m* gravure *f* en couleurs **Farbenindustrie** *f* industrie *f* des colorants **Farbenkasten** *m* boîte *f* de couleurs **Farbenlehre** *f* théorie *f* des couleurs **Farbenpalette** *f* palette *f* de couleurs **Farbenpracht** *f* couleurs *fpl* somptueuses **farbenprächtig** *Adj* aux couleurs somptueuses **Farbenreichtum** *m kein Pl* richesse *f* de couleurs **Farbenspiel** *nt* jeu *m* des couleurs **Farbensymbolik** *f* symbolique *f* des couleurs
Färber(in) ['fɛrbɐ] <-s, -> *m(f)* teinturier(-ière) *m(f)*
Färberei <-, -en> *f* teinturerie *f*
Farbfernsehen *nt* télévision *f* en couleur **Farbfernseher** *m fam* télé *f* couleur *(fam)* **Farbfernsehgerät** *nt* téléviseur *m* couleur **Farbfilm** *m* film *m* couleur **Farbfilter** *m* filtre *m* coloré **Farbfoto** *s.* Farbbild **Farbfotografie** *f (Bild, Verfahren)* photographie *f* en couleurs **Farbgebung** <-, -en> *f* teinte *f*
farbig ['farbɪç] I. *Adj* ❶ *(mehrfarbig)* coloré(e); *(einfarbig)* de couleur
❷ *(nicht schwarzweiß)* en couleur
❸ *(nicht von weißer Hautfarbe)* de couleur
❹ *(anschaulich)* coloré(e)
II. *Adv* ❶ *streichen, anstreichen* en couleur
❷ *(anschaulich)* d'une manière colorée
färbig A *s.* farbig ❶
Farbige(r) ['farbɪɡə] *f(m) dekl wie Adj* homme *m*/femme *f* de couleur
Farbkasten *m* boîte *f* de couleurs **Farbkopierer** *m* photocopieuse *f* [*o* [photo]copieur *m*] couleur
farblich I. *Adj* de couleurs; **die ~e Qualität dieser Fotos** la définition des couleurs de ces photos
II. *Adv* gelungen, einwandfrei sur le plan des couleurs; **Schuhe und Gürtel ~ aufeinander abstimmen** coordonner les couleurs des chaussures et de la ceinture

farblos *Adj* ❶ incolore
❷ *(unauffällig)* terne
❸ *(nicht anschaulich)* insipide
Farbmonitor *m* moniteur *m* couleur **Farbscanner** [-skænɐ] *m* scanne[u]r *m* couleur **Farbskala** *f* gamme *f* des couleurs **Farbstift** *m (Bunt-/Filzstift)* crayon *m*/feutre *m* de couleur **Farbstoff** *m* ❶ *(Färbemittel)* colorant *m* ❷ *(Pigment)* pigment *m*
Farbton <-töne> *m* ❶ *(Farbe)* ton *m* ❷ *(Tönung, Nuance)* teinte *f*
Farbtupfen *m*, **Farbtupfer** *m* ❶ tache *f* de couleur
❷ *(etwas Buntes)* note *f* de couleur [*o* de gaieté]
Färbung ['fɛrbʊŋ] <-, -en> *f* ❶ *kein Pl (das Färben) von Textilien* teinture *f*
❷ *(Tönung) der Haut, des Wassers* couleur *f*
❸ *(Einschlag)* tonalité *f*
Farbwalze *f* TYP rouleur *m* encreur
Farce [fars] <-, -n> *f* farce *f*; **zur ~ werden** devenir ridicule
Farm [farm] <-, -en> *f* ❶ ranch *m*
❷ *(Hühnerfarm, Pelztierfarm)* ferme *f* d'élevage intensif
Farmer(in) <-s, -> *m(f)* exploitant(e) *m(f)* agricole
Farn [farn] <-[e]s, -e> *m*, **Farnkraut** *nt* fougère *f*
Färse ['fɛrzə] <-, -n> *f* ZOOL génisse *f*, taure *f*
Fasan [fa'za:n] <-s, -e[n]> *m* faisan *m*
Fasanerie [fazanə'ri:] <-, -n> *f* faisanderie *f*
faschieren* *tr V* A hacher
Faschiermaschine *f* A *(Fleischwolf)* hache-viande *m*
Faschierte(s) *nt dekl wie Adj* A viande *f* hachée
Fasching ['faʃɪŋ] <-s, -e *o* -s> *m* SDEUTSCH carnaval *m*
Faschingsball *m* SDEUTSCH bal *m* de carnaval **Faschingsdienstag** ['faʃɪŋs-] *m* SDEUTSCH mardi *m* gras **Faschingskostüm** *nt* SDEUTSCH déguisement *m* de carnaval **Faschingskrapfen** *m* SDEUTSCH beignet *m* **Faschingsumzug** *m* SDEUTSCH défilé *m* de carnaval **Faschingszeit** *f* SDEUTSCH carnaval *m*
Faschismus [fa'ʃɪsmʊs] <-> *m* fascisme *m*
Faschist(in) [fa'ʃɪst] <-en, -en> *m(f)* fasciste *mf*
faschistisch *Adj* fasciste
Faselei [fa:zə'laɪ] <-, -en> *f pej fam* histoires *fpl*, sornettes *fpl*
faseln ['fa:zəln] *pej fam* I. *tr V* débloquer *(fam)*
II. *tr V* radoter *(fam)*; **er faselte etwas von einem Unfall** il a mentionné un accident dans ses propos décousus
Faser ['fa:zɐ] <-, -n> *f* fibre *f*
faserig *Adj* fibreux(-euse); *Fleisch* filandreux(-euse)
fasern ['fa:zɐn] *itr V Gewebe, Stoff:* s'effilocher
Faserschreiber *m* crayon *m* feutre **Faserstoff** *m kein Pl* fibre *f*
Fasnacht ['fasnaxt] SDEUTSCH, CH *s.* Fastnacht
fasrig *s.* faserig
Fass[RR] [fas, *Pl:* 'fɛsə] <-es, Fässer>, **Faß**[ALT] <-sses, Fässer> *nt*
❶ *(Holzfass)* tonneau *m*
❷ *(Weinfass)* fût *m*, tonneau *m*; *(klein)* baril *m*; *(200-Liter-Fass)* barrique *f*; *(Kognakfass, Schnapsfass)* fût *m*; **Wein/Schnaps in Fässer füllen** mettre du vin/schnaps en tonneau [*o* fûts]; **Wein vom ~** *(im Geschäft/Restaurant)* du vin en tonneau/au tonneau; **Bier vom ~** bière *f* [à la] pression
❸ *(Metallfass) (Bierfass)* fût *m* métallique; *(Ölfass)* bidon *m*; *(Giftmüllfass)* fût *m*
▸ **ein ~ ohne Boden** un vrai gouffre; **das schlägt dem ~ den Boden aus!** *fam* c'est le bouquet! *(fam)*; **das bringt das ~ zum Überlaufen** c'est la goutte qui fait déborder le vase
Fassade [fa'sa:də] <-, -n> *f* a. *fig* façade *f*; **die ~ aufrechterhalten** sauver les apparences; **das ist nur ~** ce n'est que pure [*o* qu'une] façade
fassbar[RR], **faßbar**[ALT] *Adj* ❶ *(konkret, benennbar)* concret(-ète)
❷ *(verständlich)* **es ist nicht/kaum ~, dass** ce n'est pas croyable/à peine croyable que + *subj*
Fassbier[RR] *nt* bière *f* [à la] pression
Fässchen[RR], **Fäßchen**[ALT] <-s, -> *nt Dim von* Fass *(klein)* baril *m*; *(sehr klein)* tonnelet *m*
fassen ['fasən] I. *tr V* ❶ *(ergreifen)* saisir; prendre *Hand, Arm;* **das Glas am Stiel ~** saisir le verre par le pied; **jdn am Arm/an [*o* bei] der Hand ~** prendre qn par le bras/par la main; **etw zu ~ bekommen** attraper qc
❷ *(festnehmen)* arrêter
❸ *(schnappen)* **fass!** mords!
❹ *(zu etw gelangen)* prendre *Beschluss, Entschluss, Vorsatz;* **keinen klaren Gedanken ~ können** ne pas arriver à se concentrer
❺ *(begreifen)* réaliser; **nicht ~ können, dass** ne pas arriver à croire que + *subj;* **ich kann es nicht ~!** je n'arrive pas à y croire!; **das ist [doch] nicht zu ~!** ça alors!
❻ *(ausdrücken)* **etw in Worte/Verse ~** formuler qc par des mots/vers
❼ *(enthalten können)* pouvoir contenir
❽ *(einfassen)* monter *Edelstein;* **etw in Gold *(Akk)* ~ [lassen]** [faire] sertir qc dans une monture en or
II. *itr V* ❶ *(greifen) Reifen:* adhérer; *Schraube:* mordre

② *(berühren)* **an etw** *(Akk)* ~ toucher qc avec la main/les mains; **in etw** *(Akk)* ~ mettre la main/les mains dans qc; **ins Leere** ~ toucher le vide
III. *r V* **sich [wieder] ~** se ressaisir
fässerweise *Adv* ❶ **en** tonneau[x]
② *(in großen Mengen)* par tonneaux [entiers]
Fassette^RR *f* facette *f*
fasslich^RR *Adj* compréhensible
Fasson [fa'sɔ̃ː, fa'sɔn] <-, -s> *f* eines Huts, Pullovers forme *f*
► **jeder soll/kann nach seiner ~ selig werden** *Spr.* chacun mène/peut mener sa vie comme il l'entend
Fassreif[en]^RR *m* cerceau *m*
Fassung ['fasʊn] <-, -en> *f* ❶ *einer Glühbirne, Sicherung* douille *f*
② *(Einfassung)* eines Edelsteins, einer Brille monture *f*
③ *(Version)* version *f*; *eines Gesetzes* termes *mpl*
④ *kein Pl (Selbstbeherrschung)* maîtrise *f* de soi/de lui-même/d'elle-même/...; **die ~ bewahren/verlieren** garder/perdre son sang-froid; **jdn aus der ~ bringen** faire perdre son sang-froid à qn; **etw mit ~ tragen** prendre qc avec stoïcisme
Fassungskraft <-> *f* compréhension *f*
fassungslos I. *Adj Blick, Gesicht, Person* décontenancé(e); **~ sein** être stupéfait(e)
II. *Adv* avec stupeur
Fassungslosigkeit <-> *f* stupeur *f*
Fassungsvermögen *nt eines Beckens, Glases, Tanks* contenance *f*
Fasswein^RR *m* vin *m* en fût
fassweise^RR *Adv* en tonneau[x]
fast [fast] *Adv* presque; **~ immer/nie** presque toujours/jamais; **er wäre ~ gestürzt** il a failli tomber; **~ hätte ich's vergessen** pour un peu, je l'aurais oublié; j'ai failli l'oublier; **es ist ~ drei Uhr morgens** il est presque trois heures du matin
fasten ['fastən] *itr V* être à la diète; REL jeûner; **das Fasten** la diète; REL le jeûne
Fastenkur *f* cure *f* d'amaigrissement; **eine ~ machen** suivre une cure d'amaigrissement **Fastenzeit** *f* carême *m*
Fastfood^RR, **Fast Food**^RR ['fa:stfu:d] <-[s]> *nt* restauration *f* rapide; **sich nur von ~ ernähren** ne manger que dans les fast-foods
Fastfoodkette ['fa:stfu:d-] *f* chaîne *f* de fast-foods **Fastfoodrestaurant** *nt* fast-food *m*
Fastnacht *f kein Pl* DIAL carnaval *m*

Land und Leute

Cette tradition consistant à fêter avec exubérance la **Fastnacht**, n'existe presque plus que dans les régions catholiques du sud et de l'ouest de l'Allemagne, en Autriche et dans les cantons suisses catholiques. Seule Bâle, ville suisse à majorité protestante, fait exception avec sa célèbre **Basler Fastnacht**, la nuit du carnaval de Bâle.

Fastnachtsball *m* DIAL bal *m* de carnaval **Fastnachtsdienstag** *m* mardi *m* gras
Fasttag *m* jour *m* de diète; REL jour *m* de jeûne; **einen ~ einlegen** faire une diète d'une journée
Faszination [fatsina'tsio:n] <-, -en> *f* fascination *f*
faszinieren* *tr V* fasciner; **von jdm/etw fasziniert sein** être fasciné(e) par qn/qc
faszinierend *Adj* fascinant(e); **ihre ~e Ausstrahlung** la fascination qui émane d'elle
fatal [fa'ta:l] I. *Adj geh* ❶ *(verhängnisvoll)* fatal(e)
② *(peinlich) Fauxpas, Gefühl, Irrtum* affreux(-euse); **das ist ~!** c'est une catastrophe!
II. *Adv* sich **~ auswirken** avoir des répercussions fatales
Fatalismus [fata'lɪsmʊs] <-> *m geh* fatalisme *m*
Fatalist(in) [fata'lɪst] <-en, -en> *m(f)* fataliste *mf*
fatalistisch [fata'lɪstɪʃ] *Adj* fataliste
Fata Morgana ['fa:tamɔr'ga:na] <- -, - Morganen *o* -s> *f* mirage *m*
Fatzke ['fatskə] <-n *o* -s, -n *o* -s> *m pej fam* bêcheur *m (fam)*
fauchen ['fauxən] *itr V Tier*: feuler; *Lokomotive*: chuinter; *Person*: grogner
faul [faul] *Adj* ❶ *(nicht fleißig)* paresseux(-euse)
② *(verfault) Lebensmittel* avarié(e); *Wasser* putride; *Holz, Blätter, Laub* pourri(e); *Zahn* gâté(e); **ein ~er Geschmack/Geruch** un goût/une odeur de pourri; **~ schmecken/riechen** avoir un goût de pourri/sentir le pourri
③ *fam (zweifelhaft, unsauber) Kompromiss* boiteux(-euse); *Ausrede* mauvais(e) antéposé; *Witz* douteux(-euse); **an der Sache ist etwas ~** il y a quelque chose de pas net dans cette affaire *(fam)*
► **nicht ~** aussi sec *(fam)*
Faulbaum *m* BOT bourdaine *f*
Fäule ['fɔʏlə] <-> *f geh* pourriture *f*
faulen ['faulən] *itr V* + *haben o sein* pourrir; *Wasser*: croupir; **~ des Gemüse** des légumes pourris
faulenzen ['faulɛntsən] *itr V* fainéanter; **langes Faulenzen macht träge** rester à ne rien faire rend indolent
Faulenzer(in) <-s, -> *m(f) pej* fainéant(e) *m(f)*
Faulenzerei <-, selten -en> *f pej* fainéantise *f*
Faulheit <-> *f* paresse *f*
► **vor ~ stinken** *pej fam* être un(e) sale feignant(e) *(péj fam)*
faulig *Adj Obst* pourri(e); *Wasser* putride; **~ riechen/schmecken** *Wasser*: dégager une odeur fétide/avoir un goût fétide
Fäulnis ['fɔʏlnɪs] <-> *f von Getreide, Holz* pourriture *f*; *von Fleisch* décomposition *f*
Faulpelz *m pej fam* feignant(e) *m(f) (fam)* **Faultier** *nt* ❶ ZOOL paresseux *m* ② *fam s.* **Faulpelz**
Faun <-[e]s, -e> *m* faune *m*
Fauna ['fauna] <-, Faunen> *f* faune *f*
Faust [faust, *Pl.* 'fɔʏstə] <-, Fäuste> *f* poing *m*; **die ~ [o die Hand zur ~] ballen** serrer le poing
► **das passt zu ihm wie die ~ aufs Auge** *fam (passt nicht)* ça lui va comme un tablier à une vache; *(passt gut)* ça lui va comme un gant; **diese Bemerkung passt wie die ~ aufs Auge** *(ist treffend)* cette remarque est appropriée; *(ist unangebracht)* cette remarque vient comme un cheveu sur la soupe; **die ~/Fäuste in der Tasche ballen** faire le poing dans la poche; **mit der ~ auf den Tisch hauen** [*o* **schlagen**] taper du poing sur la table; **auf eigene ~** *vorgehen, fahren* de sa/ma/... propre initiative; *handeln, genehmigen, unternehmen* de son/mon/... propre chef; *reisen* par ses/mes/... propres moyens; **mit eiserner ~** avec une extrême fermeté; *regieren* avec une poigne de fer
Faustball <-[e]s> *m kein Pl* SPORT forme de volley-ball
Fäustchen ['fɔʏstçən] <-s, -> *nt Dim von* Faust petit poing *m*
► **sich** *(Dat)* **ins ~ lachen** rire dans sa barbe *(fam)*
faustdick *Adj* ❶ *s.* **faustgroß**
② *fam Lüge* grossier(-ière)
Fäustel ['fɔʏstl] <-s, -> *m (Hammer)* massette *f*
fausten *tr V* dégager du poing; **etw ~** dégager qc du poing
faustgroß *Adj* gros(se) comme le poing **Fausthandschuh** *m* moufle *f* **Faustkeil** *m* coup-de-poing *m*
Fäustling ['fɔʏstlɪŋ] <-s, -e> *s.* **Fausthandschuh**
Faustpfand *nt* gage *m* **Faustrecht** *nt kein Pl* droit *m* du plus fort
Faustregel *f* règle *f* générale; **als ~ gilt: 45 m² pro Person** en règle générale, on compte 45 m² par personne **Faustschlag** *m* coup *m* de poing; **jdm einen ~ versetzen** donner [*o* assener] un coup de poing à qn
Fauxpas [fo'pa] <-, -> *m geh* manque *m* de savoir-vivre; **einen ~ begehen** commettre un impair
favorisieren* [-vo-] *tr V geh* favoriser
Favorit(in) [favo'ri:t] <-en, -en> *m(f)* favori(te) *m(f)*
Fax ['faks] <-, -e> *nt* fax *m*; *(Gerät)* [télé]fax *m*; **etw per ~ schicken** envoyer qc par fax
Faxanschluss^RR *m* prise *f* [de] fax; **ein Computer mit ~** un ordinateur avec carte fax
faxen I. *itr V* envoyer un fax
II. *tr V* faxer
Faxen *Pl fam* ❶ *(Grimassen)* grimaces *fpl*
② *(Albereien)* gamineries *fpl*; **~ machen** *sl* faire le con *(fam)*
► **die ~ dicke haben** *sl* en avoir ras le bol *(fam)*; **keine ~ Hände hoch und keine ~!** haut les mains et ne fais pas le malin/ne faites pas les malins!
Faxgerät *nt* [télé]fax *m* **Faxnummer** *f* numéro *m* de fax
Fayence [fa'jãːs, *Pl*: fa'jãːsən] <-, -n> *f* faïence *f*
Fazit ['fa:tsɪt] <-s, -s *o* -e> *nt* bilan *m*; *von Bemühungen* résultat *m*; **das ~ aus etw ziehen** dresser le bilan de qc; **~: zu teuer** conclusion: trop cher
FC [ɛf'tseː] <-[s]> *m* SPORT *Abk von* Fußballclub FC *m*
FCKW [ɛftseːkaːveː] <-s, -s> *m Abk von* Fluorchlorkohlenwasserstoff C.F.C. *m*
FCKW-frei [ɛftseːkaːveː-] *Adj* sans C.F.C.
FDGB *m* HIST *(in der DDR) Abk von* Freier Deutscher Gewerkschaftsbund confédération syndicale de l'ex-RDA
FDJ [ɛfdeːjɔt] <-> *f* HIST *Abk von* Freie Deutsche Jugend organisation d'État pour la jeunesse de l'ex-RDA
F.D.P. [ɛfdeːpeː] <-> *f Abk von* Freie Demokratische Partei parti libéral allemand
F-Dur ['ɛf-] <-> *nt* fa *m* majeur
Feature ['fiːtʃə] <-s, -s> *nt* document *m* exclusif
Feber ['feːbɐ] <-s, -> *m s.* **Februar**
Februar ['feːbruaːɐ] <-[s], *selten* -e> *m* février *m*; *s. a.* **April**
fechten ['fɛçtən] <ficht, focht, gefochten> *itr V* ❶ faire de l'escrime; **gegen jdn** [*o* **mit jdm**] **~** se battre à l'épée contre qn; SPORT tirer contre qn
② *(sich einsetzen)* **für etw ~** combattre pour qc
Fechten <-s> *nt* escrime *f*
Fechter(in) <-s, -> *m(f)* escrimeur(-euse) *m(f)*

Fechtmeister(in) *m(f)* SPORT maître(-esse) *m(f)* d'armes **Fechtsaal** *m* salle *f* d'escrime **Fechtsport** *m* escrime *f*
Feder ['feːdɐ] <-, -n> *f* ❶ *(Vogelfeder)* plume *f*; *(Hutfeder)* plumet *m*; **leicht wie eine ~** léger(-ère) comme une plume
❷ *Pl (Federfüllung)* plumes *fpl*
❸ *Pl fam (Bett)* [noch] **in den ~n liegen** être [encore] au plumard *(fam)*; **raus aus den ~n!** fini de roupiller! *(fam)*
❹ TECH ressort *m*
❺ *(Schreibfeder)* plume *f*; **aus jds ~ stammen** être de la plume de qn
▶ **sich mit fremden ~n schmücken** se parer des plumes du paon; **jd muss ~ lassen** *fam* qn y laisse des plumes *(fam)*
Federball *m* ❶ *(Ball)* volant *m*
❷ **kein** *Pl (Spiel)* badminton *m*; **~ spielen** jouer au badminton
Federballschläger *m* SPORT raquette *f* de badminton
Federbett *nt* couette *f* **Federbusch** *m eines Vogels* aigrette *f*; *(am Helm)* panache *m*; *(am Hut)* plumet *m*
Federfuchser(in) [-fʊksə] <-s, -> *m(f) pej* gratte-papier *m inv (péj)*
federführend I. *Adj* responsable; **bei/in etw** *(Dat)* **~ sein** être compétent(e) pour qc II. *Adv* **an etw** *(Dat)* **~ beteiligt sein** prendre une part prépondérante à qc **Federführung** *f* responsabilité *f*; **bei einem Projekt/in einer Angelegenheit die ~ haben** avoir la responsabilité d'un projet/d'une affaire; **unter der ~ dieser Behörde** sous la responsabilité de cette administration
Federgewicht *nt* poids *m* plume
Federgewichtler(in) <-s, -> *m(f)* poids *mf* plume
Federhalter *m* porte-plume *m*; *(Füllfederhalter)* stylo *m* plume [o à encre]
Federkernmatratze *f* matelas *m* à ressorts
Federkiel *m* ❶ tuyau *m* de plume ❷ *veraltet (Schreibgerät)* plume *f*
Federkissen *nt* oreiller *m* de plumes; *(Sofakissen)* coussin *m* de plumes **federleicht** *Adj Decke, Material, Stoff* ultra-léger(-ère); *Person* léger(-ère) comme une plume **Federlesen** *nt* ▶ **ohne langes ~, ohne viel ~[s]** purement et simplement; **nicht viel ~[s] mit jdm/etw machen** régler très vite le problème de qn/qc **Federmäppchen** *s.* **Mäppchen**
federn I. *itr V Boden, Material, Sessel*: faire ressort; *Waldboden*: amortir les pas; **in den Knien ~** *Turner*: se recevoir en souplesse
II. *tr V* **ein Kraftfahrzeug ~** munir un véhicule d'une suspension; **einen Sessel ~** pourvoir un fauteuil de ressorts; **gut/schlecht gefedert sein** avoir une bonne/mauvaise suspension
federnd *Adj Gang, Schritt* souple
Federstrich *m* trait *m* de plume
▶ **mit einem ~** d'un trait de plume
Federung <-, -en> *f* suspension *f*
Federvieh *nt fam* volailles *fpl*
Federweiße(r) *m dekl wie Adj* vin *m* nouveau
Federwild *nt* gibier *m* à plumes **Federwolke** *f* METEO cirrus *m* **Federzeichnung** *f* dessin *m* à la plume
Fee [feː, *Pl:* 'feːən] <-, -n> *f* fée *f*; **die gute/böse ~** la bonne/méchante fée
Feedback, Feed-back[RR] ['fiːdbæk] <-s, -s> *nt* réactions *fpl*; **er erwartet hierzu ein ~ von mir** il attend une réaction de ma part sur ce point
Feeling ['fiːlɪŋ] <-s> *nt* ❶ *(gutes Gefühl)* sensation *f* formidable; **das ist ein tolles ~!** c'est une sensation indicible!
❷ *(Feinfühligkeit, Expressivität)* feeling *m*; **sie hat ein ~ für solche Sachen** elle a un certain feeling pour ce genre de choses *(fam)*
feenhaft ['feːənhaft] *Adj LITER* féerique
Fegefeuer ['feːgə-] *nt* purgatoire *m*
fegen ['feːgən] I. *tr V + haben* ❶ balayer *Straße, Hof*; ramoner *Schornstein*; **die Scherben von der Straße ~** balayer les débris de la chaussée
❷ CH *(feucht wischen)* laver
❸ *(fortschieben)* **etw vom Tisch ~** envoyer valser qc qui est sur la table *(fam)*
II. *itr V* ❶ *+ haben (ausfegen)* balayer
❷ *+ haben* CH *(feucht wischen)* passer la serpillière
❸ *+ sein fam (jagen)* **um die Ecke ~** *Person*: tourner en sprintant au coin de la rue *(fam)*; **über die Dächer ~** *Wind*: balayer les toits
Fehde ['feːdə] <-, -n> *f geh* querelle *f*; **eine ~ mit jdm austragen** [o **ausfechten**] se quereller avec qn
Fehdehandschuh *m* ▶ **den ~ aufnehmen** *geh* relever le gant; **jdm den ~ hinwerfen** *geh* jeter le gant à qn
fehl [feːl] *s.* **Platz**
Fehl *m* ▶ **ohne ~ [und Tadel]** *geh* irréprochable
Fehlanzeige *f* ▶ **~!** *fam* le bide complet! *(fam)* **fehlbar** *Adj selten* faillible; **wir alle sind ~** personne n'est infaillible **Fehlbedienung** *f* erreur *f* de manipulation [o d'utilisation] **Fehlberechnung** *f* erreur *f* de calcul **Fehlbesetzung** *f* mauvaise attribution *f* de poste; CINE, THEAT mauvaise distribution *f* **Fehlbestand** *m* stock *m* déficitaire **Fehlbetrag** *m* déficit *m*; *(in einer Kasse)* trou *m (fam)*; **den ~ aus der eigenen Tasche bezahlen müssen** devoir payer la somme manquante de sa poche; **die Kasse weist einen ~ von hundert Euro auf** il y a un trou de cent euros dans la caisse *(fam)* **Fehlbildung** *f* BIO, MED malformation *f* **Fehldiagnose** *f* erreur *f* de diagnostic **Fehldruck** *m* erreur *f* d'impression **Fehleinschätzung** *f* erreur *f* d'appréciation
fehlen ['feːlən] I. *itr V* ❶ manquer; **mir fehlen hundert Euro** il me manque cent euros; **er/seine Hilfe fehlt mir** il/son aide me manque
❷ *(abwesend sein)* **im Unterricht/bei der Arbeit ~** être absent(e) du cours/de son travail; **entschuldigt/unentschuldigt ~** avoir une excuse/ne pas avoir d'excuse pour son absence/ses absences
❸ *(krank sein)* **fehlt dir etwas?** tu ne vas pas bien?; **mir fehlt nichts** je vais bien
▶ **das durfte nicht ~!** *fam* il fallait s'y attendre!; **der/die/das hat [mir/uns] gerade noch gefehlt!** *fam* il ne [me/nous] manquait plus que lui/qu'elle/que ça!
II. *itr V unpers* **es fehlt etw** il manque qc; **es fehlt an Personal/Material** [c'est] le personnel/matériel [qui] manque; **es fehlt jdm an etw** *(Dat)* qn manque de qc; **ihm fehlt es an nichts** *(Dat)* il ne manque de rien; **wo fehlt es?** qu'est-ce qui ne va pas?; **es fehlte nicht viel und er hätte gewonnen** il a bien failli gagner
Fehlentscheidung *f* mauvaise décision *f* **Fehlentwicklung** *f* évolution *f* négative; *(wirtschaftlich)* dérapage *m*
Fehler ['feːlɐ] <-s, -> *m* ❶ *a.* SCHULE, SPORT faute *f*; **einen ~ machen** [*o* **begehen**] faire [*o* commettre] une faute; **jdm unterläuft ein ~** une faute échappe à qn; **das ist mein ~** c'est [de] ma faute
❷ *(schlechte Eigenschaft) einer Person* défaut *m*; **den ~ haben etw zu tun** avoir la mauvaise habitude de faire qc
❸ *(Herstellungsfehler)* vice *m*
fehlerfrei *s.* **fehlerlos**
fehlerhaft I. *Adj* ❶ *(mangelhaft) Klassenarbeit* plein(e) de fautes; *Übersetzung, Aussprache* incorrect(e); *Artikel, Ware* défectueux(-euse); **~e Lieferung** livraison *f* endommagée
❷ *(beschädigt)* endommagé(e)
❸ *(falsch) Messung, Rechnung* erroné(e)
II. *Adv* mal
fehlerlos I. *Adj Arbeit, Übersetzung, Aussprache* impeccable
II. *Adv* übersetzen impeccablement
Fehlermeldung *f* information *f* d'une faute **Fehlerquelle** *f* source *f* d'erreur **Fehlerquote** *f* pourcentage *m* d'erreurs **Fehlersuche** *f a.* INFORM recherche *f* d'erreur[s] **Fehlersuchprogramm** *nt* INFORM programme *m* de dépistage
Fehlfarbe *f* KARTEN renonce *f* **Fehlgeburt** *f* ❶ *(Abgang)* fausse couche *f*; *(Fötus)* fœtus *m* [non viable] **fehlgehen** *itr V unreg + sein geh* ❶ *(sich irren)* faire erreur; **Sie gehen fehl in der Annahme, dass** vous faites erreur si vous supposez que + *indic*
❷ *(sich verlaufen)* faire fausse route ❸ *(das Ziel verfehlen)* manquer sa cible **Fehlgriff** *m* erreur *f* **Fehlinformation** *f* fausse information *f* **Fehlinvestition** [-vɛst-] *f* mauvais placement *m* **Fehlkalkulation** *f* erreur *f* de calcul **Fehlkonstruktion** *f* **eine ~ sein** être mal conçu(e) **Fehlleistung** *f* PSYCH acte *m* manqué; *(beim Sprechen, Schreiben)* lapsus *m*; **freudsche ~** acte *m* manqué freudien **Fehlmenge** *f* ÖKON manquant *m* **Fehlpass**[RR] *m* SPORT passe *f* manquée **Fehlplanung** *f* erreur *f* de planification **Fehlschlag** *m* échec *m* **fehlschlagen** *itr V unreg + sein* échouer **Fehlspekulation** *f* mauvaise spéculation *f* **Fehlstart** *m eines Sportlers* faux départ *m*; *einer Rakete* lancement *m* raté **Fehltritt** *m* ❶ *geh (Ehebruch)* écart *m*; *(Verstoß gegen die Moral)* écart *m* de conduite; *(Verstoß gegen das Gesetz)* acte *m* répréhensible ❷ *(falscher Schritt)* faux pas *m* **Fehlurteil** *n* ❶ *(falsche Beurteilung)* erreur *f* de jugement ❷ JUR erreur *f* judiciaire **Fehlverhalten** *nt* ❶ mauvais comportement *m* ❷ PSYCH comportement *m* bizarre **Fehlzündung** *f* AUT raté *m* d'allumage]
Feier ['faɪɐ] <-, -n> *f (Fest)* fête *f*; *(Festakt)* cérémonie *f*
▶ **zur ~ des Tages** *(anlässlich einer Feier)* en cet honneur; *(um sich etwas Gutes zu tun)* pour le plaisir
Feierabend *m* ❶ *(Arbeitsschluss)* fin *f* de la journée de travail; *(Geschäftsschluss)* heure *f* de fermeture; **~ machen** *Person*: terminer; **wann hast du ~?** tu termines à quelle heure?; **nach ~** après le travail; **~!** la journée est finie!; *(in Gaststätten)* on ferme!
❷ *(Zeit nach Arbeitsschluss)* début *m* de soirée
▶ [**damit**] **ist jetzt ~!** *fam* ça suffit maintenant [o comme ça!] *(fam)*
Feierabendheim *nt (Altersheim in der DDR)* maison *f* de retraite
feierlich I. *Adj* solennel(le)
▶ **das ist ja [schon] nicht mehr ~!** *fam* c'est vraiment lamentable!
II. *Adv* ❶ *(würdig)* avec solennité
❷ *(nachdrücklich) erklären, beteuern* solennellement
Feierlichkeit <-, -en> *f* ❶ **kein** *Pl eines Anlasses, Augenblicks, einer Handlung* solennité *f*

F

② *meist Pl (Feier)* festivités *fpl*
feiern ['faɪɐn] **I.** *tr V* ① *(veranstalten)* fêter *Fest, Anlass, Geburtstag;* organiser *Party;* **das muss gefeiert werden!** ça se fête!
② *(umjubeln)* fêter *Sieger, Held*
II. *itr V* faire la fête; *(eine Fete organisieren)* faire une fête
Feierstunde *f* cérémonie *f* **Feiertag** *m* jour *m* férié; **gesetzlicher/kirchlicher ~** jour férié légal/religieux; **schöne ~e!** |passe/passez de joyeuses fêtes| **feiertags** *Adv* les jours fériés; **sonn- und ~** les dimanches et jours fériés
feig[e] I. *Adj* lâche; **du ~es Schwein!** *pej vulg* espèce de couille molle! *(vulg)*
II. *Adv* lâchement
Feige ['faɪɡə] <-, -n> *f (Frucht)* figue *f; (Baum)* figuier *m*
Feigenbaum *m* figuier *m* **Feigenblatt** *nt* ① BOT feuille *f* de figuier ② KUNST feuille *f* de vigne
Feigheit ['faɪkhaɪt] <-> *f* lâcheté *f*
Feigling ['faɪklɪŋ] <-s, -e> *m* lâche *mf;* **du ~!** espèce de lâche!
feil *Adj* ① *pej geh Mensch* vénal(e)
② *veraltet Gegenstand* **~ sein** être en vente
feil|bieten *tr V unreg geh* mettre en vente
Feile ['faɪlə] <-, -n> *f* lime *f*
feilen ['faɪlən] **I.** *tr V* limer
II. *itr V (vervollkommnen)* **an etw** *(Dat)* **~** peaufiner qc
feilschen ['faɪlʃən] *itr V pej* marchander; **mit jdm um etw ~** marchander qc avec qn
fein [faɪn] **I.** *Adj* ① *(nicht grob) Mehl, Wurst* fin(e); *Zucker* en poudre
② *(dünn, zart) Haar, Linie, Gesicht, Hände* fin(e)
③ *(erlesen) Duft, Geruch, Geschmack* subtil(e); *Wein, Gericht, Gebäck* fin(e); **etwas Feines** quelque chose d'exquis; **das Feinste vom Feinsten** le fin du fin; **vom Feinsten** ce qu'il y a de plus raffiné(e); **Jazz vom Feinsten** le meilleur du jazz
④ *fam (anständig) Person, Charakter* sympa *(fam),* sympathique; *iron Freund, Helfer, Verwandte* drôle de *antéposé*
⑤ *(scharf) Gehör, Nase* fin(e)
⑥ *(vornehm)* distingué(e); **jd ist sich** *(Dat)* **zu ~ dafür etw zu tun** ce serait trop demander à qn de faire qc
⑦ *(dezent) Humor, Ironie* fin(e)
⑧ *(sehr gut)* **~!** super! *(fam)*
▶ **~ [he]raus sein** *fam* ne pas avoir à se plaindre
II. *Adv* ① *Kinderspr.* **sei ~ artig** [*o* **brav**]! sois bien sage!
② *(schön)* **sich ~ machen** se faire beau(belle)
③ *(genau) einstellen* d'une manière précise; *herausarbeiten* de façon détaillée
④ *a.* GASTR *mahlen, hacken* fin; **~ gemahlen** moulu(e) fin; **~ geschnitten** *Kräuter* coupé(e) fin; *fig Gesicht* fin(e)
Feinabstimmung *f* réglage *m* **Feinarbeit** *f* fignolage *m* **Feinblech** *nt* TECH tôle *f* fine
Feind(in) [faɪnt] <-[e]s, -e> *m(f)* ennemi(e) *m(f);* **jdn zum ~ haben** s'être fait un(e) ennemi(e) de qn; **sich** *(Dat)* **jdn zum ~ machen** se faire un(e) ennemi(e) de qn; **sich** *(Dat)* **~e schaffen** se faire des ennemi(e)s
▶ **viel ~ viel Ehr** c'est l'indifférence qui est le pire ennemi; **ran an den ~!** *fam* allez, on se secoue! *(fam)*
Feindbild *nt* spectre *m;* **das sind die neuen ~er dieser Partei** ce sont les nouvelles têtes de Turc de ce parti
feindlich I. *Adj* ① MIL ennemi(e)
② *(feindselig)* hostile
II. *Adv* **einer S.** *(Dat)* **gegenüber ~ eingestellt sein, einer S.** *(Dat)* **~ gegenüberstehen** être [*o* se montrer] hostile à |l'égard de| qc
Feindschaft <-, -en> *f (feindliche Haltung)* hostilité *f; (feindliches Verhältnis)* haine *f;* **mit jdm in ~ leben** être en guerre perpétuelle avec qn
feindselig ['-ze:lɪç] **I.** *Adj* hostile **II.** *Adv ansehen* de travers; **er hat sich ausgesprochen ~ verhalten** il s'est montré particulièrement hostile **Feindseligkeit** <-, -en> *f* ① *kein Pl* hostilité *f* ② *Pl* MIL hostilités *fpl*
Feineinstellung *f* TECH, RADIO réglage *m* précis
feinfühlig I. *Adj* ① *(taktvoll)* qui a du tact
② *(empfindsam)* sensible; *Interpretation* d'une grande sensibilité
II. *Adv interpretieren, argumentieren* avec une grande sensibilité
Feingefühl *nt kein Pl (Fingerspitzengefühl)* tact *m,* doigté *m; (Feinfühligkeit)* sensibilité *f,* délicatesse *f* **Feingehalt** *m einer Legierung* titre *m*
feingemahlen *s.* **fein II.**④
feingeschnitten *s.* **fein II.**④
feinglied[e]rig *Adj* gracile *(littér); Gestalt, Wuchs* élancé(e)
Feingold *nt or m* fin
Feinheit <-, -en> *f* ① *a. fig* finesse *f*
② *Pl (Nuancen)* finesses *fpl*
feinkörnig *Adj Sand, Salz, Zucker* fin(e); *Film* à grain fin
Feinkost *f* épicerie *f* fine
Feinkostgeschäft *nt* épicerie *f* fine

fein|machen *s.* **fein II.**②
feinmaschig *Adj Strickwaren, Draht, Netz* aux mailles serrées; *Sieb* fin(e)
Feinmechanik *f* mécanique *f* de précision **Feinmechaniker(in)** *m(f)* mécanicien(ne) *m(f)* de précision
feinporig *Adj* microporeux(-euse)
Feinschmecker(in) <-s, -> *m(f)* gourmet *m*
Feinsilber *nt* argent *m* fin
feinsinnig ['faɪnzɪnɪç] *Adj geh* subtil(e)
Feinstruktur *f* structure *f* constitutive **Feinstrumpfhose** *f* collant *m* fin **Feinunze** *f* once *f* troy **Feinwäsche** *f* linge *m* délicat **Feinwaschmittel** *nt* lessive *f* basse température
feist [faɪst] *Adj pej* gras(se)
Feitel ['faɪtəl] <-s, -n> *m* A *(Taschenmesser)* canif *m*
feixen ['faɪksən] *itr V fam* ricaner; **das Feixen** les ricanements *mpl*
Felchen ['fɛlçən] <-s, -> *m* ZOOL corégone *m*
Feld [fɛlt] <-[e]s, -er> *nt* ① *kein Pl (offenes Gelände)* campagne *f;* **auf freies** [*o* **offenes**] **~ treten** arriver en rase campagne
② *(Acker)* champ *m;* **das ~/die ~er bestellen** cultiver le champ/les champs
③ *(abgeteilte Fläche) eines Formulars* cadre *m; eines Spielbretts* case *f; des Wappens* champ *m*
④ *(Spielfeld)* terrain *m*
⑤ *kein Pl veraltet (Kriegsschauplatz)* champ *m* de bataille
⑥ *(Bereich)* domaine *m*
⑦ SPORT peloton *m*
⑧ PHYS champ *m*
▶ **ein weites ~ sein** être un vaste sujet; **das ~ behaupten** occuper le terrain; MIL rester maître du champ de bataille; **etw ins ~ führen** *geh* avancer qc; **das ~ räumen** *(Platz machen)* libérer le terrain; *(aufgeben)* capituler; **jdn aus dem ~ schlagen** évincer qn; **jdm/einer S. das ~ überlassen** laisser le champ libre à qn/qc; **gegen jdn/etw zu ~e ziehen** *geh* faire campagne contre qn/qc
Feldahorn *m* érable *m* champêtre **Feldarbeit** *f* travail *m* des champs [*o* agricole] **Feldbett** *nt* lit *m* de camp **Feldblume** *f* fleur *f* des champs **Feldflasche** *f* gourde *f* **Feldforschung** *f* recherches *fpl* sur le terrain **Feldfrucht** *f* AGR produit *m* agricole [*o* de la terre] **Feldgeistliche(r)** <-n, -n> *f(m) dekl wie Adj* MIL aumônier *m* militaire **Feldhase** *m* lièvre *m* **Feldherr(in)** *m(f)* général(e) *m(f)* en chef **Feldheuschrecke** *f* sauterelle *f* verte **Feldhockey** *nt* SPORT hockey *m* **Feldjäger(in)** *m(f)* MIL ① *(Soldat)* soldat(e) *m(f)* de la police militaire ② *Pl* **die ~** la police militaire **Feldküche** *f* cuisine *f* roulante **Feldlazarett** *nt* hôpital *m* de campagne **Feldmarschall(in)** *m(f)* feld-maréchal(e) *m(f)*
Feldmaus *f* campagnol *m* **Feldpost** *f* poste *f* militaire **Feldrain** *m* lisière *f* d'un champ **Feldsalat** *m* mâche *f* **Feldspat** ['fɛltʃpa:t] *m* feldspath *m* **Feldstärke** *f* intensité *f* de champ **Feldstecher** ['fɛltʃtɛçɐ] <-s, -> *m* jumelles *fpl* **Feldstudie** *f* étude *f* sur le terrain **Feldversuch** *m* essai *m* in situ **Feldwebel(in)** ['fɛltve:bəl] <-s, -> *m(f)* feldwebel *m; (in der französischen Armee)* adjudant(e) *m(f)* **Feldweg** *m* chemin *m* de terre **Feldweibel(in)** <-s, -> *m(f)* CH *s.* Feldwebel **Feldzug** *m* campagne *f*
Felge ['fɛlɡə] <-, -n> *f* ① jante *f*
② SPORT tour *m* d'appui
Felgenbremse *f* frein *m* sur jante
Fell [fɛl] <-[e]s, -e> *nt (Tierhaut)* pelage *m; der Katze, des Hundes* poil *m; des Pferds* robe *f; des Schafs* toison *f;* **dem Hasen das ~ abziehen** dépouiller le lièvre
▶ **jdm das ~ über die Ohren ziehen** *fam* doubler qn *(fam);* **ein dickes ~ haben** *fam* être blindé(e) *(fam);* **jdm das ~ gerben** [*o* **versohlen**] *fam* flanquer une raclée à qn *(fam);* **jdn** [*o* **jdm**] **juckt das ~** *fam* qn cherche une raclée *(fam);* **jdm schwimmen die ~e davon** *fam* qn voit fondre ses espérances |comme neige au soleil|
Fellache [fɛˈlaxə] <-n, -n> *m,* **Fellachin** *f* fellah *mf*
Fellmütze *f* toque *f* de fourrure
Fels [fɛls] <-ens, -en> *m* ① *(Felsen)* rocher *m*
② *(Gestein)* roche *f*
Felsblock <-blöcke> *m* bloc *m* de pierre **Felsbrocken** *m* fragment *m* de roche
Felsen ['fɛlzən] <-s, -> *m* rocher *m*
felsenfest I. *Adj* inébranlable **II.** *Adv überzeugt sein* absolument; *glauben* dur comme fer; *sich verlassen* tout à fait **Felsengebirge** *nt* montagnes *fpl* rocheuses
Fels[en]riff *nt* récif *m* **Fels[en]schlucht** *f* gorge *f* taillée dans le roc
Felsgestein *nt* roche *f*
felsig ['fɛlzɪç] *Adj Küste* rocheux(-euse); *Gegend, Landschaft* couvert(e) de rochers
Felsmalerei *f* peinture *f* rupestre **Felsmassiv** *nt* massif *m* rocheux **Felsspalte** *f* crevasse *f* **Felsvorsprung** *m* saillie *f* rocheuse **Felswand** *f* paroi *f* rocheuse

Feme ['feːmə] <-, -n> f, **Fem[e]gericht** nt HIST [Sainte-]Vehme f
Fememord m exécution f [sommaire] [o liquidation f] d'un(e) traître
feminin [femi'niːn] Adj ❶ GRAM féminin(e)
❷ geh (fraulich) féminin(e); pej Mann efféminé(e)
Femininum ['feːminiːnʊm] <-s, Feminina> nt féminin m
Feminismus [femi'nɪsmʊs] <-> m féminisme m
Feminist(in) [femi'nɪst] <-en, -en> m(f) féministe mf
feministisch Adj féministe
Fenchel ['fɛnçəl] <-s> m fenouil m
Fenchelöl nt kein Pl huile f de fenouil
Feng-Shui, Fengshui [fɛŋ'ʃui] <-> nt feng shui m
Fenster ['fɛnstɐ] <-s, -> nt a. INFORM fenêtre f
▶ weg vom ~ **sein** fam être hors circuit (fam); Sänger, Künstler: ne plus être dans le coup (fam)
Fensterbank <-bänke> f, **Fensterbrett** nt tablette f d'appui

Land und Leute
Les *Fenster* des maisons allemandes sont très différentes des fenêtres telles qu'on les connaît en France : elles ont rarement des volets et si l'on ne veut pas les ouvrir en grand, il est possible de les entrebâiller en les faisant basculer. Leurs rideaux sont souvent découpés en arc de cercle afin de mieux laisser passer la lumière du jour et de ménager un espace permettant de mieux apprécier, de l'extérieur, les décorations de la **Fensterbank**, une petite planche en bois ou en marbre fixée à l'intérieur et sur laquelle on pose des plantes, des figurines ou des napperons faits main.

Fensterbriefumschlag m enveloppe f à fenêtre **Fensterbrüstung** f appui m de fenêtre **Fensterflügel** m battant m de fenêtre **Fensterfront** f façade f toute en fenêtres **Fenstergitter** nt barreaux mpl de fenêtre **Fensterglas** nt verre m à vitre **Fenstergriff** m poignée f de fenêtre **Fensterheber** ['fɛnstehɛːbɐ] <-s, -> m lève-glace m **Fensterkitt** m mastic m **Fensterkreuz** m croisée f de fenêtre **Fensterkurbel** f AUT manivelle f de lève-glace **Fensterladen** m volet m **Fensterleder** nt peau f de chamois
fensterln ['fɛnstɐln] itr V SDEUTSCH, A passer par la fenêtre pour rejoindre sa bien-aimée
fensterlos Adj sans fenêtre
Fensternische f embrasure f **Fensterplatz** m place f côté fenêtre **Fensterputzer(in)** <-s, -> m(f) laveur(-euse) m(f) de carreaux **Fensterrahmen** m châssis m de fenêtre **Fensterscheibe** f vitre f **Fenstersims** m o nt rebord m de fenêtre **Fensterstock** m A s. Fensterrahmen **Fenstersturz** m ❶ CONSTR linteau m de fenêtre ❷ (Sturz aus einem Fenster) chute f par la fenêtre; **der Prager** ~ HIST la défenestration de Prague **Fenstertechnik** f INFORM système m de fenêtres
Ferialarbeit [fe'riaːl-] f A s. Ferienarbeit **Ferialtag** m A s. Ferientag
Ferien ['feːriən] Pl vacances fpl; eines Werks, Geschäfts fermeture f annuelle; **die großen** ~ les grandes vacances; **in die ~ fahren** partir en vacances; ~ **haben** être en vacances
Ferienarbeit f job m de vacances **Ferienaufenthalt** m séjour m de vacances; **ich kenne diese Stadt von einem** ~ je connais cette ville pour y avoir passé des vacances **Ferienbeginn** m début m des vacances **Feriendorf** nt village-vacances m **Feriengast** m vacancier(-ière) m(f) en pension **Ferienhaus** nt maison f de vacances **Ferienjob** m job m de vacances **Ferienkurs** m cours m de vacances **Ferienlager** nt camp m de vacances **Ferienort** m lieu m de vacances [o de villégiature] **Ferienparadies** nt paradis m pour vacanciers **Ferienreise** f voyage m touristique [o de vacances] [o d'agrément]; **wir haben eine ~ gemacht** nous avons fait du tourisme pendant les vacances **Ferienschluss** m fin f des vacances **Ferientag** m jour m de vacances; **am ersten/letzten ~** le premier/dernier jour des vacances **Ferienwohnung** f appartement m de vacances **Ferienzeit** f [période f des] vacances fpl
Ferkel ['fɛrkəl] <-s, -> nt ❶ ZOOL porcelet m
❷ pej fam (unsauberer Mensch) cochon(ne) m(f) (fam); **du ~ !** espèce de cochon! (fam); **was bist du doch für ein ~ !** quel cochon tu fais! (fam)
Ferkelei <-, -en> f pej fam cochonnerie f (fam)
ferkeln itr V ❶ ZOOL Sau: mettre bas
❷ pej fam Person: faire des cochonneries (fam)
Fermate [fɛr'maːtə] <-, -n> f MUS point m d'orgue
Ferment [fɛr'mɛnt] <-s, -e> nt veraltet ferment m
fern [fɛrn] I. Adj ❶ (räumlich) Gegend, Land, Geräusch, Lachen lointain(e); Gewitter, Donnern au loin
❷ (zeitlich) loin attrib; **der Tag ist nicht mehr ~, an dem ...** le jour n'est plus loin où ...; **aber in nicht [all]zu ~er Zeit** mais dans un avenir assez proche
II. Adv loin; ~ **von jdm/etw** loin de qn/qc; **von ~** de loin; **von ~ betrachtet** avec du recul
▶ **das sei ~ von mir!** tu n'y penses pas!/vous n'y pensez pas!
Fernabfrage f interrogation f à distance; **Anrufbeantworter mit ~** répondeur m interrogeable à distance **Fernamt** nt HIST central m [téléphonique], commutateur m téléphonique manuel **Fernbedienung** f télécommande f **fern|bleiben** itr V unreg + sein geh ne pas venir; [der Arbeit/dem Unterricht] ~ ne pas venir [au travail/au cours]; **einer Konferenz/Veranstaltung ~** ne pas prendre part à une conférence/une manifestation **Fernbleiben** <-s> nt absence f **Fernblick** m panorama m, vue f panoramique
ferne Adv veraltet poet s. fern
Ferne ['fɛrnə] <-> f ❶ (Entfernung) lointain m; **in der ~** au loin; **eine Brille für die ~** des lunettes pour voir de loin; **in weiter ~ liegen** être encore très loin; **den Blick weit in die ~ schweifen lassen** promener son regard dans le lointain
❷ geh (ferne Länder) vaste monde m (littér); **in der ~** (in der Fremde) loin du pays natal
ferner ['fɛrnɐ] I. Adj Komp von **fern**
II. Adv encore et toujours; **es wird sich auch ~ nichts daran ändern** cela restera toujours ainsi à l'avenir
▶ **unter ~ liefen** fam dans la catégorie "ne fait pas le poids"
III. Konj de plus
fernerhin veraltet geh s. ferner II., III.
Fernexpress[zug]RR m express m **Fernfahrer(in)** m(f) routier(-ière) m(f) **Fernfahrt** f trajet m de longue distance **Fernflug** m vol m long-courrier **Ferngas** nt gaz m de ville **Ferngespräch** nt communication f à moyenne et grande distance [o hors circonscription] **Fernglas** nt [paire f de] jumelles fpl **fern|gucken** itr V fam regarder la télé
fern|halten tr, r V unreg sich von jdm/etw ~ (aus einer Gefahr heraus) ne pas s'approcher de qn/qc; (aus Antipathie) éviter de fréquenter qn/qc; **jdn von jdm/von Drogen ~** tenir qn éloigné(e) de qn/de la drogue; **die Tiere vom Menschen/vom Hof ~** tenir les animaux à l'écart des êtres humains/de la ferme
Fernheizung f chauffage m à distance [o à distribution collective] **Fernkopie** s. Telefax **Fernkopierer** m TELEC télécopieur m **Fernkurs[us]** m cours m par correspondance **Fernlastkehr** m camionnage m, transport m routier longue distance **Fernlastzug** m poids m lourd **Fernlehrgang** m téléenseignement m **Fernleihe** ['fɛrnlaɪə] f prêt m inter-bibliothèque **Fernleitung** f circuit m interurbain **fern|lenken** tr V téléguider; **ferngelenkt werden** être téléguidé(e) **Fernlenkung** f téléguidage m; **mit ~** téléguidé(e) **Fernlicht** nt phares mpl; **mit ~ fahren** rouler en phares; **[das] ~ anhaben** être en phares
fern|liegen itr V unreg, unpers **etw liegt jdm fern** qc ne viendrait pas à l'esprit de qn; **es liegt jdm fern etw zu tun** il n'est pas dans les intentions de qn de faire qc; **nichts liegt mir ferner als zu gehen** loin de moi l'idée de partir; **dieser Gedanke liegt nicht fern** cette pensée s'impose
Fernmeldeamt nt centre m télécoms (fam) **Fernmeldedienst** m service m des télécommunications **Fernmeldegebühren** Pl (auf der Telefonrechnung) taxe f téléphonique; (Preisliste) tarifs mpl télécoms **Fernmeldesatellit** m satellite m de télécommunications **Fernmeldetechnik** f kein Pl télécommunications fpl **Fernmeldeturm** m tour-relais f de télécommunication **Fernmeldewesen** nt TELEC télécommunications fpl
fernmündlich I. Adj form téléphonique II. Adv form par téléphone
Fernost ['fɛrn'ʔɔst] kein Art in/nach ~ en Extrême-Orient **fernöstlich** Adj d'Extrême-Orient **Fernrohr** nt télescope m **Fernruf** m form numéro m de téléphone; (auf Briefbögen, Visitenkarten) téléphone m **Fernschreiben** nt télex m **Fernschreiber** m téléscripteur m
Fernsehabend m soirée f télé **Fernsehansager(in)** m(f) speaker(-ine m/f, présentateur(-trice) m(f) télé (fam) **Fernsehansprache** f allocution f télévisée **Fernsehanstalt** f société f de télévision **Fernsehantenne** f antenne f de télévision **Fernsehapparat** m form poste m de télévision, téléviseur m **Fernsehauftritt** m passage m à la télévision **Fernsehbericht** m reportage m télévisé **Fernsehbild** nt [-[e]s> nt image f télévisée; **ein gutes/schlechtes ~ empfangen** avoir une bonne/mauvaise réception **Fernsehduell** nt duel m télévisé
fern|sehen itr V unreg regarder la télévision; **die Zeit mit Fernsehen verbringen** passer son temps devant la télé **Fernsehen** <-s> nt télévision f; **im ~** à la télévision; **beim ~ arbeiten** [o sein] travailler à la télé[vision]; **jd/etw kommt im ~** qn passe/il y a qc à la télé[vision] **Fernseher** <-s, -> m fam télé f (fam); **vor dem ~ sitzen** fam être collé(e) devant la télé (fam)
Fernsehfilm m téléfilm m **Fernsehgebühren** Pl redevance f télé (fam) **Fernsehgerät** nt form téléviseur m, télévision f **Fernsehgesellschaft** <-> f société f gavée de télé **Fernsehjournalist(in)** [-ʒʊrnaˈlɪst] m(f) journaliste mf de télévision

Fernsehkamera f caméra f de télévision **Fernsehkoch** m, **-köchin** f animateur(-trice) m(f) gastronomique (à la télé) **Fernsehprogramm** nt ① (Kanal) chaîne f de télévision ② (Programm im Fernsehen) programme m de télévision ③ (Programmheft) programme m de la télé **Fernsehrechte** Pl droits mpl télévisuels [o de diffusion télévisée] **Fernsehreportage** [-taːʒə] f reportage m télévisé **Fernsehsatellit** m satellite m de télédiffusion **Fernsehsender** m émetteur m de télévision **Fernsehsendung** f émission f de télévision **Fernsehserie** [-riə] f (Fortsetzungsreihe) série f [télévisée]; (Fortsetzungsserie) feuilleton m [télé] **Fernsehspiel** nt téléfilm m **Fernsehspot** m spot m[publicitaire] télévisé **Fernsehstudio** nt studio m de télévision **Fernsehtechniker(in)** m(f) technicien(ne) m(f) de la télévision **Fernsehturm** m tour f de télévision **Fernsehübertragung** f retransmission f télévisée **Fernsehwerbung** f publicité f télévisée **Fernsehzeitschrift** f programme m de télévision **Fernsehzuschauer(in)** m(f) téléspectateur(-trice) m(f)
Fernsicht f vue f; **eine gute/schlechte ~ haben** avoir une bonne/mauvaise vue
Fernsprechansagedienst m form kiosque m téléphonique **Fernsprechauskunft** f kein Pl service m des renseignements téléphoniques **Fernsprecher** <-s, -> m form téléphone m **Fernsprechgebühren** Pl (Preisliste) tarifs mpl des communications; (auf der Telefonrechnung) redevance f [o taxe f] téléphonique **Fernsprechgebührenzähler** m compteur m d'impulsions **Fernsprechnetz** nt TELEC réseau m téléphonique **Fernsprechteilnehmer(in)** m(f) abonné(e) m(f) du téléphone **Fernsprechzelle** f cabine f téléphonique
fern|stehen itr V unreg **jdm ~** être étranger(-ère) à qn; **einer S.** (Dat) ~ ne rien avoir à voir avec qc
fern|steuern tr V (fernbedienen) télécommander; (fernlenken) téléguider; **ferngesteuert werden** être télécommandé(e)/téléguidé(e) **Fernsteuerung** f ① (das Fernsteuern) téléguidage m ② (Gerät) télécommande f; **~ haben** fonctionner avec une télécommande **Fernstraße** f grande route f **Fernstudium** nt cours m universitaire à distance [o par correspondance] **Ferntransport** m transports mpl longue distance **Fernüberwachung** f télécontrôle m **Fernuniversität** f institut m universitaire de téléenseignement **Fernunterricht** m téléenseignement m **Fernverkehr** m trafic m routier sur les grands axes; EISENBAHN trafic grandes lignes **Fernverkehrsstraße** f AUT s. Fernstraße **Fernwärme** f chauffage m urbain **Fernweh** ['fɛrnveː] <-s> nt geh besoin m de courir le monde (soutenu) **Fernwirkung** f effet m à distance **Fernziel** m but m lointain **Fernzug** m train m de grande ligne
Ferromagnetismus ['fɛro-] <-> m PHYS ferromagnétisme m
Ferse ['fɛrzə] <-, -n> f talon m
▶ **sich an jds ~n heften, sich jdm an die ~n hängen** ne pas lâcher qn d'une semelle; **jdm auf den ~n sein** [o **bleiben**] être sur les talons de qn
Fersenbein nt calcanéum m **Fersengeld** ▶ **~ geben** fam foutre le camp (fam)
fertig ['fɛrtɪç] I. Adj ① (abgeschlossen) Arbeit, Manuskript, Bau terminé(e); **~ werden** finir; **etw ~ haben, mit etw ~ sein** avoir fini qc; **wann bist du endlich mit dieser Arbeit ~?** mais enfin! quand auras-tu fini ce travail?
② (zubereitet) Speise prêt(e)
③ (bereit) **~ zum Aufbruch** prêt(e) à partir
④ (ausgereift) Person adulte
⑤ (ausgebildet) Jurist diplômé(e); Künstler en pleine maturité
⑥ fam (zerstritten) **mit dem Partner ~ sein** ne plus rien avoir à faire avec le partenaire; **mit der Familie ~ sein** être brouillé(e) avec la famille
▶ **~ sein** fam (erschöpft) être crevé(e) (fam); (verblüfft) être scié(e) (fam)
II. Adv ① (vollendet) **etw ~ machen** faire qc; **in einer Stunde habe ich Ihnen das ~ gemacht** vous aurez ça dans une heure; **ich mache Ihnen das bis Freitag ~** je vous fais ça pour vendredi; **mit etw ~ werden** finir qc
② (bereit) **sich ~ machen** se préparer
Fertigbau <-bauten> m ① kein Pl (Bauweise) préfabriqué m ② (Gebäude) construction f préfabriquée **Fertigbauweise** <-> f construction f en préfabriqué
fertig|bekommen* tr V unreg **etw ~** arriver à faire qc; **es ~ zu tun** arriver à faire qc; **er hat noch nie etwas ~** il n'est jamais arrivé à rien
fertig|bringen tr V unreg **etw ~** arriver à faire qc; **es ~ etw zu tun** arriver à faire qc; **der bringt es noch fertig und macht seine Drohung wahr** il est capable, à force, de mettre sa menace à exécution!; **er brachte das Wunder fertig, den Streit zu schlichten** il a réussi l'exploit de régler le différend; **der bringt das fertig!** iron fam il le fera!

fertigen ['fɛrtɪɡən] tr V form fabriquer; **~ lassen** faire fabriquer; **etw im Ausland ~ lassen** transférer la production de qc à l'étranger
Fertiggericht nt plat m préparé [o cuisiné] **Fertighaus** nt maison f préfabriquée
Fertigkeit <-, -en> f ① kein Pl (Geschicklichkeit) adresse f ② Pl (Fähigkeiten) aptitudes fpl
fertig|kriegen tr V fam **etw ~** arriver à faire qc; **es ~ etw zu tun** arriver à faire qc
fertig|machen tr V fig **jdn ~** ① fam (zermürben) Person: mettre qn dans un état effroyable [o épouvantable]; Situation, Gedanke: démolir [o tuer] qn; **jdn so ~, dass** mettre qn dans un tel état que + indic
② sl (zusammenschlagen) casser la gueule à qn (pop)
Fertignahrung f GASTR prêt-à-consommer m **Fertigprodukt** nt produit m fini
fertig|stellen tr V **etw ~** finir qc
Fertigstellung f kein Pl achèvement m; **bei pünktlicher ~ der Arbeit** si le travail est fini dans les délais
Fertigteil nt élément m préfabriqué
Fertigung <-, -en> f fabrication f, production f
Fertigungskosten Pl coûts mpl de production **Fertigungsprozess**RR m processus m de fabrication **Fertigungsstraße** f chaîne f de production **Fertigungstechnik** f technique f de production
fertig|werden itr V fig **mit jdm ~** arriver à tenir qn; **mit etw ~** venir à bout de qc
Fes[1] [fɛs] <-, -> nt MUS fa m bémol
Fes[2] <-es, -e> m fez m
fesch[1] [fɛʃ] Adj SDEUTSCH fam chouette (fam)
fesch[2] Adj ① (hübsch) joli(e)
② (nett) **sei ~!** sois sympa! (fam)
Feschak ['fɛʃak] <-s, -s> m A fam (Schönling) beau m
Fessel ['fɛsəl] <-, -n> f ① (Band, Schnur) lien m; (Kette) chaîne f; **jdn in ~n legen** [o **schlagen** liter] mettre qn aux fers (littér)
② ANAT einer Person attaches fpl (soutenu); eines Pferds paturon m (soutenu)
Fesselballon [-balɔn, -balɔːn, -balʃː] m ballon m captif
fesseln ['fɛsəln] tr V ① (mit Fesseln binden) attacher; **jdn mit etw ~** attacher qn avec qc; **jdn an einen Pfahl/einen Stuhl ~** attacher qn à un piquet/une chaise; **jdn an den Händen/den Füßen ~** attacher les mains/les pieds à qn; **an den Rollstuhl/das Bett gefesselt sein** fig être cloué(e) à son fauteuil roulant/au lit
② geh (binden) **jdn an sich ~** (Akk) ~ s'attacher qn
③ (faszinieren) **jdn ~** Buch, Film, Beschäftigung: captiver qn; Anblick: envoûter qn; Stimme, Verhalten, Blick: attirer qn; Handlung, Darstellung: passionner qn
fesselnd Adj Bericht, Buch, Film passionnant(e); Person, Anblick fascinant(e)
fest [fɛst] I. Adj ① (hart, nicht flüssig) solide; **~ werden** Lava: se solidifier
② (endgültig) Entschluss, Entscheidung, Zusage ferme; Absicht ferme antéposé; Plan, Vorhaben bien arrêté(e); **~ sein** être définitif(-ive)
③ (kräftig) Händedruck, Griff ferme
④ (tief) Schlaf profond
⑤ (nicht locker) Verband, Knoten serré(e)
⑥ (ständig, dauerhaft) Anstellung définitif(-ive); Position, Stellung stable; Mitarbeiter, Wohnsitz permanent(e); Kosten, Einkommen fixe; Bindung, Beziehung sérieux(-euse); **einen ~en Freund/eine ~e Freundin haben** avoir un ami/une amie avec qui c'est sérieux
II. Adv ① (kräftig) fort; **~ mit anpacken** donner un bon coup de main
② (nicht locker) anziehen, zudrehen à fond; verschnüren, verknoten, zubinden solidement; verbinden serré
③ (nachdrücklich) versprechen, zusagen formellement; **~ davon überzeugt sein, dass** être absolument persuadé(e) que + indic; **ich glaube ~ daran, dass** je crois fermement que + indic
④ (klar, genau) **~ umrissen** bien précis(e)
⑤ (dauernd) anlegen à terme fixe; anstellen, vereinbaren définitivement; **~ angestellt** sous contrat à durée indéterminée; **~ im Tarifvertrag geregelt sein** être fixé(e) par la convention collective
⑥ (tief) schlafen profondément
⑦ BÖRSE **die Aktien liegen etwas ~er** le cours des actions s'est consolidé
Fest <-[e]s, -e> nt fête f; **ein ~ geben** faire une fête; **bewegliches/unbewegliches ~** fête mobile/fixe; **frohes ~!** joyeuse fête!
▶ **man soll die ~e feiern, wie sie fallen** Spr ce n'est pas tous les jours qu'on peut en profiter
Festakt m cérémonie f
Festangebot nt offre f ferme
festangestellt s. fest II.⑤
Festangestellte(r) f(m) dekl wie Adj employé(e) m(f) sous contrat à durée indéterminée

Festansprache s. Festrede
fest|beißen r V unreg ❶ sich ~ s'accrocher; **sich an jdm/etw ~** s'accrocher avec ses dents à qn/qc
❷ fig sich [an etw (Dat)] ~ Person: s'accrocher sur qc
Festbeleuchtung f éclairage m des grandes occasions; **was soll denn diese ~?** hum fam en quel honneur cet éclairage des grands jours?
fest|binden tr V unreg attacher; **jdn/etw an etw (Dat) ~** attacher qn/qc à qc **fest|bleiben** itr V unreg + sein se montrer ferme
feste Adv fam mithelfen, feiern, essen vachement (fam); arbeiten drôlement (fam); **immer ~ druff!** vas-y! tape-lui dessus! (fam)
Feste <-, -n> f veraltet s. Festung
Festessen nt banquet m
fest|fahren r V unreg ❶ (stecken bleiben) **sich ~** s'enliser; **sich im Sand ~** s'enliser dans le sable ❷ (stagnieren) **sich ~** s'enliser
fest|frieren itr V unreg + sein **etw friert an etw (Dat) fest** le froid colle qc à qc **Festgeld** nt dépôt m à terme fixe
Festgeldanlage f fonds mpl immobilisés **Festgeldkonto** nt compte m de dépôt à terme
fest|haken I. tr V accrocher; **etw an etw (Dat) ~** accrocher qc à qc II. r V **sich an/in etw (Dat) ~** rester accroché(e) à qc
Festhalle f salle f des fêtes
fest|halten unreg I. tr V ❶ retenir; **jdn am Arm/an der Jacke ~** retenir qn par le bras/la veste; **sie hielt seine Hand/seinen Arm fest** elle lui retenait la main/le bras
❷ (konstatieren) **etw ~** mettre qc en exergue; (schriftlich) consigner qc par écrit; **~, dass** faire observer que + indic
II. itr V **an jdm/etw ~** rester fidèle à qn/qc
III. r V **sich an jdm/etw ~** s'accrocher à qn/qc
festigen ['fɛstɪgən] tr, r V [sich] ~ [se] consolider; s. a. gefestigt
Festiger <-s, -> m fixateur m
Festigkeit <-> f ❶ (Stabilität) résistance f
❷ (Unnachgiebigkeit) fermeté f
Festigung <-, -en> f consolidation f
Festival ['fɛstɪvəl, 'fɛstival] <-s, -s> nt festival m
fest|klammern I. tr V fixer avec des pinces; **das Tischtuch am Tisch ~** fixer la nappe à la table avec des pinces; **die Wäsche an die Leine ~** accrocher le linge au fil avec des pinces II. r V **sich an jdm/etw ~** s'agripper à qn/qc **fest|kleben** I. tr V + haben coller II. itr V + sein **an etw (Dat) ~** coller à qc **fest|klemmen** tr V coincer; **etw mit etw ~** coincer qc avec qc **Festkörper** m PHYS [corps m] solide m **Festkörperphysik** f PHYS physique f des solides **Festkosten** Pl coûts mpl fixes **fest|krallen** r V **sich ~** Person: se cramponner; Tier: s'accrocher avec ses griffes; **sich an jdm/etw ~** Person: se cramponner à qn/qc; Tier: s'accrocher avec ses griffes à qn/qc; Raubvogel: s'accrocher avec ses serres à qn/qc **Festland** nt ❶ (Landmasse) continent m ❷ kein Pl (opp: Wasserfläche) continents mpl **Festland[s]sockel** m socle m continental **fest|legen** I. tr V (bestimmen) fixer; **es wird festgelegt, dass** il est convenu que + indic; (in einem Vertrag) il est stipulé que + indic; **im Gesetz festgelegt sein** Rechte: être fixé(e) par la loi II. r V **sich auf etw (Akk) ~** s'engager à propos de qc; **sich nicht ~ lassen** ne pas vouloir s'engager; **ich will mich nicht ~, aber ...** je ne voudrais pas trop m'avancer, mais ... **Festlegung** <-, -en> f eines Themas détermination f; einer Tagesordnung fixation f; eines Programms établissement m
festlich ['fɛstlɪç] I. Adj ❶ (feierlich) Konzert, Anlass solennel(le); Stimmung de fête; **ein ~er Anlass** une cérémonie; **in ~er Stimmung sein** être en veine de réjouissances
❷ (prächtig) Schmuck de fête; Kleidung de cérémonie; Beleuchtung des grands jours; **in ~er Beleuchtung erstrahlen** briller de tous ses feux
II. Adv **~ gekleidet** en habit de cérémonie; **~ geschmückt** décoré(e) de manière solennelle; **etw ~ begehen** geh célébrer qc
Festlichkeit <-, -en> f ❶ (Feier) fête f; **die ~en** les festivités fpl
❷ kein Pl eines Anlasses, einer Veranstaltung caractère m solennel
fest|liegen itr V unreg ❶ (festgesetzt sein) être fixé(e) ❷ (nicht weiterkönnen) être bloqué(e) **fest|machen** I. tr V ❶ (befestigen) fixer; **etw am Zaun/an der Wand ~** (Dat) fixer qc à la clôture/au mur ❷ (vereinbaren) fixer Termin; adopter Vereinbarung; conclure Geschäft; **eine Abmachung schriftlich ~** fixer un arrangement par écrit; **was habt ihr festgemacht?** qu'est-ce que vous avez décidé? ❸ (herleiten) **etw an etw (Dat) ~** mettre qc en rapport avec qc, lier qc à qc; **sie macht ihre Unzufriedenheit an ihrer beruflichen Situation fest** elle attribue [o relie] son insatisfaction à sa situation professionnelle II. itr V (anlegen) **an etw (Dat) ~** accoster qc
Festmahl nt geh banquet m
Festmeter m o nt stère m **fest|nageln** tr V ❶ clouer; **etw an etw (Dat) ~** clouer qc à qc ❷ fam (festlegen) **jdn auf etw (Akk) ~** coincer qn sur qc (fam); **Sie dürfen mich auf diese Aussage ~** ne me faites pas dire ce que n'ai pas dit **Festnahme** f

['fɛstna:mə] <-, -n> f arrestation f; **sich der ~ (Dat) entziehen** échapper à l'arrestation **fest|nehmen** tr V unreg arrêter; **Sie sind festgenommen!** vous êtes en état d'arrestation! **Festnetz** nt réseau m fixe, téléphone m fixe; **vom ~ anrufen** appeler depuis un/son téléphone fixe; **im ~ telefonieren** appeler [o téléphoner] sur le [réseau] fixe; **ist es wirklich billiger, im ~ zu telefonieren?** c'est vraiment moins cher de téléphoner dans le réseau fixe?
Festplatte f INFORM disque m dur
Festplatz m champ m de foire
Festpreis m prix m fixe; (gebundener Preis) prix imposé
Festrede f discours m officiel **Festredner(in)** m(f) orateur(-trice) m(f) [officiel(le)] **Festsaal** m salle f des fêtes
fest|saugen r V Tier: se fixer par ses ventouses; **sich an jdm/etw ~** Tier: se fixer à qn/qc par ses ventouses; **sich an etw (Dat) ~** Staubsauger: coller à qc **fest|schnallen** r V **sich ~** boucler sa ceinture **fest|schrauben** tr V serrer Schraube; revisser lose Schraube; visser Haken; **der Haken ist nicht festgeschraubt** le crochet n'est pas bien vissé **fest|schreiben** tr V unreg programmer Ausgaben, Beitrag, Zahlen; fixer Preis, Mittel; **Abmachungen ~** mettre des conventions par écrit
Festschrift f brochure f commémorative
fest|setzen I. tr V fixer Preis; déterminer Rente, Wert II. r V **sich ~** Staub, Schmutz: s'incruster **Festsetzung** <-, -en> f des Preises fixation f; der Rente, des Einheitswerts liquidation f; des Werts, Streitwerts détermination f
fest|sitzen itr V unreg ❶ (befestigt sein) ne plus bouger; **das sitzt so fest, dass** ça tient tellement bien que + indic ❷ (kleben) Schmutz: être incrusté(e) ❸ (stecken geblieben sein) Fahrer, Fahrzeug: être enlisé(e); Schiff: être immobilisé(e) **Festspeicher** m INFORM mémoire f morte
Festspiele Pl festival m **Festspielhaus** nt palais m des festivals
fest|stecken I. tr V + haben épingler Saum; attacher Haare II. itr V + sein s. festsitzen ❸ **fest|stehen** itr V unreg ❶ (festgelegt sein) Termin, Reihenfolge: être fixé(e) ❷ (unveränderlich sein) Entschluss: être irrévocable; Meinung: être fait(e) ❸ (sicher sein) **es steht fest, dass** il est clair que + indic; **nach diesen Ergebnissen dürfte ~, dass** d'après ces résultats, il est à peu près sûr et certain que + indic; **so viel steht fest, ...** ce qui est clair, c'est que ...
feststehend Adj attr Redewendung tout(e) fait(e); Reihenfolge déterminé(e) **feststellbar** Adj ❶ (arretierbar) doté(e) d'un dispositif de blocage ❷ (herauszufinden) **etw ist ~** qc peut être vérifié(e)
fest|stellen tr V ❶ (ermitteln) établir Sachverhalt, Schuld, Unschuld; **den Namen/die Personalien der Fahrerin ~** identifier la conductrice ❷ (konstatieren) **eine Krankheit/Veränderung bei jdm ~** constater une maladie/un changement chez qn; **~, dass** constater que + indic; **jd muss zu seinem Erstaunen ~, dass** qn doit reconnaître avec étonnement que + indic; **es ist nicht festzustellen, ob** il n'est pas possible de savoir si + indic ❸ (arretieren) bloquer
Feststellschraube f vis f de blocage **Feststelltaste** f touche f verrouillage majuscule
Feststellung f ❶ (Bemerkung) remarque f; **dieser ~ möchte ich widersprechen** permettez-moi de contredire ces déclarations
❷ (Ermittlung) eines Täters identification f; eines Sachverhalts, der Schuld, Unschuld établissement m; **die ~ der Personalien des Fahrzeughalters** l'identification du propriétaire du véhicule
❸ (Bemerken) observation f; (das Bemerken) constatation f; **zu der ~ kommen [o gelangen], dass** en conclure que + indic; **die ~ machen, dass** form arriver à la constatation que + indic (form)
❹ JUR gerichtliche ~ f judiciaire
Feststimmung f einer Gruppe ambiance f [de fête]; (eines Einzelnen) humeur f joyeuse; [schon] **in ~ sein** se réjouir [déjà] **Festtafel** f geh table f des convives **Festtag** m ❶ (Ehrentag) grand jour m ❷ (Feiertag) jour m de fête; **über die ~e** pendant les fêtes; **frohe ~e!** joyeuses fêtes!
Festtagsstimmung s. Feststimmung
fest|treten tr, r V unreg [sich] ~ [se] tasser
festumrissen s. fest II. ❹
Festung ['fɛstʊŋ] <-, -en> f forteresse f
festverzinslich ['fɛstfɛɐ̯tsɪnslɪç] Adj Wertpapier à revenu fixe; Anleihe à taux fixe
Festwiese s. Festplatz **Festwoche** f semaine f de festivités **Festzelt** nt chapiteau m
fest|ziehen tr V unreg serrer; (strammer ziehen) resserrer
Festzug m cortège m
fest|zurren tr V arrimer Boot, Plane; serrer Gurt, Schnur
Fete ['fe:tə, 'fɛ:tə] <-, -n> f fête f; **eine ~ machen [o feiern]** faire une fête
Fetisch ['fe:tɪʃ] <-[e]s, -e> m fétiche m
Fetischismus <-> m fétichisme m
Fetischist(in) <-en, -en> m(f) fétichiste mf
fett I. Adj ❶ (fetthaltig) gras(se)
❷ pej (dick) Person, Tier gros(se) antéposé, énorme; Brocken

bon(ne) *antéposé*; **dieser Karpfen ist ein ~er Brocken** cette carpe est un sacré morceau ❸ TYP gras(se) ❹ *(üppig) Boden, Weide* gras(se); *Beute, Gewinn, Jahre* gros(se) *antéposé* ❺ *sl (hervorragend)* d'enfer *(fam)*. **II.** *Adv* ❶ *kochen, essen* gras ❷ TYP **~ gedruckt** [imprimé(e)] en caractères gras, en gras

Fett <-[e]s, -e> *nt* graisse *f*; **pflanzliches/tierisches ~** graisse végétale/animale; **~ ansetzen** engraisser
▸ **sein ~ abbekommen** [*o* **abkriegen**] *fam* se faire remettre en place *(fam)*; **sein ~ weghaben** *fam* avoir été remis(e) à sa place *(fam)*
Fettabsaugen <-s> *nt* liposuccion *f*, micro-ponction *f* graisseuse **Fettansatz** *m* pli *m* de graisse **Fettarm I.** *Adj* allégé(e) *f*. **II.** *Adv essen, kochen* léger **Fettauge** *nt* rond *m* de graisse; **~n** yeux *mpl* de graisse **Fettbauch** *m pej fam* ❶ *(Bauch)* gros ventre *m* ❷ *(Mensch)* gros *m* plein de soupe *(fam)* **Fettcreme** [-kre:m] *f* crème *f* grasse **Fettdruck** *m* [caractères *mpl*] gras *m*
fetten I. *tr V* graisser
II. *itr V Haut, Haare:* être gras(se); *Creme:* être huileux(-euse)
Fettfilm *m* pellicule *f* de graisse **Fettfleck[en]** *m* tache *f* de graisse
fettgedruckt ['fɛtɡədrʊkt] *s.* **fett II.**❷
Fettgehalt *m* teneur *f* en matières grasses **Fettgewebe** *nt* tissu *m* adipeux [*o* graisseux] **fetthaltig** *Adj* gras(se)
fettig *Adj* gras(se)
Fettkloß *m pej* boule *f* de graisse *(péj)* **Fettleber** *f* cirrhose *f* graisseuse **fettleibig** ['fɛtlaɪbɪç] *Adj geh* obèse **Fettleibigkeit** <-> *f geh* obésité *f* **fettlöslich** *Adj* lipolytique **Fettnäpfchen** ['fɛtnɛpfçən] <-s, -> *nt fam* ▸ **bei jdm ins ~ treten** faire une gaffe avec qn *(fam)* **Fettpolster** *nt fam* bourrelet *m* de graisse **Fettpresse** *f* TECH pompe *f* à graisse **fettreich I.** *Adj* très gras(se) **II.** *Adv sich ernähren* gras **Fettsack** *m sl* gros lard *m (pop)* **Fettsäure** *f* acide *m* gras **Fettstichtest** *f* couche *f* de graisse **Fettstift** *m (für die Lippen)* stick *m* pour les lèvres **Fettsucht** *f kein Pl* obésité *f* **fetttriefend** *Adj* huileux(-euse) **Fettwanst** ['fɛtvanst] *m pej* tas *m* de graisse *(péj fam)*
Fetus ['fe:tʊs] <-[ses], -se *o* Feten> *m* MED fœtus *m*
fetzen ['fɛtsən] **I.** *tr V* arracher; **das Poster von der Wand ~** arracher le poster du mur
II. *itr V* ❶ ▸ **sein** *fam (rasen)* **kurz zum Bäcker ~** foncer en quatrième vitesse chez le boulanger *(fam)*
❷ + **haben** *sl (mitreißen) Musik, Vorstellung, Rede:* déménager *(fam)*
Fetzen <-s, -> *m* ❶ *eines Papiers, Stoffs* lambeau *m*; *der Haut* morceau *m*; *eines Gesprächs, von Musik* bribe *f*; **etw in ~ reißen** déchirer qc en morceaux
❷ *pej sl (billiges Kleid)* fringue *f* de prisu *(pop)*
❸ A *(Putztuch)* serpillière *f*
▸ **dass die ~ fliegen** *fam* arbeiten, loslegen, sich streiten comme un(e) malade/des malades *(fam)*
fetzig *Adj sl Musik* qui déménage *(fam); Frisur, Kleidung* d'enfer *(fam)*
feucht [fɔɪçt] *Adj* humide; **noch ~ sein** *Tinte, Farbe:* ne pas être encore sec(sèche)
Feuchtbiotop *nt o m* BIO biotope *m* humide *(spéc)* **feuchtfröhlich I.** *Adj hum fam Abend* bien arrosé(e) *(fam); Runde, Gesellschaft* joyeux(-euse) **II.** *Adv hum fam* **es ging ziemlich ~ zu** ça a été drôlement arrosé **Feuchtgebiet** *nt* zones *fpl* marécageuses **feuchtheiß** *Adj* chaud(e) et humide
Feuchtigkeit <-> *f* humidité *f*
Feuchtigkeitscreme [-kre:m] *f* crème *f* hydratante **Feuchtigkeitsgehalt** *m der Luft* taux *m* d'humidité
feuchtkalt *Adj* froid(e) et humide **feuchtwarm** *Adj* chaud(e) et humide
feudal [fɔɪ'da:l] *Adj* ❶ HIST féodal(e)
❷ *fam Essen* royal(e) *(fam); Restaurant* de luxe; *Gegend* de riches; *Wohnung* luxueux(-euse)
Feudalherrschaft *f*, **Feudalismus** [fɔɪda'lɪsmʊs] <-> *m* régime *m* féodal
Feuer ['fɔɪɐ] <-s, -> *nt* ❶ feu *m*; **bengalisches ~** feu *m* de Bengale; **das olympische ~** la flamme olympique; **jdm ~ geben** donner du feu à qn; **~ speien** cracher du feu; **~ speiend** *Drache* qui crache du feu; *Vulkan* qui vomit du feu; **~ speiender Berg** volcan *m*; **etw vom ~ nehmen** retirer qc du feu; **etw aufs ~ stellen** mettre qc sur le feu; **am ~** près du feu; **~ an etw** *(Akk)* **legen** mettre le feu à qc
❷ *(Brand)* incendie *m*; **~!** *(es brennt!)* au feu!
❸ *kein Pl* MIL *(Beschuss)* feu *m*, tir *m*; **einstellen** *Militär:* cesser le feu; *Gangster:* arrêter de tirer; **das ~ eröffnen** ouvrir le feu; **~ |frei|! feu!**
❹ *kein Pl (Schwung) einer Frau, des Liebhabers* passion *f*; *eines Pferds, der Jugend* fougue *f*; **sie hat ~** c'est une passionnée
❺ *kein Pl geh (Glanz) eines Blicks* flamme *f (soutenu); eines Diamanten* éclat *m*
▸ **~ und Flamme für jdn/etw sein** *fam* être tout feu tout flamme pour qn/qc; **jdm ~ unter dem Hintern** *fam* [*o* **Arsch** *sl*] **machen** pousser qn aux fesses *fam* [o au cul *pop*]; **ein Gegensatz wie ~ und Wasser sein** être complètement différent(e); **wie ~ brennen** brûler comme le feu; **~ fangen** prendre feu; *fig* s'enflammer; **für jdn durchs ~ gehen** se jeter dans le feu pour qn; **mit dem ~ spielen** jouer avec le feu
Feueralarm *m* alerte *f* au feu **Feueranzünder** *m* allume-feu *m* **Feuerball** *m* boule *f* de feu **Feuerbefehl** *m* MIL ordre *m* de tirer **feuerbereit** *Adj Geschütz* prêt(e) à tirer **feuerbeständig** *Adj Stahltür, Tresor* résistant(e) au feu; *Material* ininflammable **Feuerbestattung** *f* incinération *f*, crémation *f* **Feuerbohne** *f* haricot *m* d'Espagne **Feuereifer** *m* ardeur *f*; **mit ~ spielen** avec enthousiasme; *diskutieren* avec ferveur; **mit ~ bei der Sache sein** montrer une attention zélée **Feuereinstellung** *f* MIL cessez-le-feu *m* **feuerfest** *Adj Geschirr, Glas* résistant(e) aux températures élevées; *Porzellan* à feu **Feuergefahr** *f* danger *m* d'incendie; **bei ~** en cas d'incendie **feuergefährlich** *Adj* [facilement] inflammable **Feuergefecht** *nt* fusillade *f* **Feuerhaken** *m* tisonnier *m* **Feuerherd** *m* foyer *m* d'incendie **Feuerholz** *nt kein Pl* bois *m* de chauffage **Feuerland** <-[e]s> *nt* la Terre de Feu **Feuerleiter** *f eines Gebäudes* échelle *f* de secours; *eines Feuerwehrfahrzeugs* grande échelle [des pompiers] **Feuerlöscher** *m* extincteur *m* **Feuerlöschteich** *m* bassin *m* d'extinction des incendies **Feuermelder** <-s, -> *m* avertisseur *m* d'incendie
feuern I. *itr V* ❶ *(schießen)* faire feu
❷ *(heizen)* **mit Holz ~** se chauffer au bois
II. *tr V* ❶ *(werfen)* **etw in die Ecke ~** *fam* balancer qc dans le coin *(fam)*
❷ *fam (entlassen)* virer *(fam);* **gefeuert werden** se faire virer *(fam)*, être viré(e) *(fam)*
Feuerpause *f* MIL *(vereinbarte Pause)* trêve *f* **Feuerpolizei** *f* sécurité *f* incendie **feuerpolizeilich I.** *Adj Vorschriften, Gutachten* de la sécurité incendie **II.** *Adv verboten* par la sécurité incendie **Feuerprobe** *f fig* épreuve *f* du feu; **die ~ bestehen** faire ses preuves **Feuerqualle** *f* méduse *f* feu **feuerrot** *Adj Haare* rouge feu *inv; Kleidung, Auto* rouge vif *inv;* **~ werden** devenir écarlate **Feuersalamander** *m* salamandre *f*
Feuersbrunst ['fɔɪɐsbrʊnst] *f geh* incendie *m* dévastateur
Feuerschein *m* lueur *f* **Feuerschiff** *nt* bateau-feu *m* **Feuerschlucker(in)** *m(f)* cracheur(-euse) *m(f)* de feu **Feuerschutz** *m* ❶ *(Brandschutz)* protection *f* contre le feu ❷ *(Deckung)* couverture *f*; **jdm ~ geben** couvrir qn **feuersicher** *Adj* ❶ *(feuerfest)* réfractaire, ignifugé(e) ❷ *(geschützt)* ininflammable **feuerspeiend** *s.* **Feuer** ❶
Feuerspritze *f* lance *f* à eau **Feuerstein** *m* ❶ *eines Feuerzeugs* pierre *f* à briquet ❷ MINER silex *m* **Feuerstelle** *f* foyer *m;* (in einem Gebäude) âtre *m*, foyer *m;* (Lagerfeuerreste) restes *mpl* d'un feu **Feuertaufe** *f* MIL baptême *m* du feu **Feuertod** *m* ❶ *(Strafe)* mort *f* sur le bûcher; **den ~ erleiden** mourir sur le bûcher ❷ *geh (Flammentod)* mort *f* par le feu **Feuertreppe** *f* escalier *m* de secours **Feuertür** *f* porte *f* anti-feu
Feuerung <-, -en> *f* ❶ *kein Pl (Brennstoff)* combustible *m* ❷ *(Heizvorrichtung)* chaudière *f*
Feuerversicherung *f* assurance *f* incendie **feuerverzinkt** *Adj* zingué(e) à chaud **Feuerwache** *f* caserne *f* de pompiers **Feuerwaffe** *f* arme *f* à feu **Feuerwasser** *nt fam* gnôle *f (fam)* **Feuerwehr** ['fɔɪɐveːɐ] <-, -en> *f* [sapeurs-]pompiers *mpl*; **die freiwillige ~** les pompiers volontaires ❷ *fam (Nothelfer)* **~ spielen** venir à la rescousse ▸ **fahren wie die ~** *fam* rouler à fond la caisse [*o* à toute berzingue] *(fam)*
Feuerwehrauto *nt* camion *m* de pompiers **Feuerwehrfrau** *f* femme *f* pompier **Feuerwehrleiter** *f* échelle *f* de pompiers **Feuerwehrmann** <-leute *o* -männer> *m* [sapeur-]pompier *m* **Feuerwehrübung** *f* exercice *m* d'alerte au feu
Feuerwerk *nt* feu *m* d'artifice
Feuerwerker(in) <-s, -> *m(f)* artificier *m*
Feuerwerkskörper *m* pièce *f* d'artifice
Feuerzange *f* pincettes *fpl*
Feuerzangenbowle [-boːlə] *f* boisson chaude à base de rhum, de vin rouge et de jus de fruit qu'on fait flamber
Feuerzeug <-[e]s, -e> *nt* briquet *m*
Feuilleton [fœia'tõː, 'fœiatõ] <-s, -s> *nt* pages *fpl* culturelles
Feuilletonist(in) <-en, -en> *m(f)* feuilletoniste *mf*
feurig ['fɔɪrɪç] *Adj* ❶ *(temperamentvoll) Liebhaber* ardent(e); *Blick* enflammé(e); *Pferd* fougueux(-euse)
❷ *veraltet (rot glühend)* ardent(e)
Fez[1] [fe:ts, fɛːs] <-[es], -[e]> *m (Kopfbedeckung)* fez *m*
Fez[2] [fe:ts] <-es> *m fam* blagues *fpl*; **~ machen** faire des blagues
ff. *Abk von* **folgende Seiten** ss.

FH [ɛfˈhaː] *f Abk von* **Fachhochschule** *école supérieure technique*
Fiaker [ˈfjakɐ] <-s, -> *m* A *(Kutsche)* fiacre *m*
Fiasko [ˈfjasko] <-s, -s> *nt* fiasco *m*; **mit etw ein ~ erleben** faire fiasco avec qc
Fibel¹ [ˈfiːbəl] <-, -n> *f* ❶ *veraltet (Lesebuch)* abécédaire *m* ❷ *(Handbuch)* manuel *m*
Fibel² <-, -n> *f* ARCHÄOL fibule *f*
Fiber [ˈfiːbɐ] <-, -n> *f* MED, BIO fibre *f*
Fibrille [fiˈbrɪlə] *f* ANAT fibrille *f*
Fibrin [fiˈbriːn] <-s> *nt* MED fibrine *f*
Fiche [fiːʃ] <-s, -s> *m o nt* microfiche *f*
ficht [fɪçt] *3. Pers Präs von* **fechten**
Fichte [ˈfɪçtə] <-, -n> *f* épicéa *m; (Holz)* sapin *m*
fichten *Adj attr* en [*o* de] sapin
Fichtenholz *nt* [bois *m* de] sapin *m* **Fichtennadel** *f* aiguille *f* de sapin **Fichtennadelextrakt** *m* extrait *m* d'aiguilles de sapin [*o* d'épicéa] **Fichtenwald** *m* sapinière *f* **Fichtenzapfen** *m* pomme *f* de pin
Fick [fɪk] <-s, -s> *m vulg* coup *m (vulg)*
ficken [ˈfɪkən] *vulg* **I.** *itr V* baiser *(vulg)*; **mit jdm ~** baiser qn; **das Ficken** la baise *(vulg)*
II. *tr V* baiser *(vulg)*; **gefickt werden** se faire sauter *(vulg)*
fick[e]rig DIAL **I.** *Adj* excité(e); |**ganz**| **~ sein** être [complètement] excité(e); *(gespannt sein)* être [complètement] fébrile
II. *Adv* **hin und her rutschen** se trémousser
fidel [fiˈdeːl] *fam* **I.** *Adj Person* joyeux(-euse), gai(e)
II. *Adv* joyeusement
Fidschi [ˈfɪtʃi] <-s> *nt* **die ~-inseln** les [îles] Fidji *fpl*
Fidschianer(in) <-s, -> *m(f)* Fidjien(ne) *m(f)*
fidschianisch *Adj* fidjien(ne)
Fieber [ˈfiːbɐ] <-s> *nt a. fig* fièvre *f*; **~ haben** avoir de la fièvre; **hohes/schwaches ~ haben** avoir beaucoup/un peu de fièvre; **bei jdm ~ messen** prendre la température de qn
Fieberanfall *m* accès *m* de fièvre **fieberfrei** *Adj* **~/wieder ~ sein** ne pas/ne plus avoir de fièvre **fieberglänzend** *Adj* brillant(e) de fièvre
fieberhaft **I.** *Adj* ❶ *Aktivität, Suche* fébrile
❷ MED accompagné(e) de fièvre
II. *Adv arbeiten, suchen* fébrilement
fieberig *s.* **fiebrig**
fieberkrank *Adj* fiévreux(-euse) **Fieberkurve** [-və] *f* courbe *f* de température **Fiebermittel** *nt* MED fébrifuge *m*
fiebern *itr V* ❶ avoir de la fièvre, être fiévreux(-euse)
❷ *(aufgeregt sein)* **vor Aufregung** *(Dat)* **~** trembler d'excitation; **vor Erregung** *(Dat)* **~** être en proie à une agitation fébrile
❸ *(sich sehnen)* **danach ~ jdn wiederzusehen** attendre fébrilement de revoir qn
Fieberphantasien [-ziːən] *Pl* hallucinations *fpl* [dues à la fièvre]
fiebersenkend **I.** *Adj* **~es Mittel** [médicament *m*] fébrifuge *m*
II. *Adv* **~ wirken** faire baisser la température **Fieberthermometer** *nt* thermomètre *m* médical **Fiebertraum** *m* sommeil *m* fébrile **Fieberwahn** *m* délire *m* de fièvre **Fieberzäpfchen** *nt* suppositoire *m* contre la fièvre
fiebrig **I.** *Adj* ❶ MED fiévreux(-euse), fébrile
❷ *(aufgeregt)* fébrile
II. *Adv glänzend, gerötet* de fièvre
Fiedel [ˈfiːdəl] <-, -n> *f veraltet* violon *m*
fiedeln *tr, itr V* hum violoner *(fam)*
fiel [fiːl] *Imp von* **fallen**
fiepen [ˈfiːpən] *itr V Hund:* gémir; *Vogel:* piailler
Fierant(in) [fiaˈrant] <-en, -en> *m(f)* A *(Markthändler)* marchand(e) *m(f)* ambulant(e)
fies [fiːs] *fam* **I.** *Adj* ❶ *(widerwärtig) Geruch, Geschmack, Essen* dégoûtant(e), infect(e); **ein ~es Gesicht** une sale gueule *(fam)*
❷ *(gemein) Methoden, Verhalten* vache *(fam)*, dégueulasse *(fam)*; *Lachen* sardonique; **ein ~er Kerl** un type infect; **einen ~en Charakter haben** être une peau de vache *(fam)*; **der Typ ist ~!** ce type est un beau salaud! *(fam)*
II. *Adv* ❶ *(widerwärtig)* **~ aussehen** avoir une sale gueule *(fam)*; **~ schmecken/riechen** être infect(e)/dégager une odeur répugnante
❷ *(gemein) reagieren, sich benehmen* d'une manière dégueulasse *(fam)*; *lachen* d'une manière satanique
Fiesling [ˈfiːslɪŋ] <-s, -e> *m pej fam* ordure *f (vulg)*, fumier *m (fam)*
Fifa, FIFA <-> *f Abk von* **Fédération Internationale de Football Association** F.I.F.A. *f*
FIFO-Speicher *m* INFORM mémoire *f* FIFO
fifty-fifty [ˈfɪftiˈfɪfti] *Adv fam* fifty-fifty *(fam)*; **mit jdm ~ machen** partager fifty-fifty avec qn; **es steht/die Chancen stehen ~** il y a une chance sur deux
Figur [fiˈguːɐ] <-, -en> *f* ❶ *(Skulptur, Zeichnung)* figure *f; (Strichmännchen)* bonhomme *m*

❷ *(Schachfigur)* pièce *f*
❸ LITER personnage *m*
❹ *(Körperbau)* silhouette *f*; **sie/er hat eine gute ~** elle est bien faite/il est bien bâti; **auf seine ~ achten** faire attention à sa ligne; **etwas für seine ~ tun** faire quelque chose pour sa ligne
❺ *pej sl (Mensch)* individu *m (péj)*, type *m (fam)*; **eine komische ~** un drôle de type [*o* d'individu] *(péj fam)*
❻ SPORT, LING figure *f*
▶ **eine gute/schlechte ~ abgeben** [*o* **machen**] faire une bonne/mauvaise impression
figurativ [figuraˈtiːf] *geh* **I.** *Adj* ❶ figuratif(-ive)
❷ LING figuré(e)
II. *Adv* ❶ de manière figurative
❷ LING au sens figuré
Figürchen <-s, -> *nt Dim von* **Figur** ❶ *(Skulptur)* figurine *f*
❷ *(Spielfigur)* petite figure *f*
❸ *fam (Körperbau)* **sie hat ein hübsches ~** elle est bien foutue *(fam)*
❹ *(Zeichnung)* petit dessin *m*
figürlich [fiˈɡyːɐlɪç] **I.** *Adj Darstellung* figuré(e)
II. *Adv darstellen* de manière figurative
Fiktion [fɪkˈtsioːn] <-, -en> *f a.* JUR *geh* fiction *f*; **gesetzliche/juristische ~** JUR fiction légale/juridique; **~ des Zugangs** JUR fiction de l'entrée
fiktiv [fɪkˈtiːf] *Adj geh* fictif(-ive)
Filet [fiˈleː] <-s, -s> *nt* filet *m*
Filetbraten *m* rôti *m* de filet **Filetsteak** [fiˈleːsteːk, -fteːk] *nt* steak *m* dans le filet
Filiale [fiˈliaːlə] <-, -n> *f* succursale *f*; *einer Bank, Versicherung* agence *f*
Filialleiter(in) *m(f)* gérant(e) *m(f)* de succursale; *einer Bank, Versicherung* responsable *mf* d'agence
filigran **I.** *Adj* filigrane
II. *Adv* finement
Filigran <-s, -e> *nt* filigrane *m*
Filigranarbeit *f* ouvrage *m* de [*o* en] filigrane
Filipino [filiˈpiːno] <-s, -s> *m*, **Filipina** *f* Philippin(e) *m(f)*
Filius <-, -se> *m hum* fiston *m (fam)*
Film [fɪlm] <-[e]s, -e> *m* ❶ *(Kinofilm, Fernsehfilm)* film *m*; **in einen ~ gehen** *fam* aller voir un film
❷ PHOT pellicule *f*, film *m*
❸ *(Branche)* cinéma *m*; **zum ~ gehen** *fam* se lancer dans le cinéma
❹ *(dünne Schicht) von Öl, Ruß* pellicule *f*; *einer Creme, Lotion* film *m*
▶ **bei jdm reißt der ~** *fam* qn disjoncte *(fam)*
Filmamateur(in) *m(f)* cinéaste *mf* amateur **Filmarchiv** *nt (für Spielfilme)* cinémathèque *f*; *(für Dokumentarfilme)* filmothèque *f* **Filmatelier** *nt* studio *m* **Filmaufnahme** *f* prise *f* de vue **Filmbericht** *m* reportage *m* [en images] **Filmbranche** *f* cinéma *m* **Filmdiva** [-va] *f* diva *f* du cinéma
Filmemacher(in) *m(f)* cinéaste *mf*
filmen [ˈfɪlmən] **I.** *tr V* filmer
II. *itr V* tourner; **das Filmen ist seine große Leidenschaft** filmer/tourner est sa grande passion
Filmentwicklung *f* développement *m* [d'une pellicule] **Filmfan** *m* fan *mf* de ciné *(fam)* **Filmfestival** *nt*, **Filmfestspiele** *Pl* festival *m* du film [*o* du cinéma] **Filmgesellschaft** *f* société *f* cinématographique **Filmhandlung** *f* intrigue *f* [d'un film] **Filmheld(in)** *m(f)* héros *m*/héroïne *f* de cinéma **Filmindustrie** *f* industrie *f* cinématographique [*o* du cinéma]
filmisch I. *Adj* cinématographique
II. *Adv* sur le plan cinématographique
Filmkamera *f* caméra *f* **Filmkarriere** *f* carrière *f* cinématographique **Filmkassette** *f* chargeur *m* **Filmkomiker(in)** *m(f)* comique *mf* de cinéma **Filmkomponist(in)** *m(f)* compositeur(-trice) *m(f)* de musiques de films **Filmkritiker(in)** *m(f)* critique *mf* de cinéma **Filmkulisse** *f* décor *m* de cinéma **Filmkunst** *f kein Pl* art *m* cinématographique **Filmmaterial** *nt* matériel *m* cinématographique **Filmmusik** *f* musique *f* de film
Filmothek *s.* **Kinemathek**
Filmpreis *m* prix *m* cinématographique **Filmpremiere** *f* première *f* cinématographique **Filmproduzent(in)** *m(f)* producteur(-trice) *m(f)* de cinéma **Filmprojektor** *m* projecteur *m* de film **Filmregie** *f (Spielfilmregie)* mise *f* en scène; *(Fernsehfilmregie)* régie *f* **Filmregisseur(in)** [-reʒɪsøːɐ] *m(f)* metteur(-euse) *m(f)* en scène, réalisateur(-trice) *m(f)* **Filmreportage** *f* reportage *m* **Filmriss**ʳʳ *m* ▶ **einen ~ haben** *fam* avoir un trou [de mémoire] *(fam)* **Filmrolle** *f* ❶ rôle *m* [au cinéma]
❷ *(Spule)* bobine *f* de film **Filmschaffende(r)** *f(m) dekl wie Adj* jd ist ~ (r) qn travaille dans l'industrie du cinéma; **die ~n** les gens du cinéma **Filmschauspieler(in)** *m(f)* acteur(-trice) *m(f)* de cinéma **Filmspule** *f* bobine *f* de film **Filmstar** [-ʃtaːɐ, -staːɐ] *m* vedette *f* de cinéma **Filmstudio** *nt* studio *m* de cinéma

Filmszene f scène f du/d'un film **Filmtheater** nt form grand cinéma m **Filmverleih** m société f de distribution de films **Filmvorführer(in)** m(f) projectionniste mf **Filmvorführgerät** nt form projecteur m de films **Filmvorführung** f projection f de film **Filmvorschau** f bande-annonce f **Filmvorstellung** f ① (das Vorführen) projection f de film ② (Kinovorstellung) séance f de cinéma **Filmzensur** f kein Pl CINE censure f
Filou [fi'lu:] <-s, -s> m fam filou m, canaille f
Filter ['filtɐ] <-s, -> nt o m filtre m
Filtereinsatz m TECH cartouche f filtrante **Filterkaffee** m café filtre m **Filtermundstück** nt bout m filtre
filtern tr V filtrer
Filterpapier nt papier-filtre m **Filtertüte** f filtre m **Filterzigarette** f cigarette f [à bout] filtre
Filtrat [fil'tra:t] <-[e]s, -e> nt filtrat m
Filtration [filtra'tsio:n] <-, -en> f filtration f
filtrieren* tr V filtrer
Filz [filts] <-es, -e> m ① (Wollmaterial) feutre m ② fam (Bierdeckel) rond m de bière, sous-bock m ③ POL pej magouille f (péj fam)
filzen ['filtsən] I. itr V Wolle: feutrer
II. tr V fam fouiller Person
Filzhut m feutre m
filzig Adj Wolle feutré(e); Haare rêche; Stoff, Blatt velouté(e)
Filzlaus f ZOOL pou m du pubis, morpion m (fam) **Filzpantoffel** m charentaise f **Filzschreiber** m [stylo-]feutre m **Filzstift** m [crayon-]feutre m
Fimmel ['fiməl] <-s, -> m fam manie f, marotte f (fam); **einen ~ haben** avoir un grain (fam); **das ist so ein ~ von ihr/ihm** c'est une de ses marottes
final Adj ① geh Phase final(e)
② GRAM, PHILOS Konjunktion, Aussage de but, de finalité
Finale [fi'na:lə] <-s, -o -s> nt ① SPORT finale f
② MUS finale m
Finalist(in) m(f) finaliste mf
Finalsatz m GRAM proposition f subordonnée de but
Finanzakrobat(in) m(f) pej acrobate mf de la finance (péj)
Finanzamt [fi'nants-] nt fisc m; (Gebäude) perception f **Finanzaristokratie** f aristocratie f de la finance **Finanzausgleich** m péréquation f financière **Finanzbeamte(r)** m dekl wie Adj, **Finanzbeamtin** f fonctionnaire mf aux finances **Finanzberater(in)** m(f) conseiller(-ère) m(f) financier(-ière) **Finanzbericht** m rapport m financier **Finanzbuchhalter(in)** m(f) comptable mf **Finanzbuchhaltung** f comptabilité f générale **Finanzdecke** f enveloppe f budgétaire **Finanzdienstleistung** f prestation f de services financiers **Finanzdirektor** m directeur m des finances
Finanzen [fi'nantsən] Pl finances fpl
Finanzexperte m, **-expertin** f expert(e) m(f) financier(-ière) **Finanzgenie** [-ʒeni:] nt virtuose mf de la finance **Finanzgericht** nt tribunal m statuant sur les délits fiscaux **Finanzgruppe** f groupe m financier **Finanzhoheit** f souveraineté f fiscale
finanziell [finan'tsjɛl] I. Adj financier(-ière); ~**e Schwierigkeiten** difficultés fpl pécuniaires; **das Finanzielle** le côté financier
II. Adv sur le plan financier
Finanzier [finan'tsie:] <-s, -s> m geh financier m
finanzierbar Adj financièrement réalisable
finanzieren* tr V financer; **frei finanziert** financé(e) par le secteur privé
Finanzierung <-, -en> f financement m
Finanzierungsform f mode m de financement **Finanzierungskosten** Pl frais mpl de financement **Finanzierungsplan** m plan m de financement
Finanzjahr nt exercice m financier **Finanzjongleur** m jongleur m de la finance **Finanzkontrolle** f contrôle m budgétaire **finanzkräftig** Adj Unternehmen qui dispose de ressources solides **Finanzkrise** f crise f budgétaire **Finanzlage** f situation f financière **Finanzlücke** f trou m financier [o budgétaire] **Finanzmakler(in)** m(f) courtier(-ière) m(f) en prêt **Finanzminister(in)** m(f) ministre mf des Finances **Finanzministerium** nt ministère m des Finances **Finanzmisere** f situation f financière désastreuse **Finanzoase** f paradis m fiscal **Finanzplatz** m place f financière; **internationaler ~** place financière internationale **Finanzpolitik** f politique f budgétaire **Finanzpolster** nt réserves fpl financières [o budgétaires] **Finanzprüfer(in)** m(f) contrôleur(-euse) m(f) des finances **finanzschwach** Adj Person, Familie aux revenus faibles; Bevölkerungskreise économiquement faible; Bundesland, Region économiquement défavorisé(e) **Finanzspritze** f ① ÖKON injection f de capitaux ② hum (im privaten Bereich) aide f financière **finanzstark** s. **finanzkräftig**
Finanzverwaltung f gestion f financière [o du budget] **Finanzvolumen** m volume m budgétaire **Finanzwesen** nt finances fpl

Finanzwirtschaft f kein Pl ÖKON régime m financier
Findelkind ['fɪndəlkɪnt] nt veraltet enfant mf trouvé(e)
finden ['fɪndən] <fand, gefunden> I. tr V ① (entdecken) trouver; **es lässt sich niemand ~, der ...** il n'y a personne pour ...; **nirgends zu ~ sein** être introuvable
② (herausfinden, bemerken) trouver Vorwand, Ursache; **nichts Merkwürdiges an jdm ~** ne rien trouver de bizarre à qn
③ (vorfinden) **jdn bewusstlos ~** trouver qn sans connaissance; **etw durchwühlt/verlassen ~** trouver qc sens dessus dessous/déserté(e)
④ (erhalten) **bei jdm Hilfe/Ruhe ~** trouver de l'aide/du repos auprès de qn; **Zustimmung bei jdm ~** être approuvé(e) par qn
⑤ (aufbringen) **den Mut/die Kraft ~ etw zu tun** trouver le courage/la force de faire qc
⑥ (ansehen, betrachten) **jdn nett/dumm ~** trouver qn gentil(le)/stupide; **etw billig/gut ~** trouver qc bon marché/bon(ne); **es klug/unmöglich ~ etw zu tun** trouver que c'est intelligent/impossible de faire qc; **das finde ich nicht/auch!** je ne trouve pas/je trouve aussi!
▶ **nichts an etw** (Dat) **~** ne rien trouver d'extraordinaire à qc; **nichts dabei ~ etw zu tun** ne rien voir de mal à faire qc
II. itr V ① **nach Hause ~** trouver son chemin pour rentrer chez soi; **zu sich selbst ~** se retrouver
② (meinen) **~, [dass]** trouver que + indic
III. r V ① (wieder auftauchen) **sich ~** refaire surface, réapparaître
② (sich ausfindig machen lassen) **es findet sich jd/keiner, der ...** il y a qn/il n'y a personne pour ...
③ (sich abfinden) **sich in sein Schicksal ~** s'accommoder de son sort
④ (sich begegnen) **sich ~** se trouver; **da haben sich zwei gefunden!** iron les deux font bien la paire!
▶ **das/es wird sich alles ~!** tout va s'arranger!
Finder <-s, -> m **der [ehrliche] ~ bekommt eine Belohnung** la personne qui le/la rapportera, recevra une récompense
Finderlohn m récompense f
Fin de SiècleRR [fɛ̃d'sjɛkl] <- - -> nt fin f de siècle
findig Adj futé(e)
Findigkeit <-> f esprit m futé
Findling ['fɪntlɪŋ] <-s, -e> m ① GEOL bloc m erratique
② (Findelkind) enfant mf trouvé(e)
Finesse [fi'nɛsə] <-, -n> f geh ① Pl (Trick) finesses fpl; **mit allen ~n kämpfen** lutter en déployant un trésor d'adresse
② (Kunstgriff) **alle ~n des Fotografierens** toutes les astuces fpl de la photographie
③ Pl (Detail) détails mpl sophistiqués; **ein Computer mit allen ~n** un ordinateur avec toutes les fonctions les plus sophistiquées
④ kein Pl (Schlauheit) ruse f
fing [fɪŋ] Imp von **fangen**
Finger ['fɪŋɐ] <-s, -> m doigt m; **der kleine ~** le petit doigt, l'auriculaire m; **den ~ heben** lever le doigt; **mit dem ~ auf jdn/etw zeigen** montrer qn/qc du doigt; **nimm die [o deine] ~ weg!** fam bas les pattes! (fam)
▶ **wenn man ihm den kleinen ~ gibt, [dann] nimmt er [gleich] die ganze Hand** Spr. si on lui donne le petit doigt, il prend le bras; **die ~ im Spiel haben** fam tremper dans [o être mêlé(e) à] une affaire; **keinen ~ krumm machen** fam (nicht helfen) ne pas remuer le petit doigt; (faul sein) ne rien foutre de ses dix doigts (fam); **krumme [o lange] ~ machen** hum fam faucher (fam); **sich** (Dat) **nicht die ~ schmutzig machen** ne pas se salir les mains; **etw mit spitzen ~n anfassen** toucher qc du bout des doigts; **sich** (Dat) **die ~ wund schreiben** s'écorcher les doigts à écrire; **sich** (Dat) **etw an den fünf ~n abzählen können** fam pouvoir [bien] se douter de qc; **das hättest du dir [doch] an den fünf ~n abzählen können!** fam tu aurais pu t'en douter!; **jdn in die ~ bekommen [o kriegen** fam**]** attraper qn (fam); **jd bekommt [o kriegt** fam**] etw in die ~** qc tombe entre les mains de qn; **jdm was [o eins] auf die ~ geben** fam taper sur les doigts à qn; **jdm in die ~ geraten** tomber entre les mains de qn; **an jedem ~ eine(n) [o zehn] haben** hum fam en avoir un(e) à chaque bras (fam), ne plus les compter (fam); **mir/ihm juckt [o kribbelt] es in den ~n [etw zu tun]** fam les doigts me/lui démangent [de faire qc] (fam); **jdm auf die ~ klopfen** fam taper sur les doigts à qn (fam); **dem werde ich auf die ~ klopfen!** il va se faire taper sur les doigts!; **die ~ von jdm/etw lassen** fam (sich nicht vergreifen) ne pas toucher à qn/qc; (sich nicht damit abgeben) laisser tomber qn/qc (fam); **sich** (Dat) **die [o alle zehn] ~ nach etw lecken** fam être [o donner] n'importe quoi pour avoir qc (fam); **für jdn keinen ~ rühren** ne pas remuer le petit doigt pour qn; **sich** (Dat) **etw aus den ~n saugen** fam inventer qc (de toutes pièces); **jdm [scharf] auf die ~ sehen [o gucken]** fam avoir qn à l'œil (fam); **sich** (Dat) **bei [o an] etw** (Dat) **die ~ verbrennen** fam se brûler les ailes dans qc (fam); **jdn um den [kleinen] ~ wickeln** fam mener qn

par le bout du nez *(fam)*; **mit ~n auf jdn zeigen** montrer qn du doigt; **man wird mit ~n auf dich zeigen!** tu vas te faire montrer du doigt!
Fingerabdruck <-abdrücke> *m* empreinte *f* digitale; **genetischer ~** empreinte génétique; **jdm Fingerabdrücke abnehmen** prendre les empreintes de qn **Fingerbreit** <-, -> *m* pouce *m* *(vieilli)*; **[um] einen ~ zu lang/hoch sein** être trop long/haut d'un doigt ▸ **keinen ~ nachgeben** ne pas céder d'un pouce **fingerdick I.** *Adj Scheibe* gros(se) [*o* épais(se)] comme le doigt **II.** *Adv* **etw ~ auftragen** mettre une épaisse couche de qc **Fingerfarbe** *f* peinture *f* au doigt **fingerfertig** *Adj* habile de ses doigts **Fingerfertigkeit** *f* dextérité *f* **Fingergelenk** *nt* articulation *f* interphalangienne **Fingerglied** *nt* phalange *f* **Fingerhakeln** <-s> *nt* jeu *m* du doigt de fer **Fingerhandschuh** *m* gant *m* **Fingerhut** *m* ❶ *(Nähutensil)* dé *m* [à coudre] ❷ BOT digitale *f* [pourprée] ▸ **ein** ~ **[voll] Rum** un doigt de rhum **Fingerknöchel** *m* articulation *f* du doigt **Fingerknochen** *f* phalange *f* **Fingerkuppe** *f* bout *m* du doigt
Fingerling ['fɪŋǝlɪŋ] <-s, -e> *m* ❶ *eines Handschuhs* doigt *m* ❷ MED doigtier *m*
fingern I. *itr V* tripoter *(fam)*; **an etw** *(Dat)* ~ tripoter qc; **in der Tasche nach etw ~** fouiller dans sa poche pour trouver qc **II.** *tr V* ❶ *(hervorholen)* **etw aus der Schublade ~** sortir qc du tiroir ❷ *fam (bewerkstelligen)* goupiller, combiner *(fam)*
Fingernagel *m* ongle *m*; **an den Fingernägeln kauen** se ronger les ongles **Fingerspitze** *f* bout *m* du doigt ▸ **das muss man in den ~n haben** c'est une question de feeling *(fam)*; **ihm/ihr juckt** [*o* **kribbelt**] **es in den ~n** [etw zu tun] *fam* ça le/la démange [de faire qc] *(fam)* **Fingerspitzengefühl** *nt kein Pl* doigté *m*; *(Takt)* tact *m*; ~ **haben** avoir du doigté/tact; **kein ~ haben** ne pas avoir de tact **Fingerübung** *f* MUS exercice *m* de doigté **Fingerzeig** ['fɪŋɐtsaɪk] <-s, -e> *m* indication *f*; *Gottes, des Schicksals* signe *m*; **von jdm einen ~ bekommen** [*o* **erhalten**] recevoir une indication de qn
fingieren* [fɪŋˈɡiːrǝn] *tr V* simuler; **fingiert** simulé(e); **eine fingierte Rechnung** une fausse facture
Finish ['fɪnɪʃ] <-s, -s> *nt* finish *m*
Fink [fɪŋk] <-en, -en> *m* pinson *m*
Finne ['fɪnǝ] <-, -n> *f* ❶ *(Larve)* cysticerque *m*
❷ *(Mitesser)* comédon *m*
❸ *(Rückenflosse)* aileron *m* dorsal; *eines Wals* nageoire *f* dorsale
Finne <-n, -n> *m*, **Finnin** *f* Finlandais(e) *m(f)*
finnisch I. *Adj* finlandais(e); *Kultur, Literatur, Sprache* finnois(e)
II. *Adv* ~ **miteinander sprechen** discuter en finnois; *s. a.* **deutsch**
Finnisch <-[s]> *nt kein Art* le finnois; *s. a.* **Deutsch**
Finnische *nt dekl wie Adj* **das ~** le finnois; *s. a.* **Deutsche**
Finnland ['fɪnlant] *nt* la Finlande
Finnwal *m* rorqual *m*
finster ['fɪnstɐ] **I.** *Adj* ❶ *(dunkel)* sombre; *Nacht* noir(e); **im Finstern** dans le noir
❷ *(düster, mürrisch) Person, Blick, Miene* sinistre
❸ *(schrecklich) Zeit* sombre, obscur(e)
❹ *(unheimlich) Gestalt, Kerl* lugubre; *Gedanken* sinistre, noir(e)
▸ **im Finstern tappen** être dans le brouillard
II. *Adv* ❶ *(mürrisch)* d'un air sombre [*o* lugubre]
❷ *(unheimlich)* ~ **aussehen** avoir une mine patibulaire
▸ **mit etw sieht es ~ aus** qc est mal parti(e)
Finsternis <-, -se> *f* ❶ *kein Pl (Dunkelheit)* obscurité *f*
❷ ASTRON éclipse *f*; **partielle/totale ~** éclipse partielle/totale
Finte ['fɪntǝ] <-, -n> *f* feinte *f*
fintenreich I. *Adj* retors(e)
II. *Adv* de façon retorse
Firlefanz ['fɪrlǝfants] <-es> *m fam* ❶ *(wertlose Dinge)* fatras *m*; *(überflüssige Dinge)* gadgets *mpl*
❷ *(Unsinn, Gerede)* idioties *fpl*
firm [fɪrm] *Adj veraltet* fort(e); **in Physik ~ sein** être fort(e) en physique
Firma ['fɪrma, *Pl*: 'fɪrmǝn] <-, Firmen> *f* ❶ *(Unternehmen)* entreprise *f*, firme *f*; **eine eigene ~ gründen** fonder sa propre entreprise ❷ *(Geschäfts-, Handelsname)* société *f*; **unter der ~ ...** sous la raison sociale ...
Firmament [fɪrmaˈmɛnt] <-s> *nt poet* firmament *m* *(littér)*
firmen ['fɪrmǝn] *tr V* confirmer
Firmen *Pl von* Firma
Firmenaufdruck *m* en-tête *m* *(avec mention de la raison sociale)*
Firmenchef(in) [-ʃɛf] *m(f)* chef *mf* d'entreprise **firmeneigen** *Adj Wagen* appartenant à l'entreprise **Firmeninhaber(in)** *m(f)* propriétaire *mf* d'une/de l'entreprise **firmenintern** *Adj* interne à l'entreprise **Firmenkopf** *s.* Firmenaufdruck **Firmenname** *m* raison *f* sociale **Firmenpleite** *f* faillite *f* **Firmenregister** *nt* registre *m* du commerce **Firmenschild** *nt* enseigne *f* *(portant la raison sociale)* **Firmensitz** *m* siège *m* social **Firmenstem-**

pel *m* tampon *m* de l'entreprise **Firmenwagen** *m* voiture *f* d'entreprise; *(Limousine)* voiture de fonction **Firmenzeichen** *nt* emblème *m* de l'entreprise
firmieren* *itr V* **als ... ~** avoir comme raison sociale ...
Firmling ['fɪrmlɪŋ] <-s, -e> *m* confirmand(e) *m(f)*
Firmung ['fɪrmʊŋ] <-, -en> *f* confirmation *f*
Firn [fɪrn] <-[e]s, -e> *m* névé *m*
Firnis ['fɪrnɪs] <-ses, -se> *m* vernis *m*
firnissen ['fɪrnɪsn] *tr V* vernir
First [fɪrst] <-[e]s, -e> *m* faîte *m*
Fis [fɪs] <-, -> *nt* fa *m* dièse
Fisch [fɪʃ] <-[e]s, -e> *m* ❶ poisson *m*; **fliegender ~** poisson volant; **~ verarbeitende Industrie** industrie *f* de la conservation de poisson
❷ ASTROL **die ~e** les Poissons *mpl*; **er/sie ist [ein] ~** il/elle est Poissons
▸ **weder ~ noch Fleisch sein** *fam* être ni chair ni poisson; **munter wie ein ~ im Wasser** *fam* [heureux(-euse)] comme un poisson dans l'eau [*o* **dicker**] ~; **ein großer** [*o* **dicker**] ~ *fam (gesuchter Verbrecher)* un gros bonnet du milieu *(fam)*; *(gefasster Verbrecher)* une belle prise *(fam)*; **das sind kleine ~e** *fam (kleine Ganoven)* c'est du menu fretin *(fam)*; *(unwichtige Dinge)* ce sont des broutilles; **stumm wie ein ~** *fam* muet(te) comme une carpe
Fischabteilung *f* rayon *m* poissonnerie **Fischadler** *m* aigle *m* pêcheur **Fischarm** *Adj* peu poissonneux(-euse) **Fischauge** *nt* ❶ ZOOL œil *m* de poisson ❷ PHOT objectif *m* à très grand angle **Fischbein** *nt kein Pl* [fanon *m* de] baleine *f* **Fischbestand** *m* réserves *fpl* en poissons **Fischbesteck** *nt* couvert *m* à poisson **Fischdampfer** *m* bateau *m* de pêche
fischen I. *itr V* pêcher; **das Fischen** la pêche
II. *tr V* ❶ *(fangen)* pêcher
❷ *fam (herausnehmen)* **etw aus der Dose/Tasche ~** piquer qc dans la boîte/extirper qc de sa poche
❸ *fam (suchen)* **in der Tasche nach etw ~** chercher qc dans sa poche
Fischer(in) <-s, -> *m(f)* pêcheur(-euse) *m(f)*
Fischerboot *nt* bateau *m* de pêche **Fischerdorf** *nt* village *m* de pêcheurs
Fischerei <-> *f kein Pl* pêche *f*
Fischereihafen *m* port *m* de pêche **Fischereiwesen** *nt* pêche *f*
Fischernetz *nt* filet *m* de pêche
Fischfabrik *f* conserverie *f* de poisson **Fischfang** *m kein Pl* pêche *f*; **auf ~ gehen** aller à la pêche; **vom ~ leben** vivre de la pêche
Fischfangflotte *f* flottille *f* de pêche **Fischfanggebiet** *nt* zone *f* de pêche
Fischfilet [-fileː] *nt* filet *m* de poisson **Fischfutter** *nt* nourriture *f* pour poissons **Fischgeruch** *m* odeur *f* de poisson **Fischgeschäft** *nt* poissonnerie *f* **Fischgräte** *f* arête *f* de poisson **Fischgrät[en]muster** *nt* chevrons *mpl*; **mit ~** à chevrons **Fischgründe** *Pl* fonds *mpl* de pêche **Fischhändler(in)** *m(f)* poissonnier(-ière) *m(f)*, marchand(e) *m(f)* de poisson **Fischkonserve** *f* conserve *f* de poisson **Fischkutter** *m* chalutier *m* **Fischladen** *s.* Fischgeschäft **Fischlaich** *m* frai *m* **Fischmarkt** *m* marché *m* aux poissons **Fischmehl** *nt* farine *f* de poisson **Fischmesser** *nt* couteau *m* à poisson **Fischnetz** *nt* filet *m* de pêche **Fischotter** *m* loutre *f* **Fischreich** *Adj* poissonneux(-euse) **Fischreichtum** *m* richesse *f* [*o* abondance *f*] en poissons **Fischreiher** *m* héron *m* cendré **Fischreuse** *f* nasse *f* **Fischschwarm** *m* banc *m* de poissons **Fischstäbchen** ['fɪʃʃtɛːpçən] *nt* [tranche *f* de] poisson *m* pané **Fischsterben** *nt* hécatombe *f* de poissons **Fischsuppe** *f* soupe *f* de poissons **Fischteich** *m* bassin *m* de pisciculture
fischverarbeitend *s.* Fisch ❶
Fischvergiftung *f* MED intoxication *f* par le poisson **Fischverkäufer(in)** *m(f)* poissonnier(-ière) *m(f)* **Fischzucht** *f* ❶ *kein Pl (Tätigkeit)* pisciculture *f* ❷ *(Anlage)* élevage *m* de poissons **Fischzug** *m* ▸ **einen großen** [*o* **guten**] ~ **machen** réaliser un beau coup de filet
Fisimatenten [fizimaˈtɛntən] *Pl fam* manières *fpl*, simagrées *fpl*; **~ machen** faire des simagrées
fiskalisch [fɪsˈkaːlɪʃ] *Adj* fiscal(e)
Fiskus ['fɪskʊs] <-, -se *o* Fisken> *m* fisc *m*
Fisole <-, -n> *f* A haricot *m* vert
Fissur [fɪˈsuːɐ] <-, -en> *f* MED gerçure *f*
Fistel ['fɪstəl] <-, -n> *f* fistule *f*
Fistelstimme *f* voix *f* de fausset
fit [fɪt] *Adj* en forme; ~ **sein** être en forme; **sich ~ halten** entretenir sa forme
Fitness[RR] ['fɪtnɛs], **Fitneß**[ALT] <-> *f* forme *f*, [bonne] condition *f* physique
Fitnesscenter[RR] ['fɪtnɛssɛntɐ] *nt* centre *m* de culturisme **Fitnessraum**[RR] *m* salle *f* de musculation **Fitnessstudio**[RR] *s.* Fit-

nesscenter **Fitnesstraining**^RR [-tre:nɪŋ, -trɛ:-] *nt* culturisme *m*, musculation *f*
Fittich [ˈfɪtɪç] <-[e]s, -e> *m liter* aile *f*
▶ jdn unter die [*o* seine] ~e **nehmen** *hum* prendre qn sous son aile
Fitzel <-s, -> *m o nt*, **Fitzelchen** <-s, -> *nt* DIAL petit bout *m*
fix [fɪks] I. *Adj* ❶ *(feststehend)* fixe
❷ *fam (flink)* rapide
▶ ~ und **fertig** [*o* **foxi** *fam*] sein *Person:* être claqué(e) [*o* lessivé(e)] *(fam)*; ~ und **fertig** sein *Arbeit, Sache:* être terminé(e)
II. *Adv fam* etw ~ erledigen exécuter qc en deux temps, trois mouvements *(fam)*; **das geht ganz ~** *fam* ça va vite; **los, macht ~ !** *fam* allez, magnez-vous! *(fam)*
Fixa *Pl von* **Fixum**
fixen [ˈfɪksən] *itr V sl* se shooter *(arg)*
Fixer(in) <-s, -> *m(f) sl (Drogensüchtiger)* toxico *mf (fam)*, camé(e) *m(f) (arg)*
Fixerbesteck *nt* ustensiles *mpl* de drogué
Fixierbad *nt* PHOT bain *m* de fixage
fixieren* *tr V* ❶ *(anstarren)* fixer; **jdn ~ fixer** qn [du regard]
❷ PSYCH **auf jdn/etw fixiert sein** faire une fixation sur qn/qc
❸ PHOT fixer
❹ *geh (festlegen)* fixer
❺ CH *(befestigen)* fixer
Fixiermittel [fɪˈksiːɐ-] *nt* ❶ PHOT fixateur *m*
❷ KUNST fixatif *m*
Fixierung [fɪˈksiːrʊŋ] <-, -en> *f a.* PSYCH fixation *f*
Fixing [ˈfɪksɪŋ] <-s, -s> *nt* BÖRSE fixage *m*, fixing *m*
Fixkosten *Pl* ÖKON coûts *mpl* fixes **Fixpunkt** *m* point *m* fixe
Fixstern *m* étoile *f* fixe
Fixum [ˈfɪksʊm, *Pl:* ˈfɪksa] <-s, Fixa> *nt* fixe *m*
Fjord [fjɔrt] <-[e]s, -e> *m* fjord *m*, fiord *m*
FKK [ɛfkaˈkaː] <-> *Abk von* **Freikörperkultur** naturisme *m*, nudisme *m;* ~ **machen** *fam* faire du nudisme
FKK-Anhänger(in) [ɛfkaˈkaː-] *m(f)* adepte *mf* du naturisme; ~ **sein** être un adepte du naturisme **FKK-Strand** *m* plage *f* de nudistes
flach [flax] I. *Adj* ❶ *(eben, platt)* Land, Gelände, Stirn plat(e); Dach en terrasse
❷ *(niedrig)* Gebäude, Hügel peu élevé(e); Absatz plat(e); Schuhe à talons plats
❸ *(nicht steil)* Abhang, Küste, Hang peu escarpé(e)
❹ *(nicht tief)* Gewässer peu profond(e); Teller plat(e)
❺ *(oberflächlich)* Gespräch, Unterhaltung plat(e), superficiel(le)
II. *Adv* ❶ liegen, schlafen, sich hinlegen à plat
❷ *(nicht tief)* atmen faiblement
Flachbau *m* construction *f* basse **Flachbettscanner** *m* INFORM scanne[u]r *m* à plat **Flachbildschirm** *m* INFORM, TV écran *m* plat
flachbrüstig *Adj* Mann sans pectoraux; Frau à la poitrine plate
Flachdach *nt* toit *m* en terrasse **Flachdruck** <-drucke> *m* ❶ *kein Pl (Verfahren)* [procédé *m*] offset *m* ❷ *(Produkt)* impression *f* à plat
Fläche [ˈflɛçə] <-, -n> *f* ❶ *(Außenseite, Oberfläche, Ebene)* surface *f;* eines Quaders, Würfels face *f*
❷ *(messbare Oberfläche)* superficie *f*
Flacheisen *nt* ❶ CONSTR fer *m* plat
❷ *(Werkzeug)* ciseau *m* plat
Flächenbrand *m* incendie *m* gigantesque ▶ **sich zu einem ~ ausweiten** Feuer: se transformer en incendie; Aufstand: se propager comme un feu de paille **flächendeckend** *Adj* généralisé(e); Netz vaste; Maßnahmen sur une grande échelle **Flächengleich** *Adj* GEOM de surface identique **Flächeninhalt** *m* GEOM superficie *f*, surface *f* **Flächenland** *nt (Bundesland)* Land *m* étendu à faible densité de population **Flächenmaß** *nt* mesure *f* de superficie [*o* surface] **Flächennutzungsplan** *m* plan *m* d'occupation des sols **Flächenstilllegung**^RR *f* AGR mise *f* en jachère
flach|fallen *itr V unreg + sein fam* tomber à l'eau *(fam)* **Flachglas** *nt* verre *m* plat **Flachhang** *m* pente *f* douce
Flachheit <-, -en> *f* ❶ *kein Pl (flache Beschaffenheit)* planéité *f*, caractère *m* plat
❷ *kein Pl pej (Geistlosigkeit)* platitude *f*
❸ *pej (geistlose Äußerung)* platitude *f*
Flachheizkörper *m* radiateur *m* panneau
flächig [ˈflɛçɪç] *Adj* Gesicht plein(e)
Flachkopfschraube *f* vis *f* à tête plate
Flachküste *f* côte *f* peu escarpée **Flachland** *nt* pays *m* plat **flach|legen** I. *tr V fam* mettre sur le carreau *(fam);* **jdn ~** mettre qn sur le carreau II. *r V fam* **sich ~ s'étendre, s'allonger flach|liegen** *itr V unreg fam (krank sein)* être sur le flanc *(fam); (im Bett bleiben)* garder le lit **Flachmann** <-männer> *m fam* flasque *f*
Flachs [flaks] <-es> *m* ❶ BOT, TEXTIL lin *m*
❷ *fam (Witzelei)* blague *f;* **ohne ~ !** *fam* sans déconner! *(fam)*
flachsblond *Adj* Person aux cheveux filasse; Haare blond filasse

flachsen [ˈflaksən] *itr V fam* déconner *(fam);* **mit jdm ~** déconner avec qn
flachsig *Adj (sehnig)* filandreux(-euse)
Flachzange *f* pince *f* plate
flackern [ˈflakɐn] *itr V* Feuer, Flamme: vaciller; Leuchtröhre: clignoter
Fladen [ˈflaːdən] <-s, -> *m* ❶ GASTR galette *f*
❷ *(Kuhfladen)* bouse *f*
Fladenbrot *nt* pain plat en forme de galette
fladern [ˈflaːdɐn] *tr V* A *fam (stehlen)* voler
Flagge [ˈflagə] <-, -n> *f* drapeau *m;* NAUT pavillon *m;* **unter französischer/deutscher ~ fahren** battre [*o* naviguer sous] pavillon français/allemand; **unter fremder ~ fahren** battre pavillon étranger
▶ ~ **zeigen** annoncer la couleur
flaggen *itr V* hisser le drapeau
Flaggenalphabet *nt* alphabet *m* par pavillons **Flaggensignal** *nt* signal *m* optique par pavillon
Flaggschiff [ˈflak-] *nt* ❶ vaisseau *m* amiral
❷ *(Vorzeigeexemplar)* produit *m* de prestige, fleuron *m*
flagrant [flaˈgrant] *Adj geh* flagrant(e)
Flair [flɛːɐ] <-s> *nt o selten m geh* ❶ *(Ausstrahlung)* aura *f*
❷ *(Atmosphäre)* eines Gebäudes ambiance *f;* einer Stadt charme *m*
Flak [flak] <-, -o -s> *f Abk von* **Flug[zeug]abwehrkanone** ❶ *(Kanone)* canon *m* antiaérien, batterie *f* antiaérienne
❷ *(Einheit)* D.C.A. *f*, défense *f* antiaérienne
Flakon [flaˈkɔ̃ː] <-s, -s> *nt o m* flacon *m*
flambieren* *tr V* flamber, faire flamber
Flame [ˈflaːmə] <-n, -n> *m*, **Flamin** *o* **Flämin** *f* Flamand(e) *m(f)*
Flamingo [flaˈmɪŋgo] <-s, -s> *m* flamant *m* rose
flämisch [ˈflɛːmɪʃ] I. *Adj* flamand(e)
II. *Adv* ~ **miteinander sprechen** discuter en flamand; *s. a.* **deutsch**
Flämisch <-[s]> *nt kein Art* le flamand; *s. a.* **Deutsch**
Flämische *nt def wie Adj* das ~ le flamand; *s. a.* **Deutsche**
Flamme [ˈflamə] <-, -n> *f* ❶ flamme *f;* **mit ruhiger/flackernder ~ brennen** brûler d'une belle flamme/d'une flamme vacillante; **etw auf großer/kleiner ~ kochen** cuire qc à [*o* sur] feu vif/doux; **in ~n aufgehen** prendre feu; **in ~n stehen** en flammes
❷ *veraltet fam (Freundin)* bonne amie *f (vieilli fam)*
flammend *Adj* ❶ **ein ~es Inferno** un brasier
❷ *(leuchtend)* **ein ~es Rot** un roux ardent
❸ *(leidenschaftlich)* Rede enflammé(e), ardent(e)
Flammenmeer *nt geh* mer *f* de feu; **ein einziges/riesiges ~ sein** n'être qu'un immense brasier **Flammentod** *m geh* mort *f* par le feu **Flammenwerfer** <-s, -> *m* lance-flammes *m*
Flandern [ˈflandɐn] <-s> *nt* la Flandre, les Flandres
flandrisch [ˈflandrɪʃ] *Adj* flamand(e)
Flanell [flaˈnɛl] <-s, -e> *m* flanelle *f*
Flanellanzug *m* costume *m* de [*o* en] flanelle
flanieren* *itr V* + *haben o sein* flâner
Flanke [ˈflaŋkə] <-, -n> *f* ❶ *a.* MIL flanc *m;* **die offene ~** le flanc découvert
❷ FBALL tir *m* au centre, centre *m;* **eine ~ schlagen** passer au centre
flanken *itr V* FBALL centrer, passer au centre
Flankenschutz *m* MIL couverture *f* du flanc; **jdm ~ geben** couvrir qn
Flankerl [ˈflaŋkɐl] <-s, -n> *nt* A *fam (Flöckchen)* [petit] flocon *m*
flankieren* *tr V* ❶ *(begleiten)* **von jdm flankiert werden** être encadré(e) par qn
❷ *(einrahmen)* **zwei Säulen ~ den Eingang** l'entrée est encadrée par deux colonnes
❸ *fig* **~de Maßnahmen** des mesures complémentaires
Flansch [flanʃ] <-[e]s, -e> *m* collet *m*, embout *m*
Flappe [ˈflapə] <-, -n> *f* DIAL moue *f;* **eine ~ ziehen** faire la moue
flapsig [ˈflapsɪç] *fam* I. *Adj* Benehmen, Antwort désinvolte; **ein ~er Kerl** un impertinent
II. *Adv* sich benehmen, antworten avec impertinence
Fläschchen <-s, -> *nt Dim von* **Flasche** flacon *m*, petite bouteille *f;* eines Säuglings biberon *m*
Fläschchenwärmer <-s, -> *m* chauffe-biberon *m*
Flasche [ˈflaʃə] <-, -n> *f* ❶ bouteille *f;* **eine ~ Wasser** une bouteille d'eau; **aus der ~ trinken** boire à la bouteille; **etw auf ~n ziehen** mettre qc en bouteilles
❷ *(Säuglingsflasche)* biberon *m;* **dem Baby die ~ geben** donner le biberon au bébé; **die ~ bekommen** *(generell)* être nourri(e) au biberon; *(momentan)* prendre son biberon
❸ *fam (Versager)* minable *mf (fam);* **[du] ~ !** espèce de cloche! *(fam)*
▶ **zur ~ greifen** se mettre à boire
Flaschenbier *nt* bière *f* en bouteille **Flaschenbürste** *f* gou-

pillon m **Flaschengärung** f fermentation f en bouteilles **Flaschengas** nt gaz m en bouteilles **Flaschengestell** nt casier m à bouteilles **flaschengrün** Adj vert bouteille inv **Flaschenhals** m ❶ goulot m [de bouteille]; ❷ (Engpass) goulot m d'étranglement **Flaschenkind** nt enfant mf élevé(e) au biberon **Flaschenkürbis** m calebasse f **Flaschenmilch** f lait f en bouteille **Flaschennahrung** f nourriture f de bébé spéciale biberon; ~ **bekommen** être nourri(e) au biberon **Flaschenöffner** m ouvre-bouteille[s] m, décapsuleur m **Flaschenpfand** nt consigne f [pour bouteilles] **Flaschenpost** f bouteille f à la mer **Flaschentomate** f tomate f roma **Flaschenverschluss**^RR m capsule f **Flaschenwein** m vin m bouché **flaschenweise** Adv verkaufen à la bouteille; trinken par bouteilles entières **Flaschenzug** m palan m
Flaschner(in) ['flaʃnɐ] <-s, -> m(f) SDEUTSCH, CH plombier m
Flatrate ['flɛtre:t] <-, -s-> f TELEC, INFORM forfait m illimité
Flatter ['flatɐ] <-> f fam ▸ **die ~ machen** se casser (fam)
flatterhaft Adj pej inconstant(e), versatile
Flatterhaftigkeit <-> f pej inconstance f
Flattermann <-männer-> m hum fam (Hähnchen) poulet m
flattern ['flatɐn] itr V ❶ + sein (fliegen) Schmetterling: papillonner; Vogel: voleter
❷ + haben (mit den Flügeln schlagen) battre des ailes
❸ + haben (sich bewegen) **im Wind ~** Wäsche, Fahne, Haare: flotter au vent
❹ + haben (sich unruhig bewegen) Hände: trembler; Augenlider: être agité(e) de palpitations; Herz, Puls: palpiter
❺ + sein (fallen, gelangen) **zu Boden/vom Schreibtisch ~** Geldschein, Blatt Papier: s'envoler sur le sol/du bureau; **ins Haus/auf den Tisch ~** Rechnung, Brief: atterrir dans la maison/sur la table
❻ + haben fam (vibrieren) Rad: vibrer; **die Lenkung flattert** il y a du jeu dans la direction
Flattersatz m composition f en drapeau
flau [flaʊ] Adj ❶ (unwohl) **ein ~es Gefühl haben** ne pas se sentir très bien; **mir ist ~** je me sens mal
❷ (nicht gut) Geschäft, Börse morose
Flaum [flaʊm] <-[e]s-> m duvet m
Flaumfeder f plumule f
flaumig ['flaʊmɪç] Adj Gefieder, Haut duveté(e)
Flausch [flaʊʃ] <-[e]s, -e-> m molleton m
flauschig Adj Handtuch, Pullover moelleux(-euse)
Flausen Pl fam ❶ (unsinnige Einfälle) sottises fpl, conneries fpl (fam); **nichts als ~ im Kopf haben** ne penser qu'à faire des conneries (fam); **dir werde ich die ~ austreiben!** je vais te remettre les idées en place!
❷ (Ausflüchte) balivernes fpl; **mach keine ~!** raconte pas d'histoires! (fam)
Flaute ['flaʊtə] <-, -n-> f ❶ METEO calme m
❷ COM marasme m; (nicht sehr betriebsame Zeit) période f creuse
fläzen ['flɛːtsn] r V pej fam sich ~ se vautrer; **sich in den Sessel ~** se vautrer dans le fauteuil; **sich auf dem Bett ~** être vautré(e) sur le lit
Flechte ['flɛçtə] <-, -n-> f ❶ BOT lichen m
❷ MED dartre m
flechten ['flɛçtn̩] <flicht, flocht, geflochten-> tr V tresser Haare, Korb, Kranz; **aus etw einen Kranz ~** tresser une couronne avec qc; **Blumen zu einem Kranz ~** faire une couronne de fleurs; **sich (Dat) die Haare zu einem Zopf ~** se faire une natte; **geflochten** tressé(e)
Flechtwerk nt treillis m
Fleck [flɛk] <-[e]s, -e o -en> m ❶ (Schmutzfleck, Farbfleck) tache f
❷ (verfärbte Stelle auf der Haut) ecchymose f; **blauer ~** bleu m
❸ (dunkle Stelle auf Obst) taveture f; (Druckstelle) meurtrissure f
❹ (Stelle) endroit m; (Stück Land) bout m de terrain
❺ ANAT **der blinde ~** la tache aveugle
▸ **er hat einen ~ auf der [weißen] Weste** sa réputation n'est pas sans tache; **einen blinden ~ haben** voir la balle dans l'œil du voisin et ne pas voir la poutre dans le sien; **mit etw nicht vom ~ kommen** ne pas avancer dans qc; **sich nicht vom ~ rühren** ne pas bouger [d'un pouce]; **vom ~ weg** sur-le-champ
Fleckchen <-s, -> nt (Gegend) endroit m; **ein schönes ~ [Erde]** un joli petit coin [de terre]
Flecken ['flɛkən] <-s, -> m ❶ (Fleck) tache f
❷ veraltet (Marktflecken) bourg m (vieilli)
Fleckenentferner m détachant m
fleckenlos I. Adj sans tache
II. Adv sauber, rein parfaitement
Fleckentferner <-s, -> m détachant m
Fleckenwasser nt détachant m liquide
Fleckerlteppich m SDEUTSCH, A tapis m multicolore tissé à partir de chutes de tissu
Fleckfieber nt MED typhus m [exanthématique]
fleckig ['flɛkɪç] Adj ❶ (unsauber) Tuch, Kleidungsstück taché(e);

❷ (voller dunkler Stellen) Gesicht, Haut, Frucht tacheté(e)
fleddern ['flɛdɐn] tr V pej fam dévaliser
Fledermaus ['fleːdɐmaʊs] f chauve-souris f
Fledermausärmel m manche f chauve-souris
Fleece [fliːs] <-> nt TEXTIL polaire m
Fleet [fleːt] <-[e]s, -e-> nt NDEUTSCH canal m
Flegel ['fleːgəl] <-s, -> m pej (Kind) garnement m; (Mann) mufle m (péj), goujat m
Flegelalter nt âge m ingrat
Flegelei <-, -en> f pej sans-gêne m, grossièreté f
flegelhaft Adj pej Person, Bemerkung sans-gêne, grossier(-ière); Benehmen sans-gêne
Flegeljahre Pl âge m ingrat
flegeln r V fam sich ~ se vautrer; **sich auf das Sofa ~** se vautrer sur le canapé
flehen ['fleːən] itr V geh supplier; **um Gnade/Hilfe ~** demander grâce/implorer de l'aide; **zu Gott ~** implorer Dieu
flehentlich ['fleːəntlɪç] geh I. Adj Blick, Stimme, Bitte implorant(e)
II. Adv en suppliant, en implorant; bitten instamment
Fleisch [flaɪʃ] <-[e]s-> nt ❶ (Nahrungsmittel) viande f; **~ fressend** Pflanze carnivore; Tier carnassier(-ière), carnivore
❷ ANAT chair f
❸ (Fruchtfleisch) chair f, pulpe f
▸ **mein/sein/… eigen[es] ~ und Blut** geh la chair de ma/sa/... chair (vieilli); **jdm in ~ und Blut übergehen** devenir naturel(le) [o une habitude] pour qn; **sich (Akk o Dat) mit etw ins eigene ~ schneiden** se nuire à soi-même par qc, se causer du tort [par qc]; **vom ~(e] fallen** fondre
fleischarm Adj pauvre en viande **Fleischbeschau** f ❶ ADMIN inspection sanitaire de la viande par les services vétérinaires
❷ hum fam étalage m de viande (fam) **Fleischbeschauer(in)** <-s, -> m(f) inspecteur(-trice) m(f) des services vétérinaires **Fleischbrühe** f (Bouillon) bouillon m de viande; (Kraftbrühe) consommé m **Fleischeinlage** f morceaux mpl de viande
Fleischer(in) <-s, -> m(f) boucher(-ère) m(f)
Fleischerbeil nt hachette f de boucher
Fleischerei <-, -en> f boucherie f
Fleischermesser nt couteau m de boucherie
Fleischesser(in) m(f) carnassier(-ière) m(f) **Fleischextrakt** m extrait m de viande **fleischfarben** Adj [de] couleur chair **Fleischfondue** f fondue f bourguignonne
fleischfressend s. Fleisch ❶
Fleischfresser <-s, -> m ZOOL carnassier m, carnivore m **Fleischfüllung** f farce f [à base de viande]; **mit ~** farci(e) **Fleischgericht** nt plat m de viande **Fleischhauer(in)** m(f) A boucher(-ère) m(f) **Fleischhauerei** <-, -en> f A boucherie f
fleischig Adj Person, Tier dodu(e); Blatt, Frucht, Lippen charnu(e)
Fleischkäse m préparation de viande hachée, d'œufs et d'épices, traditionnelle dans le Sud de l'Allemagne **Fleischklopfer** m attendrisseur m **Fleischkloß** m ❶ GASTR boulette f de viande
❷ pej fam (Mensch) tas m de graisse (péj fam) **Fleischklößchen** ['flaɪʃkløːsçən] nt petite boulette f de viande
fleischlich Adj attr ❶ Kost à base de viande
❷ liter Begierden charnel(le)
fleischlos I. Adj Ernährung, Kost sans viande
II. Adv kochen sans viande; **sich ~ ernähren** ne pas manger de viande
Fleischpastete f pâté m **Fleischsalat** m lanières de cervelas préparées avec des cornichons et de la mayonnaise **Fleischspieß** m brochette f de viande **Fleischstück** nt bout m de viande **Fleischtomate** f tomate f charnue [à farcir] **Fleischtopf** m cocotte f, faitout m **fleischverarbeitend** Adj ~e Industrie industrie f charcutière **Fleischvergiftung** f intoxication f alimentaire causée par de la viande avariée **Fleischwaren** Pl produits mpl de boucherie; (Schweinefleischwaren) charcuterie f
Fleischwolf m hache-viande m; **etw durch den ~ drehen** passer qc au hachoir ▸ **jdn durch den ~ drehen** passer qn à la moulinette (fam) **Fleischwunde** f lésion f profonde **Fleischwurst** f sorte de cervelas
Fleiß [flaɪs] <-[e]s-> m kein Pl zèle m, application f
▸ **ohne ~ kein Preis** Spr. on n'a rien sans peine; **mit ~** SDEUTSCH exprès
Fleißarbeit f ❶ travail m assidu
❷ pej (uninspirierte Arbeit) [reine] ~ travail m de gratte-papier
fleißig I. Adj ❶ Mitarbeiter travailleur(-euse); Schüler studieux(-euse), appliqué(e)
❷ (durch Fleiß erreicht) Arbeit, Leistung assidu(e)
❸ fam (eifrig) Theaterbesucher, Sammler assidu(e)
II. Adv ❶ arbeiten avec application; **~ studieren** être très studieux(-euse)
❷ fam (mit Appetit) essen, trinken, zugreifen pas mal (iron)
flektieren* I. tr V décliner Substantiv, Adjektiv; conjuguer Verb
II. itr V **schwach/stark ~** suivre la conjugaison faible/forte

flennen ['flɛnən] *itr V pej fam* pleurnicher
fletschen ['flɛtʃən] *tr V* **die Zähne** [*o* **mit den Zähnen**] ~ montrer les dents
fleucht *veraltet 3. Pers Präs von* **fliegen**
Fleurop® ['flɔːrɔp] <-> *f* ≈ Interflora® *m*
flexibel [flɛ'ksiːbəl] *Adj* flexible, souple; *Material* souple; **flexible Arbeitszeiten** horaires *fpl* flexibles
Flexibilisierung <-, -en> *f der Arbeitszeit* aménagement *m*; *der Ladenschlusszeiten* assouplissement *m*; *der Altersgrenze* modulation *f*
Flexibilität [flɛksibili'tɛːt] <-> *f* ❶ *(Anpassungsfähigkeit)* flexibilité *f* ❷ *(Elastizität)* souplesse *f*
Flexion [flɛ'ksioːn] <-, -en> *f eines Substantivs, Adjektivs* déclinaison *f*; *eines Verbs* conjugaison *f*
Flexionsendung *f* terminaison *f*, désinence *f*
flicht [flɪçt] *3. Pers Präs von* **flechten**
Flickarbeit *f* raccommodage *m*
flicken ['flɪkən] *tr V* ❶ *(nähen)* rapiécer
❷ *(reparieren)* réparer *Fahrradschlauch, Netz, Schuhe*; rafistoler *(fam) Dach*
Flicken <-s, -> *m (Stück Stoff)* pièce *f*; *(Stück Gummi)* rustine *f*
Flickschuster(in) *m(f) pej fam (Stümper)* rafistoleur(-euse) *m(f)* *(fam)*; **Flickschusterei** *f fam* rapiéçage *m*; ~ **betreiben** faire du rafistolage *(fam)*; **Flickwerk** *nt kein Pl pej* rafistolage *m (fam)*
Flickzeug <-[e]s, -e> *nt* nécessaire *m* pour réparer les chambres à air
Flieder ['fliːdɐ] <-s, -> *m* lilas *m*
Fliederbusch *m* buisson *m* de lilas
fliederfarben *Adj* [de couleur] lilas
Fliege ['fliːgə] <-, -n> *f* ❶ zool mouche *f*
❷ cout nœud *m* papillon
▸ **zwei** ~**n mit einer Klappe schlagen** *fam* faire d'une pierre deux coups; **ihn/sie stört die** ~ **an der Wand** un rien le/la dérange; **er/sie tut keiner** ~ **etwas zuleide** il/elle ne ferait pas de mal à une mouche; **die** [*o* **wie sl**] ~ **machen** *fam* se casser *(fam)*; **wie die** ~**n sterben** mourir comme des mouches
fliegen ['fliːgən] <flog, geflogen> I. *itr V + sein* ❶ *Vogel, Flugzeug:* voler; **auf einen Baum** ~ se poser sur un arbre; **nach Paris/Madagaskar** ~ *Flugzeug:* voler vers Paris/Madagascar; *Fluggesellschaft:* desservir Paris/Madagascar; **wann fliegt die nächste Maschine nach Paris?** quand décolle le prochain avion pour Paris?
❷ *(reisen)* **nach Berlin** ~ aller à Berlin en avion; **mit [der] Air France** ~ voler sur Air France; **gern/ungern** ~ aimer/ne pas aimer prendre l'avion; **wie lange fliegt man nach Lyon?** combien de temps dure le vol jusqu'à Lyon?; **zum Mond** ~ *Person:* aller sur la Lune; *Rakete:* faire route vers la Lune
❸ *(geworfen werden) Ball, Stein, Speer:* voler; **auf den Boden/gegen die Wand** ~ voler sur le sol/contre le mur; **in den Papierkorb** ~ aller au panier; **ein Buch flog ihm an den Kopf** il a reçu un livre dans la figure; **durchs Fenster geflogen kommen** arriver par la fenêtre
❹ *fam (fallen)* **vom Stuhl/auf den Boden** ~ dégringoler de sa chaise/sur le sol *(fam)*; **ihr flog die Gabel aus der Hand** la fourchette lui a échappé [de la main]; **der Hut flog ihm vom Kopf** son chapeau s'est envolé [de sa tête]
❺ *sl (hinausgeworfen werden)* **aus der Firma/von der Schule** ~ se faire virer de son travail/de l'école *(fam)*
❻ *sl (durchfallen)* **durch eine Prüfung** ~ se ramasser [*o* se planter] à un examen *(fam)*
❼ *(flattern)* **im Wind** ~ *Fahne, Haare, Wäsche:* voler au vent
❽ *(eilen)* voler; **durch das Haus/die Halle** ~ traverser la maison au pas de course/le hall d'un bond; **jdm um den Hals** ~ sauter au cou de qn; **ich kann doch nicht** ~! *fam* je ne peux pas aller plus vite que la musique! *(fam)*
❾ *fam (angezogen werden)* **auf jdn/etw** ~ craquer pour qn/qc *(fam)*
II. *tr V* ❶ + *haben o sein (steuern)* piloter *Flugzeug*
❷ + *haben (befördern)* **Passagiere/Hilfsgüter** ~ transporter des passagers/des colis humanitaires par avion
❸ + *haben o sein (zurücklegen)* parcourir, faire *Route, Strecke*
fliegend *Adj attr* volant(e)
❷ *(nicht stationär) Händler* ambulant(e)
Fliegendreck *m* chiure *f* de mouche **Fliegenfänger** <-s, -> *m* papier *m* tue-mouche **Fliegenfenster** *nt* moustiquaire *f* **Fliegengewicht** *nt* ❶ sport poids *m* mouche ❷ *fam (leichter Mensch)* poids *m* plume **Fliegengewichtler(in)** <-s, -> *m(f)* poids *m* mouche **Fliegengitter** *nt* moustiquaire *f* **Fliegenklatsche** ['fliːgənklatʃə] <-, -n> *f* tapette *f* **Fliegenpilz** *m* amanite *f* tue-mouche
Flieger ['fliːgɐ] <-s, -> *m* ❶ a. mil *(Pilot)* aviateur *m*; **die** ~ *fam (die Luftwaffe)* l'armée *f* de l'air
❷ *fam (Flugzeug)* avion *m*

Fliegeralarm *m* alerte *f* aérienne **Fliegerangriff** *m* attaque *f* aérienne
Fliegerei <-> *f* aviation *f*
Fliegerhorst *m* base *f* aérienne
Fliegerin <-, -nen> *f* aviatrice *f*
fliegerisch *Adj attr Können, Leistung* en matière d'aviation
Fliegerstaffel *f* mil escadrille *f* d'avions
fliehen ['fliːən] <floh, geflohen> I. *itr V + sein* ❶ *(entkommen)* s'enfuir; **aus dem Gefängnis** ~ s'évader de la prison; **ins Ausland/nach Kanada** ~ s'enfuir [*o* se réfugier] à l'étranger/au Canada; **zu jdm** ~ se réfugier chez qn
❷ *(davoneilen)* **vor dem Feind/einem Gewitter** ~ fuir devant l'ennemi/un orage
II. *tr V + haben liter (meiden)* fuir *Gesellschaft, Lärm*
fliehend *Adj Kinn, Stirn* fuyant(e)
Fliehkraft *f* force *f* centrifuge
Fliese ['fliːzə] <-, -n> *f* carreau *m* [de céramique]; **blaue** ~**n** carrelage *m* bleu; ~**n legen** poser un [*o* du] carrelage; **etw mit** ~**n auslegen** carreler qc
fliesen ['fliːzn] *tr V* carreler
Fliesen[fuß]boden *m* sol *m* carrelé **Fliesenleger(in)** <-s, -> *m(f)* carreleur(-euse) *m(f)*
Fließband <-bänder> *nt* chaîne *f* [de montage]; **am** ~ **arbeiten** [*o* **stehen** *fam*] travailler [*o* être] à la chaîne
Fließbandarbeit *f* travail *m* à la chaîne
fließen ['fliːsən] <floss, geflossen> *itr V + sein* ❶ *(strömen) Wasser, Blut, Tränen:* couler; **durch Paris/nach Norden** ~ *Fluss:* traverser Paris/couler vers le nord; **in die Seine/ins Mittelmeer** ~ se jeter dans la Seine/la Méditerranée
❷ *(sich dahinbewegen) Verkehr:* être fluide; *Luft, Luftmassen:* affluer; *elektrischer Strom:* circuler, passer; ~ **der Verkehr** circulation *f* fluide
❸ *(hervorsprudeln) Ideen, Redestrom:* jaillir; **die Worte** ~ **ihr aus der Feder** les mots jaillissent de sa plume
❹ *(eingehen) Kredite, Mittel, Nachrichten:* affluer
▸ **alles fließt** philos tout passe [et rien ne demeure]
fließend I. *Adj* ❶ *Rede, Vortrag* prononcé(e) d'une traite [*o* avec aisance]
❷ *(nicht scharf umrissen) Grenze, Übergang* flou(e)
II. *Adv sprechen, lesen* couramment, aisément; ~ **Französisch sprechen** parler le français couramment
Fließheck *nt* arrière *m* liftback
flimmerfrei *Adj Bildschirm* avec une stabilité parfaite de l'image; *Bild* qui ne tremble pas
Flimmerhärchen *Pl* anat cils *mpl* vibratiles
Flimmerkiste *f fam* télé *f (fam)*
flimmern ['flɪmɐn] *itr V* ❶ *Fernsehbild, Bildschirm* trembler; **über den Bildschirm/die Leinwand** ~ passer à la télé/au ciné *(fam)*
❷ *(flirren) Luft, Hitze:* vibrer; **es flimmert ihr vor den Augen** elle a un éblouissement
flink [flɪŋk] I. *Adj Person* agile, rapide; *Bewegung* vif(vive), rapide; *Finger, Griff* agile
II. *Adv sich bewegen* avec agilité; *arbeiten* avec adresse; **ein bisschen** ~! *fam* et que ça saute! *(fam)*
Flinserl ['flɪnzɐl] <-s, -n> *nt* a *(Ohrschmuck)* boucle *f* d'oreille
Flinte ['flɪntə] <-, -n> *f* ❶ *(Schrotflinte)* fusil *m* [de chasse]
❷ *veraltet (Gewehr)* carabine *f*
▸ **die** ~ **ins Korn werfen** *fam* jeter le manche après la cognée
Flipchart^{RR} ['flɪptʃaːɐt] <-, -s> *f* paperboard *m*
Flipflop ['flɪpflɔp] <-s, -s> *m meist Pl* tong *f gén pl*
Flipper ['flɪpɐ] <-s, -> *m*, **Flipperautomat** *m* flipper *m*
flippern *itr V* jouer au flipper
flippig ['flɪpɪç] I. *Adj fam* farfelu(e) *(fam)*, loufoque *(fam)*
II. *Adv herumlaufen, sich kleiden* de manière farfelue [*o* loufoque] *(fam)*; ~ **aussehen** avoir l'air farfelu [*o* loufoque] *(fam)*
flirren ['flɪrən] *itr V Luft:* trembloter, vaciller
Flirt [flœrt, fløːɐt] <-s, -s> *m* flirt *m*
flirten ['flœrtən, 'fløːɐtən] *itr V* flirter; **mit jdm** ~ flirter avec qn
Flitscherl ['flɪtʃɐl] <-s, -n> *nt* a *pej fam (Flittchen)* traînée *f (fam)*
Flittchen ['flɪtçən] <-s, -> *nt pej fam* traînée *f (fam)*
Flitter ['flɪtɐ] <-s, -> *m* ❶ *(Paillletten)* paillettes *fpl*
❷ *kein Pl pej (Tand)* clinquant *m*
Flittergold *nt* oripeau *m* **Flitterwochen** *Pl* lune *f* de miel; **in die** ~ **fahren/in den** ~ **sein** partir/être en voyage de noces
Flitz[e]bogen ['flɪtsə-] *m fam* arc *m*
▸ **gespannt sein wie ein** ~ crever de curiosité *(fam)*
flitzen ['flɪtsən] *itr V + sein fam* filer *(fam)*
Flitzer <-s, -> *m fam* bolide *m*
floaten ['floːtn] *itr V* fin flotter
Floating ['floːtɪŋ] <-s> *nt* fin flottement *m*
flocht [flɔxt] *Imp von* **flechten**
Flöckchen <-s, -> *nt* ❶ *Dim von* **Flocke** petit flocon *m*
❷ *(kleines Stück)* **ein** ~ **Butter** une noix de beurre; **ein** ~

Eischnee un flocon de blancs en neige
Flocke ['flɔkə] <-, -n> f ❶ (Schneeflocke, Getreideflocke) flocon m ❷ (Staubflocke) mouton m
flockig Adj Schaum floconneux(-euse)
flog [flo:k] Imp von **fliegen**
floh [flo:] Imp von **fliehen**
Floh [flo:, Pl: 'flø:ə] <-[e]s, Flöhe> m ❶ ZOOL puce f
▸ ❷ Pl sl (Geld) fric m (fam)
▸ **jdm einen ~ ins Ohr setzen** fam fourrer une idée dans le crâne de qn (fam); **die Flöhe husten hören** fam fabuler, avoir des visions (fam)
Flohmarkt m marché m aux puces **Flohzirkus** m numéro de puces savantes
Flokati [flo'ka:ti] <-s, -s> m flokatis m
Flom[en] ['flo:mən] <-s> m panne f de porc
Flop [flɔp] <-s, -s> m fam bide m (fam), flop m (arg); **mit etw einen ~ landen** faire un bide avec qc (fam)
Floppydisk[RR] ['flɔpidɪsk] <-, -s> f INFORM disquette f
Flor [flo:e] <-s, -e o selten Flöre> m ❶ (dünnes Gewebe) voile m, crêpe m
❷ (Teppichflor, Samtflor) poil m
Flora ['flo:ra, Pl: 'flo:rən] <-, Floren> f flore f
Florentiner[1] <-s, -> m ❶ Florentin m
❷ GASTR florentin m
❸ (Strohhut) chapeau de paille à larges bords
Florentiner[2] Adj florentin(e), de Florence
Florentinerin <-, -nen> f Florentine f
florentinisch I. Adj florentin(e), de Florence
II. Adv ~ **sprechen** parler florentin
Florenz [flo'rɛnts] <-> nt Florence
Florett [flo'rɛt] <-[e]s, -e> nt ❶ (Waffe) fleuret m
❷ kein Pl (Fechtdisziplin) escrime f au fleuret
Florettfechten nt SPORT escrime m au fleuret
florieren* itr V Geschäft, Laden: prospérer, être prospère; Wirtschaft: être florissant(e); **~d** Praxis, Wirtschaftszweig prospère
Florist(in) [flo'rɪst] <-en, -en> m(f) fleuriste mf
Floskel ['flɔskəl] <-, -n> f figure f de rhétorique; **eine höfliche/abgedroschene ~** une formule de politesse/toute faite
floss[RR] [flɔs], **floß**[ALT] Imp von **fließen**
Floß [flo:s, Pl: 'flø:sə] <-es, Flöße> nt radeau m
Flosse ['flɔsə] <-, -n> f ❶ ZOOL nageoire f; eines Haifischs aileron m
❷ (Schwimmflosse) palme f
❸ sl (Hand) paluche f (fam), patte f (fam)
flößen ['flø:sn] tr V ❶ transporter par flottage; **Waren/Holz ~** transporter des marchandises/du bois par flottage
❷ (einflößen) **jdm Hustensaft in den Mund ~** faire avaler son sirop contre la toux à qn
Flößer(in) <-s, -> m(f) flotteur(-euse) m(f)
Flöte ['flø:tə] <-, -n> f ❶ (Instrument) flûte f; **~ spielen** jouer de la flûte
❷ (Kelchglas) flûte f [à champagne]
❸ (Pfeife) eines Wasserkessels sifflet m
flöten I. itr V ❶ MUS jouer de la flûte
❷ (zwitschern) siffler
❸ hum fam (süßlich sprechen) susurrer
II. tr V ❶ **etw ~** jouer qc à la flûte
❷ DIAL (pfeifen) siffler
flöten|gehen itr V unreg + sein sl ❶ (verloren gehen) s'envoler en fumée ❷ (kaputtgehen) se casser **Flötenkessel** m bouilloire f à sifflet **Flötenspiel** nt petit concert m de flûte **Flötenspieler(in)** m(f) joueur(-euse) m(f) de flûte **Flötenton** <-töne> m son m de flûte ▸ **jdm [die] Flötentöne beibringen** fam apprendre les bonnes manières à qn (fam)
Flötist(in) [flø'tɪst] <-en, -en> m(f) flûtiste mf
flott [flɔt] fam I. Adj ❶ (zügig) Arbeiter rapide; Bedienung dégourdi(e); **ein ~es Tempo draufhaben** aller à une sacrée allure
❷ (schwungvoll) Musik, Schlager, Titel entraînant(e)
❸ (schick) Kerl, Frau smart(e) (fam); Auto, Motorrad, Kleidung fringant(e)
❹ (unbeschwert) Lebensstil dépensier(-ière); **ein [ganz] ~es Leben führen** mener la belle vie
❺ (manövrierfähig) **[wieder] ~ sein** Schiff: être [de nouveau] à flot; Auto, Motorrad: rouler [de nouveau] impec (fam)
❻ (flüssig) Stil aisé(e)
II. Adv ❶ (zügig) vite, rapidement; **aber ein bisschen ~!** fam plus vite que ça! (fam)
❷ (schick) sich anziehen chic; **~ aussehen** être [o avoir l'air] drôlement chic (fam)
flott|bekommen* tr V unreg mettre à flot Schiff; **ein Schiff [wieder] ~** [re]mettre un bateau à flot; **ein Auto/Motorrad [wieder] ~** fam [re]mettre une voiture/moto en état
Flotte ['flɔtə] <-, -n> f MIL flotte f
Flottenstützpunkt m base f navale **Flottenverband** m flotte f

Flottille [flɔ'tɪl(j)ə] <-, -n> f ❶ MIL flottille f de guerre
❷ NAUT flottille f de pêche
flott|kriegen s. **flottbekommen flott|machen** tr V mettre à flot Schiff; **ein Schiff [wieder] ~** [re]mettre un bateau à flot; **ein Auto/Motorrad [wieder] ~** fam [re]mettre une voiture/moto en état
flottweg Adv fam **~ arbeiten** [o **schaffen**] mettre en un coup
Flöz [flø:ts] <-es, -e> nt filon m, couche f [sédimentaire]
Fluch [flu:x, Pl: 'fly:çə] <-[e]s, Flüche> m ❶ (Schimpfwort) juron m
❷ kein Pl (Verwünschung) malédiction f; **ein ~ lastet auf seiner Familie** une malédiction pèse sur sa famille
▸ **das [eben] ist der ~ der bösen Tat** Spr il/elle/... n'a que ce qu'il/elle/... mérite
fluchbeladen Adj geh maudit(e)
fluchen ['flu:xən] itr V ❶ jurer; **auf** [o **über**] **jdn/etw ~** jurer contre [o après] qn/qc, pester contre qn/qc; **wild ~d** en jurant comme un fou/une folle
❷ geh (verwünschen) **jdm/einer S. ~** maudire qn/qc
Flucht [flʊxt] <-, -en> f ❶ fuite f; (Ausbruch aus dem Gefängnis) évasion f; **auf der ~ sein** être en fuite; **die ~ ergreifen** geh prendre la fuite; **jdm zur ~ verhelfen** aider qn à prendre la fuite [o à fuir]; (zum Ausbruch verhelfen) aider qn à s'évader; **jdn in die ~ schlagen** faire fuir qn; **in wilder ~** dans une course folle
❷ fig fuite f; **die ~ nach vorn/vor der Realität** la fuite en avant/face à la réalité; **durch die ~ in die Arbeit** en se réfugiant dans le travail
❸ CONSTR alignement m
❹ geh (Zimmerflucht) enfilade f
fluchtartig I. Adj précipité(e)
II. Adv précipitamment, avec précipitation
Fluchtauto nt voiture f utilisée par le[s] fugitif[s]
flüchten ['flʏçtən] I. itr V + sein [s'en]fuir; **vor der Polizei/dem Feind ~** fuir devant la police/l'ennemi; **ins Ausland/über die Grenze ~** [s'en]fuir [o se réfugier] à l'étranger; **aus der Wohnung ~** s'échapper [o s'enfuir] de l'appartement
II. r V + haben ❶ (Schutz suchen) **sich in das Haus ~** se réfugier dans la maison; **er flüchtete in ihre Arme** il s'est réfugié dans ses bras
❷ (Zuflucht nehmen) **sich in Arbeit/Alkohol/Lügen ~** se réfugier dans le travail/l'alcool/le mensonge
Fluchtfahrzeug nt véhicule m utilisé par le[s] fugitif[s] [o pour la fuite] **Fluchtgefahr** f risque m de fuite; (Ausbruchsgefahr) risque m d'évasion; **es besteht ~** il y a un risque de fuite/d'évasion **Fluchthelfer(in)** m(f) (Schleuser) passeur(-euse) m(f); (Helfer beim Ausbruch) complice mf de le [l'évasion] **Fluchthilfe** f complicité f de fuite; (Hilfe beim Ausbruch) complicité d'évasion
flüchtig ['flʏçtɪç] I. Adj ❶ Person en fuite, fugitif(-ive); **~ sein** être en fuite
❷ (oberflächlich, kurz) Berührung, Gruß, Kuss rapide, fugitif(-ive); Blick, Erscheinung furtif(-ive); Arbeit, Erwähnung, Lektüre superficiel(le); Bekanntschaft vague
❸ CHEM Flüssigkeit, Substanz volatil(e)
II. Adv aufsehen, grüßen, küssen rapidement, fugitivement; erwähnen brièvement; arbeiten, kennen, lesen superficiellement; **jdn/etw ~ berühren** effleurer qn/qc
Flüchtigkeit <-, en> f ❶ kein Pl (kurze Dauer) caractère m éphémère
❷ kein Pl (Oberflächlichkeit) einer Bekanntschaft, Lektüre, Arbeit caractère m superficiel
❸ (Unachtsamkeit) inattention f
❹ kein Pl CHEM einer Substanz volatilité f
Flüchtigkeitsfehler m faute f d'inattention; **~ machen** faire des fautes d'inattention
Flüchtling <-s, -e> m réfugié(e) m(f)
Flüchtlingsausweis m attestation délivrée aux réfugiés **Flüchtlingslager** nt camp m de réfugiés **Flüchtlingsstrom** m afflux m de réfugiés
Fluchtpunkt m point m de fuite **Fluchtverdacht** m JUR présomption f de fuite **Fluchtversuch** m tentative f de fuite; (Ausbruchsversuch) tentative f d'évasion **Fluchtweg** m ❶ eines Flüchtlings chemin m emprunté pour la fuite; eines Häftlings chemin d'évasion ❷ (Weg in Gebäuden) issue f de secours
Flug [flu:k, Pl: 'fly:gə] <-[e]s, Flüge> m ❶ eines Vogels, Flugzeugs vol m; eines Skispringers, Balls trajectoire f; **im ~** en plein vol
❷ (Flugreise) vol m; **einen ~ buchen** réserver un billet sur un vol; **einen ~ stornieren** Passagier: annuler sa réservation sur un vol; **der ~ zum Mond** le voyage vers la Lune; **guten ~!** bon vol!
▸ **wie im ~ vergehen** Tage, Stunden: filer à toute allure
Flugabwehr f défense f antiaérienne, D.C.A. f
Flugabwehrkanone f canon m antiaérien **Flugabwehrrakete** f MIL fusée f antiaérienne
Flugangst f peur f de monter en avion **Flugasche** f escarbille f
Flugbahn f trajectoire f **Flugbegleiter(in)** m(f) AVIAT steward m/hôtesse f de l'air **Flugbenzin** nt kérosène m **flugbereit** Adj

prêt(e) à décoller **Flugbetrieb** *m kein Pl* trafic *m* aérien **Flugblatt** *nt* tract *m* **Flugboot** *nt* hydravion *m* **Flugdatenschreiber** *s.* Flugschreiber **Flugdauer** *f* durée *f* de vol **Flugdienst** *m* service *m* aérien **Flugdrachen** *m* SPORT cerf-volant *m* **Flugechse** *f* ptérosaurien *m*
Flügel ['flyːgəl] <-s, -> *m* ❶ aile *f;* **mit den ~n schlagen** battre des ailes
❷ *(Fensterflügel, Türflügel)* battant *m; (Altarflügel)* volet *m*
❸ *(Tragflügel, Windmühlenflügel, Gebäudeflügel, Parteiflügel)* aile *f*
❹ *(Teil eines Propellers, Ventilators)* pale *f*
❺ *(Lungenflügel)* lobe *m* [du poumon]
❻ MIL *f;* SPORT aile *f*
❼ MUS piano *m* à queue; **am ~ :** ... au piano: ...
▶ **jdm die ~ beschneiden** [*o* **stutzen**] rogner les ailes à qn; **die ~ hängen lassen** *fam* baisser les bras; **jdm ~ verleihen** *geh* donner des ailes à qn
Flügelaltar *m* retable *m* à volets **Flügelfenster** *nt* fenêtre *f* à battants **Flügelhorn** *nt* bugle *m*, cornet *m* **Flügelkämpfe** *Pl* luttes *fpl* intestines **flügellahm** *Adj* ❶ *Vogel:* blessé(e) à l'aile ❷ *fig Person:* abattu(e) **Flügelmann** <-männer *o* -leute> *m* ❶ FBALL ailier *m* ❷ MIL chef *m* de file **Flügelmutter** <-muttern> *f* papillon *m* **Flügelschlag** *m* coup *m* d'aile **Flügelschraube** *f* vis *f* à ailettes **Flügelspannweite** *f* envergure *f* **Flügeltür** *f* porte *f* à deux battants
Flugerfahrung *f* expérience *f* en matière de pilotage **flugfähig** *Adj* capable de voler **Flugfeld** *nt* champ *m* [*o* terrain *m*] d'aviation **Fluggast** *m* passager(-ère) *m(f)*
flügge ['flʏgə] *Adj* **~/noch nicht ~ sein** *Vogel:* savoir/ne pas savoir voler; *Kind:* voler/ne pas encore voler de ses propres ailes
Fluggeschwindigkeit *f* vitesse *f* de vol **Fluggesellschaft** *f* compagnie *f* aérienne **Flughafen** *m* aéroport *m* **Flughafengebühr** *f* taxe *f* d'aéroport **Flughaut** *f* membrane *f* alaire **Flughöhe** *f* altitude *f* [de vol] **Flughund** *m* ZOOL roussette *f* **Flugingenieur(in)** [-ɪnʒeni̯øːɐ] *m(f)* ingénieur *m(f)* des constructions aéronautiques **Flugkapitän(in)** *m(f)* commandant *m(f)* de bord **Flugkilometer** *m* distance *f* de vol **Flugkörper** *m* engin *m* volant **Fluglärm** *m* bruit *m* [du trafic] aérien **Fluglehrer(in)** *m(f)* moniteur(-trice) *m(f)* d'aviation **Fluglinie** *f* ligne *f* aérienne **Fluglotse** *m*, **-lotsin** *f* contrôleur(-euse) *m(f)* de la navigation aérienne **Flugmotor** *m* moteur *m* d'avion **Flugnummer** *f* numéro *m* de vol **Flugobjekt** *nt* objet *m* volant; **unbekanntes ~** objet volant non identifié **Flugpersonal** *nt* personnel *m* volant [*o* navigant] **Flugplan** *m* horaire *m* des vols **Flugplatz** *m* aérodrome *m* **Flugpreis** *m* tarif *m* aérien **Flugreise** *f* voyage *m* en avion **Flugroute** *f* route *f* aérienne
flugs [fluːks] *Adv veraltet* incontinent *(vieilli)*
Flugsand *m* sables *mpl* mouvants **Flugsaurier** *m* ptérosaurien *m* **Flugschein** *m* ❶ *(Pilotenschein)* brevet *m* de pilote ❷ *(Flugticket)* billet *m* d'avion **Flugschneise** *f* couloir *m* aérien **Flugschreiber** *m* boîte *f* noire **Flugschrift** *f s.* Flugblatt **Flugschüler(in)** *m(f)* élève-pilote *mf* **Flugsicherheit** *f kein Pl* sécurité *f* aérienne **Flugsicherung** *f* sécurité *f* aérienne **Flugsicherungsdienst** *m* AVIAT service *m* de surveillance aérienne **Flugsimulator** *m* simulateur *m* de vol **Flugsteig** <-s, -e> *m* porte *f* d'embarquement **Flugstunde** *f* ❶ *(Flugzeit)* heure *f* de vol ❷ *(Flugunterricht)* **bei jdm ~n nehmen** prendre des cours de pilotage avec qn **flugtauglich** *Adj* apte à voler **Flugtechnik** *f* AVIAT aérotechnique *f; (Technik des Fliegens)* technique *f* de vol **flugtechnisch** *Adj* aérotechnique **Flugticket** *nt* billet *m* d'avion **Flugverbindung** *f* liaison *f* aérienne **Flugverbot** *nt* interdiction *f* de vol **Flugverkehr** *m* trafic *m* aérien **Flugwaffe** *f* CH armée *f* de l'air **Flugwesen** <-s> *nt* aviation *f* **Flugzeit** *f* durée *f* de vol; **nach einer ~ von drei Stunden** après un vol de trois heures **Flugzettel** *m* A tract *m* **Flugzeug** ['fluːktsɔɪk] <-[e]s, -e> *nt* avion *m;* **mit dem ~ fliegen** [*o* **reisen**] voyager en avion; **per ~** par avion; **ein-/zwei-/viermotoriges ~** mono-/bi-/quadrimoteur *m*
Flugzeugabsturz *m* crash *m* **Flugzeugbau** *m kein Pl* construction *f* aéronautique [*o* d'avions] **Flugzeugbesatzung** *f* équipage *m* de l'avion **Flugzeugentführer(in)** *m(f)* pirate *mf* de l'air **Flugzeugentführung** *f* détournement *m* d'avion **Flugzeughalle** *f* hangar *m* **Flugzeugindustrie** *f* industrie *f* aéronautique **Flugzeugkatastrophe** *f* catastrophe *f* aérienne **Flugzeugkonstrukteur(in)** *m(f)* constructeur *m* aéronautique **Flugzeugmodell** *nt* modèle *m* d'avion **Flugzeugmotor** *m* moteur *m* d'avion **Flugzeugträger** *m* porte-avions *m* **Flugzeugtyp** *m* type *m* d'avion **Flugzeugunglück** *nt* accident *m* d'avion **Flugzeugwrack** *nt* carcasse *f* d'avion
Flugziel *nt* destination *f*
Fluidum ['fluːidʊm] <-s, Fluida> *nt* fluide *m*
Fluktuation [flʊktu̯aˈtsi̯oːn] <-, -en> *f geh* fluctuations *fpl*
fluktuieren* *itr V geh Preise, Zahlen:* fluctuer

Flummi ['flʊmi] <-s, -s> *m* balle *f* rebondissante
Flunder ['flʊndɐ] <-, -n> *f* flétan *m*
▶ **platt wie eine ~ sein** *fam* [en] être [*o* rester] baba *(fam)*
Flunkerei [flʊŋkəˈraɪ] <-, -en> *f fam* ❶ *(Lüge)* bobard *m (fam)*
❷ *kein Pl (das Flunkern)* fanfaronnade *f*
flunkern ['flʊŋkɐn] *itr V fam* raconter des bobards *(fam)*
Flunsch [flʊnʃ] <-[e]s, -e> *m fam* moue *f;* **einen ~ machen** [*o* **ziehen**] faire la moue
Fluor ['fluːoɐ] <-s> *nt* CHEM fluor *m*
Fluorchlorkohlenwasserstoff [-kloːɐ-] *m* CHEM chlorofluorocarbone *m*
Fluoreszenz [fluɔrɛsˈtsɛnts] <-> *f* fluorescence *f*
fluoreszieren* *itr V* être fluorescent(e); **das Fluoreszieren** la fluorescence
fluoreszierend *Adj* CHEM fluorescent(e)
Fluorid [fluoˈriːt] <-[e]s, -e> *nt* CHEM fluorure *m*
Flur[1] [fluːɐ] <-[e]s, -e> *m (Korridor)* couloir *m; (Diele)* vestibule *m*
Flur[2] <-, -en> *f geh (freies Land)* campagne *f*
▶ **allein auf weiter ~ sein** [*o* **stehen**] *(allein sein)* être seul(e) à perte de vue; *(ohne Gleichgesinnte sein)* rester à l'écart
Flurbereinigung *f* remembrement *m* **Flurname** *m* toponyme *m* **Flurschaden** *m* ❶ AGR dégâts *mpl* causés aux cultures ❷ *fig* dégâts *mpl*
Fluse ['fluːzə] <-, -n> *f* peluche *f*
Fluss[RR] [flʊs, *Pl:* ˈflʏsə] <-es, Flüsse>, **Fluß**[ALT] <-sses, Flüsse> *m* ❶ *(ins Meer mündend)* fleuve *m; (Nebenfluss)* rivière *f;* **am ~** au bord du fleuve/de la rivière; **den ~ aufwärtsfahren** remonter le fleuve/la rivière; **den ~ abwärtsfahren** descendre le fleuve/la rivière; **jdn/etw über den ~ setzen** faire passer le fleuve/la rivière à qn/qc
❷ *(Verlauf) des Verkehrs, der Rede, Erzählung* flot *m*
▶ **etw [wieder] in ~ bringen** [ré]amorcer qc; **etw ist** [*o* **befindet sich**] **im ~** qc est en cours; **in ~ kommen** [*o* **geraten**] s'engager
flussabwärts[RR] *Adv* en aval; **~ fahren** descendre le cours de la rivière **Flussarm**[RR] *m* bras *m* [de rivière] **flussaufwärts**[RR] *Adv* en amont; **~ fahren** remonter le cours de la rivière **Flussbarsch**[RR] *m* ZOOL perche *f* **Flussbett**[RR] *nt* lit *m* du fleuve/de la rivière
Flüsschen[RR] <-s, -> *nt Dim von* Fluss petite rivière *f*
Flussdampfer[RR] *m* vapeur *m* de rivière **Flussdiagramm**[RR] *nt* INFORM ordinogramme *m* **Flussfisch**[RR] *m* ZOOL poisson *m* de rivière **Flusshafen**[RR] *m* port *m* fluvial
flüssig ['flʏsɪç] I. *Adj* ❶ *(opp: fest) Honig, Lack* liquide; *Glas, Metall, Wachs, Fett* fondu(e); **~ werden** *Honig, Soße:* devenir liquide; *Wachs, Metall, Stickstoff:* se liquéfier; **~ machen** faire fondre *Honig, Wachs, Fett*
❷ *(fließend) Spiel, Verkehr, Stil* fluide
❸ *(verfügbar) Geld* disponible
▶ **~/nicht ~ sein** *fam* être en fonds/à sec *(fam)*
II. *Adv lesen, sprechen* aisément; *schreiben, spielen* avec aisance
Flüssigei *nt* œuf *m* liquide *(employé dans la fabrication de pâtes alimentaires)* **Flüssiggas** *nt* gaz *m* liquide
Flüssigkeit <-, -en> *f* ❶ liquide *m*
❷ *kein Pl (Geschmeidigkeit) des Stils* aisance *f*
Flüssigkeitsmaß *nt* mesure *f* de capacité **Flüssigkeitsmenge** *f* quantité *f* de liquide **Flüssigkeitszufuhr** *f (Ernährung mit Flüssigkeit)* apport *m* en eau
Flüssigkristall *m* cristal *m* liquide **Flüssigkristallanzeige** *f* écran *m* à cristaux liquides
flüssig|machen *tr V fig* **Geld ~** débloquer des fonds
Flüssigseife *f* savon *m* liquide
Flusskrebs[RR] *m* écrevisse *f* **Flusslandschaft**[RR] *f* ❶ bassin *m* fluvial ❷ *(Gemälde)* paysage *m* de rivière **Flusslauf**[RR] *m* cours *m* du fleuve/de la rivière **Flussmittel**[RR] *nt* TECH fondant *m* **Flussmündung**[RR] *f* embouchure *f* du fleuve **Flusspferd**[RR] *nt* hippopotame *m* **Flussregulierung**[RR] *f* régularisation *f* d'une rivière **Flussschifffahrt**[RR] *f* navigation *f* fluviale **Flussspat**[RR] *m* MINER spath *m* **Flussufer**[RR] *nt* rive *f*
flüstern ['flʏstɐn] I. *itr V* ❶ *Person:* chuchoter; **[geheimnisvoll] miteinander ~** faire des cachotteries; **leises Flüstern** chuchotement *m*
❷ *(rauschen) Wind:* murmurer
II. *tr V* chuchoter; **jdm etwas ins Ohr ~** chuchoter quelque chose à l'oreille de qn
▶ **das kann ich dir ~!** *fam* ça, fais-moi confiance!; **dem/der habe ich [et]was geflüstert!** celui-là/celle-là, elle va m'entendre! *(fam)*
Flüsterpropaganda *f* bouche à oreille *m* **Flüsterstimme** *f* voix *f* chuchotante **Flüsterton** <-töne> *m* chuchotement *m;* **im ~** à voix basse **Flüstertüte** *f hum fam* gueulard *m (fam)*
Flut [fluːt] <-, -en> *f* ❶ *kein Pl (ansteigender/angestiegener Wasserstand)* marée *f* montante/haute; **die ~ kommt** [*o* **steigt**] la marée monte; **die ~ geht zurück** la marée se retire; **bei ~** *(bei*

ansteigendem Wasser) à [la] marée montante; *(bei Höchststand)* à marée haute; **mit der ~** avec la marrée montante

❷ *meist Pl geh (Wassermassen)* flots *mpl;* **sich in die [kühlen] ~en stürzen** *hum* se jeter à la baille *(fam)*

❸ *(große Menge)* **eine ~ von Briefen/Fragen** un déferlement de lettres/de questions

fluten I. *itr V + sein geh Hochwasser:* couler à flots; *Menschenmenge, Verkehr:* déferler; **in die Keller ~** *Hochwasser:* couler à flots dans la cave; **durch die Stadt/die Straßen ~** *Menschenmenge, Verkehr:* déferler dans la ville/les rues; **helles Sonnenlicht flutet ins Zimmer** le soleil inonde la pièce

II. *tr V + haben* **etw ~** *(vollaufen lassen)* remplir qc d'eau; *(unter Wasser setzen)* submerger qc, inonder qc

Flutkatastrophe *f* inondation *f* catastrophique **Flutlicht** *nt kein Pl* projecteurs *mpl;* **bei ~ en** nocturne **Flutlichtanlage** *f* [rampe *f* de] projecteurs *mpl*

flutschen ['flʊtʃən] I. *itr V + sein fam* glisser; **die Seife ist mir aus der Hand/ins Wasser geflutscht** le savon m'a glissé des mains/dans l'eau

II. *itr V + haben fam Arbeit, Zusammenarbeit:* marcher comme sur des roulettes *(fam);* **das flutscht nicht** ça roule pas rond *(fam)*

Flutwelle *f* raz *m* de marée

Flyer ['flaɪɐ] <-s, -> *m* flyer *m; (Flugblatt)* tract *m*

f-Moll <-> *nt* MUS fa *m* mineur

focht [fɔxt] *Imp von* **fechten**

Fock [fɔk] <-, -en> *f* NAUT [voile *f* de] misaine *f*

Fockmast *m* NAUT mât *m* de misaine **Focksegel** *nt* NAUT [voile *f*] de misaine *f*

föderal *Adj* fédéral(e)

Föderalismus [fødera'lɪsmʊs] <-> *m* fédéralisme *m*

föderalistisch *Adj Staat, Verfassung* fédéral(e); *Tendenzen:* fédéraliste

Föderation [fødera'tsio:n] <-, -en> *f* fédération *f*

Föderationsrat *m* POL Conseil *m* de la fédération

föderativ [fødera'ti:f] *Adj* ADMIN, POL fédératif(-ive)

fohlen ['fo:lən] *itr V* pouliner

Fohlen <-s, -> *nt eines Pferds* poulain *m*

Föhn [fø:n] <-[e]s, -e> *m* ❶ METEO fœhn *m*, föhn *m;* **bei ~** quand le fœhn souffle

❷ *(Haartrockner)* sèche-cheveux *m*

föhnen[RR] ['fø:nən] *tr V* **sich** *(Dat)* **die Haare ~** se sécher les cheveux au séchoir; **das Föhnen** le brushing

Föhnfestiger[RR] *m* lotion *f* coiffante pour brushing **Föhnfrisur**[RR] *f* brushing *m*

föhnig ['fø:nɪç] *Adj Wetter* de fœhn

Föhre ['fø:rə] <-, -n> *f* DIAL pin *m* sylvestre

Fokus ['fo:kʊs] <-, -se> *m* OPT, MED foyer *m*

Folge ['fɔlgə] <-, -n> *f* ❶ *(Auswirkung)* conséquence *f;* **die ~ einer Affäre, eines Skandals, Unfalls** les suites *fpl; einer Krankheit* les séquelles *fpl; einer Tat* les conséquences *fpl;* **ohne/nicht ohne ~n bleiben** rester sans/avoir des conséquences; **zur ~ haben, dass** avoir pour conséquence que + *indic;* **das wird für Sie ~n haben!** vous en subirez les conséquences!; **unangenehme ~n nach sich ziehen** avoir des conséquences fâcheuses; **als ~ der Wahlen** suite aux élections

❷ *(Reihe) von Bildern, Eindrücken, Zahlen* série *f;* INFORM *von Befehlen* séquence *f;* **in alphabetischer/chronologischer ~** dans un ordre [*o* l'ordre] alphabétique/chronologique; **in rascher ~** à la suite les uns des autres; **in ~ de suite**

❸ *(Teil einer TV- oder Radioserie)* épisode *m*

▶ **in bunter ~** pêle-mêle; **in der** [*o* **für die**] **~** *(anschließend, danach)* par la suite; *(künftig)* à l'avenir

Folgeerscheinung *f* effet *m* **Folgeinvestition** *f* investissement *m* secondaire **Folgekosten** *Pl* frais *mpl* consécutifs

folgen ['fɔlgən] *itr V* ❶ + *sein (nachgehen)* suivre; **jdm/einer S. ~** suivre qn/qc

❷ + *sein (als Nächster, Nächstes kommen)* venir ensuite; **auf jdn/etw ~** succéder à qn/qc; **es folgt ...** voici maintenant ...; **wie folgt** comme suit; **jdm im Amt ~** suppléer qn

❸ + *haben (gehorchen)* **[jdm] ~** obéir [à qn]; **einem Befehl ~** suivre un ordre

❹ + *sein (verstehen, zuhören)* **[jdm/einer S.] ~** suivre [qn/qc]; **können Sie mir ~?** vous me suivez?

❺ + *sein (sich richten nach)* **einem Beispiel/der Mode ~** suivre un exemple/la mode; **seinem Herzen ~** écouter son cœur

❻ + *sein (befolgen)* **einer S.** *(Dat)* **~** suivre qc

❼ + *sein (hervorgehen, sich ergeben)* **aus etw ~** résulter de qc; **daraus folgt, dass** il en résulte que

folgend *Adj* ❶ *Seite, Bild* suivant(e); **am ~en Tag/Abend** le lendemain/le lendemain soir

❷ *(nachstehend)* **bitte beachten Sie die ~en Erklärungen** lisez attentivement les explications ci-après

❸ *pronominal verwendet* **Folgendes** ceci; **es handelt sich um Folgendes** voici de quoi il s'agit; **ich möchte noch auf Folgendes hinweisen** je voudrais encore vous faire remarquer la chose suivante; **er schreibt das Folgende** il écrit ce qui suit; **im Folgenden** comme suit

folgendermaßen ['fɔlgəndə(')ma:sən] *Adv* de la manière suivante

folgenlos *Adj* **~/nicht ~ bleiben** tirer à/ne pas tirer à conséquence

folgenreich *Adj,* **folgenschwer** *Adj* lourd(e) de conséquences; *Entscheidung* important(e)

folgerichtig I. *Adj* logique II. *Adv* de façon logique **Folgerichtigkeit** *f* [conséquence *f*] logique *f*

folgern ['fɔlgɐn] I. *tr V* conclure; **aus etw ~, dass** conclure d'après qc que + *indic;* **daraus kann man ~, dass** on peut en conclure que + *indic*

II. *tr V* **richtig/logisch ~** déduire bien/logiquement

Folgerung <-, -en> *f* conclusion *f;* **eine ~ aus etw ziehen** tirer une conclusion de qc

Folgesatz *m* GRAM [proposition *f*] consécutive *f* **Folgevertrag** *m* JUR contrat *m* d'enchaînement **folgewidrig** *Adj* inconséquent(e) **Folgezeit** *f* avenir *m; (darauffolgende Zeit)* suite *f;* **für die ~, in der ~** par la suite; *(in der Zukunft)* à l'avenir

folglich ['fɔlklɪç] *Adv* par conséquent

folgsam ['fɔlkza:m] I. *Adj* docile

II. *Adv* bravement

Folgsamkeit <-> *f* docilité *f*

Foliant [fo'liant] <-en, -en> *m* in-folio *m*

Folie ['fo:liə] <-, -n> *f* ❶ *(Plastikfolie)* film *m* plastique; *(Aluminiumfolie)* feuille *f* d'alu[minium]; **~n für Gartenteiche** bâches *fpl* en plastique pour les étangs de jardin; **in ~ eingeschweißt** conditionné(e) sous plastique; **ein in der ~ gegarter Fisch** un poisson [cuit] en papillotes

❷ *(durchsichtiges Blatt, Projektorfolie)* transparent *m*

❸ *fig (Hintergrund)* toile *f* de fond

Folienschweißgerät [-liən-] *nt* soude-sacs *m*

Folio <-s, -s *o* **Folien**> *nt* format *m* in-folio

Folklore [fɔlk'lo:rə] <-> *f* folklore *m*

folkloristisch [fɔlklo'rɪstɪʃ] *Adj* folklorique

Folksänger(in) ['fɔʊk-] *m(f)* chanteur(-euse) *m(f)* [de] folk **Folksong** ['fɔʊksɔŋ] *m* folk[song] *m*

Follikel [fɔ'li:kəl] <-s, -> *m* BIO, MED *(Eihülle)* follicule *m* [ovarien] **Follikelsprung** *m* BIO, MED ovulation *f*

Folter ['fɔltɐ] <-, -n> *f* torture *f*

▶ **die reinste ~ sein** être une vraie torture; **jdn auf die ~ spannen** faire languir qn

Folterbank <-bänke> *f* chevalet *m* de torture

Folterer *m,* **Folterin** *f* tortionnaire *m*

Folterinstrument *nt* instrument *m* de torture **Folterkammer** *f* chambre *f* de torture **Folterknecht** *m* bourreau *m*

foltern I. *tr V* torturer *Häftling*

II. *itr V* employer la torture

Folteropfer *nt* victime *f* de la torture

Folterung <-, -en> *f* torture *f*

Folterwerkzeug *nt* instrument *m* de torture

Fon[RR] *s.* **Phon**

Fön® <-[e]s, -e> *m* sèche-cheveux *m*

Fond [fɔ:] <-s, -s> *m* ❶ *(Hintergrund) eines Stoffs, Gemäldes, der Bühne* fond *m*

❷ *(Rücksitz)* arrière *m*

❸ *(Fleischsaft)* jus *m* de viande [*o* de cuisson]

Fonds [fɔ:(s)] <-, -> *m* FIN, ÖKON fonds *m*

Fondsmanager(in) *m(f)* manageur(-euse) *m(f)* de fonds **Fondssparer(in)** *m(f)* épargnant(e) *m(f)* en fonds d'État

Fondue [fɔ̃'dy:] <-s, -s> *nt,* <-, -s> *f* fondue *f*

Fonduetopf [fɔ̃'dy:-] *m* caquelon *m*

fönen[ALT] *s.* **föhnen**

Fönfestiger[ALT] *s.* **Föhnfestiger**

Fönfrisur[ALT] *s.* **Föhnfrisur**

Fonotypist(in)[RR] *s.* **Phonotypist(in)**

Fontäne <-, -n> *f* jet *m* [d'eau]

Fontanelle <-, -n> *f* ANAT fontanelle *f*

foppen *tr V fam* faire marcher *(fam);* **jdn mit etw ~** faire marcher qn avec qc

forcieren* [-'si:-] *tr V geh* accélérer *Arbeiten, Entwicklung, Produktion;* redoubler *Anstrengungen*

forciert *Adj geh Lächeln* forcé(e); *Höflichkeit* affecté(e)

Förde <-, -n> *f* longue baie *f* de la mer du Nord et de la mer baltique qui s'étend à l'intérieur des terres

Förderanlage *f* équipements *mpl* d'extraction **Förderband** <-bänder> *nt* tapis *m* roulant; MIN convoyeur *m* **Förderbetrieb** *m* exploitation *f*

Förderer <-s, -> *m,* **Förderin** *f* protecteur(-trice) *m(f); eines Künstlers* mécène *m*

förderfähig *Adj* ÖKON qui peut être subventionné **Fördergelder** *Pl* ADMIN subvention *f* **Förderkorb** *m* monte-charge *m* **Förderkreis** *m* groupe *m* de soutien **Förderkurs[us]** *m* cours *m* de soutien
förderlich *Adj* utile; **einer S.** *(Dat)* ~ **sein** être utile à qc
Fördermenge *f* MIN débit *m* d'extraction
fordern I. *tr V* ❶ *(verlangen)* revendiquer; **etw von jdm** ~ *Person, Gewerkschaft:* revendiquer qc auprès de qn
❷ *(erfordern)* **etw von jdm** ~ *Amt, Beruf, Zusammenarbeit:* exiger qc de qn
❸ *(kosten)* **zehn Menschenleben** ~ coûter la vie à dix personnes
❹ *(erwarten, abverlangen)* **viel von jdm** ~ *Person:* exiger beaucoup de qn; *Sache:* demander beaucoup de qn; **beruflich stark gefordert sein** être très pris(e) par son travail; **er ist noch nie richtig gefordert worden** il n'a encore jamais été vraiment mis à l'épreuve
❺ *(herausfordern)* **jdn zum Duell** ~ provoquer qn en duel
II. *itr V* ~ [, **dass**] exiger [que + *subj*]
fördern *tr V* ❶ *(unterstützen)* aider *Personen;* favoriser *Karriere;* encourager *Entwicklung, Neigung, Begabung;* **das Talent einer Geigerin** ~ encourager le talent d'une violoniste; **ein Projekt durch etw** ~ encourager un projet par qc
❷ *(finanzieren)* financer *Projekt;* **etw durch eine Spende/mit einer Million** ~ financer qc grâce à un don/à concurrence d'un million
❸ *(steigern)* favoriser; MED activer
❹ MIN, TECH extraire; **Kohle/Öl** ~ extraire du charbon/du pétrole
fordernd I. *Adj* exigeant(e)
II. *Adv* de manière exigeante
Förderschacht *m* puits *m* d'extraction **Förderseil** *nt* câble *m* d'extraction **Förderstufe** *f* classes transitoires au cours desquelles l'élève peut préparer, à l'âge de dix et onze ans, son orientation vers l'un ou l'autre type d'école **Förderturm** *m* tour *f* d'extraction
Forderung <-, -en> *f* ❶ *einer Partei, Gewerkschaft* revendication *f;* **die** ~ **der Gewerkschaft erfüllen** satisfaire à la revendication du syndicat
❷ *(Erwartung)* exigence *f;* ~ **en an jdn stellen** poser des exigences à qn; **die** ~ **en der Entführer erfüllen** satisfaire aux exigences des ravisseurs
❸ *(Geldforderung)* créance *f;* **ausstehende** ~ créance non recouvrée; **eine** ~ **anmelden/regulieren/zurückweisen** produire/régler/ne pas reconnaître une créance; **eine** ~ **einklagen/eintreiben** recouvrer/percevoir une créance
❹ *(Erfordernis)* nécessité *f*
❺ *(Herausforderung)* défi *m*
Förderung <-, -en> *f* ❶ *(Unterstützung)* encouragement *m;* **von Künstlern, Sportlern** aide *f*
❷ *(finanzielle Hilfe)* aide *f* financière
❸ *(das Voranbringen)* **die** ~ **der Regionen** la promotion des régions; **zur** ~ **des Friedens beitragen** contribuer à encourager [*o* à favoriser] la paix
❹ MED *des Kreislaufs, Stoffwechsels* stimulation *f*
❺ MIN, TECH extraction *f*
Förderungsmittel *s.* **Fördermittel**
förderungswürdig *Adj* qui mérite d'être encouragé(e); *(finanzierungswürdig)* qui mérite d'être subventionné(e)
Förderunterricht *m* cours *m* de rattrapage [*o* de soutien] **Förderwagen** *m (klein)* wagonnet *m; (groß)* berline *f*
Forelle <-, -n> *f* truite *f*
Forellenzucht *f* ❶ *kein Pl (das Züchten)* truiticulture *f*
❷ *(Zuchtteich)* élevage *m* de truites
Foren *Pl von* **Forum**
forensisch *Adj* Medizin, Gutachten légal(e)
Forke <-, -n> *f* NDEUTSCH fourche *f*
Form <-, -en> *f* ❶ *(Gestalt, Ausgestaltung)* forme *f;* **eine Satire in** ~ **von Briefen** une satire sous une forme épistolaire; ~ **der Geltendmachung/der Klage** JUR forme de l'exercice/de l'assignation
❷ *kein Pl form (Weise)* **in mündlicher/schriftlicher** ~ oralement/par écrit; **etw in höflicher** ~ **ablehnen** refuser qc en y mettant la forme
❸ *Pl (Rundungen)* formes *fpl*
❹ *Pl (Umgangsform)* manières *fpl;* **die** ~ **wahren** *geh* observer les convenances *(soutenu);* **der** ~ **wegen** [*o* **halber**] pour la forme
❺ *kein Pl (Kondition)* forme *f;* **in** ~ **kommen/bleiben** acquérir une bonne/garder sa forme; **wieder in** ~ **kommen** retrouver sa forme; **gut/nicht gut in** ~ **sein** être en [pleine]/ne pas être en forme
❻ *(Back-, Gussform)* moule *m*
▶ **in aller** ~ en bonne et due forme; **deutliche/feste** ~ **en annehmen** prendre une forme précise/concrète; **hässliche** ~ **en annehmen** prendre une tournure [*o* un caractère] détestable; ~ **annehmen** prendre forme

formal I. *Adj* formel(le)
II. *Adv* ❶ *(die Form betreffend)* d'un point de vue formel
❷ *(die Vorschriften betreffend)* du point de vue formel
Formaldehyd <-s> *m* CHEM formaldéhyde *m*
Formalie [-liə] <-, -n> *f meist Pl* formalité *f*
Formalin® [fɔrmaˈliːn] <-s> *nt* MED formol *m*
Formalismus [fɔrmaˈlɪsmʊs] <-, -lismen> *m* formalisme *m*
Formalität <-, -en> *f* formalité *f;* **die/alle** ~ **en erledigen** remplir les/toutes les formalités
Format <-[e]s, -e> *nt* ❶ *(Größe)* format *m*
❷ *(Bedeutung)* einer Person carrure *f;* ~ **haben** *Person:* avoir de l'envergure; **eine Pianistin von** ~ une pianiste qui a de la classe
❸ *(künstlerisches Niveau) eines Werks* [haut] niveau *m;* ~ **haben** avoir un certain niveau; **künstlerisches** ~ **haben** avoir une certaine valeur artistique
formatieren* *tr V* INFORM formater
Formatierung <-, -en> *f* formatage *m*
Formation <-, -en> *f* formation *f;* **in geschlossener** ~ **fliegen** voler en formation serrée
formbar *Adj* malléable
Formbarkeit <-> *f* malléabilité *f*
formbeständig *Adj* indéformable
Formblatt *nt* formulaire *m* **Formbrief** *m* imprimé *m*
Formel <-, -n> *f* formule *f;* **eine** ~ **für etw aufstellen** rédiger une formule de qc
▶ **etw auf eine einfache/überzeugende** ~ **bringen** résumer qc à une formule simple/convaincante
Formel-1-Pilot(in) [-ˈʔaɪns-] *m(f)* pilote *mf* de formule 1 **Formel-1-Rennen** *nt* course *f* de formule 1 **Formel-1-Wagen** *m* [voiture *f* de] formule 1 *f*
formelhaft I. *Adj* protocolaire
II. *Adv* de manière protocolaire
Formelkram *m pej fam* formules *fpl* abstraites
formell I. *Adj* ❶ *(offiziell)* Stellungnahme, Einigung officiel(le)
❷ *(förmlich) Person* formaliste; *Höflichkeit, Antrittsbesuch* protocolaire
II. *Adv* ❶ *(offiziell)* officiellement
❷ *s.* **formal II.**
Formelsammlung *f* recueil *m* de formules
formen I. *tr V* ❶ *(modellieren)* former, modeler; **etw aus etw** ~ former [*o* modeler] qc en qc; **hübsch geformt** *Nase, Büste* bien fait(e); **wie von Künstlerhand geformt** comme modelé(e) par la main d'un artiste
❷ *(bilden)* former *Laut, Wort*
❸ *(prägen)* marquer
II. *r V* **sich** ~ se former; **sich zu etw** ~ prendre la forme de qc
Formenlehre *f* ❶ GRAM morphologie *f* ❷ MUS théorie *f* des formes musicales **formenreich** *Adj* aux formes multiples **Formenreichtum** *m* variété *f* des formes
Former(in) <-s, -> *m(f)* IND mouleur(-euse) *m(f)*
Formerei <-, -en> *f* IND atelier *m* de moulage
Formfehler *m (in Bezug auf ein Verfahren)* vice *m* de forme; *(in Bezug auf das Benehmen)* inconvenance *f* **Formgebung** <-, -en> *f* façonnage *m*, **formgerecht** *Adj, Adv* JUR en bonne [et due] forme
formieren* **I.** *r V* **sich** ~ se former; **sich zu einem Demonstrationszug** ~ former un cortège de manifestants
II. *tr V* former *Mannschaft*
Formierung <-, -en> *f* formation *f*
Formkrise *f* SPORT perte *f* de forme
förmlich I. *Adj* ❶ *(formell) Bitte, Entschuldigung, Ersuchen* dans les formes
❷ *(steif, unpersönlich) Person* formaliste; *Begrüßung, Veranstaltung* cérémonieux(-euse)
II. *Adv* ❶ *(steif, unpersönlich)* cérémonieusement
❷ *(geradezu)* vraiment
Förmlichkeit <-, -en> *f* ❶ *kein Pl (Steifheit) einer Person, einer Begrüßung* formalisme *m*
❷ *meist Pl* formes *fpl;* **ohne** ~ **en** sans cérémonie
formlos I. *Adj* ❶ *(gestaltlos)* informe
❷ *(zwanglos)* sans cérémonie
❸ ADMIN **einen** ~ **en Antrag stellen** faire une demande sur papier libre
II. *Adv* **sich** ~ **verabschieden** prendre congé sans [faire de] façons
Formlosigkeit <-> *f* ❶ *(Gestaltlosigkeit)* absence *f* de forme[s]
❷ *(Zwanglosigkeit)* simplicité *f*
Formsache *f* formalité *f;* **eine [reine]** ~ **sein** n'être qu'une simple formalité **formschön** *Adj* esthétique; ~ **sein** être esthétique **Formschwäche** *f* SPORT baisse *f* de forme **Formtief** *nt* SPORT méforme *f*
Formular <-s, -e> *nt* formulaire *m*
formulieren* **I.** *tr V* formuler
II. *itr V* s'exprimer; **gut** ~ **können** savoir bien s'exprimer

Formulierung <-, -en> f ❶ kein Pl (das Formulieren) formulation f ❷ (Begriff, Ausdruck, Text) formule f consacrée; **eine gelungene/ treffende ~** une expression réussie/juste

Formung <-> f des Charakters, der Persönlichkeit formation f

formvollendet I. Adj Gegenstand, Design de [o à la] finition parfaite; Gedicht, Musikstück de forme parfaite; Handkuss, Hofknicks dans les règles de l'art II. Adv sich verneigen dans les règles de l'art

formwidrig Adj JUR contraire à la bonne et due forme, avec un vice de forme

forsch I. Adj Person résolu(e); Tonfall énergique; Auftreten fringant(e); Vorgehen dynamique; **einen ~en Eindruck machen** avoir un air bravache
II. Adv vorgehen, angehen avec dynamisme; sich verhalten avec assurance

forschen itr V ❶ (suchen) chercher; Polizei: rechercher; **nach jdm/etw ~** chercher qn/qc; Polizei: rechercher qn/qc; **nach seinen Vorfahren ~** effectuer des recherches généalogiques
❷ (Forschung betreiben) faire de la recherche [o des recherches]; **in alten Urkunden nach etw ~** fouiller de vieux documents à la recherche de qc

forschend I. Adj Blick scrutateur(-trice) (littér)
II. Adv ansehen, betrachten avec curiosité

Forscher(in) <-s, -> m(f) (Wissenschaftler) chercheur(-euse) m(f); (Wirtschaftsforscher) expert mf; (Forschungsreisender) explorateur(-trice) m(f)

Forscherdrang m goût m pour la recherche **Forscherteam** [-ti:m] nt équipe f de chercheurs

Forschheit <-> f mordant m

Forschung <-, -en> f ❶ kein Pl (Wissenschaft) recherche f scientifique; **~ und Entwicklung fördern** encourager la recherche et le développement; **~ und Lehre** la recherche et l'enseignement
❷ meist Pl (Untersuchung) recherches fpl; **~en betreiben** faire de la recherche

Forschungsabteilung f département m de recherche **Forschungsanstalt** f institut m de recherche **Forschungsarbeit** f travail m de recherche **Forschungsauftrag** m mission f scientifique [o de recherche]; ÖKON, SOZIOL mission f d'études **Forschungsbericht** m bilan m des recherches scientifiques **Forschungsergebnis** nt résultat m de la recherche scientifique **Forschungsgebiet** nt domaine m de recherche **Forschungsinstitut** nt institut m de recherche **Forschungslabor** nt laboratoire m de recherche **Forschungsprojekt** nt projet m de recherche **Forschungsreaktor** m réacteur m de recherche **Forschungsreise** f voyage m d'exploration **Forschungsreisende(r)** f(m) dekl wie Adj explorateur(-trice) m(f) **Forschungssatellit** m satellite m d'observation **Forschungssemester** nt congé m sabbatique **Forschungszentrum** nt centre m de recherches **Forschungszweig** m branche f de recherche

Forst <-[e]s, -e[n]> m bois f

Forstamt nt ≈ administration f des bois et forêts; (in Frankreich) Eaux et Forêts fpl **Forstbeamte(r)** m dekl wie Adj, **Forstbeamtin** f ≈ agent m [de l'administration] des bois et forêts; (in Frankreich) agent des Eaux et Forêts

Förster(in) <-s, -> m(f) garde m forestier

Försterei <-, -en> f s. Forsthaus

Forstfrevel m délit m forestier **Forsthaus** nt maison f forestière **Forstrecht** nt code m forestier **Forstrevier** [-viːɐ] nt secteur m forestier **Forstschaden** m dégât m forestier **Forstschädling** m parasite m des forêts **Forstverwaltung** f ≈ administration f des bois et forêts; (in Frankreich) [administration des] Eaux et Forêts fpl **Forstwesen** nt ≈ domaine m des forêts; (in Frankreich) Eaux et Forêts fpl **Forstwirt(in)** m(f) ≈ titulaire m du diplôme d'une école supérieure des forêts; (in Frankreich) ingénieur mf des Eaux et Forêts **Forstwirtschaft** f exploitation f forestière **Forstwissenschaft** f sylviculture f

Forsythie [fɔrˈzyːtsiə] <-, -n> f forsythia m

fort Adv ❶ (weg) ~ **mit dir/euch!** va-t-en/allez-vous-en!; **schnell ~!** déguerpissons!; **~ damit!** à la poubelle!
❷ fam (weggegangen) ~ **sein** être parti(e); (nicht zu Hause sein) ne pas être là; **noch nicht ~ sein** ne pas encore être parti
❸ fam (verschwunden, gestohlen) ~ **sein** Geld, Brille, Schüssel: avoir disparu; (verspielt sein) avoir été claqué (fam)
▶ **in einem ~** sans arrêt; **und so ~** et ainsi de suite

Fort [foːɐ] <-s, -s> nt fort m; **ein kleines ~** un fortin

fortan Adv geh dorénavant

fortlbegeben* r V unreg geh **sich ~** partir; **sich aus dem Ort ~** quitter le lieu

Fortbestand m kein Pl eines Staates, einer Institution maintien m; einer Tierart persistance f

fortlbestehen* itr V unreg Staat, Institution: se maintenir; Tradition: persister; Zustand, Verhältnisse: continuer

fortlbewegen* I. tr V déplacer
II. r V **sich in etw** (Dat) ~ se déplacer en qc

Fortbewegung f kein Pl locomotion f

Fortbewegungsmittel nt moyen m de locomotion

fortlbilden I. r V **sich ~** se perfectionner
II. tr V donner des cours de formation [continue] à

Fortbildung f kein Pl [berufliche] ~ formation f continue **Fortbildungskurs[us]** m, **Fortbildungslehrgang** m cours m de formation continue [o de perfectionnement]

fortlbleiben itr V unreg + sein ne pas revenir; **nicht lange ~** ne pas être parti(e) longtemps

Fortbleiben <-s> nt absence f; (Verspätung) retard m

fortlbringen tr V unreg enlever Kiste; emmener Person

Fortdauer f persistance f

fortldauern itr V persister

fortdauernd I. Adj persistant(e)
II. Adv en permanence

forte Adv MUS forte; PHARM suractivé(e)

fortlentwickeln* I. tr V perfectionner Modell, Produkt
II. r V **sich ~** Person, Partei: se développer

Fortentwicklung f kein Pl ❶ einer Person évolution f; **geistige ~** développement m intellectuel
❷ (Verbesserung) einer Maschine, eines Autos développement m permanent

fortlfahren I. itr V ❶ + sein (wegfahren) partir
❷ + haben o sein (weiterreden) poursuivre; **in seiner Rede ~** poursuivre son discours
❸ + haben o sein (weitermachen) ~ **etw zu tun** continuer à faire qc
II. tr V + haben emmener Person; emporter Gegenstand; enlever Müll

Fortfall m kein Pl suppression f

fortlfallen s. wegfallen

fortlfliegen itr V + sein s'envoler; **ihm ist der Hut fortgeflogen** son chapeau s'est envolé

fortlführen tr V ❶ (fortsetzen) continuer
❷ (wegführen) emmener

Fortführung f continuation f

Fortgang m kein Pl ❶ (Weggang) départ m
❷ (weiterer Verlauf) poursuite f

fortlgeben s. weggeben

fortlgehen itr V + sein partir; **von jdm/aus einer Stadt ~** quitter qn/une ville

fortgeschritten Adj avancé(e)

Fortgeschrittene(r) f(m) dekl wie Adj personne f au niveau perfectionnement

Fortgeschrittenenkurs[us] m cours m de niveau supérieur

fortgesetzt I. Adj permanent(e)
II. Adv continuellement

fortljagen I. tr V + haben ❶ chasser
❷ fam (entlassen) **jdn ~** flanquer qn à la porte (fam)
II. itr V + sein Reiter, Pferd: partir au grand galop

fortlkommen itr V + sein ❶ (sich entfernen) partir; **von jdm/von zu Hause nicht ~** (nicht aufbrechen können) ne pas arriver à partir de chez qn/de la maison; (sich nicht trennen können) ne pas arriver à se séparer de qn/à quitter la maison; **mach, dass du fortkommst!** fam dégage! (fam)
❷ (Erfolg haben) avancer
❸ (abhandenkommen) **mir sind zehn Euro fortgekommen** mes dix euros ont disparu

Fortkommen <-> nt (Karriere) avancement m; **jdn an seinem ~ hindern** entraver la carrière de qn

fortlkönnen itr V unreg (weggehen können) pouvoir partir [o s'en aller]; (abkömmlich sein) pouvoir s'absenter

fortllassen s. weglassen

fortllaufen itr V unreg + sein ❶ (weglaufen) Person: s'échapper; Tier: se sauver; **von zu Hause ~** faire une fugue
❷ (verlassen) **jdn ~** quitter qn

fortlaufend I. Adj continu(e)
II. Adv erscheinen régulièrement; kennzeichnen, nummerieren dans l'ordre

fortlleben itr V liter **in jdm/etw ~** survivre dans qn/qc

fortlloben s. wegloben

fortlmüssen s. wegmüssen

fortlnehmen s. wegnehmen

fortlpflanzen r V **sich ~** ❶ (sich vermehren) se reproduire
❷ (sich verbreiten) Schall, Wellen, Licht: se propager

Fortpflanzung f kein Pl (Vermehrung) reproduction f

fortpflanzungsfähig Adj capable de se reproduire **Fortpflanzungsorgan** nt ANAT, ZOOL organe m de reproduction [o reproducteur] **Fortpflanzungstrieb** m instinct m de reproduction

fortlräumen tr V débarrasser

fortlreißen tr V unreg Menge, Flut, Strom: emporter; **jdn/etw mit sich ~** Menge, Flut, Strom: emporter qn/qc avec soi

fort|rennen itr V unreg + sein s'enfuir à toutes jambes
Fortsatz m appendice m; eines Knochens apophyse f
fort|schaffen s. wegschaffen
fort|scheren r V fam **sich ~** ficher le camp (fam); **scher dich fort!** fiche-moi le camp! (fam)
fort|schicken tr V renvoyer
fort|schreiben tr V unreg actualiser Statistik, Wert, Zahlen; reprendre Planung, Programm, Trend; poursuivre Politik; **diese Entwicklung wird fortgeschrieben** cette tendance se poursuit
Fortschreibung f einer Statistik, von Zahlen actualisation f; einer Planung, eines Programms continuation f; einer Strategie, Politik poursuite f
fort|schreiten itr V unreg + sein progresser
fortschreitend Adj croissant(e); Umweltverschmutzung progressif(-ive)
Fortschritt m progrès m; **~e erzielen** progresser; **[gute] ~e machen** faire des progrès [sensibles]
fortschrittlich I. Adj Person, Idee, Einstellung progressiste; Methode avancé(e); **~ eingestellt sein** avoir des idées progressistes
II. Adv de façon progressiste
fortschrittsfeindlich Adj réactionnaire; **~ sein** être ennemi(e) du progrès **Fortschrittsglaube** m confiance f dans le progrès **fortschrittsgläubig** Adj révolutionnaire; **~ sein** croire au progrès
fort|setzen I. tr V poursuivre; **fortgesetzt werden** continuer
II. r V **sich ~** (andauern) se poursuivre; (sich erstrecken) s'étendre
Fortsetzung <-, -en> f ❶ kein Pl (das Fortsetzen) von Gesprächen, Verhandlungen poursuite f
❷ (folgender Teil) eines Romans, Films suite f; **~ folgt** à suivre
Fortsetzungsroman m roman-feuilleton m
fort|stehlen r V unreg **sich ~** s'en aller à pas de loup
fort|tragen s. wegtragen
fort|treiben unreg I. tr V + haben ❶ (verjagen) chasser; **die Schafe von etw ~** chasser les moutons de qc
❷ (mit sich tragen) **jdn/etw ~** Sturm, Strömung, Wellen: emporter qn/qc
II. itr V + sein Boot: dériver
Fortuna <-> f MYTH Fortune f
▸ **~ ist ihm/ihr hold** la fortune lui sourit
Fortüne <-> f kein Pl geh fortune f (littér); **~/keine ~ haben** avoir bonne/mauvaise fortune; **ohne ~ sein** être infortuné(e)
fortwährend I. Adj attr perpétuel(le)
II. Adv perpétuellement
fort|werfen tr V unreg jeter
fort|wirken itr V Gedanken, Ideen: être toujours vivant; Folgen, Vorfall: se faire [toujours] sentir; Fluch: continuer d'agir
fort|wollen itr V vouloir partir [o s'en aller]; **von zu Hause ~** vouloir quitter la maison
fort|ziehen s. wegziehen
Forum <-s, Foren> nt ❶ forum m
❷ (Personenkreis) cercle m; **ein ~ von Sachverständigen** un cercle d'experts
❸ <Foren o Fora> HIST forum m; **das ~ Romanum** le forum romain
Forumsdiskussion f, **Forumsgespräch** nt débat m
fossil Adj fossile
Fossil [fɔˈsiːl, Pl: -liən] <-s, -ien> nt fossile m
Föten Pl von Fötus
Foto <-s, -s> nt photo[graphie] f; **ein ~ von jdm/etw machen** prendre une photo de qn/qc
Fotoalbum nt album m de photos **Fotoamateur(in)** m(f) photographe mf amateur **Fotoapparat** m appareil m photo[graphique] **Fotoarchiv** nt archives fpl photographique **Fotoatelier** [-lieː] nt atelier m [o studio m] de photographie **fotochemisch** Adj photochimique **Fotoecke** f coin-photo m [auto-]adhésif **Fotofinish** [-fɪnɪʃ] nt SPORT photo-finish m
fotogen Adj photogénique
Fotograf(in) <-en, -en> m(f) photographe mf
Fotografie [-ˈfiː, Pl: -ˈfiːən] <-, -n> f (Bild, Verfahren) photo[graphie] f
fotografieren* I. tr V prendre [o faire] une photo de; **sich von jdm ~ lassen** se faire photographier par qn; (für Geld) se laisser photographier par qn
II. itr V prendre des photos
fotografisch I. Adj photographique
II. Adv par un procédé photographique
Fotoindustrie f industrie f de la photo **Fotojournalist(in)** [-ʒʊrnaˌlɪst] m(f) journaliste-photographe mf **Fotokopie** f photocopie f **fotokopieren*** tr V photocopier; **[jdm] etw ~** photocopier qc [pour qn] **Fotokopierer** <-s, -> m, **Fotokopiergerät** nt photocopieur m, photocopieuse f **Fotolabor** nt laboratoire m photo **fotomechanisch** Adj photomécanique **Fotomodell** nt modèle m **Fotomontage** [-taːʒə] f montage-photos m **Fotopapier** nt papier m photographique **Fotoreporter(in)** m(f) reporter mf photographe **Fotoroman** m roman-photo m **Fotosafari** f safari-photo m **Fotosatz** m photocomposition f **Fototermin** m séance f [de] photos
Fotothek <-, -en> f photothèque f
Fotovoltaik^RR [-vɔl-] <-> f conversion f photovoltaïque
Fotozelle^RR f cellule f photoélectrique
Fötus <-[ses], Föten o -se> m MED fœtus m
Fotze <-, -n> f vulg ❶ (Schimpfwort) salope f (vulg)
❷ (Vulva) con m (arg)
Foul [faʊl] <-s, -s> nt SPORT faute f; **ein ~ begehen** faire une faute
Foulelfmeter [ˈfaʊl-] m SPORT penalty m
foulen [ˈfaʊlən] SPORT I. tr V commettre une faute sur Spieler
II. itr V commettre une faute
Foxtrott [ˈfɔkstrɔt] <-s, -e o -s> m fox-trot m
Foyer [foaˈjeː] <-s, -s> nt foyer m
FPÖ [ˈɛfpeːˈʔøː] f Abk von Freiheitliche Partei Österreichs parti libéral de droite autrichien à tendance nationaliste
Fr. Abk von Frau Mme
Fr CHEM Abk von Francium Fr.
Fracht [fraxt] <-, -en> f ❶ (Ladung) eines Schiffs cargaison f; eines Lastwagens chargement m; eines Flugzeugs fret m aérien
❷ (Beförderungspreis) fret m
Frachtbrief m COM connaissement m; (beim Straßentransport) lettre f de voiture **Frachtdampfer** m cargo m
Frachtenbahnhof A s. Güterbahnhof
Frachter <-s, -> m cargo m
Frächter(in) <-s, -> m(f) A transporteur(-euse) m(f)
Frachtflugzeug nt avion-cargo m; **~e** des avions-cargos **frachtfrei** Adj, Adv COM franco de port **Frachtgeld** nt kein Pl frais mpl de transport **Frachtgut** nt marchandise f en petite vitesse **Frachtraum** m eines Schiffs cale f; eines Flugzeugs soute f **Frachtschiff** nt cargo m **Frachtstück** nt colis m **Frachttarif** m ÖKON taux m de fret **Frachtverkehr** m trafic m de marchandises **Frachtvertrag** m contrat m de transport
Frack [frak, Pl: ˈfrɛkə] <-[e]s, Fräcke o fam -s> m frac m; **im ~ en frac**
Fracksausen ▸ **~ bekommen/haben** fam avoir la frousse (fam)
Frackzwang m tenue f de soirée obligatoire
Frage [ˈfraːgə] <-, -n> f ❶ question f; **jdm eine ~ stellen** poser une question à qn; **[jdm] eine ~ beantworten** répondre à une question [de qn]; **eine ~ bejahen/verneinen** répondre par l'affirmative/la négative; **eine ~ zu etw haben** avoir une question au sujet de qc; **eine gute ~!** c'est une bonne question!; **[was für eine] dumme ~!** quelle question!
❷ (Problem) question f; **eine strittige ~** une question controversée; **die europäische/soziale ~** la question européenne/sociale; **politische ~n** les problèmes politiques; **das ist nur eine ~ des Geldes** ce n'est qu'une question d'argent
▸ **auf eine dumme ~ [bekommt man] eine dumme Antwort** Spr. à question idiote, réponse idiote; **das ist die [große] ~** c'est là toute la question; **in ~ kommen** entrer en ligne de compte; **das kommt für mich nicht in ~** il n'en est pas question pour moi; **außer ~ stehen** [o **sein**] être évident(e); **es steht** [o **ist**] **außer ~, dass** il ne fait aucun doute que + indic; **etw in ~ stellen** remettre qc en question; **[das ist] gar keine ~!** la question ne se pose même pas!; **ohne ~** sans aucun doute
Fragebogen m questionnaire m **Fragefürwort** <-wörter> nt pronom m interrogatif
fragen [ˈfraːgən] I. itr V ❶ (Fragen/eine Frage stellen) poser des questions/une question; **warum fragst du?** pourquoi poses-tu cette question?; **... wenn ich [mal] ~ darf** ... si je peux me permettre cette question; **frag nicht so dumm** [o **blöd** fam]! ne pose pas de questions idiotes!
❷ (sich erkundigen) **nach jdm ~** (verlangen, sprechen wollen) demander [à parler à] qn; (das Befinden erfragen) demander comment qn va; **nach etw ~** demander qc; **nicht nach etw ~** ne pas chercher à savoir qc; **ohne [lange] zu ~** sans demander
▸ **da fragst du noch?** et tu me poses encore la question?
II. r V **sich ~, ob/wann/wie ...** se demander si/quand/comment ...
▸ **es fragt sich, ob ...** reste à savoir si ...
III. tr V **[jdn] etw ~** demander qc [à qn]; **jdn um Rat ~** demander conseil à qn; **das dürfen Sie mich nicht ~!** ce n'est pas à moi qu'il faut le demander!; **da fragst du mich zu viel** tu m'en demandes trop; s. a. **gefragt**
fragend I. Adj interrogateur(-trice)
II. Adv d'une manière interrogative
Fragerei [fraːgəˈrai] <-, -en> f pej interrogatoire m
Fragesatz m phrase f interrogative **Fragestellung** f ❶ (Formulierung) façon f de formuler une question ❷ (Problem) problème m; **daraus ergeben sich neue ~en** il en ressort de nouvelles questions **Fragestunde** f questions fpl orales **Fragewort** <-wörter> nt [pronom m] interrogatif m **Fragezeichen** nt

point m d'interrogation ▸ **etw mit einem dicken ~ versehen** [o **großen**] noter qc d'un point d'interrogation
fragil [fra'giːl] *Adj geh* fragile
fraglich ['fraːklɪç] *Adj* ① *(unsicher) Angelegenheit* douteux(-euse) ② *attr (betreffend) Person, Angelegenheit, Zeit* en question
fraglos *Adv* incontestablement
Fragment [fra'gmɛnt] <-[e]s, -e> *nt* fragment *m*
fragmentarisch [fragmɛn'taːrɪʃ] I. *Adj* fragmentaire II. *Adv* de manière fragmentaire
fragwürdig *Adj (zweifelhaft)* douteux(-euse); *pej (anrüchig)* louche
Fragwürdigkeit <-, -en> *f pej* caractère *m* louche
Fraktion [frak'tsioːn] <-, -en> *f* ① PARL groupe *m* parlementaire ② *(Sondergruppe)* formation *f*
Fraktionsführer(in) *m(f)* président(e) *m(f)* du groupe parlementaire **fraktionslos** *Adj* non-inscrit(e); **die ~ en Abgeordneten** les députés non-inscrits **Fraktionssitzung** *f* séance *f* du groupe parlementaire **Fraktionsvorsitzende(r)** *f(m) dekl wie Adj* président(e) *m(f)* du groupe parlementaire **Fraktionszwang** *m* discipline *f* de vote
Fraktur [frak'tuːɐ] <-, -en> *f* ① *kein Pl* TYP gothique *f* ② MED fracture *f*
▸ **ich muss mit ihm ~ reden** *fam* il faut que je lui dise ses quatre vérités
Franc [frãː] <-, -s> *m* HIST *(ehemalige Währung)* franc *m*
Franchise ['frãntʃaɪz] *s.* **Franchising**
Franchise-Basis ['frãntʃaɪz-] *f* **auf ~ en franchise Franchise-Konzept** *nt* concept *m* de franchise
Franchising ['frɛntʃaɪzɪŋ, 'frãntʃaɪzɪŋ] <-s> *nt* ÖKON franchisage *m*
frank [fraŋk] ▸ **~ und frei** en toute franchise
Franke ['fraŋkə] <-n, -n> *m*, **Fränkin** *f* ① GEOG Franconien(ne) *m(f)* ② HIST Franc *m*/Franque *f*
Franken ['fraŋkən] <-s> *nt* GEOG Franconie *f*
Franken <-s, -> *m* franc *m* suisse
Frankfurt ['fraŋkfʊrt] <-s> *nt* Francfort; **~ am Main** Francfort-sur-le-Main; **~ an der Oder** Francfort-sur-l'Oder
Frankfurter <-, -> *f* GASTR saucisse *f* de Francfort
frankieren* *tr V* affranchir; **nicht frankiert** non affranchi(e)
Frankiermaschine [fraŋ'kiːrə-] *f* machine *f* à affranchir
Frankierung <-, -en> *f* affranchissement *m*
Fränkin <-, -nen> *f s.* **Franke**
fränkisch ['frɛŋkɪʃ] *Adj* franconien(ne)
franko ['fraŋko] *Adv unv* franco
Frankokanadier(in) [-diɐ] *m(f)* Franco-Canadien(ne) *m(f)* **frankokanadisch** *Adj* franco-canadien(ne)
frankophil [fraŋko'fiːl] *Adj geh* francophile
Frankophilie <-> *f geh* francophilie *f*
frankophon [fraŋko'foːn] *Adj geh* francophone
Frankreich ['fraŋkraɪç] <-s> *nt* la France; **in/nach ~** en France
Franse ['franzə] <-, -n> *f* frange *f*
fransen *itr V* s'effranger
Fransenpony *m* frange *f* effilée **Fransenschnitt** *m* coupe *f* effilée
fransig *Adj* effrangé(e)
Franz <-> *m* ① François *m* ② HIST **~ I.** François Ier
Franzbranntwein ['frants-] *m* baume *m* camphré
Franziskaner(in) [frantsɪs'kaːnɐ] <-s, -> *m(f)* franciscain(e) *m(f)*
Franziskanerorden *m* ordre *m* des franciscains
Franziskus <-> *m* REL Saint François
Franzose [fran'tsoːzə] <-n, -n> *m* ① Français *m*; **die ~n** les Français; **~ sein** être Français ② TECH clé *f* anglaise
Franzosenkrankheit *f veraltet* vérole *f (pop)*
Französin <-, -nen> *f* Française *f*
französisch [fran'tsøːzɪʃ] I. *Adj* français(e)
II. *Adv* ① *(in der Art der Franzosen) kochen* à la française ② *(in französischer Sprache)* **~ miteinander sprechen** discuter en français; *s. a.* **deutsch** ③ *sl (mit Oralverkehr)* **es ~ machen** tailler une pipe *(vulg)*
Französisch <-[s]> *nt kein Art (Sprache, Schulfach)* français *m*; **auf ~** en français; *s. a.* **Deutsch**
▸ **sich auf ~ empfehlen** [o **verabschieden**] filer à l'anglaise
Französische *nt dekl wie Adj* **das ~** le français; *s. a.* **Deutsche**
französischsprachig *Adj*, **französischsprechend** *Adj* francophone
frappant [fra'pant] *Adj geh* surprenant(e); *Ähnlichkeit, Übereinstimmung* frappant(e)
Frappé, Frappee[RR] [fra'peː] <-s, -s> *nt* CH, A milk-shake *m*
frappieren* [fra'piːrən] *tr V geh* surprendre
frappierend *geh s.* **frappant**

Fräse ['frɛːzə] <-, -n> *f (Fräsmaschine)* fraiseuse *f*
fräsen ['frɛːzən] *tr V* fraiser
Fräser(in) ['frɛːzɐ] <-s, -> *m(f)* fraiseur(-euse) *m(f)*
Fräsmaschine *f* fraiseuse *f*
fraß [fraːs] *Imp von* **fressen**
Fraß <-es, -e> *m* ① *pej fam (schlechtes Essen)* tambouille *f (fam)* ② *(Nahrung)* **einem Tier etw zum ~ vorwerfen** jeter qc en pâture un animal ③ *(Schäden an Pflanzen)* ravages *mpl (causés par des ravageurs)*
fraternisieren* *itr V geh* fraterniser; **mit jdm ~** fraterniser avec qn
Fraternisierung <-> *f geh* fraternisation *f*
Fratz [frats] <-es, -e o A -en, -en> *m fam* petit chou *m*/petite choute *f (fam)*
Fratze ['fratsə] <-, -n> *f* ① *(hässliches Gesicht)* face *f* hideuse ② *(Grimasse)* **jdm** | **eine ~ schneiden** faire une grimace [à qn] ③ *pej sl (Gesicht)* gueule *f (fam)*
frau [frau] *Pron on (formation féministe par opposition au "man" soi-disant masculin)*
Frau <-, -en> *f* ① femme *f*; **zur ~ werden** devenir [une] femme ② *(Ehefrau)* **seine** [**zukünftige**] **~** sa [future] femme; **die ~ eines Künstlers werden** devenir la femme d'un artiste; **er hat eine Ärztin zur ~** il a une médecin pour femme; **seine geschiedene ~** son ex-femme ③ *(in der Anrede)* **guten Tag, ~ Müller!** bonjour, madame Müller!; **~ Ministerin/Präsidentin** Madame la Ministre/Présidente; **~ Dr. Müller** Madame Müller; **~ Doktor** Madame le [o la] docteur; **Ihre ~ Mutter** *form* Madame votre mère *(soutenu)*; **gnädige ~** *veraltet* chère Madame
▸ **Unsere Liebe ~** Notre-Dame; **selbst ist die ~!** *fam* ≈ on n'est jamais si bien servi que par soi-même!
Frauchen ['frauçən] <-s, -> *nt fam Dim von* **Frau** ① *(Kosename)* **mein kleines ~** ma petite femme chérie ② *(Haustierbesitzerin)* maîtresse *f* ③ *(kleine alte Frau)* une petite mamie
Frauenarbeit *f* ① *(Arbeit für Frauen)* travail *m* de femme; *(Arbeit von Frauen)* travail des femmes [o féminin] ② *(Arbeit zugunsten der Frau)* travail *m* pour la femme **Frauenarzt** *m*, **-ärztin** *f* gynécologue *mf* **Frauenbeauftragte(r)** *f(m) dekl wie Adj* délégué(e) *m(f)* à la condition féminine **Frauenberuf** *m* métier *m* de femme **Frauenbewegung** *f kein Pl* mouvement *m* féministe **Frauenfeind** *m* misogyne *m* **frauenfeindlich** *Adj* misogyne **Frauenfrage** *f* questions *fpl* relatives à la condition féminine **Frauengeschichten** *Pl* histoires *fpl* de femmes **Frauenhaar** *nt* ① cheveu *m* de femme ② BOT cheveu-de-Vénus *m* **Frauenhaus** *nt* foyer *m* pour femmes **Frauenheilkunde** *f* gynécologie *f* **Frauenheld** *m* tombeur *m* **Frauenkenner** *m* connaisseur *m* de la gent féminine **Frauenklinik** *f* clinique *f* gynécologique; *(für Entbindungen)* maternité *f* **Frauenleiden** *nt* maladie *f* propre à la femme **Frauenquote** *f* quota *m* féminin **Frauenrechtler(in)** ['frauənrɛçtlɐ] <-s, -> *m(f)* combattant(e) pour les droits de la femme *m* **Frauenschuh** *m kein Pl* BOT sabot *m* de Vénus **Frauenstimme** *f* ① voix *f* de femme ② *meist Pl* PARL suffrage *m* féminin **Frauentaxi** *nt* taxi *m* pour femmes **Frauenüberschuss**[RR] *m* excédent *m* de femmes **Frauenverband** *m* association *f* féminine **Frauenwahlrecht** *nt* [droit *m* de] vote *m* des femmes **Frauenzeitschrift** *f* magazine *m* pour femmes **Frauenzimmer** *nt pej* bonne femme *f (péj fam)*
Fräulein ['frɔɪlaɪn] <-s, - *o* -s> *nt* ① *(unverheiratete Frau)* demoiselle *f* ② *veraltet (in der Anrede)* **guten Tag, ~ Schmidt!** bonjour, mademoiselle Schmidt!; **~, bitte bezahlen!** Mademoiselle, l'addition s'il vous plaît!
▸ **das** [*o* **Ihr**] **~ Tochter** *veraltet* Mademoiselle votre fille *(vieilli)*

Land und Leute

Autrefois, on s'adressait à une femme non mariée en utilisant le terme de **Fräulein** qui signifie littéralement «petite femme». Mais, à partir des années 70, le mouvement féministe a lutté contre cette appellation qu'il jugeait discriminatoire et, alors qu'en France le terme de «Mademoiselle» est toujours en usage pour s'adresser à une jeune fille ou à une femme non mariée, le terme a été remplacé en Allemagne par **Frau**, c'est-à-dire «Madame».

fraulich *Adj* féminin(e)
Fraulichkeit <-> *f* féminité *f*
Freak [friːk] <-s, -s> *m fam* mordu(e) *m(f) (fam)*
frech [frɛç] I. *Adj* ① *(dreist) Person, Antwort* effronté(e); *Lüge* éhonté(e); **~ sein** *(in den Äußerungen)* être insolent(e); *(im Benehmen)* être impudent(e) ② *(herausfordernd) Kleidung, Frisur* osé(e)
II. *Adv lachen, sich benehmen* effrontément; *lügen* de manière éhontée
Frechdachs *m fam* galopin(e) *m(f) (fam)*

Frechheit <-, -en> f effronterie f; **die ~ haben** [o **besitzen**] **etw zu tun** avoir l'audace de faire qc
Freesie ['fre:ziə] <-, -n> f freesia m
Freeware ['fri:wɛɐ, 'fri:wæa] <-, -s> f INFORM logiciel m libre [o gratuit], graticiel m (CAN)
Fregatte [fre'gatə] <-, -n> f NAUT frégate f
Fregattenkapitän m capitaine m de frégate
frei [fraɪ] **I.** Adj ❶ libre
❷ (ungezwungen) Auffassung, Einstellung libéral(e)
❸ (nicht gebunden, nicht fest angestellt) Autor indépendant(e); Beruf libéral(e); **~er Mitarbeiter** collaborateur m indépendant; (mit festgelegten Arbeitszeiten) vacataire mf
❹ (unbelastet) **~ von Vorurteilen/Fehlern** libre de tout jugement/de toute faute; **~ von Verpflichtungen** libéré(e) de toute obligation; **~ von Schuld** innocent(e); **~ von Konservierungsstoffen** sans conservateur; **sich von etw ~ machen** s'affranchir de qc
❺ (nicht besetzt) libre; Hotelzimmer, Wohnung [de] libre; Stelle, Posten vacant(e); **einen Platz ~ lassen** laisser une place [libre]
❻ (kostenlos) gratuit(e)
❼ (verfügbar) Mittel, Geld disponible; **für jdn ~ sein** être libre pour qn; **einen Wunsch ~ haben** pouvoir faire un vœu; **~ ab zwölf [Jahren]** interdit aux moins de douze ans
❽ (arbeits-, unterrichtsfrei) Zeit, Stunde [de] libre; Tag de congé; **~ haben** être en congé; Schüler: ne pas avoir cours; **zwei Tage ~ haben** avoir deux jours de congé; [sich (Dat)] **einen Tag ~ nehmen** prendre un jour de congé
❾ (nicht liiert) **noch/nicht mehr ~ sein** être encore/ne plus être libre
❿ (leer) Seite blanche; **eine Seite/den Rand ~ lassen** laisser une page/une marge
⓫ (offen) Gelände, Land, Feld, Natur plein(e)
⓬ (improvisiert) Rede sans notes; Übersetzung libre
⓭ CHEM, PHYS libre; **~ werden** se libérer
⓮ (unbekleidet) **den Rücken ~ lassen** Kleid: être décolleté(e) dans le dos
▶ **~ und ungebunden sein** être libre comme l'air; **ich bin so ~!** form si vous [me] permettez!; s. a. **Freie**
II. Adv ❶ (unbeeinträchtigt) librement; **~ laufend** Huhn en liberté; **~ lebend** Tier élevé(e) en liberté; **das Haus steht ganz ~** c'est une maison isolée
❷ (ungezwungen) de manière décontractée
❸ (improvisiert) librement; **~ nach Goethe** en citant très librement Goethe
❹ (völlig) **~ erfunden** inventé(e) de toutes pièces
III. Präp + Akk COM **~ Haus** franco domicile
Freibad nt piscine f en plein air
frei|bekommen* unreg **I.** itr V fam avoir un jour (fam); Schüler: avoir un jour de libre; **zwei Tage ~** avoir deux jours de libre; **wir haben von unserer Chefin/Lehrerin ~** notre chef/maîtresse nous a donné un jour de libre
II. tr V faire libérer Entführten, Häftling
Freiberufler(in) <-s, -> m(f) travailleur m indépendant/travailleuse f indépendante
freiberuflich I. Adj (selbständig) Person, Tätigkeit indépendant(e)
II. Adv arbeiten à son compte; **sie ist ~ tätig** elle est à son compte
Freibetrag m montant m exonéré
Freibeuter(in) <-s, -> m(f) veraltet (Seeräuber) flibustier(-ière) m(f) (vieilli)
Freibeuterei <-> f (Seeräuberei) flibuste f
Freibier nt bière f gratuite **Freibrief** ▶ **jdm einen ~ für etw ausstellen** donner carte blanche à qn pour qc; **ein/kein ~ für etw sein** être/ne pas être un passe-droit [o une lettre de franchise] pour qc
Freiburg ['fraɪbʊrk] <-s> nt Fribourg f
Freidemokrat(in) m(f) démocrate mf libéral(e) **Freidenker(in)** m(f) libre penseur m/libre penseuse f
Freie(r) ['fraɪə] f(m) dekl wie Adj HIST affranchi(e) m(f)
Freie(s) nt dekl wie Adj **ins ~ gehen** aller dehors; **jdn ins ~ befördern** jeter qn dehors; **im ~n** stattfinden en plein air; **übernachten à la belle étoile**
freien I. tr V veraltet épouser
II. itr V veraltet **um jdn ~** demander qn en mariage
Freier ['fraɪɐ] <-s, -> m ❶ (Kunde einer Prostituierten) client m
❷ veraltet (Bewerber) prétendant m
Freiersfüße ▶ **auf ~n gehen** [o **wandeln**] hum chercher pointure à son pied (hum)
Freiexemplar nt exemplaire m gratuit **Freifahrt** f trajet f gratuit **freifinanziert** Adj financé(e) par des capitaux privés **Freifläche** f ❶ (Grünfläche) espace m vert ❷ (ungebautes Grundstück) terrain m vague **Freifrau** f baronne f **Freigabe** f ❶ des Aktienkurses, Wechselkurses libération f ❷ (Herausgabe) main f levée **Freigang** <-gänge> m eines Strafgefangenen sortie f

Freigänger(in) ['fraɪɡɛŋɐ] <-s, -> m(f) détenu(e) m(f) qui a un droit de sortie
frei|geben unreg **I.** tr V libérer Gefangenen, Aktienkurs; débloquer Mieten, Preise; autoriser la sortie de Film; **etw für den Verkehr ~** ouvrir qc à la circulation
II. itr V **jdm zwei Stunden/Tage ~** donner deux heures de libre/deux jours de congé à qn
freigebig ['fraɪɡeːbɪç] Adj généreux(-euse)
Freigebigkeit <-> f générosité f
Freigehege nt réserve f d'animaux **Freigeist** s. **Freidenker(in)**
Freigepäck nt bagages mpl en franchise **Freigrenze** f FISC plafond m d'exonération **frei|haben** itr V unreg fam être en congé; Schüler: ne pas avoir cours; **wir haben morgen die letzte Stunde frei** demain nous n'avons pas cours en dernière heure **Freihafen** m port m franc **frei|halten** tr V unreg ❶ (nicht versperren) ne pas stationner devant Einfahrt, Zufahrt, Tor; **Einfahrt ~!** sortie de voitures [o de garage]! ❷ (reservieren) **ich werde dir einen Platz ~** je vais te garder une place ❸ (Zeche begleichen) payer pour Gast; **sich von jdm ~ lassen** se faire inviter par qn **Freihandel** m libre-échange m
Freihandelszone f zone f de libre-échange
freihändig ['fraɪhɛndɪç] **I.** Adj Zeichnen à main levée; **das ~e Radfahren üben** apprendre à faire du vélo sans les mains
II. Adv zeichnen à main levée; Rad fahren sans les mains
Freiheit ['fraɪhaɪt] <-, -en> f ❶ kein Pl liberté f; **persönliche/politische ~** liberté individuelle/politique
❷ (opp: Gefangenschaft) liberté f; **in ~ sein/leben** être/vivre en liberté; **jdm/einem Tier die ~ schenken** rendre la liberté à qn/un animal
❸ (Vorrecht) [certaine] liberté f; **dichterische ~** licence f poétique; **sich** (Dat) **~en erlauben** se permettre des libertés
▶ **~, Gleichheit, Brüderlichkeit** liberté, égalité, fraternité; **sich** (Dat) **die ~ nehmen etw zu tun** prendre la liberté de faire qc
freiheitlich I. Adj libéral(e)
II. Adv eingestellt, gesinnt de tendance libérale
Freiheitsberaubung f atteinte f à la liberté [individuelle] **Freiheitsdrang** m besoin m de liberté **Freiheitsentzug** m réclusion f; **zu sieben Jahren ~ verurteilt werden** être condamné(e) à sept ans de réclusion **Freiheitskampf** m lutte f pour la liberté **Freiheitskämpfer(in)** m(f) combattant(e) m(f) pour la liberté **Freiheitskrieg** m ❶ guerre f de libération ❷ Pl HIST guerres fpl d'indépendance **Freiheitsliebe** f amour m de la liberté **freiheitsliebend** Adj amoureux(-euse) de la liberté; **~ sein** être un amoureux/une amoureuse de la liberté **Freiheitsstatue** f statue f de la Liberté; **die [amerikanische] ~** la statue [américaine] de la Liberté **Freiheitsstrafe** f peine f de prison
freiheraus Adv franchement **Freiherr** m baron m **Freikarte** f place f gratuite **frei|kaufen I.** tr V racheter **II.** r V **sich ~** Sklave: s'affranchir ❷ (sich entledigen) **sich von einer Schuld/Verpflichtung ~** s'acquitter de ses dettes/redevances **Freikirche** f église f libre **Frei|klettern** nt escalade f libre **frei|kommen** itr V unreg + sein être remis(e) en liberté; **aus der Gewalt der Entführer ~** être délivré(e) des ravisseurs
Freikörperkultur f kein Pl nudisme m
Freikorps [-koːɐ] nt HIST corps m franc **Freiland** nt kein Pl pleine terre f
Freilandgemüse nt légume m cultivé en pleine terre **Freilandhuhn** nt poule f élevée en plein air
frei|lassen tr V unreg relaxer Verhafteten; relâcher Geisel; affranchir Sklaven
Freilassung <-, -en> f eines Verhafteten relaxe f; einer Geisel libération f; eines Sklaven affranchissement m
Freilauf m roue f libre
freilaufend s. **frei II.** ❶
freilebend s. **frei II.** ❶
frei|legen tr V dégager Gemäuer
Freilegung f mise f au jour
Freileitung f ELEC ligne f aérienne
freilich ['fraɪlɪç] Adv ❶ (allerdings) toutefois
❷ bes. SDEUTSCH (natürlich) bien sûr
Freilichtbühne f, **Freilichttheater** nt théâtre m de plein air
Freilos nt billet m de loterie gratuit **frei|machen I.** tr V ❶ POST affranchir Brief, Karte ❷ (entkleiden) dénuder Brust, Brustkorb; **den Oberkörper ~** enlever le haut **II.** itr V fam prendre un repos (fam); **eine Woche ~** prendre une semaine (fam) **III.** r V **sich ~** se déshabiller **Freimaurer** m franc-maçon m
Freimaurerei f kein Pl franc-maçonnerie f
Freimaurerloge f loge f maçonnique
Freimut m kein Pl franchise f
freimütig ['fraɪmyːtɪç] **I.** Adj franc(franche)
II. Adv franchement
Freimütigkeit <-> f franchise f
frei|nehmen tr, itr V unreg prendre des congés; [sich (Dat)] **eine**

Woche ~ [se] prendre une semaine de congé; **jdn ~ faire relâcher qn grâce au chantage Freiraum** *m* liberté *f* d'action; **ich brauche mehr** [persönlichen] **~** j'ai besoin de davantage de liberté d'action **freischaffend** *Adj attr Künstler, Wissenschaftler* indépendant(e)
Freischaffende(r) *f(m) dekl wie Adj* free-lance *mf*
Freischärler(in) <-s, -> *m(f)* milicien(ne) *m(f)*
freischaufeln *tr V* déblayer à la pelle; **etw ~** déblayer qc à la pelle
freischießen *tr V unreg* **sich** *(Dat)* **den Weg ~** protéger sa fuite en se couvrant [par des coups de feu] **freischwimmen** *r V unreg* ▸ **sich ~** passer son brevet de natation premier degré; *(selbständig werden)* voler de ses propres ailes **Freischwimmer(in)** *m(f)* breveté(e) *m(f)* de natation premier degré
Freischwimmerzeugnis *nt* brevet *m* de natation premier degré; **das ~ machen/haben** passer/avoir le brevet de natation premier degré
freisetzen *tr V* ❶ *a.* CHEM, FIN libérer; **etw bei jdm ~** libérer qc chez qn
❷ *euph (entlassen)* remercier *(euph)*
Freisetzung <-, -en> *f* ❶ *a.* CHEM libération *f*
❷ *euph (Entlassung)* congédiement *m (euph)*
freisinnig ['fraɪzɪnɪç] *Adj veraltet (liberal)* libéral(e)
Freisprechanlage *f*, **Freispracheinrichtung** *f* TELEC kit *m* mains-libres
freisprechen *tr V unreg* ❶ JUR déclarer non coupable; **jdn wegen etw ~** déclarer qn non coupable pour qc
❷ *(lossprechen)* **jdn von etw ~** absoudre qn de qc
❸ *(prüfen)* **die Auszubildenden ~** certifier *[o* reconnaître*]* l'aptitude professionnelle des apprentis
Freisprechmikrofon^RR *nt* TECH micro[phone] *m* mains-libres
Freispruch *m* JUR non-lieu *m;* **~ für jdn beantragen, auf ~ für jdn plädieren** plaider non-coupable pour qn **Freistaat** *m veraltet* république *f;* **der ~ Bayern/Sachsen** la Bavière/Saxe **Freistatt** *f,* **Freistätte** *f geh* lieu *m* d'asile **freistehen** *unreg* I. *itr V unpers* **es steht dir/ihr frei, das zu tun** tu es/elle est libre de faire cela II. *itr V Haus, Gebäude:* être inoccupé(e) **freistellen** *tr V* ❶ **jdm eine Entscheidung ~** laisser à qn le choix de la décision; **es jdm ~, ob/wie ...** laisser à qn le choix de décider si/comment ...; **das bleibt Ihnen** [völlig] **freigestellt** libre à vous ❷ *euph (entlassen)* remercier *(euph)* ❸ *(beurlauben)* **jdn ~** suspendre qn de ses fonctions ❹ *(befreien)* **jdn vom Unterricht ~** dispenser qn du cours; **jdn vom Wehrdienst** [*o* Militärdienst] **~** exempter qn du service militaire **Freistellung** *f a.* JUR exonération *f;* **~ vom Wehrdienst** exemption *f* du service militaire
Freistellungsbescheid *m (Steuerfreistellungsbescheid)* avis *m* de non-imposition
Freistempel *m* cachet *m* d'oblitération **Freistil** *m kein Pl* SPORT style *m* libre
Freistilringen *nt* lutte *f* libre **Freistilschwimmen** *nt* nage *f* libre
Freistoß *m* coup *m* franc; **direkter/indirekter ~** coup *m* franc direct/indirect; **auf ~ entscheiden, einen ~ verhängen** ordonner un coup franc **Freistunde** *f* heure *f* de libre; **~n/eine ~ haben** avoir des heures de libres/une heure de libre
Freitag ['fraɪta:k] *m* vendredi *m; s. a.* Dienstag
freitags *Adv* le vendredi
Freitod *m euph* suicide *m;* **den ~ wählen** se donner la mort **freitragend** *Adj Brücke* suspendu(e); *(Konstruktion, Treppe* en porte-à-faux **Freitreppe** *f* perron *m* **Freiübung** *f meist Pl* exercice *m* d'assouplissement **Freiumschlag** *m* enveloppe *f* affranchie [*o* timbrée] **freiweg** *Adv fam* franco *(fam)* **Freiwild** *nt* ❶ gibier *m* ❷ *fig* proie *f* facile **freiwillig** I. *Adj* ❶ *Dienst, Helfer, Einsatz* bénévole ❷ *(freigestellt) Versicherung, Teilnahme* facultatif(-ive) II. *Adv* de son plein gré; **er steht ~ früh auf** il se lève tôt de lui-même
Freiwillige(r) ['fraɪvɪlɪgə] *f(m) dekl wie Adj a.* MIL volontaire *mf* ▸ **~ e vor!** MIL que les volontaires fassent un pas en avant!; *fig* y a-t-il des volontaires? *(fig)*
Freiwilligkeit <-> *f* volontariat *m*
Freiwurf *m* coup *m* franc **Freizeichen** *nt* tonalité *f* **Freizeit** *f* ❶ *kein Pl* loisirs *mpl;* **in seiner/ihrer ~** pendant ses loisirs ❷ *(Ausflug)* excursion *f*
Freizeitangebot *nt* liste *f* des loisirs **Freizeitausgleich** *m* compensation *f* du temps de travail **Freizeitbeschäftigung** *f* occupation *f* **Freizeitgesellschaft** <-> *f* SOZIOL société *f* de loisirs **Freizeitgestaltung** *f* organisation *f* des loisirs **Freizeithemd** *nt* chemise *f* de sport **Freizeitindustrie** *f* industrie *f* des loisirs **Freizeitkleidung** *f* tenue *f* décontractée **Freizeitpark** *m* parc *m* de loisirs [*o* d'attractions] **Freizeitstress**^RR *m hum* surmenage *m* de loisirs *(hum)* **Freizeitvergnügen** *nt* hobby *m* **Freizeitverhalten** *nt* manière *f* de concevoir les loisirs; **sein/ihr ~** sa manière de concevoir les loisirs; **die Franzosen haben ein anderes ~ als die Deutschen** les Français conçoivent les loisirs différemment des Allemands **Freizeitwert** *m* **einen hohen/**

geringen ~ haben *Stadt, Region:* offrir un large éventail/un éventail réduit de loisirs
Freizone *f* ÖKON zone *f* franche
freizügig ['fraɪtsy:gɪç] *Adj* ❶ *Person* libre; *Auffassung, Moral* libéral(e); *Kleidung, Ausschnitt* audacieux(-euse)
❷ *(großzügig) Gebrauch, Anwendung* abondant(e)
Freizügigkeit <-, -en> *f* ❶ *einer Person* largeur *f* d'esprit; *der Moral, Sitten* liberté *f*; *von Kleidung* audace *f*
❷ *(freie Wahl des Wohnorts)* liberté *f* de circulation
fremd [frɛmt] *Adj* ❶ *(fremdländisch)* étranger(-ère)
❷ *(nicht einheimisch)* **ich bin hier/in Hannover ~** je ne suis pas d'ici/ne connais pas Hanovre
❸ *(opp: eigen)* de quelqu'un d'autre; *Bank, Firma, Kinder, Leute* autre; *Wagen* inconnu(e); *Eigentum, Wohnung* d'autrui; **ich musste in einem ~en Bett übernachten** j'ai dû passer la nuit dans un lit qui n'était pas le mien; **in ~em Namen und für ~e Rechnung** ÖKON au nom et pour le compte d'un tiers
❹ *(unbekannt) Anblick, Gefühl, Gesicht, Person* étranger(-ère), inconnu(e); **das ist mir/ihm ~** cela m'est/lui est étranger *(être);* **jdm ~ werden** devenir étranger(-ère) à qn; **sich** *(Dat)* **~ werden** s'éloigner l'un(e) de l'autre
fremdartig ['frɛmta:etɪç] I. *Adj* ❶ *Musik, Brauch, Aussehen* étrange
❷ *(exotisch)* exotique
II. *Adv aussehen, klingen* étrange
Fremdartigkeit <-> *f* ❶ étrangeté *f*
❷ *(exotische Art)* caractère *m* exotique
fremdbestimmt *Adj* dépendant(e)
Fremde ['frɛmdə] <-> *f geh* étranger *m;* **in die/der ~** à l'étranger *m*
Fremde(r) *f(m) dekl wie Adj (Unbekannter)* inconnu(e) *m(f); (Ortsfremder, Ausländer)* étranger(-ère) *m(f)*
Fremdeinwirkung *f* influence *f* extérieure
fremdeln *itr V,* **fremden** ['frɛmdən] *itr V* CH *Kind:* être un peu sauvage
fremdenfeindlich *Adj* xénophobe **Fremdenführer(in)** *m(f)* guide *mf* **Fremdenhass**^RR *m* xénophobie *f* **Fremdenlegion** *f* Légion *f* [étrangère] **Fremdenlegionär** *m* légionnaire *m* **Fremdenverkehr** *m* tourisme *m*
Fremdenverkehrsamt *nt* syndicat *m* d'initiative **Fremdenverkehrsverein** *m* syndicat *m* d'initiative
Fremdenzimmer *nt* chambre *f* d'hôte
Fremderregung *f* ELEC excitation *f* indépendante **fremdfinanziert** *Adj* ÖKON financé(e) sur capitaux empruntés **Fremdfinanzierung** *f* financement *m* extérieur **fremdgehen** *itr V unreg* **+ sein** *fam* être infidèle
Fremdheit <-> *f* étrangeté *f*
Fremdherrschaft *f kein Pl* domination *f* étrangère **Fremdkapital** *nt* capitaux *mpl* étrangers **Fremdkörper** *m* ❶ MED corps *m* étranger ❷ *fig (Mensch)* étranger(-ère) *m(f); (Gebäude)* bâtiment *m* qui détonne; **sich als ~ fühlen** détonner **fremdländisch** ['frɛmtlɛndɪʃ] *Adj* exotique
Fremdling <-s, -e> *m veraltet geh* étranger(-ère) *m(f)*
Fremdsprache *f* langue *f* étrangère
Fremdsprachenkorrespondent(in) *m(f)* secrétaire *mf* bilingue/trilingue **Fremdsprachenunterricht** *m* enseignement *m* des langues [étrangères]
fremdsprachig *Adj Literatur, Unterricht* en langue étrangère; *Besucher, Tourist* parlant une langue étrangère
fremdsprachlich *Adj Unterricht* de langues étrangères **Fremdstoff** *m* corps *m* étranger **Fremdverschulden** *nt* faute *f* incombant à un tiers **Fremdwort** *nt* **~wörter** nt mot *m* étranger ▸ **Urlaub ist für mich ein ~** je ne sais pas ce que sont les vacances **Fremdwörterbuch** *nt* dictionnaire *m* des mots étrangers
frenetisch [fre'ne:tɪʃ] I. *Adj* frénétique
II. *Adv* frénétiquement
frequentieren* *tr V geh* fréquenter
Frequenz [fre'kvɛnts] <-, -en> *f a.* PHYS, MED fréquence *f*
Frequenzmodulation *f* RADIO modulation *f* de fréquence
Fresko ['frɛsko] <-s, **Fresken**> *nt* KUNST fresque *f*
Freskomalerei *f* KUNST peinture *f* à fresque
Fressalien [frɛ'sa:liən] *Pl fam* bouffe *f (fam);* **ein paar ~** un peu de bouffe *(fam)*
Fresse ['frɛsə] <-, -n> *f vulg* ❶ *(Mund)* gueule *f (fam);* **die ~ halten** fermer sa gueule *(fam)*
❷ *(Gesicht)* gueule *f (pop);* **jdm eins** [*o* eine] **in die ~ hauen** casser la gueule à qn *(fam);* [**eins/was**] **auf die ~ kriegen** *vulg* se faire casser la gueule *(fam)*
▸ **jdm die ~ polieren** *vulg* casser la gueule à qn *(pop);* [**ach du**] **meine ~!** *sl* [eh] putain de merde ! *(vulg)*
fressen ['frɛsn̩] <frisst, fraß, gefressen> I. *itr V* ❶ *Tier:* manger; **aus/von etw ~** *Tier:* manger dans qc
❷ *pej sl (essen)* bouffer *(fam)*
❸ *(beschädigen)* **an etw** *(Dat)* **~** *Rost, Säure, Salz:* ronger qc

II. *tr V* ❶ *Tier:* manger
❷ *pej sl (essen)* bouffer; **der/die wird dich schon nicht ~** *fig il/elle ne va pas te bouffer*
❸ *fam (verschlingen)* bouffer *(fam) Kilometer, Benzin*
▶ **jdn zum Fressen gernhaben** *fam* adorer qn; **jdn/etw gefressen haben** ne pas pouvoir sentir qn/qc
III. *r V* **sich in etw** *(Akk)***/durch etw ~** *Bohrer, Säge:* s'enfoncer dans/à travers qc; *Rost, Säure, Lauge:* ronger qc; **sich durch die Erde ~** *Wurm:* se frayer un chemin dans la terre
Fressen <-s> *nt* ❶ *(Futter)* nourriture *f*
❷ *pej sl (Essen, Gelage)* bouffe *f (fam)*
▶ **ein gefundenes ~ für jdn sein** *fam* être une bonne aubaine pour qn
Fresser(in) <-s, -> *m(f) sl* morfal(e) *m(f) (arg)*
Fresserei <-, -en> *f pej sl (Gelage)* bouffe *f (fam)*
Fressgelage^{RR}, **Freßgelage**^{ALT} *nt pej fam* bouffe *f (fam)*
Fressgier^{RR}, **Freßgier**^{ALT} *f pej* goinfrerie *f*
Fresskorb^{RR}, **Freßkorb**^{ALT} *m fam* panier *m* de bouffe *(fam)*
Fresslust^{RR}, **Freßlust**^{ALT} *f fam* envie *f* de se goinfrer *(fam)*
Fressnapf^{RR}, **Freßnapf**^{ALT} *m* gamelle *f*
Fresspaket^{RR}, **Freßpaket**^{ALT} *nt fam* colis *m* de bouffe *(fam)*
Fresssack^{RR}, **Freßsack**^{ALT} *m pej fam* goinfre *mf*
Fresssucht^{RR} *f*, **Freßsucht**^{ALT} *f kein Pl* boulimie *f*
Fressstempel *m sl* resto *m (fam)*
Fressswerkzeuge^{RR}, **Freßwerkzeuge**^{ALT} *Pl* mandibules *fpl*
Fresszelle^{RR}, **Freßzelle**^{ALT} *f* MED, ZOOL phagocyte *m*
Frettchen ['frɛtçən] <-s, -> *nt* furet *m*
fretten ['frɛtn] *r V* A, SDEUTSCH *(sich abmühen)* se crever *(fam)*; **sich ~ [etw zu tun]** se crever à faire qc *(fam)*
Freude ['frɔydə] <-, -n> *f* ❶ *kein Pl* joie *f*; **es macht jdm ~ etw zu tun** cela fait plaisir à qn de faire qc; **jdm viel ~ machen** *Beruf, Sport, Hobby:* faire très plaisir à qn; *Kind, Tier:* procurer beaucoup de joie à qn; **meine einzige ~ ist der Sport** le sport est toute ma joie; **jdm eine ~ machen** [*o* **bereiten**] faire plaisir à qn; **er hat ~ an jdm/etw** qn/qc lui procure de la joie; **jd hat an jdm/etw eine helle ~** qn/qc procure un grand plaisir à qn; **keine ~ mehr am Leben/an der Arbeit haben** ne plus avoir goût à la vie/au travail; **seine ~ an dem Geschenk/an der Musik** la joie que lui procure le cadeau/la musique; **es ist eine wahre ~ die beiden zu beobachten** c'est un [vrai] plaisir de les regarder; **es ist mir eine ~ Ihnen mitzuteilen, dass** c'est une joie pour moi de vous annoncer que + *indic*; **vor ~** *(Dat)* jubeln exulter de joie; **zu meiner ~** à ma grande joie; **zu meiner größten ~** pour ma plus grande joie
❷ *Pl (Wonnen) der Liebe, Mutterschaft* joies *fpl*; **die kleinen ~n des Alltags** les petites joies de la vie
▶ **Freud und Leid** *geh* les joies et les peines; **in Freud und Leid** *geh* dans les bons comme dans les mauvais jours; **herrlich und in ~n leben** *geh* mener la vie de château; **da kommt ~ auf!** *iron* ça fait [vraiment] plaisir!
Freudenbotschaft *f geh* heureuse nouvelle *f* **Freudenfest** *nt* joyeuse fête *f* **Freudengeschrei** *nt* cris *mpl* de joie; **in ein ~ ausbrechen** pousser des cris de joie **Freudenhaus** *nt* maison *f* close **Freudenmädchen** *nt euph* fille *f* de joie *(euph)* **Freudenschrei** *m* cri *m* de joie; **~e ausstoßen** laisser éclater sa joie **Freudensprung** *m* saut *m* de joie; **einen ~ machen** sauter de joie **Freudentanz** *m* tour *m* de joie ▶ **einen [wahren/wilden] ~ aufführen** [*o* **vollführen**] danser de joie **Freudentaumel** *m* joie *f* folle; **im ~ sein** *Personen, Stadt:* être transporté(e) de joie **Freudentränen** *Pl* larmes *fpl* de joie; **~ vergießen** verser des larmes de joie
freudestrahlend I. *Adj* rayonnant(e) [de joie]
II. *Adv* le visage rayonnant [de joie]
freudig ['frɔydɪç] **I.** *Adj* ❶ *(voller Freude)* joyeux(-euse)
❷ *(erfreulich)* heureux(-euse)
II. *Adv* joyeusement; **~ erregt** excité(e) de joie
freudlos ['frɔytloːs] *Adj* sans joie
Freudlosigkeit <-> *f* tristesse *f*
freuen ['frɔyən] **I.** *r V* ❶ être content(e); **sich über jdn/etw ~** être content(e) de qn/qc; **sich für jdn/mit jdm ~** se réjouir pour qn/avec qn; **sich ~ jdn zu sehen** être content(e) de voir qn; **wir ~ uns, Ihnen mitteilen zu können, dass** nous sommes heureux(-euses) de vous annoncer que + *indic*
❷ *(erwarten)* **sich auf jdn/etw ~** se réjouir [d'avance] de qn/qc
II. *tr V* **jdn ~** *Geschenk, Nachricht, Lob:* réjouir qn; **es freut mich, dass** je me réjouis que + *subj*
Freund(in) [frɔynt] <-[e]s, -e> *m(f)* ❶ ami(e) *m(f)*; *(intimer Freund)* [petit] ami/[petite] amie *f*; **jdn zum ~/zur ~in haben** avoir qn pour ami(e); **jdn zum ~/zur ~in gewinnen** gagner l'amitié de qn; **mit jdm gut ~ sein** être en bons termes avec qn; **unter ~en** *fam* entre amis
❷ *(Anhänger)* amateur *m*
▶ **~ und Feind** amis et ennemis; **ein/kein ~ einer S.** *(Gen)* sein être/ne pas être amateur de qc; **kein ~ von vielen Worten sein** ne pas aimer les longs discours; **mein lieber ~!** *iron* mon petit ami!; **du bist mir ein schöner ~/eine schöne ~in** *iron fam* tu parles d'un ami/d'une amie! *(fam)*
Freundchen ['frɔyntçən] <-s, -> *nt fam (Bürschchen)* mon petit ami! *(fam)*
▶ **~! ~!** mon petit ami!
Freundeskreis ['frɔyndəs-] *m* cercle *m* d'amis; **im engsten ~ feiern** fêter dans la plus stricte intimité
Freund-Feind-Denken *nt* pensée *f* manichéenne
freundlich ['frɔyntlɪç] **I.** *Adj* ❶ *(liebenswürdig)* aimable; **~ zu jdm sein** être aimable envers qn; **es war sehr ~ von Ihnen** c'était très aimable à vous; **so ~ sein und etw tun** avoir l'amabilité de faire qc; **bitte recht ~!** souriez!
❷ *(ansprechend, heiter) Himmel* serein(e); *Wetter* agréable; *Ambiente* sympathique; *Einrichtung, Zimmer* accueillant(e); *Farben* attrayant(e)
❸ *(wohlwollend) Gesinnung, Haltung, Einstellung* bienveillant(e)
II. *Adv* de façon amicale
freundlicherweise *Adv* aimablement; **könnten Sie mir ~ sagen, wo ...?** auriez-vous l'amabilité de me dire où ...?
Freundlichkeit <-, -en> *f* ❶ *kein Pl (Liebenswürdigkeit)* amabilité *f*; **die ~ haben etw zu tun** avoir l'amabilité de faire qc
❷ *(Handlung)* aimable attention *f*
❸ *(Bemerkung)* parole *f* aimable
Freundschaft <-, -en> *f kein Pl* amitié *f*; **jdm die** [*o* **seine**] **~ anbieten** offrir son amitié à qn; **mit jdm ~ schließen** se lier d'amitié avec qn; **jdm die ~ kündigen** se brouiller avec qn; **in aller ~** en toute amitié; **wir werden das Problem in aller ~ regeln** nous allons régler ce problème entre amis; **da hört die ~ auf!** il y a des limites! *(fam)*; **auf gute ~!** à notre amitié!
freundschaftlich I. *Adj* amical(e)
II. *Adv* amicalement; **~ miteinander verkehren** avoir des relations très amicales; **mit jdm ~ verbunden sein** être lié(e) d'amitié avec qn
Freundschaftsbesuch *m* visite *f* amicale **Freundschaftsdienst** *m* service *m* d'ami; **jdm einen ~ erweisen** rendre un service d'ami à qn **Freundschaftspreis** *m* prix *m* d'ami **Freundschaftsspiel** *nt* rencontre *f* amicale **Freundschaftsvertrag** *m* traité *m* d'amitié
Frevel ['freːfəl] <-s, -> *m geh* ignominie *f (littér)*; REL sacrilège *m*
frevelhaft *Adj geh* ignominieux(-euse) *(littér)*; *Tat* criminel(le)
freveln *itr V geh* commettre un outrage; **gegen jdn/etw ~** outrager qn/qc
Freveltat *f geh* ignominie *f (littér)*; REL sacrilège *m*; **eine ~ begehen** commettre un forfait *(soutenu)*
Frevler(in) ['freːflɐ] <-s, -> *m(f) geh* scélérat(e) *m(f) (littér)*, criminel(le) *m(f)*; REL sacrilège *mf*
frevlerisch ['freːflərɪʃ] *Adj veraltet s.* frevelhaft
Friede <-ns, -n> *m veraltet* paix *f*; **~!** la paix!; **~ sei mit euch!** la paix soit avec vous!; **~ seiner/ihrer Asche** qu'il/qu'elle repose en paix sur ses cendres
▶ **~, Freude, Eierkuchen** *hum* tout le monde il est beau, tout le monde il est gentil *(fam)*
Frieden <-s, -> *m* ❶ paix *f*; **es herrscht ~** la paix règne; **mit jdm ~ schließen** faire la paix avec qn; **seinen ~ mit jdm machen** *geh* faire la paix avec qn; **der Westfälische ~** HIST la paix de Westphalie; **im ~** en temps de paix
❷ *(Harmonie)* paix *f*; **sozialer ~** paix sociale; **der häusliche ~** la paix des ménages; **~ stiften** faire régner la paix; **in ~ und Freundschaft leben** vivre en bonne harmonie; **um des lieben ~s willen** pour qu'on ait [au moins] la paix
❸ *(Ruhe)* **jdn mit etw in ~ lassen** laisser qn en paix avec qc; **dem ~ nicht trauen** *fam* rester sur ses gardes; **ich habe endlich wieder meinen ~!** j'ai enfin la paix!
❹ REL **in den ewigen ~ eingehen** entrer dans la paix éternelle; **[er/sie] ruhe in ~** qu'il/qu'elle repose en paix
Friedensangebot *nt* proposition *f* de paix **Friedensbedingungen** *Pl* conditions *fpl* de paix **Friedensbemühungen** *Pl* POL efforts *mpl* en faveur de la paix **Friedensbewegung** *f* mouvement *m* pacifiste **Friedensbruch** *m* violation *f* de la paix **Friedensdemonstration** *f* manifestation *f* pacifiste **Friedensinitiative** *f* initiative *f* pour la paix **Friedenskonferenz** *f* conférence *f* de paix **Friedensnobelpreis** *m* prix *m* Nobel de la paix **Friedenspfeife** *f* calumet *m* de la paix ▶ **mit jdm die ~ rauchen** *hum fam* fumer le calumet de la paix avec qn **Friedenspflicht** *f* IND trêve *f* sociale *(stipulée dans une convention collective)* **Friedensplan** *m* plan *m* de paix **Friedenspolitik** *f* politique *f* de paix **Friedensprozess**^{RR} *m* processus *m* de paix **Friedensrichter(in)** *m(f)* ❶ juge *mf* de paix ❷ CH *(Laienrichter)* arbitre *m* **Friedensschluss**^{RR} *m* accord *m* de paix **Friedenssicherung** *f* maintien *m* de la paix **friedenstiftend** *Adj* Maßnahme pacifique **Friedensstifter(in)** *m(f)* pacificateur(-trice) *m(f)* **Friedenstaube** *f* colombe *f* de la paix **Friedenstruppe** *f*

force f d'interposition **Friedensverhandlungen** Pl négociations fpl de paix **Friedensvertrag** m traité m de paix; **mit jdm einen ~ schließen** conclure un traité de paix avec qn **Friedenszeit** f période f de paix; **in ~en** en temps de paix
friedfertig ['fri:tfɛrtɪç] Adj pacifique
Friedfertigkeit f caractère m conciliant; **er ist die ~ in Person** c'est l'homme conciliant par excellence
Friedhof ['fri:tho:f] m cimetière m; **auf dem ~ liegen** reposer au cimetière
Friedhofskapelle f chapelle f du cimetière **Friedhofsruhe** f calme m du cimetière; **hier herrscht ~** fig il règne ici un silence de cimetière
friedlich I. Adj ❶ (gewaltlos, zufrieden) pacifique; **wirst du wohl ~ sein?** vas-tu te tenir tranquille?; **nun sei doch endlich ~!** fam fiche-nous la paix!
❷ (ruhig) Anblick, Gegend paisible
II. Adv ❶ (gewaltlos) pacifiquement
❷ sterben en paix
friedliebend ['fri:tli:bənt] Adj Person, Bevölkerung, Bewohner pacifique
Friedrich ['fri:drɪç] <-s> m Frédéric m; **~ der Große** Frédéric le Grand
▶ **seinen ~ Wilhelm unter etw** (Akk) **setzen** apposer sa griffe à qc
frieren ['fri:rən] <fror, gefroren> I. itr V ❶ + haben avoir froid; **an den Füßen/Händen ~** avoir froid aux pieds/mains
❷ + sein (gefrieren) geler
II. itr V unpers + haben **es friert** il gèle
III. tr V unpers + haben **es friert mich** je suis gelé(e); **es friert mich an den Füßen/Händen** j'ai les pieds gelés/les mains gelées
Fries [fri:s] <-es, -e> m ARCHIT frise f
Friese ['fri:zə] <-n, -n> m, **Friesin** f Frison(ne) m(f)
friesisch Adj frison(ne)
Friesland ['fri:slant] <-s> nt la Frise
frigid[e] Adj frigide
Frigidität [frigidi'tɛ:t] <-> f frigidité f
Frikadelle [frika'dɛlə] <-, -n> f boulette f [de viande]
Frikassee [frika'se:] <-s, -s> nt fricassée f
Frikativ <-s, -e> m, **Frikativlaut** m fricative f
Friktion <-, -en> f friction f
Frisbee® ['frɪzbi:] <-, -s> nt frisbee® m
Frisbee-Scheibe ['frɪzbi:-] f [disque m de] frisbee® m
frisch [frɪʃ] I. Adj ❶ frais(fraîche); **~e Brötchen** petits pains frais; **ein Bier ~ vom Fass** une bière qui sort tout juste du tonneau
❷ (sauber) propre; **ein ~es Hemd anziehen** changer de chemise; **sich ~ machen** faire un brin de toilette
❸ (gesund) Gesichtsfarbe frais(fraîche); **~ und munter sein** fam être frais(fraîche) et dispos(e)
❹ (kühl) frais(fraîche); **es ist ~** il fait frais
❺ (unverbraucht) Kräfte, Mut nouveau(-velle)
II. Adv fraîchement; **~ gebacken** Brot frais(fraîche); **~ gestrichen!** peinture fraîche!; **die Betten ~ beziehen** changer les draps; **~ gewaschen** propre
▶ **~ gewagt ist halb gewonnen** Spr. la fortune sourit aux audacieux
Frische ['frɪʃə] <-> f fraîcheur f; **in geistiger/körperlicher ~** l'esprit vif/le corps alerte
▶ **in alter ~** fam plus frais/fraîche que jamais
Frischfleisch nt viande f fraîche
frischgebacken Adj hum fam Ehemann, Ehefrau [tout(e)] jeune; Lehrer, Arzt, Rechtsanwalt frais(fraîche) émoulu(e)
Frischgemüse nt légumes mpl frais
Frischhaltebeutel m sachet m plastique **Frischhaltefolie** [-liə] f cellophane® f **Frischhaltepackung** f emballage m fraîcheur
Frischkäse m fromage m frais
Frischling <-s, -e> m marcassin m
Frischluft f air m frais **Frischluftfanatiker(in)** m(f) inconditionnel(le) m(f) de l'air frais **Frischmilch** f lait m frais **Frischwasser** nt eau f fraîche **frischweg** Adv de bon cœur
Friseur [fri'zø:ɐ] <-s, -e> m coiffeur m; **zum ~ gehen** aller chez le coiffeur
Friseurin [fri'zø:ɐrɪn] <-, -nen> f coiffeuse m
Friseursalon [fri'zø:ɐzaloˁ, -zalɔŋ] m salon m de coiffure
Friseuse [fri'zø:zə] <-, -n> f coiffeuse f
frisieren* tr V ❶ coiffer; **jdm/sich die Haare ~** coiffer qn/se coiffer; **gut frisiert sein** être bien coiffé(e)
❷ fam (manipulieren) trafiquer (fam) Abrechnung, Auto; truquer Bilanz
Frisierkommode f coiffeuse f **Frisiersalon** m veraltet salon m de coiffure **Frisierspiegel** m glace f de coiffeuse
frisiert Adj fam Zahlen manipulé(e); Mofa trafiqué(e)
Frisör s. Friseur

Frisöse s. Friseuse
frisst[RR] [frɪst], **frißt**[ALT] 3. Pers Präs von **fressen**
Frist <-, -en> f délai m; **letzte ~** dernier délai; **eine ~ einhalten** observer un délai; **eine ~ verstreichen lassen** laisser expirer un délai; **innerhalb einer [gesetzlich festgelegten] ~ von ...** dans un délai [légal] de ...; **innerhalb kürzester ~** form dans les plus brefs délais
fristen ['frɪstən] tr V sein Dasein **~** mener sa vie; **kümmerlich sein Leben ~** vivoter
Fristenlösung f, **Fristenregelung** f loi f sur l'interruption volontaire de grossesse [o l'I.V.G.]
fristgemäß, **fristgerecht** Adj, Adv dans les délais [impartis], dans le délai fixé; **Kündigung, kündigen** en respectant le préavis; **nicht ~** en dehors des délais
fristlos Adj, Adv sans préavis
Fristverlängerung f prorogation f [de délai]
Frisur [fri'zu:ɐ] <-, -en> f coiffure f
Friteuse[ALT] [fri'tø:zə] <-, -n> f s. **Fritteuse**
fritieren*[ALT] tr V s. **frittieren**
Fritten ['frɪtən] Pl fam frites fpl
Frittenbude f fam baraque f à frites (fam)
Fritteuse[RR] [fri'tø:zə] <-, -n> f friteuse f
frittieren[RR] tr V faire frire
frivol [fri'vo:l] Adj déplacé(e)
Frivolität [-vo-] <-, -en> f (Anzüglichkeit) incongruité f
Frl. Abk von **Fräulein** Mlle
froh [fro:] I. Adj ❶ Blick, Gesicht, Person joyeux(-euse); **über etw** (Akk) **~ sein** être content(e) de qc; **er ist ~ [darüber], dass** il se réjouit que + subj
❷ fam (zufrieden) **wir können noch ~ sein, dass** nous pouvons nous estimer heureux(-euses) que + subj; **sei ~, dass du das nicht miterlebt hast!** estime-toi heureux(-euse) de ne pas avoir vécu cela!
❸ (erfreulich) Botschaft, Kunde heureux(-euse); Nachricht bon(ne)
II. Adv **~ gelaunt** [o gestimmt geh] de bonne humeur
frohgelaunt <froher gelaunt, am froh[e]sten gelaunt>, **frohgestimmt** <froher gestimmt, am froh[e]sten gestimmt> s. **froh** II.
fröhlich ['frø:lɪç] I. Adj joyeux(-euse)
II. Adv ❶ allègrement
❷ fam (unbekümmert) sans m'en/s'en faire (fam)
Fröhlichkeit <-> f gaieté f
frohlocken* itr V geh ❶ (Schadenfreude empfinden) jubiler; **über jds Misserfolg** (Akk) **~** exulter d'apprendre l'échec de qn ❷ (jubeln) exulter de joie **Frohnatur** f geh ❶ kein Pl (Naturell) heureuse nature f, heureux caractère m ❷ (Mensch) heureuse nature f
Frohsinn s. **Frohnatur** ❶
fromm [frɔm] <frömmer o -er, frömmste o -ste> Adj ❶ Person, Lieder, Christ pieux(-euse); Institution, Konvikt religieux(-euse)
❷ iron Wunsch pieux(-euse); Lüge, Betrug pieux(-euse) antéposé
Frömmelei [frœmə'laɪ] <-, -en> f pej bigoterie f
frömmeln ['frœməln] itr V pej être confit(e) en dévotion
Frömmigkeit ['frœmɪçkaɪt] <-> f piété f
Frömmler(in) <-s, -> m(f) dévot(e) m(f)
Fron [fro:n] <-, -en> f geh corvée f
Fronarbeit f ❶ CH travail m d'intérêt général (bénévole)
❷ s. **Frondienst**
Fronde ['frɔ̃:də] <-, -n> f POL fronde f
Frondienst m corvée f
frönen ['frø:nən] itr V geh einer S. (Dat) **~** s'adonner à qc
Fronleichnam [fro:n'laɪçna:m] kein Pl, kein Art la Fête-Dieu
Fronleichnamsfest nt la Fête-Dieu **Fronleichnamsprozession** f procession f de la Fête-Dieu
Front [frɔnt] <-, -en> f ❶ devant m
❷ MIL, POL, METEO front m
▶ **auf breiter ~** MIL sur un large front; fig globalement; **klare ~en schaffen** mettre les choses [clairement] au point; **in vorderster ~ stehen** être en première ligne; **in ~ gehen/liegen** prendre la tête/être en tête; **~ gegen jdn/etw machen** faire bloc contre qn/qc
Frontabschnitt m secteur m du front
frontal [frɔn'ta:l] I. Adj attr frontal(e)
II. Adv de front; darstellen de face
Frontalangriff m MIL attaque f frontale **Frontalunterricht** m SCHULE cours m magistral **Frontalzusammenstoß** m collision f frontale
Frontantrieb m traction f avant **Frontmotor** m moteur m à l'avant **Frontsoldat(in)** m(f) soldat m au front **Frontspoiler** [-spɔɪle, -ʃpɔɪle] m spoiler m avant **Fronturlaub** m permission f (d'un soldat au front) **Frontwand** f façade f **Frontwechsel** [-vɛksl] m POL volte-face f, revirement m
fror [fro:ɐ] Imp von **frieren**
Frosch [frɔʃ, Pl: 'frœʃə] <-[e]s, Frösche> m ❶ ZOOL grenouille f
❷ (Feuerwerkskörper) ≈ pétard m mitraillette

►einen ~ im Hals [o in der Kehle] haben *fam* avoir un chat dans la gorge; **sei kein ~!** *fam* ne te fais pas prier!
Froschgoscherl [-gɔʃeel] <-s, -n> *nt* A *(Löwenmäulchen)* gueule-de-loup *f* **Froschlaich** *m* frai *m* de grenouille **Froschmann** <-männer> *m* homme-grenouille *m* **Froschperspektive** [-pɛrspɛk'tiːvə] *f* contre-plongée *f*; **aus der ~** en contre-plongée **Froschschenkel** *m* cuisse *f* de grenouille
Frost [frɔst, *Pl:* 'frœstə] <-[e]s, Fröste> *m* gel *m*; **es herrscht strenger ~** il gèle à pierre fendre; **bei eisigem ~** par forte gelée
Frostbeule *f* engelure *f*
fröst[e]lig *Adj fam* frileux(-euse)
frösteln ['frœstəln] I. *itr V* grelotter; **vor Kälte/Angst** *(Dat)* ~ grelotter de froid/peur
II. *tr V unpers* **es fröstelt ihn** il a des frissons
frostfrei *Adj* sans gelée
Frostgefahr *f* risque *m* de gelée; **bei ~** en cas de risque de gelée
frostig I. *Adj a. fig* glacial(e)
II. *Adv* avec froideur; **klingen** glacial(e)
Frostigkeit <-> *f* ❶ METEO **die ~ des Wetters/Winds** le temps/vent glacial
❷ *fig einer Person, eines Blicks* froideur *f*
frostklar *Adj* glacial(e) *(par nuit claire)* **Frostsalbe** *f* pommade *f* contre les engelures **Frostschaden** *m* dégât *m* causé par le gel **Frostschutzmittel** *nt* antigel *m* **Frostwetter** *nt* temps *m* de gel
Frotté, Frottee [frɔ'teː] <-[s], -s> *nt o m* tissu *m* éponge
Frotteebademantel *m* peignoir *m* en tissu éponge **Frotteebettwäsche** *f* draps *mpl* éponge **Frotteehandtuch** *nt* serviette *f* éponge
frottieren* I. *tr V* frictionner; **jdn/etw mit etw ~** frictionner qn/qc avec qc
II. *r V* **sich mit etw ~** se frictionner avec qc
Frotzelei <-, -en> *f fam* ❶ *kein Pl* moqueries *fpl*
❷ *(frotzelnde Bemerkung)* sarcasme *m*; **deine ~en kannst du dir sparen!** arrête de me charrier! *(fam)*
frotzeln ['frɔtsəln] *itr V fam* se moquer; **über jdn/etw ~** se moquer de qn/qc
Frucht [frʊxt, *Pl:* 'fryçtə] <-, Früchte> *f* ❶ fruit *m*; SDEUTSCH, CH *(Getreide)* céréales *fpl*; **kandierte Früchte** des fruits confits
❷ *geh (Ergebnis)* fruit *m*
► **verbotene Früchte** des fruits défendus; **Früchte tragen** *Obstbaum:* donner des fruits; *fig* porter ses fruits
fruchtbar *Adj* ❶ *Person, Tier* fécond(e); **seid ~ und mehret euch** BIBL croissez et multipliez-vous
❷ *(ertragreich) Erde* fertile, fécond(e) *(littér)*
❸ *(produktiv) Autor, Künstler* fécond(e)
❹ *(nutzbringend) Gespräch* fructueux(-euse); **etw für jdn ~ machen** rendre qc accessible à qn
Fruchtbarkeit <-> *f* fécondité *f*
Fruchtblase *f* poche *f* des eaux **Fruchtbonbon** *nt o m* bonbon *m* aux fruits
Früchtchen ['fryçtçən] <-s, -> *nt fam* chenapan *m*; **du bist mir ein sauberes** [*o* **nettes**] **~** *iron* tu es un sacré loustic *(fam)*
Früchtebrot *nt* GASTR pain *m* aux fruits secs *(aux raisins secs, figues, noisettes, amandes et citron confit)*
Fruchteis *nt* glace *f* aux fruits
fruchten ['frʊxtən] *itr V* porter ses fruits; **bei jdm ~** *Ermahnung:* avoir de l'effet sur qn; **nichts/wenig ~** ne servir à rien/ne pas servir à grand-chose
Früchtetee *m* thé *m* aux fruits
Fruchtfleisch *nt* pulpe *f* **Fruchtfliege** *f* mouche *f* du vinaigre **Fruchtgeschmack** *m* goût *m* de fruit; **mit ~** fruité(e) **Fruchtgummi** *nt* bonbon *m* gélifié aux fruits
fruchtig I. *Adj* fruité(e)
II. *Adv* **~ schmecken** avoir un goût fruité
Fruchtjoghurt *m o nt* yaourt *m* aux fruits **Fruchtkapsel** *f* BOT capsule *f* **Fruchtknoten** *m* BOT ovaire *m*
fruchtlos *Adj Anstrengungen, Bemühungen* infructueux(-euse), stérile; *Ermahnungen* sans effet
Fruchtlosigkeit <-> *f* stérilité *f*
Fruchtmark *nt* pulpe *f* **Fruchtpresse** *f* presse-agrumes *m* **Fruchtsaft** *m* jus *m* de fruit **Fruchtsäure** *f* acide *m* des fruits **Fruchtsirup** *m* sirop *m* de fruit **Fruchtstand** *m* BOT infrutescence *f* **fruchttragend** *Adj* fructifère **Fruchtwasser** *nt* liquide *m* amniotique **Fruchtwasseruntersuchung** *f* amniocentèse *f* **Fruchtzucker** *m* fructose *m*
frugal [fru'gaːl] I. *Adj geh* frugal(e)
II. *Adv geh* de façon frugale
früh [fryː] I. *Adj* ❶ *(Tageszeit betreffend)* tôt; **am ~en Vormittag/Nachmittag/Abend** tôt dans la matinée/l'après-midi/la soirée; **am ~en Morgen** de bon matin; **am ~en Mittag** autour de midi; **in den ~en Morgenstunden** dans les premières heures de la matinée; **es ist** [**noch**] **~** il est [encore] tôt; **es ist** [**noch**] **~ am Morgen/Abend** il est [encore] tôt le matin/c'est [encore] le début de soirée; **es ist noch ~ am Tag** il est encore de bonne heure
❷ *(Zeitpunkt betreffend) Ereignis, Eintritt, Winter* précoce; *Tod* prématuré(e); **der ~este Zug/Flug nach Paris** le [tout] premier train/vol pour Paris; **einen ~eren Bus nehmen** prendre un bus qui part plus tôt; **das ist mir zu ~** c'est trop tôt pour moi; **auf einen ~en Termin fallen** *Ereignis:* tomber de bonne heure
❸ *(Zeitabschnitt betreffend) Kindheit* petit(e); **seine ~e Kindheit/Jugend** sa prime enfance/jeunesse *(soutenu)*; **im/aus dem ~en 19. Jahrhundert** au/du début du 19ème siècle
❹ KUNST, LITER, MUS jeune; **ein ~er Picasso** une œuvre de jeunesse de Picasso
II. *Adv* ❶ *(Zeitpunkt)* tôt; *losgehen, aufbrechen* tôt, de bonne heure; **~ dran sein** être en avance; **sich zu ~ freuen** se réjouir trop tôt; **von ~ bis spät** du matin au soir; **~er als sechs Uhr kann ich nicht kommen** je ne peux pas venir avant six heures; **so ~?** si tôt?; **Montag ~** lundi matin; **heute/morgen/gestern ~** ce/demain/hier matin; **~ am Morgen/Abend** tôt le matin/dans la soirée
❷ *(Zeitabschnitt)* **von ~ auf** dès l'enfance
►**~er oder später** tôt ou tard
frühauf *s.* **früh** II.❷
Frühaufsteher(in) <-s, -> *m(f)* lève-tôt *mf (fam)*; **~(in) sein** être matinal(e) **Frühbeet** *nt* couche *f* **Frühbehandlung** *f* traitement *m* précoce
Frühchen ['fryːçən] <-s, -> *nt fam* prématuré(e) *m(f)*
frühchristlich *Adj Kunst* de l'Église primitive; **die ~e Zeit** les premiers temps du christianisme **Frühdiagnose** *f* diagnostic *m* précoce **Frühdienst** *m* service *m* du matin; **~ haben** être du [service du] matin
Frühe ['fryːə] <-> *f* matin *m*; **in der ~** tôt le matin; **in aller ~** de bon matin
früher ['fryːɐ] I. *Adj* ❶ *(vergangen)* passé(e)
❷ *(ehemalig)* ancien(ne)
II. *Adv (ehemals)* autrefois; **von ~** d'autrefois; **ich kenne diese Stadt von ~** j'ai bien connu cette ville autrefois; **ich kenne ihn/sie noch von ~** nous nous sommes connu(e)s autrefois
Früherkennung *f* dépistage *m* précoce
frühestens ['fryːəstəns] *Adv* au plus tôt
frühestmöglich ['fryːəstmøːklɪç] *Adj attr* **der ~e Termin** la date la plus proche possible; **zum ~en Zeitpunkt** le plus tôt possible
Frühgeburt *f* ❶ naissance *f* avant terme; **eine ~ haben** accoucher avant terme ❷ *(Kind)* prématuré(e) *m(f)*; **eine ~ sein** être prématuré(e) **Frühgemüse** *nt* primeurs *mpl* **Frühgeschichte** *f* ❶ *kein Pl* protohistoire *f* ❷ *(frühe Phase) einer Bewegung* origines *fpl* **Frühgotik** *f* premier gothique *m* **Frühgottesdienst** *m* premier service *m* religieux **Frühgymnastik** *f* gymnastique *f* matinale **Frühherbst** *m* début *m* de l'automne; **im ~** au début de l'automne **frühherbstlich** *Adj* de début d'automne **Frühinvalidität** *f* invalidité *f* précoce **Frühjahr** *nt* printemps *m*; **im ~** au printemps; **im späten ~** à la fin du printemps **Frühjahrskatalog** *m* catalogue *m* printemps-été **Frühjahrskollektion** *f* collection *f* de printemps **Frühjahrsmüdigkeit** *f* fatigue intervenant au printemps **Frühjahrsputz** *m* nettoyage *m* de printemps **Frühkartoffeln** *Pl* pommes *fpl* de terre nouvelles **frühkindlich** *Adj* infantile **Frühkultur** *f* culture *f* primitive
Frühling ['fryːlɪŋ] <-s, -e> *m* printemps *m*; **es wird ~** le printemps arrive; **wir haben ~** c'est le printemps; **im ~** au printemps
►**seinen zweiten ~ erleben** *hum* vivre une nouvelle jeunesse
Frühlingsanfang *m* début *m* du printemps **Frühlingsblume** *f* fleur *f* printanière **frühlingshaft** *Adj* printanier(-ière) **Frühlingsrolle** *f* GASTR rouleau *m* de printemps **Frühlingssuppe** *f* GASTR soupe *f* printanière **Frühlingstag** *m* journée *f* printanière **Frühlingswetter** *nt* temps *m* printanier **Frühlingszeit** *f kein Pl geh* saison *f* printanière
Frühmesse *f* première messe *f* **Frühmittelalter** *nt* haut Moyen Âge *m* **frühmorgens** [fryː'mɔrgəns] *Adv* de bon matin **Frühnachrichten** *Pl* nouvelles *fpl* du matin **Frühnebel** *m* brume *f* matinale **Frühobst** *nt* primeurs *fpl* **frühreif** *Adj* précoce **Frührenaissance** *f* première Renaissance *f* **Frührente** *f* préretraite *f* **Frührentner(in)** *m(f)* préretraité(e) *m(f)* **Frühromantik** *f* préromantisme *m* **Frühschicht** *f* équipe *f* du matin; **~ haben** être [de l'équipe] du matin **Frühschoppen** *m* réunion le dimanche matin dans le bistrot du coin **Frühsommer** *m* début *m* de l'été; **wir haben ~** c'est le début de l'été; **im ~** au début de l'été **frühsommerlich** *Adj* presque estival(e) **Frühsport** *m* gymnastique *f* matinale; **~ treiben** faire sa gymnastique matinale **Frühstadium** *nt* stade *m* précoce; **im ~** à un stade précoce **Frühstart** *m* SPORT faux départ *m*
Frühstück <-stücke> *nt* petit-déjeuner *m*; **beim ~ sitzen** être en train de prendre son petit-déjeuner; **um acht Uhr ist ~** le petit-déjeuner est à huit heures; **was isst du immer zum ~?** que prends-tu au petit-déjeuner?; **möchten Sie Kaffee oder Tee zum**

~? désirez-vous du café ou du thé pour votre petit-déjeuner?; **inklusive** ~ petit-déjeuner compris, avec petit-déjeuner; **zweites** ~ pause *f* de dix heures

Land und Leute

Le **Frühstück** allemand est généralement copieux, et plus encore si vous le prenez à l'hôtel. Les Allemands boivent du thé, du café au lait ou du chocolat dans une tasse et non pas dans un bol. Ils mangent de la charcuterie et du fromage, *Wurst und Käse*, avec des petits pains, *Brötchen*, accompagnés parfois d'un verre de jus de fruits. Les Allemands posent rarement leur pain sur la table mais dans une petite assiette à côté de leur tasse.

frühstücken I. *itr V* prendre son petit-déjeuner
II. *tr V* **etw** ~ manger qc au petit-déjeuner
Frühstücksbrett *nt* planchette *f* **Frühstücksbrot** *nt* casse-croûte *m (pour la pause de dix heures)* **Frühstücksbüfett** *nt* petit-déjeuner *m* buffet **Frühstücksei** *nt* œuf *m* à la coque **Frühstücksfernsehen** *nt* émissions *fpl* [de télé] matinales **Frühstückspause** *f* pause *f* petit-déjeuner *(fam)*; ~ **machen** faire la pause petit-déjeuner *(fam)* **Frühstücksraum** *m* salle *f* des petits-déjeuners
Frühverrentung *f (vorzeitig)* préretraite *f* **Frühwarnsystem** *nt* système *m* de surveillance électronique **Frühwerk** *nt* œuvre *f* de jeunesse **Frühzeit** *f* premiers temps *mpl* **frühzeitig I.** *Adj* précoce; *Tod* prématuré(e); *Operation* effectué(e) à temps **II.** *Adv* ❶ *(früh genug)* suffisamment tôt; **möglichst** ~ le plus tôt possible ❷ *(vorzeitig)* prématurément **Frühzug** *m* train *m* du matin
Fruktose [frʊk'to:zə] <-> *f* BIO fructose *m*
Frust [frʊst] <-[e]s> *m fam* frustration *f*
frusten *tr V fam* frustrer; **das frustet** c'est frustrant
Frustration [frʊstra'tsio:n] <-, -en> *f* frustration *f*
frustrieren* *tr V fam* frustrer
frustrierend *Adj* frustrant(e)
frz. *Abk von* **französisch** fr.
F-Schlüssel ['ɛf-] *m* MUS clé *f* de fa
Fuchs [fʊks, *Pl:* 'fʏksə] <-es, Füchse> *m* ❶ *(Tier, Pelz)* renard *m* ❷ *(Pferd)* alezan *m* ❸ *fam (Mensch)* [fin] renard *m*; **ein alter** [*o* **schlauer**] ~ un vieux renard
▶ **wo sich** ~ **und** Hase **gute Nacht sagen** *hum* en pleine cambrousse *(fam)*
Fuchsbau <-baue> *m* renardière *f*
fuchsen ['fʊksən] *tr V fam* foutre en rogne *(fam)*; **jdn** ~ foutre qn en rogne *(fam)*
Fuchsie ['fʊksiə] <-, -n> *f* fuchsia *m*
fuchsig ['fʊksɪç] **I.** *Adj fam* ~ **sein/werden** être/se foutre en rogne *(fam)*
II. *Adv fam* en rogne *(fam)*
Füchsin ['fʏksɪn] <-, -nen> *f* ZOOL renarde *f*
Fuchsjagd *f* chasse *f* au renard **Fuchspelz** *m* fourrure *f* de renard **fuchsrot** *Adj* roux(rousse) **Fuchsschwanz** *m* ❶ JAGD queue *f* de renard ❷ *(Säge)* [scie *f*] égoïne *f* **fuchsteufelswild** *Adj fam* furax *(fam)*; ~ **werden** devenir furax *(fam)*; **jdn** ~ **machen** rendre qn furax *(fam)*
Fuchtel ['fʊxtəl] <-, -n> *f fam* A, SDEUTSCH *(zänkische Frau)* mégère *f*
▶ **unter jds** ~ *(Dat)* sous la coupe de qn; **im Internat hat man ihn unter der** ~ à l'internat, on le mène à la baguette
fuchteln *itr V fam* gesticuler; **mit etw** ~ agiter qc
fuchtig ['fʊxtɪç] *Adj fam* s. **fuchsig**
Fuder ['fu:dɐ] <-s, -> *nt* ❶ *(Wagenladung)* charretée *f* ❷ *(Hohlmaß für Wein)* ≈ foudre *m (de 10 à 18 hl)*
Fuffziger <-s, -> *m* DIAL pièce *f* de cinquante pfennigs
▶ **ein** falscher ~ **sein** *pej fam* être [un] faux jeton *(fam)*
Fug [fu:k] ▶ **mit** ~ **und** Recht *geh* à bon droit *(soutenu)*
Fuge ['fu:gə] <-, -n> *f* ❶ *(Ritze) eines Holzfußbodens* rainure *f; eines Fliesenbodens, einer Klinkermauer* joint *m*
❷ MUS fugue *f*
▶ **aus den** ~**n** gehen *geh* se disloquer; **aus den** ~**n** geraten *geh* s'en aller à vau-l'eau; **in allen** ~**n** krachen craquer de partout
fügen ['fy:gən] **I.** *r V* ❶ *(sich unterordnen)* se soumettre; **sich [jdm/einer S.]** ~ se soumettre [à qn/qc]
❷ *geh (sich dareinfinden)* **sich in etw** *(Akk)* ~ se résigner à qc
❸ *(passen)* **sich gut in die Umgebung** ~ *Möbelstück:* bien s'intégrer dans l'ambiance
❹ *geh (sich ergeben)* **es hat sich alles aufs Beste gefügt** tout s'est arrangé; **es wird sich schon alles** ~ tout va s'arranger; **es hat sich nun mal so gefügt** ainsi en a décidé le destin *(littér)*
II. *tr V* ❶ *geh (ansetzen)* **etw an/auf etw** *(Akk)* ~ ajouter qc à/sur qc; **Stein an/auf Stein** ~ assembler/empiler des pierres; **Wort an Wort/Satz an Satz** ~ assembler les mots/les phrases bout à bout; **etw in den Boden/in die Wand** ~ insérer qc dans le sol/dans le mur

❷ *geh (bewirken)* **etw** ~ disposer de qc *(littér)*; **der Zufall fügte es, dass** le hasard a voulu que + *subj;* **Gott hat es nun mal so gefügt** Dieu en a décidé ainsi
fugenlos I. *Adj Verlegung* bord à bord; *Fläche* uni(e)
II. *Adv verlegen* bord à bord; *schließen* hermétiquement
fügsam *Adj geh* docile
Fügsamkeit <-> *f* docilité *f*
Fügung <-, -en> *f* ❶ *(Bestimmung)* effet *m* de la Providence; göttliche ~ intervention *f* divine; **eine glückliche** ~ un hasard providentiel; **eine** ~ **Gottes/des Schicksals** un décret divin/un arrêt du destin
❷ GRAM locution *f*
fühlbar *Adj* ❶ *(merklich)* sensible
❷ *(tastbar)* ~ **sein** être palpable
fühlen ['fy:lən] **I.** *tr V* ❶ *(empfinden)* sentir; *(spüren)* ressentir *Kälte, Gefühl, Schmerz;* **nichts in der linken Hand** ~ ne pas sentir sa main gauche; **sie ließ ihn ihre ganze Verachtung** ~ elle lui faisait sentir tout son mépris; **er fühlt, dass** il sent que + *indic*
❷ *(ertasten)* toucher *Arm, Hand;* prendre *Puls*
II. *itr V (tasten)* **nach etw** ~ porter la main à qc; **durch Fühlen** par tâtonnement; **fühl mal!** touche [voir]!
III. *r V* ❶ **sich schlecht** ~ se sentir mal; **sich betrogen/benachteiligt** ~ se considérer comme trahi(e)/défavorisé(e); **wie** ~ **Sie sich?** comment vous sentez-vous?; **wie fühlst du dich jetzt als Direktor?** comment te sens-tu maintenant que tu es directeur?
❷ *(sich einschätzen)* **sich als Sieger** ~ se considérer comme vainqueur
Fühler <-s, -> *m* ❶ *eines Insekts* antenne *f; einer Schnecke* corne *f;* **die** ~ **ausstrecken/einziehen** allonger/rentrer ses antennes
❷ TECH *(Temperaturfühler)* sonde *f; (Sensor)* capteur *m*
▶ **seine** [*o* **die**] ~ **nach etw ausstrecken** *fam* tâter le terrain en vue de qc
Fühlung <-, -en> *f* ▶ **mit jdm in** ~ **bleiben/stehen** rester/être en contact avec qn; **mit jdm** ~ **aufnehmen** prendre contact avec qn
fuhr [fu:ɐ̯] *Imp von* **fahren**
Fuhre ['fu:rə] <-, -n> *f* ❶ *(Wagenladung)* chargement *m*
❷ *(Transportfahrt)* course *f*
führen ['fy:rən] **I.** *tr V* ❶ *(geleiten)* guider; *(anführen)* conduire; **jdn zu jdm** ~ conduire qn à qn; **sich von jdm** ~ **lassen** se laisser conduire par qn; **jdn durch den Wald/über die Straße** ~ faire traverser le bois/la rue à qn; **jdn auf die andere Seite der Grenze** ~ faire passer qn [de l'autre côté de] la frontière; **folgen Sie mir, ich führe Sie** suivez-moi, je vais vous conduire
❷ *(herumführen)* **jdn durch eine Stadt/ein Museum** ~ guider qn à travers une ville/un musée
❸ *(leiten)* diriger *Betrieb, Abteilung, Truppe*
❹ *(bringen)* **jdn auf ein Thema** ~ amener qn sur un sujet; **jdn auf jds Spur** ~ mettre qn sur la trace de qn; **jdn auf Abwege** ~ détourner qn du bon chemin; **was führt Sie zu mir?** *form* qu'est-ce qui vous amène?
❺ *(registriert haben)* **eine Person/einen Namen in einer Liste** ~ avoir une personne/un nom sur une liste
❻ *(handhaben)* manier *Pinsel, Bogen;* manipuler *Kamera;* **den Löffel das Glas zum Mund** ~ porter la cuillère/le verre à ses lèvres
❼ *(anlegen)* **eine Leitung durch den Tunnel/am Boden entlang** ~ faire passer une conduite à travers le tunnel/le long du sol
❽ *form (steuern)* conduire *Kraftfahrzeug, Zug*
❾ *form (tragen)* porter *Namen, Titel;* **die Familie führt ein Pferd im Wappen** la famille porte un cheval sur ses armoiries
❿ *form (haben)* **Gepäck/Waffen/die Papiere bei sich** ~ avoir ses bagages/des armes/ses papiers avec soi
⓫ COM vendre *Artikel;* ~ **Sie auch Lebensmittel? — nein, wir** ~ **keine** avez-vous également des produits alimentaires? — non, nous n'en faisons pas
II. *itr V* ❶ *(in Führung liegen)* **mit einer halben Runde Vorsprung** ~ mener d'un demi-tour; **2:0** ~ mener 2 à 0
❷ *(verlaufen)* **durch den Tunnel/über die Brücke** ~ traverser le tunnel/le pont; **um das Gebirge** ~ contourner la montagne; **ins nächste Dorf/nach Kassel** ~ mener au prochain village/à Kassel
❸ *(als Ergebnis haben)* **zu etw** ~ conduire à qc; **das führt dazu, dass** cela conduit à ce que + *subj;* **seine Aktivitäten führten zu dem Ergebnis, dass er entlassen wurde** ses activités ont eu pour résultat qu'il a été licencié; **das führt zu nichts** ça ne mène à rien
III. *r V form (sich benehmen)* **sich gut** ~ se conduire bien
führend *Adj* de premier plan; **in etw** *(Dat)* ~ **sein** être leader dans qc
Führer(in) ['fy:rɐ] <-s, -> *m(f)* ❶ *(Leiter)* dirigeant(e) *m(f)*
❷ *(Reiseführer, Bergführer)* guide *mf*
❸ CH *(Lenker)* conducteur(-trice) *m(f)*
▶ **der** ~ NS le führer
Führerausweis *m* CH *s.* **Führerschein** **Führerflucht** *f* CH *s.*

Fahrerflucht Führerhaus nt cabine f
führerlos Adj ❶ (ohne Führung) privé(e) de dirigeant(e)
❷ form Kraftfahrzeug privé(e) de conducteur(-trice); Boot privé(e) de pilote
Führerschein m permis m [de conduire]; **den ~ machen** passer le permis [de conduire]

Land und Leute
En Allemagne, en cas de dépassement de la vitesse autorisée, du non respect d'un feu rouge et d'autres fautes de conduite graves, le conducteur reçoit en plus d'une contravention un certain nombre de points représentant l'infraction commise et enregistrés dans un fichier national à Flensburg. Dans certains cas, le **Führerschein** peut être retiré sur-le-champ. Lorsqu'une personne atteint un certain nombre de points, elle doit rendre son permis de conduire et le repasser.

Führerscheinentzug m retrait m du permis [de conduire]
Fuhrmann <-leute> m ❶ (Lenker) charretier m ❷ ASTRON **der ~ le Cocher Fuhrpark** m parc m automobile
Führung ['fy:rʊŋ] <-, -en> f ❶ (Besichtigung) visite f guidée; **~ durch ein Museum** visite f guidée d'un musée
❷ kein Pl (Betragen) conduite f; **bei/wegen guter ~** en cas de/pour bonne conduite
❸ kein Pl form (Lenkung) eines Fahrzeugs conduite f
❹ kein Pl (leitende Gruppe) direction f; MIL commandement m; **unter jds ~** (Dat) sous la direction de qn; MIL sous le commandement de qn
❺ kein Pl (das Führen) von Geschäftsbüchern, eines Haushalts tenue f
❻ kein Pl SPORT avance f; **in ~ gehen, die ~ übernehmen** prendre la tête; **in ~ liegen** être en tête; **mit zwei Punkten vor dem Gegner in ~ liegen** être en tête avec deux points d'avance sur le concurrent
❼ TECH (Schiene) glissière f
❽ kein Pl einer Auszeichnung, eines Ordens, Titels port m
Führungsanspruch m leadership m **Führungsaufgabe** f poste m de direction **Führungsebene** f **auf ~** au niveau de la direction **Führungsetage** f étage m de la direction **Führungsfehler** m erreur f de la direction **Führungsgruppe** f SPORT groupe m de tête **Führungskraft** f cadre mf dirigeant(e) [o supérieur(e)] **Führungskrise** f crise f de management
führungslos Adj inv sans chef [o dirigeant]
Führungsmacht f pouvoir m dirigeant **Führungsmächte** Pl dirigeants mpl **Führungsnachwuchs** m nouveaux cadres mpl dirigeants; einer Partei nouvelles têtes fpl dirigeantes **Führungsposten** m poste m de dirigeant **Führungsriege** f direction f **Führungsrolle** f rôle m dirigeant; **in etw** (Dat) **eine ~ spielen** jouer un rôle dirigeant au sein de qc; **eine ~ übernehmen** prendre la direction **Führungsschicht** f classe f dirigeante **Führungsschiene** f TECH contre-rail m **Führungsschwäche** f manque m d'autorité **Führungsspitze** f eines Unternehmens direction f; einer Partei comité m directeur **Führungsstab** m état-major m **Führungsstärke** f autorité f dans la conduite des affaires **Führungsstil** m style m de direction **Führungstreffer** m SPORT but m qui donne l'avantage **Führungswechsel** m changement m de direction **Führungszeugnis** nt certificat m de bonne conduite
Fuhrunternehmen nt société f de transports **Fuhrunternehmer(in)** m(f) transporteur(-euse) m(f) **Fuhrwerk** nt charrette f **fuhrwerken** itr V fam s'agiter; **mit etw ~** agiter qc [dans tous les sens]; **was fuhrwerkst du da in der Küche?** qu'est-ce que c'est que ce cirque que tu nous fais dans la cuisine? (fam)
Fülle ['fʏlə] <-> f ❶ eines Klanges, einer Stimme, von Haar volume m (Körperfülle) embonpoint m
❷ (Menge) **eine ~ von etw** une foule de qc; **in ~** en abondance
füllen ['fʏlən] I. tr V ❶ (vollmachen) remplir; **etw mit etw ~** remplir qc de qc; **die Kleider füllen zwei Schränke/Kisten** les vêtements remplissent deux armoires/caisses
❷ GASTR **Paprika/eine Gans mit etw ~** farcir un poivron/une oie avec qc; s. a. **gefüllt**
❸ (einfüllen) **etw in einen Behälter/eine Flasche ~** verser qc dans un récipient/une bouteille
II. r V **sich mit Menschen ~** se remplir de personnes
Füllen <-s, -> nt veraltet s. **Fohlen**
Füller ['fʏlɐ] <-s, -> m stylo m
Füllfederhalter m stylo-plume m, stylo m à encre **Füllgewicht** nt ❶ COM poids m net ❷ einer Waschmaschine capacité f
Füllhorn nt corne f d'abondance
füllig Adj ❶ Figur, Person enveloppé(e)
❷ (voluminös) Haar volumineux(-euse)
Füllung <-, -en> f ❶ eines Polsters, Stofftiers rembourrage m; eines Zahns plombage m
❷ GASTR farce f

❸ (Türfüllung) panneau m
Füllwort <-wörter> nt [terme m] explétif m
fulminant [fʊlmi'nant] I. Adj geh fulgurant(e)
II. Adv geh de façon fulgurante
Fummel ['fʊməl] <-s, -> m sl fringues fpl (fam); **zieh doch endlich diesen ~ aus!** enlève-moi donc ces frusques! (fam)
Fummelei <-, -en> f fam ❶ (Hantieren) tripatouillage m (fam); **es ist eine furchtbare ~** ça prend la tête (fam)
❷ (sexuell) pelotage m (fam)
fummeln ['fʊməln] itr V fam ❶ (hantieren) tripatouiller (fam); **an etw** (Dat) **~** tripatouiller qc
❷ (sexuell) **mit jdm ~** peloter qn (fam); **sie ~** ils se pelotent (fam)
Fund [fʊnt] <-[e]s, -e> m ❶ kein Pl form (das Entdecken) découverte f; **der ~ einer S.** (Gen) la découverte de qc; **einen ~ machen** faire une découverte
❷ (etwas Gefundenes) trouvaille f
Fundament [fʊnda'mɛnt] <-[e]s, -e> nt ❶ eines Gebäudes fondations fpl
❷ (Grundlage) **das ~ für etw** la base [o le fondement] de qc; **das ~ zu etw legen** [o **für etw schaffen**] jeter les bases de qc
fundamental I. Adj fondamental(e)
II. Adv fondamentalement
Fundamentalismus [fʊndamɛnta'lɪsmʊs] <-> m fondamentalisme m; REL intégrisme m
Fundamentalist(in) <-en, -en> m(f) intégriste mf
fundamentalistisch Adj fondamentaliste; REL intégriste
fundamentieren* tr V jeter les fondations de
Fundamt nt A s. **Fundbüro Fundbüro** nt bureau m des objets trouvés **Fundgrube** f mine f
Fundi ['fʊndi] <-s, -s> m, <-, -s> f POL fam pur(e) m(f) et dur(e) (s'oppose chez les Verts au "Realo", partisan du compromis)
fundiert Adj Analyse, Beurteilung, Stellungnahme fondé(e); Untersuchung approfondi(e); **durch etw ~ sein** être fondé(e) sur qc
fündig ['fʏndɪç] Adj **~ werden** trouver quelque chose; **er wird nicht ~** il ne trouve rien
Fundort m lieu m de la découverte; **der ~ einer S.** (Gen) le lieu où a été découvert(e) qc **Fundsache** f objet m trouvé **Fundstätte** f geh s. **Fundort Fundunterschlagung** f JUR détournement m d'objets trouvés
Fundus ['fʊndʊs] <-, -> m ❶ fonds m; **ein ~ an etw** (Dat) un fonds de qc
❷ CINE, THEAT magasin m des accessoires
fünf [fʏnf] Num cinq
▸ **es ist ~** [Minuten] **vor zwölf** il est grand temps [d'agir]; **~[e] gerade sein lassen** fam fermer un œil; s. a. **acht¹**
Fünf <-, -en> f ❶ (Zahl, Spielkarte, Augenzahl) cinq m; **lauter ~en würfeln** ne faire que des cinq
❷ (Schulnote) ≈ huit m [sur vingt]
❸ kein Pl (U-Bahn-, Bus-, Straßenbahnlinie) cinq m
fünfbändig Adj en cinq volumes
fünfdimensional Adj à cinq dimensions **Fünfdollarnote** f billet m de cinq dollars **Fünfeck** nt pentagone m **fünfeckig** Adj pentagonal(e) **fünfeinhalb** Num cinq et demi; **~ Meter** cinq mètres et demi; s. a. **achteinhalb**
Fünfer ['fʏnfɐ] <-s, -> m fam ❶ (Fünfpfennigstück) pièce f de cinq pfennigs
❷ (Lottogewinn) cinq bons numéros mpl
❸ (Schulnote) ≈ huit m [sur vingt]
fünferlei ['fʏnfɐlaɪ] Adj unv attr **~ Sorten Brot** cinq sortes de pain; s. a. **achterlei**
Fünfeuroschein m billet m de cinq euros
fünffach, 5fach I. Adj cinq fois; **die ~e Menge nehmen** prendre cinq fois la dose
II. Adv falten cinq fois; s. a. **achtfach**
Fünffache(s) nt dekl wie Adj quintuple m; **das ~ verdienen** gagner cinq fois plus; s. a. **Achtfache(s)**
fünffüßig Adj POES Jambus de cinq pieds; **~er Vers** pentamètre m
Fünfganggetriebe nt AUT boîte f cinq vitesses
fünfhundert Num cinq cents **fünfhundertjährig** Adj de cinq cents ans **Fünfjahresplan** m plan m quinquennal
fünfjährig Adj Kind, Amtszeit de cinq ans
Fünfjährige(r) f(m) dekl wie Adj enfant mf/garçon m/fille f de cinq ans
Fünfkampf m pentathlon m **Fünfkämpfer(in)** m(f) pentathlonien(ne) m(f)
fünfköpfig Adj Familie de cinq [personnes]
Fünfling <-s, -e> m quintuplé(e) m(f)
fünfmal Adv cinq fois; s. a. **achtmal**
fünfmalig Adj cinq fois; **nach ~em Klingeln** après avoir sonné cinq fois; s. a. **achtmalig**
Fünfmarkstück nt HIST pièce f de cinq marks **Fünfmeterabstand** m écart m de cinq mètres **Fünfpfennigstück** nt HIST pièce f de cinq pfennigs **Fünfprozenthürde** f barre f des cinq

pour cent **Fünfprozentklausel** *f* die ~ la clause des cinq pour cent
fünfreihig *Adj* de cinq rangées
fünfseitig *Adj* ❶ *(fünf Seiten umfassend)* de cinq pages
  ❷ GEOM à cinq côtés
fünfspaltig *Adj* de cinq colonnes
fünfstellig *Adj Zahl* de cinq chiffres
Fünftagewoche *f* semaine *f* de cinq jours
fünftägig *Adj* de cinq jours
fünftausend *Num* cinq mille **Fünftausender** *m* montagne *f* de cinq mille mètres
fünfte(r, s) *Adj* ❶ cinquième
  ❷ *(bei Datumsangabe)* **der ~ Mai** *écrit:* **der 5. Mai** le cinq mai *geschrieben:* le 5 mai
  ❸ SCHULE **die ~ Klasse, die ~** *fam* = sixième *f*; *s. a.* **achte(r, s)**
Fünfte(r) *f(m) dekl wie Adj* ❶ cinquième *mf*
  ❷ *(Datumsangabe)* **der ~/am ~n** *écrit:* **der 5./am 5.** le cinq geschrieben: le 5
  ❸ *(Namenszusatz)* **Karl der ~** *écrit:* **Karl V.** Charles cinq *geschrieben:* Charles V
  ❹ *(Symphonie)* **Beethovens ~** la Cinquième Symphonie de Beethoven; *s. a.* **Achte(r)**
fünftel *Adj* cinquième; *s. a.* **achtel**
Fünftel ['fʏnftəl] <-s, -> *nt a.* MATH cinquième *m*
fünftens ['fʏnftəns] *Adv* cinquièmement
Fünftürer *m* cinq portes *f*
fünftürig *Adj* à cinq portes; **ein ~es Auto** une cinq portes
Fünfunddreißigstundenwoche *f* semaine *f* de trente-cinq heures
fünfzehn *Num* quinze; *s. a.* **acht**¹ **fünfzehnte(r, s)** *Adj* quinzième; *s. a.* **achte(r, s)** **Fünfzehntel** *nt a.* MATH quinzième *m*
Fünfzeiler <-s, -> *m (Gedicht)* poème *m* de cinq vers; *(Strophe)* strophe *f* de cinq vers
fünfzeilig *Adj* de cinq lignes; *Gedicht, Strophe* de cinq vers
fünfzig ['fʏnftsɪç] *Num* cinquante; *s. a.* **achtzig**
Fünfzig <-, -en> *f* cinquante *m*
fünfziger *Adj*, **50er** *Adj unv* **die ~ Jahre** les années *fpl* cinquante; *s. a.* **achtziger**
Fünfziger¹ ['fʏnftsɪɡɐ] <-s, -> *m* ❶ *(Mann in den Fünfzigern)* quinquagénaire *m*
  ❷ *s.* **Fünfzigjährige(r)**
  ❸ HIST *fam (Fünfzigpfennigstück)* pièce *f* de cinquante pfennigs
  ❹ *(Wein des Jahrgangs 1950)* 1950 *m*
Fünfziger² <-, -> *f* HIST *fam (Briefmarke)* timbre *m* à cinquante pfennigs
Fünfziger³ *Pl* **die ~ eines Jahrhunderts** les années *fpl* cinquante
  ❷ *(Lebensalter)* **in den ~n sein** être quinquagénaire
Fünfzigerin <-, -nen> *f* ❶ *(Frau in den Fünfzigern)* quinquagénaire *f*
  ❷ *s.* **Fünfzigjährige(r)**
Fünfzigerjahre *Pl* **die ~** les années *fpl* cinquante
Fünfzigeuroschein *m* billet *m* de cinquante euros
fünfzigjährig *Adj attr* de cinquante ans; *s. a.* **achtzigjährig**
Fünfzigjährige(r) *f(m) dekl wie Adj* homme *m*/femme *f* de cinquante ans; **etw als ~(r) tun** faire qc à cinquante ans
fünfzigmal *Adv* cinquante fois **Fünfzigpfennigmarke**, **50-Pfennig-Marke** *f* HIST timbre *m* à cinquante pfennigs **Fünfzigpfennigstück** *nt* HIST pièce *f* de cinquante pfennigs
fünfzigste(r, s) *Adj* cinquantième; *s. a.* **achtzigste(r, s)**
Fünfzigstel <-s, -> *nt* cinquantième *m*; **ein ~ einer S.** *(Gen)* un cinquantième de qc
Fünfzimmerwohnung *f* appartement *m* de cinq pièces
fungieren* [fʊŋˈgiːrən] *itr V (walten)* **als etw ~** *Person:* faire fonction de qc; *Gegenstand:* faire office de qc
Fungizid [fʊŋgiˈtsiːt] <-s, -e> *nt* fongicide *m*
Funk [fʊŋk] <-s> *m* radio *f*; **über** [*o* **per**] **~** par radio
Funkamateur(in) [-amatøːɐ] *m(f)* radioamateur *m* **Funkantenne** *f* antenne *f* radio **Funkausstellung** *f* salon *m* de la radio **Funkbeeinträchtigung** *f* brouillage *m*
Fünkchen <-s, -> *nt Dim von* **Funke** [petite] étincelle *f*
  ▸ **kein ~ Ehrgefühl haben** ne pas avoir le moindre sens de l'honneur; **ein/kein ~ Hoffnung** une/pas une lueur d'espoir
Funke ['fʊŋkə] <-ns, -n> *m* ❶ étincelle *f*; **~n schlagen** produire [*o* faire] des étincelles; **~n sprühen** projeter des étincelles
  ❷ *fig* **der ~ des Aufruhrs/der Rebellion** l'étincelle *f* qui déclenche le soulèvement/la rébellion; **der ~ der Begeisterung sprang auf sie über** l'enthousiasme s'empara d'elles
  ▸ **keinen ~n Ehrgefühl haben** ne pas avoir le moindre sens de l'honneur; **ein/kein ~ Hoffnung** une lueur/aucune lueur d'espoir; **der zündende ~** le détonateur; **dass die ~n flogen** en y allant de bon cœur; **der ~ springt zwischen ihnen über** *fam* ils ont le coup de foudre l'un pour l'autre; **~n sprühen** *Augen:* jeter des étincelles

funkeln ['fʊŋkəln] *itr V* étinceler
funkelnagelneu *Adj fam* flambant neuf(neuve)
funken ['fʊŋkən] I. *tr V* transmettre par radio *Nachricht;* lancer par radio *Signal, SOS;* **eine Nachricht ~** transmettre une nouvelle par radio; **ein Signal/SOS ~** lancer un signal/un SOS par radio
II. *itr V* ❶ *(senden)* lancer un message; **um Hilfe/Unterstützung ~** lancer un message de détresse/de secours par radio
  ❷ *(Funken sprühen)* faire [*o* produire] des étincelles
III. *itr V unpers fam* ❶ *(Prügel geben)* **es funkt** ça va péter *(fam)*
  ❷ *(verstehen)* **jetzt hat es bei ihm gefunkt** il a enfin pigé *(fam)*
  ❸ *(sich verlieben)* **es hat bei** [*o* **zwischen**] **ihnen gefunkt** ils ont eu le coup de foudre
Funken *s.* **Funke**
Funkenflug *m* projection *f* d'étincelles
funkensprühend *Adj s.* **Funke** ❶
funkentstört *Adj* antiparasité(e)
Funker(in) <-s, -> *m(f)* [opérateur(-trice) *m(f)*] radio *m*
Funkfeuer *nt* balise *f* [radio] **Funkgerät** *nt* appareil *m* de radio; *(Sprechgerät)* talkie-walkie *m* **Funkhaus** *nt* studios *mpl* **Funkkolleg** *nt* cours *m* radiodiffusé **Funkloch** *nt* TELEC zone *f* d'ombre [radio]; **in einem ~ sein** être dans une zone d'ombre **Funkmikrophon** *nt* micro[phone] *m* **Funknavigation** *f* radionavigation *f* **Funkortung** *f* radiolocalisation *f* **Funkpeilgerät** *nt* radiogoniomètre *m* **Funkpeilung** *f* radiogoniométrie *f* **Funksignal** *nt* signal *m* radio **Funksprechgerät** *nt* talkie-walkie *m* **Funksprechverkehr** *m* communications *fpl* radiotéléphoniques **Funkspruch** *m* message *m* radio **Funkstation** *f* ❶ *(Sendestation)* poste *m* émetteur ❷ *(Empfangsstation)* station *f* radio **Funkstille** *f* TELEC silence *m* radio ▸ **es herrscht** [*o* **ist**] **bei jdm ~** *fam* c'est le grand silence chez qn **Funkstreife** *f* ronde *f* de police [en voiture radio] **Funkstreifenwagen** *m* veraltet voiture *f* radio [de la police] **Funktaxi** *nt* radio-taxi *m* **Funktechnik** *f kein Pl* radiotechnique *f* **Funktelefon** *nt* radiotéléphone *m*
Funktion [fʊŋkˈtsioːn] <-, -en> *f* fonction *f*; **eine bestimmte ~ haben** avoir une fonction précise; **eine Brille hat die ~ Sehschwächen zu korrigieren** les lunettes ont pour fonction de corriger les troubles de la vision; **etw außer/in ~ setzen** interrompre le fonctionnement de qc/mettre en marche qc; **in ~ treten** entrer en fonction; **außer ~ sein** être hors service; **in meiner/seiner als** en ma/sa qualité de
funktional [fʊŋktsioˈnaːl] *s.* **funktionell**
Funktionalismus <-> *m* PHILOS fonctionnalisme *m*
Funktionär(in) [fʊŋktsioˈnɛːɐ] <-s, -e> *m(f)* permanent(e) *m(f)*; **der leitende ~/die leitende ~in** le/la dirigeant(e)
funktionell *Adj a.* MED fonctionnel(le)
funktionieren* *itr V* fonctionner
funktionsfähig *Adj* en état de marche **funktionsgerecht** *Adj* TECH fonctionnel(le) **Funktionsstörung** *f* MED trouble *m* fonctionnel **Funktionstaste** *f* INFORM touche *f* [de] Fonction **Funktionsträger(in)** *m(f)* chargé(e) *m(f)* de fonction **funktionstüchtig** *s.* **funktionsfähig**
Funkturm *m* tour *f* hertzienne **Funkuhr** *f* horloge *f* radio-pilotée; *(Armbanduhr)* montre *f* radio-pilotée **Funkverbindung** *f* liaison *f* radio; **mit jdm/etw in ~ stehen** être en liaison radio avec qn/qc **Funkverkehr** *m* radiocommunication *f* **Funkwagen** *m* voiture *f* radio
Funzel ['fʊntsəl] <-, -n> *f pej fam* loupiote *f (fam)*
für [fyːɐ] *Präp + Akk* ❶ pour; **ein Buch ~ Kinder** un livre pour enfants; **~ jdn bestimmt sein** être destiné à qn; **ich halte sie ~ intelligent** je la juge intelligente; **ich hätte Sie ~ klüger eingeschätzt** je vous aurais cru plus malin(-igne) [que ça]
  ❷ *(wiederholend)* **Tag ~ Tag** jour après jour
  ❸ **mit Fragepronomen was ~ ...** quel(le)s ...; **was ~ komische Ideen!** quelles drôles d'idées!; **was ~ ein ...** quel(le) ...; **was ~ ein Pilz ist das?** quelle sorte de champignon est-ce?; **~ was ist das gut/soll das gut sein?** à quoi ça sert/à quoi cela peut-il servir?; **~ was brauchst du so viel Geld?** qu'est-ce que tu veux faire de tout cet argent?
  ▸ **~ sich** *(allein)* seul(e); **jeder ~ sich** chacun pour soi; **ich kann hier nur ~ mich sprechen** je ne peux parler ici qu'en mon nom propre; **etw ~ sich [allein] entscheiden** décider de qc à titre personnel; **~ sich [genommen]** pris(e) séparément
Für <-> *nt* ▸ **das ~ und Wider** le pour et le contre; **jede Möglichkeit hat ihr ~ und Wider** chaque possibilité a ses avantages et ses inconvénients
Furan <-s, -e> *nt* CHEM furan[n]e *m*
Fürbitte *f* prière *f* d'intercession]; **bei jdm ~ für jdn einlegen** intercéder pour qn auprès de qn
Furche ['fʊrçə] <-, -n> *f* ❶ *(Ackerfurche)* sillon *m*
  ❷ *(Wagenspur)* ornière *f*
  ❸ *(Gesichtsfalte)* ride *f*
furchen *tr V geh* ❶ tracer des sillons dans *Acker;* creuser des ornières dans *Weg*

② *fig rider Gesicht, Stirn*
Furcht [fʊrçt] <-> *f* peur *f*; ~ **vor jdm/etw haben** [*o* **empfinden** *geh*] avoir peur de qn/qc; **jdn in ~ versetzen, jdm ~ einflößen** faire peur à qn; **aus ~ vor jdm/etw** par peur de qn/qc; **~ einflößend** [*o* **erregend**] effrayant(e); **sei ohne ~!** n'aie pas peur!
▸ **ihm/ihr sitzt die ~ im Nacken** il/elle a la peur au ventre
furchtbar I. *Adj* terrible; **das ist ja ~!** mais c'est affreux!
II. *Adv mit Adj* terriblement; *mit Verb* affreusement; **es war ~ kalt** il faisait terriblement froid; **mit dieser Frisur siehst du ja ~ aus!** tu es vraiment affreuse avec cette coiffure!
furchteinflößend *s.* **Furcht**
fürchten ['fʏrçtən] I. *tr V* ① *(sich ängstigen)* redouter; **von allen gefürchtet sein** être redouté(e) [de tous]
② *(befürchten)* craindre; **bei mir hast du nichts zu ~** avec moi tu n'as rien à craindre; **er fürchtet, dass** il craint que + *subj*
II. *r V* **sich vor jdm/etw ~** avoir peur de qn/qc
III. *itr V* **um** [*o* **für** *geh*] **jdn/etw ~** craindre pour qn/qc; **zum Fürchten sein** faire peur; **er fährt zum Fürchten** il a une façon de conduire à faire peur
▸ **jdn das Fürchten lehren** wir werden ihn das Fürchten schon lehren nous allons lui apprendre ce que c'est que d'avoir peur
fürchterlich ['fʏrçtəlɪç] *s.* **furchtbar**
furchterregend *s.* **Furcht**
furchtlos I. *Adj Blick, Person, Miene* hardi(e); *Kommentar, Artikel* courageux(-euse)
II. *Adv* courageusement
Furchtlosigkeit <-> *f* audace *f*
furchtsam *Adj geh* craintif(-ive)
Furchtsamkeit <-, *selten* -en> *f geh* crainte *f*
füreinander [fy:ɐ̯ʔaɪ̯'nandɐ] *Adv* l'un(e) pour l'autre/les un(e)s pour les autres; **~ bestimmt sein** être faits l'un pour l'autre
Furie ['fu:riə] <-, -n> *f* ① *pej (Frau)* furie *f*
② MYTH Furie *f*
▸ **wie von ~n gejagt** [*o* **gehetzt**] comme s'il/si elle avait le diable à ses trousses
furios *Adj veraltet geh* passionné(e); *(mitreißend)* enthousiasmant(e)
Furnier [fʊr'ni:ɐ̯] <-s, -e> *nt* placage *m*
furnieren* *tr V* plaquer; **mit Walnussholz furniert** plaqué(e) noyer
Furore [fu'ro:rə] <-> *f*, <-s> *nt* ▸ **mit etw ~ machen** *fam* faire un malheur avec qc *(fam)*; **mit etw für ~ sorgen** *fam* faire sensation avec qc
Fürsorge *f kein Pl* ① *(Betreuung)* soins *mpl*; **einer Kirche** assistance *f*
② *fam (Sozialamt)* assistance *f* publique
③ *fam (Sozialhilfe)* aide *f* sociale; **von der ~ leben** vivre de l'aide sociale
Fürsorgeamt *nt* CH bureau *m* d'aide sociale
Fürsorger(in) <-s, -> *m(f) veraltet* assistant social *m*/assistante sociale *f*
fürsorglich I. *Adj* attentionné(e)
II. *Adv* avec soin
Fürsorglichkeit <-> *f* attention *f*
Fürsprache *f* intervention *f*; **bei jdm ~ für jdn einlegen** intercéder auprès de qn en faveur de qn; **auf jds ~ (Akk) hin** grâce à l'intervention de qn
Fürsprecher(in) *m(f)* avocat(e) *m(f)*
Fürst(in) <-en, -en> *m(f)* ① *(Herrscher)* souverain(e) *m(f)*; **geistlicher ~** prince *m* de l'Église
② *(Adliger)* prince(-esse) *m(f)*
▸ **der ~ der Finsternis** [*o* **dieser Welt**] *geh* le prince des ténèbres; **wie ein ~ leben** vivre comme un prince
Fürstengeschlecht *nt*, **Fürstenhaus** *nt* maison *f* princière, dynastie *f*
Fürstentum <-[e]s, -tümer> *nt* principauté *f*; **das ~ Liechtenstein/Monaco** la principauté du Liechtenstein/de Monaco
Fürstin *f s.* **Fürst(in)**
fürstlich I. *Adj* princier(-ière); *Trinkgeld* royal(e)
II. *Adv* de façon princière
Furt <-, -en> *f* gué *m*
Furunkel <-s, -> *nt o m* furoncle *m*
fürwahr *Adv veraltet* véritablement
Fürwort <-wörter> *nt* pronom *m*
Furz <-es, Fürze> *m sl* pet *m (fam)*; **einen ~ lassen** lâcher un pet *(fam)*
furzen *itr V sl* péter *(fam)*
Fusel <-s, -> *m pej* tord-boyaux *m (fam)*
Fusion <-, -en> *f* ÖKON, PHYS fusion *f*
fusionieren* *itr V* fusionner; **mit etw ~ fusionner avec qc; **zu etw ~** fusionner en qc
Fusionsreaktor *m* réacteur *m* nucléaire
Fuß [fu:s, *Pl:* fy:sə] <-es, Füße> *m* ① pied *m*; SDEUTSCH, A *(Bein)* jambe *f*; **gut/schlecht zu ~ sein** avoir de bonnes/mauvaises jambes; **den ~ in die Tür setzen** mettre le pied dans l'entrebâillement de la porte; **den ~ auf den Mond setzen** poser le pied sur la lune; **jdm zu Füßen fallen** [*o* **sinken**] s'agenouiller devant qn; **sich jdm zu Füßen werfen** se jeter aux pieds de qn; **zu ~** à pied; **bei ~!** au pied!
② *kein Pl (Längenmaß)* pied *m*
▸ **mit einem ~ im Grabe stehen** avoir déjà un pied dans la tombe; **keinen ~ mehr über jds Schwelle (Akk) setzen** ne plus mettre les pieds chez qn; **die Füße unter jds Tisch (Akk) strecken** vivre aux crochets de qn; **auf eigenen Füßen stehen** voler de ses propres ailes; **wie eingeschlafene Füße schmecken** *sl* être fadasse *(fam)*; **jdn auf dem falschen ~ erwischen** TENNIS prendre qn à contre-pied; *fig* prendre qn au dépourvu; **sich auf freiem ~ befinden** être en liberté; **jdn auf freien ~ setzen** remettre qn en liberté; **auf großem ~ leben** mener grand train; **mit jdm auf gutem ~ stehen** être en bons termes avec qn; **kalte Füße bekommen** *fam* se défiler *(fam)*; **auf schwachen** [*o* **tönernen**] **Füßen stehen** manquer de solidité, reposer sur des bases fragiles; **stehenden ~es** *geh* séance tenante; **trockenen ~es** à pied sec; **irgendwo [festen] ~ fassen** prendre pied quelque part; **jdm/einer S. auf dem ~ folgen** emboîter le pas à qn/succéder [immédiatement] à qc; **jdm zu Füßen liegen** être aux pieds de qn; **über seine [eigenen] Füße stolpern** s'emmêler les pieds; **jdn/etw mit Füßen treten** traîner qn dans la boue/fouler aux pieds qc; **so schnell/weit ihn seine Füße trugen** de toute la vitesse de ses jambes/aussi loin que ses jambes pouvaient le porter; **er lief, so schnell ihn seine Füße trugen** il prit ses jambes à son cou; **sich (Dat) die Füße vertreten** se dégourdir les jambes; **jdm etw vor die Füße werfen** [*o* **schmeißen** *fam*] balancer qc à [la figure de] qn *(fam)*; **sich (Dat) die Füße nach etw wund laufen** *fam* faire des kilomètres pour trouver qc
Fußabdruck <-abdrücke> *m* empreinte *f* de pied **Fußabstreifer** <-s, -> *m*, **Fußabtreter** <-s, -> *m* DIAL décrottoir *m* **Fußangel** *f a. fig* piège *m* **Fußbad** *nt* bain *m* de pieds **Fußball** *m* ① *kein Pl (Spiel)* football *m*; **~ spielen** jouer au football ② *(Ball)* ballon *m* [de football]
Fußballer(in) <-s, -> *m(f) fam* footballeur(-euse) *m(f)*
Fußballfan *m* fan *mf* de foot **Fußballklub** *m* club *m* de foot **Fußballmannschaft** *f* équipe *f* de football **Fußballmeisterschaft** *f* championnat *m* de football **Fußballnation** *f* pays *m* amateur de football **Fußballplatz** *m* terrain *m* de football **Fußballprofi** *m* footballeur *m* professionnel **Fußballrowdy** *m* hooligan *m* **Fußballspiel** *nt* match *m* de football **Fußballspieler(in)** *m(f)* joueur(-euse) *m(f)* de football **Fußballtoto** *m o nt* loto *m* sportif; **~ spielen** jouer au loto sportif **Fußballverein** *m* club *m* de football
Fußbank <-bänke> *f* petit banc *m* **Fußboden** *m* sol *m* **Fußbodenbelag** *m* revêtement *m* de sol **Fußbodenheizung** *f* chauffage *m* par le sol **Fußbreit** <-> *m kein Pl* pied *m*; **um jeden ~ Boden kämpfen** combattre pour chaque pouce de terrain; **keinen ~** pas d'une semelle **Fußbremse** *f* pédale *f* de frein
Fussel <-, -n> *f*, <-s, -> *m* peluche *f*
fusselig *Adj* qui peluche
fusseln *itr V* pelucher
fußen ['fu:sən] *itr V* **auf etw (Dat) ~** reposer sur qc
Fußende *nt* pied *m* **Fußfesseln** *Pl* liens *mpl*; *(Ketten)* fers *mpl*
Fußgänger(in) ['fu:sgɛŋɐ] <-s, -> *m(f)* piéton(ne) *m(f)*
Fußgängerampel *f* feu *m* pour piétons **Fußgängerbrücke** *f* passerelle *f* **Fußgängerstreifen** *m* CH *s.* **Fußgängerüberweg** **Fußgängerüberweg** *m* passage *m* clouté [*o* pour piétons] **Fußgängerzone** *f* zone *f* piétonne
Fußgelenk *nt* cheville *f* **fußhoch** I. *Adj* **der Schnee war kaum ~** la neige arrivait à peine aux chevilles; **im Keller stand fußhohes Wasser** dans la cave, on avait de l'eau jusqu'aux chevilles II. *Adv* **das Wasser stand ~** l'eau arrivait aux chevilles **fußkalt** *Adj* froid(e) au niveau des pieds **Fußkettchen** *nt* bracelet *m* de cheville **fußläufig** *Adj* à pied **Fußleiste** *f* plinthe *f*
fussligᴿᴿ, fußligᴬᴸᵀ *s.* **fusselig**
Fußmarsch *m* marche *f* à pied **Fußmatte** *f* paillasson *m* **Fußnagel** *m* ongle *m* du pied **Fußnote** *f* note *f* [de bas de page] **Fußpfad** *m* sentier *m* **Fußpflege** *f* soins *mpl* des pieds **Fußpfleger(in)** *m(f)* pédicure *mf* **Fußpilz** *m* mycose *f* [du pied] **Fußpuder** *m* poudre *f* pour les pieds **Fußreflexzonenmassage** *f* massage *m* des zones réflexes du pied **Fußschalter** *m* interrupteur *m* à pied **Fußschaltung** *f* AUT commande *f* par pédale **Fußschweiß** *m* transpiration *f* des pieds; **~ haben** transpirer des pieds **Fußsohle** *f* plante *f* du pied; **an den ~n** sur la plante des pieds **Fußspitze** *f* ANAT pointe *f* du pied **Fußspur** *f* trace *f* de pas; **in jds ~ (Akk) treten** marcher sur les traces de qn **Fußstütze** *f* ① repose-pied *m* ② *eines Schuhs* semelle *f* orthopédique **Fußtritt** *m* coup *m* de pied; **einen ~ bekommen/kriegen** *fam* recevoir/prendre un

coup de pied *(fam)*; **jdm einen ~ geben** [*o* **versetzen** *geh*] donner [*o* envoyer] un coup de pied à qn **Fußvolk** *nt* ❶ MIL *veraltet* piétaille *f (vieilli)* ❷ *pej* **das ~** le petit peuple *(péj)* **Fußweg** *m (Pfad)* sentier *m* **Fußwurzel** *f* ANAT tarse *m* **Fußzeile** *f* pied *m* de page
Futon ['fu:tɔn] <-s, -s> *m* futon *m*
futsch [futʃ] *Adj fam (weg)* fichu(e) *(fam)*; **~ sein** être fichu(e)
Futter ['futɐ] <-s, -> *nt* ❶ *kein Pl (Nahrung)* nourriture *f* ❷ *eines Mantels, Umschlags* doublure *f* ❸ TECH mandrin *m*
▸ **gut im ~ sein** *Tier:* être bien nourri(e); *fam Person:* être bien en chair
Futteral [futə'ra:l] <-s, -e> *nt* étui *m*
Futtergetreide *nt* céréales *fpl* fourragères **Futterkrippe** *f* mangeoire *f* ▸ **an der ~ sitzen** *fam* avoir [trouvé] un bon plan *(fam)* **Futtermittel** *nt* produits *mpl* de fourrage
futtern ['futɐn] *tr, itr V fam* bouffer *(fam)*
füttern *tr V* ❶ *(zu essen geben)* nourrir *Säugling, Tier;* **Klee ~** donner des trèfles à manger [à un animal]; **Füttern verboten!** défense de donner à manger aux animaux!
❷ INFORM *fam* **einen Computer mit Daten ~** alimenter un ordinateur en données
❸ *(mit einem Futter ausstatten)* doubler *Mantel;* **mit Seide gefüttert** doublé(e) de soie
Futternapf *m* écuelle *f* **Futterneid** *m* ≈ peur *f* d'en avoir moins que les autres **Futterpflanze** *f* plante *f* fourragère **Futterrübe** *f* AGR betterave *f* fourragère **Futtersack** *m* musette *f*
Futterstoff *m* doublure *f*
Futtertrog *m* auge *f*
Fütterung ['fytərʊŋ] <-, -en> *f* alimentation *f;* **etw zur ~ der Pferde verwenden** utiliser qc pour nourrir les chevaux; **auf die ~ der Robben warten** attendre qu'on donne à manger aux phoques
Futterzusatz *m* AGR complément *m* alimentaire
Futur [fu'tu:ɐ] <-s, -e> *nt* GRAM futur *m*
Futurismus [futu'rɪsmʊs] <-> *m* LITER, KUNST futurisme *m*
futuristisch *Adj* futuriste; *Roman, Film* d'anticipation
Futurologe [futuro'lo:gə] <-n, -n> *m*, **Futurologin** *f* futurologue *mf*
Futurologie [futurolo'gi:] <-> *f* futurologie *f*
Futurologin <-, -nen> *f s.* **Futurologe**

G g

G, g [ge:] <-, -> *nt* ❶ G *m*/g *m* ❷ MUS sol *m*
▸ **G wie Gustav** g comme Gaston
g *Abk von* **Gramm** g
G7-Gipfeltreffen [ge:'zi:bən-] *nt* POL sommet *m* du G7
G8-Staaten [ge:'axt-] *Pl* États *mpl* du G8 *(les sept pays industriels les plus riches du monde - Allemagne, Canada, États-Unis, France, Italie, Japon, Royaume-Uni - avec la Russie)*
gab [ga:p] *Imp von* **geben**
Gabardine ['gabardi:n, gabar'di:n(ə)] <-s> *m,* <-> *f* gabardine *f*
Gabe ['ga:bə] <-, -n> *f* ❶ *geh (Geschenk)* présent *m (soutenu); (Schenkung)* don *m*
❷ *(Spende)* **eine milde ~** une aumône; **um eine milde ~ bitten** demander l'aumône
❸ *(Begabung)* don *m;* **die ~ haben etw zu tun** avoir le don de faire qc; *iron* avoir le chic pour faire qc *(iron)*
❹ *kein Pl (das Verabreichen)* administration *f*
Gabel ['ga:bəl] <-, -n> *f* ❶ fourchette *f;* **mit Messer und ~** avec un couteau et une fourchette
❷ *(Heugabel, Mistgabel)* fourche *f*
❸ *(Gabeldeichsel)* brancard *m; (Radgabel)* fourche *f*
❹ *(Telefongabel)* support *m;* **den Hörer auf die ~ legen** reposer le combiné
Gabelbissen *m* rollmops *m* sauce piquante **Gabelfrühstück** *nt* brunch *m*
gabeln ['ga:bəln] *r V sich ~ Straße:* bifurquer; *Ast, Stamm:* se ramifier
Gabelschlüssel *m* clé *f* à fourches **Gabelstapler** <-s, -> *m* chariot *m* élévateur [à fourche]
Gabelung <-, -en> *f* bifurcation *f*
Gabentisch *m* table où sont disposés les cadeaux à Noël ou pour un anniversaire
Gabun [ga'bu:n] <-s> *nt* le Gabon
Gabuner(in) [ga'bu:nɐ] <-s, -> *m(f)* Gabonais(e) *m(f)*
gabunisch [ga'bu:nɪʃ] *Adj* gabonais(e)
gackern ['gakɐn] *itr V a. fig, pej* glousser *(péj)*
gaffen ['gafən] *itr V pej* **nach jdm/etw ~** reluquer qn/qc *(fam)*
Gaffer(in) <-s, -> *m(f) pej* badaud(e) *m(f) (péj)*
Gag [gɛk] <-s, -s> *m* gag *m*
Gage ['ga:ʒə] <-, -n> *f* cachet *m;* **eine hohe ~** un gros cachet
gähnen ['gɛ:nən] *itr V* ❶ bâiller; **ein Gähnen unterdrücken** retenir un bâillement
❷ *geh (sich auftun)* béer; **in ~ der Abgrund** un gouffre béant
▸ **zum Gähnen [langweilig] sein** faire bâiller [d'ennui]
Gala ['ga:la] <-, -s> *f* ❶ *s.* **Galavorstellung**
❷ *kein Pl (Kleidung)* tenue *f* de gala; **sich in ~ werfen** *fam* se mettre sur son trente et un *(fam)*
Galaabend *m* soirée *f* de gala **Galadiner** [-dine-] *nt* dîner *m* de gala **Galaempfang** *m* soirée *f* de gala
galaktisch [ga'laktɪʃ] *Adj Nebel* galactique
galant [ga'lant] *veraltet* **I.** *Adj* galant(e)
II. *Adv* galamment
Galapagosinseln *Pl* **die ~** les îles *fpl* Galápagos

Galauniform *f* uniforme *m* de cérémonie; **in ~** en grand uniforme **Galavorstellung** *f* représentation *f* de gala
Galaxie [gala'ksi:] <-, -n> *f* ASTRON galaxie *f*
Galaxis [ga'laksɪs] <-, Galaxien> *f* ASTRON ❶ *kein Pl (Milchstraße)* galaxie *f*
❷ *(Galaxie)* galaxie *f*
Galeere [ga'le:rə] <-, -n> *f* galère *f*
Galeerensklave *m,* **Galeerensträfling** *m* galérien *m*
Galeone [gale'o:nə] <-, -n> *f* NAUT galion *m*
Galerie [galə'ri:] <-, -n> *f* ❶ *(Kunstgalerie)* galerie *f* [d'art]
❷ ARCHIT galerie *f*
❸ CH, A *(Tunnel)* tunnel *m*
Galerist(in) [galə'rɪst] <-en, -en> *m(f)* galeriste *mf*
Galgen ['galgən] <-s, -> *m* ❶ potence *f*
❷ TECH girafe *f*
Galgenfrist *f fam* ultime délai *m;* **jdm eine ~ geben** [*o* **einräumen**] accorder un ultime délai à qn **Galgenhumor** *m* humour *m* noir **Galgenvogel** *m pej fam* gibier *m* de potence
Galiläa [gali'lɛ:a] <-s> *nt* HIST la Galilée
Galilei [gali'le:i] <-s> *m* HIST Galilée *m*
Galionsfigur [ga'lio:nsfigu:ɐ] *f a. fig* figure *f* de proue
Gallapfel *m* BOT noix *f* de galle
Galle ['galə] <-, -n> *f* ❶ *(Organ)* vésicule *f* biliaire; **an der ~ operiert werden** être opéré(e) de la vésicule
❷ *(Sekret)* bile *f*
▸ **bitter wie ~** amer(-ère) comme du fiel; **ihm/ihr kommt die ~ hoch** la moutarde lui monte au nez *(fam)*
galle[n]bitter *Adj* ❶ *Arznei, Geschmack* affreusement amer(-ère)
❷ *Humor, Sarkasmus* fielleux(-euse)
Gallenblase *f* vésicule *f* biliaire **Gallenkolik** *f* colique *f* hépatique **Gallenleiden** *nt* affection *f* de la vésicule [biliaire] **Gallenoperation** *f* opération *f* de la vésicule biliaire **Gallenstein** *m* calcul *m* biliaire
Gallert ['galɐt, ga'lɛrt] <-[e]s, -e> *nt* gelée *f*
gallertartig ['galɐtʔa:ɐtɪç] *Adj* gélatineux(-euse)
Gallerte [ga'lɛrtə] <-, -n> *f* CHEM, BIO gélatine *f*
Gallien ['galiən] <-s> *nt* Gaule *f*
Gallier(in) ['galiɐ] <-s, -> *m(f)* Gaulois(e) *m(f)*
gallig ['galɪç] *Adj Person, Bemerkung* acerbe; *Humor* grinçant(e)
gallisch ['galɪʃ] *Adj* gaulois(e)
Gallium ['galiʊm] <-s> *nt* CHEM gallium *m*
Gallone [ga'lo:nə] <-, -n> *f* gallon *m*
Galopp [ga'lɔp] <-s, -s *o* -e> *m* galop *m;* **im ~** au galop; **in gestrecktem ~** au grand galop; **in ~ fallen** se mettre au galop
galoppieren* *itr V* ❶ + **haben** *o* **sein** galoper
❷ + **sein** *(mit Richtungsangabe)* **über das Feld ~** traverser le champ au galop
galt [galt] *Imp von* **gelten**
galvanisch [gal'va:nɪʃ] *Adj* TECH galvanique
Galvaniseur(in) [galvani'zø:ɐ] <-s, -e> *m(f)* galvaniseur(-euse) *m(f)*
galvanisieren* [-va-] *tr V* TECH galvaniser
Galvanometer [galvano'me:tɐ] <-s, -> *nt* TECH galvanomètre *m*

Gamasche [gaˈmaʃə] <-, -n> f guêtre f
Gambe [ˈgambə] <-, -n> f viole f de gambe
Gambia [ˈgambia] <-s> nt la Gambie
Gambier(in) [ˈgambɪɐ] <-s, -> m(f) Gambien(ne) m(f)
gambisch [ˈgambɪʃ] Adj gambien(ne)
Gameboy® [ˈgeɪmbɔɪ] <-s, -s> m gameboy m   **Gameshow** [ˈgeɪmʃoʊ] <-, -s> f jeu m télévisé
Gamet [gaˈmeːt] <-en, -en> m ANAT gamète m
Gamma [ˈgama] <-[s], -s> nt gamma m
Gammaglobulin [-globuliːn] <-s, -e> nt BIO gammaglobulines fpl
Gammastrahlen Pl PHYS rayons mpl gamma
gammelig Adj fam ❶ Wurst, Käse, Obst pourri(e) (fam)
❷ pej (ungepflegt) Kleidung, Aussehen débraillé(e) (péj fam)
gammeln [ˈgaməln] itr V pej fam (faulenzen) gland[ouill]er (péj fam); (ziellos leben) zoner (péj fam); (als Gammler leben) vivre comme un beatnik
Gammler(in) [ˈgamlɐ] <-s, -> m(f) veraltet fam ≈ beatnik mf (fam)
Gams [gams] A, SDEUTSCH s. **Gämse**
Gamsbart m houppe de poils de chamois **Gamsbock**, **Gämsbock**ʳʳ m chamois m mâle
Gämseʳʳ <-, -n> f chamois m
gang [gaŋ] ▸ ~ **und gäbe sein** être monnaie courante
Gang¹ [gaŋ, Pl: ˈgɛŋə] <-[e]s, Gänge> m ❶ kein Pl (Gangart) démarche f; **ein federnder ~** une allure souple; **seinen ~ beschleunigen** accélérer le pas [o l'allure]
❷ (Besorgung, Besuch) course f; (Behördengang) démarche f; jdm einen ~ abnehmen faire une commission pour qn; **den ~ zum Zahnarzt hinausschieben** ajourner sa visite chez le dentiste
❸ (Ablauf) der Ereignisse, Geschäfte cours m
❹ GASTR plat m; **ein Menü mit vier Gängen** un menu composé de quatre plats
❺ TECH vitesse f; **im ersten/dritten ~ en première/troisième; den zweiten ~ einlegen** passer la [o en] seconde [vitesse]
❻ (Korridor) couloir m
▸ **alles geht seinen gewohnten ~** les choses vont leur cours habituel; **in vollem ~ e sein** Vorbereitungen, Party: battre son plein; **in ~ bringen** mettre en marche Maschine, Motor; entamer Verhandlungen, Entwicklung; **in ~ halten** maintenir en marche Maschine, Motor; poursuivre Verhandlungen, Entwicklung; **da ist etwas im ~ [e]** il y a anguille sous roche; **in ~ kommen** Arbeiten, Vorbereitungen: démarrer; Gespräche, Verhandlungen: s'engager
Gang² [gɛŋ, gæŋ] <-, -s> f gang m
Gangart f eines Pferdes allure f; **in eine andere ~ fallen** changer d'allure
▸ **eine schnellere ~ anschlagen** accélérer le pas
gangbar Adj **ein ~ er Weg** un chemin praticable; fig une voie envisageable (fig)
Gängelband ▸ **jdn am ~ führen** pej tenir qn en laisse (péj)
Gängelei <-, -en> f pej emprise f
gängeln [ˈgɛŋəln] tr V pej tenir en laisse (péj)
gängig [ˈgɛŋɪç] Adj ❶ (üblich) courant(e)
❷ COM Artikel demandé(e); Größe courant(e); **die ~ ste Version** le modèle le plus demandé
❸ (gültig) Münze ayant cours
Ganglion [ˈgaŋ(g)liɔn] <-s, Ganglien> nt MED ganglion m
Gangschaltung f (beim Auto) changement m de vitesse; (beim Fahrrad) dérailleur m
Gangster [ˈgɛŋstɐ] <-s, -> m pej gangster m (péj)
Gangsterbossʳʳ [ˈgæŋstɐ-] m pej chef m de gang (péj)
Gangway [ˈgæŋveː] <-, -s> f passerelle f [d'embarquement]
Ganove [gaˈnoːvə] <-n, -n> m ❶ pej fam (Verbrecher) truand m (péj fam)
❷ hum fam (Kerl) lascar m (hum fam)
Gans [gans, Pl: ˈgɛnzə] <-, Gänse> f ❶ oie f
❷ pej fam (Schimpfwort) **du dumme [o blöde] ~!** espèce d'âne! (péj fam); **das ist eine dumme [o blöde] ~!** elle est bête comme une oie! (péj fam)
Gänschen [ˈgɛnsçən] <-s, -> nt Dim von Gans oison m
Gänseblümchen [ˈgɛnzəblyːmçən] nt pâquerette f **Gänsebraten** m oie f rôtie **Gänsebrust** f poitrine f d'oie [fumée] **Gänsefüßchen** [ˈgɛnzəfyːsçən] Pl fam guillemets mpl **Gänsehaut** f chair f de poule; **eine ~ haben** avoir la chair de poule ▸ **davon bekomme [o kriege fam] ich eine ~** ça me donne la chair de poule **Gänsekiel** m plume f d'oie **Gänseklein** <-s> nt abattis mpl **Gänseleberpastete** f foie m gras [d'oie] **Gänsemarsch** m **im ~** à la queue leu leu
Gänserich [ˈgɛnzərɪç] <-s, -e> m jars m
Gänseschmalz nt graisse f d'oie **Gänsewein** m hum flotte f (hum fam)
Ganter NDEUTSCH s. **Gänserich**
ganz [gants] I. Adj ❶ (gesamt, vollzählig) complet(-ète); **das ~ e Service** le service complet; **die ~ e Sammlung** la collection complète; **die ~ e Nachbarschaft** tous les voisins; **die ~ e Wahrheit** toute la vérité; **das ~ e Geld** tout l'argent; **~ Paris/Frankreich** tout Paris/toute la France
❷ (vollständig, nicht geteilt) Drehung, Runde complet(-ète); Zahl entier(-ière); **eine ~ e Note** une ronde f; **den ~ en Tag [über]** toute la journée; **zwei ~ e Flaschen Wein** deux bouteilles entières de vin
❸ fam (alle) **die ~ en Möbel/Autos** tous les meubles/les voitures; **meine ~ en Schuhe** toutes mes chaussures
❹ fam (all der/die/das …) **der ~ e Papierkram** toute cette paperasserie f; **dieses ~ e Gerede** tous ces discours (fam)
❺ fam (unbeschädigt) intact(e)
❻ fam (nur) **~ e zehn Euro spenden** donner tout juste dix euros
❼ fam (recht groß) **das ist eine ~ e Menge Geld!** c'est une sacrée somme [d'argent]! (fam)
❽ fam (echt, richtig) **ein ~ er Kerl** [c'est] un homme, un vrai (fam)
II. Adv ❶ (sehr, überaus, völlig) kalt, hoch très; fürchterlich, schön vraiment; begeistert, überrascht totalement; allein tout; egal, gleich, heiter, ruhig parfaitement; **~ besonders** tout particulièrement; **~ gleich, was passiert** quoi qu'il arrive; **~ gleich, wie spät es ist** peu importe l'heure; **~ gleich, was es kostet** quel que soit le prix; **~ recht!** très juste!
❷ fam (ziemlich) assez; **ein ~ gutes Gehalt** un assez bon salaire
❸ an der äußersten Stelle) vorne, unten, an der Seite, links tout [à fait]; **~ am Anfang** tout au [o au tout] début
❹ (vollständig) überarbeiten complètement
▸ **~ und gar** totalement; **~ und gar nicht** pas du tout
Ganzaufnahme f prise f en pied
Ganze(s) nt dekl wie Adj ❶ (Ganzheit) **ein ~ s bilden** former un ensemble; **etw als ~ s betrachten** regarder qc dans son ensemble
❷ (alle Sachen) **das ~** le tout; (die ganze Angelegenheit) tout cela ▸ **aufs ~ gehen** fam risquer le tout (fam); **es geht ums ~** risquer le tout pour le tout; **im ~ n** (insgesamt) en tout; (alles in allem) dans l'ensemble
Gänze [ˈgɛntsə] <-> f **in seiner/ihrer ~** geh dans toute son ampleur, dans son intégralité
Ganzheit <-> f **in seiner/ihrer ~** dans toute son étendue
ganzheitlich I. Adj global(e)
II. Adv betrachten globalement
Ganzheitsmedizin f médecine f globale **Ganzheitsmethode** f méthode f globale
ganzjährig Adj, Adv [durant] toute l'année
Ganzkörpermassage f massage m intégral
Ganzlederband m reliure f pleine peau **Ganzleinenband** m reliure f pleine toile
gänzlich [ˈgɛntslɪç] I. Adj Fehlen, Mangel total(e)
II. Adv totalement
ganzseitig Adj qui occupe une pleine page
ganztägig [ˈgantstɛːgɪç] I. Adj Arbeit, Stelle à temps complet; Ausflug f une journée
II. Adv toute la journée; arbeiten, beschäftigt sein à plein temps; **~ geöffnet sein** être ouvert(e) en continu
ganztags Adv arbeiten à plein temps
Ganztagsschule f type d'école et de scolarité où les cours ont lieu toute la journée
gar¹ [gaːɐ] Adv ❶ (überhaupt) **~ nichts/niemand** absolument rien/personne; **~ nicht teuer** pas cher(chère) du tout; **das finde ich ~ nicht lustig** je [ne] trouve pas ça drôle du tout
❷ (erst) **er ist sehr sportlich, und seine Frau ~!** il est très sportif et sa femme d'autant plus!
❸ (geschweige) **100 oder ~ 200 Euro sind einfach zu viel** 100 euros voire 200 euros sont bien trop
gar² Adj **~ sein** être cuit(e) [o à point]; **etw ~ kochen** cuire qc à point; **das Gemüse darf nicht ganz ~ sein** les légumes ne doivent pas être trop cuits
Garage [gaˈraːʒə] <-, -n> f garage m; **in die/der ~** au garage
garagieren* [garaˈʒiːrən] tr V A, CH mettre au garage voiture
Garagist(in) [garaˈʒɪst, ˈgaraʒɪst] <-en, -en> m(f) CH garagiste mf
Garant(in) [gaˈrant] <-en, -en> m(f) garant(e) m(f)
Garantie [garanˈtiː] <-, -n> f ❶ garantie f; **ein Jahr ~ haben** être garanti(e) un an; [noch] **~ haben** être [encore] sous garantie; **die ~ für das Radio ist abgelaufen** la radio n'est plus sous garantie
❷ fig (Sicherheit) jdm eine ~ geben, dass garantir à qn que + indic; **eine ~ für eine glückliche Ehe** la garantie d'un mariage heureux
Garantiegeber(in) <-s, -> m(f) garant(e) m(f)
garantieren* I. tr V garantir; **können Sie mir ~, dass …?** pouvez-vous me garantir que … + indic?
II. itr V **für etw ~** Person: se porter garant(e) pour qc; **unser Name garantiert für Qualität** notre nom est une marque de garantie
garantiert Adv fam **ich komme ~!** je viens, [c'est] sûr! (fam); **er hat das ~ vergessen!** à coup sûr, il l'a oublié! (fam)
Garantieschein m bon m de garantie

Garantieverpflichtung f obligation f de garantie
Garaus ['ga:ʔaʊs] ▶ jdm/einem Tier den ~ machen fam achever qn/un animal (fam)
Garbe ['garbə] <-, -n> f ❶ (Bündel) gerbe f
❷ (Geschossgarbe) rafale f
Garçonnière [garsɔ'nie:rə] <-, -n> f A (Einzimmerwohnung) studio m
Gardasee ['gardaze:] m der ~ le lac de Garde
Garde ['gardə] <-, -n> f garde f
▶ die alte ~ la vieille garde
Gardemaß ▶ ~ haben fam être taillé(e) comme un(e) basketteur(-euse) (hum) **Garderegiment** nt régiment m de la garde
Garderobe [gardə'ro:bə] <-, -n> f ❶ (Ständer) portemanteau m
❷ (Aufbewahrungsraum) vestiaire m; etw an der ~ abgeben déposer qc au vestiaire
❸ geh (Kleiderbestand) garde-robe f
❹ (Umkleideraum) eines Schauspielers loge f
Garderobenfrau f dame f du vestiaire **Garderobenhaken** m patère f **Garderobenmarke** f numéro m de vestiaire **Garderobenständer** m portemanteau m
Garderobier [gardəro'bie:] <-s, -s> m, **Garderobiere** f THEAT habilleur(-euse) m(f)
Gardine [gar'di:nə] <-, -n> f rideau m
▶ hinter schwedischen ~n sitzen hum fam être à l'ombre (fam)
Gardinenleiste f tringle f de rideau **Gardinenpredigt** ▶ jdm eine ~ halten hum fam sonner les cloches à qn (hum fam) **Gardinenstange** f tringle f à rideau
Gardist <-en, -en> m garde m
garen ['ga:rən] I. tr V [faire] cuire Fleisch, Gemüse
II. itr V mijoter
gären ['gɛ:rən] <gärte o gor, gegärt o gegoren> itr V ❶ + haben o sein fermenter
❷ + haben fig in ihr gärt es, die Wut gärt in ihr elle bouillonne de colère; es gärt im Volk le peuple s'agite
Garn [garn] <-[e]s, -e> nt fil m
▶ jdm ins ~ gehen tomber dans les filets de qn
Garnele [gar'ne:lə] <-, -n> f crevette f [rose]
garni [gar'ni:] s. Hotel
garnieren* tr V ❶ garnir Braten; décorer Kuchen; einen Braten/Kuchen mit etw ~ garnir un rôti de qc/décorer un gâteau avec qc
❷ fig eine Rede mit etw ~ agrémenter un discours de qc
Garnierung <-, -en> f garniture f
Garnison [garni'zo:n] <-, -en> f garnison f
Garnison[s]stadt f ville f de garnison
Garnitur [garni'tu:ɐ] <-, -en> f ❶ eine ~ [Bettwäsche/Unterwäsche] une parure [de draps/de linge]
❷ (Schreibtischgarnitur) nécessaire m de bureau
▶ zur ersten ~ gehören faire partie des meilleurs [o du gratin]; zur zweiten ~ gehören Schauspieler: être de second rôle
Garnknäuel m o nt pelote f de fil **Garnrolle** f bobine f de fil
garstig ['garstɪç] Adj veraltet ❶ (ungezogen) vilain(e)
❷ (abscheulich) répugnant(e); Kröte affreux(-euse)
Garten ['gartən, Pl: 'gɛrtən] <-s, Gärten> m jardin m; botanischer ~ jardin m botanique; zoologischer ~ jardin m [o parc m] zoologique
▶ der ~ Eden le jardin d'Éden
Gartenarbeit f jardinage m **Gartenarchitekt(in)** m(f) [architecte mf] paysagiste mf **Gartenbau** m kein Pl horticulture f; ~ betreiben faire de l'horticulture, **Gartenbaubetrieb** m établissement m horticole **Gartenblume** f fleur f ornementale [o de jardin] **Gartenfest** nt garden-party f **Gartengerät** nt outil m de jardin **Gartenhaus** nt ❶ (Geräteschuppen) abri m de jardin, resserre f ❷ (Hinterhaus) pavillon m **Gartenlaube** f gloriette f **Gartenlokal** nt café-restaurant m avec terrasse **Gartenmöbel** Pl mobilier m [o meubles mpl] de jardin **Gartenschau** f exposition f horticole **Gartenschere** f sécateur m **Gartenschlauch** m tuyau m d'arrosage **Gartensitzplatz** m CH terrasse f couverte **Gartenstadt** f cité-jardin f; Gartenstädte des cités-jardins **Gartentor** nt porte f du/de jardin **Gartenzaun** m clôture f de jardin **Gartenzwerg** m ❶ nain m de jardin ❷ pej fam (Schimpfwort) nabot m

---

Land und Leute

Si vous jetez un coup d'oeil dans les jardins allemands, vous découvrirez ici et là des **Gartenzwerge**. Ce sont des figurines en céramique ou en plastique représentant des nains de différentes tailles que l'on place sur les pelouses, au pied des arbres ou le long des haies afin de décorer les jardins. Certains Allemands en sont très amateurs, d'autres trouvent ces figurines très kitsch.

Gärtner(in) ['gɛrtnɐ] <-s, -> m(f) jardinier(-ière) m(f); (Gemüsegärtner) maraîcher(-ère) m(f); (Gärtnereiangestellter) horticulteur(-trice) m(f)

Gärtnerei [gɛrtnə'raɪ] <-, -en> f ❶ établissement m horticole; (Gemüsegärtnerei) entreprise f maraîchère; (mit Baumschule) pépinière f; Gemüse direkt von der ~ beziehen se fournir en légumes directement chez l'horticulteur [o le maraîcher]
❷ kein Pl fam (Arbeit) jardinage m
gärtnerisch I. Adj attr Ausbildung, Kenntnisse, Können horticole; Geschick de jardinier; Betätigung de jardinage
II. Adv begabt pour le jardinage
gärtnern itr V jardiner
Gärung ['gɛ:rʊŋ] <-, -en> f fermentation f; in ~ übergehen commencer à fermenter
Gas [ga:s] <-es, -e> nt ❶ gaz m; es riecht nach ~ ça sent le gaz; im Darm bilden sich ~e dans l'intestin, il se forme des gaz
❷ fam (Gaspedal) accélérateur m; voll aufs ~ treten appuyer à fond sur le champignon
❸ (Treibstoff) ~ geben accélérer; [das] ~ wegnehmen lever le pied
GasanschlussRR m raccordement m [o branchement m] au gaz **Gasaustausch** m kein Pl BIO échange m de gaz **Gasbehälter** m réservoir m de gaz **Gasbeleuchtung** f éclairage m au gaz **Gasbrenner** m brûleur m à gaz **Gasfeuerzeug** nt briquet m à gaz **Gasflamme** f flamme f du gaz **Gasflasche** f bouteille f de gaz
gasförmig Adj gazeux(-euse)
Gashahn m robinet m du gaz ▶ den ~ aufdrehen euph fam ouvrir le gaz (euph fam)
Gashebel m TECH accélérateur m
Gasheizung f chauffage m au gaz **Gasherd** m cuisinière f à gaz **Gashülle** f couche f gazeuse **Gaskammer** f NS chambre f à gaz **Gaskocher** m réchaud m à gaz **Gaslampe** f lampe f à gaz **Gaslaterne** f bec m de gaz **Gasleitung** f conduite f de gaz; (Fernleitung) gazoduc m **Gas-Luft-Gemisch** nt mélange m d'air et de gaz **Gasmann** <-männer> m fam releveur m du compteur de gaz, gazier m **Gasmaske** f masque m à gaz **Gasofen** m radiateur m à gaz
Gasolin [gazo'li:n] <-s> nt gazoline f
Gasometer m veraltet gazomètre m
Gaspedal nt pédale f d'accélérateur
Gaspistole f pistolet m à gaz [lacrymogène] **Gasrohr** nt tuyau m à gaz
GässchenRR, **Gäßchen**ALT <-s, -> nt Dim von Gasse [petite] ruelle f
Gasse ['gasə] <-, -n> f ❶ ruelle f
❷ fig (Weg, Spalier) sich (Dat) eine ~ bahnen se frayer un chemin; eine ~ bilden frayer un passage
❸ A (Straße) rue f; auf der ~ dans la rue
Gassenhauer m veraltet fam rengaine f (fam) **Gassenjunge** m polisson m
Gassi ['gasi] ▶ mit dem Hund ~ gehen fam faire sortir le chien (fam)
Gast [gast, Pl: 'gɛstə] <-es, Gäste> m ❶ [geladener] ~ invité(e) m(f); ungeladener ~ intrus(e) m(f); ein gern gesehener ~ sein être toujours [le/la] bienvenu(e)
❷ (Tischgast) convive mf (soutenu)
❸ (Hotelgast) pensionnaire mf
❹ (Besucher) hôte m; ich bin hier nur ~ je ne suis là qu'à titre d'hôte; zahlender ~ hôte m payant; bei jdm zu ~ sein geh être l'hôte de qn
Gastarbeiter(in) m(f) travailleur immigré m/travailleuse immigrée f **Gastauftritt** m apparition f en tant qu'artiste invité **Gastdozent(in)** m(f) professeur mf associé(e)
Gästebuch nt livre m d'hôtes **Gästehaus** nt maison f d'hôtes **Gästezimmer** nt chambre f d'amis
gastfreundlich I. Adj hospitalier(-ière) II. Adv jdn äußerst ~ aufnehmen réserver un excellent accueil à qn **Gastfreundschaft** f hospitalité f **Gastgeber(in)** m(f) hôte(-esse) m(f) **Gastgeschenk** nt cadeau m **Gastgewerbe** nt industrie f hôtelière **Gasthaus** nt, **Gasthof** m auberge f **Gasthörer(in)** m(f) auditeur(-trice) m(f) libre
gastieren* itr V se produire en tournée; in Berlin ~ se produire en tournée à Berlin
Gastland nt pays m d'accueil
gastlich I. Adj geh Haus hospitalier(-ière); Bewirtung prévenant(e)
II. Adv geh chaleureusement; sehr ~ bewirtet werden être traité(e) avec la plus grande prévenance
Gastmannschaft f équipe f des visiteurs **Gastprofessor(in)** m(f) professeur mf associé(e) **Gastrecht** nt kein Pl lois fpl [o code m] de l'hospitalité; das ~ missbrauchen abuser du droit d'hospitalité
Gastritis [gas'tri:tɪs] <-, Gastritiden> f MED gastrite f
Gastrolle f rôle m [à titre] exceptionnel; eine ~ spielen jouer un rôle à titre exceptionnel
Gastronom(in) <-en, -en> m(f) restaurateur(-trice) m(f)

Gastronomie [gastronoˈmiː] <-, -n> f ❶ *form (Branche)* restauration f; **die gehobene ~** la haute restauration ❷ *geh (Kochkunst)* gastronomie f
gastronomisch [gastroˈnoːmɪʃ] *Adj* gastronomique
Gastspiel *nt* ❶ *représentation donnée par un artiste/des artistes d'une autre troupe;* **ein ~ geben** se produire en [o au cours d'une] tournée ❷ SPORT match *m* [à l'] extérieur **Gaststätte** *f* café-restaurant *m*
Gaststättengewerbe *nt* restauration *f*
Gaststube *f* salle *f* de restaurant
Gasturbine *f* turbine *f* à gaz
Gastvorlesung *f* conférence *f* d'un(e) professeur invité(e)
Gastwirt(in) *m(f)* cafetier-restaurateur *m*/cafetière-restauratrice *f*
Gastwirtschaft *s.* Gaststätte
Gasuhr *s.* Gaszähler **Gasverbrauch** *m* consommation *f* de gaz
Gasvergiftung *f* intoxication *f* au [o par le] gaz **Gasversorgung** *f* approvisionnement *m* en gaz **Gaswerk** *nt* usine *f* à gaz **Gaswolke** *f* nuage *m* toxique **Gaszähler** *m* compteur *m* à gaz
Gatsch <-es, -> *m* A *(Schlamm)* boue *f*
GATT [gat] <-> *nt Abk von* **General Agreement on Tariffs and Trade** GATT *m*
Gatte [ˈgatə] <-n, -n> *m*, **Gattin** *f form* époux *m*/épouse *f (soutenu)*; **die** [**beiden**] **~n** les [deux] époux
Gatter [ˈgatɐ] <-s, -> *nt* barrière *f*
Gattung [ˈgatʊŋ] <-, -en> *f* ❶ BIO ordre *m* ❷ *(Kunstgattung)* genre *m*
Gattungsbegriff *m* ❶ *(Oberbegriff)* hyperonyme *m* ❷ *s.* **Gattungsname Gattungsname** *m* ❶ BIO, ZOOL nom *m* générique ❷ LING terme *m* générique
Gau [gaʊ] <-[e]s, -e> *m* o *nt* HIST *(Landschaft)* ≈ région *f; (Bezirk)* ≈ secteur *m; (im Nationalsozialismus)* ≈ province *f*
GAU <-s, -s> *m Abk von* **größter anzunehmender Unfall** accident *m* maximal hypothétique
Gaube *f* lucarne *f*
Gaucho [ˈgaʊtʃo] <-[s], -s> *m* gaucho *m*
Gaudi [ˈgaʊdi] <-> *f* SDEUTSCH, A *fam* **das war vielleicht eine ~!** ce qu'on a pu se marrer! *(fam)*
Gaukler(in) [ˈgaʊklɐ] <-s, -> *m(f)* HIST bateleur(-euse) *m(f)* [de foire] *(vieilli)*
Gaul [gaʊl, *Pl:* ˈgɔɪlə] <-[e]s, Gäule> *m pej* canasson *m (péj fam)*
► **einem geschenkten ~ schaut man nicht ins Maul** *Spr.* ≈ il ne faut pas faire le/la difficile
Gaullismus [goˈlɪsmʊs] <-> *m* gaullisme *m*
Gaullist(in) [goˈlɪst] <-en, -en> *m(f)* gaulliste *mf*
Gaumen [ˈgaʊmən] <-s, -> *m* ❶ palais *m;* **der harte/weiche ~** le palais dur/mou
❷ *geh (Geschmack)* **einen feinen ~ haben** avoir le palais fin
Gaumenfreude *f* régal *m; das Essen war eine wahre ~* le repas était un vrai délice **Gaumenkitzel** *m fam* régal *m;* **ein ~ sein** flatter le palais **Gaumenlaut** *m* PHON palatale *f* **Gaumenmandel** *f* ANAT amygdale *f* palatine **Gaumensegel** *nt* voile *m* du palais **Gaumenzäpfchen** *nt* luette *f*
Gauner(in) [ˈgaʊnɐ] <-s, -> *m(f) pej* ❶ *(Betrüger)* escroc *m*
❷ *fam (schlaue Person)* filou *m (fam)*
Gaunerei <-, -en> *f pej* escroquerie *f*
Gaunersprache *f* argot *m*
Gazastreifen [ˈgaːza-] *m* bande *f* de Gaza
Gaze [ˈgaːzə] <-, -n> *f* gaze *f*
Gazelle [gaˈtsɛlə] <-, -n> *f* gazelle *f*
G-Dur [ˈgeː-] <-> *nt* sol *m* majeur; **in ~** en sol majeur
Geächtete(r) *f(m) dekl wie Adj* proscrit(e) *m(f)*
geädert [gəˈʔɛːdɐt] *Adj* Hand veiné(e); *Blatt* nervuré(e)
geartet [gəˈʔaːɐtət] *Adj* ❶ *(veranlagt)* **freundlich ~** d'un naturel aimable; **ganz anders ~ sein** être d'un caractère tout à fait différent; **manche Menschen sind so, manche so ~** certains ont tel caractère, d'autres tel autre
❷ *(beschaffen)* **ein anders ~er Fall** un cas d'[une] autre nature
Geäst [gəˈʔɛst] <-[e]s> *nt kein Pl* branchage *m*
geb. *Abk von* **geborene(r)** né(e)
Gebäck [gəˈbɛk] <-[e]s> *nt* ❶ pâtisseries *fpl; (Kleingebäck)* petits gâteaux *mpl; (Kekse)* gâteaux *mpl* secs
❷ A *(Brötchen)* [petit] pain *m*
gebacken [gəˈbakən] *PP von* **backen**
Gebäckzange *f* pince *f* à gâteaux
Gebälk [gəˈbɛlk] <-[e]s> *nt* charpente *f*
► **es knistert im ~** *fam* ça sent le roussi *(fam)*
geballt [gəˈbalt] *Adj* Energie concentré(e); **mit ~er Kraft** de toutes mes/ses/... forces
gebannt [gəˈbant] *Adj* fasciné(e)
gebar [gəˈbaːɐ] *Imp von* **gebären**
Gebärde [gəˈbɛːɐdə] <-, -n> *f* geste *m;* **eine beschwichtigende ~ machen** faire un geste apaisant
gebärden* *r V* se comporter; **sich sonderbar ~** se comporter

curieusement, se conduire bizarrement; **sich wie ein Verrückter ~** se démener comme un fou
Gebärdensprache *f* langage *m* gestuel
Gebaren [gəˈbaːrən] <-s> *nt* comportement *m*
gebären [gəˈbɛːrən] <gebiert, gebar, geboren> I. *tr V* ❶ mettre au monde *Kind;* **in Italien geboren sein** être né(e) en Italie
❷ *fig* **zum Dichter/zur Dichterin geboren sein** être né(e) [pour être] poète/poétesse; **zum Kommandieren geboren sein** être né(e) pour donner des ordres; *s. a.* **geboren**
II. *itr V* accoucher; **die Gebärende** la parturiente *(spéc)*
gebärfähig [gəˈbɛːɐ-] *Adj* fécond(e); **im ~en Alter sein** être en âge de procréer [o de procréation] **Gebärmutter** <-mütter> *f* utérus *m* **Gebärmutterhals** *m* col *m* de l'utérus **Gebärmutterkrebs** *m* MED cancer *m* de l'utérus **Gebärmuttermund** *m* orifice *m* de l'utérus
gebauchpinselt ► **sich ~ fühlen** *hum fam* se sentir flatté(e)
Gebäude [gəˈbɔɪdə] <-s, -> *nt* bâtiment *m*, immeuble *m*
Gebäudekomplex *m* [grand] ensemble *m* **Gebäudereinigung** *f* ❶ *kein Pl (das Reinigen)* nettoyage *m* industriel ❷ *(Betrieb)* entreprise *f* de nettoyage industriel **Gebäudeteil** *m* corps *m* de bâtiment, aile *f* **Gebäudeversicherung** *f* assurance-habitation *f*
gebaut *Adj* **gut ~ [sein]** [être] bien bâti(e); **muskulös ~ [sein]** [être] tout en muscles
► **so wie du ~ bist** *fam* tel(le) que je te connais *(fam)*
gebefreudig *Adj* généreux(-euse)
Gebeine [gəˈbaɪnə] *Pl geh* ossements *mpl (soutenu)*
Gebell[e] <-s> *nt pej* aboiements *mpl* [continuels]
geben [ˈgeːbən] <gibt, gab, gegeben> I. *tr V* ❶ *(aushändigen, reichen, schenken)* donner; **jdm Geld/ein Trinkgeld ~** donner de l'argent/un pourboire à qn; **gibst du mir mal das Salz?** tu peux me passer le sel?
❷ *(mitteilen)* donner *Antwort, Befehl;* **jdm ein Zeichen ~** faire signe à qn
❸ *(veranstalten)* donner *Empfang, Konzert, Interview;* jouer *Theaterstück*
❹ *(produzieren)* **Milch ~** donner du lait
❺ *(gewähren)* faire *Rabatt, Skonto*
❻ *(verleihen)* donner *Kraft, Mut, Hoffnung;* **jdm wieder Selbstvertrauen ~** redonner de la confiance à qn
❼ *(machen, ergeben)* faire *Flecken;* **7 mal 7 gibt 49** 7 fois 7 font 49
❽ *(erteilen)* donner *Unterricht, Nachhilfestunden;* **Deutsch/Mathe ~** enseigner l'allemand/les maths
❾ *(spenden)* donner, procurer *Schatten, Schutz*
❿ *(verbinden mit)* passer; **ich möchte dir lieber die Chefin ~** je préfère te passer la chef en personne
⓫ *(verhängen)* donner *Elfmeter, Freistoß*
⓬ *(einräumen, prognostizieren)* donner *Frist, Termin;* **jdm zwei Tage Zeit ~** donner un délai de deux jours à qn; **jdm noch ein Jahr ~** *Arzt:* donner encore un an [à vivre] à qn
⓭ *(äußern)* **von sich ~** émettre *Laute, Worte*
⓮ *fam (erbrechen)* **alles [wieder] von sich ~** tout rendre *(fam)*
► **was soll das ~?** qu'est-ce que ça va [pouvoir] donner?; **sie würde viel darum ~ dabei zu sein** elle donnerait cher pour y assister [o pour y être]; **viel/nichts auf etw** *(Akk)* **~** faire cas/ne faire aucun cas de qc
II. *itr V a.* KARTEN donner; **wer gibt?** c'est à qui de donner?
► **jdm zu denken ~** donner à penser à qn
III. *tr V unpers* ❶ *(existieren, vorhanden sein)* **es gibt ...** il y a ...; **dieses Kleid gibt es in drei Farbtönen** cette robe existe en trois coloris
❷ *(sein, sich ereignen)* **was gibt's?** qu'est-ce qu'il y a?; **was gibt es Neues?** quoi de neuf?; **heute gibt's noch Regen** aujourd'hui on va encore avoir de la pluie; **wann gibt es Essen?** quand est-ce qu'on mange?; **gleich gibt's Haue!** attention, gare à tes fesses!
► **das gibt's doch nicht!** *fam (freudig überrascht)* [c'est] pas possible! *(fam); (unangenehm überrascht)* c'est pas vrai! *(fam);* **was es nicht alles gibt!** *fam* on aura tout vu! *(fam);* **da gibt's nichts!** *fam (zweifellos)* y a pas à dire! *(fam); (keine Widerrede)* y a rien à dire! *(fam)*
IV. *r V* ❶ *(nachlassen)* **sich ~** se calmer; **das wird sich [bald] ~** ça s'arrangera [bientôt]
❷ *(sich zeigen)* **sich überrascht ~** faire celui/celle qui n'est pas au courant; **sich gelassen ~** faire semblant d'être calme
Geberkonferenz *f* ÖKON, FIN conférence *f* des pays donneurs **Geberland** <-s> *nt* ÖKON, FIN pays *m* donneur **Geberland** *f* ► **in ~ sein** être en veine de générosité, être d'humeur généreuse
Gebet [gəˈbeːt] <-[e]s, -e> *nt* prière *f;* **ein ~ sprechen** dire une prière; **sein ~ verrichten** dire [o faire] sa prière
► **jdn ins ~ nehmen** *fam* prendre qn entre quat'z'yeux *(fam)*
Gebetbuch *nt* livre *m* de prières [o de messe]
gebeten [gəˈbeːtən] *PP von* **bitten**

Gebetsmühle f moulin m à prières **Gebetsteppich** m tapis m de prière
gebeugt I. Adj Haltung, Kopf courbé(e); Schultern voûté(e); **von der Last der Jahre ~** courbé(e) sous le poids des ans
II. Adv voûté(e); **nach vorne ~ dastehen** être debout, penché(e) en avant
gebiert [gəˈbiːɐt] 3. Pers Präs von **gebären**
Gebiet [gəˈbiːt] <-[e]s, -e> nt ❶ (Fläche) territoire m; (Region) région f
❷ (Sachgebiet) domaine m
gebieten* unreg geh I. tr V ❶ (befehlen) ordonner, imposer ❷ (verlangen) |es| ~, dass Umstände: exiger que + subj; **die Höflichkeit gebietet mir zu schweigen** la politesse exige que je me taise; s. a. **geboten**
II. itr V ❶ (herrschen) **über jdn/etw ~** régner sur qn/qc
❷ (verfügen) **über etw** (Akk) **~** disposer de qc
Gebieter(in) <-s, -> m(f) veraltet geh maître(-esse) m(f)
gebieterisch geh I. Adj impérieux(-euse)
II. Adv d'un air [o ton] impérieux
Gebietsanspruch m revendication f territoriale; **einen ~ erheben** émettre [o formuler] une revendication territoriale
Gebietskörperschaft f JUR collectivité f locale [o territoriale]
Gebietskrankenkasse f A caisse f locale d'assurance maladie
Gebietsreform f réforme f territoriale
gebietsweise Adv par endroits
Gebilde [gəˈbɪldə] <-s, -> nt ❶ (Ding) chose f; (Formation) formation f; **ein komisches ~, diese Vase!** quelle création bizarre que ce vase-là!
❷ (Staatsgebilde) formation f
gebildet [gəˈbɪldət] Adj cultivé(e); **umfassend ~ sein** posséder une vaste culture générale
Gebildete(r) f(m) dekl wie Adj personne f cultivée, érudit(e) m(f)
Gebimmel [gəˈbɪml] <-s> nt pej fam sonnerie f [incessante]
Gebinde [gəˈbɪndə] <-s, -> nt geh (Blumengebinde) gerbe f
Gebirge [gəˈbɪrgə] <-s, -> nt montagnes fpl; **im/ins ~** à la montagne
gebirgig Adj montagneux(-euse)
Gebirgsbach m torrent m **Gebirgsbahn** f chemin m de fer de montagne **Gebirgsdorf** nt village m de montagne **Gebirgsjäger(in)** m(f) MIL ❶ chasseur m alpin ❷ Pl (Truppe) chasseurs mpl alpins **Gebirgslandschaft** f ❶ (Gegend) Pl von montagneux [o de montagne] ❷ (Gemälde) paysage m de montagnes **Gebirgsmassiv** nt massif m montagneux **Gebirgspass**^RR m col m **Gebirgsstraße** f route f de montagne **Gebirgszug** m chaîne f de montagnes
Gebiss^RR <-es, -e>, **Gebiß**^ALT <-sses, -sse> nt ❶ (Zähne) dentition f; [noch] **ein vollständiges ~ haben** avoir [encore] toutes ses dents
❷ (Zahnprothese) [künstliches] **~** dentier m
gebissen [gəˈbɪsən] PP von **beißen**
Gebläse [gəˈblɛːzə] <-s, -> nt ventilateur m
geblasen [gəˈblaːzən] PP von **blasen**
geblichen PP von **bleichen**
geblieben [gəˈbliːbən] PP von **bleiben**
Geblödel <-s> nt fam âneries fpl (fam)
geblümt [gəˈblyːmt] Adj Stoff, Kleid, Geschirr à fleurs
Geblüt <-[e]s> nt geh **von |edlem| ~** de sang noble
gebogen [gəˈboːgən] I. PP von **biegen**
II. Adj Nase, Schnabel recourbé(e)
geboren [gəˈboːrən] I. PP von **gebären**
II. Adj ❶ **Anne Lauer, ~e Klein** Anne Lauer, née Klein; **sie ist eine ~e Ziegler** elle est née Ziegler
❷ (gebürtig) de naissance
❸ (perfekt) **die ~e Schauspielerin sein** être la parfaite actrice [o comédienne]
geborgen [gəˈbɔrgən] I. PP von **bergen**
II. Adj **~ sein** être en sécurité [o à l'abri]; **sich ~ fühlen** se sentir en sécurité
Geborgenheit <-> f [sentiment m de] sécurité f
geborsten [gəˈbɔrstən] PP von **bersten**
Gebot [gəˈboːt] <-[e]s, -e> nt ❶ (Befehl, Anweisung) règle f; **ein ~ erlassen** décréter [de sa propre autorité]; **~e und Verbote** le droit et l'ordre
❷ geh (Erfordernis) exigence f, nécessité f; **ein ~ der Höflichkeit** une règle de politesse; **ein ~ der Vernunft** un impératif de la raison
❸ (bei Auktionen) enchère f
❹ BIBL commandement m; **die Zehn ~e** les dix commandements
▶ **ein/das ~ der Stunde** une/la nécessité actuelle; **jdm zu ~e stehen** Talent: être à la disposition de qn
geboten [gəˈboːtən] I. PP von **gebieten, bieten**
II. Adj geh Vorsicht, Respekt requis(e); **jetzt ist besondere Vorsicht ~** maintenant, une prudence extrême s'impose

Gebr. Abk von **Gebrüder:** **~ Lang** Lang frères mpl
Gebrabbel <-s> nt pej fam bredouillage m (péj fam); eines Babys balbutiements mpl
gebracht [gəˈbraxt] PP von **bringen**
gebrannt [gəˈbrant] PP von **brennen**
gebraten [gəˈbraːtən] PP von **braten**
Gebratene(s) nt dekl wie Adj **alles ~ meiden** éviter tout ce qui est frit
Gebräu [gəˈbrɔy] <-[e]s, -e> nt pej breuvage m infâme (péj)
Gebrauch [gəˈbraux] <-[e]s, Gebräuche> m ❶ kein Pl (das Verwenden) usage m; eines Worts emploi m; **zum äußerlichen ~** à usage externe; **falscher ~** mauvaise utilisation f; **sparsam im ~ sein** être économique; **etw in ~ haben** se servir de qc; **von etw ~ machen** faire usage de qc, user de qc; **vor ~ schütteln!** agiter avant usage!
❷ meist Pl (Brauch) usage m
gebrauchen* tr V utiliser Werkzeug, Mittel; employer Ausdruck, Wort; **das ist nicht mehr zu ~** c'est [devenu(e)] inutilisable; **er könnte einen Schal ~** fam il pourrait avoir besoin d'une écharpe (fam)
▶ **zu nichts zu ~ sein** Gegenstand: ne servir à rien; fam Person: n'être bon(ne) à rien (fam)
gebräuchlich [gəˈbrɔyçlɪç] Adj Verfahren courant(e), en usage; Präparat, Mittel utilisé(e); Ausdruck, Wort usité(e)
Gebrauchsanleitung f, **Gebrauchsanweisung** f notice f d'utilisation, mode m d'emploi **Gebrauchsartikel** m article m d'usage courant **Gebrauchsgegenstand** m objet m d'usage courant **Gebrauchsgrafik** f graphique m publicitaire **Gebrauchsinformation** f notice f d'utilisation **Gebrauchsmuster** nt JUR modèle m d'utilité
gebraucht [gəˈbrauxt] I. Adj d'occasion
II. Adv d'occasion
Gebrauchtwagen m voiture f d'occasion **Gebrauchtwagenhändler(in)** m(f) AUT marchand(e) m(f) de voitures d'occasion
gebrechen* itr V unpers, unreg liter **es gebricht ihm an Mut** (Dat) le courage lui fait défaut
Gebrechen <-s, -> nt geh déficience f [fonctionnelle]
gebrechlich [gəˈbrɛçlɪç] Adj sénile
Gebrechlichkeit <-> f sénilité f
gebrochen [gəˈbrɔxən] I. PP von **brechen**
II. Adj ❶ Person brisé(e); Verhältnis ambigu(ë)
❷ (fehlerhaft) **in ~em Deutsch** en mauvais allemand
III. Adv **~ Französisch sprechen** parler un mauvais français
Gebrüder [gəˈbryːdɐ] Pl frères mpl; **die ~ Grimm** les frères Grimm
Gebrüll [gəˈbrʏl] <-[e]s> nt ❶ eines Rindes mugissements mpl, beuglements mpl; eines Löwen rugissements mpl
❷ (Geschrei) hurlements mpl; **unter grässlichem ~** en poussant des hurlements affreux
Gebrumm[e] <-[e]s> nt eines Bären, einer Maschine grondement m; einer Hummel bourdonnement m
gebückt I. Adj voûté(e); **in ~er Haltung** penché(e)
II. Adv le dos courbé
Gebühr [gəˈbyːɐ] <-, -en> f taxe f; (Telefongebühr) tarif m; (Kontoführungsgebühr) frais mpl; (Teilnahmegebühr) droits mpl; (Rundfunk-, Fernsehgebühr) redevance f; **ermäßigte ~** tarif réduit; **eine ~ erheben** prélever une taxe; **~ bezahlt Empfänger** port dû [par le destinataire]
▶ **etw über ~ tun** faire qc plus que de raison
gebühren* geh I. itr V mériter; **ihrer Leistung/ihr gebührt Respekt** elle mérite le respect (fam)
II. r V **wie es sich für einen Sportler gebührt** comme il convient en tant que sportif (fam)
gebührend I. Adj ❶ (zustehend) Honorar dû(due); **er wurde mit der ihm ~en Reverenz empfangen** on le reçut avec le respect qui lui était dû
❷ (angemessen) Abstand approprié(e); Höflichkeit requis(e)
II. Adv dûment; **sein Erfolg wurde ~ gefeiert** son succès fut dûment fêté
Gebühreneinheit f unité f **Gebührenerhöhung** f hausse f des taxes **Gebührenermäßigung** f baisse f de taxes **gebührenfrei** I. Adj Anruf gratuit(e); **~e Beförderung** expédition f en franchise II. Adv gratuitement; befördern en franchise **Gebührenfreiheit** f kein Pl JUR exemption f de taxes **Gebührenmarke** f timbre m [fiscal] **Gebührenordnung** f tarifs mpl, tarification f impérative; eines Freiberuflers barème m d'honoraires
gebührenpflichtig I. Adj Anruf, Auskunft payant(e); Autobahnbenutzung à péage; **~e Verwarnung** avertissement m taxable
II. Adv **jdn ~ verwarnen** dresser une contravention à qn
Gebührenzähler m compteur m d'impulsions
gebunden [gəˈbʊndən] I. PP von **binden**
II. Adj ❶ Preise imposé(e)

❷ *(verpflichtet)* **vertraglich ~ sein** être lié(e) par contrat; **zeitlich ~ sein** être tenu(e) par le temps
Geburt [gəˈbuːɐ̯t] <-, -en> f ❶ *kein Pl (das Geborenwerden)* naissance f; **er war von ~ an kränklich** il était frêle de naissance
❷ *(Entbindung)* accouchement m; **bei der ~** lors de l'accouchement
❸ *(Herkunft)* **er ist von ~ Amerikaner** il est Américain de naissance
▸ **das war eine schwere ~!** *fam* c'était laborieux! *(fam)*
Geburtenbeschränkung f limitation f des naissances **Geburtenkontrolle** f kein Pl contrôle m des naissances **Geburtenregelung** f kein Pl régulation f des naissances **Geburtenrückgang** m baisse f de la natalité, dénatalité f **geburtenschwach** Adj ~**er Jahrgang** classe f d'âge creuse **geburtenstark** Adj ~**er Jahrgang** année f à forte natalité **Geburtenüberschuss**ᴿᴿ m excédent m des naissances **Geburtenzahl** f [taux m de] natalité f **Geburtenziffer** f taux m de natalité
gebürtig [gəˈbʏrtɪç] Adj de naissance, d'origine; **sie ist ~ Münchnerin** elle est munichoise de naissance; **aus Ulm ~ sein** être [originaire] d'Ulm
Geburtsanzeige f *(in der Zeitung)* annonce f de naissance **Geburtsdatum** nt date f de naissance **Geburtsfehler** m malformation f congénitale **Geburtsgewicht** nt kein Pl poids m à la naissance **Geburtshaus** nt maison f natale **Geburtshelfer(in)** m(f) obstétricien(ne) **Geburtshilfe** f kein Pl obstétrique f; **~ leisten** aider à l'accouchement **Geburtsjahr** nt année f de naissance **Geburtsland** nt pays m natal **Geburtsort** m lieu m de naissance **Geburtsschein** m JUR certificat m de naissance **Geburtsstadt** f ville f natale **Geburtsstunde** f heure f de naissance **Geburtstag** m ❶ anniversaire m; **sie hat ~** c'est son anniversaire; [seinen] **~ feiern** fêter son anniversaire; **jdm zum ~ gratulieren** souhaiter un bon anniversaire à qn; **an meinem ~** le jour de mon anniversaire ❷ *(Geburtsdatum)* date f de naissance

---

Land und Leute

A l'occasion d'un **Geburtstag**, on souhaite à la personne concernée «Alles Gute zum Geburtstag» – «Bon Anniversaire» – ou «Herzlichen Glückwunsch zum Geburtstag» – «Joyeux Anniversaire» – et on chante «Happy Birthday to you» qui, traduit en allemand et chanté sur la même mélodie, donne «Zum Geburtstag viel Glück».

Geburtstagsfeier f fête f d'anniversaire **Geburtstagsgeschenk** nt cadeau m d'anniversaire **Geburtstagskarte** f carte f d'anniversaire **Geburtstagskind** nt hum das ~ ≈ celui/celle qui est à l'honneur du jour **Geburtstagstorte** f gâteau m d'anniversaire
Geburtstrauma nt MED traumatisme m de la naissance **Geburtsurkunde** f acte m [o extrait m] de naissance **Geburtswehen** Pl MED travail m **Geburtszange** f MED forceps m
Gebüsch [gəˈbʏʃ] <-[e]s, -e> nt buissons mpl
Geck [gɛk] <-en, -en> m pej dandy m *(vieilli)*
Gecko [ˈgɛko] <-s, -s> m ZOOL gecko m
gedacht [gəˈdaxt] PP von **denken, gedenken**
Gedächtnis [gəˈdɛçtnɪs] <-ses, -se> nt ❶ mémoire f; **ein gutes/schlechtes ~ haben** avoir une bonne/mauvaise mémoire; **ein/kein gutes ~ für Namen haben** avoir/ne pas avoir la mémoire des noms; **jdn/etw im ~ behalten** garder qn/qc en mémoire; **sich** *(Dat)* **etw ins ~ zurückrufen** se remettre qc en mémoire; **wenn mich mein ~ nicht täuscht** si j'ai bonne mémoire; **aus dem ~** *zitieren, rezitieren, aufsagen* de mémoire
❷ *(Andenken)* souvenir m
▸ **er hat ein ~ wie ein Sieb** *fam* sa mémoire est une vraie passoire *(fam)*
Gedächtnishilfe f moyen m mnémotechnique **Gedächtnislücke** f trou m de mémoire **Gedächtnisschwund** m MED perte f de la mémoire ▸ **an ~ leiden** MED souffrir d'amnésie; *iron fam* perdre la mémoire *(iron fam)* **Gedächtnisstütze** f moyen m mnémotechnique
Gedanke [gəˈdaŋkə] <-ns, -n> m ❶ *(Überlegung)* pensée f; *(Einfall)* idée f; **jds ~n erraten** deviner les pensées de qn; **mit dem ~n spielen** [o **sich mit dem ~ tragen**] **etw zu tun** caresser l'idée de faire qc *(soutenu)*
❷ *(Vorstellung)* idée f; **einen ~n in die Tat umsetzen** mettre une idée en pratique; **sich mit dem ~n vertraut machen, dass** s'habituer [o se faire] à l'idée que
▸ **jdn auf andere ~n bringen** changer les idées à qn; **der bloße ~ daran** rien que d'y penser; **auf dumme ~n kommen** *fam* faire des bêtises; **der rettende ~** le trait de génie; **wo hast du nur deine ~n?** où donc as-tu la tête?; **mach dir keine ~n [darüber]!** n'y pense pas!; **sich** *(Dat)* **über etw** *(Akk)* **~n machen** réfléchir à qc; *(sich Sorgen machen)* s'inquiéter de qc; **ganz in ~n sein** être absorbé(e) dans ses pensées; **etw ganz in ~n tun** faire qc l'esprit ailleurs

Gedankenaustausch m échange m de points de vue [o d'opinions] **Gedankenblitz** m fam idée f subite **Gedankenfreiheit** f kein Pl liberté f de pensée **Gedankengang** <-gänge> m raisonnement m **Gedankengebäude** nt geh édifice m intellectuel *(soutenu)* **Gedankengut** nt kein Pl idéologie f
gedankenlos I. Adj Handlung, Vorgehen inconsidéré(e)
II. Adv sans réfléchir
Gedankenlosigkeit <-, -en> f ❶ kein Pl *(Unüberlegtheit)* manque m de réflexion, étourderie f; *(Zerstreutheit)* distraction f
❷ *(Äußerung)* étourderie f
Gedankensprung m saute f d'idées; **Gedankensprünge/einen ~ machen** passer du coq à l'âne **Gedankenstrich** m tiret m **Gedankenübertragung** f transmission f de pensée **gedankenverloren** geh I. Adj Blick, Person absent(e) II. Adv d'un air absent **gedankenvoll** Adj pensif(-ive) **Gedankenwelt** f monde m des idées; **er lebt in seiner eigenen ~** il vit dans son propre monde
gedanklich I. Adj intellectuel(le)
II. Adv intellectuellement
Gedärm [gəˈdɛrm] <-[e]s, -e> nt einer Person intestins mpl; eines Tieres boyaux mpl
Gedeck [gəˈdɛk] <-[e]s, -e> nt ❶ *(Tischgedeck)* couvert m; **noch ein ~ auflegen** mettre un couvert de plus
❷ *(Tagesmenü)* menu m du jour
gedeckt [gəˈdɛkt] I. PP von **decken**
II. Adj ❶ Farben neutre; **ein ~es Grün** un vert atténué
❷ FIN Scheck approvisionné(e)
Gedeih [gəˈdaɪ] ▸ **jdm auf ~ und Verderb ausgeliefert sein** être entièrement livré(e) à qn; **auf ~ und Verderb zusammenhalten** être unis pour le meilleur et pour le pire
gedeihen [gəˈdaɪən] <gedieh, gediehen> itr V + sein ❶ *(sich entwickeln)* bien pousser
❷ *(vorankommen)* Verhandlungen, Pläne: prendre une bonne tournure
gedeihlich Adj geh Zusammenarbeit fructueux(-euse) *(soutenu)*
gedenken* itr V unreg ❶ geh *(ehren)* jds/einer S. ~ commémorer qn/qc; *(erwähnen)* rappeler [solennellement] le souvenir de qn/qc
❷ *(beabsichtigen)* **~ etw zu tun** avoir l'intention de faire qc
Gedenken <-s> nt souvenir m; **zum** [o **im**] **~ an jdn/etw** à la mémoire de qn/en souvenir de qc
Gedenkfeier f fête f commémorative **Gedenkmarke** f timbre m commémoratif **Gedenkminute** f minute f de silence **Gedenkmünze** f médaille f commémorative **Gedenkrede** f discours m commémoratif **Gedenkstätte** f mémorial m; **sein Geburtshaus ist jetzt eine ~** sa maison de naissance a été classée monument historique **Gedenkstein** m monument m commémoratif **Gedenkstunde** f cérémonie f commémorative [o du souvenir] **Gedenktafel** f plaque f commémorative **Gedenktag** m journée f commémorative [o du souvenir]
Gedicht [gəˈdɪçt] <-[e]s, -e> nt poème m; **die ~e Verlaines** les poèmes de Verlaine; **~e schreiben** écrire des poèmes
▸ **ein ~ sein** fam être une merveille
Gedichtband m recueil m de poésies [o de poèmes] **Gedichtinterpretation** f interprétation f d'un poème **Gedichtsammlung** f recueil m de poèmes
gediegen [gəˈdiːgən] Adj ❶ *(rein)* pur(e); Gold, Silber pur(e)
❷ *(sehr gut)* Einrichtung, Kleidung de bonne qualité
❸ *(solide)* solide
Gediegenheit <-> f *(gute Qualität)* bonne qualité f; *(Solidität)* solidité f
gedieh [gəˈdiː] Imp von **gedeihen**
gediehen [gəˈdiːən] PP von **gedeihen**
gedient Adj **ein ~er Soldat** un ancien militaire
Gedöns [gəˈdœns] <-es> nt fam **viel ~ um etw machen** faire tout un cinéma pour qc *(fam)*
Gedränge [gəˈdrɛŋə] <-s> nt cohue f; **es herrschte ein schreckliches ~** c'était la cohue
Gedrängel <-s> nt fam bousculade f *(fam)*
gedrängt [gəˈdrɛŋt] Adj *(knapp)* succinct(e)
Gedribbel [gəˈdrɪblə] nt fam FBALL dribble m
Gedröhn[e] <-[e]s> nt vacarme m
gedroschen [gəˈdrɔʃən] PP von **dreschen**
gedruckt [gəˈdrʊkt] Adj imprimé(e); **klein ~** Text écrit(e) en petits caractères
▸ **er/sie lügt wie ~** il/elle ment comme il/elle respire
gedrückt [gəˈdrʏkt] Adj Person abattu(e); Stimmung morose
Gedrücktheit f abattement m
gedrungen [gəˈdrʊŋən] I. PP von **dringen**
II. Adj Körper, Gestalt trapu(e)
Gedrungenheit <-> f apparence f trapue
geduckt I. Adj baissé(e); **in ~er Haltung** penché(e) en avant

II. *Adv* ~ **dasitzen/dastehen** être assis(e)/être là, la tête dans les épaules

Gedudel <-s> *nt pej fam eines Radios* ritournelle *f (péj fam)*

Geduld [gə'dʊlt] <-> *f* patience *f;* **meine ~ ist erschöpft** [*o* **am Ende**] ma patience est à bout; **mit jdm/etw ~ haben** être patient(e) [*o* avoir de la patience] avec qn/qc; **keine ~ haben** n'avoir aucune patience; **die ~ verlieren** perdre patience; **~!** [un peu de] patience!
▸ **jdm reißt die ~** qn est à bout de patience; **sich mit ~ wappnen** *geh* s'armer de patience *(soutenu)*

gedulden* *r V* **sich** ~ patienter

geduldig *I. Adj* patient(e)
II. Adv patiemment

Geduldsfaden ▸ **ihm/ihr reißt der ~** *fam* il/elle est à bout de patience *(fam)* **Geduldsprobe** *f* **für jdn eine harte ~ sein** mettre la patience de qn à rude épreuve **Geduldsspiel** *nt* jeu *m* de patience

gedungen *PP von* **dingen**

gedunsen [gə'dʊnzən] *Adj Gesicht, Wangen* boursouflé(e)

gedurft [gə'dʊrft] *PP von* **dürfen**

geehrt [gə'ʔe:ɐt] *Adj* ❶ *(bei mündlicher Anrede)* **Sehr ~e Damen und Herren!** Mesdames et Messieurs!; **Sehr ~er Herr Professor Lang!** Monsieur le professeur!

❷ *(bei schriftlicher Anrede)* **Sehr ~e Damen und Herren, ...** Madame, Madame, ...; **Sehr ~er Herr Lang/Herr Professor Lang, ...** Monsieur, ...

geeignet [gə'ʔaɪɡnət] *Adj Bewerber, Kandidat* qui convient; *Maßnahme, Schritt* adéquat(e); *Moment* approprié(e); **für eine Arbeit ~ sein** convenir pour un travail [*o* un poste]; **als Geschenk ~ sein** être un cadeau convenable

Geest [ɡeːst] <-, -en> *f*, **Geestland** ['ɡeːstlant] *nt* lande *f (région plate et pauvre au bord de la mer du Nord)*

Gefahr [ɡəˈfaːɐ] <-, -en> *f* ❶ danger *m*; **sich in ~ begeben** s'exposer au danger; **sich einer ~** *(Dat)* **aussetzen** courir un risque; **jdn in ~ bringen** mettre qn en danger; **außer/in ~ sein** être hors de/en danger; **bei ~** en cas de danger

❷ *(Risiko)* **es besteht die ~, dass** il y a le risque que + *subj*; **die ~ eines Krieges bannen** conjurer le risque de guerre; **auf die ~ hin, dass jd etw tut** quitte à ce que qn fasse qc; **etw auf eigene ~ tun** faire qc à ses risques et périls
▸ **es ist ~ im Verzug** ça sent le roussi; **~ laufen etw zu tun** encourir le risque de faire qc

gefährden* I. *tr V* ❶ mettre en danger [la vie de], nuire à *Person, Tier, Pflanze;* **Rauchen gefährdet die Gesundheit** le tabac nuit à la santé

❷ *(in Frage stellen)* compromettre
II. r V **sich** ~ risquer sa vie

gefährdet *Adj* menacé(e); **[stark] ~ sein** être en [grand] danger

Gefährdung <-, -en> *f* **~ anderer Verkehrsteilnehmer** tort *m* occasionné aux autres véhicules; **~ der öffentlichen Sicherheit** atteinte *f* à la sécurité publique

gefahren [ɡəˈfaːrən] *PP von* **fahren**

Gefahrenherd *m* foyer *m* de troubles **Gefahrenmoment** *nt* facteur *m* de risque **Gefahrenquelle** *f* source *f* de dangers **Gefahrenzone** *f* zone *f* dangereuse **Gefahrenzulage** *f* prime *f* de risque

Gefahrgut *nt* matières *fpl* dangereuses

Gefahrguttransport *m* transport *m* de matières dangereuses

gefährlich [ɡəˈfɛːɐlɪç] *I. Adj* dangereux(-euse)
▸ **der könnte mir ~ werden!** *fam* il pourrait me faire craquer! *(fam)*
II. Adv ❶ *(riskant)* dangereusement
❷ *(bedrohlich)* **aussehen** menaçant(e); **erkrankt** gravement; **schnell** dangereusement

Gefährlichkeit <-> *f* ❶ *einer Aktion, Sportart* caractère *m* dangereux
❷ *(Bedrohlichkeit)* dangerosité *f*; *einer Krankheit* gravité *f*

gefahrlos *Adj, Adv* sans danger

Gefährt [ɡəˈfɛːɐt] <-[e]s, -e> *nt hum geh* engin *m (hum fam)*, véhicule *m (soutenu)*

Gefährte [ɡəˈfɛːɐtə] <-n, -n> *m*, **Gefährtin** *f geh* compagnon *m*/compagne *f (soutenu)*

gefahrvoll *Adj geh* périlleux(-euse) *(littér)*

gefaked [ɡəˈfeːkt] *Adj Nachrichtenmeldung* faux(fausse)

Gefälle [ɡəˈfɛlə] <-s, -> *nt* ❶ *(Neigungsgrad)* pente *f*; **ein starkes ~ haben** *Straße:* avoir une forte déclivité; **starkes ~!** descente dangereuse!

❷ *(Unterschied)* écart *m*

gefallen[1] [ɡəˈfalən] <gefällt, gefiel, gefallen> *I. itr V* ❶ plaire; **jdm [gut] ~** plaire à qn; **das hat mir nicht ~** ça ne m'a pas plu; **es gefällt ihr Leute zu provozieren** cela s'amuse de provoquer les gens

❷ *fam (zu Sorgen, Bedenken Anlass geben)* **er gefällt mir [gar] nicht** il a un air [*o* une mine] qui ne me plaît pas [du tout] *(fam)*; **die Sache gefällt mir [überhaupt] nicht** ça ne me plaît pas [du tout] *(fam)*
▸ **das gefällt mir schon besser** [*o* **eher**] *fam* j'aime [déjà] mieux ça! *(fam)*; **das könnte dir so ~!** ça t'arrangerait bien?
II. r V **sich** *(Dat)* **in Jeans/dunklen Farben ~** se plaire en jean/en couleurs sombres

❷ *fig* **sich** *(Dat)* **in der Rolle des Opfers ~** se complaire dans le rôle de la victime
▸ **sich** *(Dat)* **etw ~ lassen** *(hinnehmen)* tolérer qc; *(sehr gut finden)* trouver qc à son goût; **das lasse ich mir ~!** ça me convient tout à fait!; **sich** *(Dat)* **nichts gefallen lassen** ne pas se laisser faire

gefallen[2] *PP von* **fallen**

Gefallen[1] <-s> *nt geh* plaisir *m*; **an etw** *(Dat)* **~ finden** trouver du plaisir à qc; **sie findet großes ~ an ihm** il lui plaît beaucoup; **aneinander ~ finden** se plaire mutuellement

Gefallen[2] <-s, -> *m* service *m*; **jdn um einen ~ bitten** demander un service à qn; **jdm einen ~ tun** [*o* **erweisen** *geh*] rendre un service à qn
▸ **tun Sie mir einen ~ und gehen Sie!** faites-moi le plaisir de partir!

Gefallene(r) *f(m) dekl wie Adj* soldat *m* mort à la guerre; **die ~n der beiden Weltkriege** les soldats tombés pendant les deux guerres mondiales

Gefallenendenkmal *nt* monument *m* aux morts

gefällig [ɡəˈfɛlɪç] *Adj* ❶ *Person* serviable
❷ *(ansprechend)* charmant(e)
❸ *fam (erwünscht)* **[ein] Schnaps ~?** vous prendrez un schnaps? *(fam)*
▸ **sonst noch was ~?** désirez-vous [encore] autre chose?; *iron (sonst nichts?)* et puis quoi encore? *(iron)*

Gefälligkeit <-, -en> *f* ❶ *(Gefallen)* service *m*; **jdm eine ~ erweisen** rendre [un] service à qn
❷ *kein Pl (das Entgegenkommen)* complaisance *f*; **etw aus ~ tun** faire qc par complaisance

gefälligst [ɡəˈfɛlɪçst, ɡəˈfɛlɪkst] *Adv fam* **sei ~ still!** tu vas me faire le plaisir de te taire! *(fam)*; **lassen Sie mich ~ ausreden!** vous allez me faire le plaisir de ne pas m'interrompre! *(fam)*; **das soll er ~ selbst machen!** il n'a qu'à le faire lui-même! *(fam)*

gefangen [ɡəˈfaŋən] *I. PP von* **fangen**
II. Adj **jdn ~ halten** retenir prisonnier(-ière) qn; **jdn ~ nehmen** faire qn prisonnier(-ère)

Gefangene(r) *f(m) dekl wie Adj* ❶ *(Häftling)* détenu(e) *m(f)*
❷ *(Kriegsgefangener)* prisonnier(-ière) *m(f)*; **~ machen** faire des prisonniers

Gefangenenaustausch *m* échange *m* de prisonniers **Gefangenenlager** *nt* camp *m* de prisonniers

gefangenhalten *tr V unreg* **jdn** [*o* **jds Aufmerksamkeit**] ~ captiver qn [*o* l'attention de qn]

Gefangennahme [ɡəˈfaŋənaːmə] <-, -n> *f eines Soldaten* capture *f*

Gefangenschaft <-, -en> *f* captivité *f*; **in ~ geraten** [*o* **kommen**] être fait(e) prisonnier(-ière); **sein Vater war in russischer ~** son père a été fait prisonnier par les Russes

Gefängnis [ɡəˈfɛŋnɪs] <-ses, -se> *nt* ❶ prison *f*; **ins ~ kommen** aller en prison; **im ~ sein** [*o* **sitzen** *fam*] être en prison [*o* assis(e) à l'ombre *fam*]; **aus dem ~ entlassen werden** être libéré(e) de prison

❷ *(Gefängnisstrafe)* **jdn zu zwei Jahren ~ verurteilen** condamner qn à deux ans de prison; **darauf steht ~** *fam* ça risque l'emprisonnement *(fam)*

Gefängnisaufseher(in) *m(f)* gardien(ne) *m(f)* de [la] prison, maton(ne) *m(f) (fam)* **Gefängnisdirektor**, **-direktorin** *m(f)* directeur(-trice) *m(f)* de [la] prison **Gefängnisinsasse** *m*, **-insassin** *f* détenu(e) *m(f)* **Gefängnisrevolte** *f* révolte *f* des prisonniers **Gefängnisstrafe** *f* peine *f* de prison **Gefängniswärter(in)** *m(f)* gardien(ne) *m(f)* de [la] prison **Gefängniszelle** *f* cellule *f*

Gefasel [ɡəˈfaːzəl] <-s> *nt pej* radotage *m*

Gefäß [ɡəˈfɛːs] <-es, -e> *nt* ❶ *(Behälter)* récipient *m*
❷ ANAT vaisseau *m*

Gefäßchirurgie *f* MED chirurgie *f* vasculaire **gefäßerweiternd** *I. Adj* vasodilatateur(-trice) *II. Adv* **~ wirken** avoir un effet vasodilatateur **Gefäßerweiterung** *f* vasodilatation *f* **Gefäßkrankheit** *f* maladie *f* vasculaire

gefasst[RR], **gefaßt**[ALT] *I. Adj* ❶ *Person* calme; **einen ~en Eindruck machen** donner l'impression de se maîtriser
❷ *(eingestellt)* **auf etw** *(Akk)* **~ sein/sich auf etw** *(Akk)* **~ machen** s'attendre à qc; **sich darauf ~ machen, dass** s'attendre à ce que + *subj*; **du kannst dich auf was ~ machen!** *fam* tu peux numéroter tes abattis! *(fam)*
II. Adv avec calme; **~ wirken** donner une impression de calme; **~ aussehen** avoir l'air calme

Gefasstheit^RR, **Gefaßtheit**^ALT <-> f calme m
gefäßverengend I. Adj vasoconstricteur II. Adv ~ **wirken** avoir un effet vasoconstricteur **Gefäßverkalkung** f MED artériosclérose f
Gefecht [gə'fɛçt] <-[e]s, -e> nt combat m; **sich** *(Dat)* **ein ~ liefern** se livrer [un] combat
  ▸ etw ins ~ **führen** geh mettre qc en avant; jdn außer ~ **setzen** *(kampfunfähig machen)* mettre qn hors de combat; *(handlungsunfähig machen)* mettre qn sur la touche
Gefechtsausbildung f entraînement m au combat **gefechtsbereit** Adj prêt(e) au combat **gefechtsklar** Adj paré(e) au combat; **ein Schiff ~ machen** mettre un bateau en [état d']alerte **Gefechtskopf** m ogive f **Gefechtsstand** m poste m de commandement **Gefechtsverlauf** m déroulement m du combat
gefeiert Adj très populaire
gefeit [gə'faɪt] Adj geh **gegen etw ~ sein** être à l'abri de qc
gefestigt Adj Person, Charakter solide
Gefieder [gə'fi:dɐ] <-s, -> nt plumage m
gefiedert Adj *(mit Federn)* à plumes
gefiel Imp von **gefallen**
Gefilde [gə'fɪldə] <-s, -> nt geh contrée f *(soutenu)*; **die heimatlichen ~** hum le pays natal
Geflecht [gə'flɛçt] <-[e]s, -e> nt ❶ *(Flechtwerk)* lacis m; *(Stuhlgeflecht)* cannage m
  ❷ *(Gewirr)* entrelacs m
gefleckt [gə'flɛkt] Adj tacheté(e)
Geflimmer <-s> nt ❶ *(schlechte Bildqualität)* tremblement m des images
  ❷ *(flimmernde Luft)* vibration f de la lumière
geflissentlich [gə'flɪsntlɪç] Adv geh à dessein *(soutenu)*
geflochten [gə'flɔxtən] PP von **flechten**
geflogen [gə'flo:gən] PP von **fliegen**
geflohen [gə'flo:ən] PP von **fliehen**
geflossen [gə'flɔsən] PP von **fließen**
Geflügel <-s> nt volaille f
Geflügelfleisch nt volaille f **Geflügelhaltung** f élevage m de volailles **Geflügelkrankheit** f maladie f aviaire **Geflügelsalat** m salade f de volaille **Geflügelschere** f cisailles fpl à volaille
geflügelt Adj ailé(e)
Geflügelzucht f élevage m de volailles
Geflunker [gə'flʊŋkɐ] <-s> nt pej fam craques fpl *(fam)*
Geflüster [gə'flʏstɐ] <-s> nt chuchotements mpl
gefochten [gə'fɔxtən] PP von **fechten**
Gefolge <-s, -> nt cortège m
  ▸ etw im ~ **haben** avoir qc pour conséquence; **im ~ der Untersuchungen** à la suite des analyses
Gefolgschaft <-, -en> f ❶ *(Anhängerschaft)* partisans mpl; **eines Sektenführers** disciples mpl
  ❷ *(Gehorsam)* **jdm die ~ verweigern** refuser de suivre qn
  ❸ HIST *(Gefolge)* cortège m
Gefolgsmann <-leute> m, **-frau** f ❶ *(Anhänger)* partisan(e) m(f)
  ❷ HIST membre m de la suite; **seine Gefolgsleute** les gens mpl de sa suite
gefragt [gə'fra:kt] Adj ❶ Künstler en vogue; Artikel, Produkt demandé(e)
  ❷ *(erwünscht)* **nicht ~ sein** Person, Verhalten: ne pas être le bienvenu/la bienvenue; **dein Typ ist hier nicht ~!** fam tu n'es pas le bienvenu/la bienvenue ici!
gefräßig [gə'frɛːsɪç] Adj pej Tier vorace; Person glouton(ne); **er ist ein ~er Mensch** c'est un véritable goinfre
Gefräßigkeit <-> f einer Person gloutonnerie f; eines Tiers voracité f
Gefreite(r) f(m) dekl wie Adj caporal m; *(in der Artillerie, Kavallerie)* brigadier m
gefressen [gə'frɛsən] PP von **fressen**
Gefrieranlage [gə'fri:ɐ-] f installation f de congélation **Gefrierbeutel** m sachet m de congélation
gefrieren* itr V unreg + sein geler; **gefroren** gelé(e)
Gefrierfach nt freezer m **Gefrierfleisch** nt viande f surgelée **gefriergetrocknet** Adj lyophilisé(e) **Gefrierpunkt** m point m de congélation; **über dem ~** au-dessus de 0°; **um den ~** autour de 0° **Gefrierschrank** m congélateur m armoire **Gefriertrocknung** f lyophilisation f **Gefriertruhe** f congélateur m [coffre]
gefroren [gə'fro:rən] I. PP von **frieren, gefrieren**
  II. Adj hart ~ complètement gelé(e)
Gefuchtel <-s> nt pej moulinets mpl; **wildes ~** des grands moulinets
Gefüge [gə'fy:gə] <-s, -> nt geh structure f; **das soziale ~** le tissu social
gefügig Adj docile; Untergebener soumis(e); **[sich** *(Dat)]* **jdn ~ machen** soumettre qn à sa volonté
Gefügigkeit <-> f docilité f
Gefühl [gə'fy:l] <-[e]s, -e> nt ❶ *(Sinneswahrnehmung)* sensation f; **kein ~ für warm und kalt haben** ne pas avoir de sensation de chaud et de froid; **kein ~ mehr in den Fingern haben** ne plus sentir ses doigts
  ❷ *(seelische Empfindung)* sentiment m; **ein beglückendes ~** un sentiment de joie [o de bonheur]; **ein ~ der Reue** un sentiment de regret; **mit widerstrebenden/gemischten ~en** à contrecœur/avec des sentiments mitigés; **ein Mensch ohne jedes ~** un individu dénué de tout sentiment; **jds ~e verletzen** froisser qn
  ❸ *(Gespür)* intuition f; **ein ~ für etw haben** avoir un sens pour qc; **ein ~ dafür haben, wer/ob ...** sentir d'instinct qui/si ...; **etw im ~ haben** sentir qc
  ❹ *(Ahnung, Eindruck)* pressentiment m; **das dunkle ~ haben, dass** avoir l'obscur pressentiment que + *indic*; **das bestimmte/unbestimmte ~ haben, dass/als ob ...** avoir nettement/confusément le sentiment que + *indic*; **das ~ nicht loswerden, dass** ne pas arriver à se sortir de la tête que + *indic*
  ▸ [das ist] **ein ~ wie Weihnachten** hum fam c'est vraiment super *(fam)*; **seinen ~en keinen Zwang antun** fam ne pas se gêner *(fam)*; **tu deinen ~en keinen Zwang an!** [il] faut [surtout] pas te gêner! *(fam)*; **das ist das höchste der ~e** *(das äußerste Zugeständnis)* c'est mon/notre/... dernier mot; **mit ~** *(vorsichtig)* avec doigté; *(feinfühlig)* avec sensibilité
gefühllos I. Adj ❶ Finger, Hand, Bein insensible; *(vor Kälte taub)* engourdi(e)
  ❷ *(ohne Gespür)* Person insensible
  II. Adv behandeln, sich verhalten durement
Gefühllosigkeit <-> f insensibilité f
Gefühlsausbruch m réaction f passionnée; *(Zornesausbruch)* explosion f **gefühlsbetont** Adj émotionnel(le); Rede passionné(e) **Gefühlsduselei** [gəfy:lsdu:zə'laɪ] <-, -en> f pej fam sensiblerie f *(péj)* **gefühlskalt** Adj ❶ *(herzlos)* de glace ❷ *(frigide)* frigide **Gefühlskälte** f ❶ *(Gefühllosigkeit)* insensibilité f ❷ *(Frigidität)* frigidité f **Gefühlsleben** nt vie f affective **gefühlsmäßig** Adv intuitivement **Gefühlsmensch** m émotif(-ive) m(f) **Gefühlsregung** f émotion f **Gefühlssache** f ▸ **das ist reine ~** c'est une question de feeling *(fam)*
gefühlvoll I. Adj Person sensible; Geigenspiel, Vers plein(e) de sensibilité
  II. Adv avec beaucoup de sensibilité
gefüllt Adj ❶ Tomate, Paprikaschote farci(e); Keks, Praline fourré(e); **mit Hackfleisch/Likör ~** farci(e) de viande hachée/fourré(e) à la liqueur
  ❷ *(voll)* Brieftasche, Spendenbüchse rempli(e)
Gefummel <-s> nt fam *(an einer Person)* pelotage m *(fam)*; **hör mit dem ~ auf!** arrête de me peloter! *(fam)*; *(fass das nicht an)* arrête de [tout] tripoter!
gefunden [gə'fʊndən] PP von **finden**
Gegacker [gə'gakɐ] <-s> nt caquetages mpl
gegangen [gə'gaŋən] PP von **gehen**
gegeben [gə'ge:bən] I. PP von **geben**
  II. Adj ❶ *(vorhanden)* présent(e); **aus ~em Anlass** puisque l'occasion en est donnée; **unter den ~en Umständen** étant donné les circonstances; **etw als ~ annehmen** *(als vorhanden ansehen)* postuler qc; *(als naturgegeben ansehen)* considérer qc comme allant de soi
  ❷ *(geeignet)* **zu ~er Zeit** en temps voulu
gegebenenfalls [gə'ge:bənənfals] Adv le cas échéant
Gegebenheit <-, -en> f meist Pl réalité f
gegen ['ge:gən] I. Präp + Akk ❶ contre; **~ eine starke Mannschaft spielen** jouer contre une équipe forte; **ein Medikament ~ Heuschnupfen** un médicament contre le rhume des foins
  ❷ *(ablehnend eingestellt)* **~ jdn/etw sein** être contre qn/qc
  ❸ *(wider)* **~ jds Anordnung handeln** agir en dépit de l'ordre de qn; **das ist ~ unsere Abmachung** c'est contraire à notre accord
  ❹ *(an)* **~ eine Wand/einen Baum prallen** Auto: heurter un mur/un arbre; Ball: ricocher contre un mur/un arbre
  ❺ *(für)* **~ Quittung** contre accusé de réception; **~ Devisen** contre des devises; **~ Kaution** moyennant une caution; **~ bar** [o **Barzahlung**] [au] comptant
  ❻ *(verglichen mit)* comparé(e) à; **~ sie ist er langsam** il est lent par rapport à elle
  ❼ *(ungefähr)* **~ acht Uhr/Mittag** vers huit heures/midi
  II. Adv **~ tausend Euro** environ mille euros; **~ zehn Personen** une dizaine de personnes
Gegenangebot nt contre-offre f **Gegenangriff** m contre-attaque f; **zum ~ übergehen** passer à la contre-attaque **Gegenanspruch** m ❶ ÖKON contre-prétention f ❷ JUR demande f reconventionnelle **Gegenantrag** m contre-proposition f **Gegenanzeige** f contre-indication f **Gegenargument** nt objection f **Gegenbehauptung** f affirmation f contraire; **eine ~ aufstellen** prétendre le contraire **Gegenbeispiel** nt contre-exemple m **Gegenbesuch** m **jdm einen ~ abstatten** rendre sa visite à qn **Gegenbewegung** f réaction f **Gegenbeweis** m preuve f du contraire; **den ~ antreten** [o **erbringen**] apporter [o fournir] la

preuve du contraire **Gegenbuchung** f contre-passation f **Gegencheck** [-tʃɛk] m fam vérif f (fam)
Gegend ['ge:gənt] <-, -en> f ❶ a. ANAT région f; **die ~ von Paris** la région parisienne; **in der ~ von Hamburg leben** vivre du côté de Hambourg; **in dieser ~ bin ich schon gewesen** je suis déjà venu(e) dans le coin
❷ (nähere Umgebung) **das muss [hier] in der ~ sein** ça ne doit pas être loin [d'ici]
❸ (Wohngegend) quartier m
▸ **die ~ unsicher machen** faire régner l'insécurité dans le quartier/la région; hum fam (sich amüsieren) faire la tournée des grands-ducs (fam); **in der ~ herumfahren** aller ça et là; **etw in die ~ werfen** jeter qc par terre; **in der ~ um Pfingsten** fam aux alentours de la Pentecôte; **in der ~ um hundert Euro liegen** fam Preis: coûter dans les cent euros
Gegendarstellung f ❶ version f contradictoire ❷ (Presseartikel) réponse f **Gegendemonstration** f contre-manifestation f **Gegendienst** m service m en retour; **jdm einen ~ erweisen** rendre la pareille à qn, renvoyer l'ascenseur à qn (fam); **ich erwarte einen ~ von dir** j'attends que tu me rendes la pareille **Gegendruck** m pression f en retour
gegeneinander [ge:gən?aɪ'nandɐ] Adv **zwei/zehn Gefangene ~ austauschen** échanger deux/dix prisonniers; **zum ersten Mal ~ spielen** Mannschaften, Sportler: entrer en lice pour la première fois [l'un(e) contre l'autre]; **sie haben etwas ~** fam ils/elles peuvent pas se blairer (fam)
Gegeneinander <-s> nt confrontation f
gegeneinander|halten tr V unreg **zwei Fotos ~** mettre deux photos en regard
gegeneinander|prallen itr V + sein Personen: se heurter; Fahrzeuge: se tamponner
gegeneinander|stehen itr V unreg Aussagen, Behauptungen: être en contradiction
gegeneinander|stoßen itr V unreg + sein Gläser, Kugeln: se heurter; Fahrzeuge: se tamponner
Gegeneinladung f invitation f de politesse **Gegenfahrbahn** f voie f opposée **Gegenfrage** f question f en réponse à une question; **mit einer ~ antworten** répondre à une question par une autre **Gegengebot** nt surenchère f **Gegengerade** f ligne f droite opposée **Gegengeschenk** nt cadeau m en retour **Gegengewalt** f riposte f violente; **Gewalt mit ~ beantworten** répondre à la violence par la violence **Gegengewicht** nt ❶ (Gewicht) contrepoids m ❷ fig **ein ~ zu etw schaffen** faire contrepoids à qc **Gegengift** nt contrepoison m; **ein ~ gegen etw un** contrepoison à qc **gegen|halten** itr V unreg fam riposter **Gegenkandidat(in)** m(f) challenge[u]r m, adversaire m **Gegenklage** f demande f reconventionnelle **Gegenkurs** m direction f inverse; **auf ~ gehen** aller à contre-courant **gegenläufig** Adj Bewegung, Kolben opposé(e); Entwicklung, Tendenz contraire **Gegenleistung** f contrepartie f; **als ~ für etw** en contrepartie de qc **gegen|lenken** itr V contrebraquer **gegen|lesen** tr V unreg faire une relecture de **Gegenlicht** nt contre-jour m; **bei ~** à contre-jour **Gegenlichtaufnahme** f PHOT photo f à contre-jour **Gegenliebe** f auf wenig ~ stoßen ne pas avoir beaucoup de succès **Gegenmacht** f forces fpl adverses **Gegenmaßnahme** f (vorbeugende Maßnahme) mesure f préventive; (Maßnahme zur Bekämpfung) mesure énergique **Gegenmeinung** f opinion f inverse **Gegenmittel** f antidote m **Gegenoffensive** s. Gegenangriff **Gegenpapst** m antipape · m **Gegenpartei** f POL opposition f; JUR partie f adverse; SPORT adversaire m **Gegenpol** m fig **jds ~ sein, der ~ zu jdm sein** être l'antithèse f de qn **Gegenposition** f point m de vue opposé **Gegenprobe** f ❶ contre-épreuve f; **die ~ machen** procéder à la contre-épreuve ❷ MATH vérification f **Gegenreaktion** f riposte f **Gegenrechnung** f **eine ~ für etw aufmachen** [o **aufstellen**] faire le décompte de qc **Gegenrede** f (Widerrede) réplique f; **er ging uns ~ mit uns ins Kino** il est venu avec nous au cinéma sans contester **Gegenreformation** f contre-réforme f **Gegenregierung** f contre-gouvernement m **Gegenrichtung** f direction f opposée **Gegensatz** m ❶ (Gegenteil) contraire m; **im ~ zu seiner Behauptung** contrairement à son affirmation; **in einem krassen ~ zu etw stehen, einen krassen ~ zu etw bilden** être en contradiction totale avec qc ❷ Pl (Unterschiedlichkeit) différences fpl; **unüberbrückbare Gegensätze** des différences insurmontables ▸ **Gegensätze ziehen sich an** Spr. les extrêmes s'attirent
gegensätzlich [-zɛtslɪç] I. Adj opposé(e)
II. Adv d'une façon différente; **sie sind sehr ~ veranlagt** tout les oppose, ils/elles ont deux caractères totalement opposés; **~ beurteilt werden** Arbeit, Leistung: recevoir un accueil mitigé
Gegensätzlichkeit <-, -en> f incompatibilité f
Gegenschlag m riposte f; **zum ~ ausholen** préparer la riposte
Gegenseite f ❶ (gegenüberliegende Seite) autre côté m ❷ JUR partie f adverse ❸ POL camp m adverse
gegenseitig ['ge:gənzaɪtɪç] I. Adj mutuel(le)
II. Adv mutuellement; **sich ~ helfen** s'entraider
Gegenseitigkeit <-> f **auf ~ beruhen** être [tout à fait] réciproque; **ein Vertrag auf ~** un accord de réciprocité
Gegensinn m **im ~** à l'envers **Gegenspieler(in)** m(f) adversaire mf **Gegenspionage** [-ʃpioˈnaːʒə] f contre-espionnage m **Gegensprechanlage** f interphone m
Gegenstand <-[e]s, -stände> m ❶ (Ding) objet m; **die Gegenstände des täglichen Bedarfs** les objets d'usage courant
❷ (Thema) einer Abhandlung, Diskussion sujet m
❸ (Objekt, Ziel) objet m; **der ~ der Bewunderung/Kritik sein** être l'objet d'admiration/de critiques; **des Vertrags** objet du contrat
gegenständlich ['ge:gənʃtɛntlɪç] I. Adj Darstellung, Kunst, Malerei figuratif(-ive)
II. Adv darstellen d'une manière figurative; **~ malen** faire de la peinture figurative
gegenstandslos Adj sans objet
gegen|steuern s. gegenlenken **Gegenstimme** f ❶ PARL voix f contre ❷ (abweichende Ansicht) kritische ~ des voix fpl discordantes **Gegenstoß** m (Gegenangriff) contre-offensive f; **einen ~ führen** mener une contre-offensive **Gegenströmung** f contre-courant m **Gegenstück** nt pendant m; **das ~ zu etw** le pendant de qc **Gegenteil** nt contraire m; **[genau] das ~ bewirken** obtenir [exactement] le résultat inverse; **ins ~ umschlagen** Stimmung: changer du tout au tout; [ganz] **im ~!** [bien] au contraire!
gegenteilig I. Adj contraire; **die ~e Meinung vertreten** défendre l'avis contraire [o opposé]; **wenn nichts Gegenteiliges entschieden wird** en l'absence de disposition contraire
II. Adv sich entscheiden autrement
Gegentor nt SPORT but m contre son camp **Gegentreffer** m but m adverse; **einen ~ erzielen** marquer un but d'égalisation; **es fiel kein ~** il n'y a pas eu de but d'égalisation
gegenüber [gəˈgən?yːbɐ] I. Präp + Dat ❶ **~ dem Bahnhof, dem Bahnhof ~** en face de la gare
❷ (zu, in Bezug auf) **jdm/einer S. ~** à l'égard de qn/qc; **jdm/einer S. ~ eine kritische Haltung einnehmen** être critique à l'égard de qn/qc; **mir ~ hat er das nicht geäußert** il ne me l'a pas dit en face; **dir ~ hat sie keine Vorbehalte** elle n'a pas de réserve à ton égard
❸ (im Vergleich zu) **jdm ~ im Vorteil sein** avoir un avantage par rapport à qn
II. Adv wohnen, sich befinden en face; **die Nachbarn von ~** les voisins d'en face; **Mainz liegt ~ von Wiesbaden** Mayence est située en face de Wiesbaden
Gegenüber <-s, selten -> nt vis-à-vis m
gegenüber|liegen itr V unreg **jdm/einer S. ~** se trouver en face de qn/qc; **sich (Dat) ~** se trouver face à face **gegenüberliegend** Adj attr d'en face **gegenüber|sehen** r V unreg **jdm/einer S. ~** se retrouver face à qn/qc **gegenüber|sitzen** itr V unreg **jdm ~** être assis(e) en face de qn; **sich (Dat) ~** être assis(e)s l'un/l'une en face de l'autre **gegenüber|stehen** itr V unreg ❶ (sich befinden) **jdm ~** être en face de qn; **sich (Dat) ~** être l'un(e) en face de l'autre ❷ (eingestellt sein) **jdm/einer S. wohlwollend ~** être favorable à qn/qc; **jdm/einer S. misstrauisch ~** être méfiant(e) à l'égard de qn/qc; **sich (Dat) [o einander geh] feindlich ~** s'affronter hostilement ❸ (einen Gegensatz bilden) **sich (Dat) ~** Ansichten, Standpunkte: s'affronter **gegenüber|stellen** tr V **jdn einem Zeugen ~** confronter qn avec un témoin
Gegenüberstellung f confrontation f
gegenüber|treten itr V unreg + sein **jdm ~** se présenter devant qn
Gegenverkehr m circulation f en sens inverse **Gegenversprechen** nt contre-promesse f **Gegenvorschlag** m contre-proposition f
Gegenwart ['ge:gənvart] <-> f ❶ a. GRAM présent m
❷ (heutige Zeit) époque f actuelle; **die Kunst der ~** l'art contemporain; **die Probleme der ~** les problèmes actuels; **noch bis in die ~** encore aujourd'hui
❸ (Anwesenheit) présence f; **in seiner ~** en sa présence
gegenwärtig [ˈgeːgənvɛrtɪç] I. Adj ❶ attr Angebot, Lage actuel(le); **zum ~en Zeitpunkt** à l'heure actuelle; **die ~en Baupreise betragen ...** actuellement, les prix de la construction se situent à ...
❷ geh (erinnerlich) **etw ist jdm ~** qn a qc présent à l'esprit
❸ (lebendig, unvergessen) **~ sein** Ereignisse, Vergangenheit: être présent(e)
II. Adv à l'heure actuelle
gegenwartsbezogen Adj Person tourné(e) vers le présent; Roman, Thema très actuel(le) **Gegenwartsform** f présent m **gegenwartsnah** I. Adj geh [très] actuel(le) II. Adv geh en étant branché(e) sur l'actualité (fam)

Gegenwehr f résistance f; ~/keine ~ leisten opposer une/ne pas opposer de résistance **Gegenwert** m contre-valeur f; **im ~ von tausend Euro** d'une valeur de mille euros **Gegenwind** m vent m contraire; **~ haben** Läufer: courir contre le vent; Radfahrer: rouler contre le vent **gegen|zeichnen** tr V contresigner **Gegenzeichnung** f contreseing m **Gegenzug** m ① (Spielzug) réponse f ② (Reaktion) riposte f; **im ~** (als Antwort) en guise de riposte; (als Ausgleich) en contrepartie
gegessen [gəˈgɛsən] PP von **essen**
geglichen [gəˈglɪçən] PP von **gleichen**
geglitten [gəˈglɪtən] PP von **gleiten**
geglommen [gəˈglɔmən] PP von **glimmen**
Gegner(in) [ˈgeːgnɐ] <-s, -> m(f) ① MIL ennemi(e) m(f)
② SPORT adversaire mf
③ (opp: Befürworter) opposant(e) m(f)
④ JUR partie f adverse
gegnerisch Adj attr ① MIL ennemi(e)
② SPORT, JUR adverse; **die ~e Partei** la partie adverse
Gegnerschaft <-, -en> f ① (ablehnende Einstellung) **~ gegen etw** opposition f à qc
② kein Pl (die Gegner) adversaires mpl
gegolten [gəˈgɔltən] PP von **gelten**
gegoren [gəˈgoːrən] PP von **gären**
gegossen [gəˈgɔsən] PP von **gießen**
gegr. Abk von **gegründet** fondé(e)
gegraben [gəˈgraːbən] PP von **graben**
gegriffen [gəˈgrɪfən] PP von **greifen**
Gegröle [gəˈgrøːlə] <-s> m pej fam braillements mpl (fam)
Gehabe [gəˈhaːbə] <-s> nt pej fam (Aufheben) chichis mpl (fam); (affektiertes Verhalten) manières fpl
gehabt I. PP von **haben**
II. Adj ▶ **wie gehabt** comme toujours
Gehackte(s) nt dekl wie Adj viande f hachée
Gehalt[1] [gəˈhalt, Pl: gəˈhɛltɐ] <-[e]s, Gehälter> nt o A m (Monatsgehalt) salaire m; **ein festes ~** un salaire fixe
Gehalt[2] [gəˈhalt] <-[e]s, -e> m ① (Anteil) teneur f; **~ an Kalzium** teneur f en calcium
② (gedanklicher Inhalt) contenu m
gehalten [gəˈhaltən] I. PP von **halten**
II. Adj form **~ sein etw zu tun** être tenu(e) de faire qc
gehaltlos Adj ① (nährstoffarm) peu nutritif(-ive)
② (nichts sagend) inconsistant(e)
Gehaltsabrechnung f bulletin m de paye **Gehaltsabzug** m retenue f sur le salaire **Gehaltsanspruch** m meist Pl (Forderung) revendication f salariale; (Recht) droit m au paiement d'un salaire; **Gehaltsansprüche geltend machen** faire valoir des revendications salariales **Gehaltsbescheinigung** f attestation f de salaire **Gehaltsempfänger(in)** m(f) salarié(e) m(f) **Gehaltsentwicklung** f évolution f des salaires **Gehaltserhöhung** f augmentation f de salaire **Gehaltsforderung** f ① revendication f salariale ② (Gehaltsvorstellung) prétentions fpl salariales **Gehaltsgefüge** nt grille f des salaires **Gehaltsgruppe** f échelon m **Gehaltshöhe** f montant m du salaire **Gehaltskonto** nt compte m où est viré le salaire [o traitement] **Gehaltskürzung** f diminution f de salaire **Gehaltsliste** f livre m de paie; **auf der ~ eines Unternehmens stehen** travailler pour une entreprise **Gehaltsmodell** nt modèle m de revenu **Gehaltsnachzahlung** f rappel m de traitement [o salaire] **Gehaltsstufe** f s. Gehaltsgruppe **Gehaltsvorrückung** f A augmentation f de salaire **Gehaltsvorstellung** f meist Pl prétentions fpl salariales **Gehaltswunsch** m meist Pl prétentions fpl salariales **Gehaltszahlung** f versement m du salaire; **ist die ~ schon auf meinem Konto [eingegangen]?** mon salaire a-t-il déjà été viré sur mon compte? **Gehaltszulage** f supplément m de salaire
gehaltvoll Adj ① (nahrhaft) nutritif(-ive)
② (geistvoll) Buch, Film riche
Gehämmer [gəˈhɛmɐ] <-s> nt pej martèlement m
gehandikapt [gəˈhɛndikɛpt] Adj fam handicapé(e)
Gehänge [gəˈhɛŋə] <-s, -> nt ① A (Abhang) pente f
② (Ohrring) pendentif m
③ sl (männliche Geschlechtsteile) couilles fpl (vulg)
gehangen [gəˈhaŋən] PP von **hängen**
Gehängte(r) f(m) dekl wie Adj pendu(e) m(f)
geharnischt [gəˈharnɪʃt] Adj Antwort, Brief virulent(e)
gehässig [gəˈhɛsɪç] I. Adj venimeux(-euse)
II. Adv avec malveillance
Gehässigkeit <-, -en> f ① kein Pl (Boshaftigkeit) hargne f
② (Bemerkung) méchanceté f
gehauen [gəˈhauən] PP von **hauen**
gehäuft [gəˈhɔʏft] I. Adj ① Löffel bon(ne); **ein ~er Esslöffel Mehl** une bonne cuillerée de farine
② (wiederholt) Auftreten répété(e)
II. Adv fréquemment

Gehäuse [gəˈhɔʏzə] <-s, -> nt ① eines Geräts, Apparats boîtier m
② (Schneckengehäuse) coquille f
③ (Kerngehäuse) trognon m
gehbehindert [ˈgeːbəhɪndɐt] Adj qui se déplace avec difficulté (form), à mobilité réduite (form); **~ sein** avoir du mal à se déplacer
Gehege [gəˈheːgə] <-s, -> nt (Wildgehege, Zoogehege) enclos m; (für Besucher zugängliches Freigehege) parc m
▶ **jdm ins ~ kommen** fam marcher sur les plates-bandes de qn (fam)
geheiligt Adj Brauch, Tradition, Recht sacré(e)
geheim [gəˈhaɪm] I. Adj secret(-ète); **streng ~** strictement confidentiel(le); **im Geheimen** en secret
II. Adv **abstimmen** à bulletins secrets; **etw vor jdm ~ halten** cacher qc à qn; **etw vor der Öffentlichkeit ~ halten** ne pas divulguer qc au grand jour; **die Ergebnisse werden ~ gehalten** les résultats sont tenus secrets
Geheimagent(in) m(f) agent m secret **Geheimbund** <-bünde> m société f secrète **Geheimdienst** m services mpl secrets **Geheimfach** nt compartiment m secret
geheim|haltenᴬᴸᵀ s. geheim II.
Geheimhaltung f **~ einer S.** (Gen) secret m sur qc; **zur ~ verpflichtet sein** être tenu(e) au secret; **strikte ~ anordnen** décréter la plus grande discrétion; **ich muss Sie um ~ bitten** je vous prie de garder le secret
Geheimhaltungspflicht f obligation f de confidentialité
Geheimkonto nt compte m secret
Geheimnis <-ses, -se> nt ① secret m; **keine ~se vor jdm haben** ne pas avoir de secret pour qn; **aus etw ein/kein ~ machen** faire/ne pas faire mystère de qc
② Pl hum (Kunst) **jdn in die ~se der EDV/des Kochens einweihen** initier qn aux secrets mpl de l'informatique/la cuisine
▶ **ist das ganze ~** fam c'est pas plus sorcier que ça (fam); **ein offenes ~** un secret de Polichinelle
Geheimniskrämer(in) m(f) pej cachottier(-ière) m(f) **Geheimniskrämerei** <-> f pej fam cachotteries fpl **Geheimnisträger(in)** m(f) détenteur(-trice) m(f) de secrets d'État **Geheimnistuerei** [-tuːəˈraɪ] f pej fam cachotteries fpl **geheimnisumwittert** Adj geh enveloppé(e) [o entouré(e)] de mystère **Geheimnisverrat** m divulgation f de secret **geheimnisvoll** Adj mystérieux(-euse); **~ tun** faire des mystères
Geheimnummer f ① (Telefonnummer) numéro m sur la liste rouge; **eine ~ haben** être sur [la] liste rouge ② (Geheimzahl) eines Kontos code m confidentiel; eines Safes combinaison f **Geheimpolizei** f police f secrète **Geheimpolizist(in)** m(f) agent m de la police secrète **Geheimrat** m, **-rätin** f HIST conseiller(-ère) m(f) privé(e) **Geheimratsecken** Pl hum fam tempes fpl dégarnies **Geheimrezept** nt secret m **Geheimsache** f affaire f confidentielle **Geheimschrift** f caractères mpl secrets; **in ~ geschrieben** crypté(e) **Geheimsender** m émetteur m clandestin **Geheimtipp**ᴿᴿ m tuyau m (fam) **Geheimtür** f porte f dérobée **Geheimwaffe** f ① arme f secrète ② fig botte f secrète **Geheimzahl** f code m confidentiel; **geben Sie Ihre ~ ein** faites votre code
Geheiß [gəˈhaɪs] <-es> nt geh **auf sein/ihr ~** sur son ordre; **auf ~ der Eltern** sur l['] ordre des parents
geheißen PP von **heißen**
gehemmt I. Adj Person inhibé(e); **einen ~en Eindruck machen** avoir l'air inhibé(e) (fam)
II. Adv **sich ~ benehmen** avoir des inhibitions
gehen [ˈgeːən] <ging, gegangen> I. itr V + sein ① (sich fortbewegen) aller; **zu jdm/zur Post ~** aller chez qn/à la poste; **ans Telefon/an die Tür ~** aller au téléphone/à la porte; **in die Stadt/den Wald ~** aller en ville/dans la forêt; **ins Haus/in ein Zimmer ~** entrer dans la maison/dans une pièce; **über die Straße ~** traverser la rue
② (zu Fuß gehen) marcher; **~ wir oder nehmen wir das Auto?** on marche ou on prend la voiture?; **wie lange geht man bis zur Post?** combien de temps faut-il pour aller à la poste à pied?
③ (besuchen) **ins Kino/zu einem Vortrag/an die Uni ~** aller au cinéma/à une conférence/à la fac; **schwimmen/einkaufen/tanzen ~** aller nager/faire des courses/danser
④ (weggehen) partir, s'en aller; **ich muss jetzt ~** maintenant, il faut que j'y aille
⑤ (ausscheiden) s'en aller
⑥ (abfahren) Bus, Zug, Schiff: partir; **wann geht der nächste Zug nach Kiel?** quand part le prochain train pour Kiel?
⑦ (eine Tätigkeit aufnehmen) **in die Industrie/die Politik/eine Partei ~** entrer dans l'industrie/la politique/un parti; **zum Theater ~** se lancer dans le théâtre; **unter die Künstler ~** hum rejoindre le club des artistes
⑧ (zeigen nach) **auf den Garten ~** Balkon, Fenster: donner sur le jardin; **die Küche geht nach Norden** la cuisine est orientée au nord
⑨ (führen) **zu einem Vorort/über einen Hügel ~** Weg, Straße:

conduire à un faubourg/passer par une colline; **über den Fluss ~** *Brücke:* enjamber le fleuve; **auf den Hof ~** *Tür:* donner sur la cour; **nach Rom ~** *Reise:* mener à Rome
⑩ *(überwechseln)* rejoindre; **zur Konkurrenz ~** passer à la concurrence
⑪ *(funktionieren, florieren)* Uhr, Maschine, Geschäft: marcher; **sehr gut ~** *Artikel, Ware:* fonctionner très bien; **gut ~d** *Geschäft:* prospère
⑫ *fam (verlaufen)* **gut ~** bien se passer; **nicht gut ~** ne pas bien se passer; **hoffentlich geht alles gut** espérons tout se passera bien; **na, wenn das mal gut geht!** ça m'étonnerait que ça se passe bien!; **das geht auf die Dauer nicht gut** à la longue, cela va mal se passer; **das kann/konnte ja nicht gut ~** ça finira mal/ça devait mal finir; **alles/die Sache geht gut** tout/l'affaire va bien
⑬ *(sich unterbringen lassen)* **durch/nicht durch die Tür ~** *Schrank:* passer/ne pas passer par la porte; **in diesen Saal ~ 500 Personen** cette salle peut accueillir 500 personnes; **geht diese Kiste in den Kofferraum?** est-ce que cette caisse rentre dans le coffre?
⑭ *(dauern)* durer
⑮ *(reichen)* **bis über die Knie ~** *Stiefel:* aller au-dessus du genou; **der Rock geht ihr bis zum/bis übers Knie** la jupe lui va jusqu'au genou/jusqu'en dessous du genou; **das Wasser geht ihm bis zur Hüfte** l'eau lui monte jusqu'aux hanches; **in die Hunderte ~** *Zahl der Opfer:* s'élever à des centaines; **der Schaden geht in die Millionen** les dommages s'élèvent à des millions
⑯ *(aufgehen)* Teig: lever
⑰ *fam (sich kleiden)* **in Schwarz ~** mettre du noir; **mit/ohne Pullover ~** porter un/ne pas porter de pull-over; **mit/ohne Schirm ~** prendre un/ne pas prendre de parapluie
⑱ *fam (sich verkleiden)* **als Fee ~** se déguiser en fée
⑲ *(ertönen)* Klingel, Telefon, Wecker: sonner
⑳ *(möglich sein)* **Sonntag/dieser Termin geht, da habe ich den ganzen Tag frei** dimanche/ce rendez-vous, ça marche, j'ai toute la journée de libre; **ja, das geht** oui, c'est possible
㉑ *(lauten)* **die Melodie/der Text geht so: ...** l'air est/les paroles sont [ainsi]: ...; **wie ging dieses Lied doch gleich?** c'était comment déjà cette chanson?
㉒ *(dringen)* **bis ins Herz ~** *Pfeil, Messerstich:* atteindre le cœur
㉓ *fam (anfassen, benutzen)* **an den Fernseher/den Kühlschrank ~** toucher à la télé/au frigo *(fam)*
㉔ *(zufallen)* **an jdn ~** *Vorsitz, Erbe, Runde:* revenir à qn
㉕ *(beeinträchtigen)* **[jdm] an die Bronchien/Nieren ~** affecter [qn] aux bronches/reins
㉖ *(belasten, angreifen)* **auf die Lunge/das Herz ~** *fam* attaquer les poumons/le cœur
㉗ *(gerichtet sein)* **gegen jdn ~** *Maßnahme:* viser qn; **das geht gegen meine Prinzipien** cela va à l'encontre de mes principes
㉘ *fam (liiert sein)* **mit jdm ~** sortir avec qn
㉙ *(urteilen)* **nach dem Gefühl ~** se fier à son intuition; **nach dem Äußeren ~** se fier à l'apparence; **danach kann man nicht ~** on ne peut pas se fier à ça
㉚ *(abhängen von)* **wenn es nach mir ginge** si ça ne tenait qu'à moi; **es kann nicht immer alles nach dir ~!** tu ne peux pas toujours tout diriger!
㉛ *(geschehen)* **vor sich ~** se passer; **was geht hier vor sich?** qu'est-ce qui se passe ici?
▸ **sich ~ lassen** *(nachlässig sein)* se laisser aller; *(sich nicht beherrschen)* ne pas se contrôler; **sie/das geht ihm über alles** elle est ce/c'est ce qu'il y a de plus important pour lui; **es geht nichts über ...** il n'y a rien de tel que ...; **nichts geht mehr** rien ne va plus

II. *itr V unpers + sein* ❶ *(sich fühlen, befinden)* **jdm geht es [gesundheitlich] gut/nicht gut** qn va bien/ne vas pas bien; **jdm geht es eingermaßen** qn va comme ça; **lass es ihm/lasst es euch gut ~!** *fam* amuse-toi/amusez-vous bien!; *(fam)*; **wie geht es dir?** comment vas-tu?; **wie geht's?** *fam* comment ça va? *(fam)*; **wie geht's so!?** *fam* ça gaze? *(fam)*
❷ *(verlaufen)* **mit jdm geht es gut** ça se passe bien avec qn; **hoffentlich geht es mit den beiden gut!** espérons que ça se passera bien pour eux!
❸ *(ergehen)* **mir geht es anders/genauso** pour moi, c'est différent/la même chose
❹ *(zu schaffen sein)* **geht es, oder soll ich dir tragen helfen?** ça va, ou faut-il que je t'aide à porter?
❺ *(sich handeln um)* **es geht um eine Überraschung** il s'agit d'une surprise
❻ *(sich drehen um)* **es geht um viel Geld** beaucoup d'argent est en jeu; **es geht ihm nur ums Prestige** le prestige, c'est tout ce qui lui importe; **es geht ihr darum, schnell fertig zu werden** tout ce qui lui importe est de terminer rapidement
❼ *(sich begeben)* **es geht nach oben/unten** ça monte/descend; **jetzt geht es nach Hause/ins Wochenende!** c'est l'heure de rentrer [à la maison]/le week-end est arrivé!; **auf geht's!** allez [, on y va]!; **wohin geht es im Urlaub?** où vas-tu/allez-vous en vacances?
❽ *(erzählt werden)* **es geht das Gerücht, dass** le bruit court que + *indic*
▸ **aber sonst geht's dir gut?** *iron* et puis quoi encore?; **wie geht's, wie steht's?** ça va, ça roule?

III. *tr V + sein* prendre *Weg:* **eine Strecke ~** prendre un chemin à pied

IV. *r V unpers + haben* **auf diesem Weg/in diesen Schuhen geht es sich gut** on marche bien sur ce chemin/dans ces chaussures

Gehen <-s> *nt* ❶ *a.* SPORT marche *f*; **jdm fällt das ~ schwer** qn a de la peine à marcher; **sie stützt sich beim ~ auf einen Stock** en marchant, elle s'appuie sur une canne
❷ *(das Weggehen)* départ *m*; **im ~ en partant; **er wollte sie vom ~ abhalten** il voulait la dissuader de partir

Gehenkte(r) *s.* **Gehängte(r)**
gehen|lassen* *s.* **gehen I.** ▸
Geher(in) [ˈgeːɐ] <-s, -> *m(f)* SPORT marcheur(-euse) *m(f)*
gehetzt [gəˈhɛtst] *Adj* ❶ *(verfolgt)* Person, Wild traqué(e); **ein von seinen Gläubigern ~er Schuldner** un débiteur poursuivi par ses créanciers
❷ *(gestresst)* stressé(e)

geheuer [gəˈhɔʏɐ] *Adj* **diese Sache ist mir nicht ganz ~** cette affaire ne me paraît pas très nette; **mir ist bei diesem Plan nicht ganz ~** ce plan me paraît louche; **hier ist es mir nicht [ganz] ~** je ne me sens pas [très] à l'aise ici

Geheul <-[e]s> *nt* ❶ *(Heulen) eines Wolfs* hurlements *mpl*
❷ *pej (ständiges Weinen)* pleurnicheries *fpl*; **hör endlich mit dem ~ auf!** arrête de pleurnicher!

Gehgips *m* plâtre *m* [de marche]
Gehilfe [gəˈhɪlfə] <-n, -n> *m*, **Gehilfin** ❶ *(Helfer)* aide *mf*
❷ *(geprüfter Gehilfe)* commis *m (titulaire du C.A.P.)*; **kaufmännischer ~/kaufmännische Gehilfin** assistant *m* commercial/assistante *f* commerciale
❸ *(Komplize)* complice *mf*

Gehilfenbrief *m* ≈ [diplôme *m* de] C.A.P. *m* **Gehilfenprüfung** *f* ≈ C.A.P. *m*
Gehilfenschaft <-> *f* CH *(Beihilfe)* complicité *f*
Gehirn [gəˈhɪrn] <-[e]s, -e> *nt* ❶ cerveau *m*; *(Gehirnsubstanz)* cervelle *f*
❷ *fam (Verstand)* cervelle *f (fam)*; **sein ~ anstrengen** faire travailler sa cervelle *(fam)*

gehirnamputiert *Adj sl* **~ sein** être fêlé(e) *(fam)* **Gehirnblutung** *f* hémorragie *f* cérébrale **Gehirnerschütterung** *f* commotion *f* cérébrale **Gehirnhaut** *f* ANAT méninge *f* **Gehirnhautentzündung** *f* MED méningite *f* **Gehirnschlag** *m* attaque *f* [d'apoplexie]; **einen ~ bekommen** [*o* **erleiden** *geh*] être frappé(e) d'apoplexie *(soutenu)* **Gehirnsubstanz** *f* cervelle *f* **Gehirntumor** *m* MED tumeur *f* du cerveau **Gehirnwäsche** *f* lavage *m* de cerveau

gehoben [gəˈhoːbən] I. *PP von* **heben**
II. *Adj Stellung, Position* élevé(e); *Ausdrucksweise* distingué(e); *Stilebene* soutenu(e); *Bedürfnisse* raffiné(e); *Geschmack* de luxe

Gehöft [gəˈhœft] <-[e]s, -e> *nt* ferme *f*
geholfen [gəˈhɔlfən] *PP von* **helfen**
Gehölz [gəˈhœlts] <-es, -e> *nt geh* bosquet *m*
Gehör [gəˈhøːɐ] <-[e]s, selten -e> *nt* ❶ ouïe *f*; **ein gutes ~ haben** avoir une bonne oreille; **das ~ verlieren** perdre l'ouïe; **etw nach dem ~ spielen** jouer qc à l'oreille
❷ JUR *(Anhörung)* **Anspruch auf rechtliches ~** droit *m* d'être entendu(e) en justice
▸ **bei jdm ~/kein ~ finden** réussir/ne pas réussir à se faire entendre par qn; **jdm/einer S. ~ schenken** prêter une oreille attentive à qn/qc; **sich** *(Dat)* **~ verschaffen** arriver à se faire écouter

gehorchen* *itr V* obéir; **[jdm] ~** obéir [à qn]
gehören* I. *itr V* ❶ *(Eigentum sein)* **jdm ~** appartenir [*o* être] à qn; **das gehört mir** c'est à moi
❷ *fig* **jdm/einer S. ~** *Herz, Liebe:* appartenir à qn/qc; *Sympathie:* aller à qn/qc
❸ *(dazugehören)* **zur Familie/Partei ~** faire partie de la famille/du parti; **zu jds Arbeit/Pflichten ~** faire partie du travail/des tâches de qn; **nicht zur Sache ~** [*o* **zum Thema**] être hors sujet; **zu einem Teeservice ~** *Zuckerdose:* faire partie d'un service à thé; **zu dem kleinen Topf ~** *Deckel:* aller avec la petite casserole
❹ *(hingehören)* **du gehörst ins Bett** tu devrais être au lit; **er/sie gehört bestraft** il faudrait le/la punir; **Hunde ~ nicht in Lebensmittelladen** les chiens n'ont rien à faire dans un magasin d'alimentation; **in welches Regal gehört dieses Buch?** sur quelle étagère était ce livre?
❺ *(nötig sein)* **dazu gehört viel Geduld/Mut** il faut beaucoup de patience/courage pour faire ça; **dazu gehört nicht viel** ce n'est vraiment pas un exploit; **dazu gehört [schon] einiges** [*o* **etwas**] il

faut [déjà] le faire
II. *r V* **das gehört sich nicht** ça ne se fait pas; **wie es sich gehört** *(wie es sich schickt)* comme il faut; *(gründlich)* dans les règles de l'art
Gehörgang <-gänge> *m* conduit *m* auditif
gehörig I. *Adj* ❶ *attr (entsprechend) Benehmen* convenable; *Abstand* requis(e); **jdn mit dem ~en Respekt behandeln** traiter qn avec le respect qui lui est dû
❷ *geh (gehörend)* **zu etw ~** afférent(e) à qc *(soutenu)*; **eine nicht zur Sache/zum Thema ~e Frage** une question hors sujet
❸ *attr fam (beträchtlich)* sacré(e) antéposé *(fam)*, bon(ne) antéposé
II. *Adv fam ausschimpfen, sich verspäten* salement; *verwarnen* vertement; **da hast du dich ~ getäuscht** tu t'es mis le doigt dans l'œil
gehörlos *Adj form* sourd(e)
Gehörlose(r) *f(m) dekl wie Adj form* sourd(e) *m(f)*
Gehörlosigkeit <-> *f form* surdité *f*
Gehörnerv *m* nerf *m* auditif
gehörnt [gə'hœrnt] *Adj* ❶ *Tier* cornu(e)
❷ *veraltet (betrogen)* **ein ~er Ehemann** un cocu *(fam)*
gehorsam I. *Adj* obéissant(e); **~ sein** obéir
II. *Adv* docilement
Gehorsam [gə'ho:rza:m] <-s> *m* obéissance *f*; **sich (Dat) ~ verschaffen** se faire obéir; **[jdm] den ~ verweigern** refuser d'obéir [à qn]
Gehorsamspflicht *f kein Pl* JUR devoir *m* d'obéissance
Gehörsinn *m* ouïe *f*
Gehrung ['ge:rʊŋ] <-, -en> *f* TECH onglet *m*
Gehsteig ['ge:ʃtaɪk] *s.* **Gehweg**
Gehtnichtmehr ▶ **bis zum ~** *fam* jusqu'à plus soif
gehupft *PP von* **hupfen**
Gehweg *m* trottoir *m*
Geier ['gaɪɐ] <-s, -> *m* vautour *m*
▶ **weiß der ~!** *sl* mystère et boule de gomme! *(fam)*; **weiß der ~, wo/warum/...** *sl* Dieu seul sait où/pourquoi/...
Geifer ['gaɪfɐ] <-s> *m* bave *f*
geifern *itr V* ❶ *(sabbern)* baver
❷ *pej (sich gehässig äußern)* bavasser *(fam)*
Geige ['gaɪɡə] <-, -n> *f* violon *m*; **~ spielen** jouer du violon; **etw auf der ~ spielen** jouer qc au violon
▶ **die erste/zweite ~ spielen** *(im Orchester)* être premier/second violon; *fig fam* donner le la/jouer les deuxièmes couteaux
geigen I. *itr V* jouer du violon; *(Berufsmusiker sein)* être violoniste
II. *tr V* **etw ~** jouer qc au violon
Geigenbauer(in) <-s, -> *m(f)* luthier(-ière) *m(f)* **Geigenbogen** *m* archet *m* **Geigenkasten** *m* étui *m* à violon
Geiger(in) <-s, -> *m(f)* violoniste *mf*; *(Orchestermusiker)* violon *m*; **erster ~** premier violon
Geigerzähler ['gaɪɡɐ-] *m* compteur *m* Geiger
geil [gaɪl] I. *Adj* ❶ *(lüstern) Person, Blick* vicieux(-euse)
❷ *sl (sehr gut) Idee, Vorschlag* super *inv (fam)*, géant(e) *(fam)*; *Musik, Kleider, Auto* génial(e) *(fam)*, d'enfer *(fam)*
❸ *sl (versessen)* **auf etw (Akk) ~ sein** être botté(e) par qc *(fam)*
II. *Adv* ❶ *(lüstern)* de façon lubrique
❷ *sl (sehr gut)* super bien *(fam)*; **~ aussehen** avoir un look d'enfer *(fam)*
Geilheit <-> *f* lubricité *f*
Geisel ['gaɪzəl] <-, -n> *f* otage *mf*; **jdn als ~ nehmen** prendre qn en otage
Geiseldrama *nt* prise *f* d'otages **Geiselgangster** [-gæŋstɐ] *m* preneur(-euse) *m(f)* d'otage[s] **Geiselhaft** *f* détention *f* comme otage; **in ~ sein** être détenu(e) comme otage **Geiselnahme** [-na:mə] <-, -n> *f* prise *f* d'otage[s] **Geiselnehmer(in)** <-s, -> *m(f)* preneur(-euse) *m(f)* d'otage[s]
Geisha ['ge:ʃa] <-, -s> *f* geisha *f*
Geiß [gaɪs] <-, -en> *f* ❶ SDEUTSCH, A, CH *(Ziege)* chèvre *f*
❷ JAGD *(Gämse, weiblicher Steinbock)* chèvre *f*; *(Rehkuh)* chevrette *f*
Geißblatt *nt* chèvrefeuille *m* **Geißbock** SDEUTSCH, A, CH *s.* **Ziegenbock**
Geißel ['gaɪsəl] <-, -n> *f* ❶ *(Peitsche)* fouet *m*
❷ *geh (Plage)* fléau *m*
geißeln *tr V* ❶ *(schlagen)* flageller
❷ *(anprangern)* fustiger
Geißeltierchen *nt meist Pl* flagellé *m*
Geiß[e]lung <-, -en> *f* ❶ *(Kasteiung)* flagellation *f*
❷ *(Anprangerung)* condamnation *f*
Geist [gaɪst] <-[e]s, -er> *m* ❶ *kein Pl (Vernunft)* intelligence *f*
❷ *kein Pl (Esprit, Scharfsinn)* esprit *m*; **~ haben** avoir de l'esprit
❸ *(Mensch)* **ein herausragender ~** un des plus grands esprits; **ein unruhiger ~** sein *Kind:* avoir la bougeotte *(fam)*
❹ *(Wesen, Gesinnung)* esprit *m*; **in jds ~ (Dat) handeln** agir conformément à la volonté de qn; **der ~ der Zeit** l'air *m* du temps
❺ *(geistige Wesenheit)* esprit *m*; **der Heilige ~** le Saint-Esprit; **der ~ Gottes** l'Esprit de Dieu
❻ *(Gespenst)* spectre *m*
▶ **der ~ ist willig, aber das Fleisch ist schwach** l'esprit est prompt, la chair est faible; **erkennen, wes ~es Kind er/sie ist** voir le genre de personne qu'il/qu'elle est; **von allen guten ~ern verlassen sein** *fam* perdre la tête *(fam)*; **jdm auf den ~ gehen** *fam* taper sur le système à qn *(fam)*; **seinen ~ aufgeben** *fam* rendre l'âme
Geisterbahn *f* train *m* fantôme **Geisterbeschwörer(in)** *m(f)* ❶ *(Herbeirufer)* nécromancien(ne) *m(f)* ❷ *(Austreiber)* conjurateur(-trice) *m(f)* **Geisterfahrer(in)** *m(f) fam* chauffard circulant à contresens sur l'autoroute **Geisterglaube** *m* croyance *f* aux esprits
geisterhaft I. *Adj* fantomatique
II. *Adv aussehen, erscheinen* fantomatique
Geisterhand ▶ **wie von** [*o* **durch**] **~** comme par magie
geistern *itr V + sein* ❶ *(herumgehen)* **durchs Haus ~** déambuler dans la maison
❷ *(spuken)* **wirre Gedanken geisterten durch ihren** [*o* **ihr durch den**] **Kopf** des idées confuses hantaient sa tête
Geisterstadt *f* ville *f* fantôme **Geisterstimme** *f* voix *f* spectrale **Geisterstunde** *f* douze coups *mpl* de minuit
geistesabwesend ['gaɪstəs-] I. *Adj* absent(e) II. *Adv antworten* l'air absent **Geistesabwesenheit** *f* absence *f* **Geistesblitz** *m fam* trait *m* de génie **Geistesgegenwart** *f* présence *f* d'esprit
geistesgegenwärtig I. *Adj Person* qui a de la présence d'esprit; *Handlung, Tat* qui témoigne de présence d'esprit; **~ sein** *Person:* avoir de la présence d'esprit II. *Adv* **etw ~ tun** avoir la présence d'esprit de faire qc **Geistesgeschichte** *f* histoire *f* des idées
geistesgestört *Adj* souffrant de troubles mentaux; **~ sein** avoir des troubles mentaux; *(pervers sein)* être malade ▶ **du bist wohl ~!** *fam* non mais, ça va pas la tête? *(fam)* **Geistesgestörte(r)** *f(m) dekl wie Adj* malade *mf* mental(e) **Geistesgestörtheit** *f kein Pl* troubles *mpl* mentaux **Geistesgröße** *f* ❶ *eines Menschen* génie *m* ❷ *kein Pl (Befähigung)* génie *m* **Geisteshaltung** *f* mentalité *f* **geisteskrank** *Adj* malade mental(e); **~ sein** souffrir de maladie mentale ▶ **bist du ~?, du bist wohl ~!** *fam* t'es cinglé(e) [ou quoi]? **Geisteskranke(r)** *f(m) dekl wie Adj* malade *mf* mental(e) ▶ **wie ein ~r/eine ~** *fam* comme un/une malade *(fam)* **Geisteskrankheit** *f* maladie *f* mentale **Geistesleben** *nt* vie *f* intellectuelle **Geistesstörung** *f* trouble *m* mental **geistesverwandt** *Adj* proche dans la manière de penser; **wir sind ~** nous avons des affinités de pensée **Geistesverwirrung** *f* trouble *m* mental **Geisteswissenschaften** *Pl* sciences *fpl* humaines **Geisteswissenschaftler(in)** *m(f)* spécialiste *mf* des sciences humaines; *(opp: Naturwissenschaftler)* littéraire *mf*; *(Student)* étudiant(e) *m(f)* en sciences humaines **geisteswissenschaftlich** *Adj* de sciences humaines **Geisteszustand** *m* état *m* mental; **jdn auf seinen ~ untersuchen** soumettre qn à un examen psychiatrique
geistig ['gaɪstɪç] I. *Adj* ❶ *(verstandesmäßig)* intellectuel(le)
❷ *(spirituell)* spirituel(le)
II. *Adv* ❶ *(verstandesmäßig)* intellectuellement; **~ anspruchsvoll/anspruchslos** très intellectuel(le)/sans aucune prétention intellectuelle
❷ MED mentalement; **~ behindert** handicapé(e) mental(e)
geistlich ['gaɪstlɪç] I. *Adj religieus(-euse)*; *Amt* ecclésiastique; *Beistand* spirituel(le); **der ~e Stand** le clergé
II. *Adv* sur le plan spirituel
Geistliche(r) *f(m) dekl wie Adj* ecclésiastique *mf*
Geistlichkeit <-> *f* clergé *m*
geistlos *Adj* stupide
Geistlosigkeit <-, -en> *f* stupidité *f*
geistreich *Adj* ❶ *Person* spirituel(le); *Beschäftigung, Unterhaltung* enrichissant(e) ❷ *iron (dumm)* intelligent(e); **das ist [sehr] ~!** c'est [très] malin!; **eine ausgesprochen ~e Bemerkung!** c'est vraiment malin comme remarque! **geisttötend** *Adj pej* abrutissant(e) *(péj)* **geistvoll** *Adj Person, Äußerung, Bemerkung* plein(e) d'esprit; *Buch, Gespräch, Beschäftigung* enrichissant(e)
Geiz [gaɪts] <-es> *m* avarice *f*
geizen *itr V* ❶ *(knauserig sein)* **mit etw ~** lésiner sur qc
❷ *(zurückhaltend sein)* **mit Lob ~** être avare de compliments
Geizhals *m pej* grippe-sou *m (péj)*
geizig *Adj* avare
Geizkragen *s.* **Geizhals**
Gejammer [gə'jamɐ] <-s> *nt pej fam* jérémiades *mpl (fam)*
Gejohle [gə'jo:lə] <-s> *nt pej* clameurs *fpl*
gekannt [gə'kant] *PP von* **kennen**
Gekeife [gə'kaɪfə] <-s> *nt pej* criailleries *fpl*
Gekicher [gə'kɪçɐ] <-s> *nt pej fam* ricanements *mpl*
Geklapper [gə'klapɐ] <-s> *nt pej fam* tintamarre *m (fam)*
gekleidet *Adj* **modisch/gut ~ sein** être habillé(e) à la mode/bien habillé(e); **wie war er ~?** comment était-il habillé?

Geklimper <-s> nt pej fam (Klaviergeklimper) pianotage m; (Gitarrengeklimper) vagues accords mpl
Geklingel <-s> nt pej fam sonnerie f [incessante]
geklommen PP von **klimmen**
geklungen [gəˈklʊŋən] PP von **klingen**
Geknatter [gəˈknatɐ] <-s> nt pej eines Motorrads pétarades fpl
geknickt [gəˈknɪkt] Adj fam déprimé(e); **einen ~en Eindruck machen, ~ aussehen** faire une gueule d'enterrement (fam)
gekniffen [gəˈknɪfən] PP von **kneifen**
Geknister [gəˈknɪstə] <-s> nt froissement m; **~ mit dem Papier** froissement m du papier
gekommen [gəˈkɔmən] PP von **kommen**
gekonnt [gəˈkɔnt] I. PP von **können**
  II. Adj Gesprächsführung habile; Griff, Hieb techniquement parfait(e)
Gekrächze [gəˈkrɛçtsə] <-s> nt eines Raben, einer Krähe croassement m; **entschuldige das ~, aber ich bin erkältet** excuse ma voix éraillée, mais j'ai pris froid
Gekreuzigte(r) f(m) dekl wie Adj crucifié(e) m(f)
Gekritzel [gəˈkrɪtsəl] <-s> nt pej ❶ (Hingekritzeltes) pattes fpl de mouche
  ❷ (Kritzeln) **lass das ~!** arrête de griffonner!
gekrochen [gəˈkrɔxən] PP von **kriechen**
Gekröse [gəˈkrøːzə] <-s, -> nt mésentère m
gekünstelt [gəˈkʏnstəlt] pej I. Adj affecté(e), apprêté(e)
  II. Adv avec affectation
Gel [geːl] <-s, -e> nt gel m
Gelaber[e] <-s> nt pej fam (andauerndes Gerede) bavardages mpl; (dummes Gerede) balivernes fpl
Gelächter [gəˈlɛçtɐ] <-s, selten -> nt rires mpl; **in ~ ausbrechen** éclater de rire
gelackmeiert [gəˈlakmaɪɐt] Adj fam **~ sein, der/die Gelackmeierte sein** se faire pigeonner (fam)
geladen [gəˈlaːdən] I. PP von **laden**
  II. Adj fam **~ sein** être furax (fam)
Gelage [gəˈlaːgə] <-s, -> nt orgie f
gelagert Adj **gleich ~ Fall** analogue; **ein ähnlich ~er Fall** un cas semblable; **ähnlich/anders ~ sein** se présenter de manière semblable/autrement
gelähmt [gəˈlɛːmt] Adj paralysé(e); **halbseitig ~** hémiplégique; **spastisch ~** souffrant de dyskinésie
Gelähmte(r) f(m) dekl wie Adj paralysé(e) m(f)
Gelände [gəˈlɛndə] <-s, -> nt terrain m; **das freie ~** le terrain découvert; **das ~ erkunden** reconnaître le terrain
Geländeabschnitt m section f de terrain **Geländefahrt** f randonnée f en quatre-quatre [o 4x4] **Geländefahrzeug** s. **Geländewagen geländegängig** Adj tout-terrain; **~ sein** être à l'aise sur tous les terrains **Geländelauf** m cross m
Geländer [gəˈlɛndɐ] <-s, -> nt (Treppengeländer) rampe f; (Balkongeländer, Brückengeländer) balustrade f
Geländeritt m randonnée f équestre **Geländeübung** f manœuvre f gén pl **Geländewagen** m véhicule m tout-terrain [o quatre-quatre]
gelang [gəˈlaŋ] Imp von **gelingen**
gelangen* itr V ❶ (hinkommen) **ans Ziel/nach Köln ~** arriver au but/à Cologne; **an die richtige Stelle ~** Brief, Information: parvenir au bon endroit; **in falsche Hände ~** Dokument: tomber dans de mauvaises mains
  ❷ fig form **zum Abschluss/Einsatz/zur Aufführung ~** être terminé(e)/employé(e)/représenté(e)
  ❸ (erwerben) **zu Ruhm/Ehren ~** accéder à la célébrité/aux honneurs
gelangweilt [gəˈlaŋvaɪlt] I. Adj Person qui s'ennuie; Blick d'ennui; **etw mit ~er Miene tun** faire qc l'air ennuyé
  II. Adv dasitzen, zuhören l'air ennuyé; **gähnen** d'ennui
gelassen [gəˈlasən] I. PP von **lassen**
  II. Adj placide; **[ganz] ~ bleiben** rester imperturbable
  III. Adv placidement
Gelassenheit <-> f flegme m; **mit ~ in die Zukunft blicken** envisager sereinement l'avenir
Gelatine [ʒelaˈtiːnə] <-> f gélatine f
gelaufen [gəˈlaʊfən] PP von **laufen**
geläufig [gəˈlɔrfɪç] Adj courant(e); **jdm ~ sein** être familier(-ière) à qn
gelaunt [gəˈlaʊnt] Adj **gut/schlecht ~ sein** être de bonne/mauvaise humeur, être bien/mal disposé(e); **übel ~ sein** être mal luné(e) (fam)
Geläut[e] <-[e]s> nt (das Läuten) sonneries fpl de cloches
gelb [gɛlp] Adj jaune
Gelb <-s, -o -s fam> nt ❶ (Farbe) jaune m; **kräftiges ~** jaune vif
  ❷ (gelbes Ampellicht) [feu m] orange m; **bei ~ über die Ampel fahren** passer à l'orange
Gelbe(s) ▶ **das ist nicht gerade das ~ vom Ei** fam ça ne casse pas des briques (fam)

Gelbfieber nt MED fièvre f jaune **Gelbfilter** m filtre m jaune **gelbgrün** Adj vert(e) tirant sur le jaune **Gelbkörper** m MED corps m jaune
gelblich Adj jaune pâle; Gesichtsfarbe jaunâtre; **leicht ~ sein** tirer [légèrement] sur le jaune
Gelbsucht f MED jaunisse f; **~ haben** avoir la jaunisse **Gelbwurz[el]** <-> f curcuma m, safran m des Indes
Geld [gɛlt] <-[e]s, -er> nt ❶ kein Pl (Zahlungsmittel) argent m; **bares ~** des espèces fpl, du liquide; **dieses ~ ist gefälscht** c'est de la fausse monnaie; **etw für teures ~ kaufen** acheter qc au prix fort; **mit etw ~ machen** fam [se] faire du fric avec qc (fam); **eine Idee zu ~ machen** fam tirer du fric d'une idée (fam)
  ❷ Pl (Mittel) fonds mpl; **öffentliche ~er** deniers mpl publics, fonds mpl de tiers, les sommes fpl à recouvrer
  ▶ **~ wie Heu haben** être plein(e) aux as; **das ~ zum Fenster hinauswerfen** jeter l'argent par les fenêtres; **jdm das ~ aus der Tasche ziehen** se jeter sur l'argent de qn; **~ regiert die Welt** Spr. l'argent fait tourner le monde; **nicht für ~ und gute Worte** fam pas pour tout l'or du monde; **das ist bares ~ wert!** ça vaut de l'argent!; **~ allein macht nicht glücklich** Spr. l'argent ne fait pas le bonheur; **das große ~ machen** gagner beaucoup d'argent; **nicht mit ~ zu bezahlen sein** fam ne pas avoir de prix; **ins ~ gehen** fam finir par chiffrer; **in [o im] ~ schwimmen** fam être plein(e) aux as (fam); **~ stinkt nicht** Spr. l'argent n'a pas d'odeur; **mit ~ um sich werfen [o schmeißen]** fam dépenser un fric monstre (fam)
Geldadel m haute finance f **Geldangelegenheit** f question f d'argent; **in ~en** en matière d'argent **Geldanlage** f placement m financier **Geldanleihe** f emprunt m d'argent **Geldaufwertung** f revalorisation f de la monnaie; (Aufwertung durch die Zentralbanken) réévaluation f **Geldautomat** m distributeur m de billets, billetterie f **Geldbetrag** m somme f d'argent **Geldbeutel** m porte-monnaie m **Geldbombe** f cartouche f blindée **Geldbörse** s. **Geldbeutel Geldbote** m, **-botin** f convoyeur(-euse) m(f) de fonds **Geldbriefträger(in)** m(f) facteur distributeur m/factrice distributrice f de mandats **Geldbuße** f amende f; **jdn zu einer ~ verurteilen** condamner qn à payer une amende **Geldempfänger** m remettant m **Geldentwertung** f dépréciation f monétaire **Gelderwerb** m gagne-pain m; **einem ~ nachgehen** exercer une activité rémunérée **Geldgeber(in)** m(f) bailleur(-esse) m(f) de fonds **Geldgeschäft** nt opération f financière **Geldgeschenk** nt **durch das ~ seines Onkels** grâce à l'argent offert par son oncle **Geldgier** f cupidité f; **geldgierig** Adj cupide **Geldhahn** ▶ **jdm den ~ zudrehen** couper les vivres à qn **Geldheirat** f pej mariage m d'argent **Geldherrschaft** f ploutocratie f **Geldinstitut** nt établissement m financier **Geldknappheit** f ❶ (Geldsorgen) problèmes mpl d'argent ❷ (Knappheit der Geldmenge) pénurie f d'argent
geldlich Adj d'argent, financier(-ière)
Geldmacherei <-, -en> f pej fam le fait de ne vouloir faire qc que dans un but lucratif **Geldmangel** m manque m d'argent **Geldmarkt** m marché m monétaire **Geldmenge** f ÖKON masse f monétaire **Geldmittel** Pl capitaux mpl; **fehlende ~** fonds mpl manquants **Geldnot** f manque m d'argent **Geldpolitik** f politique f monétaire **Geldprämie** f prime f **Geldquelle** f source f de financement **Geldrolle** f rouleau m de pièces **Geldschein** m billet m de banque **Geldschrank** m coffre-fort m **Geldsorgen** Pl soucis mpl d'argent **Geldspende** f don m d'argent **Geldstrafe** f amende f; **jdn zu einer ~ verurteilen, jdn mit einer ~ belegen** condamner qn à une amende **Geldstück** nt pièce f de monnaie **Geldsumme** f somme f d'argent **Geldtasche** f portefeuille m **Geldtransporter** m convoyeur m de fonds **Geldumlauf** m masse f monétaire en circulation **Geldumtausch** m change m **Geldverkehr** m transactions fpl financières **Geldverlegenheit** f embarras m; **in ~ sein** être à court d'argent **Geldverschwendung** f kein Pl gaspillage m d'argent **Geldwaschanlage** f officine f de blanchiment de l'argent **Geldwäsche** f blanchiment m de l'argent **Geldwechsel** [-vɛksl] m change m **Geldwechsler** [-vɛkslɐ] <-s, -> m changeur m de monnaie **Geldwert** m pouvoir m d'achat de la monnaie **Geldwesen** nt kein Pl finance f **Geldwirtschaft** f économie f monétaire **Geldzuwendung** f allocation f; **sie erhält von ihren Eltern monatliche ~en** elle reçoit tous les mois une aide financière de ses parents **Geldzuwendungen** Pl aide f financière
geleckt Adj ▶ **wie ~ aussehen** fam Person: être tiré(e) à quatre épingles; Wohnung: être briqué(e) [du sol au plafond]
Gelee [ʒeˈleː] <-s, -s> m o nt gelée f
Gelege [gəˈleːgə] <-s, -> nt couvée f
gelegen [gəˈleːgən] I. PP von **liegen**
  II. Adj ❶ (passend) Zeitpunkt opportun(e); Anlass bon(ne) antéposé; **der Besuch kommt mir ~/nicht [sehr] ~** la visite tombe/ ne tombe pas [très] à propos
  ❷ (von Wichtigkeit, Interesse) **ihm ist etwas/nichts an uns ~** il

n'est pas complètement/est indifférent à nous; **wenn dir viel an ihr ~ ist** si tu tiens beaucoup à elle; **mir ist viel/nichts an diesem Treffen ~** cette réunion présente un grand intérêt/n'a aucun intérêt pour moi; **ihr ist [sehr] daran ~, dass** il lui importe [beaucoup] que + *indic*

❸ *(befindlich)* **einsam/am Waldrand ~ sein** *Haus, Ortschaft:* être isolé(e)/situé(e) à l'orée du bois; **hoch ~** situé(e) en hauteur; **der höchst ~ e Ort** l'endroit le plus haut

Gelegenheit <-, -en> *f* occasion *f;* **bei ~** à l'occasion; **bei der ersten/nächsten ~** à la première occasion; **bei passender ~** le moment venu; **bei** [*o zu*] **allen ~en** en toute occasion

▶ **~ macht** Diebe *Spr.* l'occasion fait le larron; **die ~ beim** Schopf **ergreifen** [*o* **packen**] sauter sur l'occasion

Gelegenheitsarbeit *f* petit boulot *m (fam)* **Gelegenheitsarbeiter(in)** *m(f)* travailleur(-euse) *m(f)* occasionnel(le) **Gelegenheitsdieb(in)** *m(f)* voleur(-euse) *m(f)* occasionnel(le) **Gelegenheitskauf** *m* occasion *f*

gelegentlich I. *Adj attr* **von ~en Aufheiterungen abgesehen à** part quelques éclaircies passagères; **ihre ~en Besuche** ses visites occasionnelles

II. *Adv* ❶ *(manchmal)* de temps en temps

❷ *(bei Gelegenheit)* à l'occasion

gelehrig [gə'le:rɪç] I. *Adj* éveillé(e); *Tier* intelligent(e); **~ sein** apprendre vite

II. *Adv* **sich ~ anstellen** faire preuve de vivacité [d'esprit]

Gelehrigkeit <-> *f* facilités *fpl* d'assimilation; *eines Tieres* intelligence *f*

gelehrsam *s.* **gelehrt**

Gelehrsamkeit *s.* **Gelehrtheit**

gelehrt [gə'le:ɐt] *Adj* érudit(e); *Artikel, Werk* scientifique

Gelehrte(r) *f(m) dekl wie Adj* érudit(e) *m(f)*

▶ **darüber sind sich die ~n noch nicht einig, darüber streiten sich die ~n noch** *hum* les spécialistes en discutent encore

Gelehrtheit <-> *f* érudition *f*

Geleise [gə'laɪzə] <-s, -> *nt* A, CH *geh* voie *f; s. a.* **Gleis**

Geleit [gə'laɪt] <-[e]s, -e> *nt* ❶ *(Gruppe, Eskorte)* escorte *f*

❷ *kein Pl geh (das Geleiten)* **freies** [*o* **sicheres**] **~** JUR sauf-conduit *m*

▶ **jdm das** letzte **~ geben** accompagner qn à sa dernière demeure

geleiten* *tr V geh* accompagner

Geleitschutz *m* escorte *f;* **jdm/einer S. ~ geben** escorter qn/qc **Geleitwort** *nt* préface *f* **Geleitzug** *m* MIL convoi *m*

Gelenk [gə'lɛŋk] <-[e]s, -e> *nt* ❶ ANAT articulation *f*

❷ TECH joint *m*

Gelenkbus *m* bus *m* articulé **Gelenkentzündung** *f* arthrite *f* **Gelenkfahrzeug** *nt* véhicule *m* articulé

gelenkig *Adj* souple

Gelenkigkeit <-> *f* souplesse *f*

Gelenkkapsel *f* ANAT capsule *f* articulaire **Gelenkkopf** *m,* **Gelenkkugel** *f* condyle *m* **Gelenkpfanne** *f* glène *f* **Gelenkrheumatismus** *m* rhumatisme *m* articulaire **Gelenkschmiere** *f* synovie *f* **Gelenkwelle** *f* TECH arbre *m* à cardan

gelernt *Adj Bäcker, Friseurin* qualifié(e)

gelesen [gə'le:zən] *PP von* **lesen**

Gelichter [gə'lɪçtɐ] <-s> *nt pej* racaille *f (péj)*

geliebt *Adj* bien-aimé(e); **heiß ~** adoré(e); **viel ~** très apprécié(e)

Geliebte(r) *f(m) dekl wie Adj* amant *m*/maîtresse *f*

geliefert [gə'liːfɐt] *Adj fam* **~ sein** être fichu(e) [*o* foutu(e)] *(fam)*

geliehen [gə'liːən] *PP von* **leihen**

gelieren* [ʒe'liːrən, ʒə'liːrən] *itr V* se gélifier

Gelierzucker *m* sucre *m* gélifiant

gelind[e] I. *Adj* ❶ *geh (gemäßigt) Klima* tempéré(e); *Frost, Regen* léger(-ère)

❷ *fam (nicht gering) Schauer, Wut, Schrecken* terrible

II. *Adv* **das war, ~ gesagt, nicht nett von ihm** ce n'était pas gentil de sa part, c'est le moins que l'on puisse dire

gelingen [gə'lɪŋən] <gelang, gelungen> *itr V* **~ sein** *Werk, Kunstwerk, Coup:* réussir; **nicht gelungen sein** *Essen, Kuchen:* être raté(e); **jdm gelingt etw** qn réussit qc; **den Gefangenen gelang die Flucht** les prisonniers réussirent à prendre la fuite; **jdm gelingt es etw zu tun** qn réussit à faire qc; **es will mir einfach nicht ~!** je n'y arrive pas!; *s. a.* **gelungen**

Gelingen <-s> *nt* réussite *f;* **auf** [**ein**] **gutes ~!** à votre/notre réussite!

gelitten [gə'lɪtən] *PP von* **leiden**

geli *Interj,* **gelle** *Interj* SDEUTSCH, CH *s.* **gelt**

gellen [gɛlən] *itr V* retentir; **durch die Nacht/das Haus ~** retentir dans la nuit/la maison

gellend *Adj* strident(e), perçant(e)

geloben* *tr V geh* promettre solennellement; **jdm etw ~** promettre solennellement qc à qn; **jdm ~ etw zu tun** promettre solennellement à qn de faire qc

Gelöbnis [gə'lø:pnɪs] <-ses, -se> *nt* ❶ *geh (Versprechen)* promesse *f* solennelle; **ein ~ ablegen** prêter serment

❷ MIL serment *m*

gelockt [gə'lɔkt] *Adj Haare* bouclé(e)

gelogen [gə'lo:gən] *PP von* **lügen**

gelöst [gə'lø:st] *Adj Person, Atmosphäre, Stimmung* détendu(e)

Gelse ['gɛlzə] <-, -n> *f* A moustique *m*

gelt [gɛlt] *Interj* SDEUTSCH, A, CH *fam* hein *(fam)*

gelten ['gɛltən] <gilt, galt, gegolten> I. *itr V* ❶ *(gültig sein)* être valable; *Gesetz, Vorschrift:* être en vigueur; *Banknote, Münze:* avoir cours; **Einwände ~ lassen** admettre des objections; **die Wette gilt!** tope/topez-là!; **das gilt nicht!** ce n'est pas du jeu!

❷ *(bestimmt sein)* **jdm/einer S. ~** *Aufmerksamkeit, Liebe, Gedanken:* être consacré(e) à qn/qc; *Frage:* concerner qn/qc; *Applaus, Buhrufe:* s'adresser à qn/qc; *Attentat, Schuss:* être dirigé(e) contre qn/qc

❸ *(sich beziehen)* **für jdn ~** *Vorschlag, Aussage:* valoir pour qn; **das gilt auch für dich** c'est aussi valable pour toi

❹ *(angesehen werden)* **als** [*o* **für** *selten*] **zuverlässig ~** *Person:* passer pour [être] fiable; **als überholt ~** *Erkenntnisse, Theorie:* être considéré(e) comme dépassé(e); **es gilt als sicher, dass** on affirme que + *indic*

II. *tr V* **viel/wenig ~** *Person:* avoir beaucoup/peu d'importance; *Meinung:* avoir un certain poids/n'avoir aucune valeur; **was gilt's** [*o* **gilt die Wette**]**?** qu'est-ce qu'on parie?

III. *itr V unpers* **es gilt die Ruhe zu bewahren!** il s'agit de garder son calme!

▶ **jetzt gilt's!** maintenant, c'est pour de bon!

geltend *Adj attr Preis, Bestimmung, Gesetz* en vigueur; *Meinung, Überzeugung* répandu(e)

▶ **sich ~ machen** *Einfluss:* se faire jour; **etw ~ machen** faire valoir qc

Geltung <-, -en> *f* ❶ *(Gültigkeit)* validité *f;* **~ haben** être valable; *Gesetz, Vorschrift:* être en vigueur; **ab sofort ~ haben** entrer immédiatement en vigueur; **unmittelbare ~** effet *m* direct; **allgemeine ~ haben** avoir valeur générale [*o* une valeur universelle]

❷ *(Ansehen)* considération *f; eines Autors, Künstlers* notoriété *f;* **~ haben** [*o* **besitzen**] faire autorité; **sich/einer S.** *(Dat)* **verschaffen** s'imposer/faire respecter qc

❸ *(Wirkung)* **etw zur ~ bringen** mettre qc en valeur; **zur ~ kommen** être mis(e) en valeur

Geltungsbedürfnis *nt kein Pl* besoin *m* de se faire valoir **Geltungsbedürftig** *Adj* qui a besoin de se faire valoir **Geltungsbereich** *m einer Fahrkarte* secteur *m* de validité; *eines Gesetzes* domaine *m* d'application; **in den ~ eines Gesetzes fallen** tomber dans le domaine d'application d'une loi **Geltungsdauer** *f* durée *f* de validité **Geltungssucht** *f kein Pl pej* besoin *m* de se mettre en avant **Geltungstrieb** *s.* **Geltungsbedürfnis**

Gelübde [gə'lʏpdə] <-s, -> *nt* vœu *m;* **ein/sein ~ ablegen** faire un vœu/prononcer ses vœux

gelungen [gə'lʊŋən] I. *PP von* **gelingen**

II. *Adj attr Abend, Überraschung, Veranstaltung* [très] réussi(e); *Essen* [bien] réussi(e); **er freute sich über seinen ~en Kuchen** il était content d'avoir réussi son gâteau

Gelüst[e] <-[e]s, -e> *nt geh* envie *f;* **~ e auf etw** *(Akk)* **haben** avoir des envies de qc

gelüsten* *tr V unpers geh* **jdn gelüstet es** [**sehr**] **nach etw** qn a [grande] envie de qc; **jdn gelüstet es etw zu tun** qn a [grande] envie de faire qc

Gema <-> *f Abk von* **Gesellschaft für musikalische Aufführungs- und mechanische Vervielfältigungsrechte** ≈ S.A.C.E.M. *f*

gemach [gə'ma:x] *Interj liter* doucement

Gemach <-[e]s, Gemächer> *nt liter* chambre *f*

gemächlich [gə'mɛ(:)çlɪç] I. *Adj* tranquille, paisible

II. *Adv* tranquillement, paisiblement

Gemahl(in) [gə'ma:l] <-s, -e> *m(f) geh* époux *m*/épouse *f (soutenu);* **Ihr Herr ~/Ihre Frau ~in** monsieur votre époux/madame votre épouse *(form)*

gemahnen* *tr V geh (zum Gedenken mahnen)* **jdn an jdn/etw ~** *Feier, Denkmal:* rappeler le souvenir de qn/qc [à qn]

Gemälde [gə'mɛ:ldə] <-s, -> *nt* tableau *m,* peinture *f*

Gemäldegalerie *f* galerie *f* de peinture[s] **Gemäldesammlung** *f* collection *f* de tableaux

Gemarkung [gə'markʊŋ] <-, -en> *f* territoire *m* communal

gemasert [gə'ma:zɐt] *Adj Holz, Marmor* veiné(e)

gemäß [gə'mɛːs] I. *Präp + Dat* conformément à; **~ Ihrem Wunsch** selon vos désirs

II. *Adj* **jdm/einer S. ~ sein** être adapté(e) à qn/qc

gemäßigt [gə'mɛ:sɪçt] *Adj* ❶ *Klima, Zone* tempéré(e)

❷ *(moderat)* modéré(e)

Gemäuer [gə'mɔyɐ] <-s, -> *nt* murailles *fpl*

Gemecker[e] <-s> *nt* ❶ *einer Ziege* bêlement *m* gén *pl*

❷ *pej fam (Nörgelei)* rouspétances *fpl (fam)*

gemein [gə'maɪn] **I.** *Adj* ❶ *(niederträchtig) Person* infâme; **du ~ er Kerl!** espèce de salaud! *(fam)*
❷ *fam (unfair)* vache *(fam);* **das war ~ von dir!** c'est vache d'avoir fait cela! *(fam)*
❸ *(böse) Lüge, Streich, Intrige* odieux(-euse); *Bemerkung* méchant(e), de mauvais goût
❹ *attr* BOT, ZOOL *Ahorn, Hering* commun(e)
❺ *(gemeinsam)* **etw mit jdm/etw ~ haben** avoir qc en commun avec qn/qc; **er hat etwas mit dir ~** il a quelque chose de commun avec toi; **das ist diesen Personen/Pflanzen ~** c'est commun à ces personnes/plantes
▸ **sich mit jdm ~ machen** *geh* se commettre avec qn *(soutenu)*
II. *Adv fam kalt, schwer, wehtun* vachement *(fam)*
Gemeinbesitz *m* propriété *f* collective; **etw in ~ überführen** collectiviser qc
Gemeinde [gə'maɪndə] <-, -n> *f* ❶ *(Kommune)* commune *f*
❷ *(Pfarrgemeinde)* paroisse *f*; *(Gläubige bei der Messe)* assistance *f*; **liebe ~!** mes [bien chers] frères!
❸ *(Anhängerschaft eines Künstlers)* cercle *m*
Gemeindeabgaben *Pl* impôts *mpl* locaux *(destinés à la commune)* **Gemeindeammann** *m* CH *(Gemeindevorstand)* maire *m* **Gemeindeamt** *nt* municipalité *f* **Gemeindebeamte(r)** *m dekl wie Adj*, **Gemeindebeamtin** *f* employé(e) *m(f)* municipal(e) **Gemeindebezirk** *m* ❶ *(Gemeindegebiet)* territoire *m* communal ❷ *(Stadtteil)* arrondissement *m* **gemeindeeigen** *Adj* communal(e), municipal(e) **Gemeindehaus** *nt* maison *f* paroissiale **Gemeindehelfer(in)** *m(f)* diacre *m*/diaconesse *f* **Gemeindemitglied** *nt* paroissien(ne) *m(f)* **Gemeindeordnung** *f* statuts *mpl* communaux **Gemeindepräsident(in)** *m(f)* CH maire *mf* **Gemeinderat** *m* conseil *m* municipal **Gemeinderat** *m*, **-rätin** *f* ❶ conseiller *m* municipal/conseillère *f* municipale **Gemeindesaal** *m einer Kirche* salle *f* paroissiale **Gemeindeschwester** *f* infirmière *f* à domicile *(employée par la commune)* **Gemeindesteuer** *f* taxe *f* communale **Gemeindeversammlung** *f* CH assemblée *f* municipale **Gemeindeverwaltung** *f* municipalité *f* **Gemeindevorstand** *m* ❶ *(Gremium)* municipalité *f* ❷ *(Bürgermeister)* maire *m* **Gemeindewahl** *f* élections *fpl* municipales **Gemeindewohnung** *f* A logement *m* social **Gemeindezentrum** *nt* foyer *m* socioculturel
Gemeineigentum *nt* propriété *f* publique **gemeingefährlich** *Adj* représentant un danger public; *Irrer, Krimineller* dangereux(-euse) **Gemeingut** *nt* bien *m* commun; **~ sein** faire partie du domaine public; *Volkslied:* faire partie du patrimoine **Gemeinheit** *f* <-, -en> *f* ❶ méchanceté *f*, rosserie *f*
❷ *fam (Ärgernis)* vacherie *f (fam);* **so eine ~!** merde alors! *(fam)* **gemeinhin** *Adv* communément, d'ordinaire **Gemeinkosten** *Pl* frais *mpl* généraux
Gemeinnutz *m* intérêt *m* général
▸ **~ [geht] vor Eigennutz** *Spr.* l'intérêt général passe avant l'intérêt particulier
gemeinnützig *Adj Verein* à but non lucratif; *Einrichtung, Organisation* d'utilité publique; *Arbeit* d'utilité publique [*o* collective]
Gemeinplatz *m* lieu *m* commun
gemeinsam I. *Adj* ❶ commun(e); *Haus, Wohnung* en commun; *Konto* joint(e); **wir haben eine ~e Wanderung gemacht** nous avons fait une randonnée ensemble
❷ *(verbindend)* **das Gemeinsame** le point commun; **sie haben vieles ~** ils/elles ont beaucoup de choses en commun
II. *Adv besprechen, lösen* ensemble, en commun; **mehreren Personen ~ gehören** appartenir en commun à plusieurs personnes
Gemeinsamkeit <-, -en> *f* ❶ *(das Gemeinsame)* point *m* commun
❷ *kein Pl (Einvernehmen)* **in ~ handeln** agir d'un commun accord
Gemeinschaft <-, -en> *f* ❶ *von Personen, Staaten* communauté *f;* **eheliche ~** communauté conjugale; **in ~ mit jdm** conjointement avec qn; **die ~ der Heiligen/Gläubigen** la communion des saints/fidèles; **die Europäische ~** la Communauté européenne; **die ~ Unabhängiger Staaten** la Communauté des États indépendants
❷ *kein Pl (Verbundenheit)* esprit *m* communautaire
gemeinschaftlich I. *Adj Projekt* en coopération; *Nutzung, Aktivitäten* [en] commun; *Leben* en communauté; **wegen ~en Mordes angeklagt werden** être accusé de complicité de meurtre
II. *Adv erarbeiten, nutzen* en commun; *begehen, verüben* en complicité
Gemeinschaftsantenne *f* antenne *f* collective **Gemeinschaftsarbeit** *f* travail *m* collectif; **in ~** un travail d'équipe **Gemeinschaftsgefühl** *nt kein Pl* esprit *m* d'équipe [*o* de solidarité] **Gemeinschaftsgeist** *m* esprit *m* de solidarité **Gemeinschaftskunde** *f kein Pl* instruction *f* civique **Gemeinschaftspraxis** *f* cabinet *m* de groupe **Gemeinschaftsproduktion** *f* coproduction *f* **Gemeinschaftsprojekt** *nt* projet *m* commun [*o* collectif] **Gemeinschaftsraum** *m* salle *f*

commune **Gemeinschaftswährung** *f* monnaie *f* commune **Gemeinschaftszelle** *f* cellule *f* commune [*o* collective]
Gemeinsinn *m kein Pl* esprit *m* de solidarité **Gemeinsprache** *f* langue *f* commune **gemeinverständlich** *Adj* **in ~ em Deutsch** dans un allemand accessible à tous **Gemeinwesen** *nt* communauté *f* **Gemeinwirtschaft** *f* FIN économie *f* collectivée et planifiée **Gemeinwohl** *nt* intérêt *m* commun, intérêt *m* général; **dem ~ dienen** servir l'intérêt général
Gemenge [gə'mɛŋə] <-s, -> *nt* ❶ *(Gemisch)* mélange *m;* **~ aus Sand und Blumenerde** mélange *m* de sable et de terreau
❷ *(Gewühl)* cohue *f*
❸ *(Durcheinander)* fouillis *m*
▸ **mit jdm ins ~ kommen** en venir aux mains avec qn
gemessen [gə'mɛsən] **I.** *PP von* **messen**
II. *Adj Auftreten* grave; *Höflichkeit* réservé(e); **~ en Schrittes** à pas mesurés; **in ~ em Abstand** à bonne distance
Gemetzel [gə'mɛtsəl] <-s, -> *nt* carnage *m*
gemieden [gə'mi:dən] *PP von* **meiden**
Gemisch [gə'mɪʃ] <-[e]s, -e> *nt* ❶ *(Mischung)* mélange *m;* **~ aus Fruchtsaft und Mineralwasser** mélange *m* de jus de fruits et d'eau minérale
❷ *kein Pl (Durcheinander) von Personen, Völkern* mélange *m*, brassage *m*
❸ *(Kraftstoffgemisch)* mélange *m* [carburant]; *(für Zweitaktmotoren)* mélange *m* [deux temps]
gemischt [gə'mɪʃt] *Adj* mélangé(e), mêlé(e); *Publikum* disparate, mélangé(e); *Kost, Gemüse* varié(e); *Chor, Schule, Klasse* mixte
gemischtsprachig *Adj* plurilingue
Gemischtwarenhandlung *f veraltet* épicerie *f*
Gemme ['gɛmə] <-, -n> *f* gemme *f*
gemocht [gə'mɔxt] *PP von* **mögen**
gemolken [gə'mɔlkən] *PP von* **melken**
gemoppelt [gə'mɔpəlt] *Adj* ▸ **doppelt ~** *fam* redondant(e); **doppelt ~ sein** être un pléonasme
Gemsbock^ALT *s.* **Gämsbock**
Gemse^ALT *s.* **Gämse**
Gemurmel [gə'mʊrməl] <-s> *nt* murmures *mpl*
Gemüse [gə'my:zə] <-s, *selten* -> *nt* légumes *mpl;* **ein ~** légume *m*
▸ **junges ~** *hum fam* jeunots *mpl (fam)*
Gemüseanbau *m* culture *f* maraîchère **Gemüsebeet** *nt* carré *m* de légumes **Gemüsebrühe** *f* bouillon *m* de légumes **Gemüsefach** *nt* bac *m* à légumes **Gemüsegarten** *m* [jardin *m*] potager *m* ▸ **quer durch den ~** *hum fam* pêle-mêle **Gemüsehändler(in)** *m(f)* marchand *m* de *m(f)* de légumes **Gemüseladen** *m* magasin *m* de légumes **Gemüsepflanze** *f* plante *f* potagère **Gemüseplatte** *f* assiette *f* de légumes **Gemüsesaft** *m* jus *m* de légumes **Gemüsesorte** *f* sorte *f* de légumes **Gemüsesuppe** *f* soupe *f* de [*o* aux] légumes **Gemüsezwiebel** *f* oignon *m* jaune
gemusst^RR, **gemußt**^ALT *PP von* **müssen**
gemustert [gə'mʊstət] *Adj* imprimé(e); **bunt/braun ~** en imprimé multicolore/brun
Gemüt [gə'my:t] <-[e]s, -er> *nt* **ein zartes/empfindliches ~** un cœur tendre/sensible; **viel ~ haben** [*o* **besitzen**] être très sentimental(e) [*o* une âme sensible]; **ein sonniges ~ haben** être une nature gaie; *iron (naiv)* être un cœur simple; **die ~ er bewegen** [*o* **erhitzen**] émouvoir [*o* échauffer] les esprits
▸ **sich** *(Dat)* **etw zu ~ e führen** *(essen, trinken)* déguster qc; *(lesen)* savourer qc; *(beherzigen)* prendre bonne note de qc; **jdm aufs ~ schlagen** saper le moral à qn; **etwas fürs ~** *hum* quelque chose de très sentimental
gemütlich I. *Adj* ❶ *(behaglich) Wohnung* douillet(te), confortable; *Sessel, Bett* confortable; **hier ist es richtig ~** on se sent vraiment bien ici; **es sich/jdm ~ machen** se mettre à son aise/mettre qn à son aise
❷ *(gesellig) Abend* agréable; *Beisammensein, Stimmung, Lokal* sympathique
II. *Adv* ❶ *(gemächlich)* tranquillement
❷ *behaglich, gesellig* confortablement
Gemütlichkeit <-> *f* ❶ *(Behaglichkeit) einer Wohnung* confort *m* [douillet]; *eines Lokals* atmosphère *f* sympathique
❷ *(Gemächlichkeit)* **etw in aller ~ tun** faire qc bien tranquillement
▸ **da hört die ~ auf!** *fam* ça commence à bien faire! *(fam)*
Gemütsart *f* tempérament *m* **Gemütsbewegung** *f* émotion *f;* **keine ~ zeigen** ne pas broncher **gemütskrank** *Adj* neurasthénique, dépressif(-ive) **Gemütskranke(r)** *f(m) dekl wie Adj* neurasthénique *mf*, personne *f* dépressive **Gemütskrankheit** *f* neurasthénie *f*, dépression *f* **Gemütslage** *f* état *m* d'âme; **je nach ~** selon mon/son /... humeur **Gemütsmensch** *m fam* bonne pâte *f (fam)* **Gemütsregung** *f* émotion *f* **Gemütsruhe** *f* quiétude *f;* **in aller ~** *fam* en toute quiétude

Gemütsverfassung, Gemützustand s. Gemütslage
gemütvoll Adj sensible, émotif(-ive)
gen [gɛn] Präp + Akk veraltet ~ **Süden** vers le sud
Gen [ge:n] <-s, -e> nt BIO gène m
genannt [gəˈnant] PP von **nennen**
genarbt [gəˈnarpt] Adj grenu(e), grené(e)
genas [gəˈnaːs] Imp von **genesen**
genau [gəˈnaʊ] I. Adj ❶ (exakt) précis(e)
❷ (gewissenhaft) rigoureux(-euse)
II. Adv ❶ (exakt) exactement; **kennen** très bien; **passen** juste; **auf die Sekunde/den Millimeter ~** à la seconde/au millimètre près; **es stimmt ~** c'est tout à fait juste [o exact]; **etw ~estens** [o **aufs Genaueste**] **befolgen** suivre qc à la lettre; **etw ~/nicht ~ wissen** savoir parfaitement/ne pas savoir exactement qc; **wissen Sie das ~?** en êtes-vous absolument sûr(e)?; **so ~ wollte ich es** [nun auch wieder] **nicht wissen!** je ne voulais pas en savoir tant!
❷ (eben, gerade) justement; **~!** fam absolument!; **~ zur richtigen Zeit** juste au bon moment
▶ **~ genommen** strictement parlant; **es mit etw ~ nehmen** prendre qc au pied de la lettre; **es nicht so ~ nehmen** ne pas y regarder de si près; (in Geldangelegenheiten) ne pas être [très] regardant(e); **wenn man es ~ nimmt** à proprement parler
genaugenommenᴬᴸᵀ s. genau II.▶
Genauigkeit <-> f précision f, exactitude f
genauso [gəˈnaʊzoː] Adv de même; **~ gut/schlecht** [wie] tout aussi bien/mal [que]; **es ist ~ gekommen, wie …** c'est arrivé exactement comme …; **mir geht es ganz ~** [pour] moi, c'est exactement la même chose; **mich hat er ~ betrogen wie Sie** il m'a tout autant trompé(e) que vous
genausogutᴬᴸᵀ Adv s. genauso
Genbank f BIO banque f d'informations génétiques
Gendarm [ʒanˈdarm, ʒãˈdarm] <-en, -en> m a gendarme m
Gendarmerie [ʒandarməˈriː] <-, -n> f A gendarmerie f
Genealoge [geneaˈloːgə] <-n, -n> m, **Genealogin** f généalogiste mf
Genealogie [genealoˈgiː, Pl:-ˈgiːən] <-, -n> f généalogie f
genealogisch Adj généalogique
genehm [gəˈneːm] Adj geh **jdm ~ sein** Person: plaire à qn; Lösung, Vorschlag, Termin: agréer à qn (soutenu), convenir à qn; **wenn es ~ ist** si cela vous/te convient
genehmigen* I. tr V ❶ donner l'autorisation de; **jdm etw ~** donner l'autorisation de qc à qn; Arbeitgeber: accorder qc à qn; **eine nicht genehmigte Demonstration** une manifestation non consentie; **genehmigt!** approuvé!
❷ (annehmen) autoriser, accepter Antrag; approuver Protokoll
II. r V sich (Dat) **etw ~** s'offrir qc
▶ **sich** (Dat) **einen ~ hum** fam s'en jeter un [derrière la cravate] (fam)
Genehmigung <-, -en> f ❶ (das Genehmigen) autorisation f; eines Antrags acceptation f; eines Bauplans agrément m; **mit amtlicher ~** avec agrément officiel; **eine ~ beantragen/einholen/erhalten** demander/solliciter/recevoir une autorisation
❷ (Berechtigungsschein) autorisation f
Genehmigungspflicht f autorisation f préalable
genehmigungspflichtig Adj soumis(e) à une autorisation préalable
geneigt [gəˈnaɪkt] Adj geh ❶ (wohlgesinnt) **jdm ~ sein** être favorable à qn
❷ (bereit) **~ sein etw zu tun** être disposé(e) à faire qc
Geneigtheit <-> f geh ❶ (Wohlwollen) bienveillance f; **meine ~ ihm gegenüber** ma bienveillance à son égard
❷ (Bereitwilligkeit) disposition f
Genera Pl von **Genus**
General [geneˈraːl] <-[e]s, -e o Generäle> m général m; **der kommandierende ~** le général en chef
Generalamnestie f amnistie f générale **Generalbevollmächtigte(r)** f(m) dekl wie Adj fondé(e) m(f) de pouvoir [ayant procuration générale] **Generalbundesanwalt** m, **-anwältin** f procureur mf [général(e)] de la République **Generaldirektor(in)** m(f) directeur m général/directrice f générale **Generalhandlungsvollmacht** f JUR procuration f générale commerciale
Generalin <-, -nen> f général m; (Frau eines Generals) générale f **Generalinspekteur(in)** [-ɪnspɛktøːɐ] m(f) inspecteur m/inspectrice f générale [de l'armée], chef mf d'état-major des armées **Generalinspektion** f inspection f générale **Generalintendant(in)** m(f) directeur m général/directrice f générale **generalisieren*** itr V généraliser
Generalist(in) <-en, -en> m(f) personne f polyvalente
Generalität <-, selten -en> f généraux mpl
Generalklausel f JUR clause f générale **Generalkommando** nt état-major m de corps d'armée **Generalkonsul(in)** m(f) consul m général **Generalkonsulat** nt consulat m général **Generalleutnant(in)** m(f) général m de corps d'armée **Generalma-**
jor(in) m(f) général m de division **Generalmusikdirektor(in)** m(f) directeur(-trice) m(f) de l'opéra **Generalprobe** f [répétition f] générale f **Generalsekretär(in)** m(f) secrétaire mf général(e) **Generalstaatsanwalt** m, **-anwältin** f procureur mf général(e) **Generalstab** m état-major m
Generalstabschef m chef m d'état-major général **Generalstabskarte** f carte f d'état-major **generalstabsmäßig** Adv fam en ne laissant rien au hasard
Generalstreik m grève f générale **generalüberholen*** tr V nur Infin und PP ~ **lassen** faire faire une révision complète de; **generalüberholt** révisé(e) complètement **Generalüberholung** f TECH révision f complète **Generalüberprüfung** f révision f complète **Generalversammlung** f assemblée f générale **Generalvertreter(in)** m(f) représentant m exclusif/représentante f exclusive **Generalvertretung** f représentation f exclusive **Generalvollmacht** f procuration f générale; **~ besitzen** avoir pleins pouvoirs
Generation [genəraˈtsioːn] <-, -en> f génération f; **die heranwachsende ~** la nouvelle génération, la génération montante; **die junge/jüngere ~** la jeune génération; **die ältere ~** l'ancienne [o la vieille] génération; **seit ~en** depuis des générations
Generationenvertrag m pacte m de solidarité entre générations **Generationskonflikt** m conflit m des générations **Generationswechsel** [-ks-] m ❶ (bei Menschen) renouvellement m des générations ❷ BIO génération f alternante
Generator [geneˈraːtoːɐ] <-s, -toren> m génératrice f; (Dieselgenerator) groupe m électrogène
generell [geneˈrɛl] I. Adj général(e)
II. Adv d'une manière générale
generieren* tr V INFORM produire
Generikum <-s, -ka> nt PHARM générique m
generös Adj geh généreux(-euse)
Genese <-, -n> f eines Werks, einer Krankheit genèse f
genesen [gəˈneːzən] <genas, -> itr V + sein geh **von einer Operation/nach einer Grippe ~** se remettre d'une opération/se rétablir après une grippe
Genesis [ˈgeːnɛzɪs] <-> f BIBL Genèse f
Genesung [gəˈneːzʊŋ] <-, -en> f guérison f; (nach einem Unfall) rétablissement m; **baldige ~!** prompt rétablissement!
Genesungsurlaub m congé m de convalescence
Genetik [geˈneːtɪk] <-> f génétique f
genetisch [geˈneːtɪʃ] Adj génétique
Genf [gɛnf] <-s> nt Genève f
Genfer Adj genevois(e); **der ~ See** le lac Léman; **die ~ Konvention** la convention de Genève
Genforscher(in) m(f) généticien(ne) m(f) **Genforschung** f génétique f
genial [geˈniaːl] Adj génial(e); Idee de génie, génial(e)
Genialität <-> f einer Person génie m; eines Entwurfs, Plans caractère m génial
Genick [gəˈnɪk] <-[e]s, -e> nt nuque f; **ein steifes ~** fam un torticolis; **sich** (Dat) **das ~ brechen** se briser les vertèbres cervicales
▶ **jdm das ~ brechen** briser les vertèbres cervicales à qn; (zugrunde richten) casser les reins à qn (fam)
Genickschussᴿᴿ m balle f dans la nuque **Genickstarre** f raideur f de la nuque; **~ haben** fam avoir le torticolis
Genie [ʒeˈniː] <-s, -s> nt génie m; **ein verkanntes ~** un génie méconnu
Genien [ˈgeːniən] Pl von **Genius**
genieren* [ʒeˈniːrən] r V sich ~ être gêné(e); **sich vor jdm ~** être gêné(e) devant qn; **sich ~ etw zu tun** être gêné(e) de faire qc; **sich nicht ~ etw zu tun** ne pas se gêner pour faire qc; **greifen Sie zu, ~ Sie sich nicht!** servez-vous, ne vous gênez pas!
genießbar Adj consommable
genießen [gəˈniːsən] <genoss, genossen> tr V ❶ (auskosten) profiter de Leben, Wetter, Urlaub
❷ (essen, trinken) savourer Speise, Getränk; **nicht zu ~ sein** Speise: être immangeable; Getränk: être imbuvable
❸ geh (erfahren) recevoir Ausbildung, Erziehung; jouir de Ansehen, Schutz, Vertrauen
Genießer(in) <-s, -> m(f) bon vivant m; (Feinschmecker) gourmet m; **ein stiller ~** un épicurien solitaire
genießerisch I. Adj Person: épicurien(ne); Gesichtsausdruck, Laut de plaisir
II. Adv voluptueusement
Geniestreich [ʒeˈniː-] m idée f [o trait m] de génie **Genietruppe** f MIL CH génie m
genital [geniˈtaːl] Adj des parties génitales
Genitalbereich m zone f des parties génitales
Genitale [geniˈtaːlə] <-s, Genitalien> nt sexe m; **die Genitalien** les parties génitales, l'appareil génital
Genitiv [ˈgeːnitiːf] <-s, -e> m GRAM génitif m
Genius [ˈgeːniʊs, Pl: ˈgeːniən] <-, Genien> m génie m

Genlabor nt laboratoire m de génétique **Genmanipulation** f manipulation f génétique **Genmutation** f mutation f génétique
Genom [ge'no:m] <-s, -e> nt BIO génome m
genommen [gə'nɔmən] PP von **nehmen**
genoss^RR, **genoß**^ALT Imp von **genießen**
Genosse [gə'nɔsə] <-n, -n> m, **Genossin** f camarade mf
genossen [gə'nɔsən] PP von **genießen**
Genossenschaft <-, -en> f coopérative f; [eingetragene] ~ coopérative f [inscrite au registre]
Genossenschaft[l]er(in) <-s, -> m(f) coopérateur(-trice) m(f)
genossenschaftlich I. Adj coopératif(-ive); ~ **er Betrieb** exploitation coopérative
II. Adv en coopérative
Genossenschaftsbank <-banken> f banque f mutualiste
Genossin s. **Genosse**
genötigt Adj ~ **sein/sich ~ sehen etw zu tun** être contraint(e) [o forcé(e)]/se voir contraint(e) de faire qc
Genotypus [geno-] m BIO génotype m
Genozid [geno'tsi:t] <-[e]s, -e o -ien> m o nt geh génocide m; ~ **an den Juden/Armeniern** génocide m des Juifs/Arméniens
Genre ['ʒã:rə] <-s, -s> nt KUNST genre m
Genrebild ['ʒã:rə-] nt KUNST tableau m de genre **Genremalerei** f KUNST peinture f de genre
Gent [gɛnt] <-s> nt Gand
Gentechnik f génétique f **Gentechniker(in)** m(f) spécialiste mf en génétique **gentechnisch** I. Adj génétique II. Adv génétiquement **Gentechnologie** f génie m [o ingénierie f] génétique
Gentherapie f MED thérapie f génétique
Genua ['ge:nua] <-s> nt Gênes f
genug [gə'nu:k] Adv assez; **das ist ~** ça suffit; **~ Käse/Brot** assez de fromage/pain; **~ Menschen/Zeit/Geld** assez d'hommes/de temps/d'argent; **~ zu essen/trinken** assez à manger/boire; **alt/ groß ~** assez vieux(vieille)/grand(e); **~ der Worte!** trêve de discussions!; **nicht ~, dass er nicht arbeitet, er trinkt auch noch** non content de ne pas travailler, en plus il boit
▶**nicht ~ bekommen** [o **kriegen**] **können** n'en avoir jamais assez; **von etw ~ haben** (satt sein) avoir assez de qc; (überdrüssig sein) en avoir assez de qc; **jetzt ist|'s] aber ~!** ça suffit maintenant!; **sich** (Dat) **selbst ~ sein** se suffire à soi-même
Genüge [gə'ny:gə] <-> f ▶ **einer S.** (Dat) **~ tun** geh satisfaire à qc; **zur ~** (hinreichend) suffisamment; (bis zum Überdruss) à satiété
genügen* itr V ❶ (ausreichen) suffire; [jdm] ~ suffire [à qn]; **für jdn ~** suffire pour qn
❷ (gerecht werden) **den Pflichten/Ansprüchen/Wünschen ~** satisfaire aux devoirs/exigences/désirs
genügend Adv suffisamment; **~ groß** suffisamment grand(e); **~ Zeit/Gründe** suffisamment de temps/raisons
genügsam I. Adj peu exigeant(e); **~ sein** se contenter de peu
II. Adv **leben, sich ernähren** frugalement
Genügsamkeit <-> f einer Person frugalité f, modération f
Genugtuung [gə'nu:ktu:ʊŋ] <-, selten -en> f ❶ (Befriedigung) satisfaction f
❷ geh (Wiedergutmachung) réparation f
genuin [genu'i:n] Adj geh véritable
Genus ['gɛnʊs, 'ge:nʊs] <-, Genera> nt GRAM genre m
Genuss^RR <-es, Genüsse>, **Genuß**^ALT <-sses, Genüsse> m
❶ (Köstlichkeit) régal m, délice m
❷ (Freude) **es ist ein ~ etw zu tun** c'est un [vrai] plaisir de faire qc; **mit ~** avec délectation
❸ kein Pl form (Einnahme, Verzehr) consommation f
▶**in den ~ einer Prämie/Rente kommen** pouvoir bénéficier d'une prime/pouvoir profiter d'une retraite
genüsslich^RR, **genüßlich**^ALT I. Adj de délectation
II. Adv avec délectation, avec délice
Genussmensch^RR m épicurien(ne) m(f) **Genussmittel**^RR nt stimulant m; (aus steuerlicher Sicht) produit m de luxe **Genussschein**^RR m certificat m de jouissance **Genusssucht**^RR f pej goût m immodéré du plaisir **genusssüchtig**^RR Adj pej avide de plaisir[s] **genussvoll**^RR Adj délicieux(-euse)
genverändert Adj modifié(e) génétiquement
Geobotanik f géobotanique f **Geochemie** f géochimie f
Geodäsie [geodɛ'zi:] <-> f géodésie f
Geodreieck nt fam équerre-rapporteur f
Graf(in)^RR s. **Geograph(in)**
Geografie^RR s. **Geographie**
geografisch^RR s. **geographisch**
Geograph(in) [geo'gra:f] <-en, -en> m(f) géographe mf
Geographie [geogra'fi:] <-> f géographie f
geographisch I. Adj géographique; Studium, Unterricht de géographie
II. Adv géographiquement
Geologe [geo'lo:gə] <-n, -n> m, **Geologin** f géologue mf
Geologie [geolo'gi:] <-> f géologie f

geologisch I. Adj géologique; Studium de géologie
II. Adv géologiquement
Geometrie [geome'tri:] <-> f géométrie f
geometrisch [geo'me:trɪʃ] Adj géométrique
Geomorphologie f GEOG géomorphologie f **Geophysik** f géophysique f **Geopolitik** f géopolitique f **geopolitisch** Adj géopolitique
Georgien [ge'ɔrgiən] <-s> nt la Géorgie
Georgier(in) <-s, -> m(f) Géorgien(ne) m(f)
georgisch Adj géorgien(ne)
Geowissenschaften ['ge:o-] Pl géographie f pas de pl
geozentrisch Adj ASTRON géocentrique
Gepäck [gə'pɛk] <-[e]s> nt bagages mpl
Gepäckabfertigung f ❶ kein Pl (Vorgang) enregistrement m des bagages ❷ (Schalter) guichet m d'enregistrement des bagages **Gepäckablage** f porte-bagages m **Gepäckanhänger** m étiquette f pour bagages **Gepäckannahme** f ❶ kein Pl (Vorgang) enregistrement m des bagages ❷ (Schalter) guichet m d'enregistrement des bagages **Gepäckaufbewahrung** f ❶ kein Pl (das Aufbewahren) garde f des bagages ❷ (Schalter) consigne f
Gepäckaufbewahrungsschein m bulletin m de consigne
Gepäckaufgabe <-, -n> f AVIAT, EISENBAHN ❶ (Schalter) [guichet m d']enregistrement m des bagages ❷ kein Pl (das Aufgeben) enregistrement m des bagages **Gepäckausgabe** f ❶ kein Pl (Vorgang) retrait m des bagages ❷ (Schalter) guichet m de retrait des bagages **Gepäckkarren** m chariot m à bagages **Gepäckkontrolle** f contrôle m des bagages **Gepäcknetz** nt filet m à bagages **Gepäckraum** m soute f à bagages **Gepäckschalter** m guichet m d'enregistrement/de retrait des bagages **Gepäckschein** m bulletin m de bagages **Gepäckschließfach** nt consigne f automatique **Gepäckständer** m porte-bagages m **Gepäckstück** nt bagage m **Gepäcktasche** f sacoche f **Gepäckträger** m ❶ (Person) porteur m ❷ (Vorrichtung) porte-bagages m **Gepäckversicherung** f assurance f bagages
Gepäckwagen m fourgon m
Gepard ['ge:part] <-s, -e> m guépard m
gepfeffert [gə'pfɛfət] Adj fam ❶ (sehr teuer) salé(e) (fam)
❷ (schwer) dur(e) (fam)
gepfiffen [gə'pfɪfən] PP von **pfeifen**
gepflegt [gə'pfle:kt] I. Adj ❶ Person, Aussehen, Hand soigné(e); Beet, Garten, Eindruck bien entretenu(e)
❷ (kultiviert, erlesen) Atmosphäre, Ausdrucksweise raffiné(e); Restaurant, Speisen, Wein de qualité
II. Adv ❶ sich ausdrücken de façon correcte
❷ (kultiviert) **essen gehen** aller manger dans un bon restaurant
Gepflegtheit <-> f eines Menschen soin m; eines Gartens, Hauses entretien m
Gepflogenheit [gə'pflo:gənhaɪt] <-, -en> f geh habitude f
gepierct [-pɪəst] Adj percé(e)
Geplänkel [gə'plɛŋkəl] <-s, -> nt escarmouche f
Geplapper [gə'plapə] <-s> nt pej fam bavardages mpl; eines Kindes babillage m
Geplärr[e] <-[e]s> nt pej fam braillements mpl (fam)
Geplätscher [gə'plɛtʃə] <-s> nt clapotis m
Geplauder [gə'plaʊdə] <-s> nt causeries fpl, discussions fpl
Gepolter [gə'pɔltə] <-s> nt (Geräusch von Schritten) vacarme m
Gepräge [gə'prɛ:gə] <-s> nt geh cachet m
gepriesen [gə'pri:zən] PP von **preisen**
gepunktet [gə'pʊŋktət] Adj ❶ Linie pointillé(e)
❷ (gemustert) Stoff, Kleid [blau] ~ à pois [bleus]
gequält [gə'kvɛ:lt] I. Adj Grinsen, Lächeln forcé(e); Seufzer contraint(e)
II. Adv grinsen, lächeln d'un air contraint; stöhnen d'un air contrarié
Gequassel <-s> nt pej fam bavardages mpl, jacassements mpl
Gequatsche [gə'kvatʃə] <-s> nt pej sl papotages mpl (fam)
gequollen [gə'kvɔlən] PP von **quellen**
gerade [gə'ra:də] I. Adj ❶ (aufrecht, nicht krumm) droit(e)
❷ (opp: ungerade) Zahl pair(e)
❸ (aufrichtig) Person, Art franc(franche), droit(e)
II. Adv ❶ (aufrecht, nicht krumm) ~ **halten** redresser Schultern; **den Kopf/den Oberkörper ~ halten** tenir la tête droite/le buste droit; **sich ~ halten** se tenir droit(e); **~ sitzen** se tenir droit(e) sur sa chaise/son siège; **~ stehen** se tenir droit(e)
❷ (im Augenblick, soeben) justement; **~ vor zehn Minuten** il y a juste dix minutes; **sie arbeitet ~** elle est en train de travailler; **er ist ~ angekommen** il vient d'arriver; **er hat das ~ erst erfahren** il vient juste de l'apprendre
❸ (knapp) **sie hat die Prüfung ~ so bestanden** elle a réussi son examen de justesse
❹ (genau) juste; **~ heute habe ich an dich gedacht** j'ai justement pensé à toi aujourd'hui; **~ deswegen habe ich das gesagt** c'est justement pour cette raison que j'ai dit ça; **so ~ nicht!** justement pas comme ça!

❺ *(ausgerechnet)* **nicht ~ hübsch/billig** pas spécialement beau/bon marché; **das sagt ~ er!** ça lui va bien de dire ça!, il ferait mieux de se taire!; **du kannst dich ~ beklagen!** c'est bien à toi de te plaindre!
▶ **~ biegen** *(in gerade Form biegen)* redresser; *fam (in Ordnung bringen)* arranger
Gerade <-n, -n> *f* ❶ GEOM droite *f*
❷ SPORT ligne *f* droite
❸ BOXEN [**rechte**] ~ direct *m* [du droit]
geradeaus *Adv* tout droit
gerade|biegen *tr V unreg fig fam (in Ordnung bringen)* **etw ~** arranger qc
gerade|haltenᴬᴸᵀ *s.* gerade II.❶
geradeheraus *fam* I. *Adj* **~ sein** être franc(franche)
II. *Adv* sagen franco *(fam)*
gerädert [gəˈrɛːdət] I. *PP von* **rädern**
II. *Adj* ▶ **sich wie ~ fühlen** *fam,* **wie ~ sein** *fam* être vanné(e) *(fam)*
gerade|sitzenᴬᴸᵀ *s.* gerade II.❶
geradeso *Adv* **~ viel** tout autant; *s. a.* ebenso
geradesovielᴬᴸᵀ *s.* geradeso
gerade|stehen *itr V unreg* **für jdn/etw ~** répondre de qn/qc
Geradestehen *nt* **das ~** la station debout
geradewegs *Adv* fahren, führen, gehen directement
geradezu *Adv (gleichsam)* tout simplement; *(fast)* pour ainsi dire
Geradheit <-> *f* rectitude *f*
geradlinig [gəˈraːtliːnɪç] I. *Adj* ❶ *(in gerader Richtung)* rectiligne
❷ *(aufrichtig)* droit(e) II. *Adv* verlaufen en ligne droite **Geradlinigkeit** <-> *f a. fig* rectitude *f*
gerammelt [gəˈraməlt] *Adv* ▶ **~ voll** *fam* plein(e) à craquer
Gerangel <-s> *nt* ❶ *(Balgerei)* bousculade *f*
❷ *(Auseinandersetzung)* **um etw** bagarre *f* pour qc
Geranie [geˈraːniə] <-, -n> *f* géranium *m*
gerann [gəˈran] *Imp von* **gerinnen**
gerannt [gəˈrant] *PP von* **rennen**
Gerassel [gəˈrasəl] <-s> *nt fam* cliquetis *m*
Gerät [gəˈrɛːt] <-[e]s, -e> *nt* ❶ *(Haushaltsgerät, Bürogerät)* ustensile *m*
❷ *(Gartengerät)* outil *m* [de jardin]; **die ~e** l'outillage *m* [de jardin]
❸ *(Elektrogerät)* appareil *m; (Radio, Fernseher)* poste *m,* appareil *m*
❹ *(Turngerät)* agrès *mpl*
❺ *kein Pl (Ausrüstung) eines Handwerkers* outils *mpl*
geraten¹ [gəˈraːtən] <gerät, geriet, geraten> *itr V + sein* ❶ *(gelangen)* **in einen Sturm ~** être surpris(e) par la tempête; **in Not/Schwierigkeiten ~** se retrouver dans une situation de détresse/en difficulté; **an jdn ~** tomber sur qn *(fam)*
❷ *(unbeabsichtigt kommen)* **unter einen Lastwagen/Zug ~** passer sous un camion/train; **mit der Hand in die Maschine/eine Spalte ~** se prendre la main dans la machine/une fente
❸ *(einen Zustand erlangen)* **in Wut ~** se mettre en colère; **in Panik/Furcht ~** être pris(e) de panique/peur; **in Verwirrung ~** ne plus savoir où on en est; **ins Schwitzen ~** se mettre à transpirer; **über etw** *(Akk)* **ins Schwärmen ~** s'emballer pour qc; **in Brand ~** commencer à brûler; **ins Stocken ~** *Gespräch:* commencer à se traîner; *Verkehr:* se ralentir
❹ *(ausfallen)* [**jdm**] **zu lang/groß ~** être trop long/grand [pour qn]; **etw gerät jdm gut/nicht gut** qc réussit/ne réussit pas qc; **das Essen ist dir sehr gut ~** ton repas est très réussi
❺ *(ähnlich werden)* **nach jdm ~** ressembler à qn
▶ **außer sich ~** sortir de ses gonds; **jd gerät über jdn/etw außer sich** qn/qc met qn hors de lui
geraten² I. *PP von* **raten**
II. *Adj geh* ▶ **es erscheint jdm ~ etw zu tun** il paraît opportun à qn de faire qc; **es für ~ halten etw zu tun** juger opportun [o trouver à propos] de faire qc
Geräteraum *m* SPORT local *m* pour ranger les agrès **Geräteschuppen** *m* remise *f* à outils **Geräteturnen** *nt* exercices *mpl* aux agrès [o aux appareils]
Geratewohl [gəˈraːtəvoːl] *nt* ▶ **aufs ~** *fam* au petit bonheur [la chance] *(fam)*
Gerätschaften *Pl* outils *mpl,* outillage *m*
Geratter [gəˈratɐ] <-s> *nt pej fam eines Zugs* bruit *m* des tamponnements
Geräucherte(s) *nt dekl wie Adj* viande *f* fumée
geraum [gəˈraʊm] *Adj attr geh Weile, Zeitspanne* long(longue); **seit/vor ~er Zeit** depuis/il y a longtemps
geräumig [gəˈrɔɪmɪç] *Adj* spacieux(-euse)
Geräumigkeit <-> *f* dimensions *fpl* spacieuses
Geräusch [gəˈrɔɪʃ] <-[e]s, -e> *nt* bruit *m*
Geräuschabdeckung *f* revêtement *m* antibruit *inv* **Geräuscharchiv** *nt* sonothèque *f* **geräuscharm** *Adj* silencieux(-euse)
Geräuschbelästigung *f,* **Geräuschbelastung** *f* nuisances *fpl* sonores **Geräuschdämmung** *f* insonorisation *f* **geräusch-**

empfindlich *Adj* sensible au[x] bruit[s] **Geräuschkulisse** *f* bruit *m* de fond; MEDIA bruitage *m,* fond *m* sonore
geräuschlos I. *Adj* silencieux(-euse)
II. *Adv* sans bruit
Geräuschmesser *m* sonomètre *m* **Geräuschpegel** *m* niveau *m* sonore **geräuschvoll** I. *Adj* bruyant(e) II. *Adv* bruyamment
Geräusper [gəˈrɔɪspɐ] <-s> *nt* raclement *m* de gorge *gén pl*
gerben [ˈgɛrbən] *tr V* tanner; **das Gerben** le tannage
Gerber(in) <-s, -> *m(f)* tanneur(-euse) *m(f)*
Gerberei <-, -en> *f* tannerie *f*
Gerbsäure *f* acide *m* tannique
gerecht [gəˈrɛçt] I. *Adj* ❶ *(unparteiisch) Person* juste, équitable; **gegen jdn ~ sein** être juste envers qn; **die Gerechten** les justes *mpl*
❷ *(verdient) Strafe, Urteil, Note* juste, équitable; *Lohn, Gehalt, Verdienst* juste, mérité(e); **es ist doch nur ~, wenn ...** ce n'est que justice si ...
❸ *(berechtigt) Zorn, Anspruch, Preis* justifié(e); *Sache* juste
▶ **einer S.** *(Dat)* **~ werden** *(gewachsen sein) Person:* satisfaire à qc; *Material:* répondre à qc; **jdm/einer S. ~ werden** *(angemessen urteilen)* apprécier qn/qc à sa juste valeur
II. *Adv* équitablement, avec équité
gerechterweise *Adv* pour être juste [o équitable]
gerechtfertigt *Adj* justifié(e)
Gerechtigkeit <-> *f* justice *f*; **ausgleichende ~** justice *f* distributive; **jdm ~ widerfahren lassen** *geh* rendre justice à qn
Gerechtigkeitsgefühl *nt* sens *m* de la justice **Gerechtigkeitsliebe** *f* amour *m* de la justice **gerechtigkeitsliebend** *Adj* épris(e) de justice **Gerechtigkeitssinn** *m* sens *m* de la justice
Gerede [gəˈreːdə] <-s> *nt* ❶ *(Klatsch)* racontars *mpl*; **das ~ der Leute** ce que les gens racontent; **jdn ins ~ bringen** *Person:* compromettre qn; *Skandal:* faire jaser [les gens] sur qn; **ins ~ kommen** faire jaser [les gens]
❷ *(leeres Gerede)* histoires *fpl*
geregelt I. *PP von* **regeln**
II. *Adj (regelmäßig)* régulier(-ière)
gereichen* *itr V geh* **jdm/einer S. zur Ehre ~** faire honneur à qn/qc; **jdm/einer S. zum Nutzen/Vorteil ~** tourner à l'avantage de qn/qc; **jdm/einer S. zum Schaden/Nachteil ~** porter préjudice à qn/qc/tourner au désavantage de qn/qc
gereizt [gəˈraɪtst] I. *PP von* **reizen**
II. *Adj Person, Ton* agacé(e); *Atmosphäre, Stimmung* de grande nervosité
III. *Adv* avec irritation [o agacement]
Gereiztheit <-> *f* irritation *f*
Geriater(in) [geriˈaːtɐ] <-s, -> *m(f)* MED gériatre *mf*
Geriatrie [geriaˈtriː] <-> *f* MED gériatrie *f*
geriatrisch *Adj* MED gériatrique
Gericht¹ [gəˈrɪçt] <-[e]s, -e> *nt* GASTR plat *m*
Gericht² <-[e]s, -e> *nt* ❶ *(Institution)* tribunal *m*; **bei ~** en justice; **jdn vor ~ bringen** traduire [o poursuivre] qn en justice; **etw vor ~ bringen** saisir le tribunal de qc; **über jdn ~ halten** [o **zu ~ sitzen**] faire le procès de qn; **vor ~ kommen** *Person:* passer devant les tribunaux, *Fall:* passer [o être porté(e)] devant les tribunaux; **vor ~ aussagen** déposer à la barre; **wegen etw vor ~ stehen** passer en jugement pour qc; **jdn vor ~ vertreten** représenter qn en justice
❷ *(die Richter)* cour *f*; **Hohes ~!** ≈ monsieur le Président
❸ *(Gebäude)* palais *m* de justice, tribunal *m*
❹ BIBL **das Jüngste ~** le Jugement dernier; **über jdn ~ halten** *Gott:* juger qn
▶ **mit jdm ins ~ gehen** chapitrer dûment qn
gerichtlich I. *Adj attr* judiciaire; **~e Maßnahmen ergreifen** prendre des mesures judiciaires
II. *Adv* en justice; **etw ~ untersuchen** mener une enquête judiciaire sur qc; **etw ~ einklagen** obtenir qc par voie de justice
Gerichtsakte *f* dossier *m* **Gerichtsangestellte(r)** *f(m) dekl wie Adj* employé(e) *m(f)* ministériel(le) **Gerichtsarzt** *m,* **-ärztin** *f* médecin *m* légiste **gerichtsärztlich** *Adj* JUR médico-légal(e) **Gerichtsassessor(in)** *m(f)* juge *mf* assesseur(-euse)
Gerichtsbarkeit *f* juridiction *f*
Gerichtsbeschlussᴿᴿ *m* décision *f* de justice **Gerichtsbezirk** *m* juridiction *f* **Gerichtsdiener** *m* huissier *m* appariteur **Gerichtsdolmetscher(in)** *m(f)* JUR interprète *mf* assermenté(e) **Gerichtsgebäude** *nt* palais *m* de justice **Gerichtshof** *m* cour *f* de justice; **der Europäische ~** la Cour de justice des Communautés européennes; **der Internationale ~** la Cour internationale de justice; **der Oberste ~** la Cour suprême **Gerichtskasse** *f* caisse *f* du trésor du palais de justice **Gerichtskosten** *Pl* frais *mpl* de justice; **jdm die ~ auferlegen** *form* fixer les frais de justice à la charge de qn *(form)* **Gerichtsmedizin** *f* médecine *f* légale **Gerichtsmediziner(in)** *m(f)* médecin *m* légiste **gerichtsmedizinisch** I. *Adj* médicolégal(e) II. *Adv* **~ untersucht werden**

Geringschätzung ausdrücken

Geringschätzung/Missfallen ausdrücken	exprimer le dédain/mécontentement
Ich halte nicht viel von dieser Theorie.	Je trouve que cette théorie n'est pas très bien.
Davon halte ich gar/überhaupt nichts.	Je ne trouve pas ça bien./Je n'en pense rien de bien.
Komm mir bloß nicht mit Psychologie! *(fam)*	Ne me parle pas de psychologie!
(Es tut mir leid, aber) ich habe für diese Typen nichts übrig. *(fam)*	(Je suis désolé(e) mais) ce genre de personnes ne m'intéresse pas du tout.
Ich kann mit moderner Kunst nichts anfangen. *(fam)*	L'art moderne ne me dit rien du tout.

subir un examen médicolégal **Gerichtsort** *m* siège *m* du tribunal **Gerichtsreferendar(in)** *m(f)* stagiaire *mf* de tribunal; *(in Frankreich)* auditeur *m* de justice **Gerichtssaal** *m* salle *f* d'audience, prétoire *m* **Gerichtsschreiber(in)** *m(f)* greffier(-ière) *m(f)* **Gerichtsstand** *m* tribunal *m* compétent; **fliegender/allgemeiner ~** compétence *f* judiciaire volante/de droit commun; **am Erfüllungsort** tribunal compétent au lieu d'exécution; **~ des Vermögens** tribunal compétent du patrimoine **Gerichtstermin** *m* date *f* d'audience **Gerichtsurteil** *nt* jugement *m*; *eines Berufungsgerichts* arrêt *m* **Gerichtsverfahren** *nt* procédure *f* judiciaire; **ohne ordentliches ~** sans autre forme de procès **Gerichtsverhandlung** *f* audience *f* **Gerichtsvollzieher(in)** <-s, -> *m(f)* huissier *m* **Gerichtswesen** <-s> *nt* justice *f*
gerieben [gəˈriːbən] I. *PP von* **reiben**
II. *Adj fam* roublard(e) *(fam)*
geriet *Imp von* **geraten**[1]
gering [gəˈrɪŋ] I. *Adj* ❶ *(nicht groß)* faible; *Anzahl, Menge, Vorrat* petit(e); **sehr ~** insignifiant(e); **ein ~er Wert** peu de valeur; **nicht die ~ste Ahnung haben** ne pas avoir la moindre idée; **nicht das Geringste bemerken** ne s'apercevoir de rien du tout
❷ *(niedrig) Temperatur, Gehalt, Kosten, Preis* bas(se)
❸ *(nicht nennenswert)* **~e Bedeutung/Möglichkeiten haben** avoir peu d'importance/de possibilités; **~ sein** *Möglichkeiten:* être limité(e)
❹ *(unzulänglich) Qualität, Kenntnisse* médiocre
▶ **das Geringste** la moindre des choses; **kein Geringerer/keine Geringere als** nul/nulle autre que; **nicht im Geringsten** pas le moins du monde
II. *Adv denken, sprechen* avec mépris; **~ schätzen** [*o* **achten**] mépriser *Person, Leistung;* sous-estimer *Gefahr, Folgen*
geringachten *s.* **gering** II.
geringelt *Adj Socken* à rayures horizontales; *Schlange* à anneaux
geringfügig [gəˈrɪŋfyːgɪç] I. *Adj* insignifiant(e), peu important(e), minime; *Vergehen, Verletzung* léger(-ère); *Einkommen* bas(se); *Betrag* petit(e)
II. *Adv* légèrement
Geringfügigkeit <-, -en> *f eines Unterschieds* caractère *m* minime; *einer Veränderung, eines Vergehens* insignifiance *f; einer Verletzung* légèreté *f;* **wegen ~ eingestellt werden** *Verfahren:* se terminer par un non-lieu en raison du caractère insignifiant des faits
geringschätzen *s.* **gering** II.
geringschätzig I. *Adj* méprisant(e), dédaigneux(-euse)
II. *Adv denken, sprechen* avec mépris, avec dédain
Geringschätzung *f kein Pl* mépris *m*, dédain *m*
gerinnen <gerann, geronnen> *itr V + sein Blut:* coaguler; *Milch:* cailler
Gerinnsel [gəˈrɪnzəl] <-s, -> *nt MED* caillot *m*
Gerinnung <-, *selten* -en> *f von Blut* coagulation *f; von Milch* caillage *m*, coagulation *f*
Gerinnungsfaktor *m BIO* facteur *m* de coagulation **Gerinnungsmittel** *nt MED* coagulant *m*
Gerippe [gəˈrɪpə] <-s, -> *nt* ❶ *(Skelett, Struktur, Grundplan)* squelette *m;* **fast bis zum ~ abgemagert sein** n'avoir plus que la peau sur les os
❷ *(Tiergerippe)* carcasse *f*, squelette *m*
gerippt *Adj Pullover, Strickweste* à côtes; *Hose, Stoff* côtelé(e), à côtes
gerissen [gəˈrɪsən] I. *PP von* **reißen**
II. *Adj fam Person* roublard(e) *(fam)*
III. *Adv fam* **~ vorgehen** se montrer très roublard(e) *(fam)*
Gerissenheit <-> *f fam* roublardise *f (fam)*
geritten [gəˈrɪtən] *PP von* **reiten**
geritzt I. *PP von* **ritzen**
II. *Adj* ▶ **die Sache ist ~** *fam* ça marche *(fam),* ça baigne *(fam)*
Germ [gɛrm] <-> *f A* levure *f*
Germane [gɛrˈmaːnə] <-n, -n> *m*, **Germanin** *f* Germain(e) *m(f)*
Germania <-> *f MYTH* Germania *f (figure de femme en armure symbolisant l'empire allemand)*
Germanien [gɛrˈmaːniən] <-s> *nt* la Germanie

Germanin *s.* **Germane**
germanisch *Adj* ❶ *HIST* germanique
❷ *LING* germanique
Germanisch *nt* le germanique
Germanische *nt dekl wie Adj* **das ~** le germanique
Germanist(in) [gɛrmaˈnɪst] <-en, -en> *m(f)* germaniste *mf*
Germanistik [gɛrmaˈnɪstɪk] <-> *f* langue *f* et littérature *f* allemandes; **~ studieren** faire des études de langue et de littérature allemandes
germanistisch *Adj Institut, Studium* de langue et de littérature allemandes; *Zeitschrift* pour germanistes
Germanium <-s> *nt* germanium *m;* **~ gehört zu den Halbmetallen** le germanium fait partie des non-métaux
gern[e] <lieber, am liebsten> *Adv* ❶ *(mit Freuden)* **etw ~ tun** aimer bien faire qc; **seine Arbeit ~ machen** aimer faire son travail; **ich möchte** [*o* **würde**] **~ essen gehen** je voudrais [*o* j'aimerais] bien aller au restaurant; **ich sehe es nicht ~, wenn ...** je n'aime pas que + *subj*/quand ...; **~ gelesen** très lu(e); **~ gesehen** très apprécié(e); **~ zitiert** volontiers [*o* souvent] cité(e); **~ geschehen!** [il n'y a] pas de quoi!; [**aber**] **~!** [mais] je t'en/vous en prie!; **ja, ~!** volontiers!
❷ *(ohne weiteres)* sans problème; **das glaube ich ~!** je veux bien le croire!; **ich bin ~ bereit das zu tun** je suis tout à fait prêt(e) à faire cela
❸ *(gewöhnlich, oft)* volontiers
▶ **der kann/du kannst mich mal ~ haben!** *iron fam* il peut aller se/tu peux aller te faire voir! *(fam)*
Gernegroß <-, -e> *m hum fam* crâneur(-euse) *m(f) (fam)*
gerngelesen *s.* **gern[e]** ❶
gerngesehen *s.* **gern[e]** ❶
gernhaben *tr V unreg* **jdn ~** aimer [bien] qn; **sie haben sich gern** ils s'aiment [bien]; **es ~, wenn ...** apprécier [*o* aimer bien] que + *subj*
gernzitiert *s.* **gern[e]** ❶
Geröchel [gəˈrœçəl] <-s> *nt fam* râles *mpl*
gerochen [gəˈrɔxən] *PP von* **riechen**
Geröll [gəˈrœl] <-[e]s, -e> *nt* éboulis *m*
geronnen [gəˈrɔnən] *PP von* **rinnen, gerinnen**
Gerontologe [gerɔntoˈloːgə] <-n, -n> *m*, **Gerontologin** *f MED* gérontologue *mf*
Gerontologie [gerɔntoloˈgiː] <-> *f MED* gérontologie *f*
Gerste [ˈgɛrstə] <-, -> *f* orge *f*
Gerstenfeld *nt* champ *m* d'orge **Gerstengraupe** *f* orge *f* perlée **Gerstenkorn** *nt* ❶ grain *m* d'orge ❷ *MED* orgelet *m* **Gerstensaft** *m kein Pl hum* bière *f* **Gerstensuppe** *f* soupe *f* à l'orge
Gerte [ˈgɛrtə] <-, -n> *f* verge *f*, baguette *f*
gertenschlank *Adj* svelte
Geruch [gəˈrʊx, *Pl:* gəˈrʏçə] <-[e]s, Gerüche> *m* ❶ *(Duft)* odeur *f*
❷ *kein Pl (Geruchssinn)* odorat *m;* **einen feinen ~ haben** *Hund:* avoir du flair
▶ **im ~ stehen, etw zu tun** *geh* être suspecté(e) de faire qc
geruchlos *Adj* inodore
Geruchsbelästigung *f* mauvaises odeurs *fpl;* **etw stellt für jdn eine ~ dar** l'odeur de qc incommode qn **Geruchsempfindung** *f* odorat *m* **Geruchsnerv** *s.* **Riechnerv Geruchsorgan** *s.* **Riechorgan Geruchssinn** *m* odorat *m; eines Parfümtesters* nez *m; eines Hundes* flair *m* **Geruchsverschluss**[RR] *m* siphon *m*
Gerücht [gəˈrʏçt] <-[e]s, -e> *nt* bruit *m*, rumeur *f;* **ein ~ in die Welt setzen** répandre une rumeur; **es geht das ~, dass** le bruit court que + *indic;* **das halte ich für ein ~** pour moi, c'est bien du pipeau *(fam)*
Gerüchteküche *f* foire *f* aux ragots *(fam)*
gerufen [gəˈruːfən] *PP von* **rufen**
geruhen* *itr V form* **~ etw zu tun** daigner faire qc
geruhsam [gəˈruːzaːm] I. *Adj* tranquille
II. *Adv* tranquillement
Gerümpel [gəˈrʏmpəl] <-s> *nt pej* bric-à-brac *m*, vieilleries *fpl*

Gerundium [gəˈrʊndiʊm, *Pl:* gəˈrʊndiən] <-s, -dien> *nt* GRAM gérondif *m*

Gerundiv [-və] <-s, -e> *nt,* **Gerundivum** [gerʊnˈdiːvʊm, *Pl:* gerʊnˈdiːva] <-s, -diva> *nt* GRAM participe *m* futur passif

gerungen [gəˈrʊŋən] *PP von* **ringen**

Gerüst [gəˈrʏst] <-[e]s, -e> *nt* ❶ CONSTR échafaudage *m* ❷ *(Grundplan) eines Artikels, Aufsatzes* charpente *f,* squelette *m*

Gerüstbau *m kein Pl* montage *m [o* dressage *m]* d'un échafaudage

Gerüstbauer(in) <-s, -> *m(f)* monteur(-euse) *m(f)* d'échafaudages

ges, Ges [gɛs] <-, -> *nt* MUS sol *m* bémol

gesalzen [gəˈzaltsən] I. *PP von* **salzen**
II. *Adj fam Miete, Preis* exorbitant(e); *Rechnung* salé(e) *(fam);* **diese Rechnung ist [wirklich] ~!** c'est le [vrai] coup de fusil! *(fam)*

gesammelt *Adj* ❶ *Werke* complet(-ète)
❷ *(konzentriert) Aufmerksamkeit* soutenu(e); **unsere ~e Kraft** toutes nos forces; **~ sein** être concentré(e)

gesamt [gəˈzamt] *Adj attr* **die ~e Familie** toute la famille; **die ~en Kosten** le total des frais; **die ~en Lehrkräfte** l'ensemble du corps enseignant

Gesamtansicht *f eines Gebäudes* vue *f* générale [*o* d'ensemble] **Gesamtarbeitsvertrag** *m* CH convention *f* collective **Gesamtauflage** *f* tirage *m* global **Gesamtausgabe** *f* [édition *f* des] œuvres *fpl* complètes **Gesamtbetrag** *m* montant *m* global [*o* total] **Gesamtbild** *nt* vue *f* d'ensemble **Gesamtdarstellung** *f* représentation *f* d'ensemble **gesamtdeutsch** *Adj* panallemand(e) **Gesamteindruck** *m* impression *f* d'ensemble [*o* générale] **Gesamteinkünfte** *Pl* revenu *m* global **Gesamtergebnis** *nt* résultat *m* global **Gesamtertrag** *m* rendement *m* total **gesamteuropäisch** *Adj* paneuropéen(ne) **Gesamtfläche** *f* superficie *f* globale **gesamtgesellschaftlich** *Adj* propre à l'ensemble de la société; *Bedürfnisse* de la société **Gesamtgewicht** *nt* poids *m* total en charge; **[zulässiges] ~** poids *m* total [autorisé] en charge

Gesamtheit <-> *f von Personen* ensemble *m; von Tieren, Pflanzen* totalité *f;* **in seiner/ihrer ~** dans son/leur ensemble

Gesamthochschule *f* université *f* polyvalente **Gesamtinteresse** *nt* intérêt *m* général **Gesamtkunstwerk** *nt* œuvre *f* [d'art] totale **Gesamtnote** *f* note *f* globale **Gesamtpreis** *m* prix *m* net **Gesamtrechnung** *f kein Pl* ÖKON comptabilité *f* **Gesamtschaden** *m* dommage *m* total **Gesamtschuld** *f* JUR dette *f* solidaire **Gesamtschule** *f* collège *m (regroupant les trois filières du premier et second cycle en Allemagne);* **integrierte ~** école *f* intégrée **Gesamtsieger(in)** *m(f)* vainqueur *m f* final(e) **Gesamtstrafe** *f* JUR peine *f* collective **Gesamtübersicht** *f* vue *f* d'ensemble **Gesamtumsatz** *m* chiffre *m* d'affaires *m* total **Gesamtvermögen** *nt* totalité *f* des biens **Gesamtverzeichnis** *nt* inventaire *m* complet **Gesamtwerk** *nt* œuvres *fpl* complètes **Gesamtwert** *m* valeur *f* totale [*o* globale]; **im ~ von tausend Euro** d'une valeur totale de mille euros **Gesamtwertung** *f* classement *m* général; **in der ~** au classement général **gesamtwirtschaftlich** *Adj* macroéconomique **Gesamtzahl** *f* nombre *m* total

gesandt [gəˈzant] *PP von* **senden²**

Gesandte(r) *f(m) dekl wie Adj* POL **päpstlicher ~r** nonce *m* apostolique

Gesandtschaft <-, -en> *f* légation *f*

Gesang [gəˈzaŋ] <-[e]s, Gesänge> *m* ❶ *kein Pl (das Singen) einer Person, eines Vogels* chant *m;* **~ studieren** étudier le chant
❷ *(Lied)* chant *m;* **geistliche Gesänge** chants *mpl* religieux, cantiques *mpl;* **gregorianischer ~** [chant *m*] grégorien *m*
❸ LITER chant *m*

Gesangbuch *nt* livre *m* de cantiques **Gesanglehrer(in)** *m(f)* professeur *mf* de chant

gesanglich *Adj* vocal(e)

Gesangssolist(in) *m(f)* soliste *mf* **Gesangsstunde** *f* leçon *f* [*o* cours *m*] de chant **Gesangsunterricht** *m* enseignement *m* du [*o* cours *mpl* de] chant

Gesangverein *m* chorale *f*

Gesäß [gəˈzɛːs] <-es, -e> *nt* derrière *m*

Gesäßbacke *f* fesse *f* **Gesäßmuskel** *m* fessier *m* **Gesäßtasche** *f* poche *f* revolver

gesättigt I. *PP von* **sättigen**
II. *Adj* CHEM saturé(e)

Gesäusel [gəˈzɔɪzəl] <-s> *nt* ❶ *der Blätter* bruissement *m; des Windes* murmure *m*
❷ *iron (Schmeicheleien)* paroles *fpl* enjôleuses

Geschädigte(r) *f(m) dekl wie Adj* victime *f; (Opfer eines Betrugs)* personne *f* lésée, victime *f*

geschaffen [gəˈʃafən] *PP von* **schaffen²**

Geschäft [gəˈʃɛft] <-[e]s, -e> *nt* ❶ magasin *m;* **im ~** au magasin; **ein ~ eröffnen** ouvrir un magasin
❷ *(Unternehmen)* affaire *f;* **ein ~ führen/übernehmen** diriger/ reprendre une affaire; **ins ~ gehen** *fam* aller au boulot *(fam)*
❸ *(Handel, kaufmännische Transaktion)* commerce *m;* **die ~e gehen gut** les affaires *fpl* vont bien; **das ~ mit Computern** le commerce des ordinateurs; **[mit jdm] ein ~ abschließen** conclure une affaire avec qn; **mit jdm ins ~ kommen** faire affaire avec qn; **im ~ sein** participer à l'affaire
❹ *(Geschäftsabschluss)* marché *m*
❺ *kein Pl (Gewinn)* **ein ~ machen** faire une affaire; **ein/kein gutes ~ sein** être/ne pas être une bonne affaire
❻ *(Aufgabe, Arbeit)* travail *m;* **sein ~ verstehen** connaître son affaire; **dringende ~e zu erledigen haben** avoir à régler des affaires urgentes; **das ist kein leichtes ~** ce n'est pas une mince affaire
❼ *Kinderspr. fam* **ein kleines/großes ~** la petite/grosse commission *(fam);* **sein ~ verrichten** faire ses besoins
▶ **das ~ mit der Angst** le marché de la peur; **~ ist ~** *Spr.* les affaires sont les affaires

Geschäftemacher(in) *m(f) pej* affairiste *mf (péj)*

Geschäftemacherei <-, -en> *f pej* affairisme *m (péj)*

geschäftig I. *Adj* affairé(e); **ein ~es Treiben** une grande activité
II. *Adv* de façon affairée

Geschäftigkeit <-> *f* affairement *m*

geschäftlich I. *Adj* ❶ *Verabredung, Gespräch* d'affaires; *Kontakt, Angebot* commercial(e); **die ~en Angelegenheiten** les affaires; **über Geschäftliches sprechen** parler d'affaires [*o* du travail]
❷ *fig Stimme, Ton* impersonnel(le)
II. *Adv* pour affaires; **~ mit jdm zu tun haben** avoir à faire avec qn pour les affaires; **~ unterwegs/in Berlin sein** être en voyage/à Berlin pour les affaires; **~ verhindert sein** être retenu(e) par les affaires

Geschäftsabschlussᴿᴿ *m* conclusion *f* d'une affaire [*o* d'un marché]; **einen ~ tätigen** conclure une affaire **Geschäftsadresse** *f* adresse *f* du bureau [*o* du travail] **Geschäftsanteil** *m* participation *f* **Geschäftsaufgabe** *f* cessation *f* d'activité **Geschäftsbedingungen** *Pl* **allgemeine ~** conditions *fpl* générales **Geschäftsbereich** *m eines Ministeriums, Ministers* ressort *m;* **Minister ohne ~** ministre sans portefeuille **Geschäftsbericht** *m eines Unternehmens* rapport *m* d'activité **Geschäftsbeziehungen** *Pl* relations *fpl* commerciales **Geschäftsbrief** *m* lettre *f* d'affaires **Geschäftsbuch** *nt* livre *m* de commerce [*o* de comptabilité] **Geschäftseröffnung** *f (Ladeneröffnung)* ouverture *f* d'un magasin; *(Betriebseröffnung)* fondation *f* d'une entreprise **Geschäftsessen** *nt* repas *m* d'affaires **geschäftsfähig** *Adj* JUR capable de contracter; **unbeschränkt ~ sein** avoir la pleine capacité de droit **Geschäftsfähigkeit** *f* JUR capacité *f* d'accomplir un acte juridique **Geschäftsfrau** *f* femme *f* d'affaires **Geschäftsfreund(in)** *m(f)* relation *f* d'affaires **geschäftsführend** *Adj* ❶ **~er Direktor** directeur *m* général ❷ *(amtierend)* **die ~e Regierung/Ministerin** le gouvernement en place/la ministre en fonction **Geschäftsführer(in)** *m(f) einer Firma* gérant(e) *m(f); eines Vereins, einer Partei* secrétaire *mf* général(e) **Geschäftsführung** *f (Leitung, leitende Personen)* direction *f;* **die ~ übernehmen** prendre la direction **Geschäftsgang** <-gänge> *m* JUR marche *f* des affaires **Geschäftsgebaren** *nt* pratique *f* des affaires **Geschäftsgeheimnis** *nt* secret *m* d'affaires **Geschäftshaus** *nt (Gebäude)* centre *m* commercial **Geschäftsinhaber(in)** *m(f)* patron(ne) *m(f)* **Geschäftsinteresse** *nt* intérêts *mpl* commerciaux **Geschäftsjahr** *nt* exercice *m;* **im laufenden ~** dans le courant de l'exercice **Geschäftskonto** *nt* compte *m* réfléchi **Geschäftskosten** *Pl* **auf ~ [reisen]** [voyager] aux frais de la société [*o* de l'entreprise] **Geschäftslage** *f* ❶ *(wirtschaftliche Lage)* situation *f* commerciale ❷ *(Gegend)* **in guter/bester ~** bien/très bien situé(e) **Geschäftsleben** *nt kein Pl* vie *f* commerciale; **im ~ stehen** être dans les affaires **Geschäftsleitung** *s.* **Geschäftsführung** **Geschäftsleute** *Pl von* **Geschäftsmann** **Geschäftsliste** *f* CH *(Tagesordnung)* ordre *m* du jour **Geschäftsmann** <-leute> *m* homme *m* d'affaires **geschäftsmäßig** I. *Adj* propre aux affaires; *Unterredung, Ton* professionnel(le) II. *Adv* professionnellement **Geschäftsmethode** *f* méthode *f* commerciale **Geschäftsordnung** *f* règlement *m* intérieur **Geschäftspartner(in)** *m(f)* ❶ partenaire *mf* commercial(e) ❷ *(Kompagnon)* associé(e) *m(f)* **Geschäftsräume** *Pl* locaux *mpl* commerciaux **Geschäftsreise** *f* voyage *m* d'affaires; **auf ~ gehen** partir en voyage d'affaires **Geschäftsrückgang** *m* ralentissement *m* de l'activité commerciale [*o* des affaires] **geschäftsschädigend** I. *Adj* Verhalten préjudiciable à l'entreprise; **~e Äußerungen** déclarations *fpl* préjudiciables aux affaires II. *Adv* de manière préjudiciable à l'entreprise **Geschäftsschädigung** *f* préjudice *m* causé à l'entreprise **Geschäftsschluss**ᴿᴿ *m* fermeture *f* des magasins; *(Büroschluss)* fermeture *f* des bureaux **Geschäftssinn** *m* sens *m* des affaires **Geschäftsstelle** *f einer Partei, eines Vereins* bureau *m; einer Bank, Versicherung* agence *f* **Geschäftsstraße** *f* rue *f* commerçante **Geschäftsstunden** *Pl* heures *fpl* de bureau

Geschäftsträger(in) *m(f)* POL chargé(e) *m(f)* d'affaires **geschäftstüchtig** *Adj* doué(e) en [*o* pour les] affaires **Geschäftsübernahme** *f* reprise *f* d'une affaire **geschäftsunfähig** *Adj* JUR n'ayant pas capacité pour contracter; **~ werden** devenir incapable de contracter; **jdn für ~ erklären** déclarer qn incapable de contracter **Geschäftsverbindung** *f* relation *f* d'affaires **Geschäftsverkehr** *m* relations *fpl* commerciales **Geschäftsviertel** *nt* quartier *m* des affaires **Geschäftswagen** *m* véhicule *m* d'entreprise **Geschäftswelt** *f kein Pl* monde *m* des affaires **Geschäftszeit** *f* heures *fpl* d'ouverture **Geschäftszimmer** *nt* bureau *m* **Geschäftszweig** *m* branche *f* commerciale

geschah [gəˈʃaː] *Imp von* **geschehen**

Geschaukel [gəˈʃaʊkəl] <-s> *nt pej fam eines Kindes* balancement *m* [incessant]; *eines Fahrzeugs* cahotement *m*

gescheckt [gəˈʃɛkt] *Adj Hund, Fell* tacheté(e)

geschehen [gəˈʃeːən] <geschieht, geschah, geschehen> *itr V* **+ sein** ❶ *(passieren, sich ereignen)* se passer; *Unfall, Ereignis*: arriver; **es ~ lassen, dass jd geht** laisser qn s'en aller; **als ob nichts ~ wäre** comme si de rien n'était; **was auch geschieht** [*o* **~ mag**] quoi qu'il arrive

❷ *(getan werden, unternommen werden)* **es muss etwas ~!** il faut faire quelque chose!; **was soll damit ~?** que faut-il en faire? ❸ *(begangen werden) Untat, Verbrechen*: se produire ❹ *(widerfahren)* **jdm ~** *Leid, Unrecht*: arriver à qn; **Ihnen wird nichts ~** il ne vous arrivera rien; **er weiß nicht, wie ihm geschieht** il ne sait pas ce qui lui arrive

▶ **es ist um jdn/etw ~** c'est en est fait de qn/qc

Geschehen <-s, -> *nt geh* événements *mpl*; **das weltpolitische ~** les événements de la politique mondiale

Geschehnis <-ses, -se> *nt geh* événement *m*

gescheit [gəˈʃaɪt] *Adj* ❶ *(klug, von Klugheit zeugend)* intelligent(e) ❷ *(vernünftig)* raisonnable; **du bist wohl nicht** [**recht**] **~!** *fam* ça tourne pas rond chez toi! *(fam)*; **etwas/nichts Gescheites** quelque chose/rien de sensé

▶ **aus etw nicht ~ werden** ne comprendre rien à qc

Geschenk [gəˈʃɛŋk] <-[e]s, -e> *nt* cadeau *m*; **jdm ein ~ machen** faire un cadeau à qn; **jdm etw zum ~ machen** faire cadeau de qc à qn

▶ **kleine ~e erhalten die Freundschaft** *Spr.* les petits cadeaux entretiennent l'amitié; **ein ~ des Himmels** un don du ciel

Geschenkartikel *m* article-cadeau *m* **Geschenkgutschein** *m* chèque-cadeau *m* **Geschenkpackung** *f* emballage-cadeau *m* **Geschenkpapier** *nt* papier cadeau *m*

Geschichte [gəˈʃɪçtə] <-, -n> *f* ❶ *kein Pl (Erzählung, Historie, Wissenschaft)* histoire *f*; **Alte/Mittlere/Neue ~** histoire ancienne/du Moyen-Âge/des temps modernes; **~ studieren** faire des études d'histoire; **in die ~ eingehen** entrer dans l'histoire ❷ *fam (Angelegenheit)* histoire *f*; **diese ganze ~** tout ça *(fam)*; **das sind alte ~n** c'est de l'histoire ancienne *(fam)*; **das sind** [**ja**] **schöne ~n!** *fam* en voilà de belles! *(fam)*

▶ **~ machen** faire date; **mach keine ~n!** *fam* allez, pas d'histoires!

Geschichtenerzähler(in) *m(f)* conteur(-euse) *m(f)*

geschichtlich I. *Adj* historique

II. *Adv bedeutsam* du point de vue historique; **belegen** historiquement

Geschichtsatlas *m* atlas *m* historique **Geschichtsauffassung** *f* interprétation *f* de l'histoire **Geschichtsbewusstsein**[RR] *nt* conscience *f* historique **Geschichtsbuch** *nt* livre *m* d'histoire **Geschichtsfälschung** *f* falsification *f* de l'histoire **Geschichtsforscher(in)** *m(f)* historien(ne) *m(f)* **Geschichtslehrer(in)** *m(f)* professeur *m* d'histoire **Geschichtsschreiber(in)** *m(f)* historiographe *mf* **Geschichtsschreibung** *f* historiographie *f* **Geschichtswissenschaft** *f* science *f* de l'histoire **Geschichtszahl** *f* date *f* historique

Geschick[1] [gəˈʃɪk] <-s> *nt* habileté *f*; **mit Kindern ~/kein ~ haben** savoir/ne pas savoir y faire avec les enfants

Geschick[2] <-[e]s, -e> *nt* ❶ **die ~e** les destinées *fpl*; **die ~e einer Firma lenken** [détenir] tous les fils de l'entreprise entre ses mains ❷ *geh (Schicksal)* destin *m*

Geschicklichkeit <-> *f* habileté *f*

Geschicklichkeitsspiel *nt* jeu *m* d'adresse

geschickt I. *Adj* adroit(e); **~e Hände haben** être habile de ses mains

II. *Adv* adroitement; **sich ~ anstellen** [savoir] bien se débrouiller

Geschicktheit *s.* **Geschicklichkeit**

geschieden [gəˈʃiːdən] I. *PP von* **scheiden**

II. *Adj* divorcé(e); **mein ~er Mann/meine ~e Frau** mon ex-mari *m*/mon ex-femme *f*

Geschiedene(r) *f(m) dekl wie Adj* divorcé(e) *m(f)*; **ihr ~r/seine ~** *fam* son ex *(fam)*

geschieht [gəˈʃiːt] *3. Pers Präs von* **geschehen**

geschienen [gəˈʃiːnən] *PP von* **scheinen**

Geschirr [gəˈʃɪr] <-[e]s, -e> *nt* ❶ vaisselle *f*; *(Service)* service *m*; **~ spülen** faire la vaisselle; **das gute ~** le beau service ❷ *(Riemenzeug) von Zugtieren* harnais *m*; **den Pferden das ~ anlegen** harnacher les chevaux

Geschirrschrank *m* vaisselier *m* **Geschirrspüler** <-s, -> *m fam,* **Geschirrspülmaschine** *f* lave-vaisselle *m* **Geschirrspülmittel** *nt* produit *m* [pour la] vaisselle **Geschirrtuch** <-tücher> *nt* torchon *m* **Geschirrwaschmaschine** *f* CH lave-vaisselle *m*

geschissen [gəˈʃɪsən] *PP von* **scheißen**

geschlafen [gəˈʃlaːfən] *PP von* **schlafen**

geschlagen [gəˈʃlaːgən] *PP von* **schlagen**

Geschlecht [gəˈʃlɛçt] <-[e]s, -er> *nt* ❶ *kein Pl (geschlechtliche Zugehörigkeit)* sexe *m*; **eine Person männlichen/weiblichen ~s** un individu de sexe masculin/féminin; **zahlreiche Besucher beiderlei ~s** de nombreux visiteurs des deux sexes ❷ *kein Pl (Geschlechtsteil)* sexe *m* ❸ GRAM genre *m* ❹ *(Sippe)* famille *f*; **das ~ der Merowinger** la dynastie mérovingienne; **aus altem ~** d'une vieille famille ❺ *(Generation)* génération *f*

▶ **das schwache** [*o* **schöne**]/**starke ~** *hum fam* le sexe faible/fort

Geschlechterrolle *f* rôle *m* sexuel

geschlechtlich I. *Adj* sexuel(le); *Fortpflanzung* sexué(e)

II. *Adv sich fortpflanzen* de manière sexuée; **mit jdm ~ verkehren** avoir des rapports sexuels avec qn

Geschlechtsakt *m* acte *m* sexuel **Geschlechtsbestimmung** *f* MED détermination *f* du sexe; **chromosomale ~** détermination chromosomique du sexe **Geschlechtschromosom** *nt* ANAT chromosome *m* sexuel **Geschlechtshormon** *nt* hormone *f* sexuelle **geschlechtskrank** *Adj* atteint(e) d'une maladie vénérienne **Geschlechtskrankheit** *f* maladie *f* vénérienne **Geschlechtsleben** *nt kein Pl* vie *f* sexuelle **geschlechtslos** *Adj* asexué(e) **Geschlechtsmerkmal** *nt* caractères *mpl* sexuels; **primäre/sekundäre ~** caractères sexuels primaires/secondaires **Geschlechtsorgan** *nt* organe *m* génital; **äußere/innere ~e** organes génitaux externes/internes **geschlechtsreif** *Adj* formé(e); *Mädchen* nubile; *Tier* adulte **Geschlechtsreife** *f* maturité *f* sexuelle **geschlechtsspezifisch** *Adj* spécifique du sexe; **~e Unterschiede** différences *fpl* sexuelles **Geschlechtsteil** *nt* sexe *m* **Geschlechtstrieb** *m* instinct *m* sexuel **Geschlechtsumwandlung** *f* changement *m* de sexe **Geschlechtsverkehr** *m* rapports *mpl* sexuels **Geschlechtswort** *nt* LING article *m*

geschlichen [gəˈʃlɪçən] *PP von* **schleichen**

geschliffen [gəˈʃlɪfən] I. *PP von* **schleifen**[2]

II. *Adj Stil, Manieren* raffiné(e)

geschlossen [gəˈʃlɔsən] I. *PP von* **schließen**

II. *Adj* ❶ *Front* uni(e); *Ablehnung, Widerstand* général(e); *System* fermé(e); *Konzept* global(e)

❷ *(lückenlos) Wolkendecke, Schneedecke, Bebauung* homogène ❸ PHON *Vokal* fermé(e)

III. *Adv befürworten, ablehnen* unanimement; *aufbrechen* tous ensemble; **~ hinter jdm stehen** faire bloc derrière qn

Geschlossenheit <-> *f (Einigkeit)* unité *f*

geschlungen [gəˈʃlʊŋən] *PP von* **schlingen**

Geschmack [gəˈʃmak] <-[e]s, Geschmäcke *o hum fam* Geschmäcker> *m* goût *m*; **einen süßen/sauren ~ haben** avoir un goût sucré/amère; **zu scharf im ~** trop fort(e) au goût; **für meinen ~ zu mild** trop doux à mon goût; **je nach ~** selon son/votre/... goût; **~ haben** avoir du goût; **einen guten/schlechten ~ haben** avoir bon/mauvais goût; **das ist nicht jedermanns ~** ce n'est pas du goût de tout le monde; **dem ~ der Zeit entsprechen** être au goût du jour

▶ **die Geschmäcker sind verschieden** *Spr. fam* il en faut pour tous les goûts *(fam)*; **an etw** *(Dat)* **~ finden** prendre goût à qc; **auf den ~ kommen** y prendre goût; **über ~ lässt sich nicht streiten** *Spr.* des goûts et des couleurs on ne discute pas

geschmacklich I. *Adj* de goût; **~e Verbesserung** amélioration *f* du goût

II. *Adv etw ~ verbessern** améliorer le goût de qc

geschmacklos *Adj* ❶ *Speise* fade; *Gift* insipide ❷ *(unschön)* sans goût ❸ *(taktlos) Bemerkung, Witz* de mauvais goût; **du bist wirklich ~!** tu manques vraiment de tact!; **wie ~!** quel manque de goût!

Geschmacklosigkeit <-, -en> *f* ❶ *kein Pl (Hässlichkeit, Mangel an Takt)* mauvais goût *m* ❷ *(taktlose Bemerkung, Handlung)* incongruité *f*

Geschmacksfrage *f* question *f* de goût; **in ~n** pour les questions de goût **Geschmacksknospe** *f* ANAT papille *f* gustative **Geschmacksnerv** *m* nerf *m* gustatif **geschmacksneutral**

Adj GASTR insipide **Geschmacksrichtung** *f* ❶ *(Aroma)* arôme *m* ❷ *(Stilrichtung)* style *m*; **das ist nicht meine ~** *fam* ce n'est pas mon truc *(fam)* **Geschmackssache** *f* **das ist [reine] ~** c'est [une] affaire de goût **Geschmackssinn** *m kein Pl* sens *m* du goût **Geschmacksverirrung** *f pej* faute *f* de goût ▸ **unter ~ leiden** *fam* avoir un goût de chiotte *(fam)* **Geschmacksverstärker** *m* exhausteur *m* de goût
geschmackvoll I. *Adj* de bon goût; **~ere Kleidung** des vêtements *mpl* de meilleur goût
II. *Adv* avec goût
Geschmeide [gəˈʃmaɪdə] <-s, -> *nt geh* bijou *m*
geschmeidig [gəˈʃmaɪdɪç] I. *Adj* ❶ souple; *Masse, Teig* malléable ❷ *(biegsam) Glieder, Körper, Bewegung* souple
II. *Adv sich bewegen* avec souplesse
Geschmeidigkeit <-> *f* ❶ souplesse *f*; *eines Teigs, einer Masse* malléabilité *f*
❷ *(Biegsamkeit)* souplesse *f*
Geschmeiß [gəˈʃmaɪs] <-es> *nt* ❶ *(Ungeziefer)* vermine *f*
❷ *pej (Menschen)* vermine *f*, racaille *f*
Geschmier[e] <-s> *nt pej fam (unsauber Geschriebenes)* gribouillage *m (fam); (schlecht Gemaltes)* barbouillage *m; (schlechter Text)* torchon *m (fam)*
geschmissen [gəˈʃmɪsən] *PP von* **schmeißen**
geschmolzen [gəˈʃmɔltsən] *PP von* **schmelzen**
Geschnatter <-s> *nt fam* ❶ *von Gänsen* cris *mpl; von Enten* coincoin *m (fam)*
❷ *fig, pej von Personen* caquetage *m*
Geschnetzelte(s) *nt dekl wie Adj* émincé *m*; **Zürcher ~s** émincé *m* [de veau] zurichois
geschniegelt [gəˈʃniːɡəlt] ▸ **~ und gebügelt** *hum fam* propre sur lui/elle/... *(hum fam)*
geschnitten [gəˈʃnɪtən] *PP von* **schneiden**
geschoben [gəˈʃoːbən] *PP von* **schieben**
gescholten [gəˈʃɔltən] *PP von* **schelten**
geschönt [gəˈʃøːnt] *Adj Statistik* maquillé(e)
Geschöpf [gəˈʃœpf] <-[e]s, -e> *nt* ❶ *(Person, Tier)* créature *f*
❷ *(Fantasiefigur)* personnage *m*; **ein ~ seiner Fantasie** un personnage créé par son imagination
geschoren [gəˈʃoːrən] *PP von* **scheren**¹
Geschoss^{RR} <-es, -e>, **Geschoß**^{ALT} <-sses, -sse> *nt*
❶ *(Stockwerk)* étage *m*; **im ersten ~** au premier étage
❷ MIL projectile *m*
Geschossbahn^{RR} *f* trajectoire *f*
geschossen [gəˈʃɔsən] *PP von* **schießen**
geschraubt [gəˈʃraʊpt] *pej* I. *Adj Stil* tarabiscoté(e)
II. *Adv reden* de manière tarabiscotée
Geschrei <-s> *nt* ❶ *(Lärm, Aufheben)* cris *mpl*; **viel ~ um nichts** beaucoup de bruit pour rien
❷ *pej fam (Lamentieren)* criailleries *fpl*; **mach doch nicht so ein ~!** ce n'est pas la peine de pousser les hauts cris!
geschrieben [gəˈʃriːbən] *PP von* **schreiben**
geschrie[e]n *PP von* **schreien**
geschritten [gəˈʃrɪtən] *PP von* **schreiten**
geschunden [gəˈʃʊndən] *PP von* **schinden**
Geschütz [gəˈʃʏts] <-es, -e> *nt* MIL pièce *f* d'artillerie; **die [schweren] ~e** l'artillerie *f* [lourde]
▸ **grobes/schweres** *fam* **~ auffahren** sortir la grosse artillerie *(fam)*
Geschützdonner *m* tir *m* d'artillerie **Geschützfeuer** *nt kein Pl* feu *m* d'artillerie
geschützt *Adj Standort, Art* protégé(e); *Name, Marke* déposé(e)
Geschwader [gəˈʃvaːdɐ] <-s, -> *nt von Flugzeugen* escadrille *f*; *von Schiffen* escadre *f*
Geschwätz [gəˈʃvɛts] <-es> *nt pej fam* ❶ *(dummes Gerede)* conneries *fpl (fam); (nichts sagendes Gerede)* blablabla *m (fam)*
❷ *(Klatsch)* ragots *mpl* [de bonnes femmes] *(péj fam)*
geschwätzig *Adj pej* bavard *(péj)*
Geschwätzigkeit <-> *f pej* jacasserie *f (péj)*
geschweift [gəˈʃvaɪft] *Adj* arqué(e); **~e Klammer** TYP accolade *f*
geschweige [gəˈʃvaɪɡə] *Konj* ▸ **[denn]** et encore [bien] moins; **~ [denn], dass** et encore [bien] moins que + *subj*
geschwiegen [gəˈʃviːɡən] *PP von* **schweigen**
geschwind [gəˈʃvɪnt] SDEUTSCH I. *Adj* rapide
II. *Adv* rapidement; **~!** vite!
Geschwindigkeit [gəˈʃvɪndɪçkaɪt] <-, -en> *f* vitesse *f*; **überhöhte ~** excès *m* de vitesse; **mit einer ~ von 50 km/h** à une vitesse de 50 km/h
▸ **mit affenartiger ~** *fam* à toute blinde *(fam)*
Geschwindigkeitsbegrenzung *f*, **Geschwindigkeitsbeschränkung** *f* limitation *f* de vitesse **Geschwindigkeitskontrolle** *f* contrôle *m* de vitesse **Geschwindigkeitsrausch** *m* frénésie *f* de vitesse; **dem ~ verfallen** être grisé(e) par la vitesse **Geschwindigkeitsüberschreitung** *f* excès *m* de vitesse

Geschwister [gəˈʃvɪstɐ] *Pl* frères et sœurs *mpl*; **meine beiden ~ und ich** mon frère, ma sœur et moi; **wir beide sind ~** nous sommes frère et sœur
geschwisterlich I. *Adj* fraternel(le)
II. *Adv* fraternellement
Geschwisterliebe *f* amour *m* fraternel **Geschwisterpaar** *nt* **ein ~** un frère et une sœur; **das ~** le frère et la sœur
geschwollen [gəˈʃvɔlən] I. *PP von* **schwellen**
II. *Adj pej Ausdrucksweise* ronflant(e) *(péj)*
III. *Adv pej* d'une manière pompeuse; **~ daherreden** être pompeux(-euse)
geschwommen [gəˈʃvɔmən] *PP von* **schwimmen**
geschworen [gəˈʃvoːrən] I. *PP von* **schwören**
II. *Adj Feind, Gegner* juré(e)
Geschworene(r) *f(m) dekl wie Adj* juré(e) *m(f)*
Geschworenenbank <-bänke> *f* banc *m* des jurés **Geschworenengericht** *nt* [cour *f* d']assises *fpl*
Geschworne(r) *f(m) dekl wie Adj* A. *s.* **Geschworene(r)**
Geschwulst [gəˈʃvʊlst, *Pl:* gəˈʃvʏlstə] <-, Geschwülste> *f* tumeur *f*
geschwunden [gəˈʃvʊndən] *PP von* **schwinden**
geschwungen [gəˈʃvʊŋən] I. *PP von* **schwingen**
II. *Adj Linie* courbe; *Augenbraue* arrondi(e)
Geschwür [gəˈʃvyːɐ] <-s, -e> *nt* abcès *m; (Magengeschwür)* ulcère *m*
gesegnet *Adj geh* **~e Mahlzeit!** bon appétit!; **~e Weihnachten!** joyeux Noël!; **ein ~es neues Jahr!** bonne année!
gesehen [ɡəˈzeːən] *PP von* **sehen**
Geselchte(s) *nt dekl wie Adj* SDEUTSCH, A viande *f* fumée
Geselle [ɡəˈzɛlə] <-n, -n> *m* ❶ *(Handwerksgeselle)* compagnon *m* ❷ *(Kerl)* gaillard *m*; **ein lustiger ~** un gai luron
gesellen* *r V geh* **sich zu jdm ~** *Person, Tier:* se joindre à qn; **sich zu etw ~** *Problem, Frage:* s'ajouter à qc
Gesellenbrief *m* brevet *m* d'apprentissage **Gesellenprüfung** *f* [examen *m* du] certificat *m* d'aptitude professionnelle **Gesellenstück** *nt* ouvrage *m* de compagnon
gesellig I. *Adj* ❶ *Person, Typ* sociable; *Abend, Runde* entre amis; *(unterhaltsam)* convivial(e)
❷ ZOOL, BIO social(e)
II. *Adv* ❶ *zusammensitzen* entre amis
❷ ZOOL, BIO en communauté
Geselligkeit <-, -en> *f* ❶ *kein Pl* convivialité *f*; **die ~ lieben** aimer être en société
❷ *(Veranstaltung)* réunion *f* amicale
Gesellin <-, -nen> *f* compagnon *m*
Gesellschaft [ɡəˈzɛlʃaft] <-, -en> *f* ❶ *(Gemeinwesen, Firma, Vereinigung)* société *f*; **~ mit beschränkter Haftung** société à responsabilité limitée; **~ des bürgerlichen Rechts** société civile
❷ *(Fest)* réception *f*; **eine ~ geben** donner une réception; **geschlossene ~** réunion *f* privée
❸ *kein Pl (Begleitung, Umgang)* compagnie *f*; **jdm ~ leisten** tenir compagnie à qn; **in ~ sein** être accompagné(e); **in schlechte ~ geraten** se mettre à avoir de mauvaises fréquentations
❹ *(Gruppe, Runde)* assemblée *f*; **eine fröhliche ~** une joyeuse assemblée
❺ *kein Pl (Oberschicht)* haute société *f*; **die Damen der ~** les dames de la haute société
▸ **sich in guter ~ befinden** être en bonne compagnie
Gesellschafter(in) <-s, -> *m(f)* ❶ *(Teilhaber)* associé(e) *m(f)*; **beherrschender ~** associé dominant
❷ *(Begleiter, Gesprächspartner)* **ein guter ~ sein** être d'un commerce agréable
gesellschaftlich *Adj* social(e); **die ~en Umgangsformen** les usages *mpl* mondains
II. *Adv* dans le monde
Gesellschaftsabend *m* soirée *f* **Gesellschaftsanzug** *m* habit *m* [de soirée] **gesellschaftsfähig** *Adj Person* sortable; *Benehmen* convenable; *Aussehen* présentable **Gesellschaftsform** *f* ❶ *s.* **Gesellschaftsordnung** ❷ *(Betriebsform)* forme *f* juridique [de société] **Gesellschaftskapital** *nt* JUR capital *m* social **Gesellschaftskritik** *f* critique *f* sociale **gesellschaftskritisch** *Adj Autor, Buch, Film* qui pose un regard critique sur la société **Gesellschaftsordnung** *f* ordre *m* social **gesellschaftspolitisch** *Adj* en matière de politique sociale **Gesellschaftsreise** *f* voyage *m* organisé **Gesellschaftsschicht** *f* couche *f* sociale **Gesellschaftsspiel** *nt* jeu *m* de société **Gesellschaftssystem** *nt* modèle *m* social **Gesellschaftstanz** *m* danse *f* de salon **Gesellschaftswissenschaften** *Pl* sciences *fpl* sociales
gesessen [ɡəˈzɛsən] *PP von* **sitzen**
Gesetz [ɡəˈzɛts] <-es, -e> *nt* ❶ loi *f*; **ein ~ verabschieden** voter une loi; **mit dem ~ in Konflikt geraten** entrer en conflit avec la loi; **nach dem ~** d'après la loi; **kraft ~es** de par la loi; **vor dem ~**

sind alle gleich tous sont égaux devant la loi; **das ~ der Schwerkraft/der Serie** la loi de la pesanteur/des séries; **ein ungeschriebenes ~** une loi non écrite
② *(Gebot)* **Menschlichkeit ist ihm oberstes ~** il se fait loi d'être humain
③ *fam (Gesetzbuch)* **so steht es im ~** telle est la loi
▶ **das ~ des** Dschungels la loi de la jungle; **sich** *(Dat)* **das ~ des** Handelns **aufzwingen lassen** se laisser forcer la main
Gesetzblatt *nt* journal *m* officiel **Gesetzbuch** *nt* code *m*; **das Bürgerliche ~** ≈ le code civil **Gesetzentwurf** *m* projet *m* de loi **Gesetzesänderung** *f* amendement *m* législatif **Gesetzesbrecher(in)** <-s, -> *m(f)* contrevenant(e) *m(f)* **Gesetzeshüter(in)** *m(f) hum* gardien(ne) *m(f)* de la paix **Gesetzeskonflikt** *m* conflit *m* de/des lois **Gesetzeslücke** *f* lacune *f* juridique **Gesetzestext** *m* texte *m* de loi **gesetzestreu** *Adj* respectueux(-euse) des lois **Gesetzesvorlage** *f* projet *m* de loi
gesetzgebend [gəˈzɛtsgeːbənt] *Adj* législatif(-ive) **Gesetzgeber(in)** *m(f)* législateur(-trice) *m(f)* **Gesetzgebung** <-, -en> *f* législatif *m*; **bei der ~ zusammenwirken** coopérer pour légiférer
gesetzlich I. *Adj* légal(e)
II. *Adv* anerkannt par la loi
Gesetzlichkeit <-> *f* légalité *f*
gesetzlos *Adj Zustand* anarchique
Gesetzlosigkeit <-, -en> *f* ① *(Missachtung der Gesetze)* non-respect *m* de la loi
② *kein Pl (Fehlen von Gesetzen)* anarchie *f*
gesetzmäßig I. *Adj* ① légal(e); *(rechtmäßig)* légitime
② *(naturgemäß) Zusammenhang, Entwicklung* logique
II. *Adv* ① d'une manière légale
② *(naturgemäß)* selon des lois
Gesetzmäßigkeit <-, -en> *f* légalité *f*
gesetzt [gəˈzɛtst] *Adj* posé(e); **im Alter ~er werden** devenir plus posé(e) avec l'âge
Gesetztheit <-> *f* pondération *f*
gesetzwidrig *Adj* illégal(e)
Gesetzwidrigkeit *f* illégalité *f*
ges. gesch. *Abk von* **gesetzlich geschützt** *s.* **gesetzlich**
Gesicht [gəˈzɪçt] <-[e]s, -er> *nt* ① visage *m*; **jdm ins ~ schauen** regarder qn en face; **das ~ verziehen** faire la grimace; **ein hübsches ~** un joli visage; **ein fröhliches ~ machen** avoir un air gai
② *(Erscheinungsbild) einer Stadt, Landschaft* physionomie *f*; **einer S.** *(Dat)* **ein anderes ~ geben** donner une autre physionomie à qc
▶ **ein ~ machen wie drei Tage** Regenwetter *fam* faire une gueule d'enterrement *(fam)*; **mach doch ein anderes ~ !** arrête de faire la tronche!; **jdm wie aus dem** geschnitten **sein** être le portrait tout craché de qn; **jdm im ~** geschrieben **stehen** être écrit(e) sur le visage de qn; **sein wahres ~ zeigen** montrer son vrai visage; **zwei ~er haben** avoir deux visages; **etw zu bekommen** [avoir l'occasion de] voir qc; **jdm ins ~** lachen rire au nez de qn; **jdm ins ~** lügen mentir à qn en face; **ein [langes] ~** machen [*o* ziehen] faire une mine d'enterrement; **jdm etw ins ~** sagen dire qc à qn en face; **das [*o* sein] ~ verlieren/wahren** perdre/sauver la face
Gesichtsausdruck <-ausdrücke> *m* expression *f* [du visage]
Gesichtscreme [-kreːm] *f* crème *f* pour le visage [*o* de beauté]
Gesichtsfarbe *f* teint *m* **Gesichtsfeld** *nt* champ *m* visuel
Gesichtskontrolle *f* filtrage *m* [à l'entrée] **Gesichtskreis** *m* ① champ *m* [visuel] ② *(geistiger Horizont)* horizon *m*; **seinen ~ erweitern** élargir son horizon **gesichtslos** *Adj pej Bauten* sans cachet **Gesichtsmaske** *f* ① masque *m*; *eines Verbrechers* cagoule *f* ② *(Kosmetikprodukt)* masque *m* pour le visage **Gesichtspartie** *f* partie *f* du visage **Gesichtspflege** *f kein Pl* soin *m* du visage **Gesichtspunkt** *m* point *m* de vue; **heitspolitische ~e** des raisons politiques et de sécurité **Gesichtsverlust** *m* **den ~ fürchten** craindre de perdre la face; **etw ohne ~ tun** faire qc sans perdre la face **Gesichtswasser** *nt* lotion *f* pour le visage **Gesichtswinkel** *m fig* point *m* de vue **Gesichtszüge** *Pl* traits *mpl* [du visage]
Gesims [gəˈzɪms] <-es, -e> *nt* corniche *f*
Gesinde <-s, -> *nt veraltet* valets et filles *mpl* de ferme *(vieilli)*
Gesindel [gəˈzɪndəl] <-s> *nt pej* racaille *f*
gesinnt [gəˈzɪnt] *Adj* **gleich ~ sympathisant(e); sozial/christlich ~ sein** avoir des tendances sociales/chrétiennes; **jdm gut/übel ~ sein** être bien/mal intentionné(e) à l'égard de qn
Gesinnung [gəˈzɪnʊŋ] <-, -en> *f* opinions *fpl*; **eine edle/niedrige ~ haben** avoir un esprit noble/bas; **seine wahre ~ zeigen** dévoiler [*o* révéler] sa véritable manière de penser
Gesinnungsgenosse *m*, **-genossin** *f* einer *Person* ami(e) *m(f)* politique; *einer Partei* sympathisant(e) *m(f)*
gesinnungslos *Adj, Adv pej* sans scrupule
Gesinnungstäter(in) *m(f)* personne *f* qui agit par conviction
Gesinnungswandel *m*, **Gesinnungswechsel** *m* revirement *m* [d'opinion], volte-face *f inv*

gesittet [gəˈzɪtət] **I.** *Adj Person* bien élevé(e); *Benehmen* correct(e)
II. *Adv sich benehmen* correctement
Gesöff [gəˈzœf] <-[e]s, -e> *nt pej sl* pisse *f* d'âne *(péj arg)*
gesoffen [gəˈzɔfən] *PP von* saufen
gesogen [gəˈzoːgən] *PP von* saugen
gesondert [gəˈzɔndət] **I.** *Adj* séparé(e)
II. *Adv* séparément
gesonnen [gəˈzɔnən] **I.** *PP von* sinnen
II. *Adj* ① *s.* gesinnt
② **geh (gewillt) ~ sein etw zu tun** être disposé(e) à faire qc
gesotten [gəˈzɔtən] *PP von* sieden
gespalten [gəˈʃpaltən] *PP von* spalten
Gespann [gəˈʃpan] <-[e]s, -e> *nt* ① *(Zugtiere)* attelage *m*
② *(Wagen und Zugtiere)* équipage *m*
③ *(Paar)* paire *f*; **ein lustiges** [*o* **komisches**] **~** une sacrée paire *(fam)*
gespannt [gəˈʃpant] **I.** *Adj* ① *Zuhörer, Zuschauer* captivé(e); *Aufmerksamkeit* soutenu(e); *Erwartung* curieux(-euse); **auf das Geschenk ~ sein** être curieux(-euse) de voir le cadeau; **~ sein, was passiert** être curieux(-euse) de savoir/voir ce qui se passe
② *(konfliktträchtig) Lage, Verhältnis* tendu(e)
II. *Adv* attentivement
Gespanntheit <-> *f* ① *(Neugierigkeit)* curiosité *f*; *(gespannte Aufmerksamkeit)* impatience *f*
② *(Gereiztheit)* tension *f*
Gespenst [gəˈʃpɛnst] <-[e]s, -er> *nt* ① *(Geist)* fantôme *m*
② *fig* spectre *m*; **das ~ des Hungers** le spectre de la famine
▶ **wie ein ~** aussehen **avoir une mine de déterré** *(fam)*; **~er** sehen *fam* se faire un film *(fam)*
Gespenstergeschichte *f* histoire *f* de fantômes [*o* de revenants]
gespensterhaft *Adj* fantomatique
gespenstig, **gespenstisch I.** *Adj* fantomatique; *Ort, Ruhe* sinistre
II. *Adv* **~ aussehen** avoir un aspect sinistre
gespie[e]n *PP von* speien
Gespinst <-[e]s, -e> *nt* **ein zartes ~ sein** *Spinnennetz, Kokon*: être un réseau très fin
gesponnen [gəˈʃpɔnən] *PP von* spinnen
gespornt *Adj s.* gestiefelt
Gespött [gəˈʃpœt] <-[e]s> *nt* raillerie *f*
▶ **jdn/sich zum ~** [der Leute] machen couvrir qn/se couvrir de ridicule
Gespräch [gəˈʃprɛːç] <-[e]s, -e> *nt* ① *(Unterhaltung)* conversation *f*; **mit jdm ins ~ kommen** entrer en conversation avec qn; **das ~ auf etw** *(Akk)* **bringen** amener la conversation sur qc; **sich in das ~ einmischen** s'immiscer dans la discussion
② *(förmliche Unterredung)* entretien *m*; **~ unter vier Augen** entretien entre quatre yeux
③ *Pl (politische Verhandlung)* pourparlers *mpl*
④ *(Kontakt)* **mit jdm im ~ sein/bleiben** être/rester en contact avec qn
⑤ *(Telefongespräch)* communication *f* [téléphonique]; **ein ~ aus Paris** une communication de Paris; **ein ~ für dich!** un appel pour toi!
▶ **etw ist das ~ des Tages** tout le monde parle de qc; **sie ist als deine Nachfolgerin im ~** on parle d'elle comme de ta successeur
gesprächig *Adj* loquace; *pej* bavard(e)
Gesprächigkeit <-> *f* ① loquacité *f*
② *s.* Geschwätzigkeit
Gesprächsbasis *f* base *f* d'entendement; **eine gemeinsame ~ finden** trouver un terrain d'entente **gesprächsbereit** *Adj* ouvert(e) à la discussion **Gesprächsdauer** *f* TELEC durée *f* de la communication **Gesprächseinheit** *f* TELEC unité *f* **Gesprächsfetzen** *m* fragment *m* de conversation **Gesprächskreis** *m* cercle *m* de discussion **Gesprächspartner(in)** *m(f)* interlocuteur(-trice) *m(f)*; *(Diskussionspartner)* participant(e) *m(f)* **Gesprächsrunde** *f* table *f* ronde **Gesprächsstoff** *m* sujet *m* de conversation *souvent pl*; **~ liefern** fournir matière à discuter **Gesprächsteilnehmer(in)** *m(f)* participant(e) *m(f)* à une discussion **Gesprächstermin** *m* entretien *m* **Gesprächsthema** *nt* sujet *m* de discussion **Gesprächstherapie** *f* entretiens *mpl* psychothérapeutiques
gespreizt [gəˈʃpraɪtst] *Adj, Adv s.* affektiert
gesprenkelt [gəˈʃprɛŋkəlt] *Adj* tacheté(e)
Gespritzte(r) *m dekl wie Adj* SDEUTSCH, A vin coupé d'eau gazeuse
gesprochen [gəˈʃprɔxən] *PP von* sprechen
gesprossen [gəˈʃprɔsən] *PP von* sprießen
gesprungen [gəˈʃprʊŋən] *PP von* springen
Gespür [gəˈʃpyːɐ] <-s> *nt* flair *m*; **ein gutes ~ für etw haben** avoir une bonne intuition pour qc
gest. *Adj Abk von* **gestorben** mort(e)
Gestade [gəˈʃtaːdə] <-s, -> *nt liter* rivages *mpl* (littér)
Gestagen [gɛstaˈgeːn] <-s, -e> *nt* MED progestérone *f*

Gestalt [gəˈʃtalt] <-, -en> f ❶ *(Mensch)* créature f ❷ *pej (fragwürdiges Individuum)* individu m ❸ *(Wuchs)* silhouette f; **groß von ~ sein** être de grande taille ❹ *(literarische, historische Figur)* personnage m ❺ *(äußere Form)* forme f; **~ annehmen** prendre corps [*o* forme]; **einer S.** *(Dat)* **~ geben** donner corps [*o* forme] à qc; **in ~ einer Schlange** sous la forme [*o* l'apparence] d'un serpent
▶ **sich in seiner wahren ~ zeigen** se montrer sous son vrai jour
gestalten* I. *tr V* **~** organiser *Leben, Freizeit;* présenter *Vortrag, Unterricht, Text;* animer *Programm, Abend*
❷ *a.* ARCHIT, KUNST concevoir; *(konstruieren)* agencer; *(einrichten)* aménager; *(schmücken)* décorer; **ein Geschäft modern/kundenfreundlich ~** arranger un magasin en moderne/pour l'agrément de la clientèle
II. *r V* **sich schwierig ~** s'avérer difficile
Gestalter(in) <-s, -> *m(f)* créateur(-trice) *m(f)*
gestalterisch *Adj* de design; *Begabung, Talent* de créateur
Gestaltpsychologie f psychologie f de la forme
Gestaltung <-, -en> f ❶ *des Lebens, der Freizeit* organisation f; *des Unterrichts, eines Vortrags, Textes* présentation f; *eines Programms, Abends* animation f
❷ *a.* ARCHIT, KUNST conception f; *(Einrichtung)* aménagement m; *(Dekoration)* décoration f
Gestammel [ɡəˈʃtaməl] <-s> *nt pej* bredouillement m *gén pl*
gestand *Imp von* **gestehen**
gestanden [ɡəˈʃtandən] I. *PP von* **stehen, gestehen**
II. *Adj (erfahren)* chevronné(e)
geständig [ɡəˈʃtɛndɪç] *Adj Angeklagter* qui avoue; **~ sein** avouer
Geständnis [ɡəˈʃtɛntnɪs] <-ses, -se> *nt* ❶ aveu m; **jdm ein ~ machen** faire un aveu à qn
❷ JUR aveux *mpl;* **vor jdm ein ~ ablegen** passer aux aveux en présence de qn
Gestänge [ɡəˈʃtɛŋə] <-s, -> *nt eines Zelts* armature f; *einer Dampfmaschine* bielles *fpl*
Gestank [ɡəˈʃtaŋk] <-[e]s> *m* puanteur f
Gestapo [ɡeˈstaːpo] <-> f NS *Abk von* **Geheime Staatspolizei** Gestapo f
gestatten* *tr V form* ❶ permettre; **[jdm] etw ~** permettre qc [à qn]; **jdm/sich ~ etw zu tun** permettre à qn/se permettre de faire qc; **sein Gehalt gestattet ihm keine Extravaganzen** son salaire ne lui permet pas de faire des folies; **das Fotografieren ist nicht gestattet!** il est interdit de prendre des photos!
❷ *(Höflichkeitsformel in Bitten, Aufforderungen)* **gestatten Sie?** vous permettez?; **gestatten Sie, dass ich rauche?** vous permettez que je fume?; **gestatten, Max Müller!** si je puis me le permettre, Max Müller!
Geste [ˈɡeːstə, ˈɡɛsta] <-, -n> f *(Bewegung, Handlung)* geste m
Gesteck [ɡəˈʃtɛk] <-[e]s, -e> *nt* composition f florale
gestehen <gestand, gestanden> *tr V* avouer *Fehler, Tat, Verbrechen;* **[jdm] ~ etw getan zu haben** avouer [à qn] d'avoir fait qc; **jdm seine Liebe ~** déclarer son amour à qn; **ich gestehe, ...** j'avoue ...; **offen gestanden** à vrai dire
Gestein [ɡəˈʃtaɪn] <-[e]s, -e> *nt* roche f
Gesteinsprobe f échantillon m de roche **Gesteinsschicht** f couche f rocheuse
Gestell [ɡəˈʃtɛl] <-[e]s, -e> *nt* ❶ *(Regal)* étagère f
❷ *(Rahmen)* cadre m; *einer Brille* monture f
❸ TECH *(Unterbau)* châssis m; *(Stativ)* pied m; *(Stütze)* support m
gestern [ˈɡɛstɐn] *Adv* hier; **von ~** d'hier; **~ Morgen/Mittag** hier matin/à midi; **~ vor einer Woche/acht Tagen** il y a eu une semaine/huit jours hier
▶ **die Welt von ~** le monde d'autrefois; **er ist nicht von ~** *fam* il n'est pas né de la dernière pluie *(fam)*
Gestern <-> *nt* passé m
gestiefelt [ɡəˈʃtiːfəlt] ▶ **~ und gespornt** *hum fam* fin prêt(e)
gestiegen [ɡəˈʃtiːɡən] *PP von* **steigen**
Gestik [ˈɡeːstɪk, ˈɡɛstɪk] <-> f gestes *mpl;* *eines Schauspielers* gestuelle f
Gestikulation <-, -en> f gesticulation f
gestikulieren* *itr V* gesticuler
gestimmt *Adj* **fröhlich/traurig ~** d'humeur joyeuse/triste
Gestirn [ɡəˈʃtɪrn] <-[e]s, -e> *nt geh* constellation f
gestoben [ɡəˈʃtoːbən] *PP von* **stieben**
gestochen [ɡəˈʃtɔxən] *PP von* **stechen**
gestohlen [ɡəˈʃtoːlən] *PP von* **stehlen**
Gestöhn[e] <-s> *nt pej fam* gémissements *mpl*
gestorben [ɡəˈʃtɔrbən] *PP von* **sterben**
gestört [ɡəˈʃtøːɐt] *Adj* ❶ *(nicht harmonisch) Ehe, Familie* en crise; **ein ~es Verhältnis zu jdm/etw haben** avoir de mauvais rapports avec qn/qc
❷ *(verwirrt) Kind, Tier* caractériel(le); **geistig ~ sein** avoir l'esprit dérangé
Gestose [ɡɛsˈtoːzə] <-, -n> f MED gestose f

gestoßen [ɡəˈʃtoːsən] *PP von* **stoßen**
Gestotter <-s> *nt pej fam* bégaiements *mpl*
Gesträuch [ɡəˈʃtrɔyç] <-[e]s, -e> *nt* buissons *mpl*
gestreift [ɡəˈʃtraɪft] *Adj* rayé(e); **längs ~** à rayures verticales; **längs ~ sein** avoir des rayures verticales; **quer ~** à rayures horizontales
gestreng *Adj veraltet* sévère
gestrichen [ɡəˈʃtrɪçən] I. *PP von* **streichen**
II. *Adj* **ein ~er Esslöffel Zucker** une cuillère rase de sucre
III. *Adv* **~ voll sein** être plein(e) à ras bord
gestriegelt *s.* **geschniegelt**
gestrig [ˈɡɛstrɪç] *Adj* d'hier; **die ~e Zeitung** le journal d'hier; **vom ~en Tag** d'hier; **am ~en Abend** hier soir
gestritten [ɡəˈʃtrɪtən] *PP von* **streiten**
Gestrüpp [ɡəˈʃtrʏp] <-[e]s, -e> *nt* broussailles *fpl*
Gestühl [ɡəˈʃtyːl] <-s, -e> *nt* sièges *mpl*
gestunken [ɡəˈʃtʊŋkən] *PP von* **stinken**
Gestüt [ɡəˈʃtyːt] <-[e]s, -e> *nt* haras m
Gesuch [ɡəˈzuːx] <-[e]s, -e> *nt* requête f; **~ um Versetzung** demande f d'affectation; **bei jdm ein ~ einreichen** présenter une requête à qn
gesucht [ɡəˈzuːxt] *Adj (begehrt)* recherché(e)
Gesülze <-s> *nt pej fam* conneries *fpl (fam)*
Gesumm <-[e]s> *nt von Insekten* bourdonnement m
gesund [ɡəˈzʊnt] <gesünder *o* -er, gesündeste *o* -este> I. *Adj* ❶ *a. fig Person, Firma* en bonne santé; *Haut, Zähne, Organ, Wirtschaft* sain(e); *Herz* solide; *Gesichtsfarbe* frais(fraîche); *Schlaf, Appetit* bon(ne) *antéposé;* **jdn ~ pflegen** soigner qn durant sa convalescence; **wieder ~ werden** se rétablir; **jdn ~ schreiben** faire un certificat médical de reprise du travail à qn; **bleib ~!** porte-toi bien!
❷ *(gut für die Gesundheit) Lebensweise, Ernährung* sain(e); *Luft, Wohnung* salubre; **Obst ist ~** les fruits sont bons pour la santé
❸ *(angemessen) Egoismus, Misstrauen* de bon aloi, sain(e); **ein ~es Maß an Selbstbewusstsein** juste ce qu'il faut de confiance en soi
▶ **~ und munter** en pleine forme; **sonst bist du ~?** *iron fam* et sinon tu es sûr(e) que ça va bien? *(iron fam)*
II. *Adv* **leben, sich ernähren** sainement
Gesunde(r) *f(m) dekl wie Adj* personne f bien portante; **die ~n** les bien portants
gesunden* *itr V + sein geh Person, Tier* recouvrir la santé *(soutenu);* *Finanzen, Wirtschaft* se rétablir
Gesundheit <-> f santé f; **eine gute/eiserne ~ haben** avoir une bonne santé/une santé de fer; **bei guter/bester ~** en bonne/parfaite santé; **was macht die ~?** comment va la santé?; **auf deine/Ihre ~!** à ta/votre santé!; **hatschi! — ~!** atchoum! — À tes/vos souhaits!
gesundheitlich I. *Adj* de santé; **aus ~en Gründen** pour raison[s] de santé; **in ~er Hinsicht** au niveau de la santé
II. *Adv* en ce qui concerne la santé; **wie geht es Ihnen ~?** comment va la santé?
Gesundheitsamt *nt* services *mpl* d'hygiène **Gesundheitsapostel** *m iron* maniaque *mf* de la santé **Gesundheitsbehörde** f office *m* de la santé **gesundheitsbewusst**[RR] *Adj* **~ sein** surveiller sa santé **gesundheitsfördernd** *Adj* salubre **Gesundheitsfürsorge** f santé f publique **Gesundheitsminister(in)** *m(f)* ministre *mf* de la Santé **Gesundheitsministerium** *nt* ministère *m* de la Santé [publique] **Gesundheitspolitik** f *kein Pl* politique f de santé publique **Gesundheitsreform** f réforme f de la santé publique **gesundheitsschädlich** *Adj* dangereux(-euse) pour la santé **Gesundheitswesen** *nt* santé f [publique] **Gesundheitszeugnis** *nt* certificat *m* médical [*o* de santé] **Gesundheitszustand** *m kein Pl* état *m* de santé
gesund|schlafen *r V irr* **sich ~** guérir en dormant **gesund|schrumpfen** *fam* I. *tr V* assainir *Unternehmen* II. *r V* **sich ~** dégraisser pour assainir sa situation *(fam)* **gesund|stoßen** *r V unreg fam* **sich ~** se remplumer *(fam)*
Gesundung <-> f *geh* guérison f; **wirtschaftliche ~** convalescence f économique
gesungen [ɡəˈzʊŋən] *PP von* **singen**
gesunken [ɡəˈzʊŋkən] *PP von* **sinken**
getan *PP von* **tun**
Getier [ɡəˈtiːɐ] <-s> *nt veraltet geh* animaux *mpl*
getigert [ɡəˈtiːɡɐt] *Adj* tigré(e)
Getöse [ɡəˈtøːzə] <-s> *nt* fracas m; *des Verkehrs* vacarme m; *eines Wasserfalls* tumulte m; **mit [lautem] ~** avec fracas
getragen [ɡəˈtraːɡən] I. *PP von* **tragen**
II. *Adj Melodie* assez lent(e); *Rhythmus* modéré(e)
Getrampel <-s> *nt pej fam* piétinement m; *(Beifallsgetrampel, Protestbekundung)* trépignements *mpl*
Getränk [ɡəˈtrɛŋk] <-[e]s, -e> *nt* boisson f; **heiße/kalte ~e** des boissons chaudes/froides; **alkoholische ~e** des boissons alcoolisées
Getränkeautomat *m* distributeur *m* de boissons **Getränkedose** f [boisson f en] boîte f **Getränkeindustrie** f industrie f

de la boisson **Getränkekarte** f carte f des consommations; *(Weinkarte)* carte f des vins **Getränkemarkt** m magasin m de boissons; *(im Supermarkt)* rayon m des boissons **Getränkestand** m buvette f **Getränkesteuer** f droits mpl sur les boissons **Getränkeverpackung** f emballage m des boissons
Getrappel [gə'trapl] <-s> nt kein Pl piétinement m; **das ~ der Hufe** le martèlement des sabots
Getratsch[e] <-[e]s> nt pej fam commérages mpl *(fam)*
getrauen* r V **sich ~ etw zu tun** oser faire qc; **getraust du dich [o dir] das?** tu oses le faire?
Getreide [gə'traɪdə] <-s, -> nt céréales fpl
Getreide[an]bau m kein Pl culture f céréalière **Getreideart** f sorte f de céréales **Getreideernte** f moisson f **Getreidefeld** nt champ m de plantes céréalières **Getreidekorn** <-körner> nt grain m de blé; *(Samenkorn)* graine f **Getreideland** nt ① *(Land)* pays m céréalier ② *kein Pl (Boden)* terre f à céréales **Getreideprodukt** nt produit m céréalier **Getreidesilo** m o nt silo m à céréales **Getreidesorte** f céréale f **Getreidespeicher** m silo m à céréales
getrennt [gə'trɛnt] I. *Adj Haushalt, Zimmer* séparé(e)
II. *Adv leben, wohnen* séparément; *schreiben* en deux mots; **~ schlafen** faire chambre à part
Getrenntschreibung f écriture f en deux mots
getreten PP von **treten**
getreu [gə'trɔɪ] I. *Adj geh* fidèle; **sein ~er Diener** son fidèle serviteur
II. *Adv befolgen* à la lettre
III. *Präp + Dat* **~ unserer Abmachung** conformément à notre convention
Getreue(r) f(m) dekl wie Adj geh fidèle mf
Getriebe [gə'tri:bə] <-s, -> nt ① TECH boîte f de vitesses; **automatisches ~** boîte de vitesses automatique
② *(geschäftiges Treiben)* animation f; *(Hektik)* agitation f
Getriebebremse f frein m moteur
getrieben PP von **treiben**
Getriebeöl nt huile f de graissage **Getriebeschaden** m détérioration f de l'engrenage
getroffen PP von **treffen, triefen**
getrogen PP von **trügen**
Getrommel <-s> nt pej fam ① *(Trommelmusik)* roulement m de tambour[s]
② *(das Klopfen mit den Fingern)* tambourinement m; **lass das ~!** arrête de tambouriner avec tes doigts!
getrost [gə'troːst] I. *Adj* **sei ~!** sois tranquille!
II. *Adv* **sich ~ auf jdn verlassen können** pouvoir compter sur qn en toute tranquillité
getrunken PP von **trinken**
Getto ['gɛto] <-s, -s> nt ghetto m
Getue [gə'tuːə] <-s> nt pej fam chiqué m *(péj fam)*; **dieses alberne ~** ces chichis mpl
Getümmel [gə'tʏml] <-s> nt cohue f; **sich ins ~ stürzen** hum se jeter dans la mêlée
getüpfelt [gə'tʏpfəlt] Adj, **getupft** Adj à pois
Getuschel <-s> nt pej fam messes fpl basses *(péj fam)*
geübt [gə'ʔyːpt] Adj *Fahrer, Handwerker, Griff* expert(e); *Auge, Ohr* exercé(e); **in etw** *(Dat)* **~ sein** être expert(e) dans qc
Geviert [gə'fiːɐt] <-[e]s, -e> nt carré m; **4 Meter im ~** 4 mètres carrés
GEW [geːʔeːˈveː] <-> f Abk von **Gewerkschaft Erziehung und Wissenschaft** syndicat des enseignants allemands
Gewächs [gə'vɛks] <-es, -e> nt ① *(Pflanze)* plante f
② MED excroissance f
gewachsen [gə'vaksn] I. PP von **wachsen**[1]
II. *Adj* **jdm ~ sein** pouvoir se mesurer à qn; **einer S.** *(Dat)* **~ sein** être à la hauteur de qc
Gewächshaus nt serre f
gewagt [gə'vaːkt] Adj osé(e); *(gefährlich)* risqué(e)
gewählt [gə'vɛːlt] I. Adj *Ausdrucksweise* choisi(e)
II. *Adv sich ausdrücken* en termes choisis
gewahr [gə'vaːɐ] Adj geh **eines [o einen] Passanten ~ werden** apercevoir un passant; **einer S.** *(Gen)* [o etw] **~ werden** *(bemerken, feststellen)* s'apercevoir de qc; *(wahrnehmen)* sentir/entendre qc
Gewähr [gə'vɛːɐ] <-> f garantie f; **für etw keine ~ übernehmen** ne pas garantir qc; **die Bekanntgabe der Lottozahlen erfolgt ohne ~** les numéros gagnants [du loto] sont annoncés sous réserve d'erreur
gewahren* tr V liter *(sehen)* apercevoir; *(spüren)* remarquer
gewähren* I. tr V ① *(einräumen)* accorder *Kredit, Rabatt*
② *(zuteilwerden lassen)* apporter *Trost*; **jdm Asyl ~** accorder le droit d'asile à qn
II. itr V geh **jdn ~ lassen** laisser faire qn
gewährleisten* tr V garantir; **[jdm] etw ~** garantir qc [à qn]

Gewährleistung f *eines Herstellers* garantie f; **die ~ übernehmen** prendre la garantie à son compte; **~ wegen Sachmangels** recours m en garantie pour vices
Gewahrsam [gə'vaːɛzaːm] <-s> m ① *(Verwahrung)* **etw in ~ geben/nehmen** donner/prendre qc en garde
② *(Haft)* garde f; **sich in [polizeilichem] ~ befinden** être détenu(e) [o en détention]
Gewährsmann <-männer o -leute> m informateur(-trice) m(f)
Gewährung <-, selten -en> f octroi m
Gewalt [gə'valt] <-, -en> f ① *(Macht, Herrschaft)* pouvoir m; **elterliche ~** autorité f parentale; **die vollziehende/gesetzgebende/richterliche ~** le pouvoir exécutif/législatif/judiciaire; **jdn in seiner ~ haben** tenir qn à sa merci; **in jds ~** *(Dat)* **sein** être entre les mains de qn; **die ~ über etw** *(Akk)***/sich verlieren** perdre le contrôle de qc/soi
② *kein Pl (gewaltsames Vorgehen)* violence f; **nackte** [o **rohe**] **~** de la violence pure; **etw mit ~ öffnen** forcer qc; **etw mit ~ schließen** fermer qc de force; **~ anwenden** recourir à la force; **jdm ~ antun** geh violenter qn
③ *kein Pl (Heftigkeit) eines Sturms, Aufpralls* violence f
▶ **[das ist] höhere ~** [c'est un] cas de force majeure; **mit sanfter ~** doucement, mais fermement; **sich in der ~ haben** être maître(-esse) de soi; **mit ~** par la force; *(unbedingt)* à tout prix
Gewaltakt m acte m de violence **Gewaltanwendung** f recours m à la violence; **etw unter ~** *(Dat)* **tun** faire qc par la force
Gewaltausbruch m irruption f de violence **gewaltbereit** Adj capable de violence **Gewaltbereitschaft** f propension f à la violence **Gewalteinwirkung** f violence f; **Spuren von ~ aufweisen** *Person, Gegenstand:* présenter des traces de violence
Gewaltenteilung f séparation f des pouvoirs
gewaltfrei Adj non-violent(e) **Gewaltherrschaft** f kein Pl despotisme m **Gewaltherrscher(in)** m(f) despote m
gewaltig I. Adj ① *(heftig) Explosion, Sturm* violent(e); *Überschwemmung* grande antéposé
② *(beeindruckend) Bauwerk, Menge* énorme; *Anblick* impressionnant(e); *Eindruck* très fort(e); **ein ~er Unterschied** une énorme différence
③ geh *(mächtig)* puissant(e); **ein ~er Herrscher** un souverain puissant
II. *Adv fam* drôlement *(fam)*; **sich ~ irren** se gourer complètement *(fam)*
gewaltlos I. Adj non-violent(e)
II. *Adv* sans violence; *demonstrieren* pacifiquement
Gewaltlosigkeit <-> f non-violence f
Gewaltmarsch m marche f forcée **Gewaltmaßnahme** f mesure f violente
gewaltsam I. Adj *Tod, Vertreibung* violent(e)
II. *Adv vertreiben, durchsetzen* par la force; *schließen* de force; **etw ~ öffnen** forcer qc
Gewaltstreich m coup m de force **Gewalttat** f acte m de violence **Gewalttäter(in)** m(f) criminel(le) m(f) **gewalttätig** Adj violent(e) **Gewalttätigkeit** f violence f **Gewaltverbrechen** nt crime m; *(Mord)* crime m de sang **Gewaltverbrecher(in)** m(f) criminel(le) m(f) **Gewaltverzicht** m non-belligérance f
Gewand [gə'vant, Pl: gə'vɛndə] <-[e]s, Gewänder> nt geh robe f; **liturgisches ~** vêtement m liturgique
▶ **in neuem ~** sous un nouvel aspect
gewandet Adj hum geh vêtu(e); **in Grün/in Seide ~** vêtu(e) de vert/de soie
gewandt [gə'vant] I. PP von **wenden**
II. Adj *Redner, Politiker* habile; *Auftreten, Ausdruck* aisé(e); *Bewegung* souple
III. *Adv sich ausdrücken, auftreten* avec aisance
Gewandtheit <-> f *eines Redners, Politikers* habileté f; *des Auftretens, der Ausdrucksweise* aisance f; *von Bewegungen* souplesse f
gewann [gə'van] Imp von **gewinnen**
gewärtig [gə'vɛrtɪç] Adj **einer S.** *(Gen)* **~ sein** s'attendre à qc
gewärtigen* tr V geh **eine Strafe zu ~ haben** devoir s'attendre à une punition
Gewäsch [gə'vɛʃ] <-[e]s> nt pej fam foutaises fpl *(fam)*
gewaschen [gə'vaʃən] PP von **waschen**
Gewässer [gə'vɛsɐ] <-s, -> nt eaux fpl; **ein fließendes/stehendes ~** une eau courante/stagnante
Gewässerkunde <-> f hydrographie f **Gewässerschutz** m protection f des eaux
Gewebe [gə'veːbə] <-s, -> nt a. PHYSIOL tissu m
Gewebeprobe f prélèvement m de tissu organique
Gewebsflüssigkeit f lymphe f
Gewehr [gə'veːɐ] <-[e]s, -e> nt fusil m; **an die ~e!** aux armes!; **präsentiert das ~!** présentez armes!; **das ~ über! portez armes!; ~ ab!** reposez arme!
▶ **~ bei Fuß stehen** fam être sur le pied de guerre *(fam)*
Gewehrkolben m crosse f de fusil **Gewehrkugel** f balle f [de

fusil] **Gewehrlauf** m canon m de fusil
Geweih [gə'vaɪ] <-[e]s, -e> nt bois mpl
Gewerbe [gə'vɛrbə] <-s, -> nt (Tätigkeit im Handwerk) activité f artisanale; (Tätigkeit im Handel) activité commerciale; (Tätigkeit in der Industrie) activité industrielle; **das ~ des Bäckers [betreiben]** [exercer] le métier de boulanger; **ein ~ anmelden** publier [au Bulletin d'Annonces Légales Obligatoires] une activité industrielle/commerciale/artisanale
▸ **das älteste ~ der Welt** hum, **das horizontale ~** hum fam le plus vieux métier du monde
Gewerbeaufsicht f inspection f du travail **Gewerbeaufsichtsamt** nt inspection f du Travail **Gewerbebetrieb** m (Werkstätte) entreprise f artisanale; (Geschäft) entreprise commerciale; (Fabrik) [petite ou moyenne] entreprise [industrielle] **Gewerbegebiet** nt zone f industrielle **Gewerbelehrer(in)** m(f) professeur mf de lycée professionnel **Gewerberecht** nt JUR droit m des professions industrielles et commerciales **Gewerbeschein** m licence f **Gewerbeschule** f école f professionnelle **Gewerbesteuer** f taxe f professionnelle
gewerbetreibend Adj commerçant(e)
Gewerbetreibende(r) f(m) dekl wie Adj (Handwerker) artisan(e) m(f); (Kaufmann) commerçant(e) m(f); (Fabrikinhaber) [petit(e)] industriel(le) m
Gewerbezweig m branche f d'activité
gewerblich [gə'vɛrplɪç] I. Adj Ausbildung technique; Nutzung à des fins professionnelles
II. Adv nutzen à des fins professionnelles
gewerbsmäßig I. Adj professionnel(le)
II. Adv à titre professionnel
Gewerkschaft [gə'vɛrkʃaft] <-, -en> f syndicat m; **in die ~ gehen** fam se syndiquer
Gewerkschaft[l]er(in) <-s, -> m(f) syndicaliste mf
gewerkschaftlich Adj syndical(e)
Gewerkschaftsbewegung f mouvement m syndical **Gewerkschaftsbund** m confédération f syndicale **gewerkschaftseigen** Adj appartenant au syndicat **Gewerkschaftsführer(in)** m(f) dirigeant(e) m(f) syndical(e) **Gewerkschaftsfunktionär(in)** m(f) représentant(e) m(f) syndical(e) **Gewerkschaftshaus** nt maison f syndicale **Gewerkschaftskongress**RR m congrès m syndical **Gewerkschaftsmitglied** nt syndiqué(e) m(f)
gewesen [gə'veːzən] I. PP von sein¹
II. Adj (ehemalig) ancien(ne); **der ~e Bürgermeister** l'ancien maire
gewichen [gə'vɪçən] PP von weichen
Gewicht [gə'vɪçt] <-[e]s, -e> nt ❶ kein Pl (Schwere, Körpergewicht) poids m; **ein geringes/großes ~** un faible/grand poids; **etw nach ~ verkaufen** vendre qc au poids; **das spezifische ~** la masse spécifique [o volumique]
❷ (Metallstück) poids m; SPORT haltères fpl; **mit ~en üben** [o **trainieren**] faire des haltères
❸ (Bedeutung) **~ haben, von ~ sein** avoir de l'importance; **ein großes/entscheidendes ~ haben** avoir une grande importance/une importance décisive; **auf etw** (Akk) **~ legen, einer S.** (Dat) **~ beimessen** attacher de l'importance à qc
▸ **sein ganzes ~ für jdn/etw in die Waagschale werfen** jeter [tout] son poids dans la balance en faveur de qn/pour qc; **ins ~ / nicht ins ~ fallen** avoir de l'importance/n'avoir aucune importance
gewichten* tr V évaluer Zahlen, Fakten, Projekte; **etw anders/neu ~** réévaluer qc; **etw höher ~** attacher plus d'importance à qc
Gewichtheben <-s> nt SPORT haltérophilie f **Gewichtheber(in)** <-s, -> m(f) haltérophile mf
gewichtig Adj ❶ hum (schwer) Person fort(e); Koffer lourd(e)
❷ (bedeutsam) solide; Grund important(e)
Gewichtsabnahme f perte f de poids **Gewichtsangabe** f indication f de poids **Gewichtsklasse** f catégorie f **Gewichtskontrolle** f contrôle m du poids **Gewichtsverlust** m perte f de poids **Gewichtszunahme** f prise f de poids
Gewichtung <-, -en> f évaluation f; von Argumenten hiérarchisation f; **eine andere ~** une réévaluation
gewieft [gə'viːft] fam I. Adj roublard(e) (fam)
II. Adv de manière roublarde (fam)
Gewieher [gə'viːɐ] <-s> nt ❶ (Pferd) hennissements mpl
❷ pej (Gelächter) éclats mpl de rire
gewiesen [gə'viːzən] PP von weisen
gewillt [gə'vɪlt] Adj **~ sein etw zu tun** être disposé(e) à faire qc
Gewimmel <-s> nt grouillement m
Gewimmer [gə'vɪmɐ] <-s> nt gémissements mpl
Gewinde [gə'vɪndə] <-s, -> nt filetage m
Gewindebohrer m taraud m **Gewindegang** <-gänge> m pas m de vis **Gewindeschneider** m filière f
Gewinn [gə'vɪn] <-[e]s, -e> m ❶ (Profit) bénéfice m; **etw mit ~ verkaufen** vendre qc avec bénéfices; **viel/einen ordentlichen ~ bringen** [o **abwerfen**] rapporter beaucoup/pas mal; **mit etw einen ~ erzielen** réaliser un bénéfice avec qc; **nicht ausgewiesener ~** bénéfice non affiché [o non déclaré]; **~ bringend** Unternehmen rentable
❷ (Preis) gain m; (Treffer) numéro m gagnant; **einen ~ machen** gagner [à la loterie]; **nicht jedes Los ist ein ~** tous les billets ne sont pas gagnants
❸ kein Pl (Vorteil) enrichissement m; **ein großer ~ für jdn/etw sein** être une aubaine pour qn/qc
Gewinnanspruch m droit m au bénéfice/aux bénéfices **Gewinnanteil** m part f de bénéfice **Gewinnausschüttung** f répartition f des bénéfices **Gewinnbeteiligung** f participation f aux bénéfices
gewinnbringend I. Adj Geschäft rentable; Geldanlage, Spekulation lucratif(-ive); Verkauf avantageux(-euse)
II. Adv wirtschaften de façon rentable; anlegen lucrativement; verkaufen avantageusement
Gewinnchance [-ʃãːs(ə), -ʃaŋs(ə)] f chance f de gagner
gewinnen [gə'vɪnən] <gewann, gewonnen> I. tr V ❶ gagner Medaille, Preis, Prozess, Krieg; remporter Spiel, Meisterschaft
❷ (erreichen) **was ist damit gewonnen?** qu'est-ce qu'on y gagne?
❸ (überreden) **jdn als Freund ~** gagner l'amitié de qn; **jdn als Mitarbeiter ~** gagner qn comme collaborateur; **jdn für eine Idee ~** gagner qn à une idée
❹ (erzeugen) **Kohle/Erz ~** extraire du charbon/du minerai; **etw aus recycelten Stoffen ~** tirer qc de matières recyclées
▸ **wie gewonnen, so zerronnen** Spr. argent vite gagné sera vite envolé
II. itr V ❶ **in einem Wettkampf ~** gagner une compétition; **beim Daviscup ~** remporter la coupe Davis
❷ (Gewinn bringen) Los, Zahlen: être gagnant(e)
❸ (Profit machen) **bei etw ~** gagner à qc
❹ (zunehmen) **an Sicherheit/Bedeutung ~** gagner en assurance/importance
❺ (besser wirken, aussehen) **seitdem hat er sehr gewonnen** depuis il s'est beaucoup amélioré; **sie gewinnt durch ihre neue Frisur** sa nouvelle coiffure l'avantage
gewinnend Adj Art, Lächeln engageant(e)
Gewinner(in) <-s, -> m(f) gagnant(e) m(f); MIL vainqueur mf
Gewinnerwartungen Pl bénéfices mpl escomptés **Gewinnklasse** f catégorie f gagnante **Gewinnlos** <-es, -e> nt billet m gagnant **Gewinnnummer**RR f numéro m gagnant **Gewinnquote** f cote f gagnante **Gewinnrückgang** m recul m des bénéfices **Gewinnschwelle** f seuil m de rentabilité **Gewinnspanne** f marge f bénéficiaire **Gewinnstreben** nt recherche f du profit **Gewinnsucht** f cupidité f; **etw aus ~ tun** faire qc par cupidité **gewinnsüchtig** Adj cupide **gewinnträchtig** Adj prometteur(-euse)
GewinnummerALT s. Gewinnnummer
Gewinnung f ❶ von Rohstoffen extraction f
❷ (Erzeugung) production f
Gewinnzahl f numéro m gagnant
Gewinsel <-s> nt eines Tieres gémissements mpl; einer Person geignements mpl
Gewirr [gə'vɪr] <-[e]s, -e> nt ❶ (Knäuel) enchevêtrement m
❷ fig **~ von Stimmen** brouhaha m; **~ von Paragraphen** imbroglio m
Gewisper <-s> nt chuchotements mpl
gewissRR, **gewiß**ALT I. Adj ❶ attr (nicht näher benannt) certain(e) antéposé; **~e Fragen sind noch offen** certaines questions restent encore à régler
❷ (sicher) sûr(e); **[sich** (Dat)] **einer S.** (Gen) **~ sein** être sûr(e) de qc
II. Adv certainement; **ich weiß es ganz ~** je le sais en toute certitude; **[aber] ~!** [mais] bien sûr!
Gewissen [gə'vɪsən] <-s> nt conscience f; **ein reines ~ haben** avoir la conscience tranquille; **ein schlechtes ~ haben** avoir mauvaise conscience; **etw ruhigen ~s tun** faire qc en toute bonne foi; **sein ~ erleichtern/erforschen** soulager sa/faire un examen de conscience; **kein ~ haben** n'avoir aucun sens moral
▸ **ein gutes ~ ist ein sanftes Ruhekissen** Spr. on dort mieux la conscience en paix; **jdn/etw auf dem ~ haben** avoir qn/qc sur la conscience; **jdm ins ~ reden** faire appel à la conscience de qn
gewissenhaft I. Adj consciencieux(-euse)
II. Adv consciencieusement
Gewissenhaftigkeit <-> f einer Person conscience f [professionnelle]; einer Ausführung, Prüfung minutie f
gewissenlos I. Adj sans scrupule
II. Adv sans aucun scrupule
Gewissenlosigkeit <-, -en> f ❶ kein Pl (Skrupellosigkeit) manque m de scrupules

② *(Handlung)* ignominie *f*
Gewissensbisse *Pl* remords *mpl;* **wegen etw ~ bekommen/haben** être pris(e) de/avoir des remords à cause de qc **Gewissensentscheidung** *f* cas *m* de conscience **Gewissenserforschung** *f* examen *m* de conscience **Gewissensfrage** *s.* Gewissensentscheidung **Gewissensfreiheit** *f* liberté *f* de conscience **Gewissensgründe** *Pl* raisons *fpl* de conscience **Gewissenskonflikt** *m* débat *m* de conscience; **in einen ~ geraten** se trouver confronté(e) à un cas de conscience
gewissermaßen *Adv* en quelque sorte
Gewissheit^RR, **Gewißheit**^ALT *f* certitude *f;* **~ über etw** *(Akk)* **erlangen, sich** *(Dat)* **~ über etw** *(Akk)* **verschaffen** faire toute la lumière sur qc; **~ über etw** *(Akk)* **haben** connaître avec certitude qc; **jdm die ~ geben, dass** donner à qn la certitude [*o* l'assurance] que + *indic*
Gewitter [gəˈvɪtɐ] <-s, -> *nt* orage *m*
▸ **es liegt ein ~ in der Luft** le temps est à l'orage; **ein reinigendes ~** une bonne engueulade *(fam)*
Gewitterfront *f* front *m* orageux **Gewitterhimmel** *m* ciel *m* orageux
gewitterig *s.* gewittrig
gewittern* *itr V unpers* **es gewittert** il fait de l'orage
Gewitterregen *m,* **Gewitterschauer** *m* averse *f* orageuse **Gewitterstimmung** *f* atmosphère *f* houleuse **Gewitterwolke** *f* nuage *m* orageux
gewittrig *Adj* orageux(-euse)
gewitzigt *Adj* **durch etw ~ sein** être échaudé(e) par qc
gewitzt [gəˈvɪtst] *Adj* roué(e)
Gewitztheit <-> *f* rouerie *f*
gewoben [gəˈvoːbən] *PP von* **weben**
gewogen [gəˈvoːgən] **I.** *PP von* **wägen, wiegen²**
II. *Adj geh* **jdm/einer S. ~ sein** être dévoué(e) à qn/qc
Gewogenheit <-> *f geh* **seine ~ ihr gegenüber** son inclination *f* pour elle *(littér)*
gewöhnen* **I.** *tr V* **jdn an etw** *(Akk)*/**an sich ~** habituer qn à qc/familiariser qn avec soi; **an jdn/etw gewöhnt sein** être habitué(e) à qn/qc
II. *r V* **sich an jdn/etw ~** s'habituer à qn/qc; **sich daran ~ etw zu tun** prendre l'habitude de faire qc
Gewohnheit [gəˈvoːnhaɪt] <-, -en> *f* habitude *f;* **die ~ haben etw zu tun** avoir l'habitude de faire qc; **sich** *(Dat)* **etw zur ~ machen** prendre l'habitude de [faire] qc; **aus** [**lauter**] **~** par [pure] habitude; **das ist ihr zur ~ geworden** ça lui est devenue une habitude
gewohnheitsmäßig I. *Adj* habituel(le); *Lügner* invétéré(e) **II.** *Adv* par habitude **Gewohnheitsmensch** *m* routinier(-ière) *m(f)* **Gewohnheitsrecht** *nt* ❶ *(Recht)* droit *m* d'usage ❷ *(Rechtssystem)* droit *m* coutumier **Gewohnheitstier** *nt hum fam* **ein ~ sein** être esclave de ses habitudes **Gewohnheitstrinker(in)** *m(f)* buveur *m* invétéré/buveuse *f* invétérée **Gewohnheitsverbrecher(in)** *m(f)* récidiviste *mf*
gewöhnlich [gəˈvøːnlɪç] **I.** *Adj* ❶ *(üblich)* habituel(le)
❷ *(durchschnittlich) Arbeitstag, Wochentag* ordinaire; *Pflanze* commun(e)
❸ *pej (ordinär)* vulgaire *(péj)*
II. *Adv* ❶ *(üblicherweise)* habituellement; **wie ~** comme d'habitude
❷ *pej (ordinär)* de manière ordinaire *(péj)*
gewohnt [gəˈvoːnt] *Adj Stunde, Zeit* habituel(le); *Umgebung* familier(-ière); **etw ~ sein** être habitué(e) à qc; **es ~ sein, etw zu tun/, dass** avoir l'habitude de faire qc/que + *subj;* **das bin ich gewohnt** j'en ai l'habitude
gewohntermaßen *Adv* habituellement
Gewöhnung [gəˈvøːnʊŋ] <-> *f* accoutumance *f;* **~ an etw** *(Akk)* accoutumance *f* à qc; **das ist eine Sache der ~** c'est une question d'habitude
gewöhnungsbedürftig *Adj* à quoi il faut s'habituer
Gewölbe [gəˈvœlbə] <-s, -> *nt* ❶ *(Gewölbedecke)* voûte *f*
❷ *(Raum)* cave *f* voûtée
gewölbt [gəˈvœlpt] *Adj Decke* voûté(e)
gewollt I. *Adj* intentionnel(le)
II. *Adv* délibérément; **~ fröhlich wirken** se donner un air joyeux
gewonnen [gəˈvɔnən] *PP von* **gewinnen**
geworben [gəˈvɔrbən] *PP von* **werben**
geworden [gəˈvɔrdən] *PP von* **werden**
geworfen [gəˈvɔrfən] *PP von* **werfen**
gewrungen [gəˈvrʊŋən] *PP von* **wringen**
Gewühl [gəˈvyːl] <-[e]s> *nt (Gedränge)* cohue *f*
gewunden [gəˈvʊndən] **I.** *PP von* **winden¹**
II. *Adj* ❶ *Flusslauf, Weg* sinueux(-euse)
❷ *fig Erklärung* tarabiscoté(e)
gewunken [gəˈvʊŋkən] DIAL *PP von* **winken**
Gewürm [gəˈvʏrm] <-[e]s, -e> *nt* vermine *f*

Gewürz [gəˈvʏrts] <-es, -e> *nt (Würze)* assaisonnement *m;* (*Pfeffer, Curry)* épice *f;* (*Gewürzmischung, Speisezusatz)* condiment *m;* (*Gewürzkraut)* aromate *m*
Gewürzessig *m* vinaigre *m* aromatisé **Gewürzgurke** *f* cornichon *m* à la russe **Gewürzmischung** *f* mélange *m* d'aromates **Gewürznelke** *f* clou *m* de girofle **Gewürzpflanze** *f* plante *f* aromatique **Gewürzständer** *m* étagère *f* à épices
Gewusel [gəˈvuːzl] DIAL *s.* Gewimmel
gewusst^RR, **gewußt**^ALT *PP von* **wissen**
Geysir [ˈgaɪzɪːɐ] <-s, -e> *m* geyser *m*
gez. *Adj Abk von* **gezeichnet** *s.* zeichnen
gezackt [gəˈtsakt] *Adj Blatt* crénelé(e); *Fels* déchiqueté(e); *Hahnenkamm* dentelé(e)
gezahnt [gəˈtsaːnt] *Adj,* **gezähnt** [gəˈtsɛːnt] *Adj Blatt, Briefmarke* dentelé(e); *Maschinenrad* denté(e)
Gezänk [gəˈtsɛŋk] <-s> *nt,* **Gezanke** <-s> *nt pej fam* chamailleries *fpl (fam)*
Gezeiten [gəˈtsaɪtən] *Pl* marées *fpl*
Gezeitenkraftwerk *nt* usine *f* marémotrice **Gezeitenstrom** *m* courant *m* de marée **Gezeitenwechsel** [-ks-] *m* changement *m* de marée
Gezerre [gəˈtsɛrə] <-s> *nt* ❶ *(das Zerren)* tiraillement *m*
❷ *(Streit)* **~ um etw** tiraillements *mpl* à propos de qc
Gezeter [gəˈtseːtɐ] <-s> *nt fam* braillements *mpl (fam)*
gezielt [gəˈtsiːlt] **I.** *Adj* ciblé(e)
II. *Adv* de façon ciblée
geziemen* *r V geh* **es geziemt sich für jdn etw zu tun** il sied à qn de faire qc/qn; **ein Wort des Dankes geziemt sich** il sied d'exprimer ses remerciements *(littér);* **wie es sich für jdn geziemt** comme il sied à qn *(littér)*
geziemend *geh* **I.** *Adj* **in ~er Weise** dans les convenances *(littér);* **mit ~en Worten** avec des mots décents
II. *Adv* comme il se doit
geziert [gəˈtsiːɐt] *pej* **I.** *Adj* affecté(e)
II. *Adv* avec affectation
Gezirpe [gəˈtsɪrpə] <-s> *nt* chant *m*
gezogen [gəˈtsoːgən] *PP von* **ziehen**
Gezwitscher [gəˈtsvɪtʃɐ] <-s> *nt* gazouillement *m*
gezwungen [gəˈtsvʊŋən] **I.** *PP von* **zwingen**
II. *Adj Atmosphäre, Benehmen* contraint(e); *Lachen* forcé(e)
III. *Adv* **ihr Lachen wirkt etwas ~** elle a un rire un peu forcé
gezwungenermaßen *Adv* contraint(e) et forcé(e)
ggf. *Adv Abk von* **gegebenenfalls**
Ghana [ˈgaːna] <-s> *nt* le Ghana
Ghanaer(in) [ˈgaːnaɐ] <-s, -> *m(f)* Ghanéen(ne) *m(f)*
ghanaisch [ˈgaːnaɪʃ] *Adj* ghanéen(ne)
Ghetto [ˈgɛto] *s.* Getto
Ghostwriter(in) [ˈgoːstraɪtɐ] <-s, -> *m(f)* nègre *m*
Gibbon [ˈgɪbɔn] <-s, -s> *m* gibbon *m*
gibt [giːpt] *3. Pers Präs von* **geben**
Gicht [gɪçt] <-> *f* goutte *f;* [**die**] **~ haben** avoir la goutte
Gichtknoten *m* MED tophus *m* **gichtkrank** *Adj* goutteux(-euse)
Gichtkranke(r) *f(m) dekl wie Adj* goutteux(-euse) *m(f)*
Giebel [ˈgiːbəl] <-s, -> *m* pignon *m*
Giebeldach *nt* toit *m* à pignon **Giebelfenster** *nt* fenêtre *f* du pignon **Giebelhaus** *nt* maison *f* à pignon **Giebelseite** *f* façade *f* à pignon **Giebelwand** *f* mur *m* de pignon
Gier [giːɐ] <-> *f* ❶ *(maßloses Verlangen)* avidité *f;* (*Essgier)* voracité *f;* **die ~ nach Genuss** la soif de plaisirs
❷ *(Geldgier)* cupidité *f*
❸ *(sexuelle Begierde)* concupiscence *f*
gieren¹ [ˈgiːrən] *itr V* **nach Käse/Schokolade ~** avoir une envie folle de fromage/chocolat; **nach Macht/Reichtum ~** être avide [*o* avoir soif] de pouvoir/richesse
gieren² *itr V* NAUT faire des embardées
gierig I. *Adj* ❶ *Person, Blick* avide; **nach etw ~ sein** être avide de qc
❷ *(sexuell begierig)* concupiscent(e)
II. *Adv* **essen, trinken** avec avidité
Gießbach *m geh* torrent *m*
gießen [ˈgiːsən] <goss, gegossen> **I.** *tr V* ❶ arroser *Pflanzen, Garten*
❷ *(schütten)* **Wasser auf/über etw** *(Akk)* **~** verser de l'eau dans/sur qc; **jdm Tinte auf das Heft ~** renverser de l'encre sur le cahier de qn
❸ *(herstellen, formen)* **etw in Bronze ~** couler qc en bronze
II. *itr V unpers fam* **es gießt** il tombe des cordes *(fam)*
Gießer(in) <-s, -> *m(f)* fondeur(-euse) *m(f)*
Gießerei <-, -en> *f* fonderie *f*
Gießform *f* TECH moule *m* **Gießkanne** *f* arrosoir *m*
Gießkannenprinzip *nt* ▸ **nach dem ~** *fam* selon la technique du saupoudrage *(sans tenir compte des situations particulières)*
Gift [gɪft] <-[e]s, -e> *nt* ❶ poison *m; einer Schlange* venin *m;* **~ neh-**

Giftbecher–Glashütte

men s'empoisonner
② *pej (Bosheit) eines Artikels, einer Propaganda* venin *m*; **sein ~ verspritzen** répandre [*o* cracher] son venin
▶ **~ und Galle spucken** fulminer; **darauf kannst du ~ nehmen** *fam* tu peux en être sûr(e); **für jdn [wie] ~ sein** *fam* être un véritable poison pour qn
Giftbecher *m* coupe *f* empoisonnée **Giftdrüse** *f* glande *f* à venin
giften *itr V fam* **gegen jdn/etw ~** vitupérer contre qn/qc
Giftgas *nt* gaz *m* toxique **giftgrün** *Adj* d'un vert criard **giftthaltig** *Adj*, **gifthältig** *Adj* A vénéneux(-euse)
giftig I. *Adj* ① *Schlange* venimeux(-euse); *Pflanze* vénéneux(-euse); *Chemikalie, Stoff* toxique
② *fam (boshaft) Person, Bemerkung* venimeux(-euse)
③ *(grell) Farbe* criard(e)
II. *Adv pej* antworten, reagieren hargneusement
Giftigkeit <-> *f* ① *einer Substanz* toxicité *f*
② *fam einer Person* méchanceté *f*
Giftküche *f hum fam officine f (péj)* **Giftmischer(in)** <-s, -> *m(f)* empoisonneur(-euse) *m(f)* **Giftmord** *m* meurtre *m* par empoisonnement **Giftmörder(in)** *m(f)* empoisonneur(-euse) *m(f)* **Giftmüll** *m* déchets *mpl* toxiques **Giftmülldeponie** *f* décharge *f* pour [*o* de] déchets toxiques **Giftnudel** *f pej fam* poison *f (fam)* **Giftpfeil** *m* flèche *f* empoisonnée **Giftpflanze** *f* plante *f* vénéneuse **Giftpilz** *m* champignon *m* vénéneux **Giftschlange** *f* serpent *m* venimeux **Giftschrank** *m* MED armoire *mf* aux stupéfiants **Giftspritze** *f fam (böse Frau)* langue *f* de vipère *(fam)* **Giftstachel** *m* dard *m* **Giftstoff** *m* substance *f* toxique **Giftwolke** *f* nuage *m* toxique **Giftzahn** *m* crochet *m* à venin **Giftzwerg(in)** *m(f) pej fam* nabot(e) *m(f)* malfaisant(e) *(fam)*
Gigabyte <'gi:gabaɪt] *nt* INFORM giga-octet *m*
Gigant(in) [gi'gant] <-en, -en> *m(f)* géant(e) *m(f)*
gigantisch *Adj* ① gigantesque
② *fam (sehr gut)* géant(e) *(fam)*
Gigantomanie [gigantoma'ni:] *f kein Pl geh* mégalomanie *f*
Gigerl ['gi:gɛl] <-s, -[n]> *m o nt* A *pej* dandy *m*
Gigolo ['ʒi:golo, 'ʒɪgolo] <-s, -s> *m* gigolo *m (fam)*
gilben ['gɪlbn] *itr V + sein geh* jaunir
Gilde ['gɪldə] <-, -n> *f* ① amicale *f*
② HIST guilde *f*
gilt [gɪlt] 3. Pers Präs von **gelten**
Gimpel ['gɪmpəl] <-s, -> *m* ① bouvreuil *m*
② *fam (Einfaltspinsel)* serin *m (fam)*
Gin [dʒɪn] <-s, -s> *m* gin *m*; **ein ~ Tonic** un gin tonic
ging [gɪŋ] *Imp von* **gehen**
Ginkgo ['gɪŋko] <-s, -s> *m* BOT ginkgo *m*
Ginseng ['gɪnzɛŋ] <-s, -s> *m* ginseng *m*
Ginster ['gɪnstɐ] <-s, -> *m* genêt *m*
Gipfel ['gɪpfəl] <-s, -> *m* ① *(Bergspitze)* sommet *m*; **auf dem ~** au sommet
② *(Zenit) des Glücks, der Zufriedenheit* comble *m*; *der Macht, einer Karriere* sommet *m*
③ *(Gipfelkonferenz)* sommet *m*
④ DIAL *s.* **Wipfel**
▶ **das ist der ~!** *fam* c'est le comble!
Gipfelkonferenz *f* conférence *f* au sommet **Gipfelkreuz** *nt* croix *f* du sommet
gipfeln *itr V* **in etw** *(Dat)* ~ atteindre son apogée dans qc
Gipfelpunkt *m* ① *einer Flugbahn* sommet *m* ② *(Höhepunkt)* apogée *m* **Gipfelstürmer(in)** *m(f) euph fam* battant(e) *m(f)* **Gipfeltreffen** *nt* rencontre *f* au sommet
Gips [gɪps] <-es, -e> *m* ① plâtre *m*; **den Fuß in ~ haben** avoir le pied dans le plâtre
② MINER gypse *m*
Gipsabdruck <-abdrücke> *m* empreinte *f* **Gipsabguss**^{RR} *m* moulage *m* **Gipsarm** *m fam* bras *m* plâtré [*o* dans le plâtre] **Gipsbein** *nt fam* jambe *f* plâtrée [*o* dans le plâtre]
gipsen *tr V* ① MED *Arm* plâtrer
② KUNST, CONSTR replâtrer
Gipser(in) <-s, -> *m(f)* plâtrier(-ière) *m(f)*
gipsern *Adj attr* en plâtre
Gipsfigur *f* statue[tte *f*] *f* en plâtre **Gipskorsett** *nt* corset *m* de plâtre **Gipsverband** *m* plâtre *m*
Giraffe [gi'rafə] <-, -n> *f* girafe *f*
Girlande [gɪr'landə] <-, -n> *f* guirlande *f*
Girlie ['gœrli] <-s, -s> *nt* girlie *f*
Giro ['ʒi:ro] <-s, -s *o* A Giri> *nt* virement *m*
Girokonto *nt* compte *m* courant **Giroverkehr** *m* FIN opérations *fpl* de virement
girren ['gɪrən] *itr V* roucouler; **das Girren** le roucoulement
Gis [gɪs] <-, -> *nt* sol *m* dièse
Gischt [gɪʃt] <-[e]s, -e> *m*, <-, -en> *f* écume *f*
Gitarre [gi'tarə] <-, -n> *f* guitare *f*; **~ spielen** jouer de la guitare; **etw auf der ~ spielen** jouer qc à la guitare

Gitarrenspieler(in) *m(f)* joueur(-euse) *m(f)* de guitare
Gitarrist(in) <-en, -en> *m(f)* guitariste *mf*
Gitsch[e] ['gɪtʃe] <-, -n> *f* A *(Mädchen)* fille *f*
Gitter ['gɪtɐ] <-s, -> *nt* ① *(Metallgitter)* grille *f*
② *(Holzgitter)* treillage *m*; *eines Betts, Laufstalls* barreaux *mpl*
③ *(Kamingitter)* pare-feu *m*
④ GEOG, MATH quadrillage *m*
⑤ PHYS, CHEM structure *f*
▶ **hinter ~/~n** *fam* derrière les barreaux *(fam)*
Gitterfenster *nt* fenêtre *f* à barreaux **gitterförmig** *Adj* en forme de grille **Gitterrost** *m* ① *(am Ofen)* grille *f* ② *(Abdeckung)* grillage *m* **Gitterstab** *m* barreau *m* **Gittertor** *nt* grille *f* **Gitterwerk** *nt* grillage *m* **Gitterzaun** *m* clôture *f* à claire-voie
Glace [gla:s] <-, -n> *f* CH *(Speiseeis)* glace *f*
Glaceehandschuh^{RR}, **Glacéhandschuh** [glaseːˈhantʃuː] *m* gant *m* en chevreau glacé
▶ **jdn/etw mit ~en anfassen** *fam* prendre [*o* mettre] des gants avec qn/pour qc *(fam)*
glacieren* [glaˈsiːrən] *tr V* napper *Fleisch, Fisch*
Glacis [glaˈsiː, *Pl:* glaˈsiːs] <-, -> *nt* glacis *m*
Gladiator [gladiˈaːtoːɐ] <-s, -toren> *m* gladiateur *m*
Gladiole [gladiˈoːlə] <-, -n> *f* glaïeul *m*
Glamour ['glɛmɐ, 'glæmɐ] <-s> *m o nt* glamour *m*; **einer Sache** *(Dat)* **~ verleihen** glamouriser qc
Glamourgirl ['glɛmɐgœːɐl, 'glæmɐgœːɐl] *nt* pin up *f*
Glanz [glants] <-es> *m* ① *von Haaren, Augen, Perlen* brillant *m*; *einer Oberfläche, von Sternen, Schuhen* éclat *m*; *eines Stoffs* lustre *m*
② *(Pracht)* magnificence *f*
▶ **mit ~ und Gloria** *fam (hervorragend)* avec éclat; *iron (total)* royalement *(iron fam)*
Glanzabzug *m* tirage *m* sur papier glacé
glänzen ['glɛntsən] *itr V* ① briller; *Möbel, Schuhe:* reluire; *Sterne:* scintiller; *Wasseroberfläche:* miroiter
② *(sich hervortun)* **durch Erfahrung/Wissen ~** briller par son expérience/savoir
glänzend I. *Adj* ① brillant(e); *Möbel, Schuhe, Stiefel* reluisant(e); *Wasseroberfläche* miroitant(e)
② *(hervorragend) Vorschlag, Aussehen* superbe; *Einfall, Idee* brillant(e)
II. *Adv* bestehen, spielen superbement
Glanzleder *nt* cuir *m* verni **Glanzleistung** *f* ① brillante performance *f* ② *iron (schlechte Leistung)* exploit *m (iron)* **Glanzlicht** *nt* ▶ **einer S.** *(Dat)* **~er aufsetzen** rehausser l'éclat de qc **glanzlos** *Adj Haare* terne; *Augen* éteint(e); *Stoff, Oberfläche* mat(e) **Glanznummer** *f* clou *m* **Glanzpapier** *nt* papier *m* glacé **glanzvoll** *Adj Auftritt, Darstellung, Vorführung* brillant(e); *Fest, Atmosphäre* somptueux(-euse) **Glanzzeit** *f* **seine/ihre ~** l'époque *f* de sa splendeur
Glarus ['ɡlaːrʊs] <-> *nt* Glaris
Glas [ɡlaːs] <-es, Gläser> *nt* ① *(Trinkgefäß)* verre *m*; **Gläser für Wasser/Wein** verres à eau/vin
② *(Maßangabe)* **ein ~/zwei ~ Milch** un verre/deux verres de lait
③ *(Material)* verre *m*; **aus ~** en verre; **unter [*o* hinter] ~** sous verre; **Vorsicht ~!** attention, fragile!
④ *(Konservenglas) (für Karotten, Erbsen)* bocal *m*; *(für Honig, Marmelade)* pot *m*
⑤ *(Brillenglas)* verres *m*
⑥ *(Fernglas, Opernglas)* jumelles *fpl*
▶ **er/sie hat ein ~ über den Durst getrunken** il/elle a bu un coup de trop; **er/sie hat zu tief ins ~ geschaut** *fam* il/elle a un verre dans le nez *(fam)*
Glasauge *nt* œil *m* de verre **Glasbaustein** *m* brique *f* de verre **Glasbläser(in)** *m(f)* souffleur(-euse) *m(f)* de verre **Glasbläserei** <-, -en> *f* atelier *m* de verrerie **Glasbruch** *m kein Pl* bris *m* de glaces
Gläschen ['glɛːsçən] <-s, -> *nt Dim von* **Glas** ① petit verre *m*
② *(Mengenangabe)* **darauf sollten wir ein ~ trinken** on boirait bien un petit verre pour fêter cela
Glascontainer [-kɔnteːnɐ] *m* container *m* à verre **Glasdach** *nt* toit *m* vitré
Glaser(in) <-s, -> *m(f)* vitrier(-ière) *m(f)*
Glaserei <-, -en> *f* vitrerie *f*
gläsern ['glɛːzɐn] *Adj* ① *(aus Glas)* de [*o* en] verre
② *(starr) Blick* vitreux(-euse)
▶ **der ~e Mensch** l'homme transparent
Glasfabrik *f* verrerie *f* **Glasfaser** *f meist Pl* fibre *f* de verre **Glasfaserkabel** *nt* TELEC câble *m* à fibres optiques **Glasfaserleitung** *f* TELEC câble *m* à fibres optiques
Glasfenster *nt* fenêtre *f* vitrée **Glasfiberstab** *m* perche *f* en fibre de verre **Glasfigur** *f* statuette *f* en verre **Glasglocke** *f* cloche *f* en verre **Glashaus** *nt* serre *f* ▶ **wer [selbst] im ~ sitzt, soll nicht mit Steinen werfen** *Spr.* avant d'en remontrer aux autres, il faut balayer devant sa porte **Glashütte** *f* verrerie *f*

glauben	
Glauben ausdrücken	**exprimer la croyance**
Ich glaube, dass sie die Prüfung bestehen wird.	Je crois qu'elle réussira l'examen.
Ich glaube an den Sieg unserer Mannschaft.	Je crois que notre équipe gagnera.
Ich halte diese Geschichte für wahr.	Je pense que cette histoire est vraie.
Vermutungen ausdrücken	**exprimer des hypothèses**
Ich vermute, sie wird nicht kommen.	Je suppose qu'elle ne viendra pas.
Ich nehme an, dass er mit seiner neuen Arbeit zufrieden ist.	Je présume/suppose qu'il est satisfait de son nouveau travail.
Ich halte einen Börsenkrach in der nächsten Zeit für (durchaus) denkbar/möglich.	Je considère qu'un krach boursier est (tout à fait) possible dans un avenir proche.
Ich habe da so eine Ahnung.	J'ai comme un pressentiment.
Es kommt mir so vor, als würde er uns irgendetwas verheimlichen.	J'ai l'impression qu'il nous cache quelque chose.
Ich habe da so den Verdacht, dass sie bei der Abrechnung einen Fehler gemacht hat.	Je la soupçonne d'avoir fait une erreur dans les comptes.
Ich habe das Gefühl, dass sie das nicht mehr lange mitmacht.	J'ai le sentiment qu'elle ne va plus tenir le coup longtemps.

glasieren* *tr V* ❶ émailler *Ziegel, Kacheln*
❷ *(überziehen)* napper *Kuchen*
glasig ['gla:zɪç] *Adj* ❶ *Augen, Blick* vitreux(-euse)
❷ *(durchsichtig)* **die Zwiebeln ~ dünsten** faire blondir les oignons
Glasindustrie *f* industrie *f* du verre **glasklar I.** *Adj* limpide
II. *Adv fam* **beweisen** [très] clairement **Glaskolben** *m* dame-jeanne *f*; *(zum Erhitzen)* cornue *f*; **Glaskörper** *m* ANAT corps *m* vitré **Glaskugel** *f* boule *f* en verre, boule *f* de cristal **Glasmalerei** *f* peinture *f* sur verre
Glasnost ['glasnɔst] <-> *f* glasnost *f*
Glasnudeln *Pl* vermicelle *m* chinois **Glasperle** *f* perle *f* en verre **Glasplatte** *f* plateau *m* de verre **Glasschale** *f* coupe *f* en verre **Glasscheibe** *f* verre *m*; *(Fensterscheibe)* vitre *f* **Glasscherbe** *f* morceau *m* de verre **Glasschleifer(in)** *m(f)* graveur(-euse) *m(f)* sur verre; OPT tailleur(-euse) *m(f)* de verres d'optique **Glasschneider** *m* diamant *m* [de vitrier] **Glasschrank** *m* vitrine *f* **Glasschüssel** *f* plat *m* en verre **Glassplitter** *m* éclat *m* de verre **Glasteller** *m* assiette *f* en verre **Glastür[e]** *f* porte *f* vitrée
Glasur [gla'zuːɐ] <-, -en> *f* ❶ TECH glaçure *f*
❷ GASTR glaçage *m*
Glasversicherung *f* assurance *f* contre le bris de glaces **Glaswaren** *Pl* verrerie *f* **Glaswolle** *f* laine *f* de verre
glatt [glat] <-er *o* glätter, -este *o* glätteste> **I.** *Adj* ❶ *(eben) Fläche, Wasserfläche* plan(e)
❷ *(nicht rau) Haut, Stoff, Oberfläche* lisse
❸ *(nicht lockig) Haare* raide; *Fell* lisse
❹ *(rutschig) Straße, Fußboden* glissant(e)
❺ *(problemlos) Landung* en douceur; *Ablauf, Verlauf* sans accroc
❻ *attr fam (eindeutig) Verstoß, Bruch* type *(fam)*; *Betrug, Lüge, Unsinn* pur(e) *antéposé*; **ein ~er Betrag** un compte tout rond *(fam)*; **sie hat eine ~e Eins bekommen** elle a eu un vingt sur vingt tout rond *(fam)*
❼ *pej (aalglatt) Person* glissant(e) comme une anguille *(péj)*
II. *Adv* ❶ *(problemlos)* sans accroc; **~ verlaufen** *Landung:* avoir lieu en douceur
❷ *fam (rundweg)* abstreiten, leugnen, vergessen carrément *(fam)*
glattlbügeln *s.* bügeln
Glätte ['glɛta] <-> *f* ❶ *(Glattheit) der Haut* douceur *f*; *der Haare* raideur *f*; *eines Fells* caractère *m* lisse
❷ *(Straßenglätte)* **aufgrund der ~ der Straße** en raison de la chaussée glissante
❸ *(Glatteis)* verglas *m*
Glatteis *nt* verglas *m*; **Vorsicht ~!** risque de verglas!
▶ **jdn aufs ~ führen** induire qn en erreur
Glätteisen *nt* ❶ CH *(Bügeleisen)* fer *m* à repasser
❷ *(für die Haare)* fer *m* à cheveux
Glatteisgefahr *f* danger *m* de verglas
glätten ['glɛtən] **I.** *tr V* ❶ *(glatt streichen)* lisser *Haar*; défroisser *Zettel, Banknote*
❷ *(besänftigen)* apaiser *Wogen, Stimmung*
II. *r V* **sich** ~ *Wogen:* s'apaiser

glattlgehen *itr V unreg + sein fam* marcher comme sur des roulettes *(fam)*
glattlhobeln *s.* hobeln I.❶
glattlkämmen *s.* kämmen
glattlpolieren *s.* polieren
glattrasiert *s.* rasieren I.
glattlrühren *s.* rühren I.❶
glattlschleifen *s.* schleifen² ❷
glattlstreichen *s.* streichen I.❸
glattlwalzen *s.* walzen ❶
glattweg ['glatvɛk] *Adv fam* carrément *(fam)*
glattlziehen *s.* ziehen I.⓯
Glatze ['glatsə] <-, -n> *f* calvitie *f*; **eine ~ bekommen/haben** devenir chauve/avoir une calvitie; **sich** *(Dat)* **eine ~ schneiden lassen** se faire tondre; **mit ~** [avec] le crâne chauve; *(mit rasiertem Kopf)* [avec] le crâne rasé
Glatzkopf *m fam* ❶ *(Kopf)* boule *f* de billard *(fam)*
❷ *(Mensch)* crâne *m* d'œuf *(fam)*; *(mit rasiertem Kopf)* homme *m* à la boule à zéro *(fam)*
glatzköpfig ['glatskœpfɪç] *Adj* chauve; *(kahl geschoren)* à la tête rasée
Glaube ['glaubə] <-ns> *m* ❶ REL croyance *f*; **der christliche ~** la foi chrétienne; **der ~ an jdn/etw** la croyance en qn/qc; **vom ~n abfallen** perdre la foi; **evangelischen/jüdischen ~ns sein** être de confession protestante/juive
❷ *(Überzeugung)* foi *f*; **sein/ihr ~ an die Zukunft** sa foi en l'avenir; **den festen ~n haben, dass** croire fermement que + *indic*; **in dem ~n sein, dass** être persuadé(e) que + *indic*; **jdn/sich in dem ~n wiegen, dass** bercer qn/se bercer de l'illusion que + *indic*; **jdn in dem ~ [be]lassen, dass** laisser croire à qn que + *indic*; **den ~n an jdn/etw verlieren** perdre la foi en qn/qc; **jdm/einer S. ~n/keinen ~n schenken** accorder un crédit/ n'accorder aucun crédit à qn/qc
❸ JUR *(Absicht)* **guter/böser ~** bonne/mauvaise foi; **in gutem ~n** de bonne foi; **in gutem ~n handeln** agir de bonne foi
glauben ['glaubən] **I.** *tr V* ❶ croire; **[jdm] etw ~** croire qc [de qn]; **~, dass** croire [*o* penser] que + *indic*; **er glaubt ihr jedes Wort** il croit tout ce qu'elle dit; **das glaube ich dir nicht** je ne te crois pas; **ich glaube ja/nein** je crois [bien] que oui/non; **es ist nicht** [*o* **kaum**] **zu ~** c'est à peine croyable; **kaum zu ~**[, **dass**] à peine croyable [que + *subj*]; **jdn etw ~ machen wollen** vouloir faire croire qc à qn; **glaube es mir!** tu peux me croire!; **ob du es glaubst oder nicht, …** que tu me croies ou non …; **das glaubst du doch selbst nicht!** *fam* tu n'y crois pas toi-même! *(fam)*
❷ *(vermuten)* **jdn in New York/auf den Bahamas ~** croire qn à New York/aux Bahamas
II. *itr V* ❶ **jdm ~** croire qn
❷ *(vertrauen)* **an jdn/etw ~** croire en qn/à qc
❸ REL **an jdn/etw ~** croire en qn/à qc
▶ **dran ~ müssen** *fam (sterben)* devoir y passer *(fam)*; *(ranmüssen)* être obligé(e) de s'y mettre *(fam)*; **diese Flasche [Wein] muss jetzt dran ~** il va falloir que la bouteille [du vin] y passe *(fam)*
III. *r V* **sich im Recht/im Paradies ~** se croire dans son droit/le

paradis; **sich unbeobachtet/überlegen ~** se croire non observé(e)/supérieur(e)
Glauben s. Glaube
Glaubensbekenntnis nt ❶ (Konfession) confession f ❷ kein Pl (Gebet) credo m **Glaubensfrage** f question f de foi; **in ~ n** pour les questions d'ordre religieux **Glaubensfreiheit** f liberté f de religion **Glaubensgemeinschaft** f communauté f religieuse **Glaubensgenosse** m, **-genossin** f REL coreligionnaire mf
glaubhaft I. Adj digne de foi
II. Adv de façon convaincante
Glaubhaftigkeit <-> f crédibilité f
gläubig ['glɔɪbɪç] Adj REL croyant(e)
Gläubige(r) f(m) dekl wie Adj croyant(e) m(f); **der Dom ist voll von ~ n** la cathédrale est pleine de fidèles
Gläubiger(in) <-s, -> m(f) créancier(-ière) m(f)
glaublich Adj kaum ~ **sein** [o **klingen**|[o **scheinen**] être [o sembler] à peine croyable
glaubwürdig I. Adj Person crédible
II. Adv aussagen de façon crédible; **~ auftreten** avoir une conduite crédible
Glaubwürdigkeit f kein Pl crédibilité f
Glaukom [glaʊˈkoːm] <-s, -e> nt MED glaucome m
gleich [glaɪç] **I.** Adj ❶ (ähnlich, identisch) même antéposé; **der ~ e Kuli/Schlüssel** le même stylo à bille/la même clé; **der ~ e Pulli wie der im Schaufenster** le même pull que celui [qui est] dans la vitrine; **er hat das Gleiche gesagt** il a dit la même chose; **ihr Männer seid doch alle ~ !** vous, les hommes, vous êtes bien tous pareils [o les mêmes]!; **jdm an Mut/Schönheit ~ sein** égaler [o valoir] qn en courage/beauté; **die ~ en Rechte** les mêmes droits
❷ MATH **zwei mal zwei** [ist] **~ vier** deux fois deux [égalent] quatre
❸ (gleichgültig) **das ist ihm/ihr** [völlig] **~** cela lui est [complètement] égal; **ganz ~ , wer kommt** qui que ce soit qui vienne; **ganz ~ , wer das getan hat** peu importe qui a fait cela; **ganz ~ , was das bedeutet** peu importe ce que cela signifie; **ganz ~ , was geschieht** quoi qu'il arrive; **ganz ~ , wer er sagt** quoi qu'il dise; **es ist mir ~ , was er tut** peu m'importe ce qu'il fait; **ganz ~ , ob/wie ...** qu'importe si/comment ...; **es ist ihr ~ , ob/wie/wo ...** [savoir] si/comment/où ... la laisse indifférente
▸ **Gleich und Gleich gesellt sich gern** Spr. qui se ressemble s'assemble; **das kommt** [o **läuft**] **aufs Gleiche hinaus** cela revient au même; **Gleiches mit Gleichem vergelten** rendre la pareille
II. Adv ❶ behandeln, gekleidet de la même façon [o manière]; **~ groß/schwer/teuer/wertvoll sein** être de même taille/poids/prix/valeur; **~ alt/stark sein** être du même âge/de force égale
❷ (unmittelbar) **~ neben/hinter der Kirche** juste à côté/derrière l'église
❸ (in Kürze) tout de suite; **es ist ~ sechs Uhr** il est bientôt six heures; **du kriegst ~ eine Ohrfeige** tu vas recevoir une gifle; **jetzt ~** dès maintenant; **~ heute/morgen** dès aujourd'hui/demain; **~ nachdem sie gegangen war** juste après qu'elle soit partie; **~ danach** aussitôt après; **bis ~ !** à tout de suite!
❹ (ohnehin) **dann kann ich es ja ~ lassen!** je peux aussi bien baisser les bras tout de suite!; **habe ich es nicht ~ gesagt!** c'est bien ce que j'avais dit!
❺ (eben) **wie heißt sie** [doch] **~ ?** comment s'appelle-t-elle déjà?
III. Präp + Dat geh semblable à un enfant; **~ einer Statue stand er starr** il se tenait figé telle une statue
gleichaltrig ['glaɪçaltrɪç] Adj du même âge
gleichartig Adj de même nature
Gleichartigkeit <-> f similarité f
gleichauf Adv **mit jdm ~ sein** [o **liegen**] être à égalité avec qn; **~ sein** [o **liegen**] Läufer: être au coude à coude; Rennwagen, Rennpferde: être sur la même ligne; (wertungsgleich sein) être à égalité
gleichbedeutend Adj **mit etw ~ sein** équivaloir à qc
Gleichbehandlung f égalité f de traitement; **die Frauen bestehen auf ~** les femmes tiennent à être traitées d'égal à égal
Gleichbehandlungsgebot nt JUR principe m de l'égalité de traitement
gleichberechtigt Adj égal(e) en droits
Gleichberechtigung f égalité f des droits
gleich|bleibenALT s. bleiben I.❷, I.▸
gleichbleibend s. bleibend ❶
gleichen ['glaɪçən] <glich, geglichen> itr V ressembler à; **jdm/einer S. ~** ressembler à qn/qc; **sich** (Dat) **~** se ressembler
gleichentags Adv CH le même jour
gleichermaßen Adv, **gleicherweise** Adv de la même façon [o manière]
gleichfalls Adv également; **danke ~ !** merci pareillement!
gleichfarbig Adj Tier de [la] même couleur
gleichförmig I. Adj Verlauf, Bewegungen uniforme; Aufbau, Struktur homogène
II. Adv verlaufen uniformément; strukturiert, aufgebaut de façon homogène

Gleichförmigkeit <-> f uniformité f
gleichgelagert s. gelagert
gleichgeschlechtig Adj de même sexe
gleichgeschlechtlich Adj ❶ (homosexuell) homosexuel(le)
❷ s. gleichgeschlechtig
gleichgesinnt s. gesinnt
Gleichgesinnte(r) f(m) dekl wie Adj **Ehepaar sucht ~** couple marié cherche des gens avec les mêmes goûts
gleichgestellt Adj POL, JUR **rechtlich ~ sein** avoir les mêmes droits
Gleichgewicht nt kein Pl a. fig équilibre m; **das ~ der Kräfte** l'équilibre des forces; **seelisches ~** équilibre psychique; **jdn aus dem ~ bringen** déséquilibrer qn; **das ~ verlieren, aus dem ~ kommen** [o **geraten**] perdre l'équilibre; **wieder im ~ sein** avoir retrouvé son équilibre
gleichgewichtig Adj ❶ (ausgeglichen) équilibré(e)
❷ (gleich wichtig) d'égale importance
Gleichgewichtsorgan nt organe m de l'équilibre **Gleichgewichtssinn** m sens m de l'équilibre **Gleichgewichtsstörung** f trouble m de l'équilibre
gleichgültig I. Adj ❶ Person indifférent(e); Gesicht impassible
❷ (belanglos) sans intérêt
❸ (egal) **jdm ~ sein** être indifférent(e) à qn
II. Adv avec détachement; blicken d'un air détaché [o indifférent]; **seine Stimme klingt ~** son ton est détaché
Gleichgültigkeit f indifférence f; **seine/ihre ~ gegenüber jdm/einer S.** son indifférence à l'égard de qn/à [o pour] qc
Gleichheit <-, -en> f ❶ (Übereinstimmung) similitude f; **von Werten** égalité f
❷ (gleiche Stellung) **die ~ von Mann und Frau** l'égalité f de l'homme et de la femme
Gleichheitszeichen nt signe m d'égalité
gleich|kommen itr V unreg + sein ❶ **jdm/einer S. an Wichtigkeit ~** égaler qn/qc en importance
❷ (gleichbedeutend sein) **einer S.** (Dat) **~** revenir [o équivaloir] à qc
Gleichlauf m kein Pl TV synchronisme m
gleichlautend s. lauten ❶
gleich|machen tr V niveler
Gleichmacher(in) m(f) pej niveleur(-euse) m(f) (péj)
Gleichmacherei <-, -en> f pej (Philosophie) égalitarisme m; (Behandlung) nivellement m; **die ~ der Regierung** le nivellement pratiqué par le gouvernement
Gleichmaß nt geh ❶ (Ebenmaß) harmonie f
❷ s. Gleichmäßigkeit
gleichmäßig I. Adj régulier(-ière)
II. Adv atmen, sich bewegen, schlagen régulièrement; auftragen, sich verteilen uniformément
Gleichmäßigkeit f (Regelmäßigkeit) régularité f
Gleichmut m impassibilité f
gleichmütig Adj impassible
gleichnamig ['glaɪçnaːmɪç] Adj Person du même nom; Literaturwerk, Buch, Film de même titre [o nom]
Gleichnis <-ses, -se> nt parabole f
gleichrangig ['glaɪçraŋɪç] Adj de même niveau
Gleichrichter <-s, -> m ELEC redresseur m
gleichsam Adv pour ainsi dire; **~ als ob ...** tout comme si ...
gleich|schalten tr V pej mettre au pas; **die Presse/die Parteien ~** mettre la presse/les partis au pas; **gleichgeschaltet** mis(e) au pas
Gleichschaltung f pej mise f au pas
Gleichschritt m kein Pl pas m cadencé; **im ~ marschieren** marcher au pas cadencé; **im ~ , marsch!** [au pas cadencé] en avant, marche!
gleich|sehen itr V unreg ❶ (ähnlich sehen) ressembler à; **jdm/einer S. ~** ressembler à qn/qc
❷ fam (typisch sein) **das sieht ihm/ihr gleich** c'est tout lui/elle (fam)
gleichseitig Adj Dreieck équilatéral(e)
gleich|setzen tr V ❶ (vergleichen) **Unsicherheit mit Unwissenheit ~** confondre manque d'assurance et ignorance
❷ (als gleichwertig ansehen) **die Jungen mit den Alten ~** mettre les jeunes et les vieux au même rang
Gleichsetzung <-, -en> f ❶ (Vergleich) comparaison f
❷ (gleichwertiger Dinge) traitement m à égalité
Gleichstand m kein Pl égalité f de score; **~ erzielen** [o **herstellen**] obtenir l'égalisation
gleich|stehen itr V unreg **jdm ~** être au même niveau que qn
gleich|stellen tr V **die Frauen den Männern ~** mettre les femmes et les hommes sur un pied d'égalité; **die Angestellten mit den Beamten ~** assimiler les employés aux fonctionnaires; **die Landbevölkerung mit der Stadtbevölkerung ~** mettre la population des campagnes et celle des villes au même niveau

Gleichstellung *f kein Pl* assimilation *f*; **die ~ der Arbeiter mit den Angestellten** l'assimilation *f* des ouvriers aux employés; **die ~ der Frauen mit den Männern** l'égalité *f* des femmes par rapport aux hommes
Gleichstrom *m* courant *m* continu
Gleichstromaggregat *nt* groupe *m* électrogène à courant continu **Gleichstrommotor** *m* moteur *m* à courant continu
gleich|tun *tr V unreg, unpers* égaler; **es jdm in etw** *(Dat)* ~ égaler qn en qc
Gleichung <-, -en> *f* équation *f*; **~ mit einer Unbekannten** équation *f* à une inconnue
gleichviel [glaɪçˈfiːl] *Adv geh* qu'importe; **~ ob er will oder nicht** qu'il le veuille ou non
gleichwertig *Adj Artikel, Ersatz* équivalent(e); *Gegner, Armee* de force égale
Gleichwertigkeit *f kein Pl eines Artikels, Ersatzes* qualité *f* équivalente; **an der ~ der beiden Armeen sind Zweifel angebracht** on peut douter que les deux armées soient de force égale
gleichwohl *Adv geh* néanmoins *(littér)*
gleichzeitig **I.** *Adj Vorgänge* simultané(e); *Ereignisse* contemporain(e)
II. *Adv* ❶ *(zur gleichen Zeit)* en même temps
❷ *(ebenso)* également
Gleichzeitigkeit <-> *f kein Pl* simultanéité *f*
gleich|ziehen *itr V unreg fam* **mit jdm in etw** *(Dat)* ~ se hausser au niveau de qn pour qc
Gleis [glaɪs] <-es, -e> *nt* voie *f*; **Vorsicht auf ~ zehn!** attention, voie dix!; **der Zug fährt auf ~ zwölf ein** le train entre en gare sur la voie douze; **aus dem ~ springen** sortir des rails; **totes ~** voie désaffectée
▶ **etw wieder ins [rechte] ~ bringen** remettre qc sur les rails; **aus dem ~ kommen** être déphasé(e)
Gleisabschnitt *m* EISENBAHN section *f* de voie [ferrée] **Gleisanlage** *f* voies *fpl* **Gleisanschluss**^RR *m* embranchement *m* **Gleisarbeiten** *Pl* travaux *mpl* sur la voie **Gleisbremse** *f* EISENBAHN frein *m* de voie
gleißen [ˈglaɪsən] *itr V geh* [re]luire
gleißend *Adj geh* éblouissant(e); **~ es Licht** lumière brillante
Gleitboot *nt* hydroglisseur *m* **Gleitcreme** *s.* Gleitmittel
gleiten [ˈglaɪtən] <glitt, geglitten> *itr V* ❶ *+ sein (schweben)* planer; **durch die Lüfte/über die Felder ~** *Vogel, Flugzeug, Drachenflieger:* planer à travers les airs/au-dessus des champs
❷ *+ sein fig* **über das Parkett/Wasser ~** *Tänzer, Boot:* glisser sur le parquet/l'eau
❸ *+ sein (huschen)* **über etw** *(Akk)* ~ *Auge, Blick, Lächeln:* glisser sur qc; *Finger, Hand:* caresser qc; **den Blick über jdn/etw ~ lassen** laisser errer son regard sur qn/qc; **seine Hand über etw ~ lassen** passer sa main sur qc
❹ *+ sein (rutschen)* **ins Wasser/zu Boden ~** glisser dans l'eau/par terre; **die Seife ist ihm aus der Hand geglitten** le savon lui a glissé des mains
❺ *+ haben fam (gleitende Arbeitszeit nutzen)* travailler à la carte *(fam)*
Gleitfläche *f* TECH surface *f* de glissement **Gleitflug** *m* vol *m* plané; **im ~** en vol plané **Gleitflugzeug** *nt* planeur *m* **Gleitklausel** *f* clause *f* d'indexation [*o* de réajustement] **Gleitkufe** *f* patin *m* d'atterrissage **Gleitmittel** *nt* lubrifiant *m* **Gleitschiene** *f* glissière *f* **Gleitschirm** *m* parapente *m*
Gleitschirmfliegen *nt* parapente *m* **Gleitschirmflieger(in)** *m(f)* parapentiste *mf*
Gleitschutz *m* AUT antidérapant *m* **Gleitzeit** *f* ❶ *fam (gleitende Arbeitszeit)* horaire *m* à la carte *(fam)* ❷ *(opp: Kernzeit)* heures *fpl* mobiles
Glencheck [ˈglɛntʃɛk] <-[s], -s> *m* prince *m* de galles
Gletscher [ˈglɛtʃɐ] <-s, -> *m* glacier *m*
Gletscherbrand *m* derm[at]ite *f* des neiges **Gletscherspalte** *f* crevasse *f*
Glibber [ˈglɪbɐ] <-s> *m* NDEUTSCH *fam* glu *f*
glibberig [ˈglɪbərɪç] *Adj* NDEUTSCH *fam* gluant(e)
glich [glɪç] *Imp von* **gleichen**
Glied [gliːt] <-[e]s, -er> *nt* ❶ *(Körperteil)* membre *m*; **seine ~ er recken** s'étirer; **etw in allen ~ ern spüren** sentir qc dans tous ses membres; **an allen ~ ern zittern** trembler de tous ses membres
❷ *(Teilstück) eines Fingers, einer Zehe* phalange *f*; *einer Kette* maillon *m*
❸ *fig einer Gesellschaft* membre *m*
❹ *(Penis)* membre *m* [viril]
❺ MIL **im vierten ~** au quatrième rang *m*
▶ **das fehlende ~** le chaînon manquant
Gliederfüßer *m* ZOOL arthropode *m*
gliedern [ˈgliːdɐn] **I.** *tr V* diviser; **etw in verschiedene Abschnitte ~** diviser qc en plusieurs parties; **in kleine Abteilungen** *(Akk)* **gegliedert sein** *Unternehmen:* être structuré(e) en petits départements
II. *r V* **sich in etw** *(Akk)* **~** se diviser en qc
Gliederpuppe *f* poupée *f* articulée **Gliederschmerzen** *Pl* douleurs *fpl* dans les membres
Gliederung <-, -en> *f* ❶ *kein Pl (das Gliedern) eines Artikels, Entwurfs* division *f*; **die ~ eines Unternehmens in verschiedene Abteilungen** l'organisation d'une entreprise en différents départements
❷ *(Aufbau) einer Firma, Organisation* structure *f*; *eines Aufsatzes* plan *m*
Gliedmaßen [ˈgliːtmaːsən] *Pl* membres *mpl* **Gliedstaat** *m* état *m* membre
glimmen [ˈglɪmən] <glomm *o selten* glimmte, geglommen *o selten* geglimmt> *itr V* ❶ *Licht, Asche:* rougeoyer; *Glühwürmchen:* luire
❷ *fig* **noch glimmt ein Funken Hoffnung in ihr** il y a encore une lueur d'espoir en elle
Glimmer [ˈglɪmɐ] <-s, -> *m* ❶ MIN mica *m*
❷ *geh (Schimmer)* lueur *f*
glimmern [ˈglɪmɐn] *itr V* miroiter
Glimmlampe *f* ELEC lampe *f* luminescente
Glimmstängel^RR *m hum fam* tige *f (fam)*
glimpflich [ˈglɪmpflɪç] **I.** *Adj Ausgang, Verlauf* bénin(-igne); *Strafe* léger(-ère); *Urteil* clément(e)
II. *Adv* ❶ *(ohne schlimme Folgen)* de façon bénigne; **du bist ~ davongekommen!** tu t'en es tiré(e) à bon compte!
❷ *(schonend)* avec ménagements; **mit jdm nicht sehr ~ umgehen** traiter qn sans grands ménagements
glitschen *itr V + sein fam* **ihm/ihr ist die Seife aus der Hand geglitscht** le savon lui a glissé [*o* échappé] de la main
glitschig [ˈglɪtʃɪç] *Adj fam* glissant(e); *Hände, Füße* glissant(e)
glitt [glɪt] *Imp von* **gleiten**
glitzern [ˈglɪtsɐn] *itr V* scintiller; **das Glitzern** le scintillement
global [gloˈbaːl] **I.** *Adj* ❶ *(weltweit)* général(e)
❷ *(ungefähr)* global(e)
II. *Adv* ❶ *(weltweit)* universellement
❷ *(ungefähr)* globalement
Globalisierung <-> *f* mondialisation *f*
Globalisierungsgegner(in) *m(f)* altermondialiste *mf*
Globen *Pl von* **Globus**
Globetrotter(in) [ˈgloːbətrɔtɐ] <-s, -> *m(f)* bourlingueur(-euse) *m(f) (fam)*
Globus [ˈgloːbʊs] <- *o* -ses, Globen *o* -se> *m* globe *m* [terrestre]
Glöckchen <-s, -> *nt Dim von* **Glocke** clochette *f*
Glocke [ˈglɔkə] <-, -n> *f* ❶ *(Kirchenglocke)* cloche *f*
❷ *(Läutewerk)* sonnerie *f*; *(Ladenglocke)* sonnette *f*
❸ *(Käseglocke)* cloche *f* [à fromage]
▶ **etw an die große ~ hängen** *fam* crier qc sur les toits
Glockenbalken *m* hune *f* **Glockenblume** *f* ❶ campanule *f* [des murailles] ❷ *(Blume mit glockenförmiger Blüte)* fleur *f* à clochettes **glockenförmig** *Adj Blüte* en forme de clochette; *Hut, Deckel* en forme de cloche **Glockengeläut[e]** *nt* carillon *m* **Glockengießer(in)** *m(f)* fondeur(-euse) *m(f)* de cloches **Glockenklang** *m* son *m* de cloches **Glockenläuten** *s.* **Glockengeläut[e]** **Glockenrock** *m* jupe *f* cloche **Glockenschlag** *m* ▶ **auf den** [*o* **mit dem**] **~** à l'heure sonnante **Glockenspiel** *nt* ❶ *einer Kirche* carillon *m* ❷ *(Instrument)* glockenspiel *m* **Glockenstuhl** *m* chaise *f* de clocher **Glockenturm** *m* clocher *m*
glockig *s.* **glockenförmig**
Glöckner(in) [ˈglœknɐ] <-s, -> *m(f)* sonneur(-euse) *m(f)* [de cloches]
glomm [glɔm] *Imp von* **glimmen**
Glorie [ˈgloːriə] <-> *f geh* gloire *f*
Glorienschein [ˈgloːriən-] *m* auréole *f*
glorifizieren* *tr V* célébrer; **jdn [als Helden] ~** célébrer qn [comme un héros]
Glorifizierung <-, -en> *f* glorification *f*
Gloriole [gloˈrioːlə] *s.* **Heiligenschein**
glorios [gloˈrioːs] *s.* **glorreich**
glorreich [ˈgloːɐraɪç] **I.** *Adj* ❶ glorieux(-euse)
❷ *iron (dumm)* **eine ~ e Idee!** une idée de génie! *(iron)*
II. *Adv* glorieusement
Glossar [glɔˈsaːɐ] <-s, -e> *nt* glossaire *m*
Glosse [ˈglɔsə] <-, -n> *f* ❶ *(Kommentar)* commentaire *m* [succinct]
❷ *Pl (spöttische Bemerkungen)* gloses *fpl*
glossieren* *tr V* ❶ commenter; **etw ~** commenter qc [succinctement]
❷ *(bespötteln)* gloser sur
Glotzaugen *Pl fam* yeux *mpl* en boules de loto *(fam)*; **~ [machen]** [faire des] yeux *mpl* en boules de loto
Glotze <-, -n> *f sl* téloche *f (arg)*
glotzen [ˈglɔtsən] *itr V pej fam* reluquer *(fam)*

Glück [glʏk] <-[e]s> nt ❶ *(opp: Pech)* chance f; **es ist wirklich ein ~, dass** c'est vraiment une chance que + *subj*; **~ bringen** porter bonheur; **jdm ~ bringen** porter chance à qn; **~/kein ~ haben** avoir de la/ne pas avoir de chance; **bei jdm ~/kein ~ haben** avoir du/ne pas avoir de succès auprès de qn; **jdm zum Geburtstag viel ~ wünschen** féliciter qn pour son anniversaire; **jdm viel ~ für etw wünschen** souhaiter à qn bonne chance pour qc; **viel ~ bei deiner Prüfung!** bonne chance pour tes examens!; [**da habe ich/da hast du aber**] **~ gehabt!** fam j'ai eu/tu as eu du pot! *(fam)*; **zum ~** par chance; [**welch**] **ein ~!** heureusement!; *(Dusel gehabt)* encore heureux!; **ein ~, dass nichts kaputtgegangen ist!** c'est une chance que rien ne se soit cassé!
❷ *(Freude, Zufriedenheit)* bonheur m; **eheliches ~** bonheur conjugal; **sie ist sein ganzes ~** elle fait tout son bonheur; **das hat mir gerade noch zu meinem ~ gefehlt!** *iron* il ne manquait plus que ça! *(iron)*
▶ **~ muss der Mensch haben!** fam il faut bien avoir du bol de temps en temps! *(fam)*; **jeder ist seines ~es Schmied** *Spr.* chacun est l'artisan de son propre bonheur; **~ im Unglück haben** avoir de la chance dans son malheur; **mehr ~ als Verstand haben** fam avoir plus de chance que de raison; **auf gut ~** au petit bonheur [la chance] *(fam)*; **das ~ ist ihm hold, ihm/ihr lacht das ~** la chance lui sourit; **sein ~ machen** faire fortune; **sein ~ probieren** [o **versuchen**] tenter sa chance; **von ~ reden** [o **sagen**] **können, dass** pouvoir dire qu'il a eu de la chance que + *subj*; **noch nichts von seinem ~ wissen** *iron (nicht wissen, was geschehen ist)* ne pas encore connaître son bonheur; *(nicht wissen, was bevorsteht)* ne pas savoir ce qui l'attend; **man kann niemanden zu seinem ~ zwingen** *Spr.* on ne peut pas faire le bonheur de quelqu'un malgré lui; **~ auf!** MIN salut!

Glucke ['glʊkə] <-, -n> f ❶ *(Henne mit Küken)* poule f; *(brütende Henne)* couveuse f
❷ fam *(besorgte Mutter)* mère f poule

glücken ['glʏkən] itr V + sein *Unternehmen, Plan:* réussir; **etw glückt jdm** qn réussit qc; **einigen Häftlingen glückte die Flucht** quelques détenus ont réussi à s'enfuir

gluckern ['glʊkɐn] itr V + haben *Magen, Heizung:* gargouiller; *Flüssigkeit:* glouglouter *(fam)*

glücklich I. *Adj* ❶ *(froh, zufrieden) Person, Familie, Zeit* heureux(-euse); *Gesicht, Lächeln* ravi(e); **mit jdm ~ sein** être heureux(-euse) avec qn; **jdn ~ machen** rendre qn heureux(-euse); **wunschlos ~ sein** être comblé(e); **über eine Entscheidung ~ sein** être satisfait(e) [o content(e)] d'une décision; **wir sind ~ über unser Baby** nous sommes heureux [o nous nous réjouissons] de la naissance de notre bébé; **sich ~ schätzen können** pouvoir s'estimer heureux(-euse)
❷ *(erfreulich, vom Glück begünstigt)* heureux(-euse) antéposé; **der ~e Gewinner** l'heureux gagnant
II. *Adv* ❶ *(froh, zufrieden) leben* heureux(-euse); **~ verheiratet sein** être heureux(-euse) en ménage
❷ *(erfreulich)* bien

glücklicherweise *Adv* par chance
glücklos *Adj* malheureux(-euse)
Glücksbringer <-s, -> m porte-bonheur m
glückselig *Adj Person* pleinement heureux(-euse); *Lächeln* radieux(-euse). **Glückseligkeit** f ❶ *(Ereignis)* bonheur m ❷ *(Zustand)* ravissement m

glucksen s. gluckern

Glücksfall m coup m de chance **Glücksgefühl** nt sentiment m de bonheur **Glücksgöttin** f MYTH **die ~** la Fortune **Glücksgriff** m coup m de maître **Glückskind** nt fam veinard(e) m(f) *(fam)* **Glücksklee** m trèfle m à quatre feuilles **Glückspfennig** m pfennig m porte-bonheur **Glückspilz** m fam veinard(e) m(f) *(fam)*; **du ~!** quel(le) veinard(e)! **Glücksrad** nt roue f de la fortune **Glücksritter** m aventurier m **Glückssache** f ▶ [**reine**] **~ sein** être une [pure] question de chance **Glücksschwein**[**chen**] nt [petit] cochon m porte-bonheur **Glücksspiel** nt jeu m de hasard **Glücksspieler(in)** m(f) joueur(-euse) m(f) [pour de l'argent] **Glückssträhne** f **eine ~ haben** avoir la baraka *(fam)* **Glückstag** m jour m de chance **glückstrahlend** *Adj* radieux(-euse) **Glückstreffer** m coup m gagnant; **die neue Mitarbeiterin ist ein ~** avec notre nouvelle collaboratrice, on a tiré le bon numéro *(fam)* **Glückszahl** f chiffre m porte-bonheur **Glückwunsch** m félicitation f; **herzlichen ~ zur bestandenen Prüfung!** toutes mes félicitations pour tes examens!; **herzlichen ~ zum Geburtstag/Namenstag!** bon anniversaire/bonne fête! **Glückwunschkarte** f carte f de félicitations **Glückwunschtelegramm** nt télégramme m de félicitations

Glucose [gluˈkoːzə] <-> f CHEM glucose m
Glühbirne f ampoule f
glühen ['glyːən] itr V ❶ *(glimmen)* être incandescent(e); *Docht, Zigarette, Span:* rougeoyer
❷ *(sehr heiß sein)* être brûlant(e)
❸ fig vor **Erregung/Verlangen** *(Dat)* **~** brûler d'excitation/de désir *(soutenu)*
glühend I. *Adj* ❶ *(rot leuchtend) Metall, Scheit* incandescent(e); *Kohle* ardent(e)
❷ *(sehr heiß) Stirn, Wangen* brûlant(e); **eine ~e Hitze** une fournaise
❸ *(leidenschaftlich)* enflammé(e)
II. *Adv heiß* terriblement
Glühfaden m filament m **Glühlampe** f ampoule f électrique **Glühwein** m vin m chaud

Land und Leute

Pendant les périodes d'hiver, on sert, et ce surtout sur les marchés de Noël et dans les refuges de montagne, du **Glühwein**, vin rouge chaud aromatisé à la cannelle et aux clous de girofle.

Glühwürmchen ['-vyrmçən] nt fam ver m luisant
Glukose [gluˈkoːzə] s. Glucose
Glut [gluːt] <-, -en> f ❶ *eines Feuers* braise f; *einer Zigarette* cendre f incandescente
❷ geh *(Leidenschaftlichkeit) einer Person, eines Kusses* ardeur f; **die ~ in ihren Augen** la flamme dans ses yeux
Glutamat [glutaˈmaːt] <-[e]s, -e> nt CHEM glutamate m; **~ ist ein neutrales Salz** le glutamate est un sel neutre
Glutamin [glutaˈmiːn] <-s, -e> nt CHEM glutamine f; **~ zählt zu den Aminosäuren** la glutamine fait partie des acides aminés
Glutaminsäure f acide m glutamique
glutäugig *Adj* geh aux yeux de braise
Gluthitze f fournaise f **glutrot** *Adj* rouge ardent
Glykol [glyˈkoːl] <-s, -e> nt CHEM glycol m
Glyzerin [glytseˈriːn] <-s> nt glycérine f; **~ ist ein Alkohol** la glycérine est un alcool
GmbH [geːʔɛmbeːˈhaː] <-, -s> f Abk von **Gesellschaft mit beschränkter Haftung** S.A.R.L. f; **~ & Co. KG** forme allemande de société combinant la S.A.R.L. avec une société en commandite, la S.A.R.L. constituant le commandité ou gérant dans la commandite
GmbH-Geschäftsführer(in) [geːʔɛmbeːˈhaː-] m(f) JUR gérant(e) m(f) de S.A.R.L. **GmbH-Gesetz** nt JUR loi allemande portant sur les sociétés à responsabilité limitée
g-Moll [ˈgeːmɔl] <-> nt MUS sol m mineur
Gnade [ˈgnaːdə] <-, selten -n> f ❶ *(Gunst)* faveurs fpl; **von jds ~ abhängig sein** dépendre du bon plaisir de qn
❷ *(Milde, Nachsicht)* grâce f; **um ~ bitten** demander grâce; **bei jdm um ~ für einen Freund bitten** solliciter la bienveillance de qn en faveur d'un ami; **jdm ~ gewähren** faire grâce à qn; **er fand ~ vor ihren Augen** il trouva grâce à ses yeux; **ohne ~** sans pitié; **~!** pitié!
▶ **~ vor Recht ergehen lassen** faire preuve d'indulgence [o de clémence]; **Euer ~n!** Votre Grâce!; **von Gottes ~n** par la grâce de Dieu
Gnadenakt m grâce f **Gnadenbrot** ▶ **jdm/einem Tier das ~ gewähren** s'occuper de qn/d'un animal par pur esprit de charité; **bei jdm das ~ bekommen** vivre de la charité de qn **Gnadenfrist** f délai m de grâce; **jdm eine ~ gewähren** accorder à qn un délai de grâce **Gnadengesuch** nt recours m en grâce; **ein ~ an jdn richten** déposer un recours en grâce auprès de qn
gnadenlos I. *Adj* impitoyable
II. *Adv* impitoyablement
Gnadenschussʳʳ m, **Gnadenstoß** m coup m de grâce; **einem Tier den ~ geben** achever un animal **Gnadentod** m geh euthanasie f **Gnadenweg** m voie f du recours en grâce; **auf dem ~ par mesure de grâce; die restliche Strafe wurde ihm auf dem ~ erlassen** il a été gracié du reste de sa peine
gnädig [ˈgnɛːdɪç] I. *Adj* ❶ *(herablassend) Gesicht, Lächeln, Miene* condescendant(e)
❷ *(milde) Person, Verhalten* clément(e); **Gott ist ~** Dieu est miséricordieux
❸ *veraltet (wert)* **die ~e Frau/das ~e Fräulein ist nicht da!** Madame/Mademoiselle est absente!; **der ~e Herr lässt bitten!** Monsieur vous prie d'entrer!; **meine Gnädigste** hum ma chère
II. *Adv* ❶ *(herablassend)* d'un air condescendant
❷ *(milde)* avec clémence
Gneis [gnaɪs] <-es, -e> m MINER gneiss m
Gnom [gnoːm] <-en, -en> m ❶ *(Sagenfigur)* gnome m
❷ pej fam *(kleiner Mensch)* nabot m *(péj)*
Gnostik [ˈgnɔstɪk] <-> f gnosticisme m
Gnostiker(in) <-s, -> m(f) gnostique mf
gnostisch *Adj* gnostique
Gnu [gnuː] <-s, -s> nt gnou m
Goal [goːl] <-s, -s> nt A, CH but m
Gobelin [gobəˈlɛ̃ː] <-s, -s> m gobelin m

Gockel ['gɔkəl] <-s, -> *m bes.* SDEUTSCH coq *m*
Göd [gøːd] <-en, -en> *m* A *(Pate)* parrain *m*
Godel [ɡøːdl] <-, -n> *f* A *(Patin)* marraine *f*
Goder ['goːdɐ] <-s, -> *m* A *fam (Doppelkinn)* double menton *m*
Godl ['goːdl] A *s.* **Godel**
Gokart[RR] <-[s], -s> *m* kart *m*
Gold [ɡɔlt] <-[e]s> *nt* ❶ *or m;* ~ **ist ein Edelmetall** l'or fait partie des métaux précieux; **eine Münze aus** ~ une pièce en or [*o* d'or]; **10000 Euro in** ~ 10000 euros or
 ❷ *fam (Goldmedaille)* médaille *f* d'or; ~ **holen** remporter la médaille d'or
 ▶ **er/sie hat** ~ **in der Kehle** *fam* sa voix est une mine d'or *(fam)*; **nicht für alles** ~ **der Welt** pas pour tout l'or du monde; **das schwarze** ~ l'or noir; **nicht mit** ~ **zu bezahlen** [*o* **aufzuwiegen**] **sein** valoir son pesant d'or; **es ist nicht alles** ~, **was glänzt** *Spr.* tout ce qui brille n'est pas d'or
Goldader *f* filon *m* d'or **Goldammer** ['ɡɔlt?amɐ] *f* bruant *m* **Goldbarren** *m* lingot *m* d'or **Goldbarsch** *m* rascasse *f* du Nord **Goldbestand** *m* encaisse *f* or **goldbestickt** *Adj* brodé(e) d'or **Goldbrasse** *f* ZOOL dorade *f* **Golddeckung** *f* couverture-or *f* **Golddoublé** ['ɡɔltduːbleː] *nt,* **Golddublee** [-dubleː] *nt* plaqué *m* or
golden ['ɡɔldən] I. *Adj attr* ❶ *Ring, Uhr* en or
 ❷ *poet (goldfarben)* d'or *(littér)*
 II. *Adv* glänzen, schimmern d'un éclat doré
Golden Goal ['ɡəʊldənˈɡoːl] <- -s, - -s> *nt* FBALL but *m* en or
Goldesel *m* ❶ *(Märchenwesen)* âne *m* aux pièces d'or ❷ *fig fam (Geldquelle)* poule *f* aux œufs d'or **Goldfaden** *m* fil *m* doré **goldfarben, goldfarbig** *Adj* doré(e), or *inv* **Goldfasan** *m* faisan *m* doré **Goldfisch** *m* poisson *m* rouge **Goldfolie** *f* papier *m* doré **Goldgehalt** *m* teneur *f* en or **goldgelb** *Adj* jaune d'or; *(leicht gebraten)* doré(e) **Goldgewinnung** *f* extraction *f* de l'or **Goldgier** *f* soif *f* d'or **goldgierig** *Adj* avide d'or **Goldgräber(in)** [-ɡrɛːbɐ] *m(f)* chercheur(-euse) *m(f)* d'or **Goldgrube** *f* ❶ *fam (lukratives Unternehmen)* mine *f* d'or
 ❷ *s.* **Goldmine Goldhähnchen** *nt* ZOOL roitelet *m*
goldhaltig *Adj,* **goldhältig** *Adj* A aurifère
Goldhamster *m* hamster *m* [doré]
goldig *Adj fam* ❶ *(allerliebst)* chou(te) *(fam)*
 ❷ DIAL *(nett)* ~ **sein** être chic *inv (fam)*
Goldjunge *m fam* ❶ *fam (Kind)* petit trésor *m (fam);* **er ist ein** ~, **der Kleine** c'est un amour, ce petit *(fam)* ❷ *(Goldmedaillengewinner)* médaillé *m* d'or **Goldklumpen** *m* pépite *f* d'or **Goldlack** *m* giroflée *f* jaune **Goldmädchen** *nt fam* ❶ *(Kind)* petit trésor *m (fam);* **die Kleine ist ein** ~ c'est un amour, cette petite *(fam)* ❷ *(Goldmedaillengewinnerin)* médaillée *f* d'or **Goldmark** *f* HIST mark *m* or **Goldmarkt** *m* marché *m* de l'or **Goldmedaille** [-medalia] *f* médaille *f* d'or **Goldmedaillengewinner(in)** [-medalian-] *m(f)* gagnant(e) *m(f)* de la médaille d'or **Goldmine** *f* mine *f* d'or **Goldmünze** *f* pièce *f* d'or **Goldpapier** *nt* papier *m* doré **Goldrahmen** *m* bijou *m* en or **Goldrand** *m* *eines Tellers* filet *m* doré **Goldrausch** *m* fièvre *f* de l'or; **ein** ~ une fièvre d'or **Goldregen** *m* BOT cytise *m* **Goldreif** *m* bracelet *m* en or **Goldreserve** [-və] *f* réserve *f* d'or; **goldrichtig** *fam* I. *Adj* ~ **sein** *Person:* être en or *(fam); Antwort, Entscheidung:* être impeccable *(fam)* II. *Adv* entscheiden, handeln comme un crack *(fam)* **Goldschatz** *m* ❶ *(Schatz)* trésor *m* ❷ *fam (Mensch)* [petit] trésor *m* **Goldschmied(in)** *m(f)* orfèvre *mf* **Goldschmiedearbeit** *f* [travail *m* d']orfèvrerie *f* **Goldschmiedekunst** *f* orfèvrerie *f* **Goldschmuck** *m* bijou *m* en or **Goldschnitt** *m* *eines Buchs* dorure *f* sur tranche; **mit** ~ doré(e) sur tranche **Goldstaub** *m* poussière *f* d'or **Goldstück** *nt* ❶ *veraltet (Goldmünze)* pièce *f* d'or ❷ *s.* **Goldschatz** ❷ **Goldsucher(in)** *m(f)* chercheur(-euse) *m(f)* d'or **Goldvorkommen** *nt* gisement *m* aurifère **Goldwaage** *f* trébuchet *m* **Goldwährung** *f* ÖKON étalon-or *m* **Goldwaren** *Pl* [pièces *fpl* d']orfèvrerie *f* **Goldwäscher(in)** *m(f)* orpailleur(-euse) *m(f)*
Golf[1] [ɡɔlf] <-[e]s, -e> *m* golfe *m;* **der** ~ **von Biskaya/Genua** le golfe de Gascogne/Gênes; **der Persische** ~ le golfe Persique
Golf[2] <-s> *nt* golf *m;* ~ **spielen** jouer au golf
Golfclub *m* club *m* de golf
Golfer(in) <-s, -> *m(f) fam* golfeur(-euse) *m(f)*
Golfkrieg *m* der ~ HIST la guerre du Golfe **Golfkrise** *f* HIST die ~ la crise du Golfe
Golfplatz *m* terrain *m* de golf **Golfrasen** *m* green *m* **Golfschläger** *m* club *m* **Golfspieler(in)** *m(f)* joueur(-euse) *m(f)* de golf
Golfstaat *m* pays *m* du Golfe **Golfstrom** *m* GEOG der ~ le Gulf Stream
Golgatha ['ɡɔlɡata] <-s> *nt,* **Golgota** ['ɡɔlɡota] <-s> *nt* Golgotha *m*
Goliath ['goːliat] <-s, -s> *m* ❶ BIBL Goliath *m*

 ❷ *fam (riesiger Mensch)* grand malabar *m (fam)*
Gondel ['ɡɔndəl] <-, -n> *f* ❶ *(Schiff)* gondole *f*
 ❷ *(Kabine) einer Seilbahn* [télé]cabine *f; eines Fesselballons* nacelle *f*
 ❸ *(Verkaufsregal)* présentoir *m*
Gondelbahn *f* CH télécabine *f,* télébenne *f*
gondeln *itr V* + *sein (fam)* **mit dem Auto durch die Stadt** ~ vadrouiller en voiture dans la ville *(fam)*
Gondoliere [ɡɔndoˈlieːrə, *Pl:* ɡɔndoˈlieːri] <-, Gondolieri> *m* gondolier *m*
Gong [ɡɔŋ] <-s, -s> *m* gong *m*
gongen ['ɡɔŋən] I. *itr V unpers* **es gongt** le gong retentit
 II. *itr V* frapper [sur] le gong
Gongschlag *m* coup *m* de gong
gönnen ['ɡœnən] *tr V* ❶ *(neidlos zugestehen)* **jdm etw** ~ se réjouir pour qn de qc; **ich gönne ihm sein Haus/seine Karriere nicht** sa maison/sa carrière me fait pâlir d'envie; **diesen Misserfolg gönne ich ihm wirklich** *iron* il a échoué, [c'est] bien fait [pour lui]; **du gönnst mir auch gar nichts!** tu ne m'accordes aucun plaisir!; **man gönnt sich ja sonst nichts!** c'est mon seul luxe!
 ❷ *(gewähren)* **jdm etw** ~ accorder qc à qn; **sich** *(Dat)* **etw** ~ s'offrir qc; **man gönnte ihm etwas Erholung** on lui accorda un peu de repos; **das sei dir gegönnt** tu l'as bien mérité
Gönner(in) <-s, -> *m(f)* bienfaiteur(-trice) *m(f); eines Künstlers* mécène *m*
gönnerhaft *pej* I. *Adj* condescendant(e); **sich** ~ **geben,** ~ **tun** faire le généreux/la généreuse
 II. *Adv* avec condescendance
Gönnermiene *f pej* air *m* de généreux donateur/généreuse donatrice; **mit** ~ d'un air de généreux donateur/généreuse donatrice
Gonokokkus [ɡonoˈkɔkʊs] <-, Gonokokken> *m* MED gonocoque *m*
Gonorrhö[e] [ɡɔnoˈrøː] <-, -en> *f* MED blennorragie *f*
Goodwill ['ɡʊdwɪl] <-s, -s> *m (Wohlwollen)* bon vouloir *m*
Goodwilltour ['ɡʊdwɪltuːɐ] *f* visite *f* de bons offices
googeln ['ɡuːɡəln] <goog[e]le, gegoogelt> I. *tr V* rechercher dans Google® *Begriff, Name*
 II. *itr V* chercher sur Google®, utiliser Google®
gor [ɡoːɐ] *Imp von* **gären**
Gör <-[e]s, -en> *nt,* **Göre** ['ɡøːrə] <-, -n> *f fam (Kind)* gosse *mf (fam); (Mädchen)* gamine *f (fam)*
Gorilla [ɡoˈrɪla] <-s, -s> *m* a. *fig fam (Leibwächter)* gorille *m*
goschert ['ɡoːʃɐt] *Adj* A *fam (vorlaut)* insolent(e)
Gospel [ˈɡɔspəl] <-s, -s> *nt o m,* **Gospelsong** *m* gospel *m*
goss[RR]**, goß**[ALT] *Imp von* **gießen**
Gosse ['ɡɔsə] <-, -n> *f* ❶ *(Rinne)* caniveau *m*
 ❷ *pej fam (Elend, Verwahrlosung)* **in der** ~ **enden** [*o* **landen**] finir dans le ruisseau *(fam);* **jdn aus der** ~ **holen** sortir [*o* tirer] qn du ruisseau *(fam)*
 ▶ **jdn** [*o* **jds Namen**] **durch die** ~ **ziehen** traîner qn [*o* le nom de qn] dans la boue *(fam)*
Gote ['ɡoːtə] <-n, -n> *m,* **Gotin** *f* Goth(e) *m(f)*
Gotik ['ɡoːtɪk] <-> *f* gothique *f*
gotisch *Adj* got[h]ique
Gott [ɡɔt, *Pl:* ˈɡœtə] <-es, Götter> *m,* **Göttin** *f* ❶ dieu *m*/déesse *f*
 ❷ *(Gott der Christen)* Dieu *m;* **an** ~ **glauben** croire en Dieu; **zu** ~ **beten** prier Dieu; **bei** ~ **schwören** jurer devant Dieu; **der liebe** ~ le bon Dieu; ~ **der Allmächtige** Dieu Tout-Puissant, ~ **der Herr** le Seigneur notre Dieu; ~ **[der] Vater, der Sohn und der Heilige Geist** Dieu le père[, le Fils et le Saint-Esprit]; **im Namen ~es** au nom de Dieu; ~ **sei mit dir!** *veraltet* que Dieu te protège! *(vieilli);* ~ **hab' ihn/sie selig!** que Dieu ait son âme!; ~ **sei Dank!** Dieu merci!; ~ **im Himmel!** *fam* nom de Dieu! *(fam);* **großer** [*o* **gütiger**] ~! grand [*o* juste] Dieu!; **ach du lieber** ~! *fam* oh mon Dieu! *(fam);* ~ **bewahre!** Dieu m'en garde!; **ach** ~! mon Dieu!; **bei** ~! *fam* vingt Dieux! *(fam);* **in** ~**es Namen!** *fam* au nom de Dieu!; **bete zu** ~, **dass es klappt!** prie le ciel pour que ça marche!; **gebe** ~, **dass es gutgeht!** fasse le ciel que ça se passe bien!; **gnade dir** ~, **wenn das schiefgeht!** *fam* tu peux faire ta prière, si ça tourne mal! *(fam);* **grüß** ~! SDEUTSCH, A bonjour!; **vergelt's** ~! Dieu te/vous le rendra!
 ▶ **leben wie** ~ **in Frankreich** *fam* vivre comme un coq en pâte; **den lieben** ~ **einen guten Mann sein lassen** *fam* ne pas/plus s'en faire *(fam);* **über** ~ **und die Welt reden** *fam* parler de tout et de rien *(fam);* ~ **weiß, was/wie viel/wann** *fam* Dieu sait ce que/combien/quand *(fam);* **weiß** ~ **nicht** *fam* certainement pas; **so** ~ **will** *fam* s'il plaît à Dieu *(soutenu);* **das wissen die Götter** *fam* Dieu seul le sait *(soutenu);* **leider** ~**es** *fam* hélas *(littér);* **um** ~ **es willen!** mon Dieu!; *(ich bitte Sie/dich)* pour l'amour de Dieu!
Gottesbarmen *nt* **zum** ~ **frieren/weinen** *fam* avoir horriblement froid/pleurer à fendre l'âme
Gottesbild *nt* idole *f* **Gottesbote** *m* messager *m* des dieux **Götterdämmerung** *f kein Pl* crépuscule *m* des dieux

Göttergatte *m hum fam* **dein/mein ~** ton/mon cher et tendre *(hum fam)*
gottergeben I. *Adj* résigné(e)
II. *Adv* avec résignation
Götterspeise *f* GASTR dessert *m* gélifié
Gottesacker *m* DIAL *geh* cimetière *m* **Gottesanbeterin** *f* ZOOL mante *f* religieuse **Gottesdienst** *m* office *m* [religieux]; **zum ~ gehen** aller à l'office [religieux]; *Katholik:* aller à la messe **Gottesfurcht** *f kein Pl* crainte *f* de Dieu
gottesfürchtig *Adj* pieux(-euse)
Gotteshaus *nt* maison *f* du Seigneur; *(katholisch)* église *f*; *(evangelisch)* temple *m* **Gotteskrieger(in)** *m(f)* *(im Islam)* guerrier(-ière) *m(f)* de Dieu **Gotteslästerer** *m*, **-lästerin** *f* blasphémateur(-trice) *m(f)*, sacrilège *mf* **gotteslästerlich** I. *Adj* blasphématoire II. *Adv* de façon blasphématoire **Gotteslästerung** <-, -en> *f* blasphème *m* **Gottesmutter** *f* [Maria,] die ~ [Marie,] la mère de Dieu **Gottessohn** *m* [Jesus Christus,] der ~ [Jésus-Christ,] le fils de Dieu **Gottesurteil** *nt* jugement *m* de Dieu, ordalie *f*
Gottheit <-, -en> *f* divinité *f*
Göttin ['gœtɪn] *s.* Gott
göttlich *Adj* ❶ divin(e)
❷ *(herrlich) Humor* sublime
gottlob ['gɔtloːp] *Adv geh* Dieu merci *(soutenu)*
gottlos *Adj Person* athée; *Leben* païen(ne); *Gesinnung* irréligieux(-euse)
Gottlosigkeit <-> *f* ❶ *(Nichtachtung Gottes)* impiété *f*
❷ *(Unglaube)* athéisme *m*
gotteserbärmlich *fam* I. *Adj* sacré(e) antéposé *(fam)*
II. *Adv* sacrément *(fam)*
Gottvater *m* Dieu *m* le père **gottverdammt** *Adj sl* foutu(e) *(fam)*; **so ein ~er Mist!** quel foutu merdier! *(fam)* **gottverlassen** *Adj fam* perdu(e) **Gottvertrauen** *nt* confiance *f* en Dieu
Götze ['gœtsə] <-n, -n> *m* idole *f*
Götzendiener(in) *m(f)* idolâtre *mf* **Götzendienst** *m*, **Götzenverehrung** *f* idolâtrie *f*
Gourmet [gʊrˈmeː] <-s, -s> *m* gourmet *m*
Gouvernante [gʊvɛrˈnantə] <-, -n> *f* gouvernante *f*
Gouverneur(in) [gʊvɛrˈnøːɐ, gʊvɛrˈnøːɐ] <-s, -e> *m(f)* gouverneur(-euse) *m(f)*
GPS [geːpeːˈʔɛs] *nt Abk von* **Global Positioning System** GPS *m*
GPS-System [geːpeːˈʔɛs-] *nt* système *m* GPS
Grab [graːp, *Pl:* ˈgrɛːbə] <-[e]s, Gräber> *nt* tombe *f*; **jdn zu ~e tragen** *geh* porter qn en terre *(soutenu)*; **das Heilige ~** le Saint Sépulcre
▸ **sein ~ in den Wellen finden** *geh* périr en mer *(soutenu)*; **du bringst/das bringt mich noch ins ~!** *fam* tu me tues/ça me tue! *(fam)*; **ein Geheimnis mit ins ~ nehmen** emporter un secret dans la tombe; **sich** *(Dat)* **sein eigenes ~ schaufeln** courir à sa perte; **schweigen/verschwiegen sein wie ein ~** être [muet(te) comme] une tombe; **etw zu ~e tragen** *geh* enterrer qc *(soutenu)*; **sich im ~e umdrehen** *fam* se retourner dans sa tombe *(fam)*
Grabbeigabe *f* offrande *f* [funéraire]
Grabbeltisch *m fam* table *f* à farfouille
graben ['graːbən] <gräbt, grub, gegraben> I. *itr V* ❶ creuser; **nach Wasser/Gold ~** chercher de l'eau/or [en creusant]
II. *tr V* ❶ creuser *Loch, Grube, Tunnel*
❷ *geh (drücken, bohren)* **die Nägel/Krallen/Zähne in etw** *(Akk)* **~** planter ses ongles/griffes/dents dans qc
III. *r V* ❶ *(sich eindrücken)* **sich in die Haut/den Boden ~** se planter dans la peau/le sol
❷ *fig* **sich** [jdm] **ins Gedächtnis ~** se graver dans la mémoire de qn
Graben <-s, Gräben> *m* ❶ fossé *m*
❷ *(Schützengraben)* tranchée *f*
❸ GEOL fosse *f*
Grabenkampf *m* MIL *a. fig* guerre *f* de tranchées
Grabesruhe, Grabesstille *f geh* silence *m* de mort; **im Klassenzimmer war ~** on aurait pu entendre voler une mouche dans la classe *(fam)* **Grabesstimme** *f fam* **mit ~** d'une voix d'outre-tombe *(fam)*
Grabhügel *m* tumulus *m* **Grabinschrift** *f* inscription *f* tombale **Grabkammer** *f* chambre *f* funéraire **Grabkreuz** *f* croix *f* [funéraire] **Grabmal** ['graːp-, -mɛːlɐ *o geh* -e] *nt* tombeau *m*; **das ~ des Unbekannten Soldaten** la tombe du soldat inconnu **Grabplatte** *f* dalle *f* [funéraire] **Grabrede** *f* oraison *f* funèbre **Grabschänder(in)** [-ʃɛndɐ] *m(f)* violeur(-euse) *m(f)* de sépulture **Grabschändung** *f* violation *f* de sépulture
grabschen *s.* **grapschen**
Grabschmuck *m* ornements *mpl* funéraires **Grabstätte** *f geh* sépulture *f (soutenu)* **Grabstein** *m* pierre *f* tombale **Grabstelle** *f* concession *f* [funéraire]
gräbt [grɛːpt] *3. Pers Präs von* **graben**

Grabung <-, -en> *f* fouilles *fpl*; **archäologische ~en** fouilles archéologiques
Gracht [graxt] <-, -en> *f* canal *m*
Grad [graːt] <-[e]s, -e> *m* ❶ *(Wärme-, Kälte-, Winkelmaß)* degré *m*; **zwanzig ~ Wärme** [*o* **plus zwanzig ~**] vingt degrés; **zehn ~ Kälte** [*o* **minus zehn ~**] dix degrés en dessous de zéro; **ein Winkel von 60 ~** un angle de 60 degrés; **unter 32 ~ nördlicher/südlicher Breite liegen** se situer à 32 degrés de latitude nord/sud
❷ *(Stufe)* degré *m*; **Verwandte ersten ~es** des parents au premier degré; **Verbrennung ersten/zweiten ~es** brûlure *f* au premier/deuxième degré
❸ *(Rang)* grade *m*; **akademischer ~** grade universitaire
❹ *(Ausmaß)* **bis zu einem gewissen ~[e]** jusqu'à un certain point; **in hohem ~[e]** très; **im höchsten ~[e]** au plus haut point
▸ **sich um hundertachtzig ~ drehen** changer du tout au tout
Gradation [gradaˈtsi̯oːn] <-, -en> *f* TYP gradation *f*
grad[e] *s.* **gerade**
Gradeinteilung *f* graduation *f*
Gradient [graˈdi̯ɛnt] <-en, -en> *m* PHYS, MATH gradient *m*
Gradmesser <-s, -> *m* indicateur *m*; **~ für etw** indicateur *m* de qc
graduell [graduˈɛl] I. *Adj Unterschied* minime; *Übergang, Veränderung* progressif(-ive)
II. *Adv (geringfügig)* très peu; *(allmählich)* progressivement
graduiert [graduˈiːɐ̯t] *Adj* UNIV diplômé(e) (de grande école)
Graf [graːf] <-en, -en> *m*, **Gräfin** *f* comte *m*/comtesse *f*
Graffiti [graˈfiːti] *Pl* graffitis *mpl*
Grafik [ˈgraːfɪk] <-, -en> *f* ❶ *(Kunstwerk)* œuvre *f* graphique; **eine farbige ~** une œuvre graphique en couleur
❷ *kein Pl (Kunstform, Technik)* arts *mpl* graphiques
❸ *(Schaubild)* graphique *m*
Grafikchip [-tʃɪp] *m* INFORM puce *f* graphique
Grafiker(in) [ˈgraːfikɐ] <-s, -> *m(f)* graphiste *mf*; *(Werbegrafiker)* dessinateur(-trice) *m(f)* publicitaire
Grafikkarte *f* INFORM carte *f* graphique **Grafikmodus** *m* INFORM mode *m* graphique **Grafikprogramm** *nt* INFORM grapheur *m*
Gräfin [ˈgrɛːfɪn] *s.* Graf
grafisch I. *Adj* graphique
II. *Adv* graphiquement
Grafit[RR] *s.* Graphit
gräflich [ˈgrɛːflɪç] *Adj* du comte; **die ~en Ländereien** les propriétés du comte
Grafologe[RR] *s.* Graphologe
Grafologie[RR] *s.* Graphologie
Grafschaft <-, -en> *f* comté *m*
Grahambrot [ˈgraːhambroːt] *nt* pain *m* complet au froment
Gral [graːl] <-s> *m* **der [Heilige] ~** le [Saint-]Graal
Gralshüter(in) *m(f)* ❶ LITER gardien(ne) *m(f)* du Graal
❷ *fig* **die ~ der Verfassung** les gardiens de la Constitution
gram [gram] *Adj geh* **jdm ~ sein** en vouloir à qn
Gram <-[e]s> *m geh* affliction *f (littér)*
grämen [ˈgrɛːmən] *geh* I. *r V* **sich ~** s'affliger *(littér)*; **sich über jdn/etw ~** s'affliger à cause de qn/qc
II. *tr V* affliger *(littér)*
gramerfüllt *Adj* affligé(e) **gramgebeugt** *Adj* accablé(e) de chagrin
grämlich *Adj Gesicht* morose
Gramm [gram] <-s, *selten* -e> *nt* gramme *m*; **hundert ~ Tee** cent grammes de thé
Grammatik [graˈmatɪk] <-, -en> *f* grammaire *f*
grammatikalisch [gramatiˈkaːlɪʃ] I. *Adj* grammatical(e); *Regel* de grammaire
II. *Adv* grammaticalement
Grammatikregel *f* règle *f* de grammaire
grammatisch *s.* **grammatikalisch**
Grammel [ˈgraməl] <-, -n> *f* A lardon *m* frit
Grammofon®[RR], **Grammophon**® <-s, -e> *nt* gramophone *m*
gramvoll *s.* **gramerfüllt**
Granatapfel <-[e]s, -e *o* A -en> [graˈnaːt] *m* MINER grenat *m*
Granatapfel *m* grenade *f*
Granate [graˈnaːtə] <-, -n> *f* obus *m*; *(Handgranate)* grenade *f*
Granatsplitter *m* éclat *m* d'obus **Granatwerfer** *m* mortier *m*
Grande [ˈgrandə] <-n, -n> *m* grand *m* d'Espagne
Grandhotel [ˈgrãːhotɛl] *nt* hôtel *m* de luxe
grandios [granˈdi̯oːs] I. *Adj Anblick* grandiose; *Idee, Vorschlag* génial(e); *Erfolg* triomphal(e)
II. *Adv* remarquablement bien
Grand Prix [grãˈpriː] <-, -> *m* Grand prix *m*
Granit [graˈniːt] <-s, -e> *m* granit[e] *m*; **~ ist ein sehr hartes Gestein** le granit[e] est une roche très dure
▸ **bei jdm auf ~ beißen** *fam* se heurter à un mur auprès de qn *(fam)*
Granne [ˈgranə] <-, -n> *f* barbe *f*

grantig ['grantɪç] *fam* **I.** *Adj* de mauvais poil *(fam)* **II.** *Adv* **antworten** hargneusement; **~ aussehen** avoir l'air de mauvais poil *(fam)*
Granulat [granu'laːt] <-[e]s, -e> *nt* granulés *mpl*; *(Streumaterial)* granulat *m*
granulieren* *tr V* granuler; **in granulierter Form** en [*o* sous forme de] granulés
Grapefruit ['greːpfruːt, 'greɪpfruːt] <-, -s> *f* pamplemousse *m*
Graph [graːf] <-en, -en> *m* MATH graphe *m*
Graphik ['graːfɪk] *s.* **Grafik**
Graphit [gra'fiːt] <-s, -e> *m* graphite *m*
Graphologe <-n, -n> *m*, **Graphologin** *f* graphologue *mf*
Graphologie [grafolo'giː] <-, -n> *f* graphologie *f*
grapschen *fam* **I.** *tr V* choper *(fam)*; [**sich** *(Dat)*] **jdn/etw ~** choper qn/qc **II.** *itr V* **nach etw ~** choper qc
Gras [graːs, *Pl:* 'grɛːzə] <-es, Gräser> *nt* ❶ *kein Pl (Rasen, Wiese)* herbe *f*; **mit ~ bewachsen** herbeux (-euse) ❷ *meist Pl (Graspflanze)* graminée *f*
▸ **ins ~ beißen** *sl* manger les pissenlits par la racine *(pop)*; **das ~ wachsen hören** *iron fam* faire des supputations hasardeuses; *(zu viel hineindeuten)* se faire des idées *(fam)*; **über eine Sache ~ wachsen lassen** laisser qc tomber dans l'oubli; [**wo der hinhaut,**] **da wächst kein ~ mehr** *fam* [quand il cogne,] il n'y va pas de main morte [*o* il a la main lourde] *(fam)*
grasbewachsen [-ks-] *Adj* herbeux(-euse) **Grasbüschel** *m* touffe *f* d'herbe **Grasdecke** *f* couche *f* d'herbe
grasen ['graːzən] *itr V* brouter
Grasfrosch *m* grenouille *f* rousse **grasgrün** *Adj* vert pomme *inv* **Grashalm** *m* brin *m* d'herbe **Grashüpfer** ['graːshʏpfɐ] <-s, -> *m fam* sauterelle *f* **Grasland** *nt kein Pl* herbage *m* **Grasmücke** *f* ORN fauvette *f* **Grasnarbe** *f* petit gazon *m* **Grasnelke** *f* statice *m* [armeria *f*]
Grassamen *m* semence *f* d'herbe
grassieren* *itr V* sévir
grässlich[RR], **gräßlich**[ALT] **I.** *Adj* horrible **II.** *Adv* horriblement
Grässlichkeit[RR], **Gräßlichkeit**[ALT] <-, -en> *f* ❶ *kein Pl (grässliche Art)* horreur *f* ❷ *(grässliche Tat)* atrocité *f*
Grassteppe *f* steppe *f*
Grat [graːt] <-[e]s, -e> *m* ❶ *eines Bergs, Dachs* crête *f* ❷ TECH *(Gieß-, Stanzkante)* barbes *fpl*; *(Schleifkante)* morfil *m*
▸ **sich auf einem schmalen ~ bewegen** être sur le fil du rasoir
Gräte ['grɛːtə] <-, -n> *f* arête *f*
❷ *sl (Knochen)* **sich** *(Dat)* **die ~n brechen** *sl* se casser la gueule *(pop)*
Gratifikation [gratifika'tsioːn] <-, -en> *f* gratification *f*
Gratin [gra'tɛ̃] <-s, -s> *nt* gratin *m*
gratinieren* *tr V* [faire] gratiner; **gratinierte Zwiebelsuppe** gratinée *f*
gratis ['graːtɪs] **I.** *Adv* gratis **II.** *Adj* **etw ist ~** qc est gratuit(e)
Gratisangebot *nt* offre *f* gratuite **Gratisprobe** *f* échantillon *m* gratuit **Gratisvorstellung** *f* représentation *f* gratuite
Grätsche ['grɛːtʃə] <-, -n> *f* grand écart *m*; *(Sprungfigur)* saut *m* écart; **in die ~ gehen** faire le grand écart
grätschen ['grɛːtʃn] **I.** *itr V + sein* **über den Bock ~** sauter par-dessus le cheval jambes écartées **II.** *tr V + haben* écarter *Beine*
Grätschsprung *m* saut *m* écart
Gratulant(in) [gratu'lant] <-en, -en> *m(f)* personne *f* qui félicite
Gratulation [gratula'tsioːn] <-, -en> *f* félicitations *fpl*; **meine ~!** [toutes mes] félicitations!
gratulieren* *itr V* féliciter; **jdm zu einem Jubiläum ~** féliciter qn à l'occasion d'un anniversaire; **ich gratuliere Ihnen zum Geburtstag** je vous souhaite un bon anniversaire; [**ich**] **gratuliere!** félicitations!; **sich** *(Dat)* [**zu jdm/etw**] **~ können** *fam* pouvoir se féliciter de qn/qc *(fam)*
Gratwanderung *f (schwieriges Unterfangen)* exercice *m* sur la corde raide
Grätz[e]l ['grɛːtsl] <-s, -> *nt* A *(Kiez)* **im ~** dans son/mon/... quartier *m*
grau [grau] *Adj* ❶ *Farbe, Socken* gris(e)
❷ *(fahl) Gesicht* grisâtre; **~ sein** *Person:* être grisonnant(e); **~ werden** *Person:* grisonner
❸ *(trostlos)* morne; **der ~e Alltag** la grisaille du quotidien
▸ **alles ~ in ~ malen** [*o* **sehen**] voir tout en noir
Grau <-s, -*o fam* -s> *nt* gris *m*; **ganz in ~** [**gekleidet**] [habillé(e)] tout en gris
grauäugig ['grauˀɔɪɡɪç] *Adj Person* aux yeux gris; **~ sein** avoir les yeux gris
Graubart *m fam* homme *m* à la barbe grise **graubärtig** *Adj Mann* à la barbe grise; **~ sein** avoir la barbe grise **graublau** *Adj* gris ardoise *inv*; *Augen* couleur du temps **Graubrot** DIAL *s.* **Mischbrot**
Graubünden [ɡrauˈbʏndən] <-s> *nt* Grisons *mpl*
Graubündner(in) <-s, -> *m(f)* Grison(ne) *m(f)*
Gräuel[RR] <-s, -> *nt* atrocité *f*
▸ **jdm ein ~ sein** faire horreur à qn
Gräuelmärchen[RR] *nt* atrocité *f* inventée **Gräueltat**[RR] *f* atrocité *f*
grauen¹ ['grauən] *itr V geh Morgen, Tag:* poindre *(soutenu)*; *Abend:* tomber *(soutenu)*
grauen² *itr V unpers* **mir graut** [*o* **es graut mir**] **vor jdm/etw** qn/qc m'épouvante
Grauen <-s, -> *nt* ❶ *kein Pl (Entsetzen)* épouvante *f*; **~ erregend** horrible; **ihn überkam ein ~** l'épouvante l'envahit
❷ *(Ereignis)* horreur *f*; **die ~ des Krieges** les horreurs de la guerre
grauenerregend *s.* **Grauen** ❶
grauenhaft, grauenvoll I. *Adj* ❶ *(entsetzlich)* horrible
❷ *fam (schrecklich) Durcheinander, Lärm* infernal(e) *(fam)*; *Bild, Musik* horrible
II. *Adv* horriblement
Graugans *f* oie *f* cendrée **graugrün** *Adj* vert-de-gris *inv*; *Augen* gris-vert *inv* **grauhaarig** *Adj Person* aux cheveux gris; **~ werden/sein** attraper/avoir les cheveux gris
graulen ['graulən] *fam* **I.** *itr V unpers* **ihm grault** [*o* **es grault ihm**] **vor jdm/etw** qn/qc lui glace le sang
II. *r V* **er grault sich vor jdm/etw** qn/qc lui donne la chair de poule *(fam)*
III. *tr V* **jdn aus dem Haus ~** faire perdre à qn l'envie de rester à la maison
gräulich¹ ['ɡrɔɪlɪç] *Adj* grisâtre; *Haare* grisonnant(e)
gräulich[RR]**²** **I.** *Adj* atroce
II. *Adv* atrocement
graumeliert *Adj Haare* poivre et sel; *Kleidungsstück, Stoff* gris moucheté [de blanc] *inv*
Graupe ['graupə] <-, -n> *f (Gerstenkorn)* orge *f* mondée; *(Weizenkorn)* blé *m* mondé
Graupel ['graupəl] <-, -n> *f meist Pl* grésil *m*
graupeln ['graupln] *itr V unpers* **es graupelt** il y a du grésil
Graupelschauer *m* giboulée *f*
Graupensuppe *f* potage *m* à l'orge mondé
Graus [graus] <-es -es> *m fam* **für jdn ein ~ sein** *Person, Vorschlag, Vorfall:* être un cauchemar pour qn; **es ist ein ~ mit ihm** c'est une vraie calamité avec lui *(fam)*; **o ~!** *hum* misère! *(hum fam)*
grausam ['grauzaːm] **I.** *Adj* ❶ *(brutal) Person* cruel(le)
❷ *(schrecklich) Schmerz* atroce; *Schicksal* cruel(le)
❸ *fam (unangenehm) Hitze, Kälte* terrible *(fam)*
II. *Adv (brutal)* atrocement
Grausamkeit <-, -en> *f* ❶ *kein Pl (Verhalten)* cruauté *f*; **seelische ~** cruauté mentale; **mit unbeschreiblicher ~ vorgehen** agir avec une cruauté indescriptible
❷ *(Tat)* atrocité *f*
Grauschimmel *m* cheval *m* pommelé **Grauschleier** *m* grisaille *f*; **einen ~ haben** *Wäsche:* grisailler
grausen ['grauzən] *s.* **grauen²**
Grausen <-s> *nt* épouvante *f*; **mir kommt das ~** ça me fait froid dans le dos
▸ **da kann man das kalte ~ kriegen** *fam* ça fait froid dans le dos *(fam)*
grausig *s.* **grauenhaft**
grauslich *bes.* A *s.* **grässlich**
Grauspecht *m* grimpereau *m* **Grauzone** *f* zone *f* d'ombre; **in einer ~ operieren** opérer à la limite de la légalité [*o* de l'illégalité]
Graveur(in) [ɡraˈvøːɐ] <-s, -e> *m(f)* graveur(-euse) *m(f)*
Gravieranstalt *f* atelier *m* de graveur (*o* gravure) **Gravierarbeit** *f* ❶ *(das Gravieren)* gravure *f* ❷ *(Gegenstand)* objet *m* gravé
gravieren* [-ˈviː-] *tr V* graver *Ring, Besteck, Metallplatte*; **ein Muster/seinen Namen in etw** *(Akk)* **~** graver un motif/son nom sur qc
gravierend I. *Adj Verlust, Unterschied* grand(e); *Fehler, Irrtum* grave
II. *Adv* **sich verschlechtern** gravement
Gravierung <-, -en> *f* gravure *f*
Gravimeter [ɡraviˈmeːtɐ] <-s, -> *nt* PHYS gravimètre *m*
Gravis [ˈɡraːvɪs] <-, -> *m* LING accent *m* grave
Gravitation [ɡravitaˈtsioːn] <-> *f* gravitation *f*
Gravitationsfeld *nt* champ *m* de gravitation **Gravitationsgesetz** *nt* loi *f* de la gravitation
gravitätisch [ɡraviˈtɛːtɪʃ] **I.** *Adj* solennel(le)
II. *Adv* solennellement
Gravur [ɡraˈvuːɐ] <-, -en> *f* gravure *f*
Grazie [ˈɡraːtsiə] <-, -n> *f* ❶ *kein Pl (Anmut) einer Person, Bewegung* grâce *f*
❷ *iron (schöne Frau)* beauté *f*
❸ MYTH **die drei ~n** les trois Grâces

grazil [gra'tsi:l] *Adj* gracile *(littér)*
graziös [gra'tsjø:s] I. *Adj* gracieux(-euse)
II. *Adv* gracieusement
Greenpeace ['gri:npi:s] *kein Art* Greenpeace
Greenwich ['grɪnɪdʒ] ~ **er Zeit** heure *f* de Greenwich
gregorianisch [gregori'a:nɪʃ] *Adj Gesang, Kalender* grégorien(ne)
Greif <-[e]s *o* -en, -e[n]> *m* MYTH *der* [Vogel] ~ le griffon
Greifarm *m* bras *m* manipulateur **Greifbagger** *m* excavateur *m* [*o* excavatrice *f*] à grappin
greifbar I. *Adj* ❶ *(verfügbar)* disponible; **für jdn ~ sein** être à la disposition de qn; **die Unterlagen ~ haben** avoir les documents à sa disposition; **Herr Braun ist im Moment nicht ~** *fam* Monsieur Braun n'est pas disponible pour le moment *(fam)*
❷ *(konkret) Ergebnis, Vorteil* concret(-ète)
II. *Adv* ~ **nahe** *fig* à portée de main
greifen ['graɪfən] <griff, gegriffen> I. *tr V* ❶ *(nehmen, ergreifen, fangen)* attraper
❷ *fam (schnappen)* **sich** *(Dat)* **jdn/etw** ~ s'emparer de qn/qc *(fam)*
❸ MUS faire *Akkord*
▸ **zum Greifen nahe** à portée de main
II. *itr V* ❶ **nach etw ~** saisir qc; **in/hinter etw** *(Akk)* ~ mettre la main dans/derrière qc; **über/hinter sich** *(Akk)* ~ lever le bras au-dessus/derrière soi
❷ *(benutzen)* **zum Hammer/zu einem Buch ~** prendre le marteau/un livre; **zu neuen Methoden ~** avoir recours à de nouvelles méthodes; **zum Alkohol ~** avoir recours à l'alcool
❸ TECH *Zahnrad:* s'emboîter; *Reifen, Sohlen:* accrocher
❹ *(Wirkung haben)* **die Maßnahmen ~** les mesures prises font effet; **die Maßnahmen ~ zu kurz/~ nicht** les mesures prises font à peine/ne font pas effet
▸ **zu hoch/zu niedrig gegriffen** *Zahl* vu(e) de manière trop optimiste/pessimiste; **um sich ~** *Krankheit, Feuer, Unsitte:* se propager
Greifer <-s, -> *m* TECH grappin *m*
Greifvogel *m* rapace *m* **Greifzange** *f* pince *f*
greinen ['graɪnən] *itr V pej fam* pleurnicher *(fam)*; **das Greinen** les pleurnicheries *fpl (fam)*
greis [graɪs] *Adj geh Person* vieux(vieille) *(soutenu)*
Greis(in) <-es, -e> *m(f)* vieillard *m*/vieille *f*
Greisenalter *nt* quatrième âge *m*
greisenhaft *Adj* ~ **aussehen** avoir l'air d'un vieillard/d'une vieille
Greißler(in) ['gaɪslɐ] <-s, -> *m(f)* A épicier(-ière) *m(f)*
grell [grɛl] **I.** *Adj* ❶ *Sonne* éblouissant(e); *Licht, Farbe, Grün* cru(e)
❷ *(schrill) Ton, Stimme* perçant(e)
II. *Adv* ❶ *beleuchtet* crûment; ~ **scheinen** *Sonne:* être éblouissant(e); ~ **leuchten** *Farben:* être cru(e); **zu ~ gestrichen sein** être peint(e) d'une couleur trop crue
❷ *(schrill)* ~ **klingen** émettre des sons perçants
grellbunt I. *Adj* aux couleurs crues
II. *Adv* en couleurs crues
Grelle <-> *f,* **Grellheit** <-> *f* ❶ *des Lichts* éclat *m; einer Farbe* crudité *f*
❷ *(Schrillheit)* **ein Ton von unangenehmer ~** un son désagréablement perçant
grellrot *Adj* rouge cru *inv*; **etw ~ streichen** peindre qc en rouge cru
Gremium ['gre:miʊm] <-s, Gremien> *nt* commission *f*
Grenzbeamte(r) *m dekl wie Adj,* **Grenzbeamtin** *f* agent *m* des douanes **Grenzbefestigung** *f* point *m* de défense frontalier
Grenzbereich *m* ❶ *kein Pl (Umkreis der Landesgrenze)* secteur *m* frontalier ❷ *(Übergangsbereich zwischen zwei Fachgebieten)* limite *f* ❸ *(äußerster Punkt)* limites *fpl* **Grenzbewohner(in)** *m(f)* frontalier(-ière) *m(f)* **Grenzbezirk** *m* secteur *m* frontalier
Grenze ['grɛntsə] <-, -n> *f* ❶ *(Staatsgrenze, Landesgrenze)* frontière *f*; **die deutsche ~** la frontière allemande; **die deutsche ~ zu/mit Frankreich** la frontière allemande avec la France; **an der ~ zur Schweiz** à la frontière de la Suisse; **die ~ überqueren** passer [*o* franchir] la frontière
❷ *(Trennlinie, Abgrenzung)* limite *f*; **eine zeitliche ~** un délai [dans le temps]; **die ober[st]e/unter[st]e ~** le maximum/minimum; **die ~ des Möglichen** la limite du possible; **ihm/ihr sind ~n gesetzt** il/elle est limité(e); **seinem Engagement sind ~n gesetzt** son engagement a des bornes; **alles hat seine ~n** il y a des limites à tout; **die ~n zwischen Gewohnheit und Sucht sind fließend** les limites entre l'habitude et la dépendance sont fluides
▸ **über die grüne ~ gehen** *fam* passer la frontière en fraude; **sich in ~n halten** *Begeisterung, Freude:* être mesuré(e); *Kosten:* être raisonnable; **keine ~n kennen** ne pas savoir s'arrêter
grenzen *itr V* ❶ **an ein Land ~** confiner à [*o* avec] un pays; **an das Meer ~** être limité(e) par l'océan; **sein Garten grenzt an unseren** son jardin confine au [*o* avec le] nôtre

❷ *fig* **an ein Wunder/an Betrug ~** être à la limite du miracle/de l'escroquerie
grenzenlos I. *Adj* ❶ illimité(e); **die ~e Weite des Ozeans** l'immensité de l'océan
❷ *(sehr groß) Macht* illimité(e); *Naivität, Dummheit* sans borne; *Verachtung, Vertrauen* infini(e)
II. *Adv* infiniment
Grenzenlosigkeit <-> *f* immensité *f*; **die ~ seines Vertrauens** son infinie confiance
Grenzer(in) <-s, -> *m(f) fam (Zöllner)* douanier(-ière) *m(f);* *(Grenzsoldat)* garde-frontière *mf*
Grenzfall *m* cas *m* limite **Grenzformalität** *f meist Pl* **die ~en erledigen** remplir les formalités de douane **Grenzgänger(in)** ['-gɛŋɐ] <-s, -> *m(f)* frontalier(-ière) *m(f)* **Grenzgebiet** *nt* ❶ *zone f* frontalière ❷ *(wissenschaftlicher Grenzbereich)* domaine *m* tampon **Grenzkonflikt** *m* conflit *m* de frontière **Grenzkontrolle** *f* contrôle *m* douanier **Grenzland** *s.* Grenzgebiet ❶ **Grenzlinie** [-li:niə] *f* SPORT ligne *f* **grenznah** *Adj Stadt* proche de la frontière **Grenzpfahl** *m* poteau *m* frontière **Grenzposten** *m* poste *m* [-]frontière **Grenzschutz** *m fam (Truppe)* [unité *f* de] garde-frontière *f* **Grenzsicherung** *f* sécurité *f* de la frontière [*o* des frontières] **Grenzsituation** *f fig* situation *f* limite **Grenzsoldat(in)** *m(f)* garde-frontière *mf* **Grenzstadt** *f* ville *f* frontalière **Grenzstein** *m* borne *f* **Grenzstreit** *m* querelle *f* de frontière **Grenzstreitigkeit** *f* contentieux *m* de frontière **Grenzübergang** *m* ❶ *(Stelle)* poste *m* frontière ❷ *(Vorgang)* passage *m* de la frontière **grenzüberschreitend I.** *Adj Handel* international(e), transfrontalier(-ière); *Problem, Kapitalverkehr* international(e) **II.** *Adv* ~ **Handel treiben** faire du commerce avec l'étranger **Grenzübertritt** *m* passage *m* de la frontière **Grenzverkehr** *m* trafic *m* transfrontalier; **kleiner ~** circulation *f* frontalière **Grenzverlauf** *m* tracé *m* de la frontière **Grenzverletzung** *f* violation *f* de frontière **Grenzwert** *m* valeur *f* limite; **oberer/unterer ~** valeur limite supérieure/inférieure **Grenzzwischenfall** *m* incident *m* de frontière
Gretchenfrage ['gre:tçən-] *f geh* question *f* épineuse *(soutenu)*; **jdm die ~ stellen** poser [à qn] la question épineuse par excellence
GreuelALT *s.* Gräuel
GreuelmärchenALT *s.* Gräuelmärchen
GreueltatALT *s.* Gräueltat
greulichALT *s.* gräulich²
Greyerzer ['graɪɐtsɐ] <-s, -> *m* GASTR gruyère *m*
Griebe ['gri:bə] <-, -n> *f meist Pl* petits lardons *mpl* frits
Griebenschmalz *nt* rillons *mpl*
Grieche ['gri:çə] <-n, -n> *m* ❶ Grec *m*
❷ *fam (griechisches Lokal)* **zum ~n [essen] gehen** aller [manger] au restau grec *(fam)*
Griechenland *nt* la Grèce
Griechin <-, -nen> *f* Grecque *f*
griechisch I. *Adj* grec(grecque)
II. *Adv* ~ **miteinander sprechen** discuter en grec; *s. a.* deutsch
Griechisch <-[s]> *nt kein Art (Sprache, Schulfach)* grec *m;* **auf ~ en grec;** *s. a.* Deutsch
Griechische *nt dekl wie Adj* **das ~** le grec; *s. a.* Deutsche
griechisch-katholisch *Adj* catholique grec(grecque) **griechisch-orthodox** *Adj* orthodoxe grec(grecque) **griechisch-römisch** *Adj* ❶ *s.* griechisch-katholisch ❷ SPORT gréco-romain(e)
grienen ['gri:nən] *itr V* NDEUTSCH *fam* ricaner *(fam)*
Griesgram ['gri:sgra:m] <-[e]s, -e> *m pej* grincheux(-euse) *m(f) (péj)*
griesgrämig I. *Adj* grincheux(-euse); ~ **sein/dreinschauen** être/avoir l'air grincheux(-euse)
II. *Adv* en grinchant
Grieß [gri:s] <-es, -e> *m* semoule *f*
Grießbrei *m* [bouillie *f* de] semoule *f* **Grießklößchen** <-s, -> *nt* boulette *f* de semoule **Grießpudding** *m* gâteau *m* de semoule
griff [grɪf] *Imp von* greifen
Griff <-[e]s, -e> *m* ❶ *(Haltegriff, Tragegriff)* poignée *f; eines Schirms, Messers* manche *m; einer Pistole* crosse *f*
❷ *(Handbewegung, Handgriff)* geste *m;* **etw mit wenigen ~en erledigen** accomplir qc en quelques gestes; **einen ~ in die Geldbörse tun** saisir dans le porte-monnaie; **ein ~ unter die Bank genügt** il suffit de passer la main sous le banc; **jeder ~ muss sitzen** *fam* chaque geste doit être précis; **mit einem ~** en un tournemain
❸ *a.* SPORT *(Greifbewegung, Grifftechnik)* prise *f;* **mit festem ~ d'une poigne ferme**
❹ *(fühlbare Beschaffenheit) eines Stoffs* toucher *m*
▸ **der ~ zur Flasche** le recours à l'alcool; **einen ~ in die Kasse tun** *fam* piquer dans la caisse *(fam);* **der ~ nach der Macht** la prise du pouvoir; **mit jdm/etw einen guten ~ tun** faire une bonne prise avec qn/qc *(fam);* **jdn/etw in den ~ bekommen**

[o **kriegen** *fam*] venir à bout de qn/qc *(fam)*; **jdn/etw im ~ haben** avoir qn/qc bien en main
griffbereit *Adj* à portée de [la] main; **~ sein** [o **daliegen**] être à portée de [la] main **Griffbrett** *nt* MUS touche *f*
Griffel ['grɪfəl] <-s, -> *m* ❶ crayon *m* d'ardoise
❷ *meist Pl sl (Finger)* paluche *f (pop)*; **~ weg!** bas les pattes! *(fam)*
Griffelkasten *m* HIST plumier *m*
griffig *Adj* ❶ *(handlich)* maniable; **eine ~e Form haben** être bien en mains
❷ *(Halt bietend) Untergrund* qui accroche
❸ *(praktikabel) Formel, These* pénétrant(e)
❹ *(fest) Stoff* qui a du toucher
Griffloch *nt* trou *m*
Grill [grɪl] <-s, -s> *m* ❶ barbecue *m*; **Gerichte vom ~** plats préparés au barbecue
❷ *(Kühlergrill)* calandre *f*
Grillanzünder *m* allume-barbecue *m*
Grille ['grɪlə] <-, -n> *f* ❶ ZOOL grillon *m*
❷ *veraltet (Laune)* lubie *f*; **nichts als ~n im Kopf haben** n'avoir que des idées saugrenues en tête
grillen ['grɪlən] **I.** *itr V* faire un barbecue; **Fleisch/Würste zum Grillen** de la viande/des saucisses à griller
II. *tr V* **etw ~** faire griller qc [au barbecue]; **Gegrilltes** des grillades *fpl*
III. *r V* **sich in der Sonne ~** [**lassen**] se [faire] dorer au soleil
Grillgericht *nt* [plat *m* à base de] grillades *fpl* **Grillkohle** *f* charbon *m* de bois **Grillparty** *f* barbecue *m* **Grillplatz** *m* emplacement *m* pour barbecue **Grillrestaurant** [-rɛstorɑ̃:] *nt* [restaurant-]grill *m*
Grimasse [gri'masə] <-, -n> *f* grimace *f*; **~n schneiden** faire des grimaces
Grimm [grɪm] <-[e]s> *m veraltet geh* courroux *m (littér)*
Grimmdarm ['grɪm-] *m* ANAT côlon *m*
grimmig I. *Adj* ❶ furibond(e)
❷ *(heftig) Frost, Kälte, Hunger* terrible
II. *Adv* furieusement; **~ lächeln** avoir un rictus de fureur
Grind [grɪnt] <-[e]s, -e> *m fam* ❶ *(Hautausschlag)* teigne *f*
❷ DIAL *(Schorf)* croûte *f*
grinsen ['grɪnzən] *itr V* ricaner
Grinsen <-s> *nt* ricanement *m*
grippal [grɪ'paːl] *Adj* grippal(e)
Grippe ['grɪpə] <-, -n> *f* grippe *f*; *fam (fiebrige Erkältung)* rhume *m*; [**die**/**eine**] **~ haben** avoir la grippe/un rhume
Grippeepidemie *f* épidémie *f* de grippe **Grippeimpfung** *f* vaccination *f* contre la grippe **Grippevirus** *nt o fam m* virus *m* grippal **Grippewelle** *f* épidémie *f* de grippe
Grips [grɪps] <-es, -e> *m fam* jugeote *f (fam)*; **seinen ~ anstrengen** faire travailler sa matière grise *(fam)*
Grislibärᴿᴿ, **Grizzlybär** ['grɪsli-] *m* grizzli *m*, grizzly *m*
grob [groːp] <gröber, gröbste> **I.** *Adj* ❶ *Gesichtszüge, Mehl, Kies, Stoff* grossier(-ière); *Feile, Sieb* gros(se); *Wurst* avec des morceaux; **den gröbsten Schmutz beseitigen** enlever le plus gros de la saleté
❷ *(ungefähr)* sommaire; *Berechnung* approximatif(-ive); **in ~en Zügen** en gros
❸ *(barsch, unsanft)* grossier(-ière)
❹ *(schwer wiegend) Fehler, Irrtum* grossier(-ière)
▶ **der Mann fürs Grobe** l'homme à tout faire; **aus dem Gröbsten heraus sein** avoir passé le plus dur
II. *Adv* ❶ *zerkleinern, sieben, sortieren, mahlen* grossièrement
❷ *(in etwa)* en gros
❸ *(barsch, unsanft)* grossièrement
Grobheit *f* grossièreté *f*
Grobian ['groːbiaːn] <-[e]s, -e> *m pej (ungehobelter Mensch)* mufle *m (péj)*
grobkörnig *Adj* ❶ *Mehl, Sand* gros(se)
❷ PHOT à gros grains
gröblich ['grøːplɪç] *geh* **I.** *Adj Verletzung, Verstoß* grave; *Missachtung* grand(e)
II. *Adv* de façon grossière
grobmaschig *Adj Gitter, Netz, Zaun* à grosses mailles
grobschlächtig *Adj pej* mal dégrossi(e) *(péj)*
Grobskizze *f* première ébauche *f*
Grog [grɔk] <-s, -s> *m* grog *m*
groggy ['grɔgi] *Adj fam* groggy *inv (fam)*
grölen ['grøːlən] *pej fam* **I.** *itr V* brailler *(fam)*; **~d** en braillant *(fam)*; **das Grölen** le braillement *(fam)*
II. *tr V* brailler *(fam) Lieder, Parolen*
Groll [grɔl] <-[e]s> *m geh* ressentiment *m (soutenu)*; **einen ~ gegen jdn hegen** nourrir du ressentiment contre qn
grollen *itr V* ❶ *geh* ruminer; **jdm wegen etw ~** garder rancune à qn de qc
❷ *(dröhnen) Donner:* gronder

Grönland ['grøːnlant] <-s> *nt* le Groenland
Grönländer(in) ['grøːnlɛndɐ] <-s, -> *m(f)* Groenlandais(e) *m(f)*
grönländisch *Adj* groenlandais(e)
Gros [groː, *Gen, Pl:* groːs] <-, -> *nt* gros *m*
Groschen ['grɔʃən] <-s, -> *m* HIST ❶ A groschen *m*
❷ *fam (Zehnpfennigstück)* pièce *f* de dix pfennigs *m*
❸ *fam (Geld)* **ein paar ~** quelques sous; **keinen ~ übrig haben** ne plus avoir un radis *(fam)*
▶ **bei ihr ist der ~ gefallen** *hum fam* ça a fait tilt *(fam)*
Groschenheft *nt*, **Groschenroman** *m pej* roman *m* de quatre sous *(péj)*
groß [groːs] <größer, größte> **I.** *Adj* ❶ *(nicht klein)* grand(e) antéposé; **ein ~er Park/Fluss** un grand parc/fleuve; **hundert Quadratmeter ~ sein** mesurer cent mètres carrés
❷ *(in Bezug auf die Körpergröße)* grand(e) antéposé; **eine ~e Frau** une femme grande; **er ist 1,80 m ~** il mesure 1,80 m; **du bist ~ geworden** tu as grandi; **wie ~ bist du?** combien mesures-tu?; **sie ist mit der Musik/in Wien ~ geworden** elle a grandi avec la musique/à Vienne
❸ *(erheblich, beträchtlich, heftig)* grand(e) antéposé; *Summe, Erfolg, Misserfolg, Dummheit* gros(se); *Pause, Verzögerung* long(ue) antéposé; *Verspätung* important(e)
❹ *(älter)* **mein ~er Bruder/seine ~e Schwester** mon grand frère/ma grande sœur; **unser Großer/unsere Große** notre grand/notre grande; **die Großen** *(die älteren Kinder)* les grands *(fam)*; *(die Erwachsenen)* les grandes personnes; **unsere Kinder sind schon ~** nos enfants sont déjà grands
❺ *(großgeschrieben) Buchstabe* majuscule; **ein ~es V** un V majuscule
❻ *(bedeutend) Dichter, Werk, Erfindung* grand(e) antéposé; **Großes leisten** réussir quelque chose de grand
❼ *(begeistert)* **eine ~e Kinogängerin sein** aller souvent au cinéma; **kein ~er Esser sein** ne pas être un gros mangeur
❽ *(als Namenszusatz)* **der/die Große** le Grand/la Grande; **Karl der Große** Charlemagne
▶ **im Großen und Ganzen** dans l'ensemble; **Groß und Klein** petits et grands; **das wäre das Größte** *fam* ça serait le pied *(fam)*
II. *Adv* ❶ *fam (besonders)* **sich nicht ~ um etw kümmern** ne pas s'occuper des masses de qc *(fam)*; **was soll man da schon ~ machen/sagen?** qu'est-ce qu'on peut bien faire/dire de plus? *(fam)*
❷ *(in großem Stil, Umfang) ausgehen, feiern* en grande pompe; **etw ganz ~ aufmachen** faire qc à grande échelle; **~ einkaufen** *fam* faire ses grosses courses *(fam)*; **~ angelegt** *Projekt* de grande envergure
❸ *(opp: klein) zeichnen, gestalten* en grand; *schreiben* gros
❹ *fam (großartig)* **mit etw ~ rauskommen** faire un tabac avec qc *(fam)*; **~ daherreden** se payer de mots *(fam)*
▶ **~ und breit** *fam schildern* en long et en large; *sich entschuldigen* dans toutes les règles de l'art; **jdn ~ ansehen** regarder qn avec de grands yeux; **~ machen** *Kinderspr. fam* faire la grosse commission *(fam)*
Großabnehmer *m* gros client *m* **Großaktionär(in)** *m(f)* gros(se) *m(f)* actionnaire **Großalarm** *m* alarme *f* générale
großangelegt *s.* **groß II.**❷
Großangriff *m* MIL attaque *f* de grande envergure
großartig I. *Adj Person, Idee, Plan* génial(e) *(fam)*; *Bauwerk, Naturschönheit* grandiose *(fam)*; **na, [das ist ja] ~!** *iron fam* génial! *(iron fam)*
II. *Adv* ❶ *funktionieren* magnifiquement
❷ *pej fam (großspurig)* **~ tun** jouer au crack *(péj fam)*
Großartigkeit <-> *f* magnificence *f*
Großaufnahme *f* gros plan *m* **Großbank** <-banken> *f* grande banque *f* **Großbaustelle** *f* grand chantier *m* **Großbetrieb** *m* grande entreprise *f*; *landwirtschaftlicher ~* grande exploitation *f* agricole **Großbildleinwand** *f* écran *m* géant **Großbrand** *m* grand incendie *m* **Großbritannien** [groːsbri'taniən] <-s> *nt* la Grande-Bretagne **Großbuchstabe** *m* majuscule *f*; TYP capitale *f*
großbürgerlich *Adj* grand(e) bourgeois(e) **Großbürgertum** *nt* haute bourgeoisie *f*
Größe ['grøːsə] <-, -n> *f* ❶ *einer Fläche* superficie *f*; *eines Raums* taille *f*; *einer Zahl, Menge* importance *f*
❷ *(Körpergröße, Höhe, Länge)* taille *f*; **in voller ~** dans toute sa grandeur; **sich zu voller ~ aufrichten** se redresser de toute sa taille
❸ *(Kleidergröße, Packungsgröße)* taille *f*; *(Schuhgröße)* pointure *f*; *(Papiergröße)* format *m*; [**die**] **~ XL tragen** [o **haben**] mettre du XL
❹ *kein Pl (Erheblichkeit) Erfolgs, Misserfolgs* importance *f*
❺ MATH, PHYS *(Wert)* grandeur *f*; **unbekannte ~** inconnue *f*
❻ ASTRON magnitude *f*; **ein Stern erster/zweiter ~** une étoile de magnitude 1/2
❼ *kein Pl (Bedeutsamkeit) einer Person* grandeur *f*
❽ *(bedeutender Mensch)* personnalité *f*
Großeinkauf *m* grosses courses *fpl (fam)* **Großeinsatz** *m* der

Feuerwehr, Polizei intervention *f* massive **großelterlich** *Adj Haus des grands-parents* **Großeltern** *Pl* grands-parents *mpl* **Großenkel(in)** *m(f)* arrière-petit-fils *m*/arrière-petite-fille *f*; **die ~ les** arrière-petits-enfants *mpl*

Größenordnung *f* ordre *m* de grandeur; **ein Jahresgehalt in der ~ von ...** un revenu annuel de l'ordre de ...

großenteils ['gro:sən(')taɪls] *Adv* en grande partie

Größenunterschied *m (in Bezug auf die Körpergröße, den Umfang)* différence *f* de taille; *(in Bezug auf die Höhe)* différence *f* de hauteur; *(in Bezug auf die Länge)* différence *f* de longueur **Größenverhältnis** *nt* ❶ *(Maßstab)* échelle *f* ❷ *(Proportion)* proportions *fpl* **Größenwahn[sinn]** *m pej* mégalomanie *f (péj)* **größenwahnsinnig** *Adj* mégalomane

größer ['grø:sɐ] *Komp von* **groß**

Großfahndung *f* vastes recherches *fpl* **Großfamilie** [-liə] *f* grande famille *f* **großflächig** ['gro:sflɛçɪç] *Adj Fenster* grande(s) antéposé; *Brand, Verwüstung* très étendu(e) **Großflughafen** *m* aéroport *m* international **Großformat** *nt* grand format *m* **großformatig** *Adj* en grand format; **~ e Bilder** des photos grand format

Großfürst(in) *m(f)* grand-duc *m*/grande-duchesse *f* **Großgrundbesitz** *m* grande propriété *f* **Großgrundbesitzer(in)** *m(f)* grand propriétaire *m* [terrien] **Großhandel** *m* commerce *m* de [o en] gros; **etw im ~ kaufen** acheter qc chez un grossiste **Großhandelspreis** *m* prix *m* de gros

Großhändler(in) *m(f)* grossiste *mf* **Großhandlung** *f* magasin *m* de gros

großherzig *geh* I. *Adj* magnanime *(littér)*
II. *Adv* généreusement

Großherzigkeit <-> *f geh* magnanimité *f (littér)*

Großherzog(in) *m(f)* grand-duc *m*/grande-duchesse *f* **Großherzogtum** *nt* grand-duché *m* **Großhirn** *nt* cerveau *m*

Großhirnrinde *f* cortex *m* [cérébral]

Großindustrie *f* industrie *f* lourde **großindustriell** *Adj* relatif(-ive) à la grande industrie **Großindustrielle(r)** *f(m) dekl wie Adj* grand(e) *m(f)* industriel(le) **Großinquisitor** *m* grand inquisiteur *m*

Grossist(in) [grɔ'sɪst] <-en, -en> *m(f)* grossiste *mf*

Großkapitalist(in) *m(f)* gros capitaliste *m* **großkariert** *Adj Stoff* à gros carreaux **Großkatze** *f* grand félin *m* **Großkind** *nt* CH petit-enfant *m* **Großkonzern** *m* cartel *m*

Großkopfe[r]te(r) *m dekl wie Adj* A, SDEUTSCH *pej fam* ponte *m (fam)*

großkotzig ['gro:skɔtsɪç] *pej sl* I. *Adj* vantard(e) *(fam)*
II. *Adv* avec vantardise

Großküche *f* cuisine *f* industrielle **Großkunde** *m,* **-kundin** *f* gros client *m* **Großkundgebung** *f* grande manifestation *f* **Großmacht** *f* grande puissance *f* **Großmama** ['gro:smama:] *f fam* grand-maman *f (fam)*

Großmannssucht *f pej (einer Person)* folie *f* des grandeurs, mégalomanie *f*

Großmarkt *m* marché *m* de gros; *(für Lebensmittel, Blumen)* marché-gare *m* **Großmast** *m* grand mât *m* **Großmaul** *nt pej fam* grande gueule *f (fam)*

großmäulig *pej fam* I. *Adj Person* frimeur(-euse) *(péj fam)*
II. *Adv* **~ behaupten, dass** prétendre avec vantardise, que + *indic* **Großmeister(in)** *m(f)* grand(e) *m(f)* maître(-esse) **Großmut** <-> *f geh* magnanimité *f (littér)*

großmütig ['gro:smy:tɪç] *s.* **großherzig**

Großmutter *f* grand-mère *f*; **sie wird ~** elle va être grand-mère ▸ **das kannst du deiner ~ erzählen!** *fam* je ne suis pas tombé(e) de la dernière pluie! *(fam)* **großmütterlich** *Adj attr* ❶ *Haus, Erbe* de [o sa/ma/...] grand-mère ❷ *(typisch für eine Großmutter)* [digne] d'une grand-mère **Großneffe** *m* petit-neveu *m* **Großnichte** *f* petite-nièce *f* **Großoffensive** *f* MIL, A. ÖKON offensive *f* de grande envergure **Großonkel** *m* grand-oncle *m* **Großpapa** ['gro:spapa:] *m fam* grand-papa *m (fam)* **großporig** *Adj Haut* aux pores dilatés **Großrat,** **-rätin** *f* CH conseiller *m* cantonal/conseillère *f* cantonale **Großraum** *m* agglomération *f*; **der ~ Köln** l'agglomération de Cologne

Großraumabteil *nt* compartiment *m* à grande capacité **Großraumbüro** *nt* bureau *m* en espace ouvert **Großraumflugzeug** *nt* gros-porteur *m*

großräumig ['gro:srɔɪmɪç] I. *Adj (geräumig)* spacieux(-euse); *(in einem großen Gebiet)* à grande échelle
II. *Adv* **absperren** dans un large rayon; **umfahren** largement

Großraumlimousine *f* limousine *f* spacieuse **Großraumwagen** *m* [wagon-]salle *m*; *einer Straßenbahn* tramway *m* à soufflet

Großrechner *m* macroordinateur *m* **Großreinemachen** <-s> *nt fam* grand nettoyage *m* **Großschnauze** *f fam* grande gueule *f* **groß|schreiben** *tr V unreg* **etw ~ ❶** *(mit großem Anfangsbuchstaben)* écrire qc avec une majuscule; *(mit Großbuchstaben)* écrire qc en majuscules [o en capitales] ❷ *fig fam (wichtig*

nehmen) accorder beaucoup d'importance à qc *(fam)* **Großschreibung** *f* écriture *f* majuscule **Großsegel** *nt* grand-voile *f* **großspurig** ['gro:sʃpu:rɪç] *pej* I. *Adj* vantard(e)
II. *Adv verkünden* avec vantardise

Großstadt *f* grande ville *f* **Großstädter(in)** *m(f)* habitant(e) *m(f)* d'une grande ville **großstädtisch** *Adj* Atmosphäre de grande ville; **~ wirken** faire grande ville

Großstadtmensch *m* citadin(e) *m(f)* **Großstadtverkehr** *m* circulation *f* urbaine

Großtante *f* grand-tante *f* **Großtat** *f* prouesse *f*

größte(r, s) *Superl von* **groß**

großtechnisch *Adj* à l'échelle industrielle **Großteil** *m* ❶ *(der größere Teil)* **der ~** la majeure partie ❷ *(erheblicher Teil)* grande partie *f*; **zu einem ~** en grande partie

größtenteils ['grø:stən(')taɪls] *Adv* **das Bild ist ~ fertig** le tableau est en majeure partie fini; **die Bilder sind ~ verloren gegangen** les tableaux sont pour la plupart perdus

größtmöglich *Adj* **der/die ~ e ...** le plus grand/la plus grande ... possible; **mit ~ er Genauigkeit** avec la plus grande précision possible

Großunternehmen *s.* **Großbetrieb** **Großvater** *m* grand-père *m*; **er wird ~** il va être grand-père **großväterlich** *Adj attr* ❶ *Haus, Hof, Erbe* du [o de son/mon/...] grand-père ❷ *(typisch für einen Großvater)* [digne] d'un grand-père **Großveranstaltung** *f* grande manifestation *f* **Großverbraucher** *m* gros consommateur *m* **Großverdiener(in)** *m(f)* gros salaire *m* **Großwetterlage** *f* METEO situation *f* météorologique générale **Großwild** *nt* gros gibier *m*

Großwildjagd *f* chasse *f* au gros gibier

groß|ziehen *tr V unreg* élever *Kind, Tier*

großzügig ['gro:stsy:gɪç] I. *Adj* ❶ *(freigebig)* généreux(-euse); *(nachsichtig)* large d'esprit
❷ *(in großem Stil) Plan, Planung* de grande envergure; *Wohnung* vaste
II. *Adv* ❶ *(freigebig)* généreusement; *(nachsichtig) behandeln* avec largesse d'esprit
❷ *(weiträumig)* en grand; **~ planen/bauen** voir grand dans la planification/construction

Großzügigkeit <-> *f* ❶ *(Freigebigkeit)* générosité *f*; *(Nachsichtigkeit)* largesse *f* d'esprit
❷ *(Weiträumigkeit)* grandeur *f*

grotesk [gro'tɛsk] I. *Adj* grotesque
II. *Adv* grotesquement; **~ wirken** faire grotesque

Grotte ['grɔtə] <-, -n> *f* grotte *f*

grub [gru:p] *Imp von* **graben**

Grübchen ['gry:pçən] <-s, -> *nt* fossette *f*

Grube ['gru:bə] <-, -n> *f* ❶ fosse *f*; *(klein)* trou *m*
❷ *(Baugrube)* tranchée *f*
❸ *(Bergwerk)* mine *f*
▸ **wer andern eine ~ gräbt, fällt selbst hinein** *Spr* tel est pris qui croyait prendre

Grübelei <-, -en> *f* ruminations *fpl*

grübeln ['gry:bəln] *itr V* ruminer; **über etw** *(Akk o Dat)* **~** ruminer qc; **ins Grübeln kommen** commencer à ruminer

Grubenarbeiter *m* mineur *m* **Grubengas** *nt* grisou *m* **Grubenlampe** *f,* **Grubenlicht** <-lichter> *nt* lampe *f* de mineur **Grubenunglück** *nt* accident *m* de mine

Grübler(in) <-s, -> *m(f)* méditatif(-ive) *m(f)*

grüblerisch ['gry:blərɪʃ] *Adj* pensif(-ive)

grüezi ['gry:ɛtsi] *Interj* CH bonjour

Gruft [gruft, *Pl*: 'grʏftə] <-, Grüfte> *f* caveau *m*

Grufti ['grufti] <-s, -s> *m sl* ringard(e) *m(f) (fam)*

grummeln ['grʊməln] *itr V fam Person:* marmonner; *Donner:* gronder

grün [gry:n] *Adj* ❶ *Augen, Farbe, Hemd* vert(e)
❷ *(ökologisch, alternativ) Politiker, Wähler* vert(e); *Politik* écologiste
▸ **jdn ~ und blau schlagen** *fam* rouer qn de coups; **sie sind sich** *(Dat)* **nicht ~** *fam* ils/elles ne peuvent pas se voir même en peinture *(fam)*

Grün <-s, *- o fam* -s> *nt* ❶ vert *m*; **die Ampel steht auf ~** le feu est vert; **du hast ~ !** c'est [o le feu est] vert pour toi!
❷ *(Grünfläche)* espace *m* vert; *eines Golfplatzes* green *m*
❸ *(Grünpflanzen)* verdure *f*
▸ **das ist dasselbe in ~** *fam* c'est kif-kif *(fam)*

grün-alternativ *Adj* écologiste et alternatif(-ive)

Grünanlage *f* espace *m* vert

grünäugig ['gry:nˀɔɪɡɪç] *Adj Person* aux yeux verts; **~ sein** avoir les yeux verts

grünblau *Adj* bleu-vert *inv*

Grund [grʊnt] <-[e]s, Gründe> *m* ❶ *(Veranlassung, Beweggrund)* raison *f*; **aus diesem ~** pour cette raison; **aus gutem ~** avec [juste] raison; **aus gesundheitlichen Gründen** pour des raisons de santé; **aus Gründen der Sicherheit** pour des raisons de sécurité;

aus unerfindlichen Gründen pour une raison ou pour une autre; **auf ~ von Hinweisen** à partir d'indications; **ohne ~** sans raison; **jdm ~ zu etw geben** donner lieu à qn de faire qc; **ein/kein ~ zur Sorge** une raison/pas de raison de se faire du soucis
② *(Ursache)* cause *f*
③ *kein Pl (Erdboden)* sol *m*
④ A *(Grundbesitz)* terres *fpl;* **~ und Boden besitzen** posséder du terrain
⑤ *kein Pl (Boden) eines Gewässers, Gefäßes* fond *m;* **~/keinen ~ haben** *Schwimmer:* avoir/ne pas avoir pied; **auf ~ laufen** *Schiff:* toucher le fond; **etw bis auf den ~ leeren** vider qc complètement
⑥ *kein Pl (Untergrund, Hintergrund)* fond *m;* **ein blaues Muster auf weißem ~** un motif bleu sur fond blanc
▶ **sich in ~ und Boden schämen** avoir vraiment honte; **jdn in ~ und Boden reden** couper le sifflet à qn *(fam);* **im ~e meines Herzens** au fond de mon cœur; **einer S. (Dat) auf den ~ gehen** aller au fond des choses; **einer S. (Dat) auf den ~ kommen** tirer qc au clair; **den ~ zu etw legen** poser les fondements de qc; **im ~e [genommen]** au fond; **von ~ auf [o aus]** de fond en comble; **zu ~e gehen** *Person:* se perdre; *Kultur, Zivilisation:* disparaître; *Reich:* s'effondrer

grundanständig *Adj* foncièrement correct(e) **Grundausbildung** *f* formation *f* de base; **berufliche ~** formation professionnelle de base **Grundausstattung** *f* équipement *m* de base **Grundbedeutung** *f* ① LING sens *m* premier ② *(Hauptaussage)* **die ~** l'essentiel *m* **Grundbedingung** *f* condition *f* de base **Grundbegriff** *m* notion *f* élémentaire; **die ~e der französischen Grammatik** les rudiments *mpl* de la grammaire française **Grundbesitz** *m* propriété *f* foncière; *einer Gemeinde* terrains *mpl* communaux; **landwirtschaftlicher/städtischer ~** propriété rurale/urbaine **Grundbesitzer(in)** *m(f)* propriétaire *mf* foncier(-ière) **Grundbuch** *nt* cadastre *m*
Grundbuchamt *nt* cadastre *m*
grundehrlich *Adj* foncièrement honnête
Grundeigentümer(in) *s.* **Grundbesitzer(in)**
Grundeinstellung *f* INFORM réglage *m* de base
gründen ['ɡʀʏndən] I. *tr V* ① *(schaffen)* fonder *Firma, Verein*
② *(fußen lassen)* **seine Hoffnungen auf etw (Akk) ~** fonder ses espoirs sur qc
II. *itr, r V* [**sich**] **auf etw (Akk) ~** [se] baser sur qc
III. *r V* **sich ~** *Verein, Gruppe:* se fonder
Gründer(in) <-s, -> *m(f)* fondateur(-trice) *m(f)*
Gründerjahre *s.* **Gründerzeit**
Grunderwerb *m* acquisition *f* de terrains **Grunderwerb[s]steuer** *f* droits *mpl* de mutation
Gründerzeit *f* années *fpl* de fondation [du Reich] *(correspondant à une période d'expansion industrielle)*
grundfalsch *Adj* absolument faux(fausse) **Grundfarbe** *f* ① *(Primärfarbe)* couleur *f* primaire ② *(Farbe des Untergrunds)* couleur *f* du fond
Grundfesten ['ɡʀʊntfɛstən] ▶ **etw in seinen ~** [*o* **bis in die ~**] **erschüttern** ébranler qc jusque dans ses fondements; **an den ~ einer S. (Gen) rütteln** toucher aux fondements [mêmes] de qc
Grundfläche *f* superficie *f*
Grundform *f* ① forme *f* primitive [*o* fondamentale] ② GRAM forme *f* de base; *eines Verbs* infinitif *m* **Grundfrage** *f* question *f* fondamentale **Grundfreibetrag** *m* FISC abattement *m* à la base **Grundgebühr** *f* taxe *f* de base **Grundgedanke** *m* idée *f* fondamentale **Grundgehalt** *nt* salaire *m* de base **Grundgesetz** *nt* ① *der Natur, Physik* principe *m* fondamental ② *(Verfassung)* **das ~ la** constitution allemande
grundgesetzwidrig *Adj* anticonstitutionnel(le)
Grundhaltung *f* position *f;* **seine ~ gegenüber jdm/etw** son attitude *f* face à qn/qc
grundieren* *tr V* appliquer une sous-couche sur
Grundierfarbe *f* ARCHIT peinture *f* d'apprêt
Grundierung <-, -en> *f* ① *kein Pl (das Grundieren)* application *f* d'une sous-couche
② *(Grundanstrich)* sous-couche *f*
Grundkapital *nt* capital *m* engagé; **genehmigtes ~** capital autorisé **Grundkenntnisse** *Pl* connaissances *fpl* de base **Grundkonsens** *m* SOZIOL, POL consensus *m* de base **Grundkurs** *m* SCHULE cours *m* de base; UNIV [cours d']initiation *f* **Grundlage** *f* base *f;* **als ~ für etw dienen** servir de base à qc; **jeder ~ entbehren** être dénué(e) de tout fondement
Grundlagenforschung *f* recherche *f* fondamentale
Grundlast *f* ELEC charge *f* de base
grundlegend ['ɡʀʊntleːɡənt] I. *Adj* **Erkenntnisse, Unterschiede** essentiel(le); **für etw ~ sein** être essentiel(le) pour qc
II. *Adv* fondamentalement; *sich verändern* du tout au tout
gründlich ['ɡʀʏntlɪç] I. *Adj Person, Arbeit* rigoureux(-euse); *Studien, Kenntnisse* approfondi(e)
II. *Adv* ① *arbeiten, recherchieren* rigoureusement

② *fam (total)* **sich irren, täuschen** lourdement; **jdn ~ täuschen** tromper qn à fond
Gründlichkeit <-> *f* rigueur *f*
Gründling ['ɡʀʏntlɪŋ] <-s, -e> *m* ZOOL goujon *m*
Grundlinie [-liːniə] *f* ① GEOM base *f* ② SPORT ligne *f* de fond **Grundlohn** *m* salaire *m* de base
grundlos I. *Adj* ① *Verdacht, Aufregung* infondé(e); *Lachen* sans raison
② *(ohne festen Boden)* sans fond
II. *Adv* sans raison
Grundmauer *f* soubassement *m;* **etw bis auf die ~n niederreißen/zerstören** raser qc complètement
Grundnahrungsmittel *nt* denrée *f* alimentaire de base
Gründonnerstag *m* jeudi *m* saint
Grundordnung *f* ordre *m;* **die freiheitlich-demokratische ~** l'ordre démocratique libéral **Grundpfeiler** *m* CONSTR *a. fig* pilier *m* **Grundprinzip** *nt* principe *m* de base **Grundrechenart** *f* opération *f* [élémentaire] **Grundrecht** *nt* droit *m* fondamental; **die demokratischen ~e** les droits fondamentaux de la démocratie **Grundregel** *f* règle *f* de base **Grundrente** *f* ① [pension *f* de] retraite *f* minimum ② *(Rente aus Immobilienbesitz)* rente *f* foncière
Grundriss^RR *m* ① *(Zeichnung)* plan *m*
② *(Kurzfassung, Leitfaden)* abrégé *m*
Grundsatz *m* principe *m;* **ein Mann/eine Frau mit Grundsätzen** un homme/une femme de principes; **es sich (Dat) zum ~ machen fair zu sein** avoir pour principe d'être régulier(-ière) **Grundsatzdebatte** *f* débat *m* de principe **Grundsatzentscheidung** *f* décision *f* de principe **Grundsatzerklärung** *f* déclaration *f* de principe **Grundsatzfrage** *f* question *f* de principe
grundsätzlich ['ɡʀʊntzɛtslɪç] I. *Adj* ① *(grundlegend) Problem, Unterschied* fondamental(e); *Zweifel* sérieux(-euse)
② *attr (prinzipiell) Bereitschaft, Ablehnung* de principe
II. *Adv* ① *(völlig)* fondamentalement
② *(prinzipiell)* au fond; **~ nichts einzuwenden haben** n'avoir absolument rien à objecter
③ *(kategorisch) verbieten* formellement; *ablehnen* strictement; **~ nicht an etw interessiert sein** ne pas avoir le moindre intérêt pour qc
Grundsatzprogramm *nt* grandes lignes *fpl* du programme **Grundsatzreferat** *nt* déclaration *f* de principe **Grundsatzurteil** *nt* jugement *m* de principe
Grundschuld *f* dette *f* foncière
Grundschule *f* ≈ école *f* primaire

> **Land und Leute**
>
> Les enfants, de 6 à 10 ans, vont à la **Grundschule**. C'est l'école primaire obligatoire qui compte 4 années de scolarité contre 5 en France. Ils s'y rendent du lundi au vendredi sans interruption mais, à la différence de l'école primaire française, aucun cours n'y est dispensé l'après-midi.

Grundschüler(in) *m(f)* écolier(-ière) *m(f)* **Grundschullehrer(in)** *m(f)* instituteur(-trice) *m(f)* **Grundstein** *m* première pierre *f* ▶ **den ~ zu etw legen** poser la première pierre de qc **Grundsteinlegung** *f* pose *f* de la première pierre
Grundstellung *f* ① SPORT position *f* [droite]; **die ~ einnehmen** se mettre en position [droite]
② SCHACH disposition *f* des pièces au début de la partie
Grundsteuer *f* FISC impôt *m* foncier
Grundstock *m* base *f* **Grundstoff** *m* ① *(Rohstoff)* matière *f* première ② CHEM corps *m* simple
Grundstoffindustrie *f* industrie *f* de base
Grundstück *nt* propriété *f; (Baugrundstück)* terrain *m* **Grundstückseigentümer(in)** *m(f)* propriétaire *mf* foncier(-ière) **Grundstückskauf** *m* achat *m* d'un terrain **Grundstücksmakler(in)** *m(f)* agent *m* immobilier
Grundstudium *nt* premier cycle *m* **Grundstufe** *f* SCHULE cours *m* moyen **Grundton** *m* ① MUS *eines Akkords* note *f* fondamentale; *einer Tonleiter* clé *f,* clef *f* ② *(Grundfarbe)* ton *m* dominant ③ *fig (Stimmung)* note *f* dominante; **ein optimistischer ~** une note dominante d'optimisme **Grundübel** *nt* source *f* de tous les maux
Gründung ['ɡʀʏndʊŋ] <-, -en> *f* fondation *f*
Gründungsjahr *nt* année *f* de la fondation **Gründungsmitglied** *nt* membre *m* de la fondation
grundverschieden *Adj* radicalement différent(e) **Grundversorgung** *f kein Pl* approvisionnement *m* de base **Grundwasser** *nt* nappe *f* phréatique; **auf ~ stoßen** atteindre la nappe phréatique
Grundwasserspiegel *m* niveau *m* de la nappe phréatique
Grundwehrdienst *m* classes *fpl;* **den ~ leisten** faire ses classes

Grundwert m valeur f fondamentale; (Grundstückswert) valeur f foncière **Grundwort** <-wörter> nt déterminé m **Grundwortschatz** m vocabulaire m de base **Grundzahl** s. Kardinalzahl **Grundzug** m ❶ (Charakterzug) trait m caractéristique ❷ (große Linie) etw in seinen Grundzügen darstellen présenter qc dans ses grandes lignes
Grüne(r) f(m) dekl wie Adj POL écolo mf (fam); **die ~n** les verts
Grüne(s) nt dekl wie Adj ❶ (Natur) **ins ~ fahren** [aller] se mettre au vert; **im ~n** dans la nature
❷ fam (Grünpflanzen, Salat) **~s zum Garnieren** de la verdure pour garnir (fam)
grünen itr V geh verdir; **wieder ~** Baum: reverdir
Grünfink m verdier m **Grünfläche** f espace m vert **Grünfutter** nt fourrage m vert **Grüngürtel** m einer Stadt ceinture f verte **Grünkern** m grain m vert d'épeautre **Grünkohl** m chou m de Milan **Grünland** nt kein Pl AGR pâturages mpl
grünlich Adj verdâtre
Grünling <-s, -e> m BOT tricholome m équestre
Grünpflanze f plante f verte **Grünschnabel** m fam blanc-bec m (fam) **Grünspan** m vert-de-gris m; **~ ansetzen** se couvrir de vert-de-gris **Grünspecht** m pivert m **Grünstich** m dominante f verte; **einen ~ haben** tirer sur le vert **grünstichig** Adj à dominante verte; **~ sein** avoir une dominante verte **Grünstreifen** m (Mittelstreifen) terre-plein m central; (Seitenstreifen) terre-plein [aménagé]
grunzen ['gruntsən] I. itr V ❶ Schwein: grogner
❷ fam (laut atmen) grogner (fam)
II. tr V fam grommeler (fam)
Grünzeug <-s> nt A (Suppengrün) herbes fpl potagères
Grüppchen <-s, -> nt Dim von Gruppe petit groupe m; pej clan m
Gruppe ['grupə] <-, -n> f groupe m; **in ~n arbeiten** travailler en groupe
Gruppenabend m veillée f commune **Gruppenarbeit** f kein Pl (in der Schule) travail m de [o en] groupe; (in der Arbeitswelt) travail en équipe **Gruppenbild** nt photo f de groupe; KUNST scène f de mœurs **Gruppendynamik** f dynamique f de groupe **gruppendynamisch** Adj de dynamique de groupe **Gruppenfoto** nt photo f de groupe **Gruppenführer(in)** m(f) ❶ einer Jugendgruppe chef mf de groupe [o de file]; einer Pfadfindergruppe chef scout m/cheftaine f ❷ NS grade correspondant à général d'armée dans les S.S. **Gruppenleiter(in)** m(f) (Leiter einer Arbeitsgruppe) chef m d'équipe **Gruppenmitglied** nt membre m du groupe **Gruppenreise** f voyage m organisé **Gruppensex** m rapports mpl sexuels en groupe **Gruppensieg** m victoire f dans le groupe; **den ~ erringen** terminer vainqueur du groupe **Gruppentarif** m tarif m de groupe **Gruppentherapie** f PSYCH, MED thérapie f de groupe **Gruppenunterricht** m enseignement m en groupe **Gruppenversicherung** f assurance f collective **gruppenweise** Adv par groupes
gruppieren* I. tr V rassembler; **die Gäste/die Stühle um den Tisch ~** rassembler les invités/chaises autour de la table
II. r V **sich um jdn/etw ~** se rassembler autour de qn/qc
Gruppierung <-, -en> f ❶ POL groupuscule m; (innerhalb einer Regierung, Partei) fraction f
❷ (Anordnung) disposition f
Gruselfilm m film m d'épouvante **Gruselgeschichte** f récit m d'épouvante
gruselig Adj épouvantable; **nachts auf dem Friedhof ist es ~** se promener la nuit dans un cimetière, ça donne des frissons; **jdm ist ~ zumute** qn a le frisson
gruseln I. tr, itr V unpers **ihn** [o **ihm**] **gruselt es** il a le frisson; **das Gruseln** le frisson
II. r V **sich ~** avoir le frisson; **er gruselt sich vor dem Monster** le monstre lui donne des frissons
gruslig s. gruselig
Gruß [gru:s, Pl: 'gry:sə] <-es, Grüße> m ❶ (Begrüßung) salut m; **zum ~** en guise de salut; **ohne ~** sans saluer
❷ (übermittelter Gruß) salutations fpl; **jdm Grüße von jdm bestellen** [o **sagen**] donner le bonjour à qn de la part de qn; **einen** [schönen] [o **lieben**] **Gruß** [o **liebe Grüße**] **an die Kinder** bien le bonjour aux enfants; **ich soll dir von Egon einen ~ sagen** Egon m'a chargé(e) de te donner le bonjour
❸ (schriftliche Grußformel) **mit freundlichen Grüßen** reçois/recevez mes sincères salutations; **liebe Grüße** bien des choses de ma part; **viele Grüße an ...** toutes mes salutations à ...
▶ **~ und Kuss** grosses bises (fam); **der Englische ~** la salutation angélique
Grußadresse f, **Grußbotschaft** f message m de sympathie
grüßen ['gry:sən] I. tr V ❶ (begrüßen) saluer
❷ (Grüße übermitteln) **jdn von jdm ~** saluer qn de la part de qn; **jdn ~ lassen** donner le bonjour à qn; **grüß mir deine Schwester** donne le bonjour à ta sœur de ma part; **grüß mir Paris** salue Paris de ma part; **sei** [mir] **gegrüßt!** salut (à toi)!; **grüß dich!** fam salut!
(fam)
II. itr V **dire bonjour; das Grüßen** le salut; **hast du das Grüßen verlernt?** tu ne sais plus dire bonjour? (fam); **Paul lässt ~** Paul donne le bonjour
III. r V **sich ~** se saluer
Grußformel f formule f de politesse **grußlos** Adv sans dire bonjour **Grußwort** <-worte> nt discours m de bienvenue; **ein ~ an jdn richten** adresser un discours de bienvenue à qn
Grütze ['grʏtsə] <-, -n> f ❶ bouillie f de gruau
❷ fam (Verstand) **~/nicht gerade viel ~ im Kopf haben** en avoir/ne rien avoir dans la cervelle (fam)
▶ **rote ~** compote refroidie de fruits rouges, épaissie avec de la fécule
Gschaftlhuber(in) <-s, -> m(f) A fam frimeur(-euse) m(f)
gschamig ['kʃa:mɪç] Adj A fam pudique
Gschnas ['kʃna:s] <-es, -e> nt, **Gschnasfest** nt A bal m costumé
Guano [gu'a:no] <-s> m ZOOL guano m
Guatemala [guate'ma:la] <-s> nt le Guatemala
Guatemalteke [guatemal'te:kə] <-n, -n> m, **Guatemaltekin** f Guatémaltèque mf
guatemaltekisch Adj guatémaltèque
Guave [gu'a:və] <-, -n> f goyave f
gucken ['gukən, 'kʊkən] itr V fam ❶ (sehen) regarder; **aus dem Fenster ~** regarder par la fenêtre
❷ (ragen) dépasser; **dein Hemd guckt aus der Hose** ta chemise dépasse du pantalon
❸ (dreinsehen) **dumm/finster/gelangweilt ~** avoir l'air bête/sombre/ennuyé
Guckloch nt (in einer Wand, einem Zaun) judas m; (in einer Tür) judas [optique]
Guerilla[1] [ɡeˈrɪlia] <-, -s> f s. Guerillakrieg
Guerilla[2] <-[s], -s> m, <-, -s> f, **Guerillakämpfer(in)** m(f) guérillero m, guérilléro m
Guerillakrieg m guérilla f
Gugelhupf ['gu:gəlhʊpf] <-s, -e> m SDEUTSCH, A kouglof m
Güggeli ['gʏgəli] <-s, -> nt CH (Brathähnchen) poulet m rôti
Guillotine [gɪljo'ti:nə, gijo'ti:nə] <-, -n> f guillotine f
guillotinieren* [gɪljoti'ni:rən, gijoti'ni:rən] tr V guillotiner
Guinea [gi'ne:a] <-s> nt la Guinée
Guineer(in) [gi'ne:ɐ] <-s, -> m(f) Guinéen(ne) m(f)
guineisch [gi'ne:ɪʃ] Adj guinéen(ne)
Gulasch ['gulaʃ] <-[e]s, -e o -s> nt o m goulache m o f, goulasch m **Gulaschkanone** f sl roulante f (fam) **Gulaschsuppe** f soupe f de goulasch
Gulden ['gʊldən] <-s, -> m HIST florin m
gülden ['gʏldən] Adj poet d'or
Gülle ['gʏlə] <-> f lisier m
Gully ['guli] <-s, -s> m o nt bouche f d'égout
gültig ['gʏltɪç] Adj ❶ Fahrschein, Eintrittskarte, Fahrplan valable; Pass, Ausweis valide; **ein nicht mehr ~ er Personalausweis** une carte d'identité périmée; **der Sommerfahrplan ist ab dem 1. Juni ~** les horaires d'été sont valables à compter du 1er juin
❷ (rechtswirksam) Urteil, Gesetz en vigueur; **~ sein/werden** être/entrer en vigueur
❸ (legal) Zahlungsmittel légal(e); **~ sein/bleiben** avoir/continuer d'avoir cours
❹ (anerkannt) en vigueur; **ein allgemein ~ er Verhaltenskodex** un code de conduite communément admis
Gültigkeit <-> f validité f; **~ bekommen** Gesetz: entrer en vigueur; **erst durch eine Wertmarke ~ erlangen** Monatskarte: n'être valable qu'accompagné(e) d'une vignette; **die ~ ausländischen Rechts** la validité du droit étranger; **die ~ eines Urteilsspruchs anfechten** attaquer la validité d'un dispositif de jugement
Gültigkeitsdauer f eines Fahrscheins, einer Eintrittskarte durée f de validité; eines Ausweises, Passes [durée f de] validité f
Gummi[1] ['gumi] <-s, -[s]> m o nt ❶ (Material) caoutchouc m
❷ <-s> fam (Kondom) capote f [anglaise] (fam)
Gummi[2] <-s, -s> m fam (Radiergummi) gomme f [à effacer]
Gummi[3] <-s, -s> nt fam (Gummiband) élastique m
Gummiball m balle f de caoutchouc **Gummiband** <-bänder> nt élastique m **Gummibärchen** ['gʊmibɛːɐçən] nt ourson m [gélifié] **Gummibaum** m caoutchouc m
gummieren* tr V gommer; **ein gummierter Aufkleber** un autocollant gommé
Gummierung <-, -en> f ❶ kein Pl (das Gummieren) gommage m
❷ (Klebstoffschicht) [couche f de] gomme f
Gummihandschuh m gant m en caoutchouc **Gummihöschen** nt culotte f en latex **Gummiknüppel** m fam matraque f [en caoutchouc] **Gummiparagraph** m fam clause f élastique **Gummiring** m élastique m **Gummisohle** f semelle f en caoutchouc **Gummistiefel** m botte f en caoutchouc **Gummistrumpf** m bas m à varices **Gummizelle** f cellule f capitonnée

Gummizug *m* [bande *f*] élastique *m*

Gunst [gʊnst] <-> *f* ❶ *(Wohlwollen)* bienveillance *f*; **jds ~ besitzen** [*o* **genießen**] jouir de la faveur de qn; **in jds ~** [*Dat*] **stehen** être dans les bonnes grâces de qn; **sich** *(Dat)* **jds ~ verscherzen** s'aliéner la faveur de qn
❷ *fig (günstige Konstellation)* **die ~ des Schicksals/der Stunde** l'opportunité du destin/moment; **die ~ der Umstände** l'heureux concours de circonstances
❸ *(Vergünstigung)* faveur *f*; **jdm eine ~ erweisen** *geh* accorder une faveur à qn
▶ **zu seinen/meinen/... ~en** en sa/ma/... faveur

Gunstbeweis *m*, **Gunstbezeigung** *f geh* marque *f* de faveur
günstig [ˈgʏnstɪç] **I.** *Adj* ❶ *(zeitlich passend)* *Zeit, Termin* favorable; *Bus-, Zugverbindung, Flug* commode; **dieser Termin wäre ~ für mich** cette date me conviendrait bien
❷ *(begünstigend)* *Verhältnisse, Gelegenheit, Wetter* favorable; *Bedingung* avantageux(-euse)
❸ *(preisgünstig)* avantageux(-euse)
II. *Adv* ❶ *kaufen* à un prix avantageux; **um zehn Prozent ~er** avec une réduction de dix pour cent
❷ *(gut, geschickt)* **das trifft sich ~** ça tombe bien; **es trifft sich ~, dass** ça tombe bien que + *subj*

günstigstenfalls *Adv* dans le meilleur des cas
Günstling [ˈgʏnstlɪŋ] <-s, -e> *m pej* petit(e) protégé(e) *m (fam)*; *eines Königs, Fürsten* favori(te) *m(f)*
Günstlingswirtschaft *f pej* favoritisme *m*
Gupf [gʊpf] <-[e]s, -e> *m* SDEUTSCH, A, CH *fam (Kuppe)* dôme *m*
Guppy [ˈgʊpi] <-s, -s> *m* guppy *m*
Gurgel [ˈgʊrgəl] <-, -n> *f* gorge *f*
▶ **sie wäre ihm am liebsten an die ~ gesprungen** *fam* elle aurait voulu lui sauter dessus *(fam)*; **jdm die ~ zudrücken** *fam* serrer le kiki à qn *(fam)*

Gurgelmittel *nt* gargarisme *m*
gurgeln *itr V* ❶ *(den Rachen spülen)* faire un gargarisme/des gargarismes; **mit etw ~** faire un gargarisme/des gargarismes avec qc; **das Gurgeln** le gargarisme; **zum Gurgeln** pour les gargarismes
❷ *(gluckern)* gargouiller; **~d** en gargouillant; *Laute* rauques

Gurgelwasser *nt* gargarisme *m*
Gürkchen <-s, -> *nt* *Dim von* **Gurke** [petit] cornichon *m*
Gurke [ˈgʊrkə] <-, -n> *f* ❶ *(Salatgurke)* concombre *m*; *(eingelegt)* cornichon *m*; **saure ~n** cornichons à la russe
❷ *hum fam (Nase)* blair *m (fam)*

Gurkenhobel *m* coupe-concombres *m* **Gurkensalat** *m* salade *f* de concombre
gurren [ˈgʊrən] *itr V a. fig* roucouler
Gurt [gʊrt] <-[e]s, -e> *m* ❶ *(Riemen)* sangle *f*
❷ *(Sicherheitsgurt)* ceinture *f* de sécurité
❸ *(Gürtel)* ceinturon *m*

Gürtel [ˈgʏrtəl] <-s, -> *m* ceinture *f*
▶ **den ~ enger schnallen** *fam* se serrer la ceinture *(fam)*

Gürtellinie [-liːniə] *f* taille *f*; **unter die ~ zielen** en dessous de la ceinture **Gürtelreifen** *m* pneu *m* à carcasse radiale **Gürtelrose** *f* MED zona *m* **Gürtelschlaufe** *f* passant *m* [de ceinture]; **Gürtelschnalle** *f* boucle *f* de ceinture **Gürteltasche** *f* sac *m* banane **Gürteltier** *nt* tatou *m*
Gurtmuffel *m fam* personne qui refuse de boucler la ceinture de sécurité **Gurtpflicht** *f* port *m* obligatoire de la ceinture de sécurité **Gurtstraffer** [-ʃtrafe] <-s, -> *m* rétracteur de ceinture de sécurité
Guru [ˈguːru] <-s, -s> *m* REL gourou *m*, guru *m*
GUS [gʊs, geː?uː?ɛs] *f Abk von* **Gemeinschaft Unabhängiger Staaten**: **die ~** la C.E.I.
Gussᴿᴿ <-es, Güsse>, **Guß**ᴬᴸᵀ <Gusses, Güsse> *m* ❶ *kein Pl* METAL *(das Gießen)* fonte *f*
❷ *(Zuckerguss)* couche *f* de sucre; **die Torte mit einem ~ überziehen** glacer la tarte
❸ *(Wasserguss)* jet *m*; **kalte Güsse** MED affusions *fpl* froides
❹ *fam (Regenguss)* saucée *f (fam)*
▶ [wie] **aus einem ~** comme formant une unité; [wie] **aus einem ~ sein** former une unité

Gusseisenᴿᴿ *nt* fonte *f* **gusseisern**ᴿᴿ *Adj* en fonte **Gussform**ᴿᴿ *f* moule *m* **Gussstahl**ᴿᴿ *m* acier *m* fondu
Gusto [ˈgʊsto] <-s> *m* *(Belieben)* **nach eigenem ~** à mon/son/... idée; [ganz] **nach ~** *geh* à ma/sa/... guise
gut [guːt] **I.** <besser, beste> *Adj* ❶ *(opp: schlecht)* bon(ne) *antéposé*; **~e Schuhe** de bonnes chaussures, des chaussures de bonne qualité; **~e Augen/Ohren haben** avoir de bons yeux/l'oreille fine; **jdn/etw ~ finden** trouver bien qn/qc
❷ *(lieb)* *Mann, Frau* bon(ne) *postposé*; *Mutter, Sohn* bon(ne) *antéposé*; **ein ~er Kerl** un gars bien; **ein ~er Bekannter/Freund** une bonne connaissance/un bon copain; **er ist ein ~er Mensch** c'est quelqu'un de bien; **die ~e Tante Erna** la bonne tante Erna; **~ zu jdm sein** être gentil(le) avec qn; **sei so ~ und hilf mir mal!** sois gentil(le) de m'aider!
❸ *(körperlich wohl)* **ihm/ihr ist nicht ~** il/elle ne se sent pas bien
❹ *(gelungen)* **~ werden/sein** *Foto, Aufnahme*: être réussi(e); **sind die Fotos ~ geworden?** est-ce que les photos sont réussies?
❺ *meist attr (untadelig)* *Charakter, Zug, Manieren* bon(ne) *antéposé*; *Benehmen* correct(e)
❻ *(richtig)* **das ist ~ so** ça vaut mieux ainsi; **und/aber das ist auch ~ so** et/mais c'est tant mieux; **~ so!** c'est bien comme ça!; [wie] **~, dass du nichts gesagt hast!** c'est bien que tu n'aies rien dit!
❼ *(brauchbar, interessant)* *Idee, Maßnahme, Plan* bon(ne) *antéposé*; *Angebot, Vorschlag* intéressant(e); **das ist mal 'ne ~e Idee!** *fam* voilà enfin une bonne idée!
❽ *(leistungsstark, überdurchschnittlich)* *Schüler, Arbeit, Leistung* bon(ne) *antéposé*; **~ in Geschichte sein** être bon(ne) en histoire
❾ *(Schulnote)* bonne note située entre quatorze et seize sur vingt
❿ *(wirksam, nützlich)* *Mittel, Methode* bon(ne) *antéposé*; **~ gegen** [*o* **für**] *fam* **Husten sein** être bon(ne) contre [*o* pour] la toux; **wer weiß, wozu das noch ~ ist!** qui sait à quoi ça peut servir un jour!; **wozu ist das ~?** *fam* ça sert à quoi? *(fam)*
⓫ *(reichlich)* **ein ~er Liter/Kilometer** un bon litre/kilomètre; **eine ~e Stunde Zeit haben** avoir une bonne heure; **du wirst ~e tausend Euro zahlen müssen** tu vas bien payer mille euros
⓬ *(in Wunschformeln)* **~en Tag!** bonjour!; **~en Appetit!** bon appétit!; **~e Fahrt!** bonne route!; **~e Besserung!** prompt rétablissement!
▶ **Gut und Böse** le bien et le mal; **jenseits von gut und böse sein** *iron fam Person*: avoir passé l'âge de penser à ça *(fam)*; **ihm/ihr ist nichts ~ genug** il/elle n'est jamais content(e); **... und schön, aber ...** c'est bien joli, mais ... *(fam)*; **du bist ~!** *iron fam* elle est bonne, celle-là! *(fam)*; **es mit etw ~ sein lassen** *fam* en rester là avec qc; **lass mal ~ sein!** *fam* laisse tomber!; **sich für etw zu ~ sein** s'estimer au-dessus de qc; **alles wird [wieder] ~** tout va s'arranger; **also** [*o* **nun**] [*o* **na**] **~!** bon, d'accord!; **schon ~!** c'est bon!, c'est bon!

II. <besser, am besten> *Adv* ❶ *(opp: schlecht)* bien; **~ gelaunt sein** être de bonne humeur; **sich ~ lesen/verarbeiten lassen** se lire/faire bien; **hier lässt es sich ~ leben/schlafen/arbeiten** ici on vit/dort/travaille bien; [**das hast du**] **~ gemacht!** bien joué!; **pass ~ auf!** fais bien attention!; **das trifft sich ~!** ça tombe bien! ❷ *(reichlich)* bien, largement; **das ist aber ~ eingeschenkt!** voilà qui s'appelle être bien servi!
❸ *(leicht, erfolgreich)* bien
❹ *(angenehm)* **~ riechen** sentir bon; **sich ~ anfassen** *Stoff*: être agréable au toucher; **sich ~ anhören** *Vorschlag*: avoir l'air intéressant(e); **das schmeckt ~** c'est bon
▶ **bei jdm ~ angeschrieben sein** *fam* avoir la cote avec qn; **~ beieinander sein** SDEUTSCH *fam*; **~ dran sein** être à envier; **~ drauf sein** *fam (gut gelaunt sein)* être bien luné(e) *(fam)*; *(gut in Form sein)* avoir la pêche *(fam)*; **~ und gern[e]** largement; **du hast ~ reden/lachen!** tu as beau dire/rire! *(fam)*; **~ gehen** *(florieren)* bien marcher; *(sich gut verkaufen)* bien se vendre; **so ~ es geht** aussi bien que possible; **es ~ haben** avoir de la chance; **sie hatte es immer ~ bei ihren Eltern** elle a toujours été bien chez ses parents; **das kann ~ sein** ça se pourrait bien; **er kann nicht ~ abreisen/bleiben** il peut difficilement partir/rester; **mach's ~!** *fam* salut! *(fam)*; **sich ~ mit jdm stellen** se mettre bien avec qn; **~ daran tun etw zu tun** avoir intérêt à faire qc; **so ~ wie ... ** *fam* pratiquement ...; **seid ihr schon verheiratet?** — **So ~ wie!** *fam* est-ce que vous êtes déjà mariés? — C'est tout comme! *(fam)*

Gut <-[e]s, Güter> *nt* ❶ *(Ware)* bien *m*; **gefährliche Güter** produits *mpl* dangereux
❷ *(Landgut)* domaine *m*
❸ JUR **bewegliche/unbewegliche Güter** biens *mpl* meubles/immobiliers; **geistige Güter** valeurs *fpl* spirituelles; **die irdischen Güter** les biens de ce monde

Gutachten [ˈguːt?axtən] <-s, -> *nt* expertise *f*
Gutachter(in) <-s, -> *m(f)* expert(e) *m(f)*
gutartig *Adj* ❶ *Person* d'un bon naturel; *Tier* inoffensif(-ive)
❷ MED bénin(-igne)

Gutartigkeit <-> *f* MED bénignité *f*
gutaussehend *s.* **aussehen** I. ❶
gutbezahlt *s.* **bezahlt**
gutbürgerlich *Adj a.* GASTR bourgeois(e)
gutdotiert *s.* **dotieren**
Gutdünken [ˈguːtdʏŋkən] <-s> *nt* **sie entschied nach [eigenem] ~** elle a décidé comme bon lui semblait
Gute(r) *f(m) dekl wie Adj* **der/die ~** le bon monsieur/la bonne dame; **mein ~r/meine ~** mon très cher/ma très chère; **ach, Sie ~, ich bin Ihnen so dankbar!** ha, ma bonne dame, je ne sais comment vous remercier!
▶ **die ~n und die Bösen** les bons et les méchants

Gute(s) *nt dekl wie Adj* ❶ *(Schmackhaftes, qualitativ Hochwerti-*

ges) etwas ~s quelque chose de bon
❷ *(Angenehmes, Positives)* ~s über jdn sagen dire du bien à propos de qn; das ~ daran ist, dass l'avantage, c'est que + *indic*; nichts ~s verheißen [*o* versprechen] ne dire rien qui vaille; sich zum ~n wenden prendre un tour favorable; alles ~! bonne chance!
❸ *(gute Tat)* ~s tun faire le bien; jdm ~s tun faire du bien à qn; etwas/nichts ~s quelque chose/rien de bon; damit tust du mir nichts ~s ce n'est pas comme ça que tu me rends service
▶ an das ~ im Menschen glauben croire en la bonté humaine; im ~n wie im Bösen aussi bien par la douceur que par la manière forte; das ist des ~n zu viel *(das ist überreichlich)* ça dépasse la mesure; *(das geht zu weit)* trop, c'est trop; des ~n zu viel tun en faire trop; es hat alles sein ~s *Spr.* toute chose a du bon; sich im ~n trennen se séparer à l'amiable; ich sage es dir im ~n je te le dis encore une fois gentiment
Güte ['gy:tə] <-> f ❶ *Gottes, einer Person* bonté f
❷ *(Freundlichkeit)* bonté f; würden Sie die ~ haben meinen Koffer zu tragen? *form* auriez-vous la bonté de porter ma valise? *(form)*; in ~ gentiment; sich einigen à l'amiable
❸ *(Qualität) einer Ware* qualité f
▶ eine Dreistigkeit/Dummheit erster ~ *fam* le comble de l'impudence/une sacrée connerie *(fam)*; es war ein Reinfall erster ~ *fam* on s'est planté comme c'est pas permis *(fam)*; ach du liebe [*o* meine] ~! *fam* c'est pas vrai! *(fam)*
Güteklasse f catégorie f
Gutenachtgeschichte f histoire f pour dormir; ich möchte eine ~! j'aimerais une histoire avant de m'endormir! Gutenachtkuss^{RR} m bisou m *(fam)*
Güteprüfung f contrôle m de qualité
Güterabfertigung f ❶ *kein Pl (das Abfertigen)* expédition f des marchandises ❷ *(Abfertigungsstelle)* [service m d']expédition f des marchandises Güterbahnhof m gare f de marchandises Güterfernverkehr m transport m routier longue distance Gütergemeinschaft f communauté f de biens; fortgesetzte ~ JUR communauté de biens continuée; in ~ leben vivre sous le régime de la communauté Güternahverkehr m transport m routier courte distance Gütertrennung f séparation f des biens; in ~ leben vivre sous le régime de la séparation des biens Güterverkehr m transport m [de] marchandises Güterwagen m wagon m de marchandises Güterzug m train m de marchandises
Gütesicherung f protection f de la qualité Gütesiegel nt label m de qualité; etw mit einem ~ versehen labelliser qc
Güteverhandlung f JUR tentative f de conciliation Gütezeichen nt marque f de qualité
gut|gehen I. *itr V unpers s.* gehen II. ❶, ❷
II. *itr V s.* gehen I. ⑫
gutgehend *s.* gehen I. ⑪
gutgelaunt *s.* gelaunt
gutgemeint *s.* meinen I. ⑤
gutgläubig I. *Adj* crédule
II. *Adv* JUR de bonne foi
Gutgläubigkeit f crédulité f
gut|haben *tr V unreg* bei jdm etw ~ avoir qc à son crédit auprès de qn
Guthaben ['gu:tha:bən] <-s, -> nt avoir m
gut|heißen *tr V unreg* accepter, admettre
gutherzig *Adj geh* généreux(-euse); so ~ sein, dass avoir si bon cœur que + *indic*
gütig ['gy:tɪç] *Adj* ❶ bienveillant(e); Ehemann, Chef complaisant(e)
❷ *(freundlich)* würden Sie so ~ sein ... *geh* voudriez-vous avoir l'obligeance de ... *(soutenu)*
▶ [danke,] zu ~! *iron* [merci,] tu es/vous êtes [vraiment] trop bon(ne)!

gütlich ['gy:tlɪç] *a.* JUR I. *Adj Liquidation* à l'amiable
II. *Adv* etw ~ regeln régler qc à l'amiable
▶ sich an etw *(Dat)* ~ tun se régaler de qc
gut|machen *tr V* ❶ *(in Ordnung bringen)* réparer *Fehler, Schaden, Unrecht*; einen Verlust mit etw ~ compenser une perte par qc; etwas/viel an jdm gutzumachen haben avoir quelque chose/beaucoup à se faire pardonner de qn
❷ *(sich revanchieren)* ich weiß gar nicht, wie ich das ~ soll je ne sais pas comment rendre la pareille
❸ *(gewinnen)* tausend Euro bei etw ~ gagner mille euros à l'occasion de qc
gutmütig ['gu:tmy:tɪç] *Adj Person* d'un bon naturel; *Tier* bon(ne)
Gutmütigkeit <-> f complaisance f
Gutsbesitzer(in) m(f) propriétaire mf d'un domaine
Gutschein m bon m gut|schreiben *tr V unreg* jdm etw ~ inscrire [*o* porter] qc au crédit de qn Gutschrift f ❶ *(gebuchter Betrag)* crédit m ❷ *(Beleg)* avis m de crédit ❸ *kein Pl (das Gutschreiben)* imputation f [au crédit d'un compte]
Gutshaus nt maison f de maître Gutsherr(in) m(f) ❶ HIST seigneur(-esse) m(f) ❷ *(Gutsbesitzer)* propriétaire mf d'un domaine
Gutshof m ferme f domaniale
gutsituiert *s.* situiert
Gutsverwalter(in) m(f) gérant(e) m(f) de propriété
gut|tun *itr V unreg* jdm ~ *Tee, Wärme, Schlaf:* faire du bien [à qn]; es tut gut spazieren zu gehen cela fait du bien de se promener
guttural [gutu'ra:l] I. *Adj* guttural(e)
II. *Adv* d'une voix gutturale
gutunterrichtet *s.* unterrichten I. ❸
gutverdienend *s.* verdienen II. ❶
gutwillig I. *Adj* plein(e) de bonne volonté
II. *Adv* de plein gré
Guyana [gu'ja:na] <-s> nt la Guyane
Guyaner(in) <-s, -> m(f) Guyanais(e) m(f)
guyanisch *Adj* guyanais(e)
gymnasial [ɡʏmna'zia:l] *Adj attr Bildung* en lycée; *Unterricht* au lycée
Gymnasiallehrer(in) m(f), Gymnasialprofessor(in) m(f) A professeur mf de Gymnasium
Gymnasiast(in) [ɡʏmnazi'ast] <-en, -en> m(f) élève mf de Gymnasium
Gymnasium [ɡʏm'na:ziʊm] <-s, -ien> nt établissement scolaire comprenant les classes entre l'école primaire et le baccalauréat; mathematisch-naturwissenschaftliches/humanistisches ~ ≈ Gymnasium à dominante mathématiques et sciences naturelles/langues anciennes

Land und Leute

Si les résultats le permettent, les élèves peuvent rentrer au **Gymnasium** directement après l'école primaire. Il comprend neuf classes, de la cinquième à la treizième. Les trois dernières années sont appelées *Oberstufe*. A la fin de la treizième classe, les élèves passent leur *Abitur*. Depuis peu, dans certains Länder, les élèves passent leur bac après huit ans de **Gymnasium**. On parle alors de G8.

Gymnastik [ɡʏm'nastɪk] <-> f gymnastique f
Gymnastikanzug m SPORT tenue f de gym[nastique]
gymnastisch *Adj* de gymnastique
Gynäkologe [ɡʏnɛko'lo:gə] <-n, -n> m, Gynäkologin f gynécologue mf
Gynäkologie [ɡʏnɛkolo'gi:] <-> f gynécologie f
gynäkologisch I. *Adj* gynécologique; *Abteilung, Station* de gynécologie
II. *Adv* au niveau gynécologique

H h

H, h [ha:] <-, -> nt ❶ H m/h m
❷ MUS si m
▶ H wie Heinrich h comme Henri
ha [ha, ha:] *Abk von* Hektar ha
Haar [ha:ɐ] <-[e]s, -e> nt ❶ *(einzelnes Kopfhaar)* cheveu m; *(gesamtes Kopfhaar)* cheveux mpl; sie hat blondes ~ [*o* blonde ~e] elle a les cheveux blonds; schönes, dickes ~ haben avoir de beaux cheveux épais; kaum ~e auf dem Kopf haben avoir le cheveu rare; die ~e kurz/offen tragen avoir les cheveux courts/au vent

❷ *(Körperhaar, Tierhaar)* poil m
▶ jdm stehen die ~e zu Berge *fam* qn a les cheveux qui se dressent sur la tête; er/sie frisst uns noch die ~e vom Kopf *fam* il vaut mieux l'avoir en photo qu'à table *(fam)*; [immer] ein ~ in der Suppe finden *fam* chercher la petite bête *(fam)*; ~e auf den Zähnen haben *fam* ne pas avoir la langue dans sa poche *(fam)*; um kein ~ besser du même acabit [*o* tonneau]; graue ~e bekommen attraper des cheveux blancs; sich *(Dat)* über etw *(Akk)* keine grauen ~e wachsen lassen ne pas se faire de cheveux blancs pour qc; kein [*o* nicht ein] gutes ~ an jdm/etw las-

sen déchirer qn/qc à belles dents; **sich in die ~e geraten** [o **kriegen** *fam*] se tomber sur le poil *(fam)*; **etw an den ~en herbeiziehen** *fam* tirer qc par les cheveux; **~e lassen müssen** *fam* y laisser des plumes *(fam)*; **sich** *(Dat)* **die ~e raufen** s'arracher les cheveux; **ihm sträuben sich die ~e** *fam* il en a les cheveux qui se dressent sur la tête; **aufs** ~ au poil près *(fam)*; **sich aufs ~ gleichen** se ressembler comme deux gouttes d'eau; **um ein** [o **ums**] ~ un peu plus; **ich hätte mich um ein ~ geschnitten** un peu plus j'allais me couper; **das wäre um ein ~ ein Tor geworden** il s'en est fallu d'un cheveu que le but soit marqué **Haaransatz** *m* naissance *f* des cheveux **Haarausfall** *m* chute *f* des cheveux **Haarband** <-bänder> *nt* ruban *m* **Haarbreit** *m* ▶ **nicht** [um] **ein ~, um kein ~** ne pas ... d'un pouce **Haarbürste** *f* brosse *f* à cheveux **Haarbüschel** *nt* touffe *f* de cheveux

haaren ['haːrən] *itr V* perdre ses poils
Haarentferner <-s, -> *m* dépilatoire *m*
Haaresbreite *f* ▶ [nur] **um ~** d'un cheveu
Haarfarbe *f* couleur *f* de[s] cheveux **Haarfärbemittel** *nt* teinture *f* pour les cheveux **Haargefäß** *nt* [vaisseau *m*] capillaire *m* **haargenau** I. *Adj Beschreibung, Erklärung* minutieux(-euse); *Übereinstimmung* parfait(e) II. *Adv beschreiben, erklären* par le menu; *übereinstimmen, zutreffen* parfaitement **Haargummi** <-s, -s> *nt* élastique *m* [pour cheveux]

haarig ['haːrɪç] *Adj* ❶ *Arm, Brust* poilu(e)
❷ *fam (heikel) Angelegenheit, Verhandlung* délicat(e); *Prüfung, Test* corsé(e) *(fam)*

Haarklammer *f* pince *f* [à cheveux] **haarklein** *Adv* par le menu **Haarklemme** *s.* **Haarklammer** **Haarknoten** *m* chignon *m* **Haarlack** *m* laque *f* pour les cheveux
haarlos *Adj Person* sans cheveux; *Arm, Brust, Tier* sans poils
Haarnadel *f* épingle *f* à cheveux
Haarnadelkurve *f* virage *m* en épingle [à cheveux]
Haarnetz *nt* résille *f* **Haarpflege** *f* soins *mpl* capillaires **Haarpracht** *f a. hum* chevelure *f* magnifique **Haarreif** *m* serre-tête *m* **Haarriss**[RR] *m (in einem Rohr, einer Leitung)* [fine] fissure *f* **haarscharf** *Adv* ❶ *(ganz knapp) daneben, vorbei* de très peu; **die Kugel ging ~ daneben** la balle le/la manqua de très peu [o d'extrême justesse] ❷ *(sehr exakt)* avec une précision parfaite **Haarschleife** *f* nœud *m* [dans les cheveux] **Haarschnitt** *m (das Schneiden, die Frisur)* coupe *f* de cheveux **Haarschopf** *m* crinière *f (fam)* **Haarsieb** *nt* tamis *m* en crin **Haarspalterei** <-, -en> *f pej* ergotage *m*; **das ist ~!** c'est couper les cheveux en quatre! **Haarspange** *f* grosse barrette *f* [à cheveux] **Haarspitze** *f* pointe *f* d'un [o du] cheveu; **meine ~n** les pointes de mes cheveux **Haarspray** [-ʃpreː, -spreː] *nt o m* laque *f* **Haarsträhne** *f* mèche *f* [de cheveux] **haarsträubend** ['haːeʃtrɔɪbənt] I. *Adj* scandaleux(-euse) II. *Adv sich benehmen* scandaleusement **Haarteil** *nt* postiche *m* **Haartracht** *f veraltet* coiffure *f* [traditionnelle] **Haartrockner** *m* sèche-cheveux *m* **Haarverlängerung** *f* extension *f* de cheveux **Haarwäsche** *f (beim Friseur)* shampooing *m* **Haarwaschmittel** *nt* shampooing *m* **Haarwasser** *nt* lotion *f* capillaire **Haarwild** *nt* gibier *m* à poil **Haarwuchs** *m* pousse *f* des cheveux/poils; **einen kräftigen/spärlichen ~ haben** avoir beaucoup/peu de cheveux **Haarwuchsmittel** *nt* produit *m* favorisant la pousse des cheveux **Haarwurzel** *f* racine *f* du cheveu

Hab [haːp] ▶ **sein/ihr ganzes** [o **gesamtes**] **~ und Gut** *geh* tous ses biens *mpl*
Habachtstellung *f* garde-à-vous *m;* **in ~ gehen** se mettre au garde-à-vous
Habe ['haːbə] <-> *f geh* biens *mpl;* **seine/ihre ganze** [o **gesamte**] **~** tous ses biens
haben ['haːbən] <hat, hatte, gehabt> I. *tr V* ❶ *(besitzen, verfügen über, aufweisen)* avoir; **Kinder ~** avoir des enfants; **Zeit ~** avoir le temps; **ein Haus ~** avoir une maison; **dieses Haus hat einen Garten** cette maison a un jardin; **die Augenfarbe hat er von der Mutter** il a la couleur des yeux de sa mère; **den Humor hat sie vom Vater** elle a hérité de l'humour de son père; **jdn/etw bei sich ~** avoir qn avec soi/qc sur soi; **Gäste im Wohnzimmer sitzen ~** avoir des invités [qui attendent] au salon; **ein Bild an der Wand hängen ~** avoir un tableau accroché au mur; **Bücher im Regal stehen ~** avoir des livres sur l'étagère; **hast du mir mal 'ne Zigarette?** *fam* t'as pas une clope, pour moi? ❷ *(führen, verkaufen)* avoir; **~ Sie Wasserkocher?** est-ce que vous avez des bouilloires électriques? ❸ *(umfassen)* **eine Größe/Fläche/einen Inhalt von ... ~** avoir une grandeur/surface/contenance de ...; **ein Meter hat hundert Zentimeter** un mètre fait cent centimètres ❹ SCHULE *avoir Lehrer, Note;* **heute ~ wir Chemie/keine Chemie** aujourd'hui nous avons chimie/n'avons pas de chimie ❺ *(empfinden, erleben)* avoir; **Lust/Angst ~** avoir envie/peur; **Sonne/schlechtes Wetter ~** avoir du soleil/du mauvais temps; **in Australien ~ sie jetzt Winter** en ce moment, c'est l'hiver en Australie; **wir hatten heute Nacht Vollmond** cette nuit, c'était la pleine lune; **es leicht/schwer ~** l'avoir/ne pas l'avoir facile; **sie hat es sehr gemütlich hier** elle est installée très confortablement ici; **ich habe es bei euch wirklich schön gehabt** j'ai passé de bons moments chez vous; **ihr habt's aber schön warm!** il fait agréablement chaud chez vous! ❻ MED **es am Herzen/im Rücken ~** *fam* être malade du cœur/avoir mal au dos ❼ *(ausstehen)* **ich kann das nicht ~** je ne le supporte pas; **ich kann es nicht ~, wenn ...** je ne supporte pas que + *subj* ▶ **haste was, biste was** *Spr. fam* si t'as rien, t'es rien, mais si t'as quelque chose, ... *(fam);* **noch/nicht mehr zu ~ sein** *fam Mann, Frau:* être encore libre/être déjà pris(e); **das hat er/sie so an sich** *(Dat)* c'est dans sa nature; **etwas** [o **manches**] **für sich ~** avoir du bon; **für etw zu ~ sein/nicht zu ~ sein** être partant(e) pour qc *(fam);* **etwas gegen jdn/etw ~** avoir quelque chose contre qn/qc; **nichts gegen jdn/etw ~** ne rien avoir contre qn/qc; **jdn hinter sich** *(Dat)* **~** [o **wissen**] avoir qn derrière soi; **es in sich ~** *fam Arbeit, Aufgabe:* être plus compliqué(e) que ça en a l'air; *Wein:* faire de l'effet; **Paul hat etwas/nichts mit Brigitte** il y a quelque chose/il n'y a rien entre Paul et Brigitte; **viel/wenig von jdm/etw ~** profiter beaucoup/peu de qn/qc; **jdn vor sich ~, der ...** *(Dat)* avoir affaire à qn qui ...; **da hast du/~ Sie ...** voici ...; **da hast du's/~ wir's!** *fam (na bitte)* et voilà!; **das hast du jetzt davon!, dass ...** *fam* voilà ce que ça te rapporte [de faire qc]; **wir ~'s ja!** *fam* nous en avons les moyens. *(fam); iron* on a les moyens, c'est bien connu! *(fam);* **ich hab's!** *fam* [ça y est,] j'y suis!; **hast du was?** qu'est-ce que tu as?; **was hat er denn** [bloß]? qu'est-ce qu'il a?; **was man hat, das hat man** *fam* un tiens vaut mieux que deux tu l'auras; **wer hat, der hat** *fam* on a les moyens ou on ne les a pas *(fam);* **wie hätten Sie es gern?** comment le/la/les désirez-vous?; **wie gehabt!** comme toujours [o d'habitude]!
II. *tr V unpers* DIAL *fam* **auf dem Markt hat es Erdbeeren** il y a des fraises sur le marché
III. *r V fam* **er hat sich immer so mit seinem Auto** il est drôlement maniaque avec sa voiture
IV. *r V unpers fam* **so, jetzt hat es sich** [wieder]! voilà, tout est arrangé! *(fam)*
▶ **und damit hat es sich!** *fam* et après basta! *(fam)*
V. *itr V modal* **du hast zu gehorchen** tu dois obéir; **du hast dich nicht darum zu kümmern** tu n'as pas à t'occuper de ça; **du weißt, was du zu tun hast** tu sais ce que tu as à faire; **Sie ~ hier keine Fragen zu stellen!** ce n'est pas à vous de poser les questions ici!
VI. *Hilfsv* **er hat/hatte den Brief geschrieben** il a/avait écrit la lettre; **ihr habt euch getäuscht** vous vous êtes trompé(e)s; **sie hätte ihm helfen können/müssen** elle aurait pu/dû l'aider; **sie wollen alles verstanden ~** ils/elles prétendent avoir tout compris
Haben <-s> *nt* FIN avoir *m;* **mit tausend Euro im ~ sein** avoir un crédit de mille euros
Habenichts ['haːbənɪçts] <-[es], -e> *m fam* sans-le-sou *m (fam)*
Habenseite *f eines Kontos* colonne *f* [de] crédit **Habenzinsen** *Pl* FIN intérêts *mpl* créditeurs [o encaissés]
Haberer ['haːbərə] <-s, -> *m* A *fam (Kumpel)* pote *m (fam)*
Habgier *f* rapacité *f*
habgierig *Adj* rapace
habhaft *Adj geh* **eines Menschen/einer S. ~ werden** s'emparer d'une personne/de qc
Habicht ['haːbɪçt] <-s, -e> *m* autour *m*
habil. *Adj Abk von* **habilitatus** qualifié(e) pour l'enseignement supérieur
Habilitation [habilitaˈtsioːn] <-, -en> *f* qualification *f* pour l'enseignement supérieur
Habilitationsschrift *f* mémoire *m* de qualification pour l'enseignement supérieur
habilitieren* [habiliˈtiːrən] I. *r V* **sich ~** se qualifier pour l'enseignement supérieur
II. *tr V* habiliter
Habit [haˈbiːt] <-s, -e> *nt o m* ❶ *(Ordenskleid)* habit *m* ❷ *geh (Aufzug)* tenue *f*
Habitat [habiˈtaːt] <-s, -e> *nt* BIO habitat *m*
Habitus ['haːbitus] <-> *m a.* MED, BIO habitus *m*
Habsburger(in) ['haːpsbʊrɡɐ] <-s, -> *m(f)* Habsbourg *mf*
habsburgisch ['haːpsbʊrɡɪʃ] *Adj* habsbourgeois(e)
Habseligkeiten ['haːpzeːlɪçkaɪtən] *Pl* affaires *fpl*
Habsucht *s.* **Habgier**
habsüchtig *s.* **habgierig**
Hachel ['haxəl] <-, -n> *f* A râpe *f*
hacheln ['haxəln] *tr V* A râper
Hachse ['haksə] DIAL *s.* **Haxe**
Hackbeil *nt* couperet *m* **Hackblock** *m* billot *m* **Hackbraten** *m* rôti *m* de viande hachée **Hackbrett** *nt* ❶ *(Schneidebrett)* hachoir *m* ❷ MUS tympanon *m*

Hacke ['hakə] <-, -n> f ❶ *(Ferse, Absatz)* talon m; **die ~n zusammenschlagen** claquer les talons
❷ *(Werkzeug)* houe f
❸ A hache f
▶ **sich** *(Dat)* **die ~n nach etw ablaufen** *fam* faire des kilomètres pour trouver qc; **jdm auf den ~n bleiben** *fam* ne pas quitter [o ne pas lâcher] qn d'une semelle
Hackebeil s. Hackbeil
hacken ['hakən] I. tr V ❶ *(zerkleinern)* hacher; **etw klein ~** *(mit dem Beil)* couper qc petit; *(mit dem Messer)* hacher qc [menu]; **Holz ~** fendre du bois
❷ *(auflockern)* biner; *(von Unkraut befreien)* sarcler
❸ *(graben)* **ein Loch/eine Grube ~** creuser un trou/une fosse [en piochant]
II. itr V ❶ **nach jdm/etw ~** *Vogel:* donner des coups de bec à qn/dans qc
❷ *(mit dem Fuß treten)* **nach jdm/etw ~** donner des coups de pied à qn/dans qc
❸ *(den Boden bearbeiten)* sarcler
❹ INFORM sl pirater; **das Hacken** le piratage [informatique]
Hacken <-s, -> m talon m
Hackepeter s. Hackfleisch
Hacker(in) ['hake, 'hɛke] <-s, -> m(f) sl *(Computerpirat)* pirate mf [informatique]; *(Computerfan)* mordu(e) m(f) d'informatique *(fam)*
Hackfleisch nt viande f hachée ▶ **~ aus jdm machen** sl hacher qn menu comme chair à pâté *(fam)*; **Hackklotz** m billot m **Hackordnung** f ordre m hiérarchique
Häcksel ['hɛksəl] <-s> nt o m fourrage m haché
Häcksler ['hɛksle] <-s, -> m hache-paille m
Hacksteak [-steːk, -fteːk] nt steak m haché **Hackstock** A s. Hackklotz
Hader ['haːdɐ] <-s> m *geh* discorde f *(littér)*; **mit jdm in ~ leben** vivre dans la discorde avec qn
Haderlump m A, SDEUTSCH *pej* vaurien m
hadern ['haːdɐn] itr V se révolter; **mit Gott/etw ~** se révolter contre Dieu/qc; **mit jdm ~** en vouloir à qn
Hades ['haːdɛs] <-> m MYTH **der ~** les enfers mpl
Hadrian ['haːdriaːn] m Adrien m
Hafen ['haːfen, Pl: 'hɛːfən] <-s, Häfen> m ❶ port m; **in den ~ einlaufen** entrer au port; **aus dem ~ auslaufen** quitter le port; **der Hamburger ~** le port de Hambourg
❷ *geh (Zufluchtsort)* havre m *(littér)*
▶ **den ~ der Ehe ansteuern** *hum* chercher à se caser *(fam)*; **im ~ der Ehe landen** *hum*, **in den ~ der Ehe einlaufen** *hum* finir par se caser *(fam)*
Hafenamt nt administration f [o bureaux mpl] du port **Hafenanlagen** Pl installations fpl portuaires **Hafenarbeiter(in)** m(f) docker m **Hafenbecken** nt bassin m portuaire **Hafenbehörde** f autorités fpl portuaires **Hafeneinfahrt** f entrée f du port **Hafengebühr** f droits mpl de port **Hafenkneipe** f *fam* bar m [du port] **Hafenmeister(in)** m(f) capitaine m du port **Hafenpolizei** f police f du port **Hafenrundfahrt** f visite f du port en bateau **Hafenstadt** f ville f portuaire **Hafenverwaltung** f administration f portuaire **Hafenviertel** nt quartier m du port **Hafenzufahrt** f accès m au port
Hafer ['haːfɐ] <-s, -> m avoine f
▶ **jdn sticht** [**wohl**] **der ~** *fam* qn est vraiment gonflé(e) *(fam)*
Haferbrei m bouillie f d'avoine **Haferflocken** Pl flocons mpl d'avoine **Hafergrütze** f bouillie f de gruau d'avoine **Haferkorn** <-körner> nt grain m d'avoine
Häferl ['hɛːfɐl] <-s, -n> nt A tasse f
Hafermehl nt farine f d'avoine **Haferschleim** m crème f d'avoine
Haff [haf] <-[e]s, -s o -e> nt lagune f
Hafner(in) ['haːfnɐ] <-s, -> m(f) A *(Ofensetzer)* fumiste m
Haft [haft] <-> f détention f; **in ~ sein, sich in ~ befinden** être en détention; **zu fünf Jahren ~ verurteilt werden** être condamné(e) à cinq ans de prison; **aus der ~ entlassen werden** être libéré(e) [o mis(e) en liberté]
Haftanstalt f maison f d'arrêt **Haftaussetzung** f libération f conditionnelle
haftbar Adj responsable; **für etw ~ sein** être responsable de qc; **jdn für etw ~ machen** rendre qn responsable de qc
Haftbefehl m mandat m d'arrêt; **einen ~ gegen jdn ausstellen** lancer un mandat d'arrêt contre qn **Haftdauer** f détention f
Hafteinlage f JUR, ÖKON apport m de responsabilité
Haftel ['haftəl] <-s, -n> nt o f A agrafe f
haften ['haftən] itr V ❶ *(die Haftung übernehmen)* **für jdn/etw ~** *Person:* répondre de qn/qc; **jdm dafür ~, dass** garantir à qn que + *indic*; **für den Schaden nicht ~** *Versicherung:* refuser de couvrir le dommage; **für Garderobe kann nicht gehaftet werden** la maison décline toute responsabilité en cas de vol [dans les vestiaires]

❷ COM, JUR encourir la responsabilité; **für etw beschränkt/unbeschränkt ~** avoir une responsabilité limitée/illimitée de qc; **mit seinem Vermögen ~** être responsable sur son capital
❸ *(festkleben)* **an/auf etw** *(Dat)* **~** adhérer sur qc; **an/auf etw** *(Dat)* **~ bleiben** adhérer à qc
❹ *(sich festsetzen)* **auf/an etw** *(Dat)* **~** [**bleiben**] *Rauch, Geruch:* rester imprégné(e) dans qc
❺ *(hängen bleiben)* **an jdm ~** *Makel, Verleumdung:* rester attaché(e) au nom de qn; *Verdacht:* continuer de peser sur qn
❻ *(im Gedächtnis bleiben)* [**jdm**] **~ bleiben** rester gravé(e) [dans la mémoire de qn]
haften|bleiben s. haften ❸, ❹, ❻
Haftentlassung f [re]mise f en liberté **Haftentschädigung** f dommages-intérêts mpl pour détention abusive; **eine ~ in Höhe von ...** une indemnité de ... [pour détention abusive] **haftfähig** Adj ❶ JUR apte à la détention ❷ *(klebend)* adhésif(-ive); **~ sein** adhérer **Haftfähigkeit** f ❶ JUR aptitude f à la détention *(certifiée par un examen médical)* ❷ *(Haftvermögen) von Reifen* adhérence f
Häftling ['hɛftlɪŋ] <-s, -e> m détenu(e) m(f)
Haftnotiz f post-it® m
Haftpflicht f ❶ *fam (Haftpflichtversicherung)* assurance f responsabilité civile
❷ *(Schadenersatzpflicht)* [**gesetzliche**] **~** responsabilité f civile, obligation f légale de responsabilité civile; **die ~ der Versicherung erstreckt sich nicht auf Glas** l'assurance responsabilité civile ne couvre pas le bris de glaces
haftpflichtig Adj civilement responsable
haftpflichtversichert Adj **~ sein** être assuré(e) en responsabilité civile **Haftpflichtversicherung** f assurance f responsabilité civile
Haftprüfung f JUR examen m de la validité de la détention
Haftreifen m AUT pneu m antidérapant
Haftrichter(in) m(f) juge mf d'instruction
Haftschale f verre m de contact
haftunfähig Adj inapte à la détention *(sur la foi d'un examen médical)*
Haftung <-, -en> f ❶ JUR responsabilité f; *einer Versicherung* garantie f; **~ für Arbeitsunfälle** responsabilité civile des accidents du travail; **~ gegenüber Dritten/bei Mitverschulden** responsabilité civile envers un tiers/lors faute partagée; **deliktische/arbeitsrechtliche ~** responsabilité délictuelle/quant au droit social; **Dauer der ~** durée f de la responsabilité
❷ *kein Pl* TECH, PHYS adhérence f
Haftungsabgrenzung f JUR réduction f de la portée de responsabilité **Haftungsbegrenzung** f ÖKON limitation f de responsabilité
Hafturlaub m permission f de sortie **Haftverschonung** f JUR dispense f d'exécution de la peine
Hagebutte ['haːɡəbʊtə] <-, -n> f cynor[r]hodon m
Hagebuttentee m tisane f de cynor[r]hodon
Hagedorn m BOT NDEUTSCH aubépine f
Hagel ['haːɡəl] <-s> m ❶ grêle f
❷ *fig* **ein ~ von Schimpfwörtern/Vorwürfen** une grêle d'injures/de reproches
Hagelkorn <-körner> nt grêlon m
hageln ['haːɡəln] I. itr V unpers grêler; **es hagelt** il grêle
II. tr V unpers *fam* **es hagelt Geschosse/Steine** il tombe une grêle de balles/pierres
Hagelschaden m dégâts mpl dus à la grêle **Hagelschauer** m averse f de grêle **Hagelschlag** m [averse f de] grêle f
hager ['haːɡɐ] Adj maigre; *Person, Arme, Beine, Gestalt* grêle; **Hals** maigre
Hagiographie [hagioɡraˈfiː, Pl: -ˈfiːən] <-, -n> f *form* hagiographie f
Häher ['hɛːɐ] <-s, -> m ORN geai m
Hahn [haːn, Pl: 'hɛːnə] <-[e]s, Hähne> m ❶ coq m
❷ *(Wetterhahn)* coq m de clocher
❸ <Hähne o -en> *(Wasserhahn)* robinet m
❹ *(Zapfhahn)* chantepleure f
❺ *(Teil einer Schusswaffe)* chien m
▶ **~ im Korb sein** *fam* être comme le coq au milieu de la basse--cour; **der gallische ~** le coq gaulois; **nach jdm/etw kräht kein ~ mehr** *fam* tout le monde se soucie de qn/qc comme d'une guigne *(fam)*; [**jdm**] **den ~ zudrehen** *fam* couper les vivres à qn
Hähnchen ['hɛːnçən] nt poulet m; **ein gebratenes ~** un poulet rôti
Hähnchenkeule f cuisse f de poulet
Hahnenfuß m bouton-d'or m **Hahnenkamm** m ❶ crête f de coq ❷ *(Frisur)* crête f [d'un punk] **Hahnenkampf** m combat m de coqs **Hahnenschrei** m chant m du coq; **beim** [o **mit dem**] **ersten ~** au premier chant du coq **Hahnentritt** m kein Pl ❶ BIO blastoderme m ❷ TEXTIL pied-de-poule m
Hahnentrittmuster nt TEXTIL pied-de-poule m

Hahnrei ['ha:nraɪ] <-s, -e> m veraltet cocu m (fam)
▶ jdn zum ~ **machen** faire qn cocu (fam), cocufier qn (fam)
Hai [haɪ] <-[e]s, -e> m, **Haifisch** m requin m
Haifischflossensuppe f soupe f aux ailerons de requin
Hain [haɪn] <-[e]s, -e> m poet bosquet m; **ein heiliger ~** un bois sacré
Hainbuche f charme m
Hairstylist(in) ['hɛ:(r)staɪlɪst] <-en, -en> m(f) coiffeur(-euse) m(f) styliste
Haiti [ha'i:ti] <-s> nt Haïti f
haitianisch Adj haïtien(ne)
Häkchen ['hɛːkçən] nt Dim von **Haken** ❶ (kleiner Haken) crochet m
❷ (Zeichen) coche f; **hinter jedem Namen machte er ein ~** il cochait chaque nom
Häkelarbeit f ❶ kein Pl (das Häkeln) crochet m ❷ (gehäkelter Gegenstand) ouvrage m au crochet **Häkelgarn** nt fil m à crocheter
häkeln ['hɛːkəln] I. itr V faire du crochet; **das Häkeln** le crochet
II. tr V etw ~ faire qc au crochet
Häkelnadel f crochet m
haken ['ha:kən] I. itr V être accroché(e); **im Schloss ~** Schlüssel: coincer dans la serrure
II. tr V etw an etw (Akk) ~ accrocher qc à/sur qc
Haken <-s, -> m ❶ [clou m à] crochet m; (Handtuchhaken) crochet m; (Kleiderhaken) patère f
❷ (Angelhaken) hameçon m
❸ BOXEN crochet m; **ein linker/rechter ~** un crochet du gauche/du droit
❹ (Zeichen) coche f; **hinter jedem Namen einen ~ machen** cocher chaque nom
❺ fam (Schwierigkeit) hic m (fam)
▶ **ohne ~ und Ösen** fam sans la moindre embrouille (fam); **etw hat ~ und Ösen** fam qc est une affaire embrouillée (fam); **die Sache hat einen ~** fam il y a quelque chose qui cloche (fam); **~ schlagen** Hase: faire un crochet
hakenförmig Adj en forme de crochet **Hakenkreuz** nt croix f gammée **Hakennase** f nez m crochu [o en bec d'aigle]
Halali [hala'li:] <-s, -[s]> nt hallali m; **das ~ blasen** sonner l'hallali
halb [halp] I. Adj ❶ **ein ~er Meter** un demi mètre; **ein ~es Pfund** une demie livre; **eine ~e Seite/Wurst** une demie page/saucisse; **ein ~es Glas Saft** un demi verre de jus; **das ~e Buch** la moitié du livre
❷ (bei der Angabe der Uhrzeit) ~ **sieben** six heures et demie; **gleich ist es ~** il va être la demie; **es ist schon nach ~** il est déjà la demie passée; **es ist erst drei vor ~** il n'est que vingt-sept; **um fünf nach ~** à moins vingt-cinq
❸ fam (ein Großteil von) ~ **Köln/Frankreich** presque tout Cologne/toute la France; **die ~e Welt** presque tout le monde; **die ~en Pralinen sind ja schon weg!** la moitié des bonbons au chocolat sont déjà partis!
❹ fam (fast schon) **er ist ein ~er Arzt** il est à moitié médecin; **du bist ja [schon] eine ~e Französin** tu es [déjà] à moitié française
❺ (halbherzig) ~ **e Reformen/Schritte** des réformes/demi-mesures; **mit ~em Ohr zuhören** n'écouter que d'une oreille; **das ist nur die ~e Wahrheit** ce n'est que la demi-vérité
▶ **[das ist] nichts Halbes und nichts Ganzes** fam [ce n'est] ni fait ni à faire (fam)
II. Adv ❶ (zur Hälfte) à moitié; **etw nur ~ verbrauchen** n'utiliser qc qu'à moitié; **nicht ~ so schön sein wie ...** être loin d'être aussi beau(belle) que ...; ~ **so intelligent sein wie ...** être deux fois moins intelligent que ...; ~ **so viel** moitié moins; ~ **grün, ~ rot** moitié vert, moitié rouge; ~ **lachend, ~ weinend** moitié riant, moitié pleurant; mi-riant, mi-pleurant; ~ **ging er, ~ rannte er** il marchait en courant et courait en marchant
❷ (halbwegs) à moitié antéposé; **das Fleisch ist noch ~ roh** la viande est encore à moitié crue
❸ (teilweise, nicht ganz) **etw nur ~ verstehen** ne comprendre qc qu'à moitié; **nur ~ hinhören/zuhören** n'écouter que d'une oreille; **etw nur ~ machen** ne faire qc qu'à moitié; **[das ist nur] ~ so schlimm** ce n'est pas si grave
▶ ~ **und ~** fam moitié-moitié (fam)
Halbaffe m ZOOL die **~n** les prosimiens mpl **halbamtlich** Adj semi-officiel(le) **halbautomatisch** Adj Waffe semi-automatique **Halbbildung** f pej culture f au rabais (péj) **halbbitter** Adj semi-amer(-ère); Schokolade fondant(e) **Halbblut** nt kein Pl ❶ (Mischling) métis(se) m(f) ❷ (Pferd) demi-sang m **Halbbruder** m demi-frère m; **mein ~ väterlicherseits/mütterlicherseits** mon demi-frère consanguin/utérin **Halbdunkel** nt pénombre f **Halbedelstein** m pierre f fine
halbe-halbe ▶ **mit jdm ~ machen** fam faire fifty-fifty avec qn (fam)
halber ['halbɐ] Präp + Gen geh **der Form ~** pour la forme; **der Ordnung/Pflicht ~** par souci de l'ordre/du devoir; **der Sicherheit ~** par mesure de sécurité
halberwachsen [-ks-] Adj attr adolescent(e) **Halbfabrikat** nt demi-produit m **halbfett** I. Adj ❶ TYP [de]mi-gras(se) ❷ GASTR allégé(e) II. Adv TYP en demi-gras **Halbfinale** nt demi-finale f **halbgebildet** Adj attr pej avec une culture au rabais (péj) **Halbgeschwister** Pl demi-frère(s) et sœur(s) mpl; **sie sind ~** ils/elles sont enfants de deux lits **Halbgott** m, **-göttin** f demi-dieu m/demi-déesse f
Halbheiten Pl pej demi-mesures fpl (péj)
halbherzig I. Adj Antwort, Zustimmung du bout des lèvres; Reform timide
II. Adv sans conviction; antworten, zustimmen du bout des lèvres
Halbherzigkeit <-, -en> f frilosité f
halbieren* I. tr V ❶ (teilen) partager qc en deux; (schneiden) couper en deux; **etw ~** partager qc en deux; (schneiden) couper qc en deux
❷ (um die Hälfte vermindern) réduire de moitié
II. r V sich ~ diminuer de moitié
Halbierung <-, -en> f (Verminderung) réduction f de moitié; (Abnahme) diminution f de moitié
Halbinsel f presqu'île f; (groß) péninsule f **Halbjahr** nt semestre m
Halbjahresbericht m ÖKON rapport m semestriel
halbjährig Adj attr ❶ (ein halbes Jahr dauernd) [d'une durée] de six mois
❷ (ein halbes Jahr alt) [âgé(e)] de six mois
halbjährlich I. Adj semestriel(le) II. Adv tous les six mois **Halbjude** m, **-jüdin** f NS demi-juif(-ive) m(f) **Halbkanton** m CH demi-canton m **Halbkreis** m demi-cercle m; **im ~** en demi-cercle **Halbkugel** f hémisphère m; **nördliche/südliche ~** hémisphère nord [o boréal]/sud [o austral] **halblang** Adj mi-long(-longue)
▶ **[nun] mach mal ~!** fam tu pousses un peu! (fam) **halblaut** I. Adj [prononcé(e)] à mi-voix; **mit ~er Stimme** à mi-voix II. Adv à mi-voix **Halbleinenband** m volume m [à] demi-reliure toile **Halbleiter** m TECH semi-conducteur m
halblinks s. links I. ❶
halbmast Adv auf ~ en berne; ~ **flaggen** mettre le drapeau/les drapeaux en berne **Halbmesser** s. Radius **Halbmetall** nt non-métal m **Halbmond** m ❶ demi-lune f; **wir haben ~** c'est la demi-lune ❷ (Symbol) croissant m; **der rote ~** le Croissant-Rouge
halbmondförmig Adj en demi-lune
halbnackt s. nackt ❶
halboffen s. offen I. ❶
Halbpension [-pãzio:n, -paŋzio:n, -pɛnzio:n] f demi-pension f
halbrechts s. rechts I. ❶
halbrund Adj semi-circulaire **Halbschatten** m clair-obscur m **Halbschlaf** m demi-sommeil m; **im ~ [sein]** [être] à moitié endormi(e); **im ~ hörte ich das Telefon klingeln** dans un demi-sommeil, j'entendis sonner le téléphone **Halbschuh** m chaussure f basse **Halbschwergewicht** nt ❶ kein Pl (Gewichtsklasse) poids m mi-lourd; **er boxt im ~** il boxe chez les mi-lourds [o en catégorie mi-lourd] ❷ (Sportler) mi-lourd m **Halbschwergewichtler(in)** m(f) mi-lourd(e) m(f) **Halbschwester** f demi-sœur f; **meine ~ väterlicherseits/mütterlicherseits** ma sœur consanguine/utérine
halbseitig I. Adj ❶ Anzeige d'une demi-page
❷ MED ~ **e Lähmung** hémiplégie f
II. Adv ❶ inserieren, abbilden sur une demi-page
❷ MED ~ **gelähmt** hémiplégique; **links/rechts ~ gelähmt** paralysé(e) du côté gauche/droit
Halbstarke(r) f(m) dekl wie Adj veraltet fam loubard(e) m(f) (fam); (in den 60er Jahren) blouson m noir (vieilli) **Halbstiefel** m mi-botte f **Halbstock** <-, -stöcke> m A mezzanine f
halbstündig ['halpʃtʏndɪç] Adj attr d'une demi-heure
halbstündlich ['halpʃtʏntlɪç] Adj, Adv toutes les demi-heures; **in ~en Intervallen** toutes les demi-heures **Halbstürmer(in)** m(f) milieu m de terrain, demi-centre m **halbtags** ['halpta:ks] Adv à mi-temps
Halbtagsarbeit f ❶ kein Pl (Arbeit) [travail m à] mi-temps m ❷ (Halbtagsstelle) [emploi m à] mi-temps m **Halbtagsbeschäftigung** f emploi m à mi-temps **Halbtagskraft** f salarié(e) m(f) à mi-temps
Halbton m MUS demi-ton m
halbtot s. tot ❶, ❹
Halbvokal [-vo-] m semi-voyelle f
halbvoll s. voll I. ❶
halbwach s. wach ❶
Halbwahrheit f demi-vérité f **Halbwaise** f orphelin(e) m(f) [de père/mère]; ~ **sein** être orphelin(e) [de père/mère]
halbwegs ['halpve:ks] Adv ❶ (einigermaßen) à peu près
❷ (nahezu) pratiquement
Halbwelt f kein Pl demi-monde m

Halbwertszeit f PHYS période f, demi-vie f
Halbwissen nt pej semblant m de savoir
halbwüchsig Adj adolescent(e)
Halbzeit f mi-temps f
Halde ['haldə] <-, -n> f ① *(Müllhalde)* montagne f d'ordures ② MIN *(Kohlenhalde)* dépôt m de charbon; *(Abraumhalde)* terril m ③ *(Lager, Lagerbestand)* stock m d'invendus; **etw auf ~ legen** [o **lagern**] mettre qc en réserve; **etw auf ~ fertigen** [o **produzieren**] réaliser des surstocks de qc ④ SDEUTSCH *(Hang)* versant m
half [half] Imp von **helfen**
Hälfte ['hɛlftə] <-, -n> f moitié f; **eine Frucht in zwei ~n zerteilen** couper un fruit en deux; **die eine ~** l'une des [deux] moitiés; **die kleinere/größere ~** la plus petite/grosse moitié; **Kinder unter zehn Jahren zahlen die ~** les enfants de moins de dix ans paient demi-tarif; **die vordere/hintere ~** la première/deuxième moitié; *eines Gebäudes, Schädels* la partie antérieure/postérieure; **um die ~ größer als ...** une fois et demie plus grand(e) que ...; **etw um die ~ anheben/vermindern** augmenter/baisser qc de moitié; **um die ~ mehr/weniger** moitié plus/moins; **zur ~** à moitié *antéposé*; **die Beiträge werden je zur ~ vom Arbeitgeber und Arbeitnehmer bezahlt** les cotisations sont payées pour moitié par l'employeur, pour moitié par le salarié
▸ **seine/ihre bessere ~** hum fam sa moitié *(fam)*
Halfter[1] ['halftɐ] <-s, -> m o nt *(Teil des Geschirrs)* licou m
Halfter[2] <-, -n> f, <-s, -> nt *(Holster)* gaine f [de revolver]
Hall [hal] <-[e]s, -e> m ① *geh (Schall)* résonance f; **man hörte den ~ sich entfernender Schritte** on entendit résonner des pas qui s'éloignaient
② *(Widerhall)* écho m
Halle ['halə] <-, -n> f ① *(Ankunftshalle, Ausstellungshalle)* hall m ② *(großer Saal)* [grande] salle f ③ *(Werkshalle)* atelier m ④ *(Sporthalle)* salle f [de sport]; *(Turnhalle)* gymnase m; *(Tennishalle)* tennis m couvert; **in der ~** en salle ⑤ *(Hangar)* hangar m [à avions]
▸ **in diesen heiligen ~n** iron dans ces hauts lieux
halleluja[h] Interj ① REL alléluia
② fam *(hurra)* hourra
hallen ['halən] itr V résonner
Hallenbad nt piscine f couverte **Hallenhandball** m handball m en salle **Hallensport** m sport m en salle
Hallig ['halɪç, Pl: 'halɪgən] <-, -en> f île plate du Schleswig-Holstein recouverte en partie ou en totalité par la mer lors des grosses marées
hallo ['halo, ha'lo:] Interj ① *(Begrüßung)* salut ② *(Gruß am Telefon)* allo, allô ③ *(Ausruf der Überraschung)* tiens ④ *(Anrede)* ~ [, Sie]! hé[, vous]!
Hallo <-s, -s> nt salut m; **jdn mit lautem ~ begrüßen** saluer qn à grands saluts
Hallodri [ha'lo:dri] <-[s], -[s]> m A, SDEUTSCH fam joyeux [o gai] luron m *(fam)*
Halluzination [halutsina'tsio:n] f hallucination f
▸ **an ~en leiden** *Kranker* souffrir d'hallucinations; iron fam avoir des hallucinations *(fam)*
halluzinogen Adj hallucinogène
Halluzinogen [halutsino'ge:n] <-s, -e> nt hallucinogène m
Halm [halm] <-[e]s, -e> m ① *(Grashalm)* brin m; *(Strohhalm)* [brin m de] paille f; *(Getreidehalm)* tige f; *(Stoppelhalm)* chaume m; *(Schilfhalm)* roseau m; **das Getreide auf dem ~ kaufen** acheter le blé sur pied
② *(Trinkhalm)* paille f
Halo ['ha:lo, Pl: ha'lo:nən] <-[s], -s o Halonen> m PHYS, OPT halo m
Halogen [halo'ge:n] <-s, -e> nt CHEM halogène m
Halogenbirne f ampoule f halogène **Halogenlampe** f [lampe f à] halogène m **Halogenscheinwerfer** m phare m halogène
Hals [hals, Pl: 'hɛlzə] <-es, Hälse> m ① cou m; **den ~ recken** allonger le cou; **jdm um den ~ fallen** sauter au cou de qn; **sich** *(Dat)* **den ~ nach jdm/etw verrenken** fam se tordre le cou pour voir qn/qc *(fam)*
② *(Rachen)* gorge f; **mir steckt eine Gräte im ~** j'ai une arête coincée dans la gorge
③ *(Flaschenhals)* col m
④ *(Geigenhals)* manche m
▸ **~ über Kopf** en quatrième vitesse *(fam)*; **etw in den falschen ~ bekommen** fam comprendre qc de travers; **aus vollem ~[e] lachen** à gorge déployée; **schreien** à pleins poumons; **den ~ nicht voll [genug] kriegen können** fam en vouloir toujours plus; **jdm mit etw vom ~ bleiben** fam ne pas casser les pieds à qn avec qc *(fam)*; **sich** *(Dat)* **den ~ brechen** se casser le cou; **jdn am ~ haben** fam avoir qn sur le dos *(fam)*; **er/sie hängt mir zum ~ heraus** fam je ne peux plus le/la voir [même encadré(e)] *(fam)*; **das hängt mir zum ~ heraus** fam j'en ai ras le bol *(fam)*; **jdn** [o **jdm**] **den ~ kosten** coûter cher à qn; **sich etw auf den ~ laden** fam se coller qc sur le dos *(fam)*; **sich jdn vom ~ schaffen** fam se débarrasser de qn; **jdm im ~ stecken bleiben** rester coincé(e) dans la gorge de qn; **sich jdn an den ~ werfen** [o **schmeißen**] pej fam se jeter sur qn *(fam)*; **bis über den ~ ~ fam** jusqu'au cou

Halsabschneider(in) <-s, -> m(f) pej fam rapace m **Halsausschnitt** m encolure f **Halsband** <-bänder> nt ① *(Hundehalsband, Katzenhalsband)* collier m ② *(Schmuckband aus Samt)* ruban m [de velours]
halsbrecherisch ['halsbrɛçərɪʃ] I. Adj *Tempo* fou(folle); *Aktion, Fahrt, Kletterpartie* casse-cou *inv*; **in ~em Tempo** à tombeau ouvert; **ein ~es Unternehmen** une opération casse-cou
II. Adv *herumturnen, klettern* au risque de se casser le cou
Halsentzündung f inflammation f de la gorge **Halskette** f chaîne f [de cou]; *(mit Steinen besetzt)* collier m **Halskrause** ['kraʊzə] f ① *(Kragen)* fraise f ② MED minerve f ③ *(Halsfedern)* collerette f **Hals-Nasen-Ohren-Arzt** m, **-Ärztin** f oto-rhino-laryngologiste mf **Halsschlagader** f [artère f] carotide f **Halsschmerzen** Pl mal m de gorge; **~ haben** avoir mal à la gorge **Halsschmuck** m collier m
halsstarrig pej I. Adj buté(e) *(fam)*
II. Adv avec entêtement
Halsstarrigkeit f pej entêtement m
Halstuch nt foulard m **Hals- und Beinbruch** Interj bonne chance **Halsweh** s. Halsschmerzen **Halsweite** f encolure f, tour m de cou **Halswirbel** m vertèbre f cervicale
halt [halt] Interj halte[-là]
Halt <-[e]s, -e o -s> m ① *(Stütze)* appui m; **als ~ gedacht sein** être fait pour se [re]tenir
② *(Greif-, Trittstelle beim Bergsteigen)* prise f
③ fig **dem Haar ~ geben** donner du maintien aux cheveux
④ *(Gleichgewicht)* **jdm ~ geben** être un soutien pour qn; **den ~ verlieren** perdre l'équilibre
⑤ *(inneres Gleichgewicht)* équilibre m [moral/psychologique]
⑥ *(Stopp)* arrêt m; **~ machen** s'arrêter; **ohne ~ durchfahren** *Zug:* être sans arrêt
▸ **vor nichts/niemandem ~ machen** ne reculer devant rien/personne
hält [hɛlt] *3. Pers Präs von* **halten**
haltbar Adj ① *Lebensmittel, Konserve* [de] longue conservation; **~ sein** se conserver; **nur begrenzt ~ sein** avoir une conservation limitée; **etw ~ machen** conserver qc; **mindestens ~ bis ...** à consommer de préférence avant le ...
② *(strapazierfähig)* résistant(e); **~ sein** faire de l'usage *(fam)*; *Leder:* résister; **lange ~ sein** durer longtemps
③ *(glaubhaft) Behauptung, Theorie, Vorwurf* qui tient debout; **nicht länger** [o **mehr**] **~ sein** ne plus tenir debout
Haltbarkeit <-, *selten* -en> f ① *von Konserven, Lebensmitteln* durée f de conservation; **Lebensmittel von kurzer ~** denrées périssables
② *(Widerstandsfähigkeit)* résistance f; **Gummisohlen haben eine längere ~ als Ledersohlen** les semelles en caoutchouc durent plus longtemps que les semelles de cuir
Haltbarkeitsdatum nt date f limite [de consommation]
Haltegriff m poignée f [de maintien]; *(Wannengriff)* barre f d'appui
halten ['haltən] <hält, hielt, gehalten> I. tr V ① *(festhalten)* tenir; **eine Leine in der Hand ~** tenir une laisse en main
② *(zum Bleiben veranlassen)* retenir; **was hält dich noch in Bonn/bei deinen Eltern?** qu'est-ce qui te retient à Bonn/chez tes parents?
③ *(strecken)* **die Beine ins Wasser ~** mettre ses jambes dans l'eau
④ *(tragen)* **etw ~** *Haken, Mauerhaken:* maintenir qc
⑤ *(stützen)* soutenir *Brücke*
⑥ *(zurückhalten)* **etw ~** *Isolierschicht:* maintenir qc; *Ventil:* contenir qc
⑦ SPORT arrêter *Ball*
⑧ *(haben)* [**sich** *(Dat)*] **ein Tier ~** avoir un animal
⑨ *(weiterhin haben, beibehalten)* conserver *Tabellenplatz, Rekord;* maintenir *Position;* **etw offen ~** garder qc ouvert(e); **vor Müdigkeit kaum noch die Augen offen ~ können** ne plus pouvoir garder les yeux ouverts à cause de la fatigue
⑩ MIL défendre *Festung, Stadt, Gebiet*
⑪ *(aufrechterhalten)* maintenir *Behauptung, Theorie*
⑫ *(handhaben)* **es mit etw genauso/ähnlich/anders ~** faire pareillement/analoguement/autrement avec qc; **wie hältst du's mit der Religion?** comment fais-tu avec la religion?; **das kannst du ~, wie du willst** tu fais comme tu veux
⑬ *(farblich gestalten)* **das Kinderzimmer [ganz] in Hellblau ~** décorer la chambre d'enfant [tout] en bleu clair; **die Küche ist in bunten Farben/in Holz gehalten** la cuisine est colorée/en bois
⑭ *(abhalten)* prononcer *Rede, Ansprache;* faire *Vortrag, Diavortrag*

⓰ *(einhalten)* tenir *Versprechen, Zusage*
⓰ *(ansehen als)* **jdn für einen Journalisten/Angeber ~** prendre qn pour un journaliste/frimeur; **etw für eine Beleidigung ~** prendre qc pour une offense; **hältst du ihn für den Schuldigen?** crois-tu qu'il soit coupable?; **ich hätte Sie für ehrlicher gehalten** je vous aurais cru plus honnête; **du hältst mich wohl für blöd?** tu me prends pour un idiot, ou quoi?
⓱ *(denken)* **etwas/nichts von jdm/etw ~** faire cas/aucun cas de qn/qc; **etwas/viel davon ~ etw zu tun** trouver bien/très bien de faire qc; **nichts davon ~ etw zu tun** ne pas être d'avis de faire qc [*o* qu'il faille faire qc]; **was hältst du von der neuen Kollegin?** que penses-tu de la nouvelle collègue?; *s. a.* **gehalten**
II. *itr V* ❶ *(festhalten)* tenir; **kannst du mal einen Moment ~?** tu peux tenir ça une minute?
❷ *(haltbar sein)* Konserve: se garder; Lebensmittel: se conserver
❸ *(stehen bleiben)* Fahrer, Fahrzeug: s'arrêter; **abrupt ~** s'arrêter net; **ein Fahrzeug zum Halten bringen** arrêter [*o* stopper] un véhicule
❹ SPORT arrêter
❺ *(zielen)* **nach links/oben ~** viser à gauche/en haut; **mit dem Gewehr auf etw** *(Akk)* **~** viser qc avec le fusil; **auf die feindlichen Stellungen ~** Artillerie: être pointé(e) sur les positions ennemies
❻ *(achten)* **auf Ordnung/Anstand** *(Akk)* **~** tenir à l'ordre/la décence *f*
❼ *(stehen zu)* **zu jdm ~** prendre le parti de qn
▶ **an sich** *(Akk)* **~ [müssen]** [devoir] se contenir
III. *r V* ❶ *(sich festhalten)* **sich an etw** *(Dat)* **~** se tenir à qc
❷ *(nicht verderben)* **sich ~** se garder
❸ METEO **sich ~** se maintenir; Schnee: tenir
❹ *(eine Richtung verfolgen)* **sich rechts/nach Süden ~** tenir sa droite/le cap sud
❺ *(sich richten nach)* **sich an die Regeln ~** respecter les règles; **sich an ein Versprechen ~** tenir sa promesse; **sich an die Tatsachen ~** s'en tenir aux faits; **sich eng an den Text ~** rester très près du texte
❻ *(sich orientieren an)* **sich an jdn ~** s'en tenir à qn
❼ *(haften)* **sich ~** Duft, Parfüm, Gestank: persister; Gas, Giftstoff: se maintenir; **sich nur kurze Zeit ~** Duft: ne tenir que peu de temps
❽ *(sich behaupten)* **sich ~** Regierung: tenir; Truppen: se maintenir; **sich gut ~** Prüfling, Sportler: réussir
❾ *(eine bestimmte Haltung haben)* **sich aufrecht/im Gleichgewicht ~** se tenir droit/en équilibre
⓾ *(sich wenden an)* **sich an jdn ~** s'adresser à qn
⓫ *(einschätzen)* **sich für einen Künstler/für klug ~** se considérer comme artiste/intelligent(e); *(fälschlicherweise)* se prendre pour un artiste/intelligent(e); **du hältst dich wohl für unwiderstehlich?** tu te crois irrésistible?
▶ **sich gut gehalten haben** *fam* être bien conservé(e) *(fam)*
Haltepunkt *m* arrêt *m* [facultatif]
Halter <-s, -> *m* ❶ *eines Fahrzeugs* utilisateur *m* habituel; *(Versicherter)* assuré *m*
❷ *(Besitzer) eines Haustiers* propriétaire *m*
❸ *(Haltevorrichtung)* support *m*
Halterin <-, -nen> *f* ❶ *eines Fahrzeugs* utilisatrice *f* habituelle; *(Versicherte)* assurée *f*
❷ *(Besitzerin) eines Haustiers* propriétaire *f*
Halterung <-, -en> *f* support *m*
Haltestelle *f von Bussen* arrêt *m*; *von Straßenbahnen, S-Bahnen, U-Bahnen* station *f* **Halteverbot** *nt kein Pl* ❶ interdiction *f* de s'arrêter; **absolutes/eingeschränktes ~** arrêt *m*/stationnement *m* interdit ❷ *(Bereich)* **hier ist ~** il est interdit de s'arrêter ici; **im ~ parken/stehen** se garer/être garé(e) en zone d'arrêt interdit **Halteverbotsschild** *nt* panneau *m* d'arrêt interdit
haltlos *Adj Person, Charakter, Vorwurf* inconsistant(e)
Haltlosigkeit <-> *f* inconsistance *f*
haltmachen *s.* **Halt** ❻,▶
Haltung <-, -en> *f* ❶ *(Körperhaltung)* attitude *f*; **auf gerade ~ achten** veiller à se tenir droit; **in lässiger ~ dastehen** arborer une pose nonchalante; **~ annehmen** MIL se mettre au garde-à-vous
❷ SPORT style *m*
❸ *(Meinung)* position *f*; **eine klare ~ einnehmen** avoir une position claire
❹ *kein Pl (Verhalten)* attitude *f*
❺ *kein Pl (Beherrschtheit)* contenance *f*; **~ bewahren** faire bonne contenance
❻ *kein Pl von Haustieren* détention *f*; *von Vieh* élevage *m*
Haltungsfehler *m* malformation *f* du squelette; SPORT faute *f* de style **Haltungsschaden** *m* mauvais maintien *m*
Halunke [ha'lʊŋkə] <-n, -n> *m* ❶ *pej (Gauner)* fripouille *f* (péj fam)
❷ *hum (Schlingel)* fripon *m* (hum)
Hämatit [hɛma'tiːt] <-s, -e> *m* PHYS hématite *f*

Hämatologe [hɛmato'loːɡə] <-n, -n> *m*, **Hämatologin** *f* MED hématologue *mf*
Hämatologie [hɛmatolo'giː] <-> *f* MED hématologie *f*
Hämatom [hɛma'toːm] <-s, -e> *nt* MED hématome *m*
Hamburg ['hambʊrk] <-s> *nt* Hambourg
Hamburger¹ ['hambʊrɐ] <-s, -> *m* ❶ *(Person)* Hambourgeois *m*
❷ GASTR hamburger *m*
Hamburger² *Adj attr* de Hambourg, hambourgeois(e)
Hamburgerin <-, -nen> *f* Hambourgeoise *f*
hamburgisch ['hambʊrɡɪʃ] *Adj* de Hambourg
Häme ['hɛːmə] <-> *f geh* hargne *f*
hämisch ['hɛːmɪʃ] I. *Adj Bemerkung, Blick* hargneux(-euse); **Grinsen** sardonique
II. *Adv bemerken* hargneusement; *grinsen* sardoniquement
Hammel ['haməl] <-s, -> *m* ❶ *(Tier, Fleisch)* mouton *m*
❷ *pej sl (Dummkopf)* connard *m*
Hammelbeine ▶ **jdm die ~ lang ziehen** *fam* secouer les puces à qn *(fam)* **Hammelfleisch** *nt* [viande *f* de] mouton *m* **Hammelherde** *f* troupeau *m* de moutons ▶ **sich wie eine ~ benehmen** *pej fam* être un véritable troupeau de moutons *(fam)* **Hammelkeule** *f* gigot *m* de mouton **Hammelsprung** *m procédure de vote au cours de laquelle les parlementaires passent par trois portes différentes, signifiant accord, refus ou abstention*
Hammer ['hamɐ, *Pl:* 'hɛmɐ] <-s, **Hämmer**> *m* ❶ *a.* SPORT, ANAT, MUS marteau *m*; **die Symbole ~ und Sichel** les symboles de la faucille et du marteau
❷ *sl (Fehler)* connerie *f (fam)*; *(Unverschämtheit)* insolence *f*; **das ist [ja] ein ~!** *(das ist falsch)* quelle connerie! *(fam)*; *(das ist unverschämt)* c'est le comble! *(fam)*; *(das ist unglaublich)* c'est pas croyable! *(fam)*
▶ **du hast einen ~!** *sl* t'es [complètement] marteau! *(fam)*; **unter den ~ kommen** être vendu(e) [*o* mis(e)] aux enchères
Hämmerchen <-s, -> *nt Dim von* **Hammer** petit marteau *m*
Hammerhai *m* ZOOL requin marteau *m*
hämmern ['hɛmɐn] I. *itr V* ❶ *Handwerker, Bastler:* donner des coups de marteau; **das Hämmern** le martèlement
❷ *(klopfen)* **gegen die Wand/die Tür ~** marteler le mur/la porte
❸ *(pulsieren) Puls, Herz:* battre très fort
II. *tr V* ❶ *(bearbeiten, herstellen)* [**Schmuck/Vasen**] **~** marteler [des bijoux/vases]
❷ *fam (spielen)* **ein Lied auf dem Klavier ~** massacrer un air au piano
Hammerschlag *m* coup *m* de marteau **Hammerstiel** *m* manche *m* de marteau **Hammerwerfen** <-s> *nt* lancer *m* du marteau **Hammerwerfer(in)** <-s, -> *m(f)* lanceur(-euse) *m(f)* de marteau **Hammerzehe** *f* MED orteil *m* en marteau
Hammondorgel ['hæmənd-] *f* orgue *m* [électronique] Hammond
Hämoglobin [hɛmoglo'biːn] <-s> *nt* MED hémoglobine *f*
Hämophilie [hɛmofi'liː, *Pl:* hɛmofi'liːən] <-, -n> *f* MED hémophilie *f*
Hämorrhoide, Hämorride[RR] *f* MED *meist Pl* hémorroïde *f*
Hampelmann ['hampəlman] <-[e]s, -männer> *m* pantin *m*
▶ **jdn zum ~ machen, einen ~ aus jdm machen** *fam* prendre qn pour un pantin
hampeln *itr V fam* gigoter *(fam)*
Hamster ['hamstɐ] <-s, -> *m* hamster *m*
Hamsterbacken *Pl fam* bajoues *fpl*
Hamsterer <-s, -> *m*, **Hamsterin** *f fam* personne qui fait des provisions par crainte de l'avenir ou pour faire des affaires
Hamsterkäufe *Pl* provisions *fpl* en masse
hamstern I. *itr V* se constituer des provisions
II. *tr V* faire des provisions de *Lebensmittel, Kohlen, Zigaretten*
Hand [hant, *Pl:* 'hɛndə] <-, **Hände**> *f* ❶ main *f*; **jdm die ~ geben** [*o* **reichen** *geh*] donner [*o* tendre] la main à qn; **jdm die ~ schütteln/küssen** serrer/baiser la main à qn; **jdn an die ~ nehmen/an der ~ halten** prendre/tenir qn par la main; **die ~ zur Faust ballen** serrer le poing; **die Hände in die Seiten stemmen** mettre les [*o* ses] poings sur les hanches; **in die Hände klatschen** frapper dans ses mains; **etw zur ~ nehmen** *geh* prendre qc; **etw in Händen halten** *geh* tenir qc dans les [*o* ses] mains; **etw aus der ~ legen** poser qc; **jdm [die Zukunft] aus der ~ lesen** lire à qn [l'avenir] dans les lignes de la main; **die Hände ringen** se tordre les mains; **jdm etw in die ~ drücken** mettre qc dans la main de qn; **jdm etw aus der ~ schlagen** faire tomber qc des mains de qn; **mit der flachen ~** du plat de la main; **eine ruhige ~ haben** avoir la main sûre; **mit der ~ geschrieben** manuscrit(e); **von ~ genäht** cousu(e) à la main; **~ in ~ gehen** aller main dans la main; **Hände weg!** bas les pattes! *(fam)*; **Hände hoch!** haut les mains!
❷ *(Längenmaß)* **eine ~/zwei ~** [*o* **Hände**] **breit sein** avoir la largeur d'une main/de deux mains
❸ *kein Pl fam (Handspiel)* main *f*
❹ *(Seite)* **linker/rechter ~** à [main] gauche/droite
❺ *meist Pl fig (Mensch)* **fleißige Hände** des mains diligentes *(littér)*; **von fremder ~** *geh* d'une tierce personne *(soutenu)*

❻ *(Besitz, Obhut)* **in jds Hände übergehen** passer aux mains de qn; **in andere/fremde Hände übergeben** passer en d'autres mains/en mains étrangères; **aus** [*o* **von**] **privater ~** d'un particulier; **bei jdm in guten Händen sein** être en de bonnes mains avec qn; **etw zu treuen Händen übergeben** remettre qc en mains sûres; **zu Händen** [**von**] **Herrn Peter Braun** à l'attention de Monsieur Peter Braun
❼ *(Gewalt, Entscheidungsgewalt)* **jdn völlig in der ~ haben** tenir qn sous sa coupe; **in der ~ von Entführern sein** être aux mains de kidnappeurs; **jdm in die Hände fallen** *Person:* tomber aux mains de qn; **in jds ~** *(Dat)* **liegen** [*o* **sein**] *geh* dépendre de qn; **es in der ~ haben, ob ...** avoir le pouvoir de décider si ...
❽ *(zu verwaltendes Vermögen)* **die öffentliche ~**, **die öffentlichen Hände** les pouvoirs *mpl* publics
❾ *(Führung, Führungsstil)* **eine starke** [*o* **feste**] **~ une main ferme**; **mit sanfter ~** doucement
▶ **von seiner Hände Arbeit leben** *geh* vivre de ses mains; **man konnte die ~ nicht vor den Augen sehen** on n'y voyait goutte; **Beweise in der ~ haben** avoir [*o* détenir] des preuves entre les mains; **für jdn seine** [*o* **die**] **~ ins Feuer legen** se porter garant(e) de qn; **dafür lege ich meine** [*o* **die**] **~ ins Feuer** j'en mettrais ma main au feu; **~ und Fuß haben** *fam* se tenir; **sich mit Händen und Füßen wehren** *fam* se défendre de toutes ses forces; **~ aufs Herz!** *fam* paroles [d'honneur]!; **die Hände über dem Kopf zusammenschlagen** lever les bras au ciel; **von der ~ in den Mund leben** vivre au jour le jour; **die Hände in den Schoß legen** *(sich ausruhen)* ne rien faire; *(untätig sein)* se croiser les bras; **bei etw die** [*o* **seine**] **Hände im Spiel haben** tremper dans qc; **jdn um die ~ seiner Tochter bitten** *geh* demander à qn la main de sa fille *(vieilli)*; **seine Hände in Unschuld waschen** s'en laver les mains; **etw aus erster ~ haben** avoir qc de première main; **in festen Händen sein** *fam* ne pas être disponible; **freie ~ haben** avoir carte blanche; **jdm freie ~ lassen** laisser les mains libres à qn; **von langer ~** de longue main; **mit leeren Händen dastehen** se retrouver les mains vides; **letzte ~ an etw** *(Akk)* **legen** *geh* mettre la dernière main à qc; **jds rechte ~ sein** être le bras droit de qn; **mit etw schnell bei der ~ sein** *fam* riposter facilement par qc; **eine ~ voll** une poignée; **eine ~ voll Zuschauer/Erdbeeren** une poignée de spectateurs/de fraises; **alle Hände voll zu tun haben** avoir du travail par-dessus la tête; **mit vollen Händen** à pleines mains; **hinter vorgehaltener ~** en confidence; **bei etw mit ~ anlegen** mettre la main à la pâte pour qc; **~ in ~ arbeiten** travailler main dans la main; **jdm/einer S. in die ~** [*o* **Hände**] **arbeiten** faire le jeu de qn/qc; **die** [*o* **seine**] **~ aufhalten** *fam* tendre la main; **jd bekommt** [*o* **kriegt** *fam*] **jdn/etw in die ~** [*o* **die Hände**] qn/qc tombe entre les doigts de qn *(fam)*; **etw fällt jdm in die Hände** qc tombe entre les mains/aux mains de qn; **jdm aus der ~ fressen** *fam* manger dans la main de qn *(fam)*; **jdm die ~ darauf geben** promettre [*o* jurer] qc à qn; **etw aus der ~ geben** se dessaisir de qc; *(delegieren)* déléguer qc; **jdm sind die Hände gebunden** les mains sont liées à qn; **jdm zur ~ gehen** donner un coup de main à qn; **durch jds Hände gehen** passer entre les mains de qn; **mit etw ~ in ~ gehen** aller de pair avec qc; **von ~ zu ~ gehen** passer de mains en mains; **jdn an der ~ haben** *fam* avoir qn sous la main; **etw bei der** [*o* **zur**] **~ haben** avoir qc sous la main; **~ an sich** *(Akk)* **legen** *geh* attenter à ses jours *(soutenu)*; [**klar**] **auf der ~ liegen** être clair(e) comme de l'eau de roche; **etw in die ~ nehmen** prendre qc dans ses [*o* les] mains; *(sich befassen mit)* prendre qc en main[s]; **jdm etw aus der ~ nehmen** prendre qc des mains de qn; *(die Zuständigkeit entziehen)* retirer qc à qn; **sich** *(Dat)* **die Hände reiben** se frotter les mains; **keine ~ rühren** ne pas remuer le petit doigt; **jdm rutscht** [**schnell**] **die ~ aus** *fam* qn a la main leste; **..., sonst rutscht mir gleich die ~ aus!** ... sinon ma main va partir toute seule! *(fam)*; **zur ~ sein** être à disposition, être à portée de main; **jdm etw in die ~** [*o* **Hände**] **spielen** fournir qc à qn; **in die Hände spucken** *fam* cracher dans ses mains; **jdn auf Händen tragen** porter qn aux nues; **jdm etw in die ~ versprechen** jurer à qn de faire qc; **eine ~ wäscht die andere** un bienfait n'est jamais perdu; **sich nicht von der ~ weisen lassen**, **nicht von der ~ zu weisen sein** ne pas se laisser écarter du revers de la main; **jdm unter den Händen zerrinnen** filer entre les doigts de qn; **ihm/ihr zuckt es in den Händen** la main le/la démange; **an ~ einer S.** *(Gen)* à l'aide de qc; **tausend Euro** [**bar**] **auf die ~ bekommen** *fam* recevoir mille euros cash *(fam)*; **unter der ~ anbieten**, **verkaufen** sous le manteau
Handapparat *m (Titelauswahl)* ouvrages *mpl* de référence
Handarbeit ❶ *kein Pl (Arbeit mit den Händen)* travail *m* manuel; **in ~ hergestellt** fabriqué(e) à la main [*o* manuellement]
❷ *(Gegenstand)* ouvrage *m* fait à la main; *(kunstgewerblicher Gegenstand)* travail *m* [*o* produit *m*] artisanal; **etw ist ~ ge fait(e) à la main** ❸ *(Näh-, Strick-, Häkelarbeit)* travaux *mpl* d'aiguille ❹ *fam (Handarbeitsunterricht)* [cours *m* de] couture *f*
Handaufheben <-s> *nt* **durch ~ abstimmen** voter à main levée **Handauflegen** <-s> *nt*, **Handauflegung** <-> *f* **durch ~ par l'imposition** *f* des mains **Handball** ❶ *kein Pl (Spiel)* handball *m*, hand *m (fam)*; **~ spielen** faire du [*o* jouer au] handball
❷ *(Ball)* balle *f*, ballon *m* **Handballen** *m* éminence *f* thénar *(spéc)* **Handballer(in)** *m(f) fam* joueur(-euse) *m(f)* de hand *(fam)*
Handballspiel *nt* match *m* de handball [*o* de hand *fam*] **Handballspieler(in)** *m(f)* handballeur(-euse) *m(f)*, joueur(-euse) *m(f)* de handball
Handbedienung *f* commande *f* manuelle **Handbesen** *s.* **Handfeger** **Handbetrieb** *m kein Pl* fonctionnement *m* manuel; **etw per ~ bedienen** actionner qc manuellement **Handbewegung** *f* geste *m* de la main **Handbibliothek** *f* ouvrages *mpl* en accès libre **Handbohrer** *m* chignole *f* **Handbrause** *f* douchette *f* **handbreit** I. *Adj* large comme la main II. *Adv* **~ offen stehen** *Fenster, Tür:* être ouvert(e) d'une largeur de main **Handbreit** <-, -> *f* largeur *f* de main **Handbremse** *f* frein *m* à main; *eines Fahrrads* frein **Handbuch** *nt* manuel *m*
Händchen ['hɛntçən] <-s, -> *nt Dim von* **Hand** menotte *f*; **~ halten** *fam* se tenir par la main
▶ **ein ~ für Basteleien/Pflanzen haben** *fam* avoir le chic pour bricoler/avoir la main verte
Handcreme [-kre:m] *f* crème *f* pour les mains
Händedruck <-drücke> *m* poignée *f* de main **Händeklatschen** *nt* applaudissements *mpl*
Handel ['handəl] <-s> *m* ❶ commerce *m;* **freier ~** commerce libre; **der ~ mit Gebrauchtwagen** le commerce des voitures d'occasion; **~ treiben** faire du commerce; **etw in den ~ bringen** mettre qc sur le marché; **etw aus dem ~ ziehen** retirer qc du commerce [*o* de la vente]; [**nicht mehr**] **im ~ sein** [ne plus] être dans le commerce
❷ *(Abmachung, Geschäft)* marché *m*
Händel ['hɛndəl] *Pl geh (Streit)* dispute *f;* **willst du ~ anfangen?** tu cherches la bagarre? *(fam)*
handeln ['handəln] I. *itr V* ❶ **mit etw ~** faire le commerce de qc
❷ *(feilschen)* **um den Preis ~** marchander le prix
❸ *(tätig sein, vorgehen, verfahren)* agir; **aus Überzeugung ~** agir par conviction; **richtig/falsch/egoistisch ~** agir de manière correcte/incorrecte/égoïste; **gesetzeswidrig/sittenwidrig ~** agir contrairement à la loi/aux bonnes mœurs
❹ *(zum Thema haben)* **von jdm/etw ~** traiter de qn/qc
▶ **mit sich/nicht mit sich ~ lassen** être/ne pas être prêt(e) à discuter; *(bei Diskussionen, Verhandlungen)* se laisser/ne pas se laisser influencer
II. *r V unpers* **bei dem Bild handelt es sich um eine Fälschung** en ce qui concerne le tableau, il s'agit d'un faux; **es handelt sich darum, dass er einen Kredit braucht** il s'agit du fait qu'il a besoin d'un crédit
III. *tr V* ❶ **an der Börse/für 50 Euro das Kilo gehandelt werden** se négocier à la Bourse/pour 50 euros le kilo
❷ *fig* **als Kandidat(in) gehandelt werden** être pressenti(e) comme candidat(e)
Handeln <-s> *nt* ❶ *(Handeltreiben)* **das ~ mit Büchern** le commerce des livres
❷ *(Feilschen)* marchandage *m*
❸ *(Tätigwerden)* réaction *f;* **jetzt ist rasches ~ gefragt** maintenant, il faut agir vite
❹ *(Vorgehen)* attitude *f*
Handelsabkommen *nt* accord *m* commercial **Handelsakademie** *f* A ≈ école *f* supérieure de commerce **Handelsartikel** *s.* **Handelsware Handelsattaché** [-ataʃe:] *m* attaché(e) *m(f)* commercial(e) **Handelsbank** *f* ÖKON banque *f* de commerce **Handelsbeschränkung** *f* restriction *f* commerciale; **~en verhängen** imposer des restrictions commerciales **Handelsbilanz** *f einer Firma* bilan *m* commercial; *eines Staates* balance *f* commerciale; **aktive/passive ~** balance commerciale excédentaire/déficitaire **handelseinig**, **handelseins** *Adj* **mit jdm ~ werden/sein** tomber/être d'accord avec qn **Handelsembargo** *nt* embargo *m* [commercial]; **ein ~ verhängen/lockern/aufheben** décréter/assouplir/lever un embargo **Handelsfirma** *f* firme *f* commerciale **Handelsflagge** *f* NAUT pavillon *m* marchand **Handelsflotte** *f* marine *f* marchande **Handelsfreiheit** *f* ÖKON liberté *f* de commerce **Handelsgesellschaft** *f* société *f* commerciale; **offene ~** société en nom collectif **Handelsgesetz** *nt* loi *f* sur le commerce **Handelsgesetzbuch** *nt* ≈ code *m* de commerce **Handelshafen** *m* port *m* de commerce **Handelshaus** *nt* ÖKON maison *f* de commerce **Handelskammer** *f* chambre *f* de commerce; **Industrie- und ~** chambre du commerce et de l'industrie **Handelsklasse** *f* [catégorie *f* de] qualité *f* **Handelsmarine** *f* marine *f* marchande **Handelsmarke** *f* marque *f* de fabrique **Handelsmesse** *f* foire *f* commerciale **Handelsminister(in)** *m(f)* ministre *mf* du commerce **Handelsmission** *f* mission *f* commerciale **Handelspartner(in)**

m(f) partenaire *mf* commercial(e) **Handelspolitik** *f* politique *f* commerciale **Handelsregister** *nt* registre *m* du commerce **Handelsschiff** *nt* navire *m* de commerce **Handelsschranken** *Pl* barrières *fpl* commerciales **Handelsschule** *f* ≈ école *f* de commerce; **höhere ~** ≈ école supérieure de commerce **Handelsspanne** *f* marge *f* commerciale **handelsüblich** *Adj Erzeugnis, Produkt, Ware* d'usage; *Gepflogenheit, Preis* conforme aux usages commerciaux; *Größe, Packung* courant(e) **Handelsunternehmen** *nt* ÖKON entreprise *f* commerciale **Handelsvertreter(in)** *m(f)* représentant(e) *m(f)* de commerce **Handelsvertretung** *f* ÖKON agence *f* commerciale **Handelsvolumen** *nt* ÖKON volume *m* des échanges commerciaux **Handelsware** *f* marchandise *f* **Handelswert** *m* valeur *f* marchande **Handelszentrum** *nt* centre *m* commercial

Händeringen *nt* **hier hilft kein ~** ici, les supplications sont inutiles **händeringend** ['hɛndərɪŋənd] **I.** *Adj* désespéré(e) **II.** *Adv* ❶ *bitten, flehen* en suppliant ❷ *fam (dringend) benötigen, brauchen* absolument; *suchen* désespérément **Händeschütteln** <-s> *nt* poignée *f* de main **Händetrockner** <-s, -> *m* sèche-mains *m* **Händewaschen** <-s> *nt* **zum/für das ~** pour se laver les mains; **nach dem ~** après s'être lavé les mains

Handfeger ['fe:gɐ] *m* balayette *f* **Handfertigkeit** *f* dextérité *f* **handfest** *Adj* ❶ *(kräftig, deftig) Person* solide; *Essen* consistant(e) ❷ *(heftig) Streit, Prügelei* violent(e); **ein ~er Skandal** un beau scandale ❸ *(hieb- und stichfest) Beweis, Information* solide **Handfeuerlöscher** *m* extincteur *m* portable **Handfeuerwaffe** *f* arme *f* de poing **Handfläche** *f* paume *f* de la main **handgearbeitet** ['hantgəʔarbaɪtət] *Adj* fait(e)-main **handgeknüpft** *Adj* noué(e) à la main **Handgeld** *nt (Vorschuss, Prämie)* prime *f* d'engagement; *(Anzahlung)* arrhes *fpl* **Handgelenk** *nt* poignet *m* ▸ **ein lockeres ~ haben** *fam* avoir la main leste; **etw aus dem ~ schütteln** *fam* faire qc comme un rien *(fam)*; **aus dem ~** *fam (ohne Mühe)* en un tour de main; *(aus dem Stegreif)* [simplement] comme ça **handgemacht** *Adj* fait(e) à la main **handgemalt** *Adj* peint(e) à la main **handgemein** *Adj* **mit jdm ~ werden** en venir aux mains avec qn **Handgemenge** *nt* bagarre *f* **Handgepäck** *nt* bagages *mpl* à main **handgeschrieben** *Adj* manuscrit(e) **handgestrickt** *Adj* ❶ *(von Hand gestrickt)* tricoté(e) à la main ❷ *pej (amateurhaft gemacht)* bricolé(e) *(fam)* **Handgranate** *f* grenade *f* [à main]

handgreiflich *Adj* ❶ **gegen jdn ~ werden** en venir aux mains avec qn
❷ *(offensichtlich) Beweis, Erfolg* tangible
Handgreiflichkeiten *Pl* empoignade *f*; JUR voie *f* de fait; **es kam zu ~** il y a eu voie de fait
Handgriff *m* ❶ *(Aktion)* geste *m*, opération *f*; **mit einem ~** d'un [seul] geste; **mit ein paar ~en** en deux temps trois mouvements ❷ *(Griff)* poignée *f*
Handhabe *f* preuve *f*; **gegen jdn eine/keine ~ haben** avoir/ne pas avoir prise sur qn
handhaben ['hantha:bən] *tr V* ❶ *(bedienen)* manier, manipuler *Gerät, Apparat*; se servir de *Werkzeug*; commander *Fernseher, Videorecorder*
❷ *(anwenden)* appliquer *Gesetz, Vorschrift*
Handhabung <-> *f* ❶ *(Bedienung) eines Geräts, einer Maschine* utilisation *m*; *eines Autos* maniement *m*; *eines Fernsehers, Videorecorders* commande *f*
❷ *(Anwendung) von Gesetzen, Vorschriften* application *f*
Handheld ['hɛndhɛlt] <-s, -s> *m* INFORM P.C. *m* de poche
Handicap ['hɛndikɛp] <-s, -s> *nt s.* **Handikap**
handicapen ['hɛndikɛpn] *tr V s.* **handikapen**
Handikap ['hɛndikɛp] <-s, -s> *nt* handicap *m*
handikapen ['hɛndikɛpən] *tr V* handicaper; **sein Gipsarm handikapt ihn sehr** son bras plâtré le gêne beaucoup
händisch ['hɛndɪʃ] *Adj A s.* **manuell**
Handkante *f* tranchant *m* de la main **Handkantenschlag** *m* coup *m* du tranchant de la main **Handkarren** *m* charrette *f* à bras **Handkäse** *m* DIAL *petit fromage moulé à la main et parfumé au cumin* **Handkoffer** *m* mallette *f* **handkoloriert** *Adj* colorié(e) à la main **Handkuss**^{RR} *m* baisemain *m* ▸ **etw mit ~ tun** *fam* faire qc de bon cœur **Handlanger(in)** ['-laŋɐ] <-s, -> *m(f)* ❶ *(ungelernter Helfer)* manœuvre *m* ❷ *pej (Erfüllungsgehilfe)* larbin *m (péj)*
Handlangerdienst *m* **jdm ~e leisten** être l'homme de main de qn
Handlauf *m* main *f* courante
Händler(in) ['hɛndlɐ] <-s, -> *m(f)* ❶ *(Fachhändler, Kleinhändler)* commerçant(e) *m(f)*; *(Großhändler)* négociant(e) *m(f)*; **ambulanter** *[o* **fliegender]** *~* marchand *m* ambulant
❷ *(Vertragshändler)* concessionnaire *mf*
Händlerrabatt *m* remise *f* accordée aux commerçants
Handlesekunst *f* chiromancie *f*
handlich ['hantlɪç] *Adj* pratique; *Auto* maniable

Handlichkeit <-> *f* maniabilité *f*
Handlinie [-li:niə] *f* ligne *f* de la main
Handliniendeutung [-li:niən-] *f* chiromancie *f*
Handlung ['handlʊŋ] <-, -en> *f* ❶ *(Tat, Akt)* acte *m*; **unbedachte/symbolische ~** geste *m* irréfléchi/symbolique; **feierliche ~** acte solennel; **kriegerische ~** opération *f* militaire; **strafbare ~** délit *m*
❷ *(Geschehen) eines Buchs, Films, Theaterstücks* action *f*; **wo spielt die ~?** où se passe l'action?
Handlungsablauf *m* déroulement *m* de l'action **Handlungsbedarf** *m* urgence *f*; **es besteht ~/kein ~** il y a/n'y a pas urgence **Handlungsbevollmächtigte(r)** *f(m) dekl wie Adj* JUR fondé(e) *m(f)* de pouvoir **handlungsfähig** *Adj* JUR ayant capacité **Handlungsfähigkeit** *f* JUR capacité *f* légale **Handlungsfreiheit** *f* kein Pl* liberté *f* d'action **Handlungsspielraum** *m* marge *f* de manœuvre **handlungsunfähig** *Adj* JUR frappé(e) d'incapacité **Handlungsunfähigkeit** *f* JUR incapacité *f* légale **Handlungsvollmacht** *f* procuration *f* commerciale **Handlungsweise** *f (Art des Handelns)* manière *f* d'agir; *(Verhalten)* comportement *m*
Handmixer *m* mixeur *m* **Handorgel** *f* CH accordéon *m*
Handout <-s, -s> *nt*, **Hand-out**^{RR} ['hɛnt'aʊt] <-s, -s> *nt* polycopié *m*
Handpflege *f* manucure *f* **Handpresse** *f* TYP presse *f* à bras **Handpuppe** *f* marionnette *f* **Handreichung** <-, -en> *f* ❶ *(Hilfeleistung)* coup *m* de main ❷ *(Richtlinien)* recommandations *fpl*; *(Informationsmaterial)* documentation *f* **Handrücken** *m* dos *m* de la main **Handsatz** *m kein Pl* TYP composition *f* à la main **Handscanner** [-skɛnɐ] *m* INFORM scanne[u]r *m* à main **Handschelle** *f meist Pl* menottes *fpl*; **jdm ~n anlegen** passer les menottes à qn **Handschlag** *m* poignée *f* de main; **mit** *[o* **per]** *~* d'une poignée de main ▸ **keinen ~ tun** *fam* ne pas bouger *[o* lever] le petit doigt **Handschrift** *f* ❶ *(Schrift)* écriture *f* ❷ *(Text)* manuscrit *m* ▸ **jds ~ tragen** *[o* **verraten]** porter *[o* trahir] la griffe de qn **Handschriftendeutung** *f* graphologie *f* **handschriftlich I.** *Adj* ❶ *(von Hand geschrieben)* manuscrit(e) ❷ *(als Handschrift überliefert)* manuscrit(e) **II.** *Adv* ❶ *sich bewerben* par écrit; **etw ~ einfügen** rajouter qc à la main ❷ *(in Form von Handschriften)* sous forme manuscrite **Handschuh** *m* gant *m*
Handschuhfach *nt*, **Handschuhkasten** *m* boîte *f* à gants **handsigniert** *Adj* **ein vom Künstler ~es Exemplar** un exemplaire signé de la main de l'artiste **Handspiegel** *m* miroir *m* à main **Handspiel** *nt kein Pl* main *f* **Handstand** *m* poirier *m*; **kannst du einen ~ machen?** tu sais faire le poirier? **Handstandüberschlag** *m* flip[-]flap *m* **Handstreich** ▸ **durch einen** *[o* **in einem]** ~ par un coup de main **Handtasche** *f* sac *m* à main **Handteller** *m* paume *f* [de la main] **Handtuch** <-tücher> *nt* serviette *f* [de toilette]; *(Frotteehandtuch)* serviette éponge ▸ **das ~ werfen** *[o* **schmeißen]** *fam* jeter l'éponge *(fam)*
Handtuchhalter *m* porte-serviettes *m* **Handtuchspender** *m* distributeur *m* [d'essuie-mains]
Handumdrehen ▸ **im ~** en un tour de main
handverlesen *Adj* ❶ *Beeren, Obst* trié(e) à la main
❷ *(sorgfältig ausgewählt)* trié(e) sur le volet
Handvoll *s.* **Hand** ▸
Handwagen *m* charrette *f* à bras **handwarm I.** *Adj* tiède **II.** *Adv waschen* à l'eau tiède **Handwaschbecken** *nt* lavabo *m* **Handwäsche** *f* ❶ *(Waschvorgang)* lavage *m* à la main ❷ *kein Pl (Wäschestücke)* linge *m* à laver à la main **Handwerk** *nt* ❶ *(Beruf)* métier *m* [manuel] ❷ *kein Pl (Berufsstand)* artisanat *m* ▸ **jdm das ~ legen** mettre fin aux agissements de qn; **jdm ins ~ pfuschen** marcher sur les plates-bandes de qn *(fam)*; **sein ~ verstehen** connaître son métier, s'y connaître **Handwerker(in)** <-s, -> *m(f)* artisan(e) *m(f)* **handwerklich I.** *Adj* artisanal(e) **II.** *Adv* artisanalement; ▸ **begabt sein** être habile de ses mains
Handwerksberuf *m* métier *m* d'artisan **Handwerksbetrieb** *m* entreprise *f* artisanale **Handwerkskammer** *f* chambre *f* des métiers **Handwerksmeister(in)** *m(f)* maître *m* artisan **Handwerksrolle** *f* JUR registre *m* des métiers **Handwerkszeug** *nt* outillage *m*, outils *mpl*
Handwurzel *f* carpe *m* **Handwurzelknochen** *m* os *m* carpien **Handy** ['hɛndi, 'hændi] <-s, -s> *nt* portable *m*
Handydisplay *nt* écran *m* de mobile **Handynummer** *f* numéro *m* de portable *[o* de mobile]; **jdm seine ~ geben** donner son numéro de portable *[o* de mobile] à qn **Handytastatur** *f* clavier *m* de mobile
Handzeichen *nt* signe *m* de la main **Handzeichnung** *f* dessin *m* à la main **Handzettel** *m* tract *m*
hanebüchen ['ha:nəby:çən] *Adj* inouï(e)
Hanf [hanf] <-[e]s> *m* ❶ chanvre *m*
❷ *(Hanfsamen)* chènevis *m*
Hänfling ['hɛnflɪŋ] <-s, -e> *m* ❶ linotte *f*
❷ *fam (dünner Mensch)* mauviette *f (péj fam)*
Hang [haŋ, *Pl:* 'hɛŋə] <-[e]s, **Hänge**> *m* ❶ *(Abhang)* versant *m*;

eines Weinbergs coteau *m*
❷ *kein Pl (Vorliebe)* penchant *m;* **einen ~ zur Bequemlichkeit haben** être enclin(e) à la paresse *(soutenu);* **sein ausgeprägter ~ zur Übertreibung** son penchant marqué pour l'exagération
Hangar ['haŋga:ɐ, haŋ'ga:ɐ] <-s, -s> *m* hangar *m*
Hängebrücke *f* pont *m* suspendu **Hängebrust** *f meist Pl* seins *mpl* qui tombent **Hängelampe** *f* lustre *m*
hangeln ['haŋəln] **I.** *itr V + haben o sein* avancer à la force des [*o* de ses] bras
II. *r V* **sich an einem Seil über einen Bach ~** traverser un torrent suspendu(e) à une corde
Hängemappe *f* dossier *m* suspendu **Hängematte** *f* hamac *m*
hangen ['haŋən] *itr V* CH *s.* **hängen**
Hangen ▸ **mit ~ und Bangen** *geh* avec angoisse *(soutenu)*
hängen¹ ['hɛŋən] <hing, gehangen> **I.** *itr V* ❶ *Lampe, Bild, Vorhang:* être accroché(e), être suspendu(e); **an der Decke/über dem Tisch ~** être suspendu(e) au plafond/au-dessus de la table; **im Schrank ~** être pendu(e) dans l'armoire; **auf der Leine ~** être pendu(e) sur le fil
❷ *(herunterhängen) Zweige:* pendre; **die Haare hängen ihr ins Gesicht** les cheveux lui tombent dans la figure *(fam);* **er stand mit ~ den Schultern da** il était là, les épaules tombantes
❸ *(schweben)* **über dem Wald ~** *Nebel:* s'étendre sur la forêt; **tief ~** *Wolken:* être très bas; **der Zigarettenrauch hängt noch im Zimmer** la fumée de cigarettes flotte encore dans la pièce
❹ *(angebunden sein, befestigt sein)* **an etw** *(Dat)* **~** être accroché(e) à qc; *(angekoppelt sein)* être attelé(e) à qc
❺ *fam (angeschlossen sein)* **an Schläuchen ~** *Patient:* être branché(e) à des tuyaux
❻ *(voll sein)* **voller Mäntel ~** être plein(e) de manteaux; **voller Kirschen ~** être chargé(e) de cerises
❼ *(sich verbunden fühlen)* **an jdm/etw ~** tenir à qn/qc
❽ *(sich neigen)* **nach rechts/links ~** pencher vers la droite/vers la gauche
❾ *(festhängen)* **mit dem Ärmel/der Tasche an etw** *(Dat)* **~** être accroché(e) à qc par sa manche/son sac
❿ *(haften)* **an etw** *(Dat)* **~** *Schmutz:* adhérer à qc; *Blicke:* être fixé(e) sur qc
⓫ *fam (sitzen, stehen)* **im Sessel ~** s'avachir dans le fauteuil *(fam);* **vor dem Fernseher ~** être collé(e) devant la télé *(fam);* **am Telefon/Fenster ~** être pendu(e) au téléphone/à la fenêtre *(fam)*
⓬ *(abhängig sein)* **an etw** *(Dat)* **~** dépendre de qc
⓭ *(gehenkt werden)* être pendu(e)
▸ **mit Hängen und Würgen** *fam* cahin-caha *(vieilli fam)*
II. *itr V unpers* ▸**wo[ran] hängt es denn?** *fam* mais à quoi ça tient? *(fam)*
hängen² **I.** <hängte, gehängt> *tr V* ❶ *(anbringen)* **etw an die Wand/Decke ~** accrocher qc au mur/au plafond
❷ *(aufbewahren)* **etw auf einen Bügel/in den Schrank ~** accrocher [*o* mettre] qc sur un cintre/dans l'armoire
❸ *(herunterhängen lassen)* **die Arme ~ lassen** laisser pendre les bras; **den Kopf ~ lassen** *Person:* baisser la tête; *Blume:* pencher la tête
❹ *(baumeln lassen)* **etw in etw** *(Akk)* **~** laisser pendre qc dans qc
❺ *(anhängen, befestigen)* **das Boot/den Wohnwagen ans Auto ~** atteler le bateau/la caravane à la voiture
❻ *(erhängen)* pendre
II. *r V* ❶ *(sich festsetzen)* **sich an jdn/etw ~** *Qualle, Schmutz:* s'accrocher à qn/qc; **sich ans Telefon ~** *fam* se mettre au téléphone *(fam)*
❷ *(Verfolgung aufnehmen)* **sich an jdn/etw ~** prendre qn/qc en filature
❸ *(sich emotional binden)* **sich an jdn/etw ~** s'attacher à qn/qc
❹ *fam (sich beugen)* **sich aus dem Fenster ~** se pencher par la fenêtre
❺ *sl (sich einmischen)* **sich in etw** *(Akk)* **~** fourrer son nez dans qc *(pop)*
hängen|bleiben *s.* **bleiben I.**❷, ❺, ❼
hängen|lassen <PPhängen[ge]lassen> *s.* **lassen I.**❷, ▸
Hängeohr *nt* oreille *f* pendante **Hängepartie** *f* ❶ SCHACH ajournement *m* ❷ *fig* [période *f* de] flottement *m*
Hänger ['hɛŋɐ] <-s, -> *m fam* ❶ *(Anhänger)* remorque *f*
❷ *(Gedächtnisschwäche)* trou *m;* **einen ~ haben** *Schauspieler:* avoir un trou *(fam)*
Hangerl ['haŋəl] <-s, -n> *nt* A *fam (Wischtuch)* torchon *m*
Hängeschrank *m* élément *m* du haut **Hängeschultern** *Pl* épaules *fpl* tombantes
hängig *Adj* CH ❶ JUR *s.* **anhängig**
❷ *form (unerledigt)* en souffrance
Hanglage *f* terrain *m* en pente; **ein Haus in ~** une maison située sur un terrain en pente
Hanna, Hanne <-s> *f* Jeanne *f*
Hannover [ha'no:fɐ] <-s> *nt* Hanovre

Hannoveraner [hanovə'ra:nɐ] <-s, -> *m* ❶ *(Person)* Hanovrien *m* ❷ *(Pferd)* hanovrien *m*
Hannoveranerin <-, -nen> *f* Hanovrienne *f*
hannoversch *Adj attr* de Hanovre
Hans <- *o* -ens> *m* Jean
▸ **~ im Glück** *fam* veinard *m (fam)*
Hansaplast® <-[e]s> *nt* sparadrap *m*
Hänschen ['hɛnsçən] <-s> *nt Dim von* **Hans**
▸ **was ~ nicht lernt, lernt Hans nimmermehr** *Spr.* ≈ ce que l'on n'apprend pas jeune, on ne l'apprend jamais
Hansdampf [hans'damf] ▸ [ein] **~ in allen Gassen sein** *fam* être un touche-à-tout
Hanse ['hanzə] <-> *f* Hanse *f*
Hanseat(in) [hanze'a:t] <-en, -en> *m(f)* ❶ habitant(e) d'une ville hanséatique
❷ HIST hanséate *mf*
hanseatisch [hanze'a:tɪʃ] *Adj* ❶ *propre aux habitants des villes hanséatiques*
❷ HIST hanséatique
Hansel ['hanzl] <-s, -[n]> *m* DIAL *pej fam* guignol *m (fam)*
▸ **ein paar ~[n]** *fam* quatre pelés et un tondu *(fam)*
Hänsel ['hɛnzəl] <-s> *m Dim von* **Hans** **~ und Gretel** Hansel et Gretel
Hänselei <-, -en> *f* moqueries *fpl*
hänseln ['hɛnzəln] *tr V* se moquer de; **jdn wegen etw ~** se moquer de qn à cause de qc
Hansestadt ['hanzə-] *f* ville *f* hanséatique

Land und Leute

La *Hanse* était à l'origine le regroupement de villes qui se trouvaient sur les grands axes commerciaux. Le but des **Hansestädte** était de mieux réguler le commerce des marchandises. La *Hanse* allemande détint pendant 200 ans environ le monopole de l'activité commerciale sur la Baltique. De nos jours, sept villes du nord de l'Allemagne ont toujours en plus de leur nom l'appellation de ville hanséatique. Il s'agit de Brême, Hambourg, Lübeck, Rostock, Stralsund, Wismar et Greifswald.

Hanswurst <-e *o* -würste> *m* ❶ THEAT *figure comique du théâtre allemand du 18ᵉ siècle*
❷ *(dummer Mensch)* guignol *m*
Hantel ['hantəl] <-, -n> *f* haltère *m*
hantieren* *itr V* **mit einem Werkzeug an etw** *(Dat)* **~** bricoler qc avec un outil; **nach stundenlangem Hantieren** après avoir bricolé pendant des heures; **in der Küche ~** s'affairer dans la cuisine
hantig ['hantɪç] *Adj* A, SDEUTSCH *fam (herb)* cassant(e)
hapern ['ha:pɐn] *itr V unpers fam* ❶ *(fehlen)* **es hapert an etw** *(Dat)* il manque qc
❷ *(nicht gut klappen)* **es hapert bei jdm mit der Rechtschreibung** ça cafouille chez qn avec l'orthographe *(fam);* **in Mathe hapert es bei dir** tu cafouilles en maths *(fam)*
haploid [haplo'i:t] *Adj* BIO haploïde
Häppchen <-s, -> *nt Dim von* **Happen** ❶ *(Kleinigkeit)* bricole *f (fam);* **nur ein ~ von dem Omelett essen** manger juste une bouchée de l'omelette
❷ *(Appetithäppchen)* canapé *m*
häppchenweise ['hɛpçənvaɪzə] *Adv fam (in Häppchen)* à petites bouchées; *(nach und nach)* petit à petit
Happen ['hapən] <-s, -> *m fam (Bissen, Kleinigkeit)* morceau *m (fam)*
▸ **ein fetter ~** *fam* une bonne affaire *(fam)*
Happening ['hɛpənɪŋ] <-s, -s> *nt* happening *m*
happig ['hapɪç] *Adj fam Preis, Rechnung* salé(e) *(fam);* **das ist ganz schön ~!** c'est vraiment salé! *(fam)*
happy ['hɛpi, 'hæpi] *Adj fam* tout(e) content(e)
Happyendʳʳ <-s, -s> *nt,* **Happy End**ʳʳ ['hɛpi'ʔɛnt] <-, --s> *nt* happy end *m* **Happyhour** <-, -s> *f,* **Happy Hour** [hɛpi'(ʔ)aʊɐ] <- -, - -s> *f* happy-hour *m*
Harakiri [hara'ki:ri] <-[s], -s> *nt* hara-kiri *m;* **~ begehen** [se] faire hara-kiri
Härchen <-s, -> *nt Dim von* **Haar** petit poil *m*
Hardcore-Porno ['ha:(r)dkɔːɛpɔrno] <-s, -s> *m* porno *m* hard
Hardcoverʳʳ ['ha:(r)d'kavɐ(r)] <-s, -s>, **Hard Cover**ʳʳ <- -s, - -s> *nt* livre *m* à couverture rigide
Hardliner(in) ['ha:(r)dlaɪnɐ, 'ha:(r)dlaɪnə(r)] <-s, -> *m(f)* pur *m* [*et* dur]/pure *f* [*et* dure]
Hardtop ['ha:ɛttɔp, 'ha:(r)dtɔp] <-s, -s> *nt* ❶ *(Dach)* capote *f* rigide
❷ *(Auto)* faux cabriolet *m*
Hardware ['ha:ɐtvɛːɐ] <-, -s> *f* INFORM matériel *m*
Harem ['ha:rɛm] <-s, -s> *m* harem *m*
Häresie [hɛre'zi:] <-, -n> *f* REL hérésie *f*

Häretiker(in) [hɛˈreːtikɐ] <-s, -> m(f) hérétique mf
häretisch [hɛˈreːtɪʃ] Adj hérétique
Harfe [ˈharfə] <-, -n> f harpe f; ~ **spielen** jouer de la harpe
Harfenist(in) [harfəˈnɪst] <-en, -en> m(f) harpiste mf
Harfenspiel nt kein Pl jeu m à la harpe
Harke [ˈharkə] <-, -n> f bes. NDEUTSCH râteau m
▶ jdm **zeigen, was eine ~ ist** fam montrer à qn de quel bois on se chauffe (fam)
harken tr V bes. NDEUTSCH ratisser
Harlekin [ˈharlekiːn] <-s, -e> m arlequin m
härmen [ˈhɛrmən] r V geh **sich** ~ s'affliger
harmlos [ˈharmloːs] I. Adj ❶ Person, Tier inoffensif(-ive); Krankheit bénin(-igne); Droge, Wunde anodin(e); Kurve, Rennstrecke sans danger
❷ (arglos) anodin(e)
II. Adv ❶ (ungefährlich) ~ **beginnen** Streit: débuter de manière anodine; ~ **verlaufen** Krankheit: évoluer de manière bénigne
❷ (arglos) sans penser à mal
Harmlosigkeit <-, -en> f ❶ einer Person caractère m inoffensif; einer Krankheit bénignité f; einer Droge innocuité f
❷ (Arglosigkeit) innocence f; **etw in aller ~ tun** faire qc sans penser à mal
Harmonie [harmoˈniː] <-, -n> f harmonie f
harmonieren* itr V ❶ MUS s'accorder
❷ (zueinander passen) **miteinander ~** aller bien ensemble; (miteinander auskommen) s'entendre bien
Harmonika [harˈmoːnika] <-, -s o Harmoniken> f (Ziehharmonika) accordéon m
harmonisch [harˈmoːnɪʃ] I. Adj harmonieux(-euse)
II. Adv harmonieusement; verlaufen, zusammenleben dans l'harmonie; **nicht sehr ~ klingen** Musik: ne pas être très harmonieux(-euse)
harmonisieren* tr V harmoniser Preise, Vorschriften
Harmonisierung <-, -en> f harmonisation f
Harmonium [harˈmoːniʊm] <-s, -nien> nt harmonium m
Harn [harn] <-[e]s, -e> m urine f; ~ **lassen** form uriner
Harnblase f vessie f **Harndrang** m envie f d'uriner
harnen [ˈharnən] itr V veraltet form uriner
Harnisch [ˈharnɪʃ] <-[e]s, -e> m HIST armure f
▶ jdn in ~ **bringen** mettre [o jeter] qn hors de ses gonds
Harnlassen <-s> nt form miction f **Harnleiter** m uretère m **Harnröhre** f urètre m **Harnsäure** f acide m urique **Harnstoff** m urée f **harntreibend** I. Adj diurétique II. Adv ~ **wirken** avoir un effet diurétique **Harnvergiftung** f urémie f **Harnwege** Pl voies fpl urinaires
Harpune [harˈpuːnə] <-, -n> f harpon m
Harpunier(in) [harpuˈniːɐ] <-s, -e> m(f) harponneur(-euse) m(f)
harpunieren* tr V harponner
harren [ˈharən] itr V geh attendre; **er harrte ihrer** (Gen) [o **auf sie**] il l'attendait
harsch [harʃ] Adj ❶ Schnee tôlé(e)
❷ geh (barsch) Kritik rude
Harsch <-[e]s> m neige f tôlée
harschig Adj tôlé(e)
hart [hart] <härter, härteste> I. Adj ❶ (nicht weich) Brett, Brot, Apfel, Wasser dur(e); Matratze, Federung, Stoßdämpfer ferme; Kontaktlinsen rigide
❷ (heftig) brutal(e)
❸ (unmelodisch) Klang, Ton, Akzent rude
❹ (vehement) Auseinandersetzung, Kampf véhément(e)
❺ (stark) Droge dur(e)
❻ (schockierend) Pornografie, Film hard
❼ (abgehärtet) Person endurci(e); ~ **werden** s'endurcir
❽ (stabil) Währung, Devisen fort(e)
❾ (streng) Person, Worte, Herrscher, Strafe, Urteil, Gesetz dur(e); Winter, Frost rigoureux(-euse); ~ **mit jdm sein** être dur(e) avec qn
❿ (schwer zu ertragen) Leben, Zeiten, Schlag dur(e); Schicksal, Verlust, Tatsache cruel(le); **es ist ~ für jdn, dass** c'est dur pour qn de voir que + indic
⓫ (mühevoll) Arbeit, Anstrengung dur(e); Auseinandersetzung, Verhandlung difficile
▶ ~ **im Nehmen sein** [bien] encaisser (fam)
II. Adv ❶ (nicht weich) **schlafen** sur quelque chose de dur [o de ferme]
❷ (heftig) fallen brutalement; aufprallen, zuschlagen, geraten violemment; ~ **durchgreifen** sévir; **jdn ~ treffen** Kritik, Verlust: toucher [o éprouver] durement qn
❸ (unmelodisch) ~ **klingen** sonner rude
❹ (streng) durement; **jdn ~ anfassen** traiter qn durement; **in etw** (Dat) ~ **bleiben** rester intraitable au sujet de qc
❺ (mit Mühe) arbeiter dur
❻ (unmittelbar) ~ **an der Grenze des Erlaubten sein** être à la limite de la légalité
▶ **es geht** [o **kommt**] ~ **auf** ~ on ne se fait pas de cadeaux
Härte [ˈhɛrtə] <-, -n> f ❶ eines Metalls trempe f
❷ (Kalkgehalt) dureté f
❸ kein Pl (Wucht) force f
❹ kein Pl (Stabilität) einer Währung force f
❺ kein Pl (Strenge, Unerbittlichkeit) eines Gesetzes, einer Maßnahme dureté f; von Auseinandersetzungen, Verhandlungen véhémence f; des Schicksals, Lebens rigueur f; **soziale ~n** inégalités fpl sociales; **mit großer ~** sans pitié
▶ **das ist die ~!** sl (das ist unerhört) c'est le bouquet! (fam); (das ist super) c'est génial! (fam)
Härteausgleich m kein Pl JUR compensation f des inégalités sociales **Härtefall** m ❶ cas m social extrême ❷ fam (Mensch) cas m difficile (péj fam) **Härtefonds** [-fɔ̃ː] m fonds m de solidarité **Härtegrad** m degré m de dureté
härten [ˈhɛrtən] I. tr V tremper Metall
II. itr V durcir
III. r V **sich durch Sport ~** s'endurcir par le sport
Härter <-s, -> m durcisseur m
Härteskala f échelle f de dureté **Härtetest** m ❶ test m [de résistance]; **etw einem ~ unterziehen** soumettre qc à un test [de résistance] ❷ fig examen m de passage; **jdn einem ~ unterziehen** soumettre qn à un test
Hartfaserplatte f panneau m de fibres dur
hartgefroren s. gefroren II.
hartgekocht s. kochen II. ❶
Hartgeld nt pièces fpl [de monnaie] **hartgesotten** [ˈhartɡəzɔtən] Adj ❶ (verstockt) invétéré(e) ❷ (gerissen) roué(e); **ein ~er Bursche** un dur [à cuire] (fam) **Hartgummi** nt ébonite f **hartherzig** Adj Person insensible
Hartherzigkeit <-, -en> f ❶ kein Pl (Gefühllosigkeit) insensibilité f
❷ (Tat) acte m impitoyable
Hartholz nt bois m dur **Hartkäse** m fromage m à pâte dure **hartleibig** Adj Person: intransigeant(e) **Hartmetall** nt métal m dur
hartnäckig [ˈhartnɛkɪç] I. Adj ❶ Person persévérant(e); Widerstand acharné(e); Schweigen têtu(e)
❷ (langwierig) Erkältung tenace
II. Adv avec persévérance [o acharnement]; schweigen avec entêtement
Hartnäckigkeit <-> f ❶ (Beharrlichkeit) persévérance f; pej entêtement m
❷ (Langwierigkeit) ténacité f
Hartplatz m terrain m à revêtement dur
Hartschalenkoffer m valise f rigide
Härtung [ˈhɛrtʊŋ] <-, -en> f eines Metalls trempe f
Hartweizen m blé m dur **Hartwurst** f saucisson m
Hartz IV [harts ˈfiːɐ] <-> nt ≈ allocation f Hartz IV (nouvelle allocation s'élevant à 345 euros minimum et résultant de la fusion de l'ancienne allocation d'aide aux chômeurs de longue durée "Arbeitslosenhilfe", qui était comparable à l'ASS, et de la "Sozialhilfe", qui correspondait au RMI); ~ **bekommen** ≈ toucher Hartz IV
Harz[1] [haːɐts] <-es, -e> nt résine f
Harz[2] <-es> m GEOG **der ~** le Harz
harzen [ˈhaːɐtsən] I. itr V Baum, Holz: secréter de la résine
II. tr V ajouter de la résine à Wein; **geharzter Wein** [vin] résiné
Harzer [ˈhaːɐtsɐ] <-s, -> m fromage m du Harz
harzig Adj Holz résineux(-euse)
Hasardeur(in) [hazarˈdøːɐ] <-s, -e> m(f) pej geh risque-tout m
Hasardspiel nt jeu m de hasard
Hasch [haʃ] <-[s]> nt fam hasch m (fam)
Haschee [haˈʃeː] <-s, -s> nt hachis m
haschen [ˈhaʃən] itr V ❶ veraltet geh **nach etw ~** (greifen) essayer d'attraper qc; (streben) être en quête de qc
❷ fam (Haschisch rauchen) fumer du hasch (fam)
Haschen <-s> nt DIAL ~ **spielen** jouer au chat perché
Häschen [ˈhɛːsçən] <-, -> nt ❶ Dim von **Hase** levraut m
❷ fam (Kosename) **[mein] ~** [mon] lapin (fam)
Häscher [ˈhɛʃɐ] <-s, -> m veraltet geh sbire m (péj)
Hascherl [ˈhaʃɐl] <-s, -[n]> nt A fam pauvre diable m
Haschisch [ˈhaʃɪʃ] <-[s]> nt o m hachich m, haschisch m
Hase [ˈhaːzə] <-n, -n> m ❶ (Tier, Fleisch) lièvre m; **falscher ~** rôti à base de viande hachée
❷ DIAL (Kaninchen) lapin m
▶ **da liegt der ~ im Pfeffer** fam c'est là que gît le lièvre (vieilli); **ein alter ~ sein** fam être un vieux routier (fam); **sehen/wissen, wie der ~ läuft** fam voir/savoir ce qui va se passer
Hasel [ˈhaːzəl] <-, -n> f, **Haselbusch** m BOT noisetier m **Haselhuhn** nt ZOOL gelinotte f **Haselkätzchen** nt chaton m de noisetier **Haselmaus** f muscardin m **Haselnuss**[RR] f noisette f **Hasel[nuss]strauch**[RR] m noisetier m

Hasenbraten m rôti m de lièvre **Hasenfuß** m fam poule f mouillée (fam) **Hasenpanier** ▶ das ~ **ergreifen** veraltet prendre la poudre d'escampette (fam) **Hasenpfeffer** m abats de lièvre marinés et mijotés dans de nombreuses épices **Hasenscharte** ['ha:zənʃartə] f bec-de-lièvre m

Häsin ['hɛ:zɪn] f hase f

Haspel ['haspəl] <-, -n> f TECH treuil m; (für Textilien) dévidoir m; (für Fäden) bobine f

haspeln I. tr V dévider Flachs, Garn
II. itr V fam bafouiller (fam)

HassRR <-es>, **Haß**ALT <-sses> m haine f; sich (Dat) den ~ einer Person zuziehen, den ~ einer Person auf sich (Akk) ziehen s'attirer la haine d'une personne
▶ einen ~ auf jdn **haben** fam en vouloir à mort à qn (fam); einen ~ auf jdn **kriegen** piquer une [o sa] crise contre qn (fam)

hassen ['hasən] tr V haïr Person; détester Sache; **jdn ~** haïr qn; **etw ~** détester qc; **es ~ etw zu tun** avoir horreur de faire qc

hassenswert Adj détestable

hasserfülltRR I. Adj haineux(-euse)
II. Adv haineusement

hässlichRR, **häßlich**ALT I. Adj ❶ laid(e)
❷ (gemein) Ausdruck, Fluch, Wort méchant(e); **~ zu jdm sein** être méchant(e) avec qn; **das ist ~ von dir** cela n'est pas très gentil de ta part
❸ (unerfreulich) Vorfall regrettable; Streit désagréable
II. Adv ❶ geschminkt, angezogen mal; **etw ~ streichen** peindre qc avec [o dans] une couleur horrible
❷ (gemein) mal; **~ von jdm sprechen** dire du mal de qn

HässlichkeitRR, **Häßlichkeit**ALT <-> f laideur f

HassliebeRR f mélange m d'amour et de haine **Hasstirade**RR f pej diatribe f **hassverzerrt**RR Adj déformé(e) par la haine

hast 2. Pers Präs von **haben**

Hast [hast] <-> f hâte f; **ohne ~** tranquillement; **voller ~** à la hâte

haste = hast du s. **haben**

hasten ['hastən] itr V + sein geh se hâter; **zum Bus ~** courir au bus

hastig I. Adj Bewegung précipité(e); Schritte pressé(e); Essen rapide; Befehl, Erklärung bref(-ève); **nicht so ~ !** pas si vite!
II. Adv précipitamment

hat [hat] 3. Pers Präs von **haben**

hätscheln ['hɛ(:)tʃəln] tr V ❶ (liebkosen) dorloter
❷ pej (verwöhnen) chouchouter (fam)

hatschen ['ha:tʃən] itr V + sein A, SDEUTSCH fam (hinken) boiter

hatschi [ha'tʃi(:), 'hatʃi] Interj atchoum

hatte ['hatə] Imp von **haben**

Hattrick ['hɛttrɪk] <-s, -s> m FBALL triple but m; TENNIS triple victoire f

Hatz [hats] <-, -en> f ❶ SDEUTSCH, A fam (Hetze) précipitation f
❷ (Hetzjagd) **~ auf Wildschweine** chasse f à courre aux sangliers

Haube ['haʊbə] <-, -n> f ❶ (Kopfbedeckung) coiffe f
❷ (Trockenhaube) casque m
❸ (Motorhaube) capot m
❹ A, SDEUTSCH (Mütze) casquette f
❺ (Schmuckfedern) eines Vogels huppe f
▶ jdn unter die ~ **bringen** fam caser qn (fam); unter die ~ **kommen** fam se marier; unter der ~ **sein** fam être casé(e) (fam)

Haubenlerche f cochevis m huppé **Haubenmeise** f mésange f huppée **Haubentaucher** m grèbe m huppé

Haubitze <-, -n> f obusier m

Hauch [haʊx] <-[e]s, -e> m geh ❶ (Atem) souffle m
❷ (Luftzug) souffle m
❸ (Duft) **ein ~ von Flieder** des effluves de lilas
❹ (Anflug) **ein ~ von Ironie** un soupçon d'ironie; **der ~ eines Lächelns** l'ombre d'un sourire
❺ (Flair) **der ~ von Abenteuer** un parfum d'aventure

hauchdünn I. Adj Scheibe mince; Stoff vaporeux(-euse); Mehrheit, Sieg [très] juste
II. Adv schneiden en tranche[s] très fine[s]; auftragen en couche[s] très fine[s]

hauchen ['haʊxən] I. itr V **gegen/in etw** (Akk) **~** souffler contre/dans qc
II. tr V **eine Antwort ~** murmurer une réponse dans un souffle; **jdm etw ins Ohr ~** chuchoter qc à l'oreille de qn

Hauchlaut m consonne f aspirée

hauchzart Adj Fleisch fondant(e); Stoff vaporeux(-euse)

Haudegen ['haʊde:gən] m sabreur m

Haue ['haʊə] <-, -n> f ❶ kein Pl fam (Prügel) raclée f (fam); **~ kriegen** prendre une raclée (fam)
❷ SDEUTSCH, CH, A (Hacke) houe f

hauen[1] <haute o hieb, gehauen o fam gehaut> ['haʊən] I. tr V + haben (schlagen, verprügeln) cogner (fam); **jdm** [o **jdn**] **ins Gesicht ~** cogner qn à la figure
▶ jdm **eine ~** en coller une à qn (fam)

II. itr V + haben cogner; **jdm mit etw auf den Kopf ~** cogner qn sur la tête avec qc; **er hat ihm** [anerkennend] **auf die Schulter gehauen** il lui a tapé [avec approbation] sur l'épaule

hauen[2] <haute, gehauen o DIAL gehaut> I. tr V + haben ❶ (schlagen) **ein Loch/einen Nagel in die Wand ~** faire un trou/enfoncer un clou dans le mur
❷ (herstellen) **eine Statue in** [o aus] **Marmor ~** tailler une statue dans le marbre
❸ fam (werfen) **die Bücher auf den Tisch ~** balancer les livres sur la table (fam)
II. itr V + sein fam **mit dem Kopf gegen etw ~** se cogner la tête contre qc
III. r V + haben fam ❶ (sich prügeln) **sich ~** se tabasser (fam)
❷ (sich werfen) **sich aufs Sofa/in den Sessel ~** s'écrouler sur [o dans] le canapé/le fauteuil (fam)

Hauer <-s, -> m ❶ (Eckzahn) défense f
❷ MIN piqueur m

Häufchen ['hɔɪfçən] <-s, -> nt Dim von **Haufen** petit tas m
▶ **ein ~ Elend** fam un traîne-misère; **ein ~ machen** fam Tier: faire une [o sa] crotte (fam)

häufeln ['hɔɪfəln] tr V butter Kartoffeln, Spargel; **Erde/Heu ~** mettre la terre/le foin en petits tas

Haufen ['haʊfən] <-s, -> m ❶ tas m; **ein ~ Holz** un tas de bois; **alles auf einen ~ werfen** jeter tout en tas
❷ fam (große Menge, Menschenschar) tas m (fam); **ein ~ Arbeit** un tas de travail (fam); **einen ~ Geld kosten** coûter un tas d'argent (fam); **ein ~ Kinder** un tas d'enfants (fam)
❸ fam (Gruppe) bande f (fam) **ein wilder ~** une bande de fripouilles
▶ jdn/etw **über den ~ fahren/rennen** fam renverser qn/qc; jdn **über den ~ schießen** [o **knallen**] fam flinguer qn (fam); **etw über den ~ werfen** fam mettre qc au panier

häufen ['hɔɪfən] I. tr V entasser Vorräte; cumuler Ämter; **sich** (Dat) **Reis auf den Teller ~** entasser du riz sur son assiette; s. a. **gehäuft**
II. r V sich ~ Abfall, Müll: s'entasser; Fälle, Vorkommnisse: se répéter; s. a. **gehäuft**

Haufendorf nt village disséminé m **haufenweise** Adv ❶ en tas
❷ fam (in großer Zahl) en masse (fam); **~ Comics haben** avoir des tonnes de bédés **Haufenwolke** f cumulus m

häufig ['hɔɪfɪç] I. Adj fréquent(e)
II. Adv fréquemment, souvent

Häufigkeit <-, -en> f fréquence f; **mit zunehmender ~** avec une fréquence croissante

Häufigkeitszahl f, **Häufigkeitsziffer** f fréquence f

Häuflein <-s, -> nt s. **Häufchen**

Häufung <-, -en> f ❶ von Vorräten amoncellement m
❷ (Ansammlung) recrudescence f; von Ämtern cumul m

Haupt [haʊpt, Pl: 'hɔɪptə] <-[e]s, Häupter> nt geh ❶ tête f, chef m (vieilli littér) **mit bloßem ~ tun** faire qc nu-tête [o [la] tête nue]; **etw gesenkten/erhobenen ~es tun** faire qc [la] tête baissée/haute
❷ (zentrale Figur) tête f

Hauptaktionär(in) [-aktsioˌnɛ:ɐ] m(f) ÖKON actionnaire m/f principal(e) **Hauptakzent** m LING accent m principal ▶ **den ~ auf etw legen** mettre l'accent sur qc **Hauptaltar** m maître-autel m **hauptamtlich** I. Adj Mitarbeiter, Bürgermeister titulaire, en titre; Tätigkeit professionnel(le) II. Adv **~** [als Dozent] **tätig sein** exercer son activité principale [en tant que formateur] **Hauptangeklagte(r)** f(m) dekl wie Adj principal accusé m/principale accusée f **Hauptanschluss**RR m ligne f principale **Hauptargument** nt argument m principal **Hauptaugenmerk** nt attention f particulière; **sein ~ auf etw/jdn richten** accorder sa plus grande attention à qc/qn **Hauptausgang** m sortie f principale **Hauptbahnhof** m gare f centrale **Hauptbelastungszeuge** m, **-zeugin** f JUR témoin m principal à charge **Hauptberuf** m activité f [professionnelle] principale; **im ~ ist sie Anwältin** elle est avocate de métier **hauptberuflich** I. Adj **~e Tätigkeit** principale activité f professionnelle II. Adv **was machen Sie ~ ?** que faites-vous comme métier? **Hauptbestandteil** m composant m essentiel; **etw in seine ~e zerlegen** démonter qc **Hauptdarsteller(in)** m(f) premier rôle m **Hauptdeck** nt pont m principal **Haupteingang** m entrée f principale **Haupteinnahmequelle** f source f principale de revenus

Häuptel ['hɔɪptəl] <-s, -[n]> nt A tête f

Häuptelsalat m A laitue f

Haupterzeugnis nt produit m principal

Haupteslänge geh ▶ **um ~** d'une longueur de tête; **überragen um eine ~** d'une tête

Hauptfach nt matière f principale; **Französisch im ~ studieren** faire du français en matière principale **Hauptfeldwebel** m adjudant-chef m **Hauptfigur** f figure m de proue **Hauptfilm** m grand film m **Hauptforderung** f JUR requête f principale **Hauptgang** <-gänge> m ❶ (Speise) plat m de résistance ❷ ARCHIT couloir m central **Hauptgebäude** nt bâtiment m central

Hauptgericht nt plat m de résistance **Hauptgeschäftszeit** f heures fpl d'affluence
Hauptgewicht ▶ das ~ **auf etw** (Akk) **legen** mettre la priorité sur qc **Hauptgewinn** m gros lot m **Hauptgrund** m raison f principale
Haupthaar nt kein Pl geh chevelure f
Haupthahn m robinet m principal **Hauptlast** f charge f principale **Hauptleitung** f (für Wasser, Gas) conduite f principale; (für Strom, Telefon) ligne f principale **Hauptleute** Pl von **Hauptmann** **Hauptlieferant** m fournisseur m principal
Häuptling ['hɔɪptlɪŋ] <-s, -e> m chef m de tribu
Hauptmahlzeit f repas m principal **Hauptmann** <-leute> m MIL capitaine m **Hauptmenü** nt INFORM menu m principal **Hauptmerkmal** nt caractère m principal **Hauptmieter(in)** m(f) principal(e) locataire mf **Hauptmotiv** m motif m principal **Hauptnenner** m dénominateur m commun **Hauptperson** f ❶ LITER, THEAT personnage m principal ❷ (tonangebende Person) vedette f; (wichtigste Person) personnage m central **Hauptplatine** f INFORM carte f mère **Hauptportal** nt portail m principal **Hauptpost** f, **Hauptpostamt** nt poste f centrale **Hauptprobe** f répétition f générale **Hauptproblem** nt problème m principal **Hauptquartier** nt quartier m général **Hauptreisezeit** f période f des grands départs **Hauptrolle** f premier rôle m; **in etw** (Dat) **die ~ spielen** Schauspieler: jouer le premier rôle dans qc ▶ **bei etw die ~ spielen** occuper le devant de la scène à l'occasion de qc **Hauptsache** f (das Wichtigste) **die ~** le plus important, le principal; **in der ~** essentiellement; **~, du bleibst!** l'important, c'est que tu restes! **hauptsächlich** ['haʊptzɛçlɪç] I. Adj Anliegen, Problem capital(e), principal(e) II. Adv surtout **Hauptsaison** [-zɛzɔ̃ː, -zɛzɔŋ] f haute saison f; **in der ~** pendant la haute saison **Hauptsatz** m (übergeordneter/unabhängiger Satz) proposition f principale/indépendante **Hauptschalter** m ❶ guichet m principal ❷ ELEC commutateur m central **Hauptschiff** nt nef f centrale **Hauptschlagader** f aorte f **Hauptschlüssel** m passe-partout m **Hauptschulabschluss**^RR m brevet sanctionnant la Hauptschule **Hauptschuld** f kein Pl responsabilité f principale; **ihn trifft die ~ an diesem Verbrechen** il porte la responsabilité principale de ce crime **Hauptschuldige(r)** f(m) dekl wie Adj fautif m/principale fautive f **Hauptschule** f établissement scolaire entre l'école primaire et la formation professionnelle, surtout artisanale, qui propose des cours plus simples que la Realschule

---

Land und Leute

En Allemagne, la **Hauptschule** accueille les élèves dont la moyenne des résultats à la fin de l'école primaire ne permet pas l'entrée à la *Realschule* ou au *Gymnasium*. Sa valeur est faiblement reconnue si bien que les jeunes qui obtiennent leur *Hauptschulabschluss* n'ont souvent que très peu de chance de trouver une place d'apprenti. En Autriche, on peut, suivant ses résultats, passer de la *Hauptschule* à un *Gymnasium*.

Hauptschüler(in) m(f) élève de Hauptschule **Hauptschullehrer(in)** m(f) professeur de Hauptschule **Hauptschwierigkeit** f difficulté f majeure **Hauptseminar** nt cours pour étudiants du deuxième cycle **Hauptsendezeit** f heures fpl de grande écoute **Hauptsicherung** f ELEC coupe-circuit m principal **Hauptspeicher** m INFORM mémoire f centrale **Hauptspeise** f A plat m principal **Hauptstadt** f capitale f **hauptstädtisch** Adj métropolitain(e) **Hauptstraße** f rue f principale **Hauptstrecke** f (Straße) grand axe m; (Bahnstrecke) grande ligne f **Hauptstudium** nt UNIV études fpl de second cycle **Haupttäter(in)** m(f) auteur m principal **Hauptteil** m majeure partie f **Hauptthema** nt sujet m principal **Haupttreffer** m gros lot m **Hauptursache** f cause f principale **hauptverantwortlich** Adj JUR principalement responsable **Hauptverhandlung** f audience f principale **Hauptverkehrsstraße** f (innerhalb/außerhalb einer Ortschaft) rue f/route f à grande circulation **Hauptverkehrszeit** f heures fpl de pointe **Hauptversammlung** f assemblée f générale **Hauptverwaltung** f administration f centrale **Hauptvorstand** m comité m de direction **Hauptwache** f commissariat m central [de police] **Hauptwäsche** f lavage m en **Hauptwaschgang** m [cycle m de] lavage m **Hauptwaschmittel** nt lessive f **Hauptwerk** nt KUNST, LITER chef-d'œuvre m **Hauptwohnsitz** m résidence f principale **Hauptwort** <-wörter> nt nom m, substantif m **Hauptzeuge** m, **-zeugin** f témoin m principal **Hauptziel** nt but m principal
hau ruck ['haʊˈrʊk] Interj ~! Oh! Hisse!
Hauruckverfahren nt etw im ~ tun faire qc tambour battant
Haus [haʊs, Pl: 'hɔɪzɐ] <-es, Häuser> nt ❶ (Wohnhaus) maison f; (mehrstöckiges Wohnhaus) immeuble m; **ins ~ gehen/kommen** aller/venir à la maison; **lass uns ins ~ gehen** rentrons; **im ~** dans la maison; **sie wohnen ~ an ~** ils habitent porte à porte
❷ (Wohnung, Zuhause) **aus dem ~ gehen** sortir de chez soi; **nach ~e gehen/kommen** rentrer [à la maison]; **wieder nach ~e finden** retrouver le chemin de la maison; **jdn nach ~e raccompagner** qn chez lui/elle; **jdn nach ~e schicken** renvoyer qn à la maison; **ich muss nach ~e** je dois rentrer [à la maison]; **zu ~e sein** être à la maison; **zu ~e arbeiten** travailler chez soi; **bei ihr zu ~e** chez elle; **zu ~e ist es doch am schönsten!** c'est encore chez soi qu'on est le mieux!; [etw] **ins ~ liefern** fam livrer [qc] à domicile
❸ (Haushalt) **ein großes ~ führen** mener grand train
❹ (Familie) **die Dame/die Tochter des ~es** la maîtresse de maison/la fille de la maison; **aus adligem/angesehenem ~e** de famille noble/d'une famille de renom; **aus gutem ~e** de bonne famille
❺ (Dynastie) **das ~ Habsburg** la maison des Habsbourg
❻ geh (Firma) maison f; **im ~e sein** être dans l'établissement; **außer ~[e] sein** être à l'extérieur
❼ (Theater) **das große/kleine ~** la grande/petite salle; **vor ausverkauftem** [o vollem] **~ spielen** jouer à guichets fermés
❽ (Hotel) **das erste ~ am Platz[e]** le meilleur hôtel du coin
❾ PARL chambre f; **Hohes ~!** form Haute Assemblée!
❿ (Schneckenhaus) coquille f
⓫ ASTROL maison f
⓬ fam (Mensch, Freund) **na, altes ~!** fam alors, vieille branche! (fam)
▶ **das ~ Gottes** [o **des Herrn**] geh la maison du Seigneur; **~ und Hof verlieren** perdre tous ses biens; **das europäische ~** la construction européenne; **das Weiße ~** la Maison-Blanche; **jdm das ~ einlaufen** [o **einrennen**] fam envahir qn; **sich bei jdm wie zu ~e fühlen** se sentir chez qn comme chez soi; **fühl dich/fühlen Sie sich wie zu ~e!** fais comme chez toi/faites comme chez vous!; **jdm ins ~ schneien** fam tomber sur qn (fam); **aus dem ~ sein** avoir quitté la maison; **für niemanden zu ~e sein** n'être là pour personne; **in Hamburg zu ~e sein** être [originaire] de Hambourg; **jdm steht etw ins ~** qn a qc devant soi; **jdm das ~ verbieten** interdire sa maison [o sa porte] à qn; **von ~e aus** (von der Familie her) de par ses/leurs origines; (eigentlich) à l'origine
Hausaltar m autel m domestique **Hausangestellte(r)** f(m) employé(e) m(f) de maison **Hausanschluss**^RR m ❶ ELEC branchement m domestique [o d'abonné(e)] ❷ TELEC poste m privé **Hausantenne** f antenne f [de toit] **Hausanzug** m tenue f d'intérieur **Hausapotheke** f pharmacie f **Hausarbeit** f ❶ (Arbeit im Haushalt) travaux mpl ménagers ❷ UNIV [wissenschaftliche] ~ mémoire m **Hausarrest** m ❶ (Strafe für ein Kind) privation f de sortie; ~ **haben** être privé(e) de sortie ❷ JUR résidence f surveillée **Hausarzt** m, **-ärztin** f médecin m de famille **Hausaufgabe** f devoirs mpl [à faire à la maison] ▶ **seine ~n machen** Schüler: faire ses devoirs, fig bien apprendre sa leçon (hum); **die Regierung hat ihre ~n gemacht** le gouvernement a bien fait ses devoirs **Hausaufsatz** m rédaction f [à faire à la maison]
hausbacken Adj vieillot(te)
Hausbar f ❶ (Privatbar) coin-bar m ❷ (Teil eines Wohnzimmerschranks) élément-bar m ❸ (alkoholische Getränke) bar m **Hausbau** <-bauten> m construction f de la maison/de l'immeuble **Hausbesetzer(in)** m(f) squatte[u]r m **Hausbesetzung** f squat m **Hausbesitzer(in)** m(f) propriétaire mf [de la maison/de l'immeuble] **Hausbesorger(in)** A s. Hausmeister(in) **Hausbesuch** m ❶ MED visite f à domicile ❷ ADMIN contrôle m à domicile **Hausbewohner(in)** m(f) occupant(e) m(f) [de l'immeuble] **Hausboot** nt péniche f aménagée; TOURISMUS house-boat m
Häuschen ['hɔɪsçən] <-s, -> nt Dim von **Haus** ❶ petite maison f ❷ (Gartenhäuschen) cabane f
▶ **über etw** (Akk) **ganz aus dem ~ geraten** fam devenir tout fou/toute folle à la nouvelle de qc (fam); **ganz aus dem ~ sein** fam être [tout(e)] tourneboulé(e)
Hausdach nt toiture f **Hausdame** f (Haushälterin) gouvernante f; (Gesellschafterin) dame f de compagnie **Hausdetektiv(in)** m(f) détective m [d'un magasin] **Hausdiener** m ❶ (im Privathaus) domestique m ❷ (im Hotel) maître d'hôtel m **Hausdrachen** m pej hum mégère f **Hausdurchsuchung** f perquisition f **Hausdurchsuchungsbefehl** m mandat m de perquisition **hauseigen** Adj ❶ (hoteleigen, firmeneigen) Strand, Swimmingpool, Kindergarten privé(e); Handtuch appartenant à l'établissement; Rechner propre à l'entreprise ❷ (hochschuleigen) Druckerei propre antéposé **Hauseigentümer(in)** s. Hausbesitzer(in)
Hauseinfahrt f porte f cochère **Hauseingang** m entrée f
hausen ['haʊzən] itr V pej fam ❶ (wohnen) **in einer Bruchbude ~** crécher dans une turne (fam)
❷ (wüten) faire des ravages
Häuserblock <-blocks> m pâté m de maisons **Häuserfront** f alignement m de façades **Häusermakler(in)** m(f) ÖKON agent m immobilier **Häusermeer** nt geh océan m d'habitations (soutenu) **Häuserreihe** f, **Häuserzeile** f rangée f de maisons

Hausflur *m* vestibule *m* **Hausfrau** *f* ❶ femme *f* au foyer ❷ A, SDEUTSCH *(Zimmerwirtin)* logeuse *f* **Hausfrauenart** *f* ▶ **nach** ~ à l'ancienne **hausfraulich** *Adj* de [bonne] ménagère **Hausfreund** *m* ❶ *(Freund der Familie)* ami *m* de la famille ❷ *fam (Liebhaber)* ami *m* intime **Hausfreundin** *f* amie *f* de la famille **Hausfriede[n]** *m (unter Nachbarn)* bonnes relations *fpl* dans l'immeuble; *(unter Familienmitgliedern)* bonne entente *f* familiale **Hausfriedensbruch** *m* violation *f* de domicile **Hausgebrauch** *m* ▶ **für den** ~ *(für den privaten Gebrauch)* pour son/mon/... usage personnel; *(für durchschnittliche Ansprüche)* pour ce que qu'il veut/je veux/... en faire **Hausgeburt** *f* accouchement *m* à domicile **Hausgehilfin** *f* s. Haushaltshilfe **hausgemacht** ['haʊsɡəmaxt] *Adj* ❶ Brot, Marmelade [fait(e)] maison ❷ *(intern begründet)* Inflation, Rezession, Arbeitslosigkeit d'origine interne **Hausgemeinschaft** *f* communauté *f* des occupants de l'immeuble **Haushalt** ['haʊshalt] <-[e]s, -e> *m* ❶ *(Familie, Personengruppe)* foyer *m*; **ein großer/kleiner** ~ une grande/petite famille ❷ *(das Haushalten, Wirtschaften)* tenue *f* de la maison; [jdm] **den** ~ **führen** tenir la maison [de qn] ❸ *(Etat)* budget *m* **haus|halten** *itr V unreg* ❶ *(vernünftig wirtschaften)* bien gérer le budget du ménage; **mit dem Wirtschaftsgeld/den Vorräten** ~ être économe avec l'argent du ménage/les provisions ❷ *fig* **mit seinen Kräften** ~ ménager ses forces **Haushälter(in)** <-s, -> *m(f)* intendant(e) *m(f)*; **die** ~**in des Pfarrers** la gouvernante du curé **haushälterisch** I. *Adj (sparsam)* économe II. *Adv* nutzen de façon économe
Haushaltsartikel *m* article *m* ménager **Haushaltsausschuss**RR *m* ÖKON, POL commission *f* budgétaire **Haushaltsbeschluss**RR *m* décision *f* budgétaire **Haushaltsbuch** *nt* livre *m* de comptes **Haushaltsdebatte** *f* débat *m* budgétaire **Haushaltsführung** *f* tenue *f* de la maison; **doppelte** ~ frais *mpl* de double résidence **Haushaltsgeld** *nt* argent *m* du ménage **Haushaltsgerät** *nt* ustensile *m* ménager **Haushaltshilfe** *f* aide *f* familiale **Haushaltsjahr** *nt* année *f* budgétaire **Haushaltskasse** *f kein Pl* caisse *f* du ménage **Haushaltsloch** *nt* POL déficit *m* budgétaire **Haushaltsmittel** *Pl* fonds *mpl* budgétaires **Haushaltsnachtrag** *m* budget *m* supplémentaire **Haushaltspackung** *f* paquet *m* familial **Haushaltsplan** *m* état *m* prévisionnel **Haushaltspolitik** *f* politique *f* budgétaire **Haushaltsvorstand** *m* chef *m* de famille **Haushaltswaage** *f* balance *f* de ménage **Haushaltswaren** *Pl* articles *mpl* ménagers
Haushaltung *f form (Haushalt)* foyer *m* **Hausherr(in)** *m(f)* maître(-esse) *m(f)* de maison **haushoch** I. *Adj* ❶ *(sehr hoch)* Mauer, Flammen immense; Kran, Lkw énorme ❷ *(eindeutig)* Favorit, Sieger grandissime *(fam)*; Niederlage, Sieg écrasant(e) II. *Adv* de façon écrasante; **gewinnen** haut la main
hausieren* *itr V* colporter; **mit etw** ~ colporter qc; **Hausieren verboten!** entrée interdite aux colporteurs!
▶ **mit etw** ~ **gehen** aller colporter qc
Hausierer(in) <-s, -> *m(f)* colporteur(-euse) *m(f)*
hausintern *Adj* interne **Hauskapelle** *f* chapelle *f* **Hauskatze** *f* chat *m* domestique **Hauskleid** *nt* robe *f* d'intérieur **Hausklingel** *f* sonnette *f* **Hauskonzert** *nt* concert *m* à domicile **Hauslehrer(in)** *m(f)* précepteur(-trice) *m(f)*
häuslich ['hɔɪslɪç] I. *Adj* Person casanier(-ière); Frieden, Glück, Harmonie familial(e); Arbeiten, Pflichten ménager(-ère); Angelegenheiten privé(e)
II. *Adv* ▶ **sich bei jdm** ~ **einrichten** [*o* **niederlassen**] s'installer chez qn
Häuslichkeit <-> *f* côté *m* casanier
Hausmacherart ['haʊsmaxɐʔaːɐt] *f* ▶ **nach** ~ à l'ancienne
Hausmacht *f kein Pl* ❶ *eines Politikers* partisans *mpl* ❷ HIST domaine *m* de la couronne/famille **Hausmädchen** *nt* domestique *f* **Hausmann** <-männer> *m* homme *m* au foyer **Hausmantel** *m* robe *f* de chambre **Hausmarke** *f* ❶ *(Sekt)* cuvée *f* du patron ❷ *(bevorzugte Marke)* marque *f* préférée [*o* de prédilection] **Hausmaus** *f* ZOOL souris *f* domestique **Hausmeister(in)** *m(f)* concierge *mf* **Hausmitteilung** *f* ❶ note *f* de service ❷ *Pl (Informationsblatt)* bulletin *m* d'information *(destiné à la clientèle de l'entreprise)* **Hausmittel** *nt* remède *m* de grand-mère **Hausmüll** *m* ordures *fpl* ménagères **Hausmusik** *f* concert *m* en famille **Hausmutter** *f* ❶ *veraltet (Hausfrau und Mutter)* mère *f* de famille ❷ *einer Jugendherberge* mère *f* aubergiste **Hausmütterchen** *nt pej* femme *f* popote *(qui ne sort pas de ses casseroles) (fam)*, *hum (Mädchen)* petite ménagère *f* **Hausnummer** *f* numéro *m* **Hausordnung** *f* règlement *m* intérieur **Hauspartei** <-, -en> *f a fam* occupant(e) *m(f)* **Hauspost** *f* courrier *m* interne **Hausputz** *m* grand nettoyage *m*; **gerade beim** ~ **sein** être en train de faire le ménage à fond **Hausrat** <-[e]s> *m* biens *mpl* ménagers **Hausratversicherung** *f* assurance *f* mobilière **Hausrecht** *nt* JUR droit *m* de jouissance légale; **von seinem** ~ **Gebrauch machen** faire usage de son droit de jouissance légale **Hausschlachtung** <-, -en> *f* abattage *m* familial **Hausschlüssel** *m* clé *f* de la maison **Hausschuh** *m* chausson *m* **Hausschwamm** *m* mérule *m*

Hausse ['hoːs(ə), oːs] <-, -n> *f* BÖRSE hausse *f*; **auf ~ spekulieren** spéculer à la hausse
Haussegen *m* ▶ **der ~ hängt bei jdm schief** *hum fam* il y a de l'eau dans le gaz chez qn *(hum fam)*; **bei Ina und Max hängt der ~ schief** entre Ina et Max, le torchon brûle
haussieren *itr V* FIN Markt, Börse: être en hausse
Hausstand *m* ❶ *geh* einen [eigenen] ~ **gründen** fonder un foyer ❷ JUR ménage *m* **Hausstauballergie** *f* allergie *f* à la poussière **Haussuchung** *s.* Hausdurchsuchung **Haussuchungsbefehl** *m* JUR mandat *m* de perquisition **Haustarif** *m* convention *f* d'entreprise *(non négociée avec les syndicats)* **Haustelefon** *nt* interphone *m* **Haustier** *nt* animal *m* domestique **Haustür** *f* porte *f* d'entrée ▶ **direkt vor der ~** *fam* [juste] à ma/sa/... porte **Haustürgeschäft** *nt* vente *f* à domicile
Haustyrann(in) *m(f) pej fam* tyran *m* domestique **Hausvater** *m* ❶ *veraltet (Familienvater)* père *m* de famille ❷ *eines Heims* père *m* aubergiste **Hausverbot** *nt* interdiction *f* d'entrer; **jdm ~ erteilen** interdire l'entrée à qn; **bei jdm ~ haben** être indésirable chez qn **Hausverwalter(in)** *m(f)* gérant(e) *m* de l'immeuble; *(bei Eigentumswohnungen)* syndic *m* **Hausverwaltung** *f* ❶ *(Institution)* gérance *f* de l'immeuble ❷ *kein Pl (das Verwalten)* gérance *f*
Hauswart(in) *s.* Hausmeister(in) **Hauswirt(in)** *m(f)* logeur(-euse) *m(f)* **Hauswirtschaft** *f* économie *f* domestique; *(Hauswirtschaftslehre)* enseignement *m* ménager **Hauswirtschafter(in)** <-s, -> *m(f)* intendant(e) *m(f)* **hauswirtschaftlich** *Adj* d'enseignement ménager **Hauswirtschaftsschule** *f* école *f* d'enseignement ménager **Hauszelt** *nt* tente *f* familiale **Haus-zu-Haus-Verkauf** *m* porte-à-porte *m*
Haut [haʊt, *Pl*: 'hɔɪtə] <-, Häute> *f* ❶ peau *f*; **trockene/empfindliche** ~ peau sèche/sensible; **viel ~ zeigen** *hum* dévoiler beaucoup de choses
❷ *(Außenhaut) eines Flugzeugs, Schiffs* revêtement *m*; *eines Ballons, Schlauchboots* enveloppe *f*
▶ **mit ~ und Haar[en]** *fam* fressen, verschlingen tout(e) cru(e); ergeben, verfallen corps et âme; **nur ~ und Knochen sein** *fam*, **nur noch aus ~ und Knochen bestehen** *fam* n'avoir [plus] que la peau et les os; **für jdn/etw seine ~ zu Markte tragen** risquer sa peau pour qn/qc *(fam)*; **eine ehrliche ~** *fam* un brave type/une brave femme *(fam)*; **sich auf die faule ~ legen** *(fam)*, **auf der faulen ~ liegen** *fam* se les rouler *(fam)*; **mit heiler ~ davonkommen** *fam (unverletzt)* s'en tirer sans une égratignure; *(ungestraft)* s'en sortir sans dommage; **nass bis auf die ~** trempé(e) jusqu'aux os; **seine ~ so teuer wie möglich verkaufen** *fam* vendre chèrement sa peau *(fam)*; **aus der ~ fahren** *fam* sortir de ses gonds; [jdm] **unter die ~ gehen** *fam* prendre [qn] aux tripes *(fam)*; **nicht aus seiner ~ [heraus]können** *fam* ne pas pouvoir aller contre sa nature; **ich kann einfach nicht aus meiner ~ [heraus]!** on ne se refait pas!; **seine [eigene] ~ retten** *fam* sauver sa peau *(fam)*
Hautabschürfung *f* éraflure *f* **Hautarzt** *m*, **-ärztin** *f* dermatologue *mf* **Hautatmung** *f* respiration *f* cutanée **Hautausschlag** *m* éruption *f*
Häutchen <-s, -> *nt Dim von* Haut ❶ peau *f*
❷ MED squame *f*; *(Nagelhäutchen)* cuticule *f*
Hautcreme *f* crème *f*
Haute Couture [(h)oːtku'tyːɐ] <-> *f* haute couture *f*
häuten ['hɔɪtən] I. *tr V* retirer la peau de *Fisch*; écorcher *Hasen*
II. *r V* **sich** ~ muer
hauteng I. *Adj* moulant(e)
II. *Adv* ~ **anliegen** coller à la peau
Hautevolee [(h)oːtvo'leː] <-> *f* haute société *f*
Hautfarbe *f* couleur *f* de peau **hautfarben** *Adj* couleur chair *inv* **hautfreundlich** *Adj* doux(douce) **Hautkontakt** *m* contact *m* corporel **Hautkrankheit** *f* maladie *f* de peau; **Arzt/Ärztin für Haut- und Geschlechtskrankheiten** médecin *m* spécialiste de dermato-vénérologie **Hautkrebs** *m* cancer *m* de la peau **hautnah** I. *Adj* Kontakt corps contre corps II. *Adv* ❶ *(sehr nah)* collé(e)s l'un(e) à l'autre ❷ *fam (eindrucksvoll)* darstellen, schildern en collant à la réalité *(fam)*; miterleben de tout près; vermitteln de façon palpable **Hautpflege** *f* soins *mpl* de peau **Hautpilz** *m* mycose *f* **Hautreizung** *f* irritation *f* cutanée **hautschonend** *Adj* qui respecte la peau **Hauttransplantation** *f* greffe *f* de peau **Hauttyp** *m* MED type *m* de peau
Häutung <-, -en> *f* mue *f*
Hautunreinheit *f* MED impureté *f* de la peau
Havanna [ha'vana] <-, -s> *f*, **Havannazigarre** *f* havane *m*
Havarie [hava'riː] <-, -n> *f* ❶ *(Schiffsunglück)* accident *m* de navigation; *(Schaden)* avarie *f*
❷ A *(Autounfall)* accident *m* de la route
Hawaii [ha'vaɪ(i)] <-s> *nt* les îles *fpl* d'Hawaï
Haxe ['haksə] <-, -n> *f* ❶ SDEUTSCH *eines Kalbs* jarret *m*; *eines*

Schweins jambonneau *m*
❷ *fam (Bein)* guibo[l]le *f (fam)*
Hbf. *Abk von* **Hauptbahnhof** gare *f* centrale
H-Bombe ['haː-] *f* bombe *f* H
h.c. [haːˈtseː] *Abk von* **honoris causa** honoris causa
HD-Diskette [haːdeː-] *f* INFORM disquette *f* haute densité
HDTV [haːdeːteːˈfaʊ] <-s> *nt Abk von* **High definition Television** TVHD *f*
H-Dur ['haː-] <-> *nt* si *m* majeur; **in ~** en si majeur
Hearing ['hiːrɪŋ, 'hɪərɪŋ] <-[s], -s> *nt* hearing *m*
heavy ['hɛvi] *Adj sl* dingue *(fam)*; **~ sein** être dingue
Heavymetal^{RR} ['hɛviˈmɛtl] <-> *nt* heavy metal *m*
Hebamme ['heːbamə] <-, -n> *f* sage-femme *f*
Hebebühne *f* pont *m* élévateur
Hebel ['heːbəl] <-s, -> *m* ❶ *(Griffhebel, Hebelstange)* levier *m*; **einen ~ betätigen** actionner un levier
❷ *(Druckmittel)* moyen *m* de pression
▸ **alle ~ in Bewegung setzen** *fam* mettre tout en œuvre; **am längeren ~ sitzen** *fam* tenir les commandes *(fam)*
Hebelarm *m* PHYS bras *m* de levier **Hebelgriff** *m* SPORT clé *f*; **bei jdm einen ~ ansetzen** faire une clé à qn **Hebelkraft** *f* force *f* active du levier
heben ['heːbən] <hob, gehoben> I. *tr V* ❶ *(nach oben bewegen)* lever *Hand, Arm, Bein, Kopf*; **das Fernglas an die Augen ~** porter les jumelles à ses yeux
❷ *(hochheben)* soulever
❸ *(bergen)* mettre au jour *Schatz*; **ein Wrack ~** remonter une épave à la surface
❹ *(verbessern)* rehausser *Ansehen*; remonter *Stimmung, Selbstbewusstsein*; relever *Niveau*
❺ SDEUTSCH *(halten, festhalten)* tenir
❻ *fam (trinken)* **einen ~** boire un coup *(fam)*; **einen auf etw** *(Akk)* **~ arroser** qc *(fam)*; **einen ~ gehen** aller s'en jeter un *(fam)*; **gern einen ~ haben** bien te le coude *(fam)*
II. *r V* **sich ~** *Vorhang, Schranke*: se lever; *Brust, Deckel*: se soulever
III. *itr V* ❶ *(Lasten heben)* soulever de lourdes charges; **das kommt vom vielen Heben** c'est à force de soulever des choses lourdes
❷ SDEUTSCH *(haltbar sein)* se conserver
Heber ['heːbɐ] <-s, -> *m* CHEM pipette *f*; *(Saugheber)* siphon *m*
Hebesatz *m* FISC taux *m* de perception
Hebräer(in) [heˈbrɛːɐ] <-s, -> *m(f)* Hébreu *m*/Juive *f*
hebräisch [heˈbrɛːɪʃ] I. *Adj* hébraïque
II. *Adv* **~ miteinander sprechen** discuter en hébreu; *s. a.* **deutsch**
Hebräisch <-[s]> *nt kein Art* hébreu *m*; **auf ~** en hébreu; *s. a.* **Deutsch**
Hebräische *nt dekl wie Adj* **das ~** l'hébreu; *s. a.* **Deutsche**
Hebung ['heːbʊŋ] <-, -en> *f* ❶ *(Bergung) eines Schatzes* mise *f* au jour; *eines Wracks* remontée *f* à la surface
❷ GEOL soulèvement *m*
❸ *(Verbesserung) der Stimmung, des Selbstbewusstseins* amélioration *f*; *der Kaufkraft, des Lebensstandards* élévation *f*
❹ POES accent *m*
hecheln ['hɛçəln] *itr V* ❶ *(schnell atmen)* haleter
❷ *fam (herziehen)* **über jdn/etw ~** baver sur qn/qc *(fam)*
Hecht [hɛçt] <-[e]s, -e> *m* brochet *m*
▸ **der ~ im Karpfenteich sein** *fam* être un vrai boute-en-train *(fam)*; **ein toller ~ sein** *fam* être vraiment un superman *(fam)*
hechten ['hɛçtən] *itr V + sein* **ins Wasser/über den Zaun ~** sauter dans l'eau/par dessus la barrière
Hechtsprung *m* saut *m* en extension; *(Sprung ins Wasser)* plongeon *m* **Hechtsuppe** *f* ▸ **es zieht wie ~** *fam* on est en plein courant d'air
Heck [hɛk] <-[e]s, -e *o* -s> *nt eines Autos* arrière *m*; *eines Schiffs* poupe *f*; *eines Flugzeugs* queue *f*
Heckantrieb *m* traction *f* arrière; **mit ~** à traction arrière
Hecke ['hɛkə] <-, -n> *f* haie *f*
Heckenrose *f* ❶ *(Busch)* églantier *m* ❷ *(Blüte)* églantine *f* **Heckenschere** *f* cisaille *f* gén *pl*; *(elektrisch)* taille-haie *m* **Heckenschütze** *m*, **-schützin** *f* franc-tireur *m*
Heckfenster *nt* lunette *f* arrière **Heckflosse** *f* aileron *m* **Heckklappe** *f* hayon *m* **hecklastig** *Adj Auto* trop chargé(e) à l'arrière **Heckmeck** ['hɛkmɛk] <-s> *m fam* chichis *mpl (fam)*
▸ **mach keinen ~!** ne fais pas de chichis! *(fam)*
Heckmotor *m* moteur *m* [à l']arrière **Heckscheibe** *f* vitre *f* arrière **Heckscheibenheizung** *f* dégivrage *m* de la vitre arrière **Heckscheibenwischer** *m* essuie-glace *m* arrière
Heckspoiler *m* spoiler *m* arrière **Hecktür** *f* porte *f* arrière
Hedonismus [hedoˈnɪsmʊs] <-> *m geh* hédonisme *m*
Heer [heːɐ] <-[e]s, -e> *nt* ❶ MIL armée *f*; *(Bodenstreitkräfte)* armée de terre; **stehendes ~** armée permanente; **beim ~** dans l'armée de terre
❷ *(große Anzahl)* **ein ~ von Touristen/Heuschrecken** une armée de touristes/une nuée de sauterelles
Heeresbericht *m* communiqué *m* de guerre **Heeresleitung** *f* MIL direction *f* de l'armée **Heereszug** *m* ❶ *(Heer)* armée *f* en marche ❷ *(Feldzug)* campagne *f*
Heerführer(in) *m(f)* chef *mf* de l'armée **Heerlager** *nt* camp *m* militaire ▸ **einem ~ gleichen** ressembler à un campement **Heerscharen** *Pl* régiment *m* ▸ **die himmlischen ~** les cohortes *fpl* des anges **Heerzug** *s.* **Heereszug**
Hefe ['heːfə] <-, -n> *f* levure *f*; *(Backhefe für Kuchen)* levure [fraîche] de boulanger; *(Trockenhefe)* levure chimique
Hefekuchen *m* gâteau *m* à la pâte levée **Hefepilz** *m* levure *f* **Hefeteig** *m* pâte *f* levée
Heft [hɛft] <-[e]s, -e> *nt* ❶ *(Schreibheft)* cahier *m*
❷ *(Zeitschrift)* revue *f*; *(einzelne Ausgabe)* numéro *m*
❸ *geh (Griff)* manche *m*
▸ **das ~ in der Hand haben/behalten** avoir/garder la situation bien en main; **das ~ aus der Hand geben** passer le flambeau; **jdm das ~ aus der Hand nehmen** retirer les leviers de commande à qn
Heftchen <-s, -> *nt Dim von* **Heft** ❶ *(Schreibheft)* carnet *m*
❷ *pej* journal *m* illustré; *(Comicheftchen)* B.D. *f*; *(Pornoheftchen)* revue *f* [porno] [*o* cochonne] *(fam)*
heften ['hɛftən] I. *tr V* ❶ *(befestigen)* **etw an die Tür/Wand ~** fixer qc à [*o sur*] la porte/le mur; **jdm einen Orden an die Brust ~** épingler une décoration sur la poitrine de qn
❷ *(nähen)* faufiler; *(mit Nadeln feststecken)* épingler
❸ *(klammern)* brocher *Buch, Broschüre*
II. *r V* **sich auf jdn/etw ~** *Blick, Augen*: se fixer sur qn/qc
Hefter <-s, -> *m* ❶ *(Mappe)* classeur *m*
❷ *(Heftmaschine)* agrafeuse *f*
Heftfaden *m*, **Heftgarn** *nt* faufil *m*
heftig ['hɛftɪç] I. *Adj Person, Leidenschaft, Schmerz, Schlag* violent(e); *Erkältung, Fieber, Schneefall* fort(e); **~ werden** *Person*: s'emporter
II. *Adv* ❶ *(vehement)* nicken, dementieren avec véhémence; wettern, sich streiten violemment; **~ zittern** trembler de tous ses membres
❷ *(stark)* aufprallen, schlagen avec violence; schneien fortement
Heftigkeit <-> *f* ❶ *(Unbeherrschtheit)* véhémence *f*; *eines Tonfalls, Tons* vivacité *f*
❷ *(Stärke, Intensität)* violence *f*
Heftklammer *f* ❶ agrafe *f* ❷ *(Büroklammer)* trombone *m* **Heftmaschine** *f* agrafeuse *f*; *(für Druckwerke)* brocheuse *f* **Heftnaht** *f* TECH faufilure *f* **Heftpflaster** *nt* sparadrap *m* **Heftzwecke** <-, -n> *f* punaise *f*
Hege ['heːgə] <-> *f von Wild* protection *f*
Hegemonie [hegemoˈniː] <-, -n> *f* hégémonie *f*
hegen ['heːgən] *tr V* ❶ *(pflegen, schützen)* prendre soin de *Garten, Pflanzen*; **Wild** ~ gérer un territoire de chasse
❷ *(hüten)* **Kunstschätze/Wertgegenstände ~** conserver des œuvres d'art/des biens de valeur précieusement
❸ *geh (empfinden)* avoir *Wunsch, Hoffnung, Zweifel*; **Abneigung/Groll/einen Verdacht gegen jdn ~** nourrir une aversion/un ressentiment/un soupçon contre qn *(soutenu)*
▸ **jdn ~ und pflegen** *geh* choyer et gâter qn
Hehl [heːl] *nt o m* ▸ **kein[en] ~ aus etw machen** ne pas faire mystère de qc
Hehler(in) <-s, -> *m(f)* receleur(-euse) *m(f)*
Hehlerei <-, -en> *f* recel *m*
hehr [heːɐ] *Adj geh* ❶ *(erhaben)* noble
❷ *(erhebend) Anblick, Moment* sublime
Heia ['haɪa] <-, -[s]> *f Kinderspr.* dodo *m (enfantin)*; **jetzt geht's ab in die ~!** *fam* maintenant, on va faire dodo! *(fam)*
Heide ['haɪdə] <-, -n> *f* ❶ lande *f*; **die Lüneburger ~** la lande [*o* les landes] de Lunebourg
❷ *(Heidekraut)* bruyère *f*
Heide <-n, -n> *m*, **Heidin** *f* païen(ne) *m(f)*
Heidekraut *nt* bruyère *f* **Heideland** *nt* lande *f*
Heidelbeere ['haɪdəlbeːrə] *f* myrtille *f*
Heidenangst *f kein Pl fam* peur *f* bleue *(fam)* **Heidenarbeit** *f kein Pl fam* travail *m* monstre *(fam)* **Heidenbekehrung** *f* conversion *f* des païens **Heidengeld** *nt kein Pl fam* argent *m* fou; **ein ~ kosten** coûter la peau des fesses *(fam)* **Heidenlärm** *m fam* boucan *m* du diable **Heidenrespekt** *m fam* respect *m* religieux **Heidenspaß** *m fam Pl fam* **jdm einen ~ machen** faire vachement plaisir à qn *(fam)*; **das war ein ~!** c'était le pied! *(fam)* **Heidenspektakel** *nt fam* vacarme *m* du diable *(fam)*
Heidentum <-s> *nt* paganisme *m*
Heidin *s.* **Heide**
heidnisch ['haɪdnɪʃ] I. *Adj* païen(ne)
II. *Adv* en païen(ne)

Heidschnucke ['haɪtʃnʊkə] <-, -n> f mouton m (de la lande de Lunebourg)
heikel ['haɪkəl] Adj ❶ (schwierig) délicat(e)
❷ DIAL (wählerisch, schwer zufriedenzustellen) [in etw (Dat)] ~ sein être pointilleux(-euse) sur qc; (in Bezug aufs Essen) être difficile
heil [haɪl] I. Adj Person, Gegenstand intact(e), en bon état; ~ sein Person: être sain(e) et sauf(sauve), être indemne; Glieder, Knochen: ne pas avoir souffert [o subi de dommage]; wieder ~ sein Gerät: être de nouveau en état [de marche]; etw ~ machen fam rafistoler qc (fam)
II. Adv (unverletzt) sain(e) et sauf(sauve), indemne; (unbeschädigt) sans dommage; komm ~ wieder zurück! tâche de revenir entier(-ière)! (fam); Paul/die Vase ist ~ angekommen Paul/le vase est arrivé à bon port
Heil <-s> nt ❶ (Wohlergehen) bien-être m; (Glück) bonheur m; (seelisches Heil) salut m; mein/dein... seelisches ~ le salut de mon/ton... âme; sein ~ in etw (Dat) suchen chercher [un] refuge dans qc
❷ (in Gruß- und Wunschformeln) ~ dem Sieger/Kaiser! vive le vainqueur/l'empereur!
▸ sein ~ in der Flucht suchen chercher son salut dans la fuite; sein ~ bei jdm/mit etw versuchen fam tenter sa chance avec qn/qc
Heiland ['haɪlant] <-[e]s, -e> m der/unser ~ le/notre Sauveur
Heilanstalt f veraltet ❶ (Trinkerheilanstalt) centre m de désintoxication ❷ (psychiatrische Klinik) asile m (vieilli) **Heilbad** nt station f thermale
heilbar Adj curable
Heilbarkeit <-> f curabilité f
Heilbutt ['haɪlbʊt] m flétan m
heilen ['haɪlən] I. itr V + sein Wunde, Bruch: guérir
II. tr V guérir Person, Krankheit; jdn von einer Krankheit ~ guérir qn d'une maladie; jdn von einer Sucht ~ guérir un(e) toxicodépendant(e); geheilt guéri(e)
▸ von jdm/etw geheilt sein hum être guéri(e) de qn/qc
Heilerde f terre f médicamenteuse **Heilerfolg** m succès m thérapeutique; eines Medikaments effets mpl thérapeutiques **Heilfasten** nt jeûne m **heilfroh** Adj fam vachement content(e) (fam); ~ sein être vachement content(e); wir können ~ sein, dass nous pouvons nous estimer heureux(-euses) que + subj **Heilgymnastik** s. Krankengymnastik
heilig ['haɪlɪç] Adj ❶ (geweiht) Ort, Stätte sacré(e); Kommunion, Sakrament, Taufe, Messe saint(e); der ~ e Benedikt saint Benoît; die Heilige Jungfrau Maria la Sainte Vierge
❷ (unantastbar) jdm ist etw ~ qc est sacré(e) pour qn
❸ geh (feierlich, unbedingt) Stille, Schauer, Scheu, Pflicht sacré(e); Eid solennel(le); Eifer saint(e); das ist mein ~ er Ernst je suis on ne peut plus sérieux(-euse)
❹ fam (groß) Zorn saint(e) antéposé; Respekt [sacro-]saint(e) antéposé; Not sacré(e) antéposé
▸ jdm ist nichts ~ qn n'a de respect pour rien; bei allem, was ihm/mir/... ist sur ce qu'il a/que j'ai/... de plus sacré
Heiligabend [haɪlɪç'ʔaːbənt] m (Abend des 24. Dezembers) soir m de Noël; (Feier) réveillon m de Noël
Heilige(r) f(m) dekl wie Adj saint(e) m(f)
▸ ein sonderbarer [o wunderlicher] ~ r fam un drôle de paroissien (fam); jd ist nicht gerade ein ~ r/eine ~ fam qn n'est pas un enfant de chœur (fam)
heiligen ['haɪlɪɡən] tr V ❶ (weihen) consacrer; geheiligt sacré(e)
❷ (heilighalten) sanctifier Feiertag, Sonntag; ... geheiligt werde dein Name ... que ton nom soit sanctifié; geheiligt consacré(e)
Heiligenbild nt portrait m de saint(e) **Heiligenbildchen** nt image f pieuse **Heiligenschein** m auréole f **Heiligenverehrung** f culte m des saints
heilighalten tr V unreg sie halten den Sonntag heilig pour eux, le dimanche est saint
Heiligkeit <-> f kein Pl ❶ (das Heiligsein) sainteté f
❷ (Titel, Anrede) Eure/Seine ~ Votre/Sa Sainteté
heiligsprechen tr V unreg jdn ~ canoniser qn
Heiligsprechung f canonisation f
Heiligtum <-s, -tümer> nt sanctuaire m
▸ das ist sein/ihr ~ fam il/elle y tient comme à la prunelle de ses yeux (fam)
Heilkraft f vertus fpl curatives **heilkräftig** Adj Kräuter médicinal(e); Mineralwasser, Quelle qui a des propriétés thérapeutiques **Heilkraut** nt meist Pl simple f **Heilkunde** f kein Pl geh médecine f **Heilkundige(r)** f(m) dekl wie Adj guérisseur(-euse) m(f) (vieilli) **heillos** I. Adj terrible II. Adv terriblement **Heilmittel** nt remède m **Heilpädagoge**, **-pädagogin** f MED pédagogue m/f thérapeute **Heilpflanze** f plante f officinale **Heilpraktiker(in)** m(f) guérisseur(-euse) m/f [reconnu(e) par l'État] **Heilquelle** f source f thermale

heilsam Adj salutaire
Heilsarmee f kein Pl Armée f du Salut
Heilschlaf m MED sommeil m réparateur **Heilstätte** f form établissement m de cure
Heilung <-, -en> f ❶ (das Kurieren) eines Kranken, einer Krankheit guérison f ❷ (das Verheilen) einer Wunde cicatrisation f **Heilungsprozess**[RR] m processus m de guérison; einer Wunde processus de cicatrisation
Heilverfahren nt ❶ (Behandlungsmethode) thérapeutique f ❷ (Kur) cure f **Heilwasser** nt MED eau f curative
heim [haɪm] Adv à la maison
Heim <-[e]s, -e> nt ❶ (Zuhause) domicile m
❷ (Seniorenheim) foyer m de personnes âgées
❸ (Erziehungsheim) foyer m [éducatif]
❹ (Vereinsheim, Clubhaus) locaux mpl
❺ (Erholungsheim) maison f de repos; (Kindererholungsheim) centre m
Heimarbeit f travail m à domicile; etw in ~ herstellen produire qc à domicile **Heimarbeiter(in)** m(f) travailleur(-euse) m(f) à domicile
Heimat ['haɪmaːt] <-, -en> f ❶ pays m [natal]; fern der ~ de son/mon/... pays [natal]
❷ (Zufluchtsstätte) refuge m
❸ (Herkunftsland) eines Tiers, einer Pflanze pays m d'origine
Heimatanschrift f adresse f [à la maison] **heimatberechtigt** Adj CH qui a droit de cité; ~ sein avoir droit de cité **Heimatdichter(in)** m(f) poète m/poétesse f du terroir **Heimatdorf** nt village m natal **Heimaterde** f kein Pl terre f natale **Heimatfilm** m film m régionaliste (sur les mœurs villageoises) **Heimathafen** m port m d'attache **Heimatkunde** f kein Pl étude f du patrimoine local [o régional] **Heimatland** nt pays m [natal]
heimatlich I. Adj ❶ (zur Heimat gehörend) du pays, de son/mon/... pays [natal]
❷ (an die Heimat erinnernd) Gerüche, Düfte, Klänge du pays
II. Adv die Landschaft mutet mich ~ an ce paysage me rappelle mon pays [natal] [o le pays]
heimatlos Adj apatride
Heimatlose(r) f(m) dekl wie Adj apatride mf
Heimatmuseum nt musée m local [o régional] **Heimatort** m lieu m d'origine **Heimatrecht** nt kein Pl droit m de cité **Heimatschein** m CH reconnaissance f du droit de cité **Heimatstadt** f ville f natale **heimatvertrieben** Adj expulsé(e) **Heimatvertriebene(r)** f(m) dekl wie Adj expulsé(e) m(f)
heimbegeben* r V unreg geh sich ~ regagner son domicile (soutenu) **heimbringen** tr V unreg jdn ~ ramener qn chez lui/elle
Heimchen ['haɪmçən] <-s, -> nt grillon m [du foyer]
▸ ~ am Herd pej ménagère f popote (fam)
Heimcomputer [-kɔmpjuːtɐ] m ordinateur m familial
heimelig ['haɪməlɪç] Adj douillet(te); in der Wohnstube ist es ~ on se sent bien dans la salle de séjour
heimfahren unreg I. itr V + sein rentrer à la maison II. tr V + haben jdn ~ reconduire qn à la maison **Heimfahrt** f [trajet m du] retour m **heimfinden** itr V unreg retrouver le chemin de la maison **heimführen** tr V geh ❶ (nach Hause geleiten) accompagner à son domicile Freundin ❷ (nach Hause ziehen) jdn ~ Drang, Sehnsucht: faire rentrer qn [chez lui/elle [o à la maison] ❸ veraltet (heiraten) [als seine Frau] ~ prendre pour épouse **heimgehen** itr V unreg + sein rentrer chez soi **Heimindustrie** f industrie f à domicile
heimisch Adj ❶ (einheimisch) local(e); Bevölkerung autochtone; ein Tier/eine Pflanze auf einer Insel ~ machen acclimater un animal/une plante sur une île
❷ (vertraut) sich ~ fühlen se sentir chez soi; an seinem neuen Wohnort ~ werden s'acclimater à sa nouvelle résidence
❸ (bewandert) in etw (Dat) ~ sein être versé(e) dans qc
Heimkehr ['haɪmkeːɐ] <-> f ❶ retour m [à la maison]
❷ (Rückkehr ins Heimatland) retour m au pays; jdn zur ~ in sein Land bewegen inciter qn à retourner dans son pays
heimkehren itr V + sein ❶ rentrer; ihr seid schon heimgekehrt? vous êtes déjà de retour?; von einer Weltreise ~ revenir d'un voyage autour du monde ❷ (in das Heimatland zurückkehren) retourner dans son pays
Heimkehrer(in) <-s, -> m(f) ❶ (Kriegsheimkehrer) [soldat m] rapatrié m
❷ (Zurückkommender) da kommen die ersten ~ vom Fußballspiel voilà les premières personnes qui rentrent du match de football
Heimkind nt enfant m de la D.A.S.S.
Heimkino nt (Filmvorführung) cinéma m à domicile **heimkommen** itr V unreg + sein rentrer [chez soi]
Heimleiter(in) m(f) directeur(-trice) m(f)
heimleuchten itr V fam jdm ~ remballer qn (fam)
heimlich ['haɪmlɪç] I. Adj ❶ (geheim) secret(-ète)

❷ *(verstohlen)* Blick, Geste furtif(-ive)
❸ *(inoffiziell)* occulte; **er ist immer noch der ~e Chef des Unternehmens** il continue d'être en secret le chef de l'entreprise
II. *Adv* ❶ *(unbemerkt)* en cachette; *zusagen, abmachen* en secret
❷ *(verstohlen)* ansehen, zuwinken, zuzwinkern furtivement
▸ **~, still und leise** *fam* ni vu, ni connu *(fam)*; **~, still und leise verschwinden** filer à l'anglaise *(fam)*
Heimlichkeit <-, -en> *f* ❶ *kein Pl (heimliche Art)* caractère *m* secret; **in aller ~** dans le plus grand secret
❷ *(Geheimnis)* secret *m*; **immer diese ~en** toujours ces cachotteries; **~en vor jdm haben** avoir quelque chose à cacher à qn
Heimlichtuer(in) <-s, -> *m(f) pej* cachottier(-ière) *m(f) (fam)*
Heimlichtuerei <-, -en> *f pej* cachotterie *f souvent pl*
heimlich|tun *itr V unreg* **mit etw ~** faire des cachotteries avec qc
heim|müssen *itr V unreg* devoir rentrer; **er/sie muss heim** il faut qu'il/qu'elle rentre [à la maison [*o* chez lui/elle]] **Heimniederlage** *f* SPORT défaite *f* à domicile **Heimreise** *f* trajet *m* du retour; **sich auf die ~ machen** prendre la route du retour
heim|reisen *itr V + sein* prendre la route du retour **heim|schicken** *tr V* renvoyer; **jdn ~** renvoyer qn [chez lui/elle] **Heimsieg** *m* SPORT victoire *f* à domicile **Heimspiel** *nt* match *m* à domicile ▸ **das ist für ihn/sie ein ~** il/elle a l'avantage du terrain **Heimstatt** *f geh* refuge *m*, asile *m*; **eine neue ~** une nouvelle patrie **Heimstätte** *f* habitat *m* **heim|suchen** *tr V* ❶ *(überfallen)* s'abattre sur ❷ *pej fam (besuchen)* tomber sur ❸ *(bedrängen)* jdn - Alpträume, Wahnvorstellungen: hanter qn
Heimsuchung <-, -en> *f* fléau *m*; **eine ~ Gottes** un fléau de Dieu
Heimtrainer [-tre:nɐ] *m* home-trainer *m*
Heimtücke *f kein Pl* ❶ *(heimtückische Art)* perfidie *f* ❷ *(Gefährlichkeit)* eines Erregers, einer Krankheit caractère *m* insidieux
heimtückisch I. *Adj* ❶ *(tückisch)* perfide ❷ *(gefährlich)* Krankheit, Erreger insidieux(-euse) **II.** *Adv* perfidement
Heimvorteil *m kein Pl* avantage *m* du terrain/de la salle
heimwärts ['haɪmvɛrts] *Adv* à la maison; *sich begeben, ziehen* vers son domicile [*o* sa maison]
Heimweg *m* trajet *m* du retour; **auf dem ~** sur le chemin du retour; **sich auf den ~ machen** prendre le chemin du retour, se mettre en route pour rentrer [à la maison] **Heimweh** <-[e]s> *nt* ❶ mal *m* du pays; **~ bekommen/haben** attraper/avoir le mal du pays ❷ *(Sehnsucht)* **nach jdm/etw ~ bekommen/haben** se languir de qn/qc
heimwehkrank *Adj* nostalgique; **~ sein** avoir le mal du pays
Heimwerker(in) <-s, -> *m(f)* bricoleur(-euse) *m(f)*
heim|wollen *itr V* vouloir rentrer à la maison **heim|zahlen** *tr V* **jdm etw ~** faire payer qc à qn; **das werde ich dir ~!** je te le ferai payer! **heim|ziehen** *unreg* **I.** *itr V + sein* s'en retourner [chez soi [*o* à la maison]] **II.** *tr V + haben* **jdn ~** inciter qn à s'en retourner [chez lui/elle [*o* à la maison]]; **es zieht ihn heim** il éprouve le besoin de rentrer
Heini ['haɪni] <-s, -s> *m fam* abruti *m (fam)*
Heinrich <-s> *m* ❶ Henri *m*
❷ HIST **~ IV.** Henri IV
Heinz <-> *m* Henri *m*
Heinzelmännchen ['haɪntsəlmɛnçən] *nt* lutin [*qui fait le travail pendant la nuit*]
Heirat ['haɪra:t] <-, -en> *f* mariage *m*; **~ aus Liebe/Vernunftgründen** mariage *m* d'amour/de raison; **unstandesgemäße ~** mésalliance *f*
heiraten ['haɪra:tən] **I.** *tr V* épouser *Mann, Frau*
II. *itr V* se marier; **reich ~** faire un mariage d'argent; **nach Dresden ~** partir épouser un garçon/une fille de Dresde
III. *r V* **sich ~** se marier
Heiraten <-s> *nt* mariage *m*; **du bist noch zu jung zum ~!** tu es encore trop jeune pour te marier!
Heiratsabsichten *Pl* projets *mpl* de mariage; **~ haben** avoir l'intention de se marier **Heiratsalter** *nt* ❶ *(Mindestheiratsalter)* âge *m* requis pour pouvoir contracter mariage ❷ *(heiratsfähiges Alter)* âge *m* nubile; **im besten ~ sein** *fam* avoir l'âge idéal pour se marier ❸ *(Durchschnittsalter bei Eheschließungen)* âge *m* moyen au [premier] mariage **Heiratsantrag** *m* demande *f* en mariage **Heiratsanzeige** *f* ❶ *(Mitteilung)* faire-part *m* de mariage ❷ *(Annonce zur Partnersuche)* annonce *f* matrimoniale **heiratsfähig** *Adj* en âge de se marier; JUR nubile; **im ~en Alter** en âge de se marier **Heiratskandidat(in)** *m(f)* prétendant(e) *m(f)* **Heiratsschwindler(in)** *m(f)* escroc *m* au mariage **Heiratsurkunde** *f* acte *m* de mariage **Heiratsvermittler(in)** *m(f)* matrimonial(e) *m(f)* **Heiratsvermittlung** *f* ❶ *(Ehevermittlung)* conseil *m* matrimonial ❷ *(Institut)* agence *f* matrimoniale
heischen ['haɪʃən] *tr V geh* commander
heiser ['haɪzɐ] **I.** *Adj Person, Stimme* enroué(e); *Laut, Bellen* rauque; **~ werden** *Person, Stimme:* s'enrouer
II. *Adv* **sich ~ reden/schreien** parler/crier à en perdre la voix
Heiserkeit <-> *f* enrouement *m*

heiß [haɪs] **I.** *Adj* ❶ *(sehr warm)* [très] chaud(e); *(zu warm)* brûlant(e); *Flüssigkeit* bouillant(e); *Klima, Luft, Sonne, Tag* torride; **brütend ~** *fam* caniculaire, torride; **kochend ~** bouillant(e); **[jdm] etw ~ machen** chauffer qc [à qn]; **in der ~en Sonne** en plein soleil; **jdm wird/ist ~** qn commence à avoir [très] chaud; **es ist brütend ~** il fait une chaleur d'étuve; **ist das ~!** quelle chaleur!
❷ *(heftig, innig)* ardent(e)
❸ *fam (aufreizend)* Musik, Rhythmus qui chauffe *(fam)*; *Bild, Film* excitant(e)
❹ *fam (aus kriminellen Aktionen)* Ware, Geld, Stoff qui brûle les doigts *(fam)*
❺ *(brisant)* Punkt, Problem, Thema brûlant(e)
❻ *fam (konfliktreich)* Herbst, Winter chaud(e) *(fam)*
❼ *attr fam (aussichtsreich)* Favorit, Tipp tout(e) premier(-ière) antéposé; Spur, Fährte très sérieux(-euse)
❽ *sl (großartig)* Person, Kleidungsstück, Anlage terrible *(fam)*, du tonnerre *(fam)*
❾ *sl (rasant)* Wagen, Motorrad qui décoiffe *(fam)*
❿ *fam (brünstig)* Tier en chaleur
▸ **auf jdn ~ sein** en pincer pour qn *(fam)*; **auf etw ~ sein** *fam* brûler d'apprendre/de connaître qc; **~!** *fam* tu brûles/vous brûlez! *(fam)*
II. *Adv* ❶ *(sehr warm)* essen, trinken, duschen, waschen très chaud; **~ laufen** Motor: chauffer; Achse, Lager, Kolben: s'échauffer
❷ *(innig)* ersehnen, lieben, wünschen ardemment
❸ *(erbittert)* **eine ~ umkämpfte Stadt** une ville âprement défendue
▸ **es geht ~ her** *fam* ça chauffe *(fam)*; **~ laufen** Telefon: ne pas arrêter de sonner; Faxgerät, Fernschreiber: tourner [*o* marcher] à fond; **jdn überläuft es ~ und kalt** qn [en] a des sueurs froides *(fam)*; **es wird nichts so ~ gegessen, wie es gekocht wird** Spr. ce n'est pas toujours aussi grave que ça en a l'air
heißblütig ['haɪsbly:tɪç] *Adj* ❶ *(impulsiv)* Person, Temperament fougueux(-euse)
❷ *(leidenschaftlich)* Spanier, Tänzerin, Temperament passionné(e)
heißen ['haɪsən] <hieß, geheißen> **I.** *itr V* ❶ s'appeler; **Paul/Brigitte ~** s'appeler Paul/Brigitte; **wie heißt du/~ Sie?** comment tu t'appelles/vous vous appelez?; **ich heiße Karin** je m'appelle Karin; **sie heißt Barbara, nach der Großmutter** elle s'appelle Barbara comme sa grand-mère; **wie soll das Baby ~?** quel sera le [pré]nom du bébé?; **wie heißt diese Straße/dieser Film?** comment s'appelle cette rue/ce film?
❷ *(bedeuten)* **das heißt, dass** cela veut dire que + *indic*; **das will nichts/nicht viel ~** ça ne veut rien dire/ne veut pas dire grand-chose; **was soll das ~?** qu'est-ce que ça signifie [*o* veut dire]?; **soll [*o* will] ~: ...** autrement dit ...
❸ *(lauten)* **"ja" heißt auf Japanisch „hai"** "oui" se dit "hai" en japonais; **das gesuchte Sprichwort heißt folgendermaßen: ...** le proverbe qu'il fallait trouver est le suivant: ...; **wie heißt noch gleich deine Devise?** comment c'est déjà ta devise?
▸ **dann will ich Eusebius/Esmeralda/... ~!** *fam* alors je veux [bien] être pendu(e)! *(fam)*; **das heißt** *(in anderen Worten)* c'est-à-dire; *(beziehungsweise)* ou plutôt
II. *itr V unpers* ❶ *(zu lesen sein)* **in der Zeitung/bei Goethe heißt es ...** il est dit dans le journal/chez Goethe ...; **wie heißt es doch so schön, ...** comme on dit si bien, ...
❷ *geh (nötig sein)* **nun heißt es handeln!** maintenant, il faut agir!
❸ *(behauptet werden, verlauten)* **es heißt, dass** on dit que + *indic*, il paraît que + *indic*; **es soll nicht ~, dass** il ne sera pas dit que + *indic*
III. *tr V geh* ❶ *(schimpfen)* **jdn einen Feigling ~** traiter qn de lâche
❷ *(auffordern)* **jdn aufstehen ~** demander à qn de se lever
heißersehnt *s.* ersehnt
heißgeliebt *s.* geliebt
Heißhunger *m* fringale *f (fam)*; **~ auf etw (Akk) haben** avoir une fringale de qc *(fam)*; **mit ~** avec voracité **heißhungrig I.** *Adj* affamé(e) **II.** *Adv* voracement **Heißluft** *f* air *m* chaud **Heißluftballon** *m* montgolfière *f* **Heißluftheizung** *f* chauffage *m* par air pulsé **Heißluftherd** *m* four *m* à chaleur tournante **Heißlufttrockner** *m* séchoir *m* à air chaud
heiß|machen *tr V fig fam* **jdn auf etw (Akk) ~** donner à qn une grosse envie de faire qc *(fam)*; **du hast mich [darauf] heißgemacht** tu m'as mis l'eau à la bouche *(fam)*
Heißmangel *f* ❶ *(Gerät)* repasseuse *f* ❷ *(Betrieb)* pressing *m*
Heißsporn <-sporne-> *m* tête *f* brûlée, chien *m* fou
heißumkämpft *s.* umkämpft
heißumstritten *s.* umstritten
Heißwasserbereiter <-s, -> *m* chauffe-eau *m inv* **Heißwasserspeicher** *m* cumulus *m*
heiter ['haɪtɐ] *Adj* ❶ *(fröhlich)* gai(e)
❷ *(sonnig)* Wetter clair(e); Himmel dégagé(e); Tag beau(belle); **es wird wieder ~** le temps va se remettre au beau; **~ bis wolkig**

beau avec quelques passages nuageux ▶ **das kann ja ~ werden!** *iron* ça promet! *(iron)*
Heiterkeit <-> *f* ❶ *(heitere Stimmung)* gaieté *f*
❷ *(Belustigung)* hilarité *f*; **allgemeine ~ hervorrufen** provoquer un éclat de rire général
heizbar *Adj Zimmer, Haus* chauffable; *Heckscheibe* chauffant(e); **~ sein** *Zimmer, Haus*: pouvoir être chauffé(e); **schwer ~ sein** être difficile à chauffer
Heizdecke *f* couverture *f* chauffante
heizen ['haɪtsən] **I.** *itr V* chauffer; **mit Öl ~** se chauffer au fioul; **gut/schlecht geheizt sein** être bien/mal chauffé(e); **sie hat gut geheizt** c'est bien chauffé chez elle; **womit heizt ihr?** à quoi est-ce que vous vous chauffez?
II. *tr V* chauffer *Wohnung, Zimmer*; **den Ofen mit Öl ~** chauffer le poêle au mazout
Heizer(in) <-s, -> *m(f)* chauffeur(-euse) *m(f)*
Heizgerät *nt* appareil *m* de chauffage **Heizkessel** *m* chaudière *f* **Heizkissen** *nt* coussin *m* chauffant [o électrique] **Heizkörper** *m* radiateur *m* **Heizkosten** *Pl* frais *mpl* de chauffage **Heizkraftwerk** *nt* centrale *f* thermique **Heizlüfter** <-s, -> *m* radiateur *m* soufflant **Heizmaterial** *nt* combustible *m* **Heizofen** *m* radiateur *m* d'appoint **Heizöl** *nt* mazout *m* **Heizsonne** *f* radiateur *m* parabolique **Heizstrahler** *m* radiateur *m* infrarouge
Heizung <-, -en> *f* ❶ *(Zentralheizung)* chauffage *m* [central]; **die ~ runterdrehen/höherdrehen** baisser/monter le chauffage
❷ *fam (Heizkörper)* radiateur *m*
Heizungsanlage *f* installation *f* de chauffage **Heizungskeller** *m* chaufferie *f* **Heizungsmonteur(in)** [-mɔ̃tøːɐ] *m(f)* chauffagiste *m* **Heizungsrohr** *nt* tuyau *m* de chauffage
Heizwert *m* pouvoir *m* calorifique
Hektar ['hɛktaːɐ] <-s, -e> *nt o m* hectare *m*; **hundert ~ Wald** cent hectares de forêt
Hektik ['hɛktɪk] <-> *f* agitation *f*; **immer diese ~ im Büro!** c'est toujours la bousculade au bureau!; **er/sie macht immer so eine ~!** *fam* il/elle s'agite toujours autant!; **nur keine ~!** pas d'affolement
hektisch ['hɛktɪʃ] **I.** *Adj Person, Alltag, Tag, Zeit, Leben* agité(e); *Atmosphäre, Stimmung* fébrile; *Geschäfte* houleux(-euse); **jdn ~ machen** rendre qn fébrile; **er wurde ganz ~** il devint tout fébrile; **nur mal nicht so ~!** *fam* pas de panique! *(fam)*
II. *Adv* leben, essen, arbeiten avec précipitation; *reagieren, eröffnen, schließen* nerveusement; **hier geht es sehr ~ zu** il y a une grande agitation ici
Hektoliter ['hɛktoliːtɐ] *m o nt* hectolitre *m*
Held(in) [hɛlt] <-en, -en> *m(f)* héros *m*/héroïne *f*
▶ **die ~en sind müde** *hum* les héros sont fatigués; **du bist mir ein schöner/netter ~!** *iron fam* c'est un pas de quoi pavoiser! *(hum fam)*; **der ~/die ~in des Tages sein** être le héros/l'héroïne du jour; **in etw** *(Dat)* **kein** [*o* **nicht gerade ein**] **~ sein** ne pas faire des étincelles [en qc] *(fam)*; **den ~en spielen** *fam* jouer les héros *(fam)*
Heldendichtung *f kein Pl* poésie *f* épique **Heldenepos** *nt,* **Heldengedicht** *nt* LITER épopée *f*
heldenhaft I. *Adj* héroïque
II. *Adv* héroïquement
Heldenlied *nt* LITER poème *m* épique **Heldenmut** *m* héroïsme *m*
heldenmütig *s.* **heldenhaft**
Heldensage *f* légende *f* héroïque, épopée *f* **Heldentat** *f* exploit *m* **Heldentenor** *m* ténor [qui tient le premier rôle] *m* **Heldentod** *m* geh mort *f* héroïque; **den ~ sterben** mourir en héros [*o* au champ d'honneur]
Heldentum <-s> *nt* héroïsme *m*
Heldin *s.* **Held(in)**
Helena <-s> *f* MYTH, HIST Hélène *f*; **die heilige ~** Sainte Hélène
Helene <-s> *f* Hélène *f*
helfen ['hɛlfən] <hilft, half, geholfen> *itr V* ❶ *(unterstützen)* aider; **jdm ~** aider qn; **jdm beim Spülen/bei der Arbeit ~** aider qn à faire la vaisselle/un travail; **jdm in den Mantel/Bus ~** aider qn à mettre son manteau/monter dans le bus; **jdm aus dem Mantel/Bus ~** aider qn à ôter son manteau/descendre du bus; **jdm über die Straße/von der Leiter ~** aider qn à traverser la rue/descendre de l'échelle; **jdm aus einer Geldverlegenheit/schwierigen Lage ~** aider qn à se sortir de la gêne/d'une situation difficile; **sich** *(Dat)* **von jdm ~ lassen** se faire aider par qn; **kann ich Ihnen ~?** puis-je vous être utile?
❷ *(nützen)* **jdm ~** rendre service à qn; **das hilft mir wenig** ça ne me sert pas à grand-chose; **das wird Ihnen nicht ~** ça ne vous servira à rien
❸ MED **jdm ~** *Arzt:* venir en aide à qn; *Medikament:* faire de l'effet à qn; **gegen** [*o* **bei**] **Husten ~** agir contre [*o sur*] la toux
▶ **jdm ist mit etw geholfen/nicht geholfen** qc rend service/n'est d'aucun secours à qn; **jdm ist nicht** [**mehr**] **zu ~** *(jd ist unheilbar krank)* il n'y a [plus] rien à faire pour qn; *(jd ist unbelehr-*

bar) le cas de qn est désespéré; **ich kann mir nicht ~, aber ...** c'est plus fort que moi, mais ...; **dir/euch werde ich ~!** *fam* je vais te/vous donner de l'élan! *(fam)*; **man muss sich** *(Dat)* **nur zu ~ wissen** *Spr.* il suffit de savoir se débrouiller *(fam)*
Helfer(in) <-s, -> *m(f)* ❶ assistant(e) *m(f)*; **die freiwilligen ~ vom Roten Kreuz** les secouristes volontaires de la Croix rouge
❷ *(Komplize)* complice *mf*
▶ **ein ~ in der Not** un bon Samaritain
Helfershelfer(in) *m(f) pej* acolyte *m (péj)*
Helferzelle *f* MED lymphocyte *m* T4
Helgoland ['hɛlgolant] <-s> Helgoland
Helikopter [heli'kɔptɐ] <-s, -> *m* hélicoptère *m*
Helium ['heːliʊm] <-s> *nt* CHEM hélium *m*; **~ ist ein Edelgas** l'hélium est un gaz rare
hell [hɛl] **I.** *Adj* ❶ *Raum, Wohnung* clair(e); **es wird ~** il commence à faire jour; **es bleibt lange/länger ~** il fait clair longtemps/plus longtemps; **ist es dir so ~ genug?** est-ce que tu trouves qu'il fait assez clair?
❷ *(leuchtend) Licht* vif(vive); *Lampe, Beleuchtung, Glanz* lumineux(-euse); *Farbe, Rot* clair(e); **ein ~er Rock** une jupe claire
❸ *(hoch) Stimme, Gesang* clair(e)
❹ *(aufgeweckt)* futé(e) *(fam)*; **ein ~er Junge** un petit futé *(fam)*
❺ *attr (rein)* total(e); **~er Neid** pure jalousie; **das ist ja der ~e Wahnsinn** c'est de la folie pure
II. *Adv* ❶ **~ glänzen** *Metall:* être d'un éclat brillant; **~ leuchten** *Lampe:* éclairer beaucoup
❷ *(hoch)* **~ klingen** avoir des sonorités aiguës; **ihr Gesang tönte ~ und klar** son chant résonnait haut et clair
hellauf ['hɛl'ʔaʊf] *Adv* begeistert totalement, absolument **helläugig** *Adj* aux yeux clairs; **~ sein** avoir les yeux clairs **hellblau** *Adj* bleu clair *inv*, bleu clair; **~e Söckchen** des socquettes bleu clair **hellblond I.** *Adj Person* aux cheveux blond clair; *Haare* blond clair *inv*; **~ sein** avoir les cheveux bond clair; **sie ist ganz ~**, **sie hat ganz ~e Haare** elle est blonde comme les blés **II.** *Adv* färben en blond clair **hellbraun** *Adj* marron clair *inv*; *Haare* châtain clair *inv* **helldunkel** *Adj* KUNST en clair-obscur
helle *Adj* DIAL **~ sein** être futé(e); **sie ist ganz schön ~!** *fam* c'est une petite futée!
Helle(s) ['hɛlə] *nt dekl wie Adj* [bière *f*] blonde *f*
Hellebarde [hɛlə'bardə] <-, -n> *f* hallebarde *f*
Hellene [hɛ'leːna] <-n, -> *m*, **Hellenin** *f* HIST Hellène *mf*
hellenisch *Adj* HIST hellénique
Hellenismus [hɛle'nɪsmʊs] <-> *m* HIST Hellénisme *m*
hellenistisch *Adj* HIST *Kunst, Zeit* hellénistique
Heller ['hɛlɐ] <-s, -> *m* HIST denier *m*, ≈ liard *m (ancienne pièce de monnaie allemande)*
▶ **auf ~ und Pfennig** *fam* abrechnen au centime près; *zurückgeben, zurückzahlen* jusqu'au dernier centime; **bezahlen** rubis sur l'ongle; **bis auf den letzten ~** *fam* ausplündern, zurückgeben jusqu'au dernier centime; **keinen roten** [*o* **lumpigen**] **~ wert sein**, **keinen einen ~ wert sein** *fam* ne pas valoir un clou *(fam)*; **keinen roten** [*o* **lumpigen**] **~ haben** *fam* ne pas avoir un radis [*o* un rond] *(fam)*
hellgrün *Adj* vert clair *inv* **hellhaarig** *Adj* aux cheveux clairs; **~ sein** avoir les cheveux clairs **hellhäutig** ['-hɔɪtɪç] *Adj* clair(e) de peau **hellhörig** *Adj Haus, Wohnung* sonore ▶ **~ werden** dresser l'oreille; **jdn ~ machen** mettre la puce à l'oreille à qn
hellichtᴬᴸᵀ *Adj s.* **helllicht**
Helligkeit <-, -en> *f* ❶ *kein Pl* eines Raumes, einer Wohnung clarté *f*
❷ *(Lichtstärke)* clarté *f*; *eines Sterns* luminosité *f*
Helligkeitsregler *m* réglage *m* de luminosité; *einer Lampe* variateur *m* d'intensité
helllichtᴿᴿ ['hɛlˌlɪçt] *Adj* **am ~en Tag** en plein jour
Hellraumprojektor CH *s.* **Tageslichtprojektor**
hellsehen *itr V nur Infin* **~ können** avoir le don de double vue
▶ **ich kann doch nicht ~!** *iron fam* je ne suis pas devin! *(fam)*
Hellseher(in) *m(f)* voyant(e) *m(f)* **hellseherisch** *Adj attr Fähigkeiten de* voyant(e)
hellsichtig *Adj* ❶ *(vorausahnend)* clairvoyant(e)
❷ *(scharfsinnig)* perspicace
hellwach *Adj* **~ sein** être bien réveillé(e)
Helm [hɛlm] <-[e]s, -e> *m* casque *m*; *eines Ritters* heaume *m*
Helmbusch *m* HIST panache *m* **Helmpflicht** *f* port *m* du casque obligatoire
Helsinki ['hɛlzɪŋki] <-s> *nt* Helsinki
Hemd [hɛmt] <-[e]s, -en> *nt* chemise *f*; **er stand mit offenem ~ da** il était là, la chemise ouverte
▶ **das ~ ist ihm/mir/... näher als der Rock** *Spr.* charité bien ordonnée commence par soi-même; **nass bis aufs ~** trempé(e) jusqu'aux os; **jdn bis aufs ~ ausziehen**, **jdm das letzte ~ ausziehen** *fam* prendre tout à qn jusqu'à sa dernière chemise; **sich ins ~ machen** *sl* se faire dans son froc *(fam)*; **jdn/etw wie das** [*o* **sein**] **~ wechseln** changer de qn/qc comme de chemise
Hemdbluse *f* chemisier *m* **Hemdblusenkleid** *nt* robe *f* chemi-

sier **Hemdbrust** f plastron m [de chemise]
Hemdenknopf m bouton m de chemise **Hemdenmatz** <-es, -mätze> m hum fam poupon m **Hemdenstoff** m tissu m pour chemise
Hemdkragen m col m de chemise
Hemdsärmel m manche f de chemise
▸ **in ~n** fam en bras de chemise
hemdsärmelig Adj fam familier(-ière)
Hemisphäre [hemi'sfɛːrə] f GEOG, MED hémisphère m; **die nördliche/südliche ~** l'hémisphère nord/sud; **die linke/rechte ~** l'hémisphère gauche/droit
hemmen ['hɛmən] tr V ❶ (ein Hemmnis sein) entraver ❷ (bremsen) freiner Maschine, Rad
❸ PSYCH inhiber Person; **sehr gehemmt sein** être très complexé(e)
Hemmnis <-ses, -se> nt ❶ obstacle m
❷ JUR entrave f; **rechtliches ~** entrave légale
Hemmschuh m ❶ TECH sabot m d'arrêt [o d'enrayage] ❷ s. Hemmnis **Hemmschwelle** f blocage m; **~n/eine ~ abbauen** vaincre les blocages/un blocage
Hemmung <-, -en> f ❶ meist Pl PSYCH inhibition f; **~en haben** avoir des scrupules; **keine ~en kennen** n'avoir aucun scrupule ❷ kein Pl (das Hemmen) ralentissement m; **die ~ der Wissenschaft durch die Kirche** le frein mis par l'Église à la science
❸ kein Pl JUR **~ der Verjährung** interruption f de la prescription
▸ **nur keine ~en!** ne te gêne/vous gênez pas!
hemmungslos I. Adj ❶ (zügellos) dépourvu(e) de retenue; **~ sein** n'avoir aucune retenue
❷ (skrupellos) sans scrupules; **~ sein** ne pas avoir d'états d'âme; **er/sie ist völlig ~** rien ne l'arrête
II. Adv ❶ (zügellos) sans aucune retenue
❷ (skrupellos) sans scrupules
Hemmungslosigkeit <-> f ❶ (Zügellosigkeit) perte f de retenue; **völlige ~** la perte de toute retenue
❷ (Skrupellosigkeit) absence f de scrupules
Hendl ['hɛnd(ə)l] <-s, -[n]> nt A poulet m rôti
Hengst [hɛŋst] <-[e]s, -e> m ❶ (Pferd) étalon m
❷ (männlicher Esel) baudet m; (männliches Kamel) chameau m mâle
Henkel ['hɛŋkəl] <-s, -> m anse f
Henkelglas nt chope f **Henkelkorb** m panier m à anse **Henkelkrug** m cruche f **Henkelmann** <-männer> m fam gamelle f **Henkeltopf** m marmite f
Henker ['hɛŋkɐ] <-s, -> m bourreau m
▸ **scher dich** [o **geh**] **zum ~!** fam va te faire pendre ailleurs! (fam); **weiß der ~** fam Dieu seul le sait; **was zum ~ ...** fam (gib's zurück) rends-moi!; **zum ~!** fam bon Dieu! (fam)
Henkersmahlzeit f ❶ dernier repas m du condamné (offert avant l'exécution)
❷ hum fam repas m du condamné (hum)
Henna ['hɛna] <-> f, <-[s]> nt henné m
Henne ['hɛna] <-, -n> f ❶ (Haushuhn) [poule f] pondeuse f
❷ (weiblicher Hühnervogel) poule f; **ein Strauß mit seiner ~** une autruche mâle avec sa femelle
Hepatitis [hepa'tiːtɪs, Pl: hepati'tiːdən] <-, -titiden> f MED hépatite f
her [heːɐ] Adv ❶ (hierher) par ici!; **~ zu mir!** viens/venez ici!; **~ damit!** fam file/filez-moi ça! (fam); (gib's zurück) rends-moi/rendez-moi ça!; **immer ~ damit!** fam refile/refilez toujours! (fam); **~ mit dem Geld!** envoie/envoyez la monnaie! (fam); **von der anderen Straßenseite ~** de la rue d'en face
❷ (zeitlich) **drei Monate ~ sein** dater d'il y a trois mois; **das ist schon lange ~** ça fait déjà longtemps; **es ist ein Jahr ~, dass** il y a [o ça fait] un an que + indic; **von der Kindheit ~** de son/mon/... enfance; **ich kenne ihn von früher ~** je le connais d'autrefois
❸ (räumlich) **wo sind Sie ~?** vous êtes d'où?; **hinter jdm/etw ~ sein** être à la poursuite de qn/qc; fig courir après qn/chercher qc
❹ (herum) **um ihn ~** [tout] autour de lui
❺ (hinsichtlich) **von der Planung/Zeit ~** pour ce qui est de la planification/du temps; **von der Technik ~** d'un point de vue technique
herab [hɛ'rap] Adv geh **von den Bergen ~** du haut des montagnes; s. a. **herunter**
herablicken s. herabsehen **herabfließen** itr V unreg + sein descendre; **von etw ~** descendre de qc; **den Hang ~** Bach: dévaler la pente **herabhängen** itr V unreg pendre; **von etw ~** pendre de qc; **die Haare hingen ihr bis zu den Schultern herab** elle avait les cheveux qui lui pendaient jusqu'aux épaules **herablassen** unreg **I.** tr V geh faire descendre; **etw vom Dach ~** faire descendre qc depuis le toit **II.** r V ❶ (sich entwürdigen) **sich zu etw ~** s'abaisser à qc ❷ (gnädigerweise tun) **sich [dazu] ~ etw zu tun** condescendre à faire qc
herablassend I. Adj condescendant(e); **zu jdm ~ sein** être condescendant(e) à l'égard de qn

II. Adv avec condescendance
Herablassung <-> f condescendance f
herabmindern tr V ❶ (schlechtmachen) déprécier Leistung, Fähigkeiten ❷ (bagatellisieren) minimiser Gefahr, Problem **herabsehen** itr V unreg ❶ (abschätzig betrachten) **auf jdn/etw ~** regarder qn/qc de haut ❷ geh (heruntersehen) **auf jdn/etw ~** abaisser son regard sur qn/qc; **auf das im Tal liegende Dorf ~ können** avoir une vue plongeante sur le village dans la vallée **herabsetzen** tr V ❶ (reduzieren) baisser Preis, Artikel; réduire Kosten, Geschwindigkeit, Druck; **zu herabgesetzten Preisen** à prix réduits
❷ (herabmindern) déprécier **herabsetzend I.** Adj Bemerkung, Äußerung condescendant(e), dédaigneux(-euse) **II.** Adv **sich über jdn/etw ~ äußern** porter un jugement méprisant [o de mépris] sur qn/qc; **jdn „Nichtskönner" nennen** qualifier qn dédaigneusement de "nullité" **Herabsetzung** <-, -en> f ❶ eines Preises, Artikels baisse f; des Rentenalters abaissement m; **~ des Strafmaßes** mitigation f de la peine ❷ kein Pl (das Herabmindern, Verunglimpfen) dépréciation f; **~ der Ware des Konkurrenten** dénigrement m de la marchandise du concurrent ❸ (Kränkung) humiliation f
herabsteigen itr V unreg + sein geh descendre; **von etw ~** descendre de qc **herabwürdigen I.** tr V rabaisser; **sich nicht von jdm ~ lassen** ne pas se laisser rabaisser par qn **II.** r V **sich ~** s'abaisser **Herabwürdigung** <-, -en> f einer Person dénigrement m; einer Leistung, eines Erzeugnisses dépréciation f
Herakles ['heːraklɛs] s. **Herkules**
Heraldik [he'raldɪk] <-> f héraldique f
heraldisch [he'raldɪʃ] Adj héraldique
heran [hɛ'ran] Adv **links ~!** serre/serrez à gauche!; s. a. **ran**
heranarbeiten r V ❶ **sich an jdn/etw ~** se frayer un chemin jusqu'à qn/qc ❷ (herangraben) **sich zu den verschütteten Bergleuten ~** se frayer un passage jusqu'aux mineurs ensevelis ❸ (gedanklich nähern) **sich an etw (Akk) ~** faire une lente approche de qc
heranfahren itr V unreg + sein s'approcher; **an etw (Akk) ~** s'approcher de qc; **rechts/links ~** serrer à droite/à gauche; **wir können nicht näher ~** nous ne pouvons pas nous approcher plus près
heranführen I. tr V ❶ (hinbringen) amener; **jdn/etw an jdn/etw ~** amener qn/qc à proximité de qn/qc ❷ (einweihen) **jdn an etw (Akk) ~** initier qn à qc **II.** itr V **an etw (Akk) ~ Weg, Nachschublinie:** mener [o conduire] à qc **herangehen** itr V unreg + sein ❶ (hingehen) s'approcher; **an jdn/etw ~** s'approcher de qn/qc; **lass uns lieber nicht zu nahe ~!** il vaut mieux ne pas trop s'approcher! ❷ (in Angriff nehmen) **an eine Aufgabe/ein Problem ~** s'attaquer à un devoir/un problème **herankommen** itr V unreg + sein ❶ (sich nähern) [s']approcher; **an jdn/etw ~** [s']approcher de qn/qc ❷ (heranreichen) **an etw (Akk) ~** pouvoir atteindre qc ❸ (sich beschaffen können) **an das Geld ~** pouvoir disposer de l'argent; **an die Informationen ~** pouvoir obtenir les informations ❹ (in Kontakt kommen) **an jdn ~** pouvoir approcher qn; **nicht an die Täter ~** Polizei: ne pas arriver à mettre la main sur les coupables ❺ (gleichwertig sein) **an jdn/etw ~** arriver au niveau de qn/qc; **im Komfort kommt das alte Modell nicht an das neue heran** le confort de l'ancien modèle n'atteint pas celui du nouveau ▸ **etw nicht an sich (Akk) ~ lassen** fam ne pas se laisser affecter par qc; **sie lässt nichts an sich ~** rien ne la touche **herankönnen** itr V unreg fam pouvoir aller tout près; **nicht ganz ~** ne pas pouvoir aller tout près **heranlassen** tr V unreg ❶ (das Nahekommen dulden) laisser approcher; **jdn/etw an sich (Akk) ~** laisser approcher qn/qc de soi; **keinen Fremden an die Kinder/ans Haus ~** ne laisser aucun étranger approcher les enfants/la maison ❷ (Intimitäten zulassen) **jdn an sich (Akk) ~** se laisser toucher par qn; **niemanden an sich (Akk) ~** ne se laisser toucher par personne **heranmachen** r V fam **sich an jdn ~** accoster qn **heranmüssen** itr V unreg fam **an jdn/etw ~** devoir s'approcher de qn/qc; **wir müssen ganz nah an die Mauer ran** nous devons nous approcher tout près du mur **herannahen** itr V + sein geh se préparer, s'annoncer; **etw ~ sehen** voir venir [o arriver] qc **heranpirschen** r V **sich an jdn/etw ~** se glisser furtivement jusqu'à qn/qc **heranreichen** itr V ❶ (bis an etw reichen) **bis an etw (Akk) ~** Weg, Gelände: arriver jusqu'à qc ❷ (gleichkommen) **an jdn/etw ~** pouvoir rivaliser avec qn/qc **heranreifen** itr V + sein geh ❶ (reifen) Früchte: arriver à maturité (soutenu) ❷ (werden) **zu einem jungen Mann ~** mûrir pour devenir un jeune homme; **sie ist zu einer großen Malerin herangereift** elle a atteint la maturité d'une grande artiste peintre ❸ (sich konkretisieren) **zu etw ~** Plan, Entschluss, Idee: mûrir pour devenir qc **heranrücken I.** itr V + sein ❶ (sich nähern) s'approcher; **an jdn/etw ~** s'approcher de qn/qc ❷ (dicht aufrücken) **an jdn/etw ~** se rapprocher de qn/qc; **rück' doch mit deinem Sessel an den Kamin heran** rapproche ton fauteuil de la cheminée ❸ (herankommen) Termin, Datum: approcher **II.** tr V ❶ (näher rücken) approcher de qn/qc **heranschaffen** tr V ❶ (holen) amener Person; apporter Holz; se procurer Geld, Nahrungsmittel ❷ (kommen lassen) faire venir Person, Holz **heranschleichen** unreg **I.** itr V + sein se glis-

ser; **an jdn/etw ~** se glisser jusqu'à qn/qc **II.** *r V + haben* **sich an jdn/etw ~** se glisser jusqu'à qn/qc **heran|tasten** *r V* ❶ *(sich nähern)* **sich an jdn/etw ~** avancer à tâtons jusqu'à qn/qc ❷ *(angehen)* **sich an etw** *(Akk)* **~** aborder qc avec précaution **heran|tragen** *tr V unreg* ❶ *(herbeitragen)* **etw** [nahe] **an jdn/ etw ~** [trans]porter qc jusqu'à [proximité de] qn/qc ❷ *(vorbringen, äußern)* **etw an jdn ~** présenter [o soumettre] qc à qn **heran|treten** *tr V unreg + sein* ❶ *(sich nähern)* **an jdn/etw ~** s'approcher; **an jdn/etw ~** s'approcher de qn/qc; **tritt ein bisschen näher heran!** approche[-toi] un peu plus près! ❷ *(sich wenden an)* **mit etw an jdn ~** s'adresser à qn avec qc **heran|wachsen** [-ks-] *itr V unreg + sein* **geh zum Mann/zur Frau ~** devenir un homme/une femme; **zum Problem ~** *Vorkommnis, Angelegenheit:* se transformer en problème **Heranwachsende** *Pl* jeunes gens *mpl (entre 18 et 21 ans)* **heran|wagen** *r V* ❶ *(heranzukommen wagen)* **sich an jdn ~** oser s'approcher de qn ❷ *(sich zu beschäftigen wagen)* **sich an etw** *(Akk)* **~** oser s'attaquer à qc **heran|ziehen** *unreg* **I.** *tr V + haben* ❶ *(näher zu sich holen)* **jdn zu sich ~** attirer qn vers soi; **etw zu sich ~** rapprocher qc de soi ❷ *(einsetzen)* **einen Sachverständigen zu etw ~** faire appel à un expert pour qc; **weitere Arbeitskräfte ~** mettre des effectifs supplémentaires à contribution ❸ *(anführen)* alléguer *Bestimmung, Paragraphen, Quelle;* **etw zum Vergleich ~** prendre quelque chose à titre d'exemple ❹ *(aufziehen)* élever *Kind, Tier;* faire pousser *Pflanze;* [sich *(Dat)*] **eine Nachfolgerin ~** former une collaboratrice pour en faire son successeur **II.** *itr V + sein* approcher; **bis an die Grenze/den Fluss ~** aller jusqu'à la frontière/la rivière

herauf [hɛˈraʊf] **I.** *Adv* **von unten ~** depuis le bas
❷ *fam (nach Norden)* **von München ~ nach Stuttgart ziehen** venir de Munich pour monter s'installer à Stuttgart *(fam)*
II. *Präp + Akk* **den Berg/die Treppe ~** en gravissant la montagne/en montant les escaliers
herauf|beschwören* *tr V unreg* ❶ *(wachrufen)* évoquer *Erinnerung, Vergangenheit* ❷ *(herbeiführen)* provoquer *Unglück, Streit, Krise* **herauf|blicken** *itr V* lever son regard; **zu jdm/etw ~** lever son regard vers qn/qc **herauf|bringen** *tr V unreg* faire monter *Person;* monter *Gegenstand;* **jdn zu jdm ~** faire monter qn chez qn; **etw zu jdm ~** monter qc à qn; **etw mit ~** remonter qc **herauf|führen** *tr V* faire monter; **jdn zu jdm ~** faire monter qn jusqu'à qn **herauf|kommen** *itr V unreg + sein* ❶ *(von unten kommen)* monter; **zu jdm ~** monter rejoindre qn ❷ *geh (aufziehen) Nebel:* se lever; *Gewitter, Unwetter:* se préparer; *Wolken:* s'amonceler **herauf|setzen** *tr V* relever *Gebühren, Preis, Mindestalter* **herauf|steigen** *unreg* **I.** *itr V + sein geh* ❶ *(nach oben steigen)* **zu jdm ~** monter à côté de qn ❷ *(aufsteigen) Nebel, Schwaden:* monter **II.** *tr V + sein* **einen Berg/die Treppe ~** gravir une montagne/monter les escaliers **herauf|ziehen** *unreg* **I.** *tr V + haben* hisser; **jdn/etw zu sich ~** hisser qn/qc jusqu'à soi **II.** *itr V + sein Gewitter, Unwetter:* se lever; *Wolken:* s'amonceler

heraus [hɛˈraʊs] **I.** *Adj* ❶ *(herausoperiert)* **~ sein** *Blinddarm, Mandeln, Splitter:* être retiré(e)
❷ *(erschienen)* **~ sein** *Buch, Zeitschrift:* être sorti(e)
❸ *(entschieden sein)* **ist eigentlich schon ~, wann ...?** sait-on déjà quand ...?
❹ *(entwachsen)* **aus der Schule ~ sein** être sorti(e) du système scolaire; **aus dem Alter ~ sein, in dem man das tut** avoir passé l'âge de faire cela
❺ *(gesagt)* **~ sein** être dit(e); *Bemerkung:* être fait(e)
II. *Adv* ❶ **~!** dehors!; **~ da!** *fam* fous-moi/foutez-moi le camp de là! *(fam);* **~ mit ihm!** *fam* fiche-le/fichez-le moi dehors! *(fam);* **hier ~!** sors/sortez par ici!
❷ *(aufgrund)* **aus Neugier ~** par curiosité; **dieser Wunsch entstand aus der Gewissheit ~, dass** ce désir naquit de la certitude que + *indic*
▶ **~ damit!** *fam (her damit)* envoie/envoyez! *(fam); (sprich/sprechen Sie)* accouche/accouchez! *(fam)*
heraus|arbeiten I. *tr V* ❶ *(hervorheben)* faire ressortir *Punkt, Unterschiede;* **etw besser ~** faire mieux ressortir qc
❷ KUNST **etw aus dem Stein/dem Holz ~** façonner qc dans la pierre/le bois
II. *r V* **sich aus dem Schlamm ~** s'extraire de la boue
heraus|bekommen* *tr V unreg* ❶ *(entfernen)* réussir à enlever *Fleck;* réussir à extraire *Nagel;* **den Fleck aus dem Hemd ~** réussir à enlever la tache de la chemise; **den Nagel aus der Wand ~** réussir à extraire le clou du mur
❷ *(herausfinden)* réussir à trouver
❸ *(ausgezahlt bekommen)* **Sie bekommen noch drei Euro heraus** je dois vous rendre trois euros
heraus|bilden *r V* **sich ~** prendre forme; **sich aus etw ~** prendre forme à partir de qc
heraus|brechen *unreg* **I.** *tr V + haben* extraire; **etw aus etw ~** extraire qc de qc
II. *itr V + sein* **der Zorn/die Wut brach aus ihm heraus** il

explosa de colère/rage; **es brach aus ihm heraus** cela le fit exploser
heraus|bringen *tr V unreg* ❶ *(nach draußen bringen)* apporter dehors; [jdm] **etw ~** apporter qc dehors [à qn]
❷ *(auf den Markt bringen)* **etw ~** sortir qc [sur le marché]; **etw ganz groß ~** sortir qc à grand coup de matraquage publicitaire
❸ *(der Öffentlichkeit vorstellen)* sortir *Buch, Theaterstück;* **jdn ganz groß ~** *fam* faire percer qn *(fam)*
❹ *fam (hervorbringen)* sortir *Antwort, Wort;* émettre *Ton, Krächzen*
❺ s. **herausbekommen**
heraus|drehen *tr V* dévisser; **etw aus etw ~** dévisser qc de qc
heraus|drücken *tr V* ❶ extraire [en pressant]; **~** extraire qc [en pressant]; **die Zahnpasta aus der Tube ~** presser le tube pour en extraire le dentifrice
❷ *(vorwölben)* bomber *Brust, Bauch*
heraus|fahren *unreg* **I.** *itr V + sein* sortir; **aus der Einfahrt/dem Bahnhof ~** sortir de l'entrée/la gare; **beim Herausfahren aus der Garage** en sortant du garage
II. *tr V + haben* ❶ **den Wagen/das Motorrad aus der Garage ~** sortir la voiture/la moto du garage
❷ SPORT obtenir *Platz, Sieg, Zeit*
heraus|fallen *itr V unreg* ❶ tomber; **aus etw ~** tomber de qc
❷ *fig* **aus etw ~** sortir de qc
heraus|filtern *tr V* ❶ filtrer; **etw aus einer Flüssigkeit ~** filtrer qc d'un liquide
❷ *(aussondern)* **jdn/etw aus einer Menge ~** sélectionner qn/qc parmi qc
heraus|finden *unreg* **I.** *tr V* ❶ *(feststellen)* découvrir; identifier *Täter;* **~, ob/wann/warum ...** réussir à établir si/quand/pourquoi ...; **~, dass/wo** réussir à établir [o découvrir] que + *indic*/où ...
❷ *(herauslesen)* **einen Gegenstand aus etw ~** retrouver un objet parmi qc
II. *itr V* **aus dem Museum ~** trouver la sortie du musée
heraus|fischen *fam* **I.** *tr V* repêcher; **etw aus etw ~** repêcher qc de qc
II. *r V* **sich** *(Dat)* **jdn/etw aus etw ~** pêcher qn/qc dans qc *(fam)*
heraus|fliegen *unreg* **I.** *itr V + sein* ❶ *Vogel:* s'envoler; **aus etw ~** *Vogel:* s'envoler de qc
❷ *fam (herausfallen)* **aus dem Bett ~** tomber du lit
II. *tr V + haben* **jdn/etw aus etw ~** évacuer qn/qc par avion de qc
Herausforderer <-s, -> *m,* **Herausforderin** *f* SPORT, POL adversaire *mf;* **sich seinem ~ stellen** affronter son adversaire
heraus|fordern I. *tr V* ❶ SPORT défier
❷ *(auffordern)* **jdn zum Zweikampf ~** défier qn en combat singulier; **jdn zum Duell ~** provoquer qn en duel
❸ *(provozieren)* provoquer; **jdn zu etw ~** pousser qn à faire qc
❹ *(heraufbeschwören)* provoquer *Kritik, Protest;* défier *Gefahr*
II. *itr V* **zu etw ~** provoquer qc
herausfordernd I. *Adj* provocant(e)
II. *Adv* de façon provocante
Herausforderung *f* ❶ *kein Pl* SPORT challenge *m;* **die ~ zum Kampf annehmen** répondre au défi de son challenger
❷ *(Aufforderung)* **~ zum Kampf** défi *m* en combat; **~ zum Duell** provocation *f* en duel; **die ~ annehmen** accepter le défi
❸ *(Provokation)* provocation *f*
❹ *(Bewährungsprobe)* défi *m;* **sich einer ~** *(Dat)* **stellen** relever un défi
heraus|führen I. *tr V* conduire dehors; **jdn ~** conduire qn dehors; **jdn aus etw ~** conduire qn hors de qc; **die Braut aus der Kirche ~** donner le bras à la mariée pour sortir de l'église
II. *itr V Weg, Gasse:* mener dehors; **aus einem Labyrinth ~** mener hors d'un labyrinthe
Herausgabe *f* ❶ *(Rückgabe)* eines Gefangenen libération *f;* eines Mantels remise *f;* **ich wartete auf die ~ des Wechselgeldes** j'attendais qu'on me rende la monnaie
❷ *(Veröffentlichung)* publication *f*
❸ *(das Herausbringen)* von Banknoten, Briefmarken émission *f*
❹ JUR *von Waren* remise *f; von Konfisziertem* restitution *f;* **die ~ verlangen** réclamer la remise; **auf ~ klagen** *(im Sachenrecht)* porter plainte pour restitution; *(im Erbrecht)* porter plainte pour pétition d'hérédité
heraus|geben *unreg* **I.** *tr V* ❶ *(zurückgeben)* libérer *Gefangenen;* remettre, rendre *Mantel;* restituer *Konfisziertes;* rendre *Betrag, Wechselgeld*
❷ *(veröffentlichen)* publier; *(edieren)* éditer
❸ *(herausbringen)* émettre *Banknoten, Briefmarken*
II. *itr V (Wechselgeld geben)* [jdm] **auf einen Zehneuroschein ~** rendre la monnaie [à qn] sur un billet de dix euros; **falsch ~** se tromper en rendant la monnaie
Herausgeber(in) *m(f)* ❶ *(Verleger)* éditeur(-trice) *m(f)*
❷ *(verantwortlicher Lektor oder Redakteur)* directeur(-trice) *m(f)*

de [la] publication
heraus|gehen *itr V unreg + sein* ❶ *(herauskommen)* sortir; **aus dem Haus ~** sortir de la maison
❷ *(sich entfernen lassen)* **aus etw ~** *Fleck:* partir de qc; *Korken, Nagel, Dorn:* s'enlever [de qc]
▶ **aus sich ~** s'extérioriser
heraus|greifen *tr V unreg* choisir *Prüfungskandidaten, Beispiel, Zitat;* **einen Einzelnen aus der Menge ~** choisir quelqu'un au hasard dans la foule
heraus|haben *tr V unreg fam* ❶ *(entfernt haben)* avoir eu *(fam) Fleck, Korken, Nagel, Dorn;* **endlich alle Nägel aus den Brettern ~** avoir enfin réussi à retirer tous les clous des planches
❷ *(herausgeworfen haben)* avoir viré *(fam) Mieter, Mitarbeiter*
❸ *(herausgefunden haben)* **~**, **wer/wo ...** avoir trouvé qui/où ...
▶ **es ~** avoir trouvé le truc *(fam)*
heraus|halten *unreg* I. *tr V* ❶ *(nach draußen halten)* **etw ~** passer qc dehors; **etw aus dem Fenster ~** passer qc par la fenêtre
❷ *(fernhalten)* **jdn/ein Tier aus der Küche ~** empêcher qn/un animal d'entrer dans la cuisine; **jdn/etw aus einer Auseinandersetzung ~** laisser qn/qc en dehors d'une dispute
II. *r V* **sich aus etw ~** se tenir en dehors de qc
heraus|helfen *itr V unreg* ❶ *(aussteigen helfen)* aider à sortir; **jdm aus dem Bus/der Badewanne ~** aider qn à sortir du bus/de la baignoire
❷ *(ausziehen helfen)* **jdm aus dem Mantel ~** aider qn à se défaire de son manteau
❸ *(weiterhelfen)* **jdm ~** aider qn à s'en sortir; **jdm aus einer Notlage ~** aider qn à [se] sortir d'une indigence
heraus|holen *tr V* ❶ *(herausnehmen)* sortir; **etw aus dem Schrank ~** sortir qc de l'armoire
❷ *(retten, befreien)* extraire *Erdbebenopfer, Lawinenopfer;* **jdn aus dem Gefängnis ~** *fam* faire sortir qn de prison
❸ *fam (aushorchen)* **ein Geständnis aus jdm ~** extorquer un aveu à qn
❹ *fam (erreichen)* **das Beste aus jdm ~** tirer le meilleur de qn *(fam);* **das Letzte aus sich ~** donner tout ce qu'on a dans le bide *(fam);* **mehr ist aus dem Motor nicht herauszuholen** il n'y a plus rien à tirer du moteur *(fam)*
❺ SPORT obtenir *Ergebnis;* arracher *Sieg, Platz;* gagner *Sekunden;* réaliser *Gesamtzeit*
heraus|hören *tr V* ❶ *(unterscheiden können)* reconnaître *Person, Stimme;* **jdn/jds Stimme aus einer Gruppe ~** reconnaître qn/la voix de qn parmi un groupe
❷ *(entnehmen)* **Ärger/Enttäuschung aus etw ~** percevoir de l'irritation/de la déception à travers qc
heraus|kehren *tr V* faire étalage de *Bildung, Wissen;* **den Großzügigen/den Chef ~** jouer au généreux/au chef
heraus|kommen *itr V unreg + sein* ❶ *(zum Vorschein kommen)* sortir; **aus etw ~** sortir de qc; **wieder ~** ressortir
❷ *(verlassen können)* **aus der Wohnung ~** quitter l'appartement
❸ *(ablegen können)* **aus dem Mantel nicht/kaum ~** ne pas/ne pratiquement pas quitter son manteau
❹ *fam (sich ergeben)* **bei den Verhandlungen ist kein greifbares Ergebnis herausgekommen** les pourparlers n'ont abouti à aucun résultat concret; **es kommt nichts dabei heraus** il n'y a rien à en tirer *(fam);* **das kommt dabei heraus, wenn ...** c'est ce qui arrive quand ...; **das kommt aufs Gleiche [o auf dasselbe] heraus** c'est du pareil au même *(fam)*
❺ *(überwinden können)* **aus dem Staunen nicht ~** ne pas cesser de s'étonner; **aus dem Lachen nicht ~** ne pas arrêter de rigoler; **aus den Schulden ~** se libérer de ses dettes; **aus den Schwierigkeiten ~** venir à bout de ses difficultés
❻ *(auf den Markt kommen) Buch, Zeitschrift, Modell:* sortir, sortir [sur le marché]; **mit etw ~** *Firma:* sortir qc [sur le marché]
❼ *fam (Publicity haben)* **mit etw groß ~** *fam* faire un malheur avec qc *(fam)*
❽ *(bekannt gegeben werden) Gesetz, Verordnung:* être publié(e); *Börsenkurse, Notierungen:* paraître
❾ *fam (bekannt werden) Schwindel, Betrug:* être découvert(e); **es wird nichts ~** rien ne transpirera; **schließlich kam doch alles heraus** finalement, tout a fini par se savoir; **es kam heraus, dass** on découvrit que + *indic;* **durch die Untersuchung kam heraus, dass** l'enquête a révélé que + *indic*
❿ *(zur Sprache bringen)* **mit etw ~** révéler qc
⓫ *(aus der Übung kommen)* perdre la main; **ich bin aus dem Klavierspielen völlig herausgekommen** j'ai complètement perdu l'habitude de jouer du piano
⓬ KARTEN avoir la main; **mit einem Buben ~** jouer valet
⓭ *(zur Geltung kommen)* **bei Tageslicht besser ~** ressortir mieux à la lumière du jour
heraus|kriegen *s.* **herausbekommen, rauskriegen**
heraus|kristallisieren* I. *tr V* faire ressortir; **etw aus etw ~** faire ressortir qc de qc; **herauskristallisiert werden** ressortir

II. *r V* **sich ~** ❶ CHEM précipiter
❷ *fig* se préciser; **sich als etw ~** se révéler être qc
heraus|lassen *tr V unreg* ❶ *(herausgehen lassen)* laisser sortir; **jdn aus etw ~** laisser sortir qn de qc
❷ *fam (weglassen)* **eine Textstelle/einen Namen ~** laisser un passage/un nom de côté *(fam)*
❸ *fam (mitteilen)* laisser filtrer *Information, Nachricht*
heraus|laufen *unreg* I. *itr V + sein* ❶ *(laufen)* sortir; **aus dem Haus ~** sortir de la maison
❷ *(herausfließen) Flüssigkeit:* s'écouler
II. *tr V* SPORT remporter *Sieg;* prendre *Vorsprung*
heraus|lesen *tr V unreg* ❶ *(entnehmen)* **etw aus den Bemerkungen eines Menschen ~** discerner qc à travers les remarques d'une personne
❷ *(aussondern)* récupérer *Brauchbares;* retirer *Unbrauchbares*
heraus|locken *tr V* ❶ *(nach draußen locken)* **jdn ~** attirer qn dehors; **jdn aus etw ~** attirer qn hors de qc
❷ *(entlocken)* **etw aus jdm ~** soutirer qc à qn
heraus|machen I. *tr V fam* faire disparaître *Fleck*
II. *r V* **sich gut/prächtig ~** se développer bien/très bien; **Ihre Tochter hat sich aber herausgemacht!** votre fille s'est vraiment épanouie!
heraus|müssen *itr V unreg fam* ❶ *(entfernt werden müssen) Blinddarm, Organ:* devoir être enlevé(e)
❷ *(gesagt werden müssen)* **das musste mal heraus** il fallait que ça sorte *(fam)*
❸ *(aufstehen müssen)* **ich muss morgen früh heraus** il faut que je me lève tôt demain
❹ *(herausgehen müssen)* **wir müssen dort heraus** il faut que nous sortions par là
herausnehmbar *Adj* amovible
heraus|nehmen *tr V unreg* ❶ *(entnehmen)* retirer; **etw aus dem Schrank/der Tasche ~** retirer qc de l'armoire/du sac
❷ *fam (operativ entfernen)* **[jdm] den Blinddarm/die Mandeln ~** enlever l'appendice/les amygdales [à qn]; **sich** *(Dat)* **etw ~ lassen** se faire enlever qc
❸ *(aussondern)* **jdn aus der Klasse/dem Internat ~** retirer qn de la classe/de l'internat
❹ *fam (erlauben)* **sich** *(Dat)* **etw ~** se permettre qc; **sich** *(Dat)* **~ etw zu tun** se permettre de faire qc; **sich** *(Dat)* **einiges ~** en prendre à son aise
heraus|pauken *tr V fam* **jdn ~** tirer qn de là *(fam);* **jdn aus etw ~** tirer qn de qc *(fam)*
heraus|picken I. *tr V Vogel:* picorer; **etw ~** *Vogel:* picorer qc
II. *r V* **sich** *(Dat)* **das Beste aus etw ~** choisir la meilleure part de qc
heraus|platzen *itr V + sein fam* ❶ *(lachen)* pouffer de rire
❷ *(spontan äußern)* **mit etw ~** laisser échapper qc
heraus|putzen I. *tr V* endimancher *Person;* décorer *Stadt, Wohnung*
II. *r V* **sich ~** s'endimancher
heraus|ragen *s.* **hervorragen**
heraus|reden *r V* **sich ~** chercher des excuses; **sich mit etw/auf etw** *(Akk)* **~** invoquer qc pour excuse; **sich damit ~, dass** prétexter que + *indic*
heraus|reißen *tr V unreg* ❶ arracher *Pflanze, Haar, Seite*
❷ *fig* **jdn aus seiner Arbeit ~** arracher qn à son travail; **jdn aus seiner gewohnten Umgebung ~** arracher qn de son environnement familier
❸ *fam (befreien)* sauver la mise à *(fam)*
❹ *fam (wettmachen)* relever le niveau de
heraus|rücken I. *tr V fam* filer *(fam);* **etw wieder ~** rendre qc; **nun rück schon das Geld heraus!** allez, aboule le fric! *(arg)*
II. *itr V + sein fam* **mit etw ~** accoucher de qc *(fam)*
heraus|rutschen *itr V + sein* ❶ *(herausgleiten)* **[jdm] aus der Tasche ~** glisser de la poche [de qn]
❷ *fam (ungewollt aussprechen)* **jdm ~** *Bemerkung:* échapper à qn
heraus|schälen I. *tr V* extraire *Frucht*
II. *r V* **sich aus etw ~** *(sich herauskristallisieren)* se dégager de qc
heraus|schauen *itr V* SDEUTSCH ❶ *(nach draußen schauen)* regarder dehors; **aus dem Fenster ~** regarder par la fenêtre
❷ *(zu sehen sein)* **aus etw ~** *Hemdzipfel, Unterrock:* dépasser de qc
❸ *fam (zu verdienen, gewinnen sein)* **was schaut dabei heraus?** qu'est-ce qu'il y a à en tirer? *(fam)*
heraus|schlagen *unreg* I. *tr V* ❶ *(herauslösen)* extraire; **etw aus einem Stein ~** extraire qc d'une pierre
❷ *(abbrechen)* abattre *Wand*
❸ *fam (gewinnen)* **Zeit ~** gagner du temps; **einen Vorteil für sich ~** obtenir un avantage pour son compte; **bei allem etwas für sich ~** tirer son avantage de toute chose
II. *itr V + sein* **aus** [*o* zu] **etw ~** *Flammen, Feuer:* jaillir de qc
heraus|schleudern *tr V* ❶ *(herauswerfen)* balancer; **etw aus dem Fenster/Auto ~** balancer qc par la fenêtre/de la voiture;

aus dem Auto/Flugzeug herausgeschleudert werden être éjecté(e) de la voiture/l'avion
❷ *(von sich geben)* lancer *Worte*
heraus|schlüpfen *itr V + sein* ❶ *(herauskriechen)* se glisser dehors; **aus etw ~** se glisser hors de qc
❷ *(ungewollt aussprechen)* **jdm ~** *Bemerkung:* échapper à qn
heraus|schmecken I. *tr V etw aus etw ~* distinguer [*o* sentir] le goût de qc dans qc
II. *itr V* **der Zimt schmeckt sehr stark heraus** le goût de la cannelle ressort beaucoup
heraus|schneiden *tr V unreg* retirer avec un couteau; **etw aus etw ~** retirer qc de qc avec un couteau
heraus|schreiben *tr V unreg* relever; **etw aus einem Buch ~** relever qc dans un livre
heraus|schreien *tr V unreg* laisser éclater
heraus|seinᴬᴸᵀ *s.* **heraus** I. ❶ – ❻
heraußen [hɛˈraʊsən] *Adv* SDEUTSCH, A dehors
heraus|sollen *tr V fam* **ihr sollt da sofort heraus!** sortez de là tout de suite! *(fam)*
heraus|springen *itr V unreg + sein* ❶ sauter dehors; **aus dem Fenster/Auto ~** sauter de la fenêtre/de la voiture
❷ *(sich lösen) Brillenglas:* se détacher; *Sicherung:* sauter
❸ *(als Gewinn verbleiben)* **was springt dabei heraus?** qu'est-ce qu'il y a à en tirer? *(fam);* **bei diesem Geschäft springt wenig/nichts heraus** c'est une affaire où il n'y a pas grand-chose/rien à gratter *(fam)*
heraus|sprudeln I. *itr V + sein Quelle:* jaillir
II. *tr V* **Worte/Sätze ~** débiter des mots/phrases [sans fin]
heraus|stehen *itr V unreg* dépasser; **aus etw ~** dépasser de qc
heraus|stellen I. *tr V* ❶ *(ins Freie stellen)* sortir
❷ *(hervorheben)* **etw ~** mettre qc en évidence
II. *r V sich ~ Unschuld, Wahrheit:* éclater; **sich als wahr/übertrieben ~** se révéler vrai(e)/exagéré(e); **es stellte sich heraus, dass il s'avéra que + indic; es wird sich ~, wer Recht hat** on verra bien qui a raison
heraus|strecken *tr V* tirer *Zunge;* **den Arm/Kopf aus dem Fenster ~** tendre le bras/passer la tête par la fenêtre
heraus|streichen *tr V unreg* ❶ *(tilgen)* rayer; **etw aus einem Text ~** rayer qc d'un texte
❷ *(betonen)* souligner
heraus|stürzen *itr V + sein* sortir précipitamment; **aus dem Raum ~** sortir précipitamment de la pièce
heraus|suchen *tr V* ❶ *(auswählen)* choisir; **etw aus etw ~** choisir qc parmi qc
❷ *(suchen)* rechercher *Seite, Textstelle*
heraus|treten *itr V unreg + sein* ❶ **aus dem Haus/der Reihe ~** sortir de la maison/du rang
❷ *(anschwellen) Adern:* ressortir; *Augen:* être exorbité(e)
heraus|wagen *r V sich ~* se risquer dehors; **sich aus etw ~** se risquer hors de qc
heraus|winden *r V unreg* **sich aus einer misslichen Lage ~** se dépêtrer d'une mauvaise situation
heraus|wollen *itr V* vouloir sortir; **aus etw ~** vouloir sortir de qc
heraus|ziehen *tr V unreg* ❶ tirer *Schublade;* **sein Portmonee aus der Tasche ~** sortir son porte-monnaie de son sac
❷ *(retten)* **jdn aus dem Wasser ~** retirer qn de l'eau
❸ *(exzerpieren)* **Informationen aus etw ~** extraire des informations de qc
herb [hɛrp] I. *Adj* ❶ *Geschmack, Wein* âpre; *Parfüm, Duft* épicé(e)
❷ *(schmerzlich) Enttäuschung, Verlust* amer(-ère)
❸ *(streng wirkend) Gesichtszüge* accusé; *Gesicht* sévère; *Schönheit* austère
❹ *(hart) Kritik, Worte* acerbe
II. *Adv* ❶ **~ riechen/schmecken** avoir une odeur épicée/un goût âpre
❷ *(scharf, kritisch)* de façon acerbe
Herbarium [hɛrˈbaːriʊm] <-s, -ien> *nt* herbier *m*
herbei [hɛɐˈbaɪ] *Adv geh* par ici, approchez
herbei|bringen *tr V unreg* ❶ amener *Person;* apporter *Gegenstand;* **jdn/etw ~** amener qn/apporter qc ❷ *(herbeischaffen)* produire *Zeugen, Unterlagen* **herbei|eilen** *itr V + sein* arriver en toute hâte **herbei|führen** *tr V* ❶ *(bewirken)* aboutir à *Einigung, Entscheidung, Kompromiss* ❷ *(verursachen)* provoquer *Infektion, Ohnmacht, Tod* **herbei|holen** *tr V* aller chercher **herbei|lassen** *r V unreg* **sich zu etw ~** consentir à faire qc; **sich ~ etw zu tun** daigner faire qc **herbei|reden** *tr V* provoquer à force d'en parler; **etw ~** provoquer qc à force d'en parler **herbei|rufen** *tr V unreg* appeler; **Hilfe ~** appeler à l'aide **herbei|schaffen** *tr V* amener *Gesuchten, Hilfe;* se procurer *Geld, Nahrungsmittel* **herbei|sehnen** *tr V* souhaiter voir venir **herbei|strömen** *tr V + sein Menge, Leute:* affluer **herbei|winken** *tr V* faire signe à; **jdn ~** faire signe à qn [d'approcher]; **ein Taxi ~** faire signe à un taxi [de s'arrêter]
her|bekommen* *tr V unreg fam* dégoter *(fam);* **wo soll ich so**

schnell so viel Geld ~? où veux-tu/voulez-vous que je dégote autant d'argent si vite?
her|bemühen* *geh* I. *r V sich ~* se donner la peine de venir *(soutenu)*
II. *tr V* **jdn ~** demander à qn de [bien vouloir] venir
Herberge [ˈhɛrbɛrgə] <-, -n> *f* ❶ *kein Pl veraltet (Unterkunft)* gîte *m (vieilli)*
❷ *veraltet (Gasthaus)* auberge *f*
❸ *(Jugendherberge)* auberge *f* de jeunesse
Herbergseltern *Pl* gérants *mpl* de l'auberge [de jeunesse] **Herbergsmutter** *f* gérante *f* de l'auberge [de jeunesse] **Herbergsvater** *m* père *m* aubergiste
her|bestellen* *tr V* convoquer *Person;* commander *Taxi*
her|beten *tr V pej* psalmodier *(péj)*
Herbheit <-> *f des Dufts, Parfüms* caractère *m* épicé; *eines Weins* âpreté *f*
her|bitten *tr V unreg* prier de venir; **jdn ~** prier qn de venir
Herbizid [hɛrbiˈtsiːt] <-[e]s, -e> *nt* herbicide *m*
her|bringen *tr V unreg* amener; **jdn zu jdm ~** amener qn à qn; **[jdm] etw ~** apporter qc [à qn]; **jdn ~ lassen** faire venir qn; **den Wagen ~ lassen** laisser avancer la voiture
Herbst [hɛrpst] <-[e]s, -e> *m* automne *m;* **im ~** en automne
▶ **der ~ des Lebens** l'automne *m* de la vie
Herbstanfang *m* début *m* de l'automne **Herbstaster** *f* aster *m* **Herbstblume** *f* fleur *f* d'automne **Herbstfarben** *Pl* couleurs *fpl* d'automne **Herbstferien** [-riən] *Pl* vacances *fpl* d'automne **Herbstkollektion** *f* collection *f* d'automne
herbstlich I. *Adj Tag, Sturm, Witterung* d'automne; *Farben* automnal(e); **~ werden/sein** devenir/être automnal(e); **das Wetter ist ~** c'est un temps d'automne
II. *Adv sich kleiden* pour l'automne
Herbstmode *f* mode *f* d'automne **Herbstmonat** *m* mois *m* d'automne **Herbststurm** *m* tempête *f* d'automne **Herbstwetter** *nt* temps *m* automnal **Herbstzeitlose** <-n, -n> *f* colchique *m*
Herd [heːɐt] <-[e]s, -e> *m* ❶ *(Küchenherd)* cuisinière *f; (Backofen)* four *m;* **die Milch vom ~ nehmen** retirer le lait du feu; **am ~ stehen** être aux fourneaux; **den ganzen Tag am ~ stehen** passer toute la journée devant ses fourneaux
❷ *(Krankheitsherd)* foyer *m*
❸ GEOL *eines Erdbebens* épicentre *m*
▶ **eigener ~ ist Goldes wert** *Spr.* rien ne vaut son chez-soi; **am heimischen** [*o* **häuslichen**] **~** *geh* dans ses pénates
Herde [ˈheːɐdə] <-, -n> *f* troupeau *m;* **in ~n leben** vivre en troupeau
▶ **mit der ~ laufen** *pej* être un vrai mouton de Panurge *(péj)*
Herdenmensch *m* mouton *m* de Panurge **Herdentier** *nt* ❶ bête *f* de troupeau ❷ *pej (unselbständiger Mensch)* mouton *m* de Panurge *(péj)* **Herdentrieb** *m* ❶ *von Tieren* instinct *m* grégaire ❷ *pej von Personen* esprit *m* moutonnier
Herdplatte *f eines Elektroherds* plaque *f* [de cuisson]; *eines Kohleherds* plaque *f*
herein [hɛˈraɪn] *Adv* hier/dort ~ par ici/là; [nur] ~! entrez!
herein|bekommen* *tr V unreg* COM, AUDIOV *fam* recevoir
herein|bitten *tr V unreg* prier d'entrer; **jdn [zu sich] ~** prier qn d'entrer
herein|brechen *itr V unreg + sein* ❶ *(überfluten) Flut, Wasser:* déferler; **über jdn/etw ~** inonder qn/qc
❷ *(unerwartet auftreten) Gewitter, Krieg:* éclater; *Katastrophe, Unheil:* survenir; **über jdn/etw ~** s'abattre sur qn/qc
❸ *(anbrechen) Abend, Nacht:* tomber; *Winter:* arriver
herein|bringen *tr V unreg* ❶ faire entrer *Person;* apporter *Gegenstand;* **jdn zu jdm ~** introduire qn auprès de qn
❷ *fam (wettmachen)* **die Verluste wieder ~** éponger les pertes *(fam);* **die Kosten wieder ~** rentrer dans ses frais *(fam);* **über etw** *(Akk)* **wieder hereingebracht werden** être compensé(e) par qc
herein|dürfen *itr V unreg fam* pouvoir entrer; **mit etw ~** pouvoir entrer avec qc; **nicht ~** ne pas avoir le droit d'entrer
herein|fahren *unreg* I. *itr V + sein* entrer; **in etw** *(Akk)* **~** entrer dans qc
II. *tr V* rentrer *Auto;* **die Ware ~** apporter la marchandise à l'intérieur; **die Ware in das Lager ~** apporter la marchandise dans l'entrepôt
herein|fallen *itr V unreg + sein* ❶ *(fallen)* tomber à l'intérieur; **in etw** *(Akk)* **~** tomber dans qc
❷ *(eindringen) Licht:* entrer
❸ *fam (betrogen werden)* **auf jdn/etw ~** se faire avoir par qn/ avec qc *(fam);* **mit ihrem neuen Freund ist sie ganz schön hereingefallen** elle s'est bien fait avoir par son nouveau petit ami *(fam)*
herein|führen *tr V* introduire *Person*
herein|holen *tr V* faire entrer *Person;* rentrer *Gegenstand*
herein|kommen *itr V unreg + sein* ❶ entrer; **in etw** *(Akk)* **~**

entrer dans qc
❷ *(geliefert werden, verdient werden) Ware, Geld:* rentrer
hereinǀkönnen *s.* hereindürfen
hereinǀkriegen *s.* hereinbekommen
hereinǀlassen *tr V unreg* laisser entrer *Person;* **lassen Sie ihn bitte herein!** faites-le entrer!
hereinǀlaufen *itr V + sein* ❶ entrer en courant
❷ *(nach innen fließen) Regenwasser:* pénétrer [à l'intérieur]
hereinǀlegen *tr V* ❶ *fam (betrügen)* arnaquer *(fam);* **lass dich bloß nicht von ihm ~!** ne te laisse [o fais] pas avoir par lui!
❷ *(hereinbringen)* **etw ~** déposer qc à l'intérieur
hereinǀnehmen *tr V unreg* ❶ *(hereinbringen)* rentrer; **etw [mit] ~** rentrer qc
❷ *(aufnehmen, integrieren)* **etw in das Programm [mit] ~** incorporer qc dans le programme
hereinǀplatzen *itr V + sein fam* débarquer *(fam);* **bei jdm/in ein Gespräch ~** débarquer chez qn/au beau milieu d'une conversation
hereinǀregnen *itr V unpers* pleuvoir à l'intérieur; **es regnet herein** il pleut à l'intérieur
hereinǀreiten *unreg* **I.** *tr V + haben fam* mettre dans de beaux draps *(fam) Person;* **jdn ~** mettre qn dans de beaux draps
II. *r V + haben fam* **sich ~** se fourrer dans de sales draps *(fam);* **sich in etw** *(Akk)* **~** se fourrer dans qc
III. *itr V + sein* entrer à cheval
hereinǀrennen *s.* hereinlaufen
hereinǀrufen *tr V unreg* ❶ *(nach innen holen)* appeler; **jdn ~** appeler qn [pour qu'il/qu'elle entre]; **rufen Sie ihn bitte [zu mir] herein!** dites-lui d'entrer, s'il vous plaît!
❷ *(nach innen rufen)* **etw ~** crier qc du dehors
hereinǀschauen *itr V* ❶ SDEUTSCH *s.* hereinsehen
❷ *fam (besuchen)* **bei jdm ~** faire un saut chez qn *(fam)*
hereinǀschneien **I.** *itr V + sein fam* rappliquer sans prévenir *(fam);* **bei jdm ~** rappliquer sans prévenir chez qn
II. *itr V unpers + haben* neiger à l'intérieur; **es schneit herein** il neige à l'intérieur
hereinǀsehen *itr V unreg* ❶ *(sehen)* regarder à l'intérieur; **in etw** *(Akk)* **~** regarder dans qc; **man kann von draußen ~** on peut voir à l'intérieur du dehors
❷ *s.* hereinschauen ❷
hereinǀsollen *itr V fam Person, Tier:* devoir entrer
hereinǀspazieren* *itr V + sein fam* débarquer sans hésiter *(fam);* **in einen Raum ~** débarquer sans hésiter dans une pièce; **[immer nur] hereinspaziert!** entrez donc!
hereinǀstecken *tr V* **den Kopf zur Tür ~** passer la tête à travers la porte
hereinǀströmen *itr V + sein Fans, Besucher:* entrer en masse; *Wasser, Fluten:* entrer à flots; **in etw** *(Akk)* **~** *Fans, Besucher:* entrer en masse dans qc; *Wasser, Fluten:* entrer à flots dans qc
hereinǀstürmen, hereinǀstürzen *itr V + sein* faire irruption; **in etw** *(Akk)* **~** faire irruption dans qc
hereinǀwagen *r V sich ~* se risquer à entrer; **sich zu jdm/in etw** *(Akk)* **~** se risquer chez qn/dans qc
hereinǀwollen *itr V fam* vouloir entrer; **zu jdm/in etw** *(Akk)* **~** vouloir entrer qn/dans qc
herǀfahren *unreg* **I.** *itr V + sein* ❶ *(gefahren kommen)* venir [en voiture/en vélo/...]
❷ *(begleiten)* **vor jdm/etw ~** rouler devant qn/qc; **hinter jdm/etw ~** suivre qn/qc
II. *tr V + haben* conduire *Person;* **etw ~** apporter qc [en voiture]
Herfahrt ['heːɐ-] *f* trajet *m;* **auf** [o **während**] **der ~** en venant
herǀfallen *itr V unreg + sein* ❶ *(überfallen)* **über jdn ~** assaillir qn
❷ *(bestürmen)* **mit Vorwürfen über jdn ~** assaillir qn de reproches
❸ *(kritisieren)* **über die Politiker ~** prendre les hommes politiques pour cible; **über die Presse ~** se jeter sur la presse
❹ *(sich stürzen auf)* **über das Buffet ~** se jeter sur le buffet
herǀfinden *itr V unreg* trouver le chemin; **hast du gut hergefunden?** tu as trouvé facilement?
Hergang *m kein Pl* déroulement *m;* **den ~ des Unfalls schildern** décrire les circonstances de l'accident
herǀgeben *unreg* **I.** *tr V* ❶ *(weggeben)* donner; **etw wieder ~** rendre qc
❷ *(zur Verfügung stellen)* prêter *Namen*
❸ *fam (lohnend sein)* **kaum etwas ~** ne pas apporter grand-chose *(fam);* **nichts ~** ne rien apporter *(fam);* **dieser Artikel gibt viele Informationen her** cet article fournit de nombreuses informations
II. *r V* **sich zu** [o **für**] **etw ~** se prêter à qc
hergebracht ['heːɐɡəbraxt] *s.* althergebracht
herǀgehen *unreg* **I.** *itr V + sein* ❶ *(begleiten)* **neben jdm ~** marcher à côté de qn; **hinter jdm ~** suivre qn
❷ *(sich erdreisten)* **~ und Forderungen stellen** avoir le front de formuler des revendications
❸ A, SDEUTSCH *s.* herkommen
II. *itr V unpers + sein fam* **es geht laut/heiß her** c'est bruyant/ça chauffe *(fam);* **bei ihren Feten geht es immer hoch her** dans ses fêtes, il y a toujours de l'ambiance *(fam)*
hergelaufen *s.* dahergelaufen
herǀhaben *tr V unreg fam* **wo haben Sie das her?** vous avez eu ça où? *(fam);* **ich weiß nicht, wo er diese Information herhat** je ne sais pas d'où il tient cette information
herǀhalten *unreg* **I.** *tr V* tendre; **[jdm] etw ~** tendre qc [à qn]
II. *itr V* **als Kerzenhalter ~** [**müssen**] [devoir] servir de bougeoir
herǀholen *tr V fam* aller chercher; **wo soll ich das denn ~?** où est-ce que je vais aller dégoter ça? *(fam)*
herǀhören *itr V fam* écouter; **alle mal ~!** tout le monde ouvre grand les oreilles! *(fam)*
Hering ['heːrɪŋ] <-s, -e> *m* ❶ *(Fisch)* hareng *m;* **eingelegter/saurer ~** hareng mariné/saur
❷ *(Zeltpflock)* sardine *f*
▶ **dünn wie ein ~** *fam* maigre comme un clou *(fam);* **zusammengedrängt wie die ~e** serré(e)s comme des sardines *(fam)*
Heringssalat *m* salade *f* de hareng **Heringstopf** *m* hareng mariné dans la crème fraîche
herinnen [hɛˈrɪnən] SDEUTSCH, A *s.* drinnen, innen
herǀjagen **I.** *tr V* rabattre *Person, Tier;* **jdn/etw vor sich** *(Dat)* **~** pourchasser qn/qc
II. *itr V + sein* **hinter jdm ~** courir après qn
herǀkommen *itr V unreg + sein* ❶ *(herbeiziehen)* venir; **wo kommst du her?** d'où viens-tu?; **kommen Sie bitte mal her!** venez [par] ici!
❷ *(herstammen)* **wo kommst du her?** tu es d'où?
❸ *(hergenommen werden können)* **wo soll das Geld/das Ersatzteil ~?** où est-ce qu'on va prendre l'argent/trouver la pièce de rechange?
herkömmlich ['heːɐkœmlɪç] *Adj* traditionnel(le)
Herkules ['hɛrkulɛs] <-, -se> *m* Hercule *m*
Herkulesarbeit *f* travail *m* de Romain
Herkunft ['heːɐkʊnft] <-> *f* origine *f; eines Artikels, Gegenstands* provenance *f;* **niederer ~** *(Gen)* **sein** être d'origine modeste
Herkunftsland *nt* pays *m* d'origine **Herkunftszertifikat** *nt* certificat *m* d'origine
herǀlaufen *itr V unreg + sein* ❶ *(gelaufen kommen)* accourir; **zu jdm ~** accourir vers qn
❷ *(begleiten)* **neben jdm ~** courir à côté de qn; **hinter jdm ~** courir derrière qn
herǀleiten **I.** *tr V* faire dériver *Wort, Formel;* **Rechte/Ansprüche aus etw ~** déduire des droits/des prétentions de qc
II. *r V* **sich von etw ~** tirer son origine de qc
herǀmachen **I.** *r V fam* ❶ *(sich stürzen auf)* **sich über ein Buch/das Essen ~** se jeter sur un livre/le repas *(fam);* **sich über die Arbeit ~** s'attaquer au travail *(fam)*
❷ *(an sich nehmen)* **sich über etw** *(Akk)* **~** rafler qc *(fam)*
❸ *(angreifen)* **sich über jdn ~** se jeter sur qn
II. *tr V fam* **viel ~** en jeter *(fam);* **wenig/nichts ~** *fam* ne pas casser des briques *(fam)*
Hermaphrodit [hɛrmafroˈdiːt] <-en, -en> *m* BIO, MED hermaphrodite *m*
Hermelin [hɛrməˈliːn] <-s, -e> *nt* hermine *f*
Hermeneutik [hɛrmeˈnɔʏtɪk] <-> *f* PHILOS herméneutique *f*
hermeneutisch [hɛrmeˈnɔʏtɪʃ] *Adj* PHILOS herméneutique
hermetisch [hɛrˈmeːtɪʃ] *Adj* **I.** hermétique
II. *Adv* hermétiquement, de façon hermétique
hernach [hɛɐˈnaːx] *Adv* DIAL après
herǀnehmen *tr V unreg* ❶ *(herbekommen)* prendre; **wo nimmst du das Geld/die Energie her?** où est-ce que tu puises l'argent/cette énergie?
❷ DIAL *fam (stark fordern)* **jdn ~** *Person:* faire trimer qn *(fam); Krankheit:* secouer qn *(fam); Arbeit:* crever qn *(fam)*
❸ DIAL *fam (sich vornehmen)* **sich** *(Dat)* **jdn ~** prendre qn entre quat'z'yeux *(fam)*
hernieder [hɛɐˈniːdɐ] *s.* herab
Herodes <-> *m* BIBL Hérode *m*
Heroin [heroˈiːn] <-s> *nt* héroïne *f*
Heroine [heroˈiːnə] <-, -n> *f* héroïne *f*
heroisch [heˈroːɪʃ] *geh* **I.** *Adj* héroïque
II. *Adv* héroïquement
Herold ['heːrɔlt] <-[e]s, -e> *m* héraut *m*
Heros ['heːrɔs, *Pl:* heˈroːən] <-, Heroen> *m geh* héros *m*
Herpes ['hɛrpɛs] <-> *m* MED herpès *m*
Herpesvirus [-viː-] *nt* MED virus *m* de l'herpès
herǀplappern *tr V fam* dire sans réfléchir; **etw ~** dire qc sans réfléchir
Herr [hɛr] <-n, -en> *m* ❶ *(in Verbindung mit einem Eigennamen oder Titel)* monsieur *m;* **~ Braun** monsieur Braun; **~ Graf/Präsi-**

dent Monsieur le Comte/le Président; **~ Kollege** cher collègue; **der ~ Doktor ist nicht da** le docteur n'est pas là; **~ Doktor, kommen Sie bitte!** docteur, venez s'il vous plaît!
② *form (als Anrede ohne Namen)* **mein ~/meine ~en** Monsieur/Messieurs *(form)*; [*aber*] **meine ~en!** Messieurs!; **Ihr Vater/Onkel** monsieur votre père/oncle *(form)*; **sehr geehrte ~en, ...** *(briefliche Anrede)* Messieurs, ...; **der ~ wünscht?** Monsieur désire?
③ *(Tanzpartner)* cavalier *m*
④ *(Mann)* homme *m*; **Mode für ~en** mode masculine; **die ~en erwarten Sie** ces messieurs vous attendent; **„~en"** *(Aufschrift auf Toilettentüren)* "hommes"
⑤ *(Herrscher, Dienstherr)* seigneur *m*; *(Gebieter, Hundehalter)* maître *m*; **der** [**gnädige**] **~ Monsieur**; **der ~ des Hauses** le maître de maison; **der junge ~** *form* le jeune maître; **~ über jdn/etw sein** être le souverain de qn/qc; **jdn zum ~en über etw machen** mettre qn à la tête de qc
⑥ REL *(Gott)* **Gott der ~** le Seigneur; **~, wir bitten dich ...** Seigneur, nous te supplions ...; **~ des Himmels!** Dieu du ciel!; **ein großer Jäger vor dem ~n sein** *hum* être un grand chasseur devant l'Éternel *(fam)*
▶ **mein ~ und Gebieter** [*o* **Meister**] *hum* mon seigneur et maître *(hum)*; **wie der ~, so's Geschherr!** *Spr. (Eltern und Kinder betreffend)* tel père, tel fils; *(Vorgesetzte und Untergebene betreffend)* tel maître, tel valet; **~ der Lage sein/bleiben** être/rester maître de la situation; **aus aller ~en Länder**[**n**] *geh* des quatre coins du monde; **~ über Leben und Tod sein** avoir droit de vie et de mort; **die ~ in der Schöpfung** *hum* ces messieurs du sexe fort *(hum)*; **nicht mehr ~ seiner Sinne sein** ne plus se maîtriser; **sein/ihr alter ~** *hum fam* son paternel *(fam)*; **sein eigener ~ sein** être son propre maître; **den großen ~ spielen** faire le grand seigneur; **man kann nicht** [*o* **niemand kann**] **zwei ~en dienen** *Spr.* nul ne peut servir deux maîtres [à la fois]; **nicht ~ über jdn werden** ne pas venir à bout de qn

Herrchen <-s, -> *nt fam* maître *m*; **gib ~ das Stöckchen!** allez, donne le bâton!

Herrenabend *m* soirée *f* entre hommes **Herrenartikel** *m* article *m* pour hommes **Herrenausstatter** <-s, -> *m* boutique *f* prêt à porter pour hommes **Herrenbegleitung** *f geh* cavalier *m* (*soutenu*); **in ~** en galante compagnie **Herrenbekanntschaft** *f* connaissance *f* [masculine]; **eine ~ machen** rencontrer un homme **Herrenbekleidung** *f* prêt-à-porter *m* [*o* confection *f*] pour hommes **Herrenbesuch** *m* visite *f* masculine **Herrendoppel** *nt* TENNIS double *m* messieurs **Herreneinzel** *nt* TENNIS simple *m* messieurs **Herrenfahrrad** *nt* vélo *m* pour hommes **Herrenfriseur** [-frizøːɐ̯, -frizøːzə] *m*, **-friseuse** *f* coiffeur(-euse) *m(f)* pour hommes **Herrengesellschaft** *f* réunion *f* entre hommes; **in ~** en galante compagnie **Herrenhaus** *nt* maison *f* de maîtres **herrenlos** *Adj* abandonné(e)
Herrenmode *f* mode *f* masculine **Herrenpartie** *f* partie *f* entre hommes **Herrenpilz** *m* A cèpe *m* **Herrenrunde** *f* réunion *f* entre hommes **Herrensalon** *m* salon *m* pour hommes **Herrensauna** *f* sauna *f* pour hommes **Herrenschneider(in)** *m(f)* tailleur *m* pour hommes **Herrenschuh** *m* chaussure *f* pour homme **Herrensitz** *m* domaine *m* **Herrentoilette** [-toalɛtə] *f* toilettes *fpl* pour hommes **Herrenwitz** *m* blague *f* salace **Herrenzeitschrift** *f* magazine *m* pour hommes **Herrenzimmer** *nt* fumoir *m*

Herrgott *m* SDEUTSCH, A *fam* **der/unser ~** le/notre Seigneur
▶ **~** [**noch mal**]**!** *fam* sacredieu! *(fam)*
Herrgottsfrüh[**e**] ▶**in aller ~** *fam* aux aurores **Herrgottsschnitzer(in)** *m(f)* SDEUTSCH, A statuaire *m (surtout spécialisé dans les sculptures religieuses)* **Herrgottswinkel** *m* SDEUTSCH, A autel *m* [domestique]

her|richten I. *tr V* ① *(vorbereiten)* faire *Bett, Zimmer*; mettre *Tisch*; **jdm** [*o* **für jdn**] **das Essen ~** préparer le repas pour qn
② *(ausbessern)* **etw ~** remettre qc en état
II. *r V* DIAL **sich ~** se préparer

Herrin ['hɛrɪn] <-, -nen> *f (Herrscherin)* souveraine *f*; *(Gebieterin, Hundehalterin)* maîtresse *f*; **~ über jdn/etw sein** être la souveraine de qn/qc

herrisch I. *Adj* autoritaire
II. *Adv* de façon impérieuse

herrje, herrjemine [hɛr'jeːmine] *Interj* mon Dieu!

herrlich I. *Adj* ① *(prächtig)* magnifique
② *(köstlich) Essen, Witz* excellent(e); **es gibt nichts Herrlicheres als ...** il n'y a rien de mieux que ...
③ *iron* bon(ne) *antéposé*; **das sind ja ~e Geschichten/Neuigkeiten!** en voilà des [bonnes] histoires/nouvelles!; **das ist ja ~!** c'est vraiment réussi!
II. *Adv* ① *sich amüsieren* drôlement [bien]
② **~ schmecken** être délicieux(-euse)

Herrlichkeit <-, -en> *f* ① *(Pracht, prächtiger Gegenstand)* splendeur *f*
② REL **die ~ Gottes** la gloire de Dieu
▶ **ist das die ganze ~?** *iron* c'est tout?

Herrschaft <-, -en> *f* ① *kein Pl (Macht)* pouvoir *m*; **eine totalitäre ~** un régime totalitaire; **die absolute** [*o* **uneingeschränkte**] **~** les pleins pouvoirs; **zur ~ gelangen** [*o* **kommen**] arriver au pouvoir; **unter seiner/ihrer ~** sous sa domination
② *(Kontrolle)* **die ~ über sich** *(Akk)* **verlieren** ne plus se dominer; **die ~ über ein Fahrzeug verlieren** perdre le contrôle d'un véhicule
③ *Pl (Damen und Herren)* **die ~en** ces Messieurs [et ces] Dames; **meine ~en!** Mesdames et Messieurs!; **was wünschen die ~en?** que souhaitent Monsieur et Madame?
▶ **seine/ihre alten ~en** *hum fam* ses vieux *(hum fam)*

herrschaftlich *Adj Park* majestueux(-euse); **eine ~e Villa** une maison de maître; **ein ~es Anwesen** un domaine

Herrschaftsanspruch *m* prétention *f* au pouvoir **Herrschaftsbereich** *m* souveraineté *f*

herrschen ['hɛrʃən] I. *itr V* ① *(regieren)* régner; **über jdn/etw ~** régner sur qn/qc
② *(allgegenwärtig sein) Ausnahmezustand, Terror:* régner; *Hunger, Not:* sévir
II. *itr V unpers* **es herrscht Ruhe** le calme règne; **es herrscht lebhafter Verkehr** il y a une circulation dense; **es herrscht Unklarheit darüber, wann/wer ...** il subsiste une incertitude sur le point de savoir quand/qui ..; **es herrscht Ungewissheit darüber, ob ...** il plane une incertitude quant à savoir si ...

herrschend *Adj* ① *(regierend)* au pouvoir; **die Herrschenden** les dirigeants *mpl*
② *(gültig) Meinungen* régnant(e); *Verhältnisse* présent(e)

Herrscher(in) <-s, -> *m(f)* souverain(e) *m(f)*; **absolutistischer ~** monarque *m*; **~ über jdn/etw** maître *m* de qn/qc

Herrschergeschlecht *nt*, **Herrscherhaus** *nt* dynastie *f* régnante

Herrschsucht *f* despotisme *m*

herrschsüchtig *Adj* despotique

her|rufen *tr V unreg* appeler; **jdn** [**zu sich**] **~** appeler qn; **etw hinter jdm ~** crier qc à qn; **alle möglichen Schimpfnamen hinter jdm ~** traiter qn de tous les noms

her|rühren *itr V geh* **von etw ~** [pro]venir de qc

her|sagen *tr V* réciter

her|schauen SDEUTSCH *s.* hersehen

her|schicken *tr V* ① envoyer par ici; **jdn/etw ~** envoyer qn/qc par ici
② *(hinterherschicken)* **jdn hinter jdm ~** envoyer qn à la suite de qn

her|sehen *itr V unreg* ① regarder par ici; **zu jdm ~** regarder en [*o* dans la] direction de qn; **sieh her!** regarde!
② *(hinterhersehen)* **hinter jdm/etw ~** suivre qn/qc des yeux

her|seinALT *s.* her ②, ③

her|stammen *itr V* ① *(gebürtig sein)* **wo stammst du her?** tu es originaire d'où?
② *(herrühren)* **wo stammt diese Narbe her?** d'où provient cette cicatrice?
③ *(herkommen)* **wo stammt sein Besitz her?** d'où viennent ses biens?

her|stellen *tr V* ① *(erzeugen)* fabriquer
② *(zustande bringen)* établir *Beziehung, Verbindung*

Hersteller(in) <-s, -> *m(f)* ① *(Produzent)* fabricant(e) *m(f)*
② *(Zeitschriftenhersteller, Buchhersteller)* responsable *mf* de la fabrication

Herstellerfirma *f* usine *f* de fabrication **Herstellerpreis** *m* prix *m* à la production

Herstellung *f kein Pl* ① fabrication *f*
② *(Abteilung)* fabrication *f*
③ *(das Herstellen) von Beziehungen, Verbindungen* instauration *f*

Herstellungskosten *Pl* frais *mpl* de production **Herstellungsland** *nt* pays *m* producteur

her|tragen *tr V unreg* ① *(herbeitragen)* porter par ici; **etw ~** porter qc par ici ② *(tragen)* **vor jdm neben/hinter jdm ~** accompagner/suivre qn en portant qc **her|trauen** *r V* **sich ~** oser s'approcher; **sich zu jdm ~** oser s'approcher de qn; *(sich zu jdm nach Hause wagen)* oser venir chez qn

Hertz [hɛrts] <-, -> *nt* hertz *m*

herüben [hɛˈryːbən] *Adv* SDEUTSCH, A de ce côté-ci

herüber [hɛˈryːbɐ] *Adv* de ce côté-ci

herüber|bitten *tr V unreg* **jdn ~** prier qn de venir par ici; **jdn zu sich ~** prier qn de venir vers soi **herüber|bringen** *tr V unreg* amener *Person;* apporter *Gegenstand;* **jdn/etw zu jdm ~** amener qn/apporter qc à qn **herüber|dürfen** *itr V unreg* avoir le droit de venir par ici; **zu jdm ~** avoir le droit de rejoindre qn **herüber|fahren** *unreg* I. *itr V + sein* venir de l'autre côté; **zu jdm ~** rejoindre qn de l'autre côté II. *tr V + haben* **jdn/etw ~** conduire qn/qc de l'autre

côté **herüber|geben** *tr V unreg* passer; **jdm etw ~** passer qc à qn
herüber|holen *tr V* aller chercher *Person;* attraper *Gegenstand;* **jdn/etw [zu sich] ~** aller chercher qn/attraper qc **herüber|kommen** *itr V unreg + sein* venir par ici; *(in ein anderes Land)* passer la frontière; **zu jdm ~** venir vers qn; **Paul sah Anne ~** Paul voyait Anne s'approcher **herüber|können** *itr V unreg* pouvoir traverser **herüber|lassen** *tr V unreg* laisser passer; **jdn ~** laisser passer qn; *(in ein anderes Land)* laisser qn passer la frontière **herüber|laufen** *itr V unreg + sein* venir par ici; **zu jdm ~** venir vers qn **herüber|reichen** I. *s.* **herübergeben** II. *itr V Seil:* arriver jusqu'ici; **bis zu jdm ~** atteindre qn; **über etw** *(Akk)* **~** *Ast:* passer par-dessus qc **herüber|retten** *s.* **hinüberretten herüber|schicken** *tr V* envoyer par ici; **jdn/etw ~** envoyer qn/qc par ici **herüber|schwimmen** *itr V unreg + sein* nager par ici [o de l'autre côté]; **zu jdm ~** rejoindre qn à la nage; **über etw** *(Akk)* **~** traverser qc à la nage **herüber|sehen** *itr V unreg* regarder par ici; **zu jdm ~** regarder en [o dans la] direction de qn **herüber|werfen** *tr V unreg* lancer [o jeter] par ici; **etw ~** lancer [o jeter] qc par ici; **etw zu jdm ~** lancer [o jeter] qc à qn **herüber|wollen** *itr V unreg fam* vouloir venir par ici; **zu jdm ~** vouloir venir vers qn; **über einen Fluss ~** vouloir traverser une rivière; **viele wollen zu uns herüber** beaucoup de gens veulent venir chez nous **herüber|ziehen** *tr V unreg* ❶ tirer par ici; **jdn/etw ~** tirer qn/qc par ici; **jdn/etw zu sich ~** tirer qn/qc vers soi; **jdn/etw über das Gelände ~** tirer qn/qc par-dessus le terrain ❷ *(umziehen)* déménager
herum [hɛˈrʊm] *Adv* ❶ **um jdn ~ sein** être sur le dos de qn; **um jdn/etw ~** autour de qn/qc
❷ *(ungefähr)* **um die hundert Leute/um drei Uhr ~** aux environs de cent personnes/trois heures
❸ *(vorüber, beendet)* **~ sein** *Film, Veranstaltung, Prüfung:* être fini(e); *Zeit:* être écoulé(e)
❹ *(bekannt geworden)* **~ sein** *Gerücht, Neuigkeit:* avoir fait le tour *(fam)*
herum|albern *itr V* faire le pitre; **das Herumalbern** les pitreries
herum|ärgern *r V fam* **sich mit jdm/etw ~** s'embêter avec qn/qc *(fam)*
herum|bekommen* *tr V unreg* ❶ **den Lkw um die Ecke ~** réussir à prendre le tournant avec le camion; **den Gürtel nicht um den Bauch ~** ne pas réussir à boucler sa ceinture
❷ *(umstimmen)* amadouer; **vielleicht bekommst du ihn herum** tu arriveras peut-être à le faire changer d'avis
herum|blättern *itr V in etw* *(Dat)* **~** feuilleter qc
herum|brüllen *itr V fam* beugler
herum|bummeln *itr V fam* ❶ **+ haben** *(trödeln)* glander *(fam)*
❷ **+ sein** *(herumspazieren)* **in der Stadt ~** se balader en ville
herum|doktern *itr V fam* ❶ *(zu kurieren versuchen)* **an jdm/etw ~** s'essayer à soigner qn/qc
❷ *(zu reparieren versuchen)* **an etw** *(Dat)* **~** bricoler après qc *(fam)*
herum|drehen I. *tr V* ❶ *(um die Achse drehen)* tourner *Schlüssel, Propeller*
❷ *(wenden)* retourner *Braten, Decke*
II. *r V* **sich zu jdm ~** se retourner vers qn
herum|drücken I. *r V fam* ❶ *(herumlungern)* **sich auf der Straße/in Kneipen ~** traîner dans les rues/les bars *(fam)*
❷ *(sich um etw drücken)* **sich um etw ~** se défiler devant qc *(fam)*
II. *itr V* **an etw** *(Dat)* **~** tripoter qc *(fam)*
herum|drucksen *itr V fam* tourner autour du pot *(fam)*
herum|erzählen* *tr V* raconter à droite et à gauche; **etw [überall] ~** raconter qc à droite et à gauche
herum|fahren *unreg* I. *itr V* ❶ **+ sein** *fam (umherfahren)* **in der Stadt ~** faire un tour en ville
❷ **+ sein** *(umkreisen)* **um jdn/etw ~** tourner autour de qn/qc
❸ **+ sein** *(sich rasch umdrehen)* faire volte-face
❹ **+ haben** *o* **sein** *fam (wischen)* **sich mit der Hand im Gesicht ~** se passer la main sur le visage
II. *tr V* **+ haben jdn ~** faire faire un tour [en voiture] à qn
herum|flegeln *r V pej fam* **sich ~** se vautrer; **sich auf dem Sofa/bei Freunden ~** se vautrer sur le canapé/chez des amis
herum|fragen *itr V fam* demander autour de soi; **bei den Leuten ~** demander aux personnes autour de soi
herum|fuchteln *itr V fam* gigoter *(fam)*; **mit einem Stock ~** agiter un bâton dans tous les sens
herum|führen I. *tr V* ❶ *(durch die Gegend führen)* faire faire un tour à; **jdn in der Stadt ~** faire faire le tour de la ville à qn; **jdn überall ~** emmener qn partout; **jdn im Schloss ~ lassen** se laisser guider dans le château; **von jdm herumgeführt werden** être guidé(e) par qn
❷ *(verlaufen lassen)* **eine Straße um etw ~** faire passer une route autour de qc; **um die Stadt herumgeführt werden** *Straße:* contourner la ville
II. *itr V* **um etw ~** contourner qc
herum|fuhrwerken *itr V fam* trafiquer *(fam)*; **an etw** *(Dat)* **~** tra-

fiquer qc; **mit etw ~** manier qc [sans précaution]
herum|fummeln *itr V fam* ❶ *(herumbasteln an)* **an etw** *(Dat)* **~** bricoler après qc *(fam)*
❷ *(herummachen)* **an jdm/etw ~** tripoter qn/qc *(fam)*; *(in sexueller Absicht)* peloter qn/qc *(fam)*
herum|geben *tr V unreg* faire passer
herum|gehen *itr V unreg + sein* ❶ *(umkreisen)* **um jdn/etw ~** faire le tour de qn/qc
❷ *fam (umhergehen)* **im Zimmer ~** faire les cent pas dans la pièce; **im Park ~** faire un tour dans le parc
❸ *fam (herumgereicht werden) Liste, Buch:* circuler; **etw ~ lassen** faire circuler qc
❹ *fam (kursieren) Gerücht:* courir; *Nachricht:* se propager
❺ *fam (vorübergehen)* prendre fin
herum|geistern [-ɡaɪstɐn] *itr V + sein fam* ❶ *(ziellos umhergehen)* errer; **in der Wohnung ~** errer dans l'appartement
❷ *s.* **herumspuken**
herum|hacken *itr V fam* **auf jdm ~** s'acharner après qn *(fam)*
herum|hängen *itr V unreg + sein fam* ❶ traîner
❷ *(untätig sein)* glander *(fam)*; **vor dem Fernseher ~** rester pendu(e) devant la télé *(fam)*
herum|horchen *itr V fam* demander autour de soi; **bei den Nachbarn/in der Schule ~** se renseigner auprès des voisins/à l'école
herum|huren *itr V sl* baiser à droite et à gauche *(fam)*
herum|irren *itr V + sein fam* tourner en rond; **in der Stadt ~** tourner en rond dans la ville
herum|kommandieren* *fam itr V* mener à la baguette *(fam) Person;* **jdn ~** mener qn à la baguette
II. *itr V* **[gern] ~** [aimer] jouer au petit chef *(fam)*
herum|kommen *itr V unreg + sein fam* ❶ *(umfahren können)* pouvoir contourner; **mit etw um etw ~** pouvoir contourner qc avec qc
❷ *(daherkommen)* **mit dem Wagen um die Ecke ~** tourner au coin de la rue en voiture
❸ *(vermeiden können)* **um Steuererhöhungen ~** pouvoir éviter une augmentation des impôts; **darum ~ etw zu tun** pouvoir éviter de faire qc
❹ *(reisen)* **viel ~** voyager beaucoup; **viel in Europa ~** voyager beaucoup en Europe; **weit herumgekommen sein** avoir vu du pays
herum|krebsen *itr V fam* galérer *(fam)*
herum|kriegen *s.* **herumbekommen**
herum|kutschieren* *tr V fam* trimbal[l]er en voiture *(fam)*; **jdn in der Stadt ~** trimbal[l]er qn en voiture en ville
herum|laufen *itr V unreg + sein* ❶ **um einen Baum/eine Statue ~** courir autour d'un arbre/d'une statue; **um einen Platz ~** faire le tour d'une place
❷ *fam (umherlaufen)* se trimbal[l]er *(fam)*; **in alten Klamotten ~** porter toujours des vieilles fringues *(fam)*; **so kannst du nicht ~ tu** ne peux pas te trimbal[l]er comme ça *(fam)*
herum|liegen *itr V unreg fam* ❶ *Person:* être vautré(e); **auf dem Bett ~** *Person:* être vautré(e) sur le lit
❷ *(verstreut liegen) Gegenstand:* traîner; **überall liegt Abfall herum** il y a des ordures partout; **etw ~ lassen** laisser traîner qc
herum|lungern [-lʊŋɐn] *itr V sl* glander *(fam)*
herum|machen *fam* I. *itr V* **an etw** *(Dat)* **~** tripoter qc *(fam)*
II. *tr V* **die Schleife um etw ~** mettre un nœud autour de qc
herum|mäkeln *itr V* **an etw/jdm ~** dénigrer qc/qn
herum|nörgeln *itr V fam* rouspéter *(fam)*; **an jdm/etw ~** rouspéter contre qn/qc
herum|quälen *r V fam* **sich mit jdm/etw ~** s'embêter avec qn/qc *(fam)*
herum|rätseln *itr V fam* faire des suppositions; **an etw** *(Dat)* **~** faire des suppositions au sujet de qc; **es wird viel herumgerätselt** on se perd en conjectures
herum|reden *itr V fam* tourner autour du pot *(fam)*
herum|reichen *tr V* ❶ *s.* **herumgeben**
❷ *fam* **jdn ~** présenter qn autour de soi; **jdn auf einer Party ~** présenter qn à une fête
herum|reisen *itr V + sein* voyager; **in der Welt/in Ägypten ~** courir le monde/parcourir l'Égypte [en tout sens]
herum|reißen *tr V unreg* **das Lenkrad** [o **Steuer**] **~** donner un coup de volant; **das Ruder ~** virer de bord
herum|reiten *itr V unreg + sein* ❶ **um etw ~** contourner qc [à cheval]
❷ *fam (umherreiten)* **in der Gegend ~** faire un tour à cheval dans les environs
❸ *sl (herumhacken)* **auf etw** *(Dat)* **~** remettre qc sur le tapis *(fam)*
herum|rennen *itr V unreg + sein* ❶ **um etw ~** courir autour de qc
❷ *fam (umherrennen)* courir dans tous les sens; **in der Stadt ~** courir partout à travers la ville; **in der Wohnung ~** tourner comme un ours en cage dans le logement
❸ *s.* **herumlaufen** ❷

herum|scharwenzeln* itr V + sein pej fam um jdn ~ lécher les bottes à qn
herum|schlagen unreg I. tr V Papier um etw ~ envelopper qc avec du papier
II. r V fam sich mit jdm/etw ~ se débattre avec qn/contre qc
herum|schleppen tr V fam ❶ trimbal[l]er (fam); etw mit sich ~ trimbal[l]er qc avec soi
❷ (nicht loswerden) eine Erkältung mit sich ~ se trimbal[l]er un rhume (fam); ein Problem mit sich ~ être tracassé(e) par un problème
herum|schnüffeln itr V ❶ (riechen) Person, Tier: renifler; an etw (Dat) ~ Person, Tier: renifler qc
❷ pej fam (spionieren) fouiner (fam)
herum|schreien itr V unreg fam gueuler (fam)
herum|sein^ALT s. herum ❶, ❸, ❹
herum|sitzen itr V unreg + sein ❶ um jdn/etw ~ être assis(es) autour de qn/qc
❷ fam (dasitzen) [nur] ~ rester là à ne rien faire
herum|sprechen r V unreg sich ~ se répandre; sich bei jdm ~ parvenir aux oreilles de qn; es hat sich herumgesprochen, dass la nouvelle s'est répandue que + indic
herum|spuken itr V fam jdm im Kopf ~ tourincoter dans la cervelle de qn (fam)
herum|stehen itr V unreg + sein ❶ um jdn/etw ~ entourer qn/qc
❷ fam (dastehen) Person: rester planté(e) (fam); Gegenstand: être là
herum|stöbern itr V fam ❶ (wahllos stöbern) farfouiller (fam)
❷ s. herumschnüffeln ❷
herum|stochern itr V fam im Essen ~ trifouiller dans son assiette (fam); in seinen Zähnen ~ se fourrager dans les dents (fam); in einer Mülltonne ~ fouiller dans une poubelle (fam)
herum|stoßen tr V unreg fam rejeter; herumgestoßen werden être rejeté(e) [de l'un à l'autre]
herum|streiten r V unreg fam sich mit jdm ~ se chamailler avec qn
herum|streunen itr V + sein pej traîner; ziellos [in der Stadt] ~ battre le pavé; ~ de Katzen des chats mpl errants
herum|tanzen itr V + sein fam um etw ~ danser autour de qc; im Zimmer ~ danser dans la chambre; ausgelassen ~ sauter et danser
▸ um jdn ~ danser autour de qn; fig être toujours après qn (fam)
herum|toben itr V fam ❶ + haben o sein (herumtollen) chahuter
❷ + haben (schimpfen) faire du barouf (fam)
herum|tragen tr V unreg fam ❶ (bei sich tragen) etw mit sich ~ traîner qc avec soi
❷ fig ein Problem mit sich ~ ruminer un problème
❸ (weitererzählen) colporter
herum|trampeln itr V + sein sl piétiner; auf dem Teppich ~ piétiner le tapis
▸ auf jdm/etw ~ s'acharner sur qn/piétiner qc
herum|treiben r V unreg pej fam sich ~ traînasser (péj fam); sich mit jdm/in der Stadt ~ traînasser avec qn/en ville
Herumtreiber(in) <-s, -> m(f) pej fam noceur(-euse) m(f) (fam)
herum|trödeln itr V fam traînasser (fam)
herum|turnen itr V + sein fam faire des acrobaties
herum|werfen unreg I. tr V ❶ fam (umherstreuen) éparpiller; etw im Zimmer ~ éparpiller qc à travers la pièce
❷ (herumreißen) tourner Hebel; das Lenkrad [o Steuer] ~ donner un coup de volant; das Ruder ~ virer de bord
II. r V sich auf dem Sofa/im Bett ~ se tourner et se retourner sur le canapé/au lit
herum|wickeln tr V eine Schnur um etw ~ enrouler une corde autour de qc; Packpapier um einen Karton ~ envelopper un carton dans du papier kraft
herum|wühlen itr V ❶ in der Erde ~ fouiller dans la terre
❷ fam (herumstöbern) im Schrank ~ farfouiller dans l'armoire (fam)
herum|zeigen tr V fam montrer à la ronde Gegenstand; etw ~ montrer qc à la ronde
herum|ziehen unreg I. itr V + sein ❶ (umkreisen) um etw ~ Demonstranten, Prozession: défiler autour de qc
❷ fam (von Ort zu Ort ziehen) mit jdm/etw ~ vagabonder avec qn/qc; in Spanien (Dat) ~ sillonner l'Espagne
II. r V + haben sich um etw ~ Graben, Hecke, Mauer: entourer qc
herunten [hɛˈrʊntən] Adv SDEUTSCH, A [ici] en bas
herunter [hɛˈrʊntɐ] Adv ❶ bis auf die Erde ~ jusqu'au sol; von Hamburg ~ de Hambourg; ~ mit den Waffen! bas les armes!; ~ mit dem Hut! enlève ton/enlevez votre chapeau!; ~ mit ihm! à bas lui!
❷ fam (heruntergeklettert) von etw ~ sein être descendu(e) de qc
❸ fam (heruntergelassen) ~ sein Autofenster, Rollladen: être baissé(e)
❹ fam (gesunken) ~ sein Preis: avoir baissé; Fieber: être tombé(e); Übergewicht: avoir fondu
II. Präp + Akk den Berg/Turm ~ geht es leichter als hinauf pour descendre de la montagne/la tour, c'est plus facile que pour monter
herunter|bekommen* tr V unreg ❶ (transportieren können) arriver à descendre
❷ (entfernen können) arriver à enlever [o retirer]
❸ (schlucken können) arriver à avaler; keinen Bissen mehr ~ ne plus pouvoir rien avaler
herunter|brennen itr V unreg ❶ + sein (völlig abbrennen) Feuer, Kerze: se consumer; Haus: être réduit(e) en cendres
❷ + haben (scheinen) die Sonne brennt auf jdn/die Wüste herunter un soleil brûlant s'abat sur qn/le désert
herunter|bringen tr V unreg ❶ (nach unten bringen) descendre
❷ s. herunterbekommen ❸
herunter|drehen tr V fam etw ~ Heizung baisser qc
herunter|drücken tr V ❶ (nach unten drücken) appuyer sur Hebel, Pedal; abaisser Türklinke
❷ (drosseln) faire baisser Löhne, Preise
herunter|fahren unreg I. itr V + sein descendre; zu jdm ~ descendre vers qn; die Straße heruntergefahren kommen arriver en descendant la rue; den Berg ~ descendre la montagne
II. tr V + haben ❶ (transportieren) descendre
❷ (drosseln) réduire Produktion, Werbung
herunter|fallen itr V unreg + sein tomber; von etw ~ tomber de qc; mir ist der Hammer heruntergefallen le marteau m'est tombé des mains
herunter|geben tr V unreg donner; [jdm] etw ~ donner qc [à qn]
herunter|gehen tr, itr V unreg + sein ❶ descendre
❷ (sich wegbewegen) vom Teppich/von der Decke ~ se pousser du tapis/de la couverture; von der Mauer ~ descendre du mur
❸ (sinken) baisser; Währung: tomber; auf 20°C/um 3°C ~ Temperatur: descendre à 20°C/baisser de 3°C
❹ (die Flughöhe ändern) auf tausend Meter ~ Pilot, Flugzeug: descendre à mille mètres
❺ (reduzieren) mit seiner Forderung ~ revenir sur sa revendication; mit dem Preis/Tempo ~ réduire le prix/la vitesse
heruntergekommen Adj pej Person, Aussehen, Erscheinung négligé(e); Fassade, Haus, Wohnung délabré(e)
herunter|handeln tr V fam den Preis ~ marchander le prix à la baisse
herunter|hängen itr V unreg pendre; von etw/auf etw (Akk) ~ pendre de qc/sur qc; die Haare hängen ihr herunter elle a les cheveux qui pendent
herunter|hauen tr V unreg fam jdm eine ~ en flanquer une à qn (fam); eine heruntergehauen bekommen s'en prendre une de qn (fam)
herunter|holen tr V ❶ (nach unten holen) descendre; die Fahne ~ baisser les couleurs
❷ fam (abschießen) descendre (fam) Flugzeug
▸ sich (Dat) einen ~ vulg se branler (fam)
herunter|klappen tr V rabattre; sich ~ lassen se rabattre, être rabattable [o escamotable]
herunter|klettern itr V + sein descendre; von etw ~ descendre de qc
herunter|kommen tr, itr V unreg + sein ❶ (hintersteigen) descendre; die Treppe ~ descendre les escaliers; zu jdm ~ descendre vers qn; zu jdm in den Keller ~ descendre rejoindre qn à la cave
❷ fam (verwahrlosen) Person: sombrer dans la déchéance; Fassade, Haus, Wohnung: tomber en ruines (fam); immer weiter ~ Person: tomber de plus en plus bas; sie sieht völlig heruntergekommen aus elle a l'air d'être au bout du rouleau (fam)
❸ fam (wegkommen) von einer schlechten Note ~ décoller d'une mauvaise note; vom Alkohol/Heroin ~ décrocher de l'alcool/de l'héroïne (fam)
herunter|können itr V unreg fam pouvoir [re]descendre; kannst du zu uns herunter? tu peux descendre nous rejoindre?
herunter|kriegen s. herunterbekommen
herunter|kurbeln tr V [a]baisser [à la manivelle] Fenster; das Fenster ~ [a]baisser la vitre [à la manivelle]; mit heruntergekurbeltem Fenster la vitre abaissée
herunterladbar Adj INFORM téléchargeable
herunter|laden tr V unreg INFORM télécharger; das Herunterladen le téléchargement
herunter|lassen unreg I. tr V ❶ (abseilen) faire descendre; jdn/etw an einem Seil ~ faire descendre qn/qc le long d'une corde
❷ (nach unten lassen) baisser Rollladen
II. r V sich an einem Seil ~ se laisser glisser le long d'une corde
herunter|leiern tr V fam pej débiter
herunter|machen tr V fam ❶ (schlechtmachen) débiner (fam)
❷ (zurechtweisen) engueuler (fam)
herunter|müssen itr V unreg devoir descendre
herunter|nehmen tr V unreg ❶ descendre; etw vom Schrank ~

descendre qc de l'armoire
❷ *(wegnehmen)* **etw vom Tisch ~** enlever qc de la table
❸ *fig* **jdn von der Schule ~** retirer qn de l'école
herunter|putzen *s.* **heruntermachen** ❷
herunter|rasseln *tr V fam* réciter [d'un trait]; **etw ~** réciter qc [d'un trait]
herunter|reichen I. *s.* **heruntergeben**
II. *itr V* **ganz ~** *Zweig:* pencher jusqu'en bas; *Seil:* descendre jusqu'en bas; **bis zu jdm/etw ~** *Zweig:* pencher jusqu'à qn/qc; *Seil:* descendre jusqu'à qn/qc
herunter|reißen *tr V unreg* ❶ *(abreißen)* arracher
❷ *sl (hinter sich bringen)* tirer *(fam) Dienstzeit, Wehrdienst;* purger *(fam) Strafe*
herunter|schalten *itr V* rétrograder; **in den zweiten Gang ~** rétrograder en seconde
herunter|schießen *tr V unreg* **einen Vogel von etw ~** tirer un oiseau sur qc; **ein Flugzeug mit etw ~** abattre un avion avec qc
herunter|schlucken *s.* **hinunterschlucken**
herunter|schrauben *tr V* ❶ *s.* **abschrauben**
❷ *(reduzieren)* réduire *Ansprüche, Anforderungen*
herunter|sehen *itr V unreg* ❶ *(herabsehen)* regarder en bas; **zu jdm ~** regarder en bas vers qn
❷ *(mustern)* **an jdm ~** regarder qn de la tête aux pieds
❸ *(verachten) s.* **herabsehen**
herunter|sein[ALT] *s.* **herunter** ❷, ❸, ❹
herunter|spielen *tr V* minimiser *Problem*
herunter|steigen *itr V unreg + sein* descendre; **von etw ~** descendre de qc
herunter|stufen *tr V Vorgesetzter, Firma:* rétrograder; *Versicherung:* faire passer dans une tranche inférieure; **jdn ~** *Versicherung:* faire passer qn dans une tranche inférieure
herunter|stürzen I. *itr V + sein* ❶ tomber; **von etw ~** tomber de qc
❷ *(heruntereilen)* **die Treppen/Stufen ~** se précipiter en bas de l'escalier/des marches
II. *tr V* ❶ *+ haben* précipiter *Person;* renverser *Gegenstand;* **ein Standbild vom Sockel ~** déboulonner une statue [de son socle]
❷ *fam (hastig schlucken)* **etw ~** siffler qc en vitesse
III. *r V + haben* **sich ~** se jeter dans le vide; **sich von etw ~** se jeter de qc [dans le vide]
herunter|werfen *tr V unreg* jeter en bas; **etw von etw ~** jeter qc en bas de qc; **etw zu jdm ~** lancer qc à qn
herunter|wirtschaften *tr V pej fam* couler *(fam)*
herunter|wollen *itr V fam* vouloir descendre; **von etw/zu jdm ~** vouloir descendre de qc/vers qn
hervor [hɛɐ'foːɐ] *Interj* **~ mit dir/euch!** *geh* montre-toi/montrez-vous!
hervor|bringen *tr V unreg Land, Stadt:* donner naissance à; *Epoche:* produire; **jdn/etw ~** *Land, Stadt:* donner naissance à qn/qc; *Epoche:* produire qn/qc
hervor|gehen *itr V unreg + sein* ❶ *geh (entstammen)* **aus einer Ehe/Verbindung ~** être issu(e) [*o* né(e)] d'un mariage/d'une union
❷ *(sich ergeben, zu folgern sein)* **aus etw ~** ressortir de qc; **daraus geht hervor, dass** il en ressort que *+ indic;* **daraus geht hervor, wann/wer ...** cela permet de savoir quand/qui ...
hervor|gucken *itr V fam (vorher etw ODER) ~ Person:* regarder par-dessous; *Unterrock, Gegenstand:* dépasser de qc
hervor|heben *tr V unreg* ❶ *(betonen)* souligner; **~, warum/wie ...** faire ressortir pourquoi/comment ... *+ indic*
❷ *(kennzeichnen)* **etw in einem Text ~** faire ressortir qc dans un texte; **hervorgehoben werden** être mis(e) en évidence
hervor|holen *tr V* sortir; **etw aus etw ~** sortir qc de qc
hervor|kehren *s.* **herauskehren**
hervor|kommen *itr V unreg + sein* apparaître; **hinter etw (Dat) ~** sortir de derrière qc
hervor|locken *tr V* attirer; **jdn/ein Tier unter dem Tisch ~** attirer qn/un animal de dessous la table
hervor|ragen *itr V* ❶ *Körperteil, Erker:* faire saillie; *Felsen:* être en surplomb; *Findling:* pointer; **aus der Fassade ~** dépasser de la façade
❷ *(sich auszeichnen)* **durch etw ~** se distinguer par qc
hervorragend I. *Adj* excellent(e); *Kunstwerk* remarquable
II. *Adv* à la perfection
hervor|rufen *tr V unreg* **bei jdm Bewunderung/Mitleid ~** susciter de l'admiration/la compassion chez qn
hervor|schauen SDEUTSCH *s.* **hervorgucken**
hervor|springen *itr V unreg + sein* ❶ *(springen)* surgir; **hinter etw (Dat) ~** bondir de derrière qc
❷ *s.* **hervorragen** ❶
hervor|treten *itr V unreg + sein* ❶ *(nach vorne treten)* s'avancer; **hinter etw (Dat) ~** s'avancer de derrière qc
❷ *(sich abzeichnen) Wangenknochen, Adern:* ressortir

❸ *(deutlich werden) Ähnlichkeit, Unterschied:* apparaître; **klar ~** sauter aux yeux
❹ *(in Erscheinung treten)* **als Maler/Komponist ~** se distinguer en tant que peintre/compositeur
hervor|tun *r V unreg fam* ❶ *(sich auszeichnen)* **sich ~** se faire remarquer; **sich mit etw ~** se faire remarquer par qc
❷ *(wichtigtun)* **sich ~** faire la vedette *(fam)*
hervor|wagen *r V* **sich ~** oser se montrer; **sich hinter etw (Dat) ~** oser sortir de qc
hervor|zaubern *tr V* **etw aus seinem Zylinder ~** tirer qc de son chapeau [comme par magie]
hervor|ziehen *tr V unreg* [re]tirer; **etw hinter der Kommode ~** *(Dat)* [re]tirer qc de derrière la commode
her|wagen *r V* **sich ~** oser se montrer
Herweg *m* trajet *m* [pour venir]; **auf dem ~** en venant
Herz [hɛrts] <-ens, -en> *nt* ❶ cœur *m;* **jdn an sein ~ drücken** serrer qn sur son cœur; **mir schlägt das ~ bis zum Hals** mon cœur bat la chamade; **die ~en der Männer höherschlagen lassen** faire battre le cœur des hommes
❷ *(Liebe, Zuneigung)* **jdm sein ~ schenken** donner son cœur à qn; **das ~ eines Menschen gewinnen** conquérir [*o* gagner] le cœur d'une personne; **mein ~ gehört dir** mon cœur t'appartient; **sein ~ an jdn/etw hängen** s'attacher à qn/se consacrer [*o* s'adonner] à qc; **sein ~ hängt an dieser Insel (Dat)** il est attaché à cette île; **ein ~ für Kinder/Tiere haben** avoir un faible pour les enfants/animaux
❸ *(Leidenschaft, Neigung)* **sein ~ für jdn/etw entdecken** se découvrir un penchant pour qn/qc; **ihr ~ gehört der Fliegerei** elle ne vit que pour l'aviation
❹ *(Seele, Gemüt)* **ein gutes** [*o* **weiches**] **~ haben** avoir bon cœur, avoir le cœur sur la main; **ein hartes ~ haben** avoir le cœur dur, ne pas avoir de cœur; **tief im ~en** dans le fond de son/mon/... cœur; **im innersten ~en** au fond de son/mon/... cœur; **aus tiefstem ~en** *geh* du fond du cœur
❺ *(Mitgefühl, Empfindsamkeit)* **jemand mit ~ sein** être quelqu'un qui a du cœur; **jemand ohne ~ sein** être quelqu'un sans cœur
❻ *(Zentrum, innerster Teil)* cœur *m*
❼ KARTEN cœur *m;* **~ ist Trumpf** atout cœur
▶ **das ~ auf dem** [*o* **am**] **rechten Fleck haben** avoir le cœur bien placé; **jdm rutscht** [*o* **fällt**] **das ~ in die Hose** *fam* qn se dégonfle *(fam);* **jdm lacht das ~ im Leibe** qn a le cœur en liesse; **ihm/ihr dreht sich das ~ im Leib um, ihm/ihr tut das ~ im Leibe weh** ça lui fend le cœur; **seinem ~en Luft machen** *fam* vider son sac *(fam);* **aus seinem ~en keine Mördergrube machen** ne pas faire mystère de ce qu'on pense; **jdn/etw auf ~ und Nieren prüfen** *fam* examiner qn/qc sur [*o* sous] toutes les coutures; **ein ~ und eine Seele sein** être uni(e)s comme les [deux] doigts de la main; **ein ~ aus Stein haben** avoir un cœur de pierre; **seinem ~ einen Stoß geben** se prendre par la main; **alle ~en im Sturm erobern** conquérir [*o* gagner] [tous] les cœurs; **das ~ auf der Zunge tragen** parler à cœur ouvert; **jdm wird bang ums ~** qn a le cœur serré; **von ganzem ~en** de tout cœur; **an gebrochenem ~en sterben** mourir le cœur brisé; **jdn von ~en gernhaben** aimer qn du fond du cœur; **etw von ~en gern tun** faire très volontiers qc; **leichten ~ens** de gaieté de cœur; **jdm wird leicht ums ~** qn a le cœur léger; **schweren ~ens** le cœur gros; **jdm das ~ schwer machen** peiner qn; **jdm ist das ~ schwer** qn a le cœur gros; **traurigen ~ens** le cœur gros; **[jdm] sein ~ ausschütten** ouvrir son cœur [à qn]; **alles, was das ~ begehrt** tout ce qu'on peut désirer; **ihm/ihr blutet das ~** le cœur lui saigne *(littér);* **jdm das ~ brechen** briser le cœur à qn; **etw nicht übers ~ bringen** ne pas avoir le cœur de faire qc; **jds ~ erweichen** attendrir le cœur de qn; **sich (Dat) ein ~ fassen** prendre son courage à deux mains; **jdm zu ~en gehen** fendre le cœur à qn; **etwas auf dem ~en haben** avoir quelque chose sur le cœur; **haben Sie doch ein ~!** écoutez votre cœur!; **von ~en kommen** venir du cœur *(fam);* **jdm etw ans ~ legen** confier expressément qc à qn; **jdm ans ~ legen etw zu tun** recommander instamment à qn de faire qc; **jdm liegt etw am ~en** qc tient à cœur à qn; **sich (Dat) etw zu ~en nehmen** prendre qc à cœur; **jdn in sein ~ schließen** faire à qn une place dans son cœur; **jdm ins ~ schneiden** fendre le cœur à qn; **jdm aus dem ~en sprechen** dire tout haut ce que qn pense tout bas; **sein ~ sprechen lassen** laisser parler son cœur; **jdm ans ~ wachsen** gagner le cœur de qn; **es zerreißt ihm/ihr das ~** cela lui brise le cœur
herzallerliebst *Adj geh Schatz* bien-aimé(e) *(soutenu)* **Herzallerliebste(r)** *f(m) dekl wie Adj geh* bien-aimé(e) *m(f)* **Herzanfall** *m* crise *f* cardiaque **Herzbeschwerden** *Pl* troubles *mpl* cardiaques **herzbewegend** *s.* **herzerweichend** **Herzblatt** *nt* ❶ HORT feuille *f* séminale ❷ *fam (Liebling)* [petit] chou *m (fam)* **Herzblut** *nt* ▶ **er gäbe sein ~ für sie hin** *poet* il donnerait son sang pour elle; **etw mit** [**seinem**] **~ schreiben** écrire qc avec tout

son cœur **Herzbube** *m* KARTEN valet *m* de cœur
Herzchen <-s, -> *nt fam* petit cœur *m fam*
Herzchirurg(in) *m(f)* chirurgien-cardiologue *m*/chirurgienne-cardiologue *f* **Herzchirurgie** *f* chirurgie *f* du cœur **Herzdame** *f* KARTEN *a. fig* dame *f* de cœur
her|zeigen *tr V* montrer; **etw ~** montrer qc
herzen ['hɛrtsən] *tr V geh* cajoler
Herzensangelegenheit *f* ① *(wichtiges Anliegen)* affaire *f* personnelle; **das ist ihr/mir eine ~** cela lui/me tient à cœur ② *(die Liebe betreffend)* affaire *f* de cœur **Herzensbedürfnis** ▸ **das ist ihm/mir ein ~** cela lui/me tient à cœur **Herzensbildung** *f kein Pl* intelligence *f* du cœur **Herzensbrecher(in)** *m(f)* bourreau *m* des cœurs/[grande] séductrice *f* **herzensgut** *Adj* qui a un cœur d'or **Herzensgüte** *f geh* bonté *f* de cœur **Herzenslust** *f* **nach ~** à cœur joie **Herzenswunsch** *m* plus cher désir *m*
herzerfrischend *Adj* rafraîchissant(e) **herzergreifend** *Adj* touchant(e) **herzerweichend** I. *Adj* émouvant(e) II. *Adv* de façon émouvante **Herzerweiterung** *f* MED hypertrophie *f*, dilatation *f* du cœur **Herzfehler** *m* déficience *f* cardiaque **Herzflimmern** <-s> *nt* palpitations *fpl* **herzförmig** *Adj* en forme de cœur **Herzgeräusche** *Pl* souffle *m* au cœur
herzhaft I. *Adj* ① *(nahrhaft)* Frühstück copieux(-euse)
② *(würzig)* Eintopf, Geschmack relevé(e)
③ *(kräftig)* Händedruck vigoureux(-euse); Schluck bon(ne) anteposé; Lachen franc(franche); **ein ~er Kuss** une grosse bise
II. *Adv* ① *(würzig)* **~ schmecken** avoir un goût épicé
② *(mit Lust)* lachen de bon cœur; gähnen comme une carpe
her|ziehen *unreg* I. *tr V* ① *(heranziehen)* **jdn/etw näher zu sich ~** attirer qn/tirer qc à soi; **jdn/etw näher zu sich ~** rapprocher qn/qc de soi
② *(mitschleppen)* **jdn/etw hinter sich** *(Dat)* **~** traîner qn/qc derrière soi
II. *itr V* ① **+ sein** *(begleiten)* **neben/hinter jdm ~** accompagner/suivre qn
② **+ sein** *(umziehen)* emménager [*o* s'installer] par ici; **zu jdm ~** s'installer près de chez qn
③ **+ haben** *fam (sich auslassen)* **über jdn/etw ~** débiner qn/qc *(fam)*
herzig ['hɛrtsɪç] *Adj* mignon(ne); **wie ~!** comme c'est mignon!
Herzinfarkt *m* MED infarctus *m* [du myocarde] **Herzinsuffizienz** *f* MED insuffisance *f* cardiaque **Herzjagen** *nt* tachycardie *f* **Herzkammer** *f* ANAT ventricule *m*; **[linke/rechte] ~** ventricule *m* [gauche/droit] **Herzkirsche** *f* bigarreau *m* **Herzklappe** *f* valvule *f*; **[künstliche] ~** valvule *f* [artificielle] **Herzklappenfehler** *m* MED lésion *f* valvulaire **Herzklopfen** <-s> *nt* palpitations *fpl*; **mit ~** le cœur battant **Herzkönig** *m* KARTEN roi *m* de cœur **herzkrank** *Adj* cardiaque **Herzkrankheit** *f* affection *f* cardiaque **Herzkranzgefäß** *nt meist Pl* ANAT artère *f* coronaire **Herz-Kreislauf-Erkrankung** *f* MED maladie *f* cardiovasculaire **Herzleiden** *nt geh* affection *f* cardiaque
herzlich I. *Adj* Begrüßung, Lächeln, Worte chaleureux(-euse); Willkommen cordial(e)
II. *Adv* ① empfangen, begrüßen, gratulieren chaleureusement; **sich bedanken** vivement; **~** [*o* **~st**] **dein/euer/Ihr ...** cordialement, ton/ta/votre ...
② *(recht)* langweilig, wenig, uninteressant franchement
Herzlichkeit <-> *f* cordialité *f*; **mit der gewohnten ~** avec la chaleur habituelle
herzlos *Adj* sans cœur; **~ sein** ne pas avoir de cœur
Herzlosigkeit <-> *f* manque *m* de cœur
Herz-Lungen-Maschine *f* MED cœur-poumon *m* artificiel **Herzmassage** [-masaːʒa] *f* MED massage *m* cardiaque **Herzmittel** *nt* MED *fam* cardiotonique *m* **Herzmuskel** *m* ANAT myocarde *m* **Herzog** (in) ['hɛrtsoːk] <-s, Herzöge> *m(f)* duc *m*/duchesse *f* **herzoglich** ['hɛrtsoːklɪç] *Adj attr* ducal(e)
Herzogtum <-s, -tümer> *nt* duché *m*
Herzpatient(in) *m(f)* cardiaque *mf* **Herzrhythmus** *m* rythme *m* cardiaque **Herzrhythmusstörung** *f* MED arythmie *f*; **~en haben** faire de l'arythmie **Herzschlag** *m* ① *(Herztätigkeit)* pulsations *fpl* cardiaques ② *(Kontraktion des Herzmuskels)* systole *f* ③ *(Herzstillstand)* syncope *f* **Herzschrittmacher** *m* MED pacemaker *m* **Herzschwäche** *s*. Herzinsuffizienz **Herzspezialist(in)** *m(f)* MED cardiologue *mf* **herzstärkend** I. *Adj* tonicardiaque II. *Adv* **~ wirken** avoir un effet tonicardiaque **Herzstich** *m meist Pl* élancement *m* **Herzstillstand** *m* arrêt *m* cardiaque; **bei ~** en cas d'arrêt cardiaque **Herzstück** *nt* pièce *f* maîtresse **Herztätigkeit** *f* activité *f* cardiaque **Herztod** *m* mort *f* par arrêt cardiaque **Herzton** *m meist Pl* pulsation *f* [cardiaque] **Herztransplantation** *f* transplantation *f* cardiaque **Herzverfettung** *f* MED dégénérescence *f* graisseuse du cœur **Herzversagen** *nt* défaillance *f* cardiaque **herzzerreißend** I. *Adj* déchirant(e) II. *Adv* de façon déchirante
Hesse ['hɛsə] <-n, -n> *m*, **Hessin** *f* Hessois(e) *m(f)*

Hessen <-s> *nt* la Hesse
hessisch *Adj* hessois(e)
heterogen [hetero'geːn] *Adj geh* hétérogène
Heterosexualität <-> *f* hétérosexualité *f* **heterosexuell** [heterozɛksuˈɛl, heterozɛksuˈɛl] *Adj* hétérosexuel(le)
Hethiter(in) <-s, -> *m(f)* HIST Hittite *mf*
Hetzblatt *nt pej* journal *m* à scandale
Hetze ['hɛtsə] <-, -n> *f* ① *kein Pl (Hast)* précipitation *f*; **es war eine furchtbare ~** c'était la grande bousculade
② *pej (Aufhetzung)* campagne *f* de dénigrement
hetzen ['hɛtsən] I. *itr V* ① **+ haben** *(sich beeilen)* se démener
② **+ sein** *(eilen)* **zum Bahnhof/nach Hause ~** courir à la gare/la maison; **ich bin ganz schön gehetzt** je me suis drôlement dépêché(e); **du brauchst nicht so zu ~** tu n'as pas besoin de te presser comme ça
③ **+ haben** *pej (Hass schüren)* attiser les haines; **gegen jdn/etw ~** s'acharner sur qn/qc; **du sollst nicht immer ~!** arrête de semer la zizanie!
II. *tr V* **+ haben** ① JAGD pourchasser Hasen
② *(jdn jagen)* **jdn/einen Hund auf jdn ~** mettre qn/lâcher un chien aux trousses de qn; **jdn vom Hof/Grundstück ~** chasser qn de la ferme/du terrain
③ *fam (antreiben)* harceler
III. *r V* **+ haben sich ~** se dépêcher
Hetzer(in) ['hɛtsɐ] <-s, -> *m(f) pej* fauteur(-euse) *m(f)* de troubles *(péj)*
Hetzerei <-, -en> *f* ① *kein Pl (Hast)* bousculade *f* [continuelle]
② *(Gerede)* acharnement *m*
hetzerisch *Adj* incendiaire
Hetzjagd *f* ① JAGD chasse *f* à courre ② *fig, pej* chasse *f* aux sorcières
③ *(übertriebene Hast)* course *f* **Hetzkampagne** [-kampanjə] *f pej* chasse *f* aux sorcières
Heu [hɔy] <-[e]s> *nt* foin *m*; **ins ~ gehen** *fam* aller aux foins; **~ machen** faire les foins
Heuballen *m* botte *f* de foin **Heuboden** *m* fenil *m*
Heuchelei [hɔyçəˈlaɪ] <-, -en> *f* hypocrisie *f*
heucheln ['hɔyçəln] I. *itr V* faire l'hypocrite
II. *tr V* feindre
Heuchler(in) ['hɔyçlɐ] <-s, -> *m(f)* hypocrite *mf*
heuchlerisch I. *Adj* hypocrite
II. *Adv* hypocritement
heuen ['hɔyən] *itr V* DIAL faner; **das Heuen** la fenaison
heuer ['hɔyɐ] *Adv* SDEUTSCH, A, CH cette année
Heuer <-, -n> *f* solde *f*
Heuernte *f* ① *(das Einbringen)* fenaison *f* ② *(Ertrag)* récolte *f* de foin **Heugabel** *f* fourche *f* à foin **Heuhaufen** *m* meule *f* de foin
Heulboje *f* NAUT bouée *f* sonore
heulen ['hɔylən] *itr V* ① *fam (weinen)* chialer *(fam)*; **laut ~** Baby: brailler *(fam)*; **vor Angst/Schmerz** *(Dat)* **~** chialer de peur/douleur *(fam)*; **es ist zum Heulen** *fam* c'est à en chialer *(fam)*
② *(winseln)* Hund, Wolf: hurler
③ *(ein Geräusch machen)* Motor, Wind, Sturm: rugir; Sirene: mugir, rugir
Heulen <-s> *nt* ① *fam (Weinen)* eines Kindes chialement *m (fam)*; **lautes ~** braillement *m (fam)*
② *(Winseln)* hurlement *m*
③ *(Geräusch)* eines Motors rugissement *m*; einer Sirene mugissement *m*
▸ **~ und Zähneklappern** BIBL des pleurs et des grincements de dents
Heuler <-s, -> *m* ZOOL bébé *m* phoque
▸ **das ist ja der letzte ~!** *sl* on aura tout vu! *(fam)*
Heulsuse ['hɔylzuːzə] <-, -n> *f pej fam* chialeuse *f (fam)* **Heulton** <-töne> *m* hurlement *m*
heurig ['hɔyrɪç] *Adj* A, CH de cette année
Heurige(r) *m dekl wie Adj* A ① *(Weinstube)* bar à vin[s] *m*
② *(Wein)* vin *m* nouveau
Heuschnupfen *m* rhume *m* des foins **Heuschober** *m* SDEUTSCH, A meule *f* de foin **Heuschrecke** ['hɔyʃrɛkə] <-, -n> *f* sauterelle *f* **Heustadel** *m* SDEUTSCH, A, CH fenil *m*
heut *fam s*. heute
heute ['hɔytə] *Adv* ① *(an diesem Tag)* aujourd'hui; **~ früh** [*o* Morgen] ce matin; **~ Abend** ce soir; **~ Nacht** cette nuit; **~ in einem/vor einem Monat** dans un/il y a un mois pour jour; **die Zeitung/Post von ~** le journal/courrier d'aujourd'hui; **ist das Brot von ~?** le pain, est-il du jour?; **ab ~** à partir d'aujourd'hui; **von ~ ab** [*o* **an**] à dater d'aujourd'hui; **er hat die Rechnung bis ~ nicht bezahlt** à ce jour, il n'a toujours pas payé la facture
② *(heutzutage)* de nos jours; **die Jugend von ~** les jeunes d'aujourd'hui
▸ **lieber ~ als morgen** *fam* de préférence tout de suite; **was du ~ kannst besorgen, das verschiebe nicht auf morgen** *Spr*. il ne faut jamais remettre au lendemain ce que l'on peut faire le jour

même; **von ~ auf morgen** du jour au lendemain
Heute <-> *nt* **das ~** le présent; **das ~ genießen** profiter du jour présent; **im ~ leben** vivre dans l'instant présent
heutig ['hɔɪtɪç] *Adj attr Zeitung, Post* d'aujourd'hui; *Abend, Anlass* présent(e) *antéposé;* **der ~ e Tag** la journée d'aujourd'hui; **für den ~ en Abend** pour ce soir
heutzutage ['hɔɪttsuta:gə] *Adv* de nos jours
Heuwagen *m* char *m* à foin **Heuwender** <-s, -> *m* AGR faneuse *f*
Hexadezimalsystem [hɛksadetsi'ma:lzʏste:m] *nt* système *m* hexadécimal
Hexaeder [hɛksa'ʔe:dɐ] <-s, -> *nt* MATH hexaèdre *m*
hexagonal [hɛksago'na:l] *Adj* hexagonal(e)
Hexameter [hɛ'ksa:mete] *m* POES hexamètre *m*
Hexe ['hɛksə] <-, -n> *f* ❶ sorcière *f*
❷ *pej fam (bösartige Frau)* mégère *f (péj)*, teigne *f (péj)*
hexen ['hɛksən] *itr V* pratiquer la magie
▶ **ich kann doch nicht ~!** *fam* je ne peux pas aller plus vite que la musique! *(fam)*
Hexenhäuschen [-hɔɪsçən] *nt (Lebkuchenhaus)* maison *f* de sorcière en pain d'épice **Hexenjagd** *f* chasse *f* aux sorcières; **~ auf jdn** chasse *f* aux sorcières contre qn **Hexenkessel** *m* enfer *m* **Hexenmeister** *m veraltet* magicien *m* **Hexenprozess**^{RR} *m* procès *m* en sorcellerie **Hexenschuss**^{RR} *m kein Pl* tour *m* de reins; **einen ~ bekommen/haben** attraper/avoir un tour de reins **Hexenverbrennung** *f* exécution *f* par le feu pour sorcellerie **Hexenwahn** *m* psychose *f* des sorcières
Hexer <-s, -> *m* sorcier *m*
Hexerei <-, -en> *f* sorcellerie *f*
hg. *Abk von* **herausgegeben** *s.* **herausgeben I.** ❷
Hg. *Abk von* **Herausgeber(in)** *eines Buches* Ed.; *einer Zeitung* directeur(-trice) *m(f)* de la publication
HG [ha:'ge:] <-> *f Abk von* **Handelsgesellschaft**
Hibiskus [hi'bɪskʊs, *Pl:* hi'bɪskən] <-, Hibisken> *m* hibiscus *m*
Hickhack ['hɪkhak] <-s, -s> *m o nt fam* chamailleries *fpl (fam)*
hie [hi:] ▶ **~ und da** *(stellenweise)* ici ou là; *(ab und zu)* de temps à autre
hieb [hi:p] *Imp von* **hauen**
Hieb <-[e]s, -e> *m* ❶ *(Schlag)* coup *m;* **ein ~ mit der Peitsche** un coup de fouet
❷ *Pl fam (Prügel)* raclée *f (fam);* **von jdm ~ e bekommen** recevoir une raclée de qn
❸ *(Seitenhieb)* pique *f;* **jdm einen ~ versetzen** lancer une pique à qn; **der ~ saß** le coup a fait mouche
▶ **auf einen ~** *fam* d'un seul coup
hieb- und stichfest *Adj Alibi* en béton; *Beweise, Argumente* irréfutable
Hiebwaffe *f* arme *f* de taille
hielt [hi:lt] *Imp von* **halten**
hier [hi:ɐ] *Adv* ❶ *(an dieser Stelle, in diesem Land, in dieser Stadt)* ici; **~ sein** être là; **~ bin ich!** me voilà!; **wir sind schon eine Stunde ~** ça fait une heure que nous sommes là; **~ draußen/drinnen** dehors/dedans; **~ oben/unten** en haut/en bas, à l'intérieur/à l'extérieur; **~ vorn/hinten** devant/derrière; **~ oben auf dem Schrank** sur l'armoire; **~ entlang** par ici; **bis ~** jusqu'ici; **von ~ ab** à partir de; **von ~ aus bis ...** d'ici à ...; **~ ist** [o **spricht**] **Ina Berg** ici Ina Berg, Ina Berg à l'appareil; **was ist denn das ~?** mais qu'est-ce que c'est que ça?; **wo sind wir hier ~?** où sommes-nous?; **Martin Lang! — Hier!** Martin Lang! — Présent!
❷ *(da)* voilà; **~, nimm das!** tiens, prends ça!
❸ *(in diesem Moment)* ici; **~ versagte ihr die Stimme** à ce moment, la voix lui manqua; **von ~ an** à partir de ce moment-là
▶ **~ und da** *(stellenweise)* ici ou là; *(ab und zu)* de temps à autre; **Herr Braun ~, Herr Braun da** *iron* Monsieur Braun par-ci, Monsieur Braun par-là; **~ und heute** geh ici et maintenant; **jdm steht etw bis ~ [oben]** *fam* qn en a jusque-là de qc *(fam)*
hieran ['hi:ran] *Adv* ❶ *festmachen, anlehnen, anschließen* ici; *vorbeikommen, vorübergehen* devant
❷ *(an diesen Sachverhalt, diese Sache)* **wenn ich ~ denke** quand j'y pense; **kannst du dich ~ erinnern?** t'en souviens-tu?
❸ *(an diesem Sachverhalt, dieser Sache)* **~ erkennt/unterscheidet man ...** à cela, on reconnaît/distingue ...; **~ zweifle ich** j'en doute; **~ habe ich fünf Jahre geschrieben** j'ai passé cinq ans à écrire cela
Hierarchie [hierar'çi:] <-, -n> *f* hiérarchie *f*
hierarchisch [hie'rarçɪʃ] **I.** *Adj* hiérarchique
II. *Adv* hiérarchiquement
hierauf ['hi:raʊf] *Adv* ❶ *liegen, sitzen, stellen* là-dessus; **ein toller Stuhl, ~ sitzt es sich hervorragend** une chaise super, on y est très bien assis ❷ *(daraufhin)* à la suite de quoi; **sie schrie, ~ beruhigte man sie** on la calma dès que n'osa plus à crier **hieraus** ['hi:raʊs] *Adv* ❶ *(aus diesem Behälter)* d'ici ❷ *(aus diesem Material)* **Beton besteht ~: ...** le béton se compose de la matière suivante: ...; **die Möbel werden ~ hergestellt: ...** les meubles sont faits de la matière suivante: ... ❸ *(aus dem Genannten)* **~ folgt, dass** il s'ensuit que + *indic;* **~ geht hervor, dass** de cela ressort que + *indic* ❹ *(aus diesem Werk)* **du kannst die Zahlen ~ abschreiben** tu peux copier les chiffres à partir de ça; **das ist ein wichtiges Werk, ~ stammen meine Informationen** c'est une œuvre importante, j'ai pu y puiser de nombreux renseignements
hier|behalten* *tr V unreg* **jdn/etw ~** garder qn/qc [ici]
hierbei ['hi:ɐbaɪ] *Adv* ❶ *(bei diesem Anlass)* à cette occasion
❷ *(währenddessen)* pendant ce temps
❸ *(gleichzeitig)* en même temps
❹ *(dabei)* ici; **~ handelt es sich um ...** il s'agit ici de …, o en l'occurrence] de ...
hier|bleiben *itr V unreg + sein* rester ici [o là]; **hiergeblieben!** reste/restez ici!
hierdurch ['hi:ɐdʊrç] *Adv* ❶ *(hier hindurch)* par ici ❷ *(aus diesem Grund)* de cette façon, par là **hierein** *Adv* là-dedans; **hier ist ein Eimer, ~ kannst du das Wasser gießen** voici un seau, tu peux y verser l'eau **hierfür** ['hi:ɐfy:ɐ] *Adv* ❶ *(im Austausch)* **wie viel möchtest du ~ geben/bekommen?** tu es prêt(e) à donner/recevoir combien en échange? ❷ *(für das hier)* **wenn er sich ~ interessiert** s'il s'intéresse à cela; **wenn du ~ Platz/Zeit hast** si tu as la place/le temps pour ça **hiergegen** [hi:ɐ'ge:gən, *hinweisend:* 'hi:ɐge:gən] *Adv* ❶ *(an diese Stelle)* là-dedans; **~ ist er gefahren/gekommen** il est rentré là-dedans/il a touché ça; **~ ist er geprallt** *(mit einem Auto)* il est rentré là-dedans; *(mit einem Körperteil)* il s'est cogné là-dedans; **~ musst du drücken** tu dois appuyer ici
❷ *(dagegen)* **wir werden ~ vorgehen** nous allons agir là-contre; **ich werde ~ Beschwerde einlegen** je vais adresser un recours à l'encontre de cela **hierher** ['hi:ɐhe:ɐ] *Adv [par]* ici; **bis ~** jusqu'ici
▶ **bis ~ und nicht weiter** jusqu'ici, mais pas plus loin; **mir steht es bis ~** *fam* j'en ai jusque-là *(fam)* **hierherauf** [hi:ɐhɛ'raʊf, *hinweisend:* 'hi:ɐhɛraʊf] *Adv* en haut; **komm ~!** monte!
hierher|bringen *tr V unreg* **jdn ~** amener qn ici; **etw ~** apporter qc ici
hierher|gehören* *itr V* **jd/etw gehört hierher** la place de qn/qc est ici; **diese Bemerkung gehört nicht hierher** cette remarque n'a pas sa place ici
hierher|holen *tr V* aller chercher *Person, Gegenstand;* **ich habe Sie alle ~, um ...** je vous ai tous/toutes fait venir pour ...
hierher|schaffen *tr V* **jdn ~** amener qn ici; **etw ~** apporter qc ici
hierher|schicken *tr V* **jdn ~** envoyer qn ici
hierher|setzen I. *tr V* **jdn/etw ~** mettre qn/qc ici
II. *r V* **sich ~** s'asseoir là; **setz dich mal hierher zu mir** viens t'asseoir près de moi
hierher|stellen I. *tr V* **etw ~** mettre qc ici
II. *r V* **sich ~** se mettre là
hierherum ['hi:ɐhɛrʊm] *Adv* ❶ *(in diese Richtung)* de ce côté-ci
❷ *fam (etwa an dieser Stelle)* dans ce coin-là *(fam)* **hierhin** ['hi:ɐhɪn] *Adv (an diese Stelle hier)* ici; **bis ~** *(bis hier, soweit)* jusqu'ici ▶ **~ und dorthin laufen** courir dans tous les sens **hierhinab** *Adv sehen* en bas; **der Weg führt ~** le chemin descend par ici; **wir müssen ~ [gehen/steigen]** nous devons descendre par ici **hierhinauf** *Adv sehen* en haut; **der Weg führt** [o **geht**] **~** le chemin monte par ici; **er muss ~ [gehen/steigen]** il doit monter/grimper par ici **hierhinaus** *Adv* par ici; **du musst ~ [gehen/fahren]** tu dois sortir par ici
hierhin|bringen *tr V unreg* **jdn ~** amener qn ici; **etw ~** apporter qc ici **hierhinein** *Adv* par ici; **wir müssen ~ [gehen]!** nous devons entrer par ici!
hierhin|legen I. *tr V* **etw ~** mettre qc ici
II. *r V* **sich ~** s'allonger ici
hierhin|setzen I. *tr V* **jdn/etw ~** mettre qn/qc ici
II. *r V* **sich ~** s'asseoir ici
hierhin|stellen I. *tr V* **etw ~** mettre qc ici
II. *r V* **sich ~** se mettre ici
hierhinter *Adv* là-derrière **hierhinunter** *s.* **hierhinab** **hierin** ['hi:rɪn] *Adv* ❶ *(in diesem Behälter)* là-dedans ❷ *(in dieser Hinsicht)* sur ce point
hier|lassen *tr V unreg* **etw ~** laisser qc ici
hiermit ['hi:ɐmɪt] *Adv* ❶ *form* **~ erkläre/versichere ich ...** *(in schriftlicher Form)* par la présente, je déclare/certifie que ... *(form);* **~ protestiere ich gegen .../versichere ich ...** *(in mündlicher Form)* je proteste contre .../j'affirme ...; **~ erkläre ich meinen Rücktritt** je donne ma démission ❷ *(mit diesem Gegenstand)* avec cela; **was soll ich denn ~?** qu'est-ce que tu veux/vous voulez que j'en fasse? ❸ *(mit dieser Angelegenheit)* **~ wollte ich beenden sie ihre Rede** sur ce, elle conclut son discours; **~ erkläre ich die Ausstellung für eröffnet** sur ce, je déclare l'exposition ouverte **hiernach** ['hi:ɐna:x] *Adv* ❶ *(danach, bald darauf)* après cela, *(demgemäß)* d'après cela
Hieroglyphe [hiero'gly:fə] <-, -n> *f* ❶ hiéroglyphe *m*
❷ *Pl hum (schwer entzifferbare Schrift)* hiéroglyphes *mpl*
hier|sein^{ALT} *s.* **hier** ❶

Hiersein nt form der Grund seines ~ s la raison de sa présence ici
hierüber ['hiːryːbɐ] Adv ❶ (über diese Stelle) par-dessus ❷ geh (über diese Angelegenheit) là-dessus   **hierum** [hiːrʊm, hinweisend: ˈhiːrʊm] Adv ❶ (in diese Richtung) de ce côté-ci ❷ (um diese Angelegenheit) de cela   **hierunter** ['hiːrʊntɐ] Adv ❶ (unter dieses Möbelstück) là-dessous; **stell den Karton ~!** mets le carton là-dessous! ❷ fig ... **zehn Personen, ~ befanden sich drei Kinder** ... dix personnes, dont trois enfants; **~ fallen auch Partizipien** les participes entrent dans cette catégorie; **das fällt nicht ~** cela n'entre pas dans cette catégorie   **hiervon** ['hiːɐfɔn] Adv ❶ (von hier) **fünf Kilometer ~ entfernt** à cinq kilomètres d'ici ❷ (von diesem, diesen) **~ kannst du etwas haben** tu peux en prendre; **probier mal ~** goûte-z-en (fam) ❸ (hierüber) **~ weiß ich nichts** j'en sais rien   **hiervor** ['hiːɐfoːɐ] Adv ❶ (räumlich) là-devant ❷ (vor dieser Sache) **~ fürchtet er sich** il en a peur; s. a. davor   **hierzu** ['hiːɐtsuː] Adv ❶ (dazu) **~ gehören/passen** s.a. dazu partie/aller avec [cela] ❷ (zu dieser Kategorie) **~ gehören** [o **zählen**] **auch Pferde** les chevaux entrent aussi dans cette catégorie ❸ (zu diesem Punkt) sur ce point; **~ habe ich nichts mehr zu sagen** je n'ai rien à rajouter à cela
hierzulande ['hiːɐtsu(ˈ)landə] Adv (in dieser Gegend) dans cette région; (in diesem Land) dans ce pays
hiesig ['hiːzɪç] Adj attr d'ici; Bevölkerung, Bräuche, Verhältnisse local(e)
Hiesige(r) f(m) dekl wie Adj autochtone mf
hieß [hiːs] Imp von **heißen**
hieven ['hiːfən, 'hiːvən] tr V ❶ NAUT lever Anker; **etw an Bord ~** hisser qc à bord
❷ fam (heben) jdn/etw auf einen Stuhl ~ hisser qn/qc sur une chaise
Hi-Fi ['haɪfi, haɪˈfiː] Abk von **High-Fidelity** hi-fi inv
Hi-Fi-Anlage ['haɪfi-] f chaîne f hi-fi
high [haɪ] Adj sl ❶ (von Drogen berauscht) **~ sein** être défoncé(e) (fam); **völlig ~ sein** planer (fam)
❷ (euphorisch) **~ sein** être sur son petit nuage
Highlife ['haɪ(ˈ)laɪf] <-s> nt fam **bei ihm/uns/... ist** [heute] **~** il/on/... fait la bringue aujourd'hui (fam)
Highlight ['haɪlaɪt] <-[s], -s> nt point m culminant
High Society[RR] ['haɪsəˈsaɪəti] <-> f haute société f, la haute (fam)
Hightech[RR] ['haɪˈtɛk] <-[s]> nt high-tech m
Hightechgerät[RR] ['haɪˈtɛk-] nt appareil m high-tech   **Hightechunternehmen**[RR] nt entreprise f de high-tech
hijacken ['haɪdʒɛkən, 'haɪdʒækn] tr V fam détourner Flugzeug
Hijacker(in) ['haɪdʒɛkɐ, 'haɪdʒækn] <-s, -> m(f) pirate mf de l'air
Hilfe ['hɪlfə] <-, -n> f ❶ kein Pl (Beistand) aide f; **gegenseitige ~** entraide f; **jdn um ~ bitten** demander de l'aide à qn; **um ~ rufen** [o **schreien**] appeler à l'aide [o au secours]; **jdm zu ~ kommen** venir en aide à qn [o au secours de qn]; **~ suchend** Person qui cherche de l'aide; Blick implorant(e); **mit seiner/ihrer ~** avec son aide; **hol' ~!** va chercher de l'aide!; [zu] **~!** au secours!, à l'aide!
❷ fig **mit ~ eines Seils** à l'aide d'une corde; **etw zu ~ nehmen** s'aider de qc
❸ (Haushaltshilfe) aide mf
❹ (Anhaltspunkt) aide f
❺ (finanzielle Unterstützung) aide f [financière]
▶ **erste ~ les premiers soins** mpl; **jdm erste ~ leisten** donner les premiers secours [o soins] à qn; **ein Kurs in erster ~** un cours de secourisme
Hilfeleistung f geh aide f, assistance f; **unterlassene ~** non-assistance [à personne en danger]   **Hilferuf** m, **Hilfeschrei** m appel m à l'aide [o au secours]   **Hilfestellung** f ❶ SPORT parade f ❷ (Mensch) pareur(-euse) m(f) ▶ **jdm ~ geben** SPORT assurer la parade pour qn; fig aider qn
hilfesuchend s. **Hilfe**
hilflos I. Adj ❶ Person sans défense; **ohne den Rollstuhl ist er ~ sans sa chaise roulante, il ne peut rien faire**
❷ (ratlos) Person désemparé(e); Benehmen embarrassé(e)
II. Adv ❶ (hilfsbedürftig) ausgeliefert sans défense; **~ im Bett liegen** être cloué(e) au lit, dépendant(e) des autres
❷ (ratlos) avec embarras
Hilflosigkeit <-> f ❶ (Hilfsbedürftigkeit) détresse f; eines Kranken dépendance f
❷ (Ratlosigkeit) impuissance f
hilfreich Adj ❶ Person serviable; **Sie waren sehr ~** vous avez été d'une grande aide
❷ (nützlich) Hinweis, Maßnahme utile; **es wäre ~/~er, wenn Sie ...** il serait utile/préférable que vous ... + subj
Hilfsaktion f action f humanitaire   **Hilfsarbeiter(in)** m(f) ouvrier(-ière) m(f) [non spécialisé(e)]; (Bauarbeiter) manœuvre m   **hilfsbedürftig** Adj ❶ (auf Hilfe angewiesen) **~ sein** avoir besoin d'aide ❷ (bedürftig) dans le besoin   **Hilfsbedürftigkeit** f ❶ (Hilflosigkeit) dépendance f ❷ (Bedürftigkeit) dénuement m   **hilfsbereit** Adj serviable; **sich ~ zeigen** se montrer serviable   **Hilfsbereitschaft** f serviabilité f   **Hilfsdienst** m MED service m de secours   **Hilfsfonds** [-fɔ̃ː] m fonds m de secours   **Hilfsgüter** Pl dons mpl humanitaires   **Hilfskonto** nt ÖKON compte m auxiliaire   **Hilfskraft** f aide mf; **wissenschaftliche ~** ≈ assistant(e) m(f)   **Hilfslinie** f INFORM, TYP ligne f auxiliaire   **Hilfsmannschaft** f équipe f de secours   **Hilfsmittel** nt ❶ (Arbeitsmittel) outil m de travail ❷ MED adjuvant m ❸ Pl (finanzielle Mittel) aides fpl financières   **Hilfsmotor** m moteur m auxiliaire   **Hilfsorganisation** f organisation f humanitaire   **Hilfspolizei** f police f auxiliaire   **Hilfspolizist(in)** m(f) policier(-ière) m(f) auxiliaire   **Hilfsprogramm** nt programme m d'aide   **Hilfsprojekt** nt projet m d'aide   **Hilfsverb** [-vɛ-] nt GRAM [verbe m] auxiliaire m; **modales ~** verbe de modalité   **Hilfswerk** nt œuvre f sociale   **hilfswillig** Adj prêt(e) à aider; **~ sein** être prêt(e) à aider   **Hilfswillige(r)** f(m) dekl wie Adj volontaire mf
hilft [hɪlft] 3. Pers Präs von **helfen**
Himbeere ['hɪmbeːrə] f ❶ (Frucht) framboise f
❷ (Strauch) framboisier m
Himbeereis ['hɪmbeːɐ-] nt glace f à la framboise   **Himbeergeist** m kein Pl (eau de vie) framboise f   **Himbeermarmelade** f confiture f de framboise   **Himbeersirup** m sirop m de framboise   **Himbeerstrauch** m BOT framboisier m
Himmel ['hɪml] <-s, poet -> m ❶ (Luftraum) ciel m; **am ~** dans le ciel; **am ~ stehen** Gestirn, Planet: se trouver dans le ciel; **bei bedecktem ~** par ciel couvert; **unter freiem ~ schlafen** coucher à la belle étoile
❷ REL ciel m; **im ~** au ciel
❸ (Baldachin) ciel m de lit
❹ (inneres Verdeck) garnissage m de toit
▶ **~, Arsch und Zwirn!** sl bordel de merde! (vulg); **zwischen ~ und Erde** entre ciel et terre; **~ und Hölle** [spielen] [jouer à] la marelle; **~ und Hölle in Bewegung setzen** fam remuer ciel et terre; **gerechter** [o **gütiger**] **~!** juste ciel!; **aus heiterem ~** fam tout d'un coup; [ach] **du lieber ~!** fam [sacré] nom d'un chien! (fam); **im sieb[en]ten ~ sein** fam être au septième ciel [o aux anges]; **jdn/etw in den ~ heben** porter qn/qc aux nues; **in den ~ kommen** aller au ciel; **der ~ lacht** geh le ciel est radieux; **zum ~ schreien** être révoltant(e); **um ~s willen!** fam pour l'amour du ciel!; **~** [**noch mal**]**!** fam bon Dieu!
himmelangst Adj **jdm ist ~** qn a une peur bleue; **da kann einem ja ~ werden!** on peut vraiment prendre peur!   **Himmelbett** nt lit m à baldaquin   **himmelblau** Adj bleu ciel inv; **~e Augen haben** avoir des yeux bleu ciel   **Himmeldonnerwetter** Interj ▶ **~** [**noch mal**]**!** fam nom de Dieu! (pop)   **Himmelfahrt** f l'Ascension f
Himmelfahrtskommando nt fam ❶ (Unternehmen) mission f [o opération f] suicide ❷ (Menschen) commando m suicide   **Himmelfahrtsnase** f hum fam nez m en trompette   **Himmelfahrtstag** m [jeudi m de] l'Ascension f
Himmelherrgott Interj ▶ **~** [**noch mal**]**!** fam bon Dieu de bon Dieu! (fam)   **himmelhoch** I. Adj immense II. Adv überlegen très largement; **sich ~ überlegen zeigen** se montrer d'une supériorité écrasante ▶ **jauchzend[, zu Tode betrübt]** euphorique[, ou alors complètement abattu(e)]; **ihre Stimmung schwankt zwischen ~ jauchzend und zu Tode betrübt** son humeur oscille entre l'euphorie et l'abattement   **Himmelreich** nt kein Pl royaume m des cieux   **himmelschreiend** Adj Unrecht ciel(le); Verhältnisse, Zustände révoltant(e); Quatsch, Undankbarkeit inouï(e); **es ist ~, wie ...** c'est inouï à quel point ...
Himmelskörper m corps m céleste   **Himmelsrichtung** f direction f [géographique]; **die vier ~en** les quatre points cardinaux ▶ **aus allen ~en** de toutes parts; **in alle ~en** dans toutes les directions   **Himmelsschlüssel** s. Schlüsselblume   **Himmelszelt** nt poet voûte f céleste (poét)
himmelweit fam I. Adj énorme
II. Adv totalement
himmlisch ['hɪmlɪʃ] I. Adj ❶ attr Gnade, Vorsehung céleste; Zeichen du ciel
❷ (herrlich) Wetter, Essen, Wein divin(e); Stoff, Kleidungsstück superbe
II. Adv merveilleusement; schön, warm divinement; **das schmeckt einfach ~!** c'est tout simplement divin!
hin [hɪn] I. Adv ❶ (räumlich) **bis zum Garten ~** jusqu'au jardin; **bis zu euch ~** jusque chez vous; **zur Straße ~** [liegen] [donner] sur la rue; **bis nach Italien ~** fam jusqu'en Italie; **wo ist der so plötzlich ~?** fam où est-ce qu'il est passé tout à coup?
❷ (den Hinweg betreffend) **eine Fahrkarte nach Bonn, aber nur ~** un billet pour Bonn, un aller simple; **und zurück** aller et retour; **wir wollen mit dem Fahrrad ~ und mit dem Zug zurück** nous voulons y aller à vélo et rentrer par le train
❸ (zeitlich) **bis in den Herbst ~** jusqu'à l'automne; **über viele Jahre ~** pendant de nombreuses années; **wir müssen auf längere Sicht ~ planen** nous devons faire des projets à long terme; **das ist**

noch lange ~ c'est encore loin; **wie lange ist es noch bis zu deiner Prüfung ~?** il te reste encore combien de temps jusqu'à ton examen?; **bis zum Sommer ist es noch lange ~** c'est pas demain l'été *(fam)*

④ *(hinsichtlich)* **etw auf Spuren** *(Akk)* **~ untersuchen** examiner qc en vue de rechercher des traces

⑤ *(infolge)* **auf mein Bitten/sein Drängen ~** sur mes prières/ses insistances

⑥ *(trotz)* **auf die Gefahr ~, sich zu blamieren** au risque de se ridiculiser

▸ **das Hin und Her** *(das Kommen und Gehen)* le va-et-vient; *(der Wechsel)* les fluctuations *fpl*; **das Hin und Her der Meinungen** les fluctuations d'opinions; **nach einigem/langem Hin und Her** après quelques/de longues tergiversations; **Sonntag ~, Sonntag her, ich muss meine Termine einhalten** dimanche ou pas, il faut que je respecte mes délais; **~ und her überlegen** tourner et retourner le problème; **~ und wieder** de temps en temps; **vor sich** *(Akk)* **~ reden** parler tout seul; **vor sich** *(Akk)* **~ singen/summen** chantonner/fredonner [pour soi]; **vor sich ~ stieren** regarder fixement devant soi

II. *Adj* ① *(kaputt)* **~ sein** être fichu(e) *(fam)*; *Motor, Fernseher, Bildröhre:* être nase *(fam)*

② *sl (tot)* **~ sein** être clamsé(e) *(pop)*

③ *(verloren)* **das Geld/die Ruhe ist ~** c'en est fini du fric/du calme

④ *(fasziniert)* **von jdm/etw ganz ~ sein** être emballé(e) par qn/qc

▸ **~ ist ~** *fam* fichu, c'est fichu *(fam)*

hinab [hɪ'nap] *s.* **hinunter**

hin|arbeiten *itr V* **auf etw** *(Akk)* **~** rechercher qc; **darauf ~, dass** faire en sorte que + *subj*

hinauf [hɪ'naʊf] I. *Adv* ① vers le haut; **immer weiter ~** toujours plus haut; **bis ~** jusqu'en haut; **[die Treppe] ~ habe ich Probleme** j'ai du mal pour monter [l'escalier]; **wo ~?** où faut-il monter?; **hier ~?** faut-il monter par là?

② *fam (in Richtung Norden)* **ich muss nach Hamburg ~** il faut que je monte à Hamburg

II. *Präp* + *Akk* **den Berg ~ fünf Stunden brauchen** mettre cinq heures pour monter au sommet de la montagne

hinauf|begleiten* *tr V* accompagner [jusqu']en haut; **jdn ~ accompagner** qn [jusqu']en haut **hinauf|blicken** *itr V geh* regarder en haut; **zu jdm/etw ~** lever son regard vers qn/qc; **an jdm ~** regarder qn des pieds à la tête; **blicken Sie da/dort hinauf!** regardez là-haut! **hinauf|bringen** *tr V unreg* conduire en haut; **jdn ~** conduire qn en haut; **[jdm] etw ~** monter qc [à qn] **hinauf|fahren** *unreg* I. *itr V* + *sein* monter; **mit dem Auto/der Seilbahn ~** monter en voiture/avec le téléphérique; **wieder ~** remonter; **beim Hinauffahren** en montant II. *tr V* + *haben o sein* **jdn mit dem Auto ~** emmener qn en voiture jusqu'en haut; **sie ist die Donau hinaufgefahren** elle a remonté le Danube **hinauf|führen** *tr V geh* **jdn ~** conduire qn en haut **hinauf|gehen** *unreg I. itr V* + *sein* ① *(nach oben gehen)* monter; **auf den Dachboden** ~ monter jusqu'en haut; *Weg:* conduire [*o* mener] jusqu'en haut; **auf den Dachboden ~** *Treppe, Kabel:* conduire au grenier; **auf den Berg ~** *Weg:* conduire [*o* mener] jusqu'en haut de la montagne II. *tr V geh* **jdn ~** conduire qn en haut **hinauf|gehen** *unreg* I. *itr V* + *sein* ① *(nach oben gehen)* monter; **auf den Dachboden ~** monter au grenier; **gehst du hinauf?** tu montes? ② *fig* **mit dem Preis ~** *(steigen)* augmenter le prix ③ *(steigen)* augmenter *Miete, Preis, Fieber:* grimper II. *tr V* + *sein* monter *Treppe* **hinauf|klettern** I. *itr V* + *sein* grimper; **auf einen Baum ~** grimper sur un arbre II. *tr V* + *sein* **die Leiter ~** grimper à l'échelle **hinauf|kommen** *unreg* I. *itr V* + *sein* monter; **in die Wohnung/zu jdm ~** monter jusqu'à l'appartement/chez qn II. *tr V* + *sein* ① *(nach oben kommen)* **die Treppe/in die Wohnung/zu jdm ~** monter l'escalier/jusqu'à l'appartement/chez qn ② *(es nach oben schaffen)* arriver à monter *Treppe, Leiter;* **kommst du alleine die Leiter hinauf?** est-ce que tu arriveras à monter tout(e) seul(e) en haut de l'échelle? **hinauf|laufen** *unreg* I. *itr V* + *sein* monter en courant; **zu jdm ~** monter chez qn en courant II. *tr V* + *sein* escalader *Berg* **hinauf|reichen** I. *itr V* ① *(nach oben greifen) Person:* arriver jusqu'en haut; **mit der Hand bis zur Decke ~** arriver jusqu'au plafond avec la main ② *(sich erstrecken)* **bis zum Dach ~** *Leiter:* arriver [*o* aller] jusqu'au toit II. *tr V geh* **jdm etw ~** tendre qc à qn **hinauf|schauen** *s.* **hinaufsehen hinauf|schrauben** *tr V* faire monter *Preise, Mieten;* accroître *Forderung* **hinauf|sehen** *itr V unreg* lever les yeux; **zu jdm ~** lever les yeux vers qn; **zum Dach ~** regarder vers le haut du toit **hinauf|setzen** *s.* **heraufsetzen hinauf|steigen** *itr V* + *sein* monter; **auf den Turm ~** monter rejoindre qn en haut de la tour II. *tr V* + *sein* monter en haut de *Leiter* **hinauf|tragen** *tr V unreg* monter; **jdm etw die Treppe/in die Wohnung ~** monter qc à qn jusqu'en haut de l'escalier/dans l'appartement

hinaus [hɪ'naʊs] *Adv* ① **~ sein** être sorti(e); **wir sind ~ zu den anderen** nous sommes sorti(e)s rejoindre les autres; **~ [mit dir/**

euch]! dehors!; **da/dort/hier ~!** par là/par là-bas/par ici [la sortie]!; **hinten ~!** il faut sortir par-derrière!; **nach hinten/zur Straße ~** sur l'arrière/la rue

② *(später als)* **über einen Termin/eine Frist ~** au-delà d'une date/d'un délai

③ *(mehr als)* **über diesen Betrag ~** plus que cette somme

④ *(weiter als)* **über etw** *(Akk)* **~ sein** avoir dépassé qc; **über dieses Alter bin ich ~** j'ai passé l'âge

hinaus|befördern* *tr V fam* vider *(fam)*

hinaus|beugen *r V* **sich ~** se pencher [au-]dehors; **sich zum Fenster ~** se pencher par la fenêtre

hinaus|blicken *s.* **hinaussehen**

hinaus|bringen *tr V unreg* ① *(hinausbegleiten)* reconduire *Person* ② *(hinaustragen)* sortir *Müll, Mülleimer*

hinaus|drängen I. *tr V* + *haben* **jdn ~** pousser qn dehors

II. *itr V* + *sein* **aus etw ~** *Person:* insister pour sortir de qc; *Personen, Menschenmenge:* se bousculer pour sortir [de qc]

hinaus|dürfen *itr V unreg* avoir le droit de sortir; **darf ich zu den anderen Kindern in den Garten hinaus?** est-ce que je peux aller rejoindre les enfants dans le jardin?

hinaus|fahren *unreg* I. *itr V* + *sein* ① *(nach draußen fahren)* sortir; **aus dem Hof ~** sortir de la cour; **beim Hinausfahren aus der Garage** en sortant du garage

② *(wegfahren)* **aufs Land/Meer ~** partir à la campagne/en mer

③ *(weiter fahren)* **über die Standspur ~** dépasser la bande d'arrêt d'urgence

II. *tr V* + *haben* sortir *Auto*

hinaus|finden *itr V unreg* trouver la sortie; **aus etw ~** trouver la sortie de qc

hinaus|fliegen *itr V unreg* + *sein* ① *Vogel:* s'envoler

② *fam (hinausfallen)* tomber en vol plané *(fam)*

③ *fam (hinausgeworfen werden)* **aus dem Restaurant/der Schule ~** être viré(e) du restaurant/de l'école *(fam)*

hinaus|führen I. *tr V* ① *(nach draußen führen)* *Tür, Gang:* conduire dehors; **aus etw ~** conduire hors de qc

② *(weiter führen)* **über etw** *(Akk)* **~** *Plan, Vorgehen:* dépasser qc

II. *tr V* reconduire *Person;* **jdn aus etw ~** conduire qn hors de qc

hinaus|gehen *unreg* I. *itr V* + *sein* ① *(nach draußen gehen) Person:* sortir; **zur Tür/auf die Straße ~** sortir par la porte/dans la rue; **auf den Hof/in den Garten ~** *Tür:* donner sur la cour/le jardin

② *(abgeschickt werden)* **zu jdm ~** *Brief, Sendung, Lieferung:* être envoyé(e) chez qn

③ *(gerichtet sein)* **auf den Hof ~** *Fenster, Tür, Zimmer:* donner sur la cour; **nach Osten ~** être exposé(e) à l'est

④ *(überschreiten)* **über seine Befugnisse ~** aller au-delà de ses attributions

II. *itr V unpers* + *sein* **wo geht es hinaus?** par où est la sortie?; **es geht nur [da] vorne hinaus** on ne peut sortir que par-devant

hinaus|geleiten* *tr V geh* **jdn ~** accompagner qn dehors; **jdn aus der Tür/zum Wagen ~** raccompagner qn [jusqu']à la porte/voiture

hinaus|gucken *s.* **hinaussehen**

hinaus|halten *tr V unreg* **etw ~** tenir qc à l'extérieur; **die Hand zum Fenster ~** passer la main par la fenêtre

hinaus|hängen *tr V* ① **die Fahne zum Fenster ~** accrocher le drapeau à la fenêtre

② *(im Freien aufhängen)* **die Wäsche ~** pendre le linge dehors

hinaus|jagen I. *tr V* + *haben* **jdn ~** mettre qn dehors; **jdn zur Tür ~** mettre qn à la porte

II. *itr V* + *sein* se précipiter dehors

hinaus|katapultieren* *tr V sl* éjecter *(fam);* **jdn aus etw ~** éjecter qn de qc; **aus dem Vorstand hinauskatapultiert werden** se faire éjecter du directoire *(fam)*

hinaus|klettern *itr V* + *sein* grimper dehors; **aus dem Fenster ~** s'échapper par la fenêtre

hinaus|kommen *itr V unreg* + *sein* ① *(nach draußen kommen)* sortir; **zu jdm ~** rejoindre qn dehors; **wie/wo kommen wir hinaus?** [par] où est la sortie?

② *(ausgehen können)* **bei so viel Arbeit kommt man kaum hinaus** avec autant de travail, on ne peut guère mettre le nez dehors

③ *(gelangen)* **nicht über das Anfangsstadium ~** ne pas dépasser la phase initiale

④ *(hinauslaufen auf)* **auf etw** *(Akk)* **~** équivaloir à qc; **das kommt auf dasselbe hinaus** ça revient au même

hinaus|komplimentieren* *tr V* éconduire; **hinauskomplimentiert werden** se faire éconduire

hinaus|können *itr V unreg fam* pouvoir sortir; **[hier/vorne] ~** pouvoir sortir [par ici/par-devant]

hinaus|lassen *tr V unreg* ① *(nach draußen lassen)* laisser sortir; **jdn aus einem Raum ~** laisser sortir qn d'une pièce; **jdn nicht aus der Tür ~** ne pas laisser sortir qn

② *(hinausbegleiten)* **jdn** ~ accompagner qn vers la sortie
hinaus|laufen *itr V unreg + sein* ❶ *(nach draußen laufen)* sortir [en courant]
② *(gleichbedeutend sein)* **auf etw** *(Akk)* ~ équivaloir à qc; **das läuft auf dasselbe** [*o* **aufs Gleiche**] **hinaus** ça revient au même
hinaus|lehnen *r V* **sich** ~ se pencher [au-]dehors; **sich aus dem Fenster/aus dem Auto** ~ se pencher par la fenêtre/à l'extérieur de la voiture
hinaus|posaunen* *s.* **ausposaunen**
hinaus|ragen *itr V + sein* ❶ *(nach außen ragen)* dépasser; **auf etw** *(Akk)* ~ dépasser sur qc
② *(überragen)* **über etw** *(Akk)* ~ *Berg, Turm:* se dresser au-dessus de qc
❸ *(übertreffen)* **über jdn/etw** ~ dominer qn/qc
hinaus|reichen I. *tr V geh* tendre; [**jdm**] **etw** ~ tendre qc [à qn]
II. *itr V* ❶ *(nach draußen reichen)* **bis zur Straße** ~ *Kabel, Leitung, Rohr:* aller jusqu'à la rue
② *(weiter reichen als)* **über das Monatsende** ~ *Betrag, Haushaltsgeld, Vorräte:* être suffisant(e) pour dépasser la fin du mois
hinaus|rennen *itr V unreg + sein fam* sortir en courant; [**schnell**] ~ sortir en courant
hinaus|schaffen *tr V (hinausbringen)* mettre dehors *Person;* sortir *Gegenstand;* **jdn/etw** ~ mettre qn dehors/sortir qc
hinaus|schauen *s.* **hinaussehen**
hinaus|schicken *tr V* faire sortir; envoyer dehors *Kinder*
hinaus|schieben *tr V unreg* ❶ *(nach draußen schieben)* pousser dehors; **jdn/etw** ~ pousser qn/qc dehors; **den Schrank zur Tür** ~ pousser l'armoire vers la porte
② *(hinauszögern)* **etw** ~ remettre qc à plus tard
hinaus|schießen *itr V unreg + sein* ❶ *(nach draußen schießen)* tirer dehors; **aus dem Fenster** ~ tirer par la fenêtre
② *fam (hinausrennen)* [**zur Tür**] ~ foncer dehors *(fam)*
hinaus|schmeißen *tr V unreg fam* foutre dehors *(fam);* **jdn/etw** ~ foutre qn/qc dehors; **hinausgeschmissen werden** se faire foutre dehors *(fam)*
Hinausschmiss^{RR} *s.* **Rausschmiss**
hinaus|schmuggeln *tr V* faire sortir clandestinement; **jdn/etw** ~ faire sortir qn/qc clandestinement
hinaus|schreien *unreg* I. *itr V* crier dehors; **zum Fenster** ~ crier par la fenêtre
II. *tr V* laisser éclater *Wut, Kummer*
hinaus|schwimmen *itr V unreg + sein* nager vers le large; **sie ist zur Sandbank hinausgeschwommen** elle a nagé vers le banc de sable
hinaus|sehen *itr V unreg* regarder dehors; **zum Fenster** ~ regarder par la fenêtre; **in den Garten/auf den Hof** ~ regarder dans le jardin/dans la cour
hinaus|sein^{ALT} *s.* **hinaus** ❶, ❹
hinaus|setzen I. *tr V* ❶ *(nach draußen setzen)* mettre dehors; **jdn** ~ mettre qn dehors
② *(hinauswerfen)* **jdn** ~ mettre qn à la porte
II. *r V* **sich auf die Terrasse/in den Garten** ~ s'asseoir dehors sur la terrasse/dans le jardin
hinaus|stehlen *r V unreg geh* **sich** ~ s'esquiver
hinaus|steigen *itr V unreg + sein* sortir; **durchs Fenster** ~ sortir par la fenêtre
hinaus|stellen *tr V* sortir *Gartenmöbel;* **Schuhe/eine Pflanze** ~ mettre des chaussures/une plante dehors
hinaus|strecken *tr V* **den Arm/die Hand** ~ étendre le bras/la main au-dehors; **den Arm/Kopf zum Fenster** ~ [é]tendre le bras/passer la tête par la fenêtre; **den Kopf** ~ passer la tête au-dehors
hinaus|stürmen *itr V + sein* se précipiter dehors; [**zur Tür**] ~ se précipiter dehors
hinaus|stürzen I. *itr V + sein* ❶ *geh (hinausfallen)* tomber à l'extérieur
② *(hinauseilen)* sortir précipitamment; **zur Tür** ~ se précipiter dehors
II. *r V + haben* **sich** ~ se jeter dehors; **sich aus dem** [*o* **zum**] **Fenster** ~ se jeter par la fenêtre
hinaus|tragen *tr V unreg* ❶ *(nach draußen tragen)* **jdn** [**zur Tür**] ~ transporter qn dehors; **etw** ~ porter qc dehors
② *geh (verbreiten)* propager *Geheimnis, Information*
hinaus|treiben *unreg* I. *tr V* ❶ **jdn** ~ *Person:* mettre qn dehors; *Strömung:* entraîner qn [vers le large]; **das Vieh aus dem Stall** ~ faire sortir le bétail de l'étable
② *(von zu Hause forttreiben)* **jdn** ~ faire fuir qn
II. *itr V* **auf das offene Meer** ~ dériver vers le large
hinaus|treten *itr V unreg + sein geh* sortir; **aus der Tür** ~ franchir la porte
hinaus|wachsen [-ks-] *itr V unreg + sein* ❶ *(übertreffen)* **über jdn** ~ surpasser qn
② *(hinter sich lassen)* **über etw** *(Akk)* ~ dépasser qc
▶ **über sich selbst** ~ se dépasser

hinaus|wagen *r V* **sich** ~ s'aventurer dehors; **sich nicht zur Tür** ~ ne pas oser sortir
hinaus|werfen *tr V unreg* ❶ *(wegwerfen)* jeter dehors; **etw** ~ jeter qc dehors
② *fam (vor die Tür setzen)* **jdn** ~ flanquer qn dehors *(fam);* *(entlassen)* flanquer qn à la porte *(fam)*
hinaus|wollen *itr V* ❶ *(nach draußen wollen)* vouloir sortir; **zu jdm** ~ vouloir sortir rejoindre qn; **er wollte gerade zur Tür hinaus** il était sur le point de sortir
② *(zu sprechen kommen auf)* **auf etw** *(Akk)* ~ rechercher qc; **auf einen bestimmten Punkt** ~ vouloir arriver à un point précis; **worauf willst du hinaus?** où veux-tu en venir?
hinaus|ziehen *unreg* I. *tr V + haben* ❶ *(nach draußen ziehen)* **jdn** ~ entraîner qn dehors; **etw** ~ tirer qc dehors
② *(woandershin ziehen)* **jdn** ~ *Fernweh, Sehnsucht:* pousser qn à partir; **ihre Sehnsucht zog sie stets in die Welt hinaus** sa nostalgie la poussait toujours vers de nouveaux horizons
II. *itr V + sein* ❶ *(abziehen)* Rauch, Bratendunst, Schwaden: sortir
② *(nach außerhalb ziehen)* partir; **aufs Land/in die Vorstadt** ~ s'installer à la campagne/en banlieue
III. *r V + haben Prozess, Entscheidung:* être retardé(e)
IV. *tr V unpers + haben* **es zieht ihn/sie hinaus** il/elle a envie de s'évader; **es zieht ihn hinaus in die freie Natur** il a envie de s'évader en pleine nature
hinaus|zögern I. *tr V* retarder
II. *r V* **sich** ~ être retardé(e)
Hinauszögerung <-, -en> *f* retard *m;* einer Entscheidung ajournement *m*
hin|bekommen* *s.* **hinkriegen**
hin|bestellen* *tr V* convoquer
hin|biegen *tr V unreg fam* ❶ *(bereinigen)* **das werden wir schon wieder** ~ on va rattraper ça
② *pej (manipulieren)* **es** [**so**] ~, **dass** goupiller les choses de telle sorte que + *subj (fam)*
❸ *(umziehen)* **den werden wir schon** ~! on va le mettre dans notre poche!
hin|blättern *tr V fam* allonger *(fam) Betrag, Banknoten, Geld*
Hinblick *m* ▶ **im** [*o* **in**] ~ **auf etw** *(Akk) (hinsichtlich)* compte tenu de qc; *(wegen, aufgrund)* par considération pour qc; **im** ~ **darauf, dass** compte tenu du fait que + *indic*
hin|bringen *tr V unreg* ❶ *(bringen)* apporter; [**jdm**] **etw** ~ apporter qc [à qn]; **etw zu jdm** ~ **lassen** faire parvenir qc à qn
② *(begleiten)* y emmener
hin|denken *itr V unreg* ▶ **wo denkst du/denken Sie hin!** que vas-tu/qu'allez-vous imaginer!
hinderlich ['hɪndɐlɪç] *geh* I. *Adj* ❶ *(behindernd)* gênant(e)
② *(ein Hindernis darstellend)* **für etw** *(Akk)* [*o* **jdm/einer S.**] ~ **sein** *Tatsache, Umstand, Vorfall:* être un handicap pour qc
II. *Adv* **sich** ~ **auf etw** *(Akk)* **auswirken** constituer un handicap pour la suite de qc
hindern ['hɪndɐn] *tr V* ❶ *(abhalten)* retenir; **jdn am Sprechen** ~ empêcher qn de parler; **jdn** [**daran**] ~ **etw zu tun** empêcher qn de faire qc
② *(stören)* **jdn beim Gehen** ~ gêner qn pour marcher; **das Kleid hindert mich bei der Arbeit** la robe me gêne pour travailler
Hindernis ['hɪndɐnɪs] <-ses, -se> *nt* obstacle *m;* **ein** ~ **für seine/ihre Karriere** une entrave à sa carrière
▶ **jdm** ~ **se in den Weg legen** mettre des bâtons dans les roues à qn
Hindernislauf *m,* **Hindernisrennen** *nt* course *f* d'obstacles
Hinderungsgrund *m* empêchement *m*
hin|deuten *itr V* ❶ *(hinzeigen)* montrer; **mit dem Finger/einem Zeigestock auf etw** *(Akk)* ~ montrer qc du doigt/avec une baguette
② *(vermuten lassen)* **auf etw** ~ laisser augurer qc; **darauf** ~, **dass** indiquer que + *indic*
Hindi ['hɪndi] <-> *nt kein Art* hindi *m;* **auf** ~ en hindi; *s. a.* **Deutsch**
Hindu ['hɪndu] <-[s], -[s]> *m* hindou(e) *m(f)*
Hinduismus [hɪndu'ɪsmʊs] <-> *m* hindouisme *m*
hinduistisch I. *Adj* hindou(e)
II. *Adv* **erziehen** dans l'hindouisme; **prägen** par l'hindouisme
hindurch [hɪn'dʊrç] *Adv* ❶ *(räumlich)* **hier** ~ par ici; **wo** ~? par où passer?; **durch die Wand** ~ à travers le mur
② *(zeitlich)* **die ganze Nacht** ~ toute la nuit; **Jahre** ~ pendant des années
hindurch|drängen *r V* **sich** ~ se frayer un passage **hindurch|dringen** *itr V unreg + sein* passer à travers; **durch etw** ~ *Feuchtigkeit, Lichtstrahl:* passer au travers de qc **hindurch|gehen** *itr V unreg + sein* ❶ *(durchschreiten)* **durch etw/unter etw** *(Dat)* ~ passer par/sous qc ② *(durchdringen)* **durch jdn/etw** ~ *Strahlen, Messer, Geschoss:* traverser qn/qc ❸ *(bewegt werden können)* **durch etw** ~ *Bohrer:* passer au travers de qc ❹ *(passen)*

durch etw ~ passer par qc
hin|dürfen *itr V unreg fam* pouvoir y aller; **da darfst du nicht mehr hin** je ne veux plus que tu y ailles
hin|eilen *itr V + sein geh* ❶ **zu jdm ~** se rendre en hâte chez qn ❷ *(eilen)* se hâter
hinein [hɪˈnaɪn] *Adv* **da/dort/hier ~!** il faut entrer là/là-bas/ici!; **~ mit dir!** entre!; **nur ~!** entre/entrez donc!
hinein|begeben* *r V unreg geh* **sich ~** entrer; **sich in etw** *(Akk)* **~** se rendre à l'intérieur de qc
hinein|bekommen* *tr V unreg fam* faire entrer; **etw in etw** *(Akk)* **~** faire entrer qc dans qc; **das Buch bekomme ich nicht mehr in den Koffer hinein** ce livre ne rentre plus dans ma valise
hinein|blicken *itr V geh* regarder à l'intérieur; **in etw** *(Akk)*/**durch etw ~** regarder à l'intérieur de/par qc
hinein|bringen *tr V unreg* ❶ *(hineintragen)* apporter ❷ *(hineinbegleiten)* **jdn zu jdm ~** amener qn vers qn ❸ *(schaffen)* **Ordnung in etw** *(Akk)* **~** mettre de l'ordre dans qc; **Sinn in etw** *(Akk)* **~** apporter du sens à qc ❹ *s.* **hineinbekommen**
hinein|bugsieren* *tr V fam* transbahuter à l'intérieur *(fam)*; **etw in etw** *(Akk)* **~** transbahuter qc à l'intérieur de qc
hinein|denken *r V unreg* **sich in jdn ~** se mettre à la place de qn; **sich in etw** *(Akk)* **~** se pénétrer de qc *(soutenu)*; **sich in die Psyche eines Kindes ~** entrer dans le psychisme d'un enfant
hinein|deuten *tr V in etw* **etw** *(Akk)* **~** tirer qc de qc; **zu viel in einen Satz ~** surinterpréter une phrase
hinein|drängen **I.** *tr V + haben* pousser à l'intérieur; **jdn in etw** *(Akk)* **~** pousser qn à l'intérieur de qc **II.** *itr V + sein* **in etw** *(Akk)* **~** se presser pour entrer dans qc **III.** *r V + haben* **sich in den Saal ~** se frayer un passage pour entrer dans la salle
hinein|fallen *itr V unreg + sein* tomber dedans; **in etw** *(Akk)* **~** tomber dans qc
hinein|finden *unreg* **I.** *itr V* trouver le chemin pour entrer; **in etw** *(Akk)* **~** trouver le chemin pour entrer dans qc **II.** *r V* ❶ *(sich vertraut machen)* **sich ~** se mettre au courant; **sich in etw** *(Akk)* **~** se familiariser avec qc ❷ *(sich abfinden)* **sich in etw** *(Akk)* **~** se faire à qc
hinein|fressen *tr V unreg* ❶ *sl (hinunterschlingen)* **etw in sich** *(Akk)* **~** s'enfiler qc *(fam)* ❷ *fam (nicht abreagieren)* **etw in sich** *(Akk)* **~** ravaler qc [en soi-même]
hinein|gehen *itr V unreg + sein (eintreten, hineinpassen)* entrer; **in etw** *(Akk)* **~** entrer dans qc
hinein|geraten* *itr V unreg + sein* **in etw** *(Akk)* **~** tomber dans qc
hinein|gießen *tr V unreg* ❶ **etw ~** verser qc dedans; **etw in etw** *(Akk)* **~** verser qc dans qc ❷ *fam (trinken)* **etw in sich** *(Akk)* **~** siffler qc *(fam)*
hinein|greifen *itr V unreg* mettre la main dedans; **in etw** *(Akk)* **~** mettre la main dans qc; **hier, greif mal hinein!** *(bedien dich)* vas-y, sers-toi!
hinein|gucken *s.* **hineinsehen**
hinein|halten *tr V unreg* **etw ~** maintenir qc dedans; **seine Hände in etw** *(Akk)* **~** maintenir ses mains dans qc
hinein|interpretieren* *tr V* **etw in etw** *(Akk)* **~** tirer qc de qc; **zu viel in einen Satz ~** surinterpréter une phrase
hinein|klettern *itr V + sein* grimper à l'intérieur; **durch das Fenster ~** grimper à l'intérieur par la fenêtre; **in etw** *(Akk)* **~** grimper dans qc
hinein|knien [-kniːn, -kniːən] *r V fam* **sich ~** se donner à fond; **sich in etw** *(Akk)* **~** se donner à fond dans qc
hinein|kommen *itr V unreg + sein* ❶ *(hineingelangen)* entrer; **in ein Gebäude ~** entrer dans un bâtiment ❷ *fam (hineingehören)* **wo kommt der Käse hinein?** où se range le fromage?
hinein|komplimentieren* *tr V* inviter à entrer; **jdn in etw** *(Akk)* **~** inviter qn à entrer dans qc
hinein|kriegen *s.* **hineinbekommen**
hinein|lachen *itr V* **in sich** *(Akk)* **~** rire sous cape [*o* dans sa barbe]
hinein|lassen *tr V unreg* laisser entrer
hinein|laufen *itr V unreg + sein* ❶ *(schnell eintreten)* entrer [en courant]; **ins Haus/zum Tor ~** entrer dans la maison/franchir le porche en courant ❷ *(laufen gegen)* **in ein Auto ~** se précipiter dans une voiture
hinein|legen **I.** *tr V* ❶ *(legen)* **etw ~** mettre qc dedans; **etw wieder ~** remettre qc dedans; **etw in die Schublade ~** mettre dans le tiroir ❷ *(sich ausdrücken lassen)* **sein ganzes Gefühl in etw** *(Akk)* **~** mettre tout son cœur dans qc **II.** *r V* **sich ~** se coucher dedans; **sich in etw** *(Akk)* **~** se coucher dans qc
hinein|manövrieren* [-vr-] *r V* **sich in etw** *(Akk)* **~** s'embarquer dans qc

hinein|passen *itr V (dazu passen)* **in etw** *(Akk)* **~** être à sa place dans qc; **in etw** *(Akk)* **nicht ~** être déplacé(e) dans qc
hinein|pfuschen *itr V fam* **jdm ~** mettre son bazar dans les affaires de qn *(fam)*; **jdm in seine Arbeit ~** mettre son bazar dans le travail de qn *(fam)*; **immer muss er in alles ~!** il faut toujours qu'il mette son bazar partout!
hinein|platzen *itr V + sein fam* **bei jdm/in etw** *(Akk)* **~** débarquer [*o* se pointer *fam*] chez qn/dans qc
hinein|pumpen *tr V* injecter *Beton;* **Wasser in etw ~** introduire de l'eau par pompage dans qc
hinein|ragen *itr V + sein* **in etw** *(Akk)* **~** dépasser sur qc
hinein|reden *itr V (sich einmischen)* **jdm ~** se mêler des affaires de qn; **jdm in alles ~** se mêler sans arrêt des affaires de qn
hinein|regnen *itr V unpers* pleuvoir à l'intérieur; **es regnet durchs Dach hinein** il pleut par le toit à l'intérieur
hinein|reichen **I.** *tr V* passer; **jdm etw durchs Fenster ~** passer qc à qn par la fenêtre **II.** *itr* ❶ **bis in das Dorf ~** arriver jusqu'au cœur du village ❷ *(zeitlich)* **bis in die Gegenwart ~** se poursuivre jusqu'à nos jours
hinein|reiten *unreg* **I.** *itr V + sein* **in eine Stadt/einen Fluss ~** entrer à cheval dans une ville/rivière **II.** *tr V + haben fam* **jdn ~/in etw** *(Akk)* **~** fourrer qn dedans/dans qc *(fam)*
hinein|rennen *itr V unreg + sein fam* entrer en courant; **in das Haus ~** entrer dans la maison en courant
hinein|rutschen *itr V* **in etw** *(akk)* **~** ❶ glisser dans qc ❷ *fig fam* se retrouver dans qc
hinein|schaffen *tr V* transporter à l'intérieur; **jdn/etw ~** transporter qn/qc à l'intérieur de qc; **jdn/etw in das Haus ~** transporter qn/qc à l'intérieur de la maison
hinein|schauen *itr V* ❶ *fam (besuchen)* passer; **bei jdm ~** passer chez qn; **bei jdm auf einen Sprung ~** faire un saut chez qn ❷ *s.* **hineinsehen**
hinein|schleichen *unreg* **I.** *itr V + sein* se glisser à l'intérieur; **in etw** *(Akk)* **~** se glisser à l'intérieur de qc **II.** *r V* **sich in etw** *(Akk)* **~** se glisser à l'intérieur de qc
hinein|schlingen *tr V unreg* **etw in sich** *(Akk)* **~** engloutir qc
hinein|schlittern *itr V + sein* ❶ *fam (hineingeraten)* **in etw** *(Akk)* **~** se fourrer dans qc ❷ *(hineinrutschen)* glisser dedans; **in etw** *(Akk)* **~** glisser dans qc
hinein|schlüpfen *itr V + sein (anziehen)* enfiler; **können Sie [schnell/kurz] ~?** pouvez-vous enfiler ça [vite fait]?; **in etw** *(Akk)* **~** enfiler qc
hinein|schmuggeln **I.** *tr V* introduire clandestinement; **etw in etw** *(Akk)* **~** introduire clandestinement qc dans qc **II.** *r V* **sich in etw** *(Akk)* **~** s'introduire clandestinement dans qc
hinein|schreiben *tr V unreg* inscrire; **etw in etw** *(Akk)* **~** inscrire qc dans qc
hinein|schütten *tr V* ❶ *(schütten)* verser dedans; **etw in etw** *(Akk)* **~** verser qc dans qc ❷ *fam (trinken)* **etw in sich** *(Akk)* **~** siffler qc *(fam)*
hinein|sehen *itr V unreg* regarder dedans; **in etw** *(Akk)* **~** regarder dans qc
hinein|setzen **I.** *tr V* **jdn ~** asseoir qn dedans; **jdn in etw** *(Akk)* **~** asseoir qn dans qc **II.** *r V* **sich ~** s'asseoir dedans; **sich in etw** *(Akk)* **~** s'asseoir dans qc
hinein|spielen *itr V* **in etw** *(Akk)* **[mit] ~** entrer en jeu dans qc
hinein|stecken *tr V* ❶ **etw ~** mettre qc/qc dedans; **jdn/etw in etw** *(Akk)* **~** mettre qn/qc dans qc ❷ *(investieren)* **viel Arbeit ~** mettre beaucoup de travail dedans; **viel Geld in etw** *(Akk)* **~** mettre [*o* engager] beaucoup d'argent dans qc
hinein|steigern *r V* **sich in etw** *(Akk)* **~** se laisser emporter par qc
hinein|stopfen *tr V* ❶ *(stopfen)* **etw ~** fourrer qc dedans; **etw in etw** *(Akk)* **~** fourrer qc dans qc ❷ *fam (essen)* **Pralinen in sich** *(Akk)* **~** se bourrer de chocolats *(fam)*
hinein|stoßen *tr V unreg* **jdn/etw ~** pousser qn/qc dedans; **jdn/etw in etw** *(Akk)* **~** pousser qn/qc dans qc
hinein|strömen *itr V + sein Gas:* se répandre à l'intérieur; *Wasser, Öl, Kraftstoff:* couler à flots à l'intérieur; *Menschenmenge, Tausende:* s'engouffrer [*o* affluer] à l'intérieur; **in etw** *(Akk)* **~** *Gas:* se répandre à l'intérieur de qc; *Wasser, Öl, Kraftstoff:* couler à flots à l'intérieur [de qc]; *Menschenmenge, Tausende:* s'engouffrer [*o* affluer] à l'intérieur [de qc]
hinein|stürzen **I.** *itr V + sein (fallen)* tomber dedans; **in etw** *(Akk)* **~** tomber dans qc **II.** *tr V + haben geh* **jdn ~** précipiter qn dedans; **jdn in etw** *(Akk)* **~** précipiter qn dans qc **III.** *r V + haben* **sich ~** *(Akk)* se jeter dedans; **sich in die Arbeit** *(Akk)* **~** se jeter à corps perdu dans le travail

hinein|tragen *tr V unreg* jdn/etw ~ transporter qn/qc dedans; jdn/etw in etw *(Akk)* ~ transporter qn/qc à l'intérieur de qc
hinein|tun *tr V unreg fam* etw ~ mettre qc dedans; etw in etw *(Akk)* ~ mettre qc dans qc
hinein|versetzen* *r V* sich in jdn [*o* in jds Lage] ~ se mettre à la place de qn; **sich in die Antike hineinversetzt fühlen** avoir l'impression d'être transporté(e) dans l'Antiquité
hinein|wachsen [-ks-] *itr V unreg + sein* ❶ *fam (durch Wachstum ausfüllen)* **sie wird in das Kleid** ~ à force de grandir, cette robe va lui aller
❷ *(vertraut werden)* **in eine Gemeinschaft** ~ se faire [*o* s'accoutumer] à une communauté; **in eine Aufgabe** ~ se montrer peu à peu à la hauteur d'une tâche
hinein|wagen *r V* sich ~ oser entrer; sich zu jdm/in etw *(Akk)* ~ oser entrer [*o* s'aventurer] chez qn/dans qc
hinein|wollen *itr V fam* vouloir entrer; zu jdm/in das Geschäft ~ vouloir entrer chez qn/dans le magasin
hinein|ziehen *unreg* I. *tr V + haben* compromettre, mouiller *(fam)*; jdn [mit] ~ compromettre qn, mouiller qn; jdn in etw *(Akk)* [mit] ~ entraîner qn dans qc
II. *itr V + sein* in etw *(Akk)* ~ Rauch, Schwaden, Geruch: entrer
hinein|zwängen I. *tr V* etw ~ faire entrer qc [de force] dedans; etw in etw *(Akk)* ~ faire entrer qc [de force] dans qc
II. *r V* sich in einen Raum ~ entrer de force dans une pièce; **sich in einen Rock** ~ entrer à tout prix dans une jupe [étroite]
hin|fahren *unreg* I. *itr V + sein* y aller; zu jdm ~ aller chez qn
II. *tr V + haben* jdn ~ y conduire qn; etw ~ y apporter qc [en voiture]; jdn zu jdm ~ mener qn en voiture chez qn
Hinfahrt *f* trajet *m* [pour y aller]; auf [*o* während] der ~ à l'aller
hin|fallen *itr V unreg + sein* tomber
hinfällig *Adj* ❶ *(gebrechlich)* infirme, invalide, décrépit(e)
❷ *(ungültig)* Forderung, Rechnung caduc(-uque), sans objet; Argument sans valeur, dépassé(e)
Hinfälligkeit <-> *f* ❶ *a.* JUR caducité *f*
❷ *(Ungültigkeit)* invalidité *f*
hin|finden *itr V unreg fam* trouver le chemin; zu jdm/zur Post ~ trouver le chemin pour aller chez qn/à la poste
hin|fläzen, hin|flegeln *r V fam* sich ~ se vautrer
hin|fliegen *itr V unreg + sein* ❶ AVIAT y aller en avion
❷ *fam (hinfallen)* s'étaler *(fam)*
Hinflug *m* vol *m* [pour y aller]; auf dem ~ à l'aller; auf dem ~ nach Paris pendant le vol aller pour Paris
hin|führen I. *tr V* jdn ~ y conduire qn; jdn zu etw ~ conduire qn à qc
II. *itr V* y conduire; zu etw ~ conduire à qc
▶ **wo soll das ~?** où cela va-t-il nous mener?
hing [hɪŋ] *Imp von* hängen
Hingabe *f kein Pl* ardeur *f*; mit ~ avec ardeur
hin|geben *unreg* I. *r V* ❶ *(sich überlassen)* sich dem Nichtstun/ der Verzweiflung ~ s'abandonner à la farniente/au désespoir; **sich dem Laster** ~ s'adonner au vice
❷ *euph geh (sich nicht verweigern)* sich jdm ~ se donner à qn
II. *tr V geh* donner Geld; sacrifier Ruf
Hingebung *s.* Hingabe
hingebungsvoll I. *Adj* Blick, Klavierspiel passionné(e); Pflege plein(e) de dévouement
II. *Adv* spielen avec ferveur; lauschen, sich widmen passionnément; pflegen avec dévouement
hingegen *Konj geh* en revanche
hin|gehen *itr V unreg + sein* ❶ *(dorthin gehen)* y aller
❷ *geh (vergehen)* Zeit, Jahre: passer
❸ *(angehen)* [noch] ~ passer [encore]; **diesmal mag es noch** ~ passe pour cette fois; **es geht nicht hin, dass** il est inadmissible que + *subj*
hin|gehören* *itr V fam* **weißt du eigentlich, wo du hingehörst?** sais-tu au fait où est ta place?; **wo der Hund wohl ~ mag?** à qui peut-il bien être, ce chien? *(fam)*; **wo gehört die Schüssel hin?** il se range où, ce plat? *(fam)*
hin|geraten* *itr V unreg + sein* **wo bin ich hier bloß ~?** *fam* où est-ce que je suis tombé(e)? *(fam)*
hingerissen ['hɪŋɡərɪsən] I. *Adj* ravi(e)
▶ **hin- und hergerissen sein** *(unentschieden sein)* être écartelé(e)
II. *Adv* avec ravissement
hin|halten *tr V unreg* ❶ *(entgegenhalten)* jdm etw ~ tendre qc à qn
❷ *(warten lassen)* abuser; **sich von jdm** ~ **lassen** se laisser bercer par qn
Hinhaltetaktik *f* manœuvre *f* dilatoire
hin|hauen *unreg* I. *itr V fam* ❶ *(gut gehen)* marcher, coller *(fam)*
❷ *(zuschlagen)* cogner *(fam)*
II. *r V sl* sich ~ ❶ *(sich schlafen legen)* aller pioncer *(fam)*

❷ *(sich hinflegeln)* se vautrer
III. *tr V fam* bâcler Arbeit, Hausaufgaben
hin|hören *itr V* écouter; **er/sie hatte nicht so genau hingehört** il/elle n'y avait pas prêté l'oreille
hin|kauern *r V* sich ~ s'accroupir
Hinkebein *nt,* **Hinkefuß** *m fam* ❶ *(hinkendes Bein)* patte *f* folle *(fam)*
❷ *(Mensch)* boiteux(-euse) *m(f)*
Hinkelstein *m fam* menhir *m*
hinken ['hɪŋkən] *itr V* ❶ *+ haben* boiter; **auf** [*o* **mit**] **dem linken Bein** ~ boiter du pied gauche
❷ *+ sein (sich fortbewegen)* **über die Straße** ~ traverser la rue en boitant; **~d die Treppe hinaufgehen** monter l'escalier en boitant
❸ *+ haben (nicht zutreffen)* Beispiel, Vergleich: être boiteux(-euse)
hin|knallen *fam* I. *itr V + sein* Person: s'étaler *(fam)*
II. *tr V + haben* [jdm] etw ~ balancer qc [à qn] *(fam)*
hin|knien [-kniːn, -kniːən] I. *itr V + sein* s'agenouiller
II. *r V + haben* sich ~ s'agenouiller
hin|kommen *itr V unreg + sein* ❶ *(an einen Ort gelangen)* y arriver; [da/dort] ~ y arriver
❷ *(hingetan werden)* **wo ist meine Brille hingekommen?** où sont passées mes lunettes?
❸ *(hingehören)* **die Gläser kommen hier hin** les verres se mettent ici
❹ *fam (auskommen)* **mit etw** ~ se débrouiller avec qc *(fam)*; **mit dem Haushaltsgeld nicht** ~ ne pas arriver à joindre les deux bouts; **mit dem Taschengeld/seinem Gehalt nicht** ~ ne pas s'en sortir avec son argent de poche/son salaire
❺ *fam (stimmen)* être juste; **das kann/kann nicht** ~ ça se peut/ c'est pas possible *(fam)*
▶ **wo kämen wir denn hin, wenn ...!** *fam* où irions-nous si ...!; **wo kämen wir denn da hin!** *fam* il [ne] manquerait plus que ça! *(fam)*
hin|kriegen *tr V fam* ❶ *(reparieren)* rafistoler *(fam)*; etw [wieder] ~ rafistoler qc
❷ *(fertigbringen)* arranger; **es** ~, **dass** arriver à se débrouiller pour que + *subj*
Hinkunft ['hɪnkʊnft] *f* A in ~ à l'avenir
hin|langen *itr V fam* ❶ *(hinfassen)* y toucher; *(die Hand ausstrecken)* tendre la main; **nicht** ~! pas touche! *(fam)*; **der Stoff ist ganz weich, lang mal hin!** l'étoffe est toute douce, touche ça! *(fam)*
❷ *(zuschlagen)* cogner *(fam)*
❸ *(sich bedienen)* piocher dedans *(fam)*
❹ *(ausreichen)* Geld, Vorräte: suffire
❺ *(auskommen)* **mit etw** ~ se débrouiller avec qc *(fam)*
hinlänglich I. *Adj* suffisant(e)
II. *Adv* suffisamment
hin|lassen *tr V unreg* laisser y aller; jdn ~ laisser qn y aller
hin|laufen *itr V unreg + sein* ❶ *(hinrennen)* y courir; **zu jdm** ~ courir chez qn
❷ DIAL *fam (zu Fuß gehen)* y aller à pied
hin|legen I. *tr V* ❶ déposer Buch, Päckchen
❷ *(flach lagern)* allonger Person
❸ *(vorlegen, bereitlegen)* jdm einen Brief/Zettel ~ présenter une lettre/mettre un mot à qn; **wo soll ich dir die Handtücher ~?** où dois-je te mettre les serviettes?
❹ *fam (bezahlen)* **viel Geld für etw** ~ **müssen** devoir allonger beaucoup d'argent pour qc *(fam)*
❺ *fam (darbieten)* faire Vortrag, Solonummer; sortir *(fam)* Rede
III. *r V* ❶ *(sich schlafen legen)* sich ~ s'allonger, se coucher
❷ *fam (hinfallen)* sich ~ s'étaler *(fam)*
▶ **da legst du dich [lang] hin!** *fam* [il] y a de quoi en rester baba! *(fam)*
hin|lümmeln *r V fam* sich ~ s'étaler *(fam)*
hin|machen *fam* I. *tr V* etw da/dort ~ mettre qc ici/là
II. *tr V da/dort* ~ Hund, Katze: faire là *(fam)*
hin|müssen *itr V unreg fam* devoir y aller; **es muss keiner hin** personne n'est obligé d'y aller
Hinnahme <-> *f* acceptation *f*
hin|nehmen *tr V unreg* ❶ *(ertragen)* accepter; supporter Beleidigung, Verstoß; **eine Niederlage** ~ **müssen** essuyer une défaite
❷ *fam (mitnehmen)* **einen Hund/etw mit zu jdm** ~ embarquer un chien/qc avec soi chez qn *(fam)*
hin|neigen I. *r V* sich ~ se pencher; sich zu jdm ~ se pencher vers qn
II. *tr V* etw zu jdm ~ pencher qc vers qn
hin|passen *itr V* ❶ *(sich einfügen)* **da passt er/sie** ~ là, il/elle est à sa place; **der Tisch passt da [gut] hin** là, la table va bien; **die Vase würde hier besser** ~ le vase irait mieux ici
❷ *(Platz haben)* **passt der Sessel da hin?** y a-t-il là assez de place pour le fauteuil?
hin|pfeffern *tr V fam* ❶ *(hinwerfen)* balancer; **er hat ihm den**

Brief/seine Kündigung hingepfeffert il lui a balancé la lettre/sa lettre de licenciement *(fam)*
❷ *(verfassen)* **sie wird ihnen einen Artikel ~** elle va leur envoyer un article dans les gencives *(fam)*
hin|plumpsen *itr V + sein fam Person:* [se] prendre une gamelle *(fam); Gegenstand:* se casser la figure *(fam);* **sich ~ lassen** s'affaler; **etw ~ lassen** laisser qc dégringoler par terre *(fam)*
hin|raffen *s.* dahinraffen
hin|reichen *geh* I. *tr V* tendre *Hand;* passer *Gegenstand*
II. *itr V Bestand, Vorrat:* suffire
hinreichend ['hɪnraɪçənt] I. *Adj* suffisant(e)
II. *Adv* suffisamment; **ich habe dich ja ~ oft gewarnt** je t'ai assez averti!
Hinreise *f* trajet *m* [pour y] aller; **die ~ nach Rom** le trajet pour aller à Rome; **auf der ~** à l'aller; **Hin- und Rückreise** aller *m* et retour
hin|reißen *tr V unreg* ❶ *(begeistern) Person:* séduire; *Sportwagen, Villa:* ravir; **jdn ~** *Person:* séduire qn; *Sportwagen, Villa:* ravir qn; **von jdm/etw hingerissen sein** être émerveillé(e) par qn/qc; *s. a.* hingerissen
❷ *(verleiten)* **jdn zu etw ~** déclencher qc chez qn; **sich ~ lassen** s'emporter; **sich zu einer Bemerkung ~ lassen** se laisser aller à une remarque; *s. a.* hingerissen
hinreißend I. *Adj* ravissant(e)
II. *Adv tanzen, spielen* merveilleusement [bien]; **~ aussehen** être ravissant(e)
hin|rennen *s.* hinlaufen ❶
hin|richten *tr V* exécuter
Hinrichtung *f* exécution *f;* **eine ~ vollziehen** procéder à une exécution
hin|rotzen *tr V sl* torcher *(pop)*
hin|schaffen *tr V* **eine Kiste zu jdm ~** transporter une caisse chez qn
hin|schauen *s.* hinsehen
hin|schicken *tr V* envoyer
Hinschied ['hɪnʃiːt] <-s, -e> *m* CH *geh* disparition *f,* décès *m*
hin|schlagen *itr V unreg* ❶ *+ sein (hinfallen)* tomber comme une masse
❷ *+ haben (zuschlagen)* frapper
hin|schleichen *unreg* I. *itr V + sein* **zu jdm/zum Nachbarhaus ~** se glisser chez qn/se faufiler jusqu'à la maison voisine
II. *r V + haben* **sich ~** se glisser là; **sich zu jdm/zum Kühlschrank ~** se glisser chez qn/se faufiler jusqu'au frigo
hin|schleppen I. *r V* ❶ *(sich hinmühen)* **sich ~** se traîner jusque-là; **sich zu der Veranstaltung ~** se traîner jusqu'à la manifestation
❷ *(sich hinziehen)* **sich ~** *Verhandlungen, Untersuchungen:* traîner en longueur
II. *tr V* ❶ *(tragen)* **etw zu jdm/zum Auto ~** traîner qc jusque chez qn/jusqu'à la voiture
❷ *fam (mitnehmen)* **jdn mit ~** y emmener qn; **jdn mit zu jdm ~** emmener qn chez qn
hin|schludern *tr V fam* bâcler *(fam)*
hin|schmeißen *s.* hinwerfen
hin|schmelzen *itr V unreg + sein hum fam* **vor Glück ~** être chaviré(e) [de bonheur] *(fam);* **vor Rührung ~** être tout émotionné(e) *(fam)*
hin|schmieren *tr V fam* ❶ étaler *Schmutz*
❷ *pej (malen)* barbouiller *Bild*
❸ *pej (schreiben)* torch[onn]er *(fam);* gribouiller *Parole*
hin|schreiben *unreg* I. *tr V* noter *Wort, Namen*
II. *itr V fam* **wirst du [da/dort] ~ ?** tu vas [lui/leur] écrire?
hin|sehen *itr V unreg* regarder; **genauer** [*o näher*] **~** y regarder de plus près; **vom blo**ß**en Hinsehen** rien qu'à le/la/... regarder; **bei genauerem** [*o näherem*] **Hinsehen** en y regardant de plus près
hin|sein^ALT *s.* hin I.❸, II.
hin|setzen I. *r V* **sich ~** *(sich setzen)* s'asseoir
❷ *fam (hinfallen)* se retrouver les quatre fers en l'air *(fam)*
II. *tr V* ❶ *(niedersetzen)* asseoir *Person*
❷ *(absetzen)* [dé]poser *Kiste, Tasche*
Hinsicht *f kein Pl* point *m* de vue; **in dieser ~** à cet égard; **in jeder ~** à tous points de vue, à tous égards; **in mancher ~** à maints égards; **in beruflicher/finanzieller ~** du point de vue [*o* sur le plan] professionnel/financier
hinsichtlich *Präp + Gen form* en ce qui concerne; **~ des Vertrags** en ce qui concerne le contrat
hin|sinken *itr V unreg + sein geh* s'affaisser
hinsitzen SDEUTSCH, CH *s.* hinsetzen I.
Hinspiel *nt* match *m* aller
hin|stehen SDEUTSCH, CH *s.* hinstellen II.
hin|stellen I. *tr V* ❶ *(hintun)* mettre; **etw da/dort ~** mettre qc là
❷ *(abstellen)* déposer *Fahrrad;* garer *Auto*
❸ *(charakterisieren)* **jdn als Angeber ~** faire passer qn pour un fri-
meur
II. *r V* **sich ~** se mettre debout; *(sich aufrichten)* se mettre droit(e); **sich vor jdn ~** se planter devant qn
hin|steuern *itr V + sein* **auf einen Streit/ein Ziel ~** rechercher le conflit/poursuivre un objectif
hin|strömen *itr V + sein Besucher, Menschenmenge:* y affluer
hin|stürzen *itr V + sein* ❶ *(eilen)* s'y précipiter
❷ *(hinfallen)* tomber
hintan|stellen *tr V geh* **etw ~** *(zurückstellen)* reléguer qc au second plan; *(auf später verschieben)* reporter qc à plus tard
hinten ['hɪntən] *Adv* derrière; **~ sein, sich ~ befinden** être derrière; **~ bleiben** rester en arrière; **im Bus ~** au fond du bus; **~ in der Schlange** à l'arrière de la queue; **~ am Kragen/an der Hose** sur l'envers du col/du pantalon; **der Blinker ~ rechts** le clignotant arrière droit; **im Buch ~** à la fin du livre; [**ganz**] **~ sitzen** être assis(e) [tout] au fond; **nach ~ schauen/durchgehen** regarder derrière/aller vers le fond; **nach ~ fallen** tomber en arrière [o à la renverse]; **von ~** de derrière; **von ~ kommen** venir par derrière; **von ~ nach vorn kommen** venir de l'arrière vers l'avant; **von ~ anfangen** commencer par la fin; **von ~ sahen Sie ihm ähnlich** vous lui ressembliez de dos; **von ~ sieht der Wagen komisch aus** vue de derrière, la voiture a l'air bizarre
▶ **weder ~ noch vorn[e] stimmen** *fam* être absolument faux(fausse); **das Geld reicht weder ~ noch vorn[e]** *fam* n'importe comment, c'est pas assez [d'argent]; **sie weiß nicht mehr, wo ~ und vorn[e] ist** *fam* elle ne sait plus où elle en est; **jdm ~ reinkriechen** *fam* s'aplatir devant qn *(fam);* **sie sieht ihn/sie am liebsten von ~** *fam* moins elle le/la voit, mieux elle se porte
hinten|dran *Adv fam* [par] derrière **hintendrauf** *Adv fam* ❶ *(auf der Ladefläche)* derrière ❷ *s.* hintendran ▶ **jdm eins ~ geben** donner une tape sur les fesses à qn **hintenherum** *Adv* ❶ *(gehen, kommen)* par derrière; **kommen Sie ~ !** passez par derrière! ❷ *fam (auf Umwegen)* par la bande ❸ *fam (illegal) bekommen, besorgen* sous le manteau **hintennach** A, SDEUTSCH *s.* hinterdrein **hintenrum** *s.* hintenherum **hintenüber** *Adv* en arrière, à la renverse
hintenüber|fallen *itr V unreg + sein* tomber à la renverse **hintenüber|kippen** *itr V + sein* basculer en arrière **hintenüber|stürzen** *itr V + sein* tomber à la renverse
hinter ['hɪntɐ] I. *Präp + Dat* ❶ **~ jdm/etw stehen** être [*o* se tenir] derrière qn/qc; **~ dem Berg/dem Fluss** derrière la montagne/la rivière; **zwei Kilometer ~ der Grenze** deux kilomètres après la frontière
❷ *(nach)* **~ jdm/qc** après qn/qc; **einer ~ dem anderen** l'un après l'autre; **die Tür ~ sich schließen** fermer la porte sur soi
II. *Präp + Akk* **sich ~ jdm/etw stellen** se mettre derrière qn/qc
Hinterachse [-ks-] *f* essieu *m* arrière **Hinterausgang** *m* sortie *f* de derrière **Hinterbacke** *f meist Pl fam* fesse *f* ▶ **sich auf die ~n setzen** se remuer le train *(pop)* **Hinterbänkler(in)** <-s, -> *m(f) pej* député*e* *m(f)* de seconde zone *(péj)* **Hinterbein** *nt* patte *f* de derrière ▶ **sich auf die ~ stellen** ruer dans les brancards **Hinterbliebene(r)** *f(m) dekl wie Adj* parent(e) *m(f)* survivant(e); **die ~n** la famille
Hinterbliebenenrente *f* rente *f* allouée aux survivants
hinter|bringen* *tr V unreg* rapporter **Hinterdeck** *nt* pont *m* arrière **hinterdrein** [hɪntɐ'draɪn] *Adv* à l'arrière
hintere(r, s) *Adj Haus, Tür, Zimmer* de derrière; **die ~n Reihen** les rangées du fond; **die ~n Seiten** les dernières pages; **der ~ Teil/Bereich** la partie arrière; **das ~ Stück** le bout [final]; **im ~n Teil des Zuges** à l'arrière du train, en queue du train; **im ~n Teil des Saales** au fond de la salle
hintereinander [hɪntɐʔaɪ'nandɐ] *Adv* ❶ *(räumlich)* l'un(e) derrière l'autre; **~ hergehen** marcher en file indienne
❷ *(zeitlich)* **etw ~ tun** *(wiederholt)* faire qc de suite; *(an einem Stück)* faire qc d'affilée
hintereinander|fahren *itr V unreg + sein* rouler l'un(e) derrière l'autre
hintereinander|gehen *itr V unreg + sein* marcher l'un(e) derrière l'autre
hintereinanderher *Adv* l'un(e) derrière l'autre, à la queue leu leu
hintereinander|stehen *itr V unreg + haben o* SDEUTSCH, A, CH *sein Personen:* être debout l'un(e) derrière l'autre; *Fahrzeuge:* être l'un(e) derrière l'autre
Hintereingang *m* entrée *f* de derrière **hinterfotzig** *Adj, Adv* DIAL *sl Person* salaud(salope) *(pop); Intrige* dégueulasse *(pop);* **ein ganz ~er Typ** un véritable salaud *(pop);* **dieses ~e Weib** cette salope *(pop)* **hinterfragen*** *tr V geh* remettre en question; **etw ~** remettre qc en question **Hinterfuß** *m* pied *m* de derrière **Hintergaumenlaut** *m* PHON vélaire *f* **Hintergebäude** *nt* bâtiment *m* de derrière **Hintergedanke** *m* arrière-pensée *f;* **~n haben** avoir quelque chose derrière la tête; **ohne ~n** sans [aucune] arrière-pensée **hintergehen*** *tr V unreg* ❶ *(betrügen)* tromper ❷ *(sexuell betrügen)* **jdn mit jdm ~** tromper qn avec qn

Hinterglasmalerei f KUNST ❶ *(Bild)* image peinte sur l'envers d'une surface en verre ❷ *kein Pl (Technik)* peinture f sur verre
Hintergrund m ❶ *einer Bühne, eines Raumes, Gemäldes* fond m ❷ *(Bedingungen, Umstände)* toile f de fond; **einen realen ~ haben** *Legende:* reposer sur un fait authentique; **vor dem ~ dieser Ereignisse** au vu de ces événements ❸ *Pl (verborgene Zusammenhänge)* dessous mpl ▸ **im ~ bleiben** rester dans l'ombre [*o* en retrait]; **jdn in den ~ drängen** reléguer qn au second plan; **in den ~ treten** être relégué(e) au second plan [*o* à l'arrière-plan]
Hintergrunddatei f INFORM fichier m d'arrière-plan **Hintergrundgeräusch** nt bruit m de fond
hintergründig [-grʏndɪç] I. *Adj Frage, Lächeln* énigmatique; *Humor* hermétique; *Affäre, Zusammenhänge* complexe
II. *Adv lächeln* de façon énigmatique; **~ fragen** poser des questions pleines de sous-entendus
Hintergrundinformation f information f de fond **Hintergrundmusik** f musique f de fond **Hintergrundspeicher** m INFORM mémoire f à arrière-plan **Hintergrundverarbeitung** f INFORM traitement m de fond **Hintergrundwissen** nt connaissances fpl générales
Hinterhalt m cachette f [pour une embuscade]; **jdn in einen ~ locken** attirer qn dans une embuscade; **in einen ~ geraten** tomber dans une embuscade; **aus dem ~** par surprise
hinterhältig ['hɪntɐhɛltɪç] I. *Adj* sournois(e); **so ein ~er Betrüger!** quel faux jeton! *(fam)*
II. *Adv* de façon sournoise
Hinterhältigkeit <-, -en> f sournoiserie f
Hinterhand f ZOOL arrière-main f; **etw in der ~ haben** avoir qc dans sa manche **Hinterhaus** nt maison f du fond
hinterher *Adv* ❶ *(zeitlich)* après; *(im Nachhinein)* après coup ❷ *(räumlich)* derrière; **los, schnell ~!** vite, courons après!
hinterher|fahren ['hɪntɐ'heːɐ-] *itr V unreg + sein* suivre en voiture; [jdm/einer S.] **~** suivre [qn/qc] en voiture **hinterher|hinken** *itr V + sein* ❶ suivre derrière en boitant; [jdm/einer S.] **~** suivre derrière [qn/qc] en boitant ❷ *(mit Verzögerung folgen)* **der Inflation** *(Dat)* **~** suivre l'inflation tant bien que mal; **den gesellschaftlichen Realitäten ~ Gesetzgebung:** être à la traîne des réalités sociales **hinterher|kommen** *itr V unreg + sein* ❶ *(folgen)* suivre; [jdm] **~** suivre [qn]; **ich komme nicht mehr hinterher!** je n'arrive plus à suivre! ❷ *(die Folge sein)* s'ensuivre **hinterher|laufen** *itr V unreg + sein* ❶ *(folgen)* courir derrière; [jdm] **~** courir après qn ❷ *fam (sich bemühen)* **jdm/einer S. ~** courir après qn/qc *(fam)* **hinterher|schicken** *tr V* envoyer; [jdm] **jdn/etw ~** envoyer qn/qc [à la suite de qn]
Hinterhof m arrière-cour f **Hinterindien** nt Asie f du Sud-Est **Hinterkopf** m arrière m de la tête ▸ **etw im ~ behalten** *fam* garder qc en tête **Hinterlader** <-s, -> m arme f à chargement par la culasse **Hinterland** nt kein Pl arrière-pays m **hinter|lassen*** *tr V unreg* ❶ *(zurücklassen)* laisser; **~e Werke** œuvres fpl posthumes; **etw sauber/unaufgeräumt ~** laisser qc parfaitement propre/en désordre ❷ *(vermachen)* léguer
Hinterlassenschaft <-, -en> f ❶ *(Vermächtnis)* héritage m ❷ *fam (liegen gelassene Dinge)* **seine/ihre ~** les vestiges de son passage *(hum)*
▸ **jds ~ antreten** *Erbe:* recueillir la succession de qn; *Nachfolger:* devoir régler l'héritage de qn
Hinterlassung <-> f ▸ **ohne/unter ~ einer S.** *(Gen)* form sans laisser/non sans laisser qc
Hinterlauf m patte f de derrière
hinterlegen* *tr V* déposer
Hinterlegung <-, -en> f dépôt m; **~ einer Barsicherheit** dépôt m d'une garantie en espèces; **gegen ~ eines Pfands** contre le dépôt d'une caution; **~ bei Gericht** séquestre m judiciaire
Hinterlegungspflicht f ÖKON *(bei der Einfuhr)* obligation f de dépôt
Hinterlist f kein Pl ruse f
hinterlistig I. *Adj* sournois(e)
II. *Adv* de façon sournoise
hinterm ['hɪntɐm] = **hinter dem** s. **hinter**
Hintermann <-männer-> m ❶ *(opp: Vordermann)* **dein ~** ton voisin de derrière; *(Auto, Autofahrer)* le conducteur [qui est] derrière toi
❷ *Pl pej fam (Drahtzieher)* instigateurs mpl
Hintermannschaft f défense f
hintern ['hɪntɐn] = **hinter den** s. **hinter**
Hintern <-s, -> m fam postérieur m, derrière m; **er hat ihn in den ~ getreten** il lui a donné un coup de pied dans le derrière *(fam)*; **jdm den ~ versohlen** flanquer une fessée à qn *(fam)*
▸ **ich könnte mich in den ~ beißen, dass ich das vergessen habe!** *fam* je me flanquerais des baffes pour avoir oublié ça! *(fam)*; **jdm in den ~ kriechen** *sl* lécher les bottes à qn *(fam)*; **sich auf den ~ setzen** *fam (hinfallen)* se retrouver sur les fesses; *(zu arbeiten beginnen)* en mettre un coup

Hinterpfote f patte f de derrière **Hinterrad** nt roue f arrière **Hinterradantrieb** m propulsion f arrière; **mit ~** à propulsion arrière
hinterrücks ['hɪntɐrʏks] *Adv* par derrière
hinters ['hɪntɐs] = **hinter das** s. **hinter**
Hinterschinken m jambon m *(de la cuisse)* **Hinterseite** f ❶ *eines Gebäudes* arrière m ❷ s. **Hintern Hintersinn** m sens m caché **hintersinnen*** *rV unreg* CH **sich ~** broyer du noir; **sich ~, wo/wann/warum ...** réfléchir où/quand/pourquoi ... **hintersinnig** *Adj Person* énigmatique; *Bemerkung* plein(e) de sous-entendu[s]; *Wort* lourd(e) de sens **Hintersitz** m siège m arrière
hinterste(r, s) *Adj Superl von* **hintere(r, s)** ❶ **der ~ Winkel des Zimmers** le coin le plus reculé de la chambre; **in der ~n Reihe** au [tout] dernier rang
❷ GEOG **im ~n Afrika** au fin fond de l'Afrique
▸ **das Hinterste zuvorderst kehren** *fam* tout chambouler *(fam)*
Hintersteven [-vən] m NDEUTSCH derrière m **Hinterteil** nt fam *(Gesäß)* postérieur m *(fam)*, arrière-train m *(fam)* **Hintertreffen** nt kein Pl ▸ **gegenüber jdm ins ~ geraten** perdre du terrain par rapport à qn; **jdm gegenüber im ~ sein** se retrouver à la traîne par rapport à qn **hintertreiben*** *tr V unreg* faire échec à **Hintertreppe** f escalier m de service
Hintertupfing[en] ['hɪntɐtʊpfɪŋən] <-s> nt kein Pl fam Petaouchnoque *(fam);* **die kommen aus ~!** ils/elles sortent tout droit de leur trou! *(fam)*
Hintertür f, **Hintertürl** [-tyːɐl] <-s, -[n]> nt A ❶ *eines Gebäudes* porte f de derrière
❷ fam *(Ausweg)* porte f de sortie
▸ **sich** *(Dat)* **[noch] eine ~ offen halten** [*o* **lassen**] se ménager une porte de sortie; **durch die ~** par la bande
Hinterwäldler(in) ['hɪntɐvɛltlɐ] <-s, -> m(f) fam plouc mf *(fam)*
hinterwäldlerisch *Adj fam Ansichten, Methoden* de plouc *(fam);* **~ sein** être un(e) plouc *(fam)*
hinterziehen* *tr V unreg* frauder sur; **Steuern ~** frauder le fisc **Hinterziehung** f fraude f; **~ von drei Millionen Euro** fraude portant sur trois millions d'euros
Hinterzimmer nt chambre f donnant sur l'arrière; *einer Gaststätte* arrière-salle f; *eines Ladens* arrière-boutique f
hin|tragen *tr V unreg* porter *Person;* transporter *Gegenstand;* **jdn/etw zu jdm/zum Haus ~** porter qn/transporter qc chez qn/dans la maison
hin|treten *itr V unreg + sein* ❶ *(gegenübertreten)* **vor jdn ~** s'avancer devant qn
❷ *(sich nähern)* **zu jdm ~** s'avancer vers qn
hin|tun *tr V unreg fam* **etw da/dort ~** mettre qc là
hinüber [hɪ'nyːbɐ] I. *Adv* de l'autre côté; **~ und herüber** d'un côté et de l'autre
II. *Adj fam* ❶ *(verdorben, defekt)* **~ sein** *Lebensmittel, Gerät, Motor:* être fichu(e) *(fam)*
❷ fam *(tot)* **~ sein** avoir passé l'arme à gauche *(fam)*
❸ fam *(bewusstlos)* **~ sein** être tombé(e) dans les vapes *(fam)*
❹ fam *(eingeschlafen)* **gleich ~ sein** roupiller tout de suite *(fam)*
❺ fam *(hinübergegangen)* **zu jdm/ins Büro ~ sein** être parti(e) chez qn/au bureau
hinüber|befördern *tr V* transporter de l'autre côté; **jdn/etw ~** transporter qn/qc de l'autre côté **hinüber|blicken** *itr V* regarder de l'autre côté; **zu jdm/etw ~** regarder qc/de qn/qc **hinüber|bringen** *tr V unreg* **jdn über die Brücke ~** amener qn de l'autre côté du pont; **etw zum anderen Ufer ~** transporter qc sur l'autre rive **hinüber|fahren** *unreg* I. *tr V + haben* **jdn etw zu jdm ~** amener qn/apporter qc chez qn; **jdn über die Grenze ~** faire passer la frontière à qn; **könntest du mich nach Ulm ~?** pourrais-tu m'amener à Ulm? II. *itr V + sein* passer de l'autre côté; **zu jdm ~** passer chez qn; **nach Heidelberg/über den Neckar ~** aller à Heidelberg/traverser le Neckar **hinüber|führen** I. *tr V* **jdn ~** conduire qn de l'autre côté; **jdn auf die andere Straßenseite ~** faire traverser la rue à qn; **jdn ins Behandlungszimmer ~** amener qn dans la salle de soins II. *itr V* conduire de l'autre côté; **auf die andere Seite ~** conduire de l'autre côté; **über den Fluss ~** traverser la rivière **hinüber|gehen** *itr V unreg + sein* ❶ *auf (auf die andere Seite gehen)* traverser; **auf die andere Straßenseite ~** traverser la rue; **über die Brücke ~** traverser par le pont ❷ *(hingehen) y* aller; **ins Nebenzimmer ~** aller dans la pièce d'à côté **hinüber|helfen** *itr V unreg* aider à traverser; **sie half ihm auf die andere Straßenseite** elle l'aida à traverser la rue **hinüber|kommen** *itr V unreg + sein* ❶ **sie wird auf die andere Straßenseite ~** elle va traverser la rue; **er ist über die Brücke hinübergekommen** il a traversé par le pont ❷ *fam (besuchen)* **ich komme zu dir/euch ... hinüber** je viens chez toi/vous ... **hinüber|lassen** *tr V unreg* laisser passer de l'autre côté; **jdn zu jdm ~** laisser aller qn chez qn; **jdn über die Grenze ~** laisser qn passer la frontière; **die Autos werden dich nicht auf die andere Straßenseite ~** les voitures ne te laisseront pas traverser

[la rue] **hinüber|reichen** I. *tr V geh* passer; **jdm etw über den Tisch ~** passer qc à qn par-dessus la table II. *itr V* ❶ *(sich erstrecken)* **über die Grenze/ins Nachbarland ~** s'étendre au-delà de la frontière/jusque dans le pays voisin ❷ *(lang genug sein)* **auf die andere Seite ~** *Seil:* être assez long(longue) pour atteindre l'autre côté **hinüber|retten** I. *tr V* ❶ *(in Sicherheit bringen)* **seine Habe ~** emporter ses biens en lieu sûr ❷ *(erhalten, beibehalten)* sauvegarder *Macht, Privilegien* II. *r V* ❶ **sich ~** *Person:* se mettre en sûreté; **sich über die Grenze ~** se mettre en sûreté de l'autre côté de la frontière ❷ *(sich erhalten)* **sich ~** *Brauchtum, Kulturgut:* se perpétuer **hinüber|rufen** *unreg tr V* **jdm etw ~** dire qc à qn de loin; **etw über den Zaun ~** crier qc par-dessus la clôture; **zu jdm „Guten Morgen!" ~** crier "bonjour" [de loin] à qn **hinüber|schauen** *s.* hinüberblicken **hinüber|schicken** *tr V* envoyer **hinüber|schwimmen** *itr V unreg + sein* nager de l'autre côté; **zur Insel ~** gagner l'île à la nage
hinüber|seinᴬᴸᵀ *s.* hinüber II.❶–❺
hinüber|springen *itr V unreg + sein* ❶ *(über etw springen)* sauter au-dessus ❷ *fam (hinübergehen)* **schnell zur Apotheke ~** faire un saut à la pharmacie **hinüber|steigen** *itr V unreg + sein* passer par-dessus; **über etw** *(Akk)* **~** passer par-dessus qc; **auf die andere Seite ~** passer de l'autre côté **hinüber|tragen** *tr V unreg* **etw ~** porter qc de l'autre côté; **die Koffer in das andere Zimmer ~** porter les valises dans l'autre chambre **hinüber|werfen** *tr V unreg* **etw ~** lancer qc de l'autre côté; **etw in den Nachbargarten ~** lancer qc dans le jardin voisin
hin- und her|bewegen* I. *tr V (vor und zurück)* manœuvrer d'avant en arrière; *(nach rechts und links)* manœuvrer d'avant de droite à gauche; **etw ~** *(vor und zurück)* manœuvrer qc d'avant en arrière; *(nach rechts und links)* manœuvrer qc de gauche à droite II. *r V* **sich ~** se balancer [de droite à gauche] **hin- und her|fahren** *unreg* I. *itr V + sein* passer et repasser; **zwischen zwei Orten ~** faire la navette entre deux endroits II. *tr V* **jdn zum Einkaufen ~** conduire qn faire les courses et le ramener **Hin- und Rückfahrt** *f* aller *m* [et] retour **Hin- und Rückflug** *m* vol *m* aller [et] retour **Hin- und Rückreise** *f* aller-retour *m* **Hin- und Rückweg** *m* trajet *m* aller et retour
hinunter [hɪˈnʊntɐ] *Adv* **die Treppe ~ ist es einfacher als hinauf** c'est plus facile de descendre l'escalier que de le monter; **Schneefall bis ~ in die Tallagen** chutes de neige jusque dans les plaines; **da/hier ~!** [c'est] par là/ici!; **~ mit der Tablette!** avale/avalez ce cachet!
hinunter|blicken *itr V* ❶ regarder vers le bas; **von etw ~** regarder du haut de qc; **ins Tal ~** regarder la vallée en bas ❷ *fig* **auf jdn ~** regarder qn de haut **hinunter|bringen** *tr V unreg* ❶ *(nach unten begleiten, bringen)* **jdn ~** raccompagner qn jusqu'en bas; **etw in den Keller ~** descendre qc dans la cave ❷ *fam (herunterbekommen)* arriver à avaler *Essen, Arznei* **hinunter|fahren** *unreg* I. *itr V + sein* descendre; **die Piste/ins Tal ~** descendre la piste/dans la vallée II. *tr V + haben* **jdn ins Tal ~** descendre qn dans la vallée **hinunter|fallen** *unreg itr V + sein* tomber; **die Treppe ~** dégringoler dans l'escalier; **mir ist der Blumentopf hinuntergefallen** j'ai fait tomber le pot de fleurs **hinunter|fließen** *unreg itr V + sein* descendre; **ins Tal/den Berg ~** descendre dans la vallée/de la montagne; **den Rhein ~** être charrié(e) par le Rhin **hinunter|gehen** *unreg itr V + sein* ❶ descendre; **die Treppe/den Abhang/in den Keller ~** descendre l'escalier/la pente/dans la cave ❷ *(die Flughöhe vermindern)* **auf tausend Meter ~** descendre à mille mètres **hinunter|kippen** *tr V fam* avaler cul sec *(fam) Schnaps, Bier;* **einen Schnaps/das Bier ~** avaler une eau-de-vie/la bière cul sec **hinunter|klettern** *itr V + sein* [**den Baum/die Wand**] **~** descendre [de l'arbre/le long du mur] **hinunter|lassen** *tr V unreg (hinablassen)* faire descendre; **jdn/etw in den Schacht/zu den Verschütteten ~** faire descendre qn/qc dans le puits/jusqu'aux personnes ensevelies **hinunter|laufen** *unreg itr V + sein* ❶ descendre en courant; [**die Treppe/ins Tal**] **~** descendre en courant [l'escalier/dans la vallée] ❷ *(hinunterrinnen)* **die Scheiben ~** *Regen:* couler sur les vitres; **der Schweiß lief mir den Rücken hinunter** la sueur coula le long de mon dos **hinunter|reichen** I. *tr V* [**faire**] passer; **jdm etw ~** [**faire**] passer qc à qn II. *itr V* **das Kleid reicht ihr bis zu den Knöcheln hinunter** cette robe lui descend jusqu'aux chevilles **hinunter|schalten** *itr V* rétrograder; **in den zweiten Gang ~** rétrograder en seconde **hinunter|schauen** *s.* hinunterblicken **hinunter|schlingen** *tr V unreg* engloutir **hinunter|schlucken** *tr V* ❶ *(schlucken)* avaler ❷ *fam (einstecken)* ravaler *Ärger* **hinunter|schütten** *tr V* ❶ *(hinunterkippen)* jeter en bas; **etw ~** jeter qc en bas ❷ *fam (hastig trinken)* siffler *(fam)*, descendre *(fam)* **hinunter|sehen** *s.* hinunterblicken **hinunter|spülen** *tr V* ❶ *(hinabspülen)* faire disparaître; **den Ausguss/die Toilette ~** faire disparaître qc [dans l'évier/la toilette] ❷ *(schlucken)* **die Tablette mit Wasser ~** faire descendre le cachet avec de l'eau ❸ *fig fam* **etw ~** essayer d'oublier qc [en

buvant]; **seinen Ärger mit Wein ~** noyer son ennui dans le vin **hinunter|steigen** *itr V + sein* descendre; [**die Leiter**] **~** descendre [de l'échelle] **hinunter|stürzen** I. *itr V + sein* ❶ *(hinunterfallen)* tomber; **von etw/auf etw** *(Akk)* **~** tomber de qc/sur qc ❷ *(schnell hinunterlaufen)* [**die Treppe**] **~** descendre quatre à quatre [l'escalier]; **zu jdm ~** *(in eine Nachbarwohnung)* descendre à toute vitesse chez qn II. *tr V* ❶ + *haben (nach unten stürzen)* **jdn ~** précipiter qn dans le vide; [**die Treppe ~** précipiter qn dans l'escalier ❷ + *haben (hastig trinken)* siffler *(fam)*, descendre *(fam)* III. *r V + haben* **sich ~** se précipiter dans le vide; **sich von der Brücke ~** se jeter [du haut] du pont **hinunter|werfen** *tr V unreg* lancer en bas; **etw ~** lancer qc en bas; **jdm etw vom Balkon ~** lancer qc à qn du balcon **hinunter|wollen** *itr V fam* vouloir descendre **hinunter|würgen** *tr V* faire descendre **hinunter|ziehen** *unreg* I. *tr V + haben* tirer vers le bas; **jdn/etw ~** tirer qn/qc vers le bas; **jdn zu sich ~** attirer qn à soi II. *itr V + sein (umziehen)* déménager à un étage inférieur; **in den zweiten Stock ~** déménager et descendre au deuxième étage III. *r V + haben* **sich bis ins Tal ~** *Wald, Weide:* s'étendre jusqu'à la vallée
hin|wagen *r V* **sich ~** oser s'approcher; **sich zu jdm/etw ~** oser s'approcher de qn/qc
hinweg [hɪnˈvɛk] *Adv geh* ❶ *(räumlich)* **über jdn/etw ~** par-dessus qn/qc
❷ *(zeitlich)* **über drei Monate ~** pendant trois mois
❸ *(fort)* **~ mit dir/euch!** disparais/disparaissez!; **~ damit!** fais/faites-moi disparaître ça!
Hinweg [ˈhɪnveːk] *m* trajet *m;* **auf dem ~** à l'aller
hinweg|bringen *tr V unreg* **jdn über etw** *(Akk)* **~** permettre à qn de surmonter qc **hinweg|fegen** *itr V* **über etw** *(akk)* **~** *Wind, Sturm* balayer qc **hinweg|gehen** *itr V unreg + sein* **über etw** *(Akk)* **~** *(nicht beachten)* ne pas tenir compte de qc **hinweg|helfen** *itr V unreg* **jdm über etw** *(Akk)* **~** aider qn à surmonter qc **hinweg|hören** *itr V* **über etw** *(akk)* **~** ignorer qc **hinweg|kommen** *itr V unreg + sein* **über etw** *(Akk)* **~** surmonter qc; **darüber/nicht darüber ~, dass** finir par/ne pas arriver à accepter le fait que + *subj* **hinweg|raffen** *tr V geh Seuche, Tod:* emporter; **jdn ~** *Seuche, Tod:* emporter qn **hinweg|sehen** *itr V unreg* ❶ *(darübersehen)* **über jdn/etw ~** regarder par-dessus qn/qc ❷ *(nicht beachten)* **über jdn/etw** *(Akk)* **~** ne pas tenir compte de qn/qc; **darüber ~, dass** ne pas tenir compte du fait que + *indic* ❸ *(ignorieren)* **über jdn ~** ignorer qn **hinweg|setzen** *r V* **sich über etw ~** passer outre à qc, ne pas tenir compte de qc **hinweg|täuschen** *tr V* **jdn über etw** *(Akk)* **~** masquer qc à qn; [**jdn**] **darüber ~, dass** masquer [à qn] que + *indic* **hinweg|trösten** *tr V* **jdn über etw** *(Akk)* **~** consoler qn de qc
Hinweis [ˈhɪnvaɪs] *<-es, -e> m* ❶ *kein Pl (das Hinweisen)* **unter ~ auf etw** *(Akk)* au motif de qc
❷ *(Bemerkung, Information)* remarque *f*, précision *f*; **sachdienliche ~ e** des indices susceptibles de faire progresser l'enquête; **darf ich mir den ~ erlauben, dass ...?** puis-je te/vous faire remarquer que ... + *indic*?
❸ *(Anhaltspunkt)* indication *f*
hin|weisen *unreg* I. *tr V* **jdn auf etw** *(Akk)* **~** attirer l'attention de qn sur qc; **jdn darauf ~, dass** attirer l'attention de qn sur le fait que + *indic*
II. *itr V* ❶ *(aufmerksam machen)* **darauf ~, dass** attirer l'attention sur le fait que + *indic*
❷ *(schließen lassen)* **darauf ~, dass** *Tatsache, Umstand:* laisser penser que + *indic*
Hinweisschild *<-schilder> nt* panonceau *m* **Hinweistafel** *f* panneau *m* d'information
hin|wenden *unreg* I. *tr V* **etw zu jdm ~** tourner qc vers qn
II. *r V* **sich zu jdm/etw ~** se tourner vers qn/qc
Hinwendung *f* **~ zu politischen Themen** [nouvel] intérêt *m* pour des thèmes politiques
hin|werfen *unreg* I. *tr V* ❶ *(zuwerfen)* **jdm etw ~** jeter qc à qn; **einen Blick ~** jeter un coup d'œil
❷ *fam (aufgeben)* envoyer promener *(fam)*
❸ *(beiläufig erwähnen)* **etw nur so ~** dire qc comme ça [en passant]
❹ *(flüchtig zu Papier bringen)* croquer, crayonner *Skizze;* **ein paar Zeilen ~** jeter quelques lignes sur le papier
II. *r V* **sich vor jdn/etw ~** se jeter aux pieds de qn/qc
hin|wirken *itr V* **bei jdm auf etw** *(Akk)* **~** faire en sorte d'obtenir qc de qn; **bei jdm darauf ~, dass** faire en sorte d'obtenir de qn que + *subj*
hin|wollen *itr V fam* vouloir y aller
Hinz [hɪnts] *m* ▶ **und Kunz** *pej fam* n'importe qui
hin|zählen *tr V* **jdm das Geld/die Banknoten ~** compter l'argent/les billets devant qn
hin|zaubern *tr V fam* **ein Essen ~** mitonner un repas avec trois fois

rien *(fam)*
hin|ziehen *unreg* **I.** *tr V* + *haben* ❶ *(zu sich ziehen)* jdn/etw zu sich ~ attirer qn à soi/tirer qc vers soi
❷ *(anziehen)* **es zieht sie zu ihm hin** elle se sent attirée par lui
❸ *(in die Länge ziehen)* **etw über Jahre ~** faire traîner qc pendant des années
II. *itr V* + *sein* ❶ *(gehen)* **zum Stadion ~** se diriger vers le stade
❷ *(umziehen)* **zu jdm ~** venir habiter chez qn; **willst du jetzt schon ~?** tu veux déjà t'y installer?
III. *r V* + *haben* ❶ *(sich zeitlich ausdehnen)* **sich über Wochen/ mehrere Monate ~** *(Akk)* traîner des semaines/plusieurs mois
❷ *(sich örtlich ausdehnen)* **sich über mehrere Kilometer ~** s'étendre sur plusieurs kilomètres
hin|zielen *itr V* ❶ *(zum Ziel haben)* **mit etw auf etw** *(Akk)* **~ Plan:** viser à qc avec qc
❷ *(auf etw gerichtet sein)* **auf etw** *(Akk)* **~ Anspielung, Bemerkung:** viser qc
hinzu [hɪnˈtsuː] *Adv* en plus
hinzu|fügen *tr V* ajouter; **einer S.** *(Dat)* **etw ~** ajouter qc à qc; **dem habe ich nichts [mehr] hinzuzufügen** je n'ai [plus] rien à ajouter
Hinzufügung *f* **unter ~ von etw** *form* en ajoutant qc
hinzu|geben *s.* **dazugeben hinzu|gewinnen*** *tr V unreg* conquérir *Person;* gagner *Land, Geld;* acquérir *Einfluss* **hinzu|kommen** *itr V unreg* + *sein* ❶ *(eintreffen)* arriver ❷ *(zu berücksichtigen sein)* **es kommt hinzu** [*o* **hinzu kommt**]*,* **dass** à cela, il faut ajouter que + *indic;* **die Mehrwertsteuer kommt noch hinzu** il faut ajouter la TVA ❸ *(dazukommen)* **kommt sonst noch etwas hinzu?** il vous faut autre chose?
Hinz und Kunz *m pej fam* Pierre et Paul *(fam)*
hinzu|rechnen *tr V* inclure **hinzu|zählen** *tr V* ❶ *(als dazugehörig ansehen)* inclure; **jdn/etw [mit] ~** inclure qn/qc ❷ *s.* **hinzurechnen hinzu|ziehen** *tr V unreg* s'adjoindre les services de **Hinzuziehung** *f kein Pl* **unter ~ eines Sachverständigen** en s'adjoignant les services d'un expert
Hiobsbotschaft [ˈhiːɔps-] *f* mauvaise nouvelle *f*
hip [hɪp] <hipper, hip[p]ste> *Adj fam* hype *(fam)*
Hip-Hop <-s> *m* MUS hip-hop *m*
Hip-Hop-Generation *f* MUS génération *f* hip-hop
hipp, hipp, hurra *Interj* hip, hip, hip, hourra!
Hippie [ˈhɪpi] <-s, -s> *m* hippie *m*
Hirn [hɪrn] <-[e]s, -e> *nt* ❶ cerveau *m;* **sich** *(Dat)* **das ~ zermartern** se creuser la cervelle; **dem ~ eines Verrückten entspringen** être le fruit de l'imagination d'un fou
❷ GASTR cervelle *f*
Hirnanhangdrüse *f* ANAT hypophyse *f* **Hirnerschütterung** *f* MED CH commotion *f* cérébrale **Hirngespinst** [ˈhɪrnɡəʃpɪnst] *nt* chimère *f* **Hirnhaut** *f* ANAT méninge *f*
Hirnhautentzündung *f* MED méningite *f*
hirnlos *Adj fam* débile *(fam)*
Hirnrinde *f* ANAT cortex *m* cérébral, écorce *f* cérébrale *(vieilli)*
hirnrissig [-rɪsɪç] *Adj pej fam* débile *(fam)*
Hirnschaden *m* lésion *f* cérébrale **Hirnschlag** *m* MED attaque *f* cérébrale **Hirntod** *m* MED mort *f* cérébrale **hirntot** *Adj* en état de mort cérébrale **Hirntumor** *m* tumeur *f* au cerveau **hirnverbrannt** *s.* hirnrissig **Hirnwindung** *f meist Pl* circonvolution *f* cérébrale
Hirsch [hɪrʃ] <-es, -e> *m* cerf *m*
Hirschbraten *m* rôti *m* de cerf **Hirschfänger** <-s, -> *m* couteau *m* de chasse **Hirschgeweih** *nt* bois *mpl* de cerf, ramure *f* **Hirschhorn** *nt* corne *f* de cerf **Hirschhornsalz** *nt* carbonate *m* d'ammonium **Hirschjagd** *f* chasse *f* au cerf **Hirschkäfer** *m* cerf-volant *m* **Hirschkalb** *nt* faon *m* [de cerf] **Hirschkuh** *f* biche *f* **Hirschleder** *nt* peau *f* de cerf **Hirschrücken** *m* selle *f* de cerf
Hirse [ˈhɪrzə] <-, -n> *f* mil[let] *m*
Hirsebrei *m* bouillie *f* de millet **Hirsekorn** <-körner> *nt* grain *m* de mil[let]
Hirt(in) *s.* **Hirte, Hirtin** ❶
Hirte [ˈhɪrtə] <-n, -n> *m,* **Hirtin** *f* ❶ *(Viehhirte)* gardien(ne) *m(f)* [de troupeau]; *(Kuhhirte)* vacher(-ère) *m(f); (Schweinehirte)* porcher(-ère) *m(f); (Schafhirte)* berger(-ère) *m(f)*
❷ ECCL pasteur *mf (littér)*
Hirtenbrief *m* lettre *f* pastorale **Hirtenflöte** *f* chalumeau *m,* pipeau *m* **Hirtenhund** *m* chien *m* de berger **Hirtenstab** *m* ❶ *(Stab eines Hirten)* houlette *f* ❷ ECCL crosse *f*
Hirtin *s.* **Hirte**
his, His [hɪs] <-, -> *nt* MUS si *m* dièse
Hisbollah <-> *f* Hezbollah *m*
Hispanit(in) [hɪspaˈnɪst] <-en, -en> *m(f)* hispaniste *mf*
Hispanistik <-> *f* études *fpl* ibériques
hissen [ˈhɪsən] *tr V* hisser
Histamin [hɪstaˈmiːn] <-s> *nt* MED histamine *f*

Histologie [hɪstoloˈɡiː] <-> *f* MED histologie *f*
histologisch [hɪstoˈloːɡɪʃ] *Adj* MED histologique
Historie [hɪsˈtoːriə] <-> *f geh* histoire *f*
Historiker(in) [hɪsˈtoːrikɐ] <-s, -> *m(f)* historien(ne) *m(f)*
historisch [hɪsˈtoːrɪʃ] **I.** *Adj* historique
II. *Adv* **wichtig, korrekt** historiquement; *betrachtet* d'un point de vue historique
Hit [hɪt] <-s, -s> *m fam* ❶ tube *m (fam)*
❷ *(modisches Muss)* **must** *m;* **der [große] ~ sein** être la grande mode
❸ *(Krönung)* **das ist/wäre der ~!** c'est/ce serait le bouquet! *(fam)*
Hitlergruß *m* HIST salut *m* hitlérien **Hitlerjugend** *f* HIST jeunesse *f* hitlérienne **Hitlerzeit** *f* HIST époque *f* hitlérienne
Hitliste *f* hit-parade *m,* top 50 *m* **Hitparade** *f* hit-parade *m* **hitverdächtig** *Adj Song* susceptible de devenir un tube
Hitze [ˈhɪtsə] <-, -n> *f* ❶ chaleur *f;* **etw bei schwacher/mittlerer ~ backen** faire cuire qc à four modéré/moyen; **brütende ~** chaleur accablante; **vor ~ [fast] umkommen** *fam* crever de chaud *(fam)*
❷ *(Aufregung)* **in der ~ des Gefechts** dans le feu de l'action; **[leicht] in ~ geraten** s'emporter [facilement]
❸ *(Läufigkeit)* **einer Hündin, Katze** chaleurs *fpl*
❹ *(Hitzewallung)* **fliegende ~** bouffées *fpl* de chaleur
hitzebeständig *Adj* résistant(e) à la chaleur **Hitzebläschen** *nt* MED bouton *m* de chaleur **hitzeempfindlich** *Adj* sensible à la chaleur **hitzefrei** *Adj* **~ bekommen/haben** ne pas avoir classe en raison de la canicule

---

Land und Leute

En Allemagne, les élèves ont **hitzefrei** si le thermomètre monte à environ 30 °C vers 11 heures. Le directeur annule alors les cours pour le reste de la journée. Depuis l'introduction de l'heure d'été, ceci est devenu plus rare.

Hitzeperiode *f* période *f* de grosse chaleur **Hitzeschild** <-schilde> *m* RAUM bouclier *m* thermique **Hitzewallung** *f meist Pl* bouffée *f* de chaleur **Hitzewelle** *f* vague *f* de chaleur
hitzig [ˈhɪtsɪç] **I.** *Adj* ❶ *(leicht erregbar) Person, Temperament* irascible; **nicht so ~!** du calme!
❷ *(leidenschaftlich) Debatte, Wortwechsel* enflammé(e)
II. *Adv debattieren* dans un climat passionné
Hitzkopf *m fam* soupe *f* au lait **hitzköpfig** *Adj fam* soupe au lait; **~ [sein]** [être] soupe au lait **Hitzschlag** *m* insolation *f;* **einen ~ [bekommen]** [attraper] une insolation
HIV [haːʔiːˈfaʊ] <-[s], -[s]> *nt Abk von* **Human Immunodeficiency Virus** HIV *m,* V.I.H. *m*
HIV-infiziert [haːʔiːˈfaʊ-] *Adj* infecté(e) par le virus HIV **HIV-negativ** *Adj* séronégatif(-ive) **HIV-positiv** *Adj* séropositif(-ive) **HIV-Test** *m* test *m* de dépistage du sida
Hiwi [ˈhiːvi] <-s, -s> *m sl (wissenschaftliche Hilfskraft)* étudiant(e) aidant un professeur d'université dans ses recherches
hl *Abk von* Hektoliter hl
hl. *Abk von* **heilige(r)** St(e)
Hl. *Abk von* **Heilige(r)** St(e)
hm [hm] *Interj* ❶ *(anerkennend)* mmmh; *(in Bezug auf das Essen)* miam-miam
❷ *(fragend)* hein
❸ *(bejahend)* mmmoui
H-Milch [ˈhaː-] *f* lait *m* longue conservation, lait U.H.T.
h-Moll *nt* si *m* mineur; **in ~** en si mineur
HNO [haːʔɛnˈʔoː] *Abk von* **Hals, Nasen, Ohren** O.R.L.
HNO-Arzt [haːʔɛnˈʔoː-] *m,* **-ärztin** *f* O.R.L. *mf,* oto-rhino *mf (fam)*
HNO-Klinik *f* clinique *f* oto-rhino-laryngologique [*o* O.R.L.]
hob [hoːp] *Imp von* **heben**
Hobby [ˈhɔbi] <-s, -s> *nt* passe-temps *m,* hobby *m;* **etw als ~ betreiben** faire qc pour son plaisir
Hobbygärtner(in) *m(f)* jardinier(-ière) *m(f)* amateur **Hobbykoch** *m,* **-köchin** *f* cuisinier(-ière) *m(f)* amateur **Hobbyraum** *m* pièce aménagée pour la pratique d'un hobby
Hobel [ˈhoːbəl] <-s, -> *m* ❶ *(Werkzeug)* rabot *m*
❷ *(Küchengerät)* râpe *f*
Hobelbank <-bänke> *f* établi *m* de menuisier
hobeln [ˈhoːbəln] **I.** *tr V* ❶ TECH raboter; **[glatt] ~** raboter
❷ GASTR **etw ~** émincer qc [avec une râpe]
II. *itr V* **an etw** *(Dat)* **~** raboter qc
Hobelspan *m meist Pl* copeau *m*
hoch [hoːx] *<attr* hohe(r, s), höher, höchste> **I.** *Adj* ❶ *(räumlich)* haut(e) *antéposé; Schnee, Schneedecke* épais(se); **hohe Absätze** de hauts talons; **ein hundert Meter hoher Turm** une tour de cent mètres de haut; **das Dach ist sieben Meter ~** le toit a sept mètres de hauteur; **ein Mensch von hohem Wuchs** une personne de haute stature; **eine hohe Stirn haben** avoir le front haut; *hum* avoir le front dégarni

❷ *(nicht tief)* Stimme, Ton aigu(ë)
❸ MATH **fünf ist eine höhere Zahl als drei** cinq est un chiffre plus élevé que trois; **zwei ~ drei ist acht** deux [à la] puissance trois égale huit
❹ *(beträchtlich, erheblich)* Gewicht, Temperatur, Betrag, Gehalt élevé(e); Sachschaden, Verlust gros(se) antéposé, important(e); Strafe sévère
❺ *(gesteigert)* Lebensstandard, Ansprüche élevé(e); Genuss grand(e) antéposé
❻ *(bedeutend)* Beamter, Würdenträger, Amt, Würde haut(e) antéposé; Besuch, Gast important(e); Offizier supérieur(e); Position élevé(e); Ansehen, Gut grand(e) antéposé; Anlass, Feiertag solennel(le)
▶ **jdm zu ~ sein** *fam* dépasser qn
II.<höher, am höchsten> *Adv* ❶ *(nach oben)* **ein ~ aufgeschossener Junge** un garçon monté en graine; **hundert Meter ~ emporragen** faire cent mètres de haut; **es geht sieben Treppen ~** il faut monter sept étages; **wie ~ kannst du den Ball werfen?** à quelle hauteur peux-tu lancer le ballon?
❷ *(in großer Höhe)* fliegen haut; **tausend Meter ~ fliegen** voler à une altitude de mille mètres; **ganz ~ oben am Himmel/in den Bergen** tout en haut dans le ciel/les montagnes; **das Wasser steht drei Zentimeter ~** il y a trois centimètres d'eau; **sich drei Meter ~ türmen** s'amonceler sur trois mètres [de haut]
❸ *(nicht tief)* [zu] ~ **singen/spielen** chanter/jouer [trop] haut
❹ *(sehr)* verehrt, begehrt, verschuldet très
❺ *(große Summen betreffend)* **~ versichert sein** avoir une assurance chère; ~ **besteuert werden** être fortement imposé(e); ~ **gewinnen** gagner une forte somme; ~ **dotiert** très bien payé(e); **zu ~ gegriffen sein** Berechnung, Kosten, Zahl: être exagéré(e)
❻ *(weit)* ~ **in den Sechzigern sein** avoir la soixantaine bien avancée
❼ *fam (nach Norden)* **ich muss heute noch nach Bremen ~** je dois encore monter à Brême aujourd'hui
▶ **er hat mir ~ und heilig versprochen** [*o* **versichert**] **zu kommen** *fam* il m'a juré ses grands dieux *fam* [*o* assuré solennellement] qu'il viendrait; **jdm etw ~ anrechnen** être très reconnaissant(e) à qn de qc; **es geht ~ her** *(es herrscht Hochstimmung)* ça y va *(fam)*; ~ **hinauswollen** *fam* en vouloir *(fam)*; **wenn es ~ kommt** *fam* tout au plus
Hoch <-s, -s> *nt* ❶ *(Hochruf)* ovation *f*; **auf jdn ein ~ ausbringen** porter un toast à [la santé de] qn
❷ METEO anticyclone *m*
hoch|achten *s.* achten I.❶
Hochachtung *f* estime *f*, considération *f*; **jdm ~ entgegenbringen** *form* témoigner sa considération à qn *(form)*; **mit vorzüglicher ~** veraltet form avec l'expression de ma considération distinguée *(form)*; **meine ~!** toutes mes félicitations!, chapeau! *(fam)*
hochachtungsvoll *Adv form* avec l'expression de ma considération distinguée *(form)*
Hochadel *m* haute noblesse *f*
hochaktuell *Adj* Information, Nachricht d'une actualité brûlante
Hochaltar *m* maître-autel *m*
Hochamt *nt* ECCL grand-messe *f*
hochangesehen *s.* angesehen
hochanständig *Adj* d'une grande loyauté; **etw ist ~ von jdm** qn fait preuve d'une grande loyauté en faisant qc
hoch|arbeiten *r V* **sich ~** s'élever dans la hiérarchie à la force du poignet; **sich bis zu etw ~** s'élever dans la hiérarchie et devenir qc à la force du poignet
hochauflösend *Adj* INFORM, TV [à] haute définition [*o* résolution]
Hochbahn *f* métro *m* aérien
Hochbau *m kein Pl* bâtiment *m*
hochbegabt *s.* begabt
hoch|bekommen* *tr V unreg* arriver à lever Arm, Kopf; arriver à soulever Möbelstück, Klappe, Deckel
▶ **einen/keinen ~** *s/* bander/ne pas arriver à bander *(fam)*
hochberühmt *Adj* illustre
hochbetagt *Adj* Person d'un âge avancé; ~ **sterben** mourir à un âge très avancé
Hochbetrieb *m* activité *f* intense; **im Büro herrscht ~** c'est l'effervescence au bureau
hoch|binden *tr V unreg* relever Haare; tuteurer Pflanze
hoch|blicken *s.* hochsehen
Hochblüte *f* apogée *m*
hoch|bocken *tr V* TECH lever
hoch|bringen *tr V unreg fam* ❶ *(nach oben bringen)* monter; [jdm] **jdn/etw ~** monter qn/qc [à qn]
❷ *fam (gesund machen)* **einen Kranken [wieder] ~** retaper un malade *(fam)*
❸ *fam (in Wut bringen)* **jdn ~** pousser qn à bout
Hochburg *f* bastion *m*; einer Partei fief *m*
hochdeutsch *Adj* ❶ *(nicht umgangssprachlich)* en allemand standard

❷ LING *(ober- und mitteldeutsch)* Mundart haut allemand(e)
Hochdeutsch <-[s]> *nt* ❶ l'allemand *m* standard; **ein fehlerfreies ~ sprechen** parler parfaitement l'allemand [standard]
❷ LING *(Ober- und Mitteldeutsch)* le haut allemand
Hochdeutsche *nt dekl wie Adj* ❶ **das ~** l'allemand *m* standard; **die Wortstellung im ~n** l'ordre des mots en allemand [standard]
❷ LING *(Ober- und Mitteldeutsch)* **das ~** le haut allemand
hochdotiert *s.* hoch II.❺
hoch|drehen *tr V* ❶ *(in die Höhe drehen)* remonter [avec une manivelle]; **etw ~** remonter qc [avec une manivelle]
❷ AUT pousser Motor
Hochdruck *m kein Pl* ❶ MED hypertension *f*
❷ METEO haute pression *f*
❸ TYP impression *f* en relief
▶ **mit/unter ~ an etw** *(Dat)* **arbeiten** travailler d'arrache-pied à qc; **etw mit ~ betreiben** mener qc tambour battant
Hochdruckgebiet *nt* anticyclone *m* **Hochdruckreiniger** *m* nettoyeur *m* à haute pression
hochdürfen *itr V* avoir le droit de monter
Hochebene *f* haut plateau *m*
hochempfindlich *Adj* Material, Stoff très fragile
hochentwickelt *s.* entwickeln I.❸, II.❶
hocherfreut *Adj* ~ **sein** [être] très heureux(-euse)
hochexplosiv *Adj* très explosif(-ive)
hoch|fahren *unreg* I. *itr V + sein* ❶ *fam (nach oben, nach Norden fahren)* monter; **in den dritten Stock ~** monter au troisième étage; **mit dem Auto/der Bergbahn ~** monter en voiture/en funiculaire; **den Berg ~** monter en haut de la montagne; **zur Burg ~** monter jusqu'au château; **die Straße zum Pass ~** prendre la route qui monte au col; **nach Hamburg ~** monter à Hambourg
❷ *(sich plötzlich aufrichten)* **aus dem Sessel ~** se lever brusquement du fauteuil; **aus dem Schlaf ~** se réveiller en sursaut
❸ *(aufbrausen)* [**wütend**] **~** se fâcher [tout rouge]
II. *tr V + haben* faire grimper Produktion; **das Kraftwerk/die Turbinen ~** faire tourner la centrale/les turbines à plein régime
hochfahrend *Adj (überheblich)* hautain(e), arrogant(e)
Hochfinanz *f* haute finance *f*
Hochfläche *s.* Hochebene
hoch|fliegen *itr V unreg + sein* ❶ Vogel: s'envoler
❷ *(in die Luft geschleudert werden)* Person: être éjecté(e) en l'air; Gegenstand: être projeté(e) en l'air
hochfliegend *Adj geh* ambitieux(-euse)
Hochform *f* **in ~ sein** être en pleine forme; **zur ~ auflaufen** atteindre le top niveau
Hochformat *nt* format *m* en hauteur; INFORM format portrait; **im ~** en format en hauteur; INFORM en format portrait [*o* à la française]
Hochfrequenz *f* PHYS haute fréquence *f*
Hochfrisur *f* **eine ~ haben** avoir les cheveux relevés
Hochgarage *s.* Parkhaus
Hochgebirge *nt* haute montagne *f*; **im ~** en haute montagne
Hochgebirgslandschaft *f* paysage *m* de haute montagne
hochgeehrt *s.* ehren ❶
Hochgefühl *nt* euphorie *f*, exaltation *f*; **im ~ des Triumphs** dans l'euphorie du triomphe
hoch|gehen *unreg itr V + sein* ❶ *fam (nach oben gehen)* monter; [**die Treppe/Stufen**] ~ monter [l'escalier/les marches]; **den Berg ~** monter en haut de la montagne
❷ *fam (detonieren)* **etw ~ lassen** faire sauter qc
❸ *fam (in die Luft gehen)* exploser *(fam)*
❹ *(steigen)* Löhne, Preise: grimper
❺ *fam (enttarnt werden)* Dealer, Hintermänner: se faire coincer *(fam)*; Kartell: être démantelé(e); **jdn/etw ~ lassen** coincer qn/démanteler qc *(fam)*
hochgeistig I. *Adj attr* Lektüre, Unterhaltung savant(e)
II. *Adv* **sich ~ unterhalten** avoir une conversation savante
hochgelehrt *Adj* fort savant(e)
Hochgenuss^{RR} *m* plaisir *m* divin
hochgeschätzt *Adj* très estimé(e) [*o* apprécié(e)]
hochgeschlossen *Adj* Kragen montant; Kleid fermée jusqu'en haut
Hochgeschwindigkeitszug *m* train *m* à grande vitesse
hochgesteckt *Adj* ❶ *(Haar)* relevé(e)
❷ *(Ziele)* ambitieux(-euse)
hochgestellt *Adj attr* ❶ *(oben angebracht)* Zahl, Ziffer en exposant
❷ *fig* Persönlichkeit, Beamter, Funktionär haut placé(e)
hochgestochen *pej fam* I. *Adj* ❶ *(geschraubt)* Phrasen, Reden, Stil ampoulé(e)
❷ *(überheblich)* prétentieux(-euse)
II. *Adv* **sich ~ ausdrücken** d'une façon ampoulée; **schreiben** dans un style ampoulé
hochgewachsen *Adj* élancé(e)
Hochglanz *m* ❶ *(strahlender Glanz)* **etw auf ~ polieren** faire briller qc; **etw auf ~ bringen** briquer qc

❷ *(Hochglanzpapier)* **Foto/Abzug in** ~ photo *f*/tirage *m* sur papier brillant
Hochglanzfoto *nt* photo *f* sur papier brillant **Hochglanzpapier** *nt* papier *m* glacé
hochgradig ['hoːxɡraːdɪç] **I.** *Adj* extrême, intense
II. *Adv* extrêmement
hoch|gucken *s.* **hochsehen**
hochhackig ['hoːxhakɪç] *Adj* à hauts talons
hoch|halten *tr V unreg* ❶ *(in die Höhe halten)* lever *Hand, Gegenstand*
❷ *(emporhalten)* brandir *Fahne, Transparent*
❸ *(ehren)* honorer, respecter
Hochhaus *nt* tour *f*
hoch|heben *tr V unreg* ❶ *(in die Höhe heben)* soulever *Kind, Last*
❷ *(emporstrecken)* lever *Hand, Arm*
hochherrschaftlich *Adj Haushalt, Einrichtung* cossu(e); *Haus, Villa* de maître
hochherzig *Adj geh Person, Geste* magnanime *(littér)*, généreux(-euse)
Hochherzigkeit <-> *f geh einer Person, Geste* magnanimité *f (littér)*, générosité *f*
hochindustrialisiert *s.* **industrialisieren**
hochintelligent *Adj* très intelligent(e)
hochinteressant I. *Adj* d'un grand intérêt
II. *Adv* ~ **klingen** avoir l'air très intéressant(e)
hoch|jagen *tr V* ❶ *fam (sprengen)* faire sauter
❷ *(aufscheuchen)* faire lever *Tier*; **jdn aus dem Bett/Sessel** ~ tirer qn du lit/de son fauteuil
❸ *fam (auf Hochleistung bringen)* **den Motor** ~ pousser le moteur [à plein régime]
hoch|jubeln *tr V fam* faire mousser *(fam)*
hochkant ['hoːxkant] *Adv* ❶ *(auf der Schmalseite)* ~ **stehen** être posé(e) verticalement; **ein Buch** ~ **stellen** mettre un livre debout; **ein Bild** ~ **stellen** mettre un tableau dans le sens vertical
❷ *s.* **hochkantig**
hochkantig *Adv fam* ▸ ~ **hinausfliegen** se faire virer *(fam)*; ~ **hinauswerfen** virer *(fam)*
hochkarätig [-kaːrɛːtɪç] *Adj* ❶ *Edelstein* d'un nombre élevé de carats; *Edelmetall, Schmuck* dont le titre est élevé
❷ *fam (äußerst qualifiziert) Wissenschaftler, Politiker* très calé(e) *(fam)*
hochklappbar *Adj* relevable; ~ **sein** se relever
hoch|klappen I. *tr V* + *haben* relever *Klappe, Schrankbett*; relever, remonter *Kragen*
II. *itr V* + *sein* se relever
hoch|klettern *itr V* + *sein* grimper; **an etw** *(Dat)* ~ grimper à qc; **eine Fassade/Wand** ~ grimper le long d'une façade/d'un mur, escalader une façade/un mur
hoch|kommen *unreg itr V* + *sein* ❶ *fam (heraufkommen)* monter; **zu jdm/auf den Speicher** ~ monter voir qn/au grenier; **die Treppe/den Berg** ~ monter l'escalier/en haut de la montagne
❷ *(an die Oberfläche kommen)* **[wieder]** ~ [re]faire surface
❸ *fam (aufstehen können)* **aus dem Sessel/vom Sofa** ~ arriver à se lever du fauteuil/sofa
❹ *fam (einen Brechreiz haben)* **jdm kommt es hoch** qn a des nausées; **mir kommt es hoch, wenn ich nur daran denke!** rien que d'y penser, ça me donne envie de vomir! *(fam)*
❺ *(aufsteigen)* **Wut/Frustration kam in ihm hoch** la colère/frustration monta en lui
❻ *(Karriere machen)* **ganz schnell** ~ **wollen** vouloir réussir [o faire carrière] très vite; **er/sie will niemanden neben sich** *(Dat)* ~ **lassen** il/elle ne veut laisser personne lui faire de l'ombre
Hochkonjunktur *f* haute conjoncture *f*, boom *m* économique
hoch|können *itr V unreg fam* ❶ *(sich erheben können)* pouvoir se lever
❷ *(hinaufgehen können)* pouvoir monter
hochkonzentriert *s.* **konzentriert I.**
hoch|krempeln *tr V* retrousser
hoch|kriegen *s.* **hochbekommen**
Hochkultur *f* civilisation *f* évoluée
hoch|kurbeln *s.* **hochdrehen** ❷
hoch|laden *tr V* INFORM charger; **etw** ~ *(im Internet)* télécharger qc vers l'amont
hoch|lagern *tr V* **das Bein** ~ surélever la jambe
Hochland *nt* haut plateau *m*
hoch|leben *itr V* **jdn** ~ **lassen** porter un toast à qn; **hoch lebe die Königin!** vive la Reine!
hoch|legen *tr V* ❶ *(hochlagern)* surélever *Beine*; rehausser *Kopf, Oberkörper*
❷ *fam (nach oben legen)* **etw** ~ mettre qc en hauteur; **etw auf den Schrank** ~ mettre qc sur l'armoire
Hochleistung *f* performance *f* hors du commun
Hochleistungssport *m* sport *m* de haut niveau

Hochlohnland *nt* pays *m* à niveau de salaires élevé
hochmodern I. *Adj Kleidung, Einrichtung, Auto* dernier cri; ~ **sein** être du dernier cri
II. *Adv* **gekleidet** à la dernière mode; ~ **eingerichtet sein** avoir un intérieur [du] dernier cri
Hochmoor *nt* tourbière *f* de montagne; *(in den Ardennen)* fagne *f*
Hochmut *m* arrogance *f*, suffisance *f*
▸ ~ **kommt vor dem Fall** *Spr.* l'orgueil précède la chute
hochmütig [-myːtɪç] *Adj* arrogant(e), hautain(e)
hochnäsig [-nɛːzɪç] *pej* **I.** *Adj Art, Person* hautain(e)
II. *Adv* avec dédain
Hochnäsigkeit <-> *f pej* dédain *m*
Hochnebel *m* couche *f* nuageuse
hoch|nehmen *tr V unreg* ❶ *(hochheben)* porter *Person, Tier*; soulever *Gegenstand*
❷ *fam (verulken)* faire marcher *(fam)*
❸ *sl (auffliegen lassen)* coincer *(fam)*
Hochofen *m* haut fourneau *m*
hoch|päppeln *tr V fam* requinquer *(fam)*
Hochparterre [-partɛr(ə)] *nt* rez-de-chaussée *m* surélevé
Hochplateau [-plato] *s.* **Hochebene**
hochpreisig I. *Adj* ~ **e Designermöbel** des meubles design haut de gamme
II. *Adv* ~ **eingerichtet sein** avoir un intérieur haut de gamme
Hochpreismarkt *m* marché *m* des produits de luxe
hochprozentig *Adj* ❶ *Schnaps, Rum* fortement alcoolisé(e)
❷ CHEM très concentré(e)
hochqualifiziert *Adj s.* **qualifiziert**
hochradioaktiv *Adj s.* **radioaktiv**
hoch|ragen *itr V* + *haben o sein* **in den Himmel** ~ s'élever [haut] dans le ciel; ~ **d** élancé(e)
hoch|rechnen *tr V* faire une estimation de
Hochrechnung *f meist Pl* estimation *f*
hoch|reißen *tr V unreg* lever *Arme*; redresser *Flugzeug*
hochrot *Adj Gesicht, Wangen* écarlate; **ihre Wangen waren** ~ **vor Erregung** elle avait les joues rouges d'excitation
Hochruf *m* vivat *m*
hoch|rutschen *itr V* + *sein fam Bluse, Hemd, Rock*: remonter
Hochsaison [-zɛzɔ̃ː, -zɛzɔŋ] *f* TOURISMUS haute saison *f*; COM affluence *f*; **die Eisdielen haben** ~ c'est la cohue chez les glaciers
hoch|schätzen *s.* **schätzen I.**❸
hoch|schaukeln I. *tr V* monter en épingle *Problem*; **ein Problem** ~ monter un problème en épingle
II. *r V* **sich gegenseitig** ~ s'exciter mutuellement
hoch|schießen *unreg* **I.** *itr V* + *sein Fontäne, Geysir*: jaillir
II. *tr V* + *haben* tirer *Feuerwerkskörper, Leuchtkugel*
hoch|schlagen *tr V* + *haben* relever, remonter *Kragen*
II. *itr V* + *sein Brecher, Wellen*: déferler
hoch|schleudern *tr V* catapulter
hoch|schnellen *itr V* + *sein Sprungfeder*: sauter; **vom Stuhl** ~ *Person*: sauter de la chaise comme un ressort
Hochschrank *nt* placard *m*
hoch|schrauben *tr V* faire grimper *Preise*; monter la barre en ce qui concerne *Ansprüche, Erwartungen, Forderungen*
hoch|schrecken I. *tr V* + *haben* **jdn** ~ faire sursauter qn; *(aus dem Schlaf)* réveiller qn en sursaut
II. *itr V* + *sein unreg* sursauter; *(aus dem Schlaf)* se réveiller en sursaut
Hochschulabschluss[RR] *m* diplôme *m* de fin d'études universitaires **Hochschulabsolvent(in)** *m(f)* diplômé(e) *m(f)* **Hochschulbildung** *f* formation *f* universitaire [o supérieure]
Hochschule *f* ❶ *(Universität)* université *f*
❷ *(Fachhochschule)* école *f* supérieure spécialisée; **pädagogische** ~ ≈ institut *m* universitaire de formation des maîtres; **technische** ~ ≈ institut *m* universitaire de technologie
Hochschüler(in) *m(f)* étudiant(e) *m(f)*
Hochschulgebäude *nt* bâtiment *f* de l'université **Hochschulinstitut** *nt* institut *m* universitaire **Hochschullehrer(in)** *m(f)* professeur *mf* d'université [o de l'enseignement supérieur] **Hochschulprofessor(in)** *m(f)* professeur *mf* d'université **Hochschulreform** *f* réforme *f* des universités **Hochschulreife** *f* baccalauréat *m (permission d'accès aux études supérieures)* **Hochschulstudium** *nt* études *fpl* universitaires [o supérieures]; **mit/ohne** ~ avec une/sans formation universitaire [o supérieure]
hochschwanger *Adj* en état de grossesse avancée
Hochsee *f kein Pl* haute mer *f*
Hochseeangeln *nt* pêche *f* à la ligne en haute mer **Hochseefischerei** *f* pêche *f* en haute mer **Hochseeflotte** *f* flotte *f* de haute mer **Hochseeschifffahrt**[RR] *f* navigation *f* en haute mer
hochseetüchtig *Adj* armé(e) pour la haute mer
hoch|sehen *itr V unreg* lever les yeux
Hochseil *nt* câble *m* suspendu
Hochseilakt *m* numéro *m* de funambule

Hochsicherheitstrakt m bâtiment m de haute sécurité
Hochsitz m affût m perché
Hochsommer m plein été m; **im ~** en plein été
hochsommerlich I. Adj estival(e)
II. Adv comme en plein été
Hochspannung f ❶ ELEC haute tension f; **Vorsicht, ~!** danger [de mort], haute tension!
❷ kein Pl (Anspannung) tension f maximale, surexcitation f; **etw mit ~ erwarten** attendre qc dans un état de grande tension
Hochspannungsleitung f ligne f [à] haute tension **Hochspannungsmast** m pylône m [pour lignes] à haute tension
hoch|spielen tr V **etw ~** monter qc en épingle; **etw in den Medien ~** médiatiser qc
Hochsprache f langue f standard
hochsprachlich I. Adj en langue standard
II. Adv **sich ~ ausdrücken** s'exprimer en langue standard
hoch|springen itr V unreg + sein ❶ (aufspringen) se lever d'un bond; **vom Stuhl ~** se lever d'un bond de la chaise
❷ (nach oben springen) **an jdm/etw ~** sauter sur qn/devant qc
❸ nur Infin und PP SPORT faire du saut en hauteur
Hochspringer(in) m(f) sauteur(-euse) m(f) en hauteur
hochspritzen itr V jaillir
Hochsprung m saut m en hauteur
höchst [høːkst, høːçst] Adv (überaus) extrêmement; **~ schmackhaft sein** être excellent(e)
Höchstalter nt âge m limite, limite f d'âge
Hochstand s. Hochsitz
Hochstapelei [hoːxʃtaːpəˈlaɪ] <-, -en> f imposture f
hoch|stapeln itr V commettre une imposture
Hochstapler(in) <-s, -> m(f) imposteur m
Höchstbetrag m (bei Miete, Kreditlilgung) traite f maximale [o maximum]; **bis zum ~ von ...** jusqu'à concurrence de ...
höchste(r, s) I. Adj Superl von **hoch** ❶ **der ~ Berg/Turm** la montagne/tour la plus haute
❷ (von größtem Ausmaß) **die ~ Summe/das ~ Gehalt** la somme la plus haute/le salaire le plus haut; **der ~ Sachschaden/Verlust** le dommage le plus important/la perte la plus importante; **die ~ Belastung** la charge maximale; **die ~ Entschädigung** l'indemnité la plus forte; **die ~ Strafe** la peine la plus sévère; **die ~n Ansprüche** les exigences les plus hautes; **das Höchste, was ...** (die äußerste Summe) le maximum que ... + subj
❸ (von größter Wichtigkeit) **das ~ Amt/Ansehen** la charge/réputation la plus haute; **der ~ Feiertag** la fête la plus importante; **der ~ Offizier** l'officier le plus haut placé(e); **das ~ Gut** le bien suprême, le plus précieux; **von ~r Bedeutung** de la plus haute importance
❹ (von größter Intensität, Dringlichkeit) Anspannung, Nervosität, Konzentration extrême; **es ist ~e Zeit!** il est grand temps!; **aufs ~** extrêmement
II. Adv ❶ (in größter Höhe) **am ~ stehen, wohnen** le plus haut; fliegen à la plus haute altitude, le plus haut
❷ (von größtem Ausmaß) **am ~n besteuert** soumis(e) à un taux d'imposition maximum; **am ~n qualifiziert sein** être le plus qualifié/la plus qualifiée; **am ~n versichert sein** avoir la plus forte assurance
hoch|stecken tr V relever Haar
hochstehend Adj Kultur très avancé(e); Technologie élaboré(e); **geistig/kulturell/sozial ~** d'un niveau intellectuel/culturel/social élevé
hoch|stellen tr V mettre en hauteur; **etw ~** mettre qc en hauteur
höchstens [ˈhøːkstəns, ˈhøːçstəns] Adv au maximum
Höchstfall m **im ~** tout au plus, au maximum **Höchstform** f top niveau m; **sich in ~** (Dat) **befinden** être au mieux de sa forme [o au top niveau] **Höchstgebot** nt offre f maximale; **gegen ~** au plus offrant **Höchstgeschwindigkeit** f vitesse f maximale; **die zulässige ~ überschreiten** dépasser la vitesse maximale **Höchstgrenze** f limite f
hoch|stilisieren* tr V enjoliver; **jdn zu einem Idol ~** faire passer qn pour une idole; **etw zu einem Medienereignis ~** faire passer qc pour un événement médiatique
Hochstimmung f kein Pl bonne humeur f; **in ~ sein** être de bonne humeur; **unter den Gästen herrschte ~** il y avait une super-ambiance parmi les invités
Höchstleistung f performance f extrême; **ein Auto auf ~ trimmen** gonfler une voiture **Höchstmaß** nt **~ an Genauigkeit** maximum m de précision **Höchstmenge** f quantité f maximale **höchstpersönlich** Adv en personne **Höchstpreis** m ❶ (hoher Preis) prix m fort ❷ (höchster erlaubter Preis) prix m maximum [autorisé] **höchstrichterlich** Adj JUR Entscheidung, Urteil de la Cour suprême; (in Frankreich) de la Cour de cassation **Höchststand** m niveau m maximum **Höchststrafe** f peine f maximale **höchstwahrscheinlich** Adv selon toute vraisemblance **Höchstwert** m valeur f maximum [o maximale] **höchstzulässig** Adj attr **der ~e Wert/die ~e Geschwindigkeit** la donnée/vitesse maximale autorisée [o maximum]
Hochtechnologie f technologie f de pointe, haute technologie f
Hochtemperaturreaktor m réacteur m à haute température
Hochtouren [-tuːrən] Pl **etw auf ~ bringen** faire tourner qc à plein régime; **auf ~ laufen** Motor, Produktion: tourner à plein régime; Kampagne, Vorbereitungen: battre son plein; **jdn auf ~ bringen** fam mettre la pression à qn (fam)
hochtourig [-tuːrɪç] I. Adj attr qui tourne à un régime élevé
II. Adv AUT à plein régime
hochtrabend [-traːbənt] pej I. Adj Rede, Worte grandiloquent(e)
II. Adv avec grandiloquence
hoch|treiben tr V unreg faire grimper
Hoch- und Tiefbau m bâtiments mpl et travaux mpl publics
hochverehrt Adj attr très honoré(e) antéposé
Hochverrat m haute trahison f
hochverschuldet Adj attr surendetté(e)
hochverzinslich Adj attr à taux d'intérêt élevé
Hochwald m [haute] futaie f
Hochwasser nt ❶ (überhoher Wasserstand) crue f; **~ führen** [o **haben**] être en crue
❷ (Überschwemmung) inondation f
❸ (Höchststand der Flut) marée f haute
▶ **~ haben** hum fam avoir le feu au plancher (fam)
Hochwassergefahr f danger m d'inondation **hochwassergefährdet** Adj Gebiet menacé(e) par les crues **Hochwasserkatastrophe** f inondation f catastrophique **Hochwasserschäden** Pl dégâts mpl des eaux **Hochwasserstand** m niveau f de la crue [o marée]
hoch|werfen tr V unreg lancer en l'air; **etw ~** lancer qc en l'air; **jdm etw ~** lancer qc à qn
hochwertig Adj Ware, Artikel, Material de grande qualité; Nahrungsmittel d'une grande valeur nutritive
Hochwild nt gros gibier m
hochwillkommen Adj attr Anlass, Gelegenheit rêvé(e), très bien venu(e)
hochwollen itr V fam vouloir monter
Hochzahl f exposant m
Hochzeit[1] [ˈhɔxtsaɪt] <-, -en> f mariage m; **~ feiern** célébrer des noces; **die silberne/goldene/diamantene/eiserne ~** les noces fpl d'argent/d'or/de diamant/de fer
▶ **man kann nicht auf zwei ~en tanzen** Spr on ne peut pas être au four et au moulin
Hochzeit[2] [ˈhoːxtsaɪt] <-, -en> f (Blütezeit) apogée m
Hochzeiter <-s, -> m A marié m
Hochzeitsanzug m costume m de mariage **Hochzeitsfeier** f célébration f du mariage **Hochzeitsgast** m invité(e) m(f) au mariage **Hochzeitsgeschenk** nt cadeau m de mariage; **jdm etw zum ~ machen** offrir qc à qn pour son mariage **Hochzeitskleid** nt robe f de mariée **Hochzeitsnacht** f nuit f de noces **Hochzeitsreise** f voyage m de noces **Hochzeitstag** m ❶ (Tag der Hochzeit) jour m du mariage ❷ (Jahrestag der Hochzeit) anniversaire m de mariage
hoch|ziehen unreg I. tr V ❶ (nach oben ziehen) ouvrir Jalousie, Rollladen; remonter Hose, Socke
❷ (nach oben steuern) redresser Flugzeug
❸ fam (erbauen, schnell bauen) faire sortir de terre (fam)
II. r V ❶ (sich nach oben ziehen) **sich an etw** (Dat) **~** se relever en se tenant à qc
❷ pej sl (sich erfreuen) **sich an etw** (Dat) **~** se régaler de qc
Hochzinsphase f période f de taux d'intérêts élevés **Hochzinspolitik** f politique f des taux d'intérêts élevés
Hocke [ˈhɔkə] <-, -n> f ❶ (Körperhaltung) position f accroupie; **in die ~ gehen** s'accroupir
❷ SPORT (Sprung) saut m fléchi groupé
hocken [ˈhɔkən] I. itr V ❶ + haben (kauern) être accroupi(e); **in der Ecke/auf dem Boden ~** être accroupi(e) dans un coin/sur le sol
❷ + haben fam (sitzen) **hinter seinem Schreibtisch ~** être assis(e) à son bureau
❸ + sein SPORT **über etw** (Akk) **~** sauter genoux fléchis par-dessus qc
II. r V + haben SDEUTSCH fam **sich an den Tisch/auf den Stuhl/zu jdm ~** s'asseoir à la table/sur la chaise/avec qn
Hocker [ˈhɔkɐ] <-s, -> m tabouret m
▶ **locker vom ~** sl parfaitement relax (fam); **jdn vom ~ hauen** fam sidérer qn (fam)
Höcker [ˈhœkɐ] <-s, -> m bosse f
Höckerschwan m ZOOL cygne m tuberculé
Hockey [ˈhɔki, ˈhɔke] <-s> nt hockey m [sur gazon]
Hockeyschläger m crosse f de hockey **Hockeyspieler(in)** m(f) hockeyeur(-euse) m(f), joueur(-euse) m(f) de hockey
Hoden [ˈhoːdən] <-s, -> m ANAT testicule m

Hodenbruch *m* MED hernie *f* scrotale **Hodenkrebs** *m* MED cancer *m* des testicules **Hodensack** *m* ANAT bourses *fpl*, scrotum *m* (spéc)
Hof [ho:f, *Pl:* 'hø:fə] <-[e]s, Höfe> *m* ❶ cour *f*; **auf den/dem ~** dans la cour
❷ *(Bauernhof)* ferme *f*
❸ *(Herrschersitz, Hofstaat)* cour *f*; **bei** [*o* **am**] **~ e** à la cour
❹ ASTRON halo *m*
▶ jdm den **~ machen** faire la cour à qn
Hofdame *f* dame *f* de la cour; *(Ehrendame)* dame d'honneur **hoffähig** *Adj* ❶ *(bei Hofe)* admis(e) à la cour ❷ *(gesellschaftsfähig)* présentable
hoffen ['hɔfən] I. *itr V* ❶ espérer
❷ *(erhoffen)* **auf etw** *(Akk)* **~** compter sur qc
❸ *(erwarten, bauen auf)* **auf jdn ~** compter sur qn
II. *tr V* **~, dass** espérer que + *indic;* **ich hoffe, er kommt** j'espère qu'il viendra; **es bleibt zu ~, dass** il faut espérer que + *indic;* **~ wir das Beste!** ayons bon espoir!; **das will ich/wollen wir ~!** j'espère/nous espérons bien!
hoffentlich ['hɔfəntlɪç] *Adv* espérons que + *indic;* **~ haben wir bald Frühling!** j'espère que c'est bientôt le printemps! *(fam);* **du bist mir doch ~ nicht böse?** j'espère que tu ne m'en veux pas?; **~ ist es** [*o* **es ist doch ~**] **nichts Ernstes?** pourvu que ce ne soit rien de grave!; **~!** j'espère/nous espérons bien!; **nicht!** j'espère/espérons que non!
Hoffnung ['hɔfnʊŋ] <-, -en> *f* espoir *m;* **auf etw** *(Akk)* espérance *f* [*o* espoir] de qc; **~ auf etw** *(Akk)* **haben** avoir l'espoir de qc; **jdm ~ machen** donner de l'espoir à qn; **jdm ~ machen, dass** donner à qn l'espoir que + *indic;* **jdm ~ auf etw** *(Akk)* **machen** laisser espérer qc à qn; **jds einzige** [*o* **letzte**] **~ sein** être le seul [*o* dernier] espoir de qn; **neue ~ schöpfen** reprendre espoir, se remettre à espérer; **sich** *(Dat)* **~en/keine ~en machen** nourrir certains espoirs/ne pas se faire d'illusions; **sich in trügerischer ~ wiegen** se bercer d'illusions; **es besteht noch ~, dass er lebt** il y a encore l'espoir qu'il vit; **sich falschen/trügerischen ~en hingeben** nourrir de faux espoirs/des espoirs trompeurs; **seine** [letzte] **~ auf jdn/etw setzen** mettre son dernier espoir dans qn/qc; **die ~ aufgeben** abandonner tout espoir; **in der ~, dass wir uns bald sehen** *(Schlussformel)* dans l'espoir de te/vous revoir bientôt
▶ **guter ~ sein** *euph veraltet* attendre un heureux événement
hoffnungsfroh *Adj geh* plein(e) d'espoir
hoffnungslos I. *Adj Sache, Lage, Zustand* désespéré(e), sans espoir II. *Adv* ❶ *(ohne Hoffnung)* sans rien espérer; **völlig ~** sans le moindre espoir
❷ *(völlig veraltet, sich verlieben, sich verlaufen)* désespérément
Hoffnungslosigkeit <-> *f* désespoir *m*
Hoffnungsschimmer *m* lueur *f* d'espoir **Hoffnungsträger(in)** *m(f)* porteur(-euse) *m(f)* d'espoir; **der ~ einer S.** *(Gen)* **sein** porter les espoirs de qc **hoffnungsvoll** I. *Adj (viel versprechend)* prometteur(-euse) II. *Adv* ansehen plein(e) d'espoir
Hofhund *m* chien *m* de garde [de ferme]
hofieren* *tr V* courtiser
höfisch ['hø:fɪʃ] *Adj* Manieren, Zeremoniell en usage à la cour; Leben à la cour; Dichtung, Epik courtois(e)
Hofknicks ['ho:fknɪks] *m* révérence *f*
höflich ['hø:flɪç] I. *Adj* poli(e), courtois(e)
II. *Adv* poliment, avec courtoisie; **wir teilen Ihnen ~** [st] **mit, dass** nous avons l'honneur de porter à votre connaissance que + *indic*
Höflichkeit <-, -en> *f* ❶ *kein Pl (höfliche Art)* politesse *f*, courtoisie *f;* **aus** [reiner] **~** par [pure] politesse
❷ *(höfliche Bemerkung)* politesse *f*
Höflichkeitsbesuch *m* visite *f* de courtoisie **Höflichkeitsfloskel** *f* formule *f* de politesse
Hoflieferant(in) *m(f)* fournisseur(-euse) *m(f)* de la cour
Höfling ['hø:flɪŋ] <-s, -e> *m* courtisan *m*
Hofmarschall *m* maréchal *m* du palais **Hofnarr** *m* fou *m* [du roi] **Hofrat** *m*, **-rätin** *f* A conseiller(-ère) *m(f)* de la cour **Hofstaat** *m kein Pl* cour *f* **Hoftor** *nt* porte *f* cochère
hohe(r, s) *s.* hoch
Höhe ['hø:ə] <-, -n> *f* ❶ *(vertikale Ausdehnung)* eines Baums, Gebäudes, Möbelstücks hauteur *f;* eines Bergs altitude *f;* **in die ~ wachsen/schießen** *Pflanze:* pousser en hauteur/comme du chiendent
❷ *(Entfernung über dem Boden)* **aus der ~** d'en haut; **in der ~** dans les airs; **in schwindelnder ~** à une hauteur vertigineuse; **auf halber ~** à mi-hauteur; **in die ~ schauen** regarder en l'air
❸ *(Flughöhe)* altitude *f;* **in einer ~ von tausend Metern** à une altitude de mille mètres; **an ~ gewinnen** prendre de l'altitude
❹ *(Anhöhe)* hauteur *f*
❺ *(Ausmaß)* eines Gehalts montant *m;* von Kosten niveau *m;* von Schäden ampleur *f;* **in ~ von hundert Euro** d'un montant de cent euros; **ein Kredit in unbegrenzter ~** un crédit illimité; **in die ~**

gehen *Löhne, Kosten:* augmenter; **die Preise in die ~ treiben** faire monter [*o* grimper] les prix; **die Mieten in die ~ treiben** provoquer une flambée des loyers
❻ *meist Pl (Tonhöhe)* aigu *m*
❼ *(geographische Breite)* latitude *f;* **auf gleicher ~ liegen** être à la même latitude; **wir dürften auf der ~ von Rom sein** nous devrions être à la hauteur de Rome
▶ **die ~n und Tiefen des Lebens** les hauts *mpl* et les bas *mpl* de la vie; **auf der ~ der Zeit** à la pointe du progrès; **das ist doch die ~!** *fam* c'est le bouquet! *(fam)*, c'est un comble!; **auf der ~ sein** être en pleine forme
Hoheit ['ho:haɪt] <-, -en> *f* ❶ *(Mitglied einer fürstlichen Familie)* altesse *f;* **Seine/Ihre Kaiserliche ~** Son/Votre Altesse Impériale; **Seine/Ihre Königliche ~** Son/Votre Altesse Royale
❷ *kein Pl (oberste Staatsgewalt)* souveraineté *f*
hoheitlich *Adj* souverain(e); Maßnahme territorial(e)
Hoheitsgebiet *nt* territoire *m* national **Hoheitsgewässer** *Pl* eaux *fpl* territoriales **hoheitsvoll** *Adj geh* majestueux(-euse), auguste *(littér)* **Hoheitszeichen** *nt* emblème *m* de la souveraineté
Höhenangabe *f* GEOG [indication *f* d']altitude *f* **Höhenangst** *f* acrophobie *f* **Höhenflug** *m fig* grandes envolées *fpl* **Höhenkrankheit** *f kein Pl* MED vertige *m* **Höhenlinie** [-li:niə] *f* GEOG courbe *f* de niveau **Höhenmesser** <-s, -> *m* altimètre *m* **Höhenruder** *nt* gouvernail *m* de profondeur **Höhensonne®** *f* lampe *f* à ultraviolets **Höhenstrahlung** *f* PHYS rayonnement *m* cosmique **Höhenunterschied** *m* GEOG dénivellation *f* **höhenverstellbar** *Adj* réglable en hauteur **Höhenzug** *m* chaîne *f* de montagnes
Hohepriester *m* grand prêtre *m*
Höhepunkt *m* ❶ *(wichtigstes Ereignis)* eines Festes grand moment *m;* *(sensationelle Darbietung)* clou *m*
❷ *(Gipfel) einer Auseinandersetzung, Krise, Krankheit* paroxysme *m;* der Karriere, Macht apogée *m;* **die Stimmung war auf dem ~** l'ambiance était à son paroxysme
❸ *(Orgasmus)* orgasme *m;* **jdn zum ~ bringen** faire jouir qn; **zum ~ kommen** jouir
höher ['hø:ɐ] I. *Adj Komp von* hoch ❶ **ein ~er Baum/~es Haus** un arbre plus haut/une maison plus haute
❷ *(größere Ausmaße habend)* **ein ~er Preis/Lebensstandard** un prix/niveau de vie plus élevé; **eine ~e Temperatur** une température plus élevée; **eine ~e Strafe** une peine plus sévère; **~e Ansprüche** des exigences plus grandes; **der Schaden ist ~ als erwartet** les dégâts sont plus importants que prévu
❸ *(größere Bedeutung habend)* **ein ~es Ansehen** une réputation plus élevée; **eine ~e Position** une situation plus élevée; **ein ~er Beamter** un fonctionnaire haut placé; **ein ~er Offizier** un officier supérieur; **ein ~es Gut** un bien plus précieux
▶ **sich zu Höherem berufen fühlen** se sentir appelé(e) à de hautes destinées
II. *Adv Komp von* hoch ❶ plus haut; **immer ~** de plus en plus haut [dans le ciel]
❷ *(mit gesteigertem Wert)* **etw ~ bewerten** apprécier mieux qc; **sich ~ versichern** augmenter sa police d'assurance
höher|schrauben *tr V fig* **etw ~** augmenter Anforderungen, Löhne, Steuern
höher|stufen *tr V* **jdn um etw ~** promouvoir qn de qc
hohl [ho:l] I. *Adj* ❶ creux(-euse); **in der ~en Hand** dans le creux de la main
❷ *(dumpf klingend)* Klang, Stimme caverneux(-euse)
❸ *pej (nichts sagend)* vide [de sens], creux(-euse); **~e Worte** de belles paroles; **~e Phrasen von sich geben** tenir des propos creux
II. *Adv* **~ klingen** sonner creux
hohläugig *Adj* aux yeux enfoncés dans les orbites, aux yeux caves *(littér)*
Höhle ['hø:lə] <-, -n> *f* ❶ *(im Felsen)* grotte *f*, caverne *f;* *(im Baum)* creux *m*
❷ *(Bärenhöhle)* tanière *f;* *(Kaninchen-, Fuchs-, Dachsbau)* terrier *m*
❸ *(Augenhöhle)* orbite *f*
▶ **sich in die ~ des Löwen begeben** [*o* **wagen**] se jeter dans la gueule du loup
Höhlenbewohner(in) *m(f)* ❶ *(Person)* troglodyte *m* ❷ ZOOL animal *m* fouisseur **Höhlenforscher(in)** *m(f)* spéléologue *mf* **Höhlenforschung** *f* spéléologie *f* **Höhlenkunde** *f* spéléologie *f* **Höhlenmalerei** *f* peinture *f* rupestre **Höhlenmensch** *m* troglodyte *m*
Hohlheit <-> *f pej (Geistlosigkeit)* vacuité *f*
Hohlkehle *f* TECH cannelure *f* **Hohlkopf** *m pej fam* demeuré(e) *m(f) (fam)* **Hohlkörper** *m* corps *m* creux **Hohlkreuz** *nt* MED lordose *f*, forte cambrure *f* des reins **Hohlmaß** *nt* ❶ *(Maßeinheit)* mesure *f* de capacité ❷ *(Messgefäß)* verre *m* mesureur **Hohlraum** *m* cavité *f*
Hohlraumversiegelung *f* AUT protection *f* anticorrosion

Hohlsaum m ourlet m à jours **Hohlspiegel** m miroir m concave
Höhlung <-, -en> f cavité f, creux m
Hohlvene f ANAT veine f cave **hohlwangig** Adj aux joues creuses
Hohlweg m chemin m creux **Hohlziegel** m brique f creuse
Hohn [ho:n] <-[e]s> m sarcasmes mpl, railleries fpl; **das ist der reine ~!** c'est une plaisanterie!
▸ jdn mit ~ und Spott überschütten couvrir qn de sarcasmes; er/sie lacht ~ il/elle ricane; ~ lachend en ricanant, avec des ricanements; einer S. (Dat) ~ sprechen être une insulte à qc
höhnen ['hø:nən] itr V ricaner
Hohngelächter nt ricanements mpl
höhnisch ['hø:nɪʃ] I. Adj sarcastique, railleur(-euse)
II. Adv ~ grinsen ricaner ▸
hohnlachen s. Hohn ▸
hohnsprechen s. Hohn ▸
hoho [ho'ho:] Interj (auftrumpfend) eh là
Hokuspokus [ho:kus'po:kus] <-> m ❶ (Zauberformel) ~ [Fidibus dreimal schwarzer Kater]! abracadabra!
❷ fam (Augenwischerei) charlatanerie f
❸ fam (Brimborium) tralala m (fam)
hold [hɔlt] Adj ❶ hum (lieb) Gattin, Gatte cher(chère) [et] tendre (iron)
❷ veraltet geh (anmutig) Mädchen, Antlitz, Lächeln gracieux(-euse), charmant(e)
▸ jdm/einer S. ~ sein geh [continuer d']être favorable à qn/qc
Holder ['hɔldɐ] CH, SDEUTSCH s. Holunder
Holding ['hɔʊldɪŋ, 'ho:ldɪŋ] <-, -s> f, **Holdinggesellschaft** f holding m
holen ['ho:lən] I. tr V ❶ (herbeibringen) aller chercher; **etw beim Nachbarn ~** aller chercher qc chez le voisin; **etw aus dem Schrank/Keller ~** aller chercher qc dans l'armoire/à la cave
❷ (hereinholen) aller chercher; **jdn ~ lassen** faire venir qn; **jdn ins Büro/in den Gerichtssaal ~** faire entrer qn dans le bureau/la salle d'audience
❸ (herbeirufen) appeler Arzt, Feuerwehr; **Hilfe ~** aller chercher de l'aide
❹ fam (gewinnen, erringen) décrocher (fam) Medaille, Platz
▸ **bei jdm ist nichts zu ~** fam on ne peut rien tirer de qn (fam)
II. r V fam ❶ (sich nehmen) sich (Dat) etw aus etw/von etw ~ prendre qc dans qc
❷ (sich zuziehen) sich (Dat) **eine Erkältung ~** attraper [o choper fam] un rhume; **er hat sich die Grippe bei ihr geholt** elle lui a refilé sa grippe (fam); **sich blaue Flecke/eine Beule bei etw ~** se faire des bleus/une bosse en faisant qc
❸ (sich erbitten) sich (Dat) **bei jdm Rat ~** consulter qn
holla ['hɔla] Interj hé là
Holland ['hɔlant] nt la Hollande; **in ~** en Hollande
Holländer ['hɔlɛndɐ] <-s> m ❶ Hollandais m
❷ (Käse) hollande m
Holländerin <-, -nen> f Hollandaise f
holländisch I. Adj hollandais(e)
II. Adv fam (in niederländischer Sprache) ~ **miteinander sprechen** discuter en hollandais; s. a. deutsch
Holländisch <-[s]> nt fam kein Art (Sprache, Schulfach) hollandais m; **auf ~** en hollandais; s. a. Deutsch
Holländische nt dekl wie Adj fam **das ~** le hollandais; s. a. Deutsche
Hölle ['hœlə] <-, selten -n> f REL enfer m; MYTH enfers mpl; **in die ~ kommen** aller en enfer; **in der ~** en enfer; **fahr zur ~!** tu peux aller au diable!; **zur ~ mit dir/ihm!** va/qu'il aille au diable!
▸ **die ~ auf Erden** l'enfer sur terre; **die grüne ~** l'enfer vert; **jdm die ~ heißmachen** fam travailler qn au corps (fam); **das ist die [reinste] ~** fam c'est l'enfer (fam); **die ~ ist los** fam c'est la panique (fam)
Höllenangst f fam peur f bleue (fam) **Höllenfürst** m geh prince m des ténèbres (soutenu) **Höllenhund** m MYTH chien m des enfers **Höllenlärm** m fam bruit m infernal **Höllenmaschine** f fam machine f infernale **Höllenqual** f meist Pl fam supplice m infernal **Höllenstein** m PHARM nitrate m d'argent [fondu]
Holler ['hɔlɐ] <-s, -> m SDEUTSCH, A s. Holunder
höllisch I. Adj ❶ attr REL, MYTH de l'enfer
❷ fam (furchtbar) Angst du diable; Hitze, Krach infernal(e); Schmerzen, Gestank atroce
II. Adv fam wehtun, brennen atrocement; fluchen comme un charretier; schreien comme un veau
Hollywoodschaukel ['hɔlɪwʊd'ʃaʊkəl] f balancelle f
Holm [hɔlm] <-[e]s, -e> m ❶ eines Barrens barre f; einer Leiter montant m
❷ AUT, AVIAT longeron m
Holmium ['hɔlmiʊm] <-s> nt CHEM holmium m
Holocaust ['ho:lokaʊst] <-s> m holocauste m
Hologramm [holo'gram] <-s, -e> nt hologramme m
Holographie [-gra'fi:, Pl: -'fi:ən] <-, -n> f holographie f

holperig s. holprig
holpern ['hɔlpɐn] itr V ❶ + haben (rütteln) Wagen, Zug: cahoter
❷ + sein (sich fortbewegen) durch/über etw (Akk) ~ rouler en cahotant à travers/sur qc
holprig Adj ❶ (sehr uneben) Straße défoncé(e); Weg cahoteux(-euse); Pflaster irrégulier(-ière)
❷ (ungleichmäßig) Deutsch, Versmaß hésitant(e)
holterdiepolter ['hɔltɐdi'pɔltɐ] Adv précipitamment
Holunder [ho'lʊndɐ] <-s, -> m sureau m
Holunderbeere f baie f de sureau **Holunderstrauch** m buisson m de sureau
Holz [hɔlts] <-es, Hölzer> nt ❶ kein Pl (Baumsubstanz) bois m; **~ fällen/sägen** couper/scier du bois; **aus ~** en bois; **~ verarbeitend** Betrieb de transformation du bois; Industrie [de transformation] du bois
❷ (Holzart) bois m
▸ **sie hat [ordentlich] ~ vor der Hütte[n]** il y a du monde au balcon (fam) **aus anderem/aus dem gleichen ~ geschnitzt sein** ne pas être/être de la même trempe [o du même tonneau] que qn; **gut ~!** bonne chance!
Holzapfel m pomme f sauvage **Holzart** f bois m **Holzauge** ▸ **~, sei wachsam!** fam il faut faire gaffe! (fam) **Holzbau** <-bauten> m construction f en bois **Holzbein** nt jambe f de bois **Holzbläser(in)** m(f) joueur(-euse) m(f) d'instrument à vent en bois; **die ~** les bois **Holzblasinstrument** nt instrument m à vent en bois **Holzbock** m ❶ (Stützgestell) chevalet m ❷ fam (Zecke) tique f
Hölzchen <-s, -> nt Dim von Holz [petit] morceau m de bois, bûchette f
▸ **vom ~ aufs Stöckchen kommen** fam passer [o sauter] du coq à l'âne
hölzeln itr V A zézayer
holzen ['hɔltsən] itr V FBALL pej sl jouer dur, castagner (fam)
hölzern ['hœltsɐn] I. Adj ❶ (aus Holz) en [o de] bois
❷ (steif) guindé(e)
II. Adv (steif) avec raideur
Holzfäller(in) ['hɔltsfɛlɐ] <-s, -> m(f) bûcheron(ne) m(f)
Holzfaserplatte f panneau m [o plaque f] d'isorel®
holzfrei Adj sans bois, pur chiffon **Holzhacken** <-s> nt coupe f du bois; **beim ~** en coupant du bois
Holzhacker(in) A s. Holzfäller
holzhaltig Adj qui contient de la cellulose
Holzhammer m maillet m
Holzhammermethode f fam (brutale Art) manière f forte; (ständiges Wiederholen) matraquage m intensif, bourrage m de crâne
Holzhandel m commerce m du bois **Holzhändler(in)** m(f) marchand(e) m(f) de bois **Holzhaus** nt maison f en bois
holzig ['hɔltsɪç] Adj Spargel, Kohlrabi filandreux(-euse)
Holzkitt m pâte f à bois **Holzklotz** m ❶ (Klotz aus Holz) billot m [de bois] ❷ (Spielzeug) cube m [de bois] **Holzkohle** f charbon m de bois
Holzkohlengrill m barbecue m au charbon de bois
Holzkopf m ❶ pej fam (Dummkopf) tête f de bois (péj) ❷ (hölzerner Kopf) tête f en bois **Holzleim** m colle f à bois **Holzleiste** f ARCHIT latte f de bois **Holzscheit** nt bûche f **Holzschnitt** m gravure f sur bois
holzschnittartig Adj, Adv à l'emporte-pièce
Holzschnitzer(in) m(f) sculpteur(-euse) m(f) sur bois **Holzschnitzerei** <-, -en> f ❶ (Arbeit aus Holz) sculpture f sur bois ❷ kein Pl (das Schnitzen) xylographie f **Holzschraube** f ❶ (für Holz) vis f à bois ❷ (aus Holz) vis f en bois **Holzschuh** m sabot m **Holzschutzmittel** nt produit m de traitement du bois **Holzsplitter** m éclat m de bois **Holzstoß** m pile f de bois
holzverarbeitend s. Holz ❶
Holzwaren Pl articles mpl en bois **Holzweg** m ▸ **auf dem ~ sein** fam se fourrer le doigt dans l'œil (fam) **Holzwolle** f copeaux mpl **Holzwurm** m ver m du bois
Homebanking ['hoʊmbɛŋkɪŋ] <-> nt INFORM banque f à domicile, home-banking m
Homepage ['hoʊmpeɪdʒ] f INFORM page f d'accueil [o personnelle]
Homer [ho'me:ɐ] <-s> m HIST Homère m
homerisch [ho'me:rɪʃ] Adj homérique
Hometrainer ['hoʊmtreɪnɐ] <-s, -> m entraîneur m à domicile, home-trainer m
Homo ['ho:mo] s. Homosexuelle(r)
homogen [homo'ge:n] Adj geh homogène
homogenisieren* tr V homogénéiser, homogénéifier
Homogenität f homogénéité f
Graf[RR], **Homograph** <-s, -en> nt LING homographe m
homolog [homo'lo:k] Adj a. MED homologue
Homonym [homo'ny:m] <-[e]s, -e> nt LING homonyme m
homonym Adj LING homonyme
Homöopath(in) [homøo'pa:t] <-en, -en> m(f) homéopathe mf

Homöopathie [homøopaˈtiː] <-> f homéopathie f
homöopathisch [homøoˈpaːtɪʃ] Adj Mittel homéopathique; **ein ~er Arzt** un médecin homéopathe
Homophon [homoˈfoːn] <-s, -e> nt LING homophone m
Homosexualität f homosexualité f
homosexuell Adj homosexuel(le)
Homosexuelle(r) f(m) dekl wie Adj homosexuel(le) m(f)
Honduras [hɔnˈduːras] <-> nt le Honduras
Honig [ˈhoːnɪç] <-s, selten -e> m ❶ miel m
❷ (Süßigkeit) türkischer ~ ≈ nougat m
▶ **jdm ~ ums Maul** [o **um den Bart**] **schmieren** fam passer de la pommade à qn
Honigbiene f form abeille f **honigfarben** Adj, **honiggelb** Adj [de couleur] miel inv **Honigkuchen** m pain m d'épice
Honigkuchenpferd ▶ **grinsen wie ein ~** hum fam sourire jusqu'aux oreilles
Honiglecken ▶ **kein ~ sein** fam ne pas être de la tarte (fam)
Honigmelone f melon m **Honigschlecken** s. **Honiglecken** **honigsüß** pej I. Adj Lächeln, Ton mielleux(-euse) II. Adv **~ lächeln** avoir un sourire mielleux **Honigwabe** f rayon m de miel **Honigwein** m hydromel m
Honorar [honoˈraːɐ] <-s, -e> nt honoraires mpl; **gegen ~** moyennant finances
Honorarprofessor(in) m(f) chargé(e) m(f) de cours
Honoratioren [honoraˈtsioːrən] Pl notables mpl
honorieren* tr V ❶ (würdigen) apprécier à sa juste valeur; **jdn für seine Ehrlichkeit/Arbeit ~** apprécier qn à sa juste valeur pour son honnêteté/travail; **die Einsatzbereitschaft eines Mitarbeiters mit etw ~** récompenser l'engagement d'un collaborateur par qc
❷ (bezahlen) rétribuer Person, Arbeit; **jdn mit etw ~** donner qc à qn comme rétribution
❸ FIN honorer Wechsel, Scheck
honorig [hoˈnoːrɪç] Adj geh honorable, respectable
honoris causa [hoˈnoːrɪs ˈkauza] Doktor **~** docteur mf honoris causa
Hooligan [ˈhuːligən] <-s, -s> m houligan m
Hopfen [ˈhɔpfən] <-s, -> m houblon m
▶ **bei** [o **an**] **jdm ist ~ und Malz verloren** fam avec lui, c'est peine perdue
Hopfenstange f perche f à houblon
hopp [hɔp] I. Interj fam (los) allez, hop (fam); **~, ~!** magne-toi/magnez-vous! (fam)
II. Adv **bei ihm/ihr muss alles ~ gehen** fam avec lui/elle, [il] faut que ça saute (fam)
hoppeln [ˈhɔpəln] itr V + sein faire des bonds
hoppla [ˈhɔpla] Interj ❶ (Vorsicht, Entschuldigung) ouh, là [là]
❷ (Moment mal) attends/attendez voir!
hops [hɔps] I. Interj [et] hop
II. Adj fam **das ganze Geld ist ~** tout l'argent est parti en fumée (fam)
Hops <-es, -e> m fam [petit] bond m; **mit einem ~** d'un petit bond
hopsasa [ˈhɔpsasa] Interj Kinderspr. et hop
hopsen [ˈhɔpsən] itr V + sein fam sauter; **durch das Zimmer ~** traverser la pièce en sautant
Hopser <-s, -> m fam [petit] bond m, [petit] saut m
hops|gehen itr V unreg + sein sl ❶ (umkommen) Person: casser sa pipe (fam)
❷ (verloren gehen) Gegenstand: se volatiliser, disparaître
Horaz [hoˈraːts] <-> m HIST Horace m
hörbar [ˈhøːɐbaːɐ] Adj audible, perceptible
hörbehindert Adj malentendant(e) **Hörbereich** m ❶ PHYS fréquence f audible ❷ RADIO zone f de fréquence **Hörbrille** f lunettes fpl pour malentendant **Hörbuch** nt livre m audio
horchen [ˈhɔrçən] itr V ❶ (lauschen) écouter, tendre l'oreille; **an der Tür ~** écouter à la porte
❷ (achten auf) **auf etw** (Akk) **~** écouter qc
Horcher(in) <-s, -> m(f) espion(ne) m(f)
▶ **der ~ an der Wand hört seine eigne Schand'** Spr. celui qui écoute aux portes risque d'entendre ses quatre vérités
Horchposten m poste m d'écoute
▶ **auf ~ sein** fam être à son poste d'écoute
Horde [ˈhɔrdə] <-, -n> f ❶ horde f
❷ (Lattengestell) claie f
hören [ˈhøːrən] I. tr V ❶ (wahrnehmen, vernehmen) entendre; **jdn singen/lachen/reden ~** entendre qn chanter/rire/parler; **~, dass/wie ...** entendre que + indic/ce qui/comment ...; **niemand hat gehört, wie das Opfer um Hilfe rief** personne n'a entendu la victime appeler au secours; **nie gehört!** fam ça ne me dit rien!
❷ (anhören) écouter Sendung, Vortrag, Konzert; **Kurzwelle ~** capter les ondes courtes; **hast du diesen Pianisten schon mal gehört?** tu as déjà entendu ce pianiste?; **ich kann das nicht mehr ~!** j'en ai les oreilles rebattues!; **das will ich nicht gehört haben!**

veux-tu te/voulez-vous vous taire!
❸ (feststellen) **am Tonfall/Klang ~, dass** percevoir à l'intonation/au son que + indic
❹ (erfahren) **etw über jdn/etw ~** entendre dire qc de qn/qc; **~, dass** entendre dire que + indic; **man hat sie nie wieder etwas von ihr gehört** on n'a plus jamais entendu parler d'elle; **von wem hast du das denn gehört?** tu l'as appris par qui?; **etwas/nichts von sich ~ lassen** donner/ne pas donner de ses nouvelles; **nichts [davon] ~ wollen** ne pas vouloir le savoir; **wie man hört/wie ich höre, ...** à ce qu'on dit ...
▶ **etwas von jdm zu ~ bekommen** [o **kriegen** fam] se faire remonter les bretelles par qn (fam); **das lässt sich ~** fam voilà qui est intéressant, c'est pas mal (fam); **Sie werden** [noch] **von mir ~!** vous aurez de mes nouvelles!
II. itr V ❶ (zuhören) écouter; **reden Sie, ich höre** parlez, je vous écoute; **hör mal/~ Sie mal!** fam écoute/écoutez!
❷ (vernehmen) entendre; **gut/schlecht ~** entendre bien/mal
❸ (erfahren) **von jdm/etw gehört haben** avoir entendu parler de qn/qc
❹ fam (sich richten nach) **auf jdn/etw ~** écouter qn/qc
❺ (heißen) **sie hört auf den Namen Anke** elle s'appelle Anke
▶ **ihm/ihr vergeht Hören und Sehen** il/elle ne sait plus où il/elle en est; **du hörst wohl schlecht!** fam t'es sourd(e), ma parole! (fam); **na hör/~ Sie mal!** non mais alors!; **wer nicht ~ will, muss fühlen** Spr. quand on n'écoute pas les conseils, on s'instruit à ses dépens; **man höre und staune!** (als Einschub) tiens-toi/tenez-vous bien!
Hörensagen nt ▶ **vom ~** par ouï-dire
Hörer <-s, -> m ❶ (Zuhörer) auditeur m
❷ (Telefonhörer) combiné m, récepteur m
Hörerbrief m lettre f d'auditeur
Hörerin <-, -nen> f auditrice f
Hörerschaft <-, -en> f auditoire m; RADIO auditeurs mpl
Hörfehler m défaut m d'audition **Hörfolge** f RADIO série f radiophonique **Hörfunk** m form radio f **Hörgerät** nt appareil m auditif
hörig Adj ❶ (völlig ergeben) **jdm ~ sein** être [entièrement] soumis(e) à qn; **jdm sexuell ~ sein** avoir qn dans la peau; **sich** (Dat) **jdn ~ machen** faire de qn son esclave
❷ HIST Bauer asservi(e)
Hörige(r) f(m) dekl wie Adj HIST serf m/serve f
Hörigkeit <-, selten -en> f ❶ (völlige Ergebenheit) soumission f, sujétion f; **sexuelle ~** dépendance f sexuelle
❷ kein Pl HIST servage m
Horizont [horiˈtsɔnt] <-[e]s, -e> m horizon m; **am ~** à l'horizon
▶ **einen beschränkten** [o **engen**] **~ haben** avoir une vue des choses étriquée; **das geht über seinen/ihren ~** cela le/la dépasse
horizontal [horitsɔnˈtaːl] Adj horizontal(e)
Horizontale f dekl wie Adj droite f horizontale; **in der ~n** à l'horizontale, en position horizontale
▶ **sich in die ~ begeben** hum fam aller se mettre à horizontale (fam)
Hormon [hɔrˈmoːn] <-s, -e> nt hormone f
hormonal [hɔrmoˈnaːl] s. **hormonell**
Hormonbehandlung f traitement m hormonal
hormonell [hɔrmoˈnɛl] I. Adj hormonal(e)
II. Adv beeinflussen, steuern par les hormones
Hormonhaushalt m taux m hormonal **Hormonpräparat** nt préparation f hormonale **Hormonspritze** f piqûre f d'hormones
Hörmuschel f écouteur m
Horn [hɔrn, Pl: ˈhœrne] <-[e]s, Hörner> nt ❶ eines Tiers corne f
❷ MUS cor m; **die Hörner** les cors
❸ kein Pl (Material) corne f
❹ AUT veraltet corne f, trompe f
❺ fam (Beule) bosse f
▶ **ins gleiche ~ stoßen** fam dire la même chose; **sich** (Dat) **die Hörner abstoßen** fam jeter sa gourme (fam); **jdm Hörner aufsetzen** fam faire qn cocu(e) (fam)
Hornblende f MINER hornblende f **Hornbrille** f lunettes fpl de corne
Hörnchen [ˈhœrnçən] <-s, -> nt ❶ (Croissant) croissant m
❷ Dim von **Horn** ❶ petite corne f
Hörnerklang m son m du cor
Hörnerv m nerf m auditif
Hornhaut f ❶ (des Auges) cornée f ❷ (Hautschicht) corne f
Hornhautentzündung f MED kératite f
Hornisse [ˈhɔrnɪsə] <-, -n> f frelon m
Hornist(in) <-en, -en> m(f) corniste mf; **die ~en** les cors mpl
Hornochs[e] [-ks(ə)] m fam bourrique f (fam)
Hörorgan nt organe m de l'ouïe
Horoskop [horoˈskoːp] <-s, -e> nt horoscope m; **jdm das ~ stellen** faire l'horoscope de qn
horrend [hɔˈrɛnt] Adj exorbitant(e)

Hörrohr nt ❶ *(Hörgerät)* cornet m acoustique ❷ *veraltet (Stethoskop)* stéthoscope m
Horror ['hɔro:ɐ] <-s> m horreur f; **einen ~ vor etw haben** avoir horreur de qc; **sie hat einen ~ vor ihnen** ils lui font horreur
Horrorfilm m film m d'horreur **Horrorszenarium** nt scénario m d'horreur **Horrortrip** m fam ❶ *(grässliches Erlebnis)* galère f *(fam)*; **das war der reinste ~** ça a été l'horreur *(fam)* ❷ *(Drogenrausch)* trip m *(fam)*
Hörsaal m amphithéâtre m, amphi m *(fam)* **Hörschwelle** f MED seuil m d'audibilité
Horsd'œuvre [(h)ɔr'dœvrə] <-s, -s> nt hors-d-œuvre m
Hörspiel nt pièce f radiophonique
Horst [hɔrst] <-[e]s, -e> m ❶ *(Nest)* aire f ❷ *(Fliegerhorst)* base f
Hörsturz m MED surdité f brusque
Hort [hɔrt] <-[e]s, -e> m ❶ geh **~ der Künste/Stille** havre m pour l'art/de paix *(soutenu)* ❷ *(Kinderhort)* ≈ garderie f
horten ['hɔrtən] tr V stocker *Waren*; entasser *Geld*
Hortensie [hɔr'tɛnziə] <-, -n> f hortensia m
Hörvermögen nt kein Pl ouïe f **Hörverstehen** nt SCHULE compréhension f orale **Hörweite** f **in/außer ~ sein** être à/hors de portée de voix
Höschen ['hø:sçən] <-s, -> nt ❶ *Dim von* Hose *(kurze Kinderhose)* culotte f courte; *(lange Kinderhose)* pantalon m ❷ *(Schlüpfer)* petite culotte f
Höschenwindel ['hø:sçən-] f couche f
Hose ['ho:zə] <-, -n> f pantalon m; **eine ~, ein Paar ~n** un pantalon; **kurze ~n, eine kurze ~** un short; [sich *(Dat)*] **in die ~ machen** fam faire dans son froc *(fam)*; **die ~n vollhaben** fam avoir fait [caca] dans son froc ▶ **da ist tote ~** fam c'est mort ici *(fam)*; **die ~n [gestrichen] voll haben** sl avoir chié dans son froc *(pop)*; **die ~n voll kriegen** fam se prendre une fessée *(fam)*; **die ~n anhaben** fam porter la culotte *(fam)*; **in die ~ gehen** sl foirer *(arg)*; **sich** *(Dat)* **[vor Angst] in die ~ machen** sl chier dans son froc de peur *(pop)*; **die ~n runterlassen** sl annoncer la couleur *(fam)*
Hosenanzug m tailleur-pantalon m **Hosenaufschlag** m revers m de pantalon **Hosenbandorden** m ordre m de la Jarretière nt jambe f de pantalon **Hosenboden** m fond m de culotte ▶ **sich auf den ~ setzen** fam en mettre un coup *(fam)*; **jdm den ~ strammziehen** fam flanquer une fessée à qn
Hosenbügel m cintre m à pantalon **Hosenbund** m taille f du pantalon **Hosenklammer** f pince f de cycliste **Hosenlatz** m ❶ bavette f ❷ DIAL *(Hosenschlitz)* braguette f **Hosenmatz** <-es, -mätze> m hum fam bambin m *(fam)* **Hosennaht** f couture f de pantalon **Hosenrock** m culotte f **Hosenscheißer** m ❶ pej fam *(Kind)* **ein kleiner ~** un petit pisseux *(péj fam)* ❷ sl *(Feigling)* pétochard m *(fam)* **Hosenschlitz** m braguette f **Hosentasche** f poche f de pantalon **Hosenträger** Pl bretelles fpl
hosianna [ho'ziana] *Interj* hosanna
Hospital [hɔspi'ta:l, Pl: hɔspi'tɛ:lə] <-s, -e o Hospitäler> nt hôpital m
Hospitalismus [hɔspita'lɪsmʊs] <-> m PSYCH hospitalisme m; MED hospitalisme infectieux
Hospitant(in) [hɔspi'tant] <-en, -en> m(f) geh ❶ *(im Unterricht)* stagiaire mf ❷ *(Gasthörer)* auditeur(-trice) m(f) libre
hospitieren* itr V **bei jdm ~** assister au cours de qn comme stagiaire; *Gasthörer:* assister au cours de qn en auditeur libre
Hospiz [hɔs'pi:ts] <-es, -e> nt *(Herberge, Sterbeheim)* hospice m
Host [hɔst] <-s, -s> m hôte m
Hostess[RR] [hɔs'tɛs], **Hosteß**[ALT] <-, Hostessen> f hôtesse f
Hostie ['hɔstiə] <-, -n> f hostie f
Hot Dog[RR] ['hɔt'dɔk] <- -s, - -s>, **Hotdog**[RR] <-s, -s> nt o m hot--dog m
Hotel [ho'tɛl] <-s, -s> nt hôtel m; **~ garni** hôtel sans restaurant **Hotelbett** nt lit m d'hôtel **Hotelboy** [-bɔɪ] m groom m **Hotelfach** nt kein Pl industrie f hôtelière **Hotelfachschule** f école f hôtelière **Hotelführer** m guide m des hôtels **Hotelgast** m client(e) m(f) de l'hôtel **Hotelgewerbe** nt hôtellerie f **Hotelier** [hota'lie:, hotɛ'lie:] <-s, -s> hôtelier(-ière) m(f) **Hotelkette** f chaîne f d'hôtels **Hotelschiff** nt navire m hôtelier **Hotel- und Gaststättengewerbe** nt industrie f hôtelière **Hotelzimmer** nt chambre f d'hôtel
Hotline ['hɔtlaɪn] <-, -s> f hotline f; INFORM service m en ligne, hotline
hott [hɔt] *Interj* hue
Hottentotte [hɔtən'tɔtə] <-n, -n> m, **Hottentottin** f Hottentot(e) m(f)
Hr. Abk von **Herr** M.
HR Abk von **Hessischer Rundfunk** station de radio de la Hesse

Hrn. Abk von **Herrn** M.
hrsg. Abk von **herausgegeben** éd.
Hrsg. Abk von **Herausgeber** édit.
HTML [ha:te:?ɛm'ɛl] INFORM Abk von **Hyper Text Markup Language** HTML
hu [hu:] *Interj (Ausdruck der Angst)* ah; *(Ausdruck des Frierens)* brrr; *(Ausruf, der erschrecken soll)* hou
hü [hy:] *Interj* hue
▶ **mal ~ und mal hott sagen** fam dire tantôt blanc tantôt noir *(fam)*
Hub [hu:p, Pl: 'hy:bə] <-[e]s, Hübe> m *(Kolbenhub)* course f
Hubbel ['hʊbəl] m DIAL fam *(Unebenheit)* bosse f *(fam)*
hubbelig ['hʊbəlɪç] *Adj* DIAL fam *(uneben)* plein(e) de bosses *(fam)*
Hubbrücke f pont m levant
hüben ['hy:bən] *Adv* de ce côté-ci
▶ **~ und** [*o* **wie**] **drüben** d'un côté comme de l'autre
Hubertusmantel [hu'bɛrtʊs-] m A loden m
Hubraum m cylindrée f
hübsch [hʏpʃ] I. *Adj* ❶ joli(e) *antéposé*; **ein ~es Gesicht/Foto** une jolie figure/photo; **sich ~ machen** se faire beau(belle); **na, ihr zwei Hübschen?** fam alors les poulettes? ❷ fam *(beträchtlich)* **Sümmchen, Betrag** coquet(te) *(fam)* ❸ iron fam *(unangenehm)* beau(belle) *(iron fam)*; **da hat er sich** *(Dat)* [ja] **was Hübsches eingebrockt!** il s'est mis dans de beaux draps! *(fam)*
II. *Adv* ❶ **sich kleiden, sich einrichten** bien
❷ fam *(annehmbar)* **ganz ~ singen** ne pas chanter si mal que ça *(fam)*
❸ iron fam *(ziemlich)* **fluchen** drôlement *(fam)*
❹ fam *(Ausdruck eines Gebots)* **seid ~ artig!** soyez bien sages!; **immer ~ langsam!** tout doux! *(fam)*; **das wirst du ~ bleiben lassen!** tu ferais mieux de laisser tomber! *(fam)*
Hubschrauber <-s, -> m hélicoptère m
Hubschrauberlandeplatz m héliport m
Hubstapler ['hu:pʃta:plɐ] <-s, -> m chariot m élévateur
huch [hʊx, hu(:)x] *Interj (Ausdruck der Überraschung)* oh; *(Ausdruck des Frierens)* brrr
Hucke ['hʊkə] ▶ **jdm die ~ voll hauen** fam tabasser qn *(fam)*; **die ~ voll kriegen** fam prendre une dégelée *(fam)*; **jdm die ~ voll lügen** fam raconter des salades à qn *(fam)*
huckepack ['hʊkəpak] *Adv* **jdn ~ nehmen/tragen** fam prendre/porter qn sur son dos
Huckepackverfahren nt ferroutage m **Huckepackverkehr** m trafic m combiné rail-route
Hudelei [hu:də'laɪ] <-> f bes. SDEUTSCH, A fam *(nachlässiges Arbeiten)* bâclage m *(fam)*
hudeln ['hu:dəln] *itr V* bes. SDEUTSCH, A fam ❶ *(nachlässig arbeiten)* bâcler le boulot *(fam)*
❷ *(hektisch sein)* **nur nicht ~!** pas d'affolement! *(fam)*
Huf [hu:f] <-[e]s, -e> m sabot m
Hufeisen nt fer m à cheval
hufeisenförmig *Adj, Adv* en fer à cheval
Hüferl ['hy:fɐl] <-s, -n> nt A romsteck m
Huflattich [-latɪç] <-s, -e> m tussilage m **Hufnagel** m clou m de ferrure **Hufschlag** m ❶ bruit m de sabots ❷ *(Stoß mit dem Huf)* coup m de sabot **Hufschmied(in)** m(f) maréchal-ferrant m **Hufschmiede** f maréchalerie f
Hüftbein nt os m iliaque
Hüfte ['hʏftə] <-, -n> f ❶ hanche f; **die Arme in die ~n stemmen** mettre les mains sur les hanches; **sich in den ~n wiegen** rouler des hanches; **aus der ~ schießen** tirer [en tenant] l'arme à la hanche
❷ kein Pl GASTR romsteck m
Hüftgelenk nt [articulation f de la] hanche f **Hüftgürtel** m porte--jarretelles m **Hüfthalter** m gaine f **hüfthoch** I. *Adj* Gras qui arrive à hauteur des hanches; **~ sein** arriver à hauteur des hanches II. *Adv* **~ im Wasser stehen** avoir de l'eau jusqu'à hauteur de hanches
Huftier nt ongulé m
Hüftknochen s. **Hüftbein** **Hüftsteak** [-ste:k, -ʃte:k] nt bifteck m dans le romsteck **Hüftweite** f largeur f de hanches
Hügel ['hy:ɡəl] <-s, -> m ❶ colline f ❷ *(Haufen)* monticule m
hügelig *Adj* vallonné(e)
Hügelkette f chaîne f de collines **Hügelland** nt collines fpl
Hugenotte [huɡə'nɔtə] <-n, -n> m, **Hugenottin** f huguenot(e) m(f)
hüglig *Adj* s. **hügelig**
huh [hu:] s. **hu**
hüh [hy:] s. **hü**
Huhn [hu:n, Pl: 'hy:nɐ] <-[e]s, Hühner> nt ❶ poule f; [sich *(Dat)*] **Hühner halten** élever des poules
❷ GASTR poulet m; *(Suppenhuhn)* poule f; **~ mit Reis** poule au riz

▶ **mit den Hühnern zu** <u>Bett</u> **gehen** *fam* se coucher comme les poules *(fam)*; **ein blindes ~ findet auch ein** <u>Korn</u> *Spr.* ≈ aux innocents les mains pleines; [du] <u>dummes</u> **~!** *pej fam* espèce de bécasse! *(péj fam)*; **ein** <u>verrücktes</u> **~** *fam* un foufou/une fofolle; **mit den Hühnern** <u>aufstehen</u> *fam* se lever comme les poules *(fam)*; **da** <u>lachen</u> **ja die Hühner!** *fam* laisse-moi rigoler! *(fam)*
Hühnchen ['hy:nçən] <-s, -> *nt Dim von* **Huhn** poulet *m*
▶ **mit jdm ein ~ zu** <u>rupfen</u> **haben** *fam* avoir un compte à régler avec qn
Hühnerauge *nt* cor *m* [au pied] ▶ **jdm auf die ~n** <u>treten</u> *hum fam (jdn beleidigen)* toucher le point sensible de qn; *(jdn an seine Pflichten erinnern)* mettre les points sur les i à qn **Hühneraugenpflaster** *nt* coricide *m* **Hühnerbrühe** *f* bouillon *m* de poule **Hühnerbrust** *f* ❶ GASTR blanc *m* de poulet ❷ *hum fam (schmaler Brustkorb)* torse *m* rachitique **Hühnerei** ['hy:nɐʔaɪ] *nt* œuf *m* de poule **Hühnerfarm** *f* ferme *f* avicole **Hühnerfleisch** *nt* viande *f* de poulet **Hühnerfrikassee** *nt* fricassée *f* de poule **Hühnerhabicht** *m* autour *m* **Hühnerhof** *m* basse-cour *f* **Hühnerklein** <-s> *nt* abattis *mpl* **Hühnerleiter** *f a. iron* échelle *f* de poulailler **Hühnerschenkel** *m* GASTR cuisse *f* de poulet **Hühnerstall** *m* poulailler *m* **Hühnerstange** *f* perchoir *m* **Hühnersuppe** *f* GASTR bouillon *m* de poule **Hühnerzucht** *f* élevage *m* de volailles
hui [huɪ] *Interj* ❶ [und] **~, fuhren wir bergab** et hop, on descendait la côte
❷ *(Ausdruck des Erstaunens)* oh là là
Huld [hʊlt] <-> *f veraltet geh* faveur *f*
huldigen ['hʊldɪgən] *itr V geh* ❶ **einer Ansicht/einem Prinzip ~** défendre un point de vue/un principe; **einem Laster ~** s'adonner à un vice
❷ *veraltet (seine Verehrung erweisen)* **jdm ~** rendre hommage à qn
Huldigung <-, -en> *f* hommage *m*; **jdm seine ~ darbringen** présenter ses hommages à qn; **die ~ en der Menge entgegennehmen** recevoir les hommages de la foule
huldvoll *veraltet geh* **I.** *Adj* bienveillant(e)
II. *Adv* **~** <u>lächeln</u> d'un air bienveillant
Hülle ['hʏlə] <-, -n> *f* ❶ *(Schutzhülle)* housse *f*
❷ *(Buchhülle)* couverture *f*
❸ *(Plattenhülle)* pochette *f*
❹ *(Ausweishülle)* étui *m*
▶ **in ~ und** <u>Fülle</u> *geh* à profusion *(soutenu)*; **seine/ihre** <u>sterbliche</u> **~** *geh* sa dépouille mortelle *(soutenu)*; **die ~n** <u>fallen</u> **lassen** *fam* faire un strip *(fam)*
hüllen ['hʏlən] *geh tr V* **jdn/sich in eine Decke ~** envelopper qn/s'envelopper dans une couverture; **ein Tuch um etw ~** enrouler un linge autour de qc; **in Nebel gehüllt** plongé(e) dans le brouillard
hüllenlos *Adj, Adv hum* en costume d'Adam/d'Ève *(hum)*
Hülse ['hʏlzə] <-, -n> *f* ❶ *(Etui)* fourreau *m*
❷ BOT gousse *f*
❸ *(Patronenhülse)* douille *f*
Hülsenfrucht *f meist Pl* légume *m* sec
human [huˈmaːn] **I.** *Adj* ❶ humain(e)
❷ *(verständnisvoll)* compréhensif(-ive)
II. *Adv* ❶ humainement; **etw ~ gestalten** humaniser qc
❷ *(verständnisvoll)* avec beaucoup de compréhension
Humangenetik *f* MED génétique *f* humaine **Humaninsulin** *nt* MED insuline *f* humaine
humanisieren* *geh tr V* humaniser
Humanismus [humaˈnɪsmʊs] <-> *m* humanisme *m*
Humanist(in) <-en, -en> *m(f)* humaniste *mf*
humanistisch *Adj* ❶ humaniste
❷ *(altsprachlich) Bildung, Gymnasium* classique
II. *Adv* **~ gebildet sein** avoir une formation classique
humanitär [humaniˈtɛːɐ] *Adj* humanitaire; **für ~e Zwecke** pour des causes humanitaires
Humanität <-> *f* humanité *f*
Humanitätsduselei <-, -en> *f pej* humanitarisme *m (péj)*
Humanmedizin *f kein Pl* médecine *f* [humaine] **Humanmediziner(in)** *m(f)* médecin *m*
Humbug ['hʊmbuːk] <-s> *m pej fam (Unfug)* connerie *f (fam)*; *(Schwindel)* fumisterie *f*
Hummel ['hʊməl] <-, -n> *f* bourdon *m*
▶ **~n im** <u>Hintern</u> **haben** *fam* avoir la bougeotte *(fam)*
Hummer ['hʊmɐ] <-s, -> *m* homard *m*
Hummercocktail [-kɔkteɪl] *m* cocktail *m* de homard **Hummergabel** *f* GASTR fourchette *f* à homard
Humor [huˈmoːɐ] <-s> *m* humour *m*; **~ haben** avoir de l'humour; **keinen ~ haben** manquer d'humour; **etw mit ~ nehmen** [*o* tragen] prendre qc avec humour; **nie den ~ verlieren** ne jamais perdre le sens de l'humour; **schwarzer ~** humour noir
▶ **einen** <u>goldenen</u> **~ haben** ne se départir jamais de son humour

du <u>hast</u>/**sie** <u>hat</u> [vielleicht] **~!** *iron fam* tu en as/elle en a de bonnes! *(iron fam)*; **~ ist, wenn man trotzdem** <u>lacht</u> *Spr.* il vaut mieux en rire qu'en pleurer
Humoreske [humoˈrɛskə] <-, -n> *f* LITER récit *m* humoristique; MUS humoresque *f*
humorig [huˈmoːrɪç] *Adj Rede, Bemerkung* drôle
Humorist(in) [humoˈrɪst] <-en, -en> *m(f)* comique *mf*; *(Schriftsteller)* humoriste *mf*, écrivain *mf* humoriste
humoristisch [humoˈrɪstɪʃ] *Adj* humoristique; *(witzig)* comique
humorlos I. *Adj* dépourvu(e) d'humour; **~ sein** manquer d'humour
II. *Adv reagieren* sans humour
Humorlosigkeit <-> *f* manque *m* d'humour
humorvoll I. *Adj* plein(e) d'humour
II. *Adv darbieten* avec humour
humpeln ['hʊmpəln] *itr V* ❶ + *haben o sein (hinken)* boitiller
❷ + *sein (sich fortbewegen)* **nach Hause/über die Straße ~** aller à la maison/traverser la rue en boitant
Humpen ['hʊmpən] <-, -> *m* chope *f* [munie d'un couvercle]
Humus ['huːmʊs] <-> *m* humus *m*
Humusboden *m*, **Humuserde** *f* terreau *m*
Hund [hʊnt] <-[e]s, -e> *m* ❶ chien *m*; **Vorsicht, bissiger ~!** [attention,] chien méchant!; **~e müssen draußen bleiben!** les chiens ne sont pas admis!
❷ *sl (Mensch, Kerl)* **ein blöder ~** un pauvre con *(vulg)*; **ein armer ~** un pauvre bougre *(fam)*
❸ *pej sl (Schuft)* salaud *m (arg)*; **ein gerissener ~** un fumier *(arg)*; **du gemeiner ~!** *fam* [espèce *f* de] salaud *m! (fam)*
❹ ASTRON **der Große/Kleine ~** le Grand/Petit Chien
▶ **viele ~e sind des** <u>Hasen</u> **Tod** *Spr.* on finit [toujours] par succomber au nombre; **wie ~ und** <u>Katze</u> **sein** *fam* être comme chien et chat *(fam)*; **damit kann man keinen ~ hinterm** <u>Ofen</u> **hervorlocken** *fam* ≈ on n'attrape pas les mouches avec du vinaigre *(fam)*; **bekannt sein wie ein** <u>bunter</u> **~** *fam* être connu(e) comme le loup blanc *(fam)*; **das ist ein** <u>dicker</u> **~!** *sl* celle-là, elle est dure à avaler! *(fam)*; **schlafende ~e wecken** *fam* réveiller l'eau qui dort *(fam)*; **~e, die** [viel] <u>bellen</u>**, beißen nicht** *Spr.* chien qui aboie ne mord pas; **vor die ~e** <u>gehen</u> *fam* se retrouver dans le pétrin *(fam)*; **auf den ~** <u>kommen</u> *fam* tomber bien bas; **da liegt der ~ begraben** *fam* c'est là le hic *(fam)*
Hündchen <-s, -> *nt Dim von* **Hund** *(kleiner Hund)* petit chien *m*; *(junger Hund)* chiot *m*
Hundeausstellung *f* exposition *f* canine **Hundebandwurm** *m* ténia *m* du chien **Hundebiss**[RR] *m* morsure *f* de chien **Hundeblume** *f fam* pissenlit *m* **hundeelend** *Adj* **sich ~ fühlen** être malade comme un chien *(fam)* **Hundefänger(in)** <-s, -> *m(f)* chasseur(-euse) *m(f)* de chiens **Hundefutter** *nt* nourriture *f* pour chiens **Hundegebell** *nt* aboiements *mpl* **Hundehalsband** *nt* collier *m* [de chien] **Hundehalter(in)** *m(f) form* propriétaire *mf* de chien **Hundehaufen** *m fam* crottes *fpl* de chiens **Hundehotel** *nt* hôtel *m* canin [*o* pour chiens] **Hundehütte** *f* niche *f* **Hundekälte** *f fam* froid *m* de canard *(fam)* **Hundekuchen** *m* biscuit *m* pour chien **Hundeleben** *nt pej fam* vie *f* de chien *(péj fam)* **Hundeleine** *f* laisse *f* **Hundelohn** *m pej fam* salaire *m* de misère **Hundemarke** *f* plaque *f* de chien *(attestant le paiement de la taxe sur les chiens)* **hundemüde** *Adj fam* **~ sein** être [complètement] crevé(e) *(fam)* **Hunderasse** *f* race *f* de chiens
hundert ['hʊndɐt] *Num* ❶ cent; **zwei von ~** deux sur cent; **das Spiel steht ~ zu sechzig** le score est de cent à soixante; **einige ~ Menschen** quelques centaines de personnes; *s. a.* **achtzig**
❷ *fam (viele)* **~ Einzelheiten** trente-six détails *(fam)*
▶ **~ zu** <u>eins</u> **wetten** *fam* parier à cent contre un; **jdn auf ~** <u>bringen</u> *fam* mettre qn en rogne *(fam)*
Hundert[1] <-, -en> *f* cent *m*
Hundert[2] <-s, -e> *nt* centaine *f*; **ein halbes ~** une cinquantaine; **zwanzig vom ~** vingt pour cent; **~e von Fliegen** des centaines de mouches; **zu ~en** par centaines; **in die ~e gehen** *fam* chiffrer par centaines; **einer unter ~en** un sur plusieurs centaines
hunderteins *Num* cent un
Hunderter <-s, -> *m* ❶ MATH centaine *f*
❷ *fam (Banknote)* billet *m* de cent *(fam)*
hunderterlei *Adj unv fam* **~ Farben** une quantité de couleurs [différentes]; **~** [Dinge] trente-six choses *(fam)*; *s. a.* **achterlei**
Hunderteuroschein *m* billet *m* de cent euros
hundertfach I. *Adj* cent fois; *s. a.* **achtfach**
II. *Adv fig* **sich ~ bewährt haben** avoir fait cent fois ses preuves
hundertfünfzigprozentig *Adj fam* pur(e) et dur(e) *(fam)*; **sie ist eine Hundertfünfzigprozentige** c'est une pure et dure
Hundertjahrfeier *f* centenaire *m*
hundertjährig *Adj* ❶ *Person, Baum* centenaire
❷ *(hundert Jahre dauernd) Entwicklung* de cent années; **das ~e Bestehen** les cent ans d'existence

Hundertjährige(r) f(m) dekl wie Adj centenaire mf
hundertmal Adv ❶ cent fois; ~ **so viel/so viele** cent fois plus/plus de; s. a. **achtmal**
❷ fam (sehr viel, oft) **das ist ~ besser** c'est cent fois mieux (fam); **das habe ich dir schon ~ gesagt!** je te l'ai déjà dit cent fois! (fam)
Hundertmeterlauf m cent mètres m [plat]
hundertprozentig I. Adj ❶ Alkohol [à] cent pour cent
❷ fam (total, völlig) **mit ~er Sicherheit** avec cent pour cent de certitude
II. Adv fam **sich ~ auf jdn/etw verlassen** compter sur qn/qc à cent pour cent; **sich** (Dat) **~ sicher sein** être sûr(e) à cent pour cent
Hundertschaft <-, -en> f **eine ~ Soldaten** une unité de cent hommes
hundertste(r, s) Adj centième; **jedes ~ Los** un billet sur cent; **jeder Hundertste** une personne sur cent; s. a. **achte(r, s)**
▶ **vom Hundertsten ins** Tausendste **kommen** fam passer du coq à l'âne (fam)
hundertstel ['hʊndɛtstəl] Num **auf ein ~ Millimeter genau** au centième de millimètre près
Hundertstel <-s, -> nt centième m
Hundertstelsekunde f SPORT centième m de seconde
hunderttausend Num ❶ cent mille
❷ fam (unzählige) des milliers de; **Hunderttausende von Insekten** des centaines fpl de milliers d'insectes; **zu Hunderttausenden** par centaines de milliers; **die Schäden gehen in die ~e** les dommages s'élèvent à des centaines de milliers d'euros
hundertundeins s. **hunderteins**
Hundesalon m salon m de toilettage [pour chiens] **Hundescheiße** f sl merde f de chien (vulg) **Hundeschlitten** m traîneau m [tiré par des chiens] **Hundeschnauze** f museau m, truffe f ▶ **kalt wie eine ~ sein** fam avoir un cœur de marbre **Hundesohn** m pej fam fils m de saligaud (fam) **Hundesteuer** f taxe f sur les chiens **Hundewetter** nt fam **kein Pl** temps m de chien (fam) **Hundezucht** f élevage m canin **Hundezwinger** m chenil m
Hündin ['hʏndɪn] f chienne f
hündisch Adj pej Person, Charakter rampant(e) (péj); Ergebenheit, Gehorsam servile
Hündlein <-s, -> nt Dim von **Hund** petit chien m
hundsgemein fam I. Adj ❶ Kerl, Lüge sale antéposé (fam); ~ **werden** se foutre en rogne (fam) ❷ (sehr groß) Kälte, Schmerz à crever (fam) II. Adv wehtun foutrement (fam) **hundsmiserabel** fam I. Adj Kerl, Verräter sale antéposé (fam); Qualität dégueulasse (fam); Lage, Zustand foireux(-euse) (fam) II. Adv jdn ~ **behandeln** traiter qn comme une chien (fam); **sich ~ fühlen** être [vraiment] mal foutu(e) (fam) **Hundstage** Pl canicule f
Hüne ['hyːnə] <-n, -> m géant m; **ein ~ von Mann** un vrai géant **Hünengrab** nt tumulus m
hünenhaft Adj gigantesque
Hunger ['hʊŋɐ] <-s> m ❶ faim f; ~ **haben/bekommen** avoir/commencer à avoir faim; ~ **auf etw** (Akk) **haben** avoir faim de qc; ~ **leiden** souffrir de la faim; **vor ~** [fast] **umkommen** crever de faim (fam); **seinen ~ stillen** apaiser sa faim; **den ~ in der Welt bekämpfen** combattre la faim dans le monde; **davon bekomme ich ~** ça me donne faim; **ich habe solchen ~!** j'ai une de ces faims!
❷ fam (Appetit) **guten ~!** bon appétit!
❸ geh (Verlangen) **nach Abenteuern** soif f d'aventure
▶ **~ ist der beste** Koch Spr. tout est bon pour qui a faim; **~ wie ein** Wolf [o **Bär**] **haben** fam avoir une faim de loup (fam)
Hungergefühl nt sensation f de faim **Hungerjahr** nt année f de famine **Hungerkünstler(in)** m(f) jeûneur(-euse) m(f) professionnel(le) **Hungerkur** f régime m draconien **Hungerleider(in)** <-s, -> m(f) pej fam crève-la-faim mf (péj fam) **Hungerlohn** m pej salaire m de famine
hungern ['hʊŋɐn] I. itr V ❶ souffrir de la faim; **jdn ~ lassen** laisser qn sur sa faim; (als Strafe) priver qn de nourriture; ~**d** affamé(e)
❷ geh (verlangen) **nach etw ~** avoir soif de qc
II. tr V geh **ihn hungert, es hungert ihn** il a faim
❷ (verlangen) **ihn hungert** [o **es hungert ihn**] **nach Zuwendung** il réclame de l'attention
III. r V **sich zu Tode ~** se laisser mourir de faim; **sich schlank ~** se laisser mourir de faim pour mincir
Hungersnot f famine f
Hungerstreik m grève f de la faim; **in den ~ treten** entamer une grève de la faim **Hungertod** m geh **den ~ sterben** périr d'inanition (soutenu) **Hungertuch** ▶ **am ~** nagen hum fam manger de la vache enragée
hungrig ['hʊŋrɪç] Adj affamé(e); **jdn ~ machen** donner faim à qn; ~ **auf etw** (Akk) **sein** avoir faim de qc
Hunne ['hʊnə] <-n -n> m, **Hunnin** f Hun m

Hunsrück ['hʊnsrʏk] <-s> m **der ~** le Hunsrück
Hupe ['huːpə] <-, -n> f klaxon® m
hupen ['huːpən] itr V klaxonner; **das Hupen** les coups de klaxon; **unter ständigem Hupen** en klaxonnant sans arrêt
hupfen ['hʊpfən] SDEUTSCH s. **hüpfen**
▶ **das ist gehupft wie** gesprungen fam c'est kif-kif (fam)
hüpfen ['hʏpfən] itr V + sein Person: sauter; Vogel: sautiller; **über den Hof ~** traverser la cour en sautillant
Hupfer <-s, -> m SDEUTSCH s. **Hüpfer**
Hüpfer <-s, -> m (Sprung) petit saut m
Hupkonzert nt fam concert m de klaxons; **ein ~ veranstalten** donner un concert de klaxons **Hupsignal** nt, **Hupton** <-töne> m coup m de klaxon **Hupverbot** nt interdiction f de klaxonner
Hurde ['hʊrdə] <-, -n> f CH, SDEUTSCH étagère f [à claire-voie]
Hürde ['hʏrdə] <-, -n> f (beim Hürdenlauf) haie f; (im Reitsport) obstacle m
▶ **eine ~ nehmen** passer un obstacle
Hürdenlauf m course f de haies **Hürdenläufer(in)** m(f) SPORT coureur(-euse) m(f) de haies **Hürdenrennen** nt course f d'obstacles
Hure ['huːrə] <-, -n> f pej ❶ (Prostituierte) putain f (vulg)
❷ (Schimpfwort) roulure f
huren ['huːrən] itr V pej baiser (péj fam)
Hurenbock m pej sl baiseur m (fam) **Hurensohn** m pej sl fils m de pute (péj vulg)
hurra [hʊˈraː, ˈhʊraː] Interj hourra
Hurra <-s, -s> nt hourra m; **ein dreifaches ~** un triple hourra
Hurrapatriotismus m pej éloge m du patriotisme **Hurraruf** m hourra m
Hurrikan ['hʊrɪkaː(n), harɪkən] <-s, -e> m ouragan m
hurtig ['hʊrtɪç] I. Adj preste
II. Adv prestement
Husar [huˈzaːɐ] <-en, -en> m HIST hussard m
husch [hʊʃ] Interj fam **~!** (geh fort, geht fort) [allez,] oust[e]! (fam); (mach schnell, macht schnell) et hop!
▶ **~, ~ gehen** se faire en deux coups de cuillère à pot (fam)
huschen ['hʊʃən] itr V + sein **durchs Zimmer ~** Licht, Schatten: balayer [rapidement] la chambre; **aus der Tür ~** (schnell/verstohlen hinausgehen) sortir vivement/furtivement; **ein Lächeln huschte über sein/ihr Gesicht** un sourire glissa furtivement sur son visage
hüsteln ['hyːstəln] itr V toussoter; **das** [leise] **Hüsteln** le toussotement [discret]
husten ['huːstən] I. itr V ❶ tousser; (Husten haben) avoir de la toux; **durch starkes Husten** en toussant avec force
❷ fig Motor: tousser
II. tr V **Blut/Schleim ~** cracher du sang/des glaires
▶ **dem/dir werde ich** was ~! sl il peut toujours se/tu peux toujours te brosser! (arg)
Husten <-s> m toux f; ~ **bekommen** attraper la toux; ~ **haben** tousser
Hustenanfall m quinte f de toux **Hustenbonbon** [-bɔŋbɔŋ, -bɔ̃bɔ̃ː] m o nt bonbon m contre la toux **Hustenmittel** nt remède m contre la toux **Hustenreiz** m envie f de tousser **Hustensaft** m sirop m contre la toux **hustenstillend** Adj antitussif(-ive); ~ **wirken** [o **sein**] agir contre la toux **Hustentee** m tisane f pectorale **Hustentropfen** Pl gouttes fpl contre la toux
Hut[1] [huːt, Pl: ˈhyːtə] <-[e]s, Hüte> m a. BOT chapeau m; **nehmen Sie bitte den** [o **Ihren**] **~ ab!** veuillez vous débarrasser de votre chapeau, s'il vous plaît!
▶ **das ist ein** alter **~!** fam c'est de la vieille histoire! (fam); **verschiedene Dinge unter einen ~ bringen** fam concilier diverses choses; **mit jdm/etw nichts am ~ haben** fam ne pas être du tout porté(e) sur qn/qc; **eins** [o **etwas**] **auf den ~ kriegen** fam s'en prendre une (fam); **den** [o **seinen**] **~ nehmen müssen** fam devoir rendre son tablier (fam); **sich** (Dat) **etw an den ~ stecken können** fam pouvoir se mettre qc quelque part (fam); **vor jdm/etw den ~ ziehen** tirer son chapeau à qn/qc; ~ **ab vor jdm/etw!** fam chapeau à qn/qc! (fam)
Hut[2] [huːt] <-> f geh ▶ **in** sicherer **~ sein** être sous bonne garde [o en toute sécurité]; **auf der ~ sein** se tenir sur ses gardes; **vor jdm/etw auf der ~ sein** se méfier de qn/qc
Hutablage f (an einer Garderobe) porte-chapeaux m; (im Auto) plage f arrière **Hutband** <-bänder> nt ruban m de chapeau
Hütchen <-s, -> nt Dim von **Hut** petit chapeau m
hüten ['hyːtən] I. tr V garder; **ein Geheimnis ~** garder un secret [pour soi]
II. r V **sich vor jdm/etw ~** se méfier de qn/se garder de qc; **sich ~ etw zu tun** se garder de faire qc; **ich werde mich** [schwer] **~!** fam je m'en garderai bien! (fam)
Hüter(in) <-s, -> m(f) geh gardien(ne) m(f); **die ~ des Gesetzes** hum les représentants de l'ordre

Hutfeder f plumet m **Hutgeschäft** nt chapellerie f **Hutkrempe** f bord m [du chapeau] **Hutmacher(in)** m(f) chapelier(-ière) m(f); (für Frauenhüte) modiste mf **Hutnadel** f épingle f à chapeau **Hutschachtel** f boîte f à chapeau
Hutsche ['hʊtʃə] <-, -n> A balançoire f
hutschen itr V A se balancer, faire de la balançoire
Hutschnur ▸ das geht mir/ihm über die ~ fam je commence/il commence à en avoir jusque là de ça (fam)
Hütte ['hʏtə] <-, -n> f ❶ cabane f
❷ METAL fonderie f; (Stahlhütte) aciérie f
Hüttenarbeiter(in) m(f) METAL métallurgiste mf **Hüttenindustrie** f METAL industrie f métallurgique **Hüttenkäse** m cottage® m (fromage blanc à gros caillots) **Hüttenkunde** <-> f métallurgie f **Hüttenschuh** m chausson m [en laine] **Hüttenwerk** s. Hütte ❷
hutz[e]lig ['hʊtsəlɪç] Adj fam Person, Haut ridé(e); Frucht, Schale ratatiné(e) (fam)
Hyäne [hy'ɛ:nə] <-, -n> f hyène f
Hyazinthe [hya'tsɪntə] <-, -n> f jacinthe f
hybrid [hy'bri:t] Adj hybride
Hybridantrieb m système m de propulsion hybride
Hybride [hy'bri:də] <-, -n> f hybride m
Hybris ['hy:brɪs] <-> f geh outrecuidance f (littér)
Hydra ['hy:dra] <-, Hydren> f hydre f
Hydrant [hy'drant] <-en, -en> m bouche f d'incendie
Hydraulik [hy'draʊlɪk] <-> f hydraulique f; (System) système m hydraulique
hydraulisch I. Adj hydraulique
II. Adv ~ betrieben werden fonctionner avec un système hydraulique
Hydrodynamik [hydrody'na:mɪk] <-> f PHYS hydrodynamique f
hydrodynamisch Adj TECH hydrodynamique
Hydrographie [hydrogra'fi:] <-> f hydrographie f
Hydrokultur f culture f hydroponique
Hydrologie [hydrolo'gi:] <-> f hydrologie f
Hydrolyse [hydro'ly:zə] <-, -n> f CHEM hydrolyse f
Hydrometer <-s, -> nt hydromètre m
hydrophil [hydro'fi:l] Adj CHEM, BIO hydrophile
hydrophob [hydro'fo:p] Adj BIO hydrophobe
Hydrosphäre <-> f GEOG hydrosphère f **hydrostatisch** Adj TECH hydrostatique **Hydrotechnik** f technique f hydraulique **Hydrotherapie** f hydrothérapie f
Hygiene [hy'gie:nə] <-> f hygiène f
hygienisch I. Adj Verhältnisse, Maßnahmen hygiénique
II. Adv verpacken hygiéniquement; einwandfrei sur le plan de l'hygiène
Hygrometer [hygro'me:tɐ] <-s, -> nt hygromètre m
hygroskopisch [hygro'sko:pɪʃ] Adj CHEM hygroscopique
Hymen ['hy:mən] <-s, -> nt o m MED hymen m
Hymne ['hʏmnə] <-, -n> f hymne m
hymnisch Adj hymnique
Hype [haɪp] <-s, -s> m tapage m [médiatique]; einen ~ um jdn/etw veranstalten faire beaucoup de tapage autour de qn/qc
hyperaktiv ['hy:pɐʔakti:f, hypɐʔak'ti:f] Adj Kind hyperactif(-ive)
Hyperbel [hy'pɛrbəl] <-, -n> f MATH, LING hyperbole f

Hyperbelfunktion f MATH fonction f hyperbolique
hyperbolisch Adj MATH, LING hyperbolique
hyperkorrekt ['hy:pɛkɔrɛkt, hypɛkɔ'rɛkt] I. Adj ❶ (übertrieben korrekt) Verhalten excessivement correct(e)
❷ LING Form hypercorrect(e)
II. Adv LING aussprechen de façon hypercorrecte
Hyperlink ['haɪpɐlɪŋk] m INFORM hyperlien m
hypermodern ['hy:pɐmodɛrn, hypɐmo'dɛrn] fam I. Adj hypermoderne (fam) II. Adv de façon hypermoderne (fam) **hypernervös** Adj hypernerveux(-euse) **hypersensibel** ['hy:pɛzɛnzi:bəl, hypɛzɛn'zi:bəl] I. Adj Mensch, Wahrnehmung hypersensible II. Adv reagieren de façon hypersensible
Hypertext ['haɪpɐtɛkst] m INFORM hypertexte m
Hypertonie [hypɐto'ni:] <-, -n> f MED hypertension f
Hypertrophie [hypɐtro'fi:] <-, -n> f MED hypertrophie f
hyperventilieren* [hypɐvɛnti'li:rən] itr V MED hyperventiler
Hypnose [hʏp'no:zə] <-, -n> f hypnose f; jdn in ~ (Akk) versetzen hypnotiser qn; in ~ (Akk) fallen tomber en [état d']hypnose; unter ~ (Dat) stehen être en [état d']hypnose
Hypnotherapie [hʏpno-] f thérapie f par l'hypnose
hypnotisch [hʏp'no:tɪʃ] I. Adj hypnotique
II. Adv wirken de manière hypnotique
Hypnotiseur(in) [hʏpnoti'zø:ɐ] <-s, -e> m(f) hypnotiseur(-euse) m(f)
hypnotisieren* tr V hypnotiser
▸ wie hypnotisiert dastehen être debout là comme hypnotisé(e)
Hypochonder [hypo'xɔndɐ] <-s, -> m PSYCH hypocondriaque mf
Hypochondrie [hypoxɔn'dri:] <-, -> f MED hypocondrie f
hypochondrisch Adj hypocondriaque
Hypophyse [hypo'fy:zə] <-, -n> f ANAT hypophyse f
Hypotenuse [hypote'nu:zə] <-, -n> f MATH hypoténuse f
Hypothek [hypo'te:k] <-, -en> f ❶ hypothèque f; die erste/zweite ~ l'hypothèque de premier/second rang; ~ auf Grund und Boden hypothèque sur fonds de terre; eine ~ auf etw (Akk) aufnehmen prendre une hypothèque sur qc; etw mit einer ~ belasten grever qc d'une hypothèque
❷ (Bürde) hypothèque f; das ist eine schwere ~ für ihn c'est une lourde charge pour lui
Hypothekenbank <-banken> f banque f hypothécaire **Hypothekenbrief** m titre m hypothécaire **hypothekenfrei** Adj non hypothéqué(e), exempt(e) d'hypothèques **Hypothekengläubiger(in)** m(f) créancier(-ière) m(f) hypothécaire **Hypothekenschuldner(in)** m(f) débiteur(-trice) m(f) hypothécaire **Hypothekenzinsen** Pl intérêts mpl hypothécaires
Hypothese [hypo'te:zə] <-, -n> f hypothèse f; eine ~ aufstellen/widerlegen émettre/réfuter une hypothèse
hypothetisch [hypo'te:tɪʃ] I. Adj hypothétique
II. Adv de façon hypothétique
Hypotonie [hypoto'ni:] <-, -n> f MED hypotonie f
Hysterie [hʏste'ri:] <-, -n> f hystérie f
hysterisch [hʏs'te:rɪʃ] I. Adj hystérique; ein ~ er Anfall une crise d'hystérie
II. Adv de façon hystérique
Hz Abk von **Hertz** Hz

I i

I, i [i:] <-, -> nt I m/i m
▸ I wie Ida i comme Irma
i Interj fam (Ausdruck des Ekels) be[u]rk (fam)
▸ ~ wo! penses-tu/pensez-vous! (fam)
i. A. [i:'ʔa:] Abk von im Auftrag p.o.
iah [i:'ʔa:] Interj hi-han
Iambus s. **Jambus**
iberisch [i'be:rɪʃ] Adj ibérique
Ibis <-, -se> m ZOOL ibis m
IC® [i:'tse:] <-s, -s> m Abk von **Intercity** IC m
ICE® [i:tse:'ʔe:] <-s, -s> m Abk von **Intercityexpresszug** train à grande vitesse

Land und Leute
ICE® est l'abréviation de Intercityexpresszug. C'est un train à grande vitesse de la Deutsche Bahn qui peut atteindre jusqu'à 300 kilomètres à l'heure. Cousin du TGV en France, il relie entre elles les grandes villes allemandes depuis 1991.

ich [ɪç] Pron pers je; (betont, allein stehend) moi; ~ habe Hunger j'ai faim; nicht einmal ~ pas même moi; ~ selbst konnte das nicht machen je ne pouvais pas le faire moi-même; ~ moi!; ~ nicht! pas moi!; hier bin ~! me voici!; ~ war es! c'était moi!; ~ Idiot! fam quel idiot(e) je fais! (fam)
Ich <-[s], -s> nt a. PSYCH moi m; mein anderes [o zweites] ~ mon autre moi; sein besseres ~ la meilleure part de soi-même
Ich-AG f JUR travail m indépendant assisté **IchbewusstseinRR** nt conscience f du moi **ichbezogen** ['ɪçbəzo:gən] Adj égocentrique **IcherzählerRR** m(f) narrateur(-trice) m(f) à la première personne **IcherzählungRR** f récit m à la première personne **Ichform** f première personne f; in der ~ à la première personne **IchlautRR** m son m chuinté

Icon ['aɪkən] <-s, -s> nt INFORM icône f
IC-Zuschlag [iː'tseː-] m supplément m IC
ideal [ideˈaːl] I. Adj idéal(e)
II. Adv d'une façon idéale
Ideal <-s, -e> nt idéal m; **mein/sein ~** mon/son idéal; **[noch] ~ haben** avoir [encore] des idéaux; **keine ~e mehr haben** avoir perdu tout idéal
Idealbesetzung f candidat(e) m(f) idéal(e) **Idealbild** nt idéal m
idealerweise Adv dans l'idéal
Idealfall m cas m idéal; **im ~** dans le meilleur des cas **Idealgewicht** nt poids m idéal
idealisieren* tr V idéaliser Person, Sache; **~d** idéalisé(e)
Idealisierung <-, -en> f idéalisation f
Idealismus [ideaˈlɪsmʊs] <-> m idéalisme m
Idealist(in) <-en, -en> m(f) idéaliste mf
idealistisch Adj idéaliste
idealtypisch Adj PHILOS geh de type idéal **Idealvorstellung** f idéal m
Idee [iˈdeː, Pl: iˈdeːən] <-, -n> f ❶ idée f; **eine ~ haben** avoir une idée; **jdn auf eine ~ bringen** donner une idée à qn; **mir kommt da eine ~** il me vient une idée; **eine glänzende ~** une brillante idée; **eine fixe ~** une idée fixe; **so eine verrückte ~!** en voilà une idée!; **wie kommst du denn auf die ~?** où vas-tu chercher une idée pareille?
❷ fam (Kleinigkeit) **eine ~ lauter/zu kalt** un soupçon plus fort/trop froid; **keine ~ besser sein** ne pas valoir mieux (fam)
ideell [ideˈɛl] Adj Bedürfnisse, Werte spirituel(le); Gesichtspunkte intellectuel(le)
ideenarm [ˈideːən-] Adj Person peu inventif(-ive); Kunstwerk peu innovateur(-trice); **~ sein** manquer d'idées
ideenlos Adj, Adv sans imagination
Ideenlosigkeit <-> f einer Person absence f [o manque m] d'imagination; eines Entwurfs, einer Gestaltung manque m d'originalité
ideenreich Adj inventif(-ive) **Ideenreichtum** m einer Person esprit m inventif; einer Gestaltung inventivité f
Identifikation [idɛntifikaˈtsioːn] <-, -en> f ❶ PSYCH identification f; **~ mit jdm/etw** identification à qn/qc
❷ s. **Identifizierung**
Identifikationsfigur f modèle m identificatoire
identifizieren* I. tr V ❶ identifier Person, Gegenstand; **jdn/etw als jdn/etw ~** identifier qn/qc comme étant qn/qc
❷ (gleichsetzen) **jdn/etw mit jdm/etw ~** identifier qn/qc à qn/qc
II. r V **sich mit jdm/etw ~** s'identifier à qn/qc
Identifizierung <-, -en> f einer Person, eines Gegenstands identification f
identisch [iˈdɛntɪʃ] Adj identique; **mit jdm/etw ~ sein** être identique à qn/qc
Identität [idɛntiˈtɛːt] <-> f identité f; **die ~ einer Person feststellen** établir l'identité d'une personne; **die völlige ~ zweier Dinge** la similitude parfaite de deux choses
Identitätskarte f bes. CH, A carte f d'identité
Ideologe [ideoˈloːɡə] <-n, -n> m, **Ideologin** f idéologue mf
Ideologie [ideoloˈɡiː] <-, -n> f idéologie f
ideologisch I. Adj idéologique
II. Adv idéologiquement
Idiom [iˈdioːm] <-s, -e> nt LING ❶ idiome m
❷ (idiomatischer Ausdruck) expression f idiomatique
Idiomatik <-> f LING idio[ma]tismes mpl; (Nachschlagewerk) dictionnaire m des locutions
idiomatisch [idioˈmaːtɪʃ] I. Adj idiomatique
II. Adv d'un point de vue idiomatique
Idiot(in) [iˈdioːt] <-en, -en> m(f) ❶ pej fam crétin(e) m(f) (fam); **so ein ~!** quel idiot!
❷ MED débile mf mental(e)
Idiotenhügel m hum fam piste f débutants **idiotensicher** hum fam I. Adj simple comme bonjour (fam); **das ist ~!** c'est bête comme chou! (fam) II. Adv être simple; **~ konstruiert sein** être construit(e) pour être à la portée du premier venu; **~ zu bedienen sein** être simple comme bonjour à manœuvrer
Idiotie [idioˈtiː] <-, -n> f ❶ pej fam connerie f (fam)
❷ MED débilité f mentale
Idiotin s. **Idiot(in)**
idiotisch Adj pej fam débile (fam); **so etwas Idiotisches!** quelle connerie! (fam)
Idol [iˈdoːl] <-s, -e> nt idole f
Idyll <-s, -e> nt lieu m idyllique
Idylle [iˈdʏlə] <-, -n> f idylle f
idyllisch I. Adj idyllique
II. Adv dans un cadre idyllique
IG [iːˈɡeː] <-> f Abk von **Industriegewerkschaft** union f syndicale; **~ Metall** union syndicale ouvrière allemande pour les travailleurs de l'industrie métallurgique

Igel [ˈiːɡəl] <-s, -> m hérisson m
igitt[igitt] Interj fam be[u]rk (fam)
Iglu [ˈiːɡlu] <-s, -s> m o nt igloo m
ignorant [ɪɡnoˈrant] Adj pej geh inculte
Ignorant(in) <-en, -en> m(f) pej geh inculte mf
Ignoranz <-> f pej geh ignorance f
ignorieren* tr V ignorer Person; ne pas prendre en considération Sache, Angelegenheit
IHK [iːhaːˈkaː] <-, -s> f Abk von **Industrie- und Handelskammer** C.C.I. f
ihm¹ [iːm] Pron pers, Dat von **er** ❶ (auf eine Person, ein männliches Tier bezogen) lui; **bei/mit ~** chez/avec lui; **das gefällt ~** cela lui plaît; **er sagt es ~** il le lui dit; **sie glaubt/hilft ~** elle le croit/l'aide; **sie nähern sich ~** ils s'approchent de lui; **es geht ~ gut** il va bien; **der Hund knurrt, wenn man sich ~ nähert** le chien grogne quand on s'approche de lui; **~ solltest du danken, nicht mir!** c'est à lui qu'il faut dire merci, pas à moi!; **glaubst du mir oder ~? — Ihm!** c'est lui que tu crois ou lui? — Lui!
❷ (allgemein auf ein Tier, eine Sache bezogen) **das Kind erblickte den Hamster/Wellensittich und näherte sich ~** l'enfant vit le hamster/la perruche et s'approcha de lui; **er sah den Schlag kommen und wich ~ aus** il vit le coup arriver et l'esquiva
ihm² Pron pers, Dat von **es** ❶ (auf ein Kind, ein Mädchen bezogen) **er hilft ~** il l'aide; **das gehört ~** c'est à lui/elle; **das gefällt ~** cela lui plaît; **~ ist langweilig** il/elle s'ennuie
❷ (auf ein Tier, eine Sache bezogen) **um das Kalb/das Haus zu fotografieren, näherte sie sich ~** pour photographier le veau/la maison, elle s'en approcha
ihn [iːn] Pron pers, Akk von **er** ❶ (auf eine Person, ein männliches Tier bezogen) **ohne/für ~** sans/pour lui; **ich kenne ~** je le connais; **ich mag ~** je l'aime [bien]; **er fragt ~/ruft ~ an** il lui demande/téléphone; **dort drüben ist ein Hase, siehst du ~?** il y a un lièvre là-bas, le vois-tu?; **~ musst du fragen, nicht mich!** c'est à lui qu'il faut que tu demandes, pas à moi!
❷ (allgemein auf ein Tier, eine Sache bezogen) **sie verfolgten den Wal um ~ zu filmen** ils poursuivaient la baleine afin de le filmer; **wo ist mein Schlüssel/Kuli, siehst du ~?** où est ma clé/mon stylo-bille, est-ce que tu la/le vois?
ihnen [ˈiːnən] Pron pers, Dat von **sie²** ❶ **bei ~** chez eux/elles; **mit ~** avec eux/elles; **das gefällt ~** cela leur plaît; **er sagt es ~** il le leur dit; **sie glaubt/hilft ~** elle les croit/aide; **sie nähert sich ~** elle s'approche d'eux/d'elles; **es geht ~ gut** ils/elles vont bien; **~ solltet ihr danken, nicht mir!** c'est à eux/elles qu'il faut dire merci, pas à moi!; **glaubst du mir oder ~? — Ihnen!** c'est moi ou eux/elles que tu crois? — Eux/Elles!
Ihnen Pron pers, Dat von **Sie¹** vous; **wie geht es ~?** comment allez-vous?; **gefällt es ~?** est-ce que cela vous plaît?; **hat er sich ~ schon vorgestellt?** est-ce qu'il s'est déjà présenté à vous?
ihr¹ [iːɐ] Pron pers vous; **~ seid an der Reihe!** c'est votre tour!; **~ nicht!** pas vous!; **~ Armen!** mes pauvres!
ihr² Pron pers, Dat von **sie¹** ❶ (auf eine Person, ein weibliches Tier bezogen) **bei/mit ~** chez/avec elle; **das gefällt ~** cela lui plaît; **er sagt es ~** il le lui dit; **sie glaubt/hilft ~** elle la croit/l'aide; **es geht ~ gut** elle va bien; **sie nähern sich ~** ils s'approchent d'elle; **~ solltest du danken, nicht mir!** c'est à elle qu'il faut dire merci, pas à moi!; **glaubst du mir oder ~? — Ihr!** c'est elle que tu crois ou c'est moi? — Elle!
❷ (allgemein auf ein Tier, eine Sache bezogen) **um die Katze/die Brücke zu fotografieren, näherte er sich ~** pour photographier le chat/le pont, il s'en approcha
ihr³ Pron poss zu **sie¹** ❶ **~ Bruder** son frère; **~e Schwester/Freundin** sa sœur/son amie; **~e Eltern** ses parents; **~ Auto** sa voiture; **~e Wohnung** son appartement; **dieses Feuerzeug ist ~[e]s** ce briquet est à elle
❷ substantivisch **der/die/das ~e** le sien/la sienne, **die sind nicht seine Bücher, sondern die ~en** ce ne sont pas ses livres à lui, mais les siens [à elle]; **sie hat das Ihre bekommen** elle a eu ce qui est à elle; **sie hat das Ihre getan** elle a fait ce qu'elle avait à faire; **die Ihren** les siens
ihr⁴ Pron poss zu **sie²** ❶ **~ Bruder** leur frère; **~e Schwester** leur sœur; **~e Brüder/Schwestern** leurs frères/sœurs
❷ substantivisch **der/die/das ~e** le/la leur; **das sind nicht eure Bücher, sondern die ~en** ce ne sont pas vos livres [à vous], mais les leurs; **sie haben das Ihre bekommen** ils/elles ont eu ce qui est à eux/à elles; **sie tun das Ihre** ils/elles font ce qu'ils/elles ont à faire; **die Ihren** les leurs
Ihr Pron poss zu **Sie¹** votre; **~ Vater** votre père; **~e Mutter** votre mère; **~e Kinder** vos enfants; **herzlichst ~ Peter Braun** cordialement, Peter Braun
❷ substantivisch **der/die/das ~e** le/la vôtre; **die ~en** les vôtres; **Sie haben das ~e bekommen** vous avez eu ce qui vous revient de droit; **Sie haben das ~e getan** vous avez fait ce que vous avez

à faire

ihrer¹ ['iːre] *Pron pers, Gen von* **sie¹** *geh* **er erbarmt sich ~** il a pitié d'elle; **er gedenkt ~** il se souvient d'elle; **wir werden ~ gedenken** nous nous souviendrons d'elle *(soutenu)*

ihrer² *Pron pers, Gen von* **sie²** *geh* **es waren ~ sechs** ils/elles étaient six; **wir werden ~ gedenken** nous nous souviendrons d'eux/d'elles

Ihrer *Pron pers, Gen von* **Sie¹** *geh* **wir werden ~ gedenken** nous nous souviendrons de vous

ihrerseits ['iːrezaɪts] *Adv* ❶ *(auf eine Person bezogen)* de son côté ❷ *(auf mehrere Personen bezogen)* de leur côté

Ihrerseits *Adv* de votre côté

ihresgleichen *Pron unv* ❶ *pej (Menschen ihres Schlags)* ses semblables; **sie und ~** *(auf eine Person bezogen)* elle et ses semblables *mpl (péj);* *(auf mehrere Personen bezogen)* ils/elles et leurs semblables *(péj)*
❷ *(Menschen wie sie)* de sa sorte; **sie verkehrt nur mit ~** elle ne fréquente que les gens de sa sorte; **sie verkehren nur mit ~** ils/elles ne fréquentent que les gens de leur sorte; **ich kenne niemanden ~** *geh (niemanden wie diese Frau/diese Leute)* je ne connais personne de sa/de leur trempe *(soutenu)*; **unter ~** entre eux/elles

Ihresgleichen *Pron unv* des gens *mpl* comme vous; *pej* des gens *mpl* de votre espèce *(péj)*

ihretwegen ['iːrət'veːɡən] *Adv* ❶ *(auf eine Person bezogen)* à son sujet; *(ihr zuliebe)* pour elle; *(von ihr aus)* si cela ne tenait/n'avait tenu qu'à elle
❷ *(auf mehrere Personen bezogen)* à leur sujet; *(ihnen zuliebe)* pour eux/pour elles; *(von ihnen aus)* si cela ne tenait/n'avait tenu qu'à eux/elles

Ihretwegen *Adv* à votre sujet; *(Ihnen zuliebe)* pour vous; *(von Ihnen aus)* si cela ne tenait/n'avait tenu qu'à vous

ihretwillen ['iːrət'vɪlən] *Adv* ❶ *(auf eine Person bezogen)* **um ~** pour elle
❷ *(auf mehrere Personen bezogen)* **um ~** pour eux/elles

Ihretwillen *Adv* **um ~** pour vous

ihrige(r) *Pron poss veraltet geh* ❶ *(auf eine Person bezogen)* s. **ihr³**, ❷
❷ *(auf mehrere Personen bezogen)* s. **ihr⁴**, ❷

Ihrige(r) *Pron poss veraltet geh* s. **Ihr**, ❷

i. J. *Abk von* **im Jahre** en

Ikarus ['iːkarʊs] <-> *m* MYTH Icare *m*

Ikone [i'koːna] <-, -n> *f* icône *f*

illegal ['ɪleɡaːl] **I.** *Adj* illégal(e)
II. *Adv* illégalement

Illegalität <-> *f* illégalité *f*

illegitim ['ɪleɡitiːm] *Adj* illégitime

illiquid ['ɪlikviːt] *Adj* FIN non liquide

illoyal ['ɪlɔɪaːl] *geh* **I.** *Adj* déloyal(e)
II. *Adv* d'une manière déloyale

Illoyalität <-> *f geh* déloyauté *f*

Illumination [ɪlumina'tsioːn] <-, -en> *f* illuminations *fpl*

illuminieren* *tr V* illuminer

Illusion [ɪlu'zioːn] <-, -en> *f* illusion *f*; **sich** *(Dat)* **über jdn/etw ~ en machen** se faire des illusions sur qn/qc; **sich einer ~** *(Dat)* **hingeben** se bercer d'illusions; **jdm alle ~ en rauben** enlever à qn toutes ses illusions

illusionär [ɪluzio'nɛːɐ] *Adj geh* illusoire

Illusionist(in) *m(f)* illusionniste *mf*

illusionslos *Adj, Adv* sans illusions

illusorisch [ɪlu'zoːrɪʃ] *Adj* illusoire; **es ist ~ darauf zu hoffen** c'est illusoire de compter là-dessus

illuster [ɪ'lʊstɐ] *Adj geh* illustre; **illustre Gäste** des invités illustres

Illustration [ɪlʊstra'tsioːn] <-, -en> *f* ❶ illustration *f*
❷ *fig* **zur ~ meiner Ausführungen** pour illustrer mon développement

illustrativ [ɪlʊstra'tiːf] **I.** *Adj* destiné(e) à illustrer; *Beispiel* évocateur(-trice)
II. *Adv* de façon vivante

Illustrator [ɪlʊs'traːtoːɐ] <-s, -toren> *m*, **Illustratorin** *f* illustrateur(-trice) *m(f)*

illustrieren* *tr V* ❶ illustrer *Buch*
❷ *fig* **etw anhand eines Beispiels ~** illustrer qc à l'aide d'un exemple

Illustrierte [ɪlʊs'triːɐta] <-n, -n> *f* illustré *m*

Iltis ['ɪltɪs] <-ses, -se> *m* putois *m*

im [ɪm] = **in dem** s. **in**

IM [iː'ʔɛm] <-s, -s> *m Abk von* **inoffizieller Mitarbeiter** *informateur du service des renseignements de l'ancienne R.D.A.*

Image ['ɪmɪtʃ] <-[s], -s> *nt* image *f* de marque; **ein gutes/ schlechtes ~ haben** avoir une bonne/mauvaise image de marque

Imagekampagne ['ɪmɪtʃ-] *f* promotion *f* de son image **Imagepflege** *f* **~ betreiben** soigner son image de marque **Imageverlust** *m* perte *f* de prestige

imaginär [imagi'nɛːɐ] *Adj geh* imaginaire

Imagination [imagina'tsioːn] <-, -en> *f geh* imagination *f*

Imam [i'maːm] <-s, -e> *m* imam *m*

Imbissᴿᴿ <-es, -e>, **Imbiß**ᴬᴸᵀ <-sses, -sse> *m* ❶ collation *f*
❷ s. **Imbissstand**

Imbisshalleᴿᴿ *f* cafétéria *f* **Imbissstand**ᴿᴿ *m* friterie *f* **Imbissstube**ᴿᴿ *f* snack[-bar] *m*

Land und Leute

Dans une **Imbissstube** allemande, on peut avant tout consommer des boissons fraîches, des saucisses grillées, des frites, mais également du poulet rôti et différents petits pains garnis avec de la charcuterie ou du poisson. On trouve également de plus en plus de sandwichs turcs (kebabs) et grecs (gyros).

Imitat [imi'taːt] <-[e]s, -e> *nt* simili *m*

Imitation [imita'tsioːn] <-, -en> *f* imitation *f*

Imitator [imi'taːtoːɐ] <-s, -toren> *m*, **Imitatorin** *f* imitateur(-trice) *m(f)*

imitieren* *tr V* imiter; **imitierter Schmuck** des bijoux *mpl* en imitation

Imker(in) ['ɪmkɐ] <-s, -> *m(f)* apiculteur(-trice) *m(f)*

Imkerei <-, -en> *f* ❶ *(Betrieb)* exploitation *f* apicole
❷ *(Tätigkeit)* apiculture *f*

immanent [ɪma'nɛnt] *Adj geh* immanent(e) *(soutenu)*

Immanenz [ɪma'nɛnts] <-> *f* PHILOS immanence *f*

immateriell ['ɪmaterjɛl] *Adj geh* immatériel(le)

Immatrikulation [ɪmatrikula'tsioːn] <-, -en> *f* UNIV inscription *f*

immatrikulieren* *r V* UNIV **sich ~** s'inscrire; **immatrikuliert sein** être inscrit(e)

Imme ['ɪma] <-, -n> *f geh* abeille *f*

immens [ɪ'mɛns] *geh* **I.** *Adj* énorme
II. *Adv* énormément

immer ['ɪmɐ] *Adv* ❶ toujours; **~ wieder** sans cesse; **~ noch** toujours [et encore]; **~ während** *Dunkelheit, Kälte* perpétuel(le); *Feuer, Qual* éternel(le); **~ mal [wieder]** *fam* comme ça, à l'occasion *(fam)*; **bist du ~ noch nicht fertig?** tu n'as toujours pas fini?
❷ *(zunehmend)* **~ mehr** *arbeiten, essen* de plus en plus; **~ besser werden** ne cesser de s'améliorer; **etw ~ häufiger tun** faire qc de plus en plus fréquemment; **es geht ihm ~ schlechter** il va de plus en plus mal
❸ *(jedes Mal)* **~ wenn ich lese** chaque fois que je lis
❹ *(jeweils)* **ein Block hat ~ hundert Seiten** un bloc a toujours cent pages
❺ *(auch)* **wann ~ das sein wird** peu importe quand ce sera; **wo ~ er sein mag** où qu'il soit
▶ **für ~ [und ewig]** sempiternellement

immerdar *Adv geh* à jamais *(soutenu)*

immerfort *Adv* continuellement **immergrün** *Adj Pflanze* à feuilles persistantes **Immergrün** *nt* pervenche *f* **immerhin** *Adv* tout de même; [**das ist doch**] **~** [**schon etwas**]! c'est toujours ça!

immerwährend s. **immer** ❶

immerzu *Adv* continuellement

Immigrant(in) [ɪmi'ɡrant] <-en, -en> *m(f)* immigrant(e) *m(f)*

Immigration [ɪmiɡra'tsioːn] <-, -en> *f* immigration *f*

immigrieren* *itr V + sein* immigrer

Immission [ɪmi'sioːn] <-, -en> *f* ÖKOL nuisance *f*

Immissionsschutz *m* ÖKOL protection *f* contre les nuisances

Immobilie [ɪmo'biːljə] <-, -n> *f* propriété *f* immobilière; **~n** des biens *mpl* immobiliers

Immobilienfonds [-fɔ̃ː] *m* fonds *m* de placement immobilier **Immobilienhändler(in)** *m(f)* agent *mf* immobilier **Immobilienmakler(in)** *m(f)* agent *m* immobilier

Immortelle [ɪmɔr'tɛlə] <-, -n> *f* immortelle *f*

immun [ɪ'muːn] *Adj* ❶ MED être immunisé(e) contre qc; **gegen eine Krankheit ~ werden/sein** s'immuniser/être immunisé(e) contre une maladie
❷ *fig* être vacciné(e) contre qc; **gegen etw ~ sein** être vacciné(e) contre qc; **gegen etw nicht ~ sein** ne pas être insensible [à qc]

Immunabwehr *f* MED défenses *fpl* immunitaires

immunisieren* *tr V* MED **jdn gegen etw ~** immuniser qn contre qc

Immunisierung <-, -en> *f* MED immunisation *f*

Immunität [ɪmuni'tɛːt] <-, selten -en> *f* ❶ MED immunité *f*; **~ gegen etw** immunité *f* à qc
❷ JUR immunité *f*; **diplomatische ~** immunité diplomatique; **jds ~ aufheben** lever l'immunité de qn

Immunologe [ɪmuno'loːɡə] <-n, -n> *m*, **Immunologin** *f* MED immunologiste *mf*

Immunologie [ɪmunolo'ɡiː] <-> *f* MED immunologie *f*

Immunschwäche *f* MED immunodéficience *f* **Immunsystem** *nt* MED système *m* immunitaire

Impedanz [ɪmpe'dants] <-, -en> *f* ELEC, MED impédance *f*

Imperativ ['ɪmperatiːf] <-s, -e> *m* GRAM impératif *m; (Imperativsatz)* injonction *f*
Imperfekt ['ɪmpɛrfɛkt] <-s, -e> *nt* GRAM imparfait *m*
Imperialismus [ɪmperia'lɪsmʊs] <-, *selten* -lismen> *m* impérialisme *m*
Imperialist(in) <-en, -en> *m(f) pej* impérialiste *mf*
imperialistisch *Adj pej* impérialiste
Imperium [ɪm'peːriʊm, *Pl:* ɪm'peːriən] <-s, -rien> *nt* empire *m*
impertinent [ɪmpɛrti'nɛnt] *geh* **I.** *Adj* impertinent(e)
II. *Adv* avec impertinence
Impertinenz [ɪmpɛrti'nɛnts] <-, -en> *f geh* impertinence *f*
impfen ['ɪmpfən] *tr V* MED vacciner; **jdn/sich gegen etw ~ lassen** faire vacciner qn/se faire vacciner contre qc
Impfling <-s, -e> *m* vacciné(e) *m(f)*
Impfpass[RR] *m* carnet *m* de vaccination **Impfpflicht** *f* vaccination *f* obligatoire **Impfpistole** *f* pistolet *m* à inoculation **Impfschein** *m* certificat *m* de vaccination **Impfschutz** *m* immunisation *f* **Impfstoff** *m* vaccin *m*
Impfung <-, -en> *f* vaccination *f*
Implantat [ɪmplan'taːt] <-[e]s, -e> *nt* implant *m*
Implantation [ɪmplanta'tsioːn] <-, -en> *f* MED implantation *f*
implantieren *tr V* implanter; **[jdm]** etw ~ implanter qc [à qn]
implizieren* *tr V geh* impliquer
implizit [ɪmpli'tsiːt] **I.** *Adj* implicite
II. *Adv* implicitement
implodieren* *itr V + sein* imploser
Implosion <-, -en> *f* implosion *f*
Imponderabilien [ɪmpɔndera'biːliən] *Pl geh* impondérables *mpl*
imponieren* *itr V* **[jdm]** ~ *Person, Leistung:* en imposer [à qn]; **er hat sehr imponiert** il a fait grosse impression
imponierend I. *Adj* imposant(e); *Leistung* considérable; **es ist ~, wie sie das macht** il est impressionnant de voir comme elle fait cela
II. *Adv* ~ **groß** de dimensions impressionnantes
Imponiergehabe [ɪmpo'niːɐ̯-] *nt eines Tiers* parade *f; pej einer Person* simagrées *fpl (péj)*
Import [ɪm'pɔrt] <-[e]s, -e> *m* ① *(Einfuhr)* importation *f*
② *s.* **Importartikel**
Importartikel *m* article *m* d'importation **Importbeschränkung** *f* limitation *f* des importations
Importeur(in) [ɪmpɔr'tøːɐ̯] <-s, -e> *m(f)* importateur(-trice) *m(f)*
Importgeschäft *nt* maison *f* d'importation **Importhandel** *m* commerce *m* d'importation
importieren* *tr V* importer
Importüberschuss[RR] *m* excédent *m* d'importation **Importware** *f* marchandise *f* d'importation
imposant [ɪmpo'zant] *Adj* impressionnant(e); *Leistung* considérable; ~ **wirken** faire beaucoup d'effet
impotent ['ɪmpotɛnt] *Adj* impuissant(e)
Impotenz ['ɪmpotɛnts] <-> *f* impuissance *f*
imprägnieren* *tr V* imperméabiliser; **Kleidung/Schuhe mit etw ~** imperméabiliser des vêtements/chaussures de qc; **ein Material gegen etw ~** traiter un matériau [contre qc]
Imprägnierung <-, -en> *f von Kleidung, Schuhen* imperméabilisation *f; von Holz* traitement *m;* **die ~ hält zwei Jahre** la protection dure deux ans
Impression [ɪmprɛ'sioːn] <-, -en> *f geh* impression *f*
Impressionismus [ɪmprɛsio'nɪsmʊs] <-> *m* impressionnisme *m*
Impressionist(in) <-en, -en> *m(f)* impressionniste *mf*
impressionistisch *Adj* impressionniste
Impressum [ɪm'prɛsʊm] <-s, Impressen> *nt* adresse *f* bibliographique; *einer Zeitung* mentions *fpl* obligatoires
Imprimatur [ɪmpri'maːtʊr] <-s> *nt* TYP imprimatur *m*
Improvisation [ɪmproviza'tsioːn] <-, -en> *f* improvisation *f*
improvisieren* *tr, itr V* improviser
Impuls [ɪm'pʊls] <-es, -e> *m* ① *(Anstoß)* impulsion *f;* ~**e von außen erhalten** être stimulé(e) du dehors; **aus einem ~ heraus** mú(mue) par une impulsion soudaine
② ELEC décharge *f*
Impulsgenerator *m* ELEC générateur *m* d'impulsions
impulsiv [ɪmpʊl'ziːf] **I.** *Adj* impulsif(-ive)
II. *Adv* de façon impulsive
imstande [ɪm'ʃtandə] *Adj* capable; **zu etw ~ sein** être capable de qc; ~ **sein etw zu tun** être capable de faire qc; **zu allem ~ sein** être capable de tout; **zu nichts mehr ~ sein** n'être plus bon(ne) à rien; **er ist ~ und tut es** il est bien capable de le faire
in¹ [ɪn] **I.** *Präp + Dat* ① *(bei Ortsangaben)* ~ **der Tasche/Schublade** dans le sac/tiroir; **im Bett/Büro** au lit/bureau; ~ **seinem Bett/diesem Büro** dans son lit/ce bureau; **im Keller/ersten Stock** à la cave/au premier étage; ~ **der Stadt** en ville; ~ **Frankreich/Portugal** en France/au Portugal; **im Gebirge/~ den Alpen leben** vivre en montagne/dans les Alpes; **im Norden Deutschlands wohnen** habiter dans le nord de l'Allemagne; **im Konzert** au concert; ~ **diesem Konzert** dans ce concert; ~ **der Schule** à l'école; **im Gefängnis** en prison

② *(bei Zeitangaben)* ~ **fünf Minuten/einer Stunde** *(innerhalb von)* en cinq minutes/une heure; *(nach Ablauf von)* dans cinq minutes/une heure; ~ **diesem Jahr/dieser Woche** cette année/cette semaine; ~ **der letzten Woche** la semaine dernière; ~ **diesen Tagen** ces jours-ci; **im Mai/August** en mai/août; **im Monat Mai/August** au mois de mai/d'août; **im Frühling/Sommer** au printemps/en été; **im kommenden Herbst** [à] l'automne prochain; **im letzten Augenblick** au dernier moment; **im Krieg** pendant la guerre

③ *(bei Umstandsangaben)* ~ **der Sonne/Kälte** au soleil/dans le froid; **im Regen/Schnee** sous la pluie/la neige; **im Wind** au vent; ~ **Rot gekleidet** habillé(e) en rouge; **im Badeanzug** en maillot de bain; ~ **diesem Badeanzug/dieser Bluse** dans ce maillot de bain/ce chemisier

④ *(in Bezug auf)* ~ **Physik/Latein** en physique/latin; ~ **dieser Sprache** dans cette langue
II. *Präp + Akk (bei Richtungsangaben)* ~ **den Garten/den Wald/die Stadt gehen** aller au jardin/en forêt/en ville; ~**s Bett gehen** aller au lit; **etw ~s Regal stellen** mettre qc sur l'étagère; **etw ~ die Schublade legen** mettre qc dans le tiroir; ~ **die Schweiz/den Libanon fahren** aller en Suisse/au Liban; ~**s Gebirge/~ die Alpen fahren** aller à la montagne/dans les Alpes; ~ **den Süden fahren** aller dans le sud; ~ **die Schule gehen** aller à l'école; ~ **eine Ausstellung gehen** aller à une exposition; ~**s Gefängnis gehen** aller en prison
in² *Adj fam* ~ **sein** être in *(fam)*
inadäquat ['ɪnʔatʔɛkvaːt] *Adj geh* inadéquat(e)
inaktiv ['ɪnʔaktiːf] *Adj* inactif(-ive)
Inaktivität *f a.* CHEM, MED inactivité *f*
inakzeptabel *Adj geh* inacceptable
Inangriffnahme [ɪn'ʔangrɪfnaːmə] <-, -n> *f form* mise *f* en œuvre
Inanspruchnahme <-> *f form* ① *(Nutzung) von Einrichtungen* utilisation *f;* ~ **eines Kredits/von Unterstützung** recours *m* à un crédit/une aide; ~ **fremder Leistungen** recours à des prestations externes

② *(Belastung) eines Mitarbeiters, der Gesundheit* mise *f* à contribution; *von Geräten, Bauteilen* utilisation *f*
Inbegriff ['ɪnbəɡrɪf] *m* incarnation *f;* **der ~ des Bösen** l'incarnation du mal
inbegriffen *Adj* inclus(e); **die Mehrwertsteuer ist im Preis ~** la T.V.A. est incluse dans le prix
Inbetriebnahme <-> *f form einer Anlage, Straße* mise *f* en service; *eines Geräts, einer Maschine* mise en marche
Inbrunst ['ɪnbrʊnst] <-> *f geh* ferveur *f (soutenu);* **mit ~** ardemment; **voller ~** avec ferveur *(soutenu)*
inbrünstig ['ɪnbrʏnstɪç] *geh* **I.** *Adj Gebet* fervent(e); *Bitte, Hoffnung* ardent(e)
II. *Adv hoffen* ardemment; *beten* avec ferveur
Inbusschlüssel *m* clé *f* [mâle à] six pans **Inbusschraube** *f* vis *f* [tête] à six pans creux
Indefinitpronomen [ɪndefi'niːt-] *nt* LING pronom *m* indéfini
indem [ɪn'deːm] *Konj* ① *(dadurch, dass)* en; **etw bewirken, ~ man etw tut** obtenir qc en faisant qc

② *(während) (bei identischen Subjekten)* [tout] en; *(bei unterschiedlichen Subjekten)* tandis que; **er seufzte, ~ er aufstand** il soupira tout en se levant; ~ **er sprach, geschah es schon** tandis qu'il parlait, cela arrivait
Inder ['ɪndɐ] <-s, -> *m* ① Indien *m (de l'Inde)*

② *fam (indisches Lokal)* **zum ~ [essen] gehen** aller [manger] au restau indien *(fam)*
Inderin <-, -nen> *f* Indienne *f (de l'Inde)*
indes, indessen [ɪn'dɛsən] *Adv geh* ① *(inzwischen)* pendant ce temps[-là]; **ich bereite ~ alles vor** pendant ce temps je prépare tout

② *(jedoch)* cependant; **sie lehnten ~ alles ab** cependant ils refusèrent tout
Index ['ɪndɛks, *Pl:* 'ɪnditseːs] <-[es], -e *o* Indizes> *m* ① *(Verzeichnis)* index *m*

② *(Verzeichnis verbotener Bücher)* index *m;* **etw auf den ~ setzen** mettre qc à l'index; **auf dem ~ stehen** être à l'index
③ ÖKON, MATH, STATIST *(Kennziffer)* indice *m*
Indianer(in) [ɪn'djaːnɐ] <-s, -> *m(f)* Indien(ne) *m(f) (d'Amérique)*
Indianerstamm *m* tribu *f* indienne
indianisch *Adj* indien(ne)
Indien ['ɪndiən] <-s> *nt* l'Inde *f*
indifferent ['ɪndɪfərənt] *geh* **I.** *Adj* indifférent(e); **einer S.** *(Dat)* **gegenüber ~ sein** être indifférent(e) à qc
II. *Adv* **sich ~ verhalten** se comporter avec indifférence
Indifferenz ['ɪndɪfərɛnts] *f* indifférence *f;* ~ **gegenüber jdm/etw** indifférence envers qn/qc

indigniert [ɪndɪˈgniːɐt] *Adj geh* indigné(e)
Indigo [ˈɪndigo] <-s, -s> *m o nt* indigo *m*
indigoblau *Adj* indigo *inv*
Indikation [ɪndikaˈtsi̯oːn] <-, -en> *f* ❶ MED indication *f*
❷ MED, JUR *(bei Schwangerschaftsabbrüchen)* motif *m* [d'une indication] d'I.V.G.; **eugenische/medizinische ~** indication *f* d'avortement thérapeutique; **soziale/ethische ~** autorisation *f* d'I.V.G. pour raisons sociales/éthiques
Indikativ [ˈɪndikatiːf] <-s, -e> *m* GRAM indicatif *m*
Indikator [ɪndiˈkaːtoːɐ] <-s, -toren> *m* ❶ CHEM indicateur *m* [coloré]
❷ *geh (Anzeichen, Hinweis)* ~ **für etw** indicateur *m* de qc
Indio [ˈɪndi̯o] <-s, -s> *m*, **-frau** *f* Indien(ne) *m(f) (d'Amérique latine)*
indirekt [ˈɪndirɛkt] I. *Adj* indirect(e)
II. *Adv* indirectement
indisch [ˈɪndɪʃ] I. *Adj* GEOG, LING indien(ne); **die ~en Sprachen** les langues *fpl* indo-aryennes
II. *Adv* **gern ~ essen** aimer la cuisine indienne; **sich ~ kleiden** s'habiller à l'indienne
indiskret [ˈɪndɪskreːt] I. *Adj* indiscret(-ète)
II. *Adv* **fragen** de façon indiscrète
Indiskretion <-, -en> *f* indiscrétion *f*; **eine gezielte ~** une indiscrétion calculée
indiskutabel *Adj pej geh* inacceptable; **völlig ~ sein** être absolument hors de question
indisponiert *Adj geh* indisposé(e)
Indium [ˈɪndi̯ʊm] <-s> *nt* CHEM indium *m*
Individualismus [ɪndividu̯aˈlɪsmʊs] <-> *m geh* individualisme *m*
Individualist(in) [ɪndividu̯aˈlɪst] <-en, -en> *m(f) geh* individualiste *mf*
individualistisch *Adj geh* non-conformiste
Individualität <-, -en> *f* individualité *f*
Individualverkehr *m* trafic *m* des véhicules particuliers
individuell [ɪndividu̯ˈɛl] I. *Adj* personnel(le)
II. *Adv* **etw ~ gestalten** agencer qc de façon personnalisée; **~ verschieden** en fonction de chacun
Individuum [ɪndiˈviːdu̯ʊm, *Pl:* ɪndiˈviːdu̯ən] <-s, Individuen> *nt geh* individu *m*; **ein verdächtiges ~** *pej* un individu suspect *(péj)*
Indiz [ɪnˈdiːts] <-es, -ien> *nt* indice *m*; **ein deutliches ~ für eine Klimaveränderung** un signe clair de changement climatique
Indizes *Pl von* Index
Indizienbeweis[RR] *m* preuve *f* par présomption **Indizienprozess**[RR] *m* procès *m* qui se fonde sur des indices
indiziert *Adj* ❶ MED *Medikament, Operation:* indiqué(e); [bei Gicht] **indiziert sein** être indiqué(e) [en cas de goutte]
❷ *(verboten) Publikation,* interdit(e) [par la censure]
Indochina [ɪndoˈçiːna] *nt* l'Indochine *f*
indoeuropäisch [ɪndoʔɔɪroˈpɛːɪʃ], **indogermanisch** *Adj* indoeuropéen(ne); **die ~en Sprachen** les langues indo-européennes
Indoktrination <-, -en> *f pej* endoctrinement *m*
indoktrinieren* *tr V pej* endoctriner
Indolenz [ˈɪndolɛnts, ɪndoˈlɛnts] <-, -en> *f* MED insensibilité *f*, apathie *f*
Indonesien [ɪndoˈneːzi̯ən] <-s> *nt* l'Indonésie *f*
Indonesier(in) <-s, -> *m(f)* Indonésien(ne) *m(f)*
indonesisch *Adj* indonésien(ne)
Induktion [ɪndʊkˈtsi̯oːn] <-, -en> *f* ELEC induction *f*
Induktionsspule *f* bobine *f* d'induction **Induktionsstrom** *m* courant *m* d'induction
induktiv [ɪndʊkˈtiːf] *Adj* ELEC, PHILOS inductif(-ive)
Induktivität [ɪndʊktiviˈtɛːt] <-, -en> *f* ELEC inductance *f*
Induktor [ɪnˈdʊktoːɐ] <-s, -en> *m* PHYS inducteur *m*
industrialisieren* *tr V* industrialiser; **hoch industrialisiert** très industrialisé(e)
Industrialisierung <-, -en> *f* industrialisation *f*
Industrie [ɪndʊsˈtriː] <-, -n> *f* industrie *f*; **die chemische/pharmazeutische ~** l'industrie chimique/pharmaceutique; **in der ~ arbeiten** travailler dans l'industrie
Industrieanlage *f* installation *f* industrielle **Industriebereich** *m* secteur *m* industriel **Industriebetrieb** *m* entreprise *f* industrielle **Industrieerzeugnis** *nt* ÖKON produit *m* industriel **Industriegebiet** *nt (auf dem Land)* région *f* industrielle; *(in der Stadt)* zone *f* industrielle **Industriegesellschaft** *f* société *f* industrielle; **die moderne ~** la société industrielle moderne **Industriegewerkschaft** *f* syndicat *m* ouvrier **Industriekaufmann** *m*, **-kauffrau** *f* agent *m* technico-commercial **Industriekonzern** *m* grand groupe *m* industriel **Industrieland** *nt* pays *m* industriel; **führende westliche Industrieländer** pays occidentaux les plus industrialisés **Industrielandschaft** *f* paysage *m* industriel
industriell [ɪndʊstriˈɛl] I. *Adj* industriel(le)
II. *Adv* industriellement

Industrielle(r) *f(m) dekl wie Adj* industriel(le) *m(f)*
Industriemacht *f* puissance *f* industrielle **Industriemüll** *m* rejets *mpl* industriels **Industrienation** *f* nation *f* industrielle **Industrienorm** *f* norme *f* industrielle **Industriepark** *m* parc *m* industriel **Industrieroboter** *m* robot *m* industriel **Industriestaat** *m* pays *m* industriel **Industriestadt** *f* ville *f* industrielle **Industriestandort** *m* site *m* industriel **Industrie- und Handelskammer** *f* chambre *f* de commerce et d'industrie **Industrieunternehmen** *nt* entreprise *f* industrielle **Industriewert** *m meist Pl* FIN valeur *f* industrielle **Industriezweig** *m* secteur *m* industriel
ineffektiv [ˈɪn-] *Adj* inefficace
ineffizient [ˈɪnʔɛfitsi̯ɛnt] *Adj* inefficace
ineinander [ɪn(ʔ)aɪˈnandɐ] *Adv* **~ übergehen** se confondre [l'un avec l'autre]; **sich ~ verlieben** tomber amoureux l'un de l'autre; **sich ~ verwickeln** s'emmêler
ineinander|fließen *itr V unreg + sein Flüsse, Ströme:* confluer; *Farben:* se fondre [entre eux/elles]
ineinander|greifen *itr V unreg* ❶ *Zahnräder:* s'engrener
❷ *fig Aktivitäten:* se recouper
ineinander|passen *itr V Konstruktionselemente:* s'emboîter
infam [ɪnˈfaːm] *pej* I. *Adj* ignoble
II. *Adv* ignoblement
Infamie [ɪnfaˈmiː] <-, -n> *f pej* ignominie *f*
Infanterie [ɪnfantəˈriː] <-, -n> *f* infanterie *f*
Infanterieregiment *nt* MIL régiment *m* d'infanterie
Infanterist(in) [ɪnfantəˈrɪst] <-en, -en> *m(f)* fantassin *m*
infantil [ɪnfanˈtiːl] *pej* I. *Adj* puéril(e) *(péj)*
II. *Adv* de façon puérile *(péj)*
Infantilismus [ɪnfantiˈlɪsmʊs] <-> *m* PSYCH infantilisme *m*
Infarkt [ɪnˈfarkt] <-[e]s, -e> *m* MED infarctus *m*
Infekt [ɪnˈfɛkt] <-[e]s, -e> *m* MED infection *f*; **grippaler ~** affection *f* grippale
Infektion [ɪnfɛkˈtsi̯oːn] <-, -en> *f* infection *f*
Infektionsgefahr *f* danger *m* d'infection **Infektionsherd** *m* MED foyer *m* d'infection **Infektionskrankheit** *f* maladie *f* infectieuse **Infektionsrisiko** *nt* risque *m* d'infection
infektiös [ɪnfɛkˈtsi̯øːs] *Adj Erkrankung* infectieux(-euse); *Material* contaminé(e)
infernalisch [ɪnfɛrˈnaːlɪʃ] *geh* I. *Adj Gestank* effroyable; *Gelächter, Geheul* infernal(e)
II. *Adv* **stinken** effroyablement; **~ lachen** avoir un rire infernal; **~ heulen** pousser des hurlements infernaux
Inferno [ɪnˈfɛrno] <-s> *nt geh* enfer *m*
Infiltration [ɪnfɪltraˈtsi̯oːn] <-, -en> *f* GEOL, MED *a. fig* infiltration *f*
infiltrieren* *tr V* ❶ *Fachspr. (eindringen)* s'infiltrer
❷ *(unterwandern)* infiltrer *milieu, organisation*
infinit [ˈɪnfiniːt, ɪnfiˈniːt] *Adj* GRAM infini *m*; **~e Verbform** forme *f* infinitive du verbe
Infinitesimalrechnung [ɪnfinitɛziˈmaːl-] *f* MATH calcul *m* infinitésimal
Infinitiv [ˈɪnfinitiːf] <-s, -e> *m* GRAM infinitif *m*; **im ~** à l'infinitif
infizieren* I. *tr V* contaminer *Person, Tier;* **jdn mit einer Krankheit ~** transmettre une maladie à qn; **mit etw infiziert sein** être contaminé(e) par qc
II. *r V Wunde:* s'infecter; **sich bei jdm ~** être contaminé(e) par qn
in flagranti [ɪn flaˈgranti] *Adv geh* en flagrant délit
Inflation [ɪnflaˈtsi̯oːn] <-, -en> *f* inflation *f*
Inflationsbekämpfung *f* lutte *f* contre l'inflation **Inflationsrate** *f* taux *m* d'inflation **inflationssicher** *Adj, Adv* à l'abri de l'inflation
Info [ˈɪnfo] <-, -s> *f fam Abk von* Information info *f (fam)*
Infobroschüre *s.* Informationsbroschüre
infolge [ɪnˈfɔlgə] *Präp + Gen* à la suite; **~ dieses Unfalls** à la suite de cet accident; **~ von Veränderungen** à la suite de changements
infolgedessen *Adv* en conséquence
Infomaterial *s.* Informationsmaterial
Informant(in) [ɪnfɔrˈmant] <-en, -en> *m(f)* informateur(-trice) *m(f)*
Informatik [ɪnfɔrˈmaːtɪk] <-> *f* informatique *f*
Informatiker(in) [ɪnfɔrˈmaːtikɐ] <-s, -> *m(f)* informaticien(ne) *m(f)*
Information [ɪnfɔrmaˈtsi̯oːn] <-, -en> *f* information *f*; **nähere/detaillierte ~en über etw erhalten** obtenir de meilleures informations/des informations plus détaillées sur qc; **den neusten ~en zufolge** d'après les dernières informations; **zu deiner ~** pour t'informer
Informationsaustausch *m* échange *m* d'informations **Informationsblatt** *nt* fiche *f* d'information **Informationsbroschüre** *f* brochure *f* d'informations **Informationsfluss**[RR] *m* circulation *f* de l'information **Informationsgesellschaft** *f* société *f* d'informations **Informationsindustrie** *f* industrie *f* de l'information **Informationsmaterial** *nt* documentation *f*

Informationen erfragen	
Informationen erfragen	demander des informations
Wie komme ich am besten zum Hauptbahnhof?	Quel est le chemin le plus direct pour aller à la gare?
Können Sie mir sagen, wie spät es ist?	Pourriez-vous me donner l'heure?
Gibt es hier in der Nähe ein Café?	Est-ce qu'il y a un café près d'ici?
Ist die Wohnung noch zu haben?	Est-ce que l'appartement est encore à louer?
Kennst/Weißt du einen guten Zahnarzt?	Connais-tu un bon dentiste?
Kennst du dich mit Autos aus?	Est-ce que tu t'y connais en voitures?
Weißt du Näheres über diese Geschichte?	Est-ce que tu en sais plus sur cette histoire?

Informationsquelle f source f d'information **Informationsstand** m ① *(Kiosk)* stand m d'informations ② *kein Pl (Kenntnisstand)* **nach unserem derzeitigen ~** en l'état actuel de nos connaissances **Informationssystem** nt INFORM système m d'information **Informationstechnologie** f technologie f de l'information **Informationsverarbeitung** f INFORM traitement m de l'information **Informationszeitalter** nt époque f de l'information
informativ Adj geh informatif(-ive)
informell ['ɪnfɔrmɛl] geh **I.** Adj informel(le)
II. Adv de manière informelle
informieren* I. tr V informer; **jdn über etw** *(Akk)* **~** informer qn sur qc; **über etw** *(Akk)* **informiert sein** être informé(e) sur qc; **gut informierte Kreise** des milieux [bien] informés
II. r V **sich über etw** *(Akk)* **~** s'informer sur qc
Infostand ['ɪnfo-] s. **Informationsstand** ①
Infothek [ɪnfo'te:k] <-, -en> f fam point m info *(fam)*
infrage^RR **[für jdn/etw] ~ kommen** entrer en ligne de compte [pour qn/qc]; **[für jdn/etw] nicht ~ kommen** ne pas être question de qc [pour qn/qc]
▶ **[das] kommt nicht ~!** [il n'en est] pas question!
infrarot ['ɪnfraro:t] Adj infrarouge
Infrarotlampe f lampe f à infrarouge[s] **Infrarotstrahler** m radiateur m à infrarouge **Infrarotstrahlung** f rayons mpl à infrarouges
Infraschall ['ɪnfra-] m PHYS infrason m **Infrastruktur** f infrastructure f gén pl
Infusion [ɪnfu'zio:n] <-, -en> f perfusion f
Ing. Abk von **Ingenieur** ing.
Ingenieur(in) [ɪnʒe'njøːɐ] <-s, -e> m(f) ingénieur mf
Ingenieurbüro [ɪnʒe'niøːɐ-] nt bureau m d'études **Ingenieurschule** f école f d'ingénieurs
Ingwer ['ɪŋvɐ] <-s> m gingembre m
Inh. Abk von **Inhaber, Inhalt**
Inhaber(in) ['ɪnhaːbɐ] <-s, -> m(f) einer Firma, eines Geschäfts propriétaire mf; von Wertpapieren détenteur(-trice) m(f)
inhaftieren* tr V emprisonner; **inhaftiert sein** être en prison [o en détention]
Inhaftierung <-, -en> f emprisonnement m
Inhalation [ɪnhala'tsio:n] <-, -en> f MED inhalation f
inhalieren* I. tr V inhaler; avaler *Rauch*
II. itr V ① MED faire des inhalations
② *(auf Lunge rauchen)* avaler la fumée
Inhalt ['ɪnhalt] <-[e]s, -e> m ① *einer Tasche, Tüte, Packung* contenu m
② *(Sinngehalt) eines Romans* fond m
③ *(Flächeninhalt)* aire f
④ *(Volumen)* volume m
inhaltlich I. Adj *Frage, Problem* de contenu; *Arbeit* de fond
II. Adv **~ betrachtet** du point de vue du contenu
Inhaltsangabe f résumé m **Inhaltserklärung** f déclaration f du contenu
inhaltslos Adj creux(-euse)
inhaltsreich Adj substantiel(le) **inhaltsschwer** Adj lourd(e) de sens **Inhaltsübersicht** f aperçu m [général] du contenu **Inhaltsverzeichnis** nt table f des matières
inhomogen Adj non-homogène
inhuman I. Adj inhumain(e)
II. Adv **behandeln** de façon inhumaine
Inhumanität <-, -en> f geh inhumanité f *(littér)*
Initiale [initsj'aːlə] <-, -n> f initiale f
Initialzündung f ① TECH amorçage m initial
② *(Idee)* impulsion f de départ
Initiation [initsja'tsio:n] <-, -en> f a. REL, SOZIOL initiation f
Initiationsritus m a. REL, SOZIOL rite m initiatique

initiativ [initsja'ti:f] Adj qui fait preuve d'initiative; **in etw** *(Dat)* **~ werden/sein** prendre des initiatives/faire preuve d'initiative dans qc
Initiative [initsja'ti:və] <-, -n> f ① *(Anstoß)* initiative f; **bei/in etw** *(Dat)* **die ~ ergreifen** prendre l'initiative dans qc
② *kein Pl (Unternehmungsgeist)* initiative f; **aus eigener ~** de sa/ma/… propre initiative
③ *(Bürgerinitiative)* comité m d'action et de défense [des citoyens]
④ CH s. **Bürgerinitiative**
Initiator [ini'tsia:tɔɐ] <-s, -toren> m, **Initiatorin** f einer Aktion initiateur(-trice) m(f); einer Bewegung instigateur(-trice) m(f)
initiieren* [initsi'i:rən] tr V être l'initiateur(-trice) de
Injektion [ɪnjɛk'tsio:n] <-, -en> f injection f; **jdm eine ~ geben** [o **verabreichen** form] faire une injection à qn
Injektionsnadel f MED aiguille f à injection **Injektionsspritze** f MED seringue f
injizieren* tr V injecter; **[jdm] etw ~** injecter qc [à qn]
Inka ['ɪŋka] <-[s], -[s]> m Inca m
Inkarnation [ɪnkarna'tsio:n] <-, -en> f geh incarnation f
Inkasso <-s, -s o A Inkassi> [ɪn'kaso] nt FIN recouvrement m, encaissement m; **zum ~** pour encaissement
Inkaufnahme <-> f form acceptant; **bei** [o **unter**] **~ einer S.** *(Gen)* en acceptant qc
inkl. Abk von **inklusive**
Inklination [ɪnklina'tsio:n] <-, -en> f GEOM, GEOL inclinaison f
inklusive [ɪnklu'zi:və] **I.** Präp + Gen inclus(e) postposé, compris(e) postposé; **~ des Honorars** les honoraires compris; **~ Nebenkosten** charges incluses [o comprises]
II. Adv **bis ~ dritten März**, **bis [zum] dritten März ~** jusqu'au trois mars inclus
Inklusivpreis [ɪnklu'zi:f-] m tarif m tout compris
inkognito [ɪn'kɔɡnito] Adv incognito
Inkognito <-s, -s> nt incognito m; **sein ~ wahren/preisgeben** garder l'incognito/révéler son identité
inkompatibel Adj INFORM, JUR incompatible
Inkompatibilität [ɪnkɔmpatibili'tɛ:t] <-, -en> f INFORM, JUR incompatibilité f
inkompetent ['ɪnkɔmpetɛnt] **I.** Adj incompétent(e)
II. Adv de manière incompétente
Inkompetenz ['ɪnkɔmpetɛnts] f incompétence f
inkongruent ['ɪnkɔŋɡruɛnt] Adj non congruent(e) *(soutenu)*
inkonsequent I. Adj inconséquent(e)
II. Adv avec inconséquence
Inkonsequenz f inconséquence f
inkonsistent Adj a. PHILOS inconsistant(e)
inkontinent Adj inv MED incontinent(e)
Inkontinenz ['ɪnkɔntinɛnts] <-, -en> f MED incontinence f
inkorrekt I. Adj incorrect(e)
II. Adv **sich verhalten** de façon incorrecte
In-Kraft-Treten^RR <-s> nt form eines Gesetzes, einer Verordnung entrée f en vigueur
Inkubation [ɪnkuba'tsio:n] <-, -en> f MED, ZOOL incubation f
Inkubationszeit f MED période f d'incubation
Inland ['ɪnlant] nt kein Pl intérieur m du pays; **im ~ fliegen** prendre l'avion sur une ligne intérieure; **im In- und Ausland** dans le pays même et à l'étranger
Inlandeis nt inlandsis m, glacier m polaire
Inlandflug m vol m domestique
inländisch ['ɪnlɛndɪʃ] Adj national(e)
Inlandsgespräch nt communication f nationale **Inlandsmarkt** m marché m intérieur **Inlandsporto** nt tarif m [d'affranchissement] pour le pays **Inlandsverschuldung** f endettement m intérieur
Inlaut m PHON son m médial
Inlay ['ɪnleɪ] <-s, -s> nt MED inlay m

Inlett ['ɪnlɛt] <-[e]s, -e> nt enveloppe f
inliegend Adj A *(beiliegend)* joint(e)
Inliner ['ɪnlaɪnɐ] <-s, -> Pl, **Inlineskates** ['ɪnlaɪnskeɪts] Pl patins mpl en ligne
inmitten [ɪn'mɪtn̩] I. *Präp + Gen* au milieu; ~ **der Leute** au milieu des gens, parmi les gens; ~ **des Raums** au milieu de la pièce II. *Adv* ~ **von Feldern** au milieu des champs
in natura [ɪn na'tu:ra] *Adv (in Wirklichkeit)* dans la réalité, en vrai
inne|haben ['ɪnə-] *tr V unreg form* occuper **inne|halten** *itr V unreg geh* s'interrompre; *(sich besinnen)* faire une pause; **im Sprechen/Schreiben** ~ s'arrêter de parler/d'écrire
innen ['ɪnən] *Adv* à l'intérieur; ~ **und außen** à l'intérieur et à l'extérieur; **von** ~ de l'intérieur; **nach** ~ **aufgehen** *Tür, Fenster:* s'ouvrir vers l'intérieur; **von** ~ **nach außen sehen können** pouvoir voir dehors de l'intérieur; **die Kiste ist** ~ **mit Leder ausgekleidet** l'intérieur de la caisse est recouvert de cuir
Innenansicht f intérieur m **Innenantenne** f antenne f intérieure **Innenarchitekt(in)** m(f) architecte mf d'intérieur **Innenarchitektur** f architecture f intérieure [o d'intérieur] **Innenaufnahme** f PHOT photo f d'intérieur **Innenausschuss** m POL Commission f des affaires intérieures **Innenausstattung** f équipement m intérieur; **der Raum hat eine interessante** ~ *(Einrichtung)* l'agencement de la pièce est intéressant **Innenbahn** f SPORT *eines Stadions, Schwimmbeckens* couloir m à la corde **Innenbeleuchtung** f *eines Gebäudes* éclairage m intérieur **Innendienst** m service m de bureau; **im** ~ **arbeiten** [o **sein**] travailler au bureau **Inneneinrichtung** f ❶ kein Pl *(das Einrichten)* agencement m intérieur ❷ *(Einrichtung)* aménagement m intérieur **Innenfläche** f TECH surface f intérieure **Innenhof** m cour f intérieure **Innenleben** nt kein Pl ❶ *(Seelenleben)* vie f intérieure ❷ fam *(das Innere) eines Geräts, Computers* ventre m **Innenminister(in)** m(f) ministre mf de l'Intérieur **Innenministerium** nt ministère m de l'Intérieur **Innenpolitik** f politique f intérieure **innenpolitisch** I. Adj Berater, Erfahrung en matière de politique intérieure; *Debatte, Frage, Ereignis* concernant la politique intérieure; *Kurs* de la politique intérieure II. *Adv* en politique intérieure **Innenraum** m ❶ *eines Gebäudes* intérieur m; *(Zimmer)* pièce f ❷ *(das Innere) eines Wagens* habitacle m **Innenseite** f *eines Kleidungsstücks, Stoffs* envers m; *der Armbeuge, des Oberschenkels* face f interne; *eines Gebäudes* façade f intérieure **Innensenator(in)** m(f) nom donné au ministre de l'intérieur dans certains länder **Innenspiegel** m AUT rétroviseur m intérieur **Innenstadt** f centre(-ville) m **Innentasche** f poche f intérieure **Innentemperatur** f température f intérieure **Innenwand** f cloison f
innerbetrieblich ['ɪnɐ-] Adj interne (à l'entreprise); ~**e Ausbildung** formation f professionnelle interne **innerdeutsch** Adj ❶ *(Deutschland betreffend)* relatif(-ive) aux affaires intérieures de l'Allemagne ❷ HIST *(die beiden deutschen Staaten betreffend)* germano-allemand(e), interallemand(e)
innere(r, s) Adj ❶ *(innerhalb gelegen)* intérieur(e); *Verletzung* interne; **der** ~ **Bereich** l'intérieur m
❷ *(innewohnend) Aufbau, Struktur, Ordnung, Prinzip* interne
❸ POL *(inländisch)* intérieur(e)
❹ *(geistig, seelisch) Anteilnahme* profond(e); *Spannung* intérieur(e); **es war mir ein** ~**s Bedürfnis dir zu helfen** je ressentais le désir au fond de moi de t'aider; **ohne** ~ **Anteilnahme** sans se/me/te/... sentir concerné(e)
Innere(s) nt dekl wie Adj ❶ *(innerer Teil)* intérieur m
❷ *(Mitte) eines Landes* intérieur m; *eines Urwalds* cœur m
❸ *(Innenleben)* moi m profond [o intime]; **tief in seinem/meinem/...** ~**n** en son/mon/... for intérieur; **wer kann ins** ~ **eines Menschen blicken?** qui peut voir au fond d'une personne?
Innereien ['ɪnəraɪən] Pl *von Rindern, Schweinen, Schafen* entrailles fpl; *von Geflügel* abats mpl; *von Fischen* boyaux mpl
innereuropäisch Adj intracommunautaire
innerhalb ['ɪnɐhalp] I. *Präp + Gen* ❶ dans; ~ **Berlins/Deutschlands** dans Berlin/en Allemagne
❷ *(binnen)* ~ **einer Sekunde/Stunde** en l'espace d'une seconde/heure; ~ **dieser Woche/des nächsten Jahres** dans le courant de cette semaine/de l'année prochaine; ~ **kürzester Zeit** en très peu de temps; **etw** ~ **einer Woche erledigen/erledigt haben** terminer/avoir terminé qc en l'espace d'une semaine; **etw** ~ **einer Woche erledigen müssen** devoir terminer qc dans un délai d'une semaine
II. *Adv* ❶ ~ **von Köln/Deutschland** dans Cologne/en Allemagne
❷ *(binnen)* ~ **von wenigen Stunden** en [l'espace de] quelques heures; ~ **von drei Tagen** dans les trois jours
innerlich I. Adj ❶ *(im Körper) Anwendung* interne
❷ *(das Innenleben betreffend) Erregung* profond(e); *Anspannung* intérieur(e)
II. *Adv* ❶ *(im Körper) wirken* à l'intérieur du corps
❷ *(seelisch) aufgewühlt* profondément; ~ **gefestigt** équilibré(e)
❸ *(insgeheim) frohlocken, schäumen* intérieurement

innerorts Adv A, CH en agglomération
innerstädtisch Adj en centre-ville
innerste(r, s) Adj ❶ *(ganz innen gelegen) Teil* central(e); **im** ~**n Tempelbezirk** au cœur du temple; **die** ~ **der drei Stadtmauern** le plus au centre des trois murs d'enceinte
❷ *(das Innenleben betreffend) Überzeugung* intime; **in seinem/meinem** ~**n Wesen** au plus profond de lui-même/moi-même
Innerste(s) nt dekl wie Adj cœur m; **tief in ihrem** ~ **n** au plus profond d'elle-même
innert ['ɪnɐt] *Präp + Gen o Dat* A, CH s. **innerhalb** II., ❷
inne|wohnen ['ɪnə-] *itr V geh* inhérent(e); **jdm/einer S.** ~ être inhérent(e) à qn/qc
innig ['ɪnɪç] I. Adj ❶ *(tief gehend)* sincère
❷ *(sehr eng) Verbindung, Verflechtung* étroit(e)
II. *Adv* profondément
Innigkeit <-> f *einer Freundschaft, Beziehung, Zuneigung* profondeur f; *eines Dankes* sincérité f
inniglich *Adv geh* profondément
Innovation [ɪnova'tsio:n] <-, -en> f innovation f
Innovationskraft [ɪnova'tsio:ns-] f pouvoir m d'innovation
innovativ [ɪnova'ti:f] I. Adj innovateur(-trice)
II. *Adv* ~ **vorgehen** être innovant(e) [o innovateur(-trice)]
innovatorisch [ɪnova'to:rɪʃ] Adj innovateur(-trice)
Innung ['ɪnʊŋ] <-, -en> f corporation f
▶ **die ganze** ~ **blamieren** hum fam faire honte à la compagnie entière *(fam)*
Innungskrankenkasse f caisse f corporative de maladie
inoffiziell ['ɪn.ʔɔfitsjɛl] I. Adj *(nicht offiziell) Treffen, Besprechung* non officiel(le); *Information* officieux(-euse)
II. *Adv besprechen, informieren* officieusement
inoperabel Adj inopérable
inopportun Adj geh inopportun(e); **es für** ~ **halten etw zu tun** juger inopportun de faire qc
in petto [ɪn 'pɛto] ▶ **etw** ~ **haben** fam avoir qc en réserve
in puncto [ɪn 'pʊŋkto] *Adv fam* question; ~ **Sicherheit/Sauberkeit** question sécurité/propreté *(fam)*
Input ['ɪnpʊt] <-s, -s> m INFORM input m
Inquisition [ɪnkvizi'tsio:n] <-> f HIST Inquisition f
Inquisitor [ɪnkvi'zi:to:ɐ] <-s, -toren> m Inquisiteur m
ins [ɪns] = **in das** s. **in**
Insasse ['ɪnzasə] <-n, -n> m, **Insassin** ❶ *(Passagier)* passager(-ère) m(f)
❷ *(Bewohner) eines Heims* pensionnaire mf; *einer Anstalt* patient(e) m(f); *eines Gefängnisses* détenu(e) m(f)
Insassenversicherung f assurance f passagers
insbesondere [ɪnsbə'zɔndərə] *Adv* en particulier
Inschrift f inscription f; *(an einem Gebäude)* épigraphe f; *(Grabinschrift)* épitaphe f
Insekt [ɪn'zɛkt] <-[e]s, -en> nt insecte m
Insektenbekämpfung f désinsectisation f **Insektenfresser** <-s, -> m insectivore m **Insektengift** s. Insektizid **Insektenkunde** f entomologie f **Insektenpulver** nt poudre f insecticide **Insektenspray** m o nt bombe f insecticide **Insektenstich** m piqûre f d'insecte **Insektenvernichtungsmittel**, **Insektenvertilgungsmittel** nt insecticide m
Insektizid [ɪnzɛkti'tsi:t] <-s, -e> nt insecticide m
Insel ['ɪnzəl] <-, -n> f île f; **eine kleine** ~ un îlot
Inselbewohner(in) m(f) habitant(e) m(f) de l'île **Inselgruppe** f chapelet m d'îles **Inselwelt** f paysage m insulaire
Insemination [ɪnzemina'tsio:n] <-, -en> f MED, ZOOL insémination f
Inserat [ɪnze'ra:t] <-[e]s, -e> nt [petite] annonce f
Inseratenteil m PRESSE rubrique f des petites annonces
Inserent(in) [ɪnze'rɛnt] <-en, -en> m annonceur(-euse) m(f)
inserieren* I. *itr V* passer une annonce; **in etw** *(Dat)* ~ passer une annonce dans qc
II. *tr V* **etw in der Zeitung** ~ faire mettre qc dans le journal
Insertion [ɪnzɛr'tsio:n] <-, -en> f MED insertion f
insgeheim *Adv* secrètement
insgesamt *Adv* ❶ *(alles zusammen)* en tout
❷ *(im Großen und Ganzen)* dans l'ensemble; ~ **gesehen** en gros, globalement
Insider(in) ['ɪnsaɪdɐ] <-s, -> m(f) *(Eingeweihter)* personne f bien informée; BÖRSE initié(e) m(f)
Insidergeschäft ['ɪnsaɪdɐ-] nt BÖRSE opérations fpl d'initiés
Insignien [ɪn'zɪɡniən] Pl insignes mpl
insistieren* *itr V geh* insister; **darauf** ~, **dass** insister sur le fait que + *subj*
Inskription [ɪnskrɪp'tsio:n] <-, -en> f A inscription f
insofern¹ *Adv* sur ce point; **dies ist** ~ **wichtig, als ...** c'est important dans la mesure où ...
insofern² *Konj* si
insolvent ['ɪnzɔlvɛnt] Adj ÖKON insolvable

Insolvenz ['ɪnzɔlvɛnts] <-, -en> f insolvabilité f
insoweit s. **insofern**[1]
in spe [ɪn 'spe:] Adj fam futur(e); **der Schwiegersohn/die Schwiegertochter ~** le futur gendre/la future belle-fille
Inspekteur(in) [ɪnspɛk'tø:ɐ] <-s, -e> m(f) chef mf d'état-major
Inspektion [ɪnspɛk'tsio:n] <-, -en> f inspection f; *eines Fahrzeugs* révision f
Inspektionsreise f tournée f d'inspection
Inspektor [ɪn'spɛkto:ɐ] <-s, -toren> m, **Inspektorin** f ADMIN inspecteur(-trice) m(f)
Inspiration [ɪnspira'tsio:n] <-, -en> f inspiration f
inspirieren* tr V inspirer qn; **jdn zu einem Roman ~** inspirer un roman à qn; **sich von jdm/etw zu einem Film ~ lassen** s'inspirer de qn/qc pour un film
Inspizient(in) [ɪnspitsi'ɛnt] <-en, -en> m(f) chef mf de plateau
inspizieren* tr V inspecter
instabil Adj instable
Instabilität <-, selten -en> f instabilité f
Installateur(in) [ɪnstala'tø:ɐ] <-s, -e> m(f) ❶ *(Klempner)* plombier m
❷ *(Elektroinstallateur)* électricien(ne) m(f)
Installation [ɪnstala'tsio:n] <-, -en> f ❶ kein Pl *(das Installieren)* installation f
❷ *(Leitungen)* installation f électrique; *(Rohre, Gasleitungen)* plomberie f
Installationsdiskette f INFORM disquette f d'installation
installieren* tr V ❶ *(einbauen)* installer
❷ INFORM **etw auf einem Rechner ~** installer qc sur un ordinateur
instand [ɪn'ʃtant] Adj **~ setzen/halten** réparer/entretenir
Instandhaltung f form entretien m
Instandhaltungskosten Pl frais mpl d'entretien
inständig ['ɪnʃtɛndɪç] I. Adj Bitte pressant(e)
II. Adv instamment
Instandsetzung <-, -en> f réparation f
Instanz [ɪn'stants] <-, -en> f ❶ ADMIN instance f; **zuständige ~** autorité f compétente
❷ JUR instance f; **in erster/zweiter ~**, **in der ersten/zweiten ~** en première/deuxième instance; **ein Gericht erster/letzter ~** un tribunal de première/dernière instance
Instanzenweg m procédure f; **der ~ in der Behörde ist kompliziert** les procédures administratives sont compliquées
Instinkt [ɪn'stɪŋkt] <-[e]s, -e> m instinct m; **ein untrüglicher ~** un instinct infaillible; **den richtigen ~ haben** avoir du nez [o le nez creux]
instinktiv [ɪnstɪŋk'ti:f] I. Adj instinctif(-ive)
II. Adv ❶ *(unwillkürlich)* instinctivement
❷ ZOOL par instinct
instinktmäßig Adj conformément à l'instinct
Institut [ɪnsti'tu:t] <-[e]s, -e> nt ADMIN, UNIV institut m
Institution [ɪnstitu'tsio:n] <-, -en> f institution f
institutionell [ɪnstitutsio'nɛl] Adj institutionnel(le); **~e Garantie** JUR garantie institutionnelle
instruieren* tr V geh ❶ *(informieren)* instruire qn; **jdn über etw** *(Akk)* **~** instruire qn de qc *(littér)*; **über etw** *(Akk)* **instruiert sein** être informé(e) de qc
❷ *(anweisen, anleiten)* donner des instructions à
Instruktion [ɪnstrʊk'tsio:n] <-, -en> f ❶ *(Anweisung)* instruction f
❷ *(Anleitung)* instructions fpl
instruktiv [ɪnstrʊk'ti:f] Adj instructif(-ve)
Instrument [ɪnstru'mɛnt] <-[e]s, -e> nt ❶ *(Musikinstrument)* instrument m
❷ *(Messinstrument, Untersuchungsinstrument)* appareil m
❸ geh *(Werkzeug)* instrument m
instrumental [ɪnstrumɛn'ta:l] I. Adj instrumental(e)
II. Adv **jdn ~ begleiten** accompagner qn en jouant d'un instrument de musique
Instrumentalbegleitung f accompagnement m instrumental; **mit/ohne ~** avec un/sans accompagnement instrumental
instrumentalisieren* tr V geh instrumentaliser
Instrumentalist(in) <-en, -en> m(f) MUS instrumentiste mf
Instrumentalmusik f musique f instrumentale
Instrumentarium [ɪnstrumɛn'ta:rium, Pl: ɪnstrumɛn'ta:riən] <-s, -rien> nt ❶ *(Ausrüstung)* instrumentation f
❷ *(Mittel)* moyens mpl
❸ MUS instrumentation f
Instrumentenflug m AVIAT vol m aux instruments
Insuffizienz ['ɪnzʊfitsiɛnts] <-, -en> f a. MED form insuffisance f
Insulaner(in) [ɪnzu'la:nɐ] <-s, -> m(f) insulaire mf
Insulin [ɪnzu'li:n] <-s> nt MED insuline f
Insulinmangel m MED manque m d'insuline **Insulinpräparat** nt MED préparation f à base d'insuline **Insulinschock** m MED choc m insulinique
inszenieren* tr V ❶ *(in Szene setzen)* **etw ~** mettre qc en scène

❷ pej *(einfädeln)* manigancer
Inszenierung <-, -en> f a. fig mise f en scène
intakt [ɪn'takt] Adj ❶ *(unversehrt)* intact(e)
❷ *(voll funktionsfähig)* en parfait état
Intarsie [ɪn'tarziə] <-, -n> f meist Pl marqueterie f
integer [ɪn'te:gɐ] Adj intègre
integral [ɪnte'gra:l] Adj attr Bestandteil intégrant(e)
Integral <-s, -e> nt MATH intégrale f
Integralhelm m AUT casque m intégral **Integralrechnung** f kein Pl MATH calcul m intégral
Integration [ɪntegra'tsio:n] <-, -en> f ❶ *(Eingliederung)* intégration f; **~ in etw** *(Akk)* intégration f [o insertion f] dans qc
❷ *(das Zusammenwachsen)* unification f
Integrationsfigur f rassembleur(-euse) m(f)
Integrationsweg m voie f d'intégration; **neue ~e beschreiten** emprunter de nouvelles voies d'intégration
integrieren* tr, r V intégrer; **sich in etw** *(Akk)* **~** s'intégrer dans qc
Integrierung s. Integration
Integrität [ɪntegri'tɛ:t] <-> f intégrité f
Intellekt [ɪntɛ'lɛkt] <-[e]s> m intellect m
intellektuell [ɪntɛlɛktu'ɛl] Adj intellectuel(le)
Intellektuelle(r) f(m) dekl wie Adj intellectuel(le) m(f)
intelligent [ɪnteli'gɛnt] I. Adj intelligent(e)
II. Adv intelligemment, de façon intelligente
Intelligenz [ɪntɛli'gɛnts] <-> f ❶ *(Verstand)* intelligence f; **künstliche ~** intelligence artificielle
❷ *(die Intellektuellen)* intelligentsia f
Intelligenzbestie [-stiə] f fam grosse tête f *(fam)* **Intelligenzgrad** m degré m d'intelligence **Intelligenzquotient** [-kvotsiɛnt] m quotient m intellectuel **Intelligenztest** m test m d'intelligence
Intendant(in) [ɪntɛn'dant] <-en, -en> m(f) *eines Senders* directeur(-trice) m(f); *eines Theaters* administrateur(-trice) m(f)
Intendanz [ɪntɛn'dants] <-, -en> f ❶ *(Amt)* poste m de directeur; *eines Theaters* poste d'administrateur
❷ *(Büro)* bureau m du directeur; *eines Theaters* bureau de l'administrateur
intendieren* tr V geh vouloir obtenir; **nicht intendiert sein** ne pas être volontaire [o voulu(e)]
Intensität [ɪntɛnzi'tɛ:t] <-, selten -en> f intensité f
intensiv [ɪntɛn'zi:f] I. Adj ❶ Duft, Gefühl, Empfindung intense
❷ *(angestrengt)* intensif(-ive)
II. Adv ❶ **~ duften** [o riechen] sentir fort; **~ nach Thymian schmecken** avoir un goût prononcé de thym
❷ *(angestrengt) arbeiten* intensément; **~ bemüht sein etw zu tun** faire de gros efforts pour faire qc
intensivieren* [-'vi:-] tr V intensifier
Intensivierung <-, selten -en> f intensification f
Intensivkurs m cours m intensif **Intensivstation** f service m de réanimation [o de soins intensifs]
Intention [ɪntɛn'tsio:n] <-, -en> f geh intention f
interaktiv [ɪntɐʔak'ti:f] Adj INFORM interactif(-ive)
Intercity® [ɪntɐ'sɪti] <-s, -s> m ≈ train m Intercité
Intercityexpress®, **Intercityexpresszug^RR** m ≈ T.G.V. m
Intercityzug m s. Intercity®
interdisziplinär [ɪntɐdɪstsipli'nɛ:ɐ] I. Adj pluridisciplinaire
II. Adv de manière pluridisciplinaire
interessant [ɪnt(ə)rɛ'sant] I. Adj ❶ intéressant(e); **etwas Interessantes** quelque chose d'intéressant; [wie] **~!** intéressant!
❷ *(vorteilhaft)* Preis, Angebot intéressant(e)
▸ **sich ~ machen** faire l'intéressant(e); **sich bei jdm ~ machen** éveiller l'intérêt de qn
II. Adv d'une façon intéressante; **~ klingen** avoir l'air intéressant
interessanterweise [ɪntɐʔɛ'santɐvaɪzə] Adv curieusement
Interesse [ɪntə'rɛsə, ɪn'trɛsə] <-s, -n> nt ❶ kein Pl *(Aufmerksamkeit)* intérêt m; **~ zeigen** s'intéresser; **~ an jdm/etw haben** être intéressé(e) par qn/qc; **kein ~ an jdm haben** n'avoir que faire de qn; **er/sie hat ~ daran mitzuarbeiten** cela l'intéresse de collaborer; **etw aus/mit ~ tun** faire qc par/avec intérêt; **kein ~!** ça ne m'intéresse pas!
❷ Pl *(Neigungen)* centres mpl d'intérêts
❸ meist Pl *(Bestrebungen)* **die finanziellen/wirtschaftlichen ~n eines Landes** les intérêts mpl financiers/économiques d'un pays; **rechtlich geschützte ~n** intérêts protégés par la loi; **versicherbare/versicherte ~n** intérêts assurables/assurés
❹ *(Nutzen, Belang)* **für jdn von ~ sein** être intéressant(e) pour qn; **das liegt in seinem/deinem [eigenen] Interesse** c'est dans son/ton [propre] intérêt; **im ~ unserer Zusammenarbeit** dans l'intérêt de notre collaboration
interessehalber [ɪntə'rɛsəhalbɐ, ɪn'trɛsə-] Adv par curiosité
interesselos Adj indifférent(e)
Interesselosigkeit <-> f manque m d'intérêt
Interessengebiet nt centre m d'intérêt

Interessengemeinschaft f communauté f d'intérêts **Interessengruppe** f groupement m d'intérêts **Interessenkonflikt** m conflit m d'intérêts **Interessenlage** f intérêts mpl du moment; **je nach** ~ suivant les intérêts du moment **Interessensphäre** f POL sphère f d'influence

Interessent(in) [ɪnt(ə)rɛˈsɛnt] <-en, -en> m(f) personne f intéressée; **einen ~en/eine ~in für etw finden** trouver preneur m/preneuse f pour qc

Interessenverband m groupe m de pression **Interessenvertretung** f kein Pl (das Wahrnehmen der Interessen) défense f des intérêts

interessieren* I. tr V intéresser qn; **jdn ~** Person, Bild, Ereignis: intéresser qn; **jdn für die Astronomie ~** éveiller l'intérêt de qn pour l'astronomie
II. r V s'intéresser; **sich für jdn/etw ~** s'intéresser à qn/qc

interessiert [ɪnt(ə)rɛˈsiːɐt] I. Adj ❶ intéressé(e); **kulturell/politisch ~ sein** s'intéresser à la culture/politique; **vielseitig ~ sein** s'intéresser à beaucoup de choses; **sich ~ zeigen** manifester de l'intérêt

❷ (erpicht) **an jdm ~ sein** s'intéresser à qn; **an etw** (Dat) **~ sein** être intéressé(e) par qc; **daran ~ sein etw zu tun** avoir l'intérêt de faire qc
II. Adv zuhören, beobachten avec [grand] intérêt

Interface [ˈɪntəfeɪs] <-, -s> nt INFORM interface f
Interferenz [ɪntəfeˈrɛnts] <-, -en> f interférence f
Interferon [ɪntəfeˈroːn] <-s, -e> nt MED interféron m
interfraktionell [ɪntəfraktsioˈnɛl] Adj POL entre deux fractions
intergalaktisch [ɪntegaˈlaktɪʃ] Adj ASTRON intergalactique
Interieur [ɛ̃teˈrjøːɐ] <-s, -s o -e> nt agencement m intérieur
Interim [ˈɪntərɪm] <-s, -s> nt disposition f transitoire
Interimslösung f solution f transitoire [o provisoire] **Interimsregierung** f gouvernement m provisoire
Interjektion [ɪntejɛkˈtsioːn] <-, -en> f GRAM interjection f
interkontinental [ɪntɐ-] Adj intercontinental(e)
Interkontinentalrakete f missile m intercontinental
Intermezzo [ɪntɐˈmɛtso] <-s, -s o -mezzi> nt a. MUS intermède m
intern [ɪnˈtɛrn] I. Adj ❶ Anweisung, Angelegenheit, Regelung interne; Problem, Schwierigkeiten intérieur(e)
❷ (im Internat lebend) Schüler interne
II. Adv **sie müssen dieses Problem ~ lösen** il faut qu'ils résolvent ce problème entre eux; **wir werden das ~ regeln** nous allons régler cela entre nous

Interna Pl geh informations fpl internes
Internat [ɪntɐˈnaːt] <-[e]s, -e> nt internat m
international [ɪntɐnatsioˈnaːl] I. Adj international(e); Aufsehen, Anerkennung dans le monde entier
II. Adv au niveau international
Internationale <-, -n> f HIST Internationale f
internationalisieren* tr V internationaliser
Internatsschüler(in) m(f) interne mf
Internet [ˈɪntɐnɛt] nt INFORM Internet m; **im ~ surfen** naviguer sur Internet; **ins ~ kommen** accéder à l'internet; **Dateien via ~ übertragen** transférer des fichiers sur l'internet
Internetadresse f INFORM adresse f Internet **Internetanschluss**RR m branchement m Internet **Internetauftritt** m site m web **Internetbrowser** [-braʊzɐ] m navigateur m Web, explorateur m de réseau **Internetcafé** nt INFORM cybercafé m **Internetnutzer(in)** m(f) internaute mf, utilisateur(-trice) m(f) Internet, utilisateur(-trice) d'Internet **Internetportal** nt portail m [Internet] **Internetprovider** [-prɔʊvaɪdɐ] m fournisseur m d'accès Internet **Internetseite** f page f web **Internetsurfer(in)** [-sœːɐfɐ] m(f) INFORM internaute mf **Internetzugang** m accès m à l'internet

internieren* tr V interner
Internierte(r) f(m) dekl wie Adj MIL interné(e) m(f) politique
Internierung <-, -en> f internement m
Internierungslager nt camp m d'internement
Internist(in) [ɪntɐˈnɪst] <-en, -en> m(f) spécialiste mf des maladies organiques [o internes]
interparlamentarisch Adj interparlementaire
interplanetar [ɪntɐplaneˈtaːɐ] Adj interplanétaire
Interpol [ˈɪntɐpoːl] <-> f Interpol m
Interpolation [ɪntɐpolaˈtsioːn] <-, -en> f MATH interpolation f
Interpret(in) [ɪntɐˈpreːt] <-en, -en> m(f) interprète m f
Interpretation [ɪntɐpretaˈtsioːn] <-, -en> f interprétation f
interpretieren* tr V interpréter
Interpunktion [ɪntɐpʊŋkˈtsioːn] <-, -en> f ponctuation f
Interpunktionszeichen nt signe m de ponctuation
Interrailkarte [ˈɪntəreɪlkartə] f carte f Inter-Rail
Interregio [ɪntɐˈreːgio] <-s, -s> m express m régional
Interregnum [ɪntɐˈrɛgnʊm] <-s, -regnen o -regna> nt interrègne m
Interrogativpronomen nt GRAM pronom m interrogatif **Interrogativsatz** [ɪntɐrogaˈtiːfzats] m GRAM phrase f interrogative

interstellar [ɪntɐstɛˈlaːɐ] Adj interstellaire
Intervall [ɪntɐˈval] <-s, -e> nt a. MUS intervalle m
Intervallschaltung [-ˈval-] f régime m alternatif **Intervalltraining** nt SPORT entraînement m par intervalles
intervenieren* [-ve-] itr V POL ❶ (protestieren) intervenir; **gegen etw ~** intervenir contre qc
❷ (eingreifen) **in einem Krisengebiet ~** intervenir dans une région instable
Intervention [ɪntɐvɛnˈtsioːn] <-, -en> f intervention f
Interview [ˈɪntɐvju] <-s, -s> nt interview f; [jdm] **ein ~ geben** accorder une interview [à qn]
interviewen* [ɪntɐˈvjuːən] tr V ❶ interviewer; **jdn zu etw ~** interviewer qn au sujet de qc
❷ hum fam (fragen) **jdn ~, ob/wann/…** cuisiner qn pour savoir si/quand/… (fam)
Interviewer(in) [ɪntɐˈvjuːɐ] <-s, -> m(f) interviewveur(-euse) m(f); (bei Umfragen) enquêteur(-euse) m(f)
Intifada <-> f **die ~** l'intifada f
intim [ɪnˈtiːm] Adj ❶ (innig, persönlich) intime
❷ (geheim) Gefühle, Sehnsüchte, Wünsche intime, profond(e)
❸ euph (sexuell) **~ werden** avoir des rapports intimes; **mit jdm ~ sein** avoir des rapports intimes avec qn
❹ (hervorragend) **~er Kenner/~e Kennerin einer S.** (Gen) spécialiste mf de qc
Intimbereich m ❶ euph (Bereich der Geschlechtsorgane) parties fpl intimes ❷ s. **Intimsphäre Intimhygiene** [-gie-] f hygiène f intime
Intimität [ɪntimiˈtɛːt] <-, -en> f geh ❶ kein Pl (Vertrautheit) intimité f
❷ Pl (Privatangelegenheiten) détails mpl de la vie privée
❸ Pl euph (sexuelle Handlung) rapports mpl intimes
Intimpflege s. **Intimhygiene Intimsphäre** f intimité f **Intimspray** [-ʃpreː, -spreː] m o nt déodorant m intime
Intimus [ˈɪntimʊs, Pl: ˈɪntimi] <-, Intimi> m hum geh intime m(f)
Intimverkehr m rapports mpl intimes
intolerant I. Adj intolérant(e); **~e Haltung** intolérance f
II. Adv **sich ~ verhalten** faire preuve d'intolérance
Intoleranz f intolérance f
Intonation [ɪntonaˈtsioːn] <-, -en> f intonation f
intonieren* tr V entonner
Intoxikation [ɪntɔksikaˈtsioːn] <-, -en> f MED intoxication f
intramuskulär [ɪntramuskuˈlɛːɐ] Adj MED intramusculaire
Intranet [ˈɪntranɛt] <-s, -s> nt INFORM intranet m
intransitiv GRAM I. Adj intransitif(-ive)
II. Adv intransitivement
intravenös [ɪntraveˈnøːs] I. Adj intraveineux(-euse)
II. Adv par voie intraveineuse
intrigant [ɪntriˈgant] Adj Person intrigant(e)
Intrigant(in) <-en, -en> m(f) intrigant(e) m(f)
Intrige [ɪnˈtriːgə] <-, -n> f intrigue f
▶ **eine ~ spinnen** combiner une intrigue
intrigieren* itr V comploter; **gegen jdn ~** comploter contre qn
Introduktion [ɪntrodʊkˈtsioːn] <-, -en> f a. MUS introduction f
Introspektion [ɪntrɔspɛkˈtsioːn] <-, -en> f MED introspection f
introvertiert [ɪntrovɛrˈtiːɐt] Adj geh introverti(e)
Intuition [ɪntuiˈtsioːn] <-, -en> f intuition f
intuitiv [ɪntuiˈtiːf] I. Adj intuitif(-ive)
II. Adv intuitivement
intus [ˈɪntʊs] Adj fam ❶ (verzehrt, getrunken) **etw ~ haben** s'être enfilé(e) qc (fam)
❷ (gelernt, verstanden) **etw ~ haben** avoir pigé qc (fam)
▶ **einen** [o **einiges**] **~ haben** fam être bourré(e) (fam)
Invalide [-va-] <-, -n> m, **Invalidin** f invalide mf
Invalidenrente f pension f d'invalidité
Invalidität [ɪnvalidiˈtɛːt] <-> f invalidité f
invariabel [ˈɪnvariaːbəl] Adj invariable
Invasion [ɪnvaˈzioːn] <-, -en> f a. fig invasion f
Invasor [ɪnˈvaːzoːɐ] <-s, -soren> m meist Pl MIL geh envahisseur m
Inventar [ɪnvɛnˈtaːɐ] <-s, -e> nt inventaire m; **lebendes/totes ~** cheptel m vif/mort
▶ **zum ~ gehören** fam Person: faire partie des meubles (fam)
Inventarrecht nt kein Pl COM droit m d'inventaire
Inventur [ɪnvɛnˈtuːɐ] <-, -en> f inventaire m; **~ machen** faire l'inventaire
Inversion [ɪnvɛrˈzioːn] <-, -en> f a. LING inversion f
Inversionswetterlage f inversion f des températures
investieren* tr V ❶ (anlegen) investir; **etw in Wertpapiere ~** investir qc dans des valeurs
❷ fam (aufwenden) **viel Zeit in etw** (Akk) **~** investir beaucoup de temps pour qc; **viel Mühe in etw** (Akk) **~** ne pas lésiner sur sa peine en ce qui concerne qc; **Gefühle in jdn ~** s'investir corps et âme pour qn

Investition [ɪnvɛsti'tsio:n] <-, -en> f investissement m; **risikofreie** [o **sichere**] ~ placement m sûr
Investitionsanleihe f FIN emprunt m d'investissement **Investitionsbank** f banque d'investissements; **die Europäische ~** la Banque européenne d'investissements **Investitionsbedarf** m besoin m en investissements **Investitionsbereitschaft** f propension f à investir **Investitionsförderung** f aide f à l'investissement **Investitionsgüter** Pl biens mpl d'investissement [o d'équipement] **Investitionshilfe** f aide f à l'investissement **Investitionsklima** nt günstiges ~ contexte m propice aux investissements **Investitionskosten** Pl frais mpl d'investissement
Investment [ɪn'vɛstmənt] <-s, -s> nt ❶ FIN investissement m, placement m
❷ (Geldanlage in Investmentfonds) capitaux placés dans des certificats d'investissement
Investmentbank [-'vɛ-] <-banken> f banque f d'investissement **Investmentfonds** [-fs:] m FIN fonds m d'investissements **Investmentgesellschaft** f FIN société f de placement [o d'investissement] **Investmentpapier** nt FIN titre m d'investissement [o de placement]
Investor(in) [ɪn'vɛsto:ɐ] <-s, -en> m(f) ÖKON investisseur m
in vitro [-'vi:-] Adv in vitro
In-vitro-Fertilisation <-, -en> f MED fécondation f in vitro
inwendig ['ɪnvɛndɪç] I. Adv à l'intérieur
▶ **ich kenne ihn/sie in- und auswendig** fam je le connais comme si je l'avais fait/je la connais comme si je l'avais faite (fam); **etw in- und auswendig kennen** fam connaître qc sur le bout des doigts (fam)
II. Adj selten intérieur(e)
inwiefern Adv dans quelle mesure **inwieweit** Adv jusqu'à quel point
Inzahlungnahme <-, -n> f COM reprise f
Inzest [ɪn'tsɛst] <-[e]s, -e> m inceste m
Inzucht ['ɪntsʊxt] f union f consanguine
inzwischen Adv entre-temps
IOK [i:ʔo'ka:] <-[s]> nt Abk von **Internationales Olympisches Komitee** C.I.O. f
Ion [i'o:n] <-s, -en> nt CHEM, PHYS ion m
Ionenaustausch m CHEM, PHYS échange m d'ions
Ionisation [ioniza'tsio:n] <-, -en> f CHEM, PHYS ionisation f
ionisch [i'o:nɪʃ] Adj ❶ ARCHIT, KUNST ionique
❷ MUS ionien(ne)
Ionosphäre [iono'sfɛːrə] f kein Pl ionosphère f
i-Punkt[RR] ['i:-] m point m sur le i
▶ **bis auf den ~** à la virgule près
IQ [i:'ku:] <-[s], -[s]> m Abk von **Intelligenzquotient** Q.I. m
i.R. [i:'ʔɛr] Abk von **im Ruhestand** en retraite
Irak [i'ra:k] <-s> m [der] ~ l'Irak m
Iraker(in) <-s, -> m(f) Irakien(ne) m(f)
irakisch Adj irakien(ne)
Iran [i'ra:n] <-s> m [der] ~ l'Iran m
Iraner(in) <-s, -> m(f) Iranien(ne) m(f)
iranisch Adj iranien(ne)
irden ['ɪrdən] Adj veraltet Krug, Topf en terre cuite
irdisch ['ɪrdɪʃ] Adj terrestre
Ire [i:rə] <-n, -n> m, **Irin** f Irlandais(e) m(f)
irgend ['ɪrgənt] Adv ❶ (verstärkend) **wenn es dir/Ihnen ~ möglich ist** si cela t'est/vous est possible d'une manière ou d'une autre; **so vorsichtig wie ~ möglich** avec le plus de précautions possibles; **solange sie ~ kann** aussi longtemps qu'elle le peut; **sooft es ~ geht** aussi souvent que possible
❷ (unbestimmt, unbedeutend) **~ so ein Spinner/Insekt** encore un de ces con[n]ards/insectes
irgendein Pron indef ❶ (nicht genauer bestimmbar) quelconque; **~ en Mantel tragen** porter un manteau quelconque; **zu diesem dunkelbraunen Mantel würde ~ Schal gut passen** n'importe quel écharpe irait bien avec ce manteau; **da ist wieder ~ Vertreter** c'est encore un de ces représentants; **~ anderer/~e andere** quelqu'un/quelqu'une d'autre ❷ (beliebig) **sich (Dat) unter den Büchern ~s aussuchen** choisir un livre au hasard; **das ist nicht ~ Film/Pulli** ce n'est pas n'importe quel film/pull; **nimm nicht ~ en/~ e/~ s!** ne choisis pas n'importe quoi; **welchen Käse möchtest du? — Irgendeinen!** tu veux quelle sorte de fromage? — N'importe lequel! ❸ (irgendjemand) **er wird schon helfen** il y aura bien quelqu'un pour aider; **~ anderer/~e andere** quelqu'un d'autre; **~ er ist nicht ~** il/elle n'est pas n'importe qui **irgendeinmal** Adv un jour [ou l'autre] **irgendetwas**[RR] Pron indef quelque chose; **das ist nicht ~** ce n'est pas n'importe quoi **irgendjemand**[RR] Pron indef quelqu'un; **er ist nicht ~** elle n'est pas n'importe qui **irgendwann** Adv un jour; **~ einmal werden/sollten sie das tun** ils vont/devraient faire ça un jour [ou l'autre]; **kommt doch ~ wieder vorbei!** revenez nous

voir un de ces jours! **irgendwas** Pron indef fam (nicht genauer Bestimmbares) quelque chose; (Beliebiges) n'importe quoi **irgendwelche(r, s)** Pron indef ❶ (nicht genauer bestimmbar) quelconque(s); **~ Kerle** des types [quelconques]; **~ Bücher** des livres [quelconques]; **~ Sachen** des affaires quelconques; **wir müssen in der Küche noch ~ Gewürze haben** on doit bien encore avoir des épices à la cuisine ❷ (beliebig) n'importe quel(le); **falls ~ anrufen** au cas où il y en aurait qui téléphonent **irgendwer** Pron indef fam ❶ (nicht genauer bestimmbar) quelqu'un ❷ (beliebig) n'importe qui; **er/sie ist nicht ~** il/elle n'est pas n'importe qui **irgendwie** Adv ❶ (nicht genauer bestimmbar) d'une certaine manière; **Sie kommen mir ~ bekannt vor** j'ai l'impression de vous connaître ❷ (egal wie) n'importe comment ❸ (wie auch immer) d'une façon ou d'une autre **irgendwo** Adv ❶ (nicht genauer bestimmbar) quelque part (fam) ❷ (beliebig) n'importe où ❸ (wo auch immer) quelque part **irgendwoher** Adv ❶ (nicht genauer bestimmbar) **ich kenne Sie doch ~** j'ai l'impression de vous avoir déjà vu quelque part; **von ~** de quelque part ❷ (egal woher) n'importe où **irgendwohin** Adv ❶ (nicht genauer bestimmbar) quelque part ❷ (egal wohin) n'importe où
Iridium [i'ri:diʊm] <-s> nt iridium m; **~ ist ein Metall** l'iridium est un métal
Irin ['i:rɪn] s. Ire
Iris[1] ['i:rɪs] <-, -> f BOT iris m
Iris[2] <-, -o Iriden> f ANAT iris m
irisch ['i:rɪʃ] I. Adj irlandais(e)
II. Adv **~ miteinander sprechen** discuter en irlandais; s. a. **deutsch**
Irisch <-[s]> nt kein Art irlandais m; **auf ~** en irlandais; s. a. **Deutsch**
Irische nt dekl wie Adj **das ~** l'irlandais; s. a. **Deutsche**
IRK [i:ʔɛr'ka:] nt Abk von **Internationales Rotes Kreuz** CICR (Comité international de la Croix-Rouge)
Irland ['ɪrlant] nt l'Irlande f
Irokese [iro'ke:zə] <-n, -n> m, **Irokesin** f Iroquois(e) m(f)
Ironie [iro'ni:] <-, selten -n> f ironie f
▶ **die ~ des Schicksals** l'ironie du sort
ironisch [i'ro:nɪʃ] I. Adj ironique
II. Adv ironiquement
irr I. Adj ❶ MED dément(e); Blick égaré(e)
❷ sl (sehr gut) dément(e) (fam)
II. Adv ❶ (verrückt) comme un fou/une folle
❷ sl (sehr gut) du tonnerre (fam); **~e angezogen sein** avoir un look d'enfer (fam)
❸ sl (äußerst) **~e teuer** super cher(chère) (fam); **~ lustig** vachement drôle (fam)
▶ **~ wie** fam comme un/une dingue (fam)
irrational I. Adj irrationnel(le)
II. Adv de façon irrationnelle
irre ['ɪrə] s. **irr**
Irre <-> f **in die ~ gehen** aller dans la mauvaise direction; **jdn in die ~ führen** induire qn en erreur
Irre(r) f(m) dekl wie Adj fou m/folle f; **armer ~ r!** fam pauvre con! (fam)
irreal Adj irréel(le)
Irrealität f geh irréalité f
irreführen ['ɪrə-] tr V **jdn ~** induire qn en erreur; **sich von jdm/etw ~ lassen** se faire duper par qn/qc **irreführend** Adj trompeur(-euse); Werbung, Überschrift, Beschriftung mensonger(-ère) **Irreführung** f mystification f **irregehen** itr V unreg + sein geh ❶ (sich irren) se fourvoyer (soutenu) ❷ (sich verirren) s'égarer
irregulär ['ɪrɡulɛːɐ] Adj geh irrégulier(-ière)
irreleiten tr V a. fig geh **jdn ~** fourvoyer qn (soutenu)
irrelevant ['ɪrelevant] Adj insignifiant(e); **für etw ~ sein** ne pas être déterminant(e) pour qc
Irrelevanz f insignifiance f
irremachen tr V embrouiller; **sich von jdm/etw nicht ~ lassen** ne pas se laisser déconcerter par qn/qc
irren ['ɪrən] I. itr V ❶ + sein (gehen) errer; **über den Rummelplatz/durch die Stadt ~** errer sur le champ de foire/dans la ville ❷ + haben geh (sich täuschen) être dans l'erreur
▶ **Irren ist menschlich** Spr. l'erreur est humaine
II. r V **sich ~** se tromper; **sich in jdm/etw ~** se tromper sur [le compte de] qn/sur qc; **wenn ich mich nicht ~** si je ne me trompe pas
Irrenanstalt f pej fam asile m **Irrenarzt** m, **-ärztin** f fam docteur mf pour cinglés (fam) **Irrenhaus** nt veraltet maison f de fous (vieilli) ▶ **bald reif fürs ~ sein** fam être bon(ne) pour l'asile (fam); **das ist ja hier wie im ~!** fam on se croirait chez les fous ici!
irreparabel ['ɪrepara:bəl] Adj geh ❶ (nicht wiedergutzumachen) irréversible
❷ (nicht zu reparieren) irréparable
irrereden itr V geh divaguer

Irresein nt folie f; MED aliénation f mentale
irreversibel ['ɪrevɛrziːbəl] Adj geh irréversible
irre|werden^RR itr V ne plus savoir que penser; **an jdm/etw ~** ne plus savoir que penser de qn/qc
Irrfahrt ['ɪr-] f odyssée f **Irrgarten** m labyrinthe m **Irrglaube[n]** m ❶ (irrige Ansicht) opinion f erronée ❷ REL veraltet hérésie f **irrgläubig** Adj REL veraltet hérétique
irrig ['ɪrɪç] Adj erroné(e)
irrigerweise ['ɪrɪɡəˈvaɪzə] Adv par erreur
Irritation [ɪritaˈtsioːn] <-, -en> f geh irritation f
irritieren* tr V ❶ (verwirren) déconcerter
❷ (verärgern) irriter
Irrläufer m (Sendung) courrier m distribué par erreur **Irrlehre** f hérésie f **Irrlicht** <-lichter> nt feu m follet **Irrsinn** m kein Pl ❶ veraltet démence f ❷ fam (Unsinn) dinguerie f (fam); **was für ein ~!** c'est complètement dingue! (fam) **irrsinnig I.** Adj ❶ MED veraltet aliéné(e) ❷ fam (völlig wirr) complètement dingue (fam); **~ sein** être dingue (fam) ❸ fam (stark) Hitze, Kälte, Kopfschmerzen terrible; Verkehr dingue (fam); **~ wie** ~ fam brennen, schmerzen vachement (fam); **wie ein Irrsinniger/eine Irrsinnige** fam comme un/une dingue (fam) **II.** Adv fam vachement! (fam)
Irrtum <-[e]s, Irrtümer> m a. JUR erreur f; **rechtlicher/vermeidbarer ~** erreur judiciaire/évitable; **[schwer] im ~ sein** être [complètement] dans l'erreur; **~ vorbehalten!** sauf erreur ou omission!
irrtümlich ['ɪrtyːmlɪç] **I.** Adj attr erroné(e)
II. Adv à tort
irrtümlicherweise Adv form à tort
Irrweg m geh (falsches Vorgehen) fausse piste f; **etw ist ein ~** qc n'est pas la bonne façon de faire **Irrwisch** ['ɪrvɪʃ] <-es, -e> m enfant m agité
ISBN [iːʔɛsbeːˈʔɛn] <-, -s> f Abk von **Internationale Standardbuchnummer** ISBN m
Ischias ['ɪʃias] <-> m o nt MED sciatique f; **~ haben** avoir une sciatique
Ischiasnerv m nerf m sciatique
ISDN [iːʔɛsdeːˈʔɛn] <-s> nt Abk von **Integrated Services Digital Network** Numéris m
ISDN-Anschluss^RR [iːʔɛsdeːˈʔɛn-] m prise f Numéris **ISDN-Netz** nt réseau m Numéris
Isegrim ['iːzəɡrɪm] <-s> m Isengrin m, Ysengrin m
Islam [ɪsˈlaːm] <-s> m islam m
islamisch I. Adj islamique
II. Adv selon l'islam
Islamist(in) [ɪslaˈmɪst] <-en, -en> m(f) islamiste mf
islamistisch Adj islamiste
Island ['iːslant] nt l'Islande f
Isländer(in) ['iːslɛndɐ] <-s, -> m(f) Islandais(e) m(f)
isländisch I. Adj islandais(e)
II. Adv **~ miteinander sprechen** discuter en islandais; s. a. **deutsch**
Isländisch <-[s]> nt kein Art islandais m; **auf ~** en islandais; s. a. **Deutsch**
Isländische nt dekl wie Adj das ~ l'islandais m; s. a. **Deutsche**
Isobare [izoˈbaːrə] <-, -n> f METEO isobare f
Isolation [izolaˈtsioːn] <-, -en> f ❶ TECH isolation f
❷ (Absonderung, Abgeschlossenheit) einer Person isolement m
Isolationismus [izolatsioˈnɪsmʊs] <-> m isolationnisme m

Isolationshaft f isolement m cellulaire
Isolator [izoˈlaːtoːɐ] <-s, -toren> m isolant m
Isolde [iˈzɔldə] <-s> f Iseult f, Iseut f
Isolierband [izoˈliːɐ-] <-[e]s, -bänder> nt chatterton m
isolieren* **I.** tr V ❶ TECH isoler; **etw gegen Kälte/Wärme ~** isoler qc contre le froid/la chaleur
❷ (absondern) jdn von jdm/etw ~ isoler qn de qn/qc; **isoliert leben** vivre reclus(e); **etw isoliert betrachten** observer qc isolé(e) de son contexte; **ein politisch isoliertes Land** un pays politiquement isolé
II. r V **sich von jdm/etw ~** s'isoler de qn/qc
Isolierkanne f thermos® **Isoliermaterial** nt [matériau m] isolant m **Isolierschicht** f revêtement m isolant **Isolierstation** f MED salle f de quarantaine
Isolierung s. **Isolation**
Isomatte f tapis m de sol [double enduction]
Isomerie [izomeˈriː] <-> f CHEM isomérie f
isometrisch Adj isométrique
Isotherme [izoˈtɛrmə] <-, -n> f METEO isotherme f
isotonisch Adj CHEM isotonique
Isotop [izoˈtoːp] <-s, -e> nt CHEM, PHYS isotope m
Israel ['ɪsraeːl] <-s> nt Israël m
Israeli <-[s], -[s]> m, <-, -s> f Israélien(ne) m(f)
israelisch [israˈeːlɪʃ, ɪsraˈeːlɪʃ] Adj israélien(ne)
Israelit(in) [israeˈliːt, ɪsraˈeːliːt] <-en, -en> m(f) Israélite mf
israelitisch Adj israélite
isst^RR, **ißt**^ALT 3. Pers Präs von **essen**
ist [ɪst] 3. Pers Präs von **sein**[1]
Istbestand^RR, **Ist-Bestand** m (an Vorräten, Waren) inventaire m réel; (an Einnahmen) montant m réel **Ist-Einnahmen** Pl ÖKON recettes fpl réelles [o effectives]
Isthmus ['ɪstmʊs] <-, Isthmen> m GEOG isthme m
Iststärke^RR, **Ist-Stärke** f effectif m réel **Ist-Zahlen** Pl ÖKON chiffres mpl réels
IT [aiˈtiː] <-> f Abk von **Informationstechnologie** TI fpl
Italien [iˈtaːliən] <-s> nt l'Italie f
Italiener(in) [itaˈlieːnɐ] <-s, -> m ❶ Italien m
❷ fam (italienisches Lokal) **zum ~ [essen] gehen** aller manger au restau italien (fam)
Italienerin <-, -nen> f Italienne f
italienisch I. Adj italien(ne)
II. Adv **~ miteinander sprechen** discuter en italien; s. a. **deutsch**
Italienisch <-[s]> nt kein Art (Sprache, Schulfach) italien m; **auf ~** en italien; s. a. **Deutsch**
Italienische nt dekl wie Adj das ~ l'italien m; s. a. **Deutsche**
Italowestern ['iːtalo-] m fam western m spaghetti (fam)
IT-Branche f secteur m des TI
iterativ ['iːteratiːf] Adj itératif(-ive)
i.Tr. Abk von **in der Trockenmasse** au poids sec
i-Tüpfelchen^RR ['iː-] <-s, -> nt fin m du fin; **bis aufs ~** à la virgule près
i.V. [iːˈfaʊ] Abk von **in Vertretung** par délégation
Ivorer(in) [iˈvoːrɐ] <-s, -> m(f) Ivoirien(ne) m(f)
ivorisch Adj ivoirien(ne)
IWF [iːveːˈʔɛf] <-> m Abk von **Internationaler Währungsfonds** F.M.I. m

J j

J, j [jɔt] <-, -> nt J m/j m
▶ **J wie Johannes** j comme Joseph
ja [jaː] Adv ❶ oui; **zu etw ~ sagen** dire oui à qc; **aber ~** mais bien sûr; **~, bitte?** oui, qu'y a-t-il?; **[ach] ~?** ah oui?; **~, ~ [, schon gut]!** allez, allez!
❷ (bloß) bien; **sei ~ vorsichtig [mit dem Messer]!** fais bien attention [avec le couteau]!; **geh ~ nicht dahin!** ne va surtout pas là-bas!
❸ (schließlich, doch) après tout; **es ist ~ noch so früh!** mais il est encore si tôt!; **du kannst es ~ mal versuchen** tu peux toujours essayer; **ich verstehe das ~** je comprends bien; **es musste ~ mal so kommen** ça devait bien arriver; **da ist er ~!** eh, le voilà!; **ich komm ~ schon!** oui, j'arrive!; **das ist ~ unerhört!** mais c'est un comble!
❹ (und zwar) et même
❺ (na) eh bien; **~, wenn das so ist** ben, si c'est comme ça; **~, was**

du nicht sagst! quelle histoire, vraiment!
▶ **zu allem ~ und amen sagen** fam dire amen à tout
Ja <-s, -[s]> nt oui m; **mit ~ stimmen** voter oui
Jacht [jaxt] <-, -en> f yacht m
Jachthafen m port m de plaisance **Jachtklub** m yacht-club m
Jäckchen <-s, -> nt Dim von **Jacke** petite veste f
Jacke ['jakə] <-, -n> f veste f
▶ **das ist ~ wie Hose** fam c'est du pareil au même (fam)
Jackentasche f poche f de veste
Jacketkrone ['dʒɛkɪt-] f couronne f
Jackett [ʒaˈkɛt] <-s, -s> nt veste f
Jade ['jaːdə] <-> m o f jade m
Jagd [jaːkt] <-, -en> f ❶ (das Jagen) chasse f; **~ auf Hasen/Füchse** chasse f au lièvre/renard; **auf die ~ gehen** aller à la chasse; **hohe/niedere ~** chasse au gros/petit gibier
❷ (Jagdrevier) chasse f

❶ *fig (Verfolgung)* ~ **auf jdn** poursuite *f* de qn; ~ **auf jdn machen** *pej* pourchasser qn

❷ *pej (Streben)* ~ **nach Ansehen/Erfolg** course *f* à la réputation/au succès

Jagdaufseher(in) *m(f)* garde-chasse *mf* **Jagdbeute** *f eines Jägers* prise *f*; *eines Tiers* proie *f* **Jagdbomber** *m* chasseur-bombardier *m* **Jagdflieger(in)** *m(f)* pilote *mf* de chasse **Jagdflugzeug** *nt* avion *m* de chasse **Jagdgeschwader** *nt* escadrille *f* de chasse **Jagdgesellschaft** *f* société *f* de chasse **Jagdgewehr** *nt* fusil *m* de chasse **Jagdglück** *nt* bonne chasse *f*; **kein ~ haben** ne pas faire bonne chasse **Jagdgründe** *Pl* ▸ **in die ewigen ~ eingehen** *euph geh* rejoindre le pays de ses ancêtres **Jagdhorn** *nt* cor *m* de chasse **Jagdhund** *m* chien *m* de chasse **Jagdhütte** *f* pavillon *m* de chasse **Jagdmesser** *nt* couteau *m* de chasse **Jagdpächter** *m* locataire *mf* d'une chasse **Jagdrevier** [-vi:ɐ] *nt* chasse *f* **Jagdschein** *m* permis *m* de chasse ▸ **den ~ haben** *pej fam* être reconnu(e) cinglé(e) *(fam)* **Jagdschloss**ᴿᴿ *nt* château *m* de chasse **Jagdzeit** *f* période *f* d'ouverture de la chasse

jagen [ˈjaːɡən] I. *tr V* + *haben* ❶ chasser; **Hasen/Löwen ~** chasser le lièvre/lion

❷ *(verfolgen)* pourchasser

❸ *fam (scheuchen, treiben)* **jdn aus dem Bett ~** tirer qn du lit; **jdn aus dem Haus/Land ~** chasser qn de la maison/du pays

❹ *fam (stoßen)* **jdm eine Spritze in den Arm ~** faire une piqûre dans le bras à qn

▸ **eine Party jagt die andere** [*o* **nächste**] une boum chasse l'autre

II. *itr V* ❶ + *haben* chasser

❷ + *sein fam (rasen)* **durch die Wohnung/zum Flughafen ~** filer à travers l'appartement/à l'aéroport

Jagen <-s, -> *nt* chasse *f*

Jäger [ˈjɛːɡɐ] <-s, -> *m (Person, Jagdflugzeug)* chasseur *m*

Jägerin <-, -nen> *f* chasseuse *f*

Jägerlatein *nt fam* galéjades *fpl* **Jägerschnitzel** *nt* GASTR escalope *f* chasseur

Jaguar [ˈjaːɡuaːɐ] <-s, -e> *m* jaguar *m*

jäh [jɛː] *geh* I. *Adj* ❶ *(abrupt)* soudain(e)

❷ *(steil)* **Abhang, Felshang** abrupt(e)

II. *Adv* ❶ *(abrupt)* subitement

❷ *(steil)* à pic

jählings [ˈjɛːlɪŋs] *Adv geh* ❶ *(urplötzlich) auffahren, innehalten* subitement

❷ *(steil)* à pic

Jahr [jaːɐ] <-[e]s, -e> *nt* ❶ an *m*; *(in seinem Verlauf gesehen)* année *f*; **dieses** [*o* **in diesem**] ~ cette année; **letztes/nächstes ~**, **im letzten/nächsten ~** l'année dernière/prochaine; **im ~[e] 1999** en 1999; **vor [vielen] ~en** il y a [bien] longtemps; **nach [vielen] ~en** [bien] des années après; **alle fünf ~e** tous les cinq ans; **~ für** [*o* **um**] **~** tous les ans; **mit den ~en** avec le temps; **das alte ~** *(das zu Ende gehende/gegangene Jahr)* l'année qui se termine/vient de se terminer; **das neue ~** la nouvelle année; **das Buch des ~es** le livre de l'année

❷ *(Lebensjahr)* an *m*; **zwölf ~e alt sein** avoir douze ans; **mit zwanzig ~en** à vingt ans

▸ **vor/nach ~ und Tag** il y a bien longtemps/après bien des années; **seit ~ und Tag** depuis des lustres; **in den besten ~en [sein]** [être] dans la fleur de l'âge; **die sieben fetten/mageren ~e** les années de vaches grasses/maigres; **soziales ~** service *m* civil *(pour les femmes)*; **in die ~e kommen** prendre de l'âge; **alle ~e wieder** tous les ans

jahraus [jaːɐˈʔaʊs] *Adv* ▸ ~ , **jahrein** tout au long de l'année

Jahrbuch *nt* annales *fpl*

Jährchen <-s, -> *nt hum fam Dim von Jahr* [petite] année *f*

▸ **schon einige ~ auf dem Buckel haben** *Person:* avoir de la bouteille *(fam)*; *Auto:* avoir des kilomètres au cul *(fam)*

jahrelang [ˈjaːrəlaŋ] I. *Adj attr* de longue haleine; **~es Warten** une très longue attente

II. *Adv* pendant des années; *dauern* des années; *sich hinziehen* sur plusieurs années

jähren [ˈjɛːrən] *r V* **etw jährt sich zum zehnten Mal[e]** c'est le dixième anniversaire de qc

Jahresabonnement [ˈjaːrəs-] *nt* abonnement *m* annuel **Jahresabrechnung** *f* ÖKON comptes *mpl* de fin d'année, clôture *f* de l'exercice comptable **Jahresabschluss**ᴿᴿ *m* bilan *m* annuel; **Aufstellung des ~es** établissement *m* du bilan de l'exercice **Jahresabschlussprämie**ᴿᴿ *f* prime *f* de fin d'exercice **Jahresanfang** *m* début *m* de l'année **Jahresausgaben** *Pl* ÖKON dépenses *fpl* annuelles **Jahresausgleich** *m* FIN péréquation *f* annuelle **Jahresbeginn** *s.* **Jahresanfang Jahresbeitrag** *m* cotisation *f* annuelle **Jahresbestzeit** *f* SPORT meilleur temps *m* de l'année **Jahresdurchschnitt** *m* moyenne *f* annuelle **Jahreseinkommen** *nt* revenu *m* annuel **Jahresende** *nt* fin *f* de l'année; **bis zum ~** d'ici la fin de l'année **Jahresetat** *m* ÖKON budget *m* annuel **Jahresfrist** *f* **binnen ~** d'ici un an; **nach ~** dans un délai d'un an **Jahresgehalt** *nt* revenu *m* annuel **Jahreshälfte** *f* moitié *f* de l'année **Jahreshauptversammlung** *f* ÖKON assemblée *f* générale annuelle **Jahreskarte** *f* ❶ *(Eintrittskarte)* abonnement *m* annuel ❷ *(Fahrkarte)* carte *f* d'abonnement annuel **Jahresring** *m* cerne *m* **Jahrestag** *m* anniversaire *m* **Jahrestagung** *f* congrès *m* annuel **Jahresumsatz** *m* ÖKON chiffre *m* d'affaires annuel **Jahresurlaub** *m* congés *mpl* annuels; **seinen ~ einreichen/nehmen** poser/prendre ses congés **Jahresvertrag** *m* contrat *m* annuel **Jahreswagen** *m* voiture *f* accordée aux employés d'un constructeur automobile à un tarif préférentiel **Jahreswechsel** [-vɛ-] *m* nouvel an *m*; **zum ~** pour le nouvel an **Jahreszahl** *f* année *f* **Jahreszeit** *f* saison *f* **jahreszeitlich** *Adj* saisonnier(-ière); **bedingt sein** être dû(due) à la saison **Jahreszins** *m* effektiver ~ FIN intérêts *mpl* annuels

Jahrgang <-gänge> *m* ❶ MIL, SCHULE classe *f*; UNIV promotion *f*; **~ 1950 sein** être de [*o* né(e) en] 1950; **er ist mein ~** il est de la même classe que moi; UNIV il est de la même promotion que moi; **die geburtenstarken Jahrgänge** *(geburtenreiche Jahre)* les années de forte croissance démographique

❷ MEDIA *einer Zeitschrift, Zeitung* année *f*

❸ *(Erntejahr) eines Weins* année *f*; **ein guter ~** un bon millésime

Jahrhundert <-s, -e> *nt* siècle *m*

jahrhundertealt *Adj* séculaire **jahrhundertelang** I. *Adj Entwicklung, Prozess* séculaire II. *Adv* des siècles durant; *dauern* des siècles; *sich hinziehen* sur plusieurs siècles

Jahrhundertwende *f* changement *m* de siècle

jährlich [ˈjɛːɐlɪç] I. *Adj* annuel(le)

II. *Adv* tous les ans; **einmal/zweimal/... ~** une fois/deux fois/... par an

Jahrmarkt *m* foire *f* **Jahrmarktsbude** *f* baraque *f* foraine

Jahrmillionen *Pl* millions *mpl* d'années; **in/vor ~** dans plusieurs/il y a des millions d'années **Jahrtausend** <-s, -e> *nt* millénaire *m* **Jahrtausendwende** *f* changement *m* de millénaire **Jahrzehnt** [jaːɐˈtseːnt] <-[e]s, -e> *nt* décennie *f* **jahrzehntelang** I. *Adj* de plusieurs dizaines d'années II. *Adv* pendant des décennies; *dauern* des décennies; *sich hinziehen* sur plusieurs décennies

Jähzorn [ˈjɛːtsɔrn] *m* tempérament *m* irascible; **im ~** dans un accès de colère **jähzornig** *Adj* irascible, colérique

Jakob [ˈjaːkɔp] <-s> *m* ❶ Jacques *m*

❷ BIBL Jacob *m*

▸ **das ist [auch] nicht der wahre ~** *fam* c'est pas la panacée *(fam)*

Jakobiner(in) [jakoˈbiːnɐ] <-s, -> *m(f)* Jacobin(e) *m(f)*

Jakobinermütze *f* bonnet *m* phrygien

Jakobsleiter *f* NAUT échelle *f* de corde **Jakobsmuschel** *f* coquille *f* Saint-Jacques

Jakobus [jaˈkoːbʊs] <-> *m* BIBL Jacques *m*

Jalousie [ʒaluˈziː, *Pl:* ʒaluˈziːən] <-, -n> *f* jalousie *f*

Jamaika [jaˈmaɪka] <-s> *nt* la Jamaïque

Jamaikaner(in) [jamaɪˈkaːnɐ] <-s, -> *m(f)* Jamaïcain(e) *m(f)*

jamaikanisch *Adj* jamaïcain(e)

Jamaikarumᴿᴿ <-s, -s> *m* rhum qui vient de la Jamaïque

Jambus [ˈjambʊs] <-, Jamben> *m* iambe *m*

Jammer [ˈjamɐ] <-s> *m* chagrin *m*, détresse *f*; **es ist ein ~, dass/wie ...** *fam* c'est malheureux que/comme ...

Jammerbild *nt* spectacle *m* de désolation **Jammergestalt** *f* pauvre hère *m* **Jammerlappen** *m pej sl* lavette *f (fam)*

jämmerlich [ˈjɛmɐlɪç] I. *Adj attr* ❶ *(beklagenswert) Anblick, Bild, Zustand* pitoyable

❷ *(kläglich) Klagen, Weinen* déchirant(e)

❸ *(äußerst dürftig) Darbietung, Leistung* lamentable

❹ *pej (verachtenswert)* pitoyable

II. *Adv* ❶ *schluchzen, weinen* à fendre l'âme; *frieren* affreusement

❷ *(elend)* **~ umkommen** mourir bêtement

jammern [ˈjamɐn] I. *itr V* ❶ *(lamentieren)* lamenter; **über etw** *(Akk)* **~ se** lamenter sur qc; **da hilft kein Jammern** ça ne sert à rien de se lamenter

❷ *(verlangen)* **nach jdm/etw ~** réclamer qn/qc d'une voix plaintive

II. *tr V geh* faire pitié à; **es jammert mich, dass er so krank ist** ça me fait mal de le voir si malade

jammerschade *Adj fam* c'est trop bête; **es ist ~, dass ihr nicht kommen könnt** c'est trop bête que vous ne puissiez pas venir *(fam)*; **es ist ~ um ihn** c'est bête pour lui *(fam)* **jammervoll** *Adj geh* ❶ *(jammernd)* dolent(e) *(littér)* ❷ *(Jammer erregend) Dasein* pitoyable

Jamswurzel [ˈjams-] *f* igname *f*

Janker [ˈjaŋkɐ] <-s, -> *m* SDEUTSCH, A ❶ *(Strickjacke)* veste *f* de laine

❷ *(Trachtenjacke)* jaquette *f*

Jänner [ˈjɛnɐ] <-s, -> *m* A janvier *m*; *s. a.* **April**

Januar ['janua:ɐ] <-[s], -e> *m* janvier *m; s. a.* **April**
Japan ['ja:pan, 'ja:pa:n] <-s> *nt* le Japon
Japaner(in) [ja'pa:nɐ] <-s, -> *m(f)* Japonais(e) *m(f)*
japanisch I. *Adj* japonais(e)
II. *Adv* ~ **miteinander sprechen** discuter en japonais; *s. a.* **deutsch**
Japanisch <-[s]> *nt kein Art (Sprache, Schulfach)* japonais *m;* **auf ~** en japonais; *s. a.* **Deutsch**
Japanische *nt dekl wie Adj* **das ~** le japonais; *s. a.* **Deutsche**
Japanologie [japanolo'gi:] <-> *f* philologie *f* japonaise
japsen ['japsən] *itr V fam* haleter; **nach Luft ~** reprendre haleine [*o* son souffle]
Jargon [ʒar'gõ:] <-s, -s> *m* jargon *m*
Jasager(in) ['ja:za:gɐ] <-s, -> *m(f) pej* béni-oui-oui *m inv (vieilli fam)*
Jasmin [jas'mi:n] <-s, -e> *m* jasmin *m;* **Falscher ~** seringat *m* des jardins
Jaspis ['jaspɪs] <-[ses], -se> *m* jaspe *m*
Jass[RR] <-es>, **Jaß**[ALT] <-sses> *m* CH jass *m*
jassen *itr V* CH jouer au jass
Jastimme ['ja:ʃtɪmə] *f* oui *m,* voix *f* pour
jäten ['jɛ:tən] *tr V* arracher *Unkraut;* sarcler *Beet*
Jauche ['jauxə] <-, -n> *f* purin *m*
jauchen ['jauxən] *tr V* répandre du purin sur
Jauche[n]grube *f* fosse *f* à purin
jauchzen ['jauxtsən] *itr V geh* exulter
Jauchzer ['jauxtsɐ] <-s, -> *m* cri *m* de joie
jaulen ['jaulən] *itr V Hund:* hurler à la mort
Jause ['jauzə] <-, -n> *f* A casse-croûte *m*
jausnen ['jausnən] *itr V* A casser la croûte *(fam)*
jawohl [ja'vo:l] *Interj,* **jawoll** [ja'vɔl] *Interj a. hum* oui[, bien sûr]; **~!** MIL à vos ordres!
Jawort ['ja:vɔrt] *nt* ▸ **jdm das ~ geben** donner son consentement à qn
Jazz [dʒɛ(:)s, dʒæz, jats] <-> *m* jazz *m*
Jazzkeller [dʒæs-, jats-] *m* boîte *f* où l'on joue du jazz
je [je:] I. *Adv* ❶ *(jemals)* jamais
❷ *(jeweils)* chacun(e); **die Kisten wiegen ~ fünf Kilo** les caisses font chacune cinq kilos; **die Häuser haben ~ sechs Wohnungen** les maisons ont chacune six appartements
II. *Konj* ❶ **~ öfter du übst, desto besser kannst du spielen** plus tu t'entraînes, mieux tu sauras jouer; **~ besser die Qualität, desto höher der Preis** meilleure est la qualité, plus hauts sont les prix
❷ *(entsprechend)* **~ nach Belieben/Menge** selon la volonté/quantité; **~ nachdem[, wann/wie/…]** ça dépend [quand/comment/…]
Jeans [dʒi:ns] <-, -> *f meist Pl* jean *m*
Jeansjacke [dʒi:ns-] *f* veste *f* en jean
jede(r, s) *Pron indef* ❶ chaque; **~ Schülerin muss an der Veranstaltung teilnehmen** toutes les élèves doivent participer à la manifestation; **~n Moment/~ Minute** d'un moment/d'une minute à l'autre; **zu ~r Zeit/Stunde** à n'importe quel moment; **~r zweite Franzose/~ dritte Deutsche** un Français sur deux/une Allemande sur trois; **~s Mal[, wenn …]** chaque fois [que … + *indic*]
❷ *(jegliche)* **ihm ist ~s Mittel recht** pour lui, tous les moyens sont bons; **ohne ~ Anstrengung** sans le moindre effort
❸ *substantivisch* **~r ist dafür** tout le monde est pour; **du kannst ~n fragen** tu peux demander à n'importe qui; **~r, der sich dafür interessiert** quiconque s'y intéresse; **~r von uns/ihnen** chacun d'entre nous/eux; **~s dieser Häuser** chacune de ces maisons; **~r gegen ~n** tous contre tous; **ein ~r/eine ~** tout le monde
jedenfalls ['je:dənfals] *Adv* en tout cas
jedermann *Pron indef* tout le monde
jederzeit *Adv* ❶ *(zu jeder Zeit)* à tout moment; **ihr seid ~ willkommen** vous serez toujours les bienvenus
❷ *(jeden Augenblick)* d'un moment à l'autre
jedesmal[ALT] *s.* **jede(r, s)** ❶
jedoch [je'dɔx] *Konj, Adv* pourtant
jedwede(r, s) *Pron indef veraltet* chaque; **~r Streit** chaque dispute; **~ Anstrengung** chaque effort; **~(r) kann das tun** chacun(e) peut faire cela
Jeep® [dʒi:p] <-s, -s> *m* jeep® *f*
jegliche(r, s) *Pron indef* tout(e)
jeher ['je:he:ɐ̯] *Adv* ▸ **von ~** de tout temps
Jelängerjelieber [je'lɛŋɐje'li:bɐ] <-s, -> *nt* BOT chèvrefeuille *m* des jardins
jemals ['je:ma:ls] *Adv* jamais; **ist das schon ~ vorgekommen?** est-ce que ça s'est déjà produit [par le passé]?
jemand ['je:mant] *Pron indef* quelqu'un; **~ anders** *fam* quelqu'un d'autre
Jemen ['je:mən] <-s> *m* le Yémen

Jemenit(in) [jeme'ni:t] <-en, -en> *m(f)* Yéménite *mf*
jemenitisch *Adj* yéménite
jene(r, s) *Pron dem, geh* ❶ *(der bewusste)* **~r Nachbar, der …** ce voisin[-là] qui …; **~ Kollegin, die …** cette collègue[-là] qui …; **~r, von dem ich vorhin gesprochen habe** le type dont j'ai parlé tout à l'heure
❷ *(dieser)* **~r Mann/~ Frau dort** cet homme-là/cette femme-là; **wir lachten, während ~r/~ weinte** on riait tandis que celui-là/celle-là pleurait
jenseits ['je:nzaɪts] I. *Präp + Gen* **~ des Flusses** de l'autre côté de la rivière
II. *Adv* **~ von Raum und Zeit** au-delà de l'univers spatiotemporel
Jenseits <-> *nt* au-delà *m*
▸ **jdn ins ~ befördern** *fam* expédier qn dans l'autre monde *(fam)*
Jeremias <-> *m* Jérémie *m*
Jersey ['dʒɔːezi, 'dʒœrzi] <-[s], -s> *m* jersey *m*
Jerusalem [je'ru:zalɛm] <-s> *nt* Jérusalem *f*
Jesu *Gen von* **Jesus**
Jesuit [jezu'i:t] <-en, -en> *m* jésuite *m*
Jesuitenorden *m* ordre *m* jésuite
Jesuitentum <-s> *nt* REL jésuitisme *m*
Jesum *Akk von* **Jesus**
Jesus ['je:zʊs] <Jesu[s]> *m* Jésus; **~ [Christus]** Jésus *m* [Christ]
Jesuskind *nt* **das ~** l'enfant *m* Jésus
Jet [dʒɛt] <-[s], -s> *m* jet *m*
Jetlag ['dʒɛtlɛk, 'dʒɛtlæg] <-s, -s> *m* troubles *mpl* dus au décalage horaire
Jeton [ʒə'tõ:] <-s, -s> *m* jeton *m*
Jetset[RR] ['dʒɛtsɛt] <-s, selten -s> *m fam* jet[-]set *m* o *f*
jetten ['dʒɛtən] *itr V + sein fam* s'envoler; **nach Teneriffa/in die Karibik ~** s'envoler pour Ténériffe/les Caraïbes
jetzig *Adj attr* **Augenblick, Moment** présent(e); **Zeit, Situation, Erkenntnisstand** actuel(le)
jetzt [jɛtst] *Adv* ❶ *(im Augenblick, heutzutage)* maintenant; **bis ~** jusqu'à présent; **~ gleich** tout de suite; **~ noch/schon?** maintenant/déjà?; **~ oder nie!** maintenant ou jamais!; **wer mag das ~ sein?** qui cela peut-il bien être à cette heure-ci?; **hast du es ~ endlich begriffen?** as-tu enfin compris maintenant?
❷ *(nun)* **habe ich ~ den Brief eingeworfen oder nicht?** ai-je bien envoyé la lettre ou non?
Jetzt <-> *nt geh* présent *m*
Jetztzeit *f* [temps] présent *m*
jeweilig *Adj attr (vorherrschend)* du moment; *(in der Vergangenheit)* de l'époque; *Währung* correspondant(e)
jeweils ['je:vaɪls] *Adv* ❶ *(jedes Mal)* chaque fois; **die Miete ist ~ zu Beginn des Monats fällig** le loyer se règle au début de chaque mois
❷ *(im Einzelnen)* **die ~ Betroffenen** les personnes concernées; **Schuhe für die Kinder in der ~ passenden Größe** des chaussures de la pointure de chacun des enfants
❸ *(je)* **~ drei Kinder gehen zusammen** les enfants vont par groupes de trois; **zu ~ zwei Schlafräumen gehört ein Badezimmer** il y a une salle de bains pour deux dortoirs
❹ *(zur entsprechenden Zeit)* **die ~ gültigen Bestimmungen** les réglementations en vigueur à un moment donné
Jg. *Abk von* **Jahrgang** année *f*
Jh. *Abk von* **Jahrhundert** siècle *m*
JH *Abk von* **Jugendherberge** auberge *f* de jeunesse
jiddisch ['jɪdɪʃ] *Adj* judéo-allemand(e), yiddish *inv*
Jiddisch <-[s]> *nt* le yiddish
Jiddische *nt dekl wie Adj* **das ~** le yiddish
Jiu-Jitsu ['dʒi:u'dʒɪtsu] <-s> *nt* jiu-jitsu *m*
Job [dʒɔp] <-s, -s> *m fam* ❶ *(Anstellung)* job *m (fam)*
❷ *(Beschäftigung)* boulot *m (fam)*
jobben ['dʒɔbən] *itr V fam* faire des petits boulots *(fam);* **beim Bäcker/in der Fabrik ~** bosser chez le boulanger/à l'usine *(fam)*
Jobber(in) ['dʒɔbɐ] <-s, -> *m(f)* ❶ FIN contrepartiste *mf*
❷ *fam (Gelegenheitsarbeiter)* personne qui fait des petits boulots
Jobbörse ['dʒɔp-] *f* bourse *f* de l'emploi **Jobkiller** *m fam* mesure *f* qui tue l'emploi *(fam);* **sind Computer ~?** les ordinateurs suppriment-ils des emplois? **Jobsharing**[RR] [-ʃæ:rɪŋ] <-s> *nt* partage *m* du travail **Jobvermittler(in)** *m(f)* personne qui met en relation recruteurs et candidats
Joch [jɔx] <-[e]s, -e> *nt* ❶ AGR joug *m*
❷ ARCHIT travée *f*
❸ *(Bergsattel)* col *m*
❹ *(Bürde)* **das ~ der Tyrannei abschütteln** [*o* abwerfen] secouer le [*o* se libérer du] joug de la tyrannie
Jochbein *nt* ANAT os *m* malaire
Jockei ['dʒɔke, 'dʒɔki] <-s, -s> *m,* **Jockey** ['dʒɔki] <-s, -s> *m* jockey *m*
Jod [jo:t] <-s> *nt* ❶ CHEM iode *m*
❷ *s.* **Jodtinktur**

jodeln ['joːdəln] *itr V* iodler
jodhaltig *Adj* iodé(e)
Jodler ['joːdlɐ] <-s, -> *m* tyrolienne *f*
Jodler(in) <-s, -> *m(f)* chanteur(-euse) *m(f)* de tyrolienne
Jodtinktur *f* teinture *f* d'iode
Joga ['joːga] <-[s]> *m o nt* yoga *m*
joggen ['dʒɔgən] *itr V* ❶ + *haben* faire du jogging [*o* footing]
❷ + *sein (durchlaufen)* **drei Kilometer/durch den Wald** ~ jogger trois kilomètres/à travers la forêt
Jogger(in) ['dʒɔgɐ] <-s, -> *m(f)* joggeur(-euse) *m(f)*
Jogging ['dʒɔgɪŋ] <-s> *nt* jogging *m*
Jogginganzug ['dʒɔgɪŋ-] *m* jogging *m* **Joggingschuh** *m* chaussure *f* de jogging
Joghurt ['joːgʊrt] <-[s], -[s]> *m o nt* yaourt *m*, yogourt *m*
Joghurtbecher *m* pot *m* de yaourt
Jogi ['joːgi] <-s, -s> *m* yogi *m*
Jogurt^RR *s.* Joghurt
Johann ['joːhan, joˈhan] <-s> *m* ❶ Jean *m*
❷ BIBL, HIST Jean *m;* ~ **ohne Furcht** Jean sans peur
Johanna [joˈhana] <-s> *f* Jeanne *f*
❶ HIST **[die heilige]** ~ **von Orléans** Jeanne *f* d'Arc
Johannes [joˈhanɛs] <-> *m* ❶ Jean *m*
❷ BIBL **der Apostel** ~ l'apôtre Jean; ~ **der Täufer** Jean-Baptiste *m*
Johannesevangelium *nt* Évangile *m* selon saint Jean
Johannisbeere [joˈhanɪsbeːrə] *f* ❶ *(Frucht)* **[rote]** ~ groseille *f* [rouge]; **schwarze** ~ cassis *m* ❷ *(Strauch)* **[rote]** ~ groseillier *m* [rouge]; **schwarze** ~ cassis *m* **Johannisbrot** *nt* BOT caroube *f*
Johanniskraut *nt* BOT millepertuis *m* **Johannistag** *m* REL la Saint-Jean *f;* **am** ~ à la Saint-Jean
Johanniter [joha'niːtɐ] <-s, -> *m* REL chevalier *m* de Saint-Jean
johlen ['joːlən] *itr V* hurler
Joint [dʒɔɪnt] <-s, -s> *m sl* joint *m (fam)*
Joint Venture^RR [dʒɔɪntˈvɛntʃɐ] <-s, -s> <- -s, - -s> *nt* COM joint[-]venture *f*
Jo-Jo <-s, -s> *nt* yoyo *m*
Joker ['dʒoːkɐ] <-s, -> *m* joker *m*
Jolle ['jɔlə] <-, -n> *f* ❶ *(Beiboot)* canot *m*
❷ *(Segelboot)* yole *f*
Jongleur(in) [ʒɔ̃ˈgløːɐ, ʒɔŋˈløːɐ] <-s, -e> *m(f)* jongleur(-euse) *m(f)*
jonglieren* [ʒɔ̃ˈgliːrən] *itr V a. fig* jongler; **mit etw** ~ jongler avec qc
Joppe ['jɔpə] <-, -n> *f* DIAL *veste folklorique courte et ajustée*
Jordan ['jɔrdan] <-s> *m* Jourdain *m*
▶ **über den** ~ **gehen** casser sa pipe *(fam)*
Jordanien [jɔrˈdaːniən] <-s> *nt* la Jordanie
Jordanier(in) <-s, -> *m(f)* Jordanien(ne) *m(f)*
jordanisch *Adj* jordanien(ne)
Josef ['joːzɛf] <-s> *m,* **Joseph** <-s> *m* Joseph *m*
Jot [jɔt] <-, -> *nt* J *m*/j *m*
Jota ['joːta] <-[s], -s> *nt* iota *m*
▶ **kein** [*o* **nicht ein**] ~ *geh* pas d'un iota
Joule [dʒuːl] <-[s], -> *nt* PHYS joule *m*
Journal [ʒʊrˈnaːl] <-s, -e> *nt* ❶ COM journal *m*
❷ *geh (Zeitschrift)* revue *f*
Journalismus [ʒʊrnaˈlɪsmʊs] <-> *m* journalisme *m*; *(Presse)* presse *f*
Journalist(in) [ʒʊrnaˈlɪst] <-en, -en> *m(f)* journaliste *mf*
Journalistik [ʒʊrnaˈlɪstɪk] <-> *f* journalisme *m*
journalistisch [ʒʊrnaˈlɪstɪʃ] I. *Adj Ausbildung, Tätigkeit* de journaliste; *Volontariat* en tant que journaliste
II. *Adv arbeiten* comme journaliste
jovial [joˈviaːl] *geh* I. *Adj* protecteur(-trice); **gegenüber jdm** ~ **sein** adopter une attitude protectrice avec qn
II. *Adv* avec condescendance
Jovialität [joviali'tɛːt] <-> *f geh* attitude *f* protectrice
Joystick ['dʒɔɪstɪk] <-s, -s> *m* INFORM manette *f* de jeu
jr. *Abk von* **junior** junior
Jubel ['juːbəl] <-s> *m* cris *mpl* de joie
▶ **[es herrscht]** ~**, Trubel, Heiterkeit** *fam* [il y a une] ambiance du tonnerre *(fam)*
Jubeljahr *nt* ▶ **alle** ~ **e [einmal]** *fam* très rarement
jubeln ['juːbəln] *itr V* jubiler; **über etw** *(Akk)* ~ jubiler à cause de qc; ~ **d** en jubilant; **die** ~ **de Menge** la foule en liesse
Jubelruf *m* cri *m* de joie; **unter** ~ **en** sous les acclamations
Jubilar(in) [jubiˈlaːɐ] <-s, -e> *m(f) der* ~ /*die* ~ **in** celui/celle qui fête son anniversaire
Jubiläum [jubiˈlɛːʊm] <-s, Jubiläen> *nt* [fête *f*] anniversaire *m;* **sein 50-jähriges** ~ son jubilé
Jubiläumsausgabe *f* numéro *m* spécial [anniversaire] **Jubiläumsfeier** *f* fête *f* anniversaire
jubilieren* *itr V geh* jubiler
juchhe [jʊxˈheː]**, juchheißa, juchhu** *Interj fam* youpi *(fam)*

Juchten ['jʊxtən] <-s> *m o nt,* **Juchtenleder** *nt* cuir *m* de Russie
juchzen ['jʊxtsən] *itr V fam* pousser des cris de joie
jucken ['jʊkən] I. *tr, itr V* ❶ démanger; **mir** [*o* **mich**] **juckt die Hand** j'ai la main qui me démange; **der Pulli juckt** le pull pique
❷ *fam (kümmern)* **das juckt mich nicht** j'en ai rien à faire *(fam)*
II. *tr V unpers* ❶ **es juckt ihn/mich** ça le/me démange; **es juckt ihn/mich am Kopf** ça le/me démange à la tête
❷ *fam (reizen)* **es juckt jdn etw zu tun** ça démange qn de faire qc
III. *itr V unpers* **es juckt [am Kopf]** ça démange [à la tête]
IV. *r V fam (kratzen)* **sich** [**an etw** *(Dat)*] ~ se gratter [qc]
Jucken <-s> *nt* démangeaison *f*
Juckpulver [-fɐ, -vɐ] *nt* poil *m* à gratter **Juckreiz** *m* démangeaison *f*
Judas ['juːdas] <-, -se> *m* BIBL *a. fig* Judas *m*
Judaslohn *m pej geh* salaire *m* de la honte
Jude ['juːdə] <-n, -n> *m,* **Jüdin** *f* juif *m*/juive *f*
▶ **der ewige** ~ *geh* le Juif errant
Judenhass^RR *m* haine *f* antisémite **Judenstern** *m* étoile *f* jaune
Judentum <-s> *nt (Religion, Kultur)* judaïsme *m*
Judenverfolgung *f* persécution *f* des juifs
Jüdin ['jyːdɪn] *s.* Jude
jüdisch ['jyːdɪʃ] I. *Adj* ❶ *(die Juden betreffend)* juif(juive)
❷ *(das Judentum betreffend)* judaïque
II. *Adv* selon le rite juif
Judo ['juːdo] <-s> *nt* judo *m*
Judoka <-s, -s> *m* judoka *m*
Jugend ['juːgənt] <-> *f* ❶ *(Jugendzeit)* jeunesse *f;* **in seiner/meiner/...** ~ dans sa/ma/... jeunesse; **von** ~ **an** [*o* **auf**] depuis l'enfance; **die frühe** ~ la première jeunesse; **die früheste** ~ la petite enfance
❷ *(junge Menschen)* **die** ~ **von heute** les jeunes *mpl* d'aujourd'hui
❸ *(Jugendlichkeit, Jugendstadium)* jeunesse *f*
Jugendalter *nt* jeune âge *m;* **im** ~ **sein** *form* être encore adolescent(e), ne pas être majeur(e) **Jugendamt** *nt* office *m* de protection de la jeunesse **Jugendarbeit** *f kein Pl* ❶ *(Erwerbstätigkeit Jugendlicher)* travail *m* des jeunes ❷ *(Förderung Jugendlicher)* travail *m* avec des jeunes **Jugendarbeitslosigkeit** *f* chômage *m* des jeunes **Jugendarbeitsschutzgesetz** *nt kein Pl* loi *f* sur la protection des jeunes travailleurs **Jugendarrest** *m* détention *f* pour mineurs **Jugendaustausch** *m* échange *m* international de jeunes **Jugendbewegung** *f* **die** ~ le mouvement *m* de la jeunesse **Jugendbild** *nt* photo *f* de jeunesse **Jugendbildnis** *nt* **ein** ~ **Dürers** un portrait du jeune Dürer **Jugendbuch** *nt* livre *m* pour la jeunesse **jugendfrei** *Adj* **veraltet** pour tout public; **nicht** ~ **sein** *Film:* être interdit(e) aux moins de 18 ans **Jugendfreund(in)** *m(f)* ami(e) *m(f)* d'enfance
jugendgefährdend *Adj* dangereux(-euse) pour la jeunesse **Jugendgericht** *nt* tribunal *m* pour enfants **Jugendgruppe** *f* groupe *m* de jeunes **Jugendherberge** *f* auberge *f* de jeunesse

---
Land und Leute

La première **Jugendherberge** a ouvert ses portes en 1909, en Allemagne. L'idée de départ était d'encourager la jeunesse à voyager. A partir de 1925, il en a été construit dans le monde entier. De nos jours, on en compte plus de 600 en Allemagne, 200 en Autriche et environ 100 en Suisse.

Jugendhilfe *f* protection *f* sociale des jeunes [*o* de l'enfance]
Jugendjahre *Pl* jeunesse *f;* **seine** ~ sa jeunesse **Jugendkriminalität** *f* délinquance *f* juvénile; **die** ~ **nimmt zu** la délinquance juvénile est en augmentation
jugendlich I. *Adj* ❶ *Person* jeune; *Ausgelassenheit, Leichtsinn, Schwung* juvénile
❷ *(jung wirkend) Äußeres, Erscheinung, Frische* jeune; **jdn** ~ **machen** *Aufmachung:* donner un air jeune à qn
II. *Adv* jeune; **sich** ~ **kleiden** s'habiller jeune
Jugendliche(r) *f(m) dekl wie Adj* jeune *mf*
Jugendlichkeit <-> *f* ❶ *(Alter)* jeunesse *f*
❷ *(junge Erscheinung)* air *m* jeune
Jugendliebe *f* amour *m* de jeunesse **Jugendmannschaft** *f* équipe *f* junior **Jugendpflege** *f* encadrement *m* périscolaire des jeunes **Jugendpolitik** *f* politique *f* de la jeunesse **Jugendrichter(in)** *m(f)* juge *mf* pour enfants **Jugendschutz** *m* protection *f* des mineurs **Jugendschutzgesetz** *nt* JUR loi *f* sur la protection des mineurs **Jugendsekte** *f* secte attirant plus spécialement les jeunes **Jugendstil** *m* Art *m* nouveau **Jugendstrafanstalt** *f* maison *f* de détention pour jeunes délinquants **Jugendstrafe** *f* détention *f* en maison de redressement; **eine** ~ **verbüßen** être en maison de redressement **Jugendstrafrecht** *nt* droit *m* pénal spécial des délinquants mineurs **Jugendsünde** *f* péché *m* de

jeunesse **Jugendtraum** *m* rêve *m* de jeunesse; **sich** *(Dat)* **einen ~ erfüllen** s'exaucer un rêve de jeunesse **Jugendverbot** *nt* interdiction *f* pour les mineurs **Jugendwahn** *m* jeunisme *m* **Jugendweihe** *f* cérémonie *f* d'initiation civique **Jugendzeit** *s.* Jugendjahre **Jugendzentrum** *nt* maison *f* des jeunes

---

Land und Leute

En Allemagne, le **Jugendzentrum** est une institution de type associatif qui, dans chaque commune, propose aux jeunes et jeunes adultes un programme pédagogique, de nombreuses activités de groupe ainsi que des projets en relation avec la formation, la communication, l'émancipation et l'organisation du temps libre. Des éducateurs apportent un soutien social à chacun des participants de ces groupes afin qu'ils puissent développer aussi bien leur personnalité que leur identité. Le **Jugendzentrum** travaille souvent en coopération avec d'autres institutions, telles que l'office pour la protection des jeunes, les écoles et les associations sportives.

Jugoslawe [jugo'slaːvə] <-n, -n> *m* ❶ HIST Yougoslave *m*
❷ *fam (jugoslawisches Restaurant)* **zum ~n gehen** aller au restaurant yougoslave
Jugoslawien [jugo'slaːviən] <-s> *nt* HIST la Yougoslavie
Jugoslawin <-, -nen> *f* HIST Yougoslave *f*
jugoslawisch *Adj* HIST yougoslave
Julei ['juːlaɪ, ju'laɪ] <-s, -s> *m bes.* COM juillet *m*
Juli ['juːli] <-[s], -s> *m* juillet *m*; *s. a.* April
Julia <-s> *f* Julie *f*; *s. a.* Romeo
Jumbo[jet]ᴿᴿ [-dʒɛt], **Jumbo[-Jet]** <-s, -s> *m* gros-porteur *m*
Jumper ['dʒampɐ] <-s, -> *m* INFORM cavalier *m*
jun. *Adj Abk von* **junior**
jung [jʊŋ] <jünger, jüngste> I. *Adj* ❶ jeune; **der ~e Picasso** le jeune Picasso
❷ *(jugendlich wirkend)* jeune; **jdn jünger machen** [*o* **wirken lassen**] rajeunir qn
❸ *(später geboren)* **der jüngere Bruder/die jüngere Schwester** le frère cadet/la sœur cadette; **meine jüngste Schwester** ma sœur la plus jeune; **der Jüngere** le cadet; **der/die Jüngste** le/la benjamin(e)
❹ *(seit kurzem existierend) Staat* jeune; *Sportart, Aktie* nouveau(-velle)
▶ **Jung und Alt** jeunes et vieux
II. *Adv* ~ **heiraten/sterben** se marier/mourir jeune
Jungbrunnen *m* fontaine *f* de jouvence
Junge <-n, -n *o fam* **Jungs**> ['jʊŋə] *m* ❶ *(Knabe, Sohn, junger Mann)* garçon *m*; **du armer/dummer ~!** pauvre bête/gros bêta! *(fam)*; **die Jungs und die Mädchen** les garçons et les filles; **sie ist ein richtiger ~** c'est un vrai garçon manqué
❷ *fam (Bursche)* **hallo, alter ~!** salut, [mon] vieux! *(fam)*; **hallo, Jungs** [*o* **~ns**]! salut, les gars! *mpl (fam)*
▶ **jdn wie einen dummen ~n behandeln** traiter qn comme un débutant *(fam)*; **ein schwerer ~** *fam* un grand criminel; **~, ~!** *fam* eh ben, dis donc! *(fam)*
Junge(s) ['jʏŋə] *dekl wie Adj (Jungtier)* petit *m*; *(Jungvogel)* oisillon *m*
jungenhaft *Adj Mann* jeune; *Mädchen* garçonnier(-ière); **seine/ihre ~e Art** son allure jeune/garçonnière
jünger ['jʏŋɐ] *Adj Komp von* **jung** ❶ plus jeune; **mein ~er Kollege** mon collègue plus jeune
❷ *(relativ jung) Mitarbeiter* plutôt jeune; **wir beschäftigen nur ~e Mitarbeiter** nous n'avons que des employés plutôt jeunes
❸ *(noch nicht weit zurückliegend) Datum, Geschichte, Entwicklung* récent(e)
Jünger(in) <-s, -> *m(f)* disciple *mf*
Jüngere(r) *f(m) dekl wie Adj* ❶ *(relativ junger Mensch)* personne *f* plus jeune; **die ~n unter Ihnen** les plus jeunes d'entre vous
❷ *(Junior)* **Holbein der ~** Holbein le jeune
Jungfer ['jʊŋfɐ] <-, -n> *f pej* **eine alte ~** une vieille fille *(péj)*
Jungfernfahrt *f* première traversée *f* **Jungfernflug** *m* premier vol *m* **Jungfernhäutchen** [-hɔɪtçən] *nt* ANAT hymen *m* **Jungferninseln** *Pl* **die ~** les îles *fpl* Vierges **Jungfernrede** *f* premier discours *m* **Jungfernzeugung** *f* BIO parthénogenèse *f*
Jungfrau *f* ❶ *fille f*| vierge *f*; **[noch] ~ sein** être [encore] vierge; **die ~ Maria** la Vierge Marie; **die Heilige ~** la Sainte Vierge; **die ~ von Orléans** HIST la Pucelle d'Orléans
❷ ASTROL Vierge *f*; **[eine] ~ sein** être Vierge
▶ **zu etw kommen wie die ~ zum Kind** recevoir qc par l'opération du Saint-Esprit
jungfräulich ['jʊŋfrɔɪlɪç] *Adj a. fig geh* vierge
Jungfräulichkeit <-> *f* ❶ virginité *f*; **die ~ verlieren** perdre sa virginité
❷ *fig der Bergwelt* sauvagerie *f*
Junggeselle *m*, **-gesellin** *f* célibataire *mf*; **eingefleischter ~/eingefleischte Junggesellin** célibataire *mf* endurci(e)

Junggesellenbude *f fam* garçonnière *f* **Junggesellendasein** *nt*, **Junggesellenleben** *nt* vie *f* de célibataire **Junggesellenwohnung** *f* appartement *m* de célibataire **Junggesellenzeit** *f* vie *f* de célibataire; **in meiner ~** quand j'étais célibataire
Jüngling ['jʏŋlɪŋ] <-s, -e> *m geh* éphèbe *m* (littér)
Jungsozialist(in) *m(f)* membre de l'organisation des jeunes du SPD
jüngst [jʏŋst] *Adv geh* dernièrement, tout récemment
jüngste(r, s) *Adj* ❶ *Superl von* **jung**
❷ *(nicht lange zurückliegend)* **in ~r Zeit** dernièrement; **aus ~r Vergangenheit** d'un passé très récent
❸ *(neueste) Werk* tout(e) dernier(-ière)
▶ [auch] **nicht mehr der/die Jüngste sein** ne plus être [non plus] tout(e) jeune
Jungsteinzeit *f* néolithique *m*. **Jungtier** *nt* jeune *m*; *(Löwenjunges)* lionceau *m*; **Ochsen werden als ~ geschlachtet** les bœufs sont abattus jeunes **Jungunternehmer(in)** *m(f)* jeune entrepreneur(-euse) *m(f)* **jungverheiratet** *Adj* fraîchement marié(e) **Jungverheiratete(r)** *f(m) dekl wie Adj*, **Jungvermählte(r)** *f(m) dekl wie Adj geh* jeune marié(e) *m(f)*; **die ~n** les jeunes mariés **Jungvieh** *nt* jeune bétail *m* **Jungwähler(in)** *m(f)* jeune électeur(-trice) *m(f)*
Juni ['juːni] <-[s], -s> *m* juin *m*; *s. a.* April
Junikäfer *m* ZOOL hanneton *m* de la Saint-Jean
junior ['juːnioːɐ, juːˈnioːɐ] *Adj* **Hans Müller ~** Hans Müller junior
Junior <-s, -en> *m* ❶ *(Juniorchef)* chef *m* junior
❷ *fam (Sohn)* fiston *m (fam)*
❸ *Pl (Sportler)* juniors *mpl*
Juniorchef(in) *m(f)* fils *m*/fille *f* du chef
Juniorin <-, -nen> *f* ❶ *(Juniorchefin)* fille *f* du chef
❷ *Pl (Sportlerin)* junior *f*
Juniorpartner(in) *m(f)* jeune associé(e) *m(f)* **Juniorpass**ᴿᴿ *m* carte *f* jeunes
Junker ['jʊŋkɐ] <-s, -> *m* HIST junker *m*
Junkfood ['dʒaŋkfuːd] <-s> *nt* malbouffe *f (fam)*
Junkie ['dʒaŋki] <-s, -s> *m sl* junkie *mf (fam)*
Junktim ['jʊŋktɪm] <-s, -s> *nt geh* non-disjonction *f*, interdépendance *f*; **zwischen diesen beiden Gesetzesvorlagen besteht ein ~** ces deux projets de loi ne peuvent être qu'acceptés ou rejetés en bloc; **zwei Verträge in einem ~ verbinden** lier deux contrats de façon qu'ils ne peuvent être qu'acceptés ou rejetés en bloc
Juno ['juːno] <-s, -s> *m bes.* COM juin *m*
Junta ['xʊnta, 'jʊnta] <-, Junten> *f* junte *f*
Jupe [ʒyːp] <-s, -s> *m* CH *s.* Rock
Jupiter ['juːpitɐ] <-s> *m* [la planète] Jupiter *m*
jur. *Adj Abk von* **juristisch**
Jura[1] ['juːra] <-s> *m* GEOL jurassique *m*
Jura[2] <-s> *m* ❶ *(Gebirge)* Jura *m*
❷ *(Kanton)* canton *m* du Jura
Jura[3] *kein Art (Rechtswissenschaft)* droit *m*; **~ studieren** faire des études de droit
Jurastudium *nt* études *fpl* de droit
Jurisdiktion [juːrɪsdɪk'tsioːn] <-, *selten* -en> *f geh* juridiction *f*
Jurisprudenz [juːrɪspru'dɛnts] <-> *f geh* droit *m*
Jurist(in) [juˈrɪst] <-en, -en> *m(f)* juriste *m*
❷ *fam (Jurastudent)* étudiant(e) *m(f)* en droit
Juristendeutsch *nt*, **Juristensprache** *f* jargon *m* des juristes
juristisch [juˈrɪstɪʃ] I. *Adj Fakultät, Studium* de droit; *Ausbildung, Klausur* en droit; *Problem, Frage* juridique
II. *Adv* **betrachten, denken** d'un point de vue juridique
Juror ['juːroːɐ] <-s, Juroren> *m*, **Jurorin** *f meist Pl* membre *m* du jury
Jury [ʒyˈriː, 'ʒyːri, 'dʒuːri] <-, -s> *f* jury *m*
Jus[1] [juːs] *nt* A droit *m*
Jus[2] [ʒy] <-> *f o m o nt* CH jus *m* de fruit
Juso ['juːzo] <-s, -s> *m*, <-, -s> *f Abk von* **Jungsozialist(in)** membre de l'organisation des jeunes du SPD
just [jʊst] *Adv veraltet* ❶ *(genau)* exactement; **~ in diesem Moment** juste à ce moment
❷ *(ausgerechnet)* **sie wollte ~ die roten Schuhe** elle voulait précisément les chaussures rouges
justieren* *tr V* régler *Waage*; mettre au point *Teleskop, Mikroskop*; **sein Gewehr ~** ajuster le tir
Justierung <-, -en> *f* ❶ *(das Justieren) einer Waage* réglage *m*; *eines Teleskops, Mikroskops* mise *f* au point
❷ *(Einstellmechanismus)* dispositif *m* de réglage
Justitia [jʊsˈtiːtsia] <-> *f* la Justice
Justitiar(in) [jʊstiˈtsiaːɐ] *s.* **Justiziar(in)**
Justiz [jʊsˈtiːts] <-> *f* justice *f*
Justizbehörde *f* justice *f* **Justizgebäude** *nt* palais *m* de justice **Justiziar(in)**ᴿᴿ [jʊstiˈtsiaːɐ] <-s, -e> *m(f)* conseiller(-ère) *m(f)* juridique
Justizirrtum *m* erreur *f* judiciaire **Justizminister(in)** *m(f)*

ministre *mf* de la Justice; *(in Frankreich)* garde *m* des Sceaux **Justizministerium** *nt* ministère *m* de la Justice **Justizmord** *m* meurtre *m* judiciaire **Justizvollzugsanstalt** *f form* établissement *m* pénitentiaire, maison *f* d'arrêt
Jute ['juːtə] <-> *f* jute *m*
Juwel[1] [ju'veːl] <-s, -en> *m o nt (Edelstein, Schmuck)* joyau *m*
Juwel[2] <-s, -e> *nt (Mensch)* perle *f*
Juwelier(in) [juve'liːɐ] <-s, -e> *m(f)* bijoutier(-ière) *m(f)*
Juweliergeschäft *nt* bijouterie *f*
Jux [jʊks] <-es, -e> *m fam* blague *f (fam)*; **etw aus ~ tun** faire qc pour rigoler *(fam)*; **auf einen ~ reinfallen** se faire avoir *(fam)*; **das war doch nur ~!** [mais] c'était pour de rire! *(fam)*
▶ **aus** [lauter] **~ und Tollerei** *fam* pour rigoler *(fam)*
juxen *itr V fam* blaguer *(fam)*
jwd [jɔtve'deː] *Adv hum fam Abk von* **ganz weit draußen** à perpète *(fam)*

K k

K, k [kaː] <-, -> *nt* K *m*/k *m*
▶ **K wie Kaufmann** k comme Kléber
Kabarett [kaba'rɛt, kaba'reː] <-s, -e *o* -s> *nt* ❶ *kein Pl (Kleinkunst)* spectacle *m* satirique
❷ *(Kleinkunstbühne)* café-théâtre *m*
❸ *(Ensemble)* troupe *f* de chansonniers
Kabarettist(in) [kabaɾɛ'tɪst] <-en, -en> *m(f)* chansonnier(-ière) *m(f)*
kabarettistisch *Adj Darbietung, Einlage* de chansonnier
kabbeln ['kabəln] *r V fam* **sich ~** se chamailler *(fam)*
Kabel ['kaːbəl] <-s, -> *nt* câble *m*
Kabelanschluss[RR] *m* accès *m* au réseau câblé; [einen] **~ haben** *Person:* avoir le câble, être câblé(e) **Kabelfernsehen** *nt* télévision *f* par câbles; **das ~** le câble
Kabeljau ['kaːbəljaʊ] <-s, -e *o* -s> *m* cabillaud *m*
Kabelkanal *m* chaîne *f* câblée **Kabelleger** <-s, -> *m* [navire *m*] mouilleur *m* de câbles **Kabelmantel** *m* ELEC gaine *f* de câble **Kabelnetz** *nt* réseau *m* câblé **Kabelrolle** *f* enrouleur *m* de câble
Kabelschuh *m* ELEC cosse *f* de câble **Kabeltrommel** *f* enrouleur *m* de câble
Kabine [ka'biːnə] <-, -n> *f* cabine *f*
Kabinenkoffer *m (Schrankkoffer)* malle-cabine *f* **Kabinenroller** *m* AUT scooter *m* [couvert]
Kabinett[1] [kabi'nɛt] <-s, -e> *nt* ❶ POL gouvernement *m*
❷ KUNST cabinet *m* [d'objets d'art]
Kabinett[2] <-s, -e> *m (Wein)* ≈ cru *m* classé
Kabinettsbeschluss[RR] *m* décret *m* du gouvernement **Kabinettskrise** *f* crise *f* ministérielle **Kabinettsmitglied** *nt* membre *m* du gouvernement **Kabinettssitzung** *f* séance *f* du conseil des ministres
Kabinettstück *nt* coup *m* de maître
Kabinettwein *m* ≈ cru *m* classé
Kabis ['kaːbɪs] <-> *m* CH chou *m*
Kabrio ['kaːbrio] <-[s], -s> *nt* cabriolet *m*; **ein ~ fahren** rouler en décapotable
Kabriolett ['kaːbriole, kabrio'leː, kabrio'lɛt] A, SDEUTSCH *s.* **Kabrio**
Kabuff [ka'bʊf] <-s, -e *o* -s> *nt fam* cagibi *m*
Kachel ['kaxəl] <-, -n> *f* carreau *m* de faïence
kacheln *tr V* carreler
Kachelofen *m* poêle *m* en faïence
Kachexie [kaxɛ'ksiː] <-, -n> *f* MED cachexie *f*
Kacke ['kakə] <-> *f* ❶ *sl (menschliche Exkremente)* merde *f (pop)*
❷ *sl (Hundekot)* merde *f* de chien *(pop)*; **in einen Haufen ~ treten** marcher dans une merde *(pop)*
▶ **dann ist die ~ am Dampfen** *sl* ça va chier *(pop)*
kacken *itr V sl Person, Tier:* chier *(pop)*; **überall ~ die Hunde auf die Bürgersteige** les chiens chient partout sur les trottoirs *(pop)*
Kacker <-s, -> *m pej sl* enfoiré *m (vulg)*
Kadaver [ka'daːvɐ] <-s, -> *m* cadavre *m* d'animal
Kadavergehorsam [-vɐ-] *m pej* obéissance *f* aveugle
Kadenz [ka'dɛnts] <-, -en> *f* MUS cadence *f*
Kader ['kaːdɐ] <-s, -> *m* ❶ MIL cadre *m* militaire *souvent pl*
❷ SPORT sélection *f*
❸ *(Spezialistentruppe)* encadrement *m*
❹ *(Angehöriger einer Spezialistentruppe)* cadre *m*
Kadett [ka'dɛt] <-en, -en> *m* élève *m* officier
Kadi ['kaːdi] <-s, -s> *m* cadi *m*
▶ **jdn vor den ~ bringen** *fam* tirer qn devant le tribunal *(fam)*
Kadmium ['katmiʊm] <-s> *nt* CHEM cadmium *m*; **~ ist ein Schwermetall** le cadmium est un métal lourd
Käfer ['kɛːfɐ] <-s, -> *m* coléoptère *m*
Kaff [kaf] <-s, -s *o* -e> *nt pej fam* trou *m (péj fam)*
Kaffee ['kafe, ka'feː] <-s, -s> *m (Getränk)* café *m*; **~ kochen** [*o* **machen**] faire du café; **~ trinken** prendre le café; **ein starker ~** un café serré; **schwarzer ~** café noir; *(im Lokal, auf Getränkekarten)* petit noir *m (fam)*; **den/seinen ~ schwarz trinken** boire son café noir; **~ mit Milch** café au lait; *(im Lokal, auf Getränkekarten)* [café *m*] crème *m*; **willst du den ~ mit Milch oder ohne?** veux-tu ton café avec ou sans lait?; **~ und Kuchen** tasse de café prise l'après-midi, accompagnée de pâtisseries
❷ *(Kaffeebohnen)* café *m* [en grain]
❸ *(Kaffeepulver)* café [moulu]
❹ *kein Pl (Kaffeemahlzeit)* caféier *m*
▶ **das ist kalter ~** *pej fam* c'est du réchauffé *(fam)*

Land und Leute

En Allemagne, Autriche et Suisse germanophone, il est courant de ne pas seulement boire le café l'après-midi, mais de manger également des gâteaux. Comme on invite les amis à l'apéritif en France, on les invite en Allemagne **zum Kaffee**.

Kaffeeautomat ['kafeː-, ka'feː-] *m* distributeur *m* [automatique] de café **Kaffeebaum** *m* caféier *m* **Kaffeebohne** *f* grain *m* de café **kaffeebraun** *Adj* couleur café **Kaffeeersatz**[RR] *m* succédané *m* de café **Kaffeeextrakt**[RR] *m* café *m* soluble **Kaffeefahrt** *f* excursion proposée par une agence de voyages, au cours de laquelle sont organisées des ventes de divers produits **Kaffeefilter** *m* ❶ *(Vorrichtung)* filtre *m* à café ❷ *fam (Papierfilter)* filtre *m* [à café] **Kaffeegeschirr** *s.* **Kaffeeservice** **Kaffeehaus** [ka'feː-] *nt* A salon *m* de thé

Land und Leute

Dans un **Kaffeehaus** viennois, on peut consommer par exemple un petit *Braunen*, c'est-à-dire un café express avec du lait ou un *Melange* – un café crème.

Kaffeekanne *f* cafetière *f* **Kaffeeklatsch** *m kein Pl fam* **sich zum ~ treffen** se retrouver pour papoter devant une tasse de café; **das können wir beim ~ besprechen** on pourra en parler en prenant le café **Kaffeekränzchen** [-krɛntsçən] *nt fam* ❶ *(Treffen)* **sich zum ~ treffen** se retrouver pour bavarder devant une tasse de café ❷ *(Personen)* petit cercle d'amies qui se réunit pour bavarder devant une tasse de café **Kaffeelöffel** *m* cuillère *f* à café **Kaffeemaschine** *f* cafetière *f* [électrique] **Kaffeemühle** *f* moulin *m* à café **Kaffeepause** *f* pause *f* café; [eine] **~ machen** faire une pause café **Kaffeeplantage** *f* plantation *f* de café, caféière *f* **Kaffeesahne** *f* crème légère fluide que l'on met dans le café à la place du lait **Kaffeesatz** *m* marc *m* de café; **aus dem ~ lesen** lire l'avenir dans le marc de café **Kaffeeservice** [-zɛrviːs] *nt* service *m* à café **Kaffeestrauch** *s.* **Kaffeebaum** **Kaffeetante** *f fam* **eine ~ sein** adorer le café **Kaffeetasse** *f* tasse *f* à café **Kaffeewärmer** <-s, -> *m* couvre-cafetière *f* **Kaffeewasser** *nt* eau *f* pour le café; **~ aufsetzen** faire chauffer de l'eau pour le café
Käfig ['kɛːfɪç] <-s, -e> *m* cage *f*; **faradayscher ~** cage de Faraday
▶ **im goldenen ~ sitzen** être dans une prison dorée
Käfighaltung *f* élevage *m* en batterie
Kaftan ['kaftan] <-s, -e> *m* caf[e]tan *m*
kahl [kaːl] *Adj* ❶ *Person, Kopf, Schädel* chauve; **~ scheren** tondre; **~ geschoren** rasé(e); **er ist völlig ~ geschoren** il a la boule à zéro *(fam)*
❷ *(leer) Wand, Zimmer* nu(e)
❸ *(ohne Blätter) Pflanze, Baum* dénudé(e)
❹ *(vegetationslos) Landschaft, Berge* désertique
Kahlfraß *m* dévastation due aux insectes
kahlgeschoren *s.* **kahl**
Kahlheit <-> *f* ❶ *(natürliche Kahlköpfigkeit)* calvitie *f*; *(Kahlköpfigkeit aufgrund einer Rasur)* crâne *m* rasé
❷ *(Blattlosigkeit)* nudité *f*; **die ~ der Bäume wirkt deprimierend** c'est déprimant, les arbres sans feuilles
❸ *(fehlende Vegetation)* désertification *f*

Kahlkopf *m* ❶ *(Kopf)* crâne *m* chauve ❷ *fam (Mensch)* homme *m* chauve
kahlköpfig ['kaːlkœpfɪç] *Adj* chauve
Kahlköpfigkeit <-> *f* calvitie *f*
kahl|scheren *s*. **kahl** ❶
Kahlschlag *m* ❶ *(abgeholzte Fläche)* surface *f* déboisée ❷ *kein Pl (das Abholzen)* déboisement *m*
Kahn [kaːn, *Pl:* 'kɛːnə] <-[e]s, **Kähne**> *m* ❶ barque *f*; *(Schleppkahn)* péniche *f*; *fam (altes Schiff)* [vieux] rafiot *m (fam);* **mit dem ~ fahren** faire de la barque ❷ *Pl (große Schuhe)* godillots *mpl (fam)*
Kahnfahrt *f* promenade *f* en barque [*o* canot]
Kai [kaɪ] <-s, -e *o* -s> *m* quai *m;* **am ~ festmachen** amarrer à quai
Kaiman ['kaɪman] <-s, -e> *m* caïman *m*
Kaimauer *f* mur *m* du quai
Kain [kaɪn] <-s> *m* BIBL Caïn *m*
Kainsmal *nt* stigmates *mpl*
Kairo ['kaɪro] <-s> *nt* le Caire; **in ~ wohnen** habiter au Caire
Kaiser(in) ['kaɪzɐ] <-s, -> *m(f)* empereur *m*/impératrice *f*; **jdn zum ~/zur ~in krönen** sacrer qn empereur/impératrice ▶ **sich um des ~s Bart streiten** discuter sur le sexe des anges; **das ist ein Streit um des ~s Bart** c'est une querelle d'Allemand *(vieilli);* **..., dann bin ich der ~ von China** ..., alors moi, je suis le pape; **gebt dem ~, was des ~s ist** rendez à César ce qui est à César
Kaiseradler *m* ZOOL aigle *m* royal **Kaiserkrone** *f* couronne *f* impériale
kaiserlich I. *Adj* impérial(e) II. *Adv* **~ gesinnt** impérialiste
Kaiserpfalz *f* résidence *f* impériale **Kaiserreich** *nt* empire *m* **Kaiserschmarr[e]n** *m* A crêpes déchirées en morceaux auxquels on ajoute des raisins secs et que l'on saupoudre de sucre **Kaiserschnitt** *m* césarienne *f;* **durch einen ~ zur Welt kommen** être né(e) par césarienne
Kaisertum <-[e]s, -tümer> *nt* empire *m*
Kajak ['kaːjak] <-s, -s> *m o nt* kayak *m;* **~ fahren** faire du kayak
Kajalstift *m* crayon *m* khôl
Kajüte [ka'jyːtə] <-, -n> *f* cabine *f*
Kakadu ['kakadu] <-s, -s> *m* cacatoès *m*
Kakao [ka'kaʊ, ka'kaːo] <-s, -s> *m* ❶ *(Getränk, Pulver)* cacao *m;* **~ kochen** faire un cacao ❷ BOT cacaoyer *m* ▶ **jdn durch den ~ ziehen** *fam* se foutre [gentiment] de la gueule de qn *(fam)*
Kakaobaum [ka'kaʊ-] *m* BOT cacaoyer *m* **Kakaobohne** *f* fève *f* de cacao **Kakaobutter** *f* beurre *m* de cacao **Kakaopulver** [-fɐ, -vɐ] *nt* poudre *f* de cacao
Kakerlake <-, -n> *f* cafard *m*
Kaktee [kak'teːə] <-, -n> *f*, **Kaktus** ['kaktʊs, *Pl:* kak'teːən] <-, Kakteen *o fam* -se> *m* cactus *m*
Kaktusfeige *f* figue *f* de Barbarie
Kalamität [kalami'tɛːt] <-, -en> *f meist Pl* ennuis *mpl;* **jdn in ~en bringen** attirer des ennuis à qn; **in ~en kommen** s'attirer de gros ennuis
Kalaschnikow [ka'laʃnikɔf] <-, -s> *f* kalachnikov *f*
Kalauer ['kaːlaʊɐ] <-s, -> *m (Witz)* vieille blague *f* usée; *(Wortspiel)* calembour *m*
Kalb [kalp, *Pl:* 'kɛlbɐ] <-[e]s, Kälber> *nt* ❶ *(junges Rind)* veau *m* ❷ *(Jungtier)* petit *m; des Rotwilds* faon *m; eines Elefanten* éléphanteau *m* ❸ *(Kalbfleisch)* [viande *f* de] veau *m* ▶ **das Goldene ~** BIBL le veau d'or
kalben ['kalbən] *itr V* ❶ vêler ❷ GEOG **ein Eisberg kalbt** des pans de glace se détachent d'un iceberg
Kalbfleisch *nt* [viande *f* de] veau *m*
Kalbsbraten *m* rôti *m* de veau **Kalbsfrikassee** *nt* GASTR fricassée *f* de veau **Kalbshachse** [-ks-] *f*, **Kalbshaxe** *f* SDEUTSCH jarret *m* de veau **Kalbsleder** *nt* [cuir *m* de] veau *m* **Kalbsnuss**[RR] *f* GASTR noix *f* de veau **Kalbsschnitzel** *nt* escalope *f* de veau **Kalbsstelze** <-, -n> *f* A jarret *m* de veau
Kaleidoskop [kalaɪdɔ'skoːp] <-s, -e> *nt* kaléidoscope *m*
kalendarisch [kalɛn'daːrɪʃ] *Adj* calendaire
Kalender [ka'lɛndɐ] <-s, -> *m (Wandkalender)* calendrier *m* [mural]; *(Abreißkalender)* éphéméride *f; (Taschenkalender, Terminkalender)* agenda *m;* **der gregorianische/julianische ~** le calendrier grégorien/julien
Kalenderjahr *nt* année *f* civile; **in diesem** [*o* **im laufenden**] **~** dans le courant de cette année **Kalenderwoche** *f* semaine *f* calendaire
Kalesche [ka'lɛʃə] <-, -n> *f* calèche *f*
Kali ['kaːli] <-s, -s> *nt* CHEM potasse *f;* **~ ist wasserlöslich** la potasse est soluble dans l'eau

Kaliber [ka'liːbɐ] <-s, -> *nt* ❶ TECH calibre *m* ❷ *pej fam (Sorte)* **ihr seid alle vom gleichen ~!** vous êtes tous/toutes du même tonneau! *(fam)* ❸ *(Format, Können)* **eine Frau dieses ~s** [*o* **von diesem ~**] une femme de cette classe
Kalidünger *m* CHEM engrais *m* potassique
Kalif [ka'liːf] <-en, -en> *m* calife *m*
Kalifat [kali'faːt] <-[e]s, -e> *nt* califat *m*
Kalifornien [kali'fɔrniən] <-s> *nt* la Californie
Kalilauge *f* CHEM solution *f* de potasse
Kalium ['kaːliʊm] <-s> *nt* CHEM potassium *m;* **~ ist ein chemisches Element** le potassium est un élément chimique
Kaliumpermanganat ['kaːliʊmpɛrmaŋgaˌnaːt] *nt* CHEM permanganate *m* de potassium
Kalk [kalk] <-[e]s, -e> *m* ❶ *(Baumaterial)* chaux *f;* **gebrannter/gelöschter ~** chaux vive/éteinte ❷ *(Kalziumkarbonat)* calcaire *m* ❸ *(Kalzium)* calcium *m*
Kalkablagerung *f* MED calcification *f;* **den Wasserkessel von seinen ~en befreien** enlever le tartre de la bouilloire **Kalkboden** *m* sol *m* calcaire
kalken *tr V* ❶ *(streichen)* blanchir à la chaux; **etw ~** blanchir qc à la chaux ❷ *(düngen)* chauler
kalkhaltig *Adj* calcaire
Kalkmangel *m* ❶ MED manque *m* de calcium; **an ~ leiden** souffrir d'un manque de calcium ❷ *(zu geringer Kalkgehalt des Bodens)* manque *m* de calcaire **Kalkofen** *m* TECH chaufour *m* **Kalksandstein** *m kein Pl* GEOL grès *m* calcaire **Kalkstein** *m* pierre *f* à chaux
Kalkül [kal'kyːl] <-s, -e> *m o nt* calcul *m;* **etw** [mit] **ins ~ ziehen** prendre qc en compte; **ins ~ ziehen, dass** prendre en compte le fait que + *indic;* **sein ~ ging nicht auf** son plan n'a pas marché
Kalkulation [kalkula'tsioːn] <-, -en> *f* ❶ COM calcul *m* des coûts ❷ *(Schätzung)* estimation *f;* **nach meiner ~** d'après mon estimation
Kalkulationstabelle *f* tableau *m* de calcul
kalkulierbar [kalkuˈliːɐbaːɐ̯] *Adj* prévisible
kalkulieren* I. *itr V* ❶ COM faire une estimation des coûts; **genau/vorsichtig ~** faire une estimation précise/prudente des coûts ❷ *(schätzen)* **~, dass** calculer [que + *indic*]; **wenn wir richtig kalkuliert haben** si nos calculs sont exacts II. *tr V* calculer *Gewinnspanne, Kosten, Preis;* estimer [le coût de] *Projekt*
Kalligrafie[RR], **Kalligraphie** [kaligra'fiː] <-> *f* calligraphie *f*
Kalorie [kalo'riː, *Pl:* kalo'riːən] <-, -n> *f* calorie *f*
kalorienarm I. *Adj* peu calorique; **Joghurt ist kalorienärmer als Käse** le yaourt est moins calorique que le fromage II. *Adv* **~ essen** avoir une alimentation pauvre en calories **Kalorienbombe** *f fam* gourmandise *f* hypercalorique *(fam)* **Kaloriengehalt** *m* valeur *f* énergétique **kalorienreich** I. *Adj* calorique II. *Adv* **~ essen** avoir une alimentation riche en calories
kalt [kalt] <kälter, kälteste> I. *Adj a. fig* froid(e); **ganz ~e Hände/Füße haben** avoir les mains glacées/pieds glacés; **ihr ist/wird ~** elle a/commence à avoir froid; **etwas Kaltes trinken** boire quelque chose de frais; **im Kalten sitzen** être assis(e) dans le froid; **jdn überläuft es ~** qn [en] a des frissons dans le dos; **mich überläuft es noch nachträglich ~** j'en ai encore froid dans le dos II. *Adv* ❶ **~ duschen, sich ~ waschen** à l'eau froide; *schlafen* dans une pièce non chauffée; **~ essen** manger froid; **etw ~ stellen** mettre qc au frais ❷ *(ohne Nebenkosten)* **tausend Euro ~ bezahlen/kosten** payer/coûter mille euros sans les charges ▶ **jdn ~ erwischen** *fam* cueillir qn à froid
kalt|bleiben *itr V unreg + sein fig (ruhig bleiben) Person:* rester de marbre
Kaltblut *nt kein Pl* cheval *m* lourd
Kaltblüter [-blyːtɐ] <-s, -> *m* animal *m* à sang froid
kaltblütig [-blyːtɪç] I. *Adj* ❶ *(unerschrocken)* qui garde son sang-froid; **durch ihr ~es Eingreifen hat sie verhindert, dass** en gardant son sang-froid au moment d'agir, elle a évité que + *subj* ❷ *(skrupellos) Person* qui agit de sang-froid; *Tat, Verbrechen* commis(e) de sang-froid II. *Adv* ❶ *(unerschrocken)* avec sang-froid ❷ *(skrupellos)* froidement
Kaltblütigkeit <-> *f* sang-froid *m;* **dieser Mord wurde mit besonderer ~ begangen** ce meurtre a été commis avec un sang-froid particulier
Kälte ['kɛltə] <-> *f* ❶ *(niedrige Temperatur)* froid *m; der Luft, des Wassers* froideur *f; des Windes* fraîcheur *f;* **vor ~ zittern** trembler de froid; **arktische** [*o* **sibirische**] **~** froid arctique [*o* sibérien]; **der Wind ist von einer eisigen ~** le vent est glacial ❷ *(Kältewelle)* vague *f* de froid

kältebeständig *Adj* TECH résistant au froid *inv* **Kältebrücke** *f* CONSTR pont *m* thermique **Kälteeinbruch** *m* coup *m* de froid **kälteempfindlich** *Adj* sensible au froid **Kältegrad** *m* ❶ *(Grad der Kälte)* degré *m* ❷ *fam (Minusgrad)* degré *m* en dessous de zéro; **bei diesen ~en** par ces températures en dessous de zéro **Kältemaschine** *f* TECH machine *f* frigorifique **Kälteperiode** *f* période *f* de froid **Kältetechnik** *f* technique *f* de réfrigération **Kältewelle** *f* vague *f* de froid
Kaltfront *f* METEO front *m* froid
kaltgepresstᴿᴿ, *Adj* pressé(e) à froid
kaltherzig I. *Adj* sans cœur
 II. *Adv* froidement
kalt|lassen *tr V unreg* **das lässt mich kalt** ça me laisse froid(e)
Kaltleim *m* colle *f* à froid **Kaltluft** *f* masse *f* d'air froid
Kaltluftfront *f* METEO front *m* d'air froid
kalt|machen *tr V fig sl (töten)* jdn ~ refroidir qn *(fam)* **Kaltmiete** *f* loyer *m* sans [les] charges **Kaltschale** *f* soupe *f* de fruits
kaltschnäuzig ['kaltʃnɔɪtsɪç] *fam* I. *Adj* culotté(e)·
 II. *Adv* **etw ~ tun** avoir le culot de faire qc *(fam)*; **wie kann man nur so ~ lügen?** mentir avec un tel culot, ça alors! *(fam)*
Kaltschnäuzigkeit *f fam* culot *m (fam)*
Kaltstart *m* démarrage *m* à froid **kalt|stellen** *tr V fam (aus dem Weg schaffen)* jdn ~ mettre qn au placard *(fam)*
Kalvinismus [kalviˈnɪsmʊs] <-> *m* calvinisme *m*
Kalvinist(in) [kalviˈnɪst] <-en, -en> *m(f)* calviniste *mf*
kalvinistisch [-viˈnɪstɪʃ] *Adj* calviniste
Kalzium [ˈkaltsiʊm] <-s> *nt* CHEM calcium *m*; **~ ist ein chemisches Element** le calcium est un élément chimique
kam [kaːm] *Imp von* **kommen**
Kambium [ˈkambiʊm] <-s, Kambien> *nt* BOT cambium *m*
Kambodscha [kamˈbɔdʒa] <-s> *nt* le Cambodge
Kambodschaner(in) [kambɔˈdʒaːne] <-s, -> *m(f)* Cambodgien(ne) *m(f)*
kambodschanisch *Adj* cambodgien(ne)
Kambrium [ˈkambriʊm] <-s> *nt* GEOL cambrien *m*
Kamcorder *s.* **Camcorder**
Kamee [kaˈmeːa] <-, -n> *f* camée *m*
Kamel [kaˈmeːl] <-[e]s, -e> *nt* ❶ chameau *m; (Kamelstute)* chamelle *f*; **auf einem ~ reiten** aller à dos de chameau
 ❷ *pej fam (Dummkopf)* andouille *f (fam)*; **du ~!** espèce d'andouille!
Kamelhaar *nt kein Pl* poil *m* de chameau
Kamelhaarmantel *m* manteau *m* en poil de chameau
Kamelie [kaˈmeːliə] <-, -n> *f* camélia *m*
Kamellen *Pl* ▸ **das sind alte** [*o* **olle**] **~** *fam* c'est archiconnu *(fam)*
Kameltreiber(in) *m(f)* chamelier *m*
Kamera [ˈkaməra] <-, -s> *f* ❶ *(Filmkamera)* caméra *f*; **vor laufender ~** devant la caméra; **vor der ~ stehen** être devant la caméra
 ❷ *(Fotoapparat)* appareil *m* photo
Kamerad(in) [kaməˈraːt] <-en, -en> *m(f)* camarade *mf*; **ein guter ~ sein** être un bon camarade
Kameradschaft <-, -en> *f* camaraderie *f*; **aus ~** par camaraderie
kameradschaftlich I. *Adj Verhältnis, Beziehung* de bonne camaraderie; *Zusammenleben* en [bons] camarades; *Geist* de camaraderie; **das war nicht sehr ~ von ihm** il ne s'est pas vraiment comporté en bon camarade
 II. *Adv* **zusammenleben** en [bons] camarades
Kameradschaftsgeist *m* esprit *m* de camaraderie
Kamerafahrt *f* travelling *m* **Kamerafrau** *f* cadreuse *f* **Kameraführung** *f* CINE, TV cadrage *m* **Kameramann** <-männer> *m* cadreur *m*, cameraman *m* **kamerascheu** *Adj* qui n'aime pas les caméras; **~ sein** ne pas aimer les caméras **Kamerateam** *nt* CINE, TV équipe *f* de tournage
Kamerun [ˈkaməruːn] <-s> *nt* le Cameroun
Kameruner(in) <-s, -> *m(f)* Camerounais(e) *m(f)*
kamerunisch *Adj* camerounais(e)
Kamikaze [kamiˈkaːtsə] <-, -> *m*, **Kamikazeflieger** <-s, -> *m* kamikaze *m*
Kamille [kaˈmɪlə] <-, -n> *f* camomille *f*
Kamillenblüte *f* fleur *f* de camomille **Kamillentee** *m* [infusion *f* de] camomille *f*
Kamin [kaˈmiːn] <-s, -e> *m o* DIAL, CH *nt* cheminée *f*
Kaminfeger(in) <-s, -> *m(f)* ramoneur(-euse) *m(f)* **Kaminfeuer** *nt* feu *m* de cheminée; **ein ~ machen** faire du feu dans la cheminée; **am** [*o* **vor dem**] **~ sitzen** être assis(e) au coin du feu
Kamingespräch *nt* causerie *f* au coin du feu **Kaminkehrer** DIAL *s.* **Kaminfeger** **Kaminsims** *m o nt* chambranle *m* de [la] cheminée
Kamm [kam, *Pl:* ˈkɛmə] <-[e]s, Kämme> *m* ❶ peigne *m*
 ❷ ZOOL *von Hühnervögeln, Echsen, Sauriern* crête *f*
 ❸ *(Nackenstück)* bei einem Rind, Kalb, Lamm collier *m*
 ❹ *(Bergrücken, Wellenkamm)* crête *f*
 ▸ **alles/alle über einen ~ scheren** mettre tout/les mettre tous(toutes) dans le même sac; **ihm schwillt der ~** *fam (er wird übermütig)* il se croit tout permis *(fam); (er gerät in Wut)* la moutarde lui monte au nez *(fam)*
kämmen [ˈkɛmən] *tr V* coiffer; **sich ~** se coiffer; **die Haare glatt ~** lisser les cheveux avec un peigne; **sich** *(Dat)* **das Gras aus den Haaren ~** s'enlever l'herbe des cheveux [avec un peigne]
Kammer [ˈkamɐ] <-, -n> *f* ❶ chambre *f*
 ❷ PARL, JUR chambre *f*
 ❸ *(Berufsvertretung)* chambre *f* des métiers
 ❹ *(Herzkammer)* ventricule *m*
Kammerchor *m* chœur *m* de chambre **Kammerdiener(in)** *m(f)* HIST valet *m*/femme *f* de chambre
Kämmerer [ˈkɛmərə] <-s, -> *m* trésorier(-ière) *m(f)* municipal(e)
Kammerjäger(in) *m(f)* agent *m* préposé à la lutte antiparasitaire; **der ~ musste kommen** le service de lutte antiparasitaire a dû venir **Kammerkonzert** *nt* concert *m* de musique de chambre
Kämmerlein <-s, -> *nt Dim von* **Kammer** ❶ *poet* chambrette *f*
 ▸ **im stillen ~** au calme
Kammermusik *f* musique *f* de chambre **Kammerorchester** [-ˈɔrkɛstɐ, -ɔrˈçɛstɐ] *nt* orchestre *m* de [musique] de chambre **Kammersänger(in)** *m(f)* titre distinguant un chanteur/une chanteuse d'opéra exceptionnel **Kammerspiel** *nt* pièce *f* de théâtre intime **Kammerton** *m kein Pl* la *m* du diapason **Kammerzofe** *f* femme *f* de chambre
Kammgarn *nt* laine *f* peignée, peigné *m* **Kammmuschel**ᴿᴿ *f* ZOOL peigne *m*
Kampagne [kamˈpanjə] <-, -n> *f* campagne *f*; **eine ~ gegen jdn/etw führen** mener [une] campagne contre qn/qc
Kämpe [ˈkɛmpə] <-n, -n> *m hum* ▸ **alter ~** vétéran *m*
Kampf [kampf, *Pl:* ˈkɛmpfə] <-[e]s, Kämpfe> *m* ❶ MIL, SPORT combat *m*; **gegen jdn/etw in den ~ ziehen** partir en guerre contre qn/qc; **den ~ aufnehmen** se lancer dans la bataille; **die Kämpfe einstellen** cesser les combats; **im ~ fallen** tomber au champ d'honneur; **den ~ abbrechen** *Ringrichter:* interrompre le combat
 ❷ *(Schlägerei)* lutte *f*; **ein ~ auf Leben und Tod** un combat à mort
 ❸ *fig* lutte *f*; **~ für** [*o* **um**]/**gegen etw** lutte *f* pour/contre qc; **innerer ~** lutte intérieure; **der ~ ums Dasein** la lutte pour la vie; **der ~ der Geschlechter** le conflit entre les sexes; **den ~ aufnehmen** relever le défi
 ▸ **auf in den ~!** *hum fam* en avant, marche! *(fam)*
Kampfabschnitt *m* MIL zone *f* de combat **Kampfabstimmung** *f* vote *m* disputé **Kampfansage** *f* provocation *f*; **eine ~ an jdn/etw** une déclaration de guerre à qn/qc **Kampfbahn** *f* stade *m* **kampfbereit** *Adj* prêt(e) au combat; **sich ~ machen** se préparer au combat **Kampfbomber** *m* bombardier *m*
kämpfen [ˈkɛmpfən] I. *itr V* ❶ MIL, SPORT se battre; **für jdn/etw ~** se battre pour qn/qc; **gegen jdn ~** se battre contre qn; *Mannschaft, Tennisspieler:* jouer contre qn; **schwer zu ~ haben** devoir se battre énergiquement
 ❷ *fig* **für/gegen etw ~** lutter pour/contre qc; **mit sich ~** mener un combat intérieur; **mit etw zu ~ haben** devoir se battre avec qc
 II. *r V* **sich durch das Gestrüpp ~** se frayer un chemin à travers les fourrés; **sich durch das Dickicht der Paragraphen ~** essayer de s'y retrouver dans le paquet de paragraphes; **sich durch ein Buch ~** lire un livre avec peine
Kampfer [ˈkampfɐ] <-s> *m* camphre *m*
Kämpfer(in) <-s, -> *m(f)* ❶ *(Krieger)* guerrier(-ière) *m(f); (im Heer)* combattant(e) *m(f)*
 ❷ *(Kämpfernatur)* battant(e) *m(f)*; **ein [großer] ~/eine [große] ~in sein** être [très] combatif(-ive)
 ❸ *(engagierter Streiter)* **ein ~/eine ~in für den Umweltschutz** un/une défenseur de la protection de l'environnement
kämpferisch I. *Adj Person, Art, Natur* combatif(-ive); *Einsatz, Leistung, Qualitäten* au combat
 II. *Adv* **~ sehr stark sein** faire preuve de beaucoup de combativité
Kämpfernatur *f* nature *f* combative; **eine ~ sein** être une force de la nature
kampferprobt *Adj* MIL aguerri(e) **kampffähig** *Adj* SPORT **~ sein** être en état de combattre **Kampfflugzeug** *nt* avion *m* de combat **Kampfgas** *nt* gaz *m* de combat **Kampfgeist** *m kein Pl* esprit *m* combatif **Kampfgruppe** *f* unité *f* de combat **Kampfhandlungen** *Pl form* hostilités *fpl; (vereinzelte Kämpfe)* accrochage *m* **Kampfhubschrauber** *m* hélicoptère *m* de combat **Kampfhund** *m* chien *m* de combat **Kampfkraft** *f kein Pl* MIL puissance *f* militaire
kampflos *Adj, Adv* sans résistance
kampflustig *Adj* d'humeur batailleuse **Kampfmaßnahme** *f meist Pl* grève *f*; **mit ~n drohen** menacer de faire grève **Kampfmittel** *Pl* MIL moyens *mpl* de combat **Kampfpause** *f a.* MIL arrêt *m* momentané des hostilités **Kampfpreis** *m* prix *m* sacrifié **Kampfrichter(in)** *m(f)* juge-arbitre *mf* **Kampfsport** *m* sport *m* de combat *souvent pl* **Kampfstärke** *f* effectif *m* de combat

Kampfstoff *m euph* toxique *m* utilisé comme arme de guerre
Kampftechnik *f* technique *f* de combat **kampfunfähig** *Adj* SPORT, MIL *(unfähig, den Kampf aufzunehmen)* inapte au combat; *(nach einem Kampf)* mis(e) hors de combat; **jdn/etw ~ machen** mettre qn/qc hors de combat **Kampfverband** *m* MIL formation *f* de combat **Kampfwagen** *m* HIST char *m*

kampieren* *itr V (lagern, vorübergehend wohnen)* camper; **wild ~** faire du camping sauvage

Kanada ['kanada] <-s> *nt* le Canada
Kanadier [ka'na:diɐ] <-s, -> *m* ❶ *(Person)* Canadien *m* ❷ *(Boot)* canoë *m*
Kanadierin [ka'na:diərɪn] <-, -nen> *f* Canadienne *f*
kanadisch *Adj* canadien(ne)
Kanaille [ka'naljə] <-, -n> *f pej* canaille *f (péj)*
Kanake [ka'na:kə] <-n, -n> *m* ❶ GEOG Kanak(e) *m(f)* ❷ *pej fam (Schimpfwort)* basané(e) *m(f)*
Kanal [ka'na:l, *Pl:* ka'nɛ:lə] <-s, Kanäle> *m* ❶ *(Wasserstraße)* canal *m*
 ❷ *(Ärmelkanal) der* **~** la Manche
 ❸ *(Abwasserkanal)* égout *m*
 ❹ *(Frequenzbereich)* canal *m*
 ❺ *Pl (Weg)* voie *f;* **über dunkle Kanäle** par des voies détournées; **auf welchen Kanälen gelangten die Drogen ins Land?** quelle voie la drogue a-t-elle empruntée pour arriver dans le pays?
 ▸ **den ~ voll haben** *fam (betrunken sein)* être rond(e) *(fam); (es satthaben)* en avoir ras le bol *(fam)*
Kanalarbeiter(in) *m(f)* ❶ égoutier *m* ❷ POL *sl* agitateur(-trice) *m(f)* de l'ombre **Kanalbau** *m* canalisation *f* **Kanaldeckel** *m* plaque *f* d'égout **Kanalgebühr** *f* taxe *f* de raccordement à la canalisation **Kanalinseln** *Pl die* **~** les îles *fpl* anglo-normandes
Kanalisation [kanaliza'tsio:n] <-, -en> *f* égouts *mpl;* **etw in die ~ leiten** déverser qc dans les égouts
Kanalisationsnetz *nt* réseau *m* de canalisation **Kanalisationssystem** *nt* système *m* de canalisation
kanalisieren* *tr V* ❶ *a. fig* canaliser *Fluss, Gefühle, Bewegung* ❷ *(mit Kanalisation versehen)* **ein Dorf ~** doter un village d'un réseau de canalisations
Kanaltunnel *m der* **~** le tunnel sous la Manche
Kanapee [kana'pe:] <-s, -s> *nt* ❶ *veraltet (Sofa)* canapé *m* ❷ GASTR canapé *m*
Kanaren [ka'na:rən] *Pl die* **~** les Canaries *f*
Kanarienvogel [ka'na:riənfo:gəl] *m* canari *m*
kanarisch [ka'na:rɪʃ] *Adj* **die Kanarischen Inseln** les [îles *fpl*] Canaries *fpl*
Kandare [kan'da:rə] <-, -n> *f* mors *m*
 ▸ **jdn an die ~ nehmen** faire marcher qn à la baguette *(fam)*
Kandelaber <-s, -> *m* ❶ *(Kerzenständer)* candélabre *m* ❷ *(Straßenlaterne)* lampadaire *m*
Kandidat(in) [kandi'da:t] <-en, -en> *m(f)* candidat(e) *m(f);* **jdn als ~en für etw aufstellen** présenter qn comme candidat à qc
Kandidatenliste *f* liste *f* des candidats
Kandidatur [kandida'tu:ɐ] <-, -en> *f* candidature *f;* **seine ~ bekannt geben** annoncer sa candidature
kandidieren* *itr V* se porter candidat(e); **für etw ~** se porter candidat(e) à qc
kandiert [kan'di:ɐt] *Adj* confit(e)
Kandis ['kandɪs] <-> *m,* **Kandiszucker** *m* sucre *m* candi
Känguru[RR], **Känguruh**[ALT] <-s, -s> *nt* kangourou *m*
Kaninchen [ka'ni:nçən] <-s, -> *nt* lapin *m*
Kaninchenbau <-baue> *m* terrier *m* [de lapin] **Kaninchenstall** *m* clapier *m*
Kanister [ka'nɪstɐ] <-s, -> *m* ❶ *(Behälter)* bidon *m* ❷ *(Benzinkanister)* jerrican[e] *m*
kann [kan] *Präs von* **können**
Kannbestimmung[RR] *f* disposition *f* facultative
Kännchen ['kɛnçən] <-s, -> *nt* ❶ *Dim von* **Kanne** petit pot *m* ❷ *(Portion)* **ein ~ Kaffee/Tee** un grand café/thé
Kanne ['kanə] <-, -n> *f* ❶ *(Kaffeekanne)* cafetière *f; (Teekanne)* théière *f*
 ❷ *(Gießkanne)* arrosoir *m*
 ❸ *(Milchkanne)* bidon *m* de lait; *(klein)* pot *m* à lait
 ▸ **volle ~** *sl* à fond la caisse *(fam)*
Kannibale [kani'ba:lə] <-n, -n> *m,* **Kannibalin** *f* cannibale *mf*
Kannibalismus [kaniba'lɪsmʊs] <-> *m* cannibalisme *m*
kannte ['kantə] *Imp von* **kennen**
Kanon ['ka:nɔn] <-s, -s> *m (Musikstück, Richtschnur)* canon *m*
Kanonade [kano'na:də] <-, -n> *f* ❶ MIL canonnade *f*
 ❷ *fig* **eine [wahre] ~ von Beschimpfungen** un [véritable] feu roulant d'insultes
Kanone [ka'no:nə] <-, -n> *f* ❶ *(Geschütz)* canon *m*
 ❷ *sl (Pistole)* flingue *m (fam)*
 ▸ **mit ~n auf Spatzen schießen** *fam* ≈ tirer des moineaux avec un bazooka *(fam);* **etw ist unter aller ~** *fam* qc est [vraiment] en dessous de tout niveau
Kanonenboot *nt* canonnière *f* **Kanonendonner** *m* grondement *m* des canons **Kanonenfutter** *nt fam* chair *f* à canon **Kanonenkugel** *f* boulet *m* de canon **Kanonenofen** *m* poêle *m* cylindrique en fonte **Kanonenrohr** *nt* canon *m* **Kanonenschuss**[RR] *m* coup *m* de canon
Kanonier [kano'ni:ɐ] <-s, -e> *m* canonnier *m*
Kanoniker [ka'no:nikɐ] <-s, -> *m,* **Kanonikus** [ka'no:nikʊs] <-, Kanoniker> *m* chanoine *f*
kanonisch [ka'no:nɪʃ] *Adj* canonique
kanonisieren* *tr V* canoniser
Kanossa [ka'nɔsa] ▸ **nach ~ gehen** *geh* faire son mea-culpa
Kantate [kan'ta:tə] <-, -n> *f* cantate *f*
Kante ['kantə] <-, -n> *f* ❶ *(Ecke, Webkante)* bord *m;* **dieser Tisch hat scharfe ~n** cette table a des arêtes vives
 ❷ MATH arête *f*
 ▸ **etw auf der hohen ~ haben** *fam* avoir qc de côté; **etw auf die hohe ~ legen** *fam* mettre qc de côté
kanten ['kantən] *tr V* **etw ~** mettre qc sur l'arête
Kanten <-s, -> *m* NDEUTSCH croûton *m*
Kanthaken ['kantha:kən] ▸ **jdn beim ~ kriegen** *fam* attraper qn par la peau du cou **Kantholz** *nt* bois *m* équarri
kantig *Adj* ❶ *Holz, Felsblock* équarri(e)
 ❷ *(markant) Züge, Kinn, Gesicht* anguleux(-euse)
Kantine [kan'ti:nə] <-, -n> *f* cantine *f*
Kanton [kan'to:n] <-s, -e> *m* canton *m*

Land und Leute

La Suisse est divisée en 26 **Kantone**, dont six sont des demi-cantons. Les cantons élisent 46 représentants au *Ständerat*, Conseil des États, l'une des deux chambres législatives suisses. Les plus grands cantons sont: *Graubünden* – canton des Grisons, *Bern* – canton de Berne, et *die Waadt* – canton de Vaud.

kantonal [kanto'na:l] *Adj* cantonal(e)
Kantor ['kanto:ɐ] <-s, -toren> *m,* **Kantorin** *f* cantor *m*
Kantorei [kanto'raɪ] <-, -en> *f* chorale *f* paroissiale
Kanu ['ka:nu, ka'nu:] <-s, -s> *nt* canoë *m;* **~ fahren** faire du canoë
Kanüle [ka'ny:lə] <-, -n> *f* ❶ *(Hohlnadel)* aiguille *f*
 ❷ *(Röhrchen)* cathéter *m*
Kanusport *m kein Pl* canoë *m*
Kanute [ka'nu:tə] <-n, -n> *m,* **Kanutin** *f* canoéiste *mf*
Kanzel ['kantsəl] <-, -n> *f* ❶ ECCL chaire *f*
 ❷ *veraltet (Cockpit)* cabine *f* de pilotage
kanzerogen [kantsero'ge:n] I. *Adj* cancérogène
 II. *Adv* **~ wirken** être cancérogène
Kanzlei [kants'laɪ] <-, -en> *f* ❶ *eines Anwalts* cabinet *m; eines Notars* étude *f*
 ❷ *(Behörde)* chancellerie *f; eines Gerichtshofes* greffe *m*
Kanzler(in) ['kantslɐ] <-s, -> *m(f) (Regierungschef)* chancelier(-ière) *m(f)*
Kanzleramt *nt* chancellerie *f* **Kanzleramtschef(in)** *m(f)* POL chef *mf* de la chancellerie **Kanzlerkandidat(in)** *m(f)* candidat(e) *m(f)* à la chancellerie
Kaolin [kao'li:n] <-s, -e> *m o nt* MINER kaolin *m*
Kap [kap] <-s, -s> *nt* cap *m; das* **~ der Guten Hoffnung** le cap de Bonne-Espérance; **~ Hoorn** le cap Horn
Kap. *Abk von* **Kapitel** chap.
Kapaun [ka'paʊn] <-s, -e> *m* chapon *m*
Kapazität [kapatsi'tɛ:t] <-, -en> *f* ❶ *a.* ÖKON *(Fassungs-, Leistungsvermögen)* capacité *f*
 ❷ *geh (Begriffsvermögen)* facultés *fpl;* **das übersteigt meine ~** ça dépasse mon entendement
 ❸ *(Experte)* autorité *f;* **auf diesem Gebiet ist er eine ~** il fait autorité dans ce domaine
Kapee [ka'pe:] *fam* ▸ **schwer von ~ sein** avoir la comprenette un peu dure *(fam)*
Kapelle[1] [ka'pɛlə] <-, -n> *f (Kirche)* chapelle *f*
Kapelle[2] <-, -n> *f* MUS orchestre *m*
Kapellmeister(in) *m(f)* chef *mf* d'orchestre; **Herr ~, bitte spielen Sie!** *hum* maestro, nous vous écoutons!
Kaper ['ka:pɐ] <-, -n> *f* câpre *f*
kapern ['ka:pɐn] *tr V* ❶ jeter le grappin sur *Schiff*
 ❷ *fam (für sich gewinnen)* [sich *(Dat)*] **jdn ~** mettre le grappin sur qn *(fam)*
Kaperschiff *nt* [bateau *m*] corsaire *m*
kapieren* I. *itr V fam* piger *(fam);* **~, dass/wie ...** piger que + *indic/* comment ...; **kapiert?** pigé?
 II. *tr V fam* piger *(fam); das kapier[e] ich nicht* je ne pige pas *(fam)*
Kapillargefäße *Pl* [vaisseaux *mpl*] capillaires *mpl*
kapital *Adj* ❶ *fam (groß) Irrtum, Missverständnis* énorme
 ❷ JAGD *Hirsch* majestueux(-euse)
Kapital [kapi'ta:l, *Pl:* kapi'ta:liən] <-s, -e *o* -ien> *nt* ❶ *kein Pl* capi-

tal *m;* ~ **aufnehmen** emprunter des fonds ❷ *(Gesellschaftskapital)* capital *m* social ▶ **aus etw ~ schlagen** tirer profit de qc
Kapitalabwanderung *f* FIN fuite *f* des capitaux **Kapitalanlage** *f* placement *m* [financier] **Kapitalaufstockung** *f* FIN augmentation *f* du capital
Kapitälchen [kapiˈtɛːlçən] <-s, -> *nt* TYP petite capitale *f*
Kapitalertragsteuer *f* impôt *m* sur les revenus du capital **Kapitalflucht** *f* fuite *f* des capitaux **Kapitalgesellschaft** *f* société *f* de capitaux **Kapitalgüter** *Pl* FIN biens *mpl* d'équipement
Kapitalismus [kapitaˈlɪsmʊs] <-> *m* capitalisme *m*
Kapitalist(in) [kapitaˈlɪst] <-en, -en> *m(f)* capitaliste *mf*
kapitalistisch I. *Adj* capitaliste
II. *Adv denken* comme un capitaliste
kapitalkräftig *Adj* financièrement solide **Kapitalmarkt** *m* marchés *mpl* financiers **Kapitalverbrechen** *nt* crime *m* capital **Kapitalzinsen** *Pl* intérêts *mpl* du capital
Kapitän [kapiˈtɛːn] <-s, -e> *m* ❶ NAUT, SPORT capitaine *m;* ~ **zur See** capitaine de vaisseau
❷ *(Flugkapitän)* commandant(e) *m(f)* de bord
Kapitänleutnant *m* lieutenant *m* de vaisseau
Kapitänspatent *m* brevet *m* de capitaine
Kapitel [kaˈpɪtəl] <-s, -> *nt* ❶ *eines Buchs* chapitre *m*
❷ *fig* **ein trauriges ~** une triste période; **ein schmerzliches ~** une période douloureuse; **damit ist das ~ für mich erledigt** en ce qui me concerne, l'affaire est close
▶ **das ist ein anderes ~** c'est une autre histoire; **das ist ein ~ für sich** c'est une affaire à part
Kapitell [kapiˈtɛl] <-s, -e> *nt* chapiteau *m*
Kapitelüberschrift *f* titre *m* du chapitre
Kapitulation [kapitulaˈtsioːn] <-, -en> *f* capitulation *f;* **bedingungslose ~** capitulation sans conditions
kapitulieren* *itr V* ❶ capituler; **vor dem Feind ~** capituler devant l'ennemi
❷ *fam (aufgeben)* **vor den Schwierigkeiten ~** capituler face aux difficultés
Kaplan [kaˈplaːn, *Pl:* kaˈplɛːnə] <-s, Kapläne> *m (Hilfsgeistlicher)* vicaire *m; (Geistlicher mit besonderen Aufgaben)* aumônier *m*
Kapok [ˈkaː)pɔk] <-s> *m* BOT kapok *m*
Kappe [ˈkapə] <-, -n> *f* ❶ *(Mütze)* casquette *f*
❷ *(Füllerverschluss)* capuchon *m*
❸ *(Teil des Schuhs)* (vorn) bout *m;* (hinten) contrefort *m*
▶ **das geht auf meine ~** *fam* j'en prends la responsabilité; **das geht auf Ihre ~** c'est à vous de porter le chapeau *(fam);* **etw auf seine ~ nehmen** *fam* porter le chapeau de qc *(fam)*
kappen [ˈkapən] *tr V (durchtrennen)* couper
❷ *fam (wegnehmen)* **jdm die Zuschüsse ~** réduire les subventions à qn
Kappes [ˈkapəs] <-> *m* DIAL *sl* conneries *fpl (fam)*
Käppi [ˈkɛpi] <-s, -s> *nt* ❶ COUT calot *m*
❷ MIL DIAL képi *m*
Kapriole [kapriˈoːlə] <-, -n> *f* ❶ *(Streich)* frasque *f*
❷ *(Luftsprung)* cabriole *f*
kapriziös [kapriˈtsiøːs] *Adj geh* capricieux(-ieuse)
Kapsel [ˈkapsəl] <-, -n> *f (Fruchtkapsel, Arzneikapsel, Behälter)* capsule *f*
Kapstadt [ˈkapʃtat] <-s> *nt* Le Cap
kaputt [kaˈpʊt] *Adj fam* ❶ *(defekt)* fichu(e) *(fam);* Glühbirne grillé(e)
❷ *(beschädigt)* cassé(e); Schuhe, Kleidung, Dach fichu(e) *(fam)*
❸ *(erschöpft)* Person crevé(e) *(fam);* **du machst einen ~en Eindruck** tu as l'air crevé(e) *(fam)*
❹ *(ruiniert)* Ehe, Beziehung brisé(e); Gesundheit délabré(e)
❺ *(geschädigt, krank)* Herz, Magen, Lunge mal fichu *(fam);* Augen esquinté(e) *(fam); (verletzt)* Fuß, Knie esquinté(e) *(fam)*
kaputt|fahren *tr V unreg fam* bousiller *(fam)* **kaputt|gehen** *itr V unreg + sein fam* ❶ *(defekt werden)* ne plus marcher ❷ *(beschädigt werden)* Glas, Porzellan, Spiegel: se casser; Kleidung, Möbel: s'abîmer; **die Scheibe ist kaputtgegangen** la vitre est cassée ❸ *(schweren Schaden nehmen)* **an etw** *(Dat)* **~** Ehe: se briser à cause de qc; Gesundheit: se délabrer à cause de qc; **seine Gesundheit ist daran kaputtgegangen** il y a laissé sa santé ❹ *(eingehen)* Pflanze: crever *(fam)* ❺ *fam (sich erschöpfen)* **bei etw ~** se crever à qc *(fam);* **bei dieser Hitze geht man ja kaputt** on crève par cette chaleur *(fam)* **kaputt|kriegen** *tr V fam* bousiller *(fam);* **du kriegst wirklich alles kaputt!** tu es brise-tout! *(fam)* ▶ **nicht kaputtzukriegen sein** être increvable *(fam)* **kaputt|lachen** *r V fam sich ~* se tordre de rire; **ich lach' mich kaputt!** c'est à se tordre! *(fam)* **kaputt|machen** I. *tr V fam* ❶ bousiller *(fam)* ❷ *(ruinieren)* détruire Ehe; ruiner Gesundheit; bousiller *(fam)* Nerven ❸ *(nervlich strapazieren)* tuer *(fam);* **diese Geschichten machen mich ganz kaputt** toutes ces histoires, ça me tue *(fam)* II. *r V fam sich ~* s'esquinter *(fam)*
Kapuze [kaˈpuːtsə] <-, -n> *f* capuchon *m*

Kapuziner [kapuˈtsiːnɐ] <-s, -> *m* ❶ capucin *m*
❷ A *(Kaffee mit Milch)* [café *m*] crème *m*
Kapuzineraffe *m* ZOOL capucin *m* **Kapuzinerkresse** *f* BOT capucine *f*
Kapverdier(in) [kapˈvɛrdiɐ] <-s, -> *m(f)* Capverdien(ne) *m(f)*
kapverdisch *Adj* capverdien(ne)
Karabiner [karaˈbiːnɐ] <-s, -> *m* ❶ *(Gewehr)* carabine *f*
❷ *A s.* Karabinerhaken
Karabinerhaken *m* mousqueton *m*
Karacho [kaˈraxo] <-s> *nt fam* **mit ~** à toute blinde *(fam)*
Karaffe [kaˈrafə] <-, -n> *f* carafe *f*
Karambolage [karamboˈlaːʒə] <-, -n> *f* ❶ *fam (Autounfall)* carambolage *m (fam)*
❷ *(beim Billard)* carambolage *m*
Karambole [karamˈboːlə] <-, -n> *f* BOT carambole *f*
Karamelᴬᴸᵀ, **Karamell**ᴿᴿ <-s> *m* caramel *m*
Karamelle <-, -n> *f* [bonbon *m* au] caramel *m*
Karaoke [karaˈoːkə] <-[s]> *nt* karaoké *m*
Karat [kaˈraːt] <-[e]s, -e> *nt* carat *m;* **18 ~ haben** avoir [*o* faire] 18 carats
Karate [kaˈraːtə] <-[s]> *nt* karaté *m*
Karausche [kaˈraʊʃə] <-, -n> *f* ZOOL carassin *m*
Karavelle [karaˈvɛlə] <-, -n> *f* NAUT caravelle *f*
Karawane [karaˈvaːnə] <-, -n> *f* ❶ caravane *f*
❷ *fig fam* longue file *f*
Karawanserei <-, -en> *f* caravansérail *m*
Karbid [karˈbiːt] <-[e]s, -e> *nt* CHEM carbure *m* métallique
Karbidlampe *f* lampe *f* à acétylène
Karbol [karˈboːl] <-s> *nt* CHEM phénol *m*
Karbonat [karboˈnaːt] <-[e]s, -e> *nt* CHEM carbonate *m*
Karbunkel [karˈbʊŋkəl] <-s, -> *m* MED furoncle *m,* anthrax *m*
Kardamom [kardaˈmoːm] <-s> *m o nt* cardamome *f*
Kardangelenk *nt* [joint *m* de] cardan *f* **Kardantunnel** *m* tunnel *m* de transmission **Kardanwelle** *f* arbre *m* de transmission
Kardinal [kardiˈnaːl, *Pl:* kardiˈnɛːlə] <-s, Kardinäle> *m* ECCL, ORN cardinal *m*
Kardinalfehler *m* faute *f* cardinale **Kardinalfrage** *f* question *f* essentielle **Kardinaltugend** *f* REL vertu *f* cardinale **Kardinalzahl** *f* nombre *m* cardinal
Kardiogramm [kardioˈgram] <-s, -e> *nt* MED électrocardiogramme *m*
Kardiologe [kardioˈloːgə] <-n, -n> *m,* **Kardiologin** *f* MED cardiologue *mf*
Kardiologie [kardioloˈgiː] <-> *f* ❶ cardiologie *f*
❷ *(Station)* [service *m* de] cardiologie *f*
Karenz [kaˈrɛnts] <-, -en> *f* ❶ *(Wartezeit, Sperrfrist)* délai *m* [d'attente]
❷ *(Enthaltsamkeit)* abstinence *f*
Karenztag *m* journée de maladie non prise en charge par la Sécurité sociale ou par l'employeur **Karenzzeit** *f* délai *m* de carence
Karfiol [karˈfjoːl] <-s> *m* A chou-fleur *m*
Karfreitag [kaːɐˈfraɪtaːk] *m* Vendredi *m* saint
Karfunkel [karˈfʊŋkəl] <-s, -> *m,* **Karfunkelstein** *m* LITER escarboucle *f*
karg [kark] <karger *o* kärger, kargste *o* kärgste> *Adj* ❶ *Boden, Acker* pauvre
❷ *(bescheiden)* Ausstattung, Möblierung austère; Gehalt, Lohn, Trinkgeld maigre; Mahl, Eintopf frugal(e)
II. *Adv* ~ **bemessen sein** être calculé(e) [très] juste; **sehr ~ ausfallen** Gehaltserhöhung: être très maigre; **~ ausgestattet sein** être équipé(e) du strict minimum
kargen [ˈkargən] *itr V geh* **nicht mit Lob ~** ne pas lésiner sur les compliments
Kargheit <-> *f* ❶ des Bodens, Ackers pauvreté *f*
❷ *(Bescheidenheit)* der Ausstattung, Möblierung austérité *f;* einer Mahlzeit frugalité *f*
kärglich [ˈkɛrklɪç] *Adj* Rest, Vorrat, Mahlzeit, Gehalt maigre; **ein ~es Auskommen haben** s'en tirer chichement
Kargo [ˈkargo] <-s, -s> *m* NAUT cargo *m*
Karibik [kaˈriːbɪk] <-> *f* **die ~** la mer des Caraïbes; **Urlaub in der ~ machen** passer des vacances dans les Antilles
karibisch *Adj* **die Karibischen Inseln** les Antilles *fpl*
kariert [kaˈriːɐt] I. *Adj* Stoff, Papier à carreaux; **klein ~** à petits carreaux
II. *Adv fam (verwirrt)* gucken avec l'air ahuri; **red nicht so ~ daher!** arrête de dire des âneries! *(fam)*
Karies [ˈkaːriɛs] <-> *f* carie *f;* **gegen ~ helfen** être bon(ne) contre les caries
Karikatur [karikaˈtuːɐ] <-, -en> *f* caricature *f*
Karikaturist(in) [karikatuˈrɪst] <-en, -en> *m(f)* caricaturiste *mf*
karikieren* *tr V* caricaturer
kariös [kaˈriøːs] *Adj* carié(e)
karitativ [karitaˈtiːf] I. *Adj* Organisation, Einrichtung caritatif(-ive);

Karkasse–Kaserne 1266

Tätigkeit, Zweck charitable
II. *Adv* sich ~ betätigen, ~ tätig sein s'occuper d'œuvres caritatives
Karkasse [kar'kasə] <-, -n> *f* carcasse *f*
Karl [karl] <-s> *m* ❶ Charles *m*
❷ HIST ~ X. Charles X; ~ Martell Charles Martel; ~ der Große Charlemagne *m*; ~ der Kühne Charles le Téméraire
Karma ['karma] <-s> *nt* karma *m*
Karmeliter(in) [karme'li:tɐ] <-s, -> *m(f)* carme *m*/carmélite *f*
Karmeliterorden *m* ordre *m* du Mont Carmel
Karmesin [karme'zi:n] <-s> *nt* [rouge *m*] carmin *m*
karmesinrot *Adj*, **karminrot** [kar'mi:n-] *Adj* rouge carmin
Karneval ['karnəval] <-s, -e *o* -s> *m* carnaval *m*; ~ feiern fêter carnaval
Karnevalskostüm [-vals-] *nt* déguisement *m* de carnaval **Karnevalsprinz** *m*, **-prinzessin** *f* couple "princier" élu en temps d'un carnaval par une société carnavalesque **Karnevalsverein** *m* société *f* carnavalesque **Karnevalszug** *m* défilé *m* de carnaval
Karnickel [kar'nɪkəl] <-s, -> *nt fam* lapin *m*
▶ sich wie die ~ vermehren *pej fam* se reproduire comme des lapins *(péj fam)*
Karniese [karn'i:zə] <-, -n> *f* A *(Gardinenstange)* tringle *f* à rideaux
karnivor [karni'vo:ɐ] *Adj* BIO carnivore
Kärnten ['kɛrntən] <-s> *nt* la Carinthie
Karo ['ka:ro] <-s, -s> *nt* carreau *m*
Karoass[RR] *nt* as *m* de carreau
Karolinger(in) ['ka:rolɪŋɐ] <-s, -> *m(f)* HIST Carolingien(ne) *m(f)*
karolingisch ['ka:rolɪŋɪʃ] *Adj* HIST carolingien(ne)
Karomuster *nt* carreaux *mpl*; mit ~ à carreaux
Karosse [ka'rɔsə] <-, -n> *f* ❶ *(Kutsche)* carrosse *m*
❷ *veraltet fam (Limousine)* carrosse *m (fam)*
❸ *s.* Karosserie
Karosserie [karɔsə'ri:] <-, -n> *f* carrosserie *f*
Karosseriebauer(in) *m(f)* carrossier *m*
Karotin [karo'ti:n] <-s, -e> *nt* carotène *m*
Karotte [ka'rɔtə] <-, -n> *f* carotte *f*
Karpaten [kar'pa:tən] *Pl* die ~ les Carpates *fpl*
Karpfen ['karpfən] <-s, -> *m* carpe *f*
Karpfenteich *m* vivier *m* à carpes **Karpfenzucht** *f* élevage *m* de carpes

Karre ['karə] <-, -n> *f* ❶ *s.* Karren
❷ *fam (Auto)* bagnole *f (fam)*
Karree [ka're:] <-s, -s> *nt* ❶ *(Geviert)* carré *m*; im ~ antreten, sich aufstellen en carré
❷ *(Häuserblock)* pâté *m* de maisons [de forme carrée]; ums ~ gehen/fahren faire le tour du pâté de maisons
❸ A *(Rippenstück)* carré *m*
karren ['karən] *tr V* ❶ *fam* die Touristen zum Schloss ~ trimbaler les touristes au château *(fam)*
❷ *(herankarren)* Zementsäcke zum Haus ~ charrier des sacs de ciment jusqu'à la maison
Karren <-s, -> *m (Leiterwagen)* charrette *f*
▶ den ~ in den Dreck fahren *fam* faire foirer l'affaire *(fam)*; der ~ steckt im Dreck on [*o* l'affaire] est dans la merde *(pop)*; den ~ aus dem Dreck ziehen sortir qn/qc du pétrin *(pop)*; jdm an den ~ fahren mettre des bâtons dans les roues de qn *(fam)*; sich nicht vor jds ~ spannen lassen ne pas se laisser manipuler par qn
Karrette [ka'rɛtə] <-, -n> *f* CH brouette *f*
Karriere [ka'rie:rə] <-, -n> *f* carrière *f*; ~ machen faire carrière
Karrierefrau *f* femme *f* qui fait/veut faire carrière; sie ist eine richtige ~ c'est une femme qui fait vraiment/veut vraiment faire carrière **Karriereknick** *m* rupture *f* de carrière professionnelle **Karrieremacher(in)** *m(f) pej* carriériste *mf (péj)*
Karrierist(in) [karje'rɪst] <-en, -en> *pej m(f)* carriériste *mf (péj)*
Karsamstag [ka:ɐ'zamsta:k] *m* Samedi *m* saint
Karst [karst] <-[e]s, -e> *m* GEOL karst *m*
karstig ['karstɪç] *Adj* GEOL karstique
Karte ['kartə] <-, -n> *f* ❶ *(Ansichtskarte, Speisekarte, Karteikarte, Visitenkarte)* carte *f*
❷ *(in einer Danksagungsformel)* statt ~n cet avis tient lieu de faire-part
❸ *(Spielkarte)* carte *f*; ~ n spielen jouer aux cartes; jdm in die ~ n sehen [*o* schauen] regarder dans le jeu de qn; jdm die ~ n legen tirer les cartes à qn
❹ *(Eintrittskarte)* carte *f*; drei ~ n vorbestellen réserver trois places
❺ *(Landkarte, Straßenkarte)* carte *f*; gut ~ n lesen können savoir bien lire des cartes
❻ FBALL gelbe/rote ~ carton *m* jaune/rouge
▶ gute/schlechte ~ n haben avoir de bonnes chances/peu de chances; mit offenen ~ n spielen jouer cartes sur table; sich nicht in die ~ n sehen [*o* schauen] lassen *fam* cacher son jeu; alles auf eine ~ setzen jouer son va-tout
Kartei [kar'taɪ] <-, -en> *f* fichier *m*; eine ~ über jdn/etw anlegen/führen constituer/tenir un fichier sur qn/qc
Karteikarte *f* fiche *f* **Karteikasten** *m* fichier *m* **Karteileiche** *f hum* fiche non réactualisée qui traîne dans un fichier **Karteischrank** *m* fichier *m*
Kartell [kar'tɛl] <-s, -e> *nt* cartel *m*; ein ~ bilden constituer un cartel
Kartellamt *nt* office *m* des cartels **Kartellbildung** *f* cartellisation *f* **Kartellgesetz** *nt* loi *f* sur les cartels
Kartenhaus *nt* château *m* de cartes ▶ wie ein ~ zusammenstürzen [*o* in sich zusammenfallen] s'effondrer comme un château de cartes **Kartenkunststück** *nt* tour *m* de cartes **Kartenlegen** <-s> *nt* ❶ *(Wahrsagen)* cartomancie *f* ❷ *(Patience)* patience *f* **Kartenleger(in)** <-s, -> *m(f)* cartomancien(ne) *m(f)* **Kartenlesegerät** *nt* INFORM lecteur *m* de cartes **Kartenspiel** *nt* ❶ *kein Pl (das Spielen)* partie *f* de cartes ❷ *(Satz Karten)* jeu *m* de cartes **Kartenspieler(in)** *m(f)* joueur(-euse) *m(f)* de cartes **Kartenständer** *m* support *m* de cartes **Kartentelefon** *nt* téléphone *m* à cartes; öffentliches ~ publiphone *m* **Kartenvorverkauf** *m* location *f* des billets **Kartenzahlung** *f* paiement *m* par carte [bancaire]; bei ~ gewähren wir einen Rabatt nous accordons une ristourne pour tout paiement par carte [bancaire]; Entschuldigung, ist hier ~ möglich? excusez-moi, est-il possible de payer par carte?
Kartoffel [kar'tɔfəl] <-, -n> *f* pomme *f* de terre, patate *f (fam)*; neue ~ n des pommes de terre nouvelles
▶ jdn fallen lassen wie eine heiße ~ *fam* laisser tomber qn comme une vieille chaussette *(fam)*
Kartoffelbrei *m* purée *f* [de pommes de terre] **Kartoffelchips** [-tʃɪps] *Pl* chips *mpl* **Kartoffelernte** *f* AGR récolte *f* des pommes de terre **Kartoffelkäfer** *m* doryphore *m* **Kartoffelkraut** *nt* BOT fanes *fpl* de pommes de terre **Kartoffelmehl** *nt* AGR farine *f* de pommes de terre **Kartoffelpresse** *f* presse-purée *m* **Kartoffelpuffer** <-s, -> *m* galette *f* de pommes de terre [râpées] **Kartoffelpüree** *s.* Kartoffelbrei **Kartoffelsalat** *m* salade *f* de pommes de terre **Kartoffelschale** *f* peau *f* de [la] pomme de terre; *(abgeschält)* pelure *f* de [la] pomme de terre **Kartoffelschälmesser** *nt* [couteau *m*] économe *m* **Kartoffelstärke** *f kein Pl* fécule *f* de pommes de terre **Kartoffelstock** *m* CH purée *f* de pommes de terres **Kartoffelsuppe** *f* soupe *f* de pommes de terre
Kartografie[RR] *s.* Kartographie
kartografisch[RR] *s.* kartographisch
Kartograph(in) [karto'gra:f] <-en, -en> *m(f)* cartographe *mf*
Kartographie [kartogra'fi:] <-> *f* cartographie *f*
kartographisch [karto'gra:fɪʃ] *Adj* cartographique
Karton [kar'tɔŋ, kar'to:n] <-s, -s> *m* carton *m*
Kartonage [karto'na:ʒə] <-, -n> *f* cartonnage *m*
kartoniert [karto'ni:ɐt] *Adj* cartonné(e)
Kartusche [kar'tʊʃə] <-, -n> *f* cartouche *f*
Karussell [karʊ'sɛl] <-s, -s *o* -e> *nt* manège *m*; [mit dem] ~ fahren faire un tour/des tours de manège; ich mag nicht mehr ~ fahren je ne veux plus faire de manège
Karwoche ['ka:ɐvɔxə] *f* semaine *f* sainte
Karzer ['kartsɐ] <-s, -> *m* cachot *m*
karzinogen [kartsino'ge:n] MED **I.** *Adj* carcinogène
II. *Adv* ~ wirken être carcinogène
Karzinom [kartsi'no:m] <-s, -e> *nt* MED carcinome *m*
Kasachstan [kazax'sta:n] <-s> *nt* le Kazakhstan
Kasack ['ka:zak] <-s, -s> *m* COUT casaque *f (vieilli)*
Kaschemme [ka'ʃɛmə] <-, -n> *f pej fam* boui-boui *m (fam)*
kaschieren* *tr V* dissimuler
Kaschmir ['kaʃmi:ɐ] <-s, -e> *m* cachemire *m*
Käse ['kɛ:zə] <-s, -> *m* ❶ fromage *m*; gern ~ essen aimer le fromage; etw mit ~ überbacken gratiner qc au fromage
❷ *pej fam (Quatsch)* conneries *fpl*; was redest du da für einen ~? qu'est-ce que tu nous chantes-là? *(péj)*
▶ ~ schließt den Magen il faut toujours garder une petite place pour le fromage
Käseblatt *nt pej fam* feuille *f* de chou *(fam)* **Käsebrot** *nt* sandwich *m* au fromage **Käsefondue** [-fɔdy:] *nt* fondue *f* au fromage **Käsegebäck** *nt* petits gâteaux *mpl* au fromage **Käseglocke** *f* cloche *f* à fromage
Kasein [kaze'i:n] <-s, -e> *nt* caséine *f*
Käsekuchen *m* gâteau *m* au fromage blanc
Käsematte [kazəˈmatə] <-, -n> *f* casemate *f*
Käseplatte *f (Platte mit Käse)* plateau *m* de fromage; *(Platte für Käse)* plateau *m* à fromage
Käserei <-, -en> *f* fromagerie *f*
Käserinde *f* croûte *f* de fromage
Kaserne [ka'zɛrnə] <-, -n> *f* caserne *f*

Kasernenhof *m* cour *f* de [la] caserne
kasernieren* *tr V* caserner *Truppen;* **Menschen** ~ parquer des personnes en un même lieu
Käseschmiere *f* MED vernix *m* [caseosa] **Kästheke** *f* rayon *m* fromage **käseweiß, käsig** ['kɛ:zɪç] *Adj fam (bleich)* pâlichon(ne) *(fam),* blanc(blanche) comme un linge; *(nicht sonnengebräunt)* blanc(blanche) comme un cachet d'aspirine *(fam)*
Kasino [ka'zi:no] <-s, -s> *nt* ❶ *(Spielkasino)* casino *m*
❷ *(Offizierskasino)* mess *m*
❸ *(Cafeteria)* cafétéria *f*
Kaskade [kas'ka:də] <-, -n> *f* cascade *f*
Kaskoversicherung ['kasko-] *f* assurance *f* tous risques
Kasper ['kaspɐ] <-s, -> *m (Puppe, Kind)* guignol *m*
Kasperl ['kaspɐl] <-s, -[n]> *m* A, SDEUTSCH, **Kasperle** ['kaspɐlə] <-s, -> *m o nt* SDEUTSCH *s.* **Kasper**
Kasper[le]theater *nt* guignol *m;* **ins ~ gehen** aller au guignol
Kassa ['kasa] <-, **Kassen**> *f bes.* A *(Kasse)* caisse *f*
Kassandraruf *m geh* prophétie *f* de Cassandre
Kasse ['kasə] <-, -n> *f* ❶ *(Metallkasten, Registrierkasse, Zahlstelle, Abendkasse)* caisse *f*
❷ *fam (Krankenkasse)* caisse *f* d'assurance maladie; *(in Frankreich)* sécu *f (fam)*
▶ **gemeinsame/getrennte ~ machen** faire caisse commune/à part; **zahlbar in acht Tagen netto ~** montant net à régler sous huitaine; **die ~n klingeln** *fam* l'argent rentre *(fam);* **~ machen** *(abrechnen)* faire la caisse; *(gut verdienen)* se remplir les poches *(fam);* **die ~ stimmt** *fam* ça fait assez de blé *(fam);* **knapp/gut bei ~ sein** *fam* être fauché(e)/en fonds *(fam)*
Kasseler ['kasələ] <-s, -> *nt* GASTR côte *f* de porc façon Kassler *(côte de porc salée et fumée)*
Kassenabschluss^RR *m* ÖKON arrêté *m* de caisse **Kassenarzt** *m*, **-ärztin** *f* médecin *m* conventionné **kassenärztlich** *Adj* conventionné(e); **die Kassenärztliche Vereinigung** *l'union des médecins de caisse* **Kassenbeleg** *s.* **Kassenbon** **Kassenbestand** *m* **Kassenbon** [-bɔŋ, -bɔ̃:] *m* ticket *m* de caisse **Kassenbrille** *f fam* lunettes complètement prises en charge par la caisse d'assurance maladie ou la sécu **Kassenbuch** *nt* livre *m* de caisse **Kassenerfolg** *s.* **Kassenschlager** **Kassengestell** *s.* **Kassenbrille** **Kassenmagnet** *m fam Schauspieler* aimant *m* médiatique; **dieser Film ist ein echter ~** ce film est un vrai tabac **Kassenpatient(in)** *m(f) patient(e)* affilié(e) à une caisse d'assurance maladie assurant une couverture de base **Kassenprüfung** *f* vérification *f* de la caisse **Kassenschalter** *m* guichet *m* **Kassenschlager** *m fam (Film/Theaterstück)* film *m*/pièce *f* qui fait un tabac *(fam); (Produkt)* article *m* qui se vend comme des petits pains *(fam)* **Kassenstunden** *Pl* heures *fpl* d'ouverture du guichet/des guichets **Kassensturz** *m* vérification *f* de la caisse; **einen ~ machen** faire l'état de la caisse; **~ machen** *fam* compter ses sous *(fam)* **Kassenumsatz** *m* mouvements *mpl* de caisse **Kassenwart(in)** <-s, -e> *m(f)* caissier(-ière) *m(f)* **Kassenzettel** *s.* **Kassenbon**
Kasserolle <-, -n> *f* casserole *f*
Kassette [ka'sɛtə] <-, -n> *f* ❶ *(Videokassette, Musikkassette)* cassette *f*; **etw auf ~ aufnehmen** enregistrer qc sur cassette; **etw auf ~ haben** avoir qc sur cassette
❷ *(Kästchen, Bücherkassette)* coffret *m*
❸ ARCHIT caisson *m*
Kassettendeck *nt* magnétophone *m* à cassette[s]
Kassettendecke *f* plafond *m* à caissons
Kassettenrecorder, Kassettenrekorder *m* magnétophone *m* à cassette[s]
Kassiber [ka'si:bɐ] <-s, -> *m* message *m* clandestin
Kassier [ka'si:ɐ] SDEUTSCH, A, CH *s.* **Kassierer(in)**
kassieren* I. *tr V* ❶ *(einziehen)* encaisser; **etw bei jdm ~** encaisser qc auprès de qn
❷ *fam (bekommen)* empocher *(fam) Abfindung, Finderlohn*
❸ *fam (konfiszieren)* sucrer *(fam) Führerschein, Spickzettel*
❹ JUR casser
II. *itr V* ❶ **bei jdm ~** *Kellner:* encaisser l'addition de qn; **darf ich bei Ihnen schon ~?** puis-je vous encaisser?
❷ *fam (verdienen)* **ganz gut ~** gagner gros *(fam)*
Kassierer(in) <-s, -> *m(f)* caissier(-ière) *m(f)*
Kastagnette [kasta'njɛtə] <-, -n> *f* castagnette *f*
Kastanie [kas'ta:niə] <-, -n> *f* ❶ *(Rosskastanie)* marron *m* [d'Inde]; *(Esskastanie)* châtaigne *f*; **heiße ~n** des marrons chauds
❷ *(Rosskastanienbaum)* marronnier *m* [d'Inde]; *(Esskastanienbaum)* châtaignier *m*
▶ **sie hat für ihn die ~n aus dem Feuer geholt** *fam* elle lui a tiré les marrons du feu *(fam)*
Kastanienbaum [kas'ta:niən-] *s.* **Kastanie** ❷ **kastanienbraun** *Adj* châtain *inv au singulier;* **eine ~e Wolldecke** une couverture châtain; **~e Haare** des cheveux châtains **Kastanienpüree** *nt* crème *f* de marrons

Kästchen ['kɛstçən] <-s, -> *nt* ❶ *Dim von* **Kasten** coffret *m*
❷ *(Karo)* carreau *m*
Kaste ['kastə] <-, -n> *f* caste *f*
kasteien* *r V* **sich ~** se mortifier
Kasteiung <-, -en> *f* mortification *f*, macération *f*
Kastell [kas'tɛl] <-s, -e> *nt* ❶ *(Römerkastell)* oppidum *m*
❷ *(Burg)* château *m* fort
Kastellan [kastɛ'la:n] <-s, -e> *m* ❶ *(Aufsichtsbeamter)* intendant *m*
❷ *(Burgwart)* intendant *m* [*o* régisseur *m*] du château
Kasten ['kastən, *Pl:* 'kɛstən] <-s, **Kästen**> *m* ❶ *(Behälter, offene Kiste)* caisse *f*; *(für Besteck, Schmuck)* coffret *m*; *(für Sicherungen, Kabel)* boîtier *m*
❷ A, CH *(Schrank)* armoire *f*
❸ *fam (Briefkasten)* boîte *f* à lettres
❹ *(Turngerät)* podest *m*
❺ *fam (Gebäude)* bloc *m*
❻ *(Schaukasten)* tableau *m* d'affichage
▶ **etwas/viel auf dem ~ haben** *fam* en avoir dans le crâne *(fam)*
Kastenbrot *nt* pain *m* de mie **Kastenform** *f* ❶ *(Backform)* moule *m* à cake ❷ *(Form eines Kastens)* forme *f* de bloc; **in ~** en forme de bloc **Kastenwagen** *m* fourgonnette *f*
Kastenwesen *nt* système *m* de caste
Kastrat [kas'tra:t] <-en, -en> *m* eunuque *m*
Kastration [kastra'tsio:n] <-, -en> *f* castration *f*
kastrieren* *tr V* châtrer
Kasuistik [kazu'ɪstɪk] <-> *f* ❶ *geh* casuistique *f*
❷ MED étude *f* de cas
kasuistisch *Adj geh Frage, Argumentation* de casuiste
Kasus ['ka:zʊs] <-, -> *m* GRAM cas *m*
Kat [kat] <-s, -s> *m Abk von* **Katalysator** pot *m* catalytique
Katafalk [kata'falk] <-s, -e> *m* catafalque *m*
Katakombe [kata'kɔmbə] <-, -n> *f* catacombe *f*
Katalane [kata'la:nə] <-n, -n> *m*, **Katalanin** *f* Catalan(e) *m(f)*
katalanisch *Adj* catalan(e)
II. *Adv* **~ miteinander sprechen** discuter en catalan; *s. a.* **deutsch**
Katalanisch <-[s]> *nt kein Art* le catalan; **auf ~** en catalan; *s. a.* **Deutsch**
Katalanische *nt dekl wie Adj* **das ~** le catalan; *s. a.* **Deutsche**
Katalog [kata'lo:k] <-[e]s, -e> *m* ❶ *(Versandhauskatalog, Bibliothekskatalog)* catalogue *m*
❷ *(Verzeichnis) (in Kartenform)* fichier *m; (in Buchform)* catalogue *m*
❸ *(Bündel)* ensemble *m;* **ein ganzer ~ von Maßnahmen** tout un train de mesures
katalogisieren* *tr V* cataloguer
Katalogisierung <-, -en> *f* catalogage *m*
Katalonien [kata'lo:niən] <-s> *nt* la Catalogne
Katalysator [kataly'za:to:ɐ] <-s, -toren> *m* ❶ AUT pot *m* catalytique; **geregelter ~** pot catalytique à régulation électronique
❷ CHEM catalyseur *m*
Katalysatorauto *nt* voiture *f* équipée d'un pot catalytique
Katalyse [kata'ly:zə] <-, -n> *f* CHEM catalyse *f*
katalytisch [kata'ly:tɪʃ] *Adj* CHEM catalytique
Katamaran [katama'ra:n] <-s, -e> *m* catamaran *m*
Katapult [kata'pʊlt] <-[e]s, -e> *nt o m* catapulte *f*
katapultieren* I. *tr V* ❶ **etw in die Luft/Höhe ~** catapulter qc dans les airs
❷ *fig* **jdn an die Spitze/auf den ersten Platz ~** catapulter qn dans le peloton de tête/à la première place
II. *r V* ❶ **sich aus dem Flugzeug ~** s'éjecter de l'avion
❷ *fig* **sich ganz nach oben ~** se catapulter tout en haut *(fam)*
Katar ['ka(:)tar] <-s> *nt* le Qatar
Katarakt [kata'rakt] <-[e]s, -e> *m* ❶ *(Wasserfall)* cataracte *f*
❷ *(Stromschnelle)* rapide *m*
Katarer(in) [ka'ta:rɐ] <-s, -> *m(f)* Qatarien(ne) *m(f)*
katarisch *Adj* qatarien(ne)
Katarr^RR, **Katarrh** <-s, -e> *m* catarrhe *m*
Kataster [ka'tastɐ] <-s, -> *m o nt* cadastre *m*
Katasteramt *nt* [services *mpl* du] cadastre *m*
katastrophal [katastro'fa:l] I. *Adj (verheerend, unglaublich) Überschwemmung, Unordnung* catastrophique
II. *Adv* ❶ **sich ~ auswirken** avoir des conséquences catastrophiques
❷ *fam (schlecht)* **~ aussehen** avoir une allure catastrophique
Katastrophe [katas'tro:fə] <-, -n> *f* catastrophe *f*
▶ **eine ~ sein** *fam Person:* être une plaie *(fam)*
Katastrophenabwehr *f* ≈ plan *m* ORSEC **Katastrophenalarm** *m* alerte *f* en cas de catastrophe **Katastropheneinsatz** *m* opération *f* de sauvetage **Katastrophengebiet** *nt* zone *f* sinistrée **Katastrophenschutz** *m* ❶ *(Vorsorgemaßnahmen)* mesures *fpl* de prévention contre les catastrophes ❷ *(Organi-*

Katastrophenstimmung–Kavallerist

sation) services *mpl* de sauvetage **Katastrophenstimmung** *f* panique *f*
Kate ['kaːtə] <-, -n> *f* NDEUTSCH cabane *f*
Katechismus [katɛˈçɪsmʊs] <-, Katechismen> *m* catéchisme *m*
Kategorie [kategoˈriː] <-, -n> *f* catégorie *f*
kategorisch [kateˈgoːrɪʃ] I. *Adj* catégorique *f*
II. *Adv* catégoriquement
Kater ['kaːtɐ] <-s, -> *m* ① chat *m;* **der Gestiefelte ~** le Chat botté ② *fam (nach Alkoholgenuss)* gueule *f* de bois *(fam);* **einen ~ haben** avoir la gueule de bois *(fam)*
▶ **wie ein verliebter ~** comme un chat en rut
Katerfrühstück *nt fam* petit-déjeuner que l'on prend pour atténuer une gueule de bois
Katharina [kataˈriːna] <-s> *f* ① Catherine *f*
② HIST **~ von Medici** Catherine de Médicis; **~ die Große** Catherine la Grande
Katharsis ['kaːtarzɪs] <-> *f* PSYCH, LITER catharsis *f*
Katheder [kaˈteːdɐ] <-s, -> *m* o *nt* veraltet ① *(Lehrerpult)* chaire *f* ② *(Podium)* estrade *f*, podium *m*
Kathedrale [kateˈdraːlə] <-, -n> *f* cathédrale *f*
Kathete [kaˈteːtə] <-, -n> *f* MATH côté *m* de l'angle droit
Katheter [kaˈteːtɐ] <-s, -> *m* MED cathéter *m*
Kathode [kaˈtoːdə] <-, -n> *f* PHYS cathode *f*
Katholik(in) [katoˈliːk] <-en, -nen> *m(f)* catholique *mf*
katholisch [kaˈtoːlɪʃ] I. *Adj* catholique
II. *Adv* [streng] **~ erzogen werden** recevoir une éducation [très] catholique
Katholizismus [katoliˈtsɪsmʊs] <-> *m* catholicisme *m*
Kation ['kaːtioːn] <-s, -en> *nt* PHYS cation *m*
Kattun [kaˈtuːn] <-s, -e> *m* TEXTIL toile *f* de coton
Katz [kats] ▶ **mit jdm ~ und Maus spielen** *fam* jouer au chat et à la souris avec qn *(fam);* **das war alles für die ~** *fam* tout cela, c'était pour des prunes *(fam)*
katzbuckeln *itr V pej fam* s'aplatir comme une carpette *(fam);* **das Katzbuckeln** les courbettes *fpl*
Kätzchen ['kɛtsçən] <-s, -> *nt* chaton *m*

Katze ['katsə] <-, -n> *f* ① chat *m;* **ist das ein Kater oder eine ~?** est-ce un chat ou une chatte?
② *(Raubkatze)* chat *m* sauvage; **die Familie der ~n** les félidés *mpl*
▶ **wie die ~ um den heißen Brei herumschleichen** tourner autour du pot *(fam);* **wenn die ~ aus dem Haus ist, tanzen die Mäuse** *Spr.* quand le chat n'est pas là, les souris dansent; **die ~ lässt das Mausen nicht** *Spr.* chassez le naturel, il revient au galop; **die ~ aus dem Sack lassen** *fam* vendre la mèche *(fam);* **nicht die ~ im Sack kaufen wollen** ne pas vouloir acheter les yeux fermés
Katzenauge *nt* ① œil *m* de chat
② *veraltet fam (Rückstrahler)* réflecteur *m*
③ MIN œil-de-chat *m*
katzenhaft I. *Adj* félin(e)
II. *Adv* **sich bewegen** comme un chat
Katzenhai *m* ZOOL *(kleingefleckt)* petite roussette *f; (großgefleckt)* grande roussette *f* **Katzenjammer** *m fam* cafard *m (fam);* **~ haben** avoir le cafard **Katzenmusik** *kein Pl f pej fam* cacophonie *f* **Katzensprung** *m fam* **das ist [nur] ein ~** c'est [juste] la porte à côté *(fam);* **das ist nicht gerade ein ~** ce n'est pas la porte à côté *(fam)* **Katzenstreu** *f* -[ʃtrɔɪ] *f* litière *f* pour chats **Katzenwäsche** *f hum fam* toilette *f* de chat; **~ machen** se laver le bout du nez *(fam)* **Katzenzunge** *f* langue *f* de chat recouverte de chocolat
Katz-und-Maus-Spiel *nt* jeu *m* du chat et de la souris; **ich bin dieses ~ leid** j'en ai assez de jouer au chat et à la souris
Kauderwelsch ['kaʊdɐvɛlʃ] <-[s]> *nt pej* ① *(unverständliche Sprache)* sabir *m (péj);* **ein schreckliches ~ sprechen** parler un sabir effroyable
② *(Fachsprache)* jargon *m*
kauderwelschen ['kaʊdɐvɛlʃən] *itr V* baragouiner *(péj fam)*
kauen ['kaʊən] I. *tr V* mâcher *Brot, Kaugummi*
II. *itr V* **an einem Stück Brot/Fleisch ~** mastiquer un bout de pain/viande; **auf [o an] den Lippen ~** se mordiller les lèvres; **an den Nägeln ~** se ronger les ongles; **am Bleistift ~** mâchonner le crayon; **das Kauen** la mastication
▶ **gut gekaut ist halb verdaut** *Spr.* ≈ une bonne mastication facilite la digestion
kauern ['kaʊɐn] I. *itr V + sein* être accroupi(e); **in einer Ecke ~** être accroupi(e) dans un coin
II. *r V + haben* **sich hinter einen Baum ~** s'accroupir derrière un arbre
Kauf [kaʊf, *Pl:* 'kɔɪfə] <-[e]s, Käufe> *m* achat *m;* **günstiger ~** [bonne] affaire *f;* **einen ~ tätigen** effectuer un achat; **etw zum ~ anbieten** mettre qc en vente; **beim ~ seines Autos/Hauses** en achetant sa voiture/maison; **auf eigene Rechnung** ÖKON achat pour son propre compte
▶ **in ~ nehmen** être prêt(e) à accepter *Risiko, Wartezeit;* être prêt(e) à risquer *Verärgerung, Verlust;* **in ~ nehmen, dass** s'accommoder du fait que + *subj*
Kaufangebot *nt* offre *f* d'achat
kaufen ['kaʊfən] I. *tr V* ① acheter; **[jdm] etw ~** acheter qc [à qn]; **sich** *(Dat)* **etw ~** [s']acheter qc; **viel gekauft sein** être très vendu(e)
② *pej (bestechen)* acheter; **ein gekaufter Killer** un tueur à gages
▶ **dafür kann ich mir nichts ~** *iron* ça me fait une belle jambe *(fam);* **den werde ich mir ~!** *fam* il va m'entendre! *(fam)*
II. *itr V* **im Supermarkt/auf dem Markt ~** faire des courses au supermarché/sur le marché
Kaufentscheidung *f* décision *f* d'achat
Käufer(in) ['kɔɪfɐ] <-s, -> *m(f)* acheteur(-euse) *m(f);* **einen ~ finden** trouver preneur [*o* acquéreur]; **~ aus zweiter Hand** COM acheteur en seconde main
Käufermarkt *m kein Pl* marché *m* à la baisse **Käuferverhalten** *nt* comportement *m* des acheteurs
Kauffrau *s.* **Kaufmann Kaufhaus** *nt* grand magasin *m* **Kaufhausdetektiv(in)** *m(f)* inspecteur *m* de magasin **Kaufkraft** *f* pouvoir *m* d'achat; **überschüssige ~** pouvoir d'achat excédentaire **Kaufladen** *m (Spielzeug)* épicerie *f* [d'enfant] **Kaufleute** *Pl s.* **Kaufmann**
käuflich ['kɔɪflɪç] I. *Adj* ① à vendre
② *pej (bestechlich)* vénal(e)
II. *Adv* **form erwerben** à titre onéreux *(form)*
Käuflichkeit <-> *f pej* vénalité *f*
kauflustig *Adj Person* qui a envie de faire des dépenses; **~ [o in ~ er Stimmung] sein** avoir envie de faire des dépenses
Kauflustige(r) *f(m) dekl wie Adj* acheteur(-euse) *m(f)* **Kaufmann** <-leute> *m,* **-frau** *f* ① **gelernter ~** commercial *m* ② *(Geschäftsmann)* cadre *mf* commercial(e) ③ *veraltet (Lebensmittelhändler)* épicier(-ière) *m(f)*
kaufmännisch [-mɛnɪʃ] I. *Adj* commercial(e); **~er Angestellter** employé *m* de commerce; *(in leitender Position)* cadre *m* commercial; **sich um das Kaufmännische kümmern** s'occuper de la gestion
II. *Adv* **denken, handeln** avec le sens des affaires; **~ tätig sein** avoir une activité commerciale
Kaufpreis *m* prix *m* d'achat **Kaufrausch** *m* frénésie *f* d'achater **Kaufsumme** *f* montant *m* [de l'achat] **Kaufvertrag** *m* contrat *m* de vente; **~ mit Eigentumsvorbehalt** contrat de vente avec réserve de propriété **Kaufzwang** *m* obligation *f* d'achat
Kaugummi *m* chewing-gum *m*
Kaukasus ['kaʊkazʊs] <-> *m* le Caucase
Kaulquappe ['kaʊlkvapə] <-, -n> *f* têtard *m*
kaum [kaʊm] *Adv* ① *(allenfalls, gerade eben)* à peine
② *(wahrscheinlich nicht)* difficilement; [**wohl**] **~!** sûrement pas!
③ *(fast nicht)* à peine; **es ist ~ zu fassen, dass** on a peine à concevoir que + *subj;* **es ist ~ zu glauben** on a peine à y croire; **es ~ erwarten können** brûler d'impatience; **das hat ~ jemand gemerkt** pratiquement personne ne s'en est rendu compte; **~ jemals** pratiquement jamais; **~ noch** à peine; **~ noch Zeit/Geld haben** avoir à peine le temps/l'argent
④ *veraltet (gerade)* **~ dass ich aus dem Haus gegangen war, fing es zu regnen an** à peine étais-je sortie qu'il s'est mis à pleuvoir
Kaumuskel *m* muscle *m* masticateur
kausal [kaʊˈzaːl] I. *Adj* ① *geh Beziehung, Zusammenhang* de causalité
② GRAM *Konjunktion, Nebensatz* de cause
II. *Adv geh* **mit etw ~ zusammenhängen** être dans un rapport de causalité avec qc *(soutenu)*
Kausalgesetz *kein Pl nt* PHILOS principe *m* de causalité
Kausalität [kaʊzaliˈtɛːt] <-, -en> *f geh* causalité *f*
Kausalsatz *m* LING [proposition *f*] causale *f*
Kautabak ['kaʊ-] *m* tabac *m* à chiquer
Kaution [kaʊˈtsioːn] <-, -en> *f* caution *f;* **eine ~ stellen** verser une caution; **gegen [tausend Euro] ~ freikommen** être remis(e) en liberté sous [une] caution [de mille euros]
Kautschuk ['kaʊtʃʊk] <-s, -e> *m* caoutchouc *m*
Kautschukbaum *m* BOT arbre *m* à caoutchouc
Kauz [kaʊts, *Pl:* 'kɔɪtsə] <-es, Käuze> *m* ① chouette *f*
② *fam (Sonderling)* hurluberlu *m (fam);* **ein komischer ~** un drôle d'oiseau *(fam)*
kauzig *Adj* excentrique
Kavalier [kavaˈliːɐ] <-s, -e> *m* gentleman *m*
▶ **ein ~ der alten Schule** un galant homme
Kavaliersdelikt *nt* peccadille *f* **Kavaliersstart** *m* démarrage *m* en trombe
Kavallerie [kavaləˈriː] <-, -n> *f* cavalerie *f*
Kavalleriesoldat *m* cavalier *m*
Kavallerist [kavaləˈrɪst] <-en, -en> *m* HIST cavalier *m*

Kaviar ['kaːviaːɐ] <-s, -e> m caviar m
KB [kaːˈbeː] nt Abk von **Kilobyte** Ko m
kcal Abk von **Kilokalorie** kcal
keck [kɛk] I. Adj ❶ (vorlaut) effronté(e)
  ❷ (flott) Bärtchen, Fliege, Hut déluré(e)
  II. Adv antworten avec effronterie; tragen de manière délurée
Keckheit <-, -en> f einer Person effronterie f; einer Antwort, Bemerkung impertinence f
Keeper(in) ['kiːpɐ] <-s, -> m(f) FBALL CH, A gardien(ne) m(f) de but
Kefir ['keːfɪr] <-s> m képhir m
Kegel ['keːɡəl] <-s, -> m ❶ (Spielgerät) quille f
  ❷ GEOM, GEOG cône m
  ❸ (Lichtkegel) faisceau m
Kegelabend m soirée f bowling **Kegelbahn** f piste f de bowling **Kegelbruder** m, **-schwester** f fam partenaire mf de bowling **kegelförmig** [-fœrmɪç] Adj conique **Kegelkugel** f boule f de bowling
kegeln ['keːɡəln] itr V jouer au bowling; das **Kegeln** le bowling
Kegelschnitt m section f conique **Kegelschwester** s. **Kegelbruder Kegelstumpf** m tronc m de cône
Kegler(in) ['keːɡlɐ] <-s, -> m(f) joueur(-euse) m(f) de bowling
Kehle ['keːlə] <-, -n> f gorge f; jdm die ~ zudrücken serrer la gorge à qn
  ▸ sich (Dat) die ~ aus dem Hals schreien fam s'égosiller; etw in die falsche ~ bekommen fam prendre qc de travers (fam); aus voller ~ singen chanter à pleine gorge; etw hat ihm/ihr die ~ zugeschnürt [o zusammengeschnürt] qc lui a serré la gorge
kehlig I. Adj Laut guttural(e); Lachen grave; Stimme rauque
  II. Adv lachen à gorge déployée; eine ~ klingende Stimme haben avoir une voix rauque
Kehlkopf m larynx m
Kehlkopfentzündung f, **Kehlkopfkatarr[h]**RR m MED laryngite f **Kehlkopfkrebs** m MED cancer m du larynx
Kehllaut m LING ❶ (Glottal) glottale f
  ❷ (kehliger Laut) gutturale f
Kehraus ['keːʔaʊs] <-> m dernière danse f; den ~ bilden clore la fête; den ~ feiern célébrer la fin des festivités **Kehrbesen** ['keːɐ-] SDEUTSCH s. **Besen Kehrblech** nt SDEUTSCH pelle f [à poussière]
Kehre ['keːrə] <-, -n> f virage m [en épingle à cheveux]
kehren¹ ['keːrən] I. tr V den Kopf zur Seite ~ détourner la tête; den Blick zum Himmel ~ tourner le regard en direction du ciel; seine Hosentaschen nach außen ~ retourner ses poches de pantalon
  ▸ in sich (Akk) gekehrt replié(e) sur soi-même; ein in sich gekehrter Mensch quelqu'un d'introverti
  II. r V ❶ (sich wenden) sich gegen jdn ~ Maßnahme, Unmenschlichkeit: se retourner contre qn
  ❷ (sich kümmern) sich nicht um etw (Akk) ~ ne pas se soucier de qc
kehren² tr, itr V SDEUTSCH balayer
Kehricht ['keːrɪçt] <-s> m o nt ❶ form balayures fpl
  ❷ CH (Müll) ordures fpl [ménagères]
Kehrmaschine f ❶ (Straßenkehrmaschine) balayeuse f [municipale]
  ❷ (Teppichkehrmaschine) balai m mécanique
Kehrreim m refrain m
Kehrschaufel f pelle f [à poussière]
Kehrseite f ❶ eines Bildes, Fotos dos m; eines Etiketts envers m
  ❷ (Schattenseite) revers m de la médaille
  ❸ veraltet fam (Rücken) dos m
  ▸ die ~ der Medaille le revers de la médaille
kehrt [keːɐt] Interj MIL demi-tour droite
kehrt|machen itr V fam faire demi-tour; MIL faire un demi-tour
Kehrtwendung f ❶ a. MIL demi-tour m
  ❷ fig volte-face f
Kehrwert m MATH valeur f réciproque
Kehrwoche f SDEUTSCH obligation f faite à tous les locataires d'un immeuble d'assurer à tour de rôle le nettoyage des parties communes pendant une semaine
keifen ['kaɪfən] itr V pej brailler; das **Keifen** les braillements mpl; ~ d Stimme criard(e); ~ des Weib braillarde f
Keil [kaɪl] <-[e]s, -e> m ❶ (Unterlegkeil) cale f
  ❷ TECH coin m; einen ~ ins Holz/in den Baum treiben enfoncer un coin dans le bois/l'arbre
  ❸ (Zwickel) soufflet m
  ▸ einen ~ zwischen zwei Menschen treiben semer la zizanie entre deux personnes
Keile ['kaɪlə] Pl DIAL fam gnons mpl (fam); ~ kriegen [se] prendre des gnons (fam)
keilen ['kaɪlən] r V DIAL fam sich ~ se bagarrer (fam)
Keiler <-s, -> m sanglier m [mâle]
Keilerei <-, -en> f fam bagarre f (fam)

keilförmig [-fœrmɪç] Adj Holzstück, Stein, Werkzeug taillé(e) en biseau; Grundstück en biseau; Schriftzeichen cunéiforme **Keilhose** f fuseau m **Keilkissen** nt traversin m pupitre **Keilriemen** m courroie f [trapézoïdale] **Keilschrift** f écriture f cunéiforme
Keim [kaɪm] <-[e]s, -e> m ❶ BOT, MED germe m; ~ e treiben germer
  ❷ fig geh einer Freundschaft, Liebe prémices fpl (soutenu)
  ▸ etw im ~ ersticken étouffer qc dans l'œuf
Keimblatt nt BOT, MED cotylédon m **Keimdrüse** f glande f génitale
keimen itr V a. fig germer; das **Keimen** la germination
keimfrei Adj stérilisé(e); Umgebung stérile; etw ~ machen stériliser qc
Keimling <-s, -e> m ❶ BOT germe m
  ❷ (Embryo) embryon m
keimtötend Adj antiseptique
Keimung <-, -en> f germination f
Keimzelle f ❶ BIO gamète m
  ❷ (Ausgangspunkt) ferment m
kein I. Pron indef, adjektivisch ❶ ~ Wort sagen ne pas dire un mot; ~ e Lust/Zeit haben ne pas avoir envie/le temps; ~ Auto/Telefon haben ne pas avoir de voiture/de téléphone; ~ e Kinder haben ne pas avoir d'enfant; ~ Geld/sauberes Hemd mehr haben ne plus avoir d'argent/une seule chemise de propre; ~ e Hunde mögen ne pas aimer les chiens; ~ Kind mehr sein ne plus être un enfant; wir haben ~ schönes Wetter nous n'avons pas de beau temps; das ist ~ e schlechte Idee! ce n'est pas une mauvaise idée!; gibt es ~ en anderen Zug? il n'y a pas d'autre train?; ich will diese CD und ~ e andere c'est ce CD que je veux et pas un autre; ~ e andere als Brigitte nulle autre que Brigitte
  ❷ (nicht einmal) ~ e drei Stunden dauern ne même pas durer trois heures
  II. Pron indef, substantivisch ❶ (auf eine Person bezogen) das weiß ~ er personne ne le sait; das geht ~ en etwas an cela ne regarde personne; es ist ~ er mehr da il n'y a plus personne; ~ er/~ e wollte tanzen aucun d'entre eux/aucune d'entre elles ne voulait danser; sie hat ~ en von beiden geheiratet elle n'en a épousé aucun des deux
  ❷ (auf Dinge bezogen) von den Pullovern gefiel mir ~ er aucun des pull-overs ne m'a plu; Saft habe ich ~ en da, aber Wasser du jus, je n'en ai pas, mais de l'eau [par contre]
keinerlei Adj unv, attr [ne...] vraiment aucun; ~ Interesse zeigen ne montrer vraiment aucun intérêt
keinesfalls Adv [ne...] en aucun cas; ich möchte dich ~ beunruhigen je ne veux en aucun cas te causer du souci
keineswegs Adv [ne...] absolument pas; sie ist ~ zufrieden elle n'est absolument pas satisfaite; waren Sie zufrieden? — Keineswegs! vous étiez satisfait(e)? — Absolument pas!
keinmal Adv [ne...] pas une seule fois; ~ fehlen/zu spät kommen ne pas manquer/arriver en retard une seule fois
keins [kaɪns] s. **kein**
Keks [keːks] <-es, -e> m gâteau m sec
  ▸ er/das geht mir auf den ~ fam il/ça me tape sur le système (fam)
Kelch [kɛlç] <-[e]s, -e> m ❶ (Blütenkelch, Abendmahlskelch) calice m
  ❷ (Sektkelch) flûte f
  ▸ den [bitteren] ~ bis auf den Grund [o bis zur Neige] leeren [müssen] geh [devoir] boire le calice jusqu'à la lie; dieser ~ geht an mir/ihm vorüber cette épreuve m'est/lui est épargnée
Kelchblatt nt BOT sépale m
kelchförmig Adj Blüte en corolle; Aufsatz en forme de coupe
Kelchglas nt flûte f
Kelle ['kɛlə] <-, -n> f ❶ (Schöpflöffel) louche f
  ❷ (Maurerkelle) truelle f
  ❸ (Signalstab) eines Polizisten ≈ bâton m [blanc]
Keller ['kɛlɐ] <-s, -> m cave f
Kellerassel ['kɛlɐʔasəl] f cloporte m
Kellerei <-, -en> f cave f viticole
Kellerfalte f pli m creux **Kellerfenster** nt soupirail m **Kellergeschoss**RR nt sous-sol m **Kellergewölbe** nt cave f voûtée **Kellerlokal** nt cave f, caveau m **Kellermeister(in)** m(f) caviste mf **Kellerwohnung** f logement m en sous-sol
Kellner(in) ['kɛlnɐ] <-s, -> m(f) serveur(-euse) m(f)
kellnern itr V fam faire le serveur/la serveuse (fam)
Kelte ['kɛltə] <-n, -n> m, **Keltin** f Celte mf
Kelter ['kɛltɐ] <-, -n> f pressoir m
Kelterei <-, -en> f pressurage m
keltern ['kɛltɐn] tr V pressurer; das **Keltern** le pressurage
keltisch ['kɛltɪʃ] Adj celt[iqu]e
Kelvin ['kɛlvɪn] <-s, -> nt PHYS kelvin m
Kemenate [kemeˈnaːtə] <-, -n> f ❶ HIST (Frauengemach) apparte-

ment *m* des femmes ❷ *hum geh (Damenzimmer)* boudoir *m*
Kendo ['kɛndo] <-[s]> *nt* SPORT *(japanische Kampfsportart)* kendo *m*
Kenia ['ke:nia] <-s> *nt* le Kenya
Kenianer(in) [keni'a:nɐ] <-s, -> *m(f)* Kenyan(e) *m(f)*
kenianisch *Adj* kenyan(e)
Kennbuchstabe *m* lettre *f* code **Kenndaten** *Pl* TECH [données *fpl*] caractéristiques *fpl*
kennen ['kɛnən] <kannte, gekannt> **I.** *tr V* ❶ connaître; ~ **lernen** apprendre à connaître *Person, Land, Kultur*; **jdn** ~ **lernen** faire la connaissance de qn; **jdn näher** ~ **lernen** faire plus ample connaissance avec qn; **ich freue mich, Sie** ~ **zu lernen!** je suis heureux(-euse) de faire votre connaissance!; **jdn als kompetenten Mitarbeiter** ~ découvrir que qn est un collaborateur compétent; **jdn als guten Familienvater** ~ connaître qn en tant que bon père de famille; **alle** ~ **sie als zuverlässige Kollegin** elle est réputée pour être une collègue sur qui on peut compter; **so kenne ich sie gar nicht** je ne l'ai jamais vue comme ça; **wie ich ihn/sie kenne ...** tel que je le/telle que je la connais ...; **kennst du mich noch?** tu te rappelles de moi?
❷ *(walten lassen)* **kein Erbarmen/Mitleid** ~ ignorer la miséricorde/pitié
▶ **du wirst/der wird mich noch** ~ **lernen!** *fam* tu vas voir/il va de quel bois je me chauffe! *(fam)*; **das** ~ **wir schon** *iron* on connaît la chanson *(iron fam)*; **ich weiß ihn/mich/... doch!** tu sais bien comment il est/je suis/...!; **jdn nicht mehr** ~ **wollen** faire semblant de ne plus connaître qn; **so was** ~ **wir hier nicht!** ce n'est pas la pierre de la maison!
II. *r V* **sich** ~ se connaître; **sich** ~ **lernen** *(Bekanntschaft machen)* faire connaissance; *(vertraut werden)* apprendre à se connaître
kennen‖lernen I. *tr V s.* **kennen I.** ❶**, I.** ▶
II. *r V s.* **kennen II.**
Kenner(in) <-s, -> *m(f)* ❶ *(Vertrauter)* **ein** ~**/eine** ~**in der Materie** un expert/une experte en la matière; **als** ~ **des Hauses könnte ich ...** moi qui connais la maison, je pourrais ...
❷ *(Experte)* connaisseur(-euse) *m(f)*; **eine** ~**in guter Weine/von Antiquitäten** une connaisseuse de bons vins/en antiquités; **da zeigt sich der** ~ c'est là qu'on voit le connaisseur
Kennerblick *m* œil *m* d'expert; **mit** ~ d'un œil expert
kennerhaft, kennerisch I. *Adj Blick, Griff, Miene* expert(e)
II. *Adv antworten, lächeln, nicken* en connaisseur
Kennermiene *f* air *m* connaisseur; **mit** ~ d'un air connaisseur
kenntlich ['kɛntlɪç] *Adj* etw durch ein Zeichen/mit Leuchtstift ~ **machen** marquer qc d'un signe/au marqueur fluorescent; **an etw** *(Dat)* ~ **sein** être reconnaissable à qc
Kenntnis ['kɛntnɪs] <-, -se> *f* ❶ kein Pl *(Wissen)* connaissance *f*; **jdn von etw in** ~ **setzen** porter qc à la connaissance de qn; **jdn davon in** ~ **setzen, dass** porter à la connaissance de qn [le fait] que + *indic*; ~ **von etw erhalten/haben** prendre/avoir connaissance de qc; **von etw** ~ **nehmen** prendre acte de qc; **zur** ~ **nehmen, dass** noter que + *indic (form)*; **von etw nicht in** ~ **gesetzt werden** ne pas être informé(e) au sujet de qc; **das entzieht sich meiner** ~ cela échappe à ma connaissance; **ohne** ~ **der Umstände** dans l'ignorance des circonstances; **vermutete** ~ JUR connaissance supposée; **gesetzlich unterstellte** ~ JUR connaissance présumée légalement
❷ *Pl (Fachwissen)* connaissances *fpl*; ~ **se in Mathematik haben** avoir des connaissances en mathématiques; **über** ~ **se in Informatik verfügen** posséder des connaissances en informatique
Kenntnisnahme <-> *f* **zur** ~ pour information; **nach** ~ après [en] avoir pris connaissance
kenntnisreich *geh* **I.** *Adj* érudit(e)
II. *Adv* savamment
Kennung <-, -en> *f* TECH identification *f*; INFORM, TELEC indicatif *m*
Kennwort <-wörter> *nt* ❶ *(Codewort)* code *m* ❷ *(Losungswort)* mot *m* de passe **Kennzahl** *f* ❶ *(Ortsnetzkennzahl)* indicatif *m*
❷ *meist Pl (Zahlenwert, Eckwert)* indice *m* **Kennzeichen** *nt* ❶ *(Autokennzeichen)* numéro *m* d'immatriculation; **amtliches** [*o* **polizeiliches**] ~ numéro *m* d'immatriculation ❷ *(Merkmal)* signe *m* distinctif; **unveränderliches** ~ signe *m* particulier ❸ *(Markierung)* signe *m* de reconnaissance; *eines Wanderwegs* repère *m* **kennzeichnen I.** *tr V* ❶ *(markieren)* marquer *Tier, Fachwort*; signaler *Weg, Behälter*; **Tiere durch Ringe** ~ baguer des animaux; **die Ware durch ein Etikett** ~ marquer la marchandise par une étiquette; **etw als zerbrechlich/explosiv** ~ marquer qc comme étant fragile/explosif(-ive) ❷ *(charakterisieren)* caractériser
II. *r V* **sich durch etw** ~ se caractériser par qc **kennzeichnend** *Adj* caractéristique; ~ **für jdn/etw sein** être caractéristique de qn/qc **Kennzeichnung** *f* ❶ *(das Kennzeichnen)* marquage *m*
❷ *(Merkmal, Charakterisierung)* marque *f* ❸ MATH *(eindeutige Festlegung)* démonstration *f* **Kennzeichnungspflicht** *f* obligation *f* d'étiquetage **Kennziffer** *f* référence *f*

kentern ['kɛntɐn] *itr V + sein* chavirer; **das Boot zum Kentern bringen** faire chavirer le bateau
Keramik [ke'ra:mɪk] <-, -en> *f* céramique *f*
keramisch [ke'ra:mɪʃ] *Adj* en céramique
Keratin [kera'ti:n] <-s, -e> *nt* BIO kératine *f*
Kerbe ['kɛrbə] <-, -n> *f* encoche *f*
▶ **in die gleiche** ~ **schlagen** *fam* jouer les radoteurs *(fam)*
Kerbel ['kɛrbəl] <-s> *m* cerfeuil *m*
kerben ['kɛrbən] *tr V* **etw in ein Stück Holz** ~ graver qc dans un morceau de bois
Kerbholz ▶ **etwas auf dem** ~ **haben** *fam* avoir qc à cacher *(fam)*
Kerbtier *nt* insecte *m*
Kerker ['kɛrkɐ] <-s, -> *m* ❶ *(Verlies, Strafe)* cachot *m*
❷ A *s.* **Zuchthaus**
Kerkermeister(in) *m(f)* geôlier(-ière) *m(f)*
Kerl [kɛrl] <-s, -e *o* -s> *m* ❶ *(Bursche)* type *m (fam)*; **du fieser** ~**!** espèce de salopard! *(fam)*
❷ *(liebenswerter Mensch)* type *m (fam)*; *(liebenswerter junger Mann)* gars *m (fam)*; **sie ist ein netter** ~ c'est une nana sympa *(fam)*; **ein ganzer** ~ un bon gars *(fam)*
❸ *pej (Liebhaber)* mec *m (fam)*
Kern [kɛrn] <-[e]s, -e> *m* ❶ *(Obstkern)* pépin *m*; **von Steinobst** noyau *m*
❷ *(Nusskern)* amande *f*
❸ *(Atomkern, Zellkern)* noyau *m*
❹ *(zentraler Punkt)* eines Problems, einer Sache fond *m*; **kommen Sie zum** ~**!** entrez dans le vif du sujet!
❺ *(zentraler Teil)* einer Stadt cœur *m*
❻ *(wichtiger, aktiver Teil) einer Belegschaft, Mannschaft* noyau *m* dur; *eines Unternehmens* branche *f* d'activité principale
▶ **in jdm steckt ein guter** ~ qn a un bon fond; **der harte** ~ le noyau dur; **einen wahren** ~ **haben** avoir un fond de vérité
Kernarbeitszeit *f* plage *f* [horaire] fixe **Kernbrennstoff** *m* combustible *m* nucléaire **Kernenergie** *s.* **Kernkraft** **Kernexplosion** *f* PHYS explosion *f* nucléaire **Kernfach** *nt* SCHULE matière *f* principale **Kernforschung** *f* recherche *f* nucléaire **Kernfrage** *f* question *f* fondamentale **Kernfrucht** *f* fruit *m* à pépins **Kernfusion** *f* fusion *f* nucléaire **Kerngehäuse** *nt* trognon *m* **Kerngeschäft** *nt* ÖKON activité *f* de base **kerngesund** *Adj* en pleine santé **Kernholz** *nt* cœur *m* du bois
kernig ['kɛrnɪç] *Adj* ❶ *(kraftvoll)* **Mann** robuste
❷ *(urwüchsig) Witz, Worte* cru(e)
❸ *(voller Kerne)* à pépins, *o* **/ganz** ~ **sein** avoir des/être plein(e) de pépins
Kernkraft *f* énergie *f* nucléaire
Kernkraftbefürworter(in) *m(f)* partisan(e) *m(f)* du nucléaire
Kernkraftgegner(in) *m(f)* antinucléaire *mf* **Kernkraftwerk** *nt* centrale *f* nucléaire
Kernladungszahl *f* CHEM numéro *m* atomique
kernlos *Adj* sans pépins
Kernobst *nt* fruits *mpl* à pépins **Kernphysik** *f* physique *f* nucléaire **Kernphysiker(in)** *m(f)* atomiste *mf* **Kernproblem** *nt* problème *m* de fond **Kernpunkt** *s.* **Kern** ❹ **Kernreaktion** *f* PHYS réaction *f* nucléaire **Kernreaktor** *m* réacteur *m* nucléaire **Kernschmelze** *f* fusion *f* du cœur du réacteur **Kernseife** *f* ≈ savon *m* de Marseille **Kernspaltung** *f* PHYS fission *f* nucléaire **Kernspintomograph** *m* appareil *m* d'I.R.M. *(d'imagerie par résonance magnétique)*, appareil *m* de R.M.N *(de résonance magnétique nucléaire)* **Kernstrahlung** *f* PHYS radiation *f* nucléaire **Kernstück** *nt* point *m* essentiel **Kerntechnik** *f* technique *f* nucléaire **Kernteilung** *f* BIO mitose *f* **Kernumwandlung** *f* PHYS transformation *f* nucléaire **Kernverschmelzung** *f* ❶ PHYS *s.* **Kernfusion** ❷ BIO fusion *f* des gamètes **Kernwaffe** *f* arme *f* nucléaire
kernwaffenfrei *Adj* dénucléarisé(e) **Kernwaffenversuch** *m* essai *m* nucléaire
Kernzeit *f* plage *f* fixe [de travail]
Kerosin [kero'zi:n] <-s, -e> *nt* kérosène *m*
Kerze ['kɛrtsə] <-, -n> *f* ❶ bougie *f*; REL cierge *m*
❷ *(Zündkerze)* bougie *f*
❸ *(Gymnastikübung)* chandelle *f*; **eine** ~ **machen** faire la chandelle
Kerzenbeleuchtung *s.* **Kerzenlicht** **Kerzendocht** *m* mèche *f* [de bougie] **kerzengerade** *Adj, Adv* droit(e) comme un I **Kerzenhalter** *m (klein)* bougeoir *m*; *(groß)* chandelier *m*; *(am Tannenbaum, auf Geburtstagskuchen)* petit bougeoir *m* **Kerzenleuchter** *m* candélabre *m* **Kerzenlicht** *nt* lumière *f* des bougies [*o* des chandelles]; **bei** ~ **essen** manger aux chandelles **Kerzenschlüssel** *m* clé *f* à bougie **Kerzenständer** *m* bougeoir *m*
Kescher ['kɛʃɐ] <-s, -> *m* épuisette *f*
kess[RR], **keß**[ALT] **I.** *Adj* ❶ *(frech, dreist)* **Person** effronté(e); **Spruch, Antwort** audacieux(-euse); **Vorschlag** hardi(e); ~ **sein** *Person:* ne pas avoir froid aux yeux

❷ *(jung, unbekümmert)* joli(e); **ein ~es Mädchen** une sacrée minette *(fam)*
❸ *(flott) Hut, Rock* affriolant(e)
II. *Adv antworten, gucken* avec aplomb
Kessel ['kɛsəl] <-s, -> *m* ❶ *(Wasserkessel)* bouilloire *f*
❷ *(Kochtopf)* marmite *f*
❸ *(Heizkessel)* chaudière *f*
❹ GEOG cuvette *f*
❺ MIL encerclement *m*
Kesselfleisch *nt* GASTR DIAL poitrine *f* de porc bouillie **Kesselflicker(in)** <-s, -> *m(f)* rétameur(-euse) *m(f)* **Kesselhaus** *nt* chaufferie *f* **Kesselpauke** *f* timbale *f* **Kesselschmied** *m* HIST chaudronnier *m* **Kesselstein** *m* tartre *m* **Kesseltreiben** *nt* campagne *f* de dénigrement, chasse *f* aux sorcières
Kessheitᴿᴿ, **Keßheit**ᴬᴸᵀ <-> *f* aplomb *m*
Ketchup ['kɛtʃap], **Ketschup**ᴿᴿ <-[s], -s> *m o nt* ketchup *m*
Kette ['kɛtə] <-, -n> *f* ❶ *a.* COM, TEXTIL chaîne *f*; **eine ~ bilden** *Polizei, Demonstranten:* faire la chaîne; **den Hund an die ~ legen** mettre le chien à la chaîne
❷ *(Halskette)* collier *m*
❸ *(Aneinanderreihung)* succession *f; von Beweisen, Erfolgen* série *f*
ketten *tr V* ❶ *(befestigen)* **jdn/einen Hund/etw an etw** *(Akk)* **~** enchaîner qn/un chien/qc à qc
❷ *(binden)* **jdn an sich** *(Akk)* **~** attacher qn à soi; **jdn an jdn ~** *Vertrag, Schicksal:* lier qn à qn
Kettenbrief *m* lettre *f* en chaîne **Kettenfahrzeug** *nt* véhicule *m* chenillé **Kettenglied** *nt* maillon *m* **Kettenhemd** *nt* cotte *f* de mailles **Kettenhund** *m* chien *m* enchaîné **Kettenkarussell** *nt* chaises *fpl* volantes **Kettenrauchen** *nt* grand tabagisme *m* **Kettenraucher(in)** *m(f)* grand fumeur *m*/grande fumeuse *f*; **~ sein** fumer cigarette sur cigarette **Kettenreaktion** *f* PHYS, CHEM réaction *f* en chaîne ▸ **eine ~ von Misserfolgen auslösen** déclencher une succession d'échecs **Kettensäge** *f* tronçonneuse *f* **Kettenschaltung** *f* dérailleur *m* **Kettenschutz** *m* carter *m* de chaîne
Ketzer(in) ['kɛtsɐ] <-s, -> *m(f)* hérétique *mf*
Ketzerei [kɛtsəˈraɪ] <-, -en> *f* hérésie *f*
ketzerisch *Adj* hérétique
keuchen ['kɔɪçən] *itr V* ❶ + *haben (schwer atmen)* haleter
❷ + *sein (gehen, laufen)* **durch das Ziel ~** franchir la ligne d'arrivée en haletant
Keuchhusten *m* coqueluche *f*
Keule ['kɔɪlə] <-, -n> *f* ❶ *(Waffe)* massue *f*
❷ *(Sportgerät)* mil *m*
❸ GASTR *eines Lamms, Hammels* gigot *m; von Geflügel* cuisse *f; von Wild* cuissot *m*
▸ **chemische ~** *(Reizgas)* bombe *f* lacrymogène
keulen ['kɔɪlən] *tr V* **etw ~** *Kühe, Tiere* abattre qc
Keulenschlag *m* coup *m* de massue
▸ **jdn wie ein ~ treffen** faire à qn l'effet d'un coup de massue; *Nachricht:* faire à qn l'effet d'une douche froide
Keulung <-, -en> *f* abattage *m*
keusch [kɔɪʃ] I. *Adj* chaste
II. *Adv chastement; leben* dans la chasteté
Keusche <-, -n> *f* A *pej (Bruchbude)* taudis *m*
Keuschheit <-> *f* chasteté *f*
Keuschheitsgelübde *nt* vœu *m* de chasteté; **das ~ ablegen** faire vœu de chasteté **Keuschheitsgürtel** *m* ceinture *f* de chasteté
Keyboard ['kiːbɔːt] <-s, -s> *nt* orgue *m* électronique
Kfz [kaːʔɛfˈtsɛt] <-[s], -[s]> *nt Abk von* **Kraftfahrzeug** automobile *f*.
Kfz-Brief [kaːʔɛfˈtsɛt-] *m* titre de propriété d'un véhicule automobile **Kfz-Schein** *m* ≈ carte *f* grise **Kfz-Werkstatt** *f* garage *m* **Kfz-Zulassung** *f* immatriculation *f* **Kfz-Zulassungsstelle** *f* service *m* des immatriculations
kg *Abk von* **Kilogramm** kg
KG [kaːˈgeː] <-, -s> *f Abk von* **Kommanditgesellschaft** SCS *f*
kgl. *Adj Abk von* **königlich**
K-Gruppe ['kaː-] *f* HIST groupe *m* gauchiste
Khaki¹ <-s> *m (Stoff)* [toile *f*] kaki *m inv*
Khaki² <-s> *nt (Farbe)* kaki *m inv*
khakifarben *Adj* kaki *inv*
Khmer [kmeːɐ] <-, -> *m* Khmer *m*/Khmère *f*
kHz *Abk von* **Kilohertz** kHz *m*
KI [kaːˈʔiː] <-> *f Abk von* **künstliche Intelligenz** I.A. *f*
Kibbuz [kɪˈbuːts] <-, Kibbuzim *o* -e> *m* kibboutz *m*
Kiberer <-s, -> *m* A *pej fam* flic *m*
Kichererbse ['kɪçɐ-] *f* pois *m* chiche
kichern ['kɪçɐn] *itr V* ricaner
kicken ['kɪkən] *itr V fam* ❶ *(Fußball spielen)* jouer au foot *(fam);* **für einen Verein ~** jouer au foot dans un club *(fam)*
❷ *(schießen)* taper dans *Ball;* **den Ball ins Aus ~** botter en touche *(fam)*

Kicker(in) <-s, -[s]> *m(f) fam* footeux(-euse) *m(f) (fam)*
Kickstarter ['kɪkʃtartɐ] *m* kick *m*
kidnappen ['kɪtnɛpən] *tr V* kidnapper
Kidnapper(in) ['kɪtnɛpɐ] <-s, -> *m(f)* kidnappeur(-euse) *m(f)*
Kidnapping ['kɪtnɛpɪŋ] <-s, -s> *nt* kidnapping *m*
Kids *Pl fam (Kinder)* mômes *mpl (fam); (Jugendliche)* ados *mpl (fam)*
kiebig ['kiːbɪç] *Adj* DIAL ❶ *(frech)* effronté(e)
❷ *(aufgebracht)* **~ werden/sein** se mettre/être en rage
Kiebitz ['kiːbɪts] <-es, -e> *m* vanneau *m* huppé
kiebitzen ['kiːbɪtsən] *itr V hum fam* ❶ KARTEN se mêler d'une partie
❷ *(beobachten)* mater *(fam)*
kiefeln *itr V* A ❶ *(kauen)* **an etw** *(Dat)* **~** mordiller qc
❷ *fig* **an einem Problem ~** remâcher un problème
Kiefer¹ ['kiːfɐ] <-, -n> *f (Baum, Holz)* pin *m*
Kiefer² <-s, -> *m* ANAT mâchoire *f*
Kieferbruch *m* fracture *f* de la mâchoire **Kieferchirurg(in)** *m(f)* chirurgien(ne) *m(f)* maxillo-facial(e) **Kieferchirurgie** *f* chirurgie *f* maxillo-faciale **Kieferhöhle** *f* ANAT sinus *m* maxillaire **Kieferhöhlenentzündung** *f* MED sinusite *f* maxillaire
Kiefernholz *nt* [bois *m* de] pin *m* **Kiefernnadel** *f* aiguille *f* de pin **Kiefernwald** *m* forêt *f* de pins **Kiefernzapfen** *m* pomme *f* de pin
Kieferorthopädie <-> *f* MED orthopédie *f* dento-faciale
kieken ['kiːkən] NDEUTSCH *s.* **gucken**
Kieker ['kiːkɐ] ▸ **jdn auf dem ~ haben** *fam (jdn schikanieren)* avoir qn dans le collimateur *(fam)*
Kiel [kiːl] <-[e]s, -e> *m* ❶ *(Schiffskiel)* quille *f*
❷ *(Federkiel)* tuyau *m* [de plume]
kielholen *tr V* ❶ NAUT **gekielholt werden** *Schiff:* être mis(e) en carène ❷ HIST **gekielholt werden** subir la grande cale **Kiellinie** *f* NAUT ligne *f* de file **kielober** [kiːlˈʔoːbən] *Adv* la quille en l'air **Kielraum** *m* cale *f*; **im ~** dans la cale **Kielwasser** *nt* sillage *m*
▸ **in jds ~** *(Dat)* **segeln** [*o* **schwimmen**] naviguer [*o* être] dans le sillage de qn
Kieme ['kiːmə] <-, -n> *f* branchie *f*
Kiemendeckel *m* ZOOL opercule *m* branchial
Kien [kiːn] <-[e]s> *m*, **Kienspan** *m* copeau *m* [de] résineux
Kiepe ['kiːpə] <-, -n> *f* NDEUTSCH hotte *f*
Kies [kiːs] <-es, -e> *m* ❶ *(kleine Steine)* gravier *m*
❷ *kein Pl fam (Geld)* pognon *m (fam)*
Kiesel ['kiːzəl] *s.* **Kieselstein**
Kieselalge *f* BOT diatomée *f* **Kieselerde** *kein Pl f* silice *f* **Kieselsäure** *f* acide *m* silicique **Kieselstein** *m* gravier *m; (groß)* caillou *m; (am Wasser)* galet *m*
Kiesgrube *f* gravière *f* **Kiesweg** *m* allée *f* de gravier
Kiez [kiːts] <-es, -e> *m* ❶ *sl (Rotlichtviertel)* quartier *m* chaud
❷ NDEUTSCH *(Stadtteil)* quartier *m*
kiffen ['kɪfən] *itr V sl* kifer *(arg)*
Kiffer(in) ['kɪfɐ] <-s, -> *m(f) sl* fumeur(-euse) *m(f)* de pétard *(arg)*
kikeriki [kikəriˈkiː] *Interj* cocorico
killekille ['kɪləˈkɪlə] *Interj Kinderspr.* guili-guili *(enfantin)*
killen ['kɪlən] *tr V sl* buter *(arg)*
Killer(in) ['kɪlɐ] <-s, -> *m(f) sl* tueur(-euse) *m(f)* [à gages]
Killerinstinkt *m sl* rage *f* de vaincre
Kilo ['kiːlo] <-s, -[s]> *nt Abk von* **Kilogramm** kilo *m*
Kilobit *nt* INFORM kilobit *m* **Kilobyte** [kiːloˈbaɪt, 'kiːlobaɪt] *nt* kilo-octet *m* **Kilogramm** *nt* kilogramme *m* **Kilohertz** [-hɛrts] *nt* kilohertz *m* **Kilojoule** [kiːloˈdʒuːl, 'kiːlodʒuːl] *nt* kilojoule *m* **Kilokalorie** *f* kilocalorie *f* **Kilometer** *m* ❶ kilomètre *m;* **wie viel verbraucht der Wagen auf hundert ~?** combien la voiture consomme-t-elle aux cent? ❷ *fam (Stundenkilometer)* **er fuhr höchstens 50 ~ [in der Stunde]** il roulait à 50 maxi *(fam)*
Kilometerfresser *m fam* bouffeur (-euse) de kilomètres *m (fam)* **Kilometergeld** *nt* indemnité *f* kilométrique **kilometerlang** I. *Adj* [long(longue)] de plusieurs kilomètres II. *Adv* sur des kilomètres **Kilometerpauschale** *f a.* FISC forfait *m* kilométrique **Kilometerstand** *m* kilométrage *m;* **bei einem ~ von ... à ...** kilomètres **Kilometerstein** *m* borne *f* kilométrique **kilometerweit** I. *Adj Entfernung, Wanderung* de plusieurs kilomètres; *Sicht* à perte de vue II. *Adv wandern* sur plusieurs kilomètres; **~ reichen** *Sicht:* s'étendre à perte de vue **Kilometerzähler** *m* compteur *m* kilométrique
Kilovolt *nt* PHYS kilovolt *m* **Kilowatt** *nt* kilowatt *m*
Kilowattstunde *f* kilowattheure *m*
Kimme ['kɪmə] <-, -n> *f* cran *m* de mire
Kimono ['kiːmono] <-s, -s> *m* kimono *m*
Kind [kɪnt] <-[e]s, -er> *nt* ❶ enfant *m;* **uneheliches ~** enfant illégitime; **ein ~ von jdm erwarten** *geh* attendre un enfant de qn; **sie kriegt ein ~** *fam* elle va avoir un gosse *(fam);* **bei ihnen ist ein ~ unterwegs** *fam* il y a un gosse en route chez eux *(fam);* **ein ~ in die Welt setzen** mettre un enfant au monde; **jdm ein ~ machen** *sl* faire un gosse à qn *(fam)*

❷ *Pl fam* (Leute) ~ er, ~ er! *fam* ah, mes enfants! *(fam);* ~ er, heute bleiben wir zu Hause! les enfants, aujourd'hui on reste à la maison! ▶ das ~ mit dem Bade ausschütten jeter le bébé avec l'eau du bain; ~ er Gottes [des] enfants *mpl* de Dieu; mit ~ und Kegel *hum fam* avec toute la smala *(hum fam)*; aus ~ ern werden Leute *Spr.* [tous] les enfants grandissent; das ~ im Manne l'enfant qui sommeille en tout homme; das ~ muss einen Namen haben maintenant que l'enfant est né, il faut le baptiser; das ~ beim Namen nennen appeler un chat un chat; ~ er und Narren sagen die Wahrheit *Spr.* la vérité sort de la bouche des enfants; kleine ~ er, kleine Sorgen — große ~ er, große Sorgen *Spr.* petits enfants, petits soucis — grands enfants, grands soucis; er/sie ist kein ~ von Traurigkeit *hum* il/elle juge la vie trop courte pour ne pas en profiter *(hum)*; ein ~ seiner Zeit sein vivre avec son temps; ein gebranntes ~ sein être un chat échaudé; noch ein halbes ~ sein ne pas être encore sorti(e) de l'enfance; das ist nichts für kleine ~ er *fam* ce n'est pas pour les gamins *(fam)*; kluges ~! *iron* gros(se) malin(maligne)! *(iron)*; sich bei jdm lieb ~ machen *fam* essayer de se mettre dans les petits papiers de qn *(fam)*; sich wie ein ~ freuen se réjouir comme un enfant; wie sag' ich's meinem ~ e? *hum* comment lui faire avaler le morceau? *(hum)*; wir werden das ~ schon schaukeln *fam* on va goupiller ça *(fam)*; das weiß doch jedes ~! *fam* un gosse sait ça! *(fam)*; von ~ auf dès son/mon/... plus jeune âge

Kindbett *nt* MED *veraltet* couches *fpl* **Kindbettfieber** *nt* MED fièvre *f* puerpérale

Kindchen <-s, -> *nt Dim von* Kind: ~! mon petit/ma petite!

Kinderarbeit ['kɪndɐ-] *f* travail *m* des mineurs **kinderarm** *Adj* ~ es Land pays à faible natalité **Kinderarzt** *m,* **-ärztin** *f* pédiatre *mf* **Kinderaugen** *Pl* yeux *mpl* d'enfant ▶ große ~ bekommen *(staunen)* ouvrir de grands yeux **Kinderbekleidung** *f* vêtements *mpl* pour enfant[s] *(o* d'enfant] **Kinderbetreuung** *f* garde *f* d'enfants **Kinderbett** *nt* lit *m* d'enfant **Kinderbild** *nt* portrait *m* ▶ ein ~ meines Onkels une photo de mon oncle petit **Kinderbuch** *nt* livre *m* d'enfant

Kinderchen *Pl Dim von* Kinder petits *mpl*; kommt, ~! venez, mes petits!

Kinderchor [-ko:ɐ] *m* chorale *f* d'enfants **Kinderdorf** *nt* village *m* d'enfants **Kinderehe** *f* mariage *m* d'enfants

Kinderei <-, -en> *f* enfantillage *m*

Kindererziehung *f* éducation *f* des enfants **Kinderfahrkarte** *f* billet *m* à demi-tarif [pour enfant] **kinderfeindlich** I. *Adj Architektur, Wohnung* inadapté(e) aux enfants; *Politik, Gesellschaft* qui ne fait rien pour les enfants II. *Adv planen, gestalten* sans se préoccuper des enfants **Kinderfeindlichkeit** *f* inadaptation *f* aux enfants; *einer Gesellschaft, Politik* mépris *m* des enfants **Kinderfest** *nt* fête *f* d'enfants **Kinderfreibetrag** *m* abattement *f* [fiscal] pour enfant[s] à charge **Kinderfreund(in)** *m(f)* ami(e) *m(f)* des enfants; ein ~ sein aimer les enfants **kinderfreundlich** I. *Adj Person* qui aime les enfants; *Umgebung, Möbel* adapté(e) aux enfants; *Gesellschaft* ouvert(e) aux enfants; *Politik* familial(e) II. *Adv planen, bauen* en se souciant [des besoins] des enfants **Kinderfunk** *m* RADIO radio *f* pour les enfants **Kindergarten** *m* = école *f* maternelle **Kindergärtner(in)** *m(f)* éducateur(-trice) *m(f)* d'école maternelle **Kindergeburtstag** *m* anniversaire *m* d'enfant; zum ~ eingeladen sein être invité(e) à un goûter d'anniversaire **Kindergeld** *nt* ≈ allocations *fpl* familiales **Kinderheilkunde** *f* médecine *f* infantile **Kinderheim** *nt (Fürsorgeheim):* foyer *m* de la DDASS; *(Erholungsheim)* centre *m* d'accueil pour enfants **Kinderhort** *m* garderie *f* **Kinderjahre** *Pl* années *fpl* d'enfance **Kinderklinik** *f,* **Kinderkrankenhaus** *nt* hôpital *m* d'enfants; *(kleiner)* clinique *f* pédiatrique **Kinderkrankheit** *f* ❶ maladie *f* infantile ❷ *meist Pl (Anfangsproblem)* ratés *mpl* de départ **Kinderkriegen** <-s> *nt fam* accouchement *m* ▶ es ist zum ~ *fam* [il] y a de quoi devenir dingue *(fam)* **Kinderkrippe** *f* crèche *f* **Kinderladen** *m* jardin *m* d'enfants alternatif *(utilisant des méthodes non-directives)* **Kinderlähmung** *f* poliomyélite *f* **kinderleicht** I. *Adj Bedienung, Montage* enfantin(e); ~ sein être un jeu d'enfant II. *Adv* etw ist ~ zu montieren/bedienen c'est enfantin de monter/se servir de qc

Kinderlein *s.* Kinderchen

kinderlieb *Adj* qui aime les enfants; ~ sein aimer les enfants **Kinderliebe** *f* amour *m* des enfants **Kinderlied** *nt* chanson *f* enfantine **kinderlos** *Adj* sans enfants; ~ sein *Person, Paar:* ne pas avoir d'enfant; ~ bleiben *Ehe:* rester sans enfants **Kinderlosigkeit** <-> *f* absence *f* d'enfants **Kindermädchen** *nt* bonne *f* d'enfants **Kindermärchen** *nt* ❶ conte *m* pour enfants ❷ *fam (Hirngespinst)* conte *m* à dormir debout *(fam)* **Kindermord** *m* infanticide *m* **Kindermörder(in)** *m(f)* infanticide *mf* **Kindermund** *m* bouche *f* d'enfant ▶ ~ tut Wahrheit kund *Spr.* la vérité sort de la bouche des enfants **Kindernarr** *m,* **-närrin** *f* ein ~/ eine Kindernärrin sein adorer les enfants **Kinderpornographie** *f* pornographie *f* enfantine **Kinderpsychologie** *f* psychologie *f* de l'enfant **kinderreich** *Adj Paar* qui a beaucoup d'enfants; *Familie* nombreux(-euse); ~ sein *Paar:* avoir beaucoup d'enfants **Kinderreichtum** *m* grand nombre *m* d'enfants **Kinderschänder(in)** <-s, -> *m(f)* violeur(-euse) *m(f)* d'enfants **Kinderschänderring** *m* réseau *m* pédophile *[o* de pédophilie] **Kinderschar** *f* ribambelle *f* d'enfants *(fam)* **Kinderschreck** *m* croquemitaine *m* **Kinderschuh** *m* chaussure *f* d'enfant ▶ den ~ en entwachsen sein *Person:* être sorti(e) de l'enfance; noch in den ~ en stecken *Entwicklung, Technik:* être encore aux [premiers] balbutiements **Kindersegen** *m kein Pl a. iron* heureux événement *m;* der ~ ist bei ihnen aus ils n'ont pas pu avoir d'enfant **kindersicher** I. *Adj Spielzeug, Wohnung, Verschluss* adapté(e) aux enfants II. *Adv aufbewahren* hors de portée des enfants **Kindersicherung** *f* sécurité *f* enfants **Kindersitz** *m* siège *m* pour enfant **Kinderspiel** *nt* jeu *m* pour enfants ▶ für jdn ein ~ sein être un jeu d'enfant pour qn **Kinderspielplatz** *m* square *m; (an der Autobahn)* aire *f* de jeux **Kinderspielzeug** *nt* jouet *m* [d'enfant] **Kindersprache** *f* langage *m* enfantin **Kindersterblichkeit** *f* mortalité *f* infantile **Kinderstube** *f* DIAL *s.* Kinderzimmer ▶ jd hat eine/keine gute ~ gehabt qn a reçu une bonne/mauvaise éducation **Kindertagesstätte** *s.* Kinderhort **Kinderteller** *m* menu *m* enfant **Kinderwagen** *m* landau *m; (Sportwagen)* poussette *f* **Kinderwunsch** *m* désir *m* d'enfant **Kinderzahl** *f* nombre *m* d'enfants **Kinderzimmer** *nt* chambre *f* d'enfant **Kinderzuschlag** *m* supplément *m* pour enfants à charge *(dont bénéficient les fonctionnaires allemands)*

Kindesalter *nt* bas âge *m;* noch im ~ sein être encore un enfant; seit frühestem ~ depuis son/mon/... plus jeune âge **Kindesbeine** ▶ etw von ~ n an lernen apprendre qc dès sa plus tendre enfance; er hat das Reiten von ~ n an gelernt il a appris à faire du cheval depuis sa plus tendre enfance **Kindeskinder** *Pl* ihre/ unsere ~ les enfants de leurs/nos enfants **Kindesmissbrauch**[RR] *m* abus *m* [sexuel] sur des enfants **Kindesmisshandlung**[RR] *f* maltraitance *f* des enfants **Kindesmord** *m* infanticide *m* **Kindesmörder(in)** *m(f)* [mère *f*/père *m*] infanticide *mf,* meurtrier(-ière) *m(f)* de son propre enfant **Kindestötung** *f* JUR meurtre *m* d'enfant

kindgemäß I. *Adj* adapté(e) aux enfants; *Einrichtung* conçu(e) pour les enfants
II. *Adv* en fonction des enfants

kindhaft *Adj* puéril(e)

Kindheit <-> *f* enfance *f;* jd lernt etw von ~ an qn apprend qc dès l'enfance; jd hat etw von ~ an gelernt qn a appris qc depuis l'enfance

Kindheitserinnerung *f* souvenir *m* d'enfance **Kindheitstraum** *m* rêve *m* d'enfance; sich *(Dat)* einen ~ erfüllen réaliser un rêve d'enfance

kindisch *pej* I. *Adj* puéril(e); wieder ~ werden retomber dans l'enfance
II. *Adv sich benehmen, verhalten* de façon puérile

kindlich I. *Adj* d'enfant; sie ist noch sehr ~ elle est encore très jeune
II. *Adv sich verhalten* comme un enfant; ~ wirken faire encore enfant; ~ aussehen avoir l'air d'être encore un enfant

Kindskopf *m fam* gamin *m (fam)* **Kindslage** *f* MED position *f* du bébé *[o* fœtus] **Kindstaufe** *f* baptême *m* d'enfant **Kindstod** *m* MED plötzlicher ~ mort *f* subite du nourrisson

Kinemathek [kinema'te:k] <-, -en> *f* cinémathèque *f*

Kinetik [ki'ne:tɪk] <-> *f* cinétique *f*

kinetisch [ki'ne:tɪʃ] *Adj* cinétique

King [kɪŋ] ▶ sich für den ~ halten *fam* se prendre pour le roi *(fam)*; der ~ sein *fam* être le roi *(fam)*

Kinkerlitzchen ['kɪŋkɐlɪtsçən] *Pl fam* bricoles *fpl (fam)*

Kinn [kɪn] <-[e]s, -e> *nt* menton *m*

Kinnbart *m* bouc *m* **Kinnhaken** *m* uppercut *m* **Kinnlade** *f* mâchoire *f* [inférieure] **Kinnriemen** *m* mentonnière *f*

Kino ['ki:no] <-s, -s> *nt* cinéma *m;* ins ~ gehen aller au cinéma **Kinobesuch** *m* séance *f* de cinéma **Kinobesucher(in)** *m(f)* spectateur(-trice) *m(f)* **Kinofilm** *m* film *m* [grand écran] **Kinogänger(in)** [-gɛŋɐ] <-s, -> *m(f)* cinéphile *mf;* ein regelmäßiger ~ sein aller régulièrement au cinéma **Kinokarte** *f* place *f* de cinéma **Kinokasse** *f* caisse *f* du cinéma **Kinoprogramm** *nt* ❶ *(gezeigte Filme)* affiche *f* ❷ *(gedrucktes Programm)* programme *m* des films **Kinowerbung** *f* publicité *f* cinématographique

Kiosk ['ki:ɔsk] <-[e]s, -e> *m* kiosque *m*

Kipfe[r]l <-s, -[n]> *nt* A croissant *m*

Kippe ['kɪpə] <-, -n> *f fam* ❶ *fam (Mülldeponie)* décharge *f*
❷ *fam (Zigarettenstummel)* mégot *m (fam)*
❸ *sl (Zigarette)* sèche *f (fam)*
▶ auf der ~ stehen *fam Vase, Glas:* être prêt(e) à dégringoler *(fam); Schüler, Firma:* être sur la corde raide; *Wahlausgang, Entscheidung:*

être en suspens; **in Mathe stehe ich genau auf der ~** en maths, je suis vraiment ric-rac *(fam)*; **es steht noch auf der ~, ob ...** *fam* c[e n]'est pas encore sûr que ... + *subj*
kippen ['kɪpən] **I.** *tr V + haben* ❶ *(schütten)* **Sand auf die Straße ~** renverser du sable dans la rue; **Giftstoffe in den Fluss ~** déverser des produits toxiques dans le fleuve
❷ *(schräg stellen)* basculer; **bitte nicht ~!** ne pas retourner s.v.p.!
❸ *fam (scheitern lassen)* renverser *Politiker;* faire capoter *(fam) Gesetzesvorhaben;* faire sauter *Projekt, Reportage;* rayer *Sendung*
▸ **einen ~** *fam* s'en jeter un *(fam)*
II. *itr V + sein* ❶ *(umfallen) Person, Fahrzeug, Kiste, Möbelstück:* basculer; *Behälter:* se renverser
❷ *fam (zurückgehen)* flancher *(fam)*
❸ ÖKOL *fam (aus dem Gleichgewicht geraten) Gewässer:* pé:ir; *Ökosystem:* être perturbé(e); **die Elbe ist gekippt** l'Elbe est asphyxiée
Kipper <-s, -> *m* AUT camion *m* à benne
Kippfenster *nt* fenêtre *f* basculante **Kipplore** *f* wagonnet *m* basculant **Kippschalter** *m* interrupteur *m* [basculant] **Kippwagen** *m* MIN wagonnet *m*
Kirche ['kɪrçə] <-, -n> *f* ❶ *(Gebäude, Gottesdienst)* église *f*; **in die ~ gehen** aller à l'église
❷ *(Institution)* Église *f*; **die evangelische/katholische/orthodoxe ~** l'Église protestante/catholique/orthodoxe; **die Bekennende ~** l'Église *f* fidèle à son message *(mouvement protestant d'opposition au national-socialisme);* **aus der ~ austreten** faire une déclaration de non-appartenance à l'Église
▸ **die ~ im Dorf lassen** *fam* garder les pieds sur terre *(fam)*
Kirchenasyl *nt* POL, REL [droit *m* d'] asile *m* des églises **Kirchenaustritt** *m* déclaration *f* de non-appartenance à l'Église **Kirchenbank** <-bänke> *f* banc *m* d'église **Kirchenbann** *m* REL excommunication *f* **Kirchenbuch** *nt* registre *m* paroissial **Kirchenchor** [-koːɐ] *m* chorale *f* paroissiale **Kirchendiener** *m* sacristain *m* **kirchenfeindlich** *Adj* REL anticlérical(e) **Kirchenfenster** *nt* vitrail *m* **Kirchenfest** *nt* REL fête *f* religieuse **Kirchenfürst** *m* REL *geh* prince *m* de l'Église **Kirchengemeinde** *f* paroisse *f* **Kirchengeschichte** *f* histoire *f* de l'Église **Kirchenglocke** *f* cloche *f* de l'église **Kirchenjahr** *nt* année *f* religieuse **Kirchenlicht** *nt* **kein großes ~ sein** *fam* ne pas être une lumière *(fam)* **Kirchenlied** *nt* cantique *m* **Kirchenmaus** ▸ **arm wie eine ~ sein** *fam* être fauché(e) comme les blés *(fam)* **Kirchenmusik** *f* musique *f* sacrée **Kirchenrecht** *nt* droit *m* canon **Kirchenschiff** *nt (Längsschiff)* [grande] nef *f; (Querschiff)* nef latérale **Kirchenspaltung** *f* REL schisme *m* **Kirchenstaat** *m* HIST États *mpl* pontificaux **Kirchensteuer** *f* ≈ impôt *m* au bénéfice des Églises

---

Land und Leute

Le **Kirchensteuer** représente environ 8 % des revenus. On doit le payer si l'on est de confession catholique ou protestante. On le paye en règle générale au fisc qui reverse ensuite l'argent aux différentes Églises. En Autriche, la somme allouée au culte, qui varie suivant les personnes, est directement prélevée par les Églises. En Suisse, l'impôt au bénéfice des Églises est fixé suivant le droit des différents cantons.

Kirchenvater *m* Père *m* de l'Église **Kirchenvolk** *nt kein Pl* communauté *f* religieuse **Kirchenvorstand** *m (katholisch)* conseil *m* paroissial; *(protestantisch)* conseil *m* presbytéral
Kirchgang <-gänge> *m* assistance *f* au service religieux **Kirchgänger(in)** <-s, -> *m(f)* pratiquant(e) *m(f)*
kirchlich I. *Adj* de l'Église; *Feiertag, Trauung, Zeremonie* religieux(-euse)
II. *Adv* **heiraten, bestatten** à l'église
Kirchtag A *s.* **Kirmes Kirchturm** *m* clocher *m* **Kirchturmpolitik** *f pej* politique *f* de clocher *(péj)* **Kirchturmspitze** *f* flèche *f* du clocher
Kirchweih [-vaɪ] <-, -en> *f*, **Kirchweihe** *f* DIAL fête *f* patronale
Kirgise [kɪrˈɡiːzə] <-n, -n> *m*, **Kirgisin** *f* Kirghiz(e) *m(f)* **Kirgisien** [kɪrˈɡiːziən] <-s> *nt* le Kirghizistan
kirgisisch *Adj* kirghiz(e)
Kirmes ['kɪrməs, 'kɪrmɛs] <-, -sen> *f* DIAL kermesse *f*; **auf die ~ gehen** aller à la kermesse
kirre ['kɪrə] *Adj* ▸ **jdn ~ machen** *fam (jdn gefügig machen)* amadouer qn; *(jdn verrückt machen) Person, Musik, Arbeit:* rendre dingue qn *(fam)*; **ich bin schon ganz ~!** je ne sais plus où j'en suis! *(fam)*
Kirsch [kɪrʃ] *s.* **Kirschwasser**
Kirschbaum *m (Baum, Holz)* cerisier *m*; *(Baum der Vogelkirsche)* merisier *m* **Kirschblüte** *f* fleur *f* de cerisier; **zur [Zeit der] ~** quand les cerisiers sont en fleurs
Kirsche ['kɪrʃə] <-, -n> *f* ❶ cerise *f*
❷ *(Baum, Holz)* cerisier *m; der Vogelkirsche* merisier *m*
▸ **mit jdm ist nicht gut ~n essen** *fam* qn n'est pas à prendre avec des pincettes *(fam)*
Kirschentkerner <-s, -> *m* dénoyauteur *m* [de cerises] **Kirschkern** *m* noyau *m* de cerise **kirschrot** *Adj* rouge cerise *inv* **Kirschtorte** *f* tarte *f* aux cerises; **Schwarzwälder ~** forêt-noire *f* **Kirschwasser** *nt* kirsch *m*
Kirtag A *s.* **Kirmes**
Kissen ['kɪsən] <-s, -> *nt (Kopfkissen)* oreiller *m; (Zierkissen)* coussin *m*
Kissenbezug *m (Kopfkissenbezug)* taie *f* [d'oreiller]; *(Zierkissenbezug)* housse *f* [de coussin] **Kissenschlacht** *f fam* bataille *f* de polochons *(fam)*
Kiste ['kɪstə] <-, -n> *f* ❶ caisse *f; (klein)* boîte *f;* **eine ~ Bier/Zigarren** une caisse de bières/une boîte de cigares
❷ *fam (Auto)* caisse *f (fam)*
❸ *fam (Fernseher)* téloche *f (pop)*
❹ *fam (Computer)* bécane *f (arg)*
kistenweise *Adv* ❶ *(in Kisten)* **etw ~ verkaufen** vendre qc en caisses [entières] [*o* par caisses]
❷ *(in großen Mengen)* **~ Spielsachen wegwerfen** jeter des pleines caisses de jouets
Kita ['kiːta] <-, -s> *f Abk von* **Kindertagesstätte** garderie *f*
Kitsch [kɪtʃ] <-es> *m* kit[s]ch *m*
kitschig I. *Adj* kit[s]ch *inv*
II. *Adv* de façon kit[s]ch
Kitt [kɪt] <-[e]s, -e> *m* ❶ mastic *m*
❷ *fig* ciment *m (littér)*
Kitchen ['kɪtçən] <-s, -> *nt fam* taule *f (fam)*
Kittel ['kɪtəl] <-s, -> *m (Arbeitskittel)* blouse *f*
Kittelschürze *f* blouse *f* tablier
kitten ['kɪtən] *tr V* ❶ *(verkitten)* mastiquer *Fenster, Riss*
❷ *(kleben)* recoller *Tasse, Vase*
❸ *fig* cimenter *Beziehung, Partnerschaft;* **etw wieder ~** reconsolider qc; **da lässt sich nichts mehr ~** impossible de recoller les morceaux
Kitz [kɪts] <-es, -e> *nt eines Rehs, einer Gämse* faon *m; einer Ziege* chevreau *m*
Kitzel ['kɪtsəl] <-s, -> *m* ❶ *(Juckreiz)* chatouillement *m*
❷ *(Nervenkitzel)* frisson *m* agréable
kitzelig *s.* **kitzlig**
kitzeln ['kɪtsəln] **I.** *tr V* chatouiller; **jdn unter den Armen/hinter dem Ohr ~** chatouiller qn sous les bras/derrière l'oreille; **sie kitzelte ihn an den Füßen** elle lui a chatouillé les pieds
II. *itr V Haare, Wolle:* chatouiller; **das kitzelt** ça chatouille; **da kitzelt etwas an meinem Rücken** j'ai quelque chose qui me chatouille dans le dos; **es kitzelt mich in der Nase** j'ai le nez qui me chatouille
Kitzeln <-s-> *nt* chatouillement *m*
Kitzler ['kɪtslɐ] <-s, -> *m* clitoris *m*
kitzlig *Adj* ❶ chatouilleux(-euse)
❷ *(heikel) Angelegenheit* délicat(e)
Kiwi ['kiːvi] <-, -s> *f* kiwi *m*
kJ *Abk von* **Kilojoule** kj
KKW [kaːkaːˈveː] <-s, -s> *nt Abk von* **Kernkraftwerk** centrale *f* nucléaire
Klabautermann <-männer> *m* NAUT génie annonciateur de naufrage
klack [klak] *Interj* clac; **es macht ~** ça fait clac
klacken ['klakən] *itr V fam* claquer
klacks [klaks] *Interj* vlan
Klacks <-es, -e> *m fam* **ein ~ Püree/Sahne** un chouia de purée/crème Chantilly *(fam)*
▸ **für jdn ein ~ sein** *(einfach sein)* être de la rigolade pour qn *(fam)*; *(wenig sein)* être une babiole [pour qn]
Kladde ['kladə] <-, -n> *f* DIAL cahier *m* de brouillon
klaffen ['klafən] *itr V Spalt, Abgrund:* bâiller; *Wundränder:* être écarté(e); *Wunde, Schnitt:* être béant(e)
kläffen ['klɛfən] *itr V* glapir; **das Kläffen** les glapissements *mpl*
klaffend *Adj Abgrund, Spalt* béant(e); *Wunde* ouvert(e)
Kläffer <-s, -> *m pej* roquet *m (péj)*
Klafter ['klaftɐ] <-s, -> *m o nt,* <-, -n> *f selten veraltet* ❶ *(Maß für Holz)* ≈ corde *f (vieilli)*
❷ *(altes Längenmaß)* brasse *f*
Klage ['klaːɡə] <-, -n> *f* ❶ plainte *f;* **über jdn/etw ~n vorbringen** se plaindre de qn/qc; **keinen Grund zur ~ haben** n'avoir aucune raison de se plaindre; **dass mir keine ~n kommen!** *fam* qu'on ne vienne pas se plaindre de toi/vous!
❷ JUR **~ gegen jdn erheben** porter plainte contre qn; **eine ~ gegen jdn anstrengen/einreichen** intenter un procès [*o* une action en justice]/déposer une plainte contre qn; **eine ~ fallen lassen** renoncer à une action; **eine ~ zurückziehen** retirer une demande; **eine ~ abweisen** débouter qn(le) plaignant(e); **eine ~ auf Schadenersatz** une action en dommages-intérêts
Klagegeschrei *nt* lamentations *fpl;* **ein [lautes/jämmerliches]**

~ **anstimmen** se répandre en lamentations [bruyantes/déchirantes]| **Klagelaut** *m* plainte *f*; ~ **e/leise ~ e von sich geben** laisser échapper des plaintes/des gémissements plaintifs **Klagelied** *nt* complainte *f* ▸ **ein ~ über jdn/etw anstimmen** se répandre en lamentations au sujet de qn/qc **Klagemauer** *f* die ~ le mur des Lamentations

klagen ['klaːgən] I. *itr V* ❶ *(jammern)* se lamenter; **über etw** *(Akk)* ~ se lamenter sur qc
❷ *geh (trauern)* **um jdn/etw** pleurer qn/qc
❸ *(sich beklagen)* **über etw** *(Akk)* ~ se plaindre de qc; **ich kann nicht ~** *fam* on ne peut pas se plaindre *(fam)*
❹ JUR **gegen jdn ~** porter plainte contre qn; **auf Schadenersatz/Rückzahlung ~** intenter une action en dommages-intérêts/pour remboursement; **auf Erfüllung ~** intenter une action en paiement II. *tr V* ❶ *(erzählen)* **jdm sein Leid/seine Not ~** se plaindre de sa souffrance/misère auprès de qn
❷ A *s.* **verklagen**

klagend I. *Adj* ❶ *Laut, Stimme* plaintif(-ive)
❷ JUR *Partei, Teil* plaignant(e)
II. *Adv* en geignant

Kläger(in) ['klɛːgɐ] <-s, -> *m(f)* plaignant(e) *m(f)*, partie *f* plaignante
▸ **wo kein ~ ist, ist auch kein Richter** *Spr.* sans plaignant, pas de procès

Klageweg *m form* **den ~ beschreiten** intenter une action juridique; **auf dem ~ [e]** par voie de justice **Klageweib** *nt* pleureuse *f*

kläglich ['klɛːklɪç] I. *Adj* ❶ *pej (miserabel)* lamentable
❷ *(dürftig) Rest, Verdienst* misérable
❸ *(jammervoll) Laut, Stimme, Wimmern* pitoyable
II. *Adv pej durchfallen, scheitern* lamentablement

Kläglichkeit <-, *selten* -en> *f pej einer Ausrede, eines Einwands* indigence *f*; **die ~ dieses Gehalts** ce salaire de misère

klaglos *Adv* sans rechigner

Klamauk [kla'maʊk] <-s> *m fam (Alberei)* connerie *f (fam)*;
~ machen faire des conneries *(fam)*

klamm [klam] *Adj* ❶ *Füße* engourdi(e); *Wäsche* humide et froid(e)
❷ *fam (knapp bei Kasse)* **~ sein** être fauché(e) *(fam)*

Klamm <-, -en> *f* gorge *f*

Klammer ['klamɐ] <-, -n> *f* ❶ *(Wäscheklammer)* pince *f* [à linge]
❷ *(Heftklammer)* agrafe *f*; *(Büroklammer)* trombone *m*
❸ *(Haarklammer)* épingle *f* [à cheveux]
❹ MED *(Wundklammer)* agrafe *f*
❺ MED *(Zahnklammer)* appareil *m* [dentaire]
❻ *(Textsymbol)* [**runde**] ~ parenthèse *f*; **eckige/spitze/geschweifte ~** crochet *m*/chevron *m*/accolade *f*; **in ~n** entre parenthèses; **~ auf** ouvre/ouvrez la parenthèse; **~ zu** ferme/fermez la parenthèse

Klammeraffe *m* INFORM *fam* ar[r]obas *m*

klammern ['klamɐn] I. *tr V* ❶ *(zusammenheften)* **einen Zettel an etw** *(Akk)* ~ agrafer un bout de papier à qc
❷ MED **eine Wunde ~** suturer une plaie [au moyen d'agrafes]
II. *r V* ❶ *(festhalten)* **sich an jdn/etw ~** se cramponner [*o* s'accrocher] à qn/qc
❷ *fig* **sich an jdn/etw ~** se raccrocher à qn/qc
III. *itr V Boxer:* s'accrocher

klammheimlich *fam* I. *Adj* secret(-ète)
II. *Adv* en douce *(fam)*

Klamotten *Pl fam* fringues *fpl (fam)*
Klamottenkiste *f fam* ▸ **aus der ~** de la guerre de quatorze *(fam)*

Klampfe ['klampfə] <-, -n> *f* MUS *veraltet* guitare *f*

Klan [klaːn] <-s, -e> *m* clan *m*

klang [klaŋ] *Imp von* **klingen**

Klang [klaŋ, *Pl:* 'klɛŋə] <-[e]s, Klänge> *m* ❶ *(Ton)* son *m*; einer *Stimme* timbre *m*
❷ *Pl (harmonische Klangfolgen)* sons *mpl*; **zu den Klängen des Orchesters** au son de l'orchestre
▸ **einen guten ~ haben** *Instrument:* avoir un beau son; *Name:* être réputé(e)

Klangeffekt *m* effet *m* sonore **Klangfarbe** *f* MUS timbre *m* **Klangfarberegler** *m* régulateur *m* de [la] tonalité **Klangfolge** *f* séquence *f* sonore **Klangfülle** *f* sonorité *f*

klanglich I. *Adj Effekt, Qualität* sonore; *Unterschied* de sonorité
II. *Adv* en ce qui concerne la sonorité

klanglos *Adj Stimme* sans timbre; **~ sein** *Stimme:* être sourd(e)

Klangregler *m* régulateur *m* de [la] tonalité **klangvoll** *Adj*
❶ *(volltönend)* sonore; *Name, Wort* qui sonne bien ❷ *(bedeutend) Titel, Name* impressionnant(e)

Klappbett *nt* lit *m* rabattable **Klappdeckel** *m* couvercle *m* à charnière

Klappe ['klapə] <-, -n> *f* ❶ *(Verschlussklappe) eines Briefkastens, Mülleimers* couvercle *m*; *einer Tasche* rabat *m*; *eines Ofens* clapet *m*
❷ MUS *einer Klarinette, Flöte* clé *f*
❸ *fam (Mund)* clapet *m (fam)*; **eine große ~ haben** avoir une grande gueule *(fam)*; **die ~ aufreißen** être fort(e) en gueule *(fam)*; **die ~ halten** fermer son clapet *(fam)*; [**halt die**] **~!** la ferme! *(fam)*
❹ *sl (Treffpunkt für Homosexuelle)* ≈ toilettes *fpl* gay

klappen ['klapən] I. *tr V* + *haben* **etw nach oben/unten/hinten ~** rabattre qc vers le haut/vers la bas/en arrière
II. *itr V* ❶ + *haben fam (funktionieren)* marcher *(fam)*; **mit dem Projekt hat es nicht geklappt** le projet n'a pas marché *(fam)*; **es klappt fantastisch/gar nicht** ça marche super bien/pas du tout *(fam)*
❷ + *sein (schnappen)* **nach oben/unten ~** *Sitz:* se relever/s'abaisser
❸ + *sein (schlagen) Laden, Fensterflügel:* claquer; **gegen etw ~** claquer contre qc

Klappentext *m* résumé *m* sur la jaquette d'un/du livre
Klapper ['klapɐ] <-, -n> *f* hochet *m*
klapperdürr ['klapɐ'dyr] *Adj fam* maigre comme un clou *(fam)*; **~ sein** n'avoir que la peau sur les os **Klappergestell** *nt hum fam* squelette *m* ambulant *(hum fam)*
klapperig *s.* **klapprig**
Klapperkasten ['klapɐ-] *m fam* ❶ *(Klavier)* casserole *f (fam)*
❷ *(Auto)* tas *m* de ferraille *(fam)* **Klapperkiste** *f pej fam* tas *m* de ferraille *(fam)*

klappern ['klapɐn] *itr V* ❶ *(schlagen) Laden, Fensterflügel:* claquer
❷ *(Geräusch erzeugen)* **mit den Zähnen/dem Schnabel ~** claquer des dents/du bec; **mit dem Geschirr/den Stricknadeln ~** faire cliqueter la vaisselle/les aiguilles à tricoter

Klapperschlange *f* serpent *m* à sonnettes **Klapperstorch** *m Kinderspr.* [gentille] cigogne *f* ▸ [**immer noch**] **an den ~ glauben** croire [encore] que les enfants naissent dans les choux

Klappfahrrad *nt* vélo *m* pliant **Klappliege** *f* lit *m* pliant **Klappmesser** *nt* canif *m* **Klapprad** *nt* vélo *m* pliant

klapprig *Adj fam* ❶ *(gebrechlich)* décati(e) *(fam)*
❷ *(instabil) Auto, Möbelstück* déglingué(e) *(fam)*

Klappsitz *m* siège *m* rabattable **Klappstuhl** *m* chaise *f* pliante **Klapptisch** *m* table *f* pliante **Klappverdeck** *nt* capote *f*

Klaps [klaps] <-es, -e> *m* tape *f*

Klapsmühle *f pej fam* maison *f* de fous; **in der ~ sitzen** être chez les dingues *(fam)*; **der gehört in die ~!** il est bon à envoyer chez les dingues! *(fam)*

klar [klaːɐ] I. *Adj* ❶ *(durchsichtig, ungetrübt) Wasser, Glas, Himmel, Sicht* clair(e)
❷ *(deutlich, eindeutig) Stimme, Ton, Aussprache* clair(e); *Benachteiligung, Ergebnis, Vorteil* évident(e); *Vorsprung* net(te)
❸ *fam (verständlich)* **alles ~?** c'est clair?; **alles ~!** c'est clair!; **na ~!** mais bien sûr!, ben évidemment!
❹ *(bewusst)* **jdm ist etw ~** qn comprend qc; **jdm wird etw ~** qn commence à comprendre qc, qn se rend compte de qc; **sich** *(Dat)* **über etw** *(Akk)* **im Klaren sein** y voir clair dans qc; **sich** *(Dat)* **darüber im Klaren sein, dass** réaliser [*o* se rendre compte de] ce que + *indic*; **sich über seine Gefühle/Fehler ~ werden** prendre conscience de ses sentiments/erreurs; **sich darüber ~ werden, dass** commencer à réaliser que + *indic*; **langsam wird mir klar, wie ...** je commence à comprendre comment ...
II. *Adv* **erkennen, hervortreten** clairement; **~ denkend** clairvoyant(e)
▸ **~ und deutlich** de façon claire et nette

Kläranlage ['klɛːɐ-] *f* station *f* d'épuration
Klarapfel *m* transparente *f* blanche
Klärbecken *nt* bassin *m* de décantation
klardenkend *s.* **klar** II.
Klare(r) *m dekl wie Adj fam* gnôle *f (fam)*
klären ['klɛːrən] I. *tr V* ❶ *(aufklären)* élucider *Problem, Frage*
❷ *(reinigen)* épurer *Abwasser*
II. *r V* **sich ~** ❶ *(sich aufklären)* se résoudre; **die Frage hat sich geklärt** la question est résolue
❷ *(sauber werden) Wasser:* se décanter

klargehen *itr V unreg* + *sein fam* **es/die Sache geht klar** ça marche/c'est une affaire qui roule *(fam)*; **mit der Prüfung/Lieferung ging alles klar** l'examen/la livraison a été comme sur des roulettes *(fam)*

Klarheit <-, -en> *f a. fig* clarté *f*; **etw in aller ~ sagen/zu verstehen geben** dire/faire comprendre qc en toute clarté; **sich** *(Dat)* **~ [über etw** *(Akk)*] **verschaffen** obtenir des précisions [sur qc]; **in einer Angelegenheit ~ haben** y voir clair dans une affaire; **über etw** *(Akk)* **besteht ~** qc est clair(e) [pour tout le monde/entre nous]

Klarinette [klari'nɛta] <-, -n> *f* clarinette *f*
Klarinettist(in) [klarinɛ'tɪst] <-en, -en> *m(f)* clarinettiste *mf*
klarkommen *itr V unreg* + *sein fam* s'en sortir *(fam)*; **mit jdm/etw ~** s'en sortir avec qn/qc **Klarlack** *m* vernis *m* **klar|machen** I. *tr V* **jdm etw ~** faire comprendre qc à qn; **jdm ~, dass/wie ...** expliquer à qn que + *indic*/comment ... II. *r V* **sich** *(Dat)* **etw ~** se rendre compte de qc; **sich** *(Dat)* **~, dass/wo ...** réaliser

que + *indic*/où ...
Klärschlamm *m* boues *fpl* d'épuration
klar|sehen *itr V unreg* [**in etw** *(Dat)*] ~ y voir clair [dans qc] *(fam)*
Klarsichtfolie [-liə] *f* film *m* transparent [étirable] **Klarsichthülle** *f* chemise *f* transparente; *(zum Einheften)* pochette *f* perforée
klarsichtig *Adj Person* clairvoyant(e)
Klarsichtpackung *f* emballage *m* plastique transparent
klar|spülen *tr, itr V* rincer **klar|stellen** *tr V* clarifier; **~, dass** mettre en évidence que + *indic;* **ich möchte ~, dass** je tiens à préciser que **Klarstellung** *f* clarification *f;* **ich verlange von Ihnen eine ~** [**, dass**] je vous demande de spécifier [que + *indic*] **Klartext** *m* texte *m* en clair ▶ **mit jdm ~ reden** *fam* dire à qn comment on s'appelle *(fam);* **im ~** *fam* en clair *(fam)*
Klärung <-, -en> *f* ❶ *(Aufklärung)* élucidation *f*
❷ *(Reinigung) von Abwässern* épuration *f*
klar|werden *s.* **klar I.**❹
klasse ['klasə] *Adj unv fam* super *(fam)*
Klasse <-, -n> *f* ❶ *a.* SCHULE, SOZIOL, BIO classe *f;* **erster/zweiter ~ fahren/fliegen** voyager en première/ seconde [classe] **ein Wagen der ersten ~** une voiture de première classe
❷ *(Fahrzeuggruppe, -art)* catégorie *f*
❸ *(Ziehungsgruppe) einer Lotterie* tirage *m;* *(Gewinnklasse)* rang *m*
❹ JUR *eines Patents* catégorie *f;* **anwendungsbezogene/anwendungsfreie ~** catégorie se référant/sans référence à l'application
▶ **das ist ganz** **große ~!** *fam* [c'est vraiment] super! *(fam);* **~ haben** *fam* être classe *(fam)*
Klassefrau *f fam* super-femme *f (fam)*
Klassement [klasə'mã:] <-s, -s> *nt* classement *m*
Klassenarbeit *f* devoir *m* sur table **Klassenausflug** *m* excursion *f* avec la classe **Klassenbeste(r)** *f(m) dekl wie Adj* premier(-ière) *m(f)* [de la classe] **Klassenbewusstsein**^RR *nt* conscience *f* de classe **Klassenbuch** *nt* cahier *m* de présence **Klassenkamerad(in)** *m(f)* camarade *mf* de classe **Klassenkampf** *m* lutte *f* des classes **Klassenlehrer(in)** *m(f)* professeur *mf* principal(e) **klassenlos** *Adj Gesellschaft* sans classe; *Krankenhaus* publique **Klassenlos** *nt* billet *m* de loterie **Klassenlotterie** *f* loterie *f* [en plusieurs tirages]; **in der ~ spielen** jouer à la loterie **Klassenraum** *s.* **Klassenzimmer** **Klassensprecher(in)** *m(f)* délégué(e) *m(f)* de classe **Klassentreffen** *nt* réunion *f* d'anciens [camarades de classe] **klassenweise** *Adv sitzen, sich aufstellen* par classe; *aufräumen, reinigen* classe par classe **Klassenziel** *nt* objectif *m* pédagogique; **das ~ erreichen** satisfaire aux objectifs pédagogiques **Klassenzimmer** *nt* salle *f* de classe
Klassifikation [klasifika'tsio:n] *s.* **Klassifizierung**
klassifizierbar *Adj Leistung* classable
klassifizieren* *tr V* classifier; *Pflanzen/Tiere* [**nach Arten**] **~** classer ~ [, nach Arten] **o** classifier les plantes/animaux [par espèces]
Klassifizierung <-, -en> *f* classification *f*
Klassik ['klasɪk] <-> *f* ❶ *(kulturelle Epoche)* classicisme *m*
❷ *(klassisches Altertum)* Antiquité *f*
❸ *fam (klassische Musik)* classique *m (fam); (klassische Literatur)* œuvres *fpl* classiques
Klassiker(in) ['klasikɐ] <-s, -> *m(f)* ❶ *(Schriftsteller)* classique *m*
❷ *(Komponist)* musicien(ne) *m(f)* classique
❸ *(Autorität)* référence *f;* **ein ~ sein** être un classique; **ein ~ des Stummfilms/des Jazz** un classique du film muet/du jazz
klassisch *Adj* classique
Klassizismus [klasi'tsɪsmʊs] <-, -smen> *m* classicisme *m*
klassizistisch *Adj* classique
klatsch [klatʃ] *Interj* paf
Klatsch <-[e]s, -e> *m* ❶ *kein Pl pej fam (Gerede)* ragots *mpl (fam)*
❷ *(Klaps)* **jdm einen ~ auf den Po geben** *(jdn schlagen)* donner une tape sur les fesses à qn; *(jdn begrapschen)* mettre la main aux fesses à qn *(fam)*
Klatschbase *f pej fam* commère *f (fam)*
Klatsche <-, -n> *f fam* tapette *f* [à mouches]
klatschen ['klatʃən] I. *itr V* ❶ + *haben* applaudir; **in die Hände ~** taper dans les mains
❷ + *haben (schlagen)* **sich** *(Dat)* **auf die Schenkel ~** se taper sur les cuisses; **jdm auf den Hintern ~** *fam* mettre la main aux fesses à qn *(fam)*
❸ + *sein (auftreffen)* **auf/gegen etw** *(Akk)* **~** s'écraser sur/contre qc; **die Torte klatschte ihm ins Gesicht** le gâteau à la crème s'écrasa sur son visage
❹ + *haben pej fam (tratschen)* **über jdn ~** taper sur qn *(fam);* **über etw** *(Akk)* **~** jaser sur qc
II. *tr V + haben* ❶ *(schlagen)* **den Takt ~** battre la mesure [des mains]
❷ *fam (werfen)* **etw an die Wand ~** balancer qc sur le mur *(fam);* **er hat ihm eine Torte ins Gesicht geklatscht** il lui a flanqué un gâteau à la crème en pleine figure *(fam)*
Klatschen <-s> *nt* ❶ *(Applaus)* applaudissements *mpl*

❷ *fam (Tratschen)* ragots *mpl (fam)*
Klatscherei <-, -en> *f pej fam* commérages *mpl (fam)*
klatschhaft *Adj pej* cancanier(-ière)
Klatschmaul *nt pej fam (Klatschbase)* concierge *f (fam)*
Klatschmohn *m* coquelicot *m* **klatschnass**^RR *Adj fam Kleidung, Haare* tout(e) [o complètement] trempé(e); **~ werden/sein** *Person:* être trempé(e) comme une soupe *(fam);* **die Wäsche wird doch ~!** le linge va être tout trempé! **Klatschpresse** *f* presse *f* people **Klatschspalte** *f pej fam* rubrique *f* des potins mondains, échos *mpl* **Klatschsucht** *f pej* goût *f* pour les commérages, manie *f* des cancans **klatschsüchtig** *Adj pej* cancanier(-ière)
Klatschtante *f,* **Klatschweib** *nt pej fam* commère *f (fam)*
klauben ['klaʊbən] *tr V* SDEUTSCH, A, CH ❶ ramasser *Holz, Kastanien*
❷ *(entfernen)* **sich** *(Dat)* **die Kletten vom Ärmel ~** s'enlever les bardanes de la manche
Klaue ['klaʊə] <-, -n> *f* ❶ *eines Raubvogels* serres *fpl;* *eines Raubtiers* griffes *f;* *eines Insekts* pince *f*
❷ *pej sl (Hand)* paluche *f (pop)*
❸ *pej sl (Handschrift)* écriture *f* de cochon *(fam)*
▶ **jdn aus den ~n der Entführer befreien** libérer qn des griffes des ravisseurs
klauen ['klaʊən] I. *tr V fam* ❶ piquer *(fam),* faucher *(fam);* **jdm etw ~** piquer [*o* faucher] qc à qn; **geklaut** piqué(e)
❷ *(plagiieren)* piquer *(fam)*
II. *itr V fam* faucher *(fam);* **dort wird viel geklaut** là-bas, il y a beaucoup de fauche *(fam);* **beim Klauen erwischt werden** être surpris(e) à faucher *(fam)*
Klause ['klaʊzə] <-, -n> *f* ❶ *(Einsiedelei)* ermitage *m (vieilli)*
❷ *hum (Zimmer)* retraite *f,* thébaïde *f (littér)*
Klausel ['klaʊzəl] <-, -n> *f* clause *f*
Klaustrophobie [klaʊstrofo'bi:] <-> *f* PSYCH claustrophobie *f*
Klausur [klaʊ'zuːɐ̯] <-, -en> *f* ❶ UNIV [examen *m*] partiel *m*
❷ SCHULE devoir *m* surveillé
❸ *(Klosterbereich)* clôture *f*
▶ **in ~ gehen** faire une retraite
Klausurtagung *f* congrès *m* à huis clos
Klaviatur [klavia'tuːɐ̯] <-, -en> *f* ❶ *eines Instruments* clavier *m*
❷ *geh (Palette)* gamme *f*
Klavichord [klavi'kɔrt] <-[e]s, -e> *nt* MUS clavicorde *m*
Klavier [kla'viːɐ̯] <-s, -e> *nt* piano *m;* **~ spielen** jouer du piano
Klavierbauer(in) [kla'viːɐ̯-] *m(f)* facteur(-trice) *m(f)* de pianos
Klavierbegleitung *f* accompagnement *m* de piano; **mit ~** avec accompagnement au piano **Klavierdeckel** *m* abattant *m* de piano **Klavierhocker** *m* tabouret *m* de piano **Klavierkonzert** *nt* concerto *m* pour piano; *(Veranstaltung)* récital *m* de piano **Klavierlehrer(in)** *m(f)* professeur *mf* de piano **Klaviersonate** *f* sonate *f* pour piano **Klavierspieler(in)** *m(f)* pianiste *mf* **Klavierstimmer(in)** *m(f)* accordeur(-euse) *m(f)* de piano **Klavierstunde** *f* leçon *f* de piano **Klavierunterricht** *m* cours *m* de piano
Klebeband <-bänder> *nt* ruban *m* adhésif **Klebebindung** *f* reliure *f* sans couture
kleben ['kleːbən] I. *itr V* ❶ *(klebrig sein)* coller
❷ *(haften)* **an etw** *(Dat)* **~** être collé(e) à qc; **gut/schlecht ~** coller bien/mal; **diese Folie klebt von selbst** c'est une feuille autocollante; **das Hemd klebt ihm am Körper** sa chemise lui colle à la peau
❸ *fam (treu befolgen)* **an etw** *(Dat)* **~** suivre fidèlement qc
❹ *veraltet fam (Rentenbeiträge entrichten)* cotiser [pour la retraite]
II. *tr V* ❶ *(befestigen)* **etw an die Wand ~** coller qc au mur
❷ *(zusammenkleben)* coller *Film, Tonband*
❸ *(reparieren)* recoller; **das kann man nicht ~** ça ne peut pas se recoller
▶ **jdm eine ~** en coller une à qn *(fam)*
Kleber <-s, -> *m fam* colle *f*
Klebestift *m* bâton *m* de colle **Klebestreifen** *m s.* **Klebstreifen**
klebrig ['kleːbrɪç] *Adj* collant(e)
Klebstoff *m* colle *f* **Klebstreifen** *m* [ruban *m*] adhésif *m*
Kleckerbetrag *m meist Pl fam* somme *f* minable *(fam)*
Kleckerei <-, -en> *f pej fam* dégoulinades *fpl (fam)*
kleckern ['klɛkɐn] I. *tr V + haben* **Soße auf etw** *(Akk)* **~** faire des taches de sauce sur qc; *(großflächig)* répandre de la sauce sur qc
II. *itr V* ❶ + *haben* **mit etw ~** faire des taches de qc *(fam)*
❷ + *sein (tropfen)* **die Soße kleckert ihm auf die Hose** la sauce lui dégouline sur le pantalon
❸ + *sein fam (eintreffen) Zahlungen, Aufträge:* arriver au compte-gouttes
▶ **nicht ~,** [**sondern**] **klotzen!** il faut y mettre le pacson! *(arg)*
kleckerweise *Adv fam* au compte-gouttes
Klecks <-es, -e> *m* ❶ *(Fleck)* [grosse] tache *f; (Farbklecks)* éclaboussure *f; (Tintenklecks)* pâté *m*
❷ *(kleine Menge)* **ein ~ Senf/Sahne** un peu de moutarde/de crème Chantilly

klecksen ['klɛksən] **I.** *itr V + haben* ❶ *(Kleckse machen) Person:* barbouiller *(fam)* ❷ *(tropfen) Füller:* baver; *Farbe:* dégouliner **II.** *tr V + haben* [jdm] **Tinte auf die Hose ~** faire une tache d'encre sur le pantalon [de qn]; *(absichtlich)* balancer de l'encre sur le pantalon [de qn]
Klee [kleː] <-s> *m* trèfle *m*
▶ **jdn/etw über den grünen ~ loben** *fam* couvrir qn de fleurs *fam*/porter qc aux nues
Kleeblatt *nt* ❶ [feuille *f* de] trèfle *m*; **vierblättriges ~** trèfle *m* à quatre feuilles ❷ *(Autobahnkreuz)* échangeur *m* ❸ *(Trio)* trio *m*
Kleiber ['klaɪbɐ] <-s, -> *m* ORN sittelle *f*
Kleid [klaɪt] <-[e]s, -er> *nt* ❶ robe *f* ❷ *Pl (Kleidungsstück)* vêtements *mpl*, habits *mpl*; **sich** *(Dat)* **die ~er vom Leib reißen** se débarrasser de ses vêtements; **sie haben ihm die ~er vom Leib gerissen** ils lui ont arraché ses vêtements du corps
▶ **~er machen Leute** *Sprw.* ≈ on juge les gens sur leur mine
kleiden ['klaɪdən] **I.** *r V* **sich dezent/auffällig ~** s'habiller d'une façon décente/criarde; **in Grün/in Seide** *(Akk)* **gekleidet sein** être habillé(e) [*o* vêtu(e)] en vert/de soie **II.** *tr V* ❶ **jdn gut ~** *Anzug, Farbe:* bien habiller qn ❷ *geh (ausdrücken)* **etw in Worte ~** habiller qc de mots *(soutenu)* ❸ *veraltet geh (einkleiden)* habiller *Person*
Kleiderablage *f* vestiaire *m*; *(Möbel)* penderie *f* **Kleiderbügel** *m* cintre *m* **Kleiderbürste** *f* brosse *f* à habits **Kleiderhaken** *m* patère *f*, portemanteau *m* **Kleiderkammer** *f* MIL magasin *m* d'habillement **Kleiderkasten** *m* A, CH *s.* **Kleiderschrank** **Kleiderrock** *m* robe *f* chasuble **Kleidersack** *m* sac *m* de voyage **Kleiderschrank** *m* armoire[-penderie] *f* **Kleiderständer** *m* portemanteau *m*
kleidsam *Adj geh* seyant(e)
Kleidung <-, *selten* -en> *f* vêtements *mpl*, habits *mpl*
Kleidungsstück *nt* vêtement *m*
Kleie ['klaɪə] <-, -n> *f* son *m*

klein [klaɪn] **I.** *Adj* ❶ petit(e) *gén antéposé;* **eine zu ~e Bluse** un chemisier trop juste; **jdm zu ~ sein** être trop petit(e) pour qn; **die ~eren Größen** les petites tailles; **haben Sie diese Jeans eine Nummer ~er?** avez-vous ce jean en plus petit? ❷ *(kleinwüchsig) Person* petit(e) *antéposé;* **sich ~ machen** se faire tout(e) petit(e) ❸ *(jung) Kind, Hund, Katze* petit; **als ich ~ war** quand j'étais tout(e) petit(e) ❹ *(kleingeschrieben) Buchstabe* minuscule; **ein ~es a** un a minuscule; *(in mathematischen Gleichungen)* un petit a ❺ *(räumlich und zeitlich kurz)* petit(e) *antéposé;* **haltet einen ~en Abstand!** restez groupé(e)s! ❻ *(gering)* petit(e) *antéposé;* **ein ~[es] bisschen**, **ein ~ wenig** un [tout] petit peu ❼ *(geringfügig) Fehler, Verstoß* petit(e) *antéposé;* **die ~ste Bewegung** le moindre mouvement; **ich kann nicht wechseln, haben Sie es nicht ~er?** je ne peux pas vous rendre la monnaie, vous n'avez pas de la monnaie? ❽ *pej (unbedeutend) Beamter* petit(e) *antéposé*
▶ **~, aber fein** petit(e) par la taille, grand(e) par la qualité; **die Kleinen hängt man, die Großen lässt man laufen** *Sprw.* c'est toujours le petit qui trinque; **im Kleinen wie im Großen** en gros et en détail; **~, aber oho** *fam* petit(e) peut-être, mais il ne faut pas s'y fier *(fam);* **bis ins Kleinste** jusque dans le moindre détail; **von ~ auf** dès ma/sa/... plus tendre enfance
II. *Adv (weniger warm)* **etw ~/~er drehen** baisser qc
▶ **~ anfangen** *fam (mit wenig Vermögen)* partir de quasiment zéro; **~ beigeben** baisser le ton; **~ machen** *Kinderspr.* faire la petite commission
Kleinaktionär(in) *m(f)* petit(e) *m(f)* actionnaire **Kleinanzeige** *f* petite annonce *f* **Kleinarbeit** *f kein Pl* travail *m* de précision; **etw in mühseliger ~ tun** faire qc grâce à un véritable travail de fourmi **Kleinasien** <-s> *nt* l'Asie *f* mineure **Kleinbahn** *f* ligne *f* à voie étroite **Kleinbauer** *m*, **-bäuerin** *f* petit(e) *m(f)* exploitant(e) **klein|bekommen*** *s.* **kleinkriegen Kleinbetrieb** *m* petite entreprise *f* **Kleinbildkamera** *f* appareil *m* 24 x 36 **Kleinbuchstabe** *m* [lettre *f*] minuscule *f* **Kleinbürger(in)** *m(f)* ❶ **die ~** la petite bourgeoisie *f* ❷ *pej (Spießbürger)* petit(e)-bourgeois(e) *m(f)* **kleinbürgerlich** *Adj* ❶ de la petite bourgeoisie ❷ *pej (spießbürgerlich)* petit(e)-bourgeois(e) **Kleinbürgertum** *nt* petite bourgeoisie *f* **Kleinbus** *m* minibus *m*
Kleine(r) *f(m) dekl wie Adj* ❶ *(Kind)* petit(e) *m(f)*; **na, ~/~r!** alors, ma petite/mon petit!; **die lieben ~n** *iron* les petits chéris ❷ *fam (junger Mensch)* **eine nette ~** une petite belle; **seine ~** sa petite amie; **na, ~/~r!** alors, chérie/chéri!
Kleine(s) *nt dekl wie Adj* ❶ *(Kind)* petit(e) *m(f)* ❷ *(Jungtier)* jeune *mf*
Kleinfamilie [-liə] *f* famille *f* nucléaire **Kleinformat** *nt* petit format *m* **Kleingarten** *m* jardin *m* familial [*o* ouvrier] **Kleingärtner(in)** *m(f)* locataire *mf* de jardin ouvrier **Kleingebäck** *nt* petits gâteaux *mpl*
kleingedruckt *s.* **gedruckt**
Kleingedruckte(s) *nt dekl wie Adj* clauses *fpl* en petits caractères; *eines Bestellformulars* conditions *fpl* de vente en petits caractères **Kleingeist** *m pej* esprit *m* borné **Kleingeld** *nt* monnaie *f* ▶ **das nötige ~** *fam* les sous [pour ça] *(fam)* **kleingläubig** *Adj pej* timoré(e) **Kleingruppe** *f* petit groupe *m*
klein|hacken *s.* **hacken** I.❶
Kleinhandel *m* ÖKON commerce *m* de détail
Kleinheit <-> *f* petitesse *f*
Kleinhirn *nt* ANAT cervelet *m* **Kleinholz** *nt kein Pl* petit bois *m* ▶ **aus jdm** [*o* **jdn zu**] **~ machen** mettre qn en bouillie *(fam);* **aus etw** [*o* **etw zu**] **~ machen** *hum fam* mettre qc en pièces
Kleinigkeit ['klaɪnɪçkaɪt] <-, -en> *f* ❶ *(Bagatelle)* bricole *f*; **das ist eine/keine ~** ce n'est pas un problème/n'est pas rien; **wegen** [*o* **bei**] **jeder ~** pour la moindre broutille ❷ *(Einzelheit)* [petit] détail *m* ❸ *(kleine Menge, Strecke, Portion)* **eine ~** un peu; **eine ~ essen** manger un petit quelque chose; **eine ~ kosten** *iron* coûter une jolie [petite] somme ❹ *(kleiner Artikel)* bricole *f*
Kleinigkeitskrämer(in) *m(f) pej* tatillon(ne) *m(f)*, pinailleur(-euse) *m(f) (fam)*
Kleinkalibergewehr *nt* fusil *m* petit calibre
kleinkalibrig *Adj* de petit calibre
kleinkariert *pej fam* **I.** *Adj (engstirnig)* borné(e); **~ sein** avoir des œillères **II.** *Adv* **handeln** petitement; **~ denken** avoir un esprit borné **Kleinkind** *nt* petit enfant *m* **Kleinklima** *nt* microclimat *m* **Kleinkram** *m fam* ❶ *(Kleinigkeiten)* broutilles *fpl* ❷ *(kleine Arbeiten)* [petites] bricoles *fpl (fam)* **Kleinkredit** *m* petit crédit *m* **Kleinkrieg** *m* ❶ MIL guérilla *f*; **jdm einen ~ liefern** mener une guérilla contre qn ❷ *(Streitereien)* petite guerre *f*
klein|kriegen *tr V* ❶ *fam (zerkleinern)* arriver à couper *Holz, Steak* ❷ *fam (kaputtmachen)* réussir à bousiller *(fam) Spielzeug;* **nicht kleinzukriegen sein** être increvable *(fam)* ❸ *fam (gefügig machen)* **jdn ~** obliger qn à filer doux *(fam)* **Kleinkunst** *f kein Pl* numéros *mpl*, petits spectacles *mpl* **Kleinkunstbühne** *f* café--théâtre *m*; *(Kabarett)* cabaret *m* **kleinlaut I.** *Adj Antwort, Eingeständnis* embarrassé(e); **~ werden/sein** baisser/avoir baissé le ton **II.** *Adv* **fragen** d'une [toute] petite voix; **zugeben** d'un ton gêné
kleinlich *Adj pej* ❶ *(geizig)* pingre ❷ *(engstirnig)* mesquin(e)
Kleinlichkeit <-, -en> *f pej (Geiz, Engstirnigkeit)* mesquinerie *f*
klein|machen *s.* **machen** I.❶
Kleinmöbel *Pl* petit mobilier *m* **Kleinmut** *m geh* pusillanimité *f (littér)*
kleinmütig *Adj geh* timoré(e) *(soutenu)*
Kleinod ['klaɪnoːt, *Pl:* klaɪˈnoːdiən] <-[e]s, -odien> *nt a. fig geh* joyau *m*
klein|schneiden *s.* **schneiden** I.❶
klein|schreiben *tr V unreg* ❶ *(mit kleinen Anfangsbuchstaben)* écrire en minuscules; **ein Wort ~** écrire un mot en minuscules ❷ *(nicht wichtig nehmen)* **Höflichkeit wird heutzutage/bei ihnen kleingeschrieben** de nos jours/chez eux, on ne fait pas grand cas de la politesse **Klein|schreibung** *f* écriture *f* sans majuscules **Kleinstaat** *m* petit État *m* **Kleinstadt** *f* petite ville *f*; *(mit mehr als 10.000 Einwohnern)* ville moyenne **Kleinstädter(in)** *m(f)* habitant(e) *m(f)* d'une petite ville **kleinstädtisch** *Adj* ❶ *Umgebung, Verkehr* d'une petite ville ❷ *pej Beschränktheit, Enge* typique des petites villes
kleinstmögliche(r, s) *Adj attr* **die ~ Packung/Menge** le plus petit emballage/la plus petite quantité possible
Kleintier *nt* animal *m* de compagnie **Kleinvieh** *nt* [animaux *mpl* de] basse-cour *f* ▶ **~ macht auch Mist** *Sprw.* les petits ruisseaux font les grandes rivières **Kleinwagen** *m* petite voiture *f*
kleinwüchsig [-vyːksɪç] *Adj geh* de petite taille
Kleister ['klaɪstɐ] <-s, -> *m* colle *f* [d'amidon]
kleistern *tr V* **etw an die Wand ~** coller qc sur le mur
Klementine [klemɛnˈtiːnə] <-, -n> *f* clémentine *f*
Klemmmappeᴬᴸᵀ *s.* **Klemmmappe**
Klemmbrett *nt* bloc *m* pupitre
Klemme ['klɛmə] <-, -n> *f* ❶ *(Haarklemme)* barrette *f* ❷ ELEC serre-fils *m*; *eines Starthilfekabels* pince *f* ❸ *fam (schwierige Lage)* pétrin *m fam*; *(finanziell)* dèche *f (fam)*; **in der ~ sein** [*o* **sitzen**] [*o* **stecken**] *fam* être dans le pétrin *(fam)*
klemmen I. *tr V* ❶ **etw unter etw** *(Akk)* **~** glisser qc sous qc; **etw in etw** *(Akk)* **~** coincer qc dans qc; [**sich** *(Dat)*] **die Tasche unter den Arm ~** [se] mettre le sac sous le bras; **den Schwanz zwischen die Hinterbeine ~** tirer la queue entre les pattes

② *fam (stehlen)* faucher *(fam)*, piquer *(fam)*
II. *r V* ① *(sich quetschen)* **sich** *(Dat)* **den Daumen ~** se coincer le pouce
② *(sich zwängen)* **sich hinter das Steuer ~** se coincer derrière le volant
③ *fam (um Unterstützung bitten)* **sich hinter jdn ~** harceler qn pour obtenir de l'aide *(fam)*
④ *fam (sich kümmern um)* **sich hinter etw** *(Akk)* **~** s'attaquer à qc *(fam)*
III. *itr V Schublade, Tür:* coincer *(fam); Schloss:* être bloqué(e)
IV. *itr V unpers* ▸ **wo klemmt's** [**denn**]? *fam* où est-ce que ça coince? *(fam)*
Klemmmappe^RR *f* chemise *m* à pince
Klempner(in) ['klεmpnɐ] <-s, -> *m(f)* plombier *m*
Klempnerei <-, -en> *f* ① *(Handwerk)* plomberie *f*
② *(Werkstatt)* entreprise *f* de plomberie
klempnern ['klεmpnɐn] *itr V* faire des travaux de plomberie
Klempnerwerkstatt *f* atelier *m* de plombier
Kleopatra [kle'o:patra] <-s> *f* HIST Cléopâtre *f*
Klepper ['klεpɐ] <-s, -> *m pej* haridelle *f*
Kleptomane [klεpto'ma:nə] <-n, -n> *m*, **Kleptomanin** *f* cleptomane *mf*
Kleptomanie [klεptoma'ni:] <-> *f* cleptomanie *f*
klerikal [kleri'ka:l] *Adj geh* clérical(e)
Kleriker ['kle:rikɐ] <-s, -> *m* ecclésiastique *m*
Klerus ['kle:rʊs] <-> *m* clergé *m*
Klettband <-bänder> *nt* bande *f* velcro®
Klette ['klεtə] <-, -n> *f* ① bardane *f*
② *pej fam (Mensch)* pot *m* de colle *(fam)*
▸ **wie eine ~ an jdm hängen** *fam* être pendu(e) aux basques de qn *(fam);* **wie** [**die**] **~n zusammenhalten** *fam* être comme cul et chemise *(fam)*
Kletterer <-s, -> *m*, **Kletterin** *f* grimpeur(-euse) *m(f); (Bergsteiger)* alpiniste *mf; (Freikletterer)* varappeur(-euse) *m(f)*
Klettergerüst *nt* jeu *m* d'extérieur *(pour grimper, dans un terrain de jeu)*
klettern ['klεtɐn] *itr V* ① + *sein* faire de l'escalade; **auf einen Berg ~** escalader une montagne; **auf einen Baum ~** grimper sur un arbre
② + *sein (steigen)* **aufs Dach ~** monter sur le toit; **in das/aus dem Auto ~** grimper dans/descendre de la voiture
③ + *haben o sein* SPORT faire de l'escalade; *(Freiklettern betreiben)* faire de la varappe
④ + *sein fam (ansteigen) Preis, Temperatur:* grimper; **auf dreißig Grad ~** grimper jusqu'à trente degrés
Kletterpartie *f* passage *m* d'escalade **Kletterpflanze** *f* plante *f* grimpante **Kletterseil** *nt* corde *f* lisse **Kletterstange** *f* mât *m*
Kletterverschluss^RR *m* fermeture *f* velcro®
Kletze <-, -n> *f* A, SDEUTSCH *(Dörrbirne)* poire *f* sèche
klicken ['klɪkən] *itr V* ① *(metallisch klingen)* cliqueter; **das Klicken** le cliquetis
② *(ein Geräusch erzeugen)* **mit dem Kugelschreiber ~** faire cliqueter le stylo bille
③ INFORM **mit der Maus auf etw** *(Akk)* **~** cliquer avec la souris sur qc; **doppelt ~** double-cliquer
Klicker ['klɪkɐ] <-s, -> *m* DIAL bille *f*
Klient(in) [kli'εnt] <-en, -en> *m(f)* client(e) *m(f)*
Klientel [kliεn'te:l] <-, -en> *f* clientèle *f*
Kliff [klɪf] <-[e]s, -e> *nt* falaise *f*
Klima ['kli:ma] <-s, -s *o* Klimate> *nt* ① climat *m*
② *geh (Stimmung, Atmosphäre)* climat *m;* **ein entspanntes/gereiztes ~** un climat détendu/tendu
Klimaanlage *f* climatisation *f;* **ein Hotel mit ~** un hôtel climatisé
Klimakatastrophe *f* catastrophe *f* climatique
Klimakterium [klimak'te:riʊm] <-s> *nt* MED ménopause *f*, climatère *m (spéc)*
Klimakunde <-> *f* climatologie *f* **Klimaschutz** *m* protection *f* du climat **Klimaschutzkonferenz** *f* conférence *f* sur le climat
klimatisch [kli'ma:tɪʃ] I. *Adj attr* climatique
II. *Adv* du point de vue climatique; **~ günstige Verhältnisse** des conditions climatiques favorables
klimatisieren* *tr V* climatiser
Klimatisierung [klimati'zi:rʊŋ] <-, -en> *f* climatisation *f*
Klimatologie [klimatolo'gi:] <-> *f* METEO climatologie *f*
Klimawandel *m* METEO changement *m* climatique **Klimawechsel** *m* changement *m* de climat [*o* d'air]
Klimax ['kli:maks] <-, -e> *f* ① *(Höhepunkt)* apogée *m*
② MED orgasme *m*
Klimbim [klɪm'bɪm] <-s> *m fam* ① *(Kram)* bazar *m (fam)*
② *(Aufheben)* branle-bas *m;* **viel ~ um etw machen** faire tout un cinéma pour qc *(fam)*
klimmen ['klɪmən] <klomm *o* klimmte, geklommen *o* geklimmt> *itr V* + *sein geh (klettern)* **auf den Gipfel ~** grimper sur le sommet

Klimmzug *m* ① SPORT traction *f* [à la barre fixe]
② *meist Pl (Anstrengung)* acrobatie *f;* **Klimmzüge machen** faire des acrobaties
Klimperkasten *m fam* casserole *f (fam); (in einem Lokal)* piano *m* bastringue *(fam)*
klimpern ['klɪmpɐn] *itr V* ① *(spielen)* **auf der Gitarre/dem Klavier ~** gratter de la guitare/pianoter
② *(metallisch klingen) Münzen, Schlüssel:* tinter; **das Klimpern** le tintement
③ *(ein Geräusch erzeugen)* **mit etw ~** faire tinter qc
kling [klɪŋ] *Interj* ding
Klinge ['klɪŋə] <-, -n> *f* lame *f*
▸ **mit jdm die ~n kreuzen** *geh* croiser le fer avec qn *(soutenu);* **jdn über die ~ springen lassen** *veraltet* faire passer qn au fil de l'épée
Klingel ['klɪŋəl] <-, -n> *f* sonnette *f*
Klingelbeutel *m* panier *m* pour la quête **Klingelknopf** *m* [bouton *m* de] sonnette *f*
klingeln I. *itr V* ① *Radfahrer:* tirer la sonnette; *Wecker:* sonner; **an der Tür ~** sonner à la porte; **das Klingeln** *eines Weckers* la sonnerie; *einer Türklingel* le coup de sonnette
② *(herbeirufen)* **nach jdm ~** *(im Hotel, Krankenhaus)* sonner qn
II. *tr V* **jdn aus dem Bett ~** tirer qn du lit en sonnant
III. *itr V unpers* **es klingelt** *(an der Tür)* on sonne; *(in der Schule)* ça sonne; **es ~ lassen** laisser sonner; **wenn es zum zweiten Mal klingelt** à la deuxième sonnerie
▸ **hat es jetzt endlich geklingelt?** *fam* ça y est, ça a fait tilt? *(fam)*
Klingelton <-töne> *m eines Telefons, Handys* sonnerie *f;* **einen ~ [aus dem Internet] herunterladen** télécharger une sonnerie [de l'internet] **Klingelzeichen** *nt* coup *m* de sonnette; **auf das/ein ~ hin** au coup de sonnette
klingen ['klɪŋən] <klang, geklungen> *itr V* ① *(erklingen) Glocke:* sonner; *Gläser:* tinter
② *(tönen) hohl ~ Behälter, Wand:* sonner creux; **fein/dumpf ~** *Glocke, Gläser:* avoir un tintement clair/étouffé; **hell/rau ~** *Stimme:* sonner clair(e)/rauque
③ *(sich anhören)* **gut/interessant ~** *Angebot, Vorschlag:* avoir l'air bien/intéressant
Klinik ['kli:nɪk] <-, -en> *f* hôpital *m; (Privatklinik)* clinique *f*
Klinikum ['kli:nikʊm] <-s, Klinika *o* Kliniken> *nt* ① *(Klinik)* C.H.U. *m*
② *kein Pl (Teil des Medizinstudiums)* ≈ internat *m*
klinisch I. *Adj Fall* nécessitant une hospitalisation; *Test* clinique
II. *Adv behandeln, versorgen* en milieu hospitalier; **~ getestet** testé(e) en laboratoire; **~ tot** cliniquement mort(e)
Klinke ['klɪŋkə] <-, -n> *f* poignée *f* [de porte]
▸ **sich** *(Dat)* **die ~ in die Hand geben** défiler sans discontinuer; **die Bewerber gaben sich die ~ in die Hand** les candidats n'ont pas cessé de défiler; **~n putzen** *fam* faire du porte-à-porte
Klinkenputzer(in) <-s, -> *m(f) fam* démarcheur(-euse) *m(f)*
Klinker ['klɪŋkɐ] <-s, -> *m* brique *f*
klipp [klɪp] ▸ [**jdm**] **~ und klar sagen, dass** dire clair et net [à qn] que
Klippe ['klɪpə] <-, -n> *f* écueil *m*
▸ **alle ~n umschiffen** éviter tous les écueils
klirren ['klɪrən] *itr V* ① *(gläsern tönen) Gläser:* tinter; *Fensterscheibe:* vibrer; *(beim Zerbrechen)* faire un bruit de verre brisé; **das Klirren** les vibrations *fpl; (beim Zerbrechen)* le bruit de verre brisé
② *(metallisch tönen)* cliqueter; **mit ~den Sporen** en faisant sonner les éperons; **das Klirren** le cliquetis
klirrend I. *Adj Frost, Kälte* glacial(e); **wir haben ~en Frost** il gèle à pierre fendre
II. *Adv kalt* terriblement
Klirrfaktor *m* ELEC facteur *m* de distorsion
Klischee [kli'ʃe:] <-s, -s> *f* ① *s.* Klischeevorstellung
② *pej geh (Redensart)* lieu *m* commun
③ TYP cliché *m*
klischeehaft *Adj pej geh Bild, Vorstellung* stéréotypé(e)
Klischeevorstellung *f* stéréotype *m*
Klistier [klɪs'ti:ɐ̯] <-s, -e> *nt* MED lavement *m*
Klistierspritze *f* MED seringue *f* à lavement
Klitoris ['kli:torɪs] <-, - *o* Klitorides> *f* clitoris *m*
Klitsche ['klɪtʃə] <-, -n> *f pej fam* petite boîte *f (fam)*
klitschnass^RR *s.* klatschnass
klitzeklein ['klɪtsə'klaɪn] *Adj fam* riquiqui *(fam)*
Klo [klo:] <-s, -s> *nt fam* W.-C. *mpl,* chiottes *fpl (fam)*
Kloake [klo'a:kə] <-, -n> *f pej* cloaque *m*
Klobecken *nt fam* cuvette *f* de W.-C.
Kloben ['klo:bən] <-s, -> *m* bille *f* [de bois]
klobig ['klo:bɪç] *Adj Hände, Schuhe* épais(se); *Möbelstück* massif(-ive)
Klobrille *f fam* lunette *f* de/des W.-C. **Klobürste** *f fam* brosse *f* à W.-C. **Klodeckel** *m fam* abattant *m* de/des W.-C. **Klomann**

<-männer> *m*, **-frau** *f fam* gardien *m* de chiottes/dame *f* pipi *(fam)*
klomm *Imp von* **klimmen**
Klon [kloːn] <-s, -e> *m* BIO clone *m*
klonen ['kloːnən] *tr V* BIO cloner; **das Klonen** le clonage
klönen ['kløːnən] *itr V* NDEUTSCH *fam* tailler une bavette *(fam)*; **mit jdm ~** tailler une bavette avec qn
Klopapier *nt fam* papier-toilette *m*
klopfen ['klɔpfən] I. *itr V* ❶ frapper; **an die Tür ~** frapper à la porte; **ans Fenster/an** [*o* **gegen**] **die Wand ~** frapper à la fenêtre/taper contre le mur; *(heftig)* cogner contre la fenêtre/le mur; **mit dem Besen an die Decke ~** taper du balai contre le plafond; **mit dem Hämmerchen auf den Tisch ~** *Auktionator:* taper du marteau sur la table; **ich habe ein Klopfen gehört** j'ai entendu quelqu'un frapper
❷ *(schlagen)* **jdm auf die Schulter ~** taper qn sur l'épaule
❸ *(pulsieren) Herz:* battre
❹ *(hämmern) Specht:* piquer du bec
II. *itr V unpers* **es klopft an der Tür** on frappe à la porte
III. *tr V* ❶ *(entfernen)* **sich** *(Dat)* **den Schnee vom Mantel/von den Schuhen ~** taper son manteau/ses chaussures pour faire tomber la neige; **den Staub aus den Kissen ~** battre les coussins [pour enlever la poussière]
❷ *(hämmern)* **einen Nagel in die Wand ~** enfoncer un clou dans le mur
❸ *(ausklopfen)* battre *Teppich*
❹ GASTR attendrir *Schnitzel, Roulade*
Klopfer <-s, -> *m* ❶ *(Türklopfer)* heurtoir *m*
❷ *(Teppichklopfer)* tapette *f*
klopffest *Adj* AUT antidétonant(e) **Klopffestigkeit** *f Fachspr.* pouvoir *m* antidétonant **Klopfzeichen** *nt* signal *m (en frappant sur qc)*
Kloppe ['klɔpə] *f* NDEUTSCH *fam* **von jdm ~ kriegen** prendre une raclée de qn *(fam)*
Klöppel ['klœpəl] <-s, -> *m* ❶ *einer Glocke* battant *m*
❷ *(Schlegel)* baguette *f*
❸ *(Spitzenklöppel)* fuseau *m*
klöppeln I. *itr V* faire de la dentelle [au fuseau]
II. *tr V* **ein Deckchen ~** faire une petite nappe en dentelle
Klöppelspitze *f* dentelle *f* au[x] fuseau[x]
kloppen ['klɔpən] NDEUTSCH *fam* I. *tr V* casser *Steine;* battre *Teppich*
II. *r V* **sich mit jdm ~** se bagarrer avec qn *(fam)*
Klopperei <-, -en> *f* NDEUTSCH *fam* bagarre *f (fam)*
Klöppler(in) <-s, -> *m(f)* dentellier(-ière) *m*
Klops [klɔps] <-es, -e> *m* ❶ *(Fleischkloß)* boulette *f* [de viande]; **Königsberger ~e** boulettes de viande bouillies avec une sauce aux câpres
❷ *fam (Fehler)* gaffe *f (fam)*
Klosett [kloˈzɛt] *s.* Toilette
Klosettbecken *nt* cuvette *f* de W.-C.
Klospülung *f fam* chasse *f* d'eau
Kloß [kloːs, *Pl:* ˈkløːsə] <-es, Klöße> *m* boulette *f*
▸ **einen ~ im Hals haben** *fam* avoir une boule dans la gorge *(fam)*
Kloßbrühe *f* ▸ **klar wie ~** *fam* clair(e) comme de l'eau de roche
Kloster [ˈkloːstɐ, *Pl:* ˈkløːstɐ] <-s, Klöster> *nt* monastère *m*
▸ **ins ~ gehen** entrer en religion
Klosterbruder *s.* Mönch **Klosterfrau** *s.* Nonne **Klostergarten** *m (innerhalb der Klosteranlage)* cloître *m*; *(außerhalb der Klosteranlage)* jardin *m* du monastère **Klosterkirche** *f* église *f* du monastère
klösterlich [ˈkløːstɛlɪç] *Adj* ❶ *Abgeschiedenheit, Stille* monastique
❷ *(Klöstern/einem bestimmten Kloster gehörend)* des monastères/du monastère
Klosterschule *f* école *f* dirigée par des religieuses/des religieuses; **auf der ~ sein** être à l'école chez les religieux/religieuses
Klotz [klɔts, *Pl:* ˈklœtsə] <-es, Klötze> *m* ❶ *(Holzklotz)* bloc *m* de bois; *(zum Holzhacken)* billot *m*
❷ *pej fam (Gebäude)* bloc *m* hideux
▸ **sich** *(Dat)* **mit jdm/etw einen ~ ans Bein binden** *fam* se mettre un fil à la patte avec qn/qc *(fam)*; **auf einen groben ~ gehört ein grober Keil** *Spr.* à dur âne, dur aiguillon *(rare)*
Klötzchen [ˈklœtsçən] <-s, -> *nt* ❶ *Dim von* **Klotz** bout *m* de bois
❷ *(Bauklotz)* cube *m* [d'un jeu de construction]
klotzen *itr V sl* ❶ *(hart arbeiten)* bosser *(fam)*; **wir müssen ganz schön ~** il faut mettre le paquet *(fam)*
❷ *(massiv investieren)* **bei etw ~** sortir la grosse artillerie pour qc *(fam)*
klotzig *sl* I. *Adj* ❶ *Gebäude, Möbelstück* mastoc *(péj fam)*
❷ *(aufwändig) Aktion* tapageur(-euse)
II. *Adv* ❶ *(überreichlich)* **verdienen** un max *(fam)*
❷ *(aufwändig)* **auftreten** en fichant plein la vue *(fam)*
Klub [klʊp] <-s, -s> *m* club *m*
Klubbeitrag *m* cotisation *f* au club **Klubhaus** *nt* club-house *m*

Klubjacke *f* blazer *m* **Klubmitglied** *nt* membre *m* du club **Klubobmann** *m*, **-frau** *f* POL A *(Fraktionsvorsitzender)* président *m* du groupe parlementaire **Klubsessel** *m* fauteuil *m* club
Kluft¹ [klʊft, *Pl:* klʏftə] <-, Klüfte> *f* ❶ GEOL faille *f*
❷ *fig* fossé *m*
Kluft² <-, -en> *f* DIAL habit *m*; *(Pfadfinderuniform)* uniforme *m*
klug [kluːk] <klüger, klügste> I. *Adj* ❶ *(vernünftig:) Person, Handlungsweise, Vorgehen* avisé(e); *Antwort* habile; *Entscheidung, Rat* judicieux(-euse); **~ sein** *Person:* faire preuve de bon sens; **es ist ~/klüger, abzuwarten** il vaut/vaudrait mieux patienter; **es wird das Klügste** [*o* **am klügsten**] **sein, wenn wir umkehren** le plus sage serait de faire demi-tour; **wenn Sie ~ sind, mischen Sie sich da nicht ein** si vous seriez bien avisé(e) de ne pas vous en mêler
❷ *iron (dumm) Idee, Ratschlag* intelligent(e); **warst du etwa so ~ und hast …?** c'est toi, le gros malin/la grosse maligne qui a …?
▸ **genauso ~ wie zuvor** [*o* **vorher**] **sein** ne pas être plus avancé(e) qu'avant *(iron)*; **hinterher ist man immer klüger** après coup, c'est facile à dire; **der Klügere gibt nach** *Spr.* le plus malin des deux finit toujours par céder; **aus jdm/etw nicht ~ werden** ne pas arriver à comprendre qn/qc; **daraus soll einer ~ werden!** comprenne qui pourra!
II. *Adv* ❶ **vorgehen, sich verhalten, handeln** intelligemment; **~ daherreden** pontifier
❷ *iron (dumm)* **das hast du dir wirklich sehr ~ ausgedacht!** alors là, tu as vraiment eu une idée astucieuse!
klugerweise [ˈkluːɡɐvaɪzə] *Adv* **etw ~ tun** avoir la sagesse de faire qc
Klugheit <-, -en> *f* ❶ *kein Pl (Vernunft)* bon sens *m*
❷ *iron (Bemerkung)* réflexion *f* [particulièrement] intelligente
klug|scheißen *itr V unreg sl* ramener sa science *(fam)* **Klugscheißer(in)** <-s, -> *m(f) sl* petit con *m* prétentieux/petite conne *f* prétentieuse *(fam)* **Klugschwätzer(in)** *m(f) fam* Monsieur *m*/Madame *f* Je-sais-tout *(fam)*
Klump [klʊmp] ▸ **etw zu ~ fahren** *fam* bousiller qc *(fam)*
Klumpatsch [ˈklʊmpatʃ] <-s> *m fam* camelote *f (fam)*
Klümpchen [ˈklʏmpçən] <-s, -> *nt Dim von* **Klumpen** grumeau *m*
klumpen [ˈklʊmpən] *itr V Soße, Salz:* faire des grumeaux
Klumpen <-s, -> *m (Mehlklumpen)* grumeau *m*; **ein ~ Salz/Butter** un grumeau de sel/une motte de beurre; **ein ~ Ton** un bloc d'argile
Klumpfuß *m* pied *m* bot
klumpfüßig *Adj* pied bot; **ein ~er Mann/eine ~e Frau** un/une pied[-]bot; **~ sein** avoir un pied bot
klumpig *Adj* grumeleux(-euse); **~ werden** faire des grumeaux
Klüngel [ˈklʏŋəl] <-s, -> *m pej fam* clique *f (fam)* **Klüngelei** <-, -en> *f pej fam* magouille *f (péj)*; *(Vetternwirtschaft)* piston *m*
Klunker [ˈklʊŋkɐ] <-s, -> *m fam (Edelstein)* caillou *m (fam)*
Kluppe [ˈklʊpə] <-, -n> *f* A *(Wäscheklammer)* pince *f* à linge
Klüver [ˈklyːvɐ] <-s, -> *m* NAUT foc *m*
km *m Abk von* **Kilometer** km
km/h *m Abk von* **Kilometer pro Stunde** km/h
knabbern [ˈknabɐn] I. *itr V* **an etw** *(Dat)* **~** grignoter qc
▸ **lange an etw** *(Dat)* **zu ~ haben** *fam (sich schwer damit abfinden)* mettre longtemps à digérer qc *(fam)*
II. *tr V* grignoter; **etwas zum Knabbern** quelque chose à grignoter
▸ **nichts zu ~ haben** *fam* n'avoir rien à se mettre sous la dent
Knabe [ˈknaːbə] <-n, -n> *m* ❶ *veraltet geh* garçon *m*
❷ *fam (Kerl)* **na, alter ~!** alors, mon vieux! *(fam)*
Knabenchor *m* chœur *m* de jeunes garçons
knabenhaft I. *Adj* **ein ~es Mädchen** une fille à l'allure garçonnière; **trotz seines ~en Aussehens ist er zwanzig** malgré son allure puérile, il a vingt ans
II. *Adv* **~ aussehen** [*o* **wirken**] avoir une allure puérile
Knabenstimme *f* voix *f* de garçon [qui n'a pas mué]
knack [knak] *Interj* crac; **es macht ~** ça fait crac; *(in der Telefonleitung)* il y a un craquement
Knack <-[e]s, -e> *m* craquement *m*
Knäckebrot [ˈknɛkə-] *nt* pain *m* suédois
knacken [ˈknakən] I. *tr V* ❶ casser *Nuss*
❷ *fam (dechiffrieren)* déchiffrer *Code*
❸ *fam (aufbrechen)* forcer *Auto, Safe*
❹ *sl (zerstören)* détruire *Bunker, Panzer*
II. *itr V* ❶ *Holz, Diele, Gebälk:* craquer
❷ *(Geräusch erzeugen)* **mit den Fingern/Gelenken ~** faire craquer les doigts/les articulations
❸ *fam (schlafen)* pioncer *(fam)*
▸ **lange an etw** *(Dat)* **zu ~ haben** *fam (sich schwer damit abfinden)* mettre longtemps à digérer qc *(fam)*
III. *itr V unpers* **es knackt im Gebälk/in der Leitung** il y a des craquements dans la charpente/sur la ligne
Knacker <-s, -> *m fam* ❶ *pej (Mann)* **ein alter ~** un vieux

chnoque *(péj fam)*
② *(Knackwurst)* **ein Paar ~** une paire de saucisses *fpl*
Knạcki ['knaki] <-s, -s> *m sl (Häftling)* taulard *m (arg)*; *(ehemaliger Häftling)* ex-taulard *(arg)*
knạckig *Adj* ① *Salat, Apfel* croquant(e)
② *fam (drall) Frau, Mann* craquant(e) *(fam)*; *Po, Brüste* joli(e) petit(e) antéposé *(fam)*
③ *fam (nicht langweilig) Typ* craquant(e) *(fam)*; **eine ~e Fete** une méga fête *(fam)*; **ein paar ~e Zitate** quelques citations-choc
II. *Adv fam* **braun, erholt, kalt** super- *(fam)*
Knạcklaut *m* ① *(Geräusch)* craquement *m* ② PHON coup *m* de glotte **Knạckpunkt** *m* **fam** point *m* crucial
knacks [knaks] *s.* **knack**
Knạcks <-es, -e> *m* ① *(Geräusch)* craquement *m*
② *fam (Sprung, Riss)* fêlure *f*; **einen ~ haben** *Glas, Vase:* avoir une fêlure
③ *fam (Schaden, Störung)* petit grain *m (fam)*; **einen seelischen ~ bekommen** recevoir un coup [au moral] *(fam)*; **einen ~ haben** *Person:* être un peu fêlé(e) *(fam)*; *Beziehung, Ehe:* battre de l'aile
Knạckwurst *f* saucisse *f (à base de bœuf et de porc)*
Knall [knal] <-[e]s, -e> *m (Schuss, Korkenknallen)* détonation *f*; **mit lautem ~ ins Schloss fallen** claquer avec grand bruit
▶ ~ **auf Fall** *fam* aussi sec *(fam)*; **einen ~ haben** *fam* déjanter [complètement] *(fam)*
Knạllbonbon [-bɔnbɔŋ, -bɔ̃bɔ̃ː] *nt* diabolito *m* **knạllbunt** *Adj fam* bariolé(e) **Knạlleffekt** *m fam* coup *m* de théâtre
knạllen ['knalən] I. *itr V* ① + *haben Tür, Peitsche:* claquer; *Korken:* sauter; *Feuerwerkskörper:* éclater; *Schuss:* retentir; **einen Schuss ~ hören** entendre une détonation; **die Korken ~ lassen** faire sauter les bouchons
② + *haben (ein Geräusch erzeugen)* **mit der Tür ~** claquer la porte; **mit der Peitsche ~** faire claquer le fouet
③ + *sein fam (prallen)* **gegen die Wand/die Tür ~** *Person, Ball, Stein:* cogner contre le mur/la porte; **auf den Boden ~** tomber par terre; **mit dem Auto gegen eine Mauer ~** rentrer dans un mur avec la voiture; **mit dem Knie gegen das Geländer ~** se cogner le genou contre la balustrade
④ + *haben fam (schießen)* [**wild**] **um sich ~** canarder dans tous les sens *(fam)*
⑤ + *haben fam (Knallkörper zünden)* faire péter des pétards *(fam)*
⑥ + *haben fam (heiß scheinen)* cogner *(fam)*
II. *itr V unpers* + *haben* **es knallt** *(eine Tür fällt zu)* il y a quelque chose qui claque; *(ein Korken springt heraus)* ça fait plop; *(ein Unfall passiert)* ça cartonne *(fam)*; *(ein Knallkörper zündet)* ça éclate; *(ein Schuss fällt)* il y a une détonation; **halt den Mund, sonst knallt's** [*o* **oder es knallt**]**!** *fam* tais-toi ou tu vas l'avoir, ta baffe! *(fam)*; **Hände hoch, sonst knallt's** [*o* **oder es knallt**]**!** *fam* haut les mains, ou je tire!
III. *tr V* + *haben* ① *(zuschlagen)* claquer *Tür, Fenster*
② *fam (werfen)* **das Päckchen auf den Tisch/in die Ecke ~** balancer le colis sur la table/dans le coin *(fam)*
③ *fam (schießen)* **den Ball an** [*o* **gegen**] **den Pfosten ~** catapulter le ballon contre le poteau
▶ **jdm eine ~** *fam* balancer une baffe à qn *(fam)*
IV. *r V* + *haben fam* **sich aufs Sofa ~** s'affaler [*o* se laisser tomber] sur le canapé
knạlleng *Adj fam* hyper-moulant(e) *(fam)*
Knạller <-s, -> *m fam* ① *(Knallkörper)* pétard *m*
② *(Sensation)* bombe *(fam)*
Knạllerbse *f* pois *m* fulminant, claque-doigt *m (fam)*
Knạllerei <-, -en> *f fam* ① *(Feuerwerk)* pétarade *f*
② *(Schüsse)* tiraillerie *f*
Knạllfrosch *m* pétard *m* à répétition **Knạllgas** *nt* mélange *m* détonant **knạllhart** I. *Adj fam* ① *(Geschäftsmann)* coriace, impitoyable; *Vorgehen, Kritik* brutal(e); **er ist ein ~er Typ** lui, c'est le genre de type qui fait pas de cadeaux *(fam)* ② *(kraftvoll) Schlag, Aufschlag* terrible; **ein ~er Schuss** un boulet de canon *(fam)* II. *Adv fam* ① *sagen* sans prendre de gants *(fam)*; *verhandeln* de manière impitoyable ② *(kraftvoll)* avec force **knạllheiß** *Adj fam* **es ist ~** il fait une chaleur à crever *(fam)*
knạllig *Adj fam Farbe* qui flashe *(fam)*; *Schlagzeile, Werbung* accrocheur(-euse)
Knạllkopf, Knạllkopp <-s, -köppe> *m* NDEUTSCH *fam* abruti(e) *m(f) (fam)* **Knạllkörper** *m* pétard *m* **knạllrot** *Adj fam* rouge vif; *Gesicht* rouge coquelicot *(fam)*; *Sportwagen* d'un rouge flamboyant; **~ werden** devenir rouge coquelicot *(fam)*
knạpp [knap] I. *Adj* ① *(gering) Gehalt, Einkommen, Vorräte* maigre antéposé; *Stellen* rare antéposé; **~ sein** *Geld, Einkommen, Vorräte:* être juste; *Stellen:* être rare; **~ werden** *Geld, Vorräte:* devenir juste; *Stellen:* ~ werden *fam* ~ sein manquer de qc
② *(eng) T-Shirt, Hose* un peu juste; **jdm zu ~ sein** serrer trop qn
③ *(kaum ausreichend) Ergebnis, Sieg* serré(e); *Mehrheit* petit(e) antéposé; **das wird** [**zeitlich**] **zu ~** ce sera trop juste

④ *(nicht ganz)* **ein ~er Meter** un petit mètre; **ein ~es Pfund** une petite livre; **vor einer ~en Woche** il y a une petite semaine
⑤ *(kurz) Antwort, Worte* concis(e)
▶ **und nicht zu ~!** *fam* et pas qu'un peu! *(fam)*
II. *Adv* ① *(mäßig)* **eher/sehr ~ bemessen sein** être plutôt/très juste; **zu ~ bemessen sein** ne pas être suffisant(e)
② *(nicht ganz)* **~ zwei Jahre alt sein** être âgé d'un peu moins de deux ans; **~ hundert Euro kosten** coûter pas tout à fait cent euros
③ *(haarscharf) gewinnen, entscheiden* de justesse; **die Wahl ist ~ ausgefallen** le vote a été très serré; **der Gefahr nur ~ entkommen** échapper de justesse au danger
④ *(dicht)* **~ über den Knöcheln enden** arriver juste au dessus des chevilles
⑤ *(eng)* **~ sitzen** être juste
⑥ *(kurz) formulieren* de manière concise; **jdn ~ grüßen** saluer à peine qn
Knạppe ['knapə] <-n, -n> *m* ① *(Bergmann)* mineur *m*
② HIST *(Edelknabe)* écuyer *m*
knạpp|halten *tr V unreg* **jdn ~** rationner qn
Knạppheit <-> *f (Mangel)* pénurie *f*; **~ an Gütern** pénurie *f* de biens
② *(Kürze)* concision *f*
Knạppschaft <-> *f* sécurité *f* minière
knạpsen ['knapsən] *itr V fam* **~ müssen** devoir se serrer la ceinture *(fam)*
Knạrre ['knarə] <-, -n> *f sl (Schusswaffe)* flingue *m (fam)*
knạrren ['knarən] *itr V Diele:* craquer; *Bett, Treppe, Kutsche:* grincer; **das Knarren** les grincements *mpl*; **der Dielen** les craquements *mpl*
Knạst [knast] <-[e]s, Knäste> *m sl* taule *f (arg)*; **im ~ sein** [*o* **sitzen**] être en taule *(arg)*
Knạtsch [knaːtʃ] <-[e]s> *m fam* bisbilles *fpl*; **es** [*o* **das**] **gibt ~** il y a des bisbilles *(fam)*; **~** [**mit jdm**] **haben** être en bisbille [avec qn] *(fam)*
knạtschig *Adj fam* **~ sein** être de mauvais poil *(fam)*
knạttern ['knatɐn] *itr V* ① *Moped:* pétarader; *Maschinengewehr:* crépiter; **im Wind ~** *Segel, Fahne:* battre dans le vent; **das Knattern eines Mopeds** les pétarades *fpl*; **eines Maschinengewehrs** le crépitement
② *fam (fahren)* **durch die Straßen ~** pétarader dans les rues *(fam)*
Knäuel ['knɔyəl] <-s, -> *m o nt* pelote *f*; **zwei ~ Wolle** deux pelotes de laine
Knauf [knauf, *Pl:* 'knɔyfə] <-[e]s, Knäufe> *m* pommeau *m*; *(Türknauf)* bouton *m*
Knauser(in) ['knauzɐ] <-s, -> *m(f) pej fam* radin(e) *m(f) (péj fam)*
knauserig *Adj pej fam* radin(e) *(péj fam)*; **mein ~er Onkel** mon radin d'oncle *(fam)*
knausern ['knauzɐn] *itr V pej fam* radiner *(fam)*; **mit etw ~** radiner avec qc
knausrig *s.* **knauserig**
knautschen ['knautʃən] *fam* I. *itr V Mantel, Stoff:* se chiffonner
II. *tr V* chiffonner *Mantel, Kissen*
knautschig ['knautʃɪç] *Adj fam Mantel* chiffonné(e)
Knautschlack *m* cuir *m* verni fripé **Knautschzone** *f* zone *f* de déformation
Knebel ['kneːbəl] <-s, -> *m* bâillon *m*
knebeln *tr V a. fig* bâillonner
Knebelung <-> *f* bâillonnement *m*
② *geh (Unterdrückung)* musellement *m*
Knebelungsvertrag, Knebelvertrag *m* contrat *m* léonin *(privant le débiteur de toute liberté d'action)*
Kneblung *s.* **Knebelung**
Knecht [knɛçt] <-[e]s, -e> *m* ① *veraltet* valet *m* de ferme
② *pej (Befehlsempfänger)* valet *m*
▶ **~ Ruprecht** père *m* Fouettard
knechten *tr V pej geh* asservir *Volk*; **seine Angestellten ~** tenir ses employés dans l'esclavage
knechtisch *Adj pej geh Gesinnung* servile; *Gehorsam* aveugle
Knechtschaft <-, *selten* -en> *f pej* esclavage *m*
Knechtung <-, -en> *f pej* asservissement *m*
kneifen ['knaɪfən] <kniff, gekniffen> I. *tr V* pincer; **jdn** [*o* **jdm**] **in den Arm ~** pincer le bras à qn
II. *itr V* ① *(zu eng sein) Gummiband, Hose, BH:* serrer
② *fam (zurückscheuen)* **vor jdm ~** se dégonfler devant qn *(fam)*; **vor einer Auseinandersetzung ~** se défiler face à une confrontation *(fam)*
Kneifer <-s, -> *m* pince-nez *m*
Kneifzange *f* tenailles *fpl*
▶ **das würde ich nicht einmal mit der ~ anfassen** *fam* même avec des pincettes, je ne prendrais pas cela
Kneipe ['knaɪpə] <-, -n> *f fam* bistro[t] *m (fam)*
Kneipenbummel *m fam* tournée *f* des bistros *(fam)* **Kneipenwirt(in)** *m(f) fam* patron(ne) *m(f)* [du/de bistro *fam*]

Kneipier [knaɪˈpieː] <-s, -s> *m hum fam* bistrotier(-ière) *m(f) (fam)*

kneippen [ˈknaɪpən] *itr V* MED *fam* suivre une hydrothérapie par la méthode Kneipp

Kneippkur [ˈknaɪp-] *f* MED cure *f* selon la méthode Kneipp

knetbar *Adj* malléable; [gut] ~ **sein** se pétrir [facilement]

Knete [ˈkneːtə] <-> *f* ❶ *fam (Knetmasse)* pâte *f* à modeler
  ❷ *sl (Geld)* fric *m (fam)*

kneten [ˈkneːtən] I. *tr V* ❶ pétrir, malaxer *Knetgummi, Teig*
  ❷ *(formen)* [*sich (Dat)*] *etw* ~ [*se*] modeler qc; **das Kneten** le modelage
  ❸ *(massieren)* [*jdm*] **den Nacken** masser le cou [à qn]
  II. *itr V* faire du modelage

Knetgummi *m o nt*, **Knetmasse** *f* pâte *f* à modeler

Knick [knɪk] <-[e]s, -e *o* -s> *m* ❶ *(Krümmung)* coude *m;* **einen ~ machen** *Straße:* faire un coude
  ❷ *(Falz, Falte)* pli *m*
  ▶ **einen ~ in der Optik haben** *fam* être bigleux(-euse) *(fam)*

knicken I. *tr V + haben* ❶ *(falzen)* plier *Blatt Papier;* faire un pli à *Buchseite;* **bitte nicht ~!** ne pas plier, S.V.P.!
  ❷ *(umknicken, brechen)* casser *Streichholz, Strohhalm;* briser [net] *Bäume*
  ❸ *(umbiegen)* plier *Trinkhalm*
  II. *itr V + sein Papier:* se plier; *Telegrafenmast:* se briser [net]

Knicker *s.* **Knauser(in)**

Knickerbocker [ˈknɪkɛbɔkɐ] *Pl* knickers *mpl*

knick[e]rig *s.* **knauserig**

Knick[e]rigkeit *s.* **Knauserigkeit**

Knicks [knɪks] <-es, -e> *m* révérence *f;* **vor jdm einen ~ machen** faire la révérence à qn

knicksen [ˈknɪksən] *itr V* faire la révérence

Knie [kniː, *Pl:* ˈkniːə] <-s, -> *nt* ❶ genou *m;* **vor jdm auf die ~ fallen** tomber à genoux devant qn; **sich vor jdm auf die ~ werfen** se mettre à genoux devant qn; **ihm zittern die ~** il a les jambes qui flageolent
  ❷ *(Krümmung) eines Wasserlaufs, Rohrs* coude *m*
  ▶ **weiche ~ bekommen** *fam* avoir les genoux qui flageolent; **eine Entscheidung übers ~ brechen** *fam* prendre une décision à la va-vite; **Gott/jdm auf [den] ~n danken** louer Dieu/remercier vivement qn; **in die ~ gehen** *(die Kniegelenke beugen)* plier les genoux; *(aufgeben)* jeter l'éponge; **der Boxer geht in die ~** le boxeur ploie les genoux; **jdn übers ~ legen** *fam* ficher une fessée à qn *(fam);* **jdn in die ~ zwingen** *geh* mettre qn à genoux

Kniebeuge *f* flexion *f* des genoux; **~n machen** faire des flexions de genoux **Kniebundhose** *f* knickers *mpl* **Kniefall** *m geh* génuflexion *f (soutenu);* **vor jdm einen ~ tun** [*o* **machen**] se prosterner aux pieds de qn **kniefrei** *Adj Rock, Kleid* au-dessus du genou; *Mode* qui s'arrête au-dessus du genou; **~ sein** s'arrêter au-dessus du genou **Kniegelenk** *nt* articulation *f* du genou **kniehoch** I. *Adj Mauer* à hauteur de genou; *Gras, Schnee, Wasser* qui arrive jusqu'au genou; **~ sein** *Mauer:* arriver au genou; *Gras, Schnee, Wasser:* arriver jusqu'au genou II. *Adv wachsen* jusqu'à hauteur du genou; **~ stehen** *Wasser:* arriver jusqu'au genou **Kniekehle** *f* jarret *m* **knielang** *Adj Rock, Kleid, Bermudas* s'arrêtant au genou; **~ sein** s'arrêter au genou; **kaum ~ sein** couvrir à peine le genou

knien [ˈkniːən, kniːn] I. *itr V* être à genoux; **auf dem Boden ~** être à genoux par terre
  II. *r V* ❶ **sich auf den Boden/neben jdn ~** s'agenouiller par terre/à côté de qn
  ❷ *fam (sich intensiv beschäftigen)* **sich in etw** *(Akk)* **~** s'atteler à qc

Knies [kniːs] *s.* **Knatsch**

Kniescheibe *f* rotule *f* **Knieschützer** *m* SPORT genouillère *f* **Kniesehnenreflex** *m* MED réflexe *m* rotulien **Kniestrumpf** *m (Damenkniestrumpf)* mi-bas *m; (Herrenkniestrumpf)* chaussette *f* montante **knietief** *s.* **kniehoch**

kniff [knɪf] *Imp von* **kneifen**

Kniff <-[e]s, -e> *m* ❶ *(Kunstgriff)* truc *m;* **ein juristischer ~** un artifice juridique
  ❷ *(Knick)* pliure *f*
  ❸ *(das Kneifen)* pinçon *m*

kniff[e]lig *Adj fam* coton *(fam);* **das ist mir zu ~** c'est trop calé pour moi *(fam)*

Knigge [ˈknɪgə] <-[s], -> *m* manuel *m* du savoir-vivre

Knilch [knɪlç] <-s, -e> *m pej fam* péquenot *m (péj fam)*

knipsen [ˈknɪpsən] *fam* I. *tr V* ❶ photographier
  ❷ *(lochen)* poinçonner *Fahrkarte*
  II. *itr V* prendre des photos; **viel ~** mitrailler *(fam)*

Knirps¹ [knɪrps] <-es, -e> *m* ❶ *(kleiner Junge)* petit bonhomme *m;* **du frecher ~!** sale gosse! *(fam)*
  ❷ *pej (kleiner Mann)* demi-portion *m (péj fam)*

Knirps®² <-es, -e> *m (Regenschirm)* parapluie *m* pliant

knirschen [ˈknɪrʃən] *itr V Kies, Sand, Schnee:* crisser

knistern [ˈknɪstɐn] I. *itr V Papier:* faire du bruit en se froissant; *Feuer:* crépiter; **mit etw ~** froisser qc; **das Knistern** *von Papier* le froissement; *eines Feuers* le crépitement
  II. *itr V unpers* **es knistert** ça grésille; *(es kriselt)* il y a de l'électricité dans l'air; *(es prickelt)* le courant passe *(fam);* **es knistert in der Leitung** il y a un grésillement dans la ligne

Knittelvers [ˈknɪtəl-] *m* POES vers *m* de mirliton

knitterarm *Adj* pratiquement infroissable; **~ sein** ne se froisser pratiquement pas **Knitterfalte** *f* [mauvais] pli *m* **knitterfrei** *Adj* infroissable; **~ sein** ne pas se froisser

knittern [ˈknɪtɐn] *itr V* se froisser

Knobelbecher *m* ❶ *(Würfelbecher)* cornet *m* à dés
  ❷ *fam (Soldatenstiefel)* godillot *m (fam)*

knobeln [ˈknoːbəln] *itr V* ❶ *(würfeln)* jouer aux dés; **um etw ~** jouer qc aux dés; **darum ~, wer ...** jouer aux dés pour savoir qui ...
  ❷ *fam (tüfteln)* cogiter; **an einer Erfindung ~** se creuser la tête pour une invention *(fam)*

Knoblauch [ˈknoːblaʊx] <-[e]s> *m* ail *m*

Knoblauchknolle *f* tête *f* d'ail **Knoblauchpresse** *f* presse-ail *m* **Knoblauchzehe** *f* gousse *f* d'ail

Knöchel [ˈknœçəl] <-s, -> *m* ❶ *(Fußknöchel)* cheville *f*
  ❷ *(Fingerknöchel)* articulation *f* [du doigt/des doigts]

Knöchelbruch *m* fracture *f* de la cheville **knöchellang** *Adj* qui arrive à la cheville; **~ sein** arriver à la cheville **knöcheltief** I. *Adj Wasser* qui atteint les chevilles; *Schlamm* où [l']on [s']enfonce jusqu'aux chevilles; **~ sein** *Wasser:* atteindre les chevilles II. *Adv* jusqu'à la cheville, jusqu'aux chevilles

Knochen [ˈknɔxən] <-s, -> *m* ❶ os *m*
  ❷ *Pl (Gliedmaßen)* corps *m,* membres *mpl;* **mir tun alle ~ weh** j'ai mal partout
  ▶ **bis auf die ~ abgemagert sein** ne plus avoir que la peau sur les os; **nass bis auf die ~ sein** être trempé(e) jusqu'aux os; **jdn bis auf die ~ blamieren** *fam* couvrir qn de ridicule; **jdm alle ~ brechen** *sl* casser la gueule à qn *(arg);* **brich dir nicht die ~!** *fam* [ne] te casse pas la figure! *(fam)*

Knochenarbeit *f fam* travail *m* de forçat **Knochenbau** *m kein Pl* ossature *f* **Knochenbruch** *m* fracture *f* **Knochengerüst** *nt* squelette *m* **knochenhart** *Adj fam Brot, Gebäck* dur(e) comme du bois **Knochenhaut** *f* MED périoste *m* **Knochenmann** *m kein Pl* la Faucheuse *(littér)* **Knochenmark** *nt* moelle *f* [osseuse] **Knochenmehl** *nt* poudre *f* d'os **Knochenschinken** *m* jambon *m* à l'os **Knochenschwund** *m* MED ostéoporose *f* **knochentrocken** *Adj fam Brot, Gebäck* archisec(-sèche) *(fam)*

knöchern [ˈknœçɐn] *Adj (aus Knochen) Griff, Figur* en os

knochig [ˈknɔxɪç] *Adj osseux(-euse)*

Knockout [nɔkˈʔaʊt], **Knock-out**^RR <-[s], -s> *m* knock-out *m*

Knödel [ˈknøːdəl] <-s, -> *m* quenelle *f*

Knöllchen [ˈknœlçən] <-s, -> *nt* ❶ *fam (Strafzettel)* contredanse *f (fam); (an der Windschutzscheibe befestigt)* papillon *m (fam)*

Knolle [ˈknɔlə] <-, -n> *f* ❶ *(Teil einer Pflanze)* tubercule *m*
  ❷ *fam (Verdickung)* excroissance *f*

Knollen *s.* **Knolle** ❷

Knollenblätterpilz *m* amanite *f* phalloïde **Knollennase** *f fam* [gros] pif *m (fam)*

knollig [ˈknɔlɪç] *Adj Nase* bourgeonnant(e)

Knopf [knɔpf, *Pl:* ˈknœpfə] <-[e]s, Knöpfe> *m* bouton *m*

Knopfdruck *m kein Pl* pression *f* [sur un/le bouton]; **mit einem ~** rien qu'en appuyant sur un bouton; **auf ~ reagieren** réagir au quart de tour
  ▶ **das geht nicht auf ~!** ce n'est pas aussi simple!

knöpfen [ˈknœpfən] *tr V* **einen Kragen auf etw** *(Akk)* **~** boutonner un col sur qc; **ein Futter in etw** *(Akk)* **~** boutonner une doublure à l'intérieur de qc; **vorn/hinten geknöpft werden** se boutonner par devant/derrière

Knopfleiste *f* boutonnage *m* sous patte **Knopfloch** *nt* boutonnière *f* ▶ **aus allen Knopflöchern platzen** *fam* éclater [dans ses vêtements] *(fam);* **aus allen Knopflöchern stinken** *fam* puer comme un putois *(fam)* **Knopfzelle** *f* pile *f* bouton

Knorpel [ˈknɔrpəl] <-s, -> *m* cartilage *m*

knorpelig *Adj* cartilagineux(-euse)

knorrig [ˈknɔrɪç] *Adj* ❶ *Baum, Ast* noueux(-euse)
  ❷ *(eigenwillig)* bourru(e)

Knospe [ˈknɔspə] <-, -n> *f* bourgeon *m; (Blütenknospe, Rosenknospe)* bouton *m;* **~n treiben** [*o* **ansetzen**] bourgeonner

knospen *itr V* bourgeonner

Knötchen <-s, -> *nt Dim von* **Knoten** ❶, ❷, ❸, ❹

knoten [ˈknoːtən] *tr V* nouer; *(ohne eine Schleife zu machen)* faire un nœud à; **kannst du mir die Krawatte ~?** tu me fais mon nœud de cravate?

Knoten <-s, -> *m* ❶ *(Verschlingung)* nœud *m*
  ❷ MED *(im Gelenk)* nodosité *f; (in der Brust)* nodule *f*

❸ *(Haarknoten)* chignon *m*
❹ *(Astknoten)* nœud *m*
❺ NAUT nœud *m*
❻ *(Verwicklung)* der ~ [der Handlung] schürzt sich l'intrigue *f* se noue
▶ sich *(Dat)* einen ~ ins Taschentuch machen faire un nœud à son mouchoir; der gordische ~ le nœud gordien; der ~ ist bei ihm geplatzt *fam* il a fini par piger *(fam)*
Knotenpunkt *m (Verkehrsknotenpunkt)* nœud *m* de communication; *(Autobahn-/Eisenbahnknotenpunkt)* nœud autoroutier/ferroviaire
Knöterich ['knø:tərɪç] <-s, -e> *m* renouée *f*
knotig *Adj* ❶ *Äste, Finger* noueux(-euse)
❷ MED noduleux(-euse)
Know-how [nɔʊ'haʊ] <-s> *nt* savoir-faire *m*
Knubbel ['knʊbəl] <-s, -> *m* DIAL renflement *m*
Knuff [knʊf] <-[e]s, Knüffe> *m fam* [légère] bourrade *f*
knuffen ['knʊfən] *tr V fam* donner une [légère] bourrade à
knülle ['knʏlə] *Adj fam* bourré(e) *(fam)*
knüllen ['knʏlən] I. *tr V* chiffonner
II. *tr V Stoff:* se froisser
Knüller ['knʏlɐ] <-s, -> *m fam* ❶ *(Ware, Produkt)* truc *m* qui fait fureur *(fam);* es ist/wird ein ~ ça fait/va faire un malheur *(fam)*
❷ *(Nachricht)* scoop *m (fam)*
knüpfen ['knʏpfən] I. *tr V* ❶ nouer *Teppich, Netz, Muster;* von Hand geknüpft noué(e) [à la] main
❷ *(binden)* faire *Knoten, Schleife*
❸ *fig an etw (Akk)* eine Bedingung ~ assortir qc d'une condition; Hoffnungen an etw *(Akk)* ~ associer des espérances à qc
II. *r V* sich an etw *(Akk)* ~ Erinnerungen: être lié(e) à qc
Knüppel ['knʏpəl] <-s, -> *m (Stock)* gourdin *m; (Gummiknüppel)* matraque *f*
▶ jdm ~/einen ~ zwischen die Beine werfen *fam* mettre des bâtons dans les roues de qn
knüppeldick *Adv fam* es kommt/kam ~ on en prend/a pris plein la figure *(fam)* knüppelhart *s.* knochenhart
knüppeln ['knʏpəln] *tr V (schlagen)* matraquer
Knüppelschaltung *f* levier *m* de vitesse au plancher
knurren ['knʊrən] I. *itr V* ❶ *Hund:* gronder
❷ *(murren)* grogner
II. *tr V* grommeler *Antwort*
Knurren <-s> *nt eines Hundes* grondement *m*
Knurrhahn *m* grondin *m*
knurrig *Adj* bougon(ne)
Knusperhäuschen ['knʊspɐhɔɪsçən] *nt* maison *f* en pain d'épice
knuspern ['knʊspɐn] *itr V* an etw *(Dat)* ~ grignoter qc
knusprig *Adj* croustillant(e)
Knust [knu:st, *Pl:* 'kny:stə] <-[e]s, -e *o* Knüste> *m* NDEUTSCH croûton *m* [de pain]
Knute ['knu:tə] <-, -n> *f* fouet *m* [à lanières de cuir]
▶ unter jds *(Dat)* stehen être sous le joug de qn
knutschen ['knu:tʃən] *fam* I. *tr V* bécoter *(fam)*
II. *itr V Pärchen:* se bécoter *(fam);* sie knutscht mit ihm/er knutscht mit ihr ils se bécotent *(fam)*
III. *r V fam* sich ~ se bécoter *(fam)*
Knutscherei <-, -en> *f fam* ihnen macht die ~ Spaß ils prennent du plaisir à se bécoter *(fam)*
Knutschfleck *m fam* suçon *m*
k. o. [ka:'ʔo:] *Adj Abk von* knockout ❶ ~ sein *Boxer:* être K.-O.; jdn ~ schlagen mettre qn K.-O.
❷ *fam (erschöpft)* [ganz] ~ sein être [complètement] K.-O. *(fam)*
K. o. <-[s], -> *m Abk von* Knockout K.-O. *m;* technischer ~ K.-O. technique; durch ~ par K.-O.
Koala [ko'a:la] <-s, -s> *m* koala *m*
koalieren* *itr V* former une coalition; mit jdm ~ former une coalition avec qn
Koalition [koali'tsio:n] <-, -en> *f* coalition *f*
Koalitionsaussage *f* ~ zugunsten einer Partei engagement *m* de gouverner avec un parti koalitionsfähig *Adj* apte à participer à un gouvernement de coalition; ~ sein être apte à participer à un gouvernement de coalition Koalitionsparteien *Pl* partis *mpl* de la coalition Koalitionspartner(in) *m(f)* partenaire *mf* de la/de coalition Koalitionsregierung *f* gouvernement *m* de coalition Koalitionsvertrag *m* accord *m* de coalition
koaxial [ko?a'ksia:l] *Adj* coaxial(e)
Kobalt ['ko:balt] <-s> *nt* cobalt *m;* ~ ist ein Schwermetall le cobalt est un métal lourd
kobaltblau *Adj* bleu cobalt Kobaltbombe *f* PHYS bombe *f* de cobalt
Koben ['ko:bən] <-s, -> *m* AGR soue *f*
Koblenz ['ko:blɛnts] <-> *nt* Coblence
Kobold ['ko:bɔlt] <-[e]s, -e> *m* lutin *m*

Kobra ['ko:bra] <-, -s> *f* cobra *m*
Koch [kɔx, *Pl:* 'kœçə] <-s, Köche> *m,* Köchin *f* cuisinier(-ière) *m(f);* er ist ein begeisterter ~ il aime énormément faire la cuisine
▶ viele Köche verderben den Brei *Spr.* trop de cuisiniers gâtent la sauce
Kochbuch *nt* livre *m* de cuisine
kochecht *s.* kochfest
Kochecke *f* coin *m* cuisine
köcheln ['kœçəln] *itr V Suppe, Soße:* mijoter; etw ~ lassen laisser mijoter qc
Köchelverzeichnis ['kœçəl-] *nt* MUS [catalogue *m*] Köchel *m*
kochen ['kɔxən] I. *tr V* ❶ *Wasser, Suppe, Reis:* bouillir; etw zum Kochen bringen faire bouillir qc, porter qc à l'ébullition; ~d bouillant(e)
❷ *(Speisen zubereiten)* faire la cuisine; gut ~ cuisiner bien; pikant/abwechslungsreich ~ faire une cuisine épicée/variée; gerne italienisch ~ aimer cuisiner des plats italiens
❸ *(aufgebracht sein)* vor Wut ~ bouillir de colère
II. *tr V* ❶ *(zubereiten)* das Essen ~ préparer le repas; Reis/Nudeln ~ faire du riz/des nouilles; Kaffee ~ faire du café; sich *(Dat)* ein Ei ~ se faire un œuf à la coque; hart gekocht *Ei* dur(e); weich gekocht *Ei* à la coque; *Fleisch, Gemüse, Nudeln* bien cuit(e); was soll ich uns ~? qu'est-ce que je vais nous faire à manger?
❷ *(auskochen)* faire bouillir *Wäsche*
kochendheiß^ALT *s.* heiß I.
Kocher ['kɔçɐ] <-s, -> *m* réchaud *m*
Köcher ['kœçɐ] <-s, -> *m (für Pfeile)* carquois *m*
Kochfeld *nt* table *f* de cuisson kochfest *Adj Wäsche* lavable à 95° Kochgelegenheit *f* kitchenette *f;* mit/ohne ~ avec/sans coin *m* cuisine Kochgeschirr *nt* gamelle *f*
Köchin ['kœçɪn] *s.* Koch
Kochkunst *f* ❶ kein *Pl (Gastronomie)* art *m* culinaire ❷ *Pl (Fähigkeit)* dons *mpl* culinaires Kochkurs[us] *m* cours *m* de cuisine Kochlöffel *m* cuillère *f* en bois Kochmulde *f* plaque *f* [o table *f*] de cuisson Kochnische *f* coin *m* cuisine séparé Kochplatte *f* plaque *f* électrique Kochrezept *nt* recette *f* [de cuisine] Kochsalz *nt* kein *Pl* sel *m* de cuisine
Kochsalzlösung *f* MED solution *f* saline
Kochtopf *m* casserole *f; (mit Henkeln)* faitout *m; (aus Gusseisen)* cocotte *f* Kochwäsche *f* linge *m* à bouillir
kodd[e]rig *Adj* NDEUTSCH *fam* jdm ist/wird ~ [zumute] qn a envie de vomir *(fam)*
Kode ['ko:də, ko:t] <-s, -s> *m* code *m*
Kodein [kode'i:n] <-s> *nt* PHARM codéine *f*
Köder ['kø:dɐ] <-s, -> *m* appât *m*
ködern ['kø:dɐn] *tr V a. fig* appâter
Kodex ['ko:dɛks] <- *o* -es, -e *o* Kodizes> *m* ❶ *(Verhaltensregeln)* code *m*
❷ *(Handschrift)* manuscrit *m*
kodieren* *tr V* coder
Kodierung <-, -en> *f* codage *m;* eine digitale ~ benutzen INFORM utiliser un codage numérique
Koedukation ['ko:?edukatsio:n, ko?eduka'tsio:n] <-, -en> *f* éducation *f* mixte
Koeffizient [ko?ɛfi'tsiɛnt] <-en, -en> *m* MATH coefficient *m*
Koexistenz [ko?ɛksɪs'tɛnts] *f kein Pl* coexistence *f*
Koffein [kɔfe'i:n] <-s> *nt* caféine *f*
koffeinfrei *Adj Kaffee* décaféiné(e); *Limonade* sans caféine
koffeinhaltig *Adj* avec caféine; ~e Limonade limonade contenant de la caféine
Koffer ['kɔfɐ] <-s, -> *m* ❶ *(Reisekoffer)* valise *f; (Überseekoffer)* malle *f;* den/die ~ packen faire sa valise/ses valises
❷ *(Schreibmaschinenkoffer, Laptopkoffer, Kosmetikkoffer)* mallette *f*
▶ aus dem ~ leben *fam* vivre [perpétuellement] dans les valises; die ~ packen dürfen *[o* müssen*] fam* pouvoir/devoir prendre ses cliques et ses claques *(fam)*
Kofferanhänger *m* étiquette *f* à bagages
Köfferchen <-s, -> *nt Dim von* Koffer mallette *f*
Kofferkuli *m* chariot *m* à bagages Kofferradio *nt* transistor *m* Kofferraum *m* coffre *m* [à bagages] Kofferträger *m* porteur *m*
Kognak ['kɔniak] <-s, -s *o* -e> *m* cognac *m*
Kognakschwenker ['kɔniak-] <-s, -> *m* verre *m* à cognac
kognitiv [kɔgni'ti:f] *Adj* cognitif(-ive)
kohärent [kohɛ'rɛnt] *Adj* cohérent(e)
Kohärenz [kohɛ'rɛnts] <-> *f* cohérence *f*
Kohäsion [kohɛ'zio:n] <-> *f* cohésion *f*
Kohl [ko:l] <-[e]s, -e> *m* ❶ chou *m*
❷ *fam (Quatsch)* conneries *fpl (fam)*
▶ das macht den ~ auch nicht fett *fam* c'est pas ça qui va changer grand-chose *(fam)*
Kohldampf *m fam* ~ haben *[o* schieben*]* avoir la dalle *(fam)*
Kohle ['ko:lə] <-, -n> *f* ❶ *(Brennstoff)* charbon *m; (Steinkohle)*

houille *f*; *(Braunkohle)* lignite *f*
② *(Aktivkohle)* charbon *m* actif
③ *(Zeichenkohle)* fusain *m*
④ *sl (Geld)* fric *m (fam)*; **Hauptsache, die ~ stimmt!** du moment que c'est bien payé!
▶ **wie auf [glühenden] ~n sitzen** être sur des charbons ardents
Kohlehydrat *s.* **Kohlenhydrat Kohlekraftwerk** *nt* centrale *f* thermique au charbon
kohlen ['ko:lən] *itr V fam (schwindeln)* raconter des bobards *(fam)*
Kohlenbergbau *m* charbonnages *mpl* **Kohlenbergwerk** *nt* mine *f* de charbon **Kohlendioxid** *nt kein Pl* dioxyde *m* de carbone **Kohleneimer** *m* seau *m* à charbon **Kohlengrube** *f* mine *f* de charbon **Kohlenhalde** *f* terril *m* **Kohlenhändler(in)** *m(f)* marchand(e) *m(f)* de charbon **Kohlenhydrat** *nt* CHEM glucide *m* **Kohlenkasten** *m* caisse *f* à charbon **Kohlenkeller** *m* cave *f* à charbon **Kohlenmonoxid** *nt* CHEM [mon]oxyde *m* de carbone **Kohlenofen** *m* poêle *m* à charbon **Kohlenpott** *m fam* **der ~** ≈ la Ruhr **kohlensauer** *Adj* CHEM **kohlensaures Natron** carbonate *m* de soude **Kohlensäure** *f* CHEM acide *m* carbonique; *(Kohlendioxid)* gaz *m* carbonique; **Mineralwasser mit/ohne ~** eau *f* [minérale] gazeuse/non gazeuse; **künstlich mit ~ angereichert** gazéifié(e) par adjonction de gaz carbonique **kohlensäurehaltig** *Adj* gazeux(-euse) **Kohlenschaufel** *f* pelle *f* à charbon **Kohlenstaub** *m* poussière *f* de charbon; *als Brennmaterial)* poussier *m* **Kohlenstoff** *m* CHEM carbone *m*; **~ ist ein chemisches Element** le carbone est un élément chimique **Kohlenwasserstoff** *m* CHEM hydrocarbure *m*; **chlorierter ~** hydrocarbure *m* chloré
Kohleofen *m s.* **Kohlenofen Kohlepapier** *nt* [papier *m*] carbone *m* **Kohlepfennig** *m kein Pl* taxe sur le prix de l'électricité au profit de l'industrie minière
Köhler(in) ['kø:lɐ] <-s, -> *m(f)* charbonnier(-ière) *m(f)*
Kohlestift *m* fusain *m* **Kohlezeichnung** *f* fusain *m*
Kohlkopf *m* chou *m* **Kohlmeise** *f* mésange *f* charbonnière **kohlrabenschwarz** *Adj* Haare, Augen de jais **Kohlrabi** [ko:l'ra:bi] <-[s], -[s]> *m* chou-rave *m* **Kohlroulade** [-rula-də] *f* chou *m* farci **Kohlrübe** *f* rutabaga *f* **kohlschwarz** *Adj* de jais, noir(e) comme jais **Kohlsprosse** *f* A *(Rosenkohl)* chou *m* de Bruxelles **Kohlweißling** <-s, -e> ZOOL piéride *f* du chou
Kohorte [ko'hɔrtə] <-, -n> *f* cohorte *f*
koitieren* [koi'ti:rən] *itr V form* s'accoupler; **mit jdm ~** s'accoupler avec qn; **ein ~des Paar** un couple en train de coïter
Koitus ['ko:itʊs] <-, -o -se> *m form* acte *m* sexuel *(form)*
Koje ['ko:iə] <-, -n> *f* ① NAUT couchette *f*
② *fam (Bett)* pieu *m (fam)*
Kojote [ko'jo:tə] <-n, -n> *m* coyote *m*
Kokain [koka'i:n] <-s> *nt* cocaïne *f*
kokainsüchtig *Adj* qui se drogue à la cocaïne; **~ sein** être cocaïnomane [*o* à la cocaïne]
Kokarde [ko'kardə] <-, -n> *f* cocarde *f*
kokeln ['ko:kəln] *itr V fam* s'amuser à faire du feu
Kokerei [ko:kə'raɪ] <-, -en> *f* cokerie *f*
kokett [ko'kɛt] *Adj* coquet(te)
Koketterie [kokɛtə'ri:] <-, -n> *f* coquetterie *f*
kokettieren* *itr V* ① faire du charme; **mit jdm ~** faire du charme à qn
② *(scherzend erwähnen)* **mit etw ~** faire des chichis avec qc
Kokke ['kɔkə] <-, -n> *f* BIO, MED coccus *m*
Kokolores [koko'lo:rɛs] <-> *m fam (Unsinn)* couillonnade *f (fam)*
Kokon [ko'kõ:] <-s, -s> *m* cocon *m*
Kokosfaser *f* fibre *f* de coco **Kokosfett** *nt* beurre *m* de coco **Kokosflocken** *Pl* poudre *f* de noix de coco **Kokosmatte** *f* natte *f* de coco **Kokosmilch** *f* lait *m* de coco **Kokosnuss**[RR] *f* noix *f* de coco **Kokosöl** *nt* huile *f* de coco **Kokospalme** *f* cocotier *m* **Kokosraspel** *Pl* noix *f* de coco râpée
Koks[1] [ko:ks] <-es> *m (Brennstoff)* coke *m*
Koks[2] <-es> *m o nt sl (Kokain)* coke *f*
koksen *itr V sl* sni[f]fer de la coke *(pop)*
Kokser(in) <-s, -> *m(f) sl* accro *mf* à la coke *(fam)*
Kolben ['kɔlbən] <-s, -> *m* ① *eines Motors, Füllers, einer Spritze* piston *m*
② *(Gewehrkolben)* crosse *f*
③ *(Destilliergefäß)* ballon *m*
④ *(Maiskolben)* épi *m*
Kolbenfresser <-s> *m* AUT *fam* bielle *f* coulée; **den/einen ~ haben** couler une bielle **Kolbenhub** *m* TECH course *f* de piston **Kolbenmotor** *m* AUT moteur *m* à piston[s] **Kolbenring** *m* segment *m*
Kolchose [kɔl'ço:zə] <-, -n> *f* HIST kolkhoze *m*
Kolibakterie [-riə] *f* colibacille *m*
Kolibri ['ko:libri] <-s, -s> *m* colibri *m*
Kolik ['ko:lɪk, ko'li:k] <-, -en> *f* MED colique *f*; **~ en/eine ~ haben** avoir la colique

Kolkrabe ['kɔlk-] *m* [grand] corbeau *m*
kollabieren* *itr V + sein* ① MED être victime d'un collapsus
② ASTRON *Stern:* subir un processus d'effondrement gravitationnel
③ *geh (zusammenbrechen)* System, Markt: s'effondrer
Kollaborateur(in) [kɔlabora'tø:ɐ̯] <-s, -e> *m(f) pej* collaborateur(-trice) *m(f)*
Kollaboration [kɔlabora'tsio:n] <-, -en> *f pej* collaboration *f*
kollaborieren* *itr V pej* collaborer
Kollagen [kɔla'ge:n] <-s, -e> *nt* BIO, MED collagène *m*
Kollaps ['kɔlaps] <-es, -e> *m* ① *(Kreislaufkollaps)* collapsus *m* [cardiovasculaire]; **einen ~ bekommen** [*o* **erleiden**] être victime d'un collapsus
② *geh (Zusammenbruch)* effondrement *m*; **vor dem ~ stehen** être au bord de l'effondrement
③ ASTRON effondrement *m* gravitationnel
Kolleg [kɔ'le:k] <-s, -s> *nt* ① *(Schule)* école permettant à des adultes non-bacheliers de passer le baccalauréat
② *veraltet (Vorlesung)* cours *m*
Kollege [kɔ'le:gə] <-n, -n> *m*, **Kollegin** *f* collègue *mf*
kollegial [kɔle'gja:l] I. *Adj* Mitarbeiter respectueux(-euse) de ses collègues; **eine ~e Einstellung gegenüber jdm haben** se montrer bon(ne) collègue à l'égard de qn; **~ sein** Mitarbeiter: être bon(ne) collègue
II. *Adv* **sich ~ verhalten** agir en bon(ne) collègue; **~ eingestellt sein** être bon(ne) collègue
Kollegialität [kɔlegjali'tɛ:t] <-> *f (kollegiale Einstellung)* respect *m* des collègues
Kollegin *s.* **Kollege**
Kollegium [kɔ'le:giʊm] <-s, -gien> *nt* ① *(Lehrerkollegium)* corps *m* enseignant
② *(Gremium)* commission *f*; *(Kardinalskollegium, Bischofskollegium)* collège *m*
Kollegmappe *f* porte-documents *m*
Kollekte [kɔ'lɛktə] <-, -n> *f* quête *f*
Kollektion [kɔlɛk'tsio:n] <-, -en> *f (Sortiment)* collection *f*
kollektiv [kɔlɛk'ti:f] *geh* I. *Adj* collectif(-ive)
II. *Adv* collectivement
Kollektiv <-s, -e *o* -s> *nt* collectif *m*
Kollektivarbeit *f geh* travail *m* collectif
kollektivieren* [-'vi:-] *tr V* HIST collectiviser
Kollektivismus [kɔlɛkti'vɪsmʊs] <-> *m* collectivisme *m*
Kollektivschuld *f* responsabilité *f* collective; **~ an etw** *(Dat)* responsabilité *f* collective de qc **Kollektivvertrag** *m* ① JUR traité *m* [*o* contrat *m*] collectif ② A *(Tarifvertrag)* convention *f* collective de travail **Kollektivwirtschaft** *f* collectivisme *m*
Kollektor [kɔ'lɛkto:ɐ̯] <-s, -en> *m* PHYS, ELEC collecteur *m*
Koller ['kɔlɐ] <-s> *m fam* crise *f* de colère; **einen** [*o* **seinen**] **~ bekommen** piquer une [*o* sa] crise *(fam)*
kollern ['kɔlɐn] *itr V* ① **~ haben** Truthahn: glouglouter; **das Kollern** le glouglou
② **~ sein** DIAL **unter das Sofa ~** Murmel, Flasche: rouler sous le canapé
kollidieren* *itr V geh* ① **~ sein mit etw ~** Fahrzeug: entrer en collision avec qc
② **~ haben *o* sein (unvereinbar sein) mit einem Termin ~** tomber en même temps qu'un rendez-vous; **mit jds Interessen ~** être en [totale] contradiction avec les intérêts de qn; **miteinander ~** Interessen: être inconciliable(s)
Kollier [kɔ'lie:] <-s, -s> *nt* collier *m*
Kollision [kɔli'zio:n] <-, -en> *f* ① *geh* collision *f*; **~ der Interessen** collision d'intérêts
② JUR conflit *m*
Kollisionskurs *m* **sich auf ~ befinden** s'apprêter à entrer en collision; **auf ~ mit jdm/etw gehen** provoquer un clash avec qn/qc
Kolloid [kɔlo'i:t] <-s, -e> *nt* CHEM colloïde *m*
Kolloquium [kɔ'lo:kviʊm] <-s, -ien> *nt* ① UNIV séminaire *m*
② *(Symposium)* colloque *m*
Köln [kœln] <-s> *nt* Cologne
Kölner ['kœlnɐ] *Adj* **der ~ Dom** la cathédrale de Cologne
Kölner(in) *m(f)* habitant(e) *m(f)* de Cologne; **die ~** les habitants de Cologne
kölnisch *Adj* de Cologne; **~ Wasser** eau de Cologne
Kölnischwasser *nt* eau *f* de Cologne
Kolon ['ko:lɔn] <-s, -s *o* Kola> *nt* MED, ANAT côlon *m*
kolonial [kolo'nia:l] *Adj* colonial(e)
Kolonialbesitz *m* colonie *f*; **sich in französischem ~ befinden** être une colonie française **Kolonialherrschaft** *f* pouvoir *m* colonial
Kolonialismus [kolonia'lɪsmʊs] <-> *m* colonialisme *m*
Kolonialmacht *f* puissance *f* coloniale **Kolonialreich** *nt* empire *m* colonial **Kolonialstil** *m* style *m* colonial **Kolonialzeit** *f* époque *f* coloniale, temps *m* des colonies
Kolonie [kolo'ni:] <-, -n> *f* colonie *f*

Kolonisation [koloniza'tsio:n] <-, -en> f colonisation f
kolonisieren* tr V coloniser
Kolonist [kolo'nɪst] <-en, -en> m colon m
Kolonnade [kolɔ'na:də] <-, -n> f colonnade f
Kolonne [ko'lɔnə] <-, -n> f ❶ *(Fahrzeugkolonne)* file f; **in [einer] ~ fahren** rouler les uns derrière les autres; **Achtung, ~ !** attention convoi!
❷ *(Reihe von Menschen)* colonne f
❸ *(Arbeitsgruppe)* équipe f
❹ *(senkrechte Reihe)* colonne f
▶ **die fünfte ~** POL la cinquième colonne
Kolonnenspringer(in) m(f) fam resquilleur(-euse) m(f) **Kolonnenverkehr** m trafic m pare-chocs contre pare-chocs
Kolophonium [kolo'fo:niʊm] <-s> nt colophane f
Koloratur [kolora'tu:ɐ] <-, -en> f coloratura f; **~ singen** chanter une coloratura
kolorieren* tr V colorier; coloriser Film
Kolorit [kolo'ri:t] <-[e]s, -e> nt ❶ *(Farbgebung)* coloris m
❷ *(Klangfarbe)* timbre m
❸ geh *(Atmosphäre)* cachet m
Koloss^RR <-es, -e>, **Koloß**^ALT <-sses, -sse> m ❶ fam *(Mensch)* colosse m
❷ *(Gebilde, Gebäude)* construction f énorme
▶ **der ~ von Rhodos** HIST le colosse de Rhodes
kolossal [kolɔ'sa:l] I. Adj ❶ *(wuchtig)* Bauwerk colossal(e)
❷ fam *(sehr groß)* Dummheit, Fehler, Irrtum monumental(e) *(fam)*
II. Adv fam sich freuen énormément; sich irren dans les grandes largeurs *(fam)*
Kolossalfilm m film m à grand spectacle **Kolossalgemälde** nt peinture f monumentale
Kolostrum [ko'lɔstrʊm] <-s> nt BIO, MED colostrum m
Kolportage [kɔlpɔr'ta:ʒə] <-, -n> f pej tissu m de ragots *(péj)*
kolportieren* tr V geh colporter
Kölsch [kœlʃ] <-[s]> nt ❶ *(Bier)* bière blonde de la région de Cologne
❷ *(Mundart)* dialecte de la région de Cologne
kolumbianisch [kolʊm'bia:nɪʃ] Adj colombien(ne)
Kolumbien [ko'lʊmbiən] <-s> nt la Colombie
Kolumbus [ko'lʊmbʊs] <-> m Christophe Colomb m
Kolumne [ko'lʊmnə] <-, -n> f ❶ PRESSE chronique f
❷ TYP colonne f
Kolumnentitel m mot m annonce [o repère]
Kolumnist(in) [kolʊm'nɪst] <-en, -en> m(f) chroniqueur(-euse) m(f)
Koma ['ko:ma] <-s, -s o -ta> nt coma m; **im ~ liegen** être dans le coma
Kombi ['kɔmbi] m fam break m
Kombinat [kɔmbi'na:t] <-[e]s, -e> nt HIST combinat m
Kombination [kɔmbina'tsio:n] <-, -en> f ❶ *(Zusammenstellung)* combinaison f
❷ *(Zahlenkombination)* combinaison f
❸ *(Schlussfolgerung)* déduction f
❹ *(Kleidung)* ensemble m; *(Overall)* combinaison f
❺ SKI nordische ~ combiné m nordique
Kombinationsgabe f kein Pl esprit m de déduction **Kombinationsschloss**^RR nt serrure f à combinaison **Kombinationstherapie** f MED thérapie f combinée
Kombinatorik [kɔmbina'to:rɪk] <-> f MATH combinatoire f
kombinatorisch [kɔmbina'to:rɪʃ] Adj **~e Fähigkeiten [haben]** [avoir l'] esprit m de déduction
kombinieren* I. tr V **einen Rock mit einer Bluse ~** assortir une jupe et une chemise; **verschiedene Farben miteinander ~** associer différentes couleurs entre elles; **sich gut ~ lassen** bien se combiner
II. itr V *(schlussfolgern)* faire une déduction/des déductions; **du hast richtig kombiniert!** bonne déduction!
Kombitherapie f *(gegen Aids)* trithérapie f **Kombiwagen** m break m **Kombizange** f pince f universelle
Kombüse [kɔm'by:zə] <-, -n> f cuisine f
Komet [ko'me:t] <-en, -en> m comète f
kometenhaft Adj Aufstieg, Karriere fulgurant(e)
Kometenschweif m ASTRON queue f de comète
Komfort [kɔm'fo:ɐ] <-s> m confort m
komfortabel [kɔmfɔr'ta:bəl] I. Adj confortable
II. Adv confortablement
Komfortwohnung [kɔm'fo:ɐ-] f logement m confortable, appartement m [de] grand standing
Komik ['ko:mɪk] <-> f comique m
Komiker(in) ['ko:mikɐ] <-s, -> m(f) ❶ comique mf
❷ pej *(merkwürdige Person)* **Sie/du ~!** petit plaisantin! *(péj)*
komisch I. Adj ❶ *(lustig)* comique
❷ *(sonderbar)* bizarre; **es ist [schon] ~, dass** c'est [tout de même] bizarre que + subj; **das Komische daran ist, dass** ce qu'il y a de bizarre [là-dedans], c'est que + indic; **~ riechen/schmecken** avoir une drôle d'odeur/un drôle de goût; **das kommt mir ~ vor** je trouve ça bizarre/étrange; **der hat vielleicht ~e Ansichten!** il a de ces idées!
❸ *(unwohl)* **mir ist/wird so [o ganz] ~** fam je me sens tout drôle *(fam)*
II. Adv ❶ *(lustig)* bizarrement
❷ *(sonderbar)* **sich ~ verhalten** se comporter de façon bizarre; **sich ~ fühlen** se sentir tout drôle [o bizarre] [o chose] *(fam)*
komischerweise ['ko:mɪʃɐ'vaɪzə] Adv fam bizarrement
Komitee [komi'te:, kɔmi'te:] <-s, -s> nt comité m
Komma <-s, -s o -ta geh> ['kɔma] nt a. MATH virgule f; **vor/hinter dem ~** avant/après la virgule
Kommandant(in) [kɔman'dant] <-en, -en> m(f) commandant(e) m(f)
Kommandantur [kɔmandan'tu:ɐ] <-, -en> f kommandatur f
Kommandeur(in) [kɔman'dø:ɐ] <-s, -e> m(f) commandant(e) m(f) en chef
kommandieren* I. tr V ❶ *(befehligen)* commander
❷ *(abkommandieren)* **jdn an die Front ~** affecter qn au front
II. itr V ❶ MIL commander
❷ fam *(Anweisungen erteilen)* [**gern**] **~** [aimer bien] faire le gendarme *(fam)*
Kommando [kɔ'mando] <-s, -s> nt ❶ a. MIL ordre m; **das ~ zum Angriff** l'ordre d'attaquer; **auf ~** handeln, gehorchen sur ordre; lachen sur commande; **auf mein ~** à mon commandement
❷ kein Pl *(Befehlsgewalt)* commandement m; **das ~ über jdn/etw haben** avoir le commandement de qn/qc
❸ *(abkommandierte Gruppe)* détachement m
❹ *(Militärdienststelle)* état-major m
▶ **~ zurück!** MIL contrordre!; fig autant pour moi!
Kommandobrücke f passerelle f de commandement **Kommandokapsel** f module m de commande
kommen ['kɔmən] <kam, gekommen> I. itr V + sein ❶ *(sich begeben)* **nach unten/oben ~** descendre/monter; **nach draußen ~** sortir; **ich bin gekommen um …** je suis venu(e) pour …; **der Kollege kommt sofort [zu Ihnen]!** mon collègue va s'occuper de vous!; **wenn du mal nach Paris kommst, …** si un jour tu viens à Paris, …; **ich komme ja schon!** j'arrive!; **komm!** viens [ici]!
❷ *(eintreffen, ankommen)* Person, Zug: arriver; **mit dem Fahrrad/Bus ~** venir en vélo/bus; **da kommt Anne/der Bus!** voilà Anne/le bus!
❸ *(herkommen, sich nähern)* Person, Fahrzeug: venir; **von rechts/links ~** arriver sur la droite/gauche; **gelaufen/geflogen ~** s'approcher en courant/en volant; **angaloppiert ~** arriver au galop
❹ *(zurückkehren)* **von der Arbeit/aus dem Kino ~** venir du travail/du cinéma; **gerade aus der Schule/vom Einkaufen ~** venir de l'école/des courses
❺ *(vorbeikommen)* Handwerker, Arzt: passer; **die Ärztin ~ lassen** faire venir le médecin
❻ *(besuchen)* **zu jdm ~** venir voir qn
❼ *(gelangen)* **wie komme ich bitte zur Post?** pour aller à la poste, s'il vous plaît?; **komme ich auf dieser Straße nach Freiburg?** est-ce que cette route me conduira à Fribourg?
❽ *(teilnehmen)* **zum Kongress/zur Party ~** aller au congrès/à la fête; **kommst du auch?** est-ce que tu y vas aussi?
❾ *(reichen)* **bis an die Decke ~** arriver [jusqu'] au plafond, atteindre le plafond
❿ *(errechnen)* **ich komme auf zwanzig Euro/Meter** j'arrive à vingt euros/mètres
⓫ *(gebracht werden)* [**gleich**] **~** Essen, Rechnung, Post: [aller] arriver; **sich** *(Dat)* **eine Pizza ~ lassen** faire venir une pizza; **ist Post für mich gekommen?** est-ce qu'il y a du courrier pour moi?
⓬ *(herannahen)* Gewitter, Flut, Frühling: arriver
⓭ *(entstehen, sich bilden)* Blüten, Haare, Zahn: pousser
⓮ *(stammen)* **von weit her ~** venir de loin; **aus ärmlichen Verhältnissen ~** être issu(e) d'un milieu modeste; **aus dem Griechischen ~** Wort: venir du grec
⓯ *(austreten)* Blut, Ton: sortir
⓰ *(folgen)* [**gleich**] **~** Pointe: [aller] arriver; **Vorsicht, da vorn kommt eine Ampel!** attention, on arrive sur un feu!; **das Schlimmste kommt erst noch** le pire est encore à venir
⓱ *(gesendet, gezeigt werden)* Interpret, Hit, Film: passer; **im Fernsehen/im ersten Programm ~** passer à la télévision/sur la première chaîne; **und nun kommt …** et voici maintenant …
⓲ *(sein, sich ereignen)* **dieser Entschluss kommt für mich überraschend** cette décision m'apparaît surprenante; **das musste ja so ~** il fallait bien que ça arrive
⓳ *(einen Platz erhalten)* **das Messer kommt in die Schublade** le couteau va dans le tiroir; **der Hund kommt mir nicht ins Auto!** le chien ne va pas dans ma voiture!
⓴ fam *(sich belaufen)* **auf [rund] hundert Euro ~** coûter dans les

cent euros *(fam)*; ㉑ *(erlangen)* **zu Geld ~** faire fortune; **nie zu etwas ~** ne jamais arriver à rien; **wie komme ich zu der Ehre?** qu'est-ce qui me vaut cet honneur?; ㉒ *(sich verschaffen)* **an bestimmte Waren ~** se procurer des produits particuliers; **billig an Bücher ~** se procurer des livres bon marché; **an einen Handwerker ~** trouver un artisan; ㉓ *(sich erinnern)* **ich komme nicht mehr auf seinen Namen** son nom ne me revient pas; ㉔ *(Einfall haben)* **auf die Idee wäre ich nie gekommen** ça ne me serait jamais venu à l'idée; **wie kommst du denn darauf?** qu'est-ce qui te fait croire ça?; ㉕ *(geraten)* **in Stimmung ~** se mettre dans l'ambiance; **unter ein Auto ~** se faire renverser par une voiture; **neben jdm zu sitzen ~** se retrouver à côté de qn; ㉖ *(ansprechen)* **auf ein Thema zu sprechen ~** en venir à un sujet; **darauf komme ich gleich zu sprechen** je vais y venir tout de suite; ㉗ *(entfallen)* **auf einen Arzt kommen 25 Patienten** il y a un médecin pour 25 patients; ㉘ *(herausfinden)* **hinter ein Geheimnis ~** percer à jour un secret; ㉙ *fam (behelligen)* **jdm mit einer Ausrede ~** agacer qn avec des excuses *(fam)*; **komm mir nicht wieder mit der alten Geschichte** ne ramène pas encore cette vieille histoire *(fam)*; ㉚ *(verlieren)* **um sein Erbteil ~** perdre sa part d'héritage; **um seinen Mittagsschlaf ~** [devoir] renoncer à sa sieste; ㉛ *(herrühren)* **sein Husten kommt vom Rauchen** sa toux [pro]vient de la cigarette; ㉜ *(Zeit finden)* **nicht zum Abwaschen ~** ne pas trouver le temps de faire la vaisselle; ㉝ *fam (ähneln)* |**ganz**| **nach jdm ~** être tout à fait le portrait de qn; ㉞ *fam (einen Orgasmus haben)* prendre son pied *(fam)*
▶ **komm mir** |**bloß**| **nicht so!** pas de ces manières avec moi!; **da kann** [*o* **könnte**] **ja jeder ~!** *fam* et puis quoi, encore? *(fam)*; **komm, komm!** *fam* allez! *(fam)*; **auf jdn nichts ~ lassen** ne pas vouloir qu'on touche à qn; **der/die soll nur ~** il/elle n'a qu'à y venir; **komme, was wolle** quoi qu'il advienne; **das kommt davon!** *fam* tu vois ce que je te disais/vous voyez ce que je vous disais! *(fam)*; **das kommt davon, weil/wenn ...** voilà ce que c'est de ... + *infin (fam)*; |**wieder**| **zu sich ~** revenir à soi; *(sich beruhigen)* se remettre
II. *itr V unpers + sein* **es kam zu einer Auseinandersetzung** on en vint à une querelle; **hoffentlich kommt es nicht zu einem Prozess** espérons que cela n'aboutira pas à un procès; **dazu kam es gar nicht** on n'y est pas parvenu; **und so kam es, dass** et c'est ainsi que + *indic*; **wie kommt es, dass ...?** comment se fait-il que ... ? + *indic*
▶ **es kommt immer anders, als man denkt** *Spr.* les choses ne tournent jamais comme on voudrait; **mag es ~, wie es ~ will** quoi qu'il advienne; **es kam, wie es ~ musste** il est arrivé ce qui devait arriver
III. *tr V + sein fam* **die Reparatur kommt mich auf tausend Euro** les réparations me reviennent à mille euros

Kommen <-s> *nt* venue *f*, arrivée *f*; **wir rechnen fest mit deinem ~** nous comptons sur ta visite
▶ |**es herrscht**| **ein ständiges ~ und Gehen** [il y a] des allées et venues *fpl* continuelles; |**groß**| **im ~ sein** connaître une vogue croissante

kommend *Adj* ① *(nächste)* prochain(e); ② *(künftig)* **die ~en Ereignisse** les événements à venir; **die ~e Parteichefin** la nouvelle chef du parti

Kommentar [kɔmɛn'taːɐ] <-s, -e> *m* ① *(Stellungnahme)* commentaire *m*; **der ~ zu etw** les commentaires *mpl* sur qc; **einen ~ zu etw abgeben** apporter un commentaire à qc; **jeden** [**weiteren**] **~ ablehnen** se refuser à tout [autre] commentaire; **kein ~!** aucun commentaire!; ② *(Werk)* commentaire *m*

kommentarlos *Adj* sans commentaire

Kommentator [kɔmɛn'taːtoːɐ] <-s, -toren> *m*, **Kommentatorin** *f* commentateur/-trice) *m(f)*

kommentieren* *tr V* commenter; **kommentiert** *Ausgabe, Fassung* commenté(e)

Kommerzfernsehen *nt* télévision *f* commerciale

kommerziell [kɔmɛr'tsjɛl] I. *Adj Unternehmen, Ziele* commercial(e)
II. *Adv* à des fins commerciales; **~ denken** avoir l'esprit mercantile

Kommerzienrat [-tsiən-] *m*, **-rätin** *f* conseiller *m* commercial/conseillère *f* commerciale

Kommilitone [kɔmili'toːnə] <-n, -n> *m*, **Kommilitonin** *f* camarade *mf* d'études

Kommiss^RR <-es>, **Kommiß**^ALT <-sses> *m veraltet fam* armée *f*; **beim ~ sein** faire l'armée *(fam)*

Kommissar(in) [kɔmɪ'saːɐ] <-s, -e> *m(f)*, **Kommissär(in)** [kɔmɪ'sɛːɐ] <-s, -e> *m(f)* A, CH commissaire *mf*

Kommissariat [kɔmɪsari'aːt] <-s, -e> *nt* commissariat *m*
kommissarisch [kɔmɪ'saːrɪʃ] I. *Adj* intérimaire
II. *Adv* par intérim
Kommissbrot^RR *nt* pain *m* de munition
Kommission [kɔmɪ'sjoːn] <-, -en> *f* ① *(Ausschuss)* commission *f*; **die Europäische ~** la Commission européenne
② *(Auftrag zu verkaufen)* |**jdm**| **etw in ~ geben** laisser qc en dépôt-vente [à qn]; **etw in ~ nehmen** prendre qc en dépôt-vente; **etw in ~ verkaufen** vendre qc en commission
Kommissionär(in) [kɔmɪsio'nɛːɐ] <-s, -e> *m(f)* diffuseur(-euse) *m(f)*
Kommissionierung *f* COM commissionnement *m*
Kommissionsbasis *f* COM **auf ~** à la commission **Kommissionsgeschäft** *nt* COM commission *f*
Kommode [kɔ'moːdə] <-, -n> *f* commode *f*
kommunal [kɔmu'naːl] *Adj* communal(e), municipal(e); *Abgaben* local(e)
Kommunalabgaben *Pl* impôts *mpl* locaux **Kommunalpolitik** *f* politique *f* municipale **Kommunalverwaltung** *f* administration *f* communale **Kommunalwahlen** *Pl* élections *fpl* municipales
Kommunarde [kɔmu'nardə] <-n, -n> *m*, **Kommunardin** *f* HIST communard(e) *m(f)*
Kommune [kɔ'muːnə] <-, -n> *f* ① ADMIN commune *f*
② HIST **die Pariser ~** la Commune de Paris
Kommunikation [kɔmunika'tsjoːn] <-, -en> *f* communication *f*
Kommunikationsdesign *nt* UNIV design *m* de communication **Kommunikationsmittel** *nt* moyen *m* de communication **Kommunikationsschwierigkeiten** *Pl* difficultés *fpl* de communication **Kommunikationstechnik** *f* techniques *fpl* de communication **Kommunikationswissenschaften** *Pl* sciences *fpl* de la communication
kommunikativ *Adj* communicatif(-ive)
Kommunikee^RR *s.* Kommuniqué
Kommunion [kɔmu'njoːn] <-, -en> *f* **die** [**heilige**] **~** la [sainte] communion; *(Erstkommunion)* la première communion; **zur ~ gehen** aller communier
Kommunionkind *nt* communiant(e) *m(f)*
Kommuniqué [kɔmyni'keː] <-s, -s> *nt* communiqué *m*
Kommunismus [kɔmu'nɪsmʊs] <-> *m* communisme *m*
Kommunist(in) [kɔmu'nɪst] <-en, -en> *m(f)* communiste *mf*
kommunistisch *Adj* communiste
kommunizieren* *itr V* ① *geh (sich verständigen)* communiquer; **mit jdm ~** communiquer avec qn
② *form (zur Kommunion gehen)* communier
Komödiant(in) [komø'djant] <-en, -en> *m(f) a. fig, pej* comédien(ne) *m(f)*
komödiantisch *Adj* comédien(ne); *(dem Wesen des Theaters gemäß)* de comédie
Komödie [ko'møːdiə] <-, -n> *f a. fig* comédie *f*; **~ spielen** jouer la comédie
Kompagnon ['kɔmpanjɔŋ, kɔmpan'jɔ̃ː] <-s, -s> *m* associé(e) *m(f)*
kompakt [kɔm'pakt] I. *Adj* compact(e)
II. *Adv* **~ gebaut** *Auto, Haus* de forme compacte
Kompanie [kɔmpa'niː] <-, -n> *f* compagnie *f*
Kompaniechef [-ʃɛf] *m(f)*, **Kompanieführer(in)** *m(f)* commandant(e) *m(f)* de compagnie
Komparativ ['kɔmparatiːf] <-s, -e> *m* comparatif *m*
Komparse [kɔm'parzə] <-n, -n> *m*, **Komparsin** *f* figurant(e) *m(f)*
Kompass^RR <-es, -e>, **Kompaß**^ALT <-sses, -sse> *m* boussole *f*; NAUT compas *m*; **nach dem ~** à la boussole; NAUT au compas
Kompassnadel^RR *f* aiguille *f* de la boussole/du compas
kompatibel [kɔmpa'tiːbəl] *Adj* compatible
Kompatibilität [kɔmpatibili'tɛːt] <-, -en> *f* compatibilité *f*
Kompendium [kɔm'pɛndiʊm, *Pl:* kɔm'pɛndiən] <-s, -dien> *nt* abrégé *m*
Kompensation [kɔmpɛnza'tsjoːn] <-, -en> *f* compensation *f*
kompensieren* *tr V a.* PSYCH *(ausgleichen)* compenser; **etw durch** [*o* **mit**] **etw ~** compenser qc par qc
kompetent [kɔmpe'tɛnt] I. *Adj* compétent(e); **auf einem Fachgebiet ~ sein** être compétent(e) dans un domaine
II. *Adv* de manière compétente
Kompetenz [kɔmpe'tɛnts] <-, -en> *f* ① *(Befähigung)* compétence *f*
② *(Zuständigkeit, Befugnis)* compétence *f*; **~en delegieren** répartir les compétences; **das ist** [*o* **liegt**] **außerhalb seiner ~** cela dépasse le cadre de ses attributions; **seine ~en überschreiten** dépasser le cadre de ses compétences
③ *(Zuständigkeitsbereich)* domaine *m* de compétence; **das fällt in deine ~** c'est de ton ressort
Kompetenzgerangel *nt pej fam* querelles *fpl* de compétence *(péj)* **Kompetenzkonflikt** *m* JUR conflit *m* de compétence;

negativer/positiver ~ conflit positif/négatif de compétence **Kompetenzstreitigkeiten** Pl conflit m de compétence
kompilieren* tr V geh **etw [aus etw]** ~ compiler qc [à partir de qc]
Komplement [kɔmpleˈmɛnt] <-[e]s, -e> nt BIO complément m
Komplementär [kɔmplemɛnˈtɛːɐ] <-s, -e> m commandité(e) m(f)
Komplementärfarbe f couleur f complémentaire
komplett [kɔmˈplɛt] I. Adj ❶ (vollständig) complet(-ète) ❷ fam (vollzählig, völlig) **sind wir** ~? sommes-nous au complet?; **das ist doch** ~ **er Schwachsinn!** c'est complètement débile! (fam) II. Adv complètement
komplettieren* tr V geh compléter
komplex [kɔmˈplɛks] I. Adj complexe II. Adv de façon complexe
Komplex <-es, -e> m ❶ ARCHIT complexe m ❷ PSYCH complexe m; **einen** ~ **wegen etw haben** avoir un complexe à cause de qc; **voller** ~ **e sein** être complexé(e) (fam) ❸ (Gesamtheit) ensemble m
Komplikation [kɔmplikaˈtsioːn] <-, -en> f complication f; **ohne** ~ **en** sans complications
Kompliment [kɔmpliˈmɛnt] <-[e]s, -e> nt compliment m; **jdm** ~ **e/ein** ~ **machen** faire des compliments à qn; **mit** ~ **en um sich werfen** ne pas être avare de compliments; [**mein**] ~ ! mes compliments!
Komplize [kɔmˈpliːtsə] <-n, -n> m, **Komplizin** f complice mf
komplizieren* I. tr V compliquer II. r V **sich** ~ se compliquer
kompliziert [kɔmpliˈtsiːɐt] I. Adj compliqué(e) II. Adv de façon compliquée
Kompliziertheit <-> f complexité f
Komplizin [kɔmˈpliːtsɪn] f s. **Komplize**
Komplott [kɔmˈplɔt] <-[e]s, -e> nt complot m
▶ **ein** ~ **schmieden** tramer un complot
Komponente [kɔmpoˈnɛntə] <-, -n> f ❶ (Bestandteil) composant m ❷ (Gesichtspunkt) composante f
komponieren* I. tr V composer II. itr V composer; **das Komponieren** la composition
Komponist(in) [kɔmpoˈnɪst] <-en, -en> m(f) compositeur(-trice) m(f)
Komposita s. **Kompositum**
Komposition [kɔmpoziˈtsioːn] <-, -en> f composition f
Kompositum [kɔmˈpoːzitʊm, Pl: kɔmˈpoːzita] <-s, Komposita> nt LING [mot m] composé m
Kompost [kɔmˈpɔst] <-[e]s, -e> m compost m
Komposthaufen m tas m de compost
kompostieren* tr V **etw** ~ faire du compost avec qc; **das Kompostieren** le compostage
Kompostierung <-, -en> f compostage m
Kompott [kɔmˈpɔt] <-[e]s, -e> nt compote f
Kompresse [kɔmˈprɛsə] <-, -n> f compresse f
Kompression [kɔmprɛˈsioːn] <-, -en> f compression f
Kompressor [kɔmˈprɛsoːɐ] <-s, -Kompressoren> m compresseur m
komprimieren* tr V comprimer
Komprimierung <-, -en> f a. INFORM compression f
Kompromiss[RR] <-es, -e>, **Kompromiß**[ALT] <-sses, -sse> m compromis m; **einen** ~ **mit jdm schließen** passer un compromis avec qn; **ein fauler** ~ un compromis boiteux
kompromissbereit[RR] Adj conciliant(e) **Kompromissbereitschaft**[RR] f attitude f conciliante **kompromissfreudig**[RR] I. Adj arrangeant(e) II. Adv avec trop de complaisance **kompromisslos**[RR] I. Adj Haltung, Verhandlungspartner intransigeant(e) II. Adv avec intransigeance **Kompromisslösung**[RR] f solution f de compromis **Kompromissvorschlag**[RR] m proposition f de compromis
kompromittieren* I. tr V compromettre II. r V **sich** ~ se discréditer
Kondensat [kɔndɛnˈzaːt] <-[e]s, -e> nt produit m de condensation
Kondensation [kɔndɛnzaˈtsioːn] <-, -en> f condensation f
Kondensator [kɔndɛnˈzaːtoːɐ] <-s, -toren> m ELEC, TECH condensateur m
kondensieren* I. itr V + haben o sein se condenser; **an den Wänden** ~ Dampf: se condenser sur les parois II. tr V + haben concentrer Milch, Saft
Kondensmilch [kɔnˈdɛns-] f lait m concentré **Kondensstreifen** m traînée f blanche **Kondenswasser** nt kein Pl [eau f de] condensation f
Kondition [kɔndiˈtsioːn] <-, -en> f ❶ (Leistungsfähigkeit) condition f; [**eine gute**] ~ **haben** être en [bonne] condition; **keine** ~ **haben** manquer de condition ❷ Pl (Bedingungen) conditions fpl

Konditionalsatz [kɔnditsionaːl-] m GRAM proposition f conditionnelle
Konditionsschwäche f manque m de condition **Konditionstraining** [-trɛːnɪŋ, -trɛː-] nt mise f en condition
Konditor [kɔnˈdiːtoːɐ] <-s, -toren> m, **Konditorin** f pâtissier m [confiseur]/pâtissière f [confiseuse]
Konditorei [kɔnditoˈraɪ] <-, -en> f pâtisserie f [confiserie]
Kondolenzbesuch m geh visite f de condoléances; **bei jdm einen** ~ **machen** aller présenter ses condoléances à qn **Kondolenzkarte** f geh carte f de condoléances **Kondolenzliste** f geh livre m de condoléances
kondolieren* itr V geh présenter ses condoléances; [**jdm**] ~ présenter ses condoléances [à qn]
Kondom [kɔnˈdoːm] <-s, -e> m o nt préservatif m
Kondor [ˈkɔndoːɐ] <-s, -e> m condor m
Kondukteur(in) [kɔndʊkˈtøːɐ] <-s, -e> m(f) CH contrôleur(-euse) m(f)
Konfekt [kɔnˈfɛkt] <-[e]s, -e> nt ❶ (Pralinen) friandises fpl ❷ A, CH (Gebäck) petits-fours mpl
Konfektion [kɔnfɛkˈtsioːn] <-, selten -en> f (Konfektionskleidung) confection f; **keine** ~ **tragen** ne pas porter des vêtements de confection
konfektionieren* tr V **etw** ~ fabriquer qc en série
Konfektionsgröße f taille f en confection
Konferenz [kɔnfeˈrɛnts] <-, -en> f ❶ conférence f; **in einer** ~ **sein** être en conférence; ~ **über Sicherheit und Zusammenarbeit in Europa** conférence sur la sécurité et la coopération en Europe ❷ (Lehrerkonferenz) conseil m de classe
Konferenzraum m salle f de conférences **Konferenzschaltung** f multiplex m **Konferenzteilnehmer(in)** m(f) participant(e) m(f) à une conférence **Konferenzzimmer** nt salle f de conférences
konferieren* itr V geh conférer (soutenu); **mit jdm über etw (Akk)** ~ conférer avec qn de qc (soutenu)
Konfession [kɔnfɛˈsioːn] <-, -en> f confession f
konfessionell [kɔnfɛsioˈnɛl] I. Adj confessionnel(le) II. Adv gebunden sur le plan confessionnel
konfessionslos Adj sans confession
Konfessionsschule s. **Bekenntnisschule**
Konfetti [kɔnˈfɛti] <-[s]-> nt confetti m
Konfiguration [kɔnfiguraˈtsioːn] <-, -en> f INFORM configuration f
konfigurieren* tr V INFORM configurer
Konfirmand(in) [kɔnfɪrˈmant] <-en, -en> m(f) confirmand(e) m(f)
Konfirmandenunterricht m préparation f à la confirmation **Konfirmation** [kɔnfɪrmaˈtsioːn] <-, -en> f confirmation f
konfirmieren* tr V confirmer
Konfiserie [kɔ̃fizəˈriː, kɔnfizəˈriː] <-, -n> f CH confiserie f
konfiszieren* tr V ❶ (beschlagnahmen) saisir ❷ hum (wegnehmen) confisquer
Konfitüre [kɔnfiˈtyːrə] <-, -n> f confiture f
Konflikt [kɔnˈflɪkt] <-s, -e> m ❶ conflit m; **ein bewaffneter** [o **militärischer**] ~ un conflit armé ❷ (Zwiespalt) conflit m; **seelischer** [o **innerer**] ~ cas m de conscience; **jdn in** ~ **mit seinem Gewissen bringen** plonger qn dans un cas de conscience
Konfliktherd m poudrière f, foyer m de tensions **Konfliktpartei** f partie f en présence dans un conflit **Konfliktstoff** m source f de conflits
Konföderation [kɔnfødɛraˈtsioːn] <-, -en> f confédération f
konform [kɔnˈfɔrm] I. Adj concordant(e); ~ **sein** Ansichten: concorder II. Adv ▶ **mit jdm/etw** ~ **gehen** Person: être d'accord avec qn/sur qc
Konformismus [kɔnfɔrˈmɪsmʊs] <-> m geh conformisme m **Konformist(in)** <-en, -en> m(f) geh conformiste mf
konformistisch Adj geh conformiste
Konformität <-, -en> f conformité f
Konfrontation [kɔnfrɔntaˈtsioːn] <-, -en> f ❶ (Gegenüberstellung) confrontation f ❷ (Auseinandersetzung) affrontement m
Konfrontationskurs m attitude f belliqueuse; **auf** ~ **gehen** chercher l'affrontement
konfrontieren* tr V **jdn mit jdm/etw** ~ confronter qn avec qn/qc; **mit etw konfrontiert werden** être confronté(e) à qc
konfus [kɔnˈfuːs] I. Adj confus(e); **jdn** [**ganz**] ~ **machen** embrouiller [complètement] qn; ~ **klingen** paraître confus(e) II. Adv de façon confuse
Konfusion [kɔnfuˈzioːn] <-, -en> f confusion f
Konfuzius [kɔnˈfuːtsiʊs] <-> m HIST Confucius m
kongenial [kɔngeˈniaːl, kɔŋgeˈniaːl] Adj geh d'un [o du] même génie

Konglomerat [kɔnglomeˈraːt] <-[e]s, -e> nt geh **ein ~ von Hütten** une agglomération de cabanes; **ein ~ von Fremdwörtern und Zitaten** une accumulation de mots d'origine étrangère et de citations

Kongo [ˈkɔŋɡo] <-[s]> m ❶ (Fluss) **der ~** le Congo
❷ (Staat) **der ~** le Congo

Kongolese [kɔŋɡoˈleːzə] <-n, -n> m, **Kongolesin** f Congolais(e) m(f)

kongolesisch Adj congolais(e)

Kongregation [kɔŋɡreɡaˈtsjoːn] <-, -en> f congrégation f

KongressRR <-es, -e>, **Kongreß**ALT <-sses, -sse> m ❶ (Tagung) congrès m
❷ (US-Parlament) **der ~** le Congrès
❸ HIST **der Wiener ~** le Congrès de Vienne

KongresshalleRR f salle f des congrès **Kongressteilnehmer(in)**RR m(f) congressiste mf **Kongresszentrum**RR nt palais m des congrès

kongruent [kɔŋɡruˈɛnt, kɔŋɡruˈɛnt] Adj coïncident(e); **~ sein** coïncider

Kongruenz [kɔŋɡruˈɛnts, kɔŋɡruˈɛnts] <-, -en> f ❶ GEOM coïncidence f
❷ GRAM accord m

K.-o.-Niederlage [kaːˈʔoː-] f défaite f par K.-O.

Konifere [koniˈfeːra] <-, -n> f BOT conifère m

König [ˈkøːnɪç] <-s, -e> m roi m; **die Heiligen Drei ~e** les Rois mages
▶ **der ~ der Tiere/der Lüfte** le roi des animaux/des airs

Königin <-, -nen> f ❶ a. ZOOL reine f
❷ BOT **der ~ der Nacht** cierge m à grandes fleurs

Königinmutter f reine f mère

königlich [ˈkøːnɪklɪç] I. Adj a. fig royal(e)
II. Adv ❶ fam (außerordentlich) **sich ~ amüsieren** s'amuser comme un petit fou/une petite folle/des petits fous (fam)
❷ (großzügig) belohnen, bewirten royalement

Königreich nt royaume m; **das Vereinigte ~** le Royaume-Uni

Königshaus nt dynastie f royale **Königskerze** f BOT molène f **Königskrone** f couronne f royale **Königspaar** nt couple m royal **Königssohn** [ˈkøːnɪksˌ- ˈkøːnɪçs-] m fils m du roi **Königstiger** m tigre m royal **Königstochter** f fille f du roi **königstreu** Adj fidèle au roi **Königsweg** m solution f idéale; **es gibt keinen ~** il n'y a pas de solution miracle

Königtum <-s, -tümer> nt ❶ kein Pl (Monarchie) royauté f
❷ veraltet (Königreich) royaume m

konisch [ˈkoːnɪʃ] Adj conique

Konjugation [kɔnjuɡaˈtsjoːn] <-, -en> f GRAM conjugaison f

konjugieren* tr V GRAM conjuguer; **schwach/stark konjugiert werden** avoir une conjugaison faible/forte

Konjunktion [kɔnjʊŋkˈtsjoːn] <-, -en> f GRAM, ASTROL conjonction f

Konjunktionalsatz m GRAM proposition f conjonctive

Konjunktiv [ˈkɔnjʊŋktiːf] <-s, -e> m GRAM subjonctif m; **im ~** au subjonctif

Konjunktur [kɔnjʊŋkˈtuːɐ] <-, -en> f ÖKON conjoncture f; **steigende ~** conjoncture favorable; **rückläufige ~** récession f; **~ haben** Ware: être très demandé(e)

Konjunkturaufschwung m essor m conjoncturel **Konjunktureinbruch** m effondrement m de l'activité économique **Konjunkturentwicklung** f évolution f conjoncturelle **Konjunkturflaute** f stagnation f de l'activité économique **Konjunkturpolitik** f ÖKON politique f conjoncturelle **Konjunkturprognose** f prévision f conjoncturelle **Konjunkturrückgang** m ÖKON baisse f de l'activité économique **Konjunkturschwäche** f faiblesse f conjoncturelle [o de la conjoncture]

konkav [kɔnˈkaːf] I. Adj concave
II. Adv schleifen en creux

Konklave [kɔnˈklaːvə, kɔnˈklaːvə] <-s, -n> nt conclave m

Konkordanz [kɔnkɔrˈdants] <-, -en> f concordance f

Konkordat [kɔnkɔrˈdaːt] <-[e]s, -e> nt ❶ ECCL concordat m
❷ CH (Staatsvertrag) traité intercantonal

konkret [kɔnˈkreːt, kɔnˈkrɛt] I. Adj ❶ Vorstellung, Meinung concret(-ète); **etwas/nichts Konkretes** quelque chose/rien de concret
❷ KUNST figuratif(-ive)
II. Adv sagen concrètement; **ganz ~ bedeutet das, dass** en [langage] clair, cela veut dire que + indic

konkretisieren* tr V expliciter

Konkretisierung <-, -en> f concrétisation f

Konkubinat [kɔnkubiˈnaːt, kɔŋkubiˈnaːt] <-[e]s, -e> nt concubinage m; **im ~ mit jdm leben** vivre en concubinage avec qn

Konkubine [kɔŋkuˈbiːnə, kɔn-] <-, -n> f geh maîtresse f

Konkurrent(in) [kɔŋkʊˈrɛnt] <-en, -en> m(f) rival(e) m(f); COM concurrent(e) m(f)

Konkurrenz [kɔŋkuˈrɛnts, kɔn-] <-> f ❶ kein Pl a. JUR (das Konkurrieren, der Konkurrent) concurrence f; **scharfe ~** concurrence acharnée; **jdm ~ machen** faire concurrence à qn; **zur ~ gehen** passer à la concurrence; **sie ist für mich keine ~** elle ne me fait pas concurrence
❷ (Wettkampf) compétition f; **an einer ~ teilnehmen** participer à une compétition; **in verschiedenen ~en starten** être au départ de différentes compétitions; **außer ~** hors compétition
▶ **die ~ schläft nicht** fam la concurrence devient dure (fam)

Konkurrenzangebot nt offre f concurrentielle **Konkurrenzdruck** m kein Pl pression f de la concurrence **konkurrenzfähig** Adj COM compétitif(-ive) **Konkurrenzkampf** m concurrence f **Konkurrenzklausel** f clause f de non-concurrence

konkurrenzlos I. Adj sans concurrence; Produkt défiant toute concurrence; **~ sein** être seul(e) sur le marché
II. Adv **~ billig sein** être exceptionnellement bon marché

Konkurrenzunternehmen nt concurrent m

konkurrieren* itr V COM **mit jdm/etw ~** être en concurrence avec qn/qc; **mit jdm/etw nicht ~ können** ne pas pouvoir lutter contre qn/qc

Konkurs [kɔnˈkʊrs, kɔn-] <-es, -e> m ❶ (Zahlungsunfähigkeit) faillite f; **~ machen** faire faillite; **~ anmelden** déposer le bilan; **jdm den ~ erklären** prononcer la faillite à qn
❷ (Verfahren) procédure f de faillite

Konkursmasse f actif m de la faillite **Konkursverfahren** nt procédure f de faillite; **ein ~ eröffnen** ouvrir une procédure de faillite **Konkursverwalter(in)** m(f) administrateur(-trice) m(f) judiciaire

können [ˈkœnən] I. <konnte, können> Hilfsv modal ❶ (vermögen) pouvoir; **etw tun ~** pouvoir faire qc; **etw nicht vergessen ~** ne pas pouvoir oublier qc
❷ (eine Fertigkeit haben) **laufen/lesen ~** savoir courir/lire
❸ (dürfen) **etw tun ~** pouvoir faire qc; **kann ich Sie kurz etwas fragen?** puis-je vous demander quelque chose?
❹ (in höflichen Fragen) **Sie mir sagen, wo/wie …?** pourriez-vous me dire où/comment …?; **kann ich Ihnen weiterhelfen?** puis-je vous aider?; **~ wir anfangen/gehen?** on peut commencer/y aller?; **~ wir?** fam on y va? (fam)
❺ (als Ausdruck der Wahrscheinlichkeit) **sie kann jeden Moment zurückkommen** elle peut revenir d'un moment à l'autre; **er kann sich verlaufen haben** il s'est peut-être perdu; **es kann sein, dass** il est possible que + subj
❻ (als Ausdruck eines Tadels) **kannst du nicht warten/aufpassen?** tu ne peux pas attendre/faire attention?; **~ Sie nicht klopfen?** vous ne pouvez pas frapper?; **wie konntest du nur wegbleiben!** comment as-tu pu ne pas y aller!
▶ **man kann nie wissen** on ne sait jamais; [halb so schlimm,] **das kann passieren!** [c'est pas grave,] ça peut arriver!; **kann [schon] sein!** fam ça se peut [bien]! (fam)
II. <konnte, gekonnt> tr V savoir Lied, Text, Gedicht; parler Fremdsprache; **Schwedisch/Tango ~** connaître le suédois/le tango; **was die alles kann!** elle en sait des choses!; **etwas [o was fam] ~ (Kenntnisse/Fähigkeiten haben)** s'y connaître fam/être quelqu'un de fort; **nichts ~ (keine Kenntnisse/Fähigkeiten haben)** ne rien y connaître; **was ~ Sie?** qu'est-ce que vous savez faire?
▶ [et]was/nichts für etw ~ n'être pas responsable de qc; **kann ich vielleicht etwas dafür, dass …?** qu'est-ce que j'y peux si …?; **der kann mich mal!** sl il peut aller se faire foutre! (pop)
III. <konnte, gekonnt> itr V pouvoir; **nicht mehr ~** fam (erschöpft, überfordert sein) n'en pouvoir plus; fam (satt sein) ne plus pouvoir rien avaler; **noch ~** fam pouvoir encore; **sie lief, so schnell sie konnte, sie lief, was sie konnte** elle courut de toutes ses forces
▶ **~ vor Lachen!** il faudrait pouvoir!; **mit jdm gut ~** fam s'entendre bien avec qn; **mit jdm nicht ~** fam ne pas s'entendre avec qn

Können <-s> nt (geistig) compétence f; (manuell) savoir-faire m; **sein/ihr schauspielerisches ~** son talent m d'acteur/d'actrice

Könner(in) <-s, -> m(f) expert(e) m(f)

konnte [ˈkɔntə] Imp von können

Konrektor(in) [ˈkɔnrɛkˌtoːɐ, Pl: kɔnrɛkˈtoːrən] m(f) directeur m adjoint/directrice f adjointe

konsekutiv Adj consécutif(-ive)

Konsekutivdolmetschen [kɔnzekuˈtiːf-] nt interprétation f consécutive **Konsekutivsatz** m GRAM [proposition f subordonnée] consécutive f

Konsens [kɔnˈzɛns] <-es, -e> m geh (Übereinstimmung) consensus m

konsequent [kɔnzeˈkvɛnt] I. Adj ❶ (folgerichtig) cohérent(e)
❷ (unbeirrbar) Gegner, Verfechter résolu(e); **bei etw ~ sein** être cohérent(e) dans qc; **du musst ~ bleiben!** sois cohérent(e)!
II. Adv ❶ (folgerichtig) de façon cohérente
❷ (unbeirrbar) résolument

Konsequenz [kɔnzeˈkvɛnts] <-, -en> f ❶ (Folge) conséquence f; **etw hat ~en für jdn** qc a des conséquences pour qn; **die ~en tragen** supporter les conséquences

② *(Folgerung)* **aus etw die ~en ziehen** tirer les conséquences de qc
③ *kein Pl (Folgerichtigkeit)* cohérence *f*
④ *kein Pl (Unbeirrbarkeit)* détermination *f*
▶ **in letzter ~** en fin de compte
konservativ [kɔnzɛrva'tiːf, 'kɔn-] POL I. *Adj* conservateur(-trice)
II. *Adv* **wählen** à droite
Konservative(r) *f(m) dekl wie Adj* conservateur(-trice) *m(f)*
Konservator [kɔnzɛr'vaːtoːɐ, *Pl:* kɔnzɛrva'toːrən] <-s, -toren> *m*, **Konservatorin** *f* conservateur(-trice) *m(f)*
Konservatorium [-va-, *Pl:* -riən] <-s, -rien> *nt* conservatoire *m*
Konserve [kɔn'zɛrvə] <-, -n> *f* ❶ conserve *f*
② *fig fam* **Musik aus der ~** de la musique en boîte
Konservenbüchse [kɔn'zɛrvənbʏksə] *f*, **Konservendose** *f* boîte *f* de conserve
konservieren* [-'viː-] *tr V* ❶ conserver *Früchte;* **Früchte in Alkohol** *(Dat)* ~ conserver des fruits dans de l'alcool
② *geh (erhalten)* conserver *Gebäude, Kunstwerk*
Konservierung <-, -en> *f* ❶ *von Lebensmitteln* conservation *f*
② *geh (Erhaltung)* entretien *m*
Konservierungsmittel *nt* agent *m* de conservation **Konservierungsstoff** *m* CHEM conservateur *m*
Konsistenz [kɔnzɪs'tɛnts] <-> *f geh* consistance *f*
Konsole [kɔn'zoːlə] <-, -n> *f* console *f*
konsolidieren* I. *tr V a.* ÖKON *geh* consolider; **konsolidiert** *Umsatz* consolidé(e); **nicht konsolidiert** *Beteiligung* non consolidé(e)
II. *r V geh* **sich ~** se consolider
Konsolidierung <-, -en> *f geh* consolidation *f*
Konsonant [kɔnzo'nant] <-en, -en> *m* consonne *f*
konsonantisch *Adj* LING consonantique
Konsorten *Pl pej* **... und ~** ... et consorts
Konsortium [kɔn'zɔrtsiʊm] <-s, -tien> *nt* consortium *m*
Konspiration [kɔnspira'tsjoːn] <-, -en> *f geh* conspiration *f*
konspirativ [kɔnspira'tiːf] *Adj geh Absicht, Tätigkeit* conspirateur(-trice); *Wohnung* des conspirateurs
konspirieren* *itr V geh* conspirer; **mit jdm gegen jdn ~** conspirer avec qn contre qn
konstant [kɔn'stant] I. *Adj* constant(e)
II. *Adv* ❶ *gut, niedrig* constamment
② *(beharrlich)* avec obstination
Konstante [kɔn'stantə] <-[n], -n> *f* constante *f*
Konstanz ['kɔnstants] <-> *nt* Constance *f*
konstatieren* *tr V geh* constater
Konstellation [kɔnstɛla'tsjoːn] <-, -en> *f* ❶ *geh (Gesamtlage)* configuration *f*
② ASTRON, ASTROL constellation *f*
konsternieren* *tr V geh* consterner
konsterniert *geh* I. *Adj* consterné(e)
II. *Adv* avec consternation
konstituieren* *geh* I. *tr V* constituer; **~d** constituant(e)
II. *r V* **sich [als etw] ~** se constituer [en qc]
Konstitution [kɔnstitu'tsjoːn] <-, -en> *f* ❶ *(körperliche Verfassung)* condition *f;* *(Körperbau)* constitution *f*
② POL *geh* constitution *f*
konstitutionell [kɔnstitutsjo'nɛl] *Adj* POL, MED constitutionnel(le); **~e Monarchie** monarchie constitutionnelle
konstruieren* *tr V* ❶ *a.* GRAM construire
② *pej (spekulativ erstellen)* **eine konstruierte Behauptung** une affirmation fabriquée de toutes pièces
Konstrukteur(in) [kɔnstrʊk'tøːɐ] <-s, -e> *m(f)* constructeur(-trice) *m(f)*
Konstruktion [kɔnstrʊk'tsjoːn] <-, -en> *f* construction *f*
Konstruktionsbüro *nt* bureau *m* d'études **Konstruktionsfehler** *m* défaut *m* de fabrication
konstruktiv [kɔnstrʊk'tiːf] *geh* I. *Adj (förderlich)* constructif(-ive)
II. *Adv* de façon constructive
Konsul ['kɔnzʊl] <-s, -n> *m*, **Konsulin** *f* consul *m*
konsularisch [kɔnzu'laːrɪʃ] *Adj* consulaire
Konsulat [kɔnzu'laːt] <-[e]s, -e> *nt* consulat *m*
Konsultation [kɔnzʊlta'tsjoːn] <-, -en> *f form* consultation *f*
konsultieren* *tr V form* consulter *Lexikon, Wörterbuch;* **jdn wegen etw ~** consulter qn pour qc
Konsum [kɔn'zuːm] <-s> *m* consommation *f*
Konsumartikel *m* produit *m* de consommation
Konsumation [kɔnzuma'tsjoːn] <-, -en> *f* A, CH consommation *f*
Konsument(in) [kɔnzu'mɛnt] <-en, -en> *m(f)* consommateur(-trice) *m(f)*
Konsumentenbefragung *f* enquête *f* auprès des consommateurs
Konsumforscher(in) *m(f)* ÖKON spécialiste *mf* de la consommation, chercheur(-euse) en consommation *m* **Konsumgesellschaft** *f* société *f* de consommation **Konsumgut** *nt meist Pl* bien *m* de consommation; **langlebige/kurzlebige Konsumgüter** biens [de consommation] durables/non durables
konsumieren* *tr V geh* ❶ *(verbrauchen)* consommer
② *fig* être consommateur(-trice) de *Kunst*
Konsumterror *m pej* terrorisme *m* publicitaire **Konsumverzicht** *m* consommation *f* modérée **Konsumzwang** *m* consommation *f* forcée
Kontakt [kɔn'takt] <-[e]s, -e> *m* contact *m;* **der ~ zu jdm** le contact avec qn; **private/berufliche ~e** des relations *fpl* personnelles/d'affaires; **sexuelle ~e** des rapports *mpl* sexuels, des relations *fpl* sexuelles; **mit jdm ~ aufnehmen** prendre contact avec qn; **~ zu jdm haben** avoir des contacts avec qn; **mit jdm in [engem] ~ stehen** être en contact [étroit] avec qn; **mit jdm in ~ bleiben** rester en contact avec qn; **keinen ~ mehr zu jdm haben** ne plus avoir aucun contact avec qn
Kontaktadresse *f* lieu *m* de rencontre; **eine ~ für Drogensüchtige** une adresse pour toxicomanes **Kontaktanzeige** *f* annonce *f* personnelle **kontaktarm** *Adj* solitaire **Kontaktaufnahme** *f* prise *f* de contact **Kontaktbildschirm** *m* écran *m* tactile **kontaktfreudig** *Adj* sociable **Kontaktlinse** *f* verre *m* de contact, lentille *f* [de contact]
kontaktlos *Adj* TECH sans contact
Kontaktmann <-männer> *m* agent *m* de liaison **Kontaktperson** *f* MED personne *f* ayant été en contact avec le/la malade **Kontaktsperre** *f* JUR isolement *m*
Kontamination [kɔntamina'tsjoːn] <-, -en> *f* contamination *f*
kontaminieren* *tr V* contaminer
Konten *Pl von* **Konto**
Kontenbewegung *f* mouvement *m* des comptes
Konter ['kɔntɐ] <-s, -> *m* SPORT contre-attaque *f*
Konteradmiral(in) *m(f)* ❶ *kein Pl (Dienstgrad)* grade *m* de vice-amiral
② *(Person)* vice-amiral(e) *m(f)*
Konterfei ['kɔntɐfai] <-s, -s *o* -e> *nt hum* portrait *m*
konterkarieren* *tr V geh* contrecarrer
kontern ['kɔntɐn] I. *tr V* SPORT contrer *Schlag, Angriff*
II. *itr V (antworten)* riposter
Konterrevolution [-vo-] *f* contre-révolution *f*
Kontext ['kɔntɛkst] <-[e]s, -e> *m* contexte *m*
Kontinent [kɔnti'nɛnt, 'kɔntinɛnt] <-[e]s, -e> *m* continent *m*
kontinental [kɔntinɛn'taːl] *Adj* continental(e)
Kontinentalklima *nt* climat *m* continental **Kontinentalsockel** *m* socle *m* continental **Kontinentalsperre** *f* HIST **die ~** le Blocus continental **Kontinentalverschiebung** *f* GEOL dérive *f* des continents
Kontingent [kɔntɪŋ'gɛnt] <-[e]s, -e> *nt* MIL, COM contingent *m*
kontingentieren* *tr V* contingenter
kontinuierlich [kɔntinu'iːɐlɪç] *geh* I. *Adj Bewegung, Strom* continu(e)
II. *Adv* de façon continue
Kontinuität [kɔntinui'tɛːt] <-> *f* continuité *f*
Konto ['kɔnto] <-s, Konten *o* Konti> *nt* compte *m*
▶ **das geht auf mein ~** *fam (das bezahle ich)* je le prends à mon compte; *(das verantworte ich)* c'est à mettre sur mon compte
Kontoauszug *m* extrait *m* [o relevé *m*] de compte **Kontobewegung** *f* opération *f* [sur compte] **Kontoführung** *f* tenue *f* de compte **Kontoinhaber(in)** *m(f)* titulaire *mf* du/d'un compte **Kontonummer** *f* numéro *m* de/du compte
Kontor [kɔn'toːɐ] <-s, -e> *nt* ▶ **ein Schlag ins ~** un coup dur
Kontorist(in) [kɔnto'rɪst] <-en, -en> *m(f)* employé(e) *m(f)* de bureau
Kontostand *m* situation *f* de compte
kontra ['kɔntra] *Präp + Akk* **der Konflikt Gewerkschaften ~ Unternehmer** le conflit patronat-syndicats
Kontra ▶ **jdm ~ geben** *fam* contredire qn
Kontrabass[RR] *m* contrebasse *f*
Kontrahent(in) [kɔntra'hɛnt] <-en, -en> *m(f) geh* adversaire *mf*
kontrahieren* I. *itr, r V* |**sich**| ~ *Muskel:* se contracter
II. *itr V* JUR passer un contrat; **mit sich selbst ~** passer un contrat avec soi-même
Kontraindikation [kɔntraʔɪndika'tsjoːn] *f* contre-indication *f*
Kontrakt [kɔn'trakt] <-[e]s, -e> *m* contrat *m*
Kontraktion [kɔntrak'tsjoːn] <-, -en> *f* contraction *f*
kontraproduktiv *Adj* contre-productif(-ive); **~ sein** être contre-productif(-ive) **Kontrapunkt** *m* MUS contrepoint *m*
konträr [kɔn'trɛːɐ] *Adj geh* contraire; *Ziel* opposé(e)
Kontrast [kɔn'trast] <-[e]s, -e> *m* ❶ *(Gegensatz)* contraste *m;* **der ~ zu etw** le contraste avec qc; **im [o in] ~ zu etw stehen** être en opposition avec qc
② CINE, PHOT, TV contraste *m*
Kontrastbrei *m* MED substance *f* de contraste **Kontrastfarbe** *f* couleur *f* contrastée
kontrastieren* *itr V geh* contraster; **mit/zu etw ~** contraster

Kontrastmittel *nt* produit *m* de contraste **kontrastreich** *Adj* contrasté(e)
Kontrazeption [kɔntratsɛp'tsioːn] <-> *f form* contraception *f*
Kontrazeptivum [kɔntratsɛp'tiːvʊm] <-s, Kontrazeptiva> *nt* contraceptif *m*
Kontrollabschnitt *m* partie *f* détachable [du billet]
Kontrolllampe^ALT *s.* Kontrolllampe
Kontrolle [kɔn'trɔlə] <-, -n> *f* ① *(Überprüfung)* contrôle *m*; **eine ~ durchführen** effectuer un contrôle
② *(Überwachung)* contrôle *m*; **jdn/etw unter ~** *(Dat)* **haben** avoir qn/qc sous son contrôle [*o* sa surveillance]
③ *(Gewalt)* **etw unter ~ bringen** se rendre maître(-esse) de qc; **unter ~ haben** maîtriser *Personen, Brand, Fahrzeug*; **die ~ über etw** *(Akk)* **verlieren** perdre le contrôle de qc; **die ~ über sich** *(Akk)* **verlieren** perdre son self-control
④ *(Kontrollstelle)* contrôle *m*
Kontrolleur(in) [kɔntrɔ'løːɐ] <-s, -e> *m(f)* contrôleur(-euse) *m(f)*
Kontrollfunktion *f* mission *f* de contrôle **Kontrollgang** <-gänge> *m* ronde *f* **Kontrollgruppe** *f* groupe *m* [de] contrôle
kontrollierbar [kɔntrɔ'liːɐbaːɐ] *Adj* contrôlable; **leicht/schwer ~** facilement/difficilement contrôlable
kontrollieren* *tr V* ① *(überprüfen)* contrôler, vérifier
② *(überwachen)* exercer un contrôle sur
③ COM contrôler *Konzern, Markt*
Kontrollkommission *f* commission *f* de contrôle; **Parlamentarische ~** commission parlementaire de contrôle **Kontrolllampe**^RR *f* voyant *m* lumineux **Kontrollorgan** *nt* organe *m* de contrôle **Kontrollpunkt** *m* poste *m* de contrôle **Kontrollturm** *m* tour *f* de contrôle **Kontrollzentrum** *nt* centre *m* de contrôle
kontrovers [kɔntro'vɛrs] *geh* I. *Adj* ① *(gegensätzlich)* contradictoire
② *(umstritten) Buch, Kunstwerk* controversé(e)
II. *Adv* de façon controversée
Kontroverse [kɔntro'vɛrzə] <-, -n> *f geh* controverse *f*
Kontur [kɔn'tuːɐ] <-, -en> *f meist Pl* contour *m*
② *fig geh* **~ gewinnen** prendre forme; **an ~ verlieren** devenir flou(e)
Konvent [kɔn'vɛnt] <-[e]s, -e> *m* REL assemblée *f* conventuelle
Konvention [kɔnvɛn'tsioːn] <-, -en> *f* ① *meist Pl (Verhaltensnorm)* convention *f*; **sich über alle ~en hinwegsetzen** faire fi de toutes les conventions
② JUR convention *f*; **die Genfer ~** la Convention de Genève
Konventionalstrafe *f* clause *f* pénale; **eine ~ in Höhe von ...** une amende pénale de [*o* s'élevant à] ...
konventionell [kɔnvɛntsio'nɛl] I. *Adj* conventionnel(le)
II. *Adv* de manière conventionnelle
konvergent [kɔnvɛr'gɛnt] *Adj a.* MATH convergent(e)
Konvergenz [kɔnvɛr'gɛnts] <-, -en> *f* FIN convergence *f*; **dauerhafte ~** convergence durable
Konvergenzkriterien *Pl* FIN critères *mpl* de convergeance
Konversation [kɔnvɛrza'tsioːn] <-, -en> *f geh* conversation *f*; **~ machen** faire la conversation
Konversationslexikon *nt veraltet* encyclopédie *f*
Konversion [kɔnvɛr'zioːn] <-, -en> *f* REL, LING conversion *f*
Konversionskurse [-vɛ-] *Pl* FIN taux *mpl* de conversion
Konverter [kɔn'vɛrtɐ] <-s, -> *m* convertisseur *m*
konvertibel [kɔnvɛr'tiːbəl] *s.* konvertierbar
konvertierbar [kɔnvɛr'tiːɐbaːɐ] *Adj* FIN convertible
konvertieren* I. *itr V + haben o sein* se convertir; **zum Christentum ~** se convertir au christianisme
II. *tr V* convertir *Datei, Dokument*
Konvertit(in) [kɔnvɛr'tiːt] <-en, -en> *m(f)* converti(e) *m(f)*
konvex [kɔn'vɛks] I. *Adj* convexe
II. *Adv* selon une courbe convexe
Konvoi [kɔn'vɔy, 'kɔnvɔy] <-s, -s> *m* convoi *m*
Konvulsion [kɔnvʊl'zioːn] <-, -en> *f meist Pl* convulsion *f*
konzedieren* *tr V geh* ① *(zugeben)* admettre; **[jdm] ~, dass** concéder [à qn] que *+ indic*
② *(zugestehen)* **jdm etw ~** consentir qc à qn
Konzentrat [kɔntsɛn'traːt] <-[e]s, -e> *nt* concentré *m*
Konzentration [kɔntsɛntra'tsioːn] <-, -en> *f* concentration *f*
Konzentrationsfähigkeit *f kein Pl* pouvoir *m* de concentration **Konzentrationslager** *nt* camp *m* de concentration **Konzentrationsschwäche** *f* difficultés *fpl* de concentration
konzentrieren* I. *r V* se concentrer; **sich auf etw** *(Akk)* **~** se concentrer sur qc
II. *tr V* **etw auf etw** *(Akk)* **~** concentrer qc sur qc
konzentriert [kɔntsɛn'triːɐt] I. *Adj Saft, Säure* concentré(e); *Nachdenken* approfondi(e); *Aufmerksamkeit* soutenu(e); **hoch ~** *Lauge, Säure* très concentré(e)
II. *Adv nachdenken* en se concentrant
konzentrisch [kɔn'tsɛntrɪʃ] I. *Adj* concentrique

II. *Adv* de manière concentrique
Konzept [kɔn'tsɛpt] <-[e]s, -e> *nt* ① *(Entwurf)* brouillon *m*
② *(Plan)* projet *m*; **jdm nicht ins ~ passen** contrarier qn
▶ **jdn aus dem ~ bringen** déconcentrer qn; **sich nicht aus dem ~ bringen lassen** ne pas se laisser démonter; **aus dem ~ geraten** [*o* **kommen**] perdre le fil
Konzeption [kɔntsɛp'tsioːn] <-, -en> *f geh* concept *m*
konzeptionslos *geh* I. *Adj* dépourvu(e) d'idée directrice
II. *Adv* sans idée directrice
Konzeptpapier *nt* [papier *m*] brouillon *m*
Konzern [kɔn'tsɛrn] <-s, -e> *m* groupe *m*
Konzernumsatz *m* chiffre *m* d'affaires consolidé d'un grand groupe
Konzert [kɔn'tsɛrt] <-[e]s, -e> *nt* ① *(Komposition)* concerto *m*
② *(Aufführung)* concert *m*; *(Solokonzert)* récital *m*; **ins ~ gehen** aller au concert
Konzertabend *m* soirée *f* musicale **Konzertagentur** *f* agence *f* de spectacles **Konzertbesucher(in)** *m(f)* spectateur(-trice) *m(f)* **Konzertflügel** *m* piano *m* de concert
konzertiert [kɔntsɛr'tiːɐt] *Adj a.* ÖKON *geh* concerté(e)
Konzertina [kɔntsɛr'tiːna] <-, -s> *f* concertina *m*
Konzertmeister(in) *m(f)* premier violon *m* **Konzertsaal** *m* salle *f* de concert
Konzession [kɔntsɛ'sioːn] <-, -en> *f* ① *geh (Zugeständnis)* concession *f*
② *(Gewerbeerlaubnis)* licence *f*
Konzessionär(in) [kɔntsɛsio'nɛːɐ] <-s, -e> *m(f)* concessionnaire *mf*
konzessionsbereit *Adj geh Person* prêt(e) à [faire] des concessions; *Haltung* conciliant(e) **Konzessionsbereitschaft** *f geh* esprit *m* de conciliation
Konzessivsatz [kɔntsɛ'siːf-] *m* GRAM [proposition *f*] concessive *f*
Konzil [kɔn'tsiːl] <-s, -e *o* -ien> *nt* ECCL concile *m*
konziliant [kɔntsi'liant] *geh* I. *Adj* conciliant(e)
II. *Adv* de manière conciliante
Konzipient(in) [kɔntsi'piɛnt] <-en, -en> *m(f)* JUR A avocat(e) *m(f)* stagiaire
konzipieren* *tr V* concevoir
Koog [koːk, *Pl:* 'køːgə] NDEUTSCH *s.* Polder
Kooperation [koʔopera'tsioːn] <-, -en> *f* coopération *f*
Kooperationsvertrag *m* contrat *m* [*o* accord *m*] de coopération
kooperativ [koʔopera'tiːf] *Adj* coopératif(-ive)
kooperieren* [koʔope'riːrən] *itr V* coopérer
Koordinate [koʔɔrdi'naːtə] <-, -en> *f* ① MATH coordonnée *f*
② *meist Pl* GEOG coordonnées *fpl* [géographiques]
Koordinatenachse [koʔɔrdi'naːtənʔaksə] *f* axe *m* des coordonnées **Koordinatensystem** *nt* système *m* de coordonnées
Koordination [koʔɔrdina'tsioːn] <-, -en> *f geh* coordination *f*
Koordinator [koʔɔrdi'naːtoːɐ] <-s, -toren> *m*, **Koordinatorin** *f geh* coordinateur(-trice) *m(f)*
koordinieren* [koʔɔrdi'niːrən] *tr V geh* coordonner
Koordinierung <-, -en> *f* coordination *f*; **~ der Prozessoren** INFORM coordination des processeurs
Kopeke [ko'peːka] <-, -n> *f* kopeck *m*
Kopenhagen [koːpən'haːgən] <-s> *nt* Copenhague
Kopernikus [ko'pɛrnikʊs] *m* HIST Copernic *m*
Kopf [kɔpf, *Pl:* 'kœpfə] <-[e]s, Köpfe> *m* ① tête *f*; **den ~ schütteln** secouer la tête; **den ~ einziehen** rentrer la tête dans les épaules; **den ~ in die Hände stützen** se tenir la tête à deux mains; **~ runter!** baisse(z) la tête!; **mit dem ~ voraus** [*o* **voran**] **ins Becken springen** plonger dans la piscine la tête la première
② *(Denker)* cerveau *m*; **ein kluger** [*o* **heller** *fam*] **~ sein** être un [petit] malin/une [petite] maligne
③ *(Person)* pro **~** par tête [*o* personne]
④ *(Oberhaupt)* **der ~ dieser Gruppierung** la tête [pensante] de ce groupe
⑤ *(Aufdruck) eines Briefs* en-tête *m*; *einer Seite, Zeitung* tête *f*
⑥ *(oberer Teil) einer Blume, Schraube* tête *f*; *eines Streichholzes* bout *m*; *einer Pfeife* fourneau *m*; **die Köpfe hängen lassen** *Blumen:* piquer du nez
⑦ *(essbarer Teil)* **ein ~** [*Salat*] la tête [d'une salade]
⑧ *(Rückseite einer Münze)* **~ oder Zahl?** pile ou face?
⑨ *(Kopflänge)* **einen [halben] ~ größer/kleiner sein als ...** avoir une [demi-]tête de plus/de moins que ...
⑩ *(Wille)* **etw geht nach jds ~** qc va à l'idée de qn; **seinen eigenen ~ haben** *fam* avoir son petit caractère *(fam)*; **seinen ~ durchsetzen** imposer sa volonté
▶ **von ~ bis Fuß** de la tête aux pieds; **~ und Kragen riskieren** *fam (sein Leben riskieren)* risquer sa peau *(fam)*; *(alles aufs Spiel setzen)* jouer à quitte ou double; **den ~ in den Sand stecken** pratiquer la politique de l'autruche; **den ~ aus der Schlinge ziehen** se tirer d'affaire; **mit dem ~ durch die Wand wollen** *fam* faire du forcing *(fam)*; **~ hoch!** [allez,] un peu de courage!; **einen klaren**

[*o* **kühlen**] ~ **bewahren** garder la tête froide; **jdn einen** ~ **kürzer machen** *sl* arranger qn *(fam)*; **nicht ganz richtig im** ~ **sein** *fam* ne pas tourner rond *(fam)*; **einen roten** ~ **bekommen** rougir; **den** ~ **voll haben mit etw** *fam* avoir la tête farcie de qc *(fam)*; **sie werden dir nicht [gleich] den** ~ **abreißen!** *fam* ils ne vont pas te bouffer! *(fam)*; **eine Belohnung auf jds** ~ *(Akk)* **aussetzen** mettre à prix la tête de qn; **sich** *(Dat)* **an den** ~ **fassen** [*o* **langen**] *fam* se prendre la tête *(fam)*; **nicht auf den** ~ **gefallen sein** *fam* ne pas être tombé(e) sur la tête *(fam)*; **sich** *(Dat)* **etw durch den** ~ **gehen lassen** prendre le temps de réfléchir à qc; **etw geht jdm nicht in den** ~ *fam* qn n'arrive pas à se mettre qc dans la tête; **etw geht** [*o* **will**] **jdm nicht aus dem** ~ qn n'arrive pas à se sortir qc de la tête; **wie vor den** ~ **geschlagen sein** *fam* être abasourdi(e); **etw im** ~ **haben/behalten** avoir qc en tête; **etwas anderes** [*o* **andere Dinge**] **im** ~ **haben** avoir autre chose en tête; **das hältst du [ja/doch] im** ~ **nicht aus!** *sl* ça rend la tête! *(arg)*; **den** ~ **hängen lassen** *Person:* baisser les bras; **für jdn/etw den** [*o* **seinen**] ~ **hinhalten** *fam* aller au casse-pipe pour qn/qc *(fam)*; **etw auf den** ~ **hauen** *fam* dilapider qc; **in den Köpfen [herum]spuken** hanter les esprits; **etw kostet jdn** [*o* **jdm**] **den** ~ *(sein Leben)* qn paie qc de sa tête; *(seine Stellung)* qc coûte son poste à qn; **etw im** ~ **rechnen** calculer qc de tête; **es rollen Köpfe** des têtes tombent; **sich** *(Dat)* **etw aus dem** ~ **schlagen** s'ôter qc de la tête [*o* de l'esprit]; **sich** *(Dat)* **in den** ~ **setzen etw zu tun** se mettre en tête de faire qc; **auf dem** ~ **stehen** *Person:* faire le poirier; *Gegenstand:* être à l'envers; **nicht [mehr] wissen, wo einem der** ~ **steht** ne plus savoir où donner de la tête *(fam)*; **jdm in den** ~ **steigen** *Wein, Bier:* monter à la tête à qn; **jdm zu** ~ [**e**] **steigen** *Erfolg, Ruhm:* monter à la tête à qn; **etw auf den** ~ **stellen** *(durchsuchen)* mettre qc sens dessus dessous; *(falsch darstellen)* dénaturer qc; **du kannst dich auf den** ~ **stellen** [**und mit den Füßen wackeln**], ... *fam* tu auras beau faire [des pieds et des mains], ... *(fam)*; **jdn vor den** ~ **stoßen** froisser qn; **jdm den** ~ **verdrehen** *fam* tourner la tête à qn; **den** ~ **verlieren** perdre la tête; **etw wächst jdm über den** ~ qn en a par-dessus la tête de qc; **jdm etw an den** ~ **werfen** jeter qc à la figure de qn; **es will jdm nicht in den** ~, **dass** *fam* qn n'arrive pas à piger + *subj* que *(fam)*; **sich** *(Dat)* **über etw** *(Akk)* **den** ~ **zerbrechen** se creuser la cervelle *fam* au sujet de qc; **jdm etw auf den** ~ **zusagen** dire qc à qn en face; **die Köpfe zusammenstecken** faire des messes basses *(fam)*; ~ **an** ~ rennen au coude à coude; **einen eng gerenntes, bis über den** ~ jusqu'au-dessus de la tête; *fig* jusque par-dessus la tête; **über jds** ~ *(Akk)* **hinweg** derrière le dos de qn
Kopf-an-Kopf-Rennen *nt a. fig* course *f* au coude à coude, coude-à-coude *m*
Kopfarbeit *f kein Pl* travail *m* intellectuel **Kopfbahnhof** *m* gare *f* terminus, gare *f* en cul de sac **Kopfball** *m* tête *f* **Kopfbedeckung** *f* couvre-chef *m;* **die Kirche ohne** ~ **betreten** pénétrer l'église tête nue **Kopfbewegung** *f* mouvement *m* de la tête
Köpfchen ['kœpfçən] <-s, -> *nt* ❶ *Dim von* **Kopf** [petite] tête *f* ❷ *fam (Cleverness)* ~ **haben** être futé(e) *(fam)*
▶~, ~! *fam* il y en a là-dedans! *(fam)*
köpfen ['kœpfən] I. *tr V* ❶ *(enthaupten)* décapiter
❷ *fam (öffnen)* décapsuler *Flasche*
❸ *FBALL* **den Ball ins Tor** ~ mettre de la tête une balle dans le but
II. *itr V FBALL* faire une tête
Kopfende *nt eines Bettes* tête *f; eines Tisches* bout *m* **Kopffüßer** <-s, -> *m ZOOL* céphalopode *m* **Kopfgeld** *nt* prime *f* de capture **Kopfgeldjäger** *m* chasseur *m* de prime **Kopfhaar** *nt* ❶ *kein Pl (Gesamtheit der Haare)* chevelure *f* ❷ *(einzelnes Haar)* cheveu *m* **Kopfhaut** *f* cuir *m* chevelu **Kopfhörer** *m* casque *m* **Kopfkissen** *nt* oreiller *m* **Kopfkissenbezug** *m* taie *f* d'oreiller **Kopflänge** *f* tête *f;* **jdn um eine** ~ **überragen** dépasser qn d'une tête **kopflastig** ['-lastıç] *Adj* ❶ *Schiff, Flugzeug* trop chargé(e) à l'avant ❷ *fig Firma* possédant trop de cadres; ~ **sein** avoir une direction hypertrophiée ❸ *(zu intellektuell)* hyperintello *(péj fam)* **Kopflaus** *f* pou *m* [de la tête]
Köpfler <-s, -> *m A* ❶ *(Kopfsprung)* plongeon *m*
❷ *(Kopfball)* tête *f*
kopflos I. *Adj (verwirrt)* affolé(e)
II. *Adv* en proie à l'affolement
Kopflosigkeit <-> *f* affolement *m*
Kopfmensch *m fam* cérébral *m* **Kopfnicken** <-s,> *nt* signe *m* de tête **Kopfnuss**[RR] *f* ❶ *(Schlag)* coup *m* sur la tête ❷ *(Aufgabe)* casse-tête *m;* **kopfrechnen** *itr V* calculer de tête **Kopfrechnen** *nt* calcul *m* mental **Kopfsalat** *m* laitue *f;* **kopfscheu** *Adj fam* **jdn** ~ **machen** faire perdre la boule à qn *(fam)* **Kopfschmerz** *m meist Pl* ❶ mal *m* de tête; ~**en haben** avoir mal à la tête [*o* des maux de tête] ❷ *(Kopfzerbrechen, Sorgen)* **jdm** ~**en bereiten** [*o* **machen**] *fam* filer des maux de tête à qn *(fam);* **sich** *(Dat)* **über etw** *(Akk)* [*o* **wegen etw**] **keine** ~**en machen** ne pas se casser la tête pour qc **Kopfschmerztablette** *f* cachet *m* contre le mal de tête **Kopfschuss**[RR] *m* balle *f* [tirée] dans la tête

Kopfschütteln <-s> *nt* hochement *m* de tête **kopfschüttelnd** *Adv* en secouant la tête **Kopfschutz** *m* protection *f* de la tête **Kopfsprung** *m* plongeon *m* **Kopfstand** *m* poirier *m;* **einen** ~ **machen** faire le poirier
kopf|stehen *itr V unreg + sein fam Person:* être dans tous ses états *(fam); Haus, Firma:* être en effervescence
Kopfsteinpflaster *nt* pavé *m* **Kopfsteuer** *f FISC* impôt *m* par tête **Kopfstimme** *f* voix *f* de tête **Kopfstütze** *f* appuie-tête *m* **Kopftuch** <-tücher> *nt* foulard *m* **Kopftuchverbot** *nt* interdiction *f* [du port] du foulard [islamique] **kopfüber** *Adv* la tête la première **Kopfverband** *m* pansement *m* à la tête **Kopfverletzung** *f* blessure *f* à la tête **Kopfweh** *s.* **Kopfschmerz Kopfzerbrechen** *nt* **jdm** ~ **bereiten** causer du tracas à qn
Kopie [ko'pi:] <-, -n> *f* copie *f;* [**jdm**] **eine** ~ **von etw machen** faire une copie de qc [à qn]
kopieren* *tr V* ❶ *(fotokopieren)* [photo]copier; **sich** *(Dat)* **etw** ~ se faire une copie de qc
❷ *a. INFORM (Kopie erstellen)* copier, faire une copie de
❸ *(nachahmen)* copier
Kopierer <-s, -> *m fam* photocopieuse *f*
Kopiergerät *nt* photocopieuse *f,* photocopieur *m* **Kopierpapier** *nt* papier *m* à photocopies **Kopierschutz** *m INFORM* verrouillage *m*
Kopilot(in) ['ko:pilo:t] *m(f)* copilote *mf*
Koppel ['kɔpəl] <-, -n> *f (Pferdekoppel)* enclos *m*
koppeln ['kɔpəln] *tr V* ❶ *AUDIOV, TELEC* **an das Telefon gekoppelt sein** *Anrufbeantworter:* être branché(e) sur le téléphone
❷ *AUT, EISENBAHN* **etw an etw** *(Akk)* ~ accrocher qc à qc; *RAUM, NAUT* amarrer qc à qc
❸ *(verknüpfen)* **etw an eine Bedingung** ~ assortir qc d'une condition
Koppelschloss[RR] *nt* boucle *f* de ceinturon
Koppelung *s.* **Kopplung**
Koppelungsmanöver *s.* **Kopplungsmanöver**
Köpper <-s, -> *m DIAL fam* plongeon *m;* **einen** ~ **machen** piquer une tête *(fam)*
Kopplung <-, -en> *f* ❶ *AUDIOV, TELEC* branchement *m*
❷ *AUT, EISENBAHN* accrochage *m*
❸ *RAUM, NAUT* amarrage *m*
Kopplungsmanöver [-və] *nt RAUM* manœuvres *fpl* d'amarrage **Koproduktion** ['ko:-] *f* coproduction *f* **Koproduzent(in)** *m(f)* coproducteur(-trice) *m(f)*
Kopte ['kɔptə] <-n, -n> *m,* **Koptin** *f REL* Copte *mf*
koptisch ['kɔptıʃ] *Adj REL* copte
Kopula ['ko:pula] <-, -s *o* Kopulae> *f LING, BIO* copule *f* **Kopulation** [kopula'tsio:n] <-, -en> *f* accouplement *m*
kopulieren* *itr V Tiere:* s'accoupler
kor *Imp von* **küren**
Koralle [ko'ralə] <-, -n> *f* corail *m*
Korallenbank <-bänke> *f* barrière *f* de corail **Koralleninsel** *f* île *f* corallienne **Korallenkette** *f* collier *m* de corail **Korallenriff** *nt* récif *m* corallien
Koran [ko'ra:n] <-s, -e> *m* Coran *m*
Koranschule *f* école *f* coranique
Korb [kɔrp, *Pl:* 'kœrbə] <-[e]s, Körbe> *m* ❶ *(mit Henkeln)* panier *m; (ohne Henkel)* corbeille *f;* **ein** ~ **Birnen** un panier/une corbeille de poires
❷ *SPORT* panier *m;* **einen** ~ **erzielen** [*o* **schießen**] réussir [*o* marquer] un panier
❸ *kein Pl (Korbgeflecht)* osier *m;* **aus** ~ en osier
❹ *fam (Abfuhr)* rebuffade *f;* **einen** ~ **bekommen, sich** *(Dat)* **einen** ~ **holen** se faire envoyer sur les roses *(fam);* **jdm einen** ~ **geben** envoyer promener qn *(fam)*
Korbball *m kein Pl* sorte *f* de basket-ball **Korbblütler** <-s, -> *m BOT* composées *fpl*
Körbchen ['kœrpçən] <-s, -> *nt* ❶ *Dim von* **Korb** corbeille *f*
❷ *COUT eines Büstenhalters* bonnet *m*
Korbflasche *f* bouteille *f* clissée **Korbmacher(in)** *m(f)* vannier(-ière) *m(f)* **Korbmöbel** *Pl* meubles *mpl* en rotin **Korbsessel** *m* fauteuil *m* en rotin **Korbwaren** *Pl* vannerie *f* **Korbweide** *f BOT* osier *m*
Kord [kɔrt] *s.* **Cord**
Kordel ['kɔrdəl] <-, -n> *f* cordon *m*
Kordhose *f* pantalon *m* en velours
Korea [ko're:a] <-s> *nt* la Corée
Koreaner(in) [kore'a:ne] <-s, -> *m(f)* Coréen(ne) *m(f)*
koreanisch [kore'a:nıʃ] *Adj* coréen(ne)
Koreferent(in) ['ko:-] *m(f) s.* **Korreferent**
Koriander [kori'andɐ] <-s, -> *m* coriandre *f*
Korinthe [ko'rıntə] <-, -n> *f* raisin *m* de Corinthe
Kork [kɔrk] <-[e]s, -e> *m* ❶ liège *m;* **aus** ~ de [*o* en] liège
❷ *DIAL s.* **Korken**
Korkeiche *f* chêne-liège *m*

Korken ['kɔrkən] <-s, -> m bouchon m
Korkenzieher <-s, -> m tire-bouchon m
Korkenzieherlocke f anglaise f
korkig I. Adj de bouchon
  II. Adv ~ **schmecken** être bouchonné(e)
Kormoran [kɔrmo'ra:n] <-s, -e> m cormoran m
Korn[1] [kɔrn, Pl: 'kœrnɐ] <-[e]s, Körner> nt ❶ (Samenkorn) graine f
  ❷ kein Pl (Getreide) céréales fpl, blés mpl (poét)
  ❸ (Sandkorn) [grain m de] sable m; (Hagelkorn) grêlon m
Korn[2] <-[e]s, -> m GASTR alcool m de grain[s]; **zwei ~ trinken** boire deux verres d'alcool de grain[s]
Korn[3] <-[e]s, -e> nt (Visierteil) guidon m
  ▸ jdn/etw aufs ~ **nehmen** fam Satiriker: prendre qn/qc pour cible (fig)
Kornblume f bleuet m **kornblumenblau** Adj bleu barbeau
Kornbranntwein m alcool m de grain[s]
Körnchen ['kœrnçən] <-s, -> nt ❶ Dim von **Korn**[1]
  ❷ fig **ein ~ Wahrheit** une parcelle de vérité
körnen ['kœrnən] tr V ❶ (körnig machen) grener; **gekörntes Papier** papier grené
  ❷ (zerkleinern) granuler
  ❸ (markieren) corner
Körnerfresser(in) m(f) a. pej granivore mf **Körnerfutter** nt (für Ziervögel) graines fpl; (für Geflügel) grain m
Kornett [kɔr'nɛt] <-s, -e o -s> nt cornet m à pistons
Kornfeld nt champ m de céréales, champ de blé (poét)
körnig ['kœrnɪç] Adj ❶ Material granuleux(-euse); Reis ferme
  ❷ (rau) Oberfläche, Haut rugueux(-euse)
Kornkammer f, **Kornspeicher** m AGR grenier m à blé
Körnung ['kœrnʊŋ] <-, -en> f TECH, PHOT grain m
Korona [ko'ro:na] <-, Koronen> f ASTRON couronne f solaire
Koronargefäß nt vaisseau m coronaire
Körper ['kœrpɐ] <-s, -> m corps m; **am ganzen ~ zittern** trembler de tout son corps
Körperbau m kein Pl anatomie f; **einen athletischen ~ haben** avoir une carrure athlétique **Körperbeherrschung** f maîtrise f du corps **körperbehindert** Adj form handicapé(e) physique **Körperbehinderte(r)** f(m) dekl wie Adj form handicapé(e) m(f) physique **körperbetont** Adj qui accuse les formes [du corps] **Körperertüchtigung** f form éducation f physique **Körpergeruch** m odeurs fpl corporelles; ~ **haben** sentir la transpiration **Körpergewicht** nt poids m **Körpergröße** f taille f **Körperhaltung** f port m, maintien m **Körperkontakt** m contacts mpl physiques **Körperkraft** f force f physique **körperlich** I. Adj ❶ Anstrengung, Arbeit physique; Gebrechen, Schaden corporel(le)
  ❷ geh (stofflich) de chair et d'os (soutenu) II. Adv physiquement; **~ tätig sein** avoir une activité physique **körperlos** Adj incorporel(le), immatériel(le) **Körperlotion** f lotion f pour le corps **Körperpflege** f hygiène f corporelle **Körperpuder** m o nt poudre f pour le corps
Körperschaftssteuer f FISC impôt m sur les [bénéfices des] sociétés [et autres personnes morales]
Körpersprache f langage m du corps **Körperteil** m partie f du corps **Körpertemperatur** f température f [du corps] **Körperverletzung** f blessure f corporelle; **schwere ~** blessure grave; **fahrlässige ~** blessure par imprudence; **wegen ~** pour coups et blessures **Körperwärme** f chaleur f corporelle
Korpora Pl von **Korpus**[2]
Korporation [kɔrpora'tsio:n] <-, -en> f ❶ UNIV association f d'étudiants
  ❷ geh s. **Körperschaft**
Korps [ko:ɐ̯] <-, -> nt ❶ MIL corps m [d'armée]
  ❷ UNIV association f d'étudiants
  ❸ POL **das diplomatische ~** le corps diplomatique
Korpsgeist ['ko:ɐ̯-] m kein Pl geh esprit m de corps **Korpsstudent** m membre m d'une association d'étudiants
korpulent [kɔrpu'lɛnt] Adj corpulent(e); **~ sein** avoir de l'embonpoint
Korpulenz [kɔrpu'lɛnts] <-> f corpulence f, embonpoint m
Korpus[1] <-, -se> m ❶ kein Pl eines Möbelstücks structure f
  ❷ hum fam (Körper) corps m
  ❸ kein Pl geh (Christusfigur) crucifix m
Korpus[2] <-, Korpora> nt LING, MEDIA corpus m
Korpus[3] <-> m o nt eines Instruments corps m
Korreferent(in) ['kɔ:-] m(f) (Redner) intervenant(e) m(f)
korrekt [kɔ'rɛkt] I. Adj correct(e)
  II. Adv correctement
korrekterweise [kɔ'rɛktɐ'vaɪzə] Adv pour être plus juste; **~ muss man sagen, dass ...** à proprement parler, il faut dire que ...
Korrektheit <-> f ❶ (Richtigkeit) correction f; einer Darstellung exactitude f
  ❷ (einwandfreie Art) einer Person conscience f [scrupuleuse]; des Auftretens correction f

Korrektor [kɔ'rɛkto:ɐ̯] <-s, -toren> m, **Korrektorin** f ❶ (Berufsbezeichnung) réviseur(-euse) m(f)
  ❷ (bei Prüfungen) correcteur(-trice) m(f)
Korrektur [kɔrɛk'tu:ɐ̯] <-, -en> f ❶ (das Korrigieren, korrigierte Stelle) correction f
  ❷ geh (Veränderung) rectification f; JUR amendement m
  ❸ (Korrekturfahne) épreuve f; **~ lesen** corriger les épreuves
Korrekturband <-bänder> nt ruban m correcteur **Korrekturfahne** f épreuves fpl en placard **Korrekturflüssigkeit** f liquide m correcteur **Korrekturtaste** f touche f de correction **Korrekturzeichen** nt signe m de correction
Korrelation [kɔrela'tsio:n] <-, -en> f a. MATH, MED corrélation f
Korrespondent(in) [kɔrɛspɔn'dɛnt] <-en, -en> m(f) ❶ MEDIA correspondant(e) m(f)
  ❷ (Handelskorrespondent) correspondancier(-ière) m(f)
Korrespondenz [kɔrɛspɔn'dɛnts] <-, -en> f correspondance f
korrespondieren* itr V ❶ (in Briefwechsel stehen) correspondre; **mit jdm ~** correspondre avec qn
  ❷ geh (passen, übereinstimmen) **mit etw ~** correspondre à qc
Korridor ['kɔrido:ɐ̯] <-s, -e> m corridor m, couloir m
korrigierbar Adj qui peut être corrigé(e); **~ sein** pouvoir être corrigé(e)
korrigieren* tr V corriger
korrodieren* itr V + sein Fachspr. se corroder
Korrosion [kɔro'zio:n] <-, -en> f Fachspr. ❶ (das Korrodieren) corrosion f
  ❷ GEOL von Felsen, Gestein érosion f
korrosionsbeständig Adj inoxydable
Korrosionsschutz m protection f anticorrosion
korrumpieren* tr V pej geh corrompre (péj); **korrumpiert** corrompu(e) (péj)
korrupt [kɔ'rʊpt] Adj pej corrompu(e) (péj)
Korruption [kɔrʊp'tsio:n] <-, -en> f pej corruption f (péj)
Korruptionsaffäre f pej affaire f de corruption (péj)
Korse ['kɔrzə] <-n, -n>, **Korsin** f Corse mf
Korsett [kɔr'zɛt] <-s, -s o -e> nt corset m
Korsika ['kɔrzika] <-s> nt la Corse; **auf ~** en Corse
korsisch Adj corse
Korso ['kɔrso] <-s, -s> m cortège m
Kortison [kɔrti'zo:n] <-s, -e> nt PHARM, MED cortisone f
Korvette [kɔr'vɛtə] <-, -n> f MIL corvette f
Korvettenkapitän m MIL capitaine m de corvette
Koryphäe [kory'fɛ:ə] <-, -n> f geh sommité f
Kosak(in) [ko'zak] <-en, -en> m(f) cosaque mf
Kosakenmütze f chapka f
koscher ['ko:ʃɐ] I. Adj ❶ REL casher inv
  ❷ fam (einwandfrei) réglo (fam); **nicht [ganz] ~ sein** ne pas être très catholique (fam)
  II. Adv ❶ REL **essen, kochen** casher; **schlachten, zubereiten** selon le rite casher
  ❷ fam (einwandfrei) à la régulière (fam)
K.-o.-Schlag [ka:'ʔo:-] m coup m décisif (provoquant un K.-O.)
Koseform f diminutif m
kosen [ko:zən] tr, itr V veraltet geh câliner; **jdn** [o **mit jdm**] **~** câliner qn
Kosename m petit nom m **Kosewort** nt ❶ <-wörter> (Kosename) petit nom m ❷ <-worte> (zärtliches Wort) mot m tendre
K.-o.-Sieg [ka:'ʔo:-] m victoire f par K.-O.
Kosinus ['ko:zinʊs] <-, - o -se> m MATH cosinus m
Kosmetik [kɔs'me:tɪk] <-> f ❶ (Schönheitspflege) soins mpl de beauté
  ❷ pej (rein äußerliche Retusche) poudre f aux yeux
Kosmetiker(in) [kɔs'me:tikɐ] <-s, -> m(f) esthéticien(ne) m(f)
Kosmetikkoffer m vanity-case m
Kosmetikum [kɔs'me:tikʊm, Pl: kɔs'me:tika] <-s, -metika> nt produit m de beauté
kosmetisch Adj ❶ Mittel, Methode cosmétique
  ❷ pej (rein äußerlich) de pure forme
kosmisch ['kɔsmɪʃ] Adj ❶ cosmique
  ❷ geh (weltweit) Ausmaß, Dimension planétaire
Kosmologie [kɔsmolo'gi:] <-, -n> f cosmologie f
Kosmonaut(in) [kɔsmo'naʊt] <-en, -en> m(f) cosmonaute mf
Kosmopolit(in) [kɔsmopo'li:t] <-en, -en> m(f) geh personne f cosmopolite
kosmopolitisch Adj geh cosmopolite
Kosmos ['kɔsmɔs] <-> m cosmos m
Kosovo ['ko:zovo] <-[s]-> m le Kosovo
Kost [kɔst] <-> f a. fig nourriture f; **geistige ~** des nourritures spirituelles; **~ und Logis** le vivre et le couvert; **bei freier ~ und Logis** logé(e) et nourri(e)
kostbar Adj précieux(-euse)
Kostbarkeit <-, -en> f objet m précieux
kosten ['kɔstən] I. tr V ❶ coûter; **was** [o **wie viel**] **kostet das?** ça

coûte combien?; **viel/nicht viel ~** coûter/ne pas coûter cher; **jdn viel/wenig ~** coûter cher/pas cher à qn; **sie hat sich** *(Dat)* **ihren Urlaub etwas ~ lassen** pour ce qui est de ses vacances, elle y a mis le prix
❷ *fig* **der Krieg kostete ihn das Leben** la guerre lui a coûté la vie
❸ *(erfordern)* **jdn Zeit ~** faire perdre du temps à qn; **jdn Nerven ~** être nerveusement éprouvant(e) pour qn; **jdn viel Anstrengung ~** coûter beaucoup d'efforts à qn
❹ *geh (probieren)* goûter
❺ *geh (auskosten)* savourer
▶ **koste es, was es wolle** coûte que coûte
II. *itr V* ❶ *fam (teuer sein)* coûter cher
❷ *geh (probieren)* **von etw ~** goûter de qc
Kosten *Pl* coût *m*; *(Auslagen)* frais *mpl*; **direkte/fixe ~** coûts directs/fixes; **die ~ für etw tragen** [*o* **übernehmen**] prendre les frais de qc à sa charge; **auf ~** à ses frais; **~ sparend** *Methode* économique; *planen, vorgehen* à faible coût
▶ **auf seine ~ kommen** en avoir pour son argent; **auf ~ von jdm** aux frais de qn; *(zum Nachteil)* au détriment de qn; **auf ~ von etw** [*o* **einer S.** *(Gen)*] au détriment de qc
Kostenaufwand *m* dépenses *fpl*; **mit großem/geringem ~** moyennant une grosse/petite dépense **kostenbewusst**[RR] I. *Adj* économe; **~ sein** regarder à la dépense II. *Adv* en regardant à la dépense **kostendeckend** I. *Adj* qui couvre les frais II. *Adv* en couvrant les frais; **~ arbeiten** rentrer dans ses frais **Kostenersparnis** *f* économie *f* de frais **Kostenerstattung** *f* remboursement *m* des frais **Kostenexplosion** *f fam* explosion *f* des coûts **Kostenfaktor** *m* générateur *m* de coûts **Kostenfrage** *f* question *f* de coût **kostenfrei** *Adj* gratuit(e) **Kostengründe** *Pl* **aus ~n** pour des raisons *fpl* de coûts **kostengünstig** I. *Adj* avantageux(-euse) II. *Adv* à un prix avantageux **kostenintensiv** *Adj* onéreux(-euse)
kostenlos I. *Adj* gratuit(e)
II. *Adv* gratuitement
Kosten-Nutzen-Analyse *f* analyse *f* des coûts et des avantages **kostenpflichtig** I. *Adj* payant(e)
II. *Adv* **~ abgeschleppt werden** être remorqué(e) moyennant contravention
Kostenpunkt *m fam* montant *m* de la facture *(fam)*; **~?** [et le] montant de la facture? *(fam)* **Kostenrechnung** *f* ÖKON calcul *m* des coûts **Kostensenkung** *f* réduction *f* des coûts
kostensparend *s.* Kosten
Kostenstelle *f* poste *m* **Kostenübernahme** *f* prise *f* en charge des frais **Kostenvoranschlag** *m* devis *m*; **von jdm einen ~ einholen** faire faire un devis à qn
Kostgeld *nt* pension *f*
köstlich ['kœstlɪç] I. *Adj* ❶ *(lecker)* délicieux(-euse)
❷ *fam (amüsant)* marrant(e) *(fam)*; **~ sein** *Person:* être impayable *(fam)*
II. *Adv* ❶ **~ schmecken** être délicieux(-euse)
❷ *fam sich unterhalten* de façon géniale *(fam)*; **sich amüsieren** comme des petits fous/des petites folles
Köstlichkeit <-, -en> *f (Delikatesse)* délice *m*
Kostprobe *f* ❶ GASTR dégustation *f*
❷ *(Probe) des Könnens, Wissens* échantillon *m*
kostspielig *Adj* onéreux(-euse); **~ werden/sein** revenir/coûter cher
Kostüm [kɔsˈtyːm] <-s, -e> *nt* ❶ tailleur *m*
❷ *(Tracht, Verkleidung)* costume *m*
Kostümball *m* bal *m* costumé **Kostümbildner(in)** <-s, -> *m(f)* costumier(-ière) *m(f)* **Kostümfest** *nt* fête *f* costumée
kostümieren* *r V sich ~* se déguiser; **sich als Clown ~** se déguiser en clown
Kostümprobe *f* répétition *f* en costume **Kostümverleih** *m* costumier(-ière) *m(f)*
Kostverächter(in) [ˈ-vɛɐ̯ʔɛçtɐ] <-s, -> *m(f)* ▶ **kein ~ sein** *hum* ne pas cracher sur la nourriture *(fam)*; *(sexuell)* aimer les plaisirs de la chair
Kot [koːt] <-[e]s> *m* excréments *mpl*
Kotangens [ˈkoːtaŋɛns] *m* MATH cotangente *f*
Kotau [koˈtau] <-s, -s> *m* ▶ **einen ~ vor jdm machen** *geh* se mettre à plat ventre devant qn
Kotelett [kɔtˈlɛt, ˈkɔtlɛt] <-[e]s, -s *o selten* -e> *nt* côtelette *f*
Koteletten <-, -n> *f meist Pl* favoris *mpl*
Köter [ˈkøːtɐ] <-s, -> *m pej* cabot *m* *(péj fam)*, clébard *m (pop)*
Kotflügel *m* aile *f*
Kotter <-s, -> *m* A *(Arrestzelle)* cellule *f* disciplinaire
Kotzbrocken *m pej sl* crevure *f (arg)*
Kotze [ˈkɔtsə] <-> *f vulg* dégueulis *m (vulg)*
kotzen *itr V vulg* dégueuler *(vulg)*
▶ **da kann man das [kalte] Kotzen kriegen** *sl* c'est à gerber *(arg)*; **zum Kotzen** *sl* dégueulasse *(fam)*
kotzübel *Adj sl* **jdm wird/ist ~** qn a envie de gerber *(arg)*

KP [kaːˈpeː] <-, -s> *f Abk von* **Kommunistische Partei** P.C. *m*
KPD [kaːpeːˈdeː] <-> *f Abk von* **Kommunistische Partei Deutschlands** HIST P.C. *m* allemand
Krabbe [ˈkrabə] <-, -n> *f* ❶ *(krebsähnliches Tier)* crabe *m*
❷ *(Garnele)* crevette *f*
❸ *fam (kleines Mädchen)* gamine *f (fam)*
Krabbelgruppe *f* crèche *f*
krabbeln [ˈkrabəln] *itr V + sein Kind:* marcher à quatre pattes; *Spinne, Käfer:* se promener
Krach [krax, *Pl:* ˈkrɛçə] <-[e]s, Kräche> *m* ❶ *kein Pl (Lärm)* vacarme *m*, bruit *m*; **~ machen** faire du vacarme
❷ *Pl selten (lautes Knallen)* fracas *m*
❸ *fam (Streit)* engueulade *f (fam)*; **mit jdm ~ kriegen/haben** se faire engueuler par qn/s'être engueulé(e) avec qn *(fam)*
▶ **~ schlagen** faire du foin *(fam)*
krachen [ˈkraxən] I. *itr V* ❶ **+ haben** *(laut knallen) Holz:* craquer; *Tür, Schuss:* claquer; *Donner, Donnerschlag:* éclater
❷ **+ sein** *fam (prallen)* **gegen die Wand/auf den Boden ~** s'écraser contre le mur/sur le sol
❸ **+ sein** *fam (pleitegehen) Bank, Betrieb:* faire faillite
II. *itr V unpers* **+ haben** ❶ **als die Schüsse fielen, krachte es** lorsque les coups de feu ont retenti, il y a eu un [grand] fracas; **an der Kreuzung hat es gekracht** ça a cartonné au carrefour *(fam)*
❷ *fam (Streit geben)* **bei ihnen kracht es ständig** ils s'engueulent sans arrêt *(fam)*; **..., sonst kracht's!** *fam* ... sinon ça va péter! *(fam)*
▶ **feiern, dass es nur so kracht** *fam* faire une fête d'enfer *(fam)*
III. *r V fam* **sich mit jdm ~** s'engueuler avec qn *(fam)*
krachend *Adv* avec fracas
Kracher <-s, -> *m* pétard *m*
Kracherl <-s, -n> *nt* A, SDEUTSCH *fam (Limonade)* soda *m*
Krachmacher(in) *m(f) pej fam* tapageur(-euse) *m(f) (péj)*
krächzen [ˈkrɛçtsən] I. *itr V* ❶ *Krähe:* croasser; *Elster:* jacasser; *Papagei:* crier, pousser son cri
❷ *fam (heiser sprechen)* parler d'une voix enrouée
II. *tr V fam* coasser
Krächzen <-s> *nt* ❶ *einer Krähe* croassement *m*; *einer Elster* jacassement *m*
❷ *fam (heiseres Sprechen)* coassement *m (fam)*
Kräcker [ˈkrɛkɐ] <-s, -> *m* cracker *m*
kraft [kraft] *Präp + Gen form* **~ seines/ihres Amtes** en vertu des pouvoirs qui lui sont/étaient/... attribués; **~ Gesetzes** au nom de la loi
Kraft [kraft, *Pl:* ˈkrɛftə] <-, Kräfte> *f* ❶ *(körperliche Stärke)* force *f*; **mit aller ~** de toutes ses/mes/... forces; **aus eigener ~** par ses/mes/... propres moyens; **mit frischer ~** avec une énergie nouvelle; **mit letzter ~** dans un suprême effort; **mit vereinten Kräften** en nous y mettant tous(toutes); **seine Kräfte sammeln** rassembler ses forces; **die ~ aufbringen etw zu tun** trouver la force de faire qc; **über jds Kräfte** *(Akk)* **gehen** être au-dessus des forces de qn; **mit seinen Kräften Haus halten müssen** devoir ménager ses forces; **zu Kräften kommen** récupérer; **wieder bei Kräften sein** être de nouveau en forme
❷ *(starke Wirkung)* pouvoir *m*; *von Kräutern* vertus *fpl*
❸ *(Potenzial)* puissance *f*
❹ PHYS énergie *f*
❺ IND *(Mitarbeiter)* employé(e) *m(f)*; **erfahrene Kräfte** du personnel expérimenté
❻ *meist Pl (einflussreiche Gruppe)* force *f*; **die treibende ~ sein** être l'instigateur(-trice) *m(f)*
▶ **volle ~ voraus!** machine avant, toutes!; **in ~ sein/treten** être/entrer en vigueur; **außer ~ sein** ne plus être en vigueur; **außer ~ setzen** annuler *Befehl*; lever *Ausgangssperre, Embargo*; retirer *Gesetz*; **ich werde tun, was in meinen Kräften steht** je ferai ce qui est en mon pouvoir; **nach [besten] Kräften** de son/mon/... mieux
Kraftakt *m* tour *m* de force **Kraftanstrengung** *f*, **Kraftaufwand** *m* effort *m gén pl* **Kraftausdruck** <-ausdrücke> *m* gros mot *m* **Kraftbrühe** *f* bouillon *m* de bœuf
Kräfteverhältnis *nt* rapport *m* de forces **Kräfteverschleiß** *m* épuisement *m*
Kraftfahrer(in) *m(f) form* automobiliste *mf*; *(Lkw-Fahrer)* chauffeur *m* [de camion] **Kraftfahrzeug** *nt form* véhicule *m* automobile *(form)*
Kraftfahrzeugbrief *m* titre *m* de propriété du véhicule **Kraftfahrzeugkennzeichen** *nt* numéro *m* d'immatriculation **Kraftfahrzeugmechaniker(in)** *m(f)* mécanicien(ne) *m(f)* [automobile] **Kraftfahrzeugpapiere** *Pl form* papiers *mpl* du véhicule **Kraftfahrzeugschein** *m* carte *f* grise **Kraftfahrzeugsteuer** *f* ≈ vignette *f* **Kraftfahrzeugversicherung** *f form* assurance *f* automobile *(form)*
Kraftfeld *nt* champ *m* de force **Kraftfutter** *nt* AGR fourrage *m* concentré

kräftig ['krɛftɪç] **I.** *Adj* ❶ *(stark) Person, Wuchs* fort(e); *Muskel, Kinn, Hieb, Strömung* puissant(e); *Händedruck* vigoureux(-euse); **einen ~ en Haarwuchs haben** avoir les cheveux qui poussent dru ❷ *(intensiv) Farbton* soutenu(e); *Duft, Geschmack* fort(e) ❸ *(nahrhaft)* consistant(e) ❹ *(drastisch) Ausdruck, Ausdrucksweise* cru(e) **II.** *Adv* ❶ *(mit Kraft) drücken, zustoßen* vigoureusement; *rühren* énergiquement ❷ *(intensiv) pusten* fort; *einatmen* profondément ❸ *(heftig) schneien* abondamment; *applaudieren* vigoureusement; *niesen* violemment; *sich wehren* énergiquement ❹ *(sehr) sich irren, sich täuschen* fortement

kräftigen ['krɛftɪgən] *tr V geh Bad, Kur:* revigorer; *Sport, Training, Mittel:* fortifier; **jdn ~ Bad, Kur:** revigorer qn; *Sport, Training, Mittel:* fortifier qn

Kräftigung <-, -en> *f geh* ❶ *(gesundheitliche Festigung)* rétablissement *m* ❷ *(Stärkung) eines Muskels* raffermissement *m*; **zur ~ von jdm/etw beitragen** contribuer à fortifier qn/qc

Kräftigungsmittel *nt* fortifiant *m*
Kraftlinien [-li:niən] *Pl* lignes *fpl* de force
kraftlos I. *Adj Person* sans force; *Arm, Bein* en coton; *Händedruck* mou(molle)
II. *Adv* sans force
Kraftlosigkeit <-> *f* faiblesse *f*
Kraftmeierei [-maɪəˈraɪ] <-, -en> *f pej fam* démonstration *f* de force pour la frime *(péj fam)* **Kraftprobe** *f* épreuve *f* de force **Kraftprotz** <-es, -e> *m fam* [gros] tas *m* de muscles *(fam)*, malabar *m (fam)* **Kraftrad** *nt form* motocycle *m (form)* **Kraftsport** *m* sport *m* de force **Kraftstoff** *m form* carburant *m* **kraftstrotzend** *Adj Person* plein(e) de vigueur **Krafttraining** *nt* SPORT musculation *f* **Kraftübertragung** *f* transmission *f* d'énergie **kraftvoll I.** *Adj geh Körper* vigoureux(-euse); *Bass, Stimme* puissant(e) **II.** *Adv zuschlagen* violemment **Kraftwagen** *m form* véhicule *m* automobile *(form)* **Kraftwerk** *nt* centrale *f* [électrique]

Kragen ['kra:gən] <-s, -o SDEUTSCH, CH Krägen> *m* col *m*; **den ~ nach oben schlagen** [o **stülpen**] relever son col
▶ **jdm geht es an den ~** *fam* en être aux comptes à rendre; **jdn am** [o **beim**] **~ packen** *fam* prendre qn par la peau du dos *(fam)*; **jdm platzt der ~** *fam* qn explose *(fam)*
Kragenbär *m* ZOOL ours *m* à collier **Kragenknopf** *m* bouton *m* de col **Kragenweite** *f* encolure *f* ▶ **er/das ist** [**genau**] **meine ~** *fam* il est [tout à fait] mon genre/c'est [tout à fait] mon truc *(fam)*; **er/das ist nicht meine ~** *fam* il n'est pas mon genre/ce n'est pas mon truc *(fam)*

Krähe ['krɛ:ə] <-, -n> *f* corneille *f*
▶ **eine ~ hackt der anderen kein Auge aus** *Spr.* les loups ne se mangent pas entre eux
krähen *itr V* ❶ *Hahn:* chanter
❷ *fam (schreien) Kind:* piailler *(fam)*
Krähenfüße *Pl fam* pattes-d'oie *fpl*
Krakauer ['kra:kaʊɐ] <-, -> *f* saucisse *f* de Cracovie *(fumée et très épicée)*
Krake ['kra:kə] <-n, -n> *m* pieuvre *f*
krakeelen* *itr V fam* brailler *(fam)*; **das Krakeelen** les braillements *mpl (fam)*
Krakeeler(in) <-s, -> *m(f) fam* braillard(e) *m(f) (fam)*
Krakelei [kra:kəˈlaɪ] <-, -en> *f pej fam* gribouillage *m (fam)*
krakelig ['kra:kəlɪç] **I.** *Adj* tremblé(e)
II. *Adv schreiben* d'une écriture tremblée; *malen* maladroitement
Kral [kra:l] <-s, -e> *m* kraal *m*
Kralle ['kralə] <-, -n> *f* ❶ *einer Katze* griffe *f*; *eines Raubvogels* serre *f* ❷ *fam (Parkkralle)* sabot *m* de Denver
▶ **jdn in seine ~ bekommen** [o **kriegen**] *fam* mettre le grappin sur qn *(fam)*; **jdn in seinen ~n haben** *fam* tenir qn entre ses pattes *(fam)*; **jdn/etw nicht aus den ~n lassen** *fam* ne pas lâcher qn/qc *(fam)*; **die ~n zeigen** *fam* montrer les griffes [à qn]
krallen I. *r V* ❶ *(sich festkrallen)* **sich an jdn/etw ~** s'agripper à qn/qc
❷ *(zupacken)* **sich um etw** *(Akk)* **~** *Finger:* agripper qc
II. *tr V* ❶ *(bohren)* **seine Finger in etw** *(Akk)* **~** enfoncer ses doigts dans qc
❷ *sl (klauen)* [**sich** *(Dat)*] **etw ~** piquer qc *(pop)*
❸ *sl (sich vornehmen)* **sich** *(Dat)* **jdn ~** se payer qn *(arg)*
Kram [kra:m] <-[e]s- *m fam* ❶ *(Zeug)* bazar *m (fam)*, fourbi *m (fam)*
❷ *(Angelegenheit)* fourbi *m (fam)*; **kümmere dich um deinen eigenen ~!** mêle-toi de tes oignons! *(fam)*; **mach doch deinen allein!** démerde-toi [tout(e) seul(e)]! *(fam)*
▶ **jdm in den ~ / nicht in den ~ passen** tomber à pic/tomber mal [pour qn] *(fam)*
kramen I. *itr V* fouiller; **in der Schublade nach etw ~** fouiller dans le tiroir à la recherche de qc

II. *tr V* **etw aus der Handtasche/dem Schrank ~** tirer qc de son sac/de l'armoire
Krämer(in) ['krɛːmɐ] <-s, -> *m(f)* DIAL *veraltet* épicier(-ière) *m(f)*
Krämerseele *f pej* esprit *m* mercantile; **eine ~ sein** avoir un esprit mercantile
Kramladen *m pej fam* bazar *m*
Krampe ['krampə] <-, -n> *f* crampillon *m*
Krampen ['krampən] <-s, -> *m* A pioche *f*
Krampf [krampf, *Pl:* ˈkrɛmpfə] <-[e]s, **Krämpfe**> *m* ❶ *(Muskelkrampf)* crampe *f*; **einen ~ in der Schulter bekommen/haben** attraper/avoir une crampe à l'épaule
❷ *(Kolik)* spasme *m*
❸ *fam (Unsinn)* [**ein**] **~ sein** être de la foutaise *(fam)*
Krampfader *f* varice *f*
krampfen I. *tr V* **die Finger/Hände um etw ~** crisper les doigts/mains autour de qc
II. *r V* **sich um etw ~** *Finger, Hand:* se crisper autour de qc
krampfhaft I. *Adj* ❶ *(angestrengt) Nachdenken* obstiné(e); *Versuch* désespéré(e)
❷ *(nicht locker) Handbewegung, Lachen* convulsif(-ive)
II. *Adv* ❶ *(angestrengt)* désespérément
❷ *(nicht locker)* convulsivement
krampflindernd, krampflösend *Adj* antispasmodique; **~ wirken** avoir un effet antispasmodique
Kran [kraːn, *Pl:* ˈkrɛːnə] <-[e]s, **Kräne** *o* -e> *m* ❶ TECH grue *f*
❷ DIAL *(Wasserhahn)* robinet *m*
Kranführer(in) *m(f)* grutier(-ière) *m(f)*
krängen [ˈkrɛŋən] *itr V* NAUT *Schiff:* giter
Kranich ['kraːnɪç] <-s, -e> *m* grue *f*
krank [kraŋk] <kränker, kränkste> *Adj* ❶ *Person, Herz, Tier, Pflanze* malade; *Arm, Gelenk* en mauvais état; **schwer ~** gravement malade; **werden/sein** tomber/être malade; **jdn ~ machen** rendre qn malade
❷ *fig* **~ vor Eifersucht/Aufregung** malade de jalousie/à cause de l'énervement; **vor Sehnsucht ~ sein** se languir; **jdn mit etw ~ machen** *fam Person:* soûler qn avec qc *(fam)*
❸ *(wirtschaftlich schwach) Firma, Währung* malade
▶ **du bist wohl ~!** *iron fam* mais t'es malade! *(fam)*
Kranke(r) *f(m) dekl wie Adj* malade *mf*
kränkeln ['krɛŋkəln] *itr V* ❶ *(nicht gesund sein) (vorübergehend)* être patraque; *(längere Zeit)* être souffreteux(-euse)
❷ *(wirtschaftlich schwach sein) Branche, Firma:* être chancelant(e)
kranken ['kraŋkən] *itr V* **an etw** *(Dat)* **~** souffrir de qc
kränken ['krɛŋkən] *tr V* blesser; **es kränkt jdn, dass** ça blesse qn que + *subj*
Krankenanstalten *Pl veraltet form* centre *m* hospitalier **Krankenbericht** *m* rapport *m* médical **Krankenbesuch** *m* visite *f* [à domicile] **Krankenbett** *nt* ❶ *(Krankenhausbett)* lit *m* d'hôpital ❷ *(Krankenlager)* chevet *m* du malade **Krankenblatt** *nt* fiche *f* médicale **Krankengeld** *nt* prestations *fpl* maladie **Krankengeschichte** *f* antécédents *mpl* [du malade]
Krankengymnast(in) <-en, -en> *m(f)* kinésithérapeute *mf*
Krankengymnastik *f* kinésithérapie *f*; **sie muss dreimal in der Woche zur ~** elle a trois séances de kiné par semaine *(fam)* **Krankenhaus** *nt* hôpital *m*; **ins ~ kommen/müssen** être/devoir être hospitalisé(e); **mit etw im ~ liegen** être hospitalisé(e) pour qc **Krankenhausaufenthalt** *m* hospitalisation *f* **Krankenhauskosten** *Pl* frais *mpl* d'hospitalisation **krankenhausreif** *Adj* bon(ne) pour l'hôpital; **jdn ~ schlagen** envoyer qn à l'hosto *(fam)* **Krankenkasse** *f* caisse *f* d'assurance-maladie; **in welcher ~ sind Sie?** à quelle caisse d'assurance-maladie êtes-vous affilié? *(fam)* **Krankenlager** *nt geh* lit *m* de douleur *(littér)*; **ans ~ gefesselt sein** être cloué(e) au lit **Krankenpflege** *f* soins *mpl* [donnés aux malades] **Krankenpfleger(in)** *m(f)* infirmier(-ière) *m(f)* **Krankensalbung** *f* sacrement *m* des malades **Krankenschein** *m* feuille *f* de prise en charge; **auf ~** au tiers payant **Krankenschwester** *f* infirmière *f* **Krankenstand** *m* kein Pl *(Anzahl der Kranken)* taux *m* de maladie **Krankentransport** *m* transport *m* en ambulance **Krankenversichertenkarte** *f* ≈ carte *f* d'assuré social **Krankenversicherung** *f* assurance-maladie *f*; **gesetzliche ~** ≈ Sécurité *f* sociale; **private ~** ≈ caisse *f* d'assurance maladie **Krankenwagen** *m* ambulance *f* **Krankenzimmer** *nt* ❶ *(im Krankenhaus)* chambre *f* d'hôpital ❷ *(in einem Heim, Internat)* infirmerie *f* ❸ *(in einer Privatwohnung)* chambre *f* de malade
krankfeiern *itr V fam* se faire porter pâle *(fam) (sans être malade)*; **das Krankfeiern** les maladies diplomatiques *(fam)*
krankhaft I. *Adj* ❶ MED pathologique
❷ *(unnormal) Eifersucht, Geiz, Misstrauen* maladif(-ive)
II. *Adv* **~ ehrgeizig/eifersüchtig** d'une ambition/jalousie maladive
Krankheit <-, -en> *f* maladie *f*; **akute/chronische ~** maladie aiguë/chronique; **wegen ~** pour cause de maladie
▶ **das ist eine ~!** *fam* c'est une [vraie] plaie! *(fam)*; **es ist eine ~**

mit ihm! *fam* quelle plaie, celui-là! *(fam)*
Krankheitsbild *nt* signes *mpl* cliniques **Krankheitserreger** *m* agent *m* pathogène **Krankheitskeim** *m* germe *m* pathogène **Krankheitsverlauf** *m* évolution *f* de la maladie
krank|lachen *r V fam* jd lacht sich über jdn/etw krank qn/qc fait marrer qn *(fam)*; **sie haben sich krankgelacht** ils/elles se sont écroulé(e)s *(fam)*
kränklich ['krɛŋklɪç] *Adj* maladif(-ive)
krank|machen *s.* **krankfeiern krank|melden**^RR *r V* sich ~ se mettre en arrêt de travail, se faire porter malade **Krankmeldung** *f* déclaration *f* de maladie **krank|schreiben**^RR *tr V* prescrire un arrêt de travail à qn; **jdn ~** prescrire un arrêt de travail à qn **Krankschreibung** *f* délivrance *f* d'un certificat de maladie
Kränkung ['krɛŋkʊŋ] <-, -en> *f* offense *f*
Kranwagen *m* camion-grue *m*
Kranz [krants, *Pl:* 'krɛntsə] <-es, Kränze> *m* ❶ *(aus Pflanzen)* couronne *f*, gerbe *f*
❷ *(kreisförmige Anlage)* ceinture *f*
❸ DIAL *(Hefekranz)* brioche *f* en couronne
Kränzchen ['krɛntsçən] <-s, -> *nt* ❶ *Dim von* **Kranz** petite couronne *f*
❷ *(Kaffeekränzchen)* petit cercle *m* d'amies
Kranzgefäß *s.* **Herzkranzgefäß Kranzniederlegung** *f* dépôt *m* de gerbe
Krapfen ['krapfən] <-s, -> *m* DIAL beignet *m*
krass^RR, **kraß**^ALT I. *Adj* **Außenseiter** manifeste; *Materialist* invétéré(e); *Fall, Gegensatz, Unterschied* flagrant(e); **das ~e Gegenteil von etw sein** être absolument à l'opposé de qc
II. *Adv* schildern, sich ausdrücken crûment
Krater ['kraːtɐ] <-s, -> *m* cratère *m*
Kraterlandschaft *f* paysage *m* lunaire **Kratersee** *m* lac *m* de cratère
Kratzbürste *f pej fam* mauvaise coucheuse *f (fam)*
kratzbürstig *Adj pej fam* revêche
Krätze ['krɛtsə] <-, -> *f* MED gale *f*
kratzen ['kratsən] I. *tr V* ❶ gratter; **jdn am Rücken ~** gratter le dos à qn
❷ *(verletzen)* jdn ~ *Katze:* griffer qn
❸ *(abkratzen)* **die Farbe von der Wand ~** gratter la peinture du mur
❹ *fam (kümmern)* jdn nicht ~ ne pas regarder qn; **das kratzt mich überhaupt nicht** je m'en fiche complètement *(fam)*; **was kratzt mich das?** qu'est-ce que ça peut me ficher? *(fam)*
II. *r V* sich an der Hand ~ se gratter la main
III. *itr V* ❶ *(jucken)* gratter; **der Pulli kratzt auf der Haut** ce pull gratte la peau; **ich habe ein Kratzen im Hals** j'ai la gorge qui me gratte
❷ *(scharren)* Feder, Nagel: gratter; **mit etw ~** racler avec qc
❸ *(mit den Fingernägeln)* griffer
❹ *(beeinträchtigen)* **am Ruf ~** égratigner la réputation
IV. *tr V unpers fam* **es kratzt ihn am Rücken** il a le dos qui le gratte
Kratzer ['kratsɐ] <-s, -> *m* éraflure *f*
Kratzwunde *f* griffure *f*
Kraul [kraʊl] <-[s]> *nt* crawl *m*
kraulen¹ ['kraʊlən] I. *itr V + haben o sein* SPORT nager le crawl
II. *tr V + haben o sein* **hundert Meter ~** faire cent mètres en crawl
kraulen² *tr V (liebkosen)* gratouiller
kraus [kraʊs] *Adj* ❶ *Haar* [tout] frisé(e)
❷ *(faltig)* froissé(e); **die Stirn/Nase ~ ziehen** froncer le front/nez
❸ *pej (verworren)* embrouillé(e)
Krause ['kraʊzə] <-, -n> *f* ❶ *(Halskrause)* fraise *f*
❷ *fam (künstliche Locken)* frisettes *fpl (fam)*
kräuseln ['krɔɪzəln] I. *tr V* fris[ott]er *Haare;* froncer *Stoff*
II. *r V* sich ~ *Haare:* frisotter; *Wasseroberfläche:* se rider
kraushaarig *Adj* crépu(e) **Krauskopf** *m fam* ❶ *(Frisur)* coiffure *f* afro ❷ *(Person)* tête *f* crépue *(fam)*
Kraut [kraʊt, *Pl:* 'krɔɪtə] <-[e]s, Kräuter> *nt* ❶ *(Pflanze)* herbe *f* souvent *pl*
❷ *kein Pl (Blätter und Stängel) von Karotten, Rüben, Kartoffeln* fanes *fpl*
❸ *kein Pl* DIAL *(Kohl)* chou *m*; *(Sauerkraut)* choucroute *f*
❹ *pej fam (Tabak)* gros tabac *m*
▶ **wie ~ und Rüben** *fam* sens dessus dessous; **gegen etw ist kein ~ gewachsen** *fam* y a vraiment rien à faire contre qc *(fam)*; **ins ~ schießen** *fam* avoir tendance à proliférer
Kräuterbutter *f* beurre *m* persillé **Kräuterkäse** *m* fromage *m* aux fines herbes **Kräuterlikör** *m* liqueur *f* à base de plantes **Kräutertee** *m* infusion *f*, tisane *f*
Krautkopf SDEUTSCH, *A s.* **Kohlkopf Krautsalat** *m* salade *f* de chou
Krawall [kra'val] <-s, -e> *m* ❶ *(Tumult)* bagarre *f*

❷ *kein Pl fam (Lärm)* boucan *m (fam)*; [einen] **~ machen** faire du raffut *(fam)*
Krawallmacher(in) *m(f)* fauteur(-trice) *m(f)* de troubles
Krawatte [kra'vatə] <-, -n> *f* cravate *f*
Krawattenknoten *m* nœud *m* de cravate **Krawattennadel** *f* épingle *f* de cravate **Krawattenzwang** *m* port *m* de la cravate obligatoire
kraxeln ['kraksəln] *itr V + sein* SDEUTSCH grimper
Kreation [krea'tsioːn] <-, -en> *f* création *f*
kreativ [krea'tiːf] *Adj* créatif(-ive)
Kreativdirektor(in) *m(f)* directeur *m* créatif/directrice *f* créative
Kreativität [kreativi'tɛːt] <-> *f* créativité *f*
Kreatur [krea'tuːɐ] <-, -en> *f* créature *f*
Krebs [kreːps] <-es, -e> *m* ❶ ZOOL crustacé *m*; GASTR crabe *m*
❷ *kein Pl* ASTROL Cancer *m*; **er ist [ein] ~** il est Cancer
❸ MED cancer *m*; **~ haben** avoir un cancer; **~ erregend** cancérigène; **~ erregend wirken** avoir des effets cancérigènes
krebsartig *Adj* cancéreux(-euse)
krebsen ['kreːpsən] *itr V fam* **vor sich hin ~** végéter
Krebserkrankung *f* MED cancer *m*
krebserregend *s.* **Krebs** ❸
Krebsforschung *f kein Pl* cancérologie *f* **Krebsfrüherkennung** *f* MED dépistage *m* précoce du cancer **Krebsgeschwulst** *f* MED tumeur *f* cancéreuse **Krebsklinik** *f* MED centre *m* anticancéreux **krebskrank** *Adj* cancéreux(-euse) **Krebskranke(r)** *f(m) dekl wie Adj* cancéreux(-euse) *m(f)*
krebsrot *Adj* rouge comme une écrevisse
Krebsvorsorge *f* dépistage *m* du cancer
Krebsvorsorgeuntersuchung *f* examen *m* de dépistage du cancer
Krebszelle *f* MED cellule *f* cancéreuse
Kredenz [kre'dɛnts] <-, -en> *f veraltet* crédence *f*
kredenzen* *tr V geh* **jdm etw ~** régaler qn de [*o* avec] qc
Kredit¹ [kre'diːt] <-[e]s, -e> *m* crédit *m*; **jdm ~ geben** [*o* gewähren] accorder un crédit à qn; **einen ~ aufnehmen** prendre un crédit; **ein ~ über eine Million** un crédit d'un million; **er hat ~ bei mir/der Bank** je lui fais/la banque lui fait crédit; **auf ~** à crédit
Kredit² ['kreːdɪt] <-s, -s> *nt (Habenseite)* crédit *m* **Kreditgeber(in)** *m(f)* prêteur(-euse) *m(f)* **Kredithai** *m fam* requin *m* de la finance **Kredithöhe** *f* montant *m* du crédit
Kreditinstitut *nt* établissement *m* de crédit **Kreditkarte** *f* carte *f* de crédit **Kreditlinie** [-liːniə] *f* FIN ligne *f* de crédit **Kreditnehmer(in)** <-s, -> *m(f)* emprunteur(-euse) *m(f)* **Kreditrahmen** *m* FIN montant *m* du découvert autorisé **Kreditvergabe** *f* octroi *m* de crédits **Kreditverlängerung** *f* prorogation *f* d'un crédit **Kreditwirtschaft** *f* activité *f* du crédit **kreditwürdig** *Adj* solvable
Kredo ['kreːdo] <-s, -s> *nt geh* credo *m*
Kreide ['kraɪdə] <-, -n> *f* ❶ craie *f*
❷ *(Kreidezeit)* **in der ~** au crétacé *m*
▶ **bei jdm mit etw in der ~ stehen** *fam* avoir une ardoise de qc chez qn *(fam)*
kreidebleich *Adj* blanc(blanche) comme un linge **Kreidefelsen** *m* falaise *f* crayeuse **Kreideformation** *f* GEOL formation *f* crétacée **kreideweiß** *s.* **kreidebleich Kreidezeichnung** *f* dessin *m* à la craie **Kreidezeit** *kein Pl* GEOL crétacé *m*
kreieren* *tr V* créer
Kreis [kraɪs] <-es, -e> *m* ❶ *a.* GEOM cercle *m*; **einen ~ beschreiben** [*o* **schlagen**] tracer un cercle; **im ~ en cercle; im ~ gehen** tourner en rond; **seine ~e ziehen** *Vogel:* tournoyer
❷ *(Kreisfläche)* surface *f* du cercle
❸ *(Gruppe)* cercle *m*; **im engen** [*o* **kleinen**]/**engsten ~**[**e**] en petit/tout petit comité; **im ~e von Freunden/der Familie** au milieu d'amis/au sein de la famille
❹ *Pl (gesellschaftliche Schicht)* milieux *mpl*; **aus besseren ~en de la haute société; weite ~e der Bevölkerung** de larges couches *fpl* de population
❺ *(Landkreis)* district *m*; *(in Frankreich)* ≈ canton *m*
▶ **das kommt in den besten ~en vor** cela arrive dans les meilleures familles; **sich im ~ drehen** [*o* **bewegen**] *(sich drehen)* tourner sur soi-même; *(mit den Gedanken)* tourner en rond; **der ~ schließt sich** la boucle est bouclée; **~e ziehen** faire des remous
Kreisabschnitt *m* GEOM segment *m* circulaire **Kreisausschnitt** *m* GEOM secteur *m* circulaire **Kreisbahn** *f* orbite *m* **Kreisbewegung** *f* mouvement *m* circulaire **Kreisbogen** *m* arc *m* de cercle
kreischen ['kraɪʃən] *itr V* ❶ *Person, Affe:* pousser des cris stridents; *Vogel:* piailler
❷ *(quietschen)* Bremsen: crier; Reifen: crisser
Kreisel ['kraɪzəl] <-s, -> *m* ❶ *(Spielzeug)* toupie *f*; **den ~ schlagen** fouetter la toupie
❷ *fam (Kreisverkehr)* rond-point *m*
Kreiselkompass^RR *m* gyrocompas *m* **Kreiselpumpe** *f* TECH

pompe *f* centrifuge

kreisen ['kraɪzən] *itr V + haben o sein* ❶ *a.* ASTRON, RAUM **um etw ~** tourner autour de qc
❷ *(fliegen)* **über etw** *(Dat)* **~** tournoyer au-dessus de qc
❸ *(zirkulieren)* **in etw** *(Dat)* **~** *Öl, Blut:* circuler dans qc
❹ *(sich drehen um)* **um jdn/etw ~** *Gedanken, Gespräch, Wünsche:* tourner autour de qn/qc
❺ *(bewegen)* **den Arm/das Bein ~ lassen** effectuer des cercles avec le bras/la jambe

Kreisfläche *f* GEOM aire *f* du cercle **kreisförmig** [-fœrmɪç] **I.** *Adj* circulaire **II.** *Adv* en cercle **kreisfrei** *Adj* ADMIN *Stadt* autonome **Kreisinhalt** *s.* Kreisfläche **Kreisinsel** *f* TRANSP îlot *m* directionnel **Kreiskolbenmotor** *m* moteur *m* à pistons rotatifs **Kreiskrankenhaus** *nt* ≈ centre *m* hospitalier régional **Kreislauf** *m* ❶ *des Lebens, Wassers, der Natur* cycle *m*; *des Geldes* circulation *f* ❷ *(Blutkreislauf)* circulation *f* **Kreislaufkollaps** *m* collapsus *m* cardio-vasculaire; **einen ~ bekommen/haben** être victime d'un collapsus cardio-vasculaire **Kreislaufstörungen** *Pl* troubles *mpl* circulatoires **kreisrund** *Adj* tout(e) rond(e) **Kreissäge** *f* scie *f* circulaire

Kreißende *f veraltet dekl wie Adj* femme *f* en couches *(vieilli)*
Kreißsaal ['kraɪs-] *m* salle *f* d'accouchement
Kreisstadt *f* ≈ chef-lieu de district; *(in Frankreich)* ≈ chef-lieu de canton **Kreistag** *m* ≈ conseil *m* de district; *(in Frankreich)* ≈ conseil cantonal **Kreisumfang** *m* GEOM circonférence *f* du cercle **Kreisverkehr** *m* rond-point *m* **Kreisverwaltung** *f (Verwaltung, Gebäude)* administration *f* du district **Kreiswehrersatzamt** *nt* ≈ bureau *m* de recrutement du Service national
Krematorium [krema'to:riom] <-s, -rien> *nt* crématorium *m*
kremig ['kre:mɪç] *Adj* onctueux(-euse); **etw ~ schlagen** battre qc jusqu'à obtenir une consistance onctueuse
Kreml ['kre:m(ə)l] <-s> *m* **der ~** le Kremlin
Krempe ['krɛmpə] <-, -n> *f* bord *m*
Krempel ['krɛmpəl] <-s> *m pej fam (Ramsch)* camelote *f (fam)*
▸ **seinen ~ allein machen können** devoir se démerder tout(e) seul(e) *(fam)*; **den ganzen ~ hinwerfen** envoyer tout promener *(fam)*
krempeln *tr V* TEXTIL carder
Kren [kre:n] <-s> *m* A raifort *m*
Kreole [kre'o:lə] <-n, -n> *m*, **Kreolin** *f* créole *mf*
kreolisch [kre'o:lɪʃ] *Adj* créole; **~ miteinander sprechen** discuter en créole; *s. a.* deutsch
Kreolisch <-[s]> *nt kein Art* le créole; **auf ~** en créole; *s. a.* Deutsch
Kreolische *nt dekl wie Adj* **das ~** le créole; *s. a.* Deutsche
krepieren* *itr V + sein* ❶ *sl (zugrunde gehen)* crever *(pop)*; **an etw** *(Dat)* **~** crever de qc
❷ *(zerplatzen) Bombe, Granate:* éclater
Krepp <-s, -e *o* -s> *m* crêpe *m*
Krepppapierʀʀ *nt* papier *m* crépon **Kreppsohle** *f* semelle *f* de crêpe
Kresse ['krɛsə] <-, -en> *f* cresson *m*
Kreta ['kre:ta] <-s> *nt* la Crète; **auf ~** en Crète
Krethi und Plethi ['kre:ti ʊnt 'ple:ti] *Pl* tout le monde et n'importe qui
Kretin [kre'tɛ̃ː] <-s, -s> *m* ❶ *(Dummkopf)* imbécile *mf*
❷ MED débile *mf*
Kretinismus [kreti'nɪsmʊs] <-> *m* MED débilité *f* mentale
kretisch ['kre:tɪʃ] *Adj* crétois(e)

kreuchen ▸ **alles, was da kreucht und fleucht** *hum* toutes sortes de bestioles
kreuz [krɔʏts] ▸ **~ und quer** dans tous les sens
Kreuz <-es, -e> *nt* ❶ *a.* REL *(Symbol, Zeichen)* croix *f*; **ein ~ machen/schlagen** faire le signe de croix; **jdn ans ~ schlagen** mettre qn en croix; **etw über ~ legen/falten** empiler/plier qc en croix
❷ *(Teil des Rückens)* reins *mpl*; **es im ~ haben** *fam* avoir mal aux reins
❸ *fam (Autobahnkreuz)* échangeur *m*
❹ KARTEN trèfle *m*
❺ MUS dièse *m*
❻ ASTROL **das ~ des Nordens/Südens** la Croix du Nord/Sud
▸ **drei ~e machen** *fam* pousser un ouf de soulagement *(fam)*; **das Rote ~** la Croix-Rouge; **es ist ein ~ mit jdm/etw** *fam* avoir qn/qc, c'est la galère *(fam)*; **zu ~e kriechen** ramper; **jdn aufs ~ legen** *fam (jdn hereinlegen)* arnaquer qn *(fam)*; *sl (mit jdm schlafen)* s'envoyer qn *(pop)*; **mit jdm über ~ liegen** être en bisbille avec qn *(fam)*; **sein ~ auf sich** *(Akk)* **nehmen, sein ~ tragen** porter sa croix

Kreuzband <-bänder, -> *nt* ANAT ligament *m* croisé **Kreuzbein** *nt* ANAT sacrum *m* **Kreuzblütler** [-bly:tlɐ] <-s, -> *m* crucifère *f*
kreuzen I. *tr V + haben* ❶ *(beim Züchten)* croiser; **etw mit etw ~** croiser qc avec qc
❷ *(queren)* croiser *Straße, Bahnlinie;* traverser *Fluss, Platz*
❸ *(verschränken)* croiser *Arme, Beine*
II. *r V + haben* **sich ~** ❶ *(sich entgegenstehen) Ansichten, Interessen:* s'opposer
❷ *(sich begegnen)* se croiser
III. *itr V + haben o sein Segelschiff:* louvoyer; *Flugzeug, Schiff:* croiser
Kreuzer <-s, -> *m* ❶ NAUT croiseur *m*
❷ *(historische Münze)* kreutzer *m*
Kreuzestod *m geh* supplice *m* de la croix
Kreuzfahrer(in) *m(f)* HIST croisé(e) *m(f)* **Kreuzfahrt** *f* NAUT croisière *f* **Kreuzfeuer** *nt* ▸ **ins ~** [**der Kritik**] **geraten** être attaqué(e) de toutes parts; **im ~** [**der Kritik**] **stehen** essuyer le feu de la critique **kreuzfidel** *Adj fam* **~ sein** être tout(e) content(e) *(fam)* **kreuzförmig** [-fœrmɪç] **I.** *Adj* cruciforme **II.** *Adv* en croix
Kreuzgang <-gänge> *m* cloître *m* **Kreuzgewölbe** *nt (Kreuzgratgewölbe)* voûte *f* d'arête; *(Kreuzrippengewölbe)* voûte en ogives
kreuzigen ['krɔʏtsɪgən] *tr V* crucifier
Kreuzigung <-, -en> *f* crucifixion *f*
Kreuzotter *f* vipère *f* péliade **Kreuzritter** *m* ❶ *(Kreuzfahrer)* croisé *m* ❷ *(Deutschordensritter)* chevalier *m* teutonique
Kreuzschlitzschraube *f* vis *f* [à tête] cruciforme **Kreuzschlitzschraubendreher** *m* tournevis *m* cruciforme
Kreuzschlüssel *m* clé *f* en croix **Kreuzschmerzen** *Pl fam* maux *mpl* de reins **Kreuzschnabel** *m* ZOOL bec-croisé *m* **Kreuzspinne** *f* épeire *f* diadème **Kreuzstich** *m* point *m* de croix
Kreuzung <-, -en> *f* ❶ *(Straßenkreuzung)* croisement *m,* carrefour *m*
❷ *(das Kreuzen)* croisement *m*
❸ *(gekreuzte Tierrasse)* bâtard(e) *m(f)*
❹ *(gekreuzte Pflanzenart)* **die Traubensorte ist eine ~** ce raisin est issu d'un croisement
kreuzungsfrei *Adj, Adv* sans intersection
Kreuzverband *m* bandage *m* croisé, spica *m* **Kreuzverhör** *nt* interrogatoire *m* contradictoire ▸ **jdn ins ~ nehmen, jdn einem ~ unterziehen** JUR interroger qn contradictoirement; *(gründlich ausfragen)* soumettre qn à un interrogatoire serré **Kreuzweg** *m* ❶ *(Wegkreuzung)* croisement *m* [de chemins]; **am ~ stehen** être à la croisée des chemins ❷ KUNST, REL chemin *m* de croix **kreuzweise** *Adv* legen, übereinanderlegen en croix ▸ **du kannst mich ~!** *sl* tu peux aller te faire foutre! *(pop)* **Kreuzworträtsel** *nt* mots *mpl* croisés **Kreuzzeichen** *nt* signe *m* de [la] croix; **das ~ machen** faire le signe de croix **Kreuzzug** *m* HIST *a. fig* croisade *f*
Krevette [kre'vɛta] <-, -n> *f* crevette *f*
kribbelig *Adj fam* ❶ *(unruhig)* fébrile; **jdn [ganz] ~ machen** mettre les nerfs en pelote à qn *(fam);* **ich bin ganz ~** *(ungeduldig)* je n'y tiens plus; *(nervös)* j'ai les nerfs en pelote *(fam)*
❷ *(prickelnd)* **ein ~es Gefühl** une sensation de picotement
kribbeln ['krɪbəln] **I.** *itr V + haben* **jdm** [*o* **jdn**] **in der Nase ~** picoter qn dans le nez; **ein ~des Gefühl** une sensation de picotement
▸ **~ und krabbeln** *Ameisen, Käfer:* grouiller dans tous les sens
II. *tr, itr V unpers* **es kribbelt jdm** [*o* **jdn**] **in der Nase** qn a des picotements dans le nez
kribblig *s.* kribbelig
Cricket ['krɪkət] <-s> *nt* SPORT cricket *m*
kriechen [kri:çən] <kroch, gekrochen> *itr V* ❶ + *sein (sich vorwärtsbewegen)* ramper
❷ + *sein (langsam fahren)* se traîner *(fam)*
❸ + *sein (langsam vergehen) Tage, Zeit:* ne pas en finir; *Uhrzeiger:* ne pas avancer
❹ + *haben o sein pej (unterwürfig sein)* **vor jdm ~** ramper devant qn
Kriecher(in) <-s, -> *m(f) pej fam* lèche-bottes *mf (fam)*
kriecherisch *Adj pej fam Person* rampant(e); *Art, Verhalten* servile
Kriechspur *f* voie *f* réservée aux véhicules lents
Kriechstrom *m* ELEC courant *m* de fuite **Kriechtempo** *nt pej* **im ~** comme un escargot **Kriechtier** *nt* reptile *m*
Krieg [kri:k] <-[e]s, -e> *m* guerre *f*; **jdm den ~ erklären** déclarer la guerre à qn; **[einen] ~ gegen jdn** [*o* **mit jdm**] **führen** faire la guerre à qn; **in den ~ ziehen** partir à la guerre; **sich mit jdm im ~ befinden** être en guerre avec qn; **es ist ~** c'est la guerre; **wir haben ~** nous sommes en guerre; **~ führend** belligérant(e); **der Dreißigjährige/Hundertjährige ~** la guerre de Trente/Cent Ans; **ein heiliger ~** une guerre sainte
▸ **der kalte ~** la guerre froide
kriegen ['kri:gən] **I.** *tr V fam* ❶ *(bekommen)* recevoir; toucher *Belohnung, Geld;* **etw zu essen/trinken ~** pouvoir manger/boire qc; **wir ~ was zu lachen** on va rire *(fam);* **Prügel/Schläge von jdm ~** ramasser une volée/des coups de qn *(fam);* **etw an den Kopf ~** attraper qc à la tête *(fam);* **ich habe was ins Auge**

gekriegt j'ai quelque chose qui m'est rentré dans l'œil; **was ~ Sie dafür von mir?** je vous dois combien?; **ich kriege noch Wechselgeld von Ihnen** vous ne m'avez pas rendu la monnaie
❷ *(in Verbindung mit dem Partizip Präteritum)* **etw geregelt/geordnet ~** arriver à régler/ordonner qc; **er kriegt das Auto geliehen/geschenkt** on lui prête la voiture/il reçoit la voiture en cadeau; **ich kriege meinen Wunsch erfüllt** j'ai ce que je souhaite; **das ~ Sie von mir in zwei Tagen gemacht** je vous fais ça en deux jours; **kriegst du die Arbeit bezahlt?** on te paye pour ton travail?
❸ *(bestellen)* prendre; **ich kriege einen Salat** pour moi, ce sera une salade; **hier kriegt man griechische Spezialitäten** ici, on peut manger des spécialités grecques
❹ *(verlangen, kaufen)* **ich kriege ein Kilo Birnen** mettez-moi un kilo de poires *(fam)*; **~ Sie sonst noch was?** et avec ça? *(fam)*; **Zigaretten kriegt man an der Kasse** les cigarettes, on les trouve à la caisse
❺ *(erreichen)* attraper *Bus, S-Bahn, Zug*; dénicher *Taxi*
❻ *(verhängt bekommen)* récolter *(fam) Strafe, Strafzettel*; écoper [de] *(fam) Gefängnis*; **er hat fünf Jahre gekriegt** il en a pris pour cinq ans *(fam)*
❼ METEO aller avoir *Regen, Schnee*; **wir ~ anderes Wetter** le temps va changer
❽ *(gelegt bekommen)* aller avoir *Anschluss, Telefon*
❾ *(entwickeln)* commencer à avoir *Falten*
❿ *(erwischen)* **jdn ~** mettre la main sur qn *(fam)*; *(telefonisch)* arriver à avoir qn
⓫ MED choper *(fam) Grippe, Herzinfarkt*; devoir prendre *Präparat*; **jd kriegt Spritzen/Massagen** on fait des piqûres/massages à qn
⓬ *(erwarten)* aller avoir *Kind*; **sie hat gestern ein Mädchen gekriegt** elle a eu une fille hier
⓭ *(veranlassen, bewegen)* **jdn zum Sprechen ~** faire parler qn; **jdn dazu ~ etw zu tun** arriver à faire faire qc à qn; **die Kinder nicht ins Bett ~** ne pas arriver à faire aller les enfants au lit; **den Fleck aus der Tischdecke ~** réussir à faire partir la tache de la nappe
▶ **es mit jdm zu tun ~** avoir affaire à qn; **es nicht über sich ~ etw zu tun** ne pas arriver à faire qc; *s. a.* **bekommen**
II. *r V fam* **sich ~** être enfin réunis
Krieger(in) ['kri:gɐ] <-s, -> *m(f)* guerrier(-ière) *m(f)*
▶ **müder ~** *hum fam* héros *m* fatigué
Kriegerdenkmal *nt* monument *m* aux morts
kriegerisch I. *Adj* ❶ *(kämpferisch) Volk* guerrier(-ière); *Einstellung, Haltung* belliqueux(-euse)
❷ *(militärisch)* militaire
II. *Adv* **~ auftreten/eingestellt sein** avoir une attitude belliqueuse/des positions belliqueuses
Kriegerwitwe *f* veuve *f* de guerre
kriegführend *s.* **Krieg**
Kriegführung *s.* **Kriegsführung**
Kriegsanleihe *f* emprunt *m* de guerre **Kriegsausbruch** *m* déclenchement *m* des hostilités **Kriegsbeginn** *m* début *m* de la guerre **Kriegsbeil** *nt* hache *f* de guerre ▶ **das ~ ausgraben/begraben** déterrer/enterrer la hache de guerre **Kriegsbemalung** *f* peintures *fpl* de guerre **in** [**voller**] **~** avec ses/leurs/... peintures de guerre; *hum fam (geschminkt)* tout(e) peinturluré(e) *(fam)* **Kriegsberichterstatter(in)** *m(f)* correspondant(e) *m(f)* de guerre **kriegsbeschädigt** *Adj* mutilé(e) de guerre **Kriegsbeschädigte(r)** *f(m) dekl wie Adj* mutilé(e) *m(f)* de guerre **Kriegsdienst** *m* service *m* militaire; **den ~ verweigern** faire de l'objection de conscience
Kriegsdienstverweigerer <-s, -> *m* objecteur *m* de conscience
Kriegsdienstverweigerung *f* objection *f* de conscience
Kriegsende *nt* fin *f* de la guerre **Kriegserklärung** *f* déclaration *f* de guerre **Kriegsfall m für den/im ~** en cas de guerre; **sich auf den ~ vorbereiten** se préparer à la guerre **Kriegsfilm** *m* film *m* de guerre **Kriegsfolge** *f* conséquence *f* de la guerre **Kriegsführung** *f* façon *f* de conduire la guerre; **psychologische ~** guerre *f* psychologique **Kriegsfuß** ▶ **mit jdm auf ~ stehen** *fam* être en mauvais termes avec qn *(fam)*; **mit etw auf ~ stehen** *fam* être brouillé(e) avec qc *(fam)* **Kriegsgebiet** *nt* zone *f* en guerre **Kriegsgefahr** *f* danger *m* de guerre **Kriegsgefangene(r)** *f(m) dekl wie Adj* prisonnier(-ière) *m(f)* de guerre **Kriegsgefangenschaft** *f* captivité *f*; **in ~ geraten** se retrouver en captivité; **in russischer ~** prisonnier des Russes, en captivité chez les Russes **Kriegsgegner(in)** *m(f)* ❶ *(Pazifist)* pacifiste *mf*
❷ *(Feind)* adversaire *mf* **Kriegsgerät** *nt* matériel *m* de guerre **Kriegsgericht** *nt* conseil *m* de guerre, cour *f* martiale; **jdn vor ein ~ stellen** traduire qn en conseil de guerre [*o* en cour martiale] **Kriegsgewinnler(in)** <-s, -> *m(f) pej* profiteur(-euse) *m(f)* de guerre **Kriegsgott** *m*, **-göttin** *f* dieu *m*/déesse *f* de la guerre **Kriegsgräberfürsorge** *f* fondation *f* pour l'entretien des cimetières militaires **Kriegshafen** *m* MIL port *m* de guerre **Kriegshandlung** *f* acte *m* de guerre **Kriegsindustrie** *f* MIL, POL industrie *f* de guerre **Kriegsjahr** *nt* année *f* de guerre **Kriegskamerad** *m* compagnon *m* d'armes **Kriegslist** *f* ruse *f* de guerre, stratagème *m* **Kriegsmarine** *f* MIL marine *f* de guerre **Kriegsopfer** *nt* victime *f* de guerre **Kriegspfad** ▶ **auf dem ~ sein** *hum* être sur le sentier de la guerre **Kriegsrat** ▶ **~ halten** *hum* tenir un conseil de guerre **Kriegsrecht** *nt kein Pl* droit *m* de la guerre; **über etw** *(Akk)* **das ~ verhängen** proclamer la loi martiale dans qc **Kriegsschäden** *mpl* dommages *mpl* de guerre **Kriegsschauplatz** *m* zone *f* de combats **Kriegsschiff** *nt* navire *m* de guerre **Kriegsspiel** *m* ❶ SPIEL wargame *m* ❷ MIL simulation *f* de guerre **Kriegsspielzeug** *nt* jouet *m* guerrier **Kriegsstärke** *f* effectifs *mpl* de guerre **Kriegstanz** *m* danse *f* guerrière [*o* de guerre] **Kriegsteilnehmer(in)** *m(f)* combattant(e) *m(f)* **Kriegsverbrechen** *nt* crime *m* de guerre **Kriegsverbrecher(in)** *m(f)* criminel(le) *m(f)* de guerre **Kriegsverbrechertribunal** *nt* tribunal *m* [pour criminels] de guerre **Kriegsverletzung** *f* blessure *f* de guerre **kriegsversehrt** [-fɛɛzəːɐt] *s.* **kriegsbeschädigt** **Kriegsveteran(in)** *m(f)* MIL vétéran *m* **Kriegswirtschaft** *f* POL, ÖKON économie *f* de guerre **Kriegszeit** *f* période *f* de guerre; **während der ganzen ~** pendant toute la durée de la guerre; **in ~en** en temps de guerre **Kriegszustand** *m* **sich im ~ befinden** être en guerre
Krill [krɪl] <-[e]s, -e> *m* krill *m*
Krim [krɪm] <-> *f* la Crimée
Krimi ['krɪmi] <-s, -s> *m fam* polar *m (fam)*
Kriminalbeamte(r) *m dekl wie Adj*, **Kriminalbeamtin** *f* form fonctionnaire *mf* de la police judiciaire **Kriminalfall** *m* affaire *f* criminelle; **ein ungelöster ~** une affaire criminelle non élucidée **Kriminalfilm** *m* film *m* policier **Kriminalgeschichte** *f* histoire *f* policière
kriminalisieren* *tr V* ❶ *(als Verbrechen hinstellen)* faire un crime de, considérer comme un crime; **etw ~** faire un crime de qc, considérer qc comme un crime
❷ *(zur Kriminalität verleiten)* **jdn ~** pousser qn à la délinquance
Kriminalisierung [kriminali'ziːrʊŋ] <-> *f* criminalisation *f*
Kriminalist(in) [krimina'lɪst] <-en, -en> *m(f)* spécialiste *mf* des affaires criminelles; *(bei der Polizei)* agent *m* de la P.J.
Kriminalistik [krimina'lɪstɪk] <-> *f* criminalistique *f*
kriminalistisch I. *Adj* de détective
II. *Adv* **~ begabt sein** avoir des talents de détective
Kriminalität [kriminali'tɛːt] <-> *f* ❶ *(Straffälligkeit)* criminalité *f*, délinquance *f*; **organisierte ~** crime *m* organisé
❷ *(Kriminalitätsrate)* criminalité *f*
Kriminalkommissar(in) *m(f)* commissaire *mf* de police judiciaire **Kriminalmuseum** *nt* musée *m* du crime **Kriminalpolizei** *f* police *f* judiciaire **Kriminalpolizist(in)** *m(f)* agent *m* de la P.J. **Kriminalroman** *m* roman *m* policier **Kriminalstatistik** *f* statistiques *fpl* de la criminalité
kriminell [krimi'nɛl] *Adj* ❶ *(verbrecherisch)* criminel(le); **~ werden** sombrer dans la délinquance; **sein** être délinquant(e)
❷ *fam (gefährlich)* **~ werden/sein** devenir/être casse-gueule *(fam)*
Kriminelle(r) *f(m) dekl wie Adj* criminel(le) *m(f)*; **jugendliche ~** de jeunes délinquants
Kriminologe [krimino'loːgə] <-n, -n> *m*, **Kriminologin** *f* criminologue *mf*
Kriminologie [kriminolo'giː] <-> *f* criminologie *f*
Krimkrieg ['krɪm-] *m* HIST guerre *f* de Crimée
Krimskrams ['krɪmskrams] <-es> *m fam* fourbi *m (fam)*
Kringel ['krɪŋəl] <-s, -> *m* ❶ *(Schnörkel)* petit rond *m*
❷ *(Gebäck)* gâteau rond en forme d'anneau
kringeln *r V* **sich ~** *Haarsträhne*: frisotter; *Schwanz*: tire-bouchonner; *Hobelspäne*: friser
❷ *fam (sich winden)* **sich vor Lachen ~** se tordre de rire
Krinoline [krino'liːnə] <-, -n> *f* HIST crinoline *f*
Kripo ['kriːpo] <-, -s> *f fam Abk von* **Kriminalpolizei** P.J. *f*
Krippe ['krɪpə] <-, -n> *f* ❶ *(Futterkrippe)* mangeoire *f*
❷ *(Weihnachtskrippe, Kinderkrippe)* crèche *f*
Krippenplatz *m* place *f* de crèche **Krippenspiel** *nt* spectacle *m* de la nativité
Krise ['kriːzə] <-, -n> *f* crise *f*
kriseln ['kriːzəln] *itr V unpers fam* **es kriselt** ça va mal *(fam)*
krisenanfällig *Adj* sujet(te) aux crises **krisenfest** *Adj* sûr(e) **Krisengebiet** *nt* région *f* instable **Krisenherd** *m* poudrière *f* **Krisenmanagement** [-mænɪdʒmənt] *nt* gestion *f* de la crise **Krisenplan** *m* plan *m* d'urgence **Krisenstab** *m* cellule *f* de crise
Kristall¹ [krɪs'tal] <-s, -e> *m* MINER cristal *m*
Kristall² <-s> *nt* ❶ *(Glas)* cristal *m*
❷ *(Gegenstände)* cristaux *mpl*
Kristallbildung *f* CHEM cristallisation *f*
kristallen [krɪs'talən] *Adj* en cristal

Kritik äußern	
kritisieren, negativ bewerten	**critiquer, juger négativement**
Das gefällt mir gar nicht.	Cela ne me plaît pas du tout.
Das sieht aber nicht gut aus.	Ça n'a pas l'air très bien.
Das hätte man aber besser machen können.	On aurait pu mieux faire.
Dagegen lässt sich einiges sagen.	Il y a beaucoup de choses à redire à ce sujet.
Da habe ich so meine Bedenken.	J'ai des doutes.
missbilligen	**désapprouver**
Das kann ich nicht gutheißen.	Je ne peux pas approuver cela.
Das finde ich gar nicht gut von dir.	Je trouve que ce n'est pas bien du tout de ta part.
Da bin ich absolut dagegen.	Je m'y oppose totalement./Je suis tout à fait contre.

Kristallgitter nt PHYS, CHEM réseau m cristallin **Kristallglas** nt ① kein Pl (Glas) cristal m ② (Trinkglas) verre m en cristal
kristallin [krɪsta'liːn] Adj, **kristallinisch** Adj veraltet cristallin(e)
Kristallisation [krɪstaliza'tsioːn] <-, -en> f cristallisation f
kristallisieren* I. itr V [se] cristalliser; **zu etw** ~ [se] cristalliser en qc
II. r V geh **sich zu etw** ~ Idee, Gedanke: prendre corps et devenir qc
kristallklar Adj cristallin(e) **Kristallnacht** f die ~ NS la nuit de cristal **Kristallzucker** m sucre m cristallisé
Kriterium [kri'teːriʊm] <-s, -rien> nt critère m
Kritik [kri'tiːk, kri'tɪk] <-, -en> f ① kein Pl (Tadel, Beurteilung) critique f; **an jdm/etw** ~ **üben** critiquer qn/qc; **ohne jede** ~ sans la moindre critique; **sich der** ~ **stellen** s'exposer à la critique
② (Rezension) critique f; **gute/vernichtende** ~**en bekommen** avoir de bonnes critiques/des critiques désastreuses
▶ **unter aller** ~ **sein** fam être au-dessous de tout
Kritiker(in) ['kriːtike] <-s, -> m(f) ① (Rezensent) critique mf
② (Gegner) détracteur(-trice) m(f); **zu den** ~**n einer S.** (Gen) **gehören** faire partie de ceux qui critiquent qc
Kritikfähigkeit f kein Pl esprit m critique
kritiklos I. Adj Haltung dépourvu(e) d'esprit critique; Hinnehmen, Übernahme inconditionnel(le)
II. Adv sans le moindre esprit critique
kritisch ['kriːtɪʃ, 'krɪtɪʃ] I. Adj critique
II. Adv de façon critique
kritisieren* tr, itr V critiquer; **an jdm/etw etwas zu** ~ **haben** avoir quelque chose à reprocher à qn/à redire à qc
kritteln ['krɪtəln] itr V pej chicaner sur qc
Kritzelei [krɪtsə'laɪ] <-, -en> f fam ① kein Pl (das Kritzeln) griffonnage m; **lass diese** ~! arrête de griffonner!
② (Gekritzel) gribouillage m (fam)
kritzeln ['krɪtsəln] tr, itr V griffonner
Kroate [kro'aːtə] <-n, -n> m, **Kroatin** f Croate mf
Kroatien [kro'aːtsiən] <-s> nt la Croatie
kroatisch [kro'aːtɪʃ] I. Adj croate
II. Adv ~ **miteinander sprechen** discuter en croate; s. a. **deutsch**
Kroatisch <-[s]> nt kein Art (Sprache, Schulfach) croate m; **auf** ~ en croate; s. a. **Deutsch**
Kroatische nt dekl wie Adj **das** ~ le croate; s. a. **Deutsche**
kroch [krɔx] Imp von **kriechen**
Krokant [kro'kant] <-s> m ① (Masse) nougatine f
② (Praline) praline f
Krokette [kro'kɛtə] <-, -n> f croquette f
Kroko ['kroːko] <-s> nt fam croco m (fam)
Krokodil [kroko'diːl] <-s, -e> nt crocodile m
Krokodilleder nt crocodile m
Krokodilstränen Pl ▶ ~ **weinen** [o **vergießen**] fam verser des larmes de crocodile (fam)
Krokus [kroːkʊs] <-, -o -se> m crocus m
Krone ['kroːnə] <-, -n> f (Kopfschmuck, Herrscherhaus) couronne f; **die britische/spanische** ~ la couronne anglaise/espagnole
▶ **die** ~ **der Schöpfung** hum le roi de la création (hum); **einer S.** (Dat) **die** ~ **aufsetzen** venir [véritablement] couronner qc; **einen in der** ~ **haben** fam avoir un verre dans le nez (fam)
krönen ['krøːnən] tr V ① (inthronisieren) couronner; **jdn zum Kaiser/König** ~ couronner qn empereur/roi
② (abschließen) etw ~ Dach, Kuppel: couronner qc
③ (Höhepunkt sein) **etw** ~ être le couronnement de qc
Kron[en]korken m capsule f

Kronkolonie f colonie f de la couronne **Kronleuchter** m lustre m **Kronprinz** m, -**prinzessin** f prince m héritier/ princesse f héritière
Krönung ['krøːnʊŋ] <-, -en> f couronnement m
Kronzeuge m, -**zeugin** f témoin m principal; ~ **sein** être témoin principal; **als** ~ **auftreten** déposer en qualité de témoin principal
Kronzeugenregelung f réglementation sur les criminels repentis
Kropf [krɔpf, Pl: 'krœpfə] <-[e]s, Kröpfe> m ① MED goitre m
② ZOOL jabot m
▶ **so unnötig** [o **überflüssig**] **wie ein** ~ **sein** fam servir strictement à rien (fam)
Kroppzeug ['krɔp-] nt kein Pl NDEUTSCH pej sl racaille f
kross[RR], **kroß**[ALT] NDEUTSCH I. Adj croustillant(e)
II. Adv ~ **gebacken** croustillant(e); ~ **gebraten** bien rissolé(e)
Krösus ['krøːzʊs] <-, -se> m HIST Crésus m
▶ **kein** ~ **sein** ne pas être Crésus
Kröte ['krøːtə] <-, -n> f ① ZOOL crapaud m
② Pl sl (Geld) fric m (fam)
③ fam (ungezogenes Kind) garnement m
▶ **eine** ~ /**viele** ~**n schlucken müssen** devoir avaler la pilule/ des couleuvres
Krs. ADMIN Abk von **Kreis** dist.
Krücke ['krʏkə] <-, -n> f ① (Stock) béquille f; **an** ~**n** (Dat) **gehen** marcher avec des béquilles
② sl (Nichtskönner) branleur(-euse) m(f) (pop)
③ fam (Gerät) [vieux] rossignol m (fam); (Fahrzeug) [vieux] clou m (fam)
Krückstock m canne f
Krug [kruːk, Pl: 'kryːgə] <-[e]s, Krüge> m ① (Gefäß) cruche f; (zum Trinken) chope f
② NDEUTSCH (Wirtschaft) auberge f
▶ **der** ~ **geht so lange zum Brunnen, bis er bricht** Spr. tant va la cruche à l'eau qu'à la fin elle se casse
Krume ['kruːmə] <-, -n> f ① (Krümel) miette f
② (Ackerkrume) terre f arable
Krümel ['kryːməl] <-s, -> m ① (Brösel) miette f
② DIAL fam (kleines Kind) [petit] bout m de chou (fam)
krümelig Adj qui s'émiette
krümeln itr V ① (Krümel machen) faire des miettes
② (zerfallen) Brot, Kuchen: s'émietter
krümlig Adj s. **krümelig**
krumm [krʊm] I. Adj ① (nicht gerade) tordu(e); Nase crochu(e); Rücken, Schultern voûté(e)
② pej fam (unaufrichtig) malhonnête
③ (nicht rund) Zahl, Betrag, Summe tordu(e) (fam)
II. Adv gehen, sitzen, stehen le dos voûté; wachsen de travers; **etw** ~ **biegen** tordre qc; **die Beine/den Rücken** ~ **machen** plier les jambes/le dos
▶ **sich** ~ **und schief lachen** fam être écroulé(e) de rire (fam)
krummbeinig Adj Person aux jambes torses; Tier aux pattes torses
krümmen ['krʏmən] I. tr V ① (biegen) courber Rücken, Schwanz; plier Finger, Schultern; replier Hand
② GEOM, PHYS **gekrümmt** Fläche, Oberfläche incurvé(e)
II. r V **sich** ~ ① (eine Biegung machen) s'incurver; Straße: faire une courbe; Fluss: faire un coude
② (sich beugen) Ast, Baumstamm: se courber; Pappe: se replier; **sich unter der Last** ~ plier sous le poids
③ (sich winden) Person, Tier: se tordre; **sich** ~ **vor Lachen** se tordre de rire
Krümmer <-s, -> m AUT raccord m coudé

krumm|lachen *r V fam* **sich ~** se tordre [de rire]; **sie lachte sich über ihn/das Foto krumm** il/la photo la faisait tordre de rire *(fam)*
krumm|legen *r V fig fam* **sich ~** se défoncer *(fam)*
krummnasig *Adj* au nez crochu
krumm|nehmen *tr V unreg fam (übel)* [jdm] etw ~ prendre qc [de qn] de travers *(fam)*; **jdm ~, dass** en vouloir à qn de ce que + *subj*
Krummsäbel *m* cimeterre *m* **Krummstab** *m* crosse *f*
Krümmung ['krymʊŋ] <-, -en> *f* ❶ *(Biegung)* courbe *f*; *eines Flusses* coude *m*
❷ ANAT, MED *eines Fingers* rétraction *f*; *der Wirbelsäule* courbure *f*
❸ GEOM, PHYS courbure *f*
Kruppe ['krʊpə] <-, -n> *f* croupe *f*
Krüppel ['krypəl] <-s, -> *m* estropié(e) *m(f)*; **jdn zum ~ schlagen** estropier qn en le rouant de coups
krüpp[e]lig *Adj* rabougri(e)
Kruste ['krʊstə] <-, -n> *f* croûte *f*
krustig ['krʊstɪç] *Adj* MED croûteux(-euse)
Kruzifix ['kru:tsifɪks, krutsi'fɪks] <-es, -e> *nt* crucifix *m*
Kruzitürken [krutsi'tyrkən] *Interj fam* bon sang [de bon sang] *(fam)*
Krypta ['krypta] <-, Krypten> *f* crypte *f*
Krypton ['krypton] <-s> *nt* krypton *m*
KSZE [ka:?ɛstsɛt'?e:] <-> *f Abk von* **Konferenz über Sicherheit und Zusammenarbeit in Europa** C.S.C.E. *f*
Kuba ['ku:ba] <-s> *nt* Cuba; *nach* ~ à Cuba
Kubaner(in) [ku'ba:ne] <-s, -> *m(f)* Cubain(e) *m(f)*
kubanisch *Adj* cubain(e)
Kübel ['ky:bəl] <-s, -> *m* ❶ *(Eimer)* seau *m*
❷ *(Pflanzkübel)* jardinière *f*
▶ **es regnet wie aus** [*o mit*] ~n *fam* il pleut des cordes
Kuben *Pl von* **Kubus**
Kubikmeter [ku'bi:k-] *o nt* mètre *m* cube **Kubikwurzel** *f* MATH racine *f* cubique **Kubikzahl** *f* MATH cube *m* **Kubikzentimeter** *m o nt* centimètre *m* cube
kubisch ['ku:bɪʃ] *Adj* cubique
Kubismus [ku'bɪsmʊs] <-> *m* KUNST cubisme *m*
Kubist(in) <-en, -en> *m(f)* KUNST cubiste *mf*
kubistisch *Adj* KUNST cubiste
Kubus ['ku:bʊs] <-, Kuben *o* -> *m geh* cube *m*
Küche ['kyçə] <-, -n> *f* cuisine *f*; **gutbürgerliche ~** cuisine bourgeoise; **[es gibt nur] kalte/warme ~** [on ne sert que] des repas *mpl* froids/chauds
Kuchen ['ku:xən] <-s, -> *m* gâteau *m*; **einen ~ backen** faire un gâteau
▶ **backe, backe ~** allez, au four le gâteau *(début d'une chanson pour les enfants)*
Küchenabfälle *Pl* épluchures *fpl*
Küchenblech *nt* plaque *f* [à pâtisserie]
Küchenbulle *m* MIL *sl* cuistot *m (fam)* **Küchenchef(in)** [-ʃɛf] *m(f)* chef *mf* [de cuisine]
Kuchenform *f* moule *m* à gâteau[x] **Kuchengabel** *f* fourchette *f* à gâteaux
Küchengerät *nt* ustensile *m* de cuisine **Küchenhandtuch** *nt* essuie-mains *m* **Küchenmaschine** *f* robot *m* **Küchenmesser** *nt* couteau *m* de cuisine **Küchenpapier** *nt* essuie-tout *m inv* **Küchenpersonal** *nt* personnel *m* de cuisine **Küchenrolle** *f* rouleau *m* essuie-tout **Küchenschabe** *f* cafard *m* **Küchenschelle** *f* BOT pulsatile *f* **Küchenschrank** *m* buffet *m* de cuisine
Kuchenteig *m* pâte *f* à gâteau
Küchenuhr *f (Wanduhr)* pendule *f* de cuisine; *(Küchenwecker)* minuteur *m* **Küchenwaage** *f* balance *f* [de cuisine]
Küchlein <-s, -> *nt* ❶ *Dim von* **Kuchen** petit gâteau *m*
❷ *veraltet (Küken)* poussin *m*
Kücken ['kʏkən] <-s, -> *nt s.* **Küken**
kucken *itr V* NDEUTSCH *fam* regarder
kuckuck ['kʊkʊk] *Interj* ❶ coucou
❷ *fam (hallo)* coucou *(fam)*
Kuckuck <-s, -e> *m* ❶ ORN coucou *m*
❷ *fam (Pfandsiegel)* scellés *mpl*
▶ **geh** [*o scher dich*] **zum ~!** *fam* va te faire voir! *(fam)*, **hol's der ~!** *fam*, **zum** [*noch mal*]**!** *fam* et zut! *(fam)*, **weiß der ~ |, ...|!** *fam* [...], mystère et boule de gomme! *(fam)*
Kuckucksei *nt* ❶ ORN œuf *m* de coucou ❷ *fam (unangenehme Überraschung)* cadeau *m* empoisonné ❸ *fam (Kind)* bâtard *m*
Kuckucksuhr *f* coucou *m*
Kuddelmuddel ['kʊdəlmʊdəl] <-s> *m o nt fam* foutoir *m (fam)*
Kufe ['ku:fə] <-, -n> *f eines Schlittens, Flugzeugs* patin *m*; *eines Schlittschuhs* lame *f*
Küfer(in) ['ky:fɐ] <-s, -> *m(f)* ❶ SDEUTSCH *s.* **Böttcher**
❷ *s.* **Weinküfer**
Kugel ['ku:gəl] <-, -n> *f* ❶ *(runder Gegenstand)* boule *f*
❷ GEOM sphère *f*

❸ SPORT poids *m*
❹ *(Kegelkugel)* boule *f*
❺ *(Geschoss)* balle *f*; *(Kanonenkugel)* boulet *m*; **sich** *(Dat)* **eine ~ durch den Kopf jagen** se tirer une balle dans la tête
▶ **eine ruhige ~ schieben** *fam* se la couler douce *(fam)*
Kugelblitz *m* éclair *m* en boule
Kügelchen ['ky:gəlçən] <-s, -> *nt Dim von* **Kugel** *(Papierkügelchen)* boulette *f*; *(Tonkügelchen)* bille *f*
Kugelfang *m* ❶ *(Vorrichtung)* pare-balles *m* ❷ *(Person)* bouclier *m*
kugelförmig [-fœrmɪç] *Adj* sphérique **Kugelgelenk** *nt* ❶ ANAT énarthrose *f* ❷ TECH rotule *f* **Kugelhagel** *m* grêle *f* de balles
kugelig ['ku:gəlɪç] *s.* **kugelförmig**
Kugelkopf *m* TYP boule *f* **Kugelkopf[schreib]maschine** *f* machine *f* [à écrire] à boule **Kugellager** *nt* roulement *m* à billes
kugeln ['ku:gəln] *itr V + sein* rouler
▶ **zum Kugeln sein** *fam* être tordant(e) *(fam)*
kugelrund *Adj* ❶ *(kugelförmig)* sphérique ❷ *fam (dick)* rondouillard(e) *(fam)* **Kugelschreiber** *m* stylo *m* [à] bille **kugelsicher** *Adj* pare-balles; ~ **sein** être à l'épreuve des balles **Kugelstoßen** <-s> *nt* lancer *m* du poids **Kugelstoßer(in)** <-s, -> *m(f)* lanceur(-euse) *m(f)* de poids
Kuh [ku:, *Pl:* ky:ə] <-, Kühe> *f* ❶ vache *f*
❷ *(Rehkuh, Elefantenkuh)* femelle *f*
❸ *fam (Schimpfwort)* **eine blöde** [*o* **dumme**] ~ une connasse *(pop)*
▶ **dastehen wie die ~ vorm Scheunentor** *fam* avoir l'air d'une vache qui regarde passer un train *(fam)*; **heilige ~** REL vache *f* sacrée; *(etwas Unantastbares)* chose *f* taboue
Kuhdorf *nt pej fam* bled *m* [paumé] *(fam)* **Kuhfladen** *m* bouse *f* de vache **Kuhglocke** *f* sonnaille *f* **Kuhhandel** *m pej fam* marchandage *m* **Kuhhaut** *f* cuir *m* de vache ▶ **das geht auf keine ~** *fam* c'est pas croyable *(fam)* **Kuhherde** *f* troupeau *m* de vaches **Kuhhirt[e]** *m*, **-hirtin** *f* vacher(-ère) *m(f)*
kühl [ky:l] **I.** *Adj* ❶ *(kalt)* frais(fraîche); **jdm wird/ist [es] ~ qn** commence à avoir/a froid; **es wird/ist ~** ça se rafraîchit/il fait frais; **bei ~er Lagerung** au frais
❷ *(reserviert)* froid(e); **mit ~er Stimme** d'un ton froid; **zu jdm ~ sein** se montrer froid(e) envers qn
II. *Adv* ❶ *(kalt)* lagern au frais; servieren frais(fraîche)
❷ *(reserviert)* avec froideur; empfangen fraîchement
Kühlanlage *f* installation *f* frigorifique **Kühlbox** *f (Kühltasche)* glacière *f*; *(kleinerer Behälter)* boîte *f* isotherme
Kuhle ['ku:lə] <-, -n> *f* cuvette *f*
Kühle ['ky:lə] <-> *f* ❶ *(Kälte)* fraîcheur *f*
❷ *(Reserviertheit)* froideur *f*
kühlen ['ky:lən] **I.** *tr V* rafraîchir *Getränk*; réfrigérer *Fisch, Blutkonserve*; **gekühlte Getränke** des boissons *fpl* fraîches
II. *itr V* rafraîchir
Kühler <-s, -> *m* ❶ *eines Fahrzeugs* radiateur *m*; *(Kühlerhaube)* capot *m*; **er ist mir vor den ~ gerannt** [*o* **gelaufen**] *fam* il a déboulé juste devant mon capot
❷ *(Sektkühler)* seau *m* à champagne
Kühlerfigur *f* emblème *m* du bouchon de radiateur **Kühlergrill** *m* AUT grille *f* de radiateur **Kühlerhaube** *f* capot *m*
Kühlflüssigkeit *f* TECH liquide *m* de refroidissement **Kühlgut** *nt kein Pl* COM produits *mpl* réfrigérés **Kühlhaus** *nt* entrepôt *m* frigorifique; *(Kühlkammer)* chambre *f* froide **Kühlkreislauf** *m eines Reaktors* circuit *m* de refroidissement **Kühlmittel** *nt eines Motors* liquide *m* de refroidissement; *eines Reaktors* [fluide *m*] caloporteur *m* **Kühlraum** *m* chambre *f* froide **Kühlrippe** *f* TECH ailette *f* **Kühlschiff** *nt* bateau *m* frigorifique **Kühlschlange** *f* TECH serpentin *m* réfrigérant **Kühlschrank** *m* réfrigérateur *m*, frigidaire® *m* **Kühltasche** *f* glacière *f* **Kühltruhe** *f* congélateur *m* bahut **Kühlturm** *m* tour *f* de réfrigération
Kühlung <-, -en> *f* ❶ *kein Pl (das Kühlen) eines Motors* refroidissement *m*; *von Getränken* réfrigération *f*
❷ *geh (Erfrischung)* rafraîchissement *m*
Kühlwagen *m* ❶ *(Kühlwaggon)* wagon *m* frigorifique ❷ *(Lkw)* camion *m* frigorifique **Kühlwasser** *nt kein Pl* eau *f* de refroidissement
Kuhmilch *f* lait *m* de vache **Kuhmist** *m* fumier *m* de vache
kühn [ky:n] **I.** *Adj* ❶ *(gewagt)* audacieux(-euse)
❷ *(wagemutig) Held, Ritter* téméraire; *Tat* audacieux(-euse); ~ **sein** avoir de l'audace
II. *Adv* ❶ *(frech)* ~ **behaupten, dass** avoir l'audace de prétendre que + *indic*; **~ formulieren sein** être osé(e)
❷ *(ausgeprägt) geschwungen* hardiment
Kühnheit <-, -en> *f* ❶ *kein Pl (Wagemut)* audace *f*, hardiesse *f*
❷ *(Tat)* témérité *f*; *(Dreistigkeit)* audace *f*
Kuhstall *m* étable *f*
kujonieren* *tr V pej fam* faire des tracasseries à
k.u.k. ['ka:?ʊnt'ka:] *Abk von* **kaiserlich und königlich** austro-hongrois

Küken ['ky:kən] <-s, -> nt ❶ *(junges Huhn)* poussin m
❷ *fam (Nesthäkchen)* petit dernier m/petite dernière f *(fam)*
Ku-Klux-Klan <-s> m Ku Klux Klan m
Kukuruz ['ku:kurʊts, 'kʊkurʊts] <-[es]> m A maïs m
kulant [ku'lant] *Adj Geschäftsmann* arrangeant(e); *Verhalten* accommodant(e); ~e **Zahlungsbedingungen** des facilités *fpl* de paiement; **das war ~ von ihm** c'était prévenant(e) de sa part
Kulanz [ku'lants] <-> f obligeance f; **auf** [o **aus**] ~ gracieusement
Kuli ['ku:li] <-s, -s> m ❶ *fam (Stift)* stylo m *(fam)*, bic® m *(fam)*
❷ *(Lohnarbeiter)* coolie m
❸ *fam (Knecht)* larbin m *(fam)*
kulinarisch [kuli'na:rɪʃ] *Adj* culinaire; *Genuss* gastronomique
Kulisse [ku'lɪsə] <-, -n> f a. fig décor m
▶ **hinter die ~n blicken** [o **schauen**] pénétrer dans les coulisses; **nur ~ sein** *pej fam* être juste pour la galerie *(fam)*; **hinter den ~n** dans les coulisses
Kulleraugen *Pl fam* grands yeux *mpl* tout ronds
kullern ['kʊlɐn] *itr V* + *sein fam* rouler
Kulmination [kʊlmina'tsio:n] <-, -en> f ❶ ASTRON culmination f
❷ *einer Karriere* apogée m
kulminieren* *itr V geh* **in etw** *(Dat)* ~ atteindre son paroxysme dans qc *(soutenu)*
Kult [kʊlt] <-[e]s, -e> m culte m; **einen ~ mit jdm/etw treiben** vouer un culte à qn/qc
Kultbild nt image f sacrée **Kultfigur** f personnage-culte m **Kultfilm** m film-culte m **Kultgegenstand** m objet-culte m **Kulthandlung** f rite m
kultisch *Adj* cultuel(le); *Gerät* de culte
kultivieren* [-'vi:-] *tr V (pflegen, anbauen)* cultiver
kultiviert [kʊlti'vi:ɐt] I. *Adj* raffiné(e); *Benehmen* distingué(e)
II. *Adv essen* de façon raffinée; *sich benehmen* avec distinction
Kultivierung [-'vi:-] <-, -en> f ❶ *(Urbarmachung)* mise f en culture
❷ *geh (Anbau)* culture f
Kultobjekt nt objet-culte m **Kultserie** f série f culte **Kultstätte** f lieu m de culte
Kultur [kʊl'tu:ɐ] <-, -en> f ❶ *(Zivilisationsform)* civilisation f; **die ~ der Antike** la culture gréco-latine
❷ *kein Pl (kulturelles Niveau)* degré m de civilisation; **die politische ~** les mœurs *fpl* politiques; **~/keine ~ haben** avoir de la/manquer de distinction
❸ HORT plantation f
❹ BIO culture f
Kulturabkommen nt accord m culturel **Kulturamt** nt office m de la culture **Kulturattaché** [-ataʃe:] m attaché(e) m(f) culturel(le) **Kulturaustausch** m échange m culturel **Kulturbanause** m, **-banausin** f *pej fam* béotien(ne) m(f) **Kulturbeutel** m trousse f de toilette **Kulturdenkmal** nt monument m historique
kulturell [kʊltu'rɛl] I. *Adj* culturel(le)
II. *Adv* d'un point de vue culturel
Kulturfilm m [film m] documentaire m **Kulturgeschichte** f *kein Pl* histoire f de la civilisation **kulturgeschichtlich** I. *Adj* historico-culturel(le) II. *Adv* d'un point de vue historico-culturel **Kulturgut** nt élément m du patrimoine [historique] **Kulturhauptstadt** f capitale f de la culture **kulturhistorisch** s. **kulturgeschichtlich Kulturhoheit** f *kein Pl* souveraineté f dans le domaine culturel **Kulturkreis** m milieu m culturel **Kulturkritik** *kein Pl* f critique f de la civilisation actuelle **Kulturlandschaft** f campagne f cultivée **Kulturleben** nt *kein Pl* vie f culturelle **kulturlos** *Adj* inculte **Kulturpflanze** f plante f cultivée **Kulturpolitik** f politique f culturelle **kulturpolitisch** I. *Adj Ausschuss* des affaires culturelles; *Gesichtspunkt, Kriterien* politico-culturel(le)
II. *Adv bedeutsam, interessant* en matière de politique culturelle **Kulturrevolution** f révolution f culturelle **Kulturschande** f *fam* honte f pour une société civilisée **Kulturschock** m choc m culturel **kulturspezifisch** *Adj inv* spécifique [o propre] à la culture **Kulturstufe** f niveau m culturel **Kulturtechnik** f acquis m culturel **Kulturvolk** nt peuple m civilisé **Kulturzentrum** nt centre m culturel
Kultusgemeinde ['kʊltʊs-] f communauté f [de culte] **Kultusminister(in)** m(f) ≈ ministre mf de l'Éducation et des Affaires culturelles [d'un land] **Kultusministerium** nt ≈ ministère m de l'Éducation et de la Culture [d'un land]
Kumarin [kuma'ri:n] <-s> nt coumarine f
Kümmel ['kʏməl] <-s, -> m ❶ *(Pflanze, Gewürz)* cumin m
❷ *(Schnaps)* kummel m
Kummer ['kʊmɐ] <-s> m ❶ *(Betrübtheit)* chagrin m
❷ *(Unannehmlichkeiten)* soucis *mpl*; **~ haben** avoir des soucis; **jdm ~ machen** [o **bereiten**] causer du souci à qn
▶ **~ gewöhnt sein** *fam* avoir l'habitude des embêtements *(fam)*
Kummerkastentante f *fam* préposée f au courrier du cœur
kümmerlich ['kʏmɐlɪç] I. *Adj* ❶ *(dürftig) Ausbeute, Ergebnis, Rest*

maigre *antéposé*; *Gehalt, Rente* misérable; *Aufsatz, Leistung* lamentable; **eine ~e Mahlzeit** un maigre repas
❷ *(schwächlich) Baum, Pflanze* chétif(-ive), rabougri(e)
II. *Adv leben, sich ernähren* chichement
Kümmerling <-s, -e> m *pej fam* avorton m *(péj)*
kümmern ['kʏmɐn] I. *tr V* concerner; **was kümmert ihn das?** en quoi ça le concerne [o regarde]?; **das hat ihn nicht zu ~** ça ne le regarde pas
II. *itr V Baum, Pflanze:* végéter
III. *r V* ❶ **sich um jdn/etw ~** s'occuper de qn/qc; **sich darum ~, dass** veiller à ce que + *subj*; **kümmere dich um deine Angelegenheiten!** occupe-toi de tes affaires! *(fam)*
❷ *(achten auf)* **sich um etw nicht ~** ne pas s'occuper de qc; **sich nicht darum ~, was ...** ne pas se [pré]occuper de savoir ce qui ...
Kümmernis <-ses, -se> *nt geh* affliction f *(littér)*
Kummerspeck m hum fam kilos *mpl* dus au stress; **~ ansetzen** engraisser [par frustration] **kummervoll** *Adj geh* chagrin(e)
Kumpan(in) [kʊm'pa:n] <-s, -e> m(f) *fam* ❶ *(Kamerad)* copain m/copine f *(fam)*
❷ *pej (Komplize)* acolyte m *(péj)*
Kumpel ['kʊmpəl] <-s, -> m ❶ MIN gueule f noire
❷ *fam (Kamerad)* pote m f *(fam)*
Kumulation [kumula'tsio:n] <-, -en> f ❶ MED, ÖKOL accumulation f
❷ JUR cumul m
kumulieren I. *r V* **sich ~** *Schadstoffe:* s'accumuler
II. *tr V* POL cumuler; **mehrere Stimmen auf jdn ~** cumuler plusieurs voix sur qn
Kumulierung <-, -en> f accumulation f
Kumuluswolke ['ku:mulʊs-] f cumulus m
kündbar ['kʏntba:ɐ] *Adj* ❶ *Angestellter, Mieter* congédiable; **~ sein** pouvoir être congédié(e); **nicht ~ sein** *Beamter:* ne pas être révocable
❷ *(beendbar) Arbeitsverhältnis, Vertrag* résiliable
Kunde ['kʊndə] <-> f veraltet geh nouvelle f; **von etw ~ geben** [o **ablegen**] témoigner de qc; **von etw ~ erhalten** être informé(e) de qc
Kunde <-n, -n> m, **Kundin** f ❶ client(e) m(f)
❷ *pej fam (Kerl)* lascar m *(fam)*; **ein gerissener ~** un [sacré] roublard *(fam)*
▶ **hier ist der ~ König** ici, le client est roi
künden ['kʏndən] I. *tr V* ❶ *geh* présager *(soutenu) Schlimmes, Unglück*
❷ CH s. **kündigen**
II. *itr V geh* **von etw ~** témoigner de qc
Kundenberatung f conseil-client m **Kundenbindung** f *kein Pl* ❶ *(Stärkung der Kundentreue)* fidélisation f [client] ❷ *(Treue der Kundschaft)* fidélité f **Kundendienst** m service m après-vente **Kundenfang** m *pej kein Pl* retape f *(fam)*; **auf ~ gehen** faire de la retape *(fam)* **Kundenfeedback** nt feed-back m d'un/du client **Kundenkarte** f carte f de fidélité **Kundenkredit** m ÖKON crédit m à un client **Kundenkreis** m clientèle f
Kundenstamm m clientèle f fidèle **Kundenstock** A s. **Kundenkreis Kundenwerbung** f prospection f
kund|geben *tr V unreg geh* faire connaître *Meinung*; révéler *Absichten*; **[jdm] seine Meinung ~** faire connaître son opinion [à qn]; **[jdm] seine Absichten ~** révéler ses intentions [à qn]
Kundgebung <-, -en> f manifestation f
kundig *Adj geh* compétent(e); **des Französischen ~ sein** être versé(e) en français *(soutenu)*
kündigen ['kʏndɪgən] I. *tr V* ❶ *(aufgeben)* démissionner de *Stellung, Job*
❷ *(entlassen)* licencier *Mitarbeiter*
❸ *(beenden)* résilier *Versicherung, Vertrag*
❹ *(das Mietverhältnis beenden)* **die** [o **seine**] **Wohnung ~** résilier son bail; **jdm [die Wohnung] ~** donner congé à qn
❺ *fig* **jdm die Freundschaft ~** retirer son amitié à qn
❻ FIN suspendre *Kredit*; donner un avis de retrait de *Spareinlage*; **ihm wurde der Kredit gekündigt** on lui a retiré son crédit
II. *itr V* ❶ *(weggehen) Arbeitnehmer:* démissionner; **bei einem Unternehmen ~** donner sa démission à une entreprise
❷ *(das Arbeits-, Mietverhältnis beenden)* **jdm ~** *Arbeitgeber, Firma:* licencier qn; *Vermieter:* donner congé à qn
Kündigung <-, -en> f ❶ *einer Versicherung, eines Vertrags, Geschäftsanteils* résiliation f; *einer Spareinlage* avis m de retrait; *eines Kredits* suspension f; **die ~ einer Mietwohnung** la résiliation d'un bail
❷ *(Entlassung)* licenciement m; **jdm die ~ aussprechen** donner à qn son préavis [de licenciement]
❸ *(Weggang, Kündigungsschreiben) eines Arbeitnehmers* démission f
❹ *(Entlassungsschreiben)* lettre f de licenciement
❺ *(Kündigungsfrist)* **halbjährliche ~** préavis m de six mois
Kündigungsfrist f *eines Arbeits-, Mietvertrags* délai m de préavis,

délai-congé *m; eines Abonnements* délai de résiliation; *eines Sparbuchs* délai de clôture **Kündigungsgrund** *m* motif *m* de licenciement **Kündigungsklausel** *f* clause *f* de rupture du contrat *m* **Kündigungsschreiben** *nt* lettre *f* de licenciement **Kündigungsschutz** *m* protection *f* contre les licenciements abusifs
Kundin *s.* **Kunde**
Kundmachung <-, -en> *f* A *(Verlautbarung)* communiqué *m*
Kundschaft <-, -en> *f* ❶ *(Kundenkreis)* clientèle *f*
❷ *(Kunden)* **es ist ~/wenig ~ im Geschäft** il y a des clients/peu de clients dans le magasin
Kundschafter(in) <-s, -> *m(f) veraltet* éclaireur(-euse) *m(f)*
kund|tun *tr V unreg veraltet geh* révéler *Wunsch, Tat;* **jdm seine Ankunft ~** faire connaître son arrivée à qn
künftig ['kʏnftɪç] **I.** *Adj (zukünftig, kommend)* futur(e) antéposé; **seine ~e Frau** sa future femme
II. *Adv* à l'avenir
Kungelei [kʊŋə'laɪ] <-, -en> *f pej fam* magouillage *m (fam),* magouilles *fpl (fam)*
kungeln ['kʊŋəln] *itr V pej fam* **mit jdm/um etw ~** magouiller avec qn/pour obtenir qc *(fam)*
Kung-Fu [kʊŋ'fuː] <-[s]> *nt* SPORT kung-fu *m*
Kunst [kʊnst, *Pl:* 'kʏnstə] <-, Künste> *f* ❶ KUNST art *m;* **die bildende ~** les arts plastiques; **die schönen Künste** les beaux-arts
❷ *(Kunstwerke)* **~ sammeln** collectionner des œuvres *fpl* d'art
❸ *kein Pl (Schulfach)* arts *mpl* plastiques
❹ *(Fertigkeit)* art *m;* **seine ~ an etw** *(Dat)* **versuchen** s'essayer à qc
▶ **mit seiner ~ am Ende sein** ne plus savoir quoi faire; **von brotlose ~ sein** *fam* ne pas nourrir son homme; **die schwarze ~** la magie noire; **das ist keine ~!** *fam* c'est pas [bien] sorcier! *(fam);* **was macht die ~?** *fam* comment va le boulot? *(fam)*
Kunstakademie *f* école *f* des beaux-arts **Kunstausstellung** *f* exposition *f* d'art **Kunstbanause** *m,* **-banausin** *f pej* béotien(ne) *m(f) (péj)*
Kunstdarm *m* boyau *m* artificiel
Kunstdenkmal *nt* monument *m* [d'art] **Kunstdruck** <-druck-e> *m* reproduction *f*
Kunstdünger *m* engrais *m* chimique **Kunsteisbahn** *f* patinoire *f* [artificielle]
Kunsterzieher(in) *m(f) form* professeur *mf* d'arts plastiques **Kunsterziehung** *f form* enseignement *m* artistique
Kunstfaser *f* fibre *f* synthétique
Kunstfehler *m* erreur *f* médicale **kunstfertig I.** *Adj geh* adroit(e); **~ sein** avoir une grande habileté **II.** *Adv* avec habileté **Kunstfertigkeit** *f geh* habileté *f* **Kunstflug** *m* acrobatie *f* aérienne **Kunstform** *f* forme *f* d'art **Kunstfreund(in)** *m(f)* amateur *m* d'art; **sie ist ~in** elle est amateur d'art **Kunstgalerie** *f* galerie *f* d'art **Kunstgegenstand** *m* objet *m* d'art **kunstgerecht I.** *Adj Verband, Ausführung* fait(e) dans les règles de l'art; *Versorgung* approprié(e) **II.** *Adv ausführen, erfolgen* selon les règles de l'art **Kunstgeschichte** *f* histoire *f* de l'art **Kunstgewerbe** *nt* ❶ KUNST arts *mpl* décoratifs ❷ *(Gegenstände)* produits *mpl* d'artisanat *[o* artisanaux] **kunstgewerblich** *Adj* artisanal(e), d'artisanat **Kunstgriff** *m* astuce *f; pej artifice m* **Kunsthalle** *f* galerie *f* d'art **Kunsthandel** *m* commerce *m* d'objets d'art **Kunsthändler(in)** *m(f)* marchand(e) *m(f)* d'objets d'art **Kunsthandlung** *f* magasin *m* d'objets d'art **Kunsthandwerk** *nt* artisanat *m* d'art **Kunstharz** *nt* TECH résine *f* synthétique **Kunstherz** *nt* cœur *m* artificiel
Kunsthistoriker(in) *m(f)* historien(ne) *m(f)* d'art **kunsthistorisch I.** *Adj Werk, Museum* d'histoire de l'art; *Bedeutung, Interesse* historico-culturel(le) **II.** *Adv bedeutend, interessant* du point de vue de l'histoire de l'art; *interessiert* par l'histoire de l'art
Kunsthonig *m* miel *m* artificiel
Kunstkenner(in) *m(f)* amateur *m* d'art; **sie ist ~in** elle est amateur d'art **Kunstkritiker(in)** *m(f)* critique *mf* d'art
Kunstleder *nt* similicuir *m,* skaï *m*
Kunstlehrer(in) *m(f)* professeur *mf* d'arts plastiques
Künstler(in) ['kʏnstlɐ] <-s, -> *m(f)* ❶ [**bildender**] **~** artiste *mf;* **freischaffender ~** artiste indépendant(e)
❷ *(Könner)* expert(e) *m(f)*
künstlerisch ['kʏnstlərɪʃ] **I.** *Adj Arbeit* d'artiste; *Erzeugnis, Gegenstand* d'art; *Begabung, Aussage* artistique
II. *Adv bedeutend, wertvoll* du point de vue artistique; *veranlagt, begabt* artistiquement
Künstlerkolonie *f* colonie *f* d'artistes **Künstlername** *m* nom *m* d'artiste **Künstlerpech** *nt hum fam* manque *m* de pot [*o* de bol] *(fam)*
künstlich I. *Adj* ❶ *Beleuchtung, Hügel, See* artificiel(le); *Fingernägel, Wimpern, Diamant* faux[fausse)
❷ MED *Befruchtung, Ernährung, Auge* artificiel(le)
❸ *(gekünstelt) Erregung, Heiterkeit* factice; **~ klingen** *Lachen:* sonner faux

II. *Adv* artificiellement; *herstellen* industriellement
▶ **sich ~ aufregen** *fam* s'exciter à vide
Kunstlicht *nt* lumière *f* artificielle
Kunstliebhaber(in) *m(f)* amateur(-trice) *m(f)* d'art **Kunstlied** *nt* lied *m*
kunstlos *Adj* sans art
Kunstmaler(in) *m(f) form* artiste *mf* peintre **Kunstmarkt** *m* marché *m* de l'art **Kunstmuseum** *nt* musée *m* d'art **Kunstpause** *f* pause *f* calculée
Kunstrasen *m* gazon *m* artificiel; **auf ~ Fußball spielen** jouer au football sur de la pelouse artificielle
Kunstreiter(in) *m(f)* écuyer(-ère) *m(f)* **Kunstrichtung** *f* mouvement *m* artistique **Kunstsammlung** *f* collection *f* d'objets d'art **Kunstschätze** *Pl* trésors *mpl* artistiques
Kunstschnee *m* neige *f* artificielle **Kunstseide** *f* soie *f* artificielle
kunstsinnig *Adj geh* qui a le goût de l'art; **~ sein** être amateur d'art
Kunstsprache *f* langue *f* conventionnelle **Kunstspringen** *nt* SPORT plongeon *m* acrobatique
Kunststoff *m* plastique *m*
Kunststück *nt* ❶ *(artistische Leistung)* tour *m* d'adresse
❷ *(schwierige Leistung)* tour *m* de force; **das ist [doch] kein ~** ce n'est [vraiment] pas un exploit; **~!** *iron* tu parles d'un exploit!
Kunsttischler(in) *m(f)* ébéniste *mf* **Kunstturnen** *nt* gymnastique *f* artistique **Kunstunterricht** *m* cours *m* d'arts plastiques **Kunstverstand** *m* sens *m* artistique **kunstverständig** *Adj* au sens artistique développé; **~ sein** avoir un sens artistique **kunstvoll I.** *Adj* fait(e) avec art **II.** *Adv* artistiquement, avec art **Kunstwerk** *nt* ❶ œuvre *f* d'art ❷ *(Meisterleistung)* chef-d'œuvre *m* **Kunstwissenschaft** *f* arts *mpl;* **~ studieren** étudier les arts
Kunstwort <-wörter> *nt* mot *m* créé [de toutes pièces]
kunterbunt ['kʊntɐbʊnt] **I.** *Adj* ❶ *Angebot, Programm* hétéroclite
❷ *(sehr bunt) Bild, Kleid* bariolé(e), bigarré(e)
II. *Adv* pêle-mêle; **~ zusammengewürfelte Gruppe** un groupe disparate
Kupfer ['kʊpfɐ] <-s, -> *nt* cuivre *m;* **~ ist ein Schwermetall** le cuivre est un métal lourd; **etw in ~ stechen** graver qc sur cuivre
Kupferblech *nt* plaque *f* de cuivre **Kupferdraht** *m* fil *m* de cuivre **Kupferdruck** *m* TYP taille-douce *f* **kupferhaltig** *Adj* cuprifère **Kupferkabel** *nt* câble *m* en cuivre **Kupfermünze** *f* pièce *f* en cuivre
kupfern ['kʊpfɐn] *Adj Blech, Draht* de cuivre; *Topf* en cuivre
Kupferschmied(in) *m(f)* chaudronnier(-ière) *m(f)* **Kupferstecher(in)** <-s, -> *m(f)* graveur(-euse) *m(f)* sur cuivre **Kupferstich** *m* gravure *f* sur cuivre **Kupfervitriol** <-s> *nt* CHEM vitriol *m* bleu
Kupon [ku'pɔ̃:] *s. a.* **Coupon**
Kuppe ['kʊpə] <-, -n> *f* ❶ *(Bergkuppe)* mamelon *m*
❷ *(Straßenkuppe)* dos *m* d'âne
❸ *(Fingerkuppe)* bout *m* [du doigt]
Kuppel ['kʊpəl] <-, -n> *f* coupole *f*
Kuppeldach *nt* [toit *m* en] dôme *m*
Kuppelei [kʊpə'laɪ] <-, -en> *f pej (Förderung der Prostitution)* proxénétisme *m*
kuppeln ['kʊpəln] **I.** *itr V Fahrer:* débrayer
II. *tr V* **etw an einen Wagen ~** accrocher qc à une voiture
Kuppelshow *f pej fam* émission *f* de rencontre amoureuse
Kuppler(in) <-s, -> *m(f) pej* entremetteur(-euse) *m(f) (péj)*
Kupplung <-, -en> *f* ❶ *embrayage m;* **die ~ [durch]treten** débrayer; **die ~ kommen/schleifen lassen** embrayer/faire patiner l'embrayage
❷ *(Anhängevorrichtung)* attelage *m*
Kupplungspedal *nt* AUT pédale *f* d'embrayage
Kur [kuːɐ̯] <-, -en> *f* ❶ *(Heilverfahren)* cure *f;* **jdn zur ~ schicken** envoyer qn en cure; **eine ~ machen** faire une cure
❷ *(Haarkur)* soin *m* [revitalisant] pour les cheveux
Kür [kyːɐ̯] <-, -en> *f* figures *fpl* libres; **eine ~ laufen/tanzen** faire [*o* exécuter] des figures libres [en patinage/danse]
Kurator [ku'raːtoːɐ̯] <-s, -toren> *m,* **Kuratorin** *f* ❶ *(Treuhänder)* curateur(-trice) *m(f)*
❷ UNIV conseiller(-ère) *m(f)* de l'université
Kuratorium [kuraˈtoːriʊm] <-s, -rien> *nt* conseil *m* d'administration
Kuraufenthalt *m* [séjour *m* en] cure *f*
Kurbel ['kʊrbəl] <-, -n> *f* manivelle *f*
kurbeln I. *itr V* tourner la manivelle
II. *tr V* **nach unten ~** baisser *Autofenster, Rollladen;* dérouler *Markise;* **nach oben ~** relever *Autofenster, Rollladen;* enrouler *Markise*
Kurbelwelle *f* vilebrequin *m*
Kürbis ['kʏrbɪs] <-ses, -se> *m* ❶ potiron *m,* citrouille *f*
❷ *fam (Kopf)* citrouille *f (fam)*
Kürbiskern *m* graine *f* de citrouille

Kurde ['kʊrdə] <-n, -n> m, **Kurdin** f Kurde mf
kurdisch ['kʊrdɪʃ] Adj kurde; ~ **miteinander sprechen** discuter en kurde; s. a. **deutsch**
Kurdisch <-[s]> nt kein Art le kurde; **auf** ~ en kurde; s. a. **Deutsch**
Kurdische nt dekl wie Adj **das** ~ le kurde; s. a. **Deutsche**
kuren ['ku:rən] itr V fam faire une cure
küren ['ky:rən] <kürte o selten kor, gekürt> tr V geh élire, couronner; **jdn zum Sportler des Jahres** ~ élire [o couronner] qn sportif de l'année
Kürettage [kyrɛ'ta:ʒə] <-, -n> f MED curetage m
Kurfürst ['kuːɐ-] m HIST prince m électeur
Kurfürstentum nt électorat m
Kurgast m curiste mf **Kurhaus** nt maison f [o établissement m] de cure
Kurie ['ku:riə] <-, -n> f curie f (romaine)
Kurier [ku'riːɐ] <-s, -e> m coursier m
Kurierdienst m ① (Service) service m de messageries
② (Firma) entreprise f de messagerie express
kurieren* tr V ① MED guérir Person, Krankheit; **jdn von einer Infektion** ~ guérir qn d'une infection
② fam (befreien) **jdn von seinen falschen Vorstellungen** ~ guérir qn de ses illusions; **ich bin kuriert!** je suis vacciné(e)! (fam)
kurios [kuri'oːs] geh I. Adj singulier(-ière) (soutenu)
II. Adv singulièrement (soutenu)
Kuriosität [kurioziˈtɛːt] <-, -en> f ① (Gegenstand) curiosité f; (Geschichte, Vorfall) histoire f curieuse
② kein Pl (Merkwürdigkeit) singularité f
Kuriosum [kuri'oːzʊm] <-s, Kuriosa> nt **es ist ein** ~, **dass** il est curieux que + subj
Kurkonzert m concert m (pour curistes)
Kurkuma ['kʊrkuma] <-, Kurkumen> f ① BOT curcuma m
② kein Pl GASTR curcuma m
Kurort m station f thermale **Kurpark** m parc m thermal **Kurpfuscher(in)** ['kuːɐpfʊʃə] m(f) pej fam charlatan m (péj) **Kurpfuscherei** f pej fam charlatanisme m (péj)
Kurs [kʊrs] <-es, -e> m ① (Fahrt-, Flugrichtung) cap m; ~ **Nordwest** cap nord-ouest; **auf etw** (Akk) ~ **nehmen/haben** Schiff, Flugzeug: mettre le cap sur/faire route vers qc; **den** ~ **[beibe]halten** tenir le cap; ~ **Nordwest steuern** suivre la direction nord-ouest; **vom** ~ **abkommen** dériver
② (politische Linie) ligne f (politique); **harter/weicher** ~ ligne dure/souple
③ (Wechselkurs) cours m (du change), taux m de change; **zu einem günstigen** ~ **[um]tauschen** changer à un cours [o taux] avantageux
④ (Lehrgang) cours m; **einen** ~ **besuchen** suivre un cours; **ein** ~ **in Aquarellmalerei** un cours d'aquarelle
⑤ (Kurswert) von Aktien, Edelmetall cours m; **die Wertpapiere fallen/steigen im** ~ le cours des valeurs fléchit/grimpe
⑥ (Gültigkeit) **Banknoten/Briefmarken außer** ~ **setzen** retirer des billets de banque de la circulation/frapper des timbres d'invalidité
▶ **hoch im** ~ **bei jdm stehen** être très prisé(e) par qn
Kursabfall m chute f du cours **Kursänderung** f NAUT, AVIAT changement m de cap **Kursanstieg** m hausse f des cours **Kursbericht** m FIN bulletin m de la Bourse **Kursbewegung** f fluctuation f des cours **Kursbuch** nt indicateur m des chemins de fer
Kurschatten m hum fam flirt m de cure
Kürschner(in) ['kʏrʃnɐ] <-s, -> m(f) pelletier(-ière) m(f)
Kurse Pl von **Kursus**
Kursfeststellung f FIN fixation f du cours; **laufende** ~ fixation régulière du cours **Kursgewinn** m FIN, BÖRSE (bei Devisen) bénéfice m sur le change
kursieren* itr V Gerücht, Parole, Falschgeld: circuler
kursiv [kʊr'ziːf] I. Adj italique; **eine** ~ **e Schrift** un italique; ~ **sein** être en italique
II. Adv en italique
Kursive [kʊr'ziːvə] <-, -n> f, **Kursivschrift** f TYP italique m
Kursleiter(in) m(f) responsable mf des cours
kursorisch [kʊr'zoːrɪʃ] geh I. Adj cursif(-ive)
II. Adv etw ~ **lesen/überfliegen** survoler qc
Kursrisiko nt ÖKON (bei Devisen) risque m de change; (bei Wertpapieren) risque m de perte sur les cours **Kursrutsch** m glissement m du cours vers le bas, diminution f du cours **Kursschwankung** f fluctuation f des cours **Kurssturz** m effondrement m des cours (de la bourse) **Kursteilnehmer(in)** m(f) participant(e) m(f) au cours
Kursus ['kʊrzʊs, Pl: 'kʊrzə] s. **Kurs** ④
Kursverfall m effondrement m du cours **Kursverlust** m (bei Devisen) perte f sur le change **Kurswagen** m voiture f [directe]
Kurswechsel m POL changement m d'orientation **Kurszettel** m FIN bulletin m (officiel) de la cote
Kurtaxe f taxe f de séjour
Kurtisane [kʊrtiˈzaːnə] <-, -n> f courtisane f
Kurve ['kʊrvə] <-, -n> f ① virage m; **eine** ~ **machen** [o **beschreiben**] faire une courbe [o un virage]; **sich in die** ~ **legen** se coucher dans le virage; **aus der** ~ **fliegen** fam louper le [o son] virage (fam)
② GEOM courbe f
③ Pl fam (Körperrundung) formes fpl, rondeurs fpl
▶ **die** ~ **kratzen** fam mettre les bouts (fam); **die** ~ **kriegen** fam se rattraper aux branches
kurven [-vən] itr V + sein fam **um die Ecke** ~ Fahrer, Fahrzeug: prendre le virage sur les chapeaux de roues; **durch die Stadt** ~ vadrouiller en bagnole dans la ville (fam)
Kurvenlineal [-vən-] nt pistolet m
kurvenreich Adj ① Bahnlinie, Straße sinueux(-euse)
② hum fam Frau bien roulé(e) (fam)
Kurverwaltung f services administratifs d'un lieu de cure
kurvig s. **kurvenreich**
kurz [kʊrts] <kürzer, kürzeste> I. Adj ① (räumlich und zeitlich) court(e); Pause petit(e) antéposé; Blick, Frist, Unterbrechung bref(brève) antéposé; **in** ~ **er Zeit** en peu de temps; **seine Freude war nur** ~ sa joie a été de courte durée
② (knapp) Artikel, Bericht court(e); Antwort, Frage, Silbe, Vokal bref(brève)
▶ **den Kürzeren ziehen** fam avoir le dessous
II. Adv ① etw ~ **schneiden** couper qc court; **ein Kleid kürzer machen** raccourcir une robe
② (nicht lange) bleiben, dauern, wegbleiben peu de temps; sprechen brièvement; ~ **gesagt, ...** bref, ...; **vor/bis vor** ~ **em** il y a encore/il y a peu de temps; **seit** ~ **em** depuis peu
③ (wenig) **es ist** ~ **vor acht** il n'est pas loin de huit heures; ~ **zuvor/danach** peu de temps avant/après; ~ **hintereinander** à brefs intervalles; ~ **bevor/nachdem sie angekommen bist** peu (de temps) avant qu'elle soit/après qu'elle est arrivée
▶ ~ **angebunden sein** être bourru(e); ~ **und bündig** sans détour; ~ **entschlossen** sans réfléchir cent sept ans; ~ **und gut** pour tout dire; **jdn/etw** ~ **und klein schlagen** fam réduire qn/qc en miettes; **über** ~ **oder lang** tôt ou tard; ~ **und schmerzlos** fam en y allant carrément (fam); **bei etw zu** ~ **kommen** être lésé(e) lors de qc; **es** ~ **machen** être bref(brève)!
Kurzarbeit f chômage m partiel **kurz|arbeiten** itr V travailler à temps réduit **Kurzarbeiter(in)** m(f) chômeur m partiel/chômeuse f partielle
kurzärm[e]lig Adj à manches courtes
kurzatmig [-ʔaːtmɪç] Adj poussif(-ive); ~ **sein/werden** avoir le souffle court/s'essouffler
kurzbeinig Adj court(e) sur pattes (fam)
Kurzbrief m mot m
Kurze(r) m dekl wie Adj fam ① (Schnaps) goutte f (fam)
② (Kurzschluss) court-jus m (fam)
Kürze ['kʏrtsə] <-, selten -n> f ① kein Pl (geringe Länge) **die** ~ **ihres Rocks/ihrer Haare** sa jupe courte/ses cheveux courts; **angesichts der** ~ **der Strecke** vu le court trajet
② kein Pl (kurze Dauer) brièveté f; **in** ~ sous peu
③ kein Pl (Knappheit) einer Antwort brièveté f; eines Artikels concision f; **in aller** ~ **antworten** répondre aussi brièvement que possible
④ (kurze Silbe) brève f
▶ **in der** ~ **liegt die Würze** Spr. un bref exposé vaut mieux qu'un long discours
Kürzel ['kʏrtsəl] <-s, -> nt ① (stenografisches Kürzel) signe m sténographique
② (Kurzwort) sigle m
kürzen ['kʏrtsən] tr V ① raccourcir; **etw um drei Zentimeter** ~ raccourcir qc de trois centimètres
② (verkürzen) raccourcir, abréger Text; **etw um die Hälfte** ~ raccourcir qc de moitié
③ (verringern) diminuer Budget, Sozialhilfe; **etw um zehn Euro** ~ diminuer qc de dix euros
kürzer ['kʏrtsɐ] Adj Komp von **kurz**
kurzerhand ['kʊrtsɐˈhant] Adv abreisen, packen sans plus attendre; entlassen sans autre forme de procès
kurz|fassen r V **sich** ~ être bref(brève)
Kurzfassung f abrégé m **Kurzfilm** m court métrage m **Kurzform** f abréviation f
kurzfristig I. Adj Wettervorhersage, Vertrag, à court terme; Bestellung, Zusage rapide; Programmänderung impromptu(e)
II. Adv ① informieren, mitteilen en dernière minute; ~ **das Programm ändern** changer le programme à la dernière minute; ~ **seine Pläne ändern** changer ses plans subitement
② (für kurze Zeit) unterbrechen momentanément; gelten temporairement
③ (auf kurze Zeit) ~ **gesehen** à court terme

Kurzgeschichte f nouvelle f **kurzgeschnitten** Adj attr Haare coupé(e) court **kurzhaarig** Adj Mensch aux cheveux courts; Hund, Katze à poil court
kurz|halten tr V unreg jdn ~ tenir la bride haute à qn
kurzlebig Adj ❶ Tier, Grünpflanze qui vit peu de temps; Baum à courte durée de vie; ~ **sein** Tier, Grünpflanze: vivre peu de temps; Baum: avoir une courte durée de vie
❷ (nicht dauerhaft) Mode, Modeerscheinung éphémère; Produkt peu durable; ~ **sein** avoir une durée de vie limitée
❸ PHYS instable
kürzlich ['kyrtslɪç] Adv récemment
Kurzmeldung f RADIO flash m [d'information] **Kurznachrichten** Pl RADIO, TV nouvelles fpl brèves **Kurzparker(in)** <-s, -> m(f) nur für ~! stationnement de courte durée! **Kurzparkzone** f zone f bleue **kurz|schließen** unreg I. tr V ELEC court-circuiter
II. r V sich mit jdm ~ se mettre en rapport avec qn **Kurzschluss**^RR m ❶ ELEC court-circuit m ❷ PSYCH impulsion f irréfléchie
Kurzschlussreaktion^RR f réaction f impulsive
Kurzschrift f sténo[graphie] f
kurzsichtig I. Adj ❶ MED myope
❷ fig Mensch myope; Haltung, Politik à courte vue; **das ist sehr ~ von dir/ihm** c'est très imprévoyant(e) de ta/sa part
II. Adv handeln à la petite semaine
Kurzsichtigkeit <-> f ❶ MED myopie f
❷ fig eines Menschen myopie f; eines Denkens, einer Politik absence f de hauteur de vues
Kurzstreckenflug m vol m sur courte distance **Kurzstreckenläufer(in)** m(f) sprinteur(-euse) m(f) **Kurzstreckenrakete** f missile m [à] courte portée
kurz|treten itr V unreg fam ❶ (sich einschränken) se serrer la ceinture (fam)
❷ (sich schonen) lever le pied
kurzum [kʊrts'ʔʊm] Adv bref
Kürzung ['kyrtsʊŋ] <-, -en> f ❶ FIN diminution f
❷ (Verkürzung) eines Textes abrégement m
Kurzurlaub m bref congé m **Kurzwaren** Pl mercerie f
Kurzweil ['kʊrtsvaɪl] <-> f passe-temps m
kurzweilig Adj divertissant(e)
Kurzwelle f onde f courte; **auf ~** sur ondes courtes
Kurzwellensender m émetteur m ondes courtes
Kurzwort <-wörter> nt abréviation f
Kurzzeitgedächtnis nt mémoire f à court terme
kurzzeitig I. Adj Effekte, Abschaltung temporaire; Absage de dernière heure
II. Adv ausleihen pour une courte durée; absagen au dernier moment
kusch [kʊʃ] Interj (Befehl an einen Hund) couché!
kuschelig ['kʊʃəlɪç] Adj fam Bett, Sessel, Decke douillet(te)
kuscheln ['kʊʃəln] I. r V fam **sich an jdn/ins Bett ~** se blottir contre qn/dans le lit
II. itr V **mit jdm ~** faire des câlins à qn
Kuscheltier nt animal m en peluche
kuschen ['kʊʃən] itr V ❶ (sich nicht wehren) marcher droit; **vor jdm ~** marcher droit avec qn
❷ (sich hinlegen) se coucher

Kusine [ku'ziːnə] <-, -n> f cousine f
Kuss^RR <-es, Küsse>, **Kuß**^ALT <-sses, Küsse> m ❶ baiser m; **jdm einen ~ geben** donner un baiser à qn
❷ (Abdruck eines Kusses) marque f de lèvres
Küsschen^RR, **Küßchen**^ALT <-s, -> nt bise f (fam); **gib ~!** fais un câlin!
kussecht^RR Adj Lippenstift longue tenue
küssen ['kʏsən] I. tr V embrasser; **jdn auf die Wange/den Mund ~** embrasser qn sur la joue/la bouche; **jdm die Hand ~** baiser la main à qn
II. r V **sich ~** s'embrasser
III. itr V embrasser
Kusshand^RR f baiser m; **jdm eine ~ zuwerfen** envoyer un baiser à qn
▶ **jdn/etw mit ~ nehmen** fam prendre qn/qc plutôt deux fois qu'une
Küste ['kʏstə] <-, -n> f ❶ (Meeresufer) côte f
❷ (Gegend) littoral m
Küstenbewohner(in) m(f) habitant(e) m(f) du littoral **Küstenfischerei** f pêche f côtière **Küstengebiet** nt littoral m **Küstengewässer** nt eaux fpl territoriales **Küstenschifffahrt**^RR f cabotage m **Küstenstraße** f route f côtière **Küstenwacht** f service m de surveillance côtière
Küster(in) ['kʏstɐ] <-s, -> m(f) sacristain(e) m(f)
Kustode [kʊs'toːdə] <-n, -n>, **Kustodin** f, **Kustos** <-, Kustoden> m conservateur(-trice) m(f) [de musée]
Kutschbock m siège m du cocher
Kutsche ['kʊtʃə] <-, -n> f carrosse m; **offene ~** calèche f
Kutscher(in) <-s, -> m(f) cocher m
kutschieren* fam I. itr V + sein **durch Europa/die Normandie ~** se balader [en voiture] en Europe/Normandie (fam)
II. tr V + haben **jdn in die Stadt/zum Bahnhof ~** voiturer qn dans la ville/à la gare (fam)
Kutte ['kʊtə] <-, -n> f ECCL [robe f de] bure f
Kuttel ['kʊtəl] <-, -n> f meist Pl GASTR tripes fpl
Kutter ['kʊtɐ] <-s, -> m cotre m
Kuvert [ku'veːɐ̯] <-s, -s o -[e]s, -e> nt enveloppe f
Kuvertüre [kuvɛr'tyːrə] <-, -n> f chocolat m à napper
Kuwait [ku'vaɪt, 'kuːvaɪt] <-s> nt ❶ (Emirat) le Koweït
❷ (Hauptstadt) Koweït
Kuwaiter(in) [ku'vaɪtɐ] <-s, -> m(f) Koweïtien(ne) m(f)
kuwaitisch [ku'vaɪtɪʃ, 'kuːvaɪtɪʃ] Adj koweïtien(ne)
kV ELEC Abk von **Kilovolt** kV
kW <-, -> nt Abk von **Kilowatt** kW m
KW [kaː've:] ❶ PHYS, RADIO Abk von **Kurzwelle** OC
❷ Abk von **Kalenderwoche** semaine f calendaire
kWh <-, -> f Abk von **Kilowattstunde** kWh m
Kybernetik [kybɛr'neːtɪk] <-> f cybernétique f
kybernetisch Adj cybernétique
Kyoto-Protokoll ['kioːto-] nt protocole m de Kyoto
kyrillisch [ky'rɪlɪʃ] I. Adj cyrillique
II. Adv en caractères cyrilliques
KZ [kaː'tsɛt] <-s, -s> nt Abk von **Konzentrationslager**
KZ-Häftling [kaː'tsɛt-] m détenu(e) m(f) d'un camp de concentration

L

L, l [ɛl] <-, -> nt L m/l m
▶ **L wie Ludwig** l comme Louis
l Abk von **Liter** l
Lab [laːp] <-[e]s, -e> nt présure f
labb[e]rig Adj DIAL fam ❶ Getränk, Suppe fadasse (fam)
❷ pej (weit) Kleidungsstück pendouillant(e) (fam)
Label ['leːbəl] <-s, -> nt (Schallplattenetikett) étiquette f
Labello® [la'bɛlo] <-s, -s> m ≈baume m pour les lèvres
laben ['laːbən] I. tr V geh rafraîchir
II. r V geh **sich an etw** (Dat) **~** se délecter de qc (littér)
labern ['laːbɐn] fam I. itr V dégoiser (fam); **über etw** (Akk) **~** dégoiser au sujet de qc
II. tr V dégoiser (fam) Unsinn, Quatsch
labial [labi'aːl] Adj labial(e)
Labial [la'biaːl] <-s, -e> m, **Labiallaut** m PHON labiale f
labil [la'biːl] Adj ❶ Mensch, Charakter, Kreislauf instable; Konstitution fragile

❷ geh (instabil) Gleichgewicht, System fragile
Labilität [labili'tɛːt] <-, selten -en> f instabilité f; eines Menschen, des Charakters labilité f (spéc); der Wirtschaft, des Gleichgewichts fragilité f
Labkraut nt kein Pl BOT gaillet m
Labor [la'boːɐ̯] <-s, -s o -e> nt laboratoire m
Laborant(in) [labo'rant] <-en, -en> m(f) laborantin(e) m(f); (pharmazeutischer Laborant) préparateur(-trice) m(f)
Laboratorium [labora'toːriʊm] s. **Labor**
laborieren* itr V fam **an einer Grippe ~** traîner une grippe; **an einer Arbeit ~** peiner sur un travail
Laborversuch m essai m en laboratoire
Labrador[1] <-s> nt GEOG le Labrador m
Labrador[2] <-s, -e> m ❶ (Hund) labrador m
❷ MINER labrador m
Labyrinth [laby'rɪnt] <-[e]s, -e> nt labyrinthe m
Lache[1] ['laːxə], **Lache** ['laxə] <-, -n> f (Pfütze) flaque f

Lache² ['laxə] <-, *selten* -n> *f pej fam* [façon *f* de] rire *m*
lächeln ['lɛçəln] *itr V* ❶ sourire; **freundlich** ~ sourire avec amabilité; **verlegen** ~ avoir un sourire embarrassé; **gequält** ~ rire jaune
❷ *(sich lustig machen)* **über jdn/etw** ~ sourire de qn/qc
Lächeln <-s> *nt* sourire *m*
▸ **dafür hatte er nur ein müdes** ~ [**übrig**] ça ne l'intéressait pas le moins du monde; **das kostet mich ein müdes** ~ je fais ça les doigts dans le nez *(fam)*
lachen ['laxən] *itr V* rire; **über jdn/etw** ~ rire de qn/qc; **breit** ~ rire comme une baleine *(fam)*; **jdn zum Lachen bringen** faire rire qn; **das ist ja zum Lachen!** *fam* y a vraiment de quoi rigoler! *(fam)*; **mir ist nicht zum Lachen** [**zumute**] je ne suis pas d'humeur à rire; **was gibt es denn da zu** ~ **?** qu'est-ce qu'il y a de [si] drôle?; **da gibt es gar nichts zu** ~ **!** il n'y a pas de quoi rire!; **lach du nur!** tu peux toujours rigoler! *(fam)*
▸ **du hast gut** ~ **!** tu as beau jeu de te moquer [de moi]!; **wer zuletzt lacht, lacht am besten** *Spr.* rira bien qui rira le dernier; **er/sie hat bei jdm nichts zu** ~ *fam* il/elle [ne] rigole pas tous les jours chez qn *(fam)*; **da kann ich doch nur** ~ **!** *fam* je rigole doucement! *(fam)*; **das wäre doch gelacht!** *fam* ça fait pas un pli!; *fam* **dass ich nicht lache!** *fam* laisse-moi rigoler! *(fam)*
Lachen <-s> *nt* ❶ rire *m;* **in lautes** ~ **ausbrechen** éclater de rire; **sich** *(Dat)* **das** ~ **verkneifen** se retenir de rire
❷ *(Art zu lachen)* **sein/ihr** ~ sa façon de rire, son rire
▸ **sich vor** ~ **biegen** [en deux] de rire *(fam)*; **sich nicht mehr kriegen vor** ~ *fam* être écroulé(e) [de rire] *(fam)*; **sich vor** ~ **kugeln** [*o* **kringeln**] *fam* se tordre de rire; **vor** ~ **platzen** éclater de rire; **dir wird das** ~ [**schon**] **noch vergehen** *fam* tu vas perdre l'envie de rire, l'envie de rire va te passer
Lacher(in) <-s, -> *m(f)* rieur(-euse) *m(f)*
▸ **die** ~ **auf seiner Seite haben** avoir les rieurs de son côté
Lacherfolg *m* **ein** ~ **sein** faire bien rire
lächerlich ['lɛçɐlɪç] **I.** *Adj* ridicule; **jdn/etw** ~ **machen** ridiculiser qn/qc; **sich vor jdm** ~ **machen** se ridiculiser devant qn; **eine** ~ **e Kleinigkeit** une bagatelle; **etw ins Lächerliche ziehen** tourner qc en ridicule
II. *Adv einfach, wenig* ridiculement
Lächerlichkeit <-, -en> *f* ❶ *kein Pl (das Lächerlichsein)* ridicule *m;* **jdn der** ~ **preisgeben** tourner qn en ridicule
❷ *(Geringfügigkeit) eines Gehalts, Preises* caractère *m* ridicule
Lachgas *nt* gaz *m* hilarant
lachhaft *Adj* ridicule
Lachkrampf *m* rire *m* convulsif; **wir bekamen einen** ~ **nous avons eu une crise de fou rire**
Lachmöwe *f* [mouette *f*] rieuse *f*
Lachs [laks] <-es, -e> *m* saumon *m*
lachsfarben *Adj* saumon *inv;* ~ **e Schuhe** des chaussures *fpl* saumon
Lachsforelle *f* truite *f* saumonée **Lachsschinken** *m* filet *m* de porc fumé
Lack [lak] <-[e]s, -e> *m* laque *f*
▸ **der** ~ **ist ab** *sl* c'est le commencement de la fin *(fam)*, **und fertig ist der** ~ *sl* le tour est joué, et voilà le travail
Lackaffe *m pej fam* godelureau *m (péj)*
Lackel ['lakəl] SDEUTSCH, A *s.* **Tölpel**
lacken ['lakən] *s.* **lackieren**
Lackfarbe *f* peinture *f* laquée, laque *f*
lackieren* *tr V* laquer *Holz, Möbel;* **sich** *(Dat)* **die Fingernägel** ~ se vernir les ongles; **neu lackiert** *Auto* repeint(e); **frisch lackiert!** peinture fraîche!
▸ **der/die Lackierte sein** *fam* être le pigeon [dans l'affaire] *(fam)*
Lackierer(in) <-s, -> *m(f)* peintre *mf* [en carrosserie]
Lackiererei <-, -en> *f* [atelier *m* de] tôlerie-peinture *f*
Lackierung <-, -en> *f* ❶ *kein Pl (das Lackieren)* laquage *m*
❷ *(Lack)* laque *f*
Lackleder *nt* cuir *m* verni
Lackmus ['lakmʊs] <-> *nt o m* tournesol *m*
Lackmuspapier *nt* papier *m* de tournesol
Lackschaden *m* peinture *f* abîmée; **kleiner** ~ petite éraflure *f*
Lackschuh *m* chaussure *f* vernie
Lade ['la:də] <-, -n> *f fam* tiroir *m*
Ladebaum *m* mât *m* de charge **Ladefläche** *f* surface *f* de chargement **Ladegerät** *nt* chargeur *m* **Ladegewicht** *nt* poids *m* de chargement **Ladegut** *nt form* charge *f* **Ladehemmung** *f* enrayage *m* ▸ ~ **haben** *Gewehr:* s'enrayer; *fam Mensch:* être bouché(e) *(fam)* **Ladeklappe** *f* porte *f* de la soute **Ladekran** *m* grue *f* de chargement **Ladeluke** *f* écoutille *f* de chargement
laden¹ ['la:dən] <lädt, lud, geladen> **I.** *tr V* ❶ *(verladen, packen)* charger; **etw auf den Lkw** ~ charger qc sur le camion; **Kohle geladen haben** *Lkw:* transporter du charbon; **etw aus dem Auto/Laderaum** ~ décharger qc de la voiture/soute; **schwer/zu viel geladen haben** être très/trop chargé(e)
❷ *(aufbürden)* **Schulden/Verantwortung auf sich** *(Akk)* ~ endosser des dettes/une responsabilité
❸ *(Munition einlegen)* charger *Pistole;* **geladen sein** être chargé(e)
❹ ELEC charger *Batterie;* **wieder geladen sein** être rechargé(e); **positiv/negativ geladen sein** avoir une charge [électrique] positive/négative
❺ INFORM charger, appeler *Programm, Datei*
▸ **geladen haben** *sl* être bourré(e) *(fam)*; **geladen sein** *fam* être furax [*o* en pétard] *(fam)*
II. *itr V Schütze:* [re]charger
laden² <lädt, lud, geladen> *tr V* ❶ *geh (einladen)* inviter; **jdn zu einem Empfang** ~ inviter qn à une réception; **die geladenen Gäste** les invités *mpl*
❷ *(vorladen)* citer *Zeugen;* **jdn als Zeugen** ~ citer qn [à comparaître] comme témoin
Laden ['la:dən, *Pl:* 'lɛ:dən] <-s, **Läden**> *m* ❶ *(Geschäft)* magasin *m; (klein)* boutique *f*
❷ *fam (Betrieb)* boîte *f (fam);* **der** ~ **läuft** la boîte tourne; **den** ~ **dichtmachen** fermer la boîte *(fam)*
❸ <Läden *o* Laden> *(Fensterladen)* volet *m*
▸ **den** ~ **schmeißen** *sl* faire tourner la boîte *(fam)*
Ladenbesitzer(in) *m(f)* propriétaire *mf* de magasin **Ladendieb(in)** *m(f)* voleur(-euse) *m(f)* à l'étalage **Ladendiebstahl** *m* vol *m* à l'étalage **Ladenhüter** *m pej* [vieux] rossignol *m (fam)* **Ladenkasse** *f* caisse *f* de magasin **Ladenkette** *f* chaîne *f* de magasins **Ladenpreis** *m* prix *m* marqué **Ladenschild** *nt* enseigne *f* d'un magasin **Ladenschluss**ᴿᴿ *m kein Pl* fermeture *f* des magasins
Ladenschlussgesetzᴿᴿ *nt* loi *f* sur la fermeture des magasins

---

Land und Leute

En Allemagne, la **Ladenschlussgesetz** est assez stricte. Depuis 1996, les magasins ont l'autorisation d'ouvrir du lundi au vendredi de 6 à 20 heures. Jusqu'à juin 2003 ils devaient fermer le samedi à 16 heures. Depuis lors, ils ont le droit de rester ouverts également le samedi jusqu'à 20 heures. Le dimanche, les magasins sont fermés. En Autriche, les Länder peuvent décider eux-mêmes des horaires d'ouverture. En Suisse, chaque canton décide de ses horaires.

Ladenschlusszeitᴿᴿ *f* heure *f* [légale] de fermeture des magasins **Ladenstraße** *f* rue *f* commerçante **Ladentisch** *m* comptoir *m* [de magasin] ▸ **etw unter dem** ~ **verkaufen** *fam* vendre qc sous le manteau
Ladeplatz *m* lieu *m* de chargement **Laderampe** *f* rampe *f* de chargement **Laderaum** *m* AVIAT, NAUT soute *f*
lädieren* *tr V* ❶ abîmer *Möbelstück, Tasche*
❷ *(verletzen)* **sich** *(Dat)* **die Hand** ~ se blesser à la main
❸ *fig, hum* **lädiert sein/aussehen** être/avoir l'air amoché(e) *(fam)*
lädt [lɛ:t] *3. Pers Präs von* **laden**
Ladung <-, -en> *f* ❶ *(Fracht)* chargement *m*
❷ *(notwendige Menge)* **eine** ~ **Dynamit** une charge de dynamite
❸ *fam (größere Menge)* **eine** ~ **Schnee** un paquet de neige *(fam)*
❹ ELEC, PHYS charge *f*
❺ JUR citation *f*
Lafette [la'fɛta] <-, -n> *f* MIL affût *m*
lag [la:k] *Imp von* **liegen**
Lage ['la:gə] <-, -n> *f* ❶ *eines Ortes* site *m; eines Grundstücks, Hauses* situation *f;* **in ruhiger** ~ dans un environnement calme; **in sonniger** ~ bien exposé(e)
❷ *(Liegeposition)* position *f*
❸ *(Situation)* situation *f;* **jdn in eine schwierige** ~ **bringen** mettre qn dans une situation difficile; **sich in die** ~ **eines anderen versetzen** se mettre à la place d'autrui
❹ *fig* **in der** ~ **sein jdn zu verraten** être en mesure de trahir qn; **zu einem Verrat in der** ~ **sein** être en mesure de commettre une trahison
❺ *(Schicht)* couche *f*
❻ *(Weinlage)* terroir *m*
❼ *fam (Runde)* tournée *f (fam);* **eine** ~ **schmeißen** *sl* payer une tournée *(fam)*
▸ **die** ~ **peilen** [*o* **sondieren**] *fam* tâter le terrain
Lagebericht *m* compte *m* rendu de la situation **Lagebesprechung** *f* analyse *f* de la situation **Lageplan** *m* plan *m*
Lager ['la:gɐ] <-s, *o* **Läger**> *nt* ❶ *eines Geschäfts, Unternehmens* dépôt *m;* **am** ~ **sein** être en stock; **etw am** ~ **haben, etw auf** ~ **halten** avoir qc en stock
❷ *(Unterkunft)* camp *m*
❸ *(Gruppierung)* camp *m*
❹ TECH *einer Kurbelwelle, Nockenwelle* palier *m*
❺ *geh (Bett)* couche *f (littér)*
▸ **etw auf** ~ **haben** *fam* avoir qc en réserve
Lagerfeuer *nt* feu *m* de camp **Lagerhalle** *f* hangar *m* **Lagerhaltung** *f kein Pl* stockage *m* **Lagerhaus** *nt* entrepôt *m; (in einem Hafen)* dock *m*

Lagerist(in) [laːɡəˈrɪst] s. **Lagerverwalter(in)**
lagern [ˈlaːɡən] **I.** tr V ❶ (aufbewahren) stocker; **kühl/trocken ~ !** garder au frais/sec!
❷ (hinlegen) **einen Kranken flach/bequem ~** étendre [o installer] un malade à plat/confortablement
II. itr V ❶ kühl/trocken ~ se conserver au frais/au sec; **im Keller ~** Kartoffeln: se conserver à la cave; **in Regalen ~** Wein: se conserver sur des étagères
❷ (liegen) **auf etw** (Dat) ~ Staubschicht, Schnee: [re]couvrir qc
❸ (sich niederlassen) camper; s. a. **gelagert**
III. r V geh **sich ~** faire halte
Lagerraum m ❶ (Raum) dépôt m, réserve f ❷ (Lagerfläche) surface f d'entreposage **Lagerstatt** f veraltet geh couche f (littér)
Lagerstätte f ❶ s. **Lagerstatt** ❷ GEOL gisement m
Lagerung <-, -en> f ❶ von Vorräten, Wein stockage m
❷ TECH einer Kurbelwelle, Nockenwelle palier m
Lagerverwalter(in) m(f) magasinier(-ière) m(f)
Lagune [laˈɡuːnə] <-, -n> f lagune f
lahm [laːm] Adj ❶ paralysé(e); **auf einem Bein ~ sein** être paralysé(e) d'une jambe
❷ fam (steif) Körperteil courbaturé(e); **mir wird/ist der Arm ~** j'attrape/j'ai des courbatures au bras
❸ fam (langweilig) Person mollasson(ne) (fam); Party interminable
❹ fam (unglaubwürdig) Ausrede, Erklärung vaseux(-euse) (fam)
Lahmarsch m sl mollasson(ne) m(f) (fam)
lahmarschig Adj sl mollasson(ne) (fam)
Lahme(r) f(m) dekl wie Adj veraltet boiteux(-euse) m(f); REL paralytique mf
lahmen itr V boiter; **auf einem Bein ~** Person: boiter d'une jambe; Tier: boiter d'une patte
lähmen [ˈlɛːmən] tr V paralyser; **halbseitig gelähmt sein** être hémiplégique
▶ **vor Angst/Schreck wie gelähmt sein** être [comme] paralysé(e) de peur; s. a. **gelähmt**
lahmlegen tr V paralyser Wirtschaft, Verkehr
Lahmlegung <-, -en> f paralysie f
Lähmung [ˈlɛːmʊŋ] <-, -en> f MED paralysie f; **halbseitige ~** hémiplégie f; **schlaffe Beine** paraplégie f
Laib [laɪp] <-[e]s, -e> m bes. SDEUTSCH (Brotlaib) miche f; (Käselaib) meule f; **ein ~ Brot/Käse** une miche de pain/une meule de fromage
Laich [laɪç] <-[e]s, -e> m frai m
laichen itr V frayer; **das Laichen** le frai
Laichplatz m frayère f
Laie [ˈlaɪə] <-n, -n> m, **Laiin** f ❶ (Nichtfachmann) profane mf; [ein] **medizinischer ~ sein** être profane en médecine; **blutiger ~ sein** être totalement profane
❷ ECCL laïc m, laïque m
▶ **da staunt der ~, und der Fachmann wundert sich** hum fam y a vraiment de quoi être scié(e) (fam)
laienhaft I. Adj de profane; **~ sein** manquer de professionnalisme
II. Adv urteilen, darstellen en profane
Laienprediger(in) m(f) prédicateur(-trice) m(f) **Laienspiel** nt THEAT théâtre m amateur
Laisser-faire [lɛseˈfɛːr] <-> nt geh laisser-faire m; pej laxisme m
Lakai [laˈkaɪ] <-en, -en> m ❶ pej geh (willfähriger Mensch) valet m (péj)
❷ HIST laquais m
Lake [ˈlaːkə] <-, -n> f saumure f
Laken [ˈlaːkən] <-s, -> nt drap m [de lit]
lakonisch [laˈkoːnɪʃ] **I.** Adj laconique
II. Adv laconiquement
Lakritz <-es, -e> m DIAL s. **Lakritze**
Lakritze [laˈkrɪtsə] <-, -n> f réglisse m o f
Laktation [laktaˈtsi̯oːn] <-, -en> f BIO lactation f
Laktose [lakˈtoːzə] <-> f CHEM lactose m
lallen [ˈlalən] tr, itr V Kind: balbutier; Betrunkener: balbutier, bredouiller
Lama¹ [ˈlaːma] <-s, -s> nt ZOOL lama m
Lama² <-[s], -s> m REL lama m
Lamaismus [lamaˈɪsmʊs] <-> m REL lamaïsme m
Lamäng [laˈmɛŋ] ▶ **etw aus der freien ~ essen** fam manger qc sur le pouce; **aus der [kalten] ~** fam au pied levé
Lambada [lamˈbaːda] <-, -s> f, <-s, -s> m lambada f
Lambdasonde f sonde f lambda
Lamé [laˈmeː], **Lamee**^RR <-s, -s> m lamé m
Lamelle [laˈmɛlə] <-, -n> f ❶ einer Jalousie lamelle f, lame f; eines Heizkörpers ailette f; eines Pilzhuts lamelle
lamentieren* itr V geh se lamenter; **über etw** (Akk) **~** se lamenter sur qc; **das Lamentieren** les lamentations fpl
Lamento [laˈmɛnto] <-s, -s> nt geh lamentations fpl; **wegen etw ein ~ anstimmen** pousser des lamentations à cause de qc
Lametta [laˈmɛta] <-s> nt ❶ lamelles fpl argentées/dorées

❷ hum fam (Ordensschmuck) batterie f de cuisine (fam)
laminieren* tr V plastifier Bucheinband, Pappe
Lamm [lam, Pl: ˈlɛmɐ] <-[e]s, **Lämmer**> nt (Tier; Fleisch) agneau m; **heute gibt es ~** aujourd'hui, il y a de l'agneau au menu
▶ **das ~ Gottes** l'Agneau m de Dieu; **sich wie ein ~ zur Schlachtbank führen lassen** geh se laisser mener à l'abattoir comme un agneau; **sanft wie ein ~ sein** être doux(douce) comme un agneau
Lammbraten m rôti m d'agneau
lammen [ˈlamən] itr V agneler
Lammfell nt fourrure f d'agneau **Lammfleisch** nt viande f d'agneau **lammfromm** Adj Gesicht, Miene ingénu(e); **~ sein** être doux(douce) comme un agneau **Lammkeule** f GASTR gigot m d'agneau **Lammkotelett** nt GASTR côtelette f d'agneau
Lampe [ˈlampə] <-, -n> f lampe f
Lampenfassung f douille f **Lampenfieber** nt trac m; **~ haben** avoir le trac **Lampenschirm** m abat-jour m inv
Lampion [lamˈpi̯ɔ̃ː, ˈlampi̯ɔn] <-s, -s> m lampion m
lancieren* [lãˈsiːrən] tr V geh lancer Künstler, Meldung, Produkt; **jdn in eine Stellung ~** catapulter qn à un poste
Land [lant, Pl: ˈlɛndɐ] <-[e]s, **Länder**> nt ❶ (Staat) pays m; **außer ~es sein/gehen** être hors du pays/s'expatrier
❷ kein Pl (Festland) terre f; **an ~ gehen** descendre à terre; **jdn an ~ setzen** débarquer qn; **jdn/etw an ~ spülen** rejeter qn/qc sur le rivage; **jdn/etw an ~ ziehen** tirer qn/qc à terre; **~ in Sicht!**; **~ unter!** NDEUTSCH terres immergées!
❸ (Bundesland) Land m; **die 16 Länder** les 16 Länder
❹ kein Pl (Acker, Gelände) terrain m; **das ~ bestellen** [o bebauen] cultiver la terre
❺ kein Pl (ländliche Gegend) campagne f; **auf dem flachen** [o platten fam] **~** au [o dans le] plat pays; **auf dem ~ leben/aufs ~ ziehen** vivre/partir s'installer à la campagne
❻ <Lande> hum veraltet poet (Gebiet, Gegend) **durch die ~e ziehen** geh sillonner le pays
▶ **~ und Leute kennen lernen** apprendre à connaître le pays et ses habitants; **das ~, wo Milch und Honig fließt** le pays où coulent le lait et le miel; **das ~ der unbegrenzten Möglichkeiten** le pays où tout est possible; **andere Länder, andere Sitten** autres pays, autres mœurs; **das Gelobte/Heilige ~** la Terre promise/sainte; **[wieder] ~ sehen** fam voir le bout du tunnel; **an ~ ziehen** fam décrocher (fam) Job, Auftrag; **ins ~ ziehen** [o gehen] geh Zeit, Jahre: s'écouler; **bei uns zu ~e** dans notre pays
Landadel m noblesse f campagnarde **Landammann** m CH président(e) m(f) de gouvernement cantonal **Landarbeit** f kein Pl travaux mpl des champs **Landarbeiter(in)** m(f) ouvrier(-ière) m(f) agricole **Landarzt** m, **-ärztin** f médecin m de campagne; **sie ist Landärztin** elle est médecin de campagne **landauf** Adv ▶ **~, landab** geh par monts et par vaux (soutenu) **Landbesitz** m domaine m [rural]; **~ haben** avoir des terres **Landbevölkerung** f population f rurale **Landbrücke** f GEOG pont m de terre
Landeanflug m amorce f de l'atterrissage **Landebahn** f piste f d'atterrissage **Landeerlaubnis** f autorisation f d'atterrir; **~ haben** avoir l'autorisation d'atterrir **Landefähre** f module m d'atterrissage
landeinwärts Adv ziehen à l'intérieur des terres; wehen vers la terre
Landeklappe f volet m de freinage **Landemanöver** nt manœuvre f d'atterrissage
landen [ˈlandən] **I.** itr V + sein ❶ Flugzeug, Fallschirmspringer: atterrir; **auf dem Mond ~** alunir; **auf einem Ast ~** se poser sur une branche
❷ (anlegen) **auf einer Insel/im Hafen ~** Schiff: aborder dans une île/au port
❸ fam (hingelangen, ankommen) **im Hotel/zu Hause ~** atterrir à l'hôtel/à la maison (fam); **bei der Sekretärin ~** Kunde, Anruf, Schreiben: atterrir chez la secrétaire (fam); **im Papierkorb/im Gefängnis ~** atterrir dans la corbeille à papier/en prison (fam)
▶ **bei jdm nicht ~ können** fam n'avoir aucune chance avec qn
II. tr V + haben faire atterrir, poser Flugzeug, Raumfähre; larguer Soldaten, Truppen
Landenge f isthme m
Landepiste f piste f d'atterrissage **Landeplatz** m ❶ AVIAT terrain m d'atterrissage ❷ (Landungsplatz) mouillage m
Ländereien [lɛndəˈraɪən] Pl terres fpl
Länderfinanzausgleich m péréquation f des ressources entre [les] Länder **Länderkampf** m SPORT compétition f internationale **Länderkunde** f kein Pl géographie f **Ländersache** f kein Pl ADMIN, POL ressort m des länder **Länderspiel** nt SPORT rencontre f internationale
Landesbank <-banken> f banque f régionale **Landesebene** f **auf ~** au niveau des Länder **landeseigen** Adj propre au/à un Land **Landesfarben** Pl eines Staates couleurs fpl nationales; eines Bundeslandes couleurs; **die ~ Frankreichs** les couleurs natio-

nales de la France; **die bayrischen ~ Landesgrenze** *f eines Staats* frontière *f*; *eines Bundeslandes* limite *f*; **die sächsische ~** les couleurs de la Bavière **Landeshauptmann** *m*, **-frau** *f* A chef *mf* de gouvernement *(d'un Etat fédéré)* **Landeshauptstadt** *f* capitale *f* [d'un Land]; **Wiesbaden ist die hessische ~** Wiesbaden est la capitale de la Hesse **Landesinnere(s)** *nt dekl wie Adj* intérieur *m* du pays; *(hinter der Küste)* arrière-pays *m* **Landeskunde** *f kein Pl* civilisation *f* **landeskundig** *Adj* connaissant le pays; **~ sein** connaître le pays **landeskundlich** *Adj* de civilisation **Landesrat** *m*, **-rätin** *f* A membre *m* d'un gouvernement provincial **Landesrecht** *nt* législation *f* du Land **Landesregierung** *f* gouvernement *m* du Land **Landessprache** *f* langue *f* nationale

Landesteg *m* débarcadère *m*

Landesteil *m* région *f* **Landestracht** *f* costume *m* national [*o* du pays] **landesüblich** *Adj Kleidung* d'usage [dans le pays]; **~ sein** être en usage [dans le pays] **Landesverrat** *m* haute trahison *f* **Landesverteidigung** *f* défense *f* nationale **Landesverweisung** *f* JUR expulsion *f* **Landeswährung** *f* monnaie *f* nationale; **die Ablösung der ~en** le remplacement des monnaies nationales **landesweit** *Adj, Adv* dans tout le pays, à travers le pays **Landeverbot** *nt* interdiction *f* d'atterrir; **~ haben** ne pas avoir l'autorisation d'atterrir

Landfahrer(in) *m(f) form* nomade *mf*; **die ~** les gens *mpl* du voyage *(form)* **Landflucht** *f* exode *m* rural **Landfracht** *f* transports *mpl* terrestre [*o* par terre] **Landfrau** *s.* Landmann **Landfriedensbruch** *m* JUR atteinte *f* à l'ordre public **Landfunk** *m* émission *f* [radiophonique] agricole **Landgang** *m* permission *f* de descendre à terre **Landgericht** *nt* JUR ≈ tribunal *m* de grande instance **landgestützt** *Adj Rakete* basé(e) au sol **Landgewinnung** *f* poldérisation *f* **Landgut** *nt* domaine *m* [rural] **Landhaus** *nt* maison *f* de campagne **Landjäger** *m* GASTR gendarme *m* **Landkarte** *f* carte *f* géographique **Landkreis** *m* ≈ district *m* **Landkrieg** *m* guerre *f* terrestre **landläufig** *Adj* répandu(e); *Bedeutung* communément admis(e) **Landleben** *nt* vie *f* à la campagne

Ländler ['lɛntlɐ] <-s, -> *m* A [danse *f*] tyrolienne *f*

Landleute *Pl* gens *mpl* de la campagne

ländlich ['lɛntlɪç] *Adj Brauch, Tracht* paysan(ne); *Idylle* campagnard(e); *Abgeschiedenheit, Ruhe* de la campagne

Landluft *f* ① air *m* de la campagne ② *iron (nach Jauche riechende Luft)* air *m* pur de la campagne **Landmann** <-männer> *m*, **-frau** *f* campagnard(e) *m(f)* **Landmaschine** *f* machine *f* agricole **Landplage** *f* fléau *m* **Landrat** *m* CH Parlement *m* cantonal, Grand-Conseil *m* **Landrat** *m*, **-rätin** *f* chef *mf* [administratif] de district *(sous-préfet en France)*; CH parlementaire *mf* cantonal(e) **Landratsamt** *nt* ≈ sous-préfecture *f* **Landratte** *f* hum fam éléphant *m* [arg] **Landregen** *m* crachin *m* **Landrücken** *m* croupe *f* montagneuse

Landschaft <-, -en> *f* paysage *m*; GEOG région *f*

landschaftlich *Adj* ①**von großer ~er Schönheit sein** offrir des paysages d'une grande beauté

② LING régional(e)

II. *Adv* ① **~ reizvoll sein** *Gegend, Ortschaft:* offrir un paysage attrayant

② LING selon les régions

Landschaftsgärtner(in) *m(f)* [jardinier(-ière)] *m(f)* paysagiste *mf* **Landschaftsgestaltung** *f* architecture *f* de paysage **Landschaftsmaler(in)** *m(f)* paysagiste *mf* **Landschaftsmalerei** *f kein Pl* paysage *m*, peinture *f* de paysages **Landschaftsschutzgebiet** *nt* site *m* protégé

Landsitz *m* domaine *m*

Landsknecht *m* lansquenet *m* **Landsmann** <-leute> *m*, **-männin** *f* compatriote *mf*; **er ist ein ~ von mir/ihr** c'est un compatriote à moi; **was für ein ~ sind Sie?** vous venez de quel pays?

Landspitze *f* pointe *f* de terre, cap *m* **Landstraße** *f* ≈ [route *f*] départementale *f*; *(untergeordnete Straße)* route *f* secondaire **Landstreicher(in)** <-s, -> *m(f)* vagabond(e) *m(f)* **Landstreicherei** <-> *f* vagabondage *m* **Landstreitkräfte** *Pl* forces *fpl* terrestres **Landstrich** *m* contrée *f* **Landtag** *m* ① *(Parlament)* landtag *m* ② *(Gebäude)* bâtiment *m* du landtag

---

Land und Leute

Les chambres qui représentent le peuple dans les Länder allemands et autrichiens s'appellent toutes des **Landtage**, sauf à Hambourg et à Brême où l'on parle de la *Bürgerschaft*, à Berlin du *Abgeordnetenhaus* et à Vienne du *Gemeinderat*. Les chambres régionales en Suisse s'appellent, selon les cantons: *Kantonsrat*, *Großer Rat* ou encore *Landrat*.

Landung ['landʊŋ] <-, -en> *f* ① *eines Flugzeugs, einer Raumfähre* atterrissage *m*

② MIL *von Truppen, Soldaten* largage *m*; *(per Schiff)* débarquement *m*; **die ~ der Alliierten in der Normandie** le débarquement allié en Normandie

Landungsboot *nt* péniche *f* de débarquement **Landungsbrücke** *f* débarcadère *m* **Landungssteg** *m* ponton *m* [d'accostage] **Landungstruppen** *Pl* troupes *fpl* de débarquement

Landurlaub *m* congé *m* à terre **Landvermessung** *f* ① AGR arpentage *m* ② GEOL géodésie *f* **Landweg** *m* ① *(Weg über das Festland)* voie *f* terrestre; **auf dem ~** par voie terrestre ② *(Feldweg)* chemin *m* rural **Landwehr** *f* ① MIL *veraltet* landwehr *f*; armée *f* territoriale ② *(Grenzbefestigung)* retranchement *m* **Landwein** *m* vin *m* de pays **Landwind** *m* vent *m* de terre **Landwirt(in)** *m(f)* agriculteur(-trice) *m(f)* **Landwirtschaft** *f* ① *kein Pl (Erwerbstätigkeit)* agriculture *f*; **~ betreiben** pratiquer l'agriculture ② *(Betrieb)* exploitation *f* agricole **landwirtschaftlich** I. *Adj Betrieb, Produkt, Maschine* agricole; **die ~e Anbaufläche** la surface cultivée II. *Adv tätig sein* dans l'agriculture; *geprägt sein* par l'agriculture

Landwirtschaftsministerium *nt* ministère *m* de l'agriculture **Landwirtschaftsschule** *f* école *f* d'agriculture

Landzunge *f* langue *f* de terre

lang [laŋ] <länger, längste> I. *Adj* ① *(räumlich ausgedehnt)* Haare, Arm, Kleid, Seil long(longue); **ein ~er Weg/eine ~e Strecke** un long chemin/trajet; **zwei Meter ~ sein** avoir deux mètres de long; **etw länger machen** rallonger qc

② *(zeitlich ausgedehnt)* **ein ~er Film/eine ~e Unterbrechung** un long film/une longue interruption; **ein längerer Aufenthalt** un séjour prolongé; **es hat [eine] ~e Zeit gebraucht** ça a demandé un bon moment [*o* longtemps]; **seit ~em/längerem** depuis longtemps/un certain temps; **länger werden** *Tage:* s'allonger

③ *fam (groß gewachsen)* grand(e); **ist der Junge ~!** quelle grande perche! *(fam)*

▶ **des Langen und Breiten** en long et en large

II. *Adv* ① longtemps; [zu] **~ aufbleiben** veiller [trop] tard; **noch ~ [e] bleiben** rester encore longtemps; **bis Weihnachten ist es noch ~e hin** nous sommes encore loin de Noël; **einen Augenblick/viele Jahre ~** pendant un instant/de nombreuses années; **das Brot reicht [uns] noch ~** on a encore du pain pour un [bon] moment; **wie ~[e] bleibst du?** combien de temps restes-tu?; **~ gezogen** *Geheul, Sirenenton* prolongé(e)

② *(seit einer Weile)* **~ gehegt** *Wunsch* caressé(e) de longue date; **~ ersehnt** tant espéré(e); **die ~ ersehnte Antwort** la réponse tant attendue; **schon ~[e]** *warten, fertig sein* depuis longtemps; **es ist ~[e] her, dass wir uns gesehen haben** ça fait longtemps qu'on s'est vu; **das ist schon ~[e] her!** ça ne date pas d'hier!

③ *(räumlich ausgedehnt)* **~ gestreckt** *Gebäude* allongé(e); **eine ~ gestreckte Ortschaft** une agglomération [toute] en longueur

④ *(bei weitem)* **~[e] nicht so schlimm sein wie ...** être loin d'être aussi grave que ...; **~e nicht so schnell laufen wie ...** être loin de courir aussi vite que ...; **noch ~e nicht fertig sein** *Person:* être loin d'avoir fini

▶ **~ und breit** en long et en large; **was ~e währt, wird endlich gut** *Spr* tout vient à point à qui sait attendre; **je länger, je lieber** le plus tard sera le mieux; **es nicht mehr ~[e] machen** *sl Person:* en avoir plus pour longtemps *(fam)*; **~e auf sich** *(Akk)* **warten lassen** se faire attendre; **nicht ~[e] auf sich** *(Akk)* **warten lassen** *Antwort, Reaktion:* ne se faire guère attendre; **da [*o* darauf] kannst du ~[e] warten!** *iron* tu peux toujours attendre!

langärmelig *s.* langärmlig **langarmig** *Adj* aux longs bras; **~ sein** avoir de longs bras **langärmlig** *Adj* à manches longues **langatmig** [-a:tmɪç] *Adj pej* qui traîne en longueur; **~ sein** traîner en longueur; **allzu ~e Erklärungen** des explications à n'en plus finir **Langatmigkeit** <-> *f pej einer Darstellung, Erklärung* prolixité *f* **langbeinig** *Adj Mensch* aux longues jambes; *Tier* aux longues pattes; **~ sein** avoir de longues jambes/pattes

lange ['laŋə] <länger, längste> *s.* lang

Länge ['lɛŋə] <-, -n> *f* ① *(räumliche Ausdehnung)* longueur *f*; **ein Seil von zwei Metern ~** une corde d'une longueur de deux mètres; **etw der ~ nach falten/durchsägen** plier/scier qc en long

② *(Entfernung)* **auf einer ~ von hundert Metern** sur une distance de cent mètres

③ *(Dauer)* durée *f*; **etw in die ~ ziehen** faire traîner qc en longueur; **sich in die ~ ziehen** *Diskussion, Verhandlung:* traîner en longueur

④ *(Umfang)* **in voller ~ zeigen** en version intégrale; **erscheinen** en édition intégrale

⑤ *fam (Größe) eines Menschen* taille *f*; **in die ~ wachsen** pousser en hauteur

⑥ *(langatmige Stelle) eines Films, Romans* longueur *f*

⑦ GEOG longitude *f*; **die Insel liegt 47° westlicher ~** *(Gen)* l'île est située à 47° de longitude ouest

langen ['laŋən] I. itr V fam ❶ (ausreichen) suffire; [jdm] ~ suffire [à qn]; **das Brot langt** [noch] **bis morgen** le pain suffit [encore] jusqu'à demain; **danke, das langt** [mir] merci, c'est suffisant
❷ (sich erstrecken) **bis zum Boden ~** Tischdecke, Vorhang: arriver jusqu'au sol; [bis] **über das Knie ~** Rock: recouvrir le genou
❸ (fassen) **an etw** (Akk) **~** toucher [à] qc
❹ (reichen) **auf den Schrank ~** [können] [arriver à] atteindre le dessus de l'armoire
II. itr V unpers fam **es langt, wenn du anrufst** ça suffit de téléphoner
▸ **ihr/mir langt es** elle en a/j'en ai marre (fam)
III. tr V fam **jdm etw ~** passer qc à qn
▸ **jdm eine ~** en allonger une à qn (fam)
Längeneinheit f unité f de longueur **Längengrad** m degré m de longitude **Längenmaß** nt mesure f de longueur
länger ['lɛŋɐ] s. lang
längerfristig I. Adj Planung, Vorbereitungen de longue haleine; Vertrag à plus long terme
II. Adv à plus long terme
langersehnt s. lang II.❷
Langeweile <- o langen Weile geh> ['laŋəvaɪlə] f ennui m; **~ haben** s'ennuyer; **aus** [lauter] **~ essen** manger par ennui; **vor ~** [o Langerweile geh] **fast sterben** presque mourir d'ennui
Langfinger m hum fam voleur(-euse) m(f) à la tire **Langformat** nt eines Briefumschlags format m américain
langfristig I. Adj Regelung, Vertrag, Darlehen à long terme
II. Adv à long terme; **~ geplant sein** être prévu(e) longtemps à l'avance
langgehegt s. lang II.❷
langlgehen unreg + sein fam I. itr V **am Fluss/an der Bahnlinie ~** longer le fleuve/la voie de chemin de fer
II. itr V unpers **da geht's lang** il faut passer [o on passe] par là
▸ **sagen, wo's langgeht** décider de ce qu'il faut faire; **wissen, wo's langgeht** savoir de quoi il retourne
langgestreckt s. lang II.❷
langgezogen s. lang II.❷
langhaarig Adj Mensch aux longs cheveux; Hund, Katze, Lama à poil long; **~ sein** Mensch: avoir les cheveux longs; Hund, Katze, Lama: avoir le poil long **Langhaarige(r)** f(m) dekl wie Adj homme m/femme f aux cheveux longs
langjährig Adj Mitarbeiter, Vertrauter, Kunde, Freundschaft de longue date; Planungen, Verhandlungen de plusieurs années; **~e Erfahrung haben** avoir une longue expérience
Langkornreis m riz m long
Langlauf m kein Pl ski m de fond **Langläufer(in)** m(f) (Skiangläufer) skieur(-euse) m(f) de fond
Langlaufloipe f SPORT piste f de ski de fond **Langlaufski** m ski m de fond
langlebig Adj ❶ Mensch, Tier, Baum qui vit longtemps; Grünpflanze vivace; **~ sein** avoir une grande longévité
❷ (dauerhaft) Konsumgut, Material durable; Substanz persistant(e)
Langlebigkeit <-> f ❶ eines Menschen, Tiers, Baums longévité f
❷ fig eines Konsumguts solidité f; einer Substanz, eines Gerüchts persistance f
langllegen r V fam ❶ (hinfallen) **sich ~** s'étaler (fam)
❷ (sich niederlegen) **sich auf etw** (Dat) **~** s'allonger sur qc
länglich ['lɛŋlɪç] Adj oblong(-longue)
langlliegen itr V unreg fam être allongé(e) **langmähnig** Adj fam Mensch chevelu(e); **~ sein** avoir de longs tifs (fam) **Langmut** <-> f geh longanimité f (littér)
langmütig Adj geh indulgent(e)
längs [lɛŋs] I. Präp + Gen **~ des Kanals** le long du canal
II. Adv stellen, hinlegen longitudinalement
Längsachse [-aksə] f axe m longitudinal
langsam ['laŋza:m] I. Adj ❶ Bewegung, Reaktion lent(e)
❷ (bedächtig) Mensch lent(e); **~ sein** avoir l'esprit lent
❸ (allmählich) Nachlassen, Vorgang progressif(-ive)
II. Adv ❶ (nicht schnell) lentement; anfahren tout doucement; **~, ~!, immer** [schön] **~!** fam cool, cool!
❷ fam (allmählich) petit à petit; **es ist ~ an der Zeit, dass** il serait [bientôt] temps de + infin/que + subj; **~ wird mir das aber zu bunt!** ça commence à bien faire! **das sollte dir ~ mal klar werden!** tu devrais finir par comprendre ça à la fin!
▸ **~, aber sicher** lentement mais sûrement
Langsamkeit <-> f lenteur f
Langschläfer(in) m(f) lève-tard mf (fam)
längsgestreift s. gestreift
Langspielplatte f trente-trois tours m
Längsrichtung f **in ~** dans le sens de la longueur **Längsschnitt** m coupe f longitudinale **Längsseite** f eines Kastens, einer Kiste longueur f; eines Tisches grand côté m; eines Schiffes flanc m **längsseits** I. Präp + Gen NAUT **~ des Tankers liegen** être parallèle au pétrolier II. Adv **~ am Bootssteg anlegen** accoster parallèlement au ponton **Längsstreifen** Pl rayures fpl verticales
längst [lɛŋst] Adv ❶ (seit langem) depuis longtemps
❷ (bei weitem) **das ist ~ nicht alles** c'est loin d'être tout
längste(r, s) Superl von lang
längstens ['lɛŋstəns] Adv ❶ (höchstens) tout au plus
❷ (spätestens) au plus tard
langstielig Adj Blume, Staude à longue tige; Glas à long pied
Langstreckenflug m vol m long-courrier **Langstreckenflugzeug** nt long-courrier m **Langstreckenlauf** m course f de fond **Langstreckenläufer(in)** m(f) coureur(-euse) m(f) de fond **Langstreckenrakete** f missile f longue portée
Languste [laŋˈgʊstə] <-, -n> f langouste f
langweilen ['laŋvaɪlən] I. tr V ennuyer
II. itr V être ennuyeux(-euse)
III. r V **sich ~** s'ennuyer; **sich bei einem Vortrag/einem Film ~** s'ennuyer pendant une conférence/un film; **sich tödlich** [o **zu Tode**] **~** fam s'ennuyer comme un rat mort (fam); s. a. **gelangweilt**
Langweiler(in) <-s, -> m(f) pej fam ❶ raseur(-euse) m(f) (fam)
❷ (langsamer Mensch) lambin(e) m(f) (fam)
langweilig I. Adj ennuyeux(-euse)
II. Adv de façon ennuyeuse
Langwelle f grandes ondes fpl; **auf ~** sur grandes ondes
langwierig ['laŋviːrɪç] Adj de longue haleine [o durée]
Langwierigkeit <-> f longue durée f
Langzeitarbeitslose(r) f(m) dekl wie Adj chômeur(-euse) m(f) de longue durée **Langzeitarbeitslosigkeit** f chômage m de longue durée **Langzeitgedächtnis** nt mémoire f longue [o à long terme] **Langzeitrisiko** nt risque m à long terme **Langzeitstudent(in)** m(f) étudiant(e) dont la durée des études dépasse celle prévue par le règlement des études **Langzeitstudie** f étude f à long terme **Langzeittherapie** f thérapie f de longue durée **Langzeitwirkung** f effet m de longue durée
Lanolin [lanoˈliːn] <-s> nt lanoline f
Lanthan [lanˈtaːn] <-s> nt CHEM lanthane m
Lanze ['lantsə] <-, -n> f lance f
▸ **für jdn/etw eine ~ brechen** geh prendre fait et cause pour qn/qc
Lanzette [lanˈtsɛtə] <-, -n> f lancette f
Lanzettfischchen <-s, -> nt ZOOL amphioxus m
Laos ['laːɔs] <-> nt le Laos
Laote [laˈoːtə] <-n, -n> m, **Laotin** f Laotien(ne) m(f)
laotisch Adj laotien(ne)
lapidar [lapiˈdaːɐ] geh I. Adj lapidaire
II. Adv de façon lapidaire
Lapislazuli [lapɪsˈlaːtsuli] <-, -> m lapis[-lazuli] m
Lappalie [laˈpaːliə] <-, -n> f broutille f
Lappe ['lapə] <-n, -n> m Lapon(e) m(f)
Lappen ['lapən] <-s, -> m ❶ chiffon m
❷ sl (Banknote) biffeton m (fam)
▸ **jdm durch die ~ gehen** fam Dieb, Täter: filer entre les pattes de qn (fam); Auftrag, Sonderangebot: passer sous le nez de qn (fam)
läppern ['lɛpɐn] r V unpers fam **das** [o **es**] **läppert sich** ça finit par faire [pas mal] (fam)
lappig ['lapɪç] Adj fam ❶ (schlaff) mou(molle)
❷ (gering) minime; **für ~ e 50 Euro** (läppisch) pour seulement 50 euros, pour la somme ridicule [o dérisoire] de 50 euros
Lappin ['lapɪn] <-, -nen> f s. **Lappe**
läppisch ['lɛpɪʃ] pej I. Adj ❶ (unsinnig, albern) puéril(e) (péj)
❷ (gering) Betrag ridicule (péj)
II. Adv de façon puérile (péj); **das kam ihr ~ vor** elle trouvait ça puéril
Lappland ['laplant] <-s> nt la Laponie
Lapsus ['lapsʊs, Pl: 'lapsuːs] <-, -> m geh lapsus m; **einen ~ begehen** faire un lapsus
Lapsus linguae <- -, - -> m geh lapsus m [linguæ]
Laptop ['lɛptɔp, 'læptɔp] <-s, -s> m [ordinateur m] portable m
Lärche ['lɛrçə] <-, -n> f mélèze m
large [larʒ] CH s. **generös**
Largo ['largo, Pl: 'largi] <-s, -s o **Larghi**] nt MUS largo m
Larifari [lariˈfaːri] <-s> nt pej fam blabla[bla] m (fam)
Lärm [lɛrm] <-[e]s> m bruit m; **~ machen** faire du bruit
▸ **viel ~ um nichts machen** faire beaucoup de bruit pour rien
Lärmbekämpfung f lutte f antibruit **Lärmbelästigung** f, **Lärmbelastung** f nuisances fpl sonores; **die ~ durch den Straßenverkehr** la gêne causée par le bruit de la circulation **lärmdämpfend** Adj qui assourdit le bruit **lärmempfindlich** Adj sensible au bruit
lärmen ['lɛrmən] itr V faire du bruit; **~de Kinder** enfants bruyants
Lärmpegel m niveau m sonore **Lärmquelle** f source f de bruit

Lärmschutz *m* protection *f* antibruit
Lärmschutzwall *m*, **Lärmschutzwand** *f* mur *m* antibruit
Larve ['larfə] <-, -n> *f* ❶ larve *f*
❷ *(Halbmaske)* loup *m*
las [laːs] *Imp von* **lesen**
Lasagne [laˈzania] *Pl* lasagne[s] *fpl*
lasch [laʃ] *fam* I. *Adj* ❶ *(schlaff)* Händedruck mou(molle)
❷ *(nachlässig) Erziehung* relâché(e); [zu] ~ sein *Regierung:* être [trop] laxiste; *Polizei:* être [trop] coulant(e) *(fam)*
❸ *(fade) Essen, Suppe* fadasse *(fam)*
II. *Adv* mollement
Lasche ['laʃə] <-, -n> *f eines Umschlags, einer Tasche* rabat *m; eines Kleids* patte *f*
Laschheit <-, -en> *f* ❶ *eines Händedrucks* mollesse *f*
❷ *(Nachgiebigkeit) eines Menschen, einer Regierung* laxisme *m*
Laser ['leːzɐ, 'lɛɪzɐ] <-s, -> *m* laser *m*
Laserchirurgie ['leɪzɐ-] *f* chirurgie *f* au laser **Laserdrucker** *m* imprimante *f* [à] laser **Laserstrahl** *m* rayon *m* laser **Lasertechnik** *f* technique *f* au laser **Laserwaffe** *f* MIL arme *f* laser
lasieren* *tr V* enduire d'une lasure; etw ~ enduire qc d'une lasure
lassen ['lasən] I. <lässt, ließ, gelassen> *tr V* ❶ *(unterlassen)* arrêter; das Trinken nicht ~ können ne pouvoir s'empêcher de boire; ich kann es einfach nicht ~ c'est plus fort que moi; ich habe es dann doch gelassen mais j'ai fini par y renoncer; das Rauchen sein ~ arrêter de fumer; lass die Kritik sein! arrête de critiquer!; ich lasse es besser sein il vaut mieux que je renonce; lass das! arrête!; lass das lieber! il vaut mieux pas!; wenn du keine Lust hast, dann lass es doch! si tu n'as pas envie, ne le fais pas [o laisse tomber!
❷ *(zurücklassen)* die Kinder allein/bei Verwandten ~ laisser les enfants seuls/chez des parents; die Tasche im Büro/zu Hause ~ laisser le sac au bureau/à la maison; seinen Mantel im Restaurant hängen/liegen ~ laisser son manteau au restaurant; den Wagen stehen ~ ne pas prendre la voiture
❸ *(zugestehen)* jdm seinen Glauben/Freiraum ~ laisser à qn sa liberté de croyance/d'action
❹ *(zu gehen gestatten)* jdn ins Haus/durch das Tor ~ laisser qn entrer dans la maison/passer la porte; die Kinder auf die Straße/ins Schwimmbad ~ laisser les enfants sortir dans la rue/aller à la piscine
❺ *(in einem Zustand belassen)* etw liegen ~ *(unerledigt)* laisser qc en attente; die Tür offen ~ laisser la porte ouvert(e); eine Stelle offen ~ laisser un poste vacant; etw stehen ~ laisser qc; lass die Vase bitte stehen! ne touche pas au vase!; den Schlüssel in der Tür stecken ~ laisser la clé sur la porte; die Wohnung schmutzig ~ laisser l'appartement sale; alles so ~, wie es ist *Polizei, Zeuge:* laisser tout tel quel; kann ich den Aufsatz so ~? est-ce que je peux laisser cette rédaction comme ça?; wir sollten nichts unversucht ~ nous devrions tout essayer; ~ wir es dabei restons-en là
❻ *(nicht stören)* jdn ~ laisser qn [tranquille]
❼ *(nicht anrühren)* stehen ~ ne pas toucher à *Essen, Getränk;* für Champagner den besten Rotwein stehen ~ préférer le champagne au meilleur des vins rouges; du kannst deinen Geldbeutel stecken ~! laisse, c'est pour moi!
❽ *(gewähren lassen)* jdn ~ laisser faire qn
❾ *(gelangen lassen)* Wasser in die Wanne ~ faire couler de l'eau dans la baignoire; das Wasser aus der Wanne ~ vider la baignoire; Öl in den Tank ~ verser du mazout dans le réservoir; die Luft aus den Reifen ~ dégonfler les pneus
▶ jdn **hängen** ~ *fam* laisser tomber qn *(fam);* sich **hängen** ~ *fam* se laisser aller; alles **stehen und liegen** [o **liegen und stehen**] ~ laisser tout en plan *(fam);* das muss man ihr/ihm ~ il faut lui rendre cette faveur *(fam);* einen muss man ihn ~, er versteht sein Handwerk il faut reconnaître qu'il connaît son métier; einen ~ *fam* en lâcher un *(fam)*
II. <lässt, ließ, lassen> *Hilfsv modal* ❶ *(dulden, zulassen)* jdn studieren ~ faire étudier qn; die Kinder nicht fernsehen ~ ne pas permettre aux enfants de regarder la télé; ich lasse mich nicht belügen/zwingen! je n'accepte pas qu'on me mente!/on ne me forcera pas!
❷ *(veranlassen)* jdn warten ~ faire attendre qn; jdn kommen/rufen ~ faire venir/appeler qn; sich untersuchen ~ se faire examiner; sich scheiden ~ divorcer; sich *(Akk)* wegen einer Infektion behandeln ~ se faire soigner pour d'une infection; etw reparieren/bauen ~ faire réparer/construire qc; jdn etw wissen ~ faire savoir qc à qn; sich *(Dat)* etw schicken ~ se faire envoyer qc; sich *(Dat)* einen Zahn ziehen/die Haare schneiden ~ se faire arracher une dent/couper les cheveux; den Tee drei Minuten ziehen ~ laisser le thé infuser trois minutes
❸ *(als Ausdruck der Möglichkeit)* das Fenster lässt sich öffnen on peut ouvrir la fenêtre; der Text lässt sich kürzen on peut raccourcir le texte; dieser Text lässt sich nur schwer übersetzen ce texte-là est difficile à traduire; das lässt sich machen c'est faisable; das lässt sich essen ça se laisse manger; es wird sich nicht leicht beweisen ~ il ne sera pas facile de le prouver; es wird sich kaum vermeiden ~, dass il est pratiquement inévitable que + *subj;* aus den Aussagen lässt sich folgern, dass on peut conclure des dépositions que + *indic*
❹ *(als Ausdruck einer Aufforderung)* lass uns/lasst uns gehen! allons-nous en!; lasset uns beten! prions!; lass dich hier nie wieder blicken! et ne te montre plus jamais ici!; ~ Sie sich das gesagt sein! tenez vous-le pour dit!; lass dich bloß nicht von ihm ärgern! ne te laisse pas contrarier par lui!; lass dir darüber keine grauen Haare wachsen! ne te fais pas de mauvais sang pour ça!; ~ Sie sich doch nicht solche Lügen auftischen! ne croyez pas à de tels mensonges!
▶ das lasse ich nicht mit mir **machen**! je ne marche pas!; und das lässt du so einfach mit dir **machen**? et tu te laisses faire?
III. <lässt, ließ, gelassen> *itr V* von jdm/etw ~ renoncer à qn/qc; lass/lasst mal! laisse/laissez donc!
lässig ['lɛsɪç] I. *Adj* décontracté(e)
II. *Adv* ❶ *(ungezwungen)* en toute décontraction
❷ *fam (mit Leichtigkeit)* les doigts dans le nez *(fam)*
Lässigkeit <-> *f* ❶ *(Ungezwungenheit)* décontraction *f*
❷ *(Leichtigkeit)* facilité *f*
Lasso ['laso] <-s, -s> *nt o m* lasso *m*
lässt[RR], **läßt**[ALT] *3. Pers Präs von* **lassen**
Last [last] <-, -en> *f* ❶ *(schweres Gewicht)* charge *f,* poids *m*
❷ *(Transportlast, Bürde)* charge *f;* jdm eine ~ abnehmen soulager qn d'un fardeau
❸ *Pl (finanzielle Verpflichtung)* charges *fpl*
▶ jdm zur ~ **fallen** devenir une charge pour qn; zu jds ~ **en gehen** être à la charge de qn; jdm etw zur ~ **legen** mettre qc sur le dos de qn; jdm zur ~ **legen** etw getan zu haben accuser qn d'avoir fait qc
Lastauto *nt* camion *m*
lasten ['lastən] *itr V* ❶ auf jdm ~ *Verantwortung:* reposer sur [les épaules de] qn; *Sorgen:* peser sur qn; die ganze Arbeit lastet auf mir tout le travail est à ma charge
❷ *(finanziell belasten)* auf etw *(Dat)* ~ grever qc; auf dem Haus lastet noch eine Hypothek la maison est encore grevée d'une hypothèque
Lastenaufzug *m* monte-charge *m*
Laster[1] <-s, -> *m fam (Lkw)* gros-cul *m (fam)*
Laster[2] <-s, -> *nt* vice *m;* mein ~ sind die Süßigkeiten les sucreries, c'est mon péché mignon
Lästerei <-, -en> *f fam* dénigrement *m* [incessant]
Lästerer ['lɛstərɐ] <-s, -> *m,* **Lästerin** *f* mauvaise langue *f;* du bist ein unverbesserlicher ~! il faut toujours que tu critiques tout!
lasterhaft *Adj geh* débauché(e) *(littér); Leben* dissolu(e) *(soutenu)*
Lasterhaftigkeit <-> *f* dépravation *f (soutenu)*
Lasterhöhle *f pej fam* lieu *m* de débauche
lästerlich *Adj* médisant(e); *(gotteslästerlich)* blasphématoire
Lästermaul *s.* **Lästerer, Lästerin**
lästern ['lɛstɐn] *itr V* dénigrer; über jdn/etw ~ dénigrer qn/qc
Lästerung <-, -en> *f* ❶ *(das Lästern)* médisance *f,* dénigrement *m*
❷ REL blasphème *m*
Lastesel *m* ❶ mulet *m*
❷ *fig fam* baudet *m (fam)*
lästig ['lɛstɪç] *Adj* ❶ *(störend) Fliegen* agaçant(e); *Erkrankung, Schmerzen* pénible; *Schuppen, Verband* désagréable
❷ *(aufdringlich) Person* importun(e) *(soutenu);* jdm ~ fallen/werden importuner/commencer à agacer qn; jdm ~ sein agacer qn
Lastkahn *m* péniche *f* **Lastkraftwagen** *s.* **Lastwagen**
Last-Minute-Reise [laːstˈmɪnɪt-] *f* voyage *m* en last minute
Lastschrift *f* avis *m* de débit
Lastschriftanzeige *f* FIN avis *m* de débit **Lastschriftverfahren** *nt* système *m* de recouvrement direct
Lasttier *nt* bête *f* de somme **Lastwagen** *m* camion *m* **Lastwagenfahrer(in)** *m(f)* camionneur(-euse) *m(f); (Fernfahrer)* routier *m* **Lastzug** *m* semi-remorque *m*
Lasur [laˈzuːɐ] <-, -en> *f* lasure *f*
lasziv [lasˈtsiːf] I. *Adj* lascif(-ive)
II. *Adv* lascivement
Laszivität [lastsiviˈtɛːt] <-> *f geh* lascivité *f (littér)*
Latein [laˈtaɪn] <-s> *nt kein Art (Sprache, Schulfach)* latin *m;* auf ~ en latin; *s. a.* **Deutsch**
▶ mit seinem ~ am **Ende** sein ne plus savoir quoi essayer
Lateinamerika *nt* l'Amérique *f* latine **lateinamerikanisch** *Adj* latino-américain(e)
lateinisch [laˈtaɪnɪʃ] I. *Adj Sprache, Grammatik, Wort* latin(e); *Vokabeln* de latin; *Inschrift* en latin
II. *Adv* ~ miteinander sprechen discuter en latin; *s. a.* **deutsch**
Lateinisch *nt kein Art (Sprache, Schulfach)* latin *m;* auf ~ en latin;

s. a. **Deutsch**
Lateinische *nt dekl wie Adj* das ~ le latin; *s. a.* **Deutsche**
latent [laˈtɛnt] **I.** *Adj* latent(e)
II. *Adv* à l'état latent
Latenz <-> *f* BIO, MED latence *f*
Latenzzeit <-, -en> *f* MED période *f* d'incubation
Laterne [laˈtɛrnə] <-, -n> *f* ❶ *(Straßenlaterne)* réverbère *m*; *(Gaslaterne)* bec *m* de gaz
❷ *(Außenleuchte)* lanterne *f*
❸ *(Lampion)* lampion *m*
Laternenpfahl *m* colonne *f* de réverbère
Latex [ˈlaːtɛks, *Pl:* ˈlaːtitseːs] <-, **Latizes**> *m* latex *m*
Latinum [laˈtiːnʊm] <-s> *nt* diplôme d'étude du latin; **kleines/großes ~** diplôme sanctionnant l'étude du latin élémentaire/approfondi
Latrine [laˈtriːnə] <-, -n> *f* latrines *fpl*
Latrinenparole *f pej fam* racontars *mpl* de bonne femme *(fam)*
Latsche [ˈlaːtʃə] *s.* **Latschenkiefer**
latschen [ˈlaːtʃən] *itr V + sein* **über die Straße/den Flur ~** traverser la rue/le couloir en traînassant *(fam)*; **zwei Stunden lang/nach Hause ~** se taper deux heures à pinces/rentrer à pinces à la maison *(fam)*; **über ein Beet ~** piétiner une plate bande
Latschen <-s, -> *m fam* ❶ *(Hausschuh)* savate *f (fam)*
❷ *pej (Schuh)* grolle *f (fam)*
► **aus den ~ kippen** tomber dans les pommes *(fam)*
Latschenkiefer *f* pin *m* de montagne
Latte [ˈlatə] <-, -n> *f* ❶ *(Holzleiste)* latte *f*
❷ SPORT barre *f*
❸ FBALL barre *f* [transversale]
❹ *fam (Menge)* **eine ganze ~ von Fragen** tout un paquet de questions *(fam)*
❺ *sl (Erektion)* trique *f (arg)*; **eine ~ haben** avoir la trique *(arg)*
► **eine lange ~** *fam* une grande perche [*o* bringue] *(fam)*
Lattenrost *m* sommier *m* à lattes **Lattenzaun** *m* palissade *f*
Lattich [ˈlatɪç] <-s, -e> *m* laitue *f* [sauvage]
Latz [lats, *Pl:* ˈlɛtsə] <-es, **Lätze** *o* A -> *m* (Kinderlatz, Hosenlatz) bavette *f*
► **jdm eins vor den ~ knallen** *fam* mettre un pain à qn *(pop)*
Lätzchen [ˈlɛtsçən] <-s, -> *nt Dim von* **Latz** bavette *f*
Latzhose *f* salopette *f*
lau [laʊ] *Adj* tiède
► **für ~** *fam* à l'œil *(fam)*
Laub [laʊp] <-[e]s> *nt (Belaubung)* feuillage *m*; *(abgefallene Blätter)* feuilles *fpl* mortes; **~ tragend** tragend(e)
Laubbaum *m* arbre *m* feuillu **Laubblatt** *nt* feuille *f* d'arbre
Laube [ˈlaʊbə] <-, -n> *f* tonnelle *f*
► **und fertig ist die ~!** *fam* et voilà le travail! *(fam)*
Laubenkolonie *f veraltet* jardins *mpl* ouvriers
Laubfrosch *m* rainette *f* [verte] **Laubhölzer** *Pl* feuillus *mpl*
Laubhüttenfest *nt* fête *f* des tabernacles **Laubsäge** *f* scie *f* à chantourner **Laubsänger** *m* ORN pouillot *m*
laubtragend *s.* **Laub**
Laubwald *m* forêt *f* de feuillus
Lauch [laʊx] <-[e]s, -e> *m* poireau *m*
Laudatio [laʊˈdaːtsio, *Pl:* laʊdaˈtsioːneːs] <-, **Laudationes**> *f geh* panégyrique *m*; **die ~ auf jdn halten** prononcer le panégyrique de qn
Lauer [ˈlaʊɐ] ► **sich auf die ~ legen** se mettre à l'affût; **auf der ~ liegen** [*o* **sitzen**] être à l'affût
lauern [ˈlaʊɐn] *itr V* **auf jdn/etw ~** *Person, Tier:* guetter qn/qc; **darauf ~, dass jd sich verrät** guetter le moment où qn va se trahir; **ein ~der Blick** un regard à l'affût
Lauf [laʊf, *Pl:* ˈlɔɪfə] <-[e]s, **Läufe**> *m* ❶ *kein Pl (das Laufen)* course *f*; *(das Joggen)* footing *m*; **vom ~ erschöpft sein** être fatigué(e) d'avoir couru
❷ SPORT *(Durchgang)* essai *m*
❸ *kein Pl (das Funktionieren) eines Motors* régime *m*; *einer Kurbelwelle, eines Kolbens* course *f*
❹ *kein Pl (Abschnitt eines Flusses)* **oberer/unterer ~** cours *m* supérieur/inférieur
❺ *(Gewehrlauf)* canon *m*; **ein Tier vor den ~ bekommen** avoir un animal dans sa ligne de mire
❻ *(Bein) eines Rehs, Hirsches, Hasen* patte *f*
❼ *(Verlauf)* cours *m*; **im ~e des Gesprächs/der Jahre** au cours de la conversation/au fil des ans; **seinen ~ nehmen** suivre son cours; **seiner Fantasie freien ~ lassen** laisser libre cours à son imagination; **seinen Tränen freien ~ lassen** laisser couler ses larmes
► **das ist der ~ der Welt** ainsi va le monde
Laufbahn *f* carrière *f* **Laufband** *nt* SPORT tapis *m* de course
Laufbursche *m* ❶ *veraltet (Bote)* saute-ruisseau *m (vieilli)* ❷ *pej (Lakai)* larbin *m (péj)*
laufen [ˈlaʊfən] <**läuft**, **lief**, **gelaufen**> **I.** *itr V + sein* ❶ *(rennen)* courir; **nach Hause/in die Schule ~** courir à la maison/l'école; **lauf schneller!** accélère!
❷ *fam (gehen)* **zur Polizei/zu seiner Mutter ~** courir [*o* filer *fam*] à la police/chez sa mère; **ständig in die Kneipe ~** être tout le temps fourré(e) au bistro *(fam)*
❸ *(zu Fuß gehen)* marcher; **wie lange läuft man von hier bis zum Bahnhof?** il faut combien de temps à pied d'ici à la gare?; **das Laufen** la marche; **beim Laufen tut mir die Hüfte weh** quand je marche la hanche me fait mal
❹ *(fließen) Flüssigkeit:* couler; *(auslaufen)* s'écouler; **Wasser in die Badewanne ~ lassen** faire couler de l'eau dans la baignoire
❺ *(funktionieren) Getriebe, Motor:* tourner; *Uhr, Computerprogramm, Gerät:* marcher; *(eingeschaltet sein)* être en marche
❻ *(gespielt, gezeigt werden)* passer; **das Stück läuft schon die dreizehnte Woche** la pièce est à l'affiche depuis treize semaines
❼ *(gültig sein) Abkommen:* être en cours de validité; **drei Jahre ~ Vertrag:** être valable trois ans
❽ *(verlaufen)* **ums Haus herum ~** *Weg:* faire le tour de la maison; **unterirdisch ~** *Kabel:* passer sous terre
❾ *(geführt werden)* **unter dem Decknamen Willi ~** être dénommé(e) Willi; **unter [der Bezeichnung] Sonstiges/Diverses ~** se trouver dans la rubrique autres/diverses
❿ *(ablaufen, seinen Gang gehen)* **gut/bestens ~** se dérouler [*o* se passer] bien/pour le mieux; **schon zwei Jahre ~ Prozess:** durer depuis déjà deux ans; **wie läuft es in der Firma?** comment ça va dans l'entreprise?
► **jdn ~ lassen** *fam* laisser filer qn *(fam)*; **gelaufen sein** *sl* être fini(e)
II. *tr V + haben o sein* ❶ SPORT établir *Rekord*; **hundert Meter in zwölf Sekunden ~** courir cent mètres en douze secondes
❷ *(fahren)* **Schlittschuh/Ski/Rollschuh ~** faire du patin à glace/du ski/du patin à roulettes
III. *r V unpers + haben* **in diesen Schuhen läuft es sich gut/schlecht** on marche bien/mal dans ces chaussures; **hier läuft es sich schlecht** on a du mal à marcher ici
laufend I. *Adj attr* ❶ *(gegenwärtig) Woche, Monat, Jahr, Semester* en cours
❷ *a.* FIN *(ständig) Arbeiten* en cours; *Ausgaben* courant(e)
► **auf dem Laufenden bleiben** se tenir au courant; **jdn über etw *Akk* auf dem Laufenden halten** tenir qn au courant de qc; **mit etw auf dem Laufenden sein** être à jour dans qc
II. *Adv* sans arrêt
laufen|lassen *s.* **laufen I.** ►
Läufer [ˈlɔɪfɐ] <-s, -> *m* ❶ SPORT coureur *m*
❷ SCHACH fou *m*
❸ *(Teppich)* tapis *m* de couloir; *(Treppenläufer)* chemin *m* d'escalier
Lauferei <-, -en> *f pej fam* cavalcades *fpl (fam)*; **er nimmt mir die ~ ab** il m'évite de cavaler partout *(fam)*; **ich habe die ganze ~ satt** j'en ai assez de cavaler partout *(fam)*
Läuferin <-, -nen> *f* coureuse *f*
Lauffeuer ► **sich wie ein ~ verbreiten** *fam* se répandre comme une traînée de poudre **Laufgitter** *s.* **Laufstall**
läufig [ˈlɔɪfɪç] *Adj* en chaleur
Laufjunge *m s.* **Laufbursche Laufkatze** *f* TECH chariot *m* roulant **Laufkundschaft** *f* clientèle *f* de passage **Laufmasche** *f* maille *f* filée; **ich habe eine ~** mes collants/bas sont filés **Laufpass**[RR] ► **jdm den ~ geben** *fam* plaquer [*o* larguer] qn *(fam)* **Laufplanke** *f* planche *f* en guise de passerelle **Laufschiene** *f* TECH glissière *f* **Laufschritt** *m* **im ~ [marsch!]** au pas de gymnastique[, en avant, marche!] **Laufstall** *m* parc *m* **Laufsteg** *m* podium *m*
läuft [lɔɪft] *3. Pers Präs von* **laufen**
Laufvogel *m* BIO oiseau *m* coureur **Laufwerk** *nt* INFORM *(Diskettenlaufwerk)* lecteur *m* de disquettes; *(CD-ROM-Laufwerk)* lecteur de CD-ROM **Laufzeit** *f eines Vertrags, Tarifs* durée *f* de validité; *eines Darlehens, Kredits* durée; *eines Wechsels* échéance *f*
Laufzettel *m* IND fiche *f* de contrôle
Lauge [ˈlaʊɡə] <-, -n> *f* ❶ *(Seifenlauge)* lessive *f*
❷ *(Salzlauge)* saumure *f*
❸ CHEM solution *f* alcaline
Laugenbrezel *f* bretzel *m* **Laugenstange** *f* petit pain salé allongé
Lauheit <-> *f* tiédeur *f*
Laune [ˈlaʊnə] <-, -n> *f* ❶ *(Stimmung)* humeur *f*; **blendende/gute/schlechte ~ haben**, **blendender/guter/schlechter ~ sein** être d'excellente/de bonne/de mauvaise humeur; **seine ~ an jdm auslassen** passer sa mauvaise humeur sur qn; **meine ~ ist auf dem Tiefpunkt** mon moral est au plus bas
❷ *(abwegige Idee)* lubie *f*
❸ *(Anwandlung)* **etw aus einer ~ heraus tun** faire qc sur un coup de tête
► **jdn bei ~ halten** *fam* entretenir qn dans de bonnes dispositions

launenhaft *Adj* ❶ *Person* lunatique
❷ *fig Wetter, Witterung* instable
Launenhaftigkeit <-> *f* ❶ *einer Person* caractère *m* lunatique
❷ *(Wechselhaftigkeit)* instabilité *f*
launig *Adj* amusant(e), drôle
launisch *s.* launenhaft
Laus [laʊs, *Pl:* ˈlɔɪzə] <-, **Läuse** *f* ❶ *(Kopflaus)* pou *m*
❷ *(Blattlaus)* puceron *m*
▸ jdm ist eine ~ über die Leber gelaufen [*o* gekrochen] *fam* qn s'est levé(e) de mauvais poil *(fam)*; **jdm eine ~ in den Pelz setzen** *fam* monter la tête à qn *(fam)*; **sich** *(Dat)* **eine ~ in den Pelz setzen** *fam* se mettre dans le pétrin [soi-même] *(fam)*
Lausbub *m veraltet* [petit] chenapan *m (vieilli)*
Lauschaktion *f* mise *f* sur écoute **Lauschangriff** *m* écoute *f* sauvage
lauschen [ˈlaʊʃən] *itr V* ❶ *(heimlich zuhören)* écouter [en cachette]; **an der Tür ~** écouter à la porte
❷ *(zuhören)* **den Worten der Rednerin ~** écouter les mots de l'oratrice; **dem Flötenspiel ~** écouter le son de la flûte
Lauscher <-s, -> *m* ❶ espion *m*
❷ JAGD oreille *f*
▸ der ~ an der Wand hört seine eigene Schand *Spr.* ≈ si tu ne veux pas entendre médire de toi, n'écoute pas aux portes
Lauscherin <-, -nen> *f* espionne *f*
lauschig *Adj* cosy; **ein ~es Plätzchen** un [petit] coin douillet
Lausebengel [ˈlaʊzə-], **Lausejunge** *s.* Lausbub
lausen [ˈlaʊzn] *tr V* épouiller; **jdn/sich ~** épouiller qn/s'épouiller
lausig *fam* I. *Adj* ❶ *(schlimm, schlecht) Arbeit, Leistung, Gehalt* minable *(fam)*; *Kälte* de canard *(fam)*; **diese ~en Zeiten** cette panade *(fam)*
❷ *(lächerlich)* **~e hundert Euro** cent misérables euros
II. *Adv* **es ist ~ kalt** il fait un froid de canard *(fam)*
laut¹ [laʊt] I. *Adj* ❶ *Stimme, Musik, Ton* fort(e); *Gegend, Straße, Krachen* [très] bruyant(e); **ein ~es Lachen** un rire sonore; **ein ~es Weinen** un gros sanglots; **mit einem ~en Plumps** avec un grand boum; **das Radio ~/~er stellen** mettre la radio fort/plus fort; **in der Stadt ist es mir zu ~** je trouve qu'il y a trop de bruit en ville; **~ werden** hausser le ton; *Kind:* être de plus en plus bruyant(e); *(aufbrausen)* monter sur ses grands chevaux
❷ *(publik)* **~ werden** *Vermutung:* s'ébruiter; *Verdacht:* transpirer
II. *Adv* sprechen, stöhnen fort; brüllen, schreien très fort; quietschen, lachen, grunzen bruyamment
▸ **~ nachdenken** réfléchir à haute voix [*o* tout haut]
laut² *Präp + Gen o Dat* selon; **~ diesem Schreiben** [*o* **dieses Schreibens**] selon cet écrit
Laut <-[e]s, -e> *m* ❶ *(Ton)* son *m*; **keinen ~ von sich geben** ne pas faire le moindre bruit
❷ *Pl (Sprachfetzen)* sons *mpl*
▸ **~ geben** *Hund:* donner de la voix
Laute [ˈlaʊtə] <-, -n> *f* luth *m*
lauten [ˈlaʊtən] *itr V* ❶ *(zum Inhalt haben)* **der Titel lautet …** le titre est …; **wie lautet die Anklage?** quel est le chef d'accusation?; **die Anklage lautet auf Erpressung** le chef d'accusation est le chantage; **gleich ~d** *Angaben, Aussagen* concordant(e)
❷ *(ausgestellt sein)* **auf seinen/ihren Namen ~** être établi(e) à son nom; **auf den Inhaber ~** *Aktie:* être [libellé(e)] au porteur
läuten [ˈlɔɪtən] I. *itr V* ❶ *Glocken, Telefon:* sonner; **das Läuten** la sonnerie
❷ *(herbeirufen)* **nach jdm ~** sonner qn
▸ **jd hat etwas** *fam* **~ hören** qn a vaguement entendu parler de quelque chose
II. *itr V unpers* **es läutet** *(die Türklingel geht)* on sonne; *(die Schulglocke geht)* ça sonne
Lautenist(in) [laʊtəˈnɪst] <-en, -en> *m(f) form s.* **Lautenspieler**
Lautenspieler(in) *m(f)* luthiste *mf*
lauter [ˈlaʊtɐ] I. *Adj geh* ❶ *(aufrichtig) Person, Charakter* probe *(littér)*; *Absichten* pur(e)
❷ *(rein) Gold, Silber* massif(-ive)
❸ *fig Wahrheit* pur(e) antéposé
II. *Adv* ❶ *(nichts als)* **~ Nieten ziehen** ne tirer [rien d'autre] que des numéros perdants; **das sind ~ Nadelbäume** ce ne sont [rien d'autre] que des conifères
❷ *(viel zu viel)* **vor ~ Dampf sieht man nichts mehr** il y a tellement de vapeur qu'on n'y voit plus rien; **vor ~ Arbeit komme ich nicht mehr zum Lesen** j'ai tellement de travail que je n'ai plus le temps de lire
Lauterkeit <-> *f geh eines Menschen, Charakters* probité *f (soutenu)*
läutern [ˈlɔɪtɐn] *tr V geh Schicksal, Leidenszeit:* amender *(soutenu)*; **jdn ~** *Schicksal, Leidenszeit:* amender qn; **sie ist geläutert worden** elle a été transfigurée
Läuterung <-, -en> *f geh* **eine Zeit der ~** une époque qui a permis d'amender son/ton/… caractère

Läutewerk *nt* sonnerie *f*
lauthals *Adv* haut et fort; **etw ~ verkünden** claironner qc partout
Lautlehre *f kein Pl* phonétique *f*
lautlich I. *Adj* phonétique
II. *Adv* phonétiquement
lautlos I. *Adj* silencieux(-euse)
II. *Adv* sans bruit, silencieusement; **völlig ~** sans le moindre bruit
Lautlosigkeit <-> *f* silence *m* [absolu]
Lautmalerei *f* onomatopée *f* **lautmalerisch** I. *Adj* onomatopéique II. *Adv* par des onomatopées **Lautschrift** *f* écriture *f* phonétique; **die internationale ~** l'alphabet *m* phonétique international **Lautsprecher** *m* haut-parleur *m*; **etw über ~ ankündigen** annoncer qc par haut-parleur
Lautsprecherbox *f* baffle *m* **Lautsprecherdurchsage** *f* annonce *f* par haut-parleur **Lautsprecherwagen** *m* voiture *f* [à] haut-parleur
lautstark I. *Adj* bruyant(e); **~er Protest** un concert de protestations; **unter ~em Schimpfen** en protestant bruyamment II. *Adv* bruyamment **Lautstärke** *f (Klangstärke)* son *m*, volume *m* [sonore]; **bei voller ~** à fond; **etw auf volle ~ stellen** mettre qc à fond ❷ *(stimmlicher Aufwand)* **er brüllt mit einer ~, dass einem fast das Trommelfell platzt** il hurle à vous en crever les tympans
Lautstärkeregler *m* [bouton *m* de] réglage *m* du volume **Lautverschiebung** *f* LING mutation *f* consonantique
Läutwerk *nt* sonnerie *f*
lauwarm *Adj* tiède
Lava [ˈlaːva] <-, **Laven**> *f* lave *f*
Lavabo [laˈvaːbo] <-[s], -s> *nt* CH lavabo *m*
Lavendel [laˈvɛndəl] <-s, -> *m* lavande *f*
Lavendelöl *nt* essence *f* de lavande
lavieren* [-ˈviː-] *itr V a. fig* louvoyer
Lawine [laˈviːnə] <-, -n> *f* avalanche *f*; **eine ~ auslösen** déclencher une avalanche
▸ **eine ~ lostreten** déclencher une réaction en chaîne
lawinenartig I. *Adj* inexorable
II. *Adv* inexorablement; **~ anschwellen/ansteigen** faire boule de neige/grimper sans fin
Lawinengefahr *f* danger *m* d'avalanche[s]
Lawrencium [loˈrɛntsiʊm] <-s> *nt* CHEM lawrencium *m*; **~ ist radioaktiv** le lawrencium est radioactif
lax [laks] *Adj* laxiste
Laxheit <-> *f* laxisme *m*
Layout, Lay-out[RR] [ˈleːʔaʊt, ˈleɪʔaʊt] <-s, -s> *nt* mise *f* en page
Layouter(in) [leˈʔaʊtɐ, ˈleɪʔaʊtə] <-s, -> *m(f)* metteur(-euse) *m(f)* en page
Lazarett [latsaˈrɛt] <-[e]s, -e> *nt* hôpital *m* militaire
Lazarettschiff *nt* navire-hôpital *m*
Lazarus <-> *m* BIBL Lazare *m*
LCD [ɛltseːˈdeː] *nt Abk von* **Liquid Crystal Display** affichage *m* à cristaux liquides
leasen [ˈliːzən] *tr V* acheter en leasing; **etw ~** acheter qc en leasing
Leasing [ˈliːzɪŋ] <-s, -s> *nt* leasing *m*
Leasingfirma *f* société *f* de leasing **Leasinggeber** *m* bailleur *m* **Leasinggesellschaft** *f* société *f* de leasing **Leasingnehmer(in)** <-s, -> *m(f)* preneur(-euse) *m(f)* de crédit-bail, souscripteur *m* **Leasingvertrag** *m* contrat *m* de leasing **Leasingwagen** *m* voiture *f* achetée en leasing
Lebedame *f pej* noceuse *f (fam)* **Lebehoch** <-[s], -[s]> *nt* vivat *m*; **ein ~ auf jdn ausbringen** porter un toast à qn; **und nun ein dreifaches ~ auf unseren Chef!** et maintenant un triple hourra pour notre patron! **Lebemann** <-männer> *m pej* noceur *m (fam)*
leben [ˈleːbən] I. *itr V* ❶ *(lebendig sein)* vivre; **Gott sei Dank, er lebt** [noch]! Dieu soit loué, il est encore en vie!; **lebt Arletty eigentlich noch?** [au fait,] Arletty est-elle toujours en vie?; **lang lebe die Königin!** longue vie à la reine!
❷ *(ein bestimmtes Leben führen)* **glücklich/zufrieden ~** vivre heureux(-euse)/satisfait(e); **gesund/vernünftig ~** vivre sainement/raisonnablement; **vegetarisch ~** être végétarien(ne); **spartanisch/bescheiden ~** mener une vie [*o* existence] de spartiate/modeste; **luxuriös ~** vivre dans le luxe; **für die Kinder/Partei ~** vivre pour les enfants/le parti; **allein/in Köln ~** vivre seul(e)/à Cologne
❸ *(seinen Lebensunterhalt bestreiten)* **von den Ersparnissen/der Rente ~** vivre de ses économies/de la retraite
▸ **leb[e] wohl!** adieu!; **mit etw ~ können** s'accommoder de qc; **~ und ~ lassen** vivre et laisser vivre; **er/sie kann davon nicht ~ und nicht sterben** cela lui permet tout juste de ne pas mourir de faim; **man lebt [so]** *fam* on fait aller *(fam)*
II. *tr V unpers* **es lebt sich gut auf dem Land** on vit bien à la campagne; **hier lebt es sich nicht besonders angenehm** la vie ici n'est pas particulièrement agréable

Leben <-s, -> nt ❶ vie f; **am ~ sein/bleiben** être/rester en vie; **jdm das ~ retten** sauver la vie à qn; **jdn [künstlich] am ~ erhalten** maintenir qn [artificiellement] en vie; **am ~ lassen** laisser la vie sauve à qn; **das ~ noch vor sich** (Dat) **haben** avoir la vie devant soi; **mit dem ~ davonkommen** s'en tirer; **bei etw ums ~ kommen** trouver la mort lors de/pendant qc; **etw mit dem** [o **seinem**] ~ **bezahlen** payer qc de sa vie; **sein ~ für jdn/etw lassen** donner sa vie pour qn/qc; **sich** (Dat) **das ~ nehmen** mettre fin à ses jours; [freiwillig] **aus dem ~ scheiden** quitter [volontairement] ce monde (soutenu); **jdn das ~ kosten** coûter la vie à qn; **es geht um ~ und Tod** c'est une question de vie ou de mort; **etw zu neuem ~ erwecken** ressusciter qc; **so ist das ~** [eben]! c'est la vie!; **gibt es ein ~ nach dem Tod?** y a-t-il une vie après la mort? ❷ (Lebensbedingungen, -dauer) existence f, vie f; **das tägliche ~** la vie de tous les jours; **das ~ zu zweit** la vie à deux [o en couple]; **ein ~ in Armut/Zufriedenheit** une vie de pauvreté/de satisfaction; **ein angenehmes/unbeschwertes/ungesundes ~ führen** mener une vie [o existence] agréable/sans problème/malsaine; **jdm/sich das ~ schwer machen** mener la vie dure à qn/se compliquer la vie; **zeit meines/seines/... ~s, mein/sein/... ~ lang** toute ma/sa/... vie
▸ **jds ~ hängt an einem dünnen** [o **seidenen**] Faden la vie de qn ne tient qu'à un fil; **jdm das ~ zur** Hölle **machen** rendre la vie infernale à qn; **bei etw sein ~ aufs** Spiel **setzen** risquer sa vie en faisant qc; **jds ~ steht auf dem** Spiel la vie de qn est en jeu; **jdn vom ~ zum** Tode **befördern** geh faire passer qn de vie à trépas (soutenu); **wie das** blühende ~ **aussehen** respirer la santé; **das ewige ~** la vie éternelle; **seines ~s nicht mehr** froh **werden** connaître bien des désagréments; **etw für sein ~** gern **tun** adorer faire qc; **sie sind mit dem** nackten ~ **davongekommen** ils ont juste réussi à sauver leur vie; **im ~** nicht, nie **im ~** jamais de la vie; **das** öffentliche **~** la vie publique; **seines ~s nicht mehr** sicher **sein** fam risquer sa peau partout (fam); **sein ~** aushauchen geh rendre le dernier soupir (soutenu); **um sein ~** laufen [o **rennen**] courir avec la mort à ses trousses; **etw ins ~** rufen donner naissance à qc; **jdm das ~** schenken geh (zur Welt bringen) donner le jour à qn; (am Leben lassen) faire grâce [de la vie] à qn; **sich mit etw durchs ~** schlagen survivre tant bien que mal en faisant qc; **mit jds ~** spielen jouer avec la vie de qn; **wie das ~ so spielt** la vie est ainsi faite; **jdm nach dem ~** trachten en vouloir à la vie de qn
lebend I. Adj Person, Tier, Organismus: vivant(e); Virus: actif(-ive); Blume: naturel(le); **die Lebenden** les vivants; **nicht mehr unter den Lebenden weilen** geh ne plus être de ce monde (form) II. Adv vif(vive); **etw ~ überstehen** sortir vivant(e) de qc
Lebendgewicht nt kein Pl poids m vif
lebendig [leˈbɛndɪç] I. Adj ❶ (lebend, anschaulich) vivant(e); **wieder ~ werden** Organismus: revenir à la vie ❷ (gegenwärtig) vivace; **wieder ~ werden** Erinnerungen: resurgir du passé
▸ **es von den Lebendigen** nehmen hum fam matraquer le client (fam)
II. Adv begraben vivant(e); verbrennen vif(vive)
Lebendigkeit <-> f ❶ (Lebhaftigkeit) vivacité f ❷ (Anschaulichkeit) vie f; eines Berichts caractère m vivant
Lebensabend m geh soir m de la vie (littér); **sein/mein/... ~** ses/mes/... vieux jours mpl **Lebensabschnitt** m période f de la vie **Lebensabschnittspartner(in)** m(f) compagnon m/compagne f du moment **Lebensalter** nt âge m **Lebensarbeitszeit** f durée f de la vie active **Lebensart** f ❶ kein Pl (Manieren) art m de vivre; **eine feine ~** tout un art de vivre; ~ **haben** avoir du/n'avoir aucun savoir-vivre ❷ s. **Lebensweise** **Lebensaufgabe** f tâche f de toute une vie; **sich** (Dat) **etw zur ~ machen** consacrer [toute] sa vie à qc **Lebensbaum** m thuya m **Lebensbedingungen** Pl conditions fpl de vie [o d'existence] **lebensbejahend** Adj PSYCH qui dit oui à la vie **Lebensbereich** m domaine m de la vie **Lebensdauer** f longévité f; eines Geräts, Motors durée f de vie **Lebenselixier** nt élixir m de longue vie **Lebensende** nt kein Pl fin f; **bis ans ~** jusqu'à ma/sa/... mort **Lebenserfahrung** f expérience f de la vie **Lebenserinnerungen** Pl mémoires fpl **Lebenserwartung** f espérance f de vie **lebensfähig** Adj Neugeborenes viable; Mikroben réactivable **Lebensfähigkeit** f kein Pl viabilité f **Lebensform** f ❶ (Lebensweise) mode m de vie [o d'existence] ❷ BIO forme f de vie **Lebensfreude** f kein Pl joie f de vivre **lebensfroh** Adj heureux(-euse) de vivre; ~ **sein** respirer la joie de vivre **Lebensgefahr** f danger m de mort; **in ~ sein** [o **schweben**] être en danger de mort; **außer ~ sein** être hors de danger; [es besteht] ~! [il y a] danger de mort!; **für den Kranken besteht/besteht keine ~** la vie du malade est/n'est pas en danger; **unter ~ tun** faire qc au péril de sa vie **lebensgefährlich** I. Adj Infektion, Erkrankung pouvant être mortel(le); Verletzung présentant des risques vitaux II. Adv **er ist ~ verletzt** ses blessures peuvent lui être fatales; **es ist ~ glatt** il y a un verglas mortel **Lebensgefährte** m, **-gefährtin** f compagnon m/compagne f **Lebensgefühl** nt kein Pl façon f d'aborder l'existence **Lebensgeister** Pl ▸ **jds ~** erwecken [o wecken] fam requinquer qn (fam) **Lebensgemeinschaft** f ❶ (Zusammenleben) communauté f de vie ❷ BIO, ZOOL biocénose f **Lebensgenuss**[RR] m plaisirs mpl de l'existence **Lebensgeschichte** f kein Pl seine/ihre ~ [l'histoire f de] sa vie; **seine ganze ~ erzählen** raconter toute sa vie **Lebensgewohnheiten** Pl habitudes fpl de vie **lebensgroß** Adj grandeur nature inv **Lebensgröße** f **ein Porträt in ~** un portrait grandeur f nature ▸ **in** [voller] ~ **dastehen** hum fam être là en chair et en os **Lebenshaltung** f kein Pl **die ~ wird immer teurer** la vie est de plus en plus chère; **die Kosten für die ~** les dépenses courantes **Lebenshaltungskosten** Pl coût m de la vie **lebenshungrig** Adj qui a soif de vivre; ~ **sein** avoir soif de vivre **Lebensinhalt** m but m dans la vie [o l'existence]; **Fernsehen ist sein** [ganzer] ~ la télé, c'est toute sa vie; **etw zu seinem ~ machen** faire de qc le but de sa vie [o son existence] **Lebensjahr** nt année f de vie; **vor/nach Vollendung des sechsten ~s** avant d'avoir six ans/à six ans révolus; **alles Gute für das neue ~!** meilleurs vœux pour ce nouvel anniversaire! **Lebenskampf** m kein Pl lutte f pour la vie **Lebenskraft** f kein Pl vitalité f; **voller ~ sein** être plein(e) de vie **Lebenskünstler(in)** m(f) bon vivant m; **ein ~ sein** être un bon vivant **Lebenslage** f circonstance f [de la vie]; **in allen ~n** en toutes circonstances **lebenslang** I. Adj Verpflichtung à vie; Haft à perpétuité II. Adv toute sa/ma/... vie **lebenslänglich** I. Adj Freiheitsstrafe à vie; „~" **bekommen** fam prendre perpète (fam) II. Adv à vie **Lebenslängliche(r)** f(m) dekl wie Adj fam condamné(e) m(f) à perpète (fam) **Lebenslauf** m ❶ (Schriftstück) curriculum m [vitæ]; **ein ~ in tabellarischer Form** un C.V. [sous forme] synoptique ❷ (Lebensgeschichte) vie f; **er erzählte mir seinen ~** il m'a raconté l'histoire de sa vie **Lebenslinie** [-li:niə] f ligne f de vie **Lebenslüge** f mensonge m [de toute une vie] **Lebenslust** s. **Lebensfreude lebenslustig** s. **lebensfroh Lebensmitte** f kein Pl milieu m de la vie **Lebensmittel** nt meist Pl denrées fpl alimentaires **Lebensmittelabteilung** f rayon m [de l']alimentation **Lebensmittelchemie** f chimie f alimentaire **Lebensmittelfabrik** f fabrique f de produits alimentaires **Lebensmittelgeschäft** nt épicerie f **Lebensmittelhändler(in)** m(f) épicier(-ière) m(f) **Lebensmittelkarte** f carte f de rationnement [o de ravitaillement] **Lebensmittelkette** f chaîne f alimentaire **Lebensmittelvergiftung** f intoxication f alimentaire **Lebensmittelversorgung** f approvisionnement m en vivres **Lebensmittelvorräte** Pl provisions fpl de denrées alimentaires
lebensmüde Adj suicidaire; ~ **sein** avoir des idées suicidaires; **du bist wohl ~!** fam t'as des envies de suicide ou quoi? (fam) **Lebensmüde(r)** f(m) dekl wie Adj désespéré(e) m(f) **Lebensmut** m volonté f de vivre; **keinen ~ mehr haben** ne plus avoir goût à la vie **lebensnah** I. Adj proche de la réalité; Film, Roman réaliste; Unterricht pratique II. Adv de manière réaliste; **etw ~ beschreiben** faire une description réaliste de qc **Lebensnerv** m centre m vital **lebensnotwendig** s. **lebenswichtig Lebenspartner(in)** s. **Lebensgefährte, -gefährtin Lebensqualität** f kein Pl qualité f de vie **Lebensraum** m ❶ kein Pl (Entfaltungsmöglichkeiten) espace m vital ❷ ÖKOL biotope m **Lebensretter(in)** m(f) sauveur(-euse) m(f); (zur Rettung ausgebildet) sauveteur(-euse) m(f) **Lebensstandard** m kein Pl niveau m de vie **Lebensstellung** f emploi m à vie **Lebensstil** m style m [o mode m] de vie; **ein aufwändiger ~** un train de vie élevé **lebenstüchtig** Adj capable d'affronter la vie **Lebensumstände** Pl conditions fpl de vie **Lebensunterhalt** m kein Pl subsistance f; **seinen ~ verdienen** subvenir à ses besoins; **für den ~ eines Verwandten aufkommen** [o **sorgen**] subvenir aux besoins d'un parent **lebensuntüchtig** Adj inadapté(e) à la vie **Lebensversicherung** f (Vertrag) assurance f [sur la] vie; **eine ~ abschließen** souscrire à une assurance vie ❷ fam (Gesellschaft) compagnie f d'assurance [sur la] vie **Lebenswandel** m kein Pl mode m de vie; **einen zweifelhaften ~ führen** mener une vie douteuse **Lebensweg** m geh **sie wollen den ~ gemeinsam gehen** ils veulent unir leurs destinées (littér); **alles Gute für Ihren weiteren ~!** bonne chance pour l'avenir! **Lebensweise** f mode m de vie **Lebensweisheit** f ❶ kein Pl (Lebenserfahrung) sagesse f [que confère la vie] ❷ (Maxime) adage m **Lebenswerk** nt œuvre f d'une [o de toute une] vie; **sein/ihr ~** l'œuvre f de sa vie **lebenswert** Adj qui vaut d'être vécu(e); **das Leben erschien ihm nicht mehr ~** il lui semblait que la vie ne valait plus la peine d'être vécue **lebenswichtig** Adj vital(e); Nahrungsmittel de première nécessité **Lebenswille** m kein Pl volonté f de vivre **Lebenszeichen** nt signe m de vie; **ein/kein ~ von sich geben** donner/ne plus donner signe de vie **Lebenszeit** f kein Pl durée f de vie; **auf ~** à vie **Lebensziel** nt but m dans la vie; **sein**

~ **erreichen** atteindre le but de sa vie **Lebenszweck** *m kein Pl* raison *f* de vivre

Leber ['le:bɐ] <-, -n> *f* foie *m*
▸ **frei** [*o* **frisch**] **von der ~ weg** *fam* sans y aller par quatre chemins *(fam)*; **sich** *(Dat)* **etw von der ~ reden** *fam* dire qc qui fait gros à qn sur la patate *(fam)*

Leberblümchen *nt* hépatique *f* **Leberentzündung** *f* MED hépatite *f* **Leberfleck** *m* grain *m* de beauté **Lebergefäß** *nt* artère *f* hépatique **Leberkäs[e]** *m* préparation de chair à saucisse traditionnelle dans le Sud de l'Allemagne **Leberknödel** *m* boulette *f* de foie **leberkrank** *Adj* malade du foie **Leberkranke(r)** *f(m) dekl wie Adj* hépatique *mf* **Leberkrankheit** *f* MED maladie *f* du foie **Leberkrebs** *m* MED cancer *m* du foie **Leberleiden** *nt* insuffisance *f* hépatique **Leberpastete** *f* pâté *m* de foie **Lebertran** [-tra:n] *m* huile *f* de foie de morue **Leberwert** *m* taux *m* hépatique **Leberwurst** *f* pâté *m* de foie *(sous forme de saucisson)* ▸ **die beleidigte ~ spielen** *fam* faire du boudin *(fam)* **Leberzirrhose** *f* MED cirrhose *f* [du foie]

Lebewesen *nt* être *m* vivant; BIO organisme *m* **Lebewohl** <-[e]s, -s *o geh* -e> *nt geh* adieu *m*; **jdm ~ sagen** dire adieu à qn

lebhaft I. *Adj* ❶ *(temperamentvoll, kräftig) Person* plein(e) de vie; *Art, Gemüt, Farbe* vif(vive); **~ er Beifall** de vifs applaudissements
❷ *(angeregt) Diskussion, Fantasie* vif(vive)
❸ *(belebt) Verkehr, Treiben* intense
❹ *(lebendig) Erinnerung* vivace
II. *Adv* ❶ *(intensiv) bedauern* vivement; **eine ~ geführte Debatte** un débat rondement mené
❷ *(anschaulich) sich vorstellen* très clairement; **sich ~ an etw** *(Akk)* **erinnern** avoir un vif souvenir de qc

Lebhaftigkeit <-> *f* vivacité *f*

Lebkuchen *m* pain *m* d'épice **leblos** *Adj* sans vie; *Augen, Gesicht* dépourvu(e) d'expression **Lebtag** ▸ **sein/ihr/...** [lang] *fam* toute sa/... vie; **sein/ihr/... ~ nicht** *fam* jamais **Lebzeiten** ▸ **bei** [*o* **zu**] **~** de son/leur/... vivant

lechzen ['lɛçtsən] *itr V geh* ❶ *(dringend brauchen)* **nach Wasser ~** avoir un besoin impérieux d'eau; **nach einer Erfrischung ~** brûler de prendre un rafraîchissement *(soutenu)*
❷ *(sehnlichst erwarten)* **nach Anerkennung/Vergeltung ~** être assoiffé(e) de reconnaissance/vengeance

Lecithin [letsi'ti:n] <-s> *nt* lécithine *f*

leck [lɛk] *Adj Boot* qui fait eau; *Leitung* qui fuit; **~ sein** *Boot:* faire eau; *Behälter, Leitung:* fuir

Leck <-[e]s, -s> *nt eines Schiffs* voie *f* d'eau; *eines Behälters, einer Leitung* fuite *f*

lecken¹ ['lɛkən] *itr V Schiff:* faire eau; *Behälter, Leitung:* fuir

lecken² I. *itr V* **an jdm/etw ~** lécher qn/qc; **an seinem Eis ~** lécher sa glace
II. *tr V* lécher; sucer *Eis*; **sich** *(Dat)* **die Lippen ~** se lécher les babines *(fam)*
III. *r V* **sich ~** se lécher

lecker ['lɛkɐ] I. *Adj* délicieux(-euse)
II. *Adv* **zubereiten** délicieusement; **~ schmecken** être délicieux(-euse); **~ aussehen** avoir l'air délicieux

Leckerbissen *m a. fig* régal *m*; *(Süßigkeit)* friandise *f*

Leckerei [lɛkə'raɪ] *s.* Leckerbissen

Leckermaul *nt fam* gros(se) gourmand(e) *m (fam)*; **ein ~ sein** être très sucreries *(fam)*

leck|schlagen *itr V unreg + sein Schiff:* faire eau

led. *Abk von* ledig

Leder ['le:dɐ] <-s, -> *nt* ❶ *(Tierhaut)* cuir *m*; **etw in ~ binden** relier qc en cuir
❷ *(Ledertuch)* peau *f*
❸ *fam (Fußball)* balle *f (fam)*
▸ **zäh ~ sein** *fam* être dur(e) comme la semelle *(fam)*; **er wollte ihm ans ~** *fam* il voulait lui tomber dessus *(fam)*; **vom ~ ziehen** piquer sa crise *(fam)*; **gegen jdn/etw vom ~ ziehen** *fam* gueuler contre qn/qc *(fam)*

Lederband <-bände> *m* volume *m* relié [en] cuir **Lederband** <-bänder> *nt einer Armbanduhr* bracelet *m* en cuir **Lederband** *m* reliure *f* en cuir **Lederfett** *nt* graisse *f* pour cuirs **Lederhandschuh** *m* gant *m* en cuir **Lederhaut** *f kein Pl* MED derme *m*; *des Augapfels* sclérotique *f* **Lederhose** *f* ❶ *(Trachtenhose)* culotte *f* de peau ❷ *(lange Hose)* pantalon *m* de cuir **Lederjacke** *f* veste *f* en cuir **Ledermantel** *m* manteau *m* en cuir

ledern¹ ['le:dɐn] *Adj* ❶ *(aus Leder)* en cuir
❷ *(zäh) Bratenstück, Fleisch* coriace; *fam* tanné(e)

ledern² *tr V (ablebern)* frotter avec une [*o* passer à la] peau de chamois; **etw ~** frotter qc avec une [*o* passer qc à la] peau de chamois **Ledernacken** *pl fam marines mpl* **Lederriemen** *m* courroie *f* en cuir **Ledersofa** *nt* canapé *m* en cuir **Ledersohle** *f* semelle *f* en cuir **Ledertasche** *f* sac *m* en cuir **Ledertuch** *nt* peau *f* de chamois **Lederwaren** *Pl* articles *mpl* de maroquinerie **Lederwa-** **rengeschäft** *nt* maroquinerie *f*

ledig ['le:dɪç] *Adj* ❶ *(unverheiratet)* célibataire
❷ *(frei)* **einer Pflicht/Verantwortung** *(Gen)* **~ sein** être libéré(e) d'une tâche/responsabilité; **einer Sorge** *(Gen)* **~ sein** être débarrassé(e) d'un souci

Ledige(r) *f(m) dekl wie Adj* célibataire *mf*

lediglich ['le:dɪklɪç] *Adv geh* juste

Lee [le:] <-> *f* NAUT côté *m* sous le vent; **nach ~** sous le vent

leer [le:ɐ] I. *Adj* ❶ *Zimmer, Tasche, Flasche* vide; *Blatt, Seite* blanc(blanche)
❷ *(ausdruckslos) Augen, Blick* vide
▸ **ins Leere gehen/laufen** tomber à plat; **ins Leere schlagen/treten** taper/faire un pas dans le vide
II. *Adv* **~ stehen** *Zimmer, Wohnung:* être vide [*o* inoccupé(e)]; **~ stehend** inoccupé(e); **etw ~ essen/trinken** vider qc; **etw ~ pumpen** vidanger qc; **eine Zeile/Spalte ~ lassen** sauter une ligne/laisser en blanc une colonne
▸ **bei etw ~ ausgehen** repartir les mains vides lors de qc

Leere ['le:rə] <-> *f* vide *m*; **eine gähnende ~** un vide total

leeren ['le:rən] *tr V* ❶ *(leer machen)* vider; faire la levée de *Briefkasten*
❷ *(ausleeren)* **etw in etw** *(Akk)* **~** vider qc dans qc

Leerformel *f pej* phrase *f* creuse **leergefegt** *Adj* ▸ **etw ist wie ~** qc est désert(e) **Leergewicht** *nt eines Fahrzeugs* poids *m* à vide **Leergut** *nt kein Pl* bouteilles *fpl* consignées **Leerlauf** *m* ❶ *eines Motors, einer Maschine* point *m* mort; **im ~** au point mort; **der ~ ist zu niedrig eingestellt** le ralenti est réglé trop bas ❷ *(unproduktive Phase)* temps *mpl* morts

leer|laufen *itr V unreg + sein Behälter:* se vider; *Motor:* tourner à vide
▸ **jdn ~ lassen** FBALL, MIL mettre qn en échec

Leerschlag *m* espace *f*

leerstehend *s.* leer II.

Leerstelle *f* TYP, INFORM espace *m*, blanc *m* **Leertaste** *f* touche *f* Espace

Leerung <-, -en> *f* ❶ *(das Entleeren)* **die ~ der Mülltonnen erfolgt dienstags** les poubelles sont vidées tous les mardis
❷ *(das Leeren) eines Postkastens* levée *f*

Leerzeichen *nt* espace *f* **Leerzeile** *f* interligne *m*

Lefze ['lɛftsə] <-, -n> *f meist Pl* babines *fpl*

legal [le'ga:l] I. *Adj* légal(e); **nicht ~ illégal(e)**
II. *Adv* légalement; **streng ~** dans la stricte légalité

legalisieren* *tr V* légaliser

Legalität [legali'tɛ:t] <-> *f* légalité *f*; **außerhalb der ~** en dehors de toute légalité

Legasthenie [legaste'ni:] <-, -n> *f* dyslexie *f*

Legastheniker(in) [legas'te:nikɐ] <-s, -> *m(f)* dyslexique *mf*; **~ sein** être dyslexique

legasthenisch *Adj* dyslexique

Legat¹ [le'ga:t] <-[e]s, -e> *nt* JUR legs *m*

Legat² <-en, -en> *m* ECCL légat *m*

Legebatterie *f* élevage *m* en batterie

legen ['le:gən] I. *tr V* ❶ *(hinlegen)* **etw auf den Tisch/in die Schublade/vor die Tür ~** [dé]poser [*o* mettre] qc sur la table/dans le tiroir/devant la porte
❷ *(betten)* **jdn auf den Boden/ins Bett ~** allonger qn par terre/dans le lit; **~ Sie den Kranken in Zimmer 34!** mettez le malade dans la chambre 34!
❸ *(zusammenfalten)* plier *Wäsche, Leintuch*
❹ *(einlegen)* **etw in Marinade/Öl** *(Akk)* **~** mettre qc à tremper dans une marinade/l'huile
❺ *(verlegen)* poser *Fliesen, Teppich, Kabel*; **etw unter Putz** *(Akk)* **~** encastrer qc
II. *r V* ❶ *(hinlegen)* **sich in die Badewanne/unter den Baum ~** s'allonger [*o* se coucher] dans la baignoire/sous l'arbre; **sich ins Bett ~** se mettre au lit
❷ *(sich senken)* **sich auf etw** *(Akk)* **~** *Nebel:* descendre sur qc; *Staub, Asche:* se déposer sur qc
❸ *(nachlassen)* **sich ~** *Sturm:* s'apaiser; *Wind:* tomber; *Begeisterung, Nervosität, Wut:* retomber

legendär [legɛn'dɛːɐ] *Adj* légendaire

Legende [le'gɛndə] <-, -n> *f* ❶ *(Heiligenlegende, Zeichenerklärung)* légende *f*
❷ *(Lügenmärchen)* mythe *m*
❸ *(Lebenslauf) eines Agenten* fausse identité *f*

leger [le'ʒɛːɐ] I. *Adj Haltung, Kleidung* décontracté(e)
II. *Adv (ungezwungen)* de façon décontractée

Leggings ['lɛgɪŋs] *Pl* caleçon *m*; SPORT collant *m*

legieren* *tr V* ❶ allier; **Zinn mit Kupfer ~** allier de l'étain avec du cuivre; **legiert sein** être un alliage
❷ GASTR **eine Suppe mit etw ~** lier une soupe avec qc

Legierung <-, -en> *f* alliage *m*

Legion [le'gjo:n] <-, -en> *f* ❶ HIST légion *f*

❷ *(riesige Menge)* ~ **en von Touristen** des légions *fpl* de touristes; ~ **en von Heuschrecken** des myriades *fpl* de sauterelles
Legionär [legjoˈnɛːɐ] <-s, -e> *m* légionnaire *m*
Legionärskrankheit *f* MED maladie *f* du légionnaire
legislativ *Adj* législatif(-ive)
Legislative [legɪslaˈtiːvə] <-n, -n> *f* [pouvoir *m*] législatif *m*
Legislaturperiode [legɪslaˈtuːɐ-] *f* législature *f*
legitim [legiˈtiːm] *Adj* ❶ *(rechtmäßig) Regierung, Anspruch* légitime; *Mittel* légal(e)
❷ *(vertretbar, berechtigt) Interesse, Verlangen* légitime
Legitimation [legitimaˈtsioːn] <-, -en> *f* autorisation *f*
legitimieren* I. *tr V* ❶ *(berechtigen)* habiliter; **jdn zu etw** ~ habiliter qn à faire qc; [**dazu**] **legitimiert sein etw zu tun** être habilité(e) à faire qc
❷ *(gesetzmäßig machen)* reconnaître *Kind;* légitimer *Beziehung, Partnerschaft*
II. *r V geh* **sich** ~ *(sich ausweisen)* justifier de son identité; *(seine Befugnis vorweisen)* justifier de sa qualité
Legitimität [legitimiˈtɛːt] <-> *f geh* légalité *f*
Leguan [ˈleːɡuaːn] <-s, -e> *m* iguane *m*
Legwarmer [ˈlɛɡwɔːmɐ] <-s, -[s]> *meist Pl m* jambière *f*
Lehen [ˈleːən] <-s, -> *nt* HIST fief *m*; **jdm etw zu** ~ **geben** donner qc en fief à qn
Lehm [leːm] <-[e]s, -e> *m* [terre *f*] glaise *f*
Lehmboden *m* sol *m* glaiseux **Lehmgrube** *f* glaisière *f* **Lehmhütte** *f* cabane *f* en torchis
lehmig *Adj* glaiseux(-euse)
Lehmziegel *m* brique *f* en argile jaune
Lehne [ˈleːnə] <-, -n> *f* ❶ *(Armlehne)* accoudoir *m*
❷ *(Rückenlehne)* dossier *m*
lehnen [ˈleːnən] I. *tr V* **etw an/gegen etw** *(Akk)* ~ appuyer qc contre qc
II. *itr V* **an etw** *(Dat)* ~ être appuyé(e) contre [*o* à] qc
III. *r V* **sich an** [*o* **gegen**] **jdn/etw** ~ s'appuyer contre qn/qc; **sich mit dem Rücken an** [*o* **gegen**] **jdn/etw** ~ s'adosser à qn/qc; **sich aus dem Fenster** ~ se pencher par la fenêtre
Lehnsessel *m* fauteuil *m*
Lehnsherr(in) *m(f) HIST* suzerain(e) *m(f)* **Lehnsmann** <-männer *o* -leute> *m* HIST vassal *m*
Lehnstuhl *m* fauteuil *m* **Lehnübersetzung** *f* calque *m* **Lehnwort** <-wörter> *nt* [mot *m* d']emprunt *m*
Lehramt [ˈleːɐ-] *nt form* fonction *f* d'enseignant; **das höhere** ~ le professorat **Lehramtskandidat(in)** *m(f) form* candidat(e) *m(f)* à l'enseignement **Lehranstalt** *f form* établissement *m* scolaire **Lehrauftrag** *m* **einen** ~ **für BWL haben** être chargé(e) du cours de sciences éco **Lehrbeauftragte(r)** *f(m) dekl wie Adj* chargé(e) *m(f)* de cours **Lehrbefähigung** *f* certificat *m* d'aptitude à l'enseignement **Lehrbehelf** A *s.* **Lehrmittel Lehrberuf** *m* métier *m* d'enseignant **Lehrbuch** *nt* ❶ SCHULE manuel *m* scolaire ❷ UNIV traité *m*
Lehre [ˈleːrə] <-, -n> *f* ❶ *(Theorie)* théorie *f*
❷ *(Ideologie)* idéologie *f*
❸ *(Religion)* doctrine *f*
❹ *(Ausbildung)* apprentissage *m*; **eine kaufmännische** ~ **machen** faire un apprentissage commercial; **eine** ~ **als Friseur machen** faire un apprentissage de coiffeur
❺ *(Erfahrung, Belehrung)* conseil *m*; **seine** ~ **aus etw ziehen** tirer une leçon [*o* un enseignement] de qc; **dies soll mir eine** ~ **sein** cela me servira de leçon
❻ TECH *(Messgerät)* calibre *m*; *(Hohlmaß)* jauge *f*
▸ **bei jdm in die** ~ **gehen** *(in eine Ausbildungslehre:* être en apprentissage chez qn; *Forscher, Künstler:* être l'élève de qn; **bei ihm/ihr kannst du [noch] in die** ~ **gehen** tu as encore des leçons à recevoir de lui/d'elle; **lass dir das eine** ~ **sein!** que cela te serve de leçon!
lehren [ˈleːrən] I. *tr V* ❶ *(unterrichten)* enseigner; **jdn** ~ **etw zu tun** apprendre à qn à faire qc
❷ *fig* **jdn** ~ **skeptisch zu sein** *Beispiel, Vorfall:* apprendre à qn d'être sceptique
❸ *(abbringen von)* **ich werde dich** ~, **deine Eltern zu belügen!** je vais t'apprendre à mentir à tes parents[, moi]!
II. *itr V* **die Erfahrung lehrt, dass** l'expérience nous enseigne que + *indic*
Lehrer(in) <-s, -> *m(f)* ❶ enseignant(e) *m(f)*; *(Grundschullehrer)* instituteur(-trice) *m(f)*, maître(-esse) *m(f)*; *(Fachlehrer, Gymnasiallehrer)* professeur *mf*; **sie ist** ~ **in für Mathematik/am Gymnasium** elle est professeur de mathématiques/de lycée
❷ *(Reitlehrer, Tennislehrer)* moniteur(-trice) *m(f)*
❸ *(Lehrmeister)* maître *m*
Lehrerkollegium *nt* personnel *m* enseignant **Lehrerkonferenz** *f* réunion *f* des enseignants **Lehrerschaft** <-, selten -en> *f form* [corps *m* des] enseignants *mpl (form)* **Lehrerschwemme** *f fam* pléthore *f* d'enseignants **Lehrerzimmer** *nt* salle *f* des professeurs

Lehrfach *nt* matière *f* **Lehrfilm** *m* film *m* éducatif **Lehrgang** <-gänge> *m* stage *m* [de formation]; **auf einem** ~ **sein** être en stage [de formation] **Lehrgeld** *nt* frais *mpl* d'apprentissage ▸ **lass dir dein** ~ **zurückgeben** *fam* tu peux retourner à l'école; ~ **zahlen** apprendre à ses dépens; **für etw** ~ **zahlen** [**müssen**] payer cher qc **lehrhaft** *Adj* didactique **Lehrherr** *m veraltet* patron *m* **Lehrjahr** *nt* année *f* d'apprentissage ▸ ~ **e sind keine Herrenjahre** *Spr.* se former est un rude métier **Lehrjunge** *m veraltet* apprenti *m* **Lehrkörper** *m form* ❶ SCHULE corps *m* enseignant *(form)* ❷ UNIV enseignants *mpl* du supérieur **Lehrkraft** *f form* enseignant(e) *m(f) (form)*
Lehrling <-s, -e> *m* A, *veraltet* apprenti(e) *m(f)*
Lehrmädchen *nt veraltet* apprentie *f* **Lehrmeinung** *f* doctrine *f* **Lehrmeister(in)** *m(f)* maître(-esse) *m(f)* d'apprentissage **Lehrmittel** *nt* matériel *m* pédagogique **Lehrplan** *m* programme *m* scolaire **Lehrprobe** *f* épreuve *f* pratique [du C.A.P.E.S.]; **in Englisch eine** ~ **halten** passer une épreuve pratique d'anglais **lehrreich** *Adj* instructif(-ive) **Lehrsatz** *m* théorème *m* **Lehrstelle** *f* place *f* d'apprenti(e) **Lehrstoff** *m* connaissances *fpl* enseignées **Lehrstuhl** *m* chaire *f*; **Inhaber des** ~ **s für Geschichte sein** être titulaire de la chaire d'histoire **Lehrtochter** *f* CH apprentie *f* **Lehrvertrag** *m* contrat *m* d'apprentissage **Lehrwerk** *nt form* manuel *m* scolaire *(form)* **Lehrwerkstatt** *f* atelier *m* d'apprentissage **Lehrzeit** *f veraltet* apprentissage *m*
Leib [laɪp] <-[e]s, -er> *m* ❶ *(Körper)* corps *m*; **bei lebendigem** ~ **verbrannt werden** être brûlé(e) vif(vive)
❷ *(Bauch)* ventre *m*
▸ **etw mit** ~ **und Seele tun** faire qc corps et âme; **etw am eigenen** ~ **e erfahren** [*o* **spüren**] faire [soi-même] la dure expérience de qc; **bleib mir damit vom** ~ **e!** *fam* lâche-moi avec ça! *(fam)*; **jdm wie auf den** ~ **geschrieben sein** être fait(e) [sur mesure] pour qn; **sich** *(Dat)* **jdn/etw vom** ~ **e halten** éviter qn/rester à l'écart de qc; **nur das, was jd auf dem** ~ **hat** [*o* **trägt**] rien d'autre que ce que qn porte sur lui; **jdm zu** ~ **e** [*o* **auf den** ~] **rücken** se pendre aux basques de qn *(fam)*
Leibarzt *m,* **-ärztin** *f* médecin *m* personnel
Leibchen [ˈlaɪpçən] <-s, -> *nt* A maillot *m* de corps
leibeigen [ˈlaɪpʔaɪɡən] *Adj Knecht, Diener* en servage; **die** ~ **en Bauern** les serfs *mpl*; ~ **sein** être asservi(e) **Leibeigene(r)** *f(m) dekl wie Adj* serf *m*/serve *f* **Leibeigenschaft** <-> *f* servage *m*
leiben [ˈlaɪbən] *V* ... **wie er/sie leibt und lebt** c'est lui tout craché/elle toute crachée
Leibeserziehung *f form* éducation *f* physique **Leibesfrucht** *f form* fœtus *m* **Leibeskräfte** *Pl* ▸ **aus** ~ **n schreien** crier de toutes ses forces **Leibesübungen** *Pl form* éducation *f* physique et sportive *(form)* **Leibesvisitation** [-vi-] *f form* fouille *f* corporelle; **jdn einer** ~ **unterziehen** soumettre qn à une fouille corporelle
Leibgarde *f* garde *f* **Leibgardist** <-en, -en> *m* soldat *m* de la garde **Leibgericht** *nt* plat *m* préféré
leibhaftig I. *Adj* ❶ *(echt)* **ein** ~ **er Prinz/eine** ~ **e Berlinerin** un prince/une berlinoise en chair et en os
❷ *(verkörpert)* **der** ~ **e Tod/die** ~ **e Unschuld** la mort/l'innocence incarnée [*o* personnifiée]
▸ **der Leibhaftige** *euph* le malin
II. *Adv* en personne
Leibkoch *m,* **-köchin** *f* cuisinier *m* attitré/cuisinière *f* attitrée
leiblich *Adj* ❶ *(körperlich)* physique
❷ *(blutsverwandt) Erben* du sang; **mein** ~ **es Kind/** ~ **er Vater** mon propre enfant/père
Leibrente *f* rente *f* viagère **Leibspeise** *s.* **Leibgericht Leibwache** *f* garde *f* personnelle **Leibwächter(in)** *m(f)* garde *mf* du corps **Leibwäsche** *f veraltet* linge *m* [de corps]
Leiche [ˈlaɪçə] <-, -n> *f* cadavre *m*
▸ **eine** ~ **im Keller haben** *fam* avoir un cadavre dans le placard; **über** ~ **n gehen** *fam* être prêt(e) à tuer père et mère [pour parvenir à ses fins]; **nur über meine** ~ **!** *fam* il faudra me passer sur le corps! *(fam)*
Leichenbeschauer(in) <-s, -> *m(f)* [médecin *m*] légiste *mf* **Leichenbittermiene** *f hum fam* ▸ **mit** ~ en faisant une gueule d'enterrement [*o* une tête à caler des roues de corbillard] *(fam)* **leichenblass**[RR] *Adj* pâle comme la mort, d'une pâleur cadavérique **Leichenfledderei** [-flɛdəraɪ] <-, -en> *f* détroussement *m* de cadavres **Leichenfledderer** <-s, -> *m,* **-fledderin** *f* détrousseur(-euse) *m(f)* de cadavres **Leichenhalle** *f* salle *f* mortuaire [*o* funéraire] **Leichenöffnung** *f* MED autopsie *f* **Leichenschändung** *f* violation *f* de sépulture; *(sexuelles Vergehen)* nécrophilie *f* **Leichenschau** *f* MED autopsie *f* **Leichenschauhaus** *nt* institut *m* médico-légal **Leichenschmaus** *m hum* repas *m* d'enterrement **Leichenstarre** *f* rigidité *f* cadavérique **Leichenverbrennung** *f* crémation *f* **Leichenwagen** *m* corbillard *m* **Leichenzug** *m* cortège *m* funèbre
Leichnam [ˈlaɪçnaːm] <-s, -e> *m geh* dépouille *f* [mortelle] *(littér)*
leicht [laɪçt] I. *Adj* ❶ léger(-ère); **Peter ist zehn Kilo** ~ **er** [**als**

Hans] Peter est plus léger de dix kilos [que Hans] ❷ *(dünn, schwach, sacht) Kleidung, Regen, Frost, Berührung, Husten* léger(-ère) ❸ *(nicht riskant) Operation, Eingriff* petit(e) ❹ *(nicht belastend) Kost, Wein, Zigarette* léger(-ère) ❺ *(einfach verständlich) Lektüre* facile à lire; *Musik* léger(-ère); *Unterhaltung* à la portée de tous ❻ *(einfach) Frage, Prüfung* facile; **es ist ihm/ihr ein Leichtes, euch zu helfen** *geh* c'est un jeu d'enfant pour lui/elle de vous aider; **nichts ~ er als das!** rien de plus facile! ❼ *(unbeschwert)* **jdm ist ~ [zumute]** qn a le cœur léger II. *Adv* ❶ *(dünn, luftig) bekleidet* légèrement ❷ *(einfach) bedienen, begreifen* facilement; **~ zu erklären sein, sich ~ erklären lassen** être facile à expliquer; **das geht ganz ~** c'est très facile; **das sagst du so ~** c'est facile à dire; **du hast ~ reden** tu en parles à ton aise; **es nicht ~ haben [im Leben]** ne pas avoir la vie facile; **er hat es nicht ~ mit ihr** il n'a pas la vie facile avec elle ❸ *(schwach, sacht) wehen, salzen, würzen* légèrement; **es regnet ~** il pleu[vi]ote ❹ *(schnell) aufbrausen, beleidigt sein, entzündlich* facilement; **~ zerbrechlich sein** être très fragile ▶ **das ist ~ er gesagt als getan** c'est plus facile à dire qu'à faire **Leichtathlet(in)** *m(f)* athlète *mf* **Leichtathletik** *f* athlétisme *m* **leichtathletisch** *Adj* de l'athlétisme **Leichtbauweise** *f* construction *f* légère; **in ~** en matériau léger
leichtentzündlich *s.* **entzündlich** ❷
Leichter <-s, -> *m* NAUT allège *f*
leicht|fallen *itr V unreg + sein* **jdm ~** être facile pour qn; **Mathe fällt mir leicht/nicht leicht** je n'ai pas de difficulté[s]/j'ai du mal en maths; **jdm fällt das Lügen leicht** qn ment facilement; **es fällt ihm/ihr leicht Entscheidungen zu treffen** il est facile pour lui/elle de prendre des décisions; **es fällt mir nicht leicht dir das zu sagen** ça me coûte de te dire ça
leichtfertig I. *Adj* irréfléchi(e) II. *Adv* inconsidérément; *versprechen, zusagen* sans [vraiment] réfléchir **Leichtfertigkeit** *f kein Pl* légèreté *f*; **die ~ seines Handelns** son comportement irréfléchi **Leichtgewicht** *nt*, **Leichtgewichtler(in)** <-s, -> *m(f)* SPORT poids *m* léger **leichtgläubig** *Adj* crédule **Leichtgläubigkeit** *f* crédulité *f*
leichthin *Adv* comme ça
Leichtigkeit <-> *f* ❶ facilité *f*; **mit ~** sans aucun problème; **etw mit spielerischer ~ tun** faire qc très aisément ❷ *(geringes Gewicht)* légèreté *f*
leichtlebig *Adj* insouciant(e)
Leichtlohngruppe *f* catégorie *f* des bas salaires
leicht|machen *s.* **machen** I.⑯
Leichtmatrose *m*, **-matrosin** *f* matelot *mf* novice **Leichtmetall** *nt* métal *m* léger
leicht|nehmen *tr V unreg* **etw ~** prendre qc à la légère; **er hat diesen Rückschlag erstaunlich leichtgenommen** il a étonnamment bien pris ce revers
Leichtöl *nt* essence *f* légère **Leichtsinn** *m kein Pl* inconscience *f*; **aus [purem] ~** simplement par négligence ▶ **das sagst du so in deinem jugendlichen ~** tu dis ça parce que tu es trop jeune pour savoir ce que c'est
leichtsinnig I. *Adj Person* inconscient(e); *Handlung* inconsidéré(e); **er war so ~ nicht zum Arzt zu gehen** il a été assez inconscient pour ne pas aller voir un médecin; **es ist ~ etw zu tun** il faut être inconscient pour faire qc II. *Adv* étourdiment
Leichtsinnigkeit *s.* **Leichtsinn**
leichtverdaulich *s.* **verdaulich**
leichtverderblich *s.* **verderblich** ❶
leichtverletzt *s.* **verletzen** I.❶
Leichtverletzte(r) *f(m) dekl wie Adj* blessé *m* léger/blessée *f* légère
leichtverständlich *s.* **verständlich** I.❶
leichtverwundet *s.* **verwunden**
Leichtverwundete(r) *s.* **Leichtverletzte(r)**
Leichtwasserreaktor *m* réacteur *m* à eau légère
leid [laɪt] *Adj (als Ausdruck des Überdrusses)* **jdn/etw ~ sein** en avoir assez de qn/qc; **es ~ sein etw tun zu müssen** en avoir assez de devoir faire qc
Leid <-[e]s> *nt* souffrance *f*; **jdm sein ~ klagen** confier ses chagrins à qn
▶ **jdm etwas/nichts zu ~ e tun** faire du mal/ne pas faire de mal à qn
Leideform *f* GRAM forme *f* passive
leiden ['laɪdən] <litt, gelitten> I. *itr V* ❶ **an einer Krankheit/den Folgen eines Unfalls ~** souffrir d'une maladie/des suites d'un accident; **an Anfällen ~** être sujet(te) à des crises; **an einer unheilbaren Krankheit ~** être atteint d'une maladie incurable ❷ *(Schmerzen haben, unglücklich sein)* souffrir; **unter der Einsamkeit/seiner Figur ~** souffrir de la solitude/son physique; **sie leidet unter ihm** il la fait souffrir ❸ *(Schaden nehmen) Farbe, Stoff, Pflanze:* souffrir II. *tr V* ❶ *(erdulden)* **Kummer/Not ~** souffrir de chagrin/endurer la misère ❷ *(mögen)* **jdn/etw [gut]/nicht [gut] ~ können** [*o* **mögen**] aimer [bien]/ne pas pouvoir souffrir qn/qc ❸ *geh (dulden)* **etw nicht ~** ne pas souffrir qc *(soutenu)*; **es nicht ~, dass** ne pas souffrir que + *subj (soutenu)*
Leiden[1] <-s, -> *nt* ❶ *(Krankheit)* affection *f*; **mein altes ~!** mon mal qui se réveille! ❷ *Pl (leidvolle Erlebnisse)* souffrances *fpl*
▶ **wie das ~ Christi aussehen** *fam* avoir une gueule de déterré *(fam)*
Leiden[2] <-s> *nt* Leyde
leidend *Adj* ❶ *(gequält) Aussehen, Miene, Blick* douloureux(-euse) ❷ *(chronisch krank)* **~ sein** être souffrant(e)
Leidenschaft <-, -en> *f* passion *f*; **~ für jdn empfinden** être épris(e) de qn; **sie hat eine ~ für klassische Musik** elle est passionnée de musique classique; **ich bin Gärtner aus ~** j'ai la passion du jardinage; **mit [großer/wahrer] ~** avec [une véritable] passion **leidenschaftlich** I. *Adj* passionné(e); **er ist ein ~ er Gärtner** il est passionné de jardinage
II. *Adv* ❶ *(feurig)* passionnément ❷ *(energisch) verteidigen, befürworten* avec ferveur; *ablehnen* énergiquement ❸ *(sehr gern)* **etw ~ gern tun** adorer faire qc
Leidenschaftlichkeit <-> *f* ❶ *(Feurigkeit) eines Liebhabers* fougue *f* amoureuse; *einer Umarmung* ferveur *f* ❷ *(Lebhaftigkeit) einer Diskussion* véhémence *f (littér)*
leidenschaftslos I. *Adj Betrachter* détaché(e) de toute passion; *Beurteilung, Betrachtungsweise* sans passion
II. *Adv* sans passion
Leidensdruck *m kein Pl* souffrance *f* **Leidensgefährte** *m*, **-gefährtin** *f*, **Leidensgenosse** *m*, **-genossin** *f* compagnon *m*/compagne *f* d'infortune **Leidensgeschichte** *f* calvaire *m*; **die ~ Christi** la Passion **Leidensmiene** *f iron* airs *mpl* de martyr *(iron)*; **etw mit ~ tun** faire qc en prenant des airs de martyr *(iron)* **Leidensweg** *m* chemin *m* de croix
leider ['laɪdɐ] *Adv* malheureusement; **~ ja/nein** [*o* **nicht**] hélas oui/non
leidig *Adj attr* ❶ *(unangenehm)* déplaisant(e) ❷ *(problematisch)* maudit(e) antéposé
leidlich I. *Adj attr* acceptable
II. *Adv* pas trop mal
Leidtragende(r) *f(m) dekl wie Adj* **der/die ~** celui/celle sur qui ça retombe **leid|tun**ᴿᴿ *itr V unreg* ❶ *(als Ausdruck des Bedauerns)* **etw tut jdm leid** qn regrette qc; **es tut jdm leid, dass** qn regrette que + *subj*; **es tut mir/uns leid, aber ...** je regrette/nous regrettons, mais ..., **je suis désolé(e)/nous sommes désolé(e)s, mais ...**; **tut mir leid!** *fam* désolé(e)! *(fam)*; **das wird dir noch ~!** tu t'en mordras les doigts! ❷ *(als Ausdruck des Mitleids)* **jdm ~** *Person, Tier:* faire pitié à qn; **es tut mir leid für dich** je suis désolé(e) pour toi **leidvoll** *Adj* douloureux(-euse) **Leidwesen** *nt kein Pl* **zu seinem/ihrem ~** à son grand regret
Leier ['laɪɐ] <-, -n> *f* ❶ *(Drehleier)* vielle *f* ❷ *(Kithara)* lyre *f* ❸ ASTRON Lyre *f*
▶ **es ist [immer] dieselbe ~** *fam* c'est toujours la même musique [*o* chanson] *(fam)*
Leierkasten *m fam* orgue *f* de Barbarie **Leierkastenmann** *m*, **-frau** *f fam* joueur(-euse) *m(f)* d'orgue de Barbarie
leiern ['laɪɐn] *tr V fam* débiter *Gedicht*
Leiharbeit *f* travail *m* intérimaire **Leiharbeiter(in)** *m(f)* intérimaire *mf* **Leihbibliothek** *f*, **Leihbücherei** *f* bibliothèque *f* de prêt
leihen ['laɪən] <lieh, geliehen> *tr V* ❶ *(verleihen)* **jdm etw ~** prêter qc à qn; **[etw ist] geliehen** [qc est] prêté(e) ❷ *(ausleihen)* **sich ~** *(Dat)* **etw von jdm ~** emprunter qc à qn
Leihgabe *f* prêt *m* **Leihgebühr** *f* frais *mpl* de location **Leihhaus** *nt* mont-de-piété *m* **Leihmutter** *f* mère *f* porteuse **Leihpacht** *f* ÖKON prêt-bail *m* **Leihschein** *m* ❶ *(Buchentleihschein)* bulletin *m* de prêt ❷ COM certificat *m* de prêt **Leihstimme** *f* POL voix *f* d'emprunt **Leihwagen** *m* voiture *f* de location **leihweise** *Adv* en prêt
Leim [laɪm] <-[e]s, -e> *m* colle *f* forte
▶ **jdm auf den ~ gehen** *fam* se faire entuber par qn *(fam)*; **aus dem ~ gehen** *fam* se déglinguer *(fam)*
leimen *tr V* ❶ *(kleben)* coller; **etw wieder ~** recoller qc ❷ *sl (hereinlegen)* **jdn ~** niquer qn *(arg)*; **der/die Geleimte** le couillon/la couillonne *(pop)*
Leimfarbe *f* TECH peinture *f* à la colle

Lein [laɪn] <-[e]s, -e> m lin m
Leine [ˈlaɪnə] <-, -n> f ❶ *(Seil)* corde f
❷ *(Hundeleine)* laisse f
▸ jdn an die ~ **legen** tenir qn en bride; ~ **ziehen** sl se casser *(fam)*
leinen [ˈlaɪnən] *Adj Tuch, Gewand* en [o de] lin
Leinen <-s, -> nt lin m; **aus** ~ en [o de] lin; **in** ~ **gebunden** *Buch* relié(e) toile
Leinenband <-bände> m reliure f [en] toile **Leinenzwang** m POL tenue f en laisse obligatoire
Leineweber(in) m(f) tisserand(e) m(f)
Leinkraut nt BOT linaire m **Leinöl** nt huile f de lin **Leinsamen** m linette f **Leintuch** <-tücher> nt SDEUTSCH, A, CH drap m
leinwand *Adj* A *fam* super **Leinwand** f ❶ *(Kinoleinwand)* écran m ❷ *kein Pl (Gewebe)* toile f ▸ etw auf die ~ **bringen** porter qc à l'écran
leise [ˈlaɪzə] I. *Adj* ❶ *(nicht laut) Stimme* bas(se); *Musik, Gesang* doux(douce); *Geräusch, Klopfen* léger(-ère); *Weinen* étouffé(e); [**zu**] ~ **sein** *Musik, Stimme*: être trop bas(se); *Klopfen*: ne pas être [assez] fort(e); **das Radio ist** ~ le son de la radio n'est pas fort; **den Fernseher** ~ **r stellen** baisser le son de la télévision
❷ *(schwach, gelinde, sacht) Ahnung, Verdacht* vague; *Zweifel, Hauch, Streicheln* léger(-ère); **bei der ~sten Berührung** au moindre contact; **ich habe die** ~ **Befürchtung, dass er nicht kommt** je redoute vaguement qu'il ne vienne pas; **es kommen ihm** ~ **Zweifel** il commence un peu à douter
II. *Adv* doucement
Leisetreter(in) <-s, -> m(f) dégonflé(e) m(f) *(fam)*
Leiste [ˈlaɪstə] <-, -n> f ❶ *(Rahmenleiste, Tapetenleiste)* baguette f; *(Fußleiste)* plinthe f
❷ ANAT aine f
leisten [ˈlaɪstən] tr V ❶ *(arbeiten)* **viel** ~ avoir du rendement; **nicht genug** ~ ne pas avoir assez de rendement; **Ungewöhnliches** ~ accomplir quelque chose d'exceptionnel
❷ *(an Kraft erbringen) Batterie, Turbine, Solarzelle*: produire; *Motor*: développer
❸ *fam (gönnen)* **sich** *(Dat)* **etw** ~ s'accorder qc; *(sich anschaffen)* s'offrir qc; **sich** *(Dat)* **jdn/etw** ~ **können** avoir les moyens de s'offrir qn/qc
❹ *fam (erlauben)* **sich** *(Dat)* **etw** ~ se permettre qc; **es sich** *(Dat)* ~ **können etw zu tun** pouvoir se permettre de faire qc; **da hast du dir ja was geleistet!** t'as vraiment fait très fort! *(fam)*
Leisten <-s, -> m forme f
▸ alles über einen ~ **schlagen** *fam* mettre tout dans le même sac [o panier] *(fam)*
Leistenbruch m MED hernie f inguinale **Leistengegend** f région f de l'aine
Leistung <-, -en> f ❶ *(Ergebnis der Arbeit)* rendement m; *eines Künstlers, Sportlers* prestation f; *eines Schülers* résultat m; **jdn nach** ~ **bezahlen** payer qn au rendement
❷ TECH réalisation f
❸ *(Leistungsfähigkeit) einer Batterie, eines Computers* capacité f; *eines Generators* débit m; *einer Lichtmaschine, von Solarzellen* puissance f; *eines Motors* puissance f mécanique
❹ *form (Erstattetes, Gewährtes) einer Krankenkasse, eines Arbeitsamts* prestation f; *(Dienstleistung)* prestation f [de service]
❺ *form (Zahlung)* versement m
❻ *kein Pl (das Erbringen) einer Arbeit* exécution f; *einer Zahlung* règlement m
❼ JUR accomplissement m, prestation f
Leistungsabfall m *eines Sportlers* baisse f des résultats **Leistungsbereitschaft** f engagement m [dans son travail] **leistungsbezogen** *Adj* ~ **es Gehalt** salaire m au rendement **Leistungsbilanz** f bilan m des paiements **Leistungsdruck** m kein Pl compétitivité f; **der schulische** ~ la pression des notes **leistungsfähig** *Adj* performant(e); **wie** ~ **ist dieses Aggregat?** quel est le rendement de ce groupe? **Leistungsfähigkeit** f kein Pl *eines Arbeitnehmers* efficacité f; *einer Firma* productivité f; *eines Motors, einer Batterie, von Solarzellen* performances fpl **Leistungsgesellschaft** f société f fondée sur le rendement individuel **Leistungskontrolle** f ❶ contrôle m [o de la productivité]; **zur** ~ afin de contrôler le travail ❷ *(Lernkontrolle)* contrôle m d'évaluation **Leistungskraft** s. Leistungfähigkeit **Leistungskurs** m option f renforcée **Leistungsnachweis** m SCHULE, UNIV relevé m de notes **leistungsorientiert** *Adj* axé(e) sur le rendement [individuel] **Leistungsprinzip** nt kein Pl principe m du rendement; **nach dem** ~ **bezahlt werden** être payé en fonction de son rendement **Leistungsprüfung** ❶ SCHULE contrôle m ❷ SPORT test m de performance ❸ AGR test m de rendement **leistungsschwach** *Adj* médiocre, faible **Leistungssport** m sport m de compétition **leistungsstark** s. leistungsfähig **Leistungssteigerung** f hausse f du rendement [o de la productivité] **Leistungstest** m test m de performances **Leistungsträger(in)** m(f) SPORT, ÖKON personne f qui est la plus performante

Leistungsvergleich m comparaison f de prestations **Leistungsvermögen** s. Leistungsfähigkeit **Leistungszwang** m esprit m de compétition
Leitartikel m éditorial m **Leitartikler(in)** [-artɪklɐ] <-s, -> m(f) PRESSE fam éditorialiste mf **Leitbild** nt modèle m
leiten [ˈlaɪtən] I. tr V ❶ diriger *Firma, Abteilung, Schule, Sitzung*
❷ *(hinleiten)* **jdn durch ein Museum** ~ guider qn dans un musée; **den Verkehr auf die Umgehungsstraße** ~ diriger le trafic vers la rocade; **Strom/Gas in die Stadt** ~ acheminer du courant/gaz dans la ville; **Wasser auf das Gelände** ~ envoyer de l'eau sur le terrain
❸ *fig* **sich von Gefühlen** ~ **lassen** se laisser guider par son intuition
❹ ELEC, PHYS **Strom/Wärme** ~ conduire de l'électricité/la chaleur
II. *itr V* ELEC, PHYS [**gut/schlecht**] ~ être [bon(ne)/mauvais(e)] conducteur(-trice)
leitend *Adj* ❶ *Stellung, Position* dirigeant(e); ~ **-er Angestellter** cadre m [supérieur]
❷ *(leitfähig)* conducteur(-trice); **nicht** ~ non-conducteur(-trice)
Leiter[1] <-, -n> f *(Sprossenleiter)* échelle f; *(Stehleiter)* escabeau m
Leiter[2] <-s, -> m ❶ *einer Abteilung* chef m; *einer Firma, Schule* directeur m; **kaufmännischer/künstlerischer** ~ directeur commercial/artistique
❷ ELEC, PHYS conducteur m
Leiterin <-, -nen> f *einer Abteilung* chef f; *einer Firma, Schule* directrice f; **kaufmännische/künstlerische** ~ directrice commerciale/artistique
Leiterplatte f INFORM plaquette f [d'un circuit intégré]
Leitersprosse f échelon m **Leiterwagen** m chariot m à ridelles
Leitfaden m mémento m **leitfähig** *Adj* conducteur(-trice) **Leitfähigkeit** f PHYS conductibilité f **Leitgedanke** m idée f directrice **Leithammel** m fam *(Person)* meneur(-euse) m(f) **Leitlinie** f POL, ÖKON ligne f directrice **Leitmotiv** nt a. MUS, LITER leitmotiv m **Leitplanke** f glissière f de sécurité **Leitsatz** m précepte m **Leitspruch** m devise f **Leitstern** m fig guide m **Leittier** nt animal m de tête
Leitung <-, -en> f ❶ *kein Pl einer Firma, Schule, Arbeitsgruppe* direction f; *einer Diskussion* conduite f; **die** ~ **einer Versammlung/eines Projektes haben** avoir la direction d'une réunion/d'un projet; **unter der** ~ **einer jungen Dirigentin spielen** jouer sous la conduite [o la direction] d'une jeune chef d'orchestre
❷ *(Rohrleitung)* conduite f
❸ *(Strom-, Telefonleitung)* ligne f; **die** ~ **ist gestört** la ligne est en dérangement; **gehen Sie aus der** ~ **!** fam quittez la ligne!
▸ eine lange ~ **haben** hum fam être dur(e) à la détente *(fam)*
Leitungsaufgabe f poste m de direction **Leitungsdraht** m câble m électrique **Leitungskabel** nt ELEC câble m [o fil m] conducteur **Leitungsmast** m poteau m électrique; *(Hochspannungsmast)* pylône m de ligne électrique **Leitungsnetz** nt ELEC réseau m [électrique]; *(Rohrleitungsnetz)* tuyauterie f **Leitungsrohr** nt conduite f **Leitungswasser** nt eau f du robinet
Leitwährung f monnaie f de réserve **Leitwerk** nt AVIAT empennage m **Leitwolf** m fig meneur m d'hommes **Leitzins** m taux m directeur
leiwand A s. leinwand
Lektion [lɛkˈtsioːn] <-, -en> f leçon f
▸ jdm eine ~ **erteilen** *geh* donner une leçon à qn
Lektor [ˈlɛktoːɐ̯] <-s, -toren> m, **Lektorin** f UNIV, MEDIA lecteur(-trice) m(f)
Lektorat [lɛktoˈraːt] <-[e]s, -e> nt ❶ *(Verlagsabteilung)* comité m de lecture
❷ *(Posten an der Universität)* poste m de lecteur(-trice)
Lektüre [lɛkˈtyːrə] <-, -n> f lecture f
Lemming [ˈlɛmɪŋ] <-s, -e> m lemming m
Lende [ˈlɛndə] <-, -n> f ❶ ANAT reins mpl
❷ GASTR aloyau m
Lendenbraten m rôti m d'aloyau **Lendengegend** f ANAT région f lombaire **Lendenschurz** [-ʃʊrts] m pagne m **Lendenstück** nt morceau m d'aloyau **Lendenwirbel** m ANAT vertèbre f lombaire
Leninismus [leniˈnɪsmʊs] <-> m POL léninisme m
leninistisch *Adj* léniniste
lenkbar *Adj Fahrzeug* manœuvrable; *Achse* directeur(-trice); *Räder* dirigeable; **gut/leicht** ~ **sein** *Fahrzeug*: être très/facilement maniable
lenken [ˈlɛŋkən] I. tr V ❶ conduire *Fahrzeug, Zugtier*; **das Auto in die Einfahrt** ~ conduire la voiture dans l'entrée
❷ *(leiten)* manipuler *Menschen*; diriger *Wirtschaft, Staat*; **sich von jdm** ~ **lassen** *Mensch*: se laisser mener [o manipuler] par qn
❸ *(beeinflussen)* **gelenkt** *Medien, Berichterstattung* orienté(es)
❹ *(richten)* **seinen Blick auf jdn/etw** ~ poser son regard sur qn/qc; **seine Schritte in eine andere Richtung** ~ diriger ses pas dans une autre direction; **jds Aufmerksamkeit auf etw** *(Akk)* ~ attirer

l'attention de qn sur qc; **das Gespräch auf etw** *(Akk)* ~ amener la discussion vers qc
II. *itr V Fahrer:* conduire; **nach links/rechts** ~ prendre à gauche/droite; **in eine Seitenstraße** ~ prendre une rue latérale
Lenker <-s, -> *m* ❶ *(Fahrer) eines Fahrzeugs* conducteur *m*
❷ *fig geh eines Staates, des Schicksals* guide *m*
❸ *(Lenkstange)* guidon *m*
Lenkerin <-, -nen> *f* ❶ *eines Fahrzeugs* conductrice *f*
❷ *fig geh eines Staates, des Schicksals* guide *m*
Lenkflugkörper *m* MIL missile *m*, engin *m* téléguidé
Lenkrad *nt* volant *m;* **jdm ins ~ greifen** prendre le volant à qn
Lenkradschaltung *f* changement *m* de vitesse au volant **Lenkradschloss**^RR *nt* [contacteur *m*] antivol *m* **Lenkradsperre** *f* blocage *m* de la direction
Lenksäule *f* AUT colonne *f* de direction **Lenkstange** *f* guidon *m*
Lenkung <-, -en> *f* ❶ *(Vorrichtung, das Lenken, Leiten)* direction *f*
❷ *kein Pl (Beeinflussung) der Medien* orientation *f*
Lenz [lɛnts] <-es, -e> *m* ❶ *liter (Frühling)* saison *f* printanière *(soutenu)*
❷ *Pl hum (Lebensjahre)* printemps *mpl;* **du mit deinen 20 ~ en!** toi et tes 20 printemps!
▸ **sich** *(Dat)* **einen schönen ~ machen** *fam* se la couler douce *(fam)*
Leonardo da Vinci [-'vintʃi] <- - -s> *m* HIST Léonard de Vinci *m*
Leopard [leo'part] <-en, -en> *m* léopard *m*
Lepra ['le:pra] <-> *f* MED lèpre *f*
Leprakranke(r) *f(m) dekl wie Adj* MED lépreux(-euse) *m(f)*
lepros *Adj,* **leprös** *Adj* MED *Mensch* lépreux(-euse); *Gesicht, Körperteil* rongé(e) par la lèpre
Lerche ['lɛrçə] <-, -n> *f* alouette *f*
lernbar *Adj* ~ **sein** pouvoir s'apprendre; **leicht/schwer ~ sein** facile/difficile à apprendre
lernbegierig *Adj* avide d'apprendre **lernbehindert** *Adj* inadapté(e) **Lerneifer** *m* désir *m* d'apprendre
lernen ['lɛrnən] **I.** *tr V* ❶ apprendre; **lesen/schwimmen ~** apprendre à lire/nager; **Mathe ~** apprendre les maths; **kochen ~** apprendre à faire la cuisine; **etw bei/von jdm ~** apprendre qc de qn; ~ **sich zu beherrschen** apprendre à se maîtriser
❷ *(eine Ausbildung machen)* **einen Beruf ~** faire une formation; **Friseur ~** faire une formation de coiffeur; **was haben Sie gelernt?** quelle formation avez-vous faite?; *s. a.* **gelernt**
▸ **das will gelernt sein** ça ne s'improvise pas; **der lernt's nie** *fam,* **der wird es nie ~** il ne le saura jamais
II. *itr V* ❶ étudier; **für die Schule/Prüfung ~** travailler pour l'école/l'examen; **mit jdm ~** travailler avec qn; **das Lernen** *(für die Schule)* le travail [scolaire]; *(für eine Prüfung)* les révisions *fpl;* **das Lernen fällt ihm schwer** il a du mal à apprendre; **störe mich nicht beim Lernen!** ne me dérange pas quand j'étudie!
❷ *(eine Ausbildung machen)* **bei jdm/einer Firma ~** être en formation chez qn/dans une entreprise
▸ **gelernt ist** [eben] **gelernt** *Spr.* l'expérience, il n'y a que ça de vrai
Lerner(in) <-s, -> *m(f)* élève *mf; einer Sprache* apprenant(e) *m(f)*
lernfähig *Adj* ~ **sein** être capable de retenir; **nicht ~ sein** ne rien retenir; **er scheint nicht ~ zu sein** apparemment, il n'a pas retenu la leçon **Lernfähigkeit** *f kein Pl* capacité *f* d'apprendre **Lernmittel** *Pl* fournitures *fpl* scolaires
Lernmittelfreiheit *f kein Pl* mise *f* à disposition des fournitures scolaires
Lernprogramm *nt* INFORM didacticiel *m* **Lernprozess**^RR *m* apprentissage *m* **Lernschwester** *f* élève *f* infirmière **Lernsoftware** *f* didacticiel *m* **Lernstoff** *m* programme *m* **lernwillig** *Adj* désireux(-euse) d'apprendre **Lernziel** *nt* objectif *m* éducatif
Lesart ['le:sʔaːɐ̯t] *f* version *f*
lesbar *Adj* lisible
Lesbe ['lɛsbə] <-, -n> *f,* **Lesbierin** ['lɛsbiərɪn] <-, -nen> *f* lesbienne *f*
lesbisch *Adj* lesbien(ne)
Lese ['le:zə] <-, -n> *f* vendange *f*
Lesebrille *f* lunettes *fpl* pour lire **Lesebuch** *nt* livre *m* de lecture **Leseecke** *f* coin *m* lecture **Lesegerät** *nt* INFORM lecteur *m* **Lesekarte** *f* carte *f* de bibliothèque **Lesekopf** *m* INFORM tête de lecture *m* **Leselampe** *f* lampe *f* [de lecture]
lesen[1] ['le:zən] <liest, las, gelesen> **I.** *tr V* ❶ lire; **gerne Krimis ~** *fam* aimer les polars *(fam);* **leicht/schwer zu ~ sein** être facile/difficile à lire
❷ *(Korrektur lesen)* relire *Druckfahnen, Manuskript*
❸ INFORM **maschinell gelesen werden** *Formular, Code:* être lu(e) automatiquement
❹ *(erkennen)* **etw in jds Augen/Gesicht** *(Dat)* ~ lire qc dans les yeux/sur le visage de qn
II. *itr V* ❶ lire; **laut/leise ~** lire à haute voix/à voix basse; **an einem Roman ~** être en train de lire un roman; **das Lesen** la lecture; **nur selten zum Lesen kommen** n'avoir que rarement le temps de lire; **stör mich nicht beim Lesen!** ne me dérange pas quand je lis!
❷ *(Vorlesungen halten)* **über jdn/etw ~** faire un cours sur qn/qc
III. *r V* **sich einfach/schwer ~** être facile/difficile à lire; **sich flüssig ~** paraître facile à la lecture
lesen[2] <liest, las, gelesen> *tr V* ❶ cueillir *Weintrauben, Beeren;* glaner *Ähren;* **etw vom Boden ~** ramasser qc [qui est] sur le sol
❷ *(sortieren)* trier *Erbsen*
lesenswert *Adj* intéressant(e) à lire; ~ **sein** mériter d'être lu(e)
Leseprobe *f* ❶ LITER extrait *m*
❷ THEAT lecture *f*
Leser(in) <-s, -> *m(f)* lecteur(-trice) *m(f)*
Leseratte *f hum fam* bouquineur(-euse) *m(f) (fam)*
Leserbrief *m* lettre *f* de lecteur; **die ~ e** le courrier des lecteurs
leserlich **I.** *Adj* lisible; **schwer/kaum ~ sein** être peu/à peine lisible
II. *Adv* **schreiben** lisiblement
Leserlichkeit <-> *f* lisibilité *f*
Leserschaft <-, *selten* -en> *f* lectorat *m*
Leserzuschrift *s.* **Leserbrief**
Lesesaal *m* salle *f* de lecture **Lese-Schreib-Kopf** *m* INFORM tête *f* lectrice-imprimante **Lesestift** *m* INFORM crayon *m* optique **Lesestoff** *m* lecture *f* **Lesezeichen** *nt* marque-page *m* **Lesezirkel** *m* cercle *m* de lecture
Lesotho [le'zo:to] <-s> *nt* le Lesotho
Lesung <-, -en> *f* ❶ *(Autorenlesung)* lecture *f*
❷ PARL **etw in erster/zweiter ~ annehmen** adopter qc en première/deuxième lecture
Lethargie [letar'gi:] <-> *f* léthargie *f;* **in ~ verfallen** tomber dans une torpeur
lethargisch [le'targɪʃ] **I.** *Adj* léthargique
II. *Adv* ~ **daliegen** être dans une [complète] léthargie
letschert ['le:tʃɐt] *Adj* A *(schlapp)* mou(molle)
Lette ['lɛtə] <-, -n> *m,* **Lettin** *f* Letton(e) *m(f)*
Letter ['lɛtɐ] <-, -n> *f* ❶ *(Druckbuchstabe)* lettre *f;* **etw mit** [*o* **in**] **riesigen ~ n ankündigen** annoncer qc en grande pompe
❷ *(Drucktype)* caractère *m*
lettisch ['lɛtɪʃ] **I.** *Adj* letton(e)
II. *Adv* ~ **miteinander sprechen** discuter en letton; *s. a.* **deutsch**
Lettisch <-[s]> *nt kein Art* letton *m;* **auf ~** en letton; *s. a.* **Deutsch**
Lettische *nt dekl wie Adj* **das ~** le letton; *s. a.* **Deutsche**
Lettland *nt* la Lettonie
Letzt [lɛtst] ▸ **zu guter ~** en fin de compte
letzte(r, s) *Adj* ❶ dernier(-ière) *antéposé;* **die ~ Straßenbahn verpassen** rater le dernier tramway; **die ~n beiden Seiten** les deux dernières pages; **die ~ Chance/Gelegenheit** l'ultime chance/occasion; **unsere ~n Vorräte** le peu de provisions qui nous reste; **sein ~s Geld** l'argent qui lui reste; **beim ~n Mal** la dernière fois; **ich sage es dir zum ~n Mal:** ... c'est la dernière fois que je te le dis: ...; **als ich ihn zum ~n Mal gesehen habe** la dernière fois que je l'ai vu
❷ *(eine Folge beschließend)* **Letzter/Letzte werden** terminer dernier/dernière; **der/die Letzte sein** être le dernier/la dernière; **als Letzter/Letzte ankommen** arriver le dernier/la dernière; **der Letzte des Monats** le dernier du mois
❸ *(vorige)* dernier(-ière) *postposé;* ~ **Woche/~s Jahr** la semaine dernière/l'an dernier; **am ~n Mittwoch** mercredi dernier
❹ *(oberste)* **im ~n Stock** au dernier étage
❺ *pej (sehr schlimm)* **der ~ Schuft** *fam* la dernière des fripouilles *(fam)*
▸ **die Letzten werden die Ersten sein** les derniers seront les premiers
Letzte(s) *nt dekl wie Adj* ❶ **ein ~s** une dernière chose
❷ *(das Schlimmste)* **das ist ja wohl das ~!** *pej fam* ça, c'est le bouquet! *(fam);* **das ist das ~, was ich erwartet habe** c'est la dernière chose que j'attendais
▸ **sein ~s geben** se donner à fond; **bis ins ~** de A à Z
letztemal *s.* **Mal**[1]
letztendlich *Adv* en fin de compte
letztenmal *Adv* **beim ~** la dernière fois; **ich sage es dir zum ~** je te le dis une dernière fois; **als ich ihn zum ~ gesehen habe** la dernière fois que je l'ai vu
letztens ['lɛtstəns] *Adv* ❶ *(kürzlich)* dernièrement; ~ **erst** dernièrement encore
❷ *(abschließend)* **fünftens und ~** cinquièmement et pour finir
letztere(r, s) *Adj der/die* ~ ... *ce dernier/cette dernière;* **Letzterer ist mein Bruder** ce dernier est mon frère; **Letzteres ist sehr wichtig** ce/le dernier point est très important
letztgenannt *Adj der/die* ~ **e ...** ce dernier .../cette dernière ...
letztjährig *Adj* **die ~e Zusammenkunft** la conférence de l'année dernière
letztlich *Adv* en fin de compte

letztmöglich *Adj* der ~e Flug le tout dernier vol; **die ~e Gelegenheit** l'ultime occasion **letztwillig** *Adj* testamentaire
Leuchtboje *f* balise *f* lumineuse **Leuchtbombe** *f* MIL bombe *f* éclairante **Leuchtdiode** *f* diode *f* électroluminescente
Leuchte ['lɔɪçtə] <-, -n> *f* ❶ lampe *f*
❷ *fam (kluger Mensch)* **eine ~ sein** être une lumière *(fam);* **eine ~ in Mathematik sein** *fam* être un crack en mathématiques *(fam)*
leuchten ['lɔɪçtn̩] *itr V* ❶ *Lampe, Glühbirne:* éclairer; *Licht, Abendsonne, Stern:* briller; *Leuchtkäfer:* être luisant(e); *Zifferblatt, Zeiger:* être lumineux(-euse); **~d** brillant(e); **jdm im Dunkeln ~** éclairer qn dans l'obscurité; **mit einer Lampe in eine Höhle ~** éclairer une grotte avec une lampe; **das Leuchten** des Mondes l'éclat *m*
❷ *(reflektieren) Himmel, Meer, Farbe:* resplendir
❸ *fig* **vor Freude ~** *Augen, Gesicht:* rayonner de joie
leuchtend *Adj* ❶ *Farbe* vif(vive)
❷ *fig* **ein ~es Vorbild** un exemple éclatant
Leuchter <-s, -> *m* chandelier *m*
Leuchtfarbe *f* peinture *f* fluorescente **Leuchtfeuer** *nt* feu *m*, balise *f* [lumineuse] **Leuchtgas** *nt kein Pl veraltet* gaz *m* d'éclairage *(vieilli)*, gaz *m* de ville **Leuchtkäfer** *m* insecte *m* luisant **Leuchtkraft** *f kein Pl einer Lichtquelle* pouvoir *m* éclairant; *eines Sterns, einer Farbe* luminosité *f* **Leuchtkugel** *f s.* Leuchtrakete **Leuchtpistole** *f* pistolet *m* lance-fusées *[o* signaleur*]* **Leuchtrakete** *f* fusée *f* éclairante **Leuchtreklame** *f* publicité *f* lumineuse **Leuchtschrift** *f* lettres *fpl* lumineuses **Leuchtstift** *m* surligneur *m* **Leuchtstofflampe** *f*, **Leuchtstoffröhre** *f* lampe *f* fluorescente **Leuchtturm** *m* phare *m* **Leuchtturmwärter(in)** *m(f)* gardien(ne) *m(f)* de phare **Leuchtzifferblatt** *nt* cadran *m* lumineux
leugnen ['lɔɪgnən] *tr, itr V* nier; **es ist nicht zu ~, dass** on ne peut [pas] nier que + *indic;* **das lässt sich nicht ~** ça ne peut être nié(e); **Leugnen ist zwecklos** il est inutile de nier
Leugnung <-, -en> *f* dénégation *f*
Leukämie [lɔɪkɛ'mi:] <-, -n> *f* MED leucémie *f*
Leukoplast® <-[e]s, -e> *nt* sparadrap® *m*
Leukozyt [lɔɪko'tsy:t] <-en, -en> *m meist Pl* MED leucocyte *m*
Leumund *m* réputation *f;* **einen guten/schlechten ~ haben** avoir [une] bonne/mauvaise réputation
Leumundszeugnis ['lɔɪmʊnts-] *nt* certificat *m* de bonne conduite
Leutchen *Pl fam* **die paar/wenigen ~** les quatre pelés et un tondu *(fam);* **es kamen bloß zwanzig ~** il est venu tout juste vingt personnes
Leute ['lɔɪtə] *Pl* ❶ *(Mehrzahl von Person)* **hundert ~** cent personnes *fpl;* **es waren keine/kaum ~ da** il y avait personne/à peu près personne
❷ *(die Umgebung, Mitmenschen)* gens *mpl;* **die ~ aus der Nachbarschaft** les gens du voisinage; **etw der ~ wegen tun/nicht tun** faire qc/ne pas faire qc à cause des qu'en-dira-t-on; **alle ~** tout le monde
❸ *fam (als Anrede)* **an die Arbeit, ~!** au travail, tout le monde!; **hört mal alle her, ~!** écoutez, tout le monde! *(fam)*
❹ *fam (Mitarbeiter)* collaborateurs(-trices) *m(f)pl;* *(Angestellte)* employé(e)s *m(f)pl;* **die ~ von der Post** les gens de la poste; **nur wenige ~ beschäftigen** n'avoir que peu d'employés au travail
❺ MIL, NAUT hommes *mpl*
❻ *fam (Angehörige)* **meine/seine ~** mes/ses vieux *(fam)*
▸ **hier ist es ja nicht wie bei armen ~** *hum* on n'est pas chez les pauvres ici; **die kleinen ~** les petites gens *fpl (fam);* **Informationen/ein Gerücht unter die ~ bringen** *fam* faire courir des informations/un bruit; **unter ~ gehen** voir du monde
Leutnant ['lɔɪtnant] <-s, -s *o* -e> *m* sous-lieutenant *m;* **zu Befehl, Herr ~!** à vos ordres, mon lieutenant!; **~ zur See** enseigne *m* de vaisseau (de 2ᵉ classe)
leutselig ['lɔɪtze:lɪç] *Adj* affable
Leutseligkeit *f kein Pl* affabilité *f*
Level ['lɛvəl] <-s, -s> *m* niveau *m*
Leviten [le'vi:tn̩] ▸ **jdm die ~ lesen** *fam* passer un savon à qn *(fam)*
Levkoje [lɛf'koiə] *f* BOT giroflée *f*
Lexem [lɛ'kse:m] <-s, -e> *nt* LING lexème *m*
lexikalisch [lɛksi'ka:lɪʃ] *Adj* lexical(e)
Lexikograf(in)ᴿᴿ *s.* Lexikograph(in)
Lexikografieᴿᴿ *s.* Lexikographie
Lexikograph(in) [lɛksiko'gra:f] <-en, -en> *m(f)* lexicographe *mf*
Lexikographie [lɛksikogra'fi:] <-> *f* lexicographie *f*
Lexikologe <-n, -n>, **Lexikologin** *f* lexicologue *mf*
Lexikologie [lɛksikolo'gi:] <-> *f* lexicologie *f*
Lexikon ['lɛksikɔn] <-s, Lexika> *nt* encyclopédie *f; veraltet (Wörterbuch)* dictionnaire *m*
▸ **ein wandelndes ~ sein** *hum fam* être une bibliothèque ambulante *(fam)*
lfd. *Abk von* **laufend** en cours

Liaison [liɛ'zɔ̃:] <-, -s> *f veraltet geh* liaison *f;* **eine ~ mit jdm haben** avoir une liaison avec qn
Liane [li'a:nə] <-, -n> *f* liane *f*
Libanese [liba'ne:zə] <-n, -n> *m*, **Libanesin** *f* Libanais(e) *m(f)*
libanesisch *Adj* libanais(e)
Libanon ['li:banɔn] <-[s]> *m* **der ~** le Liban
Libelle [li'bɛlə] <-, -n> *f* libellule *f*
liberal [libe'ra:l] **I.** *Adj* libéral(e); **sich ~ geben** se montrer libéral(e)
II. *Adv* de façon libérale; **~ eingestellt sein** avoir des idées libérales
Liberale(r) *f(m) dekl wie Adj* libéral(e) *m(f)*
liberalisieren* *tr V* libéraliser
Liberalisierung <-, -en> *f* libéralisation *f*
Liberalismus [libera'lɪsmʊs] <-> *m* libéralisme *m*
Liberalität [liberali'tɛt] <-> *f* libéralité *f*
Liberia [li'be:ria] <-s> *nt* le Libéria
Liberianer(in) [liberi'a:nɐ] <-s, -> *m(f)* Libérien(ne) *m(f)*
liberianisch *Adj* libérien(ne)
Libero ['li:bero] <-s, -s> *m* libéro *m*
Libido [li'bi:do] <-> *f* libido *f*
Librettist(in) [librɛ'tɪst] <-en, -en> *m(f)* librettiste *mf*
Libretto [li'brɛto, *Pl:* li'brɛti] <-s, -s *o* Libretti> *nt* livret *m*
Libyen ['li:byən] <-s> *nt* la Libye
Libyer(in) <-s, -> *m(f)* Libyen(ne) *m(f)*
libysch ['li:bʏʃ] *Adj* libyen(ne); **die Libysche Wüste** le désert de Libye
lic. CH *Abk von* **Lizenziat(in)** licencié(e)
Licht [lɪçt] *Adj* ❶ *(hell) Haus, Wohnung, Wald* lumineux(-euse)
❷ *(spärlich) Bewuchs, Stelle, Haar* clairsemé(e)
❸ CONSTR **~e Höhe** *eines Stockwerks, einer Durchfahrt* hauteur *f* sous plafond; **~e Weite** *eines Rohrs, einer Leitung* diamètre *m* intérieur
Licht <-[e]s, -er> *nt* ❶ *kein Pl* lumière *f;* **natürliches/künstliches/mildes ~** lumière naturelle/artificielle/douce; **ein schwaches ~** une lueur; **das ~ anmachen/ausmachen** allumer/éteindre la lumière; **[jdm] ~ machen** allumer la lumière/faire de la lumière [à qn]; **jdm im ~ stehen** boucher le jour à qn; **[jdm] aus dem ~ gehen** s'ôter de la lumière; **etw gegen das ~ halten** tenir qc à contre-jour; **es werde ~! Und es ward ~** BIBL que la lumière soit! Et la lumière fut
❷ *veraltet (Kerze)* bougie *f*
▸ |das| **~ am Ende des Tunnels sehen** voir le bout du tunnel; **das ~ der Erkenntnis** *geh* les lumières *fpl* de la connaissance; **das ~ der Öffentlichkeit scheuen** fuir les projecteurs [de l'actualité]; **wo ~ ist, ist auch Schatten** *Spr.* toute médaille a son revers; **sein ~ nicht unter den Scheffel stellen** ne pas faire mystère de ses talents; **das ~ der Welt erblicken** *geh* voir le jour *(soutenu);* **in einem anderen ~ erscheinen** apparaître sous un jour nouveau; **etw in einem anderen ~ erscheinen lassen** montrer qc sous un jour nouveau; **das ewige ~** la lampe du Saint-Sacrement; **etw ins rechte ~ rücken** présenter qc sous son véritable jour; **kein großes ~ sein** *fam* ne pas être une lumière *(fam);* [jdm] **grünes ~ [für etw] geben** donner [à qn] le feu vert [pour qc]; **bei ~e besehen** en y regardant de [plus] près; **in etw (*Akk*) bringen** *Person:* faire de la lumière sur qc; *Entdeckung, Ereignis:* permettre de faire de la lumière sur qc; **etw ans ~ bringen** étaler au grand jour qc; **jdn hinters ~ führen** duper qn; **jdm geht ein ~ auf** qn commence à piger *(fam);* **ans ~ kommen** éclater au grand jour
Lichtanlage *f* ELEC installation *f* d'éclairage **lichtbeständig** *s.* lichtecht **Lichtbild** *nt form (Passbild)* photo *f* d'identité; *veraltet (Dia)* diapositive *f* **Lichtbildervortrag** *m* conférence *f* avec diapositives **Lichtblick** *m* éclaircie *f*, embellie *f* **Lichtbrechung** *f* OPT réfraction *f* **Lichtbündel** *nt* PHYS faisceau *m* lumineux **lichtdurchlässig** *Adj* translucide **lichtecht** *Adj Farbe* résistant(e) à la lumière; *Stoff* bon teint **Lichteffekt** *m* effet *m* de lumière **Lichteinwirkung** *f* PHYS, TECH action *f* de la lumière **lichtempfindlich** *Adj Haut, Material* sensible au soleil; *Film* sensible à la lumière **Lichtempfindlichkeit** *f kein Pl* sensibilité *f* à la lumière
lichten ['lɪçtn̩] **I.** *tr V* éclaircir *Baumbestand, Gestrüpp, Wald*
II. *r V* **sich ~** ❶ *(spärlicher werden) Haare:* s'éclaircir; *Vorräte:* se raréfier; *Bestände:* diminuer
❷ *(klarer werden) Angelegenheit:* se clarifier
Lichterbaum *m geh* arbre *m* de Noël **Lichterglanz** *m geh* éclat *m* des illuminations **Lichterkette** *f* ❶ guirlande *f* lumineuse
❷ *(Demonstration)* chaîne *f* lumineuse **lichterloh** ['lɪçtɐ'lo:] *Adv* **~ brennen** flamber **Lichtermeer** *nt geh* océan *m* de lumière *(littér)*
Lichtfilter *m o nt* PHOT filtre *m* coloré **Lichtgeschwindigkeit** <-> *f* PHYS vitesse de la lumière *f;* **mit ~** à la vitesse de la lumière **Lichthof** *m* ❶ ARCHIT cour *f* intérieure ❷ ASTRON halo *m* **Lichthupe** *f* avertisseur *m* lumineux; **die ~ betätigen** faire des appels lumineux **Lichtjahr** *nt* ASTRON année-lumière *f* **Lichtkegel** *m*

faisceau *m* lumineux **Lichtmangel** *m kein Pl* manque *m* de lumière **Lichtmaschine** *f* dynamo *f* **Lichtmast** *m* lampadaire *m* **Lichtmess**^RR ['lɪçtmɛs] *kein Art, unv* la Chandeleur **Lichtnelke** *f* BOT lychnis *m* **Lichtorgel** *f* orgue *m* lumineux **Lichtpause** *f* TECH héliographie *f* **Lichtquelle** *f* source lumineuse *f* **Lichtreklame** *s.* Leuchtreklame **Lichtsatz** *m kein Pl* TYP photocomposition *f* **Lichtschacht** *m* puits *m* de lumière **Lichtschalter** *m* interrupteur *m* **Lichtschein** *m* lueur *f* **lichtscheu** *Adj* ① *Tier* lucifuge; *Pflanze* qui craint la lumière ② *fig, pej dieses* ~**e Gesindel** cette racaille qui préfère rester dans l'ombre **Lichtschranke** *f* barrage *m* optique **Lichtschutzfaktor** *m* indice *m* de protection **Lichtsignal** *nt* signal *m* lumineux; *(Verkehrsampel)* feu *m* [de circulation] **Lichtspielhaus** *nt,* **Lichtspieltheater** *nt veraltet* cinématographe *m (vieilli)* **Lichtstärke** *f* intensité *f* lumineuse **Lichtstrahl** *m* rayon *m* lumineux **lichtundurchlässig** *Adj* opaque
Lichtung <-, -en> *f* clairière *f*
Lichtverhältnisse *Pl* luminosité *f* **Lichtwelle** *f* PHYS ondes *fpl* lumineuses
Lid [liːt] <-[e]s, -er> *nt* paupière *f*
Lidschatten *m* fard *m* à paupières **Lidstrich** *m (Kosmetikartikel)* eye-liner *m; (aufgemalter Strich)* trait *m* d'eye-liner
lieb [liːp] I. *Adj* ① *(liebenswürdig)* gentil(le); ~ **zu jdm sein** être gentil(le) avec qn; **das ist** ~ **von dir** c'est gentil de ta part; **ein** ~**er Mensch** un être adorable; **sei bitte so** ~ **und hilf mir bei der Gartenarbeit!** aurais-tu la gentillesse de m'aider à faire le jardinage?
② *(artig, brav) Kind* sage; **ein** ~**er Hund** un gentil chien
③ *(teuer, geschätzt)* **meine** ~**en Eltern** mes chers parents; **meine Liebe/mein Lieber** ma chère/mon cher; [**mein**] **Liebes** [mon] chéri/[ma] chérie; **jdm** ~ **sein** être cher(chère) à qn
④ *(bei der Anrede in Briefen)* ~**er Paul/**~**e Paula** cher Paul/chère Paula; ~**ste Freundin!** très chère amie!
⑤ *(angenehm) Besuch, Gast* agréable; **das ist mir** ~ je l'apprécie; **es wird länger dauern, als dir** ~ **ist** ça va durer plus longtemps que tu ne le souhaiterais; *s. a.* **lieber**
▶ **ach du** ~**es bisschen!** *fam* bonté divine! *(fam)*
II. *Adv* ① *(liebenswürdig)* **danken, helfen** gentiment; **jdn** [**ganz**] ~ **grüßen** saluer bien qn; **jdn** ~ **beschenken** faire de gentils cadeaux à qn
② *(artig)* sagement
③ *(angenehm)* ~ **gewordene Gewohnheiten** des habitudes [devenues] chères
④ *(gern)* **jdn/etw** ~ **gewinnen** s'attacher à qn/qc; **jdn/etw** ~ **haben** aimer bien qn/qc; **jdn/etw am** ~**sten mögen** préférer qn/qc; **am** ~**sten würde ich gehen/wäre ich gegangen** je voudrais bien/j'aurais bien voulu m'en aller
liebäugeln ['liːpʔɔɪɡəln] *itr V* **mit etw** ~ lorgner qc; **mit dem Gedanken** ~ **etw zu tun** caresser le rêve de faire qc
Liebchen ['liːpçən] <-s, -> *nt veraltet* [**mein**] ~ ma petite chérie *(vieilli)*
Liebe ['liːbə] <-, -n> *f* ① *kein Pl* amour *m;* **voller** ~ amoureusement; **seine/ihre** ~ **zu jdm/etw** son amour pour qn/de qc; **etw mit** [**viel**] ~ **tun** faire qc avec [beaucoup] d'amour; **aus** ~ **zu seiner Frau/zur Kunst** par amour pour sa femme/pour l'Art
② *(am Briefende)* **in** ~, **dein**(e) ... avec tout mon amour, ton/ta ...
③ *(geliebter Mensch)* amour *m;* **meine erste** ~ mon premier amour
④ *(sexueller Kontakt)* **körperliche** ~ amour *m* physique; **käufliche** ~ *geh* amour vénal *(soutenu);* **mit jdm** ~ **machen** *fam* faire l'amour avec qn
▶ **die** ~ **auf den ersten Blick** le coup de foudre; ~ **geht durch den Magen** *Spr.* les petits plats entretiennent l'amour; **alte** ~ **rostet nicht** *Spr.* on revient toujours à ses premières amours; ~ **macht blind** *Spr.* l'amour rend aveugle
liebebedürftig *Adj* ~ **sein** avoir besoin d'amour
Liebelei [liːbə'laɪ] <-, -en> *f pej* amourette *f (péj)*
lieben ['liːbən] I. *tr V* ① aimer; **jdn von ganzem Herzen** ~ aimer qn de tout cœur; **jdn/etw** ~ **lernen** apprendre à aimer qn/qc; **vielleicht wirst du ihn/diese Stadt noch** ~ **lernen** tu finiras bien par l'aimer/aimer cette ville
② *(mögen)* **sie liebt es ihre Freunde zu überraschen** elle aime faire des surprises à ses amis; **er liebt es, wenn man ihm seine Ruhe lässt** il aime qu'on le laisse tranquille; *s. a.* **geliebt**
③ *(sexuellen Kontakt haben)* **jdn** ~ faire l'amour à qn
II. *r V* **sich** ~ s'aimer; *(sexuell)* faire l'amour; **sich** ~ **lernen** apprendre à s'aimer
▶ **was sich liebt, das neckt sich** *Spr.* qui aime bien châtie bien
liebend I. *Adj Ehefrau, Ehemann, Eltern* aimant(e)
II. *Adv* **etw** ~ **gern tun** faire qc très volontiers; **ich würde** ~ **gern verreisen** j'aimerais vraiment faire un voyage
Liebende(r) *f(m) dekl wie Adj* **zwei** ~ deux amants *mpl*
lieben|lernen^ALT I. *tr V s.* **lieben** I.①

II. *r V s.* **lieben** II.
liebenswert *Adj* sympathique **liebenswürdig** *Adj Mensch, Wesen* aimable; **das ist** [**sehr**] ~ **von Ihnen** c'est [très] aimable de votre part [*o* à vous]; **wären Sie wohl so** ~ **mir zu helfen?** auriez-vous l'amabilité de m'aider?
liebenswürdigerweise *Adv* aimablement; **könnten Sie mich** ~ **vorlassen?** auriez-vous l'amabilité de me laisser passer avant vous?
Liebenswürdigkeit <-, -en> *f* amabilité *f;* **die** ~ **in Person** l'amabilité personnifiée
lieber ['liːbɐ] I. *Adj Komp von* **lieb**: **Orangensaft ist mir** ~ [**als Wasser**] je préfère le jus d'orange [à l'eau]; **ihr wäre es** ~, **wenn du gehst** elle préférerait que tu partes
II. *Adv* ① *Komp von* **gern**: ~ **schweigen als reden** plutôt se taire que parler; ~ **schwimmen als joggen** préférer nager que de faire du footing; **ich wüsste nicht, was ich** ~ **täte!** je ne demande pas mieux!; **nichts** ~ **als das!** je ne demande que ça!
② *(besser)* **ich schweige** ~ il vaut mieux que je me taise
Liebesabenteuer *nt,* **Liebesaffäre** *f* aventure *f,* affaire *f* [amoureuse] **Liebesakt** *m* acte *m* d'amour *(soutenu)* **Liebesbeziehung** *f* relation *f* amoureuse **Liebesbrief** *m* lettre *f* d'amour **Liebesdienst** *m* faveur *f;* **jdm einen** ~ **erweisen** accorder une faveur à qn **Liebeserklärung** *f* déclaration *f* d'amour; **jdm eine** ~ **machen** faire une déclaration [d'amour] à qn **Liebesfilm** *m* film *m* d'amour **Liebesgedicht** *nt* poème *m* d'amour **Liebesgeschichte** *f* ① *(literarisches Werk)* histoire *f* d'amour ② *(Liebesaffäre)* aventure *f* **Liebesgott** *m,* -**göttin** *f* dieu *m*/déesse *f* de l'amour **Liebesheirat** *f* mariage *m* d'amour **Liebeskummer** *m* chagrin *m* d'amour **Liebesleben** *nt* vie *f* amoureuse **Liebeslied** *nt* chanson *f* d'amour **Liebesmüh**[**e**] ▶ **das ist vergebliche** [*o* **verlorene**] ~ c'est peine perdue **Liebesnest** *nt* nid *m* d'amour **Liebespaar** *nt* couple *m* d'amoureux **Liebesroman** *m* roman *m* d'amour **Liebesspiel** *nt* préliminaires *mpl* amoureux **Liebesszene** *f* scène *f* d'amour **liebestoll** *Adj* follement amoureux(-euse) **Liebesverhältnis** *s.* **Liebesbeziehung**
liebevoll I. *Adj Mensch* affectueux(-euse); *Kuss, Zuwendung* tendre; *Vorbereitung, Ausgestaltung* gentil(le)
II. *Adv (zärtlich)* tendrement; *(besonders sorgfältig)* avec amour
lieb|gewinnen* *s.* **lieb** II.④
liebgeworden *s.* **lieb** II.③
lieb|haben *s.* **lieb** II.④
Liebhaber(in) <-s, -> *m(f)* ① amant *m*/maîtresse *f;* **ein guter** ~ **sein** faire bien l'amour
② *(Anhänger)* amateur(-trice) *m(f);* **ein** ~ **moderner Musik** un amateur de musique moderne
Liebhaberei <-, -en> *f* violon *m* d'Ingres; **etw aus reiner** ~ **tun** faire qc en simple amateur
Liebhaberpreis *m* prix *m* d'amateur **Liebhaberstück** *nt* pièce *f* réservée aux connaisseurs **Liebhaberwert** *m kein Pl* valeur *f* d'amateur
liebkosen* *tr V veraltet geh* cajoler
Liebkosung <-, -en> *f veraltet geh* cajolerie *f; (erotisch)* étreinte *f pas de pl*
lieblich ['liːplɪç] I. *Adj Duft, Töne* suave; *Geschmack, Wein* moelleux(-euse); *Anblick, Landschaft* charmant(e); ~ **duften** avoir un parfum suave; ~ **schmecken** avoir une saveur moelleuse
II. *Adv* **lächeln** candidement
Lieblichkeit <-> *f eines Geschmacks* moelleux *m; eines Duftes* suavité *f; einer Landschaft* charme *m*
Liebling ['liːplɪŋ] <-s, -e> *m* ① chéri(e) *m(f);* **mein** ~**!** mon amour!; *(zu einem Kind)* mon chéri/ma chérie!
② *(Favorit)* préféré(e) *m(f); (Lieblingsschüler)* chouchou(te) *m(f) (fam)*
Lieblingsbeschäftigung *f* activité *f* préférée **Lieblingsgericht** *nt* plat *m* préféré **Lieblingsthema** *nt* sujet *m* de prédilection
lieblos I. *Adj Mensch* dépourvu(e) de tendresse; *Behandlung, Bemerkung* dénué(e) de sollicitude; *Verpackung, Zubereitung* négligé(e)
II. *Adv* **jdn/etw** ~ **behandeln** traiter qn/qc sans soin
Lieblosigkeit <-, -en> *f* ① *kein Pl (Eigenschaft)* manque *m* de tendresse, insensibilité *f*
② *(Handlung, Äußerung)* marque *f* d'indifférence
Liebreiz *m kein Pl geh einer Frau* attraits *fpl (soutenu); einer Landschaft* attrait *m (soutenu)*
Liebschaft *s.* **Liebesaffäre**
Liebste(r) *f(m) dekl wie Adj* **seine** ~ sa bien-aimée; **ihr** ~**r** son bien-aimé
Liebstöckel ['liːpʃtœkəl] <-s, -> *nt o m* livèche *f*
Liechtenstein ['lɪçtənʃtaɪn] <-s> *nt* le Liechtenstein
Liechtensteiner(in) <-s, -> *m(f)* habitant(e) *m(f)* du Liechtenstein
liechtensteinisch *Adj* du Liechtenstein
Lied [liːt] <-[e]s, -er> *nt* chanson *f; (Kirchenlied)* chant *m; (Kunst-*

lied) lied *m*

▶ **es ist immer das alte** [*o* **gleiche**] **~ mit ihm** *fam* avec lui, c'est toujours la même chanson *(fam)*; **ein ~ von etw singen können** être bien placé(e) pour savoir qc *(fam)*

Liederabend *m (mit einem Sänger)* récital *m* de chant; *(mit mehreren Sängern)* concert *m* vocal **Liederbuch** *nt* recueil *m* de chansons; *(mit Kirchenliedern)* recueil *m* de chants

liederlich ['liːdɐlɪç] *Adj pej* ❶ *(unordentlich) Mensch* désordonné(e); *Arbeit* négligé(e)
❷ *pej (unmoralisch) Mensch* débauché(e); *Lebenswandel* dissolu(e) *(littér)*

Liederlichkeit <-> *f* ❶ *(Unordnung) einer Person* désordre *m; einer Arbeit* négligence *f*
❷ *(Verwerflichkeit) einer Person* dépravation *f*

Liedermacher(in) *m(f)* auteur-compositeur[-interprète] *mf*

lief [liːf] *Imp von* **laufen**

Lieferant(in) [lifəˈrant] <-en, -en> *m(f)* fournisseur(-euse) *m(f)*

Lieferanteneingang *m* entrée *f* réservée aux fournisseurs

lieferbar *Adj* disponible; **sofort ~** disponible de suite; **zur Zeit nicht ~ sein** ne pas être en stock actuellement

Lieferbedingungen *Pl* conditions *fpl* de livraison; **Liefer- und Zahlungsbedingungen** conditions de livraison et de paiement

Lieferbetrieb *m* ❶ *(Lieferant)* fournisseur *m* ❷ *(Auslieferer)* messagerie *f* **Lieferfirma** *f* ❶ *(Lieferant)* fournisseur *m* ❷ *(Auslieferer)* messagerie *f* **Lieferfrist** *f* délai *m* de livraison

liefern ['liːfɐn] **I.** *tr V* ❶ livrer; **jdm eine Ware** [*o* **eine Ware an jdn**] **~** livrer une marchandise à qn
❷ *(erbringen)* fournir *Beweis, Nachweis*; **jdm ~** fournir qc à qn
❸ *(erzeugen)* fournir *Rohstoff, Produkt*; avoir *Ertrag*
❹ *(ausfechten)* **sich** *(Dat)* **einen Kampf ~** se livrer un combat
II. *itr V* livrer; **pünktlich/innerhalb von einer Woche ~** livrer dans les temps/d'ici une semaine; **nur an privat ~** ne livrer qu'à des privés; *s. a.* **geliefert**

Lieferschein *m* bon *m* de livraison **Liefertermin** *m* date *f* de livraison

Lieferung <-, -en> *f* livraison *f*; **~ gegen bar/Nachnahme** livraison contre paiement comptant/contre remboursement; **die ~ abnehmen** accepter la livraison

Lieferungswagen CH *s.* **Lieferwagen**

Liefervertrag *m* JUR contrat *m* de livraison **Lieferwagen** *m* voiture *f* de livraison, camionnette *f* **Lieferzeit** *s.* **Lieferfrist**

Liege ['liːɡə] <-, -n> *f* ❶ *(Bett)* divan *m*
❷ *(Liegestuhl)* chaise *f* longue

liegen ['liːɡən] <lag, gelegen> *itr V + haben* *o* SDEUTSCH, A, CH *sein*
❶ *Person*: être couché(e); **auf dem Bett ~** être allongé(e) sur le lit; *Verletzter*: être étendu(e) sur le lit; **bequem/flach ~** être confortablement couché(e)/couché(e) à plat; **[noch] im Bett ~** être [encore] au lit; **auf dem Balkon ~** être/rester allongé(e) sur le balcon
❷ *(herumliegen)* **auf dem Boden ~** *Gegenstand*: être [posé(e)] par terre; **auf dem Tisch liegt ein Buch** il y a un livre sur la table; **auf der Straße liegt Schnee** il y a de la neige dans la rue; **etw ~ lassen** *(nicht wegräumen)* laisser traîner qc; *(nicht anfassen)* ne pas toucher à qc; **lass alles ~!** laisse les choses comme elles sont!; **lass das ~!** laisse ça où c'est!
❸ *fig* **viel Geld auf der Bank ~ haben** avoir beaucoup d'argent à la banque
❹ *(horizontal gelagert werden)* **der Wein muss ~** le vin doit être couché
❺ *(hängen)* **Nebel liegt über der Stadt** il y a du brouillard sur la ville
❻ *(gelegen sein, sich befinden)* **idyllisch/ruhig ~** *Haus, Hotel*: avoir une situation idyllique/tranquille; **zur Straße/zum Hof ~** *Zimmer*: donner sur la rue/cour; **in einer Seitenstraße ~** se trouver dans une rue latérale; **in Frankreich/Bayern ~** être situé(e) en France/Bavière; **nördlich von Paris ~** être situé(e) au nord de Paris; **tief ~d** *Gelände, Weide* en contrebas; **auf der ersten/letzten Silbe ~** *Betonung*: porter sur la première/dernière syllabe; *s. a.* **gelegen**
❼ *(begraben sein)* **im Grab/in Weimar ~** reposer dans une tombe/à Weimar
❽ *(angeordnet sein)* **gut/nicht richtig ~** *Haare*: être bien/mal coiffé(e); **tief ~d** *Augen* enfoncé(e)
❾ NAUT **am Kai ~** rester à quai; **im Hafen ~** mouiller dans le port; **auf einer Sandbank ~** être échoué(e) sur un banc de sable
❿ *(zu handhaben sein)* **der Griff dieses Messers liegt gut in der Hand** j'ai/on a le manche de ce couteau bien en main; **schlecht in der Kurve/auf der Straße ~** *Fahrzeug*: tenir mal les virages/la route
⓫ *(einen Rang, eine Position einnehmen)* **auf dem ersten Platz ~** se situer en première position; **gut/ganz hinten ~** être bien placé(e)/placé(e) loin derrière
⓬ *(betragen)* **bei zehn Euro/zwischen zehn und zwölf Euro ~** *Preis*: se situer autour de dix euros/entre dix et douze euros
⓭ *(gefaltet sein)* **in Bahnen zu einem Meter ~** *Stoff*: être en lés d'un mètre
⓮ *(zeitlich angesiedelt sein)* **in der Zukunft ~** ne pas être encore pour demain; **das liegt noch in weiter Ferne** ce n'est pas encore pour demain; **zwischen Weihnachten und Ostern ~** *Ereignis*: avoir lieu entre Noël et Pâques
⓯ *(zurückgehen auf)* **an jdm/etw ~** tenir à qn/qc; **das liegt daran, dass** cela tient au fait que + *indic*; **es liegt nur an dir das zu ändern** il ne tient qu'à toi d'y changer quelque chose; **woran liegt das?** d'où cela vient-il?, à quoi cela tient-il?; **an mir soll es nicht ~!** ce n'est pas moi qui t'en/vous en empêcherai!
⓰ *(abhängig sein)* **bei jdm ~** tenir à [*o* dépendre de] qn; **die Entscheidung liegt bei Ihnen** à vous de décider
⓱ *(wichtig sein)* **ihm liegt viel an ihr** elle lui importe beaucoup; **mir liegt viel daran** cela m'importe beaucoup; **ihm liegt nicht viel daran** cela ne lui importe guère; **ihm liegt nichts an dir** il n'attache aucune importance à toi; **mir liegt viel daran, dass ihr kommt** il m'importe beaucoup que vous veniez + *subj*; **es liegt mir [viel] daran das zu tun** je tiens [beaucoup] à faire cela; *s. a.* **gelegen**
⓲ *(gefallen, zusagen)* **Sprachen ~ ihm** il est porté sur les langues; **seine Art liegt mir nicht** ses manières ne me plaisent pas; *s. a.* **gelegen**
⓳ *(zufallen)* **bei jdm ~** *Verantwortung*: reposer sur qn; *Schuld*: peser sur qn

Liegen <-s> *nt* position *f* couchée; **im ~** en position couchée; **vom langen ~** à force d'être resté couché(e)

liegen|bleibenᴬᴸᵀ¹ *s.* **bleiben I.** ❷, ❸, ❼

liegen|bleiben² *itr V unreg + sein fig (nicht erledigt werden) Auftrag, Arbeit, Post*: rester en attente

liegend I. *Adj Akt, Position* couché(e)
II. *Adv aufbewahren, lagern* couché(e); **~ essen/lesen** manger/lire couché(e)

liegen|lassen *s.* **lassen I.** ❷, ❽, ▶

Liegenschaft <-, -en> *f meist Pl* biens *mpl* fonciers

Liegeplatz *m* NAUT mouillage *m* **Liegesitz** *m* siège *m* couchette **Liegestuhl** *m* chaise *f* longue **Liegestütz** [-ʃtʏts] <-es, -e> *m* traction *f*; **~e machen** faire des tractions **Liegewagen** *m* voiture-couchettes *f* **Liegewiese** *f* pelouse *f* **Liegezeit** *f* NAUT [e]starie *f*

lieh [liː] *Imp von* **leihen**

Lieschen ['liːsçən] <-s, -> *nt* ❶ *Dim von* **Elisabeth**
❷ BOT **Fleißiges ~** impatiens *f*
▶ **~ Müller** Madame Tartempion

ließ [liːs] *Imp von* **lassen**

liest [liːst] *3. Pers Präs von* **lesen**

Lifestylemagazin ['laɪfstaɪl-] *nt* TV émission *f* lifestyle; PRESSE magazine *m* lifestyle

Lift [lɪft] <-[e]s, -e *o* -s> *m* ❶ *(Aufzug)* ascenseur *m*
❷ *(Skilift)* téléski *m; (Sessellift)* télésiège *m*

Liftboy ['lɪftbɔɪ] <-s, -s> *m* garçon *m* d'ascenseur

liften ['lɪftən] *tr V* faire un lifting à; **sich** *(Dat)* **das Gesicht ~ lassen** se faire lifter le visage

Liga ['liːɡa] <-, Ligen> *f* ❶ *(Vereinigung)* ligue *f*; **die ~ für Menschenrechte** la ligue des droits de l'homme
❷ SPORT division *f*; **in die erste ~ aufsteigen** monter en première division

Ligatur [liɡaˈtuːɐ] <-, -en> *f* ❶ MUS liaison *f*
❷ MED, TYP ligature *f*; **die ~ œ** l'e dans l'o

light [laɪt] *Adj (mit geringem Zuckeranteil)* light; *(mit geringem Fettanteil)* allégé(e); *(mit wenig Genussgiften)* léger(-ère)

Liguster [liˈɡʊstɐ] <-s, -> *m* troène *m*

liieren* *rV* ❶ *geh* **sich ~** nouer une liaison *(soutenu)*; **liiert sein** ne pas/plus être libre; **mit jdm liiert sein** avoir une liaison [avec qn]
❷ COM **sich ~** s'associer

Likör [liˈkøːɐ] <-s, -e> *m* liqueur *f*

lila ['liːla] *Adj unv* [*couleur*] lilas

Lila <-s, - *o fam* -s> *nt* mauve *m*

lilafarben *s.* **lila**

Lilie ['liːliə] <-, -n> *f* lys *m*

Liliputaner(in) [liliputaˈneːɐ] <-s, -> *m(f)* lilliputien(ne) *m(f)*

Limes ['liːmɛs] <-, -> *m* ❶ *kein Pl* HIST **der ~** le limes
❷ MATH limite *f*

Limette [liˈmɛtə] <-, -n> *f* limette *f*

Limit ['lɪmɪt] <-s, -s *o* -e> *nt* ❶ *(Begrenzung)* limite *f*; **das ~ überschreiten** dépasser la limite
❷ *(Preisgrenze)* plafond *m*; **jdm ein ~ setzen** fixer un plafond à qn

limitieren* *tr V* limiter; **etw auf hundert Exemplare ~** limiter qc à cent exemplaires; **in limitierter Auflage** à tirage limité

Limo ['lɪmo] <-, -s> *f fam Abk von* **Limonade** soda *m*

Limonade [limoˈnaːdə] <-, -n> *f* limonade *f*

Limone <-, -n> *f* citron *m* vert

Limousine [limu'zi:nə] <-, -n> f limousine f
lind [lɪnt] Adj geh doux(douce)
Linde ['lɪndə] <-, -n> f (Baum, Holz) tilleul m
Lindenblütentee m [infusion f de] tilleul m **Lindenholz** nt tilleul m; **Schnitzereien aus ~** sculptures en tilleul
lindern ['lɪndɐn] tr V soulager Schmerzen; atténuer Not, Armut
Linderung <-> f kein Pl soulagement m; **zur ~ der Schmerzen/Not** pour soulager les douleurs/la misère; **jdm ~ verschaffen** procurer un soulagement à qn
lindgrün Adj [vert] tilleul inv; **eine ~e Krawatte** une cravate [vert] tilleul
Lindwurm m MYTH dragon m
Lineal [line'a:l] <-s, -e> nt règle f
linear [line'a:ɐ] Adj a. MATH, ÖKON linéaire
Linguist(in) [lɪŋɡu'ɪst] <-en, -en> m(f) linguiste mf
Linguistik [lɪŋɡu'ɪstɪk] <-> f linguistique f
linguistisch Adj linguistique
Linie ['li:niə] <-, -n> f ① ligne f; **eine geschlängelte/gestrichelte ~** une ligne ondulée/de tirets
② (Handlungsrichtung) **eine gemeinsame/politische ~** une ligne commune/politique; **auf der gleichen ~ liegen** avoir la même orientation; **eine klare ~ haben/verfolgen** avoir/suivre une ligne claire
③ (Verwandtschaftslinie) **in männlicher/weiblicher ~** par les hommes/femmes; **in direkter ~ miteinander verwandt sein** être parent(e)s d'une lignée directe
④ TRANSP ligne f; **die ~ 2 fährt zum Bahnhof** la ligne 2 va à la gare
⑤ (Figur) **auf die schlanke ~ achten** garder la ligne (fam)
⑥ fam (Parteilinie) **auf ~ sein** être dans la ligne
▶ **in erster/zweiter ~** en premier/second lieu; **auf der ganzen ~** sur toute la ligne; **in vorderster ~ stehen** être en première ligne
Linienblatt ['li:niən-] nt feuille f lignée **Linienbus** m bus m de ligne **Linienflug** m vol m de ligne **Linienflugzeug** nt avion m de ligne **Linienführung** f ① KUNST tracé m; **eine weiche/strenge ~** un tracé léger/appuyé ② (Verkehrswesen) lignes fpl **Linienmaschine** f avion m de ligne **Liniennetz** nt INFORM réseau m **Linienrichter(in)** m(f) juge mf de ligne **Linienschiff** nt paquebot m de ligne **Linientreu** Adj pej dans la ligne [du parti] **Linienverkehr** m trafic m de ligne
linieren* tr V, **liniieren*** tr V ligner, régler; **ein lin[i]iertes Blatt** une feuille lignée
Linierung <-, -en> f, **Liniierung** <-, -en> f lignes fpl; **mit/ohne ~** ligné(e)/non ligné(e)
link [lɪŋk] Adj fam **ein ~ Trick** un coup tordu (fam); **so ein ~er Typ!** ah, l'enfoiré! m (vulg)
Link <-s, -s> m INFORM lien m
Linke <-n, -n> f ① (Hand) main f gauche
② BOXEN gauche m
③ POL **die ~** la gauche; **die äußerste ~** l'extrême gauche
▶ **zu seiner/ihrer ~n** geh à sa gauche
linke(r, s) Adj attr ① gauche; Straßenseite, Fahrbahn de gauche
② (links befindlich) Eingang, Bild de gauche
③ (nach innen zeigend) **die ~ Seite** eines Kleidungsstücks, Stoffs l'envers m; **auf der ~n Seite** à l'endroit
④ (verschränkt gestrickt) Masche à l'envers
⑤ POL de gauche; Flügel gauche
Linke(r) f(m) dekl wie Adj homme m/femme f de gauche; **ein ganz ~r/eine ganz ~** un/une gauchiste
linken tr V fam entuber (fam)
linkisch I. Adj gauche
II. Adv gauchement
links [lɪŋks] I. Adv ① (auf der linken Seite) à gauche; **~ oben/unten** en haut/en bas à gauche; **~ neben/hinter mir** à gauche près de/derrière moi; **von dir/uns** à ta/notre gauche; **von ~** de la gauche; **von ~ nach rechts** de gauche à droite; **~ fahren** rouler à gauche; **[nach] ~ abbiegen** tourner à gauche; **halb ~ abbiegen** tourner légèrement à gauche; **von halb ~ kommen** Auto: arriver légèrement de la gauche; **sich ~ einordnen** se mettre sur la voie de gauche; **~ um!** à gauche, gauche!
② (auf der, von der Innenseite) à l'envers; **etw von ~ bügeln** repasser qc à l'envers
③ (verschränkt) **eine ~, drei rechts [stricken]** [tricoter] une maille à l'envers, trois mailles à l'endroit
④ POL **~ wählen** voter à gauche; **~ stehen** [o sein] avoir des idées de gauche; **~ eingestellt sein** être de gauche
▶ **weder ~ noch rechts schauen** aller droit devant lui/elle; **jdn ~ liegen lassen** ne pas prêter attention à qn; **etw mit ~ machen** fam faire qc les doigts dans le nez (fam)
II. Präp + Gen **~ der Straße/des Rheins** à gauche de la rue/du Rhin
Linksabbieger(in) <-s, -> m(f) chauffeur m tournant à gauche
Linksabbiegerspur f voie f de gauche **Linksaußen** <-, -> m ① FBALL ailier m gauche ② POL fam gauchiste mf (fam) **linksbün-**

dig [-bʏndɪç] I. Adj aligné(e) à gauche II. Adv **etw ~ schreiben** écrire qc aligné à gauche **Linksdrall** m ① einer Billardkugel effet m einer Geschosses rayure f à gauche; **Billardkugel:** avoir de l'effet à gauche; **Geschoss:** avoir une rayure à gauche ② POL fam tendances fpl de gauche; **einen ~ haben** Partei: avoir des tendances de gauche **Linksdrehung** f rotation f à gauche **Linksextremismus** m kein Pl POL extrémisme m de gauche **Linksextremist(in)** m(f) extrémiste mf de gauche **linksextremistisch** I. Adj d'extrême gauche II. Adv **~ angehaucht sein** avoir des idées d'extrême gauche **linksgerichtet** Adj POL orienté(e) à gauche **Linksgewinde** nt filetage m à gauche **Linkshänder(in)** <-s, -> m(f) gaucher(-ère) m(f)
linkshändig I. Adj gaucher(-ère)
II. Adv de la main gauche
linksherum ['lɪŋksherʊm] Adv fahren, verlaufen à gauche; **sich drehen** de droite à gauche; (beim Walzer) à l'envers **Linksintellektuelle(r)** f(m) dekl wie Adj intellectuel(le) m(f) de gauche **Linkskurve** [-və] f virage m à gauche
linkslastig Adj ① trop chargé(e) à gauche
② POL pej marqué(e) à gauche
linksliberal Adj libéral(e) de gauche **linksradikal** I. Adj d'extrême gauche II. Adv **~ eingestellt sein** avoir des idées d'extrême gauche **Linksradikale(r)** f(m) dekl wie Adj extrémiste mf de gauche **linksrheinisch** Adj [situé(e)] à l'ouest du Rhin **Linksruck** <-[e]s, -e> m POL poussée f à gauche **Linksrum** s. linksherum
linksseitig I. Adj **Lähmung** du côté gauche
II. Adv **~ gelähmt** paralysé(e) du côté gauche
linksum [lɪŋks'ʊm] Adv **~ kehrt!** demi-tour à gauche, gauche! **Linksverkehr** m conduite f à gauche
Linnen ['lɪnən] s. Leinen
Linoleum [li'no:leʊm] <-s> nt linoléum m
Linolschnitt [li'no:l-] m linogravure f
Linse ['lɪnzə] <-, -n> f ① BOT, GASTR lentille f ② ANAT cristallin m ③ opt lentille f
linsen itr V fam reluquer (fam); **in das Heft des Banknachbarn ~** loucher sur le cahier du voisin (fam)
Linsensuppe f GASTR soupe f de lentilles
Lipgloss[RR] <-, -> nt brillant m à lèvres, gloss m
Lippe ['lɪpə] <-, -n> f lèvre f; **jdm etw von den ~n ablesen** lire qc sur les lèvres de qn
▶ **eine dicke ~ riskieren** fam la ramener [un peu trop] (fam); **etw nicht über die ~n bringen** ne pouvoir se résoudre à dire qc; **an jds ~n (Dat) hängen** être suspendu(e) aux lèvres de qn; **etw kommt nicht über jds ~n (Akk)** ça écorcherait la langue de qn de dire qc
Lippenbekenntnis nt pej déclaration f faite du bout des lèvres; **ein ~ ablegen** prononcer un engagement du bout des lèvres **Lippenblütler** [-bly:tlɐ] <-s, -> m BOT labiac[é]e f **Lippenstift** m [bâton m de] rouge m à lèvres; **kussechter ~** rouge baiser
liquid [li'kvi:t] Adj inv ① (solvent) Firma, Unternehmer disposant de fonds; **~ sein** être en fonds
② (verfügbar) Mittel, Gelder disponible [en liquide]; **~e Barreserven** [o Mittel] des liquidités fpl
Liquidation [likvida'tsio:n] <-, -en> f ① FIN, JUR einer Firma liquidation f
② form (Honorarrechnung) note d'honoraires
liquid[e] [li'kvi:də] Adj s. liquid
liquidieren* tr V ① liquider Betrieb, Firma
② (in Rechnung stellen) **einen Betrag ~** fixer le montant de ses honoraires
③ euph (umbringen) liquider (euph)
Liquidierung <-, -en> f ① s. Liquidation
② euph (das Töten) eines Gefangenen élimination f
Liquidität [likvidi'tɛ:t] <-> f (Zahlungsfähigkeit) solvabilité f
Lira ['li:ra] <-, Lire> f italienische ~ HIST lire f [italienne]; **türkische ~** livre f turque
Liselotte von der Pfalz f HIST Charlotte-Élisabeth f de Bavière
lispeln ['lɪspəln] I. itr V zézayer; **das Lispeln** le zézaiement
II. tr V **jdm etw ins Ohr ~** chuchoter qc à l'oreille de qn
Lissabon ['lɪsabɔn] <-> s. Lisbonne
List [lɪst] <-, -en> f ruse f; **zu einer ~ greifen** recourir à une ruse
▶ **mit ~ und Tücke** en utilisant toutes les combines possibles (fam)
Liste ['lɪstə] <-, -n> f ① liste f; **jdn/etw in eine ~ schreiben** [o eintragen] inscrire qn/qc sur une liste
② fig **eine lange ~ von Verfehlungen** une longue série de pannes
③ POL liste f; **Grün-Alternative ~** liste f écologiste alternative
▶ **auf der schwarzen ~ stehen** être sur la liste noire
Listenplatz m POL place f sur la liste **Listenpreis** m COM prix m catalogue **Listenwahl** f POL scrutin m de liste
listig I. Adj Mensch rusé(e); Plan astucieux(-euse)
II. Adv avec astuce
Litanei [lita'naɪ] <-, -en> f ① ECCL litanies fpl

loben	
loben, positiv bewerten	**louer, juger positivement**
Ausgezeichnet!/Hervorragend!	Excellent!/Remarquable!
Das hast du gut gemacht.	Tu as fait du bon travail.
Das hast du prima hingekriegt. *(fam)*	Tu t'es très bien débrouillé(e).
Das lässt sich (aber) sehen! *(fam)*	Il y a de quoi être fier!
Daran kann man sich ein Beispiel nehmen.	C'est un exemple à suivre.
Das hätte ich nicht besser machen können.	Je n'aurais pas pu faire mieux.
Wertschätzung ausdrücken	**exprimer son estime**
Ich finde es super, wie er sich um die Kinder kümmert.	Je trouve ça super comme il s'occupe des enfants.
Ich schätze Ihren Einsatz (sehr).	J'apprécie (beaucoup) votre engagement.
Ich weiß Ihre Arbeit sehr zu schätzen.	J'apprécie beaucoup votre travail.
Ich möchte Ihren guten Rat nicht missen.	Je ne voudrais pas être privé(e) de vos bons conseils.
Ich finde die Vorlesungen dieses Professors sehr gut.	Je trouve les cours magistraux de ce professeur très bien.
Ich wüsste nicht, was wir ohne Ihre Hilfe tun sollten.	Je ne sais pas ce que nous ferions sans votre aide.

❷ *pej (Aufzählung)* litanie *f*
Litauen ['lɪtaʊən] <-s> *nt* la Lituanie
Litauer(in) ['li:taʊɐ] <-s, -> *m(f)* Lituanien(ne) *m(f)*
litauisch ['li:taʊrɪʃ] I. *Adj* lituanien(ne)
 II. *Adv* ~ **miteinander sprechen** discuter en lituanien; *s. a.* **deutsch**
Litauisch <-[s]> *nt kein Art* lituanien *m;* **auf** ~ en lituanien; *s. a.* **Deutsch**
Litauische *nt dekl wie Adj* **das** ~ **le** lituanien; *s. a.* **Deutsche**
Liter ['li:tɐ, 'lɪtɐ] <-s, -> *m o nt* litre *m;* **ein** ~ **Milch** un litre de lait
literarisch [lɪtə'ra:rɪʃ] I. *Adj* littéraire
 II. *Adv* ~ **gebildet sein** être formé(e) dans le domaine littéraire; ~ **Interessierte** les gens *mpl* qui s'intéressent à la littérature; **etw** ~ **adaptieren** faire une adaptation littéraire de qc
Literat(in) [lɪtə'ra:t] <-en, -en> *m(f) geh* homme *m*/femme *f* de lettres *(soutenu);* **die** ~**en** les gens *mpl* de lettres *(soutenu)*
Literatur [lɪtəra'tu:ɐ] <-, -en> *f* ❶ littérature *f;* **die schöne** [*o* **schöngeistige**] ~ les belles-lettres *fpl (soutenu)*
 ❷ *(Veröffentlichungen)* **wissenschaftliche** ~ ouvrages *mpl* scientifiques
Literaturangabe *f* note *f* bibliographique; ~**n** notice *f* bibliographique **Literaturbeilage** *f* supplément *m* littéraire **Literaturgattung** *f* genre *m* littéraire **Literaturgeschichte** *f* histoire *f* de la littérature **literaturgeschichtlich** I. *Adj* d'histoire littéraire II. *Adv* d'un point de vue historico-littéraire **Literaturhinweis** *s.* **Literaturangabe Literaturkritik** *f* critique *f* littéraire **Literaturkritiker(in)** *m(f)* critique *mf* littéraire **Literaturpreis** *m* prix *m* littéraire **Literaturverzeichnis** *nt* bibliographie *f* **Literaturwissenschaft** *f* lettres *fpl;* **vergleichende** ~ littérature *f* comparée **Literaturwissenschaftler(in)** *m(f)* spécialiste *mf* de la littérature **Literaturzeitschrift** *f* revue *f* littéraire
Literflasche *f* [bouteille *f* d'un] litre *m* **literweise** *Adv* ❶ abgeben, verkaufen au litre ❷ *fam (in großen Mengen)* **etw** ~ **trinken** boire qc par litres [entiers]
Litfaßsäule ['lɪtfasːzɔɪlə] *f* colonne *f* Morris
Lithium ['li:tiʊm] <-s> *nt* CHEM lithium *m;* ~ **ist ein chemisches Element** le lithium est un élément chimique
Lithografie^{RR} *s.* **Lithographie**
lithografisch^{RR} *s.* **lithographisch**
Lithographie [lɪtoɡra'fi:] <-, -n> *f* lithographie *f*
lithographisch *Adj* lithographique
Litschi ['lɪtʃi:] <-, -s> *f* litchi *m*
litt [lɪt] *Imp von* **leiden**
Liturgie [lɪtʊr'ɡi:] <-, -n> *f* liturgie *f*
liturgisch [li'tʊrɡɪʃ] *Adj* liturgique
Litze ['lɪtsə] <-, -n> *f* ❶ COUT galon *m*
 ❷ ELEC tresse *f*
live [laɪf] I. *Adj Sendung:* en direct; ~ **sein** *Sendung:* être en direct
 II. *Adv* senden, singen, übertragen en direct; **wir senden** ~ c'est une émission en direct
Liveaufzeichnung^{RR} ['laɪf-] *f* enregistrement *m* en public **Livekonzert** *nt* concert *m* live **Livemitschnitt**^{RR} *m* enregistrement *m* en public **Livemusik**^{RR} *f* musique *f* live

Livesendung^{RR} *f* émission *f* en direct **Liveübertragung**^{RR} *f* retransmission *f* en direct
Livree [li'vre:] <-, -n> *f* livrée *f*
livriert [li'vri:ɐt] *Adj* en livrée
Lizentiat [lɪtsɛn'tsia:t] *s.* **Lizenziat**
Lizentiat(in) *s.* **Lizenziat(in)**
Lizenz [li'tsɛnts] <-, -en> *f* licence *f;* [**jdm**] **eine** ~ **erteilen** délivrer une licence à qn; **etw in** ~ **herstellen** fabriquer qc sous licence
Lizenzausgabe *f* édition *f* sous licence **Lizenzdruck** <-drucke> *s.* **Lizenzausgabe Lizenzgeber(in)** <-s, -> *m(f)* concédant(e) *m(f)* **Lizenzgebühr** *f* droit *m* de licence
Lizenziat^{RR} <-[e]s, -e> *nt* UNIV ≈ licence *f* de théologie; CH ≈ licence de lettres et sciences humaines
Lizenziat(in)^{RR} <-en, -en> *m(f)* UNIV ≈ licencié(e) *m(f)* en théologie; CH ≈ licencié(e) *m(f)* ès lettres
Lizenznehmer(in) <-s, -> *m(f)* concessionnaire *mf* **Lizenzspieler(in)** *m(f)* licencié(e) *m(f)* **Lizenzvergabe** *f* concession *f* de licence **Lizenzvertrag** *m* contrat *m* de licence d'exploitation, contrat *m* de concession de licence
Lkw, LKW ['ɛlka:ve:, ɛlka:'ve:] <-[s], -[s]> *m Abk von* **Lastkraftwagen** poids *m* lourd
Lkw-Fahrer(in) *m(f),* **LKW-Fahrer(in)** [ɛlka:'ve:-] *m(f)* chauffeur *m* de poids lourds; *(Fernfahrer)* routier *m*
Lob [lo:p] <-[e]s, *selten* -e> *nt* félicitations *fpl;* **jdm** ~ **spenden** [*o* **zollen** *geh*] prodiguer des louanges à qn *(soutenu);* **jdn mit** ~ **überhäufen** couvrir qn de compliments; **des** ~**es voll sein über jdn/etw** ne pas tarir d'éloges sur qn/à propos de qc; ~ **ernten** recevoir des éloges; **mit seinem** ~ **geizen** être vraiment avare de compliments; **zum** ~ **Gottes** à la louange de Dieu
Lobby ['lɔbi] <-, -s> *f* lobby *m*
Lobbying ['lɔbiɪŋ] <-s> *nt* POL lobbying *m*
Lobbyismus [lɔbi'ɪsmʊs] <-> *m* trafic *m* d'influence
Lobbyist(in) [lɔbi'ɪst] <-en, -en> *m(f)* membre *mf* d'un lobby
loben ['lo:bən] I. *tr V* ❶ féliciter; **jds Arbeit** ~ louer qn pour son travail
 ❷ *(für lobenswert halten)* **sein Verhalten ist zu** ~ son attitude est digne d'éloges; **so einen Mitarbeiter lobe ich mir!** voilà le type de collaborateur que j'apprécie!; **da lob ich mir die alten Zeiten** [c'est là que] je regrette le bon vieux temps
 ❸ REL **Gott** ~ louer Dieu; **gelobt sei Gott!** Dieu soit loué!
 II. *itr V* complimenter
lobend I. *Adj* élogieux(-euse)
 II. *Adv* **jdn/etw** ~ **erwähnen** parler de qn/qc en termes élogieux
lobenswert *Adj (anerkennenswert)* digne d'éloges
Lobeshymne *f* louanges *fpl;* **eine** ~ **auf jdn/etw singen** chanter les louanges de qn/qc
Lobgesang *m* hymne *m* de louange **Lobhudelei** [lo:phu:də'laɪ] *f pej* flagornerie *f (soutenu)*
löblich ['lø:plɪç] *Adj geh* louable *(soutenu)*
Loblied *nt* ▸ **ein** ~ **auf jdn/etw singen** chanter les louanges de qn/qc **lobpreisen** <lobpreiste *o* lobpries, gelobpreist *o* lobgepriesen> *tr V liter* louer *(littér)* **Lobrede** *f* panégyrique *m;* **eine** ~ **auf jdn halten** faire le panégyrique de qn
Loch [lɔx, *Pl:* 'lœçə] <-[e]s, Löcher> *nt* ❶ trou *m;* **ein** ~ **in etw**

(Akk) **fressen/reißen** faire un trou dans qc
❷ *pej sl (elende Wohnung)* taudis *m*
❸ ASTRON **schwarzes ~** trou *m* noir
▶ **jdm ein ~** [*o* **Löcher**] **in den Bauch fragen** *fam* cribler qn de questions; **Löcher in die Luft starren** [*o* **gucken**] *fam* regarder dans le vide; **auf** [*o* **aus**] **dem letzten ~ pfeifen** *sl* être lessivé(e) *(fam)*; **wie ein ~ saufen** *vulg* boire comme un trou *(pop)*; **ein ~ stopfen** boucher un trou *(fam)*
lochen *tr V* perforer *Papier, Karton, Blech*; poinçonner *Fahrkarte*
Locher <-s, -> *m (für Papier)* perforeuse *f*
löcherig *Adj* troué(e)
löchern [ˈlœçən] *tr V fam* gonfler *(fam)*; **jdn mit Fragen/Bitten ~** gonfler qn de questions/demandes
Lochkarte *f* INFORM carte *f* perforée **Lochstickerei** *f* broderie *f* à jour **Lochstreifen** *m* INFORM bande *f* perforée
Lochung <-, -en> *f* perforation *f*; *einer Fahrkarte* poinçonnage *m*
Lochzange *f (für Fahrkarten)* poinçonneuse *f*; TECH emporte-pièce *m*
Lockartikel *m* COM article *m* d'appel
Locke [ˈlɔkə] <-, -n> *f* boucle *f* [de cheveux]; **~n haben** être bouclé(e)
locken[1] [ˈlɔkən] **I.** *tr V* boucler *Haare*; **sich die Haare ~ lassen** se faire boucler les cheveux; *s. a.* **gelockt**
II. *r V* **sich ~** *Haare:* boucler
locken[2] *tr V* ❶ *(verlockend sein)* **jdn ~** *Angebot, Möglichkeit:* attirer qn; **jdn lockt es nach Paris** qn est attiré(e) par Paris
❷ *(anlocken)* appeler *Tier*
lockend *Adj* alléchant(e)
Lockenkopf *m* ❶ *(Frisur)* cheveux *mpl* bouclés ❷ *(Person)* personne *f* aux cheveux bouclés; **ein blonder ~** un(e) blond(e) bouclé(e) **Lockenstab** *m* fer *m* à friser **Lockenwickler** <-s, -> *m* bigoudi *m*
locker [ˈlɔkɐ] **I.** *Adj* ❶ *(lose) Halterung, Schraube* desserré(e); *Ziegel, Zahn* branlant(e)
❷ *(porös) Boden, Erdreich* poreux(-euse); *Schnee* poudreux(-euse)
❸ *(leicht, schaumig) Teigmasse, Eischnee* léger(-ère)
❹ *(nicht gespannt) Seil* détendu(e); *Masche, Gewebe* lâche; *Muskel* relâché(e)
❺ *fam (leger, zwanglos) Mensch* libéral(e); *Haltung* détendu(e); *Auffassung* relâché(e); *Einstellung* large
❻ *(oberflächlich) Bekanntschaft, Beziehung* vague
❼ *fam (leichtfertig) Lebenswandel* léger(-ère)
II. *Adv* ❶ *(lose) binden, hineinschrauben, stricken* sans serrer; **~ sitzen** *Kleidung:* être ample; *Schraube:* être desserré(e); *Ziegel, Zahn:* être branlant(e)
❷ *(unverkrampft) sitzen, laufen, spielen* de façon détendue; **etw ~ handhaben** manipuler qc de façon décontractée; **hier geht es ~ zu** il y a une bonne ambiance ici
❸ *fam (ohne Schwierigkeiten)* **das schaffe ich doch ~!** j'y arrive à l'aise *(fam)*
▶ [**bei**] **ihm sitzt der Revolver/das Geld ~** *fig fam* il a la gâchette/l'argent facile *(fam)*
locker|**lassen** *itr V unreg fam* lâcher prise; **nicht ~** ne pas lâcher prise **locker**|**machen** *tr V fam* **Geld für jdn/etw ~** décrocher de l'argent à qn/pour qc *(fam)*; **bei jdm hundert Euro ~** soutirer cent euros à qn
lockern [ˈlɔkɐn] **I.** *tr V* ❶ desserrer *Griff, Gürtel, Krawatte, Schraube*; relâcher *Zügel*
❷ *(aufwärmen)* assouplir *Beine, Muskeln*; *(entspannen)* décontracter *Beine, Muskeln*
❸ *(liberaler gestalten)* assouplir *Gesetz, Vorschrift, Embargo*
II. *r V* **sich ~** ❶ *Schraube, Verbindung:* se desserrer
❷ *(sich aufwärmen)* s'assouplir; *(sich entspannen)* se décontracter, décontracter ses muscles
❸ *(sich entkrampfen) Atmosphäre, Anspannung:* se détendre
Lockerung <-, -en> *f* ❶ *von Schrauben, Verbindungen* desserrage *m*
❷ *(das Aufwärmen) der Muskeln* assouplissement *m*; *(das Entspannen)* relaxation *f*
❸ *fig der Stimmung* détente *f*; **zur ~ der Atmosphäre** pour détendre l'atmosphère
❹ *(liberalere Gestaltung) eines Gesetzes, Embargos, einer Vorschrift* assouplissement *m*
Lockerungsübung *f (zum Aufwärmen)* [exercice *m* d']assouplissement *m*; *(zum Entspannen)* [exercice *m* de] relaxation *f*; **~en machen** faire des assouplissements/de la relaxation
lockig *Adj* bouclé(e)
Lockmittel *nt* appât *m* **Lockruf** *m* cri *m* d'appel
Lockung <-, -en> *f* ❶ *(Reiz)* attrait *m*
❷ *(Versuchung)* tentation *f*
Lockvogel *m a. fig* appât *m*
Loden [ˈloːdən] <-s, -> *m* loden *m*
Lodenmantel *m* [manteau *m* en] loden *m*
lodern [ˈloːdɐn] *itr V* ❶ *+ haben Feuer:* flamboyer; **~d flam-** boyant(e)
❷ *+ sein* **zum Himmel ~** monter au ciel
Löffel [ˈlœfəl] <-s, -> *m* ❶ cuillère *f*
❷ *(Mengenmaß)* **ein ~ Mehl** une cuillerée de farine
❸ *sl (Ohr)* **seine ~ aufsperren** ouvrir [toutes grandes] ses esgourdes *(arg)*; **ein paar hinter die ~ kriegen** prendre une paire de baffes *(fam)*
❹ JAGD *(Hasen-, Kaninchenohr)* oreille *f*
▶ **den ~ abgeben** *sl* casser sa pipe *(pop)*
Löffelbagger *m* pelle *f* mécanique
löffeln [ˈlœfəln] *tr V (essen)* manger à la cuillère; **seine Suppe ~** manger sa soupe à la cuillère
Löffelstiel *m* manche *m* de cuillère
löffelweise *Adv essen, füttern* à la cuillère; *hinzugeben* par cuillerées
log[1] [lɔk] *m* MATH log; *Abk von* **Logarithmus**
log[2] [loːk] *Imp von* **lügen**
Log [lɔk] <-s, -e> *nt* NAUT loch *m*
Logarithmentafel *f* MATH table *f* de logarithmes
Logarithmus [logaˈrɪtmʊs] <-, -rithmen> *m* MATH logarithme *m*
Logbuch [ˈlɔkbuːx] *nt* NAUT journal *m* de bord
Loge [ˈloːʒə] <-, -n> *f* loge *f*
Logenplatz *m* [place *f* de] loge *f*
logieren* [loˈʒiːrən] *itr V veraltet* **im Hotel/bei einer Freundin ~** loger à l'hôtel/chez une amie
Logik [ˈloːɡɪk] <-> *f* logique *f*; **etw mit zwingender ~ beweisen** prouver qc dans une logique déconcertante
Login [lɔkˈʔɪn] <-s> *nt* INFORM ouverture *f* d'une session
Logis [loˈʒiː] <-> *nt* logement *m*
logisch [ˈloːɡɪʃ] **I.** *Adj* logique
▶ **na ~!** *fam* bien sûr!
II. *Adv denken, erklären, folgern* logiquement
logischerweise *Adv* logiquement
Logistik [loˈɡɪstɪk] <-> *f* logistique *f*
Logistikzentrum *nt* centre *m* logistique
logistisch I. *Adj* logistique
II. *Adv* **~ gesehen** du point de vue logistique
logo [ˈlɔːɡo] *Interj sl* logique *(fam)*
Logo [ˈloːɡo] <-s, -s> *nt* logo *m*
Logoff [lɔkˈʔɔf] <-s> *nt* INFORM clôture *f* d'une session
Logopäde [loɡoˈpɛːdə] <-n, -n> *m*, **Logopädin** *f* orthophoniste *mf*
Logopädie [loɡopɛˈdiː] <-> *f* orthophonie *f*
Lohe[1] [ˈloːə] <-, -n> *f geh (Flamme, Glut)* flammes *fpl*
Lohe[2] <-, -n> *f (Gerberlohe)* tanin *m*
Lohgerber(in) *m(f)* tanneur(-euse) *m(f)*
Lohn [loːn, *Pl:* ˈløːnə] <-[e]s, Löhne> *m* ❶ *(Arbeitsentgelt)* salaire *m*
❷ *kein Pl (Belohnung)* récompense *f*; **als** [*o* **zum**] **~ für etw** en récompense de qc; **der gerechte ~ für sein/ihr Verhalten** la juste récompense pour son comportement
▶ **in ~ und Brot stehen** gagner son pain
Lohnabbau *m* réduction *f* de salaire **lohnabhängig** *Adj* **Beschäftigung** salarié(e) **Lohnabrechnung** *f* bulletin *m* de paie **Lohnausfall** *m* perte *f* de salaire **Lohnausgleich** *m* ajustement *m* de salaire; **ohne ~** sans indemnité salariale; **bei vollem ~** sans perte de salaire **Lohnbescheinigung** *f* attestation *f* de salaire **Lohnbuchhalter(in)** *m(f)* agent *m* payeur **Lohnbuchhaltung** *f* ❶ *kein Pl (Tätigkeit)* comptabilité *f* des salaires ❷ *s.* **Lohnbüro** **Lohnbüro** *nt* bureau *m* de paie **Lohndumping** *nt* dumping *m* des salaires
lohnen [ˈloːnən] **I.** *r V* ❶ *(sich bezahlt machen)* **sich ~** *Aufwand, Mühe:* valoir la peine; **sich für jdn ~** *Aufwand, Mühe:* valoir la peine pour qn
❷ *(sehenswert, hörenswert sein)* **sich ~** *Konzert, Museumsbesuch:* valoir la peine; **es lohnt sich** [**diesen Film zu sehen**] ça vaut la peine [de voir ce film]
II. *tr V* ❶ *(wert sein)* **einen Besuch ~** *Ausstellung:* mériter une visite; **die Anstrengung ~** *Ergebnis:* justifier l'effort
❷ *(belohnen)* **jdm etw ~** récompenser qn pour qc; **jdm etw mit Undank ~** remercier qn pour qc par de l'ingratitude
III. *itr V* **es lohnt** [**etw zu tun**] ça vaut la peine [de faire qc]
löhnen [ˈløːnən] **I.** *itr V fam* casquer *(fam)*
II. *tr V fam* **hundert Euro für etw ~** aligner cent euros pour qc *(fam)*
lohnend *Adj Geschäft, Aufgabe* profitable; **es ist ~ etw zu tun** c'est profitable de faire qc
lohnenswert *Adj* **~ sein** en valoir la peine; *(befriedigend)* être satisfaisant(e); *(profitabel)* être profitable
Lohnerhöhung *f* hausse *f* des salaires; *einer Einzelperson* augmentation *f* [de salaire] **Lohnforderung** *f* revendication *f* salariale **Lohnfortzahlung** *f* maintien *m* du salaire; **~ im Krankheitsfall** maintien *m* du salaire en période de maladie **Lohngruppe** *f* caté-

gorie *f* salariale **Lohnkosten** *Pl* coûts *mpl* salariaux **Lohnliste** *f* liste *f* du personnel appointé; **auf jds ~** *(Dat)* **stehen** être appointé(e) par qn **Lohnnebenkosten** *Pl* charges *fpl* annexes [au salaire] **Lohn-Preis-Spirale** *f* spirale *f* inflationniste [salaires-prix] **Lohnsteuer** *f* impôt *m* sur le salaire **Lohnsteuerjahresausgleich** *m* ❶ *(Antrag)* demande de régularisation annuelle du trop-perçu d'impôt sur le salaire ❷ *(Rückzahlung)* remboursement du trop-perçu d'impôt sur le salaire **Lohnsteuerkarte** *f* fiche *f* fiscale *(sur laquelle figure la catégorie d'imposition d'un employé)* **Lohntarif** *m* tarif *m* des salaires **Lohntüte** *f a. fig* enveloppe *f* [de salaire]
Löhnung <-, -en> *f* ❶ *(Auszahlung des Lohnes)* paie *f* ❷ *(Lohn)* salaire *m*
Lohnverhandlung *f meist Pl* négociations *fpl* sur les salaires **Lohnverzicht** *m* renoncement *m* au salaire **Lohnzahlung** *f* paiement *m* du salaire
Loipe ['lɔɪpə] <-, -n> *f* piste *f* de ski de fond
Lok [lɔk] <-, -s> *f fam Abk von* **Lokomotive** loco *f (fam)*
lokal [loˈkaːl] *Adj* local(e)
Lokal <-s, -e> *nt (Kneipe)* café *m*, bistro[t] *m*; *(Speiselokal)* restaurant *m*; *(Vereinslokal)* cafétéria *f*
Lokalanästhesie *f* anesthésie *f* locale; **in ~** sous anesthésie locale **Lokalaugenschein** *m* A descente *f* sur les lieux **Lokalblatt** *nt* journal *m* local
Lokale(s) *nt dekl wie Adj (Zeitungsrubrik)* nouvelles *fpl* locales
lokalisieren* *tr V* ❶ localiser; **sich ~ lassen** pouvoir être localisé(e)
❷ *(eingrenzen)* circonscrire *Brand, Konflikt, Krankheitsherd*
Lokalisierung <-, -en> *f geh* localisation *f*
Lokalität [lokaliˈtɛːt] <-, -en> *f* ❶ lieux *mpl*
❷ *hum fam (Lokal)* resto *m (fam)*; *(Kneipe)* bistro[t] *m*
Lokalkolorit [loˈkaːlkoloriːt] *nt* couleur *f* locale **Lokalmatador** *m hum* héros *m* local *(hum)* **Lokalnachricht** *f meist Pl* **~en** nouvelles *fpl* [*o* informations *fpl*] locales **Lokalpatriotismus** *m* esprit *m* de clocher **Lokalredaktion** *f* rédaction *f* locale
Lokalrunde *f* tournée *f* générale
Lokalseite *f* page *f* locale **Lokalsender** *m* émetteur *m* local **Lokalteil** *m* pages *fpl* locales **Lokaltermin** *m* descente *f* sur les lieux
Lokalverbot *nt* **jdm ~ erteilen** interdire son établissement à qn; **bei jdm ~ haben** être interdit(e) chez qn
Lokalzeitung *f* journal *m* local
Lokführer(in) *m(f) fam Abk von* **Lokomotivführer(in)** conducteur(-trice) *m(f)* de locomotive
Lokomotive [lokomoˈtiːvə] <-, -n> *f* locomotive *f*
Lokomotivführer(in) *m(f)* conducteur(-trice) *m(f)* de locomotive
Lokus ['loːkʊs] <- *o* -ses, - *o* -se> *m fam* petit coin *m (fam)*
Lolli ['lɔli] <-s, -s> *m fam* sucette *f*
Lombardsatz *m* FIN taux *m* lombard
London ['lɔndɔn] <-s> *nt* Londres
Londoner *Adj attr* londonien(ne)
Londoner(in) <-s, -> *m(f)* Londonien(ne) *m(f)*
Longdrink ['lɔŋdrɪŋk] *m* long drink *m*
Look [lʊk] <-s, -s> *m* look *m*
Looping ['luːpɪŋ] <-s, -s> *m o nt* looping *m*
Lorbeer ['lɔrbeːɐ] <-s, -en> *m* ❶ *(Pflanze, Gewürz)* laurier *m*
❷ *s.* **Lorbeerkranz**
▶ **sich auf seinen ~en ausruhen** *fam* se reposer sur ses lauriers; **mit etw keine ~en ernten können** ne pas attirer des félicitations avec qc
Lorbeerbaum *m* laurier *m* **Lorbeerblatt** *nt* feuille *f* de laurier **Lorbeerkranz** *m* couronne *f* de laurier
Lord [lɔrt] <-s, -s> *m* lord *m*
Lore [ˈloːrə] <-, -n> *f* MIN wagonnet *m*
Lorgnette [lɔrnˈjɛta] <-, -n> *f* face-à-main *m*
los [loːs] I. *Adj* ❶ *(abgetrennt)* défait(e); *Etikett, Knopf:* défait(e), parti(e)
❷ *fam (befreit)* **jdn/etw ~ sein** être débarrassé(e) de qn/qc; **sein Geld ~ sein** avoir paumé son argent *(fam)*
❸ *(im Gange, im Schwange)* **es ist nichts/etwas ~** *fam* rien ne/quelque chose ne passe; **dort ist etwas/viel ~** [il] y a de l'ambiance/la grosse ambiance là-bas; **was ist ~?** qu'est-ce qu'[il] y a? *(fam)*; **was ist denn hier ~?** qu'est-ce qui se passe ici? *(fam)*; **was ist denn mit dir ~?** qu'est-ce que tu as donc?, mais qu'est-ce qui te prend?
▶ **~..., [dann] ist etwas ~!** *fam* ça va chauffer si ...! *(fam)*; **mit ihm ist nichts ~** *(er ist langweilig)* [il] y a rien à tirer de lui *(fam)*; *(er ist erschöpft)* il n'est pas dans son assiette *(fam)*
II. *Adv* ❶ *(Startkommando)* **~!** partez!
❷ *fam (Aufforderung)* **na ~!** *(nun mach/macht schon)* allez!; *(vorwärts, weiter)* allez [hop]!
❸ *fam (fort)* **sie ist schon ~** elle s'est déjà tirée *(pop)*

Los <-es, -e> *nt* ❶ **etw durch das ~ entscheiden** décider qc au sort; **das ~ entscheiden lassen** laisser décider le sort; **ein ~ ziehen** tirer au sort; **das ~ fällt auf jdn** le sort tombe sur qn
❷ *(Lotterielos, Tombolalos)* billet *m*
❸ **kein Pl** *geh (Schicksal)* sort *m (soutenu)*; **ein trauriges ~ haben** avoir un triste sort; **jds ~ teilen** partager le sort de qn
▶ **mit jdm/etw das große ~ gewonnen** [*o* **gezogen**] **haben** avoir tiré le gros lot avec qn/qc
lösbar *Adj* ❶ *Aufgabe, Rätsel* résoluble
❷ CHEM soluble
los|binden *tr V unreg* détacher; **etw/jdn von etw ~** détacher qc/qn de qc
los|brechen *unreg* I. *tr V + haben* arracher *Ast, Zweig*; détacher *Eiszapfen*
II. *itr V + sein* ❶ **von etw ~** *Ast, Eiszapfen*: se détacher de qc
❷ *(beginnen) Gelächter, Jubel, Gewitter*: éclater
Löscharbeit *f meist Pl* lutte *f* contre l'incendie **Löschblatt** *nt* buvard *m*
löschen ['lœʃən] *tr V* ❶ éteindre *Feuer, Brand, Licht*
❷ *(stillen)* **den** [*o* **seinen**] **Durst ~** se désaltérer; **den Durst ~ Getränk:** désaltérer
❸ *(tilgen)* effacer *Aufnahme, Grundschuld, Eintrag*; résilier *Bankkonto*; **eine Firma im Handelsregister ~** radier une entreprise de l'inscription du registre du commerce; **das Löschen einer Aufnahme** l'effacement *m*
❹ NAUT décharger *Schiff, Ladung, Fracht*
Löschen <-s> *nt* ❶ *eines Feuers* extinction *f*
❷ *(das Vernichten) einer Datei* effacement *m*
Löschfahrzeug *nt* voiture *f* de pompiers **Löschflugzeug** *nt* canadair® *m* **Löschkalk** *m* chaux *f* éteinte **Löschkopf** *m* einer Kassette tête *f* d'effacement **Löschmannschaft** *f* équipe *f* de pompiers **Löschpapier** *nt* [papier *m*] buvard *m* **Löschtaste** *f* INFORM touche *f* effacement **Löschtrupp** *m* *s.* **Löschmannschaft**
Löschung <-, -en> *f* ❶ *a.* JUR *(das Tilgen)* radiation *f*; **die ~ im Grundbuch beantragen** demander la radiation du livre foncier
❷ NAUT déchargement *m*
Löschzug *m* véhicules *mpl* de lutte contre l'incendie
lose ['loːzə] I. *Adj* ❶ *(locker) Schraube* desserré(e); *Knopf* qui bouge; *Knoten* lâche; *Halterung* instable, branlant(e)
❷ *(nicht zusammengebunden) Blatt* volant(e); **etw ~ verkaufen** vendre qc en vrac
❸ *hum (frech) Rede* désinvolte; **ein ~s Mundwerk haben** ne pas avoir la langue dans sa poche
II. *Adv* herabhängen sans être fixé(e)
Loseblattausgabe *f*, **Loseblattsammlung** *f* ouvrage *m* publié par fascicules; *(zur Aktualisierung)* remise *f* à jour *(en feuillets mobiles)*
Lösegeld *nt* rançon *f*
Lösegeldforderung *f* demande *f* de rançon
los|eisen *fam* I. *tr V* ❶ *(mit Mühe freimachen)* débaucher; **jdn von seiner Arbeit ~** arracher qn à son travail
❷ *(lockermachen)* **bei jdm Geld ~** soutirer de l'argent à qn *(fam)*
II. *r V* **sich ~** se libérer; **sich von etw ~** s'arracher à qc
Lösemittel *nt* solvant *m*
losen ['loːzən] *itr V* tirer au sort; **um etw ~** tirer qc au sort; **wir ~, wer aufräumen soll** on tire au sort qui doit ranger
lösen ['løːzən] I. *tr V* ❶ *(ablösen)* enlever, ôter *Schicht*; **die Tapete von der Wand ~** enlever le papier peint du mur; **sich von etw ~ lassen** *Preiseetikett*: s'enlever de qc
❷ *(lockern)* défaire *Haare, Knoten*
❸ TECH desserrer *Handbremse*; débloquer *Verriegelung*
❹ MED calmer, soulager *Husten, Krampf, Verspannung*
❺ *(klären)* résoudre *Aufgabe, Fall, Problem, Rätsel*
❻ *(aufheben)* annuler *Verlobung*; casser *Beziehung*; résilier *Vertrag*
❼ *(zergehen lassen)* **Chemikalien in etw** *(Dat)* **~** dissoudre des produits chimiques dans qc
❽ *(kaufen)* prendre *Fahrschein, Eintrittskarte*
II. *r V* ❶ *(sich ablösen)* **sich von etw ~** *Aufkleber, Schicht, Schmutz*: s'enlever de qc; *Stein, Felsbrocken*: se détacher de qc
❷ *(sich auflösen)* **sich in etw** *(Dat)* **~** se dissoudre dans qc
❸ *(sich aufklären)* **sich ~** *Rätsel*: se résoudre
❹ *(sich befreien)* **sich von jdm ~** se détacher de qn; **sich von etw ~** se dégager de qc; *s. a.* **gelöst**
los|fahren ['loːs-] *itr V unreg + sein* ❶ *(abfahren)* partir; **von etw ~** partir de qc
❷ *(zufahren)* **auf jdn/etw ~** foncer sur qn/qc
❸ *fam (physisch, verbal angreifen)* **auf jdn ~** tomber sur qn; **sie fuhren wütend auf ihn los** ils/elles lui sont tombé(e)s dessus
los|gehen *unreg* I. *itr V + sein* ❶ *(weggehen)* s'en aller
❷ *fam (beginnen)* commencer
❸ *fam (sich lösen) Knopf*: se défaire; *Schraube*: se desserrer
❹ *(angreifen)* **mit etw auf jdn ~** s'élancer sur qn avec qc

❺ *(krachen) Flinte, Schuss:* partir
II. *itr V unpers + sein fam* commencer; **es geht |schon| wieder los** c'est reparti *(fam)*; **es geht wieder los mit dem Ärger** les ennuis recommencent
los|haben *tr V unreg fam* **in seinem Beruf einiges/viel ~** en connaître un rayon dans sa profession *(fam)*; **auf einem Gebiet nichts/nicht viel ~** y connaître que dal[le] dans un domaine *(fam)*
los|heulen *itr V fam* se mettre à chialer *(fam); Kind, Baby:* se mettre à brailler *(fam)*
los|kaufen *tr V* racheter
los|kommen *itr V unreg + sein fam* ❶ *(gehen können)* pouvoir partir; **nicht vor 18 Uhr ~** [ne] pas pouvoir sortir avant 18 heures *(fam)*; **nicht vor 18 Uhr von zu Hause/aus der Firma ~** [ne] pas pouvoir quitter la maison/la boîte avant 18 heures *(fam)*; **ich kam nicht eher los** je ne pouvais pas partir plus tôt
❷ *(sich befreien, sich lösen)* **von jdm ~** se sortir des pattes de qn *(fam)*; **von einem Gedanken/einer Vorstellung ~** se défaire d'une idée; **vom Alkohol ~** décrocher de l'alcool *(fam)*
los|kriegen *tr V fam* ❶ *(abbekommen)* arriver à retirer; **den Schmutz/einen Aufkleber von etw ~** arriver à retirer la saleté/un autocollant de qc
❷ *(verkaufen können)* réussir à fourguer *(fam) Ware*
❸ *(losbekommen)* se débarrasser de *Person*
los|lachen *itr V* éclater de rire
los|lassen *tr V unreg* ❶ *(nicht mehr festhalten)* lâcher
❷ *fig* **jdn nicht ~ Vorstellung:** ne pas quitter qn
❸ *fam (hetzen)* **die Hunde auf jdn ~** lâcher les chiens sur qn; **einen Anfänger auf jdn ~** *pej* infliger un débutant à qn *(péj)*
❹ *(von sich geben)* lâcher *Fluch, Witz/Kanonade*
los|laufen *itr V unreg + sein* ❶ *(zu laufen beginnen)* se mettre à courir
❷ *(weglaufen)* partir [en courant]
los|legen *itr V fam* ❶ *(energisch anfangen)* en mettre un coup *(fam);* **mit der Arbeit ~** s'attaquer au travail
❷ *(zu schimpfen beginnen)* se mettre à vociférer
❸ *(zu reden beginnen)* se mettre à raconter; **nun leg schon los!** alors, raconte!
löslich ['lø:slɪç] *Adj* soluble; **in etw** *(Dat)* **~ sein** être soluble dans qc
los|lösen I. *tr V* enlever, décoller *Aufkleber, Etikett;* **sich von etw ~ lassen** s'enlever [*o* se décoller] de qc
II. *r V* **sich von etw ~** *Furnier, Etikett:* se décoller de qc
los|machen I. *tr V (losbinden)* détacher
II. *itr V* ❶ *(ablegen)* partir
❷ *fam (sich beeilen)* se magner *(fam)*
III. *r V fam* **sich von etw ~** *(sich losbinden, losreißen)* se dégager de qc; *(sich befreien)* se libérer de qc
los|müssen *itr V unreg fam* devoir partir; **zu etw ~** devoir partir pour qc; **ich muss los** il faut que j'y aille *(fam)*
Losnummer *f* numéro *m* de billet
los|platzen *itr V + sein fam* ❶ *(loslachen)* piquer un fou rire *(fam)*
❷ *(losreden)* exploser
los|rasen *itr V + sein fam* filer *(fam)*
los|reißen *unreg* I. *tr V* arracher
II. *r V* ❶ *(sich entwinden)* **sich von jdm ~** se dégager de qn; **sich von der Hand der Mutter ~** se dégager de la main de sa mère; **sich aus jds Umarmung ~** se dégager de l'étreinte de qn
❷ *(sich gewaltsam lösen)* **sich von der Leine ~** *Tier:* se détacher de la laisse
❸ *fam (sich innerlich lösen)* **sich ~** s'arrêter; **sich von einem Buch/der Arbeit ~** s'arracher à un livre/son travail; **er konnte sich von dem Anblick nicht ~** il ne pouvait détourner son regard
los|rennen *s.* loslaufen
Löss^{RR} [lœs] <-es, -e>, **Löß**^{ALT} [lø:s] <Lösses *o* -es, Lösse *o* -e> *m* loess *m*
los|sagen *r V geh* **sich von jdm ~** couper les ponts avec qn; **sich von etw ~** renier qc
los|schicken *tr V* envoyer *Person, Brief, Paket*
los|schießen *itr V unreg* ❶ + *sein fam (losgehen)* **auf jdn/etw ~** se précipiter sur qn/qc
❷ + **haben** *fam (erzählen)* attaquer; **schieß endlich los!** [allez,] accouche! *(fam)*
los|schlagen *unreg* I. *itr V* ❶ MIL attaquer, frapper
❷ *(einschlagen)* **auf jdn ~** taper sur qn; **aufeinander ~** se taper dessus
II. *tr V* ❶ *(abschlagen)* **etw von der Wand ~** détacher qc du mur
❷ *fam (billig verkaufen)* fourguer *(fam)*
los|schrauben *tr V* dévisser
los|steuern *itr V + sein* **auf jdn/etw ~** se diriger droit sur qn/qc
los|stürzen *itr V + sein fam* ❶ *(losrennen)* partir comme une flèche
❷ *(sich stürzen)* **auf jdn ~** se jeter sur qn, tomber sur qn *(fam);* **auf etw ~** se jeter sur qc

los|treten *tr V unreg* ❶ *(durch Treten lösen)* détacher *Stein, Felsbrocken*
❷ *(auslösen)* déclencher *Debatte, Prozesslawine*
Lostrommel *f* sphère *f* de tirage
Losung ['lo:zʊŋ] <-, -en> *f* ❶ *(Wahlspruch)* mot *m* d'ordre
❷ MIL mot *m* de passe
❸ JAGD fumées *fpl*
Lösung ['lø:zʊŋ] <-, -en> *f* ❶ *(das Lösen) einer Aufgabe, eines Konflikts, Rätsels* résolution *f*
❷ *(Ergebnis)* solution *f*
❸ *(Aufhebung) einer Verlobung* annulation *f; einer Beziehung* rupture *f; eines Vertrags* résiliation *f*
❹ CHEM solution *f*
Lösungsmittel *nt* solvant *m*
Lösungswort *s.* Losung ❶
Losverkäufer(in) *m(f)* vendeur(-euse) *m(f)* de billets de loterie
los|werden *tr V unreg + sein* ❶ *(sich entledigen)* se débarrasser de *Person*
❷ *fam (verlieren)* paumer *(fam) Geld, Haus, Vermögen*
❸ *fam (verkaufen)* fourguer *(fam) Auto, Haus, Ladenhüter*
❹ *(loskommen)* **eine Idee/die Angst nicht ~** ne pas arriver à se défaire d'une idée/à se départir de sa peur
los|wollen *itr V unreg fam* vouloir y aller *(fam);* **ich will jetzt los** je vais y aller *(fam)*
los|ziehen *itr V unreg + sein fam* foutre le camp *(fam);* **wir ziehen schon mal los** [allez,] on se casse *(fam)*
Lot [lo:t] <-[e]s, -e> *nt* ❶ *(Senkblei)* fil *m* à plomb
❷ NAUT sonde *f*
❸ GEOM perpendiculaire *f;* **das ~ auf etw** *(Akk)* **fällen** abaisser la perpendiculaire à qc
▶ **etw wieder ins |rechte| ~ bringen** apaiser qc; **das lässt sich wieder ins |rechte| ~ bringen** ça s'arrangera; **jdn aus dem ~ bringen** perturber qn; **wieder ins ~ kommen** s'arranger; **aus dem** [*o* **nicht im**] **~ sein** aller de travers
loten ['lo:tən] *tr V* sonder
löten ['lø:tən] *tr V;* **etw an etw** *(Akk)* **~** braser qc à qc
Lothar *m* Lothaire *m*
Lothringen ['lo:trɪŋən] <-s> *nt* la Lorraine
Lothringer(in) <-s, -> *m(f)* Lorrain(e) *m(f)*
lothringisch *Adj* lorrain(e)
Lotion [lo'tsio:n] <-, -en> *f* lotion *f*
Lötkolben *m* fer *m* à souder **Lötlampe** *f* lampe *f* à souder **Lötmetall** *nt* brasure *f*
Lotos ['lo:tɔs] <-, -> *m* lotus *m*
Lotosblume *f* fleur *f* de lotus **Lotossitz** *m kein Pl* position *f* du lotus
lotrecht I. *Adj* vertical(e)
II. *Adv* abfallen, aufragen à la verticale
Lotrechte <-n, -n> *f dekl wie Adj* perpendiculaire *f*
Lotse ['lo:tsə] <-n, -n> *m*, **Lotsin** ❶ NAUT pilote *mf*
❷ *(Fluglotsin)* aiguilleur(-euse) *m(f)* du ciel
lotsen *tr V* ❶ piloter *Schiff*
❷ *fam (locken)* **jdn ins Kino/in ein Lokal ~** entraîner qn au cinéma/dans un café
Lotsenboot *nt* bateau-pilote *m* **Lotsendienst** *m* service *m* d'aide à la circulation *(chargé notamment d'assurer la sécurité des écoliers)*
Lotsin ['lo:tsɪn] *s.* Lotse
Lötstelle *f* ❶ *(gelötete Stelle)* [point *m* de] brasure *f*
❷ *(zu lötende Stelle)* endroit *m* à braser
Lotterie [lɔtə'ri:] <-, -n> *f* loterie *f;* **in der ~ spielen** jouer à la loterie
Lotteriegesellschaft *f* société *f* de loterie **Lotteriegewinn** *m* gain *m* de la loterie **Lotterielos** *nt* lot *m* de la loterie **Lotteriespiel** *nt* ❶ [jeu *m* de] loterie *f* ❷ *fig* loterie *f* **Lotterieziehung** *f* tirage *m* de la loterie
Lotterleben ['lɔtɐ-] *nt kein Pl fam* vie *f* de patachon *(fam);* **ein ~ führen** mener une vie de patachon *(fam)*
Lotto ['lɔto] <-s, -s> *nt* loto *m;* **~ spielen** jouer au loto; **im ~ gewinnen** gagner au loto
▶ **du hast wohl im ~ gewonnen!** *fam* t'as touché le gros lot? *(fam)*
Lottoannahmestelle *f* point *m* de vente de bulletins de loto
Lottogewinn *m* gain *m* au loto **Lottoschein** *m* bulletin *m* de loto **Lottozahl** *f* ❶ *(angekreuzte Zahl)* numéro *m* du loto ❷ *Pl (Gewinnzahlen)* numéros *mpl* gagnants [du loto]; **Ziehung der ~en** tirage du loto
Lotus [lo:tʊs] *s.* Lotos
Lötzinn *nt* soudure *f* à l'étain
Löwe <-n, -n> *m* ❶ lion *m*
❷ ASTROL Lion *m;* |**ein**| **~ sein** être Lion
Löwenanteil *m fam* part *f* du lion **Löwenbändiger(in)** <-s, -> *m(f)* dompteur(-euse) *m(f)* de lions **Löwenmähne** *f* crinière *f*

Löwenmaul nt kein Pl, **Löwenmäulchen** <-s, -> nt gueule-de-loup f **Löwenzahn** m kein Pl pissenlit m
Löwin f lionne f
loyal [loa'jaːl] geh I. Adj loyal(e); **jdm gegenüber ~ sein** être loyal(e) envers qn
II. Adv loyalement
Loyalität [loajali'tɛːt] <-, selten -en> f loyauté f
LP [ɛl'peː, ɛl'piː] <-, -s> f Abk von **Langspielplatte** 33 tours m
LSD [ɛl?ɛs'deː] <-[s]> nt Abk von **Lysergsäurediäthylamid** L.S.D. m
lt. Präp form Abk von laut² d'après
Luchs [lʊks] <-es, -e> m lynx m
▶ **aufpassen wie ein ~** fam être aux aguets comme un faucon
Luchsaugen Pl fam yeux mpl de lynx
Lücke ['lʏkə] <-, -n> f ❶ (Zwischenraum) trou m
❷ (Unvollständigkeit) lacune f
▶ **eine ~ reißen** Tod, Weggang: laisser un vide; **eine ~ schließen** Person: combler un vide; Buch, Werk: combler une lacune
Lückenbüßer(in) <-s, -> m/f **der ~ sein, den ~ spielen** fam jouer les bouche-trous (fam)
lückenhaft I. Adj incomplet(-ète); Beweis insuffisant(e); Erinnerung défaillant(e); Alibi fragile; **~ sein** présenter des lacunes; Bepflanzung clairsemé(e); Gebiss parsemé(e) de trous
II. Adv berichten, darstellen de façon incomplète; sich erinnern vaguement
lückenlos I. Adj Sammlung, Bericht, Wissen complet(-ète); Alibi sans faille; Beweis irréfutable; **nicht ~ sein** Stammbaum: présenter des lacunes
II. Adv aneinanderreihen systématiquement; darstellen, wiedergeben de façon exhaustive; sich erinnern intégralement
Lückentest m exercice m à trous **Lückentext** m texte m à trous
lud [luːt] Imp von **laden**
Lude ['luːdə] <-n, -n> m sl mac m (arg)
Luder ['luːdɐ] <-s, -> nt fam (durchtriebene Frau) bougresse f (fam); (kokette Frau) garce f (fam); **ein armes ~** une pauvre fille (fam); **sie ist ein kleines ~** c'est une petite traînée (fam); **du gemeines ~!** espèce de salope! (fam)
Ludwig m ❶ Louis m
❷ HIST **~ XIV.** Louis XIV
Lues ['luːɛs] <-> f MED syphilis f
Luft [lʊft] <-, Lüfte> f ❶ kein Pl air m; **warme/feuchte ~** de l'air chaud/humide; **an die [frische] ~ gehen** aller prendre l'air; **an eine Wunde ~ kommen lassen** mettre une plaie à l'air; **immer höher in die ~ steigen** Ballon: s'élever toujours plus haut dans les airs; **sich in die Lüfte schwingen** Vogel: prendre son envol; **durch die ~ fliegen** Splitter: voler en l'air; **etw in die ~ sprengen** [o **jagen** fam] faire sauter qc (fam); **in die ~ fliegen** fam sauter (fam)
❷ kein Pl (Atemluft) air m; **frische/verbrauchte ~** de l'air frais/vicié; **keine ~ mehr bekommen** [o **kriegen** fam] étouffer; **nach ~ ringen** chercher à reprendre son souffle; **nach ~ schnappen** chercher son souffle; Fisch: chercher de l'air; **[ein wenig] frische ~ schnappen** fam prendre un bol d'air (fam)
❸ (Brise) brise f; **linde** [o **laue**] **Lüfte** liter zéphyr m (littér)
❹ fam (Platz) espace m; **da sind noch drei Zentimeter ~** il reste un espace de trois centimètres
❺ fam (Spielraum) marge f de manœuvre
▶ **von ~ und Liebe leben** hum fam vivre d'amour et d'eau fraîche (hum); **die ~ ist zum Schneiden** fam il y a une atmosphère à couper au couteau; **hier/dort ist** [o **herrscht**] **dicke ~** fam il y a de l'orage dans l'air (fam); **die ~ ist rein** fam pas de danger à l'horizon (fam); **sobald die ~ rein ist** dès que la voie est libre; **jdm die ~ abschnüren** fam étrangler qn; (ruinieren) asphyxier qn; **die ~ anhalten** retenir son souffle; **sich in ~ auflösen** se volatiliser; **jdn wie ~ behandeln** faire comme si qn n'existait pas; **jdm bleibt die ~ weg** fam qn en a le souffle coupé; **mir blieb vor Schreck die ~ weg** j'en ai eu le souffle coupé de peur; **aus der ~ gegriffen sein** être dénué(e) de tout fondement; **in die ~ gehen** fam se mettre dans tous ses états; **nun halt mal die ~ an!** fam arrête ton char! (fam); [völlig] **in der ~ hängen** fam Person: être [complètement] dans le brouillard; [noch] **in der ~ hängen** fam Angelegenheit: être [encore] en suspens; [tief] **~ holen** inspirer [profondément]; (vor dem Tauchen) prendre sa respiration; (nach dem Tauchen, einer Überraschung) reprendre son souffle; **beruhige dich, hol erst mal tief ~!** allez, calme-toi, respire un peu!; **es liegt etwas in der ~** il y a quelque chose qui se prépare; **sich** (Dat) **~ machen** se défouler; **seinem Ärger ~ machen** donner libre cours à sa colère; **~ für jdn sein** fam ne pas exister pour qn; **er ist ganz einfach ~ für mich** je fais comme s'il n'existait pas; **jdn an die** [frische] **~ setzen** [o **befördern**] fam flanquer qn à la porte (fam); **jdn/etw in die ~ zerreißen** fam descendre qn/qc en flammes (fam)
Luftabwehr f défense f antiaérienne **Luftangriff** m attaque f aérienne **Luftaufklärung** f kein Pl reconnaissance f aérienne **Luftaufnahme** f photo f aérienne **Luftballon** [-balɔ̃ː, -balɔŋ, -baloːn] m ballon m [de baudruche] **Luftbefeuchter** m humidificateur m **Luftbelastung** f pollution f de l'air **Luftbild** nt vue f aérienne **Luftblase** f bulle f [d'air] ▶ **wie eine ~ zerplatzen** Illusion, Vorstellung: s'en aller en fumée **Luftbrücke** f pont m aérien
Lüftchen <-s, -> nt Dim von **Luft** brise f; **es regt** [o **rührt**] **sich kein ~** il n'y a pas un souffle d'air
luftdicht I. Adj hermétique II. Adv verschließen, versiegeln hermétiquement **Luftdruck** m kein Pl METEO pression f atmosphérique **Luftdruckmesser** m manomètre m à air **luftdurchlässig** Adj perméable à l'air; **~ sein** laisser passer l'air
lüften ['lʏftən] I. tr V ❶ aérer Raum, Wohnung
❷ (preisgeben) dévoiler Geheimnis; **sein Inkognito ~** sortir de l'incognito
❸ (hochheben) soulever Hut, Schleier
II. itr V aérer; **das Lüften** l'aération f
Lüfter <-s, -> m ventilateur m
Luftfahrt f kein Pl form aviation f
Luftfahrtforschung f recherche f aéronautique **Luftfahrtgesellschaft** f compagnie f aérienne **Luftfahrtindustrie** f industrie f aéronautique
Luftfahrzeug nt form aéronef m (form) **Luftfeuchtigkeit** f humidité f de l'air **Luftfilter** nt o m filtre m à air **Luftfracht** f fret m [aérien]
luftgekühlt Adj refroidi(e) par air **luftgetrocknet** Adj Schinken séché(e) [à l'air] **Luftgewehr** nt carabine f à air comprimé **Lufthauch** m geh souffle m d'air **Lufthoheit** f kein Pl souveraineté f aérienne **Lufthülle** f enveloppe f atmosphérique, atmosphère f
luftig I. Adj ❶ Balkon, Ecke, Plätzchen bien aéré(e); **in ~er Höhe** sur les hauteurs
❷ (dünn, leicht) Kleidung, Bluse léger(-ère)
II. Adv sich anziehen légèrement
Luftikus ['lʊftikʊs] <-[ses], -se> m fam écervelé m (fam)
Luftkampf m combat m aérien **Luftkissen** nt ❶ TECH coussin m d'air ❷ (mit Luft gefülltes Kissen) coussin m gonflable
Luftkissenboot nt hydroglisseur m **Luftkissenfahrzeug** nt aéroglisseur m
Luftklappe f TECH volet m d'air **Luftkorridor** m couloir m aérien **Luftkrieg** m guerre f aérienne **Luftkühlung** f refroidissement m par air **Luftkurort** m station f climatique **Luftlandetruppe** f troupe f aéroportée **luftleer** Adj Behälter, Raum vide d'air **Luftlinie** [-liːniə] f ligne f droite; **es sind nur drei Kilometer ~** ce n'est qu'à trois kilomètres à vol d'oiseau **Luftloch** nt AVIAT trou m d'air **Luftmasche** f maille f chaînette **Luftmassen** fpl masses fpl d'air **Luftmatratze** f matelas m pneumatique **Luftmine** f MIL mine f papillon **Luftpirat(in)** m/f pirate mf de l'air **Luftpiraterie** f piraterie f aérienne **Luftpost** f poste f aérienne; **per** [o **mit**] **~** par avion
Luftpostbrief m lettre-avion f, aérogramme m **Luftpostleichtbrief** m aérogramme m **Luftpostpapier** nt papier m à lettres par avion
Luftpumpe f pompe f [à air]; (für Fahrrad) pompe à vélo; (für Luftmatratze, Schlauchboot) gonfleur m **Luftraum** m espace m aérien **Luftreinhaltung** f maintien m de la pureté de l'air **Luftreinigung** f kein Pl purification f de l'air **Luftrettungsdienst** m service m de sauvetage aérien **Luftröhre** f ANAT trachée f **Luftröhrenschnitt** m MED trachéotomie f **Luftsack** s. **Airbag**
Luftschacht m conduit m d'aération **Luftschicht** f couche f d'air **Luftschiff** nt dirigeable m **Luftschifffahrt**ᴿᴿ f kein Pl aéronautique f **Luftschlacht** f bataille f aérienne **Luftschlange** f serpentin m **Luftschleuse** f TECH sas m **Luftschlitz** m grille f d'aération **Luftschloss**ᴿᴿ nt meist Pl château m en Espagne; **Luftschlösser bauen** construire des châteaux en Espagne **Luftschraube** f TECH hélice f **Luftschutz** m défense f [anti]aérienne
Luftschutzbunker m bunker m **Luftschutzkeller** m, **Luftschutzraum** m abri m antiaérien **Luftschutzübung** f exercice m de défense [anti]aérienne
Luftspiegelung f mirage m **Luftsprung** m bond m en l'air; [vor Freude] **einen ~ machen** faire un bond/des bonds [de joie]; **auf eine Nachricht mit einem ~ reagieren** bondir de joie en entendant une nouvelle **Luftstreitkräfte** Pl form forces fpl aériennes **Luftstrom** m courant m d'air **Luftströmung** f courant m atmosphérique **Luftstützpunkt** m base f aérienne **Lufttaxi** nt avion-taxi m **Lufttemperatur** f METEO température f de l'air **Luftüberwachung** f surveillance f aérienne
Lüftung ['lʏftʊŋ] <-, -en> f ❶ (das Lüften) aération f ❷ (Lüftungssystem) [système m de] ventilation f **Lüftungsklappe** f valve f d'aération **Lüftungsschacht** s. **Luftschacht**
Luftveränderung f changement m d'air; **ich brauche eine ~** j'ai besoin de changer d'air **Luftverkehr** m trafic m aérien **Luftverschmutzung** f pollution f de l'air **Luftverteidigung** f kein Pl

MIL défense f aérienne **Luftverunreinigung** f pollution f atmosphérique **Luftwaffe** f armée f de l'air **Luftweg** m ❶ kein Pl AVIAT voie f aérienne; **auf dem ~** par la voie des airs ❷ Pl (Atemwege) voies fpl respiratoires **Luftwiderstand** m kein Pl résistance f de l'air **Luftzufuhr** f kein Pl arrivée f d'air **Luftzug** m courant m d'air
Lug [luːk] ► **~ und Trug** geh mensonge et imposture (soutenu)
Lüge ['lyːgə] <-, -n> f mensonge m; jdm **~n auftischen** fam raconter des bobards à qn (fam)
  ► **~n haben kurze Beine** Spr. les mensonges ne mènent pas loin; **jdn ~n strafen** geh convaincre qn de mensonge; **etw ~n strafen** geh démentir qc
lugen ['luːgən] itr V DIAL ❶ (spähen) **aus dem Fenster/um die Ecke ~** guetter de la fenêtre/au coin de la rue
  ❷ (sichtbar sein) **durch/aus etw ~** Gegenstand: dépasser par/de qc
lügen ['lyːgən] <log, gelogen> I. itr V mentir; **ich müsste ~, wenn ...** je mentirais si ...; **das ist gelogen!** c'est faux!; **das Lügen** les mensonges mpl; **sie kann das Lügen nicht lassen** elle ne peut s'empêcher de mentir
  II. tr V **das hat er |alles| gelogen** il a tout inventé de toutes pièces
Lügenbold <-[e]s, -e> m hum fam blagueur(-euse) m(f) (fam)
Lügendetektor <-s, -toren> m détecteur m de mensonges
Lügengeschichte f tissu m de mensonges
lügenhaft Adj pej ❶ (erlogen) mensonger(-ère)
  ❷ s. lügnerisch
Lügenmärchen s. Lügengeschichte
Lügner(in) ['lyːgne] <-s, -> m(f) pej menteur(-euse) m(f)
lügnerisch ['lyːgnərɪʃ] Adj pej ❶ (verlogen) Person menteur(-euse)
  ❷ (erlogen) Reden, Geschichten mensonger(-ère)
Lukas ['luːkas] m ❶ Luc m, Lucas m
  ❷ BIBL Saint Luc
Lukasevangelium [-va-] nt Évangile m selon saint Luc
Luke ['luːkə] <-, -n> f ❶ (Dachluke) lucarne f
  ❷ (Einstieg) eines Panzers, U-Boots écoutille f
lukrativ [lukra'tiːf] Adj geh lucratif(-ive)
lukullisch [lu'kʊlɪʃ] geh I. Adj digne de Lucullus
  II. Adv schlemmen, speisen comme Lucullus
Lulatsch ['luːla(ː)tʃ] <-[es], -e> m **ein langer ~** hum fam une grande perche f
Lumbago [lʊm'baːgo] <-> f MED lumbago m
Lumberjack ['lambɛdʒɛk] <-s, -s> m blouson m
Lumme ['lʊmə] <-, -n> f guillemot m
Lümmel ['lʏməl] <-s, -> m ❶ pej (Flegel) malotru m
  ❷ fam (Bürschchen) bonhomme m (fam), coco m (fam); **du ~! mon bonhomme** [o coco]! (fam)
Lümmelei <-, -en> f pej fam sans-gêne m
lümmelhaft Adj pej sans-gêne
lümmeln r V fam **sich aufs Sofa/in den Sessel ~** se vautrer sur le sofa/dans le fauteuil
Lump [lʊmp] <-en, -en> m pej crapule f
lumpen ► **sich nicht ~ lassen** fam [ne] pas mégoter (fam)
Lumpen ['lʊmpən] <-s, -> m ❶ meist Pl (Kleidung) haillon m souvent pl
  ❷ DIAL (Schmutzlappen) chiffon m
Lumpengesindel nt pej racaille f **Lumpenhändler(in)** m(f) chiffonnier(-ière) m(f) **Lumpenpack** nt pej racaille f **Lumpensammler(in)** m(f) chiffonnier(-ière) m(f)
lumpig Adj pej ❶ attr fam (kümmerlich) Gehalt, Geldsumme minable (fam); **~e hundert Euro** quelques malheureux cent euros
  ❷ (gemein) Gesinnung, Tat sordide
Lunch [lan(t)ʃ] <-[e]s o -, -[e]s o -e> m lunch m
lunchen ['lan(t)ʃən] tr, itr V déjeuner
Lunge ['lʊŋə] <-, -n> f ❶ poumons mpl; **mit einer halben ~ leben** vivre avec un seul poumon; **es auf der ~ haben** fam avoir quelque chose aux poumons; **aus voller ~ schreien/singen** crier/chanter à pleins poumons; **auf ~ rauchen** fumer en avalant la fumée
  ❷ (Lungenflügel) poumon m
  ► **sich (Dat) die ~ aus dem Leib** [o **Hals**] **schreien** fam crier à pleins poumons; **eiserne ~** MED poumon m d'acier; **die grüne ~ einer Stadt** le poumon d'une ville
Lungenbläschen [-blɛːsçən] nt ANAT alvéole f pulmonaire **Lungenbraten** m A filet m **Lungenembolie** f MED embolie f pulmonaire **Lungenentzündung** f MED pneumonie f **Lungenflügel** m poumon m **Lungenhaschee** nt GASTR hachis m de mou **lungenkrank** Adj atteint(e) d'une affection pulmonaire **Lungenkranke(r)** f(m) dekl wie Adj personne f atteinte d'une affection pulmonaire **Lungenkrankheit** f affection f pulmonaire **Lungenkrebs** m kein Pl cancer m du poumon **Lungenödem** nt œdème m pulmonaire **Lungentuberkulose** f MED tuberculose f pulmonaire **Lungenzug** m inhalation f par les poumons; **einen ~ machen** tirer une bouffée en avalant la fumée
lungern ['lʊŋɐn] itr V fam glandouiller (fam)
Lunte ['lʊntə] <-, -n> f ❶ (Zündschnur) mèche f
  ❷ JAGD queue f
  ► **die ~ ans Pulverfass legen** mettre le feu aux poudres; **~ riechen** flairer quelque chose
Lupe ['luːpə] <-, -n> f loupe f
  ► **jdn/etw unter die ~ nehmen** fam examiner qn/qc sur [o sous] toutes les coutures; **so jemanden/etwas kannst du mit der ~ suchen** fam il faut se lever tôt pour trouver quelqu'un/quelque chose comme ça (fam)
lupenrein Adj ❶ Brillant d'une parfaite pureté
  ❷ (mustergültig) exemplaire
lupfen ['lʊpfən] tr V SDEUTSCH, A, CH s. lüpfen
lüpfen ['lʏpfən] tr V soulever Decke, Deckel
Lupine [lu'piːnə] <-, -n> f lupin m
Lurch [lʊrç] <-[e]s, -e> m amphibien m
Lurex® ['luːrɛks] <-> nt lurex® m
Lusche ['lʊʃə] <-, -n> f sl nullard(e) m(f) (fam)
Lust [lʊst, Pl: 'lʏstə] <-, Lüste> f ❶ kein Pl (Freude) plaisir m; **es ist eine ~ etw zu tun** c'est un plaisir de faire qc; **jdm die** [o **jede**] **~ an etw** (Dat) **nehmen** ôter à qn l'envie de faire qc; **da vergeht einem die** |**ganze**| **~** il y a de quoi être dégoûté(e)
  ❷ kein Pl (Neigung, Bedürfnis) envie f; **~ auf ein Stück Kuchen/ein Bier haben** avoir envie d'un morceau de gâteau/d'une bière; **keine ~ zu etw haben** ne pas avoir envie de qc; **~/keine ~ haben etw zu tun** avoir/ne pas avoir envie de faire qc; **ich hätte ~ ins Kino zu gehen** fam ça me dirait d'aller au cinéma (fam); **mach, wie du ~ hast!** fam tu fais comme tu veux! (fam); **keine ~! fam** ça me dit rien! (fam)
  ❸ (sexuelle Begierde) désir m; **~ auf jdn/Sex haben** avoir envie de qn/de sexe; **seine ~ stillen/zügeln** calmer/contenir ses désirs
  ► **nach ~ und Laune** fam comme ça lui/me/... chante (fam); **du kannst das ganz nach ~ und Laune machen** vas-y comme tu le sens (fam); **mit ~ und Liebe** en y mettant tout son/mon/... cœur
Lustbarkeit <-, -en> f veraltet divertissement m
Luster ['lʊste] <-s, -> m A, **Lüster** ['lʏste] <-s, -> m lustre m
Lüsterklemme f domino m
lüstern ['lʏsten] I. Adj ❶ (sexuell erregt) lubrique
  ❷ (begierig) **~ auf etw** (Akk) **sein** avoir des envies de qc
  II. Adv (sexuell erregt) avec convoitise
Lüsternheit <-> f lubricité f
Lustgefühl nt plaisir m pas de pl **Lustgewinn** m kein Pl satisfaction f des désirs **Lustgreis** m hum vieillard m libidineux
lustig ['lʊstɪç] I. Adj ❶ (fröhlich) Person, Abend, Gesicht gai(e), joyeux(-euse); **sich über jdn/etw ~ machen** se moquer de qn/qc
  ❷ (spaßig) Anblick, Einfall, Späße drôle, amusant(e)
  ► **du bist/Sie sind |vielleicht| ~!** iron tu en as/vous en avez de bonnes!; **das ist ja ~!** iron bravo!, elle est bonne, celle-là!; **das wird ja immer ~er!** de mieux en mieux!; **solange er ~ ist/du ~ bist** fam tant qu'il en a envie/que tu en as envie; **wenn er/sie ~ ist** fam quand ça lui chante (fam)
  II. Adv ❶ (fröhlich) sich unterhalten gaiement, joyeusement
  ❷ fam (unbekümmert) **sich ~** [**weiter**]**unterhalten** [continuer à] se parler comme si de rien n'était
Lustigkeit <-> f gaieté f
Lüstling ['lʏstlɪŋ] <-s, -e> m pej vicieux m (péj)
lustlos I. Adj morose
  II. Adv (antriebslos) sans entrain
Lustmolch s. Lüstling **Lustmord** m crime m sexuel **Lustmörder(in)** m(f) auteur mf de crime sexuel **Lustobjekt** nt objet m de plaisir **Lustprinzip** nt PSYCH principe m de plaisir **Lustschloss**ᴿᴿ nt château m de plaisance **Lustspiel** nt comédie f
lustvoll geh I. Adj Kuss, Umarmung voluptueux(-euse) (soutenu); Gähnen, Stöhnen de volupté (soutenu) II. Adv voluptueusement (soutenu) **lustwandeln*** itr V + haben o sein geh déambuler (soutenu)
Lutheraner(in) [lʊtəˈraːnɐ] <-s, -> m(f) luthérien(ne) m(f)
Lutherbibel f bible f de Luther
lutherisch ['lʊtərɪʃ] Adj veraltet luthérien(ne)
lutschen ['lʊtʃən] I. tr V sucer Bonbon, Pfefferminz; manger Eis
  II. itr V **an etw** (Dat) **~** sucer qc
Lutscher <-s, -> m sucette f
Lutschtablette f pastille f
lütt [lʏt] Adj NDEUTSCH petit(e)
Lüttich ['lʏtɪç] <-s> nt Liège
Luv [luːf] <-> f NAUT **in/nach ~** au lof
Luxation [lʊksa'tsioːn] <-, -en> f MED luxation f
Luxemburg ['lʊksəmbʊrk] <-s> nt (Stadt) Luxembourg; (Land) le Luxembourg
Luxemburger(in) ['lʊksəmbʊrgɐ] <-s, -> m(f) Luxembourgeois(e) m(f)
luxemburgisch ['lʊksmbʊrgɪʃ] Adj luxembourgeois(e)
luxuriös [lʊksuri'øːs] I. Adj luxueux(-euse)
  II. Adv ausstatten, einrichten de façon luxueuse; **~ wohnen** être

installé(e) luxueusement
Luxus ['lʊksʊs] <-> *m kein Pl* luxe *m*; **im ~ leben** vivre dans le luxe; **sich** *(Dat)* **den ~ leisten und verreisen** s'offrir le luxe de partir en voyage; **dieses Auto ist purer** [*o* **reiner**] **~** cette voiture, c'est [vraiment] du luxe
Luxusartikel *m* article *m* de luxe **Luxusausführung** *f* modèle *m* de luxe **Luxusausgabe** *f* édition *f* de luxe **Luxusdampfer** *m* paquebot *m* de luxe **Luxusgeschöpf** *nt* habitué(e) *m(f)* au luxe **Luxushotel** *nt* hôtel *m* de luxe **Luxuslimousine** [-limuzi:nə] *f* limousine *f* de luxe **Luxusliner** [-laɪnɐ] <-s, -> *m* paquebot *m* de luxe **Luxussteuer** *f* taxe *f* sur les produits de luxe **Luxuswohnung** *f* appartement *m* de luxe
Luzern [lu'tsɛrn] <-s> *nt* Lucerne
Luzerne [lu'tsɛrnə] <-, -n> *f* luzerne *f*
Luzifer ['lu:tsifɐ] <-s> *m* Lucifer *m*
LW [ɛl've:] PHYS, RADIO *Abk von* **Langwelle** GO
Lymphdrainage ['lʏmfdrɛna:ʒə] *f* MED drainage *m* lymphatique
Lymphdrüse ['lʏmf-] *f* ANAT ganglion *m* lymphatique
Lymphe ['lʏmfə] <-, -n> *f* lymphe *f*
Lymphknoten *m* ANAT ganglion *m* lymphatique
Lymphozyt <-en, -en> *m* MED lymphocyte *m*
lynchen ['lʏnçən] *tr V* lyncher; **gelyncht werden** se faire lyncher
Lynchjustiz *f* justice *f* expéditive **Lynchmord** *m* lynchage *m*
Lyoner ['lio:nɐ] <-, -> *f* GASTR sorte *f* de mortadelle
Lyoner(in) <-s, -> *m(f)* Lyonnais(e) *m(f)*
Lyrik ['ly:rɪk] <-> *f* poésie *f* lyrique
Lyriker(in) ['ly:rikɐ] <-s, -> *m(f)* poète *m*/poétesse *f* lyrique
lyrisch *Adj* lyrique

M m

M, m [ɛm] <-, -> *nt* M *m*/m *m*
▸ **M wie Martha** m comme Marcel
m *Abk von* **Meter** m
mA *Abk von* **Milliampere** mA
MA. *Abk von* **Mittelalter**
M.A. [ɛm'ʔa:] *m Abk von* **Magister Artium** ≈ maîtrise *f*
Mäander [mɛ'andɐ] <-s, -> *m* méandre *m*
Maat [ma:t] <-[e]s, -e[n]> *m* ❶ HIST *(Gehilfe auf Segelschiffen)* matelot *m*
❷ *(Unteroffizier bei der Bundesmarine)* second maître *m*
Mach [max] <-[s], -> *nt* PHYS Mach; **mit ~ 2,5 fliegen** voler à Mach 2,5
Machart *f* façon *f*
machbar *Adj* réalisable; **~ sein** *Plan, Projekt*: être réalisable; *Gehaltserhöhung*: être possible
Machbarkeitsstudie [-ʃtu:diə] *f* étude *f* de faisabilité
Mache ['maxə] <-, -n> *f sl (Augenwischerei)* bluff *m (fam)*; **das ist doch alles nur ~** ce n'est que du bluff
▸ **jdn in der ~ haben** cuisiner qn *(fam)*; **etw in der ~ haben** être sur qc *(fam)*; **jdn in die ~ nehmen** *(sich vornehmen)* s'occuper de qn; *(verprügeln)* faire sa fête à qn *(fam)*; **in der ~ sein** être en route
machen ['maxən] I. *tr V* ❶ *(tun)* faire; **sie macht, was sie will** elle fait ce qu'elle veut; **was soll ich bloß** [*o* **nur**] ~? qu'est-ce que je dois faire?; **so etwas macht man nicht** ça ne se fait pas; **was machst du/~ Sie da?** qu'est-ce que tu fais/vous faites là?; **mit mir kann man es** [**ja**] ~ *fam* avec moi, on peut y aller [comme ça] *(fam)*; **du lässt ja alles mit dir ~!** tu te laisses complètement faire!; **Kaminholz klein ~** faire du petit bois; **jdm einen Geldschein/fünf Euro klein ~** faire de la monnaie sur un billet/cinq euros à qn; **es nicht unter tausend Euro ~** *fam* ne pas marcher à moins de mille euros *(fam)*
❷ *(fertigen, produzieren)* faire; **jdm etw ~** *Handwerker, Künstler*: faire qc à qn; **jdm/sich etw ~ lassen** faire faire qc à qn/se faire faire qc; **etw aus Leder ~** faire qc en cuir; **etw aus Trauben/Äpfeln ~** faire qc avec des raisins/des pommes; **etw ist aus Holz/Ton gemacht** qc est [fait(e)] en bois/argile; **selbst gemacht** de sa fabrication
❸ *(verursachen, erzeugen)* faire *Fleck, Loch*; **Krach ~** faire du bruit; **Unordnung ~** mettre le désordre
❹ *(bereiten)* donner *Hunger, Durst*; **jdm Angst/Schwierigkeiten ~** faire peur/des difficultés [à qn]; **jdm Arbeit/Sorgen/Mut ~** donner du travail/des soucis/du courage [à qn]; **jdm Ärger/Probleme ~** causer des ennuis/poser des problèmes à qn; **das hat mir große Freude gemacht** ça m'a fait très plaisir
❺ *(vollführen, ausüben)* faire *Sprung, Handstand*; **Sport/Musik ~** faire du sport/de la musique
❻ *(vorgehen)* **etw richtig/falsch ~** faire qc bien/mal; **ich mache es am besten so, dass ich ...** le mieux, c'est que je ... + *subj*; **gut gemacht!** bien joué!; **wie machst du/~ Sie das nur?** comment fais-tu/faites-vous?
❼ *(erledigen)* **wird gemacht!** ce sera fait!; **wird gemacht, Chef!** on s'en occupe, chef!; **ich mache das schon!** *(ich erledige das)* je m'en charge[rai]!; **ich bringe das in Ordnung!** je vais arranger ça!
❽ *(bilden)* faire *Zeichen*; **er machte ihr ein Zeichen, dass sie still sein solle** il lui fit signe de se taire
❾ *fam (in Ordnung bringen, reparieren)* faire *Haushalt, Fingernägel, Haare, Garten*; **die Bremsen ~ lassen** faire refaire les freins; **das Dach wird gemacht** on s'occupe du toit; **können Sie mir den Auspuff bis morgen ~?** vous pouvez me faire le pot d'échappement d'ici demain?
❿ *(zubereiten)* **jdm ein Schnitzel ~** faire une escalope à qn; [**sich** *(Dat)*] **ein Spiegelei ~** [se] faire un œuf au plat; **selbst gemacht** *Saft, Kuchen*: fait(e) maison
⓫ *fam (säubern)* faire *Bad, Küche*
⓬ *(erlangen, ablegen, belegen)* passer *Führerschein, Diplom*; marquer *Punkte*; obtenir *Preis*; suivre *Kurs, Seminar*; **wann hast du** [**das**] **Abitur gemacht?** quand est-ce que tu as passé ton bac?
⓭ *(veranstalten, unternehmen)* faire *Party, Reise*; **sich** *(Dat)* **einen gemütlichen Abend ~** se faire une soirée tranquille; **sich** *(Dat)* **ein paar schöne Stunden ~** s'offrir de belles heures; **wann macht ihr Urlaub?** quand prenez-vous vos vacances?
⓮ *fam (ergeben)* faire; **wie viel macht drei mal sieben?** combien font trois fois sept?
⓯ *(kosten)* faire; **was macht das?** combien ça fait?
⓰ *fam (verdienen)* réaliser *Umsatz, Gewinn*
⓱ *(werden lassen)* **jdn glücklich/wütend ~** rendre qn heureux(-euse)/mettre qn en colère; **jdm das Leben unerträglich ~** rendre la vie insupportable à qn; **jdm etw leicht ~** faciliter qc à qn; **sich** *(Dat)* **etw leicht ~** se simplifier qc; **es sich** *(Dat)* **leicht ~** ne pas se compliquer la vie; **du machst es dir recht leicht** tu ne te casses pas la tête; **du machst es ihm recht leicht** tu lui facilites les choses; **du machst es deinen Kindern zu leicht** tu fais la part trop belle à tes enfants; **du machst es mir nicht leicht zu gehen** tu ne me facilites pas le départ; **jdm eine Entscheidung schwer ~** rendre difficile à qn la prise de décision; **er/sie hat ihnen die Schulzeit schwer gemacht** il/elle leur a compliqué la vie [o tâche] à l'école; **sich** *(Dat)* **Feinde ~** se faire des ennemis; **er wollte sich zu seiner Frau ~** il voulait faire d'elle sa femme [o la prendre pour épouse]
⓲ *(erscheinen lassen)* **jdn schlank ~** *Kleid, Hose*: amincir qn
⓳ *(durch Veränderung entstehen lassen)* [**et**]**was aus einem alten Haus ~** faire quelque chose d'une vieille maison; **wie läufst du wieder rum? Mach was aus dir!** comment est-ce que tu traînes? Arrange-toi un peu! *(fam)*
⓴ *fam (einen Laut produzieren)* faire; **muh ~** *Kuh*: faire meuh
㉑ *(imitieren)* **einen Hahn ~** faire le coq
㉒ *(ziehen)* faire *Grimasse*; **was machst du denn für ein Gesicht?** tu en fais une tête!
㉓ *(bewirken)* **jdn lachen ~** *geh Bemerkung*: faire rire qn; **der Stress macht, dass ...** le stress a pour effet que ...; **das macht die Hitze** c'est à cause de la chaleur; **wie hast du es gemacht, dass ...?** comment t'es-tu arrangé(e) pour que ... ? + *subj*
㉔ *fam (sich beeilen)* **macht, dass ihr verschwindet!** arrangez-vous pour disparaître!
㉕ *(ausmachen)* **macht nichts!** ça ne fait rien!; **was macht das schon?** qu'est-ce que ça peut bien faire?; **mach dir/~ Sie sich nichts d[a]raus!** ne t'en fais pas/ne vous en faites pas!; **es macht dem Kaktus nichts, wenn man ihn nicht gießt** ça ne fait rien au cactus si on ne l'arrose pas; **das macht mir sehr wohl etwas** ça me fait vraiment quelque chose
㉖ *(mögen)* **sich** *(Dat)* **etwas aus jdm/etw ~** s'intéresser à qn/qc; **sich** *(Dat)* **viel/wenig aus jdm/etw ~** s'intéresser peu à qn/qc; **ich mache mir nichts aus Sauerkraut** la choucroute, je ne cours pas après *(fam)*
㉗ *fam (fungieren als)* **den Dolmetscher ~** faire l'interprète; **den Dolmetscher für die Gruppe ~** servir d'interprète pour le groupe
㉘ *(ausrichten, bewerkstelligen)* **etwas/nichts für jdn ~ können**

pouvoir faire quelque chose/ne pouvoir rien faire pour qn; **da ist nichts zu ~** il n'y a rien à faire; *(geht nicht)* il n'y a pas moyen; **nichts zu ~!** rien à faire!; **ich kann [da] nichts ~ [là,]** je ne peux rien faire; **das ist nicht zu ~** c'est impossible; **das lässt sich ~** ça peut se faire

㉙ *(schaffen)* **für etw wie gemacht sein** être fait(e) pour qc ㉚ *(Geschlechtsverkehr haben)* **es mit jdm ~** *euph fam* coucher avec qn *(fam);* **wann hast du es zum ersten Mal gemacht?** c'était quand la première fois?; **es jdm ~** *sl* faire prendre son pied à qn *(fam)*

㉛ *fam (stehen mit)* **was macht Paul?** qu'est-ce que devient Paul? *(fam)*; *(beruflich)* que fait Paul?; **was macht die Arbeit?** qu'est-ce que donne le boulot? *(fam)*; **was ~ die Schuhe auf dem Tisch?** qu'est-ce que foutent les chaussures sur la table? *(fam)*

▶ **wie man's macht, ist's verkehrt** quoi qu'on fasse, ce n'est jamais bien

II. *tr V unpers* ❶ **es macht mich traurig, dass ...** ça me rend triste que ... + *subj*; **es macht mich glücklich zu hören, dass ...** je suis heureux(-euse) d'entendre que ... + *indic*; **es macht mich ganz deprimiert, wenn ...** ça me déprime complètement si ...

❷ *fam (ein Geräusch erzeugen)* **es macht bumm** ça fait boum

III. *itr V* ❶ **dumm ~** *Fernsehen:* rendre débile; **müde ~** *Sport:* fatiguer; **vorzeitig alt ~** *Alkoholmissbrauch:* faire vieillir prématurément

❷ *fam (seine Notdurft verrichten)* **ins Bett/auf den Gehsteig ~** faire [ses besoins] dans lit/sur le trottoir

❸ *(erscheinen lassen)* **dick ~** *Hose:* grossir

❹ *fam (sich beeilen)* **schnell/schneller ~** se grouiller *(fam)*; **mach endlich!** alors, ça vient? *(fam)*; **ich mach ja schon!** c'est bon, je me grouille! *(fam)*

❺ *sl (sich stellen, sich geben)* **auf beleidigt ~** faire celui/celle qui est vexé(e); **auf Experte ~** jouer les experts; **auf elegant ~** jouer la carte de l'élégance *(fam)*

❻ *(handeln, verfahren)* **lass ihn [mal/nur] ~** laisse-le [donc] faire

IV. *r V* ❶ **sich bei jdm beliebt ~** s'attirer les sympathies de qn; **sich wichtig ~** *pej* faire l'important *(péj)*

❷ *(sich entwickeln)* **sich [gut] ~** *Kind, Pflanze:* pousser

❸ *fam (sich gut entwickeln)* **sich ~** avoir le vent en poupe

❹ *(passen)* **sich gut zu dem Rock ~** *Bluse:* aller bien avec la jupe

❺ *(sich begeben)* **sich an die Arbeit/ans Korrigieren ~** se mettre au travail/à corriger

❻ *(bereiten)* **sich Sorgen ~** se faire du souci; **~ Sie sich wegen mir keine Umstände!** ne vous dérangez pas pour moi!

❼ *(fungieren als)* **sich zum Fürsprecher einer Gruppe ~** se faire le porte-parole d'un groupe

Machenschaften *Pl pej* machinations *fpl*

Macher(in) <-s, -> *m(f) fam* fonceur(-euse) *m(f) (fam)*

Machete [ma'xe:tə, ma'tʃe:ta] <-, -n> *f* machette *f*

Macho ['matʃo] <-s, -s> *m fam* macho *m (fam)*

Macht [maxt, *Pl:* 'mɛçtə] <-, **Mächte**> *f* ❶ *kein Pl (Befugnis)* pouvoir *m*; **die ~ haben etw zu tun** avoir le pouvoir de faire qc; **die Entscheidung liegt in seiner ~** la décision est en son pouvoir; **wir werden alles tun, was in unserer ~ steht** [*o* **liegt**] nous allons faire tout ce qui est en notre pouvoir

❷ *kein Pl (Staats-, Befehlsgewalt)* pouvoir *m*; **die politische/wirtschaftliche ~** le pouvoir politique/économique; **die ~ ausüben** exercer le pouvoir; **an die ~ kommen** [*o* **gelangen**] arriver [*o* accéder] au pouvoir; **die ~ übernehmen** arriver au pouvoir; **die ~ ergreifen** prendre le pouvoir; **die ~ an sich (Akk) reißen** s'emparer du pouvoir; **nach der ~ greifen** tenter de s'emparer du pouvoir; **sich an die ~ putschen** s'emparer du pouvoir grâce à un putsch; **seine ~ behaupten** affirmer son pouvoir; **an der ~ bleiben/sein** rester/être au pouvoir

❸ *kein Pl (Herrschaft) eines Staates, Imperiums* domination *f*

❹ *(mächtiger Staat)* puissance *f*; **die europäischen Mächte** les puissances européennes

❺ *kein Pl (Einfluss)* **die ~ der Gewohnheit** la force de l'habitude; **die ~ des Schicksals** la [toute-]puissance du destin; **eine gewaltige ~ auf jdn ausüben** exercer un pouvoir violent sur qn

❻ *(mächtige, einflussreiche Gruppe)* force *f*, puissance *f*; **geheime Mächte** des forces occultes; **die Mächte der Finsternis** *liter* les forces des ténèbres *(littér)*

❼ *(Kraft, Stärke)* force *f*; **mit aller ~ versuchen etw zu tun** tenter de toutes ses forces de faire qc; **der Frühling kommt mit ~** le printemps arrive en force

▶ **~ geht vor Recht** *Spr.* la force prime le droit

Machtbefugnis *f* pouvoirs *mpl*, compétences *fpl*; **das überschreitet meine ~** ceci dépasse mes compétences **Machtbereich** *m* sphère *f* d'influence **machtbewusst**[RR] *Adj* ambitieux(-euse) de pouvoir **Machtblock** <-blöcke> *m* bloc *m* **Machtergreifung** *f* prise *f* du pouvoir **Machterhalt** maintien *m* au pouvoir **Machtfülle** *f* toute-puissance *f*; **seine/ihre ~** l'étendue *f* de ses pouvoirs

Machthaber(in) <-s, -> *m(f) pej* dirigeant(e) *m(f)*

Machthunger *m pej geh* soif *f* de pouvoir **machthungrig** *Adj pej geh* assoiffé(e) de pouvoir

mächtig ['mɛçtɪç] I. *Adj* ❶ *(einflussreich)* puissant(e); **die Mächtigen** les puissants *mpl*

❷ *(gewaltig) Erschütterung, Schlag, Gewitter* violent(e); *Stimme* puissant(e)

❸ *fam (enorm) Hitze, Durst, Glück* sacré(e) *antéposé (fam)*

❹ *geh (kundig)* **des Französischen ~ sein** maîtriser le français

▶ **seiner selbst nicht mehr ~ sein** *geh* ne plus se maîtriser

II. *Adv fam* **sich freuen, sich ärgern** drôlement *(fam)*

Mächtigkeit <-> *f* ❶ *(großer Einfluss) eines Landes, einer Organisation* puissance *f*

❷ *(Gewalt) eines Vulkanausbruchs, Regens* violence *f*

Machtkampf *m* lutte *f* pour le pouvoir

machtlos I. *Adj* ❶ *(ohne Macht) Politiker, Staat, Führung* impuissant(e); **er/sie ist praktisch ~** il/elle n'a pratiquement pas de pouvoir

❷ *(hilflos)* **gegen etw ~ sein** être désarmé(e) devant qc

II. *Adv* **einer S. (Dat) gegenüberstehen** faire face à qc avec un sentiment d'impuissance

Machtlosigkeit <-> *f* impuissance *f*

Machtmissbrauch[RR] *m* abus *m* de pouvoir **Machtmittel** *nt* moyen *m* de pression **Machtpolitik** *f* politique *f* d'hégémonie **machtpolitisch** *Adj inv* POL qui se rapporte à une politique de puissance **Machtprobe** *f* épreuve *f* de force **Machtstellung** *f* position *f* de force **Machtstreben** *nt* soif *f* de pouvoir **Machtübernahme** *s.* **Machtergreifung Machtverhältnisse** *Pl* rapports *mpl* de force **machtvoll** *Adj Bewegung, Demonstration* puissant(e); *Erneuerung* radical(e) **Machtvollkommenheit** *f* pouvoir *m* absolu; **aus eigener ~** de son/mon/... propre chef; **in eigener ~** de ma/sa/... propre autorité **Machtwechsel** [-ks-] *m* changement *m* de gouvernement **Machtwort** <-worte> *nt* mise *f* au point énergique; **ein ~ sprechen** faire acte d'autorité

Machwerk *nt pej* sous-produit *m*; **dieses Gemälde/Buch ist ein billiges ~** ce tableau est une croûte sans valeur/ce livre est un torchon *(fam)*

Machzahl[RR] *f* PHYS nombre *m* de Mach

Macke ['makə] <-, -n> *f fam* ❶ *(Schaden, Schadstelle)* défaut *m*

❷ *(Tick)* tic *m*; **eine ~ haben** *sl* avoir le cerveau fêlé *(fam)*

Macker ['make] <-s, -> *m sl* mec *m (fam)*

MAD <-[s]> *m Abk von* **Militärischer Abschirmdienst** ≈DST *f (service de surveillance du territoire)*

Madagaskar [mada'gaska:ɐ] <-s> *nt* la Madagascar

Madagasse [mada'gasə] <-n, -n> *m*, **Madagassin** *f* Malgache *mf*

madagassisch [mada'gasɪʃ] *Adj* malgache

Madame [ma'dam, *Pl:* me'dam] <-, Mesdames> *f geh* madame *f*

Mädchen <-s, -> *nt* ❶ fille *f*

❷ *(jugendliche Frau)* [jeune] fille *f*

▶ **für kleine ~ müssen** *hum* devoir aller au petit coin *(hum)*; **leichtes ~** *veraltet* femme *f* de petite vertu *(vieilli)*; **spätes ~** *veraltet* vieille fille *f*; **~ für alles** fam bonne *f* à tout faire

mädchenhaft I. *Adj* ❶ *Äußeres, Gestalt* de [très] jeune fille; **~ sein** faire jeune fille

❷ *(kindlich wirkend) Frisur, Kleidungsstück* de fillette; **~ sein** faire fillette

II. *Adv* **aussehen, sich kleiden** comme une jeune fille

Mädchenhandel *m kein Pl* traite *f* des blanches **Mädchenhändler(in)** *m(f)* proxénète *mf (spécialisé dans la traite des blanches)* **Mädchenkleidung** *f* vêtements *mpl* de fille **Mädchenname** *m* ❶ *(weiblicher Vorname)* prénom *m* féminin ❷ *(Geburtsname)* nom *m* de jeune fille **Mädchenschule** *f* école *f* de [jeunes] filles

Made ['ma:də] <-, -n> *f* asticot *m*

▶ **wie die ~ im Speck leben** *fam* vivre comme un coq en pâte

Madeira [ma'de:ra] <-s, -s> *m*, **Madeirawein** *m* madère *m*

Madel <-s, -n> *nt* SDEUTSCH, A, **Mädel** ['mɛːdəl] <-s, -[s]> *nt* [jeune] fille *f*

Mädesüß ['mɛːdəzyːs] <-> *nt* BOT reine *f* des prés

madig *Adj* véreux(-euse)

madigmachen *tr V fam* **jdn/etw ~** débiner qn/qc *(fam)*; **jdm etw ~** dégoûter qn de qc

Madl *s.* **Madel**

Madonna [ma'dɔna] <-, Madonnen> *f* ❶ *kein Pl* REL **die ~** la Madone, la [sainte] Vierge

❷ KUNST madone *f*

Madrid [ma'drɪt] <-s> *nt* Madrid

Madrigal [madri'gaːl] <-s, -e> *nt* madrigal *m*

Maestro [ma'ɛstro, *Pl:* ma'ɛstri] <-s, -s *o* Maestri> *m* MUS maestro *m*

Mafia ['mafia] <-> *f a. fig, pej* maf[f]ia *f*

mafios *Adj a. fig, pej* maf[f]ieux(-euse)

mag [maːk] *Präs von* **mögen**

Magazin [maga'tsi:n] <-s, -e> nt ❶ *(Lager)* magasin m
❷ *(Zeitschrift, Magazinsendung)* magazine m
❸ TECH *einer Werkzeugmaschine* magasin m; *einer Schusswaffe* chargeur m
Magazineur(in) [magatsi'nœ:ʀ] <-s, -e> A magasinier(-ière) m(f)
Magd [ma:kt, *Pl:* 'mɛ:kdə] <-, **Mägde**> f *veraltet* servante f *(vieilli)*
Magen ['ma:gən, *Pl:* 'mɛ:gən] <-s, **Mägen** o -> m estomac m; **etwas/nichts im ~ haben** avoir quelque chose/ne rien avoir dans l'estomac [*o* le ventre]; **auf nüchternen ~** à jeun; **etw mit leerem ~ tun** faire qc à l'estomac vide; **jdm knurrt der ~** *fam* qn a l'estomac qui gargouille; **sich** *(Dat)* **den ~ verderben** attraper une indigestion *(fam)*; **jdm den ~ auspumpen** faire un lavage d'estomac à qn
▶ **jdm** schwer **im ~ liegen** *fam Essen:* peser sur l'estomac à qn; *Unannehmlichkeit:* rester en travers de la gorge à qn; **jdm** dreht **sich der ~ um** *fam* qn a l'estomac tout retourné *(fam)*; **jdm auf den ~ schlagen** *fam* retourner l'estomac à qn *(fam)*
Magenbeschwerden *Pl* troubles *mpl* gastriques **Magenbitter** <-s, -> m [digestif m] amer m **Magenblutung** f MED hémorragie f stomacale **Magen-Darm-Katarr[h]**ʀʀ m MED gastroentérite f **Magen-Darm-Trakt** m ANAT tube m gastro-intestinal **Magendrücken** <-s> nt lourdeurs *fpl* d'estomac; **~ bekommen/haben** attraper/avoir des lourdeurs d'estomac **Magengegend** f région f de l'estomac **Magengeschwür** nt MED ulcère m à l'estomac **Magengrube** f creux m de l'estomac **Magenknurren** nt gargouillement m **Magenkrampf** m *meist Pl* crampe f d'estomac; **Magenkrämpfe bekommen/haben** attraper/avoir des crampes d'estomac **magenkrank** *Adj* malade de l'estomac **Magenkranke(r)** f(m) *dekl wie Adj* malade m/f de l'estomac **Magenkrankheit** f maladie f de l'estomac **Magenkrebs** m MED cancer m de l'estomac **Magenleiden** *s.* **Magenkrankheit Magensaft** m suc m gastrique **Magensäure** f acidité f gastrique **Magenschleimhaut** f ANAT muqueuse f de l'estomac **Magenschleimhautentzündung** f MED gastrite f **Magenschmerzen** *Pl* maux *mpl* d'estomac; **~ bekommen/haben** attraper/avoir mal à l'estomac **Magensonde** f MED sonde f gastrique **Magenspiegelung** f MED gastroscopie f **Magenspülung** f MED lavage m gastrique **Magenverstimmung** f indigestion f **Magenwand** f paroi f de l'estomac
mager ['ma:gɐ] I. *Adj* ❶ *(dünn)* maigre; **~ werden** maigrir
❷ *(fettarm) Fleisch, Käse* maigre
❸ *(ertragsarm) Boden, Erde* ingrat(e); *Acker, Wiese* maigre antéposé
❹ *(dürftig) Ergebnis, Ernte, Trinkgeld* médiocre, maigre antéposé
❺ TYP *Buchstabe* maigre; **etw ~ setzen/drucken** composer/imprimer qc en maigre [*o* en caractères maigres]
II. *Adv* **~ ausfallen** *Ernte, Trinkgeld:* se révéler médiocre
Magerjoghurt m yaourt m maigre
Magerkeit <-> f *einer Person* maigreur f
Magermilch f lait m écrémé **Magerquark** m ≈ fromage m blanc maigre **Magersucht** f *kein Pl* anorexie f [mentale] **magersüchtig** *Adj* MED anorexique
Magie [ma'gi:] <-> f *(Zauberei, Anziehungskraft)* magie f
▶ schwarze **~** magie f noire; **wie** durch **~** comme par magie
Magier(in) ['ma:giɐ] <-s, -> m(f) ❶ *(Zauberkünstler)* prestidigitateur(-trice) m(f)
❷ *(Zauberer)* magicien(ne) m(f)
magisch ['ma:gɪʃ] I. *Adj* magique
II. *Adv* comme par magie
Magister [ma'gɪstɐ] <-s, -> m ❶ *(Universitätsgrad)* **~ Artium** ≈ maîtrise f de sciences humaines; **den/seinen ~ haben** ≈ avoir la maîtrise
❷ *(Inhaber des Universitätsgrades)* ≈ titulaire mf d'une maîtrise

---

Land und Leute

Le niveau **Magister**, ou plus exactement Magister Artium (M.A.), correspond à un diplôme qui est décerné, en Allemagne, à la fin des études de sciences humaines. En Autriche, il sanctionne aussi des études de pharmacie.

Magistrat [magɪs'tra:t] <-[e]s, -e> m *(Stadtverwaltung)* municipalité f
Magma ['magma] <-s, **Magmen**> nt magma m
magna cum laude ['magna kʊm 'laʊdə] *Adv* ≈ avec mention très bien
Magnat [ma'gna:t] <-en, -en> m magnat m
Magnesia [ma'gne:zia] <-> f CHEM magnésie f
Magnesium [ma'gne:ziʊm] <-s> nt CHEM magnésium m
Magnet [ma'gne:t] <-[e]s o -en, -en> m aimant m
Magnetbahn *s.* **Magnetschwebebahn Magnetband** nt bande f magnétique **Magneteisenstein** m MINER pierre f d'aimant, magnétite f **Magnetfeld** nt champ m magnétique
magnetisch I. *Adj* magnétique
II. *Adv (unwiderstehlich)* comme par magie

magnetisieren* *tr V* ❶ PHYS aimanter
❷ MED magnétiser
Magnetismus [magne'tɪsmʊs] <-> m magnétisme m
Magnetkarte f carte f magnétique **Magnetkern** m noyau m magnétique **Magnetnadel** f aiguille f aimantée **Magnetplatte** f a. INFORM disque m magnétique **Magnetpol** m pôle m magnétique **Magnetschalter** m commutateur m magnétique **Magnetschwebebahn** f train m à sustentation magnétique **Magnetspule** f bobine f d'induction **Magnetstreifen** m piste f magnétique
Magnolie [ma'gno:liə] <-, -n> f magnolia m
mäh [mɛ:] *Interj* bê
Mahagoni [maha'go:ni] <-s> nt acajou m
Mahagoniholz nt [bois m d'] acajou m **Mahagonimöbel** nt meuble m en acajou
Maharadscha [maha'ra:dʒa] <-s, -s> m maharajah m, maharadja m
Maharani [maha'ra:ni] <-, -s> f maharani f
Mähbinder <-s, -> m moissonneuse-lieuse f
Mahd¹ [ma:t] <-, -en> f DIAL *(gemähtes Gras)* herbe f fauchée
Mahd² [ma:t, *Pl:* 'mɛ:də] <-[e]s, **Mähder**> nt CH, A *(Bergwiese)* alpage m
Mähdrescher ['mɛ:-] <-s, -> m moissonneuse-batteuse f
mähen ['mɛ:ən] I. *tr V* faucher *Gras, Wiese*; moissonner *Getreide*; tondre *Rasen*
II. *itr V* ❶ *das Mähen* la tonte
❷ *fam (blöken)* bêler
Mahl [ma:l] <-[e]s, -e *o* **Mähler**> nt *geh* repas m; **beim ~ sitzen** être à table
mahlen ['ma:lən] <**mahlte, gemahlen**> I. *tr V* moudre; **gemahlener Kaffee** café m moulu; **gemahlen werden** être moulu(e)
II. *itr V* ❶ *(durchdrehen) Autoreifen, Rad:* patiner
❷ *(sich knirschend drehen) Getriebe, Zahnrad:* grincer
Mahlgut nt *kein Pl form* grains *mpl* à moudre
mählich *s.* **allmählich**
Mahlstein *s.* **Mühlstein Mahlstrom** *s.* **Malstrom Mahlzahn** m molaire f **Mahlzeit** f repas m; **gesegnete ~!** *geh* bon appétit!; **~!** *fam (guten Appetit)* bon app! *(fam)*; DIAL *(schönen Mittag)* salut! *(se dit à l'heure du déjeuner)* ▶ [prost] **~!** *iron fam* il manquait plus que ça! *(fam)*, ça va être sa/ma/... fête! *(fam)*
Mähmaschine f *(für Gras)* faucheuse f; *(für Getreide)* moissonneuse f
Mahnbescheid m, **Mahnbrief** m lettre f de rappel
Mähne ['mɛ:nə] <-, -n> f a. *pej* crinière f
mahnen ['ma:nən] I. *tr V* ❶ rappeler; **jdn ~** rappeler qn à l'ordre; **jdn zur Mäßigung/Vorsicht ~** inviter qn à la modération/la prudence; **jdn ~ etw zu tun** inviter qn à faire qc; **das Mahnen** le rappel à l'ordre
❷ *(zur Zahlung auffordern)* envoyer un rappel à
II. *itr V* ❶ *(anmahnen)* **zur Ruhe/zu mehr Gelassenheit ~** inviter au calme/à plus de patience
❷ *(zur Zahlung auffordern)* envoyer un rappel
❸ *geh (gemahnen)* **die Dunkelheit mahnte zur Umkehr** la nuit invitait à rentrer *(littér)*
mahnend I. *Adj* impérieux(-euse)
II. *Adv* d'une manière impérieuse; **~ die Stimme erheben** faire une mise en garde
Mahngebühr f frais *mpl* de sommation **Mahnmal** <-[e]s, -e> nt mémorial m **Mahnschreiben** *s.* **Mahnbrief**
Mahnung <-, -en> f ❶ *(Ermahnung)* avertissement m
❷ *geh (warnende Erinnerung)* mise f en garde
❸ *(Mahnbrief)* lettre f de rappel
Mahnverfahren nt procédure f de sommation **Mahnwache** f commémoration f silencieuse
Mähre ['mɛ:ʀə] <-, -n> f *pej veraltet* rosse f *(vieilli)*
Mai [maɪ] <-[e]s *o* -*poet* -en, -e> m mai m; **der Erste ~** le Premier Mai; *s. a.* **April**
▶ **wie** einst **im ~** *hum* comme au bon vieux temps

Land und Leute

Dans la nuit du 30 avril au 1ᵉʳ mai, les Allemands s'amusent à jouer des tours à leurs concitoyens, un peu comme les Français le 1ᵉʳ avril. On organise des soirées, souvent appelées *Tanz in den Mai*, pour souhaiter la bienvenue au mois de mai. Pour le **1. Mai**, la tradition veut que l'on fasse une grande randonnée en famille et entre amis. La journée se termine généralement par un barbecue.

Maibaum m arbre m de mai

Land und Leute

Le **Maibaum** est érigé le soir du 30 avril sur certaines places publiques, surtout dans les villages catholiques du sud de l'Allemagne. Il est symbole de la fertilité. Le **Maibaum** est fait à partir d'un tronc de sapin ou de bouleau. On y fixe à la cime une couronne de branches ornée de rubans qui flottent au vent et qui sont, le plus souvent, aux couleurs de la ville.

Maiblume *f* fleur *f* de mai **Maibowle** ['maɪboːlə] *f* vin *m* aromatisé *(à l'aspérule odorante)*
Maid [maɪt, *Pl:* 'maɪdən] <-, -en> *f iron veraltet* demoiselle *f*
Maifeier *f* fête *f* du Premier Mai **Maifeiertag** *m form* fête *f* du Premier Mai **Maiglöckchen** *nt* muguet *m* **Maikäfer** *m* hanneton *m* **Maikundgebung** *f* manifestation *f* du Premier Mai
Mail [meɪl] <-, -s> *f o nt* e-mail *m*
Mailand ['maɪlant] <-s> *nt* Milan *m*
Mailbox ['meɪlbɔks] <-, -en> *f* INFORM boîte *f* aux lettres électronique; **seine ~ leeren** relever sa boîte aux lettres [électronique]
mailen ['meɪlən] *tr V* INFORM **etw ~** envoyer qc par [e-]mail
Mailing ['meɪlɪŋ] <-s, -s> *nt* mailing *m*
Mailpasswort[RR] ['meɪl-] *nt* INFORM mot *m* de passe de messagerie **Mailprogramm** *nt* INFORM logiciel *m* de courrier électronique **Mailserver** [-sœːɐvɐ] *m* INFORM serveur *m* de courrier **Mailsystem** *nt* INFORM messagerie *f*
Main [maɪn] <-s> *m* Main *m*
Mainz [maɪnts] <-> *nt* Mayence *f*
Mais [maɪs] <-es, -e> *m* maïs *m*
Maische ['maɪʃə] <-, -n> *f* ❶ moût *m* ❷ *(Rohstoff zur Destillation)* marc *m*
Maisfeld *nt* champ *m* de maïs **Maisflocken** *Pl* flocons *mpl* de maïs **maisgelb** *Adj* jaune maïs **Maiskolben** *m* épi *m* de maïs **Maiskorn** <-körner, -> *nt* grain *m* de maïs **Maismehl** *nt* farine *f* de maïs **Maisstärke** *f* fécule *f* de maïs
Majestät [majɛsˈtɛːt] <-, -en> *f* ❶ *kein Pl (Titel, Anrede)* Majesté *f*; **Kaiserliche/Königliche ~** Sa Majesté Impériale/Son Altesse Royale; **Seine/Ihre ~** Sa Majesté; **Eure** [*o* **Euer**] **~** Votre Majesté ❷ *(Träger des Titels)* souverain(e) *m(f)* ❸ *kein Pl geh (Erhabenheit)* majesté *f*
majestätisch I. *Adj* majestueux(-euse) II. *Adv* majestueusement
Majo ['majo] <-, -s> *f Abk v* **Mayonnaise** *fam* mayo *f (fam)*
Majonäse [majoˈnɛːzə] *s.* **Mayonnaise**
Major(in) [maˈjoːɐ] <-s, -e> *m(f)* commandant(e) *m(f)*
Majoran ['maːjoran] <-s, -e> *m* ❶ *(Pflanze)* marjolaine *f* ❷ *(Gewürz)* origan *m*
majorisieren[*] *tr V geh* **jdn ~** mettre qn en minorité
Majorität [majoriˈtɛːt] <-, -en> *f geh* majorité *f*
Majoritätsbeschluss[RR] *m* vote *m* majoritaire **Majoritätsprinzip** *nt* principe *m* majoritaire
Majorz [maˈjɔrts] <-es> CH scrutin *m* majoritaire
makaber [maˈkaːbɐ] *Adj* macabre
Makak ['maːkak, maˈka(ː)k] <-s *o* -en, -en> *m* ZOOL macaque *m*
Makedonien [makeˈdoːniən] <-s> *nt* la Macédoine
Makel ['maːkəl] <-s, -> *m* ❶ *(Schandfleck)* tare *f*; **an jdm haftet ein ~** *geh* qn demeure marqué(e) d'une tache indélébile ❷ *(Fehler)* défaut *m*; *(auf Früchten)* tache *f*; **ohne ~** sans défaut
Mäkelei [mɛːkəˈlaɪ] <-, -en> *f pej* dénigrement *m* [systématique] pas *de pl*
makellos I. *Adj* ❶ *(untadelig)* irréprochable ❷ *(fehlerlos)* impeccable II. *Adv* **rein, sauber** impeccablement
Makellosigkeit <-> *f* ❶ *(Untadeligkeit)* caractère *m* irréprochable ❷ *(Fehlerlosigkeit) der Figur, der Haut* perfection *f*
makeln ['maːkəln] I. *itr V* faire du courtage; *(mit Wohnungen)* être agent *m* immobilier II. *tr V* faire le courtage de
mäkeln ['mɛːkəln] *itr V pej* critiquer; **an etw** *(Dat)* **~** critiquer qc; **sie findet an allem etwas zu ~** elle trouve à redire à tout
Make-up [meɪkˈʔap] <-s, -s> *nt* maquillage *m*
Make-up-Entferner [meɪkˈʔap-] <-s, -> *m* démaquillant *m*
Makkaroni [makaˈroːni] *Pl* macaroni *mpl*
Makler(in) ['maːklɐ] <-s, -> *m(f)* courtier(-ière) *m(f)*; *(Immobilienmakler)* agent *m* immobilier
Mäkler(in) [ˈmɛːklɐ] <-s, -> *m(f) pej (nörglerischer Mensch)* rouspéteur(-euse) *m(f)*; *(wählerischer Mensch)* enquiquineur(-euse) *m(f)*
Maklerfirma *f* société *f* [*o* maison *f*] de courtage **Maklergebühr** *f* courtage *m*; *(bei Immobilien)* commission *f*
Makramee [makraˈmeː] <-[-s], -s> *nt* macramé *m*
Makrele [maˈkreːlə] <-, -n> *f* maquereau *m*
Makro ['maːkro] <-s, -s> *nt* INFORM macro *f*
makrobiotisch [makrobiˈoːtɪʃ] I. *Adj* macrobiotique II. *Adv* **sich ~ ernähren** manger de la nourriture macrobiotique **Makroklima** [makroˈkliːma] *nt* macroclimat *m* **Makrokosmos** *m* macrocosme *m* **Makromolekül** *nt* BIO, CHEM macromolécule *f*
Makrone [maˈkroːnə] <-, -n> *f* macaron *m*

Makroökonomie *f* macroéconomie *f* **makroökonomisch** *Adj* ÖKON macroéconomique **Makrostruktur** ['maːkroʃtrʊktuːɐ] *f* macrostructure *f*
Makulatur [makulaˈtuːɐ] <-, -en> *f* ❶ TYP maculature *f* ❷ *(überholte Sache)* **~ sein** être caduc(-uque) ▸ **~ reden** *fam* raconter des bêtises *(fam)*
makulieren[*] *tr V* **etw ~** mettre qc au pilon
mal [maːl] *Adv* ❶ *fam (einmal)* fois; **wieder ~** une fois de plus; **da sieht man ~ wieder, ...** alors, vous voyez à nouveau ...; **das ist nun ~ so** c'est comme ça; **warst du schon ~ in Kanada?** tu as déjà été au Canada? *(fam)* ❷ *fam (gerade, eben)* **komm ~ her!** viens voir ici! *(fam)*; **zeig ~ her!** montre moi! *(fam)*; **darf ich dich ~ was fragen?** je peux te demander quelque chose? ❸ MATH fois; **drei ~ vier ist zwölf** trois fois quatre [font] douze
Mal[1] [maːl] <-[-e]s, -e> *nt* fois *f*; **das erste/letzte ~** la première/dernière fois; **es ist das letzte ~, dass** c'est la dernière fois que + *indic*; **beim ersten/zweiten/letzten/... ~** la première/deuxième/dernière/... fois; **zum ersten/letzten ~** pour la première/dernière fois; **ein anderes ~** une autre fois; **ein/kein einziges ~** une/pas une seule fois; **beide ~[e]** les deux fois; **voriges** [*o* **das vorige**] **~** la dernière fois; **zum wiederholten ~[e]** une nouvelle fois; **ein letztes ~** *geh* une ultime fois *(soutenu)*; **nächstes** [*o* **das nächste**] **~** la prochaine fois; **bis zum nächsten ~!** à une prochaine fois!; **das wievielte ~?** combien de fois?; **das eine oder andere ~** de temps en temps; [nur] **das** [*o* **dieses**] **eine ~!** juste pour cette fois!, pour une fois!; **für dieses ~** pour cette fois; **von ~ zu ~** [à] chaque fois; **ein für alle ~[e]** une fois pour toutes ▸ **mit einem ~[e]** tout d'un coup
Mal[2] [maːl, *Pl:* 'maːlə, 'mɛːlə] <-[-e]s, -e *o poet* **Mäler**> *nt* ❶ *(Muttermal)* envie *f (fam)*; *(Hautverfärbung)* marque *f* ❷ *geh (Denkmal)* monument *m* commémoratif
malad[e] *Adj fam* mal fichu(e) *(fam)*
Malaria [maˈlaːria] <-> *f* MED malaria *f (vieilli)*
Malariamücke *f* anophèle *m*
Malawi [maˈlaːvi] <-s> *nt* le Malawi
Malawier(in) [maˈlaːviɐ] <-s, -> *m(f)* Malawien(ne) *m(f)*, Malawite *mf*
malawisch *Adj* malawien(ne), malawite
Malaysia [maˈlaɪzia] <-s> *nt* la Malaysia
Malaysier(in) [maˈlaɪziɐ] <-s, -> *m(f)* Malaysien(ne) *m(f)*
malaysisch *Adj* malaysien(ne)
Malbuch *nt* album *m* de coloriage
Malediven [maleˈdiːvən] *Pl* les Maldives *fpl*
Malediver(in) [maleˈdiːvɐ] <-s, -> *m(f)* Maldivien(ne) *m(f)*
maledivisch *Adj* maldivien(ne)
malen ['maːlən] I. *tr V* ❶ peindre **Gemälde, Porträt**; **sich ~ lassen** se faire peindre ❷ *(zeichnen)* dessiner **Baum, Männchen** ❸ DIAL *(anstreichen)* **etw grün ~** peindre qc en vert ❹ *(schildern)* **etw schwarzweiß ~** voir qc tout en blanc ou en noir; **die Zukunft rosig ~** [dé]peindre le futur en rose II. *itr V* ❶ peindre, faire de la peinture; **mit Pastellfarben/auf Leinwand ~** peindre au pastel/sur toile; **das Malen** la peinture ❷ *(pessimistisch sehen)* **schwarzweiß ~** voir tout en blanc ou en noir
Maler(in) <-s, -> *m(f)* ❶ *(Kunstmaler)* peintre *m* ❷ *(Anstreicher)* peintre *m* [en bâtiment]
Malerei <-, -en> *f kein Pl* peinture *f*; **die moderne/abstrakte ~** la peinture moderne/abstraite
Malerfarbe *f* peinture *f*
malerisch I. *Adj* ❶ *(pittoresk)* pittoresque ❷ *(künstlerisch) Talent, Werk* pictural(e) II. *Adv* **gelegen** de façon pittoresque
Malheft *nt* cahier *m* de dessin
Malheur [maˈløːɐ] <-s, -s *o* -e> *nt fam* [petit] accident *m*; **ihm/ihr ist ein** [**kleines**] **~ passiert** il lui est arrivé un petit accident; **das ist doch kein ~!** ce n'est pas une catastrophe!
Mali ['maːli] <-s> *nt* le Mali
Malier(in) ['maːliɐ] <-s, -> *m(f)* Malien(ne) *m(f)*
maligne [maˈlɪɡnə] *Adj* malin(-igne)
malisch *Adj* malien(ne)
maliziös [maliˈtsiøːs] *geh* I. *Adj Lächeln* fielleux(-euse); *Bemerkung* acerbe II. *Adv* **grinsen, lächeln** d'un air malveillant
Malkasten *m* boîte *f* de couleurs, boîte *f* de peintures
Mallorca [maˈlɔrka, maˈjɔrka] <-s> *nt* la Majorque
malnehmen *tr V unreg* multiplier; **etw mit etw ~** multiplier qc par qc; **das Malnehmen** la multiplication
Maloche [maˈlɔxə, maˈloːxə] <-> *f sl* boulot *m (fam)*
malochen[*] *itr V sl* trimer *(fam)*; **in der Fabrik/als Maurer ~** bosser à l'usine/comme maçon *(fam)*
Malstift *m* crayon *m* de couleur

Malstrom *m liter* malstrom *m*
Malta ['malta] <-s> *nt* Malte
Maltechnik *f* technique *f* picturale
Malteser(in) [mal'te:zɐ] <-s, -> *m(f)* Maltais(e) *m(f)*
Malteserkreuz *nt* croix *f* de Malte **Malteserorden** *m* ordre *m* de Malte
maltesisch [mal'te:zɪʃ] *Adj* maltais(e)
malträtieren* *tr V* rudoyer
Malus ['maːlʊs] <-ses, - *o* -se> *m* ❶ *(Zuschlag zur Prämie)* malus *m*
❷ UNIV, SPORT minoration *f*
Malve ['malvə] <-, -n> *f* mauve *f*
malvenfarben, **malvenfarbig** [-vən-] *Adj* mauve
Malz [malts] <-es> *nt* malt *m*
Malzbier *nt* bière *f* de malt **Malzbonbon** [-bɔnbɔn, -bɔ̃bɔ̃ː] *nt o m* bonbon *m* à l'extrait de malt **Malzkaffee** *m* café *m* de malt **Malzzucker** *m* sucre *m* de malt
Mama ['mama] <-, -s> *f* maman *f*
Mamba ['mamba] <-, -s> *f* ZOOL mamba *m*
Mami ['mami] <-, -s> *f fam s.* Mama
Mammographie [mamogra'fiː] <-, -n> *f* MED mammographie *f*
Mammon ['mamɔn] <-s> *m pej* argent *m;* **der schnöde ~** le vil argent
Mammut ['mamʊt] <-s, -s *o* -e> *nt* mammouth *m*
Mammutbaum *m* séquoia *m* **Mammutsitzung** *f* session *f* interminable **Mammuttournee** *f* tournée *f* gigantesque **Mammutveranstaltung** *f* manifestation *f* monstre *(fam)*
mampfen ['mampfən] *fam* **I.** *itr V* se goinfrer *(fam)*
II. *tr V* bouffer *(fam)*
man¹ [man] *Pron indef* on; **~ hat festgestellt, dass** il a été établi que + *indic;* **auf dem Land lebt ~ gesünder** on vit mieux à la campagne; **~ denkt heute anders darüber** aujourd'hui, on voit les choses différemment; **darüber kann ~ nur lachen** on ne peut qu'en rire; **da fragt ~ sich doch, ob ...** et l'on se demande si ...
man² *Adv* NDEUTSCH **lass ~ gut sein!** laisse [donc] tomber! *(fam)*
Management ['mɛnɪtʃmənt, 'mænɪdʒmənt] <-s, -s> *nt* management *m;* **das mittlere ~** les cadres *mpl* moyens
managen ['mɛnɪtʃən, 'mænɪdʒn] *tr V* ❶ gérer *Firma, Projekt*
❷ *(betreuen)* servir d'imprésario à *Artisten, Musiker;* manager *Sportler*
❸ *fam (hinkriegen)* gérer *Finanzierung, Problem;* **Beruf und Familie, wie managst du das eigentlich?** comment arrives-tu à concilier ton métier et ta vie de famille?
Manager(in) ['mɛnɪdʒɐ, 'mænɪdʒɐ] <-s, -> *m(f)* ❶ manager *mf*
❷ *(Betreuer) eines Artisten, Musikers* imprésario *m,* agent *m; eines Sportlers* manager *mf*
Managerkrankheit ['mænɪdʒɐ-] *f fam* stress *m* du manager
manch *Pron indef* ❶ plus d'un(e); **~ ein Künstler/eine Frau** plus d'un artiste/d'une femme; **~e Menschen/Fehler** bien des hommes/fautes; **~es Gute/Unangenehme** maintes bonnes choses/choses désagréables; **~ Interessantes** beaucoup de choses intéressantes, plus d'une chose intéressante; **~ großes Projekt/guter Musiker** maint grand projet/bon musicien; **ich habe schon ~en Unsinn gehört** j'ai déjà entendu bon nombre d'absurdités; **~ einer/eine von euch** plus d'un/d'une d'entre vous; **~ anderer hätte aufgegeben** plus d'un aurait abandonné
❷ *substantivisch* **~er fragt sich, ob ...** un certain nombre se demande si ...; **~e von uns lernen es nie** un certain nombre d'entre nous ne l'apprennent jamais; **~e, die es nicht glauben wollen** beaucoup de personnes qui ne veulent pas le croire; **~e von denen, die ...** beaucoup de ceux/celles qui ...; **~es, was man so hört, ...** beaucoup de ce qui est dit ...; **an ~es erinnere ich mich nicht** je ne me souviens pas de certaines choses; **~es [von dem], was er gesagt hat, war interessant** bien ce qu'il a dit, il y avait beaucoup de choses intéressantes; **in ~em** *(was dieses oder jenes betrifft)* sur bien des points; *(in einigem)* sur certains points; **in ~em, was du sagst ...** dans certaines des choses que tu dis ...
mancherlei ['mançɐ'laɪ] *Adj unv* toutes sortes de; **~ Ausreden** toutes sortes d'excuses; **[so] ~ erleben** vivre toutes sortes d'aventures
mancherorts ['mançɐ'ʔɔrts] *Adv geh* en maint endroit
manchmal ['mançmaːl] *Adv* quelquefois, parfois
Mandant(in) [man'dant] <-en, -en> *m(f)* mandant(e) *m(f)*
Mandarin [manda'riːn] <-s, -e> *m* mandarin *m*
Mandarine [manda'riːnə] <-, -n> *f* mandarine *f*
Mandarinente [manda'riːn-] *f* ZOOL canard *m* mandarin
Mandat [man'daːt] <-[e]s, -e> *nt* PARL, JUR mandat *m;* **sein ~ niederlegen** renoncer à son mandat
Mandatar(in) [manda'taːɐ] <-s, -e> *m(f)* PARL A *(Abgeordneter)* député(e) *m(f)*
Mandatszeit *f* durée *f* de mandat
Mandel ['mandəl] <-, -n> *f* ❶ amande *f;* **gebrannte ~n** amandes grillées

❷ ANAT amygdale *f*
Mandelaugen *Pl geh* yeux *mpl* en amande
mandeläugig *Adj geh* aux yeux en amande; **~ sein** avoir les yeux en amande
Mandelbaum *m* amandier *m*
Mandelentzündung *f* amygdalite *f*
mandelförmig [-fœrmɪç] *Adj* en amande
Mandelkern *m* amande *f* **Mandelkleie** *f* poudre *f* d'amande **Mandelöl** *nt* huile *f* d'amande; **süßes ~** huile d'amande douce
Mandeloperation *f* MED opération *f* des amygdales
Mandoline [mando'liːnə] <-, -n> *f* mandoline *f*
Mandrill [man'drɪl] <-s, -e> *m* mandrill *m*
Manege [ma'neːʒə] <-, -n> *f* piste *f;* **~ frei für ...!** place à ...!
Mangan [maŋ'gaːn] <-s> *nt* CHEM manganèse *m*
Mangel¹ [ˈmaŋəl, *Pl:* ˈmɛŋəl] <-s, Mängel> *m* ❶ *(Fehler)* défaut *m;* *(Warenfehler)* vice *m;* **verborgener/verdeckter ~** vice caché/dissimulé; **ein entscheidender ~** un vice rédhibitoire; **einen ~ feststellen** constater un vice
❷ *kein Pl (Knappheit)* manque *m;* **~ an Kaffee/Rohstoffen** pénurie *f* de café/de matières premières; **es besteht [*o* herrscht] ~ an Kohle** *(Dat)* il y a une pénurie de charbon; **~ an etw** *(Dat)* **haben** manquer de qc; **keinen ~ leiden** ne manquer de rien
❸ *kein Pl (Defizit)* **~ an Kalzium/Vitaminen** carence *f* en calcium/vitamines; **ein ~ an Liebe** *(Dat)* un manque d'amour; **aus ~ [*o* wegen ~s] an Beweisen** faute de preuves
Mangel² [ˈmaŋəl] <-, -n> *f* TECH repasseuse *f*
▶ **jdn durch die ~ drehen** [*o* **in die ~ nehmen**] *fam* cuisiner qn *(fam)*
Mangelberuf *m* profession *f* déficitaire
Mangelerscheinung *f* trouble *m* carentiel **mangelfrei** *Adj* JUR exempt(e) de défauts
mangelhaft I. *Adj* ❶ défectueux(-euse)
❷ *(Note)* médiocre
II. *Adv* vorbereitet insuffisamment
Mangelkrankheit *f* maladie *f* carentielle
mangeln ['maŋəln] **I.** *itr V unpers* faire défaut; **es mangelt an Kohle/Medikamenten** le charbon fait/les médicaments font défaut; **jdm mangelt es an Zuwendung** qn manque d'attention; **es soll dir an nichts ~** je ne te laisserai manquer de rien
II. *itr V* **ihm mangelt die Erfahrung** il lui manque l'expérience
III. *tr V* **etw ~** repasser qc à la machine
mangelnd *Adj* insuffisant(e); **das ~e Interesse der Schüler** le manque d'intérêt des élèves
mangels ['maŋəls] *Präp + Gen form* à défaut de; **~ eines Hammers** à défaut de marteau, faute d'un marteau
Mangelware *f* marchandise *f* rare
▶ **~ sein** faire défaut
Mango ['maŋgo] <-, -s> *f* mangue *f*
Mangobaum ['maŋgo-] *m* manguier *m*
Mangold ['maŋgɔlt] <-[e]s, -e> *m* bette *f,* blette *f*
Mangrove [maŋ'groːva] <-, -n> *f* mangrove *f*
Manie [ma'niː] <-, -n> *f* manie *f*
Manier [ma'niːɐ] <-, -en> *f* ❶ *kein Pl geh (Art und Weise)* manière *f;* **in überzeugender ~** d'une manière convaincante; **in der damals üblichen ~** comme il était d'usage à l'époque
❷ *Pl (Umgangsformen)* bonnes manières *fpl;* **jdm ~en beibringen** apprendre les bonnes manières à qn; **was sind das für ~en!** en voilà des manières!
manieriert [mani'riːɐt] *Adj pej geh* maniéré(e)
Manierismus [mani'rɪsmʊs] <> *m* KUNST maniérisme *m;* LITER préciosité *f*
manierlich [ma'niːɐlɪç] **I.** *Adj* convenable
II. *Adv sich benehmen, essen* convenablement; **~ aussehen** être présentable
Manifest [mani'fɛst] <-[e]s, -e> *nt* manifeste *m;* **das Kommunistische ~** le Manifeste du parti communiste
Manifestant(in) [manifɛs'tant] <-en, -en> *m(f)* CH, A manifestant(e) *m(f)*
Manifestation [manifɛsta'tsjoːn] <-, -en> *f geh* manifestation *f*
manifestieren* I. *r V geh* ❶ *(zutage treten)* **sich ~** se manifester
❷ MED **sich in jdm ~** *Krankheit:* se déclarer [*o* se manifester] chez qn
II. *itr V* CH *(demonstrieren)* manifester
Maniküre [mani'kyːrə] <-, -n> *f (Person, Pflege)* manucure *f*
maniküren* *tr V* manucurer
Maniok [ma'nioːk] <-s, -s> *m* BOT manioc *m*
Manipulation [manipula'tsjoːn] <-, -en> *f geh* manipulation *f*
manipulierbar [manipu'liːɐ-] *Adj geh* manipulable; **leicht ~ sein** se laisser facilement manipuler
manipulieren* *geh* **I.** *tr V* manipuler
II. *itr V* **an etw** *(Dat)* **~** bricoler qc
Manipulierung *s.* Manipulation
manisch ['maːnɪʃ] *Adj* PSYCH maniaque

manisch-depressiv *Adj* PSYCH maniacodépressif(-ive)
Manko ['maŋko] <-s, -s> *nt* ❶ *(Mangel)* défaut *m*
❷ COM trou *m*
Mann [man, *Pl*: 'mɛnɐ] <-[e]s, Männer> *m* ❶ *(männliche Person)* homme *m;* **ein ~ der Tat/von Ehre** un homme d'action/d'honneur; **ein ~ von Welt/aus dem Volk[e]** un homme du monde/du peuple; **der ~ meines/ihres/... Lebens** l'homme de ma/sa/... vie
❷ *(Ehemann)* mari *m;* **~ und Frau werden** *geh* devenir mari et femme; **der geschiedene ~ meiner Tante** l'ex-mari de ma tante
❸ *(einzelne Person)* **pro ~** par personne; **~ für ~** tous jusqu'au dernier; **~ gegen ~ kämpfen** lutter corps à corps; **im Kampf ~ gegen ~** en combat singulier; **fünf ~ hierher!** cinq hommes par ici!
❹ *(Seemann)* **alle ~ an Deck!** tout le monde sur le pont!; **~ über Bord!** un homme à la mer!
▶ **mit ~ und Maus untergehen** *fam* périr corps et biens; **der ~ im Mond** le Sélénite; **einen kleinen ~ im Ohr haben** *fam* avoir un grain *(fam);* **der ~ auf der Straße** l'homme de la rue; **ein ~, ein Wort** l'homme d'honneur n'a qu'une parole; **den ganzen ~ erfordern** réclamer un engagement total; **ein gemachter ~ sein** être un homme arrivé; **~ s genug sein etw zu tun** avoir le courage de faire qc; **der kleine ~** le simple citoyen; **der kluge ~ baut vor** *Spr.* les gens malins sont prévoyants; **[mein] lieber ~!** *fam (herrje)* eh ben, mon vieux! *(fam); (pass bloß auf)* mon petit ami!; **der schwarze ~** *(Schreckensfigur)* le croque-mitaine; **den starken ~ markieren** *sl* jouer les caïds *(fam);* **den wilden ~ spielen** *fam* jouer au petit chef; **jdn an den ~ bringen** *fam* caser qn *(fam);* **etw an den ~ bringen** *fam* trouver preneur pour qc; **das [o er] ist unser/mein/...** ~ c'est [o il est] notre/mon/... homme; **seinen ~ stehen** se montrer à la hauteur; **o ~** *fam* purée! *(fam);* **~, o ~!** *fam* eh ben, mon vieux! *(fam);* **selbst ist der ~!** on n'est jamais si bien servi que par soi-même; **~!** *fam* eh ben dis/dites donc! *(fam); s. a.* **Mannen**
Manna ['mana] <-[s]> *nt,* <-> *f* BIBL *a. fig* manne *f*
Männchen ['mɛnçən] <-s, -> *nt* ❶ *Dim von* **Mann** petit homme *m*
❷ *(männliches Tier)* mâle *m*
❸ *(Strichmännchen)* bonhomme *m*
▶ **~ machen** *Hund:* faire le beau; *Hase:* se dresser sur ses pattes de derrière
Manndeckung *f* SPORT défense *f* individuelle
Mannen ['manən] *Pl* ❶ HIST *(Gefolgsleute)* gens *mpl*
❷ *fig, hum* équipe *f*
Mannequin ['manəkɛ̃, manə'kɛ̃:] <-s, -s> *nt* mannequin *m*
Männerarbeit *f* travail *m* d'homme **Männerbekanntschaft** *f* relation *f* masculine; **viele ~en machen** avoir de nombreuses aventures *fpl* masculines **Männerberuf** *m* métier *m* d'homme **Männerchor** *m* chœur *m* d'hommes **Männerfang** *m* **auf ~ [aus]gehen** *fam* aller draguer [les mecs] *(fam)* **Männerfreundschaft** *f* amitié *f* entre hommes **Männergeschichten** *Pl* aventures *fpl* [masculines] **Männergesellschaft** *f* société *f* d'hommes **männermordend** *Adj hum fam* à faire damner un saint *(fam)* **Männersache** *f* affaire *f* d'hommes **Männerstimme** *f* voix *f* d'homme **Männerwirtschaft** *f iron* intérieur *m* de célibataire *(iron)*
Mannesalter *nt* **im besten ~** dans la force de l'âge
mannhaft I. *Adj* courageux(-euse)
II. *Adv* courageusement
Mannhaftigkeit <-> *f* courage *m*
mannigfach ['manɪçfax] *Adj attr geh* divers(e)
mannigfaltig *s.* **vielfältig**
Mannigfaltigkeit *s.* **Vielfalt**
Männlein ['mɛnlaɪn] <-s, -> *nt Dim von* **Mann** petit homme *m;* **~ und Weiblein** *hum fam* hommes et femmes
männlich ['mɛnlɪç] I. *Adj* ❶ *Kind, Erbe, Linie* du sexe masculin; *Tier, Pflanze, Keimdrüse, Hormon* mâle; *Geschlecht* masculin(e); *Geschlechtsteil* de l'homme
❷ *(typisch für einen Mann)* masculin(e); **er hält es für ~, wenn er raucht** il croit faire preuve de virilité en fumant
❸ *(mannhaft) Auftreten, Stärke* résolu(e); *Entschluss* courageux(-euse)
❹ *a.* GRAM *(maskulin) Frau, Wesen* masculin(e)
II. *Adv* **sich ~ verhalten** se comporter de manière virile; *Frau:* se comporter de manière masculine
Männlichkeit <-> *f* virilité *f*
Mannsbild *nt* A, SDEUTSCH *fam* mec *m (fam)*
Mannschaft <-, -en> *f* ❶ *von Sportlern, Mitarbeitern* équipe *f*
❷ NAUT équipage *m*
❸ *Pl* MIL troupes *fpl*
▶ **vor versammelter ~** devant tout le monde; MIL devant les troupes
Mannschaftsführer(in) *m(f)* SPORT chef *mf* d'équipe **Mannschaftsgeist** *m kein Pl* esprit *m* d'équipe **Mannschaftskapitän** *m* SPORT capitaine *mf* de l'équipe **Mannschaftsraum** *m* NAUT poste *m* d'équipage **Mannschaftssport** *m* sport *m* d'équipe **Mannschaftswagen** *m* MIL [véhicule *m* de] transport *m* de troupes; *(Polizeimannschaftswagen)* [véhicule de] transport des policiers; *(in Frankreich)* car *m* de C.R.S. **Mannschaftswertung** *f* SPORT classement *m* d'une équipe
mannshoch *Adj* à hauteur d'homme; **~ werden/sein** arriver à hauteur d'homme **mannstoll** *Adj pej* nymphomane
Mannweib *nt pej* virago *f (péj)*
Manometer [mano'me:tɐ] <-s, -> *nt* TECH manomètre *m*
▶ **~!** *fam* [ah,] nom d'un chien! *(fam)*
Manöver [ma'nø:vɐ] <-s, -> *nt* MIL *a. fig* manœuvre *f;* **ins ~ ziehen** partir en manœuvres
Manöverkritik [-vɐ-] *f* débriefing *m*
manövrieren* [-'vri:-] I. *itr V* manœuvrer; **mit etw ~** manœuvrer qc
II. *tr V* **das Bett durch die Tür ~** faire passer le lit par la porte
manövrierfähig [-'vri:r-] *Adj* manœuvrable **manövrierunfähig** *Adj* ingouvernable; **~ sein** échapper à tout contrôle
Mansarde [man'zardə] <-, -n> *f* mansarde *f*
Mansardenwohnung *f* appartement *m* mansardé **Mansardenzimmer** [man'ʃɛta] <-, -n> *f* chambre *f* mansardée
Manschette [man'ʃɛta] <-, -n> *f* ❶ *(Ärmelabschluss)* poignet *m*
❷ MED *(Halskrause)* manchon *m; (Gummimanschette)* brassard *m*
❸ TECH bague *f*
▶ **vor jdm/etw ~ haben** *fam* avoir la trouille de qn/qc *(fam)*
Manschettenknopf *m* bouton *m* de manchette
Mantel ['mantəl, *Pl*: 'mɛntəl] <-s, Mäntel> *m* ❶ manteau *m*
❷ *(Radmantel)* chape *f*
❸ *(Umhüllung) eines Kabels* gaine *f; eines Geschosses* chemise *f*
▶ **den ~ des Schweigens über etw** *(Akk)* **ausbreiten** *geh* jeter un voile pudique sur qc *(soutenu)*
Mäntelchen ['mɛntəlçən] <-s, -> *nt Dim von* **Mantel** petit manteau *m*
▶ **das [o sein] ~ nach dem Wind hängen** retourner sa veste dans le bon sens
Manteltarifvertrag *m* convention *f* collective
Manteltasche *f* poche *f* d'un manteau
Manual [manu'a:l] <-s, -e> *nt* clavier *m*
manuell [manu'ɛl] I. *Adj* manuel(le)
II. *Adv* manuellement
Manufaktur [manufak'tu:ɐ] <-, -en> *f* manufacture *f*
Manuskript [manu'skrɪpt] <-[e]s, -e> *nt* manuscrit *m;* **vom ~ ablesen** lire ses notes
Maoismus [moa'ɪsmʊs] <-> *m* maoïsme *m*
Mäppchen ['mɛpçən] <-s, -> *nt* trousse *f* d'écolier
Mappe ['mapə] <-, -n> *f* ❶ *(Dokumentenhülle)* chemise *f*
❷ *(Zeichenmappe)* carton *m* à dessin
❸ *(Aktentasche)* serviette *f*
Mär [mɛ:ɐ] <-, -en> *f hum* histoire *f*
Marabu ['ma:rabu] <-s, -s> *m* ORN marabout *m*
Maracuja [mara'ku:ia] <-, -s> *f* fruit *m* de la passion
Marathon ['maratɔn] <-s, -s> *m* SPORT marathon *m*
Marathonlauf *m* marathon *m* **Marathonläufer(in)** *m(f)* marathonien(ne) *m(f),* coureur(-euse) *m(f)* de marathon **Marathonsitzung** *f* séance-marathon *f*
Märchen ['mɛːɐçən] <-s, -> *nt* ❶ LITER conte *m*
❷ *fam (erfundene Geschichte)* histoire *f* à dormir debout
Märchenbuch *nt* livre *m* de contes **Märchenerzähler(in)** *m(f)* conteur(-euse) *m(f)* **Märchenfigur** *f* personnage *m* de conte **märchenhaft** I. *Adj* fabuleux(-euse)
II. *Adv* reich fabuleusement; schön merveilleusement
Märchenland *nt kein Pl* pays *m* des merveilles **Märchenonkel** *m fam* ❶ conteur *m* [d'histoires] ❷ *hum (Geschichtenerfinder)* raconteur *m* d'histoires **Märchenprinz** *m,* **-prinzessin** *f* prince *m* charmant/princesse *f*
Marder ['mardɐ] <-s, -> *m* martre *f*
Marende [ma'rɛndə] <-, -n> *f* A *(Jause)* casse-croûte *m*
Margarine [marga'ri:nə] <-, -n> *f* margarine *f*
Marge ['marʒə] <-, -n> *f* COM marge *f*
Margerite [marɡəˈriːtə] <-, -n> *f* marguerite *f*
marginal [margi'na:l] I. *Adj* marginal(e)
II. *Adv* accessoirement
Marginalie [margi'na:liə] <-, -n> *f meist Pl* note *f* marginale
marginalisieren* *tr V geh* marginaliser
Maria¹ [ma'ri:a] <-s> *f* ❶ *(weiblicher Vorname)* Marie *f*
❷ BIBL **~ Magdalena** Marie-Madeleine *f*
Maria² <-s *o* Mariä> *f* ❶ *(Mutter Gottes)* Marie *f;* **die heilige ~** la Sainte Vierge; **Mariä Empfängnis** l'Immaculée Conception *f;* **Mariä Himmelfahrt** l'Assomption *f*
❷ *(Bildnis, Statue)* Vierge *f*
Marienbild [ma'ri:ən-] *nt* Madone *f* **Marienkäfer** *m* coccinelle *f* **Marienverehrung** *f* culte *m* de la Vierge Marie

Marihuana [marihu'aːna] <-s> nt marijuana f
Marille [maˈrɪlə] <-, -n> f A abricot m
Marinade [mariˈnaːdə] <-, -n> f marinade f
Marine [maˈriːnə] <-, -n> f marine f
marineblau Adj bleu marine inv; ~e **Socken** des chaussettes fpl bleu marine **Marineinfanterie** f MIL infanterie f de la marine **Marineoffizier** m officier m de marine **Marinestützpunkt** m base f navale
marinieren* tr V mariner, faire mariner
Marionette [marioˈnɛtə] <-, -n> f a. fig, pej marionnette f
Marionettenbühne f théâtre m de marionnettes **Marionettenregierung** f POL gouvernement m fantoche **Marionettenspieler(in)** m(f) marionnettiste mf **Marionettentheater** nt théâtre m de marionnettes
maritim [mariˈtiːm] Adj maritime
Mark[1] [mark] <-, - o hum **Märker**> f (ehemalige deutsche Währung) mark m; **die Deutsche ~** HIST le deutsche Mark
▶ **keine** fam **müde** ~ pas un rond (fam); **mit jeder ~ rechnen müssen** être obligé(e) de compter chaque centime
Mark[2] <-[e]s> nt ① (Knochenmark) moelle f
② (Fruchtmark) pulpe f
▶ **durch ~ und Bein gehen** fam pénétrer jusqu'à la moelle des os; **jdm das ~ aus den Knochen saugen** fam sucer qn jusqu'au dernier sou (fam); **bis ins ~ erschüttert, verdorben** jusqu'à la moelle; gehen, dringen très profondément
Mark[3] <-, -en> f marche f; **die ~ Brandenburg** la Marche de Brandebourg
Mark[4] <-s> m ① Marc m
② HIST **~ Aurel** Marc Aurèle
markant [marˈkant] Adj Kinn, Nase, Gesichtszüge prononcé(e); Stirn large; Schrift, Unterschrift ferme; Erscheinung, Persönlichkeit affirmé(e); Baum, Stein, Punkt qui se remarque
Marke [ˈmarkə] <-, -n> f ① (Produktmarke) marque f
② (Briefmarke, Beitragsmarke) timbre m
③ (Essensmarke, Garderobenmarke) ticket m
④ (Dienstmarke, Erkennungsmarke) plaque f
⑤ fam (Mensch) numéro m (fam); **eine komische ~** un drôle de numéro (fam)
⑥ (Pegelstand) marque f
▶ **~ Eigenbau** [sein] hum [être] fait(e) maison (hum)
Markenartikel m article m de marque **Markenbutter** f beurre m de qualité **Markenname** m [nom m de] marque f **Markenqualität** f [qualité f de] marque f **Markenzeichen** nt ① (Warenzeichen) logo m; von Kleidung griffe f ② (Merkmal) image f de marque; **das ~ seiner Arbeit ist Qualität** ce qui caractérise son travail, c'est la qualité
Marker [ˈmarkɐ] <-s, -> m surligneur m
markerschütternd Adj perçant(e)
Marketenderin <-, -nen> f HIST cantinière f
Marketing [ˈmarkətɪŋ] <-s> nt marketing m
Markgraf m, **-gräfin** f margrave m/f
markieren* I. tr V ① (anstreichen, kennzeichnen) marquer Textstelle, Tier; signaliser Fahrbahn, Fahrrinne
② (anzeigen) marquer Fahrrinne, Untiefe
③ fam (heucheln) **den Unschuldigen ~** faire l'innocent
④ INFORM surligner
II. itr V fam **er markiert [nur]!** il fait du chiqué! (fam)
Markierung <-, -en> f ① kein Pl (das Kennzeichnen) einer Untiefe, Fahrrinne signalisation f; eines Grenzverlaufs jalonnement m
② (die Kennzeichen) einer Fahrbahn, Grenze marquage m
Markierungslinie f ligne f de démarquage
markig I. Adj Stimme puissant(e); Spruch, Worte énergique
II. Adv rufen d'une voix tonitruante
märkisch [ˈmɛrkɪʃ] Adj de Brandebourg
Markise [marˈkiːzə] <-, -n> f store m
Markknochen m os m à moelle
Markstein m étape f décisive
Markstück nt HIST pièce f d'un mark
Markt [markt, Pl: ˈmɛrktə] <-[e]s, **Märkte**> m ① (Wochenmarkt) marché m; **zum** [o **auf den**] **~ gehen** aller au marché; **samstags wird ~ abgehalten** le samedi est jour de marché
② (Marktplatz) [place f du] marché m; **am ~** sur la place du marché
③ (Absatzmarkt) marché m; **der ~ ist gesättigt** le marché est saturé; **der Gemeinsame [Europäische] ~** le Marché commun; **etw auf den ~ bringen** [o **werfen**] lancer qc sur le marché; **sich auf dem /am /im ~ durchsetzen** s'imposer sur le marché
▶ **der graue ~** le marché parallèle; **der schwarze ~** le marché noir
Marktabsprache f ÖKON accord m de marché **Marktanalyse** f analyse f de marché **Marktanteil** m part f de marché; **um ~e kämpfen** se disputer le marché; **~e erobern/zurückerobern** prendre/reprendre le contrôle des parts de marché; **~e halten** conserver des [o maintenir ses] parts de marché **marktbeherrschend** Adj attr Firma qui contrôle le marché; Stellung dominant(e) sur le marché; **~ sein** dominer [o contrôler] le marché
Marktbeobachter(in) m(f) analyste mf du marché **Marktbude** f échoppe f **Marktentwicklung** f ÖKON évolution f du marché **Marktflecken** m emplacement m **Marktforschung** f kein Pl étude f de marché **Marktfrau** f marchande f [ambulante] **marktführend** Adj Unternehmen qui domine le marché **Marktführer** m leader m **Markthalle** f marché m couvert **Marktlücke** f créneau m [commercial]; **mit etw in eine ~ stoßen** trouver un créneau porteur avec qc **Marktplatz** m place f du marché **Marktschreier(in)** <-s, -> m(f) HIST camelot m
marktschreierisch Adj pej tapageur(-euse)
Marktstand m étal m **Marktstudie** [-ʃtuːdiə] f étude f de marché **Markttag** m jour m de marché **Marktübersicht** f ÖKON vue f d'ensemble du marché **Marktweib** s. Marktfrau **Marktwert** m valeur f marchande **Marktwirtschaft** f kein Pl économie f de marché; **soziale ~** économie sociale de marché **marktwirtschaftlich** I. Adj attr fondé(e) sur l'économie de marché
II. Adv orientier(e) vers l'économie de marché
Markus [ˈmarkʊs] <-> m ① Marc m
② BIBL saint Marc
Markusevangelium [-evangə-] nt Évangile m selon saint Marc
Marmelade [marməˈlaːdə] <-, -n> f confiture f
Marmeladenbrot nt tartine f de [o à la] confiture **Marmeladenglas** nt pot m de confiture
Marmor [ˈmarmoːɐ] <-s, -e> m marbre m
marmoriert [marmoˈriːɐt] Adj marbré(e)
Marmorierung f (Struktur) marbrure f
Marmorkuchen m [gâteau m] marbré m
marmorn [ˈmarmoːɐn] Adj geh en [o de] marbre; **~ sein** être en marbre
Marmorsäule f colonne f de marbre
marode [maˈroːdə] Adj épuisé(e); **~ sein** être en piteux état
Marodeur [maroˈdøːɐ] <-s, -e> m geh pillard(e) m(f)
marodieren* itr V MIL piller; **~d** pillard(e)
Marokkaner(in) [marɔˈkaːnɐ] <-s, -> m(f) Marocain(e) m(f)
marokkanisch Adj marocain(e)
Marokko [maˈrɔko] <-s> nt le Maroc
Marone[1] [maˈroːnə] <-, -n o **Maroni**> f GASTR marron m
Marone[2] <-, -n> f (Pilz) bolet m bai
Marotte [maˈrɔtə] <-, -n> f marotte f
Mars [mars] <-> m ASTRON Mars; [der] **~** [la planète] Mars
marsch [marʃ] Interj fam **[los,] ~!** [allez,] oust[e]! (fam)
Marsch[1] [marʃ, Pl: ˈmɛrʃə] <-[e]s, **Märsche**> m (Fußmarsch, Marschmusik) marche f; **sich in ~ setzen** se mettre en marche
▶ **jdm den ~ blasen** fam sonner les cloches à qn (fam)
Marsch[2] [marʃ] <-, -en> f GEOG terrains cultivables gagnés sur la mer sur la côte de la Mer du Nord
Marschall(in) [ˈmarʃal, Pl: ˈmarʃɛlə] <-s, **Marschälle**> m(f) maréchal(e) m(f)
Marschall[s]stab m bâton m de maréchal
Marschbefehl m ordre m de marche **marschbereit** Adj prêt(e) à partir [o pour le départ] **Marschflugkörper** m missile m de croisière **Marschgepäck** nt paquetage m de route
marschieren* itr V + sein ① MIL défiler; **durch eine Stadt ~** défiler dans une ville; **nach Stuttgart ~** marcher sur Stuttgart
② (zu Fuß gehen) marcher
Marschkolonne f MIL colonne f de marche
Marschland s. Marsch[2]
Marschmusik f musique f militaire **Marschordnung** f MIL formation f de marche **Marschrichtung** f direction f de marche **Marschroute** f itinéraire m **Marschverpflegung** f vivres mpl
Marsexpedition f expédition f sur Mars
Marsmensch m Martien(ne) m(f) **Marssonde** f sonde f martienne
Marsstenge f NAUT mât m de hune
Marter [ˈmartɐ] <-, -n> f supplice m
Marterl [ˈmartɐl] <-s, -n> nt A calvaire m
martern [ˈmartɐn] I. tr V geh supplicier (soutenu)
II. r V geh **sich ~** se torturer; **sich mit etw ~** se torturer avec qc
Marterpfahl m poteau m de torture **Marterwerkzeug** nt instrument m de torture
martialisch [marˈtsiaːlɪʃ] Adj geh martial(e) (soutenu)
Martinshorn® nt sirène f
Märtyrer(in) [ˈmɛrtyrɐ] <-s, -> m(f) ① REL martyr(e) m(f)
② fig geh victime f; **jdn zum ~/zur ~in machen** geh faire de qn un martyr/une martyre
Märtyrertod m martyre m; **den ~ sterben** mourir martyr(e)
Martyrium [marˈtyːriʊm] <-s, -rien> nt martyre m
Marxismus [marˈksɪsmʊs] <-> m marxisme m
Marxist(in) [marˈksɪst] <-en, -en> m(f) marxiste mf
marxistisch Adj marxiste
März [mɛrts] <-[es] o liter -en, -e> m mars m; s. a. April
März[en]becher m nivéole f de printemps

Marzipan [martsi'paːn] <-s, -e> nt o m pâte f d'amandes
Marzipanbrot nt massepain m
Mascara [mas'kaːra] <-, -s> f mascara m
Masche ['maʃə] <-, -n> f ❶ *(Schlaufe)* maille f; **linke/rechte ~** maille à l'envers/à l'endroit; **eine ~ aufnehmen** monter une maille; **eine ~ fallen lassen** lâcher une maille
❷ A, CH *(Schleife)* nœud m
❸ *fam (Trick)* combine f *(fam)*; **die ~ raushaben** avoir trouvé le truc *(fam)*; **das ist die ~!** *fam* c'est le truc [vraiment] le truc génial! *(fam)*
▶ **durch die ~n des Gesetzes schlüpfen** contourner la loi
Maschendraht m grillage m
Mascherl ['maʃɛl] <-s, -n> nt A *(Fliege)* papillon m
Maschine [ma'ʃiːnə] <-, -n> f ❶ machine f
❷ *(Flugzeug)* appareil m
❸ *fam (Schreibmaschine, Waschmaschine)* machine f; **etw mit der ~ schreiben** taper qc à la machine
❹ *fam (Motor)* moulin m *(fam)*
❺ *fam (Motorrad)* bécane f *(fam)*
maschinegeschrieben *Adj* écrit(e) à la machine
maschinell [maʃi'nɛl] I. *Adj* mécanique; **die ~e Bearbeitung** l'usinage m
II. *Adv* mécaniquement
Maschinenbau m kein Pl ❶ IND construction f mécanique
❷ *(Lehrfach)* mécanique f **Maschinenbauer(in)** m(f) constructeur(-trice) m(f) de machines
Maschinenbauindustrie f construction f mécanique **Maschinenbauingenieur(in)** m(f) ingénieur(e) m(f) mécanicien(ne)
Maschinenfabrik f usine f de construction mécanique **maschinengeschrieben** *Adj* tapé(e) à la machine **Maschinengewehr** nt mitrailleuse f **maschinenlesbar** *Adj* exploitable par ordinateur; *Kode* déchiffrable par machine **Maschinenmeister(in)** m(f) ❶ *(in einer Fabrik)* technicien(ne) m(f) de maintenance ❷ THEAT machiniste mf **Maschinenöl** nt huile f de graissage **Maschinenpark** m biens mpl d'équipement **Maschinenpistole** f mitraillette f **Maschinenraum** m salle f des machines **Maschinensatz** m kein Pl TYP composition f mécanique **Maschinenschaden** m avarie f de machine **Maschinenschlosser(in)** m(f) ajusteur-mécanicien m/ajusteuse-mécanicienne f **Maschinenschrift** f dactylographie f; **in ~** dactylographié(e)
Maschinerie [maʃinəˈriː] <-, -n> f ❶ *(Mechanismus)* machinerie f
❷ *pej geh (Räderwerk)* rouages mpl
maschine|schreiben^{ALT} s. **Maschine** ❸
Maschinist(in) [maʃi'nɪst] <-en, -en> m(f) ❶ conducteur(-trice) m(f)
❷ NAUT officier m mécanicien
Maser ['maːze] <-, -n> f meist Pl *(Musterung im Holz)* veine f
Masern ['maːzɐn] Pl MED rougeole f
Maserung ['maːzərʊŋ] <-, -en> f veinure f
Maske ['maskə] <-, -n> f ❶ *a. fig* masque m; **sich hinter einer ~ verstecken** se cacher sous un masque
❷ THEAT maquillage m
❸ INFORM grille f d'écran
▶ **jdm die ~ vom Gesicht reißen** démasquer qn; **die ~ fallen lassen** jeter le masque
Maskenball m bal m masqué
Maskenbildner(in) <-s, -> m(f) maquilleur(-euse) m(f)
maskenhaft *Adj* figé(e)
Maskerade [maskə'raːdə] <-, -n> f mascarade f
maskieren* I. *tr V (verkleiden, verbergen)* masquer
II. *r V* **sich ~** se masquer le visage; **sich mit etw ~** se masquer le visage avec qc; **sich als Clown ~** se déguiser en clown
Maskierung <-, -en> f déguisement m
Maskottchen [mas'kɔtçən] <-s, -> nt mascotte f
maskulin [masku'liːn] *Adj* masculin(e)
Maskulinum ['maskuliːnʊm, *Pl:* 'maskuliːna] <-s, **Maskulina>** nt GRAM masculin m
Masochismus <-> m masochisme m
Masochist(in) [mazo'çɪst] <-en, -en> m(f) masochiste mf
masochistisch *Adj* masochiste
maß [maːs] *Imp von* **messen**
Maß¹ <-es, -e> nt ❶ *(Maßeinheit)* mesure f
❷ *(Bandmaß)* mètre m
❸ *Pl (Abmessungen, Körpermaße)* mesures fpl; **bei jdm ~ nehmen** prendre les mesures de qn; **nach ~** sur mesure
❹ *(Ausmaß, Umfang)* proportions fpl; **in besonderem ~e** tout spécialement; **in gleichem ~** dans les mêmes proportions; **in zunehmendem ~e** de plus en plus; **in hohem ~[e]** en abondance; **in dem ~[e], wie ...** dans la mesure où ...
▶ **weder ~ noch Ziel kennen** ne pas avoir le sens de la mesure; **ein gerüttelt ~ an Frechheit** geh une bonne dose de culot; **~ halten** ne pas faire d'excès; **im Essen/Training ~** manger/s'exercer avec modération; **das ~ ist voll** la mesure est comble; **mit zweierlei ~ messen** avoir deux poids et deux mesures; **in [o mit] ~en** avec mesure; **über alle [o die] ~en** geh extrêmement
Maß² <-, -> f SDEUTSCH, A chope f *(d'un litre)*
Massage [ma'saːʒə] <-, -n> f massage m; **~n bekommen** se faire masser
Massageöl nt huile f de massage **Massagepraxis** [ma'saːʒə-] f cabinet m de kinésithérapie **Massagesalon** [-zaloː, -zalɔŋ] m euph salon m de massage **Massagestab** [-ʃtaːp] m vibromasseur m
Massaker [ma'saːkɐ] <-s, -> nt massacre m
massakrieren* tr V massacrer
Maßangabe f indication f des mesures; *(bei Hohlmaßen)* indication f du volume **Maßanzug** m costume m sur mesure **Maßarbeit** f travail m sur mesure; **ein Anzug in ~** un costume sur mesure ▶ **das war ~!** fam c'était du travail d'horloger!
Masse ['masə] <-, -n> f ❶ *(ungeformter Stoff)* masse f
❷ *(Teigmasse, Zutatenmasse)* mélange m
❸ *(große Menge)* foule f; **eine ~ frische[r] Pilze [o von frischen Pilzen]** une quantité de champignons frais; **in ~** en masse
❹ *(Großteil der Bevölkerung)* **die breite ~** le grand public
❺ PHYS masse f
❻ *(Konkursmasse)* **mangels ~** par manque d'actif
Maßeinheit f unité f de mesure **Maßeinteilung** f graduation f **Massenabsatz** m vente f de masse **Massenandrang** m affluence f **Massenarbeitslosigkeit** f chômage m de masse **Massenartikel** m article m de grande consommation **Massenauflage** f PRESSE gros tirage m **Massenbewegung** f mouvement m de masse **Massenentlassung** f débauchage m de masse **Massenfabrikation** f, **Massenfertigung** f production f de masse **Massenflucht** f exode m **Massengrab** nt fosse f commune
massenhaft I. *Adj* massif(-ive)
II. *Adv* massivement
Massenhysterie f hystérie f collective **Massenkarambolage** [-karambo'laːʒə] f carambolage m monstre **Massenkonsum** m ÖKON consommation f de masse **Massenkundgebung** f manifestation f de masse **Massenmedien** [-meːdiən] Pl [mass] media mpl **Massenmord** m massacre m collectif **Massenmörder(in)** m(f) tueur en série(-euse) m(f) **Massenproduktion** f production f de masse **Massenpsychologie** f psychologie f des masses **Massensterben** nt hécatombe f **Massentierhaltung** f élevage m en batterie **Massentourismus** m tourisme m de masse **Massenveranstaltung** f manifestation f de masse **Massenvernichtungswaffe** f meist Pl arme f de destruction massive gén pl **massenweise** s. **massenhaft**
Masseur(in) [ma'søːɐ] <-s, -e> m(f) masseur(-euse)[-kinésithérapeute] m
Masseuse [ma'søːzə] <-, -n> f masseuse f
Maßgabe f form nach **~ der Vorschriften** conformément aux règles; **mit der ~, dass** sous réserve que + subj
maßgebend, maßgeblich *Adj* Persönlichkeit de premier plan; Kreise autorisé(e); Einfluss, Bedeutung, Urteil déterminant(e); **für jdn nicht ~ sein** ne pas être déterminant(e) pour qn
Maßgeblichkeit <-> f JUR autorité f, rôle m déterminant
maßgerecht *Adj* aux dimensions prescrites **maßgeschneidert** *Adj* Anzug, Kostüm sur mesure
maß|halten s. **Maß¹** ▶
massieren* I. *tr V* ❶ masser Person, Schulter; **sich ~ lassen** se faire masser; **er hat ihr den Rücken massiert** il lui a massé le dos
❷ MIL masser Truppen, Abwehr
II. *itr V* faire des massages
massig ['masɪç] I. *Adj* Gestalt, Möbelstück massif(-ive)
II. *Adv* fam des masses *(fam)*; **~ Zeit haben** avoir des masses de temps libre *(fam)*
mäßig ['mɛːsɪç] I. *Adj* ❶ *(maßvoll)* Preis, Steigerung modéré(e)
❷ *(leidlich, gering)* Befinden, Qualität, Leistung médiocre; Applaus timide; Verdienst modeste
II. *Adv* ❶ essen, trinken, rauchen modérément; **~, aber regelmäßig** hum à petite dose, mais régulièrement *(hum)*
❷ *(gering)* **~ ausfallen** atteindre des chiffres modestes
❸ *(leidlich)* warm moyennement
mäßigen ['mɛːsɪɡən] I. *tr V* modérer
II. *r V* **sich ~** se modérer; **sich in etw** *(Dat)* **~** se modérer dans qc
Mäßigkeit <-> f tempérance f
Mäßigung <-> f modération f
massiv [ma'siːf] *Adj* ❶ massif(-ive); **eine Uhr aus ~em Gold** une montre en or massif; **der Tisch ist ~ Eiche [o Eiche ~]** la table est en chêne massif
❷ *(solide, wuchtig)* **ein ~er Bau** une construction en dur
❸ *(heftig)* Angriff, Kritik, Vorwurf vif(vive)
Massiv <-s, -e> nt massif m
Massivbauweise f construction f en dur
Maßkrug m chope f *(d'un litre)*
maßlos I. *Adj* démesuré(e); **er ist im Essen/Trinken ~** il ne sait

pas se limiter quand il mange/boit
II. *Adv* excessivement
Maßlosigkeit <-> *f* démesure *f*; **seine ~ im Essen/Trinken** ses excès de table/boisson
Maßnahme <-, -n> *f* mesure *f*
Maßregel *f meist Pl* disposition *f*; **~n ergreifen** [*o* **treffen**] prendre des dispositions **maßregeln** *tr V* prendre des mesures disciplinaires contre **Maßschneider(in)** *m(f)* tailleur *m*/couturière *f*
Maßstab *m* ① échelle *f*; **eine Karte im ~ 1:10000** une carte à l'échelle de 1/10000ᵉ ② *(Kriterium)* critère *m*; **neue Maßstäbe setzen** établir de nouveaux critères [de qualité]; **strenge Maßstäbe an etw** *(Akk)* **anlegen** juger qc selon des critères rigoureux ③ *(Beispiel)* **sich** *(Dat)* **jdn zum ~ nehmen** prendre qn comme référence
maßstäblich, maßstab[s]gerecht, maßstab[s]getreu *Adj, Adv* à l'échelle
maßvoll I. *Adj* modéré(e); **in etw** *(Dat)* **~ sein** être modéré(e) dans qc
II. *Adv* avec modération
Mast¹ [mast] <-[e]s, -en *o* -e> *m* ① a. NAUT mât *m* ② *(Lichtmast, Telefonmast)* poteau *m* ③ *(Hochspannungsmast)* pylône *m*
Mast² <-, -en> *f* engraissement *m*
Mastbaum *m* NAUT mât *m*
Mastdarm *m* ANAT rectum *m*
mästen ['mɛstən] *tr V* engraisser
Master ['maːstɐ] <-s, -> *m (Hochschulabschluss)* master *m*; **den** [*o* **seinen**] **~ machen** faire un [*o* son] master
Masterstudiengang *m* études *fpl* [de] master
Mastgans *f* oie *f* engraissée **Mastgeflügel** *nt* volaille *f* à l'engrais
Mastkorb *m* NAUT hune *f*
Mastochse *m* bœuf *m* engraissé
Masturbation <-, -en> *f* masturbation *f*
masturbieren* I. *itr V* se masturber
II. *tr V* masturber
Mastvieh *nt* bétail *m* à l'engrais [*o* d'embouche]
Matador [mata'doːɐ] <-s, -e> *m* matador *m*
Match [mɛtʃ, mætʃ] <-[e]s, -[e]s> *nt o* CH *m* SPORT match *m*
Matchball ['mɛtʃ-] *m* balle *f* de match **Matchsack** ['mɛtʃ-] *m* sac *m* de sport
Mate <-> *m* maté *m*
Material [materi'aːl] <-s, -ien> *nt* ① *(Rohstoff)* matériau *m* ② *(Ausrüstungsgegenstände)* matériel *m* pas de pl ③ *(Belege, Unterlagen)* matériaux *mpl*
Materialanforderung *f* demande *f* de matériel **Materialbedarf** *m* ÖKON, TECH besoin *m* en matériel **Materialermüdung** *f* fatigue *f* du matériau **Materialfehler** *m* défaut *m* du matériau
Materialismus [materia'lɪsmʊs] <-> *m* matérialisme *m*
Materialist(in) [materia'lɪst] <-en, -en> *m(f)* matérialiste *mf*
materialistisch I. *Adj* matérialiste
II. *Adv* **~ denken** avoir l'esprit matérialiste
Materialkosten *Pl* coûts *mpl* des matériaux **Materiallager** *nt* dépôt *m* de matériel **Materialprüfung** *f* TECH contrôle *m* des matériaux **Materialsammlung** *f* documentation *f* **Materialschlacht** *f* MIL bataille *f* d'artillerie **Materialverbrauch** *m* consommation *f* en matériaux **Materialwirtschaft** *f* ÖKON gestion *f* du matériel [*o* de l'approvisionnement]
Materie [ma'teːriə] <-, -n> *f* ① *kein Pl* PHYS matière *f* ② *kein Pl geh (Substanz)* matière *f* ③ *geh (Thema)* sujet *m*; **die ~ beherrschen** maîtriser son sujet
materiell [materi'ɛl] I. *Adj* ① *(wirtschaftlich orientiert)* matériel(le) ② *pej (materialistisch) Person, Einstellung* matérialiste ③ *(stofflich)* matériel(le); *Eigenschaft* physique
II. *Adv pej* **~ eingestellt sein** avoir l'esprit matérialiste
Mathe ['matə] <-> *f fam* math[s] *fpl (fam)*
Mathematik [matema'tiːk] <-> *f* mathématiques *fpl*; **~ unterrichten** enseigner les mathématiques; **höhere ~** mathématiques supérieures
▶ **das ist höhere ~ für mich** c'est du chinois pour moi
Mathematiker(in) [mate'maːtikɐ] <-s, -> *m(f)* mathématicien(ne) *m(f)*
Mathematikunterricht *m* cours *m* de mathématiques
mathematisch [mate'maːtɪʃ] I. *Adj* mathématique
II. *Adv* mathématiquement
Mathias <-> *m* Matthieu *m*, Matthias *m*
Matinee [mati'neː] <-, -n> *f* séance *f* matinale
Matjes ['matiəs] <-, -> *m*, **Matjeshering** *m* jeune hareng mariné dans du sel
Matratze [ma'tratsə] <-, -n> *f* matelas *m*
Matratzenschoner *m* alèse *f*, protège-matelas *m*
Mätresse [mɛ'trɛsə] <-, -n> *f* maîtresse *f*; *eines Königs* favorite *f*
matriarchalisch [matriar'çaːlɪʃ] *Adj* matriarcal(e)

Matriarchat [matriar'çaːt] <-[e]s, -e> *nt* matriarcat *m*
Matrikel [ma'triːkəl] <-, -n> *f* ① UNIV [registre *m*] matricule *f* ② A *(Personenstandsregister)* registre *m* d'état civil
Matrikelnummer *f* UNIV numéro *m* d'immatriculation [*o* d'inscription]
Matrix ['maːtrɪks, *Pl:* ma'triːtsən] <-, Matrizen *o* Matrizes> *f* matrice *f*
Matrixdrucker *m* INFORM imprimante *f* matricielle
Matrize [ma'triːtsə] <-, -n> *f* stencil *m*
Matrone [ma'troːnə] <-, -n> *f pej* matrone *f (péj)*
matronenhaft *Adj pej* comme une matrone; **eine ~e Frau** une matrone *(péj)*; **~ sein** [*o* **wirken**] avoir une allure de matrone *(péj)*
Matrose [ma'troːzə] <-n, -n> *m* matelot *m*
Matrosenanzug *m* costume *m* de marin **Matrosenkragen** *m* col *m* marin
Matsch [matʃ] <-[e]s> *m* ① *(Schlamm)* gadoue *f* ② *(Schneematsch)* soupe *f* ③ *(breiige Masse)* bouillie *f*
matschig *Adj fam* ① *(schlammig)* recouvert(e) de gadouille *(fam)*; **~e Erde** gadouille *f (fam)*; **~ werden/sein** devenir/être boueux(-euse) ② *(aufgeweicht) Schnee* boueux(-euse) ③ *(weich) Frucht* écrabouillé(e) *(fam)*; **~ sein** être de la bouillie
Matschwetter *nt fam* temps *m* pourri
matt [mat] I. *Adj* ① *(kraftlos) Person* las(se); *Arme, Beine, Glieder* fatigué(e); **~ werden** se fatiguer ② *(schwach, energielos) Lächeln* pâle; *Stimme* éteint(e); *Winken* las(se); *Entschuldigung, Widerspruch* mou(molle) ③ *(glanzlos) Augen* terne; *Abzug, Metall, Politur* mat(e) ④ *(trübe, gedämpft) Licht* faible; *Farbe* pâle ⑤ *(undurchsichtig) Glas* dépoli(e); *Glühbirne* translucide ⑥ SCHACH **~ sein** être mat *inv*; **~!** [échec et] mat!; **jdn ~ setzen** mater qn
II. *Adv* ① *(schwach) erhellen* faiblement ② *(energielos) bestreiten, widersprechen* mollement
Matt <-s, -s> *nt* SCHACH mat *m*
Matte ['matə] <-, -n> *f* ① *(Unterlage zum Liegen)* natte *f*; *(Isomatte)* matelas *m*; SPORT tapis *m* ② *(Fußmatte)* paillasson *m*; *(im Auto)* tapis *m* de sol ③ CH, A *(Bergwiese)* alpage *m*
▶ **bei jdm auf der ~ stehen** *fam* être à pied d'œuvre chez qn
Matterhorn ['matɐhɔrn] *nt das* ~ le [mont] Cervin
Mattglas *nt* verre *m* dépoli
Matthäus [ma'tɛːʊs] <-> *m* BIBL Saint Matthieu
Matthäusevangelium [-evaŋge:-] *nt* Évangile *m* selon Saint Matthieu
Mattigkeit <-> *f* lassitude *f*
Mattscheibe *f fam (Bildschirm)* télé *f (fam)*
▶ **~ haben** *sl* avoir un trou/des trous *(fam)*
matt|setzen *tr V fig (als Gegner ausschalten)* **jdn ~** mater qn
Matura [ma'tuːra] <-> *f* A, CH baccalauréat *m*
Maturand(in) [matu'rant] <-en, -en> *m(f)* CH, **Maturant(in)** <-en, -en> *m(f)* A *(Prüfungskandidat)* candidat(e) *m(f)* au baccalauréat; *(Prüfungsabsolvent)* bachelier(-ière) *m(f)*
maturieren* *itr V* A passer le bac[calauréat]
Maturität [maturi'tɛːt] CH *s.* **Matura**
Mätzchen ['mɛtsçən] <-s, -> *nt meist Pl fam* ① *(Albernheiten)* singerie *f (fam)*; **mach keine ~!** fais pas le con/la conne! *(pop)* ② *(Trick)* **Hände hoch und keine ~!** haut les mains et pas de bêtises! *(fam)*
Matze ['matsə] <-, -n> *f*, **Matzen** <-s, -> *m* pain *m* azyme
Mauer ['maʊɐ] <-, -n> *f* ① a. SPORT mur *m*; **die Berliner ~** HIST le mur de Berlin; **die Chinesische ~** la Grande Muraille ② *(Stadtmauer)* enceinte *f*; **in den ~n der Stadt** *geh* intra-muros; **innerhalb unserer ~n** dans l'enceinte de notre ville
▶ **die ~ des Schweigens** le mur du silence
Mauerbau *m kein Pl* HIST construction *f* du mur [de Berlin] **Mauerblümchen** [-blyːmçən] *nt fam* jeune fille *f* qui fait tapisserie *(fam)*; **ein ~ sein** faire tapisserie *(fam)*
mauern ['maʊɐn] I. *tr V* maçonner *Mauer, Keller*; **eine Wand aus Backsteinen ~** maçonner un mur en briques
II. *itr V fam* ① *(zurückhalten)* faire de l'obstruction ② SPORT, KARTEN bétonner *(fam)*
Mauerpfeffer *m* BOT poivre *m* de muraille **Mauersegler** *m* martinet *m* [noir] **Mauerstein** *m* brique *f* **Mauervorsprung** *m* encorbellement *m* **Mauerwerk** *nt kein Pl* ① *(die Mauern)* murs *mpl* ② *(Steinmauer)* maçonnerie *f*
Maul [maʊl, *Pl:* 'mɔʏlɐ] <-[e]s, Mäuler> *nt* ① *eines Tiers* gueule *f* ② *sl (Mund)* gueule *f (fam)*; **hungrige Mäuler stopfen müssen** avoir à nourrir des bouches affamées ③ *sl (Mundwerk)* gueule *f (pop)*; **ein freches ~ haben** ne pas avoir la langue dans sa poche; **sein ~ halten** fermer sa gueule *(pop)*; **mach's ~ auf!** ouvre-la! *(pop)*; **halt's ~!** [ferme] ta gueule!

(pop)
▶ **ein großes ~ haben** *sl* avoir une grande gueule *(pop)*; **das ~ [zu] weit aufreißen** *sl* avoir une [trop] grande gueule *(pop)*; **jdm das ~ stopfen** *sl* clouer le bec à qn *(fam)*; **sich** *(Dat)* **das ~ zerreißen** *fam* bavasser *(fam)*; **sich** *(Dat)* **das ~ über jdn/etw zerreißen** *fam* casser du sucre sur le dos de qn *(fam)*
Maulaffen ▶ **~ feilhalten** *pej* bayer aux corneilles *(péj)* **Maulbeerbaum** *m* BOT mûrier *m* **Maulbeere** *f* mûre *f*
maulen ['maʊlən] *itr V fam* râler *(fam)*; **über etw** *(Akk)* **~** râler à cause de qc
Maulesel *m* mulet *m* **maulfaul** *Adj sl* pas très causant(e) *(fam)*
Maulheld(in) *m(f) pej* grande gueule *f (pop)* **Maulkorb** *m eines Hundes* muselière *f* ▶ **jdm einen ~ anlegen** bâillonner qn **Maulsperre** *f fam* décrochage *m* de la mâchoire; **davon bekommt** [o **kriegt**] **man ja** [**die**] **~!** c'est un truc à se décrocher la mâchoire! *(fam)* **Maultasche** *f* raviole souabe **Maultier** *s.* Maulesel **Maul- und Klauenseuche** *f* fièvre *f* aphteuse **Maulwurf** <-[e]s, -würfe> *m a. fig fam (Spitzel)* taupe *f* **Maulwurfshaufen** *m*, **Maulwurfshügel** *m* taupinière *f*
maunzen ['maʊntsən] *itr V fam Katze:* miauler
Maure ['maʊrə] <-n, -n> *m*, **Maurin** *f* Maure *m*/Mauresque *f*
Maurer(in) ['maʊrɐ] <-s, -> *m(f) Mauri* *m(f)*
▶ **pünktlich wie die ~** *hum* réglé(e) comme une horloge *(hum)*
Maurerarbeit *f* maçonnerie *f* **Maurerhandwerk** *nt* métier *m* de maçon **Maurerkelle** *f* truelle *f*
Mauretanien [maʊreˈtaːniən] <-s> *nt* la Mauritanie
Mauretanier(in) <-s, -> *m(f)* Mauritanien(ne) *m(f)*
mauretanisch *Adj* mauritanien(ne)
Maurin *s.* Maure
maurisch ['maʊrɪʃ] *Adj* mauresque
Mauritier(in) [maʊˈriːtsiɐ] <-s, -> *m(f)* Mauricien(ne) *m(f)*
mauritisch [maʊˈriːtɪʃ] *Adj* mauricien(ne)
Mauritius [maʊˈriːtsiʊs] <-> *nt* la Maurice
Maus [maʊs, *Pl:* ˈmɔʏzə] <-, **Mäuse**> *f* ❶ *a.* INFORM souris *f*
❷ *fam (Mädchen)* nénette *f (fam)*
❸ *Pl sl (Geld)* pèze *m (arg)*
▶ **da beißt die ~ keinen Faden ab** *fam* y a pas à tortiller *(fam)*; **graue ~** *fam* nana *f* quelconque *(fam)*; **weiße Mäuse sehen** *fam* voir des éléphants roses *(fam)*
Mauschelei [maʊʃəˈlaɪ] <-, -en> *f fam* magouille *f (fam)*
mauscheln ['maʊʃəln] *itr V fam* magouiller *(fam)*
Mäuschen ['mɔʏsçən] <-s, -> *nt Dim von* Maus souriceau *m*
▶ **da möchte ich gerne ~ sein** [o **spielen**] *fam* c'est là que j'aimerais bien être une petite souris *(fam)*
mäuschenstill *Adj* **~ sein** *Person:* ne pas faire le moindre bruit; **im Raum war es ~** dans la salle, on aurait entendu voler une mouche
Mäusebussard *m* buse *f*
Mausefalle *f* souricière *f* **Mauseloch** *nt* trou *m* de souris
Mäusemelken *nt* ▶ **das** [o **es**] **ist zum ~!** *fam* c'est dingue! *(fam)*
mausen ['maʊzən] **I.** *itr V* DIAL *(Mäuse fangen)* attraper des souris **II.** *tr V fam (stehlen)* faucher *(fam)*, piquer *(fam)*
Mauser ['maʊzɐ] <-> *f* mue *f*; **in der ~ sein** être en train de muer
Mäuserich ['mɔʏzərɪç] <-s, -e> *m fam* souris *f* mâle
mausern ['maʊzɐn] *r V* ❶ **sich ~** *Vogel:* muer
❷ *fam* **sich ~** se métamorphoser; **sich zu etw ~** *(sich vorteilhaft verändern)* se métamorphoser en qc
mausetot *Adj fam* **~ sein** être [bel et] bien mort(e)
mausgrau *Adj* gris souris *inv*; **eine ~e Krawatte** une cravate gris souris
mausig ['maʊzɪç] *Adj* ▶ **sich ~ machen** *fam* ramener sa fraise *(fam)*
Mausklick ['maʊsklɪk] *m* INFORM clic *m* [de la souris]; **per ~** en cliquant; **mit jedem ~** chaque fois qu'on clique
Mausoleum [maʊzoˈleːʊm] <-s, Mausoleen> *nt* mausolée *m*
Mauspad ['maʊspɛt, -pæd] <-s, -s> *nt* INFORM tapis *m* de souris, sourisodrome *(fam)* **Maustaste** *f* INFORM bouton *m* de la souris; **linke/rechte ~** bouton gauche/droit de la souris **Maustreiber** *m* INFORM drive[u]r *m* de la souris
Maut [maʊt] <-, -en> *f*, **Mautgebühr** *f bes.* A péage *m*
Mautstelle *f bes.* A péage *m* **Mautstraße** *f bes.* A route *f* à péage **Mautsystem** *nt* système *m* de péage
Maxi ['maksi] <-s> *nt kein Art* ▶ **~ tragen** porter du long
Maxima *Pl von* Maximum
maximal [maksiˈmaːl] **I.** *Adj* maximum
II. *Adv* au maximum; **das ~ zulässige Gewicht** le poids maximal autorisé
Maximalstrafe *f* peine *f* maximale **Maximalwert** *m* valeur *f* maximale
Maxime [maˈksiːmə] <-, -n> *f geh* maxime *f*
maximieren* *tr V* maxim[al]iser
Maximierung <-, -en> *f* maxim[al]isation *f*
Maximilian [maksiˈmiːliaːn] <-s> *m* Maximilien *m*
Maximum ['maksimʊm] <-s, Maxima> *nt* maximum *m*; **ein ~ an Konzentration** un maximum de concentration
Maxisingle [-sɪŋgl] *f* maxi-quarante-cinq tours *m*
Mayonnaise [majɔˈnɛːzə] <-, -n> *f* mayonnaise *f*
Mazedonien [matseˈdoːniən] <-s> *nt* Macédoine *f*
Mazedonier(in) [matseˈdoːniɐ] <-s, -> *m(f)* Macédonien(ne) *m(f)*
mazedonisch [matseˈdoːnɪʃ] *Adj* macédonien(ne)
Mäzen [mɛˈtseːn] <-s, -e> *m* mécène *m*
mb [ɛmˈbeː] *Abk von* Millibar mbar *m*
MB *nt Abk von* Megabyte Mo *m*
mbH ÖKON *Abk von* **mit beschränkter Haftung** à responsabilité limitée
MdB [ɛmdeˈbeː] *Abk von* **Mitglied des Bundestages** député(e) *m(f)* au Bundestag
MdL [ɛmdeˈʔɛl] *Abk von* **Mitglied des Landtages** député(e) *m(f)* au Landtag
m. E. *Abk von* **meines Erachtens** à mon avis
Mechanik [meˈçaːnɪk] <-, *selten* -en> *f* mécanique *f*
Mechaniker(in) [meˈçaːnikɐ] <-s, -> *m(f)* mécanicien(ne) *m(f)*
mechanisch [meˈçaːnɪʃ] **I.** *Adj* mécanique
II. *Adv* mécaniquement
Mechanisierung <-, -en> *f* mécanisation *f*
Mechanismus [meçaˈnɪsmʊs] <-, -nismen> *m* mécanisme *m*
Meckerei [mɛkəˈraɪ] <-, -en> *f fam* rouspétances *fpl (fam)*
Meckerer ['mɛkərə] <-s, -> *m pej fam* râleur *m*
Meckerfritze <-n, -n> *m fam* râleur *m (fam)* **Meckerliese** <-, -n> *f fam* râleuse *f (fam)*
meckern ['mɛkɐn] *itr V* ❶ *Ziege:* bêler
❷ *fam (nörgeln)* **über jdn/etw ~** râler contre qn/qc *(fam)*
Mecklenburg-Vorpommern <-s> *nt* Mecklembourg-Poméranie-Occidentale [o Antérieure] *m*
med. *Adj Abk von* medizinisch médical(e)
Medaille [meˈdaljə] <-, -n> *f* médaille *f*
Medaillengewinner(in) [meˈdaljən-] *m(f)* médaillé(e) *m(f)*
Medaillon [medalˈjɔ̃ː] <-s, -s> *nt* médaillon *m*
medial [mediˈaːl] *Adj* ❶ PSYCH *Fähigkeiten* médiumnique
❷ MED *(in der Mitte liegend)* médian(e)
❸ *(die Medien betreffend)* médiatique
Medien ['meːdiən] *Pl* ❶ *Pl von* Medium
❷ *(Informationsmittel)* média *mpl*
Mediendienst ['meːdiən-] *m* service *m* médiatique **Medienereignis** *nt* événement *m* médiatique **Medienforschung** *f kein Pl* recherche *f* médiatique **mediengerecht** *Adj* médiatique **Medienkonzern** *m* groupe *m* médiatique **Medienlandschaft** *f* paysage *m* médiatique **Medienrummel** *m fam* tapage *m* médiatique **Medienspektakel** *nt* spectacle *m* médiatique **Medienverbund** *m* ❶ SCHULE système *m* multimédia; **im ~ lernen** apprendre en multimédia ❷ IND multimédia *m* **medienwirksam** *Adj* médiatique
Medikament [medikaˈmɛnt] <-[e]s, -e> *nt* médicament *m*
medikamentenabhängig *Adj* pharmacodépendant(e)
medikamentös [medikamɛnˈtøːs] **I.** *Adj* médicamenteux(-euse)
II. *Adv* avec des médicaments
Meditation [meditaˈtsioːn] <-, -en> *f* méditation *f*
meditativ [mediˈtaːtɪf] *Adj* méditatif(-ive)
mediterran [mediˈtɛraːn] *Adj* méditerranéen(ne)
meditieren* *itr V* ❶ méditer
❷ *geh (nachsinnen)* **über etw** *(Akk)* **~** méditer sur qc
Medium ['meːdiʊm] <-s, -dien> *nt* ❶ *(Mensch)* médium *m*
❷ *geh (vermittelndes Element)* intermédiaire *m*; **mit Hilfe des ~s Schrift** par le truchement de l'écriture
❸ PHYS milieu *m*
Medizin [mediˈtsiːn] <-, -en> *f* ❶ *kein Pl (Heilkunde)* médecine *f*; **innere ~** médecine interne
❷ *fam (Medikament)* médicament *m*
▶ **eine heilsame ~ für jdn sein** servir de leçon à qn
Medizinball *m* médecine-ball *m*
Mediziner(in) [mediˈtsiːnə] <-s, -> *m(f)* médecin *m*
medizinisch I. *Adj* ❶ *Ausbildung, Gebiet* médical(e); *Fakultät, Prüfung* de médecine
❷ *(ärztlich)* médical(e)
❸ *(heilend) Bad, Zahnpasta* traitant(e); *Tee* médicinal(e); *Anwendung, Bestrahlung* curatif(-ive)
II. *Adv* ❶ *vorgebildet* dans le domaine médical
❷ *(ärztlich)* médicalement
Medizinmann <-männer> *m* ❶ *eines Naturvolks* guérisseur *m*
❷ *fam (Arzt)* toubib *m (fam)* **Medizinstudent(in)** *m(f)* étudiant(e) *m(f)* en médecine
Meer [meːɐ] <-[e]s, -e> *nt a. fig* mer *f*; **ans ~ fahren** aller à la mer; **am ~** au bord de la mer; **das Rote/Schwarze/Tote ~** la mer Rouge/Noire/Morte
Meerbarbe *f* ZOOL rouget *m* barbet **Meerbusen** *m* golfe *m*; **der Bottnische/Finnische ~** le golfe de Botnie/Finlande **Meerenge**

<-, -n> f détroit m
Meeresarm m bras m de mer **Meeresbiologe** m, **-biologin** f océanologue mf **Meeresbiologie** f océanologie f **Meeresboden** m kein Pl fond m de la mer [o de l'océan] **Meeresforschung** f océanographie f **Meeresfrüchte** Pl fruits mpl de mer **Meeresgrund** m fond m de la mer [o de l'océan] **Meereskunde** s. Meeresforschung
meereskundlich Adj océanographique
Meeressäugetier nt mammifère m marin **Meeresschildkröte** f tortue f de mer **Meeresspiegel** m niveau m de la mer; über/unter dem ~ au-dessus/au-dessous du niveau de la mer **Meeresströmung** f courant m marin **Meeresverschmutzung** f pollution f de la mer
Meergott m dieu m de la Mer **Meerjungfrau** f sirène f **Meerkatze** f macaque m **Meerrettich** m raifort m **Meersalz** nt sel m marin **Meerschaum** m kein Pl écume f **Meerschaumpfeife** f pipe f en écume [de mer] **Meerschweinchen** nt cochon m d'Inde **Meerungeheuer** nt monstre m marin **Meerwasser** nt eau f de mer
Meeting ['miːtɪŋ] <-s, -s> nt réunion f
Megabit ['meːgabɪt, megaˈbɪt] nt INFORM mégabit m
Megabyte ['meːgabaɪt] nt méga-octet m
Megafon^RR nt mégaphone m
Megahertz ['meːgahɛrts] nt mégahertz m
Megalith [megaˈliːt] <-en, -en> m mégalithe m
Megaphon [megaˈfoːn] <-s, -e> nt mégaphone m
Megatonne ['meːga-] f mégatonne f
Megawatt nt PHYS mégawatt m
Mehl [meːl] <-[e]s, -e> nt farine f
mehlig ['meːlɪç] Adj ❶ (mit Mehl bestäubt) enfariné(e) ❷ (trocken) Apfel, Birne, Kartoffel farineux(-euse) ❸ (fein zerrieben) Gesteinsstaub pulvérulent(e)
Mehlsack m sac m de farine **Mehlschwitze** f roux m **Mehlspeise** f ❶ (mit Mehl bereitetes Gericht) entremets à base de farine f ❷ A (Gebäck) pâtisserie f; (Süßspeise) entremets m [sucré]
Mehltau m kein Pl blanc m **Mehlwurm** m ver m de farine
mehr [meːɐ] I. Pron indef, unv Komp von viel plus; ~ Brot/Obst plus de pain/de fruits; ~ Sorgfalt plus de soin; ~ Sport treiben faire plus de sport; **immer ~ wollen** vouloir toujours plus; **immer ~** toujours plus
▶ ~ **als das** (positiv) mieux que cela; (negativ) pire que cela; ~ **und** ~ de plus en plus
II. Adv ❶ (in größerem Maße) davantage; **sich noch ~ ärgern** se fâcher encore plus
❷ (in Verbindung mit Verneinungen) **nicht ~ rauchen** ne plus fumer; **nichts ~ sagen** [ne ...] plus dire rien; **nie ~** [ne ...] plus jamais; **niemand/keiner ~** [ne] ... plus personne; **kein Geld/ keine Zeit ~ haben** ne plus avoir d'argent/le temps; **keine Eltern ~ haben** ne plus avoir de parents
▶ ~ **oder weniger** [o **minder** geh] plus ou moins; **mit ~ oder weniger Erfolg** avec plus ou moins de succès; **nicht ~ sein** euph ne plus être
Mehr <-[s]> nt ❶ (zusätzlicher Aufwand) surcroît m; ~ **an Arbeit** (Dat) surcroît de travail
❷ CH (Stimmenmehrheit) majorité f
Mehrarbeit f kein Pl ❶ (zusätzliche Arbeit) surcroît m de travail ❷ (Überstunden) heures fpl supplémentaires **Mehraufwand** m (an Geld) dépenses fpl supplémentaires
mehrbändig [-bɛndɪç] Adj en plusieurs volumes
Mehrbedarf m (an Gütern) besoins mpl supplémentaires **Mehrbelastung** f ❶ a. fig (Last) surcharge f ❷ s. Mehraufwand **Mehrbereichsöl** nt huile f multigrade
mehrdeutig ['meːɐdɔɪtɪç] I. Adj Anspielung, Aussage ambigu(ë)
II. Adv de façon ambiguë
Mehrdeutigkeit <-> f ambiguïté f
mehrdimensional Adj multidimensionnel(le)
mehren ['meːrən] geh I. tr V accroître
II. r V se multiplier
mehrere ['meːrərə] Pron indef plusieurs; ~ **von ihnen** plusieurs d'entre eux/elles; **zu ~n** à plusieurs; ~**s** plusieurs choses fpl
mehrerlei ['meːreˈlaɪ] Adj indef, unv divers(e); ~ **Sorten Brot** diverses sortes de pain
Mehrerlös m, **Mehrertrag** m excédent m, surplus m
mehrfach ['meːɐfax] I. Adj ❶ (vielfach) multiple; ~ **er Millionär sein** être multimillionnaire
❷ (wiederholt) réitéré(e)
II. Adv ausgezeichnet, operiert à plusieurs reprises
Mehrfache(s) nt dekl wie Adj multiple m; **ein ~s an Besuchern erwarten** s'attendre à avoir beaucoup plus de visiteurs
Mehrfachsteckdose f prise f multiple **Mehrfachstecker** m prise f multiple, multiprise f
Mehrfahrtenkarte f billet m [valable] pour plusieurs voyages
Mehrfamilienhaus [-liən-] nt immeuble m **Mehrfarben-**

druck m impression f [en] couleurs **mehrfarbig** I. Adj Kleidungsstück, Muster multicolore; Druck, Radierung polychrome II. Adv de plusieurs couleurs **mehrgleisig** I. Adj EISENBAHN à plusieurs voies II. Adv ▶ ~ **fahren** suivre plusieurs voies
Mehrheit <-, -en> f majorité f; **die absolute** ~ la majorité absolue; **die einfache/relative** ~ la majorité simple/relative; **die** ~ **gewinnen/verlieren** obtenir/perdre la majorité; **in der** ~ **sein** être majoritaire; **die** ~ **haben** [o **besitzen**] avoir la majorité
▶ **die schweigende** ~ la majorité silencieuse
mehrheitlich Adv majoritairement
Mehrheitsaktionär(in) m(f) actionnaire mf majoritaire **mehrheitsfähig** Adj capable d'obtenir la majorité **Mehrheitswahlrecht** nt kein Pl scrutin m majoritaire
mehrjährig Adj attr de plusieurs années; Pflanze pluriannuel(le)
Mehrkosten Pl frais mpl supplémentaires
mehrmalig ['meːɐmaːlɪç] Adj attr réitéré(e)
mehrmals ['meːɐmaːls] Adv plusieurs fois
mehrmotorig Adj AVIAT multimoteur
Mehrparteiensystem nt système m multipartite
mehrphasig Adj Strom polyphasé(e); **ein ~es Projekt** un projet en plusieurs étapes
Mehrplatzrechner m INFORM ordinateur m multi-utilisateurs **Mehrplatzsystem** nt INFORM système m multi-utilisateurs
mehrpolig Adj ELEC multipolaire
Mehrpreis m surcoût m
mehrsilbig Adj de plusieurs syllabes; ~ **sein** avoir plusieurs syllabes
mehrsprachig I. Adj Person polyglotte; Land, Text, Wörterbuch plurilingue
II. Adv abfassen en plusieurs langues; aufwachsen dans le plurilinguisme; ~ **erzogen werden** recevoir une éducation plurilingue
Mehrsprachigkeit <-> f plurilinguisme m
mehrspurig ['meːɐʃpuːrɪç] Adj à plusieurs voies
mehrstellig [-ʃtɛlɪç] Adj Zahl, Betrag à plusieurs chiffres
mehrstimmig [-ʃtɪmɪç] Adj, Adv à plusieurs voix
mehrstöckig [-ʃtœkɪç] I. Adj de plusieurs étages; ~ **sein** avoir plusieurs étages
II. Adv sur plusieurs étages
Mehrstufenrakete f fusée f à plusieurs étages
mehrstündig [-ʃtʏndɪç] Adj de plusieurs heures; ~ **sein** durer plusieurs heures
mehrtägig [-tɛːgɪç] Adj de plusieurs jours; ~ **sein** durer plusieurs jours
Mehrteiler <-s, -> m émission f en plusieurs parties
mehrteilig [-taɪlɪç] Adj TECH en plusieurs parties
Mehrwegflasche f bouteille f consignée **Mehrweggeschirr** nt vaisselle f réutilisable **Mehrwegverpackung** f emballage m réutilisable
Mehrwertsteuer f taxe f à la valeur ajoutée **Mehrwertsteuererhöhung** f augmentation f de la TVA **mehrwertsteuerfrei** Adj FISC exonéré(e) de la T.V.A.
mehrwöchig [-vœçɪç] Adj de plusieurs semaines; ~ **sein** durer plusieurs semaines
Mehrzahl <-> f ❶ plupart f; **die** ~ **der Besucher/Gläser** la plupart des visiteurs/verres
❷ (Überzahl) **wir sind in der** ~ nous sommes plus nombreux(-euses)
❸ GRAM pluriel m; **in der** ~ au pluriel
mehrzeilig [-tsaɪlɪç] Adj Spruch, Strophe de plusieurs vers; Nachricht, Notiz de plusieurs lignes; ~ **sein** faire plusieurs vers/lignes
Mehrzweckhalle f salle f polyvalente
meiden ['maɪdən] <mied, gemieden> tr V geh éviter
Meile ['maɪlə] <-, -n> f ❶ (!,609 km) mil[l]e m
❷ HIST (4,8 km) lieue f
▶ **etw drei ~n gegen den Wind riechen** fam sentir qc à des kilomètres (fam)
Meilenstein m ❶ borne f
❷ geh (wichtiger Einschnitt) date[-]clé f; **ein ~ in der Geschichte der Luftfahrt** un événement dans l'histoire de l'aviation qu'il faut marquer d'une pierre blanche
meilenweit Adv laufen, wandern pendant des kilomètres; **sich erstrecken** sur des kilomètres
▶ **von etw ~ entfernt sein** être à cent lieues de qc
Meiler ['maɪlɐ] <-s, -> m ❶ (Kohlenmeiler) meule f
❷ (Atomreaktor) réacteur m
mein[1] Pron pers, Gen von ich veraltet poet **er wird ~ immer gedenken** il se souviendra toujours de moi
mein[2] Pron poss ❶ mon(ma); ~ **Bruder** mon frère; ~ **e Schwester/Freundin** ma sœur/mon amie; ~ **e Eltern** mes parents; ~ **e Damen und Herren** mesdames, messieurs; **dieses Buch ist ~[e]s** ce livre est à moi; ~ **e liebe Brigitte** ma chère Brigitte
❷ substantivisch **der/die/das ~e** le mien/la mienne; **das sind die ~en** ce sont les miens/miennes; **ich habe das Meine getan**

Meinungen äußern

Meinungen/Ansichten ausdrücken	exprimer son opinion/point de vue
Ich finde/meine/denke, sie sollte sich für ihr Verhalten entschuldigen.	Je trouve/pense qu'elle devrait s'excuser pour son comportement.
Er war meiner Meinung nach ein begnadeter Künstler.	C'était un artiste exceptionnel, à mon avis.
Ich bin der Meinung/Ansicht, dass jeder ein Mindesteinkommen erhalten sollte.	Je pense/suis d'avis que chaque personne devrait recevoir un salaire minimum.
Eine Anschaffung weiterer Maschinen ist meines Erachtens nicht sinnvoll.	À mon avis, l'achat de machines supplémentaires n'est d'aucun intérêt.

Meinungen erfragen, um Beurteilung bitten	demander les opinions et jugements
Was ist Ihre Meinung?	Quelle est votre opinion?
Was meinen Sie dazu?	Qu'en pensez-vous?
Wie sollten wir Ihrer Meinung nach vorgehen?	Comment devrions-nous procéder, à votre avis?
Was hältst du von der neuen Regierung?	Que penses-tu du nouveau gouvernement?
Findest du das Spiel langweilig?	Est-ce que tu trouves le jeu ennuyeux?
Denkst du, so kann ich gehen?	Tu crois que je peux sortir comme ça?
Was sagst du zu ihrem neuen Freund?	Que penses-tu de son nouvel ami?
Glaubst du, das ist so richtig?	Tu crois que c'est bien comme ça?
Hältst du das für möglich?	Crois-tu que c'est possible?
Meinst du, sie hat Recht?	Tu penses qu'elle a raison?
Wie gefällt dir meine neue Haarfarbe?	Est-ce que ma nouvelle couleur de cheveux te plaît?
Kannst du mit dieser Theorie etwas anfangen?	Est-ce que cette théorie te dit quelque chose?
Wie lautet Ihr Urteil über unser neues Produkt?	Que pensez-vous de notre nouveau produit?
Wie urteilen Sie darüber?	Quel est votre point de vue/Quelle est votre opinion à ce sujet?

j'ai fait ce que j'avais à faire; **der/die Meine** *geh* mon époux/épouse; **die Meinen** les miens
❸ *(gewohnt, üblich)* **ich mache jetzt ~ Nickerchen** je vais faire mon petit roupillon habituel; **ich rauche am Tag ~e zehn Zigaretten** je fume bien dix cigarettes par jour
▶ **Mein und Dein nicht unterscheiden können** avoir tendance à confondre sa poche avec celle des autres
Meineid *m* parjure *m;* **einen ~ leisten** [*o* **schwören**] se parjurer
meineidig *Adj* parjure; **~ werden** se parjurer
meinen ['maɪnən] I. *tr V* ❶ *(denken, urteilen)* penser; **~ , dass** penser que + *indic;* **meinst du [etwa], dass sie gelogen hat?** est-ce que tu penses [vraiment] qu'elle a menti?; **man sollte ~ , dass das ausreicht** on pourrait croire que cela est suffisant; **man könnte ~ , man wäre in Italien** on dirait qu'on est en Italie; **was meinst du dazu?** qu'en penses-tu?
❷ *(sagen)* **~ [, dass]** dire [que + *indic*]; **„Das ist alles", meinte sie** "C'est tout", dit-elle
❸ *(sagen wollen)* **was meinst du damit?** qu'est-ce que tu entends par là?; **meinst du damit etwas Bestimmtes?** est-ce que tu penses à quelque chose de précis?
❹ *(im Sinn, Auge haben)* **meinst du die Blonde [da]?** tu parles de la blonde [là]?; **welches Buch meint er?** il parle de quel livre?; **du bist gemeint!** c'est de toi qu'il est question!; **mit dieser Bemerkung hat er dich gemeint** sa remarque te visait
❺ *(beabsichtigen)* **es gut/nicht gut mit jdm ~** gâter/ne pas gâter qn; **es ernst ~** le penser sérieusement; **das war [von mir] nicht böse gemeint** je ne pensais pas à mal; **so war das nicht gemeint** ce n'est pas ce que j'ai voulu dire; **gut gemeint sein** être bien intentionné(e); **wohl gemeint sein** partir d'une bonne intention; **danke für deinen wohl gemeinten Rat** merci de ce conseil d'ami
▶ **das sollte man ~!** on pourrait le supposer!; **das will ich [auch/doch] ~!** [mais] j'espère bien!
II. *itr V* **~ Sie?** vous croyez?; **wie ~ Sie?** comment vous dites?; **[ganz] wie Sie ~!** comme vous voudrez!; **wenn Sie ~!** si vous voulez!; **ich meine ja nur [so]** *fam* je dis ça comme ça *(fam)*
meiner *Pron pers, Gen von* **ich** *geh* **er wird ~ gedenken** il se souviendra de moi; **wer erbarmt sich ~?** qui a pitié de moi?
meinerseits *Adv* ❶ *(ich wiederum)* de mon côté
❷ *(was mich betrifft)* pour ma part
▶ **ganz ~** de même pour moi
meines *s.* **mein**
meinesgleichen *Pron unv* ❶ *pej (Menschen meines Schlags)* [**ich und**] **~** [moi et] mes semblables *mpl*
❷ *(Menschen wie ich)* les gens comme moi; **ich verkehre nur mit ~** je n'ai affaire qu'à mes semblables; **sie kennen niemanden ~** *geh* ils ne connaissent rien ni personne qui m'égale *(soutenu)*
meinethalben ['maɪnət'halbən] *Adv veraltet s.* **meinetwegen**
meinetwegen ['maɪnət'veːɡən] *Adv* ❶ *(wegen mir)* à cause de moi
❷ *(mir zuliebe)* pour moi
❸ *(wenn es nach mir ginge)* s'il n'en tient qu'à moi
meinetwillen ['maɪnət'vɪlən] *Adv* **um ~** [par amour] pour moi
meinige *Pron poss veraltet geh* **der/die ~** le mien/la mienne; **das sind die ~n** ce sont les miens/miennes; **ich habe das Meinige getan** j'ai fait ce que j'avais à faire; **der/die Meinige** *geh* mon époux/épouse; **die Meinigen** les miens
Meinung ['maɪnʊŋ] <-, -en> *f* avis *m,* opinion *f;* **der ~ sein, dass** être d'avis que + *indic;* **meiner ~ nach** à mon avis; **einer** [*o* **der gleichen**] **~ sein** être du même avis; **anderer ~ sein** être d'un avis différent; **geteilter ~ sein** avoir des avis divergents; **bei seiner ~ bleiben** rester sur ses positions; **seine ~ ändern** changer d'avis; **was ist Ihre ~ dazu?** quelle est votre opinion là-dessus?; **die öffentliche ~** l'opinion publique
▶ **jdm die ~ sagen** [*o* **geigen** *fam*] dire à qn ses quatres vérités *(fam)*
Meinungsäußerung *f* ❶ *(Äußerung)* prise *f* de position ❷ *kein Pl (das Äußern)* **das Recht auf freie ~** la liberté d'expression **Meinungsaustausch** *m* échange *m* de vues **Meinungsbarometer** *nt o m* MEDIA *fam* baromètre *m* d'opinion **Meinungsbildung** *f* formation de l'opinion *f;* **zur ~ beitragen** aider [les gens] à se faire une opinion **Meinungsforscher(in)** *m(f)* enquêteur(-euse) *m(f)* **Meinungsforschung** *f kein Pl* sondage *m* d'opinion **Meinungsforschungsinstitut** *nt* institut *m* de sondage **Meinungsfreiheit** *f kein Pl* liberté *f* d'expression **Meinungsumfrage** *f* sondage *m* [d'opinion] **Meinungsumschwung** *m* revirement *m* d'opinion **Meinungsverschiedenheit** *f* ❶ *(Unterschiedlichkeit von Ansichten)* divergence *f* d'opinions ❷ *euph (Auseinandersetzung)* différend *m*

Meise ['maɪzə] <-, -n> f mésange f
▸ eine ~ **haben** sl avoir un grain (fam)
Meißel ['maɪsəl] <-s, -> m ciseau m
meißeln I. itr V travailler au burin; **an einem Stein/einer Skulptur ~** travailler une pierre/une sculpture au burin
II. tr V ❶ (herstellen) ciseler Inschrift, Ornament; sculpter Skulptur
❷ (einmeißeln) **etw in etw** (Akk) **~** graver qc dans qc
meist [maɪst] s. meistens
meistbietend Adv au plus offrant; **etw ~ verkaufen** vendre qc au plus offrant
meiste Pron indef Superl von **viel** ❶ (der größte, überwiegende Teil) **die ~n Leute** la plupart des gens; **die ~ Zeit** la majeure partie de son/mon/... temps; **das ~ Geld** la majeure partie de l'argent; **ich habe die ~n dieser Bücher gelesen** j'ai lu la plupart de ces livres; **die ~n** la plupart; **die ~n von uns** la plupart d'entre nous; **das ~** la plus grande partie; **das ~ haben wir jetzt geschafft** maintenant nous avons fait l'essentiel
❷ (die größte Gesamtmenge) **die ~n Probleme macht mir diese Frage** c'est cette question qui me pose le plus de problèmes; **das ~** le plus; **von uns dreien verdient sie das ~ Geld** de nous trois, c'est elle qui gagne le plus [d'argent]
meistens ['maɪstəns] Adv, **meistenteils** Adv le plus souvent
Meister(in) ['maɪstɐ] <-s, -> m(f) ❶ (Handwerksmeister) contremaître(-esse) m(f); (Chef) patron(ne) m(f)
❷ fam (Meisterprüfung) **den** [o **seinen**] **~ machen** fam passer sa maîtrise
❸ SPORT champion(ne) m(f)
❹ KUNST, MUS, REL, PHILOS maître m; **die alten ~** les anciens maîtres
❺ (Könner) [ein] **~ im Fälschen von Dokumenten sein** être [passé(e)] maître dans l'art de falsifier des documents
▸ **es ist noch kein ~ vom Himmel gefallen** Spr. Paris ne s'est pas fait en un jour; **~ Lampe** Jeannot Lapin m
Meisterbrief m brevet m de maîtrise
meisterhaft I. Adj magistral(e)
II. Adv malen, spielen admirablement [bien]
Meisterhand ▸ **von ~** de main de maître **Meisterleistung** f
❶ prestation f magistrale ❷ (Kunstwerk) chef-d'œuvre m ❸ iron (miserable Leistung) exploit m; **nicht gerade** [o **nicht eben**] **eine ~ sein** n'avoir rien d'un chef-d'œuvre
meisterlich s. meisterhaft
meistern ['maɪstɐn] tr V venir à bout de
Meisterprüfung f brevet m professionnel
Meisterschaft <-, -en> f ❶ SPORT championnat m; **~ im Boxen** championnat de la boxe
❷ (Können) maîtrise f; **es im Zeichnen zu großer ~ bringen** acquérir une grande maîtrise du dessin; **als Dieb hat er es zu einer wahren ~ gebracht** iron il est passé maître dans l'art de voler
Meistersinger m HIST, LITER maître chanteur(-euse) m(f) **Meisterstück** nt ❶ a. KUNST chef-d'œuvre m ❷ iron (Meisterleistung) exploit m **Meistertitel** m ❶ eines Handwerkers titre m de maître
❷ SPORT titre m de champion **Meisterwerk** nt chef-d'œuvre m
meistverkauft ['maɪst-] Adj le plus vendu/la plus vendue
MEK [ɛmʔeːˈkaː] <-> nt Abk von **mobiles Einsatzkommando** groupe m d'intervention rapide; (in Frankreich) ≈ G.I.G.N. m
Mekka ['mɛka] <-s> nt ❶ GEOG la Mecque
❷ (Eldorado) paradis m
Melancholie [melaŋkoˈliː] <-, -n> f mélancolie f
Melancholiker(in) [melaŋkoˈliːkɐ] <-s, -> m(f) mélancolique mf
melancholisch [melaŋkoˈlɪʃ] Adj mélancolique
Melange [meˈlãːʒə] <-, -n> f A café m au lait; **zwei ~ trinken** boire deux cafés au lait
Melanom [melaˈnoːm] <-[e]s, -e> nt MED mélanome m
Melanzani [-ts-] <-, -> f A aubergine f
Melasse [meˈlasə] <-, -n> f mélasse f
Melde [ˈmɛldə] <-, -n> f BOT arroche f
Meldebehörde s. Einwohnermeldeamt **Meldefrist** f délai m de déclaration de changement de domicile
melden [ˈmɛldən] **I.** tr V ❶ signaler Verlust, Vorfall; déclarer, faire la déclaration de Unfall, Todesfall
❷ MEDIA (veröffentlichen) rapporter; (ankündigen) annoncer; **der Wetterbericht hat Schnee gemeldet** la météo a annoncé de la neige; **wie soeben gemeldet wird** selon les [dernières] informations
❸ (denunzieren) **jdn bei jdm ~** dénoncer qn à qn
❹ (anmelden) **jdn jdm ~** annoncer qn à qn; **wen darf ich ~?** qui dois-je annoncer?
▸ **bei jdm nichts zu ~ haben** fam ne pas avoir à la ramener avec qn (fam)
II. r V ❶ (die Hand heben) **sich ~** lever le doigt; **sich im Unterricht kaum ~** participer très peu en cours
❷ (sich zur Verfügung stellen) **sich zu etw ~** se porter volontaire pour qc

❸ (am Telefon) **sich ~** répondre; **es/da meldet sich keiner** ça ne répond pas
❹ (sich bemerkbar machen) **sich bei jdm ~** se manifester auprès de qn; **melde dich, wenn du etwas brauchst** dis-le si tu as besoin de quelque chose; **ich melde mich bald mal wieder** je me manifeste bientôt
Meldepflicht f ❶ (Anzeigepflicht) déclaration f obligatoire
❷ (Wohnsitzmeldepflicht) obligation de déclarer tout changement de domicile au service administratif compétent **meldepflichtig** Adj Krankheit dont la déclaration est obligatoire; **~ sein** devoir être obligatoirement déclaré(e) **Meldeschein** m [formulaire de] déclaration de changement de domicile **Meldezettel** m ❶ (im Hotel) fiche f de renseignements ❷ A s. Meldeschein
Meldung <-, -en> f ❶ MEDIA information f; **amtliche ~** rapport m officiel; **~en vom Sport** nouvelles fpl sportives
❷ (offizielle Mitteilung) déclaration f [officielle]; **~ machen** [o **erstatten**] faire son rapport; **jdm ~ machen** [o **erstatten**] faire un rapport à qn
❸ kein Pl (das Melden) eines Verdächtigen dénonciation f; eines Vorkommnisses signalement m; eines Unfalls déclaration f
❹ (Anmeldung) inscription f; **seine ~ zurückziehen** Sportler: déclarer forfait
meliert [meˈliːɐt] Adj Wolle, Teppich moucheté(e), chiné(e); [grau]**~e Haare** des cheveux poivre et sel
Melisse [meˈlɪsə] <-, -n> f mélisse f
Melissengeist m eau f de mélisse
melken ['mɛlkən] <melkte o veraltet molk, gemolken o selten gemelkt> **I.** tr V ❶ traire Kuh, Ziege; **frisch gemolkene Milch** du lait bourru
❷ fam (finanziell ausnutzen) soutirer du fric à (fam)
II. itr V faire la traite; **von Hand ~** traire à la main
Melker(in) ['mɛlkɐ] <-s, -> m(f) trayeur(-euse) m(f)
Melkmaschine f trayeuse f
Melodie [meloˈdiː] <-, -n> f mélodie f
Melodik [meˈloːdɪk] <-> f (Melodielehre) art m de la mélodie
melodiös [meloˈdiøːs], **melodisch** [meˈloːdɪʃ] **I.** Adj mélodieux(-euse)
II. Adv mélodieusement
Melodram [meloˈdraːm] <-s, -en>, **Melodrama** [meloˈdraːma] nt mélodrame m
melodramatisch [melodramaˈtɪʃ] Adj mélodramatique; **sich ~ anhören** ressembler à un mélodrame
Melone [meˈloːnə] <-, -n> f ❶ (Honigmelone) melon m; (Wassermelone) pastèque f
❷ fam (Hut) [chapeau m] melon m
Membran [mɛmˈbraːn] <-, -en>, **Membrane** <-, -n> f TECH, BIO membrane f
Memo [ˈmeːmo] <-s, -s> nt fam mémo m (fam)
Memoiren [meˈmoaːrən] Pl mémoires mpl
Memorandum [memoˈrandʊm] <-s, Memoranden o Memoranda> nt geh mémorandum m
Memorystick® [ˈmɛmərɪstɪk, ˈmɛmorɪstɪk] <-s, -s> m INFORM carte f mémoire [Memory Stick®]
Menage [meˈnaːʒə] <-, -n> f (Essig- und Ölständer) huilier m
Menetekel [meneˈteːkəl] <-s, -> nt geh mauvais présage m
Menge [ˈmɛŋə] <-, -n> f ❶ quantité f; **eine kleine ~ Zucker** une petite quantité de sucre; **die doppelte ~ Mehl** le double de farine; **Obst in ausreichender ~** des fruits en quantité suffisante
❷ fam (großes Quantum) **eine ~ Leute/Arbeit/Bücher** une flopée de gens/travail/livres (fam); **jede ~ Leute/Arbeit** une sacrée flopée de gens/travail (fam); **jede ~ Kuchen** un sacré choix de gâteaux (fam); **eine ganze ~ Äpfel** pas mal de pommes; **das ist eine ~ Geld!** c'est une sacrée somme! (fam); **eine ~ lernen** apprendre vachement de trucs (fam); **in rauen ~en** en quantité industrielle (fam)
❸ (Menschenmenge) foule f
❹ MATH ensemble m
mengen [ˈmɛŋən] **I.** tr V mélanger; **etw in** [o **unter**] **den Teig ~** mélanger qc à la pâte; **die Zutaten zu einem Teig ~** amalgamer les ingrédients pour obtenir une pâte
II. r V fam **sich unter die Besucher ~** se mêler aux visiteurs
Mengenlehre f kein Pl théorie f des ensembles **mengenmäßig I.** Adj Beschränkung quantitatif(-ive) **II.** Adv quantitativement
Mengenrabatt m remise f sur achat en quantité
Menhir [ˈmɛnhiːɐ] <-s, -e> m menhir m
Meningitis [menɪŋˈgiːtɪs] <-, Meningitiden> f MED méningite f
Meniskus [meˈnɪskʊs] <-, Menisken> m ANAT ménisque m
Mennonit(in) [mɛnoˈniːt] <-en, -en> m(f) REL mennonite mf
Menopause [menoˈpaʊzə] f MED ménopause f
Mensa [ˈmɛnza] <-, Mensen> f restaurant m universitaire
Mensch [mɛnʃ] <-en, -en> m ❶ (Person) personne f; **ein höflicher/guter ~** quelqu'un de poli/de bien; **der moderne ~** l'homme m moderne; **viele ~en meinen, dass** beaucoup de gens

sont d'avis que; **als ~** humainement; **viel unter ~en kommen** voir du monde; **das kann ein ~ allein gar nicht schaffen** une personne seule ne peut pas y arriver; **das glaubt dir kein ~!** personne ne va croire ce que tu racontes!

❷ *(Gattung)* homme *m*; **die ~en** les êtres *mpl* humains; **~ und Tier** l'homme et l'animal

❸ *Pl (Menschheit)* **die ~en** les hommes *mpl*; **alle ~en** tous les hommes

❹ *fam (Ausruf der Verwunderung, Verärgerung)* **~ [Meier]!** putain! *(fam)*

▶ **der ~ denkt, Gott lenkt** *Spr.* l'homme propose, Dieu dispose; **des ~en Wille ist sein Himmelreich** *iron* on n'en fait jamais qu'à sa guise; **ein anderer ~ werden** devenir quelqu'un d'autre; **sich wie der erste ~/die ersten ~en benehmen** *fam* s'y prendre comme un bleu/des bleus *(fam)*; **nur noch ein halber ~ sein** *fam* n'être plus que l'ombre de soi-même; **ich bin auch nur ein ~!** je ne suis qu'un homme/qu'une femme!; **kein ~ mehr sein** *fam (erschöpft sein)* être vidé(e) *(fam)*; **von ~ zu ~** en toute confidence

Mensch ärgere dich nicht <- - -[s]> *nt* petits chevaux *mpl*; **~ spielen** jouer aux petits chevaux

Menschenaffe *m* singe *m* anthropoïde **menschenähnlich** *Adj* anthropoïde; **~ aussehen** ressembler à l'homme **Menschenalter** *nt* durée *f* d'une vie humaine; **ein ~ wird vergehen müssen** il faudra une vie d'homme **Menschenansammlung** *s.* **Menschenauflauf menschenarm** *Adj* peu peuplé(e) **Menschenauflauf** *m* attroupement *m* **Menschenbild** *nt* image *f* de l'homme **Menschenfeind(in)** *m(f)* misanthrope *mf* **menschenfeindlich** *Adj* Person, Haltung misanthrope; *Klima, Landschaft* hostile; *Politik* néfaste **Menschenfleisch** *nt* chair *f* humaine **Menschenfresser(in)** <-s, -> *m(f) fam* cannibale *mf* **Menschenfreund(in)** *m(f)* philanthrope *mf* **menschenfreundlich** *Adj* philanthropique **Menschenfreundlichkeit** *f* philanthropie *f* **Menschenführung** *f kein Pl* capacité *f* à mener des hommes **Menschengedenken** ▶ **seit ~** de mémoire d'homme **Menschenhand** ▶ **von** [*o* **durch**] **~ geh** par [*o* de] la main de l'homme **Menschenhandel** *m* traite *f* des esclaves **Menschenkenner(in)** *m(f)* fin connaisseur *m*/fine connaisseuse *f* de l'âme humaine; **ein guter/schlechter ~ sein** être un bon/mauvais connaisseur de l'âme humaine **Menschenkenntnis** *f kein Pl* connaissance *f* du genre humain **Menschenkette** *f* chaîne *f* humaine **Menschenleben** *nt* ❶ *(Leben eines Menschen)* vie *f* d'un homme; **ein ~ lang** toute sa/ma/... vie ❷ **der Unfall forderte zwei ~** l'accident a coûté la vie à deux personnes **menschenleer** *Adj* désert(e) **Menschenliebe** *f* philanthropie *f*; **aus reiner ~** par pure philanthropie **Menschenmasse, Menschenmenge** *f* foule *f*; **eine große ~** une foule importante **menschenmöglich** *Adj* humainement possible; **alles Menschenmögliche tun** faire tout ce qui est [humainement] possible **Menschenopfer** *nt* REL sacrifice *m* humain **Menschenraub** *m* enlèvement *m* **Menschenrechte** *Pl* droits *mpl* de l'homme **Menschenrechtsbeauftragte(r)** *f(m) dekl wie Adj* délégué(e) *m(f)* aux droits de l'homme **Menschenrechtskonvention** *f* convention *f* des droits de l'homme **Menschenrechtsverletzung** *f* violation *f* des droits de l'homme **menschenscheu** *Adj* insociable **Menschenscheu** *f* insociabilité *f* **Menschenschlag** *m* race *f* de gens **Menschenseele** *f* ▶ **keine ~ treffen** ne pas rencontrer âme qui vive; **es war keine ~ da** il n'y avait pas âme qui vive

Menschenskind *Interj fam* ❶ *(Ausdruck der Freude, des Erstaunens)* nom de Dieu *(fam)*

❷ *(Ausdruck des Vorwurfs, Ärgers)* bon Dieu *(fam)*

menschenunwürdig I. *Adj* indigne d'un être humain II. *Adv* de façon inhumaine **menschenverachtend** *Adj* méprisant(e) pour le genre humain **Menschenverachtung** *f* mépris *m* des hommes **Menschenverstand** ▶ **der gesunde ~** le bon sens **Menschenwürde** *f* dignité *f* humaine **menschenwürdig** I. *Adj* digne d'un être humain II. *Adv* de façon humaine

Menschheit <-> *f* humanité *f*

Menschheitsgeschichte *f kein Pl* histoire *f* de l'humanité

menschlich I. *Adj* ❶ humain(e)

❷ *fam (annehmbar) Aussehen, Kleidung* présentable

II. *Adv* ❶ humainement

❷ *fam (annehmbar)* **wieder ~ aussehen** être de nouveau présentable

Menschlichkeit <-> *f* humanité *f*; **aus reiner ~** par pure humanité

Menschwerdung <-> *f* REL incarnation *f*

Mensen *Pl von* **Mensa**

Menstruation [mɛnstrua'tsjoːn] <-, -en> *f* règles *fpl*

Menstruationsbeschwerden *Pl* règles *fpl* douloureuses

menstruieren* *itr V* avoir ses règles

mental [mɛn'taːl] I. *Adj* mental(e)

II. *Adv* mentalement

Mentalität [mɛntali'tɛːt] <-, -en> *f* mentalité *f*

Menthol [mɛn'toːl] <-s> *nt* menthol *m*; **~ ist eine kristalline Substanz** le menthol est une substance cristalline

Mentholzigarette *f* cigarette *f* mentholée

Mentor ['mɛntoːɐ] <-s, -toren> *m*, **Mentorin** *f* ❶ *geh (Förderer)* mentor *m (littér)*

❷ SCHULE conseiller(-ère) *m(f)* pédagogique

Menü [me'nyː] <-s, -s> *nt* GASTR, INFORM menu *m*

Menuett [me'nuɛt] <-s, -e> *nt* menuet *m*

menügesteuert [me'nyːgəʃtɔʏɐt] *Adj* INFORM commandé(e) par menu

Menüleiste *f* INFORM barre *f* de menu

Merchandising ['mɜːtʃəndaɪzɪŋ] <-s> *nt* marchandisage *m*

Mergel ['mɛrɡəl] <-s, -> *m* GEOL marne *f*

Meridian [meri'djaːn] <-s, -e> *m* méridien *m*

Merinowolle [me'riːno-] *f* laine *f* mérinos

Merkantilismus [mɛrkanti'lɪsmʊs] <-> *m* mercantilisme *m*

merkbar I. *Adj (spürbar)* perceptible

II. *Adv (merklich)* sensiblement

Merkblatt *nt* notice *f*

merken ['mɛrkən] *tr V* ❶ *(wahrnehmen, erkennen)* voir *Absicht, Unterschied*; **jdn etw nicht ~ lassen** ne pas montrer qc à qn; **sie hat nichts von dem Unwetter gemerkt** elle n'a rien vu de la tempête; **er merkte an ihrer Reaktion, dass es ihr unangenehm war** il remarqua à sa réaction que ça lui était pénible; **das merkt doch keiner!** *fam* ça ne se verra pas!; **bis das einer merkt!** *fam* d'ici [à ce] que quelqu'un s'en aperçoive!

❷ *(im Gedächtnis behalten)* **sich** *(Dat)* **etw ~** retenir qc; **sich** *(Dat)* **etw nicht ~ können** ne pas arriver à retenir qc; **leicht/schwer zu ~ sein** être facile/difficile à retenir; **diesen Kandidaten wird man sich ~ müssen!** il faudra se souvenir de ce candidat!; **merke: ...** attention: ...; **merk dir das!** *fam* rentre-toi ça dans le crâne! *(fam)*; **na warte, das werde ich mir ~!** *fam* attends un peu, je m'en souviendrai!

▶ **du merkst aber auch alles!** *iron fam* [il] y en a là-dedans! *(fam)*

merklich I. *Adj* sensible

II. *Adv* sensiblement; **sich ~ verändern** *Person:* changer beaucoup; **heute ist es ~ wärmer** il fait nettement plus chaud aujourd'hui

Merkmal <-s, -e> *nt* caractéristique *f*; **ein charakteristisches ~** un signe caractéristique; **ein unterscheidendes ~** un critère de distinction; **besondere ~e:** ... signes *mpl* particuliers: ... **Merksatz** *m*, **Merkspruch** *m* vers *m* mnémotechnique

Merkur [mɛr'kuːɐ] <-s> *m* [der] ~ [la planète] Mercure

merkwürdig I. *Adj* étrange; **zu ~!** bizarre!

II. *Adv* étrangement; **~ riechen** avoir une drôle d'odeur

merkwürdigerweise *Adv* curieusement

Merkwürdigkeit <-, -en> *f* ❶ *kein Pl (Seltsamkeit)* bizarrerie *f*

❷ *meist Pl (Kuriosität)* curiosité *f*

Merkzettel *m fam* pense-bête *m*

meschugge [me'ʃʊɡə] *Adj fam* cinglé(e); **~ werden/sein** devenir/être cinglé(e) *(fam)*

Mesner(in) ['mɛsnɐ] DIAL *s.* **Küster(in)**

messbar[RR], **meßbar**[ALT] *Adj* mesurable

Messbecher[RR], **Meßbecher**[ALT] *m* verre *m* mesureur

Messbuch[RR], **Meßbuch**[ALT] *nt* missel *m*

Messdiener(in)[RR], **Meßdiener(in)**[ALT] *m(f)* enfant *mf* de chœur

Messe ['mɛsə] <-, -n> *f* ❶ *(Gottesdienst)* messe *f*; **die ~ lesen** [*o* **halten**] célébrer [*o* dire] la messe; **für jdn eine ~ lesen lassen** faire dire une messe pour qn

❷ *(Ausstellung)* foire[-exposition] *f*

❸ NAUT carré *m* [des officiers]

▶ **schwarze ~** messe *f* noire

Messebesucher(in) *m(f)* visiteur(-euse) *m(f)* de la foire **Messegelände** *nt* parc *m* des expositions **Messehalle** *f* hall *m* des expositions

messen ['mɛsən] <misst, maß, gemessen> I. *tr V* ❶ *(ermitteln)* mesurer; **Fieber/den Blutdruck ~** prendre la température/tension

❷ *(ausmessen, vermessen)* mesurer *Fenster, Ärmel*

❸ *(beurteilen)* **etw an etw** *(Dat)* **~** mesurer qc d'après qc; **gemessen an deinem früheren Erfolg** jaugé(e) d'après ton succès passé

II. *itr V* **70 m²/Wohnung:** faire 70 m²

III. *r V geh* **sich ~** se mesurer; **sich mit jdm in etw** *(Dat)* **~** se mesurer à [*o* avec] qn dans qc; **sich nicht mit jdm/etw ~ können** ne pas être de taille à rivaliser avec qn/qc; *s. a.* **gemessen**

Messeneuheit *f* nouveauté *f* présentée sur un salon ou une foire

Messer ['mɛsɐ] <-s, -> *nt* couteau *m*

▶ **auf ~s Schneide stehen** pouvoir basculer d'un côté ou de l'autre; **es steht auf ~s Schneide, ob ...** le grand point d'interrogation, c'est de savoir si ...; **unters ~ kommen** *fam* passer sur le billard *(fam)*; **ins offene ~ laufen** *fam* se jeter dans la gueule du

loup *(fam)*; **jdn ans** ~ **liefern** *fam* donner qn *(fam)*; **bis aufs** ~ sans merci
Messerheld *m pej* personne qui aime se bagarrer au couteau
Messerklinge *f* lame *f* de couteau **Messerrücken** *m* dos *m* du couteau **messerscharf** I. *Adj* ❶ *Kante, Scherbe* coupant(e) ❷ *fig Verstand* aigu(ë) II. *Adv* argumentieren, kombinieren très subtilement; *schlussfolgern* avec une grande perspicacité **Messerschmied(in)** *m(f)* coutelier(-ière) *m(f)* **Messerspitze** *f* ❶ pointe *f* du couteau ❷ *(Prise)* **eine ~ Salz** une pointe de sel **Messerstecher(in)** <-s, -> *m(f) pej* malfrat *m* jouant du couteau *(fam)* **Messerstecherei** [-ʃtɛçəˈraɪ] <-, -en> *f* bagarre *f* au couteau **Messerstich** *m* coup *m* de couteau **Messerwerfer(in)** <-s, -> *m(f)* lanceur(-euse) *m(f)* de couteaux
Messeschlager *m fam* vedette *f* de la foire **Messestadt** *f* ville *f* de foires **Messestand** *m* stand *m* de foire
Messfehler^RR, **Meßfehler**^ALT *m* erreur *f* de mesurage
Messgerät^RR, **Meßgerät**^ALT *nt* appareil *m* de mesure; **~ für die Einschaltquote** TV audimat *m*
Messgewand^RR, **Meßgewand**^ALT *nt* chasuble *f*
Messias [mɛˈsiːas] <-> *m* BIBL Messie *m*
Messie [ˈmɛsi] <-s, -s> *m fam* bordélique *mf*
Messing [ˈmɛsɪŋ] <-s> *nt* laiton *m;* **~ besteht aus Kupfer und Zink** le laiton se compose de cuivre et de zinc
Messinstrument^RR, **Meßinstrument**^ALT *nt* instrument *m* de mesure
Messlatte^RR, **Meßlatte**^ALT *f* jalon *m*
Messopfer^RR, **Meßopfer**^ALT *nt* sacrifice *m* de la messe; **das heilige ~** le saint sacrifice de la messe
Messstab^RR, **Meßstab**^ALT *m s.* Messlatte
Messtechnik^RR, **Meßtechnik**^ALT *f* ❶ *kein Pl (Messkunde)* métrologie *f*
❷ *(Methode)* technique *f* de mesure
Messtisch^RR, **Meßtisch**^ALT *m* GEOL planchette *f* [topographique] **Messtischblatt**^RR *nt* carte *f* topographique [o d'état major]
Messung <-, -en> *f* ❶ *(das Messen)* mesure *f*
❷ *s.* Messwert
Messwein^RR, **Meßwein**^ALT *m* vin *m* de messe
Messwert^RR, **Meßwert**^ALT *m* mesure *f*
Messzylinder^RR, **Meßzylinder**^ALT *m* éprouvette *f* graduée
Mestize [mɛsˈtiːtsə] <-n, -n> *m,* **Mestizin** *f* métis(se) *m(f)*
Met [meːt] <-[e]s> *m* hydromel *m*
Metabolismus [metaboˈlɪsmʊs] <-> *m* BIO, MED métabolisme *m*
Metall [meˈtal] <-s, -e> *nt* métal *m;* **aus ~** en [o de] métal; **~ verarbeitend** Industrie, Betrieb métallurgique; **ein weiches/hartes ~** un métal souple/dur
Metallarbeiter(in) *m(f)* métallurgiste *mf* **Metallbaukasten** *m* [jeu *m* de] meccano® *m* **Metalldetektor** <-s, -toren> *m* détecteur *m* de métaux
Metallegierung^ALT *s.* Metalllegierung
metallen [meˈtalən] *Adj* en [o de] métal; **die ~en Beschläge der Truhe** les ferrures du coffre
Metaller(in) [meˈtalɐ] <-s, -> *m(f) fam* métallo *mf* syndiqué(e) *(fam)*
metallhaltig [-haltɪç] *Adj* métallifère
metallic [meˈtalɪk] *Adj unv* métallisé(e); **~ blau** bleu métallisé *inv*
Metallindustrie *f* industrie *f* métallurgique
metallisch I. *Adj (aus Metall, metallartig)* métallique
II. *Adv* **~ glänzen** avoir des reflets métalliques; **~ klingen** rendre un son métallique
Metallkunde *f kein Pl* métallographie *f* **Metalllegierung**^RR *f* alliage *m* [métallique] **Metallsäge** *f* scie *f* à métaux
Metallurgie [metalʊrˈgiː] <-> *f* métallurgie *f*
metallurgisch [metaˈlʊrgɪʃ] *Adj* Betrieb métallurgique; *Analyse, Untersuchung* métallographique
metallverarbeitend *s.* Metall
Metamorphose [metamɔrˈfoːzə] <-, -n> *f geh* métamorphose *f*
Metapher [meˈtafɐ] <-, -n> *f* métaphore *f*
Metaphorik [metaˈfoːrɪk] <-> *f* procédés *mpl* métaphoriques
metaphorisch [metaˈfoːrɪʃ] *Adj* métaphorique
Metaphysik [metafyˈziːk] *f* métaphysique *f*
metaphysisch [metaˈfyːzɪʃ] *Adj* métaphysique
Metasprache *f* métalangue *f*
Metastase [metaˈstaːzə] <-, -n> *f* métastase *f*
Meteor [meteˈoːɐ] <-s, -e> *m* météore *m*
Meteorit [meteoˈriːt] <-en o -s, -e[n]> *m* météorite *m*
Meteorologe [meteoroˈloːgə] <-n, -n> *m,* **Meteorologin** *f* météorologue *mf*
Meteorologie [meteoroloˈgiː] <-> *f* météorologie *f*
meteorologisch [meteoroˈloːgɪʃ] *Adj* météorologique
Meter [ˈmeːtɐ] <-s, -> *m o nt* mètre *m;* **zwei ~ groß sein** faire deux mètres; **zwei ~ hoch sein** faire deux mètres de haut[eur]; **etw in ~ umrechnen** convertir qc en mètres; **der laufende ~** le mètre courant

meterdick *Adj (einen Meter/mehrere Meter dick)* épais(se) d'un mètre/de plusieurs mètres; **~ sein** faire un mètre/plusieurs mètres d'épaisseur **meterhoch** I. *Adj (einen Meter/mehrere Meter hoch)* haut(e) d'un mètre/de plusieurs mètres; **~ sein** faire un mètre/plusieurs mètres de hauteur II. *Adv* **sich ~ auftürmen** se dresser sur plusieurs mètres **meterlang** *Adj (einen Meter/mehrere Meter lang)* long(longue) d'un mètre/de plusieurs mètres; **~ sein** faire un mètre de long/avoir une longueur de plusieurs mètres **Metermaß** *nt* ❶ *(Bandmaß)* mètre *m* [à] ruban ❷ *(Zollstock)* mètre *m* pliant **Meterware** *f* marchandise *f* [vendue] au mètre **meterweise** *Adv* verkaufen au mètre **meterweit** I. *Adj* ❶ *(einen Meter weit)* d'un mètre de large; **~ sein** faire un mètre de large ❷ *(mehrere Meter weit)* de plusieurs mètres; **~ sein** faire plusieurs mètres II. *Adv* **~ leuchten/strahlen** porter à plusieurs mètres; **~ danebenschießen** *Fußballspieler:* taper très loin du but
Methadon [metaˈdoːn] <-s> *nt* PHARM méthadone *f*
Methan [meˈtaːn] <-s> *nt,* **Methangas** *nt kein Pl* méthane *m*
Methanol [metaˈnoːl] <-s> *nt* méthanol *m*
Methode [meˈtoːdə] <-, -n> *f* ❶ *(Verfahren)* méthode *f*
❷ *Pl (Vorgehensweise)* méthodes *fpl;* **was sind denn das für ~n?** en voilà des façons!
▸ **~ haben** *fam* être calculé(e); **mit ~** avec méthode
Methodik [meˈtoːdɪk] <-, -en> *f einer Wissenschaft* méthodologie *f*
methodisch I. *Adj* Verfahrensweise, Vorgehensweise méthodique; Problem, Unterschied méthodologique
II. *Adv* vorbereiten, vorgehen méthodiquement
Methodist(in) [metoˈdɪst] <-en, -en> *m(f)* méthodiste *mf*
methodistisch *Adj* méthodiste
Methodologie [metodoloˈgiː] <-, -n> *f* méthodologie *f*
Methusalem [meˈtuːzalɛm] <-s> *m* ▸ [**so**] **alt wie ~** vieux(vieille) comme Mathusalem
Methyl [meˈtyːl] <-s> *nt* CHEM méthyle *m*
Methylalkohol [meˈtyːl-] *m* alcool *m* méthylique, méthanol *m*
Metier [meˈtieː] <-s, -s> *nt* métier *m;* **sein ~ beherrschen, sich auf sein ~ verstehen** connaître son métier
Metrik [ˈmeːtrɪk] <-, -en> *f* POES, MUS métrique *f*
metrisch [ˈmeːtrɪʃ] *Adj* POES, MUS, MATH métrique
Metro [ˈmeːtro] <-, -s> *f* métro *m*
Metronom [metroˈnoːm] <-s, -e> *nt* métronome *m*
Metropole [metroˈpoːlə] <-, -n> *f* ❶ *geh (Hauptstadt)* capitale *f*
❷ *(Zentrum)* métropole *f;* **Mailand, die ~ der italienischen Mode** Milan, la métropole de la mode italienne
Metropolit [metropoˈliːt] <-en, -en> *m* REL métropolite *m*
metrosexuell *Adj* métrosexuel(le)
Metrum [ˈmeːtrʊm] <-s, Metren o Metra> *nt* POES mètre *m*
Mett [mɛt] <-[e]s> *nt* DIAL ≈ chair *f* à saucisse
Mette [ˈmɛtə] <-, -n> *f* ❶ *(Mitternachtsmesse)* messe *f* de minuit
❷ *(Frühmesse)* matines *fpl*
Mettwurst *f* DIAL sorte de pâté à tartiner conservée sous forme de saucisse
Metzelei [mɛtsəˈlaɪ] <-, -en> *f pej* boucherie *f*
Metzger(in) [ˈmɛtsgɐ] <-s, -> *m(f)* DIAL boucher(-ère) *m(f);* (*für Wurstwaren*) charcutier(-ière) *m(f)*
Metzgerei [mɛtsgəˈraɪ] <-, -en> *f* DIAL boucherie *f;* (*für Wurstwaren*) charcuterie *f*
Meuchelmord [ˈmɔɪçəl-] *m pej* assassinat *m* **Meuchelmörder(in)** *m(f) pej* tueur(-euse) *m(f)*
meucheln *tr V geh* assassiner
Meute [ˈmɔɪtə] <-, -n> *f a. pej* meute *f*
Meuterei [mɔɪtəˈraɪ] <-, -en> *f* mutinerie *f*
Meuterer <-s, -> *m* mutin *m*
meutern [ˈmɔɪtɐn] *itr V* ❶ *(sich auflehnen)* se mutiner; **gegen jdn/etw ~** se mutiner contre qn/qc; **die ~den Matrosen** les mutins *mpl*
❷ *fam (meckern)* rouspéter *(fam)*
Mexikaner(in) [mɛksiˈkaːnɐ] <-s, -> *m(f)* Mexicain(e) *m(f)*
mexikanisch *Adj* mexicain(e)
Mexiko [ˈmɛksiko] <-s> *nt* le Mexique
MEZ [ɛmʔɛˈtsɛt] *Abk von* **mitteleuropäische Zeit** heure *f* d'Europe centrale
Mezzosopran [ˈmɛtsozopraːn] *m* ❶ *(Stimme, Stimmlage)* mezzo-soprano *m*
❷ *(Sängerin)* mezzo-soprano *f*
MFG [ɛmʔɛfˈgeː] <-, -s> *f Abk von* **Mitfahrgelegenheit** possibilité *f* de covoiturage
MfS [ɛmʔɛfˈʔɛs] <-> *nt Abk von* **Ministerium für Staatssicherheit** HIST services de Sécurité de l'ex-R.D.A.
mg *Abk von* **Milligramm** mg
MG [ɛmˈgeː] <-[s], -[s]> *nt Abk von* **Maschinengewehr** mitrailleuse *f*
mhd. *Abk von* **mittelhochdeutsch**
MHz *Abk von* **Megahertz** MHz
miau [miˈaʊ] *Interj* miaou

miauen* *itr V* miauler; **das Miauen** le[s] miaulement[s]

mich [mɪç] **I.** *Pron pers, Akk von* **ich**: **ohne/für ~** sans/pour moi; **er sieht/beobachtet ~** il me voit/m'observe; **sie hat ~ angesehen** elle m'a regardé(e); **ich finde, das geht ~ nichts an** je trouve que ça ne me regarde pas; **du warst nicht gemeint, er hat ~ angesprochen** ce n'était pas à toi qu'il adressait la parole, c'était à moi; **sieh ~ an!** regarde-moi!; **ist das für ~?** c'est pour moi? **II.** *Pron refl* **ich wasche ~** je me lave; **ich ziehe ~ an** je m'habille; **ich schäme ~** j'ai honte; **ich habe ~ entschuldigt** je me suis excusé(e); **ich habe ~ verändert** j'ai changé

Michel ['mɪçəl] <-s> *m* ▸ **der deutsche ~** figure emblématique de l'Allemand moyen

Michelangelo [mike'landʒelo] <-s> *m* HIST Michel-Ange

mick[e]rig *Adj pej fam Kerl* maigrichon(ne) *(fam)*; *Pflanze* rabougri(e); *Summe, Trinkgeld* minable *(fam)*

Mickymaus ['mɪkimaʊs] *f* Mickey *m*

Mickymausheft *nt* Mickey *m*

Midlifecrisis^{RR}, **Midlife-Crisis**^{RR} ['mɪdlaɪf'kraɪsɪs] <-> *f* crise *f* de la quarantaine

mied [miːt] *Imp von* **meiden**

Mieder ['miːdɐ] <-s, -> *nt* ❶ *von Trachtenkleidern* corselet *m* ❷ *(Korsett)* corset *m*

Miederhöschen [-høːsçən] *nt* gaine-culotte *f* **Miederwaren** *Pl* corsets et lingerie fine

Mief [miːf] <-[e]s> *m pej fam* ❶ *(Geruch von verbrauchter Luft)* odeur *f* de renfermé *(péj)*; *(Abgasmief)* air *m* vicié ❷ *(Beengtheit) einer Kleinstadt* fadeur *f*

miefen *itr V pej fam* [s]chlinguer *(fam)*

Miene ['miːnə] <-, -n> *f* mine *f*; **mit freundlicher ~** d'un air sympathique; **eine finstere ~ machen** [o **aufsetzen**] prendre une mine austère
▸ **gute ~ zum bösen Spiel machen** faire contre mauvaise fortune bon cœur; **~ machen etw zu tun** faire mine de faire qc; **keine ~ verziehen** ne laisser rien paraître

Mienenspiel *nt* mimique *f*

mies [miːs] *Adj fam* ❶ *Person, Essen, Wetter* dégueulasse *(fam)*; *Unterkunft* minable *(fam)* ❷ *(krank)* **sich ~ fühlen** se sentir patraque *(fam)*

Miese ['miːzə] *Pl fam* ▸ **in die ~n kommen** aller se foutre dans le rouge *(fam)*; **~ machen** boire un bouillon *(fam)*; **in den ~n sein** être dans le rouge

Miesepeter ['miːzəpeːtɐ] <-s, -> *m fam* grincheux(-euse) *m(f)*

miesepet[e]rig *Adj* **I.** *Adj* renfrogné(e) **II.** *Adv* schauen, antworten en ronchonnant

mies|machen *tr V fig fam* **jdn/etw ~** débiner qn/qc *(fam)*; **jdm etw ~** gâcher qc à qn *(fam)*

Miesmacher(in) *m(f) pej fam* rabat-joie *m*

Miesmuschel *f* moule *f*

Mietbeihilfe *f* allocation *f* [de] logement

Miete ['miːtə] <-, -n> *f (Wohnungsmiete)* loyer *m*; **zur ~ wohnen** être locataire
▸ **das ist schon die halbe ~** *fam* c'est déjà la moitié de fait(e)

Mieteinkünfte *Pl* revenu *m* locatif

mieten ['miːtən] *tr V* louer

Mieter(in) <-s, -> *m(f)* locataire *mf*

Mieterhöhung *f* hausse *f* de loyer

Mieterschutz *m* défense *f* des locataires **Mieterschutzgesetz** *nt* législation *f* sur la défense des locataires **Mieterverein** *m* association *f* de locataires

mietfrei I. *Adj* [avec logement] gratuit; **~ es Wohnen** logement *m* gratuit, gratuité *f* du logement **II.** *Adv* **wohnen** sans payer de loyer

Mietpartei *f form* locataire *mf* **Mietpreis** *m* prix *m* de location

Mietrecht *nt* droit *m* locatif

Mietshaus *nt* immeuble *m* locatif **Mietskaserne** *f pej* cage *f* à lapins *(péj)*

Mietspiegel *m* indice *m* officiel [du prix] des loyers **Mietvertrag** *m* contrat *m* [o bail *m*] de location; **jährlich kündbarer ~** bail *m* résiliable annuellement; **einen ~ abschließen/aufkündigen** signer/résilier un bail **Mietwagen** *m* voiture *f* de location **Mietwert** *m* ÖKON valeur *f* locative **Mietwohnung** *f* [logement *m* en] location *f* **Mietwucher** *m* niveau *m* abusif de loyer

Mieze ['miːtsə] <-, -n> *f* ❶ *fam (Katze)* minou *m (fam)* ❷ *sl (Mädchen)* minette *f (fam)*

Miezekatze *f Kinderspr.* minou *m (fam)*

Migräne [mi'grɛːnə] <-, -n> *f* migraine *f*; **~ bekommen/haben** attraper qn/avoir la migraine

Migrant(in) [mi'grant] <-en, -en> *m(f)* SOZIOL, POL migrant(e) *m(f)*

Migration [migra'tsioːn] <-, -en> *f* SOZIOL, POL migration *f*

Migrationshintergrund *m* origine *f* migratoire; **eine Familie mit ~** une famille d'origine étrangère, une famille issue de l'immigration

Mikado [mi'kaːdo] <-s, -s> *nt* mikado *m*; **~ spielen** jouer aux mikados

Mikro ['miːkro] <-s, -s> *nt fam Abk von* **Mikrofon** micro *m*

Mikrobe [mi'kroːbə] <-, -n> *f* microbe *m*

Mikrobiologie *f* microbiologie *f* **Mikrochip** ['miːkrotʃɪp] <-s, -s> *m* INFORM puce *f* **Mikrochirurgie** *f* microchirurgie *f* **Mikrocomputer** [-kɔm'pjuːtɐ] *m* micro[-]ordinateur *m* **Mikroelektronik** *f* microélectronique *f* **Mikrofaser** *f* microfibre *f* **Mikrofiche** ['miːkrofiːʃ, mikro'fiːʃ] <-s, -s> *m o nt* microfiche *f* **Mikrofilm** ['miːkro-] *m* microfilm *m* **Mikrofon** [mikro'foːn] <-s, -e> *nt* microphone *m* **Mikrokosmos** *m a. fig* microcosme *m* **Mikrometer** <-s, -> *nt* micromètre *m*

Mikronesien [mikro'neːziən] <-s> *nt* la Micronésie

Mikronesier(in) [mikro'neːziɐ] <-s, -> *m(f)* Micronésien(ne) *m(f)*

mikronesisch *Adj* micronésien(ne)

Mikroorganismus *m* micro[-]organisme *m* **Mikrophon** [mikro'foːn] *s.* **Mikrofon** **Mikroprozessor** *m* INFORM microprocesseur *m*

Mikroskop [mikro'skoːp] <-s, -e> *nt* microscope *m*

Mikroskopie [mikrosko'piː] <-> *f* microscopie *f*

mikroskopisch [mikro'skoːpɪʃ] **I.** *Adj* microscopique **II.** *Adv* ❶ *(mit dem Mikroskop)* au microscope ❷ *(äußerst)* **~ klein** microscopique

Mikrowelle *f* ❶ PHYS micro-onde *f* ❷ *fam (Herd)* micro-ondes *m* **Mikrowellenherd** *m* four *m* à micro-ondes

Milan ['miːlan, mi'laːn] <-s, -e> *m* milan *m*

Milbe ['mɪlbə] <-, -n> *f* acarien *m*

Milch [mɪlç] <-> *f (Tiermilch, Muttermilch, Pflanzensaft)* lait *m*; **~ geben** donner du lait

Milchbar *f* milk-bar *m* **Milchbart** *m (unerfahrener Mann)* jouvenceau *m* **Milchbrötchen** *nt* petit pain *m* au lait **Milchdrüse** *f* glande *f* mammaire **Milcheis** *nt* glace *f* au lait **Milchflasche** *f* ❶ *(Flasche für Milch)* bouteille *f* à lait ❷ *(Babyfläschchen)* biberon *m* **Milchgebiss**^{RR} *nt* ANAT dents *fpl* de lait **Milchgeschäft** *nt* crémerie *f* **Milchglas** *nt* verre *m* opale

milchig ['mɪlçɪç] *Adj Glas, Glasscheibe* opale; *Lotion, Flüssigkeit* laiteux(-euse); **sich ~ verfärben** prendre une teinte laiteuse

Milchkaffee *m* café *m* au lait **Milchkännchen** [-kɛnçən] *nt* petit pot *m* de lait **Milchkanne** *f* bidon *m* à lait **Milchkuh** *f* [vache *f*] laitière *f* **Milchmädchenrechnung** *f pej fam* calcul *m* simpliste **Milchmann** <-männer>, *m*, **-frau** *f fam* laitier(-ière) *m(f)* **Milchmixgetränk** *s.* **Milchshake** **Milchprodukt** *nt* produit *m* laitier **Milchpulver** [-fɐ, -və] *nt* lait *m* en poudre **Milchreis** *m* riz *m* au lait **Milchsäure** *f* acide *m* lactique **Milchsäurebakterie** *f* lactobacille *m* **Milchschokolade** *f* chocolat *m* au lait **Milchschorf** *m* MED croûtes *fpl* de lait **Milchshake** [-ʃeːk] <-s, -s> *m* milk-shake *m* **Milchstraße** *f* ASTRON Voie *f* lactée **Milchstraßensystem** *nt kein Pl* ASTRON galaxie *f* **Milchsuppe** *f* soupe *f* au lait **Milchtopf** *m* casserole *f* à lait **Milchtüte** *f* brique *f* de lait **Milchwirtschaft** *f* ❶ ÖKON industrie *f* laitière ❷ *(Betrieb)* laiterie *f* **Milchzahn** *m* dent *f* de lait

Milchzucker *m kein Pl* BIO lactose *f*

mild[e] I. *Adj* ❶ *Klima, Herbst, Licht, Shampoo* doux(douce) ❷ *(nicht würzig)* **~ im Geschmack** doux(douce) au goût; **~ schmecken** être doux(douce) au goût ❸ *(nachsichtig) Prüfer, Richter, Beurteilung, Worte* indulgent(e); *Urteil* clément(e)
II. *Adv* ❶ **~ gewürzt** peu épicé(e) ❷ *(nachsichtig)* **jdn ~ [e] stimmen** mettre qn d'humeur clémente; **das Urteil fiel ~[e] aus** le verdict fut clément
▸ **~ e ausgedrückt** [o **gesagt**] pour ne pas dire plus

Milde ['mɪldə] <-> *f* ❶ *(des Klimas, eines Geschmacks)* douceur *f* ❷ *(Nachsichtigkeit)* clémence *f*; **~ walten lassen** *geh* se montrer clément(e)

mildern ['mɪldɐn] **I.** *tr V* ❶ adoucir *Geschmack, Geruch* ❷ *(abschwächen)* commuer *Strafmaß*; **sein Urteil ~** modérer son jugement ❸ *(lindern)* atténuer *Not, Leid, Armut* **II.** *rV* **sich ~** *Schmerzen, Wut*: s'atténuer; *Wetter*: se radoucir

Milderung <-> *f* ❶ *(das Mildern) eines Strafmaßes, Urteils* atténuation *f*; *der Not, Armut, Schmerzen* soulagement *m*; **zur ~ des Leids dieser Kinder** pour soulager les souffrances de ces enfants ❷ METEO radoucissement *m*

mildtätig *Adj geh Person* charitable; *Organisation* caritatif(-ive); **~ sein** *Person*: être charitable **Mildtätigkeit** *f geh* charité *f*

Milieu [mi'ljøː] <-s, -s> *nt* ❶ *(soziales Umfeld)* milieu *m*; **das häusliche ~ eines Kindes** le contexte familial d'un enfant ❷ *(Lebensraum)* milieu *m* [naturel] ❸ *(Prostitutionsszene)* milieu *m* [de la prostitution]

milieugeschädigt *Adj* marqué(e) par son environnement social **Milieustudie** *f* étude *f* de milieu

militant [mili'tant] *Adj Anhänger, Demonstrant, Gesinnung* combatif(-ive); *Gruppe, Organisation* activiste

Militär¹ [mili'tɛːɐ] <-s> *nt* ❶ *(Soldaten)* militaires *mpl*; **gegen die Demonstranten [das] ~ einsetzen** faire intervenir l'armée contre

les manifestants
❷ *(Armee)* armée *f*; **zum ~ gehen** s'engager dans l'armée; **beim ~ sein** être à l'armée
Militär² <-s, -s> *m* officier *m* de carrière
Militärakademie *f* académie *f* militaire **Militärarzt** *m*, **-ärztin** *f* médecin *m* militaire **Militärattaché** *m* attaché(e) *m(f)* militaire **Militärbündnis** *nt* alliance *f* militaire **Militärdienst** *m kein Pl* service *m* militaire **Militärdiktatur** *f* dictature *f* militaire **Militärgericht** *nt* tribunal *m* militaire; **vor ein ~ gestellt werden** être traduit(e) devant un tribunal militaire
militärisch [mili'tɛ:rɪʃ] I. *Adj* militaire
II. *Adv* militairement; **~ grüßen** faire le salut militaire; **dort geht es ~ zu** il règne là-bas une discipline militaire
militarisieren* *tr V* militariser
Militarisierung [militari'zi:rʊŋ] <-> *f* militarisation *f*
Militarismus [milita'rɪsmʊs] <-> *m* militarisme *m*
Militarist(in) [milita'rɪst] <-en, -en> *m(f)* militariste *mf*
militaristisch *Adj* militariste
Militärjunta *f* junte *f* militaire **Militärkapelle** *f* fanfare *f* militaire **Militärpolizei** *f* police *f* militaire **Militärputsch** *m* putsch *m* militaire **Militärregierung** *f* gouvernement *m* militaire **Militärstützpunkt** *m* position *f* stratégique de défense **Militärzeit** *f* temps *m* du service militaire
Miliz [mi'li:ts] <-, -en> *f (Polizeiverband)* milice *f*
Mill. *Abk von* Million[en] M
Mille ['mɪlə] <-, -> *nt fam* mille *m*; **zehn ~** dix mille euros
Millennium [mɪ'lɛniʊm, *Pl:* mɪ'lɛniən] <-s, -ien> *nt geh* millénaire *m*
Milliardär(in) [mɪljar'dɛ:ɐ] <-s, -e> *m(f)* milliardaire *mf*
Milliarde [mɪ'ljardə] <-, -n> *f* milliard *m*
Milliardenbetrag *m (Betrag von einer Milliarde/mehreren Milliarden)* montant *m* d'un milliard/de plusieurs milliards **Milliardenhöhe** *f* montant *m* d'un milliard; **in ~** *(in Höhe einer Milliarde/mehreren Milliarden)* d'un montant d'un milliard/de plusieurs milliards **milliardenschwer** *Adj* ❶ *(mehr als eine Milliarde wert seiend/kostend)* qui vaut plus d'un milliard ❷ *(mehr als eine Milliarde besitzend)* milliardaire
milliardstel [mɪ'ljartstəl] *Adj* **ein ~ Kilogramm** un milliardième de kilogramme; **eine ~ Sekunde** un milliardième de seconde
Milliardstel <-s, -> *nt* milliardième *m*
Millibar [mɪli'ba:ɐ] *nt* METEO millibar *m* **Milligramm** [mɪli'gram] *nt* milligramme *m* **Milliliter** *m* millilitre *m* **Millimeter** [mɪli'me:tɐ] *m o nt* millimètre *m* **Millimeterpapier** *nt* papier *m* millimétré
Million [mɪ'lio:n] <-, -en> *f* million *m*; **~en Mal** des millions de fois; **in die ~en gehen** atteindre des millions
▸ **~en und Abermillionen** des millions et des millions
Millionär(in) [mɪljo'nɛ:ɐ] <-s, -e> *m(f)* millionnaire *mf*
Millionenauflage *f* tirage *m* d'un million d'exemplaires **Millionenbetrag** *m (Betrag von einer Million)* montant *m* d'un million; *(Betrag von mehreren Millionen)* montant de plusieurs millions **millionenfach** I. *Adj* de plusieurs millions de fois; **eine ~e Vergrößerung** un grossissement de plusieurs millions de fois; **~es Leid** misère *f* incommensurable II. *Adv* des millions de fois **Millionengeschäft** *nt* affaire *f* de plusieurs millions **Millionengewinn** *m* ❶ *(Profit von einer Million)* bénéfice *m* d'un million; *(Profit von mehreren Millionen)* bénéfice de plusieurs millions ❷ *(Lotteriegewinn von einer Million)* gain *m* d'un million; *(Lotteriegewinn von mehreren Millionen)* gain de plusieurs millions **Millionenhöhe** *f* montant *m* d'un million; **in ~** *(in Höhe einer Million)* d'un montant d'un million; *(in Höhe mehrerer Millionen)* d'un montant de plusieurs millions
millionenmal *s.* Million
Millionenschaden *m (in Höhe einer Million)* dégâts *mpl* se chiffrant à un million; *(in Höhe mehrerer Millionen)* dégâts se chiffrant à plusieurs millions **millionenschwer** *Adj fam* **Erbin, Industrieller** riche à millions; *Hinterlassenschaft* qui se chiffre en millions **Millionenstadt** *f* ville *f* de plus d'un million d'habitants
millionste(r, s) *Adj* millionième
millionstel *Adj* **ein ~ Kilogramm** un millionième de kilogramme; **eine ~ Sekunde** un millionième de seconde
Millionstel <-s, -> *nt* millionième *m*
Milz [mɪlts] <-, -en> *f* rate *f*
Milzbrand *m kein Pl* MED [maladie *f* du] charbon *m*
mimen ['mi:mən] *tr V fam (vortäuschen)* simuler; **Interesse ~** faire semblant d'être intéressé(e); **den Ahnungslosen/die Ahnungslose ~** faire celui(celle) qui ne sait rien; **den Unschuldigen/die Unschuldige ~** faire l'innocent(e)
Mimik ['mi:mɪk] <-> *f* mimique *f*
Mimikry ['mɪmikri] <-> *f* mimétisme *m*
mimisch ['mi:mɪʃ] I. *Adj* mimique
II. *Adv* par le mime
Mimose [mi'mo:zə] <-, -n> *f* ❶ BOT mimosa *m*

❷ *pej (empfindlicher Mensch)* **eine ~ sein** être d'une sensibilité exacerbée
mimosenhaft *pej* I. *Adj* hypersensible
II. *Adv* de façon hypersensible
min., **Min.** *Abk von* Minute[n] mn
Minarett [mina'rɛt] <-s, -e> *nt* minaret *m*
minder ['mɪndɐ] *Adv* moins; **diese Angelegenheit ist nicht ~ gefährlich** cette affaire n'est pas moins dangereuse
minderbegabt *Adj* moins doué(e) **minderbemittelt** *Adj* ❶ *geh (arm)* peu fortuné(e) ❷ *pej fam* **geistig ~** intellectuellement limité(e) *(péj)*
mindere(r, s) *Adj attr* moindre; **von ~r Qualität sein** être de moindre qualité
Minderheit <-, -en> *f* minorité *f*; **in der ~ sein** être minoritaire
Minderheitenschutz *m* protection *f* des minorités
Minderheitsregierung *f* gouvernement *m* minoritaire
minderjährig *Adj* mineur(e)
Minderjährige(r) *f(m) dekl wie Adj* mineur(e) *m(f)*
Minderjährigkeit <-> *f* minorité *f*
mindern ['mɪndɐn] *geh* I. *tr V* réduire; **den Wert um zehn Prozent ~** réduire la valeur de dix pour cent
II. *r V* **sich ~** diminuer
Minderung <-, -en> *f geh* réduction *f*
minderwertig *Adj* ❶ *Material, Produkt* de moindre qualité ❷ *fig* **sich ~ fühlen** se sentir inférieur(e) **Minderwertigkeit** <-> *f* mauvaise qualité *f*
Minderwertigkeitsgefühl *nt* sentiment *m* d'infériorité; **~e haben** avoir le sentiment d'être inférieur(e) **Minderwertigkeitskomplex** *m* complexe *m* d'infériorité; **~e/einen ~ haben** faire un complexe d'infériorité
Minderzahl *f* minorité *f*; **in der ~ sein** être en minorité
Mindestalter *nt* âge *m* minimum **Mindestanforderung** *f* exigence *f* minimale **Mindestarbeitszeit** *f* temps *m* de travail minimum **Mindestbetrag** *m* montant *m* minimum
mindeste(r, s) *Adj* **der/die/das ~ ...** le/la moindre ...; **nicht die ~ Ahnung haben** ne pas avoir la moindre idée; **von Malerei verstehe ich nicht das Mindeste** je ne comprends rien à la peinture; **das wäre das Mindeste gewesen** ce serait la moindre des choses
▸ **nicht im Mindesten** pas le moins du monde; **Ihr Vorwurf trifft nicht im Mindesten zu** votre reproche n'est absolument pas fondé; **zum Mindesten** au moins
Mindesteinkommen *nt* revenu *m* minimum
mindestens ['mɪndəstəns] *Adv* au moins
Mindestgeschwindigkeit *f* vitesse *f* minimum [*o* minimale] **Mindestgewicht** *nt* poids *m* minimum **Mindesthaltbarkeitsdatum** *nt* date *f* limite de conservation **Mindestlohn** *m* salaire *m* minimum; **berufsunabhängiger ~** salaire minimum interprofessionnel; **garantierter** [*o* **gesetzlicher**] **~** salaire minimum garanti; *(in Frankreich)* salaire minimum interprofessionnel de croissance, S.M.I.C. *m* **Mindestmaß** *nt* strict minimum *m*; **ein ~ an Höflichkeit/gutem Willen** un minimum de politesse/bonne volonté **Mindeststrafe** *f* peine *f* minimum [*o* minimale]
Mine ['mi:nə] <-, -n> *f* mine *f*
Minenfeld *nt* champ *m* de mines **Minenleger** <-s, -> *m* mouilleur *m* de mines
Mineral [mine'ra:l] <-s, -e *o* -ien> *nt* minéral *m*
Mineralbad *nt (Kurort)* ville *f* d'eaux, station *f* thermale **Mineraldünger** *m* engrais *m* minéral
mineralisch *Adj* minéral(e)
Mineraloge [minera'lo:gə] <-n, -n> *m*, **Mineralogin** *f* minéralogiste *mf*
Mineralogie [mineralo'gi:] <-> *f* minéralogie *f*
mineralogisch [minera'lo:gɪʃ] *Adj* minéralogique
Mineralöl *nt* huile *f* minérale
Mineralölerzeugnis *nt* produit *m* pétrolier **Mineralölgesellschaft** *f* compagnie *f* pétrolière **Mineralölsteuer** *f* taxe *f* sur les produits pétroliers
Mineralquelle *f* source *f* d'eau minérale **Mineralsalz** *nt* sel *m* minéral **Mineralstoffe** *Pl* sels *mpl* minéraux **Mineralwasser** *nt* eau *f* minérale

---

Land und Leute

En Autriche, il est courant de boire de l'eau du robinet. En Allemagne et en Suisse, c'est plutôt rare : on achète dans des magasins spécialisés dans la vente de boissons de la **Mineralwasser** en bouteille. Cette eau contient différents sels minéraux et est en général gazeuse.

Minerva [mi'nɛrva] <-s> *f* MYTH Minerve *f*
mini ['mɪni] *Adj unv* mini
Mini ['mɪni, 'mini] <-s, -s> *m fam* minijupe *f*; **~ tragen** s'habiller mini *(fam)*
Miniatur [minia'tu:ɐ] <-, -en> *f* miniature *f*

Miniaturausgabe f reproduction f miniature; *(Buch)* édition f miniature
Minibar ['mɪni-] f minibar m **Minigolf** nt minigolf m **Minijob** m emploi m à bas salaire *(rémunéré par un salaire non imposable de 400 euros maximum)* **Minikleid** nt minirobe f
Minima Pl von **Minimum**
minimal [mini'ma:l] I. Adj minime; etw ~ **halten** maintenir qc à des proportions minimes
II. Adv dans des proportions minimes; **sich nur ~ unterscheiden** ne différer que de façon minime
Minimalforderung f exigence f minimale **Minimalkonsens** m consensus m minimal **Minimalsatz** m ÖKON tarif m minimal **Minimalwert** m valeur f minimale
minimieren * tr V geh minimiser; etw ~ réduire qc au strict minimum
Minimierung <-, -en> f geh réduction f au strict minimum
Minimum ['mi:nimʊm, Pl: 'mi:nima] <-s, Minima> nt ❶ geh *(Mindestmaß)* [strict] minimum m; **ein ~ an Leistung/guter Mitarbeit** un minimum de rendement/bonne collaboration
❷ METEO *(niedrigster Wert)* minimum m
Minipille f fam micropilule f **Minirock** m minijupe f
Minister(in) [mi'nɪstɐ] <-s, -> m(f) ministre mf; **der ~/die ~in für Landwirtschaft** le/la ministre de l'Agriculture; **~ ohne Geschäftsbereich** ministre sans portefeuille; **Frau ~in, gestatten Sie eine Frage** Madame la ministre, permettez-moi de vous poser une question; **die Frau ~in persönlich** Madame la ministre en personne
Ministeramt nt POL ministère m
Ministerialbeamte(r) m dekl wie Adj, **Ministerialbeamtin** f fonctionnaire mf au ministère **Ministerialdirektor(in)** m(f) chef mf de division au ministère **Ministerialrat** [mɪnɪsteri'a:lra:t] m, **-rätin** f conseiller(-ière) m(f) ministériel(le)
ministeriell [mɪnɪsteri'ɛl] Adj attr ministériel(le)
Ministerium [mɪnɪs'te:riʊm] <-s, -rien> nt ministère m
Ministerkonferenz f conférence f ministérielle **Ministerpräsident(in)** m(f) ministre-président(e) m(f)

Land und Leute

Le **Ministerpräsident** est le chef du gouvernement d'un Land allemand. En Autriche, c'est le *Landeshauptmann*. Le chef du gouvernement d'un canton suisse s'appelle le *Kantonalpräsident*.

Ministerrat m Conseil m des ministres
Ministrant(in) [mɪnɪs'trant] <-en, -en> m(f) REL enfant mf de chœur
Minna ['mɪna] <-> f ▸ **die grüne ~** veraltet fam le panier à salade *(fam)*; **jdn zur ~ machen** fam remonter les bretelles à qn *(fam)*
Minne ['mɪnə] <-> f amour m courtois
Minnelied nt LITER chanson f d'amour courtois **Minnesang** ['mɪnəzaŋ] <-[e]s> m *(Dichtung)* poésie f courtoise **Minnesänger** m ≈ troubadour m
Minorität [minori'tɛ:t] s. **Minderheit**
minus ['mi:nʊs] I. Präp + Gen en moins; **tausend Euro ~ Mehrwertsteuer** mille euros en moins de TVA
II. Konj MATH moins; **fünf ~ zwei** cinq moins deux; **x gleich ~ drei** x égal moins trois
III. Adv ❶ *(unter Null)* moins; **einige Grad ~** quelques degrés en dessous de zéro
❷ ELEC **von plus nach ~ fließen** Strom: aller du plus au moins
Minus <-> nt ❶ déficit m; **im ~ stehen** être à découvert
❷ *(Manko)* point m négatif
❸ *(Minuszeichen)* [signe m] moins m
Minuspol m ❶ ELEC pôle m négatif ❷ PHYS pôle m magnétique négatif **Minuspunkt** m ❶ *(Strafpunkt)* pénalité f ❷ *(Manko)* point m négatif **Minustemperatur** f température f négative **Minuszeichen** nt signe m moins
Minute [mi'nu:tə] <-, -n> f minute f; **es ist zehn ~n nach/vor acht** il est huit heures dix/moins dix; **in letzter ~** à la dernière minute; **auf die ~ [genau]** à l'heure pile; **hast du mal eine ~ Zeit?** tu as une minute?
▸ **es ist fünf ~n vor zwölf** il est midi/minuit moins cinq; fig il est moins une
minutenlang I. Adj attr de plusieurs minutes
II. Adv *[pendant]* plusieurs minutes
Minutenzeiger m grande aiguille f
minutiös [minu'tsiø:s], **minuziös** geh I. Adj minutieux(-euse)
II. Adv minutieusement
Minze ['mɪntsə] <-, -n> f menthe f
Mio. Abk von **Million[en]** million[s]
mir [mi:ɐ] I. Pron pers, Dat von **ich mit ~** avec moi; **hinter/vor ~** derrière/devant moi; **er folgt/hilft ~** il me suit/m'aide; **dieses Fahrrad gehört ~** c'est mon vélo; **er ist ein Freund von ~** il est un de mes amis; **sie hatte ~ etwas mitgebracht** elle m'avait apporté quelque chose; **es geht ~ heute besser** je vais mieux aujourd'hui; **das wird ~ gut tun** ça me fera du bien; **das ist ~ egal** ça m'est égal; **kannst du ~ zehn Euro leihen?** peux-tu me prêter dix euros?; **sag es mir!** dis-le-moi!; **gib ~ sofort meine Schlüssel zurück!** rends-moi immédiatement mes clés!; **dass ihr ~ brav seid!** fam et tâchez d'être sages!
▸ **von ~ aus!** fam j'ai rien contre! *(fam)*; **und das ~ ~!** pourquoi a-t-il fallu que ça m'arrive?; **~ nichts, dir nichts** fam comme ça
II. Pron refl **ich wasche ~ die Haare** je me lave les cheveux; **ich werde ~ einen Pulli anziehen** je vais mettre un pull; **ich stelle ~ vor, wie ...** j'imagine comment ...
Mirabelle [mira'bɛla] <-, -n> f ❶ *(Frucht)* mirabelle f
❷ *(Baum)* mirabellier m
Misanthrop(in) [mizan'tro:p] <-en, -en> m(f) geh misanthrope mf
Mischarbeitsplatz m poste m de travail multifonctionnel **Mischbatterie** f mitigeur m **Mischbrot** nt pain m bis **Mischehe** f couple m mixte
mischen ['mɪʃən] I. tr V ❶ *(vermengen)* mélanger; **Saft mit Wasser ~** mélanger du jus de fruit avec de l'eau; **verschiedene Farben [miteinander] ~** mélanger différentes couleurs [ensemble]
❷ *(hineinmischen)* **etw unter** [o **in**] **den Teig ~** mélanger qc à [o dans] la pâte; **jdm Gift ins** [o **unter das**] **Essen ~** mettre du poison dans le repas de qn
❸ *(herstellen)* préparer; **etw aus verschiedenen Zutaten ~** préparer qc à partir de différents ingrédients
❹ KARTEN mélanger
II. tr V ❶ *(sich vermischen)* **sich** [gut/nicht gut] **~** Flüssigkeiten, Substanzen: se mélanger [bien/mal]
❷ *(sich begeben)* **sich unter die Menge/die Zuschauer ~** se mêler à la foule/aux spectateurs
❸ *(sich einmischen)* **sich in etw** (Akk) **~** se mêler de qc; s. a. **gemischt**
Mischform f mélange m; ~ **aus etw und etw** (Dat) mélange de qc et de qc **Mischfutter** nt mélange m de céréales **Mischgemüse** nt GASTR macédoine f de légumes **Mischgewebe** nt tissu m mixte **Mischkonzern** m conglomérat m
Mischling <-s, -e> m ❶ *(Mensch)* métis(se) m(f)
❷ ZOOL bâtard m
Mischmasch ['mɪʃmaʃ] <-[e]s, -e> m fam mixture f
Mischmaschine f bétonnière f **Mischpult** nt pupitre m de mixage **Mischtrommel** f tambour m mélangeur
Mischung <-, -en> f mélange m
Mischungsverhältnis nt dosage m
Mischwald m forêt f d'essences mixtes
miserabel [mizeˈraːbəl] I. Adj ❶ *(sehr schlecht)* Zustand, Leistung, Film, Rede lamentable; Wetter, Essen, Wein exécrable
❷ *(gemein)* Kerl, Benehmen infâme antéposé
❸ *(krank)* **sich ~ fühlen** se sentir mal
II. Adv ❶ *(sehr schlecht)* lamentablement; **~ schmecken/riechen** avoir un goût infect/une odeur infecte; **die Klassenarbeit ist ~ ausgefallen** les résultats de l'interrogation sont lamentables
❷ *(gemein)* de façon infâme
Misere [mi'ze:ra] <-, -n> f geh situation f désastreuse; **eine finanzielle ~** une situation financière désastreuse
misogyn [mizo'gy:n] Adj PSYCH misogyne
Misogynie [mizogy'ni:] <-> f PSYCH misogynie f
Mispel ['mɪspəl] <-, -n> f nèfle f
Miss[RR] [mɪs, Pl: 'mɪsɪz], **Miß**[ALT] <-> f miss f; **~ World/Germany** miss Monde/Allemagne
missachten *[RR], **mißachten** *[ALT] tr V ❶ *(ignorieren)* ne pas respecter Bestimmung, Vorschrift; ne pas tenir compte de Rat, Warnung
❷ *(gering schätzen)* mésestimer Person; dédaigner Hilfe, Angebot
Missachtung[RR], **Mißachtung**[ALT] f ❶ *(Geringschätzung)* mépris m; **jdn mit ~ strafen** punir qn en le méprisant
❷ *(Ignorierung)* einer Vorschrift non-respect m; eines Ratschlags non-prise f en compte
Missbehagen[RR], **Mißbehagen**[ALT] <-s> nt geh malaise m; **jdm ~ bereiten** causer un sentiment de malaise à qn
missbehagen *[RR], **mißbehagen** *[ALT] itr V geh déplaire; **jdm etw zu tun ~** déplaire à qn de faire qc
Missbildung[RR], **Mißbildung**[ALT] <-, -en> f malformation f
missbilligen *[RR], **mißbilligen** *[ALT] tr V désapprouver
missbilligend[RR], **mißbilligend**[ALT] I. Adj Blick, Miene, Ton désapprobateur(-trice); Worte de désapprobation
II. Adv d'un air réprobateur
Missbilligung[RR], **Mißbilligung**[ALT] <-> f désapprobation f
Missbrauch[RR], **Mißbrauch**[ALT] m von Drogen, Medikamenten abus m; von Feuermelders, einer Notbremse emploi m abusif; **~ des Amtes** abus de fonction; **sexueller ~** abus sexuel; **~ mit etw treiben** faire un mauvais usage de qc
missbrauchen *[RR], **mißbrauchen** *[ALT] tr V ❶ *(übel ausnutzen)*

utiliser *Person;* abuser de *Vertrauen, Leichtgläubigkeit* ❷ *(missbräuchlich anwenden)* faire un usage abusif de *Medikament;* utiliser abusivement *Feuermelder, Notbremse* ❸ *(vergewaltigen)* jdn [sexuell] ~ abuser [sexuellement] de qn
missbräuchlich^{RR}, **mißbräuchlich**^{ALT} **I.** *Adj* abusif(-ive)
II. *Adv* benutzen abusivement
missdeuten*^{RR}, **mißdeuten***^{ALT} *tr V* mal interpréter *Worte, Geste, Schweigen;* **etw als Zustimmung ~** interpréter à tort qc comme une approbation
Missdeutung^{RR}, **Mißdeutung**^{ALT} *f* mauvaise interprétation *f*
missen ['mɪsən] *tr V geh* regretter; **jdn/etw nicht [mehr] ~ mögen** [*o* **wollen**] ne pas regretter qn/qc; **etw ~ müssen** être obligé(e) de se priver de qc
Misserfolg^{RR}, **Mißerfolg**^{ALT} *m einer Person* échec *m; eines Stücks, einer Tournee* fiasco *m*
Missernte^{RR}, **Mißernte**^{ALT} *f* mauvaise récolte *f*
Missetat ['mɪsəta:t] ❶ *hum (Streich)* sale tour *m* ❷ *veraltet geh (Vergehen)* forfait *m* **Missetäter(in)** *m(f)* ❶ *hum* auteur *mf* du méfait ❷ *veraltet geh (Übeltäter)* scélérat *m(f) (littér)*
missfallen*^{RR}, **mißfallen***^{ALT} *itr V unreg geh* déplaire; **jdm ~** déplaire à qn; **es missfällt jdm, dass** ça déplaît à qn que + *subj;* **es missfällt mir, wie sie mich kritisiert** la façon dont elle me critique me déplaît
Missfallen^{RR}, **Mißfallen**^{ALT} <-s> *nt* mécontentement *m;* **jds ~ erregen** provoquer le mécontentement de qn
Missfallensäußerung^{RR}, **Mißfallensäußerung**^{ALT} *f* expression *f* de mécontentement
Missfallenskundgebung^{RR}, **Mißfallenskundgebung**^{ALT} *f* manifestation *f* de mécontentement
missgebildet^{RR}, **mißgebildet**^{ALT} *Adj, Adv* mal formé(e)
Missgeburt^{RR}, **Mißgeburt**^{ALT} *f MED* enfant *mf* mal formé(e)
missgelaunt^{RR}, **mißgelaunt**^{ALT} *geh* **I.** *Adj* mal disposé(e)
II. *Adv* de mauvaise humeur
Missgeschick^{RR}, **Mißgeschick**^{ALT} *nt* petit malheur *m;* **mir ist ein ~ passiert** il m'est arrivé un petit malheur
missgestaltet^{RR}, **mißgestaltet**^{ALT} *Adj* difforme
missgestimmt^{RR}, **mißgestimmt**^{ALT} *Adj* de mauvaise humeur
missglücken*^{RR}, **mißglücken***^{ALT} *itr V* + *sein Versuch, Plan, Vorhaben:* échouer; **diese Arbeit ist mir missglückt** je n'ai pas réussi ce travail
missgönnen*^{RR}, **mißgönnen***^{ALT} *tr V* envier; **jdm etw ~** envier qc à qn; **jdm ~, dass** envier le on le fait que + *subj;* **missgönnt er uns etwa unser schönes Haus?** est-ce que par hasard il ne serait pas jaloux de notre belle maison?
Missgriff^{RR}, **Mißgriff**^{ALT} *m* mauvais choix *m*
Missgunst^{RR}, **Mißgunst**^{ALT} *f* jalousie *f*
missgünstig^{RR}, **mißgünstig**^{ALT} **I.** *Adj* jaloux(-ouse)
II. *Adv* jalousement
misshandeln*^{RR}, **mißhandeln***^{ALT} *tr V* maltraiter
Misshandlung^{RR}, **Mißhandlung**^{ALT} *f* mauvais traitements *mpl*
Mission [mɪ'sio:n] <-, -en> *f* mission *f;* **in geheimer ~ en mission secrète**
Missionar(in) [mɪsio'naːɐ] <-s, -e> *m(f)*, **Missionär(in)** [mɪsio'nɛːɐ] <-s, -e> *m(f)* A missionnaire *mf*
missionarisch [mɪsio'naːrɪʃ] **I.** *Adj* missionnaire
II. *Adv* **~ tätig sein** être missionnaire
Missionsschule *f* école *f* de la mission
Missklang^{RR}, **Mißklang**^{ALT} *m* ❶ *MUS* dissonance *f* ❷ *(Unstimmigkeit)* désaccord *m*
Misskredit^{RR}, **Mißkredit**^{ALT} *m kein Pl* discrédit *m;* **jdn/etw bei jdm in ~ bringen** discréditer qn/qc auprès de qn; **in ~ geraten** [*o* **kommen**] se discréditer
misslang^{RR}, **mißlang**^{ALT} *Imp von* **misslingen**
misslich^{RR}, **mißlich**^{ALT} *Adj geh* fâcheux(-euse)
missliebig^{RR}, **mißliebig**^{ALT} *Adj* mal vu(e); **sich bei jdm ~ machen** se faire mal voir de qn
misslingen^{RR} <misslang, misslungen>, **mißlingen**^{ALT} <mißlang, mißlungen> *itr V* + *sein Versuch, Plan:* échouer; **der Auflauf ist mir misslungen** j'ai loupé mon gratin
Misslingen^{RR}, **Mißlingen**^{ALT} <-s> *nt* échec *m*
misslungen^{RR}, **mißlungen**^{ALT} *PP von* **misslingen**
Missmanagement^{RR}, **Mißmanagement**^{ALT} [-mænɪdʒmənt] *nt* erreurs *fpl* de management
Missmut^{RR}, **Mißmut**^{ALT} *m* mauvaise humeur *f*
missmutig^{RR}, **mißmutig**^{ALT} *Adj, Adv* de mauvaise humeur
missraten*^{RR}, **mißraten***^{ALT} *itr V unreg* + *sein* rater; **ein ~es Kind** un enfant mal élevé; **eine völlig ~e Überraschung** une surprise complètement ratée; **dieser Kuchen missrät mir immer** je rate toujours ce gâteau
Missstand^{RR}, **Mißstand**^{ALT} *m* anomalie *f;* **soziale Missstände** des dysfonctionnements *mpl* sociaux; **Missstände beseitigen** mettre fin à des dysfonctionnements
Missstimmung^{RR}, **Mißstimmung**^{ALT} *f* mauvaise humeur *f,* contrariété *f*

misst^{RR}, **mißt**^{ALT} *3. Pers Präs von* **messen**
Misston^{RR}, **Mißton**^{ALT} *m* ❶ *MUS* fausse note *f* ❷ *s.* **Missklang** ❷
misstrauen*^{RR}, **mißtrauen***^{ALT} *itr V* se méfier; **jdm/einer S. ~** se méfier de qn/qc; **in Geldangelegenheiten solltest du ihr ~** en matière d'argent, tu devrais te méfier d'elle
Misstrauen^{RR}, **Mißtrauen**^{ALT} <-s> *nt* méfiance *f;* **jdm ~ entgegenbringen, ~ gegen jdn hegen** se méfier de qn
Misstrauensantrag^{RR} *m PARL* motion *f* de censure; **einen ~ einbringen** déposer une motion de censure **Misstrauensvotum**^{RR} [-voːtʊm] *nt PARL* vote *m* de défiance
misstrauisch^{RR}, **mißtrauisch**^{ALT} **I.** *Adj* méfiant(e); **jdm/einer S. gegenüber ~ sein** être méfiant(e) à l'égard de qn/qc
II. *Adv* avec méfiance
Missverhältnis^{RR}, **Mißverhältnis**^{ALT} *nt* disproportion *f;* **im ~ zu etw stehen** être disproportionné(e) par rapport à qc
missverständlich^{RR}, **mißverständlich**^{ALT} **I.** *Adj* qui prête à équivoque; **~ sein** prêter à équivoque
II. *Adv* darstellen, sich ausdrücken d'une façon qui prête à équivoque
Missverständnis^{RR}, **Mißverständnis**^{ALT} <-ses, -se> *nt* ❶ malentendu *m* ❷ *meist Pl (Meinungsverschiedenheit)* désaccords *mpl*
missverstehen*^{RR}, **mißverstehen***^{ALT} *tr V unreg* comprendre de travers; **jdn/etw ~** comprendre qn/qc de travers; **sich missverstanden fühlen** se sentir mal compris(e)
Misswahl^{RR} *f* élection *f* de la miss
Misswirtschaft^{RR}, **Mißwirtschaft**^{ALT} *f* mauvaise gestion *f*
Mist [mɪst] <-[e]s> *m* ❶ *(Dung)* fumier *m* ❷ *fam (Unsinn, wertlose Sachen)* conneries *fpl (fam);* **~ bauen** [*o* **machen**] *fam* faire des conneries *(fam)* ❸ *fam (Ärger)* **[so ein] ~!** merde! *(fam)*
▶ **das ist nicht auf meinem ~ gewachsen!** *fam* c'est pas sorti de ma caboche! *(fam)*
Mistbeet *nt* couche *f* de fumier
Mistel ['mɪstəl] <-, -n> *f* gui *m*
Mistfink *m pej fam* ❶ *(unsauberer Mensch)* crado *m (fam)* ❷ *(gemeiner Mensch)* salaud *m (fam),* salopard *m (fam)* **Mistgabel** *f* fourche *f* à fumier **Misthaufen** *m* tas *m* de fumier **Mistkäfer** *m* bousier *m* **Mistkerl** *m pej sl* enculé *m (vulg)* **Mistkübel** <-s, -n> *m* A *(Mülleimer)* poubelle *f* **Mistschaufel** *f* A *(Kehrschaufel)* pelle *f* **Miststück** *nt pej sl (gemeine Frau)* salope *f (vulg)* **Mistvieh** *nt pej sl* ❶ *(Mistkerl)* salaud *m (fam),* ordure *f (vulg)* ❷ *(böses Tier)* saloperie *f (fam)* **Mistwetter** *nt pej sl* temps *m* de merde *(vulg)*
mit [mɪt] **I.** *Präp* + *Dat* ❶ *(zur Angabe des Mittels, der Art und Weise)* avec, au moyen de; **~ der Gabel essen** manger avec la fourchette; **etw ~ Absicht/Liebe tun** faire qc exprès/avec amour; **~ großen Schritten** à grands pas; **~ zwei Metern Vorsprung** avec deux mètres d'avance; **~ zehn Minuten Verspätung** avec dix minutes de retard
❷ *(per)* **~ dem Fahrrad** à vélo; **~ dem Bus/Auto/Flugzeug** en bus/voiture/avion; **~ dem Lkw** par camion; **~ der Post/Bahn** par la poste/le train
❸ *(in Begleitung von, einschließlich)* avec; **jdm [zusammen]** avec qn; **Übernachtung ~ Frühstück** nuit avec petit-déjeuner; **kommst du ~ uns?** viens-tu avec nous?
❹ *(versehen mit)* avec; **ein Haus ~ Garten** une maison avec jardin; **eine Tüte ~ Bonbons** un sac de bonbons; **Kekse ~ Schokolade** des petits gâteaux au chocolat; **Tee ~ Rum** du thé au rhum
❺ *(zur Angabe des Zeitpunkts)* à; **~ 18 [Jahren]** à 18 ans; **~ dem Durchfahren des Ziels** en franchissant la ligne d'arrivée; **~ dem Ton des Zeitzeichens ist es genau 19 Uhr** au top sonore, il sera exactement 19 heures
❻ *fam (und dazu)* **du ~ deiner Arroganz gehst mir auf die Nerven!** toi et ton arrogance, vous me cassez les pieds! *(fam)*
❼ *(hinsichtlich)* **~ einem Vorschlag einverstanden sein** être d'accord avec une proposition; **~ dem Rauchen aufhören** arrêter de fumer; **~ jdm rechnen** compter sur qn
II. *Adv* **sie gehört ~ zu den führenden Experten auf diesem Gebiet** elle fait partie des experts les plus au fait dans ce domaine; **bist du ~ dabei gewesen?** est-ce que tu y étais aussi?
Mitangeklagte(r) *f(m) dekl wie Adj* coaccusé(e) *m(f)*
Mitarbeit *f* ❶ *(Mitwirkung)* collaboration *f;* **~ an etw** *(Dat)***/bei etw** collaboration à qc; **unter ~ von ...** en collaboration avec ...
❷ *SCHULE* participation *f;* **~ im Unterricht** participation en cours
mitarbeiten *itr V* ❶ *(mitwirken)* collaborer; **an etw** *(Dat)* **~** collaborer à qc
❷ *SCHULE, UNIV* **im Unterricht ~** participer en cours
❸ *fam (ebenfalls arbeiten)* bosser aussi *(fam);* **seine Frau braucht nicht mitzuarbeiten** sa femme n'a pas besoin de bosser *(fam)*
Mitarbeiter(in) *m(f)* ❶ *(Beschäftigter)* collaborateur(-trice) *m(f);* **der Betrieb hat ein Drittel der ~ entlassen** l'entreprise a licen-

cié un tiers du personnel
➋ *(Honorarkraft)* **freier ~ /freie ~in** collaborateur *m* indépendant/collaboratrice *f* indépendante; **wissenschaftlicher ~** chercheur *m* indépendant
➌ HIST **inoffizieller ~ der Stasi** informateur du service des renseignements de l'ancienne RDA
Mitarbeiterstab *m* équipe *f* de collaborateurs
Mitautor(in) *m(f)* coauteur *mf*
Mitbegründer(in) *m(f)* cofondateur(-trice) *m(f)*
mit|bekommen* *tr V unreg* ➊ *(mitgegeben bekommen)* recevoir
➋ *(wahrnehmen, hören)* entendre *Lärm, Streit*
➌ *(verstehen)* comprendre
➍ *fam (vererbt bekommen)* **etw von jdm ~** tenir qc de qn
mit|benutzen* *tr V,* **mit|benützen*** *tr V* SDEUTSCH utiliser aussi
Mitbenutzung *f* JUR utilisation *f* en commun
Mitbesitz *m* JUR copropriété *f*
mit|bestimmen* I. *itr V* avoir voix au chapitre; *Arbeitnehmer:* prendre part à la gestion; *Schüler:* prendre part à l'administration de l'établissement
II. *tr V* influer sur *Entscheidung, Verfahrensweise, Schicksal*
Mitbestimmung *f* ➊ participation *f;* **das Recht auf ~ bei politischen Entscheidungen** le droit de participation aux décisions politiques
➋ *(im Betrieb)* **betriebliche ~** cogestion *f* d'entreprise; **paritätische ~** cogestion paritaire
Mitbestimmungsrecht *nt* droit *m* de cogestion
Mitbewerber(in) *m(f)* postulant(e) *m(f)*
Mitbewohner(in) *m(f)* ➊ colocataire *mf;* **sein ~ /seine ~in** celui/celle avec qui il partage son logement
➋ *(Wohnungsnachbar)* voisin(e) *m(f)*
mit|bringen *tr V unreg* ➊ *(besorgen, schenken)* apporter; **jdm aus der Stadt eine CD ~** ramener un CD à qn de la ville
➋ *(begleitet werden von)* amener
➌ *(aufweisen)* montrer *Fähigkeiten, Erfahrungen, Wissen;* **die nötigen Voraussetzungen für einen Posten ~** remplir les conditions requises pour un poste
Mitbringsel ['mɪtbrɪŋzəl] <-s, -> *nt fam* petit quelque chose *m (fam)*
Mitbürger(in) *m(f)* concitoyen(ne) *m(f);* **die älteren ~** les personnes *fpl* âgées; **unsere ausländischen ~** nos concitoyens étrangers
mit|denken *itr V unreg* ➊ *(überlegt handeln)* réfléchir
➋ *(aufmerksam sein)* **bei etw ~** suivre qc, être attentif(-ive) [lors de qc]
mit|dürfen *itr V unreg fam* pouvoir venir; **mit jdm ~** pouvoir venir avec qn
Miteigentum *nt* copropriété *f*
Miteigentümer(in) *m(f)* copropriétaire *mf*
miteinander [mɪtʔaɪ'nandɐ] *Adv* ➊ *(gemeinsam)* ensemble; **alle ~** tous ensemble; **die ganze Klasse hat ~ gefeiert** toute la classe a fait la fête
➋ *(untereinander, der eine mit dem anderen)* **gut ~ auskommen** s'entendre bien; **~ verwandt sein** avoir un lien de parenté; **~ verfeindet sein** être en guerre [l'un(e) avec l'autre]; **erbittert ~ ringen** se combattre avec acharnement
Miteinander <-s> *nt* coopération *f*
mit|empfinden* *unreg geh* I. *tr V* partager
II. *itr V* **mit jdm ~** partager l'émotion de qn
Miterbe *m,* **-erbin** *f* cohéritier(-ière) *m(f)*
mit|essen *unreg* I. *tr V* manger ... [avec]; **die Schale/den Kern ~** manger la peau/le noyau [avec]
II. *itr V* **mit jdm ~** manger avec qn; **komm, iss doch mit!** reste donc manger!
Mitesser <-s, -> *m* point *m* noir
mit|fahren *itr V unreg + sein* **mit jdm ~** faire le voyage avec qn
Mitfahrer(in) *m(f)* passager(-ère) *m(f)*
Mitfahrgelegenheit *f* possibilité *f* de covoiturage **Mitfahrzentrale** *f* société *f* de covoiturage
mit|fühlen I. *tr V* ressentir *Gefühle, Empfindungen*
II. *itr V* **mit jdm ~** avoir de la compassion pour qn
mitfühlend I. *Adj* compatissant(e)
II. *Adv* avec compassion
mit|führen *tr V* ➊ *form (bei sich haben)* avoir qc [avec soi]; **führen Sie zu verzollende Artikel mit?** vous avez des marchandises à déclarer?
➋ *(transportieren)* **etw ~** *Fluss, Bach:* charrier qc
mit|geben *tr V unreg* ➊ *(auf den Weg geben)* donner; **jdm ein Buch für jdn ~** donner un livre à qn pour qn
➋ *fig* **jdm eine gute Ausbildung ~** donner une bonne formation à qn
➌ *(zuteilen)* **jdm eine erwachsene Begleitperson ~** faire accompagner qn par une personne adulte
Mitgefangene(r) *f(m) dekl wie Adj* codétenu(e) *m(f)*

Mitgefühl *nt kein Pl* sympathie *f; ~* **für jdn empfinden** éprouver de la compassion pour qn
mit|gehen *itr V unreg + sein* ➊ *(begleiten)* accompagner; **mit jdm ~** accompagner qn; **ich gehe noch ein Stückchen mit** je fais un bout de chemin avec toi/vous
➋ *(sich mitreißen lassen)* **mit der Musik ~** se laisser emporter par la musique
▸ **etw ~ lassen** *fam* piquer qc *(fam)*
mitgenommen I. *PP von* **mitnehmen**
II. *Adj fam* esquinté(e) *(fam)*
Mitgift ['mɪtgɪft] <-, -en> *f* dot *f*
Mitglied *nt* membre *m;* **ordentliches/passives ~** membre honoraire/passif
Mitgliederversammlung *f* assemblée *f* générale
Mitgliedsausweis *m* carte *f* de membre **Mitgliedsbeitrag** *m* cotisation *f*
Mitgliedschaft <-, -en> *f* appartenance *f;* **seine ~ in dieser Partei/diesem Verein** son appartenance à ce parti/cette association
Mitgliedsland *nt* pays *m* membre **Mitgliedsstaat** *m* État *m* membre
mit|haben *tr V unreg fam* avoir sur soi; **etw ~** avoir qc sur soi
mit|halten *itr V unreg* suivre; **bei etw ~** *(mitmachen)* suivre lors de qc; *(nicht unterliegen)* tenir tête [face à qc]
mit|helfen *itr V unreg* aider; **im Haushalt ~** aider dans l'entretien de la maison; **beim Renovieren ~** aider dans la rénovation
Mitherausgeber(in) *m(f)* coéditeur(-trice) *m(f)*
Mithilfe *f kein Pl* aide *f;* **unter ~ der Freunde** avec le concours des amis
mithilfeʀʀ *Präp + Gen* avec le concours de
mithin [mɪt'hɪn] *Adv* par conséquent
mit|hören *tr V* surprendre
Mitinhaber(in) *m(f)* associé(e) *m(f)*
mit|kämpfen *itr V* prendre part au[x] combat[s]
Mitkläger(in) *m(f)* JUR codemandeur *m* /codemanderesse *f*
mit|klingen *itr V unreg* être perceptible; **in etw** *(Dat)* **~** *Freude, Mitleid:* être perceptible dans qc
mit|kommen *itr V unreg + sein* ➊ *(begleiten)* venir; **mit jdm ~** venir avec qn
➋ *(mitgeschickt werden)* **mit etw ~** *Gepäck, Lieferung, Brief:* arriver avec qc
➌ *fam (mithalten, mitmachen können)* suivre; **im Unterricht/in Latein gut ~** suivre bien en cours/latin; **langsam, ich komme nicht mehr mit!** doucement, je ne suis plus!; **da komme ich nicht mit!** je suis largué(e)! *(fam)*
mit|können *itr V unreg fam* pouvoir venir; **mit jdm ~** pouvoir venir avec qn; **kann ich auch mit in die Stadt?** je peux aussi venir en ville?
mit|kriegen *s.* **mitbekommen**
mit|laufen *itr V unreg + sein* ➊ *(ebenfalls laufen)* courir [aussi]; **bei einem Rennen ~** participer à une course; **beim Marathonlauf sind über hundert Leute mitgelaufen** plus de cent personnes ont participé au marathon
➋ *(in Betrieb sein) Tonband:* tourner; *Propeller, Kolben:* fonctionner
➌ *fam (nebenher erledigt werden)* **dieses kleine Projekt läuft [nur] mit** ce petit projet est réalisé en parallèle
Mitläufer(in) *m(f) pej* suiveur(-euse) *m(f)*
Mitlaut *m* consonne *f*
Mitleid *nt* pitié *f; ~* **mit jdm haben** avoir pitié de qn; **~ mit jdm empfinden** éprouver de la pitié pour qn; **aus ~** par pitié
Mitleidenschaft *f* répercussions *fpl* [négatives]; **jdn in ~ ziehen** laisser des traces sur qn; **etw in ~ ziehen** avoir des répercussions sur qc
mitleiderregend *Adj* qui fait pitié; *Schicksal* pitoyable
mitleidig I. *Adj* ➊ *(mitfühlend)* compatissant(e)
➋ *iron (verächtlich)* dédaigneux(-euse)
II. *Adv* ➊ *(voller Mitgefühl)* avec compassion
➋ *iron (verächtlich)* avec dédain
mitleid[s]los I. *Adj* impitoyable; **~ sein** ne pas éprouver de pitié
II. *Adv* impitoyablement **mitleid[s]voll** I. *Adj* compatissant(e)
II. *Adv* avec compassion
mit|lesen *tr V unreg* ➊ *(ebenfalls lesen)* lire *Text, Kleingedrucktes*
➋ *(zusammen mit jdm lesen) Fahrgast:* lire en même temps; **sie blickte ihm über die Schulter um den Brief mitzulesen** elle regarda par-dessus son épaule pour lire la lettre avec lui
mit|machen I. *tr V* ➊ *(teilnehmen)* participer; **bei etw ~** participer à qc; **machst du mit?** tu es partant(e)?; **bei so was mache ich nicht mit!** je ne mange pas de ce pain-là!
➋ *fam (keine Probleme bereiten) Herz, Beine:* tenir le coup *(fam); Wetter:* être de la partie *(fam);* **nicht mehr/nicht ~** *fam Herz, Beine:* ne plus/ne pas tenir le coup *(fam);* **meine Augen machen nicht mehr mit** mes yeux déclarent forfait *(fam)*
II. *tr V* ➊ *(sich beteiligen)* participer à
➋ *fam (erleiden)* **viel [o einiges] mitgemacht haben** en avoir vu

des vertes et des pas mûres *(fam)*; **ich mache das nicht mehr mit!** je ne marche plus! *(fam)*
❸ *fam (ebenfalls erledigen)* se taper *(fam) Arbeit*
Mitmensch *m* semblable *mf*
mit|mischen *itr V fam* jouer un rôle; **bei etw/in etw** *(Dat)* ~ jouer un rôle dans qc
mit|müssen *itr V unreg fam (mitgehen, mitfahren müssen)* être obligé(e) d'y aller; *(mitkommen müssen)* être obligé(e) de venir
Mitnahme <-> *f form* **unter ~ en** emportant; **unter ~ einer S.** *(Gen)* en emportant qc; **zur kostenlosen ~ ausliegen** être offert(e) gratuitement; **die ~ dieser Zeitschriften ist nicht gestattet** il est interdit d'emporter ces revues
Mitnahmepreis *m* ÖKON prix *m* à emporter
mit|nehmen *tr V unreg* ❶ *(mit sich nehmen)* **jdn im Auto ~** prendre qn en voiture; **kannst du die Briefe zur Post ~?** est-ce que tu peux poster les lettres?; **Gerichte zum Mitnehmen** plats à emporter
❷ *(körperlich erschöpfen)* épuiser
❸ *(psychisch belasten)* bouleverser
❹ *(in Mitleidenschaft ziehen)* causer des dégâts à *Gegenstand, Maschine*
❺ *fam (ebenfalls besichtigen)* faire *Sehenswürdigkeit*
❻ *fam (kaufen)* sauter sur *(fam) Sonderangebot, Ware*
mitnichten [mɪtˈnɪçtən] *Adv geh* ne ... aucunement; **macht es dir was aus, wenn ich rauche? — Mitnichten!** ça te dérange si je fume? — En aucune façon!
Mitra [ˈmiːtra, *Pl:* ˈmiːtrən] <-, Mitren> *f* mitre *f*
mit|rechnen **I.** *tr V* inclure *Kosten, Betrag*
II. *itr V Person:* compter en même temps
mit|reden *itr V* avoir son mot à dire; **bei etw ~** avoir son mot à dire dans qc; **bei einem Thema nicht ~ können** ne pas pouvoir s'exprimer sur un sujet
mit|reisen *itr V + sein* **mit jdm ~** faire le voyage [*o* voyager] avec qn
Mitreisende(r) *f(m) dekl wie Adj* voyageur(-euse) *m(f)*; **ich habe mich mit meinen ~n unterhalten** j'ai discuté avec les autres voyageurs
mit|reißen *tr V unreg* ❶ *(mit sich reißen)* emporter
❷ *(begeistern)* enthousiasmer
mitreißend *Adj* enthousiasmant(e)
Mitren *Pl von* **Mitra**
mitsamt [mɪtˈzamt] *Präp + Dat* avec; **das Portmonee ~ den Papieren** le porte-monnaie avec tous les papiers
mit|schleifen *tr V* traîner
mit|schleppen *tr V a. fig fam* traîner; **jdn ins Theater ~** traîner qn au théâtre [avec soi]; **zu viele Sachen ~** traîner trop de choses [avec soi]
mit|schneiden *tr V unreg* enregistrer
Mitschnitt *m* enregistrement *m*
mit|schreiben *unreg* **I.** *tr V* prendre en note; **etw ~** prendre qc en note
II. *itr V* prendre des notes; **bei einer Vorlesung ~** prendre des notes pendant un cours magistral
Mitschuld *f* complicité *f*; **seine/ihre ~ an etw** *(Dat) (Mittäterschaft)* sa complicité dans qc; *(Mitverantwortung)* sa part *f* de responsabilité dans qc; **eine ~ an etw** *(Dat)* **tragen** *(Mittäter sein)* être complice de qc; *(mitverantwortlich sein)* avoir une part de responsabilité dans qc
mitschuldig *Adj* **der ~ e Komplize** le complice; **an etw** *(Dat)* **~ werden/sein** *(Mittäter sein)* se rendre/être complice de qc; *(mitverantwortlich sein)* assumer/avoir une part de responsabilité dans qc; **sich an etw** *(Dat)* **~ machen** *(Mittäter sein)* se rendre complice de qc; *(mitverantwortlich sein)* assumer une part de responsabilité dans qc
Mitschuldige(r) *f(m) dekl wie Adj (Mittäter)* complice *mf*; *(Mitverantwortlicher)* coresponsable *mf*
Mitschüler(in) *m(f) (Klassen-/Schulkamerad)* camarade *mf* de classe/d'école
mit|schwingen *itr V unreg* ❶ MUS vibrer aussi
❷ *geh (anklingen)* **in ihrer Frage schwang Skepsis mit** il y avait une pointe de scepticisme dans sa question
mit|singen *unreg* **I.** *itr V* chanter aussi; *(einsetzen)* se mettre aussi à chanter; **in einem Chor/einer Oper ~** chanter dans un chœur/un opéra
II. *tr V* **etw ~** chanter aussi qc
mit|spielen *itr V* ❶ jouer aussi; **bei etw ~** jouer aussi à qc; **möchtest du ~?** tu veux jouer aussi?
❷ SPORT jouer; **bei dem Match/in der Mannschaft ~** participer au match/faire partie de l'équipe
❸ CINE, THEAT **in/bei etw** *(Dat)* **~** faire partie de la distribution de qc; **in „Hamlet" als Ophelia ~** tenir le rôle d'Ophélie dans "Hamlet"
❹ *fam (mitmachen)* **da spiele ich nicht mit!** je ne marche pas là-dedans [*o* dans la combine]! *(fam)*
❺ *(beteiligt sein)* **bei etw ~** *Motiv:* jouer un rôle dans qc
❻ *(zusetzen)* **jdm übel ~** jouer un sale tour à qn
Mitspieler(in) *m(f)* ❶ SPORT coéquipier(-ière) *m(f)*
❷ *(bei einem Spiel)* joueur(-euse) *m(f)*; **dein ~/deine ~in** ton/ta partenaire
❸ THEAT partenaire *mf*
Mitsprache *f* regard *m*; **das Recht auf ~** le droit de regard
Mitspracherecht *nt kein Pl* droit *m* de regard; **jdm ein ~ bei etw einräumen** accorder à qn un droit de regard dans qc
mit|sprechen *unreg* **I.** *tr V* **etw mit jdm ~** dire qc avec qn [*o* en même temps que qn]
II. *itr V* **bei etw ~** avoir son mot à dire dans qc
Mitstreiter(in) *m(f)* <-s, -> *m(f) geh* camarade *mf* de combat
Mittag¹ [ˈmɪtaːk] <-[e]s, -e> *m* ❶ *(Mittagszeit)* midi *m*; **jeden ~** tous les midis; **gegen ~** aux environs de midi; **über ~** entre midi et deux; **es geht schon auf ~ zu** il est bientôt midi; **er kommt gegen ~** il arrive vers midi; **zu ~ essen** déjeuner; **einen Salat zu ~ essen** manger une salade à midi; **was habt ihr gestern zu ~ gegessen?** qu'est-ce que vous avez mangé hier [à] midi?
❷ *fam (Mittagspause)* **~ haben/machen** faire la pause de midi
Mittag² <-s> *nt* DIAL *fam* déjeuner *m*
Mittagessen *nt* déjeuner *m*, dîner *m* (BELG, CH); **es gibt pünktlich um zwölf Uhr ~** on déjeune à midi pile; **was gibt es heute zum ~?** qu'est-ce qu'on mange à midi?
mittäglich [ˈmɪtɛːklɪç] *Adj attr* de midi
mittags [ˈmɪtaːks] *Adv* à midi
Mittagshitze *f* chaleur *f* de midi **Mittagsmahl** *nt veraltet geh* déjeuner *m (soutenu)* **Mittagspause** *f* pause *f* de midi; **~ haben** [*o* **machen**] faire la pause de midi

---

Land und Leute

En Allemagne, la **Mittagspause** est assez différente de la pause de midi en France. En effet, il est rare de voir des cantines dans les écoles. Les élèves n'ayant pas cours l'après-midi rentrent chez eux pour prendre un repas de midi, souvent chaud. Ils disent alors : *Ich habe warm gegessen.* Cette précision, qui peut paraître un peu surprenante, prend son sens lorsqu'on sait que la collation du soir, le *Abendbrot*, est généralement un repas froid.

Mittagsruhe *f* ❶ *(das Ausruhen)* repos *m* de midi ❷ *(Ruhe, Stille)* **die ~ einhalten/stören** respecter/déranger le repos de midi
Mittagsschlaf *m* sieste *f*; **einen ~ machen** faire une sieste
Mittagssonne *f* soleil *m* de midi **Mittagsstunde** *f geh* heure *f* de midi; **um die ~** vers midi **Mittagstisch** *m* ❶ *(gedeckter Tisch)* table *f* du déjeuner ❷ *(Menü)* menu *m* du déjeuner **Mittagszeit** *f* heure *f* du déjeuner; **in der ~** à l'heure du déjeuner; **um die ~** vers midi
Mittäter(in) *m(f)* complice *mf*
Mittäterschaft <-> *f* complicité *f*
Mittdreißiger(in) <-s, -> *m(f)* homme *m*/femme *f* d'environ trente-cinq ans
Mitte [ˈmɪtə] <-, -n> *f* ❶ milieu *m*; **in der ~ der Straße/des Platzes** au milieu de la route/place; **in der ~ zwischen Köln und Bonn** à mi-chemin entre Cologne et Bonn; **sie nahmen ihn in die ~** ils l'ont pris entre eux; **etw in der ~ durchschneiden** couper qc au milieu
❷ *(Mittelpunkt)* centre *m*
❸ *(bei Zeitangaben)* **~ des Monats/des Jahres** au milieu du mois/de l'année; **~ Januar** à la mi-janvier; **er wird [bis] ~ der Woche zurück sein** il sera de retour en milieu de semaine
❹ *(bei Altersangaben)* **Zwanzig sein** avoir environ vingt-cinq ans; **ich hätte ihn auf ~ vierzig geschätzt** je lui aurais donné dans les quarante-cinq ans
❺ POL centre *m*
▸ **die goldene ~** le juste milieu; **ab durch die ~!** *fam* on se casse! *(fam)*; **aus unserer/Ihrer ~** dans nos/vos rangs; **in unserer/Ihrer ~** parmi nous/vous
mit|teilen **I.** *tr V* annoncer; **jdm etw ~** annoncer qc à qn; **jdm ~, dass** annoncer à qn que + *indic*
II. *r V geh* ❶ *(kommunizieren)* **sich jdm ~** se confier à qn *(soutenu)*; **sich durch Gebärden ~** communiquer par gestes
❷ *(erkennbar sein)* **sich jdm ~** *Aufregung, Freude, Kummer:* se communiquer à qn
mitteilsam *Adj* communicatif(-ive)
Mitteilung *f* communication *f*; **die ~ bekommen, dass** être informé(e) que + *indic*; **jdm ~ machen** informer qn; **nach ~ des Verkehrsministeriums** selon un communiqué du ministère des Transports
Mitteilungsbedürfnis *nt kein Pl* besoin *m* de s'exprimer
Mittel [ˈmɪtəl] <-s, -> *nt* ❶ *(Medikament)* médicament *m*; *(Hausmittel, Heilmittel)* remède *m*
❷ *(Putzmittel, Fleckenmittel)* produit *m*
❸ *(Methode)* moyen *m*; **mit allen ~n** par tous les moyens; **als**

letztes [*o* **äußerstes**] ~ en dernier recours; **kein ~ unversucht lassen** essayer tous les moyens; **ihm ist jedes ~ recht** tous les moyens lui sont bons
④ *Pl (Geldmittel)* moyens *mpl*; **über die notwendigen ~ verfügen** avoir les moyens nécessaires
⑤ *(Mittelwert, Durchschnitt)* moyenne *f*; **arithmetisches ~** moyenne arithmétique; **im ~** en moyenne
▶ **~ und Wege finden** [um] etw zu tun trouver le moyen de faire qc; **~ zum Zweck** moyen *m* de parvenir à ses fins

Mittelachse [-aksə] *f (Symmetrieachse)* axe *m* de symétrie **Mittelalter** *nt* Moyen Âge *m*; **im frühen/ausgehenden ~** au début/à la fin du Moyen Âge ▶ **das ist ja finsterstes ~!** c'est de l'obscurantisme médiéval! **mittelalterlich** *Adj* médiéval(e) **Mittelamerika** *nt* l'Amérique *f* centrale **Mittelamerikaner(in)** *m(f)* Centre-Américain(e) *m(f)* **mittelamerikanisch** *Adj* d'Amérique centrale
mittelbar ['mɪtəlbaːɐ] I. *Adj* indirect(e)
II. *Adv* indirectement
Mittelbau <-bauten> *m* ① ARCHIT bâtiment *m* central ② *kein Pl* UNIV maîtres *mpl* de conférence **Mitteldeck** *nt* pont *m* central **mitteldeutsch** *Adj* de l'Allemagne centrale **Mitteldeutschland** *nt veraltet* l'Allemagne *f* centrale **Mittelding** *nt fam* compromis *m*; **ein ~ zwischen Stock und Krücke** quelque chose entre la canne et la béquille *(fam)* **Mitteleuropa** *nt* l'Europe *f* centrale **Mitteleuropäer(in)** *m(f)* habitant(e) *m(f)* de l'Europe centrale **mitteleuropäisch** *Adj* d'Europe centrale **mittelfein** *Adj, Adv* moyennement fin(e) **Mittelfeld** *nt* ① *kein Pl (Teil des Spielfelds)* centre *m* du terrain ② *(Teilnehmergruppe)* [gros *m* du] peloton *m*
Mittelfeldspieler(in) *m(f)* milieu *m* de terrain
Mittelfinger *m* majeur *m*
mittelfristig *Adj, Adv* à moyen terme
Mittelgebirge *nt* [région *f* de] moyenne montagne *f* **Mittelgewicht** *nt (Gewichtsklasse)* poids *m* moyen; **die Europameisterschaft im ~** le championnat d'Europe des poids moyens
Mittelgewichtler(in) <-s, -> *m(f)* poids *m* moyen
mittelgroß *Adj* Person de taille moyenne **mittelhoch** *Adj* de taille moyenne **Mittelhochdeutsch** *nt* LING moyen haut allemand *m*; **das -e** le moyen haut allemand **Mittelklasse** *f* ① *(Güteklasse)* milieu *m* de gamme ② *(Mittelschicht)* classe *f* moyenne
Mittelklassewagen *m* voiture *f* [de] milieu de gamme
Mittelläufer(in) *m(f) sport* demi-centre *mf* **Mittellinie** *f* ① *einer Straße* ligne *f* médiane; **durchgezogene ~** ligne continue ② SPORT ligne *f* médiane
mittellos *Adj* sans ressources
Mittellosigkeit <-> *f* dénuement *m*
Mittelmaß *nt kein Pl* [petite] moyenne *f*; **gutes ~ sein** *Person:* être dans une bonne moyenne; *Arbeit, Leistung:* être dans la moyenne
mittelmäßig I. *Adj* médiocre II. *Adv* médiocrement **Mittelmäßigkeit** *f* médiocrité *f* **Mittelmeer** *nt* **das ~** la [mer] Méditerranée
Mittelmeerländer *Pl* pays *mpl* méditerranéens **Mittelmeerraum** *m* espace *m* méditerranéen
Mittelohrentzündung *f* otite *f* [moyenne] **mittelprächtig** *fam* I. *Adj iron* pas très brillant(e) *(iron fam)* II. *Adv* comme ci, comme ça *(fam)* **Mittelpunkt** *m* ① *(Punkt)* centre *m*; *einer Geraden* milieu *m*; **im ~** au centre ② *fig (Zentrum)* centre *m*; **im ~ des Interesses stehen** *Frage:* être central(e) ③ *fig (zentrale Figur)* personnage *m* central **Mittelpunktschule** *f* ≈ regroupement *m* primaire intercommunal, R.P.I. *m*
mittels ['mɪtəls] *geh* I. *Präp* + *Gen* grâce à; **~ eines Wagenhebers** au moyen d'un cric *(soutenu)*; **~ guter Beziehungen** grâce à de bonnes relations
II. *Präp* + *Dat* **~ Sandsäcken/Schnüren** au moyen de sacs de sable/de ficelles *(soutenu)*
Mittelscheitel *m* raie *f* au milieu **Mittelschicht** *s.* Mittelklasse ② **Mittelschiff** *nt* nef *f* centrale **Mittelschule** *f* ① *s.* Realschule ② CH *(höhere Schule)* établissement *m* d'enseignement du second degré
Mittelsmann <-männer *o* -leute> *m* intermédiaire *m*
Mittelstand *m* classe *f* moyenne **mittelständisch** *Adj* des classes moyennes; **die -e Industrie** la petite et moyenne industrie; **die -en Betriebe** les petites et moyennes entreprises
Mittelstellung *f (Schalter)* position *f* intermédiaire **Mittelstrecke** *f* SPORT demi-fond *m*
Mittelstreckenflugzeug *nt* moyen-courrier *m* **Mittelstreckenlauf** *m* SPORT course *f* de demi-fond **Mittelstreckenrakete** *f* missile *m* [de] moyenne portée
Mittelstreifen *m* terre-plein *m* **Mittelstück** *nt* morceau *m* du milieu **Mittelstufe** *f* correspond aux classes de quatrième, troisième et seconde **Mittelstürmer(in)** *m(f)* avant-centre *mf* **Mittelweg** *m* moyen terme *m* ▶ **der goldene ~** le meilleur compromis **Mittelwelle** *f* RADIO onde *f* moyenne

Mittelwellensender *m* RADIO émetteur *m* [à] ondes moyennes
Mittelwert *m* valeur *f* moyenne
mitten ['mɪtən] *Adv* ① *(räumlich)* au milieu; **~ entzweibrechen** se casser au milieu; **etw ~ durchbrechen** casser qc au milieu; **~ im Wald/Zimmer** au milieu de la forêt/chambre; **~ durch die Wand gehen** *Riss:* passer à travers le mur; **~ unter den Gästen/Zeitungen** au milieu des invités/journaux; **~ ins Herz** en plein cœur
② *(zeitlich)* **~ in der Nacht/Konferenz** au beau milieu de la nuit/conférence
mittendrin *Adv fam* ① *(räumlich)* en plein milieu; **~ stehen/sitzen** être debout/assis(e) en plein milieu ② *fig* **~ sein** être en plein milieu **mittendurch** *Adv fam* führen à travers
Mitternacht ['mɪtɐnaxt] *f kein Pl* minuit *f*; **um ~** à minuit **mitternächtlich** *Adj attr* de minuit
Mitternachtssonne *f* soleil *m* de minuit
Mittfünfziger(in) <-s, -> *m(f)* homme *m*/femme *f* d'environ cinquante-cinq ans
Mittler(in) ['mɪtlɐ] <-s, -> *m(f)* médiateur(-trice) *m(f)*
mittlere(r, s) *Adj attr* ① *(räumlich)* du milieu; **der ~ Balkon** le balcon du milieu; **der/die/das ~** celui/celle du milieu
② *(altersmäßig)* **mein ~r Bruder** mon deuxième frère; **eine Dame ~n Alters** une dame qui a la cinquantaine
③ *(nicht sehr hoch, groß, einflussreich)* Qualität, Betrieb, Management moyen(ne); Katastrophe aux conséquences limitées
④ *(durchschnittlich)* Druck, Temperatur, Verbrauch moyen(ne)
Mittlerrolle *f* rôle *m* de médiateur
mittlerweile *Adv (währenddessen)* entre-temps; *(im Gegensatz zu früher)* maintenant
Mittsechziger(in) <-s, -> *m(f)* homme *m*/femme *f* d'environ soixante-cinq ans **Mittsiebziger(in)** <-s, -> *m(f)* homme *m*/femme *f* d'environ soixante-quinze ans **Mittsommer** ['mɪtzɔmɐ] *m* solstice *m* d'été; **wir haben ~** c'est le solstice d'été **Mittsommernacht** *f* nuit *f* de la Saint-Jean **Mittvierziger(in)** <-s, -> *m(f)* homme *m*/femme *f* d'environ quarante-cinq ans
Mittwoch ['mɪtvɔx] <-s, -e> *m* mercredi *m*; *s. a.* Dienstag
Mittwochabend *m* mercredi *m* soir; **am ~** le mercredi soir **Mittwochnachmittag** *m* mercredi *m* après-midi; **am ~** le mercredi après-midi
mittwochs ['mɪtvɔxs] *Adv* le mercredi
mitunter [mɪt'ʔʊntɐ] *Adv* parfois, de temps en temps
mitverantwortlich *Adj* coresponsable; **die -en Kollegen** les autres collègues responsables; **~ sein** être coresponsable
Mitverantwortung *f* part *f* de responsabilité; **~ für etw tragen** porter une part de responsabilité dans qc
mit|verdienen * *itr V* travailler aussi
Mitverfasser(in) *s.* Mitautor(in)
Mitvergangenheit <-> *f* A imparfait *m*
Mitverschulden *nt* part *f* de responsabilité; **im Falle eines ~s des Geschädigten** au cas où la victime du dommage porterait une part de responsabilité
mit|versichern * *tr V* coassurer; **bei jdm mitversichert sein** être inclus(e) dans le contrat d'assurance de qn
Mitversicherte(r) *f(m) dekl wie Adj* JUR coassuré(e) *m(f)*
Mitversicherung *f* coassurance *f*
Mitwelt *f kein Pl* contemporains *mpl*
mit|wirken *itr V* ① *(beteiligt sein)* participer; **bei/an etw** *(Dat)* **~** participer à qc; **sein/ihr Mitwirken** sa participation
② CINE, THEAT *form* **in etw** *(Dat)* **~** faire partie de la distribution de qc
③ *(eine Rolle spielen)* jouer [un rôle]; **bei etw ~** *Erwägung, Faktor* jouer [un rôle] dans qc
Mitwirkende(r) *f(m) dekl wie Adj* ① *(mitwirkender Mensch)* participant(e) *m(f)*
② CINE, THEAT *form* acteur(-trice) *m(f)*
Mitwirkung *f kein Pl* participation *f*; **unter ~ von ...** avec la participation de ...; **ohne seine/ihre ~** sans son concours
Mitwisser(in) <-s, -> *m(f)* complice *mf*; **eines Geheimnisses** dépositaire *mf*; **jdn zum ~ einer S.** *(Gen)* **machen** mettre qn au parfum de qc
Mitwohnzentrale *f* centrale *f* immobilière *(qui met en rapport les personnes en quête d'un logement et celles désireuses de sous-louer leur logement)*
mit|wollen *itr V fam* vouloir venir [avec qn]
mit|zählen I. *itr V* ① *(addiert werden)* compter
② *(berücksichtigt werden)* **bei etw ~** entrer en ligne de compte dans qc
II. *tr V* compter
mit|ziehen *itr V unreg* ① + *sein (mitgehen)* se joindre; **bei einem Festumzug ~** se joindre à un défilé
② + *haben fam (mitmachen)* **bei etw ~** marcher dans qc *(fam)*
Mix [mɪks] <-, -e> *m* cocktail *m*
Mixbecher ['mɪks-] *m* shaker *m*

mixen ['mɪksən] *tr V* mixer *Cocktail, Getränk*
Mixer <-s, -> *m* mixe[u]r *m*
Mixgetränk *nt* cocktail *m*
Mixtur [mɪks'tuːɐ] <-, -en> *f* mixture *f*
ml *Abk von* **Milliliter** ml
mm *Abk von* **Millimeter** mm
MMS [ɛmʔɛm'ʔɛs] <-, -> *f Abk von* **Multimedia Messaging Service** M.M.S. *m*
MMS-Handy *nt* mobile *m* M.M.S. **MMS-Nachricht** *f* TELEC message *m* MMS, MMS *m*
Mnemotechnik *f* mnémotechnique *f*
Mo CHEM *Abk von* **Molybdän** Mo
Mob [mɔp] <-s> *m pej* populace *f (péj)*
mobben ['mɔbən] *tr V* harceler *(sur le lieu de travail)*
Mobbing <-s> *nt* harcèlement *m* moral *(exercé sur le lieu de travail)*
Mobbingopfer *nt* victime *f* de harcèlement moral
Möbel ['møːbəl] <-s, -> *nt* meuble *m*
Möbelfabrik *f* fabrique *f* de meubles **Möbelgeschäft** *nt* magasin *m* de meubles **Möbelpacker(in)** *m(f)* déménageur(-euse) *m(f)* **Möbelpolitur** *f* encaustique *f* **Möbelschreiner(in)** *s.* **Möbeltischler(in)** **Möbelspedition** *f* entreprise *f* de déménagement **Möbelstoff** *m* tissu *m* d'ameublement **Möbelstück** *nt* meuble *m* **Möbeltischler(in)** *m(f)* menuisier(-ière) *m(f); (Kunsttischler)* ébéniste *mf* **Möbelwagen** *m* camion *m* de déménagement
mobil [mo'biːl] *Adj* ❶ *(nicht ortsgebunden)* itinérant(e); ~ **sein** être mobile
❷ *fam (munter)* en train
❸ MIL ~ **machen** mobiliser
Mobile ['moːbilə] <-s, -s> *nt* mobile *m*
Mobilfunk *m* téléphonie *f* numérique mobile
Mobilfunkanbieter *m* opérateur *m* de téléphonie numérique mobile **Mobilfunkgerät** *nt* téléphone *m* cellulaire
Mobiliar [mobi'liaːɐ] <-s> *nt* mobilier *m*
mobilisieren* *tr V* mobiliser
Mobilisierung <-, -en> *f* mobilisation *f*
Mobilität [mobili'tɛːt] <-> *f* mobilité *f*
Mobilmachung <-, -en> *f* mobilisation *f*
Mobiltelefon *nt* [téléphone *m*] portable *m*
möblieren* *tr V* meubler; **möbliert** meublé(e)
mochte ['mɔxtə] *Imp von* **mögen**
möchte *Konjunktiv II von* **mögen**
Möchtegernkünstler(in) *m(f) iron* prétendu(e) artiste *mf*
modal [mo'daːl] *Adj* GRAM de manière
Modalitäten *Pl geh* modalités *fpl*
Modalsatz *m* GRAM subordonnée *f* de manière **Modalverb** [-vɛ-] *nt* GRAM verbe *m* de modalité
Mode ['moːdə] <-, -n> *f* ❶ mode *f*; **mit der ~ gehen** suivre la mode; **sich nach der ~ richten** se régler sur la mode; **groß in ~ sein** être à la grande mode [*o* très à la mode]; **aus der ~ kommen** passer de mode
❷ *Pl (Kleidungsstücke)* modèles *mpl*
Modeartikel *m* article *m* de mode **Modearzt** *m*, **-ärztin** *f* médecin *m* à la mode **Modeausdruck** *m* expression *f* à la mode **modebewusst**^RR *Adj* au courant de la dernière mode **Modeboutique** *f s.* **Modegeschäft Modedesigner(in)** *m(f)* styliste *mf* de mode, créateur(-trice) *m(f)* de mode **Modefarbe** *f* couleur *m* à la mode **Modegeschäft** *nt* boutique *f* de mode **Modehaus** *nt* maison *f* de mode **Modejournal** *nt* journal *m* de mode **Modekrankheit** *f* maladie *f* à la mode
Model ['mɔdəl] <-s, -s> *nt* modèle *m*
Modell [mo'dɛl] <-s, -e> *nt* ❶ *(verkleinerte Ausgabe)* modèle *m* réduit
❷ *(Ausführung)* modèle *m*
❸ KUNST *(Aktmodell)* modèle *m*; **jdm ~ sitzen/stehen** poser pour qn
❹ *(Kleidungsstück)* création *f*
❺ *geh (Vorbild)* modèle *m*
Modelleisenbahn *f* train *m* électrique [modèle réduit] **Modellflugzeug** *nt* avion *m* modèle réduit
modellieren* *tr V* modeler; **etw in Gips** *(Dat)* ~ modeler qc en plâtre
Modelliermasse *f* pâte *f* à modeler
Modellkleid *nt* robe *f* de couturier **Modellversuch** *m geh* expérimentation *f (soutenu)*
modeln ['mɔdəln] *itr V* travailler comme mannequin
Modem ['moːdɛm] <-s, -s> *nt o m* INFORM modem *m*
Modemacher(in) *m(f)* créateur(-trice) *m(f)* de mode
Modenschau *f* défilé *m* de mode
Modepüppchen [-pʏpçən] *nt pej fam* vrai mannequin *m* ambulant *(péj fam)*
Moder ['moːdɐ] <-s> *m* pourriture *f*

moderat [mode'raːt] *Adj* modéré(e)
Moderation [modera'tsioːn] <-, -en> *f* présentation *f*
Moderator <-s, **-toren**> *m*, **Moderatorin** *f* RADIO, TV présentateur(-trice) *m(f); einer Spielshow* animateur(-trice) *m(f)*
Modergeruch *m* odeur *f* de moisi
moderieren* *tr V* présenter; **das Moderieren** la présentation
moderig ['moːdərɪç] *Adj* moisi(e); ~ **riechen** sentir le moisi
modern[1] ['moːdən] *itr V + haben o sein* moisir
modern[2] [mo'dɛrn] **I.** *Adj* ❶ moderne; *Ansichten, Denkweise* moderne; *Person* de son temps; **der ~e Mensch** l'homme moderne
❷ *(modisch) Kleidung, Schnitt* [à la] mode; ~ **werden/sein** devenir/être [à la] mode; **etwas Modernes** quelque chose à la mode
❸ *(zur Neuzeit gehörend)* moderne; *Diktatur* actuel(le)
II. *Adv* ❶ de façon moderne; **sehr ~ wohnen** avoir un logement ultramoderne
❷ *(modisch)* **sich ~ kleiden** s'habiller [à la] mode
❸ *(fortschrittlich)* moderne; ~ **eingestellte Eltern** des parents [aux idées] modernes
Moderne [mo'dɛrnə] <-> *f (Epoche)* l'époque *f* moderne; *(Kunstrichtung)* l'école *f* moderne
modernisieren* *tr V* moderniser
Modernisierung <-, -en> *f* modernisation *f*
Modernismus [modɛr'nɪsmʊs] <-> *m* LITER, REL, KUNST modernisme *m*
Modernität [modɛrni'tɛːt] <-, -en> *f* modernité *f*
Modeschau *f s.* **Modenschau Modeschmuck** *m* bijou *m* fantaisie **Modeschöpfer(in)** *m(f)* créateur(-trice) *m(f)* [de mode] **Modetrend** *m* tendance *f* de la mode **Modewort** *nt* LING mot *m* à la mode **Modezeichner(in)** *m(f)* dessinateur(-trice) *m(f)* de mode **Modezeitschrift** *f* revue *f* de mode
Modi ['mɔdi, 'moːdi] *Pl von* **Modus**
Modifikation [modifika'tsioːn] <-, -en> *f geh* ❶ *(Abänderung)* retouche *f*
❷ *(das Modifizieren)* modification *f*
modifizieren* *tr V geh* modifier
modisch ['moːdɪʃ] **I.** *Adj* à la mode
II. *Adv* [à la] mode
modrig *s.* **moderig**
Modul [mo'duːl] <-s, -e> *nt* INFORM module *m*
Modulation [modula'tsioːn] <-, -en> *f* modulation *f*
modulieren* *tr V* moduler
Modus ['mɔdʊs, 'moːdʊs] <-, **Modi**> *m* ❶ *geh (Art und Weise)* mode *m*; **der ~ der Verteilung** le mode de répartition
❷ *geh (Arrangement, Übereinkunft)* terrain *m* d'entente
❸ GRAM mode *m*
Modus Vivendi^RR, **Modus vivendi**^ALT <- -, **Modi** -> *m geh* modus vivendi *m (soutenu)*
Mofa ['moːfa] <-s, -s> *nt* cyclomoteur *m*, mobylette® *f*
Mofafahrer(in) *m(f)* conducteur(-trice) *m(f)* de mobylette
Mogelei [moːgə'lai] <-, -en> *f fam* triche *f (fam)*
mogeln ['moːgəln] *itr V fam* tricher; **bei etw ~** tricher à qc
Mogelpackung *f* ❶ emballage *m* trompeur
❷ *(Augenwischerei)* miroir *m* aux alouettes
mögen[1] ['møːgən] <**mag, mochte, gemocht**> *tr V* ❶ *(gernhaben)* aimer; **am liebsten mag ich ...** j'aime mieux ...; **welche von diesen Sängerinnen magst du am liebsten?** laquelle de ces chanteuses préfères-tu?
❷ *(haben wollen, wünschen)* **möchten Sie ...?** désirez-vous ...?; **was möchten Sie, bitte?** vous désirez?; **ich möchte [gern] eine Tasse Tee** je voudrais une tasse de thé
❸ *(erwarten, veranlassen)* **sie möchte, dass ich einen Bericht schreibe** elle voudrait que je fasse un rapport; **er möchte gern, dass wir ihn besuchen kommen** il aimerait que nous venions le voir
mögen[2] <**mochte, gemocht**> *itr V* ❶ *(wollen)* vouloir [bien]; **nicht ~** ne pas avoir envie; **er möchte [gern]** il voudrait bien; **wenn du möchtest** si tu veux
❷ *fam (gehen, fahren wollen)* **sie möchte nach Hause** elle voudrait rentrer
❸ *fam (können)* **ich mag nicht mehr** je n'en peux plus
mögen[3] <**mochte, mögen**> *Hilfsv modal, mit Infin* ❶ *(wollen)* vouloir; **sie möchte hierbleiben** elle voudrait rester ici; **er möchte lieber heimgehen** il aimerait mieux rentrer; **ich mag jetzt nur noch ausruhen** je n'ai qu'une envie, c'est de me reposer
❷ *geh (als Ausdruck des Einräumens, Zugestehens)* **das mag schon stimmen** c'est peut-être exact; **mag sein, dass il est possible que + subj (soutenu); mag kommen, was da will** quoi qu'il arrive; **wie dem auch sein mag** quoi qu'il en soit; **er mag ruhig anderer Meinung sein** il peut bien avoir une autre opinion; **er mag noch so reich sein, ...** ..., aussi riche soit-il
❸ *(sollen)* **Sie möchten ihn bitte zurückrufen** vous êtes prié(e) de le rappeler

④ geh *(als Ausdruck eines Wunschs)* **möge** Gott das verhüten! [que] Dieu m'en/l'en/... préserve!; ~ **sie miteinander glücklich werden!** qu'ils soient heureux ensemble! ⑤ *(geneigt sein)* **man möchte meinen, dass** on pourrait croire [o penser] que + *indic*

Mogler(in) ['mo:glɐ] <-s, -> *m(f) fam* tricheur(-euse) *m(f)*

möglich ['mø:klɪç] *Adj* ① *(durchführbar)* possible; **etw für ~ halten** tenir qc pour possible; **es für ~ halten, dass** tenir pour possible que + *subj*; **es ist ~, dass** il est possible que + *subj*; **sollte es ~ sein, dass ...?** serait-il possible que ... + *subj?*; **sein Möglichstes tun** faire tout son possible; **wenn** [irgend] **~** si possible; **so bald/genau wie ~** le plus vite/précisément possible; **wenn es Ihnen ~ ist** si cela vous est possible; **das ist doch nicht ~!** mais ce n'est [*o* c'est *fam*] pas possible!; **schon ~** *fam* peut-être bien *(fam)* ② *(denkbar)* **alle ~en Länder** tous les pays possibles; **alles Mögliche** toutes sortes de choses ③ *attr (potenziell)* potentiel(le)

möglicherweise *Adv* peut-être

Möglichkeit <-, -en> *f* ① *(Gelegenheit, Machbarkeit)* possibilité *f*; **jdm die ~ geben etw zu tun** donner à qn la possibilité de faire qc; **die ~ haben etw zu tun** avoir la possibilité de faire qc; **es besteht die ~, etw zu tun/dass** il est possible de faire qc/que + *subj* ② *Pl (Mittel)* **seine/meine ~en** ses/mes possibilités *fpl*
▸ **ist denn das die ~?** *fam* [c'est] pas possible! *(fam)*; **nach ~** dans la mesure du possible

möglichst ['mø:klɪçst] *Adv* ① **~ groß/unauffällig** le plus grand/discrètement possible
② *(wenn irgend möglich)* autant que possible; **sich ~ zurückhalten** se retenir autant que possible; **kannst du das ~ heute noch erledigen?** [est-ce que] tu peux régler ça si possible aujourd'hui encore?
▸ **sein Möglichstes tun** faire tout son possible

Mohair [mo'hɛːɐ] <-s, -e> *m* [laine *f*] mohair *m*

Mohairpullover [mo'hɛːɐ-] *m* pull-over *m* en mohair

Mohammedaner(in) [mohame'daːnɐ] <-s, -> *m(f) veraltet* mahométan(e) *m(f) (vieilli)*

mohammedanisch [mohame'daːnɪʃ] *Adj veraltet* mahométan(e) *(vieilli)*

Mohikaner(in) [mohi'kaːnɐ] <-s, -> *m(f)* Mohican *mf*; **der letzte ~** le dernier des Mohicans

Mohn [moːn] <-[e]s, -e> *m* pavot *m*; *(Klatschmohn)* coquelicot *m*; *(Mohnsamen)* graine *f* de pavot

Mohnbrötchen *nt* petit pain *m* au pavot **Mohnkuchen** *m* gâteau *m* aux graines de pavot

Mohr(in) [moːɐ] <-en, -en> *m(f) veraltet* nègre *m*

Möhre ['møːrə] <-, -n> *f* carotte *f*

Mohrenkopf *m (Süßigkeit)* tête *f* de nègre; *(Gebäck)* pâtisserie recouverte de chocolat

Möhrensaft *m* jus *m* de carottes

Mohrrübe *f* NDEUTSCH carotte *f*

Moiré [moa'reː] <-s, -s> *m* moire *f*

mokant [mo'kant] *Adj geh* moqueur(-euse), railleur(-euse)

Mokassin [moka'sɪːn] <-s, -s> *m* mocassin *m*

Mokick ['moːkɪk] <-s, -s> *nt* cyclomoteur *m*, mobylette® *f*

mokieren* *r V geh* **se ~** se moquer; **sich über jdn/etw ~** se moquer de qn/qc

Mokka ['mɔka] <-s, -s> *m* moka *m*

Mokkabohne *f* grain *m* de moka **Mokkalöffel** *m* cuillère *f* à moka **Mokkatasse** *f* tasse *f* à moka

Mol [moːl] <-s, -e> *nt* CHEM mole *f*

Molch [mɔlç] <-[e]s, -e> *m* triton *m*

Moldawien [mɔl'daːviən] <-s> *nt* la Moldavie

Mole ['moːlə] <-, -n> *f* môle *m*

Molekül [mole'kyːl] <-s, -e> *nt* molécule *f*

molekular [moleku'laːɐ] *Adj* moléculaire

Molekularbiologie *f* biologie *f* moléculaire **Molekulargewicht** *nt* CHEM, PHYS poids *m* moléculaire

molk *Imp von* **melken**

Molke ['mɔlkə] <-> *f* petit-lait *m*

Molkerei <-, -en> *f* laiterie *f*

Molkereibutter *f* beurre *m* laitier **Molkereiprodukt** *nt* produit *m* laitier

Moll [mɔl] <-> *nt* mineur *m*; **in ~** en mineur

mollig ['mɔlɪç] *Adj (rundlich)* potelé(te) *(fam)*

Moloch ['moːlɔx] <-s, -e> *m* hydre *f (soutenu)*, monstre *m*

Molotowcocktail ['mɔlɔtɔfkɔkteɪl] *m* cocktail *m* Molotov

Moment¹ ['moːmɛnt] <-[e]s, -e> *m (Augenblick)* moment *m*; *(kurze Zeitspanne)* instant *m*; **im ersten ~** sur le coup; **im gleichen ~** au même moment; **jeden ~** à tout moment; **im richtigen ~** au bon moment; **im nächsten ~** dans l'instant qui suit; **im ~ pour** le moment; **einen** [kleinen] **~!** un [petit] moment!; **~ mal!** eh, minute! *(fam)*

Moment² <-[e]s, -e> *nt geh (Umstand)* élément *m*

momentan [momɛn'taːn] I. *Adj* ① *(derzeitig)* actuel(le)
② *(vorübergehend)* momentané(e)
II. *Adv* ① *(derzeit)* actuellement
② *(vorübergehend)* momentanément

Momentaufnahme *f* PHOT *a. fig* instantané *m*

Monaco, Monako [mo'nako, 'moːnako] <-s> *nt* [la Principauté de] Monaco

Mona Lisa <- -> *f* KUNST Joconde *f*

Monarch(in) [mo'narç] <-en, -en> *m(f)* monarque *m*/souveraine *f*

Monarchie [monar'çiː] <-, -n> *f* monarchie *f*

Monarchist(in) [monar'çɪst] <-en, -en> *m(f)* monarchiste *mf*

monarchistisch [monar'çɪstɪʃ] *Adj* monarchiste

Monat ['moːnat] <-[e]s, -e> *m* ① mois *m*; **diesen** [*o* **in diesem**] **~** ce mois-ci; [im] **nächsten ~** [*o* **kommenden**] le mois prochain; **auf ~e hinaus** pour plusieurs mois; **im** [*o* **pro**] **~** par mois; **von ~ zu ~** de mois en mois
② *(Schwangerschaftsmonat)* **im dritten ~ sein** être enceinte de trois mois [*o* au troisième mois]; **im wievielten ~ bist du jetzt?** de combien de mois es-tu enceinte?

monatelang I. *Adj attr* de plusieurs mois
II. *Adv* pendant des mois

monatlich I. *Adj* mensuel(le)
II. *Adv* mensuellement; **zahlen** par mensualités

Monatsanfang *m* début *m* du mois; **am ~** au début du mois **Monatsbinde** *f* serviette *f* hygiénique **Monatsblutung** *s.* **Menstruation Monatseinkommen** *nt* revenu *m* mensuel **Monatsende** *nt* fin *f* du mois; **am ~** à la fin du mois; **bis** [**zum**] **~** avant la fin du mois **Monatserste(r)** *m dekl wie Adj* premier *m* du mois **Monatsgehalt** *nt eines Beamten* traitement *m* mensuel; *eines Angestellten* salaire *m* mensuel **Monatshälfte** *f* quinzaine *f* **Monatskarte** *f* ① *(Fahrkarte)* abonnement *m* [mensuel] ② *(Eintrittskarte)* carte *f* d'abonnement *(valable un mois)* **Monatslohn** *m* salaire *m* mensuel **Monatsmitte** *f* milieu *m* [*o* quinze *m*] du mois **Monatsname** *m* nom *m* de mois **Monatsrate** *f* mensualité *f* **Monatsschrift** *f* revue *f* mensuelle

monat[s]weise I. *Adv* chaque mois II. *Adj* mensuel(le)

Mönch [mœnç] <-[e]s, -e> *m* moine *m*
▸ **wie ein ~ leben** mener une vie monacale

Mönchskloster *nt* REL monastère *m* **Mönchskutte** *f* habit *m* monacal **Mönchsorden** *m* REL ordre *m* monastique

Mond [moːnt] <-[e]s, -e> *m kein Pl (Erdsatellit)* lune *f*; **der ~ nimmt ab/zu** la lune décroît/croît
② *kein Pl (in wissenschaftlichem Zusammenhang)* Lune *f*
③ *(Satellit)* satellite *m*
▸ **nach dem ~ gehen** *fam* ne pas être à l'heure; **auf** [*o* **hinter**] **dem ~ leben** *fam* vivre sur une autre planète *(fam)*; **jdn auf den ~ schießen mögen** [*o* **können**] envoyer volontiers qn à tous les diables *(fam)*

mondän [mɔn'dɛːn] *Adj* [très] chic

Mondaufgang *m* lever *m* de la lune **Mondauto** *nt* véhicule *m* lunaire **Mondbahn** *f* ASTRON orbite *f* de la Lune

Mondenschein *m geh* clair *m* de lune; **im ~** au clair de lune

Mondfähre *s.* **Mondlandefähre Mondfinsternis** *f* éclipse *f* de Lune **Mondgesicht** *nt* face *f* de pleine lune *(fam)* **Mondgestein** *nt* roche *f* lunaire **mondhell** *Adj* éclairé(e) par la lune **Mondjahr** *nt* année *f* lunaire **Mondkalb** *nt pej* demeuré(e) *m(f) (fam)* **Mondkrater** *m* cratère *m* lunaire **Mondlandefähre** *f* module *m* lunaire **Mondlandschaft** *f* ① *(Kraterlandschaft)* paysage *m* lunaire ② *(Landschaft im Mondlicht)* [paysage *m* au] clair *m* de lune **Mondlandung** *f* atterrissage *m* sur la Lune **Mondlicht** *nt* clarté *f* de la lune **mondlos** *Adj* sans lune **Mondmobil** <-s, -e> *nt* véhicule *m* lunaire **Mondoberfläche** *f* sol *m* lunaire **Mondphase** *f* phase *f* de la lune **Mondrakete** *f* fusée *f* lunaire **Mondschein** *m* clair *m* de lune; **bei**/**im ~** au clair de lune ▸ **der kann mir mal im ~ begegnen** *s/il* peut aller se faire foutre! *(pop)* **Mondsichel** *f* croissant *m* [de lune] **Mondsonde** *f* sonde *f* lunaire **Mondstein** *m* pierre *f* de lune **mondsüchtig** *Adj* somnambule **Mondumlaufbahn** *f* orbite *f* lunaire **Monduntergang** *m* coucher *m* de la lune

Monegasse [mone'gasə] <-n, -n> *m*, **Monegassin** *f* Monégasque *mf*

monegassisch [mone'gasɪʃ] *Adj* monégasque

monetär [mone'tɛːɐ] *Adj (rundlich)* monétaire; *Situation* financier(-ière)

Moneten [mo'neːtən] *Pl sl* pognon *m (pop)*

Mongole [mɔŋ'goːlə] <-n, -n> *m*, **Mongolin** *f* Mongol(e) *m(f)*

Mongolei [mɔŋgo'laɪ] <-> *f* Mongolie *f*

mongolid [mɔŋgo'liːt] *Adj* mongolique

mongolisch [mɔŋ'goːlɪʃ] *Adj* mongol(e)

Mongolismus [mɔŋgo'lɪsmʊs] <-> *m* MED mongolisme *m*

mongoloid [mɔŋgolo'iːt] *Adj* ① *(den Mongolen ähnlich)* mongolique
② MED mongoloïde

monieren* *tr V* critiquer; **~, dass** critiquer le fait que + *subj*
Monitor ['mo:nito:ɐ, 'mɔnito:ɐ] <-s, -toren *o* -e> *m* moniteur *m*
mono ['mo:no] *Adj* mono *inv*
monochrom [mono'kro:m] *Adj* monochrome
monogam [mono'ga:m] *Adj* monogame
Monogamie [monoga'mi:] <-> *f* monogamie *f*
Monografie^RR *s.* **Monographie**
Monogramm [mono'gram] <-s, -e> *nt* monogramme *m*
Monographie [monogra'fi:] <-, -n> *f* monographie *f*
Monokel [mo'nɔkəl] <-s, -> *nt* monocle *m*
monoklonal *Adj* BIO, MED monoclonal(e)
Monokultur ['mo:no-] *f* monoculture *f*
Monolith [mono'li:t] <-en, -e[n]> *m* monolithe *m*
Monolog [mono'lo:k] <-[e]s, -e> *m* monologue *m;* **innerer ~** monologue intérieur; **einen ~ halten** monologuer; **einen ~ sprechen** *Schauspieler:* réciter un monologue
Monopol [mono'po:l] <-s, -e> *nt* monopole *m;* **ein ~ auf etw** *(Akk)* **haben** avoir le monopole de qc
Monopolstellung *f* situation *f* de monopole
Monopoly® [-poli] <-s> *nt* monopoly® *m*
Monotheismus [monote'ɪsmʊs] <-> *m* monothéisme *m*
monotheistisch [monote'ɪstɪʃ] *Adj* monothéiste
monoton [mono'to:n] I. *Adj* monotone
  II. *Adv* de façon monotone
Monotonie [monoto'ni:] <-, -n> *f* monotonie *f*
Monoxid ['mo:nɔksɪt] <-[e]s, -e> *nt* monoxyde *m*
Monster ['mɔnstɐ] <-s, -> *nt* monstre *m*
Monsterfilm *m* film *m* d'horreur
Monstranz [mɔn'strants] <-, -en> *f* ostensoir *m*
Monstren *Pl von* **Monstrum**
monströs [mɔn'strø:s] *Adj geh* monstrueux(-euse); *(riesig)* énorme
Monstrosität [mɔnstrozi'tɛ:t] <-, -en> *f* ❶ *kein Pl geh (Ungeheuerlichkeit)* monstruosité *f*
  ❷ MED monstre *m*
Monstrum ['mɔnstrʊm] <-s, Monstren> *nt* monstre *m*
Monsun [mɔn'zu:n] <-s, -e> *m* mousson *f*
Monsunregen *m* pluies *fpl* de la mousson
Montag ['mo:nta:k] <-s, -e> *m* lundi *m*
  ▶ **blauer ~** *fam* petit lundi *m* de congé *(fam); s. a.* **Dienstag**
Montagabend *m* lundi *m* soir; **am ~** le lundi soir
Montage [mɔn'ta:ʒə] <-, -n> *f* TECH, PHOT montage *m;* **auf ~ sein** être en déplacement *(faisant partie d'une équipe de montage)*
Montageband [mɔn'ta:ʒə-] <-[e]s, -bänder> *nt* chaîne *f* de montage **Montagehalle** *f* atelier *m* de montage
montäglich ['mo:ntɛ:klɪç] *Adj* du lundi
Montagmittag *m* lundi *m* midi **Montagmorgen** *m* lundi *m* matin; **am ~** le lundi matin **Montagnachmittag** *m* lundi *m* après-midi; **am ~** le lundi après-midi
montags ['mo:nta:ks] *Adv* le lundi
Montagvormittag *m* lundi *m* matin
Montanindustrie [mɔn'ta:n-] *f* industrie *f* du charbon et de l'acier **Montanunion** *f* Communauté *f* Européenne du Charbon et de l'Acier, C.E.C.A. *f*
Monteur(in) [mɔn'tø:ɐ] <-s, -e> *m(f)* installateur(-trice) *m(f)*
Monteuranzug [mɔn'tø:ɐ-] *m* combinaison *f*
montieren* *tr V* ❶ *(zusammenbauen)* monter; **etw aus etw ~** monter qc avec qc
  ❷ *(anbringen)* **etw an/auf etw** *(Akk)* **~** installer qc à/sur qc
Montur [mɔn'tu:ɐ] <-, -en> *f* ❶ *(Overall)* combinaison *f*
  ❷ *fam (Aufzug)* accoutrement *m (fam)*
Monument [monu'mɛnt] <-[e]s, -e> *nt* monument *m*
monumental [monumɛn'ta:l] *Adj* colossal(e)
Monumentalfilm *m* superproduction *f*
Moonboots ['mu:nbu:ts] *Pl* après-skis *mpl*
Moor [mo:ɐ] <-[e]s, -e> *nt* marais *m; (Torfmoor)* tourbière *f*
Moorbad *nt* ❶ MED bain *m* de boue ❷ *(Kurort)* station *f* thermale *(spécialisée dans les bains de boue)* **Moorerde** *f* ❶ PFL terre *f* marécageuse **Moorhuhn** *f* grouse *f,* lagopède *m* d'Écosse
moorig ['mo:rɪç] *Adj* marécageux(-euse)
Moorleiche *f* corps *m* fossilisé *(retrouvé dans une tourbière)*
Moos [mo:s] <-es, -e> *nt* ❶ BOT mousse *f*
  ❷ *kein Pl sl (Geld)* pognon *m (pop)*
moosig *Adj* moussu(e)
Moosröschen [-rø:sçən] *nt,* **Moosrose** *f* rose *f* mousseuse; *(Rosenstock)* rosier *m* mousseux
Mop^ALT *s.* **Mopp**
Moped ['mo:pɛt] <-s, -s> *nt* vélomoteur *m*
Mopedfahrer(in) *m(f)* utilisateur(-trice) *m(f)* de vélomoteur
Mopp^RR <-s, -s> *m* balai *m* à franges
Mops [mɔps, *Pl:* 'mœpsə] <-es, **Möpse**> *m* ❶ ZOOL carlin *m*
  ❷ *fam (dicker Mensch)* gros pépère *m/*grosse mémère *f (fam)*
  ❸ *Pl sl (Brüste)* nichons *mpl (fam)*

mopsen ['mɔpsən] *tr V* DIAL *fam* piquer; **jdm etw ~** piquer qc à qn *(fam)*
Moral [mo'ra:l] <-> *f* ❶ *(ethische Grundsätze, Lehre)* morale *f;* **jdm ~ predigen** faire la morale à qn; **keine ~ haben** n'avoir aucune morale; **das ist eine doppelte ~** c'est avoir deux poids deux mesures
  ❷ *(Durchhaltewille)* moral *m;* **die ~ sinkt/steigt** le moral baisse/est en hausse
  ▶ **und die ~ von der Geschicht[e]** [et la] morale de l'histoire
Moralapostel *s.* **Moralprediger**
moralinsauer *Adj pej* moralisateur(-trice) *(péj)*
moralisch I. *Adj* ❶ *(sittlich)* moral(e)
  ❷ *(tugendhaft) Person, Leben* moral(e)
  ▶ **seinen Moralischen haben** *fam* avoir le cafard *(fam);* **seinen Moralischen kriegen** *fam* commencer à avoir le cafard *(fam)*
  II. *Adv* moralement
moralisieren* *itr V* faire la morale
Moralist(in) [mora'lɪst] <-en, -en> *m(f)* moraliste *mf*
moralistisch *Adj* moraliste
Moralprediger(in) *m(f) pej* prêcheur(-euse) *m(f) (péj)* **Moralpredigt** *f* sermon *m;* **~ en halten** faire des sermons; **jdm eine ~ halten** faire un sermon à qn **Moraltheologie** *f* théologie *f* morale **Moralvorstellungen** *Pl* conception *f* de la morale
Moräne [mo'rɛ:nə] <-, -n> *f* moraine *f*
Morast [mo'rast, *Pl:* mo'rɛstə] <-[e]s, -e *o* Moräste> *m* ❶ *(sumpfiges Gelände)* marécage *m*
  ❷ *kein Pl (Schlamm)* boue *f*
morastig *Adj Grund* marécageux(-euse); *Boden, Weg* boueux(-euse)
Moratorium [mora'to:riʊm] <-s, -torien> *nt* moratoire *m*
morbid [mɔr'bi:t] *Adj geh* morbide
Morbidität [mɔrbidi'tɛ:t] <-> *f* morbidité *f*
Morchel ['mɔrçəl] <-, -n> *f* morille *f*
Mord [mɔrt] <-[e]s, -e> *m* meurtre *m; ~* **an jdm** meurtre de qn; **versuchter ~** tentative *f* de meurtre; **der perfekte ~** le crime parfait; **einen ~ begehen** commettre un meurtre; **jdn wegen ~es anklagen** inculper qn de meurtre
  ▶ **das gibt ~ und Totschlag** *fam* [il] va y avoir du sang *(fam);* **das ist ja ~!** *fam* ça va me/le/... tuer! *(fam)*
Mordanklage *f* inculpation *f* de meurtre; **~ erheben** prononcer une inculpation de meurtre; **unter ~ stehen** être inculpé(e) de meurtre **Mordanschlag** *m* attentat *m;* **einen ~ auf jdn verüben** commettre un attentat contre qn **Morddrohung** *f* menace *f* de mort
morden ['mɔrdən] *itr V* assassiner; *(Massenmord begehen)* massacrer; **das Morden** les massacres *mpl*
Mörder(in) ['mœrdɐ] <-s, -> *m(f)* meurtrier(-ière) *m(f);* **zum ~ werden** devenir meurtrier(-ière)
mörderisch I. *Adj* ❶ *(schrecklich)* atroce *(fam)*
  ❷ *fam (gewaltig) Hunger* terrible; *Tempo* infernal(e)
  ❸ *(Morde begehend)* meurtrier(-ière)
  II. *Adv fam heiß, kalt* terriblement
Mordfall *m* affaire *f* de meurtre **Mordinstrument** *nt* ❶ *s.* **Mordwaffe** ❷ *fam (großes Gerät)* gros machin *m (fam)* **Mordkommission** *f* police *f* judiciaire, P.J. *f* **Mordprozess**^RR *m* procès *m* pour meurtre
Mordsding ['mɔrts-] *nt fam* méga-truc *m (fam)* **Mordsglück** *nt fam* chance *f* de cocu *(fam)* **Mordshunger** *m fam* faim *f* dingue *(fam)* **Mordskerl** *m fam (toller Kerl)* gars *m* du tonnerre *(fam)* ❷ *(kräftiger Mann)* [sacré] balèze *m (pop)* **Mordslärm** *m fam* bruit *m* infernal *(fam)* **mordsmäßig** *fam* I. *Adj* terrible II. *Adv kalt, stark* terriblement; **es ist ~ heiß** il fait une chaleur à crever *(fam);* **sich ~ freuen** être vachement content(e) *(fam);* **sie ist ~ gewachsen** elle a terriblement grandi; **das tut ~ weh!** c'est dingue ce que ça fait mal! *(fam)* **Mordsschrecken** *m fam* peur *f* dingue *(fam)* **Mordsspaß** *m fam kein Pl* ▶ **einen ~ haben** s'éclater *(fam)* **Mordswut** *f fam* rage *f* pas possible *(fam);* **eine ~ kriegen** se foutre en colère *(fam);* **eine ~ im Bauch haben** être dans une rage pas possible *(fam)*
Mordtat *f* meurtre *m* **Mordverdacht** *m* présomption *f* de meurtre; **unter ~** sur présomption de meurtre; **unter ~** *(Dat)* **stehen** être soupçonné(e) de meurtre **Mordversuch** *m* tentative *f* de meurtre **Mordwaffe** *f* arme *f* du crime
morgen ['mɔrgən] *Adv* ❶ demain; **~ früh/Nachmittag** demain matin/après-midi; **bis ~ [Mittag/Abend]!** à demain [midi/soir]!
  ❷ *(in Zukunft)* demain
  ❸ *s.* **Morgen**² ❶
  ▶ **~, ~, nur nicht heute[, sagen alle faulen Leute]** *Spr.* ≈ toujours remettre au lendemain[, c'est le propre des paresseux]
Morgen¹ <-s> *nt* demain *m;* **wird es für uns ein ~ geben?** de quoi demain sera-t-il fait?
Morgen² <-s, -> *m* ❶ matin *m; (in seinem Verlauf)* matinée *f;* **am ~, des ~s** *geh* le matin; *(im Verlauf des Morgens)* dans la matinée; **gegen ~** vers le matin; **jeden ~** tous les matins; **heute/Montag ~**

ce/lundi matin; **am nächsten ~** le lendemain matin; **eines ~s** un beau matin; **~ für ~** tous les matins; **den ganzen ~ [über]** [durant] toute la matinée; **bis in den [frühen] ~ hinein** jusqu'au petit matin; **der ~ bricht an** [o **graut**] l'aube se lève [o **paraît**]; jdm guten **~ sagen** dire bonjour à qn; **guten ~!** bonjour!; **~!** fam bonjour!
❷ liter (lichte Zukunft) aube f nouvelle (littér)
❸ (Flächenmaß) ≈ arpent m

Morgenausgabe f édition f du matin **Morgendämmerung** s. Morgengrauen

morgendlich ['mɔrgəntlɪç] Adj Kühle, Stille matinal(e); Berufsverkehr, Hektik du matin

Morgenessen nt CH petit déjeuner m **Morgengabe** f HIST cadeau m de mariage (offert à l'épouse après la nuit de noces) **Morgengrauen** [-grauən] <-s, -> nt aube f; **im** [o **beim**] ~ à l'aube **Morgengymnastik** f gymnastique f du matin **Morgenland** nt veraltet Levant m (vieilli) **Morgenluft** f air m matinal **Morgenmantel** s. Morgenrock **Morgenmuffel** <-s, -> m fam grincheux(-euse) m(f) (le matin, au réveil); **ich bin ein ~** le matin, je ne suis pas à prendre avec des pincettes (fam) **Morgenrock** m robe f de chambre **Morgenrot** <-s> nt, **Morgenröte** <-> f aurore f

morgens ['mɔrgəns] Adv le matin; **von ~ bis abends** du matin au soir

Morgensonne f soleil m matinal; **~ haben** avoir le soleil le matin **Morgenstunde** f meist Pl heure f matinale; **in den frühen ~n** tôt le matin ▶ Morgenstund hat Gold im Mund Spr. le monde appartient à ceux qui se lèvent tôt **Morgenzug** m train m du matin

morgig Adj attr de demain

Moritat ['moːrita:t] <-, -en> f goualante f (fam)

Mormone [mɔrˈmoːnə] <-n, -n> m, **Mormonin** f mormon(e) m(f)

Morphem [mɔrˈfeːm] <-s, -e> nt LING morphème m

Morphin [mɔrˈfiːn] <-s> nt CHEM, MED morphine f

Morphinismus [mɔrfiˈnɪsmʊs] <-> nt MED morphinisme m

Morphinist(in) [mɔrfiˈnɪst] <-en, -en> m(f) form morphinomane nf

Morphium ['mɔrfiʊm] <-s> nt MED morphine f

morphiumsüchtig Adj morphinomane **Morphiumsüchtige(r)** f(m) dekl wie Adj morphinomane nf

Morphologie [mɔrfoloˈgiː] <-> f morphologie f

morphologisch [mɔrfoˈloːgɪʃ] Adj morphologique

morsch [mɔrʃ] Adj Balken, Holz pourri(e)

Morschheit <-> f pourriture f

Morsealphabet ['mɔrza-] <-s> nt alphabet m morse **Morseapparat** m télégraphe m électrique

morsen [ˈmɔrzən] I. itr V télégraphier en morse; **das Morsen** l'émission f en morse
II. tr V **etw ~** télégraphier qc en morse

Mörser [ˈmœrzə] <-s, -> m mortier m

Morsezeichen nt signal m en morse

Mortadella [mɔrtaˈdɛla] <-, -s> f mortadelle f

Mortalität [mɔrtaliˈtɛːt] <-> f form mortalité f

Mörtel [ˈmœrtəl] <-s, -> m mortier m

Mosaik [mozaˈiːk] <-s, -e[n]> nt ❶ KUNST mosaïque f
❷ fig assemblage m

Mosaikboden m sol m en mosaïque **Mosaikstein** m pièce f de mosaïque ▶ **wie ~e** comme les pièces d'un puzzle

Mosambik [mozamˈbiːk] <-s> nt le Mozambique

Mosambikaner(in) [mozambiˈkaːnɐ] <-s, -> m(f) Mozambicain(e) m(f)

mosambikanisch Adj mozambicain(e)

Moschee [mɔˈʃeː, Pl: mɔˈʃeːən] <-, -n> f mosquée f

Moschus [ˈmɔʃʊs] <-> m musc m

Moschusochse [-ˌɔksə] m bœuf m musqué

Möse [ˈmøːzə] <-, -n> f vulg con m (vulg)

Mosel¹ [ˈmoːzəl] <-> f Moselle f

Mosel² <-s, -> m fam s. Moselwein

Moselwein m vin m de Moselle

mosern [ˈmoːzən] itr V fam rouspéter; **über etw** (Akk) **~** rouspéter à propos de qc (fam); **du hast immer was zu ~** tu as toujours quelque chose à redire (fam); **hör mit dem ewigen Mosern auf!** arrête de rouspéter tout le temps! (fam)

Moses [ˈmoːzəs] <-> m BIBL Moïse m

Moskau [ˈmɔskau] <-s> nt Moscou m

Moskito [mɔsˈkiːto] <-s, -s> m (tropische Stechmücke) moustique m

Moskitonetz nt moustiquaire f

Moslem [ˈmɔslɛm] <-s, -s> m, **Moslime** f musulman(e) m(f)

moslemisch [mɔsˈleːmɪʃ] Adj musulman(e)

Moslime [mɔsˈliːmə] <-, -n> f s. Moslem

Most [mɔst] <-[e]s> m (Fruchtsaft) moût m

Mostrich [ˈmɔstrɪç] <-s> m DIAL moutarde f

Motel [moˈtɛl, ˈmoːtəl] <-s, -s> nt motel m

Motette [moˈtɛta] <-, -n> f motet m

Motiv [moˈtiːf] <-s, -e> nt ❶ (Beweggrund) motif m; **als ~ für ihre Tat** comme mobile de son acte
❷ LITER, MUS thème m

Motivation [motivaˈtsjoːn] <-, -en> f motivation f

motivieren* [-ˈviː-] tr V (beflügeln) motiver; **jdn zu etw ~** motiver qn à qc; **jdn dazu ~ etw zu tun** motiver qn à faire qc

Motivierung [-ˈviː-] <-, -en> f motivation f

Motocross^RR, **Moto-Cross** <-, -e> nt motocross m

Motor [ˈmoːtoːɐ, moˈtoːɐ, Pl: moˈtoːrən] <-s, -toren> m TECH a. fig moteur m

Motorblock <-blöcke> m bloc-moteur m **Motorboot** nt bateau m à moteur

Motorenbau m kein Pl TECH construction f de moteurs **Motorengeräusch** nt bruit m de moteur **Motorenlärm** m bruit m de[s] moteur[s]

Motorfahrzeug nt CH véhicule m automobile **Motorhaube** f capot m

Motorik [moˈtoːrɪk] <-> f motricité f

motorisch [moˈtoːrɪʃ] Adj moteur(-trice)

motorisieren* I. tr V équiper d'un moteur; **ein Boot ~** équiper un bateau d'un moteur
II. r V fam **sich ~** se motoriser (fam)

motorisiert Adj motorisé(e) (fam)

Motorisierung <-, -en> f motorisation f

Motorjacht f yacht m à moteur **Motorleistung** f puissance f du moteur **Motoröl** nt huile f pour moteur **Motorpumpe** f pompe f à moteur, motopompe f **Motorrad** [ˈmoːtoːɐ-, moˈtoːɐ-] nt moto f; **~ fahren** faire de la moto **Motorradfahrer(in)** m(f) motocycliste m/f **Motorradhelm** m casque m de moto **Motorradrennen** nt course f de motos **Motorraum** m compartiment m moteur **Motorroller** m scooter m **Motorsäge** f tronçonneuse f **Motorschaden** m panne f de moteur **Motorschiff** nt bateau m à moteur **Motorsport** m (mit dem Auto/Motorrad) course f auto/moto **Motorwäsche** f nettoyage m du moteur

Motte [ˈmɔtə] <-, -n> f mite f

mottenfest Adj traité(e) antimite **Mottenfraß** m etw gegen **~ schützen** protéger qc contre les mites **Mottenkiste** f ▶ **etw aus der ~ holen** fam ressortir qc de ses fonds de placard (fam) **Mottenkugel** f boule f antimite **Mottenloch** nt trou m de mite **Mottenpulver** nt poudre f antimite **mottenzerfressen** Adj mité(e), mangé(e) des [o troué(e) aux] mites

Motto [ˈmɔto] <-s, -s> nt devise f; **unter dem ~ stehen: …** avoir pour devise …

motzen [ˈmɔtsən] itr V fam râler (fam)

Mountainbike [ˈmauntənbaɪk] <-s, -s> nt vélo m tout-terrain, V.T.T. m **Mountainbiker(in)** [ˈmauntənbaɪkɐ] <-s, -> m(f) vététiste m/f

moussieren* [muˈsiːrən] itr V pétiller

Möwe [ˈmøːvə] <-, -n> f mouette f

Mozzarella [mɔtsaˈrɛla] <-s, -s> m mozzarella f; **wir könnten uns Tomaten mit ~ machen** on pourrait se faire des tomates mozzarella

MP [ɛmˈpeː, ɛmˈpiː] <-, -s> f Abk von Maschinenpistole P.-M. m

MP3-Brenner [ɛmpeˈdraɪ-] m graveur m [de] MP3 **MP3-Format** nt format m MP3 **MP3-Player** [-pleɪɐ] <-s, -> m lecteur m [de] MP3; (tragbares Gerät) baladeur m MP3

Mrd. Abk von Milliarde[n] Mrd.

MS [ɛmˈʔɛs] Abk von Multiple Sklerose sclérose f en plaques

Ms. Abk von Manuskript

MS-krank [ɛmˈʔɛs-] Adj atteint(e) de sclérose en plaques

MTA [ɛmteˈʔaː] <-s, -s> m, <-, -s> f Abk von medizinisch-technische(r) Assistent(in) assistant(e) m(f) de laboratoire

mtl. Abk von monatlich

Mücke [ˈmʏkə] <-, -n> f moustique m ▶ **aus einer ~ einen Elefanten machen** fam faire une montagne d'une taupinière (fam)

Mucke [ˈmʊkə] <-, -n> f sl zic[mu] f (arg)

Muckefuck [ˈmʊkəfʊk] <-s> m fam ersatz m de café

mucken [ˈmʊkən] itr V fam la ramener (fam); **ohne zu ~** sans mouf[e]ter (fam)

Mückenstich m piqûre f de moustique

Muckis [ˈmʊkis] Pl hum fam biscoteaux mpl (hum fam)

Mucks [mʊks] <-es, -e> m fam (Wort, Silbe) mot m; **keinen ~ machen** [o **sagen**] ne pas moufter (fam); **ohne einen ~** sans moufter (fam); **keinen ~ mehr!** ça suffit! (fam)

mucksmäuschenstill [ˈmʊksˈmɔɪsçənˌʃtɪl] fam I. Adj silencieux(-euse); **es war ~ im Haus** on aurait entendu voler une mouche dans la maison; **sei/seid ~!** pas de bruit!
II. Adv sans faire de bruit; **verhaltet euch ~!** ne faites [surtout] pas

de bruit!
müde ['my:də] **I.** *Adj* ❶ *Person, Augen, Beine* fatigué(e); **~ werden** [se] fatiguer; **von etw ~ sein** être fatigué(e) de qc; **langsam werde ich ~** je commence à être fatigué(e); **davon wird man ~!** ça fatigue!
❷ *(gelangweilt) Blick, Lächeln* lassé(e)
❸ *(überdrüssig)* **einer S.** *(Gen)* **~ werden/sein** se lasser/être fatigué(e) de qc; **nicht ~ werden etw zu tun** ne pas se lasser de faire qc
II. *Adv* ❶ *(erschöpft)* **ich habe mich ~ geredet!** je suis épuisé(e) d'avoir tant parlé!
❷ *(gelangweilt) abwinken* d'un air blasé; **da kann ich nur ~ lächeln** je ne trouve pas cela très original
Müdigkeit <-> *f* fatigue *f*; **vor ~** *(Dat)* de fatigue
▶ **nur keine ~ vorschützen** [*o* **vortäuschen**]! *fam* fais/faites pas semblant d'être fatigué(e)/fatigué(e)s! *(fam)*
Mudschahed [mʊdʒaˈhɛt] <-, Mudschaheddin> *m* moudjahid *m*
Müesli ['my:ɛsli] <-s, -s> *nt* mu[e]sli *m*
Muff [mʊf] <-[e]s, -e> *m* ❶ manchon *m*
❷ *kein Pl fam (modriger Geruch)* odeur *f* de renfermé
Muffe ['mʊfə] <-, -n> *f* manchon *m*
▶ **jdm geht die ~** [**eins zu hunderttausend**] *sl* qn a les jetons *(pop)*
Muffel ['mʊfəl] <-s, -> *m fam* ronchon(ne) *m(f) (fam)*
muffelig *fam* **I.** *Adj (griesgrämig)* grincheux(-euse)
II. *Adv* antworten avec mauvaise humeur; *dasitzen* l'air bougon
Muffelwild *nt s.* Mufflon
Muffensausen ['mʊfənzaʊzən] ▶ **~ haben/kriegen** *fam* avoir/se mettre à avoir la trouille *(fam)*
muffig I. *Adj Geruch* de renfermé
II. *Adv* **~ riechen** sentir le renfermé
mufflig *s.* muffelig
Mufflon ['mʊflɔn] <-s, -s> *m* ZOOL mouflon *m*
muh [mu:] *Interj* meuh
Mühe ['my:ə] <-, -n> *f* peine *f*; **sich** *(Dat)* **~ geben** se donner du mal; **sich** *(Dat)* **große ~ geben etw zu tun** se donner beaucoup de mal pour faire qc; **sich** *(Dat)* **die ~ machen etw zu tun** se donner la peine de faire qc; **~ haben etw zu tun** avoir du mal à faire qc; **mit jdm seine ~ haben** avoir bien du mal avec qn; **sich** *(Dat)* **keine ~ geben** ne se donner aucun mal; **sich** *(Dat)* **die ~ sparen** épargner sa peine; **etw macht jdm ~** qn a du mal à faire qc; **jdn viel ~ kosten** demander à qn beaucoup d'efforts; **geben Sie sich keine ~!** ne vous donnez pas cette peine!; **machen Sie sich keine ~!** ne vous dérangez pas!; **nicht der ~** *(Gen)* **wert sein** ne pas [en] valoir la peine; **verlorene ~ sein** être peine perdue; **die ~ lohnt sich** ça [en] vaut la peine; **mit viel ~** avec beaucoup de mal; **nur mit ~** non sans mal [*o* peine]; **ohne ~** sans difficulté
▶ **mit Müh und Not** *fam* avec bien du mal
mühelos I. *Adj* facile
II. *Adv* sans peine
Mühelosigkeit <-> *f* facilité *f*
muhen ['mu:ən] *itr V* meugler; **das Muhen** le meuglement
mühen ['my:ən] *r V geh* **sich ~** s'efforcer; **sich ~ etw zu tun** s'efforcer de faire qc
mühevoll *s.* mühsam
Mühlbach ['my:lbax] *m* bief *m* [du moulin]
Mühle ['my:lə] <-, -n> *f* ❶ moulin *m*
❷ *(Spiel)* marelle *f* [assise]; *(Spielfigur aus drei Steinen)* marelle *f*
❸ *pej (Räderwerk) der Justiz, Verwaltung* rouages *mpl*
Mühlrad *nt* roue *f* du moulin **Mühlstein** *m* meule *f*
Mühsal ['my:za:l] <-, -e> *f geh* peine *f souvent pl*
mühsam I. *Adj* pénible; **es ist ~ etw zu tun** il est pénible de faire qc
II. *Adv* péniblement
mühselig *s.* mühsam
Mukoviszidose [mukovɪstsiˈdo:zə] <-> *f* MED mucoviscidose *f*
Mulatte [muˈlatə] <-n, -n> *m*, **Mulattin** *f* mulâtre *m*/mulâtresse *f*
Mulch [mʊlç] <-[e]s, -e> *m* AGR paillis *m*
Mulde ['mʊldə] <-, -n> *f* ❶ GEOG cuvette *f*
❷ NDEUTSCH *(Trog)* [conteneur *m*] benne *f*; *(Backmulde)* pétrin *m*
Muli ['mu:li] <-s, -[s]> *nt* A, SDEUTSCH mulet *m*
Mull [mʊl] <-[e]s, -e> *m* MED gaze *f*
Müll [mʏl] <-s> *m* déchets *mpl*; *(Hausmüll)* ordures *fpl* ménagères; **etw in den ~ werfen** mettre [*o* jeter] qc à la poubelle; **in den ~ kommen** aller à la poubelle; **~ abladen verboten!** défense de déposer des ordures!
Müllabfuhr <-, -en> *f* ❶ *(das Abfahren des Mülls)* ramassage *m* des ordures ménagères
❷ *(Behörde)* service *m* de ramassage des ordures
❸ *fam (Müllwagen)* **die ~** les éboueurs *mpl (fam)*
Mullah ['mʊla] <-s, -s> *m* mollah *m*
Müllberg *m* ❶ *(Mülldeponie)* tas *m* d'ordures ❷ *fam (große Menge Müll)* montagne *f* d'ordures ménagères **Müllbeseitigung** *f* ramassage *m* des ordures [*o* collecte *f*] **Müllbeutel** *m* sac *m* poubelle
Mullbinde *f* bande *f* de gaze
Müllcontainer *m* benne *f* à ordures **Mülldeponie** *f* décharge *f* **Mülleimer** *m* poubelle *f* **Mülleimerbeutel** *m* sac-poubelle *m*
Müller(in) ['mʏlɐ] <-s, -> *m(f)* meunier(-ière) *m(f)*
Müllfahrer(in) *m(f)* chauffeur(-euse) *m(f) (d'un camion de ramassage des ordures)* **Müllhalde** *f* dépotoir *m* **Müllhaufen** *m* tas *m* d'ordures **Müllkippe** *f* décharge *f* **Müllkutscher(in)** *m(f)* DIAL éboueur(-euse) *m(f)* **Müllmann** <-männer *o* -leute> *m* éboueur *m* **Müllsack** *m* sac-poubelle *m* **Müllschlucker** <-s, -> *m* vide-ordures *m* **Müllsortieranlage** *f* déchetterie *f* **Mülltonne** *f* poubelle *f* **Mülltourismus** [-tuˈrɪsmʊs] *m* exportation *f* des déchets **Mülltrennung** *f* triage *m* des déchets

Land und Leute

En Allemagne, on pratique la **Mülltrennung** de façon que les déchets ménagers sont triés directement par les ménages. On sépare les déchets organiques et les matières minérales que l'on met dans une *Biotonne*. Le plastique et les emballages sont récupérés dans un grand sac jaune, le *gelber Sack*, et ce qui ne peut pas être recyclé va dans la poubelle noire. Le papier et le carton sont collectés dans un endroit à part jusqu'à ce que la municipalité vienne les chercher toutes les deux semaines. Seul le verre doit être amené aux containers publics.

Müllverbrennung *f* incinération *f* des ordures **Müllverbrennungsanlage** *f* usine *f* d'incinération des déchets **Müllvermeidung** *f* réduction *f* du volume de déchets **Müllwagen** *m* camion *m* de ramassage des ordures ménagères
Mullwindel *f* couche *f* en coton
mulmig ['mʊlmɪç] *Adj fam* ❶ *(unbehaglich)* bizarre; **ein ~es Gefühl** une sensation étrange; **jdm ist ~ zumute** qn n'est pas dans son assiette *(fam)*
❷ *(brenzlig) Situation* qui sent le roussi *(fam)*
Multi ['mʊlti] <-s, -s> *m fam* multinationale *f*
multifunktional *Adj* multifonctions **multikulturell** *Adj* multiculturel(le) **multilateral** *Adj* multilatéral(e) **Multimedia** [mʊltiˈme:dia] <-[s]> *kein Pl, kein Art* **~ le** multimédia **multimedial** [mʊltimeˈdja:l] *Adj* multimédia *inv* **Multimillionär(in)** *m(f)* multimillionnaire *mf* **multinational** [mʊltinatsioˈna:l] *Adj* multinational(e)
multipel [mʊlˈti:pəl] *Adj* multiple; **multiple Sklerose** MED sclérose en plaques
Multiple-Choice-Fragebogen[RR] ['maltɪpl'tʃɔɪs-] *m* questionnaire *m* à choix multiple **Multiple-Choice-Test**[RR] *m* test *m* avec des questions à choix multiple
Multiplikand [mʊltipliˈkant] <-en, -en> *m* MATH multiplicande *m*
Multiplikation [mʊltiplikaˈtsjo:n] <-, -en> *f* multiplication *f*
Multiplikationszeichen *nt* signe *m* de multiplication
Multiplikator [mʊltipliˈka:to:ɐ] <-s, -toren> *m* multiplicateur *m*
multiplizieren* **I.** *tr V* multiplier; **etw mit etw ~** multiplier qc par qc; **das Multiplizieren** la multiplication
II. *r V geh* **sich ~** se multiplier
Multitasking ['malti'taskɪŋ] <-s> *nt* INFORM multiprogrammation *f*
Multivitaminsaft *m* jus *m* de fruits multivitaminé
Mumie ['mu:miə] <-, -n> *f* momie *f*
mumifizieren* *tr V* momifier
Mumifizierung <-, -en> *f* momification *f*
Mumm [mʊm] <-s> *m fam* ❶ *(Kraft)* pêche *f (fam)*; **hast du denn keinen ~ in den Knochen?** mais t'as rien dans les muscles? *(fam)*
❷ *(Mut)* cran *m (fam)*; **ihm fehlt einfach der ~** il a rien dans le ventre *(fam)*
Mummelgreis *m pej fam* vieux débris *m (fam)*
mummeln ['mʊməln] NDEUTSCH *fam* **I.** *tr V* ❶ *(murmeln)* marmonner; **etw vor sich hin ~** marmonner qc dans sa barbe
❷ *(einhüllen)* **jdn in etw** *(Akk)* **~** emmitoufler qn dans qc
II. *r V* **sich in etw** *(Akk)* **~** s'emmitoufler dans qc
mümmeln ['mʏməln] *itr V* NDEUTSCH *fam* grignoter; **an etw** *(Dat)* **~** grignoter qc
Mumps [mʊmps] <-> *m* MED oreillons *mpl*
München ['mʏnçən] <-s> *nt* Munich
Münchhausen ['mʏnçhaʊzən] <-, -> *m veraltet geh* ≈ Gascon *m (vieilli littér)*
Mund [mʊnt, *Pl:* 'mʏndɐ] <-[e]s, Münder> *m* ❶ bouche *f*; **den ~ aufmachen** ouvrir la bouche; **den ~ verziehen** faire une [*o* la] grimace; **mit vollem ~ sprechen** parler la bouche pleine; **jdn von ~ zu ~ beatmen** faire du bouche-à-bouche à qn
❷ *fam (Mundwerk)* **den ~ aufreißen** ouvrir sa gueule *(pop)*; **den** [*o* **seinen**] **~ nicht halten können** ne pas pouvoir tenir sa langue *(fam)*; **halt den ~!** boucle-la! *(fam)*
▶ **aus berufenem ~e** *geh* de source autorisée; **sich** *(Dat)* **den ~**

fusselig reden dépenser sa salive [pour rien] *(fam)*; **ein ~ voll** une bouchée; **jdm den ~ wässrig machen** *(jdm Appetit machen)* faire venir l'eau à la bouche à qn; *(jdm Lust machen)* donner envie à qn; **sich** *(Dat)* **etw vom ~[e] absparen** se serrer la ceinture *(fam)*; **jdm über den ~ fahren** *fam* couper le sifflet à qn *(fam)*; **nicht auf den ~ gefallen sein** ne pas avoir la langue dans sa poche *(fam)*; **von ~ zu ~ gehen** passer de bouche en bouche; **aus jds ~ e kommen** sortir de la bouche de qn; **jdm etw in den ~ legen** faire dire qc à qn; **etw nicht in den ~ nehmen** ne pas dire qc; **jdm nach dem ~[e] reden** caresser qn dans le sens du poil; **in aller ~ e sein** être sur toutes les lèvres; **jdm den ~ stopfen** *fam* clouer le bec à qn *(fam)*; **jdm den ~ verbieten** ordonner à qn de se taire; **sich** *(Dat)* **den ~ verbrennen** se faire attraper *(fam)*; **er hat sich den ~ verbrannt** il aurait mieux fait de se taire
Mundart *f* patois *m*   **Mundartdichter(in)** *m(f)* poète *m*/poétesse *f* dialectal(e)   **mundartlich** *Adj* dialectal(e)   **Munddusche** *f* hydropropulseur *m*
Mündel ['myndəl] <-s, -> *nt o* JUR *m* pupille *mf*
mündelsicher I. *Adj Anlage* pupillaire; *Geldanlage* sûr(e); *Wertpapier* de tout repos
II. *Adv* **Geld ~ anlegen** faire un placement sûr
munden ['mundən] *itr V* geh être au goût; **jdm ~** être au goût de qn *(soutenu)*; **ich hoffe, es mundet** j'espère que c'est à ton/votre goût; **wie mundet Ihnen dieser Wein?** comment trouvez-vous ce vin?
münden ['myndən] *itr V + haben o sein* ❶ *(hineinfließen)* se jeter; **in etw** *(Akk)* **~** *Bach, Fluss:* se jeter dans qc
❷ *(führen zu)* **auf/in etw** *(Akk)* **~** *Straße:* déboucher sur/dans qc
❸ *(hinauslaufen auf)* **in etw** *(Akk)* **~** *Diskussion, Frage:* déboucher sur qc, aboutir à qc
mundfaul *Adj fam* pas très causant(e) *(fam)*   **mundgerecht I.** *Adj Stück* de la taille d'une bouchée **II.** *Adv* en petits morceaux   **Mundgeruch** *m* mauvaise haleine *f*; **~ haben** avoir [une] mauvaise haleine   **Mundharmonika** *f* harmonica *m*   **Mundhöhle** *f* cavité *f* buccale
mündig ['myndɪç] *Adj* ❶ *(urteilsfähig) Bürger* responsable
❷ *(volljährig)* **~ werden/sein** atteindre/avoir la majorité; **jdn für ~ erklären** émanciper qn
Mündigkeit <-> *f* JUR majorité *f*
mündlich ['myntlɪç] **I.** *Adj* ❶ *Prüfung, Überlieferung* oral(e); *Besprechung, Vereinbarung* verbal(e)
❷ *fam (Prüfung)* **das Mündliche** l'oral *m*; **im Mündlichen** à l'oral
II. *Adv* **prüfen, überliefern** oralement; **besprechen, vereinbaren** verbalement
Mundpflege *f* hygiène *f* buccale   **Mundpropaganda** *f* bouche *f* à oreille; **durch ~** par le bouche à oreille   **Mundraub** *m* JUR vol *m* de nourriture   **Mundschenk** <-en, -en> *m* HIST échanson *m*   **Mundschutz** *m* masque *m*
M-und-S-Reifen [ɛmʔʊnt'ʔɛs-] *m* AUT *Abk von* **Matsch-und--Schnee-Reifen** pneu *m* neige
Mundstück *nt* ❶ *einer Tabakspfeife* bout *m*; *eines Musikinstruments* bec *m*, embouchure *f*; *eines Atemschlauchs* embout *m* ❷ MUS embouchure *f*   **mundtot** *Adj* ▸ **jdn ~ machen** réduire qn au silence
Mündung ['myndʊŋ] <-, -en> *f* ❶ *eines Flusses* embouchure *f*
❷ *(vorderes Ende) einer Kanone* gueule *f*; *eines Gewehrs* extrémité *f*
Mündungsarm *m* GEOG bras *m* d'un delta   **Mündungsfeuer** *nt* éclair *m (qui s'échappe du canon d'une arme à feu)*
Mundvoll *s.* **Mund** ▸
Mundwasser *nt* bain *m* de bouche   **Mundwerk** *nt* langue *f* bien pendue; **ein freches** [*o* **loses**] **~ haben** *fam* avoir la langue bien pendue   **Mundwinkel** *m* coin *m* de la bouche
Mund-zu-Mund-Beatmung *f* bouche-à-bouche *m*
Munition [muni'tsioːn] <-> *f* munitions *fpl*
Munitionsfabrik *f* fabrique *f* de munitions   **Munitionslager** *nt* dépôt *m* de munitions
munkeln ['mʊŋkəln] *tr V* murmurer; **man munkelt** [*o* **es wird gemunkelt**]**, dass** on raconte que + *indic*
Münster ['mynstɐ] <-s, -> *nt* cathédrale *f*
munter ['mʊntɐ] *Adj* ❶ *(heiter) Lied, Spiel* plein(e) d'entrain; *Person* gai(e), plein(e) d'entrain
❷ *(wach)* **~ werden/sein** se réveiller/être réveillé(e); **jdn ~ machen** *Spaziergang, Kaffee:* réveiller qn; **davon wirst du wieder ~** ça va te réveiller
Munterkeit <-> *f* vivacité *f*
Muntermacher *m fam* stimulant *m*
Münzamt ['mynts-] *nt* hôtel *m* de la Monnaie   **Münzanstalt** *f* atelier *m* monétaire   **Münzautomat** *m* distributeur *m* automatique
Münze ['myntsə] <-, -n> *f* pièce *f* de monnaie
▸ **etw für bare ~ nehmen** prendre qc pour argent comptant; **jdm etw mit gleicher ~ heimzahlen** rendre la monnaie de sa pièce à qn

münzen ['myntsən] *tr V* viser; **auf jdn/etw gemünzt sein** viser qn/qc
Münzfernsprecher *m form* téléphone *m* à pièces   **Münzprägung** *f* frappe *f* des monnaies   **Münzsammlung** *f* collection *f* de pièces [de monnaie]   **Münzstätte** *f* hôtel *m* de la Monnaie   **Münztankstelle** *f* station *f* service automatique   **Münzwechsler** *m* changeur *m* de monnaie
Muräne [muˈrɛːnə] <-, -n> *f* murène *f*
mürb[e] ['mʏrbə] *Adj* ❶ *Braten, Fleisch* tendre; **~[e]s Gebäck** sablé *m*
❷ *(brüchig) Seil* usé(e); *Gewebe* élimé(e)
❸ *(widerstandslos)* **jdn ~ [e] machen** pousser qn à bout
Mürbeteig *m* pâte *f* brisée
Murks [mʊrks] <-es> *m fam* travail *m* bâclé *(fam)*; **~ machen** faire du travail bâclé *(fam)*
murksen ['mʊrksən] *itr V fam* bâcler le travail *(fam)*
Murmel ['mʊrməl] <-, -n> *f* bille *f*
murmeln ['mʊrməln] **I.** *itr V* marmonner; **das Murmeln** le[s] marmonnement[s]
II. *tr V* murmurer
Murmeltier *nt* marmotte *f*
▸ **schlafen wie ein ~** dormir comme un loir
murren ['mʊrən] *itr V* maugréer; **über etw** *(Akk)* **~** maugréer au sujet de qc; **das Murren** les râleries *mpl*; **ohne zu ~**, **ohne Murren** sans maugréer; **lass das Murren!** arrête de maugréer!
mürrisch ['mʏrɪʃ] **I.** *Adj Person, Art* grincheux(-euse); *Gesicht* renfrogné(e)
II. *Adv* d'une façon grincheuse; *antworten* d'un [*o* sur un] ton grincheux
Mus [muːs] <-es, -e> *nt o m (Obstbrei)* compote *f*
Muschel ['mʊʃəl] <-, -n> *f* ❶ coquillage *m*; *(Miesmuschel)* moule *f*
❷ *(Hörmuschel)* écouteur *m*; *(Sprechmuschel)* microphone *m*
muschelförmig *Adj* en forme de coquille   **Muschelkalk** *m kein Pl* GEOL coquillart *m*
Muschi ['mʊʃi] <-, -s> *f sl* chatte *f (pop)*
Muse ['muːzə] <-, -n> *f* muse *f*
▸ **die leichte ~** la musique légère; **jd wird von der ~ geküsst**, **die ~ küsst jdn** la muse inspire qn
museal [muzeˈaːl] *Adj* de musée
Museum [muˈzeːʊm] <-s, Museen> *nt* musée *m*
Museumsführer(in) *m(f)* guide *mf* de musée   **museumsreif** *Adj hum* préhistorique *(hum)*   **Museumsstück** *nt* pièce *f* de musée   **Museumswärter(in)** *m(f)* gardien(ne) *m(f)* de musée
Musical ['mjuːzɪkəl] <-s, -s> *nt* comédie *f* musicale
Musik [muˈziːk] <-, -en> *f* ❶ musique *f*; **geistliche ~** musique sacrée; **~ machen** faire [*o* jouer] de la musique
❷ *(Musikwissenschaft)* **~ studieren** faire des études *fpl* musicales
▸ **das ist ~ in meinen Ohren** cela fait plaisir à entendre

Land und Leute

En Allemagne, la transcription des notes de musique n'est pas la même qu'en France : à «do, ré, mi, fa, sol, la, si» correspondent «C, D, E, F, G, A, H».

Musikalien [muziˈkaːliən] *Pl* partitions *fpl* [musicales]
Musikalienhandlung [-liən-] *f* magasin *m* de musique
musikalisch [muziˈkaːlɪʃ] **I.** *Adj* ❶ *(die Musik betreffend)* musical(e)
❷ *(musikbegabt)* musicien(ne)
II. *Adv* **~ begabt** [*o* **veranlagt**] **sein** être doué(e) pour la musique
Musikalität [muzikaliˈtɛːt] <-> *f* musicalité *f*
Musikant(in) [muziˈkant] <-en, -en> *m(f)* musicien(ne) *m(f)*
Musikantenknochen *m fam* petit juif *m (fam)*; **sich** *(Dat)* **den ~ stossen** se cogner le petit juif *(fam)*
Musikbegleitung *f* accompagnement *m* musical   **Musikbox** *f* juke-box *m inv*   **Musikdirektor(in)** *m(f)* directeur(-trice) *m(f)* musical
Musiker(in) ['muːzikɐ] <-s, -> *m(f)* ❶ musicien(ne) *m(f)*
❷ *(Komponist)* compositeur(-trice) *m(f)*
Musikfreund(in) *m(f)* amateur(-trice) *m(f)* de musique   **Musikgeschichte** *f* histoire *f* de la musique   **Musikhochschule** *f* conservatoire *m* [de musique]   **Musikinstrument** *nt* instrument *m* de musique   **Musikkapelle** *f (Hochzeits-, Festkapelle)* orchestre *m*; *(Bierzeltkapelle)* orchestre bavarois   **Musikkassette** *f* cassette *f* audio, K7 *f*   **Musiklehrer(in)** *m(f)* professeur *mf* de musique   **Musikrichtung** *f* style *m* musical   **Musiksaal** *m* salle *f* de musique   **Musikschule** *f* école *f* de musique   **Musikstück** *nt* morceau *m* de musique   **Musikstudium** *nt* études *fpl* musicales [*o* de musique]   **Musiktherapie** *f* MED musicothérapie *f*   **Musikunterricht** *m* cours *m* de musique
Musikus [ˈmuːzikʊs] <-, Musizi> *m hum* musicien(ne) *m(f)*
Musikwissenschaft *f* musicologie *f*   **Musikwissenschaftler(in)** *m(f)* musicologue *mf*   **Musikzimmer** *nt* salle *f* de mu-

sique
musisch ['mu:zɪʃ] **I.** *Adj Person* doué(e) pour les arts; *Begabung, Veranlagung* d'artiste; *Erziehung, Fach* artistique
II. *Adv* ~ **begabt** [*o* **veranlagt**] **sein** être doué(e) pour les arts
musizieren* *itr V* jouer [de la musique], faire de la musique; **beim Musizieren vergesse ich alles** quand je fais de la musique, j'oublie tout
Muskat [mʊsˈkaːt] <-[e]s, -e> *m* muscade *f*
Muskatblüte *f* BOT macis *m*
Muskateller [mʊskaˈtɛlɐ] <-s, -> *m (Weinsorte)* [vin *m*] muscat *m*
Muskatnuss^RR *f* noix *f* muscade
Muskel ['mʊskəl] <-s, -n> *m* muscle *m*; **~n haben** avoir des muscles
▶ **seine/die ~n spielen lassen** *fam* jouer des muscles
Muskelfaser *f* fibre *f* musculaire **Muskelkater** *m* courbatures *fpl*; [einen] ~ **bekommen/haben** attraper/avoir des courbatures **Muskelkraft** *f* force *f* musculaire **Muskelkrampf** *m* crampe *f* **Muskelmann** <-männer> *m fam* adepte *m* de la gonflette *(fam)* **Muskelpaket** *nt fam* tas *m* de muscles **Muskelprotz** <-es, -e> *m fam* paquet *m* de muscles *(hum)* **Muskelriss**^RR *m* déchirure *f* musculaire, myasthénie *f (spéc)* **Muskelschwäche** *f* MED fatigabilité *f* musculaire, myasthénie *f (spéc)* **Muskelschwund** *m* MED myopathie *f* **Muskelzerrung** *f* MED claquage *m*
Musketier [mʊskəˈtiːɐ] <-s, -e> *m* mousquetaire *m*
Muskulatur [mʊskulaˈtuːɐ] <-, -en> *f* musculature *f*
muskulös [mʊskuˈløːs] *Adj* musclé(e), musculeux(-euse)
Müsli ['myːsli] <-s, -> *nt* mu[e]sli *m*
Muslim ['mʊslɪm, *Pl:* mʊsˈliːmə] <-[s], -e> *m*, **Muslime** *f* musulman(e) *m(f)*
Muss^RR, **Muß**^ALT <-> *nt* must *m*; **ein ~ sein** être obligatoire; **es ist kein ~** ce n'est pas une obligation
Mussbestimmung^RR *f* disposition *f* impérative
Muße ['muːsə] <-> *f* loisirs *mpl*; ~ **haben etw zu tun** trouver le loisir de faire qc; **etw mit ~ tun** faire qc en prenant tout son temps
Mussehe^RR *f* mariage *m* par obligation
müssen ['mʏsən] **I.**<muss, musste, müssen> *tr V modal* ❶ *devoir;* **er muss arbeiten/gehorchen** il doit travailler/obéir, il faut qu'il travaille/obéisse; **lachen ~** ne pas pouvoir s'empêcher de rire; **muss das [denn] sein?** c'est [vraiment] nécessaire [*o* indispensable]?; **das muss sein** c'est absolument nécessaire [*o* indispensable]; **warum muss das ausgerechnet heute passieren?** pourquoi faut-il que ça se produise justement aujourd'hui?; **er müsste viel mehr lernen** il faudrait qu'il travaille davantage; **man müsste mehr Zeit haben** il faudrait avoir plus de temps; **man müsste noch einmal jung sein** si seulement on était jeune une seconde fois
❷ *(brauchen)* **man muss nur auf diesen Knopf drücken** il suffit [juste] d'appuyer sur ce bouton; **du musst mir nicht helfen** tu n'as pas besoin [*o* n'es pas obligé(e)] de m'aider; **das muss nicht heißen, dass** cela ne veut pas forcément dire que; **auch wenn sie das behauptet, muss das nicht stimmen** ce n'est pas parce qu'elle l'affirme que c'est vrai
❸ *(Ausdruck der Wahrscheinlichkeit)* **er muss krank sein** il doit être malade; **es müsste gleich acht Uhr sein** il ne doit pas être loin de huit heures
II.<musste, gemusst> *itr V* ❶ **ich muss zum Arzt/nach Nürnberg** je dois aller [*o* il faut que j'aille] chez le médecin/à Nuremberg; **der Brief muss zur Post** il faut poster cette lettre; **der Koffer muss zum Bahnhof** il faut déposer cette valise à la gare
❷ *(nicht umhinkönnen)* **du musst!** tu dois le faire!, il faut que tu le fasses!
❸ *(austreten müssen)* [mal] **~** *fam* avoir besoin d'aller aux W.-C. *(fam)*
Mußestunde ['muːsə-] *f* moment *m* de loisir; **etw in einer ~ tun** faire qc à ses heures perdues
müßig ['myːsɪç] **I.** *Adj* ❶ oiseux(-euse); **es ist ~ darüber nachzudenken** cela ne sert à rien de se poser des questions là-dessus
❷ *(untätig)* oisif(-ive)
II. *Adv* à ne rien faire; **~ in der Sonne liegen** flemmarder au soleil
Müßiggang *m geh* oisiveté *f*
▶ **~ ist aller Laster Anfang** *Spr.* l'oisiveté est la mère de tous les vices
musste^RR, **mußte**^ALT *Imp von* **müssen**
Muster ['mʊstɐ] <-s, -> *nt* ❶ *von Stoffen, Tapeten* motif *m*
❷ COM *(Warenprobe)* échantillon *m*; **~ ohne Wert** échantillon sans valeur; **~ ziehen** tirer des échantillons
❸ *(Vorlage)* modèle *m*; **jdm als ~ dienen** servir de modèle à qn
❹ *(Schnittmuster)* patron *m*
❺ *(Vorbild)* **nicht gerade ein ~ an Tugend sein** ne pas être spécialement un modèle de vertu
Musterbeispiel *nt* exemple *m* type; **ein ~ für etw** l'exemple type de qc **Musterbetrieb** *m* entreprise *f* modèle **Musterexemplar** *nt* ❶ échantillon *m*; *(Buch, Zeitschrift)* spécimen *m* ❷ *hum*

(Vorbild) **ein ~ von Vater [sein]** [être] un père modèle **mustergültig** *s.* **musterhaft**
musterhaft I. *Adj Schüler, Gatte, Mitarbeiter* modèle; *Verhalten* exemplaire
II. *Adv* de façon exemplaire
Musterhaus *nt* maison-témoin *f* **Musterklage** *f* JUR précédent *m* jurisprudentiel **Musterknabe** *m* enfant *m* modèle **Musterkoffer** *m* mallette *f* à échantillons **Musterkollektion** *f* collection *f* d'échantillons
mustern ['mʊstɐn] *tr V* ❶ examiner *Person, Gegenstand;* **jdn verächtlich ~** toiser qn
❷ MIL **gemustert werden** passer les tests de sélection militaire
Musterprozess^RR *m* procès *m* exemplaire **Musterschüler(in)** *m(f)* élève *mf* modèle
Musterung ['mʊstərʊŋ] <-, -en> *f* ❶ MIL *von Wehrpflichtigen* tests *mpl* de sélection militaire
❷ *(das Betrachten) einer Person, eines Gegenstands* examen *m*
Musterungsbescheid *m* MIL avis *m* d'incorporation
Musterwohnung *f* appartement-témoin *m*
Mut [muːt] <-[e]s *m* courage *m*; **den ~ haben etw zu tun** avoir le courage de faire qc; **wieder ~ schöpfen** [*o* **fassen**] reprendre courage; **jdm** [**wieder**] **~ machen** [re]donner du courage à qn; **den ~ sinken lassen** [*o* **verlieren**] perdre courage
▶ **mit dem ~ der Verzweiflung** avec l'énergie du désespoir; **frohen** [*o* **guten**] **~es sein** être confiant(e); **jdm ist zum Lachen/Weinen zu ~e** qn a envie de [*o* le cœur à] rire/pleurer
Mutation [mutaˈtsi̯oːn] <-, -en> *f* BIO mutation *f*
Mütchen ['myːtçən] ▶ **sein ~ kühlen** *fam* se défouler *(fam)*
mutieren* *itr V* BIO muter
mutig ['muːtɪç] **I.** *Adj* courageux(-euse)
▶ **dem Mutigen gehört die Welt** *Spr.* à cœur vaillant rien d'impossible
II. *Adv* courageusement
mutlos I. *Adj* découragé(e); **~ werden** se décourager
II. *Adv* **jdn ~ anschauen** regarder qn d'un air découragé
Mutlosigkeit <-> *f* découragement *m*
mutmaßen ['muːtmaːsən] **I.** *tr V* supposer; **~, dass** supposer que; **wir können nur ~, was passiert ist** nous en sommes réduit(e)s à des suppositions sur ce qui a pu se produire
II. *itr V* **über etw ~** émettre une hypothèse sur qc, faire une supposition sur qc
mutmaßlich I. *Adj attr Schuldige, Täter* présumé(e)
II. *Adv* probablement, vraisemblablement
Mutmaßung <-, -en> *f* hypothèse *f*, supposition *f*; *(Verdacht in Bezug auf ein Verbrechen)* présomption *f*; **~en über etw** *(Akk)* **anstellen** émettre des hypothèses sur qc
Mutprobe *f* épreuve *f* de courage; **eine ~ bestehen** passer avec succès une épreuve de courage
Mutter[1] ['mʊtɐ, *Pl:* 'mʏtɐ] <-, Mütter> *f* mère *f*; **wie geht es deiner/Ihrer ~?** comment va ta maman/votre mère?; **~ werden** *(schwanger sein)* attendre un bébé [*o* enfant]; **sie ist ~ geworden** elle a eu un bébé; **~ sein** être mère de famille; [**die**] **~ Gottes** la Sainte Vierge
Mutter[2] <-, -n> *f* TECH écrou *m*
Mutterberatungsstelle *f* service de consultation pour les femmes enceintes et les jeunes mères de famille
Mutterbindung *f* attachement *m* à la mère; **eine sehr starke ~ haben** avoir un fort œdipe **Mutterboden** *m* terre *f* végétale
Mütterchen ['mʏtɐçən] <-s, -> *nt* petite vieille *f (fam)*, grand--mère *f (fam)*; **ein altes ~** une petite vieille
Mutterfreuden ▶ **~ entgegensehen** *geh* attendre un bébé [*o* enfant]
Müttergenesungsheim *nt* maison *f* de repos pour mères de famille **Müttergenesungswerk** *nt kein Pl* fondation de soutien aux mères de famille
Muttergesellschaft *f* société *f* [*o* maison *f*] mère
Muttergottes <-> *f* [Sainte] Vierge *f*; **heilige Maria, ~!** Sainte Marie, Mère de Dieu!
Mutterinstinkt *m* instinct *m* maternel **Mutterkomplex** *m* PSYCH complexe *m* d'œdipe; **einen ~ haben müssen** devoir avoir un œdipe mal résolu **Mutterkorn** <-korne> *nt* ergot *m* [du seigle] **Mutterkuchen** *m* ANAT placenta *m* **Mutterland** *nt* ❶ *einer Kolonie* métropole *f* ❷ *(Ursprungsland) einer Kunstrichtung, Strömung* berceau *m* **Mutterleib** *m* ventre *m* maternel; **im ~** dans le ventre maternel
mütterlich ['mʏtɐlɪç] **I.** *Adj* maternel(le)
II. *Adv* maternellement; **jdn ~ umsorgen** s'occuper de qn comme une mère
mütterlicherseits *Adv* du côté maternel; **meine Großmutter ~** ma grand-mère maternelle
Mütterlichkeit <-> *f* fibre *f* maternelle, amour *m* maternel
Mutterliebe *f* amour *m* maternel
mutterlos I. *Adj* orphelin(e) [de mère]; **~es Kind** orphelin(e) *m(f)*

de mère
II. *Adv* **sie wuchs ~ auf** elle grandit sans une mère pour s'occuper d'elle
Muttermal *nt* tache *f* de naissance **Muttermilch** *f* lait *m* maternel ▶ *etw* [*schon*] **mit der ~ eingesaugt haben** avoir appris qc dès le berceau **Muttermord** *m* matricide *m* **Muttermörder(in)** *m(f)* matricide *mf* **Muttermund** *m* ANAT col *m* de l'utérus
Mutternschlüssel *m* clé *f* plate
Mutterpass^{RR} *m* MED carnet *m* de maternité
Mutterschaft <-> *f* maternité
Mutterschaftsgeld *nt* indemnités *fpl* journalières [de] maternité **Mutterschaftsurlaub** *m* congé *m* de maternité **Mutterschaftsvertretung** *f* ❶ *kein Pl (das Vertreten)* remplacement *m* de congé de maternité ❷ *(vertretende Person)* remplaçant(e) *m(f)* pendant un congé de maternité
Mutterschiff *nt* NAUT, AVIAT ravitailleur *m* **Mutterschutz** *m* protection *f* sociale de la femme enceinte
Mutterschutzgesetz *nt* législation *f* sociale concernant la femme enceinte
mutterseelenallein *Adj* tout(e) seul(e); **~ sein** être tout(e) seul(e); **~ in einem einsamen Haus leben** vivre tout(e) seul(e) dans une maison isolée
Muttersöhnchen [-zø:nçən] <-s, -> *nt pej fam* petit garçon *m* à sa maman *(péj fam)* **Muttersprache** *f* langue *f* maternelle **Muttersprachler(in)** [-ʃpra:xlɐ] <-s, -> *m(f)* locuteur *m* natif/locutrice *f* native
muttersprachlich *Adj Unterricht* en langue maternelle; *Kompetenz* dans la langue maternelle **Mutterstelle** *f* ▶ **bei** [*o* an] **jdm ~ vertreten** tenir lieu de mère à qn, s'occuper de qn comme une mère **Muttertag** *m* fête *f* des Mères

---

Land und Leute

La fête des Mères, c'est-à-dire le **Muttertag** en Allemagne, se fête le deuxième dimanche du mois de mai alors qu'en France, elle tombe toujours le dernier dimanche du mois de mai.

Muttertier *nt* AGR, ZOOL mère *f* **Mutterwitz** *m kein Pl* bon sens *m* inné *pas de pl*
Mutti ['mʊti] <-, -s> *f fam* maman *f (fam)*
Mutwille <-ns> *m* malice *f*; **aus purem ~n** par vandalisme **mutwillig** ['mu:tvɪlɪç] I. *Adj* causé(e) par un vandale/des vandales II. *Adv* par vandalisme
Mütze ['mʏtsə] <-, -n> *f (Pudelmütze)* bonnet *m*; *(Schirmmütze)* casquette *f*; *(Baskenmütze)* béret *m*; *(Pelzmütze)* toque *f*
▶ **was** [*o* **eins**] **auf die ~ kriegen** *fam* se faire sonner les cloches *(fam)*
MW PHYS *Abk von* **Megawatt** MW
MwSt. *Abk von* **Mehrwertsteuer** T.V.A.
Myom [my'o:m] <-s, -e> *nt* MED myome *m*
Myrr[h]e^{RR} ['mʏrə] <-, -n> *f* myrrhe *f*
Myrte ['mʏrtə] <-, -n> *f* myrte *f*
Mysterienspiel [mʏs'te:riən-] *nt* THEAT mystère *m*
mysteriös [mʏsteri'ø:s] *Adj* mystérieux(-euse); **~ klingen** avoir l'air mystérieux; **~ wirken** sembler mystérieux(-euse)
Mysterium [mʏs'te:riʊm] <-, -ien> *nt geh* mystère *m*
mystifizieren* [mʏstifi'tsi:rən] *tr V geh* mythifier *(rare littér)*
Mystifizierung [mʏstifi'tsi:rʊŋ] <-, -en> *f* mythification *f*
Mystik ['mʏstɪk] <-> *f* mysticisme *m*
Mystiker(in) ['mʏstikɐ] <-s, -> *m(f)* mystique *mf*
mystisch ['mʏstɪʃ] *Adj* ❶ REL mystique
❷ *(mysteriös)* mystérieux(-euse); **~ klingen/wirken** avoir l'air/sembler mystérieux(-euse)
mythisch ['my:tɪʃ] *Adj* mythique
Mythologie [mytolo'gi:] <-, -n> *f* mythologie *f*
mythologisch [myto'lo:gɪʃ] *Adj* de [*o* sur la] mythologie; *Gestalt, Wesen* mythologique
Mythos ['my:tɔs] <-, Mythen> *m*, **Mythus** ['my:tʊs] <-, Mythen> *m* mythe *m*

Nn

N, n [ɛn] <-, -> *nt* N *m*/n *m*
▶ **N wie Nordpol** n comme Nicolas
N *Abk von* **Norden** N
'n *Art indef fam (ein, eine, einen)* un(e); **hier hast du 'n Hunderter!** tiens, voilà cent balles!
na [na(:)] *Interj fam* ❶ *(Ausdruck des Zweifels)* ben *(fam)*
❷ *(Ausruf der Entrüstung)* hé, eh oh; **~ warte!** eh là, pas si vite!
❸ *(Anrede)* **~, du?** alors, toi?; **~, wie geht's?** alors, comment vas-tu?
❹ *(Aufforderung anzufangen)* eh bien, allez; **~, dann wollen wir mal!** eh bien [*o* allez], allons-y!
▶ **~ gut** [*o* **schön**] bon, allez; **~ also** [*o* **bitte**]! tu vois/vous voyez!; **~ bravo!** *iron* ah [ben] chapeau! *(iron)*; **~ ja** mouais *(fam)*; **~ ja, weil du es bist** bon, c'est bien parce que c'est toi; **~ und ob!** et comment! *(fam)*, je veux! *(fam)*, un peu, mon neveu! *(fam)*; **~ und?** et [puis] alors?; **~ so was!** [ben,]ça alors!, ça, par exemple! *(fam)*, ben dis donc! *(fam)*
Nabe ['na:bə] <-, -n> *f* moyeu *m*
Nabel ['na:bəl] <-s, -> *m* nombril *m*
▶ **der ~ der Welt** *geh* le centre du monde
Nabelbinde *f* bande *f* ombilicale **Nabelbruch** *m* MED hernie *f* ombilicale; **physiologischer ~** hernie ombilicale physiologique **Nabelschau** *f* nombrilisme *m (fam)* **Nabelschnur** *f* cordon *m* ombilical
nach [na:x] I. *Präp + Dat* ❶ *(zur Angabe der Richtung)* à; **~ Nizza/Stuttgart fahren** aller [*o* se rendre] à Nice/Stuttgart; **~ München abreisen** partir pour Munich; **~ Frankreich/Deutschland** en France/Allemagne; **~ Dänemark** au Danemark; **~ Norden** vers le nord; **der Zug ~ Bordeaux** le train pour [*o* à destination de] Bordeaux; **auf dem Weg ~ Marseille** sur la route de Marseille; **~ Hause gehen** aller à la maison
❷ *(zur Angabe einer Stelle)* après; **die Kirche kommt ~ der Post** il y a le bureau de poste, puis l'église
❸ *(zeitlich)* après; **fünf** [**Minuten**] **~ drei** trois heures cinq [minutes]; **~ drei Tagen/zwei Wochen** au bout de trois jours/deux semaines, trois jours/deux semaines plus tard; **~ Empfang der Ware** à réception de la marchandise

❹ *(entsprechend)* selon, d'après; **ihrem Aussehen/Auftreten ~** à en juger par son aspect/sa manière d'être; **seinem Akzent ~ ist er Schweizer** son accent laisse supposer qu'il est Suisse; **ihrem Wesen ~ ist sie eher ruhig** elle est plutôt d'un naturel calme; **~ meiner Meinung, meiner Meinung ~** à mon avis; **dieser Film entstand ~ dem gleichnamigen Roman** ce film est tiré du roman du même nom; **den Tee ~ Belieben süßen** sucrer le thé selon le goût de chacun; **~ dem, was in den Zeitungen steht** d'après les journaux; **dieser Katalog ist ~ Autoren geordnet** ce catalogue est classé par auteurs; **dem Sinn ~** en substance; **~ den Vorschriften handeln** agir conformément à règlement; **das sind ~ schweizerischem Geld tausend Franken** cela fait mille francs [en argent] suisses; **die Uhr ~ dem Radio stellen** régler sa montre sur l'heure de la radio; **er wurde ~ seinem Großvater genannt** il porte le prénom de son grand-père
❺ *(zur Angabe der Reihenfolge)* **ich bin ~ Ihnen dran!** je suis [*o* viens] après vous!
II. *Adv* **mir ~!** suivez-moi!; **haltet den Dieb, schnell, ihm ~!** au voleur, vite, poursuivez-le!
▶ **~ und ~** peu à peu, petit à petit; **~ wie vor** toujours; **unsere Abmachung gilt ~ wie vor** notre accord reste [*o* est toujours] valable
nachäffen ['na:xʔɛfən] *tr V pej* singer
nachahmen ['na:xʔa:mən] *tr V* imiter
Nachahmen <-s> *nt* JUR imitation *f*, falsification *f*; **~ und Ausbeuten fremder Leistung** falsification et exploitation de la prestation d'un tiers; **~ eines eingetragenen Warenzeichens** imitation d'une marque déposée
nachahmenswert *Adj Beispiel* à suivre; *Verhalten* modèle; **~ sein** être un exemple à suivre
Nachahmer(in) <-s, -> *m(f)* imitateur(-trice) *m(f)*; **solche Verbrechen finden immer ~** de tous temps, ces crimes ont fait des émules
Nachahmung <-, -en> *f* imitation *f*
Nachahmungstrieb *m* PSYCH instinct *m* d'imitation
nach|arbeiten *tr V* ❶ rattraper *Tage, Stunden*
❷ *(nachbessern)* finir; **ich muss hier noch eine Kleinigkeit ~** il

me reste ici ou là quelques détails à peaufiner

Nachbar(in) ['naxba:ɐ] <-n, -n> *m(f)* voisin(e) *m(f)*; **die ~ in von nebenan/oben** la voisine d'à côté/du dessus

Nachbarhaus *nt* maison *f* voisine [*o* d'à côté] **Nachbarland** *nt* [pays *m*] voisin *m*

nachbarlich *Adj Grundstück, Garten* voisin(e), d'à côté; *Verhältnis* entre voisins; **gute ~ e Beziehungen** des relations de bon voisinage

Nachbarschaft <-> *f* ❶ *(nächste Umgebung)* voisinage *m*; **in unserer ~** près [*o* pas loin] de chez nous

❷ *(Nachbarn)* voisins *mpl*

❸ *(nachbarliche Beziehungen)* [eine] **gute ~ halten** entretenir des relations de bon voisinage

Nachbarschaftshilfe *f* services *mpl* qu'on se rend entre voisins

Nachbarsfrau *f* voisine *f* **Nachbarskind** *nt* petit voisin *m*/petite voisine *f*

Nachbarstaat *m* [État *m*] voisin *m* **Nachbarstadt** *f* [ville *f*] voisine *f*; **Mannheim und seine ~ Ludwigshafen** Mannheim et sa voisine Ludwigshafen

Nachbau <-bauten> *m* ARCHIT, TECH réplique *f*

nachbauen *tr V* reproduire; **etw ~** reproduire qc à l'identique; **diese Kirche ist dem Petersdom nachgebaut** cette église a été construite sur les plans de Saint-Pierre de Rome

Nachbeben *nt* réplique *f* sismique

nachbehandeln* *tr V* ❶ *(reinigen)* retraiter; **etw mit etw ~** retraiter qc avec qc

❷ MED continuer de traiter *Patienten*; **nachbehandelt werden** *Patient*: poursuivre un traitement; *Wunde, Narbe*: continuer d'être traité(e)

Nachbehandlung *f* traitement *m* complémentaire

nachbereiten* *tr V* reprendre, revoir *Unterrichtsstunde*

nachbessern *tr V* retoucher; reprendre *Produkt*

Nachbesserung *f* retouche *f*; JUR réparation *f* des vices

nachbestellen* *tr V* ❶ *(zusätzlich bestellen)* faire une commande supplémentaire; **zwei Kisten/fünf Rechner ~** commander deux autres caisses/cinq autres ordinateurs

❷ *(als Ersatz bestellen)* **etw ~** commander qc à la place

Nachbestellung *f* ❶ *(zusätzliche Bestellung)* commande *f* supplémentaire

❷ *(zu einem späteren Zeitpunkt)* commande *f* ultérieure

nachbeten *tr V pej fam* recracher *(fam)*

nachbilden *tr V* reproduire; **einem griechischen Original nachgebildet sein** *Skulptur*: être la reproduction d'un original grec

Nachbildung *f* copie *f*, reproduction *f*

nachblicken *itr V* suivre du regard; **jdm/dem Zug ~** suivre qn/le train du regard [*o* des yeux]

Nachblutung *f* hémorragie *f* secondaire; *(Blutung nach einer Operation)* hémorragie postopératoire

nachbohren *itr V fam* creuser la question *(fam)*

nachchristlich *Adj* de l'ère chrétienne; **im ersten ~en Jahrhundert** au premier siècle de l'ère chrétienne

nachdem [na:x'de:m] *Konj* ❶ *(zeitlich)* après; **~ er geduscht hatte** après qu'il se fut douché, après s'être douché; **~ wir zurückgekommen waren** après notre retour; **kurz ~ ich abgereist war** peu après mon départ; **~ er umgezogen war, wurde er krank** après avoir déménagé, il est tombé malade

❷ *(da, weil)* **~ sie uns nicht angerufen hat** comme elle ne nous a pas téléphoné; **~ er nicht teilnimmt/nicht teilnehmen wird** comme il [*o* étant donné qu'il] ne participe/participera pas

nachdenken *itr V unreg* réfléchir; **über etw ~** réfléchir sur qc; *(eine Entscheidung suchen)* réfléchir à qc; **[jetzt] denk doch mal nach!** [allons,] réfléchis un peu!; **laut ~** penser tout haut

Nachdenken *nt* réflexion *f*; **nach tagelangem ~** après mûre réflexion; **gib mir ein bisschen Zeit zum ~** donne-moi un peu de temps pour réfléchir

nachdenklich I. *Adj Person* pensif(-ive), méditatif(-ive); *Gesicht, Miene* pensif(-ive); **~ e Worte** des paroles qui donnent à réfléchir; **jdn ~ machen** *geh* laisser qn songeur(-euse); *Argument, Kritik*: faire réfléchir qn; **in ~ er Stimmung sein** être d'humeur songeuse

II. *Adv schauen* pensivement; **~ aussehen/wirken** avoir l'air pensif [*o* songeur]

Nachdenklichkeit <-> *f* humeur *f* songeuse; **ihre plötzliche ~ wunderte ihn** il s'étonna de la voir soudain pensive [*o* songeur]

nachdichten *tr V* récrire, faire une adaptation de; **einem japanischen Original nachgedichtet sein** être inspiré(e) d'un original japonais

Nachdichtung *f* adaptation *f*

nachdrängen *itr V + sein* pousser [par derrière]

Nachdruck[1] <-s> *m* insistance *f*; **mit [allem] ~** *insistieren, hinweisen* [très] vigoureusement; *verlangen, ausdrücken* expressément; catégoriquement; **um seinen Worten [besonderen] ~ zu verleihen** pour donner [encore] plus de poids à ses paroles; **[besonderen] ~ auf etw** *(Akk)* **legen** tenir [absolument] à qc; **[besonderen] ~ darauf legen, dass** tenir [absolument] à ce que + *subj*

Nachdruck[2] <-[e]s, -e> *m* ❶ *(Werk)* réimpression *f*, retirage *m*

❷ *kein Pl (das Nachdrucken)* reproduction *f*

nachdrucken *tr V* retirer, réimprimer

nachdrücklich ['na:xdrʏklɪç] I. *Adj* insistant(e); *Ermahnung, Forderung* ferme; *Rat, Warnung* appuyé(e); **eine ~ e Bitte an jemanden richten** adresser à qn une demande insistante

II. *Adv bitten, fordern, ermahnen* fermement; *verlangen, raten, warnen* expressément; *hinweisen, bestehen* tout particulièrement; *ablehnen* catégoriquement; *verbieten* formellement

Nachdrücklichkeit <-> *f einer Forderung* fermeté *f*

nachdunkeln *itr V + sein* foncer; **die Tapete ist nachgedunkelt** le papier peint a foncé

Nachdurst *m* bouche *f* pâteuse

nacheifern *itr V* prendre modèle; **jdm ~** prendre modèle sur qn

nacheinander [na:x'?aɪ'nande] *Adv* l'un(e) après l'autre; **~ den Raum verlassen** *zwei Personen*: quitter la salle l'un(e) après l'autre; *zwei Gruppen*: quitter la salle les un(e)s après les autres; **etw zweimal ~/kurz ~ tun** faire qc deux fois de suite/presque coup sur coup

nachempfinden* *tr V unreg* ❶ comprendre; **jdm seine Freude ~** comprendre la joie ressentie par qn; **ich kann ~, dass Sie unzufrieden sind** je comprends fort bien que vous soyez mécontent; **vielleicht kannst du ~, wie mir zumute ist** peut-être arrives-tu à comprendre ce que je ressens

❷ KUNST, LITER **dieses Gedicht ist Schiller nachempfunden** ce poème est inspiré de Schiller

Nachen ['naxən] <-s, -> *m* liter esquif *m* (*littér*)

nacherzählen* *tr V* faire un compte rendu de *Geschichte, Roman, Drama*; restituer *Text*

Nacherzählung *f einer Geschichte, eines Romans, Dramas* compte *m* rendu de lecture; *eines Textes* [exercice *m* de] restitution *f*

Nachf. *Abk von* **Nachfolger**

Nachfahr[e] *s.* **Nachkomme**

nachfahren *itr V unreg + sein* ❶ *(verfolgen)* suivre; **jdm/einem Auto ~** suivre qn/une voiture

❷ *(später nachkommen)* **jdm ~** rejoindre qn [en voiture/par le train]

Nachfassaktion[RR], **Nachfaßaktion[ALT]** *f* [action *f* de] relance *f*

nachfassen I. *itr V* ❶ *(sich erneut bedienen)* se resservir

❷ SPORT assurer sa prise

❸ *fam (nachforschen, nachfragen)* **in einer Angelegenheit ~** chercher à en savoir plus sur une affaire

II. *tr V Essen* prendre du rab *(fam)*

Nachfeier *f (später)* fête *f* après coup

nachfeiern *tr V* fêter après coup; **etw ~** fêter qc après coup; **sie wird ihren Geburtstag im Januar ~** elle fêtera son anniversaire après la date, en janvier

Nachfolge *f* succession *f*; **jds ~ antreten** prendre la succession de qn

Nachfolgemodell *nt* nouveau modèle *m*

nachfolgen *itr V + sein* ❶ succéder; **jdm im Amt des Bürgermeisters/Präsidenten ~** succéder à qn à la mairie/présidence

❷ *(hinterhergehen, -fahren)* **jdm/einem Sarg ~** suivre qn/un cercueil

nachfolgend *geh* I. *Adj* suivant(e); **im Nachfolgenden** ci-après, dans ce qui suit

II. *Adv* ensuite, puis

Nachfolgeorganisation *f einer Terrorgruppe* résurgence *f*

Nachfolgepartei *f* parti *m* qui a succédé; **die ~ der SED** le parti qui a succédé au SED

Nachfolger(in) <-s, -> *m(f)* successeur *mf*

nachfordern *tr V* demander après coup; **etw ~** *(nachträglich fordern)* demander qc après coup; *(zusätzlich fordern)* demander qc en plus; **tausend Euro ~** demander un supplément de mille euros

Nachforderung *f* ❶ nouvelle demande *f*; *einer Gewerkschaft* nouvelle revendication *f*

❷ *(Zahlungsaufforderung)* supplément *m*; **~ en erheben** [*o* geltend machen] demander le paiement d'un supplément

nachforschen *itr V* faire des recherches; **in einer Angelegenheit ~** faire des recherches concernant une affaire; **~, wann/wo/... ~** chercher à savoir quand/où/...

Nachforschung *f* recherches *fpl*, enquête *f*; **~ en anstellen** [*o* betreiben] faire des recherches, mener une enquête

Nachfrage *f (Kaufinteresse)* demande *f*; **die ~ befriedigen** satisfaire la demande; **es besteht [eine] große ~ nach diesem Artikel** cet article est très demandé

▶ **danke der ~!** *veraltet* je vous remercie! *(hum)*

nachfragen I. *itr V* ❶ *(sich erkundigen)* se renseigner; **bei jdm ~** se renseigner auprès de qn; **~, ob ...** se renseigner pour savoir si ...

❷ *(weiterfragen)* poser des questions supplémentaires

II. *tr V* COM **nachgefragt werden** être demandé(e)

Nachfrist f délai m supplémentaire [o moratoire]; **angemessene ~** délai supplémentaire [o moratoire] approprié; **jdm eine ~ einräumen/setzen** accorder/fixer un délai supplémentaire [o moratoire] à qn

nach|fühlen tr V comprendre par sympathie; **jds Enttäuschung ~ partager la déception de qn; er wird [mir] sicher ~ können, dass ich wütend war** il comprendra fort bien que j'aie été en colère

nach|füllen tr V ① (noch einmal füllen) remplir; **er füllte ihr das Glas nach** il remplit de nouveau son verre
② s. nachgießen

Nachfüllpackung f [éco]recharge f; **etw in der ~ kaufen** acheter des [éco]recharges de qc

nach|geben unreg I. itr V ① céder; **jdm/einem Verlangen ~** céder à qn/une exigence
② (sich bewegen) Tür: céder; Boden: s'enfoncer, céder; Wand: se dérober
③ BÖRSE fléchir, reculer; Zinssätze: baisser
II. tr V **jdm Gemüse ~** resservir des légumes à qn

Nachgeben <-s> nt eines Kurses repli m

Nachgebühr f surtaxe f

Nachgeburt f ① (Plazenta) placenta m
② (Vorgang) délivrance f

nach|gehen itr V unreg + sein ① (hinterhergehen) **jdm ~** suivre qn
② (zu langsam gehen) Uhr: retarder; **meine Armbanduhr geht zwei Minuten nach** je [o ma montre] retarde de deux minutes
③ (überprüfen) **einer Frage/Spur ~** creuser une question/explorer une piste; **einem Hinweis ~** vérifier un indice
④ (gedanklich beschäftigen) **seine Worte gingen/dieser Vorfall ging mir lange nach** ses paroles m'occupèrent longtemps/cet incident m'a longtemps occupé l'esprit
⑤ (ausüben) **einer Beschäftigung** (Dat) ~ exercer une profession; **seinen Geschäften ~** vaquer à ses occupations; **seinem Vergnügen ~** s'adonner à son plaisir

nachgelassen Adj posthume; **seine/ihre ~en Briefe** les lettres retrouvées après sa mort

nachgemacht Adj Unterschrift imité(e), contrefait(e); **eine ~e Banknote** un faux billet; **~ sein** être une contrefaçon [o un faux]

nachgeordnet Adj form Behörde subalterne; **die dem Ministerium ~en Dienststellen** les services relevant [de l'autorité] du ministère (form)

nachgerade Adv geh franchement

Nachgeschmack m arrière-goût m; **einen bitteren/komischen ~ haben** Getränk, Essen: avoir un arrière-goût amer/bizarre
▶ **etw hat bei jdm einen bitteren/unangenehmen ~ hinterlassen** qc a laissé à qn une impression d'amertume/désagréable

nachgewiesenermaßen Adv comme il a été prouvé; **sie war ~ schuldig** il a été prouvé qu'elle était coupable

nachgiebig ['naːxɡiːbɪç] Adj ① Person, Wesen [trop] accommodant(e), pas assez ferme; **jdm gegenüber [zu] ~ sein** ne pas être assez ferme avec [o envers] qn, être [trop] coulant(e) avec qn (fam)
② (weich) Material souple; Polsterung mou(molle)

Nachgiebigkeit <-> f ① (Wesensart) manque m de fermeté
② (Weichheit) mollesse f, souplesse f

nach|gießen unreg I. tr V resservir; **jdm Saft ~** resservir du jus à qn
II. itr V resservir à boire; **jdm ~** resservir qn

nach|grübeln itr V réfléchir intensément; **über etw** (Akk) ~ réfléchir intensément à qc; **vor lauter Nachgrübeln vergaß sie die Zeit** perdue dans [o toute à] ses pensées, elle a oublié l'heure

nach|gucken itr V fam regarder; **in der Küche ~, ob ...** regarder à la cuisine si ...; **guck doch im Kleiderschrank nach!** va donc voir dans l'armoire!

nach|haken itr V fam creuser [un sujet/une idée]; **bei jdm ~** essayer de tirer les vers du nez à qn (fam); Reporter: harceler qn de questions

Nachhall m écho m

nachhaltig ['naːxhaltɪç] I. Adj durable
II. Adv durablement

Nachhaltigkeit <-> f persistance f; **das Ergebnis war von geringer ~** le résultat fut de peu d'efficacité

nach|hängen itr V unreg ① ne pas réussir à se débarrasser; **einer glücklichen Zeit** (Dat) ~ vivre dans le souvenir d'une époque heureuse; **seinen Erinnerungen/Gedanken ~** rester plongé(e) dans ses souvenirs/pensées
② (anhaften) **ihm hängt ein zweifelhafter Ruf nach** sa réputation douteuse lui colle à la peau

nachhauseᴿᴿ Adv CH, A **~ gehen** aller à la maison

Nachhauseweg m chemin m du retour; **auf dem ~ traf sie eine Freundin** alors qu'elle rentrait chez elle, elle a rencontré une amie; **einen weiten ~ haben** avoir beaucoup de chemin [à faire] pour rentrer [à la maison]

nach|helfen itr V unreg ① (helfen) donner un coup de pouce; **wir haben mit etwas Geld nachgeholfen, dass sie einwilligt** nous avons forcé son accord en le monnayant un peu
② (auf die Sprünge helfen) **ich werde Ihrem Gedächtnis [etwas] ~** je vais vous rafraîchir [un peu] la mémoire

nachher [naːxˈheːɐ], **nachher** Adv ① (danach) après, ensuite; **zuerst gibt es Salat und ~ Pfannkuchen** on va manger de la salade, ensuite [o puis] des crêpes
② (nachträglich) **ich merkte erst ~, dass** je ne me suis rendu compte qu'après que
③ (gleich, etwas später) tout à l'heure; **bis ~!** à tout à l'heure!
④ fam (womöglich) après; **~ glaubt er das noch!** après, il va encore y croire! (fam)

Nachhilfe f cours m particulier; **~ in Latein geben/bekommen** donner/suivre des cours particuliers de latin

Nachhilfelehrer(in) m(f) professeur mf qui donne des cours particuliers **Nachhilfeschüler(in)** m(f) élève mf en cours particulier **Nachhilfestunde** f cours m particulier; **~n in Latein bekommen** suivre des cours particuliers de latin **Nachhilfeunterricht** s. Nachhilfe

nachhineinᴬᴸᵀ, **Nachhinein**ᴿᴿ **im ~** après coup

nach|hinken itr V + sein être à la traîne

Nachholbedarf m retard m; **~ an Bildung** retard à combler en matière de culture; **einen ~ an Schlaf haben** avoir du sommeil à rattraper

nach|holen tr V ① rattraper Jugend, Zeit; rattraper, récupérer Schlaf; **sie muss viel Unterrichtsstoff ~** elle doit rattraper beaucoup de cours
② (nachkommen lassen) faire venir Person

Nachhut <-, -en> f arrière-garde f

nach|jagen itr V + sein poursuivre; **jdm ~** poursuivre qn, courir après qn; **dem Erfolg/Geld ~** courir après le succès/l'argent

nach|kaufen tr V racheter; **etw ~** racheter qc [par la suite]

Nachklang m écho m

nach|klingen itr V unreg + sein ① Ton, Stimme: résonner
② fig in **jdm ~** Erlebnis, Worte: rester présent(e) à la mémoire de qn

Nachkomme [ˈnaːxkɔmə] <-n, -n> m descendant(e) m(f); **die ~n** la descendance, les descendants mpl

nach|kommen itr V unreg + sein ① **jdn ~ lassen** faire venir qn; **du kannst ~** tu peux me/nous rejoindre; **ich komme gleich nach!** je vous rejoins!, j'arrive!
② (Schritt halten) suivre; **lauf nicht so schnell, ich komme nicht nach!** ne va pas si vite, je n'arrive pas à te suivre!
③ (mithalten) suivre; **mit der Arbeit ~** arriver à suivre le rythme de travail; **dieser Schüler kommt mit dem Lernen nicht mehr nach** cet élève ne suit plus
④ geh (entsprechen) **einer Anordnung** (Dat) ~ observer [o suivre] une directive; **einem Wunsch ~** satisfaire un souhait; **seinen Verpflichtungen ~** honorer [o assumer] ses obligations
⑤ (die Konsequenz sein) Anzeige, Klage: suivre; **da kann noch etwas ~** il pourrait y avoir des suites
⑥ (ähnlich werden) **er kommt seinem Vater nach** il ressemble à son père

Nachkommenschaft <-> f descendance f, postérité f

nach|kontrollieren* tr V [re]vérifier

Nachkriegshöchststand m plafond m de l'après-guerre **Nachkriegsjahre** Pl années fpl d'après-guerre **Nachkriegszeit** f après-guerre m

Nachkur f postcure f

nach|laden unreg I. tr V recharger Schusswaffe; **das Nachladen** le rechargement
II. itr V recharger [son arme]

Nachlassᴿᴿ <-es, -e o -lässe>, **Nachlaß**ᴬᴸᵀ <-lasses, -lasse o -lässe> m ① eines Verstorbenen succession f; (nachgelassene Werke) œuvres fpl posthumes; **erbloser/überschuldeter ~** succession en déshérence/obérée
② (Preisnachlass) réduction f, remise f; **jdm einen ~ von zehn Prozent gewähren** accorder une réduction [o remise] de dix pour cent à qn

nach|lassen unreg I. itr V ① Sturm, Regen: se calmer; Interesse, Nachfrage, Druck: faiblir, diminuer; Sehkraft, Gehör: baisser, faiblir; Schmerz: s'atténuer; Spannung: se relâcher
② (schwächere Leistung bringen) se relâcher
II. tr V **jdm zehn Prozent ~** faire à qn une réduction [o remise] de dix pour cent

Nachlassen <-s> nt ralentissement m

nachlässig [ˈnaːxlɛsɪç] I. Adj ① (nicht sorgfältig) Mitarbeiter, Personal, Kontrolleur peu consciencieux(-euse); Arbeit négligé(e); Kontrolle, Überprüfung peu strict(e), sommaire; **~ sein** Person: être négligent(e); Kontrolle: ne pas être strict(e); **~er werden** Person: se relâcher; Kontrolle: devenir moins strict(e)
② (ungepflegt) Äußeres négligé(e)
II. Adv ① (nicht sorgfältig) **~ arbeiten/kontrollieren** être négligent(e) dans son travail/lors d'un contrôle

② *(ungepflegt) geschminkt, gekämmt* mal; ~ **gekleidet** en débraillé
Nachlässigkeit <-, -en> *f* négligence *f*
Nachlassverwalter(in)^{RR} *m(f)* curateur(-trice) *m(f)* de la succession
nach|laufen *itr V unreg + sein* ① *(hinterherlaufen)* poursuivre; **jdm** ~ poursuivre qn, courir après qn; **er lief mir nach** il m'a couru après *(fam)*
② *fam (erobern wollen)* **jdm** ~ courir après qn *(fam)*
③ *(zu erreichen suchen)* **einer Illusion** *(Dat)* ~ poursuivre une illusion
nach|legen *tr V* remettre; **Holz/Kohle** ~ remettre du bois/charbon
Nachlese *f* ① *(Traubenlese)* grappillage *m*
② *fig* **eine ~ aus unserer Sendung** une sélection des meilleurs moments de notre émission
nach|lesen *tr V unreg* vérifier; **etw in einem Lexikon** ~ vérifier qc dans une encyclopédie
nach|liefern *tr V* ① livrer ultérieurement; **jdm etw** ~ livrer qc à qn ultérieurement
② *fam (mitteilen)* **jdm eine Erklärung** ~ donner une explication à qn plus tard
Nachlieferung *f* ① *(Vorgang)* livraison *f* différée; *(erneutes Liefern)* nouvelle livraison
② *(Gegenstand)* article *m* différé
nach|lösen I. *tr V* **die Fahrkarte/den Zuschlag** ~ acheter son billet/payer le supplément dans le train
II. *itr V* **beim Schaffner** ~ acquitter un billet/supplément auprès du contrôleur; **Sie müssen bei mir** ~ vous devez me régler le billet/le supplément
nach|machen *tr V* ① *(nachahmen)* imiter Person, Stimme
② *(gleichtun)* **jdm alles** ~ imiter qn en tout; **kannst du [mir] das ~?** tu peux en faire autant?; **das soll mir erst mal einer ~!** je mets quiconque au défi d'en faire autant!
③ *(fälschen)* contrefaire Unterschrift, Banknote; copier, faire un faux de Antiquität
④ *(nachträglich anfertigen)* rattraper Hausaufgabe, Klassenarbeit
nach|messen *unreg* I. *tr V* vérifier; **etw mit dem Lineal** ~ vérifier les mesures de qc avec la règle
II. *itr V* **mit dem Lineal** ~ vérifier les mesures avec la règle; **das Nachmessen** la vérification des mesures
Nachmieter(in) *m(f)* locataire *mf* suivant(e); **mein** ~ *(der die Wohnung übernehmen wird/übernommen hat)* le locataire qui va me succéder/qui m'a succédé(e)
Nachmittag *m* après-midi *m o f inv;* **am** ~ l'après-midi; **es ist** ~ nous sommes l'après-midi; **heute** ~ cet après-midi; **am frühen/späten** ~ tôt/tard dans l'après-midi
nachmittäglich *Adj attr* de l'après-midi
nachmittags *Adv* l'après-midi
Nachmittagsschlaf *m,* **Nachmittagsschläfchen** *nt* sieste *f* **Nachmittagsunterricht** *m* cours *m* de l'après-midi **Nachmittagsvorstellung** *f* matinée *f*
Nachnahme ['-na:mə] <-, -n> *f* ① remboursement *m;* **etw per ~ schicken** expédier [*o* envoyer] qc contre remboursement
② *s.* Nachnahmesendung
Nachnahmegebühr *f* droit *m* [*o* frais *mpl*] d'envoi contre remboursement **Nachnahmesendung** *f form* envoi *m* contre remboursement
Nachname *m* nom *m* [de famille]; **wie heißen Sie mit ~ n?** quel est votre nom [de famille]?
nach|plappern *tr V fam* répéter comme un perroquet; **etw** ~ répéter qc comme un perroquet *(fam);* **jdm alles** ~ répéter comme un perroquet tout ce que dit qn *(fam)*
Nachporto *s.* Nachgebühr
nachprüfbar *Adj* vérifiable; **nicht** ~ invérifiable
Nachprüfbarkeit <-> *f* possibilité *f* de vérifier; **ich bezweifle die ~ dieser Aussage** je doute que l'on puisse vérifier cette affirmation
nach|prüfen I. *tr V* ① vérifier Alibi, Aussage, Zitat; contrôler, vérifier Richtigkeit
② *(später prüfen)* **jdn** ~ faire repasser un examen/l'examen à qn; **nachgeprüft werden** passer un examen [*o* à une session] de rattrapage
II. *itr V* ~, **ob/wann** ... vérifier si/quand ...; Wirtschaftsprüfer: faire un contrôle pour savoir si/quand ...
Nachprüfung *f* ① vérification *f;* der Richtigkeit contrôle *m,* vérification
② *(spätere Prüfung)* examen *m* de rattrapage
nach|rechnen I. *tr V* recalculer, refaire [*o* vérifier] les calculs; ~, **ob ...** vérifier si ...; **das Nachrechnen hat lange gedauert** cela a duré longtemps de vérifier les calculs
II. *tr V* [re]vérifier
Nachrede *f* üble ~ diffamation *f*
nach|reichen *tr V* faire parvenir ultérieurement; **jdm etw** ~ faire parvenir qc à qn ultérieurement; **ich werde Ihnen die Beschei-** nigung nächste Woche ~ je vous ferai parvenir cette attestation la semaine prochaine
nach|reisen *itr V + sein* **jdm nach Italien** ~ rejoindre qn en Italie
nach|reiten *itr V + sein* suivre à cheval; **jdm** ~ suivre qn à cheval
Nachricht ['na:xrɪçt] <-, -en> *f* ① *(veröffentlichte Meldung)* information *f;* **die ~ von dem Attentat** la nouvelle de l'attentat
② *Pl (Nachrichtensendung)* informations *fpl;* **[sich** *(Dat)***] die ~ en anhören/ansehen** écouter/regarder les informations
③ *(Mitteilung)* nouvelle *f;* **wir haben immer noch keine ~ von ihr** nous sommes toujours sans nouvelles d'elle
Nachrichtenagentur *f* agence *f* de presse **Nachrichtendienst** *m* ① *(Geheimdienst)* service *m* de renseignements; *(in Frankreich)* Renseignements *mpl* généraux ② *s.* Nachrichtenagentur **Nachrichtenmagazin** *nt* magazine *m* d'actualités **Nachrichtensatellit** *m* satellite *m* de [télé]communication[s] **Nachrichtensender** *m* chaîne *f* d'information **Nachrichtensendung** *f* informations *fpl* **Nachrichtensperre** *f* black-out *m* sur l'information; **eine ~ verhängen** imposer le black-out **Nachrichtensprecher(in)** *m(f)* présentateur(-trice) *m(f)* [du journal] **Nachrichtentechnik** *f* télécommunications *fpl,* télécoms *fpl (fam)* **Nachrichtenwesen** *nt kein Pl* service *m* de l'information
nach|rücken *itr V + sein* ① *(einen Posten übernehmen)* prendre la place
② MIL **jdm** ~ suivre qn
Nachruf *m* nécrologie *f;* ~ **auf jdn** nécrologie de qn
nach|rufen *tr V unreg* crier; **jdm etw** ~ crier qc à qn; **er rief ihr noch etwas nach** il lui a encore crié quelque chose tandis qu'elle s'éloignait
Nachruhm *m* gloire *f* posthume
nach|rüsten I. *itr V* MIL augmenter son potentiel militaire
II. *tr V* **einen Rechner mit etw** ~ compléter l'équipement d'un ordinateur en ajoutant qc
Nachrüstung *f* MIL augmentation *f* du potentiel militaire
nach|sagen *tr V* ① *(behaupten)* **jdm Gutes/Schlimmes** ~ dire du bien/mal de qn; **jdm ein großes Wissen** ~ dire de qn qu'il/elle possède une grande culture; **es wird ihm nachgesagt, dass** on dit de lui que + *indic,* on dit qu'il ... + *indic*
② *(nachsprechen)* **jdm etw** ~ répéter qc après qn
Nachsaison [-zεzõː, -zεzɔŋ] *f* basse saison *f*
nach|salzen <*PP* nachgesalzen> *tr, itr V* resaler
Nachsatz *m (in einem Brief)* post-scriptum *m; (in einem Text)* note *f;* **etw in einem ~ erwähnen** mentionner qc dans une remarque annexe
nach|schauen I. *tr V* vérifier
II. *itr V* ① ~ [, **ob** ...] aller voir [si ...]; **ich werde im Keller** ~ je vais [*o* descends] voir à la cave
② *(nachschlagen)* ~[, **ob/wie** ...] vérifier [si/comment ...]; **im Wörterbuch** ~ consulter [*o* regarder dans] le dictionnaire
③ *(nachblicken)* **jdm/einer S.** ~ suivre qn/qc du regard [*o* des yeux]
nach|schenken *geh* I. *tr V* resservir; **jdm Wasser/Kaffee** ~ resservir de l'eau/du café à qn; **darf ich Ihnen noch etwas Wein ~?** vous reprendrez bien un peu de vin?
II. *itr V* **jdm** ~ resservir à boire à qn; **darf ich ~?** désirez-vous reprendre quelque chose?
nach|schicken *tr V* ① réexpédier; **jdm etw** ~ réexpédier qc à qn; **sich** *(Dat)* **die Zeitung ~ lassen** faire suivre son journal
② *(hinterherschicken)* **jdm einen Helfer** ~ envoyer un aide à la suite de qn
nach|schieben *tr V unreg sl* fourguer dans la foulée; **eine Frage** ~ balancer une question dans la foulée *(fam)*
nach|schießen *tr V unreg* FIN *fam* rajouter; réinjecter Geld
Nachschlag *m* portion *f* supplémentaire, supplément *m;* **ich hätte gern einen ~!** j'en reprendrais volontiers!
nach|schlagen *unreg* I. *tr V + haben* ① *(suchen)* chercher Wort, Zitat, Namen
② *(überprüfen)* vérifier
II. *itr V + haben* faire des recherches; **in einem Lexikon** ~ consulter [*o* regarder dans] une encyclopédie
Nachschlagewerk *nt* ouvrage *m* de référence
nach|schleichen *itr V unreg + sein* filer; **jdm** ~ filer [*o* suivre discrètement] qn
Nachschlüssel *m (heimlich angefertigte Kopie)* fausse clé *f*
nach|schmeißen *tr V unreg fam* balancer; **jdm etw** ~ balancer qc à qn *(fam)*
② *(großzügig zuerkennen)* **meinst du, ich habe das Abitur nachgeschmissen bekommen** [*o* **gekriegt** *fam*]**?** tu crois qu'on me l'a donné, le bac? *(fam)*
nach|schnüffeln *itr V fam* espionner; **jdm** ~ espionner qn, flocher qn *(fam)*
Nachschrift *f* post-scriptum *m*
Nachschub <-[e]s, -schübe> *m* ravitaillement *m;* **für ~ an Medikamenten sorgen** être responsable du stock [*o* des réserves] de

médicaments
nach|schwatzen, nach|schwätzen SDEUTSCH, A s. **nachplappern**
nach|sehen unreg I. itr V ❶ aller voir; ~|, ob/wo/...| aller voir |si/où/...|; **ich sehe mal in der Küche nach** je vais voir à la cuisine; **sieh mal nach, ob du genügend Geld hast** vérifie que tu as assez d'argent
❷ (nachschlagen) faire des recherches; **in einem Lexikon ~** consulter [o regarder dans] une encyclopédie
❸ (nachblicken) **jdm/einer S. ~** suivre qn/qc des yeux [o du regard]
II. tr V ❶ (nachschlagen) faire des recherches sur; **etw im Wörterbuch ~** (suchen) chercher qc dans le dictionnaire; (überprüfen) vérifier qc dans le dictionnaire
❷ (kontrollieren) vérifier
❸ (verzeihen) **jdm etw ~** pardonner qc à qn
Nachsehen ▸ das ~ **haben** ne plus avoir que les miettes
nach|senden tr V unreg réexpédier; **jdm etw ~** réexpédier qc à qn; **sich** (Dat) **etw ~ lassen** faire suivre qc; **bitte ~!** faire suivre
nach|setzen itr V geh se lancer à la poursuite; **jdm ~** se lancer à la poursuite de qn
Nachsicht <-> f indulgence f; **jdn um ~ bitten** demander à qn d'être indulgent(e); **mit jdm ~ haben** être indulgent(e) envers qn; **jdm gegenüber ~ üben** geh faire preuve d'indulgence envers qn
nachsichtig I. Adj indulgent(e); **~ mit jdm** [o **jdm gegenüber**] **sein** être indulgent(e) avec [o envers] qn
II. Adv avec indulgence
Nachsilbe f suffixe m
nach|singen tr V unreg répéter
nach|sinnen itr V unreg réfléchir; **über etw** (Akk) **~** réfléchir sur qc
nach|sitzen itr V unreg consigner; **jdn ~ lassen** mettre qn en retenue, consigner qn; **~ müssen** être en retenue [o consigné(e)]
Nachsommer m été m de la Saint-Martin, été m indien
Nachsorge f suivi m [médical]
Nachspann [-ʃpan] <-s, -e> m CINE, TV générique m de fin
Nachspeise f dessert m
Nachspiel nt ❶ (Zärtlichkeiten) caresses fpl après le rapport
❷ (Konsequenzen) **ein unangenehmes ~ haben** avoir des suites [o conséquences] fâcheuses; **das wird noch ein ~ haben!** les choses ne s'arrêteront pas là!
nach|spielen tr V ❶ MUS rejouer; **sie lässt ihn einzelne Töne ~** elle lui fait répéter des notes après elle
❷ FBALL **fünf Minuten ~ lassen** faire jouer cinq minutes d'arrêts de jeu
nach|spionieren* itr V fam espionner; **jdm ~** espionner qn
nach|sprechen unreg I. tr V répéter; **jdm etw ~** répéter qc après qn
II. itr V **jdm ~** répéter après qn; **das Nachsprechen fällt ihm schwer** il a des difficultés à répéter ce qu'on lui prononce
nach|spülen I. tr V rincer Geschirr
II. itr V fam (trinken) boire un coup pour faire descendre (fam); **mit etwas Saft ~** boire un peu de jus pour faire descendre (fam)
nach|spüren itr V geh être sur les traces; **jdm ~** être sur les traces de qn; **einem Geheimnis ~** chercher à élucider un secret
nächstbeste(r, s) Adj attr n'importe quel(le); **die ~ Wohnung** le premier appartement qui se présente, n'importe quel appartement; **bei der ~n Gelegenheit** à la première occasion; **der/die Nächstbeste** le premier venu/la première venue
nächste(r, s) Adj Superl von **nah**[e] ❶ (in größter Nähe gelegen) **der/die/das ~** le/la plus proche; **der ~ Grenzübergang** le poste-frontière le plus proche; **die ~ Tankstelle** la station d'essence la plus proche; **am ~n** le plus près
❷ (kommend, direkt bevorstehend) **die ~ Haltestelle/Straße** le prochain arrêt/la prochaine rue; **das ~ Treffen** la prochaine réunion; **das ~ Mal** la prochaine fois; **in der ~n Woche** la semaine prochaine; **in den ~n Tagen** dans les prochains jours; **in ~r Zeit** prochainement; **am ~n Tag/Morgen** le lendemain/le lendemain matin; **bei ~r** [o **der ~n**] **Gelegenheit** à la première occasion [qui se présente]; **im ~n Augenblick** l'instant d'après, juste après
❸ (in Bezug auf eine Reihenfolge) **als Nächstes müssen wir die Tabellen ausdrucken** ensuite, nous devons imprimer les tableaux; **als Nächstes werde ich verreisen** la première chose que je vais faire maintenant, c'est de partir en voyage; **was kommt als Nächstes?** quelle est la suite du programme? (fam); **der Nächste, bitte!** au suivant, s'il vous plaît!
❹ (sehr vertraut) **die ~n Verwandten/Angehörigen** les proches mpl
Nächste(r) m dekl wie Adj **der/die ~** le/la prochain(e); **mein ~r** mon prochain
▸ **jeder ist sich selbst der ~** Spr. charité bien ordonnée commence par soi-même

nach|stehen itr V unreg être en reste; **jdm an Redegewandtheit nicht ~** ne pas être en reste face à qn en ce qui concerne l'éloquence; **jdm in nichts ~** n'être jamais en reste face à qn
nachstehend I. Adj attr Erläuterung, Hinweis qui suit, ci-après; **Nachstehendes, das Nachstehende** ce qui suit; **im Nachstehenden** dans ce qui suit
II. Adv erläutern, auflisten dans ce qui suit, ci-après
nach|steigen itr V unreg + sein fam courir après (fam); **einer Frau ~** courir après une femme
nachstellbar Adj TECH réglable
nach|stellen I. tr V ❶ retarder; **die Uhr um eine Stunde ~** retarder la montre d'une heure
❷ (erneut einstellen) régler Bremsen, Ventile
❸ GRAM **nachgestellt werden** être postposé(e)
❹ (nachspielen) jouer Szene; reconstituer Tathergang
II. itr V ❶ geh (verfolgen) **jdm ~** persécuter qn
❷ (umwerben) **jdm ~** faire des avances à qn
Nachstellung f ❶ Pl (Zudringlichkeit) avances fpl
❷ Pl (Verfolgung) persécutions fpl
❸ GRAM postposition f
Nächstenliebe f amour m du prochain
nächstens ['nɛːçstəns] Adv ❶ (bald) prochainement, très bientôt
❷ (künftig) à l'avenir
❸ fam (womöglich) **sonst wird ~ noch behauptet, dass ...** sinon, après, on dira que ... + indic (fam)
nächstgelegen Adj attr le/la plus proche; **das ~e Dorf** le village le plus proche; **das ~e Haus** la maison la plus proche **nächsthöher** Adj attr juste supérieur(e); **die ~e Zahl** le nombre immédiatement supérieur; **die ~e Besoldungsgruppe** la tranche de rémunération immédiatement supérieure **nächstliegend** Adj attr le/la plus évidente; **die ~e Lösung/Erklärung** la solution/l'explication la plus évidente; **das Nächstliegende** l'évidence f, le plus simple; **das Nächstliegende tun** choisir la solution la plus évidente **nächstmöglich** Adj attr le plus tôt possible; **etw zum ~en Termin tun** faire qc le plus tôt possible
nach|suchen itr V ❶ chercher bien; **im Schrank/überall ~** fouiller [dans] l'armoire/partout
❷ form (beantragen) **bei jdm um etw ~** solliciter qc auprès de qn (soutenu)
nachtᴬᴸᵀ s. **Nacht**
Nacht ['naxt, Pl: 'nɛçtə] <-, Nächte> f nuit f; **heute ~** cette nuit; **es wird/ist ~** il commence à faire/il fait nuit; **die ~ bricht an** geh la nuit tombe; **bei ~** de nuit; **in der ~** pendant [o durant] la nuit; **spät in der ~** tard dans la nuit; **bis spät in die ~** jusqu'à une heure avancée de la nuit; **letzte** [o **vorige**] **~** la nuit dernière; **in der folgenden ~** la nuit suivante; **in der ~ zum Montag** dans la nuit de dimanche à lundi; **eines ~s** des ~s **pendant** [o durant] la nuit; **eine durchwachte ~** une nuit blanche; **die ~ durchfeiern/durcharbeiten** faire la fête/travailler toute la nuit; **jdm Gute ~ sagen** dire bonne nuit à qn; **gute ~!** bonne nuit!
▸ **bei ~ sind alle Katzen grau** Spr. la nuit tous les chats sont gris; **bei ~ und Nebel** fam au moment où on s'y attend[ait] le moins; **sich davonmachen** sans tambour ni trompette, en douce (fam); **sich** (Dat) **die ~ um die Ohren schlagen** fam passer une nuit blanche; **die ~ zum Tage machen** rester debout toute la nuit; **[na,] dann gute ~!** iron fam [eh bien,] bonjour les dégâts! (fam); **hässlich wie die ~ sein** fam être moche comme un pou (fam); **über ~** (plötzlich) du jour au lendemain
nachtaktiv Adj ZOOL nocturne **Nachtarbeit** f travail m de nuit **nachtblind** Adj qui a du mal au voir; **~ sein** voir mal la nuit **Nachtblindheit** f héméralopie f **Nachtcreme** [-kreːm] f crème f de nuit **Nachtdienst** m service m de nuit
Nachteil <-[e]s, -e> m ❶ inconvénient m, désavantage m; **finanzielle/materielle ~e** des préjudices matériels/financiers; **jdm ~e bringen** faire du tort à qn, nuire à qn; **jdm zum ~ gereichen** geh porter préjudice à qn; **zum ~ der Steuerzahler** au détriment des contribuables
❷ (ungünstigere Situation) **jdm gegenüber im ~ sein** être désavantagé(e) par rapport à qn
nachteilig I. Adj Auswirkungen, Folgen préjudiciable, fâcheux(-euse); **für jdn ~ sein** nuire à qn; **steht in dem Zeugnis etwas Nachteiliges?** ce certificat de travail contient-il quelque chose de défavorable?
II. Adv sich äußern défavorablement; **sich ~ auswirken** avoir des conséquences fâcheuses
nächtelang Adv [pendant [o durant]] des nuits entières
Nachtessen nt SDEUTSCH, A, CH dîner [froid] m **Nachteule** s. **Nachtmensch Nachtfalter** m papillon m de nuit **Nachtflug** m vol m de nuit **Nachtflugverbot** nt interdiction f de voler la nuit **Nachtfrost** m gelées fpl nocturnes **Nachthemd** nt chemise f de nuit **Nachthimmel** m ciel m nocturne
Nachtigall ['naxtɪgal] <-, -en> f rossignol m
▸ **~, ich hör' dir trapsen** sl je vois bien où tu veux en venir

nächtigen ['nɛçtɪgən] *itr V geh* passer la nuit; **bei jdm/im Freien ~** passer la nuit chez qn/à la belle étoile
Nächtigung <-, -en> *f* A *(Übernachtung)* nuitée *f*
Nachtisch *m* dessert *m;* **als** [*o* **zum**] **~** comme [*o* en] dessert
Nachtklub *s.* Nachtlokal **Nachtlager** *nt* ❶ *(Biwak)* bivouac *m* ❷ *geh (Schlafstätte)* gîte *m* [pour la nuit]; **sein ~ im Wohnzimmer aufschlagen** s'installer dans le salon pour la nuit **Nachtleben** *nt* vie *f* nocturne
nächtlich ['nɛçtlɪç] *Adj attr Ruhe, Anruf, Ruhestörung* nocturne
Nachtlicht *nt* veilleuse *f* **Nachtlokal** *nt* boîte *f* [de nuit] **Nachtmahl** *nt* A dîner [froid] *m* **Nachtmensch** *m* couche-tard *mf inv (fam)* **Nachtportier** [-pɔrˈtie:] *m* veilleur *m* de nuit **Nachtprogramm** *nt* programme *m* de nuit, deuxième partie *f* de soirée **Nachtquartier** *s.* Nachtlager
Nachtrag ['naːxtraːk, *Pl:* 'naːxtrɛːgə] <-[e]s, -träge> *m* annexe *f,* ajout *m; (zu einem Brief)* post-scriptum *m; (zu einem Testament)* codicille *m; (zu einem Vertrag)* avenant *m*
nach|tragen *tr V unreg* ❶ *(ergänzen)* ajouter; compléter *Informationen;* [**noch**] **~, dass** ajouter que + *indic*
  ❷ *(nicht verzeihen können)* **jdm etw ~** garder rancune à qn de qc, en vouloir à qn de qc; **jdm ~, dass er gelogen hat** en vouloir [*o* garder rancune] à qn d'avoir menti; **jdm etw nicht ~** ne pas tenir rigueur à qn de qc
  ❸ *(hinterhertragen)* **er trägt seiner Kleinen alles nach** il suit sa petite et lui porte tout
nachtragend *Adj* rancunier(-ière)
nachträglich ['naːxtrɛːklɪç] I. *Adj* ❶ *Hinweis, Überarbeitung* ultérieur(e); *Zustimmung, Genehmigung* donné(e) ultérieurement [*o* par la suite]
  ❷ *(verspätet)* après coup
II. *Adv* ultérieurement, après coup
Nachtragsband <-bände> *m einer Enzyklopädie* supplément *m* **Nachtragsgesetz** *nt* loi *f* additionnelle **Nachtragshaushalt** *m* budget *m* additionnel
nach|trauern *itr V* regretter; **jdm/einer schönen Zeit ~** regretter qn/une belle période
Nachtruhe *f* sommeil *m,* nuits *fpl*
nachts [naxts] *Adv* la nuit; **spät ~** tard dans la nuit
Nachtschattengewächs *nt* BOT solanacée *f* **Nachtschicht** *f* ❶ *(Arbeit)* poste *m* de nuit; **~ haben** être de nuit *(fam)* ❷ *(Schichtarbeiter)* équipe *f* de nuit ▶ **nachtschlafend** *Adj fam* ▶ [**o zu**] **~ er Zeit** quand tout le monde dort **Nachtschwärmer** *m* ❶ *hum (Person)* noctambule *m,* couche-tard *m (fam)* ❷ *s.* Nachtfalter **Nachtschwärmerin** *f hum* noctambule *f,* couche-tard *f (fam)* **Nachtschwester** *f* infirmière *f* de nuit **Nachtsichtgerät** *nt* appareil *m* infrarouge; *eines Panzers* épiscope *m* infrarouge **Nachtspeicherofen** *m* poêle *m* à accumulation **Nachtstrom** *m* électricité *f* au tarif heures creuses [*o* de nuit] **Nachtstuhl** *m* chaise *f* percée
nachtsüber *Adv* pendant la nuit
Nachttarif *m* tarif *m* heures creuses [*o* de nuit] **Nachttier** *nt* animal *m* nocturne **Nachttisch** *m* table *f* de nuit [*o* de chevet] **Nachttischlampe** *f* lampe *f* de chevet **Nachttopf** *m* pot *m* de chambre **Nachttresor** *m* coffre *m* de nuit, trésor *m* permanent
nach|tun *tr V unreg* faire comme; **es jdm ~** faire comme qn
Nacht-und-Nebel-Aktion *f* opération *f* commando; *(Polizeiaktion)* opération coup de poing; **in einer ~** au cours d'une opération commando
Nachtvogel *m* nocturne *m,* oiseau *m* de nuit **Nachtvorstellung** *f* séance *f* nocturne **Nachtwache** *f* veillée *f;* **bei jdm ~ halten** veiller [au chevet de] qn **Nachtwächter(in)** *m(f)* ❶ *(Kontrollgänger)* veilleur *m* de nuit ❷ HIST veilleur *m* **Nachtzeug** *nt fam* affaires *fpl* pour la nuit **Nachtzug** *m* train *m* de nuit **Nachtzuschlag** *m* prime *f* [pour travail] de nuit
Nachuntersuchung *f* visite *f* de contrôle
nach|versichern* *tr V* contracter un complément d'assurance; **jdn ~** *(in Bezug auf die Rentenversicherung)* faire régulariser la situation de qn au regard des cotisations de retraite
Nachversicherung *f (zusätzliche Versicherung)* assurance *f* complémentaire
Nachversteuerung *f* redressement *m* fiscal
nachvollziehbar *Adj* compréhensible, saisissable; **leicht/schwer ~ sein** être facile/difficile à comprendre; **nicht ~ sein** être incompréhensible; **es ist für mich nicht ~, dass/warum/wie ...** je n'arrive pas à comprendre que + *indic*/pourquoi/comment ...
nach|vollziehen* *tr V unreg* suivre, saisir; **etw nicht ~ können** ne pas arriver à comprendre qc
nach|wachsen *itr V unreg* + *sein Haare, Nägel, Unkraut:* repousser; **~ de Rohstoffe** matières *fpl* premières d'origine végétale
Nachwahl *f* élection *f* partielle
Nachwehen *Pl* ❶ MED tranchées *fpl* [utérines] *(spéc)*
  ❷ *geh (Folgen)* séquelles *fpl,* suites *fpl* douloureuses *(soutenu)*
nach|weinen *itr V* **jdm/einer glücklichen Zeit ~** regretter vivement qn/une époque heureuse
Nachweis ['naːxvaɪs] <-es, -e> *m* ❶ *(Beweis)* preuve *f;* **jdm den ~ für etw erbringen** [*o* **führen**] [*o* **liefern**] apporter [*o* fournir] à qn la preuve de qc
  ❷ ÖKOL *von Radioaktivität, Giftstoffen* mise *f* en évidence
nachweisbar I. *Adj* ❶ qui peut être prouvé(e), dont la preuve peut être fournie; **etw ist ~** qc peut être prouvé(e); **es ist ~, dass** on peut prouver que + *indic;* **etw ist schwer/nicht ~** il est difficile/n'est pas possible de prouver qc [*o* d'apporter la preuve de qc]; **er trägt keine ~e Schuld** rien ne prouve que c'est de sa faute
  ❷ *(feststellbar) Radioaktivität, Spuren* qui peut être décelé(e) [*o* détecté(e)]; **etw ist im Körper ~/nicht ~** on décèle [*o* détecte] la présence de qc/on ne trouve pas trace de qc dans l'organisme
II. *Adv* comme la preuve peut en être fournie
nach|weisen *tr V unreg* ❶ *(den Nachweis erbringen)* prouver *Wohnort, Mitgliedschaft;* **jdm ~, dass** prouver à qn que + *indic*
  ❷ *(beweisen)* **jdm ~, dass er eine Straftat begangen hat** prouver que qn a commis un délit; **jdm nichts ~ können** ne pouvoir confondre qn
  ❸ *(feststellen)* **Giftstoffe in etw** *(Dat)* **~** *Person:* déceler [*o* détecter] la présence de substances toxiques dans qc; *Analyse:* révéler la présence de substances toxiques dans qc
  ❹ *(angeben)* indiquer *Arbeitsstelle*
nachweislich ['naːxvaɪslɪç] I. *Adj Falschaussage* prouvé(e), avéré(e)
II. *Adv* **das ist ~ richtig/falsch** il est avéré que c'est vrai/faux; **davon habe ich ~ nichts gewusst** il peut être prouvé que je n'étais pas au courant
Nachwelt *f* postérité *f*
nach|werfen *tr V unreg* ❶ **jdm etw ~** jeter [*o* lancer] qc à qn
  ❷ *(einwerfen)* remettre *Münze, Geld*
nach|wiegen *unreg* I. *tr V* repeser, vérifier le poids de
II. *itr V* vérifier le poids
nach|winken *itr V* faire des signes d'adieu; **jdm ~** faire des signes d'adieu à qn
nach|wirken *itr V* ❶ *Medikament:* continuer d'agir
  ❷ *fig (nachhallen) Eindruck, Erlebnis:* résonner dans la mémoire; *Rede:* avoir fait grosse impression
Nachwirkung *f meist Pl eines Medikaments* effets *mpl;* *einer Wirtschaftskrise* répercussions *fpl*
Nachwort <-worte> *nt* postface *f*
Nachwuchs *m* ❶ *fam (Kinder)* rejetons *mpl (fam),* gosses *mpl (fam);* **~ erwarten** attendre un heureux événement
  ❷ *(Nachwuchskräfte)* génération *f* montante, jeunes *mpl*
Nachwuchsstar *m* star *f* en herbe
nach|zahlen I. *tr V* ❶ payer en plus; **eine Gebühr ~** payer des droits en plus; **Steuern ~** payer un rappel d'impôts
  ❷ *(nachträglich bezahlen)* **jdm das Gehalt ~** payer son salaire à qn après coup; **etw nachgezahlt bekommen** toucher un rappel de qc
II. *itr V* payer un supplément
nach|zählen I. *tr V* recompter
II. *itr V* recompter; **~, ob ...** recompter [*o* vérifier] [pour voir] si ...; **sie möchte ~, wie viel Trinkgeld sie bekommen hat** elle veut compter ses pourboires
Nachzahlung *f* ❶ *(Gehaltsnachzahlung)* rappel *m*
  ❷ *(zu bezahlender Betrag)* supplément *m*
nach|zeichnen *tr V* copier *Bild, Porträt;* **Konturen ~** repasser sur des contours
nach|ziehen *unreg* I. *tr V* + *haben* ❶ *(anziehen)* resserrer *Schraube, Mutter*
  ❷ *(hinter sich herziehen)* traîner *Bein*
  ❸ *(nachfahren)* repasser sur *Linie, Umriss;* [**sich** *(Dat)*] **die Lippen ~** [se] remettre du rouge à lèvres
II. *itr V* **mit etw ~** emboîter le pas en faisant qc, suivre le mouvement en faisant qc
Nachzügler(in) ['naːxtsyːglɐ] <-s, -> *m(f)* ❶ retardataire *mf*
  ❷ *(Kind)* petit dernier *m*/petite dernière *f*
Nackedei ['nakədaɪ] <-s, -s> *m hum fam (Kind)* petit enfant *m* tout nu; **das Foto zeigt ihn als zweijähriges ~** sur la photo, c'est lui, en gros baigneur, quand il avait deux ans
Nacken ['nakən] <-s, -> *m* ❶ nuque *f*
  ❷ *(Schweinenacken)* échine *f*
▶ **jdn im ~ haben** *fam* avoir qn aux fesses *(fam);* **sie sitzen ihm im ~** ils lui collent aux fesses *(fam); (sie bedrängen ihn)* ils ne le lâchent pas *(fam)*
Nackenhaar *nt meist Pl* [cheveux *mpl* sur la] nuque *f* **Nackenrolle** *f* traversin *m* **Nackenschlag** *m* revers *m* [de fortune]; **die Nackenschläge des Lebens** les revers que la vie inflige **Nackenschutz** *m* couvre-nuque *m* **Nackenstütze** *f* appuie-tête *m*
nackert ['nakɐt] *Adj* A *fam* nu(e)
nackig ['nakɪç] *s.* nackt

nackt [nakt] *Adj* ❶ *Person, Haut, Arm* nu(e); **mit ~em Oberkörper arbeiten** travailler torse nu; **halb ~** à moitié nu(e)
❷ *(kahl) Fels, Wand* nu(e); **auf dem ~en Boden** à même le sol
❸ *(unverblümt) Tatsache* nu(e), brut(e); *Wahrheit* tout(e) nu(e)
Nacktbadestrand *m* plage *f* pour nudistes [*o* naturistes]
Nackte(r) *f(m) dekl wie Adj* homme *m* nu/femme *f* nue; *(Nudist)* nudiste *mf*, naturiste *mf*
Nacktheit <-> *f* nudité *f*
Nacktmodell *nt* modèle *m* qui pose nu **Nacktsamer** <-s, -> *m* BOT gymnosperme *f* **Nacktschnecke** *f* ZOOL limace *f*
Nadel ['na:dəl] <-, -n> *f* ❶ *(Nähnadel, Stricknadel)* aiguille *f*; *(Stecknadel)* épingle *f*
❷ *(nadelförmiges Blatt)* aiguille *f*
❸ TECH *eines Messinstruments* aiguille *f*
▶ **an der ~ hängen** [*o* se shooter] à l'héroïne *(fam)*; **von der ~ wegkommen** *sl* décrocher *(fam)*
Nadelbaum *m* conifère *m*, résineux *m* **Nadeldrucker** *m* INFORM imprimante *f* matricielle **Nadelholz** <-hölzer> *nt* ❶ *kein Pl (Holz)* bois *m* de résineux ❷ *(Nadelbaum)* résineux *m*, conifère *m* **Nadelkissen** *nt* pelote *f* d'aiguilles/d'épingles
nadeln *itr V* perdre ses aiguilles
Nadelöhr ['na:dəlˈʔøːɐ̯] *nt* ❶ chas *m*, trou *m* [de l'aiguille] ❷ *fig (Engpass im Verkehr)* goulet *m* d'étranglement, point *m* noir
Nadelspitze *f* pointe *f* d'aiguille [*o* de l'aiguille] **Nadelstich** *m* ❶ point *m* [de couture], point *m*; **etw mit ein paar ~ en wieder annähen** recoudre qc en vitesse ❷ *(kleiner Angriff)* pique *f* **Nadelstreifen** *Pl* fines rayures *fpl*
Nadelstreifenanzug *m* costume *m* à fines rayures
Nadelwald *m* forêt *f* de conifères [*o* de résineux]
Naderer <-s, -> *m* A *fam (Denunziant)* dénonciateur(-trice) *m(f)*
Nadir [naˈdiːɐ̯, ˈnaːdɪɐ̯] <-s> *m* ASTRON nadir *m*
Nagel ['na:ɡəl, *Pl*: 'nɛːɡəl] <-s, Nägel> *m* ❶ *(Metallstift)* clou *m*
❷ *(Fingernagel, Zehennagel)* ongle *m*
▶ **mit etw den ~ auf den Kopf treffen** *fam* mettre le doigt dessus en faisant qc; **Nägel mit Köpfen machen** *fam* ne pas faire les choses à moitié *(fam)*; **jdm auf den Nägeln brennen** *fam* urger pour qn *(fam)*; **an den ~ hängen** *fam* laisser tomber *Beruf, Hobby*; raccrocher *Schlittschuhe, Gitarre*; **sich** *(Dat)* **etw unter den ~ reißen** *sl* faire main basse sur qc
Nagelbett *nt* ANAT lit *m* de l'ongle **Nagelbrett** *nt* planche *f* à clous **Nagelbürste** *f* brosse *f* à ongles **Nagelfeile** *f* lime *f* à ongles **Nagelhaut** *f* ANAT envies *fpl (fam)*
Nagelhautentferner <-s, -> *m* solution *f* émolliente
Nagellack *m* vernis *m* à ongles
Nagellackentferner <-s, -> *m* dissolvant *m*
nageln *tr V* ❶ clouer; **etw vor das Fenster ~** clouer qc devant la fenêtre; **Jesus wurde ans Kreuz genagelt** Jésus a été cloué sur la croix
❷ MED **etw ~** consolider qc avec une broche
nagelneu *Adj fam* flambant neuf(neuve) **Nagelpflege** *f* manucure *f* **Nagelprobe** *f* épreuve *f* de vérité **Nagelreiniger** <-s, -> *m* cure-ongles *m* **Nagelschere** *f* ciseaux *mpl* à ongles **Nagelschuh** *m* chaussure *f* cloutée **Nagelzange** *f* pince *f* à ongles
nagen ['na:ɡən] I. *itr V* ❶ grignoter; **an einer Möhre ~** *Tier*: grignoter une carotte; **an einem Knochen ~** *Hund, Löwe*: ronger un os; **an einem Butterbrot/Stück Käse ~** *Person*: grignoter [*o* mâchonner] une tartine/un morceau de fromage
❷ *fig* **an jdm ~** *Zweifel, Schuldgefühle*: ronger qn
II. *tr V* ❶ **die Rinde von den Bäumen ~** ronger l'écorce des arbres
❷ *(durch Nagen herstellen)* **ein Loch in etw** *(Akk)* **~** creuser un trou en rongeant qc
nagend *Adj Hunger, Zweifel* lancinant(e)
Nager <-s, -> *m*, **Nagetier** *m* rongeur *m*
nah [naː] <näher, nächste> I. *Adj* ❶ *(räumlich)* [tout(e)] proche, voisin(e); **~ sein** être proche
❷ *(zeitlich) Zukunft, Tod* proche; *Abreise, Ende, Krieg* proche, imminent(e); **~ sein** *Tag, Weihnachten, Zeitpunkt*: approcher, être proche
❸ *fig* **den Tränen ~[e] sein** être au bord des larmes; **~[e] daran sein etw zu tun** être sur le point de faire qc
❹ *(vertraut) Angehöriger, Verwandter* proche antéposé
II. *Adv* ❶ *(räumlich)* liegen, gelegen sein [tout] près; **~ am Kamin** [tout] près de la cheminée; **~ beim Brunnen** près du puits; **~ an etw** *(Akk)* **herantreten** s'approcher de qc; **sie saßen ~ beieinander** *zwei Personen*: ils étaient serrés l'un/elles étaient serrées l'une contre l'autre; *mehrere Personen*: ils étaient serrés les uns contre les autres; **von ~em** de près
❷ *(zeitlich)* **~ bevorstehen** être imminent(e)
❸ *(eng)* **ich bin ~ mit ihm verwandt** nous sommes proches parents
▶ **von** [*o* **aus**] **~ und fern** de tous côtés, de partout; **jdm zu ~ kommen** s'approcher trop de qn; **jdm zu ~ treten** froisser qn
Nahaufnahme *f* photo[graphie] *f* rapprochée; **eine ~ von jdm/etw machen** prendre une photo de près de qn/qc
nahe ['na:ə] I. *Präp* + *Dat* près; **~ dem Brunnen/der Kirche** près du puits/de l'église
II. *Adj s.* **nah**
Nähe ['nɛːə] <-> *f* ❶ *(geringe räumliche, zeitliche Entfernung)* proximité *f*; **in der ~** à proximité; **in der ~ bleiben** rester à proximité [*o* dans les parages]; **etw aus der ~ betrachten** observer qc de près; **aus der ~ betrachtet** vu(e) de près
❷ *(Anwesenheit) einer Person* présence *f*; **in seiner/ihrer ~** avec lui/elle, près de lui/d'elle
nahebei ['na:əˈbaɪ] *Adv* à proximité
nahe|bringen *tr V unreg fig* **jdm einen Autor/die moderne Kunst ~** faire découvrir un auteur/l'art moderne à qn; **jdm eine Theorie ~** familiariser qn avec une théorie
nahe|gehen *itr V unreg* + *sein fig* **jdm ~** toucher profondément qn, affecter qn
nahe|kommen *unreg* + *sein* I. *itr V fig* **der Wahrheit** *(Dat)* **~** [s']approcher de la vérité; **einem Sieg ~** ressembler beaucoup à un succès
II. *r V fig* **sich** *(Dat)* **~** *Personen*: devenir très proches
nahe|legen *tr V fig* faire naître *Verdacht*; **das legt die Vermutung nahe, dass** cela laisse supposer que + *indic*; **jdm ~ etw zu tun** suggérer à qn de faire qc
nahe|liegen *itr V unreg fig* se concevoir aisément; **es liegt nahe, dass** on conçoit aisément que + *subj*; **die Vermutung, dass er Recht hat, liegt nahe** on est tenté de croire qu'il a raison
naheliegend *Adj fig* facile à comprendre, tout(e) naturel(le); **~d sein** tomber sous le sens
nahen ['na:ən] *itr V* + *sein geh* approcher
nähen ['nɛːən] I. *tr V* ❶ coudre *Kleid, Hemd*; **selbst genäht** fait(e) soi-même
❷ *(befestigen)* **etw auf etw** *(Akk)* **~** coudre qc sur qc; **einen Knopf an etw** *(Akk)* **~** coudre un bouton à qc
❸ MED recoudre *Patienten, Wunde*
II. *itr V* faire de la couture, coudre; **an etw** *(Dat)* **~** travailler à qc; **das Nähen** la couture
näher ['nɛːɐ] I. *Adj Komp von* **nahe** ❶ *(räumlich)* plus proche; **~ sein** être plus près [*o* proche]; **in der ~ en Umgebung des Bauernhofs** à proximité de la ferme; **es gibt keinen ~en Flughafen** il n'y a pas d'aéroport plus proche
❷ *(zeitlich) Termin, Zukunft* plus rapproché(e); **in ~er Zukunft** dans un proche avenir
❸ *(detaillierter) Einzelheiten, Auskünfte, Umstände* plus précis(e)
❹ *(enger) Bekannter, Verwandter* assez proche; *Beziehungen, Zusammenarbeit* assez étroit(e)
II. *Adv* ❶ *(räumlich)* plus près; **~ am Kamin sitzen** être assis(e) plus près de la cheminée; **an etw** *(Akk)* **herantreten** s'approcher [plus] de qc; **unser Haus liegt ~ beim Bahnhof als eures** notre maison est plus proche de la gare que la vôtre; **treten Sie** [bitte] **~!** veuillez vous approcher[, s'il vous plaît]!
❷ *(zeitlich)* **~ kommen** [*o* **rücken**] approcher; **das Abitur rückt mit jedem Tag ~** le bac approche de jour en jour
❸ *(detaillierter)* plus en détail, de façon plus précise; **ansehen, betrachten** de plus près; **da kommen wir der Sache schon ~** nous nous rapprochons de la chose
❹ *(intimer)* **jdn/etw ~ kennen lernen** apprendre à connaître davantage qn/qc
näher|bringen *tr V unreg fig* **jdm etw ~** faire mieux connaître qc à qn
Nähere(s) *nt dekl wie Adj* précisions *fpl*; **wenn Sie ~s erfahren möchten** si vous désirez obtenir de plus amples précisions *fpl*; **ich weiß nichts ~s** je ne sais rien de plus
Naherholungsgebiet *nt* zone *f* de villégiature *(à proximité d'une grande ville)*
Näherin ['nɛːərɪn] <-, -nen> *f* couturière *f*
näher|kommen *itr, r V unreg* + *sein fig* **jdm ~** se rapprocher de qn; **sich** *(Dat)* **[o einander] ~** se rapprocher
näher|liegen *itr V unreg fig* paraître s'imposer; **es liegt näher etwas abzuwarten, als ...** il paraît [plus] naturel d'attendre encore un peu que ...
nähern ['nɛːɐn] *r V* ❶ *(räumlich)* **sich ~** [s']approcher; **sich jdm/einer S. ~** [s']approcher de qn/qc
❷ *(zeitlich)* **sich einer S.** *(Dat)* **~** approcher de qc
❸ *fig* **sich** [allmählich] **einem Punkt ~, wo ...** en arriver à un point où ...
Näherungswert *m* MATH valeur *f* approchée
nahe|stehen *itr, r V unreg* + *sein fig* **jdm ~** être proche de qn; **sich ~** *zwei Personen*: être proche l'un(e) de l'autre; *mehrere Personen*: être proches les un(e)s des autres; **sich sehr/nicht besonders ~** être très/ne pas être spécialement lié(e)s
nahezu ['na:əˈtsu:] *Adv* à peu [de chose] près, presque
Nähfaden *m* [bout *m* de] fil *m* **Nähgarn** *nt* fil *m* à coudre
Nahkampf *m* corps *m* à corps

Nähkästchen ['nɛːkɛstçən] <-s, -> nt boîte f à ouvrage ▸ **aus dem ~ plaudern** fam déballer ses petites histoires (fam) **Nähkasten** m boîte f à couture [o ouvrage] **Nähkorb** m corbeille f à ouvrage
nahm [naːm] Imp von **nehmen**
Nähmaschine f machine f à coudre **Nähnadel** f aiguille f à coudre
Nahost kein Art Proche-Orient m; **aus/in ~** du/au Proche-Orient
Nahostfriedensprozess m kein Pl processus m de paix au Proche-Orient **nahöstlich** Adj attr du Proche-Orient
Nährboden ['nɛːɐ] m ❶ milieu m de culture
❷ fig **für etw** terrain m favorable à qc
nähren ['nɛːrən] I. itr V être nourrissant(e) [o nutritif(-ive)]
II. tr V ❶ (füttern) nourrir
❷ (aufrechterhalten) alimenter
nahrhaft ['naːɐhaft] Adj nourrissant(e), nutritif(-ive)
Nährlösung f ❶ BIO bouillon m de culture ❷ MED soluté m **Nährmittel** Pl [aliments mpl à base de] céréales fpl **Nährsalz** nt sel m nutritif **Nährstoff** m substance f nutritive **nährstoffarm** Adj pauvre en substances nutritives
Nahrung ['naːruŋ] <-, selten -en> f nourriture f; **flüssige/feste ~** des aliments mpl liquides/solides
▸ einer S. (Dat) **neue ~ geben** alimenter [de nouveau] qc; **durch etw neue ~ bekommen** être alimenté(e) de nouveau par qc
Nahrungsaufnahme f kein Pl form absorption f de nourriture; **Tiere bei der ~** des animaux en train de se nourrir; **die ~ verweigern** refuser la nourriture **Nahrungsergänzungsmittel** nt complément m alimentaire **Nahrungskette** f chaîne f alimentaire **Nahrungsmittel** nt produits mpl alimentaires
Nahrungsmittelallergie f allergie f alimentaire **Nahrungsmittelchemie** f chimie f alimentaire **Nahrungsmittelchemiker(in)** m(f) chimiste mf dans l'industrie alimentaire **Nahrungsmittelindustrie** f industrie f alimentaire; **Nahrungs- und Genussmittelindustrie** industrie agro-alimentaire **Nahrungsmittelvergiftung** f intoxication f alimentaire
Nahrungssuche f recherche f de nourriture; **auf [o bei der] ~** en quête de nourriture
Nährwert m valeur f nutritive; **eine Mahlzeit mit hohem ~** un repas m à haute valeur nutritive
Nähseide f soie f à coudre
Naht [naːt, Pl: 'nɛːtə] <-, **Nähte**> f ❶ couture f
❷ MED [points mpl de] suture f
▸ **aus allen Nähten platzen** fam Person: exploser (fam); Firma, Büro, Kleiderschrank: être plein(e) comme un œuf (fam)
Nähtisch m table f à ouvrage
nahtlos I. Adj ❶ Strumpf: sans couture
❷ (lückenlos) sans temps mort, immédiat(e)
II. Adv sans pause
Nahtstelle f ❶ (Schweißnaht) soudure f
❷ fig [point m de] jonction f
Nahverkehr m trafic m urbain; **der öffentliche ~** les transports mpl en commun **Nahverkehrsmittel** Pl moyens mpl de transports en commun **Nahverkehrszug** m train m de banlieue
Nähzeug <-zeuge> nt nécessaire m de couture
Nahziel nt objectif m immédiat [o à court terme]
naiv [naˈiːf] I. Adj naïf(-ïve); **sich ~ stellen** se faire plus bête que l'on n'est
II. Adv naïvement
Naivität [naiviˈtɛːt] <-> f naïveté f
Naivling [naˈiːflɪŋ] <-s, -e> m fam niais(e) m(f) (fam)
Name ['naːmə] <-ns, -n> m, **Namen** <-s, -> m ❶ nom m; **unter seinem richtigen ~n** sous son vrai nom; **jdn [nur] dem ~n nach kennen** connaître qn [seulement] de nom
❷ (Ruf) nom m; **seinen ~n für etw hergeben** prêter son nom à qc
▸ **die Dinge beim ~n nennen** appeler les choses par leur nom, appeler un chat un chat; **im ~n des Gesetzes/des Volkes** au nom de la loi/du peuple; **in jds ~n** (Dat) **handeln** faire qc au nom de qn; **sich** (Dat) **mit etw einen ~n machen** se faire un nom grâce à qc
Namengebung <-, -en> f dénomination f **Namengedächtnis** nt mémoire f des noms; **ein gutes/schlechtes ~ haben** avoir une bonne/mauvaise mémoire des noms **Namenliste** f s. **Namensliste**
namenlos Adj ❶ (anonym) anonyme
❷ COM Produkt: sans marque
❸ geh (unbeschreiblich) indicible (littér)
namens ['naːməns] I. Adv au nom; **ein Herr ~ Dietz** un monsieur du nom de Dietz
II. Präp + Gen form **~ der Regierung** au nom du gouvernement
Namensänderung <-, -en> f changement m de nom **Namensgebung** <-, -en> f dénomination f **Namensliste** f liste f nominative **Namensnennung** f mention f du nom de l'auteur/des noms des auteurs; **ohne ~** sans mention de nom **Namensrecht** nt droit m au nom **Namensschild** nt (an der Tür) plaque f; (auf dem Tisch) écriteau m; (an der Brust) badge m **Namenstag** m fête f **Namensverzeichnis** s. **Namensliste Namensvetter** m homonyme m; **er ist ein ~ von mir** c'est mon homonyme **Namenszug** m geh signature f
namentlich ['naːməntlɪç] I. Adj nominal(e)
II. Adv ❶ nommément; **sie möchte nicht ~ genannt werden** elle ne désire pas être désignée nommément
❷ (insbesondere) particulièrement
namhaft ['naːmhaft] Adj ❶ (berühmt) de renom, renommé(e)
❷ (beträchtlich) Betrag, Geldsumme, Gehalt considérable
Namibia [naˈmiːbia] <-s> nt la Namibie
Namibier(in) <-s, -> m(f) Namibien(ne) m(f)
namibisch Adj namibien(ne)
nämlich ['nɛːmlɪç] Adv ❶ (und zwar) et ce; (genauer gesagt) à savoir
❷ (denn) en effet
Nandu ['nandu] <-s, -s> m ZOOL nandou m
nannte ['nantə] Imp von **nennen**
Nanogramm nt nanogramme m **Nanometer** nt o m nanomètre m **Nanosekunde** f INFORM nanoseconde f **Nanotechnik** f nanotechnologie f
Nanotechnologie f nanotechnologie f
nanu [naˈnuː] Interj ça alors
Napalm® <-s> nt napalm m
Napalmbombe f bombe f au napalm
Napf [napf, Pl: 'nɛpfə] <-[e]s, **Näpfe**> m gamelle f
Napfkuchen m kouglof m
Napoleon <-s> m **~ [Bonaparte]** Napoléon m [Bonaparte]
napoleonisch [napoleˈoːnɪʃ] Adj napoléonien(ne)
Nappa ['napa] <-[s], -s> nt, **Nappaleder** nt cuir m souple
Narbe ['narbə] <-, -n> f ❶ MED cicatrice f
❷ BOT stigmate m
narbig Adj couvert(e) de cicatrices
Narbung <-, -en> f grenure f
Narkose [narˈkoːzə] <-, -n> f anesthésie f générale; **jdm eine ~ geben** faire à qn une anesthésie générale; **aus der ~ erwachen** se réveiller d'une anesthésie générale; **ohne ~** sans anesthésie [générale]
Narkosearzt m, **-ärztin** f anesthésiste mf **Narkosemittel** nt anesthésique m
Narkotikum [narˈkoːtikum, Pl: narˈkoːtika] <-s, -kotika> nt ❶ MED anesthésique m
❷ (Suchtmittel) narcotique m
narkotisch [narˈkoːtɪʃ] Adj ❶ MED anesthésiant(e)
❷ (in Bezug auf Rauschgift) narcotique
narkotisieren* tr V anesthésier
Narr [nar] <-en, -en> m ❶ (Dummkopf) imbécile m
❷ (Hofnarr) fou m
▸ **einen ~en an jdm gefressen haben** fam être dingue de qn (fam); **jdn zum ~en halten** se moquer de qn; **sich zum ~en machen** se rendre ridicule
Narrenfreiheit f **~ haben** pouvoir faire ce qu'on veut (allusion à la liberté dont bénéficient les fous lors du Carnaval) **Narrenhaus** nt veraltet maison f de fous ▸ **hier geht es [ja] zu wie im ~!** on se croirait [vraiment] chez les fous! **Narrenkappe** f ❶ (zur Karnevalszeit) bonnet m de fou ❷ HIST (Schellenkappe) marotte f **narrensicher** I. Adj enfantin(e) (fam) II. Adv **~ zu bedienen sein** être à la portée du premier venu
Narretei [narəˈtai] <-, -en> f geh folie f
Narrheit <-, -en> f ❶ (Streich) plaisanterie f
❷ kein Pl (Dummheit) idiotie f
Närrin ['nɛrɪn] <-, -nen> f imbécile f
närrisch ['nɛrɪʃ] Adj ❶ (karnevalistisch) de Carnaval
❷ veraltet (verrückt) Person, Idee fou(folle)
❸ fam (versessen) **ganz ~ auf jdn/etw sein** être [raide] dingue de qn/qc (fam)
▸ **wie ~** geh comme un fou/une folle
Narwal ['narvaːl] m ZOOL narval m
Narziss[RR1] ['nartsɪs] <-[es]>, **Narziß**[ALT] <-[sses]> m MYTH Narcisse m
Narziss[RR2] <-[es], -e>, **Narziß**[ALT] <-[sses], -sse> m geh narcisse m (littér)
Narzisse [narˈtsɪsə] <-, -n> f BOT narcisse m
Narzissmus[RR], **Narzißmus**[ALT] <-> m narcissisme m
narzisstisch[RR], **narzißtisch**[ALT] Adj narcissique
NASA ['naːza] <-> f Abk von **National Aeronautics and Space Administration** NASA f
nasal [naˈzaːl] Adj nasal(e)
Nasal <-s, -e> m, **Nasallaut** m nasale f
naschen ['naʃən] I. itr V ❶ (Süßigkeiten essen) grignoter des friandises

② *(heimlich kosten)* **von etw ~** goûter [en cachette] à qc
II. *tr V* grignoter
Nascherei <-, -en> *f* ❶ *kein Pl (das Naschen)* grignotage *m;* **hör mit der ~ auf!** arrête de grignoter!
② *(Süßigkeit)* friandises *fpl*
naschhaft *Adj* gourmand(e)
Naschhaftigkeit <-> *f* gourmandise *f*
Naschkatze *f fam* gourmand(e) *m(f)*
Nase ['na:zə] <-, -n> *f* ❶ nez *m;* **eine verstopfte ~ haben** avoir le nez bouché; **sich** *(Dat)* **die ~ putzen** se moucher; **aus der ~ bluten** saigner du nez; **durch die ~ reden** parler du nez; **in der ~ bohren** mettre ses doigts dans le nez; **mir läuft die ~** j'ai le nez qui coule
② *(Schnauze) eines Hundes* truffe *f*
▸ **fass dich an der eigene ~!** tu ne t'es pas regardé(e)!; **sich** *(Dat)* **eine goldene ~ verdienen** faire des affaires en or; **die ~ [gestrichen] voll haben** *fam* en avoir plein le dos *(fam)*; **das werde ich dir gerade auf die ~ binden!** *fam* je vais tout te raconter!; **auf die ~ fallen** *fam* se casser le nez *(fam)*; **jdn an der ~ herumführen** *fam* mener qn en bateau *(fam)*; **jdm auf der ~ herumtanzen** *fam* mener qn par le bout du nez *(fam)*; **seine ~ in alles hineinstecken** *fam* fourrer son nez partout *(fam);* **man muss dir/ihm/... wirklich alles aus der ~ ziehen!** *fam* il faut toujours te/lui/... tirer les vers du nez!; **jdm etw unter die ~ reiben** *fam* jeter qc à la figure de qn *(fam);* **jdm vor der ~ wegfahren** filer sous le nez de qn; **jdm etw vor der ~ wegschnappen** *fam* piquer qc sous le nez de qn *(fam);* [**immer**] **der ~ nach** *fam* [toujours] tout droit; **pro ~** *hum fam* par tête de pipe *(fam);* **vor seiner/deiner/... ~** *fam* sous son/ton nez
naselang ▸ **alle ~** *fam* à tout bout de champ *(fam)*
näseln ['nɛːzəln] *itr V* parler du nez
näselnd I. *Adj Person* qui parle du nez; *Stimme* nasillard(e)
II. *Adv* d'une voix nasillarde
Nasenaffe *m* ZOOL nasique *m* **Nasenbär** *m* ZOOL coati *m*
Nasenbein *nt* os *m* du nez **Nasenbluten** <-s> *nt kein Pl* saignement *m* de nez; **~ bekommen** se mettre à saigner du nez; **~ haben** saigner du nez **Nasenflügel** *m* aile *f* du nez **Nasenhöhle** *f* fosse *f* nasale **Nasenkorrektur** *f* correction *f* du nez **Nasenlänge** *f* ▸ **jdm um eine ~ voraus sein** avoir une tête d'avance sur qn, dépasser qn d'un cheveu **Nasenloch** *nt* narine *f* **Nasenrücken** *m* arête *f* du nez **Nasenscheidewand** *f* cloison *f* nasale **Nasenschleimhaut** *f* muqueuse *f* nasale **Nasenspitze** *f* bout *m* du nez ▸ **jdm an der ~ ansehen, dass** voir à la tête de qn que + *indic* **Nasenspray** [-ʃpreː, -spreː] *nt* or *m* nébuliseur *m* [o vaporisateur *m*] nasal **Nasentropfen** *Pl* gouttes *fpl* pour le nez **Nasenwurzel** *f* ANAT racine *f* du nez
naserümpfend *Adv* en fronçant les sourcils
naseweis ['naːzəvaɪs] *Adj (neugierig)* curieux(-euse)
Naseweis <-es, -e> *m fam* curieux(-euse) *m(f);* **was interessiert dich das, du ~?** qu'est-ce que ça peut bien te faire, monsieur/madame je me mêle de tout! *(fam)*
Nashorn *nt* rhinocéros *m*
nass^{RR}, **naß**^{ALT} <nässer *o* nässer, nässeste *o* nässeste> *Adj* ❶ mouillé(e); **ganz ~** trempé(e); **sich ~ machen** *fam* se faire arroser; **es wird/ist ~** ça commence à mouiller/c'est mouillé; **wir werden/sind ~!** nous allons être/nous sommes mouillé(e)s!; **~ geschwitzt sein** être en nage
② *(regnerisch) Tag, Wetter, Witterung* humide
Nassauer(in) ['nasaʊɐ] <-s, -> *m(f) fam* pique-assiette *mf (fam)*
nassauern *itr V fam* jouer les pique-assiette[s] *(fam)*
Nässe ['nɛsə] <-> *f* ❶ humidité *f;* **etw vor ~ schützen** protéger qc de l'humidité; **vor ~ triefen** être trempé(e) jusqu'aux os
② *(nasses Wetter)* pluie *f;* **bei ~ bitte vorsichtig fahren** veuillez rouler prudemment par temps de pluie
nässen ['nɛsən] I. *itr V (Wunde)* suinter
II. *tr V geh* mouiller *Bett*
nassgeschwitzt^{RR} *s.* **nass** ❶
nasskalt^{RR} *Adj* froid(e) et humide; **es ist ~** il fait froid et humide
Nassrasur^{RR} *f* rasage *m* manuel **Nasszelle**^{RR} *f* cabinet *m* de toilette
Nastuch ['naːs-] *nt* SDEUTSCH, CH mouchoir *m*
Natel <-s, -s> *nt* CH *(Mobiltelefon)* portable *m*
Nation [na'tsioːn] <-, -en> *f* nation *f;* **die Vereinten ~en** les Nations Unies
national [natsio'naːl] I. *Adj* national(e); **auf ~er Ebene** à l'échelon national
II. *Adv* **~ denken** être nationaliste
Nationalbewusstsein^{RR}, **Nationalbewußtsein**^{ALT} *nt* conscience *f* nationale **Nationalelf** *f* SPORT onze *m* national **Nationalfeiertag** *m* fête *f* nationale **Nationalgericht** *nt* plat *m* national **Nationalgetränk** *nt* boisson *f* nationale; **Tee ist das ~ der Briten** le thé est la boisson nationale des britanniques **Nationalheld(in)** *m(f)* héros *m* national/héroïne *f* nationale

Nationalhymne *f* hymne *m* national
nationalisieren* *tr V* nationaliser
Nationalisierung <-, -en> *f* nationalisation *f*
Nationalismus [natsiona'lɪsmʊs] <-> *m* nationalisme *m*
Nationalist(in) [natsiona'lɪst] <-en, -en> *m(f)* nationaliste *mf*
nationalistisch [natsiona'lɪstɪʃ] I. *Adj* nationaliste
II. *Adv* en nationaliste; **~ eingestellt sein** être nationaliste
Nationalität [natsionali'tɛːt] <-, -en> *f* nationalité *f*
Nationalitätenkonflikt *m* conflit *m* ethnique **Nationalitätenstaat** *m* État *m* multinational
Nationalitätskennzeichen *nt* code *m* de pays
Nationalmannschaft *f* équipe *f* nationale **Nationalpark** *m* parc *m* national **Nationalrat** *m kein Pl* CH, A Conseil *m* national **Nationalrat** <-räte> *m*, **-rätin** *f* CH, A membre *m* du Conseil national **Nationalsozialismus** *m* national-socialisme *m* **Nationalsozialist(in)** *m(f)* national-socialiste *mf* **nationalsozialistisch** *Adj* national-socialiste **Nationalspieler(in)** *m(f)* joueur(-euse) *m(f)* de l'équipe nationale **Nationalstaat** *m* État-nation *m* **Nationalstolz** *m* fierté *f* nationale **Nationalversammlung** *f* ❶ *(französisches Parlament)* l'Assemblée *f* nationale ② HIST **die Frankfurter ~** le Parlement de Francfort
NATO ['naːto], **Nato** <-> *f Abk von* **North Atlantic Treaty Organization** O.T.A.N. *f*
NATO-Beitrittsland *nt* futur pays *m* membre de l'O.T.A.N.
Nato-Doppelbeschluss^{RR} *m* HIST double décision *f* de l'OTAN
Natrium ['naːtrium] <-s> *nt* CHEM sodium *m*
Natron ['naːtrɔn] <-s> *nt* CHEM natron *m*
Natronlauge *f* CHEM lessive *f* de soude
Natter ['natɐ] <-, -n> *f* couleuvre *f*
Natur [na'tuːɐ] <-> *f* ❶ nature *f;* **die freie ~** la pleine campagne
② *(Wesensart)* **von ~ aus** par nature; **das geht ihr/mir gegen die ~** c'est contraire à sa/ma nature
▸ **in der ~ der Sache liegen** être dans la nature des choses; **~ sein** *Haarfarbe, Holz, Leder:* être naturel(le)
Naturalien [natu'raːliən] *Pl* produits *mpl* de la terre; **in ~ bezahlen** payer en nature
Naturalismus [natura'lɪsmʊs] <-> *m* naturalisme *m*
Naturalist(in) [natura'lɪst] <-en, -en> *m(f)* naturaliste *mf*
naturalistisch [natura'lɪstɪʃ] *Adj a.* KUNST *geh* naturaliste
Naturallohn *m* salaire *m* en nature
Naturapostel *m hum* adepte *mf* de la vie naturelle **naturbelassen** *Adj* naturel(le) **Naturbursche** *m* garçon *m* proche de la nature; **ein ~ sein** aimer la vie en plein air **Naturdenkmal** *nt* curiosité *f* naturelle **Naturdünger** *m* AGR engrais *m* naturel
nature [naty:ɐ] *Adj* GASTR **ein Schnitzel ~** une escalope nature
Naturell [natu'rɛl] <-s, -e> *nt* naturel *m*
Naturereignis *nt* phénomène *m* naturel **Naturerscheinung** *f* phénomène *m* naturel **Naturfarbe** *f (natürlicher Farbstoff)* colorant *m* naturel **naturfarben** *Adj* de couleur naturelle **Naturfaser** *f* fibre *f* naturelle **Naturforscher(in)** *m(f)* naturaliste *mf* **Naturforschung** *f* étude *f* de la nature **Naturfreund(in)** *m(f)* ami(e) *m(f)* de la nature **naturgegeben** *Adj* [humainement] inévitable **naturgemäß** I. *Adj* naturel(le) II. *Adv* ❶ *(verständlicherweise)* naturellement ② *(der Natur entsprechend)* leben de façon naturelle **Naturgeschichte** *f* histoire *f* naturelle **Naturgesetz** *nt* loi *f* de la nature **naturgetreu** I. *Adj* fidèle [à la réalité] II. *Adv* fidèlement **Naturgewalt** *f* force *f* de la nature
Naturheilkunde *f* médecine *f* douce **Naturheilmittel** *nt* remède *m* naturel **Naturheilverfahren** *nt* thérapie *f* douce
Naturkatastrophe *f* catastrophe *f* naturelle **Naturkost** *f* aliments *mpl* naturels **Naturkostladen** *m* magasin *m* de produits naturels **Naturkundemuseum** *nt* musée *m* d'histoire naturelle
Naturlandschaft *f* paysage *m* naturel **Naturlehrpfad** *m* sentier *m* pour l'étude de la nature
natürlich [na'tyːɐlɪç] I. *Adj* ❶ *(von der Natur geschaffen)* naturel(le)
② *(nicht künstlich) Haarfarbe, Sprache* naturel(le); *Gebiss, Zähne* vrai(e)
❸ *(original) Ausmaße, Länge, Proportionen* réel(le); **ein Porträt in ~er Größe** un portrait grandeur nature
❹ *(ungekünstelt)* naturel(le); **ganz ~ sein** être tout(e) naturel(le)
❺ *(menschlich) Bedürfnis, Gefühl, Regung* naturel(le); **es ist [nur] ~, dass/wenn ...** il est tout naturel que + *subj*
II. *Adv (selbstverständlich)* naturellement; **aber ~!** évidemment!
natürlicherweise *Adv* naturellement
Natürlichkeit <-> *f* naturel *m*
Naturpark *m* parc *m* naturel [régional] **Naturprodukt** *nt* produit *m* naturel **Naturrecht** *nt kein Pl* droit *m* naturel **naturrein** *Adj* entièrement naturel(le); **dieser Apfelsaft ist garantiert ~** c'est garanti pur jus de pommes **Naturschätze** *Pl* ÖKOL richesses *fpl* naturelles; GEOL ressources *fpl* naturelles **Naturschauspiel** *nt* spectacle *m* naturel **Naturschönheit** *f* beauté *f* naturelle **Naturschutz** *m* protection *f* de la nature; **ein Gebiet unter ~**

stellen déclarer une zone site protégé; **eine Tierart/Pflanzenart unter ~ stellen** prendre des mesures de protection à l'égard d'une espèce animale/végétale; **unter ~ stehen** être protégé(e) **Naturschützer(in)** *m(f)* protecteur(-trice) de la nature *m* **Naturschutzgebiet** *nt* réserve *f* naturelle **Naturstein** *m* pierre *f* naturelle **Naturtalent** *nt* talent *m* inné; **ein ~ sein** avoir un don; **du musst ein echtes ~ sein** tu dois être vraiment doué(e) **naturverbunden** *Adj* proche de la nature **Naturvolk** *nt* peuple *m* primitif **Naturwissenschaft** *f* science *f* de la nature; **die ~en** les sciences naturelles **Naturwissenschaftler(in)** *m(f)* scientifique *mf* **naturwissenschaftlich** *Adj* scientifique **Naturwunder** *nt* prodige *m* [naturel] **Naturzustand** *m kein Pl* état *m* naturel; **etw in seinem ~ belassen** laisser qc dans son état naturel

Nautik ['naʊtɪk] <-> *f* navigation *f*
nautisch ['naʊtɪʃ] *Adj* nautique
Navelorange ['naːvəl-] *f* [orange *f*] navel *f*
Navigation [naviga'tsi̯oːn] <-> *f* navigation *f*
Navigationsfehler *m* erreur *f* de navigation **Navigationsraum** *m* cabine *f* de pilotage **Navigationssystem** *nt* système *m* de navigation
Navigator [navi'gaːtoːɐ, *Pl:* naviga'toːrən] <-s, -toren> *m*, **Navigatorin** *f* navigateur(-trice) *m(f)*
navigieren¹ * I. *itr V* naviguer; **nach dem Kompass/der Sonne ~** naviguer au compas/d'après le soleil
II. *tr V* piloter; **das Schiff in den Hafen ~** entrer le bateau dans le port
Nazi ['naːtsi] <-s, -s> *m*, <-, -s> *f* nazi(e) *m(f)*
Nazismus <-> *m* nazisme *m*
nazistisch [na'tsɪstɪʃ] *Adj* nazi(e)
Nazizeit *f* époque *f* nazie
NB *Abk von* nota bene N.B. *m*
n. Br. *Abk von* **nördlicher Breite** lat. N.
NC <-> *m Abk von* **Numerus clausus** numerus *m* clausus
n. Chr. *Abk von* **nach Christus** apr. J.-C.
NDR <-> *m Abk von* **Norddeutscher Rundfunk** radio et télévision régionales du nord de l'Allemagne
ne *Adv fam* non
'ne *Art indef fam Abk von* **eine** une
Neandertaler <-s, -> *m* homme *m* de Neandertal
Nebel <-s, -> *m* ❶ brouillard *m*; *(leicht)* brume *f*; **bei ~** par temps de brouillard
❷ ASTRON nébuleuse *f*
❸ NAUT brume *f*
Nebelbank <-bänke> *f* banc *m* de brouillard
nebelhaft *Adj* ❶ *Wetter* brumeux(-euse)
❷ *fig* nébuleux(-euse)
Nebelhorn *nt* corne *f* de brume
nebelig *Adj* brumeux(-euse)
Nebelkammer *f* PHYS chambre *f* à condensation; **wilsonsche ~** chambre de Wilson **Nebelkrähe** *f* ORN corneille *f* mantelée **Nebelscheinwerfer** *m* phare *m* antibrouillard **Nebelschlussleuchte**^{RR} *f* feu *m* arrière de brouillard **Nebelschwaden** *m meist Pl* nappe *f* de brouillard **Nebelwand** *f* écran *m* de brouillard
neben I. *Präp + Dat* ❶ *(an der Seite)* près; **~ jdm/einer S.** près [*o* à côté] de qn/qc; **rechts ~ dem Eingang** à droite de l'entrée
❷ *(zusätzlich zu)* **~ ihrem Beruf kümmert sie sich noch um den Haushalt** en plus de son travail elle s'occupe de son foyer
❸ *(verglichen mit)* **~ ihm siehst du aus wie ein Zwerg** à côté de lui, tu as l'air d'un nain
II. *Präp + Akk* **sich ~ jdn/etw setzen** s'asseoir près [*o* à côté] de qn/qc; **sich links/rechts ~ jdn/etw stellen** se mettre à gauche/droite de qn/qc; **Haus ~ Haus bauen** construire des maisons côte à côte
nebenamtlich I. *Adj* extra-professionnel(le)
II. *Adv* en plus de son/mon/… activité professionnelle
nebenan *Adv* à côté; **die Küche ist gleich ~** la cuisine est juste à côté; **das ist die Familie von ~** c'est la famille d'à côté
Nebenanschluss^{RR} *s.* **Nebenstelle**
Nebenarbeit *f* ❶ *(nebenher ausgeführte Arbeit)* tâche *f* complémentaire
❷ *(Nebenbeschäftigung)* autre activité *f*
Nebenausgaben *Pl* frais *mpl* supplémentaires
Nebenausgang *m* sortie *f* latérale; **zum ~ hinausgehen** sortir par la porte latérale
Nebenbedeutung *f* acception *f* secondaire
nebenbei *Adv* ❶ *(nebenher)* en plus [du reste]
❷ *(beiläufig)* en passant; **~ [bemerkt]** soit dit en passant
Nebenberuf *m* activité *f* annexe; **im ~** à titre d'activité annexe
nebenberuflich I. *Adj* extra-professionnel(le)
II. *Adv* à titre d'activité annexe
Nebenbeschäftigung *f* activité *f* annexe

Nebenbuhler(in) <-s, -> *m(f)* rival(e) *m(f)*
Nebeneffekt *m* effet *m* secondaire
nebeneinander *Adv* ❶ *(räumlich)* côte à côte
❷ *(zeitlich)* conjointement
Nebeneinander <-s> *nt* coexistence *f*
nebeneinanderstellen *tr V* **die Sessel ~** mettre les fauteuils l'un à côté de l'autre
Nebeneingang *m* entrée *f* latérale
Nebeneinkünfte *Pl*, **Nebeneinnahmen** *Pl* revenus *mpl* annexes
Nebenerscheinung *s.* **Nebeneffekt**
Nebenerwerb *m* activité *f* annexe
Nebenfach *nt* matière *f* secondaire
Nebenfluss^{RR} *m* affluent *m*; **ein linker ~ der Donau** un affluent de la rive gauche du Danube
Nebengebäude *nt* ❶ *(untergeordneter Bau)* dépendance *f*
❷ *(benachbartes Gebäude)* annexe *f*
Nebengeräusch *nt* bruit *m* de fond
Nebengleis *nt* voie *f* secondaire
Nebenhandlung *f* action *f* secondaire
nebenher *Adv* *(zusätzlich)* en plus
nebenhin *Adv* en passant
Nebenhoden *m* ANAT épididyme *m*
Nebenhöhle *f* ANAT sinus *m*
Nebenjob [-dʒɔp] *m fam* boulot *m* d'appoint *(fam)*
Nebenkläger(in) *m(f)* partie civile; **als ~ auftreten** se constituer [*o* se porter] partie civile
Nebenkosten *Pl* ❶ *(zusätzliche Kosten)* frais *mpl* supplémentaires
❷ *(für eine Wohnung)* charges *fpl*; **die Miete beträgt tausend Euro plus ~** le loyer s'élève à mille euros charges non comprises
Nebenlinie *f (Genealogie)* ligne *f* collatérale
Nebenmann <-männer *o* -leute> *m* voisin *m*
Nebenniere *f* ANAT glande *f* surrénale
Nebenprodukt *nt* sous-produit *m*
Nebenraum *m* ❶ *(angrenzender Raum)* pièce *f* contiguë
❷ *(weniger wichtiger Raum)* [pièce *f*] annexe *f*
Nebenrolle *f* rôle *m* secondaire
Nebensache *f* détail *m* accessoire; **~ sein** être accessoire [*o* secondaire]
▶ **die schönste ~ der Welt** le passe-temps le plus agréable du monde
nebensächlich *Adj* accessoire, secondaire
Nebensächlichkeit <-, -en> *f* ❶ *kein Pl (geringe Bedeutung)* contingence *f*
❷ *(unwichtiges Detail)* détail *m* sans importance
Nebensaison [-zɛzɔ̃ː, -zɛzɔŋ] *f* basse saison *f*; **in der ~** en basse saison
Nebensatz *m* ❶ GRAM [proposition *f*] subordonnée *f*
❷ *(beiläufige Bemerkung)* **in einem ~ von etw sprechen** parler accessoirement de qc
nebenstehend *Adj (von einem Sprecher gesagt)* ci-contre; *(im Text stehend)* en regard
Nebenstelle *f* ❶ TELEC poste *m* secondaire
❷ *(Zweigstelle)* succursale *f*
Nebenstraße *f* route *f* secondaire
Nebenstrecke *f* ligne *f* secondaire
Nebentätigkeit *f* activité *f* secondaire
Nebentisch *m* table *f* voisine
Nebenverdienst *m* revenu *m* supplémentaire
Nebenwinkel *m* MATH angle *m* adjacent
Nebenwirkung *f* effet *m* secondaire
Nebenzimmer *nt* chambre *f* voisine
Nebenzweck *m* objectif *m* secondaire
neblig *s.* **nebelig**
nebulös *geh* I. *Adj* nébuleux(-euse)
II. *Adv* de façon nébuleuse

Necessaire [nesɛ'sɛːɐ] <-s, -s> *nt* ❶ *(für Reisen)* nécessaire *m* [*o* trousse *f*] de voyage
❷ *(für Nägel)* nécessaire *m* à ongles
❸ *(Nähzeug)* nécessaire *m* de couture
necken *tr, r V* [sich] **~** [se] taquiner
neckisch *Adj* ❶ *(schelmisch)* malicieux(-euse); **ein ~es Spielchen mit jdm treiben** jouer à un petit jeu avec qn
❷ *fam (kess) Bikini, Bluse* olé olé *(fam)*
nee *Adv fam* non
Neffe <-n, -n> *m* neveu *m*
Negation <-, -en> *f* ❶ LING négation *f*
❷ *geh (Leugnung)* réfutation *f*
negativ I. *Adj* ❶ *(ablehnend) Haltung* négatif(-ive)
❷ *(ungünstig)* négatif(-ive); *Entwicklung, Folge, Vorhersage* défavorable; **einen ~en Einfluss auf jdn haben** avoir une influence négative sur qn
❸ MED négatif(-ive); **ein ~es Testergebnis** un résultat de test

négatif
II. *Adv* ❶ *(ablehnend)* négativement
❷ *(ungünstig)* de façon négative
Negativ <-s, -e> *nt* négatif *m*
Negativfilm *m* pellicule *f* négative
Neger(in) <-s, -> *m(f) pej* nègre *m*/négresse *f*
Negerkuss[RR] *m* GASTR tête *f* de nègre **Negersklave** [-və] *m*, **-sklavin** *f* HIST esclave *mf* noir(e)
negieren* *tr V* ❶ *geh (leugnen)* nier; **~, etw getan zu haben/dass** nier avoir fait qc/que + *subj*
❷ LING **eine Frage/einen Satz ~** mettre une question/phrase à la forme négative
Negligé, Négligé, Negligee[RR] [negli'ʒe:] <-s, -s> *nt* CH déshabillé *m;* **im ~ sein** être en déshabillé
negroid *Adj* négroïde
nehmen <nimmt, nahm, genommen> *tr V* ❶ prendre; **[sich** *(Dat)***] etw ~** prendre qc; **etw an sich** *(Akk)* **~** prendre qc sur soi; **~ Sie sonst noch etwas?** prendrez-vous encore autre chose?; **man nehme vier Tomaten** prendre quatre tomates
❷ *(annehmen)* accepter *Trinkgeld, Belohnung*
❸ *(aufnehmen)* **jdn zu sich ~** recueillir qn, prendre qn en charge
❹ *(beseitigen, entziehen)* supprimer *Schmerzen, Beschwerden;* **jdm die Hoffnung/den Glauben ~** ôter l'espoir/la foi à qn; **jdm die Freude/Lust an etw ~** gâcher la joie/l'envie à qn; **er nahm ihr die Angst** il dissipa son angoisse
❺ *(versperren)* **jdm die Sicht ~** boucher la vue à qn
❻ *(verlangen)* demander; **wie viel nimmst du dafür?** combien en demandes-tu?
❼ *(einnehmen, essen)* prendre *Medikament;* **etw zu sich ~** *geh* se prendre qc
❽ *(überwinden)* franchir *Hindernis, Hürde;* **die Hindernisse mit Leichtigkeit ~** *Pferd:* boire les obstacles
❾ *(akzeptieren)* **jdn ~, wie er ist** prendre qn comme il est; **jdn zu ~ wissen** savoir [comment] prendre qn; **man muss die Dinge ~, wie sie kommen!** il faut prendre les choses comme elles viennent!
❿ *(anlasten)* **jdm etw übel ~** en vouloir à qn de qc; **jdm übel ~, dass er etw getan hat** en vouloir à qn d'avoir fait qc
▶ **es sich** *(Dat)* **nicht ~ lassen etw zu tun** ne pas vouloir se priver de faire qc; **woher ~ und nicht stehlen?** *fam* où est-ce que je vais bien pouvoir trouver ça?; **wie man's nimmt** *fam* si on veut
Nehmerland *nt* ÖKON, FIN pays *m* receveur
Neid <-[e]s> *m kein Pl* envie *f*, jalousie *f;* **etw aus blankem ~ tun** faire qc par pure jalousie
▶ **das ist der ~ der Besitzlosen** *fam* on a toujours envie de ce qu'on n'a pas; **blass** [*o* **grün**] **vor ~ sein, vor ~ erblassen** crever de jalousie [*o* d'envie]; **das muss ihm/ihr/... der ~ lassen** *fam* il faut lui rendre cette justice
neiden *tr V* envier; **jdm etw ~** envier qc à qn; **ich neide dir deinen Erfolg nicht** je ne suis pas jaloux(-ouse) de ton succès
Neider(in) <-s, -> *m(f)* envieux(-euse) *m(f)*, jaloux *m*/jalouse *f*
neiderfüllt I. *Adj geh Mensch* rongé(e) d'envie, dévoré(e) de jalousie *(soutenu)*; *Augen, Blick* envieux(-euse) *(soutenu)* **II.** *Adv geh* avec envie **Neidhammel** *m fam* gros jaloux *m*/grosse jalouse *f (fam)*
neidisch I. *Adj Person* envieux(-euse), jaloux(-ouse); *Blick* envieux(-euse); **~ werden/sein** devenir/être jaloux(-ouse) [*o* envieux(-euse)]; **auf jdn ~ sein** être jaloux(-ouse) de qn, envier qn
II. *Adv* betrachten avec envie, avec convoitise
neidlos I. *Adj* sincère, sans réserve
II. *Adv* sans arrière-pensée
Neige <-, -n> *f geh* fond *m*
▶ **bis zur bitteren ~** jusqu'au bout; **bis zur bitteren ~ ausharren** boire le calice jusqu'à la lie *(soutenu)*; **zur ~ gehen** tirer à sa fin *(soutenu)*; **bis zur ~ austrinken, leeren** jusqu'à la dernière goutte; *auskosten, genießen* pleinement
neigen I. *itr V* avoir une tendance; **zu Erkältungen ~** être réceptif(-ive) aux rhumes; **zu Übergewicht ~** avoir une tendance à l'embonpoint; **zur Schwermut ~** être enclin(e) à la mélancolie; **zu Übertreibungen/Vorurteilen ~** avoir tendance à exagérer/à avoir des préjugés; **dazu ~ etw zu tun** être enclin(e) à faire qc
II. *r V* ❶ *(sich beugen)* **sich ~** se pencher, s'incliner; **sie neigte sich zu ihm hinüber** elle se pencha vers lui
❷ *(schräg abfallen)* **sich ~** *Straße, Grundstück, Hang:* être en pente
❸ *(schräg stehen)* **sich zur Seite ~** *Haus, Motorrad, Schiff:* pencher de côté
❹ *geh (sich niederbeugen)* **sich ~** *Baum, Wipfel, Zweig:* ployer *(littér)*
❺ *geh (zu Ende gehen)* **sich dem Ende ~** *Tag, Urlaub:* toucher à sa fin
III. *tr V* pencher *Kopf, Oberkörper*
Neigung <-, -en> *f* ❶ *(Schräge, Gefälle)* inclinaison *f*

❷ *(Vorliebe, Zuneigung)* penchant *m;* **eine ~ verspüren etw zu tun** se sentir enclin(e) à faire qc
❸ *(Tendenz)* **~ zum Übergewicht** tendance *f* à l'embonpoint
Neigungswinkel *m* [angle *m* d']inclinaison *f*
nein *Adv* ❶ non; **leider ~** malheureusement pas; **oh ~!** ah! non!; **~ und nochmals ~!** non, non et non!
❷ *(sogar)* et même; **Dutzende, ~ Hunderte von Rosen** des douzaines, voire des centaines de roses
❸ *(nicht wahr)* **das schmeckt dir doch, ~?** tu trouves que c'est bon, hein? *(fam)*
❹ *(ach)* non; **~, was du nicht sagst!** non, qu'est-ce que tu racontes!; **~, so was!** non, c'est pas possible! *(fam)*
Nein <-s> *nt* non *m;* **mit ~ antworten** répondre négativement; **zu etw ~ sagen** dire non à qc
Neinstimme *f* voix *f* contre
Nekrolog <-[e]s, -e> *m geh* nécrologie *f;* **einen ~ auf jdn halten** prononcer l'éloge funèbre de qn
Nekrophilie [nekrofi'li:] <-> *f* PSYCH nécrophilie *f*
Nektar <-s, -e> *m a.* MYTH nectar *m*
Nektarine <-, -n> *f* nectarine *f*
Nelke <-, -n> *f* ❶ *(Blume)* œillet *m*
❷ *(Gewürz)* clou *m* de girofle
'nem *Art indef fam Abk von* **einem** [à] un(e)
'nen *Art indef fam Abk von* **einen** un(e)
nennen <nannte, genannt> **I.** *tr V* ❶ *(benennen, anreden)* appeler; **sein Kind Paul ~** appeler [*o* [pré]nommer] son enfant Paul; **jdn bei seinem Vornamen ~** appeler qn par son prénom; **Katharina II., genannt die Große** Catherine II, dite [*o* surnommée] la Grande
❷ *(bezeichnen)* appeler; **wie nennt man das?** comment appelle-t-on ça?; **das nenne ich mutig!** voilà ce que j'appelle avoir du courage!
❸ *(angeben)* indiquer, citer; **die genannten Personen ...** les personnes en question ...
II. *r V* **sich Maler/Musiker ~** se dire peintre/musicien; **und so was nennt sich mein Freund!** *fam* et ça se dit mon ami! *(fam)*
nennenswert *Adj* notable; **eine nicht ~e Summe** une somme négligeable
Nenner <-s, -> *m* MATH dénominateur *m*
▶ **etw auf einen [gemeinsamen] ~ bringen** faire concorder qc; **einen [gemeinsamen] ~ finden** trouver un terrain d'entente
Nennleistung *f* TECH, ELEC puissance *f* nominale
Nennung <-, -en> *f* mention *f*
Nennwert *m* valeur *f* nominale; **über/unter dem ~** au-dessus/au-dessous de la valeur nominale; **zum ~** à sa valeur nominale
Neofaschismus [neo-] *m* néofascisme *m*
Neolithikum [neo'li:tikʊm] <-s> *nt* néolithique *m*
Neologismus <-, -gismen> *m* LING néologisme *m*
Neon <-s> *nt* néon *m*
Neonazi *m* néonazi(e) *m(f)*
Neonazismus [neona'tsɪsmʊs] *m* néonazisme *m*
Neonazist(in) <-en, -en> *m(f) s.* **Neonazi**
Neonlicht *nt* [éclairage *m* au] néon *m* **Neonreklame** *f* publicité *f* lumineuse **Neonröhre** *f* [tube *m* au] néon *m*
Nepren® [neo'pre:n] <-s> *nt* CHEM néoprène® *m*
Neoprenanzug *m* combinaison *f* en néoprène
Nepal ['ne:pal] <-s> *nt* le Népal
Nepalese [nepa'le:zə] <-n, -n> *m*, **Nepalesin** *f* Népalais(e) *m(f)*
nepalesisch *Adj* népalais(e)
Nepotismus <-> *m geh* népotisme *m (littér)*
Nepp <-s> *m fam* arnaque *f (fam);* **das ist der reinste ~** c'est de la pure arnaque
neppen *tr V fam* arnaquer *(fam);* **du bist offensichtlich geneppt worden** tu t'es fait apparemment arnaquer *(fam)*
Neptun <-s> *m* ❶ MYTH Neptune *m*
❷ ASTRON [der] **~** [la planète] Neptune
'ner *Art indef fam Abk von* **einer** un(e)
Nero <-s> *m* HIST Néron *m*
Nerv <-s *o* -en, -en> *m* ❶ ANAT nerf *m*
❷ *Pl (nervliche Verfassung)* **gute/schlechte ~en haben** avoir les nerfs solides/fragiles; **die ~en behalten/bestens** rester maître(-esse) de ses nerfs; **die ~en verlieren** perdre le contrôle de soi-même; **mit den ~en [völlig] herunter sein** *fam* être à bout de nerfs; **der/die hat [vielleicht] ~en!** *fam* il/elle a du culot! *(fam)*
❸ BOT nervure *f*
▶ **~en wie Drahtseile haben** *fam* avoir des nerfs d'acier; **jdm auf die ~en gehen** [*o* **fallen**] *fam* taper sur les nerfs de qn *(fam);* **jdm den [letzten] ~ rauben** [*o* **töten**] *fam* pousser qn à bout *(fam);* **du raubst mir noch den letzten ~!** tu commences à me courir sur le système! *(fam)*
nerven *fam* **I.** *tr V* casser les pieds; **jdn ~** casser les pieds à qn *(fam);* **jdn mit etw ~** tanner qn avec qc *(fam);* **genervt sein** être éner-

vé(e)
II. *itr V Person:* être casse-pieds *(fam)*; *Sache, Vorfall:* être horripilant(e)
Nervenanspannung *f* tension *f* nerveuse **Nervenarzt** *m*, **-ärztin** *f* neurologue *mf* **nervenaufreibend** *Adj* nervousement éprouvant(e) **Nervenbelastung** *f* fatigue *f* nerveuse **nervenberuhigend** I. *Adj* tranquillisant(e) II. *Adv* ~ **wirken** *Tee:* avoir un effet tranquillisant **Nervenbündel** *nt fam* paquet *m* de nerfs *(fam)* **Nervenentzündung** *f MED* névrite *f* **Nervengas** *nt* gaz *m* neurotoxique **Nervengift** *nt* neurotoxine *f*
Nervenheilanstalt *f* maison *f* de repos **Nervenheilkunde** *f* neurologie *f*
Nervenkitzel <-s, -> *m fam* petit frisson *m;* **das verschafft ihr einen** ~ ça lui procure un petit frisson **Nervenklinik** *f fam* maison *f* de fous **Nervenkostüm** *nt fam* nerfs *mpl;* **ein starkes/schwaches ~ haben** avoir les nerfs solides/fragiles **nervenkrank** *Adj* malade des nerfs **Nervenkrankheit** *f* maladie *f* nerveuse **Nervenkrieg** *m* guerre *f* des nerfs **Nervenleiden** *nt MED* affection *f* nerveuse **Nervennahrung** *f* stimulant *m* psychique; **iss Schokolade, das ist ~** mange du chocolat, c'est bon pour les nerfs **Nervenprobe** *f* épreuve *f* pour les nerfs **Nervensäge** *f fam* casse-pieds *mf (fam)* **Nervenschmerz** *m* névralgie *f* **Nervenschock** *m* choc *m* nerveux **nervenschwach** *Adj* faible des nerfs **Nervenschwäche** *f* neurasthénie *f* **Nervensystem** *nt* système *m* nerveux; **das vegetative ~** le système neurovégétatif **Nervenzelle** *f* neurone *m* **Nervenzentrum** *nt* centre *m* nerveux **Nervenzusammenbruch** *m* dépression *f* nerveuse; **einen ~ haben** [*o* **erleiden**] craquer nerveusement; **er hat einen ~ erlitten** ses nerfs ont craqué
nervig ['nɛrfɪç] *Adj fam* tuant(e) *(fam)*
nervlich I. *Adj* nerveux(-euse)
II. *Adv* nerveusement; **~ bedingt** d'origine nerveuse
nervös [nɛr'vøːs] I. *Adj Person* nerveux(-euse); *Stimmung* agité(e); **jdn ~ machen** rendre qn nerveux(-euse), énerver qn; **in überaus ~er Verfassung sein** être dans un état de très grande nervosité
II. *Adv* ❶ *fragen, blicken* nerveusement
❷ *(nervlich)* **~ bedingt** d'origine nerveuse
Nervosität [-vo-] <-> *f* nervosité *f*
nervtötend *Adj fam* tuant(e) *(fam)*
Nerz <-es, -e> *m* vison *m*
Nerzmantel *m* manteau *m* de vison
Nessel[1] <-, -n> *f (Brennnessel)* ortie *f*
▸ **sich in die ~n setzen** *fam (sich Ärger zuziehen)* se mettre dans de beaux draps *(fam)*; *(sich blamieren)* faire une gaffe *(fam)*
Nessel[2] <-s, -> *m TEXTIL* toile *f* [lourde] de coton
Nesselfieber *nt*, **Nesselsucht** *f kein Pl MED* urticaire *f*
Nessessär <-s, -s> *nt s.* Necessaire
Nest <-[e]s, -er> *nt* ❶ nid *m*
❷ *fam (Kaff)* patelin *m (fam)*; **in einem kleinen ~ leben** vivre dans un trou perdu
▸ **das eigene ~ beschmutzen** cracher dans la soupe; **sich ins gemachte ~ setzen** *fam* tirer le gros lot *(fam)*
Nestbau <-bauten> *m* nidification *f* **Nestbeschmutzer(in)** <-s, -> *m(f) kein* **ein ~ sein** cracher dans la soupe
nesteln *itr V* tripoter; *(zurechtrücken)* arranger
Nestflüchter <-s, -> *m ZOOL* oiseau *m* nidifuge **Nesthäkchen** <-s, -> *nt fam* petit dernier *m*/petite dernière *f (fam)* **Nesthocker** <-s, -> *m* ❶ *ZOOL* oiseau *m* nidicole ❷ *fig* fils *m* casanier/fille *f* casanière **Nestwärme** *f* douceur *f* du foyer
nett *Adj* ❶ *(liebenswert)* gentil(le); **~ zu jdm sein** être gentil(le) avec qn; **das ist [aber] ~ von Ihnen** c'est gentil à vous; **sei so ~ und hilf mir** sois gentil(le) et aide-moi
❷ *(angenehm) Abend, Fest* agréable, sympathique
❸ *(beträchtlich) Belohnung* bon(ne) petit(e) *(fam);* **ein ~es Sümmchen** une belle somme
❹ *iron fam (unerfreulich)* charmant(e) *antéposé;* **du machst ja ~e Sachen!** tu en fais de belles! *(fam)*
netterweise *Adv* **etw ~ tun** avoir l'amabilité [*o* la gentillesse] de faire qc
Nettigkeit <-, -en> *f* ❶ *kein Pl (Liebenswürdigkeit)* gentillesse *f*
❷ *(liebenswürdige Bemerkung)* gentillesse *f*
❸ *iron (unfreundliche Bemerkung)* amabilité *f*
netto *Adv* net
Nettobetrag *m* montant *m* net **Nettoeinkommen** *nt* revenu *m* net **Nettoertrag** *m* bénéfice *m* net **Nettolohn** *m FIN* salaire *m* net **Nettopreis** *m* prix *m* net
Netz <-es, -e> *nt* ❶ *(Stromnetz, System)* réseau *m;* **ein Gerät ans ~ anschließen** brancher un appareil sur le secteur
❷ *(Fischernetz, Einkaufsnetz)* filet *m*
❸ *(Spinnennetz)* toile *f*
❹ *TENNIS* filet *m;* **ins ~ gehen** aller dans le filet; **~! net!**
▸ **das soziale ~** le système de protection sociale; **jdm ins ~ gehen** se faire piéger par qn

Netzanschluss[RR] *m ELEC, TELEC* alimentation *f* secteur **netzartig** *Adj* réticulé(e)
Netzauge *nt ZOOL* œil *m* à facettes **Netzball** *m TENNIS* balle *f* au filet **Netzbetrieb** *m* alimentation *f* secteur
netzen ['nɛtsən] *tr V geh* humecter
Netzgerät *nt* appareil *m* secteur **Netzhaut** *f* rétine *f*
Netzhautablösung *f MED* décollement *m* de [la] rétine **Netzhautentzündung** *f MED* rétinite *f*
Netzhemd *nt* tee-shirt *m* filet **Netzkabel** *nt* câble *m* d'alimentation **Netzkarte** *f* carte *f* d'abonnement **Netzmagen** *m BIO* bonnet *m* **Netzmelone** *f* melon *m* cantaloup **Netzspannung** *f ELEC* tension *f* du réseau **Netzstecker** *m* fiche *f* [d'alimentation] **Netzstrumpf** *m* bas *m* résille **Netzteil** *nt* transformateur *m* **Netzwerk** *nt INFORM, a. fig* réseau *m*
Netzwerkadministrator *m*, **-administratorin** *f INFORM* administrateur(-trice) *m(f)* de réseau **netzwerkfähig** *Adj* compatible avec réseau **Netzzugang** *m INFORM* accès *m* (au) réseau
neu I. *Adj* ❶ *(noch nicht gebraucht)* neuf(neuve); *(soeben hergestellt, gekauft)* nouveau(-velle) *antéposé*
❷ *(aktuell)* récent(e); **ein ~er Artikel** un article qui vient de paraître; **die ~esten Nachrichten** les [toutes] dernières nouvelles; **die ~esten Videokassetten** les toutes dernières vidéocassettes; **die ~este Mode** la toute dernière mode; **die ~esten Tänze** les danses les plus récentes
❸ *(erneut) Anfang, Anlauf, Versuch* nouveau(-velle) *antéposé*
❹ *(frisch) Hemd, Tischtuch* propre
❺ *(noch nicht da gewesen) Errungenschaft, Methode, System* nouveau(-velle)
❻ *(unbekannt)* **~ in einer Klasse sein** être nouveau(-velle) dans une classe; **der/die Neue** le nouveau/la nouvelle; **das war mir ~** je n'en savais rien; **dass Paul umzieht, ist mir ~** je ne savais pas que Paul déménageait
▸ **auf ein Neues!** à notre réussite!; **aufs Neue** *geh* à [*o* de] nouveau, une nouvelle fois, *seit* ~**[e]stem** depuis peu; **von ~em** de nouveau
II. *Adv* ❶ *(von vorn)* **wieder ganz ~ anfangen müssen** devoir repartir à zéro
❷ *(erneut)* **~ bearbeiten/drucken/auflegen** remanier/réimprimer/rééditer; **~ bearbeitet** remanié(e); **~ entwickelt** nouveau(-velle); **~ eröffnet** récemment rouvert(e); **~ gestalten** remodeler; **~ ordnen** réorganiser; **~ kaufen** racheter; **sich ~ einkleiden** renouveler sa garde-robe; **sich ~ einrichten** se réinstaller complètement; **ich werde mir vieles ~ anschaffen müssen** je vais être obligé(e) de racheter beaucoup de choses
❸ *(soeben)* **~ eröffnet** récemment ouvert(e); **das ~ eröffnete griechische Restaurant** le restaurant grec qui vient d'ouvrir
❹ *(zusätzlich)* **drei Mitarbeiter ~ einstellen** embaucher trois nouveaux employés; **drei Schüler sind ~ hinzugekommen** trois nouveaux élèves sont arrivés
Neuankömmling <-s, -e> *m* nouvel arrivant *m*/nouvelle arrivante *f,* nouveau venu *m*/nouvelle venue *f*
Neuanschaffung *f* nouvelle acquisition *f;* **die ~ von Spielsachen** l'acquisition de jouets neufs
neuapostolisch *Adj* néoapostolique
neuartig *Adj Methode, Technologie* inédit(e); *Lehrwerk, Wörterbuch* de conception nouvelle
Neuartigkeit <-> *f* nouveauté *f*
Neuauflage *f* ❶ *kein Pl (neue Auflage)* nouveau tirage *m*
❷ *(neu aufgelegtes Buch)* réédition *f*
Neuausgabe *f* réédition *f*
Neubau <-bauten> *m* ❶ *kein Pl (das Erbauen)* nouvelle construction *f*
❷ *(Gebäude)* nouvel immeuble *m*
Neubaugebiet *nt* ≈ Z.U.P. *f* **Neubausiedlung** *f* nouveau lotissement *m* **Neubauwohnung** *f* appartement *m* neuf
neubearbeitet *s.* neu II.❷
Neubearbeitung *f* ❶ *kein Pl (das Bearbeiten)* refonte *f,* remaniement *m*
❷ *(neue Ausgabe)* nouvelle édition *f,* édition revue et corrigée
❸ *MUS, THEAT* nouvelle adaptation *f*
Neubeginn *m* nouveau départ *m*
Neubildung *f* ❶ *(Umbildung) einer Regierung, eines Vorstands* remaniement *m*
❷ *LING* néologisme *m*
Neubürger(in) *m(f)* nouvel(le) habitant(e) *m(f)*
neudeutsch *Adj meist pej* **~es Wort** mot allemand récent; **der ~e Trend zum Luxus** la nouvelle tendance allemande au luxe
Neudruck *m* réimpression *f*
Neue(s) *nt dekl wie Adj* ❶ *(neuartige Beschaffenheit)* nouveauté *f;* **das ~ an etw** *(Dat)* ce qu'il y a de nouveau dans qc, la nouveauté dans qc; **Altes und ~s** le vieux et le neuf
❷ *(neuer Gegenstand, neue Ware)* **etwas ~s** quelque chose de nouveau; **viel ~s** beaucoup de choses nouvelles; **nichts ~s** rien de

nouveau; **nicht viel ~s** pas grand-chose de nouveau ❸ *(Neuigkeit)* **etwas/nichts ~s** quelque chose de/rien de nouveau; **was gibt's ~s?** *fam* quoi de neuf? *(fam)*
▸ **öfter mal was ~s** *fam* il faut bien changer parfois
Neueinsteiger(in) *m(f)* débutant(e) *m(f)*
Neueinstellung *f eines Mitarbeiters* embauche *f; eines Sängers, Schauspielers* nouvel engagement *m*
Neuenburg <-s> *nt* Neuchâtel
Neuentdeckung *f* ❶ *(erneute Entdeckung)* redécouverte *f*
❷ *(Talent)* révélation *f;* **eine ~ für die Bühne** une révélation de la scène
neuentwickelt *s.* **neu II.**❷
Neuentwicklung *f* innovation *f*
neuerdings *Adv* depuis peu [de temps]
Neuerer <-s, -> *m,* **Neurerin** *f* novateur(-trice) *m(f)*
neuerlich ['nɔʏɐlɪç] **I.** *Adj* nouveau(-velle)
II. *Adv* de nouveau, une nouvelle fois
neueröffnet *s.* **neu II.**❷, ❸
Neueröffnung *f* ❶ *(Eröffnung)* ouverture *f;* **wir laden Sie zur ~ ein** nous vous invitons à l'inauguration
❷ *(Wiedereröffnung)* réouverture *f*
Neuerscheinung *f* nouveauté *f,* nouvelle parution *f*
Neuerung <-, -en> *f* innovation *f*
Neuerwerbung *f* nouvelle acquisition *f*
Neueste(s) *nt dekl wie Adj* ❶ **das ~** *(neueste Nachricht)* la dernière [nouvelle]; *(neueste Nachrichtenmeldung)* les dernières nouvelles; **das ~ vom Tage** les nouvelles du jour; **weißt du schon das ~?** tu connais la nouvelle?
❷ *(neuartigstes Produkt)* **das ~** ce qu'on fait de plus nouveau, ce qui vient de sortir; **das ~ vom Neuen** la dernière des nouveautés
Neufassung *f* nouvelle version *f; (Überarbeitung)* remaniement *m*
Neufundland [nɔʏ'fʊntlant] <-s> *nt* Terre-Neuve *f*
Neufundländer <-s, -> *m* ❶ Terre-Neuvien *m*
❷ *(Hund)* terre-neuve *m*
Neufundländerin <-, -nen> *f* Terre-Neuvienne *f*
neugeboren *Adj* nouveau-né(e)
▸ **wie ~** tout(e) revigoré(e)
Neugeborene(s) *nt dekl wie Adj* nouveau-né(e) *m(f)*
neu|gestalten* ᴬᴸᵀ *s.* **neu II.**❷
Neugestaltung *f eines Gebäudes* réaménagement *m; einer Organisation* remaniement *m*
Neugier[de] <-> *f* curiosité *f;* **aus ~** par [simple] curiosité; **voller ~** plein(e) de curiosité
neugierig I. *Adj Person* curieux(-euse); *Blick* plein(e) de curiosité; *Frage* indiscret(-ète); **jdn ~ machen** exciter la curiosité de qn; **~ sein, ob/wie ...** être curieux(-euse) de savoir si/comment ...; **erzähl weiter, du hast mich ~ gemacht!** continue ton récit, tu m'as mis l'eau à la bouche!; **da bin ich aber ~!** je suis curieux(-euse) de voir ça!
II. *Adv* avec curiosité
Neugierige(r) *f(m) dekl wie Adj* curieux(-euse) *m(f)*
Neugliederung *f* restructuration *f*
Neugotik *f* néogothique *m*
neugotisch *Adj* néogothique
neugriechisch *Adj* grec moderne; *Text* en grec moderne
Neugründung *f* ❶ *(Gründung)* création *f;* **~ eines Instituts** création d'un nouvel institut; **~ eines Rechtsträgers** JUR création nouvelle d'un dépositaire de la loi
❷ *(Institution)* institution *f* nouvelle
Neuguinea [nɔʏgi'neːa] <-s> *nt* la Nouvelle-Guinée
Neuheit <-, -en> *f* nouveauté *f*
neuhochdeutsch *Adj* haut allemand(e) moderne
Neuhochdeutsch <-[s]> *nt* le haut allemand moderne; **auf ~ en** haut allemand moderne
Neuhochdeutsche *nt dekl wie Adj* **das ~** le haut allemand moderne
Neuigkeit <-, -en> *f* ❶ *(neue Information)* nouvelle *f*
❷ *Pl (Nachrichten)* nouvelles *fpl;* **die ~en vom Tage** les nouvelles du jour
Neuinszenierung *f* nouvelle mise *f* en scène
Neujahr *nt kein Pl* nouvel an *m;* **habt ihr ~** [*o* **zu ~**] **schon etwas vor?** avez-vous déjà des projets pour le nouvel an?
▸ **prost ~!** bonne année!
Neujahrsabend *m* [soir *m* de la] Saint-Sylvestre *f* **Neujahrsfest** *nt* fête *f* du nouvel an **Neujahrsglückwunsch** *m* vœu *m* pour la nouvelle année **Neujahrstag** *m* jour *m* de l'an
Neukaledonien [nɔʏkale'doːniən] <-s> *nt* la Nouvelle-Calédonie
Neuland *nt kein Pl* terres *fpl* nouvelles
▸ **mit etw ~ betreten** s'aventurer avec qc en terre inconnue; **physikalisches ~ betreten** pénétrer dans un domaine encore inexploré de la physique; **das ist für mich [völliges] ~** c'est un domaine qui m'est [parfaitement] inconnu
neulich *Adv* récemment, il y a peu [de temps]; **erinnerst du dich**

noch an ~? tu te souviens de l'autre jour?; **~ abends/morgens/sonntags** l'autre soir/matin/dimanche; **der Zwischenfall von ~** l'incident de l'autre jour
Neuling <-s, -e> *m* novice *mf;* **ich bin noch ein ~** je suis encore novice
neumodisch *Adj, Adv pej* à la dernière mode
Neumond *m kein Pl* nouvelle lune *f;* **es ist** [*o* **wir haben**] **~** c'est la nouvelle lune; **bei ~** à la nouvelle lune
neun *Num* neuf; *s. a.* **acht**¹
▸ **alle ~** [**e**]! strike!; **alle ~e werfen** faire un strike
Neun <-, -en> *f* ❶ *(Zahl, Spielkarte)* neuf *m*
❷ *kein Pl (U-Bahn-Linie, Bus-, Straßenbahnlinie)* neuf *m*
▸ **ach du grüne ~e!** *fam* bon sang de bonsoir! *(fam)*
Neunauge *nt* lamproie *f*
neuneinhalb *Num* neuf et demi; **~ Meter** neuf mètres et demi; *s. a.* **achteinhalb**
neunerlei *Adj unv* neuf; **~ Sorten Brot** neuf sortes de pain; *s. a.* **achterlei**
neunfach, 9fach I. *Adj* neuf fois; **die ~e Menge** neuf fois la quantité
II. *Adv* falten neuf fois; *s. a.* **achtfach**
Neunfache(s) *nt dekl wie Adj* neuf fois la quantité; **das ~ verdienen** gagner neuf fois plus; *s. a.* **Achtfache(s)**
neunhundert *Num* neuf cents
neunjährig *Adj* de neuf ans
Neunjährige(r) *f(m) dekl wie Adj* garçon *m*/fille *f* de neuf ans
neunmal *Adv* neuf fois; *s. a.* **achtmal**
neunmalig *Adj* **nach ~em Anruf/Versuch** après neuf appels/essais; **auf ~es Klingeln** au neuvième coup de sonnette
neunmalklug *Adj iron fam Person* plus malin(-igne) que tout le monde; *Gerede* qui se veut malin(-igne)
neunseitig *Adj* ❶ *Brief, Bericht* de neuf pages
❷ GEOM à neuf côtés
neunstellig *Adj* à neuf chiffres; *Zahl* de neuf chiffres
neunstündig *Adj attr* de neuf heures
neunt *Adv* **zu ~ sein** être [à] neuf; *s. a.* **acht**²
neuntägig *Adj* de neuf jours
neuntausend *Num* neuf mille
neunte(r, s) *Adj* ❶ neuvième
❷ *(bei Datumsangaben)* **der ~ Mai** écrit: **der 9. Mai** le neuf mai geschrieben: le 9 mai
❸ SCHULE **die ~ Klasse** [*o* **die ~** *fam*] ≈ la seconde; *s. a.* **achte(r, s)**
Neunte(r) *f(m) dekl wie Adj* ❶ neuvième *mf*
❷ *(Datumsangabe)* **der ~/am ~n** écrit: **der 9./am 9.** le 9
❸ *(Namenszusatz)* **Ludwig der ~** écrit: **Ludwig IX.** Louis neuf geschrieben: Louis IX.
❹ *(Symphonie)* **Beethovens ~** la Neuvième Symphonie de Beethoven; *s. a.* **Achte(r)**
neuntel *Adj* neuvième; *s. a.* **achtel**
Neuntel <-s, -> *nt a.* MATH neuvième *m*
neuntens *Adv* neuvièmement
neunzehn *Num* dix-neuf; *s. a.* **acht**¹ **neunzehnte(r, s)** *Adj* dix-neuvième; *s. a.* **achte(r, s)** **Neunzehntel** *nt a.* MATH dix-neuvième *m*
neunzig *Num* quatre-vingt-dix, nonante (BELG, CH); *s. a.* **achtzig**
Neunzig <-, -en> *f* quatre-vingt-dix *m,* nonante *m* (BELG, CH)
neunziger, 90er *Adj unv* **die ~ Jahre** les années *fpl* quatre-vingt-dix; *s. a.* **achtziger**
Neunziger *Pl* ❶ **die ~** *eines Jahrhunderts* les années *fpl* quatre-vingt-dix
❷ *(Lebensalter)* **in den ~n sein** être nonagénaire
Neunziger(in) <-s, -> *m(f)* ❶ *(Mensch in den Neunzigern)* nonagénaire *mf*
❷ *s.* **Neunzigjährige(r)**
Neunzigerjahre *Pl* **die ~** les années *fpl* quatre-vingt-dix
neunzigjährig *Adj attr* de quatre-vingt-dix ans, de nonante ans (BELG, CH); *s. a.* **achtzigjährig**
Neunzigjährige(r) *f(m) dekl wie Adj* nonagénaire *mf;* **etw als ~(r) tun** faire qc à quatre-vingt-dix ans
neunzigste(r, s) *Adj* quatre-vingt-dixième, nonantième (BELG, CH); *s. a.* **achtzigste(r, s)**
Neuordnung *f* réorganisation *f*
Neuphilologe *m,* **-philologin** *f (Wissenschaftler)* philologue *mf* moderne; *(Student)* étudiant(e) *m(f)* en lettres modernes
Neuphilologie *f* étude *f* des langues vivantes
Neuralgie [nɔʏral'giː] <-, -n> *f* névralgie *f*
neuralgisch *Adj* MED a. fig névralgique
Neurasthenie [nɔʏraste'niː] <-, -n> *f* MED neurasthénie *f*
Neurastheniker(in) <-s, -> *m(f)* neurasthénique *mf*
neurasthenisch *Adj* MED neurasthénique
Neuregelung *f* nouvelle réglementation *f;* **die ~ des Verfahrens** la mise en place d'une nouvelle procédure; **eine ~ des Verkehrs**

vornehmen changer la régulation de la circulation
neureich *Adj* parvenu(e)
Neureiche(r) *f(m) dekl wie Adj* parvenu(e) *m(f)*; **die ~n** les nouveaux riches
Neurochirurg(in) *m(f)* MED neurochirurgien(ne) *m(f)* **Neurochirurgie** *f* MED neurochirurgie *f* **Neurodermitis** *f* MED névrodermite *f*
Neurologe <-n, -n> *m*, **Neurologin** *f* MED neurologue *mf*
Neurologie [nɔɪroloˈgiː] <-, -n> *f* MED ① *(Teilgebiet der Medizin)* neurologie *f*
② *fam (neurologische Station)* **auf der ~ liegen** être en neurologie
neurologisch *Adj* MED neurologique
Neuron ['nɔɪrɔn] <-s, -ronen> *nt* neurone *m*
Neurose <-, -n> *f* PSYCH névrose *f*
Neurotiker(in) <-s, -> *m(f)* PSYCH névrosé(e) *m(f)*
neurotisch *Adj* PSYCH *Person* névrosé(e); *Erkrankung, Störung, Verhalten* névrotique
Neuschnee *m* neige *f* fraîche
Neuseeland *nt* la Nouvelle-Zélande
Neuseeländer(in) <-s, -> *m(f)* Néo-Zélandais(e) *m(f)*
neuseeländisch *Adj* néo-zélandais(e)
Neusilber *nt* maillechort *m*
neusprachlich I. *Adj Unterricht* de langues vivantes; **die ~en Fächer** les langues *fpl* vivantes
II. *Adv* **~ ausgerichtet sein** être orienté(e) vers les langues vivantes
Neuste(s) *s.* **Neueste(s)**
neustens *s.* **neuerdings**
neutral I. *Adj* neutre; **~ sein/bleiben** être/rester neutre
II. *Adv* ① *sich verhalten* de façon impartiale
② CHEM **~ reagieren** avoir une réaction neutre
Neutralisation *s.* **Neutralisierung**
neutralisieren* *tr V* neutraliser
Neutralisierung <-, -en> *f* neutralisation *f*
Neutralität <-> *f* ① POL neutralité *f*
② *geh (Unparteilichkeit)* impartialité *f*
Neutrino <-s, -s> *nt* PHYS neutrino *m*
Neutron <-s, -tronen> *nt* PHYS neutron *m*
Neutronenbombe *f*, **Neutronenwaffe** *f* bombe *f* à neutrons
Neutrum <-s, Neutra *o* Neutren> *nt* ① GRAM neutre *m*
② *geh (geschlechtsloses Wesen)* être *m* asexué
Neuverhandlung *f* JUR négociation *f* nouvelle
neuvermählt *Adj geh* marié(e) de fraîche date *(soutenu)*
Neuvermählte(r) *f(m) dekl wie Adj geh* jeune marié(e) *m(f)*
Neuverschuldung *f* nouvel endettement *m*
Neuwagen *m* véhicule *m* neuf
Neuwahl *f* nouvelle élection *f*
Neuwert *m* valeur *f* à l'état neuf; **zum ~** au prix du neuf
neuwertig *Adj* comme neuf(neuve); **in ~em Zustand** à l'état pratiquement neuf
Neuwort <-wörter> *nt* néologisme *m*, mot *m* nouveau
Neuzeit *f kein Pl* temps *mpl* modernes
neuzeitlich I. *Adj* ① *(der Neuzeit zugehörig)* des temps modernes
② *(modern)* moderne
II. *Adv* **sich einrichten** en moderne
Neuzugang *m (neuer Schüler)* arrivée *f*; *(neuer Patient)* entrée *f*
Neuzulassung *f form* nouvelle immatriculation *f*
Newage^RR <->, **New Age** ['njuːˈeɪdʒ] <- -> *nt* new age *m*
Newcomer ['njuːkamɐ] <-s, -> *m* nouveau venu *m*/nouvelle venue *f*
Newsgroup ['njuːzgruːp] <-, -s> *f* INFORM infogroupe *m*
Newsletter ['njuːslɛtɐ] <-s, -> *m* INFORM infolettre *f*, newsletter *f*; **den ~ abonnieren** s'abonner à l'infolettre [*o* la newsletter]
NGO [ɛŋɡeːˈʔoː] <-, -s> *f Abk von* **Non-Governmental Organization** O.N.G. *f*
Nicaragua [nikaˈraːɡua] <-s> *nt* le Nicaragua
Nicaraguaner(in) [nikaraguˈaːnɐ] <-s, -> *m(f)* Nicaraguayen(ne) *m(f)*
nicaraguanisch *Adj* nicaraguayen(ne)
nicht *Adv* ① **ne ... pas, pas** *(fam)*; **sie hat ~ gelacht** elle n'a pas ri; **um sich ~ zu erkälten** pour ne pas attraper froid; **~ schlecht/möglich** pas mauvais/possible; **~ viel** pas beaucoup; **~ sehr** pas très; **~ mehr** ne ... plus; **~ länger** ne ... plus longtemps; **warum ~?** pourquoi pas?; **bitte ~!** non, s'il te/vous plaît!; **~ eine(r)** [ne ...] pas un(e) [seul(e)]; **er ~!** pas lui!; **~ einmal du hättest das gewusst** même toi, tu ne l'aurais pas su; **~, dass ich misstrauisch wäre** ce n'est pas que je sois méfiant(e) + *indic o subj*; **ich bin ziemlich müde, du ~?** je suis assez fatigué(e), pas toi?; **~ schimpfen!** ne me gronde/grondez pas!; **~ doch!** mais non!; **~! arrête/arrêtez!**
② *(stimmt's)* **~?** non?
③ *(wohl)* **ne ... pas; kannst du mir ~ etwas Geld leihen?** tu ne peux pas me prêter un peu d'argent?
④ *(doch)* **was die ~ alles so weiß!** elle en sait des choses!; **was der ~ alles so kann!** il sait en faire des choses!; **was es ~ alles gibt!** ce qu'il [ne] faut pas voir!; *(fam)*; **was man sich ~ für einen Unsinn erzählt!** ce qu'il [ne] faut pas entendre comme bêtises! *(fam)*
Nichtachtung *f* manque *m* de considération; **~ des Gerichts** non-respect *m* du tribunal; **jdn mit ~ strafen** traiter qn avec indifférence **nichtamtlich** *Adj* non officiel(le) **Nichtangriffspakt** *m* pacte *m* de non-agression **Nichtausführung** *f* JUR inexécution *f* **Nichtbeachtung** *f*, **Nichtbefolgung** *f kein Pl form* non-respect *m*, non-observance *f*; **bei ~ der Vorschriften** en cas de non--respect du règlement
Nichte <-, -n> *f* nièce *f*
nichtehelich *Adj* JUR illégitime, hors mariage **Nichteinmischung** *f* non-ingérence *f* **Nichterscheinen** *nt* JUR non-comparution *f* **Nichtgefallen** *nt* **bei ~** si vous n'êtes pas satisfait(e)
nichtig *Adj* ① JUR nul(le); **etw für ~ erklären** déclarer qc nul(le)
② *geh (belanglos) Grund, Vorwand* futile
Nichtigkeit <-, -en> *f* ① *kein Pl* JUR nullité *f*
② *meist Pl geh (Belanglosigkeit)* futilité *f*
Nichtigkeitsklage *f* JUR action *f* en nullité
nichtleitend *s.* **leitend** ②
Nichtleiter *m* isolant *m* **Nichtmetall** *nt* non-métal *m* **Nichtmitglied** *nt* non-membre *m* **nichtöffentlich** *Adj attr* non public(-ique) **Nichtraucher(in)** *m(f)* ① *(Mensch)* non-fumeur(-euse) *m(f)*; **~ sein** être non-fumeur(-euse) ② *fam (Nichtraucherabteil)* compartiment *m* non-fumeurs
Nichtraucherabteil *nt* compartiment *m* [réservé aux] non-fumeurs **Nichtraucherzone** *f (in Restaurants)* espace *m* [réservé aux] non-fumeurs; *(in öffentlichen Gebäuden)* lieu *m* interdit aux fumeurs
Nichtregierungsorganisation *f meist Pl* organisation *f* non gouvernementale
nichts *Pron indef* ne ... rien, rien *(fam)*; **sie hat ~ gesagt** elle n'a rien dit; **um ~ zu verlieren** afin de ne rien perdre; **gar ~** rien du tout; **~ mehr** [ne ...] plus rien; **das geht Sie ~ an!** ça ne vous regarde en rien!; **~ davon stimmt!** rien de tout cela n'est vrai!, il n'en est rien!; **ich kann daran ~ Schönes finden** je n'y trouve rien de beau; **~ als Freude an jdm/etw haben** n'éprouver que de la joie avec qn/qc; **ich habe damit ~ als Ärger** tout ce que j'ai gagné sont des ennuis; **~ anderes habe ich damit ausdrücken wollen** c'est ni plus ni moins ce que j'ai voulu dire; **es ist ~** ce n'est rien; **das macht ~** ça ne fait rien
▶ **von ~ kommt ~** on n'a rien sans rien; **das war wohl ~** *sl* c'était un coup pour rien *(fam)*; **für ~ und wieder ~** pour des clopinettes *(fam)*; **~ da!** *fam* pas question!; **~ wie hin!** il faut y foncer! *(fam)*; **~ wie weg!** tirons-nous! *(fam)*; **wie ~** *fam* en un rien de temps
Nichts <-, -e> *nt* ① *kein Pl* PHILOS néant *m*
② *(unbedeutender Mensch)* **ein ~** un(e) moins que rien
▶ **vor dem ~ stehen** avoir tout perdu; **aus dem ~** *(aus nicht Vorhandenem)* à partir de rien; *(von irgendwoher)* comme tombé(e) du ciel; **für ein ~** pour rien
nichtsahnend *s.* **ahnen I.**①
Nichtschwimmer(in) *m(f)* ① **~ sein** ne pas savoir nager
② *s.* **Nichtschwimmerbecken**
Nichtschwimmerbecken *nt* petit bassin *m*
nichtsdestotrotz *Adv*, **nichtsdestoweniger** *Adv* néanmoins; **aber ~** mais malgré tout
Nichtsesshafte(r)^RR, **Nichtseßhafte(r)**^ALT *f(m) dekl wie Adj form* sans domicile fixe *mf*
Nichtskönner(in) *m(f) pej* bon(ne) *m(f)* à rien
Nichtsnutz <-es, -e> *m pej* vaurien(ne) *m(f)*
nichtsnutzig *Adj pej* qui ne vaut rien; **ein ~er Kerl** un vaurien; **ihr ~er Sohn** son vaurien de fils; **diese ~en Gören** ces jeunes voyous
nichtssagend *s.* **sagen I.**⑤
Nichtstuer(in) *m(f)* [-tuːɐ] <-, -> *m(f) pej* fainéant(e) *m(f) (péj)*
Nichtstun *nt* ① *(das Faulenzen)* oisiveté *f*, désœuvrement *m*; **die Tage mit ~ verbringen** passer ses journées à fainéanter ② *(Untätigkeit)* inaction *f* ▶ **das süße ~** le farniente **nichtswürdig** *Adj pej geh* vil(e), abject(e) *(péj)*
Nichtveranlagungsbescheinigung *f* FISC avis *m* de non-imposition **Nichtwähler(in)** *m(f)* POL abstentionniste *mf* **Nichtweiterverbreitung** *f* non-prolifération *f* **Nichtwissen** *nt* ignorance *f* **Nichtzustandekommen** *nt form* échec *m*; **~ einer Vereinbarung** échec d'un accord; **bei ~ der Vereinbarung** si l'accord ne peut être conclu **Nichtzutreffende(s)** *nt dekl wie Adj* mentions *f* inutiles; **~s [bitte] streichen!** rayer les mentions inutiles!
Nickel <-s> *nt* nickel *m*
Nickelbrille *f* lunettes *fpl* cerclées
nicken *itr V* ① hocher la tête; *(Zustimmung signalisieren)* faire un signe d'approbation; **mit einem Nicken** d'un signe de la tête; **das**

Nicken le hochement [*o* le signe] de tête
② *fam (schlummern)* piquer un roupillon *(fam)*
Nickerchen <-s> *nt fam* roupillon *m (fam);* **ein ~ machen** [*o* **halten**] piquer un [petit] roupillon *(fam)*
nie *Adv* ① *(zu keinem Zeitpunkt)* ne ... jamais; **er hat ~ davon gesprochen** il n'en a jamais parlé; **hast du ihn mal belogen? — Nein, ~!** tu lui as déjà menti? — Non, jamais!; **sie sind sich ~ mehr** [*o* **wieder**] **begegnet** ils ne se sont plus jamais vus; **wirst du das noch mal tun? — Nein, ~ mehr!** tu recommenceras? — Non, plus jamais!; **warst du schon mal in Indien? — Nein, noch ~!** tu es déjà allé en Inde? — Non, jamais!
② *(bestimmt nicht)* ne ... sûrement pas, sûrement pas *(fam);* **das werden sie ~ schaffen** ils/elles n'y arriveront jamais
▸ **ich hätte das ~ und nimmer geglaubt!** jamais de la vie je n'aurais cru ça!
nieder *Adv* à bas; **~ mit dem Feind!** à bas l'ennemi!; *s. a.* **niedere(r, s)**
nieder|beugen *r V* **sich ~** se pencher; **sich zu jdm ~** se pencher vers qn
nieder|brennen *unreg* **I.** *itr V* + *sein* se réduire en cendres; **das Gebäude ist völlig niedergebrannt** l'immeuble a été réduit en cendres
II. *tr V* + *haben* incendier *Gebäude, Dorf*
nieder|brüllen *tr V fam* huer; **niedergebrüllt werden** se faire huer
nieder|bügeln *tr V fam* descendre *(fam)*
niederdeutsch *Adj* ① GEOG d'Allemagne du Nord
② LING bas allemand *inv*
Niederdeutsch <-[s]> *nt kein Art* le bas allemand; **auf ~** en bas allemand
Niederdeutsche *nt dekl wie Adj* bas *m* allemand
Niederdruck *m* TECH basse pression *f*
nieder|drücken *tr V* ① appuyer sur *Türklinke, Taste*
② *geh (deprimieren)* démoraliser; **~d** démoralisant(e)
niedere(r, s) *Adj attr* ① *Geburt, Stand, Volk, Adel* bas(se) antéposé; *Beamte* petit(e) antéposé; **von ~r Geburt sein** être de basse condition
② *bes.* SDEUTSCH *(niedrig)* bas(se)
③ BIO, ZOOL primaire
nieder|fallen *itr V unreg* + *sein geh* tomber; **vor jdm ~** se jeter aux pieds de qn
Niederfrequenz *f* basse fréquence *f*
Niedergang *m kein Pl* déclin *m*
niedergedrückt *s.* **niedergeschlagen**
nieder|gehen *itr V unreg* + *sein Regen, Hagel, Lawine:* s'abattre; **auf jdn ~** *Flüche, Verwünschungen:* s'abattre sur qn
niedergelassen *Adj* CH *Schweizer* établi(e)
niedergeschlagen *Adj* abattu(e)
Niedergeschlagenheit <-> *f (Deprimiertheit)* abattement *m;* *(Entmutigung)* découragement *m*
nieder|halten *tr V unreg* contenir; **jdn/etw mit Gewalt ~** contenir qn/qc par force
nieder|knien [-kniːn, -kniːən] *itr V* + *sein* s'agenouiller
Niederkunft <-, -künfte> *f veraltet geh* délivrance *f (vieilli)*
Niederlage *f* ① MIL, SPORT, POL défaite *f;* **jdm eine ~ bereiten** [*o* **zufügen**] infliger une défaite à qn; **bei etw eine ~ hinnehmen** [*o* **einstecken** *fam*] **müssen** essuyer une défaite lors de qc *(fam)*
② *(Misserfolg)* échec *m*
Niederlande *Pl* Pays-Bas *mpl*
Niederländer(in) <-s, -> *m(f)* Néerlandais(e) *m(f)*
niederländisch I. *Adj* néerlandais(e)
II. *Adv* **~ miteinander sprechen** discuter en néerlandais; *s. a.* **deutsch**
Niederländisch <-[s]> *nt kein Art (Sprache, Schulfach)* néerlandais *m;* **auf ~** en néerlandais; *s. a.* **Deutsch**
Niederländische *nt dekl wie Adj* **das ~** le néerlandais; *s. a.* **Deutsche**
nieder|lassen *r V unreg* ① s'installer; **sich in einer Stadt als Arzt/Anwalt ~ s'installer** [*o* s'établir] dans une ville comme médecin/avocat; **die niedergelassenen Ärzte** les médecins établis
② *geh (sich setzen)* **sich auf einer Bank ~** *Person:* prendre place [*o* s'installer] sur un banc
Niederlassung <-, -en> *f* ① *(Zweigstelle)* succursale *f*
② *kein Pl (Existenzgründung)* eines Arztes, Rechtsanwalts installation *f*
Niederlassungsbewilligung *f* CH droit *m* d'établissement
Niederlassungsfreiheit *f* JUR liberté *f* d'établissement
nieder|legen I. *tr V* ① se démettre de *Amt;* cesser *Arbeit;* démissionner de *Mandat, Vorsitz, Kommando*
② *geh (hinlegen)* déposer *Kranz*
③ *geh (niederschreiben)* **etw schriftlich ~** coucher qc par écrit
II. *r V geh* **sich ~** s'allonger
Niederlegung <-, -en> *f* ① *(das Hinlegen)* dépôt *m*

② *(Beendigung)* einer Aufgabe démission *f;* *der Arbeit* cessation *f;* **sich zur ~ seines Mandats entschließen** décider de démissionner de son mandat
nieder|machen *tr V fam* descendre *(fam)*
nieder|metzeln *tr V* massacrer
Niederösterreich *nt* la Basse-Autriche
nieder|prasseln *itr V* + *sein a. fig* s'abattre
nieder|reißen *tr V unreg* démolir
Niederrhein *m der* ~ le Rhin inférieur
Niedersachsen [-ks-] *nt* la Basse-Saxe
nieder|schießen *unreg* **I.** *tr V* + *haben* abattre
II. *itr V* + *sein* **auf seine Beute ~** *Raubvogel:* fondre sur sa proie
Niederschlag *m* ① METEO précipitation *fpl;* CHEM précipité *m;* **radioaktiver ~** retombées *fpl* radioactives; **tagsüber vereinzelt Niederschläge** dans la journée, des averses éparses
② *fig* **seinen ~ in etw** *(Dat)* **finden** *Erinnerung, Erfahrung, Idee:* resurgir dans/à la surface de qc
nieder|schlagen *unreg* **I.** *tr V* ① *(zu Boden schlagen)* **jdn ~** frapper qn à terre
② *(unterdrücken)* réprimer
③ *(senken)* baisser *Augen, Blick*
④ ADMIN suspendre *Prozess, Verfahren*
II. *r V* ① *a.* CHEM **sich ~** *Dampf:* se condenser; *Substanz:* déposer
② *fig* **sich in etw** *(Dat)* **~** s'exprimer [*o* se retrouver] dans qc
niederschlagsarm *Adj Gebiet, Gegend* peu arrosé(e); *Klima, Jahreszeit* pauvre en précipitations; **der Winter ist manchmal sehr ~** l'hiver est parfois très sec **Niederschlagsmenge** *f* niveau *m* des précipitations **niederschlagsreich** *Adj* pluvieux(-euse)
Niederschlagung <-, -en> *f* ① *eines Verfahrens, Prozesses* suspension *f*
② *(Unterdrückung)* eines Protests, Aufstands, einer Revolte répression *f*
nieder|schmettern *tr V a. fig* terrasser
niederschmetternd *Adj Nachricht, Ereignis* bouleversant(e); *Bericht* accablant(e); *Resultat* catastrophique
nieder|schreiben *tr V unreg* **etw ~** mettre qc par écrit
nieder|schreien *s.* **niederbrüllen**
Niederschrift *f* ① *(Schriftstück)* texte *m* écrit; *(Protokoll)* procès-verbal *m*
② *kein Pl (das Niederschreiben)* von Gedanken rédaction *f;* eines Testaments consignation *f* par écrit
nieder|setzen *geh* **I.** *tr V* [dé]poser *Glas, Koffer*
II. *r V* **sich ~** prendre place; **sich auf einen Stuhl ~** prendre place sur une chaise
nieder|sinken *itr V unreg* + *sein geh Person, Blütenblätter, Schneeflocken:* tomber; **auf das Sofa ~** s'affaler sur le canapé
Niederspannung *f* ELEC basse tension *f*
nieder|stechen *tr V unreg* poignarder
nieder|stimmen *tr V* mettre en minorité; **jdn ~** mettre qn en minorité; **etw ~** rejeter qc
nieder|stoßen *unreg* **I.** *tr V* + *haben* ① *(zu Boden stoßen)* renverser
② *(niederstechen)* **jdn** [mit einem Messer] ~ poignarder qn
II. *s.* **niederschießen II.**
nieder|stürzen *itr V* + *sein geh* s'effondrer
niedertourig *Adj* TECH à faible régime
Niedertracht <-> *f* bassesse *f*
niederträchtig I. *Adj* infâme
II. *Adv* de façon infâme
Niederträchtigkeit <-, -en> *f* ① *kein Pl (Charaktereigenschaft)* bassesse *f*
② *(Tat)* infamie *f*
nieder|treten *tr V unreg* fouler aux pieds *Gras, Wiese, Teppichflor*
Niederung <-, -en> *f* ① GEOG dépression *f*
② *Pl fig der Gesellschaft* bas-fonds *mpl*
Niederwald *m* taillis *m*
nieder|werfen *unreg* **I.** *tr V* réprimer *Aufstand*
II. *r V* **sich ~** se prosterner; **sich vor jdm ~** se prosterner devant qn
Niederwerfung *f* écrasement *m*
Niederwild *nt* petit gibier *m*
niedlich I. *Adj* adorable
II. *Adv* de façon adorable
niedrig I. *Adj* ① *(nicht hoch)* bas(se)
② *(gering)* peu élevé(e); *Trinkgeld* maigre antéposé; *Druck, Blutdruck, Temperatur* bas(se); *Geschwindigkeit* réduite; **~ere Kosten** de moindres frais; **bei so einem ~en Einkommen** avec des revenus aussi bas; **eine ~e Summe** une modique somme; [**zu**] ~ **sein** être [trop] bas(se); [**zu**] ~ **werden** baisser [de plus en plus]
③ *(gemein) Instinkt, Triebe, Absicht, Beweggründe* bas(se) antéposé
④ *(von geringem Ansehen) Geburt, Herkunft, Niveau* bas(se) antéposé
II. *Adv* ① **fliegen** bas
② *(knapp) berechnen, veranschlagen* bas; **etw zu ~ einschätzen**

sous-estimer qc
Niedrigkeit <-> f einer Gesinnung, von Beweggründen bassesse f
Niedriglohn m meist Pl bas salaires mpl **Niedriglohnland** nt pays m à bas salaires **Niedrigwasser** nt kein Pl ① des Flusses étiage m ② (Ebbe) marée f basse
niemals Adv ① ne ... jamais; **sich ~ trennen** ne se séparer jamais; **er ist noch ~ geflogen** il n'a encore jamais pris l'avion
② (auf keinen Fall) ne ... jamais [de la vie]; **das werde ich ~ zulassen!** jamais [de la vie] je n'accepterai cela!; **nimmst du das zurück? — Niemals!** tu retires ce que tu as dit? — Jamais de la vie! (fam)
niemand Pron indef ne ... personne; **~[en] sehen** ne voir personne; **mit ~[em] reden** ne parler à personne; **~es Freund sein** n'être l'ami(e) de personne; **das geht ~[en] von euch etwas an** cela ne regarde aucun de vous; **ich will mit ~ anders** [o andrem] darüber reden je ne veux en parler à personne d'autre; **da ist ~** il n'y a personne; **hallo, ist denn da ~?** il y a quelqu'un?
Niemand <-s, -e> m rien du tout mf
Niemandsland nt kein Pl no man's land m
Niere <-, -n> f ① ANAT rein m
② MED **künstliche ~ rein** m artificiel
③ meist Pl GASTR rognon m; **saure ~n** rognons sauce aigrelette
▶ **jdm an die ~n gehen** fam prendre qn aux tripes (fam)
Nierenbecken nt ANAT bassinet m **Nierenbeckenentzündung** f MED pyélite f **Nierenentzündung** f MED néphrite f **nierenförmig** Adj en forme de haricot **Nierengurt** m ceinture f lombaire **Nierenkolik** f colique f néphrétique **nierenkrank** Adj néphrétique **Nierenkranke(r)** f(m) dekl wie Adj néphrétique m/f **Nierenleiden** nt MED maladie f rénale **Nierenschale** f MED haricot m **Nierenstein** m calcul m rénal **Nierensteinzertrümmerer** <-s, -> m lithotri[p]teur m **Nierentisch** m table f en forme de haricot **Nierentransplantation** f MED transplantation f rénale **Nierenwärmer** <-s, -> m ceinture f de maintien
nieseln itr V unpers bruiner; **es nieselt** il bruine
Nieselregen m bruine f
niesen itr V éternuer; **jdm ins Gesicht ~** éternuer à la figure de qn
Niesen <-s> nt éternuement m
Niespulver [-fɐ, -və] nt poudre f à éternuer
Nießbrauch <-[e]s> m JUR usufruit m; **~ an einem Grundstück/Vermögen** usufruit immobilier/reposant sur un patrimoine
Nieswurz <-, -en> f BOT [h]ellébore m
Niet [niːt] <-[e]s, -e> m o nt Fachspr. rivet m
Niete <-, -n> f ① (Los) billet m perdant
② fam (Versager) minable mf (fam)
③ TECH, COUT rivet m
nieten tr V river
niet- und nagelfest ▶ **alles, was nicht ~ ist** fam tout ce qui est bon à prendre
Niger ['niːgɐ] <-s> m ① (Land) |der| ~ le Niger
② (Fluss) der ~ le Niger
Nigeria <-s> nt le Nigeria
Nigerianer(in) [nigeri'aːnɐ] <-s, -> m(f) Nigérian(ne) m(f)
nigerianisch Adj nigérian(ne)
Nigrer(in) [ni:grɐ] <-s, -> m(f) Nigérien(ne) m(f)
nigrisch ['niːgrɪʃ] Adj nigérien(ne)
Nihilismus <-> m nihilisme m
Nihilist(in) <-en, -en> m(f) nihiliste mf
nihilistisch Adj nihiliste
Nikolaus <-, -e o fam -läuse> m ① (Gestalt) der ~ Saint Nicolas m; **der heilige ~** Saint-Nicolas m
② kein Pl (Nikolaustag) la Saint-Nicolas; **morgen ist ~** demain c'est la Saint-Nicolas

Land und Leute

Le **Nikolaus** est un personnage de la période de Noël. Il arrive le soir du 5 décembre dans toutes les villes allemandes et apporte aux enfants des petits cadeaux (mandarines, noix et sucreries). D'après ce qu'on dit, il sait très exactement si les enfants ont été sages ou non pendant l'année, car il a tout noté dans son livre d'or. Il est accompagné de Knecht Ruprecht, un personnage que craignent les enfants qui n'ont pas été sages et qui vient, avec son fouet à la main, leur rappeler qu'ils devront s'assagir l'année suivante.

Nikotin <-s> nt nicotine f
nikotinarm Adj à faible teneur en nicotine **nikotinfrei** Adj sans nicotine **Nikotingehalt** m teneur f en nicotine **nikotinhaltig** Adj [qui] contient de la nicotine **Nikotinvergiftung** f tabagisme m
Nil <-s> m Nil m
Nilpferd nt hippopotame m
Nimbus <-> m geh ① (Ansehen) aura f
② (Heiligenschein) nimbe m
nimmer Adv ① veraltet geh s. **niemals**

② SDEUTSCH, A (nicht mehr) ne ... plus
nimmermehr Adv veraltet ne ... plus jamais **nimmermüde** Adj attr inlassable **Nimmersatt** <-[e]s, -e> m fam goinfre mf (fam) **Nimmerwiedersehen** fam ▶ **auf ~ verschwinden** partir pour toujours; **auf ~!** adieu pour toujours!
nimmt 3. Pers Präs von **nehmen**
Niobium <-s> nt CHEM niobium m
Nippel <-s, -> m TECH raccord m
nippen itr V goûter; **an etw** (Dat) **~** goûter du bout des lèvres; (mehrmals) siroter qc (fam); **an einem Glas ~** siroter un verre
Nippes ['nɪpəs] Pl, **Nippsachen** ['nɪpzaxən] Pl babioles fpl, bibelots mpl
nirgends Adv ne ... nulle part; **ich kann meinen Schlüssel ~ finden** je ne trouve mes clefs nulle part; **wo gibt es das? — Nirgends!** où est-ce qu'on trouve ça? — Nulle part!
nirgendwo s. **nirgends**
nirgendwohin Adv ne ... nulle part; **~ fliehen können** ne pouvoir s'enfuir nulle part; **wohin gehst du? — Nirgendwohin!** où est-ce que tu vas? — Nulle part!
Nirwana <-[s]> nt nirvana m
Nische <-, -n> f ① ARCHIT niche f
② (Marktnische) créneau m
③ fig lieu m privilégié; **ökologische ~** niche f écologique
Nisse <-, -n> f lente f
nisten itr V nicher
Nistkasten m nichoir m **Nistplatz** m lieu m de nidification
Nitrat <-[e]s, -e> nt CHEM nitrate m
Nitrit [niˈtriːt] <-s, -e> nt nitrite m
Nitroglyzerin nt CHEM nitroglycérine f; **~ ist hochexplosiv** la nitroglycérine est un produit très explosif **Nitrolack** m CHEM peinture f à la nitrocellulose
Niveau [niˈvoː] <-s, -s> nt niveau m; **jd hat ~/kein ~** qn est/n'est pas cultivé(e); **etw hat ~/kein ~** qc est de haut niveau/qc est d'un mauvais niveau; **das ist unter ihrem ~** c'est au-dessous de son niveau; **ein Mensch/eine Unterhaltung mit ~** une personne cultivée/une conversation d'un haut niveau
niveaulos [niˈvoː-] Adj quelconque
nivellieren* [-ve-] tr V niveler
Nivellierung <-, -en> f nivellement m
nix Pron indef fam rien (fam); s. a. **nichts**
Nixe <-, -n> f ondine f
Nizza <-s> nt Nice f
NN Abk von **Normalnull**
NO Abk von **Nordosten** N.-E.
nobel I. Adj ① (edel) noble
② (luxuriös) chic
③ (großzügig) Geschenk, Spende, Trinkgeld généreux(-euse)
II. Adv ① (edel) avec noblesse
② (großzügig) généreusement
Nobelherberge f fam hôtel m classe (fam)
Nobelium <-s> nt CHEM nobélium m
Nobelkarosse f AUT pej fam bagnole f de luxe (fam)
Nobelpreis m prix m Nobel **Nobelpreisträger(in)** m(f) prix mf Nobel
Nobody ['nɔʊbədɪ] <-s, -s> m |illustre| inconnu(e) m(f)
noch Adv ① (weiterhin) encore; **~ da sein** être encore là; **er ist immer ~** [o **immer**] **krank** il est toujours malade; **bleiben Sie ~ immer bei ihrer Aussage?** vous continuez à maintenir vos déclarations?; **~ fünf Minuten bis zur Abfahrt** encore cinq minutes jusqu'au départ; **~ Geld haben** avoir encore de l'argent
② (bisher) **er hat ~ nicht angerufen** il n'a pas encore téléphoné; **ich habe ~ nichts von ihm gehört** je reste encore sans nouvelles de lui; **hast du schon etwas eingekauft? — Nein, ~ nichts!** tu as déjà acheté quelque chose? — Non, encore rien!; **auf diese Idee ist ~ keiner gekommen** personne n'a encore eu cette idée
③ (irgendwann einmal) un jour; **das wird dir ~ leidtun** tu le regretteras un jour
④ (zur Verstärkung von Steigerungen) encore; **~ besser** encore mieux, encore meilleur(e); **das ist ja ~ schöner!** iron [c'est] de mieux en mieux!
⑤ (zur Verstärkung bei Zeit- und Ortsangaben) **~ heute** aujourd'hui même; **~ diese Woche/in diesem Jahr** dès cette semaine/année; **~ am Unfallort** sur les lieux mêmes de l'accident
⑥ (eigentlich) déjà; **wie war das ~?** comment c'était déjà?
⑦ (knapp, so eben) **den Zug gerade ~ erreichen können** pouvoir tout juste attraper le train; **das geht gerade ~ an** ça peut encore aller
⑧ (außerdem) encore; **möchtest du ~ etwas?** tu désires quelque chose d'autre?; **bringen Sie mir ~ ein Bier!** apportez-moi une autre bière!
⑨ (verstärkend) **wenn sie auch ~ so klug ist ...** elle a beau être intelligente...; **und wenn es ~ so regnet ...** et même s'il pleut ...; **und wenn du ~ so schreist, hier hört dich keiner!** tu peux

avoir beau crier, ici personne ne t'entend
▶ ~ **und** ~ [o **nöcher** *fam*] en veux-tu en voilà *(fam)*; **er hat Geld** ~ **und nöcher** *fam* il a de l'argent en veux-tu en voilà *(fam)*
nochmalig *Adj attr* nouveau(-velle)
nochmals *Adv* encore une fois
Nockenwelle *f* arbre *m* à cames
Nockerl ['nɔkəl] <-s, -n> *nt* A *(kleiner Kloß)* petite boule de farine ou de semoule, pour les potages et les soupes
NOK [ɛnʔoːˈkaː] <-s, -s> *nt Abk von* **Nationales Olympisches Komitee** Comité *m* national olympique; *(in Frankreich)* C.N.O.S.F. *m*
nölen ['nøːlən] *itr V* NDEUTSCH *fam* geindre *(péj fam)*
nolens volens ['noːlɛnsˈvoːlɛns] *Adv geh* bon gré mal gré
Nomade [noˈmaːdə] <-n, -n> *m*, **Nomadin** *f* nomade *mf*
Nomadenleben *nt kein Pl* vie *f* nomade; **sein ~ beenden und sesshaft werden** *fig* mettre un terme à son existence de nomade et s'établir
Nomadentum <-s> *nt* nomadisme *m*
Nomen [ˈnoːmən, *Pl*: ˈnoːmina] <-s, **Nomina**> *nt* GRAM nom *m*
nomen est omen *geh* comme son nom l'indique
Nomenklatur [nomɛnklaˈtuːɐ] <-, -en> *f* nomenclature *f*
Nomenklatura [nomɛnklaˈtuːra] <-> *f* HIST nomenklatura *f*
Nomina [ˈnoːmina] *Pl von* **Nomen**
nominal [nomiˈnaːl] I. *Adj* nominal(e)
II. *Adv* nominalement
Nominaleinkommen *nt* ÖKON valeur *f* nominale des revenus
Nominalstil *m* forme *f* nominale **Nominalwert** *m* FIN, ÖKON valeur *f* nominale **Nominalzins** *m* FIN valeur *f* nominale des taux
Nominativ [ˈnoːminatiːf, nominaˈtiːf] <-[e]s, -e> *m* GRAM nominatif *m*
nominell [nomiˈnɛl] I. *Adj* nominal(e)
II. *Adv* nominalement
nominieren* *tr V* désigner; **jdn für ein Amt ~** désigner qn à une fonction; **als Kandidat für einen Wahlkreis nominiert werden** être désigné(e) comme candidat dans une circonscription [électorale]
Nominierung <-, -en> *f* nomination *f*
No-Name-Produkt[RR], **Nonameprodukt** [ˈnoːneːm-] *nt* produit *m* générique
Nonchalance [nɔ̃ʃaˈlãːs] <-> *f geh* grâce *f* nonchalante
nonchalant [nɔ̃ʃaˈlãː] I. *Adj geh* gracieux (-euse)
II. *Adv geh* gracieusement
Non-Food-Abteilung, **Nonfoodabteilung** [ˈnɔnfuːt-] *f* rayon *m* non-alimentaire
Nonkonformismus *m* non-conformisme *m*, anticonformisme *m*
Nonkonformist(in) <-en, -en> *m(f) geh* anticonformiste *mf*
nonkonformistisch *Adj geh* non-conformiste
Nonne [ˈnɔnə] <-, -n> *f* religieuse *f*
Nonnenkloster *nt* couvent *m*
Nonplusultra [nɔnpluːsˈʔʊltra] <-s> *nt geh* nec *m* plus ultra *(soutenu)*
nonprofit [nɔnˈprɔfɪt] *Adj inv* non lucratif(-ive)
Nonprofitorganisation[RR] *f* ÖKON association *f* à but non lucratif
Nonsens [ˈnɔnzɛns] <-[es]> *m* absurdité *f*
nonstop [ˈnɔnstɔp] *Adv* non-stop
Nonstopflug *m* vol *m* non-stop
Noppe [ˈnɔpə] <-, -n> *f* nop[p]e *f*
Nordafrika [ˈnɔrtʔa(ː)frika] *nt* l'Afrique *f* du Nord **Nordamerika** *nt* l'Amérique *f* du Nord **Nordamerikaner(in)** *m(f)* Nord--Américain(ne) *m(f)* **nordamerikanisch** *Adj* nord-américain(ne) **Nordatlantikpakt** *m form* Traité *m* de l'Atlantique Nord **norddeutsch** *Adj* de l'Allemagne [o d'Allemagne] du Nord **Norddeutschland** *nt* l'Allemagne *f* du Nord

---

Land und Leute

Comme d'autres pays, l'Allemagne est «virtuellement» séparée en deux parties – l'Allemagne du Nord et l'Allemagne du Sud – qui se différencient par leur géographie, leurs traditions et coutumes, leurs dialectes et leurs spécialités. La **Norddeutschland** est une région plate et bordée par la mer, à majorité protestante. On y trouve deux très grandes métropoles : Hambourg et Berlin.

Norden [ˈnɔrdən] <-s> *m* ❶ *(Himmelsrichtung)* nord *m*; **aus** [dem] **~** [venant] du nord; **nach** [o **gen** *geh*] **~** vers le nord; **nach** ~ **liegen** *Zimmer, Balkon*: être orienté(e) au nord; **nach** ~ **zeigen** *Person*: montrer le nord; **nach ~ hin** plus au nord; **von ~** [en provenance] du nord; **von ~ kommen** *Wind, Regen*: venir du nord
❷ *(nördliche Gegend)* Nord *m*
▶ **im hohen ~**, **hoch im ~** dans le Grand Nord, tout au nord
Nordeuropa *nt* l'Europe *f* du Nord **Nordfenster** *nt* fenêtre *f* exposée au nord **Nordfrankreich** *nt* le nord de la France; **in** ~ dans le nord de la France **Nordhalbkugel** *f* hémisphère *m* nord
Nordhang *m* versant *m* nord [o septentrional]; **bis Ende April war der ~ vereist** le versant nord était gelé jusqu'à la fin avril
Nordic Walking [ˈnɔːdɪk ˈwɔːkɪŋ] <-s> *nt* marche *f* nordique
Nordirland *nt* l'Irlande *f* du Nord
nordisch [ˈnɔrdɪʃ] *Adj* nordique
Norditalien [-liən] *nt* l'Italie *f* du Nord **Nordkap** [ˈnɔrtkap] *nt* cap *m* Nord **Nordkorea** [ˈnɔrtkoˈreːa] <-s> *nt* la Corée du Nord **Nordkoreaner(in)** <-s, -> *m(f)* Nord-Coréen(ne) *m(f)* **nordkoreanisch** *Adj* nord-coréen(ne) **Nordküste** *f* côte *f* septentrionale **Nordlage** *f* exposition *f* au nord
nördlich [ˈnœrtlɪç] I. *Adj* ❶ GEOG du nord
❷ METEO [en provenance] du nord
❸ *(nach Norden)* **in ~ er Richtung** en direction du nord
II. *Adv* au nord; **~ von etw** au nord de qc
III. *Präp + Gen* **~ des Polarkreises** au nord du cercle polaire
Nordlicht *nt* ❶ METEO aurore *f* boréale ❷ *hum (Norddeutscher)* Allemand(e) *m(f)* du Nord **Nordosten** *m (Himmelsrichtung)* nord-est *m*; *(Landesteil)* Nord-Est *m*; *s. a.* **Norden** **nordöstlich** I. *Adj* ❶ GEOG [situé(e) au] nord-est ❷ *(nach Nordosten)* **in ~ er Richtung** en direction du nord-est ❸ *(aus Nordosten)* [en provenance] du nord-est II. *Adv* au nord-est III. *Präp + Gen* **~ der Stadt** au nord-est de la ville; *s. a.* **Norden** **Nord-Ostsee-Kanal** *m* canal *m* de Kiel [o de la mer du Nord à la Baltique] **Nordpol** *m* pôle *m* Nord
Nordpolargebiet [ˈnɔrtpolaˈɛɡəbiːt] *nt* Arctique *m* **Nordpolarmeer** *nt* océan *m* Arctique
Nordrhein-Westfalen *nt* la Rhénanie-du-Nord-Westphalie
Nordsee *f* mer *f* du Nord **Nordseite** *f* face *f* nord
Nord-Süd-Gefälle *nt* disparités *fpl* Nord-Sud **Nord-Süd-Konflikt** *m* ÖKON, POL conflit *m* nord-sud
Nordwand *f* face *f* nord
nordwärts [-vɛrts] *Adv* vers le nord
Nordwesten *m (Himmelsrichtung)* nord-ouest *m*; *(Landesteil)* Nord-Ouest *m*; *s. a.* **Norden** **nordwestlich** I. *Adj* ❶ GEOG [situé(e) au] nord-ouest ❷ *(nach Nordwesten)* **in ~ er Richtung** en direction du nord-ouest ❸ *(aus Nordwesten)* [en provenance] du nord-ouest II. *Adv* au nord-ouest III. *Präp + Gen* **~ des Flusses** au nord-ouest de la rivière/du fleuve; *s. a.* **nördlich** **Nordwind** *m* vent *m* du nord
Nörgelei [nœrɡəˈlaɪ] <-, -en> *f* dénigrements *mpl*
nörgeln [ˈnœrɡəln] *itr V* râler; **über etw** *(Akk)* **~** râler à cause de qc
Nörgler(in) [ˈnœrɡlɐ] <-s, -> *m(f)* râleur(-euse) *m(f)*
Norm [nɔrm] <-, -en> *f* norme *f*
normal [nɔrˈmaːl] I. *Adj* ❶ *(üblich)* normal(e); **es ist ganz ~, dass** il est [o c'est] tout à fait normal que + *subj*
❷ *(geistig gesund)* normal(e)
❸ *fam (zurechnungsfähig)* **nicht mehr ~ sein** ne plus être tout à fait normal(e); **bist du noch ~?** t'es pas un peu malade? *(fam)*
II. *Adv* ❶ *(üblich)* normalement; **~ groß/lang/breit sein** être de taille/longueur/largeur normale; **~ schmecken/riechen** *Milch, Käse, Wurst*: ne pas avoir d'odeur/ne pas sentir
❷ *fam (normalerweise)* normalement
Normalbenzin *nt* [essence *f*] ordinaire *m*
normalerweise *Adv* normalement
Normalfall *m* cas *m* classique; **das ist der ~** c'est classique; **im ~** normalement **Normalgewicht** *nt* poids *m* normal **Normalgröße** *f* taille *f* normale
normalisieren* I. *tr V* normaliser
II. *r V* **sich ~** *a.* MED revenir à la normale
Normalisierung <-, -en> *f a.* MED retour *m* à la normale
Normalität [nɔrmaliˈtɛːt] <-> *f* normalité *f*
Normalmaß *nt kein Pl* ❶ *(übliches Ausmaß)* normale *f* ❷ *(Standardmaß)* taille *f* normale **Normalnull** <-s> *nt* niveau *m* zéro **Normalsterbliche** *mo f* commun *m* des mortels/commune *f* des mortels **Normalverbraucher(in)** *m(f)* consommateur *m* moyen/consommatrice *f* moyenne ▶ **Otto ~** *fam* le consommateur/la consommatrice lambda *(fam)* **Normalzeit** *f* heure *f* légale **Normalzustand** *m kein Pl* état *m* normal
Normandie [nɔrmanˈdiː] <-> *f* Normandie *f*
Normanne [nɔrˈmanə] <-n, -n> *m*, **Normannin** *f a.* HIST Normand(e) *m(f)*
normannisch [nɔrˈmanɪʃ] *Adj a.* HIST normand(e)
normativ [nɔrmaˈtiːf] *Adj* normatif(-ive)
Normblatt *nt* tableau *m* [o index *m*] des normes *(établi par l'office allemand de normalisation)*
normen [ˈnɔrmən] *tr V* standardiser; **genormt** standard *inv*
normieren* *tr V geh* standardiser *Maße, Verhalten*; uniformiser *Aussehen*
Normierung <-, -en> *f* normalisation *f*, standardisation *f*
Normung <-, -en> *f* standardisation *f*
Norwegen [ˈnɔrveːɡən] <-s> *nt* la Norvège
Norweger(in) <-s, -> *m(f)* Norvégien(ne) *m(f)*
norwegisch I. *Adj* norvégien(ne)

II. *Adv* **~ miteinander sprechen** discuter en norvégien; *s. a.* **deutsch**

Norwegisch <-[s]> *nt kein Art (Sprache, Schulfach)* norvégien *m;* **auf ~** en norvégien; *s. a.* **Deutsch**

Norwegische *nt dekl wie Adj* das **~** le norvégien; *s. a.* **Deutsche**

Nostalgie [nɔstalˈgiː] <-> *f geh* nostalgie *f*

nostalgisch [nɔsˈtalgɪʃ] *Adj geh* nostalgique

Not [noːt] <-, **Nöte**> *f* ❶ *kein Pl (Armut)* misère *f*
❷ *(Bedrängnis)* détresse *f;* **jdn in ~ bringen** mettre qn en grande difficulté; **in ~ geraten** *Person:* se retrouver dans le besoin; **in ~** [*o* **in Nöten**] **sein** être dans le besoin; **~ leidend** *Person, Bevölkerung* dans le besoin; *Wirtschaft* en détresse; **in seiner/ihrer ~** dans sa détresse
❸ *kein Pl veraltet (Notwendigkeit)* nécessité *f;* **aus ~** par nécessité; **ohne ~** sans nécessité
❹ *(Seenot)* **in ~ geraten** *Schiff:* se trouver tout à coup en difficulté
▶ **~ kennt kein Gebot** *Spr.* nécessité fait loi; **wenn ~ am Mann ist** s'il/quand il y a urgence; **in der ~ frisst der Teufel Fliegen** *Spr.* faute de grives, on mange des merles; **aus der ~ eine Tugend machen** faire de nécessité vertu; **~ macht erfinderisch** *Spr.* nécessité est mère d'invention; **mit knapper ~** de justesse; **seine liebe ~ mit jdm/etw haben** avoir bien du mal avec qn/qc; **zur ~** au besoin

Notanker *m* ❶ NAUT ancre *f* de secours
❷ *fig* **jdm als ~ dienen** être la planche de salut de qn; **jdm einen ~ zuwerfen** lancer une bouée à qn

Notar(in) [noˈtaːɐ̯] <-s, -e> *m(f)* notaire *mf*

Notariat [notariˈaːt] <-[e]s, -e> *nt* ❶ *(Kanzlei)* cabinet *m* [*o* étude *f*] [de notaire]
❷ *kein Pl (Amt)* notariat *m*

notariell [notariˈɛl] **I.** *Adj Bescheinigung* notarié(e)
II. *Adv* devant notaire; **~ beglaubigt werden** être notarié(e)

Notarzt *m,* **-ärztin** *f* ❶ *(Arzt für Notfälle)* médecin *m* d'urgence; *(in Frankreich)* médecin du SAMU ❷ *(Arzt im Bereitschaftsdienst)* médecin *m* de garde **Notarztwagen** *m* voiture *f* du SAMU **Notaufnahme** *f eines Krankenhauses* urgences *fpl*

Notaufnahmelager *nt* centre *m* d'accueil d'urgence

Notausgang *m* sortie *f* [*o* issue *f*] de secours **Notbehelf** *m* pis-aller *m* **Notbeleuchtung** *f* éclairage *m* de secours [*o* sûreté] **Notbremse** *f* signal *m* d'alarme ▶ **die ~ ziehen** [*o* **betätigen**] tirer [*o* actionner] le signal d'alarme; *(Maßnahmen ergreifen)* tirer la sonnette d'alarme **Notdienst** *m* service *m* de garde; **~ haben** être de garde

Notdurft [ˈnoːtdʊrft] *f* **seine ~ verrichten** *geh* faire ses besoins

notdürftig [-dʏrftɪç] **I.** *Adj Instandsetzung, Reparatur* provisoire; *Schutz* de fortune; *Verständigung* approximatif(-ive)
II. *Adv* instand setzen, reparieren provisoirement; *sich schützen, sich verständigen* comme il/elle/… peut

Note [ˈnoːtə] <-, -n> *f* ❶ MUS note *f;* *Pl (Notentext)* partition *f;* **ganze/halbe ~** ronde *f*/blanche *f;* **~n lesen können** connaître le solfège
❷ SCHULE, UNIV, SPORT note *f*
❸ POL *(Mitteilung)* note *f*
❹ *(Banknote)* billet *m*
❺ *kein Pl (Duftnote)* note *f*
❻ *kein Pl (Eigenart)* touche *f;* **das ist ihre ganz persönliche ~** c'est ce qui lui donne cette touche si personnelle

Land und Leute
Six est en Allemagne la plus mauvaise note. Elle signifie «insuffisant». La meilleure **Note** est un. En Suisse, c'est le contraire : six est la meilleure note et un la plus mauvaise. En Autriche, la plus mauvaise note est cinq et la meilleure un.

Notebook [ˈnɔʊtbʊk] <-s, -s> *nt* [ordinateur *m*] portable *m*

Notenaustausch *m* POL échange *m* de notes diplomatiques **Notenbank** <-banken> *f* banque *f* d'émission **Notenblatt** *nt* feuille *f* de papier à musique **Notenheft** *nt* cahier *m* de musique **Notenlinie** [-liːniə] *f* portée *f* **Notenpapier** *nt* papier *m* à musique **Notenschlüssel** *m* clé *f* **Notenschrift** *f* MUS notation *f* musicale **Notenständer** *m* pupitre *m* **Notensystem** *nt* MUS portée *f*

Notepad-Computer [ˈnɔʊtpædkɔmˈpjuːtɐ] *m* bloc-notes *m* électronique

Notfall *m* ❶ *(Zwangslage)* situation *f* d'urgence; **im ~** au besoin
❷ MED [cas *m* d']urgence *f;* **bei** [*o* **in**] **einem ~** en cas d'urgence
▶ **für den ~** en cas de besoin; *hum (für alle Fälle)* pour le cas où

notfalls *Adv* au besoin

Notfallstation *f* CH MED urgences *fpl,* service *m* des urgences

notgedrungen [ˈnoːtɡəˌdrʊŋən] *Adv* bon gré mal gré; **etw ~ machen** faire qc contraint(e) et forcé(e)

notgeil *Adj sl* vicelard(e) *(fam);* **~ sein** être en manque *(fam)*

Notgemeinschaft *f* communauté *f* de survie **Notgroschen** *m* pécule *m;* **sich** *(Dat)* **einen ~ zurücklegen** se constituer un petit pécule

notieren* **I.** *tr V* ❶ *(aufschreiben)* noter; **[sich** *(Dat)*] **etw ~** noter qc
❷ *(vormerken)* noter; **jdn für etw ~** noter qn pour qc
❸ BÖRSE **mit hundert Dollar notiert werden** *Aktien, Rohstoffe:* être coté(e) à cent dollars; **notierte Währung** monnaie *f* cotée
II. *itr V* ❶ *(schreiben)* noter, prendre des notes
❷ BÖRSE **mit 60 Euro ~** coter à 60 euros; **der Dollar notiert schwächer/fester** le cours du dollar [*o* le dollar] est en baisse/en hausse

Notierung <-, -en> *f (das Notieren)* **nach der ~ der Bestellung** après avoir noté la commande

nötig [ˈnøːtɪç] **I.** *Adj* nécessaire; **mit dem ~en Geld** avec l'argent nécessaire; **mit der ~en Vorsicht** avec la prudence qui s'impose/s'imposait; **es ist ~ sofort zu handeln** il est nécessaire d'agir tout de suite; **etw [bitter] ~ haben** *Person, Gebäude, Auto:* avoir [bien] besoin de qc; **etw nicht ~ haben** pouvoir se passer de qc; **falls** [*o* **wenn**] **~** si nécessaire; **das/alles Nötige** le nécessaire; **das Nötigste** le strict nécessaire; **sie hat** [*o* **hätte**] **mal einen Urlaub ~** elle aurait bien besoin de vacances
▶ **es ist/es hat nicht ~ zu tun** ne se sentir vraiment pas obligé(e) de faire qc; **das habe ich doch nicht ~!** je n'ai vraiment pas besoin de ça!; **er hat es gerade ~** [**andere zu kritisieren**]**!** *iron* ça lui va bien [de critiquer les autres]! *(iron)*
II. *Adv* **etw ~ brauchen** avoir un besoin urgent de qc; **was ich am ~sten brauche, ist Schlaf** ce dont j'ai le plus [grand] besoin, c'est de dormir

nötigen [ˈnøːtɪɡən] *tr V* forcer; **jdn zu etw ~** forcer qn à faire qc

nötigenfalls *Adv form* si besoin est

Nötigung <-, -en> *f* coercition *f;* **~ zu einer Falschaussage** abus *m* de force pour contraindre qn à faire une fausse déposition

Notiz [noˈtiːts] <-, -en> *f* ❶ note *f;* **sich** *(Dat)* **~en/eine ~ machen** noter; *(bei einem Vortrag)* prendre des notes
❷ *(Pressenotiz)* entrefilet *m*
▶ **von jdm/etw ~ nehmen** remarquer qn/qc; **von jdm/etw keine ~ nehmen** ne pas faire attention à qn/qc

Notizbuch <-blöcke> *m* bloc-notes *m* **Notizbuch** *nt* carnet *m* **Notizzettel** *m* bout de papier; *(von einem Block)* feuille *f* de bloc-notes

Notlage *f* situation *f* critique; **in eine ~ geraten** tomber dans une mauvaise passe; **sich in einer ~ befinden** être dans une mauvaise passe; **jdn in eine ~ bringen** mettre qn dans une situation critique; **jds ~ ausnützen** profiter de la détresse de qn **notlanden** <notlandete, notgelandet> *itr V + sein* faire un atterrissage forcé **Notlandung** *f* atterrissage *m* forcé

notleidend *s.* **Not** ❷

Notlösung *f* solution *f* provisoire **Notlüge** *f* pieux mensonge *m*

notorisch [noˈtoːrɪʃ] **I.** *Adj geh* notoire; **ein ~er Lügner** un fieffé menteur
II. *Adv geh* notoirement

Notruf *m* ❶ *(Anruf)* appel *m* d'urgence ❷ *s.* **Notrufnummer** **Notrufnummer** *f* numéro *m* d'appel d'urgence **Notrufsäule** *f* borne *f* d'appel d'urgence **Notrutsche** *f* toboggan *m* d'évacuation **notschlachten** <notschlachtete, notgeschlachtet> *tr V* abattre par mesure d'urgence; **ein Tier ~** abattre un animal par mesure d'urgence **Notsignal** *nt* signal *m* de détresse **Notsituation** *f* situation *f* de détresse **Notsitz** *m* strapontin *m* **Notstand** *m* ❶ [cas *m* d'] urgence *f* ❷ JUR état *m* d'urgence; **den ~ ausrufen** décréter l'état d'urgence

Notstandsgebiet *nt* zone *f* sinistrée **Notstandsgesetze** *Pl* mesures *fpl* d'urgence [*o* d'exception]

Notstromaggregat *nt* groupe *m* électrogène de secours **Nottaufe** *f (katholisch)* ondoiement *m;* *(evangelisch)* baptême *m* d'urgence

nottun *itr V unreg geh* [jdm] **~ être nécessaire** [à qn]; **es täte** [**eher**] **not die Ruhe zu bewahren** il serait [plus] utile de garder le calme **Notunterkunft** *f* logement *m* provisoire **Notverband** *m* pansement *m* d'urgence **Notverkauf** *m* vente *f* forcée **Notwasserung** *f* amerrissage *m* forcé **Notwehr** <-> *f* légitime défense *f;* **aus** [*o* **in**] **~** en état de légitime défense

notwendig [ˈnoːtvɛndɪç] **I.** *Adj* nécessaire; **~ sein/werden** être/se révéler nécessaire; **das Notwendigste** le strict nécessaire
II. *Adv* nécessairement

notwendigerweise *Adv* nécessairement; **sich ~ aus etw ergeben** résulter nécessairement de qc

Notwendigkeit <-, -en> *f* nécessité *f*

Notzucht <-> *f* JUR viol *m* **notzüchtigen** <notzüchtigte, genotzüchtigt> *tr V* JUR violer

Nougat [ˈnuːɡat] <-s, -s> *m o nt* praliné *m*

Nova [ˈnoːva] <-, **Novä**> *f* ASTRON nova *f*

Novelle [noˈvɛlə] <-, -n> *f* ❶ LITER nouvelle *f*
❷ POL amendement *m*

novellieren* [-vɛ-] tr V amender Gesetz
November [no'vɛmbɐ] <-s, -> m novembre m; s. a. **April**
Novität [novi'tɛːt] <-, -en> f nouveauté f.
Novize [no'viːtsa] <-n, -n> m, **Novizin** f novice mf
Noviziat [novi'tsiaːt] <-[e]s, -e> nt noviciat m
Novum ['noːvʊm] <-s, selten Nova> nt geh novation f [fondamentale] (rare); **ein** ~ une novation
NPD <-> f POL Abk von **Nationaldemokratische Partei Deutschlands** parti nationaliste allemand d'extrême-droite
Nr. Abk von **Nummer** n°
NS [ɛn'ʔɛs] Abk von **Nationalsozialismus** national-socialisme m
NSDAP [ɛnʔɛsdeːaː'peː] f Abk von **Nationalsozialistische Deutsche Arbeiterpartei** HIST parti ouvrier allemand national-socialiste
NS-Regime [ɛn'ʔɛs-] nt nazisme m; **die Verbrechen des ~s** les crimes nazis **NS-Soldat** m soldat m nazi **NS-Zeit** f période f nazie
N.T. nt Abk von **Neues Testament** N.T.
Nu [nuː] ▶ **im ~** en un clin d'œil
Nuance [nyˈãːsə] <-, -n> f nuance f
nüchtern ['nʏçtɐn] Adj ❶ (mit leerem Magen) à jeun; **~ sein/bleiben** être/rester à jeun
❷ (nicht betrunken) sobre; **~ sein/bleiben** être/rester sobre; **nicht ganz ~ sein** ne pas être tout à fait sobre; [wieder] **~ werden** dessoûler
❸ (realitätsbewusst) lucide; [zu] **~ sein** être [trop] terre à terre
❹ (sachlich) Fakten, Zahlen concret(-ète); Architektur, Einrichtung, Raum, Schreibstil sobre
Nüchternheit <-> f ❶ (opp: Trunkenheit) sobriété f
❷ (Realitätsbewusstsein) lucidité f
Nuckel ['nʊkəl] <-s, -> m fam tétine f
nuckeln ['nʊkəln] itr V fam **an etw** (Dat) téter qc
Nudel ['nuːdəl] <-, -n> f ❶ meist Pl pâtes fpl; (in einer Suppe) vermicelle m
❷ fam (Frau) [sie ist] **eine komische ~** [elle est] un drôle de numéro (fam)
Nudelbrett nt planche f à pâtisserie **Nudelholz** nt rouleau m à pâtisserie **Nudelsuppe** f soupe f au vermicelle **Nudelteig** m pâte f à nouilles **Nudelwalker** [-'valkɐ] <-s, -> m A s. **Nudelholz**
Nudismus [nu'dɪsmʊs] <-> m geh nudisme m
Nudist(in) [nu'dɪst] <-en, -en> m(f) geh nudiste mf
Nugat ['nuːgat] s. **Nougat**
nuklear [nukleˈaːɐ] I. Adj attr nucléaire
II. Adv **bewaffnet sein** posséder l'arme nucléaire
Nuklearmacht f puissance f nucléaire **Nuklearmedizin** f médecine f nucléaire **Nuklearphysik** f physique f nucléaire **Nuklearwaffe** f arme f nucléaire
Nukleinsäure [nukleˈiːn-] f acide m nucléique
Nukleus ['nuːkleʊs] <-, Nuklei> m ANAT, BIO, LING noyau m
null [nʊl] I. Num zéro; **~ Fehler** un sans faute; **um/gegen ~ Uhr** à/vers minuit; **das Spiel steht ~ zu drei/eins zu ~** le score est de zéro à trois/de un à zéro
▶ **in ~ Komma nichts** fam en moins de deux (fam); **gleich ~ sein** être quasiment nul(le); **~ und nichtig sein** être nul(le) et non avenu(e); **etw für ~ und nichtig erklären** abroger qc
II. Adj unv fam **~ Ahnung haben** n'y comprendre que dalle (fam)
Null <-, -en> f ❶ zéro m
❷ fam (Versager) nullard m (fam)
nullachtfünfzehn Adv fam de façon quelconque
Nullachtfünfzehn-Modell nt fam modèle m quelconque
Null-Bock-Generation f sl la bof génération f
Nulldiät f régime m zéro calorie **Nulllösung**RR f option f zéro
Nullmeridian m méridien m d'origine **Nullpunkt** m kein Pl zéro m; **auf den ~ sinken** Temperatur, Thermometer: descendre jusqu'à zéro ▶ **den ~ erreichen, auf dem ~ ankommen** Laune, Stimmung: être à zéro **Nullrunde** f gel m des salaires **Nullserie** [-riə] f présérie f **Nullstellung** f kein Pl position f zéro **Nullsummenspiel** nt coup m pour rien **Nulltarif** m kein Pl TRANSP gratuité f [des transports en commun]; **zum ~ anrufen** téléphoner gratuitement **Nullwachstum** nt croissance f zéro
Numerale [numeˈraːlə] <-s, Numeralien o Numeralia> nt LING [adjectif m] numéral m
Numeri ['nuːmeri] Pl von **Numerus**
numerieren*ALT s. **nummerieren**
NumerierungALT s. **Nummerierung**
numerisch [nuˈmeːrɪʃ] Adj numérique
Numerus ['nuːmerʊs] <-, Numeri> m GRAM nombre m
Numerus clausus ['nuːmerʊs'klaʊzʊs] <- -> m UNIV numerus clausus m

---

Land und Leute

Grâce au **Numerus clausus**, les universités ont la possibilité de limiter le nombre de leurs étudiants dans certaines matières. Seuls les bacheliers dont la moyenne est supérieure à une note fixée pour le **Numerus clausus** sont autorisés à y faire des études.

Numismatik [numɪsˈmaːtɪk] <-> f numismatique f
Nummer ['nʊmɐ] <-, -n> f ❶ (Zahl) numéro m; **laufende ~** numéro de série
❷ (Hausnummer, Zimmernummer) **in welcher ~ wohnst du?** tu habites au quel numéro?; **bitte den Schlüssel für ~ zwölf!** s'il vous plaît, la clef du douze!
❸ TELEC numéro m
❹ (Ausgabe) einer Zeitschrift numéro m
❺ (Größe) **haben Sie das/die eine ~ größer?** (bei Schuhen) avez-vous la pointure au-dessus?; (bei Kleidung) avez-vous la taille au-dessus?
❻ (Autonummer) numéro m [d'immatriculation]
❼ fam (Mensch) **komische ~** drôle m de numéro (fam)
❽ sl (Geschlechtsverkehr) coup m (arg); **eine heiße ~** un bon coup (arg); **eine ~ mit jdm schieben** s'envoyer en l'air avec qn (fam)
▶ **die eins** fam le/la numéro un; **auf ~ Sicher gehen** fam être sûr(e) de son coup (fam)
nummerieren*RR tr V numéroter
NummerierungRR <-, -en> f ❶ kein Pl (das Nummerieren) numérotage m
❷ (die Seitenzahlen) numérotation f
Nummernkonto nt compte m anonyme **Nummernschild** nt plaque f minéralogique [o d'immatriculation]

Land und Leute

La **Nummernschild** est en Allemagne blanche et les inscriptions noires. À gauche, on indique avec une, deux ou trois lettres la ville où le véhicule est immatriculé. Ensuite, on peut voir le blason en couleur du Land. Au-dessus de ce même blason, il y a la vignette du contrôle technique et antipollution. Suivent ensuite des lettres et des chiffres que l'on peut, moyennant argent, choisir soi-même. Exemples: S-AC 113, TÜ-MA 225

---

nun [nuːn] Adv ❶ maintenant; **von ~ an** désormais; **~ komm endlich!** allez, viens maintenant!
❷ (allerdings) à vrai dire; **~ muss man dazusagen, dass** il faut tout de même dire que
❸ (einlenkend) bon; **~, wenn es unbedingt sein muss** ma foi, si c'est vraiment indispensable; **~ gut** eh bien, soit; **~ ja** ma foi; **~ ja** [o gut], **aber ...** certes, [je veux bien] mais ...; **das wurde ~ einmal** [o mal fam] **so geregelt** ça avait été décidé comme ça, après tout
❹ (auffordernd) alors; **~, wird's bald?** alors, ça vient?; **~ mach schon!** allez, vas-y!
❺ (denn) donc; **war es ~ wirklich so schlimm?** c'était donc vraiment si terrible?; **wer ist das ~ schon wieder?** qui est-ce que c'est encore?
nunmehr Adv geh (jetzt) à présent; (von jetzt an) désormais
Nuntius ['nʊntsiʊs] <-, Nuntien> m nonce m
nur [nuːɐ] Adv ❶ (lediglich) seulement; **es kamen ~ zwanzig Zuschauer** seulement vingt spectateurs sont venus; **ich wollte ~ fragen, ob ...** je voulais juste demander si...; **nicht ~ ..., sondern auch ...** non seulement ..., mais encore [o aussi] ...; **ich habe leider ~ wenig Zeit** je n'ai malheureusement que très peu de temps; [immer] **~ Regen** rien que de la pluie; **er konnte ~ noch** [o mehr geh] **stammeln** il n'arrivait plus qu'à bredouiller
❷ (ausschließlich, nichts als) **~ Wasser trinken** ne boire que de l'eau; **~ ein Paar Schuhe haben** n'avoir qu'une seule paire de chaussures; **ich will ~ dich** je ne veux que toi
❸ (bloß) **wie kannst du es ~ wagen!** comment peux-tu oser!; **wie konnte ich das ~ vergessen!** comment ai-je pu oublier!; **wenn er ~ mal zuhören würde!** si seulement il écoutait!; **was hat er ~?** qu'est-ce qu'il peut bien avoir?; **was bedeutet das ~?** mais qu'est-ce que ça peut bien vouloir dire?
❹ (ja) surtout; **lass das ~ niemanden wissen!** ne le dis surtout à personne!; **machen Sie sich ~ keine Umstände!** surtout, ne vous dérangez pas!
❺ (ruhig) **er soll ~ kommen!** il n'a qu'à venir!; **red** [du] **~!** tu peux toujours parler!
❻ (verstärkend) **~ schlug das Fenster zu, dass es ~ so knallte** elle referma la fenêtre si brusquement qu'elle la fit claquer; **es wimmelte ~ so von Menschen** c'était noir de monde
▶ **~ Mut!** [du] courage, voyons!; **~ her damit!** fam aboule/aboulez la marchandise! (fam); **~ zu!** vas-y!/allez-y!
Nürnberg ['nʏrnbɛrk] <-s> nt Nuremberg
nuscheln ['nʊʃəln] tr, itr V fam parler dans sa barbe (fam)
NussRR <-, Nüsse>, **Nuß**ALT <-, Nüsse> f ❶ (Haselnuss) noisette f; (Walnuss) noix f
❷ (Fleischstück) noix f

❸ fam (Kopf) caboche f (fam)
❹ fam (Schimpfwort) diese dumme ~! quelle [vieille] noix! (vieilli fam); du dumme ~! pauvre cloche!
▸ für jdn eine harte ~ sein fam donner du fil à retordre à qn (fam)
Nussbaum^RR m (Baum, Holz) noyer m nussbraun^RR Adj noisette; ~es Haar cheveux châtains
nussig Adj GASTR qui a le goût de la noix
Nussknacker^RR m casse-noisettes m; (für Walnüsse) casse-noix m Nusskuchen^RR m gâteau m aux noisettes Nussöl^RR nt huile f de noix Nussschale^RR f ❶ coquille f de noix/noisette ❷ fam (Boot) coquille f de noix Nusstorte^RR f gâteau m aux noix
Nüster ['nʏstɐ] <-, -n> f meist Pl eines Pferds, Drachens, einer Giraffe naseau m
Nut [nu:t] <-, -en> f Fachspr., Nute ['nu:tə] <-, -n> f rainure f; ~ und Feder assemblage m à tenons et à mortaises
nuten ['nu:tən] tr V TECH rainer
Nutria¹ ['nu:tria] <-, -s> f ZOOL ragondin m
Nutria² <-s, -s> m (Pelz, Mantel) ragondin m
Nutte ['nʊtə] <-, -n> f sl putain f (vulg), pute f (vulg)
nutz SDEUTSCH, A s. nütze
Nutz ▸ sich (Dat) etw zu ~e machen tirer profit de qc
Nutzanwendung f application f
nutzbar Adj Energie, Anteil utilisable; Volumen utile; den Boden ~ machen exploiter le sol; für/zu etw ~ sein pouvoir être utilisé(e) pour qc
Nutzbarmachung <-, -en> f utilisation f
nutzbringend I. Adj profitable
II. Adv utilement
nütze ['nʏtsə] Adj ▸ zu etwas ~ sein être bon(ne) à qc; zu nichts ~ sein n'être bon(ne) à rien
Nutzeffekt m (Wirksamkeit) efficacité f; (Endeffekt) résultat m
nutzen ['nʊtsən] tr V ❶ (gebrauchen) se servir de Gegenstand, Gerät, Möbelstück; habiter Haus, Zimmer
❷ (ausnutzen) profiter de Gelegenheit
❸ s. nützen II.
Nutzen <-s> m avantage m; wirtschaftlicher ~ profit m économique; von ~ sein être utile; von geringem ~ sein être d'une maigre utilité; einen beträchtlichen ~ von etw haben tirer un avantage considérable de qc; aus etw [seinen] ~ ziehen tirer [son] profit de qc; zum ~ der Bevölkerung pour le bien de la population; welchen ~ soll das haben? qu'est-ce que cela peut nous apporter?
nützen I. itr V servir; jdm ~ servir à qn
II. tr V jdm nichts ~ ne servir à rien à qn; das nützt [o nutzt] mir nicht viel ça ne sert pas à grand-chose
Nutzer(in) <-s, -> m(f) utilisateur(-trice) m(f)
Nutzerführung f INFORM guidage m de l'utilisateur
Nutzfahrzeug nt véhicule m utilitaire Nutzfläche f AGR surface f cultivable Nutzgarten m jardin m potager Nutzholz nt bois m de construction Nutzkosten Pl ÖKON coûts mpl d'utilisation Nutzlast f charge f utile Nutzleistung f kein Pl TECH puissance f utile
nützlich ['nʏtslɪç] Adj utile; jdm ~ sein être utile à qn; etwas Nützliches quelque chose d'utile
▸ sich ~ machen se rendre utile; er machte sich im Haushalt ~ il se rendait utile dans les tâches ménagères
Nützlichkeit <-> f utilité f
nutzlos I. Adj inutile; es ist ganz ~ darauf zu hoffen il est totalement inutile de compter là-dessus
II. Adv inutilement
Nutzlosigkeit <-> f inutilité f
nutznießen itr V geh von etw ~ JUR être titulaire d'un droit de jouissance sur qc
Nutznießer(in) ['nʊtsni:sɐ] <-s, -> m(f) bénéficiaire mf; JUR usufruitier(-ière) m(f)
Nutznießung <-, -en> f jouissance f
Nutzpflanze f plante f [économiquement] utile Nutztier nt animal m [économiquement] utile
Nutzung <-, -en> f utilisation f; JUR droit m de jouissance
Nutzungsberechtigte(r) f(m) dekl wie Adj titulaire mf d'un droit de jouissance Nutzungsdauer f durée f d'utilisation Nutzungsrecht nt droit m de jouissance; ~ am fremden Grundstück droit de jouissance du terrain d'autrui
NVA [ɛnfau'ʔa:] f HIST Abk von Nationale Volksarmee forces armées de l'ancienne R.D.A.
NW Abk von Nordwesten N.-O.
Nylon® ['nailɔn] <-[s]> nt nylon® m
Nylonstrumpf ['nailɔn-] m bas m nylon
Nymphe ['nʏmfə] <-, -n> f MYTH, ZOOL nymphe f
nymphoman [nʏmfo'ma:n] Adj nymphomane
Nymphomanie [nʏmfoma'ni:] <-> f nymphomanie f
Nymphomanin [nʏmfo'ma:nɪn] <-, -nen> f nymphomane f
nymphomanisch Adj s. nymphoman

O o

O, o [o:] <-, -> nt O m/o m
▸ O wie Otto o comme Oscar
o Interj oh; ~ nein/ja/doch! oh non/oui/si!
O Abk von Osten E
o.a. Abk von oben angeführt supra
o.ä.^ALT, o.Ä.^RR Abk von oder Ähnliche(s) etc.
Oase [o'a:zə] <-, -n> f ❶ oasis f
❷ fig eine ~ der Stille un havre de paix
ob [ɔp] I. Konj ❶ si + indic; nicht wissen, ~ ... ne pas savoir si ...; jdn fragen, ~ demander à qn si ...; ~ wir jetzt Pause machen? et si on faisait une pause?; kommst du mit? — Was? — Ob du mitkommen willst? tu viens? — Hein? — Je demande si tu veux venir!
❷ (sei es, dass) que ... ou non + subj; ~ er will oder nicht qu'il le veuille ou non; ~ Reich, ~ Arm [qu'on soit] riche ou pauvre
▸ und ~! et comment!; (aber doch) mais si!
II. Präp + Dat Rothenburg ~ der Tauber Rothembourg sur la Tauber
o.B. [o:'be:] Abk von ohne Befund R.A.S.
OB <-[s], -s> m, <-, -s> f Abk von Oberbürgermeister(in) maire mf
Obacht ['o:baxt] f bes. SDEUTSCH ~! attention!; auf jdn/etw ~ geben faire attention à qn/qc
ÖBB Pl Abk von Österreichische Bundesbahnen société des chemins de fer autrichiens
Obdach ['ɔpdax] nt kein Pl geh abri m; jdm ~ geben [o gewähren] offrir le gîte [et le couvert] à qn
obdachlos Adj sans abri; ~ sein être sans abri, être S.D.F; ~ werden perdre son domicile
Obdachlose(r) f(m) dekl wie Adj sans-abri mf, S.D.F m
Obdachlosenasyl nt, Obdachlosenheim nt asile m de nuit
Obdachlosigkeit <-> f absence f de domicile fixe; die Zahl der von ~ Betroffenen steigt le nombre des sans-abri augmente
Obduktion [ɔpdʊk'tsio:n] <-, -en> f autopsie f
obduzieren* I. tr V autopsier; die Leiche wird obduziert le corps est autopsié; das Obduzieren l'autopsie f
II. itr V faire une autopsie
O-Beine Pl jambes fpl arquées
o-beinig^RR, O-beinig Adj aux jambes arquées; ~ sein avoir les jambes arquées
Obelisk [obe'lɪsk] <-en, -en> m obélisque m
oben ['o:bən] Adv ❶ (opp: unten) en haut; ~ links/rechts en haut à gauche/à droite; ~ im Schrank en haut de l'armoire; auf dem Baum [là-haut] dans l'arbre; auf der Liste en tête de liste; dort ~ là-haut; bis ~ [hin] voll sein être plein(e) jusqu'à ras bord; jdn von ~ bis unten mustern examiner qn de la tête aux pieds; „hier ~!" "ici, en haut!"
❷ (an der Oberseite) das Sofa ist ~ etwas abgewetzt le canapé est un peu râpé sur le dessus; [hier] ~! haut!
❸ (an der Wasseroberfläche) [wieder] ~ sein/nach ~ kommen Taucher: être remonté/remonter à la surface
❹ (in einem oberen Stockwerk) ~/ganz ~ wohnen habiter en haut/tout en haut; auf dem Dachboden en haut au grenier; nach ~ gehen aller en haut; das Klavier nach ~ tragen monter le piano; von ~ kommen venir d'en haut
❺ (in sehr großer Höhe) [hoch] ~ auf dem Berg tout en haut de la montagne; mit der Seilbahn nach ~ fahren monter en téléphérique
❻ fam (auf höherer Ebene) en haut (fam); nach ~ wollen vouloir faire carrière
❼ (vorher) plus haut; siehe ~ voir ci-dessus; ~ erwähnt mentionné(e) ci-dessus

❽ *fam (im, nach Norden)* ~ **in Schleswig-Holstein** au nord, dans le Schleswig-Holstein; **nach** ~ **fahren** aller dans le nord
▶ **nach** ~ **buckeln und nach unten treten** faire du plat à ses supérieurs et descendre les collègues; **die da** ~ *fam* ceux d'en haut *(fam)*; **ihr steht es bis** ~ *fam* elle en a jusque-là *(fam)*; **nicht mehr wissen, wo** [*o* **was**] ~ **und unten ist** en perdre le nord; **sich** ~ **ohne sonnen** *fam* se mettre au soleil seins nus; **von** ~ **herab** *(geringschätzig)* de haut
obenan *Adv* en première position; ~ **auf der Liste** en tête de liste
obenauf *Adv* ❶ DIAL *(obendrauf)* au-dessus ❷ *(guter Laune)* ~ **sein** être en [pleine] forme; *(im Vorteil)* avoir le dessus **obendrauf** *Adv fam* dessus ▶**eins** ~ **kriegen** en prendre une *(fam)*
obendrein *Adv* par-dessus le marché
obenerwähnt *s.* **oben** ❼
obenherum *Adv fam* en haut **obenhin** *Adv* comme ça *(fam)*
Oben-ohne-Bedienung *f* serveuse *f* topless
obenrum ['o:bənrʊm] *Adv fam* en haut
Ober ['o:bɐ] <-s, -> *m (Kellner)* garçon *m*; **Herr** ~**!** garçon [, s'il vous plaît]!
Oberarm ['o:bɐ-] *m* bras *m* **Oberarzt** *m*, **-ärztin** *f* médecin *m* en chef, médecin-chef *m* **Oberaufseher(in)** *m(f)* gardien-chef *m*/gardienne-chef *f* **Oberaufsicht** *f* supervision *f*; **die** ~ **haben** superviser **Oberbefehl** *m kein Pl* commandement *m* en chef; **den** ~ **über etw** *(Akk)* **haben** avoir le commandement en chef de qc **Oberbefehlshaber(in)** *m(f)* commandant *m(f)* en chef **Oberbegriff** *m* terme *m* générique **Oberbekleidung** *f* vêtements *mpl* [de dessus] **Oberbett** *nt* couette *f* **Oberbürgermeister(in)** *m(f)* maire *mf (d'une grande ville)* **Oberdeck** *nt* pont *m* supérieur **oberdeutsch** ['o:bɐdɔɪtʃ] *Adj* de l'Allemagne [*o* d'Allemagne] du Sud
obere(r, s) *Adj attr* ❶ *(oben befindlich)* supérieur(e); *Wohnung* à l'étage [supérieur]; **im** ~**n Stockwerk wohnen** vivre à l'étage [supérieur]
❷ *(rangmäßig höher)* supérieur(e)
❸ *(vorhergehend) Abschnitt, Kapitel* précédent(e)
❹ GEOG *Bereich, Teil, Flusslauf* supérieur(e)
Obere *Pl fam (Vorgesetzte)* **die** ~**n** les supérieurs *mpl*
oberfaul ['o:bɐfaʊl] *Adj fam* ❶ *Person* feignant(e); ❷ *(bedenklich) Sache* louche *(fam)* **Oberfeldwebel** *m* adjudant(e) *m(f)* **Oberfläche** *f* ❶ TECH, MATH surface *f* ❷ *(Wasseroberfläche)* surface *f* ▶ [**wieder**] **an die** ~ **kommen** *Taucher, U-Boot:* remonter à la surface; *Verdrängtes, Ressentiments:* refaire surface
Oberflächenbehandlung *f* TECH traitement *m* de surface **Oberflächenspannung** *f* tension *f* superficielle
oberflächlich I. *Adj* superficiel(le)
II. *Adv* superficiellement
Oberflächlichkeit <-> *f* caractère *m* superficiel
obergärig [-gɛːrɪç] *Adj* à haute fermentation
Obergefreite(r) *m* caporal *m(f)* **Obergeschoss**^RR *nt* étage *m* supérieur; **die Schlafzimmer sind im** ~ les chambres sont à l'étage **Obergrenze** *f* plafond *m*
oberhalb I. *Präp + Gen* au-dessus; ~ **des Dorfes/der Schneegrenze** au-dessus du village/de la limite de fonte des neiges
II. *Adv* ~ **von etw** au-dessus de qc
Oberhand *f* ▶ **die** ~ **behalten** conserver l'avantage; **die** ~ **über jdn gewinnen** [*o* **bekommen**] prendre le dessus sur qn; **die** ~ **haben** avoir le dessus **Oberhaupt** *nt des Staates, der Kirche* chef *mf* **Oberhaus** *nt* POL Chambre *f* haute **Oberhaut** *f kein Pl* MED, BIO épiderme *m* **Oberhemd** *nt* chemise *f* **Oberherrschaft** *f kein Pl (Herrschaft)* souveraineté *f*; *(Überlegenheit)* suprématie *f* **Oberhirte** *m* pâtre *m* **Oberhoheit** ['o:bɐho:haɪt] *f kein Pl* souveraineté *f*
Oberin ['o:bərɪn] *f* ❶ MED infirmière *f* en chef
❷ ECCL supérieure *f*
Oberinspektor *m* inspecteur *m* principal **oberirdisch I.** *Adj* à la surface [du sol] **II.** *Adv* en [*o* à la] surface **Oberitalien** *nt* l'Italie *f* du Nord **Oberkante** *f* TYP bord *m* supérieur **Oberkellner(in)** *m(f)* maître *m* d'hôtel **Oberkiefer** *m* mâchoire *f* supérieure **Oberklasse** *f* ❶ *Pl* SCHULE classes *fpl* supérieures ❷ *kein Pl* SOZIOL classe *f* supérieure **Oberkommandierende(r)** *f(m) dekl wie Adj* commandant(e) *m(f)* en chef **Oberkommando** *nt* haut commandement *m*; **das** ~ **über jdn/etw** le haut commandement sur qn/de qc **Oberkommissar** *m* commissaire *mf* principal(e) **Oberkörper** *m (Brustkorb)* buste *m*; **den** ~ **freimachen** se mettre torse nu; **sich mit nacktem** ~ **sonnen** se faire bronzer torse nu **Oberland** *nt* CH ▶ **das Berner/Bündner/Zürcher** ~ l'Oberland *m* bernois/grison/zurichois **Oberlandesgericht** *nt* ≈ cour *f* d'appel *(tribunal supérieur d'un Land)* **Oberlauf** *m eines Flusses* cours *m* supérieur **Oberleder** *nt* empeigne *f* **oberlehrerhaft** *Adj pej* pédant *(péj)* **Oberleitung** *f* ❶ *(Führung)* direction *f* ❷ TRANSP caténaire *f* **Oberleitungsomnibus** *m* trolleybus *m* **Oberleutnant** *m* lieutenant-colonel *m* **Oberlicht** *nt* ❶ *(kleines Fenster)* imposte *f*, vasistas *m* ❷ *(Licht)*

lumière *f* d'en haut **Oberliga** *f* deuxième division *f* **Oberlippe** *f* lèvre *f* supérieure **Oberösterreich** *nt* la Haute-Autriche **Oberpostdirektion** *f* direction *f* générale de la Poste **Oberprima** <-, -primen> *f veraltet* terminale *f* **Oberprimaner(in)** <-s, -> *m(f) veraltet* élève *mf* de terminale **Oberrhein** ['o:bɐraɪn] *m* **der** ~ le Rhin supérieur **oberrheinisch** ['o:bɐraɪnɪʃ] *Adj* sur le cours supérieur du Rhin
Obers ['o:bɐs] <-> *nt* A *s.* **Schlagsahne**
Oberschenkel *m* cuisse *f*
Oberschenkelhalsbruch *m* MED fracture *f* du col du fémur **Oberschenkelknochen** *m* fémur *m* **Oberschenkelmuskulatur** *f* muscles *mpl* vastes
Oberschicht *f* classe *f* supérieure **Oberschule** *f fam* école *f* secondaire **Oberschulrat** *m*, **-rätin** *f* ≈ inspecteur(-trice) *m(f)* pédagogique régional(e); *(in Frankreich)* ≈ I.P.R. *mf* **Oberschwester** *f* infirmière *f* [en] chef **Oberseite** *f* partie *f* supérieure
Oberst ['o:bɐst] <-en, -e[n]> *m* colonel *m*; **zu Befehl, Herr** ~**!** à vos ordres, mon colonel!
Oberstaatsanwalt *m*, **-anwältin** *f* ≈ procureur *mf* de la République
oberste(r, s) *Adj* ❶ *(ganz oben befindlich)* supérieur(e); *Stockwerk* dernier(-ière); *Schublade* du haut; **das** ~ **Blatt Papier** la première feuille de papier
❷ *(rangmäßig)* plus élevé(e)
▶ **das Oberste zuunterst kehren** mettre tout sens dessus dessous
Oberstübchen [-ʃty:pçən] ▶ **nicht ganz richtig im** ~ **sein** *fam* avoir une araignée au plafond *(fam)* **Oberstudiendirektor(in)** [-diən-] *m(f)* ❶ *(als Anrede)* **Herr** ~**/Frau** ~ **in!** ≈ monsieur/madame le/la proviseur! **Oberstudienrat** *m*, **-rätin** *f* ≈ proviseur *mf* de lycée **Oberstufe** *f eines Gymnasiums* ≈ lycée *m* ❶ *eines Möbelstücks* partie *f* supérieure ❷ *eines Kleidungsstücks* haut *m* **Oberwasser** ▶ [**wieder**] ~ **bekommen** reprendre du poil de la bête; [**wieder**] ~ **haben** avoir repris du poil de la bête **Oberweite** *f* tour *m* de poitrine
Obfrau ['ɔpfraʊ] *s.* **Obmann**
obgleich *Konj* bien que + *subj*
Obhut ['ɔphu:t] <-> *f geh* garde *f*; **in guter** ~ **sein, sich in guter** ~ **befinden** *geh* être en [de] bonnes mains; **unter seiner/ihrer** ~ sous sa protection
obige(r, s) *Adj attr* ci-dessus
Objekt [ɔp'jɛkt] <-[e]s, -e> *nt* ❶ *(Gegenstand)* objet *m*; *(Kunstobjekt)* objet d'art
❷ *(Immobilie)* bien-fonds *m*
❸ GRAM complément *m* d'objet
Objektförderung *f* ÖKON promotion *f* de biens immobiliers
objektiv [ɔpjɛk'ti:f] **I.** *Adj (sachlich)* objectif(-ive); *(unvoreingenommen)* impartial(e)
II. *Adv* de façon objective
Objektiv <-s, -e> *nt eines Fotoapparats, Fernrohrs* objectif *m*
Objektivität [ɔpjɛktivi'tɛ:t] <-> *f* objectivité *f*
Objektsatz *m* LING proposition *f* complétive [complément d'objet] **Objektschutz** *m* protection *f* des biens et des locaux **Objektträger** *m eines Mikroskops* porte-objet *m*
Oblate [o'bla:tə] <-, -n> *f* ❶ GASTR gaufrette *f* de pain azime, oublie *f (vieilli)*
❷ REL hostie *f*
obliegen* ['ɔpli:gn, ɔp'li:gn] *itr V unreg, unpers + haben o sein form* incomber; **ihm/ihr obliegt diese schwierige Aufgabe** il lui incombe cette tâche difficile
Obliegenheit <-, -en> *f form* obligation *f*
obligat [obli'ga:t] *Adj* ❶ *iron Kleidungsstück, Accessoire* obligatoire; *Applaus, Verbeugung* obligé(e)
❷ MUS **eine Arie mit** ~ **em Bass** une aria avec récitatif obligé pour basse
Obligation [obliga'tsio:n] <-, -en> *f* ÖKON, JUR obligation *f*; ~ **aufrufen/veräußern** proclamer/céder des obligations
obligatorisch [obliga'to:rɪʃ] *Adj geh* obligatoire
Obmann <-männer *o* -leute> *m*, **-männin** *o* **-frau** *f (Vorsitzende)* président(e) *m(f)*
Oboe [o'bo:ə] <-, -n> *f* hautbois *m*
Oboist(in) [obo'ɪst] <-en, -en> *m(f)* hautboïste *mf*
Obolus ['o:bolʊs] <-, -se> *m geh* obole *f*
Obrigkeit ['o:brɪçkaɪt] <-, -en> *f* autorités *fpl*
obrigkeitshörig *Adj pej* respectueux(-euse) de l'autorité **Obrigkeitsstaat** *m* État *m* autoritaire
obschon *s.* **obgleich**
Observanz <-, -en> *f* JUR observance *f*
Observatorium [ɔpzɛrva'to:riʊm] <-, -torien> *nt* observatoire *m*
observieren* [-'vi:-] *tr V* surveiller; **observiert werden** être sous surveillance
obsessiv [ɔpzɛ'si:f] *Adj* PSYCH obsessif(-ive)
obsiegen* *itr V a.* JUR *veraltet* triompher

obskur [ɔps'kuːɐ] Adj geh douteux(-euse)
Obsorge <-> f A (Fürsorge) soins mpl
Obst [oːpst] <-[e]s-> nt fruits mpl
Obst[an]bau m kein Pl arboriculture f fruitière **Obstbaum** m arbre m fruitier **Obsternte** f récolte f [o cueillette f] des fruits **Obstgarten** m verger m **Obsthändler(in)** m(f) marchand(e) m(f) de fruits **Obstkuchen** m tarte f aux fruits
Obstler ['oːpstlɐ] <-s, -> m alcool m de fruit
Obstmesser nt couteau m à fruits
Obstruktion <-, -en> f geh obstruction f
Obstsaft m jus m de fruit[s] **Obstsalat** m salade f de fruits **Obsttag** m jour m fruits (dans un régime alimentaire) **Obsttorte** f tarte f aux fruits **Obstwasser** nt eau-de-vie f de fruit
obszön [ɔps'tsøːn] I. Adj obscène
II. Adv de façon obscène
Obszönität [ɔpstsøniˈtɛːt] <-, -en> f obscénité f
Obus ['oːbʊs] m trolleybus m
obwalten* ['ɔpvaltən, ɔpˈvaltən] itr V form régner
obwohl, obzwar [ɔp'tsvaːɐ] Konj selten bien que + subj
Occasion [ɔka'zi̯oːn] <-, -en> f CH occasion f
Ochse ['ɔksə] <-n, -n> m ❶ bœuf m
❷ fam (Dummkopf) tête f d'âne
▸ dastehen wie der ~ vorm Berg [o Scheunentor] fam être comme une poule qui a trouvé un couteau
ochsen itr V fam bûcher (fam)
Ochsenmaulsalat ['ɔksən-] m museau m à la lyonnaise **Ochsenschleppsuppe** A s. Ochsenschwanzsuppe **Ochsenschwanz** m queue f de bœuf **Ochsenschwanzsuppe** f potage m queue de bœuf **Ochsentour** [-tuːɐ] f fam ❶ (mühsame Arbeit) corvée f ❷ (mühseliger Aufstieg) carrière f difficile
Ocker ['ɔkɐ] <-s, -> m o nt ❶ (Farbstoff) ocre f
❷ (Farbe, Farbton) ocre m
ockerbraun, ockergelb Adj ocre inv; ~e Socken des chaussettes ocre
Ode ['oːdə] <-, -n> f ode f
öde [ˈøːdə] Adj ❶ (verlassen) désert(e)
❷ (fade, geistlos) ennuyeux(-euse)
Öde <-, -n> f geh (Einöde) désert m
Odem [oːdəm] <-s-> m poet souffle m
Ödem [ø'deːm] <-s, -e> nt MED œdème m
oder ['oːdɐ] Konj ❶ ou; ~ aber ou alors; möchtest du Nudeln ~ Reis? tu veux des pâtes ou du riz?; wir könnten wandern ~ auch Ski fahren on pourrait se balader ou bien faire du ski; das könnte klappen ~ auch nicht ça pourrait marcher ou pas
❷ (nicht wahr) das schmeckt gut, ~? c'est bon, n'est-ce pas?; du kommst doch morgen, ~? tu viens bien demain, non?; du traust mir doch, ~ [etwa] nicht? tu me fais confiance, non?
Oder <-> f Oder m; Frankfurt an der ~ Francfort-sur-l'Oder
Oder-Neiße-Linie [-liːniə] f POL, HIST ligne f Oder-Neisse
Ödipus <-> m MYTH Œdipe m
Ödipuskomplex [ø'diːpʊs-] m PSYCH complexe m d'œdipe
Ödland ['øːt-] nt kein Pl terres fpl incultes
Odyssee [ody'seː] <-, -n> f geh odyssée f (soutenu)
Odysseus <-> m MYTH Ulysse m
OF Abk von Originalfassung v.o. f
Ofen ['oːfən, Pl: 'øːfən] <-s, Öfen> m ❶ (Heizofen) poêle m
❷ (Backofen) four m
❸ TECH fourneau m; (Verbrennungsofen) incinérateur m
▸ hinter dem ~ hocken passer sa vie dans ses pantoufles; der ~ ist aus sl y en a ras le bol (fam)
Ofenbank <-bänke> f banquette f du poêle **ofenfrisch** Adj qui sort du four; ~ sein sortir du four **Ofenheizung** f chauffage m au poêle[s] **Ofenrohr** nt tuyau m de poêle **Ofenschirm** m pare-feu m **Ofensetzer(in)** <-s, -> m(f) fumiste mf
Off [ɔf] <-s-> nt voix f off; aus dem ~ en voix off; eine Stimme aus dem ~ une voix off
offen ['ɔfən] I. Adj ❶ (nicht zu) ouvert(e); ~ haben Geschäft: être ouvert(e); halb ~ entrouvert(e)
❷ (nicht verheilt) Wunde ouvert(e); Bein purulent(e)
❸ (nicht zusammengebunden) Haare détaché(e)
❹ (unerledigt) en suspens
❺ (unentschieden) Ausgang, Rennen incertain(e); noch ist alles ~ tout est encore possible
❻ (freimütig) franc(franche); ~ zu jdm sein être franc(franche) avec qn
❼ (aufgeschlossen) jdm gegenüber ~ sein être ouvert(e) envers qn; für etw [o einer S. (Dat)] gegenüber] ~ sein être ouvert(e) à qc
❽ (deutlich, eindeutig) Protest, Boykott, Kampfansage déclaré(e)
❾ (frei) für alle/nur für Mitglieder ~ sein Besuch, Teilnahme: être ouvert(e) à tous/seulement aux membres
❿ (frei zugänglich) Ausblick, Fahrrinne, Gelände dégagé(e); Meer, Hafen accessible; Pass, Gelände ouvert(e)
⓫ (nicht beschränkt) Vollzug, Anstalt, Station en milieu ouvert; Himmel dégagé(e); Gesellschaft libéral(e), permissif(-ive)
⓬ DIAL (nicht abgepackt) Ware en vrac
⓭ (angebrochen) Flasche, Wein entamé(e)
⓮ LING Vokal ouvert(e)
II. Adv (freimütig) franchement; ~ über etw reden parler ouvertement de qc
▸ ~ gestanden [o gesagt] pour être franc(franche)
offenbar ['ɔfən(')baːɐ] I. Adj évident(e); es wird ~, dass il est de plus en plus évident que + indic
II. Adv manifestement
offenbaren* <PP: offenbart o geoffenbart> geh I. tr V ❶ (enthüllen) dévoiler; jdm etw ~ dévoiler qc à qn
❷ (mitteilen) jdm ~, dass annoncer à qn que + indic
II. r V ❶ sich jdm ~ (sich anvertrauen) se confier à qn (soutenu); (seine Liebe erklären) se déclarer à qn
❷ (erweisen) sich als zuverlässiger Freund ~ se révéler [être] un ami sûr
Offenbarung <-, -en> f révélation f; JUR einer Erfindung divulgation f, révélation f
Offenbarungseid m ❶ JUR serment m déclaratoire ❷ fig aveu m d'impuissance ▸ den ~ leisten JUR faire le serment déclaratoire; fig faire un aveu d'impuissance **Offenbarungspflicht** f JUR obligation f de divulgation
offen|bleiben itr V unreg + sein fig Frage, Problem: rester en suspens
offen|halten tr V unreg fig sich (Dat) eine Entscheidung ~ se réserver le droit de prendre une décision
Offenheit <-> f franchise f; in [o mit] aller ~ en toute franchise
offenherzig Adj ❶ (freimütig) franc(franche)
❷ hum fam (tief ausgeschnitten) [ganz schön] ~ sein être décolleté(e) jusqu'au nombril (fam)
Offenherzigkeit <-> f franchise f
offenkundig Adj manifeste; ~ werden être de plus en plus manifeste; es ist ~, dass il est manifeste que + indic
offen|lassen tr V unreg fig eine Frage ~ laisser une question en suspens
offen|legen tr V fig publier, rendre public Zahlen, Konten
offensichtlich I. Adj évident(e); ~ werden être de plus en plus évident(e); ~ sein sauter aux yeux
II. Adv de toute évidence
offensiv [ɔfɛnˈziːf] I. Adj offensif(-ive); Werbung, Verkaufsstrategie agressif(-ive); ~ sein être offensif(-ive)
II. Adv vorgehen, handeln de façon offensive; verkaufen, werben en utilisant des techniques agressives
Offensive [ɔfɛn'ziːvə] <-, -n> f offensive f
▸ in die ~ gehen passer à l'offensive
Offensivwaffe f MIL arme f offensive
offen|stehen itr V unreg fig Betrag, Schuld, Rechnung: être en souffrance; jdm ~ Alternative, Möglichkeit: être ouvert(e) à qn; es steht dir offen zu bleiben oder zu gehen tu es libre de rester ou de partir
öffentlich ['œfəntlɪç] I. Adj public(-ique); die Beratungen des Gerichts sind nicht ~ les délibérations du tribunal ne sont pas publiques
II. Adv publiquement; hinrichten sur la place publique
Öffentlichkeit <-> f ❶ (Allgemeinheit) public m; etw an die ~ bringen, mit etw an [o vor] die ~ treten rendre qc public(-ique); etw der ~ übergeben form (eröffnen) inaugurer qc; (veröffentlichen) présenter qc [au public]; in [o vor] aller ~ devant tout le monde
❷ JUR audience f publique
Öffentlichkeitsarbeit f relations fpl publiques **öffentlichkeitswirksam** Adj avec un impact médiatique
öffentlich-rechtlich Adj attr Sender public(-ique); Anstalt de droit public
offerieren* tr V ❶ COM proposer Angebot, Artikel, Ware
❷ form (anbieten) jdm etw ~ offrir qc à qn
Offerte [ɔˈfɛrtə] <-, -n> f COM offre f; verbindliche ~ offre ferme
Office ['ɔfɪs] <-, -s> nt CH (Anrichteraum) office m
offiziell [ɔfiˈtsi̯ɛl] I. Adj ❶ (amtlich) Reise, Schreiben officiel(le)
❷ (förmlich) Anlass, Empfang officiel(le); Feier solennel(le); ~ sein Person: être formaliste; sei doch nicht so ~! ne fais pas tant de manières!
II. Adv bestätigen officiellement
Offizier(in) [ɔfi'tsiːɐ] <-s, -e> m(f) officier m
Offiziersanwärter(in) m(f) aspirant m **Offizierskasino** nt mess m des officiers
offiziös [ɔfi'tsi̯øːs] Adj geh officieux(-euse)
offline^RR ['ɔflaɪn] Adv INFORM hors ligne; (im Internet) autonome
Offlinebetrieb^RR ['ɔflaɪn-] m INFORM mode m autonome
öffnen ['œfnən] I. tr V a. INFORM ouvrir; das Öffnen einer Datei, Tür l'ouverture f; das Fenster quietscht beim Öffnen la fenêtre

grince quand on l'ouvre
II. *itr V* ouvrir
III. *r V* ❶ **sich** ~ s'ouvrir; **sich nach Westen hin** ~ *Tal:* s'ouvrir sur l'ouest
❷ *(zugänglich werden für)* **sich jdm/einer Idee** ~ s'ouvrir à qn/ une idée
Öffner ['œfnɐ] <-s, -> *m* ❶ *(für Dosen)* ouvre-boîtes *m*; *(für Flaschen)* ouvre-bouteilles *m*, décapsuleur *m*
❷ *(Türöffner)* touche *f* d'ouverture automatique *(de la porte d'entrée d'un immeuble)*
Öffnung <-, -en> *f* ❶ *(offene Stelle)* orifice *m*
❷ *kein Pl a.* POL *(das Öffnen)* ouverture *f*
Öffnungszeiten *Pl* heures *fpl* d'ouverture
Offsetdruck ['ɔfsɛt-] <-[e]s, -e> *m* offset *m*
oft [ɔft] <öfter> *Adv* souvent; ~ **genug** assez souvent
▸ **des Öfteren** à diverses [*o* maintes] reprises
öfter[s] *Adv* assez souvent
oftmals ['ɔftmaːls] *s.* oft
oh [oː] *Interj* oh
Oheim ['oːhaɪm] <-s, -e> *m veraltet* oncle *m*
OHG [oːhaːˈgeː] *f Abk von* **Offene Handelsgesellschaft** société *f* en nom collectif
Ohm[1] [oːm] <-[e]s, -e> *m veraltet s.* **Onkel**
Ohm[2] <-[s], -> *nt* PHYS ohm *m*
ohmsch [oːmʃ] *Adj* ELEC **-e Belastung** charge ohmique; ~ **es Gesetz** loi d'Ohm
ohne ['oːnə] I. *Präp + Akk* sans; ~ **mich!** sans moi!
▸ **nicht** ~ **sein** *fam* avoir de la ressource; [**gar**] **nicht** ~ **sein** *fam (nicht leicht sein)* ne pas être (vraiment) de la tarte [*o* du gâteau] *(fam)*; *(nicht schlecht sein)* ne pas être (vraiment) dégueu *(fam)*
II. *Konj* ~ **zu überlegen** sans réfléchir; ~ **dass es Streit gab** sans qu'il y ait eu une dispute
ohnedies *s.* **ohnehin**
ohnegleichen *Adj unv* ❶ *(unnachahmlich)* sans pareil(le)
❷ *(außergewöhnlich)* ~ **sein** être unique en son genre
ohnehin *Adv* de toute façon
Ohnmacht ['oːn-] <-, -en> *f* ❶ syncope *f*; **in** ~ **fallen** tomber en syncope
❷ *geh (Machtlosigkeit)* impuissance *f*
ohnmächtig I. *Adj* ❶ évanoui(e); ~ **werden** s'évanouir
❷ *geh (machtlos, hilflos) Person, Wut, Zorn* impuissant(e)
II. *Adv (hilflos)* dans un état d'impuissance; **der Gewalt** ~ **gegenüberstehen** rester impuissant(e) face à la violence; ~ **zusehen müssen** devoir assister impuissant(e) à la scène
Ohnmächtige(r) *f(m) dekl wie Adj* personne *f* évanouie
Ohnmachtsanfall *m* syncope *f*; **einen** ~ **bekommen** tomber en syncope
oho [oˈhoː] *Interj (bewundernd)* eh bien *(fam)*; *(warnend)* oh oh
Ohr [oːɐ] <-[e]s, -en> *nt* oreille *f*; **auf einem** ~ **taub sein** être sourd(e) d'une oreille; **er hat ihr etwas ins** ~ **geflüstert** il lui a murmuré quelque chose à l'oreille
▸ **es faustdick hinter den** ~ **en haben** ne pas être tombé(e) de la dernière pluie; **er/sie ist noch feucht** [*o* **nicht trocken**] **hinter den** ~ **en** si on lui pressait le nez, il en sortirait du lait; **etw ist nicht für fremde** ~ **en** [**bestimmt**] qc n'est pas [fait] pour les oreilles indiscrètes; **ganz** ~ **sein** hum *fam* être tout ouïe *(hum)*; **nur mit halbem** ~ **zuhören** n'écouter que d'une oreille; **jdm die** ~ **en lang ziehen** *fam* tirer les oreilles à qn *(fam)*; **für jdn/etw ein offenes** ~ **haben** prêter une oreille attentive à qn/qc; **auf dem** ~ **bin ich taub** *fam* je fais la sourde oreille; **tauben** ~ **en predigen** prêcher dans le désert; **das ist nichts für zarte** ~ **en** ce n'est pas pour toutes les oreilles; **jdm das** ~ **abschwätzen** *fam* cirer les oreilles à qn *(fam)*; **jdm eins hinter die** ~ **en geben** *fam* en mettre [*o* coller] une à qn *(fam)*; **viel um die** ~ **en haben** *fam* ne pas/plus savoir où donner de la tête; **die** ~ **en hängen lassen** *fam* avoir l'oreille basse; **jdn übers** ~ **hauen** se payer la tête de qn *(fam)*; **zum einen** ~ **herein-, zum anderen wieder hinausgehen** entrer par une oreille et sortir par l'autre; **jdm klingen die** ~ **en** qn a les oreilles qui sifflent; **jdm zu** ~ **en kommen** arriver aux oreilles de qn; **sich aufs** ~ **legen** [*o* **hauen** *s*] *fam* [se] mettre la viande dans le torchon *(arg)*; **jdm mit etw in den** ~ **en liegen** casser les oreilles à qn avec qc *(fam)*; **mach die** ~ **en auf!** *fam* ouvre [grand] tes [*o* les] oreilles!; **mit den** ~ **en schlackern** en rester baba *(fam)*; **sich** *(Dat)* **etw hinter die** ~ **en schreiben** se mettre [bien] qc dans le crâne *(fam)*; **schreib dir das hinter die** ~ **en!** mets-toi bien ça dans le crâne!; **auf seinen** ~ **en sitzen** *fam* faire la sourde oreille; **die** ~ **en spitzen** *fam* dresser l'oreille; **seinen** ~ **en nicht trauen** *fam* ne pas en croire ses oreilles; **bis über beide** ~ **en** *fam* verschuldet jusqu'au cou; *überlastet, beschäftigt* jusqu'à n'en plus pouvoir; **bis über beide** ~ **en verliebt sein** être fou(folle) amoureux(-euse)
Öhr [øːɐ] <-[e]s, -e> *nt* chas *m*
Ohrenarzt *m*, **-ärztin** *f* oto-rhino-laryngologiste *mf* **ohren-**

betäubend *Adj* assourdissant(e) **Ohrenentzündung** *f* MED otite *f* **Ohrenklappe** *f* oreillette *f* **Ohrensausen** <-s> *nt* bourdonnements *mpl* d'oreille[s] **Ohrenschmalz** *nt kein Pl* cérumen *m* **Ohrenschmaus** <-[e]s> *m fam* plaisir *m* pour les oreilles **Ohrenschmerzen** *Pl* maux *mpl* d'oreille[s]; ~ **haben** avoir mal aux oreilles **Ohrenschützer** <-s, -> *m meist Pl* cache-oreilles *m* **Ohrensessel** *m* fauteuil *m* à oreilles **Ohrenzeuge** *m*, **-zeugin** *f* témoin *m* auriculaire
Ohrfeige <-, -n> *f* gifle *f*; **jdm eine** ~ **geben** donner une gifle à qn; **eine** ~ **bekommen** [*o* **kriegen** *fam*] se prendre une gifle *(fam)*
ohrfeigen *tr V* gifler
▸ **ich könnte mich dafür** ~ **!** *fam* je me foutrais des gifles pour ça! *(fam)*
Ohrfeigengesicht *nt pej sl* tête *f* à claques *(fam)*
Ohrläppchen ['oːɐlɛpçən] <-s, -> *nt* lobe *m* de l'oreille **Ohrmuschel** *f* pavillon *m* [de l'oreille] **Ohrring** *m* boucle *f* d'oreille **Ohrstecker** *m* clou *m* [d'oreille] **Ohrwurm** *m fam* rengaine *f*
oje [oˈjeː] *Interj,* **ojemine** [oˈjeːminə] *Interj veraltet* bon sang, bonté divine
o.k., okay [oˈkeː, oˈkeɪ] *fam* I. *Interj* O.K. *(fam)*
II. *Adj* O.K. *(fam)*; ~ **sein** *(gut, in Ordnung)* être O.K. *(fam)*; **bist du wieder** ~ **?** ça va maintenant?
Okkasion [ɔkaˈzi̯oːn] <-, -en> *f* A *fam (Gelegenheitskauf)* occasion *m*
okkult [ɔˈkʊlt] *Adj* occulte; **das Okkulte** les phénomènes occultes
Okkultismus [ɔkʊlˈtɪsmʊs] <-> *m* occultisme *m*
Okkupation [ɔkupaˈtsi̯oːn] <-, -en> *f* occupation *f*
okkupieren* *tr V* occuper
Ökobauer *m*, **-bäuerin** *f* agriculteur(-trice) *m(f)* biologique **Ökoladen** *m* magasin *m* vert
Ökologe [økoˈloːgə] <-n, -n> *m*, **Ökologin** *f* écologiste *mf*
Ökologie [økoloˈgiː] <-> *f* écologie *f*
ökologisch I. *Adj* écologique
II. *Adv* sur le plan écologique
Ökonom(in) [økoˈnoːm] <-en, -en> *m(f) geh* économiste *mf*
Ökonomie [økonoˈmiː] <-, -n> *f* économie *f*
ökonomisch [økoˈnoːmɪʃ] I. *Adj* ❶ *Frage, Problem* économique
❷ *(sparsam)* économe
II. *Adv (sparsam)* dans un souci d'économie
Ökopartei *f* parti *m* écologique [*o* écolo *fam*] **Ökosteuer** *f* FISC écotaxe *f* **Ökosystem** *nt* écosystème *m*
Oktaeder [ɔktaˈʔeːdɐ] <-s, -> *nt* MATH octaèdre *m*
Oktanzahl [ɔkˈtaːn-] *f* indice *m* d'octane
Oktavband [ɔkˈtaːf-] *m* TYP in-octavo *m*
Oktave [ɔkˈtaːvə] <-, -n> *f* octave *f*
Oktett [ɔkˈtɛt] <-s, -e> *nt* MUS octuor *m*
Oktober [ɔkˈtoːbɐ] <-s, -> *m* octobre *m*; *s. a.* **April**

Land und Leute

Le 3 octobre 1990, la R.D.A. fut rattachée à la République fédérale d'Allemagne. Déjà le 12 septembre, « le traité sur la régulation finale concernant l'Allemagne » avait été signé par les quatre puissances vainqueurs, la République fédérale d'Allemagne et le ministre-président de la R.D.A. à Moscou. Depuis, le **3.Oktober**, *der Tag der deutschen Einheit*, le jour de l'unité allemande, est la fête nationale.

Oktoberfest *nt la fête de la bière à Munich* **Oktoberrevolution** [-vo-] *f* HIST révolution *f* d'octobre
Okular [okuˈlaːɐ] <-s, -e> *nt* OPT oculaire *m*
Ökumene [økuˈmeːnə] <-> *f* œcuménisme *m*
ökumenisch [økuˈmeːnɪʃ] *Adj* œcuménique
Okzident ['ɔktsidɛnt] <-s> *m geh* Occident *m*
Öl [øːl] <-[e]s, -e> *nt* ❶ *(Speiseöl, Motorenöl, Ölfarbe)* huile *f*; **ätherische** ~ **e** huiles essentielles; **in** ~ **malen** faire de la peinture à l'huile
❷ *(Erdöl)* pétrole *m*
❸ *(Heizöl)* mazout *m*; **mit** ~ **heizen** se chauffer au fioul
▸ ~ **ins Feuer gießen** mettre de l'huile sur le feu; ~ **auf die Wogen gießen** calmer les esprits
Ölbaum *m* olivier *m* **Ölberg** ['øːlbɛrk] *m* BIBL, GEOG mont *m* des Oliviers **Ölbild** *s.* **Ölgemälde Ölbohrung** *f* forage *m* pétrolier **Ölbrenner** *m* chaudière *f* à mazout
Oldie ['oːldi] <-s, -s> *m fam* ❶ *(Song, Film)* classique *m*
❷ *(Person)* vioque *mf (fam)*
Öldruck *m* AUT pression *f* d'huile
Oldtimer ['oːldtaɪmɐ] <-s, -> *m* ❶ *(Auto)* voiture *f* ancienne
❷ *(Flugzeug)* coucou *m*
Oleander [oleˈandɐ] <-s, -> *m* laurier *m* rose
ölen ['øːlən] *tr V* huiler
▸ **wie geölt** *fam* comme du beurre *(fam)*
Ölexportland *nt* pays *m* exportateur de pétrole **Ölfarbe** *f* peinture *f* à l'huile **Ölfeld** *nt* champ *m* pétrolifère **Ölfilm** *m* film *m*

Ölfilter m AUT filtre m à huile
Ölförderland nt pays m producteur de pétrole **Ölförderturm** m derrick m
Ölförderung f kein Pl production f pétrolière [o de pétrole] **Ölgemälde** nt peinture f à l'huile **Ölgesellschaft** f compagnie f pétrolière **Ölgötze** ▶ **wie ein ~ dastehen** fam rester planté(e) là, l'air ahuri **Ölhafen** m port m pétrolier
ölhaltig Adj Pflanze oléagineux(-euse)
Ölheizung f chauffage m au mazout
ölig Adj ① Essen, Salat huileux(-euse)
② (verschmutzt) graisseux(-euse)
Oligarchie [oligar'çi:] <-, -n> f oligarchie f
Ölindustrie f industrie f pétrolière
oliv [o'li:f] Adj unv olive inv
Oliv <-s, - o fam -s> nt vert m olive; **in ~** [de] couleur olive
Olive [o'li:və] <-, -n> f olive f
Olivenbaum [-vən-] m olivier m **Olivenhain** m oliveraie f **Olivenöl** nt huile f d'olive
olivgrün [o'li:fgry:n] Adj vert olive inv; **~e Socken** des chaussettes vert olive
Öljacke f ciré m **Ölkanister** m bidon m d'huile [o à huile] **Ölkännchen** nt burette f d'huile [o à huile] **Ölkanne** f bidon m d'huile [o à huile] **Ölkrise** f crise f du pétrole
oll [ɔl] Adj NDEUTSCH (alt) vieux(vieille)
▶ **je ~ er, je doller** fam plus c'est vieux, plus ça pète de vie (fam)
Ölleitung f oléoduc m **Ölmalerei** f ① kein Pl peinture f à l'huile
② (Ölgemälde) peinture f à l'huile **Ölmessstab**ʳʳ m jauge f [d'huile] **Ölmühle** f huilerie f **Ölmulti** m multinationale f pétrolière **Ölofen** m poêle m à mazout **Ölpalme** f BOT palmier m oléifère **Ölpapier** nt papier m huilé **Ölpest** f marée f noire **Ölplattform** f plate[-]forme f pétrolière **Ölpumpe** f pompe f à huile **Ölquelle** f puits m de pétrole **Ölraffinerie** f raffinerie f de pétrole **Ölsardine** f sardine f à l'huile ▶ **wie die ~n** fam comme des sardines (fam); **die Leute stehen wie die ~n** les gens sont serrés comme des sardines (fam) **Ölscheich** m pej prince m du pétrole **Ölschicht** f couche f d'huile **Ölschiefer** m schiste m bitumineux **Ölschinken** m KUNST pej grande machine f (fam) **Ölsperre** f barrage m flottant **Ölstand** m kein Pl niveau m d'huile **Ölstandanzeiger** m indicateur m de niveau d'huile **Öltanker** m pétrolier m **Ölteppich** m nappe f de pétrole
Ölung <-, -en> f ① huilage m
② REL **die Letzte ~** l'extrême-onction f; **jdm die Letzte ~ spenden** administrer l'extrême-onction à qn
Ölvorkommen nt gisement m pétrolifère **Ölwanne** f carter m [à huile] **Ölwechsel** [-ks-] m vidange f [d'huile]; **den ~ machen** faire la vidange
Olymp [o'lʏmp] <-s> m **der ~** l'Olympe m
Olympiade [olʏm'pjaːdə] <-, -n> f olympiades fpl
Olympiamannschaft [o'lʏmpja-] f équipe f olympique **Olympiasieger(in)** m(f) champion(ne) m(f) olympique **Olympiastadion** nt stade m olympique
Olympionike <-n, -n> m, **Olympionikin** f SPORT athlète mf olympique
olympisch [o'lʏmpɪʃ] Adj olympique
Ölzeug nt ciré m **Ölzweig** m rameau m d'olivier
Oma ['oːma] <-, -s> f ① fam mamie f (fam)
② pej sl (alte Frau) mémère f (fam)
Ombudsfrau f médiatrice f **Ombudsmann** ['ɔmbʊts-] m médiateur m
Omelett [ɔm(ə)'lɛt] <-[e]s, -e o -s> nt, **Omelette** <-, -n> f CH, A omelette f
Omen ['oːmən] <-s, - o **Omina**> nt geh augure m (littér)
Omi <-, -s> f fam mamie f
ominös [omi'nøːs] Adj geh suspect(e)
Omnibus ['ɔmnibʊs] m omnibus m
Omnibusfahrt f voyage m en bus **Omnibusverkehr** m trafic m des bus
OmU Abk von Originalfassung mit Untertiteln v. o. sous-titrée
Onanie [ona'niː] <-> f onanisme m
onanieren* itr V se masturber; **das Onanieren** l'onanisme m
One-Man-Show ['wanmænʃoʊ] f THEAT one man show m
One-Night-Stand ['wannaɪtstɛnt] <-s, -s> m nuit f sans lendemain
Onkel ['ɔŋkəl] <-s, -> m ① oncle m
② Kinderspr. (Mann) monsieur m
▶ **über den großen ~ gehen** fam marcher les pieds tournés en dedans
Onkologe [ɔŋko'loːgə] <-n, -n> m, **Onkologin** f MED cancérologue mf
Onkologie [ɔŋkolo'giː] <-> f MED cancérologie f
onkologisch [ɔŋko'loːgɪʃ] Adj MED Erkrankung cancéreux(-euse); Forschung sur le cancer
online ['ɔnlaɪn] Adj INFORM en ligne

Onlineangebot nt INFORM offre f en ligne **Onlinebanking** ['ɔnlaɪnbɛŋkɪŋ] <-s> nt kein Pl opération f bancaire en ligne **Onlinebetrieb** m INFORM mode m connecté **Onlinedienst** m INFORM service m en ligne **Onlineshop** ['ɔnlaɪnʃɔp] <-s> m boutique f en ligne **Onlineshopping** <-s> nt shopping m en ligne
Ontogenese [ɔntogeˈneːza] <-> f MED ontogenèse f
Ontologie [ɔntolo'giː] <-> f PHILOS ontologie f
Onyx ['oːnʏks] <-[es], -e> m onyx m
OP [oː'peː] <-s, -s> m Abk von **Operationssaal** salle f d'opération
Opa ['oːpa] <-s, -s> m ① fam papi m (fam)
② pej sl (alter Mann) pépère m (fam)
opak [o'paːk] Adj opaque
Opal [o'paːl] <-s, -e> m opale f
OPEC ['oːpɛk] <-> f Abk von **Organization of the Petroleum Exporting Countries** O.P.E.P. f
OPEC-Länder ['oːpɛk-] Pl pays mpl de l'O.P.E.P.
Oper ['oːpɐ] <-, -n> f opéra m; **die komische ~** l'opéra-comique f; **an die** [o **zur**] **~ gehen** devenir chanteur m/cantatrice f d'opéra
Operateur(in) [opəra'tøːɐ] <-s, -e> m(f) chirurgien(ne) m(f)
Operation [opəra'tsi̯oːn] <-, -en> f opération f
Operationssaal m salle f d'opération **Operationsschwester** f infirmière f du bloc opératoire **Operationstisch** m table f d'opération
operativ [opəra'tiːf] I. Adj ① MED chirurgical(e)
② MIL opérationnel(le)
II. Adv ① MED par la chirurgie
② MIL en stratège/stratèges
Operator [opəˈraːtoːɐ] <-s, -oren> m, **Operatorin** f INFORM opérateur(-trice) m(f)
Operette [opə'rɛta] <-, -n> f opérette f
operieren* I. tr V opérer; **jdn am Magen ~** opérer qn de l'estomac; **sich** (Dat) **die Nase ~ lassen** se faire opérer du nez; **operiert werden** être opéré(e)
II. itr V ① MED opérer
② MIL mener une opération/des opérations
③ geh (vorgehen) **vorsichtig/mit Bedacht ~** opérer prudemment/avec réflexion
Opernball ['oːpɐn-] m bal m à l'opéra **Opernführer** m guide m des opéras **Opernglas** nt jumelles fpl de théâtre **Opernhaus** nt opéra m **Opernsänger(in)** m(f) chanteur m/cantatrice f d'opéra
Opfer ['ɔpfɐ] <-s, -> nt ① (Menschenleben) victime f; **zahlreiche ~ fordern** faire de nombreuses victimes; **jdm/einem Verbrechen zum ~ fallen** être victime de qn/d'un crime
② (Verzicht) sacrifice m; **~ bringen** faire des sacrifices
③ REL sacrifice m; (Opfergabe) offrande f
opferbereit Adj plein(e) d'abnégation **Opferbereitschaft** f kein Pl abnégation f **Opferentschädigung** f dédommagement m de/des victimes **Opfergabe** f offrande f **Opferlamm** nt ① REL agneau m du sacrifice ② geh (wehrloses Opfer) victime f expiatoire
opfern ['ɔpfɐn] I. tr V REL sacrifier; **jdm etw ~** donner qc en offrande à qn
II. itr V REL célébrer le sacrifice; **jdm ~** sacrifier à qn
III. r V hum fam **sich ~** se sacrifier
Opferstätte f lieu m de sacrifice **Opferstock** m tronc m **Opfertier** nt animal m offert en sacrifice **Opfertod** m geh sacrifice m; **durch seinen ~** grâce au sacrifice de sa vie
Opferung <-, -en> f ① eines Menschen, Tiers sacrifice m
② REL offrande f
Opferwille m esprit m de sacrifice **opferwillig** Adj disposé(e) à se sacrifier
Opium ['oːpi̯ʊm] <-s> nt opium m
Opiumhöhle f fumerie f d'opium **Opiumraucher(in)** m(f) fumeur(-euse) m(f) d'opium
Opossum [o'pɔsʊm] <-s, -s> nt ZOOL opossum m
Opponent(in) [ɔpo'nɛnt] <-en, -en> m(f) geh opposant(e) m(f); **ein ~ der Regierungspolitik** un opposant à la politique du gouvernement
opponieren* itr V geh faire de l'obstruction [systématique]; **gegen jdn/etw ~** s'opposer à qn/qc; **das Opponieren** l'opposition f
opportun [ɔpɔrˈtuːn] Adj geh ① (angepasst) Verhalten, Gesinnung opportuniste
② (vorteilhaft) **~ sein** être opportun(e)
Opportunismus [ɔpɔrtu'nɪsmʊs] <-> m opportunisme m
Opportunist(in) [ɔpɔrtu'nɪst] <-en, -en> m(f) opportuniste mf
opportunistisch I. Adj opportuniste
II. Adv en opportuniste
Opposition [ɔpozi'tsi̯oːn] <-, -en> f a. POL opposition f; **in ~ zu jdm/etw stehen** être opposé(e) à qn/qc; **etw aus ~ tun** faire qc par esprit de contradiction
oppositionell [ɔpozitsi̯o'nɛl] Adj ① POL de l'opposition
② geh (gegnerisch) Kräfte d'opposition; Einstellung contestataire

Oppositionelle(r) *f(m) dekl wie Adj* opposant(e) *m(f)*
Oppositionsführer(in) *m(f)* chef *mf* de l'opposition **Oppositionspartei** *f* parti *m* d'opposition
Optik ['ɔptɪk] <-, -en> *f* ❶ PHYS, PHOT optique *f*
❷ *kein Pl (Eindruck)* aspect *m*; **wegen der ~/der besseren ~** [juste] pour faire bien/mieux
Optiker(in) ['ɔptikɐ] <-s, -> *m(f)* opticien(ne) *m(f)*
optimal [ɔpti'ma:l] *geh* **I.** *Adj* optimal(e); *Partner* idéal(e)
II. *Adv* de la meilleure façon possible [o qui soit]
optimieren* *tr V geh* optimaliser *(soutenu)*
Optimierung <-, -en> *f* optimisation *f*
Optimismus [ɔpti'mɪsmʊs] <-> *m* optimisme *m*
Optimist(in) [ɔpti'mɪst] <-en, -en> *m(f)* optimiste *mf*
optimistisch I. *Adj* optimiste
II. *Adv* de façon optimiste; **jdn ~ stimmen** rendre qn optimiste
Optimum ['ɔptimʊm, *Pl:* 'ɔptima] <-s, Optima> *nt geh* solution *f* optimale
Option [ɔp'tsio:n] <-, -en> *f* ❶ BÖRSE, COM option *f*; **eine ~ auf etw** *(Akk)* **erwerben** acquérir une option sur qc
❷ *(das Optieren)* choix *m*
❸ *geh (Möglichkeit)* option *f*
optisch ['ɔptɪʃ] **I.** *Adj* ❶ *Gläser, Linsen* optique; *Instrument* d'optique
❷ *geh (äußerlich) Eindruck* visuel(le)
II. *Adv geh* visuellement
opulent [opu'lɛnt] **I.** *Adj geh Mahl* copieux(-euse)
II. *Adv geh essen* copieusement
Opus ['o:pʊs, *Pl:* 'o:pəra] <-, Opera> *nt* ❶ *(Gesamtwerk)* œuvre *f*
❷ MUS opus *m*; [das] ~ 18 l'opus 18
❸ *hum (Erzeugnis, Werk)* œuvre *f* d'art
Orakel [o'ra:kəl] <-s, -> *nt* oracle *m*; **das ~ von Delphi** l'oracle de Delphes; **das ~ befragen** interroger l'oracle
orakeln* *itr V geh* vaticiner *(littér)*
oral [o'ra:l] **I.** *Adj* ❶ MED oral(e); *Einnahme, Verabreichung* par voie orale
❷ *(den Mund betreffend)* buccal(e)
❸ *(nicht schriftlich)* oral(e)
II. *Adv* MED par voie orale
orange [o'rã:ʒ(ə), o'rã:ʃ, o'ranʃ] *Adj unv* orange *inv*
Orange[1] <-, -n> *f (Frucht)* orange *f*
Orange[2] <-, -*o fam* -s> *nt (Farbe)* orange *m*
Orangeade [orã'ʒa:də, oraŋ'ʒa:də] <-, -n> *f* orangeade *f*
Orangeat [orã'ʒa:t, oraŋ'ʒa:t] <-[e]s, -e> *nt* zeste *m* d'orange confit
orangefarben, orangefarbig [o'rã:ʒə-, o'ranʒə-] *Adj* [de couleur] orange *inv*
Orangenbaum [o'rã:ʒən-, o'raŋʒən-] *m* oranger *m* **Orangenblüte** *f* fleur *f* d'oranger **Orangenhaut** *f kein Pl* peau *f* d'orange **Orangenmarmelade** *f* marmelade *f* d'oranges **Orangensaft** *m* jus *m* d'orange **Orangenschale** *f* écorce *f* d'orange
Orangerie <-, -n> *f* BOT orangerie *f*
Orang-Utan <-s, -s> *m* orang-outan[g] *m*
Oratorium [ora'to:riʊm] <-s, -torien> *nt* oratorio *m*
ORB <-> *m Abk von* **Ostdeutscher Rundfunk** radio et télévision régionales de l'est de l'Allemagne
Orbit ['ɔrbɪt] <-s, -s> *m* RAUM orbite *f*
Orchester [ɔr'kɛstɐ, ɔr'çɛstɐ] <-s, -> *nt* ❶ *(Ensemble)* orchestre *m*
❷ *(Orchestergraben)* fosse *f* d'orchestre
Orchestergraben *m* fosse *f* d'orchestre
Orchidee [ɔrçi'de:ə] <-, -n> *f* orchidée *f*
Orden ['ɔrdən] <-s, -> *m* ❶ MIL décoration *f*; **jdm einen ~ für etw verleihen** remettre une décoration à qn pour qc
❷ ECCL ordre *m*; **einem ~ beitreten** entrer dans un ordre
Ordensbruder *m* religieux *m* **Ordensregel** *f* règle *f* de l'ordre **Ordensschwester** *f* religieuse *f* **Ordenstracht** *f* habit *m*
ordentlich ['ɔrdəntlɪç] **I.** *Adj* ❶ *(aufgeräumt)* rangé(e); **in ~ em Zustand** en ordre
❷ *(Ordnung liebend)* ordonné(e)
❸ *(anständig) Person* convenable; *Benehmen* correct(e)
❹ *fam (tüchtig) Frühstück, Portion* bon(ne) *antéposé*; **eine ~ e Tracht Prügel** une bonne raclée
❺ *(annehmbar) Angebot, Preis, Leistung* correct(e); **etwas Ordentliches lernen** apprendre un métier sérieux
❻ *(ordnungsgemäß) Professor* titulaire; *Gericht* régulier(-ière); *Mitglied* à part entière; *Vertrag* en bonne et due forme
II. *Adv* ❶ *(gesittet)* convenablement
❷ *fam (tüchtig)* bien; **~ zugreifen** se servir copieusement; **~ regnen** bien pleuvoir; **sich ~ vertun** se tromper dans les grandes largeurs; **jdn ~ verprügeln** battre qn comme plâtre
❸ *(diszipliniert)* arbeiten, studieren sérieusement
❹ *(annehmbar)* speisen, bezahlen, verdienen correctement
❺ *(ordnungsgemäß)* en bonne et due forme
Ordentlichkeit <-> *f* sens *m* de l'ordre

Order ['ɔrdɐ] <-, -s *o* -n> *f* ❶ COM commande *f*
❷ *geh (Anweisung)* directive *f*
ordern ['ɔrdɐn] *tr, itr V* commander
Ordinalzahl [ɔrdi'na:l] *f* nombre *m* ordinal
ordinär [ɔrdi'nɛ:ɐ] **I.** *Adj* ❶ *(vulgär)* vulgaire
❷ *(gewöhnlich)* simple *antéposé*
II. *Adv (gemein)* vulgairement
Ordinariat [ɔrdina'ria:t] <-[e]s, -e> *nt* ❶ UNIV chaire *f* [de professeur titulaire]
❷ REL ordinariat *m*; **bischöfliches ~** évêché *m*
Ordinarius [ɔrdi'na:riʊs] <-, Ordinarien> *m* professeur *mf* [titulaire]
Ordinate [ɔrdi'na:tə] <-, -n> *f* ordonnée *f*
Ordinatenachse [-aksə] *f* axe *m* des ordonnées
Ordination <-, -en> *f* ❶ REL ordination *f*
❷ MED prescription *f* [médicale]; *(Rezept)* ordonnance *f*
ordnen ['ɔrdnən] **I.** *tr V* ❶ *(sortieren)* classer; **etw alphabetisch/der Größe nach ~** classer qc par ordre alphabétique/de grandeur; **das Ordnen** le classement
❷ *(in Ordnung bringen)* mettre de l'ordre dans *Finanzen*; **seine Verhältnisse ~** se ranger; **etw neu ~** réorganiser qc
II. *r V* **sich ~** se ranger
Ordner <-s, -> *m* ❶ *(Person)* membre *m* du service d'ordre
❷ *(Aktenordner)* classeur *m*
Ordnerin <-, -nen> *f* membre *m* du service d'ordre
Ordnung <-, -en> *f* ❶ *kein Pl (das Sortieren)* classement *m*
❷ *(Aufgeräumtheit)* ordre *m*; **~ halten** être ordonné(e); **in seinen Sachen ~ halten** ranger ses affaires; **jdm etw in ~ halten** s'occuper de qc pour qn; **sein muss sein!** [il faut] de l'ordre avant tout!
❸ *kein Pl (ordentliches Verhalten)* ordre *m*; **die öffentliche ~** l'ordre public; **jdn zur ~ rufen** [*o* **anhalten**] rappeler qn à l'ordre
❹ *(Gesetzmäßigkeit)* ordre *m*; **eine vorgegebene ~** un ordre donné
❺ *(Vorschrift)* règlement *m*
❻ BIO ordre *m*
❼ ASTRON magnitude *f*; **ein Stern zweiter ~** une étoile de magnitude 2
▶ **~ ist das halbe Leben** *Spr.* l'ordre simplifie la vie; **es ist alles in bester** [*o* **schönster**] **~** tout est pour le mieux [dans le meilleur des mondes]; **etw in ~ bringen** *(aufräumen)* mettre qc en ordre; *(reparieren)* réparer qc; *(klären)* mettre bon ordre à qc; **es [ganz] in ~ finden, dass** trouver [tout à fait] normal que + *subj*; **es nicht in ~ finden, dass** ne pas trouver normal que + *subj*; **geht in ~** *fam* pas de problème *(fam)*; **alles hat seine ~** chaque chose à sa place; **jd ist in ~** *fam* qn est correct(e) *(fam)*; **der ist schwer in ~** il est au poil *(fam)*; **in ~ sein** *(funktionieren)* [bien] marcher; **nicht in ~ sein** *(nicht funktionieren)* être défectueux(-euse); *(sich nicht gehören)* ne pas aller; **der ~ halber** pour la forme; [**das ist**] **in ~!** fam d'accord!; **behalten Sie den Rest, ist schon in ~ so!** gardez le reste, c'est bien comme ça!
Ordnungsamt *nt* [service *m* d']état *m* civil **ordnungsgemäß I.** *Adj* réglementaire **II.** *Adv* en bonne et due forme
ordnungshalber *Adv* pour la forme
Ordnungshüter(in) *m(f)* gardien(ne) *m(f)* de l'ordre **Ordnungsliebe** *f kein Pl* amour *m* de l'ordre; **übertriebene ~** maniaquerie *f* **ordnungsliebend** *Adj* qui aime l'ordre; **~ sein** aimer l'ordre **Ordnungsruf** *m* rappel *m* à l'ordre **Ordnungssinn** *m kein Pl* sens *m* de l'ordre **Ordnungsstrafe** *f* contravention *f*; **jdn mit einer ~ belegen** dresser une contravention à qn **ordnungswidrig I.** *Adj Parken* illégal(e); *Verhalten* répréhensible **II.** *Adv* illégalement **Ordnungswidrigkeit** <-, -en> *f* infraction *f* **Ordnungszahl** *s.* Ordinalzahl
Oregano [o're:gano] <-> *m* origan *m*
Organ [ɔr'ga:n] <-s, -e> *nt* ❶ ANAT organe *m*
❷ *fig (Institution, Einrichtung)* **ausführendes ~** organisme *m* d'exécution; **beratendes ~** organe *m* consultatif
▶ **kein ~ für etw haben** *fam* ne pas avoir le sens de qc
Organbank *f* MED banque *f* d'organes **Organhandel** *m (legaler Handel mit Spenderorganen)* commerce *m* d'organes; *(illegaler Handel mit menschlichen Organen)* trafic *m* d'organes
Organigramm [ɔrgani'gram] <-s, -e> *nt* organigramme *m*
Organisation [ɔrganiza'tsio:n] <-, -en> *f* organisation *f*
Organisationskomitee *nt* comité *m* d'organisation **Organisationsplan** *m* organigramme *m* **Organisationstalent** *nt* ❶ *kein Pl (Eigenschaft)* sens *m* de l'organisation, esprit *m* d'organisation ❷ *(Mensch)* champion(ne) *m(f)* de l'organisation
Organisator [ɔrgani'za:to:ɐ] <-s, -toren> *m*, **Organisatorin** *f* organisateur(-trice) *m(f)*
organisatorisch [ɔrganiza'to:rɪʃ] **I.** *Adj Angelegenheit, Frage* relatif(-ive) à l'organisation; *Leistung* organisationnel(le); **~ es Talent haben** avoir le sens de l'organisation
II. *Adv* sur le plan de l'organisation; **sich ~ betätigen** s'occuper de l'organisation; **~ betrachtet** du point de vue de l'organisation

organisch [ɔr'gaːnɪʃ] I. *Adj* organique II. *Adv* ❶ MED organiquement ❷ *geh (harmonisch) sich einfügen, verbinden* pour former une unité
organisieren* I. *tr V* ❶ organiser ❷ *sl (stehlen)* magouiller *(fam)* II. *itr V* s'occuper de l'organisation III. *r V sich ~ Arbeitnehmer:* s'organiser
organisiert *Adj* organisé(e); **in einem Verband/gewerkschaftlich ~ sein** être organisé(e) en association/syndicat
Organismus [ɔrga'nɪsmʊs] <-, -nismen> *m* organisme *m*
Organist(in) [ɔrga'nɪst] <-en, -en> *m(f)* organiste *mf*
Organizer [ˈɔːɡənaɪzɐ] <-s, -> *m* INFORM agenda *m* électronique
Organspende *f* MED don *m* d'organe **Organspender(in)** *m(f)* donneur(-euse) *m(f)* d'organes
Organspenderausweis *m* MED carte *f* de donneur [d'organes]
Organtransplantation *f* MED transplantation *f* d'organe **Organverpflanzung** *f* transplantation *f* [d'organes]
Orgasmus [ɔr'gasmʊs] <-, Orgasmen> *m* orgasme *m*
orgastisch [ɔr'gastɪʃ] *Adj* orgastique, orgasmique
Orgel [ˈɔrɡəl] <-, -n> *f* orgue *m*; **~ spielen** jouer de l'orgue
Orgelkonzert *nt* ❶ *(Musikstück)* pièce *f* pour orgue ❷ *(Darbietung)* récital *m* d'orgue **Orgelmusik** *f (Komposition)* musique *f* pour orgue ❷ *(Orgelspiel)* récital *m* d'orgue **Orgelpfeife** *f* tuyau *m* d'orgue ▶ **dastehen wie die ~n** *hum fam* être en rang d'oignons *(hum fam)*
orgiastisch *Adj geh* orgiaque
Orgie [ˈɔrɡɪə] <-, -n> *f* orgie *f*; **~n feiern** célébrer des orgies
Orient [ˈoːriɛnt, oˈriɛnt] <-s> *m* Orient *m*; **der Vordere ~** le Proche-Orient
Orientale [oriɛn'taːlə] <-n, -n> *m*, **Orientalin** *f* Oriental(e) *m(f)*
orientalisch [oriɛn'taːlɪʃ] *Adj* oriental(e)
Orientalist(in) [oriɛnta'lɪst] <-en, -en> *m(f)* orientaliste *mf*
Orientalistik [oriɛnta'lɪstɪk] <-> *f* langues *fpl* orientales
orientieren* [oriɛn'tiːrən] I. *r V* ❶ *(sich zurechtfinden)* s'orienter; **sich an etw** *(Dat)* **~** s'orienter à qc ❷ *(sich ausrichten nach)* **sich an jdm/etw ~** agir en fonction de qn/qc ❸ *(sich unterrichten)* **sich über etw ~** s'informer de qc II. *tr V geh* ❶ *(unterrichten)* **jdn über etw** *(Akk)* **~** informer qn de qc; **über jdn/etw orientiert sein** être informé(e) au sujet de qn/qc ❷ *(ausgerichtet sein)* **links/rechts orientiert sein** être orienté(e) vers la gauche/droite; **liberal orientiert sein** avoir des orientations libérales
Orientierung [oriɛn'tiːrʊŋ] <-, -en> *f* ❶ *(das Zurechtfinden)* orientation *f*; **der ~** *(Dat)* **dienen** *Stadtplan:* permettre de s'orienter; **die ~ verlieren** ne plus arriver à s'orienter ❷ *(Information)* **zur ~** à titre d'information; **zu Ihrer ~** pour votre gouverne
Orientierungshilfe *f* ❶ *(geografisch)* point *m* de repère; **der alte Baum bietet eine gute ~** le vieil arbre aide à trouver le bon chemin ❷ *(geistig)* fil *m* [conducteur] **Orientierungspunkt** *m* point *m* de repère **Orientierungssinn** *m kein Pl* sens *m* de l'orientation
Origano [oˈriːɡano] <-s> *m s.* **Oregano**
original [origi'naːl] I. *Adj* ❶ *(echt)* original(e) ❷ *(ursprünglich) Verpackung, Zustand* d'origine II. *Adv* **~ verpackt sein** être dans son emballage d'origine; **nicht mehr ~ erhalten sein** ne plus exister dans son état d'origine
Original <-s, -e> *nt* ❶ *(Gegenstand)* original *m*; **im ~** en [version] original[e] ❷ *(Mensch)* original(e) *m(f)*
Originalausgabe *f* édition *f* originale **Originalfassung** *f* version *f* originale **originalgetreu** I. *Adj* fidèle [à l'original] II. *Adv nachahmen* parfaitement; **einen Text ~ übersetzen** traduire un texte en restant fidèle à l'original
Originalität [originali'tɛːt] <-> *f* ❶ *(Echtheit)* authenticité *f* ❷ *(Einfallsreichtum) einer Person, eines Stils* originalité *f*
Originalton *m* ❶ enregistrement *m* original ❷ *fig* **~ Emil** dixit Emil **Originalübertragung** *f* RADIO, TV émission *f* en direct
originell [origi'nɛl] I. *Adj* original(e) II. *Adv* de manière originale
Orkan [ɔr'kaːn] <-[e]s, -e> *m* ouragan *m*
orkanartig *Adj* semblable à un ouragan
Orkanstärke *f* force *f* d'un ouragan; **mit ~** avec la force d'un ouragan
Ornament [ɔrna'mɛnt] <-[e]s, -e> *nt* ornement *m*
ornamental [ɔrnamɛn'taːl] *Adj Dekoration, Verzierung* ornemental(e); *Portal* décoré(e)
Ornat [ɔr'naːt] <-[e]s, -e> *m* habit *m*; **in vollem ~** en habit de cérémonie
Ornithologe [ɔrnito'loːɡə] <-n, -n> *m*, **Ornithologin** *f* ornithologue *mf*

Oropax® <-> *nt* boules *fpl* Quies®
Orpheus [ˈɔrfɔys] <-> *m* MYTH Orphée *m*
Ort¹ [ɔrt] <-[e]s, -e> *m* ❶ *(Stelle, Erscheinungsort)* lieu *m*; **der ~ der Handlung** le lieu de l'action; **ohne ~ und Jahr** sans lieu ni date ❷ *(Ortschaft)* localité *f*; **von ~ zu ~ gehen** aller de ville en ville; **das ist von ~ zu ~ verschieden** c'est différent d'un lieu à l'autre; **am ~** sur place ❸ *(Belegstelle)* **am angegebenen ~** à l'endroit cité ▶ **an ~ und Stelle** sur place; **höheren ~es** *form* en haut lieu
Ort² ▶ **vor ~** sur place; MIN au front de taille
Örtchen [ˈœrtçən] <-s, -> *nt* ▶ **das [stille] ~** *fam* le petit coin *(fam)*
orten [ˈɔrtən] *tr V* ❶ localiser *Flugzeug, Signal, U-Boot, Sandbank* ❷ *fam (ausmachen)* **jdn schon geortet haben** avoir déjà repéré qn *(fam)*
orthodox [ɔrto'dɔks] I. *Adj a. fig* orthodoxe II. *Adv leben* selon le rite orthodoxe
Orthografie[RR] *s.* **Orthographie**
orthografisch[RR] *s.* **orthographisch**
Orthographie [ɔrtograˈfiː] <-, -en> *f* orthographe *f*
orthographisch [ɔrto'graːfɪʃ] I. *Adj Fehler, Frage, Regel* d'orthographe; **~ e Schwächen haben** avoir des problèmes d'orthographe II. *Adv* **~ falsch/richtig sein** être mal/bien [o correctement] orthographié(e)
Orthopäde [ɔrto'pɛːdə] <-n, -n> *m*, **Orthopädin** *f* orthopédiste *mf*
Orthopädie <-> *f* orthopédie *f*
orthopädisch *Adj* orthopédique; *Ausbildung, Erfahrung* en orthopédie
örtlich [ˈœrtlɪç] I. *Adj a.* MED, METEO local(e); **~ e Betäubung** anesthésie locale; **~ e Regenfälle** averses locales; **eine ~ e Besonderheit** une particularité locale II. *Adv a.* MED localement; **das ist ~ verschieden** ça dépend du lieu
Örtlichkeit <-, -en> *f* ❶ *(Ortschaft)* localité *f* ❷ *(Gegend)* endroit *m*; **sich mit der ~ vertraut machen** se familiariser avec l'endroit; **mit den ~en gut vertraut sein** bien connaître l'endroit ❸ *fam (das WC)* **die ~en** les toilettes *fpl*
Ortsangabe *f* ❶ indication *f* du lieu ❷ *(Nennung des Erscheinungsorts)* **ohne ~** sans lieu **ortsansässig** *Adj Firma* local(e); **die ~en Bewohner** les autochtones *mpl*; **sind Sie ~?** êtes-vous d'ici?; **gehen Sie doch zu einem ~en Arzt** allez voir un médecin d'ici **Ortsansässige(r)** *f(m) dekl wie Adj* autochtone *mf* **Ortsausgang** *m* sortie *f* de la localité **Ortsbestimmung** *f* ❶ GEOG localisation *f* ❷ LING complément *m* [circonstanciel] de lieu
Ortschaft <-, -en> *f* localité *f*; **geschlossene ~** agglomération *f* **Ortseingang** *m* entrée *f* de la localité **ortsfremd** *Adj* étranger(-ère); **~ e Touristen** des touristes venus de l'extérieur; **sind Sie ~?** vous n'êtes pas d'ici? **Ortsfremde(r)** *f(m)* dekl wie Adj étranger(-ère) *m(f)* **Ortsgespräch** *nt* communication *f* locale **Ortsgruppe** *f* section *f* locale; SPORT équipe *f* locale **Ortskenntnis** *f* connaissance *f* des lieux *pas de pl*; [gute] **~ se haben** [bien] connaître l'endroit **Ortskrankenkasse** *f* section *f* locale de la caisse d'assurance maladie; **Allgemeine ~** caisse d'assurance-maladie ouverte aux assurés obligatoires **ortskundig** *Adj* qui connaît l'endroit; **~ sein** connaître l'endroit; **sich ~ machen** repérer l'endroit **Ortskundige(r)** *f(m) dekl wie Adj* qui connaît l'endroit; **einen ~n fragen** demander à quelqu'un qui connaît l'endroit **Ortsname** *m* nom *m* de lieu; **wie war doch der ~?** comment s'appelait l'endroit? **Ortsnetz** *nt* réseau *m* local **Ortsnetzkennzahl** *f form* indicatif *m*
Ortsschild <-schilder> *nt* (am Ortseingang) panneau *m* d'entrée en agglomération; *(am Ortsausgang)* panneau *m* de fin d'agglomération **Ortssinn** *m kein Pl* sens *m* de l'orientation **Ortstarif** *m* tarif *m* de la communication locale **Ortsteil** *m* quartier *m* **ortsüblich** *Adj Bezahlung, Gehalt, Tarif* pratiqué(e) localement; *Brauch, Gepflogenheit* conforme aux usages locaux; **~ sein** être la coutume **Ortsverkehr** *m* circulation *f* locale **Ortswechsel** *m* changement *m* de lieu **Ortszeit** *f* heure *f* locale; **um elf Uhr ~** à onze heures heure locale **Ortszuschlag** *m* indemnité *f* de résidence
Ortung <-, -en> *f* détection *f*
Oscarnominierung [ˈɔskar-] <-, -en> *f* CINE nomination *f* aux oscars **Oscarpreisträger(in)** *m(f)* CINE détenteur(-trice) *m(f)* d'un oscar **oscarreif** *Adj* CINE **~ e Leistung** *a. fig* prestation digne d'un oscar **oscarverdächtig** *Adj* CINE *a. fig* oscarisable **Oscarverleihung** <-, -en> *f* CINE cérémonie *f* de remise des oscars
Öse [ˈøːzə] <-, -n> *f* eines Schuhs œillet *m*; einer Angelrute anneau *m*
Oslo [ˈɔslo] <-s> *nt* Oslo
osmanisch [ɔs'maːnɪʃ] *Adj* ottoman(e)
Osmium [ˈɔsmiʊm] <-s> *nt* CHEM osmium *m*
Osmose [ɔs'moːzə] <-, -n> *f* osmose *f*

Ossi ['ɔsi] <-s, -s> *m*, <-, -s> *f fam* surnom des habitants de l'ex--R.D.A.

Ost [ɔst] <-[e]s> *m* ▶ ~ **und West** *(Ost- und Westeuropa)* l'Est *m* et l'Ouest *m; (Europa und Asien)* l'Orient *m* et l'Occident *m;* **aus ~ und West** de l'Est et de l'Ouest

Ostasien *nt* l'Asie *f* orientale **Ostberlin** *nt* Berlin-Est **Ostblock** *m* HIST bloc *m* de l'Est **Ostblockland** *nt,* **Ostblockstaat** *m* HIST pays *m* [du bloc] de l'Est **ostdeutsch** *Adj* d'Allemagne de l'Est **Ostdeutsche(r)** *f(m) dekl wie Adj* Allemand(e) *m(f)* de l'Est **Ostdeutschland** *nt* l'Allemagne *f* de l'Est

Osten ['ɔstən] <-s> *m* ❶ *(Himmelsrichtung)* est *m*
❷ *(östliche Gegend)* Est *m*
❸ *(Osteuropa)* **der ~** l'Est *m;* **aus dem ~** de l'Est
❹ *(Kleinasien, Asien)* **der Nahe ~** le Proche-Orient; **der Mittlere ~** le Moyen-Orient; **der Ferne ~** l'Extrême-Orient *m; s. a.* Norden

ostentativ [ɔstɛnta'ti:f] *geh* I. *Adj* ostensible
II. *Adv* ostensiblement

Osteoporose [ɔsteopo'ro:zə] <-, -n> *f* MED ostéoporose *f*

Osterei ['o:stɐʔaɪ] *nt* œuf *m* de Pâques **Osterfest** *nt* les Pâques *fpl* **Osterglocke** *f* jonquille *f* **Osterhase** *m* lapin *m* de Pâques

---
Land und Leute

À Pâques, l'**Osterhase** cache dans les jardins ou les appartements des œufs de Pâques peints, des lapins en chocolat et d'autres cadeaux. Les enfants cherchent ensuite partout les cachettes où se trouvent les cadeaux ou les friandises.

Osterlamm *nt* agneau *m* pascal
österlich ['ø:stɐlɪç] I. *Adj* de Pâques
II. *Adv* **~ geschmückt** décoré(e) pour Pâques
Ostermontag *m* lundi *m* de Pâques
Ostern ['o:stɐn] <-, -> *nt* Pâques *fpl;* **frohe** [*o* **fröhliche**] **~!** joyeuses Pâques!; **zu ~ verreisen wir** nous partons en week-end de Pâques; **was hast du zu ~ bekommen?** qu'as-tu reçu pour Pâques?
Österreich ['ø:stərraɪç] <-s> *nt* l'Autriche *f*
Österreicher(in) <-s, -> *m(f)* Autrichien(ne) *m(f);* **sie ist ~in** elle est Autrichienne
österreichisch *Adj* autrichien(ne)
Ostersonntag *m* dimanche *m* de Pâques **Osterwoche** *f* semaine *f* sainte
Osteuropa *nt* l'Europe *f* de l'Est **osteuropäisch** *Adj* de l'Europe de l'Est; **~ wirken** faire penser à l'Europe de l'Est **Ostgote** *m,* **-gotin** *f* Ostrogoth(e) *m(f)* **Ostkirche** *f* l'Église *f* d'Orient **Ostküste** *f* côte *f* orientale
östlich ['œstlɪç] I. *Adj* ❶ *Land, Stadt, Lage, Klima* de l'est; *Landesteil, Gebiet* oriental(e)
❷ METEO en provenance de l'est
❸ *(nach Osten)* **in ~er Richtung** en direction de l'est
II. *Adv* **~ von Bonn** à l'est de Bonn
III. *Präp + Gen* **~ der Autobahn** à l'est de l'autoroute
Ostmark *f* HIST mark *m* de l'Est **Ostpolitik** *f* HIST Ostpolitik *f* **Ostpreußen** *nt* la Prusse-Orientale **ostpreußisch** *Adj* de la Prusse-Orientale
Östrogen [œstro'ge:n] <-s, -e> *nt* œstrogène *m*
Ostrom ['ɔstro:m] *nt* HIST empire *m* romain d'Orient **oströmisch** *Adj* HIST **das Oströmische Reich** l'Empire romain d'Orient **Ostsee** *f* la [mer] Baltique; **an der ~ leben/an die ~ fahren** vivre/aller au bord de la [mer] Baltique **Ostseite** *f* face *f* [*o* côté *m*] est **Ostverträge** *Pl* POL **die ~** le traité germano-polonais **Ostwand** *f eines Gebäudes* face *f* est; *eines Bergs* versant *m* est
ostwärts [-vɛrts] *Adv* vers l'est
Ost-West-Konflikt *m* ÖKON, POL conflit *m* est-ouest
Ostwind *m* vent *m* d'Est
oszillieren* *itr V* osciller

Oszillograph [ɔstsɪlo'graːf] <-en, -en> *m* oscillographe *m*
O-Ton ['oː-] *m (fam)* enregistrement *m* original
Otter[1] ['ɔtɐ] <-, -n> *f (Schlangenart)* vipère *f*
Otter[2] <-s, -> *m (Fischotter)* loutre *f*
Otto ['ɔto] <-s, -s> *m fam* ▶ **Normalverbraucher** le consommateur lambda *(fam);* **den flotten ~ haben** avoir la courante *(fam)*
Ottomotor ['ɔto-] *m* moteur *m* à allumage par étincelle
ÖTV [øːteˈfaʊ] <-> *f Abk von* **Gewerkschaft Öffentliche Dienste, Transport und Verkehr** syndicat allemand des services publics, des transports et de la circulation
out [aʊt] *Adj fam* **~ sein** être out *(fam)*
outen ['aʊtən] *r V* déclarer; **sich [als Homosexueller] ~** déclarer officiellement son homosexualité
Outfit ['aʊtfɪt] <-s, -s> *nt sl* tenue *f,* touche *f (fam)*
Outing ['aʊtɪŋ] <-s> *nt* outing *m*
Outlet ['aʊtlɛt] <-s, -s> *nt (Fabrikverkaufsstelle)* magasin *m* d'usine
Output ['aʊtpʊt] <-s, -s> *m o nt* INFORM output *m*
Outsider [aʊtˈsaɪdɐ] <-s, -> *m* outsider *m*
out|sourcen ['aʊtsɔːsən] <source out, sourcte out, outgesourct> *tr V* ÖKON externaliser *Abteilung, Arbeit, Personal*
Outsourcing ['aʊtsɔːsɪŋ] <-s> *nt* ÖKON ❶ *(Auslagerung von Tätigkeiten)* externalisation *f*
❷ *(Produktionsverlagerung ins Ausland)* délocalisation *f*
Ouvertüre [uvɛrˈtyːrə] <-, -n> *f* ouverture *f*
oval [oˈvaːl] *Adj* ovale
Oval <-s, -e> *nt* ovale *m*
Ovation [ovaˈtsioːn] <-, -en> *f geh* ovation *f;* **stehende ~en** standing ovation *f;* **jdm ~en darbringen** réserver une ovation à qn
Overall ['oʊvərɔːl] <-s, -s> *m* combinaison *f*
Overheadfolie ['oʊvə(r)hɛdfoːli̯ə] *f* transparent *m* **Overheadprojektor** *m* rétroprojecteur *m*
ÖVP [øːfaʊˈpeː] <-> *f Abk von* **Österreichische Volkspartei** parti populaire autrichien
Ovulation [ovulaˈtsi̯oːn] <-, -en> *f* ovulation *f*
Ovulationshemmer <-s, -> *m* pilule *f* anticonceptionnelle
Oxid [ɔˈksiːt] <-[e]s, -e> *nt* oxyde *m*
Oxidation [ɔksidaˈtsi̯oːn] <-, -en> *f* oxydation *f*
oxidieren* I. *itr V + haben o sein* s'oxyder
II. *tr V + haben* oxyder
Oxyd [ɔˈksyːt] <-[e]s, -e> *nt s.* Oxid
Oxydation [ɔksydaˈtsi̯oːn] <-, -en> *f s.* Oxidation
Ozean ['oːtseaːn] <-s, -e> *m* océan *m;* **der Atlantische/Indische/Pazifische** [*o* **Stille**] **~** l'océan Atlantique/Indien/Pacifique
Ozeandampfer *m* paquebot *m; (im Atlantischen Ozean)* transatlantique *m*
Ozeanien [otseˈaːni̯ən] <-s> *nt* l'Océanie *f*
ozeanisch [otseˈaːnɪʃ] *Adj* ❶ *(den Ozean betreffend)* océanique
❷ *(Ozeanien betreffend)* océanien(ne)
Ozeanographie <-> *f* océanographie *f*
Ozelot ['oːtselɔt] <-s, -e> *m* ❶ ZOOL ocelot *m*
❷ *(Mantel)* manteau *m* d'ocelot [*o* en ocelot]
Ozon [oˈtsoːn] <-s> *nt* ozone *m*
Ozonalarm *m* alerte *f* à la pollution par l'ozone

Land und Leute

L'**Ozonalarm** est donnée à la radio par le ministère de l'Intérieur. Seuls les véhicules équipés d'un pot catalytique sont alors autorisés à circuler. De plus, les jours de pollution, il est recommandé de ne pas pratiquer de sport en plein air et de ne pas utiliser des machines fonctionnant avec un moteur à explosion.

Ozonloch *nt* trou *m* dans la couche d'ozone **Ozonschicht** *f kein Pl* couche *f* d'ozone **Ozonsmog** *m* smog *m* d'ozone **Ozonwert** *m* taux *m* d'ozone

P p

P, p [peː] <-, -> *nt* P *m*/p *m*
▶ P wie Paula p comme Pierre
paar [paːɐ] *Adj unv* ❶ *(einige wenige)* quelques; **ein ~ Minuten/Gäste** quelques minutes/invités; **ein ~ hundert Euro** quelques centaines d'euros; **in ein ~ Sekunden/Stunden** dans quelques secondes/heures; **alle ~ Tage** tous les deux ou trois jours; **ein ~ von uns** quelques-un(e)s d'entre nous

❷ *(die wenigen)* **die ~ Minuten/Gäste** les quelques minutes/invités; **behalte deine ~ Cent!** garde tes quelques cents!
▶ **du kriegst gleich ein ~!** *fam* tu vas en avoir une! *(fam)*
Paar <-s, -e> *nt* ❶ *(Menschen)* couple *m;* **ein ungleiches ~** un couple mal assorti; **ein ~ werden** *geh* s'unir [pour le meilleur et pour le pire] *(soutenu)*
❷ *(Dinge)* paire *f;* **ein ~ Schuhe** une paire de chaussures; **ein ~**

Würstchen deux saucisses
paaren ['paːrən] I. *r V* **sich ~** s'accoupler
  II. *tr V* accoupler *Tiere*
Paarhufer <-s, -> *m* ZOOL artiodactyles *mpl*
paarig *Adj* pair(e); *Organ, Blätter* géminé(e)
Paarlauf *m* patinage *m* en couple
paarmal *Adv* ❶ *(einige Male)* **ein ~** à plusieurs reprises
  ❷ *(wenige Male)* **die ~** les quelques fois
Paarreim *m* POES rimes *fpl* suivies
Paarung <-, -en> *f* accouplement *m*
Paarungszeit *f* saison *f* des amours
paarweise *Adv* ❶ *(nach Paaren) sich aufstellen* par couples
  ❷ *(in Paaren) verkaufen* par paire[s]
  ❸ *(paarig) angelegt, angeordnet* par deux
Pacht [paxt] <-, -en> *f* ❶ fermage *m;* **etw in ~** *(Dat)* **haben** avoir qc en fermage
  ❷ *(Pachtvertrag)* bail *m*
pachten *tr V* louer
  ▶ **etw für sich gepachtet haben** *fam* avoir le monopole de qc
Pächter(in) <-s, -> *m(f)* preneur(-euse) *m(f)* [à bail]
Pachtung <-, -en> *f* prise *f* à ferme; **~ auf Lebensdauer** bail à vie
Pachtverhältnis *nt* fermage *m,* ≈ convention *f* d'affermage
Pachtvertrag *m* bail *m* [à ferme]; **einen ~ auflösen** résilier un contrat de fermage **Pachtzins** *m* fermage *m*
Pack¹ [pak, *Pl:* 'pakə, 'pɛkə] <-[e]s, -e *o* Päcke> *m* paquet *m;* **ein ~ Briefe/Bücher** un paquet de lettres/livres; **ein ~ Altpapier/Lumpen** un ballot de vieux papiers/de fripes
Pack² [pak] <-s> *nt pej* racaille *f (péj)*
  ▶ **~ schlägt sich, ~ verträgt sich** *Spr.* ≈ la canaille se bat et se réconcilie l'instant d'après
Päckchen <-s, -> *nt* ❶ POST petit paquet *m*
  ❷ *(Packung, kleiner Packen)* paquet *m*
Packeis *nt kein Pl* banquise *f*
packeln ['pakəln] *itr V* A *pej fam s.* **paktieren**
packen ['pakən] I. *tr V* ❶ faire *Koffer, Kiste, Paket;* **das Nötigste ~** prendre le nécessaire; **etw in die Tasche/in den Schrank ~** mettre qc dans le sac/l'armoire
  ❷ *(ergreifen)* saisir
  ❸ *(überkommen)* **jdn ~** *Leidenschaft, Wut:* saisir qn; **ihn hat es [ganz schön] gepackt** *fam* il est tombé fou amoureux *(fam)*
  ❹ *fig (fesseln)* **jdn ~** *Film, Theaterstück, Buch:* captiver qn
  ❺ *sl (schaffen)* réussir *Schule;* décrocher *(fam) Examen;* **den Bus/das Flugzeug gerade noch ~** juste réussir à avoir le bus/l'avion
  ❻ *sl (kapieren)* piger *(fam)*
  II. *itr V* faire ses valises
Packen <-s, -> *m* pile *f;* **ein ~ Wäsche/Bücher** une pile de linge/livres; **ein ~ Kleider/Altpapier** un ballot de fripes/de vieux papiers
packend I. *Adj* captivant(e)
  II. *Adv* de façon captivante
Packer(in) <-s, -> *m(f)* ❶ *(im Versand)* emballeur(-euse) *m(f)*
  ❷ *(Möbelpacker)* déménageur *m*
Packerei <-> *f fam* corvée *f* des valises
Packesel *m* âne *m* de bât **Packpapier** *nt* papier *m* kraft **Packsattel** *m* bât *m*
Packung <-, -en> *f* ❶ *(Schachtel)* paquet *m;* *(Geschenkpackung)* boîte *f;* **eine ~ Zigaretten/Pralinen** un paquet de cigarettes/une boîte de chocolats
  ❷ *(Tüte)* sachet *m;* **eine ~ Bonbons** un sachet de bonbons
  ❸ MED cataplasme *m*
  ❹ *(Gesichtspackung, Haarkur)* application *f*
Packwagen *m* fourgon *m* à bagages
Pädagoge <-n, -n> *m,* **Pädagogin** *f* pédagogue *mf*
Pädagogik <-> *f* pédagogie *f*
pädagogisch I. *Adj* pédagogique; *Studium, Werk* de pédagogie
  II. *Adv* pédagogiquement
Paddel ['padəl] <-s, -> *nt* pagaie *f*
Paddelboot *nt* kayak *m*
paddeln ['padəln] *itr V* ❶ + *haben o sein* pagayer
  ❷ + *sein* **über den See ~** traverser le lac en pagayant
Paddler(in) <-s, -> *m(f)* pagayeur(-euse) *m(f)*
Päderast [pɛdeˈrast] <-en, -en> *m* pédéraste *m*
Päderastie [pɛderasˈtiː] <-> *f* pédérastie *f*
pädophil [pɛdoˈfiːl] *Adj* pédophile
Pädophilie [pɛdofiˈliː] <-> *f* pédophilie *f*
paffen ['pafən] *fam* I. *itr V (nicht inhalieren)* crapoter; **an einer Zigarette ~** fumer une cigarette; **willst du auch mal ~?** tu veux une taffe? *(fam)*
  II. *tr V* tirer sur *Zigarre, Zigarette*
Page ['paːʒə] <-n, -n> *m* ❶ *(Hoteldiener)* groom *m*
  ❷ HIST *(Edelknabe)* page *m*
Pagenkopf ['paːʒən-] *m* coupe *f* à la Jeanne d'Arc *(vieilli)*
paginieren* *tr V* TYP paginer

Paginierung <-, -en> *f* pagination *f*
Pagode [paˈgoːdə] <-, -n> *f* pagode *f*
pah [paː] *Interj* bof
Paillette [parˈjɛtə] <-, -n> *f* paillette *f*
Paket [paˈkeːt] <-[e]s, -e> *nt* ❶ POST colis *m*
  ❷ *a. fig (Packen)* paquet *m*
Paketannahme <-, -n> *f* ❶ *kein Pl (die Annahme)* réception *f* des colis ❷ *(Paketschalter)* guichet *m* [de réception] des colis **Paketausgabe** *f* retrait *m* des colis **Paketgebühr** *f* tarif *m* d'affranchissement des colis **Paketkarte** *f* bordereau *m* d'expédition des colis **Paketpost** *f* ❶ *(Pakete)* acheminement *m* des colis postaux
  ❷ *(Zusteller)* service *m* [de livraison] des colis **Paketschalter** *m* guichet *m* [d'enregistrement] des colis **Paketzustellung** *f* distribution *f* de colis
Pakistan ['paːkɪstaːn] <-s> *nt* le Pakistan
Pakistaner(in) <-s, -> *m(f),* **Pakistani** [pakɪsˈtaːni] <-[s], -[s]> *m,* <-, -[s]> *f* Pakistanais(e) *m(f)*
pakistanisch [pakɪsˈtaːnɪʃ] *Adj* pakistanais(e)
Pakt <-[e]s, -e> *m* pacte *m;* **der Warschauer ~** HIST le pacte de Varsovie
paktieren* *itr V* pactiser; **mit jdm ~** pactiser avec qn
Palais [paˈlɛː] <-, -> *nt* palais *m*
Paläontologe [palɛɔntoˈloːgə] <-n, -n> *m,* **Paläontologin** *f* paléontologue *mf*
Paläontologie [palɛɔntoloˈgiː] <-> *f* paléontologie *f*
Paläozoikum [palɛoˈtsoːikʊm] <-s> *nt* paléozoïque *m*
Palast <-[e]s, Paläste> *m* palais *m*
Palästina <-s> *nt* la Palestine
Palästinenser(in) [palɛstiˈnɛnzɐ] <-s, -> *m(f)* Palestinien(ne) *m(f)*
Palästinensergebiet *nt* territoire *m* palestinien **Palästinenserstaat** *m* État *m* palestinien
palästinensisch *Adj* palestinien(ne)
Palatschinke <-, -n> *f* A omelette *f* fourrée
Palaver [paˈlaːvɐ] <-s, -> *nt fam* palabres *fpl*
  ▶ **ein ~ abhalten** se perdre dans des palabres, palabrer
palavern* [-ven] *itr V fam* ❶ *(lange reden)* palabrer *(fam)*
  ❷ *(sich unterhalten)* **mit jdm ~** papoter avec qn *(fam)*
Palette <-, -n> *f* ❶ KUNST, IND palette *f*
  ❷ *geh (Vielfalt)* gamme *f;* **breite ~** vaste gamme
paletti ▶ **alles ~** *sl* tout baigne [dans l'huile] *(fam)*
Palisade [paliˈzaːdə] <-, -n> *f (Pfahl)* palis *m*
  ❷ *(Wand aus Palisaden)* palissade *f*
Palisander <-s, -> *m,* **Palisanderholz** *nt* palissandre *m*
Palladium <-s> *nt* CHEM palladium *m*
Palme <-, -n> *f* palmier *m*
  ▶ **jdn mit etw auf die ~ bringen** *fam* hérisser le poil à qn avec qc *(fam)*
Palmenhain *m* palmeraie *f*
Palmöl <-s, -e> *nt* huile *f* de palme **Palmsonntag** *m* [der] ~ les Rameaux *mpl*
Palmtop® ['paːmtɔp] <-[s], -[s]> *m* INFORM ordinateur *m* de poche, palmtop® *m*
Palmwedel *m* palme *f* **Palmzweig** *m* BOT ❶ *(der Palme)* palme *f*
  ❷ DIAL *(Buchsbaumzweig)* rameau *m* de buis
Pampa <-, -s> *f* pampa *f*
  ▶ **mitten in der ~** en pleine cambrousse
Pampe <-> *f* DIAL *pej fam* bouillasse *f (fam)*
Pampelmuse <-, -n> *f* pamplemousse *f*
Pamphlet <-[e]s, -e> *nt geh* pamphlet *m*
pampig *Adj* ❶ *fam (frech)* malotru(e) *(fam)*
  ❷ *(breiig)* pâteux(-euse)
Pan <-s> *m* MYTH Pan *m*
Panade <-, -n> *f* panure *f*
Panama¹ ['panama] <-s> *nt* ❶ *(Staat)* [république *f* de] Panamá *m*
  ❷ *(Hauptstadt)* Panamá
Panama² <-s, -s> *m s.* **Panamahut**
Panamaer(in) ['panamaɐ, panaˈmaːɐ] <-s, -> *m(f)* Panaméen(ne) *m(f)*
Panamahut *m* panama *m*
panamaisch [panaˈmaːɪʃ] *Adj* panaméen(ne)
Panamakanal *m* **der ~** le canal de Panama
Panda <-s, -s> *m* panda *m*
Pandora <-s> *f* MYTH Pandore *f*
Paneel [paˈneːl] <-s, -e> *nt form* ❶ *(Feld)* panneau *m*
  ❷ *(Täfelung)* lambris *m*
Panflöte *f* flûte *f* de Pan
panieren* *tr V* paner
Paniermehl *nt* chapelure *f*
Panik <-, -en> *f* panique *f;* **[eine] ~ bricht aus** un vent de panique se déclenche; **nur keine ~!** *fam* pas de panique! *(fam)*
Panikmache <-> *f pej fam* alarmisme *m* **Panikstimmung** *f* panique *f*

panisch I. *Adj attr* panique; [eine] ~e Angst vor Spinnen haben avoir une peur panique des araignées
II. *Adv reagieren* par la panique; ~ **zum Ausgang drängen** se précipiter avec panique vers la sortie
Pankreas <-, Pankre̱aten> *nt* ANAT pancréas *m*
Panne <-, -n> *f* ❶ *(Defekt)* panne *f*; **eine ~ haben** tomber en panne
❷ *fam (Missgeschick)* boulette *f (fam)*; *(Fahndungspanne, Ermittlungspanne)* bavure *f*
Pannendienst *m* service *m* de dépannage **Pannenhilfe** *f* dépannage *m* **Pannenkoffer** *m* trousse *f* à outils
Panorama <-s, Panora̱men> *nt* panorama *m*
Panoramabus *m* car *m* panoramique **Panoramaspiegel** *m* rétroviseur *m* panoramique
panschen I. *tr V* couper *Wein*
II. *itr V* ❶ *Winzer:* couper le vin
❷ *fam (planschen)* barboter
Panscher(in) ['panʃɐ] <-s, -> *m(f) pej fam* fraudeur(-euse) *m(f)* qui mouille *[o coupe]* le vin/la bière
Pansen <-s, -> *m* ❶ ZOOL panse *f*
❷ NDEUTSCH *fam (Magen)* panse *f (fam)*
Panter[RR] *s.* **Panther**
Pantheismus <-> *m* panthéisme *m*
pantheistisch *Adj* panthéiste
Panther <-s, -> *m* panthère *f*
▶ **die Grauen ~** organisation allemande de personnes âgées très active sur le plan politique
Pantine <-, -n> *f* NDEUTSCH pantoufle *f*; *(mit Holzsohle)* sabot *m*
▶ **aus den ~n kippen** *fam (ohnmächtig werden)* tomber dans les pommes; *(überrascht sein)* tomber des nues
Pantoffel <-s, -n> *m* pantoufle *f*
▶ **unter den ~ geraten** *fam* se faire mener par le bout du nez [par sa femme] *(fam)*; **unter dem ~ stehen** *fam* être mené(e) par le bout du nez [par sa femme] *(fam)*
Pantoffelheld *m fam* mari *m* brimé **Pantoffelkino** *nt* iron *fam* petit écran *m* **Pantoffeltierchen** [-ti:eçən] *nt* ZOOL paramécie *f*
Pantomime <-, -n> *f* pantomime *f*
Pantomime <-n, -n> *m*, **Pantomimin** *f* mime *mf*
pantomimisch I. *Adj* mimé(e)
II. *Adv* en mimant
pantschen *s.* **panschen**
Panzer <-s, -> *m* ❶ MIL *(Fahrzeug)* char *m* [d'assaut]
❷ ZOOL carapace *f*
❸ *(Panzerung)* blindage *m*
❹ HIST *(Brustpanzer)* cuirasse *f*
Panzerabwehr *f* défense *f* antichar **Panzerabwehrkanone** *f* MIL canon *m* antichar **Panzerfahrzeug** *nt* véhicule *m* blindé; MIL blindé *m* **Panzerfaust** *f* bazooka *m* **Panzerglas** *nt kein Pl* verre *m* blindé *pas de pl* **Panzerkreuzer** *m* MIL [croiseur *m*] cuirassé *m*
panzern *tr V* blinder; **gepanzert** blindé(e)
Panzerschrank *m* coffre-fort *m* **Panzerspähwagen** *m* [véhicule *m*] blindé *m* de reconnaissance **Panzersperre** *f* MIL barrage *m* antichar
Panzerung <-, -en> *f* ❶ *(gepanzertes Gehäuse)* blindage *m*
❷ ZOOL carapace *f*
Panzerwagen *m* MIL char *m* [d'assaut]
Papa <-s, -s> *m fam* papa *m*
Papagei <-s, -en> *m* perroquet *m*
Papageienkrankheit *f kein Pl* MED maladie *f* des perroquets, psittacose *f (spéc)*
Paparazzo [papa'ratso] <-s, Paparazzi> *m* MEDIA, TV paparazzi *m*
Papaya [pa'pa:ia] <-, -s> *f* papaye *f*
Paperback ['peɪpɐbɛk] <-s, -s> *nt* livre *m* cartonné; *(Taschenbuch)* livre *m* de poche
Papeterie [*Pl:* -'ri:ən] <-, -n> *f* CH papeterie *f*
Papi <-s, -s> *m fam* papa *m*
Papier <-s, -e> *nt* ❶ *kein Pl (Material, Schriftstück)* papier *m*; **etw zu ~ bringen** coucher qc sur papier
❷ *Pl (Dokumente)* papiers *mpl*
❸ FIN *(Wertpapier)* titre *m*
▶ **~ ist geduldig** le papier souffre tout; **nur auf dem ~ stehen** *[o* **existieren***]* n'exister que sur le papier
Papiereinzug *m* pince-papier *m*
papieren [pa'pi:rən] *Adj* ❶ *(aus Papier)* de *[o* en*]* papier; *Tuch m* papier
❷ *Stil, Ausdruck* sec(sèche)
Papierfabrik *f* papeterie *f* **Papiergeld** *nt* papier-monnaie *m* **Papierhandtuch** *nt* serviette *f* en papier **Papierkorb** *m* corbeille *f* [à papier]; *(informelle)* corbeille *f* **Papierkram** *m fam* paperasserie *f (péj)* **Papierkrieg** *m fam* guéguerre *f* de paperasse *(fam)*; **mit jdm einen ~ führen** mener une guéguerre de paperasse avec qn **Papierschere** *f* ciseaux *mpl* à papier **Papierschnitzel** *m*

o nt petit morceau *m* de papier **Papierstau** *m* bourrage *m* de papier **Papiertaschentuch** *nt* mouchoir *m* en papier **Papiertiger** *m pej fam* tigre *m* de papier *(péj)* **Papiertüte** *f* sac *m* en papier **Papiervorschub** *m* avance *f* papier **Papierwaren** *Pl* [articles *mpl* de] papeterie *f* **Papierzufuhr** *f kein Pl* alimentation *f* papier *pas de pl*
papp *Interj* ▶ **nicht mehr ~ sagen können** *fam* ne plus pouvoir rien avaler
Pappband *m* volume *m* cartonné **Pappbecher** *m* gobelet *m* [en carton] **Pappdeckel** *m* carton *m*
Pappe <-, -n> *f* carton *m*
▶ **nicht von ~ sein** *fam* ne pas être de la gnognot[t]e *(fam)*
Pappeinband *m* couverture *f* cartonnée [*o* en carton]
Pappel <-, -n> *f* peuplier *m*
päppeln *tr V fam* donner à manger; donner la becquée *Vogel*; **jdn/ein Tier ~** donner à manger à qn/un animal
pappen *tr, itr V fam* coller
Pappenheimer ▶ **seine ~ kennen** *fam* savoir à qui on a affaire
Pappenstiel ▶ **keinen ~ wert sein** *fam* ne pas valoir un clou *(fam)*; **das ist kein ~** *fam (das ist unangenehm, teuer)* ce n'est pas rien *(fam)*; **für einen ~** *fam* pour trois fois rien
pappig *Adj fam Brei, Schnee* collant(e); *Gemüse, Kartoffeln* en bouillie
Pappkamerad *m sl* silhouette *f* [*o* cible *f*] en carton **Pappkarton** [-kartɔn, -kartɔ:, -kartoːn] *m* ❶ *(Schachtel)* boîte *f* en carton
❷ *(Pappe)* carton-pâte *m*
Pappmaché, Pappmaschee[RR] [-ma'ʃe:] <-s, -s> *nt* papier *m* mâché
Pappnase *f* faux nez *m* de carton **Pappschachtel** *f* boîte *f* en carton **Pappschnee** *m* neige *f* collante **Pappteller** *m* assiette *f* en carton
Paprika <-s, -[s]> *m* ❶ *kein Pl (Pflanze)* piment *m*
❷ *(Schote)* poivron *m*; **gefüllte ~** poivrons farcis
❸ *kein Pl (Gewürz)* paprika *m*
Paprikaschote *f* poivron *m*
Papst <-[e]s, Päpste> *m* pape *m*
▶ **päpstlicher als der ~ sein** être plus royaliste que le roi
päpstlich *Adj Gewand, Ornat* papal(e); *Enzyklika, Segen* pontifical(e); *Nuntius* apostolique
Papsttum <-[e]s> *nt* papauté *f pas de pl*
Papua-Neuguinea ['pa:puanɔɪgi'ne:a] <-s> *nt* la Papouasie-Nouvelle-Guinée
Papyrus <-, Papyri> *m* papyrus *m*
Papyrusrolle *f* [rouleau *m* de] papyrus *m*
Parabel <-, -n> *f* parabole *f*
Parabolantenne *f* antenne *f* parabolique **Parabolspiegel** *m* miroir *m* parabolique
Parade <-, -n> *f* ❶ MIL défilé *m*; **die ~ abnehmen** passer les troupes en revue
❷ SPORT parade *f*
Paradebeispiel *nt* exemple *m* révélateur
Paradeiser <-s, -> *m* A tomate *f*
Paradepferd *nt fam (Aushängeschild)* faire-valoir *m* **Paradeschritt** *m kein Pl* pas *m* de l'oie *pas de pl* **Paradestück** *nt* fleuron *m* **Paradeuniform** *f* MIL uniforme *m* de cérémonie
Paradies <-es, -e> *nt a. fig* paradis *m*; **ein ~ für Kinder** un paradis pour les enfants
▶ **das ~ auf Erden** le paradis sur terre
paradiesisch I. *Adj* paradisiaque
II. *Adv* **~ ruhig/schön sein** être d'un calme olympien/d'une beauté olympienne
Paradiesvogel *m* ❶ ORN oiseau *m* de paradis
❷ *(schillernde Persönlichkeit)* drôle *m* d'oiseau
Paradigma [para'dɪgma] <-s, Paradigmen *o* Paradigmata> *nt a.* LING *geh* paradigme *m*
paradigmatisch [paradɪg'ma:tɪʃ] *Adj* LING paradigmatique
paradox I. *Adj* paradoxal(e)
II. *Adv* paradoxalement
Paradox <-es, -e> *nt* paradoxe *m (soutenu)*
paradoxerweise *Adv* paradoxalement
Paradoxon *s.* **Paradox**
Paraffin <-s, -e> *nt* CHEM paraffine *f*; **woraus besteht ~?** de quoi se compose la paraffine?
Paraffinöl *nt* huile *f* de paraffine
Paraglider ['paraglaɪdɐ] <-s, -> *m* ❶ *(Person)* parapentiste *m*
❷ *(Sportgerät)* parapente *m*
Paragliderin [paraglaɪdərɪn] <-, -nen> *f* parapentiste *f*
Paragliding ['paraglaɪdɪŋ] <-s> *nt* parapente *m*
Paragraf[RR] *s.* **Paragraph**
Paragrafenreiter[RR] *s.* **Paragraphenreiter** **Paragrafenzeichen**[RR] *s.* **Paragraphenzeichen**
Paragraph <-en, -en> *m* article *m*
Paragraphendschungel *m o nt pej* dédale *m* de lois

Paragraphenreiter(in) m(f) pej fam **ein ~ sein** être à cheval sur le règlement (fam) **Paragraphenzeichen** nt paragraphe m
Paraguay ['paragvaɪ, para'guaɪ] <-s> nt ❶ (Staat) la république du Paraguay, le Paraguay
❷ (Fluss) **der ~** le Paraguay
Paraguayer(in) ['pa:ragvaɪɐ] <-s> m(f) Paraguayen(ne) m(f)
paraguayisch ['paraguaɪɪʃ, para'gua:jɪʃ] Adj paraguayen(ne)
parallel I. Adj ❶ (gleichlaufend, ähnlich) parallèle
❷ (gleichzeitig) Studium, Teilnahme simultané(e)
II. Adv ❶ **~ zu etw verlaufen** être parallèle à qc
❷ (ähnlich) sich entwickeln de façon analogue
❸ (gleichzeitig) simultanément
Parallelcomputer [-kɔmpju:tɐ] m INFORM ordinateur m parallèle
Parallele <-, -n> f GEOM a. fig parallèle f; **~n/eine ~ ziehen** faire des comparaisons/une comparaison; **eine ~ zu etw ziehen** établir une correspondance avec qc
Parallelfall m cas m analogue
Parallelismus <-, -men> m parallélisme m
Parallelität <-, -en> f GEOM a. fig parallélisme m
Parallelklasse f classe f parallèle
Parallelogramm <-s, -e> nt GEOM parallélogramme m
Parallelrechner m INFORM ordinateur m parallèle **Parallelschaltung** f ELEC montage m en parallèle **Parallelschwung** m christiania m **Parallelstraße** f rue f parallèle **Parallelverarbeitung** f INFORM multitraitement m
Paralyse <-, -n> f paralysie f
paralysieren* tr V MED a. fig paralyser
Parameter <-s, -> m MATH paramètre m
paramilitärisch Adj paramilitaire
Paranoia <-> f MED, PSYCH paranoïa f
paranoid MED, PSYCH I. Adj paranoïde
II. Adv sich verhalten comme un(e) paranoïaque
paranoisch Adj paranoïaque; **~ e Patienten** des paranoïaques
Paranuss[RR] f noix f du Brésil
Paraphe <-, -n> f paraphe m
paraphieren* tr V parapher
Paraphierung <-, -en> f apposition f d'un paraphe
Paraphrase f a. LING paraphrase f
Parapsychologie f parapsychologie f
Parasit <-en, -en> m BIO a. fig parasite m
parasitär I. Adj Lebewesen, Pflanze parasite; Lebensweise parasitaire
II. Adv en parasite
parat Adj tout(e) prêt(e); **eine Antwort/Ausrede ~ haben** avoir une réponse toute prête/un prétexte tout prêt; **etw ~ halten** garder qc à portée de [la] main
Paratyphus ['pa:raty:fʊs] m MED paratyphoïde f
Paravent [para'vã:] <-s, -s> m o nt paravent m
Pärchen <-s, -> nt ❶ (Liebespaar) couple m [d'amoureux]
❷ (Tierpärchen) couple m
Parcours [par'ku:ɐ] <-, -> m parcours m
Pardon [par'dɔ̃:] <-s, -> m o nt (Verzeihung) pardon m
▶ **da gibt's kein ~!** fam on ne discute pas! (fam); **kein ~ kennen** fam ne pas rigoler (fam)
Parenthese <-, -n> f parenthèse f; **etw in ~ setzen** mettre qc entre parenthèses
par excellence [parɛksɛ'lã:s] Adv geh Gentleman, Kavalier par excellence (soutenu)
Parfüm <-s, -e o -s> nt parfum m
Parfümerie [Pl: -'ri:ən] <-, -en> f parfumerie f
Parfümfläschchen nt flacon m de parfum
parfümieren* tr V parfumer
Parfümzerstäuber m vaporisateur m à parfum
Paria ['pa:ria] <-s, -s> m paria m
parieren*[1] itr V Person, Tier: obéir
parieren*[2] tr V parer Angriff, Hieb, Stoß
Paris <-> nt Paris m
Pariser[1] Adj attr ❶ Haus, Wohnung parisien(ne); Flughafen, Innenstadt de Paris; **der ~ Autoverkehr** la circulation dans Paris
❷ (typisch für Paris) Charme, Mode, Akzent parisien(ne)
Pariser[2] <-s, -> m ❶ Parisien m
❷ sl (Kondom) capote f [anglaise] (fam)
Pariserin <-, -nen> f Parisienne f
Parität <-, -en> f parité f
paritätisch geh I. Adj paritaire
II. Adv de façon paritaire
Park <-s, -s> m parc m
Parka <-s, -s o <-, -s> f parka m o f
Park-and-ride-System ['pa:(r)k?ænd'raɪd-] nt système m de parc-relais
Parkbank f banc m public (se trouvant dans un jardin public)
Parkdeck nt niveau m [de/du parking]
parken I. itr V [se] garer; **vor dem Haus ~** Person: se garer devant la maison; Fahrzeug: être garé(e) devant la maison; **wo parkst du?**

où [t']es-tu garé(e)?; ~ de Autos des voitures en stationnement; **Parken verboten!** défense de stationner!
II. tr V ❶ garer Fahrzeug
❷ fam (aufbewahren) **Geld auf einem Konto ~** mettre de l'argent au frais sur un compte (fam)
Parkett <-s, -e> nt ❶ (Parkettboden) parquet m
❷ (Tanzfläche) piste f [de danse]
❸ CINE, THEAT orchestre m
▶ **auf dem internationalen ~** sur la scène internationale
Parkett[fuß]boden m parquet m **Parkettsitz** m THEAT fauteuil m d'orchestre
Parkgebühr f taxe f de stationnement **Parkhaus** nt parking m à étages
parkieren* tr, itr V CH garer
Parkingmeter ['parkɪŋme:tɐ] m CH parcmètre m
Parkinsonkrankheit[RR], **parkinsonsche Krankheit**[RR] f maladie f de Parkinson
Parkkralle f sabot m de Denver
Parklandschaft f parc m à l'anglaise
Parkleitsystem nt système guidant les conducteurs vers les emplacements de stationnement libres **Parkleuchte** f eines Autos mpl de position **Parklicht** nt feu m de stationnement **Parklücke** f place f libre; **in die ~ fahren** prendre la place **Parkmöglichkeit** f possibilité f de stationnement **Parkplatz** m (Parklücke) place f de parking; (für viele Fahrzeuge) parking m; (an der Autobahn) aire f de stationnement **Parkscheibe** f disque m de stationnement **Parkschein** m ticket m de parking
Parkscheinautomat m distributeur m de tickets de parking
Parkstreifen m place f de stationnement **Parkstudium** nt fam études provisoires en attendant l'accès au numerus clausus
Parksünder(in) m(f) automobiliste mf en stationnement illicite
Parkuhr f parcmètre m **Parkverbot** nt ❶ (Verbot) défense f de stationner ❷ (Bereich) **im ~ parken/stehen** Person: se garer/être en stationnement interdit; **hier ist ~** c'est interdit de stationner ici
Parkverbot[s]schild nt panneau m d'interdiction de stationner
Parkwächter(in) m(f) gardien(ne) m(f) de parking **Parkzeit** f durée f de stationnement
Parlament <-[e]s, -e> nt ❶ (Institution) Parlement m; **das Europäische ~** le Parlement européen
❷ (Gebäude) parlement m
Parlamentarier(in) [-ta:riɐ] <-, -> m(f) parlementaire mf
parlamentarisch Adj parlementaire
Parlamentarismus [parlamɛnta'rɪsmʊs] <-> m parlementarisme m
Parlamentsausschuss[RR] m commission f parlementaire **Parlamentsbeschluss**[RR] m décision f [o vote m] parlementaire
Parlamentsferien Pl vacances fpl parlementaires **Parlamentsgebäude** nt parlement m **Parlamentsmitglied** s. Parlamentarier(in) **Parlamentssitzung** f séance f parlementaire
Parlamentswahl f élections fpl législatives
Parmaschinken ['parma-] m jambon m de Parme
Parmesan <-s> m, **Parmesankäse** m parmesan m
Parodie [Pl: -'di:ən] <-, -n> f parodie f; eines Schriftstellers, Schreibstils pastiche m; **eine ~ auf jdn** une parodie de qn
parodieren* tr V parodier; pasticher Schriftsteller, Schreibstil
Parodist(in) <-en, -en> m(f) (Verfasser) parodiste mf; (Schauspieler) imitateur(-trice) m(f)
parodistisch Adj parodique; **ein ~er Sketch** un sketch d'imitations; **ein gelungener ~er Auftritt** une parodie réussie
Parodontose <-, -n> f MED parodontose f
Parole <-, -n> f ❶ MIL mot m de passe
❷ (Losung) slogan m
❸ (zweifelhafte Meldung) rumeur f
Paroli ▶ **jdm ~ bieten** geh tenir tête à qn; **einer S. (Dat) ~ bieten** résister à qc
Part <-s, -s> m ❶ (Anteil) part f
❷ THEAT rôle m
❸ MUS partie f
Partei <-, -en> f ❶ parti m; **einer ~ beitreten** entrer [o adhérer] à un parti
❷ JUR partie f; **~ sein** être partie; **die streitenden/vertragschließenden ~en** les parties plaidantes/contractantes
❸ (Mietpartei) locataire mf
▶ **jds ~ ergreifen** prendre le parti de qn; **für jdn ~ ergreifen** prendre parti pour qn; **über den ~en stehen** être au-dessus des partis
Parteiapparat m appareil m du parti **Parteibuch** nt carte f de/du parti ▶ **das richtige/falsche ~ haben** avoir/ne pas avoir la bonne carte [de parti] **Parteichef(in)** [-ʃɛf] m(f) chef mf de/du parti
Parteienfinanzierung f financement m des partis **Parteienlandschaft** f kein Pl paysage m politique
Parteifreund(in) m(f) membre m du même parti; **sich mit ~en**

treffen se retrouver entre membres du parti **Parteifrieden** *m* sérénité *f* au sein du parti **Parteiführer(in)** *m(f)* POL chef *m* [*o* leader *m*] du parti **Parteiführung** *f kein Pl* direction *f* du parti **Parteifunktionär(in)** *m(f)* POL permanent(e) *m(f)* du parti **Parteigänger(in)** <-s, -> *m(f)* partisan(e) *m(f)* **Parteigenosse** *m*, **-genossin** *f* camarade *mf* **parteiintern** I. *Adj* interne au parti II. *Adv* au sein du parti
parteiisch I. *Adj* partial(e)
II. *Adv* urteilen, sich verhalten avec partialité
parteilich *Adj* ❶ *Angelegenheit* qui concerne le parti; *Grundsätze* d'un/du parti
❷ *selten s.* **parteiisch**
Parteilichkeit <-> *f* partialité *f*
Parteilinie [-li:niə] *f* ligne *f* de/du parti
parteilos *Adj* sans étiquette; *Abgeordneter* non-inscrit(e)
Parteilose(r) *f(m) dekl wie Adj* homme *m*/femme *f* politique sans étiquette politique
Parteimitglied *nt* membre *m* du parti
Parteinahme <-, -n> *f* prise *f* de position; ~ **für etw** prise de position pour qc
Parteiorgan *nt* organe *m* du parti **Parteipolitik** *f* politique *f* de/du parti **parteipolitisch** I. *Adj* qui relève de la politique de parti II. *Adv* geboten, ratsam pour des raisons de politique du parti **Parteiprogramm** *nt* programme *m* de/du parti **Parteispende** *f* don *m* à un/au parti **Parteispendenaffäre** *f* scandale *m* du financement d'un parti **Parteitag** *m (Konferenz)* congrès *m* de/du parti **parteiübergreifend** *Adj* au-dessus des partis **Parteivorsitzende(r)** *f(m) dekl wie Adj* chef *mf* de/du parti **Parteivorstand** *m* bureau *m* du parti **Parteizugehörigkeit** *f* appartenance *f* à un/au parti
parterre [par'tɛr] *Adv* au rez-de-chaussée
Parterre [par'tɛr(ə)] <-s, -s> *nt* ❶ *(Erdgeschoss)* rez-de-chaussée *m*; **im ~** au rez-de-chaussée
❷ *(Sitzplatzbereich im Theater)* orchestre *m*
Partie [*Pl:* -'ti:ən] <-, -n> *f* ❶ *(Körperpartie)* partie *f*
❷ SPORT partie *f*
❸ *(Warenmenge)* lot *m*
▶ **eine gute ~ für jdn sein** être un beau parti pour qn; **eine gute ~ mit jdm machen** faire un beau mariage avec qn; **mit von der ~ sein** être de la partie
partiell *geh* I. *Adj* partiel(le)
II. *Adv* partiellement
Partikel[1] <-, -n> *f* LING particule *f*
Partikel[2] <-s, -> *nt*, <-, -n> *f a.* PHYS particule *f*
Partikularismus [partikula'rɪsmʊs] <-> *m* particularisme *m*
Partisan(in) <-s *o* -en, -en> *m(f)* partisan(e) *m(f)*
Partisanenkrieg *m* guérilla *f*
Partition <-, -en> *f* INFORM partition *f*
partitiv *Adj* GRAM partitif(-ive)
Partitur <-, -en> *f* MUS partition *f*
Partizip [*Pl:* -'zi:piən] <-s, -ien> *nt* GRAM participe *m*; **das ~ Präsens/Perfekt** le participe présent/passé
Partizipation <-, -en> *f a.* ÖKON participation *f*
Partizipialkonstruktion *f* construction *f* participiale **Partizipialsatz** *m* proposition *f* participiale
Partner(in) <-s, -> *m(f)* ❶ partenaire *mf*; *(Lebensgefährte)* compagnon *m*/compagne *f*
❷ *(Sportpartner)* partenaire *mf*
❸ *(Geschäftspartner)* associé(e) *m(f)*
Partnerlook [-lʊk] *m* vêtements *mpl* coordonnés pour le couple; **im ~ gekleidet sein** porter des vêtements coordonnés
Partnerschaft <-, -en> *f* ❶ *(Lebensgemeinschaft)* vie *f* en couple; **in einer ~** dans un couple
❷ *(Städtepartnerschaft)* jumelage *m*
partnerschaftlich I. *Adj* d'égal à égal; **ein ~es Verhältnis** des rapports d'égal à égal
II. *Adv* ~ zusammenleben/zusammenarbeiten vivre en couple/collaborer avec une considération réciproque
Partnerstadt *f* ville *f* jumelée **Partnertausch** *m* échangisme *m* **Partnervermittlung** *f* agence *f* de rencontre **Partnerwahl** *f* choix *m* de/du la partenaire
partout [par'tu:] *Adv* absolument; wollen à tout prix; **er will ~ nicht mitkommen** il ne veut venir à aucun prix
Party ['pa:eti] <-, -s> *f* soirée *f*; *(für Jugendliche)* boum *f*; **eine ~ geben** organiser une soirée; *Jugendliche:* faire une boum *(fam)*
Partykeller *m* cave *f (aménagée en dancing)* **Partyservice** ['pa:etisøːevɪs] *m* traiteur *m*
Parzelle <-, -n> *f* parcelle *f*
parzellieren* *tr V* parcelliser
Parzellierung <-, -en> *f* parcellisation *f*
Parzival ['partsival] <-s> *m* Perceval *m*
Pasch [paʃ] <-[e]s, -e *o* Päsche> *m (beim Würfeln)* double *m*; **ein sechser ~** un double six

Pascha <-s, -s> *m* HIST, *a. fig, pej* pacha *m*
▶ **wie ein ~** comme un pacha; **sich aufspielen wie ein ~** faire le pacha
Paspel <-, -n> *f* passepoil *m*
Pass[RR] <-es, Pässe>, **Paß**[ALT] <-sses, Pässe> *m* ❶ *(Reisepass)* passeport *m*
❷ *(Gebirgspass)* col *m*
❸ SPORT passe *f*; **einen ~ spielen** faire une passe
passabel I. *Adj* correct(e); *Anzug, Kleid, Hut* convenable
II. *Adv* sich benehmen convenablement
Passage [pa'sa:ʒə] <-, -n> *f* passage *m*
Passagier(in) [pasa'ʒi:ɐ] <-s, -e> *m(f)* passager(-ère) *m(f)*
▶ **ein blinder ~** un passager clandestin
Passagierdampfer *m* paquebot *m* **Passagierflugzeug** *nt* avion *m* de ligne **Passagierliste** *f* liste *f* des passagers **Passagierschiff** *nt* paquebot *m*
Passahfest *nt* REL Pâque *f* juive
Passamt[RR] *nt* bureau *m* des passeports
Passant(in) <-en, -en> *m(f)* passant(e) *m(f)*
Passat <-[e]s, -e> *m*, **Passatwind** *m* alizé *m*
Passbild[RR] *nt* photo *f* d'identité
passé, passee[RR] [pa'se:] *Adj fam* dépassé(e), démodé(e); **das alles ist ~** c'est fini tout ça *(fam)*
passen I. *itr V* ❶ *(gut sitzen) Hose, Bluse:* être à la bonne taille; *Schuhe, Handschuhe:* être à la bonne pointure; **diese Hose passt/diese Handschuhe ~ mir** ce pantalon me va/ces gants me vont, ce pantalon est à ma taille/ces gants sont à ma pointure
❷ *(harmonieren)* **zu jdm ~** aller [bien] avec qn; **sie ~ gut zueinander** ils/elles vont bien ensemble; **nicht in ein Team ~** ne pas convenir à une équipe; *[gut]* **zu etw ~** *Hemd, Jeans, Farbe, Muster:* aller [bien] avec qc
❸ *(angenehm sein, sich einrichten lassen)* **jdm ~** *Datum, Termin:* convenir à qn; **ihr passt es, dass/wenn wir morgen kommen** ça lui convient si nous venons demain; **das passt mir [gut]** ça me convient; **das passt mir zeitlich gar nicht** l'horaire ne me convient pas du tout; **das passt mir ganz und gar nicht** ça ne m'arrange pas du tout; **das würde mir besser ~** ça m'arrangerait mieux; **passt Ihnen das?** ça vous convient?
❹ *(gefallen)* **jdm nicht ~** ne pas plaire à qn; **was passt dir an mir nicht?** qu'est-ce qui ne te plaît pas en moi?; **als Vorgesetzter passt er mir nicht** il n'est pas le supérieur qui me convient
❺ KARTEN passer
❻ *(überfragt sein)* **bei etw ~ müssen** ne pas savoir répondre à qc; **da muss ich leider ~** désolé, ça, je l'ignore
▶ **das könnte dir so ~!** *iron fam* tu l'as vu jouer où, celle-là? *(fam)*; **das passt zu dir/ihr!** *fam* c'est bien toi/elle! *(fam)*
II. *itr V unpers* **es passt ihr nicht, dass er mitkommt** ça ne lui plaît pas qu'il vienne avec nous; **es passt mir nicht, wie du fährst** je n'aime pas ta façon de conduire
passend I. *Adj* ❶ *Kleid, Hose, Bluse* à la bonne taille; *Schuhe, Handschuhe* à la bonne pointure; **jdm etw ~ machen** ajuster qc à la taille de qn
❷ *(abgestimmt) Farbe, Muster, Kleidungsstück* assorti(e); **etwas zum Rock Passendes** quelque chose qui va avec la jupe
❸ *(richtig, geeignet) Partner, Mitarbeiter* qui convient; *Geschenk, Worte* approprié(e); *Bemerkung, Kleidung* convenable; *Vase* de la bonne taille; *Schraube, Mutter, Schlüssel* qui correspond
❹ *(angenehm) Termin, Wochentag, Zeit* qui convient
❺ *(abgezählt)* **ich habe es ~** j'ai l'appoint
II. *Adv* ❶ zuschneiden à la bonne taille
❷ *(abgezählt)* **das Fahrgeld ~ bereithalten** préparer la monnaie du prix du ticket
Passepartout [paspar'tu:] <-s, -s> *nt* passe-partout *m*
Passform[RR] *f* **eine gute ~** une ligne seyante **Passfoto**[RR] *s.* **Passbild**
Passierball *m* passing-shot *m*
passierbar *Adj* Straße, Durchfahrt praticable
passieren* I. *itr V + sein* ❶ *(sich ereignen)* se passer; **ist etwas passiert?** il est arrivé quelque chose?; **was ist passiert?** qu'est-ce qui est arrivé?; **da muss etwas [Schlimmes] passiert sein** il a dû arriver quelque chose [de grave]; **das musste ja [mal] ~!** ça devait arriver!
❷ *(vorkommen)* arriver; **es kann ~, dass es regnet** il se peut qu'il pleuve; **so etwas passiert eben** ce sont des choses qui arrivent; **dass mir das nicht noch mal passiert!** que cela ne se reproduise plus!
❸ *(unterlaufen)* **jdm ~** arriver à qn; **so was kann auch nur dir ~!** ça n'arrive qu'à toi!
❹ *(zustoßen)* **ihm ist etwas passiert** il lui est arrivé quelque chose; **keine Angst, es wird Ihnen nichts ~** n'ayez crainte, vous ne risquez rien; **es wird ihr doch nichts passiert sein?** j'espère qu'il ne lui est rien arrivé!
❺ *(durchgehen)* passer; **jdn ~ lassen** laisser passer qn; **hier darf**

keiner ~ on ne passe pas
▸ **sonst passiert was!** *fam* sinon tu auras de mes nouvelles! *(fam)*
II. *tr V + haben* ❶ passer *Brücke, Grenze;* emprunter *Tunnel;* **der Tunnel/die Straße kann nicht passiert werden** on ne peut pas passer par le tunnel/la route
❷ *(pürieren)* **die Karotten ~** réduire les carottes en purée
❸ *(akzeptiert werden)* **das Parlament ~** *Gesetz:* passer au parlement
❹ TENNIS éviter *Spieler*
Passierschein *m* laissez-passer *m* **Passierschlag** *m* TENNIS passing-shot *m*
Passion <-, -en> *f* ❶ *(Leidenschaft)* passion *f;* **eine ~ für etw haben** avoir la passion de qc; **Angler aus ~ sein** être un pêcheur passionné
❷ ECCL **die ~ [Jesu]** la Passion [de Jésus]
passioniert I. *Adj* passionné(e)
II. *Adv Orgel spielen* passionnément
Passionsblume *f* BOT passiflore *f* **Passionsfrucht** *f* fruit *m* de la passion **Passionsspiel** *nt* mystère *m* de la Passion **Passionszeit** *f kein Pl* REL ❶ *(Fastenzeit)* carême *m* ❷ *(Karwoche)* semaine *f* de la Passion
passiv I. *Adj* ❶ *Person, Art* passif(-ive); **~e Veranlagung** tendance *f* à la passivité; **~es Verhalten** passivité *f*
❷ *(ungewollt) Raucher* passif(-ive)
II. *Adv* **sich ~ verhalten** être passif(-ive); **~ bleiben** rester passif(-ive); **~ rauchen** subir la fumée d'autrui
Passiv <-s, -e> *nt* GRAM passif *m*
Passiva [-va] *Pl* FIN passif *m*
Passivität [-vi-] <-> *f* passivité *f*
Passivrauchen *nt* tabagisme *m* passif **Passivraucher(in)** *m(f)* fumeur *m* passif/fumeuse *f* passive
Passkontrolle^{RR} *f (Vorgang, Stelle)* contrôle *m* des passeports **Passstelle**^{RR} *f* bureau *m* des passeports
Passstraße^{RR} *f* route *f* de/du col
Passstück^{RR} *nt* TECH pièce *f* ajustée
Passus <-, -> *m* passage *m*
Passwort^{RR} <-wörter> *nt* code *m* [d'accès]
Paste <-, -n> *f* pâte *f*
Pastell <-s, -e> *nt (Technik, Bild)* pastel *m;* **in ~ malen** peindre au pastel
Pastellfarbe *f* ❶ *(Pastellton)* ton *m* pastel
❷ *(Malfarbe)* pastel *m;* **mit ~n malen** peindre au pastel
pastellfarben *Adj* pastel *inv;* **etw ~ streichen** peindre qc dans des tons pastel
Pastellmalerei *f* ❶ *kein Pl (Technik)* peinture *f* au pastel ❷ *(Bild)* pastel *m* **Pastellton** *m* ton *m* pastel
Pastete <-, -n> *f* ❶ *(Fleisch-, Fischpastete)* pâté *m*
❷ *(Blätterteigpastete)* vol-au-vent *m;* **gebackene ~n** pâtés *mpl* en croûte
pasteurisieren* [pastøri'zi:rən] *tr V* pasteuriser
Pastille <-, -n> *f* pastille *f;* **~n mit Pfefferminzgeschmack** pastilles à la menthe
Pastinak ['pastinak] <-s, -e> *m* BOT panais *m*
Pastor <-en, -toren> *m,* **Pastorin** *f* NDEUTSCH pasteur *mf*
Patchwork ['pætʃwɐːk] <-s, -s> *nt* patchwork *m*
Patchworkdecke ['pætʃwɐːk-] *f* couverture *f* en patchwork **Patchwork-Familie** *f fam* famille *f* recomposée
Pate <-n, -n> *m a. fig sl (Mafiaboss)* parrain *m*
▸ **bei etw ~ gestanden haben** avoir inspiré qc
Patenkind *nt* filleul(e) *m(f)* **Patenonkel** *m* parrain *m*
Patenschaft <-, -en> *f* ECCL *a. fig* parrainage *m;* **die ~ für etw innehaben** parrainer qc
Patensohn *m* filleul *m*
patent *Adj fam Mitarbeiter* épatant(e) *(fam); Idee, Vorschlag* judicieux(-euse); **ein ~er Kerl** un type bien
Patent <-[e]s, -e> *nt* ❶ *(amtlicher Schutz)* brevet *m* [d'invention]; **Dauer eines ~s** durée *f* d'un brevet; **etw als ~ anmelden** déposer un brevet pour qc; **ein ~ auf etw** *(Akk)* **haben** avoir un brevet pour qc
❷ *(Ernennungsurkunde)* brevet *m*
❸ CH *(staatliche Erlaubnis)* licence *f;* **ein ~ als Fischer** une licence de pêche
❹ *iron fam (Mechanismus, Gerät)* **was ist das denn für ein ~?** c'est vraiment une drôle d'invention! *(fam)*
Patentamt *nt* ≈ office *m* des brevets [d'inventions]; **das französische ~** l'Institut *m* national de la propriété industrielle **Patentanmeldung** *f* dépôt *m* de brevet
Patentante *f* marraine *f*
Patentanwalt *m,* **-anwältin** *f* avocat-conseil *m* en matière de brevet
patentierbar *Adj* brevetable
patentieren* *tr V* breveter; **jdm etw ~** breveter qc à qn; **sich** *(Dat)* **etw ~ lassen** faire breveter qc; **ein patentiertes Verfahren** un procédé breveté
Patentinhaber(in) *m(f)* titulaire *mf* d'un brevet **Patentlösung** *s.* **Patentrezept**
Patenttochter *f* filleule *f*
Patentrecht *nt* ❶ *(Gesetze)* législation *f* sur les brevets ❷ *(Recht auf ein Patent)* droit *m* de l'inventeur **Patentrezept** *nt* remède *m* miracle **Patentschrift** *f* description *f* détaillée d'une/de l'invention **Patentschutz** *m* protection *f* du brevet **Patentstelle** *f* service *m* des brevets **Patentverschluss**^{RR} *m* fermeture *f* brevetée **Patentwesen** *nt* ≈ domaine *m* des brevets
Pater <-s, -o Patres> *m* père *m*
Paternoster¹ <-s, -> *nt* REL Notre Père *m,* Pater *m inv;* **ein ~ beten** dire un Notre Père
Paternoster² <-s, -> *m (Aufzug)* ascenseur composé de plusieurs cabines ouvertes qui montent d'un côté et descendent de l'autre sans s'arrêter
pathetisch I. *Adj* pathétique
II. *Adv gestikulieren, sich ausdrücken* avec pathos; **~ auftreten** faire une entrée pathétique
Pathologe <-n, -n> *m,* **Pathologin** *f* MED pathologiste *mf*
Pathologie [Pl: -'giːən] <-, -n> *f* MED ❶ *kein Pl (Wissenschaft)* pathologie *f*
❷ *(Abteilung)* service *m* de pathologie
pathologisch *Adj* ❶ MED *Abteilung, Institut* de pathologie; *Veränderung, Wucherung* pathologique
❷ *(übersteigert, krankhaft) Hass, Misstrauen* pathologique
Pathos <-> *nt* pathos *m;* **etw mit ~ tun** faire qc avec pathos
Patience [pa'siɑ̃ːs] <-, -n> *f* patience *f;* **~n legen** faire des patiences
Patient(in) [pa'tsiɛnt] <-en, -en> *m(f)* patient(e) *m(f);* **bei jdm ~ sein, ~ von jdm sein** être soigné(e) par qn
Patin <-, nen> *f* marraine *f*
Patina <-> *f geh* patine *f;* **~ ansetzen** prendre de la patine
Pâtisserie [Pl: -riːən] <-, -n> *f* CH ❶ *(Konditorei)* pâtisserie *f*
❷ *(Café)* salon *m* de thé
❸ *(Gebäck)* pâtisserie *f*
Patres *Pl von* **Pater**
Patriarch <-en, -en> *m* ❶ ECCL patriarche *m*
❷ *(Familienvater)* pater familias *m; (Parteiführer)* patriarche *m*
patriarchalisch I. *Adj* patriarcal(e)
II. *Adv* de manière patriarcale
Patriarchat <-[e]s, -e> *nt a.* ECCL patriarcat *m*
Patriot(in) <-en, -en> *m(f)* patriote *mf*
patriotisch I. *Adj* patriotique
II. *Adv* **~ eingestellt** [*o* **gesinnt**] **sein** être patriote
Patriotismus <-> *m* patriotisme *m*
Patrizier(in) [pa'triːtsie] <-s, -> *m(f)* ❶ *(in der Antike)* patricien(ne) *m(f)*
❷ HIST bourgeois(e) *m(f)*
Patron(in) <-s, -e> *m(f)* ❶ ECCL patron(ne) *m(f)*
❷ *(Schirmherr)* protecteur(-trice) *m(f)*
❸ CH *(Arbeitgeber, Hoteldirektor)* patron(ne) *m(f)*
❹ *fam (Mensch)* **ein übler ~** une canaille *(fam);* **ein unangenehmer ~** un type désagréable *(fam)*
Patronat [patro'naːt] <-[e]s, -e> *nt a.* REL patronage *m;* **unter dem ~ von ...** sous le patronage de ...
Patrone <-, -n> *f* ❶ JAGD, MIL cartouche *f*
❷ *(Tintenpatrone, Tonerpatrone)* cartouche *f*
❸ *(Filmkapsel)* [rouleau *m* de] pellicule *f*
▸ **bis zur letzten ~** jusqu'à la dernière cartouche
Patronenfüller *m* stylo *m* à cartouche **Patronengurt** *m* cartouchière *f* **Patronenhülse** *f* douille *f* **Patronenkammer** *f* magasin *m* **Patronentasche** *f* giberne *f* **Patronentrommel** *f* barillet *m*
Patronin *s.* **Patron(in)**
Patrouille [pa'trʊljə] <-, -n> *f* MIL ❶ *(Gruppe)* patrouille *f*
❷ *(Kontrollgang)* patrouille *f;* **auf ~ gehen** patrouiller
Patrouillenboot [pa'trʊljən-] *nt* patrouilleur *m* **Patrouillengang** *s.* **Patrouille**
patrouillieren* [patrʊl'jiːrən, patro'liːrən] *itr V* patrouiller
patsch *Interj* paf
Patsche <-, -n> *f fam* ▸ **jdm aus der ~ helfen,** jdn aus der **~ ziehen** tirer qn du pétrin *(fam);* **in der ~ sitzen** [*o* **stecken**] être dans le pétrin *(fam)*
patschen *itr V* ❶ + *haben (schlagen)* **mit etw ~** taper avec qc
❷ + *sein (stapfen, waten)* patauger
Patschen <-s, -> *m* A ❶ *fam (Reifenpanne)* crevaison *f*
❷ *(Hausschuh)* pantoufle *f*
patschert *Adj* A *fam (linkisch)* gauche
Patschhändchen *nt* fam *eines Kindes* menotte *f*
patschnass^{RR} *Adj fam* trempé(e) jusqu'aux os *(fam);* **~ werden** se faire saucer *(fam)*
patt *Adj* pat; **~ sein** être pat

Patt <-s, -s> nt ❶ SCHACH pat m
❷ *(Stimmengleichheit)* égalité f des voix; **im Falle eines ~s** à égalité des voix
Patte ['patə] <-, -n> f *(an Taschen)* patte f
Pattsituation f situation f bloquée
patzen *itr V fam Redner:* bafouiller; *Polizei:* faire un bavure *(fam)*
Patzer <-s, -> m ❶ *fam (Fehler)* gaffe f *(fam); der Polizei* bavure f *(fam); (beim Musizieren)* couac m *(fam)*
❷ A *(Klecks)* tache f
patzig I. *Adj fam Antwort, Bemerkung* culotté(e) *(fam);* **~ werden/sein** devenir/être insolent(e)
II. *Adv fam* antworten sur un ton effronté
Pauke <-, -n> f timbale f
▶ **mit ~n und** <u>Trompeten</u> *fam* durchfallen avec perte et fracas *(fam);* begrüßen, empfangen en grande pompe; **mit ~n und Trompeten abblitzen** se faire recevoir en beauté *(iron fam);* **auf die hauen** *fam (angeben)* en rajouter *(fam); (feiern)* faire la bringue *(fam)*
pauken I. *itr V fam Schüler, Student:* bûcher *(fam)*
II. *tr V fam* potasser *(fam) Vokabeln, Daten, Fakten*
Paukenhöhle f ANAT caisse f du tympan   **Paukenschlag** m coup m de timbale ▶ **mit einem ~** beendet werden, enden sur un coup d'éclat
Pauker(in) <-s, -> m(f) *fam* prof mf *(fam)*
Paukerei <-> f *pej fam* bachotage m *(péj fam)*
Paukist(in) <-en, -en> m(f) timbalier m
Paulus <-> m Paul m
Pausbacken Pl joues fpl rebondies
pausbäckig *Adj* joufflu(e)
pauschal I. *Adj* ❶ *(undifferenziert)* global(e)
❷ FIN forfaitaire
II. *Adv* ❶ *(undifferenziert)* en bloc
❷ FIN forfaitairement
Pauschalangebot nt offre f forfaitaire   **Pauschalbetrag** s. Pauschbetrag   **Pauschalbewertung** f évaluation f globale
Pauschale <-, -n> f forfait m
pauschalieren* *tr V* évaluer forfaitairement *Kosten;* facturer au forfait *Nebenkosten*
pauschalisieren* *itr V geh* généraliser
Pauschalpreis m ÖKON prix m forfaitaire   **Pauschalreise** f voyage m à prix forfaitaire   **Pauschalurlaub** f vacances fpl organisées   **Pauschalurteil** nt jugement m à l'emporte-pièce   **Pauschalversicherung** f assurance f au forfait   **Pauschalvertrag** m contrat m à forfait   **Pauschalverurteilung** f condamnation f générale
Pauschbetrag m forfait m
Pause¹ <-, -n> f ❶ *(Erholungspause)* pause f; [eine] **~ machen** *(sich erholen)* faire [une] pause; **~!** c'est l'heure de la pause!
❷ SCHULE récréation f; **die große ~** la récréation; **die kleine ~** l'interclasse m
❸ *(Sprechpause)* pause f; **eine ~ machen** marquer une pause
❹ MUS pause f; **eine halbe ~** une demi-pause
Pause² <-, -n> f *(durchgepauste Skizze)* calque m
pausen ['pauzən] *tr V* calquer
Pausenbrot nt sandwich m   **Pausenfüller** m intermède m   **Pausenhalle** f SCHULE préau m   **Pausenhof** m cour f [de récréation]
pausenlos I. *Adj attr* incessant(e)
II. *Adv* sans répit; **es hagelt ~ Vorwürfe** les reproches pleuvent sans arrêt
Pausenstand m SPORT score à la mi-temps m   **Pausenzeichen** nt ❶ *(im Rundfunk)* sonal m; *(im Fernsehen)* interlude m ❷ MUS silence m
pausieren* *itr V* prendre du repos; **sechs Wochen ~** prendre un repos de six semaines
Pauspapier nt ❶ *(dünnes Papier)* [papier m] calque m
❷ *(Kohlepapier)* [papier m] carbone m
Pavian [-vi-] <-s, -e> m babouin m
Pavillon ['pavɪljɔŋ, 'pavɪljõ, pavɪl'jõ] <-s, -s> m ❶ *(Ausstellungspavillon, Gartenhaus)* pavillon m
❷ *(Musikpavillon)* kiosque m [à musique]
Pawlatsche <-, -n> f A *couloir extérieur donnant sur une cour intérieure permettant l'accès aux appartements de Vienne*
Pay-back-Karte, Paybackkarte ['peːbɛk-] f carte f de fidélité
Pay-TV ['peːtiːviː] <-s, -s> nt chaîne f à péage
Pazifik <-s> m Pacifique m
pazifisch [pa'tsiːfɪʃ] *Adj* pacifique; **der Pazifische Ozean** l'océan Pacifique, le Pacifique
Pazifismus <-> m pacifisme m
Pazifist(in) <-en, -en> m(f) pacifiste mf
pazifistisch I. *Adj* pacifiste
II. *Adv* **~ ausgerichtet** [*o* **orientiert**] **sein** être de tendance pacifiste

PC [peː'tseː] <-s, -s> m *Abk von* **Personal Computer** P.C. m
PCB [peːtseː'beː] <-, -s> nt *Abk von* **polychloriertes Biphenyl** PCB m
PdA [pedeʔaː] <-> f CH *Abk von* **Partei der Arbeit** PST m *(parti suisse du travail)*
PDA [pedeʔaː, pidiʔeː] <-[s], -s> m *Abk von* **Personal Digital Assistant** INFORM PDA m, assistant m [numérique] personnel
PDS [peːdeːʔɛs] <-> f *Abk von* **Partei des Demokratischen Sozialismus** *parti issu du S.E.D. de l'ex-RDA*
Pech <-[e]s, *selten* -e> nt ❶ HIST brai m
❷ *kein Pl fam (Missgeschick)* poisse f; **~ gehabt!** *fam (das war nicht gut)* raté! *(fam); (die Antwort stimmt nicht)* faux!; *(als Ausdruck der Schadenfreude)* tant pis pour toi/lui/elle/...! *(fam);* **bei etw ~ haben** *fam* ne pas avoir de veine en faisant qc *(fam);* **das war eben ~** [, **dass** ...]! *fam* c'est la faute à pas de chance[, si ...]! *(fam);* [**das ist**] **dein/sein ~!** *fam* tant pis pour toi/lui!; **so** [*o* **was für**] **ein ~!** *fam* c'est pas de veine! *(fam)*
❸ *kein Pl fam (Erfolglosigkeit) eines Konkurrenten* déboires mpl
▶ **wie ~ und** <u>Schwefel</u> **zusammenhalten** *fam* s'entendre comme larrons en foire
Pechblende f MINER pechblende f   **pechrabenschwarz** *Adj fam* noir(e) comme un corbeau *(fam); Wasser, Brühe* noir(e) comme de l'encre *(fam);* **die Nacht war ~** il faisait nuit noire   **pechschwarz** *Adj fam Augen, Haare, Fell, Gefieder* de jais   **Pechsträhne** f *fam* guigne f *(fam);* **~ haben** avoir la guigne *(fam)*   **Pechvogel** m *fam* malchanceux(-euse) m(f); **du ~!** quelle guigne tu as! *(fam)*
Pedal <-s, -e> nt pédale f; **in die ~e treten** appuyer sur les pédales; **den Fuß vom ~ nehmen** lever le pied [de l'accélérateur]
Pedant(in) <-en, -en> m(f) maniaque mf
Pedanterie <-> f *(Eigenschaft)* caractère m tatillon
pedantisch I. *Adj* tatillon(ne)
II. *Adv* handhaben, vorgehen minutieusement
Peddigrohr nt rotin m
Pedell <-s, -e> m SCHULE, UNIV *veraltet* appariteur m
Pediküre <-, -n> f ❶ *kein Pl (Fußpflege)* pédicurie f
❷ *(Fußpflegerin)* pédicure f
Peeling ['piːlɪŋ] <-s, -s> nt peeling m
Peepshow^RR ['piːpʃoː] <-, -s> f mirodrome m
Pegel <-s, -> m ❶ *(Messlatte)* échelle f des eaux
❷ s. Pegelstand
Pegelstand m niveau m des eaux
Peilanlage f radiogoniomètre m
peilen I. *tr V* NAUT prendre le relèvement de
II. *itr V fam* zieuter *(fam);* **durchs Schlüsselloch ~** lorgner par le trou de la serrure
Peilfunk m radiogoniométrie f
Peilung <-, -en> f NAUT relèvement m
Pein <-> f *veraltet geh* tourment m *(littér)*
peinigen *tr V geh* tourmenter *(littér)*
Peiniger(in) <-s, -> m(f) *geh* tortionnaire mf
Peinigung <-, -en> f *geh* torture f
peinlich I. *Adj* ❶ *(unangenehm) Frage, Bemerkung, Situation, Versprecher* gênant(e); **jdm ~ sein** gêner qn; **es ist ihm ~, dass/wenn ich es sage** ça le gêne que je le dise/si je le dis; **mir ist etwas Peinliches passiert** il m'est arrivé quelque chose de fâcheux
❷ *(äußerst groß) Genauigkeit, Sorgfalt* minutieux(-euse); *Ordnung, Sauberkeit* méticuleux(-euse)
II. *Adv* ❶ *(unangenehm)* **jdn ~ berühren** mettre qn dans l'embarras; **auf jdn ~ wirken** être gênant(e) pour qn
❷ *(äußerst) genau, sauber* extrêmement
❸ *(gewissenhaft)* **~ auf Ordnung achten** respecter scrupuleusement l'ordre
Peinlichkeit <-, -en> f ❶ *kein Pl (peinliche Art)* caractère m gênant; **stell dir die ~ dieses Skandals vor!** figure-toi ce que scandale a de gênant!
❷ *(peinliches Vorkommnis/Verhalten)* événement m/comportement m qui met mal à l'aise
Peitsche <-, -n> f fouet m
peitschen I. *tr V + haben* fouetter
II. *itr V + sein* **gegen etw ~** *Regen, Wellen:* fouetter qc
Peitschenhieb m coup m de fouet   **Peitschenknall** m claquement m de/du fouet   **Peitschenschlag** s. Peitschenhieb
pejorativ *geh* I. *Adj* péjoratif(-ive)
II. *Adv* péjorativement; **etw ist ~ gemeint** qc a un sens péjoratif
Pekinese [peki'neːzə] <-n, -n> m ZOOL pékinois m
Peking <-s> nt Pékin
Pektin [pɛk'tiːn] <-s, -e> nt BIO pectine f
Pelerine [peləˈriːnə] <-, -n> f pèlerine f
Pelikan <-s, -e> m pélican m
Pelle <-, -n> f *von Pellkartoffeln, Würsten* peau f; *(abgeschälte Schale, Haut)* pelure f
▶ **jdm nicht von der ~** <u>gehen</u> *fam* ne pas quitter qn d'une

semelle *(fam)*; **jdm auf die ~ rücken** *fam (sich herandrängen)* coller à qn *(fam)*; *(jdm zusetzen)* courir sur le haricot à qn *(fam)*
pellen *fam* **I.** *tr V* peler
II. *r V* **sich ~** peler
Pellkartoffel *f* pomme *f* de terre en robe des champs
Pelz <-es, -e> *m* fourrure *f*
▶ **jdm/einem Tier eins auf den ~ brennen** *fam* tirer une balle dans la peau de qn/d'un animal *(fam)*; **jdm auf den ~ rücken** *fam* coller à qn *(fam)*
pelzbesetzt *Adj* garni(e) de fourrure **pelzgefüttert** *Adj* fourré(e) **Pelzgeschäft** *nt* magasin *m* de fourrures **Pelzhandel** *m* pelleterie *f* **Pelzhändler(in)** *m(f)* fourreur *m*
pelzig I. *Adj* ❶ *Haut* velouté(e); *Baumblatt* velu(e)
❷ *(belegt) Mund, Zunge* pâteux(-euse)
II. *Adv* **sich ~ anfühlen** *Pfirsich:* être duveteux(-euse) au toucher
Pelzimitat *nt* imitation *f* fourrure **Pelzimitation** *f* fausse fourrure *f* **Pelzjacke** *f* veste *f* de fourrure **Pelzkragen** *m* col *m* de fourrure **Pelzmantel** *m* manteau *m* de fourrure **Pelzmütze** *f* toque *f* de fourrure **Pelztier** *nt* animal *m* à fourrure
Pelztierfarm *f* ferme *f* d'élevage d'animaux à fourrure **Pelztierjäger** *m* trappeur *m* **Pelztierzucht** *f* élevage *m* d'animaux à fourrure
pempern *tr V* A *vulg* baiser *(vulg)*; **jdn ~** baiser qn
PEN-Club ['pɛnklʊp] *m kein Pl* PEN-Club *m* pas de *pl*
Pendant [pã'dã:] <-s, -s> *nt geh* ❶ pendant *m*; **das ~ zu etw** le pendant de qc
❷ *(Berufskollege)* homologue *m*
Pendel <-s, -> *nt* pendule *m*
Pendelbewegung *f* mouvement *m* pendulaire **Pendeldienst** *m* navette *f*; *(Flugdienst)* navette aérienne **Pendellampe** *f* suspension *f*
pendeln *itr V* ❶ + *haben Gegenstand:* osciller
❷ + *sein Person, Fähre, Bus:* faire la navette
Pendeltür *f* porte *f* battante **Pendeluhr** *f* horloge *f* **Pendelverkehr** *m* service *m* de navettes **Pendelzug** *m* train-navette *m*, navette *f*
pendent *Adj* CH *form Frage, Gelegenheit* en suspens
Pendenz <-, -en> *f* CH *form* affaire *f* en souffrance
Pendler(in) <-s, -> *m(f)* personne qui fait tous les jours la navette entre son domicile et son lieu de travail; **~ sein** faire la navette
Pendlerpauschale *f* FIN, POL déduction forfaitaire pour frais de déplacement entre le domicile et le lieu de travail
Penes *Pl von* **Penis**
penetrant I. *Adj* ❶ *Geruch, Gestank* pénétrant(e); *Geschmack* fort(e)
❷ *(lästig) Person* importun(e); *Organ, Stimme* perçant(e); **sei doch nicht so ~!** n'insiste pas!
II. *Adv riechen, stinken* fort; **~ schmecken** avoir un goût prononcé; **~ nach Seife riechen** sentir fort le savon
Penetration [penetra'tsio:n] <-, -en> *f* a. TECH pénétration *f*
peng *Interj* pan; **und ~ war das Fenster kaputt!** et pan la fenêtre était brisée!
penibel *Adj geh* ❶ *(in Bezug auf Sauberkeit)* méticuleux(-euse); *(in Bezug auf Rechtsfragen, Geldangelegenheiten)* rigoureux(-euse)
❷ *(übertrieben) Ordnung* maniaque
Penicillin [penitsɪ'li:n] <-s, -e> *nt Fachspr. s.* **Penizillin**
Penis <-, -se *o* **Penes**> *m* pénis *m*
Penizillin <-s, -e> *nt* pénicilline *f*
Pennäler(in) [pɛ'nɛ:lɐ] <-s, -> *m(f)* élève *mf*, potache *m (fam)*
Pennbruder ['pɛn-] *m pej fam* ❶ *(Landstreicher)* vagabond *m*, clochard *m (péj fam)*
❷ *(Person, die viel schläft)* dormeur(-euse) *m(f)*
Penne <-, -n> *f fam* bahut *m (fam)*
pennen *itr V fam* ❶ *(schlafen)* roupiller *(fam)*
❷ *(nicht aufpassen)* ne pas faire gaffe *(fam)*; **sag mal, pennst du?** tu ne peux pas faire gaffe ou quoi? *(fam)*
❸ *(Beischlaf haben)* **mit jdm ~** coucher avec qn *(fam)*
Penner(in) <-s, -> *m(f) pej fam* ❶ *(Stadtstreicher)* clochard(e) *m(f)*
❷ *(langsamer Mensch)* endormi(e) *m(f) (fam)*
Pensa, Pensen *Pl von* **Pensum**
Pension [pã'zio:n, paŋ'zio:n, pɛn'zio:n] <-, -en> *f* ❶ *(Unterkunft)* pension *f* de famille
❷ *(Ruhegehalt)* pension *f* [de retraite]
❸ *(Ruhestand)* retraite *f*; **in ~ gehen** prendre sa retraite; **in ~ sein** être en [*o* à la] retraite
Pensionär(in) [pãzio'nɛ:ɐ, paŋzio'nɛ:ɐ, pɛnzio'nɛ:ɐ] <-s, -e> *m(f)* ❶ *(Ruhestandsbeamter)* retraité(e) *m(f)*
❷ CH *pensionnaire mf*
Pensionat [pãzio'na:t, pɛnzio'na:t] <-[e]s, -e> *nt* pensionnat *m*
pensionieren* [pãzio'ni:rən, paŋzio'ni:rən, pɛnzio'ni:rən,] *tr V* **pensioniert werden** *Beamter, Lehrer:* être mis(e) à la retraite; **sich [vorzeitig] ~ lassen** partir en retraite [anticipée]
pensioniert [pãzio'ni:ɐt, paŋzio'ni:ɐt, pɛnzio'ni:ɐt] *Adj* retraité(e)

Pensionierung [pãzio'ni:rʊŋ, paŋzio'ni:rʊŋ, pɛnzio'ni:rʊŋ] <-, -en> *f* mise *f* à la retraite
Pensionsalter [pã'zio:ns-, paŋ'zio:ns-, pɛn'zio:ns-] *nt* âge *m* de la retraite **Pensionsanspruch** *m* droit *m* à la retraite **Pensionsanwartschaft** *f* droit *m* à la retraite en cours d'acquisition **pensionsberechtigt** *Adj Beamter, Lehrer* qui a droit à une pension; **~ sein** avoir droit à une pension **Pensionsgast** *m* pensionnaire *mf* **Pensionskasse** *f* caisse *f* de retraite **Pensionspreis** *m* prix *m* de la pension **pensionsreif** *Adj fam* bon(ne) pour la retraite *(fam)*; **~ sein** être bon(ne) pour la retraite
Pensum <-s, **Pensa** *o* **Pensen**> *nt* tâche *f*; **sein ~ erfüllen** remplir sa tâche
Pentagon[1] [pɛnta'go:n] <-s, -e> *nt* GEOM pentagone *m*
Pentagon[2] ['pɛntagɔn] <-s> *nt (US-Verteidigungsministerium)* **das ~** le Pentagone
Penthouse ['pɛnthaʊs] <-, -s> *nt* attique *m*
Pep <-[s]> *m fam* pep *m (fam)*; **~ haben** *Person, Popgruppe:* avoir du pep *(fam)*; *Kleid, Hose:* avoir du chien; **mit ~** *Frau, Frisur, Sendung, Zeitschrift* qui a du pep
Peperoni <-, -> *f* ❶ *(eingelegte scharfe Paprika)* piment *m*
❷ CH *(Gemüsepaprika)* poivron *m*
peppig *fam* **I.** *Adj Musik* qui a du pep *(fam)*; *Mode* qui a du chien *(fam)*; *Poster, Aufmachung* tape-à-l'œil *(fam)*
II. *Adv sich kleiden* avec du chien
Pepsin <-s, -e> *nt* MED, BIO pepsine *f*
per *Präp* + *Akk* ❶ *(durch)* par; **~ Bahn** par le train; **~ Brief/Luftpost/Boten** par lettre/avion/messager; **~ Einschreiben** en recommandé
❷ *(pro)* pour; **zehn Euro ~ Stück** dix euros [la] pièce
▶ **mit jdm ~ du/Sie sein** *fam* tutoyer/vouvoyer qn; **sie sind ~ du/Sie** ils/elles se tutoient/vouvoient
per annum *Adv* COM *veraltet* par année
Perestroika <-> *f* perestroïka *f*
perfekt I. *Adj* ❶ *(vollkommen)* parfait(e)
❷ *(abgemacht, vereinbart)* **etw ~ machen** conclure qc; **~ sein** *Abmachung, Vertrag:* être conclu(e); **ihre Einstellung ist ~** son engagement est une affaire conclue
II. *Adv* parfaitement
Perfekt <-s, -e> *nt* GRAM ❶ *(Zeitform)* passé *m* composé; **im ~ stehen** *Verb:* être au passé composé
❷ *(Verbform im Perfekt)* passé *m* composé
Perfektion <-> *f* perfection *f*; **mit künstlerischer ~ malen** peindre à la perfection; **Musik/Technik in höchster ~** le summum de la perfection musicale/le nec plus ultra de la technique; **es im Tanzen zur ~ bringen** parvenir à la perfection de la danse
perfektionieren* *tr V* perfectionner
Perfektionismus <-> *m* perfectionnisme *m*
Perfektionist(in) <-en, -en> *m(f)* perfectionniste *mf*
perfide *geh* **I.** *Adj* perfide *(littér)*; **eine ~ Tat** une perfidie *(littér)*
II. *Adv* perfidement *(littér)*
Perfidie [pɛrfi'di:] <-, -n> *f* perfidie *f*
Perforation <-, -en> *f* perforation *f*
perforieren* *tr V* perforer
Pergament <-[e]s, -e> *nt (Tierhaut, Handschrift)* parchemin *m*
Pergamentband <-bände> *m* livre *m* relié en parchemin **Pergamentpapier** *nt* papier-parchemin *m*; *(Butterbrotpapier)* papier *m* sulfurisé **Pergamentrolle** *f* rouleau *m* de parchemin
Pergola <-, **Pergolen**> *f* pergola *f*
Perikarp [peri'karp] <-s, -e> *nt* BOT péricarpe *m*
Periode <-, -n> *f* ❶ *a.* MATH période *f*
❷ *(Menstruation)* règles *fpl*
Periodensystem *nt (Tafel)* système *m* périodique des éléments
Periodikum [peri'o:dikʊm] <-s, **Periodika**> *nt* périodique *m*
periodisch I. *Adj* périodique
II. *Adv* périodiquement
peripher *geh* **I.** *Adj* ❶ *(oberflächlich) Interesse* secondaire; *Frage, Problem* marginal(e)
❷ ANAT, MED périphérique
II. *Adv* accessoirement; **sich ~ mit einem Thema befassen** se pencher accessoirement sur un sujet
Peripherie [*Pl:* -'ri:ən] <-, -n> *f* ❶ *a.* GEOM périphérie *f*
❷ INFORM périphérique *m*
Peripheriegerät *nt* INFORM périphérique *m*
Periskop <-s, -e> *nt* périscope *m*
Peristaltik [peri'ʃtaltɪk] <-> *f* MED péristaltisme *m*
Perkussion [pɛrku'sio:n] <-, -en> *f* MED percussion *f*
perkutan [pɛrku'ta:n] ANAT **I.** *Adj* percutané(e)
II. *Adv* par voie percutanée
Perle <-, -n> *f* ❶ *(Schmuckperle)* perle *f*; **eines Rosenkranzes** grain *m*
❷ *(Wasserperle, Schweißperle)* goutte *f*
❸ *(Luftbläschen)* bulle *f*
❹ *fam (Haushälterin)* perle *f*
▶ **~n vor die Säue werfen** *Spr.* jeter des perles aux pourceaux

[*o* cochons]
perlen *itr V* ❶ *(sprudeln)* pétiller
❷ *(sichtbar sein)* **auf etw** *(Dat)* ~ *Tau, Regentropfen, Schweiß:* perler sur qc
❸ *(tropfen)* **von der Fensterscheibe** ~ dégoutter de la vitre
Perlenfischer(in) *m(f)* pêcheur(-euse) *m(f)* de perles **Perlenkette** *f* collier *m* de perles **Perlenohrring** *m* perle *f* montée en boucle d'oreille **Perlentaucher** *s.* **Perlenfischer(in)**
Perlhuhn *nt* pintade *f* **Perlmuschel** *f* huître *f* perlière
Perlmutt <-s> *nt* nacre *f*
Perlmutter <-> *f*, <-s> *nt* nacre *f*
perlmuttern *Adj* ❶ *(aus Perlmutt)* en [*o* de] nacre; *Nagellack* nacré(e); **die Kette ist** ~ le collier est en nacre
❷ *(perlmutterfarben)* [de la couleur] de la nacre
Perlon® <-s> *nt* perlon® *m*
Perlustrierung <-, en> *f* A *(Anhaltung zur Ausweisleistung)* interpellation *f* par la police
Perlwein *m* [vin *m*] perlant *m* **Perlzwiebel** *f* petit oignon *m* blanc
permanent [pɛrma'nɛnt] **I.** *Adj* permanent(e)
II. *Adv grinsen, streiten* constamment; **geöffnet** en permanence
Permanenz [pɛrma'nɛnts] <-> *f geh* permanence *f*
Permutation [pɛrmuta'tsio:n] <-, -en> *f a.* MATH permutation *f*
per pedes *Adv hum geh* pedibus *(fam)*
Perpetuum mobile [pɛr'pe:tuʊm 'mo:bilə] <- -, - -[s]> *nt* mouvement *m* perpétuel
perplex [pɛr'plɛks] **I.** *Adj* perplexe
II. *Adv* avec perplexité
Perron [pɛ'rɔ̃:, 'pɛrɔ̃:] <-s, -s> *m* CH, A quai *m*
per se *Adv geh* de/en soi; **das versteht sich** ~ cela va de soi; **das bedeutet ~, dass** cela signifie en soi que
Persenning [pɛr'zɛnɪŋ] <-, -e[n]> *f* ❶ NAUT prélart *m*
❷ **kein** *Pl* TEXTIL toile *f* à voile
Perser ['pɛrzɐ] <-s, -> *m* ❶ Iranien *m*
❷ HIST Persan *m*
❸ *fam (Teppich)* tapis *m* persan
Perserin <-, -nen> *f* ❶ Iranienne *f*
❷ HIST Persane *f*
Perserkatze *f* chat *m* persan **Perserteppich** *m* tapis *m* persan
Persianer [pɛrzi'a:nɐ] <-s, -> *m (Fell, Mantel)* astrakan *m*
Persien ['pɛrziən] <-s> *nt* ❶ *(Iran)* l'Iran *m*
❷ HIST la Perse
Persiflage [pɛrzi'fla:ʒə] <-, -n> *f* persiflage *m*
persiflieren* *tr V geh* persifler *(littér)*
Persilschein [pɛr'zɪ:l-] *m* ❶ *hum fam* document *m* disculpant
❷ HIST *(Entnazifizierungsurkunde)* certificat *m* de dénazification
persisch ['pɛrzɪʃ] *Adj* ❶ *(iranisch)* iranien(ne)
❷ HIST persan(e)
Persisch <-[s]> *nt* le persan; **auf ~** en persan; *s. a.* **Deutsch**
Persische *nt dekl wie Adj* persan *m*; *s. a.* **Deutsche**
Person [pɛr'zo:n] <-, -en> *f* ❶ *(einzelner Mensch)* personne *f*; **eine männliche/weibliche** ~ un individu de sexe masculin/féminin; **ein Tisch für vier ~en** une table pour quatre; **pro ~** par personne
❷ *pej (Frau, Mädchen)* femme *f*; **sie ist eine seltsame/unangenehme ~** elle est bizarre/désagréable
❸ LITER, THEAT personnage *m*
❹ **kein** *Pl* GRAM personne *f*
❺ JUR **juristische ~** personne *f* morale; **natürliche ~** personne physique; **eine Frage zur ~ stellen** poser une question sur l'identité
▶ **ich für meine ~** pour ma part; **die Zuverlässigkeit in ~ sein** être la fiabilité en personne; **Autor und Verleger in einer ~ sein** être à la fois auteur et éditeur
Personal [pɛrzo'na:l] <-s> *nt* personnel *m*
Personalabbau *m* réduction *f* du personnel **Personalabteilung** *f* service *m* du personnel **Personalakte** *f* dossier *m* [personnel] **Personalausweis** *m* carte *f* d'identité **Personalberater(in)** *m(f)* conseiller(-ère) *m(f)* en recrutement **Personalbestand** *m* effectifs *mpl* **Personalbüro** *nt* bureau *m* du personnel **Personalchef(in)** [-ʃɛf] *m(f)* chef *mf* du personnel **Personalcomputer** [-kɔmpju:tɐ] *m* micro-ordinateur *m* **Personaldecke** *f* ÖKON ensemble *m* du personnel **Personaleinsparung** *f* compression *f* du personnel
Personalien [pɛrzo'na:liən] *Pl* identité *f*
Personalkartei *f* fichier *m* personnel **Personalkosten** *Pl* frais *mpl* de gestion du personnel **Personalmangel** *m* kein *Pl* pénurie *f* de personnel **Personalpolitik** *f* politique *f* de gestion du personnel **Personalpronomen** *nt* GRAM pronom *m* personnel
Personalrat *m* ❶ délégué *m* du personnel ❷ *(Gremium)* délégation *f* du personnel **Personalrätin** *f* déléguée *f* du personnel **Personalstruktur** *f* structure *f* du personnel **Personalunion** *f* ❶ HIST union *f* personnelle ❷ *geh (Vereinigung von Funktionen)* **sie ist Autorin und Verlegerin in ~** elle est à la fois autrice et éditrice **Personalverwaltung** *f* gestion *f* du personnel
personell [pɛrzo'nɛl] **I.** *Adj* de/du personnel; **die ~e Zusammensetzung der Regierung** la composition du gouvernement
II. *Adv* **die Firma ~ aufstocken** augmenter le personnel de l'entreprise; **wie setzt sich das Team ~ zusammen?** comment se compose l'équipe?
Personenaufzug *m form* ascenseur *m* **Personenbeförderung** *f* transports *mpl* de voyageurs **Personenbeschreibung** *f* signalement *m* **personenbezogen** *Adj Informationen, Auskunft, Daten* individuel(le) **Personengedächtnis** *nt* mémoire *f* des visages; **ein/kein gutes ~ haben** être physionomiste/peu physionomiste **Personenkraftwagen** *m form* voiture *f* de tourisme **Personenkreis** *m* catégorie *f* de personnes **Personenkult** *m* culte *m* de la personnalité; **~ mit jdm treiben** vouer un culte à qn **Personennahverkehr** *m* transport *m* en commun local **Personenschaden** *m* dommage *m* corporel; **es gab keinen ~** il n'y a pas eu de blessés **Personenschutz** *m* protection *f* des personnes **Personenstand** *m form* état *m* civil **Personenstandsregister** *nt* registre *m* d'état civil **Personenverkehr** *m* transport *m* de voyageurs; **öffentlicher ~** transports en commun **Personenversicherung** *f* assurance *f* individuelle **Personenwaage** *f form* pèse-personne *m* **Personenwagen** *s.* **Personenkraftwagen** **Personenzug** *m* train *m* de voyageurs
Personifikation [pɛrzonifika'tsio:n] *s.* **Personifizierung**
personifizieren* *tr V* ❶ personnifier *Naturgewalt, Phänomen*
❷ *(verkörpern)* **die personifizierte Arbeitswut** la folie du boulot incarnée
Personifizierung <-, -en> *f geh* personnification *f*
persönlich I. *Adj* ❶ personnel(le); *Freiraum* individuel(le); **Ihre ~e Teilnahme** votre participation
❷ *(anzüglich)* ~ **werden** faire des allusions blessantes
II. *Adv* ❶ personnellement; **~ erscheinen** venir en personne; **etw ~ übergeben** remettre qc en mains propres
❷ *(unmittelbar, eng)* **wir sind ~ befreundet** nous sommes ami(e)s
Persönlichkeit <-, -en> *f* personnalité *f*
Persönlichkeitswahl *f* POL scrutin *m* uninominal
Perspektive [pɛrspɛk'ti:və] <-, -n> *f* perspective *f*; **aus dieser ~** [heraus] [vu] sous cet angle
perspektivisch [-'ti:vɪʃ] **I.** *Adj* de perspective; **~e Wirkung** effet *m* de perspective; **~e Verkürzung** réduction *f* de la perspective
II. *Adv darstellen, zeichnen* en perspective
Peru [pe'ru:] <-s> *nt* le Pérou
Peruaner(in) [peru'a:nɐ] <-s, -> *m(f)* Péruvien(ne) *m(f)*
peruanisch *Adj* péruvien(ne)
Perücke <-, -n> *f* perruque *f*
pervers [pɛr'vɛrs] **I.** *Adj* ❶ PSYCH pervers(e)
❷ *sl (schrecklich) Person* vicelard(e) *(pop)*; *Hitze* à crever *(fam)*; **das ist doch ~!** il faut être taré(e)! *(fam)*
II. *Adv* ~ **veranlagt sein** avoir un naturel pervers
Perversion [pɛrvɛr'zio:n] <-, -en> *f* perversion *f*
Perversität <-, -en> *f geh* ❶ **kein** *Pl geh (perverse Art)* perversité *f*
❷ *s.* **Perversion**
pervertieren* *geh* **I.** *tr V + haben* pervertir
II. *itr V + sein* **zu einem Terrorregime ~** dégénérer en régime de terreur
pesen ['pe:zən] *itr V fam* foncer *(fam)*
Peseta [pe'ze:ta] <-, -ten> *f* HIST *(ehemalige Währung)* peseta *f*
Pessar [pɛ'saːɐ] <-s, -e> *nt* diaphragme *m*
Pessimismus [pɛsi'mɪsmus] <-> *m* pessimisme *m*; **in ~ verfallen** sombrer dans le pessimisme
Pessimist(in) [pɛsi'mɪst] <-en, -en> *m(f)* pessimiste *mf*
pessimistisch I. *Adj* pessimiste
II. *Adv* avec pessimisme; **~ eingestellt sein** être pessimiste
Pest [pɛst] <-> *f* peste *f*; **die ~ haben** avoir la peste
▶ **jdm etw an den Hals wünschen** souhaiter à qn qu'il crève *(fam)*; **jdn/etw wie die ~ fürchten** *fam* craindre qn/qc comme la peste *(fam)*; **jdn/etw wie die ~ hassen** *fam* détester qn/qc plus que tout; **wie die ~ stinken** *fam* empester *(fam)*
pestartig *Adj* pestilentiel(le)
Pestbeule *f* bubon *m* pestilentiel **Pestgestank** *m* pestilence *f*
Pestizid [pɛsti'tsi:t] <-s, -e> *nt* pesticide *m*
Peter ['pe:tɐ] <-s> *m* Pierre *m*
▶ **jdm den schwarzen ~ zuschieben** *fam* faire porter le chapeau à qn *(fam)*
Petersilie [petɐ'zi:liə] <-, -n> *f* persil *m*
PET-Flasche ['pɛt-] *f* bouteille *f* en plastique consignée
Petition [peti'tsio:n] <-, -en> *f* pétition *f*
Petitionsausschuss[RR] *m* ≈ Commission des Lois constitutionnelles, de la législation et de l'administration générale **Petitionsrecht** *nt* droit *m* de pétition
Petrischale ['pe:tri-] *f* BIO, MED boîte *f* de Pétri

Petrochemie [petroçe'miː] f pétrochimie f **Petrodollar** m ÖKON pétrodollar m
Petroleum [pe'troːleʊm] <-s> nt pétrole m; *(für Petroleumlampen)* pétrole lampant
Petroleumlampe f lampe f à pétrole
Petrus ['peːtrʊs] <-> m Saint Pierre
Petting ['pɛtɪŋ] <-s, -s> nt attouchements mpl; ~ **machen** se peloter *(fam)*; **nur ~ machen** ne pas aller au-delà des attouchements
Petunie [pe'tuːniə] <-, -n> f pétunia m
Petze ['pɛtsə] <-, -n> f *pej fam* rapporteur(-euse) m(f)
petzen ['pɛtsən] I. tr V *pej fam* rapporter; **jdm etw ~** rapporter qc à qn
 II. itr V *pej fam* rapporter
Petzer s. Petze
peu à peu ['pøːa'pøː] Adv peu à peu
Pf Abk von **Pfennig** pfennig m
Pfad [pfaːt] <-[e]s, -e> m ❶ sentier m
 ❷ INFORM chemin m
 ▶ **auf dem ~ der Tugend wandeln** *liter* suivre le sentier de la vertu *(littér)*; **jdn auf den ~ der Tugend zurückführen** *liter* ramener qn sur le sentier de la vertu *(littér)*; **ein dorniger ~** *geh* un parcours semé d'embûches *(soutenu)*
Pfadfinder(in) <-s, -> m(f) scout m/guide f
Pfaffe ['pfafə] <-n, -n> m *pej* cureton m *(péj)*
Pfahl [pfaːl, Pl: 'pfɛːlə] <-[e]s, Pfähle> m ❶ *(Zaunpfahl)* pieu m
 ❷ *(spitzer Rundbalken)* pal m; *(für Palisaden)* palis m
Pfahlbau <-bauten> m construction f sur pilotis
pfählen tr V ❶ HORT tuteurer *Baum*
 ❷ HIST empaler
Pfahlwurzel f racine f pivotante
Pfalz [pfalts] <-, -en> f ❶ GEOG Palatinat m
 ❷ *(Herrscherpalast)* palais m
Pfand [pfant, Pl: 'pfɛndə] <-[e]s, Pfänder> nt ❶ *kein Pl (für Leergut)* consigne f; **fünfzig Cent ~** cinquante cents de consigne
 ❷ *a. SPIEL (Unterpfand)* gage m; **als ~** en gage; **ein ~ auslösen/einlösen** récupérer/retirer un gage
pfändbar Adj saisissable
Pfandbrief m obligation f hypothécaire
pfänden tr V ❶ *(beschlagnahmen)* saisir; **jdm das Auto ~** saisir la voiture de qn; **das Pfänden** la saisie
 ❷ *(einer Pfändung unterziehen)* **jdn ~ lassen** faire saisir qn
Pfänderspiel nt jeu m des gages
Pfandflasche f bouteille f consignée **Pfandleihe** <-, -> f crédit m municipal, mont-de-piété m **Pfandleiher(in)** <-s, -> m(f) prêteur(-euse) m(f) sur gages **Pfandrecht** nt droit m de gage; **ein ~ an etw** *(Dat)* **ausüben/bestellen** exercer/constituer un droit de gage sur qc **Pfandschein** m bulletin m de gage **Pfandsiegel** nt sceau m
Pfändung <-, -en> f saisie f
Pfändungsauftrag m mandat m de saisie
Pfanne ['pfanə] <-, -n> f ❶ *(Bratpfanne)* poêle f; **sich** *(Dat)* **etw in die ~ hauen** *fam* se faire cuire qc à la poêle
 ❷ CH *(Topf)* casserole f
 ❸ *(Dachziegel)* tuile f
 ▶ **jdn in die ~ hauen** *sl* démolir qn *(fam)*
Pfannkuchen m crêpe f [épaisse]
Pfarramt ['pfar?amt] nt cure f **Pfarrbezirk** m paroisse f
Pfarre ['pfarə] <-, -n> f DIAL s. Pfarrei
Pfarrei [pfa'raɪ] <-, -en> f ❶ *(Gemeinde)* paroisse f
 ❷ s. **Pfarramt**
Pfarrer(in) ['pfarɐ] <-s, -> m(f) *(evangelisch)* pasteur mf; *(katholisch)* curé m; **unser Herr ~** notre curé/pasteur; **~ Müller** monsieur le curé/pasteur [Müller]
Pfarrgemeinde s. Pfarrei ❶ **Pfarrhaus** nt presbytère m **Pfarrkirche** f église f paroissiale
Pfau [pfaʊ] <-[e]s o -en, -en> m paon m
 ▶ **ein eitler ~ sein** *geh* faire le paon *(vieilli)*
pfauchen itr V A siffler
Pfauenauge nt ZOOL paon m de jour [o nuit] **Pfauenfeder** f plume f de paon
Pfd. Abk von **Pfund** livre f
Pfeffer ['pfɛfɐ] <-s, -> m poivre m; **gemahlener/ungemahlener ~** poivre moulu/en grains; **schwarzer/weißer/grüner ~** poivre gris/blanc/vert
 ▶ **geh [dort]hin, wo der ~ wächst!** *fam* va te faire voir [ailleurs]! *(fam)*; **der soll bleiben, wo der ~ wächst!** il peut rester où il est!
pfeffrig s. pfeffrig
Pfefferkorn nt grain m de poivre **Pfefferkuchen** m pain m d'épice
Pfefferminz ['pfɛfɐmɪnts] <-es> nt ❶ *(Aroma)* menthe f
 ❷ s. **Pfefferminzbonbon**
Pfefferminzbonbon nt o m bonbon m à la menthe
Pfefferminze ['pfɛfɐmɪntsə] <-> f menthe f [poivrée]
Pfefferminztee m tisane f de menthe
Pfeffermühle f moulin m à poivre
pfeffern ['pfɛfɐn] tr V ❶ poivrer *Fleisch, Gericht*
 ❷ *fam (schleudern)* **die Tasche in die Ecke ~** balancer le sac dans le coin *fam*
 ▶ **jdm eine ~** *sl* foutre une baffe à qn *(pop)*; s. a. **gepfeffert**
Pfeffersteak nt GASTR steak m au poivre **Pfefferstrauch** m poivrier m [noir] **Pfefferstreuer** <-s, -> m poivrier m
pfeffrig Adj poivré(e)
Pfeife ['pfaɪfə] <-, -n> f ❶ *(Tabakspfeife)* pipe f; **~ rauchen** fumer la pipe
 ❷ *(Trillerpfeife)* sifflet m
 ❸ *(Musikinstrument)* fifre m
 ❹ *sl (Nichtskönner)* nullard(e) m(f) *(fam)*
 ▶ **das/den/die kannst du in der ~ rauchen!** *fam* c'est de la gnognote! *(fam)*; **nach jds Pfeife tanzen** *fam* se laisser mener [par le bout du nez *fam*] par qn
pfeifen ['pfaɪfən] <pfiff, gepfiffen> I. itr V ❶ *(Töne erzeugen)* siffler
 ❷ *fam (verzichten)* **auf etw** *(Akk)* **~** se ficher de qc *(fam)*
 II. tr V siffler *Lied, Melodie*
Pfeifenbesteck nt nécessaire m à pipe **Pfeifenkopf** m fourneau m de [la] pipe **Pfeifenraucher(in)** m(f) fumeur(-euse) m(f) de pipe; **~ sein** fumer la pipe **Pfeifenreiniger** m cure-pipe m **Pfeifenständer** m râtelier m à pipes **Pfeifenstopfer** <-s, -> m bourre-pipe m **Pfeifentabak** m tabac m [à pipe]
Pfeifer(in) <-s, -> m(f) ❶ siffleur(-euse) m(f)
 ❷ MUS fifre m
Pfeifkessel m bouilloire f à sifflet **Pfeifkonzert** nt sifflements mpl; **ein ~ veranstalten** se mettre à siffler **Pfeifton** m sifflement m; **eines Anrufbeantworters** signal m
Pfeil [pfaɪl] <-s, -e> m *(Geschoss, Zeichen)* flèche f; **~ und Bogen** un arc et ses flèches
 ▶ **alle ~e verschossen haben** être à court d'arguments; **wie ein ~** comme une flèche
Pfeiler ['pfaɪlɐ] <-s, -> m pilier m; *(Brückenpfeiler)* pile f
pfeilgerade I. Adj tout(e) droit(e) II. Adv steigen en flèche; **~ in etw führen** mener tout droit à qc **Pfeilgift** nt poison m pour flèches **pfeilschnell** I. Adj rapide comme une flèche II. Adv comme une flèche; **~ liefen die Kinder weg** les enfants sont partis comme un trait **Pfeilspitze** f pointe f de [la] flèche
Pfennig ['pfɛnɪç] <-s, -e> m pfennig m; **keinen ~ Geld haben** ne pas avoir le sou; **er hat keinen ~ Geld bei sich** il n'a pas un sou sur lui
 ▶ **wer den ~ nicht ehrt, ist des Talers nicht wert** *Spr.* un sou est un sou; **nicht für fünf ~ Lust haben** *fam* en avoir envie comme d'aller se [faire] pendre *(fam)*; **nicht für fünf ~ Verstand haben** ne pas être malin(maligne) pour un sou; **etw ist keinen ~ wert** *fam* qc ne vaut pas un clou *(fam)*; **mit jedem ~ rechnen müssen** être obligé(e) de compter; **jeden ~ umdrehen** *fam* regarder à la dépense
Pfennigabsatz m *fam* talon m aiguille **Pfennigbetrag** m somme f dérisoire **Pfennigfuchser(in)** [-fʊksɐ] <-s, -> m(f) *fam* grippe-sou m *(fam)* **Pfennigstück** nt pièce f d'un pfennig
Pferch [pfɛrç] <-[e]s, -e> m parc m, enclos m
pferchen tr V parquer; **die Pferde in den Stall ~** parquer les chevaux dans l'écurie
Pferd ['pfeːɐt] <-[e]s, -e> nt ❶ cheval m; **auf einem ~ reiten** chevaucher; **zu ~[e]** *geh* à cheval; **auf die ~e!** à cheval!
 ❷ *(Turngerät)* cheval m d'arçons
 ❸ SCHACH cavalier m
 ▶ **das ~ beim Schwanz aufzäumen** *fam* mettre la charrue avant les bœufs; **sein/ihr bestes ~ im Stall** *fam* son meilleur élément; **aufs falsche/richtige ~ setzen** *fam* miser sur le mauvais/bon cheval *(fam)*; **immer langsam** [o **sachte**] **mit den jungen ~en!** *fam* du calme, y a pas le feu! *(fam)*; **die ~e scheu machen** *fam* semer la panique; **ein Trojanisches ~** *geh* un cadeau piégé; **keine zehn ~e** *fam* rien au monde; **keine zehn ~e bringen mich dazu** je ne le ferais pour rien au monde; **arbeiten** [o **schuften** *sl*] **wie ein ~** *fam* travailler comme un bœuf *(fam)*; **jdm gehen die ~e durch** *fam* qn craque *(fam)*; **das hält ja kein ~ aus** *fam* c'est une vie de chien *(fam)*; **mit ihm/ihr kann man ~e stehlen** *fam* on peut faire les quatre cents coups avec lui/elle *(fam)*
Pferdeapfel m crottin m; **auf der Straße liegt ein ~/liegen Pferdeäpfel** il y a du crottin dans la rue **Pferdedieb(in)** m(f) voleur(-euse) m(f) de chevaux **Pferdefleisch** nt viande f de cheval **Pferdefuhrwerk** nt charrette f à chevaux **Pferdefuß** m ❶ *des Teufels, eines Fauns* pied m fourchu ❷ *fam (Haken)* hic m *(fam)*; **die Sache hat einen ~** *fam* il y a un os *(fam)* **Pferdegebiss**^RR nt *fam* dents fpl de cheval **Pferdehändler** m maquignon m **Pferderennbahn** f hippodrome m **Pferderennen** nt course f de chevaux **Pferderennsport** m hippisme m

Pferdeschwanz *m* queue *f* de cheval **Pferdestall** *m* écurie *f*
Pferdestärke *f veraltet* cheval-vapeur *m (vieilli)* **Pferdewagen** *m* voiture *f* à cheval **Pferdezucht** *f* élevage *m* de chevaux
pfiff [pfɪf] *Imp von* **pfeifen**
Pfiff <-s, -e> *m* ❶ *(Pfeifton)* sifflement *m*
  ❷ *fam (Reiz)* je ne sais quoi ▸ **einem ~ geben** un petit quelque chose; **da fehlt der letzte ~** il y manque un petit quelque chose; **ohne ~** sans originalité
Pfifferling ['pfɪfɐlɪŋ] <-[e]s, -e> *m* girolle *f*, chanterelle *f*
  ▸ **keinen ~ wert sein** *fam* ne pas valoir un clou *(fam)*
pfiffig ['pfɪfɪç] I. *Adj* malin(-igne)
  II. *Adv* avec finesse
Pfiffigkeit <-> *f* sagacité *f*
Pfiffikus ['pfɪfikʊs] <-[ses], -se> *m fam* malin *m*
Pfingsten ['pfɪŋstən] <-, -> *nt meist kein Art* la Pentecôte; **an** [*o* **zu**] [*o* **über**] **~** à la Pentecôte
Pfingstferien ['pfɪŋst-] *Pl* vacances *fpl* de la Pentecôte **Pfingstfest** *nt* fête *f* de [la] Pentecôte **Pfingstmontag** *m* lundi *m* de [la] Pentecôte **Pfingstrose** *f* pivoine *f* **Pfingstsonntag** *m* dimanche *m* de [la] Pentecôte **Pfingsttag** *m* jour *m* de [la] Pentecôte **Pfingstwoche** *f* semaine *f* de [la] Pentecôte
Pfirsich ['pfɪrzɪç] <-s, -e> *m* pêche *f*
Pfirsichbaum *m* pêcher *m* **Pfirsichblüte** *f* fleur *f* de pêcher **Pfirsichhaut** *f a. fig* peau *f* de pêche **Pfirsichkern** *m* noyau *m* de pêche
Pflanze ['pflantsə] <-, -n> *f* plante *f*
pflanzen I. *tr V* ❶ *(setzen)* planter
  ❷ *geh (setzen, stellen, aufpflanzen)* **etw auf etw** *(Akk)* **~** planter qc sur qc
  ❸ A *(foppen)* **jdn ~** faire marcher qn
  II. *r V fam* **sich auf das Sofa ~** s'affaler sur le divan; **pflanz dich irgendwohin!** case-toi quelque part! *(fam)*
Pflanzenfaser *f* fibre *f* végétale **Pflanzenfett** *nt* graisse *f* végétale **pflanzenfressend** *Adj attr* herbivore **Pflanzenfresser** *m* herbivore *m* **Pflanzengift** *nt* ❶ *(aus Pflanzen stammend)* poison *m* végétal ❷ *(gegen Unkraut)* herbicide *m* **Pflanzenkunde** *f kein Pl* botanique *f pas de pl* **Pflanzenöl** *nt* huile *f* végétale **Pflanzenschutz** *m* protection *f* des plantes; **biologischer ~** *(Schutz)* protection biologique des plantes **Pflanzenschutzmittel** *nt* produit *m* phytosanitaire; *(gegen Insekten)* insecticide *m* écologique **Pflanzenwelt** *f* flore *f*
Pflanzer(in) <-s, -> *m(f)* planteur(-euse) *m(f)*
pflanzlich I. *Adj attr* ❶ *(aus Pflanzen gewonnen)* végétal(e)
  ❷ *(vegetarisch)* **Nahrung** végétarien(ne)
  II. *Adv* **sich ~ ernähren** avoir un régime végétarien; **~ leben** vivre en végétarien(ne)
Pflanzung <-, -en> *f (Plantage, das Pflanzen)* plantation *f*
Pflaster ['pflastɐ] <-s, -> *nt* ❶ *(Heftpflaster)* sparadrap *m*
  ❷ *(Straße, Straßenbelag)* chaussée *f*; *(Kopfsteinpflaster)* pavé *m*
  ▸ **ein gefährliches** [*o* **heißes**] **~** *fam* un endroit dangereux; **Paris ist ein teures ~** *fam* la vie est chère à Paris
Pflasterer <-s, -> *m*, **Pflasterin** *f* SDEUTSCH, CH paveur *m*
Pflastermaler(in) *m(f)* peintre *m* des rues
pflastern ['pflastɐn] I. *tr V* paver *Straße*; **das Pflastern** le pavage
  II. *itr V* paver
Pflasterstein ['pflastɐ-] *m* pavé *m*
Pflasterung <-, -en> *f* pavage *m*
Pflaume ['pflaʊmə] <-, -n> *f* ❶ *(Frucht)* prune *f*
  ❷ *(Baum)* prunier *m*
  ❸ *fam (Schimpfwort)* nouille *f (fam)*
Pflaumenbaum *m* prunier *m* **Pflaumenkuchen** *m* tarte *f* aux quetsches **Pflaumenmus** *nt* compote *f* de prunes
Pflege ['pfle:gə] <-> *f* ❶ *(Körperpflege)* soins *mpl*
  ❷ *(Krankenpflege, Altenpflege)* soins *mpl*; **die ~ des Großvaters übernehmen** se charger de soigner le grand-père
  ❸ *(Obhut)* **jdn/ein Tier bei jdm in ~ geben** mettre qn/un animal en pension chez qn; **jdn/ein Tier in ~ nehmen** prendre qn/un animal en charge
  ❹ *(Versorgung, Instandhaltung)* **von Pflanzen** soins *mpl*; **von Anlagen, Gärten, Teichen** entretien *m*
  ❺ *geh (Aufrechterhaltung)* conservation *f*; **von Beziehungen, des Brauchtums** maintien *m*
pflegebedürftig *Adj* **Person** dépendant(e); **~ sein** **Person, Pflanze:** exiger des soins **Pflegeberuf** *m* profession *f* du secteur sanitaire et social **Pflegeeltern** *Pl* parents *mpl* nourriciers [*o* adoptifs] **Pflegefall** *m* personne *f* qui réclame des soins constants **Pflegegeld** *nt* indemnité *f* de soins **Pflegeheim** *nt* maison *f* médicalisée; **sie ist in ein ~ gekommen** on l'a mise dans une maison médicalisée **Pflegekind** *nt* enfant *m* placé [*o* en pension] dans une famille; **sie ist mein ~** elle est placée chez moi **pflegeleicht** *Adj* ❶ *Kleidung, Teppich* facile à entretenir; *Pflanze* facile à soigner
  ❷ *fig, hum (unproblematisch) Person* facile à vivre; *Kind* facile
Pflegemittel *nt* produit *m* d'entretien; *(Kosmetikprodukt)* produit de beauté **Pflegemutter** *f* mère *f* nourricière
pflegen ['pfle:gən] I. *r V* ❶ soigner *Kranken, Tier, Pflanze*; entretenir *Denkmal*; **seine Haut mit einer Lotion ~** soigner sa peau avec une lotion
  ❷ *(aufrechterhalten)* cultiver *Beziehungen, Traditionen*
  ❸ *(gewöhnlich tun)* **er/sie pflegt morgens zu duschen** il/elle a l'habitude de prendre une douche le matin; **diese Probleme ~ dann aufzutreten, wenn ...** d'habitude, ce genre de problème se produit au moment où ...
  II. *r V* **sich ~** soigner son apparence; *(sich schonen)* se ménager
Pflegenotstand *m* pénurie *f* de personnel soignant **Pflegepersonal** *nt* personnel *m* soignant **Pflegeprodukt** *nt (Möbel-, Autopflegemittel)* produit *m* d'entretien; *(Kosmetikprodukt)* produit de beauté
Pfleger(in) <-s, -> *m(f)* infirmier(-ière) *m(f)*
pflegerisch I. *Adj* du secteur sanitaire et social; **~er Beruf** métier *m* du secteur sanitaire et social; **~e Ausbildung** formation *f* aux métiers de soignant(e); **im ~en Bereich tätig sein** exercer un métier dans le domaine sanitaire et social
  II. *Adv* **~ ausgebildet/tätig sein** avoir une formation de soignant(e)/dispenser des soins
Pflegesatz *m* forfait *m* journalier d'hospitalisation **Pflegesohn** *m* garçon *m* placé [*o* en pension] dans une famille; **ihr ~** le garçon qu'elle a en garde **Pflegetochter** *f* fille *f* placée [*o* en pension] dans une famille; **ihre ~** la fille qu'elle a en garde **Pflegevater** *m* père *m* nourricier **Pflegeversicherung** *f* assurance *f* dépendance
pfleglich ['pfle:klɪç] I. *Adj* soigneux(-euse); **bei ~em Umgang mit diesem Teppichboden** en prenant soin de cette moquette
  II. *Adv* soigneusement
Pflegschaft <-, -en> *f* JUR curatelle *f*
Pflicht [pflɪçt] <-, -en> *f* ❶ devoir *m*; **ihre ~ als Vorgesetzte** son devoir de chef; **nur seine ~ tun** ne faire que son devoir; **es sich** *(Dat)* **zur ~ machen ordentlich zu sein** s'imposer d'être ordonné(e); **die ehelichen ~en** le devoir conjugal
  ❷ SPORT [exercices *mpl*] imposés *mpl*; *(im Eiskunstlauf)* [figures *fpl*] imposées *fpl*
  ▸ **es ist seine/ihre verdammte ~ und Schuldigkeit uns zu helfen** *fam* bon Dieu, c'est pourtant son devoir de nous aider, non? *(fam)*; **jdn in die ~ nehmen** mettre qn à contribution; **die ~ ruft, ich muss gehen!** le devoir m'appelle, il faut que j'aille!
pflichtbewusst[RR] *Adj* conscient(e) de ses devoirs **Pflichtbewusstsein**[RR] *nt* sens *m* du devoir **Pflichterfüllung** *f* accomplissement *m* du devoir; **etw in treuer ~ tun** faire qc dans l'exercice de sa tâche [*o* de sa mission] **Pflichtexemplar** *nt* exemplaire *m* que chaque éditeur est tenu d'envoyer à la Bibliothèque centrale allemande **Pflichtfach** *nt* matière *f* obligatoire **Pflichtgefühl** *s.* **Pflichtbewusstsein**[RR] **pflichtgemäß** I. *Adj* réglementaire
  II. *Adv* conformément au règlement **Pflichtlektüre** *f* ouvrage *m* que l'on doit absolument lire; **im Philosophiestudium zur ~ gehören** faire partie des ouvrages qu'il faut absolument lire quand on fait des études de philosophie **Pflichtteil** *m o nt* JUR réserve *f* héréditaire **Pflichtübung** *f* SPORT [exercices *mpl*] imposés *mpl*; *(im Eiskunstlauf)* [figures *fpl*] imposées *fpl* **pflichtvergessen** I. *Adj* oublieux(-ieuse) [de ses devoirs] II. *Adv* en oubliant ses devoirs **Pflichtverletzung** *f* prévarication *f*, manquement *m* aux devoirs [*o* obligations]; **grobe ~** manquement grave **pflichtversichert** *Adj* soumis(e) à une assurance obligatoire; **~ sein** être soumis(e) à une assurance obligatoire **Pflichtversicherte(r)** *f(m) dekl wie Adj* assuré(e) *m(f)* obligatoire **Pflichtversicherung** *f* assurance *f* obligatoire **Pflichtverteidiger(in)** *m(f)* avocat(e) *m(f)* commis(e) d'office
Pflock [pflɔk, *Pl:* 'pflœkə] <-[e]s, Pflöcke> *m* piquet *m*
pflücken *tr V* cueillir; **das Pflücken** la cueillette
Pflücker(in) <-s, -> *m(f)* cueilleur(-euse) *m(f)*
Pflug [pflu:k, *Pl:* 'pfly:gə] <-[e]s, Pflüge> *m* charrue *f*
pflügen *tr V* labourer *Acker, Feld*; **das Pflügen** le labourage
Pflugschar <-, -en> *f* soc *m*
Pfortader *f* ANAT veine *f* porte
Pforte ['pfɔrtə] <-, -n> *f* porte *f*
  ▸ **seine ~n schließen** *geh Geschäft, Ausstellung:* fermer ses portes
Pförtner <-s, -> *m* ❶ concierge *m*; **eines Betriebs** concierge, portier *m*
  ❷ ANAT pylore *m*
Pförtnerin <-, -nen> *f* concierge *f*; **eines Betriebs** concierge, portier *m*
Pförtnerloge [-lo:ʒə] *f* loge *f* du/de la concierge; **eines Betriebs** loge du portier
Pfosten ['pfɔstən] <-s, -> *m* ❶ a. SPORT poteau *m*; **den ~ treffen** toucher le poteau
  ❷ *(Stützpfosten)* montant *m*
Pfötchen <-s, -> *nt Dim von* **Pfote** patte *f*; [gib] **~!** donne la patte!
Pfote ['pfo:tə] <-, -n> *f* ❶ patte *f*

② sl (Hand) **~n weg!** bas les pattes! (fam)
Pfriem [pfri:m] <-[e]s, -e> m poinçon m; (für Leder) alène f
Pfropf [pfrɔpf, Pl: -fə, pfrœpfə] <-[e]s, -e o Pfröpfe> m bouchon m; (Blutpfropf) caillot m
pfropfen ['pfrɔpfən] tr V ① boucher Flasche
② fam (zwängen) **etw in einen Koffer ~** fourrer qc dans une valise; **der Saal war gepfropft voll** la salle était pleine à craquer
③ HORT greffer
Pfropfen <-s, -> m bouchon m
Pfropfreis nt greffon m
Pfründe <-, -n> f ① HIST prébende f, fonction f lucrative
② fig [einträgliche] **~** sinécure f
pfui [pfʊi] Interj be[u]rk; **~, schäm dich!** tu n'as pas honte?
Pfund [pfʊnt] <-[e]s, -e> nt ① (Gewicht) livre f; **drei ~ Tomaten** trois livres de tomates
② (Währung) livre f; **zehn ~ kosten** coûter dix livres
▶ **mit seinem ~e wuchern** geh mettre en valeur ses talents
pfundig ['pfʊndɪç] Adj fam génial(e) (fam), super (fam)
Pfundskerl m fam mec m/nana f super (fam)
pfundweise Adv ① kaufen, verkaufen à la livre
② (in großer Menge) **etw ~ essen** manger des tonnes de qc
Pfusch [pfʊʃ] <-[e]s> m fam travail m bâclé (fam)
Pfuscharbeit f fam s. Pfusch
pfuschen ['pfʊʃən] itr V ① fam (nachlässig arbeiten) bâcler le travail (fam)
② A (schwarzarbeiten) travailler au noir
Pfuscher(in) <-s, -> m(f) ① fam (nachlässiger Mensch) bousilleur(-euse) m(f) (fam)
② A (Schwarzarbeiter) personne f qui travaille au noir
Pfuscherei <-, -en> f pej fam ① (gepfuschte Arbeit) travail m bâclé (fam)
② A (Schwarzarbeit) travail m au noir
Pfütze <-, -n> f flaque f
PGiroA nt Abk von **Postgiroamt** service m de virement postal
PH [peːˈhaː] <-, -s> f Abk von **Pädagogische Hochschule** ≈ EN f, ≈ IUFM m
Phädra <-s> f MYTH Phèdre f
Phalanx [ˈfaːlaŋks] <-, Phalangen> f ① HIST, ANAT phalange f
② geh (geschlossene Front) phalange f (littér)
phallisch Adj geh phallique
Phallus [ˈfalʊs] <-, -se o Phalli o Phallen> m geh phallus m
Phalluskult m culte m phallique
Phänomen <-s, -e> nt phénomène m
phänomenal Adj phénoménal(e); **das ist ja ~!** c'est extraordinaire!
Phänomenologie [fɛnomenoloˈgiː] <-> f PHILOS phénoménologie f pas de pl
Phänotyp m phénotype m
Phantasie [fantaˈziː] <-, -n> f ① kein Pl imagination f; **eine lebhafte [o rege] ~ haben** avoir une imagination débordante; **eine schmutzige ~ haben** avoir l'esprit mal tourné
② meist Pl (Träumerei) fantasme m; **das sind doch nur ~n** ce ne sont que des mensonges
phantasiebegabt s. fantasiebegabt **Phantasiegebilde** s. Fantasiegebilde
phantasielos s. fantasielos
Phantasielosigkeit s. Fantasielosigkeit
phantasieren* s. fantasieren
phantasievoll s. fantasievoll
Phantast(in) [fanˈtast] s. Fantast(in)
Phantasterei s. Fantasterei
phantastisch s. fantastisch
Phantom [fanˈtoːm] <-s, -e> nt fantôme m
Phantombild nt portrait-robot m **Phantomschmerz** m MED douleur f de membres fantôme
Pharao [ˈfaːrao, Pl: faraˈoːnən] <-s, Pharaonen> m, **Pharaonin** f pharaon(ne) m(f)
Pharaonengrab nt tombe f de pharaon[s]
Pharisäer <-s, -> m ① HIST, BIBL pharisien m
② geh (Heuchler) pharisien m (vieilli), tartuf[f]e m
③ (Getränk) café avec du rhum, couronné de crème Chantilly
Pharisäerin <-, -nen> f geh pharisienne f (vieilli), tartuf[f]e m
Pharmaindustrie f industrie f pharmaceutique
Pharmakologe [farmakoˈloːgə] <-n, -n> m, **Pharmakologin** f pharmacologue mf
Pharmakologie [farmakoloˈgiː] <-> f pharmacologie f
pharmakologisch Adj pharmacologique
Pharmakonzern m groupe m pharmaceutique **Pharmareferent(in)** m(f) visiteur(-euse) m(f) médical(e) **Pharmaunternehmen** nt entreprise f pharmaceutique
Pharmazeut(in) [farmaˈtsɔɪt] <-en, -en> m(f) pharmacien(ne) m(f)
Pharmazeutik [farmaˈtsɔɪtɪk] <-> f pharmaceutique f pas de pl

pharmazeutisch Adj pharmaceutique
Pharmazie [farmaˈtsiː] <-> f pharmacie f
Phase [ˈfaːzə] <-, -n> f a. ELEC, ASTRON phase f; **eine neue/entscheidende ~** une nouvelle phase/une phase décisive
phasengleich Adj ELEC en phase **Phasenverschiebung** f ELEC déphasage m
Phenol [feˈnoːl] <-s, -e> nt CHEM phénol m
Philanthrop(in) [filanˈtroːp] <-en, -en> m(f) geh philanthrope mf
Philanthropie <-> f philanthropie f pas de pl
philanthropisch Adj philanthropique
Philatelie [filateˈliː] <-> f philatélie f
Philatelist(in) [filateˈlɪst] <-en, -en> m(f) philatéliste mf
Philharmonie [fɪlharmoˈniː] <-, -n> f ① philharmonie f
② (Gebäude) [bâtiment m abritant la] philharmonie f
Philharmoniker(in) [fɪlharˈmoːnɪkɐ] <-s, -> m(f) ① membre m de la philharmonie
② Pl (Orchester) **die Berliner/Wiener ~** l'orchestre m philharmonique de Berlin/Vienne
philharmonisch [fɪlharˈmoːnɪʃ] Adj philharmonique
Philipp <-s> m Philippe m
Philippinen [filɪˈpiːnən] Pl les Philippines fpl
Philippiner(in) [filɪˈpiːnɐ] <-s, -> m(f) Philippin(e) m(f)
philippinisch [filɪˈpiːnɪʃ] Adj philippin(e)
Philister [fiˈlɪstɐ] <-s, -> m ① HIST Philistin m
② pej geh (Spießer) philistin m (littér)
philisterhaft Adj pej geh philistin pas de f
Philodendron [filoˈdɛndrɔn] <-s, Philodendren> m o nt philodendron m
Philologe [filoˈloːgə] <-n, -n> m, **Philologin** f philologue mf
Philologie [filoloˈgiː] <-, -n> f philologie f; **klassische ~ studieren** faire des études de lettres classiques; **das Studium der englischen/romanischen ~** les études d'anglais/de langues romanes
philologisch Adj de philologie; Untersuchung, Werk de philologie; **ein ~es Studium** des études de lettres
Philosoph(in) [filoˈzoːf] <-en, -en> m(f) philosophe mf
Philosophie [filozoˈfiː] <-, -n> f philosophie f; **das Studium der ~** les études de philosophie
philosophieren* itr V philosopher; **über etw (Akk) ~** philosopher sur qc
philosophisch [filoˈzoːfɪʃ] I. Adj philosophique
II. Adv philosophiquement
Phiole [ˈfjoːlə] <-, -n> f fiole f
Phishing [ˈfɪʃɪŋ] <-[s]> nt INFORM hameçonnage m
Phlegma [ˈflɛgma] <-s> nt geh indolence f
Phlegmatiker(in) [flɛˈgmaːtikɐ] <-s, -> m(f) flegmatique mf
phlegmatisch Adj geh indolent(e)
Phlox [flɔks] <-es, -e> m phlox m
Phobie [foˈbiː] <-, -n> f MED phobie f; **eine ~ vor etw haben** avoir une phobie de qc
Phon [foːn] <-s, -s> nt PHYS phone m; **es wurden hundert ~ gemessen** on a mesuré cent phones
Phonem [foˈneːm] <-s, -e> nt LING phonème m
Phonetik [foˈneːtɪk] <-> f phonétique f
phonetisch I. Adj phonétique
II. Adv phonétiquement
Phönix <-[es], -e> m phénix m
▶ **wie ein ~ aus der Asche** geh comme le phénix renaissant de ses cendres (littér)
Phönizier(in) [føˈniːtsiɐ] <-s, -> m(f) Phénicien(ne) m(f)
phönizisch Adj phénicien(ne)
Phönizische nt dekl wie Adj **das ~** le phénicien; s. a. Deutsche
Phonologie [fonoloˈgiː] <-> f LING phonologie f
phonologisch Adj LING phonologique
Phonotypist(in) [fonotyˈpɪst] <-en, -en> m(f) dactylographe mf
Phosphat [fɔsˈfaːt] <-[e]s, -e> nt CHEM phosphate m
phosphatfrei Adj CHEM sans phosphates
phosphathaltig Adj phosphaté(e)
Phosphor [ˈfɔsfoːɐ] <-s> m CHEM phosphore m
Phosphoreszenz <-> f phosphorescence f
phosphoreszieren* itr V être phosphorescent(e)
Phosphorsäure f BIO acide m phosphorique
Photo [ˈfoːto] s. Foto
Photochemie f photochimie f **photochemisch** I. Adj photochimique II. Adv photochimiquement **Photoeffekt** m ELEC effet m photoélectrique **photoelektrisch** Adj photoélectrique **Photoelement** nt ELEC photopile f
Photon [ˈfoːtɔn, Pl: -s, -tonen] nt PHYS photon m
Photosphäre f ASTRON photosphère f **Photosynthese** f BIO photosynthèse f **Photovoltaik** [fotovɔlˈtaːɪk] f ELEC, PHYS conversion f photovoltaïque **Photozelle** f cellule f photoélectrique
Phrase [ˈfraːzə] <-, -n> f ① pej formule f [toute faite]
② LING (Ausdruck) locution f, idiotisme m
③ MUS phrase f

▶ **~n dreschen** *fam* manier la langue de bois *(péj)*
Phrasendrescher(in) <-s, -> *m(f) fam* faiseur(-euse) *m(f)* de belles phrases, phraseur(-euse) *m(f)*
Phraseologie [frazeolo'giː] <-, -n> *f* LING phraséologie *f*
phraseologisch *Adj* LING phraséologique
pH-Wert [peːˈhaː-] *m* pH *m*
Phylogenese [fyloge'neːzə] *f* BIO phylogenèse *f*
Physik [fyˈziːk] <-> *f* physique *f*
physikalisch [fyziˈkaːlɪʃ] I. *Adj* ❶ *Experiment, Formel* de physique; *Forschung* en physique; *Gesetz* physique
❷ MED **-e Therapie** physiothérapie *f*
II. *Adv* ❶ PHYS physiquement
❷ MED *behandeln* par physiothérapie
Physiker(in) [ˈfyːzikɐ] <-s, -> *m(f)* physicien(ne) *m(f)*
Physikum [ˈfyːzikʊm] <-s, -ka> *nt* examen intermédiaire au terme du quatrième ou cinquième semestre de médecine
Physiognomie [fyziognoˈmiː] <-, -n> *f geh* physionomie *f*
Physiologe [fyzioˈloːgə] <-n, -n> *m*, **Physiologin** *f* physiologiste *mf*
Physiologie [fyzioloˈgiː] <-> *f* physiologie *f*
physiologisch [fyzioˈloːgɪʃ] I. *Adj* physiologique
II. *Adv* physiologiquement; **rein ~** sur le plan purement physiologique
Physiotherapeut(in) [fyzio-] *m(f)* physiothérapeute *mf*
Physiotherapie *f kein Pl* physiothérapie *f pas de pl*
physisch [ˈfyːzɪʃ] I. *Adj* physique
II. *Adv* physiquement; **rein ~** sur le plan purement physique
Pi [piː] <-[s]> *nt* MATH [**die Zahl**] ~ [le nombre] pi *m*
▶ **~ mal Daumen** *fam* grosso modo
Pianist(in) [pjaˈnɪst] <-en, -en> *m(f)* pianiste *mf*
piano *Adv* MUS piano
Piano <-s, -s> *nt veraltet (Klavier)* piano *m*
picheln [ˈpɪçəln] *fam* I. *itr V* picoler *(fam)*
II. *tr V* **zwei Flaschen Wein ~** siffler deux bouteilles de vin *(fam)*
▶ **einen ~ gehen** aller se rincer le gosier *(fam)*
Picke <-, -n> *f* pioche *f*
Pickel [ˈpɪkəl] <-s, -> *m* ❶ bouton *m*; **~ haben** avoir des boutons
❷ *(Spitzhacke)* pioche *f*; *(Eispickel)* piolet *m*
Pickelhaube *f* HIST casque *m* à pointe
pickelig [ˈpɪk(ə)lɪç] *Adj Person, Gesicht* boutonneux(-euse); *Haut* couvert(e) de boutons
picken [ˈpɪkən] I. *itr V Huhn:* picorer
II. *tr V* ❶ picorer *Körner, Würmer*
❷ *(heraussuchen)* **etw aus einem Topf/einer Schale ~** piquer qc dans une casserole/coupe; **sich** *(Dat)* **die leckersten Bissen aus dem Topf ~** grappiller les meilleurs morceaux dans la cocotte
❸ + **haben** *o* **sein** A *fam (kleben)* coller
Pickerl <-s, -n> *nt* A autocollant *m*
picklig *s.* **pickelig**
Picknick [ˈpɪknɪk] <-s, -s *o* -e> *nt* pique-nique *m*; [**ein**] **~ machen** pique-niquer
picknicken *itr V* pique-niquer
Picknickkorb *m* panier *m* de pique-nique
Pick-up [ˈpɪkʔap, ˈpɪkap] <-s, -s> *m* pick-up *m*
picobello [pikoˈbɛlo] *Adv fam* impec *(fam)*; **bei ihr sieht es immer ~ aus** chez elle, c'est toujours impec *(fam)*
piekfein [ˈpiːkfaɪn] *fam* I. *Adj Restaurant* sélect(e) *(fam)*; *Kleidung* chic
II. *Adv* chiquement *(fam)*; **~ angezogen** bien sapé(e) *(fam)*
piep [piːp] *Interj* cui-cui *(fam)*; **~ machen** *Vogel:* piailler *(fam)*
▶ **nicht mehr ~ sagen können** *fam* n'arriver même plus à dire ouf
Piep ▶ **einen ~ haben** *fam* avoir un grain, dérailler *(fam)*; **keinen ~ sagen** *fam* ne pas piper [mot]
piepe *Adj*, **piepegal** *Adj fam* **das ist mir ~** je m'en [contre]fiche *(fam)*
piepen [ˈpiːpən] I. *itr V Küken, Vogel:* pépier; *Maus:* couiner *(fam)*; *Funkgerät:* faire bip[-bip]
II. *itr V unpers fam* **bei ihm piept es** [*o* **piept's**] il déraille *(fam)*; **bei dir piept's wohl?** tu débloques ou quoi? *(fam)*
▶ **sie/es ist zum Piepen** elle/c'est à mourir de rire
Piepen *Pl sl* pépètes *fpl*
Piepmatz <-es, -mätze> *m Kinderspr.* petit oiseau *m*
piepsen [ˈpiːpsən] *itr V* ❶ *s.* **piepen** I.
❷ *(mit Fistelstimme reden/singen)* parler/chanter avec une voix de fausset
Piepser <-s, -> *m fam* ❶ *(Piepton)* signal *m* sonore
❷ *(Personenrufgerät)* bip *m (fam)*; *(Telefonsignalsender)* bip[-bip] *m (fam)*
piepsig *Adj Stimme* fluet(te); *Person* menu(e)
Piepton *m* signal *m* sonore
Pier [piːɐ] <-s, -s *o* -e> *m* débarcadère *m*, embarcadère *m*
piercen [ˈpiːɐsən] *tr V* **sich ~ lassen** se faire faire un piercing

Piercing [ˈpiːɐsɪŋ] <-s, -s> *nt* piercing *m*
piesacken [ˈpiːzakən] *tr V fam* embêter; **jdn ~** *Person:* embêter qn *(fam)*; *Tier:* enquiquiner qn *(fam)*
pieseln [ˈpiːzəln] *itr V fam* ❶ *(nieseln)* bruiner
❷ *(urinieren)* pisser *(fam)*
Pietät [pieˈtɛːt] <-> *f geh* piété *f*
pietätlos [pieˈtɛːt-] *geh* I. *Adj* irrespectueux(-euse); *Bemerkung* irrévérencieux(-euse) *(littér)*
II. *Adv* de façon irrespectueuse
Pietätlosigkeit <-, -en> *f geh* ❶ *kein Pl (Mangel an religiösem Respekt)* irrespect *m*
❷ *(Bemerkung)* irrévérence *f (littér)*, propos *m* irrévérencieux *(littér)*
pietätvoll I. *Adj* plein de respect
II. *Adv* avec vénération
Pietismus [pieˈtɪsmʊs] <-> *m* piétisme *m*
Pietist(in) [pieˈtɪst] <-en, -en> *m(f)* piétiste *mf*
pietistisch [pieˈtɪstɪʃ] *Adj* piétiste
Pigment [pɪˈɡmɛnt] <-s, -e> *nt* pigment *m*
Pigmentfleck *m* tache *f* pigmentaire
Pigmentierung <-, -en> *f* pigmentation *f*
Pik¹ [piːk] ▶ **einen ~ auf jdn haben** *fam* avoir une dent contre qn
Pik² <-s, -> *nt* KARTEN pique *m*
pikant [piˈkant] I. *Adj* ❶ relevé(e); *Soße* piquant(e); *Käse* fort(e)
❷ *(frivol) Geschichte, Witz* piquant(e) *(littér)*
II. *Adv* **~ schmecken** être relevé(e)
Pikdame *f* dame *f* de pique
Pike [ˈpiːkə] <-, -n> *f* pique *f*
▶ **etw von der ~ auf lernen** *fam* apprendre en commençant en bas de l'échelle
piken [ˈpiːkən] *fam* I. *tr V* piquer; **jdn mit etw ~** piquer qn avec qc; **da pikt mich etwas** quelque chose me pique
II. *itr V Stacheln, Spritze, Pullover:* piquer
pikiert [piˈkiːɐt] *geh* I. *Adj* offusqué(e); **über etw** *(Akk)* **~ sein** se formaliser de qc
II. *Adv reagieren* avec indignation; **~ das Gesicht verziehen** prendre une mine offusquée
Pikkolo [ˈpɪkolo] <-s, -s> *m*, **Pikkoloflasche** *f* ≈ quart *m* de mousseux [*o* de champagne]
Pikkoloflöte *f* piccolo *m*
piksen [ˈpiːksən] *s.* **piken**
Piksieben *f* sept *m* de pique
▶ **dastehen wie ~** *fam* rester planté(e) là [comme un poireau] *(fam)*
Piktogramm [pɪktoˈgram] <-s, -e> *nt* pictogramme *m*
Pilger(in) [ˈpɪlgɐ] <-s, -> *m(f)* pèlerin(e) *m(f)*
Pilgerfahrt *f* pèlerinage *m*
pilgern [ˈpɪlgɐn] *itr V + sein* ❶ *(wallfahren)* aller en pèlerinage; **nach Mekka ~** se rendre [*o* aller] en pèlerinage à la Mecque
❷ *fam (gehen)* **ins Gebirge ~** faire de la randonnée en montagne; **durch die Stadt ~** se balader en ville *(fam)*
Pilgerreise *s.* **Pilgerfahrt**
Pille [ˈpɪlə] <-, -n> *f (Tablette, Antibabypille)* pilule *f*; **die ~ nehmen** prendre la pilule; **die ~ danach** la pilule du lendemain
▶ **eine bittere ~ schlucken müssen** *fam* devoir avaler la pilule *(fam)*; **jdm die bittere ~ versüßen** *fam Person:* dorer la pilule à qn; *Ereignis, Sache:* faire passer la pilule à qn *(fam)*
Pillendreher *m* ZOOL bousier *m* **Pillenknick** *m fam* fléchissement *m* de la courbe de la natalité dû à la pilule
Pilot(in) [piˈloːt] <-en, -en> *m(f)* pilote *mf*
Pilotfilm *m* film-pilote *m* **Pilotprojekt** *nt s.* **Pilotversuch** **Pilotstudie** *f* étude *f* pilote **Pilotversuch** *m* projet-pilote *m*
Pils [pɪls] <-, -> *nt* pils *f*
Pilz [pɪlts] <-es, -e> *m* ❶ champignon *m*; **in die ~e gehen** *fam* aller aux champignons *(fam)*
❷ MED champignon *m*; **einen ~ haben** avoir une mycose
▶ **wie ~e aus dem Boden** [*o* **aus der Erde**] **schießen** pousser comme des champignons
Pilzbuch *nt* livre *m* sur les champignons **Pilzerkrankung** *f* MED mycose *f* **Pilzfreund(in)** *m(f)* amateur *m* de champignons **Pilzgift** *nt* substance *f* vénéneuse **Pilzkrankheit** *f* mycose *f* **Pilzkunde** *f* mycologie *f* **Pilzsammler(in)** *m(f)* ramasseur(-euse) *m(f)* de champignons **Pilzsuppe** *f* soupe *f* aux champignons **Pilzvergiftung** *f* intoxication *f* par des champignons **Pilzzucht** *f* culture *f* de champignons
Piment [piˈmɛnt] <-[e]s, -e> *m o nt* piment *m*
Pimmel [ˈpɪməl] <-s, -> *m fam* zizi *m (fam)*
Pimpf [pɪmpf] <-[e]s, -e> *m fam* gosse *m (fam)*
PIN [pɪn] <-, -s> *f Abk von* **Personal Identification Number** code *m* confidentiel, NIP *m*, PIN *m*; **seine ~ eingeben** taper son code confidentiel
PIN-Code *m* code *m* PIN [*o* NIP]
pingelig [ˈpɪŋəlɪç] *Adj fam* maniaque; **sei doch nicht so ~!** ne

sois pas si maniaque!
Pingpong ['pɪŋpɔŋ] <-s> *nt* ping-pong *m*
Pinguin ['pɪŋguiːn] <-s, -e> *m* pingouin *m*
Pinie ['piːniə] <-, -n> *f* pin *m* parasol
Pinienkern *m* pigne *f*, pignon *m* (MIDI)
pink [pɪŋk] *Adj* rose bonbon [*o* vif]
Pink <-s, -s> *nt* rose *m* vif; **ein T-Shirt in ~** un tee-shirt rose vif
Pinke ['pɪŋkə] <-> *f fam (Geld)* pognon *m*, fric *m*
Pinkel ['pɪŋkəl] <-s, -> *m pej fam* **ein feiner ~** un minet *(péj)*
pinkeln ['pɪŋkəln] *itr V fam* pisser *(fam)*
Pinkepinke *f fam s.* **Pinke**
pinkfarben *Adj* rose vif
Pinne ['pɪnə] <-, -n> *f* NAUT barre *f*
pinnen *tr V fam* épingler; **etw an die Wand ~** épingler qc au mur
Pinnwand ['pɪn-] *f* tableau *m* aide-mémoire
Pinscher ['pɪnʃɐ] <-s, -> *m (Hund)* pinscher *m*
Pinsel ['pɪnzəl] <-s, -> *m* pinceau *m*
pinseln *tr V* ❶ *fam (streichen, malen)* peindre *Wand, Geländer*; gribouiller *Bild*
❷ *fam (schreiben)* **einen Spruch an die Wand ~** barbouiller une inscription au mur
❸ MED badigeonner *Zahnfleisch*
Pinte ['pɪntə] <-, -n> *f fam (Kneipe)* troquet *m (fam)*
Pin-up-girl [pɪn'ʔapgøːl] <-s, -s> *nt* pin up *f*
Pinzette [pɪn'tsɛtə] <-, -n> *f* pincette *f*; *(Kosmetikpinzette)* pince *f* à épiler
Pionier(in) [pioˈniːɐ] <-s, -e> *m(f)* ❶ *geh* pionnier(-ière) *m(f)*; **die ~ der Luftfahrt** les pionniers de l'aviation
❷ MIL sapeur *m*; **die ~ e** les soldats *mpl* du génie
Pionierarbeit *f kein Pl* travail *m* de pionnier *pas de pl*; **~ leisten** effectuer un travail de pionnier
Pipapo [piːpaˈpoː] <-s> *nt fam* ▶ **mit allem ~** et tout le bataclan
Pipeline ['paɪplaɪn] <-, -s> *f* pipeline *m*
Pipette [piˈpɛtə] <-, -n> *f* pipette *f*
Pipi ['piːpi, piˈpiː] <-s> *nt Kinderspr.* pipi *(enfantin)*; **~ machen** faire pipi
Pipifax ['piːpifaks] <-> *nt pej fam* bricole *f*; **das ist doch ~!** c'est trois fois rien!
Pippin <-s> *m* HIST **~ der Kurze** Pépin le Bref
Piranha [piˈrania] <-[s], -s> *m* piranha *m*
Pirat(in) [piˈraːt] <-en, -en> *m(f)* pirate *m*
Piratenschiff *nt* bateau de pirates *m* **Piratensender** *m* émetteur *m* pirate
Piraterie [piratəˈriː] <-, -n> *f* piraterie *f*
Pirol [piˈroːl] <-s, -e> *m* loriot *m*
Pirouette [piˈruɛtə] <-n> *f* pirouette *f*
Pirsch [pɪrʃ] <-> *f* chasse *f*; **auf die ~ gehen** aller à la chasse [à l'approche]; **auf der ~ sein** être à la chasse
pirschen I. *itr V* chasser; **auf Hasen** *(Akk)* **~** chasser le lièvre à l'approche
II. *r V* **sich in den Garten ~** se faufiler dans le jardin
PISA ['piːza] *Abk von* **Program[me] for International Student Assessment** PISA
PISA-Studie *f* étude *f* de PISA
Pisse ['pɪsə] <-> *f vulg* pisse *f (vulg)*
pissen ['pɪsən] *itr V vulg* pisser *(fam)*
Pissoir [pɪˈsoaːɐ, PL: -es, -ra] <-s, -s *o* -e> *nt* urinoir *m*
Pistazie [pɪsˈtaːtsiə] <-, -n> *f* pistache *f*; *(Baum)* pistachier *m*
Piste ['pɪstə] <-, -n> *f* piste *f*
Pistenraupe *f* engin *m* de damage des pistes, ratrac® *m*
Pistole [pɪsˈtoːlə] <-, -n> *f* pistolet *m*
▶ **jdm die ~ auf die Brust setzen** mettre qn au pied du mur; **wie aus der ~ geschossen** *fam* du tac au tac; **seine Antwort kam wie aus der ~ geschossen** il a répondu du tac au tac
Pistolentasche *f* gaine *f* de pistolet
Pitbull ['pɪtbʊl] <-s, -s> *m* pit-bull *m*, pitbull
pitchen ['pɪtʃən] *tr V* SPORT **etw ~** *Golfball* pitcher
pitschnass^RR *Adj fam* complètement trempé(e)
pittoresk [pɪtoˈrɛsk] *Adj geh* pittoresque
Pius ['piːʊs] <-> *m* HIST Pie; **~ XII.** Pie XII
Pixel ['pɪksəl] <-s, -s> *nt* INFORM pixel *m*
Pizza ['pɪtsa] <-, -s> *f* pizza *f*
Pizzaservice [-sœrvɪs] *m* service *m* pizza
Pizzeria [pɪtseˈriːa] <-, -s *o* -rien> *f* pizzeria *f*
Pkt. *Abk von* **Punkt** pt
Pkw ['peːkaːveː, peːkaːveː] <-s, -s> *m Abk von* **Personenkraftwagen** voiture *f (particulière)*
Placebo [plaˈtseːbo] <-s, -s> *nt* MED placebo *m*
Placeboeffekt *m* MED effet *m* placebo
Plache <-, -n> *f* A, SDEUTSCH *(Plane)* bâche *f*
placken ['plakən] *r V fam* **sich ~** se crever *(fam)*
Plackerei <-, -en> *f fam* galère *f (fam)*; **eine elende ~** une sacrée galère

plädieren* *itr V* ❶ JUR plaider; **auf Freispruch ~** *Angeklagter, Rechtsanwalt*: plaider non-coupable; **auf schuldig ~** *Staatsanwalt*: requérir la reconnaissance de la culpabilité de l'accusé(e)
❷ *geh (sich aussprechen)* **für etw ~** plaider pour qc; **dafür ~, dass verhandelt wird** plaider pour qu'il y ait des négociations
Plädoyer [plɛdoaˈjeː] <-s, -s> *nt* ❶ JUR *eines Rechtsanwalts* plaidoirie *f*; *eines Staatsanwalts* réquisitoire *m*; **ein ~ halten** *Rechtsanwalt*: faire une plaidoirie; *Staatsanwalt*: prononcer un réquisitoire
❷ *geh (Eintreten)* **für/gegen etw** plaidoyer *m* pour [*o* en faveur de]/contre qc
Plafond [plaˈfɔ̃ː] <-s, -s> *m* ❶ DIAL *(Zimmerdecke)* plafond *m*
❷ *Fachspr. (Obergrenze)* plafond *m*
Plage ['plaːɡə] <-, -n> *f* plaie *f*; *(Schädlingsplage)* fléau *m*; **es ist eine ~ mit ihm/ihr!** c'est un vrai calvaire avec lui/elle!
Plagegeist *m pej fam (Person)* casse-pieds *mf (fam)*; *(Insekt)* sale bestiole *f*
plagen ['plaːgən] **I.** *tr V* harceler; **jdn ~** *Person*: harceler qn; *Schmerzen, Juckreiz*: faire souffrir qn; *Gewissen*: tourmenter qn; *Sorgen*: tracasser qn; *Neugierde*: dévorer qn; *Hunger, Durst*: tenailler qn; **ein geplagter Mensch** un homme bien à plaindre
II. *r V* **sich mit seiner Arbeit ~** s'esquinter à faire son travail *(fam)*; **sich mit einer Krankheit ~** souffrir d'une maladie
Plagiat [plaˈɡjaːt] <-[e]s, -e> *nt geh* plagiat *m*
Plagiator [plaˈɡjaːtoːɐ] <-s, -toren> *m*, **Plagiatorin** *f geh* plagiaire *mf*
plagiieren* *geh* **I.** *tr V* plagier *Werk*
II. *itr V* faire du plagiat
Plakat [plaˈkaːt] <-[e]s, -e> *nt* affiche *f*; **~ e [an]kleben** coller des affiches
Plakatfarbe *f* peinture *f* pour affiches
plakativ [plakaˈtiːf] *geh* **I.** *Adj* frappant(e)
II. *Adv herausstellen, wirken* remarquablement
Plakatmaler(in) *m(f)* affichiste *mf* **Plakatmalerei** *f* peinture *f* d'affiche **Plakatsäule** *f* colonne *f* Morris **Plakatträger(in)** *m(f)* homme-sandwich *m* **Plakatwand** *f* panneau *m* d'affichage
Plakatwerbung *f* affichage *m* publicitaire
Plakette [plaˈkɛtə] <-, -n> *f* badge *m*; *(Gedenkplakette)* médaille *f*
plan [plaːn] *Adj* plan(e)
Plan [plaːn, PL: ˈplɛːnə] <-[e]s, Pläne> *m* ❶ *(Überlegung, Planzeichnung)* plan *m*; **nach ~ vorgehen** procéder selon les plans; **nach ~ [ver]laufen** se dérouler comme prévu
❷ *meist Pl (Planung, Absicht)* projet *m*; **Pläne machen/schmieden** faire des projets/forger des plans; **jds Pläne durchkreuzen** contrecarrer les plans de qn
▶ **jdn auf den ~ rufen** provoquer l'intervention de qn; **auf dem ~ stehen** être prévu(e); **auf den ~ treten** *Person*: se manifester
Plane [ˈplaːnə] <-, -n> *f* bâche *f*
planen [ˈplaːnən] *tr V* ❶ planifier *Projekt, Maßnahme, Verbrechen*; **sie plant, sich selbständig zu machen** elle prévoit de se mettre à son compte
❷ *(entwerfen)* dessiner les plans de *Bauwerk*
Planer(in) <-s, -> *m(f)* planificateur(-trice) *m(f)*
planerisch [ˈplaːnərɪʃ] *Adj Vorgabe* planifié(e); **~ e Vorarbeiten** des études préalables
Planet [plaˈneːt] <-en, -en> *m* planète *f*
planetarisch *Adj* planétaire
Planetarium [planeˈtaːriʊm] <-s, -tarien> *nt* planétarium *m*
Planetenbahn *f* ASTRON orbite *f* planétaire **Planetensystem** *nt* système *m* planétaire
Planetoid [planetoˈiːt, Pl: -dən] <-en, -en> *m* ASTRON planétoïde *m*
planieren* *tr V* aplanir
Planierraupe *f* bulldozer *m*
Planke [ˈplaŋkə] <-, -n> *f* planche *f*
Plänkelei [plɛŋkəˈlaɪ] <-, -en> *f a. fig* escarmouche *f*
plänkeln [ˈplɛŋkəln] *itr V* s'accrocher
Plankosten *Pl* ÖKON coûts *mpl* budgétés
Plankton [ˈplaŋktɔn] <-s> *nt* plancton *m*
planlos I. *Adj* désordonné(e)
II. *Adv* au hasard
Planlosigkeit <-> *f* absence *f* de méthode
planmäßig I. *Adj* ❶ *Abfahrt, Ankunft* normal(e); *Flug* régulier(-ière); *Veranstaltung* qui a lieu régulièrement
❷ *(systematisch) Arbeiten, Vorgehen, Suche* méthodique; *Ausrottung, Vernichtung* systématique
II. *Adv* ❶ *verkehren, stattfinden* comme prévu
❷ *(systematisch) arbeiten, vorgehen, suchen* méthodiquement; *ausrotten, vernichten* systématiquement
Planmäßigkeit <-> *f (planmäßige Art)* esprit *m* méthodique
Planquadrat *nt* quadrilatère *f* [du plan]; **im ~ B 4 liegen** se trouver en position B 4
Planschbecken *nt* pataugeoire *f*
planschen [ˈplanʃən] *itr V* barboter
Plansoll *nt kein Pl* normes *fpl* de production **Planstelle** *f* poste *m*

budgétaire
Plantage [plɑ̃'ta:ʒə] <-, -n> f plantation f
Planung <-, -en> f ❶ kein Pl (das Planen) eines Bauwerks, Projekts étude f; eines Urlaubs planification f; eines Vorhabens, Verbrechens préparation f; **sich in der ~ befinden** être à l'étude
❷ (errechneter Plan) plan m, planning m
Planungsabteilung f, **Planungsbehörde** f service m de planification **Planungsbüro** nt bureau m d'études
planvoll I. Adj planifié(e)
II. Adv arbeiten, vorgehen systématiquement, d'une manière systématique
Planwagen m chariot m [bâché]
Plappermaul nt pej fam moulin m à paroles (fam)
plappern ['plapən] fam I. itr V bavarder
II. tr V marmonner Unverständliches, Unsinn
plärren pej I. itr V ❶ (weinen) Kind: pleurnicher
❷ (lärmen) Person, Radio: brailler (fam)
II. tr V brailler Lied
Plasma ['plasma] <-s, Plasmen> nt MED, PHYS plasma m
Plasmabildschirm m TECH écran m plasma
Plastik[1] ['plastɪk] <-s> nt (Kunststoff) plastique m; **aus ~** en plastique
Plastik[2] <-, -en> f ❶ KUNST sculpture f
❷ MED plastie f
Plastikbecher m gobelet m en plastique **Plastikbeutel** m sac m en plastique **Plastikbombe** f bombe f au plastic **Plastikfolie** f feuille f de plastique **Plastikgeld** nt fam cartes fpl de crédit **Plastikgeschoss**[RR] nt balle f en plastique **Plastikmüll** m déchets mpl plastiques **Plastiksprengstoff** m explosif m plastique **Plastiktüte** f sac m en plastique
Plastilin [plasti'li:n] <-s, -e> nt pâte f à modeler
plastisch ['plastɪʃ] I. Adj ❶ (formbar) Material malléable
❷ (räumlich) Wirkung en [o de] relief; Eindruck de relief
❸ (anschaulich) Eindruck, Schilderung clairement réalisé(e)
❹ MED Chirurgie plastique; **~ er Chirurg** spécialiste m de la chirurgie plastique
II. Adv ❶ (räumlich) en relief
❷ (anschaulich) schildern, sich vorstellen concrètement
Plastizität [plastitsi'tɛ:t] <-> f plasticité f
Platane [pla'ta:nə] <-, -n> f platane m
Plateau [pla'to:] <-s, -s> nt plateau m
Plateauschuh m chaussures à très hautes semelles compensées **Plateausohle** f très haute semelle compensée
Platin ['pla:ti:n] <-s> nt platine m
platinblond Adj blond(e) platine; **~ e Haare** des cheveux [blonds] platine; **eine ~ e Frau** une blonde platinée
Platitude s. Plattitüde
Platon <-s> m HIST Platon m
platonisch [pla'to:nɪʃ] geh I. Adj Liebe, Beziehung platonique
II. Adv lieben platoniquement
platsch [platʃ] Interj vlan; (beim Aufprall auf Wasser) plouf; **~ machen** fam faire plouf (fam)
platschen ['platʃən] itr V + sein fam ❶ faire flac
❷ (aufprallen) **auf den Boden ~** gicler par terre; **ins Wasser ~** tomber dans l'eau en faisant plouf (fam)
plätschern itr V ❶ + haben (ein plätscherndes Geräusch machen) Wasser, Bach: clapoter; **das Plätschern** le murmure
❷ + sein (fließen) **ins Tal ~** s'écouler en clapotant dans la vallée
platt [plat] I. Adj ❶ (flach) plat(e); Nase aplati(e); **einen Platten haben** fam être à plat
❷ (geistlos) Witz plat(e); Bemerkung banal(e)
❸ fam (verblüfft) **~ sein** [en] être [o rester] baba (fam)
II. Adv jdn/etw **~ drücken** écraser qn/qc
Platt s. Plattdeutsch
Plättchen <-s, -> nt ❶ (Steinplättchen) [petite] plaque f
❷ (Metallplättchen) lame[lle] f
plattdeutsch I. Adj Dialekt bas allemand(e); Wort, Ausdruck de bas allemand II. Adv **~ sprechen** parler bas allemand **Plattdeutsch** nt le bas allemand; **~ verstehen** comprendre le bas allemand; **auf/in ~** en bas allemand **Plattdeutsche** nt dekl wie Adj **das ~** le bas allemand
Platte ['platə] <-, -n> f ❶ (Steinplatte, Keramikplatte) (klein) carreau m; (groß) dalle f
❷ (Metallplatte) plaque f
❸ (Servierplatte) plateau m
❹ (Speisenplatte) **kalte ~** assiette f anglaise
❺ fam (Glatze) calvitie f
❻ (Schallplatte) disque m
❼ (Kochplatte) plaque f [électrique]
▶ **ständig die alte ~ auflegen** fam entonner [toujours] le même refrain; **eine andere** [o **neue**] **~ auflegen** fam changer de disque (fam); **die ~ kennen** fam connaître la chanson [o la musique]; **~ machen** sl être S.D.F.; **putz die ~!** fam débarrasse le plancher!

(fam)
Plätteisen ['plɛt?aɪzən] nt NDEUTSCH fer f à repasser
plätten tr V NDEUTSCH repasser
Plattenbelag m (Belag mit kleinen Platten) carrelage m; (Belag mit großen Platten) dallage m
Plattencover ['platənkavə] nt pochette f de disque **Plattenfirma** f maison f de disques
Plattenleger(in) <-s, -> m(f) carreleur(-euse) m(f)
Plattensee m lac m Balaton
Plattenspieler m [platine f] tourne-disque m **Plattenteller** m plateau m **Plattenwechsler** [-ks-] <-s, -> m changeur m [automatique] de disques
Plätterin ['plɛtərɪn] <-, -nen> f NDEUTSCH (Büglerin) repasseuse m
Plattfisch m poisson m plat **Plattform** f ❶ plate-forme f ❷ fig **eine gemeinsame ~ finden** trouver une plate-forme en commun **Plattfuß** m ❶ pied m plat; **Plattfüße haben** avoir les pieds plats
❷ fam (Reifenpanne) pneu m à plat
Plattheit <-, -en> f ❶ kein Pl (Flachheit) absence f de relief
❷ (Plattitüde) platitude f
plattieren* tr V TECH plaquer Metall
Plattitüde[RR] <-, -n> f geh platitude f
Platz [plats, Pl: 'plɛtsə] <-es, Plätze> m ❶ (freier Raum) place f; **~ brauchen** avoir besoin de place; **jdm/einer S. ~ machen** faire place à qn/qc; **für jdn/etw ~ schaffen** faire de la place à qn/qc; **ausreichend ~ bieten** offrir suffisamment de place à qn/qc; **~ sparend parken** rationnellement, en gagnant de la place; **~ sparende Bauweise** construction rationnelle; **~ sparend sein** faire gagner [o économiser] de la place; **~ da!** fam dégage/dégagez! (fam)
❷ (Anlage, freie Fläche) place f; **der Rote ~** la place Rouge
❸ (Sportplatz) terrain m; **auf eigenem ~** sur son/leur/... [propre] terrain; **auf gegnerischem ~** à l'extérieur; **jdn vom ~ stellen** expulser qn [du terrain]
❹ (Stelle, Ort, Startplatz) place f; **einen festen ~ auf dem Schreibtisch haben** avoir sa place sur le bureau; **auf die Plätze, fertig, los!** à vos marques! Prêts? Partez!
❺ (Sitzplatz, Teilnahmemöglichkeit) place f; **jdm einen ~ freihalten** garder une place à qn; **~ nehmen** geh prendre place; **behalten Sie doch bitte ~!** geh je vous en prie, restez assis(e)!; **in dem Kurs sind noch Plätze frei** il y a encore de la place dans le cours
❻ (Rang) place f, position f; **auf ~ drei** à la troisième place; **seinen ~ behaupten** consolider sa place; **jdn auf die Plätze verweisen** surclasser qn
▶ **~!** assis!; **fehl am ~** [e] **sein** Person: ne pas être à sa place; Sache: être déplacé(e), ne pas être à sa place; Bedenken, Mitleid: ne pas être de mise
Platzangst f ❶ fam (Klaustrophobie) claustrophobie f; **~ kriegen** faire de la claustro (fam) ❷ PSYCH (Agoraphobie) agoraphobie f
Platzanweiser(in) <-s, -> m(f) ouvreur(-euse) m(f)
Plätzchen <-s, -> nt ❶ Dim von **Platz** petite place f
❷ (Gebäck) ≈ petit gâteau m sec
platzen ['platsən] itr V + sein ❶ Ballon, Tüte: éclater; Reifen: crever; Hemd, Hose, Naht: craquer
❷ (fast umkommen) **vor Neid/Neugier** (Dat) **~** crever d'envie/de curiosité; **vor Ärger/Wut** (Dat) **~** exploser de colère/fureur (fam)
❸ fam (fehlschlagen) Projekt, Plan, Termin: foirer (fam); Party: tomber à l'eau; **etw ~ lassen** fam faire foirer qc (fam)
platzieren*[RR] I. tr V ❶ placer Person, Gegenstand; insérer Anzeige, Artikel
❷ SPORT, FIN placer; **ein** [**gut**] **platzierter Wurf/Schuss** un tir bien placé
II. r V **sich ~** [**können**] Mannschaft, Sportler: [pouvoir] se classer parmi les premiers(-ières)
Platzierung[RR] <-, -en> f ❶ kein Pl a. FIN (das Platzieren) placement m
❷ (Rangfolge) classement m
Platzkarte f [billet m de] réservation f **Platzkonzert** nt concert m en plein air **Platzmangel** m manque m de place
Platzpatrone f cartouche f à blanc **Platzregen** m averse f
Platzreservierung f réservation f
platzsparend s. **Platz** ❶
Platzverweis m expulsion f [o exclusion f] [du terrain]
Platzwart(in) <-s, -e> m(f) gardien(ne) m(f) [du stade]
Platzwette f SPORT pari m
Platzwunde f déchirure f
Plauderei [plaʊdə'raɪ] <-, -en> f causerie f
Plauderer <-s, -> m, **Plauderin** <-, -nen> f causeur(-euse) m(f)
❷ (indiskrete Person) rapporteur(-euse) m(f)
plaudern ['plaʊdɐn] itr V ❶ **mit jdm/über etw** (Akk) **~** bavarder avec qn/de qc
❷ (Geheimnisse verraten) parler
Plauderstündchen nt brin m de causette (fam) **Plaudertasche** f hum, pej pie f (fam) **Plauderton** m kein Pl ton m décon-

tracté
Plausch [plauʃ] <-[e]s, -e> *m* SDEUTSCH, A bavardage *m*; **sich zum ~ treffen** se rencontrer pour faire la causette *(fam)*
plauschen *itr V* SDEUTSCH, A papoter; **mit jdm ~** papoter avec qn
plausibel [plau'zi:bəl] I. *Adj Grund, Erklärung* plausible; **jdm etw ~ machen** faire comprendre qc à qn
II. *Adv erklären, darstellen* de façon plausible
Plausibilität <-> *f geh* plausibilité *f*
Playback [pleɪ'bɛk], **Play-back**^RR ['pleɪbæk] <-s, -s> *nt* play-back *m*
Playboy ['pleɪbɔɪ] <-s, -s> *m* play-boy *m*
Playgirl ['pleɪgœːɐl] <-s, -s> *nt* pin up *f* de luxe
Playstation® ['pleɪsteːʃən] <-, s> *f* INFORM playStation® *f*
Plazenta [pla'tsɛnta] <-, -s *o* Plazenten> *f* MED placenta *m*
Plazet ['plaːtsɛt] <-s, -s> *nt geh* agrément *m*; **sein ~ zu etw geben** donner son agrément à qc; **jds ~ haben** avoir l'agrément de qn
plazieren* ^ALT *s.* platzieren
Plazierung^ALT *s.* Platzierung
Plebejer(in) [ple'beːjɐ] <-s, -> *m(f)* plébéien(ne) *m(f)*
Plebiszit [plebɪs'tsiːt] <-[e]s, -e> *nt* plébiscite *m*
Plebs [plɛps, pleːps] <-es> *m pej geh* plèbe *f (péj)*, populace *f (péj)*
pleite ['plaɪtə] *Adj fam* fauché(e); **~ sein** *Person:* être fauché(e) *(fam)*; *Firma:* être en déconfiture *(fam)*
Pleite <-, -n> *f fam* ❶ faillite *f;* **~ machen** faire faillite
❷ *(Reinfall)* fiasco *m;* **mit jdm/etw eine ~ erleben** faire un bide [*o* flop] avec qn/qc *(fam)*
pleite|gehen *itr V unreg + sein Firma, Geschäft:* faire faillite
Pleitegeier *m fam* spectre *m* de la faillite; **über dem Unternehmen schwebt der ~** le spectre de la faillite plane sur l'entreprise
Plektron ['plɛktrɔn] <-s, Plektren *o* Plektra> *nt* MUS plectre *m*
plemplem [plɛm'plɛm] *Adj sl* zinzin; **~ sein** être zinzin [*o* timbré(e)] *(fam)*
Plena [pleːna] *Pl von* **Plenum**
Plenarsaal [ple'naːɐ-] *m* ≈ hémicycle *m* **Plenarsitzung** *f,* **Plenarversammlung** *f* réunion *f* plénière
Plenum ['pleːnʊm] <-s, Plena> *nt* assemblée *f* plénière, plénum *m*
Pleonasmus [pleoˈnasmʊs, *Pl:* pleoˈnasmən] <-, -nasmen> *m* POES pléonasme *m*
Pleuelstange ['plɔʏəl-] *f* bielle *f*
Plissee [plɪˈseː] <-s, -s> *nt* tissu *m* plissé
Plisseerock *m* jupe *f* plissée
PLO [peːʔɛlˈʔoː] <-> *f Abk von* **Palestine Liberation Organization** OLP *f*
PLO-Chef [-ʃɛf] *m* chef *m* de l'OLP
Plockwurst *f* GASTR saucisson sec à base de lard et de viande de bœuf et de porc
Plombe ['plɔmbə] <-, -n> *f* ❶ *(Bleisiegel)* plomb *m*
❷ *(Zahnplombe)* plombage *m*
plombieren* *tr V* plomber
Plotter ['plɔtɐ] <-s, -> *m* INFORM traceur *m*
plötzlich I. *Adj* soudain(e); *Bewegung* brusque; *Tod* subit(e)
II. *Adv* soudain, tout à coup; *sich verändern* brusquement; *sterben* subitement; **es kam alles so ~** c'était tellement inattendu
▶ **aber etwas ~!** *fam* et que ça saute! *(fam)*
Pluderhose ['pluːdɐ-] *f* pantalon *m* bouffant
Plug-in [plʌgˈʔɪn] <-s, -s> *nt* INFORM plugiciel *m*
plump [plʊmp] I. *Adj* ❶ *Aussehen, Körperbau, Gestalt* massif(-ive)
❷ *(schwerfällig) Bewegungen* gauche; *Gang* lourd(e)
❸ *(dummdreist)* primitif(-ive); **das ist eine ganz ~e Lüge!** c'est cousu de fil blanc!
II. *Adv* ❶ *(schwerfällig)* gauchement
❷ *(dummdreist)* maladroitement
Plumpheit <-, -en> *f* ❶ *kein Pl (Plumpsein)* maladresse *f pas de pl*
❷ *(plumpe Handlung)* geste *m* maladroit
plumps [plʊmps] *Interj* pouf, boum; *(beim Aufprall auf Wasser)* plouf
Plumps <-es, -e> *m fam* bruit *m* sourd, boum *m; (Aufprall auf Wasser)* plouf *m*
plumpsen ['plʊmpsən] *itr V + sein fam* **auf den Boden ~** tomber lourdement par terre; **ins Wasser ~** tomber dans l'eau en faisant un grand plouf; **sich in den Sessel ~ lassen** s'affaler dans un fauteuil
Plumpsklo[sett] *nt fam* latrines *fpl*
Plunder ['plʊndɐ] <-s> *m fam* bric-à-brac *m*
Plünderer <-s, -> *m,* **Plünderin** *f* pillard(e) *m(f)*
Plündergebäck *nt* ≈ gâteau *m* feuilleté
plündern I. *tr V* ❶ piller *Geschäfte, Häuser;* **das Plündern** le pillage
❷ *fig, hum (leeren)* dévaliser *Kühlschrank, Konto*
II. *itr V* se livrer au pillage
Plünderung <-, -en> *f* pillage *m*
Plural ['pluːraːl] <-s, -e> *m* pluriel *m*

Pluralismus [pluraˈlɪsmʊs] <-> *m geh* pluralisme *m*
pluralistisch *Adj geh* pluraliste
plus [plʊs] I. *Präp + Gen* plus; **fünfhundert Euro Miete ~ Nebenkosten** cinq cents euros de loyer plus les charges
II. *Konj* plus; **fünf ~ vier ist** [*o* **gleich**] **neun** cinq plus quatre font [*o* égalent] neuf; **rund tausend Seiten, ~/minus drei Prozent** environ mille pages, à trois pour cent près, en plus ou en moins
III. *Adv* ❶ *(über null Grad)* **~ drei Grad, drei Grad ~** plus trois degrés
❷ PHYS **von ~ nach minus** du pôle positif au pôle négatif
Plus <-, -> *nt* ❶ MATH plus *m*
❷ *(Überschuss)* excédent *m;* **mit etw im ~ sein** avoir un excédent de qc; **bei etw [ein] ~ machen** faire un bénéfice avec qc
❸ *(Vorzug)* plus *m,* bon point *m;* **diese Kenntnisse sind ein großes ~** c'est un plus d'avoir ces connaissances
Plüsch <-[e]s, -e> *m* peluche *f*
plüschig *Adj* pelucheux(-euse)
Plüschsofa *nt* canapé *m* au tissu pelucheux **Plüschtier** *nt* animal *m* en peluche
Pluspol *m* pôle *m* positif **Pluspunkt** *m* ❶ *(Vorzug)* plus *m,* bon point *m* ❷ *(Wertungseinheit)* point *m*
Plusquamperfekt ['plʊskvampɛrfɛkt] <-s, -e> *nt* GRAM plus-que-parfait *m*
plustern ['pluːstɐn] I. *tr V* hérisser *Federn*
II. *r V* **sich ~** *Tier:* se hérisser
Pluszeichen *nt* signe *m* plus
Pluto ['pluːto] <-s> *m* [la planète] Pluton *f*
Plutonium [pluˈtoːniʊm] <-s> *nt* CHEM plutonium *m*
PLZ *Abk von* **Postleitzahl** code *m* postal
Pneu [pnøː] <-s, -s> *m bes.* A, CH pneu *m*
pneumatisch [pnɔʏˈmaːtɪʃ] I. *Adj* pneumatique
II. *Adv* **~ betrieben** fonctionné(e) par système pneumatique
Po [poː] <-s, -s> *m fam* cul *m (fam),* fesses *fpl (fam)*
Pobacke <-, -n> *f fam* fesse *f*
Pöbel <-s> *m pej* populace *f (péj)*
Pöbelei <-, -en> *f fam* ❶ *kein Pl (das Pöbeln)* barouf *m (fam)*
❷ *meist Pl (Äußerung)* grossièreté *f*
pöbelhaft I. *Adj* grossier(-ière)
II. *Adv* grossièrement
pöbeln *itr V fam* faire du barouf *(fam)*
pochen ['pɔxən] *itr V geh* ❶ *(klopfen)* frapper; **gegen/an etw** *(Akk)* **~** frapper contre/à qc; **hast du das Pochen nicht gehört?** tu n'as pas entendu frapper?
❷ *(rhythmisch schlagen) Herz:* battre
❸ *(insistieren)* **auf etw** *(Akk)* **~** réclamer [*o* revendiquer] qc
pochieren* [pɔˈʃiːrən] *tr V* pocher *Eier, Fisch*
Pocke ['pɔkə] <-, -n> *f* pustule *f*
Pocken ['pɔkən] *Pl* variole *f*
Pockenimpfung *f* vaccin *m* antivariolique **Pockennarbe** *f* marque *f* de variole
pockennarbig *Adj* variolé(e)
Pockenschutzimpfung *f* vaccination *f* antivariolique
Pocketkamera ['pɔkɐt-] *f* appareil *m* photo de poche, pocket *m*
Podcast ['pɔtkaːst] <-s, -s> *m* INFORM podcast *m,* balado *m;* **sich** *(Dat)* **eine Radiosendung als ~ anhören** écouter une émission de radio en podcast
podcasten ['pɔtkaːstən] <podcaste, podcastete, gepodcastet> *itr V* INFORM podcaster
Podest [poˈdɛst] <-[e]s, -e> *nt o m* estrade *f*
Podex ['poːdɛks] <-[es], -e> *m fam* derrière *m (fam)*
Podium ['poːdiʊm] <-s, Podien> *nt* podium *m*
Podiumsdiskussion *f,* **Podiumsgespräch** *nt* débat *m* public
Poesie [poeˈziː] <-> *f geh* poésie *f*
Poesiealbum [poeˈziː-] *nt* ≈ album *m* souvenir *(petit album d'enfant rempli par les parents et amis en certaines occasions)*
Poet(in) [poˈeːt] <-en, -en> *m(f)* poète *m*/poétesse *f*
Poetik [poˈeːtɪk] <-, -en> *f; (Lehrwerk)* poétique *f*
poetisch [poˈeːtɪʃ] *Adj geh* poétique
pofen *itr V fam* pioncer *(fam)*
Pogrom [poˈgroːm] <-s, -e> *m o nt* pogrom[e] *m*
Pointe ['pɔɛ̃tə] <-, -n> *f* chute *f*
pointiert [pɔɛ̃ˈtiːɐt] *geh* I. *Adj* pertinent(e)
II. *Adv* avec pertinence *(littér)*
Pokal [poˈkaːl] <-s, -e> *m* coupe *f*
Pokalsieger(in) *m(f)* SPORT vainqueur *mf* de la coupe **Pokalspiel** *nt* match *m* de coupe **Pokalwettbewerb** *m* coupe *f*
Pökelfisch *m* poisson *m* salé **Pökelfleisch** *nt* viande *f* salée, salaison *f*
pökeln *tr V* saler
Pökelsalz *nt* sel *m* à saumure
Poker ['poːkɐ] <-s> *nt o m* poker *m*
Pokerface [-feɪs] <-, -s> *nt,* **Pokergesicht** *nt* visage *m* inexpressif

pokern ['po:kɐn] *itr V* ❶ jouer au poker
❷ *fig* tenter un coup de poker
Pol [po:l] <-s, -e> *m* GEOG, ELEC pôle *m*
▶ der ruhende ~ le garant de stabilité
polar [po'la:ɐ] *Adj* polaire
Polareis *nt* glaces *fpl* polaires **Polarexpedition** *f* expédition *f* polaire **Polarforscher(in)** *m(f)* explorateur(-trice) *m(f)* des régions polaires **Polarfront** *f* METEO front *m* polaire **Polarfuchs** *m* renard *m* polaire **Polargebiet** *nt* région *f* polaire **Polarhund** *m* chien *m* esquimau
Polarisation [polariza'tsio:n] <-, -en> *f a*. PHYS, POL polarisation *f*
polarisieren* I. *r V geh sich ~ Positionen:* se durcir; *Gegensätze:* s'accentuer
II. *tr V* polariser *Licht*
Polarisierung <-, -en> *f* ❶ *kein Pl geh von Positionen* durcissement *m; von Gegensätzen* accentuation *f*
❷ PHYS polarisation *f*
Polarität [polari'tɛ:t] <-, -en> *f a*. CHEM, PHYS polarité *f*
Polarkreis *m* cercle *m* polaire; **nördlicher/südlicher** ~ cercle polaire arctique/antarctique **Polarlicht** *s.* Nordlicht
Polaroid® <-, -s> *f*, **Polaroidkamera®** *f* polaroïd *m*, appareil *m* photo polaroïd®
Polarstation *f* station *f* d'exploration des régions polaires **Polarstern** *m* étoile *f* polaire **Polarzone** *f* zone *f* polaire
Polder ['pɔldɐ] <-s, -> *m* polder *m*
Pole ['po:lə] <-n, -n> *m*, **Polin** *f* Polonais(e) *m(f)*
Polemik [po'le:mɪk] <-, -en> *f* polémique *f*
polemisch I. *Adj* polémique
II. *Adv sich äußern* de façon polémique
polemisieren* *itr V* polémiquer; **gegen jdn/etw ~** polémiquer contre qn/qc
Polen ['po:lən] <-s> *nt* la Pologne
▶ noch ist ~ nicht verloren *Spr.* tout espoir n'est pas perdu
Polente [po'lɛntə] <-> *f fam* flics *mpl*, poulets *mpl*
Pole-Position ['pɔʊlpəˌzɪʃən] <-> *f* SPORT pole position *f*
Police [po'li:s(ə)] <-, -n> *f* police *f* [d'assurance]
Polier(in) [po'li:ɐ] <-s, -e> *m(f)* contremaître *m*/contremaître[sse] *f*
polieren* *tr V* lustrer *Schuhe;* faire briller *Möbel;* briquer *Auto;* **glatt ~** polir; **das Polieren** *von Schuhen* le lustrage
Poliermittel *nt* produit *m* lustrant **Poliertuch** *nt* chiffon *m* doux
Poliklinik ['po:likli:nɪk] *f* policlinique *f*
Polin ['po:lɪn] *s.* Pole, Polin
Polio ['po:lio] <-> *f* MED polio[myélite] *f*
Politbüro *nt* politburo *m*
Politesse [poli'tɛsə] <-, -n> *f* contractuelle *f*
Politik [poli'ti:k, po'lɪtɪk] <-, *selten* -en> *f* politique *f*; **eine ~ der Stärke/der kleinen Schritte** une politique de force/des petits pas; **in die ~ gehen** se lancer dans la politique
Politiker(in) [po'li:tikɐ] <-s, -> *m(f)* homme *m*/femme *f* politique
Politikum [po'li:tikʊm, *Pl:* po'li:tika] <-s, *Politika*> *nt* événement *m* [politique]; **zum ~ werden** devenir un événement politique
Politikverdrossenheit *f* ras-le-bol *m* de la politique **Politikwissenschaft** *s.* Politologie
politisch [po'li:tɪʃ, po'lɪtɪʃ] I. *Adj* ❶ politique
❷ *(taktisch, klug)* astucieux(-euse), politique *(littér)*
II. *Adv handeln* politiquement
politisieren* I. *itr V* parler politique
II. *tr V* politiser *Arbeiterschaft, Studenten*
Politisierung <-> *f* politisation *f*
Politologe [polito'lo:gə] <-n, -n> *m*, **Politologin** *f* politologue *m*
Politologie [politolo'gi:] <-> *f* politologie *f*, science *f* politique
Politur [poli'tu:ɐ] <-, -en> *f (Poliermittel)* produit *m* lustrant; *(Schicht)* vernis *m*
Polizei [poli'tsai] <-, -en> *f* ❶ police *f*; **die ~ rufen** appeler la police; **es war viel ~ anwesend** il y avait beaucoup de policiers; **zur ~ gehen/bei der ~ sein** entrer/être dans la police
❷ *kein Pl (Dienstgebäude)* poste *m* de police; **zur ~ gehen** aller au poste [de police]
▶ dümmer, als die ~ erlaubt *hum fam* bête comme c'est pas permis *(fam)*
Polizeiangabe *f meist Pl* indications *f* de la police **Polizeiaufgebot** *nt* déploiement *m* des forces de police **Polizeiaufsicht** *f kein Pl* surveillance *f* policière **Polizeibehörde** *f* autorités *fpl* de police **Polizeibezirk** *m* secteur *m* de police **Polizeibuße** *f* CH amende *f* **Polizeichef(in)** [-ʃɛf] *m(f)* chef *mf* de la police **Polizeidienst** *m* service *m* dans la police; **den ~ quittieren** quitter la police **Polizeidienststelle** *f* poste *m* de police **Polizeidirektion** *f* direction *f* de la police **Polizeieinheit** *f* unité *f* de police **Polizeieinsatz** *m* intervention *f* de la police **Polizeifunk** *m* radio *f* de la police **Polizeigewahrsam** *m* garde *f* à vue; **sich in** ~ **befinden** être en garde à vue **Polizeigewalt** *f kein Pl* pouvoirs *mpl* de police **Polizeigriff** *m* clé *f (technique de neutralisation [de la police]);* **im ~** le bras dans le dos **Polizeihund** *m* chien *m* policier **Polizeikommissar(in)** *m(f)* commissaire *mf* de police
polizeilich I. *Adj Ermittlung, Maßnahme* policier(-ière)
II. *Adv überwachen, verbieten* par mesure de police
Polizeiposten CH *s.* Polizeirevier **Polizeipräsenz** *f* présence *f* policière **Polizeipräsident(in)** *m(f)* préfet *m* de police **Polizeipräsidium** *nt* préfecture *f* de police **Polizeirevier** *nt* ❶ *(Dienststelle)* poste *m* [de police] ❷ *(Bezirk)* secteur *m* de police **Polizeischutz** *m* protection *f* policière; **jdn unter ~ stellen** placer qn sous protection policière; **unter ~ stehen** être sous protection policière **Polizeispitzel** *m* indicateur(-trice) *m(f)*, indic *mf (arg)* **Polizeistaat** *m* État *m* policier **Polizeistreife** *f* patrouille *f* de police **Polizeistunde** *f* heure *f* de fermeture **Polizeiwache** *f* poste *m* de police
Polizist(in) [poli'tsɪst] <-en, -en> *m(f)* policier(-ière) *m(f)*, agent *m* de police
Polizze [po'lɪtsə] <-, -n> *f* A *(Police)* police *f* d'assurance
Polka ['pɔlka] <-, -s> *f* polka *f*
Pollen ['pɔlən] <-s, -> *m* pollen *m*
Pollenallergie *f* allergie *f* au pollen **Pollenflug** *m kein Pl* pollinisation *f* par le vent *pas de pl* **Pollenflugvorhersage** *f* prévisions *fpl* sur les concentrations de pollen
Poller ['pɔlɐ] <-s, -> *m* bitte *f* d'amarrage
Pollution [pɔlu'tsio:n] <-, -en> *f* MED pollutions *fpl* nocturnes
polnisch ['pɔlnɪʃ] I. *Adj* polonais(e)
II. *Adv* **~ miteinander sprechen** discuter en polonais; *s. a.* deutsch
Polnisch <-[s]> *nt kein Art (Sprache, Schulfach)* polonais *m;* **auf ~ en** polonais; *s. a.* Deutsch
Polnische *nt dekl wie Adj* **das ~** le polonais; *s. a.* Deutsche
Polo ['po:lo] <-s, -s> *nt* polo *m*
Polohemd *nt* polo *m*
Polonaise, Polonäse [polo'nɛ:zə] <-, -n> *f* polonaise *f*
Polster¹ ['pɔlstɐ] <-s, -> *nt* ❶ A, M ❶ *eines Möbelstücks* coussin *m*; *(Polsterung)* rembourrage *m*
❷ *(Schulterpolster)* épaulette *f*
❸ *(kissenartiger Bewuchs)* tapis *m*
❹ *fam (Rücklage)* pécule *m*; **ein [finanzielles] ~** un matelas financier
Polster² <-s, - *o* Pölster> *m* A *(Kopfkissen)* oreiller *m*
Polsterer <-s, -> *m*, **Polsterin** *f* tapissier(-ière) *m(f)*
Polstergarnitur *f* salon *m* **Polstermöbel** *nt* meuble *m* rembourré
polstern ['pɔlstɐn] *tr V* matelasser, capitonner *Möbel, Tür*
▶ gut gepolstert sein *hum fam (dick sein)* être bien rembourré(e); *(finanziell abgesichert sein)* être assuré(e) financièrement
Polstersessel *m* fauteuil *m* **Polstersofa** *nt* canapé *m*
Polsterung <-, -en> *f* ❶ *eines Sofas* coussins *mpl*
❷ *kein Pl (das Polstern) eines Sofas, Sessels* rembourrage *m;* einer *Tür* capitonnage *m*
Polterabend *m* ≈ veille *f* des noces *(soirée au cours de laquelle on casse de la vaisselle pour porter bonheur aux futurs jeunes mariés)*

Land und Leute

La tradition veut que la veille d'un mariage, les amis et la famille des futurs mariés viennent casser de la vaisselle en faisant du bruit, c'està-dire *poltern*, sur le pas de leur porte afin de leur porter bonheur. Cette tradition du **Polterabend** existe depuis le 16ᵉ siècle.

Poltergeist *m* esprit *m* frappeur
poltern ['pɔltɐn] *itr V* ❶ + *haben (lärmen) Person, Gegenstand:* faire du vacarme; **das Poltern** le vacarme
❷ + *sein (sich bewegen)* **auf den Boden ~** tomber par terre avec fracas; **durch das Treppenhaus ~** faire du vacarme dans la cage d'escalier; **sie kam ins Zimmer gepoltert** elle rentra dans la chambre bruyamment
❸ + *haben (laut schimpfen)* gronder en élevant la voix
Polyäthylen [polyɛty'le:n] <-s, -e> *nt* CHEM, TECH polyéthylène *m*
Polyester [poly'ɛstɐ] <-s, -> *m* polyester *m*
polyfon^RR *s.* polyphon
polygam [poly'ga:m] *Adj* polygame
Polygamie [polyga'mi:] <-> *f* polygamie *f*
polyglott [poly'glɔt] *Adj geh Person* polyglotte; *Buchausgabe* en plusieurs langues
Polymer [poly'me:ɐ] <-s, -e> *nt* CHEM polymère *m*
Polynesien [poly'ne:ziən] <-s> *nt* la Polynésie
Polynesier(in) [poly'ne:ziɐ] <-s, -> *m(f)* Polynésien(ne) *m(f)*
polynesisch [poly'ne:zɪʃ] *Adj* polynésien(ne)
Polyp [po'ly:p] <-en, -en> *m* ZOOL, MED polype *m*
polyphon [poly'fo:n] *Adj Musik* polyphonique
Polyphonie [polyfo'ni:] <-> *f* MUS polyphonie *f*

Polytechnikum [poly'tɛçnikʊm] <-s, -technika> *nt* école technique supérieure qui forme des ingénieurs
Pomade [po'ma:də] <-, -n> *f* pomade *f*
Pomeranze [pomə'rantsə] <-, -n> *f* ❶ *(Frucht)* orange *f* amère, bigarade *f*
❷ *(Baum)* bigaradier *m*
Pommern ['pɔmɐn] <-s> *nt* GEOG la Poméranie
Pommes ['pɔməs] *Pl fam* frites *fpl. (fam)*
Pommes frites [pɔm'frɪt] *Pl* [pommes *fpl*] frites *fpl*
Pomp [pɔmp] <-[e]s> *m* faste *m*; **mit** ~ avec faste, en grande pompe
pompös I. *Adj* somptueux(-euse); *Ausstattung* fastueux(-euse)
II. *Adv* ausstatten somptueusement; *feiern* avec faste
Poncho ['pɔntʃo] <-s, -s> *m* poncho *m*
Pontifikat [pɔntifi'ka:t] <-[e]s, -e> *m o nt* REL pontificat *m*
Pontius ['pɔntsiʊs] ▶ **von** ~ **zu Pilatus laufen** *fam* frapper à toutes les portes
Pontius Pilatus ['pɔntsiʊs pi'la:tʊs] <- -> *m* HIST, BIBL Ponce Pilate *m*
Ponton [pɔn'tɔ̃:] <-s, -s> *m* NAUT, MIL ponton *m*
Pontonbrücke [pɔn'tɔ̃:-, 'pɔntɔ̃-] *f* pont *m* flottant
Pony[1] ['pɔni] <-s, -s> *nt* poney *m*
Pony[2] <-s, -s> *m (Stirnfransen)* frange *f*
Ponyfrisur *f* coupe de cheveux avec une frange
Pool [pu:l] <-s, -s> *m* piscine *f*
Poolbillard ['pu:lbɪljart] *nt* billard *m* américain
Pop [pɔp] <-s> *m* pop *f*
Popanz ['po:pants] <-es, -e> *m pej (Schreckgespenst)* épouvantail *m*; **jdn/etw zum** ~ **machen** faire un épouvantail de qn/qc
Pop-Art[RR] <-> *f* pop art *m*
Popcorn ['pɔpkɔrn] <-s> *nt* pop-corn *m*
Pope ['po:pə] <-n, -n> *m* pope *m*
Popel ['po:pəl] <-s, -> *m fam* ❶ crotte *f* de nez
❷ *pej (unbedeutender Mensch)* couillon *m (fam)*
popelig *Adj fam* minable *(fam)*; ~ **e drei Euro** trois minables petits euros; **ein** ~ **er kleiner Angestellter** un petit employé minable
Popelin [popə'li:n] <-s, -e> *m*, **Popeline** <-, -> *f* popeline *f*
popeln ['po:pəln] *itr V fam* retirer des crottes de [son] nez
Popfestival *nt* MUS festival *m* de musique pop **Popgruppe** *f* MUS groupe *m* pop **Popkonzert** *nt* concert *m* [de musique] pop **Popkultur** *f* culture *f* pop
poplig *s.* popelig
Popmusik ['pɔpmuzi:k] *f* pop music *f*, musique *f* pop
Popo [po'po:] <-s, -s> *m Kinderspr. fam* derrière *m*, fesses *fpl*
poppig ['pɔpɪç] *fam* **I.** *Adj Kleidung* tape-à-l'œil; *Aufmachung, Farbe* voyant(e)
II. *Adv* de façon voyante
Popstar *m* MUS pop star *f*
populär I. *Adj* populaire; **bei jdm** ~ **sein** être populaire auprès de qn
II. *Adv* schreiben en se mettant à la portée de tous
Popularität <-> *f* popularité *f*; **große** ~ **genießen** jouir d'une grande popularité
populärwissenschaftlich I. *Adj Darstellung, Publikation* vulgarisateur(-trice); *Literatur* vulgarisateur(-trice), de vulgarisation
II. *Adv* darstellen sous une forme vulgarisée; ~ **aufgemacht sein** *Buch, Sendung*: se présenter sous une forme vulgarisée
Population [popula'tsio:n] <-, -en> *f* population *f*
Populismus [pɔpu'lɪsmʊs] <-> *m* POL populisme *m*
Populist(in) [popu'lɪst] <-en, -en> *m(f)* POL populiste *mf*
populistisch *Adj* POL populiste
Pop-up-Fenster ['pɔpʔap-] *nt* INFORM fenêtre *f* intruse, pop-up *m*
Pore ['po:rə] <-, -n> *f* pore *m*; **aus allen** ~**n schwitzen** suer par tous les pores
Porno ['pɔrno] <-s, -s> *m fam* porno *m (fam)*
Pornofilm *m fam* film *m* porno *(fam)*
Pornografie[RR] <-> *f* pornographie *f*
pornografisch[RR] *Adj* pornographique
Pornographie *s.* Pornografie
pornographisch *s.* pornografisch
Pornoheft *nt fam* revue *f* porno *(fam)*
porös *Adj* poreux(-euse)
Porphyr ['pɔrfy:ɐ] <-s, -e> *nt* GEOL porphyre *m*
Porree ['pɔre] <-s, -s> *m* poireau *m*
Portable ['pɔrtəbəl] <-s, -s> *m* téléviseur *m* portable
Portal [pɔr'ta:l] <-s, -e> *nt* portail *m*
Portemonnaie [pɔrtmɔ'ne:] <-s, -s> *nt* porte-monnaie *m*
Porti ['pɔrti] *Pl von* Porto
Portier [pɔr'tie:] <-s, -s> *m* portier *m*
portieren* *tr V* CH *(nominieren)* désigner
Portion [pɔr'tsio:n] <-, -en> *f* ❶ *(einer Person zugeteilte Menge)* part *f*; *(für einen Kunden, Gast bemessene Menge)* portion *f*; **ich hätte gern eine doppelte** ~ **Spaghetti** je voudrais une double portion de spaghettis; **eine** ~ **Eis** une glace
❷ *fam (beträchtliche Menge)* **eine tüchtige** ~ **essen** manger une bonne portion; **eine [große]** ~ **Neugier/Misstrauen** une [grande] dose de curiosité/méfiance
▶ **eine halbe** ~ **[sein]** *fam* [être] une demi-portion *(fam)*
Portmonee[RR] *s.* Portemonnaie
Porto ['pɔrto] <-s, -s *o* Porti> *nt* port *m*, affranchissement *m*; ~ **zahlt Empfänger** port aux frais du destinataire
portofrei *Adj* [en] port payé **Portokasse** *f* caisse *f* pour frais de port [*o* d'affranchissement] **Portokosten** *Pl* frais *mpl* de port [*o* d'affranchissement] **portopflichtig** *Adj* [en] port dû
Porträt [pɔr'trɛ:] <-s, -s> *nt* portrait *m*
Porträtaufnahme [pɔr'trɛ:-] *f* portrait *m*
porträtieren* *tr V* faire le portrait; **jdn** ~ *Maler, Fotograf*: faire le portrait de qn; *Autor, Regisseur*: représenter qn
Porträtmaler(in) *m(f)* portraitiste *mf* **Porträtmalerei** *f* portrait *m*
Portugal ['pɔrtugal] <-s> *nt* le Portugal
Portugiese [pɔrtu'gi:zə] <-n, -n> *m*, **Portugiesin** *f* Portugais(e) *m(f)*
portugiesisch I. *Adj* portugais(e)
II. *Adv* ~ **miteinander sprechen** discuter en portugais; *s. a.* deutsch
Portugiesisch <-[s]> *nt* kein Art *(Sprache, Schulfach)* portugais *m*; **auf** ~ en portugais; *s. a.* Deutsch
Portugiesische *nt dekl wie Adj* **das** ~ le portugais; *s. a.* Deutsche
Portwein ['pɔrtvaɪn] *m* porto *m*
Porzellan [pɔrtsɛ'la:n] <-s, -e> *nt* ❶ porcelaine *f*; **aus chinesischem** ~ en porcelaine de Chine
❷ *kein Pl (Geschirr)* [vaisselle *f* de] porcelaine *f*
▶ **[viel]** ~ **zerschlagen** *fam* faire du gâchis
Porzellanerde *f* terre *f* à porcelaine **Porzellanfigur** *f* figurine *f* en porcelaine **Porzellangeschirr** *nt kein Pl* [vaisselle *f* en] porcelaine *f* **Porzellanmalerei** *f* peinture *f* sur porcelaine **Porzellanmanufaktur** *f* manufacture *f* de porcelaine
Posaune [po'zaʊnə] <-, -n> *f* trombone *m*; ~ **blasen** [*o* **spielen**] jouer du trombone
posaunen* **I.** *itr V fam* jouer du trombone
II. *tr V fam* **etw in alle Welt** ~ claironner qc
Posaunist(in) [pozaʊ'nɪst] <-en, -en> *m(f)* tromboniste *mf (form)*
Pose ['po:zə] <-, -n> *f* pose *f*; **eine bestimmte** ~ **einnehmen** prendre une certaine pose; **das ist bei ihm nur** ~ ce n'est qu'une attitude chez lui
posieren* *itr V geh* poser
Position [pozi'tsio:n] <-, -en> *f* ❶ *a.* MIL position *f*; **in** [*o* **auf**] ~ **gehen** défendre ses positions
❷ *(berufliche Stellung)* situation *f*
positionieren* *r V* POL *geh* **sich** ~ se positionner
Positionslicht *nt* feu *m* de position **Positionspapier** *nt* POL prise *f* de position écrite
positiv ['po:ziti:f] **I.** *Adj* ❶ *Einstellung, Nachricht, Bewertung* positif(-ive); *Konsequenzen* bénéfique
❷ *geh (konkret) Ergebnis, Erkenntnis* concret(-ète)
❸ MED, ELEC, PHYS positif(-ive); ~ **sein** *fam (HIV-positiv sein)* être [séro]positif(-ive)
II. *Adv* favorablement; *denken* d'une façon positive; **einer S.** *(Dat)* ~ **gegenüberstehen** être favorable à qc
Positiv[1] <-s, -e> *nt* PHOT, MUS positif *m*
Positiv[2] <-s, -e> *m* GRAM positif *m*
Positivismus [pozi'tɪvɪsmʊs] <-> *m* PHILOS positivisme *m*; **logischer** ~ logicopositivisme *m*, positivisme logique
Positron ['po:zitron] <-s, -onen> *nt* PHYS positr(r)on *m*
Positur [pozi'tu:ɐ] <-, -en> *f* posture *f*; **in** ~ **gehen** *Sportler*: se mettre en position; **sich in** ~ **setzen** *hum fam* prendre la pose
Posse ['pɔsə] <-, -n> *f* farce *f*
Possessivpronomen [pɔsɛsi'f-, pɔsɛ'si:f-] *nt*, **Possessivum** [pɔsɛ'si:vʊm, *Pl*: pɔsɛ'si:va] <-s, Possessiva> *nt* GRAM [pronom *m*] possessif *m*; *(adjektivisches Possessivum)* [adjectif *m*] possessif *m*
possierlich [pɔ'si:ɐlɪç] *Adj Tier* drôle
Post [pɔst] <-> *f* ❶ *(Unternehmen)* poste *f*; **bei der** ~ **arbeiten** travailler à la poste [*o* dans les postes]; **bei der italienischen** ~ dans les postes italiennes; **etw mit der** ~ [*o* **per** ~] **schicken** envoyer qc par la poste
❷ *(Postsendung)* courrier *m*; **die** ~ **einwerfen** poster le courrier; **mit gleicher** ~ par le même courrier; **mit getrennter** ~ par courrier séparé
❸ INFORM **elektronische** ~ courrier *m* électronique
▶ **[und] ab geht die** ~! *fam* c'est parti[, mon kiki *fam*]!; **da geht die** ~ **ab** *fam* ça déménage *(fam)*
postalisch [pɔs'ta:lɪʃ] **I.** *Adj Weg* postal(e); *Vermerk* de la poste
II. *Adv* verschicken par la poste; *benachrichtigen* par courrier

Postamt *nt* bureau *m* de poste **Postanweisung** *f* mandat *m* [postal] **Postausgang** *m* ① *(im Büro)* départ *m* du courrier ② INFORM boîte *f* d'envoi **Postauto** *nt* voiture *f* de la poste **Postbank** <-banken> *f* services *mpl* financiers de la poste; **ein Konto bei der ~** un compte à la poste **Postbarscheck** *m* chèque *m* postal de retrait **Postbeamte(r)** *m dekl wie Adj*, **Postbeamtin** *f* employé(e) *m(f)* des postes **Postbote** *m*, **-botin** *f* facteur(-trice) *m(f)* **Postdienst** *m* ① *kein Pl* service *m* du courrier; **im ~ tätig sein** travailler dans le service postal ② *(einzelne Dienstleistung)* service *m* postal **Posteingang** *m* ① *(im Büro)* arrivée *f* du courrier ② INFORM boîte *f* de réception

posten ['pɔstən] CH I. *tr V (einkaufen)* acheter
II. *itr V* faire des courses

Posten <-s, -> *m* ① poste *m*; **~ beziehen** se poster; **~ stehen** être de [*o* en] faction, être de garde; **auf seinem ~ bleiben** rester à son poste
② *(Anstellung)* poste *m*; **ein gut bezahlter ~** un emploi bien payé; **ein ruhiger ~** *fam* un poste tranquille
③ *(Wachmann)* sentinelle *f*
④ COM *(Position)* article *m*, poste *m*; *(Menge)* lot *m*; **ein ~ Knöpfe** un lot de boutons
▶ **nicht ganz auf dem ~ sein** *fam* être mal fichu(e) *(fam)*; **auf verlorenem ~ kämpfen** [*o* **stehen**] mener un combat perdu d'avance; **auf dem ~ sein** *fam (gesund sein)* avoir [encore] bon pied bon œil *(fam)*; *(wachsam sein)* être sur ses gardes

Poster ['pɔ:stɐ] <-s, -[s]> *nt* poster *m*
Postfach *nt (bei der Post)* boîte *f* postale; *(im Hotel, Büro)* casier *m* [à courrier] **Postgebühr** *f* HIST tarif *m* postal **Postgeheimnis** *nt* secret *m* postal
Postgiroamt [-ʒi:ro-] *nt* service *m* de virement postal **Postgirokonto** *nt* compte *m* courant de la poste
posthum [pɔst'hu:m] *s.* postum
postieren* *tr V* poster; **jdn/sich am Ausgang ~** poster qn/se poster à la sortie
Postkarte *f* carte *f* postale **Postkasten** NDEUTSCH *s.* **Briefkasten Postkutsche** *f* malle-poste *f* **postlagernd** I. *Adj Sendung, Brief* poste restante II. *Adv schicken, schreiben* [en] poste restante **Postleitzahl** *f* code *m* postal

Land und Leute

Après la réunification, il fut nécessaire de mettre en place un nouveau système de code postal. Ainsi, depuis juillet 1993, le **Postleitzahl** est à cinq chiffres. Les deux premiers chiffres désignent la région et les trois autres la localité, la boîte postale ou une grande entreprise. En Autriche et en Suisse, quatre chiffres suffisent jusqu'à présent et désignent une localité. Les deux derniers chiffres des grandes villes suisses correspondent au quartier de la localité désignée par les deux premiers.

Postler(in) <-s, -> *m(f)* SDEUTSCH, A, CH *fam* postier(-ière) *m(f)*
Postminister(in) *m(f)* ministre *mf* des Postes et Télécommunications
postmodern ['pɔstmodɛrn] *Adj* postmoderne **Postmoderne** ['pɔstmodɛrnə] *f* postmoderne *m*
Postsack *m* sac *m* postal **Postschalter** *m* guichet *m* [de la poste] **Postscheck** *m* chèque *m* postal
Postscheckkonto *nt* HIST *s.* **Postgirokonto Postscheckverkehr** *m* HIST échanges *mpl* de chèques postaux
Postsendung *f* envoi *m* postal
Postskript [pɔst'skrɪpt] <-[e]s, -e> *nt*, **Postskriptum** <-s, -ta> *nt* post-scriptum *m*
Postsparbuch *nt* livret *m* d'épargne de la poste **Postsparkasse** *f* HIST caisse *f* d'épargne de la poste **Poststelle** *f* bureau *m* de poste **Poststempel** *m* cachet *m* de la poste; **das Datum des ~s ist entscheidend** le cachet de la poste fai[san]t foi **Postüberweisung** *f* virement *m* postal
Postulat [pɔstu'la:t] <-[e]s, -e> *nt* postulat *m*
postulieren* *tr V geh* postuler
postum [pɔs'tu:m] *geh* I. *Adj* posthume
II. *Adv* à titre posthume
Postvermerk *m* annotation *f* des services postaux, mention *f* de service **Postweg** *m kein Pl* etw **auf dem ~ verschicken** envoyer qc par la poste
postwendend *Adv* par retour du courrier; *fam (unverzüglich)* immédiatement
Postwertzeichen *nt form* timbre-poste *m* **Postwesen** *nt kein Pl* administration *f* des postes **Postwurfsendung** *f* publicité *f* distribuée par la poste

potent [po'tɛnt] *Adj* ① *Person* sexuellement puissant(e)
② *geh (zahlungskräftig)* fortuné(e)
Potentat(in) [potɛn'ta:t] <-en, -en> *m(f) pej geh* potentat *m*
Potential [potɛn'tsia:l] *s.* **Potenzial**
potentiell [potɛn'tsiɛl] *s.* **potenziell**

Potenz [po'tɛnts] <-, -en> *f* ① *(sexuelle Leistungsfähigkeit)* virilité *f*, puissance *f* sexuelle
② *(Leistungsfähigkeit)* **künstlerische ~** potentiel *m* artistique
③ MATH puissance *f*; **die zweite/dritte ~ von zehn** dix à la puissance deux/trois; **eine Zahl in die vierte ~ erheben** élever un nombre à la puissance quatre
▶ **Dummheit in höchster ~** *fam* le comble de la bêtise
Potenzial[RR] [potɛn'tsia:l] <-s, -e> *nt a.* PHYS potentiel *m*; **ein gewaltiges ~ an Wissen** un énorme potentiel de savoir
potenziell[RR] [potɛn'tsiɛl] *geh* I. *Adj* potentiel(le); *Scheitern, Erfolg* possible
II. *Adv* potentiellement
potenzieren* *tr V* ① *geh* potentialiser *Wirkung*
② MATH **eine Zahl mit fünf ~** élever un nombre à la puissance cinq
Potpourri ['pɔtpuri] <-s, -s> *nt* pot-pourri *m*
Pott [pɔt, *Pl:* 'pœtə] <-[e]s, Pötte> *m fam* ① *(Kochtopf)* casserole *f*
② *(Nachttopf)* pot *m*
③ *(Schiff)* bateau *m*; *(altes Schiff)* rafiot *m*
▶ **zu ~e kommen** *fam* en venir à bout
Pottasche ['pɔtʔaʃə] *f* CHEM carbonate *m* de potassium
potthässlich[RR] *Adj fam Person* moche [comme un pou] *(fam)*; *Gebäude* atroce *(fam)*
Pottwal ['pɔtva:l] *m* cachalot *m*
Poulet [pu'le:] <-s, -s> *nt* poulet *m*
Power ['pauɐ] <-> *f* ① *sl einer Person* punch *m (fam)*; *eines Motors, einer Musikanlage* puissance *f*; **~ haben** *Person:* avoir une pêche d'enfer *(fam)*
powern ['pauɐn] *itr V sl* mettre le paquet *(fam)*
Power-Napping ['pauɐnɛpɪŋ] *nt* sieste *f* au travail
Powidl ['pɔvidl] <-s, -> *m* A *(Pflaumenmus)* confiture *f* de prunes
PR [pe:'ʔɛr] <-> *f Abk von* **Public Relations** relations *fpl* publiques
Präambel <-, -n> *f* JUR préambule *m*; **falsche ~** ≈ préambule incorrect
PR-Abteilung [pe:'ʔɛr-] *f* service *m* des relations publiques
Pracht [praxt] <-> *f* splendeur *f*; **in seiner/ihrer ganzen ~** dans toute sa splendeur; **es ist eine wahre ~!** *fam* c'est vraiment sensationnel [*o* épatant *fam*]!
Prachtausgabe *f* exemplaire *m* de luxe **Prachtbau** *m* monument *m* somptueux **Prachtexemplar** *nt* ① *(Gegenstand)* belle pièce *f* ② *fig, hum* **Ihr Baby ist ja ein ~!** vous avez un bébé magnifique [*o* splendide]!
prächtig I. *Adj* ① *Gebäude, Raum* somptueux(-euse); *Gewand* superbe; *Buchausgabe* luxueux(-euse)
② *(sehr gut) Leistung* excellent(e); *Wetter* splendide, magnifique
II. *Adv* ① superbement, somptueusement
② *(sehr gut) sich verstehen* à merveille, merveilleusement bien; **es geht ihm ~** il se porte à merveille [*o* merveilleusement bien]
Prachtkerl *m fam* type *m* super *(fam)* **Prachtstück** *s.* **Prachtexemplar prachtvoll** *s.* **prächtig Prachtweib** *nt fam* femme *f* super *(fam)*
pracken *tr V* A *(schlagen)* battre *Teppich*
prädestinieren* *tr V geh* **jdn zum Dolmetscher/Arzt ~** prédestiner qn à devenir interprète/médecin; **für etw prädestiniert sein** être prédestiné(e) à qc
Prädikat <-[e]s, -e> *nt* ① GRAM prédicat *m*, syntagme *m* verbal
② SCHULE, UNIV mention *f*; **mit dem ~ „Sehr gut" bestehen** réussir avec la mention "Très bien"
③ COM appellation *f*, label *m* [de qualité]; **Wein mit ~** vin *m* de qualité
prädikativ [prɛdika'ti:f] LING I. *Adj Adjektiv* attribut; **~e Ergänzung** attribut *m*
II. *Adv verwenden* comme attribut
Prädikatsnomen *nt* LING attribut *m*
Prädisposition [prɛ-] *f* MED prédisposition *f*
Präferenz <-, -en> *f a.* COM préférence *f*; **jdm ~en einräumen** accorder des préférences à qn
Präfix <-es, -e> *nt* GRAM préfixe *m*
Prag [pra:k] <-s> *nt* Prague
prägen *tr V* ① frapper *Münzen*; estamper *Einband, Visitenkarte*
② *(aufprägen)* **ein Wappen auf** [*o* **in**] **etw** *(Akk)* **~** graver des armoiries sur [*o* dans] qc
③ *(formen)* **jdn ~** *Erlebnis, Sorgen:* marquer qn
④ *(charakteristisch sein)* caractériser *Landschaft, Stadtbild*
⑤ LING forger *Begriff, Wort*
PR-Agentur [pe:'ʔɛr-] *f* agence *f* de relations publiques
Pragmatik [pra'gma:tɪk] <-> *f* LING pragmatique *f*
Pragmatiker(in) [pra'gma:tikɐ] <-s, -> *m(f)* ① *(pragmatischer Mensch)* esprit *m* réaliste; **er ist ein ~** lui, c'est quelqu'un de pragmatique
② *(Anhänger des Pragmatismus)* pragmatiste *mf*
pragmatisch I. *Adj* pragmatique
II. *Adv* avec pragmatisme; **~ eingestellt sein** avoir l'esprit réaliste
pragmatisiert *Adj* A *(verbeamtet)* fonctionnarisé(e)

Pragmatismus [pragma'tɪsmʊs] <-> m PHILOS pragmatisme m
prägnant geh I. Adj prégnant(e) (littér)
II. Adv en termes prégnants (littér)
Prägnanz [prɛ'gnants] <-> f ❶ (Knappheit) concision f
❷ (Genauigkeit) précision f
Prägung <-, -en> f ❶ kein Pl (das Prägen) von Münzen frappe f; eines Einbands, einer Visitenkarte gravure f
❷ (Aufdruck) gravure f
❸ (charakteristische Art) ein System sowjetischer ~ un système d'obédience soviétique
❹ (Charakterprägung) structure f déterminante
❺ LING création f
prähistorisch Adj préhistorique
prahlen ['pra:lən] itr V se vanter; **mit etw ~** se vanter de qc
Prahler(in) <-s, -> m(f) vantard(e) m(f); **ein ~ sein** être vantard
Prahlerei <-, -en> f vantardise f
prahlerisch I. Adj de vantard
II. Adv pour se vanter
Prahlhans ['pra:lhans, Pl: -hɛnzə] <-es, -hänse> m fam frimeur m (fam)
Praktik ['praktɪk] <-, -en> f meist Pl pratique f
Praktika Pl von **Praktikum**
praktikabel [prakti'ka:bəl] Adj praticable
Praktikant(in) [prakti'kant] <-en, -en> m(f) stagiaire mf
Praktiker(in) ['praktikɐ] <-s, -> m(f) ❶ praticien(ne) m(f)
❷ fam (Arzt) toubib m (fam)
Praktikum ['praktikʊm, Pl: 'praktika] <-s, Praktika> nt stage m
praktisch ['praktɪʃ] I. Adj pratique; **über ~e Erfahrung verfügen** avoir de l'expérience
II. Adv ❶ (in der Praxis) dans la pratique; **etw ~ umsetzen** mettre qc en pratique
❷ (zweckmäßig) denken, handeln avec un esprit pratique; eingerichtet fonctionnellement; **~ veranlagt sein** avoir l'esprit pratique
❸ (so gut wie) pratiquement
praktizieren* I. itr V Arzt: exercer
II. tr V ❶ (anwenden) mettre en pratique Verfahren
❷ (ausüben) pratiquer Glauben, Religion; **~ d** pratiquant(e)
❸ fam (tun, befördern) ficher (fam); **die Schlange in das Terrarium ~** fourrer le serpent dans le terrarium
Prälat <-en, -en> m prélat m
Praline [pra'li:nə] <-, -n> f chocolat m
Praliné [prali'ne:] <-s, -s>, **Pralinee** <-s, -s> nt s. **Praline**
prall [pral] I. Adj ❶ (rund) rebondi(e)
❷ (gefüllt) Ball, Ballon bien gonflé(e); Brieftasche bien rempli(e)
II. Adv **~ gefüllt/aufgeblasen** [sein] [être] bien rempli(e)/gonflé(e)
prallen ['pralən] itr V + sein heurter; **mit dem Kopf gegen jdn/etw ~** heurter qn/qc de la tête; **er ist mit dem Auto gegen die Wand geprallt** sa voiture est rentrée dans le mur
prallvoll Adj fam plein(e) à craquer
Präludium [prɛ'lu:diʊm] <-s, Präludien> nt MUS prélude m
Prämie ['prɛ:miə] <-, -n> f prime f
Prämiensparen nt épargne f rémunérée **Prämiensparvertrag** m contrat m d'épargne rémunérée
prämieren* tr V primer; **jdn/etw mit tausend Euro/dem Oscar ~** récompenser qn/qc par mille euros/un oscar
Prämierung <-, -en> f attribution f d'un prix; **die ~ der Schauspieler/Filme erfolgt morgen** les acteurs/films seront récompensés demain; **über die ~ der Entwürfe entscheiden** décider quels projets seront primés
Prämisse <-, -n> f geh prémisse f (littér)
pränatal Adj prénatal(e)
prangen ['praŋən] itr V geh ressortir; **über der Tür/auf dem Einband ~** ressortir sur la porte/reliure; **am Himmel ~** Sterne: resplendir dans le ciel; **in bunten Farben ~** être éclatant(e) de couleurs
Pranger ['praŋɐ] <-s, -> m pilori m
▶ **jdn/etw an den ~ stellen** mettre qn au pilori/stigmatiser qc
Pranke ['praŋkə] <-, -n> f a. fig fam patte f
Prankenhieb m coup m de patte
Präparat <-[e]s, -e> nt préparation f
präparieren* I. tr V ❶ (konservieren) naturaliser
❷ (sezieren) disséquer
❸ geh (vorbereiten) préparer
II. r V geh **sich für etw ~** se préparer à qc
Präposition <-, -en> f GRAM préposition f
präpotent [prɛpo'tɛnt] Adj ❶ geh (übermächtig) trop puissant(e)
❷ A pej (überheblich) arrogant(e)
Prärie [Pl: -'ri:ən] <-, -n> f Prairie f
Präriehund m chien m de prairie **Präriewolf** m coyote m des prairies
Präsens [Pl: -tsiən] <-, Präsenzien> nt GRAM présent m
präsent Adj geh présent(e); **etw ~ haben** avoir qc présent(e) à l'esprit; **seine Adresse ist mir jetzt nicht ~** son adresse m'échappe à présent
Präsent <-s, -e> nt geh présent m (soutenu)
Präsentation [prɛzɛnta'tsio:n] <-, -en> f présentation f
präsentieren* I. tr V présenter; **jdm etw ~** présenter qc à qn
II. r V **sich jdm ~** se présenter à qn
III. itr V MIL présenter les armes
Präsentierteller m ▶ **auf dem ~ sitzen** fam être exposé(e) aux regards de tout le monde
Präsentkorb m corbeille garnie de produits fins que l'on offre
Präsenz <-> f geh présence f
Präsenzbibliothek f prêt m de consultation sur place **Präsenzdienst** m A (Grundwehrdienst) service m militaire obligatoire
Praseodym [prazeo'dy:m] <-s> nt CHEM praséodyme m; **~ ist ein Metall** le praséodyme est un métal
Präser <-s, -> m fam capote f (fam)
Präservativ [-va-] <-s, -e> nt préservatif m
Präsident(in) <-en, -en> m(f) président(e) m(f)
Präsidentenwahl f élection f présidentielle
Präsidentschaft <-, -en> f présidence f
Präsidentschaftskandidat(in) m(f) candidat(e) m(f) à la présidence **Präsidentschaftswahlen** Pl [élections fpl] présidentielles fpl
Präsidium [Pl: -diən] <-s, Präsidien> nt ❶ (Vorstand) présidence f
❷ (Polizeipräsidium) commissariat m
prasseln ['prasəln] itr V ❶ + sein (prallen) crépiter; **gegen/auf etw (Akk) ~** crépiter contre/sur qc
❷ + haben (brennen) Feuer: crépiter
prassen ['prasən] itr V mener grand train
Prasser(in) <-s, -> m(f) viveur(-euse) m(f)
Prätendent(in) <-en, -en> m(f) geh prétendant(e) m(f)
prätentiös [prɛtɛn'tsjø:s] Adj prétentieux(-euse)
Präteritum [prɛ'te:ritʊm, prɛ'tɛritʊm] <-s, Präterita> nt LING prétérit m
Pratze ['pratsə] SDEUTSCH s. **Pranke**
präventiv [-vɛn-] I. Adj préventif(-ive)
II. Adv préventivement
Präventivforschung f recherche f en matière de prévention **Präventivmaßnahme** f mesure f préventive **Präventivmedizin** f kein Pl médecine f préventive **Präventivschlag** m MIL attaque f préventive
Praxis ['praksɪs] <-, Praxen> f ❶ (Arztpraxis, Massagepraxis) cabinet m
❷ kein Pl (praktische Erfahrung) expérience f; **~ haben** avoir de l'expérience
❸ (praktische Anwendung) pratique f; **etw in die ~ umsetzen** mettre qc en pratique
Praxisbezug m orientation f pratique **praxisfern** Adj théorique **Praxisgebühr** f taxe f de consultation médicale (valable en Allemagne depuis janvier 2004) **praxisnah** Adj axé(e) sur la pratique
Präzedenzfall m précédent m; **einen ~ anführen** citer [o alléguer] un précédent jurisprudentiel
präzis[e] geh I. Adj précis(e)
II. Adv avec précision
präzisieren* tr V geh préciser
Präzision <-> f geh précision f
Präzisionsarbeit f travail m de précision **Präzisionsinstrument** nt instrument m de précision
predigen ['pre:dɪgən] I. itr V ❶ (eine Predigt halten) prêcher; **gegen etw ~** prêcher contre qc
❷ fam (mahnend vorhalten) **einem Kind ~, vorsichtig zu sein** [o **dass es vorsichtig sein soll**] répéter sans cesse à un enfant d'être prudent
II. tr V recommander Toleranz; **jdm Nächstenliebe ~** donner des leçons de charité à qn
Prediger(in) <-s, -> m(f) prédicateur(-trice) m(f)
Predigt ['pre:dɪçt] <-, -en> f a. fig fam (Ermahnung) sermon m; **eine ~ halten** faire un sermon
Preis [prais] <-es, -e> m ❶ (Kaufpreis) prix m; **zum ~ von zehn Euro** au prix de dix euros; **zum vollen/halben ~** à plein tarif/à moitié prix; **zu einem niedrigeren/überteuerten ~** à moindre prix/à un prix excessif; **etw unter ~ verkaufen** vendre qc en dessous de son prix
❷ (Gewinnprämie) prix m; **einen ~ auf etw (Akk) aussetzen** offrir une récompense pour qc
❸ (Belohnung) **einen ~ auf den Kopf eines Verdächtigen aussetzen** mettre à prix la tête d'un suspect
▶ **einen hohen ~ für etw zahlen** payer qc au prix fort; **um jeden/keinen ~** à tout/aucun prix
Preisabschlag s. **Preisnachlass Preisabsprache** f entente f [o accord m] sur les prix **Preisangabe** f indication f de [o du] prix **Preisanstieg** m hausse f des prix **Preisaufschlag** m ÖKON supplément m **Preisausschreiben** nt [jeu-]concours m

Preisauszeichnung f affichage m des prix **preisbewusst**^RR I. *Adj Kunde* qui fait attention aux prix II. *Adv* ~ **einkaufen** faire attention aux prix **Preisbindung** f [obligation f de respecter le] prix m imposé **Preisdruck** m ristourne f
Preiselbeere ['praɪzəlbeːrə] f airelle f
Preisempfehlung f [unverbindliche] ~ prix m indicatif
preisen ['praɪzən] <pries, gepriesen> tr V geh louer *Gott, Qualität, Verdienste;* vanter les mérites de *Person, Restaurant, Ware;* **sich glücklich** ~ s'estimer heureux(-euse)
Preiserhöhung f augmentation f des prix **Preisermäßigung** f réduction f [sur un prix] **Preisfrage** f ① *(Gewinnfrage)* question f mise au concours ② *fam (schwierige Frage)* question f à mille francs *(fam)* ③ *(Frage des Preises)* question f du prix
Preisgabe f kein Pl geh ① *(Aufgabe)* abandon m ② *(Enthüllung)* révélation f
Preisgarantie f garantie f des prix **preis|geben** tr V unreg geh ① *(aufgeben)* abandonner ② *(verraten)* révéler ③ *(überlassen)* jdn/etw einer S. *(Dat)* ~ livrer qn/qc à qc **preisgebunden** *Adj* à prix imposé **Preisgefälle** nt disparité f des prix **Preisgefüge** nt structure f des prix **preisgekrönt** *Adj* primé(e) **Preisgeld** nt prix m doté *(d'une certaine somme d'argent)* **Preisgericht** nt jury m **Preisgrenze** f limite f des prix **preisgünstig** I. *Adj Artikel* bon marché; *Angebot* avantageux(-euse) II. *Adv* [à] bon marché; ~ **er** meilleur marché **Preisindex** m indice m des prix **Preiskampf** m guerre f des prix **Preisklasse** f catégorie f de prix; **in jeder** ~ à tous les prix **Preiskontrolle** f contrôle m des prix **Preislage** f gamme f de prix **Preis-Leistungs-Verhältnis** nt rapport m qualité/prix
preislich I. *Adj attr Unterschied* en matière de prix II. *Adv günstig* quant au prix; **sich** ~ **unterscheiden** présenter une différence de prix
Preisliste f tarif m **Preisnachlass**^RR m remise f; **jdm einen** ~ **gewähren** accorder une remise à qn **Preisniveau** nt niveau m des prix **Preispolitik** f politique f des prix **Preisrätsel** nt jeu-concours m **Preisrichter(in)** m(f) SPORT juge mf; KUNST, LITER juré(e) m(f) **Preisrückgang** m recul m des prix **Preisschild** nt étiquette f **Preisschlager** m fam offre f spéciale **Preissenkung** f diminution f [o baisse f] des prix **Preisspanne** f ÖKON marge f de prix **Preisstabilität** f stabilité f des prix **Preissteigerung** f hausse f des prix **Preisstopp** m gel m des prix **Preisträger(in)** m(f) lauréat(e) m(f); SPORT vainqueur mf **Preistreiber(in)** <-s, -> m(f) pej **ein** ~ **sein** forcer sur les prix **Preistreiberei** <-, -en> f pej flambée f des prix, valse f des étiquettes; **jdm** ~ **vorwerfen** reprocher à qn de faire flamber les prix **Preisunterschied** m différence f de prix **Preisvereinbarung** f accord m sur les prix **Preisverfall** m chute f des prix **Preisvergleich** m comparaison f des prix **Preisverleihung** f remise f des prix **Preisvorteil** m avantage m au niveau du prix
preiswert s. preisgünstig
prekär *Adj geh* précaire
Prellbock ['prɛlbɔk] m butoir m
▸ **der** ~ **sein** servir de tampon
prellen ['prɛlən] I. tr V ① *(betrügen)* escroquer; **jdn um etw** ~ escroquer qn de qc
② *(stoßen)* **sich** *(Dat)* **etw** ~ se contusionner qc
II. r V **sich an etw** *(Dat)* ~ se contusionner qc
Prellung <-, -en> f contusion f
Premier [prə'mie:] s. Premierminister(in)
Premiere [prə'mie:rə] <-, -n> f première f
Premierminister(in) [prə'mie:-, pre'mie:-] m(f) premier ministre m
Prepaidhandy ['priːpɛt-] nt TELEC mobile m prépayé, téléphone m mobile prépayé **Prepaidkarte** f TELEC carte f prépayée
preschen ['prɛʃən] itr V + sein ① *(galoppieren)* **über die Felder/durch den Wald** ~ galoper à travers champs/les bois
② *fam (rasen)* **durch die Stadt/über die Autobahn** ~ foncer à travers la ville/sur l'autoroute *(fam)*
Presse ['prɛsə] <-, -n> f ① *kein Pl (Zeitungen, Zeitschriften)* presse f; **von der** ~ **sein** être de la presse
② *kein Pl (Pressereaktion)* **eine gute/schlechte** ~ **haben** avoir bonne/mauvaise presse
③ TECH presse f
④ *(Fruchtpresse)* presse-fruits m
Presseagentur f agence f de presse **Presseamt** nt bureau m de presse **Presseausweis** m carte f de presse **Presseball** m bal m de la presse **Pressechef(in)** m(f) chef m du bureau [o service m] de presse **Presseerklärung** f déclaration f de presse; **eine** ~ **abgeben** faire une déclaration à la presse **Pressefotograf(in)** m(f) photographe mf de presse **Pressefreiheit** f kein Pl liberté f de la presse **Pressegesetz** nt loi f sur la presse **Pressekonferenz** f conférence f de presse **Pressemeldung** f communiqué m de presse
pressen ['prɛsən] I. tr V ① *(trocknen)* presser *Blume, Blatt*
② TECH presser
③ *(drücken)* **jdn an sich** *(Akk)* ~ serrer qn contre soi; **das Gesicht gegen** [o **an**] **die Scheibe** ~ appuyer son visage contre la vitre
④ *(auspressen)* presser *Obst;* **den Saft aus einer Orange** ~ presser le jus d'une orange
⑤ *(zwingen)* forcer; **er wurde zum Dienst in der Flotte gepresst** on l'a forcé à servir dans la marine
II. itr V pousser
Pressenotiz f entrefilet m **Pressereferent(in)** m(f) attaché(e) m(f) de presse **Presseschau** f revue f de presse **Pressespiegel** m MEDIA revue f de presse **Pressesprecher(in)** m(f) attaché(e) m(f) de presse **Pressestelle** f service m de presse **Pressevertreter(in)** m(f) représentant(e) m(f) de presse **Pressezensur** f kein Pl censure f de la presse pas de pl **Pressezentrum** nt centre m de presse
Pressform^RR f moule m **Pressglas**^RR nt kein Pl verre m moulé
pressieren* SDEUTSCH, A, CH I. itr V ① *(dringlich sein)* être pressant(e); **nicht** ~ ne pas presser
② *(in Eile sein)* **pressiert sein** être pressé(e)
II. itr V unpers **es pressiert nicht** ça ne presse pas; **es pressiert ihm** il est pressé
Pression [prɛ'sioːn] <-, -en> f geh pression f
Presskohle^RR f charbon m aggloméré **Pressluft**^RR f kein Pl air m comprimé
Pressluftbohrer^RR m marteau-piqueur m **Presslufthammer**^RR m marteau m pneumatique
Presswehen^RR Pl contractions fpl
Prestige [prɛs'tiːʒ] <-s, -> nt geh prestige m
Prestigedenken [prɛs'tiːʒə-] nt geh ambition f sociale **Prestigeverlust** m kein Pl perte f de prestige pas de pl
Preuße <-n, -n> m, **Preußin** f Prussien(ne) m(f)
▸ **so schnell schießen die** ~**n nicht!** fam y a pas le feu! *(fam)*
Preußen <-s> nt la Prusse
preußisch *Adj* prussien(ne)
Preziosen [pre'tsioːzən] Pl geh objets mpl précieux
prickeln ['prɪkəln] itr V ① *(kribbeln)* picoter; **auf der Haut/Zunge** ~ picoter la peau/langue; ~**d** *Gefühl, Reiz* excitant(e); **das Prickeln** le picotement
② *(perlen) Sekt:* pétiller
Priel [priːl] <-[e]s, -e> m petit chenal m
Priem [priːm] <-[e]s, -e> m chique f
priemen ['priːmən] itr V chiquer
pries [priːs] Imp von preisen
Priester(in) ['priːstɐ] <-s, -> m(f) prêtre(-esse) m(f); **jdn zum** ~ **weihen** ordonner qn prêtre
Priesteramt nt sacerdoce m **Priestergewand** nt habit m sacerdotal
priesterlich *Adj* sacerdotal(e)
Priesterseminar nt [grand] séminaire m
Priestertum <-s> nt prêtrise f
Priesterweihe f ordination f
prima ['priːma] *fam* I. *Adj unv* super *(fam)*
II. *Adv* super-bien *(fam)*
Prima <-, Primen> f ① SCHULE, HIST l'une des deux dernières classes du "Gymnasium"
② SCHULE A première classe du "Gymnasium"
Primaballerina [primabale'riːna] f première danseuse f **Primadonna** [prima'dɔna] <-, -donnen> f ① prima donna f ② *(egozentrischer Mensch)* pimbêche f; **sich wie eine** ~ **aufspielen** se prendre pour une star
primär geh I. *Adj* premier(-ière) *antéposé*
II. *Adv* en premier lieu *(littér)*
Primararzt, -ärztin f A *(leitender Arzt)* médecin-chef m
Primärenergie f énergie f naturelle
Primaria <-, - o -riae> f A *(Chefärztin)* médecin-chef f
Primarius <-, -rien> m A *(Chefarzt)* médecin-chef m
Primärkreislauf m circuit m primaire
Primarlehrer(in) m(f) SCHULE CH ≈ instituteur(-trice) m(f)
Primärliteratur f littérature f primaire
Primarschule [priˈmaːrə-] CH s. Grundschule
Primas ['priːmas] <-, -se> m ① REL primat m
② MUS premier violon m
Primat [priˈmaːt] <-en, -en> m primate m
Primel ['priːməl] <-, -n> f primevère f
▸ **eingehen wie eine** ~ *fam* sécher sur pied
Primi Pl von Primus
primitiv [primiˈtiːf] I. *Adj* ① *(urtümlich) Entwicklungsstufe, Kultur* primitif(-ive)
② *(elementar) Bedürfnisse, Erfordernisse* élémentaire
③ *(simpel) Methode, Vorrichtung, Behausung* rudimentaire
④ pej *Person, Gesinnung* primaire
II. *Adv (sehr einfach)* de manière rudimentaire
Primitive(r) [-və] f(m) dekl wie Adj primitif(-ive) m(f)

Primitivität [-vi-] <-, -en> f ❶ kein Pl (Einfachheit) caractère m rudimentaire
❷ kein Pl pej (Mangel an Bildung) balourdise f
❸ pej (grobe Bemerkung) grossièreté f
Primitivling [primi'ti:flɪŋ] <-s, -e> m pej fam plouc m (fam)
Primus ['pri:mʊs] <-, -se o Primi> m premier m de la classe
Primzahl ['pri:m-] f MATH nombre m premier
Printmedium nt presse f [écrite]
Prinz [prɪnts] <-en, -en> m, **Prinzessin** f ❶ (Adelstitel) prince m/princesse f
❷ s. Karnevalsprinz
Prinzip [prɪn'tsi:p, Pl: prɪn'tsi:piən] <-s, -ien> nt principe m; **sich** (Dat) **etw zum ~ machen** s'ériger qc en principe; **sich** (Dat) **zum ~ machen etw zu tun** avoir pour principe de faire qc; **das ~ Hoffnung/Liebe** le principe de l'espoir/l'amour; **aus ~** par principe; **im ~** en principe
prinzipiell [prɪntsi'pjɛl] I. Adj de principe; Unterschied de fond
II. Adv par principe; **das ist ~ möglich** en principe, c'est possible
Prinzipienfrage [-piən-] f question f de principe **Prinzipienreiter(in)** m(f) pej personne qui est à cheval sur les principes **prinzipientreu** I. Adj fidèle à ses principes II. Adv selon ses principes
Prinzregent(in) m(f) HIST prince m régent/princesse f régente
Prior(in) ['pri:o:ɐ, Pl: pri'o:rən] <-s, Prioren> m(f) prieur(e) m(f)
Priorität <-, -en> f geh priorité f; **~ haben** avoir [la] priorité; **~en setzen** établir des priorités
Prioritätenliste f liste f des priorités; **auf der ~ ganz oben stehen** être premier(-ière) sur la liste des priorités
Prise ['pri:zə] <-, -n> f ❶ pincée f; **eine ~ Pfeffer** une pincée de poivre
❷ NAUT prise f
Prisma ['prɪsma] <-s, Prismen> nt prisme m
Pritsche ['prɪtʃə] <-, -n> f ❶ (Liege) lit m rudimentaire
❷ (Ladefläche) benne f
pritscheln itr V A (planschen) patauger
Pritschenwagen m [camion m à] benne f
privat [pri'va:t] I. Adj ❶ (persönlich) privé(e); Unterlagen, Vermögen personnel(le)
❷ (nicht geschäftlich) Angelegenheit, Telefongespräch privé(e); Interesse, Grund personnel(le); **auf der Tür stand „~ "** sur la porte, il y avait „privé"
II. Adv **sprechen** en privé; **anrufen** à titre privé; **mit jdm ~ verkehren** avoir des relations personnelles avec qn
Privatadresse f adresse f privée **Privatangelegenheit** f affaire f privée; **das ist meine ~** c'est mon affaire **Privatanschluss**[RR] m numéro m [de téléphone] personnel **Privataudienz** f audience f particulière **Privatbesitz** m propriété f privée; **in ~ befindlich** qui appartient à un particulier **Privatdetektiv(in)** m(f) détective mf privé(e) **Privatdozent(in)** m(f) privat-docent m **Privateigentum** nt propriété f privée, etw in ~ überführen transférer qc au secteur privé **Privatfernsehen** nt fam télévision f privée **Privatgespräch** nt TELEC communication f privée **Privathaftpflichtversicherung** f assurance f responsabilité civile **Privathand** f kein Pl possession f, in particulier **Privathaus** nt maison f particulière; **die Gäste in Privathäusern unterbringen** loger les invités chez des particuliers **Privatinitiative** [-və] f initiative f privée **Privatinteresse** nt intérêt m personnel
privatisieren* [-va-] tr V privatiser
Privatisierung <-, -en> f ÖKON privatisation f
Privatklinik f clinique f privée **Privatleben** nt vie f privée; **sich ins ~ zurückziehen** se retirer de la vie active **Privatlehrer(in)** m(f) professeur mf particulier **Privatmann** <-leute> m ❶ (Privatperson) particulier m ❷ (Privatier) rentier m **Privatnummer** f numéro m personnel **Privatpatient(in)** m(f) patient(e) m(f) du secteur privé **Privatperson** f particulier m; **etw als ~ tun** faire qc à titre privé **Privatrecht** nt kein Pl JUR droit m privé **Privatsache** s. Privatangelegenheit **Privatschule** f école f privée **Privatsekretär(in)** m(f) secrétaire mf particulier(-ière) **Privatsender** m ❶ RADIO station f privée ❷ TV chaîne f privée **Privatsphäre** f intimité f **Privatstunde** f leçon f particulière **Privatunterricht** m cours m particulier **Privatvergnügen** nt fam das ist mein/sein/... ~ c'est moi/lui/... que ça regarde; **ich mache das nicht zu meinem ~** je ne le fais pas pour mon plaisir **Privatvermögen** nt biens mpl propres
privatversichert s. versichern I. ❶
Privatversicherung f assurance f privée **Privatwagen** m voiture f personnelle **Privatweg** m chemin m privé **Privatwirtschaft** f secteur m privé **Privatwohnung** f appartement m privé
Privileg [privi'le:k, Pl: privi'le:giən] <-[e]s, -ien> nt geh privilège m
privilegieren* [-vi-] tr V geh privilégier
privilegiert Adj geh privilégié(e)
PR-Manager(in) [peːʔɛrmænɪdʒə] m(f) manageur(-euse) m(f) des relations publiques
pro [pro:] I. Präp + Akk par; **~ Person/Tag/Fahrt** par personne/jour/trajet; **~ Minute/Sekunde** par [o à la] minute/seconde; **~ Stunde** à l'heure; **zehn Euro ~ Stück** dix euros l'unité
II. Adv pour; **~ SPD sein** être pour le SPD
Pro <-> nt [das] **~ und** [das] **Kontra** geh le pour et le contre
Proband(in) [pro'bant] <-en, -en> m(f) sujet m d'expérience
probat [pro'ba:t] Adj geh éprouvé(e)
Probe ['pro:bə] <-, -n> f ❶ (Warenprobe) échantillon m
❷ (Prüfmenge) eines Gesteins échantillon m; von Käse, Wurst morceau m; von Blut prélèvement m; **von** [o **aus**] **etw ~n** [o **nehmen** faire des prélèvements de qc
❸ (Beispiel, Beweis) des Könnens, Wissens aperçu m
❹ MUS, THEAT répétition f
❺ (Test, Prüfung) épreuve f; **eine Seite zur ~ übersetzen** traduire une page comme spécimen; **jdn/etw auf die ~ stellen** mettre qn/qc à l'épreuve; **~ fahren** faire un essai; **ein Auto ~ fahren** essayer une voiture
▶ **die ~ aufs Exempel machen** faire la preuve par l'exemple
Probeabzug m épreuve f **Probealarm** m simulation f d'alarme **Probearbeit** f travail m d'essai **Probeaufnahme** f ❶ CINE, MUS enregistrement m test ❷ (probeweises Dazugehören) période f d'essai **Probedruck** m épreuve f **Probeexemplar** nt spécimen m
probefahren[ALT] s. Probe ❺
Probefahrt f essai m [sur route] **Probejahr** nt année f d'essai **Probelauf** m TECH essai m **Probelehrer(in)** m(f) A [professeur mf] stagiaire mf **Probemuster** nt échantillon m
proben ['pro:bən] tr, itr V répéter
Probenummer f MEDIA [numéro m] spécimen m **Probepackung** f échantillon m **Probeseite** f page f spécimen **Probesendung** f envoi m d'échantillons **probeweise** I. Adv nehmen, überlassen pour essayer; erfolgen, einstellen à l'essai II. Adj à l'essai
Probezeit f eines Mitarbeiters période f d'essai
probieren* I. tr V ❶ (versuchen) essayer; **es mit einem neuen Mitarbeiter ~** essayer par un nouveau collaborateur; **es mit Drohungen/Schmeicheleien ~** essayer d'employer les menaces/flatteries
❷ (kosten) goûter; déguster Wein
❸ (anprobieren) essayer Kleid, Schuhe
❹ THEAT (proben) répéter Stück
II. itr V ❶ essayer; **~ das Fenster zu öffnen** essayer d'ouvrir la fenêtre; **~, ob die Tür verschlossen ist** essayer de voir si la porte est fermée à clé
❷ (kosten) **vom Nachtisch ~** goûter au dessert
❸ THEAT (proben) répéter
▶ **Probieren geht über Studieren** Spr. expérience passe science
probiotisch Adj probiotique; **~e Milchprodukte** laitages probiotiques
Problem [pro'ble:m] <-s, -e> nt ❶ problème m; **vor einem ~ stehen** être confronté(e) à un problème; **es gibt ~e** on a des problèmes
❷ (Ärgernis) **für jdn zum ~ werden** devenir une source d'ennuis pour qn
Problematik [proble'ma:tɪk] <-> f geh difficultés fpl; einer Theorie problématique f (soutenu)
problematisch Adj Person, Charakter à problèmes; Fall, Punkt, Vorgehen problématique; **die Sache wird/ist ~** l'affaire commence à faire/fait problème
Problemfall m ❶ (Angelegenheit) cas m problématique
❷ (problematischer Mensch) problème m
problemlos I. Adj sans problème[s]
II. Adv sans [aucun] problème
Productplacement[RR], **Product-Placement**[RR] ['prɔdʌkt-'pleɪsmənt] <-s> nt publicité f déguisée
Produkt [pro'dʊkt] <-[e]s, -e> nt ❶ a. MATH produit m
❷ geh (Folge) fruit m (soutenu)
Produktenhandel m commerce m de produits agricoles
Produktgestaltung f design m du produit
Produktion [prodʊk'tsioːn] <-, -en> f production f
Produktionsablauf m processus m de production **Produktionsabteilung** f ÖKON [service m de] production f **Produktionsausfall** m perte f de production **produktionsbedingt** Adj lié(e) à la production **Produktionskosten** Pl coût m de [la] production **Produktionsmittel** nt moyen m de production **Produktionssteigerung** f augmentation f de [la] production **Produktionstechnik** f kein Pl technique f de production **Produktionsverfahren** nt procédé m de production
produktiv [prodʊk'ti:f] I. Adj ❶ (ergiebig) productif(-ive)
❷ (schöpferisch) Künstler productif
II. Adv **~ arbeiten** travailler de manière productive
Produktivität [-vi-] <-> f productivité f
Produktlinie [-liːniə] f ligne f de produits **Produktpalette** f

gamme *f* de produits **Produktpiraterie** *f* contrefaçon *f* d'un produit
Produzent(in) [produ'tsɛnt] <-en, -en> *m(f)* ❶ *(Hersteller)* fabricant(e) *m(f); von Agrarprodukten* producteur(-trice) *m(f)*
❷ *(Filmproduzent)* producteur(-trice) *m(f)*
produzieren* I. *tr V* ❶ *(herstellen, hervorbringen)* produire
❷ *fam (verursachen)* faire; pondre *(fam) Text*
II. *itr V* **billig/teuer** ~ produire à bas prix/cher
III. *r V pej dam* **sich vor jdm** ~ faire l'intéressant(e) devant qn
Prof. *Abk von* **Professor**
profan [pro'faːn] *Adj geh* ❶ *(alltäglich)* terre à terre
❷ *(nicht sakral)* profane
professionell [profɛsio'nɛl] I. *Adj* professionnel(le)
II. *Adv* avec professionnalisme; ~ **wirken** faire professionnel(le)
Professor [pro'fɛsoːɐ, *Pl:* profɛ'soːrən] <-s, -soren> *m*, **Professorin** *f* ❶ *kein Pl (Titel)* professeur *m*
❷ *(Universitätsprofessor)* professeur *mf* [d'université]; **ordentlicher** ~ professeur *mf* titulaire
❸ A *(Gymnasialprofessor)* professeur *mf* [du second degré]
professoral [profɛso'raːl] *pej* I. *Adj* professoral(e)
II. *Adv reden* d'un ton professoral; ~ **auftreten/wirken** avoir un air pontifiant
Professur [profɛ'suːɐ] <-, -en> *f* chaire *f* [de professeur]
Profi ['proːfi] <-s, -s> *m fam* ❶ *(Spezialist, Sportler)* pro *mf (fam)*
❷ *(Verbrecher)* professionnel(le) *m(f)*
Profikiller *m* tueur *m* professionnel/tueuse *f* professionnelle
Profil [pro'fiːl] <-s, -e> *nt* ❶ *einer Sohle, eines Reifens* sculptures *fpl*
❷ *(seitliche Ansicht)* profil *m;* **im** ~ de profil
❸ *geh (Ausstrahlung)* stature *f;* ~ **haben** avoir de l'envergure
profilieren* *r V* **sich** ~ s'affirmer
profiliert [profi'liːɐt] *Adj* reconnu(e); *Politiker* d'envergure
Profilierung <-> *f* profilage *m;* **zur** ~ **einer Person beitragen** ajouter à la stature d'une personne
Profilneurose *f* PSYCH peur *f* obsessionnelle d'échouer
Profilsohle *f* semelle *f* crantée **Profilstahl** *m* TECH acier *m* profilé
Profit [pro'fiːt] <-[e]s, -e> *m* profit *m;* ~ **abwerfen** dégager un profit; ~ **machen** faire du profit; **aus etw** ~ **schlagen** [*o* **ziehen**] tirer profit de qc; **etw mit** ~ **verkaufen** vendre qc en faisant du profit
profitabel [profi'taːbəl] *Adj geh* rémunérateur(-trice) *(soutenu)*
Profitgeier *m fam* requin *m (fig fam)* **Profitgier** *f pej* rapacité *f (péj)*
profitieren* *itr V* ❶ *(Gewinn machen)* faire du profit
❷ *(Nutzen haben)* **bei/von etw** ~ profiter de qc
❸ *(Nützliches lernen)* **von jdm** ~ tirer profit de ce que dit/fait qn; **von etw** ~ tirer profit de qc
Profitjäger(in) *m(f) pej* rapace *m (péj)*
pro forma [proː 'fɔrma] *Adv geh* pour la forme
Pro-forma-Rechnung *f* facture *f* pro forma
profund [pro'fʊnt] *Adj Ausbildung* solide
Prognose [pro'gnoːzə] <-, -n> *f* ❶ *geh (Vorhersage)* prévision *f*
❷ *(Wettervorhersage)* prévisions *fpl*
❸ MED pronostic *m;* **jdm eine** ~ **stellen** faire un pronostic à qn
prognostizieren* *tr V geh* pronostiquer
Programm [pro'gram] <-s, -e> *nt* ❶ *(Ablauf, Konzeption)* programme *m;* **auf dem** ~ **stehen** être au programme; **nach** ~ selon les prévisions; **fürs Wochenende steht Aufräumen auf meinem** ~ *fam* pour le week-end, j'ai du rangement au programme
❷ *(Programmheft)* programme *m*
❸ INFORM logiciel *m*
❹ *(Produktprogramm)* assortiment *m*
▶ **ein volles** ~ **haben** avoir un programme chargé
Programmablauf *m* parcours *m* de programme **Programmänderung** *f* changement *m* de programme
programmatisch [progra'maːtɪʃ] *Adj* ❶ *(einem Programm entsprechend)* de programme, au niveau du programme
❷ *(wegweisend)* directeur(-trice)
Programmaufruf *m* INFORM appel *m* de programme **Programmfehler** *m* INFORM erreur *f* dans le programme **programmgemäß**
I. *Adj* selon les prévisions II. *Adv* comme prévu **Programmgestaltung** *f* élaboration *f* d'un programme **Programmheft** *nt* programme *m* **Programmhinweis** *m* présentation *f* des programmes
programmierbar *Adj* INFORM programmable
programmieren* *tr V* ❶ INFORM programmer
❷ *(vorbereiten)* **auf etw** *(Akk)* **programmiert sein** être programmé(e) pour qc
Programmierer(in) <-s, -> *m(f)* INFORM programmeur(-euse) *m(f)*
Programmiersprache *f* INFORM langage *m* de programmation
Programmierung <-, -en> *f* INFORM programmation *f*
Programmkino *nt* cinéma *m* d'art et d'essai **Programmvorschau** *f* bande-annonce *f* **Programmzeitschrift** *f* programme *m* de télévision

Progression [progrɛ'sioːn] <-, -en> *f* ❶ *(stufenweise Steigerung)* progressivité *f*
❷ *(Fortschreiten)* progression *f*
progressiv [progrɛ'siːf] *Adj* ❶ *geh (fortschrittlich)* progressiste
❷ FISC, FIN progressif(-ive)
Prohibition [prohibi'tsioːn] <-, -en> *f* prohibition *f*
Projekt [pro'jɛkt] <-[e]s, -e> *nt* projet *m;* **ein** ~ **ausarbeiten/durchführen** élaborer/mettre en œuvre un projet
Projektgruppe *f* groupe *m* de projet
Projektil [projɛk'tiːl] <-s, -e> *nt form* projectile *m*
Projektion [projɛk'tsioːn] <-, -en> *f* projection *f*
Projektionsapparat *m* projecteur *m* **Projektionsfläche** *f* CINE écran *m*
Projektleiter(in) *m(f)* chef *mf* de projet **Projektmanagement** *nt* gestion *f* [*o* management *m*] de projet **Projektmanager(in)** *m(f)* chef *mf* de projet
Projektor [pro'jɛktoːɐ] <-s, -toren> *m* projecteur *m*
projizieren* *tr V* OPT, PSYCH projeter
Proklamation [proklama'tsioːn] <-, -en> *f geh* proclamation *f*
proklamieren* *tr V geh* proclamer
Pro-Kopf-Ausgaben *Pl* dépenses *fpl* par tête **Pro-Kopf--Einkommen** *nt* revenu *m* par tête
Prokura [pro'kuːra] <-, Prokuren> *f form* procuration *f;* **jdm** ~ **erteilen** donner procuration à qn
Prokurist(in) [proku'rɪst] <-en, -en> *m(f)* fondé(e) *m(f)* de pouvoir
Prolet(in) [pro'leːt] <-en, -en> *m(f) pej* plouc *mf (péj fam)*
Proletariat [proletari'aːt] <-[e]s, -e> *nt* prolétariat *m*
Proletarier(in) [prole'taːrie] <-s, -> *m(f) veraltet* prolétaire *mf*
proletarisch [prole'taːrɪʃ] *Adj veraltet* prolétaire; *Abkunft, Herkunft* prolétarien(ne), prolétaire
proletenhaft *pej* I. *Adj* plouc *(péj fam)*
II. *Adv* comme un plouc *(péj fam)*
Prolo <-s, -s> *m pej sl* prolo *mf (fam)*
Prolog [pro'loːk] <-[e]s, -e> *m* prologue *m*
prolongieren* [prolɔŋ'giːrən] *tr V* prolonger
Promenade [proma'naːdə] <-, -n> *f* promenade *f*
Promenadendeck *nt* pont-promenade *m* **Promenadenmischung** *f hum fam* [chien *m*] bâtard *m*
Promi ['prɔmi] <-s, -s> *m, -, -s> f sl* huile *f (fam)*
Promibonus *m fam* avantage *m* de la célébrité *gén pl* **Promijagd** *f fam* chasse *f* aux célébrités
Promille [pro'mɪlə] <-[s], -> *nt* ❶ **elf** ~ onze pour mille; **nach** ~ **berechnet werden** être calculé(e) en millièmes
❷ *fam (Blutalkohol)* **0,5** ~ **haben** avoir 0,5 gramme *(fam)*
Promillegrenze *f* taux *m* d'alcoolémie maximal
prominent [promi'nɛnt] *Adj* éminent(e); ~ **sein** être un personnage éminent
Prominente(r) *f(m) dekl wie Adj* personnalité *f*
Prominenz [promi'nɛnts] <-> *f geh (die Prominenten)* personnalités *fpl* [de premier plan]
promisk I. *Adj Person* à partenaires multiples; ~**es Verhalten** mode *m* de vie à partenaires multiples
II. *Adv* ~ **leben, sich** ~ **verhalten** changer souvent de partenaire[s]
Promiskuität <-> *f* changement *m* fréquent de partenaire
promiskuitiv *s.* **promisk**
Promotion [promo'tsioːn] <-, -en> *f* UNIV doctorat *m*
promovieren* [-'viː-] I. *itr V* ❶ *(eine Doktorarbeit schreiben)* préparer une thèse [de doctorat]; **über jdn/etw** ~ préparer une thèse [de doctorat] sur qn/qc
❷ *(den Doktorgrad erwerben)* **in Philosophie** *(Dat)* ~ soutenir une thèse de philosophie; **bei jdm** ~ passer sa thèse [de doctorat] avec qn
II. *tr V* **jdn** ~ attribuer à qn le grade de docteur; **promoviert werden** être reçu(e) docteur
prompt [prɔmpt] I. *Adj* rapide
II. *Adv* ❶ *(sofort)* rapidement
❷ *fam (erwartungsgemäß)* aussi sec *(fam)*
Promptheit <-> *f* rapidité *f*
Pronomen [pro'noːmən] <-s, - *o* Pronomina> *nt* GRAM pronom *m*
pronominal [pronomi'naːl] *Adj* GRAM pronominal(e)
Propaganda [propa'ganda] <-> *f* propagande *f;* **für etw** ~ **machen** faire de la publicité pour qc
Propagandafeldzug *m* campagne *f* de propagande **Propagandist(in)** [propagan'dɪst] <-en, -en> *m(f)* propagandiste *mf*
propagandistisch I. *Adj* à des fins de propagande; *Material* de propagande
II. *Adv* à des fins de propagande
propagieren* *tr V geh* prôner *(soutenu)*
Propan [pro'paːn] <-s> *nt* CHEM propane *m;* ~ **wird als Brennstoff verwendet** le propane est utilisé comme combustible

Propangas *nt kein Pl* [gaz *m*] propane *m*; **~ besteht aus Kohlenwasserstoff** le [gaz] propane est composé d'hydrocarbure
Propeller [pro'pɛlɐ] <-s, -> *m* hélice *f*
Propellerflugzeug *nt* avion *m* à hélice
proper ['prɔpɐ] *Adj fam Person, Äußeres* clean *(fam)*; *Wohnung, Zimmer, Garten* impec *(fam)*
Prophet(in) [pro'fe:t] <-en, -en> *m(f)* prophète *m*/prophétesse *f*
▶ **ich bin** [doch] **kein ~!** *fam* je ne suis pas devin! *(fam)*; **der gilt nichts im eigenen Lande** *Spr.* nul n'est prophète en son pays
prophetisch *geh* I. *Adj* prophétique
II. *Adv* prophétiquement
prophezeien* *tr V* prophétiser; **jdm viel Erfolg ~** prédire à qn une grande réussite; **jdm ~, dass etwas Erfreuliches passieren wird** prédire à qn que quelque chose d'agréable arrivera
Prophezeiung <-, -en> *f* prophétie *f*
prophylaktisch [profy'laktɪʃ] I. *Adj* prophylactique
II. *Adv* préventivement
Prophylaxe [profy'laksə] <-, -n> *f* prophylaxie *f*; **zur ~** à titre préventif
Proportion [propɔr'tsio:n] <-, -en> *f* proportion *f*
proportional [propɔrtsio'na:l] *geh* I. *Adj* proportionnel(le)
II. *Adv* proportionnellement
Proportionalschrift *f* chasse *f* déformée
proportioniert [propɔrtsio'ni:ɐt] *Adj* proportionné(e)
Proporz [pro'pɔrts] <-es, -e> *m* ❶ [représentation *f*] proportionnelle *f*; **etw im ~ besetzen** attribuer qc à la proportionnelle
❷ CH *s.* **Verhältniswahl**
proppe[n]voll ['prɔpənfɔl] *Adj fam* plein(e) à craquer *(fam)*
Propst [pro:pst] <-[e]s, Pröpste> *m* doyen *m*
Propstei [pro:ps'taɪ] <-, -en> *f* doyenné *m*
Prosa ['pro:za] <-> *f* prose *f*
prosaisch [pro'za:ɪʃ] I. *Adj* ❶ *geh (nüchtern)* prosaïque
❷ LITER en prose
II. *Adv geh* prosaïquement
Proseminar ['pro:zemina:ɐ] *nt* cours *m* pour étudiants débutants
prosit ['pro:zɪt] *s.* **prost**
Prosit <-s, -s> *nt* toast *m*; **ein ~ auf jdn ausbringen** porter un toast à qn
Prospekt [pro'spɛkt] <-[e]s, -e> *m* prospectus *m*
Prosperität [prosperi'tɛ:t] <-> *f* prospérité *f*
prost [pro:st] *Interj* à la tienne/vôtre
▶ [na] **dann ~!** *iron* [alors] bonjour les dégâts! *(fam)*
Prostata ['prɔstata] <-> *f* ANAT prostate *f*
prosten *itr V* trinquer; **auf jdn/etw ~** trinquer à la santé de qn/à qc
prostituieren* *r V* ❶ **sich ~** se prostituer
❷ *(sich herabwürdigen)* **sich für etw ~** se prostituer pour qc
Prostituierte(r) *f(m) dekl wie Adj* prostitué(e) *m(f)*
Prostitution [prostitu'tsio:n] <-> *f* prostitution *f*
Protagonist(in) [protago'nɪst] <-en, -en> *m(f) geh* ❶ protagoniste *mf*
❷ *(Vorkämpfer)* pionnier(-ière) *m(f)*
Protegé [prote'ʒe:] <-s, -s> *m geh* protégé(e) *m(f)*
protegieren* [prote'ʒi:rən] *tr V geh* protéger
Protein [prote'i:n] <-s, -e> *nt* BIO, CHEM protéine *f*
Protektion [protɛk'tsio:n] <-, -en> *f geh* protection *f*
Protektionismus [protɛktsio'nɪsmʊs] <-> *m* protectionnisme *m*
Protektorat [protɛkto'ra:t] <-[e]s, -e> *nt* ❶ POL protectorat *m*
❷ *geh (Schirmherrschaft)* protection *f*
Protest [pro'tɛst] <-[e]s, -e> *m* ❶ protestation *f*; **~ gegen etw erheben** protester contre qc; **aus ~** en signe de protestation; **unter ~** en protestant
❷ FIN protêt *m*
Protestaktion *f* [campagne *f* de] protestation *f*
Protestant(in) [protɛs'tant] <-en, -en> *m(f)* protestant(e) *m(f)*
protestantisch I. *Adj* protestant(e)
II. *Adv* trauen, beerdigen selon le rite protestant; *erziehen* dans la foi protestante
Protestantismus <-> *m* protestantisme *m*
protestieren* *itr V* a. FIN protester; **gegen etw ~** protester contre qc; **dagegen ~, dass** protester contre le fait que + *subj*
Protestkundgebung *f* manifestation *f* de protestation **Protestmarsch** *m* marche *f* de protestation **Protestnote** *f* POL, JUR note *f* de protestation **Protestschreiben** *nt* lettre *f* de protestation **Protestversammlung** *f* SOZIOL, POL rassemblement *m* de protestation **Protestwahl** *f* vote *m* de contestation **Protestwähler(in)** *m(f)* électeur(-trice) *m(f)* protestataire **Protestwelle** *f* vague *f* de protestation
Prothese [pro'te:zə] <-, -n> *f* ❶ *(Ersatzgliedmaße)* prothèse *f*
❷ *(Zahnersatz)* dentier *m*
Protokoll [proto'kɔl] <-s, -e> *nt* ❶ *(Niederschrift)* protocole *m*; *(Sitzungsprotokoll)* compte *m* rendu; **bei einer Besprechung** [das] **~ führen** rédiger le procès-verbal d'une réunion

❷ *(Vernehmungsprotokoll)* procès-verbal *m*; **etw zu ~ nehmen** enregistrer qc; **etw bei jdm zu ~ geben** faire une déposition auprès de qn sur qc
❸ *kein Pl (diplomatisches Zeremoniell)* protocole *m*
❹ DIAL *(Strafzettel)* p.-v. *m (fam)*
Protokollant(in) *s.* **Protokollführer(in)**
protokollarisch [protokɔ'la:rɪʃ] I. *Adj* ❶ *Aussage* dûment enregistré(e)
❷ *(dem Protokoll entsprechend) Ehren* protocolaire
II. *Adv* **etw ~ dokumentieren** [*o* **festhalten**] consigner qc au procès-verbal
Protokollführer(in) *m(f)* secrétaire *mf* de séance; JUR greffier(-ière) *m(f)*
protokollieren* I. *tr V* enregistrer *Zeugenaussage*; **eine Besprechung ~** rédiger un procès-verbal de séance
II. *itr V* établir le procès-verbal
Proton ['pro:tɔn, *Pl:* pro'to:nən] <-s, Protonen> *nt* PHYS proton *m*
Protoplasma [proto'plasma] *nt* BIO protoplasme *m*; **~ findet sich in allen Zellen** le protoplasme se trouve dans toutes les cellules
Prototyp ['pro:toty:p] *m* ❶ prototype *m*
❷ *fig* **der ~ einer Karrierefrau** le type même de la carriériste
Protozoon [proto'tso:ɔn] <-s, Protozoen *o* Protozoa> *nt* MED protozoaire *m*
Protz [prɔts] <-es *o veraltet* -en, -e[n]> *m fam* frimeur *m (fam)*
protzen *itr V fam* **mit etw ~** frimer avec qc *(fam)*; **das Protzen** la frime *(fam)*
Protzerei <-, -en> *f fam* frime *f (fam)*
protzig *fam* I. *Adj* tape-à-l'œil
II. *Adv* pour en mettre plein la vue *(fam)*
Provenienz [-ve-] <-, -en> *f geh* provenance *f*
Proviant [provi'ant] <-s, *selten* -e> *m* provisions *fpl* [de bouche]
Provider [pro'vaɪdɐ] <-s, -> *m* INFORM fournisseur *m*
Provinz [pro'vɪnts] <-, -en> *f* ❶ *(Verwaltungsgebiet)* province *f*
❷ *kein Pl pej (rückständige Gegend)* province *f*; **das ist ja die reinste** [*o* **hinterste**] **~!** c'est vraiment le fin fond de la province!
Provinzbewohner(in) *m(f)* provincial(e) *m(f)*
provinziell [provɪn'tsjɛl] *Adj pej* provincial(e); **~ sein** *Stadt, Atmosphäre, Verhalten:* sentir la province
Provinzler(in) [pro'vɪntslɐ] <-s, -> *m(f) pej fam* provincial(e) *m(f)*
Provinzstadt *f* ville *f* de province
Provision [provi'zio:n] <-, -en> *f* commission *f*; **gegen** [*o* **auf**] **~ arbeiten** travailler à la commission; **jdm ~ gewähren** accorder une commission à qn
Provisionsbasis *f* **auf ~ arbeiten** travailler à la commission
provisorisch [provi'zo:rɪʃ] I. *Adj* provisoire; *Unterkunft* précaire
II. *Adv* provisoirement
Provisorium [provi'zo:rium] <-s, -rien> *nt geh (Einrichtung, Möbelstück)* solution *f* provisoire; *(Regelung)* mesure *f* d'urgence
provokant [provo'kant] *geh* I. *Adj* provocant(e)
II. *Adv* de manière provocante
Provokateur(in) [provoka'tø:ɐ] <-s, -e> *m(f) geh* provocateur(-trice) *m(f)*
Provokation [provoka'tsio:n] <-, -en> *f geh* provocation *f*
provokativ [provoka'ti:f] *Adj, Adv geh s.* **provokant**
provokatorisch [provoka'to:rɪʃ] *Adj geh* provocateur(-trice)
provozieren* [-vo-] I. *tr V* provoquer; **jdn ~** *Person:* provoquer qn; *Bemerkung, Verhalten:* être une façon de provoquer qn; **jdn zu etw ~** provoquer qn à qc
II. *itr V Person:* faire de la provocation; *Äußerung:* être une provocation
provozierend *s.* **provokant**
Proxyserver ['prɔksi-] *m* INFORM serveur *m* mandataire, serveur proxy
Prozedur [protse'du:ɐ] <-, -en> *f* carcan *m*
Prozent [pro'tsɛnt] <-[e]s, -e> *nt* ❶ **zehn ~** dix pour cent
❷ *(Alkoholgehalt)* degré *m* [d'alcool]
▶ **bei jdm ~e bekommen** *fam* avoir une réduc chez qn *(fam)*
Prozentpunkt *m* point *m* **Prozentrechnung** *f kein Pl* calcul *m* des pourcentages **Prozentsatz** *m* pourcentage *m* **Prozentspanne** *f* marge *f* bénéficiaire
prozentual [protsɛntu'a:l] I. *Adj* exprimé(e) en pourcentage[s]
II. *Adv* au pourcentage; *ausdrücken* en pourcentage[s]
Prozentwert *m* pourcentage *m*; **in ~en** en pourcentage[s] *mpl*
Prozess[RR] <-es, -e>, **Prozeß**[ALT] <-sses, -sse> *m* ❶ procès *m*; **jdm den ~ machen** faire un procès à qn
❷ *(Vorgang)* processus *m*
▶ **kurzen ~ machen** *fam* ne pas y aller par quatre chemins; **mit jdm/etw kurzen ~ machen** *fam* liquider qn/qc sans autre forme de procès *(fam)*
Prozessakte[RR] *f* dossier *m* du procès **Prozessgegner**[RR] *m* partie *f* adverse **Prozesshansel**[RR] <-s, -> *m fam* **er/sie ist ein ~** il/elle aime la chicane

prozessieren* *itr V* intenter un procès; **gegen jdn ~** intenter un procès à qn; **mit jdm um etw ~** être en procès avec qn pour qc
Prozession [prɔtsɛˈsioːn] <-, -en> *f* procession *f*
Prozesskostenᴿᴿ *Pl* frais *mpl* de justice **Prozesslawine**ᴿᴿ *f* avalanche *f* de procès
Prozessor [proˈtsɛsoːɐ] <-s, -soren> *m* INFORM processeur *m*
Prozessordnungᴿᴿ *f* code *m* de procédure **Prozesspartei**ᴿᴿ *f* partie *f* au procès **Prozessrecht**ᴿᴿ *nt* droit *m* processuel **Prozessvollmacht**ᴿᴿ *f* mandat *m* ad litem, mandat d'ester en justice
prüde *Adj* prude
Prüderie <-> *f* pruderie *f*
prüfen I. *tr V* ❶ faire passer un examen; **jdn in Chemie** *(Dat)* **~** faire passer un examen à qn en chimie; **jdn im Abitur/Examen ~** interroger qn au bac/à l'examen; **staatlich geprüft** *Krankenpfleger, Dolmetscher* diplômé(e)
❷ *(untersuchen)* vérifier *Gerät, Temperatur, Dokument;* examiner *Sachverhalt, Angaben, Antrag;* **~, ob die Suppe gesalzen ist** goûter si la soupe est salée
❸ *geh (übel mitnehmen)* **jdn hart** [*o* **schwer**] **~** éprouver qn durement *(soutenu)*
II. *itr V* **in Mathematik** *(Dat)* **~** faire passer l'examen de maths; **streng ~** être sévère à l'examen
III. *r V geh* **sich ~, ob ...** se demander si ...
Prüfer(in) <-s, -> *m(f)* ❶ examinateur(-trice) *m(f)*
❷ TECH ingénieur *mf* chargé(e) du contrôle
❸ *(Betriebsprüfer)* contrôleur(-euse) *m(f)*
Prüfgerät *nt* appareil *m* de contrôle
Prüfling <-s, -e> *m* candidat(e) *m(f)*
Prüfstand *m* banc *m* d'essai ▸ **auf dem ~ sein** passer au banc d'essai **Prüfstein** *m geh* pierre *f* de touche *(soutenu)* ▸ **ein ~ für jdn/etw sein** être la pierre de touche pour qn/qc *(soutenu)*
Prüfung <-, -en> *f* ❶ examen *m*; *(in einer Disziplin, einem Fach)* épreuve *f*; **eine ~ in etw** *(Dat)* **machen** [*o* **ablegen**] passer un examen de qc; **mündliche/schriftliche ~** examen oral/écrit; **eine ~ bestehen** réussir [à] un examen; **durch eine ~ fallen** échouer à un examen
❷ *(Führerscheinprüfung)* **theoretische ~** code *m*; **praktische ~** conduite *f*
❸ *(Untersuchung, Überprüfung) eines Sachverhalts, Anspruchs, Antrags* étude *f*; *eines Materials, Geräts, Dokuments* examen *m*; **zur ~ der Echtheit** pour vérifier l'authenticité
❹ *geh (Heimsuchung)* épreuve *f (soutenu)*
Prüfungsanforderungen *Pl* exigences *fpl* de l'examen **Prüfungsangst** *f* trac *m* **Prüfungsarbeit** *f* épreuve *f* **Prüfungsaufgabe** *f* devoir *m* d'examen **Prüfungsausschuss**ᴿᴿ *m* commission *f* de vérification [*o* d'examen] **Prüfungsergebnis** *nt* résultat *m* d'un examen [*o* de l'examen] **Prüfungskandidat(in)** *m(f)* candidat(e) *m(f)* à l'examen **Prüfungskommission** *f* jury *m* d'examen **Prüfungsordnung** *f* règlement *m* de l'examen **Prüfungsstress**ᴿᴿ [-ʃtrɛs] *m* stress *m* de l'examen **Prüfungstermin** *m* date *f* de l'examen **Prüfungsunterlagen** *Pl* documents *mpl* à présenter à l'examen
Prüfzeichen *nt* poinçon *m* de contrôle **Prüfzweck** *m meist Pl* **zu ~en** à des fins *mpl* de vérification
Prügel <-s, -> *m* ❶ *(Knüppel)* gourdin *m*
❷ *Pl (Schläge)* coups *mpl*; *(Strafe)* correction *f*; **~ austeilen** distribuer des coups; **~ bekommen** *(bestraft werden)* recevoir une correction
Prügelei <-, -en> *f fam* bagarre *f (fam)*
Prügelknabe *m* souffre-douleur *m*
prügeln I. *tr V* battre
II. *itr V* donner des coups
III. *r V* **sich mit jdm wegen etw ~** se battre avec qn à cause de qc
Prügelstrafe *f* châtiment *m* corporel
Prunk [prʊŋk] <-s> *m* luxe *m* ostentatoire
prunken *itr V geh* ❶ *(prächtig erscheinen)* étaler; **mitten im Saal ~** *Thron:* étaler son faste au centre de la salle; **über allem ~** *Krone:* trôner
❷ *(prahlen)* **mit etw ~** faire étalage de qc
Prunkstück *nt* pièce *f* de luxe **Prunksucht** *f kein Pl* goût *m* du faste **prunksüchtig** *Adj* avide de luxe **Prunkvilla** *f* villa *f* de luxe **prunkvoll I.** *Adj* somptueux(-euse) **II.** *Adv* fastueusement
prusten [ˈpruːstən] *itr V* s'ébrouer; **vor Lachen ~** pouffer de rire
PS [peːˈʔɛs] <-, -> *nt* ❶ *Abk von* **Pferdestärke** ch *m*
❷ *Abk von* **Postskript[um]** P.-S. *m*
Psalm [psalm] <-s, -en> *m* psaume *m*
Psalter [ˈpsaltɐ] <-s, -> *m* ❶ HIST, MUS psaltérion *m*
❷ REL psautier *m*
Pseudokrupp [ˈpsɔɪdokrʊp] <-s> *m* MED faux croup *m*
Pseudonym [psɔɪdoˈnyːm] <-s, -e> *nt* pseudonyme *m*
pst [pst] *Interj* chut
Psyche [ˈpsyːçə] <-, -n> *f* psyché *f*

psychedelisch [psyçeˈdeːlɪʃ] *Adj* psychédélique
Psychiater(in) [psyˈç(j)aːtɐ] <-s, -> *m(f)* psychiatre *mf*
Psychiatrie [psyç(j)aˈtriː] <-, -n> *f* ❶ *(Fachgebiet)* psychiatrie *f*
❷ *fam (Abteilung)* [service *m* de] psychiatrie *f*
psychiatrisch [psyˈç(j)aːtrɪʃ] **I.** *Adj* psychiatrique; *Abteilung* de psychiatrie
II. *Adv* **jdn ~ untersuchen/behandeln** soumettre qn à un examen/traitement psychiatrique
psychisch [ˈpsyːçɪʃ] **I.** *Adj* psychique
II. *Adv* sur le plan psychique; **~ krank** malade mental(e); **~ bedingt sein** avoir des causes psychiques; **~ gestört sein** souffrir de troubles psychiques
Psychoanalyse [psyço-] *f* psychanalyse *f* **Psychoanalytiker(in)** *m(f)* psychanalyste *mf* **psychoanalytisch** *Adj Ausbildung, Weiterbildung* en psychanalyse; *Methode, Werk* psychanalytique **Psychodrama** [ˈpsyːço-] *nt* psychodrame *m* **Psychogramm** <-gramme> *nt* profil *m* psychologique **Psycholinguistik** *f* psycholinguistique *f*
Psychologe [psyçoˈloːgə] <-n -n> *m*, **Psychologin** *f* psychologue *mf*
Psychologie [psyçoloˈgiː] <-> *f* psychologie *f*
psychologisch I. *Adj* psychologique; *Ausbildung* en psychologie
II. *Adv betrachten* psychologiquement; **~ ausgebildet sein** avoir une formation en psychologie
Psychopath(in) [psyçoˈpaːt] <-en, -en> *m(f)* psychopathe *mf*
Psychopathie [psyçopaˈtiː] <-, -n> *f* psychopathie *f*
psychopathisch I. *Adj* psychopathe
II. *Adv* **das Kind verhält sich stark ~** l'enfant a un comportement de psychopathe
Psychopharmakon [psyçoˈfarmakɔn, *Pl:* -ˈfarmaka] <-s, -pharmaka> *nt meist Pl* médicament *m* psychopharmacologique
Psychose [psyˈçoːzə] <-, -n> *f* psychose *f*
psychosomatisch [psyçozoˈmaːtɪʃ] **I.** *Adj* psychosomatique
II. *Adv* **~ bedingt sein** avoir des causes psychosomatiques
Psychoterror [ˈpsyːçotɛroːɐ] *m fam* terrorisme *m* intellectuel **Psychotherapeut(in)** [psyçoteraˈpɔɪt, ˈpsyːço-] *m(f)* MED, PSYCH psychothérapeute *mf* **Psychotherapie** *f kein Pl* psychothérapie *f*
PTT [peːteːˈteː] *Pl* CH *Abk von* **Post-, Telefon- und Telegrafenbetriebe** P.T.T. *mpl*
pubertär I. *Adj* pubertaire
II. *Adv* **~ bedingt** dû(due) à la puberté
Pubertät <-> *f* puberté *f*; **in der ~ sein** faire sa puberté
Pubertätsakne *f* acné *f* juvénile
pubertieren* *itr V geh* faire sa puberté; **~d** pubertaire
Publicity [paˈblɪsiti, pʌˈblɪsɪti] <-> *f* médiatisation *f*; **negative ~** mauvaise publicité *f*
publicityscheu [paˈblɪsiti-] *Adj* qui fuit les médias; **~ sein** fuir les médias
Public Relations [ˈpʌblɪkrɪˈleɪʃənz] *Pl* relations *fpl* publiques
Public-Relations-Abteilung [ˈpʌblɪkrɪˈleɪʃənz-] *f* service *m* relations publiques
publik [puˈbliːk] *Adj* public(-ique); **~ werden/sein** être rendu(e)/être public(-ique); **etw ~ machen** rendre qc public(-ique); **etw ~ werden lassen** divulguer qc
Publikation [publikaˈtsioːn] <-, -en> *f* publication *f*
Publikum [ˈpuːblikʊm] <-s> *nt* ❶ *(Besucher, Lesergemeinde)* public *m*
❷ *(Zuhörerschaft)* auditoire *m*
Publikumserfolg *m* succès *m* auprès du public **Publikumsliebling** *m* idole *f* du public **Publikumsmagnet** *m* personne *ou* chose qui attire les foules **Publikumsresonanz** *f* résonance *f* auprès du public **Publikumsverkehr** *m* **für den ~ geöffnet** ouvert(e) au public **publikumswirksam** *Adj* qui fait effet sur le public **Publikumswirkung** *f* effet *m* sur le public
publizieren* *tr V* publier
Publizist(in) [publiˈtsɪst] <-en, -en> *m(f)* journaliste *mf*, essayiste *mf*
Publizistik [publiˈtsɪstɪk] <-> *f* journalisme *m*, médias *mpl*
publizistisch I. *Adj* journalistique
II. *Adv* dans les médias
Publizität <-> *f* renommée *f*; **jdm zu großer ~ verhelfen** permettre à qn d'accéder à la célébrité
Puck [pʊk] <-s, -s> *m* SPORT palet *m*
Pudding [ˈpʊdɪŋ] <-s, -s> *m* pudding *m*, pouding *m*
Puddingpulver [-fɐ, -və] *nt* préparation *f* pour pudding
Pudel [ˈpuːdəl] <-s, -> *m* caniche *m*
▸ **das also ist des ~s Kern** voilà le fin mot de l'histoire; **wie ein begossener ~ dastehen** *fam* être là, l'oreille basse
Pudelmütze *f* bonnet *m* [à pompon] **pudelnackt** *Adj fam* nu(e) comme un ver *(fam)* **pudelnass**ᴿᴿ *Adj fam* trempé(e) comme une soupe; **~ sein** être trempé(e) comme une soupe *(fam)*; **~ werden** se faire saucer *(fam)* **pudelwohl** *Adj* ▸ **sich ~ fühlen** *fam* prendre son pied *(fam)*

Puder ['pu:dɐ] <-s, -> m o fam nt poudre f
Puderdose f poudrier m
pudern ['pu:dɐn] I. tr V poudrer; **sich** *(Dat)* **die Nase ~** se poudrer le nez
II. r V **sich ~** se poudrer
Puderquaste f houppette f à poudre **Puderzucker** m sucre m glace
Puff¹ [pʊf, Pl: 'pʏfə] <-[e]s, Püffe> m fam ❶ *(Stoß)* bourrade f
❷ *(Zischen)* halètement m
Puff² <-[e]s, -e> m fam *(Bordell)* bordel m *(vulg)*
Puffärmel m manche f bouffante
puffen fam I. tr V donner une bourrade à; **jdn** [o **jdm**] **in die Seite ~** donner à qn un coup/des coups dans les côtes
II. itr V *Dampflokomotive:* haleter
Puffer <-s, -> m ❶ *(Eisenbahnpuffer)* tampon m
❷ INFORM s. **Pufferspeicher**
❸ GASTR *(Reibekuchen)* galette f de pommes de terre [râpée]
Pufferspeicher m INFORM mémoire f tampon **Pufferstaat** m État m tampon **Pufferzone** f zone f tampon
Puffmais m pop-corn m
Puffmutter f pej fam maquerelle f *(pop)*; **wie eine ~ aussehen** avoir l'air d'une maquerelle
puh [pu:] *Interj* ❶ *(Ausruf des Ekels)* beurk
❷ *(Ausruf der Erschöpfung)* ouf
pulen ['pu:lən] fam I. tr V tripoter *(fam)*; **an etw** *(Dat)* **~** tripoter qc; **in etw** *(Dat)* **~** farfouiller dans qc *(fam)*
II. tr V NDEUTSCH décortiquer *Krabben;* écosser *Erbsen;* **eine Nuss aus der Schale ~** extraire une noix de sa coquille
Pulk [pʊlk] <-s, -s o selten -e> m ❶ *von Personen* cohorte f; *von Fahrzeugen* groupe m
❷ MIL détachement m; *von Flugzeugen* formation f
Pull-down-Menü [pʊl'daʊn-] nt INFORM menu m déroulant
Pulle ['pʊlə] <-, -n> f sl chopine f *(fam)*
▸ **volle ~ fahren** rouler plein pot *(fam)*
Pulli ['pʊli] <-s, -s> m fam pull m
Pullover [pʊ'lo:vɐ] <-s, -> m pull-over m
Pullunder [pʊ'lʊndɐ] <-s, -> m [pull m] débardeur m
Puls [pʊls] <-es, -e> m pouls m; **jdm den ~ fühlen** prendre le pouls de qn
Pulsader f veine f du poignet; **sich** *(Dat)* **die ~n aufschneiden** s'ouvrir les veines
pulsieren* itr V ❶ *Arterie, Schlagader:* battre; *Blut:* circuler
❷ *fig* ~**d** *Leben, Großstadt* trépidant(e)
Pulsschlag m *(Puls)* pouls m; *(einzelner Schlag)* pulsation f
Pulswärmer <-s, -> m manchon m
Pult [pʊlt] <-[e]s, -e> nt ❶ *(Dirigentenpult, Rednerpult, Schulbank)* pupitre m
❷ *(Katheder)* chaire f
Pulver ['pʊlfɐ, 'pʊlvɐ] <-s, -> nt poudre f
▸ **das ~ nicht erfunden haben** *fam* ne pas avoir inventé la poudre *(fam);* **sein ~ verschossen haben** *fam* avoir brûlé ses dernières cartouches
PulverfassRR ['pʊlfɐ-, 'pʊlvɐ-] nt HIST baril m de poudre
▸ **einem ~ gleichen** être une vraie poudrière; **auf dem** [o **einem**] **~ sitzen** être sur une poudrière
pulverig *Adj* poudreux(-euse)
pulverisieren* [-ve-] tr V pulvériser
Pulverkaffee ['pʊlfɐ-, 'pʊlvɐ-] m café m en poudre **Pulverschnee** m poudreuse f
pulvrig *Adj* s. **pulverig**
Puma ['pu:ma] <-s, -s> m puma m
Pummel ['pʊməl] <-s, -> m fam s. **Pummelchen**
Pummelchen ['pʊməlçən] <-s, -> nt fam enfant m potelé
pumm[e]lig ['pʊməlɪç] *Adj fam* dodu(e) *(fam)*
Pump [pʊmp] ▸ **auf ~** fam à crédit
Pumpe ['pʊmpə] <-, -n> f ❶ TECH pompe f
❷ fam *(Herz)* palpitant m *(fam)*
pumpen I. tr V ❶ pomper; **Wasser aus dem Keller/in einen Kanister ~** pomper de l'eau de la cave/dans un bidon
❷ fam *(leihen)* **jdm etw ~** filer qc à qn *(fam);* **sich** *(Dat)* **von jdm Geld ~** taper qn *(fam)*
❸ fam *(investieren)* **Geld in eine Firma ~** injecter de l'argent dans une entreprise
▸ **Gewichte ~** SPORT fam faire des haltères
II. itr V ❶ *Herz:* battre; *Maschine:* pomper
❷ *(eine Pumpe betätigen)* pomper
Pumpenschwengel m bras m de pompe
pumperlg[e]sund *Adj* SDEUTSCH, A *fam* en pleine santé
pumpern itr V SDEUTSCH, A *fam (pochen) Herz:* battre; **an der Tür ~** frapper à la porte
Pumpernickel ['pʊmpɐnɪkəl] <-s, -> m pain m de seigle noir
Pumphose ['pʊmp-] f pantalon m bouffant
Pumps [pœmps] <-, -> m escarpin m

Pumpstation f station f de pompage
Punk [paŋk] <-[s], -s> m ❶ *kein Pl (Musik)* punk m
❷ *(Person)* punk mf
Punker(in) ['paŋkɐ] <-s, -> m(f) punk mf
Punkrock m MUS punk rock m
Punkt [pʊŋkt] <-[e]s, -e> m ❶ *(Satzzeichen, runder Fleck, Bewertungseinheit, Detail)* point m; **nach ~en** aux points; **~ für ~** point par point; **in diesem ~** sur ce point précis; **in bestimmten ~en aux certains points; bis zu einem gewissen ~** [e] jusqu'à un certain point; **strittiger/umstrittener ~** point litigieux/contesté
❷ *(Tupfen)* pois m; **mit ~en** à pois
❸ *(Stelle)* endroit m; **ein strategisch wichtiger ~** un point stratégiquement important
❹ *(bei Zeitangaben)* **~ drei** [**Uhr**] à trois heures précises; **es ist ~ acht** [**Uhr**] il est huit heures pile
▸ **ein dunkler ~** une zone d'ombre; **der Grüne ~** le point vert [d'éco-emballage]; **der springende ~** le point essentiel; **der tote ~** le point mort; **ein wunder ~** un point sensible; **an einem ~ angelangt sein, wo ...** en être arrivé(e) à un point où ...; **etw auf den ~ bringen** en venir à l'essentiel; **es auf den ~ bringen** en venir au fait; **nun mach aber mal einen ~!** fam tu vas la boucler, oui? *(fam)*
Pünktchen <-s, -> nt *Dim von* **Punkt** ❶ petit point m
❷ *(kleiner Tupfen)* petit pois m
punkten ['pʊŋktən] I. tr V *(mit einem Punktmuster versehen)* pointiller; **ein gepunktetes Kleid** une robe à pois
II. itr V ❶ SPORT *(Punkte sammeln)* cumuler des points
❷ fig *(Eindruck machen)* marquer des points; *(sich beliebt machen)* gagner des points
Punktgewinn m SPORT point m **punktgleich** *Adj* SPORT ex æquo; **~ sein** être ex æquo
punktieren* tr V ❶ MED ponctionner
❷ *(mit Punkten versehen)* **eine Fläche ~** couvrir une surface de pointillés; **eine Linie ~** tracer une ligne en pointillé; **punktiert Fläche** couvert(e) de pointillés; **Linie** en pointillé
Punktion [pʊŋk'tsjo:n] <-, -en> f MED ponction f
pünktlich I. *Adj* ponctuel(le); **~ sein** être ponctuel(le); **um ~es Erscheinen wird gebeten** il est demandé de se présenter à l'heure
II. *Adv* à l'heure; **~ fertig sein** être prêt(e) à l'heure; *(fristgerecht)* être prêt(e) dans les temps voulus; **etw ~ auf die Minute beenden** terminer qc à la minute près; **~ um 20 Uhr anfangen** commencer à 20 heures précises
Pünktlichkeit <-> f ponctualité f
Punktrichter(in) m/f juge mf **Punktsieg** m victoire f aux points **Punktsieger(in)** m(f) vainqueur mf aux points **Punktspiel** nt SPORT match m de classement
punktuell [pʊŋktu'ɛl] I. *Adj* ponctuel(le); **~e Übereinstimmungen erzielen** se mettre d'accord sur certains points
II. *Adv* **~ vorgehen** procéder point par point
Punktwertung f système m par points **Punktzahl** f nombre m de points
Punsch [pʊnʃ] <-es, -e> m punch m
Pup [pu:p] s. **Pups**
pupen s. **pupsen**
Pupille [pu'pɪlə] <-, -n> f pupille f
Püppchen <-s, -> nt *Dim von* **Puppe** petite poupée f
Puppe ['pʊpə] <-, -n> f ❶ *(Spielzeug)* poupée f
❷ ZOOL chrysalide f
▸ **die ~n tanzen lassen** *(feiern)* faire la bringue *(fam);* *(hart durchgreifen)* mener les gens à la baguette; **bis in die ~n** fam jusqu'au petit matin; **bis in die ~n schlafen** fam faire la grasse matinée
Puppendoktor(in) m(f) fam réparateur(-trice) m(f) de poupées **Puppenhaus** nt maison f de poupée **Puppenklinik** f fam clinique f de poupées **Puppenspiel** s. **Puppentheater Puppenspieler(in)** m(f) marionnettiste mf **Puppenstube** f chambre f de poupée **Puppentheater** nt théâtre m de marionnettes **Puppenwagen** m landau m de poupée
Pups [pu:ps] <-es, -e> m fam pet m *(fam)*
pupsen itr V fam péter *(fam)*
pur [pu:ɐ] I. *Adj* ❶ *(rein)* pur(e) antéposé
❷ *(unverdünnt)* pur(e)
II. *Adv* anwenden, trinken pur(e)
Püree <-s, -s> nt purée f
pürieren* [py'ri:rən] tr V réduire en purée
Pürierstab m presse-purée m
Purismus [pu'rɪsmʊs] <-> m LING, KUNST purisme m
Purist(in) [pu'rɪst] <-en, -en> m(f) geh puriste mf
Puritaner(in) [puri'ta:nɐ] m(f) puritain(e) m(f)
puritanisch I. *Adj* puritain(e)
II. *Adv* de manière puritaine
Purpur ['pʊrpʊr] <-s> m ❶ *(Farbe)* pourpre m

② *(Stoff)* pourpre *f*
purpurfarben ['pʊrpʊr-], **purpurfarbig** *Adj* [de couleur] pourpre
Purpurmantel *m* manteau *m* de pourpre
purpurn ['pʊrpʊrn] *Adj geh s.* **purpurrot**
purpurrot ['pʊrpʊr-] *Adj* [de couleur] pourpre
Purzelbaum ['pʊrtsəl-] *m fam* galipette *f (fam)*; **einen ~ machen** [*o* **schlagen**] faire la culbute
purzeln ['pʊrtsəln] *itr V + sein* **auf die Erde ~** *Person:* tomber par terre à la renverse; **von der Bank ~** dégringoler du banc
pushen ['pʊʃən] **I.** *tr V sl* ① *(stark fördern)* faire la promo de *(fam) Produkt, Marke;* faire passer *Idee, Methode;* doper *(fam) Absatz, Auflage;* **jdn in den Vorstand ~** propulser qn à la présidence; **etw auf die Bestsellerliste ~** propulser qc sur la liste des best-sellers *(fam)*
② *(mit Drogen handeln)* dealer *(fam)*
II. *itr V sl* dealer *(fam)*
Push-up-BH ['pʊʃʔap-] *m* soutien-gorge *m* push-up [*o* amplifiorme]
Puste ['puːstə] <-> *f fam* souffle *m*; **außer ~** hors d'haleine
Pusteblume *f fam* aigrette *f* de pissenlit **Pustekuchen** ▶ |ja| **~ !** *fam* des clous!
Pustel ['pʊstəl] <-, -n> *f* pustule *f*
pusten ['puːstən] **I.** *itr V fam* ① *(blasen)* souffler
② *(keuchen)* souffler comme un phoque
II. *tr V fam* **etw vom Tisch ~** souffler sur qc pour l'enlever de la table
Pute ['puːtə] <-, -n> *f* ① *(Truthenne)* dinde *f*
② *pej fam (Frau)* bécasse *f (fam)*
Putenschnitzel *nt* escalope *f* de dinde
Puter ['puːtɐ] <-s, -> *m* dindon *m*
puterrot *Adj* cramoisi(e); **~ werden/sein** devenir/être rouge comme un coq
Putsch [pʊtʃ] <-[e]s, -e> *m* putsch *m*
putschen *itr V* organiser un putsch; **gegen jdn/etw ~** organiser un putsch contre qn/qc
Putschist(in) [pʊˈtʃɪst] <-en, -en> *m(f)* putschiste *mf*
Putschversuch *m* tentative *f* de putsch
Putte ['pʊtə] <-, -n> *f* angelot *m*, putto *m (spéc)*
Putz [pʊts] <-es, -e> *m* crépi *m*; **über/unter ~ liegen** être apparent(e)/encastré(e)
▶ **auf den ~ hauen** *fam (angeben)* se faire mousser *(fam)*; *(ausgelassen sein)* s'éclater *(fam)*
putzen ['pʊtsən] **I.** *tr V* nettoyer
II. *r V* **sich ~** *Tier:* faire sa toilette
Putzfimmel *m kein Pl pej* maniaque *mf* de la propreté; **einen ~ haben** être un/une maniaque de la propreté **Putzfrau** *f* femme *f* de ménage
putzig ['pʊtsɪç] *Adj fam* ① *(niedlich)* mignon(ne); **~ sein** *Hund, Katze:* être chou *(fam)*
② *(merkwürdig)* curieux(-euse)
Putzkolonne *f* service *m* de nettoyage, techniciens *mpl* de surface *(form)* **Putzlappen** *m* lavette *f*; *(Wischlappen)* serpillière *f* **Putzmacher(in)** <-s, -> *m(f) veraltet* modiste *mf* **Putzmann** <-männer> *m* technicien *m* de surface *(form)* **Putzmittel** *nt* produit *m* d'entretien **putzmunter** *Adj fam* frais (fraîche) comme un gardon; **~ sein** avoir la pêche *(fam)* **Putzteufel** *m fam* maniaque *mf* de la propreté **Putztuch** *nt* ① *(Poliertuch)* chiffon *m* ② *s.* **Putzlappen** **Putzwolle** *f* laine *f* de nettoyage **Putzzeug** *nt* ustensiles *mpl* de ménage **Putzzwang** *m* manie *f* de la propreté
puzzeln ['pazəln] *itr V* faire un puzzle
Puzzle ['pazəl] <-s, -s> *nt*, **Puzzlespiel** ['pazl-] *nt* puzzle *m*
PVC [peːfaʊˈtseː] <-, -s> *nt Abk von* **Polyvinylchlorid** P.V.C. *m*
Pygmäe <-n, -n> *m* Pygmée *m*
Pygmäenfrau *f* femme *f* pygmée
Pyjama [pyˈ(d)ʒaːma] <-s, -s> *m o* CH, A *nt* pyjama *m*
Pylon [pyˈloːn] <-en, -en> *m* ARCHIT pylône *m*
Pyramide [pyraˈmiːdə] <-, -> *f* ARCHIT, GEOM *a. fig* pyramide *f*
pyramidenförmig I. *Adj* pyramidal(e)
II. *Adv* en forme de pyramide
Pyrenäen *Pl* les Pyrénées *fpl*
Pyrenäenhalbinsel *f* péninsule *f* ibérique
Pyrolyse [pyroˈlyːzə] <-, -n> *f* CHEM pyrolyse *f*
Pyromane [pyroˈmaːnə] <-n, -n> *m*, **Pyromanin** *f* MED, PSYCH pyromane *mf*
Pyromanie *f kein Pl* MED, PSYCH pyromanie *f*
Pyrotechnik *f kein Pl* pyrotechnie *f* **Pyrotechniker(in)** *m(f)* artificier(-ière) *m(f)*, pyrotechnicien(ne) *m(f)* **pyrotechnisch** *Adj* pyrotechnique
Pyrrhussieg ['pʏrʊs-] *m geh* victoire *f* à la Pyrrhus
Python ['pyːtɔn] <-s, -s> *m*, **Pythonschlange** *f* python *m*

Qq

Q, q [kuː] <-, -> *nt* Q *m*/q *m*
▶ **Q wie Quelle** q comme Quintal
q CH, A *Abk von* **Zentner** q
quabbelig DIAL *s.* **wabbelig**
Quacksalber ['kvakzalbɐ] <-s, -> *m pej* charlatan *m*
Quacksalberei <-, -en> *f pej* charlatanisme *m*
Quaddel <-, -n> *f* plaque *f* [prurigineuse]
Quader ['kvaːdɐ] <-s, -> *m* ① *(Baustein)* pierre *f* de taille
② GEOM parallélépipède *m* rectangle
Quaderstein *m* pierre *f* de taille
Quadrant [kvaˈdrant] <-en, -en> *m* MATH, GEOM quart *m* de cercle
Quadrat [kvaˈdraːt] <-[e]s, -e> *nt* MATH, GEOM *(Rechteck, zweite Potenz)* carré *m*; **eine Zahl ins ~ erheben** élever au carré un nombre; **neun Meter im ~** neuf mètres carrés; **magisches ~** carré magique
quadratisch *Adj* carré(e)
Quadratkilometer *m* kilomètre *m* carré **Quadratlatschen** *Pl pej fam* péniches *fpl (fam)* **Quadratmeter** *m o nt* mètre *m* carré **Quadratschädel** *m fam* gueule *f* carrée *(fam)*
Quadratur [kvadraˈtuːɐ] <-, -en> *f* MATH quadrature *f*
▶ **die ~ des Kreises** *geh* la quadrature du cercle
Quadratwurzel *f* MATH racine *f* carrée **Quadratzahl** *f* MATH nombre *m* carré **Quadratzentimeter** *m o nt* centimètre *m* carré
quadrieren* *tr V* **etw ~** élever qc au carré
Quadriga <-, Quadrigen> *f* quadrige *m*
Quadrille <-, -n> *f* quadrille *m*
Quadrofonieᴿᴿ, **Quadrophonie** [kvadrofoˈniː] <-> *f* quadriphonie *f*
Quai [kɛ, keː] <-s, -s> *m o nt* CH quai *m*
quak *Interj* ① *(Laut eines Froschs)* coa; **der Frosch macht ~** la grenouille coasse
② *(Laut einer Ente)* coin-coin
quaken ['kvaːkən] *itr V* ① *Frosch:* coasser; *Ente:* faire coin-coin; **das Quaken** *eines Froschs* les coassements *mpl*; *einer Ente* les coin-coin *mpl*
② *fam (reden)* caqueter
quäken ['kvɛːkən] *itr V fam Kind:* brailler *(fam)*; *Kofferradio, Lautsprecher:* gueuler *(fam)*
Quäker(in) <-s, -> *m(f)* quaker(-esse) *m(f)*
Qual [kvaːl] <-, -en> *f* ① *(Mühsal)* supplice *m*
② *meist Pl (Leid)* souffrance *f*
▶ **die ~ der Wahl haben** *hum* avoir l'embarras du choix
quälen ['kvɛːlən] **I.** *tr V* ① *(misshandeln)* torturer *Person;* martyriser *Tier*
② *(belästigen, zusetzen)* **jdn ~** *Person, Gedanke, Gewissen:* tourmenter qn; *Krankheit, Symptome:* incommoder qn; *s. a.* **gequält**
II. *r V* ① *(leiden)* **sich ~** souffrir
② *(sich herumquälen)* **sich mit etw ~** se tourmenter avec qc
③ *(mühsam gehen, fahren)* **sich in die Stadt ~** se traîner péniblement en ville; **sich auf den Berg ~** escalader péniblement la montagne
quälend *Adj attr Husten* douloureux(-euse); *Schmerzen* pénible; *Gedanke, Frage* lancinant(e); *Ungewissheit* cruel(le)
Quälerei <-, -en> *f* ① *kein Pl fam (Anstrengung)* calvaire *m*; **das ist eine [einzige] ~** c'est [vraiment] [la] galère *(fam)*
② *(das Zusetzen)* harcèlement *m*
quälerisch *Adj attr* lancinant(e)
Quälgeist *m fam* enquiquineur(-euse) *m(f) (fam)*
Qualifikation [kvalifikaˈtsi̯oːn] <-, -en> *f* qualification *f*
Qualifikationsnachweis *m* justificatif *m* de qualification **Qualifikationsspiel** *nt* match *m* de qualification
qualifizieren* **I.** *r V* ① *(eine Qualifikation erwerben)* **sich ~** acquérir une qualification; **sich für eine Stelle/zum Programmierer ~** acquérir une qualification pour un emploi/pour devenir programmeur
② SPORT **sich für etw ~** se qualifier pour qc
II. *tr V* ① **jdn für eine Stelle ~** *Diplom, Ausbildung:* qualifier qn pour un emploi

❷ geh (klassifizieren) **etw als Betrug ~** qualifier qc d'escroquerie
qualifiziert Adj a. FIN qualifié(e); **für etw ~ sein** être qualifié(e) pour qc; **hoch ~** hautement qualifié(e)
Qualifizierung <-, -en> f qualification f
Qualität [kvali'tɛːt] <-, -en> f qualité f; **von hervorragender/schlechter ~ sein** être de très bonne/de mauvaise qualité
qualitativ [kvalita'tiːf] I. Adj qualitatif(-ive)
II. Adv qualitativement
Qualitätsarbeit f kein Pl travail m de qualité **Qualitätsbewusst**[RR] Adj axé(e) sur la qualité **Qualitätserzeugnis** nt produit m de première qualité **Qualitätsgarantie** f garantie f de qualité **Qualitätskontrolle** f contrôle m qualité **Qualitätsmanagement** [-mɛnɪdʒmənt] nt gestion f de la qualité **Qualitätsminderung** f ÖKON baisse f de la qualité **Qualitätssicherung** f garantie f de qualité **Qualitätsunterschied** m différence f de qualité **Qualitätsware** f marchandise f de première qualité
Qualle ['kvalə] <-, -n> f méduse f
Qualm [kvalm] <-[e]s- m [épaisse] fumée f
qualmen I. itr V ❶ Feuer, Holz, Schornstein: fumer, dégager une épaisse fumée
❷ fam (rauchen) fumer
II. tr V fam fumer; **Zigaretten ~** fumer des cigarettes
Qualmerei <-> f fam tabagisme m
qualmig Adj enfumé(e)
qualvoll ['kvaːlfɔl] I. Adj ❶ (schmerzhaft) Tod atroce
❷ (unerträglich) Augenblick, Warten terrible; Ungewissheit [très] pénible
II. Adv **sterben** dans d'atroces souffrances
Quant [kvant] <-s, -en> nt PHYS quantum m
Quäntchen[RR] <-s, -> nt once f; **ein ~ Salz/Hoffnung** une once de sel/d'espoir
Quanten ['kvantən] Pl ❶ Pl von Quant, Quantum
❷ sl (Füße) nougats mpl (pop)
Quantenmechanik f PHYS mécanique f quantique **Quantensprung** m PHYS saut m quantique **Quantentheorie** f PHYS théorie f quantique [o des quanta]
Quantität [kvanti'tɛːt] <-, -en> f quantité f
quantitativ [kvantita'tiːf] I. Adj quantitatif(-ive)
II. Adv quantitativement
Quantum ['kvantʊm] <-s, Quanten> nt geh dose f; **ihr tägliches ~ Kaffee** sa dose quotidienne de café
Quarantäne [karan'tɛːnə] <-, -n> f quarantaine f; **über jdn/etw ~ verhängen, jdn/etw unter ~ stellen** mettre qn/qc en quarantaine; **unter ~ stehen** être en quarantaine
Quarantänestation [karan'tɛːnə-] f pavillon m de quarantaine
Quargel <-, -n> m A (Handkäse) fromage m du Harz
Quark[1] [kvark] <-s> m ❶ ~ fromage m blanc
❷ fam (Unsinn) conneries fpl (fam)
▶ **das geht dich einen ~ an** c'est pas tes oignons (fam); **das interessiert mich einen ~** j'en ai rien à cirer (fam)
Quark[2] [kwɔːk] <-s, -s> nt PHYS quark m
Quarkspeise f dessert au fromage blanc
Quart [kvart] s. **Quarte**
Quarta <-, Quarten> f ❶ SCHULE, HIST troisième classe du "Gymnasium"
❷ SCHULE A (vierte Gymnasialklasse) quatrième classe du "Gymnasium"
Quartal [kvar'taːl] <-s, -e> nt trimestre m; **im ersten/letzten ~** au premier/dernier trimestre
Quartal[s]abschluss[RR] m fin f du trimestre **Quartalssäufer(in)** m(f) fam buveur m intermittent/buveuse f intermittente
quartalsweise I. Adj trimestriel(le) II. Adv trimestriellement
Quartaner(in) <-s, -> m(f) SCHULE, HIST élève de la troisième classe du „Gymnasium"
Quartär [kvar'tɛːɐ] <-s> nt GEOL quaternaire m
Quarte ['kvartə] <-, -n> f ❶ (Intervall) quarte f
❷ (Ton) sous-dominante f
Quartett [kvar'tɛt] <-[e]s, -e> nt ❶ MUS a. fig quatuor m
❷ kein Pl (Kartenspiel) ≈ jeu m des sept familles; **~ spielen** ≈ jouer aux sept familles
❸ (Satz Karten) série f de quatre
Quartettspiel nt ≈ jeu m de sept familles
Quartier [kvar'tiːɐ] <-s, -e> nt ❶ (Unterkunft) logement m; (Ferienquartier) location f; **bei jdm/in der Stadt ~ nehmen** geh s'installer chez qn/en ville
❷ CH (Stadtviertel) quartier m
Quarz [kvaːɐts] <-es, -e> m quartz m
Quarzglas nt kein Pl TECH verre m de silice pas de pl
Quarzit [kvar'tsiːt] <-s, -e> m GEOL quartzite m
Quarzuhr f horloge f à quartz; (Armbanduhr) montre f à quartz
Quasar <-s, -e> m ASTRON quasar m
quasi ['kvaːzi] Adv quasiment
Quasselei <-, -en> f fam papotage m (fam)

quasseln ['kvasəln] fam I. itr V papoter
II. tr V débiter (fam); **Blödsinn ~** débiter des conneries
Quasselstrippe f pej fam pipelette f (fam)
Quaste ['kvastə] <-, -n> f houppe f
Quästur <-, -en> f ≈ service m de comptabilité [de l'université]
Quatsch [kvatʃ] <-[e]s> m fam ❶ (dummes Gerede) conneries fpl (fam); **[so ein] ~!** n'importe quoi! (fam)
❷ (Unfug) connerie f (fam); **mach keinen ~!** ne fais pas de conneries (fam); **was soll der ~?** qu'est-ce qui te/lui... prend? (fam)
❸ (alberne Laune) **etw aus ~ tun** faire qc pour rigoler (fam)
quatschen fam I. tr V sortir (fam); **dummes Zeug ~** sortir des conneries (fam)
II. itr V ❶ (sich unterhalten) **mit jdm ~** tailler une bavette avec qn (fam)
❷ (nicht verschwiegen sein) cafarder (fam)
❸ DIAL (ein Geräusch machen) Lehm, Schlamm: clapoter; **es quatscht** ça clapote
Quatschkopf m pej fam radoteur(-euse) m(f)
Quebec [kvi'bɛk], **Québec** [ke'bɛk] <-s> nt (Stadt) Québec; (Provinz) le Québec
Québecer(in) [ke'bɛkɐ] <-s, -> m(f) Québécois(e) m(f)
Quecke ['kvɛkə] <-, -n> f chiendent m
Quecksilber ['kvɛk-] nt mercure m; **~ ist giftig** le mercure est toxique
Quecksilbersäule f colonne f de mercure; **die ~ steigt noch** le mercure monte encore **Quecksilbervergiftung** f MED intoxication f par le mercure
Quell [kvɛl] <-[e]s, -e> m poet (Quelle, Ursprung) source f
Quelle ['kvɛlə] <-, -n> f source f; **etw aus sicherer [o zuverlässiger] ~ erfahren** apprendre qc de source sûre
▶ **an der ~ sitzen** être à la source [o bien placé]
quellen ['kvɛlən] <quillt, quoll, gequollen> itr V + sein ❶ (herausfließen) couler; **aus etw ~** couler de qc
❷ (aufquellen) gonfler
Quellenangabe f indication f des sources **Quellenforschung** f kein Pl étude f de sources **Quellenmaterial** nt documentation f **Quellennachweis** s. **Quellenangabe** **Quellensteuer** f FIN retenue f à la source **Quellenstudium** nt étude f de sources
Quellgebiet nt GEOG région f de sources **Quellsprache** f LING langue f source **Quellwasser** nt eau f de source
Quendel ['kvɛndl] <-s> m BOT serpolet m, thym m sauvage
Quengelei [kvɛŋə'laɪ] <-, -en> f fam pleurnicheries fpl
quengelig Adj fam Kind pleurnicheur(-euse); **sei nicht so ~!** arrête de pleurnicher!
quengeln ['kvɛŋəln] itr V fam ❶ (weinerlich sein) pleurnicher
❷ (nörgeln) **über etw** (Akk) **~** râler à propos de qc
Quengler(in) <-s, -> m(f) fam ❶ (weinerliches Kind) pleurnicheur(-euse) m(f)
❷ (Nörgler) râleur(-euse) m(f) (fam)
quenglig s. **quengelig**
Quentchen[ALT] s. **Quäntchen**
quer [kveːɐ] Adv en travers; **sich ~ übers Bett legen** s'allonger en travers sur le lit; **~ durch den Saal/die Stadt gehen** traverser toute la salle/la ville de part en part; **~ über das Grundstück verlaufen** passer à travers le terrain; **~ zur Straße verlaufen** couper la route; **die Narbe zieht sich ~ über sein Gesicht** il a une cicatrice en travers du visage
Querachse f axe m transversal **Querbalken** m poutre f transversale
querbeet [kveːɐ'beːt] Adv fam au petit bonheur [la chance] (fam)
Querdenker(in) m(f) non-conformiste mf **querdurch** Adv fam en travers; **wir müssen ~!** il faut que nous traversions!
Quere ['kveːrə] ▶ **jdm in die ~ kommen** se mettre en travers de son/mon/... chemin
Querele [kve're:lə] <-, -n> f geh querelle f
queren tr V traverser
querfeldein [kveːɐfɛlt'ʔaɪn] Adv à travers champs
Querfeldeinlauf m cross m **Querfeldeinrennen** nt cyclo-cross m
Querflöte f flûte f traversière **Querformat** nt format m oblong; **im ~** en format oblong
quer|gehen itr V unreg + sein fig fam **jdm ~** aller de travers pour qn (fam)
quergestreift s. **gestreift**
Querkopf m pej fam tête f de mule (fam)
querköpfig Adj fam [-kœpfɪç] cabochard(e) (fam)
Querlage f MED présentation f transversale [o de l'épaule] **Querlatte** f ❶ traverse f ❷ SPORT [barre f] transversale f
quer|legen r V fig fam **sich bei etw ~** se mettre en travers de qc
Querruder nt aileron m
quer|schießen itr V unreg fig fam mettre des bâtons dans les roues (fam)
Querschiff nt transept m **Querschläger** m (Geschoss) rico-

chet *m* **Querschnitt** *m* ❶ *(Schnitt, Zeichnung)* coupe *f* transversale; ~ **durch einen Baumstamm** coupe *f* transversale d'un tronc d'arbre ❷ *(Überblick)* ~ **durch die deutsche Literatur** aperçu *m* de la littérature allemande
querschnitt[s]gelähmt *Adj* paraplégique **Querschnitt[s]gelähmte(r)** *f(m) dekl wie Adj* paraplégique *mf* **Querschnitt[s]lähmung** *f* paraplégie *f*
quer|stellen *r V fig fam* **sich bei etw** ~ se mettre en travers de qc **Querstraße** *f* rue *f* transversale; **in die zweite** ~ **rechts abbiegen** prendre la deuxième rue à droite **Querstreifen** *m* rayure *f* horizontale **Querstrich** *m* trait *m* horizontal **Quersumme** *f* somme *f* des chiffres [d'un nombre] **Quertreiber(in)** <-s, -> *m(f) pej fam* empêcheur(-euse) *m(f)* de tourner en rond
Querulant(in) [kveru'lant] <-en, -en> *m(f) geh* chicaneur(-euse) *m(f)*
Querverbindung *f* ❶ *(Verkehrsverbindung)* liaison *f* [transversale] directe ❷ *(Kontakt, Beziehung)* connexion *f* **Querverweis** *m* renvoi *m*
quetschen ['kvɛtʃən] I. *tr V* ❶ extraire; **den Saft aus einer Orange** ~ extraire le jus d'une orange; **etw in einen Koffer** ~ entasser qc dans une valise; **jdn an** [*o* **gegen**] **die Wand** ~ pousser fortement qn contre le mur
❷ *(verletzen)* **sich** *(Dat)* **einen Finger** ~ se coincer un doigt
II. *r V* ❶ *fam (sich zwängen)* **sich durch/in etw** *(Akk)* ~ se forcer un passage à travers/dans qc
❷ *(sich verletzen)* **sich** ~ se pincer
Quetschfalte *f* pli *m* creux
Quetschung <-, -en> *f (Verletzung)* contusion *f*
Queue [kø:] <-s, -s> *nt o m* queue *f*
quick *Adj bes.* NDEUTSCH dynamique
Quickie ['kwɪki] <-, -s> *m sl* petite baise *f (pop)*
quicklebendig ['kvɪklə'bɛndɪç] *Adj fam* fringant(e); ~ **sein** péter le feu *(fam)*
quieken ['kviːkən] *itr V* ❶ Ferkel, Maus: couiner *(fam)*
❷ *fig* **vor Wonne/Freude** ~ *Person:* pousser des petits cris aigus d'enchantement/de joie
quietschen ['kviːtʃən] *itr V* ❶ Bremsen, Tür: grincer; Kreide, Reifen: crisser; **mit** ~ **den Reifen** dans un crissement de pneus; **das Quietschen** *von Bremsen, Türen* le grincement; *von Kreide, Reifen* le crissement
❷ *fig* **vor Lust/Vergnügen** ~ crier d'envie/de plaisir
quietschfidel ['kviːtʃfi'deːl], **quietschvergnügt** *Adj fam* hilare; ~ **sein** bicher *(fam)*
quillt [kvɪlt] *3. Pers Präs von* **quellen**
Quinta <-, Quinten> *f* ❶ SCHULE, HIST *(zweite Gymnasialklasse)* deuxième classe du „Gymnasium"
❷ SCHULE A *(fünfte Gymnasialklasse)* cinquième classe du „Gymnasium"
Quintaner(in) <-s, -> *m(f)* SCHULE, HIST élève de la deuxième classe du „Gymnasium"
Quinte ['kvɪntə] <-, -n> *f* ❶ *(Ton)* dominante *f*
❷ *(Intervall)* quinte *f*
Quintessenz ['kvɪntɛsɛnts] *f geh* quintessence *f (soutenu)*
Quintett [kvɪn'tɛt] <-[e]s, -e> *nt* quintette *m*
Quirl [kvɪrl] <-s, -e> *m* batteur *m*
quirlen *tr V* battre *Zutaten*; **das Eigelb schaumig** ~ battre le jaune d'œuf pour obtenir une consistance mousseuse
quirlig *Adj fam* remuant(e); *Kind* turbulent(e)
quitt [kvɪt] *Adj* quitte; **mit jdm** ~ **sein** être quitte envers qn; **wir sind** ~ nous sommes quittes
Quitte ['kvɪtə] <-, -n> *f* ❶ *(Frucht)* coing *m*
❷ *(Baum)* cognassier *m*
quitte[n]gelb *Adj* jaune coing
quittieren* I. *tr V* ❶ *(durch Unterschrift bestätigen)* acquitter; donner acquit de *Betrag, Geld, Rechnung*; **jdm den Erhalt einer Lieferung** ~ confirmer à qn la réception d'une livraison
❷ *geh (beantworten)* **etw mit einem Lächeln** ~ accueillir qc avec le sourire
II. *itr V (eine Quittung ausstellen)* délivrer un reçu; *(einen Empfang bestätigen)* accuser réception
Quittung <-, -en> *f* ❶ *(Empfangsbestätigung, Zahlungsbeleg)* reçu *m*; **für etw ausstellen** délivrer un reçu à qn pour qc; **gegen** ~ contre reçu; **laut** ~ d'après le reçu
❷ *(Folge)* ~ **für etw** récompense *f* de qc
Quiz [kvɪs] <-, -> *nt* quiz *m*; *(Fernsehsendung)* jeu *m* télévisé
Quizmaster(in) ['kvɪsmaːstɐ] <-s, -> *m(f)* animateur(-trice) *m(f)* d'un jeu télévisé
quoll [kvɔl] *Imp von* **quellen**
Quorum ['kvoːrʊm] <-s> *nt geh* quorum *m*
Quote ['kvoːtə] <-, -n> *f* ❶ *(Anteil)* taux *m*; **die** ~ **der Schulabgänger ist gestiegen** le pourcentage des élèves ayant terminé leur scolarité a augmenté
❷ *(Gewinnanteil)* gain *m*
❸ *(Menge, Anzahl)* quota *m*
Quotenmann *m*, **-frau** *f fam* homme *m* imposé/femme *f* imposée par les quotas **Quotenregelung** *f* règle *f* d'attribution de postes [*o* de mandats] par fixation de quotas **Quotenrenner** <-s, -> *m* TV, RADIO *fam* succès *m* de l'audimat
Quotient [kvo'tsiɛnt] <-en, -en> *m* MATH quotient *m*
quotieren* *tr V* coter; **der Preis dieser Aktie wird mit ... Euro quotiert** cette action est cotée ... euros
Quotierung <-, -en> *f* ❶ BÖRSE cotation *f*
❷ *(Verteilung nach Quoten)* système *m* de quota[s]

R r

R, r [ɛr] *nt* R *m*/r *m*; **das R rollen** rouler les r
▶ **R wie Richard** r comme Raoul
Rabatt [ra'bat] <-[e]s, -e> *m* remise *f*; **fünf Prozent** ~ cinq pour cent de remise; **jdm** ~ **auf etw** *(Akk)* **geben** faire une remise sur qc à qn; **bei/von jdm** ~ **bekommen** obtenir une remise chez qn/de qn
Rabatte [ra'batə] <-, -n> *f* plate-bande *f*
Rabattgesetz *nt* JUR loi *f* relative aux remises sur les prix **Rabattmarke** *f* bon *m* de réduction **Rabattschlacht** *f* bataille *f* des remises
Rabatz [ra'bats] <-es> *m sl* grabuge *m*; ~ **machen** faire du grabuge *(fam)*
Rabauke [ra'baʊkə] <-n, -n> *m fam* loubard *m (fam)*
Rabbi ['rabi, *Pl:* 'rabi:s] <-[s], -s *o* Rabbinen> *m* rabbi[n] *m*
Rabbinat [rabi'naːt] <-[e]s, -e> *nt* REL rabbinat *m*
Rabbiner [ra'biːnɐ] <-s, -> *m* rabbin *m*
Rabe ['raːbə] <-n, -n> *m* corbeau *m*
▶ **schwarz wie ein** ~ [*o* **die** ~**n**] *fam (schmutzig)* noir(e) comme un ramoneur; **stehlen wie ein** ~ *fam* être un champion/une championne de la fauche *(fam)*
Rabeneltern *Pl fam* parents *mpl* dénaturés **Rabenmutter** *f fam* mère *f* dénaturée **rabenschwarz** *Adj* noir(e) comme [du] jais **Rabenvater** *m fam* père *m* dénaturé
rabiat [ra'biaːt] I. *Adj* ❶ *(grob)* brutal(e); *Art, Methode, Vorgehen* féroce; **ein** ~ **er Kerl** une brute
❷ *(aufgebracht)* ~ **werden** voir rouge
II. *Adv* brutalement; **ganz** ~ avec beaucoup de brutalité
Rache ['raxə] <-> *f* vengeance *f*; **auf** ~ **sinnen** *geh* ruminer sa vengeance; ~ **üben** *geh* se venger; **aus** ~ par vengeance
▶ **die** ~ **des kleinen Mannes** la revanche du petit [contre le gros]; ~ **ist süß** la vengeance est un plat qui se mange froid
Racheakt *m* acte *m* de vengeance **Rachedurst** *m geh* soif *f* de vengeance **Racheengel** *m geh* ange *m* vengeur **Rachegedanke** *m meist Pl* idée *f* de vengeance **Rachegefühl** *nt meist Pl* désir *m* de vengeance *pas de pl*
Rachen ['raxən] <-s, -> *m* ❶ ANAT gorge *f*
❷ ZOOL *eines Tiers* gueule *f*
▶ **den** ~ **nicht voll** [**genug**] **kriegen können** *fam* en avoir jamais assez *(fam)*; **jdm den** ~ **stopfen** *fam* calmer les appétits de qn; **jdm etw in den** ~ **werfen** [*o* **schmeißen**] *fam* filer qc à qn *(fam)*
rächen ['rɛçən] I. *tr V* venger *Person, Tat*; **etw an jdm** ~ se venger de qc sur qn
II. *r V* ❶ *(Rache nehmen)* **sich an jdm** ~ se venger de qn; **sich an jdm für etw** ~ se venger de qc sur qn
❷ *(sich nachteilig auswirken)* **sich** ~ *Leichtsinn, Versäumnis:* se payer
Rachenblütler <-s, -> *m* BOT scrofulariacée *f* **Rachenentzündung** *f* pharyngite *f* **Rachenhöhle** *f* pharynx *m* **Rachenkatarr[h]**[RR] *m* pharyngite *f* **Rachenmandel** *f* ANAT amygdale *f*
Racheplan *m* projet *m* de vengeance; **Rachepläne schmieden** tramer des projets de vengeance
Rächer(in) <-s, -> *m(f)* vengeur *m*/vengeresse *f*, justicier(-ière) *m(f)*

m(f); ~ der Enterbten *hum* défenseur *mf* des opprimés
Racheschwur *m* serment *m* de vengeance
Rachgier *f geh* soif *f* de vengeance **rachgierig** *Adj geh* vindicatif(-ive)
Rachitis [ra'xi:tɪs, *Pl:* raxi'ti:dən] <-, -tiden> *f MED* rachitisme *m*
rachitisch [ra'xi:tɪʃ] *Adj MED* du rachitisme
Rachsucht *f kein Pl* soif *f* de vengeance
rachsüchtig *Adj* vindicatif(-ive)
Racker ['rakɐ] <-s, -> *m fam* galopin *m (fam)*
rackern ['rakɐn] *itr V fam* trimer *(fam)*
Raclette ['raklɛt, ra'klɛt] <-, -s> *f*, <-s, -s> *nt* raclette *f*
rad *Abk von* radiation absorbed dosis rad
Rad [ra:t, *Pl:* 'rɛ:də] <-[e]s, Räder> *nt* ❶ *eines Fahrzeugs, Pfaus* roue *f*
❷ *(Fahrrad)* bicyclette *f*, vélo *m*; ~ fahren aller à bicyclette [*o* à vélo]; *(Radsport betreiben)* faire du vélo; ~ fahren lernen apprendre à faire du vélo; mit dem ~ fahren prendre le vélo
❸ *(Zahnrad)* rouage *m*
❹ HIST *(Foltergerät)* roue *f*
▶ das ~ der Geschichte [lässt sich nicht zurückdrehen] [on ne peut remonter] le cours de l'histoire; das fünfte ~ am Wagen *fam* la cinquième roue du carrosse; ~ fahren *pej fam* s'abaisser; unter die Räder kommen [*o* geraten] *fam* sombrer; ein ~ schlagen *Person, Pfau:* faire la roue
Radachse *f* essieu *m*
Radar [ra'da:ɐ, 'ra:da:ɐ] <-s> *m o nt* ❶ *(Funkmesstechnik)* [système *m*] radar *m*
❷ *(Radargerät)* radar *m*
❸ *(Radarschirm)* écran *m* radar
Radaranlage *f* radar *m* **Radarfalle** *f fam* contrôle-radar *m*; in eine ~ geraten être pris(e) par un radar *(fam)* **Radargerät** *nt* radar *m* **Radarkontrolle** *f* contrôle-radar *m* **Radarnetz** *nt* réseau *m* radar **Radarschirm** *m* écran *m* radar **Radarstation** *f* MIL, AVIAT station *f* radar **Radarsteuerung** *f* guidage *m* au [*o* par] radar **Radartechnik** *f* technique *f* [du] radar **Radartechniker(in)** *m(f)* radariste *mf* **Radarwagen** *m* TECH voiture *f* radar
Radau [ra'dau] <-s> *m fam* raffut *m (fam)*; ~ machen faire du raffut *(fam)*
Radaubruder *m fam* chahuteur(-euse) *m(f)*
Radaufhängung *f* AUT suspension *f*
Rädchen ['rɛ:tçən] <-s, -> *nt Dim von* Rad ❶ *eines Feuerzeugs* molette *f*
❷ *(Zahnrad)* rouage *m*
❸ *(Gerät zum Ausradeln)* roulette *f*
❹ *(Rändelschraube)* vis *f* moletée
▶ nur ein ~ im Getriebe sein n'être qu'un rouage [parmi d'autres rouages]
Raddampfer *m* bateau *m* à aubes
radebrechen ['ra:dəbrɛçən] *tr, itr V* baragouiner *(fam)*; Deutsch/Englisch ~ baragouiner l'allemand/l'anglais *(fam)*
radeln ['ra:dəln] *itr V + sein fam* faire du vélo; zum Bäcker/in die Stadt ~ aller à vélo chez le boulanger/en ville; rund um den Bodensee ~ faire le tour du lac de Constance à vélo
Rädelsführer(in) ['rɛ:dəls-] *m(f)* meneur(-euse) *m(f)*
rädern ['rɛ:dɐn] *tr V* HIST rouer; gerädert werden être roué(e); *s. a.* gerädert
Räderwerk *nt* rouages *mpl*
rad|fahren^ALT *s.* Rad ❷, ❺, ▶
Radfahrer(in) *m(f)* ❶ cycliste *mf* ❷ *pej fam (unterwürfiger Mensch)* lèche-botte *mf (fam)* **Radfahrweg** *s.* Radweg **Radfelge** *f* AUT jante *f* **Radgabel** *f* fourche *f*
Radi ['ra:di] <-s, -> *m* SDEUTSCH, A radis *m*
radial [radi'a:l] I. *Adj* radial(e)
II. *Adv* verlaufen, angelegt sein en rayons; wirken en rayonnant
Radialreifen *m* AUT pneu *f* à carcasse radiale
Radiator [radi'a:to:ɐ] <-s, -toren> *m* radiateur *m*
Radicchio [ra'dɪkio] <-s> *m* trévise *f*
radieren* *tr, itr V* ❶ gommer
❷ KUNST graver sur métal; *(ätzen)* graver à l'eau-forte; radierte Landschaften des eaux-fortes *fpl* de paysages
Radierer *s.* Radiergummi
Radierer(in) <-s, -> *m(f)* KUNST graveur(-euse) *m(f)* [sur métal]; *(Ätzkünstler)* aquafortiste *mf*
Radiergummi *m* gomme *f*
Radierung <-, -en> *f* gravure *f* [sur métal]; *(Ätzung)* [gravure à l']eau-forte *f*
Radieschen [ra'di:sçən] <-s, -> *nt* radis *m* [rose]
▶ sich *(Dat)* die ~ von unten ansehen [*o* betrachten] *hum sl* manger les pissenlits par la racine *(fam)*
radikal [radi'ka:l] I. *Adj* ❶ POL extrémiste
❷ *(völlig) Bruch* radical(e); *Ablehnung* catégorique
❸ *(tief greifend) Forderung, Methode, Reform* radical(e)
II. *Adv* ❶ POL ~ denken [*o* gesinnt sein] avoir des idées extré-

mistes
❷ *(völlig)* radicalement; ablehnen catégoriquement
❸ *(tief greifend)* verfahren, vorgehen de façon radicale
Radikal <-s, -e> *nt* CHEM radical *m*; freie ~e radicaux libres
Radikale(r) *f(m) dekl wie Adj* extrémiste *mf*
Radikalenerlass^RR *m kein Pl* POL décret promulgué en 1972 excluant de la fonction publique tout membre d'une organisation extrémiste
radikalisieren* *tr V* radicaliser
Radikalisierung <-, -en> *f* radicalisation *f*
Radikalismus [radika'lɪsmʊs] <-> *m* extrémisme *m*
Radikalität [radikali'tɛ:t] <-> *f* radicalité *f*
Radikalkur *f* traitement *m* de choc
Radio ['ra:dio] <-s, -s> *nt o* CH, SDEUTSCH *m* radio *f*; ~ hören écouter la radio; im ~ à la radio
radioaktiv I. *Adj* radioactif(-ive); hoch ~ hautement radioactif(-ive)
II. *Adv* ~ verseucht/verstrahlt contaminé(e)/irradié(e) **Radioaktivität** [radio?aktivi'tɛ:t] *f kein Pl* radioactivité *f* **Radioantenne** ['ra:dio-] *f* antenne *f* radio **Radioapparat** *m* poste *m* de radio **Radioastronomie** *f* ASTRON radioastronomie *f* **Radiobericht** *m* reportage *m* radio[phonique] **Radiogerät** *nt* appareil *m* de radio
Radiogramm <-s, -e> *nt* radiogramme *m*
Radiologe [radio'lo:gə] <-n, -n> *m*, **Radiologin** *f* radiologue *mf*
Radiologie <-> *f* radiologie *f*
Radiologin <-, -nen> *f s.* Radiologe
Radiorecorder ['ra:dioɐkɔrdɐ] *m* radiocassette *f* **Radiosender** *m* station *f* de radio **Radiosonde** *f* TECH, METEO radiosonde *f* **Radioteleskop** *nt* ASTRON radiotélescope *m* **Radiotherapie** [radiotera'pi:] *f* MED radiothérapie *f* **Radiowecker** *m* radio-réveil *m* **Radiowelle** *f* PHYS onde *f* radioélectrique [*o* hertzienne]
Radium ['ra:diʊm] <-s> *nt* CHEM radium *m*; ~ zählt zu den Schwermetallen le radium fait partie des métaux lourds
Radius [ra:diʊs] <-, Radien> *m* rayon *m*; im ~ von drei Kilometern dans un rayon de trois kilomètres
Radkappe *f* enjoliveur *m* **Radkasten** *m* AUT joue *f* d'aile **Radkranz** *m* jante *f* **Radlager** *nt* roulement *m*
Radler ['ra:dlɐ] <-s, -> *m fam* ❶ cycliste *m*
❷ SDEUTSCH *(Getränk)* panaché *m*
Radlerhose *f* culotte *f* de cycliste
Radlerin <-, -nen> *f* cycliste *f*
Radlermaß *f* SDEUTSCH panaché *m*
Radnabe *f* moyeu *m* [de roue]
Radon ['ra:dɔn, ra'do:n] <-s> *nt* CHEM radon *m*; ~ ist ein Edelgas le radon est un gaz rare
Radrennbahn *f* vélodrome *m* **Radrennen** *nt* course *f* cycliste **Radrennfahrer(in)** *m(f)* coureur(-euse) *m(f)* cycliste **Radrennsport** *m* cyclisme *m* professionnel
rad|schlagen^ALT *s.* Rad ▶
Radsport *m* sport *m* cycliste **Radsportler(in)** *m(f)* [coureur(-euse) *m(f)*] cycliste *mf* **Radstand** *m* empattement *m* **Radtour** [-tu:ɐ] *f* randonnée *f* à bicyclette [*o* à vélo] **Radwanderung** *f* randonnée *f* à bicyclette **Radwechsel** [-ks-] *m* changement *m* de roue; einen ~ machen changer une roue **Radweg** *m* piste *f* cyclable **Rad[zier]blende** *f* enjoliveur *m*
RAF [ɛrʔa:'ʔɛf] <-> *f Abk von* Rote Armee Fraktion HIST fraction *f* armée rouge
Raffael *m* Raphaël *m*
raffen ['rafən] *tr V* ❶ *(einsammeln)* rafler *(fam)*
❷ *(an sich reißen)* etw an sich ~ s'emparer de qc
❸ *(in Falten legen)* plisser *Kleid, Stoff, Vorhang*
❹ *(kürzen)* abréger; gerafft *Form, Wiedergabe* condensé(e)
❺ *sl (begreifen)* piger *(fam)*
Raffgier *f* rapacité *f* **raffgierig** *Adj* rapace
Raffinade [rafi'na:də] <-, -n> *f* sucre *m* cristallisé
Raffination [rafina'tsio:n] <-> *f* raffinage *m*
Raffinement [rafinə'mã:] <-s, -s> *nt geh* ❶ *(Vervollkommnung)* raffinement *m*
❷ *s.* Raffinesse
Raffinerie [rafinə'ri:] <-, -n> *f* raffinerie *f*
Raffinesse [rafi'nɛsə] <-, -n> *f* ❶ *kein Pl (Durchtriebenheit)* ruse *f*
❷ *(luxuriöses Detail)* mit allen ~n [ausgestattet] hyperéquipé(e)
raffinieren* *tr V* raffiner; raffiniert werden être raffiné(e); zu etw raffiniert werden être transformé(e) par raffinage en qc
raffiniert [rafi'ni:ɐt] I. *Adj* ❶ *(durchtrieben)* rusé(e)
❷ *(ausgeklügelt) Plan, Vorgehensweise* astucieux (-euse)
❸ *(voller Raffinement) Speise, Soße* raffiné(e)
II. *Adv* ❶ *(durchtrieben)* habilement, astucieusement
❷ *(voller Raffinement)* avec recherche [*o* raffinement]
Raffiniertheit *s.* Raffinesse
Raffke ['rafkə] <-s, -s> *m fam* radin *m (fam)*
Rafting ['ra:ftɪŋ] <-s> *nt* rafting *m*
Rage ['ra:ʒə] <-> *f fam* ❶ *(Wut)* rogne *f (fam)*; jdn in ~ bringen

[*o* **versetzen**] mettre qn en rogne
❷ *(Erregung)* énervement *m*; **in der ~** dans l'énervement; **sie geriet** [*o* **kam**] **in ~ über sein Verhalten** son comportement l'a énervée
ragen ['ra:gən] *itr V* s'élever; **nach oben/in die Luft ~** s'élever en hauteur/en l'air; **aus dem Wasser ~** se dresser au-dessus de l'eau; **über das Gelände ~** dépasser du terrain
Raglanärmel ['ragla(:)n-, 'rɛglən-] *m* manche *f* raglan
Ragout [ra'gu:] <-s, -s> *nt* ragoût *m*
Ragtime ['rɛgtaɪm, 'rægtaɪm] <-[s]> *m* ragtime *m*
Rah <-, -en> *f*, **Rahe** <-, -n> *f* vergue *f*
Rahm [ra:m] <-[e]s> *m* crème *f*; **den ~ von der Milch abschöpfen** écrémer le lait
Rähmchen <-s, -> *nt Dim von* **Rahmen** [petit] cadre *m*
rahmen ['ra:mən] *tr V* encadrer
Rahmen <-s, -> *m* ❶ *eines Bilds, Fotos, Gemäldes* cadre *m*
❷ *(Türrahmen, Fensterrahmen)* encadrement *m*
❸ TECH *eines Fahrrads* cadre *m*; *eines Autos* châssis *m*
❹ *(Bereich, Zusammenhang, Atmosphäre)* cadre *m*; **im ~ des Etats** dans le cadre du budget; **im ~ der Untersuchungen** dans le cadre des analyses; **im ~ des Möglichen** dans les limites de mes/ses/... moyens; **in angemessenem/festlichem ~** dans un cadre convenable/de fête; **in kleinerem ~** en petit comité
▸ **aus dem ~ fallen**, **nicht in den ~ passen** *Person:* se singulariser; *Kleidung, Frisur, Musik:* sortir de l'ordinaire; **den ~ einer S.** *(Gen)* **sprengen**, **über den ~ einer S.** *(Gen)* **hinausgehen** sortir des limites [*o* du cadre] de qc
Rahmenabkommen *nt* convention *f* type **Rahmenbedingungen** *Pl* conditions *fpl* générales; **rechtliche/wirtschaftliche ~ conditions** juridiques/économiques générales **Rahmenentwurf** *m* plan *m* général **Rahmenerzählung** *f* LITER récit *m* d'encadrement **Rahmengesetz** *nt* loi-cadre *f* **Rahmenhandlung** *f* LITER [intrigue *f* d']encadrement *m* **Rahmenplan** *m* JUR plan-cadre *m* **Rahmenprogramm** *nt* programme *m* cadre **Rahmentarif** *m* convention *f* générale **Rahmenvertrag** *m* JUR contrat *m* cadre
Rahmkäse *m* fromage *m* à la crème **Rahmsoße** *f* sauce *f* à la crème
Rain [raɪn] <-[e]s, -e> *m* lisière *f*
räkeln ['rɛ:kəln] *s.* **rekeln**
Rakete [ra'ke:tə] <-, -n> *f* ❶ *(Flug-, Feuerwerkskörper)* fusée *f*
❷ *(Waffe)* missile *m*
Raketenabschussbasis^RR *f* MIL base *f* de lancement **Raketenabschussrampe**^RR *f* RAUM rampe *f* de lancement de fusées **Raketenabwehrgeschütz** *nt* missile *m* antimissile **Raketenabwehrsystem** *nt* MIL système *m* de défense antimissile **Raketenantrieb** *m* propulsion *f* à fusée **Raketenbasis** *f* base *f* de missiles **Raketenflugzeug** *nt* MIL avion-fusée *m* **Raketenstufe** *f* TECH étage *m* de fusée **Raketentriebwerk** *nt* propulseur *m* [à réaction] **Raketenwerfer** *m* MIL lance-missiles *m*
Rallye ['rɛli] <-, -s> *f* rallye *m*; **eine ~ fahren** faire un rallye
Rallyefahrer(in) ['rali-, 'rɛli-] *m(f)* coureur(-euse) *m(f)* de rallyes
RAM [ram] <-[s], -[s]> *nt Abk von* **Random Access Memory** INFORM RAM *f*
Rambo ['rambo] <-s, -s> *m sl* Rambo *m (fam)*
rammdösig ['ramdø:zɪç] *Adj* DIAL *fam* abruti(e) *(fam)*; **von etw ~ werden/sein** être abruti(e) par qc *(fam)*
Ramme ['ramə] <-, -n> *f (Vorrichtung zum Festrammen)* hie *f*; *(Vorrichtung zum Einrammen)* sonnette *f*
rammeln ['raməln] I. *itr V* ❶ *(sich paaren) Kaninchen, Hase:* s'accoupler
❷ *sl (koitieren)* baiser *(fam)*
II. *r V fam (sich balgen)* **sich ~** se battre
rammen ['ramən] *tr V* ❶ *(beschädigen)* heurter; emboutir *Fahrzeug*
❷ *(stoßen)* **etw in den Boden ~** enfoncer qc dans le sol; **er hat ihm die Faust in den Bauch gerammt** il lui a planté le poing dans le ventre
Rammler ['ramlɐ] <-s, -> *m* bouquin *m*
Rampe ['rampə] <-, -n> *f* ❶ *(Laderampe)* rampe *f* [de chargement]
❷ *(schräge Auffahrt)* rampe *f* d'accès
❸ *(Bühnenrand)* bord *m* de la scène, rampe *f*
Rampenlicht *nt* feux *mpl* de la rampe
▸ **im ~** [*der* **Öffentlichkeit**] **stehen** être sous les [feux des] projecteurs
ramponieren* *tr V fam* esquinter *(fam)*; **ramponiert** *Person:* vasouillard(e) *(fam)*; *Gegenstand:* en piteux état
Ramsch [ramʃ] <-[e]s> *m fam* camelote *f (fam)*
Ramschladen *m fam* bric-à-brac *m* **Ramschware** *f* marchandise *f* de fin de série, camelote *f* pas de pl *(fam)*
ran [ran] *Adv fam* [**jetzt aber**] **~!** allez[, on y va]!; **rechts ~!** mettez-vous à droite!
Rand [rant, *Pl:* 'rɛndɐ] <-[e]s, **Ränder**> *m* ❶ *eines Gefäßes, eines Grabens* bord *m*; *eines Brunnens* margelle *f*

❷ *(Begrenzung) eines Geräts, Tisches, Rahmens* [re]bord *m*; *einer Brille* bord *m*; *einer Stadt* périphérie *f*; **stell die Tasse nicht so dicht an den ~** ne mets pas la tasse si près du bord
❸ *(Stoffrand, Feldrand, Waldrand)* bordure *f*
❹ *(Grenze)* **am ~ e der Legalität/des Wahnsinns** à la limite de la légalité/folie
❺ *(unbeschriebener Teil)* marge *f*; **etw an den ~ schreiben** écrire qc dans la marge
❻ *(Schmutzrand)* [**schmutziger/dunkler**] **~** traînée *f* sale/noire
❼ *sl (Mund)* **halt den ~!** *sl* ta gueule! *(pop)*
▸ [**dunkle**] **Ränder um die Augen haben** avoir des cernes sous les yeux; **außer ~ und Band geraten/sein** se déchaîner/être déchaîné(e); **mit jdm zu ~ e kommen** faire bon ménage avec qn; **mit etw zu ~ e kommen** s'en sortir avec qc; **am ~ e** accessoirement
Randale [ran'da:lə] <-> *f sl* émeutes *fpl*; **~ machen** foutre la merde *(pop)*
randalieren* *itr V* faire du grabuge *(fam)*
Randalierer(in) <-s, -> *m(f)* casseur(-euse) *m(f)*; SPORT hooligan *m*
Randbemerkung *f* ❶ *(Bemerkung)* remarque *f* accessoire
❷ *(Randnotiz)* note *f* en marge
Rande ['randə] <-, -n> *f* CH betterave *f* rouge
Randerscheinung *f* phénomène *m* marginal **Randfigur** *f* personnage *m* secondaire; *(bei einem Verbrechen)* comparse *mf*
Randgebiet *nt* ❶ GEOG région *f* [o zone *f*] excentrée ❷ *(Sachgebiet)* domaine *m* annexe **Randgruppe** *f* groupe *m* marginal
randlos *Adj* *Brille* sans cercle
Randphänomen *nt* épiphénomène *m*
randständig [-ʃtɛndɪç] *Adj* marginal(e)
Randstein *s.* **Bordstein**
Randsteller <-s, -> *m* TYP margeur *m*
Randstreifen *m* bordure *f*; *einer Straße* accotement *m* **Randzone** *s.* **Randgebiet** ❶
rang [raŋ] *Imp von* **ringen**
Rang [raŋ, *Pl:* 'rɛŋə] <-[e]s, **Ränge**> *m* ❶ *(Stellung, Position)* position *f* [sociale], rang *m* [social]; **einen hohen/niedrigen ~ einnehmen** occuper un haut rang/un rang peu élevé; **jdm durch/mit etw den ~ streitig machen** contester la suprématie de qn grâce à qc
❷ *kein Pl (Kategorie)* valeur *f*; **ersten ~es** de premier ordre; **von hohem ~** de [grande] valeur
❸ *(Dienstgrad)* grade *m*; **Offiziere der oberen Ränge** des officiers supérieurs; **im ~ herabgestuft werden** être rétrogradé(e)
❹ *(Tabellenplatz)* place *f*; **~ drei auf der Tabelle einnehmen** prendre la troisième place du classement
❺ *(Teil eines Zuschauerraums)* balcon *m*; *(Teil eines Stadions)* gradin *m*; **vor leeren/überfüllten Rängen** devant une salle vide/ [archi]comble; *(im Stadion)* dans un stade désert/plein à craquer
▸ **alles, was ~ und Namen hat** toute la fine fleur; **zu ~ und Würden kommen** devenir quelqu'un; **jdm den ~ ablaufen** damer le pion à qn
Rangabzeichen *nt* MIL *veraltet* insigne *m* **Rangälteste(r)** *f(m) dekl wie Adj* MIL plus ancien(ne) *m(f)* dans le grade
Range ['raŋə] <-, -n> *f* DIAL polisson[ne *f*] *m*
ran|gehen ['ran-] *itr V unreg + sein fam* ❶ *(sich nähern)* se rapprocher; **an etw** *(Akk)* **~** se rapprocher de qc
❷ *(offensiv sein)* attaquer; **der geht aber ran!** il n'y va pas par quatre chemins!
Rangelei [raŋə'laɪ] <-, -en> *f fam* chamailleries *fpl (fam)*
rangeln ['raŋəln] *itr V fam* se chamailler; **mit jdm ~** se chamailler avec qn
Rangfolge *f* hiérarchie *f*; **der ~ nach** selon l'ordre hiérarchique **ranghöchste(r, s)** *Adj* MIL le plus [haut] gradé/la plus [haut] gradée **Ranghöchste(r)** *f(m) dekl wie Adj* MIL plus haut gradé(e) *m(f)*
Rangierbahnhof [rãˈʒiːɐ-, ranˈʒiːɐ-] *m* gare *f* de triage
rangieren* [rãˈʒiːrən] I. *itr V* se classer; **auf Platz drei ~** *Sportler, Mannschaft:* se classer en troisième position; **an erster/letzter Stelle ~** *Angelegenheit, Frage:* occuper la première/dernière place
II. *tr V* aiguiller *Zug, Waggon*
Rangierer(in) [rãˈʒiːrɐ, ranˈʒiːrɐ] <-s, -> *m(f)* EISENBAHN agent *m* de manœuvre
Rangiergleis [rãˈʒiːɐ-, ranˈʒiːɐ-] *nt* voie *f* de triage **Rangierlok[omotive]** *f* locotracteur *m* de manœuvre
Rangliste *f* classement *m* **rangmäßig** *Adv* sur le plan hiérarchique; MIL du point de vue du grade; **~ höher angesiedelt** plus élevé(e) en grade [*o* dans la hiérarchie] **Rangordnung** *f* hiérarchie *f* **Rangstufe** *f* échelon *m*; MIL grade *m* **Rangunterschied** *m* différence *f* hiérarchique
ran|halten *r V unreg fam* **sich ~** se magner [le train] *(fam)*
rank [raŋk] *Adj* ▸ **~ und schlank sein** être svelte
Ranke ['raŋkə] <-, -n> *f* sarment *m*; *(spiralförmig)* vrille *f*
Ränke ['rɛŋkə] *Pl veraltet geh* menées *fpl*

▶ ~ **schmieden** ourdir des intrigues *(littér)*
ranken ['raŋkən] I. *r V + haben* ❶ *sich* ~ grimper; **sich an einem Gerüst nach oben** ~ *Pflanze:* grimper le long d'un treillage
❷ *fig sich um jdn/etw* ~ *Legenden:* graviter autour de qn/qc
II. *itr V + haben o sein* **am Zaun/über die Mauer** ~ *Pflanze:* grimper le long de la clôture/au-dessus du mur
Rankengewächs *nt* plante *f* grimpante
Ränkeschmied(in) *m(f) veraltet geh* intrigant(e) *m(f)* **Ränkespiel** *nt veraltet geh* manœuvres *fpl*
Ranking ['rɛŋkɪŋ, 'ræŋkɪŋ] <-s, -s> *nt* palmarès *m*
ran|klotzen *itr V sl* se défoncer *(fam)*
ran|kommen *itr V unreg + sein fam* ❶ *(hinlangen können)* atteindre; **an etw** *(Akk)* ~ atteindre qc
❷ *(sich beschaffen können)* **an das Geld/die Papiere** ~ avoir accès à l'argent/aux papiers
❸ *(erreichen können)* **an jdn** ~ arriver à approcher qn; **niemanden an sich** *(Akk)* ~ **lassen** ne laisser personne s'approcher de soi; **man kommt an sie nicht ran** y a pas moyen de l'approcher *(fam)*
ran|lassen *tr V unreg fam* ❶ *(näherkommen lassen)* laisser s'approcher; **jdn an sich** *(Akk)* ~ laisser qn s'approcher de soi
❷ *(Intimitäten gestatten)* **jdn an sich** *(Akk)* ~ vouloir bien baiser avec qn *(fam)*
❸ *(versuchen lassen)* laisser faire
ran|machen *r V fam sich* ~ entreprendre; **sich an jdn** ~ entreprendre qn; *(in sexueller Absicht)* draguer qn *(fam)*; **sich an etw** ~ entreprendre qc
rann [ran] *Imp von* **rinnen**
rannte ['rantə] *Imp von* **rennen**
ran|schmeißen *r V unreg sl sich* ~ jouer le grand jeu; **sich an jdn** ~ jouer le grand jeu à qn
Ranunkel [ra'nuŋkəl] <-, -n> *f* renoncule *f*
Ranzen ['rantsən] <-s, -> *m* ❶ SCHULE cartable *m*
❷ *sl (Bauch)* brioche *f (fam)*; **sich** *(Dat)* **den** ~ **vollschlagen** s'en foutre plein la panse *(pop)*
▶ **jdm den** ~ **voll hauen** *veraltet fam* flanquer une raclée à qn *(fam)*
ranzig ['rantsɪç] *Adj* rance; ~ **werden** rancir
Rap [rɛp, ræp] <-> *m* MUS rap *m*
rapide I. *Adj* rapide
II. *Adv* rapidement
Rapmusik ['rɛpmjuːzɪk] *f* [musique *f*] rap *m*
Rappe ['rapə] <-n, -n> *m* moreau *m*
Rappel ['rapəl] <-s, *selten* -> *m* tocade *f*; **den** ~ **kriegen** *fam* flipper *(fam)*
rappelig *Adj fam* agité(e); ~ **werden** s'exciter; ~ **sein** être sur les nerfs
rappeln ['rapəln] *fam* I. *itr V Wecker:* sonner
II. *itr V unpers veraltet* ▶ **bei ihm/ihr rappelt's** ça tourne pas rond chez lui/elle *(fam)*
rappen ['rɛpən, 'ræpən] *itr V* rap[p]er
Rappen ['rapən] <-s, -> *m* centime *m*
Rapper(in) ['rɛpɐ] <-s, -> *m(f)* rappeur(-euse) *m(f)*
rapplig *s.* **rappelig**
Rapport [ra'pɔrt] <-[e]s, -e> *m form* rapport *m*; **jdm** ~ **erstatten** faire son rapport à qn
Raps [raps] <-es, -e> *m* colza *m*
Rapsöl *nt* huile *f* de colza
Rapunzel [ra'pʊntsəl] <-, -n> *f* BOT mâche *f*
rar [raːɐ] *Adj* rare; ~ **werden** se raréfier
Rarität [rari'tɛːt] <-, -en> *f* rareté *f*; **eine [ausgesprochene]** ~ **sein** être [extrêmement] rare
Raritätenkabinett *nt* magasin *m* de curiosités
rar|machen *r V sich* ~ se faire rare
rasant [ra'zant] I. *Adj Fahrer, Fahrzeug* rapide; *Tempo* infernal(e); *Beschleunigung* foudroyant(e); *Entwicklung, Fortschritt, Tempo* fulgurant(e); **in** ~ **er Fahrt** à un train d'enfer
II. *Adv (schnell)* à toute vitesse; ~ **beschleunigen** avoir des accélérations foudroyantes; **fahr nicht so** ~! ne roule pas si vite!
❷ *(stürmisch)* de façon fulgurante
Rasanz [ra'zants] <-> *f* rapidité *f*
rasch [raʃ] I. *Adj* rapide
II. *Adv* vite
rascheln ['raʃəln] *itr V Papier, Stroh:* faire entendre un froissement; *Laub:* frémir; **mit der Zeitung** ~ froisser le journal; **was raschelt da so?** quel est ce froissement?; **das Rascheln** *von Papier, Stroh* le froissement; *von Laub* le bruissement
rasen ['raːzən] *itr V* ❶ + *sein (schnell fahren)* rouler à toute allure; **über die Kreuzung** ~ franchir le carrefour à toute vitesse; **gegen/in etw** *(Akk)* ~ foncer dans qc; **das Rasen** la vitesse excessive
❷ + *sein (schnell vergehen) Zeit:* filer à toute allure
❸ + *haben (schnell schlagen) Herz, Puls:* battre à toute allure
❹ + *haben (toben)* être déchaîné(e); **vor Wut/Eifersucht** *(Dat)* ~ être fou(folle) de rage/jalousie

Rasen <-s, -> *m* ❶ *(Grasfläche)* gazon *m*
❷ SPORT pelouse *f*; *(beim Tennis, Hockey)* gazon *m*; **auf** ~ **spielen** jouer sur pelouse/gazon
rasend I. *Adj* ❶ *(sehr schnell) Fahrt, Geschwindigkeit* fou(folle)
❷ *(wütend) Person* furieux(-euse); *Menge, Mob* déchaîné(e); ~ **werden** enrager; **jdn mit etw** ~ **machen** mettre qn en rage avec qc
❸ *(heftig) Durst, Schmerz* atroce; *Eifersucht* exacerbé(e); *Beifall, Ovationen* frénétique; ~ **e Wut** une rage folle
II. *Adv fam* ~ **interessant** hyperintéressant(e) *(fam)*, drôlement intéressant(e) *(fam)*; **ich würde das** ~ **gern tun** j'aimerais drôlement faire ça *(fam)*; **es ist** ~ **viel zu tun** c'est dingue ce qu'il y a à faire *(fam)*
Rasende(r) *f(m) dekl wie Adj* forcené(e) *m(f)*
Rasenfläche *f* pelouse *f* **Rasenmäher** <-s, -> *m* tondeuse *f* [à gazon] **Rasenplatz** *m* terrain *m* gazonné; *(Tennisplatz)* court *m* en gazon **Rasensprenger** <-s, -> *m* arroseur *m*
Raser(in) <-s, -> *m(f) fam* chauffard *m (fam)*
Raserei <-, -en> *f* ❶ *(schnelles Fahren)* vitesse *f* excessive; **bei der ständigen** ~ avec ces excès de vitesse constants
❷ *kein Pl (Wutanfall)* fureur *f*; **jdn zur** ~ **bringen** mettre qn en rage
Rasierapparat *m (Elektro-/Nassrasierer)* rasoir *m* [électrique/mécanique] **Rasiercreme** *f* crème *f* à raser
rasieren* I. *tr V* raser; **sich** ~ **lassen** se faire faire la barbe, se faire raser; *(Dat)* **die Beine** ~ se raser les jambes; **soll ich Ihnen den Nacken** ~? voulez-vous que je vous rase la nuque?; **glatt rasiert** rasé(e) de près; **das Rasieren** le rasage; **sich beim Rasieren schneiden** se couper en se rasant
II. *r V sich* ~ se raser; **sich nass/elektrisch** ~ utiliser un rasoir mécanique/électrique
Rasierer <-s, -> *m fam (Elektrorasierer)* rasoir *m*
Rasierklinge *f* lame *f* de rasoir **Rasiermesser** *nt* rasoir *m* [à main] **Rasierpinsel** *m* blaireau *m* **Rasierschaum** *m* mousse *f* à raser **Rasierseife** *f* savon *m* à barbe **Rasierwasser** *nt* [lotion *f*] après-rasage *m* **Rasierzeug** *nt* nécessaire *m* de rasage
Räson [rɛ'zɔn, rɛ'zõː] ▶ **jdn zur** ~ **bringen** ramener [*o* faire revenir] qn à la raison; ~ **annehmen** *veraltet* entendre raison
Raspel ['raspəl] <-, -n> *f* râpe *f*
raspeln ['raspəln] *tr V* râper
raß *Adj*, **räß** *Adj* SDEUTSCH, CH, A ❶ *(scharf) Speise* relevé(e); *Käse* fort(e); *Most* acide
❷ *(resolut) Frau* revêche
Rasse ['rasə] <-, -n> *f* race *f*
▶ ~ **haben** *fam* être racé(e)
Rassehund *m* chien *m* de race
Rassel ['rasəl] <-, -n> *f* ❶ *(Babyspielzeug)* hochet *m*
❷ *(Instrument)* maracas *mpl*
Rasselbande *f fam* bande *f* de galopins *(fam)*
rasseln ['rasəln] *itr V* ❶ + *haben Schlüssel, Kette:* cliqueter; **mit den Schlüsseln/Ketten** ~ faire cliqueter les clefs/chaînes; **das Rasseln** le cliquetis
❷ + *sein fam (fallen)* **durch die Prüfung** ~ louper l'examen *(fam)*
Rassendiskriminierung *f* discrimination *f* raciale **Rassenfrage** *f* question *f* raciale **Rassenhass**[RR] *m pej* haine *f* raciale **Rassenhetze** *f pej* incitation *f* à la haine raciale **Rassenkonflikt** *m* conflit *m* racial **Rassenkunde** *f* NS science *f* des races **Rassenmerkmal** *nt* signe *m* distinctif *m* d'une race **Rassenmischung** *f* métissage *m*; *(Mischung von Tierrassen)* croisement *m* **Rassentrennung** *f kein Pl* ségrégation *f* raciale **Rassenunruhen** *Pl* émeutes *fpl* raciales **Rassenvorurteil** *nt* préjugé *m* racial **Rassenwahn** *m pej* hystérie *f* raciste
rasserein ['rasərain] *s.* **reinrassig**
rassig *Adj Person* racé(e); *Wein* qui a du corps
rassisch *Adj* racial(e)
Rassismus [ra'sɪsmʊs] <-> *m* racisme *m*
Rassist(in) [ra'sɪst] <-en, -en> *m(f)* raciste *mf*
rassistisch *Adj* raciste
Rast [rast] <-, -en> *f* pause *f*; ~ **machen** faire une halte
▶ **ohne** ~ **und Ruh** *geh* sans repos ni trêve *(soutenu)*
Raste ['rastə] <-, -n> *f* TECH cran *m*
rasten ['rastən] *itr V* faire une halte
▶ **wer rastet, der rostet** *Spr.* ≈ faute d'exercice, on se rouille; **nicht** ~ **und nicht ruhen, bis ...** *geh* n'avoir de cesse que... + *subj (littér)*
Raster[1] ['rastɐ] <-s, -> *m* TYP ❶ *(Glasplatte, Folie, Rasterung)* trame *f*
❷ *(Rasterfläche)* fond *m* gris
Raster[2] <-s, -> *nt* ❶ TV trame *f*
❷ *geh (Denkkategorie)* schéma *m*
Rasterfahndung *f* recherche *f* systématique [par fichiers informatisés] **Rastermikroskop** *nt* TECH microscope *m* à balayage électronique **Rasterpunkt** *m* point *m* de trame
Rasthaus, **Rasthof** *s.* **Raststätte**

rastlos I. *Adj* ❶ *(unermüdlich)* sans relâche ❷ *(unruhig) Person* agité(e); *Leben* mouvementé(e) II. *Adv* inlassablement
Rastlosigkeit <-> *f* ❶ *(Unermüdlichkeit)* activité *f* inlassable ❷ *(Unrast)* agitation *f* [fébrile]
Rastplatz *m* aire *f* de repos équipée   **Raststätte** *f* restoroute® *m*
Rasur [ra'zu:ɐ] <-, -en> *f* rasage *m*
Rat[1] [ra:t] <-[e]s> *m* conseil *m*; **jdn um ~ fragen, sich** *(Dat)* **bei jdm ~ holen** demander conseil à qn; **jdn/etw zu ~e ziehen** prendre conseil de qn/consulter qc; **jdm einen ~ geben** donner un conseil à qn; **jdm den ~ geben etw zu tun** conseiller [*o* donner le conseil] à qn de faire qc; **auf den ~ seines Bruders [hin]** sur le conseil de son frère; **entgegen seinem/ihrem ~** contre son avis; **sich** *(Dat)* **keinen ~ wissen** ne pas savoir quoi faire; **sich** *(Dat)* **keinen anderen ~ mehr wissen, als ...** ne plus voir d'autre issue [*o* solution] que de...
▶ **mit ~ und Tat** du geste et de la voix; **da ist guter ~ teuer** je ne vois pas comment faire
Rat[2] [ra:t, *Pl:* 'rɛ:tə] <-[e]s, Räte> *m* ❶ *(Person) (Stadtrat)* conseiller *m* [municipal]; *(Beamter)* ≈ fonctionnaire *m* de catégorie A ❷ *(Institution) (Stadtrat)* conseil *m* [municipal]; **im ~ sitzen** *fam* siéger au conseil [municipal]; **der Europäische ~, der ~ der Europäischen Union** le Conseil de l'Union européenne; **~ der Wirtschafts- und Finanzminister** Conseil des ministres de l'Economie et des Finances; **Großer ~** CH Grand Conseil
rät [rɛ:t] *3. Pers Präs von* **raten**
Rate ['ra:tə] <-, -n> *f (Abschlagszahlung)* traite *f*; *(Monatsrate)* mensualité *f*; **etw auf ~n kaufen** acheter qc à crédit; **etw in ~n bezahlen** [*o* **abzahlen**] payer qc par versements [*o* à tempérament]; *(monatlich)* payer qc par mensualités
raten ['ra:tən] <rät, riet, geraten> I. *tr V* ❶ *(Ratschläge geben)* conseiller; **jdm ~ etw zu tun** conseiller à qn de faire qc; **jdm zu mehr Geduld ~** conseiller à qn d'être plus patient(e); **sich** *(Dat)* **von niemandem ~ lassen** n'écouter les conseils de personne ❷ *(erraten)* deviner; **richtig/falsch ~** deviner/ne pas deviner; **rate mal!** devine [voir]! II. *tr V* ❶ *(als Ratschlag geben)* **jdm etw ~** conseiller qc à qn; *s. a.* **geraten**[2] ❷ *(erraten)* deviner; **das rätst du nie!** tu ne devineras jamais!
Ratenkauf *m* achat *m* à crédit
Ratenkauffinanzierung *f* financement *m* d'un achat à tempérament
ratenweise *Adv* par versements échelonnés; *(monatlich)* par mensualités
Ratenzahlung *f* ❶ *kein Pl (Zahlung in Raten)* paiement *m* échelonné [*o* à crédit] ❷ *(Zahlung einer Rate)* versement *m*
Räterepublik *f* HIST république *f* soviétique
Ratespiel *nt* [jeu *m* de] devinette *f*
Ratgeber <-s, -> *m* ❶ conseiller *m*; **ein schlechter** [*o* **kein guter**] **~ sein** être mauvais(e) conseiller(-ère) ❷ *(Buch)* guide *m*
Ratgeberin <-, -nen> *f* conseillère *f*
Rathaus *nt* hôtel *m* de ville; *(in kleineren Orten)* mairie *f*; **aufs ~ gehen** aller à la mairie
Ratifikation *s.* **Ratifizierung**
ratifizieren* *tr V* ratifier
Ratifizierung <-, -en> *f* ratification *f*
Rätin <-, -nen> *f* ❶ *(Stadträtin)* conseillère *f* [municipale] ❷ *(Beamtin)* ≈ fonctionnaire *f* de catégorie A
Ratio ['ra:tsio] <-> *f geh* raison *f*
Ration [ra'tsio:n] <-, -en> *f* ration *f*
▶ **eiserne ~** ration *f* de survie
rational [ratsio'na:l] *geh* I. *Adj* rationnel(le) II. *Adv* **begründen, erklären** rationnellement; **denken, entscheiden** d'une façon rationnelle
rationalisieren* I. *tr V* rationaliser *Ablauf, Fertigung* II. *itr V* prendre des mesures de rationalisation
Rationalisierung <-, -en> *f* rationalisation *f*
Rationalisierungsmaßnahme *f* mesure *f* de rationalisation
Rationalismus [ratsiona'lɪsmʊs] <-> *m a.* PHILOS rationalisme *m*; **kritischer ~** rationalisme critique
Rationalist(in) [ratsio-, -'ɪst, -nen] *m(f) geh* rationaliste *mf*
rationell [ratsio'nɛl] I. *Adj Verfahren, Methode* efficace; *Ausnutzung, Verwertung* rationnel(le) II. *Adv* d'une façon rationnelle
rationieren* *tr V* rationner
Rationierung <-, -en> *f* rationnement *m*
ratlos I. *Adj* perplexe; **völlig ~ sein** être désemparé(e) II. *Adv* avec embarras [*o* perplexité]; **~ dastehen** rester là, tout désemparé(e); **einer S.** *(Dat)* **gegenüberstehen** rester désemparé(e) devant qc
Ratlosigkeit <-> *f* perplexité *f*

Rätoromane [rɛtoro'ma:nə] <-n, -n> *m*, **Rätoromanin** *f* Rhéto-roman(e) *m(f)*
rätoromanisch [rɛtoro'ma:nɪʃ] I. *Adj* rhéto-roman(e) II. *Adv* **~ sprechen** parler rhéto-roman
Rätoromanisch <-[s]> *nt* le rhéto-roman; **auf ~** en rhéto-roman; *s. a.* **Deutsch**
Rätoromanische *nt dekl wie Adj* rhéto-roman *m*; *s. a.* **Deutsche**
ratsam ['ra:tza:m] *Adj* opportun(e); **etw für ~ halten** considérer qc comme opportun(e); **es für ~ halten etw zu tun** juger opportun de faire qc; **es ist ~, noch abzuwarten** il est indiqué de patienter encore
ratsch [ratʃ] *Interj* [s]cratch
Ratsche ['ratʃə] <-, -n> *f*, **Rätsche** ['rɛ:tʃə] <-, -n> *f* SDEUTSCH, A crécelle *f*
ratschen ['ratʃən] *itr V*, **rätschen** *itr V* ❶ *(die Ratsche drehen)* agiter une/la crécelle ❷ *fam (schwatzen)* **mit jdm ~** bavarder avec qn
Ratschlag *m* conseil *m*; **jdm einen ~ geben** [*o* **erteilen**] donner un conseil à qn; **sparen Sie sich Ihre [guten] Ratschläge!** épargnez-moi vos conseils!   **Ratschluss**[RR] *m geh* volonté *f*
Rätsel ['rɛ:tsəl] <-s, -> *nt* énigme *f*; **jdm ein ~ aufgeben** *Person:* poser une énigme à qn; **jdm ein ~ sein** *Person, Angelegenheit:* être une énigme pour qn; **vor einem ~ stehen** se trouver devant une énigme; **in ~n sprechen** parler par énigmes; **es ist ihm ein ~, wie das passieren konnte** il ne voit vraiment pas comment cela a pu arriver; **das ist des ~s Lösung!** voilà la solution de l'énigme!
Rätselecke *f* page *f* jeux
rätselhaft *Adj Person, Charakter, Lächeln* énigmatique; *Erscheinung, Umstände, Weise* mystérieux(-euse); **jdm ~ sein** être une énigme pour qn; **es ist mir ~, warum ...** pourquoi..., c'est une énigme pour moi
Rätselheft *nt* magazine *m* de jeux [d'esprit]
rätseln *itr V* chercher; **~, warum/wie ...** essayer de deviner pourquoi/comment...
Rätselraten <-s> *nt* ❶ *(das Lösen von Rätseln)* jeux *mpl* d'esprit ❷ *(das Mutmaßen)* [jeu *m* de] devinettes *fpl*
Ratsherr(in) *m(f)* conseiller(-ère) *m(f)* municipal(e)   **Ratskeller** *m* restaurant *m* de l'hôtel de ville   **Ratssitzung** *f* réunion *f* [*o* séance *f*] du conseil   **Ratsversammlung** *f* réunion *f* du conseil
Rattan ['ratan] <-s, -e> *nt* rotin *m*
Ratte ['ratə] <-, -n> *f* ❶ rat *m* ❷ *sl (gemeiner Mensch)* ordure *f* (pop)
▶ **die ~n verlassen das sinkende Schiff** *Spr.* les rats quittent le navire
Rattenfalle *f* piège *m* à rats, ratière *f*   **Rattenfänger** *m pej* enjôleur *m*   **Rattengift** *nt* mort-aux-rats *f*   **Rattenschwanz** *m* ❶ *(Schwanz einer Ratte)* queue *f* de rat ❷ *fam (unübersehbare Menge)* **ein ~ von Problemen** une flopée de difficultés *(fam)* ❸ *fam (Frisur)* queue-de-rat *f*
rattern ['ratɐn] *itr V* ❶ + *haben Gehäuse, Blechteile:* vibrer [bruyamment]; *Maschine, Kompressor:* pétarader ❷ + *sein (sich fortbewegen)* **mit dem Motorrad um die Ecke ~** tourner au coin de la rue en faisant pétarader la moto
ratzekahl ['ratsəka:l] *Adv fam* **etw ~ aufessen/leer machen** manger/vider qc jusqu'à la dernière miette
ratzen ['ratsən] *itr V* DIAL *fam* roupiller *(fam)*
rau[RR] *Adj* ❶ *Haut, Papier, Stoff, Putz* rugueux(-euse); *Lippen* râpeux(-euse); *Oberfläche* raboteux(-euse) ❷ *(heiser, entzündet) Hals, Kehle* enroué(e); *Stimme* rauque ❸ *(unwirtlich) Gegend* rude; *Klima* rigoureux(-euse) ❹ *(ohne Feingefühl) Benehmen, Sitten* fruste; *Umgangston* grossier(-ière)
Raub [raʊp] <-[e]s> *m* ❶ *(das Rauben)* vol *m* [à main armée]; *(Menschenraub)* rapt *m* ❷ *(das Geraubte)* butin *m*
▶ **ein ~ der Flammen werden** *geh* être la proie des flammes
Raubbau *m kein Pl* exploitation *f*; **~ an etw** *(Dat)* exploitation effrénée de qc, pillage *m* de qc; **mit seiner Gesundheit ~ treiben** ruiner sa santé; **mit seinen Kräften ~ treiben** se dépenser sans compter
Raubdruck *m* édition *f* pirate
Raubein[RR] *nt fam* gars *m* bourru
raubeinig[RR] *Adj fam Bursche, Kerl, Herzlichkeit* un peu bourru(e) [*o* ours]; **seine ~e Art** son air bourru
rauben ['raʊbən] I. *tr V* ❶ *(bei einem Überfall)* dérober; **jdm etw ~** dérober qc à qn ❷ *(entführen)* enlever ❸ *fig geh* **jdm die Ruhe/den Schlaf/die Zeit ~** faire perdre le calme/le sommeil/le temps à qn II. *itr V* voler à main armée
Räuber(in) ['rɔɪbɐ] <-s, -> *m(f)* brigand *m*
▶ **~ und Gendarm spielen** jouer aux gendarmes et aux voleurs

Räuberbande f bande f de brigands [o de voleurs] **Räuberhauptmann** m chef m de bande **Räuberhöhle** f repaire m de brigands; **im Zimmer sieht es aus wie in einer ~** fam cette chambre est un vrai capharnaüm
räuberisch Adj ① Überfall, Unternehmung criminel(le)
② ZOOL Tier rapace
Räuberleiter f fam [jdm] **eine ~ machen** faire la courte échelle [à qn]
Raubfisch m poisson m carnassier **Raubgier** f cupidité f **raubgierig** Adj cupide **Raubkassette** f copie f pirate d'une cassette **Raubkatze** f félin m **Raubkopie** f copie f pirate **Raubmord** m crime m crapuleux **Raubmörder(in)** m(f) assassin m; **ein ~ sein** avoir commis un crime crapuleux **Raubpressung** f reproduction f illégale de disques **Raubritter** m HIST chevalier m pillard **Raubtier** m carnassier m **Raubüberfall** m attaque f à main armée; **~ auf jdn/etw** attaque à main armée contre qn/qc; **ein ~ auf eine Bank** un hold-up d'une banque **Raubvogel** m oiseau m de proie **Raubzug** m expédition f criminelle
Rauch [raʊx] <-[e]s> m ① (Qualm) fumée f
② (Räucherkammer) fumoir m
▶ **sich in ~ auflösen** partir [o s'en aller] en fumée
Rauchabzug m hotte f **Rauchbombe** f bombe f fumigène
rauchen I. itr V Person, Schornstein, Vulkan: fumer
▶..., **dass es [nur so] rauchte** fam ... et ça a bardé (fam)
II. tr V fumer
Rauchentwicklung f dégagement m de fumée
Raucher(in) <-s, -> m(f) fumeur(-euse) m(f)
Räucheraal ['rɔɪçe-] m GASTR anguille f fumée
Raucherabteil nt compartiment m fumeurs **Raucherbein** nt artérite f tabagique [des membres inférieurs]
Räucherhering m hareng m saur
Raucherhusten m toux f des fumeurs
Räucherkammer f fumoir m **Räucherkerze** f bâtonnet m d'encens **Räucherlachs** m GASTR saumon m fumé
räuchern ['rɔɪçən] tr V fumer; **das Räuchern** le fumage; **nicht jeder Fisch eignet sich zum Räuchern** on ne peut pas fumer n'importe quel poisson
Räucherspeck m lard m fumé **Räucherstäbchen** nt bâtonnet m d'encens
Raucherzimmer nt fumoir m **Raucherzone** f coin m fumeurs **Rauchfahne** f panache m de fumée **Rauchfang** m ① (Abzugsvorrichtung) hotte f [de cheminée] ② A (Schornstein) cheminée f **Rauchfangkehrer(in)** <-s, -> m(f) A ramoneur(-euse) m(f)
Rauchfleisch nt viande f fumée **rauchfrei** Adj sans fumée; **~e Zone** zone non-fumeurs **Rauchgas** nt form fumées fpl [industrielles] **Rauchgasentschwefelungsanlage** f installation f de désulfuration des fumées [industrielles] **rauchgeschwärzt** Adj noirci(e) par la fumée **Rauchglas** nt kein Pl verre m fumé
rauchig Adj ① (verqualmt) enfumé(e)
② (nach Rauch schmeckend) fumé(e)
③ (rau) Stimme rauque
Rauchmelder <-s, -> m détecteur m de fumée **Rauchsäule** f colonne f de fumée **Rauchschwaden** m nuage m de fumée **Rauchschwalbe** f hirondelle f de cheminée **Rauchverbot** nt interdiction f de fumer **Rauchvergiftung** f intoxication f par la fumée; **eine ~ haben** être intoxiqué(e) par la fumée **Rauchverzehrer** <-s> m fumeur m **Rauchwaren** Pl form ① (Tabakwaren) articles mpl pour fumeurs ② (Pelzwaren) fourrures fpl **Rauchwolke** f nuage m de fumée **Rauchzeichen** nt signal m par fumée
Räude ['rɔɪdə] <-, -n> f gale f
räudig Adj galeux(-euse)
rauf [raʊf] s. **herauf, hinauf**
Raufasertapete^{RR} f ≈ papier m peint d'apprêt
Raufbold <-[e]s, -e> m bagarreur(-euse) m(f) (fam)
Raufe ['raʊfə] <-, -n> f râtelier m
raufen ['raʊfən] I. itr V se battre; **mit jdm ~ se battre avec qn**
II. r V **sich ~** se battre; **sich um einen Ball ~** se battre pour [avoir] un ballon
Rauferei <-, -en> f rixe f
rauflustig Adj batailleur(-euse)
rauh^{ALT} s. **rau**
Rauhbein^{ALT} s. **Raubein**
rauhbeinig^{ALT} s. **raubeinig**
Rauheit f ① (grobe Struktur) der Haut, von Papier, einer Oberfläche rugosité f; eines Stoffs rudesse f
② (Unwirtlichkeit) einer Gegend âpreté f; eines Klimas rigueur f
Rauhfasertapete^{ALT} s. **Raufasertapete**
Rauhputz^{ALT} s. **Rauputz**
Rauhreif^{ALT} s. **Raureif**
Raum [raʊm, Pl: 'rɔɪmə] <-[e]s, Räume> m ① (Zimmer) pièce f
② kein Pl (Platz) espace m; **~ für etw schaffen** faire de la place pour qc; **viel ~ einnehmen** prendre beaucoup de place; **auf engstem ~** dans un espace très réduit
③ PHYS, ASTRON espace m
④ (Gebiet) région f
▶ **im ~ [e] stehen** Frage, Problem: rester en suspens; **etw in den ~ stellen** mettre qc sur le tapis
Raumakustik f TECH acoustique f [d'une salle] **Raumanzug** m combinaison f spatiale, scaphandre m de cosmonaute **Raumaufteilung** f agencement m **Raumausstatter(in)** <-s, -> m(f) décorateur(-trice) m(f) ensemblier **Raumbedarf** m espace m nécessaire **Raumbild** nt image f stéréoscopique **Raumdeckung** f SPORT défense f de zone
räumen ['rɔɪmən] I. tr V ① (entfernen) enlever; **etw vom Tisch/aus dem Weg ~** enlever qc de la table/du passage
② (einräumen) **etw in die Kommode/das Regal ~** ranger qc dans la commode/sur les étagères
③ (freimachen) libérer Wohnung, Haus; évacuer Platz, Straße; **etw ~ lassen** faire évacuer [o dégager] qc; **geräumt werden** Lokal, Wohnblock: être évacué(e)
II. itr V DIAL (umräumen) ranger
Raumersparnis f gain m de place **Raumfähre** f navette f spatiale **Raumfahrer(in)** s. **Astronaut(in) Raumfahrt** f kein Pl navigation f spatiale
Raumfahrtbehörde f agence f spatiale **Raumfahrtmedizin** f médecine f spatiale **Raumfahrttechnik** f technique f aérospatiale **Raumfahrtzeitalter** nt ère f de l'astronautique **Raumfahrtzentrum** nt centre m spatial
Raumfahrzeug nt vaisseau m spatial
Räumfahrzeug nt engin m de déblaiement
Raumflug m vol m spatial **Raumforschung** f kein Pl recherche f spatiale pas de pl **Raumgestaltung** f agencement m intérieur **Raumgleiter** <-s, -> m navette f spatiale **Rauminhalt** m volume m **Raumkapsel** f ① (Kabine einer Raumfähre) capsule f spatiale ② s. **Raumsonde Raumklang** m son m tridimensionnel **Raumkosten** Pl coûts mpl des locaux **Raumlabor** nt laboratoire m orbital [o spatial] **Raumlehre** f géométrie f
räumlich ['rɔɪmlɪç] I. Adj ① dans l'espace; **die ~e Nähe/Entfernung** la proximité/l'éloignement m; **die ~en Gegebenheiten** la configuration des lieux; **in ~er Enge** à l'étroit
② (dreidimensional) **~es Sehen** vision f stéréoscopique
II. Adv ① **~ beschränkt/eingeengt sein** être à l'étroit
② (dreidimensional) **~ sehen** avoir une vue stéréoscopique
Räumlichkeit <-, -en> f ① Pl form locaux mpl
② kein Pl KUNST, PHOT eines Bildes, Gemäldes profondeur f
Raummangel m kein Pl manque m de place **Raummaß** nt unité f de volume **Raummeter** m o nt stère m **Raummiete** f bail m d'un/du local **Raumordnung** f aménagement m du territoire **Raumpfleger(in)** m(f) technicien(ne) m(f) de surface **Raumplanung** s. **Raumordnung Raumschiff** nt vaisseau m spatial **Raumsonde** f sonde f spatiale **raumsparend** Adj compact(e), peu encombrant(e) **Raumstation** f station f orbitale **Raumteiler** <-s, -> m meuble m de séparation **Raumtransporter** m navette f spatiale
Räumung ['rɔɪmʊŋ] <-, -en> f évacuation f
Räumungsarbeiten Pl travaux mpl de déblaiement **Räumungsbefehl** m JUR ordre m d'expulsion **Räumungsklage** f demande f d'expulsion **Räumungsverkauf** m liquidation f
Raumverschwendung f perte f perdue
raunen ['raʊnən] I. itr V geh Person: susurrer (soutenu); **das Raunen** le susurrement (soutenu)
II. tr V geh susurrer (soutenu)
raunzen ['raʊntsən] itr V A, SDEUTSCH ① (jammern) lamenter
② (nörgeln) rouspéter
Raupe ['raʊpə] <-, -n> f ① ZOOL chenille f
② (Planierraupe) bulldozer m
③ s. **Raupenkette**
Raupenfahrzeug nt véhicule m à chenilles **Raupenkette** f chenille f **Raupenschlepper** m tracteur m à chenilles
Rauputz^{RR} m crépi m **Raureif**^{RR} m kein Pl gelée f blanche
raus [raʊs] Adv fam **~ mit dir!** toi, du balai! (fam)
raus- s. a. **heraus-, hinaus-**
Rausch [raʊʃ, Pl: 'rɔɪʃə] <-[e]s, Räusche> m ① ivresse f; **sich (Dat) einen ~ antrinken** s'enivrer; **einen ~ haben** être ivre; **seinen ~ ausschlafen** cuver [son vin] (fam)
② geh (Ekstase) griserie f; **im ~ der Geschwindigkeit/der Leidenschaft** grisé(e) par la vitesse/par la passion
rauscharm Adj TELEC, RADIO à faible bruit de fond
rauschen ['raʊʃən] itr V ① **~ haben** Wind, Meer: mugir; Wasserfall, Bach: gronder; Blätter: bruire; Kassette, Lautsprecherbox: grésiller; **das Rauschen** le bruit; eines Wasserfalls le grondement sourd; einer Kassette, Lautsprecherbox le grésillement
② + sein (fließen) **in die Wanne/ins Tal ~** couler dans la baignoire/dans la vallée
③ + sein fam (gehen) **in den Saal gerauscht kommen** arriver en

trombe dans la salle *(fam)*; **aus dem Zimmer ~** quitter la pièce en trombe *(fam)*
rauschend *Adj* ❶ *(laut) Beifall* retentissant(e)
❷ *(prunkvoll)* somptueux(-euse)
rauschfrei *Adj Aufnahme* sans aucun souffle audible; **eine ~ e Wiedergabe** une restitution parfaite du son
Rauschgift *nt* drogue *f*; **~ nehmen** se droguer; *(drogensüchtig sein)* être drogué(e)
Rauschgifthandel *m* trafic *m* de drogue **Rauschgifthändler(in)** *m(f)* trafiquant(e) *m(f)* de drogue **Rauschgiftherstellung** *f* production *f* de/de la drogue **Rauschgiftkriminalität** *f* criminalité *f* liée à des affaires de drogue **Rauschgiftring** *m* réseau *m* de stupéfiants **Rauschgiftschmuggel** *m* contrebande *f* de drogue, trafic *m* illégal de stupéfiants **Rauschgiftsucht** *f* toxicomanie *f* **rauschgiftsüchtig** *Adj* toxicomane **Rauschgiftsüchtige(r)** *f(m) dekl wie Adj* toxicomane *mf*, drogué(e) *m(f)*
Rauschgold *nt* oripeau *m* **Rauschgoldengel** *m* ange *m* en cuivre
Rauschmittel *nt form* stupéfiant *m*
raus|ekeln *itr V fam* pouvoir sortir **raus|ekeln** *tr V fam* faire passer l'envie de rester; **jdn aus der Firma ~** faire passer à qn l'envie de rester dans l'entreprise *(fam)* **raus|fliegen** *itr V unreg + sein fam* ❶ *Person:* se faire virer; **aus der Firma ~** se faire virer de l'entreprise *(fam)* ❷ *(weggeworfen werden)* être bazardé(e) *(fam)*; **dieses Gerümpel fliegt raus!** ce bric-à-brac va être bazardé! *(fam)*
raus|können *itr V fam* pouvoir sortir **raus|kriegen** *tr V fam* finir par trouver *Geheimnis, Lösung*; **wie haben Sie sein Versteck rausgekriegt?** comment avez-vous fait pour trouver où il était planqué? *(fam)*; **ich würde gern ~ , wer/wo ...** j'aimerais bien savoir qui/où... **raus|müssen** *itr V fam* ❶ *(hinausgehen müssen)* **ihr müsst raus!** il faut que vous sortiez!; **der Hund muss raus!** il faut que le chien sorte! ❷ *(aufstehen müssen)* **es ist schon halb sieben, du musst/ich muss raus!** il est déjà six heures et demie, l'heure de sortir du lit!
räuspern ['rɔɪspɐn] *r V* **sich ~** se racler la gorge
raus|schmeißen *tr V unreg fam* ❶ *(entlassen)* virer; **jdn aus der Firma/Schule ~** virer qn de l'entreprise/l'école *(fam)*
❷ *(wegwerfen)* balancer *(fam)*
Rausschmeißer(in) <-s, -> *m(f) fam* videur(-euse) *m(f) (fam)*
Rausschmiss^{RR} <-es, -e>, **Rausschmiß**^{ALT} <-sses, -sse> *m fam* mise *f* à la porte; **seit seinem ~** depuis qu'il a été mis à la porte; **mit dem ~ rechnen müssen** devoir s'attendre à être viré(e) *(fam)*
Raute ['raʊtə] <-, -n> *f* losange *m*
rautenförmig *Adj* en forme de losange
Rave [reɪv] <-[s], -s> *m o nt* MUS rave *f*
Raver(in) ['reɪvɐ] <-s, -> *m(f)* MUS raveur(-euse) *m(f)*
Ravioli [ra'vio:li] *Pl* ravioli[s] *mpl*
Rayon [rɛ'jõː] <-s, -s> *m* A secteur *m*
Razzia ['ratsia, *Pl:* 'ratsiən] <-, **Razzien**> *f* descente *f* [de police]; **eine ~ veranstalten** [*o* **machen**] faire une descente
rd. *Abk von* **rund** env.
Reagens [re'a:gɛns, *Pl:* rea'gɛntsiən] <-, **Reagenzien**> *nt,* **Reagenz** [rea'gɛnts, *Pl:* rea'gɛntsiən] <-es, -ien> *nt* réactif *m*
Reagenzglas [rea'gɛnts-] *nt* éprouvette *f*
reagieren* [-'vi:-] *itr V a.* CHEM, PHYS réagir; **mit etw ~** réagir à qc
Reaktion [reak'tsio:n] <-, -en> *f a.* CHEM, PHYS réaction *f*; **ihre ~ auf das Angebot/die Vorwürfe** sa réaction face à la proposition/aux reproches
reaktionär [reaktsio'nɛːɐ] I. *Adj* réactionnaire
II. *Adv* **~ eingestellt sein** avoir des idées réactionnaires
Reaktionär(in) <-s, -e> *m(f)* réactionnaire *mf*
Reaktionsfähigkeit *f kein Pl* capacité *f* de réaction **Reaktionsgeschwindigkeit** *f* vitesse *f* de réaction **reaktionsschnell** *Adj* prompt(e); **~ sein** réagir avec promptitude **Reaktionsvermögen** *nt kein Pl* capacité *f* de réaction **Reaktionszeit** *f* temps *m* de réaction
reaktivieren* [-'vi:-] *tr V* rappeler *Person;* **sein Gedächtnis ~** faire appel à ses souvenirs
Reaktivierung <-, -en> *f einer Person* rappel *m*
Reaktor [re'akto:ɐ] <-s, -toren> *m* réacteur *m*
Reaktorblock <-blöcke> *m* réacteur *m* **Reaktorkern** *m* cœur *m* du réacteur **Reaktorunglück** *nt* accident *m* nucléaire
real [re'aːl] I. *Adj* ❶ *geh (tatsächlich)* [bien] réel(le)
❷ ÖKON *Einkommen* réel(le)
II. *Adv* ❶ *geh (tatsächlich)* réellement
❷ ÖKON en valeur réelle
Realeinkommen *nt* revenu *m* réel
Realien [re'aːliən] *Pl* ❶ *(Tatsachen)* faits *mpl*
❷ *(Sachkenntnisse)* compétences *fpl*
Realisation [realiza'tsio:n] *s.* **Realisierung**
realisierbar *Adj a.* ÖKON, FIN réalisable

Realisierbarkeit <-> *f* applicabilité *f (form)*
realisieren* *tr V* réaliser; **~ , dass** réaliser que + *indic*
Realisierung <-, *selten* en> *f* réalisation *f*
Realismus [rea'lɪsmʊs] <-> *m* réalisme *m*
Realist(in) [rea'lɪst] <-en, -en> *m(f)* réaliste *mf*
realistisch I. *Adj* réaliste
II. *Adv* ❶ *betrachten, einschätzen* avec réalisme
❷ KUNST, LITER de manière réaliste
Realität [reali'tɛːt] <-, -en> *f* ❶ réalité *f*; **~ werden** devenir réalité
❷ *Pl (Gegebenheiten)* réalités *fpl*
❸ *Pl* A *(Immobilien)* immeubles *mpl*
Realitätenhändler(in) *m(f)* A marchand(e) *m(f)* de biens
realitätsfern *Adj* peu réaliste **realitätsnah** *Adj* réaliste **Realitätssinn** *m kein Pl* sens *m* des réalités **Realitätsverlust** *m* **an ~ leiden** perdre le contact avec la réalité
Reality-TV [rɪ'ɛlititi:vi:, rɪ'ælɪtɪti:vi:] <-[s]> *nt* télé-réalité *f*
Realkanzlei *f* A *(Maklerbüro)* agence *f* immobilière **Reallohn** *m* salaire *m* réel
Realo [re'aːlo] <-s, -s> *m sl* ≈ écolo *m* pragmatique *(fam)*
Realpolitik *f* politique *f* pragmatique **Realpolitiker(in)** *m(f)* homme *m*/femme *f* politique pragmatiste **Realsatire** *f* satire *f* de la réalité **Realschulabschluss**^{RR} *m* ≈ brevet *m* des collèges **Realschule** *f* ≈ collège *m*

> **Land und Leute**
>
> En Allemagne, la **Realschule** correspond plus ou moins au collège français. Elle finit après la dixième classe avec un examen, la *Mittlere Reife*. Les élèves quittent alors l'école et suivent une formation professionnelle de trois ans.

Realschüler(in) *m(f)* ≈ collégien(ne) *m(f)* **Realwert** *m* ÖKON valeur *f* réelle
Reanimation [reʔanima'tsio:n] <-, -en> *f* réanimation *f*
reanimieren* *tr V* réanimer
Rebe ['reːbə] <-, -n> *f* vigne *f*
Rebell(in) [re'bɛl] <-en, -en> *m(f)* rebelle *mf*
rebellieren* *itr V* se rebeller; **gegen die Eltern/die Regierung ~** se rebeller contre l'autorité parentale/le gouvernement
Rebellion [rɛbɛ'lio:n] <-, -en> *f* rébellion *f*
rebellisch [re'bɛlɪʃ] *Adj* ❶ *Truppen* rebelle
❷ *geh (aufbegehrend)* insurgé(e); **alle Kollegen/die ganze Klasse ~ machen** *fam* ameuter tous les collègues/toute la classe *(fam)*
Rebensaft *m kein Pl geh* jus *m* de la treille *(soutenu)*
Rebhuhn ['rɛp-] *nt* perdrix *f* **Reblaus** ['reːplaʊs] *f* phylloxéra *m* **Rebsorte** ['reːp-] *f* cépage *m* **Rebstock** *m* pied *m* de vigne
Rebus [re'bʊs] <-, -se> *m o nt* rébus *m*
Receiver [rɪ'siːvɐ] <-s, -> *m* RADIO récepteur *m*
Rechaud [re'ʃoː] <-s, -s> *m o nt (Warmhalteplatte)* chauffe-plat *m*
rechen ['rɛçən] *tr V* SDEUTSCH ratisser
Rechen <-s, -> *m* SDEUTSCH râteau *m*
Rechenanlage ['rɛçən-] *f* INFORM calculateur *m* **Rechenart** *f* opération *f* arithmétique **Rechenaufgabe** *f (Rechenübung)* exercice *m* de calcul; *(Hausaufgabe, Rechnung)* calcul *m* **Rechenbuch** *nt* livre *m* de calcul [*o* d'arithmétique] **Rechenexempel** *nt* problème *m* d'arithmétique **Rechenfehler** *m* erreur *f* de calcul **Rechenheft** *nt* cahier *m* de maths **Rechenkapazität** *f* INFORM puissance *f* de calcul **Rechenkünstler(in)** *m(f)* génie *m* en calcul **Rechenmaschine** *f* machine *f* à calculer
Rechenschaft <-> *f* compte *m;* **~ über etw** *(Akk)* **ablegen** rendre des comptes au sujet de qc; **jdm über etw** *(Akk)* **~ schuldig sein** avoir des comptes à rendre à qn au sujet de qc; **jdn für etw zur ~ ziehen** demander des comptes à qn au sujet de qc; **ich verlange von Ihnen ~ über den Verbleib des Dokuments!** j'exige que vous me rendiez des comptes au sujet du document!
Rechenschaftsbericht *m* rapport *m* d'activité
rechenschaftspflichtig *Adj* obligé(e) de rendre compte
Rechenschieber *m* règle *f* à calcul **Rechenzentrum** *nt* centre *m* informatique
Recherche [re'ʃɛrʃə, rə'ʃɛrʃə] <-, -n> *f* recherche *f;* **~n über jdn/etw anstellen** entreprendre des recherches sur qn/qc
recherchieren* [reʃɛr'ʃiːrən] I. *itr V* faire des recherches; **in einer Angelegenheit ~** faire des recherches sur un sujet
II. *tr V* enquêter sur *Fall, Skandal*
rechnen ['rɛçnən] I. *tr V* ❶ MATH calculer *Aufgabe*
❷ *(veranschlagen)* compter; **200 Gramm pro Person ~** compter 200 grammes par personne; **zehn Stunden für die Fahrt ~** compter dix heures de trajet; **das ist zu hoch/zu niedrig gerechnet** c'est calculé trop large/trop juste; **Mehrwertsteuer nicht gerechnet** hors taxe
❸ *(einstufen)* **jdn zu den größten Begabungen ~** compter qn parmi les plus talentueux

II. *itr V* ❶ calculer; **an einer Aufgabe ~** calculer un problème; **richtig/falsch ~** calculer juste/de travers; **er ist gut im Rechnen** il est bon en calcul; **in der zweiten Stunde haben wir Rechnen** en deuxième heure on fait du calcul

❷ *(sich verlassen)* **auf jdn/etw ~** compter sur qn/qc

❸ *(erwarten)* **mit einer Antwort/Entscheidung ~** compter sur une réponse/décision; **mit Nebel ~** prévoir du brouillard; **damit ~, dass** prévoir que + *subj;* **wir haben gar nicht damit gerechnet, dass du kommst** nous n'avons pas du tout prévu que tu viendrais

❹ *fam (haushalten)* **~ können** savoir compter *(fam)*
III. *r V* **sich ~** être rentable

Rechner <-s, -> *m* ❶ calculateur *m;* **ein guter/schlechter ~ sein** être bon/mauvais en calcul; **er ist ein kühler ~** il est un froid calculateur

❷ *(Computer)* ordinateur *m*
rechnergesteuert *Adj* informatisé(e)
Rechnerin <-, -nen> *f* calculatrice *f*
rechnerisch I. *Adj* arithmétique, mathématique
II. *Adv* mathématiquement; **rein ~ [gesehen]** ... d'un point de vue purement mathématique...
Rechnerleistung *f* capacité *f* [de l'ordinateur/des ordinateurs]
rechnerunterstützt *Adj* assisté(e) par ordinateur
Rechnung <-, -en> *f* ❶ facture *f; (im Restaurant, Café)* addition *f; (im Hotel)* note *f* [de frais]; **jdm etw in ~ stellen** facturer qc à qn; **jdm etw auf die ~ setzen** mettre qc sur le compte de qn; **auf Ihre ~** à votre charge; **setzen Sie das bitte auf die ~!** rajoutez-le/rajoutez-la sur l'addition!; **etw auf ~ liefern** livrer qc sur facture; **auf [o für] eigene ~ arbeiten** travailler à son [o pour son propre] compte; **auf eigene ~ handeln** JUR agir pour son propre compte; **laut ~** suivant facturation

❷ *(das Rechnen)* calcul *m;* **die ~ stimmt nicht/stimmt** le compte n'est pas bon/est bon

▶ **jd hat die ~ ohne den Wirt gemacht** *fam* qn·n'a pas fait le bon calcul *(fam);* **mit jdm eine [alte] ~ zu begleichen haben** avoir un [vieux] compte à régler avec qn; **etw geht auf jds ~** *(Akk) (wird bezahlt)* qn prend qc à son compte; *(ist zu verantworten)* qc est à mettre sur le compte de qn; **das Essen geht auf meine ~, einverstanden?** c'est moi qui invite, d'accord?; **seine ~ geht auf/geht nicht auf** il a bien/mal calculé son coup; **bei etw auf seine ~ kommen** y trouver son compte; **jdm die ~ für etw präsentieren** faire payer à qn; **einer S.** *(Dat)* **~ tragen** *form Person:* accorder à qc le prix qu'il/qu'elle mérite; *Urteil:* tenir compte de qc
Rechnungsabschluss^RR *m* ÖKON clôture *f* des comptes **Rechnungsbetrag** *m* montant *m* [de la facture] **Rechnungsbuch** *nt* livre *m* de comptes **Rechnungsdatum** *nt* date *f* de facturation **Rechnungsführer(in)** *m(f)* [agent *m*] comptable *mf* **Rechnungsführung** *f kein Pl* gestion *f* comptable, comptabilité *f* **Rechnungshof** *m* ≈ Cour *f* des comptes; **der Europäische ~** la Cour des Comptes Européenne **Rechnungsjahr** *nt* exercice *m* comptable **Rechnungsprüfer(in)** *m(f)* ÖKON commissaire *mf* aux comptes **Rechnungsprüfung** *f* vérification *f* des comptes; **betriebliche ~** audit *m* interne **Rechnungswesen** *nt kein Pl* comptabilité *f*
recht [rɛçt] I. *Adj* ❶ *(passend) Ort* bon(ne); *Augenblick, Moment* opportun(e)

❷ *(richtig)* **ganz ~!** très juste!; **etwas Rechtes lernen** apprendre quelque chose de solide; **dieser Beruf ist nichts Rechtes** ce n'est pas un métier sérieux

❸ *(echt)* **ich habe keine ~e Lust** je n'ai pas vraiment envie; **es wollte sich keine ~e Freude einstellen** il y avait une ombre au tableau

❹ *(angenehm)* **jdm ~ sein** convenir à qn; **es ist mir ~, dass** ça m'arrange que + *subj;* **ist es Ihnen ~, wenn ...?** ça ne vous dérange pas si... + *indic?*; **ist dir das [so] ~?** ça te va [comme ça]?; **ist schon ~!** c'est bon! *(fam);* **das soll mir/uns ~ sein** j'aime/nous aimons autant

▶ **es ist nur [o nicht mehr als] ~ und billig** c'est la moindre des choses; **was dem einen ~ ist, ist dem andern billig** *Spr.* ≈ il ne peut pas y avoir deux poids, deux mesures; **alles, was ~ ist** *(Ausdruck der Verärgerung)* vous pouvez dire ce que vous voulez; *(Ausdruck der Anerkennung)* il faut dire ce qui est *(fam);* **nach dem Rechten sehen** [*o* **schauen**] vérifier que tout va bien

II. *Adv* ❶ *(richtig)* **nicht so ~** pas vraiment; **ich weiß nicht ~** je ne sais pas trop; **ich glaube, ich sehe/höre nicht ~?** je n'ai pas dû bien voir/entendre?

❷ *(ziemlich)* assez; **~ viel** pas mal

▶ **das geschieht ihm/ihr ~!** il/elle l'a bien mérité!; c'est bien fait pour lui/elle!; **du kommst mir gerade ~!** *iron* tu tombes à pic, toi! *(iron);* **das kommt mir gerade ~!** *fam* ça tombe bien! *(fam);* **man kann ihr nichts ~ machen** elle n'est jamais contente de ce qu'on fait; **man kann es nicht allen ~ machen** on ne peut pas contenter tout le monde [et son père!] *(fam);* **jetzt** [*o* **nun**] **erst ~** main-

nant plus que jamais; **jetzt** [*o* **nun**] **erst ~ nicht** maintenant moins que jamais

Recht <-[e]s, -e> *nt* ❶ droit *m;* **bürgerliches/öffentliches ~** droit civil/public; **kirchliches [o kanonisches] ~** droit canon[ique]; **ein ~ ausüben/verwirken** exercer/perdre un droit; **sein ~ fordern** [*o* **verlangen**] demander justice, réclamer son droit; **sein ~ bekommen** obtenir justice; **nach geltendem ~** d'après le droit en vigueur; **alle ~e vorbehalten** tous droits réservés; **von ~s wegen** en fait; **unter falschem ~ handeln** JUR agir sur la base d'un faux droit

❷ *(Berechtigung, Anspruch)* droit *m;* **ein ~ auf etw** *(Akk)* **haben** avoir droit à qc; **das ~ auf jdn/etw haben** avoir droit sur qn/qc; **das ~ auf freie Meinungsäußerung** le droit à la libre expression de la pensée; **das ~ auf Gehör** JUR le droit d'être entendu(e); **kein [o nicht das] ~ haben, etw zu tun** ne pas avoir le droit de faire qc; **mit welchem ~?** de quel droit?; **mit [o zu] ~** à juste titre

▶ **das ~ ist auf seiner/deiner Seite** le droit est de son/ton côté; **das ~ des Stärkeren** le droit du plus fort; **gleiches ~ für alle!** les mêmes droits pour tous!; **das ist sein/dein/... gutes ~** c'est son/ton/... bon droit; **es ist sein/dein/... gutes ~ das zu tun** c'est son/ton/... droit de faire cela; **~ behalten** avoir bel et bien raison; **du hast mit deinen Prophezeiungen ~ behalten** tes prophéties se sont bel et bien avérées; **~ bekommen** obtenir gain de cause; **~ muss ~ bleiben** le droit, c'est le droit; **jdm ~ geben** donner raison à qn; **~ haben** avoir raison; **zu seinem ~ kommen** rentrer dans son bon droit; **im ~ sein** être dans son droit; **~ sprechen** rendre la justice

Rechte ['rɛçtə] <-n, -n> *f* ❶ *(rechte Hand)* main *f* droite

❷ **geh** *(rechte Seite)* **zu seiner ~n saß seine Gemahlin** son épouse était assise à sa droite

❸ BOXEN *(Hand)* droite *f; (Schlag)* droit *m*

❹ POL droite *f;* **die äußerste ~** l'extrême droite
rechte(r, s) *Adj attr* ❶ *(opp: linke)* droit(e); *Straßenseite, Fahrbahn* de droite

❷ *(rechts befindlich) Tür, Haus, Bild* de droite

❸ *(von außen sichtbar)* **die ~ Seite des Pullis** l'endroit *m* du pull; **auf der ~n Seite** à l'endroit

❹ POL de droite; *Flügel* droit(e)

Rechte(r) *f(m) dekl wie Adj* homme *m*/femme *f* de droite
Rechteck <-[e]s, -e> *nt* rectangle *m*
rechteckig *Adj* rectangulaire
rechtens ['rɛçtəns] *Adj* légal(e); **~ sein** *form Anordnung:* être légal(e); *Anspruch, Forderung:* être légitime
rechtfertigen I. *tr V* justifier; **etw ~** *Person, Vorfall, Bemerkung:* justifier qc; **seine Entscheidung vor jdm [o jdm gegenüber] ~** justifier sa décision vis-à-vis de qn; **dieses brutale Vorgehen ist durch nichts zu ~** il n'y a rien qui puisse justifier cet acte de brutalité
II. *r V se ~* se justifier; **sich vor jdm für sein Handeln ~** se justifier de ses actes devant qn
Rechtfertigung *f* justification *f;* **was haben Sie zu Ihrer ~ zu sagen?** qu'avez-vous à dire pour vous justifier?
rechtgläubig *Adj (orthodox)* orthodoxe
Rechthaber(in) <-s, -> *m(f) pej* personne *f* qui veut toujours avoir raison [*o* le dernier mot]
Rechthaberei <-> *f pej* volonté *f* d'avoir toujours raison
rechthaberisch *Adj pej* qui veut toujours avoir raison [*o* le dernier mot]; **~ sein** vouloir toujours avoir raison [*o* le dernier mot]
rechtlich I. *Adj* juridique
II. *Adv* juridiquement
rechtlos *Adj* sans droits; **~ sein** être privé(e) de [ses] droits
Rechtlose(r) *f(m) dekl wie Adj* proscrit(e) *m(f)*
Rechtlosigkeit <-> *f* privation *f* de droits
rechtmäßig I. *Adj* ❶ *(legitim)* légitime ❷ *(legal)* légal(e) II. *Adv* **etw ~ besitzen** détenir qc de manière légitime **Rechtmäßigkeit** <-> *f* ❶ *(Legitimität)* légitimité *f* ❷ *(Legalität)* légalité *f*
rechts [rɛçts] I. *Adv* ❶ à droite; **~ oben/unten** en haut/en bas à droite; **~ neben/hinter mir** à droite près de/derrière moi; **von dir/uns** à ta/notre droite; **von ~ nach links** de droite à gauche; **sich ~ einordnen** se mettre sur la voie de droite; **halb ~ abbiegen** tourner légèrement à droite; **von halb ~ kommen** *Auto:* arriver légèrement de la droite; **nach ~** à droite; **~ um!** à droite, droite!; **von ~** de droite; **hier gilt ~ vor links** ici, il y a priorité à droite

❷ *(auf, von der Außenseite)* **etw von ~ bügeln** repasser qc sur l'endroit

❸ *(mit rechten Maschen)* **etw [glatt] ~ stricken** tricoter qc à l'endroit; **zwei ~, zwei links stricken** tricoter deux mailles endroit, deux mailles envers

❹ POL **~ stehen** [*o* **sein** *fam*] être de droite

▶ **nicht mehr wissen, wo ~ und links ist** ne plus savoir où on en est

II. *Präp + Gen* **~ der Straße/des Rheins** à droite de la rue/du Rhin

Rechtsabbieger <-s, -> *m* véhicule *m* qui tourne à droite; **diese Spur ist nur für ~** cette voie est seulement pour ceux qui tournent à droite **Rechtsabbiegerspur** *f* file *f* réservée aux véhicules qui tournent à droite
Rechtsabteilung *f* JUR, ÖKON service *m* juridique **Rechtsangelegenheit** *f* JUR affaire *f* juridique **Rechtsanspruch** *m* droit *m* **Rechtsanwalt** *m*, **-anwältin** *f* avocat(e) *m(f)*; **sich** *(Dat)* **einen ~ nehmen** prendre un avocat
Rechtsanwaltskanzlei *f* cabinet *m* d'avocat
Rechtsauffassung *f* conception *f* juridique [*o* du droit]
Rechtsauskunft *f* conseil *m* juridique **Rechtsausschuss**^RR *m* comité *m* juridique
Rechtsaußen [ˈrɛçtsˌʔaʊsən] <-, -> *m* ❶ FBALL ailier *m* droit ❷ *fam (Politiker)* droitier *m (fam)*
Rechtsbeistand *m* ❶ *(Beruf)* ≈ conseiller(-ère) *m(f)* juridique ❷ *kein Pl (juristische Hilfe)* assistance *f* juridique **Rechtsberater(in)** *m(f)* conseiller(-ère) *m(f)* juridique, jurisconsulte *mf* **Rechtsberatung** *f* conseil *m* juridique
Rechtsbeugung *f* prévarication *f* **Rechtsbrecher(in)** <-s, -> *m(f)* malfaiteur(-trice) *m(f)* **Rechtsbruch** *m* infraction *f*
rechtsbündig I. *Adj* aligné(e) à droite
II. *Adv* **einen Text ~ setzen** aligner un texte à droite
rechtschaffen [ˈrɛçtʃafən] I. *Adj* ❶ *Person* honnête
❷ *veraltet (groß)* **~en Hunger/Durst haben** avoir grand-faim/grand-soif *(littér)*
II. *Adv* ❶ avec honnêteté
❷ *veraltet (sehr) müde, durstig* sacrément *(fam)*
Rechtschaffenheit <-> *f* honnêteté *f*
rechtschreiben <-> *itr V nur Infin* orthographier; **er ist gut im Rechtschreiben** il est bon en orthographe
Rechtschreibfehler *m* faute *f* d'orthographe **Rechtschreibprogramm** *nt* INFORM vérificateur *m* orthographique **Rechtschreibreform** *f* réforme *f* de l'orthographe **Rechtschreibschwäche** *f* lacunes *fpl* en orthographe
Rechtschreibung *f* orthographe *f*
Rechtsdrall *m* ❶ *eines Geschosses* rayure *f* à droite; *einer Billardkugel* effet *m* à droite ❷ POL *fam* tendances *fpl* de droite ▶ **einen ~ haben** *fam Geschoss:* avoir une rayure à droite; *Billardkugel:* avoir de l'effet à droite; *Partei:* avoir des tendances de droite *(fam)*
Rechtsdrehung *f* rotation *f* à droite
Rechtsempfinden <-s, -> *nt* sens *m* de la justice
Rechtsextremismus [ˈrɛçtsʔɛkstremɪsmʊs] <-> *m* POL extrémisme *m* de droite **Rechtsextremist(in)** *m(f)* extrémiste *mf* de droite **rechtsextremistisch** I. *Adj* d'extrême droite II. *Adv* **~ angehaucht sein** avoir des tendances d'extrême droite
rechtsfähig *Adj* JUR juridiquement capable; **nicht ~** *Person* non habilité(e) à disposer, qui n'a pas la jouissance de ses droit civiques; *Gesellschaft* sans personnalité juridique; **nicht ~es Gebilde** formation *f* sans personnalité juridique **Rechtsform** *f* JUR forme *f* juridique; **Änderung der ~** modification *f* de la forme juridique **Rechtsfrage** *f* question *f* juridique
rechtsgerichtet *Adj* POL orienté(e) à droite
Rechtsgewinde *nt* filetage *m* à droite
Rechtsgrundlage *f* législation *f* **Rechtsgrundsatz** *m* principe *m* juridique; **allgemeine Rechtsgrundsätze** principes généraux du droit; **rechtsgültig** *Adj* valide; **etw für ~ erklären** déclarer la validité juridique de qc
Rechtshänder(in) [ˈ-hɛndɐ] <-s, -> *m(f)* droitier(-ière) *m(f)*
rechtshändig I. *Adj* droitier(-ière)
II. *Adv* de la main droite
rechtsherum [ˈrɛçtshɛrʊm] *Adv* fahren, verlaufen à droite; **sich drehen** de gauche à droite
Rechtshilfe *f* JUR aide *f* juridique; **~ leisten** donner une aide juridique **Rechtsklarheit** *f* transparence *f* du droit **Rechtskraft** *f* force *f* de loi; **~ erlangen** *Bescheid, Beschluss:* acquérir force de loi; *Urteil:* devenir exécutoire **rechtskräftig** I. *Adj Bescheid, Beschluss* qui a force de loi; *Urteil* exécutoire II. *Adv* dans un jugement exécutoire **rechtskundig** *Adj* qui a de bonnes connaissances en droit; **~ sein** avoir de bonnes connaissances en droit
Rechtskurve [-və] *f* virage *m* à droite
Rechtslage *f* situation *f* juridique
rechtslastig *Adj* ❶ trop chargé(e) à droite
❷ POL *pej* qui penche à droite *(péj)*
Rechtsmedizin *f* médecine *f* légale **Rechtsmissbrauch**^RR *m* JUR abus *m* de droit **Rechtsmittel** *nt* recours *m*; **~ gegen etw einlegen** exercer un recours contre qc **Rechtsmittelbelehrung** *f* instruction *f* sur les voies du recours **Rechtsnachfolge** *f* JUR succession *f* juridique; **die ~ von jdm antreten** prendre la succession juridique de qn **Rechtsnachfolger(in)** *m(f)* JUR successeur *mf*; *(im Erbrecht)* ayant cause *m* **Rechtsordnung** *f* ordre *m* juridique
Rechtsprechung <-, *selten* -en> *f* justice *f*
rechtsradikal I. *Adj* d'extrême droite II. *Adv* **~ eingestellt sein** avoir des idées d'extrême droite **Rechtsradikale(r)** *f(m) dekl wie Adj* extrémiste *mf* de droite **rechtsrheinisch** *Adj* [situé(e)] sur la rive droite du Rhin **Rechtsruck** <-es, -e> *m* poussée *f* de la droite **rechtsrum** [ˈrɛçtsˌʔʊm] *s.* rechtsherum
Rechtssache *f* JUR litige *m*, affaire *f* judiciaire; **die vorliegende ~** la présente espèce; **die ~ erörtern** examiner le litige **Rechtsschutz** *m* JUR protection *f* juridique **Rechtsschutzversicherung** *f* contrat *m* [d'assurance] de protection juridique
rechtsseitig *Adj, Adv* du côté droit
Rechtssicherheit *f* sécurité *f* juridique **Rechtsstaat** *m* État *m* de droit **rechtsstaatlich** *Adj Grundsatz, Verfahren* fondé(e) sur le droit **Rechtsstreit** *m* procès *m*
rechtsum [rɛçtsˈʔʊm] *Adv* demi-tour à droite; **~ kehrt!** demi-tour à droite, droite!
rechtsverbindlich *Adj* JUR qui engage juridiquement **Rechtsverdreher(in)** <-s, -> *m(f) pej (Schimpfwort für einen Anwalt)* avocat *m* véreux *(péj)*; *(Schimpfwort für einen Richter)* juge *m* véreux *(péj)*
Rechtsverkehr *m* conduite *f* à droite
Rechtsverletzung *f* JUR infraction *f* à la loi **Rechtsverordnung** *f* prescription *f* légale **Rechtsvertreter(in)** *m(f)* mandataire *mf* **Rechtsvorgänger(in)** *m(f)* JUR prédécesseur *m* en droit[s] **Rechtsvorschrift** *f* prescription *f* juridique; **zwingende ~en** prescriptions juridiques impératives **Rechtsweg** *m kein Pl* procédure *f*; **Ausnutzung des ~es** utilisation *f* de la voie de droit; **unter Ausschluss des ~es** sans recours à la voie de droit; **den ~ beschreiten** *form* engager une procédure *(form)*; **der ~ ist ausgeschlossen** sans aucune possibilité de recours **rechtswidrig** I. *Adj* illégal(e) II. *Adv* illégalement **rechtswirksam** *Adj* JUR valable juridiquement **Rechtswissenschaft** *f kein Pl* droit *m*
rechtwink[e]lig *Adj Dreieck* rectangle
rechtzeitig I. *Adj Ankunft, Beginn* à l'heure; *Anmeldung, Erscheinen* en temps voulu
II. *Adv* ankommen, aufhören, dasein à l'heure [fixée]; erfahren, erfolgen en temps voulu
Reck [rɛk] <-[e]s, -e> *nt* barre *f* fixe
Recke [ˈrɛkə] <-n, -n> *m poet* preux *m (poét)*
recken [ˈrɛkən] I. *tr V* tendre *Hals, Faust;* étendre *Glieder, Oberkörper*
II. *r V* sich **~** s'étirer
Recorder <-s, -> *m* ❶ *(Kassettenrecorder)* magnéto[phone] *m*
❷ *(Videorecorder)* magnétoscope *m*
recycelbar [riˈsaɪklbaɐ] *Adj* recyclable
recyceln* [riˈsaɪkln] *tr V* recycler
Recycling [riˈsaɪklɪŋ] <-s> *nt* recyclage *m*
Recyclingpapier [riˈsaɪklɪŋ-] *nt* papier *m* recyclé
Redakteur(in) [redakˈtøːɐ] <-s, -e> *m(f)* rédacteur(-trice) *m(f)*
Redaktion [redakˈtsioːn] <-, -en> *f* rédaction *f*
redaktionell [redaktsioˈnɛl] I. *Adj Bearbeitung, Überarbeitung* rédactionnel(le); **~e Leitung** direction *f* de la rédaction
II. *Adv* bearbeiten, überarbeiten sur le plan rédactionnel
Redaktionsschluss^RR *m* bouclage *m* [du journal/de l'édition]
Redaktor [reˈdaktoːɐ] <-s, -toren> *m*, **Redaktorin** *f* CH rédacteur(-trice) *m(f)*
Rede [ˈreːdə] <-, -n> *f* ❶ *(Ansprache)* discours *m*; **eine ~ halten** tenir un discours; **in freier ~** en improvisant
❷ GRAM **direkte/indirekte ~** discours *m* direct/indirect
❸ *Pl (Äußerungen)* propos *mpl*; **große ~ führen** [*o* **schwingen** *fam*] se gargariser de mots *(fam)*
❹ *(Gespräch)* **die ~ ist von ...** il est question de...
▶ **jdm ~ und Antwort stehen** se justifier devant qn; **langer [*o* der langen] ~ kurzer Sinn: ...** *Spr. fam* parlons peu, mais parlons bien: ... *(fam)*; **das ist nicht der ~ wert** cela ne vaut pas la peine d'en parler; **davon kann keine ~ sein** il ne saurait en être question; **jdn zur ~ stellen** demander des explications à qn; **[das ist] meine ~!** *fam* je l'ai toujours dit! *(fam)*
Redefluss^RR *m kein Pl* flot *m* de paroles **Redefreiheit** *f kein Pl* liberté *f* d'expression **redegewandt** *Adj geh* éloquent(e) **Redegewandtheit** *f* éloquence *f* **Redekunst** *f kein Pl* rhétorique *f*
reden [ˈreːdən] I. *itr V* ❶ *(sprechen)* parler; **schnell/undeutlich ~** parler vite/indistinctement
❷ *(sich unterhalten)* **über jdn/etw ~** parler de qn/qc; **miteinander/mit jdm ~** discuter ensemble/avec qn; **mit sich selbst ~** soliloquer; **mit jdm zu ~ haben** avoir à parler à qn; **so lasse ich nicht mit mir ~!** je n'admets pas qu'on me parle sur ce ton!; **~ wir nicht mehr davon** [*o* **darüber**]! n'en parlons plus!; **genug geredet!** assez discuté!; **das Reden les discussions** *fpl*
❸ *(eine Rede halten)* **über etw** *(Akk)* **~** faire un discours sur qc
❹ *(tratschen)* **über jdn/etw ~** parler à tort et à travers de qn/qc; **sie hat [viel] von sich ~ gemacht** elle a fait [beaucoup] parler d'elle
❺ *fam (gestehen, verraten)* parler; **jdn zum Reden bringen** faire parler qn

▶ **du hast gut** [*o* **leicht**] ~! tu parles!; **jd lässt mit sich über etw** *(Akk)* ~ *(lässt sich umstimmen)* il y a moyen de discuter avec qn de qc; *(lässt mit sich handeln)* qn est prêt(e) à discuter de qc; **darüber lässt/ließe sich** ~ ça se discute
II. *tr V* ① *(sagen)* dire *Quatsch, Unsinn*
② *(tratschen)* **über jdn/etw wird viel/einiges geredet** on raconte beaucoup/pas mal de choses sur qn/qc
III. *r V* **sich heiser** ~ s'égosiller; **sich in Rage** ~ s'emporter
Redensart *f* ① expression *f*
② *Pl (leere Worte)* **das sind doch nur ~en** ce ne sont que des mots
Redeschwall *m pej* flots *mpl* de paroles **Redeverbot** *nt* défense *f* de parler; **jdm** ~ **erteilen** interdire à qn de s'exprimer **Redeweise** *f* façon *f* de s'exprimer **Redewendung** *f* tournure *f*, expression *f* idiomatique **Redezeit** *f* temps *m* de parole; **die** ~ **beträgt 15 Minuten** le temps de parole est de 15 minutes
redigieren* *tr V* ① rédiger *Manuskript, Text*
② *(gestalten)* diriger la rédaction de *Zeitschrift, Sendung*
redlich ['reːtlɪç] I. *Adj* ① honnête
② *(groß)* Mühe, Anstrengung louable
II. *Adv* **sich** ~ **bemühen** s'efforcer considérablement
Redlichkeit <-> *f* honnêteté *f*
Redner(in) ['reːdnɐ] <-s, -> *m(f)* orateur(-trice) *m(f)*; **sie ist eine überzeugende** ~ elle est une oratrice convaincante
Rednerbühne *f* tribune *f*
rednerisch I. *Adj* oratoire
II. *Adv* sur le plan oratoire
Rednerpult *nt* pupitre *m*; **ans** ~ **treten** [aller] se placer derrière le pupitre
redselig *Adj* bavard(e)
Redseligkeit *f* loquacité *f*
Reduktion [redʊkˈtsi̯oːn] <-, -en> *f a.* CHEM, PHYS, MATH réduction *f*
Reduktionsmittel *nt* CHEM réducteur *m*
redundant [redʊnˈdant] *Adj* LING redondant(e)
Redundanz [redʊnˈdants] <-, -en> *f* LING, INFORM redondance *f*
Reduplikation [reduplikaˈtsi̯oːn] *f* LING redoublement *m*
reduzierbar *Adj* réductible
reduzieren* *tr V* réduire; **seine Ausgaben auf ein Minimum/um die Hälfte** ~ réduire ses dépenses au minimum/de moitié
Reduzierung <-, -en> *f* réduction *f*
Reede ['reːdə] <-, -n> *f* rade *f*; **auf** ~ **liegen** mouiller en rade
Reeder(in) <-s, -> *m(f)* armateur(-trice) *m(f)*
Reederei <-, -en> *f* compagnie *f* maritime
reell [reˈɛl] *Adj* ① *(tatsächlich)* Chance, Möglichkeit véritable
② *(anständig)* digne de ce nom
③ *fam (akzeptabel)* Essen solide *(fam)*; **das ist etwas Reelles** ça, c'est du solide
Reet ['reːt] <-s> *nt* NDEUTSCH roseau *m*
Reetdach *nt* toit *m* de roseau
reetgedeckt *Adj* couvert(e) de roseau
Refektorium [refɛkˈtoːri̯ʊm, *Pl:* refɛkˈtoːri̯ən] <-s, -rien> *nt* réfectoire *m*
Referat [refeˈraːt] <-[e]s, -e> *nt* ① SCHULE, UNIV exposé *m*; **ein** ~ **über jdn/etw halten** faire un exposé sur qn/qc
② ADMIN service *m*
Referendar(in) [referɛnˈdaːɐ̯] <-s, -e> *m(f)* stagiaire *mf*
Referendariat [referɛndari̯aːt] <-[e]s, -e> *nt*, **Referendarzeit** *f* stage *m*
Referendum [refeˈrɛndʊm] <-s, Referenden *o* Referenda> *nt* référendum *m*
Referent(in) [refeˈrɛnt] <-en, -en> *m(f)* ① *(Redner)* conférencier(-ière) *m(f)*
② *(Referatsleiter)* chef *mf* de service
③ UNIV *(Gutachter)* membre *m* du jury
Referenz [refeˈrɛnts] <-, -en> *f* ① *(Empfehlung)* références *fpl*; **eine ~ vorweisen** présenter un certificat
② *(Mensch)* recommandation *f*; **wen kann er als ~ anführen?** par qui est-il recommandé?
referieren* *itr V* faire un exposé; **über jdn/etw** ~ faire un exposé sur qn/qc
reflektieren* I. *tr V a.* OPT réfléchir
II. *itr V* ① OPT réfléchir la lumière
② *geh (nachdenken)* **über etw** *(Akk)* ~ réfléchir sur qc
③ *fam (interessiert sein)* **auf etw** *(Akk)* ~ avoir des vues sur qc
Reflektor [reˈflɛktoːɐ̯] <-s, -toren> *m (in Scheinwerfern, an Schulranzen)* réflecteur *m*; *(an einem Fahrrad)* cataphote® *m*; *(an Straßenpfosten)* catadioptre *m*
reflektorisch [reflɛkˈtoːrɪʃ] *Adj* MED réflexe
Reflex [reˈflɛks] <-es, -e> *m* ① PHYSIOL réflexe *m*
② *(Lichtreflex)* reflet *m*
Reflexbewegung *f* mouvement *m* de réflexe **Reflexhandlung** *f* réflexe *m*, réaction *f* automatique
Reflexion [reflɛˈksi̯oːn] <-, -en> *f* réflexion *f*

reflexiv [reflɛˈksiːf] GRAM I. *Adj* Verb pronominal(e); *Pronomen* réfléchi(e)
II. *Adv* ~ **gebraucht werden** s'employer à la forme pronominale réfléchie
Reflexivpronomen *nt* pronom *m* réfléchi
Reform [reˈfɔrm] <-, -en> *f* réforme *f*
Reformation [refɔrmaˈtsi̯oːn] <-> *f* HIST **die** ~ la Réforme
Reformationsfest *nt* **das** ~ la fête de la Réformation
Reformator [refɔrˈmaːtoːɐ̯, *Pl:* refɔrmaˈtoːrən] <-s, -toren> *m*, **Reformatorin** *f* ① ECCL réformateur(-trice) *m(f)*
② *s.* **Reformer(in)**
reformatorisch [refɔrmaˈtoːrɪʃ] *Adj* réformateur(-trice)
reformbedürftig *Adj* réformable, qui nécessite une réforme
Reformer(in) [reˈfɔrmɐ] <-s, -> *m(f)* ① *(wer Reformen durchführt)* réformateur(-trice) *m(f)*
② *(wer Reformen anstrebt)* réformiste *mf*
reformerisch *Adj* réformateur(-trice), réformiste
reformfreudig *Adj* ouvert(e) aux réformes **Reformhaus** *nt* ≈ magasin *m* de produits diététiques
reformieren* *tr V* réformer
Reformierte(r) *f(m) dekl wie Adj* réformé(e) *m(f)*
Reformismus [refɔrˈmɪsmʊs] <-> *m* POL réformisme *m*
reformistisch *Adj* POL réformiste
Reformkost *f* aliments *mpl* diététiques **Reformkurs** *m (Reformpolitik)* politique *f* de réformes; **einen ~ einschlagen** s'engager dans une politique de réformes **Reformpaket** *nt* ensemble *m* de réformes **Reformpolitik** *f* politique *f* de réformes **Reformstau** *m* trop-plein *m* de réformes **Reformvorhaben** *nt* projet *m* de réforme
Refrain [rəˈfrɛː] <-s, -s> *m* refrain *m*
Refraktion [refrakˈtsi̯oːn] <-, -en> *f* PHYS, MED réfraction *f*
Refraktor [reˈfraktoːɐ̯] <-s, -en> *m* ASTRON télescope *m* dioptrique
Refugium [reˈfuːgi̯ʊm] <-s, -gien> *nt geh* havre *m* de paix *(littér)*
Regal [reˈgaːl] <-s, -e> *nt* étagère *f*; *(groß, in Supermärkten, Bibliotheken)* rayon *m*
Regatta [reˈgata] <-, Regatten> *f* régate *f*
Reg.-Bez. *Abk von* Regierungsbezirk
rege ['reːgə] I. *Adj* ① Betrieb, Tätigkeit, Verkehr intense; Nachfrage grand(e); Phantasie débordant(e); Anteilnahme vif(vive); Beteiligung actif(-ive)
② *(rührig)* Person, Geist alerte
II. *Adv* Anteil nehmen vivement; sich beteiligen activement
Regel ['reːgəl] <-, -n> *f* ① *(Vorschrift, Norm)* règle *f*
② *(Gewohnheit)* règle *f*; **in der** ~, **in aller** ~ en règle générale; **sich** *(Dat)* **etw zur** ~ **machen** se fixer qc pour règle
③ *(Menstruation)* règles *fpl*; **sie bekommt/hat ihre** ~ elle a ses règles
▶ **keine ~ ohne Ausnahme** *Spr.* c'est l'exception qui confirme la règle; **nach allen ~n der Kunst** dans les règles de l'art
Regelarbeitszeit *f* durée *m* légale du temps de travail
regelbar *Adj* TECH réglable
Regelfall *m kein Pl* règle *f*; **im** ~ en règle générale
regellos *Adj (ungeordnet)* déréglé(e), sans règle
regelmäßig I. *Adj* ① régulier(-ière)
② *(wiederholt)* Verstöße, Zuspätkommen répété(e)
II. *Adv* ① *(in gleichmäßiger Folge)* régulièrement
② *(immer wieder)* constamment
Regelmäßigkeit <-> *f* régularité *f*
▶ **in schöner ~ etw tun** *iron* faire qc systématiquement *(iron)*
regeln ['reːgəln] I. *tr V* ① *(regulieren, erledigen)* régler; **das lässt sich** ~ cela peut se régler
② *(festsetzen)* **etw** ~ Bestimmungen, Dienstvorschrift: réglementer qc
II. *r V* **se** ~ se régler; **sich von selbst** ~ se régler tout(e) seul(e); *s. a.* geregelt
regelrecht *fam* I. *Adj* véritable II. *Adv* anpöbeln, sich betrinken carrément *(fam)* **Regelstudienzeit** [-di̯ən-] *f* durée *f* réglementaire des études
Regelung <-, -en> *f* ① *(Vereinbarung)* convention *f*; *(Anordnung, Festlegung)* disposition *f* réglementaire
② *kein Pl (das Regulieren)* régulation *f*; **der ~ des Wasserlaufs dienen** Ventil: permettre de régler le débit d'eau
Regelwerk *nt* règlement *m* **regelwidrig** *Adj* SPORT I. *Adj* en faute
II. *Adv* **sich** ~ **verhalten** faire une faute **Regelwidrigkeit** *f* SPORT faute *f*
regen ['reːgən] *r V* **sich** ~ ① *Person, Tier:* bouger
② *(sich bemerkbar machen)* Gefühle, Gewissen: s'éveiller; Widerspruch, Zweifel: se manifester
Regen <-s, -> *m* pluie *f*; **es wird ~ geben** il va se mettre à pleuvoir; **bei** [*o* **in**] **strömendem** ~ sous les trombes d'eau; **saurer** ~ pluies acides
▶ **vom ~ in die Traufe kommen** *Spr.* tomber de Charybde en Scylla; **ein warmer** ~ *fam* une [vraie] bénédiction; **jdn im** ~ **ste-**

hen lassen *fam* laisser qn en plan *(fam)*
regenarm *Adj* aride
Regenbogen *m* arc *m* en ciel
Regenbogenfarben *Pl* couleurs *fpl* de l'arc en ciel; **in allen ~ schillern** s'iriser **Regenbogenhaut** *f* iris *m* **Regenbogenpresse** *f* presse *f* à sensation
Regendach *nt* auvent *m*
Regeneration [regenera'tsio:n] *f a.* BIO, MED régénération *f*
regenerativ [regenera'ti:f] *Adj Energiequelle* régénérant(e)
regenerieren* I. *r V a.* BIO, MED **sich ~** se régénérer
II. *tr V* TECH régénérer
Regenfälle *Pl* chutes *fpl* de pluie **Regenguss**^{RR} *m* averse *f* **Regenjacke** *f* parka *f* **Regenmantel** *m* imperméable *m* **Regenpfeifer** *m* ZOOL pluvier *m* **regenreich** *Adj* pluvieux(-euse) **Regenrinne** *f* gouttière *f* **Regenrohr** *nt* tuyau *m* de descente
Regensburg ['reːgənsbʊrk] <-s> *nt* Ratisbonne *f*
Regenschauer *m* ondée *f* passagère **Regenschirm** *m* parapluie *m*
Regent(in) [re'gɛnt] <-en, -en> *m(f)* ❶ *(Monarch)* souverain(e) *m(f)*
❷ *(Vertreter des Herrschers)* régent(e) *m(f)*
Regentag *m* jour *m* de pluie **Regentonne** *f* citerne *f* **Regentropfen** *m* goutte *f* de pluie
Regentschaft <-, -en> *f* ❶ *(Herrschaft)* règne *m*
❷ *(Amtszeit eines Regenten 2.)* régence *f*
Regenwald *m* forêt *f* équatoriale **Regenwasser** *nt* eau *f* de pluie **Regenwetter** *nt* temps *m* pluvieux **Regenwolke** *f* nuage *m* de pluie **Regenwurm** *m* ver *m* de terre **Regenzeit** *f* saison *f* des pluies
Reggae ['rɛgeɪ] *m* reggae *m*
Regie [re'ʒiː] <-, -n> *f* ❶ THEAT mise *f* en scène; CINE, RADIO, TV réalisation *f*; **~ führen** diriger la mise en scène/la réalisation; **unter der ~ von Godard** sous la direction de Godard
❷ *(Leitung, Verantwortung)* **in eigener ~** tout(e) seul(e); **in [o unter] staatlicher ~** sous la tutelle de l'État
Regieanweisung [re'ʒiː-] *f* didascalie *f* **Regieassistent(in)** *m(f)* THEAT assistant(e) *m(f)* à la mise en scène; CINE assistant(e) *m(f)* réalisateur
regieren* I. *itr V* gouverner; *Herrscher, König:* régner; **über ein Volk ~** régner sur un peuple
II. *tr V* **ein Land ~** gouverner un pays; *Herrscher, König:* régner sur un pays
Regierung <-, -en> *f* ❶ *(Kabinett)* gouvernement *m*; **unter der ~ Kohl** sous le gouvernement Kohl
❷ *(Regierungsgewalt)* pouvoir *m*; **an der ~ sein** être au pouvoir; **die ~ antreten** arriver au gouvernement
Regierungsabkommen *nt* accord *m* intergouvernemental **Regierungsantritt** *m* arrivée *f* au gouvernement **Regierungsapparat** *m* POL appareil *m* gouvernemental **Regierungsbank** <-bänke> *f* banc *m* du gouvernement **Regierungsbezirk** *m* subdivision administrative la plus importante d'un land **Regierungsbildung** *f* POL formation *f* du gouvernement; **er wurde mit der ~ betraut** il a été chargé de former le gouvernement **Regierungsbündnis** *nt* POL coalition *f* gouvernementale **Regierungschef(in)** [-ʃɛf] *m(f)* chef *mf* de/du gouvernement **Regierungserklärung** *f* déclaration *f* de politique générale **regierungsfähig** *Adj* apte à gouverner **regierungsfeindlich** *Adj* antigouvernemental(e) **Regierungsform** *f* mode *m* de gouvernement; **parlamentarische/präsidiale ~** régime parlementaire/présidentiel **regierungsfreundlich** *Adj* [pro]gouvernemental(e) **Regierungskoalition** *f* coalition *f* gouvernementale **Regierungskreise** *Pl* milieux *mpl* proches du gouvernement **Regierungskrise** *f* crise *f* gouvernementale **Regierungsmannschaft** *f* POL équipe *f* gouvernementale **Regierungsmitglied** *nt* membre *m* du gouvernement **Regierungspartei** *f* parti *m* au pouvoir **Regierungspräsident(in)** *m(f)* chef administratif d'un "Regierungsbezirk" **Regierungsrat** *m* CH Conseil *m* d'État **Regierungsrat** *m*, **-rätin** *m(f)* ❶ grade *m* haut fonctionnaire équivalent à celui d'un attaché de deuxième classe ❷ CH *(Mitglied der Kantonsregierung)* membre du Conseil d'État *m* **Regierungssitz** *m* siège *m* du gouvernement **Regierungssprecher(in)** *m(f)* porte-parole *m* gouvernemental **regierungstreu** *Adj* fidèle au gouvernement **Regierungsumbildung** *f* POL remaniement *m* ministériel; **eine ~ vornehmen** procéder à un remaniement ministériel **Regierungsverantwortung** *f* responsabilité *f* gouvernementale **Regierungswechsel** *m* changement *m* de gouvernement **Regierungszeit** *f (einer Regierung)* ministère *m*; *(eines Monarchen)* règne *m*
Regime [re'ʒiːm] <-s, -s> *nt pej* régime *m*
Regimekritiker(in) [re'ʒiːm-] *m(f)* opposant(e) *m(f)* au régime
Regiment¹ [regi'mɛnt] <-[e]s, -er> *nt* MIL régiment *m*
Regiment² <-[e]s, -e> *nt* règne *m*; **ein strenges ~ führen** exer-

cer un pouvoir autoritaire
Region [re'gjoːn] <-, -en> *f* région *f*
▶ **in höheren ~en schweben** planer [dans les hautes sphères]
regional [regjo'naːl] I. *Adj* régional(e)
II. *Adv* selon les régions
Regionalexpress *m* express *m* **Regionalliga** *f* ≈ troisième division *f* **Regionalprogramm** *nt* programme *m* régional
Regisseur(in) [reʒɪ'søːɐ] <-s, -e> *m(f)* THEAT metteur(-euse) en scène; CINE, RADIO, TV réalisateur(-trice) *m(f)*
Register [re'ɡɪstɐ] <-s, -> *nt* ❶ *(Index)* index *m*
❷ ADMIN registre *m*
❸ *(Orgelregister)* jeu *m* d'orgue
▶ **alle ~ ziehen** jouer sur tous les registres
Registertonne *f* NAUT *veraltet* tonneau *m* [de jauge]
Registratur [reɡɪstra'tuːɐ] <-, -en> *f* ❶ ADMIN archives *fpl*
❷ MUS registres *mpl*
registrieren* *tr V* enregistrer; **~, dass** enregistrer que + *indic*
Registrierkasse *f* caisse *f* enregistreuse
Registrierung <-, -en> *f* enregistrement *m*
Reglement [reglə'mãː] <-s, -s> *nt* SPORT règlement *m*
reglementieren* *tr V geh* ❶ *(regeln)* réglementer
❷ *(gängeln)* régenter
Reglementierung <-, -en> *f* réglementation *f*
Regler ['reːɡlɐ] <-s, -> *m* régulateur *m*
reglos ['reːkloːs] *s.* regungslos
Reglosigkeit <-> *f s.* Regungslosigkeit
regnen ['reːɡnən] I. *itr V unpers* pleuvoir; **es regnet durchs Dach** il pleut à travers la toiture
II. *tr V* **es regnet Beschwerden** on reçoit des plaintes comme s'il en pleuvait
regnerisch *Adj* pluvieux(-euse)
Regress^{RR} <-es, -e>, **Regreß**^{ALT} <-sses, -sse> *m* recours *m*; **~ geltend machen** faire valoir un recours
Regressanspruch^{RR} *m* droit *m* de recours **Regressforderung**^{RR} *f* créance *f* en recours
Regression [rɛgrɛ'sioːn] <-, -en> *f* régression *f*
regressiv [rɛgrɛ'siːf] *Adj* régressif(-ive)
regresspflichtig^{RR} *Adj* civilement responsable; **jdn für etw ~ machen** se porter partie civile contre qn dans le cas de qc
regsam ['reːkzaːm] *Adj geh* actif(-ive)
Regsamkeit <-> *f geh* activité *f*
regulär [reɡu'lɛːɐ] I. *Adj Arbeitszeit, Gehalt, Preis* réglementaire; *Armee, Truppen* régulier(-ière)
II. *Adv* normalement
Regulation [reɡula'tsioːn] <-, -en> *f* BIO régulation *f*; **enzymatische/orthostatische ~** régulation enzymatique/orthostatique
regulativ *Adj* régulateur(-trice)
Regulator [reɡu'laːtoːɐ] <-s, -en> *m* TECH régulateur *m*
regulierbar *Adj* réglable
regulieren* *tr V* ❶ *(einstellen, regeln)* régler
❷ *(begradigen)* régulariser *Fluss*
Regulierung <-, -en> *f* ❶ *der Heizung, Lautstärke* réglage *m*
❷ *(Regelung) des Verkehrs* régulation *f*
❸ *(Begradigung) eines Flusses, Bachs* régularisation *f*
Regung ['reːɡʊŋ] <-, -en> *f* ❶ *(Bewegung)* mouvement *m*
❷ *(Empfindung)* émotion *f*; **eine menschliche ~** un élan d'humanité
regungslos *Adj, Adv* immobile
Regungslosigkeit <-> *f* immobilité *f*; *eines Gesichts* impassibilité *f*
Reh [reː] <-[e]s, -e> *nt* chevreuil *m*
Rehabilitation [rehabilita'tsioːn] <-, -en> *f* ❶ *(Wiedereingliederung)* réinsertion *f*
❷ MED rééducation *f*
❸ *geh (Rehabilitierung)* réhabilitation *f*
Rehabilitationszentrum *nt* centre *m* de rééducation
rehabilitieren* I. *tr V* ❶ réinsérer *Straffälligen*
❷ MED rééduquer *Kranken*; réinsérer *Behinderten*
❸ *geh (nach einer Ehrverletzung)* réhabiliter
II. *r V geh* **sich ~** se réhabiliter
Rehabilitierung *s.* Rehabilitation
Rehaklinik ['reːha-] *f* centre *m* [hospitalier] de rééducation **Rehazentrum** *nt* centre *m* de rééducation
Rehbock *m* chevreuil *m* [mâle] **Rehbraten** *m* rôti *m* de chevreuil **Rehkeule** *f* cuissot *m* de chevreuil **Rehkitz** *nt* faon *m* [de chevreuil] **Rehrücken** <-s, -> *m* ❶ dos *m* du chevreuil; GASTR selle *f* de chevreuil ❷ *(Kuchen)* gâteau de biscuit nappé de chocolat et piqué de pointes d'amandes **Rehwild** *nt* chevreuil *m*
Reibach ['raɪbax] <-s> *m sl* bonne affaire *f*; **bei etw einen ~ machen** s'en mettre plein les poches avec qc *(fam)*
Reibe ['raɪbə] <-, -n> *f*, **Reibeisen** *nt* râpe *f*
Reibekuchen *s.* Kartoffelpuffer **Reibelaut** *m* PHON fricative *f*
reiben ['raɪbən] <rieb, gerieben> I. *tr V* ❶ frotter; **sich** *(Dat)* **die Augen/die Nase ~** se frotter les yeux/le nez; **jdm/sich die**

Hände ~ frotter les mains à qn/se frotter les mains
② *(auftragen)* |**sich** *(Dat)*| **die Salbe in die Haut** ~ [se] frictionner avec de la pommade
③ *(entfernen)* **den Fleck aus der Jeans** ~ frotter la tache du jean
④ *(zerkleinern)* râper *Möhre, Käse*
II. *r V* ① *(sich kratzen)* **sich am Baum** ~ *Tier:* se frotter contre l'arbre
② *(Anstoß nehmen)* **sich mit jdm** ~ se frictionner avec qn; **sich an etw** *(Dat)* ~ ne pas pouvoir avaler qc
③ *(aufreiben)* **sich die Finger an etw** *(Dat)* **wund** ~ s'écorcher les doigts avec qc
III. *itr V* ① frotter; **durch Reiben** en frottant
② *(scheuern)* **an etw** *(Dat)* ~ frotter; **der Kragen reibt am Hals** le col gratte le cou; *s. a.* **gerieben**
Reibereien *Pl fam* frictions *fpl*
Reibung <-, -en> *f* ① *kein Pl* PHYS frottement *m*; **durch ~** par frottement
② *Pl s.* **Reibereien**
Reibungselektrizität *f* PHYS triboélectricité *f* **Reibungsfläche** *f* ① TECH surface *f* de frottement ② *(Grund zur Auseinandersetzung)* sujet *m* de discorde
reibungslos I. *Adj* sans problème
II. *Adv* sans problème
Reibungsverlust *m* ① PHYS déperdition *f* d'énergie par friction
② *Pl fig* gaspillage *m* d'énergie [à se quereller] **Reibungswiderstand** *m* PHYS résistance *f* due au frottement
reich [raɪç] I. *Adj* ① riche
② *fig* ~ **an Erfahrungen/an Wissen sein** être riche d'expériences/de savoir; ~ **an Vitaminen sein** être riche en vitamines
③ *(lohnend)* Erbschaft, Heirat riche
④ *(ergiebig)* Ausbeute, Ölquelle riche; Ernte abondant(e)
⑤ *(vielfältig, umfassend)* Auswahl, Bestand, Erfahrung, Wissen riche et varié(e)
II. *Adv* belohnen, beschenken richement; ~ **erben/heiraten** faire un riche héritage/mariage
Reich <-[e]s, -e> *nt* ① *(Imperium)* empire *m*; **das Dritte ~** le IIIᵉ Reich; **das Römische ~** l'Empire romain; **das ~ der Mitte** geh l'empire du Milieu *(soutenu)*
② *(Bereich, Königreich)* royaume *m*
▸ **das ~ Gottes** le royaume de Dieu; **im ~ der Phantasie** au royaume de l'imaginaire; **das ~ der Schatten** *liter* le royaume des ombres *(littér)*
Reiche(r) *f(m) dekl wie Adj* riche *mf*
reichen ['raɪçən] I. *itr V* ① *Geld, Vorräte, Stoff:* suffire; **das reicht** [mir] ça [me] suffit; **für zwei Personen/eine Woche** ~ *Vorrat:* être suffisant(e) pour deux personnes/une semaine
② *(gelangen)* **bis an die Decke** ~ [**können**] arriver jusqu'au plafond; **weit ~d** *Geschütz, Rakete* à longue portée
③ *(sich erstrecken)* **vom Sofa bis zur Wand** ~ aller du canapé jusqu'au mur
④ A *(umfassen)* **weit ~d** *Beziehungen* nombreux(-euse); *Vollmachten* étendu(e); *Konsequenzen* large; **weit ~de Beziehungen haben** avoir de nombreuses relations
⑤ *(andauern)* **vom Mittelalter bis in die Neuzeit** ~ s'étendre du Moyen-Âge jusqu'aux Temps modernes
II. *itr V unpers* **es reicht** [mir], **wenn ich die Unterlagen morgen bekomme** ça [me] suffit si j'ai les documents demain
▸ **jetzt reicht's** [mir]! maintenant ça [me] suffit!
III. *tr V geh* ① *(geben)* **jdm etw** ~ passer qc à qn
② *(anbieten, servieren)* **jdm etw** ~ servir qc à qn
reichhaltig *Adj* ① *Angebot, Auswahl* varié(e); *Bibliothek* bien garni(e)
② *(üppig)* Mahlzeit copieux(-euse)
Reichhaltigkeit <-> *f* ① *des Angebots, der Auswahl* diversité *f*
② *(Üppigkeit) von Mahlzeiten* richesse *f*
reichlich I. *Adj* ① *Niederschläge, Vorräte* abondant(e); *Belohnung, Trinkgeld, Verspätung* important(e) *f*; **das Essen war** ~ le repas était copieux
II. *Adv* ① *haben, vorhanden sein* en quantité; **es gab ~ zu essen** il y avait à manger en quantité
② *fam (ziemlich) jung, kurz, spät, schwierig* plutôt
③ *(mindestens)* facilement *(fam)*
Reichsadler *m* aigle *m* impérial **Reichskanzler** *m* chancelier *m* du Reich **Reichstag** *m (Institution, Gebäude)* Reichstag *m*
Reichstagsbrand *m kein Pl* HIST incendie *m* du Reichstag
Reichtum <-[e]s, Reichtümer> *m* ① *kein Pl* richesse *f*; **zu ~ kommen** [o **gelangen**] faire fortune
② *Pl (Besitz)* richesses *fpl*; **große Reichtümer anhäufen** amasser une fortune
③ *kein Pl (Reichhaltigkeit) der Natur, Fauna* richesse *f*; **der ~ an Arten/an Formen** la richesse en espèces/des formes
▸ **damit kann man keine Reichtümer erwerben** ce n'est pas avec ça qu'on fera fortune

reichverziert *Adj* richement décoré(e)
Reichweite *f* ① *(Nähe)* **in ~ sein** être à portée de [la] main; **außer ~ sein** être hors de portée; **bis auf ~ herankommen** s'approcher à portée de main
② RADIO, TV *eines Senders* portée *f*
③ *(Aktionsradius) eines Flugzeugs, Panzers* rayon *m* d'action
④ *(Schussweite) eines Geschützes* portée *f*
reif [raɪf] *Adj* ① *Frucht, Gemüse, Getreide* mûr(e); ~ **werden** mûrir
② BIO *Ei* [parvenu(e)] à maturité
③ *(nicht mehr jung) Frau, Mann* mûr(e); **eine Frau im ~en Alter** une femme d'âge mûr
④ *(sehr gut) Leistung* remarquable
⑤ *(geeignet)* ~ **für den Abriss sein** être bon(ne) pour la démolition; ~ **für die Veröffentlichung sein** être prêt(e) à être publié(e)
▸ **er ist ~ s!** son heure est venue *(fam)*
Reif¹ <-[e]s> *m* METEO givre *m*
Reif² <-[e]s, -e> *m (Armreif)* bracelet *m*; *(Haarreif)* serre-tête *m*; *(Stirnreif)* diadème *m*
Reife [raɪfə] <-> *f* ① *einer Person* maturité *f*; **die sittliche ~** le sens moral
② *(das Reifen) einer Frucht, von Getreide* mûrissement *m*
③ *(Reifezustand)* maturité *f*
▸ **mittlere ~** ~ brevet *m* des collèges
reifen ['raɪfən] I. *tr V + sein* ① *(reif werden)* mûrir
② *(reifer werden) Person:* mûrir; gereift mûr(e); **sie ist inzwischen gereift** elle a mûri entre-temps
③ *(gedeihen) Entschluss, Idee, Plan:* mûrir; **in jdm ~** mûrir dans les pensées de qn
II. *tr V + haben geh* mûrir *Person*; **dieses Erlebnis hat ihn ~ lassen** cette expérience l'a fait mûrir
Reifen <-s, -> *m* pneu *m*; **den ~ wechseln** changer de roue
Reifendruck *m* pression *f* des pneus **Reifenpanne** *f* crevaison *f*
Reifenprofil *nt* profil *m* des pneus **Reifenschaden** *m* AUT détérioration *f* du pneu **Reifenwechsel** *m* changement *m* de roue
Reifeprüfung *f form* baccalauréat *m (form)* **Reifezeugnis** *nt form* diplôme *m* du baccalauréat *(form)*
reiflich I. *Adj* Erwägung, Überlegung mûr(e) antéposé
II. *Adv* überlegen mûrement
Reifrock *m* crinoline *f*
Reifung <-> *f einer Frucht, Eizelle* maturation *f*
Reigen ['raɪɡən] <-s, -> *m veraltet* ronde *f*
▸ **den ~ beschließen** *geh* fermer la marche; **den ~ eröffnen** *geh* ouvrir le bal
Reihe ['raɪə] <-, -n> *f* ① *von Häusern, Bäumen, Stühlen* rangée *f*; *von Buchstaben, Nummern, Ziffern* série *f*
② *(Sitzreihe)* rang *m*; **in der zehnten ~** au dixième rang
③ *(Aufstellung) von Personen* rang *m*; **sich in einer ~ aufstellen** se mettre en rang; **in drei ~n antreten** se présenter sur trois rangs; **aus der ~/wieder in die ~ treten** sortir du rang/rentrer dans le rang
④ *(große Anzahl)* **eine [ganze] ~ von Personen/Fragen** un nombre important de personnes/de questions
⑤ MATH **arithmetische/geometrische ~** progression *f* arithmétique/géométrique
⑥ *Pl (Gruppe)* **in den eigenen ~n** dans ses/nos/... propres rangs; **in den ~n der Opposition** au sein de l'opposition
⑦ *(bestimmte Reihenfolge)* **etw der ~ nach tun** faire qc l'un(e) après l'autre; **einen Patienten außer der ~ drannehmen** prendre un patient avant son tour
▸ **sich in Reih und Glied aufstellen** se mettre en rangs d'oignons; **du bist/sie ist an der ~** c'est ton/son tour; **jetzt kommst du/kommt er an die ~** maintenant c'est à toi/à lui le tour; **etw auf die ~ kriegen** *fam* s'en sortir dans qc *(fam)*; **die ~n lichten sich** les rangs s'éclaircissent; **aus der ~ tanzen** *fam* se distinguer
reihen ['raɪən] I. *r V* suivre; **ein Fahrzeug reiht sich an das andere** un véhicule en suit un autre; **ein Misserfolg reihte sich an den anderen** un échec en appelait un autre
II. *tr V* **Perlen auf eine Schnur ~** enfiler des perles
Reihenfolge *f* ordre *m*; **in alphabetischer/chronologischer ~** par ordre alphabétique/chronologique; **in zufälliger ~** au hasard
Reihenhaus *nt* maison *f* mitoyenne; **mehrere Reihenhäuser** plusieurs maisons individuelles en bande **Reihenschaltung** *f* couplage *m* en série **Reihenuntersuchung** *f* dépistage *m* systématique **reihenweise** *Adv* ① *(in großer Anzahl)* les un(e)s après les autres ② *(in Reihen)* vortreten, umschwenken en rangs successifs
Reiher ['raɪɐ] <-s, -> *m* héron *m*
▸ **kotzen wie ein ~** *sl* dégueuler tripes et boyaux *(pop)*
Reiherkolonie *f* colonie *f* de hérons
reihern ['raɪɐn] *itr V sl* dégueuler *(pop)*
reihum [raɪˈʔʊm] *Adv* à tour de rôle; ~ **gehen** faire le tour; **etw ~ gehen lassen** faire tourner [o circuler] qc
Reim [raɪm] <-[e]s, -e> *m* ① rime *f*; **ein ~ auf -ung** une rime en

-ung
● *Pl (Verse)* vers *mpl*
▶ **sich** *(Dat)* **keinen ~ darauf** machen **können** *fam* ne pas arriver à piger *(fam)*
reimen I. *r V* rimer; **sich mit etw/auf etw** *(Akk)* **~** rimer avec qc
II. *tr V* **etw mit etw** [*o* **auf etw** *(Akk)*] **~** faire rimer qc avec qc
III. *itr V* faire des rimes
Reimport ['ʀeːʔɪmpɔrt] *m* ● *(Wiedereinfuhr)* réimportation *f*
❷ *(Produkt)* produit *m* réimporté
reimportieren* *tr V* réimporter
rein¹ [ʀaɪn] *s.* **herein, hinein**
rein² I. *Adj* ● *(pur) Blödsinn, Zufall, Zeitverschwendung* pur(e) *antéposé;* **die ~ste Hysterie** *fam* l'hystérie la plus complète
❷ *(ausschließlich)* **eine ~e Wohngegend** un quartier purement résidentiel
❸ *(unvermischt) Gold, Wasser, Klang* pur(e)
❹ *(völlig sauber) Umwelt, Luft, Wasser.* pur(e); *Hemd, Tischdecke* propre; **ganz ~** impeccable; **etw ~ halten/machen** maintenir qc propre/nettoyer qc
❺ *(gesund) Teint* pur(e); *Haut* sain(e)
▶ **etw ins Reine bringen** régler qc; **mit jdm im Reinen sein** être réconcilié(e) avec qn; **mit jdm/etw ins Reine kommen** se réconcilier avec qn/qc; **mit sich [selbst] ins Reine kommen** se réconcilier avec soi-même; **etw ins Reine schreiben** mettre qc au propre
II. *Adv* ● *(ausschließlich) symbolisch, persönlich* purement
❷ MUS **~ klingen** avoir un son pur
❸ *fam (ganz und gar)* **~ alles/gar nichts** absolument tout/rien
Rein <-, -en> *f* A *fam (Kasserolle)* casserole *f*
Reindling <-s, -e> *m* A *gâteau à pâte levée*
Reineclaude [ʀɛnə'kloːdə] *s.* **Reneklode**
Reinemachefrau *f* femme *f* de ménage **reinemachen** ['ʀaɪnə-] *itr V* DIAL **bei jdm ~** faire le ménage chez qn **Reinemachen** <-s> *nt* DIAL ménage *m*, nettoyage *m*; **hilfst du mir beim ~?** tu m'aides à nettoyer [*o* faire le ménage]?
Reinerlös *m* produit *m* net **Reinertrag** *m* FIN, ÖKON produit *m* net
reineweg ['ʀaɪnəvɛk] *Adv fam* purement et simplement; **~ erfunden** inventé(e) de toutes pièces; **das ist ~ Blödsinn** c'est de la connerie pure et simple *(fam)*
Reinfall *m* bide *m* *(fam)*; *(Aufführung)* four *m* *(fam)*; **mit etw einen ~ erleben** se faire avoir avec qc *(fam)*
rein|**fallen** *itr V unreg + sein fam* ● *(enttäuscht werden)* se faire avoir; **auf jdn/etw ~** se faire avoir par qn/avec qc *(fam)*
❷ *(hineinfallen)* tomber dedans; **in ein Loch ~** tomber dans un trou
Reinfektion [ʀeːʔɪnfɛk'tsi̯oːn] *f* MED réinfection *f*
Reingewinn *m* bénéfice *m* net
Reinhaltung *f kein Pl der Luft, des Wassers* protection *f* [contre la pollution]
rein|**hauen** *fam* I. *tr V* **jdm eine ~** *(einen Schlag versetzen)* talocher qn *(fam)*
II. *itr V* ● *(viel essen)* bouffer *(fam)*
❷ *(starke Wirkung haben)* **das haut rein!** ça arrache! *(fam)*
Reinheit <-> *f der Wäsche, Haut* propreté *f*; *der Luft, des Wassers, des Edelsteins* pureté *f*
Reinheitsgebot *nt* loi allemande garantissant la pureté de fabrication de la bière
reinigen ['ʀaɪnɪgən] *tr V* nettoyer *Kleider;* curer *Pfeife, Fingernägel;* **etw chemisch ~ lassen** faire nettoyer qc à sec
Reinigung <-, -en> *f* ● *kein Pl (das Reinigen)* nettoyage *m*; *der Abgase, Abluft* épuration *f*
❷ *(Reinigungsbetrieb)* teinturerie *f*, pressing *m*; **chemische ~** nettoyage *m* à sec; **etw zur ~ bringen** porter qc à la teinturerie [*o* au pressing]
Reinigungscreme *f* crème *f* démaquillante **Reinigungsmilch** *f* lait *m* démaquillant **Reinigungsmittel** *nt* nettoyant *m*
Reinkarnation [ʀeːʔɪnkarna'tsi̯oːn] *f* réincarnation *f*
Reinkultur *f* ▶ **in ~** dans toute sa/leur splendeur *(iron)*
rein|**legen** *tr V fam* ● *(hintergehen)* rouler qn; **jdn ~** rouler qn *(fam)*
❷ *(hineinlegen)* mettre dedans; **etw in die Schublade ~** mettre qc dans le tiroir
reinlich I. *Adj* ● *(sauber, sauberkeitsliebend)* propre
❷ *(säuberlich) Trennung* net(te)
II. *Adv* ● *(sauber)* proprement
❷ *(säuberlich)* nettement
Reinlichkeit <-> *f* propreté *f*
Reinmachefrau *f s.* **Reinemachefrau**
reinrassig *Adj* de [pure] race
rein|**reiten** *tr V unreg fam* mouiller *(fam);* **jdn ~** mouiller qn *(fam)*
Reinschrift *f* copie *f* [au] propre
rein|**waschen** *tr, r V unreg fig* **jdn von etw ~** laver qn de qc *(fam);* **sich von etw ~** se laver de qc
reinweg ['ʀaɪnvɛk] *s.* **reineweg**
rein|**ziehen** *tr V unreg sl* **sich** *(Dat)* **ein Bier/einen Film ~** se taper une bière/un film *(fam); s. a.* **hineinziehen**
Reis¹ [ʀaɪs] <-es> *m* ● *(Reispflanze)* riz *m*
❷ *(Frucht)* [**geschälter/ungeschälter**] **~** riz *m* [décortiqué/non décortiqué]
Reis² <-es, -er> *nt* ● *(Pfropfreis)* greffon *m*
❷ *veraltet geh (dünner Zweig)* rameau *m*
Reisanbau *m* riziculture *f* **Reisanbaugebiet** *nt* région *f* de culture du riz **Reisbrei** *m* riz *m* au lait
Reise ['ʀaɪzə] <-, -n> *f* voyage *m;* **eine ~ machen** faire un voyage; **eine ~ an die See/in die Berge/nach Dänemark/zu den Bahamas** un voyage à la mer/à la montagne/au Danemark/aux Bahamas; **auf ~n sein/gehen** être/partir en voyage; **viel auf ~n gehen** voyager beaucoup; **wir haben eine weite ~ hinter uns** nous avons fait un long voyage; **eine ~ wert sein** valoir le voyage; **gute ~!** bon voyage!
▶ **seine letzte ~ antreten** *euph geh* faire le grand voyage *(fig littér);* **wenn einer eine ~ tut, so kann er was erzählen** *Spr.* quiconque a beaucoup vu, peut avoir beaucoup retenu
Reiseandenken *nt* souvenirs *mpl* de voyage **Reiseantritt** *m* départ *m* en voyage **Reiseapotheke** *f* pharmacie *f* de voyage **Reisebedarf** *m* articles *mpl* de voyage **Reisebegleiter(in)** *m(f)* ● *(Reisegefährte)* compagnon *m*/compagne *f* de voyage ❷ *s.* **Reiseleiter(in)** **Reisebekanntschaft** *f* connaissance *f* de voyage **Reisebericht** *m* compte-rendu *m* de voyage **Reisebeschreibung** *f* récit *m* de voyage **Reisebilanz** *f* balance *f* touristique **Reisebüro** *nt* agence *f* de voyages **Reisebus** *m* autocar *m* de tourisme **Reisedauer** *f* durée *f* du voyage **Reisedecke** *f* couverture *f* de voyage **reisefertig** *Adj* prêt(e) à partir; **~ sein** être prêt(e) à partir; **sich ~ machen** se préparer à partir **Reisefieber** *nt fam* fièvre *f* du départ *(fig)* **Reisefreiheit** *f* liberté *f* de voyager **reisefreudig** *Adj* porté(e) à voyager **Reiseführer** *m* ● guide *m* ❷ *(Buch)* guide *m* [touristique] **Reiseführerin** *f* guide *f* **Reisegepäck** *nt* bagages *mpl* **Reisegepäckversicherung** *f* assurance *f* bagages **Reisegeschwindigkeit** *f* vitesse *f* de croisière **Reisegesellschaft** *f*, **Reisegruppe** *f* groupe *m* de voyageurs
Reiseintopf *m* plat *m* unique à base de riz
Reisekasse *f* budget *m* de voyage **Reisekoffer** *m* valise *f* **Reisekosten** *Pl* frais *mpl* de voyage; *(beruflich)* frais *mpl* de déplacement **Reisekostenabrechnung** *f* note *f* de frais **Reisekrankheit** *f kein Pl* mal *m* des transports *pas de pl* **Reiseland** *nt* pays *m* touristique **Reiseleiter(in)** *m(f)* guide *mf*, accompagnateur(-trice) *m(f)* **Reiselektüre** *f* lecture *f* de voyage **Reiseliteratur** *f kein Pl* récits *mpl* de voyage **reiselustig** *Adj* à l'âme voyageuse; **~ sein** aimer voyager **reisemüde** *Adj* qui n'a plus envie de voyager
reisen ['ʀaɪzən] *itr V + sein* ● *(voyager);* **nach Hamburg/in die Schweiz ~** faire un voyage à Hambourg/en Suisse; **viel gereist** qui a vu du pays; **weit gereist** qui a beaucoup voyagé; **das Reisen** les voyages
❷ *(abreisen)* partir
❸ *(als Vertreter unterwegs sein)* être en déplacement; **in Sachen Damenbekleidung ~** être représentant(e) en vêtements féminins
Reisende(r) *f(m) dekl wie Adj* voyageur(-euse) *m(f)*
Reisenecessaire *nt* nécessaire *m* de voyage **Reisepass**[RR] *m* passeport *m* **Reisepläne** *Pl* projets *mpl* de voyage **Reiseprospekt** *m* dépliant *m* touristique **Reiseproviant** *m* provisions *fpl* de route **Reiseroute** *f* itinéraire *m* **Reiserücktrittsversicherung** *f* assurance *f* annulation [voyage] **Reiseruf** *m* message *m* personnel [radio] **Reiseschreibmaschine** *f* machine *f* à écrire portable [*o* portative] **Reisespesen** *Pl* frais *mpl* de déplacement **Reisetasche** *f* sac *m* de voyage **Reiseveranstalter** *m* voyagiste *mf* **Reiseverkehr** *m* trafic *m* saisonnier **Reisevorbereitungen** *f* assurance *f* voyage **Reisevorbereitungen** *Pl* préparatifs *mpl* de voyage **Reisewecker** *m* réveil *m* de voyage **Reisewelle** *f* vague *f* de départs en vacances **Reisewetter** *nt* temps *m* idéal [pour voyager] **Reisewetterbericht** *m* météo *f* vacances **Reisezeit** *f* saison *f* touristique **Reiseziel** *nt* destination *f*
Reisfeld *nt* rizière *f*
Reisig ['ʀaɪzɪç] <-s> *nt* bois *m* mort
Reisigbesen *m* balai *m* de bouleau **Reisigbündel** *m* fagot *m*
Reiskorn *nt* grain *m* de riz **Reismehl** *nt* farine *f* de riz **Reispapier** *nt* papier *m* de riz **Reispudding** *m* gâteau *m* de riz
Reißaus [ʀaɪs'ʔaʊs] *m* ▶ **vor jdm/etw ~ nehmen** détaler devant qn/qc *(fam)*
Reißbrett *nt* planche *f* à dessin
reißen ['ʀaɪsən] <ʀiss, gerissen> I. *itr V* ● *+ sein (einreißen) Papier, Tapete, Stoff:* se déchirer
❷ *+ sein (zerreißen) Faden, Seil:* casser
❸ *+ haben (zerren)* **an etw** *(Dat)* **~** tirer sur qc

II. tr V + haben ❶ (wegreißen) jdm etw aus den Händen ~ arracher qc des mains à qn; sich (Dat) die Mütze vom Kopf ~ se débarrasser précipitamment de sa casquette
❷ (hineinreißen) [sich (Dat)] ein Loch in die Hose ~ [se] faire un trou dans le pantalon
❸ (aus dem Kontext lösen) etw aus dem Zusammenhang ~ détacher qc de son contexte
❹ (wegreißen) jdn mit sich zu Boden/in die Tiefe ~ entraîner qn avec soi au sol/dans les profondeurs; den Wagen nach links ~ donner un brusque coup de volant à gauche
❺ (unversehens herausreißen) jdn aus seinen Gedanken/aus dem Schlaf ~ arracher qn à ses pensées/à son sommeil
❻ (gewaltsam übernehmen) an sich (Akk) ~ s'emparer de Herrschaft, Macht
❼ (rasch ziehen) die Leine ~ tirer sur la corde
❽ SPORT (umwerfen) renverser Latte; Gewichte ~ exécuter un arraché; [das] Reißen l'arraché
❾ (totbeißen) Raubtier: égorger
III. r V + haben ❶ (sich losreißen) sich aus der Umklammerung/seinen Armen ~ s'arracher de l'étreinte/ses bras
❷ fam (sich intensiv bemühen) sich um jdn/etw ~ se battre pour avoir qn/qc; die Leute ~ sich um ihn les gens se l'arrachent; s. a. gerissen
Reißen <-s> nt MED fam élancement m souvent pl; das ~ in etw (Dat) haben avoir un élancement [o des élancements] dans qc
reißend Adj ❶ (mit starker Strömung) déchaîné(e)
❷ (totbeißend) féroce
❸ fam (stark florierend) ~ en Absatz finden se vendre comme des petits pains (fig)
Reißer <-s, -> m fam ❶ (Buch/Film) livre m/film m à suspens
❷ COM marchandise f qu'on s'arrache
reißerisch I. Adj tape-à-l'œil (fam)
II. Adv de façon racoleuse
Reißfeder f tire-ligne m **reißfest** Adj indéchirable **Reißfestigkeit** f résistance f à la déchirure **Reißleine** f corde f de déclenchement **Reißnagel** m punaise f **Reißschiene** f té m **Reißverschluss**RR m fermeture f éclair® **Reißwolf** m broyeur m; in den ~ kommen être destiné(e) au broyeur **Reißzahn** m canine f **Reißzwecke** f punaise f
Reiswaffel f galette f de riz **Reiswein** m saké m
Reitanzug m tenue f d'équitation **Reitausrüstung** f équipement m d'équitation **Reitbahn** f manège m
reiten ['raɪtən] <ritt, geritten> I. itr V + sein ❶ (auf einem Pferd) faire du cheval, monter à cheval; in den Wald ~ faire du cheval dans la forêt; geritten kommen venir à cheval; im Trab/Galopp ~ aller au trot/galop; das Reiten l'équitation f
❷ (auf einem anderen Reittier) auf einem Esel ~ monter un âne; auf einem Kamel durch die Wüste ~ traverser le désert à dos de chameau
❸ (rittlings sitzen) auf einem Schaukelpferd/Besen ~ faire du cheval à bascule/chevaucher un manche à balai
II. tr V + haben monter Pferd, Esel, Kamel
Reiter <-s, -> m (Person, Karteireiter) cavalier m; ~ sein faire de l'équitation
▶ spanischer ~ cheval m de frise
Reiterei <-, -en> f MIL cavalerie f
Reiterin <-, -nen> f cavalière f
Reitersitz m position f [assise] à califourchon; im ~ à califourchon
Reiterstandbild nt statue f équestre
Reitgerte f badine f **Reithalle** f manège m couvert **Reithose** f culotte f de cheval **Reitkappe** f bombe f **Reitlehrer(in)** m(f) professeur mf d'équitation **Reitpeitsche** f cravache f **Reitpferd** nt cheval m de selle **Reitschule** f école f d'équitation **Reitsport** m sport m hippique [o équestre] **Reitstall** m (Gebäude, Tiere) écurie f; (Unternehmen) centre m d'équitation **Reitstiefel** m botte f de cheval **Reitstunde** f cours m d'équitation; ~n nehmen prendre des cours d'équitation **Reittier** nt monture f **Reitturnier** nt concours m hippique **Reitunterricht** m leçons fpl d'équitation **Reitweg** m piste f cavalière
Reiz [raɪts] <-es, -e> m ❶ (Verlockung) charme m; der ~ einer S. (Gen) le charme de qc; für jdn einen ~ haben Landschaft: avoir du charme pour qn; auf jdn einen ~ ausüben exercer un charme sur qn; für jdn seinen ~ verlieren Neues, Fremdartiges: perdre son charme pour qn
❷ PHYSIOL stimulus m
❸ Pl fam (Charme) charmes mpl
reizbar Adj irritable; [leicht] ~ irascible
Reizbarkeit <-> f irritabilité f
reizen ['raɪtsən] I. tr V ❶ (verlocken) attirer; es reizt mich etw zu tun ça me tente de faire qc
❷ MED (angreifen) irriter
❸ (provozieren) provoquer; jdn [dazu] ~ etw zu tun pousser qn à faire qc; s. a. gereizt

II. itr V ❶ (herausfordern) zum Lachen/Weinen ~ provoquer le rire/les larmes
❷ MED Gestank, Pollen: être irritant(e)
❸ KARTEN surenchérir
reizend Adj ❶ Mensch charmant(e); [An]blick, Städtchen, Wohnung ravissant(e); das ist ~ von dir c'est gentil de ta part
❷ iron das sind ja ~e Aussichten! c'est une perspective absolument mirifique!; eine ~e Idee! une idée tout à fait charmante!; das ist ja ~! c'est charmant!
Reizgas nt gaz m lacrymogène **Reizhusten** m toux f d'irritation **Reizker** ['raɪtskɐ] <-s, -> m BOT lactaire m
Reizklima nt MED, METEO climat m changeant
reizlos Adj sans charme
Reizschwelle f PSYCH, MED seuil m d'irritation **Reizstoff** m substance f irritante **Reizthema** nt sujet m brûlant **Reizüberflutung** f excès m de sollicitations
Reizung <-, -en> f MED irritation f
reizvoll Adj attrayant(e); Angebot, Vorschlag alléchant(e) **Reizwäsche** f dessous mpl sexy **Reizwort** <-wörter> nt terme m brûlant
rekapitulieren* tr V geh récapituler
rekeln ['reːkəln] r V sich ~ s'étirer; sich auf dem Sofa/im Bett ~ s'étirer sur le sofa/dans le lit
Reklamation [reklamaˈtsioːn] <-, -en> f réclamation f
Reklame [reˈklaːmə] <-, -n> f ❶ (Werbematerial) publicité f
❷ (Werbung) réclame f; für jdn/etw ~ machen faire de la réclame pour qn/qc; mit jdm/etw ~ machen se faire valoir avec qn/qc (fam); keine gute ~ für jdn sein ne pas être une bonne publicité pour qn
Reklamerummel m fam battage m publicitaire **Reklameschild** nt panneau m [o enseigne f] publicitaire
reklamieren* I. itr V réclamer; wegen etw ~ réclamer au sujet de qc
II. tr V ❶ (bemängeln) etw bei jdm ~ réclamer au sujet de qc auprès de qn
❷ geh (fordern) réclamer; etw für sich ~ revendiquer qc; für sich ~ etw zu tun prétendre à faire qc
rekommandieren* A I. tr V recommander; einen Brief rekommandiert aufgeben envoyer une lettre en recommandé
II. r V sich jdm ~ se recommander à qn
Rekompenz [rekɔmˈpɛnts] <-, -en> f A dédommagement m
rekonstruieren* tr V reconstituer; etw aus etw ~ reconstituer qc à partir de qc
Rekonstruktion [rekɔnstrʊkˈtsioːn] f reconstitution f
Rekonvaleszent(in) [rekɔnvalɛsˈtsɛnt] <-en, -en> m(f) geh convalescent(e) m(f)
Rekonvaleszenz [rekɔnvalɛsˈtsɛnts] <-> f geh convalescence f
Rekord [reˈkɔrt] <-s, -e> m record m; einen ~ aufstellen/halten/brechen établir/détenir/battre un record; ~ gelaufen/gefahren sein avoir battu un record
Rekordbesuch m record m d'affluence
Rekorder [reˈkɔrdɐ] <-s, -> m magnétophone m
Rekordergebnis nt résultat m record **Rekordgewinn** m bénéfice m record **Rekordhalter(in)** m(f), **Rekordinhaber(in)** m(f) détenteur(-trice) m(f) du record **Rekordjahr** nt année f record **Rekordmarke** f ❶ SPORT record m ❷ (Höchststand) niveau m record **rekordverdächtig** Adj susceptible de battre un record **Rekordversuch** m tentative f de record **Rekordzeit** f temps m record; in ~ en un temps m record; eine absolute ~ un record absolu
Rekrut(in) [reˈkruːt] <-en, -en> m(f) recrue f
Rekrutenausbildung f instruction f des recrues **Rekrutenschule** f classe f; die ~ absolvieren faire ses classes
rekrutieren* I. tr V recruter
II. r V sich aus etw ~ Nachwuchs, die Mitarbeiter: se recruter dans [o parmi] qc
Rekrutierung <-, -en> f recrutement m
Rekta Pl von Rektum
rektal [rɛkˈtaːl] I. Adj form rectal(e) (form)
II. Adv form erfolgen, untersuchen, einführen par voie rectale (form)
Rektion [rɛkˈtsioːn] <-, -en> f LING rection f
Rektor ['rɛktoːɐ] <-s, -toren> m, **Rektorin** f ❶ UNIV recteur m
❷ SCHULE directeur(-trice) m(f)
Rektorat [rɛktoˈraːt] <-[e]s, -e> nt ❶ (Amtsräume) (einer Universität) rectorat m; (einer Schule) bureau m du directeur
❷ (Amtszeit) (in einer Universität) rectorat m; (in einer Schule) directorat m (rare)
Rektoskopie [rɛktoskoˈpiː] <-, -n> f MED rectoscopie f
Rektum ['rɛktʊm, Pl: ˈrɛkta] <-s, Rekta> nt form rectum m
rekurrieren* itr V ❶ geh (anknüpfen an) se référer; auf jdn/etw ~ se référer à qn/qc
❷ A, CH gegen etw ~ (Beschwerde einlegen) intenter un recours contre qc; (Berufung einlegen) faire appel de qc

Relais [rə'lɛː] <-, -> *nt* ELEC relais *m*
Relaisstation *f* RADIO, TV réémetteur *m*, relais *m*
Relation [rela'tsioːn] <-, -en> *f geh* relation *f*; **in einer/keiner ~ zu etw stehen** être en/sans relation avec qc; **der Preis muss in vernünftiger ~ zur Qualität stehen** le rapport qualité-prix doit être raisonnable
relativ [rela'tiːf, 'reːlatiːf, 'rɛlatiːf] I. *Adj* relatif(-ive)
II. *Adv* relativement
relativieren* [-'viː-] *tr V geh* relativiser
Relativismus [relati'vɪsmʊs] <-> *m* PHILOS relativisme *m*
Relativität [relativi'tɛːt] <-, -en> *f a.* PHYS relativité *f*
Relativitätstheorie [-vi-] <-> *f* théorie *f* de la relativité
Relativpronomen *nt* pronom *m* relatif **Relativsatz** *m* proposition *f* relative
relegieren* *tr V form* renvoyer
relevant [rele'vant] *Adj geh* pertinent(e)
Relevanz [rele'vants] <-> *f geh* pertinence *f*
Relief [re'lĭɛf] <-s, -s *o* -e> *nt* relief *m*
Reliefdruck *m* impression *f* en relief **Reliefkarte** *f* carte *f* du relief
Religion [reli'gĭoːn] <-, -en> *f* ❶ religion *f*
❷ *(Religionsunterricht)* instruction *f* religieuse
Religionsbekenntnis *nt* confession *f* **Religionsersatz** *m* substitut *m* religieux **Religionsfreiheit** *f* liberté *f* religieuse **Religionsgemeinschaft** *f form* communauté *f* religieuse **Religionsgeschichte** *f* histoire *f* des religions **Religionskrieg** *m* guerre *f* de religion **Religionslehre** *f* instruction *f* religieuse **Religionslehrer(in)** *m(f)* professeur *mf* d'instruction religieuse
religionslos *Adj* sans confession
Religionsstifter *m* fondateur *m* d'une religion **Religionsstunde** *f* cours *m* d'instruction religieuse **Religionsunterricht** *m* cours *m* de religion **Religionszugehörigkeit** *f form* appartenance *f* à une religion

---

Land und Leute

En Allemagne, le catéchisme fait partie du programme scolaire. C'est un cours obligatoire de deux heures, appelé **Religionsunterricht**, qui a lieu dans l'enceinte des établissements scolaires. Il est possible d'en dispenser son enfant en inscrivant celui-ci au cours de *Ethik*. Là, les élèves apprennent à réfléchir sur des questions de vie en communauté, de vie en société, sur des questions de solidarité et de civisme.

---

religiös [reli'gĭøːs] I. *Adj* ❶ *(opp: weltlich)* religieux(-euse)
❷ *(fromm)* pieux(-euse)
II. *Adv beeinflussen, prägen* par la religion; *erziehen* religieusement; *begründen* par des raisons religieuses
Religiosität [religiozi'tɛːt] <-> *f* religiosité *f*
Relikt [re'lɪkt] <-[e]s, -e> *nt geh* vestige *m*; **ein ~ aus meiner Kindheit** une relique de mon enfance
Reling ['reːlɪŋ] <-, -s *o* -e> *f* bastingage *m*
Reliquie [re'liːkvĭə] <-, -n> *f* relique *f*
Reliquienschrein *m* REL reliquaire *m*
Rem <-s, -s> *nt Abk von* **Roentgen equivalent man** rem *m*
Remake [ri'meɪk, 'riːmeɪk] <-s, -s> *nt* remake *m*
Reminiszenz [remɪnɪs'tsɛnts] <-, -en> *f geh* ❶ *(Erinnerung)* réminiscence *f*; *(Gegenstand)* souvenir *m*
❷ *(Anklänge)* réminiscence *f*
remis [rə'miː] I. *Adj unv* nul(le); **~!** match nul!
II. *Adv ausgehen, sich trennen* sur un match nul; **sie spielten ~** ils ont fait match nul
Remis <-, -> *nt* match *m* nul
Remise <-, -n> *f* A *(Wagenhalle)* dépôt *m*
Remission [remɪ'sĭoːn] <-, -en> *f* MED rémission *f*
Remittende [remɪ'tɛndə] <-, -n> *f* invendu *m*; **die ~n** le bouillon
Remix ['riːmɪks] <-[es], -e> *m* MUS remix *m*
Remmidemmi ['rɛmi'dɛmi] <-s> *nt sl* boucan *m (fam)*; **~ machen** faire du boucan *(fam)*
Remoulade [remu'laːdə] <-, -n> *f*, **Remouladensoße** *f* [sauce *f*] rémoulade *f*
rempeln ['rɛmpəln] I. *itr V fam* pousser; **es wird gerempelt** on se pousse
II. *tr V* SPORT bousculer
REM-Phase ['rɛm-] *f* sommeil *m* paradoxal
Remuneration [remunera'tsĭoːn] <-, -en> *f* A *(Vergütung)* rémunération, m
Ren [rɛn, reːn] *s.* **Rentier**[1]
Renaissance [rənɛ'sãːs] <-, -n> *f* ❶ *kein Pl* HIST Renaissance *f*; **Möbel der ~** des meubles [*o* du mobilier] Renaissance
❷ *geh (neue Blüte)* renaissance *f (fig)*
Renaissancemaler [rənɛ'sãːs-] *m* peintre *m* de la Renaissance **Renaissancestil** *m kein Pl* KUNST style *m* Renaissance
Rendezvous [rãde'vuː] <-, -> *nt* ❶ *(amouröse Verabredung)* rendez-vous *m* [galant]; **sich *(Dat)* ein ~ geben** *geh* se donner rendez-vous
❷ RAUM rendez-vous *m* [spatial]
Rendite [rɛn'diːtə] <-, -n> *f* [taux *m* de] rendement *m*; **~ bringen** dégager un rendement
Renegat(in) [rene'gaːt] <-en, -en> *m(f) geh* renégat(e) *m(f)*
Reneklode [reːnə'kloːdə] <-, -n> *f* ❶ *(Baum)* prunier *m* [reine-claude]
❷ *(Frucht)* reine-claude *f*
renitent [reni'tɛnt] I. *Adj geh Mensch* récalcitrant(e); *Auftreten, Benehmen* rebelle
II. *Adv geh* de façon rebelle
Renitenz [reni'tɛnts] <-> *f geh* indocilité *f (littér)*
Renke ['rɛŋkə] <-, -n> *f* lavaret *m*
Rennbahn *f (beim Pferdesport)* hippodrome *m*; *(beim Motorsport)* circuit *m*; *(beim Radsport)* vélodrome *m* **Rennboot** *nt* bateau *m* de course
rennen ['rɛnən] <rannte, gerannt> I. *itr V + sein* ❶ *(schnell laufen)* courir; **gerannt kommen** arriver en courant
❷ *fam (hingehen)* **zum Vorgesetzten ~** aller voir son supérieur; **auf die Ämter ~** courir les administrations
❸ *(stoßen)* **an/gegen etw *(Akk)* ~** rentrer dans qc; **mit dem Kopf gegen einen Dachbalken ~** se cogner la tête contre une poutre
II. *tr V* ❶ *+ haben o sein* SPORT **hundert Meter ~** courir cent mètres
❷ *+ haben (im Lauf stoßen)* **jdn zu Boden ~** renverser qn par terre [en courant]
❸ *+ haben (stoßen)* **jdm ein Messer in die Brust ~** enfoncer à qn un couteau dans la poitrine
Rennen <-s, -> *nt (Autorennen)* course *f* automobile; *(Pferderennen)* course *f* de chevaux; **ins ~ gehen** participer à la course ▶ **ein totes ~** une course ex æquo; **das ~ ist gelaufen** *fam* les jeux sont faits *(fig)*; **gut im ~ liegen** être bien placé(e); **mit etw das ~ machen** *fam* emporter le morceau avec qc *(fam)*; **jdn ins ~ schicken** faire entrer qn en lice *(fig)*
Renner <-s, -> *m fam* article *m* à succès
Rennfahrer(in) *m(f)* ❶ AUT pilote *mf* de course ❷ *(Radrennfahrer)* coureur(-euse) *m(f)* cycliste **Rennjacht** *f* racer *m* **Rennpferd** *nt* cheval *m* de course **Rennplatz** *m s.* **Rennbahn** **Rennrad** *nt* vélo *m* de course **Rennreiter(in)** *m(f)* SPORT jockey *m* **Rennschlitten** *m* traîneau *m* de compétition **Rennsport** *m* ❶ AUT sport *m* automobile ❷ *(Radrennsport)* cyclisme *m* professionnel ❸ *(Pferderennsport)* hippisme *m* **Rennstall** *m* écurie *f* [de course]; **der ~ von Porsche** AUT l'écurie Porsche **Rennstrecke** *f* circuit *m* **Rennwagen** *m* voiture *f* de course
Renommee [renɔ'meː] <-s, -s> *nt geh* renommée *f*; **von ~** de renom
renommiert [renɔ'miːet] *Adj geh* renommé(e)
renovieren* [-'viː-] *tr V* rénover; ravaler *Fassade*
Renovierung <-, -en> *f* rénovation *f*; *der Fassade* ravalement *m*
rentabel [rɛn'taːbəl] I. *Adj* rentable
II. *Adv* de façon rentable
Rentabilität [rɛntabili'tɛːt] <-> *f* rentabilité *f*
Rente ['rɛntə] <-, -n> *f* ❶ *(Altersruhegeld)* [pension *f* de] retraite *f*; **in ~ gehen** partir en [*o* prendre sa] retraite; **~ auf Lebenszeit** annuité *f* à vie
❷ *(regelmäßige Geldzahlung)* rente *f*
Rentenalter *nt* âge *m* de la retraite **Rentenanpassung** *f* revalorisation *f* des retraites **Rentenanspruch** *m* droit *m* à la [pension de] retraite **Rentenantrag** *m* demande *f* de retraite **Rentenbeitrag** *m* cotisation *f* vieillesse **Rentenbemessungsgrundlage** *f* base *f* de l'assiette d'une retraite **Rentenberechnung** *f* calcul *m* de la [pension de] retraite **Rentenbescheid** *m* notification *f* de la [pension de] retraite **Rentenbezug** *m* [pension *f* de] retraite *f* **Renteneintrittsalter** *nt* âge *m* de départ en retraite **Rentenempfänger(in)** *m(f) form* bénéficiaire *mf* d'une [pension de] retraite **Rentenfonds** *m* fonds *m* d'investissement **Rentenkasse** *f* caisse *f* de retraite **Rentenpapier** *nt* titre *m* de rente **Rentenreform** *f* réforme *f* du régime des retraites **Rentensystem** *nt* système *m* de retraite **Rentenversicherung** *f* assurance *f* retraite **Rentenvorsorge** *f* private **~** *(in Frankreich)* ≈ assurance *f* retraite complémentaire **Rentenzahlung** *f* allocation *f* de retraite
Rentier[1] ['rɛntiːɐ] *nt* renne *m*
Rentier[2] [rɛn'tieː] <-s, -s> *m veraltet* rentier(-ière) *m(f)*
rentieren* *r V* être rentable; **sich für jdn ~** être rentable pour qn
Rentner(in) ['rɛntnɐ] <-s, -> *m(f)* retraité(e) *m(f)*; **~ sein** être à la retraite
Reorganisation [reʔɔrganiza'tsĭoːn] <-, -en> *f* réorganisation *f*
reorganisieren* [reʔɔr-] *tr V geh* réorganiser
Rep [rɛp] <-s, -s> *m Abk von* **Republikaner** membre d'un parti d'extrême droite allemand
reparabel [repa'raːbəl] *Adj geh* réparable

Reparation [repara'tsio:n] <-, -en> f réparations fpl [de guerre]
Reparationszahlungen Pl réparations fpl [de guerre]
Reparatur [repara'tu:ɐ] <-, -en> f réparation f; **in ~ sein** être en réparation; **bei jdm etw in** [o **zur**] **~ geben** donner qc à réparer chez qn
reparaturanfällig Adj fragile **Reparaturanfälligkeit** f fragilité f; **~ eines Geräts** fragilité f d'un appareil **reparaturbedürftig** Adj qui nécessite une réparation; **~ sein** avoir besoin d'être réparé(e) **Reparaturkosten** Pl frais mpl de réparation **Reparaturwerkstatt** f atelier m de réparations; (Autowerkstatt) garage m
reparieren* tr V réparer; **jdm etw ~** réparer qc à qn
repatriieren* tr V rapatrier; **jdn nach Frankreich ~** rapatrier qn en France
Repatriierung <-, -en> f rapatriement m
Repertoire [reper'toa:ɐ] <-s, -s> nt répertoire m
repetieren* tr V geh répéter
Repetitor, Repetitorin [repe'ti:to:ɐ, Pl: repeti'to:rən] <-s, -toren> m, f répétiteur(-trice) m(f)
Replik [re'pli:k] <-, -en> f geh réplique f
Report [re'pɔrt] <-[e]s, -e> m reportage m
Reportage [repɔr'ta:ʒə] <-, -n> f reportage m
Reporter(in) [re'pɔrtɐ] <-s, -> m(f) reporter m
Repräsentant(in) [reprɛzɛn'tant] <-en, -en> m(f) représentant(e) m(f)
Repräsentantenhaus nt kein Pl Chambre f des députés; (in Belgien, in den USA) Chambre f des représentants
Repräsentation [reprɛzɛnta'tsio:n] <-, -en> f représentation f
repräsentativ [reprɛzɛnta'ti:f] I. Adj représentatif(-ive)
II. Adv de façon représentative
Repräsentativumfrage f sondage m représentatif
repräsentieren* tr, itr V geh représenter
Repressalie [reprɛ'sa:liə] <-, -n> f meist Pl geh représailles fpl; **gegen jdn ~n ergreifen** exercer des représailles envers qn
Repression [re-] <-, -en> f répression f
repressiv [reprɛ'si:f] Adj geh répressif(-ive)
Reprint [re'prɪnt, 'ri:print] <-s, -s> m réimpression f
reprivatisieren* [-va-] tr V dénationaliser
Reprivatisierung <-, -en> f dénationalisation f
Reproduktion <-, -en> f TYP, KUNST reproduction f
reproduzieren* tr V reproduire
Reprographie [reprogra'fi:] <-, -n> f ❶ (Verfahren) reprographie f ❷ (Produkt) reproduction f
Reptil [rɛp'ti:l, Pl: rɛp'ti:liən] <-s, -ien> nt reptile m
Reptilienfonds [rɛp'ti:liənfɔː] m POL caisse f noire
Republik [repu'bli:k] <-, -en> f république f; **die ~ Frankreich** la République Française
Republikaner(in) [republi'ka:nɐ] <-s, -> m(f) ❶ (in den USA) républicain(e) m(f)
❷ (in Deutschland) membre ou militant(e) d'un parti d'extrême droite en Allemagne
republikanisch [republi'ka:nɪʃ] Adj républicain(e)
Reputation [reputa'tsio:n] <-, -en> f veraltet geh réputation f
Requiem ['re:kviɛm] <-s, Requien> nt requiem m
requirieren* tr V réquisitionner; **etw bei jdm ~** réquisitionner qc auprès de qn
Requisit [rekvi'zi:t] <-s, -en> nt a. THEAT accessoire m; **der Computer ist für ihn ein notwendiges ~** l'ordinateur est un outil de travail indispensable pour lui
Requisiteur(in) [rekvizi'tø:ɐ] <-s, -e> m(f) THEAT accessoiriste mf
resch [rɛʃ] Adj A, SDEUTSCH ❶ (knusprig gebacken) croustillant(e)
❷ (resolut) dégourdi(e)
Reservat [rezɐr'va:t] <-[e]s, -e> nt réserve f
Reserve [re'zɛrvə] <-, -n> f ❶ a. MIL, SPORT réserve f; **Offizier/Hauptmann der ~** officier/capitaine de réserve; **jdn/etw in ~ haben** avoir qn/qc en réserve
❷ PHYSIOL réserve f [d'énergie]
❸ kein Pl geh (Zurückhaltung) réserve f; **jdn aus der ~ locken** fam faire sortir qn de sa réserve
❹ meist Pl ÖKON réserve f
▶ **eiserne ~** [stock m de] réserve; **stille ~n** COM réserves occultes; (Ersparnisse) bas m de laine
Reservebank [-və-] f SPORT banc m des remplaçants **Reservekanister** m bidon m de réserve **Reserveoffizier** m officier m de réserve **Reserverad** nt roue f de secours **Reservereifen** m pneu m de rechange **Reservespieler** m remplaçant m **Reserveübung** f MIL période f d'instruction
reservieren* [-'vi:-] tr V réserver; **jdm etw ~** réserver qc à qn; **ein Zimmer auf den Namen Roth ~** réserver une chambre au nom de Roth
reserviert Adj réservé(e)
Reserviertheit <-> f réserve f
Reservierung <-, -en> f réservation f
Reservist(in) [rezɛr'vɪst] <-en, -en> m(f) réserviste mf

Reservoir [rezɛr'voa:ɐ] <-s, -e> nt geh réservoir m
Reset-Taste ['ri:sɛt-] f touche f reset
Residenz [rezi'dɛnts] <-, -en> f résidence f
Residenzpflicht f kein Pl obligation f de résidence **Residenzstadt** f ville f résidentielle
residieren* itr V résider; **in München/auf einem alten Schloss ~** résider à Munich/dans un vieux château
Resignation [rezɪgna'tsio:n] <-, selten -en> f geh résignation f
resignieren* itr V geh se résigner; **wegen etw ~** se résigner à cause de qc; **..., meinte er resigniert ...,** dit-il d'un ton résigné
resistent [rezɪs'tɛnt] Adj résistant(e); **gegen etw ~ sein** être résistant(e) à qc
Resistenz <-, -en> f résistance f; **~ gegen etw** résistance à qc
resolut [rezo'lu:t] I. Adj résolu(e)
II. Adv résolument
Resolution [rezolu'tsio:n] <-, -en> f résolution f
Resonanz [rezo'nants] <-, -en> f ❶ geh (Reaktion) écho m; **auf** [**große**] **~ stoßen** rencontrer un écho [très] positif; [**große**] **~ finden** recevoir un écho [très] positif; **die ~ auf diesen Vorschlag war groß** cette proposition a reçu un grand écho
❷ MUS résonance f
Resonanzboden m table f [d'harmonie] **Resonanzkörper** m caisse f de résonance
Resopal® <-s, -e> nt sorte de formica® ou de mélamine
resorbieren* tr V absorber
Resorption [rezɔrp'tsio:n] <-, -en> f von Fett, einer Lotion absorption f; **eines Medikaments** résorption f
resozialisieren* tr V réinsérer
Resozialisierung <-, -en> f réinsertion f
resp. Adv Abk von **respektive**
Respekt [re'spɛkt, rɛs'pɛkt] <-s> m respect m; **voller ~** avec respect, respectueusement; **vor jdm/etw ~ haben** avoir du respect pour qn/qc; **jdm ~ einflößen** inspirer le respect à qn; **den ~ vor jdm verlieren** perdre son respect pour qn; **sich** (Dat) **bei jdm ~ verschaffen** se faire respecter de qn; **bei allem ~!** sauf votre respect!; **bei allem ~ vor ihrem Vater/seinen Leistungen** sauf le respect que je dois à son père/son travail; **allen/meinen ~!** chapeau [bas]!
respektabel [rɛspɛk'ta:bəl, rɛspɛk'ta:bəl] Adj geh respectable; **eine respektable Leistung** une performance remarquable
respektieren* tr V respecter
respektive [rɛspɛk'ti:və, rɛspɛk'ti:və] Adv geh ou
respektlos I. Adj irrespectueux(-euse)
II. Adv avec irrespect, irrespectueusement (littér)
Respektlosigkeit <-, -en> f ❶ kein Pl (respektlose Art) manque m de respect
❷ (Bemerkung) propos m irrespectueux
Respektsperson f personne f respectée, notabilité f
respektvoll I. Adj respectueux(-euse)
II. Adv respectueusement
Respiration [respira'tsio:n, rɛs-] <-> f MED respiration f
Ressentiment [rɛsãti'mã:] <-s, -s> nt meist Pl geh ressentiment m
Ressort [rɛ'so:ɐ] <-s, -s> nt ❶ (Zuständigkeitsbereich) ressort m; **jds ~** le ressort de qn; **das ist mein ~** c'est de mon ressort; **in jds ~** (Akk) **fallen** être du ressort de qn
❷ (Abteilung) département m
Ressource [rɛ'sʊrsə] <-, -n> f meist Pl a. FIN ressources fpl
Rest <-[e]s, -e o CH -en> [rɛst] m reste m; **ein ~ Kartoffeln** un reste de pommes de terre; **der letzte ~** la dernière miette; (bei Getränken) le fond de bouteille; **den ~ des Weges gehe ich zu Fuß** je fais le reste du trajet à pied
▶ **der letzte ~ vom Schützenfest** hum le tout dernier reste; **jdm den ~ geben** fam achever qn (fam)
Restalkohol m traces fpl d'alcool **Restauflage** f invendus mpl **Restaurant** [rɛsto'rã:] <-s, -s> nt restaurant m; **ins ~ gehen** aller au restaurant
Restauration[1] [rɛstaura'tsio:n, rɛstaura'tsio:n] <-, -en> f POL, ARCHIT (Wiederherstellung) restauration f
Restauration[2] [rɛstora'tsio:n] <-, -en> f veraltet (Gaststätte) restaurant m
Restaurator, Restauratorin [rɛstau'ra:to:ɐ, rɛstau'ra:to:ɐ, Pl: -ra'to:rən] <-s, -toren> m, f restaurateur(-trice) m(f)
restaurieren* tr V restaurer
Restaurierung <-, -en> f restauration f
Restbestand m MIL reste m **Restbetrag** m reliquat m **Resteverkauf** m vente f de fins de séries
Restguthaben nt solde m d'avoir **Restlaufzeit** f durée f résiduelle
restlich Adj Arbeit, Betrag restant(e); Leute autre; **der ~e Urlaub** le reste des vacances
restlos I. Adj total(e)
II. Adv ❶ (ohne etwas übrig zu lassen) beseitigen, verschwinden

Restposten totalement; *aufessen* sans en laisser une miette; *austrinken* sans en laisser une goutte
❷ *fam (endgültig) bedient sein, es satthaben* absolument; *erledigt sein* complètement
Restposten *m (restliche Ware)* fin *f* de série
Restriktion [rɛstrɪk'tsio:n, rɛstrɪk'tsio:n] <-, -en> *f form* restriction *f*; **jdm in etw** *(Dat)* ~ **en auferlegen** imposer des restrictions à qn en matière de qc
restriktiv [rɛstrɪk'ti:f, rɛstrɪk'ti:f] I. *Adj geh* restrictif(-ive)
II. *Adv geh* de façon restrictive
Restrisiko *nt* risque *m* subsistant; **es verbleibt ein ~** il subsiste un risque **Restschuld** *f* reliquat *m* de dette **Reststoff** *m* résidu *m* **Reststrafe** *f* peine *f* restant à purger **Restsumme** *f* somme *f* restante **Resturlaub** *m* jours *mpl* de vacances [à prendre] **Restwert** *m* ÖKON valeur *f* résiduelle **Restzahlung** *f* reliquat *m*
Resultante [rezʊl'tantə] <-, -n> *f* PHYS résultante *f*
Resultat [rezʊl'ta:t] <-[e]s, -e> *nt* résultat *m*; **zu einem ~ kommen** [*o* **gelangen**] arriver [*o* parvenir] à un résultat; **zu dem ~ kommen** [*o* **gelangen**], **dass** acquérir la conviction que + *indic*
resultieren* *itr V geh* ❶ *(folgen)* résulter; **aus etw ~** résulter de qc; **daraus resultiert, dass** il en résulte que + *indic*
❷ *(sich auswirken)* **in etw** *(Dat)* ~ avoir qc pour résultat
Resümee [rezy'me:] <-s, -s> *nt geh* ❶ *(Schlussfolgerung)* conclusion *f*; **das ~ aus etw ziehen** tirer la conclusion de qc
❷ *(Zusammenfassung)* résumé *m*
resümieren* I. *itr V geh* [se] résumer
II. *tr V geh* résumer
Retorte [re'tɔrtə] <-, -n> *f* cornue *f*; **aus der ~** artificiel
Retortenbaby [-be:bi] *nt* bébé-éprouvette *m (fam)*
retour [re'tu:ɐ] *Adv* CH, A **etw ~ gehen lassen** renvoyer qc; **eine Fahrkarte nach Bad Urach und [wieder] ~, bitte!** un aller [et] retour pour Bad Urach, s'il vous plaît!
Retourbillett ['ratu:ebɪlie:t] *nt* CH [billet *m* d']aller *m* [et] retour **Retourgeld** *nt* CH monnaie *f* **Retourkutsche** *f fam* retour *m* à l'envoyeur *(fam)*
retournieren* [retʊr'ni:rən] *tr V* retourner
Retourspiel ['ratu:ɐ-] *nt* A, CH match *m* retour
Retrospektive [retrospɛk'ti:və] <-, -n> *f* rétrospective *f*
Retrovirus [retro'vi:rʊs] *nt* MED, BIO rétrovirus *m*
retten ['rɛtən] I. *tr V* ❶ *(vor einem Unheil bewahren)* sauver; **jdn vor jdm/etw ~** sauver qn de qn/qc; **rettet mich denn keiner?** personne ne vient à mon secours?
❷ *(den Ausweg weisend)* **die ~de Lösung** la solution salvatrice
❸ *(erhalten)* sauvegarder *Gebäude, Gemälde*
❹ *(hinüberretten)* **ein Erbstück/den Schmuck [über den Krieg] ~** sauvegarder un héritage/des bijoux [pendant la guerre]
▶ **bist du/ist er noch zu ~?** *fam* t'es/il est pas un peu malade? *(fam)*
II. *r V* **sich ~** se sauver, [s']échapper; **sich durch einen Sprung vor etw** *(Dat)* ~ échapper à qc en sautant; **sich vor jdm/etw in den Wald ~** se sauver dans la forêt par peur de qn/qc; **rette sich, wer kann!** *hum* sauve qui peut!
▶ **sich vor jdm/etw nicht mehr ~ können** [*o* **zu ~ wissen**] ne plus pouvoir échapper à qn/qc
Retter(in) <-s, -> *m(f)* sauveur(-euse) *m(f)*
Rettich ['rɛtɪç] <-s, -e> *m* radis *m*
Rettung <-, -en> *f* ❶ sauvetage *m*; **jds ~ aus etw/vor jdm** le sauvetage de qn de qc/des griffes de qn; **gibt es noch eine ~?** y a-t-il encore une chance de salut?; **für ihn gibt es keine ~ mehr** plus rien ne peut le sauver; **~ in letzter Minute** sauvetage in extremis
❷ *(das Erhalten) des Gebäudes, Gemäldes* sauvegarde *f*
▶ **jds [letzte] ~ sein** *fam* être la [dernière] planche de salut de qn
Rettungsaktion *f* opération *f* de sauvetage **Rettungsanker** *m*
▶ **jds ~ sein** être la dernière planche de salut de qn **Rettungsarbeiten** *Pl* travaux *mpl* de sauvetage **Rettungsboot** *nt* bateau *m* de sauvetage **Rettungsdienst** *m* service *m* de secours **Rettungshubschrauber** *m* hélicoptère *m* de sauvetage **Rettungsinsel** *f* NAUT radeau *m* de sauvetage [pneumatique]
rettungslos *Adv* sans espoir [de secours]; **wir sind ~ verloren** tout espoir est perdu
Rettungsmannschaft *f* équipe *f* de secours **Rettungsmedaille** [-mɛdalia] *f* médaille *f* de sauvetage **Rettungsplan** *m* plan *m* de sauvetage **Rettungsring** *m* ❶ bouée *f* de sauvetage
❷ *hum fam* poignées *fpl* d'amour *(fam)* **Rettungsschwimmen** *nt* natation *f* de sauvetage **Rettungsschwimmer(in)** *m(f)* maître-nageur *m* **Rettungsstation** *f* poste *m* de secours **Rettungsversuch** *m* tentative *f* de sauvetage **Rettungswagen** *m* ambulance *f* **Rettungsweste** *f* gilet *m* de sauvetage
Return-Taste [rɪ'tø:ɐn-] *f* INFORM touche *f* Rentrée
Retusche [re'tʊʃə] <-, -n> *f* retouche *f*
retuschieren* *tr V* retoucher
Reue ['rɔɪə] <-> *f* regret *m*; **~ über etw** *(Akk)* regret *m* de qc;

tätige ~ JUR réparation *f*
reuen ['rɔɪən] I. *tr V* regretter; **das Verbrechen/Geschenk reut mich** je regrette le crime/le cadeau
II. *tr V unpers* **es reut jdn, etw getan zu haben** qn regrette d'avoir fait qc
reuevoll *Adj* plein(e) de regret
reuig *Adj geh s.* **reumütig**
reumütig ['rɔɪmy:tɪç] I. *Adj Missetäter, Übeltäter* repentant(e); *Sünder* repenti(e)
II. *Adv gestehen, zurückkommen* en se repentant
Reuse ['rɔɪzə] <-, -n> *f* nasse *f*
Revanche [re'vã:ʃ(ə), re'vanʃ(ə)] <-, -n> *f* a. SPORT, SPIEL revanche *f*; **jdm ~ geben** donner sa revanche à qn; **als ~** *(Gegenleistung)* en contrepartie
Revanchepartie [re'vã:ʃ(ə)-, re'vanʃ(ə)-] *f*, **Revanchespiel** *nt* revanche *f*
revanchieren* [revã'ʃi:rən, revan'ʃi:rən] *r V* ❶ *(sich erkenntlich zeigen)* rendre la pareille; **sich bei jdm/für etw ~** rendre la pareille à qn/pour qc; **ich werde mich bei Gelegenheit dafür ~** je te/vous revaudrai ça à l'occasion
❷ *(sich rächen)* **sich für etw ~** se venger de qc
Revanchismus [revã'ʃɪsmʊs, revan'ʃɪsmʊs] <-> *m* POL revanchisme *m*
Revers¹ [re've:ɐ, re've:ɐ, rə-] <-, -> *nt o* A *m* COUT revers *m*
Revers² [re'vɛrs] <-es, -e> *m (Verpflichtungserklärung)* engagement *m*
reversibel [revɛr'zi:bəl] *Adj geh Entscheidung, Prozess, Urteil* révocable; *Vorgang* réversible
revidieren* [-vi-] *tr V geh* ❶ *(rückgängig machen)* réviser *Meinung, Urteil*; revenir sur *Entscheidung*
❷ *(abändern)* modifier *Bestimmung, Gesetz, Vertrag*; **revidiert und ergänzt** revu(e) et corrigé(e)
❸ CH *(überprüfen)* réviser *Maschine, Lokomotive*
Revier [re'vi:ɐ] <-s, -e> *nt* ❶ *(Polizeidienststelle)* poste *m* [de police], commissariat *m*
❷ *(Bezirk)* district *m*
❸ *(Jagdrevier)* territoire *m* de chasse; *(privat)* chasse *f* gardée
❹ ZOOL territoire *m*
❺ MIL *(Sanitätsbereich)* infirmerie *f*
❻ *(Zuständigkeitsbereich)* **das ist mein ~** c'est de mon domaine
❼ **kein Pl** MIN *fam* **das ~** le bassin houiller
Revirement [revir(ə)'mã:] <-s, -s> *nt geh* remaniement *m*
Revision [revi'zio:n] <-, -en> *f* ❶ FIN vérification *f*
❷ JUR cassation *f*; **~ einlegen** se pourvoir en cassation; **die ~ verwerfen** [*o* **zurückweisen**] rejeter le pourvoi en cassation
❸ TYP révision *f* [des épreuves]
❹ *geh (Änderung) einer Überzeugung* révision *f*
Revisionsgericht *nt* JUR cour *f* de cassation **Revisionsverfahren** *nt* JUR procédure *f* de cassation **Revisionsverhandlung** *f* JUR audience *f* de cassation
Revisor [re'vi:zo:ɐ] <-s, -soren> *m*, **Revisorin** *f* vérificateur(-trice) *m(f)*
Revolte [re'vɔltə] <-, -n> *f* révolte *f*
revoltieren* [-vɔ-] *itr V geh* se révolter; **gegen jdn/etw ~** se révolter contre qn/qc
Revolution [revolu'tsio:n] <-, -en> *f* révolution *f*; **die Französische ~** la Révolution française
revolutionär [revolutsio'nɛ:ɐ] *Adj* révolutionnaire
Revolutionär(in) <-s, -e> *m(f)* révolutionnaire *mf*
revolutionieren* *tr V* révolutionner
Revolutionsführer(in) [-vo-] *m(f)* meneur(-euse) *m(f)* de la révolution
Revoluzzer(in) [revo'lʊtsɐ] <-s, -> *m(f) pej* agitateur(-trice) *m(f)*
Revolver [re'vɔlvɐ] <-s, -> *m* revolver *m*
Revolverblatt [re'vɔlvɐ-] *nt fam* journal *m* à sensation **Revolvergürtel** *m* ceinture *f* de revolver **Revolverheld** *m* héros *m* de la gâchette
Revue [re'vy:, rə'vy:] <-, -n> *f* revue *f*
▶ **jdn/etw ~ passieren lassen** *geh* passer qn/qc en revue
Revuetänzer(in) [re'vy:-, rə'vy:-] *m(f)* danseur(-euse) *m(f)* de revue
Reykjavik ['raɪkjavi:k, -vɪk] <-s> *nt* Reykjavik
Rezensent(in) [retsɛn'zɛnt] <-en, -en> *m(f)* critique *mf* [littéraire]
rezensieren* *tr V* critiquer; **rezensiert werden** faire l'objet d'une critique
Rezension [retsɛn'zio:n] <-, -en> *f* critique *f*
Rezensionsexemplar *nt* exemplaire *m* de presse
Rezept [re'tsɛpt] <-[e]s, -e> *nt* ❶ recette *f*
❷ MED ordonnance *f*; **ein ~ ausstellen** délivrer une ordonnance; **auf ~** sur ordonnance
Rezeptblock *m* MED carnet *m* d'ordonnances **rezeptfrei** I. *Adj* en vente libre II. *Adv* **~ erhältlich sein** être en vente libre

Rezeption [rɛtsɛp'tsi̯oːn] <-, -en> f réception f; **an der ~ à la réception**
rezeptpflichtig Adj délivré(e) uniquement sur ordonnance
Rezeptur [rɛtsɛp'tuːɐ] <-, -en> f PHARM ❶ (Zubereitung) préparation f d'un médicament sur ordonnance
❷ (Arbeitsraum) officine f
Rezession [retsɛ'si̯oːn] <-, -en> f récession f
rezessionssicher Adj Branche, Bereich à l'abri de la récession
rezessiv [rɛtsɛ'siːf] Adj ÖKON, BIO, MED Tendenz récessif(-ive)
reziprok [retsi'proːk] Adj MATH inverse
Rezitation [retsita'tsi̯oːn] <-, -en> f (Textvortrag) récital m poétique; (Liedvortrag) récital m
Rezitator [retsi'taːtoːɐ, Pl: retsita'toːrən] <-s, -toren> m, **Rezitatorin** f interprète mf de poèmes/de chansons
rezitieren* I. tr V reciter; **jdn/etw ~** réciter qn/qc
II. itr V **aus etw ~** réciter qc
R-Gespräch ['ɛr-] nt appel m en P.C.V.; **ein ~ führen** appeler [o téléphoner] en P.C.V.
rh [ɛr'haː] Abk von **Rhesusfaktor negativ** Rh-
Rh Abk von **Rhesusfaktor positiv** Rh+
Rhabarber [ra'barbɐ] <-s, -> m rhubarbe f
Rhabarberkuchen m gâteau m à la rhubarbe
Rhapsodie [rapso'diː] <-, -n> f r[h]apsodie f
Rhein [raɪn] <-s> m Rhein m; **Kehl am ~** Kehl sur Rhin
rheinabwärts Adv en descendant le Rhin; **~ fahren** descendre le Rhin **rheinaufwärts** Adv en remontant le Rhin; **~ fahren** remonter le Rhin **Rheinfall** m chute f du Rhin
rheinisch Adj attr rhénan(e)
Rheinland <-[e]s> nt la Rhénanie
Rheinländer(in) <-s, -> m(f) Rhénan(e) m(f)
Rheinland-Pfalz nt la Rhénanie-Palatinat
Rheinwein m vin m du Rhin
Rhesusaffe ['reːzʊs-] m [singe m] rhésus m **Rhesusfaktor** m facteur m rhésus; **~ [positiv/negativ]** [facteur m] rhésus m [positif/négatif]
Rhetorik [re'toːrɪk] <-> f rhétorique f
rhetorisch I. Adj rhétorique; Figur de rhétorique
II. Adv **~ begabt** doué(e) en matière de rhétorique; **das ist nur rein ~ [gemeint]** c'est une façon de parler
Rheuma ['rɔɪma] <-s> nt fam rhumatisme m souvent pl; **~ haben** avoir des rhumatismes
Rheumatiker(in) [rɔɪ'maːtikɐ] <-s, -> m(f) rhumatisant(e) m(f)
rheumatisch Adj rhumatismal(e)
Rheumatismus [rɔɪma'tɪsmʊs] <-> m rhumatisme m
Rheumatologe [rɔɪmato'loːgə] <-n, -n> m, **Rheumatologin** f rhumatologue mf
Rheumatologie [rɔɪmatolo'giː] <-> f MED rhumatologie f
Rh-Faktor [ɛr'haː-] m Abk von **Rhesusfaktor** [facteur m] rhésus m
Rhinozeros [ri'noːtserɔs] <-[ses], -se> nt ❶ (Nashorn) rhinocéros m
❷ fam (Dummkopf) âne m (fig)
Rhizom [ri'tsoːm] <-s, -e> nt BOT rhizome m
Rhododendron [rodo'dɛndrɔn] <-s, -dendren> m o nt rhododendron m
Rhodos ['rɔdɔs, 'roːdɔs] <-> nt le Rhodes
Rhombus ['rɔmbʊs] <-, Rhomben> m losange m
Rhône ['roːnə] <-> f **die ~** le Rhône
Rhönrad ['røːnraːt] nt SPORT roue f vivante
rhythmisch ['rʏtmɪʃ] I. Adj Atmung, Bewegungen rythmé(e); Gymnastik rythmique
II. Adv rythmiquement
Rhythmus ['rʏtmʊs] <-, Rhythmen> m rythme m; **im ~ en rythme**
RIAS ['riːas] <-> m HIST Abk von **Rundfunk im amerikanischen Sektor** RIAS f
Ribis[el] <-, -n> f A groseille f
Ribonukleinsäure [ribonukle'iːn-] f BIO acide m ribonucléique
Ribosom [ribo'zoːm] <-s, -en> nt CHEM, BIO ribosome m
Richard <-s> m ❶ Richard m
❷ HIST **~ Löwenherz** Richard Cœur de Lion
Richtantenne f antenne f directive
richten ['rɪçtən] I. r V ❶ (bestimmt sein, sich wenden) **sich an jdn/etw ~** s'adresser à qn/qc
❷ (sich orientieren) **sich nach jdm/etw ~** se conformer à qn/qc; **wir ~ uns ganz nach Ihnen** nous nous en remettons complètement à vous
❸ (abhängen von) **sich nach etw ~** dépendre de qc; **sich danach ~, wie viel ...** dépendre combien... + indic; **das richtet sich danach, ob ...** ça dépend si...
❹ (abzielen) **jdn/etw ~** être dirigé(e) contre qn/qc
II. tr V ❶ (lenken) **den Blick/die Taschenlampe auf jdn/etw ~** diriger son regard/la lampe sur qn/qc; **den Zeigestock/Finger auf jdn ~** pointer sa canne/son doigt sur qn; **die Waffe/das Fernrohr auf jdn/etw ~** braquer une arme/des jumelles sur qn/qc
❷ (adressieren) **einen Brief/eine Bitte an jdn ~** adresser une lettre/une demande à qn
❸ (zurechtmachen) faire Haare, Zimmer
❹ (reparieren) réparer Heizung, Uhr
❺ (bereiten) **das Essen ~** faire le repas
III. itr V (urteilen) **über jdn/etw ~** juger qn/qc
Richter(in) <-s, -> m(f) JUR juge mf; **vorsitzender ~** président m
Richteramt nt magistrature f
richterlich Adj attr judiciaire
Richterschaft <-> f magistrature f
RichterskalaRR f kein Pl échelle f de Richter
Richterspruch m JUR sentence f, verdict m
Richtfest nt fête f pour l'achèvement du gros œuvre (à laquelle le propriétaire convie les artisans et éventuellement des voisins)
Richtfunk m radio f par faisceau hertzien **Richtgeschwindigkeit** f vitesse f conseillée
richtig ['rɪçtɪç] I. Adj ❶ (korrekt) Antwort, Lösung, Haus bon(ne) antéposé; **das ist ~** c'est juste
❷ (angebracht) Haltung, Maßnahme bon(ne) antéposé; **zur ~en Zeit** au bon moment; **deine Entscheidung war ~** tu as pris la bonne décision; **es ist ~ etw zu tun** il est judicieux de faire qc; **es ist ~ gewesen, dass** c'était bien que + subj
❸ (am richtigen Ort) **hier/bei mir sind Sie ~** vous êtes à la bonne adresse ici/chez moi
❹ (wirklich) Eltern, Kind, Name véritable, vrai(e) antéposé
❺ fam (regelrecht) Dummkopf, Idiot vrai(e) antéposé (euph)
❻ (passend) Frau, Mann, Partner bon(ne) antéposé; **er sucht die ~e Frau** il cherche chaussure à son pied; **er ist nicht der ~e Partner für dich** ce n'est pas le bon partenaire pour toi
❼ (ordentlich) Beruf, Winter bon(ne) antéposé
❽ fam (in Ordnung) **~ sein** Person: être au poil (fam)
II. Adv ❶ (korrekt) antworten, lösen, schreiben correctement; verstehen bien; kalkulieren, raten, rechnen juste; **~ gehen** Uhr: donner l'heure exacte; **höre ich ~?** j'ai bien entendu?; **ich höre doch wohl nicht ~?** c'est pas vrai?
❷ (angebracht) entscheiden, handeln, vorgehen judicieusement; **sehr ~!** très juste!
❸ (am richtigen Ort) hängen, stehen à la bonne place
❹ (wirklich) passen, sitzen, können bien
❺ fam (regelrecht) gemütlich, wütend, betrügen vraiment
Richtige(r) f(m) dekl wie Adj ❶ (Partner) bon(ne) partenaire mf
❷ (Treffer) bon numéro m; **sechs ~ im Lotto** six bons numéros au loto
▶ **du bist mir der/die ~!** iron fam t'es bon(ne), toi! (fam); **bei jdm an den ~n/die ~ geraten** iron ne pas pouvoir mieux tomber avec qn
Richtige(s) nt dekl wie Adj ❶ (Zusagendes) **das ~/etwas ~s** ce qu'il me/te/... faut; **das ~ für mich/für meine Wohnung** ce qu'il me faut/ce qu'il me faut pour mon appartement; **ich habe immer noch nichts ~s gefunden** je n'ai toujours pas trouvé ce qu'il me faut
❷ (Ordentliches) **etwas/nichts ~s** quelque chose/rien de convenable
richtiggehend fam I. Adj véritable antéposé
II. Adv vraiment (fam)
Richtigkeit f ❶ (Korrektheit) der Antwort, Lösung justesse f; der Schreibung, Übersetzung exactitude f; der Abschrift, Kopie conformité f; **mit etw hat es seine ~** qc est justifié(e); **hat es mit diesem Scheck seine ~?** est-ce que ce chèque est correct?
❷ (Angebrachtheit) justesse f
richtig|liegen itr V unreg fig **mit etw ~/nicht ~** se/ne pas se planter avec qc; **bei jdm ~** être à la bonne adresse avec qn
richtig|stellen tr V **etw ~** rectifier qc
Richtigstellung f rectification f
Richtkranz m couronne f pour l'achèvement du gros œuvre (accrochée au sommet de la charpente du toit lors de la fête organisée à cette occasion)
Richtlinie [-liːni̯ə] f meist Pl directive f
Richtmikrofon nt microphone m directionnel
Richtplatz m lieu m d'exécution
Richtpreis m prix m conseillé
Richtschnur f ❶ CONSTR cordeau m
❷ kein Pl (Grundsatz) **die ~ für etw** la ligne directrice pour qc; **die ~ meines Verhaltens/seines Handelns** ma ligne de conduite/sa ligne d'action
Richtstrahler m émetteur m directif
Richtung <-, -en> f ❶ (Himmelsrichtung) direction f; **aus östlicher ~** de l'est; **in östlicher ~ liegen** être situé(e) à l'est; **eine ~ einschlagen** [o **nehmen**] prendre une direction; **in ~ Wald/Bahnhof** en direction de la forêt/de la gare; **in alle** [o **nach allen**] **~en** dans toutes les directions; **die Kerle sind in diese/in westliche ~ gelaufen** les types sont partis dans cette direction/vers

l'ouest
② *(Verlauf)* **einer S.** *(Dat)* **eine andere ~ geben** modifier le cours de qc
③ *(Tendenz)* **philosophische/politische ~** tendance *f* philosophique/politique; **irgendwas in der** [*o* **dieser**] **~** *(etwa so)* un truc de ce genre *(fam)*; **in dieser ~** *(Hinsicht)* à ce propos
Richtungsänderung *f* changement *m* de direction **Richtungskampf** *m* lutte *f* entre différents courants politiques
richtung[s]weisend *Adj* novateur(-trice); **einen ~en Beschluss fassen** adopter un schéma directeur; **für etw ~ sein** ouvrir la voie à qc; **~ sein** ouvrir des perspectives
Richtwert *m* valeur *f* indicative; **ein ~ von 4,2 Prozent** un taux indicatif de 4,2 pour cent
Ricke ['rɪkə] <-, -n> *f* chevrette *f*
rieb [riːp] *Imp von* **reiben**
riechen ['riːçən] <roch, gerochen> I. *itr V* ① *(Geruch verströmen)* sentir; **gut/schlecht/unangenehm ~** sentir bon/mauvais/avoir une odeur désagréable; **nach Parfüm ~** sentir le parfum; **was riecht hier so süßlich?** d'où vient cette odeur douceâtre?; **übel ~d** malodorant(e)
② *(schnuppern)* **an jdm/etw ~** renifler qn/qc
II. *tr V* ① *(als Geruch wahrnehmen)* **etw ~** sentir qc; **etw nicht ~ können** ne pas pouvoir sentir qc
② *fam (ahnen)* **etw ~** flairer qc *(fig)*; **~, dass** flairer que + *indic (fig)*
▶ **jdn nicht ~ können** *fam* ne pas pouvoir sentir qn *(fam)*
III. *itr V unpers* **es riecht nach Zitrone** ça sent le citron; **es riecht süßlich/angenehm/ekelhaft** il y a une odeur douceâtre/agréable/épouvantable; **es riecht angebrannt** ça sent le brûlé
Riecher <-s, -> *m* ▶ **einen guten** [*o* **den richtigen**] **~ für etw haben** *fam* avoir du flair pour qc *(fig)*
Riechkolben *m hum* pif *m (fam)*, blair *m (fam)* **Riechnerv** *m* nerf *m* olfactif **Riechorgan** *nt* organe *m* de l'odorat **Riechsalz** *nt* sels *mpl*
Ried [riːt] <-s, -e *o* -er> *nt* SDEUTSCH, CH *(Moor)* marais *m*
rief [riːf] *Imp von* **rufen**
Riege ['riːɡə] <-, -n> *f* ① SPORT section *f*
② *pej (Gruppe)* clique *f (fam)*
Riegel ['riːɡəl] <-s, -> *m* ① *(Verschluss)* verrou *m*; **den ~ an etw** *(Dat)* **vorlegen** mettre [*o* pousser] le verrou de qc
② *(Schokoladenriegel)* barre *f*
▶ **einer S.** *(Dat)* **einen ~ vorschieben** mettre le holà à qc
Riemen ['riːmən] <-s, -> *m* ① *(schmaler Streifen) der Tasche, des Koffers* courroie *f*
② *(Ruder)* rame *f*, aviron *m*
▶ **den ~ enger schnallen** *fam* se serrer la ceinture *(fam)*; **sich in die ~ legen** ramer à tour de bras; **sich am ~ reißen** *fam* se secouer *(fam)*
Ries [riːs] <-es, -e> *nt* TYP *veraltet* rame *f*
Riese ['riːzə] <-n, -n> *m*, **Riesin** *f* géant(e) *m(f)*; **ein ~ von einem Mann** un colosse
Rieselfeld ['riːzəl-] *nt* champ *m* d'épandage
rieseln ['riːzəln] *itr V + sein Körner, Sand:* s'écouler; *Blut, Wasser:* couler; **von den Wänden ~** *Wasser:* ruisseler sur les murs; *Kalk, Putz:* se détacher des murs
Riesenchance *f* chance *f* formidable **Riesendummheit** *f fam* bêtise *f* énorme **Riesenerfolg** *m fam* succès *m* formidable **Riesenerlebnis** *nt* expérience *f* formidable **Riesenexemplar** *nt* exemplaire *m* géant **Riesenflasche** *f fam* magnum *m (fam)* **Riesenfreude** *f* joie *f* immense **Riesengebirge** *nt* GEOG massif *m* des Géants **Riesengemeinheit** *f fam* sacrée méchanceté *f (fam)* **Riesengestalt** *f* ① *(Größe)* taille *f* gigantesque ② *(Hüne)* colosse *m* **riesengroß** *Adj fam* ① *(sehr groß)* géant(e) ② *(außerordentlich)* Enttäuschung, Überraschung, Summe énorme antéposé *(fig)* **riesenhaft** *Adj* gigantesque **Riesenhai** *m* [requin *m*] pèlerin *m* **Riesenhaus** *f fam* maison *f* gigantesque **Riesenhunger** *m fam* faim *f* de loup *(fam)*; **einen ~ haben** crever la dalle *(fam)* **Riesenlärm** *m fam* fracas *m* terrible **Riesenplakat** *nt* poster *m* gigantesque **Riesenrad** *nt* grande roue *f* **Riesenschildkröte** *f* ZOOL tortue *f* géante **Riesenschlange** *f* boa *m* **Riesenschritt** *m* pas *m* de géant; **mit ~en à grands pas** **Riesenslalom** *m* slalom *m* géant **Riesenüberraschung** *f fam* sacrée surprise *f (fam)* **Riesenwuchs** *m* MED, BIO gigantisme *m*
riesig I. *Adj* ① *(ungeheuer groß)* Gebäude, Saal, Turm gigantesque; Hand, Fußabdruck, Kopf énorme; **ein ~er Kerl** un géant
② *(gewaltig)* Anstrengung, Enttäuschung, Freude immense; Überraschung, Hunger, Durst sacré(e) antéposé *(fam)*
③ *fam (hervorragend)* **das ist ~!** c'est géant! *(fam)*
II. *Adv* **sich freuen** énormément; **sich irren** complètement
Riesin *s.* **Riese**
Riesling ['riːslɪŋ] <-s, -e> *m* riesling *m*
riet [riːt] *Imp von* **raten**
Riff [rɪf] <-[e]s, -e> *nt* récif *m*

rigide *Adj geh* rigide
rigoros [riɡoˈroːs] I. *Adj Maßnahme* rigoureux(-euse)
II. *Adv* ablehnen, durchgreifen rigoureusement
Rigorosum [riɡoˈroːzʊm, *Pl:* riɡoˈroːza] <-s, Rigorosa *o* Rigorosen> *nt* ≈ soutenance *f* de thèse
Rikscha ['rɪkʃa] <-, -s> *f* pousse-pousse *m*
Rille ['rɪlə] <-, -n> *f (längliche Vertiefung)* rainure *f*; *einer Schallplatte* sillon *m*; *einer Säule* cannelure *f*
Rind [rɪnt] <-[e]s, -er> *nt* ① bovin *m*
② *kein Pl fam (Rindfleisch)* bœuf *m*
Rinde ['rɪndə] <-, -n> *f* ① *(Baumrinde)* écorce *f*
② *(Brotrinde, Käserinde)* croûte *f*
③ ANAT *des Hirns, der Nieren* cortex *m*
Rinderbaron *m fam* gros producteur *m* de bœuf *(fam)* **Rinderbraten** *m* rôti *m* de bœuf **Rinderbrust** *f kein Pl* GASTR poitrine *f* de bœuf **Rinderfilet** *nt* filet *m* de bœuf **Rinderherde** *f* troupeau *m* de bœufs **Rinderleber** *f* foie *m* de bœuf **Rindertalg** *m* suif *m* de bœuf **Rinderwahnsinn** *m* maladie *f* de la vache folle **Rinderzucht** *f* élevage *m* bovin **Rinderzunge** *f* GASTR langue *f* de bœuf
Rindfleisch *nt* [viande *f* de] bœuf *m*
Rindfleischsuppe *f* bouillon *m* [*o* consommé *m*] de bœuf
Rindsleder *nt* vachette *f*
Rindsuppe <-, -n> *f* A bouillon *m* de bœuf
Rindvieh <-viecher> *nt* ① *kein Pl* bovins *mpl*; **zehn Stück ~** dix têtes de bétail
② *fam (Dummkopf)* andouille *f (fam)*
Ring [rɪŋ] <-[e]s, -e> *m* ① *(Fingerring)* bague *f*; *(Ehering)* alliance *f*
② *(Öse, ringförmiger Gegenstand)* anneau *m*
③ *(Kreis) von Personen* cercle *m*; **einen ~ um jdn schließen** former un cercle autour de qn
④ *(Jahresring)* cerne *m*
⑤ *(Wert auf einer Schießscheibe)* cercle *m* [concentrique], zone *f*; **98 ~e schießen** réaliser un score de 98 points
⑥ *Pl (Augenschatten)* cernes *mpl*; [**dunkle**] **~e unter den Augen haben** avoir des cernes sous les yeux
⑦ *(Ringstraße)* périphérique *m*
⑧ *(Vereinigung) von Händlern, Versicherungen* association *f*; *von Dealern, Hehlern* cartel *m*
⑨ BOXEN ring *m*; **~ frei!** prière de quitter le ring!
⑩ *Pl (Turngerät)* anneaux *mpl*
▶ **die ~e tauschen** *geh* échanger les anneaux *(soutenu)*
Ringbuch *nt* classeur *m* [à anneaux]
Ringel ['rɪŋəl] <-s, -> *m* rond *m*; *des Haares* boucle *f*
Ringelblume *f* souci *m* **Ringellocke** *f* frisette *f*; **sie hatte eine Haarpracht aus ~n** sa chevelure était toute bouclée
ringeln ['rɪŋəln] I. *tr V* enrouler *Schwanz;* **die Schlange ringelt ihren Körper um den Baum** le serpent enroule son corps autour de l'arbre
II. *tr V sich ~ Haare, Schwanz, Schlange:* s'enrouler; *s. a.* **geringelt**
Ringelnatter *f* couleuvre *f* à collier **Ringelreihen** <-s, -> *m* ronde *f*; **~ tanzen** faire la ronde **Ringelschwanz** *m* queue *f* en tire-bouchon **Ringelspiel** *nt* A *(Karussell)* manège *m* de chevaux de bois **Ringeltaube** *f* palombe *f*
ringen ['rɪŋən] <rang, gerungen> I. *itr V* ① *(kämpfen)* lutter; **mit jdm ~** lutter contre qn
② *fig* **mit sich ~** lutter contre soi-même
③ *(schnappen)* **nach Atem** [*o* **Luft**] **~** chercher à reprendre son souffle
④ *(sich bemühen)* **um Fassung ~** essayer de se reprendre; **um Worte ~** chercher les mots
II. *tr V* **jdm etw aus der Hand ~** arracher qc des mains de qn
Ringen <-s> *nt* lutte *f*
Ringer(in) <-s, -> *m(f)* lutteur(-euse) *m(f)*
Ringfahndung *f* recherches *fpl* dans un périmètre circonscrit **Ringfinger** *m* annulaire *m* **ringförmig** [-fœrmɪç] I. *Adj* circulaire; **~e Mauer** mur *m* d'enceinte; **~e Wall** enceinte *f* fortifiée
II. *Adv* **etw ~ einschließen** encercler qc; **~ um etw herumführen** contourner qc **Ringkampf** *m a. fig* combat *m* [de lutte] **Ringkämpfer(in)** *s.* Ringer(in) **Ringmuskel** *m* ANAT muscle *m* orbiculaire **Ringrichter(in)** *m(f)* arbitre *m* [du ring]
rings [rɪŋs] *Adv* autour; **~ um jdn/das Haus** autour de qn/la maison; **~ um jdn/etw stehen** se tenir autour de qn/qc; **sich ~ im Kreis umsehen** regarder autour de soi
ringsherum ['rɪŋshɛˈrʊm] *s.* **ringsum**
Ringstraße *f (um eine Stadt)* boulevard *m* extérieur
ringsum ['rɪŋsʔʊm], **ringsumher** ['rɪŋsʔʊmˈheːɐ] *Adv* [tout] autour
Rinne ['rɪnə] <-, -n> *f* ① *(Vertiefung)* cavité *f*
② *(offenes Rohr)* caniveau *m*; *(Dachrinne)* gouttière *f*
rinnen ['rɪnən] <rann, geronnen> *itr V + sein* ① *(fließen, rieseln)* couler; **durch die Finger ~** *Sand:* couler entre les doigts
② *(herausfließen, -rieseln)* s'écouler; **aus der Wunde ~** *Blut:*

s'écouler de la plaie
Rinnsal ['rɪnzaːl] <-[e]s, -e> *nt (Wasserlauf)* filet *m* d'eau
Rinnstein *m* ❶ *(Gosse)* caniveau *m*
 ❷ *s.* **Bordstein**
Rippchen ['rɪpçən] <-s, -> *nt* côtelette *f*
Rippe ['rɪpə] <-, -n> *f* ❶ ANAT côte *f*
 ❷ BOT, ARCHIT nervure *f*
 ❸ *(schmaler Teil) eines Heizkörpers, Kühlaggregats* ailette *f*; *einer Tafel Schokolade* barre *f*
 ❹ TEXTIL côte *f*
 ▸ **nichts auf den ~n haben** *fam* n'avoir que la peau sur les os; **bei ihr kann man die [**o **alle] ~n zählen** *fam* on peut compter ses côtes; **etwas auf die ~n kriegen** *fam* prendre du lard; **sich** *(Dat)* **etw nicht aus den ~n schneiden können** *fam* ne pas pouvoir sortir qc du chapeau
Rippenbruch *m* fracture *f* des côtes   **Rippenfell** *nt* ANAT plèvre *f*   **Rippenfellentzündung** *f* MED pleurésie *f*   **Rippenstoß** *m* coup *m* de coude; **jdm einen ~ geben** donner un coup de coude à qn
Rips [rɪps] <-es, -e> *m* reps *m*
Risiko ['riːziko] <-s, -s *o* Risiken> *nt* risque *m*; **berufliches ~** risque du métier; **ein/kein ~ eingehen** prendre un/ne prendre aucun risque; **auf Ihr/dein [eigenes] ~** à vos/tes risques et périls
risikobereit *Adj* prêt(e) à prendre des risques   **Risikobereitschaft** *f* goût *m* du risque   **Risikofaktor** *m* facteur *m* de risque   **risikofreudig** *Adj* téméraire; **~ sein** avoir le goût du risque   **Risikogruppe** *f* groupe *m* à risque[s]
risikolos *Adj* sans risque
risikoreich *Adj* plein(e) de risques; *Geldanlage, Transaktion* risqué(e)   **Risikorücklage** *f* réserve *f* pour risques   **Risikoschwangerschaft** *f* MED grossesse *f* à risque
riskant [rɪs'kant] **I.** *Adj* risqué(e)
 II. *Adv fahren, spielen* en prenant des risques
riskieren* *tr V* ❶ *(aufs Spiel setzen, in Kauf nehmen)* risquer *Vermögen, Leben, Unfall;* **es ~, sich lächerlich zu machen** risquer de se ridiculiser
 ❷ *(wagen)* oser *Blick, Lächeln;* **es ~ etw zu tun** se risquer à faire qc
Rispe ['rɪspə] <-, -n> *f* BOT panicule *f*
riss^{RR}, **riß**^{ALT} *Imp von* **reißen**
Riss^{RR} <-es, -e>, **Riß**^{ALT} <Risses, Risse> *m* ❶ *(rissige Stelle)* fissure *f*
 ❷ *(beschädigte, zerrissene Stelle)* déchirure *f*
 ❸ *fig* accroc *m;* **unsere Freundschaft hat einen ~ bekommen** notre amitié a connu un accroc
rissig ['rɪsɪç] *Adj* crevassé(e)
Rist [rɪst] <-[e]s, -e> *m* ❶ *(Fußrücken)* cou-de-pied *m;* **einen hohen ~ haben** avoir le pied cambré
 ❷ *(Widerrist)* garrot *m*
Riten ['riːtən] *Pl von* **Ritus**
ritt [rɪt] *Imp von* **reiten**
Ritt <-[e]s, -e> *m* promenade *f* à cheval
Ritter ['rɪtɐ] <-s, -> *m* chevalier *m;* **jdn zum ~ schlagen** adouber qn
Ritterburg *f* château *m* fort   **Rittergut** *nt* HIST terre *f* seigneuriale   **Ritterkreuz** *nt* croix *f* de chevalier
ritterlich *Adj* chevaleresque
Ritterlichkeit <-> *f* chevalerie *f*
Ritterorden *m* ordre *m* de chevalerie   **Ritterroman** *m* roman *m* de chevalerie   **Ritterrüstung** *f* armure *f* [de chevalier]   **Ritterschlag** *m* adoubement *m;* **den ~ empfangen** être adoubé(e), être armé(e) chevalier
Rittersmann <-leute> *m poet* chevalier *m*
Rittersporn *m* pied-d'alouette *m*   **Ritterstand** *nt* chevalerie *f*
rittlings ['rɪtlɪŋs] *Adv* à califourchon
Ritual [rituˈaːl] <-s, -e *o* -ien> *nt* rituel *m*
Ritualmord *m* meurtre *m* rituel
rituell [rituˈɛl] **I.** *Adj* rituel(le)
 II. *Adv* rituellement
Ritus ['riːtʊs] <-, Riten> *m* rite *m*
Ritz [rɪts] <-es, -e> *m* ❶ *(Kratzer)* égratignure *f*
 ❷ *s.* **Ritze**
Ritze ['rɪtsə] <-, -n> *f* fissure *f*
Ritzel ['rɪtsəl] <-s, -> *nt* TECH pignon *m*
ritzen ['rɪtsən] **I.** *tr V* graver; **seinen Namen ins Holz ~** graver son nom dans le bois
 II. *r V* **sich an etw** *(Dat)* **~** s'égratigner à qc; *s. a.* **geritzt**
Rivale [riˈvaːlə] <-n, -n> *m*, **Rivalin** *f* rival(e) *m(f)*
rivalisieren* *itr V geh* rivaliser; **mit jdm um etw ~** rivaliser avec qn pour obtenir qc; **~ de Gruppen/Banden** des groupes rivaux/ bandes rivales
Rivalität [rivaliˈtɛːt] <-, -en> *f geh* rivalité *f*
Riviera [riˈvieːra] <-> *f* Riviera *f*
Rizinus ['riːtsinʊs] <-, - *o* -se> *m* ❶ BOT ricin *m*

 ❷ *kein Pl fam (Rizinusöl)* huile *f* de ricin
Rizinusöl *nt* huile *f* de ricin
RNS [ɛrʔɛnˈʔɛs] <-> *f Abk von* **Ribonukleinsäure** A.R.N. *m*
Roaming ['roːmɪŋ] <-s> *nt* TELEC itinérance *f*, roaming *m*
Roastbeef ['roːstbiːf] <-s, -s> *nt* rosbif *m*
Robbe ['rɔbə] <-, -n> *f* phoque *m*
robben ['rɔbən] *itr V + sein* ramper; **durch den Schlamm ~** ramper dans la boue
Robbenfang *s.* **Robbenjagd**   **Robbenfell** *nt* peau *f* de phoque   **Robbenjagd** *f* chasse *f* aux phoques   **Robbensterben** *nt* disparition *f* des phoques
Robe ['roːbə] <-, -n> *f* ❶ *(Talar)* robe *f*
 ❷ *geh (Abendkleid)* robe *f* de soirée; **in großer ~ erscheinen** se présenter en grand apparat *(soutenu)*
Robinie [roˈbiːniə] <-, -n> *f* BOT robinier *m*, faux acacia *m*
Roboter ['rɔbɔtɐ] <-s, -> *m* robot *m*
Robotertechnik *f kein Pl* TECH robotique *f*
robust [roˈbʊst] *Adj* robuste
Robustheit <-> *f* robustesse *f*
roch [rɔx] *Imp von* **riechen**
röcheln ['rœçəln] *itr V* râler
Röcheln <-s> *nt* râle *m*
Rochen ['rɔxən] <-s, -> *m* raie *f*
Rock[1] [rɔk, *Pl:* 'rœkə] <-[e]s, Röcke> *m* ❶ jupe *f*; **enger/weiter ~** jupe étroite/large
 ❷ CH *(Kleid)* robe *f*; *(Jackett)* veste *f*
 ▸ **hinter jedem ~ herlaufen** *fam* courir les jupons *(fam)*
Rock[2] [rɔk] <-[-s]> *m* MUS rock *m*
Rockband [-bænd] *s.* **Rockgruppe**
rocken ['rɔkən] *itr V* faire du rock
Rocker(in) ['rɔkɐ] <-s, -> *m(f) (Halbstarker)* blouson *m* noir
Rockfestival *nt* festival *m* de rock   **Rockgruppe** *f* groupe *m* de rock   **Rockkonzert** *nt* concert *m* de rock   **Rockmusik** *f* musique *f* rock   **Rockmusiker(in)** *m(f)* musicien(ne) *m(f)* de rock   **Rocksänger(in)** *m(f)* chanteur(-euse) *m(f)* de rock
Rockzipfel *m* ▸ **jdn [gerade noch] am [**o **beim] ~ erwischen** saisir qn au vol; **an jds ~** *(Dat)* **hängen** *fam* être pendu(e) aux basques de qn
Rodel[1] ['roːdəl] <-s, Rödel> *m* SDEUTSCH, CH *(Verzeichnis)* fichier *m*
Rodel[2] <-s, -> *m* SDEUTSCH, <-, -n> *f* A *(Schlitten)* luge *f*
Rodelbahn *f* piste *f* de luge
rodeln *itr V* ❶ *+ haben o sein (Schlitten fahren)* faire de la luge
 ❷ *+ sein (mit dem Schlitten fahren)* **ins Dorf ~** aller au village en luge
Rodelschlitten DIAL *s.* **Schlitten**
roden *tr V* ❶ *(herausreißen)* enlever *Bäume, Wurzeln*
 ❷ *(vom Bewuchs befreien)* défricher *Wald, Land*
Rodler(in) <-s, -> *m(f)* lugeur(-euse) *m(f)*
Rodung <-, -en> *f* ❶ *(gerodete Fläche)* terrain *m* défriché
 ❷ *kein Pl (das Roden)* défrichage *m*
Rogen ['roːgən] <-s, -> *m* œufs *mpl* [de poisson]
Roggen <-s> *m* seigle *m*
Roggenbrot *nt* pain *m* de seigle   **Roggenmehl** *nt* farine *f* de seigle
roh I. *Adj* ❶ *Fleisch, Gemüse, Ei* cru(e); **etw ~ essen/zubereiten** manger/préparer qc cru(e)
 ❷ *(unbearbeitet) Holz, Diamant, Stein* brut(e)
 ❸ *(brutal) Person* brutal(e); **~ zu jdm sein** être brutal(e) avec qn
 ❹ *(rau, grob)* grossier(-ière)
 II. *Adv* ❶ *(grob) behauen, zusammennageln* grossièrement
 ❷ *(brutal)* brutalement; **sie gingen sehr ~ mit ihm um** ils se sont comportés comme des brutes avec lui
Rohbau <-bauten> *m* ❶ *kein Pl (Bauabschnitt)* gros œuvre *m;* **sich im ~ befinden** être au stade de gros œuvre ❷ *(Gebäude)* **~ten besichtigen** visiter des maisons *fpl* en construction   **Roheisen** *nt* fonte *f* brute
Roheit^{ALT} *s.* **Rohheit**
Rohentwurf *m* projet *m* brut   **Rohgewinn** *m* bénéfice *m* brut
Rohheit^{RR} <-, -en> *f* ❶ *kein Pl (brutale Art)* rudesse *f*
 ❷ *kein Pl (Grobheit) eines Scherzes* grossièreté *f*
 ❸ *(brutale Handlung)* brutalité *f*
Rohkost *f* crudités *fpl*
Rohkostplatte *f* assiette *f* de crudités
Rohling <-s, -e> *m* ❶ *pej (brutaler Mensch)* brute *f*
 ❷ TECH pièce *f* brute
Rohmaterial *nt* matière *f* première   **Rohöl** *nt* pétrole *m* brut
Rohr <-[e]s, -e> *nt* ❶ TECH tube *m;* **(groß)** tuyau *m*
 ❷ *(Teil eines Geschützes)* canon *m;* **aus allen ~en feuern** faire feu de tous bords
 ❸ SDEUTSCH, A *(Backofen)* four *m*
 ❹ *(Ried)* roseau *m*
 ❺ *kein Pl (Röhricht)* roselière *f*
 ▸ **wie ein ~ im Winde schwanken** *geh* être une girouette;

voll[es] ~ *fam fahren* à plein pot *(fam)*
Rohrammer *f* ORN bruant *m* des roseaux **Rohrbruch** *m* rupture *f* de canalisation
Röhrchen <-s, -> *nt Dim von* **Röhre** ❶ PHARM tube *m*
❷ *(Alkoholteströhrchen)* embout *m;* **ins ~ blasen** *fam* souffler dans le ballon *(fam)*
Rohrdommel <-, -n> *f* ORN butor *m*
Röhre <-, -n> *f* ❶ TECH tuyau *m*
❷ ELEC tube *m*
❸ *(Backofen)* four *m*
▶ **in die ~ gucken** *fam* se retrouver le bec dans l'eau *(fam)*
röhren *itr V* ❶ *Hirsch, Elch:* bramer
❷ *fam (grölen) Sänger, Betrunkener:* beugler *(fam)*
❸ *(dröhnen) Auspuff, Motorrad:* vrombir
röhrenförmig [-fœrmɪç] *Adj* tubulaire **Röhrenhose** *f* pantalon--cigarette *m* **Röhrenknochen** *m* os *m* long **Röhrenpilz** *m* BOT bolet *m*
Rohrfernleitung *f* pipeline *m* **Rohrgeflecht** *nt* cannage *m*
Röhricht <-s, -e> *nt* roselière *f*
Rohrkolben *m* BOT typha *m* **Rohrleger(in)** *m(f)* tuyauteur(-euse) *m(f)* **Rohrleitung** *f* canalisation *f*
Röhrling <-s, -e> *m* bolet *m*
Rohrpost *f* système *m* d'envoi par pneumatique; **etw mit der ~ schicken** envoyer qc par pneumatique **Rohrsänger** *m* ZOOL rousserolle *f* **Rohrschelle** *f* TECH collier *m* **Rohrspatz** *m* ▶ **wie ein ~ schimpfen** *fam* jurer comme un charretier **Rohrstock** *m* verge *f* **Rohrzange** *f* clé *f* à molette **Rohrzucker** *m* sucre *m* de canne
Rohschätzung *f* estimation *f* brute **Rohseide** *f* soie *f* grège
Rohstoff *m* matière *f* première
Rohstoffmangel *m* pénurie *f* de matières premières **Rohstoffpreis** *m* prix *m* des matières premières **Rohstoffreserven** *Pl* réserve *f* en matières premières
Rohzucker *m* sucre *m* roux **Rohzustand** *m* l'état *m* brut; **im ~** à l'état brut
Rokoko ['rɔkoko, roko'ko] <-[s]> *nt* rococo *m*
Rokokostil *m* [style *m*] rococo *m*
Rolladen^{ALT} *s.* Rollladen
Rollbahn *f* AVIAT piste *f* **Rollbalken** <-s, -> *m* A *(Rollladen)* volet *m* roulant **Rollbraten** *m* rôti *m* roulé **Rollbrett** *nt (Skateboard)* planche *f* à roulettes, skate[board] *m*
Röllchen ['rœlçən] <-s, -> *nt* roulette *f*
Rolle <-, -n> *f* ❶ *(aufgewickeltes Material)* rouleau *m*
❷ *(Garnrolle)* bobine *f*
❸ *(Verpackung)* rouleau *m*
❹ *(Laufrad) eines Möbelstücks* roulette *f*
❺ *(Gleitrad) eines Flaschenzugs, einer Seilwinde* poulie *f; einer Angel* moulinet *m*
❻ SPORT roulade *f*
❼ CINE, THEAT, SOZIOL rôle *m;* **ein Stück mit verteilten ~n lesen** lire chacun(e) un rôle d'une pièce
▶ **aus der ~ fallen** sortir de son rôle; **etw spielt bei etw eine ~** qc joue un rôle dans qc; **es spielt eine/keine ~, ob ...** ça a une importance/n'a pas d'importance que... *+ subj;* **sich in jds ~ (Akk) versetzen** se mettre à la place de qn
rollen I. *itr V + sein* rouler
▶ **etw ins Rollen bringen** *fam* mettre qc en branle
II. *tr V + haben* ❶ *(zusammenrollen)* rouler
❷ *(fortbewegen)* faire rouler
III. *r V + haben* ❶ *(sich hochbiegen)* **sich ~** *Tapete, Karte, Bild:* se recourber
❷ *(sich wälzen)* **sich im Gras ~** se rouler dans l'herbe
❸ *(sich einrollen)* **sich in eine Decke ~** s'enrouler dans une couverture
Rollenbesetzung *f* distribution *f* **Rollenkonflikt** *m* SOZIOL conflit *m* de rôles **Rollenspiel** *nt* jeu *m* de rôle **Rollentausch** *m* SOZIOL permutation *f* de rôles; **der ~ zwischen Mann und Frau** l'échange des rôles de l'homme et de la femme **Rollenverhalten** *nt* SOZIOL comportement *m* stéréotypé **Rollenverteilung** *f* distribution *f* des rôles **Rollenzwang** *m* SOZIOL contraintes *fpl* du rôle
Roller <-s, -> *m* ❶ *(Kinderroller)* trottinette *f;* **~ fahren** faire de la trottinette
❷ *(Motorroller)* scooter *m*
❸ A *s.* Rollo
❹ GASTR **Harzer ~** fromage typique du Harz
Rollerblades ['rəʊləbleɪds] *Pl* [paire *f* de] rollers *mpl*
Rollerskates [-skeɪts] *Pl* patins *mpl* à roulettes
Rollfeld *nt* AVIAT piste *f* [de décollage/d'atterrissage] **Rollfilm** *m* rouleau *m* [o film *m*] de pellicule **Rollgeld** *nt* factage *m* **Rollkommando** *nt* commando *m* **Rollkragen** *m* col *m* roulé **Rollkragenpullover** [-ve] *m* [pull *m* à] col *m* roulé **Rollkur** *f* MED traitement *m* par pansement gastrique **Rollladen**^{RR} <-s, -läden

o -> *m* volet *m* roulant **Rollmops** *m* rollmops *m*
Rollo ['rɔlo, rɔ'lo:] <-s, -s> *nt* store *m*
Rollschinken *m* jambon *m* roulé **Rollschrank** *m* armoire *f* à rideau **Rollschuh** *m* patin *m* à roulettes; **~ laufen** faire du patin à roulettes
Rollschuhlaufen *nt* patin *m* à roulettes **Rollschuhläufer(in)** *m(f)* patineur(-euse) *m(f)* à roulettes
Rollsplitt *m* gravillon *m* **Rollstuhl** *m* fauteuil *m* roulant **Rollstuhlfahrer(in)** *m(f)* handicapé(e) *m(f)* en fauteuil roulant **rollstuhlgerecht** *Adj* adapté(e) aux fauteuils roulants
Rolltreppe *f* escalator *m*
Rom <-s> *nt* Rome
ROM <-[s], -[s]> *nt Abk von* **Read Only Memory** INFORM ROM *f*
Roma *Pl* Rom *mpl*
Roman <-s, -e> *m* roman *m*
▶ **einen [ganzen] ~ erzählen** *fam* raconter [tout] un roman; **erzähl keine ~e!** *fam* abrège!
Romanautor(in) *m(f)* auteur *mf* de roman
Romancier [romã'sie:] <-s, -s> *m geh* romancier *m*
Romane [ro'ma:nə] <-n, -n> *m,* **Romanin** *f* Latin(e) *m(f)*
Romanfigur *f* personnage *m* de roman
Romanik <-> *f* ARCHIT, KUNST [style *m*] roman *m*
romanisch *Adj* ❶ LING, ARCHIT, KUNST roman(e)
❷ GEOG latin(e)
Romanist(in) <-en, -en> *m(f)* romaniste *mf*
Romanistik <-> *f* étude *f* des langues et littératures romanes
Romanschriftsteller(in) *m(f)* romancier(-ière) *m(f)*
Romantik <-> *f* ❶ LITER romantisme *m*
❷ *(romantische Stimmung) eines Abends, einer Landschaft* romanesque *m;* **keinen Sinn für ~ haben** ne pas être romantique
Romantiker(in) <-s, -> *m(f)* romantique *mf*
romantisch I. *Adj* ❶ *Person, Musik, Stimmung* romantique
❷ *(malerisch) Altstadt, Ruine* pittoresque
II. *Adv* **~ gelegen** situé(e) de façon pittoresque
Romanze <-, -n> *f* idylle *f*
Romeo <-s> *m* Roméo; **~ und Julia** Roméo et Juliette
Römer(in) <-s, -> *m(f)* Romain(e) *m(f)*
Römertopf *m* cocotte ovale en terre cuite
römisch *Adj* romain(e)
römisch-katholisch *Adj* catholique romain(e)
Rommé <-s> *nt* rami *m*
Rondo ['rɔndo] <-s, -s> *nt* rondo *m*
röntgen *tr V* radiographier; **sich ~ lassen** passer une radio[graphie]
Röntgen <-s> *nt* radio[graphie] *f*
Röntgenarzt *m,* **-ärztin** *f* radiologue *mf* **Röntgenaufnahme** *f,* **Röntgenbild** *nt* radio[graphie] *f* **Röntgendiagnostik** *f* MED radiodiagnostic *m* **Röntgengerät** *nt* appareil *m* de radiographie
röntgenisieren* *tr V* A *s.* röntgen
Röntgenologe <-n, -n> *m,* **Röntgenologin** *f* MED radiologue *mf*
Röntgenologie <-> *f* MED radiologie *f*
Röntgenschirm *m* écran *m* fluorescent **Röntgenstrahlen** *Pl* rayons *mpl* X **Röntgentherapie** *f* MED radiothérapie *f* **Röntgenuntersuchung** *f* radio[graphie] *f*
Rooming-in ['ru:mɪŋɪn, 'rʊmɪŋɪn] <-[s], -s> *nt cohabitation de l'accouchée et du nouveau-né dans un service maternité*
rosa *Adj unv* rose; **~ Söckchen** socquettes *fpl* roses
Rosa <-s, - o fam -s> *nt* rose *m*
rosafarben, rosafarbig, rosarot *Adj* rose, de couleur rose
rösch [rœʃ] *Adj* SDEUTSCH, CH croustillant(e)
Röschen ['rø:sçən] <-s, -> *nt* ❶ *Dim von* **Rose** petite rose *f*
❷ *(Rosenkohl)* petit chou *m*
Rose <-, -n> *f* ❶ *(Blüte)* rose *f*
❷ *(Strauch)* rosier *m*
▶ **keine ~ ohne Dornen** *Spr.* [il n'y a] pas de roses sans épines; **er/sie ist nicht [gerade] auf ~n gebettet** *fam* tout n'est pas rose dans sa vie
rosé *Adj unv* rose
Rosé <-s, -s> *m* rosé *m*
Rosenbeet *nt* parterre *m* de roses **Rosenduft** *m* parfum *m* de rose **Rosengarten** *m* roseraie *f* **Rosenkohl** *m* chou *m* de Bruxelles **Rosenkranz** *m* chapelet *m;* **den ~ beten** réciter son chapelet **Rosenkrieg** *m* ❶ HIST Guerre *f* des Roses ❷ *fig (Scheidungskrieg)* guerre *f* du divorce **Rosenmontag** *m* lundi précédant le Mardi gras **Rosenmontagszug** *m* défilé du lundi précédant le Mardi gras **Rosenöl** *nt* huile *f* essentielle de roses **Rosenquarz** *m* quartz *m* rose **rosenrot** *Adj geh* rose **Rosenstock** *m* rosier *m* **Rosenwasser** *nt* eau *f* de rose **Rosenzucht** *f* BOT culture *f* des rosiers
Rosette <-, -n> *f* ❶ ARCHIT rosace *f*
❷ *(Schmuckrosette)* rosette *f*
Roséwein *m* rosé *m*
rosig I. *Adj a. fig* rose; **die Lage ist nicht gerade ~** la situation

n'est pas vraiment très rose; **wir sehen ~en Zeiten entgegen** nous allons vers des lendemains qui chantent
II. *Adv* **die Zukunft sieht nicht gerade ~ aus** l'avenir n'a pas l'air tout rose; **mir geht es nicht gerade ~** tout n'est pas [tout] rose en ce moment pour moi
Rosine [roˈziːnə] <-, -n> *f* raisin *m* sec
▶ **~n im Kopf haben** *fam* ne pas avoir les pieds sur terre; **sich** *(Dat)* **die ~n aus dem Kuchen picken** [*o* **herauspicken**] *fam* se réserver la meilleure part du gâteau *(fam)*
Rosmarin <-s> *m* romarin *m*
Ross^RR [rɔs, *Pl:* rɔsə, ˈrœsə] <-es, -e *o* Rösser>, **Roß**^ALT <Rosses, Rosse *o* Rösser> *nt* ❶ *liter (Reitpferd)* coursier *m (littér);* **hoch zu ~** *hum* à cheval
❷ SDEUTSCH, A, CH *(Pferd)* cheval *m*
▶ **sich aufs hohe ~ setzen** prendre de grands airs; **auf dem hohen ~ sitzen** le prendre de haut; **von seinem hohen ~ heruntersteigen** [*o* **herunterkommen**] en rabattre
Rösselsprung *m* ❶ SCHACH DIAL saut *m* du cavalier
❷ *(Rätsel)* jeu *m* de syllabes
Rosshaar^RR, **Roßhaar**^ALT *nt* crin *m* [de cheval]
Rosshaarmatratze^RR *f* matelas *m* de crin
Rosskastanie^RR [-kasta:niə] *f* ❶ *(Frucht)* marron *m* d'Inde
❷ *(Baum)* marronnier *m* d'Inde **Rosskur**^RR *f hum* remède *m* de cheval
Rost [rɔst] <-[e]s, -e> *m* ❶ *(Gitter)* grille *f*
❷ *(Grillrost)* gril *m*
❸ DIAL *(Bettrost)* sommier *m*
❹ kein *Pl (Eisenoxyd)* rouille *f;* **~ ansetzen** rouiller
Rostbildung *f* AUT formation *f* de rouille
Rostbraten *m* grillade *f* **Rostbratwurst** *f (Wurst zum Braten)* saucisse *f* à griller; *(gebratene Wurst)* saucisse *f* grillée
rostbraun *Adj* cuivré(e)
rosten *itr V + haben o sein* rouiller
rösten *tr V* faire griller *Brot, Kastanien;* torréfier *Kaffee;* faire sauter *Kartoffeln*
Rösterei <-, -en> *f* brûlerie *f*
rostfarben, rostfarbig *s.* rostbraun **Rostfleck** *m* tache *f* de rouille **rostfrei** *Adj* inoxydable
Rösti *Pl* CH galette *f* de pommes de terre
rostig *Adj* rouillé(e)
Röstkartoffeln *Pl* pommes *fpl* [de terre] sautées
Rostlaube *f hum fam* tas *m* de tôle *(fam)* **rostrot** *s.* rostbraun **Rostschutz** *m* protection *f* contre la rouille
Rostschutzfarbe *f* peinture *f* antirouille **Rostschutzmittel** *nt* antirouille *m*
rot <-er *o* röter, -este *o* röteste> I. *Adj* rouge; *Haare, Bart* roux(rousse); **~ werden** rougir
II. *Adv* schreiben, streichen en rouge; **~ glühen** *Wangen, Ohren:* rougir; **~ glühend** *Eisen* incandescent(e); **[im Gesicht] ~ anlaufen** rougir
▶ **~ angehaucht sein** *fam* être un/une coco *(fam)*
Rot <-s, - *o fam* -s> *nt* rouge *m;* **bei ~ über die Kreuzung fahren** passer au rouge
Rotation <-, -en> *f* rotation *f*
Rotationsachse [-aksə] *f* axe *m* de rotation **Rotationsdruck** <-drucke> *m* TYP impression *f* par rotative **Rotationsmaschine** *f* TYP rotative *f* **Rotationsprinzip** *nt kein Pl* POL principe *m* de rotation *pas de pl*
Rotauge *nt* ZOOL gardon *m* **rotbackig, rotbäckig** *Adj* aux joues rouges; **~ sein** avoir les joues rouges **Rotbarsch** *m* sébaste *m* **rotbärtig** *Adj* avec une barbe rousse; **~ sein** avoir la barbe rousse **rotblond** *Adj* blond roux *inv* **rotbraun** *Adj* cuivré(e) **Rotbuche** *f* hêtre *m* pourpre **Rotdorn** *m* épine *f* rouge
Röte <-, -n> *f* rouge *m*
Rote-Armee-Fraktion *f* HIST Fraction *f* Armée Rouge
Röteln *Pl* rubéole *f*
röten I. *r V* **sich ~** *Haut, Ohren, Nase:* rougir; *Wasser, Himmel:* devenir rouge; **jdn mit [vom Weinen] geröteten Augen ansehen** regarder qn les yeux rougis [par les pleurs]
II. *tr V* faire rougir
Rotfilter *m* filtre *m* rouge **Rotfuchs** *m* ❶ *(Fuchs)* renard *m* roux
❷ *(Pferd)* alezan *m*
rotglühend *s.* rot II.
Rotgold *nt* or *m* rouge **rotgrün** *Adj* POL *Regierung, Politik* rouge--vert(e) *(désigne le gouvernement de coalition entre le parti SPD et le parti écologique Bündnis 90/Grünen)*
rotgrünblind *Adj* MED daltonien(ne) **Rotgrünblindheit** *f* MED daltonisme *m*
Rotguss^RR *m kein Pl* TECH bronze *m* rouge **rothaarig** *Adj* roux(rousse) **Rothaut** *f hum* Peau-Rouge *mf* **Rothirsch** *m* ZOOL cerf *m* rouge [*o* commun]
rotieren* *itr V* ❶ *+ haben (sich drehen)* tourner
❷ *+ haben o sein fam (viel arbeiten)* bosser comme un(e) malade

(fam)
❸ *+ haben o sein fam (hektisch sein)* ne plus savoir où donner de la tête *(fam)*
❹ *+ haben (den Posten tauschen)* tourner
Rotkäppchen <-s> *nt* [*das*] **~** le Petit Chaperon rouge **Rotkehlchen** <-s, -> *nt* rouge-gorge *m* **Rotkohl** *m,* **Rotkraut** *nt* SDEUTSCH, A chou *m* rouge
rötlich *Adj* rougeâtre; *Haare* tirant sur le roux; **sich ~ färben** prendre une teinte rougeâtre
Rotlicht *nt kein Pl* lumière *f* rouge
Rotlichtmilieu *nt fam* milieu *m* **Rotlichtviertel** *nt* quartier *m* chaud
Rotor <-s, Rotoren> *m* rotor *m*
Rotorblatt *nt* TECH pale *f* de rotor
Rotschwanz *m* ORN rouge-queue *m* **rotsehen** *itr V unreg fam* voir rouge *(fam)* **Rotstich** *m* dominante *f* rouge; **einen ~ haben** tirer sur le rouge **rotstichig** *Adj* à dominante rouge; **~ sein** avoir une dominante rouge **Rotstift** *m* stylo *m* rouge ▶ **dem ~ zum Opfer fallen** faire l'objet d'une coupe sombre; **bei etw den ~ ansetzen** faire une coupe sombre dans qc **Rottanne** *f* épicéa *m*
Rotte <-, -n> *f* ❶ *pej (Gruppe)* horde *f (péj)*
❷ *(Rudel)* von *Wildschweinen, Wölfen* troupe *f*
Rotunde [roˈtʊndə] <-, -n> *f* ARCHIT rotonde *f*
Rötung <-, -en> *f* rougeur *f*
rotwangig *s.* rotbackig **Rotwein** *m* vin *m* rouge **Rotwelsche** *nt dekl wie Adj das* **~** l'argot *m,* la langue verte; *s. a.* **Deutsche Rotwild** *nt* cerfs *mpl*
Rotz <-es> *m* ❶ *sl (Nasenschleim)* morve *f*
❷ *sl (Krempel)* fourbi *m (fam)*
▶ **~ und Wasser heulen** *sl* chialer comme une Madeleine *(pop)*
rotzen *itr V pej sl* cracher
Rotzfahne *f sl* tire-jus *m (pop)* **rotzfrech** *Adj fam* morveux(-euse) *(fam)*
rotzig *Adj* ❶ *vulg (voller Rotz)* morveux(-euse)
❷ *fam (frech)* culotté(e) *(fam)*
Rotzlümmel *m sl* morveux *m (fam)* **Rotznase** *f sl* ❶ *(Nase)* nez *m* qui coule ❷ *(freches Kind)* morveux *m (fam)*
Rotzunge *f* ZOOL limande-sole *f*
Rouge [ruːʒ] <-s, -s> *nt* rouge *m*
Roulade [ruˈlaːdə] <-, -n> *f* roulade *f*
Rouleau [ruˈloː] <-s, -s> *nt* store *m* [à enrouleur]
Roulett <-[e]s, -e *o* -s>, **Roulette** [ruˈlɛt] <-s, -s> *nt* roulette *f;* **~ spielen** jouer à la roulette
▶ **russisches ~** roulette *f* russe
Route [ˈruːtə] <-, -n> *f* itinéraire *m*
Routine [ruˈtiːnə] <-> *f* ❶ *(Erfahrung)* savoir-faire *m;* **~ bekommen** acquérir du savoir-faire; **ihm fehlt noch die ~** il lui manque encore le savoir-faire
❷ *(Gewohnheit)* routine *f;* **zur ~ werden/gehören** devenir de la/faire partie de la routine
Routineangelegenheit [ruˈtiːnə-] *f* question *f* de routine **Routinearbeit** *f* travail *m* de routine **Routinekontrolle** *f* contrôle *m* de routine **routinemäßig** I. *Adj* de routine II. *Adv* de façon routinière **Routinesache** *f* affaire *f* d'habitude; **das ist ~** c'est une affaire d'habitude **Routineuntersuchung** *s.* Routinekontrolle
Routinier [rutiˈnieː] <-s, -s> *m* vieux routier *m*
routiniert [rutiˈniːɐt] I. *Adj* expérimenté(e)
II. *Adv* avec savoir-faire
Rowdy [ˈraʊdi] <-s, -s> *m pej* voyou *m*
Rowdytum <-s> *nt pej* vandalisme *m*
Royalist(in) [roajaˈlɪst] <-en, -en> *m(f)* royaliste *mf*
Ruanda [ruˈanda] <-s> *nt* le Rwanda
Ruander(in) [ruˈandɐ] <-s, -> *m(f)* Rwandais(e) *m(f)*
ruandisch *Adj* rwandais(e)
Rubbelbos *nt* jeu *m* à gratter
rubbeln *itr V fam* frotter *Körper;* gratter *Los*
Rübe <-, -n> *f* ❶ BOT, AGR betterave *f;* **[Gelbe] ~** SDEUTSCH, CH *(Möhre)* carotte *f;* **Rote ~** betterave rouge
❷ *sl (Kopf)* citrouille *f (fam);* **eins auf die ~ kriegen** en prendre une sur le coin de l'œil *(fam)*
▶ **die ~ für etw hinhalten müssen** *sl* devoir porter le chapeau pour qc *(fam)*
Rubel <-s, -> *m* rouble *m*
▶ **der ~ rollt** *fam* l'argent circule
Rübenzucker *m kein Pl* sucre *m* de betteraves
rüber *Adv fam* ❶ *s.* hinüber
❷ *s.* herüber
rüber|bringen *tr V unreg fam* ❶ **jdm etw ~** passer qc à qn ❷ *(vermitteln)* **jdm eine Botschaft/eine Idee ~** faire passer un message/une idée à qn **rüber|kommen** *itr V unreg + sein sl*
❶ **komm mal rüber!** viens voir! ❷ *(überspringen)* **zu jdm ~** *Botschaft, Gedanken, Idee:* passer auprès de qn *(fam);* **das scheint**

rückfragen	
rückfragen	**demander des précisions**
Meinst du damit, dass …?	Est-ce que tu veux dire par là que …?
Soll das heißen, dass …?	Est-ce que cela signifie que …?
Habe ich Sie richtig verstanden, dass …?	Si je vous ai bien compris, …, non?
Wollen Sie damit sagen, dass …?	Vous voulez dire que …?
kontrollieren, ob Inhalt/Zweck eigener Äußerungen verstanden werden	**s'assurer que le sens/le but de ses paroles a été compris**
Kapiert? *(fam)*	Compris?/Pigé? *(fam)*
Alles klar? *(fam)*/Ist das klar?	C'est clair?
Verstehst du, was ich (damit) meine?	Est-ce que tu comprends ce que je veux dire?
Haben Sie verstanden, auf was ich hinausmöchte?	Avez-vous compris où je veux en venir?
Ich weiß nicht, ob ich mich verständlich machen konnte.	Je ne sais pas si je me suis bien fait(e) comprendre.

nicht zu euch rübergekommen zu sein vous ne semblez pas avoir pigé *(fam)*
Rubidium <-s> *nt* rubidium *m*
Rubin <-s, -e> *m* rubis *m*
rubinrot *Adj* [couleur] rubis
Rubrik <-, -en> *f* rubrique *f*
ruchbar *Adj geh* ébruité(e); ~ **werden** se savoir; **die Sache wurde schnell** ~ l'affaire s'est vite ébruitée; **es ist** ~ **geworden, dass sie mit der Sache zu tun hat** la nouvelle selon laquelle elle était impliquée dans cette affaire s'est ébruitée
ruchlos *Adj geh* infâme *(littér)*
Ruchlosigkeit <-, -en> *f geh* infamie *f (littér)*
Ruck <-[e]s, -e> *m* ❶ *(Stoß, Bewegung)* secousse *f*; **mit einem** ~ d'un [seul] coup
➋ POL ~ **nach rechts** poussée *f* à droite
▶ **sich** *(Dat)* **einen** ~ **geben** *fam* se secouer *(fam)*
Rückansicht *f* vue *f* de derrière
Rückantwort *f* réponse *f*
ruckartig I. *Adj* brusque
II. *Adv* brusquement; **sich** ~ **fortbewegen** avancer par à-coups
Rückbesinnung *f* retour *m*; ~ **auf etw** *(Akk)* retour à qc; **es kommt zu einer** ~ **auf die Tradition** on en revient à la tradition
rückbezüglich *s.* reflexiv
Rückbildung *f* régression *f*
Rückblende *f* flash-back *m*
Rückblick *m* rétrospective *f*; ~ **auf etw** *(Akk)* retour en arrière dans qc; **in** [*o* **im**] ~ **auf das letzte Jahr** en jetant un regard rétrospectif sur l'année dernière
rückblickend I. *Adj* rétrospectif(-ive)
II. *Adv* rétrospectivement
Rückbuchung *f* FIN ristourne *f*, contre-passation *f*
rückdatieren* *tr V* antidater; **ein um fünf Tage rückdatierter Brief** une lettre antidatée de cinq jours
rucken *itr V* avancer par à-coups
rücken I. *itr V* + **sein** ❶ *(wegrücken)* se pousser; **nach links/zur Seite** ~ se pousser à gauche/de côté
➋ *fig (gelangen)* **in den Mittelpunkt** ~ devenir le point de mire; **an jds Stelle** ~ *(Akk)* ~ prendre la place de qn
II. *tr V* + **haben** pousser *Möbelstück, Koffer, Vase*; déplacer *Schachfigur, Spielstein*; **den Sessel an die Wand/zur Seite** ~ pousser le fauteuil vers le mur/sur le côté
Rücken <-s, -> *m* einer *Person, eines Gegenstands* dos *m*; **auf dem** ~ **liegen/schlafen** s'allonger/dormir sur le dos; **mit dem** ~ **zum Fenster sitzen** être assis(e) dos à la fenêtre; ~ **an** ~ **sitzen** être assis(e) dos à dos; **jdm den** ~ **zuwenden** tourner le dos à qn; **die Mauer/den Wind im** ~ **haben** avoir le mur/le vent dans le dos
▶ **mit dem** ~ **zur Wand stehen** être le dos au mur; **jdm läuft es eiskalt** [*o* **kalt**] **über den** ~ qn a froid dans le dos; **der verlängerte** ~ *hum fam* le bas du dos; **jdm in den** ~ **fallen** poignarder qn dans le dos; **jdm den** ~ **freihalten** assurer les arrières de qn; **jdm/einer S. den** ~ **kehren** *geh* tourner le dos à qn/qc; **jdm den** ~ **stärken** donner un coup de main à qn; **hinter jds** ~ *(Dat)* dans le dos de qn
Rückendeckung *f* ❶ MIL couverture *f* de l'arrière; **jdm** ~ **geben** couvrir qn ➋ *fig* soutien *m*; **jdm** ~ **geben** soutenir qn **Rückenflosse** *f* nageoire *f* dorsale **Rückenlage** *f* position *f* sur le dos; **in** ~ **einschlafen** s'endormir sur le dos **Rückenlehne** *f* dossier *m* **Rückenmark** *nt* moelle *f* épinière **Rückenmarkent-**
zündung *f* MED myélite *f*, inflammation *f* de la moelle épinière **Rückenmuskulatur** *f* musculature *f* du dos **Rückenschmerzen** *Pl* douleurs *fpl* du dos; ~ **haben** avoir mal au dos **Rückenschwimmen** *nt* nage *f* sur le dos **Rückenwind** *m* vent *m* favorable; ~ **haben** avoir le vent dans le dos
rück|erstatten* *tr V nur Infin und PP* rembourser
Rückerstattung *f* remboursement *m*
Rückerstattungsanspruch *m* droit *m* à remboursement
Rückfahrkarte *f* [billet *m*] aller retour *m* **Rückfahrschein** *m* billet *m* retour **Rückfahrscheinwerfer** *m* feu *m* de recul
Rückfahrt *f* [voyage *m*] retour *m*; **auf der** ~ au retour
Rückfall *m* ❶ MED rechute *f*; **einen** ~ **erleiden** [*o* **bekommen**] faire une rechute
➋ JUR récidive *f*; **Zuhälterei im** ~ proxénétisme avec récidive
➌ *kein Pl (das Zurückfallen)* ~ **in die Diktatur** retour *m* à la dictature
rückfällig *Adj* récidiviste; ~ **werden** récidiver
Rückfalltäter(in) *m(f) form* récidiviste *mf*
Rückfenster *nt* lunette *f* [*o* vitre *f*] arrière
Rückflug *m* vol *m* retour; **auf dem** ~ au retour
Rückflussᴿᴿ *m von Geldern* reversement *m*
Rückforderung *f* demande *f* de restitution
Rückfrage *f* demande *f* de précisions
rück|fragen *itr V nur Infin und PP* demander des précisions
Rückführung *f (Repatriierung, Zurückführen) von Personen, eines Autos* rapatriement *m*
Rückgabe *f* ❶ *eines Gegenstands* restitution *f*
➋ *(Umtausch einer Ware)* retour *m*
Rückgabepflicht *f* JUR obligation *f* de restitution **Rückgaberecht** *nt* droit *m* de restitution
Rückgang *m* recul *m*; *der Besucherzahlen* baisse *f*; **einen** ~ **an Geburten verzeichnen** enregistrer une baisse des naissances; **im** ~ **begriffen sein** être en baisse
rückgängig *Adj (rückläufig) Entwicklung, Besucherzahlen* en recul
▶ **etw** ~ **machen** annuler qc
Rückgewinnung *f* TECH recyclage *m*
Rückgewinnungsanlage *f* installations *fpl* de retraitement; ~ **für Kunststoffabfälle** installations de retraitement des déchets en plastique
Rückgrat <-[e]s, -e> *nt* ❶ colonne *f* vertébrale
➋ *kein Pl geh (Stehvermögen)* force *f* d'âme *(soutenu)*; **er/sie ist ein Mensch ohne** ~ il/elle n'a pas de force de caractère
▶ **jdm das** ~ **brechen** *fam* casser les reins à qn *(fam)*
Rückgriff *m* reprise *f*; ~ **auf etw** *(Akk)* reprise de qc
Rückhalt *m* soutien *m*; **an jdm** ~ **haben** avoir le soutien de qn
▶ **ohne** ~ *unterstützen, vertrauen* sans réserve
rückhaltlos I. *Adj* ❶ *(bedingungslos) Unterstützung, Vertrauen* sans réserve
➋ *(schonungslos) Kritik, Offenheit* impitoyable
II. *Adv vertrauen, unterstützen* sans réserve
Rückhand *f kein Pl* SPORT revers *m*; **mit der** ~ **schlagen** frapper du revers
Rückkauf *m* rachat *m*
Rückkaufsrecht *nt* droit *m* de rachat **Rückkaufswert** *m* ÖKON valeur *f* de rachat
Rückkehr <-> *f* retour *m*; ~ **in die Heimat/aus Amerika** retour à la maison/d'Amérique; **bei meiner** ~ à mon retour; **ihre** ~ **in die Politik** son retour à la politique

Rückkehrer(in) *m(f)* revenant(e) *m(f)* *(fam)*
Rückkopp[e]lung *f* ❶ *(Feed-back)* feed-back *m*
❷ *(Störung)* larsen *m* *(fam)*
Rücklage *f* ❶ *(Ersparnisse)* réserve *f* [d'argent]; **eine kleine ~ haben** avoir un peu d'argent de côté
❷ ÖKON, JUR réserve *f*
Rücklauf *m* ❶ *von Wasser* recul *m*
❷ TECH *einer Maschine* marche *f* arrière
rückläufig *Adj* en [o à la] baisse; *Konjunktur* défavorable
Rücklauftaste *f* touche *f* de rembobinage
Rücklicht *nt* feu *m* arrière
rücklings *Adv* ❶ *(von hinten)* anspringen, überfallen par derrière
❷ *(verkehrt herum)* hocken, sitzen à l'envers
❸ *(nach hinten)* fallen, umkippen à la renverse
Rückmarsch *m* retour *m*; MIL repli *m*
Rückmeldung *f* ❶ UNIV réinscription *f*
❷ *(Reaktion)* réaction *f*
Rücknahme <-, -n> *f* COM reprise *f*
Rückporto *nt* port *m* de retour; **das ~ beifügen** joindre un timbre pour la réponse
Rückprall *m* rebond *m*
Rückreise *f* retour *m*; **auf der ~** au retour
Rückreiseverkehr *m* circulation *f* dans le sens des retours
Rückreisewelle *f* vague *f* de retours de vacances
Rückruf *m* ❶ *(Anruf)* rappel *m*; **soll ich ihn um ~ bitten?** dois-je lui demander de te/vous rappeler?
❷ *(Rücknahme) eines Produkts* retour *m* en usine; *von Nahrungsmitteln, Medikamenten* retour au fabricant
Rückrufaktion *f* opération *f* de retour à l'usine [o en usine]; *(Rücknahme von Nahrungsmitteln, Medikamenten)* opération de retour au fabricant
Rückrufsrecht *nt* JUR droit *m* de rappel
Rucksack *m* sac *m* à dos
Rucksacktourist(in) [-turɪst] *m(f)* routard(e) *m(f)*
Rückschau *f* rétrospective *f*
Rückschein *m* accusé *m* de réception
Rückschlag *m* ❶ *(Verschlechterung)* revers *m*; **einen ~ erleiden** essuyer un revers; **schwere Rückschläge** d'importants revers de fortune
❷ TECH *(Rückstoß)* recul *m*
Rückschlussᴿᴿ *m* déduction *f*; **aus etw Rückschlüsse ziehen** faire des déductions à partir de qc; **aus etw den ~ ziehen, dass** déduire de qc que + *indic*
Rückschritt *m* régression *f*
rückschrittlich *Adj* ❶ *Entwicklung, Tendenz, Maßnahme* régressif(-ive)
❷ *s.* reaktionär
Rückseite *f* ❶ *einer Seite, Karte* verso *m*; **siehe ~** voir au verso; **auf der ~ des Fotos** au dos de la photo
❷ *(rückwärtiger Teil) eines Gebäudes* derrière *m*; **auf der ~ des Hauses** à l'arrière de la maison
Rücksendung *f* retour *m*
Rücksicht <-, -en> *f* ❶ *(Achtung, Schonung)* égard *m*; **auf jdn ~ nehmen** faire attention à qn; **aus** [o **mit**]/**ohne ~ auf die Nachbarn** par égard/sans égard pour les voisins; **auf etw** *(Akk)* **~ nehmen** tenir compte de qc; **aus** [o **mit**]/**ohne ~ auf die Kosten** vu les frais/sans tenir compte des frais; **keine ~ kennen** ne manifester aucun égard; **nehmt doch mal ~ und seid leiser!** pensez un peu aux autres, faites moins de bruit!
❷ *Pl (Grund, Überlegung)* considérations *fpl*
❸ *kein Pl (Sicht nach hinten)* visibilité *f* [à l']arrière
▶ **ohne ~ auf Verluste** *fam* sans se soucier de la casse *(fam)*
Rücksichtnahme <-> *f* considération *f*; **gegenseitige ~** respect *m* mutuel
rücksichtslos I. *Adj* ❶ *Geschäftsmann, Verhalten* sans scrupules; **ein ~er Autofahrer** un chauffard *(péj)*; **~ sein** ne manifester aucun égard
❷ *(schonungslos) Kampf, Kritik* impitoyable
II. *Adv* ❶ *(ohne Nachsicht)* sans scrupules
❷ *(schonungslos)* impitoyablement
Rücksichtslosigkeit <-, -en> *f* sans-gêne *m*
rücksichtsvoll I. *Adj* prévenant(e); **gegen jdn** [o **jdm**] **gegenüber**] **~ sein** être prévenant(e) à l'égard de qn
II. *Adv* avec prévenance
Rücksitz *m* siège *m* arrière
Rückspiegel *m* rétroviseur *m*; **abblendbarer ~** rétroviseur jour-nuit
Rückspiel *nt* match *m* retour
Rücksprache *f* entretien *m*; **mit jdm ~ halten** discuter avec qn; **nach ~ mit Frau Braun** après avoir consulté Mme Braun
Rückstand *m* ❶ *(das Zurückbleiben, der Abstand)* retard *m*; **mit 2:0 im ~ liegen** avoir un retard de deux points; **mit seinen Raten im ~ sein** être en retard dans le versement de ses mensualités
❷ *(ausstehende Zahlung)* arriéré *m*; **Rückstände bezahlen/eintreiben** payer/faire rentrer des arriérés; **mit tausend Euro im ~ sein** avoir un arriéré de mille euros
❸ *(Bodensatz, Abfallprodukt)* résidu *m*
rückständig *Adj* arriéré(e)
Rückständigkeit <-> *f* retard *m*
rückstandsfrei *Adj inv* sans résidu(s)
Rückstau *m von Fahrzeugen* bouchon *m*; *von Wasser* retenue *f*
Rückstelltaste *f* TV touche *f* Retour
Rückstellung *f* ❶ ÖKON provision *f*
❷ *(Verschiebung)* ajournement *m*
Rückstoß *m einer Schusswaffe* recul *m*; *eines Flugkörpers* force *f* de réaction
Rückstrahler <-s, -> *m* cataphote *m*
Rückstufung *f* déclassement *m*; *eines Beamten* rétrogradation *f*
Rück-Taste *f* touche *f* Retour [arrière]
Rücktritt *m* ❶ *(Amtsniederlegung)* démission *f*
❷ JUR *der Gläubiger* résiliation *f*, désistement *m*; **~ von einem Vertrag** résiliation d'un contrat
❸ *(Rücktrittbremse)* rétropédalage *m*
Rücktrittbremse *f* frein *m* à rétropédalage
Rücktrittserklärung *f* JUR ❶ *(aus einem Amt)* déclaration *f* de démission ❷ *(aus einem Vertrag)* résiliation *f*, déclaration *f* de résolution **Rücktrittsgesuch** *nt* demande *f* de démission **Rücktrittsrecht** *nt* JUR droit *m* de résiliation [o de désistement]
rückübersetzen* *tr V nur Infin und PP* retraduire
Rückübersetzung *f* retraduction *f*
Rückumschlag *m* enveloppe *f* réponse
rück|vergüten* *tr V nur Infin und PP* rembourser
Rückvergütung *f* remboursement *m*
rück|versichern* *r V nur Infin und PP* **sich ~** prendre des garanties
Rückversicherung *f* réassurance *f*; **nach ~** après avoir pris des garanties
Rückwand *f eines Gebäudes* face *f* arrière; *eines Fernsehers, Schranks* fond *m*
rückwärtig *Adj Ausgang, Parkplatz* situé(e) à l'arrière
rückwärts *Adv* ❶ *(in umgekehrter Richtung)* **~ einparken** faire un créneau; **Salto ~** salto arrière
❷ A *(hinten)* à l'arrière; **von ~** par derrière
rückwärtsfahren *itr V unreg + sein* faire une marche arrière **Rückwärtsfahren** *nt* conduite *f* en marche arrière **rückwärts|gehen** *itr V unreg + sein* marcher à reculons **Rückwärtsgang** *m* marche *f* arrière; **den ~ einlegen** passer la marche arrière; **im ~ en marche arrière
Rückweg *m* [chemin *m* du] retour *m*; **auf dem ~** sur le chemin du retour; **sich auf den ~ machen** prendre le chemin du retour
ruckweise *Adv* par à-coups
rückwirkend I. *Adj* rétroactif(-ive); **~e Kraft** JUR effet *m* rétroactif
II. *Adv* rétroactivement
rückzahlbar *Adj* remboursable
Rückzahlung *f* remboursement *m*
Rückzahlungsfrist *f* délai *m* de remboursement
Rückzieher <-s, -> *m fam* **einen ~ machen** faire machine arrière *(fam)*
ruck, zuck *Adv fam* en moins de deux *(fam)*
Rückzug *m* MIL retraite *f*; **geordneter/ungeordneter ~** retraite en ordre/en ordre dispersé; **den ~ antreten** battre en retraite
rüde I. *Adj* rude; **~ zu jdm sein** être rude avec qn
II. *Adv* rudement
Rüde <-n, -n> *m* mâle *m*
Rudel <-s, -> *nt* harde *f*; **in ~n auftreten/leben** surgir/vivre en harde
Ruder <-s, -> *nt* ❶ *(Paddel)* rame *f*; **die ~ auslegen/einziehen** sortir/ranger les rames
❷ *(Steuerruder)* gouvernail *m*
▶ **am ~ bleiben/sein** *fam* rester/être au gouvernail; **ans ~ gelangen** [o **kommen**] *fam* prendre le gouvernail; **das ~ herumwerfen** changer de cap; **aus dem ~ laufen** échapper à tout contrôle; **sich in die ~ legen** mettre les bouchées doubles *(fam)*
Ruderboot *nt* barque *f*; SPORT canoë *m*
Ruderer <-s, -> *m*, **Ruderin** *f* rameur(-euse) *m(f)*
Ruderhaus *nt* timonerie *f*
rudern I. *itr V* ❶ + *haben o sein* ramer; **Rudern ist gesund** ramer, c'est bon pour la santé
❷ + *sein (sich rudernd fortbewegen)* **ans Ufer ~** ramer jusqu'à la rive; **über den See ~** traverser le lac à la rame
❸ + *haben (Paddelbewegungen machen)* **mit den Füßen ~** Ente, Schwan: avancer avec les palmes; **mit den Armen ~** *fam* faire de grands mouvements avec les bras
II. *tr V* + *haben* **jdn/etw über den Fluss ~** ramener qn/qc de l'autre côté de la rive à la rame
Ruderregatta *f* course *f* d'aviron **Rudersport** *m* aviron *m*

um Ruhe bitten	
um Ruhe bitten	demander le silence
Psst! *(fam)*	Chut!
Ruhig!	Silence!
Halt's Maul!/Schnauze! *(derb)*	Ferme-la! *(fam)*/Ecrase! *(fam)*
Jetzt seien Sie doch mal ruhig!	Taisez-vous!/Du calme!
Jetzt hör mir mal zu!	Écoute-moi bien, maintenant!
Jetzt sei mal still!	Tais-toi donc!
Ich möchte auch noch etwas sagen!	Je voudrais aussi dire quelque chose!
Danke! ICH meine dazu, …	Merci! Moi, je pense que …
(an ein Publikum) Ich bitte um Ruhe.	*(à un public)* Un peu de calme, s'il vous plaît!
Wenn ihr jetzt bitte mal ruhig sein könntet!	Pourriez-vous vous taire, s'il vous plaît!

Rudiment <-[e]s, -e> *nt* ❶ *geh einer Kultur* vestiges *mpl*; *einer Schrift* fragment *m* ❷ BIO rudiment *m*
rudimentär [rudimɛn'tɛːɐ] *Adj* rudimentaire
Rudrer(in) <-s, -> *m(f) s.* **Ruderer**
Ruf <-[e]s, -e> *m* ❶ *(Ausruf, Aufforderung)* appel *m* ❷ *(Schrei) einer Person, eines Vogels* cri *m* ❸ *kein Pl (Aufruf)* appel *m;* **der ~ zu den Waffen** l'appel aux armes; **der ~ nach Freiheit/Gerechtigkeit** l'appel à la liberté/justice; **dem ~ des Herzens folgen** suivre la voix du cœur ❹ *kein Pl (Ansehen)* réputation *f;* **einen guten/schlechten ~ haben** avoir bonne/mauvaise réputation; **eine Firma von internationalem ~** une entreprise de renom international; **sich** *(Dat)* **einen ~ als erfahrener Arzt erwerben** acquérir une réputation de médecin expérimenté ❺ UNIV [offre *f* de] nomination *f;* **einem ~ folgen/einen ~ ablehnen** accepter/refuser une nomination
rufen <rief, gerufen> I. *itr V* ❶ appeler; *(laut schreien)* crier; **nach jdm ~** appeler qn ❷ *(nach Erfüllung drängen)* **die Arbeit/Pflicht ruft** le travail m'attend/le devoir m'appelle ❸ *(auffordern)* **zum Essen ~** appeler à manger; **zum Widerstand ~** appeler à la résistance ❹ *(verlangen)* **nach der Todesstrafe ~** réclamer la peine de mort II. *tr V* ❶ *(ausrufen)* crier; **Hilfe ~** appeler à l'aide ❷ *(herbestellen)* **jdn/ein Taxi ~** appeler qn/un taxi; **jdn zu sich ~** appeler qn auprès de soi; **Gott hat sie zu sich gerufen** *euph geh* Dieu l'a rappelé à lui *(soutenu)* ▶ **du kommst mir wie gerufen** tu tombes bien
Rufer <-s, -> *m* ▶ **der ~ in der Wüste** celui qui prêche dans le désert; **der ~ in der Wüste sein** prêcher dans le désert
Rüffel <-s, -> *m fam* ▶ **jdm einen ~ verpassen** faire passer un savon à qn; **sie musste einen ~ einstecken** elle a reçu un savon *(fam)*
rüffeln *tr V fam* **jdn ~** passer un savon à qn *(fam)*
Rufmord *m* diffamation *f* **Rufname** *m* prénom *m* usuel **Rufnummer** *f* numéro *m* de téléphone **Rufsäule** *f* borne *f* d'appel [d'urgence] **rufschädigend** *Adj* **es Verhalten** comportement qui porte atteinte à la réputation **Rufschädigung** *f* atteinte *f* à la réputation **Rufton** *m* TELEC tonalité *f* d'appel, signal *m* d'appel **Rufumleitung** *f* TELEC [automatisch] ~ transfert *m* d'appel **Rufweite** *f* portée *f* de voix; **in ~** à portée de voix; **außer ~** hors de portée de voix **Rufzeichen** *nt* ❶ TELEC tonalité *f* ❷ GRAM *A s.* **Ausrufezeichen**
Rugby ['rakbi] <-> *nt* rugby *m*
Rüge <-, -n> *f* réprimande *f;* **jdm wegen etw eine ~ erteilen** réprimander qn pour qc
rügen *tr V* condamner *Verhalten;* **jdn wegen etw ~** réprimander qn pour qc
Ruhe <-> *f* ❶ *(Stille, Schweigen)* silence *m;* **es herrscht völlige/idyllische ~** il règne un silence total/idyllique; **~!** silence! ❷ *(Frieden, Ungestörtheit)* calme *m;* [**seine**] **~ brauchen** avoir besoin de calme; **jdn mit etw in ~ lassen** laisser qn tranquille avec qc ❸ *(Erholung)* repos *m;* **jdm keine ~ lassen** *Person, Gedanken, Problem:* ne laisser aucun répit à qn; **sich** *(Dat)* **keine ~ gönnen** ne s'accorder aucun répit; **man hat keine ~ vor diesen Blagen!** ces marmots ne vous laissent pas de répit! ❹ *geh (Nachtruhe)* **sich zur ~ begeben** aller se reposer; **angenehme ~!** repose-toi/reposez-vous bien! ❺ *(Gelassenheit)* calme *m;* [**die**] **~ bewahren** garder son calme; **jdn aus der ~ bringen** faire perdre son calme à qn; **sich nicht aus der ~ bringen lassen** ne pas se laisser démonter; **sie ist die ~ selbst** elle est le calme en personne; **etw in** [**aller**] **~ tun** faire qc [très] calmement; **das muss in ~ überprüft werden** il faut examiner cela à tête reposée; **immer mit der ~!** *fam* on se calme! *(fam)* ▶ **~ und Frieden/Ordnung** le calme et la paix/l'ordre; **die ~ vor dem Sturm** le calme avant la tempête; **jdn zur letzten ~ betten** *geh* porter qn à sa dernière demeure *(soutenu);* **die letzte ~ finden** *geh* trouver le repos éternel *(soutenu);* **die ~ weghaben** *fam* ne pas s'affoler; **sich zur ~ setzen** partir en retraite
ruhebedürftig *Adj* qui a besoin de calme; **~ sein** avoir besoin de calme **Ruhegehalt** *nt,* **Ruhegeld** *nt* retraite *f*
ruhelos I. *Adj* anxieux[-euse] II. *Adv* umherblicken d'un air anxieux
Ruhelosigkeit <-> *f* anxiété *f*
ruhen *itr V* ❶ *(ausruhen)* se reposer ❷ *geh (schlafen)* [**ich**] **wünsche, wohl geruht zu haben!** j'espère que tu as/vous avez bien dormi! ❸ *(aufliegen)* **auf etw** *(Dat)* **~** *Dach, Konstruktion:* reposer sur qc ❹ *fig geh* **auf jdm/etw ~** *Verantwortung, Last:* reposer sur qn/qc ❺ *(liegen, verweilen)* **auf jdm/etw ~** *Augen, Blick, Hand:* être posé(e) sur qn/qc ❻ *(eingestellt, zurückgestellt sein) Arbeit, Verhandlungen, Verkehr:* être arrêté(e); **eine Angelegenheit/Frage ~ lassen** laisser une affaire/une question de côté; **die Vergangenheit ~ lassen** laisser le passé en paix ❼ *geh (begraben sein)* reposer; **in fremder Erde ~** reposer en terre étrangère; **hier ruht …** ci-gît… ▶ **er/sie wird nicht eher ~, bis …** il/elle n'aura [pas] de cesse que… ne + *subj*
ruhen|lassen *s.* **ruhen** ❻
Ruhepause *f* pause *f* **Ruhesitz** *m* retraite *f* **Ruhestand** *m kein Pl* retraite *f;* **in den ~ gehen** [*o* **treten**] prendre sa retraite; **jdn in den ~ versetzen** *form* mettre qn à la retraite; **im ~** en retraite **Ruheständler(in)** *m(f)* retraité(e) *m(f)* **Ruhestatt** <-, -stätten> *f,* **Ruhestätte** *f geh* demeure *f;* **die letzte ~** la dernière demeure *(littér)* **Ruhestellung** *f* ❶ *a.* TECH état *m* de repos ❷ MIL cantonnement *m* **Ruhestörung** *f* atteinte *f* à la tranquillité; **nächtliche ~** tapage *m* nocturne **Ruhetag** *m* fermeture *f* hebdomadaire; **dienstags ~** fermeture hebdomadaire le mardi **Ruhezustand** *m* état *m* de repos
ruhig ['ruːɪç] I. *Adj* calme; **bei ~em Nachdenken** en réfléchissant à tête reposée; **Sie können ganz ~ sein** vous pouvez être rassuré(e) II. *Adv* ❶ *(untätig)* tranquillement; **etw ~ mitansehen** rester les mains dans les poches en voyant qc ❷ *fam (durchaus)* **wir können ~ darüber reden** on peut bien en parler ❸ *(gleichmäßig)* laufen, atmen calmement ❹ *(in aller Ruhe)* nachdenken à tête reposée ❺ *(beruhigt)* schlafen, heimgehen en toute sérénité
Ruhm [ruːm] <-es> *m* gloire *f*
▶ **jd hat sich nicht** [**gerade**] **mit ~ bekleckert** *iron fam* qn n'a pas [vraiment] fait d'étincelles *(iron)*
rühmen ['ryːmən] I. *tr V* féliciter; **jdn wegen etw ~** féliciter qn pour qc; **etw ~** célébrer qc II. *r V* **sich seiner Herkunft** *(Gen)* **~** se flatter de ses origines; **sich einer Heldentat** *(Gen)* **~** se glorifier d'un exploit héroïque; **ohne mich ~ zu wollen** sans vouloir me vanter

Ruhmesblatt ▸ kein ~ **sein** ne pas être un titre de gloire
rühmlich *Adj* glorieux(-euse)
ruhmlos *Adj* sans gloire; *(beschämend)* humiliant(e)
ruhmreich *Adj* glorieux(-euse)
Ruhmsucht *f kein Pl* soif *f* de gloire
ruhmvoll *Adj s.* **ruhmreich**
Ruhr <-> *f* ❶ GEOG Ruhr *f*
❷ MED dysenterie *f*
Rührei *nt* œufs *mpl* brouillés
rühren I. *tr V* ❶ *(umrühren)* remuer *Teig, Suppe, Farbe;* **etw glatt ~** remuer qc pour obtenir une pâte/crème lisse
❷ *(unterrühren)* mélanger; **das Mehl in die Soße ~** mélanger la farine à la sauce
❸ *(erweichen)* toucher; **ich bin [tief] gerührt** je suis [profondément] touché(e)
❹ *(bewegen)* bouger *Finger, Hand*
II. *itr V* ❶ *(umrühren)* remuer; **im Tee/Kaffee ~** remuer dans le thé/café
❷ *(ansprechen, erwähnen)* **an etw** *(Akk)* **~** évoquer qc
❸ *geh (herrühren)* **von etw ~** [pro]venir de qc; **das rührt daher, dass** cela [pro]vient du fait que + *indic*
III. *r V* **sich ~** ❶ *(sich bewegen)* bouger; **rührt euch!** MIL repos!
❷ *fam (sich melden)* réagir
Rühren <-s> *nt* **unter ständigem ~** sans cesser de remuer
▸ **ein menschliches ~ verspüren** *hum* ressentir une envie pressante
rührend I. *Adj* touchant(e); **das ist wirklich ~ von dir** c'est vraiment touchant de ta part
II. *Adv* **sich ~ um jdn kümmern** s'occuper de qn avec une attention touchante
Ruhrgebiet *nt* **das ~** la Ruhr, le bassin de la Ruhr
rührig *Adj* dynamique
Rührlöffel *m* cuillère *f* en bois
Rührmichnichtan ['rʏːemɪçnɪçtʔan] <-, -> *nt* BOT balsamine *f*, noli me tangere *m inv*
Ruhrpott *s.* **Ruhrgebiet**
rührselig *Adj Person* [trop] sensible; *Film, Geschichte* sentimental(e)
Rührseligkeit <-> *f* sensiblerie *f* **Rührstück** *nt* mélodrame *m*
Rührteig *m* pâte *f* à biscuit
Rührung <-> *f* émotion *f*
Ruin <-s> *m* ruine *f*; **vor dem ~ stehen** être au bord de la ruine; **der Alkohol/das Spiel war sein ~** l'alcool/le jeu a été sa perte; **du bist noch mein ~!** *hum fam* tu veux ma perte!
Ruine <-, -n> *f* ❶ ruines *fpl*
❷ *fig (Mensch)* ruine *f*
ruinieren* *tr V* ❶ *(zugrunde richten)* ruiner *Person, Gesundheit*
❷ *(beschädigen)* abîmer
ruinös *Adj* ruineux(-euse)
rülpsen *itr V fam* roter *(fam)*
Rülpser <-s, -> *m fam* rot *m*
rum [rum] *Adv fam s.* **herum**
Rum <-s, -s> *m* rhum *m*
Rumäne <-n, -n> *m*, **Rumänin** *f* Roumain(e) *m(f)*
Rumänien [ruˈmɛːniən] <-s> *nt* la Roumanie
rumänisch I. *Adj* roumain(e)
II. *Adv* **miteinander sprechen** discuter en roumain; *s. a.* **deutsch**
Rumänisch <-[s]> *nt kein Art (Sprache, Schulfach)* roumain *m;* **auf ~** en roumain; *s. a.* **Deutsch**
Rumänische *nt dekl wie Adj* **das ~** le roumain; *s. a.* **Deutsche**
Rumba <-, -s> *f* rumba *f*
rum|kriegen *tr V fam* ❶ *(überreden)* convaincre
❷ *(verbringen)* **die Zeit/das Wochenende ~** arriver à passer le temps/le week-end
Rummel <-s> *m* ❶ *fam* foire *f (fam);* **viel ~ um jdn/etw machen** faire beaucoup de tintamarre autour de qn/qc *(fam)*
❷ DIAL *(Kirmes)* fête *f* foraine
Rummelplatz *m* DIAL *fam* champ *m* de foire
rumoren* **I.** *itr V fam* ❶ *(herumhantieren)* faire du remue-ménage; **im Keller ~** faire du remue-ménage dans la cave *(fam)*
❷ *(spuken)* **in jds Kopf** *(Dat)* **~** *Gedanke:* hanter l'esprit de qn
II. *itr V unpers fam* **es rumort in meinem Bauch** mon ventre gargouille *(fam)*
Rumpelkammer *f fam* débarras *m*
rumpeln *itr V fam* ❶ + *haben (Geräusche machen)* faire du tapage
❷ + *sein (polternd fahren)* **über den Marktplatz ~** *Karren, Kutsche:* cahoter sur la place du marché
Rumpelstilzchen <-s> *nt* lutin *héros d'un conte populaire*
Rumpf <-[e]s, Rümpfe> *m* ❶ ANAT tronc *m*
❷ *(Flugzeugrumpf)* fuselage *m*
❸ *(Schiffsrumpf)* coque *f*
Rumpfbeuge *f* flexion *f* du tronc
rümpfen *tr V* **die Nase ~** faire la moue

Rumpsteak ['rumpsteːk, -ʃteːk] *nt* rumsteck *m*
Rumtopf *m* fruits *mpl* au rhum
Rumtreiber(in) *m(f) fam (Landstreicher)* vagabond(e) *m(f)*
Run [ran] <-s, -s> *m* ruée *f;* **~ auf etw** *(Akk)* ruée sur qc
rund I. *Adj* ❶ *(kreisförmig)* rond(e)
❷ *(nicht mager) Arme, Hüften, Schultern* rond(e)
❸ *(aufgerundet, abgerundet) Zahl, Summe, Preis* arrondi(e); **eine ~e Summe machen** arrondir une somme; **für eine ~e Million** pour en gros un million
II. *Adv* ❶ *(im Kreis)* **~ um etw führen/gehen/verlaufen** faire le tour de qc
❷ *fam (ungefähr, etwa) kosten, ausgeben, dauern* en gros; **~ gerechnet macht das hundert euro** en arrondissant, ça fait cent euros
Rundbau <-bauten> *m* rotonde *f* **Rundblick** *m* panorama *m*
Rundbogen *m* arc *m* en plein cintre **Rundbrief** *m* circulaire *f*
Runde <-, -n> *f* ❶ *(Gesellschaft)* assemblée *f;* **in die ~ blicken** regarder à la ronde
❷ *a.* SPORT *(Rundgang, -fahrt, -flug)* tour *m;* **eine ~ um die Stadt drehen** *Flugzeug, Pilot:* faire un tour autour de la ville; **[seine] ~n drehen** *Läufer:* faire des tours de piste
❸ *(Kontrollgang)* ronde *f;* **seine ~ machen** *Nachtwächter, Polizist:* faire sa ronde
❹ BOXEN round *m*
❺ KARTEN partie *f*
❻ *(Stufe) von Gesprächen, Verhandlungen* round *m*
❼ *(freie Getränke)* tournée *f;* **eine ~ spendieren** [*o* **ausgeben**] payer une tournée *(fam)*
▸ **etw über die ~n bringen** *fam* boucler qc; **jdm über die ~n helfen** *fam* aider qn à s'en sortir; **über die ~n kommen** *fam* joindre les deux bouts; **die ~ machen** *fam* circuler
runden I. *r V geh* **sich ~** ❶ *Wangen, Bauch:* s'arrondir
❷ *(konkreter werden) Bild, Vorstellung:* prendre forme; *Eindruck:* s'affirmer
II. *tr V* ❶ *(aufrunden, abrunden)* arrondir
❷ *geh (rund machen)* avancer *Lippen*
runderneuern* *tr V* rechaper; **etw ~ lassen** faire rechaper qc
Rundfahrt *f* circuit *m* [touristique] **Rundflug** *m* circuit *m* en avion **Rundfunk** <-> *m* radio *f;* **im ~** à la radio
Rundfunkanstalt *f* station *f* de radio[diffusion] **Rundfunkempfang** *m* réception *f* d'émissions radiophoniques **Rundfunkempfänger** *m* RADIO récepteur *m* de radio **Rundfunkgebühr** *f* redevance *f* radiophonique **Rundfunkgerät** *nt form* [poste *m* de] radio *f* **Rundfunkhörer(in)** *m(f)* auditeur(-trice) *m(f)* **Rundfunkprogramm** *nt* programme *m* radiophonique **Rundfunksender** *m* RADIO émetteur *m* de radio **Rundfunksendung** *f* émission *f* radiophonique **Rundfunksprecher(in)** *m(f)* animateur(-trice) *m(f)* radio **Rundfunkstation** *f* station *f* de radio **Rundfunktechnik** *f* radiotechnique *f* **Rundfunktechniker(in)** *m(f)* radiotechnicien(ne) *m(f)* **Rundfunkteilnehmer(in)** *m(f) form* abonné(e) *m(f)* [radiophonique] *(form)* **Rundfunkübertragung** *f* RADIO retransmission *f* radiophonique **Rundfunkwerbung** *f* publicité *f* radiophonique
Rundgang *m* *eines Wachmanns* ronde *f; (Spaziergang)* tour *m* [à pied]; **einen ~ machen** faire un [petit] tour **rund|gehen** *unreg* **I.** *itr V + sein* ❶ *(herumgereicht werden) Flasche, Foto:* circuler; **etw ~ lassen** faire circuler qc ❷ *(herumerzählt werden) Gerücht, Nachricht, Neuigkeit:* faire le tour **II.** *itr V unpers + sein fam* **es geht rund** *(es herrscht Betrieb)* ça y va; *(es gibt Ärger)* ça barde *(fam)* **rundheraus** *Adv* franchement **rundherum** *Adv* ❶ *(ringsherum)* tout autour ❷ *s.* **rundum**.
rundlich *Adj Person, Körperbau* rondelet(te); *Gesicht, Wangen* rond(e)
Rundreise *f* circuit *m;* **eine ~ durch Österreich/den Schwarzwald** un circuit à travers l'Autriche/la Forêt-Noire **Rundruf** *m* coup *m* de fil; **einen ~ bei allen Freunden machen** passer un coup de fil à tous ses amis **Rundschreiben** *s.* **Rundbrief**
Rundstricknadel *f* aiguille *f* à tricoter circulaire **rundum** *Adv* ❶ *(ringsum)* à la ronde ❷ *(völlig) glücklich, zufrieden* tout à fait **Rundumschlag** *m* diatribe *f;* **zum ~ ausholen** contre-attaquer dans tous les azimuts
Rundumversorgung *f eines Patienten* suivi *m* global; *eines Kunden, Klienten* approvisionnement *m* complet
Rundung <-, -en> *f* ❶ *(Wölbung)* arrondi *m*
❷ *Pl (rundliche Figur)* poignées *fpl* d'amour *(fam)*
rundweg *Adv* tout net; **einen Vorschlag ~ ablehnen** refuser tout net une proposition
Rundweg *m* circuit *m*
Rune ['ruːnə] <-, -n> *f* rune *f*
Runenschrift *f kein Pl* écriture *f* runique
Runkel ['ruŋkəl] <-, -n> *f* A, CH *s.* **Runkelrübe**
Runkelrübe *f* betterave *f* fourragère
runter *Interj fam* **~ von dem Balkon!** *(komm/kommt herein)* dégage/dégagez du balcon! *(fam); (komm/kommt herunter)* des-

cends/descendez du balcon!
runter|fallen *itr V unreg + sein fam* tomber; **mir ist ein Glas runtergefallen** un verre m'a échappé **runter|holen** *tr V* descendre; **die Kirschen vom Baum ~** cueillir les cerises de l'arbre ▸ **jdm einen ~** *sl* branler qn *(vulg)*; **sich** *(Dat)* **einen ~** *sl* se branler *(vulg)*
runter|kommen *itr V unreg + sein fam* ❶ *(herunterkommen)* descendre; **vom oberen Stockwerk/zu jdm ~** descendre du dernier étage/chez qn ❷ *(die Abhängigkeit beenden)* **von etw ~** décrocher de qc *(fam)* **runter|lassen** *tr V unreg fam* baisser *Rolladen, Autofenster* **runter|laufen** *itr V unreg + sein fam* ❶ *(heruntergehen)* descendre *Straße, Treppe* ❷ *(herunterkullern)* **die Tränen liefen ihr runter** les larmes coulèrent sur ses joues
Runzel <-, -n> *f* ride *f*
runzelig *Adj* ridé(e)
runzeln I. *tr V* froncer *Brauen*; plisser *Stirn*
II. *r V* **sich ~** se rider
runzlig *s.* runzelig
Rüpel <-s, -> *m pej* mufle *m (péj)*
Rüpelei <-, -en> *f pej* muflerie *f (péj)*
rüpelhaft *Adj pej Person* grossier(-ière); *Art, Benehmen* de mufle; **~ sein** *Person:* être mufle *(péj)*
rupfen *tr V* ❶ plumer *Geflügel*
❷ *(ausreißen)* arracher *Gras, Unkraut*
❸ *fam (finanziell ausnehmen)* plumer *(fam)*
ruppig *pej* I. *Adj* grossier(-ière); **~ zu jdm sein** être grossier(-ière) avec qn
II. *Adv* grossièrement
Rüsche <-, -n> *f* ruche *f*
Ruß <-es> *m* suie *f*
Russe <-n, -n> *m*, **Russin** *f* Russe *mf*
Rüssel <-s, -> *m* ❶ *eines Elefanten, Ameisenbären, Insekts* trompe *f; eines Schweins* groin *m*
❷ *sl (Mund)* **halt den ~!** la ferme! *(pop)*
Rüsseltier *nt* ZOOL proboscidien *m*
rußen I. *itr V Fackel, Kerze, Petroleumlampe:* fumer; *Ofen:* faire de la suie
II. *tr V* CH, SDEUTSCH *(entrußen)* ramoner
Rußfilter *m eines Fahrzeugs* filtre *m* à particules; *einer Müllverbrennungsanlage* filtre à particules de suie **Rußflocke** *f* particule *f* de suie
rußig *Adj* couvert(e) de suie
Russin *s.* Russe
russisch I. *Adj* russe
II. *Adv* **~ miteinander sprechen** discuter en russe; *s. a.* deutsch
Russisch <-[s]> *nt kein Art (Sprache, Schulfach)* russe *m;* **auf ~** en russe; *s. a.* Deutsch
Russische *nt dekl wie Adj* **das ~** le russe; *s. a.* Deutsche
Russland[RR], **Rußland**[ALT] *nt* la Russie
Russlanddeutsche(r)[RR] *f(m) dekl wie Adj* Russe d'origine allemande
Rußpartikelfilter *m* AUT filtre *m* à particules

rüsten ['rʏstən] I. *itr V* MIL armer; **zum Krieg ~** se lancer dans des préparatifs de guerre
II. *r V geh* **sich zu einer Reise/zum Aufbruch ~** se disposer à partir en voyage/à partir *(soutenu)*
Rüster ['ry:stɐ] <-, -n> *f* BOT orme *m*
rüstig ['rʏstɪç] *Adj* vigoureux(-euse); **noch ~ sein für sein Alter** être encore vert(e) pour son âge
Rüstigkeit <-> *f* vigueur *f*
rustikal [rʊstiˈkaːl] I. *Adj* rustique
II. *Adv* **sich ~ einrichten** se meubler en rustique; **~ eingerichtet sein** avoir des meubles rustiques
Rüstung <-, -en> *f* ❶ *kein Pl (das Rüsten)* armement *m*
❷ *(Ritterrüstung)* armure *f*
Rüstungsabbau *m* désarmement *m* **Rüstungsausgaben** *Pl* dépenses *fpl* d'armement **Rüstungsbegrenzung** *f* limitation *f* des armements **Rüstungsbetrieb** *m* usine *f* d'armement **Rüstungsexport** *m* MIL exportation *f* d'armes **Rüstungsindustrie** *f* industrie *f* de l'armement **Rüstungskontrolle** *f* contrôle *m* des armements **Rüstungsstopp** *m* arrêt *m* de l'armement; **einen ~ fordern** exiger l'arrêt de l'armement **Rüstungswettlauf** *s.* Wettrüsten
Rüstzeug *nt* bagage *m*
Rute ['ruːtə] <-, -n> *f* ❶ *(Gerte)* baguette *f*
❷ *(Angelrute)* canne *f*
❸ JAGD verge *f*
Rutengänger(in) <-s, -> *m(f)* sourcier(-ière) *m(f)*
Rütlischwur ['ryːtli-] *m* serment *m* du Rütli
Rutsch [rʊtʃ] <-es, -e> *m (Erdrutsch)* glissement *m* [de terrain]
▸ **guten ~!** *fam* bonne année!; **in einem ~** *fam* d'une [seule] traite
Rutschbahn *f* ❶ *(Rutsche)* toboggan *m*
❷ *fam (Eisbahn)* patinoire *f*
Rutsche ['rʊtʃə] <-, -n> *f* a. TECH toboggan *m*
rutschen ['rʊtʃən] *itr V + sein* ❶ *(ausrutschen)* glisser
❷ *fam (rücken)* **zur Seite ~** se pousser *(fam)*; **auf seinem Stuhl nervös hin und her ~** gigoter nerveusement sur sa chaise; **mit den Stühlen nach vorne/hinten ~** avancer/reculer les chaises
❸ *(herunterrutschen) Brille, Kleidung:* tomber; **vom Stuhl ~** *Person, Pullover:* glisser de la chaise; **ins Rutschen geraten** [*o* **kommen**] s'ébouler
❹ *(die Rutschbahn benutzen)* faire du toboggan
rutschfest *Adj* antidérapant(e) **Rutschgefahr** *f* risque *m* de glissade; *(für Fahrzeuge)* risque de dérapage; **Vorsicht ~!** attention, chaussée glissante!
rutschig *Adj* glissant(e)
Rutschpartie *f fam* glissades *fpl* **rutschsicher** *Adj* antidérapant(e)
rütteln ['rʏtəln] I. *tr V* secouer; **jdn am Arm ~** secouer qn par le bras; **jdn ~ und schütteln** secouer qn dans tous les sens
II. *itr V* ❶ **an der Tür ~** secouer la porte
❷ *(infrage stellen)* **an etw** *(Dat)* **~** remettre qc en question; **daran ist nicht** [*o* **gibt es nichts**] **zu ~** on ne peut rien y changer

Ss

S, s [ɛs] <-, -> *nt* S *m*/s *m*
▸ **S wie Siegfried** [*o* **Samuel**] s comme Suzanne
s. *Abk von* **siehe** cf.
S *Abk von* **Süden** S
S. *Abk von* **Seite** p.; **auf S. 12** à la p. 12
SA [ɛsˈʔaː] <-> *f* NS *Abk von* **Sturmabteilung** SA *f*
s.a. *Abk von* **sine anno** s.a.
Saal [zaːl, *Pl:* ˈzɛːlə] <-[e]s, **Säle**> *m* salle *f*
Saalschlacht *f fam* bagarre *f*, rififi *m (arg)*; **eine regelrechte ~** une véritable bataille rangée **Saaltochter** *f* CH serveuse *f*
Saar [zaːɐ] <-> *f* **die ~** la Sarre
Saarbrücken [zaːɐˈbrʏkən] <-> *nt* Sarrebruck
Saargebiet [ˈzaːɐgəbiːt] *nt*, **Saarland** *nt* **das ~** la Sarre
Saarländer(in) <-s, -> *m(f)* Sarrois(e) *m(f)*
saarländisch *Adj* sarrois(e)
Saat [zaːt] <-, -en> *f* ❶ *kein Pl (das Säen)* semailles *fpl*
❷ *(Saatgut)* semence *f*
❸ *(junge Pflanze)* semis *mpl*
Saatgut *nt* semences *fpl* **Saatkartoffel** *f* pomme *f* de terre de semence **Saatkorn** <-körner> *nt* ❶ AGR graine *f*, grain *m* ❷ BOT graine *f* **Saatkrähe** *f* ORN corbeau *m* freux
Sabbat [ˈzabat] <-s, -e> *m* sabbat *m*

Sabbatjahr *nt kein Pl* année *f* sabbatique
sabbeln [ˈzabəln] DIAL *s.* sabbern
Sabber <-s> *m* DIAL bave *f*
Sabberlätzchen *nt* DIAL bavoir *m*
sabbern [ˈzabɐn] *fam* I. *itr V* baver
II. *tr V* DIAL *(viel reden)* sortir *(fam)*
Säbel [ˈzɛːbəl] <-s, -> *m* sabre *m*
▸ **mit dem ~ rasseln** agiter le spectre de la guerre, proférer des menaces de guerre
Säbelfechten *nt* [escrime *f* au] sabre *m*
säbeln *tr V fam* **etw in dicke Scheiben ~** découper qc en grosses tranches
Säbelrasseln <-s> *nt* bruits *mpl* de bottes
Sabotage [zaboˈtaːʒə] <-, -n> *f* sabotage *m*; **~ treiben** faire du sabotage; **an etw** *(Dat)* **~ begehen** commettre un acte de sabotage sur qc
Sabotageakt [zaboˈtaːʒə-] *m* [acte *m* de] sabotage *m*
Saboteur(in) [zaboˈtøːɐ] <-s, -e> *m(f)* saboteur(-euse) *m(f)*
sabotieren* I. *tr V* saboter *Produktion*
II. *itr V* faire du sabotage
Sa[c]charin [zaxaˈriːn] <-s> *nt* saccharine *f*
Sachbearbeiter(in) *m(f)* personne *f* chargée du dossier

Sachbereich *m* secteur *m* **Sachbeschädigung** *f* déprédation *f*; **vorsätzliche** [*o* **mutwillige**] ~ déprédation intentionnelle **sachbezogen I.** *Adj Angaben, Aussage* factuel(le); *Frage* pertinent(e) **II.** *Adv* argumentieren, befragen avec pertinence **Sachbuch** *nt* livre *m* spécialisé **sachdienlich** *Adj form Tipp, Wink* précieux(-euse)

Sache ['zaxə] <-, -n> *f* ① *(Ding, Angelegenheit)* chose *f*; **eine gute ~** une bonne chose; **eine ~ des Geschmacks sein** être [une] affaire de goût; **die ~ steht gut/schlecht** l'affaire se présente bien/mal; **die ~ ist noch unentschieden** l'affaire n'est pas encore résolue; **das ist eine ~ für sich** c'est une chose à part; **das ist eine andere ~** c'est autre chose; **das ist beschlossene ~** c'est décidé; **in eigener ~** en son propre nom; **das ist seine/ihre ~** c'est son affaire; **das ist so eine ~ mit diesem Haus** *fam* cette maison, c'est pas de la tarte *(fam)*
② *(Zweck)* cause *f*
③ *(Thema, Sachverhalt)* **zur ~ kommen** en venir au fait; **bei der ~ sein** être attentif(-ive); **bei der ~ bleiben** rester dans le sujet; **die ~ ist die, dass** voilà ce qu'il en est: ...; *(einschränkend)* le fait est que + *indic*; **das tut nichts zur ~** cela n'a pas sa place ici; **zur ~!** des faits!
④ *(Arbeit, Aufgabe)* **seine ~ gut/schlecht machen** faire bien/mal son travail
⑤ *Pl (Waren, Artikel)* **neue ~n** nouveautés *fpl*; **interessante ~n** choses *fpl* intéressantes
⑥ *Pl (Kleidungsstücke)* **warme/leichte ~n** vêtements *mpl* chauds/légers
⑦ *Pl fam (Getränke)* **scharfe ~n** alcools *mpl* forts
⑧ *Pl (persönlicher Besitz)* **seine/ihre ~n** ses affaires *fpl*
⑨ *Pl (Zubehör)* matériel *m*; **meine ~n zum Angeln/für die Arbeit** mes affaires *fpl* de pêche/travail
⑩ *Pl (Dummheiten, schlimme Vorfälle)* choses *fpl*; **dass da keine dummen ~n passieren!** pas de bêtises!; **was sind denn das für ~n?** qu'est-ce que c'est que ces histoires?; **was machst du bloß für ~n!** *fam* [mais] qu'est-ce que tu fabriques? *(fam)*
⑪ JUR *(Streitfall)* affaire *f*; **in der ~** [*o* **in ~n**] **Kramer gegen Kramer** dans l'affaire Kramer contre Kramer; **zur ~ vernommen werden** être interrogé(e) au sujet de l'affaire; **sich selbst in eigener ~ vertreten** plaider sa propre cause
⑫ *Pl fam (Stundenkilometer)* **mit hundert ~n** à cent [à l'heure]
▶ **gemeinsame ~ mit jdm machen** faire cause commune avec qn; **keine halben ~n machen** ne pas faire les choses à moitié; **sich** *(Dat)* **seiner ~ sicher sein** être sûr(e) de son coup; **~n gibt's[, die gibt's gar nicht]!** *fam* ça alors, c'est pas croyable]! *(fam)*; **sagen/wissen, was ~ ist** *fam* dire/savoir ce qui se passe *(fam)*; **das ist nicht jedermanns ~** ce n'est pas du goût de tout le monde; **mach keine ~n!** *fam (was du nicht sagst)* c'est pas possible! *(fam)*; *(tu das nicht)* fais surtout pas ça! *(fam)*; **seine ~ verstehen** connaître son affaire

Sacheinlage *f* ÖKON apport *m* en nature
Sachertorte *f* gâteau au chocolat créé par l'hôtelier viennois F. Sacher
Sachfrage *f meist Pl* question *f* spécifique **sachfremd** *Adj* étranger(-ère) à l'affaire **Sachgebiet** *nt* domaine *m* **sachgemäß I.** *Adj* adéquat(e); **bei ~er Verwendung** utilisé(e) correctement **II.** *Adv* correctement **sachgerecht** *s.* sachgemäß **Sachkatalog** *m* fichier *m* par matières **Sachkenner(in)** *m(f)* expert(e) *m(f)*, spécialiste *mf*; **auf/in etw** *(Dat)* **sein** être expert(e) [*o* spécialiste] dans/en qc **Sachkenntnis** *f* compétences *fpl* **Sachkosten** *Pl* frais *mpl* matériels **Sachkunde** ① *s.* Sachkenntnis ② *s.* Sachkundeunterricht **Sachkundeunterricht** *m* disciplines *fpl* d'éveil **sachkundig I.** *Adj Person* expert(e); *Antwort* pertinent(e); *Information* documenté(e); **sich auf einem Gebiet ~ machen** se documenter dans un domaine; **danke für die ~e Führung!** merci pour cette visite très instructive! **II.** *Adv* avec compétence **Sachkundige(r)** *f(m) dekl wie Adj* spécialiste *mf* **Sachlage** *f* situation *f*
sachlich I. *Adj* ① *(objektiv)* objectif(-ive); **~ sein/bleiben** être/rester objectif(-ive)
② *(die Sache betreffend)* Gegebenheiten, Unterschied concret(-ète); **die ~e Richtigkeit** l'exactitude *f*
③ *(schmucklos)* sobre
II. *Adv* ① *(objektiv)* avec objectivité
② *(die Sache betreffend)* falsch, richtig objectivement
sächlich ['zɛçlɪç] *Adj* neutre
Sachlichkeit <-> *f* objectivité *f*
Sachregister *nt* index *m* **Sachschaden** *m* dégâts *mpl* matériels
Sachse ['zaksə] <-n, -n> *m*, **Sächsin** *f* Saxon(ne) *m(f)*
sächseln ['zɛksəln] *itr V fam* parler avec l'accent saxon
Sachsen ['zaksən] *nt* la Saxe
Sachsen-Anhalt <-s> *nt* la Saxe-Anhalt
sächsisch ['zɛksɪʃ] *Adj* saxon(ne)

Sächsisch *nt* le saxon
Sächsische(s) *nt dekl wie Adj* **das ~** le saxon
Sachspende *f* don *m* en nature
sacht[e] ['zaxtə] **I.** *Adj* ① *Berührung, Händedruck* léger(-ère); *Streicheln* doux(douce)
② *(geringfügig)* Gefälle, Neigung, Steigung léger(-ère)
II. *Adv* ① *(sanft)* berühren délicatement
② *(leicht)* abfallen, ansteigen légèrement
③ *fam (gemäßigt)* **nun mal ~e!, ~e, ~e!** vas-y mollo! *(fam)*
Sachverhalt ['zaxvɛɐhalt] <-[e]s, -e> *m* faits *mpl* **Sachverstand** *m kein Pl* compétence *f*
Sachverständige(r) *f(m) dekl wie Adj* expert(e) *m(f)*
Sachwalter(in) <-s, -> *m(f)* ① *a. fig* avocat(e) *m(f)*
② ÖKON administrateur(-trice) *m(f)* [de biens]
Sachwert *m* ① ÖKON valeur *f* réelle ② *Pl (Wertgegenstände)* valeurs-refuge *fpl* **Sachzwänge** *Pl* contraintes *fpl* matérielles [*o* extérieures]

Sack [zak, *Pl*: 'zɛkə] <-[e]s, Säcke> *m* ① *(Beutel)* sac *m*; **zwei ~ Kartoffeln** deux sacs de pommes de terre
② SDEUTSCH, A, CH *(Hosentasche)* poche *f* [de pantalon]
③ *vulg (Hodensack)* couilles *fpl (vulg)*
④ *pej fam (Kerl)* couillon *m (fam)*; **fauler ~** branleur *m (fam)*
⑤ *(Tränensack)* poche *f*
▶ **in ~ und Asche gehen** *geh* battre sa coulpe *(soutenu)*; **den ~ schlagen und den Esel meinen** *Spr.* écoper pour qn d'autre; **es ist leichter einen ~ Flöhe zu hüten!** *fam* il vaut mieux l'avoir en photo! *(fam)*; **mit ~ und Pack** *fam* avec ses cliques et ses claques *(fam)*; **wie ein nasser ~ umfallen** *sl* s'étaler comme une merde *(pop)*; **jdm mit etw auf den ~ gehen** *vulg* les casser à qn avec qc *(arg)*; **etw im ~ haben** *sl* avoir qc dans la poche *(fam)*; **jdn in den ~ stecken** *fam* mettre qn dans sa poche *(fam)*

Sackbahnhof *s.* Kopfbahnhof
Säckel ['zɛkəl] <-s, -> *m* SDEUTSCH ① *veraltet (Hosentasche)* poche *f* de pantalon
② *fam (blöder Kerl)* couillon *m*
▶ **tief in den ~ greifen müssen** puiser dans son porte-monnaie
sacken ['zakən] *itr V + sein* ① *(sich senken)* Erdboden: se tasser; Gebäude, Mauer: s'affaisser
② *(sinken)* s'affaisser; **zu Boden ~** s'écrouler par terre
Sackerl <-s, -n> *nt* A *(Tüte)* sachet *m*
säckeweise ['zɛkəvaɪzə] *Adj* par sacs entiers
Sackgasse *f* ① cul-de-sac *m* ② *(ausweglose Angelegenheit)* impasse *f*; **in einer ~ stecken** être dans une impasse **Sackhüpfen** <-s> *nt* course *f* en sac **Sackkarre** *f* charrette *f* à bras **Sackleinen** *nt* grosse toile *f* **Sacktuch** *nt* ① SDEUTSCH, A *(Taschentuch)* mouchoir *m* ② TEXTIL grosse toile *f*
Sadismus [za'dɪsmʊs] <-, Sadismen> *m (Veranlagung, Quälerei)* sadisme *m*
Sadist(in) [za'dɪst] <-en, -en> *m(f)* sadique *mf*
sadistisch I. *Adj* sadique
II. *Adv* sadiquement
Sadomasochismus *m* sadomasochisme *m*
säen ['zɛ:ən] *tr, itr V a. fig* semer; **das Säen** *(auf dem Acker, Feld)* les semailles *fpl*; *(im Garten)* les semis *mpl*
Safari [za'fa:ri] <-, -s> *f* safari *m*
Safaripark *m* parc *m* safari
Safe [seɪf] <-s, -s> *m* coffre-fort *m*
Safer Sex ['seɪfɐ'sɛks] <-es> *m* rapports *mpl* protégés
Saffian ['zafia(:)n] <-s> *m*, **Saffianleder** *nt* maroquin *m*
Safran ['zafra(:)n] <-s, -e> *m* safran *m*
Saft [zaft, *Pl*: 'zɛftə] <-[e]s, Säfte> *m* ① *(Fruchtsaft)* jus *m*
② *(Pflanzensaft)* sève *f*
③ *fam (Strom)* jus *m (fam)*
▶ **ohne ~ und Kraft** *Person* sans ressort; *Rede* sans goût, ni saveur; **im eigenen ~ schmoren** *fam* mijoter dans son jus *(fam)*; **jdn im eigenen ~ schmoren lassen** *fam* laisser mijoter qn dans son jus *(fam)*
saftig *Adj* ① *Frucht, Obst* juteux(-euse)
② *(üppig) Alm, Weide* fertile; *Grün* intense
③ *fam (unverschämt) Brief, Rechnung, Preis* salé(-e) *(fam)*
Saftkur *f* diète *f* aux jus de fruits et de légumes **Saftladen** *m pej fam* boîte *f* bordélique *(fam)*
saftlos *Adj Ansprache, Rede, Vortrag* insipide *(fig)*
Saftpresse *f* presse-fruits *m* **Saftsack** *m pej fam* couillon *m (fam)*
Saga ['za(:)ga] <-, -s> *f* saga *f*
Sage [za:gə] <-, -n> *f* légende *f*; **es geht die ~, dass** le bruit court que + *indic*
Säge ['zɛ:gə] <-, -n> *f* ① *(Werkzeug)* scie *f*
② *s.* **Sägewerk**
Sägeblatt *nt* lame *f* de scie **Sägebock** *m* chevalet *m* [de scieur de bois], chèvre *f* **Sägefisch** *m* ZOOL poisson-scie *m* **Sägemehl** *nt* sciure *f* **Sägemesser** *nt* couteau-scie *m* **Sägemühle**

s. **Sägewerk**
sagen ['zaːgən] I. tr V ❶ (äußern) dire; **er sagt, er sei krank gewesen/habe keine Zeit** il dit qu'il a été malade/n'a pas le temps; **ich will damit ~, dass** je veux dire par là que + indic; **wenn ich [das] so ~ darf** si je peux m'exprimer ainsi; **das wäre zu viel gesagt** ce serait aller un peu loin; **damit ist nicht gesagt, dass** ça ne veut pas dire que + indic o subj; **ich will nichts gesagt haben!** je n'ai rien dit!; **sag, was du willst, aber ...** fam tu peux raconter ce que tu veux, mais... (fam); **ich sag's ja!** c'est ce que je dis!; **was ich noch ~ wollte** à propos; **was du nicht sagst!/was Sie nicht ~!** fam elle est bonne, celle-là! (fam); **sag nicht so etwas!** dis pas ça ! (fam)
❷ (mitteilen) jdm etw ~ dire qc à qn; **er lässt dir ~, dass** il te fait dire que; **ich habe mir ~ lassen, dass** je me suis laissé dire que + indic
❸ (befehlen) jdm ~, wie ... dire à qn comment...; jdm ~, dass er warten soll [o muss] dire à qn d'attendre; **etwas/nichts zu ~ haben** avoir son mot/n'avoir rien à dire; **sich** (Dat) **nichts ~ lassen** ne vouloir écouter personne; **ich lasse mir von dir nichts ~** je n'ai pas d'ordres à recevoir de toi
❹ (meinen) **was soll ich dazu ~?** qu'est-ce que tu veux/vous voulez que je réponde à ça?; **das möchte [o will] ich nicht ~** je ne dirais pas ça
❺ (bedeuten) **etwas zu ~ haben** Blick, Bemerkung: vouloir dire quelque chose; **nichts zu ~ haben** ne pas avoir d'importance; **nichts ~d** creux(-euse); **viel ~d** Blick, Bemerkung: qui en dit long; **viel ~d schweigen/lächeln** avoir un silence/sourire qui en dit long; **sich viel ~d zuzwinkern** se lancer des clins d'œil qui en disent long
▶ **gesagt, getan** aussitôt dit, aussitôt fait; **das ist leichter gesagt als getan** c'est plus facile à dire qu'à faire; **das ist nicht gesagt** ce n'est pas dit; **das kann man wohl ~** ça, tu peux/vous pouvez le dire; **sage und schreibe** en tout et pour tout; **wem ~ Sie das!** fam à qui le dites-vous! (fam)
II. itr V **sag/~ Sie** [mal], ... dis/dites [voir],...; **wie gesagt, wie ich schon sagte** comme je viens de le dire; **genauer gesagt** plus précisément; **wie man so sagt** pour dire les choses telles qu'elles sont
▶ **das Sagen haben** commander; **ich muss schon ~!** je t'en/vous en prie!; **ich muss schon ~, das hätte ich nicht erwartet** vraiment, je dois dire que je ne m'attendais pas à ça; **da soll noch einer ~, ...** qu'on ne vienne pas me/nous dire que ~ ; **unter uns gesagt** entre nous [soit dit]; **sag bloß!** fam c'est pas vrai! (fam); **sag bloß [nicht]** ... ne [me] dis pas que + indic; **ich möchte fast ~, ...** je dirais même plus ~ .
III. r V sich (Dat) ~, **dass** se dire que + indic
sägen ['zɛːgən] I. tr V scier
II. itr V ❶ an etw (Dat) ~ scier qc
❷ fam (schnarchen) ronfler
sagenhaft I. Adj ❶ fam (phänomenal, unvorstellbar) fabuleux(-euse) (fam)
❷ geh (legendär) Gestalt, König légendaire
II. Adv fam teuer, günstig vachement (fam)
Sägespäne ['zɛːgəʃpɛːnə] Pl sciure f [de bois] **Sägewerk** nt scierie f
Sago ['zaːgo] <-s> m o nt sagou m
sah [zaː] Imp von **sehen**
Sahara [zaˈhaːra, ˈzaːhara] <-> f **die ~** le Sahara
Sahelzone f **die ~** le Sahel
Sahne ['zaːnə] <-> f crème f; (Schlagsahne) crème chantilly; **saure ~** crème fraîche; **mit ~** Soße avec de la crème; Kuchen, Eis avec de la chantilly
▶ **etw ist allererste ~** sl qc est à casser la baraque (arg)
Sahnebonbon [-bɔŋˈbɔŋ, bɔ̃ˈbɔ̃ː] m o nt caramel m **Sahneeis** nt crème f glacée **Sahnetorte** f tarte f à la crème
sahnig ['zaːnɪç] Adj crémeux(-euse); ~ **schmecken** être crémeux(-euse)
Saibling ['zaɪplɪŋ] <-s, -e> m ZOOL omble m chevalier
Saison [zɛˈzɔ̃ː, zɛˈzɔŋ] <-, -s A -en> f saison f; **außerhalb der ~** hors saison
saisonal [zɛzoˈnaːl] I. Adj saisonnier(-ière)
II. Adv ~ **bedingt** saisonnier(-ière)
Saisonarbeit f travail m saisonnier **Saisonarbeiter(in)** m(f) [travailleur(-euse) m(f)] saisonnier(-ière) m(f) **Saisonausverkauf** m soldes mpl saisonniers **saisonbedingt** Adj saisonnier(-ière) **Saisonbetrieb** m kein Pl activité f saisonnière **saisonüblich** Adj conforme à la saison, saisonnier(-ière)
Saite ['zaɪtə] <-, -n> f corde f
▶ **andere ~n aufziehen** fam serrer la vis (fam)
Saiteninstrument nt instrument m à cordes
Sake ['zaːkə] <-> m saké m
Sakko ['zako] <-s, -s> m o nt veston m
sakral [zaˈkraːl] Adj geh sacré(e)
Sakrament [zakraˈmɛnt] <-[e]s, -e> nt sacrement m

▶ ~ **[noch mal]!** SDEUTSCH sl [sa]cré nom de Dieu! (pop)
Sakrileg [zakriˈleːk] <-s, -e> nt geh sacrilège m
Sakristei [zakrɪsˈtaɪ] <-, -en> f sacristie f
sakrosankt [zakroˈzaŋkt] Adj geh sacro-saint(e)
säkular [zɛkuˈlaːɐ] Adj ❶ (alle hundert Jahre wiederkehrend) séculaire
❷ (weltlich) séculier(-ière)
Säkularisation [zɛkularizaˈtsioːn] <-, -en> f sécularisation f
säkularisieren* tr V séculariser
Salamander [zalaˈmandɐ] <-s, -> m salamandre f
Salami [zaˈlaːmi] <-, -s> f salami m
Salamitaktik f hum logique f de la tortue (hum)
Salär [zaˈlɛːɐ] <-s, -e> nt CH geh rétribution f
Salat [zaˈlaːt] <-[e]s, -e> m salade f; **grüner ~** laitue f
▶ **da [o jetzt] haben wir den ~!** fam nous voilà dans de beaux draps!
Salatbesteck nt couvert m à salade **Salatdressing** s. Dressing **Salatgurke** f concombre m **Salatplatte** f ❶ (Teller) saladier m ❷ (Gericht) salade f composée **Salatschleuder** f essoreuse f à salade **Salatschüssel** f saladier m **Salatsoße** f sauce f de salade **Salatteller** m ❶ (Teller) plat m à salade ❷ (Gericht) salade f composée
Salbe ['zalbə] <-, -n> f crème f; (fettig) pommade f
Salbei ['zalbaɪ] <-s> m sauge f
salben ['zalbən] tr V oindre
Salböl ['zalpʔøːl] nt REL huile f d'onction [o sainte]
Salbung <-, -en> f onction f
salbungsvoll I. Adj pej Predigt, Rede onctueux(-euse) (iron); Spruch, Worte mielleux(-euse) (iron)
II. Adv pej sich ausdrücken, predigen onctueusement (iron); reden, sprechen sur un ton doucereux
Salchow ['zalço] <-s, -s> m SPORT salchow m
Saldo ['zaldo] <-s, -s o Saldi o Salden> m FIN solde m
Säle ['zɛːlə] Pl von **Saal**
Saline [zaˈliːnə] <-, -n> f saline f
Salizylsäure [zaliˈtsyːl-] f acide m salicylique
Salm [zalm] <-[e]s, -e> m ZOOL saumon m
Salmiak [zalˈmjak] <-s> m o nt chlorure m d'ammonium
Salmiakgeist <-s> m ammoniaque f
Salmonelle [zalmoˈnɛlə] f meist Pl MED salmonelle f souvent pl
Salomonen [zaloˈmoːnən] Pl **die ~** les îles fpl Salomon
salomonisch [zaloˈmoːnɪʃ] Adj ~ **es Urteil** jugement m de Salomon
Salon [zaˈlɔ̃ː, zaˈlɔŋ] <-s, -s> m geh salon m
salonfähig [zaˈlɔ̃ː-, zaˈlɔŋ-] Adj **nicht ~ sein** Person: ne pas être présentable; Benehmen, Bemerkung: ne pas être convenable; **etw ~ machen** faire entrer qc dans les mœurs **Salonlöwe** m pej salonnard m (péj) **Salonwagen** m EISENBAHN voiture-salon f
salopp [zaˈlɔp] I. Adj Kleidung décontracté(e); Redeweise, Ausdruck léger(-ère); Wort osé(e)
II. Adv sich kleiden de façon décontractée; sich ausdrücken familièrement
Salpeter [zalˈpeːtɐ] <-s> m salpêtre m
Salpetersäure f acide m nitrique
Salto ['zalto] <-s, -s o Salti> m saut m périlleux; ~ **mortale** saut de la mort
salü Interj CH (hallo) salut (fam)
Salut [zaˈluːt] <-[e]s, -e> m salve f d'honneur; ~ **schießen** tirer une salve d'honneur
salutieren* itr V faire le salut militaire
Salutschuss[RR] s. **Salut**
Salvadorianer(in) [zalvadoriˈaːnɐ] <-s, -> m(f) Salvadorien(ne) m(f)
salvadorianisch [zalvadoriˈaːnɪʃ] Adj salvadorien(ne)
Salve ['zalvə] <-, -n> f salve f; (Salutschüsse) salve f d'honneur; **eine ~ auf jdn abfeuern** passer qn par les armes
Salz [zalts] <-es, -e> nt sel m; **etw in ~ legen** saler qc
▶ **jdm nicht das ~ in der Suppe gönnen** fam être jaloux(-ouse) comme un poux de qn
salzarm I. Adj pauvre en sel II. Adv **essen** peu salé; ~ **kochen** cuisiner avec peu de sel **Salzbergwerk** nt mine f de sel **Salzbrezel** f bretzel m
Salzburg ['zaltsbʊrk] <-s> nt Salzbourg m
salzen <PP gesalzen o selten gesalzt> ['zaltsən] tr, itr V saler; s. a. **gesalzen**
Salzfässchen[RR] nt salière f **Salzgebäck** nt [petit] gâteau m salé **Salzgehalt** m teneur f en sel **Salzgurke** f GASTR cornichon m salé
salzhaltig Adj Boden, Lösung salin(e); Wasser salé(e)
Salzhering m hareng m salé
salzig Adj Essen, Wasser salé(e); Lösung, Boden salin(e)
Salzkartoffel f meist Pl pomme f de terre [cuite] à l'eau **Salzkorn** <-körner> nt grain m de sel **Salzlake** f saumure f

salzlos *Adj, Adv* sans sel
Salzlösung *f* sérum *m* physiologique **Salzsäule** *f* ▶ **zur ~ erstarren** rester pétrifié(e) **Salzsäure** *f* CHEM acide *m* chlorhydrique **Salzsee** *m* lac *m* salé **Salzstange** *f* stick *m* [salé] **Salzstreuer** <-s, -> *m* salière *f* **Salzwasser** *nt* eau *f* salée **Salzwüste** *f* désert *m* de sel
SA-Mann [ɛsˈʔaː-] <-[e]s, -Männer> *m* NS SA *m* (membre des sections d'assaut nazies)
Samariter [zamaˈriːtɐ] <-s, -> *m* ▶ **ein barmherziger ~** *geh* un bon Samaritain
Samba [ˈzamba] <-s, -s> *m* samba *f*
Sambia [ˈzambia] <-s> *nt* la Zambie
Sambier(in) [ˈzambiɐ] <-s, -> *m(f)* Zambien(ne) *m(f)*
sambisch *Adj* zambien(ne)
Samen [ˈzaːmən] <-s, -> *m* ❶ BOT semence *f*
❷ *kein Pl (Sperma)* sperme *m*
Samenanlage *f* BOT ovule *m* **Samenbank** <-banken> *f* banque *f* du sperme **Samenerguss**[RR] *m* éjaculation *f* **Samenfaden** *m* spermatozoïde *m* **Samenflüssigkeit** *f* sperme *m* **Samenhandlung** *f* graineterie *f* **Samenkapsel** *f* capsule *f* **Samenkorn** <-körner> *nt* graine *f* **Samenleiter** <-s, -> *m* canal *m* déférent **Samenspender** *m* donneur *m* de sperme **Samenstrang** *m* ANAT cordon *m* spermatique **Samenzelle** *f* spermatozoïde *m*
Sämereien [zɛːməˈraɪən] *Pl* graines *fpl*, semences *fpl*
sämig [ˈzɛːmɪç] *Adj Soße, Suppe* velouté(e)
Sämischleder *nt* chamois *m*; *(zum Wischen)* peau *f* chamoisée [o de chamois]
Sämling <-s, -e> *m* semis *m*
Sammelalbum *nt* album *m* de collection **Sammelanschluss**[RR] *m* installation *f* groupée **Sammelband** <-bände> *m* recueil *m* **Sammelbecken** *nt* (Hort) creuset *m* **Sammelbegriff** *m* terme *m* collectif **Sammelbehälter** *m* collecteur *m* **Sammelbestellung** *f* commande *f* groupée **Sammelbezeichnung** *s.* **Sammelbegriff** **Sammelbüchse** [-ks-] *f* tronc *m* **Sammelfahrschein** *m* billet *m* de groupe **Sammellager** *nt* centre *m* d'accueil **Sammellinse** *f* PHYS lentille *f* convergente **Sammelmappe** *f* chemise *f*
sammeln [ˈzaməln] I. *tr V* ❶ cueillir *Beeren, Blumen, Kräuter*; ramasser *Brennholz, Früchte, Steine, Pilze*
❷ *(zu einer Sammlung zusammenstellen)* collectionner *Briefmarken, Insekten*
❸ *(als Spende nehmen)* collecter *Geld, Altkleidung, Altmaterial*
❹ *(zusammentragen)* rassembler *Belege, Beweise*; recueillir *Informationen*; *s. a.* **gesammelt**
❺ *(erleben)* recueillir *Eindrücke*; **gute/schlechte Erfahrungen ~** faire provision de bons/accumuler de mauvaises expériences
❻ *(um sich scharen)* **Leute um sich ~** rassembler des gens autour de soi
II. *r V* ❶ *(sich versammeln)* **sich ~** se rassembler
❷ *(sich anhäufen)* **sich in etw** *(Dat) ~ Partikel, Wasser*: être recueilli(e) dans qc
❸ *geh (sich konzentrieren)* **sich ~** se concentrer; *(zur Ruhe kommen)* se recueillir; *s. a.* **gesammelt**
III. *itr V* **für jdn/etw ~** faire une collecte pour qn/qc
Sammelnummer *f* ligne *f* groupée **Sammelplatz** *m*, **Sammelpunkt** *m* lieu *m* de rassemblement; **um 7 Uhr treffen wir uns an unserem ~** nous nous retrouvons à 7 heures au lieu de rassemblement
Sammelsurium [-ˈzuːriʊm] <-s, -rien> *nt* bric-à-brac *m*
Sammeltaxi *nt* taxi *m* collectif **Sammelwerk** *nt* recueil *m*
Sammler(in) [ˈzamlɐ] <-s, -> *m(f) (Mensch mit Sammelleidenschaft)* collectionneur(-euse) *m(f)*
Sammlerstück *nt* pièce *f* de collection **Sammlerwert** *m* kein Pl valeur *f* de collection
Sammlung <-, -en> *f* ❶ *von Gegenständen* collection *f*
❷ *kein Pl geh (Konzentration)* concentration *f*; *(innere Ruhe)* recueillement *m*
Samoa [zaˈmoːa] <-s> *nt* les îles *fpl* Samoa
Samoaner(in) [zamoˈaːnɐ] <-s, -> *m(f)* Samoan(e) *m(f)*
samoanisch *Adj* samoan(e)
Samowar [zamoˈvaːɐ, ˈzamovaːɐ] <-s, -e> *m* samovar *m*
Sampler [ˈsaːmplɐ, ˈzamplɐ] <-s, -> *m* best-of *m*, compilation *f*
Samstag [ˈzamstaːk] <-s, -e> *m* samedi *m*; *s. a.* **Dienstag**
Samstagabend *m* samedi *m* soir; **am ~** le samedi soir
samstägig *Adj* du samedi
Samstagmorgen *m* samedi *m* matin; **am ~** le samedi matin **Samstagnachmittag** *m* samedi *m* après-midi; **am ~** le samedi après-midi
samstags [ˈzamstaːks] *Adv* le samedi
samt [zamt] I. *Präp + Dat* avec; **~ Kindern/Gepäck** avec les enfants/bagages
II. *Adv* ▶ **~ und sonders** tous/toutes sans exception

Samt <-[e]s, -e> *m* velours *m*
samtartig *Adj* velouté(e)
samten [ˈzamtən] *Adj geh Kleid, Jacke* de velours
Samthandschuh *m* gant *m* de velours
▶ **jdn mit ~en anfassen** *fam* prendre des gants avec qn *(fam)*
samtig [ˈzamtɪç] *s.* **samtweich**
sämtlich [ˈzɛmtlɪç] I. *Adj* **~er Besitz** tous les biens; **mein ~es Geld** tout mon argent; **~e Freunde/Freundinnen** tous les amis/toutes les amies
II. *Adv* anwesend, erschienen au complet; *verschwunden* complètement
samtweich *Adj* velouté(e); **~ sein** être doux(douce) comme du velours
Samurai [zamuˈraɪ] <-[s], -[s]> *m* samouraï *m*
Sanatorium [zanaˈtoːriʊm] <-s, -rien> *nt* sanatorium *m*
Sand [zant] <-[e]s, -e> *m* sable *m*
▶ **jdm ~ in die Augen streuen** jeter de la poudre aux yeux de qn; **hier gibt es Kirschen wie ~ am Meer** *fam* les cerises, ça pullule *(fam)*; **auf ~ gebaut sein** être bâti(e) sur le sable; **in den ~ setzen** *fam* faire foirer *(fam) Projekt*; claquer *(fam) Geld*; **im ~e verlaufen** finir en queue de poisson *(fam)*
Sandale [zanˈdaːlə] <-, -n> *f* sandale *f*
Sandalette [zandaˈlɛtə] <-, -n> *f* sandalette *f*
Sandbank <-bänke> *f* banc *m* de sable **Sandboden** *m* sol *m* sablonneux **Sanddorn** <-dorne> *m* BOT argousier *m* [argenté]
Sandelholz [ˈzandəl-] *nt* ❶ *(Holz)* bois *m* de santal
❷ *(Duftnote)* santal *m*
sandeln [ˈzandəln] *itr V* SDEUTSCH jouer dans le sable
sandfarben, **sandfarbig** *Adj* [de couleur] sable *inv*
Sandgrube *f* sablière *f* **Sandhaufen** *m* tas *m* de sable
sandig *Adj* ❶ *Boden, Erde, Weg* sablonneux(-euse)
❷ *(mit Sand beschmutzt) Schuhe, Oberfläche* plein(e) de sable
Sandkasten *m* ❶ *(für Kinder)* bac *m* à sable
❷ MIL caisse *f* à sable
Sandkastenspiel *nt* stratégie *f* en chambre *pas de pl*
Sandkorn <-körner> *nt* grain *m* de sable **Sandkuchen** *m* ≈ quatre-quarts *m*
Sandler(in) [ˈzantlɐ] <-s, -> *m(f)* A *fam (Streuner)* clochard(e) *m(f)*
Sandmann *m kein Pl*, **Sandmännchen** [-mɛnçən] *nt kein Pl* marchand *m* de sable **Sandpapier** *nt* papier *m* émeri **Sandplatz** *m* TENNIS court *f* en terre battue **Sandsack** *m* sac *m* de sable **Sandstein** *m* grès *m*; **sandstrahlen** *tr V* sabler; **das Sandstrahlen** le sablage **Sandstrahlgebläse** *nt* sableuse *f* **Sandstrand** *m* plage *f* de sable **Sandsturm** *m* tempête *f* de sable
sandte [ˈzantə] *Imp von* **senden**[2]
Sanduhr *f* sablier *m*
Sandwich [ˈzɛntvɪtʃ, ˈsɛnwɪtʃ] <-[s], -[e]s> *nt o m* sandwich *m*
Sandwüste *f* désert *m* de sable
sanft [zanft] I. *Adj* ❶ *(sacht) Berührung, Händedruck* léger(-ère); *Massage, Streicheln* doux(douce)
❷ *(gedämpft, schwach) Musik* doux(douce); *Brise, Wind, Tadel* léger(-ère); *Druck, Ermahnung* discret(-ète)
❸ *(gütig) Person, Gemüt, Blick, Gesicht* doux(douce); *Augen* plein(e) de douceur
❹ *(leicht) Gefälle, Rundung, Steigung* léger(-ère); *Hügel* petit(e)
❺ *(schonend, mild) Mittel, Revolution, Technik* doux(douce); *Tourismus* respectueux(-euse) de l'environnement
II. *Adv* ❶ *(sacht, gedämpft)* doucement
❷ *(leicht) abfallen, ansteigen* légèrement
❸ *(zurückhaltend) ermahnen, hinweisen* gentiment
▶ **~ entschlafen sein** *euph geh* s'être éteint(e) paisiblement *(soutenu)*; **ruhe ~!** qu'il/elle repose en paix!
Sänfte [ˈzɛnftə] <-, -n> *f* chaise *f* à porteurs
Sanftheit <-> *f einer Berührung, Stimme, eines Blicks* douceur *f*
Sanftmut <-> *f geh* débonnaireté *f (soutenu)*
sanftmütig [-myːtɪç] *geh* I. *Adj* débonnaire *(soutenu)*
II. *Adv* débonnairement *(soutenu)*
sang [zaŋ] *Imp von* **singen**
Sang <-[e]s, Sänge> *m geh* chant *m*
▶ **mit ~ und Klang** *fam* avec perte[s] et fracas
Sänger(in) [ˈzɛŋɐ] <-s, -> *m(f)* chanteur(-euse) *m(f)*
Sangria [sanˈgriːa] <-, -s> *f* sangria *f*
Sanguiniker(in) [zaŋˈgui̯nikɐ] <-s, -> *m(f)* sanguin(e) *m(f)*
sanguinisch [zaŋˈgui̯nɪʃ] *Adj* sanguin(e)
sang- und klanglos *fam* sans tambour ni trompette
sanieren* [zaˈniːrən] I. *tr V a.* ÖKON assainir; **von Asbest ~** désamianter
II. *r V* **sich ~** se redresser
Sanierung <-, -en> *f* assainissement *m*
Sanierungsgebiet *nt* zone *f* d'assainissement
sanitär [zaniˈtɛːɐ] *Adj attr* sanitaire

Sanität [zaniˈtɛːt] <-, -en> f ① kein Pl A (Gesundheitsdienst) service m de santé publique
② CH (Ambulanz) SAMU m
③ A, CH (Sanitätstruppe) service m de santé
Sanitäter(in) [zaniˈtɛːtɐ] <-s, -> m(f) ① secouriste mf
② MIL soldat(e) m(f) du service de santé
Sanitätsdienst m MED service m de santé; MIL service m de santé des armées **Sanitätsoffizier(in)** m(f) officier m du service de santé **Sanitätswagen** m ambulance f **Sanitätswesen** nt kein Pl service m de santé; MIL service m de santé des armées
sank [zaŋk] Imp von **sinken**
Sankt [zaŋkt] Adj unv ~ **Petrus** saint Pierre; **~ Barbara** sainte Barbara; **das Fest des ~ Martin** la Saint-Martin
Sankt Gallen [zaŋktˈgalən] <- -s> nt le Saint-Gall
Sankt Gotthard [zaŋktˈgɔthart] <- -s> m **der ~** le Saint-Gothard
Sankt Helena [zaŋktˈheːlena] <- -s> nt Sainte-Hélène
Sanktion [zaŋkˈtsioːn] <-, -en> f sanction f
sanktionieren* tr V ① geh (gutheißen) cautionner Maßnahme, Vorgehen
② JUR entériner Annexion, Besetzung
Sankt-Nimmerleins-Tag m fam **am ~** à la Saint-Glinglin (fam); **etw auf den ~ verschieben** repousser qc jusqu'à la Saint-Glinglin (fam)
San Marino [zanmaˈriːno] <-s> nt ① (Staat) république f de Saint-Marin
② (Hauptstadt) Saint-Marin m
sann [zan] Imp von **sinnen**
Saphir [ˈzaːfɪr, ˈzafiːɐ, zaˈfiːɐ] <-s, -e> m saphir m
Saphirnadel [ˈzaːfɪr-, ˈzafiːɐ-, zaˈfiːɐ-] f saphir m
Sarde [ˈzardə] <-n, -n> m, **Sardin** f Sarde mf
Sardelle [zarˈdɛlə] <-, -n> f anchois m
Sardellenpaste f purée f d'anchois; (mit Olivenöl) anchoïade f
Sardine [zarˈdiːnə] <-, -n> f sardine f
Sardinenbüchse f, **Sardinendose** f boîte f de sardines
Sardinien [zarˈdiːniən] <-s> nt **la Sardaigne**; **auf ~** en Sardaigne
sardinisch, sardisch [ˈzardɪʃ] Adj sarde
Sardisch <-[s]> nt kein Art le sarde; s. a. **Deutsch**
Sardische nt dekl wie Adj **das ~** le sarde; s. a. **Deutsche**
Sarg [zark, Pl: ˈzɛrgə] <-[e]s, Särge> m cercueil m
Sargdeckel m couvercle m du cercueil **Sargträger(in)** m(f) porteur(-euse) m(f) de cercueil
Sari [ˈzaːri] <-[s], -s> m sari m
Sarkasmus [zarˈkasmʊs] <-, -men> m sarcasme m
sarkastisch [zarˈkastɪʃ] **I.** Adj sarcastique
II. Adv sarcastiquement
Sarkom [zarˈkoːm] <-s, -e> m MED sarcome m
Sarkophag [zarkoˈfaːk] <-[e]s, -e> m sarcophage m
saß [zaːs] Imp von **sitzen**
Satan [ˈzaːtan] <-s, -e> m ① kein Pl BIBL **der ~** Satan m
② fam (böser Mensch) monstre m
satanisch [zaˈtaːnɪʃ] **I.** Adj attr satanique; Plan diabolique
II. Adv sataniquement
Satansbraten m hum fam petit m monstre (fam) **Satanskult** m satanisme m
Satellit [zatɛˈliːt] <-en, -en> m satellite m
Satellitenfernsehen nt TV télévision f par satellite **Satellitenfoto** nt photo-satellite f **Satellitennetz** nt réseau m de satellites **Satellitenschüssel** f antenne f parabolique **Satellitenstaat** m pays m satellite **Satellitenstadt** f cité-satellite f **Satellitenübertragung** f [re]transmission f par satellite
Satin [zaˈtɛ̃ː] <-s, -s> m satin m
Satire [zaˈtiːrə] <-, -n> f satire f
Satiriker(in) [zaˈtiːrɪkɐ] <-s, -> m(f) auteur mf satirique
satirisch Adj satirique
satt [zat] **I.** Adj ① rassasié(e); **sich ~ essen** manger à sa faim; **sich an Obst** (Dat) **~ essen** se gaver de fruits; **~ machen** rassasier; **die Kinder ~ bekommen** fam caler l'estomac des enfants (fam)
② (kräftig) Farbe, Farbton soutenu(e)
③ geh (übersättigt, wohlhabend) Wohlstandsbürger blasé(e)
④ fam (groß) Mehrheit bon(ne) gros(se) (fam); **ein ~ er Gewinn** un bon paquet (fam)
⑤ fam (voll, intensiv) Klang, Sound super antéposé (fam)
II. Adv fam **es gibt Fisch/Wein** ~ il y a des tonnes de poisson/de vin (fam)
Sattel [ˈzatəl, Pl: ˈzɛtəl] <-s, Sättel> m ① (Reitsattel, Fahrradsattel) selle f; **jdm in den ~ helfen** aider qn à se mettre en selle; **sich in den ~ schwingen** se mettre en selle
② (Bergrücken) croupe f
▶ **fest im ~ sitzen** Regierung, Politiker: être bien en selle
Satteldach nt toit m en pente
sattelfest Adj **in etw** (Dat) **~ sein** s'y connaître en qc
satteln tr V seller
Sattelnase f nez m camus **Sattelschlepper** <-s, -> m (Sattelzug) semi-remorque m; (Zugmaschine) tracteur m [de semi-remorque]
Satteltasche f sacoche f **Sattelzug** m semi-remorque m
satt|haben tr V unreg fam **jdn/etw ~** en avoir marre de qn/qc (fam)
Sattheit <-> f ① satiété f
② (Intensität) einer Farbe, eines Klangs intensité f
③ (Saturiertheit) esprit m blasé
sättigen [ˈzɛtɪɡən] **I.** tr V ① geh (satt machen) rassasier; **jdn ~** rassasier qn
② (voll sein) **die Luft ist mit Feuchtigkeit gesättigt** l'air est saturé d'humidité; s. a. **gesättigt**
II. itr V Brot, Suppe: rassasier
III. r V geh **sich ~** se repaître (littér)
sättigend Adj consistant(e)
Sättigung <-, selten -en> f ① **der ~** (Dat) **dienen** permettre d'être rassasié
② (Saturierung) des Markts saturation f
Sättigungsgrad m a. ÖKON degré m de saturation
Sattler(in) [ˈzatlɐ] <-s, -> m(f) sellier(-ière) m(f)
Sattlerei [zatləˈraɪ] <-, -en> f sellerie f
sattsam [ˈzatzaːm] Adv erörtern à satiété; bekannt amplement
satt|sehen r V unreg **sich an etw** (Dat) **nicht ~ können** ne pas se lasser de regarder qc
saturiert [zatuˈriːɐ̯t] Adj geh saturé(e)
Saturn [zaˈtʊrn] <-s> m [der] ~ [la planète] Saturne
Satyr [ˈzaːtyr] <-s o -n, -n o -e> m satyre m
Satz [zats, Pl: ˈzɛtsə] <-es, Sätze> m ① phrase f; **mitten im ~ abbrechen** s'arrêter en plein [o au beau] milieu de la phrase
② JUR alinéa m
③ MUS mouvement m
④ (Set) **ein ~ Kochtöpfe** une batterie de casseroles; **ein ~ Topfuntersetzer** un set de dessous-de-plat; **ein ~ Schraubenschlüssel** un jeu de clés; **ein ~ Briefmarken** une série de timbres de poste
⑤ TYP composition f; **im ~ sein** Manuskript, Buch: être à la composition
⑥ (festgelegter Betrag) tarif m
⑦ TENNIS set m
⑧ MATH **der ~ des Pythagoras/Thales** le théorème de Pythagore/Thalès
⑨ (Sprung) bond m; **einen ~ machen** faire un bond; **mit einem ~** d'un bond
⑩ (Bodensatz) dépôt m; (bei Wein, Bier, Most) lie f; (Kaffeesatz) marc m
Satzanweisung f TYP instruction f typographique
Satzball m balle f de match
Satzbau m construction f de la phrase
Satzfehler m TYP coquille f
Satzlehre f kein Pl LING syntaxe f
Satzspiegel m TYP format m d'impression
Satzteil m constituant m de la phrase
Satzung <-, -en> f JUR statuts mpl
satzungsgemäß I. Adj statutaire **II.** Adv conformément aux statuts **satzungswidrig I.** Adj contraire [o non conforme] aux statuts **II.** Adv contrairement aux statuts
Satzzeichen nt signe m de ponctuation
Sau [zaʊ, Pl: ˈzɔɪə] <-, -en o Säue> f ① (weibliches Schwein) truie f; (weibliches Wildschwein) laie f
② pej sl (schmutziger Mensch) gros porc m (fam)
③ sl (gemeiner Mensch) fils m de pute (péj vulg)
▶ **wie eine gesengte ~** sl comme un/une barge (arg); **jdn wegen etw zur ~ machen** sl engueuler qn à cause de qc comme du poisson pourri (pop); **die ~ rauslassen** sl (feiern) faire une bombe à tout casser (arg); (toben) pousser sa gueulante (pop); **keine ~** sl pas un pelé (fam); **unter aller ~** sl à chier (vulg)
sauber [ˈzaʊbɐ] **I.** Adj ① (rein, nicht verschmutzt) propre; Atmosphäre, Luft pur(e); Umwelt sain(e); **~ sein** tenir propre; **~ machen** faire le ménage; **im Arbeitszimmer ~ machen** nettoyer le bureau; **jdn/etw ~ machen** laver qn/nettoyer qc
② (einwandfrei) Ausführung, Handschrift, Arbeit soigné(e); Reparatur fait(e) proprement; Analyse, Darstellung précis(e); Lösung, Verfahrensweise approprié(e); **[~,] ~!** chapeau! (fam)
③ iron fam Bursche, Kerlchen sacré(e) (fam)
▶ **bleib ~!** hum fam sois sage! (fam); **nicht ganz ~ sein** sl ne pas être vraiment clean (arg)
II. Adv ① (sorgfältig) soigneusement
② (einwandfrei) lösen [très] convenablement; analysieren, darstellen de façon précise
sauber|haltenᴬᴸᵀ s. **sauber I.** ①
Sauberkeit <-> f ① (Reinlichkeit) propreté f
② (opp: Verschmutzung) des Wassers, der Umwelt propreté f; der Atmosphäre, Luft pureté f
Sauberkeitsfimmel m pej fam obsession f de la propreté; **einen**

~ **haben** être un(e) maniaque de la propreté
säuberlich ['zɔɪbɐlɪç] I. *Adj Ordnung* méticuleux(-euse); *Trennung* soigneux(-euse)
II. *Adv* soigneusement
sauber|machen *s.* **sauber** I.❶
Saubermann <-männer> *m iron fam* ❶ *(anständiger Mensch)* cul-bénit *m (iron fam)*
❷ *(Moralapostel)* **sich als ~ aufspielen** se faire passer pour l'honnêteté en personne *(iron)*
Saubermann-Image *nt iron fam* image *f* d'une personne irréprochable
säubern ['zɔɪbɐn] *tr V* ❶ *geh (reinigen)* nettoyer
❷ *euph (befreien)* épurer; **das Parlament von Oppositionellen ~** débarrasser le Parlement des opposants
Säuberung <-, -en> *f euph* épuration *f*
Säuberungsaktion *f* POL campagne *f* d'épuration
saublöd[e] *s.* **saudumm**
Saubohne *f* fève *f*
Sauce ['zoːsə] <-, -n> *s.* **Soße**
Sauciere [zoˈsiɛːrə, zoˈsiɛːra] <-, -n> *f* saucière *f*
Saudi [ˈzaʊdi] <-s, -s> *m* Saoudien *m*
Saudi-Araber(in) <-s, -> *m(f)* Saoudien(ne) *m(f)* **Saudi-Arabien** [-biən] <-s> *nt* l'Arabie *f* Saoudite **saudi-arabisch**[RR] *Adj* saoudien(ne)
saudumm I. *Adj sl* gland *(arg)*; **ein ~er Kerl** *vulg* un con[n]ard de première *(vulg)*; **~ sein** être gland *(arg)*
II. *Adv sl* couillonnement *(pop)*
sauen [ˈzaʊən] *itr V sl* faire des saloperies *(fam)*
sauer [ˈzaʊɐ] I. *Adj* ❶ *Frucht, Saft* acide; *Wein* aigre; *Drops* acidulé(e)
❷ *(geronnen)* tourné(e); **~ werden** tourner
❸ *(in Essig eingelegt) Gemüse, Gurke* au vinaigre; *Hering, Rollmops* mariné(e); **etw ~ einlegen** mettre qc dans le vinaigre/faire mariner qc
❹ CHEM *Lösung, Boden, Regen* acide
❺ *fam (verärgert) Person, Gesicht* renfrogné(e); **~ sein** être de mauvais poil *(fam)*; **auf jdn/etw ~ sein** être en rogne contre qn/qc *(fam)*; **~ sein, weil ...** être en rogne parce que... *(fam)*
II. *Adv* ❶ *(mühselig) ersparen, erarbeiten* à la sueur de son/mon/... front; **das ~ ersparte Geld** l'argent durement économisé
❷ *fam (verärgert) reagieren, antworten* mal poli(e) *(fam)*
Sauerampfer <-, -n> *m* oseille *f* **Sauerbraten** *m* rôti *m* de bœuf mariné [dans du vinaigre]
Sauerei [zaʊəˈraɪ] <-, -en> *f fam* saloperie *f (fam)*
Sauerkirsche *f* ❶ *(Frucht)* griotte *f* ❷ *(Baum)* cerisier *m* **Sauerklee** *m* BOT oxalide *f*, oxalis *m* **Sauerkohl** *m* DIAL *s.* **Sauerkraut**
Sauerkraut *nt* choucroute *f*
säuerlich [ˈzɔɪɐlɪç] I. *Adj* ❶ *Geschmack, Frucht* aigrelet(te); *Wein* vert(e)
❷ *(verärgert)* contrarié(e); *Grinsen, Lächeln, Miene* pincé(e)
II. *Adv* ❶ **~ schmecken** *Wein:* être vert(e); *Sauerbraten:* être aigrelet(te)
❷ *(verärgert)* en grinçant; **~ grinsen** avoir un sourire pincé
Sauermilch *f* lait *m* caillé
säuern [ˈzɔɪɐn] I. *tr V* acidifier
II. *itr V* donner des aigreurs
Sauerrahm *m* ≈ crème *f* fleurette **Sauerstoff** *m kein Pl* oxygène *m*
sauerstoffarm *Adj* pauvre en oxygène **Sauerstoffflasche** *f* bouteille *f* d'oxygène **Sauerstoffgerät** *nt* ❶ *(Atemgerät)* masque *m* à oxygène ❷ MED *(Beatmungsgerät)* appareil *m* à oxygène **sauerstoffhaltig** *Adj* oxygéné(e); **~ sein** contenir de l'oxygène **Sauerstoffmangel** *m* manque *m* d'oxygène **Sauerstoffmaske** *f* masque *m* à oxygène **sauerstoffreich** *Adj* riche en oxygène **Sauerstoffzelt** *nt* tente *f* à oxygène
Sauerteig *m* levain *m*
Saufbold [-bɔlt] <-[e]s, -e> *m pej sl* pochtron(ne) *m(f) (arg)*
saufen [ˈzaʊfən] <säuft, soff, gesoffen> I. *tr V* ❶ *Tier:* boire; *Wasser/viel Wasser ~ Tier:* boire de l'eau/beaucoup d'eau
❷ *sl (trinken)* pinter sec; **Unmengen Kaffee ~** se taper des litres de café *(pop)*
II. *itr V* ❶ **aus etw ~** *Tier:* s'abreuver à qc
❷ *sl (trinken)* **aus der Flasche ~** pinter à la bouteille *(pop)*
❸ *sl (Alkoholiker sein)* téter la fillette *(arg)*; **das Saufen aufgeben** arrêter de picoler *(pop)*
Säufer(in) [ˈzɔɪfɐ] <-s, -> *m(f) sl* pochard(e) *m(f) (arg)*
Sauferei <-, -en> *f sl* ❶ *kein Pl (das Saufen)* **hör mit der ~ auf!** arrête de picoler! *(fam)*
❷ *(Besäufnis)* beuverie *f (fam)*
Säuferleber *f fam* foie *m* d'ivrogne *(fam)* **Säufernase** *f fam* nez *m* d'ivrogne *(fam)*
Saufgelage *nt pej fam* bringue *f (fam)* **Saufkumpan(in)** *m(f) sl* copain *m*/copine *f* de beuverie *(fam)*

säuft [zɔɪft] *3. Pers Präs von* **saufen**
saugen [ˈzaʊɡən] <sog *o* saugte, gesogen *o* gesaugt> I. *itr V* ❶ *Baby:* téter; **an der Brust ~** *Baby:* téter le sein
❷ *(staubsaugen)* passer l'aspirateur
II. *tr V* ❶ passer l'aspirateur sur *Teppich;* passer l'aspirateur dans *Zimmer, Wohnung*
❷ *(einsaugen)* aspirer *Flüssigkeit*
säugen [ˈzɔɪɡən] *tr V* allaiter
Sauger [ˈzaʊɡɐ] <-s, -> *m* ❶ *(auf einer Flasche)* tétine *f*
❷ *fam (Staubsauger)* aspi *m*
Säuger [ˈzɔɪɡɐ] <-s, -> *m form s.* **Säugetier**
Säugetier *nt* mammifère *m*
saugfähig *Adj* absorbant(e) **Saugfähigkeit** *f* pouvoir *m* absorbant **Saugglocke** *f* MED ventouse *f* obstétricale **Saugheber** *m* siphon *m*
Säugling [ˈzɔɪklɪŋ] <-s, -e> *m* nourrisson *m*
Säuglingsalter *nt* premier âge *m;* **noch im ~ sein** être encore un nourrisson **Säuglingsbekleidung** *f* layette *f* **Säuglingsheim** *nt* pouponnière *f* **Säuglingsnahrung** *f* aliments *mpl* pour nourrissons **Säuglingspflege** *f* puériculture *f* **Säuglingsschwester** *f* puéricultrice *f* **Säuglingsstation** *f* service *m* des nourrissons **Säuglingssterblichkeit** *f* mortalité *f* néonatale
Saugnapf *m* ventouse *f* **Saugpumpe** *f* TECH pompe *f* aspirante **Saugrohr** *nt* tuyau *m* [*o* tubulure *f*] d'aspiration **Saugrüssel** *m* ZOOL ❶ ZOOL suçoir *m* ❷ *(an einer Tanksäule)* tuyau *m* antipollution
Sauhaufen *m pej sl* bande *f* de jean-foutre *(pop)*
säuisch [ˈzɔɪʃ] *sl* I. *Adj* ❶ *(unanständig)* vicelard(e) *(pop);* **ein ~er Typ** un [sale] vicelard *(pop)*
❷ *(sehr groß)* **eine ~e Kälte** un putain de froid
II. *Adv* foutrement *(arg)*
saukalt *Adj fam Luft* glacial(e); **ein ~es Wetter** un froid de canard *(fam);* **es ist ~** il fait un froid de canard *(fam)* **Saukälte** *f fam* froid *m* de canard *(fam)* **Saukerl** *m sl* pute *f (pop)*
Säule [ˈzɔɪlə] <-, -n> *f* ❶ colonne *f*
❷ *fig geh* pilier *m*
❸ *(Zapfsäule)* pompe *f*
säulenförmig [-fœrmɪç] *Adj Tischbein* en forme de colonne **Säulengang** *m* colonnade *f* **Säulenhalle** *f* portique *f*
Saulus [ˈzaʊlʊs] <-> *m* BIBL Saül *m*
▶ **vom ~ zum Paulus werden** *geh* trouver son chemin de Damas *(soutenu)*
Saum [zaʊm, *Pl:* ˈzɔɪmə] <-[e]s, Säume> *m* ❶ ourlet *m*
❷ *geh (Rand) eines Ackers, einer Wiese* bordure *f; eines Waldes* orée *f (soutenu)*
saumäßig *sl* I. *Adj Krämpfe, Schmerzen* atroce *(fam); Leistung, Schrift* craignos *(arg);* **eine ~e Kälte** un froid de canard *(fam)*
II. *Adv* foutrement *(arg);* **es blutet ~** ça pisse le sang *(fam)*
säumen [ˈzɔɪmən] I. *tr V* ❶ ourler *Kleidungsstück, Stoff*
❷ *geh (rahmen)* **den Weg ~** *Personen:* se tenir sur le bord du chemin; *Bäume:* border le chemin *(littér)*
II. *itr V geh (abwarten)* tarder
säumig *Adj geh* **~er Zahler** mauvais payeur *m*
Säumniszinsen *Pl* JUR intérêts *mpl* pour retard **Säumniszuschlag** *m* surtaxe *f* pour paiement en retard
Saumpfad *m* sentier *m* [muletier] **Saumtier** *nt* bête *f* de somme
Sauna [ˈzaʊna] <-, -s *o* Saunen> *f* sauna *m;* **in die ~ gehen** aller au sauna
Saure(s) *nt dekl wie Adj* **etwas ~s** quelque chose d'acide
▶ **jdm ~s geben** *sl* foutre un pain à qn *(arg)*
Säure [ˈzɔɪrə] <-, -n> *f* ❶ CHEM acide *m*
❷ *(saurer Geschmack)* acidité *f*
säurebeständig *Adj* résistant(e) aux acides **Säureeintrag** *m* CHEM, ÖKOL apport *m* en acides
Saure-Gurken-Zeit[RR] *f hum* morte-saison *f* [de l'information]
säurehaltig *Adj Wein, Papier* acide; **~ sein** contenir de l'acide
Saurier [ˈzaʊriɐ] <-s, -> *m* saurien *m*
Saus [zaʊs] ▶ **in ~ und Braus leben** vivre dans le luxe et l'opulence
Sause [ˈzaʊzə] <-, -n> *f sl* ❶ *(Feier)* bamboche *f (pop)*
❷ *(Zechtour)* tournée *f* des bars *(fam);* **eine ~ machen** faire la bringue *(fam)*
säuseln [ˈzɔɪzəln] I. *itr V* ❶ *Wind, Blätter:* murmurer
❷ *geh (sprechen)* susurrer
II. *tr V geh* **etw ~** susurrer qc
sausen [ˈzaʊzən] *itr V* ❶ + *haben Sturm, Wind:* mugir; **das Sausen** le mugissement
❷ + *sein (sich bewegen)* **durch die Straßen/nach Hause ~** foncer dans les rues/rentrer à toute allure à la maison *(fam);* **durch die Luft ~** *Pfeil:* fendre l'air en sifflant
▶ **~ lassen** *fam* larguer *(fam) Person;* laisser tomber *Plan*
sausen|lassen *s.* **sausen** ▶

Sauser <-s, -> *m* CH *(neuer Wein)* vin *m* blanc nouveau
Saustall *m sl* boxon *f (arg)* **saustark** *Adj sl Buch, Film* béton *(arg)* **Sauwetter** *nt sl* temps *m* de merde *(fam)*; **sauwohl** *Adv sl* **sich ~ fühlen** prendre son pied *(arg)*
Savanne [za'vanə] <-, -n> *f* savane *f*
Saxofon[RR] *s.* Saxophon
Saxofonist(in)[RR] *s.* Saxophonist(in)
Saxophon [zakso'fo:n] <-[e]s, -e> *nt* saxophone *m*
Saxophonist(in) [zaksofo'nɪst] <-en, -en> *m(f)* saxophoniste *mf*
SB [ɛs'be:] *Abk von* Selbstbedienung libre-service *m*
S-Bahn ['ɛs-] *f* train *m* de banlieue; *(S-Bahn-System)* trains *mpl* de banlieue; *(in Paris)* R.E.R. *m*
S-Bahnhof ['ɛsba:nho:f] *m*, **S-Bahnstation** *f* gare *f (desservie par les trains de banlieue)*; *(in Paris)* gare *f* de R.E.R.
SBB [ɛsbe:'be:] *f Abk von* Schweizerische Bundesbahn sigle *de la société des chemins de fers suisses*
s. Br. *Abk von* südlicher Breite lat. S.
SB-Tankstelle *f* station *f* libre-service
Scampi ['skampi] *Pl* GASTR scampi[s] *mpl*
scannen ['skɛnən] *tr V* scanner *Text*
Scanner ['skɛnɐ, 'skænɐ] <-s, -> *m* INFORM scanne[u]r *m*
Scart [ska:ɐt] <-s, -s> *m*, **Scartbuchse** [-ks-] *f* AUDIOV prise *f* péritel®, prise scart®
Scartkabel *nt* TELEC câble *m* péritel®
Schabe ['ʃa:bə] <-, -n> *f* cafard *m*
Schabefleisch *nt* DIAL hachis *m* de bœuf
schaben ['ʃa:bən] *tr V* gratter *Möhren*; drayer *Fell*
Schaber <-s, -> *m* grattoir *m*
Schabernack ['ʃa:bɐnak] <-[e]s, -e> *m* farce *f*; **jdm einen ~ spielen** faire une farce à qn
schäbig ['ʃɛ:bɪç] *Adj* ❶ *Kleidung* râpé(e); *Schuhe, Koffer, Tasche* miteux(-euse)
❷ *(gemein) Person, Verhalten* mesquin(e); **das ist ~ von ihm** c'est mesquin de sa part
❸ *(dürftig) Bezahlung, Lohn* minable; *Rest* malheureux(-euse) *anté-posé*
Schablone [ʃa'blo:nə] <-, -n> *f* ❶ *(Vorlage)* modèle *m*; *(Malschablone)* pochoir *m*
❷ *(Klischee)* cliché *m*
▶ **nach ~** *fam* arbeiten de façon routinière
schablonenhaft I. *Adj pej* stéréotypé(e)
II. *Adv pej* de façon stéréotypée
Schabracke [ʃa'brakə] <-, -n> *f* ❶ *(Satteldecke)* chabraque *f*
❷ *(Schutzdecke) (für den Sessel)* jeté *m* de fauteuil; *(für das Sofa)* jeté *m* de canapé
❸ *pej fam (alte Frau)* vieille peau *f (péj fam)*
Schach [ʃax] <-s> *nt* ❶ échecs *mpl*; **~ spielen** jouer aux échecs
❷ *(Stellung)* ~ [**dem König**]! échec [au roi]!; **~ und matt!** échec et mat!
▶ **jdn mit etw in ~ halten** tenir qn en respect avec qc
Schachbrett *nt* échiquier *m*
schachbrettartig I. *Adj* en damier
II. *Adv* en échiquier
Schachbrettmuster *nt* motif *m* en damier
Schachcomputer *m* échiquier *m* électronique
Schacher ['ʃaxɐ] <-s> *m pej* tractations *fpl (péj)*
Schacherer <-s, -> *m*, **Schacherin** *f pej* marchandeur(-euse) *m(f)*
schachern ['ʃaxɐn] *itr V pej* marchander *(péj)*; **um etw ~** marchander sur qc
Schachfigur *f* ❶ pièce *f* d'échecs ❷ *fig* pion *m* **schachmatt** *Adj* ❶ *(beim Schachspiel)* échec et mat; **jdn ~ setzen** mettre qn échec et mat; **~!** échec et mat! ❷ *fam (erschöpft)* **~ sein** être fourbu(e)
Schachpartie *f* partie *f* d'échecs **Schachspiel** *nt* ❶ *(Brett und Figuren)* jeu *m* d'échecs ❷ *(das Spielen)* [jeu *m* d']échecs *mpl*
Schachspieler(in) *m(f)* joueur(-euse) *m(f)* d'échecs
Schacht [ʃaxt, *Pl:* 'ʃɛçtə] <-[e]s, Schächte> *m a.* MIN puits *m*; *eines Fahrstuhls* cage *f*
Schachtel ['ʃaxtəl] <-, -n> *f* boîte *f*; **eine ~ Pralinen/Streichhölzer** une boîte de chocolats/d'allumettes; **eine ~ Zigaretten** un paquet de cigarettes
▶ **alte ~** *pej sl* vieille rombière *(pop)*
Schachtelhalm *m* prêle *f*
schächten ['ʃɛçtən] *tr V* égorger; **das Schächten** l'égorgement *m*
Schachzug *m* ❶ coup *m*
❷ *(Aktion, Manöver)* manœuvre *f*
schade ['ʃa:də] *Adj* ❶ dommage; [**das ist**] **~!** [c'est] dommage!; **es ist ~ um jdn/etw** c'est dommage pour qn/qc; **es ist wirklich ~, dass** c'est vraiment dommage que + *subj*
❷ *(zu gut)* **zu ~ für jdn sein** *Person:* être trop bien pour qn; *Geschenk:* être trop beau(belle) pour qn; **sich** *(Dat)* **für nichts zu ~ sein** ne reculer devant rien; **dafür bin ich mir zu ~** je ne veux pas m'abaisser à faire cela

Schädel ['ʃɛ:dəl] <-s, -> *m (Kopfskelett, Kopf)* crâne *m*
▶ **einen dicken ~ haben** *fam* avoir la tête dure *(fam)*; **jdm brummt der ~** *fam* qn a mal au crâne *(fam)*
Schädelbasisbruch *m* MED fracture *f* occipitale
Schädelbruch *m* MED fracture *f* du crâne **Schädeldecke** *f* calotte *f* crânienne
schaden ['ʃa:dən] *itr V* ❶ nuire; [**jdm**] **~** nuire [à qn]; **jdm/sich mit etw ~** nuire à qn/se nuire avec qc; **das Trinken schadet ihm** l'alcool lui nuit
❷ *fam (schlimm sein, verkehrt sein)* **es kann nichts ~, wenn** ... ça peut pas faire de mal si... *(fam)*; **das schadet nichts** ça fait rien *(fam)*; **das schadet dir** [**gar**] **nichts** ça te fait pas de mal *(fam)*; **das hat noch keinem geschadet** ça n'a jamais fait de mal à personne *(fam)*
Schaden <-s, Schäden> *m* ❶ *a.* JUR *(Sachschaden)* dommage *m*; *(Verwüstung)* dégâts *mpl*
❷ *(Beeinträchtigung)* **jdm/einer S. ~ zufügen** faire du tort à qn/qc
❸ *(Verletzung)* lésion *f*; **körperliche Schäden** des dommages corporels; **Menschen sind nicht zu ~ gekommen** il n'y a pas eu de dommage corporel
▶ **wer den ~ hat, braucht für den Spott nicht zu sorgen** *Spr.* on rit toujours du malheur d'autrui; **aus** [*o* **durch**] **~ wird man klug** *Spr.* on apprend beaucoup à ses dépens
Schadenersatz *m* dommages et intérêts *mpl*; *(Schmerzensgeld)* pretium *m* doloris; [**jdm**] **für etw ~ leisten** verser des dommages et intérêts [à qn] pour qc; **~ wegen Nichterfüllung** indemnité *f* de dommages et intérêts pour non-exécution de l'obligation
Schadenersatzanspruch *m* JUR droit *m* à dommages et intérêts, demande *f* de dommages et intérêts **Schadenersatzklage** *f* JUR action *f* en dommages-intérêts
schadenersatzpflichtig *Adj* JUR obligé(e) [*o* tenu(e)] de verser des dommages-intérêts
schadenfrei *Adj, Adv* sans accident **Schadenfreiheitsrabatt** *m form* bonus *m (form)* **Schadenfreude** *f* malin plaisir *m* **schadenfroh I.** *Adj* Grinsen, Lächeln narquois(e); **~ sein** *Person:* se réjouir du malheur des autres **II.** *Adv* avec un malin plaisir **Schadensanzeige** *f* avis *m* de sinistre **Schadensbegrenzung** *f* limitation *f* des dégâts; **zur ~ pour limiter les dégâts Schadenseintritt** *m* JUR survenance *f* du dommage **Schadensmeldung** *f* déclaration *f* de dommage [*o* sinistre] **Schadensregulierung** *f* règlement *m* du dommage
schadhaft *Adj* défectueux(-euse)
schädigen ['ʃɛ:dɪɡən] *tr V* ❶ nuire à; *(finanziell)* causer un préjudice à; **jdn/etw durch etw ~** nuire à qn/qc avec qc; *(finanziell)* causer un préjudice à qn/qc avec qc
❷ *(beschädigen)* endommager
Schädigung <-, -en> *f* ❶ *kein Pl (das Schädigen)* **~ einer S.** *(Gen)* atteinte *f* à qc
❷ *(Schaden)* dommage *m*; *(durch Krankheit, Verletzung)* lésion *f*
schädlich ['ʃɛːtlɪç] *Adj* nocif(-ive); **für jdn/etw ~ sein** être nuisible à qn/nocif(-ive) pour qc
Schädlichkeit <-> *f* nocivité *f*
Schädling ['ʃɛːtlɪŋ] <-s, -e> *m* parasite *m*
Schädlingsbekämpfung *f* destruction *f* des parasites **Schädlingsbekämpfungsmittel** *nt* insecticide *m*; *(Ratten-, Mäusegift)* raticide *m*
schadlos *Adj* ÖKON **sich ~ halten** se dédommager; **sich für etw ~ halten** se dédommager de qc
Schador [ʃa'do:ɐ] *s.* Tschador
Schadstoff *m* polluant *m*
schadstoffarm I. *Adj* peu polluant(e) **II.** *Adv* **produzieren** écologique **Schadstoffausstoß** *m kein Pl* émissions *fpl* polluantes **Schadstoffbelastung** *f* charge *f* de pollution **Schadstoffeintrag** *m* ÖKOL émission *f* de polluants **schadstofffrei I.** *Adj* biologique **II.** *Adv* biologiquement; **~ fahren** rouler écologique **Schadstoffwert** *m* taux *m* de pollution
Schaf [ʃa:f] <-[e]s, -e> *nt* ❶ mouton *m*
❷ *fam (Dummkopf)* andouille *f (fam)*
▶ **das schwarze ~ sein** être la brebis galeuse
Schafbock *m* bélier *m*
Schäfchen ['ʃɛːfçən] <-s, -> *nt* ❶ *Dim von* Schaf petit mouton *m*
❷ *Pl fam (Gemeindemitglieder)* ouailles *fpl (fam)*
▶ **sein** [*o* **seine**] **~ ins Trockene bringen** *fam* mettre son magot en sécurité *(fam)*
Schäfchenwolken *Pl* nuages *mpl* moutonnés
Schäfer(in) ['ʃɛːfɐ] <-s, -> *m(f)* berger(-ère) *m(f)*
Schäferdichtung *f* pastorale *f* **Schäferhund** *m* berger *m* allemand **Schäferstündchen** [-ʃtʏntçən] *nt hum* tête-à-tête *m* galant
Schaff [ʃaf] <-es, -eln> *nt* A *(Fass)* tonneau *m*
Schaffell ['ʃa:f-] *nt* peau *f* de mouton
schaffen[1] ['ʃafən] <schaffte, geschafft> **I.** *tr V* ❶ réussir *Examen,*

schaffen *Prüfung;* venir à bout de *Hürde, Haushalt;* **eine Aufgabe ~** arriver à remplir une tâche; *(zeitlich bewältigen)* arriver à terminer une tâche; **es ~ y arriver; ich schaffe es nicht mehr** je n'en peux plus; **das wäre geschafft!** ça y est!; **es ~ Haushalt und Beruf zu kombinieren** y arriver à mener de front tâches ménagères et vie professionnelle; **es bis Paris/bis zur Grenze ~** réussir à arriver à Paris/à atteindre la frontière; **drei Schnitzel ~** *fam* arriver à avaler trois escalopes
② *(bringen)* **etw auf den Speicher ~** transporter qc dans le grenier
③ *fam (erschöpfen)* **jdn ~** *Belastung, Stress:* crever qn *(fam);* **geschafft sein** être lessivé(e) *(fam)*
④ *fam (tun)* **etwas/nichts mit jdm zu ~ haben** avoir affaire à qn/n'avoir rien à voir avec qn *(fam);* **etwas/nichts mit etw zu ~ haben** avoir quelque chose/n'avoir rien à voir avec qc *(fam);* **damit haben Sie nichts zu ~!** ça ne vous concerne pas! *(fam);* **sich** *(Dat)* **an etw** *(Dat)* **zu ~ machen** s'attaquer à qc *(fam)*
⑤ *(zusetzen)* **jdm zu ~ machen** *(bekümmern)* causer [bien] du souci à qn; *(ärgern)* donner du fil à retordre à qn; **das Wetter macht mir zu ~** le temps me pose des problèmes
II. *itr V* SDEUTSCH, CH *(arbeiten)* travailler

schaffen² <schuf, geschaffen> *tr V* créer; faire *Frieden*
▶ **für etw wie geschaffen sein** être fait(e) pour qc
Schaffen <-s> *nt geh (Tätigkeit, Arbeit)* œuvre *f*
Schaffensdrang *m* énergie *f* créatrice **Schaffensfreude** *f* enthousiasme *m* créateur **Schaffenskraft** *f* créativité *f*
Schaffer(in) <-s, -> *m(f)* SDEUTSCH, CH travailleur(-euse) *m(f)* forcené(e)
Schaffhausen [ʃafˈhaʊzən] <-s> *nt* Schaffhouse
schaffig *Adj* SDEUTSCH, CH travailleur(-euse)
Schaffleisch *nt* [viande *f* de] mouton *m*
Schaffner(in) [ˈʃafnɐ] <-s, -> *m(f)* contrôleur(-euse) *m(f)*
Schaffung <-> *f* création *f*
Schafgarbe <-, -n> *f* achillée *f* **Schafherde** *f* troupeau *m* de moutons
Schäflein [ˈʃɛːflaɪn] *s.* **Schäfchen** ①
Schafott [ʃaˈfɔt] <-[e]s, -e> *nt* échafaud *m*
Schafskäse *m* fromage *m* de brebis **Schafskopf** *m* ① KARTEN patissou *m* ② *pej fam (Dummkopf)* niquedouille *f (fam)* **Schafsmilch** *f* lait *m* de brebis **Schafspelz** *m* peau *f* de mouton
Schafstall *m* bergerie *f*
Schaft [ʃaft, *Pl:* ˈʃɛftə] <-[e]s, Schäfte> *m* ① *einer Axt, eines Spatens* manche *m; einer Lanze, eines Speers* corps *m*
② BOT *eines Baums* fût *m; einer Pflanze* tige *f*
③ *(Stiefelschaft)* tige *f*
Schaftstiefel *Pl* bottes *fpl* à tige
Schafwolle *f* laine *f* [de mouton] **Schafzucht** *f kein Pl* élevage *m* de moutons
Schah [ʃaː] <-s, -s> *m* schah *m*
Schakal [ʃaˈkaːl] <-s, -e> *m* chacal *m*
Schäker(in) [ˈʃɛːkɐ] <-s, -> *m(f)* flirteur(-euse) *m(f)*
schäkern [ˈʃɛːkɐn] *itr V* flirter; **mit jdm ~** flirter avec qn
schal [ʃaːl] *Adj* ① *(abgestanden)* éventé(e)
② *(inhaltsleer) Leben, Zeitvertreib* insipide
Schal <-s, -s *o* -e> *m* écharpe *f; (aus Seide)* foulard *m*
Schalbrett *nt* planche *f* de coffrage
Schälchen <-s, -> *nt Dim von* **Schale²** coupelle *f*
Schale [ˈʃaːlə] <-, -n> *f* ① *(Eierschale, Nussschale, Muschelschale)* coquille *f*
② *(Haut von Obst, Gemüse)* peau *f; von Orangen, Zitronen* écorce *f; (abgeschält)* pelure *f*
③ *(Gefäß)* coupe *f*
▶ **eine raue ~ haben** être un peu revêche; **sich in ~ schmeißen** *sl* [*o* **werfen** *fam*] se mettre sur son trente et un *(fam)*
schälen [ˈʃɛːlən] I. *tr V* ① éplucher *Obst, Kartoffel;* écaler *Nuss, Ei;* décortiquer *Getreide, Reis;* **das Schälen** l'épluchage *m*
② *(herauslösen)* **die Praline aus dem Papier ~** défaire un chocolat de son papier
II. *r V* ① **sich ~** *Haut:* peler
② *fig fam* **sich aus dem Mantel ~** enlever sa pelure *(fam)*
Schalenobst *nt* fruits *mpl* à écales **Schalensitz** *m* siège-baquet *m* **Schalentier** *nt* crustacé *m* **Schalenwild** *nt* JAGD gros gibier *m*
Schalheit <-> *f a. fig* insipidité *f*
Schalk [ʃalk] <-[e]s, -e *o* Schälke> *m veraltet* plaisantin *m*
▶ **jdm schaut der ~ aus den** Augen qn a un air espiègle; **jdm sitzt der ~ im** Nacken qn est très farceur(-euse)
schalkhaft I. *Adj* narquois(e)
II. *Adv* narquoisement
Schall [ʃal, *Pl:* ˈʃɛlə] <-s, -e *o* Schälle> *m* ① *geh (Klang)* bruit *m*
② *kein Pl* PHYS son *m*
▶ **das alles ist [nur] ~ und** Rauch tout ça, c'est [juste] du vent
schalldämmend *Adj* isolant(e) **Schalldämmung** *f* insonorisation *f* **Schalldämpfer** *m* silencieux *m* **schalldicht** *Adj Fenster, Tür* insonore; *Raum* insonorisé(e)
schallen [ˈʃalən] <schallte *o* scholl, geschallt> *itr V* résonner
schallend I. *Adj* retentissant(e)
II. *Adv lachen* aux éclats
Schallgeschwindigkeit *f kein Pl* vitesse *f* [de propagation] du son **Schallgrenze** *f s.* **Schallmauer Schallisolierung** <-> *f* insonorisation *f* **Schallmauer** *f kein Pl* ① mur *m* du son ② *fig fam (Maximum)* plafond *m; (Schmerzgrenze)* limite *f* supportable ▶ **die ~ durchbrechen** franchir le mur du son; *fig* crever le plafond **Schallplatte** *f* disque *m;* **eine ~ auflegen** mettre un disque **Schallplattenarchiv** *s.* **Schallplattensammlung Schallplattenhülle** *f* pochette *f* de disque **Schallplattensammlung** *f* discothèque *f*
schallschluckend *Adj Material* antibruit; **~ sein** amortir le bruit **Schallschutz** *m* isolation *f* acoustique **Schallschutzfenster** *nt* fenêtre *f* antibruit **Schallwelle** *f* onde *f* sonore
Schalmei [ʃalˈmaɪ] <-, -en> *f* flûte *f* double
Schälmesser [ˈʃɛːl-] *nt* épluche-légumes *m inv,* économe® *m*
Schalotte [ʃaˈlɔtə] <-, -n> *f* échalote *f*
schalt [ʃalt] *Imp von* **schelten**
Schaltanlage *f* ELEC installation *f* de distribution [électrique] **Schaltbild** *s.* **Schaltplan Schaltbrett** *nt* ELEC *s.* **Schalttafel Schaltelement** *nt* ELEC élément *m* de commutation
schalten [ˈʃaltən] I. *tr V* ① *(einstellen)* **etw auf "ein" ~** allumer qc; **das Bügeleisen auf „heiß" ~** mettre le fer à repasser sur "très chaud"
② ELEC, TELEC **eine Telefonleitung ~** mettre une ligne [téléphonique] en service; **die Ampel ist für Fußgänger ungünstig geschaltet** le feu est réglé à la défaveur des piétons
③ PRESSE, MEDIA passer *Anzeige, Werbespot*
II. *itr V* ① *(Gang einlegen)* changer de vitesse; **in den zweiten Gang/den Leerlauf ~** passer la seconde/au point mort
② *fam (begreifen)* [**blitzschnell/zu spät**] **~** piger [en un éclair/trop tard] *(fam)*
▶ **~ und** walten agir à sa guise
III. *r V* **der Wagen schaltet sich leicht** les vitesses de cette voiture sont faciles à passer
Schalter <-s, -> *m* ① *(Theke)* guichet *m*
② ELEC, TECH bouton *m* [de commande], interrupteur *m;* **einen ~ betätigen** appuyer sur un interrupteur
Schalterbeamte(r) *m dekl wie Adj,* **Schalterbeamtin** *f* guichetier(-ière) *m(f)* **Schalterhalle** *f* hall *m* des guichets **Schalterraum** *m* salle *f* des guichets **Schalterstunden** *Pl* heures *fpl* d'ouverture des guichets
Schaltgetriebe *nt* TECH changement *m* de vitesse **Schalthebel** *m* ① *einer Gangschaltung* levier *m* de vitesse ② ELEC [levier *m* de] commande *f;* den **~ umlegen** basculer le levier de commande ▶ **an den ~ der** Macht **sitzen** tenir les commandes du pouvoir
Schaltjahr *nt* année *f* bissextile **Schaltkasten** *m einer Maschine* coffret *m* de commande **Schaltknüppel** *m* levier *m* de vitesse [au plancher] **Schaltkreis** *m* circuit *m;* [**integrierter**] **~** circuit *m* intégré **Schaltplan** *m* schéma *m* de connexion **Schaltpult** *nt* pupitre *m* de commande **Schaltstelle** *f* **~ der** Macht centre *m* du pouvoir; **~ der Politik** centre de décision politique **Schalttafel** *f* tableau *m* de commande **Schalttag** *m* jour *m* intercalaire **Schaltuhr** *f* TV minuteur *m*
Schaltung <-, -en> *f* ① *(Gangschaltung)* changement *m* de vitesse
② ELEC [**integrierte**] **~** circuit *m* [intégré]
③ *(Telefonverbindung)* **eine ~ vornehmen** effectuer une liaison
Schaltzentrale *f* TECH *a. fig* poste *m* de commande
Schaluppe [ʃaˈlʊpə] <-, -n> *f* chaloupe *f*
Scham [ʃaːm] <-> *f* ① *(Schamgefühl)* honte *f*
② *veraltet geh (Schamgegend)* parties *fpl* honteuses *(vieilli)*
▶ **kein bisschen ~ im** Leibe **haben** n'avoir aucune pudeur; **nur keine** falsche **~!** faut [surtout] pas te/vous gêner!
Schamane [ʃaˈmaːnə] <-n, -n> *m* chaman *m*
Schamanismus [ʃamaˈnɪsmʊs] <-> *m* chamanisme *m*
Schambein *nt* pubis *m*
schämen [ˈʃɛːmən] *r V* **sich ~** avoir honte; **sich für jdn/wegen etw ~** avoir honte pour qn/de qc; **sich vor jdm ~** avoir honte devant qn; **sich einer S.** *(Gen)* **nicht ~** ne pas rougir de qc; **ich schäme mich, dass ich das getan habe/dass du das getan hast** j'ai honte d'avoir fait ça/que tu aies fait ça; **schäm dich!, du solltest dich** [**was**] **~!** tu devrais avoir honte!
Schamgefühl *nt kein Pl* pudeur *f* **Schamgegend** *f kein Pl* pubis *m* **Schamgrenze** *f* limite *f* de la pudeur *souvent pl* **Schamhaar** *nt* ① *(Behaarung)* pilosité *f* pubienne *(spéc)*
② *(einzelnes Haar)* poil *m* du pubis
schamhaft I. *Adj* pudique
II. *Adv* pudiquement
Schamhaftigkeit <-> *f* pudeur *f*
Schamlippen *Pl* lèvres *fpl* [de la vulve]; [**die kleinen/großen**] **~**

[les petites/grandes] lèvres fpl [de la vulve]
schamlos Adj ❶ impudique
❷ (unverschämt) impudent(e)
Schamlosigkeit <-, -en> f ❶ kein Pl (mangelndes Schamgefühl) impudeur f
❷ (Bemerkung, Handlung) impudence f
Schamottestein [ʃaˈmɔtə-] m brique f réfractaire
Schampus [ˈʃampʊs] <-> m fam champ m (fam)
schamrot Adj rouge de honte; ~ **werden** rougir de honte
Schamröte f rougeur f; **jdm steigt die ~ ins Gesicht** qn rougit de honte
Schande [ˈʃandə] <-> f ❶ honte f, déshonneur m; ~ **über jdn bringen** faire la honte de qn; **jdm/einer S. ~ machen** faire honte à qn/qc; **jdm/einer S. keine ~ machen** faire honneur à qn/qc; **zu seiner/meiner/...** ~ à sa/ma/... grande honte
❷ (empörender Vorgang, Zustand) honte f; **eine [wahre] ~ sein** être [vraiment] une honte; **es ist eine [wahre] ~, dass** c'est une honte que + subj; **es ist keine ~ Fehler zu machen** il n'y a pas de honte à faire des erreurs
schänden [ˈʃɛndən] tr V ❶ (entweihen) profaner
❷ veraltet (vergewaltigen) violer
❸ (Schande bringen über) déshonorer
❹ (verschandeln) défigurer
Schandfleck m souillure f; **ein ~ sein** faire tache
schändlich [ˈʃɛntlɪç] I. Adj ❶ (niederträchtig) ignoble
❷ fam (jammervoll) pit(e) (fam)
II. Adv sich verhalten ignoblement
Schändlichkeit <-, -en> f ignominie f
Schandmal s. **Schandfleck Schandmaul** nt pej fam ❶ (Hang zum Lästern) [sale] gueule f (pop) ❷ (Lästerer) langue f de pute (pop) **Schandtat** f infamie f ▸ **zu jeder ~ bereit sein** hum fam être toujours partant(e) pour faire une connerie (fam)
Schändung <-, -en> f ❶ (Entweihung) profanation f
❷ veraltet (Vergewaltigung) viol m
❸ (Verschandelung) défiguration f
Schank <-, -en> f A (Tresen) comptoir m
Schänkeʀʀ s. **Schenke**
Schanker [ˈʃaŋkɐ] <-s, -> m MED chancre m; [harter/weicher] ~ chancre m [induré/mou]
Schankerlaubnis f licence f de débit de boissons; (Konzession für Alkoholausschank) ≈ licence IV **Schanktisch** m comptoir m **Schankwirt(in)** m(f) débitant(e) m(f) [de boissons] **Schankwirtschaft** f débit m de boissons
Schanze [ˈʃantsə] <-, -n> f ❶ MIL retranchement m
❷ (Sprungschanze) tremplin m
Schar [ʃaːɐ̯] <-, -en> f ❶ (große Menge) bande f; ~ **en von Touristen/Tauben** des masses fpl de touristes/pigeons; **in ~en en masse**
❷ (Pflugschar) soc m
Scharade [ʃaˈraːdə] <-, -n> f charade f
Schäre [ˈʃɛːrə] <-, -n> f GEOG îlot m rocheux
scharen [ˈʃaːrən] I. tr V **Menschen um sich ~** rassembler des personnes autour de soi
II. r V **sich um jdn/etw ~** se rassembler autour de qn/qc
scharenweise Adv en masse
scharf [ʃarf] <schärfer, schärfste> I. Adj ❶ Messer, Klinge, Schneide coupant(e); Krallen acéré(e)
❷ (spitz zulaufend) Ecke, Kante aigu(ë); Zähne, Hörner pointu(e)
❸ (stark gewürzt) épicé(e); (sehr würzig) fort(e)
❹ (ätzend) Mittel, Säure agressif(-ive)
❺ (streng) Aufseher, Polizist sévère; Beobachter perspicace; Bewachung, Kontrolle strict(e); Durchgreifen, Maßnahme drastique
❻ (bissig) Hund méchant(e)
❼ (detonationsfähig) Munition à balles [réelles]; Bombe, Sprengsatz amorcé(e); **eine Bombe ~ machen** amorcer une bombe
❽ (heftig) Frost, Kälte mordant(e); Wind cinglant(e); Ablehnung catégorique; Konkurrenz, Verurteilung sévère; Kritik acerbe; Protest vif(vive)
❾ (konzentriert) Beobachtung fin(e)
❿ (gut, ausgeprägt) Verstand, Beobachtungsgabe aigu(ë); Augen perçant(e); Geruchssinn, Gehör fin(e)
⓫ OPT, PHOT Aufnahme, Bild net(te); Brille, Linse fort(e); **gestochen ~ parfaitement net(te)**
⓬ (präzise) précis(e)
⓭ (forciert) Galopp, Trab grand(e) antéposé; Gangart, Ritt, Tempo très soutenu(e); **wenn wir nicht eine schärfere Gangart einlegen, ...** si nous ne forçons pas l'allure...
⓮ (eng) Biegung, Kehre, Kurve serré(e)
⓯ fam (aufreizend) Bild, Film, Pornoheft cochon(ne) (fam); **jdn ~ machen** exciter qn
⓰ fam (versessen) **auf jdn/etw ~ sein** être dingue de qn/avoir vachement envie de qc (fam)
⓱ fam (aufregend, sehr gut) Typ, Auto, Film, Kleid d'enfer (fam)

▸ **das ist das Schärfste!** si elle est forte celle-là! (fam)
II. Adv ❶ (kräftig) etw ~ **würzen** bien épicer qc
❷ (heftig) ablehnen catégoriquement; verurteilen sévèrement; protestieren, kritisieren énergiquement
❸ (genau) ansehen fixement; betrachten, beobachten attentivement; überlegen, nachdenken bien; analysieren précisément; ~ **aufpassen** faire bien attention; **wenn man ~ hinschaut** en y regardant de près
❹ (optisch präzise) einstellen, justieren précisément; sehen nettement
❺ (streng) bewachen, kontrollieren de près
❻ (knapp) kalkulieren au plus juste
❼ (abrupt) abbiegen, wenden, bremsen soudainement
❽ (mit Munition) ~ **geladen sein** être chargé(e) à balles; ~ **schießen** tirer à balles [réelles]
Scharfblick m kein Pl perspicacité f
Schärfe [ˈʃɛrfə] <-, -n> f ❶ eines Messers, einer Klinge tranchant m
❷ (starke Würze) goût m très épicé; **Senfsorten unterschiedlicher ~** différentes sortes de moutarde, plus ou moins fortes
❸ (Heftigkeit) einer Kritik, eines Widerstands âpreté f; eines Protests vivacité f; einer Verurteilung sévérité f; einer Ablehnung netteté f; **in aller ~ kritisieren** très sévèrement; zurückweisen avec force
❹ (Genauigkeit) einer Analyse précision f
❺ (optische Präzision) einer Aufnahme, eines Bilds netteté f; einer Brille force f
❻ (Güte, Ausgeprägtheit) des Verstandes, der Intelligenz acuité f; des Geruchssinns, Geschmacks finesse f; **die ~ der Augen/des Gehörs** l'acuité f visuelle/auditive
schärfen [ˈʃɛrfən] tr V aiguiser
Schärfentiefe f CINE, PHOT profondeur f de champ
scharfkantig Adj à arête(s) vive(s); Möbel à angles vifs **Scharfmacher(in)** m(f) pej fam fauteur(-trice) m(f) de trouble **Scharfrichter** m bourreau m **Scharfschütze** m, -**schützin** f tireur(-euse) m(f) d'élite
scharfsichtig Adj perspicace
Scharfsinn m kein Pl sagacité f **scharfsinnig** I. Adj Person sagace; Bemerkung, Einwand pertinent(e) II. Adv avec sagacité
Scharia [ʃaˈriːa] <-> f charia f
Scharlach¹ [ˈʃarlax] <-s> m MED scarlatine f; ~ **[haben]** [avoir la] scarlatine f
Scharlach² <-> nt (leuchtendes Rot) écarlate f
scharlachrot Adj écarlate
Scharlatan [ˈʃarlatan] <-s, -e> m charlatan m
Scharmützel [ʃarˈmʏtsəl] <-s, -> nt veraltet escarmouche f
Scharnier [ʃarˈniːɐ̯] <-s, -e> nt charnière f
Schärpe [ˈʃɛrpə] <-, -n> f écharpe f
scharren [ˈʃarən] I. itr V gratter; **im Sand/mit den Hufen ~** gratter le sable/avec les sabots
II. tr V creuser Loch; **etw aus der Erde/dem Sand ~** déterrer qc [de la terre/du sable]
Scharte [ˈʃartə] <-, -n> f ❶ (Einkerbung) brèche f
❷ (Schießscharte) meurtrière f
▸ **eine ~ auswetzen** (einen Fehler wiedergutmachen) réparer une faute; (einen Misserfolg wettmachen) rattraper le coup
schartig Adj ébréché(e)
scharwenzeln* itr V + haben o sein fam faire de la lèche (fam); **um jdn** [o **vor jdm**] ~ lécher les bottes à qn (fam)
Schaschlik [ˈʃaʃlɪk] <-s, -s> nt brochette f
schassen [ˈʃasən] tr V fam virer f; **jdn aus etw ~** virer qn de qc
Schatten [ˈʃatən] <-s, -> m ombre f; **im ~ [liegen]** [être] à l'ombre; ~ **geben** [o **spenden** geh] faire [o donner] de l'ombre; ~ **spendend** qui donne de l'ombre
▸ ~ **unter den Augen** des cernes mpl sous les yeux; **nur noch ein ~ seiner selbst sein** ne plus être que l'ombre de soi-même; **über seinen ~ springen** se faire violence; **nicht über seinen [eigenen] ~ springen können** ne pas pouvoir se refaire; **jdn/etw in den ~ stellen** éclipser qn/qc; **[s]einen ~ auf etw** (Akk) **werfen** jeter une ombre sur qc; **etw wirft seine ~ voraus** il y a des signes avant-coureurs de qc
Schattendasein nt ▸ **ein ~ fristen** [o **führen**] geh végéter dans l'ombre
schattenhaft I. Adj vague
II. Adv vaguement
Schattenkabinett nt cabinet m fantôme **Schattenmorelle** [-ˈmɔrɛla] f (Frucht) griotte f; (Baum) griottier m **Schattenriss**ʀʀ m silhouette f **Schattenseite** f (Kehrseite) revers m de la médaille ▸ **auf der ~ des Lebens stehen** ne pas être gâté(e) par l'existence
schattenspendend s. **Schatten**
Schattenspiel nt ombres fpl chinoises; (Theater) théâtre m d'ombres **Schattenwirtschaft** f kein Pl économie f souterraine [o parallèle]

schattieren* *tr V* ombrer
Schattierung <-, -en> *f* ❶ KUNST *(das Schattieren)* répartition *f* des ombres; **durch ~** en ombrant
❷ *geh (Nuance, Richtung)* tendance *f*
schattig *Adj* ombragé(e); **hier ist es ~** il y a de l'ombre ici
Schattseite *f* CH *s.* **Schattenseite**
Schatulle [ʃa'tʊlə] <-, -n> *f geh* cassette *f (vieilli)*
Schatz [ʃats, *Pl:* 'ʃɛtsə] <-es, Schätze> *m* ❶ trésor *m*
❷ *fam (Liebling)* chéri(e) *m(f)*; **du bist ein ~!** tu es un trésor! *(fam)*
Schatzamt *nt* ❶ *(Staatskasse)* Trésor *m* ❷ ADMIN trésorerie *f*
Schatzanweisung *f* FIN bon *m* du Trésor
schätzbar *Adj Wert* estimable; **das ist schwer ~** c'est difficile à estimer
Schätzchen ['ʃɛtsçən] <-s, -> *nt fam Dim von* **Schatz** ❶ *(Kind)* petit trésor *m (fam)*; *(Freund, Freundin)* chéri(e) *m(f)*
❷ *iron (gemeiner Mensch)* drôle *m* de numéro *(fam)*
schätzen ['ʃɛtsən] **I.** *tr V* ❶ *(einschätzen)* estimer; **jdn auf zwanzig Jahre ~** estimer l'âge de qn à vingt ans; **den Abstand auf [mindestens] hundert Meter ~** estimer la distance à [au moins] cent mètres; **ihr Alter ist schwer zu ~** il est difficile de lui donner un âge; **er wird allgemein jünger geschätzt** en général, on l'estime plus jeune qu'il ne l'est; **wie alt schätzt du mich/ihn?** quel âge me/lui donnes-tu?
❷ *(den Wert bestimmen)* **etw auf tausend Euro** *(Akk)* **~** évaluer qc à mille euros
❸ *(würdigen)* estimer; **jdn/etw ~ lernen** apprendre à apprécier qn/qc; **jdn als Freund ~** apprécier qn en tant qu'ami; **ich schätze sie als eine kompetente Ärztin** je l'apprécie pour sa compétence médicale; **es gar nicht ~, wenn ...** ne pas apprécier du tout que + *subj*/quand...; **sich glücklich ~** s'estimer heureux; **etw zu ~ wissen** savoir apprécier qc; **hoch ~** estimer beaucoup
II. *itr V* **gut/genau ~** faire des estimations justes/précises; **nicht gut/nur schlecht ~ können** avoir du mal à évaluer [*o* juger]; **du hast richtig geschätzt** tu as bien deviné [*o* évalué]; **ich schätze, dass** je pense que + *indic*; **schätz mal!** essaye de deviner!; **wann, schätzt du, bist du fertig?** quand estimes-tu avoir fini?
schätzen‖lernenᴬᴸᵀ *s.* **schätzen I.**❸
schätzenswert *Adj Mensch* estimable, digne d'estime; *Entwicklung* appréciable
Schätzer(in) <-s, -> *m(f)* expert(e) *m(f)*
Schatzgräber(in) <-s, -> *m(f)* chercheur(-euse) *m(f)* de trésor
Schatzkammer *f* [salle *f* du] trésor *m* **Schatzkästchen** ['-kɛstçən] *nt* coffret *m* **Schatzmeister(in)** *m(f)* trésorier(-ière) *m(f)*
Schätzung <-, -en> *f* estimation *f*; **nach seiner/ihrer ~** d'après son estimation
schätzungsweise *Adv* approximativement
Schätzwert *m* valeur *f* estimée; **der ~ des Hauses liegt bei ...** la valeur de la maison est estimée à ...
Schau [ʃaʊ] <-, -en> *f (Spektakel)* show *m*
▸ **eine ~ abziehen** *fam* faire son numéro *(fam)*; **jdm mit etw die ~ stehlen** *fam* piquer la vedette à qn avec qc *(fam)*; **etw zur ~ stellen/tragen** faire étalage de qc/afficher qc
Schaubild *nt* graphique *m* **Schaubühne** *f* théâtre *m*
Schauder ['ʃaʊdɐ] <-s, -> *m geh (Gefühl)* frémissement *m*
❷ *(Frösteln)* frisson *m*
schauderhaft I. *Adj* ❶ *Szene* d'horreur; *Gestank* horrible
❷ *fam (sehr schlecht)* épouvantable
II. *Adv* ❶ horriblement
❷ *fam (schrecklich) kalt, schlecht* horriblement; *singen* de façon épouvantable
schaudern ['ʃaʊdɐn] **I.** *tr V unpers* ❶ **jdn** [*o* **jdm**] **schaudert [es] bei dem Gedanken, dass** qn frémit à l'idée que + *subj*
❷ *(frösteln)* **es schaudert ihn, ihn** [*o* **ihm**] **schaudert** il frissonne
II. *itr V* **vor Angst** *(Dat)* **~** frémir de peur
schauen ['ʃaʊən] **I.** *itr V bes.* DIAL ❶ *(blicken)* regarder; **jdm in die Augen ~** regarder qn dans les yeux; **auf die Uhr/nach oben ~** regarder l'heure/en haut; **um sich ~** regarder autour de soi
❷ *(dreinblicken)* **ernst/freundlich ~** avoir un air sérieux/amical
❸ *(umherblicken)* regarder çà et là; **nur ~ [wollen]** *Kunde:* [vouloir] juste regarder
❹ *(sich kümmern)* **nach jdm/etw ~** jeter un coup d'œil sur qn/qc
❺ *(achten)* **auf Ordnung ~** *(Akk)* veiller à l'ordre
❻ *(staunen)* **da schaust du, was?** ça t'en bouche un coin, hein? *(fam)*
❼ *(suchen, sich bemühen um)* **nach etw ~** chercher qc; **schau, dass du fertig wirst!** dépêche-toi de finir!
❽ *(als Appell, Bitte)* **schau/schaut [mal], das geht doch nicht!** tu vois/vous voyez, ça ne va pas!
▸ **schau, schau!** *fam,* [**ja,**] **da schau her!** SDEUTSCH tiens, tiens! *(fam)*
II. *tr V geh* voir *Gott, Paradies*

Schauer ['ʃaʊɐ] <-s, -> *m* ❶ *(Regenschauer)* averse *f*
❷ *(Frösteln)* frisson *m*
Schauergeschichte *s.* **Schauermärchen**
schauerlich *s.* **schauderhaft**
Schauermärchen *nt fam* histoire *f* de brigands
schauern ['ʃaʊɐn] *tr, itr V* frissonner; **vor Kälte/Entsetzen ~** frissonner de froid/d'horreur; **jdm** [*o* **jdn**] **schauert** [**es**] [**bei dem Anblick/Gedanken**] qn frémit [à la vue/pensée]
Schauerroman *m* roman *m* d'épouvante
Schaufel ['ʃaʊfəl] <-, -n> *f* ❶ *(Werkzeug)* pelle *f*
❷ *(Mengenangabe)* **eine ~ [voll] Sand** une pelletée [pleine] de sable
❸ *(Geweihschaufel)* paumure *f*
schaufeln *tr, itr V* pelleter; **ein Loch/Grab ~** creuser un trou/une tombe [à la pelle]
Schaufenster *nt* vitrine *f*; **~ ansehen** faire du lèche-vitrines
Schaufensterauslage *f* étalage *m* **Schaufensterbummel** *m fam* lèche-vitrines *m*; **einen ~ machen** faire du lèche-vitrine **Schaufensterdekorateur(in)** *m(f)* étalagiste *mf* **Schaufensterdekoration** *f* décoration *f* de [la] vitrine **Schaufenstergestalter(in)** *m(f)* étalagiste *mf* **Schaufensterpuppe** *f* mannequin *m* **Schaufensterscheibe** *f* vitrine *f*
Schaukampf *m* combat-exhibition *m* **Schaukasten** *m* panneau *m* d'affichage
Schaukel ['ʃaʊkəl] <-, -n> *f* balançoire *f*
schaukeln I. *itr V* ❶ *(auf einer Schaukel)* faire de la balançoire; **schaukle nicht so hoch!** ne te balance pas si fort!
❷ *(wippen)* **mit dem Stuhl ~** se balancer sur sa chaise
❸ *(schwanken)* se balancer
II. *tr V* **das Baby in der Wiege ~** balancer le bébé dans le berceau
Schaukelpferd *nt* cheval *m* à bascule **Schaukelpolitik** *f pej* politique *f* de bascule **Schaukelstuhl** *m* rocking-chair *m*
schaulustig *Adj* curieux(-euse); **eine ~e Menge** une foule de badauds
Schaulustige(r) *f(m) dekl wie Adj* badaud(e) *m(f)*
Schaum [ʃaʊm, *Pl:* 'ʃɔʏmə] <-s, Schäume> *m* ❶ *(Seifenschaum, Bierschaum)* mousse *f*; *(Wellenschaum)* écume *f*
❷ *(Geifer)* écume *f*; **~ vor dem Mund haben** avoir l'écume à la bouche
❸ GASTR mousse *f*; **Eiweiß zu ~ schlagen** battre des blancs en neige
▸ **~ schlagen** se faire mousser *(fam)*
Schaumbad *nt* bain *m* moussant **Schaumblase** *f* bulle *f*
schäumen ['ʃɔʏmən] *itr V* ❶ mousser
❷ *geh (in Rage sein)* écumer
Schaumfestiger *m* mousse *f* fixante **Schaumgummi** *m* caoutchouc *m* mousse
schaumig I. *Adj* mousseux(-euse); *Gewässer* écumeux(-euse)
II. *Adv* **~ schlagen** faire mousser *Zutaten;* **Eiweiß ~ schlagen** battre des blancs en neige
Schaumkelle *f* écumoire *f* **Schaumkrone** *f von Wellen* mouton *m* d'écume; *eines Biers* mousse *f* **Schaumlöffel** *m s.* **Schaumkelle** **Schaumschläger(in)** *m(f) fig, pej* frimeur(-euse) *m(f) (fam)* **Schaumschlägerei** *f kein Pl* esbroufe *f (fam)* **Schaumspeise** *f* mousse *f* **Schaumstoff** *m* mousse *f*
Schaumwein *m form* vin *m* mousseux
Schauplatz *m* théâtre *m* **Schauprozess**ᴿᴿ *m* procès-spectacle *m*
schaurig ['ʃaʊrɪç] *Adj* ❶ *(unheimlich) Begebenheit, Geschichte* macabre; *Ort* lugubre
❷ *s.* **schauderhaft**
schaurig-schön *Adj* poignant(e)
Schauspiel *nt* ❶ THEAT pièce *f* de théâtre ❷ *geh (Anblick, Spektakel)* spectacle *m* **Schauspieler(in)** *m(f)* ❶ *(Theaterschauspieler)* comédien(ne) *m(f)*; *(Filmschauspieler)* acteur(-trice) *m(f)*
❷ *fig, pej* comédien(ne) *m(f)* **Schauspielerei** *f kein Pl* ❶ *fam (Schauspielkunst)* théâtre *m*; *(Filmschauspielerei)* métier *m* d'acteur ❷ *fig, pej* comédie *f* **schauspielerisch I.** *Adj* d'acteur(-trice) **II.** *Adv* au niveau de l'interprétation **schauspielern** *itr V* ❶ faire du théâtre ❷ *(sich verstellen)* jouer la comédie
Schauspielhaus *nt kein Pl* théâtre *m* **Schauspielkunst** *f kein Pl* art *m* dramatique **Schauspielschule** *f* conservatoire *m* d'art dramatique **Schauspielschüler(in)** *m(f)* élève *mf* du conservatoire d'art dramatique **Schauspielunterricht** *m* cours *m* de théâtre [*o* d'art dramatique]
Schausteller(in) <-s, -> *m(f)* forain(e) *m(f)*
Schautafel *f* tableau *m* mural de présentation
Scheck [ʃɛk] <-s, -s> *m* chèque *m*; **ein ~ über hundert Euro** un chèque de cent euros; **gedeckter/ungedeckter ~** chèque provisionné/sans provision; [**jdm**] **einen ~ ausstellen** faire un chèque [à qn]
Scheckaussteller(in) *m(f)* tireur(-euse) *m(f)* du chèque
Scheckbetrug *m* usage *m* frauduleux de chèques

Scheckbuch nt chéquier m
Schecke¹ ['ʃɛkə] <-n, -n> m (Pferd) cheval m pie; (Rind) bœuf m pie
Schecke² <-, -n> f (Stute) jument f pie; (Kuh) vache f pie
Scheckeinlösung f paiement m de chèque **Scheckfälschung** f faux m **Scheckformular** nt chèque m **Scheckheft** s. Scheckbuch
scheckig ['ʃɛkɪç] Adj Kuh, Pferd pie
▶ sich ~ **lachen** fam se taper le cul par terre (pop)
Scheckkarte f carte f bancaire **Scheckvordruck** s. Scheckformular
scheel [ʃe:l] Adj, Adv fam de traviole (fam)
Scheffel ['ʃɛfəl] <-s, -> m boisseau m
scheffeln ['ʃɛfəln] tr V Geld ~ amasser de l'argent
scheibchenweise ['ʃaɪpçənvaɪzə] Adv ❶ essen par petites tranches
❷ fig (nach und nach) berichten au compte-gouttes
Scheibe ['ʃaɪbə] <-, -n> f ❶ (große Glasscheibe) verre m; (Fensterscheibe, Türscheibe) vitre f; (in Sprossenfenstern) carreau m; (Windschutzscheibe) pare-brise f; (Heckscheibe) lunette f arrière
❷ (abgeschnittenes Stück) tranche f; zwei ~n Schinken deux tranches de jambon; etw in ~n schneiden/verpacken couper/emballer qc en tranches
❸ (runder, flacher Gegenstand) disque m
❹ fam (Schallplatte) disque m
▶ von ihm/ihr kannst du dir eine ~ **abschneiden**! fam regarde-le/regarde-la et prends-en de la graine! (fam)
Scheibenbremse f frein m à disque **Scheibengardine** f rideau m de vitrage **Scheibenhonig** m ❶ miel m en rayons ❷ s. Scheibenkleister **Scheibenkleister** Interj euph fam zut (euph fam) **Scheibenschießen** nt tir m à la cible **Scheibenwaschanlage** f lave-glace m **Scheibenwischer** <-s, -> m essuie-glace m **Scheibenwischerblatt** nt balai m d'essuie-glace
Scheibtruhe [ʃaɪp-] f A (Schubkarre) brouette f
Scheich [ʃaɪç] <-s, -e> m cheik m
Scheichtum <-[e]s, Scheichtümer> nt émirat m
Scheide ['ʃaɪdə] <-, -n> f ❶ eines Schwerts, Säbels fourreau m; eines Jagdmessers gaine f
❷ ANAT vagin m
scheiden ['ʃaɪdən] <schied, geschieden> I. tr V + haben dissoudre Ehe; sich von jdm ~ lassen divorcer de qn; geschieden werden Ehe: être dissolu(e); eine geschiedene Frau une [femme] divorcée; ihr geschiedener Mann son ex-mari
II. itr V geh ❶ + sein (aufgeben) aus einem Amt/einer Stellung ~ quitter un poste/emploi
❷ + sein (sich trennen) wir müssen ~ nous devons nous séparer; als Freunde/unversöhnt ~ se séparer en amis/mauvais termes
III. r V + haben in diesem Punkt/dieser Frage ~ sich die Meinungen concernant ce point/cette question, les avis divergent
Scheidewand f cloison f **Scheidewasser** nt CHEM eau-forte f **Scheideweg** m ▶ am ~ **stehen** être à la croisée des chemins
Scheidung <-, -en> f divorce m; die ~ einreichen demander le divorce; in ~ leben être en instance de divorce
Scheidungsanwalt m, **-anwältin** f avocat(e) m(f) spécialisé(e) dans les divorces **Scheidungsgrund** m motif m de divorce **Scheidungsklage** f demande f de divorce **Scheidungsprozess**ᴿᴿ m procédure f de divorce **Scheidungsrate** f [taux m de] divorcialité f **Scheidungsrecht** nt législation f concernant le divorce **Scheidungsrichter(in)** m(f) juge mf aux affaires matrimoniales **Scheidungsurteil** nt prononciation f de divorce
Schein [ʃaɪn] <-[e]s, -e> m ❶ kein Pl (Lichtschein) einer Lampe lumière f; einer Kerze, Öllampe lueur f
❷ kein Pl (Anschein) apparence f; dem ~ nach en apparence; etw zum ~ tun faire semblant de faire qc; sich durch den ~ blenden lassen se laisser aveugler par les apparences
❸ (Banknote) billet m
❹ fam (Bescheinigung) attestation f
❺ UNIV fam unité f de valeur
▶ der ~ **trügt** les apparences sont trompeuses; den ~ **wahren** sauver les apparences
Scheinarbeitslose(r) f(m) dekl wie Adj pseudo-chômeur(-euse) m(f) **Scheinargument** nt pseudo-argument m
scheinbar I. Adj apparent(e)
II. Adv apparemment
Scheinehe f mariage m blanc
scheinen ['ʃaɪnən] <schien, geschienen> I. itr V ❶ Sonne, Mond, Sterne: briller; auf das Gebüsch ~ Sonne, Laterne: éclairer les buissons; die Sonne scheint ihr direkt ins Gesicht elle a le soleil en plein visage; der Mond schien hell il y avait un beau clair de lune
❷ (den Anschein haben) er/sie scheint zu schlafen il/elle a l'air de dormir; das scheint schwierig zu sein cela semble [o paraît] être difficile; es scheint, als ob du heute nicht so gut drauf bist tu n'as pas l'air d'être de très bonne humeur aujourd'hui; das scheint nur so c'est juste une apparence
II. itr V unpers ❶ es scheint, dass il semble que + indic; mir scheint es, dass il me semble que + indic
❷ SDEUTSCH, CH fam (anscheinend) sie ist scheint's verreist apparemment, elle est partie en voyage
Scheinfirma f société f fictive **Scheinfriede** m paix f illusoire **Scheingefecht** nt combat m simulé **Scheingeschäft** nt commerce m fictif **Scheingesellschaft** f ÖKON société f fictive **Scheingrund** m pseudo-motif m **scheinheilig** pej I. Adj hypocrite II. Adv hypocritement; ~ tun faire l'hypocrite **Scheinheirat** f mariage m blanc **Scheinlösung** f pseudo-solution f **Scheinschwangerschaft** f MED grossesse f nerveuse **Scheintod** m kein Pl MED mort f apparente **scheintot** Adj ~ sein avoir l'air mort(e) **Scheintote(r)** f(m) dekl wie Adj personne f qui semble morte **Scheinunternehmen** nt entreprise f fictive **Scheinvertrag** m contrat m fictif **Scheinwelt** f monde m illusoire **Scheinwerfer** m ❶ projecteur m ❷ (Autoscheinwerfer) phare m; die ~ **aufblenden/abblenden** se mettre en phares/en codes; **mit aufgeblendeten ~n** en phares **Scheinwerferlicht** nt lumière f des projecteurs; eines Autos lumière des phares ▶ im ~ der Öffentlichkeit **stehen** être sous les projecteurs de l'actualité
Scheiß [ʃaɪs] <-> m sl conneries fpl (fam); ~ **machen** faire des conneries (fam); mach keinen ~! fais pas le con/la conne! (pop)
Scheißdreck m sl merde f (fam); wegen jedem ~ pour la moindre connerie (fam); ~ ! merde! (fam); ▶ **sich einen ~ um** jdn/etw **kümmern** ne rien en avoir à foutre de qn/qc (pop); **das geht dich einen ~ an!** c'est pas tes oignons (fam); **einen ~ werde ich tun!** je fous que dalle! (fam)
scheiße Adj pej sl unv diese Idee ist ~ cette idée, c'est de la connerie (fam); es ist ~, dass sie gegangen ist c'est con qu'elle soit partie (fam)
Scheiße ['ʃaɪsə] <-> f sl ❶ (Kot) merde f (vulg)
❷ (Unerfreuliches, Ärgerliches) merde f (fam); verdammte ~ ! merde alors! (fam)
❸ (Unfug, Blödsinn) ~ **reden/bauen** dire/faire des conneries (fam)
▶ jdm steht die ~ **bis zum** Hals qn est dans la merde jusqu'au cou (fam); er/sie ist aus der größten ~ **heraus** le plus gros de la merde est derrière lui/elle (fam); in der ~ **sitzen** être dans la merde (fam); jdn aus der ~ **ziehen** sortir qn de la merde (fam)
scheißegal Adj sl es ist ~, wann/wie ... on en a rien à foutre de savoir quand/comment... (pop); diese Party ist mir ~ ! j'en ai rien à foutre de cette boum! (pop)
scheißen <schiss, geschissen> itr V ❶ sl (den Darm leeren) chier m; [sich (Dat)] in die Hosen ~ chier dans son pantalon (fam)
❷ sl (nichts geben auf) auf jdn/etw ~ ne rien en avoir à foutre de qn/qc (pop)
Scheißer(in) <-s, -> m(f) sl con[n]ard m/con[n]asse f (pop)
scheißfreundlich Adj sl fayoter (pop); ~ **zu jdm sein** fayoter avec qn **Scheißhaus** nt sl chiottes fpl (fam) **Scheißkerl** m sl sale con m (pop) **Scheißwetter** nt sl temps m merdique [o de merde] (fam)
Scheit <-[e]s, -e o A, CH -er> [ʃaɪt] nt bûche f
Scheitel ['ʃaɪtəl] <-s, -> m raie f; sich/jdm einen ~ **ziehen** [o **machen**] se faire une raie/faire une raie à qn
▶ vom ~ **bis zur** Sohle de la tête aux pieds
Scheitelbein nt ANAT os m pariétal
scheiteln tr V sich (Dat) die Haare ~ se faire une raie dans les cheveux; **gescheitelt** avec une raie
Scheitelpunkt m ❶ ARCHIT sommet m
❷ ASTRON zénith m
Scheiterhaufen ['ʃaɪtɐ-] m bûcher m
scheitern ['ʃaɪtɐn] itr V + sein échouer; an jdm/etw ~ échouer à cause de qn/devant qc; er scheiterte mit seinem Plan son plan a échoué
Scheitern <-s> nt échec m; etw zum ~ **bringen** faire échouer qc; zum ~ **verurteilt sein** être voué(e) à l'échec
Schellack ['ʃɛlak] m gomme-laque f
Schelle ['ʃɛlə] <-, -n> f ❶ TECH collier m [de serrage]
❷ (Klingel) sonnette f; (Glöckchen) clochette f
schellen ['ʃɛlən] DIAL I. itr V Person, Telefon: sonner; bei jdm ~ sonner chez qn
II. itr V unpers es schellt an der Tür/bei mir on sonne à la porte/chez moi
Schellenbaum m MUS chapeau m chinois
Schellfisch ['ʃɛl-] m églefin m
Schelm [ʃɛlm] <-[e]s, -e> m farceur m; ein kleiner ~ un petit polisson
Schelmenroman m roman m picaresque
schelmisch I. Adj malicieux(-euse)
II. Adv malicieusement

Schelte ['ʃɛltə] <-, -n> f ❶ geh (Schimpfe) réprimande f; ~ bekommen se faire réprimander; **sei brav, sonst gibt es ~!** sois sage, sinon tu vas te faire gronder!
❷ (Kritik) volée f de bois vert

schelten ['ʃɛltən] <schilt, schalt, gescholten> geh I. tr V ❶ (ausschimpfen) réprimander; **jdn wegen etw ~** réprimander qn pour qc
❷ (nennen) **jdn einen Dummkopf ~** traiter qn d'imbécile (fam)
II. itr V **mit jdm ~** faire des remontrances à qn

Schema ['ʃe:ma] <-s, -s o Schemata o Schemen> nt schéma m; **in kein ~ passen** être inclassable
▸ **nach ~ F** fam en appliquant le règlement à la lettre

schematisch [ʃe'ma:tɪʃ] I. Adj Darstellung, Abriss schématique; Arbeitsweise, Vorgehen méthodique; pej mécanique
II. Adv darstellen, umreißen schématiquement; bearbeiten, vorgehen méthodiquement; pej mécaniquement

schematisieren* tr V schématiser

Schemel ['ʃe:məl] <-s, -> m tabouret m

Schemen[1] ['ʃe:mən] Pl von Schema

Schemen[2] ['ʃe:mən] <-s, -> m geh ombre f

schemenhaft ['ʃe:mənhaft] geh I. Adj vague
II. Adv vaguement

Schenke ['ʃɛŋkə] <-, -n> f auberge

Schenkel ['ʃɛŋkəl] <-s, -> m ❶ cuisse f; **sich (Dat) auf die ~ klopfen** [o **schlagen**] se taper sur les cuisses
❷ MATH eines Winkels côté m
❸ (Teilstück) eines Zirkels branche f; einer Zange, Schere poignée f

Schenkelbruch m fracture f du fémur **Schenkelhals** m ANAT col m du fémur
Schenkelhalsbruch m fracture f du col du fémur

schenken ['ʃɛŋkən] I. tr V ❶ faire cadeau de Blumen, Buch; **jdm etw zum Geburtstag ~** offrir qc à qn pour son anniversaire; **etw von jdm geschenkt bekommen** recevoir qc de qn en cadeau; **sich (Dat) [gegenseitig] Blumen ~** s'offrir des fleurs; **sich (Dat) etw ~ lassen** se laisser offrir qc; **jdm Zeit ~** consacrer du temps à qn; **das will ich nicht [mal] geschenkt haben!** je ne veux pas de cela [même] si on me l'offrait!
❷ (erlassen) **jdm etw ~** remettre qc à qn; **ihm wird nichts geschenkt** on ne lui fait pas de cadeau; **ich schenke es mir, etwas dazu zu sagen** je préfère m'abstenir de commentaire; **das ~ ich mir** je m'en dispense
❸ (widmen) **jdm Beachtung/Liebe ~** accorder de l'attention/donner de l'amour à qn; **jdm Zeit ~** consacrer du temps à qn
▸ **[das ist] geschenkt!** fam (das ist kostenlos) c'est cadeau!; (das ist nutzlos) laisse/laissez tomber! (fam)
II. itr V **[gerne] ~** [aimer] faire des cadeaux

Schenkung <-, -en> f JUR don m

Schenkungssteuer f impôt m sur les donations entre vifs
Schenkungsvertrag m JUR contrat m de donation

scheppern ['ʃɛpɐn] I. itr V Eimer, Dose: faire un bruit de ferraille; **im Kofferraum scheppert es** il y a un bruit de ferraille dans le coffre
II. itr V unpers fam **es hat gescheppert** ça a cartonné (fam)

Scherbe ['ʃɛrbə] <-, -n> f débris m; **in ~n gehen** se briser en morceaux
▸ **~n bringen Glück** Spr. casser de la vaisselle porte bonheur

Scherbenhaufen m ▸ **vor einem ~ stehen** se retrouver dans une situation désastreuse

Schere ['ʃe:rə] <-, -n> f ❶ [paire f de] ciseaux mpl
❷ (Zange) eines Hummers, Krebses pince f
❸ SPORT (Klammergriff) ciseau m
❹ (Diskrepanz) écart m
▸ **die ~ im Kopf [haben]** [faire de] l'autocensure; **der ~ zum Opfer gefallen sein** avoir été victime des ciseaux de la censure

scheren[1] ['ʃe:rən] <schor, geschoren> tr V ❶ tondre Tier, Rasen; tailler Hecke
❷ (abschneiden) **sich (Dat) den Bart/die Haare ~** se raser la barbe/les cheveux

scheren[2] <scherte, geschert> I. r V **sich nicht um jdn/etw ~** ne guère se préoccuper de qn/qc; **was scherst du dich eigentlich um Dinge, die dich nichts angehen?** pourquoi te mêles-tu de choses qui ne te regardent pas?
II. tr V **ihn schert es wenig/nicht, wenn ...** ça ne lui fait pas grand-chose/rien que... + subj; **das schert mich nicht im Geringsten** ça ne m'intéresse pas le moins du monde; **was schert mich das?** qu'est-ce que ça peut bien me faire?

Scherengitter nt treillis m extensible **Scherenschleifer(in)** <-s, -> m(f) affûteur(-euse) m(f) **Scherenschnitt** m silhouette f
Scherrei [ʃe:rə'raɪ] <-, -en> f meist Pl fam embêtement m fam
Scherflein ['ʃɛrflaɪn] <-s, -> nt ▸ **sein ~ zu etw beitragen** [o **beisteuern**] geh apporter son obole à qc

Scherge ['ʃɛrgə] <-n, -n> m pej geh sbire m (péj)
Scherkopf m eines Elektrorasierers tête f
Scherung <-, -en> f TECH cisaillement m

Scherwind m bourrasque f

Scherz [ʃɛrts] <-es, -e> m plaisanterie f; **~e/einen ~ machen** plaisanter; **sich (Dat) mit jdm einen ~ erlauben** se permettre une plaisanterie avec qn; **aus [o zum] [o im] ~** pour rire; **mach keine ~e!** tu rigoles!; **[ganz] ohne ~!** blague à part!
▸ **~ beiseite!** trêve de plaisanterie!

Scherzartikel m meist Pl farces fpl et attrapes
Scherzel <-s, -n> nt A (Anschnitt) entame f

scherzen ['ʃɛrtsən] itr V plaisanter; **mit jdm ~** plaisanter avec qn; **mit jdm/etw ist nicht zu ~** il ne faut pas plaisanter avec qn/qc

Scherzerl A s. Scherzel

Scherzfrage f devinette f

scherzhaft I. Adj pour plaisanter; **eine ~e Bemerkung** une plaisanterie
II. Adv en plaisantant; **das war doch nur ~ gemeint!** c'était juste dit en plaisantant!

Scherzkeks m fam plaisantin m

Scherzo ['skɛrtso, Pl:'skɛrtsi] <-s, -s o Scherzi> nt MUS scherzo m

scheu [ʃɔɪ] Adj ❶ (menschenscheu) farouche
❷ (schüchtern) Berührung, Kuss, Verhalten timide; Blick craintif(-ive)

Scheu <-> f ❶ (scheue Art) sauvagerie f
❷ (Hemmung) **~ vor jdm/etw** timidité f à l'égard de qn/qc; **die ~ etw zu tun** l'appréhension f à faire qc; **ohne jede ~** sans aucune crainte

scheuchen ['ʃɔɪçən] tr V chasser; **jdn/ein Tier aus der Küche/in den Garten ~** chasser qn/un animal de la cuisine/dans le jardin

scheuen ['ʃɔɪən] I. r V reculer devant Unannehmlichkeiten, Arbeit; **keine Kosten ~** ne pas regarder à la dépense; **keinen Aufwand ~** ne reculer devant aucune dépense
II. r V **sich vor etw (Dat) ~** reculer devant qc; **sich nicht vor etw (Dat) ~** ne pas craindre qc; **sich ~/sich nicht [davor] ~ die Wahrheit zu sagen** craindre de/ne pas hésiter à dire la vérité
III. itr V **vor etw (Dat) ~** Pferd: se dérober devant qc; **ein ~des Pferd** un cheval effarouché

Scheuer ['ʃɔɪɐ] <-, -n> f DIAL grange f
Scheuerbürste f brosse f à récurer; (Schrubber) balais-brosse m
Scheuerlappen m serpillière f **Scheuerleiste** ❶ (Fußleiste) plinthe f ❷ NAUT liston m **Scheuermittel** nt produit m à récurer
scheuern ['ʃɔɪɐn] I. tr V ❶ (säubern) récurer Bad, Kacheln, Topf; frotter Fußboden, Treppe; **etw blank ~** astiquer qc; **das Scheuern** le récurage
❷ (lösen) gratter Schmutz; désincruster Verkalkungen
▸ **von jdm eine gescheuert bekommen** [o **kriegen**] sl se prendre une baffe par qn (pop); **jdm eine ~** sl foutre une baffe à qn (pop)
II. itr V **an/auf etw (Dat) ~** Kragen, Etikett: gratter qc
III. r V **sich wund ~** s'écorcher la peau

Scheuklappe ['ʃɔɪ-] f œillère f
▸ **~n aufhaben** [o **tragen**] avoir des œillères

Scheune ['ʃɔɪnə] <-, -n> f grange f; (Geräteschuppen) hangar m
Scheunendrescher ▸ **wie ein ~ essen** fam bouffer comme quatre (fam) **Scheunentor** nt porte f de la grange/du hangar

Scheusal ['ʃɔɪza:l] <-s, -e> nt monstre m

scheußlich ['ʃɔɪslɪç] I. Adj ❶ Anblick, Aussehen monstrueux(-euse); Buch, Film horrible; Essen, Getränk, Geruch infect(e)
❷ fam (furchtbar) Schmerzen, Wetter atroce (fam)
II. Adv ❶ kochen, essen abominablement mal; **~ riechen** avoir une odeur infecte
❷ (gemein) behandeln, sich benehmen odieusement
❸ fam (furchtbar) schmerzen atrocement

Scheußlichkeit <-, -en> f atrocité f

Schi [ʃi:] s. Ski

Schicht [ʃɪçt] <-, -en> f ❶ (Lage) couche f; **eine ~ Sahne/Farbe** une couche de chantilly/peinture
❷ ARCHÄOL, GEOL strate f
❸ SOZIOL couche f [sociale]
❹ (Arbeitsabschnitt) **~ arbeiten** être travailleur(-euse) posté(e); **er ist auf ~** il fait les trois-huit; **ich muss zur ~** il faut que j'aille prendre mon poste
❺ (Arbeitsgruppe) équipe f

Schichtarbeit f kein Pl travail m posté, trois-huit mpl **Schichtarbeiter(in)** m(f) [travailleur m] posté m/[travailleuse f] postée f
schichten ['ʃɪçtən] tr V empiler; **das Holz zu einem Stapel ~** empiler le bois

Schichtung <-, -en> f GEOL stratification f
Schichtwechsel [-vɛksl] m relève f
schichtweise Adv ❶ (in Schichten) par couches
❷ (in Gruppen) par roulement
Schichtwolke f stratus m
Schichtzulage f prime f pour travail posté

schick [ʃɪk] Adj, Adv chic; **es ist ~ etw zu tun** ça fait chic de faire qc

Schick <-s> m eines Kleidungsstücks, einer Mode chic m; **~/kei-**

nen ~ haben être/ne pas être chic
schicken ['ʃɪkən] **I.** *tr V* ❶ *(senden)* envoyer; **[jdm] etw ~** envoyer qc [à qn]; **sich** *(Dat)* **etw ~ lassen** se faire envoyer qc; **etw von jdm geschickt bekommen** recevoir qc de qn
❷ *(gehen heißen)* **jdn zur Nachbarin/in die Schule ~** envoyer qn chez la voisine/à l'école; **jdn einkaufen ~** envoyer qn faire des courses; **ein Kind [wieder] nach Hause ~** renvoyer un enfant chez lui; **vom einen zum anderen geschickt werden** être renvoyé(e) de l'un(e) à l'autre
II. *itr V geh* **nach jdm ~** faire venir qn
III. *r V* ❶ *(geziemen)* **das schickt sich nicht** cela ne se fait pas
❷ *veraltet (sich abfinden)* **sich in etw** *(Akk)* **~** prendre son parti de qc
IV. *r V unpers* **es schickt sich nicht für jdn, etw zu tun** il n'est pas convenable pour qn de faire qc
Schickeria [ʃɪkə'riːa] <-> *f pej fam* gratin *m (fam)*
Schickimicki [ʃɪki'mɪki] <-s, -s> *m pej fam* snobinard *m (fam)*
schicklich ['ʃɪklɪç] *geh* **I.** *Adj* convenable
II. *Adv* convenablement
Schicksal ['ʃɪkzaːl] <-s, -e> *nt* destin *m*; **sich in sein ~ ergeben** se résigner à son sort; **jdn seinem ~ überlassen** abandonner qn à son [triste] sort; **vom ~ geschlagen sein** être marqué(e) par le destin
▶ **sein ~ ist besiegelt** son destin est scellé; **~ spielen** *fam* filer un coup de pouce *(fam)*
schicksalhaft *Adj* ❶ *(folgenschwer) Ereignis, Entscheidung, Wendung* lourd(e) de conséquences; *Tag* fatidique
❷ *(unabwendbar) Entwicklung, Prozess, Verlauf* fatal(e)
Schicksalsgemeinschaft *f* communauté *f* d'infortune
Schicksalsschlag *m* coup *m* du destin
Schiebedach *nt* toit *m* ouvrant **Schiebefenster** *nt* fenêtre *f* coulissante; *(nach oben verschiebbares Fenster)* fenêtre à guillotine
schieben ['ʃiːbən] <schob, geschoben> **I.** *tr V* ❶ *(bewegen)* pousser *Fahrrad, Kinderwagen, Schrank;* **das Brot in den Ofen ~** enfourner le pain; **etw unter das Tischbein ~** glisser qc sous le pied de table; **den Teller von sich ~** repousser son assiette
❷ *(stecken)* **[sich** *(Dat)]* **etw in den Mund/die Tasche ~** [se] glisser qc dans la bouche/poche
❸ *(zuweisen)* **die Schuld/Verantwortung auf jdn ~** rejeter la culpabilité/responsabilité sur qn
❹ *sl (ableisten)* se taper *(fam) Wache, Dienst, Frühschicht;* **Kurzarbeit ~ müssen** être obligé(e) d'avaler des réductions d'horaires *(fam)*
II. *itr V* pousser
III. *r V* ❶ *(sich drängen)* **sich durch die Menge/Tür[e] ~** se frayer un chemin à travers la foule/en poussant la porte
❷ *(gleiten)* **sich vor die Sonne ~** *Wolke:* passer devant le soleil; **sich nach oben/zur Seite ~** *Automatiktür:* coulisser vers le haut/ sur le côté
Schieber ['ʃiːbɐ] <-s, -> *m fam (Schwarzhändler)* trafiquant *m*
❷ *(Absperrvorrichtung)* vanne *f*
Schieberin <-, -nen> *f fam* trafiquante *f*
Schiebermütze *f* gavroche *f*
Schiebetür *f* porte *f* coulissante
Schieblehre <-, -n> *f* pied *m* à coulisse
Schiebung <-> *f pej* piston *m*; **~!** vendu!
schied [ʃiːt] *Imp von* scheiden
Schiedsgericht ['ʃiːts-] *nt* ❶ JUR tribunal *m* arbitral ❷ SPORT commission *f* d'arbitrage **Schiedsmann** <-leute *o* -männer> *m*, **-frau** *f* JUR arbitre *mf* **Schiedsrichter(in)** *m(f)* arbitre *mf* **schiedsrichterlich I.** *Adj* JUR arbitral(e), d'arbitrage; **es Verfahren** procédure arbitrale **II.** *Adv* JUR arbitralement **Schiedsspruch** *m* sentence *f* arbitrale **Schiedsurteil** *nt* sentence *f* arbitrale **Schiedsverfahren** *nt* arbitrage *m*, procédure *f* d'arbitrage
schief [ʃiːf] **I.** *Adj* ❶ *(schräg) Wand, Turm, Pfosten* penché(e); *Ebene* incliné(e); *Absatz* usé(e) d'un seul côté
❷ *(entstellt) Bild, Eindruck, Darstellung* faux(fausse)
❸ *(scheel) Blick, Lächeln* en coin
II. *Adv* **jdn aufsetzen, ansehen** de travers; **die Absätze ~ treten** user ses talons d'un côté
Schiefer ['ʃiːfɐ] <-s, -> *m* ardoise *f*
Schieferdach *nt* toit *m* d'ardoises **Schieferplatte** *f* plaque *f* d'ardoise **Schiefertafel** *f* ardoise *f* **Schieferverkleidung** *f* revêtement *m* en ardoise
schief|gehen *itr V unreg + sein fig fam* foirer *(fam)*
schief|gewickelt *Adj fig fam* **~ sein** se gourer *(fam)*
schief|lachen *r V fam* **sich ~** se tordre [de rire] *(fam)*
Schieflage *f (finanziell kritische Lage)* situation *f* critique; *(rechtlich, moralisch kritische Haltung)* position *f* critique
schief|laufen *itr V unreg + sein fig fam* foirer *(fam)*; **mit den Fahrkarten ist etwas schiefgelaufen** il y a eu des emmerdes avec les billets *(fam)*; **heute läuft alles schief!** tout va de traviole aujourd'hui! *(fam)*
schief|liegen *itr V unreg fig fam* **mit etw ~** se ficher dedans avec qc *(fam)*
schief|treten *s.* schief II.❶
schielen ['ʃiːlən] *itr V* ❶ loucher
❷ *fam (verstohlen schauen)* **nach jdm/etw ~** reluquer qn/qc *(fam)*
❸ *fam (interessiert sein)* **nach einem Posten ~** loucher sur un poste *(fam)*
schien [ʃiːn] *Imp von* scheinen
Schienbein *nt* tibia *m*; **sie hat ihm gegen [o vor] das ~ getreten** elle lui a donné un coup de pied dans le tibia
Schiene ['ʃiːnə] <-, -n> *f* ❶ *(Zugschiene)* rail *m*; **aus den ~n springen** sortir des rails
❷ TECH *Führungsschiene* rail *m*; *(im Backofen)* glissière *f*
❸ MED éclisse *f*
❹ *(Leiste, Stoßkante)* ferrure *f*; *(auf der Treppenstufe)* baguette *f*
❺ *sl (Bereich)* **die emotionale ~ betreffen** porter côté cœur *(fam)*
❻ *sl (Weg, Linie)* **etw über die ~ Lehrer – Schüler tun** faire qc basé(e) sur le couple professeur – élève
schienen ['ʃiːnən] *tr V* MED éclisser
Schienenbus *m* autorail *m* **Schienenfahrzeug** *nt* véhicule *m* sur rails **schienengleich** *Adj* **~er Bahnübergang** passage à niveau **Schienennetz** *nt* ❶ *der Straßenbahn* réseau *m* ❷ *(Bahnnetz)* réseau *m* ferroviaire **Schienenräumer** <-s, -> *m* chasse-pierres *m* **Schienenstrang** *m* voie *f* ferrée **Schienenverkehr** *m* trafic *m* ferroviaire **Schienenweg** *m* **auf dem ~** par rail
schier [ʃiːɐ] **I.** *Adj attr* ❶ *(ohne Zusatz) Fleisch* maigre désossé(e); *Fett* pur(e)
❷ *(pur) Bosheit, Missgunst, Neid* pur(e)
II. *Adv* pratiquement
Schierling ['ʃiːɐlɪŋ] <-s, -e> *m* ciguë *f*
Schießbefehl *m* ordre *m* d'ouvrir le feu **Schießbude** *f* baraque *f* de tir **Schießbudenfigur** *f fam* guignol *m* **Schießeisen** *nt fam* pétard *m (pop)*
schießen ['ʃiːsən] <schoss, geschossen> **I.** *tr V* ❶ + *haben (feuern)* tirer; **auf jdn/eine Scheibe ~** tirer sur qn/une cible; **mit dem Gewehr/Bogen ~** tirer au fusil/à l'arc; **jdm [o jdn] in die Beine ~** tirer dans les jambes de qn
❷ *(den Schießsport betreiben)* faire du tir; **das Schießen** le tir
❸ + *haben (den Ball treten)* **aufs Tor/gegen die Latte ~** tirer dans les buts/sur la barre
❹ + *sein (sprießen) Pflanze:* pousser vite; *(Blütenstände entwickeln) Salat, Dill, Rettich:* monter [en graine]
❺ + *sein fam (schnell laufen)* **aus dem Haus/um die Ecke ~** jaillir de la maison/foncer au coin *(fam)*
❻ + *sein (spritzen)* **nach oben ~** *Wasser, Öl:* gicler vers le haut; **aus der Wunde ~** *Blut:* gicler de la plaie
▶ **das ist zum Schießen!** *fam* c'est tordant! *(fam)*
II. *tr V* + *haben* ❶ *(feuern)* tirer *Granate, Rakete*
❷ *(treten)* **den Ball auf das Tor ~** envoyer le ballon dans les buts
III. *r V* **sich ~** se battre [en duel] au pistolet
Schießerei <-, -en> *f* ❶ kein Pl *(ständiges Schießen)* tirs *mpl*
❷ *(Schusswechsel)* fusillade *f*
Schießgewehr *nt Kinderspr.* pétoire *f (fam)* **Schießhund** ▶ **aufpassen wie ein ~** *fam* ouvrir l'œil et le bon *(fam)* **Schießplatz** *m* stand *m* de tir; MIL champ *m* de tir **Schießpulver** [-fɐ, -vɐ] *nt* poudre *f* [à canon] **Schießscharte** *f* meurtrière *f* **Schießscheibe** *f* cible *f* **Schießsport** *m* tir *m* **Schießstand** *m* stand *m* de tir
Schiff [ʃɪf] <-[e]s, -e> *nt* ❶ bateau *m*; *(großes Handelsschiff)* navire *m*; **mit dem ~ fahren** prendre le bateau; **per ~** par bateau
❷ *(Kirchenschiff)* nef *f*
▶ **klar ~ machen** NAUT nettoyer le bateau; *fam (eine Sache bereinigen)* mettre les choses au point; **„~ e versenken" spielen** jouer à la bataille navale
SchiffahrtALT *s.* Schifffahrt
SchiffahrtsgesellschaftALT *s.* Schifffahrtsgesellschaft
SchiffahrtslinieALT *s.* Schifffahrtslinie
SchiffahrtsstraßeALT *s.* Schifffahrtsstraße
SchiffahrtswegALT *s.* Schifffahrtsweg
schiffbar *Adj* navigable
Schiffbau *m kein Pl* construction *f* navale **Schiffbauer(in)** *m(f)* constructeur(-trice) *m(f)* naval **Schiffbruch** *m* naufrage *m* ▶ **~ erleiden** faire naufrage; *(scheitern)* échouer **schiffbrüchig** *Adj* naufragé(e); **~ werden** faire naufrage **Schiffbrüchige(r)** *f(m) dekl wie Adj* naufragé(e) *m(f)*
Schiffchen ['ʃɪfçən] <-s, -> *nt* ❶ *Dim von* Schiff *(Spielzeug)* petit bateau *m*
❷ *(Kopfbedeckung)* calot *m*
schiffen I. *itr V* ❶ + *sein veraltet (mit dem Schiff fahren)* nach

Afrika ~ naviguer en direction de l'Afrique ❷ + *haben sl (urinieren)* pisser *(fam)*
  II. *itr V unpers* + *haben sl* **es schifft** il flotte *(fam)*
Schiffer(in) <-s, -> *m(f)* batelier(-ière) *m(f)*
Schifferklavier [-viː-] *nt fam* piano *m* à bretelles *(fam)* **Schifferknoten** *m* nœud *m* de marin **Schiffermütze** *f* casquette *f* de marin
Schifffahrt^{RR} *f kein Pl* navigation *f*
Schifffahrtsgesellschaft^{RR} *f* compagnie *f* maritime **Schifffahrtslinie**^{RR} [-liːniə] *f* route *f* maritime **Schifffahrtsstraße**^{RR} *f form s.* Schifffahrtsweg **Schifffahrtsweg**^{RR} *m* ❶ *(Route)* route *f* maritime ❷ *(Wasserstraße)* voie *f* navigable
Schiffsarzt *m*, **-ärztin** *f* médecin *m* de bord **Schiffsbesatzung** *f* équipage *m* [du bateau]
Schiffschaukel *f* bateau-balançoire *m*
Schiffseigner(in) *m(f) form* propriétaire *mf* de bateau **Schiffsflagge** *f* pavillon *m* **Schiffsfracht** *f* fret *m* **Schiffsglocke** *f* cloche *f* [de bateau] **Schiffshaut** *f* bordé *m* **Schiffshebewerk** *nt* élévateur *m* [o ascenseur *m*] à bateaux **Schiffsjunge** *m* mousse *m* **Schiffskoch** *m*, **-köchin** *f* coq *m*/cuisinière *f* de bord **Schiffsküche** *f* coquerie *f* **Schiffsladung** *f* cargaison *f* [de bateau] **Schiffslaterne** *f* fanal *m* **Schiffsmannschaft** *f* équipage *m* [de bateau] **Schiffsmiete** *f* fret *m* **Schiffspapiere** *Pl* papiers *mpl* de bord **Schiffsrumpf** *m* coque *f* **Schiffsschraube** *f* hélice *f* **Schiffssteuerung** *f* gouvernail *m* **Schiffstaufe** *f* baptême *m* du navire **Schiffsverbindung** *f* liaison *f* maritime **Schiffsverkehr** *m* trafic *m* maritime; *(auf Binnengewässern)* trafic fluvial **Schiffszwieback** *m* NAUT biscuit *m* marin
Schiismus [ʃiˈɪsmʊs] <-> *m* REL chiisme *m*, shiisme *m*
Schiit(in) [ʃiˈiːt] <-en, -en> *m(f)* chiite *m*, shiite *mf*
schiitisch *Adj* chiite, shiite
Schikane [ʃiˈkaːnə] <-, -n> *f a.* SPORT chicane *f*; **aus reiner ~** par pure chicane
  ▸ **mit allen ~n** *fam* hyper[-]équipé(e)
schikanieren* *tr V* chicaner
schikanös [ʃikaˈnøːs] I. *Adj* vexatoire
  II. *Adv* de façon vexatoire
Schikoree^{RR} *s.* Chicorée
Schild¹ [ʃɪlt, *Pl:* ˈʃɪldə] <-[e]s, -er> *nt* ❶ *(Verkehrsschild)* panneau *m*
  ❷ *(Hinweisschild)* écriteau *m*
  ❸ *fam (Preisschild)* étiquette *f*
Schild² [ʃɪlt, *Pl:* ˈʃɪldə] <-[e]s, -e> *m* ❶ HIST bouclier *m*
  ❷ *(Wappenschild)* blason *m*
  ❸ *(Hitzeschild) eines Kernreaktors* bouclier *m* thermique
  ▸ **jdn auf den ~ erheben** *geh* hisser qn sur le pavois; **etw gegen jdn/etw im ~e führen** manigancer qc contre qn/qc
Schildbürger(in) *m(f) pej* petit-bourgeois *m*/petite-bourgeoise *f*
Schildbürgerstreich *m hum* coup *m* des technocrates
Schilddrüse *f* [glande *f*] thyroïde *f*
Schilddrüsenfunktion *f* fonction *f* de la [glande] thyroïde
Schilddrüsenhormon *nt* BIO, CHEM hormone *f* thyroïdienne
Schilddrüsenüberfunktion *f* hyperthyroïdie *f* **Schilddrüsenunterfunktion** *f* hypothyroïdie *f* **Schilddrüsenvergrößerung** *f* hypertrophie *f* de la [glande] thyroïde
Schildermaler(in) *m(f)* peintre *m* d'enseignes
schildern [ˈʃɪldən] *tr V* décrire; **[jdm] etw ~** décrire qc [à qn]; **jdm ~, was sich ereignet hat** décrire à qn ce qui c'est passé
Schilderung <-, -en> *f* description *f*
Schilderwald *m hum fam* forêt *f* de panneaux
Schildkröte *f* tortue *f*
Schildkrötenfleisch *nt* viande *f* de tortue **Schildkrötensuppe** *f* potage *m* à la tortue
Schildlaus *f* cochenille *f* **Schildpatt** [ˈʃɪltpat] <-[e]s> *nt* écaille *f*
Schilf [ʃɪlf] <-[e]s, -e> *nt* ❶ *(Pflanze)* roseau *m*
  ❷ *(Dickicht)* roseaux *mpl*, roselière *f*
Schilfdach *nt* toit *m* de roseaux **Schilfgras**, **Schilfrohr** *nt* roseau *m*
Schillerlocke *f* ❶ *(Fisch)* filet *m* d'aiguillat fumé
  ❷ *(Gebäck)* cornet *m* à la crème
schillern [ˈʃɪlən] *itr V* chatoyer; **bläulich/in allen Farben ~** avoir des reflets bleuâtres/s'iriser
schillernd *Adj* ❶ *(changierend) Seide* chatoyant(e)
  ❷ *(nicht durchschaubar) Charakter, Persönlichkeit* à facettes
Schilling [ˈʃɪlɪŋ] <-s, -e> *m* HIST *(ehemalige Währung)* schilling *m*
schilpen [ˈʃɪlpən] *itr V Vogel:* pépier
schilt [ʃɪlt] *3. Pers Präs von* **schelten**
Schimäre [ʃiˈmɛːrə] <-, -n> *f geh* chimère *f*
Schimmel [ˈʃɪməl] <-s, -> *m* ❶ *(Schimmelpilz)* moisissure *f*
  ❷ *(Pferd)* cheval *m* blanc
schimmelig I. *Adj* moisi(e); **~ werden** moisir
  II. *Adv* **~ riechen** sentir le moisi

schimmeln *itr V* + *haben o sein* moisir
Schimmelpilz *m* moisissure *f*
Schimmer [ˈʃɪmɐ] <-s, -> *m* ❶ *(matter Glanz)* reflet *m*
  ❷ *(kleine Spur)* **ein ~ von Anstand/Hoffnung** un minimum de bienséance/une lueur d'espoir
  ▸ **keinen blassen** [*o* **nicht den blassesten**] **~ von etw haben** *fam (keine Idee haben)* ne pas avoir la moindre idée de qc; *(nicht eingeweiht sein)* ne pas être du tout au courant de qc *(fam)*
schimmern [ˈʃɪmɐn] *itr V* reluire
schimmlig *s.* schimmelig
Schimpanse [ʃɪmˈpanzə] <-n, -n> *m* chimpanzé *m*
Schimpf [ʃɪmpf] <-[e]s> *m geh (Beleidigung)* affront *m*; **jdm einen ~ antun** faire un affront à qn
  ▸ **mit ~ und Schande** avec ignominie
schimpfen [ˈʃɪmpfən] I. *itr V* ❶ *(wettern)* pester; **auf** [*o* **über**] **jdn/etw ~** pester contre qn/qc; **das Schimpfen lies cris** *mpl*
  ❷ *(zurechtweisen)* **mit jdm ~** crier après qn, gronder qn
  II. *r V fam* **sich Freundin/Lexikograph ~** se dire amie/lexicographe
Schimpfkanonade *f fam* bordée *f* d'injures
schimpflich *geh* I. *Adj* ignominieux(-euse) *(littér)*
  II. *Adv* ignominieusement *(littér)*
Schimpfname *m* sobriquet *m* **Schimpfwort** <-wörter> *nt* gros mot *m*
Schindel [ˈʃɪndəl] <-, -n> *f* bardeau *m*
Schindeldach *nt* toit *m* de bardeaux
schinden [ˈʃɪndən] <schindete, geschunden> I. *r V* **sich ~** s'échiner; **sich mit schweren Lasten ~** s'échiner à porter de lourds fardeaux
  II. *tr V* ❶ *(quälen)* éreinter *Zugtier*; **Arbeiter/Gefangene ~** épuiser des travailleurs/détenu(e)s à la tâche
  ❷ *fam (zu gewinnen suchen)* **Zeit ~** décrocher du temps *(fam)*; **bei jdm Eindruck ~** [**wollen**] [vouloir] épater qn *(fam)*; **bei jdm Mitleid ~ wollen** vouloir extorquer de la pitié auprès de qn *(fam)*
Schinder(in) <-s, -> *m(f) pej* tortionnaire *mf*; *(Arbeitgeber)* négrier(-ière) *m(f)*
Schinderei <-, -en> *f* corvée *f*
Schindluder [ˈʃɪntluːdɐ] ▸ **mit jdm/etw ~ treiben** *fam* traiter qn par-dessus la jambe *fam*/jouer avec qc
Schinken [ˈʃɪŋkən] <-s, -> *m* ❶ jambon *m*; **gekochter ~** jambon blanc
  ❷ *pej fam (Gemälde)* grande croûte *f (fam)*; *(Buch)* pavé *m (fam)*; *(Film)* navet *m* super long *(fam)*
Schinkenspeck *m* lard *m* maigre; **Eier und ~** des œufs au bacon
Schinkenwurst *f* saucisson *m* au jambon
Schippe [ˈʃɪpə] <-, -n> *f* ❶ NDEUTSCH *(Schaufel)* pelle *f*
  ❷ DIAL *s.* Pik
  ▸ **jdn auf die ~ nehmen** *fam* se foutre de qn/qc *(fam)*
schippen [ˈʃɪpən] *tr V* NDEUTSCH pelleter
schippern [ˈʃɪpɐn] *itr V* + *sein fam* **nach Kanada/über den Atlantik ~** bourlinguer en direction du Canada/à travers l'Atlantique *(fam)*
Schirm [ʃɪrm] <-[e]s, -e> *m* ❶ *(Regenschirm)* parapluie *m*
  ❷ *(Sonnenschirm)* parasol *m*
  ❸ *(Mützenschirm)* visière *f*
  ❹ *fam (Bildschirm)* écran *m*
  ❺ *(Lampenschirm)* abat-jour *m*
  ❻ BOT *eines Pilzes* chapeau *m*
Schirmherr(in) *m(f)* parrain *m*/marraine *f*; **der ~ einer Veranstaltung sein** parrainer une manifestation **Schirmherrschaft** *f* parrainage *m*; **unter der ~ des Ministers** sous le parrainage du ministre **Schirmhülle** *f* fourreau *m* [de parapluie] **Schirmmütze** *f* casquette *f* à visière **Schirmpilz** *m* lépiote *f* **Schirmständer** *m* porte-parapluies *m*
Schirokko [ʃiˈrɔko] <-s, -s> *m* METEO sirocco *m*
Schischa [ˈʃiːʃa] <-, -s> *f* narguilé *m*
schiss^{RR}, **schiß**^{ALT} *Imp von* scheißen
Schiss^{RR}, **Schiß**^{ALT} ▸ **vor jdm/etw ~ haben/kriegen** *sl* avoir/commencer à avoir les jetons de qn/qc *(pop)*
schizophren [ʃitsoˈfreːn] *Adj* ❶ MED schizophrène
  ❷ *geh (absurd)* insensé(e)
Schizophrenie [ʃitsofreˈniː, sçitsofreˈniː] <-, *selten* -n> *f* ❶ MED schizophrénie *f*
  ❷ *pej (Widersinn)* absurdité *f*
schlabberig [ˈʃlabərɪç] *Adj fam* ❶ *(locker) Kleidung* avachi(e)
  ❷ *pej (wässerig) Brei, Kakao, Suppe* clairet(te) *(fam)*; **dieses ~e Bier/dieser ~e Kaffee** cette bibine/lavasse *(fam)*
schlabbern [ˈʃlabɐn] I. *itr V fam* ❶ *(sabbern)* baver
  ❷ *(weit fallen) Kleidung:* pendouiller *(fam)*
  II. *tr V fam* Milch ~ *Katze, Hund:* laper du lait
Schlacht [ʃlaxt] <-, -en> *f* bataille *f*; **in die ~ ziehen** aller au combat; **jdm eine ~ liefern** livrer bataille à qn; **die ~ bei Waterloo** la bataille de Waterloo

Schlachtbank f table f d'équarrissage; **ihm war, als würde er zur ~ geführt** il avait l'impression d'être conduit à l'abattoir
schlachten ['ʃlaxtən] I. tr V abattre; **das Schlachten** l'abattage m
II. itr V abattre un animal/des animaux
Schlachtenbummler(in) m(f) fam supporte[u]r(-trice) m(f)
Schlachter(in) ['ʃlaxtɐ] <-s, -> m(f) NDEUTSCH boucher(-ère) m(f)
Schlächter(in) <-s, -> m(f) a. fig boucher(-ère) m(f)
Schlachterei [ʃlaxtəˈraɪ] <-, -en> f NDEUTSCH boucherie f
Schlächterei [ʃlɛçtəˈraɪ] <-, -en> f a. fig boucherie f
Schlachtfeld nt champ m de bataille ▸ **wie ein ~ aussehen** ressembler à un champ de bataille **Schlachthaus** nt abattoir m **Schlachthof** m abattoirs mpl **Schlachtplan** m plan m de bataille ▸ **einen ~ ausarbeiten** dresser un plan de bataille **Schlachtross**RR nt destrier m **Schlachtruf** m cri m de guerre **Schlachtschiff** nt MIL cuirassé m
Schlachtung <-, -en> f abattage m
Schlachtvieh nt animaux mpl de boucherie
Schlacke ['ʃlakə] <-, -n> f ❶ scories fpl
❷ meist Pl MED fibre f
schlackern ['ʃlakɐn] itr V NDEUTSCH Hose: flotter; **um die Beine ~** Hose: flotter autour des jambes
Schlaf [ʃlaːf] <-[e]s> m sommeil m; **einen festen/leichten ~ haben** avoir le sommeil profond/léger; **in einen tiefen ~ sinken** [o **fallen**] sombrer [o tomber] dans un sommeil profond; **jdn in den ~ singen** chanter une berceuse à qn; **jdn um den** [o **seinen**] **~ bringen** empêcher qn de dormir; **jdn aus dem ~ reißen/trommeln** arracher qn au sommeil/tambouriner [à la porte] pour réveiller qn; **aus dem ~ hochfahren** [o **aufschrecken**] s'éveiller en sursaut; **keinen ~ finden** ne pas trouver le sommeil; **etw im ~ reden** parler en dormant; **halb im ~** à moitié réveillé(e)
▸ **sich** (Dat) **den ~ aus den Augen reiben** se frotter les yeux; **den ~ des Gerechten schlafen** dormir du sommeil du juste; **etw im ~ beherrschen** [o **können**] (auswendig wissen) connaître qc sur le bout des doigts; (bestens beherrschen) pouvoir faire qc les yeux fermés
Schlafanzug m pyjama m
Schläfchen ['ʃlɛːfçən] <-s, -> nt [petit] somme m
Schlafcouch f canapé-lit m, convertible m
Schläfe ['ʃlɛːfə] <-, -n> f tempe f; **graue ~n haben** avoir les tempes grisonnantes
schlafen ['ʃlaːfən] <schläft, schlief, geschlafen> I. itr V ❶ dormir; **gut/fest/leicht ~** dormir bien/profondément/légèrement; **~ gehen, sich ~ legen** aller se coucher; **ein Kind ~ legen** aller coucher un enfant; **jdn nicht ~ lassen** empêcher qn de dormir; **~d** qui dort
❷ (liegen) **hart/weich ~** dormir sur du dur/mou
❸ (nächtigen) **bei jdm ~** coucher chez qn
❹ fam (unaufmerksam sein) **beim Autofahren/während des Unterrichts ~** dormir au volant/en classe; **schlaf nicht!** ne t'endors pas!
❺ fam (koitieren) **mit jdm ~** coucher avec qn (fam)
II. r V unpers **hier schläft es sich gut/schlecht** on dort bien/mal ici
Schläfenbein nt ANAT [os m] temporal m
Schlafende(r) s. **Schläfer(in)**
Schlafengehen nt coucher m; **vor dem ~** avant d'aller se/me/... coucher; **nach dem ~** après s'être/m'être/... couché(e)
Schlafenszeit f es ist ~ c'est l'heure d'aller dormir [o se coucher]
Schläfer(in) ['ʃlɛːfɐ] <-s, -> m(f) dormeur(-euse) m(f)
schlaff [ʃlaf] I. Adj ❶ (locker) Fahne, Segel, Tuch qui pend [mollement]; Seil lâche
❷ (kraftlos) Glieder, Händedruck, Muskeln mou(molle)
II. Adv fallen, hängen, liegen mollement; **~ herabhängen** Seil: pendre lâchement
Schlaffheit <-> f ❶ der Haut relâchement m
❷ (Weichheit) mollesse f
❸ (Trägheit) avachissement m
Schlaffi ['ʃlafi] <-s, -s> m pej fam mollasson(ne) m(f) (fam)
Schlafgelegenheit f (in einer Wohnung) place f pour dormir; (in einer Stadt) endroit m où dormir
Schlafittchen [ʃlaˈfɪtçən] ▸ **jdn am** [o **beim**] **~ kriegen** fam réussir à attraper qn par le colback (fam); **jdn am** [o **beim**] **~ nehmen** fam prendre qn par le colback (fam)
Schlafkrankheit f maladie f du sommeil **Schlaflied** nt berceuse f
schlaflos I. Adj Mensch insomniaque; Nacht blanc(blanche)
II. Adv sans trouver le sommeil
Schlaflosigkeit <-> f insomnie f
Schlafmittel nt somnifère m **Schlafmütze** f ❶ (Kopfbedeckung) bonnet m de nuit ❷ fam (Mensch) endormi(e) m(f) (fam) **Schlafraum** m dortoir m
schläfrig ['ʃlɛːfrɪç] Adj somnolent(e); **~ werden** commencer à avoir sommeil; **~ sein** avoir sommeil; [jdn] **~ machen** donner envie de dormir [à qn]
Schläfrigkeit <-> f envie f de dormir
Schlafrock m (Morgenrock) robe f de chambre ▸ **im ~** GASTR enrobé(e) de pâte **Schlafsaal** m dortoir m **Schlafsack** m sac m de couchage **Schlafstadt** f ville-dortoir f **Schlafstörungen** Pl troubles mpl du sommeil
schläft [ʃlɛːft] 3. Pers Präs von **schlafen**
Schlaftablette f ❶ comprimé m pour dormir ❷ fam (Langweiler) mollasson(ne) m(f) (fam) **schlaftrunken** ['ʃlaːftrʊŋkən] Adj, Adv geh [encore] tout ensommeillé(e) **Schlafwagen** m wagon-lit m **schlafwandeln** itr V + haben o sein être somnambule **Schlafwandler(in)** <-s, -> m(f) somnambule mf
schlafwandlerisch Adj somnambule; **mit ~er Sicherheit bewegte er sich durch die Großstadt** il traversa la ville avec une sûreté instinctive
Schlafzimmer nt chambre f à coucher; **ein gemeinsames ~ haben** faire chambre commune; **getrennte ~ haben** faire chambre à part
Schlafzimmerblick m hum fam regard m torride
Schlag [ʃlaːk, Pl: ˈʃlɛːɡə] <-[e]s, Schläge> m ❶ (Hieb) coup m; **von jdm Schläge kriegen** fam se prendre des coups de qn (fam)
❷ (dumpfer Hall) bruit m [de choc]; einer Uhr coup m
❸ (Schicksalsschlag, seelische Erschütterung) [schwerer] ~ coup m dur; **jdm einen ~ versetzen** Person, Ereignis, Nachricht: donner un coup à qn
❹ fam (Art, Typ) genre m; **ein Beamter vom alten ~** un fonctionnaire comme on n'en fait plus; **vom gleichen ~ sein** pej être à mettre dans le même sac (péj fam)
❺ (Stromschlag) électrocution f
❻ (Taubenschlag) colombier m
❼ DIAL fam (Portion) louche f
❽ GASTR A (Schlagsahne) crème f fouettée; (gesüßt) [crème f] chantilly f
❾ (Wagentür) portière f
▸ **ein ~ ins Gesicht** une gifle; **ein ~ unter die Gürtellinie** fam un coup bas; **ein ~ ins Kontor** fam un coup dur (fam); **ein ~ ins Wasser** fam un coup dans l'eau (fam); **zum entscheidenden ~ ausholen** préparer l'attaque décisive; **mich ~ trifft!** der ~ ! fam je vais avoir une attaque!; **keinen ~ tun** fam en ficher pas une (fam); **~ auf ~** coup sur coup; **es geht ~ auf ~** ça n'arrête pas; **auf einen ~, mit einem ~** fam d'un [seul] coup (fam)
Schlagabtausch <-[e]s> m ❶ BOXEN échange m de coups ❷ (Rededuell) prise f de bec **Schlagader** f artère f **Schlaganfall** m attaque f [d'apoplexie]
schlagartig I. Adj brusque
II. Adv brusquement
schlagbar Adj Sportler, Mannschaft: vulnérable; **~ sein** Sportler, Mannschaft: être vulnérable
Schlagbaum m barrière f **Schlagbohrer** m perceuse f à percussion
Schlägel <-s, -> m ❶ (Werkzeug) massette f
❷ MUS baguette f [de tambour]
schlagen ['ʃlaːɡən] <schlägt, schlug, geschlagen> I. tr V + haben ❶ frapper; **jdn ins Gesicht ~** frapper qn au visage; **jdn zum Krüppel ~** réduire qn en miettes (fam); **man hat ihn bewusstlos geschlagen** on l'a frappé jusqu'à ce qu'il perde conscience
❷ (besiegen) battre; **jdn im Schach ~** battre qn aux échecs; **sich geschlagen geben** s'avouer vaincu(e); **vernichtend geschlagen werden** être battu(e) à plate couture
❸ (fällen) abattre Baum
❹ (hineinschlagen) **einen Nagel in die Wand ~** enfoncer un clou dans le mur
❺ SPORT **den Ball ins Netz/ins Aus ~** envoyer la balle dans le filet/hors-ligne
❻ (eliminieren) prendre Spielfigur
❼ MUS battre Pauke, Trommel, Takt; pincer Saiten
❽ (heftig rühren) battre Eier, Teig
❾ (läuten) sonner; **es hat zehn Uhr geschlagen** dix heures ont sonné
❿ geh (hineindrücken) **die Krallen/Zähne in etw** (Akk) **~** Raubtier: planter les griffes/dents dans qc
⓫ (erbeuten) **einen Hasen ~** Greifvogel: attraper et tuer un lièvre
⓬ (wickeln) [jdm] **etw in Papier ~** envelopper qc [à qn] dans du papier
⓭ POL **ein Gebiet zum Nachbarland ~** annexer une région à un pays voisin
▸ **ehe ich mich ~ lasse!** hum fam je me laisserais bien tenter! (hum fam)
II. itr V ❶ + haben (hämmern) **mit etw an etw** (Akk)/**auf etw** (Akk)/**gegen etw ~** [o taper] **auf etw** (Akk)/**contre qc**
❷ + haben (hauen, zuschlagen) **jdm mit der Faust ins Gesicht ~** frapper qn avec le poing au visage; **jdm mit einer Flasche auf**

den Kopf ~ frapper qn avec une bouteille sur la tête; **um sich** ~ **se** débattre; **brutal/gezielt** ~ frapper avec brutalité/de façon ciblée
❸ + *sein (auftreffen)* **an etw** *(Akk)***/gegen etw** ~ *Regen, Wellen:* frapper [*o* taper] contre qc; **mit dem Kopf an etw** *(Akk)***/auf etw** *(Akk)***/gegen etw** ~ heurter qc de la tête
❹ + *haben (pochen) Herz, Puls:* battre
❺ + *haben (läuten) Glockenspiel, Uhr:* sonner
❻ + *haben o sein (emporlodern)* **aus dem Haus/Dach** ~ *Flammen, Feuer, Rauch:* s'échapper de la maison/du toit
❼ + *haben (singen) Nachtigall, Fink:* chanter
❽ + *sein fam (ähneln)* **nach jdm** ~ tenir de qn *(fam)*
❾ + *sein* MED **die Erkältung ist ihm auf die Ohren/die Blase geschlagen** le rhume a entraîné une inflammation des oreilles/de la vessie
III. *r V* ❶ **sich mit jdm** ~ se battre avec qn
❷ *(rangeln)* **sich um etw** ~ se battre pour [obtenir] qc
❸ *(zurechtkommen)* **sich gut/tapfer** ~ bien se défendre/se défendre avec courage
schlagend *Adj* ❶ *(treffend) Vergleich* parlant(e)
❷ *(überzeugend, eindeutig) Beweis, Tatsache* concluant(e)
Schlager ['ʃlaːgɐ] <-s, -> *m* ❶ *(Lied)* tube *m (fam)*
❷ *fam (Verkaufsschlager)* article m qu'on s'arrache *(fam);* **der** ~ **sein** se vendre comme des petits pains *(fam)*
Schläger ['ʃlɛːgɐ] <-s, -> *m* ❶ *(gewalttätiger Mensch)* casseur *m*
❷ *(Spieler, der schlägt)* frappeur *m*
❸ *(Federballschläger, Tennisschläger, Tischtennisschläger)* raquette *f; (Eishockeyschläger, Hockeyschläger)* crosse *f; (Golfschläger)* club *m; (Kricketschläger, Baseballschläger)* batte *f*
Schlägerbande *f* bande *f* de casseurs
Schlägerei <-, -en> *f* bagarre *f*
Schlagerfestival *nt* festival *m* de la chanson [populaire]
Schlägerin <-, -nen> *f* ❶ *(gewalttätige Frau)* casseuse *f*
❷ *(Spielerin, die schlägt)* frappeuse *f*
Schlagermusik *f* [musique *f* de] variété *f*
schlägern ['ʃlɛːgɐn] *itr V* A *(Holz fällen)* abattre des arbres; **im Wald** ~ abattre des arbres dans la forêt
Schlagersänger(in) *m(f)* chanteur(-euse) *m(f)* de variété
schlagfertig I. *Adj Person* qui a de la répartie; *Antwort, Bemerkung, Reaktion* du tac au tac **II.** *Adv* du tac au tac **Schlagfertigkeit** <-> *f* sens *m* de la répartie **schlagfest** *Adj* TECH antichoc **Schlagholz** *nt* batte *f* **Schlaginstrument** *nt* instrument *n* à percussion **Schlagkraft** <-> *f* ❶ *einer Armee, Truppe* puissance *f* de feu [*o* de combat] ❷ *(Wirksamkeit) eines Arguments, Beweises* force *f* de persuasion **schlagkräftig** *Adj* ❶ *Armee, Truppe* d'une forte puissance de feu ❷ *(wirksam) Argument, Beweis* persuasif(-ive) **Schlaglicht** *nt* **ein** ~ **auf jdn/etw werfen** jeter la lumière sur qn/mettre qc en [pleine] lumière **Schlagloch** *nt* nid-de-poule *m* **Schlagmann** <-männer> *m* ❶ *(beim Rudern)* chef *m* de nage ❷ *(beim Baseball)* batteur *m* **Schlagobers** *nt* A *s.* **Schlagsahne Schlagrahm** *m* SDEUTSCH, A, CH *s.* **Schlagsahne Schlagring** *m* coup-de-poing *m* [américain] **Schlagsahne** *f (flüssig)* crème *f* fleurette; *(geschlagen)* [crème *f*] chantilly *f* **Schlagseite** *f* gîte *f* ▶ ~ **haben** *Schiff:* donner de la bande [*o* gîte]; *hum fam Person:* tanguer **Schlagstock** *m* matraque *f*
schlägt [ʃlɛːkt] *3. Pers Präs von* **schlagen**
Schlagwerk *nt einer Uhr* carillon *m* **Schlagwetter** *Pl* MIN grisou *m* **Schlagwetterexplosion** *f* MIN coup *m* de grisou **Schlagwort** *nt* ❶ <-worte> *pej (Parole)* formule *f* [toute faite] ❷ <-wörter> *(Stichwort)* mot-clé *m* **Schlagwortkatalog** *m* fichier *m* par mots-clés **Schlagzeile** *f* gros titre *m;* ~**n machen, für** ~ **sorgen** faire la une des journaux *(fam)* **Schlagzeug** <-[e]s, -e> *nt* batterie *f* **Schlagzeuger(in)** <-s, -> *m(f)* batteur(-euse) *m(f)*
schlaksig ['ʃlaksɪç] *Adj fam* dégingandé(e); *Bewegungen* désarticulé(e)
Schlamassel [ʃlaˈmasəl] <-s, -> *m o nt fam* ❶ *(Durcheinander)* bordel *m (fam)*
❷ *(ärgerliche Situation)* mouise *f (fam);* **da haben wir den** ~**!** là on est dans la mouise! *(fam)*
Schlamm [ʃlam, *Pl:* ('ʃlɛmə)] <-[e]s, -e *o* Schlämme> *m* boue *f; (Flussschlamm, Seeschlammm)* vase *f*
Schlammbad *nt* bain *m* de boue
schlammig *Adj* boueux(-euse)
Schlämmkreide ['ʃlɛm-] *f kein Pl* blanc *m* de Meudon **Schlammpackung** *f* MED cataplasme *m* [*o* application *f*] de boue **Schlammschlacht** *f* foire *f* d'empoigne
Schlampe ['ʃlampa] <-, -n> *f pej fam* ❶ *(ungepflegte Frau)* souillon *m (péj fam)*
❷ *(liederliche Frau)* traînée *f (péj fam)*
schlampen ['ʃlampən] *itr V fam* bâcler le travail *(fam);* **bei der Reparatur** ~ bâcler le travail de réparation *(fam)*
Schlamperei <-, -en> *f fam* ❶ *(Nachlässigkeit)* je-m'en-foutisme *m (fam)*

❷ *(Unordnung)* bordel *m (fam)*
schlampig ['ʃlampɪç] *fam* **I.** *Adj* ❶ *Arbeit, Bearbeitung, Korrektur* bâclé(e) *(fam)*
❷ *(ungepflegt) Person, Äußeres* débraillé(e)
❸ *(unordentlich)* bordélique *(fam)*
II. *Adv* ❶ *(nachlässig)* à la va comme je te pousse *(fam)*
❷ *(ungepflegt)* en débraillé
schlang [ʃlaŋ] *Imp von* **schlingen**
Schlange ['ʃlaŋə] <-, -n> *f* ❶ ZOOL serpent *m*
❷ *(Warteschlange) von Personen, Fahrzeugen* queue *f;* ~ **nach etw stehen** faire la queue pour avoir qc
❸ *pej (hinterlistige Frau)* vipère *f;* **eine falsche** ~ un faux jeton
schlängeln ['ʃlɛŋəln] *r V* ❶ **sich durch/über etw** *(Akk)* ~ *Schlange:* ramper à travers/par dessus qc
❷ *(kurvenreich verlaufen)* **sich bergauf/durch den Wald** ~ *Weg, Straße:* serpenter jusqu'en haut de la montagne/à travers la forêt
Schlangenbeschwörer(in) <-s, -> *m(f)* charmeur(-euse) *m(f)* de serpents **Schlangenbiss**[RR] *m* morsure *f* de serpent **Schlangengift** *nt* venin *m* [de serpent] **Schlangenleder** *nt* [peau *f* de] serpent *m* **Schlangenlinie** [-liːniə] *f* trait *m* ondulé; [in] ~**n fahren** zigzaguer **Schlangenmensch** *m* contorsionniste *mf*
schlank [ʃlaŋk] *Adj Person, Figur, Hals* mince; *Baum, Wuchs* élancé(e); **wieder** ~ **werden** redevenir mince; [jdn] ~ **machen** *Essen, Kost:* faire maigrir [qn]; *Kleid, Hose:* amincir [qn]; **sich** ~ **machen** *fam* se faire tout(e) petit(e)
schlank|essen *r V irr* **sich** ~ maigrir en mangeant
Schlankheit <-> *f* minceur *f; des Körpers* sveltesse *f*
Schlankheitskur *f* cure *f* d'amaigrissement
schlankweg ['ʃlaŋkvɛk] *Adv fam* carrément; **ich sage es dir** ~ je te le dis franco *(fam)*
schlapp [ʃlap] *Adj* ❶ *fam (erschöpft)* flagada *(fam);* ~ **sein** être flagada; **die Hitze macht ihn** ~ *fam* la chaleur le rend [tout] ramolli *(fam)*
❷ *sl (unbedeutend)* ~**e tausend Euro** mille malheureux euros
❸ *sl (schwach) Sieg, Leistung* minable *(fam)*
Schlappe ['ʃlapə] <-, -n> *f fam* veste *f (fam);* **bei etw eine** ~ **einstecken müssen** [*o* **erleiden**] se prendre une veste lors de qc *(fam)*
Schlappen ['ʃlapən] <-s, -> *m* NDEUTSCH *fam* savate *f (fam)*
Schlappheit <-> *f* manque *m* de tonus
Schlapphut *m* chapeau *m* à larges bords **schlapp|machen** *itr V fam* craquer *(fam)* **Schlappohr** *nt hum* oreille *f* pendante *(hum)* **Schlappschwanz** *m pej fam* couille *f* molle *(péj pop)*
Schlaraffenland [ʃlaˈrafən-] *nt* pays *m* de cocagne
schlau [ʃlaʊ] **I.** *Adj* ❶ astucieux(-euse); **das ist** ~ **von ihm** c'est astucieux de sa part; **ein ganz Schlauer/eine ganz Schlaue** *iron fam* un [sacré]/une [sacrée] mariolle *(iron fam)*
❷ *fam (klug)* **aus jdm/etw nicht** ~ **werden** piger rien à qn/qc *(fam)*
II. *Adv* avec astuce
Schlauberger [-bɛrgɐ] <-s, -> *m fam* ❶ *(pfiffiger Mensch)* petit futé *m (fam)*
❷ *iron (Besserwisser)* Monsieur *m* Je-sais-tout *(iron)*
Schlauch [ʃlaʊx, *Pl:* 'ʃlɔʏçə] <-[e]s, Schläuche> *m* ❶ tuyau *m*
❷ *(Reifenschlauch)* chambre *f* à air
▶ **auf dem** ~ **stehen** *sl* pédaler dans la choucroute *(fam)*
Schlauchboot *nt* bateau *m* pneumatique
schlauchen *tr, itr V fam* pomper *(fam)*
schlauchlos *Adj Reifen* sans chambre à air
Schlauchwagen *m* ❶ *(des Gärtners)* dévidoir *m* [sur roues]
❷ *(der Feuerwehr)* camion dévidoir *m*
Schläue ['ʃlɔʏə] <-> *f* astuce *f*
Schlaufe ['ʃlaʊfə] <-, -n> *f* ❶ *(Gürtelschlaufe)* passant *m; (an einer Jacke)* bride *f*
❷ *(Halteband)* dragonne *f*
Schlauheit *s.* **Schläue**
Schlaukopf, Schlaumeier *s.* **Schlauberger**
Schlawiner [ʃlaˈviːnɐ] <-s, -> *m hum fam* [vieux] roublard *m (hum fam)*

schlecht [ʃlɛçt] **I.** *Adj* ❶ *(nicht gut, nicht gesund, nicht normal)* mauvais(e) *antéposé; Material, Holz, Verarbeitung* de mauvaise qualité; **ein** ~**es Benehmen haben** se tenir mal; **er ist** ~ **auf dich zu sprechen** il ne faut pas lui parler de toi; **mit ihr/mit unserem Ausflug sieht es** ~ **aus** elle va mal/pour notre excursion, ça va mal
❷ *(moralisch verkommen)* mauvais(e); **jdm etwas Schlechtes nachsagen** dire du mal de qn
❸ *(nicht angemessen) Bezahlung, Lohn* médiocre; **hundert Euro, das ist kein** ~**es Trinkgeld!** cent euros, ce n'est pas mal comme pourboire!
❹ *(verfault, verdorben)* ~ **werden/sein** s'abîmer/être avarié(e)

⑤ *(übel)* **jdm wird/ist |es| ~** qn se sent mal
⑥ *(nicht leicht)* **es ~ bei jdm haben** ne pas avoir la vie facile chez qn; **sie hat es doch nicht ~** elle n'a pas si difficile que ça
II. *Adv* **①** mal; **~ gelaunt sein** être de mauvaise humeur
② *(negativ)* **~ von jdm reden/über jdn denken** dire/penser du mal de qn
③ *(schwerlich)* difficilement; **sich ~ in jdn hineinversetzen können** avoir du mal à se mettre à la place de qn
▸ **mehr ~ als recht** *hum fam* tant bien que mal; **das ist ihm ~ bekommen** *fam* mal lui en a pris; **da kennst du mich aber ~** alors là, tu me connais mal; **nicht ~** *fam (ziemlich)* et pas qu'un peu *(fam)*; **er staunte nicht ~ über dieses unverhoffte Angebot** il a été surpris, et pas qu'un peu, de cette offre inespérée *(fam)*
schlẹchterdings *Adv veraltet* bonnement et simplement *(vieilli)*; **das ist ~ unmöglich!** c'est tout bonnement impossible!
schlẹchtgelaunt *s.* **gelaunt**
schlẹchthin *Adv* **①** *(in reinster Ausprägung)* par excellence; **er ist der Romantiker ~** il est le type même du romantique; **diese Kathedrale verkörpert die Gotik ~** cette cathédrale est le type même de l'art gothique
② *(geradezu) ausgeschlossen, unmöglich* tout bonnement
Schlẹchtigkeit <-, -en> *f* méchanceté *f*
schlẹcht|machen *tr V fig (herabsetzen)* **jdn/etw ~** dénigrer qn/qc
Schlẹchtwettergeld *nt* [indemnités *fpl* d']intempéries *fpl*
schlẹcken [ˈʃlɛkən] I. *tr V* lécher; **das Eis aus dem Schälchen ~** lécher sa coupelle de glace
II. *itr V* **①** *(naschen)* manger des sucreries
② *(lecken)* **an einem Eis ~** lécher sa glace; **am Honiglöffel ~** lécher la cuillère de miel
Schlẹckerei <-, -en> *f* sucrerie *f*
Schlẹckermaul *s.* **Leckermaul**
Schlẹgel [ˈʃleːɡəl] <-s, -> *m* **①** MUS *(Trommelstock)* baguette *f*; *(Paukenschlegel)* mailloche *f*
② *(Werkzeug)* maillet *m*
③ SDEUTSCH, A, CH *(Geflügel-, Hasenkeule)* cuisse *f*; *(Reh-, Wildschweinkeule)* cuissot *m*
Schlehdorn [ˈʃleːdɔrn] <-[e]s, -e> *m* BOT prunellier *m*
Schlehe [ˈʃleːə] <-, -n> *f* BOT *(Beere)* prunelle *f*; *(Strauch)* prunellier *m*
schlei̯chen [ˈʃlaɪ̯çən] <schlich, geschlichen> I. *itr V + sein* **①** se déplacer furtivement; **durch den Garten ~** se glisser à travers le jardin; **ums Haus ~** rôder autour de la maison
② *fam (langsam fahren)* se traîner *(fam)*
II. *r V* **sich nach draußen/zum Telefon ~** se glisser furtivement dehors/jusqu'au téléphone; **sich ins Haus/aus dem Haus ~** entrer dans/sortir de la maison furtivement
▸ **schleich dich!** SDEUTSCH, A *sl* fous le camp! *(fam)*
schlei̯chend MED I. *Adj attr* insidieux(-euse)
II. *Adv* insidieusement
Schlei̯chweg [-veːk] *m* chemin *m* détourné; **auf ~en** par des chemins détournés **Schlei̯chwerbung** *f* publicité *f* déguisée
Schlei̯e [ˈʃlaɪ̯ə] <-, -n> *f* ZOOL tanche *f*
Schlei̯er [ˈʃlaɪ̯ɐ] <-s, -> *m* voile *m*
▸ **den ~ des Vergessens über etw** *(Akk)* **breiten** *geh* étendre le voile de l'oubli sur qc *(soutenu)*; **den ~ lüften** lever le voile
Schlei̯ereule *f* [chouette *f*] effraie *f*
schlei̯erhaft *Adj fam* **jdm ~ sein** être un mystère pour qn
Schlei̯erkraut *nt kein Pl* gypsophile *f*
Schlei̯erwolke *f* cirrostratus *m*
Schlei̯fe [ˈʃlaɪ̯fə] <-, -n> *f* **①** *(Knoten)* nœud *m*
② *(Biegung, Kurve) eines Flusses, einer Straße* méandre *m*; **eine ~ fliegen** *Flugzeug:* faire une boucle; **der Fluss macht hier eine ~** ici, le fleuve fait une boucle
schlei̯fen¹ [ˈʃlaɪ̯fən] I. *tr V + haben* **①** *(ziehen)* traîner; **jdn/etw zur Tür/durch den Garten ~** traîner qn/qc jusqu'à la porte/à travers le jardin
② *hum fam (zum Mitkommen überreden)* **jdn ins Kino/zu einer Party ~** traîner qn au cinéma/à une fête *(fam)*
③ HIST *(niederreißen)* raser
II. *itr V* **①** **+ haben** *o* **sein** *(reiben)* **an etw** *(Dat)* **~** *Fahrradkette, Blech:* frotter contre qc
② **+ haben** *o* **sein** *(gleiten)* **auf dem Boden/über den Boden ~** *Kleid, Schleppe:* traîner par terre/au niveau du sol
▸ **etw ~ lassen** *fam* laisser courir qc *(fam)*
schlei̯fen² <schliff, geschliffen> *tr V* **①** *(schärfen)* aiguiser *Messer, Schere*
② *(formen, bearbeiten)* tailler *Brillenglas, Linse, Edelstein*; **etw glatt ~** *Mensch:* polir qc; *Gletscher, Wasser:* éroder qc; *s. a.* **geschliffen**
Schlei̯fer(in) <-s, -> *m(f) (Steinschleifer)* lapidaire *mf*
Schlei̯flack *m* vernis *m* à polir [*o* poncer] **Schlei̯fmaschine** *f* meule *f*; *(für Holz)* ponceuse *f* **Schlei̯fpapier** *nt* papier *m* [d']émeri [*o* de verre] **Schlei̯fstein** *m* meule *f*
Schlei̯m [ʃlaɪ̯m] <-[e]s, -e> *m* **①** MED mucus *m*
② ZOOL substance *f* gluante [*o* visqueuse]; *einer Schnecke* bave *f*
Schlei̯mbeutel *m* ANAT bourse *f* séreuse [*o* synoviale]
schlei̯men *itr V fam* faire de la lèche *(fam)*
Schlei̯mer(in) [ˈʃlaɪ̯mɐ] <-s, -> *m(f) pej fam* lèche-botte *mf (fam)*
Schlei̯mhaut *f* muqueuse *f*
schlei̯mig I. *Adj* **①** MED muqueux(-euse)
② *(glitschig) Fisch, Spur* visqueux(-euse); *Schnecke* baveux(-euse)
③ *pej (unterwürfig)* mielleux(-euse)
II. *Adv pej* mielleusement
Schlei̯mscheißer(in) [ˈ-ʃaɪ̯sɐ] *m(f) pej vulg* lèche-cul *mf (vulg)*
schlẹmmen [ˈʃlɛmən] I. *itr V* faire bombance [*o* bonne chère]
II. *tr V* déguster
Schlẹmmer(in) <-s, -> *m(f)* fine bouche *f*
Schlẹmmerei <-, -en> *f (Gelage)* ripaille *f (fam)*
schlẹndern [ˈʃlɛndɐn] *itr V + sein* se balader; **durch die Straßen/den Park ~** se balader dans les rues/le parc; **durch die Stadt ~** flâner en ville
Schlẹndrian [ˈʃlɛndriaːn] <-[e]s> *m fam* ronron *m (fam)*
Schlẹnker [ˈʃlɛŋkɐ] <-s, -> *m* **①** *(Ausweichmanöver)* [brusque] écart *m*; *(ungewollt)* embardée *f*; **einen ~ machen** faire une embardée
② *(Umweg)* crochet *m*; **einen ~ über Karlsruhe machen** faire un crochet par Karlsruhe
schlẹnkern [ˈʃlɛŋkɐn] I. *itr V* **①** *Arme:* ballotter; **mit den Armen/Beinen ~** balancer les bras/jambes
② *(schwingen)* **der Mantel schlenkerte um ihre** [*o* **ihr um die**] **Hüften** le manteau lui flottait autour des hanches
II. *tr V* balancer *Handtasche*
Schlẹpp [ʃlɛp] *m* **jdn/etw in ~ nehmen** prendre qn/qc en remorque; **jdn/etw im ~ haben** avoir qn/qc en remorque
Schlẹppdampfer *m* NAUT remorqueur *m* [à vapeur]
Schlẹppe [ˈʃlɛpə] <-, -n> *f* traîne *f*
schlẹppen [ˈʃlɛpən] I. *tr V* **①** *(schwer tragen)* coltiner; **mir tun vom Schleppen die Arme weh** j'ai mal aux bras à force d'avoir porté tant de poids
② *(abschleppen)* remorquer; **sie hat mich/mein Auto zur Werkstatt geschleppt** elle m'a remorqué/a remorqué ma voiture au garage
③ *fam (zum Mitkommen überreden)* **jdn ins Kino ~** traîner qn au cinéma *(fam)*
II. *r V* **①** *(sich fortbewegen)* **sich zum Bett/Telefon ~** se traîner jusqu'au lit/téléphone
② *(sich hinziehen)* **sich ~** traîner; **sich über viele Jahre ~** *Prozess, Entwicklung:* traîner pendant des années
schlẹppend I. *Adj Gang, Sprechweise* traînant(e); *Abfertigung, Bearbeitung* lent(e); *Absatz* peu soutenu(e)
II. *Adv* **gehen** d'un pas traînant; **sprechen** d'une voix traînante; *in Gang kommen, vorangehen* lentement
Schlẹpper <-s, -> *m* **①** *sl (Kundenfänger)* rabatteur *m*
② *sl (Schleuser)* passeur *m*
③ *(Schleppschiff)* remorqueur *m*
Schlẹpperin <-, -nen> *f sl (Kundenfängerin)* rabatteuse *f*
② *(Schleuserin)* passeuse *f*
Schlẹppkahn *m* chaland *m* **Schlẹpplift** *m* remonte-pente *m* **Schlẹppnetz** *nt* chalut *m* **Schlẹpptau** *nt* NAUT **jdn/etw ins ~ nehmen** prendre qn/qc en remorque; **im ~ eines Schiffs fahren** être remorqué(e) par un bateau ▸ **jdn ins ~ nehmen** *fam* conquérir qn *(fam)*
Schlesien [ˈʃleːziən] <-s> *nt* la Silésie
Schlesier(in) [ˈʃleːziɐ] <-s, -> *m(f)* Silésien(ne) *m(f)*
schlesisch *Adj* silésien(ne)
Schleswig-Holstein <-s> *nt* le Schleswig-Holstein
Schleu̯der [ˈʃlɔɪ̯dɐ] <-, -n> *f* **①** *(Waffe)* fronde *f*
② *(Wäscheschleuder)* essoreuse *f*
Schleu̯dergefahr *f (Verkehrszeichen)* chaussée *m* glissante **Schleu̯derhonig** *m* miel *m* centrifugé
schleu̯dern [ˈʃlɔɪ̯dɐn] I. *tr V + haben* **①** *Person:* lancer; *Katapult:* catapulter; **etw ~** *Person:* lancer qc; *Katapult:* catapulter qc; **aus dem Wagen geschleudert werden** *Unfallopfer:* être projeté(e) hors de la voiture
② *(zentrifugieren)* essorer *Wäsche*
II. *itr V + sein* déraper; **ins Schleudern geraten** [*o* **kommen**] *Person:* se mettre à patauger *(fam)*; *Fahrer, Fahrzeug:* se mettre à déraper
Schleu̯derpreis *m* prix *m* sacrifié; **zu ~en** à [des] prix cassés [*o* sacrifiés]; **etw zu einem ~ verkaufen** brader qc **Schleu̯dersitz** *m* siège *m* éjectable **Schleu̯derspur** *f* trace *f* de dérapage
schleu̯nigst [ˈʃlɔɪ̯nɪçst] *Adv* dans les plus brefs délais; **verschwinde, aber ~!** disparais, et plus vite que ça!
Schleu̯se [ˈʃlɔɪ̯zə] <-, -n> *f* **①** NAUT écluse *f*
② *(Durchgangskammer)* sas *m*

schleusen *tr V* ① *(führen)* jdn durch die Innenstadt/zum Bahnhof ~ diriger qn à travers le centre ville/jusqu'à la gare ② *(heimlich bringen)* jdn/etw durch den Zoll/über die Grenze ~ faire passer qn/qc en douce à travers la douane/la frontière; **jdn in eine Firma ~** infiltrer qn dans une entreprise
◾ NAUT écluser
Schleusenkammer *f* NAUT sas *m* **Schleusentor** *nt* porte *f* d'écluse **Schleusenwärter(in)** *m(f)* éclusier(-ière) *m(f)*
Schleuser(in) ['ʃlɔɪzɐ] <-s, -> *m(f)* *sl* passeur(-euse) *m(f)* *(fam)*
schlich [ʃlɪç] *Imp von* **schleichen**
Schliche *Pl combines fpl (fam);* **jdm auf die ~ kommen** découvrir les combines de qn *(fam)*
schlicht [ʃlɪçt] **I.** *Adj* ① *(einfach)* Person, Gemüt, Verhältnisse simple
② *(unauffällig, zurückhaltend)* sobre
③ *(bloß)* **die ~e Wahrheit** la vérité, et rien que la vérité; **die ~en Fakten** les faits, et rien que les faits
II. *Adv* ① *einrichten, kleiden, ausstatten* sobrement
② *(glattweg)* tout simplement
▸ **~ und einfach** [*o* **ergreifend**] purement et simplement
schlichten ['ʃlɪçtən] **I.** *tr V* régler; **in etw** *(Akk)* **~d eingreifen** intervenir dans qc pour calmer le jeu
II. *itr V* **in etw** *(Dat)* **~** arbitrer qc
Schlichter(in) <-s, -> *m(f)* conciliateur(-trice) *m(f)*
Schlichtheit <-> *f* sobriété *f*
Schlichtung <-, -en> *f* conciliation *f*
Schlichtungsausschuss^RR *m* commission *f* de conciliation [*o* d'arbitrage] **Schlichtungsverfahren** *nt* procédure *f* de conciliation
Schlick [ʃlɪk] <-[e]s, -e> *m* vase *f*
schlief [ʃliːf] *Imp von* **schlafen**
schliefen ['ʃliːfən] <schloff, geschloffen> *itr V + sein* A *fam (schlüpfen)* faufiler
Schliere ['ʃliːrə] <-, -n> *f* traînée *f* [grasse]
Schließe ['ʃliːsə] <-, -n> *f* boucle *f*
schließen ['ʃliːsən] <schloss, geschlossen> **I.** *tr V* ① *Schlüssel:* tourner [dans la serrure]; **schlecht ~** *Tür, Fenster:* fermer mal
② *(das Schloss betätigen)* fermer
③ *(enden)* **mit einer Bemerkung/einem Satz ~** terminer [*o* conclure] par une remarque/phrase
④ BÖRSE **die Börse schloss freundlich** la Bourse clôtura sur une note positive
⑤ *(schlussfolgern)* **aus einer Beobachtung auf etw** *(Akk)* **~** conclure qc [à partir] d'une observation; **von den Eltern auf die Kinder ~** partir des parents pour juger les enfants; **du darfst nicht von dir auf andere ~** tu ne dois pas généraliser [ton cas]; **auf etw** *(Akk)* **~ lassen** laisser supposer qc
II. *tr V* ① *(zumachen)* fermer *Fenster, Augen, Geschäft*
② *(beenden)* clôturer *Konferenz, Versammlung;* lever *Sitzung*
③ *(eingehen)* conclure *Abkommen, Pakt;* **mit jdm den Bund der Ehe ~** contracter le mariage avec qn
④ *(auffüllen)* combler *Lücke*
⑤ *(schlussfolgern)* **etw aus seinen Beobachtungen ~** conclure qc de ses observations
⑥ *(befestigen)* **[das Fahrrad] an einen Zaun ~** attacher [son vélo] à une barrière
III. *r V* **sich ~** se fermer; *s. a.* **geschlossen**
Schließer ['ʃliːsɐ] <-s, -> *m* ELEC contact *m* à fermeture
Schließfach *nt* ① *(Gepäckschließfach)* consigne *f* automatique
② *(Bankfach)* coffre *m*
③ *(Postfach)* boîte *f* postale
schließlich *Adv* ① finalement
② *(immerhin)* après tout
▸ **~ und endlich** en fin de compte
Schließmuskel *m* ANAT sphincter *m*
Schließung <-, -en> *f* fermeture *f*; *einer Konferenz, Versammlung* clôture *f*
Schließzylinder *m* TECH cylindre *m* de serrure
schliff [ʃlɪf] *Imp von* **schleifen**²
Schliff <-[e]s, -e> *m* ① *kein Pl (das Schärfen)* einer Schere, eines Messers aiguisage *m*
② *kein Pl (das Formen, Bearbeiten)* eines Brillenglases, Edelsteins, einer Linse taille *f*
③ *(geschliffene Form)* einer Klinge, Schere, eines Messers tranchant *m;* einer Linse, eines Edelsteins poli *m*
④ *kein Pl (Umgangsformen)* savoir-vivre *m*, entregent *m*
▸ **einer S.** *(Dat)* **den letzten ~ geben** ajouter la dernière touche à qc
schlimm [ʃlɪm] **I.** *Adj* ① *(schlecht, schwerwiegend, ernst)* Nachricht, Fall, Irrtum grave; Zeit difficile; **die Zeiten sind ~** les temps sont durs; **es ist ~, dass** c'est grave que + *subj*; **mit der Hitze wird es immer ~er** il fait de plus en plus chaud; **es ist etwas Schlimmes passiert** il est arrivé quelque chose de grave; **das Schlimmste befürchten** craindre le pire; **mit dem Schlimmsten rechnen** s'attendre au pire; **das Schlimmste überstanden** [*o* **hinter sich** *(Dat)*] **haben** avoir surmonté le pire; **das Schlimmste liegt hinter uns/noch vor uns** le plus dur est déjà passé/reste à venir; **aus dem Schlimmsten heraus sein** avoir passé le pire; **noch ~er kann es nicht werden** ça ne peut pas être pire; **es gibt Schlimmeres** il y a pire; [**das ist**] **halb so ~!** ce n'est pas si grave [que ça!]; **wenn es nichts Schlimmeres ist!** si ce n'est que ça!
② *fam (entzündet)* Auge, Finger, Hals, Zahn pas beau(belle) à voir *(fam)*
II. *Adv* mal; *sich entzünden, verletzen* gravement; **man hat ihn ~ zugerichtet** il s'est fait drôlement amocher; **~ dran sein** *fam* être dans de beaux draps *(fam);* **wenn es ganz ~ kommt** dans le pire des cas; **es hätte ~er kommen können** ça aurait pu être pire; **es steht ~ um jdn/mit etw** le cas de qn/la situation de qc est grave; **~ genug, dass** comme si ça ne suffisait pas que + *subj*; **um so [*o* **desto**] **~er** c'est encore pire
schlimmstenfalls ['ʃlɪmstən'fals] *Adv* dans le pire des cas
Schlinge ['ʃlɪŋə] <-, -n> *f* ① *(Schlaufe)* nœud *m* coulant
② *(Falle)* collet *m;* **~n legen** [*o* **stellen**] tendre des collets
③ *(Armbinde)* écharpe *f*
Schlingel ['ʃlɪŋəl] <-s, -> *m fam* affreux jojo *m (fam)*
schlingen ['ʃlɪŋən] <schlang, geschlungen> **I.** *tr V* ① **[sich** *(Dat)*] **ein Tuch um den Hals/Kopf ~** enrouler un foulard autour du cou/de la tête; **seine Arme um jdn ~** mettre ses bras autour de qn
② *(gierig essen)* engloutir *Essen*
II. *r V* **sich um etw ~** *Pflanze:* grimper à qc
III. *itr V* Person, Tier: dévorer
schlingern ['ʃlɪŋɐn] *itr V* rouler
Schlingpflanze *f* plante *f* grimpante
Schlips [ʃlɪps] <-es, -e> *m* cravate *f*
▸ **mit [*o* **in**] **~ und Kragen** *fam* en costume-cravate; **sich durch jdn/etw auf den ~ getreten fühlen** *fam* se sentir vexé(e) par qn/qc; **jdm auf den ~ treten** *fam* vexer qn
Schlitten ['ʃlɪtən] <-s, -> *m* ① *(Rodelschlitten)* luge *f*; **~ fahren** faire de la luge
② *(Kufenfahrzeug)* traîneau *m*
③ *sl (Auto)* caisse *f (fam)*
▸ **mit jdm ~ fahren** *sl* passer un savon à qn *(fam)*
Schlittenfahrt *f* ① *(mit dem Schlitten)* descente *f* en luge
② *(mit dem Pferdeschlitten)* promenade *f* en traîneau
Schlitterbahn *f* NDEUTSCH glissoire *f*
schlittern ['ʃlɪtɐn] *itr V + sein* ① *(rutschen)* Person: faire des glissades; Eisstock, Puck: glisser; **über das Eis/den See ~** Person: faire des glissades sur la glace/le lac; Eisstock, Puck: glisser sur la glace/le lac
② *fam (ungewollt geraten)* **in etw** *(Akk)* **~** se retrouver dans qc
Schlittschuh *m* patin *m* à glace; **~ fahren** [*o* **laufen**] faire du patin à glace
Schlittschuhbahn *f* patinoire *f* **Schlittschuhlaufen** <-s> *nt* patinage *m* **Schlittschuhläufer(in)** *m(f)* patineur(-euse) *m(f)* [sur glace]
Schlitz [ʃlɪts] <-es, -e> *m* ① *(Einsteckschlitz)* fente *f*
② *(schmale Öffnung)* interstice *m*
③ *(Einschnitt in einem Kleidungsstück)* fente *f*
④ *fam (Hosenschlitz)* braguette *f*
Schlitzauge ['ʃlɪts-] *nt* œil *m* bridé [*o* en amande] **schlitzäugig** ['ʃlɪts?ɔɪɡɪç] *Adj* aux yeux bridés; **~ sein** avoir les yeux bridés
schlitzen ['ʃlɪtsən] *tr V* ouvrir *Fisch;* fendre *Rock*
Schlitzohr *nt fam* roublard *m (fam)* **schlitzohrig** *Adj fam* roublard(e) *(fam)*
Schlögel <-s, -> *m* A *(Keule)* gigot *m*
schlohweiß ['ʃloːvaɪs] *Adj* tout(e) blanc(blanche)
schloss^RR, **schloß**^ALT *Imp von* **schließen**
Schloss^RR <-es, Schlösser>, **Schloß**^ALT <-sses, Schlösser> *nt*
① *(Palast)* château *m*
② *(Türschloss)* serrure *f*; **ins ~ fallen** claquer
③ *(Vorhängeschloss)* cadenas *m*
④ *(Verschluss)* einer Aktentasche, eines Koffers fermoir *m*
▸ **jdn hinter ~ und Riegel bringen** mettre qn sous les verrous; **hinter ~ und Riegel sitzen** être sous les verrous
Schlosser(in) ['ʃlɔsɐ] <-s, -> *m(f)* serrurier(-ière) *m(f)*
Schlosserei <-, -en> *f* serrurerie *f*
Schlosserhandwerk *nt* métier *m* de serrurier
Schlossgarten^RR *m* parc *m* du château **Schlossherr(in)**^RR *m(f)* propriétaire [du château] *mf;* HIST châtelain(e) *m(f)* **Schlosshund**^RR ▸ **heulen wie ein ~** *fam* pleurer comme un veau *(fam)* **Schlosspark**^RR *m* parc *m* du château **Schlossruine**^RR *f* ruines *fpl* d'un château
Schlot [ʃloːt] <-[e]s, -e> *m* ① *(Schornstein)* cheminée *f* [d'usine]
② GEOL *eines Vulkans* cheminée *f*
▸ **rauchen wie ein ~** *fam* fumer comme un pompier *(fam)*
schlottern ['ʃlɔtɐn] *itr V* ① trembler; **vor Angst/Kälte ~** trembler

de peur/froid; **am ganzen Körper ~** trembler de tous ses membres; **mir ~ die Knie** j'ai les genoux qui tremblent
❷ *(schlaff herabhängen)* **der Rock schlottert ihr um die Hüften** la jupe lui flotte autour des hanches
Schlucht [ʃlʊxt] <-, -en> *f* gorge *f*
schluchzen ['ʃlʊxtsən] *itr V* sangloter
Schluchzer <-s, -> *m* sanglot *m*
Schluck [ʃlʊk] <-[e]s, -e> *m* ❶ gorgée *f*; **einen ~ Tee trinken** boire une gorgée de thé; **ein kleiner ~** une goutte; **~ für** à petites gorgées; **in einem ~** d'un trait
❷ *fam (alkoholisches Getränk)* **hast du einen ~ zu trinken für mich?** tu as quelque chose à boire pour moi?
Schluckauf [ʃlʊk'ʔaʊf] <-s> *m* hoquet *m*; **einen ~ haben** avoir le hoquet
Schluckbeschwerden *Pl* MED troubles *mpl* de la déglutition, dysphagie *f (spéc)*
Schlückchen <-s, -> *nt Dim von* **Schluck** petite gorgée *f*; *(im Glas)* fond *m*; **ein ~ von etw nehmen** boire une goutte de qc
schlucken ['ʃlʊkən] **I.** *tr V* ❶ *(hinunterschlucken)* avaler
❷ *sl (trinken)* picoler *(fam)* Kognak, Schnaps
❸ *fam (verbrauchen)* bouffer *(fam) Benzin, Motoröl*
❹ *fam (hinnehmen)* encaisser *(fam) Beleidigung, Vorwurf*
❺ *fam (glauben)* gober *(fam) Ausrede, Geschichte*
❻ *fam (aufkaufen)* bouffer *(fam) Geschäft, Betrieb*
❼ *(dämpfen)* assourdir *Geräusche, Lärm, Schall*; **die Geräusche ~** *Teppich:* étouffer les bruits; *Schnee:* assourdir les bruits
II. *itr V* ❶ avaler
❷ *sl (Alkohol trinken)* picoler *(fam)*
▶ **erst mal ~ müssen)** en fam en rester [d'abord] baba *(fam)*
Schlucker <-s, -> *m* **armer ~** *fam* pauvre type *m (fam)*
Schluckimpfung *f* vaccination *f* orale **Schluckreflex** *m kein Pl* MED réflexe *m* de déglutition **Schluckspecht** *m sl* poivrot *m (fam)* **schluckweise** *Adv* à petites gorgées
Schluderei [ʃluːdəˈraɪ] *s.* **Schlamperei**
schluderig *s.* **schlampig**
schludern ['ʃluːdɐn] *itr V fam s.* **schlampen**
schludrig *s.* **schlampig**
schlug [ʃluːk] *Imp von* **schlagen**
Schlummer ['ʃlʊmɐ] <-s> *m geh* [petit] somme *m (soutenu)*; **in einen leichten ~ sinken** sombrer dans un sommeil léger
schlummern ['ʃlʊmɐn] *itr V geh* sommeiller *(soutenu)*
Schlund [ʃlʊnt, *Pl:* 'ʃlʏndə] <-[e]s, Schlünde> *m* ❶ ANAT gosier *m*
❷ *geh (Abgrund)* abîme *m (soutenu)*
schlüpfen ['ʃlʏpfən] *itr V + sein* ❶ ORN, ZOOL éclore; **aus dem Ei ~** sortir de l'œuf
❷ *(hineinschlüpfen)* **in etw** *(Akk)* **~** enfiler qc
❸ *(herausschlüpfen)* **aus etw ~** enlever prestement qc
❹ *(rasch gehen)* **ins Zimmer/durch die Tür ~** se faufiler dans la pièce/à travers la porte
Schlüpfer <-s, -> *m* [petite] culotte *f*
Schlupfloch *nt* ❶ *(Öffnung)* trou *m* pour passer; *(für eine Katze)* chatière *f*
❷ *s.* **Schlupfwinkel**
schlüpfrig ['ʃlʏpfrɪç] *Adj* ❶ *(glitschig)* glissant(e)
❷ *(anstößig)* scabreux(-euse)
Schlüpfrigkeit <-, -en> *f* grivoiserie *f*
Schlupfwinkel *m* repaire *m*
schlurfen ['ʃlʊrfən] *itr V + sein* marcher en traînant les pieds; **über den Flur/ins Haus ~** aller par le couloir/dans la maison en traînant les pieds
schlürfen ['ʃlʏrfən] **I.** *tr V* boire en faisant du bruit; **etw ~** boire qc en faisant du bruit
II. *itr V* boire en faisant du bruit
Schluss[RR] <-es, Schlüsse>, **Schluß**[ALT] <Schlusses, Schlüsse> *m* ❶ *(Ende)* fin *f*; **mit dem Gezänk ~ machen** *fam* arrêter les chamailleries; **zum ~ kommen** *Redner:* arriver à la fin; **zum ~ pour terminer**; **~ damit!** ça suffit!; **~ für heute!** ça suffit pour aujourd'hui!
❷ *kein Pl (hinterster Teil) einer Gruppe, eines Zugs* queue *f*
❸ *(Folgerung)* conclusion *f*; **aus etw Schlüsse ziehen** tirer des conclusions de qc; **aus etw den ~ ziehen, dass** conclure de qc que + *indic*; **zu einem erstaunlichen ~ kommen** arriver à une étonnante conclusion
❹ MUS fin *f*
▶ **~ machen** *fam (Selbstmord begehen)* mettre les bouts *(euph fam)*; **mit jdm ~ machen** rompre avec qn
Schlussakte[RR] *f* document *m* final **Schlussantrag**[RR] *m* conclusion *f* finale **Schlussbemerkung**[RR] *f* remarque *f* finale **Schlussbilanz**[RR] *f* bilan *m* de clôture
Schlüssel ['ʃlʏsəl] <-s, -> *m* ❶ clé *f*
❷ *(Mittel)* **der ~ zum Erfolg/zu einem Geheimnis** la clé du succès/d'un secret; **der ~ zur Lösung des Problems** la clé du problème

❸ *fam (Schraubenschlüssel)* clé *f*
❹ *(Verteilungsschema)* barème *m*
❺ SCHULE *(Lösungsheft)* corrigé *m*
❻ *(Code)* code *m*
Schlüsselanhänger *m* porte-clés *m*
Schlüsselbein *nt* clavicule *f*
Schlüsselblume *f* BOT coucou *m*, primevère *f*
Schlüsselbrett *nt* tableau *m* des clés **Schlüsselbund** <-bunde> *m o nt* trousseau *m* de clés **Schlüsseldienst** *m* service *m* de dépannage de serrures
Schlüsselerlebnis *nt* expérience *f* clé
Schlüsseletui [-ɛtviː] *nt* étui *m* à clés **schlüsselfertig** *Adj, Adv* clés en main
Schlüsselfigur *f* personnage *m* clé
Schlüsselkind *nt* enfant qui rentre à la maison plus tôt que ses parents et à qui on confie les clés de la maison **Schlüsselloch** *nt* trou *m* de serrure
Schlüsselposition *f* position *f* clé **Schlüsselqualifikation** *f* qualification *f* clé **Schlüsselroman** *m* roman *m* à clé[s] **Schlüsselstellung** *f* position-clé *f* **Schlüsselwort** *nt* ❶ *(in einem Text)* mot-clé *m* ❷ *(verschlüsseltes Wort)* code *m* ❸ INFORM *(Passwort)* mot *m* de passe
schlussendlich[RR] *Adv* finalement **schlussfolgern**[RR] *tr V* déduire; **etw aus etw ~** déduire qc de qc **Schlussfolgerung**[RR] <-, -en> *f* déduction *f*; **eine falsche/logische ~** une déduction fausse/logique; **eine ~/seine ~en ziehen** tirer une conclusion/ ses conclusions; **aus etw die ~ ziehen, dass** tirer de qc la conclusion que + *indic* **Schlussformel**[RR] *f* formule *f* finale
schlüssig ['ʃlʏsɪç] *Adj* ❶ *(folgerichtig)* concluant(e)
❷ *(entschieden, sicher)* **sich** *(Dat)* **über etw** *(Akk)* **~ werden/ sein** commencer à y voir clair/être au clair quant à qc; **sich** *(Dat)* **nicht ~ sein** être indécis(e); **ich bin mir noch nicht recht ~** je suis encore indécis(e)
Schlusslicht[RR] *nt* ❶ *eines Fahrzeugs* feu *m* [rouge] arrière ❷ *fam (Letzter)* **das ~ sein** [*o* **bilden**] être la lanterne rouge *(fam)* **Schlusspfiff**[RR] *m* coup *m* de sifflet final **Schlussphase**[RR] *f* phase *f* finale **Schlusspunkt**[RR] *m (Satzpunkt)* point *m* ▶ **einen ~ unter/hinter etw** *(Akk)* **setzen** mettre un point final [*o* un terme] à qc **Schlussrunde**[RR] *f* SPORT *(beim Rennen)* dernier tour *m*; *(beim Boxen)* dernier round *m* **Schlussstrich**[RR] *m* ▶ **einen ~ unter etw** *(Akk)* **ziehen** tirer un trait sur qc **Schlussverkauf**[RR] *m* soldes *mpl* **Schlusswort**[RR] *nt* mot *m* de la fin
Schmach [ʃmaːx] <-> *f geh* ignominie *f (littér)*; **jdm eine ~ antun** faire un affront à qn
schmachten ['ʃmaxtən] *itr V geh* languir *(soutenu)*; **vor Sehnsucht ~** languir de désir; **jdn ~ lassen** faire languir qn *(soutenu)*; **nach jdm ~** languir d'amour pour qn *(soutenu)*; **nach etw ~** avoir envie de qc
schmachtend *Adj* langoureux(-euse)
schmächtig ['ʃmɛçtɪç] *Adj* fluet(te)
schmachvoll *s.* **schmählich**
schmackhaft ['ʃmakhaft] *Adj geh Speise* savoureux(-euse)
▶ **jdm etw ~ machen** susciter l'intérêt de qn pour qc
Schmäh [ʃmɛː] <-s, -s> *m* A *(Scherz)* plaisanterie *f*
Schmähbrief *m* lettre *f* diffamatoire
schmähen ['ʃmɛːən] *tr V geh* honnir *(littér)*
schmählich *geh* **I.** *Adj* ignominieux(-euse) *(littér)*
II. *Adv* ignominieusement *(littér)*
Schmährede *f* invective *f* **Schmähschrift** *f* libelle *m*
Schmähung <-, -en> *f geh* diffamation *f (littér)*
schmal [ʃmaːl] <-er *o* schmäler, -ste *o* schmälste> *Adj* ❶ *Schultern, Hüften, Öffnung, Straße* étroit(e); *Gesicht, Hand, Lippen, Taille* mince; *Baum, Wuchs* élancé(e); **sie ist sehr ~** elle est très mince
❷ *(dürftig) Angebot, Auswahl* maigre
schmalbrüstig *Adj* ❶ *Mensch* au torse frêle; **~ sein** avoir la poitrine étroite
❷ *Haus* étroit(e)
schmälern ['ʃmɛːlɐn] *tr V* dénigrer
Schmälerung <-, -en> *f (Herabwürdigung)* dénigrement *m*
Schmalfilm *m* film *m* super-huit [*o* super-8] **Schmalfilmkamera** *f* caméra *f* super-huit [*o* super-8] **schmallippig** ['ʃmaːlɪpɪç] *Adj* ❶ *(dünnlippig)* à lèvres minces ❷ *fig (verbissen aussehend)* pincé(e) **Schmalseite** *f* côté *m* [étroit] **Schmalspur** *f kein Pl* EISENBAHN voie *f* étroite
Schmalspurbahn *f* chemin *m* de fer à voie étroite
Schmalz[1] [ʃmalts] <-es, -e> *nt* GASTR saindoux *m*
Schmalz[2] <-es> *m pej fam (Rührseligkeit)* guimauve *f (fig)*
schmalzig *Adj pej fam* à l'eau de rose *(péj fam)*; *Schlager, Stimme* sirupeux(-euse) *(péj)*
Schmankerl ['ʃmaŋkɐl] <-s, -n> *nt* A, SDEUTSCH *(Leckerbissen)* régal *m*, délice *m*
schmarotzen* *itr V* ❶ *pej* faire le/la pique-assiette; **bei jdm ~** vivre aux crochets de qn

② BIO croître en parasite; **auf etw** *(Dat)* ~ parasiter qc
Schmarotzer <-s, -> *m* ① *pej (Mensch)* pique-assiette *m*
② BIO parasite *m*
Schmarotzerin <-, -nen> *f pej* pique-assiette *f*
Schmarr[e]n ['ʃmarən] <-s, -> *m* ① GASTR SDEUTSCH, A spécialité à base de lambeaux de crêpe
② *kein Pl fam (Unsinn)* conneries *fpl (fam)*; **so ein** ~**!** qu'est-ce que c'est que ces conneries! *(fam)*
③ *kein Pl pej fam (wertloses Werk)* navet *m (fam)*; **so einen** ~ **lese ich nicht** je ne lis pas un tel navet
▶ **das geht dich einen** ~ **an!** *fam* c'est pas tes oignons! *(fam)*
schmatzen ['ʃmatsən] *itr V* ① faire du bruit en mâchant; ~**d** en mâchant bruyamment
② *(aufdrücken)* **jdm einen Kuss auf die Wange** ~ donner un gros baiser sur la joue à qn
Schmaus [ʃmaʊs, *Pl:* 'ʃmɔyzə] <-es, Schmäuse> *m veraltet* bombance *f*; [**was für**] **ein köstlicher** ~ **war das!** c'était un excellent festin!
schmausen [ʃmaʊzən] *itr V geh* se régaler, se délecter *(littér)*
schmecken ['ʃmɛkən] **I.** *itr V* ① *(munden)* etw schmeckt qc est bon(ne); **das Gemüse schmeckt mir** je trouve que les légumes sont bons; **es schmeckt** [**ihr**] [elle trouve que] c'est bon; **jdm nicht** ~ ne pas être au goût de qn; **es sich** *(Dat)* ~ **lassen** se régaler; **schmeckt's?** c'est bon?; **wie hat es dir geschmeckt?** comment tu as trouvé ça?
② *(Geschmack haben)* **frisch**/**sauer** ~ avoir un goût frais/acide; **gut** ~ avoir bon goût; **nach Zitrone** ~ avoir un goût de citron; **das schmeckt nach nichts** ça n'a aucun goût; **das schmeckt nach mehr!** *fam* ça a un petit goût de revenez-y!
③ *fam (gefallen, passen)* **jdm nicht** ~ *Kritik, Arbeit:* ne pas plaire à qn
II. *tr V* goûter
Schmeichelei [ʃmaɪçə'laɪ] <-, -en> *f* flatterie *f*
schmeichelhaft *Adj* flatteur(-euse); **sehr**/**wenig** ~ **sein** être très/peu flatteur(-euse)
schmeicheln ['ʃmaɪçəln] *itr V* ① *(schöntun)* flatter; **jdm** ~ flatter qn; **der Eitelkeit** *(Dat)* **eines Politikers** ~ flatter la vanité d'un homme politique; **es schmeichelt mir**/**meinem Ego, dass** ça me flatte/ça flatte mon ego que + *subj*
② *fig* **das Foto schmeichelt ihr** la photo la flatte
Schmeichler(in) <-s, -> *m(f)* flatteur(-euse) *m(f)*
schmeichlerisch *Adj pej* obséquieux(-euse) *(péj)*
schmeißen ['ʃmaɪsən] <schmiss, geschmissen> **I.** *tr V* ① *fam (werfen)* balancer *(fam)*; **etw in den Mülleimer** ~ balancer qc à la poubelle *(fam)*; **jdn aus dem Haus** ~ foutre qn dehors *(fam)*
② *sl (spendieren)* **eine Runde** ~ payer une tournée *(fam)*
③ *sl (managen)* faire tourner *(fam) Laden*; goupiller *(fam) Ding*
II. *tr V fam* ① *(werfen)* **mit etw nach jdm** ~ balancer qc sur qn *(fam)*
② *(im Überfluss verwenden)* **mit Zitaten um sich** ~ faire un étalage de citations; **mit Geld um sich** ~ dépenser sans compter *(fam)*
III. *r V fam* **sich auf jdn**/**etw** ~ se jeter sur qn/qc
Schmeißfliege *f* mouche *f* bleue
Schmelz [ʃmɛlts] <-[e]s, -e> *m* émail *m*
Schmelzbad *nt* TECH bain *m* de fusion
Schmelze ['ʃmɛltsə] <-, -n> *f* ① METAL métal *m* en fusion
② *(Magma)* lave *f*
schmelzen ['ʃmɛltsən] <schmilzt, schmolz, geschmolzen> **I.** *itr V* + *sein* fondre
II. *tr V* + *haben* fondre *Metall;* faire fondre *Eis*
Schmelzhütte *f* fonderie *f* **Schmelzkäse** *m* fromage *m* fondu **Schmelzofen** *m* four[neau] *m* de fusion **Schmelzpunkt** *m* point *m* de fusion **Schmelztiegel** *m a. fig* creuset *m* **Schmelzwasser** *nt* eau *f* [provenant] de la fonte des neiges
Schmerbauch ['ʃmeːɐ-] *m fam* brioche *f (fam)*
Schmerle ['ʃmɛrlə] <-, -n> *f* ZOOL loche *f* franche
Schmerz [ʃmɛrts] <-es, -en> *m* ① douleur *f;* ~ **en im Kreuz/in der Nierengegend haben** avoir mal au dos/aux reins; ~ **en in den Gelenken haben** avoir mal dans les articulations; **beim Schlucken** ~ **en haben** avoir mal en avalant; **vor** ~ **en** de douleur
② *(Kummer)* **jdn mit** ~ **en erfüllen** remplir qn de douleur
▶ ~ **lass nach!** *iron fam* j'y crois pas! *(iron fam)*
schmerzempfindlich *Adj Person* douillet(te); *Narbe, Zahn, Stelle* sensible
schmerzen ['ʃmɛrtsən] **I.** *itr V* faire mal; **mir schmerzen die Füße** j'ai mal aux pieds
II. *tr V* affecter; **sein Tod schmerzt mich sehr** sa mort m'affecte énormément; **es schmerzt mich, dass er so leiden muss** cela m'afflige, qu'il doive souffrir de la sorte
Schmerzensgeld *nt* pretium *m* doloris **Schmerzensschrei** *m* cri *m* de douleur
schmerzfrei *Adj* sans douleur **Schmerzgrenze** *f* ① limite *f* du supportable ② *(absolutes Limit)* dernière limite *f;* **das geht über die** ~ ça va au-delà du supportable
schmerzhaft *Adj* douloureux(-euse)
schmerzlich I. *Adj* douloureux(-euse)
II. *Adv vermissen* amèrement
schmerzlindernd I. *Adj* calmant(e)
II. *Adv* ~ **wirken** calmer la douleur
schmerzlos I. *Adj Geburt* sans douleur; *Eingriff, Operation* indolore
II. *Adv* sans douleur
Schmerzmittel *nt* analgésique *m* **schmerzstillend** *Adj* analgésique; ~ **wirken** calmer la douleur **Schmerztablette** *f* comprimé *m* contre la douleur **schmerzverzerrt** *Adj* ravagé(e) de douleur **schmerzvoll** *Adj geh s.* **schmerzlich**
Schmetterball *m* smash *m*
Schmetterling ['ʃmɛtɐlɪŋ] <-s, -e> *m* papillon *m*
Schmetterlingsblütler [-bly:tlɐ] <-s, -> *m* BOT papilionacée *f*
Schmetterlingsstil *m* [brasse *f*] papillon *m*
schmettern ['ʃmɛtɐn] **I.** *tr V* + *haben* ① *(schleudern)* **etw an die Wand** ~ envoyer [*o* lancer] qc sur le mur; **die Tür ins Schloss** ~ claquer la porte [très fort]; **den Hörer auf die Gabel** ~ reposer violemment le combiné
② SPORT smasher *Ball*
③ *(ertönen lassen)* entonner *Lied;* attaquer *Solo, Tusch*
II. *itr V* ① + *sein (aufprallen)* **gegen etw** ~ s'écraser contre qc
② + *haben* SPORT smasher
③ + *haben (ertönen)* retentir
Schmied(in) [ʃmi:t] <-[e]s, -e> *m(f)* forgeron *m*
Schmiede ['ʃmi:də] <-, -n> *f* forge *f*
Schmiedearbeit *f* ouvrage *m* [en fer] forgé **Schmiedeeisen** *nt* fer *m* forgé **schmiedeeisern** *Adj* en fer forgé **Schmiedehammer** *m* marteau *m* de forgeron
schmieden ['ʃmi:dən] *tr V* forger; **Stahl zu Werkzeugen** ~ forger de l'acier pour en faire des outils; **geschmiedet** en fer forgé
schmiegen ['ʃmi:gən] **I.** *r V* ① *(sich kuscheln)* **sich an jdn**/**in etw** *(Akk)* ~ se blottir contre qn/dans qc
② *(eng anliegen)* **sich an etw** *(Akk)*/**um etw** ~ mouler qc
II. *tr V* **seinen Kopf an jds Schulter** *(Akk)* ~ blottir sa tête contre l'épaule de qn
schmiegsam *Adj Leder, Material* souple; *Körper* flexible, souple
Schmiere ['ʃmi:rə] <-, -n> *f (Fett)* cambouis *m*
▶ **bei etw** ~ **stehen** *sl* faire le pet lors de qc *(arg)*
schmieren ['ʃmi:rən] **I.** *tr V* ① *(streichen)* tartiner *Brot;* [sich] *(Dat)* **Honig aufs Brötchen** ~ [se] tartiner du miel sur le petit pain; **sich** *(Dat)* **Creme/Schminke ins Gesicht** ~ s'étaler de la crème/du maquillage sur le visage; **sich** *(Dat)* **etw an die Hose** ~ [se] tartiner qc sur le pantalon
② *pej fam (malen, schreiben)* **etw an Mauern**/**auf Grabsteine** ~ faire des graffiti[s] sur les murs/tombes *(fam)*; **etw in ein Heft** ~ barbouiller un cahier de qc *(péj fam)*
③ *(fetten)* graisser *Gestänge, Scharnier;* *(ölen)* lubrifier *Kolben, Nockenwelle*
④ *pej fam (bestechen)* graisser la patte à *(fam)*
▶ **wie geschmiert** *fam* comme sur des roulettes *(fam)*; **alles läuft wie geschmiert** ça [*o* tout] baigne [dans l'huile] *(fam)*; **jdm eine** ~ *fam* en coller une à qn *(fam)*
II. *itr V* ① *pej (malen) (mit Stift, Kreide)* gribouiller; *(mit Pinsel)* barbouiller
② *fam (klecksen) Kugelschreiber, Füller:* baver
Schmiererei <-, -en> *f pej fam (Schrift, Zeichnung)* gribouillage *m;* *(Bild)* barbouillage *m*
Schmierfett ['ʃmi:ɐ-] *nt* graisse *f* **Schmierfink** *m fam* ① *(schmutziges Kind)* [petit] cochon *m (fam)* ② *pej (Wandschmierer)* tagueur *m (fam)* ③ *pej (Journalist)* pisseur de copie *(fam)* **Schmiergeld** *nt* bakchich *m (fam)* **Schmiergeldaffäre** *f* affaire *f* de pot-de-vin **Schmiergeldzahlung** *f* versement *m* de pot-de-vin
Schmierheft *nt* cahier *m* de brouillon
schmierig *Adj* ① *Haar, Hände* poisseux(-euse); *Kleidungsstück, Oberfläche* couvert(e) de taches de graisse
② *pej (abstoßend)* **dieser** ~ **e Kerl** ce faux jeton
Schmiermittel *nt* lubrifiant *m,* matière *f* lubrifiante **Schmieröl** *nt* huile *f* lubrifiante [*o* de graissage] **Schmierpapier** *nt* [papier *m* de] brouillon *m* **Schmierseife** *f* savon *m* noir **Schmierzettel** *m* bout *m* de papier
schmilzt ['ʃmɪltst] *3. Pers Präs von* **schmelzen**
Schminke ['ʃmɪŋkə] <-, -n> *f* maquillage *m*
schminken ['ʃmɪŋkən] **I.** *tr V* maquiller; **sich** *(Dat)* **die Augen/Lippen** ~ se maquiller les yeux/lèvres; **stark/schlecht geschminkt sein** être beaucoup/mal maquillé(e)
II. *r V* **sich** ~ se maquiller
Schminkkoffer *m* vanity-case *m* **Schminktäschchen** [-tɛʃçən] *nt* trousse *f* à maquillage **Schminktisch** *m* coiffeuse *f,* table *f* de maquillage
schmirgeln ['ʃmɪrgəln] *tr, itr V* poncer; **den Lack/Rost von**

etw ~ poncer le vernis/la rouille de qc
Schmirgelpapier *nt* papier *m* [d']émeri
schmiss^{RR}, **schmiß**^{ALT} *Imp von* **schmeißen**
Schmiss^{RR} <-es, -e>, **Schmiß**^{ALT} <-sses, -sse> *m* ❶ *(Narbe)* balafre *f*
❷ *fam (Schwung)* allant *m;* ~ **haben** être entraînant(e)
Schmöker ['ʃmø:kɐ] <-s, -> *m fam* roman *m* de gare *(fam)*
schmökern ['ʃmø:kən] *itr V fam* bouquiner *(fam);* **in etw** *(Dat)* ~ bouquiner qc *(fam)*
Schmollecke *f fam* ▸ **sich in die** ~ **zurückziehen** aller bouder dans son coin; **in der** ~ **sitzen** bouder, faire la gueule *(fam)*
schmollen ['ʃmɔlən] *itr V* bouder
Schmollmund *m* moue *f;* **einen** ~ **machen** faire la moue
schmolz [ʃmɔlts] *Imp von* **schmelzen**
Schmorbraten ['ʃmo:ɐ-] *m* bœuf *m* braisé
schmoren ['ʃmo:rən] **I.** *tr V* faire braiser *Braten*
II. *itr V* ❶ *Braten:* cuire à petit feu
❷ *fam (schwitzen)* **in der Sonne/am Strand** ~ se faire cuire au soleil/à la plage
❸ *fam (unerledigt bleiben)* Antrag, Eingabe: moisir
❹ *fam (warten)* **jdn** ~ **lassen** faire [*o* laisser] mariner qn *(fam)*
Schmortopf *m* GASTR daubière *f*
Schmu [ʃmu:] <-s> *m kein Pl fam* ❶ *(Unsinn)* connerie *f (fam)*
❷ *(Betrug)* magouille *f (fam);* [**bei etw**] ~ **machen** truander [en faisant qc] *(fam)*
Schmuck [ʃmʊk] <-[e]s> *m* ❶ bijoux *mpl*
❷ *(Verzierung)* décoration *f*
schmücken ['ʃmʏkən] **I.** *r V* **sich** ~ mettre des bijoux; **sich mit etw** ~ se parer de qc
II. *tr V* **einen Raum mit etw** ~ décorer une pièce avec qc
Schmuckkästchen [-kɛstçən] *nt* coffret *m* à bijoux
schmucklos *Adj* nu(e)
Schmucklosigkeit <-> *f* simplicité *f;* **die** ~ **eines Raumes** la sobriété d'une salle
Schmucksachen *Pl s.* **Schmuckwaren Schmuckstück** *nt* bijou *m* **Schmuckwaren** *Pl* bijoux *mpl*
schmudd[e]lig *Adj* sale, crasseux(-euse); ~ **aussehen** être crasseux(-euse)
Schmuggel ['ʃmʊgəl] <-s> *m* contrebande *f*
schmuggeln ['ʃmʊgəln] **I.** *tr V* ❶ faire de la contrebande de *Waren;* faire du trafic de *Drogen, Waffen*
❷ *(heimlich bringen)* **jdn über die Grenze** ~ faire passer qn clandestinement la frontière; **jdn/etw außer Landes** ~ faire sortir qn/qc en fraude d'un pays; **man hatte ihr ein Dokument ins Gepäck geschmuggelt** on lui avait glissé [subrepticement] un document dans ses bagages
II. *itr V* faire de la contrebande; **das Schmuggeln** la contrebande
Schmuggelware *f* [marchandise *f* de] contrebande *f*
Schmuggler(in) ['ʃmʊglɐ] <-s, -> *m(f)* contrebandier(-ière) *m(f)*
schmunzeln ['ʃmʊntsəln] *itr V* sourire; **über jdn/etw** ~ sourire de qn/qc
Schmunzeln <-s> *nt* sourire *m*
Schmus [ʃmu:s] <-es> *m fam (wortreiches Getue)* cinéma *m (fam); (schöne Worte)* cajoleries *fpl; (Gerede)* verbiage *m* pas de pli
schmusen ['ʃmu:zən] *itr V fam* se faire des mamours *(fam);* [**miteinander**] ~ se faire des mamours; **mit jdm** ~ faire des mamours à qn *(fam)*
Schmutz [ʃmʊts] <-es> *m* saleté *f; (Schlamm)* boue *f; (Staub)* poussière *f*
▸ **jdn mit** ~ **bewerfen** traîner qn dans la boue; **jdn/etw durch den** ~ **ziehen** traîner qn/qc dans la boue
schmutzabweisend *Adj* antitache *inv*
schmutzen ['ʃmʊtsən] *itr V Stoff:* se salir, être salissant(e)
Schmutzfink *s.* **Schmierfink Schmutzfleck** *m* tâche *f*
schmutzig *Adj* ❶ sale; *(schlammbedeckt)* boueux(-euse); *(staubbedeckt)* poussiéreux(-euse); **sich bei etw** ~ **machen** se salir en faisant qc; **sich** *(Dat)* **die Fingernägel/Hände** ~ **machen** se salir les ongles/mains; **sich** *(Dat)* **die Schuhe** ~ **machen** salir ses chaussures
❷ *pej (anrüchig)* sale
❸ *pej (obszön)* salace
Schmutzrand *m* trace *f* de saleté **Schmutzschicht** *f* couche *f* de saleté **Schmutztitel** *m* faux-titre *m* **Schmutzwäsche** *f* linge *m* sale **Schmutzwasser** *nt* eau *f* sale
Schnabel ['ʃna:bəl, *Pl:* 'ʃnɛ:bəl] <-s, Schnäbel> *m* ❶ ORN, MUS bec *m*
❷ *(lange Tülle)* bec *m* [verseur]
❸ *fam (Mund)* bec *m (fam);* **halt den** [*o* **deinen**] ~ ! *fam* ferme-la! *(fam)*
▸ **er redet, wie ihm der** ~ **gewachsen ist** *fam* il dit les choses comme elles lui viennent
schnäbeln *itr V* se frotter le bec
Schnabelschuh *m* poulaine *f* **Schnabeltasse** *f* tasse *f* à bec

Schnabeltier *nt* ornithorynque *m*
Schnackerl ['ʃnakəl] <-s, -n> *nt* A *(Schluckauf)* hoquet *m*
Schnake ['ʃna:kə] <-, -n> *f* ❶ *(nicht stechende Mücke)* cousin *m*
❷ DIAL *fam (Stechmücke)* moustique *m*
Schnalle ['ʃnalə] <-, -n> *f* ❶ boucle *f*
❷ *pej vulg (Weibsbild)* putain *f (péj vulg);* **diese dumme** ~! cette sale garce! *(péj pop)*
schnallen *tr V* ❶ **etw enger/weiter** ~ serrer/desserrer qc; **etw fester** ~ serrer qc davantage; **sich** *(Dat)* **etw auf den Rücken** ~ attacher qc sur le dos
❷ *(abmachen)* **die Tasche vom Gepäckträger** ~ détacher le sac du porte-bagages
❸ *sl (begreifen)* piger *(fam)*
Schnallenschuh *m* chaussure *f* à boucle
schnalzen ['ʃnaltsən] *itr V* **mit der Zunge** ~ faire claquer sa langue; **mit den Fingern** ~ claquer des doigts
Schnäppchen ['ʃnɛpçən] <-s, -> *nt fam* [bonne] affaire *f*
Schnäppchenjagd *f fam* chasse *f* aux bonnes affaires **Schnäppchenjäger(in)** *m(f) fam* chasseur *m* de bonnes affaires
schnappen ['ʃnapən] **I.** *itr V* ❶ + *haben* **nach jdm** ~ Hund, Krokodil: chercher à mordre qn; Gans, Schwan: chercher à pincer qn; **nach etw** ~ essayer d'attraper [*o* de saisir] qc
❷ + *sein (klappen)* **ins Schloss** ~ s'enclencher dans la serrure
II. *tr V* + *haben fam* ❶ *(ergreifen)* **sich** *(Dat)* **jdn** ~ harponner qn *(fam);* **sich** *(Dat)* **etw** ~ se choper qc *(fam)*
❷ *(fangen)* choper *(fam)* Täter, Gesuchten
Schnappmesser *nt* couteau *m* à cran d'arrêt **Schnappschloss**^{RR} *nt* serrure *f* à ressort **Schnappschuss**^{RR} *m* instantané *m*
Schnaps [ʃnaps, *Pl:* 'ʃnɛpsə] <-es, Schnäpse> *m* eau-de-vie *f*
Schnapsbrennerei *f* distillerie *f*
Schnäpschen ['ʃnɛpsçən] <-s, -> *nt Dim von* **Schnaps** *fam* goutte *f (fam),* petit verre *m* de gnôle *(fam)*
Schnapsfahne *f fam* haleine *f* qui pue l'alcool *(fam)* **Schnapsflasche** *f* bouteille *f* d'eau-de-vie **Schnapsglas** *nt* verre *m* à liqueur **Schnapsidee** *f fam* idée *f* loufoque *(fam)* **Schnapszahl** *f fam* nombre composé de plusieurs chiffres identiques
schnarchen ['ʃnarçən] *itr V* ronfler
Schnarcher(in) <-s, -> *m(f)* ronfleur(-euse) *m(f)*
schnarren ['ʃnarən] *itr V* bourdonner
schnattern ['ʃnatɐn] *itr V* ❶ Ente: cancaner; Gans: criailler; **das Schnattern einer Ente** les coin-coin *mpl;* **einer Gans** les criailleries *fpl*
❷ *fam (schwatzen)* jacasser
schnauben ['ʃnaʊbən] <schnaubte *o veraltet* schnob, geschnaubt *o veraltet* geschnoben> **I.** *itr V* ❶ écumer; **vor Wut** ~ écumer de colère
❷ *(laut atmen)* Pferd: s'ébrouer
II. *r V* DIAL **sich** ~ se moucher
schnaufen ['ʃnaʊfən] *itr V* ❶ + *haben (angestrengt atmen)* haleter
❷ + *haben bes.* SDEUTSCH *(atmen)* respirer
Schnauferl ['ʃnaʊfɐl] <-s, - *o* -n> *nt* A *fam* [vieux] tacot *m (fam)*
Schnauz [ʃnaʊts, *Pl:* 'ʃnɔɪtsə] <-es, Schnäuze> *m* CH moustache *f*
Schnauzbart *m* ❶ moustache *f*
❷ *fam (Mensch)* moustachu *m*
Schnauze ['ʃnaʊtsə] <-, -n> *f* ❶ *(Tiermaul)* gueule *f*
❷ *sl (Mund)* gueule *f (fam);* **die** ~ **halten** fermer sa gueule *(fam);* ~! ta gueule/vos gueules! *(fam)*
❸ *fam (Motorhaube)* capot *m*
❹ *fam (Bug)* eines Flugzeugs, Schiffs nez *m*
▸ **frei nach** ~ *fam* au pif *(fam);* **eine große** ~ **haben** *sl* avoir une grande gueule *(fam);* **die** ~ [**gestrichen**] **voll haben** *sl* en avoir ras le bol *(fam);* **mit etw auf die** ~ **fallen** *sl* se casser la gueule en faisant qc *(fam)*
schnauzen ['ʃnaʊtsən] *itr V fam* gueuler *(fam)*
schnäuzen^{RR} **I.** *tr V* **sich** ~ se moucher; **sich/einem Kind die Nase** ~ se moucher le nez/moucher un enfant
II. *r V* **sich in ein Taschentuch** ~ se moucher dans un mouchoir
Schnauzer <-s, -> *m* ❶ *(Hundeart)* schnauzer *m*
❷ *fam (Schnauzbart)* bac[ch]antes *fpl (fam)*
Schnäuzer ['ʃnɔɪtsɐ] DIAL *s.* **Schnauzer** ❷
Schnecke ['ʃnɛkə] <-, -n> *f* ❶ escargot *m; (Nacktschnecke)* limace *f*
❷ *meist Pl* GASTR escargot *m*
❸ *(Gebäck)* pain *m* aux raisins
❹ *(Teil des Innenohrs)* limaçon *m*
▸ **jdn wegen etw zur** ~ **machen** *fam* passer un savon à qn à cause de qc *(fam)*
schneckenförmig [-fœrmɪç] **I.** *Adj* hélicoïdal(e) **II.** *Adv* en spirale, en colimaçon **Schneckengehäuse** *nt* coquille *f* [d'escargot] ▸ **sich in sein** ~ **zurückziehen** rentrer dans sa coquille **Schneckengewinde** *nt* TECH vis *f* sans fin **Schneckenhaus** *nt s.* **Schneckengehäuse Schneckenrad** *nt* TECH roue *f* à vis sans

fin **Schneckentempo** *nt fam* im ~ comme un escargot/des escargots *(fam)*; **es ging nur im ~ vorwärts** on avançait comme des escargots
Schnee [ʃneː] <-s> *m* ❶ neige *f*
❷ *sl (Kokain)* neige *f (arg)*
▶ ~ **von gestern** [*o* **vorgestern**] *fam* de l'histoire ancienne *(fam)*
Schneeball *m a.* BOT boule *f* de neige
Schneeballschlacht *f* bataille *f* de boules de neige **Schneeballsystem** *nt* système *m* de vente à la boule de neige
schneebedeckt *Adj* couvert(e) de neige **Schneebesen** *m* fouet *m* **schneeblind** *Adj* aveuglé(e) par la neige **Schneeblindheit** *f* MED ophtalmie *f* des neiges **Schneebrille** *f* lunettes *fpl* de glacier **Schneedecke** *f* couche *f* de neige **Schneefall** *m* chute *f* de neige **Schneeflocke** *f* flocon *m* [de neige] **Schneefräse** *f* chasse-neige *m* à fraise **schneefrei** *Adj Fläche, Gebiet* sans neige; *Straße, Pass* dégagé(e) **Schneegestöber** *nt* bourrasque *f* de neige **schneeglatt** *Adj* rendu(e) glissant(e) par la neige; **~ sein** glisser à cause de la neige **Schneeglätte** *f* verglas *m*; **verbreitet tritt ~ auf** de nombreuses chaussées sont rendues glissantes par la neige **Schneeglöckchen** [-glœkçən] <-s, -> *nt* perce-neige *m o f* **Schneegrenze** *f* limite *f* de la neige **Schneehase** *m* ZOOL lièvre *m* variable **Schneehuhn** *nt* ZOOL perdrix *f* des neiges **Schneekanone** *f* canon *m* à neige **Schneekette** *f meist Pl* chaîne *f* [à neige] **Schneekönig** ▶ **sich wie ein ~ über etw** *(Akk)* **freuen** *fam* être heureux(-euse) comme un roi/une reine de qc **Schneemann** <-männer> *m* bonhomme *m* de neige **Schneematsch** *m* neige *f* fondante **Schneepflug** *m* chasse-neige *m* **Schneeraupe** *f* chenille *f* des neiges **Schneeregen** *m* neige *f* fondue **Schneeschauer** *m* giboulée *f* de neige **Schneeschaufel** *f* pelle *f* à neige **Schneeschippe** *f* DIAL pelle *f* à neige **Schneeschippen** *nt* pelletage de la neige *m* **Schneeschmelze** *f* fonte *f* des neiges **schneesicher** *Adj* [suffisamment] enneigé(e) **Schneesturm** *m* tempête *f* de neige **Schneetreiben** *nt* tourmente *f* de neige **Schneeverhältnisse** *Pl* enneigement *m* **Schneeverwehung, Schneewehe** *f* congère *f* **schneeweiß** *Adj Haare* blanc(blanche) comme la neige; *Haut* laiteux(-euse)
Schneewittchen [ʃneːvɪtçən] <-s> *nt* Blanche-Neige *f*
Schneezaun *m* [écran *m*] pare-congères *m*
Schneid [ʃnaɪt] <-[e]s> *m fam* cran *m (fam)*; **~ haben** avoir du cran *(fam)*; **keinen ~ haben** être un dégonflé/une dégonflée *(fam)*
▶ **sich** *(Dat)* **den ~ abkaufen lassen** se dégonfler *(fam)*
Schneidbrenner <-s, -> *m* chalumeau *m*
Schneide [ʃnaɪdə] <-, -n> *f* fil *m*, tranchant *m*
schneiden [ʃnaɪdən] <schnitt, geschnitten> I. *tr V* ❶ *(zerteilen) (mit dem Messer)* couper; *(mit der Schere)* découper; **klein ~** hacher finement *Zwiebel, Knoblauch*; **das Fleisch/die Karotten klein ~** couper la viande/les carottes en petits morceaux; **klein geschnitten** *Fleisch, Speck, Gemüse:* coupé(e) en petits morceaux; *Zwiebel, Knoblauch:* haché(e) finement; **etw in Scheiben ~** couper qc en tranches; **etw in Stücke ~** couper/découper qc en morceaux
❷ *(kürzen)* couper *Fingernägel, Haare;* tailler *Bart*
❸ *(einschneiden)* **ein Loch in etw** *(Akk)* **~** faire un trou dans qc; **seine Initialen in den Baumstamm ~** graver ses initiales dans l'écorce de l'arbre
❹ *(kreuzen)* couper *Gerade, Straße, Kurve*
❺ *(gefährden)* faire une queue de poisson à *Person, Fahrzeug*
❻ AUDIOV, CINE monter *Film;* faire le montage de *Tonband, Videoband*
❼ *fam (operieren)* ouvrir
❽ *(zuschneiden und nähen)* couper; **eng/weit geschnitten** [sein] [être] coupé(e) étroit(e)/large
❾ *(meiden)* fuir
❿ *(machen)* [jdm] **Grimassen/ein Gesicht ~** faire des grimaces/la moue [à qn]
II. *r V* ❶ *(sich verletzen)* **sich an etw** *(Dat)* **~** se couper avec qc; **sich** *(Akk o Dat)* **in den Finger ~** se couper au doigt
❷ *(sich kreuzen)* **sich ~** *Geraden, Straßen:* se couper
▶ **sich [ganz schön] geschnitten haben** *fam* se fourrer le doigt dans l'œil [jusqu'au coude] *(fam)*
III. *itr V* ❶ **gut/schlecht ~** *Klinge, Messer, Schere:* couper bien/mal
❷ *(operieren)* ouvrir
❸ **geh** *(unerträglich sein) Frost, Kälte, Wind:* être mordant(e); **der Wind schneidet mir ins Gesicht** le vent me coupe le visage
schneidend *Adj* ❶ *Frost, Kälte, Wind* mordant(e); *Schmerz* aigu(ë)
❷ *(bitter) Sarkasmus, Spott* mordant(e)
❸ *(scharf) Stimme, Ton* cassant(e)
Schneider <-s, -> *m* ❶ tailleur *m*
❷ **kein** *Pl* KARTEN [im] **~/aus dem ~ sein** avoir moins/plus de trente points
▶ **frieren wie ein ~** *fam* cailler *(fam)*; **aus dem ~ sein** *fam* être sorti(e) d'affaire *(fam)*
Schneiderei <-, -en> *f* atelier *m* de couture

Schneiderin <-, -nen> *f* couturière *f*
schneidern [ʃnaɪdɐn] I. *itr V (als Beruf)* être tailleur/couturière; *(als Hobby)* faire de la couture
II. *tr V* [sich *(Dat)*] **etw ~** [se] coudre [*o* confectionner] qc
Schneiderpuppe *f* mannequin *m* de tailleur **Schneidersitz** *m* im **~** en tailleur
Schneidezahn *m* incisive *f*
schneidig I. *Adj* fringant(e)
II. *Adv* grüßen, salutieren énergiquement
schneien [ʃnaɪən] I. *itr V unpers* neiger; **es schneit** il neige
II. *tr V unpers* ❶ **es schneit dicke Flocken** il neige à gros flocons
❷ *fig* **es schneit Blütenblätter** il tombe des pétales du ciel
Schneise [ʃnaɪzə] <-, -n> *f* tranchée *f*
schnell [ʃnɛl] I. *Adj Person, Fahrzeug, Bewegung, Tempo* rapide; **ein ~ es Ende finden** trouver une fin rapide; **~ es Handeln ist geboten** il faut agir vite
II. *Adv* gehen, sich fortbewegen vite; *arbeiten, erfolgen, reagieren* rapidement; **ich muss ~ etwas erledigen** j'ai quelque chose à régler en vitesse; **mach ~/~ er!** fais vite/active un peu!; **nicht so ~!** pas si vite!; **wie ~ geht das?** combien de temps ça met/va mettre?; **wie ~ kannst du die hundert Meter laufen?** combien fais-tu au cent mètres?
Schnellbahn *f* train *m* de banlieue; *(im Pariser Verkehrsnetz)* ≈ R.E.R. *m* **Schnellboot** *nt* vedette *f* rapide
Schnelle [ʃnɛlə] *f (Stromschnelle)* rapide *m*
▶ **auf die ~** *fam* vite fait *(fam)*
schnellebig ALT *s.* **schnelllebig**
schnellen [ʃnɛlən] *itr V + sein* **in die Höhe/nach vorn ~** *Person, Tier:* bondir en hauteur/vers l'avant; **aus dem Wasser ~** *Fisch:* jaillir hors de l'eau; **durch die Luft ~** *Vogel, Pfeil:* fendre l'air
Schnellfeuergewehr *nt* fusil-mitrailleur *m* **Schnellfeuerwaffe** *f* arme *f* à tir rapide
Schnellgaststätte *f* snack *m,* fast-food *m*
Schnellgericht¹ *nt* GASTR plat *m* cuisiné
Schnellgericht² *nt* JUR tribunal *m* d'exception
Schnellhefter *m* chemise *f*
Schnelligkeit <-, *selten* -en> *f (Geschwindigkeit)* rapidité *f*; *eines Fahrzeugs, der Fortbewegung* vitesse *f*
SchnellimbissRR *m* snack *m* **Schnellkochplatte** *f* plaque *f* rapide **Schnellkochtopf** *m* cocotte-minute® *f* **Schnellkurs** *m* cours *m* accéléré
schnelllebigRR *Adj* agité(e)
Schnellpaket *nt* colis *m* exprès **Schnellreinigung** *f* pressing *m* express **Schnellrestaurant** [-restoraː] *nt* restaurant *m* rapide
schnellstens [ʃnɛlstəns] *Adv* au plus vite
schnellstmöglich *Adv* le plus rapidement [*o* vite] possible
Schnellstraße *f* voie *f* rapide **Schnellverfahren** *nt* JUR référé *m*
▶ **im ~** JUR en référé; **im ~** *fam (auf die Schnelle)* en vitesse *(fam)*
Schnellzug *m* train *m* express
Schnepfe [ʃnɛpfə] <-, -n> *f a. fig, pej* bécasse *f*
schnetzeln [ʃnɛtsəln] *tr V* SDEUTSCH, CH émincer *Fleisch*
schneuzenALT *s.* **schnäuzen**
Schnickschnack [ʃnɪkʃnak] <-s> *m fam* ❶ *(Krimskrams)* bricoles *fpl (fam)*
❷ *(Geschwätz)* âneries *fpl (fam)*
schniefen [ʃniːfən] *itr V* renifler
Schnippchen [ʃnɪpçən] ▶ **jdm ein ~ schlagen** *fam* faire un pied de nez à qn
Schnippel [ʃnɪpəl] <-s, -> *m o nt fam s.* **Schnipsel**
schnippeln [ʃnɪpəln] *fam* I. *itr V* découper; **an etw** *(Dat)* **~** découper qc
II. *tr V* émincer
schnippen [ʃnɪpən] I. *itr V* **mit den Fingern ~** claquer des doigts; **mit der Schere ~** actionner les ciseaux
II. *tr V* **die Krümel vom Tisch ~** balayer de la main les miettes de la table; **etw in den Bordstein ~** jeter qc dans le caniveau
schnippisch [ʃnɪpɪʃ] *pej* I. *Adj* impertinent(e)
II. *Adv* antworten de manière acerbe
Schnipsel [ʃnɪpsəl] <-s, -> *m o nt* petit morceau *m*
schnipseln *s.* **schnippeln**
schnipsen [ʃnɪpsən] *tr V, itr V s.* **schnippen**
schnitt [ʃnɪt] *Imp von* **schneiden**
Schnitt <-[e]s, -e> *m* ❶ *a.* MED *(Einschnitt)* incision *f*; **~ ins Papier/in die Haut** incision dans le papier/de la peau
❷ *(Schnittwunde)* coupure *f*
❸ CINE montage *m*
❹ *(Zuschnitt) von Kleidung, Haaren* coupe *f*
❺ *(Form) eines Gesichts* dessin *m*
❻ *(Schnittzeichnung)* coupe *f*; **etw im ~ darstellen** représenter qc en coupe
❼ *fam (Durchschnitt)* moyenne *f*; **im ~** en moyenne
▶ **der goldene ~** le nombre d'or; **bei etw einen guten ~ machen** *fam* faire un certain bénéf avec qc *(fam)*

Schnittblumen *Pl* fleurs *fpl* coupées **Schnittbohne** *f* haricot *m* vert
Schnitte [ˈʃnɪtə] <-, -n> *f* tranche *f;* **eine ~ Brot** une tranche de pain; **belegte ~** tartine *f*
Schnittfläche *f* ❶ coupe *f*
❷ GEOM coupe *f*
schnittig *Adj* profilé(e)
Schnittkante *f* TYP tranche *f* **Schnittkäse** *m* fromage vendu en tranches **Schnittlauch** *m* kein *Pl* ciboulette *f* **Schnittmenge** *f* MATH intersection *f* **Schnittmuster** *nt,* **Schnittmusterbogen** *m* patron *m* **Schnittpunkt** *m* **von Linien** point *m* d'intersection; **von Straßen** intersection *f* **Schnittstelle** *f* INFORM interface *f;* **serielle ~** port *m* série **Schnittwunde** *f* coupure *f; (tief)* entaille *f*
Schnitzel[1] [ˈʃnɪtsəl] <-s, -> *nt* GASTR escalope *f;* **Wiener ~** escalope [de veau] panée
Schnitzel[2] s. **Schnipsel**
Schnitzeljagd *f* jeu *m* de piste
schnitzeln [ˈʃnɪtsəln] *tr V* **etw ~** *(in kleine Stücke)* couper qc en morceaux; *(in feine Streifen)* émincer qc
schnitzen I. *tr V* sculpter; **etw aus Holz ~** sculpter qc dans du bois **II.** *itr V* **an etw** *(Dat)* **~** sculpter qc; **gern ~** aimer faire de la sculpture sur bois; **das Schnitzen** la sculpture sur bois
Schnitzer <-s, -> *m* ❶ *(Holzschnitzer)* sculpteur(-euse) *m(f)* sur bois
❷ *fam (Fehler)* gaffe *f (fam);* **einen ~ machen** faire une gaffe *(fam)*
Schnitzerei [ʃnɪtsəˈraɪ] <-, -en> *f* sculpture *f* sur bois
Schnitzerin <-, -nen> *f* sculptrice *f* sur bois
Schnitzmesser *nt* couteau *m* à sculpter
schnodd[e]rig *Adj pej fam Mensch* mal embouché(e) *(fam); Tonfall* désinvolte; **eine ~ e Art haben** être mal embouché(e) *(fam)*
schnöde [ˈʃnøːdə] *pej geh* **I.** *Adj Geiz, Motiv, Tat* sordide; **das ist ~ von ihm** c'est indigne de lui *(littér)*
II. *Adv* honteusement
Schnorchel [ˈʃnɔrçəl] <-s, -> *m* tuba *m; eines U-Boots* schnorkel *m*
schnorcheln *itr V* nager sous l'eau avec un tuba; **das Schnorcheln** la plongée libre
Schnörkel [ˈʃnœrkəl] <-s, -> *m* ❶ *(Ornament)* fioriture *f*
❷ *(verschlungene Unterschrift)* paraphe *m* illisible
schnörkelig [ˈʃnœrkəlɪç] *Adj* tarabiscoté(e)
schnorren [ˈʃnɔrən] *fam* **I.** *itr V* faire la manche *(fam);* **bei jdm ~** taper qn *(fam)*
II. *tr V* **etw bei jdm ~** taxer qc à qn *(fam)*
Schnorrer(in) <-s, -> *m(f) fam* tapeur(-euse) *m(f) (fam)*
Schnösel [ˈʃnøːzəl] <-s, -> *m pej fam* morveux *m (péj fam)*
schnuckelig *Adj fam Kind* mignon(ne) comme tout *(fam); Auto, Häuschen* sympa *(fam)*
Schnüffelei <-, -en> *f pej fam* ❶ reniflements *mpl*
❷ *(das Spionieren)* espionnage *m*
schnüffeln [ˈʃnʏfəln] **I.** *itr V* ❶ flairer; **an jdm/etw ~** flairer qn/qc
❷ *fam (spionieren)* **in jds Briefen ~** fouiner dans les lettres de qn *(fam)*
II. *tr V sl* snif[f]er *(arg) Drogen, Klebstoff*
Schnüffler(in) <-s, -> *m(f)* ❶ *pej fam (Detektiv)* privé(e) *m(f) (fam)*
❷ *sl (Drogenkonsument)* sniffeur(-euse) *m(f) (arg)*
Schnuller [ˈʃnʊlɐ] <-s, -> *m* sucette *f*
Schnulze [ˈʃnʊltsə] <-, -n> *f pej fam (Lied)* chanson *f* gnangnan *(fam); (Film)* film *m* gnangnan *(fam)*
Schnulzensänger(in) *m(f) pej fam* chanteur(-euse) *m(f)* de charme
schnulzig *Adj fam* gnangnan *(fam)*
schnupfen [ˈʃnʊpfən] **I.** *tr V* ❶ *(Schnupftabak nehmen)* priser
❷ *(die Nase hochziehen)* renifler
II. *tr V* **Schnupftabak/Kokain ~** priser du tabac/sniffer de la cocaïne
Schnupfen <-s, -> *m* rhume *m;* **[einen] ~ haben/bekommen** avoir un rhume/s'enrhumer; **sich** *(Dat)* **einen ~ holen** *fam* se choper un rhume *(fam)*
Schnupftabak *m* tabac *m* à priser
Schnupftabak[s]dose *f* tabatière *f*
schnuppe [ˈʃnʊpə] *Adj fam* **das/sie ist mir ~** je me fiche pas mal de cela/d'elle *(fam);* **es ist mir ~, ob/wie/wer ...** je me fiche [pas mal] de savoir si/comment/qui ... *(fam)*
Schnupperkurs *m* cours *m* d'essai
schnuppern [ˈʃnʊpɐn] **I.** *itr V* renifler; **an jdm/etw ~** renifler qn/qc
II. *tr V* respirer *Geruch, Luft*
Schnur [ʃnuːɐ, *Pl:* ˈʃnyːrə] <-, Schnüre> *f* ❶ ficelle *f;* **einer Angel, Halskette** fil *m*
❷ ELEC *fam* fil *m*
Schnürchen [ˈʃnyːɐçən] <-s, -> *nt Dim von* **Schnur** cordonnet *m*

▶ **wie am ~** *fam* comme sur des roulettes
schnüren [ˈʃnyːrən] **I.** *tr V* ❶ ficeler *Paket, Bündel;* **etw zu einem Paket ~** ficeler qc en un paquet
❷ *(zubinden)* **sich** *(Dat)* **die Schuhe ~** lacer ses chaussures
❸ *(binden)* **ein Seil um etw ~** serrer une ficelle autour de qc
II. *r V* **sich ~** *Frau:* utiliser un corset
schnurgerade I. *Adj* rectiligne **II.** *Adv verlaufen* en ligne droite
Schnurkeramik *f kein Pl* céramique *f* cordée *pas de pl*
schnurlos *Adj Telefon* sans fil
Schnurrbart [ˈʃnʊrbaːɐt] *m* moustache *f* **schnurrbärtig** [ˈʃnʊrbɛːɐtɪç] *Adj* moustachu(e)
schnurren [ˈʃnʊrən] *itr V* ronronner
Schnurrhaare *Pl* moustaches *fpl*
Schnürschuh *m* chaussure *f* à lacets **Schnürsenkel** [ˈʃnyːɐzɛŋkəl] *m* lacet *m* **Schnürstiefel** *m* bottine *f* à lacets; *(Militärstiefel)* ranger *m*
schnurstracks [ˈʃnuːɐˈʃtraks] *Adv fam (geradewegs)* tout droit; *(sofort)* illico *(fam)*
schnurz [ʃnʊrts] *Adj fam* **das ist mir ~** *fam* j'en ai rien à faire *(fam)*
Schnute [ˈʃnuːtə] <-, -n> *f fam* ❶ *(Mund)* petite bouche *f (fam)*
❷ *(Flunsch)* **eine ~ ziehen** faire la gueule *(fam)*
schob [ʃoːp] *Imp von* **schieben**
Schober [ˈʃoːbɐ] <-s, -> *m* SDEUTSCH, A meule *f* [de foin]
Schock [ʃɔk] <-[e]s, -s> *m* choc *m;* **einen ~ bekommen** recevoir un choc; **unter ~** *(Dat)* **stehen** être en état de choc
Schockbehandlung *f* MED sismothérapie *f*
schocken [ˈʃɔkən] *tr V fam* choquer
Schocker <-s, -> *m fam (Film/Roman)* film *m/*roman *m* d'horreur
Schockfarbe *f fam* couleur *f* criarde
schockieren* *tr V* choquer; **jdn mit etw ~** choquer qn avec qc; **über etw** *(Akk)* **schockiert sein** être choqué(e) par qc
Schocktherapie *f s.* **Schockbehandlung**   **Schockwelle** *f* ❶ PHYS onde *f* de choc ❷ *fig* effet *m* de choc; **eine ~ auslösen** produire un effet de choc **Schockwirkung** *f* **unter ~** *(Dat)* **stehen** être en état de choc
schofel [ˈʃoːfəl] *Adj,* **schof[e]lig** *Adj pej fam Art, Behandlung* dégueulasse *(fam); Benehmen, Verhalten* minable *(fam);* **~ zu jdm sein** être dégueulasse avec qn *(fam)*
Schöffe [ˈʃœfə] <-n, -n> *m,* **Schöffin** *f* assesseur(-euse) *m(f) (non-professionnel)*
Schöffengericht *nt* ≈ tribunal *m* de grande instance *(comprenant un juge professionnel et des assesseurs non-professionnels)*
Schokolade [ʃokoˈlaːdə] <-, -n> *f (Süßigkeit, Getränk)* chocolat *m;* **eine Tafel/ein Stück ~** une plaque/un morceau de chocolat
Schokoladeneis *nt* glace *f* au chocolat **Schokoladenfigur** *f* figurine *f* en chocolat **Schokoladenpudding** *m* flan *m* au chocolat **Schokoladenseite** *f fam* bons côtés *mpl;* **sich von seiner ~ zeigen** se montrer sous un jour favorable **Schokoladensoße** *f* chocolat *m* liquide
Schokoriegel *m* barre *f* de chocolat
Scholastik [ʃoˈlastɪk] <-> *f* scolastique *f*
Scholastiker(in) [ʃoˈlastɪkɐ] <-s, -> *m(f)* scolastique *mf*
scholl *Imp von* **schallen**
Scholle [ˈʃɔlə] <-, -n> *f* ❶ *(Fisch)* carrelet *m*
❷ *(Erdscholle)* motte *f*
❸ *(Eisscholle)* bloc *m* de glace
❹ *geh (Ackerland)* glèbe *f (littér)*
Scholli [ˈʃɔli] **mein lieber ~!** *fam (bewundernd)* eh bien, mon vieux! *(drohend)* mon petit bonhomme! *(fam)*
Schöllkraut [ˈʃœl-] *nt kein Pl* BOT chélidoine *f*
schon [ʃoːn] *Adv* ❶ *(bereits)* déjà; **es ist ~ Mittag/spät** il est déjà midi/tard; **es ist ~ Nacht** il fait déjà nuit; **~ früher/im Mittelalter** déjà avant/au Moyen-Âge; **~ jetzt** dès maintenant; **~ immer** depuis toujours; **~ längst** déjà depuis longtemps; **~ einmal** [*o mal fam*] déjà; **~ oft** déjà souvent; **er sucht ~ lange eine neue Wohnung** ça fait déjà longtemps qu'il cherche un nouveau logement; **~ wieder?** encore?; **wenn es doch ~ Sommer wäre!** si seulement on était déjà en été!
❷ *(irgendwann)* **sie wird sich ~ noch melden** elle va bien se manifester un jour; **er wird es ~ noch lernen** il apprendra bien ça un jour
❸ *(allein, nur)* **~ deshalb** rien que pour cela; **~ die Tatsache, dass** rien que le fait que; **wenn ich das ~ sehe!** *fam* rien que de voir ça! *(fam)*
❹ *(durchaus)* plutôt; **das ist ~ wichtig** c'est plutôt important; **das kann ~ vorkommen** ça peut fort bien arriver; **man hätte uns ~ informieren können** on aurait pu nous informer; **ihm hat es nicht gefallen, aber mir ~** ça ne lui a pas plu, mais moi en revanche si; **ich sehe ~, ...** c'est bon, je vois,...; **ja ~[, aber ...]** *fam* oui, bien sûr[, mais...]
❺ *(denn)* **was macht das ~?** qu'est-ce que ça peut bien faire?;

was ist das ~ im Vergleich dazu? [vraiment,] qu'est-ce que c'est par rapport à ça?
❻ *fam (wirklich)* man hat's ~ nicht leicht im Leben y a pas à dire, la vie est dure *(fam)*
❼ *(irgendwie)* es geht ~ ça va à peu près; es wird ~ klappen ça va bien marcher
❽ *fam (endlich)* sag ~! allez, dis!; *(fam)*; mach ~! vas-y, fais! *(fam)*
schön [ʃøːn] I. *Adj* ❶ *(vollendet, beeindruckend, beträchtlich)* beau(belle); etwas Schönes quelque chose de beau
❷ *(angenehm)* Abend, Urlaub bon(ne); ~es Wochenende! bon week-end!; das war eine ~e Zeit ça a été une bonne période; bei ihnen ist es ~ chez eux, c'est bien
❸ *fam (gut)* na ~! c'est bon; [also] ~! très bien!
❹ *(nett, anständig)* das ist ~/nicht ~ von dir c'est/ce n'est pas bien de ta part
❺ *iron fam (unangenehm, schlimm)* Durcheinander, Geschichte beau(belle); Aussichten, Überraschung charmant(e); mit ~er Regelmäßigkeit avec la plus belle régularité; von dir hört man ja ~e Sachen! on en apprend de belles à ton sujet! *(fam)*; da hast du [ja] etwas Schönes angestellt! tu as fait là du beau travail! *(fam)*; das Schönste kommt noch! le plus beau vient encore! *(fam)*
▶ ~ und gut, aber ... d'accord, aber ... d'accord, mais...; das ist ja alles ~ und gut, aber ... tout cela est bel et bien, mais...; das ist zu ~, um wahr zu sein *fam* c'est trop beau pour être vrai; das wäre ja noch ~er! *fam* il ne manquerait plus que ça! *fam*; das wird ja immer ~er! *iron fam* [c'est vraiment] de mieux en mieux! *(fam)*
II. *Adv* ❶ *(angenehm)* bien; ihr habt es [hier] ~! vous êtes bien installé(e)s [ici]!
❷ *fam (sehr, besonders)* bien; mit ~ viel Sahne avec une bonne quantité de crème
❸ *(gründlich)* durchlesen, kontrollieren bien
❹ *iron fam (ziemlich)* erschrecken, wehtun, sich blamieren drôlement *(fam)*
Schonbezug *m* housse *f* de protection
Schöndruck *m* TYP impression *f* [du] recto
Schöne [ˈʃøːnə] <-n, -n> *f dekl wie Adj* belle *f*
schonen [ˈʃoːnən] *tr V* ❶ *(rücksichtsvoll behandeln)* ménager *Person, Gegenstand*; sein Herz/sich ~ ménager son cœur/se ménager
❷ *(verschonen)* épargner *Zivilbevölkerung*
schönen [ˈʃøːnən] *tr V* enjoliver *Bericht*; arranger *Statistik, Zahlen*
schonend I. *Adj* Behandlung, Umgang soigneux(-euse); Politur, Waschmittel doux(douce); Art, Weise plein(e) d'égards; mit ~en Worten avec des mots pleins d'égards
II. *Adv (pfleglich)* avec précaution; *(rücksichtsvoll)* avec ménagements
Schoner <-s, -> *m* NAUT goélette *f*
schön|färben *tr V* arranger *Fakten*; enjoliver *Wahrheit* **Schönfärberei** <-, -en> *f* enjolivure *f*
Schonfrist *f* délai *m* de grâce **Schongang** *m* ❶ AUT vitesse *f* surmultipliée ❷ *(Schonwaschgang)* lavage *m* pour textiles délicats
Schöngeist *m* bel esprit *m*
schöngeistig *Adj* esthétique
Schönheit <-, -en> *f (Eigenschaft, schöner Mensch)* beauté *f*; von besonderer ~ sein être particulièrement beau(belle); eine ~ sein être une beauté; die ~en einer Stadt/Landschaft les beaux coins d'une ville/d'un paysage
Schönheitschirurg(in) *m(f)* chirurgien(ne) *m(f)* esthétique **Schönheitschirurgie** *f* chirurgie *f* esthétique **Schönheitsfarm** *f* centre *m* de remise en beauté **Schönheitsfehler** *m* eines Menschen imperfection *f* [esthétique]; eines Produkts, einer Vereinbarung petit défaut *m* **Schönheitsideal** *nt* idéal *m* de beauté **Schönheitskönigin** *f* reine *f* de beauté **Schönheitsoperation** *f* opération *f* de chirurgie esthétique **Schönheitspflege** *f* soins *mpl* de beauté **Schönheitsreparatur** *f (Wohnungsausbesserung)* petite réparation *f* [d'entretien] **Schönheitswettbewerb** *m* concours *m* de beauté
Schonkost *f (Nahrung)* nourriture *f* diététique; *(Ernährungsweise)* régime *m* diététique
Schönling <-s, -e> *m pej* minet *m (péj)*
schön|machen *r V fam* se pomponner *(fam)*; sich für jdn/etw ~ se pomponner pour qn/qc, se faire une beauté pour qn/qc *(fam)*
Schönschrift *f* calligraphie *f*; in ~ en calligraphie; *fam (in Reinschrift)* au propre; in ~ geschrieben calligraphié(e) **schön|tun** *itr V unreg* flatter; jdm ~ flatter qn
Schonung <-, -en> *f* ❶ *kein Pl (pflegliche Behandlung) der Kleidung, Möbel* soin *m*
❷ *kein Pl (Entlastung, Schutz)* ménagement *m*; zur ~ der Betroffenen/ihrer Gefühle par égards *mpl* pour les personnes concernées/ses sentiments; zur ~ meiner Nerven pour ménager mes nerfs
❸ *kein Pl (Verschonung)* ~ eines Feindes clémence *f* envers un ennemi; um ~ bitten demander grâce
❹ *(Pflanzung)* plantation *f* protégée
schonungsbedürftig *Adj* ~ sein *(geschont werden müssen)* devoir être traité(e) avec ménagement; *(sich schonen müssen)* devoir se ménager
schonungslos I. *Adj* Offenheit impitoyable
II. *Adv* offenlegen d'une manière impitoyable
Schonungslosigkeit <-> *f* impitoyabilité *f*; mit großer ~ d'une manière radicalement impitoyable
Schönwetterlage *f* situation *f* anticyclonique **Schönwetterperiode** *f* période *f* de beau temps
Schonzeit *f* période *f* de fermeture de la chasse; Hasen haben im Augenblick ~ la chasse au lièvre est fermée en ce moment
Schopf [ʃɔpf, *Pl:* ˈʃœpfə] <-[e]s, Schöpfe> *m* ❶ toupet *m*
❷ ORN aigrette *f*
schöpfen [ˈʃœpfən] *tr V* ❶ Suppe aus dem Topf ~ prendre de la soupe dans la soupière; [jdm] Suppe auf den Teller ~ servir la soupe [à qn]; Wasser aus dem Boot ~ écoper le bateau
❷ *(gewinnen)* reprendre Kraft, Mut; neue Hoffnung ~ reprendre espoir; Kraft aus seinem Glauben ~ puiser des forces dans sa foi
Schöpfer(in) [ˈʃœpfɐ] <-s, -> *m(f)* ❶ eines Kunstwerks créateur(-trice) *m(f)*; eines Musikstücks compositeur(-trice) *m(f)*
❷ *(Gott)* der ~ le Créateur; seinem ~ danken remercier le Seigneur
schöpferisch I. *Adj* Person, Talent créateur(-trice); Arbeit créatif(-ive)
II. *Adv* ~ tätig/veranlagt sein travailler dans le domaine créatif/être créatif(-ive)
Schöpfkelle *f* louche *f* **Schöpflöffel** *m* cuillère *f* à pot
Schöpfung <-, -en> *f* ❶ *geh (das Geschaffene)* création *f*; seine neueste ~ sa toute nouvelle création
❷ *kein Pl* REL *(Welt)* Création *f*
Schöpfungsgeschichte *f kein Pl* Genèse *f*
Schoppen [ˈʃɔpən] <-s, -> *m* ❶ *(Viertelliter)* ein ~ [Wein] un quart [de vin]
❷ SDEUTSCH, CH *(Babyfläschchen)* biberon *m*
schor [ʃoːɐ̯] *Imp von* **scheren**[1]
Schorf [ʃɔrf] <-[e]s, -e> *m* croûte *f*
Schorle <-, -n> *f* SDEUTSCH *(Weinschorle)* mélange de vin et d'eau minérale gazeuse; *(Saftschorle)* mélange de jus de fruit et d'eau minérale gazeuse

Land und Leute

Dans le sud de l'Allemagne, on boit souvent des boissons mélangées à de l'eau minérale gazeuse, afin d'atténuer leur goût sucré ou leur degré d'alcool. On appelle ces boissons des **Schorlen**. On parle ainsi du **Apfelsaftschorle**, du **Orangensaftschorle**, mais aussi du **Weinschorle**, qui se fait parfois avec les meilleurs vins.

Schornstein [ˈʃɔrnʃtaɪn] *m* cheminée *f*
▶ etw in den ~ schreiben *fam* faire une croix sur qc *(fam)*
Schornsteinfeger(in) <-s, -> *m(f)* ramoneur(-euse) *m(f)*
schoss[RR], **schoß**[ALT] *Imp von* **schießen**
Schoß [ʃoːs, *Pl:* ˈʃøːsə] <-es, Schöße> *m* ❶ *(Knie)* genoux *mpl*; auf dem ~ sur les genoux
❷ *geh (Mutterleib)* sein *m (soutenu)*
❸ *(Rockschoß)* basque *f*
▶ im ~ der Erde dans les entrailles *fpl* de la terre *(littér)*; im ~ der Familie au sein de la famille; jdm in den ~ fallen tomber du ciel à qn
Schoßhund [ˈʃoːs-] *m* bichon *m*
Schößling[RR], **Schößling**[ALT] <-s, -e> *m* rejet *m*, rejeton *m*
Schote [ˈʃoːtə] <-, -n> *f* cosse *f*
Schott [ʃɔt] <-[e]s, -e> *nt* NAUT cloison *f* étanche
Schotte [ˈʃɔtə] <-n, -n> *m*, **Schottin** *f* Écossais(e) *m(f)*
Schottenmuster *nt* écossais *m* **Schottenrock** *m* jupe *f* écossaise; *(Kilt)* kilt *m*
Schotter [ˈʃɔtɐ] <-s, -> *m* gravier *m*
Schotterdecke *f* empierrement *m*
schottern [ˈʃɔtɐn] *tr V* empierrer; ballaster *Bahngleis*
Schotterstraße *f* route *f* empierrée
schottisch *Adj* écossais(e)
Schottland *nt* l'Écosse *f*
schraffieren* *tr V* hachurer
Schraffierung <-, -en> *f*, **Schraffur** [ʃraˈfuːɐ̯] <-, -en> *f* hachures *fpl*
schräg [ʃrɛːk] I. *Adj* ❶ Wand, Dach, Kante, Hang incliné(e); Linie oblique; Stellung penché(e)
❷ *fam (ungewöhnlich)* Bild, Film, Typ farfelu(e) *(fam)*; Musik excentrique
II. *Adv* halten, hängen de travers; verlaufen, anordnen en biais; abbiegen, einmünden à angle aigu
▶ jdn ~ ansehen *fam* regarder qn de travers *(fam)*
Schräge [ˈʃrɛːɡə] <-, -n> *f* ❶ *(schräge Fläche)* plan *m* incliné

❷ *(Neigung) einer Wand* inclinaison *f; eines Daches, Hangs* pente *f*
Schrägschrift *f kein Pl* TYP italique *m* **Schrägstreifen** *m* biais *m* **Schrägstrich** *m* barre *f* oblique
schrak [ʃraːk] *Imp von* **schrecken²**
Schramme ['ʃramə] <-, -n> *f (Verletzung, Beschädigung)* éraflure *f*
schrammen ['ʃramən] **I.** *tr V + sein* faire des rayures; **über etw** *(Akk)* ~ faire des rayures sur qc
II. *r V + haben* **sich** *(Dat)* **die Stirn/das Knie ~** s'érafler le front/le genou
Schrank [ʃraŋk, *Pl:* 'ʃrɛŋkə] <-[e]s, Schränke> *m* placard *m; (Kleiderschrank)* armoire *f*
Schrankbett *nt* lit *m* escamotable
Schränkchen <-s, -> *nt Dim von* **Schrank** petit placard *m; (Kleiderschränkchen)* petite armoire *f*
Schranke ['ʃraŋkə] <-, -n> *f* barrière *f;* **keine ~n kennen** n'avoir aucune retenue
▶ **jdn in die** [*o* **seine**] **~n weisen** remettre qn à sa place
Schranken ['ʃraŋkən] <-s, -> *m* A barrière *f*
schrankenlos *Adj Vertrauen, Freiheit, Terror* sans bornes
Schrankenwärter(in) *m(f)* garde-barrière *mf*
Schrankfach *nt* étagère *f* **Schrankkoffer** *m* malle-cabine *f* **Schrankwand** *f* bibliothèque *f (composée d'éléments modulables)*
Schrat [ʃraːt] <-[e]s, -e> *m* gnome *m*
Schraubdeckel *m eines Glases* couvercle *m* à vis; *einer Flasche* bouchon *m* à vis
Schraube ['ʃraʊbə] <-, -n> *f* ❶ TECH vis *f*
❷ NAUT hélice *f*
❸ SPORT vrille *f*
▶ **eine ~ ohne Ende** une spirale sans fin; **bei ihm ist eine ~ locker** *fam* il ne tourne pas rond *(fam)*
schrauben ['ʃraʊbən] **I.** *tr V* ❶ *(anbringen)* visser; **etw an/auf etw** *(Akk)* ~ visser qc à/sur qc
❷ *(abnehmen)* **den Deckel vom Einmachglas ~** dévisser le couvercle du bocal
❸ *fig* **seine Ansprüche nach oben/unten ~** placer la barre plus haut/bas
II. *r V* **sich nach oben/in die Luft ~** s'élever en vrille vers le haut/dans l'air
Schraubendreher *s.* **Schraubenzieher**
schraubenförmig I. *Adj a.* TECH hélicoïdal(e)
II. *Adv a.* TECH de forme hélicoïdale
Schraubengang *m* TECH pas *m* de vis **Schraubengewinde** *nt* pas *m* de vis **Schraubenkopf** *m* tête *f* [de vis] **Schraubenschlüssel** *m* clé *f*
Schraubenzieher <-s, -> *m* tournevis *m*
Schraubglas *nt* bocal *m* à couvercle vissé **Schraubstock** *m* étau *m* **Schraubverschluss**^RR *m* fermeture *f* à vis **Schraubzwinge** *f* pince-étau *f*
Schrebergarten ['ʃreːbɐ-] *m* jardin *m* ouvrier
Schreck [ʃrɛk] <-s> *m* peur *f;* **jdm einen ~ einjagen** faire peur à qn; **einen ~ bekommen** [*o* **kriegen** *fam*] avoir peur [*o* la frousse *fam*]; **vor ~ de** peur; **der ~ fuhr ihm/ihr in die Knochen** la peur lui coupa bras et jambes; **ihm sitzt der ~ noch in den Gliedern** il en a encore froid dans le dos tellement il a eu peur; **auf den ~ [hin]** pour se/me/... remettre de sa/ma/... peur; **das war vielleicht ein ~!** on a eu/j'ai eu une de ces peurs!
▶ [o] **~ lass nach!** *hum fam* dis-moi/dites-moi que c'est pas vrai! *(fam)*
schrecken¹ ['ʃrɛkən] <schreckte, geschreckt> *tr V + haben geh* effrayer *Person*
schrecken² <schrak, geschrocken> *itr V + sein geh* **aus dem Schlaf/seinen Gedanken ~** être tiré(e) brutalement de son sommeil/ses pensées
Schrecken <-s, -> *m* peur *f;* **zu meinem [großen] ~** à mon grand effroi; **mit dem ~ davonkommen** en être quitte pour la peur; **einer S.** *(Dat)* **den ~ nehmen** dédramatiser qc; **~ erregend** effrayant(e); **mit ~** avec effroi
❷ *geh (Schrecknis)* horreur *f;* **die ~ des Krieges** les horreurs de la guerre
❸ *(Mensch, der Angst verbreitet)* **der ~ der Schule** la terreur de l'école
schreckenerregend *s.* **Schrecken** ❶
schreckensbleich *Adj* blême de peur **Schreckensbotschaft** *f* terrible nouvelle *f* **Schreckensherrschaft** *f* régime *m* de terreur **Schreckensnachricht** *f* terrible nouvelle *f* **Schreckensvision** *f* vision *f* d'horreur
Schreckgespenst *nt* spectre *m*
schreckhaft *Adj* peureux(-euse)
Schreckhaftigkeit <-> *f* nature *f* craintive
schrecklich I. *Adj* ❶ terrible; **einen ~ en Anblick bieten** offrir une vue épouvantable; **etwas Schreckliches** une chose terrible
❷ *pej fam (schlimm) Mensch* affreux(-euse) *(fam);* **du ~ er**

Mensch! affreux bonhomme! *(fam)*
II. *Adv* ❶ *(furchtbar)* horriblement
❷ *fam (sehr) heiß, kalt, einsam* affreusement *(fam); gernhaben, nett* terriblement *(fam);* **~ gern!** [oh oui,] vachement! *(fam)*
Schreckschraube *f pej fam (hässliche Frau)* boudin *m (fam); (bösartige Frau)* vieille peau *f (fam)* **Schreckschuss**^RR *m* coup *m* à blanc; **einen ~ auf jdn abgeben** tirer à blanc sur qn **Schreckschusspistole**^RR *f* pistolet *m* d'alarme **Schrecksekunde** *f* temps *m* de réaction
Schrei [ʃraɪ] <-[e]s, -e> *m* ❶ cri *m; eines Hahns* chant *m;* **einen ~ ausstoßen** pousser un cri; **ein spitzer ~** un cri aigu; **mit einem ~ en poussant un cri
❷ *geh (Welle)* **ein ~ der Empörung/des Entsetzens** un cri d'indignation/d'effroi
▶ **der letzte ~** *fam* le dernier cri *(fam);* **sich nach dem letzten ~ kleiden** s'habiller au dernier cri
Schreibblock <-blöcke> *m* bloc-notes *m*
Schreibe ['ʃraɪbə] <-> *f fam* style *m*
schreiben ['ʃraɪbən] <schrieb, geschrieben> **I.** *tr V* ❶ écrire *Brief, Text, Wort;* faire *Hausarbeit, Klassenarbeit;* passer *Test;* **etw falsch/getrennt ~** écrire qc en faisant une faute/séparément; **wie schreibt man das?** comment ça s'écrit?; **jdm eine Rechnung über tausend Euro ~** établir une facture d'un montant de mille euros à qn
❷ *geh (verzeichnen)* **schwarze/rote Zahlen ~** *Firma:* dégager des bénéfices/être dans le rouge; **was für ein Datum ~ wir heute?** le combien sommes-nous aujourd'hui?; **man schreibt das Jahr 1822** l'histoire se passe en 1822
II. *itr V* **mit Kugelschreiber/Tinte ~** écrire avec un stylo-bille/à l'encre; **richtig/falsch ~** avoir une bonne/mauvaise orthographe; **schön ~** avoir une belle écriture; **mit links ~** écrire de la main gauche; **jdm zum Geburtstag ~** écrire à qn pour son anniversaire; **an einem Buch ~** travailler sur un livre; **für die Zeitung ~** écrire pour le journal; **könnten Sie mir bitte etwas zum Schreiben geben?** pourriez-vous me donner de quoi écrire, s'il vous plaît?
III. *r V (korrespondieren)* **sich** *(Dat)* **~** s'écrire
Schreiben <-s, -> *nt* lettre *f,* courrier *m (form);* **in Beantwortung Ihres ~s vom 4. Januar 2008** en réponse à votre courrier du 4 janvier 2008
Schreiber(in) <-s, -> *m(f)* auteur *mf*
Schreiberling <-s, -e> *m pej* écrivaillon *m (péj)*
schreibfaul *Adj* trop paresseux(-euse) pour écrire **Schreibfeder** *f* plume *f* **Schreibfehler** *m* faute *f* d'orthographe; *(Tippfehler)* faute de frappe **Schreibgerät** *nt* crayon *m* **schreibgeschützt** *Adj* INFORM *Datei* protégé(e) contre les modifications **Schreibheft** *nt* cahier *m* **Schreibkraft** *f* dactylo *mf* **Schreibkrampf** *m* crampe *f* dans les doigts **Schreibmappe** *f* nécessaire *m* de correspondance **Schreibmaschine** *f* machine *f* à écrire; **etw auf** [*o* **mit**] **der ~ schreiben** taper qc à la machine **Schreibmaschinenpapier** *nt* papier *m* [pour] machine [à écrire] **Schreibpapier** *nt* papier *m* [à lettre] **Schreibpult** *nt* pupitre *m* **Schreibschrift** *f a.* TYP écriture *f* cursive **Schreibschutz** *m* INFORM protection *f* d'écriture **schreibschützen** <PP schreibgeschützt> *tr V* INFORM protéger; **etw ~** protéger qc **Schreibtisch** *m* bureau *m*
Schreibtischlampe *f* lampe *f* de bureau **Schreibtischsessel** *m* fauteuil *m* de bureau **Schreibtischtäter(in)** *m(f) pej* actif(-ive) *m(f)* du bureau
Schreibübung *f* exercice *m* d'écriture
Schreibung <-, -en> *f* orthographe *f*
Schreibunterlage *f* sous-main *m* **Schreibverbot** *nt* interdiction *f* de publier **Schreibwaren** *Pl* [articles *mpl* de] papeterie *f* **Schreibwarengeschäft** *nt s.* **Schreibwarenhandlung** **Schreibwarenhändler(in)** *m(f)* papetier(-ière) *m(f)* **Schreibwarenhandlung** *f* papeterie *f* **Schreibweise** *f (Schreibung)* orthographe *f* ❷ *(Stil)* écriture *f* **Schreibzeug** *nt* crayons *mpl;* **hast du ~ dabei?** tu as de quoi écrire?
schreien ['ʃraɪən] <schrie, geschrie[e]n> **I.** *itr V* ❶ *Mensch:* crier; *Baby:* pleurer; *Esel:* brailler; *Käuzchen:* hululer; **laut ~** *Mensch:* hurler; **vor Schmerzen ~** crier de douleur
❷ *(verlangen)* **nach einem Arzt/der Mutter ~** réclamer un médecin/la mère à grands cris
❸ *fig geh* **nach Vergeltung/dem Staat ~** réclamer vengeance/un état fort à cor et à cri
▶ **zum Schreien sein** *fam* être à hurler de rire *(fam)*
II. *tr V* crier
III. *r V* **sich heiser/müde ~** s'enrouer/s'exténuer à force de crier; **sich in Rage ~** se mettre en rage à force de crier
schreiend *Adj* ❶ *(grell) Farbe, Muster* criard(e)
❷ *(unerträglich) Ungerechtigkeit, Unrecht* criant(e)
Schreier(in) ['ʃraɪɐ] <-s, -> *m(f) fam* braillard(e) *m(f) (fam)*
Schreierei <-, -en> *f fam* braillements *mpl (fam)*
Schreihals *m fam* braillard(e) *m(f) (fam)* **Schreikrampf** *m* cris

mpl hystériques; **einen ~ bekommen** se mettre à pousser des cris hystériques
Schrein [ʃraɪn] <-[e]s, -e> *m geh (Reliquienschrein)* reliquaire *m*
Schreiner(in) ['ʃraɪnɐ] SDEUTSCH *s.* **Tischler**
Schreinerei <-, -en> *f s.* **Tischlerei**
schreinern ['ʃraɪnɐn] SDEUTSCH *s.* **tischlern**
schreiten ['ʃraɪtən] <schritt, geschritten> *itr V* + *sein geh*
❶ s'avancer *(soutenu);* **über die Bühne ~** s'avancer sur la scène *(soutenu);* **durch das Portal ~** franchir le porche *(soutenu);* **das Schreiten** la [dé]marche
❷ *fig* **zur Tat ~** passer à l'acte
schrickt [ʃrɪkt] *3. Pers Präs von* **schrecken²**
schrie [ʃriː] *Imp von* **schreien**
schrieb [ʃriːp] *Imp von* **schreiben**
Schrieb <-s, -e> *m pej fam* bafouille *f (fam)*
Schrift [ʃrɪft] <-, -en> *f* ❶ *(Handschrift, Schriftsystem)* écriture *f*; **die lateinische ~** l'écriture romaine
❷ TYP caractères *mpl*; **kursive ~** écriture *f* en italique
❸ *(Abhandlung)* écrit *m*
❹ REL **die Heilige ~** les Saintes Écritures *fpl*
Schriftart *f* police *f* de caractères **Schriftbild** *nt* graphisme *m;* TYP typographie *f* **Schriftdeutsch** *nt* allemand *m* écrit **Schriftform** *f* JUR forme *f* écrite; **etw bedarf der ~** *(Gen)* qc doit se faire par écrit **Schriftführer(in)** *m(f)* secrétaire *mf* **Schriftgelehrte(r)** *m dekl wie Adj* BIBL maître *m* de la loi **Schriftgrad** *m* TYP corps *m* **Schriftgröße** *m* INFORM taille *f* des caractères
schriftlich I. *Adj* écrit(e); **~e Prüfung/~er Vertrag** examen/contrat écrit; **auf ~em Weg** par écrit; **etwas Schriftliches** quelque chose d'écrit
II. *Adv* par écrit; **jdm etw ~ geben** confirmer qc à qn par écrit
▶ **das kann ich dir/Ihnen ~ geben** *fam* [ça,] je peux te/vous le garantir *(fam)*
Schriftsachverständige(r) *f(m) dekl wie Adj* graphologue *mf*
Schriftsatz *m* JUR pièce *f* écrite **Schriftsetzer(in)** *m(f)* typographe *mf* **Schriftsprache** *f* langue *f* écrite
Schriftsteller(in) <-s, -> *m(f)* écrivain *m;* **sie ist ~in** elle est écrivain; **als ~in kämpft sie für ...** en tant que femme écrivain, elle lutte pour...
Schriftstellerei <-> *f* écriture *f;* **von der ~ leben** vivre de sa plume
schriftstellerisch I. *Adj* **~es Werk/Talent** œuvre *f*/talent *m* d'écrivain
II. *Adv* **~ tätig sein** travailler comme écrivain; **~ begabt sein** avoir des dons d'écrivain
schriftstellern *itr V fam* écrire; **das Schriftstellern** le métier d'écrivain
Schriftstück *nt* document *m* **Schriftverkehr** *m,* **Schriftwechsel** [-ks-] *m* correspondance *f*; **mit jdm in ~ treten** entamer une correspondance avec qn **Schriftzeichen** *nt* caractère *m*
Schriftzug *m* ❶ *(geschriebenes Wort)* mot *m* écrit ❷ *meist Pl (Handschrift)* écriture *f pas de pl*
schrill [ʃrɪl] I. *Adj* ❶ *Stimme, Ton, Schrei* strident(e)
❷ *(auffällig) Typ, Aufmachung, Effekt* tapageur(-euse)
II. *Adv* **~ klingen** avoir un son strident; **~ lachen** rire de manière stridente
schrillen ['ʃrɪlən] *itr V* retentir [de façon stridente]
schritt [ʃrɪt] *Imp von* **schreiten**
Schritt <-[e]s, -e> *m* ❶ pas *m;* **kleine/große ~e machen** faire de petits/grands pas; **mit schnellen/leisen ~en** à pas rapides/de loup; **die ersten ~e machen** *Kind:* faire ses premiers pas; **einen ~ nach vorn/nach hinten treten** faire un pas en avant/en arrière; **ein paar ~e gehen** faire quelques pas; **ein paar ~[e] entfernt** à quelques pas de qc
❷ *kein Pl (Gangart, Tempo)* pas *m;* **~ fahren** rouler au pas; **einen forschen ~ haben** aller d'un pas décidé; **seinen ~ beschleunigen** presser le pas; **mit jdm ~ halten** suivre l'allure de qn; **der hat vielleicht einen ~ am Leibe!** *fam* il a le feu aux fesses! *(fam)*
❸ *(Maßnahme)* mesure *f;* **~e einleiten** prendre des dispositions; **~e gegen jdn/etw unternehmen** prendre des mesures contre qn/qc
❹ COUT entrejambe *m*
▶ **auf ~ und Tritt** dans ses/mes/... moindres faits et gestes; **jdn auf ~ und Tritt beobachten** être constamment sur les talons de qn; **ein entscheidender ~ vorwärts** un réel progrès; **den ersten ~ tun** faire le premier pas; **den zweiten ~ vor dem ersten tun** mettre la charrue avant les bœufs; **mit jdm/etw ~ halten** être au niveau de qn/qc; **~ für ~** pas à pas
Schrittempoᴬᴸᵀ *s.* **Schritttempo**
Schrittgeschwindigkeit *f* vitesse *f* réduite; **~ fahren** rouler au pas
Schrittmacher *m* ❶ MED stimulateur *m* cardiaque
❷ SPORT entraîneur *m*
❸ *(Wegbereiter)* précurseur *m*

Schritttempoᴿᴿ *nt* vitesse *f* réduite
Schrittweise I. *Adj* progressif(-ive)
II. *Adv* progressivement
schroff [ʃrɔf] I. *Adj* ❶ *(steil, abrupt)* abrupt(e)
❷ *(barsch)* sec(sèche); *Haltung, Verhalten* cassant(e)
II. *Adv* ❶ *abfallen* à pic
❷ *(barsch)* sèchement
Schroffheit <-, -en> *f* ❶ *kein Pl (schroffe Art)* sécheresse *f*
❷ *(Äußerung)* parole *f* acerbe
schröpfen ['ʃrœpfən] *tr V* ❶ *fam* plumer *(fam)*
❷ MED poser des ventouses à
Schröpfkopf *m* MED ventouse *f*
Schrot [ʃroːt] <-[e]s, -e> *m o nt* ❶ *kein Pl (gemahlenes Getreide)* farine *f* grossière
❷ JAGD plomb *m* [de chasse]
▶ **von altem** [*o* **echtem**] **~ und Korn** de vieille souche
Schrotbrot *nt* pain fait de farine grossière
schroten ['ʃroːtən] *tr V* moudre grossièrement
Schrotflinte *f* carabine *f* à plombs **Schrotkugel** *f* plomb *m* de chasse **Schrotladung** *f* charge *f* de grenaille **Schrotmühle** *f* moulin *m* à céréales *(permettant de moudre grossièrement)* **Schrotsäge** *f* scie *f* à lame épaisse
Schrott [ʃrɔt] <-[e]s, -e> *m* ❶ ferraille *f*; **ein Auto zu ~ fahren** *fam* envoyer une voiture à la casse *(fam);* **bloß noch ~ sein** *fam* être tout juste bon(ne) à mettre à la ferraille
❷ *fam (nutzloses Zeug)* merde *f (fam); (wertloses Zeug)* camelote *f (fam);* **das ist der letzte ~!** c'est vraiment de la merde! *(fam)*
❸ *fam (Unsinn)* **~ erzählen** raconter n'importe quoi *(fam)*
Schrottauto *nt fam* [vieux] clou *m (fam)* **Schrotthändler(in)** *m(f)* ferrailleur(-euse) *m(f)* **Schrotthaufen** *m* tas *m* de ferraille **Schrottplatz** *m* ferraille *m; (Autoschrottplatz)* casse *f* **schrottreif** *Adj* bon(ne) pour la casse **Schrottwert** *m* valeur *f* de récupération; **etw zum ~ verkaufen** vendre qc au prix de la ferraille
schrubben ['ʃrʊbən] I. *tr V* ❶ frotter *Boden, Kacheln;* **sich** *(Dat)* **die Hände ~** se frotter les mains; **sich** *(Dat)* **die Zähne ~** se brosser les dents; **soll ich dir den Rücken ~?** tu veux que je te frotte le dos?
❷ *(entfernen)* **den Schmutz von den Kacheln ~** frotter pour enlever la crasse des carreaux
II. *r V* **sich ~** se frotter
III. *itr V* passer la brosse
Schrubber <-s, -> *m* balai-brosse *m*
Schrulle ['ʃrʊlə] <-, -n> *f* ❶ *(Marotte)* lubie *f*
❷ *pej fam (schrullige Frau)* **[alte] ~** vieille sorcière *f (péj)*
schrullig *Adj fam* lunatique
schrumpelig *s.* **schrumplig**
schrumpfen ['ʃrʊmpfən] *itr V* + *sein* ❶ *Muskeln:* fondre; *Frucht:* se ratatiner; *Umfang:* se réduire; *Ballon, Hülle:* se dégonfler
❷ *(zurückgehen) Vorräte, Umsatz, Mitgliederzahl:* se réduire; **um die Hälfte/auf ein Drittel ~** se réduire de moitié/pour atteindre un tiers
Schrumpfkopf *m* tête *f* réduite **Schrumpfleber** *f* MED foie *m* sclérosé [*o* atrophié]
Schrumpfung <-, -en> *f* ❶ réduction *f*
❷ MED atrophie *f*
Schrunde ['ʃrʊndə] <-, -n> *f* MED, GEOG crevasse *f*
schrundig ['ʃrʊndɪç] *Adj* crevassé(e)
Schub [ʃuːp, *Pl:* 'ʃyːbə] <-[e]s, Schübe> *m* ❶ PHYS poussée *f*
❷ MED crise *f;* **in Schüben verlaufen** évoluer par crises répétées
❸ *(Antrieb)* élan *m;* **einen neuen ~ bekommen** recevoir un nouvel élan
❹ *(Gruppe)* fournée *f;* **ein weiterer ~ Touristen** une nouvelle fournée de touristes
Schuber ['ʃuːbɐ] <-s, -> *m* étui *m*
Schubfach *nt* tiroir *m* **Schubkarre** *f,* **Schubkarren** *m* brouette *f* **Schubkasten** *m s.* **Schubfach** **Schubkraft** *f* poussée *f* **Schublade** <-, -n> *f* ❶ tiroir *m;* **eine ~ aufziehen** [*o* öffnen]/**schließen** [*o* **zuschieben**] ouvrir [*o* tirer]/fermer [*o* pousser] un tiroir ❷ *(Kategorie)* **in ~n denken** avoir une pensée cloisonnée; **in eine [bestimmte] ~ gesteckt werden** recevoir une [certaine] étiquette ▶ **für die ~ arbeiten** travailler pour le roi de Prusse [*o* pour des prunes]; **in der ~ liegen** être dans les tiroirs
Schublehre *f Fachspr.* pied *m* à coulisse
Schubs [ʃʊps] <-es, -e> *m fam* bourrade *f;* **jdm einen ~ geben** donner une bourrade à qn
schubsen ['ʃʊpsən] *tr V fam* bousculer; **jdn ins Wasser/von der Bank ~** pousser qn dans l'eau/du banc
schubweise ['ʃuːpvaɪzə] *Adv* ❶ MED **~ auftreten** *Fieber:* se manifester par poussées
❷ *(in Gruppen)* par fournées
schüchtern ['ʃʏçtɐn] I. *Adj* timide
II. *Adv* timidement

Schüchternheit <-> *f* timidité *f*
schuf [ʃuːf] *Imp von* **schaffen**²
Schufa <-> *f Abk von* **Schutzgemeinschaft für allgemeine Kreditsicherung** société d'assurance et de surveillance du crédit à la consommation en Allemagne
Schufa-Auskunft *f* renseignement de la société d'assurance et de surveillance du crédit à la consommation
Schuft [ʃʊft] <-[e]s, -e> *m pej* crapule *f (péj)*
schuften [ˈʃʊftən] *itr V fam* trimer; **sich fast zu Tode ~** se crever au travail *(fam)*
Schufterei <-, -en> *f fam* boulot *m* de forçat *(fam)*
Schuh [ʃuː] <-[e]s, -e> *m* chaussure *f*
▶ **umgekehrt wird ein ~ draus** c'est exactement l'inverse; **wissen, wo jdn der ~ drückt** *fam* savoir ce qui turlupine qn *(fam)*; **jdm etw in die ~ e schieben** *fam* mettre qc sur le dos de qn *(fam)*
Schuhanzieher *s.* **Schuhlöffel** **Schuhband** *nt* DIAL lacet *m*
Schuhbändel [ˈʃuːbɛndəl] SDEUTSCH, CH *s.* **Schnürsenkel**
Schuhbürste *f* brosse *f* à chaussures **Schuhcreme** [-kreːm] *f* cirage *m* **Schuhfabrik** *f* fabrique *f* de chaussures **Schuhgeschäft** *nt* magasin *m* de chaussures **Schuhgröße** *f* pointure *f*; **welche ~ haben Sie?** quelle est votre pointure?; **ich habe ~ 40** je fais du 40 **Schuhlöffel** *m* chausse-pied *m*
Schuhmacher(in) *m(f)* cordonnier(-ière) *m(f)*
Schuhmacherei <-, -en> *f* ❶ *(Werkstatt)* cordonnerie *f*
❷ *kein Pl (Handwerk)* cordonnerie *f*; **die ~ erlernen** apprendre le métier de cordonnier
Schuhplattler [ˈʃuːplatlɐ] <-s, -> *m* A, SDEUTSCH danse *f* paysanne *(typique du Tyrol et de la Bavière)*
Schuhputzer(in) <-s, -> *m(f)* cireur(-euse) *m(f)* de chaussures **Schuhputzmittel** *nt* nettoyant *m* pour chaussures **Schuhschrank** *m* armoire *f* à chaussures, range-chaussures *m* **Schuhsohle** *f* semelle *f* [de chaussure] **Schuhspanner** *m* embauchoir *m* **Schuhwerk** *nt kein Pl* chaussures *fpl*
Schukostecker® [ˈʃuːko-] *m* fiche *f* 2 pôles avec prise de terre
Schulabbrecher(in) *m(f)* étudiant(e) *m(f)* qui abandonne ses études **Schulabgänger(in)** <-s, -> *m(f)* jeune *mf* ayant terminé sa scolarité **Schulabschluss**^RR *m* diplôme *m* de fin de scolarité **Schulalter** *nt* **im ~ sein** être en âge scolaire **Schulamt** *nt* ≈ inspection *f* académique **Schulanfang** *m* ❶ *(Eintritt in die Schule)* premier jour *m* d'école ❷ *(Schulbeginn nach den Ferien)* rentrée *f* scolaire [o des classes] **Schulanfänger(in)** *m(f)* élève *mf* de C.P. **Schularbeit** *f* ❶ *meist Pl (Hausaufgaben)* devoirs *mpl* [à la maison]; **die/seine ~en machen** faire les/ses devoirs ❷ A *(Klassenarbeit)* interrogation *f*, [écrite], contrôle *m* **Schularzt** *m*, **-ärztin** *f* médecin *m* scolaire **Schulaufgaben** *s.* **Schularbeit** ❶ **Schulausflug** *m* sortie *f* scolaire **Schulbank** <-bänke,-> *f* banc *m* d'école ▶ **die ~ drücken** *fam* user ses fonds de culotte sur les bancs de l'école *(fam)* **Schulbeginn** *s.* **Schulanfang** ❷ **Schulbehörde** *f s.* **Schulamt** **Schulbeispiel** *nt* exemple *m* typique; **~ für** exemple *m* typique de qc **Schulbesuch** *m* scolarisation *f*; **zum ~ verpflichtet sein** être obligé(e) d'aller à l'école **Schulbildung** *f kein Pl* formation *f* scolaire; **über keinerlei ~ verfügen** ne posséder aucune formation scolaire **Schulbuch** *nt* livre *m* [scolaire], livre *m* de classe **Schulbuchverlag** *m* maison *f* d'édition de livres scolaires **Schulbus** *m* car *m* de ramassage [scolaire]
schuld [ʃʊlt] **an etw** *(Dat)* **~ sein** *Person:* être responsable de qc; *Sache:* être à l'origine de qc; **das Wetter ist ~** c'est la faute du temps; **keiner will ~ sein** personne ne veut s'avouer coupable
Schuld <-, -en> *f* ❶ *kein Pl (Verschulden)* faute *f*; *(Fehler, Verstoß)* faute *f*; **~ auf sich** *(Akk)* **laden** *geh* se rendre coupable d'une faute *(soutenu)*; **ihn trifft keine ~** il n'y est pour rien; **es ist seine ~, wenn etwas geschieht** c'est [de] sa faute si quelque chose se produit; **durch seine/ihre ~** par sa faute
❷ *(Verantwortung)* **an etw** *(Dat)* **~ haben** *Person:* être responsable de qc; **jdm/einer S. ~ an etw** *(Dat)* **geben** donner la faute de qc à qn/qc; **die ~ an etw** *(Dat)* **auf sich** *(Akk)* **nehmen** assumer la responsabilité de qc; **die ~ liegt bei ihr** la responsabilité lui en incombe
❸ *a.* FIN, JUR *(Verpflichtung, Geldschuld)* dette *f* [d'argent]; **~en machen** s'endetter; **~en haben** avoir des dettes; **eine ~ begleichen** s'acquitter d'une dette; **noch eine ~ zu begleichen haben** devoir encore s'acquitter d'une dette; **frei von ~en** *Person* exempt(e) de dettes
▶ **mehr ~en haben als Haare auf dem Kopf** *fam* être criblé(e) de dettes; **ich stehe in Ihrer ~** *geh* je vous suis très obligé(e) *(form)*
Schuldbekenntnis *nt* aveu *m*; **ein ~ ablegen** avouer sa faute/ses fautes **schuldbewusst**^RR I. *Adj Person, Miene, Schweigen* coupable; **~ sein** *Person:* se sentir coupable II. *Adv* **~ erröten/ schweigen** rougir/se taire, l'air coupable **Schuldbewusstsein**^RR *nt* conscience *f* de sa faute; **voller ~** pleinement conscient(e) de sa faute

schulden [ˈʃʊldən] *tr V* devoir *Geld;* **jdm Geld ~** devoir de l'argent à qn; **jdm für etw Dank ~** avoir une dette de reconnaissance envers qn pour qc
Schuldendienst *m* service *m* de la dette **Schuldenerlass**^RR *m* remise *f* de [o d'une] dette **schuldenfrei** *Adj Person, Unternehmen* sans dettes; *Besitz, Haus* franc(franche) d'hypothèques **Schuldenkrise** *f* crise *f* de paiement des dettes **Schuldentilgung** *f* amortissement *m* [o liquidation *f*] des dettes
Schuldfähigkeit *f* JUR responsabilité *f* pénale **Schuldfrage** *f* question *f* de la culpabilité; **Schuldgefühl** *nt* sentiment *m* de culpabilité
schuldhaft I. *Adj* coupable
II. *Adv* **sich verhalten** de façon coupable; *verursachen* par sa faute
Schuldienst [ˈʃuːl-] *m kein Pl* enseignement *m*; **in den ~ gehen** entrer dans l'enseignement; **im ~ [tätig] sein** être dans l'enseignement
schuldig [ˈʃʊldɪç] I. *Adj* ❶ responsable; **an etw** *(Dat)* **~ sein** être responsable de qc
❷ JUR coupable; **sich ~ bekennen** plaider coupable; **jdn ~ sprechen** déclarer qn coupable; **eines Verbrechens ~ sein** être coupable d'un crime; **sich eines Verbrechens ~ machen** se rendre coupable d'un crime
❸ *(verpflichtet)* **jdm Geld/einen Dienst ~ sein** devoir de l'argent/un service à qn; **jdm Dank/Respekt ~ sein** devoir de la reconnaissance/le respect à qn; **was bin ich Ihnen ~?** combien je vous dois?
❹ *(geziemend)* **jdm den ~en Respekt erweisen** montrer à qn le respect qui lui est dû(due)
▶ **jdm nichts ~ bleiben** rendre la pareille à qn
II. *Adv* JUR **~ geschieden werden** être divorcé(e) à ses torts
Schuldige(r) *f(m) dekl wie Adj* coupable *mf*
Schuldigkeit <-> *f* devoir *m*
▶ **seine ~ getan haben** *Person, Gerät, Gesetz:* avoir fait son devoir
Schuldirektor(in) [ˈʃuːl-] *m(f)* directeur(-trice) *m(f)* de l'école
schuldlos I. *Adj* non responsable; **an etw** *(Dat)* **~ sein** ne pas être responsable de qc
II. *Adv* ❶ *(unverschuldet)* sans y être pour rien
❷ JUR **~ geschieden werden** être divorcé(e) à son profit
Schuldlosigkeit <-> *f* innocence *f*
Schuldnachweis *m* preuve *f* de culpabilité
Schuldner(in) [ˈʃʊldnɐ] <-s, -> *m(f)* débiteur(-trice) *m(f)*
Schuldschein *m* reconnaissance *f* de dette **Schuldspruch** *m* verdict *m* **Schuldunfähigkeit** *f* JUR irresponsabilité *f* pénale **Schuldverschreibung** *f* obligation *f* **Schuldzuweisung** *f* accusation *f*
Schule [ˈʃuːlə] <-, -n> *f* ❶ *(Institution, Gebäude)* école *f*; **höhere ~** établissement *m* du second degré; **zur [o auf die] ~ gehen** aller à l'école/au collège/au lycée; **in die ~ kommen** rentrer à l'école; **von der ~ abgehen** quitter l'école
❷ *kein Pl (Unterricht)* **die ~ ist aus** l'école *f* est finie; **am Samstag ist ~** il y a classe le samedi
❸ *kein Pl (Ausbildung, Erziehung)* **durch eine harte ~ gehen** être à rude école; **ein Kavalier der alten [o alter] ~** un cavalier de la vieille école
❹ *(Kunstrichtung, Kunststil)* école *f*
▶ [**die**] **hohe ~** *(Reitkunst)* la haute école; **die hohe ~ der Baukunst** *geh* le nec plus ultra de l'architecture; **~ machen** faire école; **aus der ~ plaudern** *fam* ne pas savoir tenir sa langue
schulen *tr V* former *Person;* **geschult werden** recevoir une formation; **das Gedächtnis ~** exercer sa mémoire; [**gut**] **geschultes Personal** du personnel [bien] formé
Schulentlassung *f* fin *f* de [la] scolarité
Schüler(in) [ˈʃyːlɐ] <-s, -> *m(f)* ❶ élève *mf*
❷ *(Nachfolger) eines Malers* élève *mf; eines Philosophen* disciple *mf*
Schüleraustausch *m* échange *m* scolaire **Schülerausweis** *m* carte *f* d'identité scolaire *(donnant droit à des réductions)* **Schülerband** *f* MUS groupe musical formé par des écoliers **Schülerkarte** *f* carte *f* d'abonnement scolaire **Schülerlotse** *m*, **-lotsin** *f* élève *mf* chargé(e) de la circulation *(affecté à un passage clouté à proximité d'une école)* **Schülermitverwaltung** *f* cogestion *f* de l'école par les élèves
Schülerschaft <-, -en> *f form* population *f* scolaire *(form)*
Schülersprache *f* jargon *m* scolaire **Schülerzeitung** *f* journal *m* scolaire
Schulfach *nt* matière *f* **Schulferien** [-riən] *Pl* vacances *fpl* scolaires

---

Land und Leute

En Allemagne et en Suisse, les **Schulferien** ne commencent pas au même moment dans tout le pays car ce sont les Länder et les cantons qui en fixent les dates. En Autriche, les vacances ont lieu presque en même temps. Les élèves allemands et autrichiens ont environ 12 semaines de vacances par an : à Noël, au printemps (à

Pâques), à la Pentecôte et en été. En Allemagne, il y a en plus les vacances d'automne. En Suisse, il y a 14 semaines de vacances : en automne, à Noël, pour le carnaval, à Pâques et en été. Les vacances d'été durent environ 6 semaines en Allemagne, entre 5 et 9 semaines en Suisse, et environ 2 mois en Autriche.

Schulfernsehen *nt* télévision *f* scolaire **schulfrei** *Adj Samstag* sans école; **in der ~en Zeit** pendant les vacances scolaires; **~ haben** ne pas avoir classe; **morgen ist ~** il n'y a pas classe demain **Schulfreund(in)** *m(f)* camarade *mf* d'école/de collège/ lycée **Schulfunk** *m* radio *f* scolaire **Schulgebäude** *nt* bâtiment *m* scolaire **Schulgebrauch** *m* **für den ~** pour une utilisation scolaire; **etw ist für den ~ bestimmt** qc est à usage scolaire **Schulgelände** *nt* enceinte *f* de l'école **Schulgeld** *nt* frais *mpl* de scolarité **Schulheft** *nt* cahier *m* scolaire **Schulhof** *m* cour *f* [de l'école]

schulisch *Adj Angelegenheiten, Leistungen* scolaire

Schuljahr *nt* ❶ année *f* scolaire; **der Beginn des neuen ~es** le début de la nouvelle année scolaire ❷ *(Klassenstufe)* classe *f*; **im achten ~ sein** ≈ être en quatrième **Schuljunge** *m fam* écolier *m* ▶**jdn wie einen [dummen] ~n behandeln** traiter qn comme un gamin **Schulkamerad(in)** *m(f)* camarade *mf* d'école/de collège/lycée **Schulkenntnisse** *Pl* connaissances *fpl* d'école/de collège/de lycée **Schulkind** *nt* écolier(-ière) *m(f)* **Schulkindergarten** *m* ≈ école *f* maternelle **Schulklasse** *f* classe *f* **Schullandheim** *nt* centre *m* d'accueil pour classes vertes; **ins ~ fahren** partir en classe verte

Land und Leute
Le **Schullandheim** est une grande maison dans laquelle peuvent séjourner des classes scolaires pendant quelques jours pour s'y reposer ou pour y suivre des cours.

Schullehrer(in) *m(f) (Grundschullehrer)* instituteur(-trice) *m(f)*, professeur *mf* des écoles; *(an höheren Schulen)* professeur *mf* **Schulleiter(in)** *m(f)* chef *mf* d'établissement **Schulmädchen** *nt fam* écolière *f* **Schulmappe** *f* serviette *f* **Schulmedizin** *f* médecine *f* officielle **Schulmeister** *m hum, pej fam* maître *m* d'école; **ein richtiger [alter] ~** un vrai [vieux] maître d'école **schulmeisterlich** I. *Adj pej* professoral(e) *(péj)*, doctoral(e) *(péj)* II. *Adv pej* d'un ton professoral [o doctoral] *(péj)* **schulmeistern** *tr V pej* faire la leçon à; **immer muss er andere ~** il faut toujours qu'il fasse la leçon aux autres **Schulpflicht** *f kein Pl* obligation *f* scolaire **schulpflichtig** *Adj Kind* d'âge scolaire; **im ~en Alter sein** être en âge d'être scolarisé(e) **Schulranzen** *m* cartable *m* [à bretelles] **Schulrat** *m*, **-rätin** *f* ≈ inspecteur(-trice) *m(f)* [de l'enseignement] primaire **Schulreform** *f* réforme *f* de l'enseignement **Schulreife** *f* **die geforderte ~ besitzen** être assez mûr(e) pour aller à l'école **Schulschiff** *nt* navire-école *m* **Schulschluss**^RR *m kein Pl* fin *f* des cours **Schulspeisung** *f kein Pl* SCHULE restauration *f* scolaire *pas de pl* **Schulsport** *m* sport *m* scolaire **Schulsprecher(in)** *m(f)* délégué(e) *m(f)* des élèves **Schulstress**^RR *m* stress *m* scolaire **Schulstunde** *f* heure *f* de cours **Schulsystem** *nt* système *m* scolaire **Schultag** *m* jour *m* de classe **Schultasche** *s.* Schulmappe

Schulter ['ʃʊltɐ] *<-, -n> f a.* GASTR épaule *f*; **jdm auf die ~ klopfen** frapper sur l'épaule de qn; *(Anerkennung ausdrücken)* donner à qn une tape sur l'épaule; **die** [*o* **mit den**] **~n zucken** hausser les épaules; **hängende ~n haben** avoir les épaules tombantes ▶**jdm die kalte ~ zeigen** *fam* battre froid qn; **etw auf die leichte ~ nehmen** prendre qc à la légère; **die ~n hängen lassen** *(keine straffe Haltung haben)* se tenir voûté(e); *(mutlos sein)* baisser les bras; **auf jds ~n** *(Dat)* **ruhen** reposer sur les épaules de qn; **~ an ~ sitzen, stehen** épaule contre épaule; **kämpfen** main dans la main **Schulterblatt** *nt* omoplate *f* **schulterfrei** *Adj Kleid* à épaules nues **Schultergelenk** *nt* articulation *f* de l'épaule **Schulterhöhe** *f* **in ~** à hauteur d'épaules; **bis [in] ~** jusqu'aux épaules **Schulterklappe** *f* patte *f* d'épaule **schulterlang** *Adj* arrivant [*o* tombant] aux épaules **schultern** *tr V* mettre sur l'épaule; **das Gepäck ~** mettre le bagage sur l'épaule; **mit geschultertem Gewehr marschieren** marcher l'arme à l'épaule **Schulterpolster** *nt* épaulette *f* **Schulterriemen** *m (einer Tasche)* bandoulière *f*; *(eines Rucksackes)* bretelle *f* **Schulterschluss**^RR *m* alliance *f*; **~ mit jdm** alliance *f* avec qn; **im ~ mit den Mitstreitern** bras dessus, bras dessous avec les compagnons **Schultersieg** *m* SPORT tombé *m* **Schulterstück** *nt* ❶ MIL épaulette *f* ❷ GASTR morceau *m* dans l'épaule **Schulträger** *m form* organisme *m* subventionnant une école **Schultüte** *f* pochette-surprise *f (cadeau de rentrée des parents à leur enfant pour son premier jour d'école)* **Schultyp** *m* type *m* d'école

Schulung ['ʃuːlʊŋ] *<-, -en> f* ❶ *(Unterrichten, Einweisung, Kurs)* formation; **eine ~ durchführen** donner une formation *f* ❷ *(Übung, Training)* entraînement *m*

Schulunterricht *m* cours *mpl* **Schulversagen** *nt* échec *m* scolaire **Schulweg** *m* chemin *m* de l'école **Schulweisheit** *f* savoir *m* livresque **Schulwesen** *nt kein Pl* système *m* éducatif **Schulwörterbuch** *nt* dictionnaire *m* scolaire **Schulzeit** *f* scolarité *f* **Schulzentrum** *nt* complexe *m* scolaire **Schulzeugnis** *nt* bulletin *m* scolaire

schummeln ['ʃʊməln] *itr V fam* tricher; **beim Spielen ~** tricher au jeu; **bei der Klassenarbeit ~** pomper en interro *(fam)*

schumm[e]rig *Adj fam Beleuchtung, Licht* tamisé(e); *Zimmer, Lokal* peu éclairé(e)

Schund [ʃʊnt] *<-[e]s> m pej fam (wertlose Ware)* camelote *f (fam)*; *(schlechte Literatur)* âneries *fpl*; *(schlechter Film)* saleté *f (fam)* **Schundliteratur** *f pej* littérature *f* de bas étage **Schundroman** *m fam* roman *m* de gare *(fam)*

schunkeln ['ʃʊŋkəln] *itr V* se balancer [de droite à gauche] *(en se tenant par le bras ou la taille)*

Schuppe ['ʃʊpə] *<-, -n> f* ❶ ZOOL écaille *f* ❷ *Pl (Kopfschuppe)* pellicules *fpl* ▶**ihm/ihr fällt es wie ~n von den Augen** d'un coup il/elle voit clair

schuppen I. *tr V* écailler *Fisch* II. *r V* **sich ~** peler

Schuppen ['ʃʊpən] *<-s, -> m* ❶ hangar *m; (klein)* appentis *m* ❷ *pej fam (Lokal)* boui-boui *m (fam)*; *(Diskothek)* boîte *f (fam)*

schuppenartig *Adj* à l'aspect écailleux **Schuppenflechte** *f* psoriasis *m* **Schuppentier** *nt* pangolin *m* **schuppig** *Adj Fisch, Reptil, Haut* écailleux(-euse); *Haar* pelliculeux(-euse)

Schur [ʃuːɐ] *<-, -en> f* tonte *f*

schüren ['ʃyːrən] *tr V* attiser

schürfen ['ʃʏrfən] I. *itr V* ❶ prospecter; **nach Gold/Bodenschätzen ~** prospecter pour trouver de l'or/des richesses du sol ❷ *(schleifen)* **über den Boden ~** racler le sol II. *tr V* ❶ **sich** *(Dat)* **das Knie/die Haut ~** se racler le genou/la peau; **sich am Ellenbogen ~** se faire une écorchure au coude ❷ MIN **Gold ~** extraire de l'or III. *r V* **sich ~** se faire une écorchure

Schürfung *<-, -en> f*, **Schürfwunde** *f* écorchure *f*

Schürhaken *m* tisonnier *m*

Schurke ['ʃʊrkə] *<-n, -n> m* crapule *f*

schurkisch I. *Adj* crapuleux(-euse) II. *Adv* crapuleusement, de façon crapuleuse

Schurwolle *f* laine *f* vierge

Schurz [ʃʊrts] *<-es, -e> m* tablier *m*

Schürze ['ʃʏrtsə] *<-, -n> f* tablier *m* ▶**jdm an der ~ hängen** *pej fam* être pendu(e) aux basques de qn *(fam)*

schürzen ['ʃʏrtsən] *tr V* retrousser *Rock*

Schürzenjäger *m pej fam* dragueur *m (fam)*

Schuss^RR [ʃʊs, *Pl:* 'ʃʏsə] *<-es, Schüsse>, Schuß*^ALT *<-sses, Schüsse> m* ❶ coup *m* de feu; **scharfer ~** tir *m* à balle; **einen ~ auf jdn/etw abgeben** tirer un coup de feu sur qn/qc; **ein ~ geht los** un coup part ❷ *(Munition)* balle *f*; **noch vier ~** [Munition] **haben** avoir encore quatre balles [de munition] ❸ *(Spritzer)* **ein ~ Essig/Rum** un filet de vinaigre/doigt de rhum; **Orangensaft mit ~** jus d'orange avec du schnaps; **ein ~ Humor** *fig* une pointe d'humour ❹ SPORT **~ aufs Tor** tir *m* sur le but ❺ *fam (Drogeninjektion)* shoot *m (fam)*; **sich** *(Dat)* **einen ~ setzen** se shooter *(fam)*; **sich** *(Dat)* **den goldenen ~ setzen** s'injecter une overdose ❻ SKI **~ fahren** descendre en schuss ▶**einen ~ vor den Bug bekommen** *fam* recevoir un sérieux avertissement; **ein ~ in den Ofen** *fam* un bide total *(fam)*; **ein ~ ins Schwarze** *fam* un coup dans le mille *(fam)*; **weitab vom ~ liegen** *fam Ort:* être à perpète *(fam)*; **etw wieder in ~ bringen** *fam* remettre qc en état; [**gut**] **in ~ sein** *fam* être impec *(fam)*

schussbereit^RR *Adj Person:* prêt(e) à tirer; *Gewehr, Pistole:* armé(e); **sich ~ machen** se préparer à tirer

Schussel ['ʃʊsəl] *<-s, -> m fam (ungeschickter Mensch)* manchot(e) *m(f) (fam); (unachtsamer Mensch)* écervelé(e) *m(f)*

Schüssel ['ʃʏsəl] *<-, -n> f* ❶ plat *m* creux; *(Gemüseschüssel)* plat à légumes; *(Salatschüssel, Teigschüssel)* saladier *m* ❷ *(Mengenangabe)* **eine ~ Pudding** un plat de pudding ❸ *(Waschschüssel)* cuvette *f* ❹ *fam (Satellitenschüssel)* parabole *f*

schusselig ['ʃʊsəlɪç] *Adj fam (ungeschickt)* manchot(e) *(fam)*;

(unachtsam) étourdi(e)

Schusseligkeit <-, -en> *f fam (Ungeschicktheit)* maladresse *f; (Unachtsamkeit)* étourderie *f*

Schussfahrt^{RR} *f* schuss *m*

schusslig^{RR} *Adj s.* schusselig

Schusslinie^{RR} ['-li:niə] *f* ligne *f* de tir ▸ **in die ~ geraten** *Mensch:* être en butte aux attaques; *Firma:* faire l'objet de la critique

Schussverletzung^{RR} *f* blessure *f* par balle **Schusswaffe**^{RR} *f* arme *f* à feu

Schusswaffengebrauch^{RR} *m form* recours *m* à une arme à feu

Schusswechsel^{RR} [-ks-] *m* échange *m* de coups de feu

Schussweite^{RR} *f* portée *f*; **in/außer ~ sein** être à portée/hors de portée **Schusswunde**^{RR} *s.* Schussverletzung

Schuster(in) ['ʃuːstɐ] <-s, -> *m(f)* cordonnier(-ière) *m(f)*
▸ **~, bleib bei deinem Leisten!** *Spr.* chacun son métier et les vaches seront bien gardées; **auf ~s Rappen** *hum* à pinces *(fam)*

Schutt [ʃʊt] <-[e]s> *m* gravats *mpl*; *(Gebäudetrümmer)* décombres *mpl*; **~ abladen verboten!** déblais *mpl* interdits!
▸ **etw in ~ und Asche legen** réduire qc en cendres; **in ~ und Asche liegen** être réduit(e) en cendres

Schuttabladeplatz *m* décharge *f* de déblais **Schuttberg** *m* montagne *f* de gravats

Schüttelfrost ['ʃʏtəl-] *m* frissons *mpl* **Schüttellähmung** *f MED* maladie *f* de Parkinson

schütteln ['ʃʏtəln] I. *tr V* ❶ secouer; **jdn/etw ~** secouer qn/qc; **etw vom Baum ~** faire tomber qc en secouant l'arbre
❷ *(erzittern lassen)* **jdn ~** *Hustenanfall:* faire trembler qn; **heftiges Fieber schüttelt ihn** il tremble *[o* frissonne*]* du fait d'une forte fièvre
II. *itr V* secouer, agiter; **vor Gebrauch ~!** agiter avant utilisation!
III. *r V* **sich ~** s'ébrouer; **sich vor Ekel ~** frissonner de dégoût

Schüttelreim *m* contrepèterie *f* **Schüttelrutsche** *f MIN* convoyeur *m [o* transporteur *m]* à secousses

schütten ['ʃʏtən] I. *tr V* verser *Wasser, Mehl, Salz*; déverser *Sand, Steine, Müll*; **etw in ein Gefäß ~** verser/déverser qc dans un récipient
II. *itr V unpers fam* **es schüttet** il pleut comme vache qui pisse *(fam)*

schütter ['ʃʏtɐ] *Adj Haare* clairsemé(e)

Schütthalde *f* amoncellement *m* de déblais **Schutthaufen** *m* tas *m* de déblais

Schüttstein *m CH* évier *m*

Schutz [ʃʊts] <-es> *m* ❶ *(etwas, das Sicherheit bietet)* protection *f;* **~ vor/gegen etw** protection *f* contre qc; **zum ~ der Augen/gegen die Kälte** pour se protéger les yeux/du *[o* contre le*]* froid; **im ~[e] der Dunkelheit** à la faveur de l'obscurité
❷ *(Sicherheit)* ~ **vor jdm/etw suchen** chercher à se mettre à l'abri de qn/qc; **~ suchend** à la recherche d'un abri; **zu seinem ~** pour sa sécurité
❸ *(Obhut)* **sich in** *[o* **unter***]* **jds ~** *(Akk)* **begeben** se placer sous la protection de qn; **unter jds ~** *(Dat)* **stehen** être sous la protection de qn
▸ **jdn vor jdm** *[o* **gegen jdn***]* **in ~ nehmen** protéger qn contre qn

Schutzabkommen *nt* convention *f* de protection *[o* de garantie*]* **Schutzanstrich** *m* enduit *m* de protection **Schutzanzug** *m* combinaison *f* protectrice **schutzbedürftig** *Adj Mensch* qui a besoin de protection; *Landschaft, Tierart* qui a besoin d'être protégé(e) **Schutzbehauptung** *f* allégation *f* pour se tirer d'affaire **Schutzblech** *nt* eines Fahrrads garde-boue *m*; einer Maschine carter *m* **Schutzbrief** *m* contrat *m* d'assistance **Schutzbrille** *f* lunettes *fpl* de protection **Schutzdach** *nt (vor Hauseingängen)* auvent *m; (an Haltestellen)* abri *m*

Schütze ['ʃʏtsə] <-n, -n> *m*, **Schützin** *f* ❶ *(Mitglied eines Schützenvereins)* membre *m* d'une société *f* de tir
❷ *SPORT, JAGD* tireur(-euse) *m(f)*
❸ *MIL (unterster Dienstgrad)* [simple] soldat(e) *m(f)*
❹ *ASTROL* Sagittaire *m*; **ein ~ sein** être du Sagittaire

schützen ['ʃʏtsən] I. *tr V* ❶ *(beschützen, unter Naturschutz stellen)* protéger; **jdn vor Gefahren ~** protéger qn de *[o* contre des*]* dangers; **etw vor Nässe/Feuchtigkeit ~** protéger qc contre *[o* de*]* l'humidité
❷ *(patentieren)* [**sich** *(Dat)*] **etw ~ lassen** protéger qc [par un brevet]; **urheberrechtlich/gesetzlich geschützt** protégé(e) par les droits d'auteur/la loi; *s. a.* **geschützt**
II. *itr V* **vor Kälte/Regen** *[o* **gegen die Kälte/den Regen***]* **~** protéger du froid/de la pluie *[o* contre le froid/la pluie*]*
III. *r V* **sich vor etw** *(Dat) [o* **gegen etw***]* **~** se protéger contre *[o* de*]* qc

schützend I. *Adj* protecteur(-trice)
II. *Adv* pour me/le/... protéger; **sich ~ vor jdn stellen** se mettre devant qn pour le protéger

Schützenfest *nt* fête *f* de la société de tir

Schutzengel *m* ange *m* gardien

Schützengraben *m* tranchée *f* **Schützenhaus** *nt* local *m* de la société de tir **Schützenhilfe** *f* **jdm ~ leisten** appui *m*, soutien *m;* **jdm ~ geben** prêter son appui *[o* soutien*]* à qn **Schützenkönig(in)** *m(f)* champion(ne) *m(f)* des tireurs *(lors de la fête annuelle d'une société de tir)* **Schützenpanzer** *m* engin *m* blindé léger **Schützenverein** *m* société *f* de tir

Schutzfärbung *f* ZOOL couleur *f* mimétique **Schutzfilm** *m* film *m* protecteur **Schutzfrist** *f* délai *m* de protection légale *[o* de garantie*]* **Schutzgebiet** *nt* ❶ *POL, ADMIN* protectorat *m* ❷ *(Naturschutzgebiet)* réserve *f* naturelle **Schutzgebühr** *f* ❶ taxe *f* autorisée *[o* de soutien*]* ❷ *s.* Schutzgeld **Schutzgeld** *nt* taxe *f (extorquée par des racketteurs)*

Schutzgelderpressung *f* racket *m*

Schutzgitter *nt* grille *f* de protection **Schutzhaft** *f euph* détention *f* préventive **Schutzhandschuh** *m* gant *m* de protection **Schutzhaube** *f* housse *f* protectrice **Schutzhelm** *m* casque *m* de sécurité **Schutzhülle** *s.* Schutzumschlag **Schutzhütte** *f* refuge *m*, abri *m* **Schutzimpfung** *f* vaccination *f* préventive **Schutzkontakt** *m* ELEC [prise *f* de] terre *f*

Schützling ['ʃʏtslɪŋ] <-s, -e> *m* protégé(e) *m(f)*

schutzlos *Adj, Adv* sans défense

Schutzmacht *f* puissance *f* protectrice **Schutzmann** <-männer *o* -leute> *m fam* policier *m* **Schutzmarke** *f* marque *f* déposée **Schutzmaske** *f* masque *m* de protection **Schutzmaßnahme** *f* mesure *f* protectrice *[o* de protection*]; (vorbeugende Maßnahme)* mesure préventive **Schutzpatron(in)** *m(f)* REL [saint(e)] patron(ne) *m(f)* **Schutzpolizei** *f form* forces *fpl* de l'ordre **Schutzraum** *m (Luftschutzraum) m* abri *m* [antiaérien]; *(gegen Radioaktivität)* abri [antiatomique] **Schutzschicht** *f* couche *f* protectrice

schutzsuchend *s.* Schutz ❷

Schutztruppe *f* ❶ MIL force *f* de sécurité ❷ HIST troupe *f* coloniale **Schutzumschlag** *m* jaquette *f* **Schutzvorrichtung** *f* dispositif *m* de protection **Schutzvorschrift** *f meist Pl* JUR disposition *f* relative à la prévention des accidents du travail **Schutzwall** *m* rempart *m* **Schutzweg** *m* A passage *m* pour piétons **Schutzzoll** *m* taxe *f* à l'importation

Schwa [ʃva:] <-s> *nt* LING e *m* muet

schwabbelig *Adj fam Bauch* ballottant(e); *Pudding, Qualle* gélatineux(-euse)

schwabbeln ['ʃvabəln] *itr V fam* ballotter

Schwabe ['ʃvaːbə] <-n, -n> *m*, **Schwäbin** *f* Souabe *mf*

schwäbeln ['ʃvɛːbəln] *itr V fam* baragouiner en souabe *(fam)*

Schwaben ['ʃvaːbən] <-s> *nt* la Souabe

Schwabenstreich *m iron* espièglerie *f*, malice *f*

Schwäbin ['ʃvɛːbɪn] *s. a.* Schwabe

schwäbisch ['ʃvɛːbɪʃ] *Adj* souabe

schwach [ʃvax] <schwächer, schwächste> I. *Adj* ❶ *Person* faible, frêle; **~ sein** ne pas être fort(e); **für diese Arbeit ist er zu ~** il n'est pas assez fort pour faire ce travail; **der Schwächere/Schwächste** le plus faible
❷ *fam (schwindlig)* **mir wird ganz ~** [zumute] je me sens faible
❸ *(leistungsschwach) Gegner, Schüler, Sportler, Sehvermögen* faible; *Mitarbeiter* peu performant(e); *Herz, Nerven* fragile; *Batterie, Licht, Magnet, Motor* de faible puissance, peu puissant(e); **in Mathe ~ sein** être faible en maths; **~e Augen/eine ~e Blase haben** avoir la vue faible/la vessie fragile; **~/zu ~ sein** *Batterie, Licht, Magnet, Motor:* être faible/trop peu puissant(e)
❹ *a.* ÖKON *(gering, spärlich, leicht) Interesse, Applaus, Atmung, Strömung* faible; *Bartwuchs* clairsemé(e); **schwächer werden** faiblir
❺ *(dünn) Kettenglied* fragile; *Eisdecke* mince
❻ *(dürftig) Argument, Film, Leistung* faible
❼ *(gering konzentriert) Kaffee, Tee* léger(-ère); *Lauge, Lösung, Säure* peu concentré(e)
▸ **bei jdm/etw ~ werden** *fam* craquer devant qn/qc *(fam)*; **nur nicht ~ werden!** *(bleib/bleibt standhaft)* ce n'est pas le moment de mollir!; *(halt/haltet durch)* ce n'est pas le moment de flancher! *(fam)*
II. *Adv* ❶ *(leicht) ausgebildet, spüren, vernehmen* faiblement; *duften, vibrieren, süßen* légèrement
❷ *(spärlich, sparsam) besetzt, bestückt, applaudieren* faiblement; *besucht, sich interessieren* peu

schwachbesiedelt *s.* besiedelt

schwachbetont *s.* betonen ❶

schwachbevölkert *s.* bevölkert ❷

Schwäche ['ʃvɛçə] <-, -n> *f* ❶ *kein Pl (geringe Kraft)* faiblesse *f*
❷ *kein Pl (Unwohlsein)* malaise *m*
❸ *kein Pl (Vorliebe)* **eine ~ für jdn/etw haben** avoir un faible pour qn/qc
❹ *(Unzulänglichkeit)* faiblesse *f*

Schwächeanfall *m* malaise *m*

schwächeln ['ʃvɛçəln] <schwäch[e]le> *itr V fam* se relâcher

schwächen ['ʃvɛçən] I. *tr V* ❶ affaiblir *Person, Immunsystem, Kräfte;*

détériorer *Gesundheit;* **geschwächt** affaibli(e)
❷ *(in der Wirkung mindern)* affaiblir
II. *itr V Fieber, Krankheit:* affaiblir
Schwachheit <-, -en> *f kein Pl (Schwäche)* faiblesse *f*
▸ **bilde dir keine ~en ein!** *fam* faut pas prendre tes désirs pour des réalités! *(fam)*
Schwachkopf *m fam* débile *mf (fam)*
schwächlich ['ʃvɛçlɪç] *Adj Person* chétif(-ive); *Konstitution, Gesundheit* fragile
Schwächling ['ʃvɛçlɪŋ] <-s, -e> *m* gringalet *m*
schwach|machen *tr V fig fam* jdn ~ faire craquer qn *(fam);* **mach mich nicht schwach!** tu veux me faire marcher!
Schwachpunkt *m* point *m* faible **Schwachsinn** *m kein Pl*
❶ MED débilité *f* mentale ❷ *fam (Unsinn)* idiotie *f* **schwachsinnig** *Adj* ❶ MED débile [mental(e)] ❷ *fam (unsinnig)* débile *(fam)* **Schwachsinnige(r)** *f(m) dekl wie Adj* MED débile mental(e) *m(f)*
Schwachstelle *f* point *m* faible **Schwachstrom** *m* courant *m* de basse tension **Schwachstromleitung** *f* ligne *f* basse tension
Schwächung ['ʃvɛçʊŋ] <-, -en> *f a. fig* affaiblissement *m*
Schwaden ['ʃvaːdən] <-s, -> *m meist Pl (Rauchschwaden)* nuage *m; (Nebelschwaden)* nappe *f*
Schwadron [ʃvaˈdroːn] <-, -en> *f* MIL escadron *m*
Schwafelei [ʃvaːfəˈlaɪ] <-, -en> *f fam* discours *mpl* sans fin
schwafeln ['ʃvaːfəln] *fam* **I.** *itr V (Unsinn reden)* sortir n'importe quoi [*o* des conneries] *(fam); (lange reden)* n'en pas finir de tchatcher *(fam)*
II. *tr V* sortir *(fam);* **dummes Zeug ~** sortir des conneries *(fam)*
Schwafler(in) <-s, -> *m(f) pej fam* jaseur(-euse) *m(f) (vieilli);* **er ist ein ~** il parle pour le plaisir de parler
Schwager ['ʃvaːɡɐ] <-s, Schwäger> *m,* **Schwägerin** *f* beau-frère *m/*belle-sœur *f*
Schwalbe ['ʃvalbə] <-, -n> *f* hirondelle *f*
▸ **eine ~ macht noch keinen Sommer** *Spr.* une hirondelle ne fait pas le printemps
Schwalbennest *nt* nid *m* d'hirondelle
Schwalbenschwanz *m* ❶ ZOOL machaon *m,* grand porte-queue *m* ❷ *hum fam (langer Frackschoß)* queue[-]de[-]pie *f,* queue[-]de[-]morve *f*
Schwall [ʃval] <-[e]s, -e> *m von Wasser, Worten* flot *m; von Flüchen, Schimpfworten* bordée *f*
schwamm [ʃvam] *Imp von* **schwimmen**
Schwamm [ʃvam, *Pl:* 'ʃvɛmə] <-[e]s, Schwämme> *m* ❶ *a.* ZOOL éponge *f*
❷ *kein Pl (Hausschwamm, Kellerschwamm)* champignon *m*
❸ A, CH *(Pilz)* champignon *m* [comestible]
▸ ~ **drüber!** *fam* on passe l'éponge!
Schwämmchen <-s, -> *nt Dim von* **Schwamm** petite éponge *f*
Schwammerl ['ʃvaməl] <-s, -[n]> *nt* SDEUTSCH, A champignon *m*
schwammig ['ʃvamɪç] **I.** *Adj* ❶ *Material, Struktur* spongieux(-euse)
❷ *(aufgedunsen) Gesicht* bouffi(e)
❸ *(vage)* évasif(-ive)
II. *Adv (vage)* de manière évasive
Schwan [ʃvaːn, *Pl:* 'ʃvɛːnə] <-[e]s, Schwäne> *m* cygne *m*
▸ **mein lieber ~!** *fam (Ausdruck des Erstaunens)* eh bien, mon petit ami!; *(Drohung)* ben, mon vieux!
schwand [ʃvant] *Imp von* **schwinden**
schwanen ['ʃvaːnən] *itr V* **jdm schwant nichts Gutes** qn a un mauvais pressentiment; **jdm schwant, dass** qn sent que + *indic*
schwang [ʃvaŋ] *Imp von* **schwingen**
Schwang ▸ **im ~e sein** être en usage
schwanger ['ʃvaŋɐ] *Adj Frau* enceinte; **von jdm/im siebten Monat ~ sein** être enceinte de qn/de sept mois
▸ **mit etw ~ gehen** *hum fam* avoir qc en tête
Schwangere ['ʃvaŋərə] *f dekl wie Adj* femme *f* enceinte
schwängern ['ʃvɛŋɐn] *tr V* ❶ **eine Frau ~** mettre une femme enceinte
❷ *(erfüllen)* **mit** [*o* **von**] **Rauch geschwängert** [**sein**] [être] imprégné(e) de fumée
Schwangerschaft <-, -en> *f* grossesse *f*
Schwangerschaftsabbruch *m* interruption *f* [volontaire] de grossesse, I.V.G. *f* **Schwangerschaftsberatung** *f* consultation *f* familiale **Schwangerschaftsgymnastik** *f* gymnastique *f* prénatale **Schwangerschaftsstreifen** *m* vergeture *f* **Schwangerschaftstest** *m* test *m* de grossesse **Schwangerschaftsunterbrechung** *f* MED interruption *f* [volontaire] de grossesse
Schwank [ʃvaŋk, *Pl:* 'ʃvɛŋkə] <-[e]s, Schwänke> *m* ❶ THEAT farce *f*
❷ LITER fabliau *m*
❸ *(lustige Begebenheit)* facétie *f;* **einen ~ aus seinem Leben erzählen** raconter une anecdote amusante sur sa vie
schwanken ['ʃvaŋkən] *itr V* ❶ + *haben Brücke, Gerüst, Baum:* osciller; *Boden:* se dérober; **ins Schwanken geraten** se mettre à osciller

❷ + *sein (wanken) Mensch:* tituber; **nach Hause ~** rentrer à la maison en titubant
❸ + *haben (sich verändern) Preis, Temperatur, Zahlen, Stimmung:* fluctuer, varier
❹ + *haben (unentschlossen sein)* [**noch**] ~ hésiter [encore]; **zwischen zwei Möglichkeiten ~** hésiter entre deux possibilités; [**noch**] ~, **ob/wie/wo ...** se demander [encore] si/comment/où ...
schwankend *Adj* ❶ *Bewegung* oscillant(e); *Charakter* vacillant(e); *Preise* instable; **mit ~em Schritt** d'un pas chancelant
❷ *(zögernd)* hésitant(e)
Schwankung <-, -en> *f (Veränderung)* variation *f,* fluctuation *f;* **starken ~en ausgesetzt sein** être à la merci de fortes fluctuations
Schwanz [ʃvants, *Pl:* 'ʃvɛntsə] <-es, Schwänze> *m* ❶ *eines Tieres* queue *f*
❷ *sl (Penis)* queue *f (fam)*
▸ **den ~ hängen lassen** *fam* baisser les bras; **den ~ einziehen** *fam* s'écraser *(fam);* **kein ~** *sl* pas un pékin *(pop)*
schwänzeln ['ʃvɛntsəln] *itr V* ❶ *Hund:* remuer [*o* frétiller de] la queue
❷ *fam (tänzelnd gehen) Person:* marcher en se trémoussant
schwänzen ['ʃvɛntsən] *tr, itr V fam* sécher *(fam);* **das Schwänzen** le séchage *(fam)*
Schwanzfeder *f* plume *f* rectrice **Schwanzflosse** *f* nageoire *f* caudale **Schwanzlurch** *m* ZOOL urodèle *m* **Schwanzstück** *nt* GASTR *(vom Rind)* culotte *f; (vom Kalb)* quasi *m*
schwappen ['ʃvapən] *itr V* ❶ + *sein* **über den Rand ~** déborder; **aus dem Glas/auf den Tisch ~** déborder du verre/se répandre sur la table
❷ + *haben (sich hin und her bewegen)* clapoter
❸ + *sein (sich verbreiten)* **zu uns/nach Deutschland ~** *Bewegung, Informationen:* déferler sur nous/en Allemagne
Schwäre ['ʃvɛːrə] <-, -n> *f geh* abcès *m*
Schwarm [ʃvarm, *Pl:* 'ʃvɛrmə] <-[e]s, Schwärme> *m* ❶ *(Bienen, Wespen, Hornisse)* essaim *m; (Heuschrecken)* nuée *f;* **ein ~ Bienen/Heuschrecken** un essaim d'abeilles/une nuée de sauterelles; **ein ~ Fische** un banc de poissons
❷ *(Menschenmenge)* nuée *f;* **ein ~ Schaulustiger** [*o* **von Schaulustigen**] un attroupement de badauds
❸ *kein Pl fam (verehrter Mensch)* idole *f;* **er ist mein ~** il me fait craquer *(fam)*
schwärmen ['ʃvɛrmən] *itr V* ❶ + *sein Bienen, Hornissen:* essaimer; **um das Licht/über die Wiese ~** [s']envoler vers la lumière/au dessus du pré
❷ + *sein (sich in Mengen bewegen)* **in die Innenstadt ~** *Besucher, Käufer:* affluer vers le centre ville
❸ + *haben (begeistert reden)* **vom guten Essen ~** parler avec enthousiasme du vin/repas; **über etw** *(Akk)* **ins Schwärmen geraten** s'emballer pour qc
❹ + *haben (verehren, sich begeistern)* **für jdn/etw ~** adorer qn/raffoler de qc
Schwärmer <-s, -> *m* ❶ *(sentimentaler Mensch)* lyrique *m*
❷ *(Fantast)* rêveur *m*
❸ *(Schmetterling)* sphinx *m*
❹ *(Feuerwerkskörper)* serpenteau *m*
Schwärmerei <-, -en> *f (Begeisterung)* engouement *m; (Träumerei)* rêve *m;* **sich in ~en über etw** *(Akk)* **ergehen** *geh* parler de qc avec exaltation [*o* passion]
Schwärmerin <-, -nen> *f* ❶ *(sentimentaler Mensch)* lyrique *m*
❷ *(Fantastin)* rêveuse *f*
schwärmerisch I. *Adj Person, Begeisterung* passionné(e); *Leidenschaft* exalté(e)
II. *Adv* avec emballement
Schwarte ['ʃvartə] <-, -n> *f* ❶ GASTR couenne *f*
❷ *fam (Buch)* pavé *m (fam)*
Schwartenmagen *m* fromage *m* de tête
schwarz [ʃvarts] <schwärzer, schwärzeste> **I.** *Adj* ❶ noir(e)
❷ *fam (schmutzig) Hände, Fingernägel, Kragen* noir(e); ~ **werden/sein** se salir/être sale; ~ **am Ärmel sein** avoir la manche sale [*o* noire]
❸ *fam (illegal) Konto, Kasse, Liste* noir(e); *Benutzung, Besitz* illégal(e); *Brennen, Herstellung* clandestin(e); *Erwerb* au noir
❹ *fam (katholisch)* clérical(e); *(konservativ)* réac *(fam),* ~ **wählen** *fam* voter à droite *(pour les chrétiens-démocrates)*
❺ *(unheilvoll, abgründig) Tag, Gedanken, Humor* noir(e)
▸ ~ **auf weiß** noir sur blanc; **bis er/sie ~ wird** *fam* jusqu'à la saint-glinglin *(fam)*
II. *Adv* ❶ **gekleidet** en noir
❷ *fam (illegal)* au noir
Schwarz <-[es]> *nt* noir *m;* **in ~** en noir
Schwarzafrika *nt* l'Afrique *f* noire **Schwarzarbeit** *f kein Pl* travail *m* au noir; **in ~** au noir **schwarz|arbeiten** *itr V* travailler au noir **Schwarzarbeiter(in)** *m(f)* travailleur(-euse) *m(f)* au noir

schwarz|ärgern *r V fam* **sich ~** se foutre en rogne *(fam)*
schwarzäugig *Adj* aux yeux noirs; **~ sein** avoir les yeux noirs
Schwarzbär *m* ZOOL ours *m* noir; *(Baribal)* baribal *m*; *(Kragenbär)* ours *m* à collier **schwarzblau** *Adj* bleu noirâtre *inv* **Schwarzblech** *nt* tôle *f* noire **schwarzbraun** *Adj* brun(e) presque noir(e) **Schwarzbrenner(in)** *m(f)* distillateur(-trice) *m(f)* clandestin(e) **Schwarzbrennerei** *f* distillerie *f* clandestine **Schwarzbrot** *nt* pain *m* noir
Schwarze(r) *f(m) dekl wie Adj* ❶ noir(e) *m(f)*
❷ POL *pej sl* réac *mf (fam) (tendance démocrate-chrétienne)*
Schwärze ['ʃvɛrtsə] <-> *f* noir *m*
▶ **in der ~ der Nacht** *geh* dans les ténèbres de la nuit *(littér)*
Schwarze(s) *nt dekl wie Adj* ❶ *(schwarze Masse)* **etwas ~s** quelque chose de noir
❷ *(Kleid)* **das kleine ~** la petite robe noire
❸ *(Mitte einer Zielscheibe)* mille *m*
▶ **jd gönnt jdm nicht das ~ unter den Fingernägeln** qn ôterait le pain de la bouche à qn; **mit etw ins ~ treffen** mettre [*o* taper] dans le mille avec qc
schwärzen ['ʃvɛrtsən] *tr V* noircir
schwarz|fahren *itr V unreg + sein* ❶ *(nicht bezahlen)* voyager sans billet ❷ *(ohne Führerschein fahren)* conduire sans permis **Schwarzfahrer(in)** *m(f)* ❶ *(Mensch ohne Fahrausweis)* voyageur(-euse) *m(f)* sans billet ❷ *(Fahrer ohne Führerschein)* conducteur(-trice) *m(f)* sans permis **Schwarzgeld** *nt* argent *m* non déclaré **schwarzhaarig** *Adj* aux cheveux noirs; **~ sein** avoir les cheveux noirs
Schwarzhaarige(r) *f(m) dekl wie Adj* personne *f* noire de cheveux [*o* aux cheveux noirs]
Schwarzhandel *m kein Pl* marché *m* noir; **~ treiben** faire du marché noir; **mit etw ~ treiben** faire du trafic de qc **Schwarzhändler(in)** *m(f)* trafiquant(e) *m(f)* **schwarz|hören** *itr V* resquiller sur la redevance radio *(fam)*; **das Schwarzhören** le non-paiement de la redevance radio **Schwarzhörer(in)** *m(f)* fraudeur(-euse) *m(f) (qui ne paie pas la redevance radio)*
schwärzlich ['ʃvɛrtslɪç] *Adj* noirâtre
schwarz|malen I. *itr V fig* voir tout en noir II. *tr V fig* **die Zukunft ~** [dé]peindre le futur en noir **Schwarzmaler(in)** *m(f) fam* oiseau *m* de malheur **Schwarzmalerei** *f fam* catastrophisme *m* **Schwarzmarkt** *m* marché *m* noir; **auf dem ~ au** [marché] noir
Schwarzmarktpreis *m* prix *m* du marché noir
Schwarzpulver [-fɐ, -vɐ] *nt* poudre *f* noire **schwarzrotgolden** *Adj* noir, rouge et *inv* **schwarz|sehen** *itr V unreg* ❶ TV resquiller sur la redevance télé[vision] *(fam)* ❷ *(pessimistisch sein)* voir les choses en noir; **für jdn/etw ~** voir qn mal parti(e)/être pessimiste sur qc **Schwarzseher(in)** *m(f)* ❶ défaitiste *mf* ❷ TV fraudeur(-euse) *m(f) (qui ne paie pas la redevance télé)*
Schwarzseherei <-> *f fam* défaitisme *m*
Schwarzsender *m* RADIO radio *f* pirate **Schwarzspecht** *m* ORN pic *m* noir **Schwarztee** *m* thé *m*
Schwärzung <-, -en> *f* noircissement *m*
Schwarzwald *m* **der ~** la Forêt-Noire
Schwarzwälder[1] <-s, -> *m* habitant *m* de la Forêt-Noire
Schwarzwälder[2] *Adj attr* de la Forêt-Noire
Schwarzwälderin <-, -nen> *f* habitante *f* de la Forêt-Noire
schwarzweiß, schwarz-weiß[RR] I. *Adj* ❶ *Dessin, Muster* noir et blanc *inv*
❷ CINE, PHOT [en] noir et blanc
II. *Adv* ❶ noir et blanc
❷ CINE, PHOT [en] noir et blanc
Schwarzweißaufnahme, Schwarz-Weiß-Aufnahme[RR] *f* photo *f* [en] noir et blanc **Schwarzweißfernseher, Schwarz-Weiß-Fernseher**[RR] *m* téléviseur *m* noir et blanc **Schwarzweißfilm, Schwarz-Weiß-Film**[RR] *m* PHOT pellicule *f* noir et blanc; CINE film *m* noir et blanc **Schwarzweißfoto, Schwarz-Weiß-Foto**[RR] *s.* Schwarzweißaufnahme
schwarzweiß|malen I. *itr V s.* malen II.❷
II. *tr V s.* malen I.❹
Schwarzweißmalerei, Schwarz-Weiß-Malerei[RR] *f kein Pl* manichéisme *m*; **~ betreiben** faire du manichéisme
Schwarzwild *nt* sanglier *m* **Schwarzwurzel** *f* salsifis *m*
Schwatz [ʃvats] <-es, -e> *m fam* causette *f (fam)*, parlo[t]te *f (fam)*; **einen ~ mit jdm halten** faire la causette avec qn *(fam)*
schwatzen I. *itr V* ❶ *(sich unterhalten)* bavarder, papoter; **über etw** *(Akk)* **~** bavarder [*o* papoter] sur qc
❷ *(tratschen)* causer
II. *tr V* raconter
schwätzen ['ʃvɛtsən] SDEUTSCH, A *s.* schwatzen
Schwätzer(in) <-s, -> *m(f) pej* bavard(e) *m(f) (péj)*; **ein ~ sein** parler à tort et à travers
schwatzhaft *Adj* bavard(e)
Schwatzhaftigkeit <-> *f* bavardage *m*

Schwebe ['ʃve:bə] **etw in der ~ lassen** laisser qc en suspens; **in der ~ sein** *Entscheidung, Frage, Prozess:* être [*o* rester] en suspens
Schwebebahn *f* ❶ chemin *m* de fer suspendu ❷ *s.* Seilbahn
Schwebebalken *m* poutre *f*
schweben ['ʃve:bən] *itr V* ❶ **+ haben** *(gleitend fliegen) Mensch, Vogel:* planer; *Seifenblase, Wolke, Ballon:* flotter
❷ **+ sein** *(herabsinken)* **zu Boden ~** descendre lentement
❸ **+ haben** *(unentschieden sein)* **[noch] ~** *Angelegenheit, Verfahren:* être [encore] en suspens; **~ d** en suspens
Schwebezustand *m* état *m* d'incertitude; **sich in einem ~ befinden** être en suspens
Schwebstoff *m* CHEM substance *f* en suspension
Schwede ['ʃve:də] <-n, -n> *m*, **Schwedin** *f* Suédois(e) *m(f)*
Schweden ['ʃve:dən] <-s> *nt* la Suède
schwedisch ['ʃve:dɪʃ] I. *Adj* suédois(e)
II. *Adv* **~ miteinander sprechen** discuter en suédois; *s. a.* deutsch
Schwedisch <-[s]> *nt kein Art (Sprache, Schulfach)* suédois *m*; **auf ~ en** suédois; *s. a.* Deutsch
Schwedische <-n> *nt dekl wie Adj* **das ~** le suédois; *s. a.* Deutsche
Schwefel ['ʃve:fəl] <-s> *m* soufre *m*
Schwefeldioxid *nt* CHEM dioxyde *m* de soufre, anhydride *m* sulfureux
schwefelhaltig *Adj* sulfureux(-euse), qui contient du soufre
schwefelig *s.* schweflig
Schwefelkohlenstoff *m* sulfure *m* de carbone
schwefeln ['ʃve:fəln] *tr V* soufrer
Schwefelsäure *f* CHEM acide *m* sulfurique
Schwefelung <-, -en> *f* soufrage *m*
Schwefelwasserstoff *m* CHEM hydrogène *m* sulfuré
schweflig *Adj* sulfureux(-euse)
Schweif [ʃvaɪ̯f] <-[e]s, -e> *m (Schwanz, Leuchtspur)* queue *f*
schweifen *itr V + sein geh* ❶ *Gedanken, Blick:* vagabonder; **~ lassen** laisser vagabonder
❷ *(wandern)* **durch etw ~** vagabonder à travers qc
Schweigegeld *nt* prix *m* du silence; **jdm ~ bezahlen** acheter le silence de qn **Schweigemarsch** *m* marche *f* silencieuse **Schweigeminute** *f* minute *f* de silence; **eine ~ einlegen** observer une minute de silence
schweigen ['ʃvaɪ̯gən] <schwieg, geschwiegen> *itr V* ❶ *Person* garder le silence; *Radio, Waffen:* se taire; **kannst du ~?** sais-tu te taire?; **schweig!** silence!
❷ *(nicht antworten)* **auf etw** *(Akk)***/zu etw ~** garder le silence face à qc
▶ **ganz zu ~ von ...** sans parler de...
Schweigen <-s> *nt* silence *m*; *(absichtliches Nichtreden)* mutisme *m*; **sein ~ brechen** rompre son silence
▶ **~ im Walde** silence général; **jdn zum ~ bringen** *(jdn einschüchtern, töten)* faire taire qn; **sich in ~ hüllen** se retrancher dans le mutisme
schweigend I. *Adj* silencieux(-euse)
II. *Adv* sans dire un mot
Schweigepflicht *f* devoir *m* de réserve; *eines Anwalts* secret *m* professionnel; **ärztliche ~** secret médical; **der ~ unterliegen** *Information:* être soumis(e) au devoir de réserve/au secret professionnel/médical
schweigsam *Adj Person* taciturne; **er/sie ist manchmal ~** il/elle est parfois peu loquace
Schweigsamkeit <-> *f* taciturnité *f*
Schwein [ʃvaɪ̯n] <-s, -e> *nt* ❶ porc *m*, cochon *m*
❷ *fam (Schweinefleisch)* porc *m*; **ist das Rind oder ~?** est-ce du bœuf ou du porc?
❸ *fam (Mensch)* **ein armes ~** un pauvre mec *(fam)*
❹ *sl (gemeiner, unangenehmer Mensch)* salaud *m (fam)*; **ein faules ~** un glandeur *(fam)*, un tire-au-cul *(fam)*
❺ *fam (unsauberer, obszöner Mensch)* cochon *m (fam)*
▶ **bluten wie ein ~** *sl* pisser le sang *(fam)*; **fressen wie ein ~** *sl* bouffer comme un porc *(fam)*; **~ haben** *fam* avoir du pot [*o* du bol] *(fam)*; **kein ~** *sl* pas un chat *(fam)*; **wie die ~e** *fam* comme des porcs *(fam)*
Schweinchen <-s, -> *nt Dim von* Schwein petit cochon *m*
Schweinebraten *m* rôti *m* de porc **Schweinefilet** *nt* filet *m* de porc **Schweinefleisch** *nt* [viande *f* de] porc *m* **Schweinefraß** *m sl* cochonnerie *f (fam)*, merde *f (vulg)* **Schweinegeld** *nt kein Pl sl* **ein ~ kosten** coûter un fric dingue *(fam)*; **ein ~ verdienen** gagner des mille et des cents *(fam)*; **jd zahlt für etw ein ~** qc coûte à qn la peau des fesses *(fam)* **Schweinehund** *m sl* salopard *m (fam)* ▶ **der innere ~** *fam* la pétoche *(fam)*; **den inneren ~ überwinden** *fam* surmonter sa pétoche *(fam)* **Schweinekotelett** *nt* côtelette *f* de porc **Schweinelende** *f* filet *m* de porc **Schweinemast** *f kein Pl* engraissement *m* des porcs **Schweinepest** *f* peste *f* porcine

Schweinerei [ʃvaɪnəˈraɪ] <-, -en> f fam ❶ *(Schmutz, Unordnung, Obszönität)* cochonnerie f *(fam)*
❷ *(Gemeinheit)* vacherie f *(fam)*; **das ist eine ~!** c'est dégueulasse! *(fam)*
Schweinerne(s) <-n> nt A, SDEUTSCH dekl wie Adj [viande f de] porc m
Schweineschmalz nt saindoux m **Schweineschnitzel** nt escalope f de porc **Schweinestall** m a. fig fam porcherie f; **in deinem Zimmer sieht es aus wie im ~!** ta chambre ressemble à une porcherie! **Schweinezucht** f kein Pl *(das Züchten)* élevage m porcin
Schweinigel m fam ❶ *(obszöner Mensch)* cochon(ne) m(f) *(fam)*
❷ *(unreinlicher Mensch)* goret m *(fam)*
schweinisch fam I. Adj cochon(ne) *(fam)*
II. Adv sich verhalten comme un cochon/des cochons *(fam)*
Schweinkram m fam choses fpl cochonnes *(fam)*, machins mpl cochons *(fam)*
Schweinsäuglein [ˈʃvaɪnsʔɔɪglaɪn] Pl fam petits yeux mpl porcins **Schweinsborste** f soie f de porc **Schweinsgalopp** m **im ~** hum fam vite fait *(fam)* **Schweinshachse** f, **Schweinshaxe** f SDEUTSCH jarret m de porc **Schweinsleder** nt [peau f de] porc m; **in ~ gebunden** relié(e) porc **schweinsledern** adj porc **Schweinsohr** nt ❶ ZOOL oreille f de porc ❷ GASTR cœur m de palmier **Schweinsstelze** f GASTR A *(Eisbein)* jambonneau m
Schweiß [ʃvaɪs] <-es> m kein Pl sueur f, transpiration f; **kalter ~** sueur froide; **jdm steht der ~ auf der Stirn** qn a le front en sueur; **jdm bricht der ~ aus** qn se met à transpirer; **jdm bricht der kalte ~ aus** qn a des sueurs froides *(fam)*; **in ~ gebadet sein** être en nage; **das hat ihn viel ~ gekostet** ça lui a donné beaucoup de mal
▸ **im ~e seines Angesichts** geh à la sueur de son front
Schweißausbruch m accès m de transpiration **schweißbedeckt** Adj couvert(e) de sueur
Schweißbrenner m chalumeau m **Schweißbrille** f lunettes fpl de soudeur
Schweißdrüse f glande f sudoripare
schweißen [ˈʃvaɪsən] tr, itr V souder; **das Schweißen** la soudure; **beim Schweißen** quand on soude
Schweißer(in) <-s, -> m(f) soudeur(-euse) m(f)
Schweißfleck m auréole f de transpiration **Schweißfüße** Pl **~ haben** puer des pieds **schweißgebadet** Adj en nage; **~ aufwachen** se réveiller en nage **Schweißgeruch** m odeur f de transpiration
Schweißnaht f soudure f
schweißnass[RR] Adj trempé(e) de sueur **Schweißperle** f meist Pl geh gouttelette f de sueur; **~n traten auf seine Stirn** la sueur perlait sur son front
Schweißstelle f soudure f
schweißtreibend Adj sudorifique, diaphorétique **schweißtriefend** Adj ruisselant(e) de sueur **Schweißtropfen** m goutte f de sueur
Schweiz [ʃvaɪts] <-> f **die ~** la Suisse; **die deutschsprachige/französische/italienische ~** la Suisse alémanique/romande/italienne
Schweizer Adj attr suisse; Hauptstadt de la Suisse
Schweizer(in) <-s, -> m(f) Suisse(-esse) m(f)
schweizerdeutsch I. Adj suisse-allemand(e) II. Adv **~ sprechen** parler [le] suisse-allemand **Schweizerdeutsch** nt le suisse-allemand m; **auf ~** en suisse-allemand **Schweizerdeutsche** nt dekl wie Adj **das ~** le suisse-allemand
Schweizergarde f kein Pl garde f suisse
Schweizerin s. Schweizer(in)
schweizerisch [ˈʃvaɪtsərɪʃ] s. Schweizer
Schwelbrand m feu m qui couve
schwelen [ˈʃveːlən] itr V ❶ Feuer: couver; Müllhalde: se consumer
❷ fig **in jdm/in der Bevölkerung ~** Hass, Rachegefühle: couver en qn/au sein de la population
schwelgen [ˈʃvɛlɡən] itr V ❶ *(sich gütlich tun)* se régaler, se délecter
❷ geh *(sich gehen lassen)* **in Erinnerungen ~** plonger dans ses souvenirs
❸ geh *(übermäßig verwenden)* **in Details/Farben ~** faire une orgie de détails/couleurs
schwelgerisch Adj geh délectable *(soutenu)*
Schwelle [ˈʃvɛlə] <-, -n> f ❶ *(Türschwelle, Reizschwelle)* seuil m; **sie kommt mir nicht mehr über die ~!** je ne la laisse plus mettre les pieds chez moi!
❷ *(Bahnschwelle)* traverse f
❸ *(Bodenschwelle)* ralentisseur m
❹ *(Beginn)* **an der ~ eines neuen Jahrtausends stehen** être au seuil d'un nouveau millénaire; **an [o auf] der ~ zum Rentenalter stehen** être au seuil de la retraite
schwellen[1] [ˈʃvɛlən] <schwillt, schwoll, geschwollen> itr V

+ sein ❶ MED enfler; **geschwollen** enflé(e)
❷ *(wachsen)* Fluss, Flut, Lärm: s'amplifier; s. a. **geschwollen**
schwellen[2] tr V geh gonfler *(littér)* Segel
Schwellenangst f appréhension f *(à aborder une situation nouvelle)* **Schwellenland** nt nouveau pays m industrialisé **Schwellenwert** m ÖKON, ELEC valeur f seuil
Schwellkörper m ANAT corps m caverneux
Schwellung <-, -en> f ❶ kein Pl *(das Schwellen)* gonflement m
❷ *(geschwollene Stelle)* enflure f
Schwemme [ˈʃvɛmə] <-, -n> f surabondance f, pléthore f
schwemmen [ˈʃvɛmən] tr V **etw ans Ufer/an Land ~** déposer qc sur la rive/sur terre
Schwemmland nt kein Pl terrain m alluvial
Schwengel [ˈʃvɛŋəl] <-s, -> m ❶ *(Pumpenschwengel)* bras m
❷ *(Klöppel)* battant m
Schwenk [ʃvɛŋk] <-[e]s, -s> m ❶ CINE, TV rotation f
❷ MIL changement m de direction
❸ *(Änderung der Politik)* virage m
Schwenkarm m bras m orientable
schwenkbar Adj orientable
schwenken [ˈʃvɛŋkən] I. tr V + **haben** ❶ agiter Brief, Zeitung
❷ *(bewegen)* diriger, tourner Geschütz, Kamera, Mikrofon; **die Lampe nach rechts/oben ~** orienter [o tourner] la lampe à droite/vers le haut; **etw zur Seite ~** détourner qc
❸ *(spülen)* **die Gläser in warmem Wasser ~** rincer les verres dans l'eau chaude
❹ GASTR **etw in Butter** *(Dat)* **~** remuer qc dans du beurre
II. itr V ❶ + **sein** *(einbiegen)* **nach links/nach rechts/zur Seite ~** bifurquer à gauche/à droite/sur le côté; **links/rechts schwenkt, marsch!** MIL à gauche/à droite, marche!
❷ + **haben** *(sich richten)* **auf jdn/etw ~** Geschütz, Kamera: se diriger sur qn/qc
Schwenker [ˈʃvɛŋkɐ] <-s, -> m verre m à cognac
Schwenkung s. Schwenk
schwer [ʃveːɐ] I. Adj ❶ lourd(e); **fünf Kilo ~ sein** peser cinq kilos; **wie ~ ist das?** combien pèse ça?; **nichts Schweres** rien de lourd
❷ *(ernst)* Verletzung, Schaden, Verlust grave
❸ *(gravierend)* Bedenken, Enttäuschung, Unrecht grave antéposé; Irrtum, Verlust, Fehler lourd(e) antéposé
❹ *(hart)* dur(e); Arbeit, Leben, Zeit difficile; Bürde lourd(e); **er/sie hat Schweres mitgemacht [o durchgemacht]** il/elle a traversé des épreuves difficiles
❺ *(körperlich belastend)* Krankheit, Operation, Unfall grave; Geburt difficile; Leiden, Tod pénible; **nach langer, ~er Krankheit ...** à l'issue d'une longue et douloureuse maladie... *(form)*
❻ *(schwierig)* difficile; **etw ist ~ zu verstehen/zu sagen** qc est difficile à comprendre/à dire
❼ attr *(heftig)* Sturm, Regen gros(se) antéposé
❽ attr *(groß)* Lkw, Limousine, Motorrad gros(se) antéposé
❾ attr MIL lourd(e)
❿ *(gehaltvoll)* Essen, Gericht, Wein lourd(e); Sherry, Portwein fort(e)
⓫ *(intensiv, stark)* Duft, Parfüm, Tabak, Zigarette fort(e)
II. Adv ❶ beladen, bepackt lourdement; wiegen lourd; **~ zu tragen haben** avoir beaucoup à porter
❷ *(hart)* arbeiten durement
❸ *(tief)* beleidigen, enttäuschen profondément; treffen durement
❹ *(mit Mühe)* atmen, sich entschließen difficilement; hören mal
❺ fam *(sehr)* aufpassen, sich in Acht nehmen bien
❻ fam *(erheblich)* verdienen, schröpfen un max *(fam)*
❼ *(intensiv)* **~ auf jdm lasten** peser lourdement sur qn; **~ unter etw leiden** souffrir profondément de qc; **~ geprüft sein** être mis(e) à rude épreuve; **jd hat ~ an etw** *(Dat)* **zu tragen** qc pèse sur la conscience de qn
❽ *(ernstlich)* erkranken, sich verletzen, verunglücken gravement; **~ stürzen** faire une chute grave; **~ verwundet werden** être grièvement [o gravement] blessé(e)
❾ *(nicht einfach)* sagen, schätzen, voraussagen difficilement; **~ abbaubar** difficilement recyclable; **es ist ~ zu sagen, ob ...** il est difficile de dire si...
❿ *(streng)* tadeln, missbilligen, bestrafen sévèrement
⓫ *(stark)* bewaffnet solidement; **~ betrunken sein** être fin soûl(e) *(fam)*
⓬ *(nicht leicht)* **es ~ haben** avoir la vie dure; **sie hat es ~ mit ihm** il lui rend [o fait] la vie dure
Schwerarbeit f kein Pl travail m de force **Schwerarbeiter(in)** m(f) travailleur(-euse) m(f) de force **Schwerathlet(in)** m(f) athlète mf *(qui pratique l'haltérophilie ou un sport de combat)*
Schwerathletik f l'haltérophilie et les sports de combat
schwerbehindert s. behindern
Schwerbehinderte(r) f(m) dekl wie Adj handicapé(e) m(f) sévère
schwerbeladen s. beladen[2]
schwerbepackt s. bepacken I.
schwerbeschädigt s. beschädigen

schwerbewaffnet s. **bewaffnet**
Schwere ['ʃveːrə] <-> f ❶ JUR, MED gravité f
❷ *(Schwierigkeit) einer Arbeit, Aufgabe, Operation* difficulté f
❸ *(Gewicht) eines Gegenstands, einer Last* poids m
Schwerefeld nt PHYS champ m gravitationnel
schwerelos Adj *Astronaut, Gegenstand, Körper* en apesanteur; *Zustand* d'apesanteur; **~ sein** être en [état d']apesanteur
Schwerelosigkeit <-> f apesanteur f
Schwerenöter [-nøːte] <-s, -> m *veraltet* bourreau m des cœurs
schwererziehbar s. **erziehbar**
schwer|fallen itr V unreg + sein **es fällt mir schwer, das zu sagen** j'ai du mal [o de la difficulté] à dire ça; **der Abschied fällt ihm/ihr schwer** le départ lui coûte; **die Entscheidung fällt mir schwer** j'ai du mal à prendre la décision; **das Treppensteigen fällt ihr schwer** elle a du mal à monter les escaliers
schwerfällig [-fɛlɪç] I. Adj *Person, Tier* lourdaud(e), pataud(e); *Bewegung, Gang, Schritte* pataud(e); *Stil, Übersetzung* gauche, lourd(e)
II. Adv *aufstehen* lourdement; *gehen, sich bewegen* pesamment, lourdement
Schwerfälligkeit <-> f lourdeur f
Schwergewicht nt ❶ *(Gewichtsklasse)* catégorie f [des] poids lourds ❷ *(Sportler)* poids m lourd ❸ *(Schwerpunkt)* centre m de gravité; **das ~ der Diskussion liegt auf folgender Frage: ...** le centre du débat porte sur la question suivante:... **schwergewichtig** Adj *Mensch* corpulent(e), lourd(e); *Tier* lourd(e)
Schwergewichtler(in) s. **Schwergewicht**
schwerhörig Adj malentendant(e)
Schwerhörigkeit f kein Pl surdité f partielle
Schwerindustrie f industrie f lourde **Schwerkraft** f kein Pl pesanteur f
schwerkrank s. **krank** ❶
Schwerkranke(r) f(m) dekl wie Adj malade mf grave
schwerlich Adv difficilement; **~ geeignet sein** être guère approprié(e)
schwer|machen s. **machen** I.❶
Schwermetall nt métal m lourd **Schwermut** <-> f mélancolie f
schwermütig Adj mélancolique
schwer|nehmen tr V unreg **etw ~** prendre qc au tragique; **das Leben ~** prendre la vie du mauvais côté
Schweröl nt huile f lourde **Schwerpunkt** m ❶ *einer Tätigkeit* axe m essentiel; *des Lernens, Studiums* matière f principale; **den ~ auf etw** *(Akk)* **legen** mettre l'accent sur qc; **~e setzen** établir des priorités ❷ PHYS centre m de gravité
schwerpunktmäßig Adv particulièrement **Schwerpunktstreik** m grève f bouchon
schwerreich Adj attr fam richissime
Schwert [ʃveːet] <-[e]s, -er> nt ❶ *(Waffe)* épée f; **das ~ ziehen** [o **zücken** geh] tirer [o dégainer] l'épée
❷ NAUT dérive f
▸ **ein zweischneidiges ~ sein** être une arme à double tranchant
Schwertfisch m poisson-épée m, espadon m **Schwertlilie** [-liːliə] f iris m
Schwerttransport m ❶ *(das Transportieren)* transport m par véhicule routier de gros tonnage
❷ *(überbreites Transportfahrzeug)* convoi m exceptionnel
Schwertschlucker(in) <-s, -> m(f) avaleur(-euse) m(f) de sabres
schwer|tun r V unreg **sich mit jdm/etw ~** avoir bien du mal avec qn/qc; **sich ~ einen Fehler einzugestehen** avoir bien du mal à avouer une erreur
Schwertwal m épaulard m, orque f
Schwerverbrecher(in) m(f) grand(e) criminel(le) m(f)
schwerverdaulich s. **verdaulich**
Schwerverkehr m kein Pl TRANSP trafic m lourd
schwerverletzt s. **verletzen** I.❶
Schwerverletzte(r) f(m) dekl wie Adj blessé(e) m(f) grave
schwerverständlich s. **verständlich** I.❶
schwerverwundet s. **verwunden**
Schwerverwundete(r) s. **Schwerverletzte(r)**
schwerwiegend Adj grave; *Bedenken, Grund* sérieux(-euse)
Schwester ['ʃvɛstɐ] <-, -n> f ❶ a. REL sœur f
❷ *(Krankenschwester)* infirmière f
Schwesterchen <-s, -> nt *Dim von* **Schwester** petite sœur f
Schwesterfirma f unsere ~ l'entreprise f appartenant au même groupe que le nôtre **Schwesterherz** nt fam sœurette f
Schwesterlein s. **Schwesterchen**
schwesterlich I. Adj de sœur; *Liebe* d'une sœur
II. Adv comme des sœurs
Schwesternhelferin f aide-soignante f **Schwesternorden** m ordre m de religieuses **Schwesternwohnheim** nt foyer m d'infirmières
Schwesterpartei f POL parti m frère **Schwesterschiff** nt navire-jumeau m

schwieg [ʃviːk] *Imp von* **schweigen**
Schwiegereltern ['ʃviːɡɐ-] Pl beaux-parents mpl **Schwiegermutter** f belle-mère f **Schwiegersohn** m gendre m **Schwiegertochter** f belle-fille f **Schwiegervater** m beau-père m
Schwiele ['ʃviːlə] <-, -n> f cal m
schwielig Adj calleux(-euse)
schwierig ['ʃviːrɪç] I. Adj ❶ *(schwer machbar)* difficile
❷ *(verwickelt) Fall, Situation* difficile, compliqué(e)
❸ *(problematisch) Person* compliqué(e); *Charakter* difficile; **sozial ~ *Viertel, Vorort*** sensible
II. Adv **etw ist ~ zu beantworten/lösen** qc est difficile à répondre/résoudre
Schwierigkeit <-, -en> f ❶ kein Pl *(Kompliziertheit) einer Aufgabe, Prüfung* difficulté f; *eines Falls, einer Situation* complexité f, difficulté f
❷ meist Pl *(Probleme)* difficultés fpl; **jdn in ~en bringen** mettre qn en difficulté [o in en **geraten**] rencontrer des difficultés; **jdm ~en/keine ~en machen** [o **bereiten**] *Arbeit, Aufgabe:* faire des difficultés/ne présenter aucune difficulté à qn; **~en machen** *Mensch:* faire des difficultés [o des histoires]; **mach keine ~ en!** fam pas d'histoires! *(fam)*; **ohne ~en** sans difficulté
Schwierigkeitsgrad m degré m [o niveau m] de difficulté
schwillt [ʃvɪlt] *3. Pers Präs von* **schwellen**
Schwimmbad nt piscine f; **ins ~ gehen** aller à la piscine **Schwimmbassin** nt, **Schwimmbecken** nt bassin m; *(privater Swimmingpool)* piscine f [privée] **Schwimmblase** f vessie f natatoire **Schwimmbrille** f lunettes fpl de natation **Schwimmdock** <-s, -s> nt dock m flottant
schwimmen ['ʃvɪmən] <schwamm, geschwommen> I. itr V + sein ❶ nager; **~ gehen** aller nager; **sie ist bis zur Insel geschwommen** elle a nagé jusqu'à l'île; **über den Fluss/wieder zum Ufer ~** traverser le fleuve/regagner la rive à la nage
❷ *(treiben)* auf dem [o im] Wasser ~ *Gegenstand:* flotter sur [o surnager dans] l'eau; **im Fett ~** baigner dans la graisse
❸ fam *(unsicher sein)* nager *(fam)*
II. tr V + haben **o sein hundert Meter ~** nager un cent mètres
Schwimmen <-s, -> nt natation f; **beim ~** en nageant, en faisant de la natation; **zum ~ gehen** aller faire de la natation
❷ fam *(Unsicherheit)* **ins ~ kommen** [o **geraten**] commencer [o se mettre] à nager *(fam)*
Schwimmer <-s, -> m ❶ nageur(-euse) m(f); *(opp: Nichtschwimmer)* personne f qui sait nager
❷ TECH flotteur m
Schwimmerbecken nt grand bassin m
Schwimmerin <-, -nen> f nageuse f; *(opp: Nichtschwimmerin)* personne f qui sait nager
Schwimmflosse f palme f **Schwimmflügel** m flotteur m **Schwimmfuß** m meist Pl pied m palmé **Schwimmgürtel** m ceinture f de natation **Schwimmhalle** f piscine f couverte **Schwimmhaut** f palmure f **Schwimmlehrer(in)** m(f) professeur mf de natation **Schwimmsport** m natation f **Schwimmstil** m nage f **Schwimmunterricht** m cours mpl de natation **Schwimmverein** m club m de natation **Schwimmvogel** m palmipède m **Schwimmweste** f gilet m de sauvetage
Schwimmzeug nt ❶ *eines Sportlers* affaires fpl de natation
❷ *(für das Schwimmbad)* affaires fpl de piscine; *(für den Strand, See)* affaires fpl de bain
Schwindel ['ʃvɪndəl] <-s> m ❶ *(Betrug)* escroquerie f
❷ *(benommener Zustand)* vertige m; **~ erregend** vertigineux(-euse)
❸ fam *(Kram)* **der ganze ~** tout ce fourbi *(fam)*
Schwindelanfall m étourdissement m, vertige m
Schwindelei <-, -en> f fam bobard m *(fam)*; **das ist alles ~!** tout ça, c'est des bobards [o du bidon]! *(fam)*
schwindelerregend s. **Schwindel** ❷
schwindelfrei Adj [qui n'est] pas sujet(te) au vertige; **~ sein** ne pas avoir le vertige **Schwindelgefühl** nt vertige m, étourdissement m
schwindelig s. **schwindlig**
schwindeln ['ʃvɪndəln] I. itr V fam raconter des bobards *(fam)*; **das Schwindeln** les bobards mpl *(fam)*
II. tr V fam inventer; **das ist alles nur geschwindelt!** tout ça, c'est des bobards! *(fam)*
III. r V fam **sich durch die Grenzkontrolle ~** passer la frontière en fraude
IV. itr V unpers **jdm** [o **jdn**] **schwindelt** qn a le vertige
schwinden ['ʃvɪndən] <schwand, geschwunden> itr V + sein ❶ **geh** *Vorräte, Bestände, Ressourcen:* s'amenuiser
❷ *(nachlassen) Interesse:* tomber; *Kräfte:* s'amenuiser; *Erinnerung:* s'estomper *(soutenu)*; *Hoffnung, Mut:* faiblir; **im Schwinden begriffen sein** *Kräfte:* être en train de s'amenuiser *(soutenu)*
Schwindler(in) ['ʃvɪndlɐ] <-s, -> m(f) ❶ *(Betrüger)* escroc m
❷ fam *(Lügner)* menteur(-euse) m(f)
schwindlig ['ʃvɪndlɪç] Adj **jdm wird/ist [es] ~** qn est pris(e) de

vertige/a le vertige; **mir wird leicht** [*o* **schnell**] **~** j'ai facilement la tête qui me tourne
Schwindsucht ['ʃvɪnt-] *f veraltet* phtisie *f (vieilli)* **schwind-süchtig** *Adj veraltet* phtisique *(vieilli)*
Schwinge ['ʃvɪŋə] <-, -n> *f geh* aile *f*
schwingen ['ʃvɪŋən] <schwang, geschwungen> I. *tr V + haben* agiter *Fähnchen, Hut, Taktstock;* brandir *Schwert, Stock;* **die Axt/Peitsche ~** soulever [*o* brandir] la hache/le fouet [au-dessus de sa tête]
II. *itr V + haben o sein* ❶ *(vibrieren) Membran, Saite:* vibrer; *Brücke:* osciller
❷ *geh (zum Ausdruck kommen)* **in ihren Worten schwang Kritik** on sentait de la critique dans ses paroles; **ein leichter Vorwurf schwingt in seiner Stimme** le ton de sa voix exprime un léger reproche
III. *r V + haben* ❶ *(steigen)* **sich aufs Motorrad/Pferd ~** sauter sur sa moto/son cheval
❷ *(springen)* **sich über etw** *(Akk)* **~** s'élancer d'un bond par-dessus qc
❸ *(sich erstrecken)* **sich über das Tal ~** *Brücke:* enjamber la vallée; *s. a.* **geschwungen**
Schwinger ['ʃvɪŋɐ] <-s, -> *m* swing *m*
Schwingkreis *m* ELEC circuit *m* oscillant **Schwingtür** *f* porte *f* battante
Schwingung <-, -en> *f a.* PHYS vibration *f;* *(Pendelbewegung)* oscillation *f;* **in ~ geraten** se mettre à vibrer; **etw in ~en versetzen** faire osciller qc
Schwips [ʃvɪps] <-es, -e> *m fam* coup *m* dans le nez [*o* dans l'aile]; **einen ~ haben** être pompette *(fam)*
schwirren ['ʃvɪrən] *itr V + sein* ❶ **durch die Luft ~** *Vögel:* voler dans un bruissement d'ailes; *Insekten:* voler dans les airs en bourdonnant; *Geschoss, Granatsplitter:* siffler dans les airs
❷ *fig* **was schwirrt dir durch den Kopf?** qu'est-ce qui te passe par la tête?
Schwitzbad *nt* bain *m* de vapeur
Schwitze ['ʃvɪtsə] <-, -n> *f* GASTR roux *m*
schwitzen ['ʃvɪtsən] I. *itr V* ❶ suer, transpirer
❷ *(Kondenswasser absondern) Wände:* suinter; *Fenster:* être couvert(e) de buée
II. *tr V* GASTR **Mehl in Butter ~** faire roussir la farine dans du beurre
III. *r V* **sich nass ~** se mettre en nage
Schwitzen <-s> *nt* transpiration *f;* **ins ~ geraten** [*o* **kommen**] se mettre à transpirer
Schwitzkasten *m* prise *f* d'étranglement; **jdn in den ~ nehmen** porter un étranglement à qn; **jdn im ~ haben** faire subir un étranglement à qn
Schwof [ʃvo:f] <-[e]s, -e> *m* DIAL *sl* bastringue *m (fam);* **zum ~ gehen** aller guincher *(fam)*
schwofen ['ʃvo:fən] *itr V* DIAL *sl* guincher *(fam);* **mit jdm ~** guincher avec qn
schwoll [ʃvɔl] *Imp von* **schwellen**
schwören ['ʃvøːrən] <schwor, geschworen> I. *itr V* ❶ jurer; [**jdm**] **~, dass alles wahr ist** jurer [à qn] que tout est vrai; **auf die Bibel/Verfassung ~** jurer [*o* prêter serment] sur la bible/constitution; **bei Gott/seiner Ehre ~** [**etw zu tun**] jurer devant Dieu/sur son honneur [de faire qc]
❷ *(überzeugt sein von)* **auf jdn/etw ~** jurer par qn/qc
❸ *fam (beschwören, versichern)* **ich hätte ~ können** [*o* **mögen**]**, dass** j'aurais juré que + *indic;* **ich könnte ~, dass** je pourrais jurer que + *indic*
II. *tr V* **einen Eid ~** prêter serment
❷ *(geloben)* **jdm/sich etw ~** jurer à qn/se jurer qc; **sie hat sich** *(Dat)* **geschworen nicht aufzugeben** elle s'est jurée de ne pas abandonner
❸ *(fest versichern)* [**jdm**] **~ etw zu tun** jurer [à qn] de faire qc; *s. a.* **geschworen**
Schwuchtel ['ʃvʊxtəl] <-, -n> *f pej fam* pédale *f,* folle *f*
schwuchtelig *Adj hum o pej* qui a les attributs d'une pédale
schwul [ʃvuːl] *Adj fam* homo *(fam),* pédé *(fam)*
schwül [ʃvyːl] *Adj* lourd(e); **es ist ~** il fait lourd
Schwüle ['ʃvyːlə] <-> *f* temps *m* lourd
Schwule(r) *m dekl wie Adj fam* homo *m (fam),* pédé *m (fam)*
Schwulenbewegung *f fam* mouvement *m* homo *(fam)* **Schwulenlokal** *nt fam* boîte *f* homo *(fam)* **Schwulenszene** *f* scène *f* homo *(fam)* **Schwulentreff** *m fam* lieu *m* de rencontre homo *(fam)*
Schwulität [ʃvuliˈtɛːt] <-, -en> *f meist Pl fam* embêtement *m (fam);* **in ~en kommen/sein** se retrouver/être dans la mouise *(fam)*
Schwulst [ʃvʊlst] <-[e]s> *m pej* surcharge *f (péj),* fioritures *fpl (péj)*
schwulstig ['ʃvʊlstɪç] A *s.* **schwülstig**
schwülstig ['ʃvʏlstɪç] I. *Adj Gemälde, Architektur* surchargé(e); *Formulierung, Stil* ampoulé(e)
II. *Adv* reden, schreiben, sprechen de façon ampoulée
Schwund [ʃvʊnt] <-[e]s> *m* ❶ *(Rückgang)* diminution *f*
❷ *(Gewichtsschwund bei Lebensmitteln)* perte *f* de poids
❸ *(Verlust durch Diebstahl)* perte *f*
Schwung [ʃvʊŋ, *Pl:* 'ʃvʏŋə] <-[e]s, Schwünge> *m* ❶ *(Bewegung)* élan *m;* *(ausholende Bewegung)* impulsion *f;* **~ holen** prendre son élan; **mit ~ aufstehen, sich setzen** d'un bond; *werfen* avec vigueur; *fahren* à vive allure
❷ *kein Pl (Elan)* énergie *f;* **mit [neuem] ~ an die Arbeit gehen** aller au travail avec entrain
❸ *(Linienführung) einer Brücke, eines Designs* hardiesse *f;* *einer Unterschrift* vigueur *f*
❹ *fam (größere Anzahl)* **ein [ganzer] ~ Besucher** [tout] un tas de visiteurs *(fam);* **ein [ganzer] ~ Bestellungen** [tout] un paquet de commandes
▶ **in ~ bringen** donner un nouvel essor à *Betrieb, Laden;* donner un coup de fouet à *Produktion;* donner de l'impulsion à *Party;* **in ~ kommen** *Person:* commencer à chauffer; *Betrieb, Laden:* commencer à décoller; **in ~ sein** *Person:* être en train; *Betrieb, Laden:* marcher bien
Schwungfeder *f* rémige *f,* penne *f*
schwunghaft I. *Adj* florissant(e)
II. *Adv* de manière florissante
Schwungrad *nt* volant *m* **schwungvoll** I. *Adj* ❶ *Bewegung* impétueu(-euse); *Handschrift* vigoureux(-euse); *Linienführung, Bogen* hardi(e) ❷ *(mitreißend)* fougueux(-euse) II. *Adv* ❶ *(mit Schwung)* avec vivacité; *(mit Elan)* avec entrain; **~ unterschreiben** signer avec vigueur ❷ *(temperamentvoll) spielen* avec fougue; *inszenieren* avec vivacité
Schwur [ʃvuːɐ, *Pl:* 'ʃvyːrə] <-[e]s, Schwüre> *m* serment *m;* **einen ~ tun** [*o* **leisten**] faire un [*o* prêter] serment
Schwurgericht *nt* cour *f* d'assises
Schwyz [ʃviːts] <-> *nt* Schwyz
Sciencefiction[RR] ['saɪənsˈfɪkʃən] <-, -s> *f* science-fiction *f*
Sciencefictionfilm[RR] ['saɪənsˈfɪkʃən-] *m* film *m* de science--fiction **Sciencefictionroman**[RR] *m* roman *m* de science-fiction
Scrabble® [skræbl] <-s> *nt* scrabble®, m
Scratching ['skrɛtʃɪŋ] <-s, -s> *nt* scratching *m*
scrollen ['skroːlən] *itr V* INFORM faire défiler; **nach oben/nach unten ~** faire défiler vers le haut/vers le bas
SDR *m* RADIO *Abk von* **Süddeutscher Rundfunk** radio et télévision de l'Allemagne du Sud
Séance [zeˈãːs(e), seˈãːs(ə)] <-, -n> *f* séance *f* de spiritisme
sec *Abk von* **Sekunde** s
sechs [zɛks] *Num* six; *s. a.* **acht**[1]
Sechs <-, -en> *f* ❶ *(Zahl, Spielkarte, Augenzahl)* six *m;* **lauter ~en würfeln** ne faire que des six
❷ *(Schulnote)* ≈ zéro *m;* CH ≈ vingt *m*
❸ *kein Pl (U-Bahn-Linie, Bus-, Straßenbahnlinie)* six *m*
Sechseck *nt* hexagone *m* **sechseckig** *Adj* hexagonal(e)
sechseinhalb *Num* **~ Meter** six mètres et demi; *s. a.* **achteinhalb**
Sechser ['zɛksɐ] <-s, -> *m fam* ❶ *(Schulnote)* bulle *f (fam)*
❷ *fam (Lottogewinn)* six bons numéros *mpl*
❸ CH *(Schulnote)* ≈ vingt *m*
sechserlei ['zɛksəˈlaɪ] *Adj unv* **~ Sorten Brot** six sortes de pain; *s. a.* **achterlei**
Sechserpack *m* pack *m* de six
sechsfach, 6fach I. *Adj* **die ~e Menge nehmen** prendre six fois la quantité
II. *Adv* falten en six; *s. a.* **achtfach**
Sechsfache(s) *nt dekl wie Adj* **das ~ verdienen** gagner six fois plus; *s. a.* **Achtfache(s)**
Sechsfüßer <-s, -> *m* ZOOL insecte *m* à six pattes, hexapode *m*
sechshundert *Num* six cents
sechsjährig *Adj Kind, Amtszeit* de six ans
Sechsjährige(r) *f(m) dekl wie Adj* garçon *m*/fille *f* de six ans
sechsköpfig *Adj Familie* de six [personnes]
sechsmal *Adv* six fois; *s. a.* **achtmal**
sechsmalig *Adj* **nach ~em Klingeln** au sixième coup de sonnette; *s. a.* **achtmalig**
sechsstellig *Adj Zahl* de six chiffres; *Betrag, Summe* à six chiffres; *s. a.* **achtstellig**
sechst *Adv* **zu ~ sein** être six; *s. a.* **acht**[2]
Sechstagerennen *nt* six jours *mpl*
sechstausend *Num* six mille
sechste(r, s) *Adj* ❶ sixième
❷ *(bei Datumsangaben)* **der ~ März** écrit: **der 6. März** le six mars geschrieben: le 6 mars
❸ SCHULE **die ~ Klasse** [*o* **die ~** *fam*] ≈ la cinquième *;s. a.* **achte(r, s)**
Sechste(r) *f(m) dekl wie Adj* ❶ sixième *mf*

❷ *(Datumsangabe)* der ~/am ~ n *écrit:* der 6./am 6. le six geschrieben: le 6
❸ *(Namenszusatz)* Karl der ~ *écrit:* Karl VI. Charles six *geschrieben:* Charles VI
❹ *(Sinfonie)* Schuberts ~ la Sixième Symphonie de Schubert; *s. a.* Achte(r)
sechstel ['zɛkstəl] *Adj* sixième; *s. a.* **achtel**
Sechstel <-s, -> *nt a.* MATH sixième *m*
sechstens ['zɛkstəns] *Adv* sixièmement
Sechszeiler <-s, -> *m (Gedicht)* poème *m* de six vers; *(Strophe)* strophe *f* de six vers
sechszeilig *Adj Gedicht, Strophe* de six vers; *Text* de six lignes; *s. a.* **achtzeilig**
sechzehn ['zɛçtseːn] *Num* seize; *s. a.* **acht**¹ **sechzehnte(r, s)** *Adj* seizième; *s. a.* **achte(r, s)** **Sechzehntel** *nt a.* MATH seizième *m*
Sechzehntelnote *f* double croche *f*
sechzig ['zɛçtsɪç] *Num* soixante; *s. a.* **achtzig**
Sechzig <-, -en> *f* soixante *m*
sechziger, 60er *Adj unv* die ~ Jahre les années *fpl* soixante; *s. a.* **achtziger**
Sechziger¹ ['zɛçtsɪɡɐ] <-s, -> *m* ❶ *(Mann in den Sechzigern)* sexagénaire *m*
❷ *s.* **Sechzigjährige(r)**
❸ *fam (Wein)* 1960 *m*
Sechziger² <-, -> *f* HIST *fam (Briefmarke)* timbre *m* à soixante pfennigs
Sechziger³ *Pl* ❶ die ~ eines Jahrhunderts les années *fpl* soixante
❷ *(Lebensalter)* in den ~n sein être sexagénaire; *s. a.* **Achtziger**³
Sechzigerin <-, -nen> *f* ❶ *(Frau in den Sechzigern)* sexagénaire *f*
❷ *s.* **Sechzigjährige(r)**
Sechzigerjahre *Pl* die ~ les années *fpl* soixante
sechzigjährig *Adj attr Person* sexagénaire; *Baum* de soixante ans; *s. a.* **achtzigjährig**
Sechzigjährige(r) *f(m) dekl wie Adj* homme *m*/femme *f* de soixante ans; **etw als ~(r) tun** faire qc à soixante ans
Sechzigpfennigmarke, 60-Pfennig-Marke *f* HIST timbre *m* à soixante pfennigs
sechzigste(r, s) *Adj* soixantième; *s. a.* **achtzigste(r, s)**
Secondhandladen [sɛkənt'hɛ(ː)ntlaːdən, 'sɛkəndˈhænd-] *m* friperie *f* **Secondhandmarkt** *m* marché *m* de l'occasion
SED [ɛsʔeːˈdeː] <-> *f* HIST *Abk von* **Sozialistische Einheitspartei Deutschlands** parti socialiste unifié de l'ex-R.D.A.
Sedativum [zedaˈtiːvʊm, *Pl:* zedaˈtiːva] <-s, -tiva> *nt* MED sédatif *m*
Sediment [zediˈmɛnt] <-[e]s, -e> *nt* sédiment *m*; CHEM précipité *m*
Sedimentgestein *nt* roche *f* sédimentaire
See¹ [zeː, *Pl:* ˈzeːən] <-s, -n> *m (Binnensee)* lac *m*
See² <-, -n> *f* ❶ *kein Pl (Meer)* mer *f*; **an der** ~ au bord de la mer; **an die ~ fahren** partir à la mer, aller au bord de la mer; **auf [hoher] ~** en [haute] mer; **in ~ gehen** [*o* **stechen**] appareiller; **zur ~ fahren** *(Seemann sein)* être marin; **wann ist er zum ersten Mal zur ~ gefahren?** quand est-il parti en mer pour la première fois?
❷ *(Seegang)* mer *f*; **ruhige/raue ~** mer calme/agitée
Seeaal *m* aiguillat *m* **Seeadler** *m* aigle *m* de mer, pygargue *m*
Seeanemone *f* anémone *f* de mer **Seebad** *nt* station *f* balnéaire **Seebär** *m* ❶ *hum fam* vieux loup *m* de mer ❷ ZOOL ours *m* de mer **Seebeben** *nt* séisme *m* sous-marin **Seeelefant**ᴿᴿ *m* éléphant *m* de mer **Seefahrer** *m veraltet* marin *m* **Seefahrt** *f kein Pl (Schifffahrt)* marine *f*
Seefahrtschule *f* école *f* de navigation
seefest *Adj Schiff* en état de naviguer; *Person* qui a le pied marin **Seefisch** *m* poisson *m* de mer **Seefracht** *f* fret *m* maritime **Seefunk** *m* radiotéléphonie *f* maritime **Seegang** *m kein Pl* houle *f*; **schwerer** [*o* **starker**] **~** mer *f* forte [*o* agitée] **Seegefecht** *nt* bataille *f* navale, combat *m* naval **seegestützt** *Adj Rakete* mer-sol **Seegras** *nt* zostère *f* **Seegurke** *f* ZOOL holothurie *f*, concombre *m* de mer **Seehafen** <-häfen> *m* ❶ *(Hafen)* port *m* de mer ❷ *(Stadt mit Seehafen)* ville *f* portuaire **Seehandel** *m* commerce *m* maritime **Seehecht** *m* merlu *m*, colin *m* **Seeherrschaft** *f kein Pl* maîtrise *f* des mers **Seehund** *m* phoque *m* **Seeigel** *m* oursin *m* **Seekarte** *f* carte *f* marine [*o* nautique] **seeklar** *Adj Schiff* prêt(e) à appareiller; **das Schiff ~ machen** préparer le bateau à l'appareillage **Seeklima** *nt* climat *m* maritime **seekrank** *Adj* qui a le mal de mer; **~ sein** avoir le mal de mer **Seekrankheit** *f kein Pl* mal *m* de mer **Seekrieg** *m* guerre *f* sur mer [*o* navale] **Seekuh** *f* vache *f* marine, dugong *m* **Seelachs** *m* colin *m*
Seele [ˈzeːlə] <-, -n> *f* ❶ REL âme *f*
❷ *(Psyche)* psychisme *m*
❸ *(Herz, Gefühl)* **mit ganzer ~** de tout son/mon/... cœur; **aus tiefster ~** de tout cœur; **etw liegt jdm auf der ~** qn a qc sur le cœur; **er redet sich** *(Dat)* **alles von der ~** il exprime tout qu'il a sur le cœur; **sie spricht mir aus der ~** *fam* je ne saurais mieux dire!; **du sprichst mir aus der ~** tu l'as dit! *(fam)*; **das tut mir in der ~ weh** ça me fait mal au cœur
❹ *fam (Mensch, Charakter)* **eine treue ~** une âme fidèle; **eine durstige ~ sein** avoir la dalle en pente *(fam)*
▶ **sich** *(Dat)* **die ~ aus dem Leib[e] brüllen** *fam* crier comme un sourd; **eine ~ von Mensch** [*o* **von einem Menschen**] **sein** avoir un cœur d'or; **jetzt/dann hat die liebe** [*o* **arme**] **~ Ruh** eh bien maintenant, [j']espère que] tu es/il est/... content(e); **jdm zentnerschwer auf der ~ lasten** être un poids accablant pour qn; **jdm auf der ~ brennen** *fam* turlupiner qn *(fam)*; **es brennt ihm auf der ~ es dir zu sagen** *fam* ça le démange de te le dire *(fam)*; **die ~ einer S.** *(Gen)* **sein** *fam* être l'âme de qc
Seelenfriede[n] *m geh* paix *f* de l'âme; **mein ~** ma tranquillité d'esprit **Seelengröße** *f geh* grandeur *f* d'âme **Seelenheil** *nt* salut *m* [de l'âme] **Seelenklempner(in)** *m(f) hum fam* psy *mf* **Seelenleben** *nt kein Pl geh* vie *f* intérieure **Seelenqual** *f meist Pl geh* tourment *m* [intérieur] *(soutenu)* **Seelenruhe** *f* **in aller ~** en toute tranquillité [*o* quiétude] **seelenruhig** *Adv* tranquillement; **wir können nicht ~ zusehen** nous ne pouvons pas regarder ce qui se passe sans rien dire/faire **Seelenverkäufer** *m pej* vieux rafiot *m (péj fam)* **seelenverwandt** *Adj* qui a/ont des affinités; **sie sind ~** ils/elles ont beaucoup d'affinités **Seelenverwandte(r)** *f(m) dekl wie adj* **~ sein** avoir de fortes affinités **Seelenwanderung** *f* métempsycose *f*; REL réincarnation *f*
Seeleute *Pl von* **Seemann**
seelisch I. *Adj* psychique
II. *Adv* **~ bedingt [sein]** *Krankheit:* [être] psychosomatique
Seelöwe *m* ZOOL lion *m* de mer
Seelsorge *f kein Pl* direction *f* de conscience, pastorale *f*
Seelsorger(in) <-s, -> *m(f)* directeur(-trice) *m(f)* de conscience
seelsorgerisch I. *Adj* pastoral(e)
II. *Adv* **~ tätig sein** avoir une activité pastorale
Seeluft *f kein Pl* air *m* marin **Seemacht** *f* puissance *f* maritime **Seemann** <-leute> *m* marin *m*
seemännisch I. *Adj* de marin
II. *Adv* **~ ausgebildet/erfahren sein** avoir une formation/expérience de marin
Seemannsbraut *f* fiancée *f* de marin **Seemannsgarn** *nt kein Pl* récit *m* fantaisiste [de marin]; **~ spinnen** débiter des histoires [de marin] **Seemannslied** *nt* chanson *f* de marin **Seemannssprache** *f* langage *m* des marins
Seemeile *f* mille *m* marin **Seemine** *f* mine *f* [marine] **Seenadel** *f* ZOOL aiguille *f* de mer
Seengebiet [ˈzeːən-] *nt* région *f* de lacs
Seenot *f kein Pl* situation *f* de détresse [en mer]; **in ~ sein** être en détresse [*o* en perdition]; **in ~ geraten** se retrouver en [situation de] détresse [*o* en perdition]
Seenotrettungsdienst *m* service *m* de sauvetage en mer **Seenotrettungskreuzer** *m* vedette *f* de sauvetage **Seenotruf** *m* appel *m* de détresse **Seenotzeichen** *nt* signal *m* de détresse
Seenplatte *f* GEOG région *f* lacustre; **die Mecklenburgische ~** la région des lacs du Mecklembourg
Seepferd[chen] *nt* hippocampe *m* **Seeräuber** *m* pirate *m* **Seeräuberei** <-> *f* piraterie *f*
Seeräuberschiff *nt* bateau *m* pirate
Seerecht *nt kein Pl* droit *m* maritime **Seereise** *f* croisière *f* **Seerose** *f* ❶ BOT nénuphar *m* ❷ ZOOL anémone *f* de mer **Seeroute** *f* route *f* maritime **Seesack** *m* sac *m* de marin **Seeschiff** *nt* navire *m* **Seeschifffahrt**ᴿᴿ *f kein Pl* navigation *f* maritime **Seeschlacht** *f* bataille *f* navale **Seeschlange** *f* ZOOL serpent *m* de mer **Seeschwalbe** *f* ORN hirondelle *f* de mer, sterne *f* **Seestern** *m* étoile *f* de mer **Seestraße** *f* ligne *f* [*o* route *f*] maritime **Seestreitkräfte** *Pl* MIL forces *fpl* navales **Seetang** *m* fucus *m* **seetüchtig** *Adj* en état de naviguer **Seeufer** *nt* rive *f* [du lac] **Seeungeheuer** *nt* monstre *m* marin **Seeverbindung** *f* liaison *f* maritime **Seevogel** *m* oiseau *m* de mer
seewärts ['zeːvɛrts] *Adv* vers le large; **weiter ~ liegen** être plus loin au large
Seewasser *nt* ❶ *(Wasser eines Sees)* eau *f* du lac ❷ *(Meerwasser)* eau *f* de mer **Seeweg** *m* voie *f* maritime; **etw auf dem ~ befördern** transporter qc par voie maritime; **der ~ nach Indien** la voie maritime pour l'Inde **Seewind** *m* vent *m* du large **Seezeichen** *nt* signal *m* maritime; **die ~ la signalisation maritime Seezollgrenze** *f* frontière *f* douanière maritime **Seezunge** *f* sole *f*
Segel ['zeːɡəl] <-s, -> *nt* voile *f*; **[die] ~ setzen/streichen** mettre/amener les voiles; **mit vollen ~n** *fam* toutes voiles dehors
▶ **vor jdm/etw die ~ streichen** baisser pavillon devant qn/qc
Segelboot *nt* voilier *m* **Segelfahrt** *f* sortie *f* en voilier **segelfliegen** *itr V nur Infin* faire du vol à voile **Segelfliegen** *nt* vol *m* à voile **Segelflieger(in)** *m(f)* vélivole *mf* **Segelflug** *m* ❶ *(Flug)* vol *m* en planeur ❷ *s.* **Segelfliegen**

Segelflugplatz *m* terrain *m* de vol à voile **Segelflugsport** *m kein Pl* vol *m* à voile **Segelflugzeug** *nt* planeur *m*
Segeljacht *f* yacht *m* à voiles **Segelmacher(in)** *m(f)* voilier(-ière) *m(f)*
segeln ['zeːgəln] **I.** *itr V + sein* ❶ *(fahren)* faire voile; **über den Bodensee ~** faire voile à travers le lac de Constance; **wochenlang ~** naviguer [à la voile] pendant des semaines
❷ *(den Segelsport betreiben)* faire de la voile; **~ lernen/gehen** apprendre à faire/aller faire de la voile
❸ *(fliegen)* **durch die Luft ~** voler dans l'air
❹ *fam (fallen)* **vom Tisch ~** se casser la figure de la table *(fam)*; **durch die Prüfung ~** être recalé(e) à l'examen *(fam)*
❺ *s.* **segelfliegen**
II. *tr V + haben o sein* courir *Regatta*; **eine weite Strecke ~** parcourir un long trajet à la voile; **einen nördlichen Kurs ~** faire voile vers le nord
Segeln <-s> *nt* voile *f*; **zum ~ gehen** aller faire de la voile
Segelohren *Pl fam* oreilles *fpl* en feuille de chou *(fam)* **Segelregatta** *f* régate *f* **Segelschiff** *nt* voilier *m* **Segelschulschiff** *nt* voilier-école *m* **Segelsport** *m* voile *f* **Segeltörn** <-s, -s> *m* croisière *f* à la voile **Segeltuch** <-tuche> *nt* toile *f* [à voile]
Segen ['zeːgən] <-s, -> *m* ❶ bénédiction *f*; **jdm den ~ erteilen** [*o* **spenden**] donner sa bénédiction à qn
❷ *kein Pl (göttlicher Beistand)* grâce *f*; **den ~ Gottes für etw erflehen** implorer la grâce de Dieu pour qc
❸ *fam (Einwilligung)* autorisation *f*; **seinen ~ zu etw geben** donner le feu vert à qc; **jds ~ haben** avoir le feu vert de qn; **meinen ~ hast du** tu as ma bénédiction
❹ *(Wohltat)* bénédiction *f*; **es ist ein [wahrer] ~!** *fam* quel bonheur!; **ein ~ für die Menschheit** une bénédiction pour l'humanité
❺ *iron fam (Überraschung)* **der ganze ~** tout le bazar *(fam)*
segensreich *Adj geh* Entdeckung, Einrichtung salutaire; *Schaffen, Wirken* bénéfique
Segler <-s, -> *m* ❶ navigateur *m*
❷ *(Segelschiff)* voilier *m*
Seglerin <-, -nen> *f* navigatrice *f*
Segment [zɛˈgmɛnt] <-[e]s, -e> *nt* segment *m*
segnen ['zeːgnən] *tr V* bénir *Gemeinde, Gaben*; **~ de Gebärde** geste *m* de bénédiction; *s. a.* **gesegnet**
Segnung <-, -en> *f* ❶ ECCL bénédiction *f*
❷ *Pl a. iron (Vorzug)* **die ~en der modernen Technik** les bienfaits *mpl* de la technique moderne
sehbehindert *Adj* malvoyant(e)
sehen ['zeːən] <sieht, sah, gesehen> **I.** *tr V* ❶ voir; **jdn auf der Straße ~** voir qn dans la rue; **jdn aus dem Haus kommen ~** voir qn sortir de la maison; **~, wie sich zwei Personen begrüßen** voir deux personnes se dire bonjour; **sich ~ lassen** se manifester; **jdn/etw zu ~ bekommen** avoir l'occasion de voir qn/qc; **jd/etw ist gut zu ~** on voit bien qc
❷ *(ansehen)* regarder *Fernsehfilm, Sendung*; voir *Theaterstück, Kinofilm*
❸ *(feststellen)* **~, was dabei herauskommt** voir ce qui en vient; **du wirst schon ~, was passiert** tu vas voir ce qui se passe; **das wollen wir [doch] erst mal ~!** *fam* c'est ce qu'on va voir! *(fam)*; **na siehst du/na ~ Sie!** alors tu vois/vous voyez!; **wie ich sehe, ...** d'après ce que je vois,...; **da sieht man es mal wieder!** *fam* c'est toujours la même histoire!; **siehst du [wohl]! siehste!** *fam* tu vois!
❹ *(verstehen, betrachten)* **jdn als Künstler ~** considérer qn comme artiste; **in jdm den Beschützer/Freund ~** voir en qn le protecteur/l'ami; **ich sehe das anders** je vois les choses autrement; **so gesehen** vu sous cet angle; **sehen Sie *(erläuternd)*** [vous] voyez
❺ *(erleben, ertragen)* **in seinem Leben schon viel gesehen haben** en avoir déjà vu beaucoup dans sa vie; **etw nicht ~ können** ne pas supporter la vue de qc; **nicht ~ können, wie etw geschieht** ne pas supporter de voir comment qc se passe; **ich möchte den ~, der das glaubt** *fam* je voudrais bien voir celui qui croit ça; **das muss man gesehen haben** il fallait voir ça; **hat man so was schon gesehen!** *fam* qu'est-ce qu'il faut pas voir! *(fam)*
❻ *(sich bemühen)* **jeder muss ~, wo er bleibt** chacun doit s'arranger [comme il peut]; **~, was sich tun lässt** voir ce qui peut se faire; **sehen Sie, dass Sie rechtzeitig da sind** tâchez d'être là à l'heure; **mal ~, ob wir etwas erreichen können** *fam* on va voir si on peut obtenir quelque chose; **mal ~** *fam* faut voir *(fam)*
▶ **etw [nicht] gern ~** [ne pas] voir d'un bon œil qc; **es [schon] kommen ~, dass etw geschieht** prévoir [d'ores et déjà] que qc va arriver; **sich ~ lassen können** valoir la peine d'être vu(e); *iron (beachtlich sein)* être présentable
II. *itr V* ❶ voir; **schärfer/schlecht/sehr gut ~** [y] voir plus nettement/mal/très bien

❷ *(hinschauen)* **darf ich mal ~?** puis-je regarder?; **lassen Sie mal ~!** montrez!; **siehe oben/unten** *(Verweis)* voir plus haut/ci-dessous; **sieh doch** [*o* **mal**]! tu as vu?
❸ *(besuchen)* **nach jdm ~** aller voir qn
❹ *(nachschauen)* **nach etw ~** regarder qc
❺ DIAL *(achten)* **auf jdn/etw *(Akk)* ~** faire attention à qn/qc
❻ *(herausragen)* **aus etw ~** dépasser de qc
▶ **sieh[e] da!** tiens!
III. *r V* ❶ *(sich treffen)* se voir; **wir haben uns ja lange nicht mehr gesehen** ça fait longtemps que nous ne nous sommes pas vus
❷ *(sich fühlen)* **sich gezwungen ~ etw zu tun** se voir contraint de faire qc; **sich von jdm zutiefst enttäuscht ~** se sentir profondément déçu(e) par qn
Sehen <-s> *nt* **jdn vom ~ kennen** connaître qn de vue
sehenswert, sehenswürdig *Adj geh* qui vaut la peine d'être vu(e)
Sehenswürdigkeit <-, -en> *f* curiosité *f*
Seher(in) <-s, -> *m(f)* devin *m*/devineresse *f*
Seherblick *m kein Pl geh* don *m* de prophétie
seherisch *Adj attr* divinateur(-trice); **dank ihrer ~en Gabe** grâce à son don divinatoire
Sehfehler *m* défaut *m* visuel **Sehhilfe** *f* verres *mpl* correcteurs **Sehkraft** *f kein Pl* vue *f*, acuité *f* visuelle
Sehne ['zeːnə] <-, -n> *f* ❶ *a.* GEOM corde *f*
❷ ANAT tendon *m*
sehnen ['zeːnən] *r V* **sich nach jdm/etw ~** rêver d'avoir qn/désirer [ardemment] qc; **sich danach ~ etw tun zu dürfen** rêver de pouvoir faire qc; **ich sehne mich so nach dir!** tu me manques tellement!
Sehnenriss[RR] *m* MED déchirure *f* du tendon **Sehnenscheidenentzündung** *f* MED inflammation *f* du tendon **Sehnenzerrung** *f* MED élongation *f* du tendon
Sehnerv *m* ANAT nerf *m* optique
sehnig *Adj* ❶ *Steak* filandreux(-euse)
❷ *(mager und kräftig) Person, Erscheinung, Gestalt* nerveux(-euse)
sehnlich I. *Adj Hoffnung, Wunsch* ardent(e); *Erwartung* éperdu(e)
II. *Adv* ardemment
Sehnsucht <-, -süchte> *f* nostalgie *f*; **seine/ihre Sehnsüchte** ses aspirations *fpl*; **seine/ihre ~ nach jdm/etw** sa nostalgie de qn/qc; **~ haben** être envahi(e) de nostalgie; **~ nach jdm haben** se languir de qn; **vor ~ sterben** mourir de nostalgie
sehnsüchtig I. *Adj attr Blick* nostalgique; *Erwartung* éperdu(e); *Hoffnung, Verlangen, Wunsch* ardent(e)
II. *Adv* ardemment
sehnsuchtsvoll *s.* **sehnsüchtig**
sehr [zeːɐ] <mehr, am meisten> *Adv* ❶ *mit Verb* beaucoup; **[nicht] ~ leiden** [ne pas] souffrir beaucoup; **beweisen, wie ~ man jdn liebt** prouver à quel point on aime qn; **das tut ~ weh** ça fait très mal; **zu ~** trop; **so ~** tellement
❷ *mit Adj, Adv* très; **[nicht] ~ groß** [pas] très grand; **~ viel** énormément; **~ wohl** parfaitement; **~ sogar!** et comment!
Sehschärfe *f* acuité *f* visuelle **Sehschwäche** *f* problème *m* de vue **Sehstörung** *f* trouble *m* visuel **Sehtest** *m* test *m* visuel **Sehvermögen** *nt kein Pl* vue *f*, acuité *f* visuelle
seicht [zaɪçt] *Adj* ❶ *Gewässer, Wasser* peu profond(e); **hier ist es ~, hier ist eine ~e Stelle** ici, les eaux sont basses
❷ *(oberflächlich) Film, Stück, Unterhaltung* insipide
seid [zaɪt] 2. Pers Pl Präs von **sein**[1]
Seide ['zaɪdə] <-, -n> *f* soie *f*
Seidel ['zaɪdəl] <-s, -> *nt (Bierseidel)* chope *f*
Seidelbast *m* sainbois *m*
seiden ['zaɪdən] *Adj attr* de [*o* en] soie
Seidenglanz *m* aspect *m* satiné **Seidenmalerei** *f* peinture *f* sur soie **Seidenpapier** *nt* papier *m* de soie **Seidenraupe** *f* ver *m* à soie **Seidenraupenzucht** *f kein Pl (das Züchten)* sériciculture *f* **Seidenschwanz** *m* jaseur *m* **Seidenspinner** *m* bombyx *m* **Seidenstraße** *f* route *f* de la soie **Seidenstrumpf** *m* bas *m* de soie **seidenweich** *Adj* soyeux(-euse)
seidig I. *Adj* soyeux(-euse)
II. *Adv* **sich ~ anfühlen** être soyeux(-euse) [au toucher]
Seife ['zaɪfə] <-, -n> *f* savon *m*
seifen ['zaɪfən] *s.* **einseifen**
Seifenblase *f* bulle *f* de savon ▶ **wie eine ~ zerplatzen** *Hoffnung, Illusion:* s'envoler **Seifenkiste** *f fam* carriole *f (fam)* **Seifenlauge** *f* lessive *f* **Seifenoper** *f* soap-opéra *m* **Seifenpulver** *nt* [-fe, -ve] *nt* savon *m* en poudre **Seifenschale** *f* porte-savon *m* **Seifenschaum** *m* mousse *f* [de savon] **Seifenwasser** *nt* eau *f* savonneuse
seifig *Adj* ❶ *Gesicht, Hände* savonneux(-euse)
❷ *(wie Seife)* **ein ~er Geschmack** un goût de savon
seihen ['zaɪən] *tr V* filtrer
Seiher ['zaɪɐ] <-s, -> *m bes.* SDEUTSCH, A passoire *f*

Seil [zaɪl] <-[e]s, -e> nt corde f; (Drahtseil) câble m
Seilakrobat(in) m(f) funambule mf **Seilbahn** f (auf Schienen) funiculaire m; (Drahtseilbahn) téléphérique m
Seiler(in) ['zaɪlɐ] <-s, -> m(f) cordier(-ière) m(f)
seil|hüpfen itr V nur Infin und PP + sein s. **seilspringen**
Seilschaft <-, -en> f ❶ (Gruppe von Bergsteigern) cordée f ❷ fig, pej (verschworene Gruppe) coterie f (péj)
seil|springen itr V unreg, nur Infin und PP + sein sauter à la corde
Seilspringen nt saut m à la corde **Seiltanz** m ▶ [wahre] Seiltänze **vollführen** fam se livrer à des acrobaties **Seiltänzer(in)** m(f) funambule mf **Seilwinde** f treuil m [à câble] **Seilzug** m ❶ (Seilwinde) palan m ❷ einer Bremse câble m

sein¹ [zaɪn] <bin, bist, ist, sind, seid, war, gewesen> I. itr V + sein ❶ être; **klein/schön ~** être petit(e)/beau(belle); **klug/böse ~** être intelligent(e)/méchant(e); **freundlich/unfreundlich zu jdm ~** être sympathique/antipathique avec qn; **es ist so, wie ich sage** c'est comme je le dis; **wie war das noch?** au fait, c'était comment, déjà?; **so nett/unverschämt ~ etw zu tun** être assez gentil(le)/insolent(e) pour faire qc; **nicht so ~** Person, Tatsache: ne pas être comme ça; **ich bin ja gar nicht so!** fam je suis pas comme ça! (fam); **sei doch nicht so!** fam [allez,] sois cool! (fam)
❷ mit Nom Angestellter/**Bäcker ~** être employé/boulanger; **Deutscher/Franzose/Afrikaner ~** être allemand/français/africain; **ein lieber Mensch/ein Schuft ~** être une personne gentille/une crapule; **das ist ihr Lehrer** il est son professeur; **was sind Sie [beruflich]?** qu'est-ce que vous faites [dans la vie]?; **wenn ich Sie/er wäre** si j'étais vous/lui; **sei er, wer er wolle** qu'importe ce qu'il est; **als da sind Mutter, Vater und drei Kinder** à savoir la mère, le père et les trois enfants; **und das/der/die wäre[n]?** c'est-à-dire?
❸ (vorhanden sein, existieren) exister; **hallo, ist da/hier jemand?** ohé! il y a quelqu'un?; **ist noch Käse im Kühlschrank?** y a-t-il encore du fromage dans le frigidaire?; **seine Frau ist nicht mehr** geh sa femme n'est plus (littér); **alles vergessen, was bisher war** oublier tout ce qu'il y a eu jusqu'à présent; **wir sind fünf/zu fünft** nous sommes cinq/à cinq
❹ (sich befinden) être; **in Berlin/zur Kur/im Urlaub ~** être à Berlin/en cure/vacances; **die Akten sind im Schrank** les documents sont dans l'armoire; **wo ist meine Brille?** où sont mes lunettes?
❺ (herstammen) **aus Frankreich/dem Süden/der Stadt ~** être [originaire] de France/du sud/de la ville
❻ (angesehen, empfunden werden) **jdm zu eng/weit ~** être trop serré(e)/large pour qn; **jdm zu anstrengend/teuer ~** être trop fatigant(e)/cher(chère) au goût de qn; **jdm peinlich ~** gêner qn; **mir ist so komisch [zumute]** je me sens tout(e) drôle; **ein Eis wäre mir lieber** je préférerais une glace
❼ (hergestellt sein) **aus Leder/Wolle/Holz ~** être en cuir/laine/bois
❽ (ergeben) **2 und 2 ist 4** 2 et 2 font 4; **wie viel ist das?** ça fait combien?; **was ist die Wurzel aus 16?** quelle est la racine de 16?
❾ (geschehen) **was ist?** qu'est-ce qu'il y a?; **was ist mit dir/ihm?** qu'est-ce que tu as/qu'il a?; **ist was mit mir?** fam il y a un problème avec moi? (fam); **was war?** qu'est-ce qu'il y a eu?; **war was?** fam il y a eu quelque chose de spécial? (fam); **war etwas, während ich weg war?** est-ce qu'il s'est passé quelque chose en mon absence?; **wenn etwas ~ sollte ...** au cas où il se passerait quelque chose...; **es braucht nicht sofort zu ~** ça peut attendre
❿ mit modalem Hilfsv **~ können/dürfen** c'est possible; **das muss ~** c'est indispensable; **es hat [eben] nicht ~ sollen** ça ne s'est pas fait; **das darf doch nicht wahr ~!** ce n'est pas possible!
⓫ mit zu und Infin **das ist leicht/schwer zu sagen** c'est facile/difficile à dire; **er ist zu verhaften** on peut l'arrêter; **er ist nicht zu sehen/ausfindig zu machen** on ne peut pas le voir/trouver; **am Wochenende ist immer viel zu erledigen** le week-end, il y a toujours beaucoup de choses à faire
⓬ mit zu und substantiviertem Verb **zum Lachen/Weinen ~** être vraiment trop drôle/désolant(e); **es ist zum Verrücktwerden** c'est à devenir fou(folle)
▶ **weil nicht ~ kann, was nicht ~ darf** car on nie l'existence de ce qu'on ne veut pas voir exister; **was nicht ist, kann noch werden** il ne faut pas préjuger de l'avenir; **das wär's!** c'est tout!; **sei's drum!** fam O.K.! (fam); **dem ist so** c'est exact; **er/sie ist wer** fam il/elle est quelqu'un; **wie dem auch sei** de toute manière
II. itr V unpers + sein ❶ mit Adj **es ist schön/schade/traurig, dass** c'est bon/dommage/triste que + subj; **es wäre besser gewesen, wenn ...** il aurait mieux valu que... + subj
❷ (die betreffende Person sein) **er/sie ist es** c'est lui/elle; **ich bin's!** fam c'est moi! (fam); **warum muss ich es immer ~?** pourquoi faut-il que ça soit toujours moi?; **das ist sie!** c'est ça!
❸ (bei Zeitangaben) **es ist Montag/Wochenende/Frühling** c'est lundi/le week-end/le printemps; **es ist Januar** on est en janvier; **es ist sieben Uhr** il est sept heures; **es ist Tag/Nacht** il fait jour/nuit; **es sind jetzt drei Jahre, dass wir verheiratet sind** ça fait maintenant trois ans que nous sommes mariés; **es mögen jetzt drei Wochen ~, dass ich davon erfahren habe** ça doit faire maintenant trois semaines que je l'ai appris; **es war einmal** il était une fois
❹ METEO **es ist warm/kalt** il fait chaud/froid; **es ist regnerisch/windig** le temps est pluvieux/il y a du vent
❺ (empfunden werden) **jdm ist [es] heiß/kalt** qn a chaud/froid; **jdm ist [es] schlecht [o übel]** qn se sent mal; **es ist mir angenehm** c'est agréable pour moi; **jdm ist es peinlich/unangenehm** qn trouve ça gênant/désagréable; **ihm war, als ob er träumte [o als träumte er]** il avait l'impression de rêver
▶ **sei es, wie es wolle, ist das egal** quoi qu'il en soit, ça m'est égal; **es ist an jdm etw zu tun** c'est à qn de faire qc; **es sei denn ...** à moins que...; **sei es, dass sie lügt, sei es, dass sie es nicht besser weiß** est-ce le fait qu'elle mente, ou bien le fait qu'elle ne le sache pas mieux; **es ist nichts** ce n'est rien; **es ist/war [wohl] nichts** fam c'est raté/ça a raté (fam); **damit ist/war es nichts** ça ne se fait pas/ça n'a rien donné; **wie wäre es mit einer Pause?** qu'est-ce que tu dirais/vous diriez d'une pause?; **wie wäre es, wenn ihr umziehen würdet?** qu'est-ce que tu dirais/vous diriez si vous déménagiez?
III. Hilfsv mit PP ❶ zur Bildung des Zustandspassivs **fotografiert worden ~** avoir été photographié(e); **der Apfel war vergiftet worden** la pomme a été empoisonnée
❷ zur Bildung des Perfekts **gefahren/gegangen/gesprungen ~** être allé(e)/parti(e)/avoir sauté; **lustig/krank gewesen ~** avoir été joyeux(-euse)/malade

sein² Pron pers, Gen von **er** veraltet poet **ich werde ~ gedenken** je me souviendrai de lui

sein³ Pron poss ❶ (bei Singular) son (sa); (bei Plural) ses; **~ Bruder** son frère; **~ e Schwester/Freundin** sa sœur/son amie; **~ e Eltern** ses parents; **~ Auto** sa voiture; **~ e Wohnung** son appartement; **dieses Buch ist ~ [e]s** ce livre est à lui; **das ist alles ~ s** tout est à lui; **ist das dein Pullover oder ~ er?** c'est ton pull-over ou c'est le sien?; **sie ist ~** poet elle est à lui
❷ substantivisch **der/die/das ~ e** le sien/la sienne; **das sind nicht meine Socken, sondern die ~ en** ce ne sont pas mes chaussettes, mais les siennes; **er hat das Seine bekommen** il a eu sa part; **er hat das Seine getan** il a fait ce qu'il avait à faire; **die Seine** son épouse; **die Seinen** les siens
❸ (gewohnt, üblich) **er macht gerade ~ Nickerchen** en ce moment, il fait son petit somme habituel
▶ **den Seinen gibt's der Herr im Schlaf** Spr. aux innocents les mains pleines; **jedem das Seine** chacun voit midi à sa porte

Sein <-s> nt être m

seiner geh I. Pron pers, Gen von **er** de lui; **ich werde ~ gedenken** je me souviendrai de lui; **niemand erbarmte sich ~** personne n'a eu pitié de lui; **statt ~** à sa place
II. Pron pers, Gen von **es**: **ein Kind adoptieren um sich ~ anzunehmen** adopter un enfant pour en faire sien (littér)

seinerseits Adv ❶ (er wiederum) de son côté
❷ (was ihn betrifft) pour sa part

seinerzeit Adv à l'époque

seinesgleichen Pron unv ❶ pej (Menschen seines Schlags) ses semblables; **[er und] ~** [lui et] ses semblables
❷ (Menschen wie er) **ich kenne niemanden ~** geh je ne connais rien ni personne qui l'égale (soutenu); **nur mit ~ verkehren** n'avoir affaire qu'à ses semblables

seinethalben ['zaɪnət'halbən] Adv veraltet s. **seinetwegen**
seinetwegen ['zaɪnət've:gən] Adv ❶ (wegen ihm) à cause de lui
❷ (ihm zuliebe) pour lui
❸ (wenn es nach ihm ginge) s'il ne tient/tenait qu'à lui

seinetwillen ['zaɪnət'vɪlən] Adv **um ~** [par amour] pour lui

seinige ['zaɪnɪgə] Pron poss veraltet geh **der/die/das ~** le sien/la sienne; **das sind nicht meine Socken, sondern die ~ n** ce ne sont pas mes chaussettes, mais les siennes; **er hat das Seinige getan** il a fait ce qu'il avait à faire; **die Seinige** geh son épouse; **die Seinigen** les siens

sein|lassen s. **lassen I.**❶
Seismik ['zaɪsmɪk] <-> f sismologie f
seismisch Adj Welle sismique
Seismograf[RR], **Seismograph** [zaɪsmo'gra:f] <-en, -en> m s[é]ismographe m
Seismogramm [zaɪsmo'gram] <-s, -e> nt sismogramme m
Seismologie [zaɪsmolo'gi:] <-> f s. **Seismik**
seismologisch Adj s. **seismisch**
Seismometer [zaɪsmo'me:tɐ] <-s, -> nt s. **Seismograf**

seit [zaɪt] I. Präp + Dat depuis; **~ zehn Jahren verheiratet sein** être marié(e) depuis dix ans; **~ einiger Zeit arbeitet er sehr fleißig** depuis quelque temps il travaille avec beaucoup d'assiduité; **ich weiß das erst ~ eben** je viens seulement d'apprendre cela
II. Konj s. **seitdem II.**

seitdem I. *Adv* depuis [ce moment-là]
II. *Konj* depuis que + *indic*
Seite ['zaɪtə] <-, -n> *f* ❶ *(im Raum)* côté *m*; **die rechte/linke ~** le côté droit/gauche; **sie nahmen zu beiden ~n des Gastgebers Platz** ils prirent place de chaque côté de l'hôte

❷ *(Oberfläche) eines Körpers, Gegenstands* côté *m; eines Würfels, einer Pyramide* face *f;* **auf der rechten ~ gelähmt sein** être paralysé(e) du côté droit; **die untere/obere ~ des Kästchens** la partie inférieure/supérieure du coffret; **jdm nicht von der ~ weichen, nicht von jds ~ weichen** *Person, Tier:* ne pas quitter qn d'une semelle; **auf die ~ fallen** tomber sur le côté; **sich auf die ~ legen** se mettre qc sur le côté; **etw auf die ~ legen** mettre qc sur le côté; **das Buch zur ~ legen** poser le livre sur le côté; **die Arbeit zur ~ legen** laisser le travail de côté

❸ *(Buchseite, Heftseite, Zeitungsseite)* page *f;* **Gelbe ~n®** pages jaunes

❹ *(Aspekt)* côté *m;* **neue ~n an jdm entdecken** découvrir de nouvelles facettes chez qn; **jdn von einer anderen ~ kennen lernen** apprendre à connaître qn sous un autre jour; **das Problem von einer anderen ~ betrachten** considérer le problème sous un autre angle

❺ *(beteiligte Partei)* côté *m;* **auf der ~ der Gewinner** du côté des gagnants; **auf jds ~** *(Dat)* **stehen** [*o* **sein**] être du côté de qn; **jdn auf seine ~ bringen** [*o* **ziehen**] gagner qn à sa cause; **sich auf jds ~ schlagen** basculer du côté de qn; **die ~n wechseln** changer de camp; SPORT changer de côté; **von offizieller/kirchlicher ~ der** source officielle/religieuse; **auf/von ~n der Regierung** du côté du gouvernement; **von meiner ~ aus** pour ce qui me concerne; **von dritter ~** par un/des tiers; **von allen ~n gewarnt werden** être mis(e) en garde de partout; **von der mütterlichen ~ her** **mit jdm verwandt sein** être parent avec qn du côté de sa mère

❻ *(Richtung)* côté *m;* **nach der anderen ~ blicken** regarder de l'autre côté; **nach allen ~n** dans toutes les directions; **von allen ~n herbeiströmen** affluer de toutes parts

❼ *(nicht im Zentrum liegende Stelle)* côté *m;* **zur ~ gehen** [*o* **treten**] s'écarter; **zur ~ weichen** *(Person, Sache)* se mettre de côté; **zur ~ sehen** jeter un regard de côté

▸ **sich von seiner besten ~ zeigen** se montrer sous son meilleur jour; **auf der einen ~ ..., auf der anderen ~ ...** d'un côté..., de l'autre...; **komm an meine grüne ~** *hum* viens contre [*o* près de] moi; **die schwache/starke ~ sein** *(etw schlecht/gut beherrschen)* être le point faible/fort de qn; **alles hat [seine] zwei ~n** chaque chose a du bon et du mauvais; **jdn von der ~ ansehen** regarder qn de travers; **jdn zur ~ nehmen** prendre qn à part; **etw auf die ~ schaffen** *fam* faire main basse sur qc; **~ an ~** côte à côte
seiten^ALT *s.* Seite ❺
Seitenairbag *m* AUT airbag *m* latéral **Seitenaltar** *m* autel *m* latéral **Seitenanfang** *m* haut *m* de page **Seitenangabe** *f* indication *f* de page **Seitenansicht** *f* vue *f* latérale **Seitenarm** *m eines Gewässers* bras *m* secondaire **Seitenaufprallschutz** *m* renfort *m* latéral [de sécurité] **Seitenausgang** *m* sortie *f* latérale **Seitenblick** *m* regard *m* en coin **Seiteneingang** *m* entrée *f* latérale **Seiteneinsteiger(in)** <-s, -> *m(f)* ≈ nouveau venu *m*/nouvelle venue *f* qui a brûlé toutes les étapes **Seitenende** *nt* bas *m* de page **Seitenflügel** *m* aile *f* latérale **Seitengebäude** *nt* bâtiment *m* latéral **Seitenhieb** *m fig* coup *m* de griffe; **~e auf jdn verteilen** lancer des piques contre qn **Seitenlage** *f* position *f* latérale; **stabile ~** position latérale de sécurité; **jdn in die ~ bringen** mettre qn en position latérale; **in ~** sur le côté **seitenlang** I. *Adj Artikel, Schriftstück* de plusieurs pages; **~ sein** faire plusieurs pages II. *Adv* **etw ~ erläutern** expliquer qc sur des pages [et des pages] **Seitenlänge** *f eines Gegenstands, Grundstücks* longueur *f; eines Würfels, einer Pyramide* côté *m;* **das Grundstück hat eine ~ von hundert Metern** le terrain fait cent mètres de côté **Seitenlehne** *f* accoudoir *m* **Seitenlinie** *f* ❶ SPORT [ligne *f* de] touche *f* ❷ *(Genealogie)* ligne *f* collatérale **Seitennummerierung**^RR *f* INFORM, TYP pagination *f;* **~ oben** pagination en haut de page **Seitenruder** *nt* AVIAT gouvernail *m* de direction
seitens ['zaɪtəns] *Präp + Gen form* du côté de, de la part de
Seitenscheitel *m* raie *f* de côté **Seitenschiff** *nt* bas-côté *m* **Seitenschneider** *m* pince *f* coupante **Seitensprung** *m fam* infidélité *f;* **einen ~ machen** aller voir ailleurs *(fam)* **Seitenstechen** *nt kein Pl* point *m* de côté; **von etw ~ bekommen** attraper un point de côté en faisant qc; **~ haben** avoir un point de côté **Seitenstraße** *f* rue *f* latérale **Seitenstreifen** *m der Straße* bas-côté *m; der Autobahn* bande *f* d'arrêt d'urgence; **~ nicht befahrbar!** accotement non stabilisé! **Seitentasche** *f* poche *f* de côté **seitenverkehrt** *Adj, Adv* à l'envers **Seitenwagen** *s.* Beiwagen **Seitenwand** *f* paroi *f* latérale **Seitenwechsel** [-ks-] *m* changement *m* de côté **Seitenweg** *m* chemin *m* latéral **seitenweise** *Adv* ❶ *(Seite um Seite)* page après page; **~ drucken** INFORM imprimer page par page ❷ *(unzählige Seiten)* des pages [et des pages] **Seitenwind** *m* vent *m* latéral **Seitenzahl** *f* ❶ numéro *m*

de page ❷ *(Anzahl der Seiten)* nombre *m* de pages
seither *Adv* depuis [ce moment-là]
seitlich I. *Adj* latéral(e)
II. *Präp + Gen* à côté de
III. *Adv* sur le côté
seitwärts ['zaɪtvɛrts] *Adv* sur le côté; **~ auf jdn deuten** pointer le doigt en direction de qn sur le côté
sek., Sek. *Abk von* **Sekunde** s
SEK [ɛsʔeːˈkaː] <-> *nt Abk von* **Sondereinsatzkommando** groupe *m* d'intervention spécial
Sekante [zeˈkantə] <-, -n> *f* MATH sécante *f*
Sekret [zeˈkreːt] <-[e]s, -e> *nt* sécrétion *f;* **ein ~ absondern** sécréter
Sekretär [zekreˈtɛːɐ] <-s, -e> *m (Person, Möbelstück)* secrétaire *m*
Sekretariat [zekretariˈaːt] <-[e]s, -e> *nt* secrétariat *m*
Sekretärin <-, -nen> *f* secrétaire *f*
Sekretion [zekreˈtsjoːn] <-, -en> *f* MED sécrétion *f*
Sekt [zɛkt] <-[e]s, -e> *m* [vin *m*] mousseux *m*
Sekte [ˈzɛktə] <-, -n> *f* secte *f*
Sektenbeauftragte(r) *f(m) dekl wie Adj* délégué(e) *m(f)* à l'étude des sectes **Sektenführer(in)** *m(f)* gourou *m* **Sektenmitglied** *nt* membre *m* d'une/de la secte
Sektflasche *f* bouteille *f* à champagne **Sektflöte** *f* flûte *f* à champagne **Sektfrühstück** *nt* petit-déjeuner au mousseux **Sektglas** *nt* verre *m* à champagne
Sektierer(in) [zɛkˈtiːrɐ] <-s, -> *m(f)* ❶ POL séide *m*
❷ REL adepte *mf* d'une secte
sektiererisch [zɛkˈtiːrərɪʃ] *Adj* sectaire
Sektion [zɛkˈtsjoːn] <-, -en> *f* ADMIN service *m*
Sektkelch *m* coupe *f* à champagne **Sektkorken** *m* bouchon *m* de champagne **Sektkühler** *m* seau *m* à champagne **Sektlaune** *f* **kein Pl fam** euphorie due au champagne; **aus einer ~ heraus etw tun** faire qc sous l'effet d'une légère ivresse
Sektor [ˈzɛktoːɐ] <-s, -toren> *m* ❶ secteur *m;* **auf diesem ~** dans ce secteur; **staatlicher ~** secteur public
❷ *(Kreisausschnitt)* secteur *m* [circulaire]
❸ HIST *(Besatzungszone)* zone *f*
Sekundant(in) [zekʊnˈdant] <-en, -en> *m(f)* ❶ SPORT soigneur *m*
❷ HIST *(beim Duell)* témoin *m*
sekundär [zekʊnˈdɛːɐ] *Adj geh* secondaire
Sekundararzt *m,* **-ärztin** *f* A ≈ interne *mf* [des hôpitaux] **Sekundarlehrer(in)** [zekʊnˈdaːɐ-] *m(f)* CH ≈ professeur *mf* de collège
Sekundärliteratur *f* littérature *f* d'accompagnement
Sekundarschule *f* CH ≈ collège *m,* ≈ C.E.S. *m* **Sekundarstufe** *f* ≈ secondaire *m;* **~ I/II** ≈ premier/second cycle *m*
Sekunde [zeˈkʊndə] <-, -n> *f* ❶ seconde *f;* **auf die ~ genau ankommen** arriver à la seconde près; **es ist auf die ~ genau zehn Uhr** il est très exactement dix heures
❷ *fam (Augenblick)* seconde *f;* **[eine] ~!** *fam* minute papillon! *(fam);* **haben Sie ein paar ~n Zeit?** vous avez une seconde?
Sekundenbruchteil *m* fraction *f* de seconde **Sekundenkleber** *m* colle *f* à prise rapide **sekundenlang** I. *Adj* de quelques secondes; **nach ~em Zögern** après quelques secondes d'hésitation
II. *Adv* quelques secondes **Sekundenschlaf** *m* micro-sommeil *m* **Sekundenschnelle** ▸ **in ~** en un instant **Sekundenzeiger** *m* trotteuse *f*
sekundieren* *itr V geh (unterstützen)* seconder; **jdm bei/in etw** *(Dat)* **~** seconder qn à l'occasion de/dans qc
selbe(r, s) *Pron* même; **im ~n Haus** dans la même maison; **am ~n Tag** le même jour
selber [ˈzɛlbɐ] *s.* selbst
Selbermachen <-s> *nt* **zum ~** à faire soi-même
selbig *s.* selbe(r, s)
selbst [zɛlpst] I. *Pron dem* ❶ *(an sich)* **der Film/die Aufgabe ~** le film en lui-même/la tâche en elle-même; **die Ferien ~** les vacances en elles-mêmes
❷ *(in eigener Person)* **der Direktor ~** le directeur en personne
❸ *(persönlich)* **wir sind es ~** c'est nous-mêmes; **ich bin ~ Chef** je suis moi-même le chef; **das Vertrauen in dich ~** la confiance en toi[-même]; **er ~ ist leider verhindert** lui-même a malheureusement un empêchement; **mir ~ ist das noch gar nicht aufgefallen** moi personnellement, ça ne m'a jamais frappé(e); **ich ~ sehe das anders** [moi] personnellement, je vois les choses autrement; **sie ist nicht mehr sie ~** elle n'est plus elle-même; **dumme Kuh! — Selbst eine!** *fam* andouille! — [Andouille] toi-même! *(fam)*
❹ *(ohne fremde Hilfe)* tout seul; **sich ~ um eine Sache kümmern** s'occuper soi-même d'une affaire; **er macht das ~** il le fait lui-même; **wir machen das ~** nous le faisons nous-mêmes; **wenn man nicht alles ~ macht** quand on ne fait pas tout soi-même
II. *Adv* **~ du würdest ihm Recht geben** même toi, tu lui donnerais raison; **~ wenn du Recht hättest, es würde dir nichts nützen** même si tu avais raison, ça ne te servirait à rien

Selbst <-> *nt geh* **das ~** le moi; **das erwachende ~** l'éveil du moi
Selbstabholer *m* personne *f* qui vient chercher la marchandise elle-même **Selbstachtung** *f* amour-propre *m*
selbständig ['zɛlpʃtɛndɪç] I. *Adj* ❶ *Person, Handeln, Denken* autonome
❷ *(beruflich unabhängig) Tätigkeit* indépendant(e); *Arbeit* non-salarié(e); *Handwerker, Gewerbetreibender* [installé(e)] à son compte; [als Vertreter] **~ sein** être [représentant] à son/mon/... compte; sich [als Übersetzer] **~ machen** se mettre [traducteur] à son compte
▶ **sich ~ machen** *hum fam* s'envoler *(fam)*
II. *Adv handeln* de façon autonome
Selbständige(r) *f(m) dekl wie Adj* travailleur(-euse) *m(f)* indépendant(e)
Selbständigkeit <-> *f* ❶ autonomie *f*
❷ *(berufliche Selbständigkeit)* travail *m* indépendant
Selbstanzeige *f* autodénonciation *f* **Selbstaufopferung** *f* don *m* de soi; **bis zur [völligen] ~** avec un dévouement total **Selbstauslöser** *m* déclencheur *m* automatique **Selbstbedienung** *f* libre-service *m;* **hier ist ~** ici, c'est un libre-service; **mit ~ en libre-service; keine ~!** ne pas se servir soi-même!
Selbstbedienungsladen *m* libre-service *m* **Selbstbedienungsrestaurant** *nt* [restaurant *m*] self-service *m*
Selbstbefriedigung *f* masturbation *f* **Selbstbefruchtung** *f* BOT autogamie *f*, autofécondation *f* **Selbstbeherrschung** *f* self-control *m;* **die ~ wahren/verlieren** garder/perdre son sang-froid **Selbstbestätigung** *f* valorisation *f* personnelle **Selbstbestimmung** *f kein Pl* autodétermination *f*; **sexuelle ~** libre consentement *m* sexuel **Selbstbestimmungsrecht** *nt kein Pl* ❶ liberté *f* de choix ❷ POL droit *m* à l'autodétermination; **das ~ der Völker** le droit des peuples à disposer d'eux-mêmes **Selbstbeteiligung** *f* franchise *f*; *(bei Krankenkassen)* ticket *m* modérateur; **mit hundert Euro ~** avec une franchise de cent euros; **ohne ~** sans franchise; *(bei Krankenkassen)* sans ticket modérateur **Selbstbetrug** *m* automystification *f* **Selbstbeweihräucherung** *f* seine ständige **~ geht mir auf die Nerven** il m'énerve à s'envoyer des fleurs sans arrêt **selbstbewusst**[RR] *Adj Person* sûr(e) de soi; **sein ~es Auftreten** son aplomb **Selbstbewusstsein**[RR] *nt* conscience *f* de sa propre valeur **Selbstbildnis** *nt* autoportrait *m* **Selbstbräuner** [-brɔɪnɐ] <-s, -> *m* autobronzant *m* **Selbstdarsteller(in)** *m(f)* personne *f* qui aime se mettre en scène **Selbstdarstellung** *f* ❶ présentation *f* de soi; *(Imagepflege)* promotion *f* personnelle; **~ betreiben** soigner son image ❷ *geh s.* Selbstbildnis **Selbstdisziplin** *f kein Pl* autodiscipline *f* **selbstdurchschreibend** *Adj* TYP *Papier* autocopiant(e) **Selbsterfahrungsgruppe** *f* PSYCH groupe *m* de développement personnel **Selbsterhaltungstrieb** *m* instinct *m* de conservation **Selbsterkenntnis** *f kein Pl* connaissance *f* de soi ▶**~ ist der erste Schritt zur Besserung** *Spr.* la connaissance de soi est la première condition du progrès
selbsternannt *s.* ernennen
Selbstfindung <-> *f geh* découverte *f* de soi-même
selbstgebacken *s.* backen I. ❶
Selbstgedrehte <-n, -n> *f fam* roulée *f (fam)* **selbstgefällig** *Adj* imbu(e) de sa personne **Selbstgefälligkeit** *f kein Pl* suffisance *f*
selbstgemacht *s.* machen I. ❷, ❶
selbstgenäht *s.* nähen I. ❶
selbstgenügsam *Adj* modeste; **~ sein** se contenter de peu **selbstgerecht** *Adj Person* pénétré(e) de soi-même; *Art* péremptoire **Selbstgespräch** *nt* soliloque *m;* **~e führen** soliloquer **selbsthaftend** *adj* autocollant(e) **Selbstheilungskräfte** *Pl einer Person* défenses *fpl* naturelles [de l'organisme]; *fig der Wirtschaft* capacité *f* d'autorégulation **selbstherrlich** *Adj* autoritaire, tyrannique **Selbstherrlichkeit** *f kein Pl* autoritarisme *m* **Selbsthilfe** *f kein Pl* recours *m* à ses propres moyens; **zur ~ greifen** s'organiser par ses propres moyens
Selbsthilfegruppe *f* association *f* d'entraide
Selbstironie *f kein Pl* autodérision *f* **Selbstjustiz** *f* règlement *m* de compte[s]; **~ üben** se faire justice soi-même; **~ an jdm üben** se venger de qn **selbstklebend** *Adj* autocollant(e) **Selbstkontrolle** *f kein Pl* PSYCH maîtrise *f* [o contrôle *m*] de soi, self-control *m*
Selbstkosten *Pl* coûts *mpl* de revient
Selbstkostenbehalt [-bahalt] <-[e]s> *m eines Versicherten* participation *f* aux frais de santé **Selbstkostenpreis** *m* prix *m* coûtant; **zum ~** à prix coûtant **Selbstkostenwert** *m* ÖKON valeur *f* du coût de revient
Selbstkritik *f kein Pl* autocritique *f*; **~ üben** faire son autocritique **selbstkritisch** I. *Adj Person* critique envers soi-même; *Artikel, Bemerkung* empreint(e) d'autocritique II. *Adv* en faisant preuve d'autocritique **Selbstlaut** *m* voyelle *f* **Selbstlerner(in)** *m(f)* autodidacte *mf*
selbstlos I. *Adj* désintéressé(e)
II. *Adv* de façon désintéressée
Selbstlosigkeit <-> *f* altruisme *m*
Selbstmedikation *f* automédication *f* **Selbstmitleid** *nt* apitoiement *m* sur soi-même
Selbstmord *m* suicide *m;* **~ begehen** se suicider
Selbstmordattentat *nt* attentat-suicide *m* **Selbstmordattentäter(in)** *m(f)* terroriste-suicide *mf*
Selbstmörder(in) *m(f)* suicidé(e) *m(f);* *(Mensch, der sich umbringen möchte)* suicidaire *mf* **selbstmörderisch** *Adj* suicidaire
Selbstmordgedanken *Pl* pensées *fpl* suicidaires **selbstmordgefährdet** *Adj* suicidaire **Selbstmordkandidat(in)** *m(f) fam* candidat(e) *m(f)* au suicide *(fam)* **Selbstmordkommando** *nt* commando *m* suicide **Selbstmordversuch** *m* tentative *f* de suicide
selbstredend *Adv* bien entendu **Selbstreinigung** *f* ÖKOL *von Gewässern, der Atmosphäre* autoépuration *f* **Selbstschussanlage**[RR] *f* système *m* de mitraillage automatique **Selbstschutz** *m* [auto]défense *f*; **zum ~** par mesure d'autodéfense **selbstsicher** I. *Adj Person* sûr(e) de soi; *Art, Wesen* plein(e) d'assurance II. *Adv* avec assurance; **sehr ~ auftreten** faire toujours preuve de beaucoup d'assurance **Selbstsicherheit** *f kein Pl* assurance *f* **selbstständig**[RR] *s.* selbständig **Selbstständige(r)**[RR] *s.* Selbständige(r) **Selbstständigkeit**[RR] *s.* Selbständigkeit
Selbststudium *nt* études *fpl* sans professeur; **etw im ~ lernen** étudier qc sans professeur **Selbstsucht** *f kein Pl* égoïsme *m* **selbstsüchtig** *Adj* égoïste **selbsttätig** I. *Adj* automatique II. *Adv* automatiquement; **Tür öffnet/schließt ~** porte à ouverture/fermeture automatique **Selbsttäuschung** *f kein Pl s.* Selbstbetrug **Selbsttötung** *f form* suicide *m* **Selbstüberschätzung** *f* surestimation *f* de soi; **in völliger ~** en surestimant largement ses capacités **Selbstüberwindung** *f* effort *m* sur soi-même; **es kostet ihn ~ etw zu tun** il doit faire un effort sur lui-même pour faire qc **Selbstverbrennung** *f* immolation *f* par le feu
selbstverdient *s.* verdienen I. ❶
selbstvergessen *Adv* absent(e) **Selbstverlag im ~** à compte d'auteur **Selbstverleugnung** *f kein Pl geh* abnégation *f (soutenu)*; **bis zur [völligen] ~** jusqu'à l'abnégation [totale] *(soutenu)* **Selbstverschulden** *nt* ADMIN responsabilité *f* entière **selbstverschuldet** *Adj* **ein ~er Unfall** un accident qui n'engage que sa propre responsabilité **Selbstversorger** *m* **sein** vivre en autosuffisance; *Hotelgast*: ne pas prendre ses repas à l'hôtel **selbstverständlich** I. *Adj* tout(e) naturel(le); **etw für [ganz] ~ halten** trouver que qc va de soi; **das ist doch ~!** ça va de soi! II. *Adv* [bien] évidemment; **etw wie ~ tun** faire qc comme si c'était tout naturel; [aber] **~!** [mais] bien entendu! **Selbstverständlichkeit** <-, -en> *f* évidence *f*; **für jdn eine ~ sein** aller de soi pour qn; **keine ~ sein** ne rien avoir d'évident pour qn; **etw mit der größten ~ tun** faire qc comme s'il n'y avait rien de plus naturel **Selbstverständnis** *nt kein Pl* **sein ~** l'image *f* qu'il se fait de lui-même; **ihr ~ als Frau** l'image qu'elle se fait d'elle-même en tant que femme **Selbstverstümmelung** *f* automutilation *f* **Selbstversuch** *m* test *m* sur soi-même; **etw im ~ testen** tester qc sur soi **Selbstverteidigung** *f* autodéfense *f* **Selbstvertrauen** *nt* confiance *f* en soi; **jds ~ stärken** donner confiance en soi à qn **Selbstverwaltung** *f* gestion *f* autonome; **kommunale ~** gestion autonome d'une commune **Selbstverwirklichung** *f* épanouissement *m* personnel **Selbstwertgefühl** *nt* amour-propre *m* **Selbstzensur** *f kein Pl* autocensure *f* **selbstzerstörerisch** *Adj* autodestructeur(-trice) **Selbstzerstörung** *f* autodestruction *f* **Selbstzufriedenheit** *f* auto-satisfaction *f pas de pl* **Selbstzweck** *m kein Pl* fin *f* en soi **Selbstzweifel** *m* **~ haben** avoir un doute profond en soi; **zu ~n neigen** avoir tendance à douter de soi
selchen ['zɛlçən] *tr V* SDEUTSCH, A fumer
selektieren* *tr V geh* sélectionner
Selektion [zelɛk'tsioːn] <-, -en> *f geh* sélection *f*
selektiv [zelɛk'tiːf] *geh* I. *Adj* sélectif(-ive)
II. *Adv* sélectivement
Selen [zeˈleːn] <-s> *nt* CHEM sélénium *m*
Selfmademan ['sɛlfmeɪdˌmɛn, *Pl:* ˈsɛlfmeɪdˌmɛn] <-s, -men> *m* self-made-man *m*
selig ['zeːlɪç] *Adj* ❶ *Blick, Lächeln* comblé(e); *Gefühl, Stimmung* de bonheur; **~ über etw** *(Akk)* **sein** être ravi(e) de qc
❷ *(beatifiziert)* bienheureux(-euse) *antéposé*
❸ *veraltet (verstorben)* **meine/seine ~e Mutter** feu ma/sa mère *(littér)*
▶ **wer's glaubt, wird ~!** *iron fam* on me la fait pas!
Selige(r) *f(m) dekl wie Adj* ❶ *(selig gesprochener Mensch)* bienheureux(-euse) *m(f)*
❷ *veraltet (verstorbener Mensch)* **ihr/dein ~r** son/ton défunt mari *(littér)*; **seine/deine ~** sa/ta défunte femme *(littér)*
Seligkeit <-> *f* ❶ *(Glücksgefühl)* [sentiment *m* de] béatitude *f*

② REL bonheur *m* éternel; **die ewige ~ erlangen** obtenir le bonheur éternel
selig|sprechen *tr V unreg* ECCL béatifier
Seligsprechung <-, -en> *f* béatification *f*
Sellerie ['zɛləri] <-s, -[s]> *m*, <-, -> *f* A céleri *m*
selten ['zɛltən] I. *Adj* rare
  II. *Adv* rarement
Seltenheit <-, -en> *f* ① *kein Pl (seltenes Vorkommen)* rareté *f*
  ② *(seltene Sache)* curiosité *f*; **eine große ~ sein** être un spécimen d'une grande rareté; **es ist eine ~, dass** il est rare que + *subj*
Seltenheitswert *m* **~ haben** être une curiosité; **ein Kunstwerk mit ~** une œuvre d'art qui est une curiosité
Selters ['zɛltɐs] <-, -> *nt*, **Selter[s]wasser** *nt* NDEUTSCH eau *f* de Seltz
seltsam ['zɛltzaːm] I. *Adj Person, Art, Wesen* curieux(-euse); *Aussehen, Geruch, Geschmack* bizarre; *Geschichte, Sache, Umstände* étrange; **[es ist schon] ~, dass sie davon nichts weiß** [c'est] étrange [*o* curieux] qu'elle ne sache rien de cela
  II. *Adv* ① *sich benehmen, verhalten* bizarrement; **~ riechen** sentir bizarre; **~ schmecken** avoir un drôle de goût
  ② *(merkwürdig) beklemmend* singulièrement; *glibberig, grünlich, still* curieusement
seltsamerweise ['zɛltzaːmɐˈvaɪzə] *Adv* curieusement
Seltsamkeit <-, -en> *f* bizarrerie *f*
Semantik [zeˈmantɪk] <-> *f* LING sémantique *f*
semantisch [zeˈmantɪʃ] LING I. *Adj* sémantique
  II. *Adv* sémantiquement
Semasiologie [zemazioloˈgiː] <-> *f* LING sémasiologie *f*
Semester [zeˈmɛstɐ] <-s, -> *nt* UNIV semestre *m (unité de temps utilisée pour le décompte des années d'études dans les universités allemandes)*; **im siebten ~ sein** être au septième semestre; *(in Frankreich)* être en quatrième année
  ▶ **ein älteres ~** un(e) étudiant(e) en fin d'études; *hum fam (älterer Mensch)* un(e) croulant(e) *(fam)*
Semesterferien [*Pl*: -riən] *Pl* vacances *fpl* semestrielles
Semifinale *nt* demi-finale *f*
Semikolon [zemiˈkoːlɔn] <-s, -s *o* -kola> *nt geh* point-virgule *m*
Seminar [zemiˈnaːɐ] <-s, -e *o* A -ien> *nt* ① *(Lehrveranstaltung)* séminaire *m*; **ein ~ besuchen** assister à un séminaire; **ein ~ halten/leiten** tenir/diriger un séminaire
  ② *(Universitätsinstitut)* institut *m*; **das germanistische ~** l'institut d'études germaniques
  ③ *s.* **Priesterseminar**
Seminararbeit *f* rapport *m* de séminaire
Seminarist [zeminaˈrɪst] <-en, -en> *m* ECCL séminariste *m*
Seminarschein *m* ≈ certificat *m*
Semiotik [zemiˈoːtɪk] <-> *f* ① LING sémiotique *f*
  ② MED sémiotique *f*, sémiologie *f*
Semit(in) [zeˈmiːt] <-en, -en> *m(f)* Sémite *mf*
semitisch *Adj* sémite; *Sprache* sémitique
Semmel ['zɛməl] <-, -n> *f* SDEUTSCH, A petit pain *m*
  ▶ **weggehen wie warme ~n** *fam* partir comme des petits pains *(fam)*
Semmelbrösel *Pl* A, SDEUTSCH chapelure *f* **Semmelknödel** *m* SDEUTSCH, A boulette *f* au pain **Semmelmehl** *nt* chapelure *f*
sen. *Adj Abk von* **senior** père
Senat [zeˈnaːt] <-[e]s, -e> *m* ① PARL *(in Bezug auf Berlin, Bremen und Hamburg)* sénat *m (nom donné au gouvernement régional)*
  ② *(in Bezug auf Frankreich, die USA)* Sénat *m*
  ③ JUR cour *f*
  ④ UNIV conseil *m* d'administration [de l'université]
  ⑤ *(in der Antike)* sénat *m*
Senator [zeˈnaːtoːɐ] <-s, -toren> *m* PARL, HIST sénateur *m*
Senatorin <-, -nen> *f* PARL sénatrice *f*
SenatsausschussRR *m* commission *f* sénatoriale
Sendeanlage *f* ELEC poste *m* émetteur **Sendeanstalt** *f* RADIO station *f* de radio; TV station de télévision **Sendebereich** *m* zone *f* d'émission **Sendefolge** *f* TV, RADIO programme *m* des émissions **Sendegebiet** *nt s.* **Sendebereich Sendegerät** *nt* appareil *m* émetteur **Sendeleiter(in)** *m(f)* RADIO, TV directeur(-trice) *m(f)* de production
senden[1] ['zɛndən] <sendete *o* CH sandte, hat gesendet *o* CH gesandt> I. *tr V* diffuser *Aufzeichnung, Fernsehspiel, Film*; envoyer *Notsignal, Botschaft*
  II. *itr V* **zwischen sieben und zwanzig Uhr ~** émettre de sept à vingt heures
senden[2] <sandte *o* sendete, gesandt *o* gesendet> *geh tr V* envoyer *Brief, Paket*; **jdm etw ~, etw an jdn ~** adresser qc à qn; **jdn ~ etw zu tun** dépêcher qn pour faire qc *(littér)*
Sendepause *f* intermède *m*; *(zwischen Sendeschluss und Sendebeginn)* arrêt *m* des émissions ▶ **~ haben** *fam (schweigen müssen)* devoir la fermer *(fam)* **Sendeplatz** *m* TV, RADIO créneau *m*
Sender ['zɛndɐ] <-s, -> *m* ① *(Sendeanstalt)* station *f*

② *(Sendegerät)* [poste *m*] émetteur *m*
Senderaum *m* studio *m* **Sendereihe** *f* série *f* d'émissions
Sendersuchlauf *m* touche *f* de balayage [des ondes]
SendeschlussRR *m* fin *f* des programmes; **zum ~ bringen wir noch Kurznachrichten** nous terminons notre programme par un bulletin d'informations **Sendezeit** *f* ① *(Dauer einer Sendung)* **eine Stunde ~ haben** disposer d'une heure d'antenne ② *(Zeit der Ausstrahlung)* tranche *f* horaire; **zur besten ~** au meilleur temps d'antenne
Sendung <-, -en> *f* ① *(Rundfunksendung, Fernsehsendung)* émission *f*
  ② *kein Pl (das Senden)* **auf ~ gehen/sein** passer/être à l'antenne
  ③ *(Warensendung)* envoi *m*; **eine ~ Bücher** un envoi de livres; **eingeschriebene ~** envoi en recommandé
  ④ *kein Pl geh (Mission)* mission *f*
SendungsbewusstseinRR *nt* conscience *f* de sa mission *pas de pl*
Seneca <-s> *m* HIST Sénèque *m*
Senegal ['zeːnegal] <-s> *m* le Sénégal
Senegalese [zenegaˈleːzə] <-n, -n> *m*, **Senegalesin** *f* Sénégalais(e) *m(f)*
senegalesisch *Adj* sénégalais(e)
Senf [zɛnf] <-[e]s, -e> *m* moutarde *f*; **scharfer/süßer ~** moutarde extraforte/douce
  ▶ **zu allem seinen ~ dazugeben [müssen]** *fam* [se croire obligé(e) de] mettre son grain de sel partout *(fam)*
senffarben, senffarbig *Adj* moutarde *app*
Senfgas *nt* gaz *m* moutarde **Senfgurke** *f* cornichon *m* à la moutarde **Senfkorn** <-körner> *nt* grain *m* de moutarde **Senfsoße** *f* sauce *f* [à la] moutarde
sengen ['zɛŋən] I. *tr V* roussir
  II. *itr V Sonne:* brûler
sengend *Adj Sonne* brûlant(e); *Hitze* torride
senil [zeˈniːl] *Adj* sénile
Senilität [zeniliˈtɛːt] <-> *f* sénilité *f*
senior ['zeːnjoːɐ] *Adj unv* **Gustav Müller ~** Gustav Müller père
Senior ['zeːnioːɐ, *Pl*: zeˈnioːrən] <-s, **Senioren**> *m* ① *(älterer Mann)* personne *f* âgée
  ② *Pl* SPORT **die ~en** les seniors *mpl*
  ③ *(Seniorchef)* père *m*
Seniorchef(in) [-ʃɛf] *m(f)* père *m*/mère *f*; *(Seniorpartner)* doyen(ne) *m(f)*
Seniorenabend *m* soirée *f* pour le troisième âge **Seniorenheim** *nt* résidence *f* pour les personnes âgées **Seniorenmannschaft** *f* équipe *f* de vétérans **Seniorenmeister(in)** *m(f)* vétéran *m* **Seniorenmeisterschaft** *f* championnat *m* de vétérans **Seniorenpass**RR *m* carte *f* vermeil **Seniorenstudium** *nt* université *f* du troisième âge **Seniorenwohnheim** *nt* foyer *m* pour personnes âgées
Seniorin <-, -nen> *f* ① *(ältere Frau)* personne *f* âgée
  ② *Pl* SPORT **die ~nen** les seniors *mpl*
Seniorpartner(in) *m(f)* doyen(ne) *m(f)*
Senkblei *nt* CONSTR fil *m* à plomb
Senke ['zɛŋkə] <-, -n> *f* dépression *f* [de terrain]
Senkel ['zɛŋkəl] <-s, -> *m* lacet *m*
senken ['zɛŋkən] I. *tr V* ① baisser *Arm, Hand, Kopf, Waffe*; abaisser *Zeigestock, Taktstock*
  ② *(absenken)* abaisser *Grundwasserspiegel, Wasserstand*
  ③ *(verringern)* réduire *Gebühr, Steuern, Preis*; faire baisser *Blutdruck, Fieber, Pulsfrequenz*
  II. *r V* **sich ~** ① *Kranlast, Schranke*: s'abaisser; *Zweig*: s'incliner; **sich auf den Boden ~** s'incliner jusqu'à terre
  ② *(niedriger werden) Erdboden, Boden, Decke*: s'affaisser; *Grundwasserspiegel*: baisser
Senkfuß *m* voûte *f* plantaire affaissée
senkrecht I. *Adj* vertical(e)
  II. *Adv* verticalement; **~ aufeinanderstehen** *Linien, Wände*: être perpendiculaire
Senkrechte <-n, -n> *f dekl wie Adj* perpendiculaire *f*
Senkrechtstart *m* AVIAT décollage *m* vertical **Senkrechtstarter** *m* ① *fam (Aufsteiger)* homme *m* qui a connu une ascension fulgurante ② *(Flugzeug)* avion *m* à décollage vertical **Senkrechtstarterin** *f fam* femme *f* qui a connu une ascension fulgurante
Senkung <-, -en> *f* ① *des Erdbodens* affaissement *m*; *des Grundwasserspiegels* abaissement *m*
  ② *kein Pl (Verringerung)* réduction *f*
  ③ *s.* **Blutsenkung**
Senkwaage *f* PHYS aréomètre *m*
Senn [zɛn] <-[e]s, -e> *m* SDEUTSCH, A, CH vacher *m*
Senne ['zɛnə] <-, -n> *f* SDEUTSCH, A alpage *m*
Senner(in) <-s, -> *m(f)* AGR SDEUTSCH, A vacher(-ère) *m(f)*
Sennerei <-, -en> *f* AGR SDEUTSCH, A, CH cabane *f* de vacher *(petite fromagerie dans les alpages)*

Sennhütte f A, SDEUTSCH chalet m [d'alpage]
Sensal(in) [zɛn'zaːl] <-s, -e> m(f) A (Makler) courtier(-ière) m(f)
Sensation [zɛnza'tsioːn] <-, -en> f sensation f; **wissenschaftliche/literarische ~** événement m scientifique/littéraire; **eine ~ sein** faire sensation
sensationell [zɛnzatsio'nɛl] I. Adj sensationnel(le)
II. Adv gestalten de façon extraordinaire
Sensationslust f goût m du sensationnel **sensationslüstern** Adj avide de sensationnel **Sensationspresse** f kein Pl presse f à sensation
Sense ['zɛnzə] <-, -n> f faux f
▸ **jetzt/dann ist ~!** sl maintenant/après basta! (fam)
Sensenmann <-männer> m liter Faucheuse f (littér)
sensibel [zɛn'ziːbəl] I. Adj sensible; **in bestimmten Fragen ~ sein** être sensible à certaines questions
II. Adv avec sensibilité; **besonders ~ reagieren** réagir avec une sensibilité particulière
Sensibelchen [zɛn'ziːbəlçən] <-s, -> nt hum, pej grand(e) sensible m(f)
sensibilisieren* tr V geh sensibiliser; **jdn für etw ~** sensibiliser qn à qc
Sensibilisierung <-, -en> f geh sensibilisation f; **~ für etw** sensibilisation f à qc
Sensibilität [zɛnzibili'tɛːt] <-, -en> f geh sensibilité f
Sensor ['zɛnzoːɐ] <-s, -soren> m capteur m
sensorisch Adj MED sensoriel(le)
Sensortaste f touche f à effleurement
Sentenz [zɛn'tɛnts] <-, -en> f geh (Sinnspruch) sentence f
sentimental [zɛntimɛn'taːl] I. Adj sentimental(e)
II. Adv **~ klingen** faire sentimental
Sentimentalität [zɛntimɛntali'tɛːt] <-, -en> f sentimentalité f; **keine Zeit für ~en haben** ne pas avoir le temps pour les grandes effusions
separat [zepa'raːt] I. Adj séparé(e)
II. Adv séparément
Separatismus [zepara'tɪsmʊs] <-> m séparatisme m
Separatist(in) [zepara'tɪst] <-en, -en> m(f) séparatiste mf
separatistisch Adj séparatiste
Separee[RR], **Séparée** [zepa'reː] <-s, -s> nt salon m particulier
Sepia ['zeːpia, Pl: 'zeːpian] <-, Sepien> f ❶ ZOOL seiche f
❷ kein Pl (Farbstoff) sépia f
Sepsis ['zɛpsɪs] <-, Sepsen> f MED septicémie f (spéc)
September [zɛp'tɛmbɐ] <-[s], -> m septembre m; s. a. April
Septett [zɛp'tɛt] <-[e]s, -e> nt septuor m
Septim [zɛp'tiːm] <-, -en> A v. Septime
Septime [zɛp'tiːmə] <-, -n> f ❶ (Ton) [note f] sensible f
❷ (Intervall) septième f
septisch ['zɛptɪʃ] Adj MED septique
Sequenz [ze'kvɛnts] <-, -en> f séquence f
Sera Pl von **Serum**
Serbe ['zɛrbə] <-n, -n> m, **Serbin** f Serbe mf
Serbien ['zɛrbian] <-s> nt la Serbie
serbisch I. Adj serbe
II. Adv dominiert par les Serbes
serbokroatisch [zɛrbokro'aːtɪʃ] Adj serbo-croate
Seren Pl von **Serum**
Serenade [zere'naːdə] <-, -n> f sérénade f
Serie ['zeːriə] <-, -n> f série f; **in ~** en série; **in ~ gehen** être produit(e) en série; **eine ~ von Unfällen/Einbrüchen** une série d'accidents/de cambriolages
seriell [zeri'ɛl] Adj Schnittstelle séquentiel(le)
Serienartikel m COM article m de série **Serienfertigung** f fabrication f en série **serienmäßig** I. Adj Herstellung en série; Ausstattung de série II. Adv **~ mit Klimaanlage ausgestattet** avec climatisation de série **Serienproduktion** f production f en série **Serienreife** f stade m adéquat pour la fabrication en série; **ein Produkt bis zur ~ bringen** mener un produit jusqu'au stade de la fabrication en série **Serienschaltung** f ELEC couplage m en série **Serientäter(in)** m(f) **er ist ein ~/sie ist eine ~in** c'est un habitué/c'est une habituée de ce genre de crime **serienweise** Adv ❶ COM en série ❷ fam (in Mengen) par fournées
Serife [ze'riːfə] <-, -n> f TYP empattement m
seriös [zeri'øːs] I. Adj (solide) sérieux(-euse)
II. Adv **~ auftreten** arborer un air sérieux; **~ wirken** faire sérieux
Seriosität <-> f sérieux m; **mangelnde ~** manque m de sérieux
Sermon [zɛr'moːn] <-s, -e> m pej fam sermon m (péj)
Serologie [zerolo'giː] <-> f MED sérologie f
seropositiv Adj séropositif(-ive)
Serpentine [zɛrpɛn'tiːnə] <-, -n> f ❶ route f en lacets; **sich in ~n hinaufwinden** monter en lacets
❷ (steile Kehre) virage m en épingle à cheveux
Serum ['zeːrʊm] <-s, Seren o Sera> nt sérum m
Server ['søːvɐ, 'zɔːɐvɐ] <-s, -> m INFORM serveur m

Service[1] ['søːɐvɪs] <-> m (Dienst, Bedienung) service m
Service[2] [zɛr'viːs] <-, -[s], -> nt (Geschirr) service m
Servicecenter[RR], **Service Center** ['søːɐvɪssɛntɐ] <-s, -> nt centre m de services **Servicementalität** f kein Pl esprit m de service **Serviceverpflichtung** f obligation f de service
servieren* [-viː-] I. tr V ❶ servir; **[jdm] etw ~** servir qc [à qn]; **es ist serviert** c'est servi
❷ FBALL **einem Spieler den Ball ~** passer la balle à un joueur
II. itr V ❶ faire le service
❷ TENNIS servir
Serviererin [zɛr'viːrərɪn] f, **Serviertochter** [-'viːɐ-] f CH serveuse f
Servierwagen m desserte f; (im Restaurant) chariot m
Serviette [zɛr'viɛta] <-, -n> f serviette f [de table]
Serviettenring m rond m de serviette
servil [zɛr'viːl] Adj pej geh servile
Servilität [-vi-] <-> f pej geh servilité f
Servobremse ['zɛrvo-] f TECH servofrein m **Servolenkung** f direction f assistée **Servomotor** m TECH servomoteur m
servus ['sɛrvʊs] Interj A, SDEUTSCH salut (fam)
Sesam ['zeːzam] <-s, -s> m sésame m
▸ **~, öffne dich!** Sésame, ouvre-toi!
Sesambrot nt pain m de sésame
Sessel ['zɛsəl] <-s, -> m ❶ fauteuil m
❷ A (Stuhl) chaise f
Sessellift m télésiège m
sesshaft[RR], **seßhaft**[ALT] Adj sédentaire; **~ werden/sein** s'établir/être établi(e)
Set [sɛt] <-s, -s> m o nt ❶ lot m
❷ (Platzdeckchen) set m [de table]
setzen ['zɛtsən] I. tr V + haben ❶ mettre Kind; placer Erwachsene; **das Kind auf den Stuhl ~** mettre l'enfant sur la chaise; **die Ehrengäste in die erste Reihe ~** placer les invités d'honneur au premier rang
❷ (tun) **den Hut auf den Kopf ~** mettre son chapeau; **die Flöte/das Glas an den Mund ~** porter sa flûte/son verre à la bouche
❸ (pflanzen) planter Pflanze
❹ (errichten) élever Denkmal, Grabmal, Zaun
❺ (festlegen) fixer Frist, Grenze, Termin, Ziel; **sich (Dat) ein Ziel ~** se fixer un but
❻ (einfügen) mettre Namen, Satzzeichen; **etw auf die Tagesordnung/in die Zeitung ~** mettre qc à l'ordre du jour/dans le journal
❼ (wetten) **hundert Euro auf jdn/etw ~** miser cent euros sur qn/qc
❽ TYP composer Buch, Manuskript
▸ **du gehorchst jetzt, oder es setzt was!** fam tu vas obéir maintenant, ou bien ça va cogner! (fam)
II. r V + haben **sich ~** ❶ sich ~ Person, Tier: s'asseoir; Vogel: se poser; **sich auf einen Stuhl ~** s'asseoir sur une chaise; **sich in einen Sessel/die Badewanne ~** s'asseoir dans un fauteuil/la baignoire; **sich an den Tisch ~** s'asseoir à la table; **sich in die Sonne/die erste Reihe ~** s'asseoir au soleil/au premier rang; **sich zu jdm ~** s'asseoir à côté de qn; **sich aufs Fahrrad/Pferd ~** monter sur le vélo/cheval; **sich in den Zug/das Flugzeug ~** prendre le train/l'avion; **sitz!** assis!
❷ (sich senken) **sich ~** Erdreich, Neubau: s'affaisser; Kaffee, Saft: décanter; Schwebstoff: se déposer
III. itr V + haben a. fig (wetten) **auf jdn/etw ~** miser sur qn/qc; **auf Rot ~** miser sur le rouge
❷ + haben o sein (springen) **über ein Hindernis ~** sauter par-dessus un obstacle
Setzer(in) <-s, -> m(f) TYP compositeur(-trice) m(f), typographe mf
Setzerei <-, -en> f TYP atelier m de composition
Setzfehler m TYP coquille f **Setzkasten** m TYP casse f
Setzling <-s, -e> m ❶ (Pflanze) plant m
❷ (Fisch) alevin m
Setzmaschine f TYP machine f à composer
Seuche ['zɔyçə] <-, -n> f ❶ épidémie f
❷ pej fam (Plage) plaie f
Seuchenbekämpfung f kein Pl lutte f contre les épidémies pas de pl **Seuchengebiet** nt région f contaminée **Seuchengefahr** f risque m d'épidémie **Seuchenherd** m foyer m d'épidémie **Seuchenschutz** m kein Pl protection f contre les épidémies
seufzen ['zɔyftsən] I. itr V soupirer; **über etw** (Akk) **~** soupirer de qc; **das Seufzen** les soupirs mpl
II. tr V soupirer
Seufzer <-s, -> m soupir m; **einen ~ [der Erleichterung] ausstoßen** pousser un soupir [de soulagement]
Sex [sɛks] <-[es]> m ❶ sexe m; **~ mit jdm haben** fam avoir des rapports sexuels avec qn
❷ (sexuelle Anziehungskraft) sex-appeal m (vieilli)
Sexappeal[RR] [-əpiːl] <-s> m sex-appeal m (vieilli) **sexbesessen** Adj obsédé(e) sexuel(le) **Sexbombe** f sl canon m (fam)

Sexbranche f branche f du sexe **Sexclub** m bar ou club privé se rapprochant d'une maison close ou d'un club échangiste **Sexfilm** m film m érotique **Sexidol** nt sexe-symbole m **Sexindustrie** f industrie f du sexe
Sexismus [sɛˈksɪsmʊs, zɛˈksɪsmʊs] <-, -ismen> m ❶ kein Pl (Einstellung) sexisme m
❷ (Bemerkung) remarque f sexiste
Sexist(in) [sɛˈksɪst, zɛˈksɪst] <-en, -en> m(f) sexiste mf
sexistisch I. Adj sexiste
II. Adv sich verhalten de façon sexiste; ~ **eingestellt sein** avoir une mentalité sexiste
Sexmagazin nt magazine m érotique **Sexorgie** [-ɔrgiə] f fam partouze f (fam) **Sexshop** [-ʃɔp] <-s, -s> m sex-shop m
Sexta [ˈzɛksta] <-, Sexten> f ❶ SCHULE, HIST (erste Klasse des Gymnasiums) première classe du Gymnasium
❷ SCHULE A (sechste Klasse des Gymnasiums) sixième classe du Gymnasium
Sextaner(in) <-s, -> m(f) ❶ SCHULE, HIST élève de la première classe du Gymnasium
❷ SCHULE A élève de la sixième classe du Gymnasium
Sextant [zɛksˈtant] <-en, -en> m sextant m
Sexte [ˈzɛkstə] <-, -n> f ❶ (Ton) sus-dominante f
❷ (Intervall) sixte f
Sextett [zɛksˈtɛt] <-[e]s, -e> nt sextuor m
Sextourismus [-tʊrɪsmʊs] m tourisme m sexuel
Sexualdelikt m délit m sexuel **Sexualerziehung** [sɛksuˈaːl-, zɛksuˈaːl-] s. **Sexualkunde** **Sexualforscher(in)** m(f) sexologue mf
Sexualität [sɛksualiˈtɛːt, zɛksualiˈtɛːt] <-> f sexualité f
Sexualkunde f kein Pl éducation f sexuelle **Sexualkundeunterricht** m cours m d'éducation sexuelle **Sexualleben** nt kein Pl vie f sexuelle **Sexualmediziner(in)** m(f) médecin m sexologue **Sexualmord** m crime m à caractère sexuel **Sexualobjekt** nt objet m sexuel **Sexualstraftäter(in)** m(f) délinquant(e) m(f) sexuel(le) **Sexualtäter(in)** m(f) auteur m(f) de délit sexuel **Sexualtherapeut(in)** m(f) sexologue mf clinicien(ne) **Sexualtherapie** f sexothérapie f **Sexualtrieb** m kein Pl pulsions fpl sexuelles **Sexualverbrechen** nt crime m sexuel **Sexualverbrecher(in)** m(f) criminel(le) m(f) sexuel(le) **Sexualwissenschaft** f kein Pl sexologie f **Sexualwissenschaftler(in)** s. **Sexualforscher(in)**
sexuell [sɛksuˈɛl, zɛksuˈɛl] I. Adj sexuel(le)
II. Adv sexuellement; begehren physiquement; **mit jdm ~ verkehren** avoir des relations sexuelles avec qn
sexy [ˈsɛksi, ˈzɛksi] Adj unv fam sexy
Seychellen [zeˈʃɛlən] Pl die ~ les Seychelles fpl
Sezession [zetsɛˈsioːn] <-, -en> f POL sécession f
Sezessionskrieg m kein Pl HIST guerre f de Sécession
sezieren* I. tr V disséquer Leiche; **das Sezieren** la dissection
II. itr V pratiquer une dissection
Seziersaal m salle f de dissection
SFB <-> m RADIO Abk von Sender Freies Berlin SFB m
s-förmig[RR], **S-förmig** [ˈɛs-] Adj en [forme de] s
sfr., **sFr.** Abk von Schweizer Franken CHF
SGML INFORM Abk von Standard Generalized Mark-up Language SGML
Shampoo [ˈʃampu, ˈʃampoː] <-s, -s> nt shampo[o]ing m
Shareware [ˈʃɛːɛvɛːɐ, ˈʃæəwæə] <-, -s> f INFORM logiciel m contributif
Sheriff [ˈʃɛrɪf] <-s, -s> m shérif m
Sherry [ˈʃɛri] <-s, -s> m sherry m
Shetlandpony [ˈʃɛtlant-, ˈʃɛtlənd-] nt poney m des îles Shetland
Shift-Taste [ˈʃɪft-] f INFORM touche f Majuscule
Shirt [ʃøːɐt, ʃœrt] <-s, -s> nt t[ee]-shirt m
Shootingstar[RR] [ˈʃuːtɪŋstaː(r)] m fam étoile f filante
Shop [ʃɔp] <-s, -s> m magasin m, boutique f
shoppen [ˈʃɔpən] itr V fam faire du shopping (fam), faire les boutiques (fam); ~ **gehen** aller faire les boutiques (fam)
Shopping [ˈʃɔpɪŋ] <-s> nt fam shopping m (fam)
Shortcut [ˈʃɔːtkʌt] m INFORM raccourci m clavier
Shorts [ʃoːɐts, ʃɔrts] Pl short m; **in ~ en short**
Show [ʃoʊ] <-, -s> f show m
▶ **eine ~ abziehen** fam faire son cinéma (fam)
Showbusiness[RR] [ˈʃoʊbɪznɪs], **Showbusineß**[ALT] nt kein Pl show-business m
Showdown [ʃoːˈdaʊn] <-s, -s> nt showdown m
Showgeschäft [ˈʃoʊ-] s. **Showbusiness** **Showmaster(in)** [ˈʃoʊmaːstɐ] <-s, -> m(f) animateur(-trice) m(f)
Shuttle [ˈʃatəl] <-s, -s> m ❶ (Raumfähre) navette f spatiale
❷ (Pendelverkehr) navette f
Siam [ˈziːam] <-s> nt HIST Siam m
siamesisch [ziaˈmeːzɪʃ] Adj siamois(e)
Siamkatze f chat m siamois

Sibirien [ziˈbiːriən] <-s> nt la Sibérie
sibirisch Adj sibérien(ne); Hauptstadt de la Sibérie
sibyllinisch [zibyˈliːnɪʃ] geh I. Adj sibyllin(e)
II. Adv de façon sibylline
sich [zɪç] I. Pron refl, Akk ❶ se; (Höflichkeitsform) vous; ~ **waschen** se laver; **stolz auf ~ sein** être fier(fière) de soi; **jeder für ~** chacun pour soi; **sie lieben ~** ils s'aiment; **machen Sie ~ schön!** faites-vous beau/belle!
❷ (in passivischen, unpersönlichen Wendungen): **prima fahren** Auto, Fahrrad, Motorrad: se conduire très bien; **hier arbeitet es ~ gut** on arrive bien à travailler ici; **bei Nebel fährt es ~ schlecht** on roule mal par temps de brouillard
II. Pron refl, Dat se; (Höflichkeitsform) vous; ~ **die Haare waschen** se laver les cheveux; **sie schütteln ~ die Hand** ils se serrent la main; **waschen Sie ~ die Hände!** lavez vos mains!; **er/sie hatte keinen Ausweis bei ~** il/elle n'avait pas ses papiers sur lui/elle; **es ist nett, dass Sie uns zu ~ einladen** c'est gentil de nous inviter chez vous; **sie sind mit ~ sehr zufrieden** ils/elles sont très satisfait(e)s d'eux/d'elles
Sichel [ˈzɪçəl] <-, -n> f ❶ faucille f
❷ fig des Mondes croissant m
sichelförmig Adj en forme de faucille; **ein ~er Mond** une lune en forme de croissant
sicher [ˈzɪçɐ] I. Adj ❶ (gewiss) certain(e); ~ **sein** Angelegenheit: être sûr(e) [o certain(e)]; **sich** (Dat) **einer S.** (Gen) ~ **sein** être sûr(e) [o certain(e)] de qc; **es ist ~, dass er kommt** il est certain qu'il vient; **es ist nicht ~, ob er kommt** il n'est pas certain qu'il vienne; **so viel ist ~, sie wird uns helfen** une chose est sûre, elle nous aidera; **jdm ~ sein** Strafe, Tod, Erfolg, Sieg: être assuré(e) pour qn; **Verrätern ist der Tod ~** c'est la mort assurée pour les traîtres; **seiner** (Gen) **selbst ~ sein** être sûr(e) de soi; **etwas Sicheres** quelque chose de sûr; **etwas Sicheres weiß man noch nicht** on ne sait encore rien de sûr
❷ (außer Gefahr) Platz, Zufluchtsort sûr(e); Abstand de sécurité; **aus ~er Entfernung** à bonne distance; ~ **sein** Person, Gegenstand: être en sécurité; **vor jdm/etw ~ sein** Person, Gegenstand: être à l'abri de qn/qc; **dieser Ort ist ~** cet endroit est sûr
❸ (zuverlässig) Fahrer, Schütze, Schwimmer chevronné(e); Methode, Tipp, Geschmack sûr(e); **das ~e Gefühl haben, dass etw gelingt** avoir la nette impression que qc va réussir
❹ (fest) Zusage ferme; Arbeitsplatz, Einkommen sûr(e)
❺ (selbstsicher) sûr(e) de lui/d'elle; **einen ~en Eindruck machen** donner une impression de sûreté; **sein ~es Auftreten** son air sûr de lui
▶ ~ **ist ~** deux précautions valent mieux qu'une
II. Adv ❶ (höchstwahrscheinlich) certainement, sûrement; [aber] ~! fam (klar!) mais comment donc! (fam)
❷ (gesichert) aufbewahren, unterbringen en sécurité; **bei mir sind die Unterlagen ~er aufbewahrt** les documents sont plus en sécurité chez moi; **am ~sten ist es, ...** le plus sûr, c'est...
❸ (zuverlässig) fahren, schießen, rechnen avec sûreté
❹ (selbstsicher) auftreten, reden avec assurance; **sehr ~ wirken** donner l'impression d'avoir beaucoup d'assurance
sicher|gehen itr V unreg + sein prendre ses précautions; **ich will ~, dass es geheim bleibt** je veux être [absolument] sûr(e) que ça reste secret; **um sicherzugehen** pour être plus sûr(e)
Sicherheit <-, -en> f ❶ kein Pl sécurité f; **Ordnung und ~** l'ordre et la sécurité; **die öffentliche ~** la sécurité publique; **sich vor jdm/etw in ~ bringen** se mettre à l'abri de qn/qc; **etw in ~ bringen** mettre qc en sécurité; **in ~ sein** être en sécurité [o à l'abri]; **sich in ~ wiegen** se croire en sécurité [o à l'abri]; **jdn in ~ wiegen** endormir qn; **der ~ halber** par [mesure de] précaution
❷ kein Pl (das Abgesichertsein) **soziale ~** protection f sociale
❸ kein Pl (Gewissheit) certitude f; **mit hundertprozentiger ~ wissen** être sûr(e) de qc à cent pour cent; **mit absoluter ~** avec certitude absolue; **mit weitgehender ~** très probablement; **mit an ~ grenzender Wahrscheinlichkeit** de façon quasi-certaine
❹ kein Pl (Zuverlässigkeit) des Geschmacks sûreté f; einer Methode, eines Mittels, Urteils fiabilité f; **etw mit großer ~ beherrschen** maîtriser qc avec beaucoup de fiabilité; **etw mit schlafwandlerischer ~ tun** faire qc les yeux fermés
❺ kein Pl (Selbstsicherheit) des Auftretens assurance f
❻ (Kaution) caution f; FIN garantie f, sûreté f; ~ **en leisten** fournir des garanties
Sicherheitsabstand m distance f de sécurité **Sicherheitsberater(in)** m(f) conseiller(-ère) m(f) à la sécurité **Sicherheitsbestimmung** f consigne f de sécurité **Sicherheitsbindung** f SKI fixation f de sécurité **Sicherheitsdienst** m service m de sécurité **Sicherheitsglas** nt verre m de sécurité **Sicherheitsgurt** m ceinture f de sécurité; **den ~ anlegen** mettre la ceinture [de sécurité] **sicherheitshalber** [-halbɐ] Adv par [mesure de] précaution **Sicherheitskette** f chaîne f de sûreté **Sicherheitskontrolle** f (am Flughafen) contrôle m de sécurité

Sicherheitskopie f INFORM copie f de sauvegarde [o de secours], sauvegarde f **Sicherheitskräfte** Pl forces fpl de sécurité **Sicherheitslücke** f lacune f en matière de sécurité **Sicherheitsmaßnahme** f mesure f de sécurité **Sicherheitsnadel** f épingle f de sûreté [o à nourrice] **Sicherheitsrat** m kein Pl POL Conseil m de sécurité **Sicherheitsrisiko** nt menace f pour la sécurité **Sicherheitsschloss**^RR nt serrure f de sûreté **Sicherheitsstufe** f niveau m de sécurité **Sicherheitstechnik** f technique f de sécurité **Sicherheitsventil** nt soupape f de sûreté **Sicherheitsverschluss**^RR m fermeture f de sûreté **Sicherheitsvorkehrung** f mesure f de sécurité; **~en treffen** prendre des mesures de sécurité **Sicherheitsvorschriften** Pl consignes fpl de sécurité

sicherlich Adv sûrement; **~ ist es nicht einfach** ce n'est sûrement pas simple

sichern ['zɪçɐn] I. tr V ① (schützen) protéger ② (mechanisch blockieren) mettre le cran de sûreté à Schusswaffe ③ (garantieren) garantir; **gesichert** Einkommen, Rechte assuré(e) ④ (sicherstellen) relever Spuren, Beweise ⑤ INFORM sauvegarder Daten ⑥ (verschaffen) [jdm] etw ~ assurer qc [à qn]; **jdm einen Platz/einen Anteil ~** garder une place/part à qn ⑦ (stabilisieren) assurer Position, Frieden ⑧ (absichern) protéger Baustelle, Grube; assurer Bergsteiger II. r V **sich gegen etw ~** se protéger contre qc

sicher|stellen tr V ① (garantieren) garantir Versorgung, Lebensunterhalt ② (konfiszieren) Behörde, Polizei, Zoll: saisir Diebesgut, Waffen

Sicherstellung f ① (das Garantieren) garantie f; **der ~ einer S. (Gen) dienen** servir à garantir qc ② (das Konfiszieren) saisie f

Sicherung <-, -en> f ① kein Pl des Unterhalts garantie f; **das System der sozialen ~** le système de protection sociale; **an die ~ der Zukunft denken** penser à assurer son avenir ② kein Pl (Absicherung) einer Baustelle, Grube protection f ③ kein Pl INFORM sauvegarde f ④ ELEC fusible m; **die ~en sind durchgebrannt** les fusibles ont grillé ⑤ TECH (Sicherungsvorrichtung) système m de sécurité; einer Schusswaffe cran m de sûreté
▶ **bei ihm brennt die ~ durch** fam il pète les plombs (fam)

Sicherungsgewahrsam m JUR, ADMIN détention f préventive **Sicherungskasten** m coffret m de coupe-circuits **Sicherungskopie** f INFORM sauvegarde f **Sicherungsverwahrung** f ≈ peine f de sûreté

Sicht [zɪçt] <-, selten -en> f ① vue f; **eine freie ~** une vue dégagée; **eine eingeschränkte ~** une visibilité réduite; **jdm die ~ nehmen** cacher la vue à qn; **eine gute/herrliche ~ auf etw (Akk) haben** avoir une belle vue/vue splendide sur qc; **in ~ sein/kommen** être en vue/apparaître ② (Betrachtungsweise) vision f; **aus meiner ~** de mon point de vue; **aus heutiger ~** du point de vue actuel; **aus medizinischer/wissenschaftlicher ~** du point de vue médical/scientifique; **deine ~ der Dinge** ta vision des choses ③ COM, FIN (Vorlage) vue f; **zahlbar bei ~** payable à vue; **auf/bei ~ bezahlen** payer à vue
▶ **auf kurze/mittlere/lange ~** à court/moyen/long terme

sichtbar I. Adj ① visible; **gut/schlecht ~ sein** être bien/ne pas être bien visible; **besser ~ sein** se voir mieux ② (offenkundig) Fortschritt, Veränderung sensible II. Adv altern, abnehmen, zunehmen nettement; **sich verändern, verbessern, verschlechtern** sensiblement; **~ Fortschritte machen** faire des progrès sensibles

Sichtbeton m kein Pl béton m apparent [o décoratif]

sichten tr V ① NAUT apercevoir; **ich habe den Chef heute schon gesichtet** hum fam j'ai déjà aperçu la trombine du chef aujourd'hui (fam) ② (durchsehen) **Akten/die Korrespondenz ~** passer des dossiers/la correspondance en revue

Sichtfenster nt hublot m **Sichtflug** m navigation f à vue **Sichtgrenze** f visibilité f **sichtlich** I. Adj visible; **zu seiner ~en Erleichterung** à son grand soulagement II. Adv visiblement **Sichtung** <-, -en> f kein Pl ① NAUT **nach ~ des Eisbergs** après avoir aperçu l'iceberg ② (Durchsicht) tri m

Sichtverhältnisse Pl [conditions fpl de] visibilité f **Sichtvermerk** m visa m **Sichtweite** f visibilité f; **außer/in ~ sein** être hors de/en vue

Sickergrube f puisard m

sickern ['zɪkɐn] itr V + sein ① suinter; **in den Erdboden ~** s'infiltrer dans la terre; **aus einem Behälter ~** suinter d'un récipient ② fig Information, Plan: s'ébruiter; **es darf auf keinen Fall etwas an die Öffentlichkeit/nach draußen ~** il faut absolument que rien ne filtre en public/à l'extérieur

Sickerwasser nt eaux fpl d'infiltration

Sideboard ['saɪdbɔːd] <-s, -s> nt bahut m

sie¹ [ziː] I. Pron pers, 3. Pers Sing, Nom ① (auf eine Person, ein weibliches Tier bezogen) elle; **~ ist nicht da** elle n'est pas là; **er ist kleiner als ~** il est plus petit qu'elle; **da kommt ~!** la voilà qui arrive!; **~ ist es [wirklich]!** c'est [bien] elle! ② (allgemein auf ein Tier, eine Katze/Kuh) **eine Katze/Kuh fotografieren, während ~ frisst** photographier un chat/une vache pendant qu'il/qu'elle mange; **ich suche meine Tasche/Uhr, wo ist ~?** je cherche mon sac/ma montre, où est-il/est-elle? II. Pron pers, 3. Pers Sing, Akk ① (auf eine Person, ein weibliches Tier bezogen) la; **er grüßt/begleitet ~** il la salue/l'accompagne; **ich warte auf ~** je l'attends; **ich werde ~ anrufen** je lui téléphonerai; **ohne ~** sans elle; **das ist für ~** c'est pour elle ② (allgemein auf ein Tier, eine Sache bezogen) **da drüben ist eine Katze/Kuh, siehst du ~?** là-bas, il y a un chat/une vache, tu le/la vois?; **wo ist meine Tasche/Uhr? Ich finde ~ nicht!** où est mon sac/ma montre? Je ne le/la trouve pas!

sie² I. Pron pers, 3. Pers Pl, Nom ① (auf Personen bezogen) ils; (allein stehend) eux; (auf ausschließlich weibliche Personen, Tiere bezogen) elles; **~ sind nicht da** ils/elles ne sont pas là; **wir sind klüger als ~** nous sommes plus malins(-ignes) qu'eux/qu'elles; **da kommen ~!** les voilà qui arrivent!; **~ sind es [wirklich]!** ce sont [bien] eux/elles! ② (allgemein auf Tiere und Sachen bezogen) **den Katzen/Kühen zuschauen, während ~ fressen** observer les chats/vaches pendant qu'ils/qu'elles mangent; **ich suche meine Handschuhe/Sandalen, wo sind ~?** je cherche mes gants/sandales, où sont-ils/sont-elles? II. Pron pers, 3. Pers Pl, Akk ① (auf Personen bezogen) **er grüßt/begleitet ~** il les salue/les accompagne; **ich warte auf ~** je les attends; **ich werde ~ anrufen/fragen** je leur téléphonerai/demanderai; **ohne/für ~** sans/pour eux; (auf ausschließlich weibliche Personen, Tiere bezogen) sans/pour elles ② (allgemein auf Tiere und Sachen bezogen) les

Sie¹ Pron pers, Höflichkeitsform vous; **könnten ~ mir bitte sagen, wo/wie ...?** s'il vous plaît, pourriez-vous me dire où/comment...?; **ich bitte ~ um Entschuldigung** je vous prie de m'excuser; **kommen ~ schnell!** venez vite!; **~ Glückliche/Arme!** espèce de veinarde/ma pauvre!; **~ Glückliche!** espèce de veinarde!; **~ Armer!** mon pauvre!

Sie² <-> nt das förmliche **~** le vouvoiement formel; **jdn mit ~ anreden** vouvoyer qn

---

Land und Leute

Bien que le *Du* soit de plus en plus répandu, c'est l'emploi de **Sie** qui est encore le plus fréquent, car dans la plupart des cas, on vouvoie les personnes de plus de trente ans que l'on ne connaît pas. Les enseignants vouvoient souvent leurs élèves à partir de l'âge de 17 ans. Il est de règle de vouvoyer, c'est-à-dire *siezen*, les vendeurs, les employés de banque ou les serveurs des restaurants. Depuis peu, on entend cependant de plus en plus souvent les employés de bars tutoyer leurs clients, et vice versa.

Sie³ <-, -s> f fam ① **eine ~** une nana (fam); **Er, 31, sucht sportliche ~** Homme, 31 ans, cherche femme sportive ② (weibliches Tier) **unser Hamster ist eine ~** notre hamster est une femelle

Sieb [ziːp] <-[e]s, -e> nt (Küchensieb) passoire f; (Kaffeesieb) passoire à café; (für Tee) passe-thé m; (für Mehl, Sand) tamis m

Siebdruck <-drucke> m sérigraphie f

sieben¹ ['ziːbən] Num sept; s. a. **acht**¹

sieben² tr V ① tamiser ② fam (aussondern) faire une sélection de Bewerber, Material, Daten

Sieben <-, -o -en> f ① (Zahl) sept m ② kein Pl (U-Bahn-Linie, Bus-, Straßenbahnlinie) sept m

siebenarmig Adj à sept branches

Siebenbürgen [-ˈbʏrgən] <-s> nt la Transylvanie

Siebeneck nt heptagone m **siebeneckig** Adj heptagonal(e)

siebeneinhalb Num ~ **Meter** sept mètres et demi; s. a. **achteinhalb**

siebenerlei ['ziːbənɐlaɪ] Adj unv ~ **Sorten Brot** sept sortes de pain; s. a. **achterlei**

siebenfach, 7fach I. Adj **die ~e Menge nehmen** prendre sept fois plus [o sept fois la quantité] II. Adv falten sept fois; s. a. **achtfach**

Siebenfache(s) nt dekl wie adj septuple m (rare); **das ~ verdienen** gagner sept fois plus; s. a. **Achtfache(s)**

siebenhundert Num sept cents **siebenhundertjährig** Adj de

sept centenaires **siebenhundertste(r, s)** *Adj* sept centième
siebenhunderttausend *Num* sept cent mille
siebenjährig *Adj Kind, Amtszeit* de sept ans
Siebenjährige(r) *f(m) dekl wie Adj* garçon *m*/fille *f* de sept ans
siebenköpfig *Adj Familie* de sept [personnes]
siebenmal *Adv* sept fois; *s. a.* **achtmal**
siebenmalig [ˈziːbənmaːlɪç] *Adj* nach ~em Klingeln au septième coup de sonnette; *s. a.* **achtmalig**
Siebenmeilenstiefel *Pl* bottes *fpl* de sept lieues
▶ **mit ~n** *fam gehen* à pas de géant
Siebenmeterbrett *nt* plongeoir *m* de sept mètres
Siebenmonatskind *nt* prématuré(e) *m(f)* de sept mois
Siebensachen *Pl fam* **seine ~ packen** prendre ses cliques et ses claques *(fam)* **Siebenschläfer** [-ʃlɛːfɐ] *m* loir *m*
siebenseitig *Adj* de sept pages
siebenstellig *Adj Zahl* de sept chiffres
siebenstöckig *Adj* de sept étages; **~ sein** avoir sept étages
siebenstündig *Adj attr* de sept heures
siebent *s.* **siebt**
siebentägig [-tɛːgɪç] *Adj* de sept jours
siebentausend *Num* sept mille **Siebentausender** <-s, -> *m* sept mille [mètres]
siebente(r, s) *Adj s.* **siebte(r, s)**
siebenteilig *Adj Film* en sept parties; *Satz* de sept; *Besteck* de sept pièces
Siebentel *s.* **Siebtel**
siebentens [ˈziːbəntəns] *s.* **siebtens**
siebenzeilig *Adj Gedicht, Strophe* de sept vers; *Text* de sept lignes; *s. a.* **achtzeilig**
siebt *Adj* **zu ~ sein** être [à] sept; *s. a.* **acht**[2]
siebte(r, s) *Adj* ❶ septième
❷ *(bei Datumsangaben)* **der ~ Mai** *écrit:* **der 7. Mai** le sept mai *geschrieben:* le 7 mai
❸ SCHULE **die ~ Klasse** [*o* **die ~** *fam*] ≈ la sixième; *s. a.* **achte(r, s)**
Siebte(r) *f(m) dekl wie Adj* ❶ septième *mf*
❷ *(Datumsangabe)* **der ~/am ~n** *écrit:* **der 7./am 7.** le sept *geschrieben:* le 7
❸ *(Namenszusatz)* **Karl der ~** *écrit:* **Karl VII.** Charles sept *geschrieben:* Charles VII
❹ *(Sinfonie)* **Beethovens ~** la Septième Symphonie de Beethoven; *s. a.* **Achte(r)**
siebtel [ˈziːptəl] *Adj* septième; *s. a.* **achtel**
Siebtel <-s, -> *nt a.* MATH septième *m*
siebtens [ˈziːptəns] *Adv* septièmement
siebzehn [ˈziːptseːn] *Num* dix-sept; *s. a.* **acht**[1] **siebzehnte(r, s)** *Adj* dix-septième; *s. a.* **achte(r, s)**
siebzig [ˈziːptsɪç] *Num* soixante-dix, septante (BELG, CH); *s. a.* **achtzig**
Siebzig <-> *f* soixante-dix *m*, septante *m* (BELG, CH)
siebziger *Adj*, **70er** *Adj unv* **die ~ Jahre** les années *fpl* soixante-dix; *s. a.* **achtziger**
Siebziger[1] <-s, -> *m* ❶ *(Mann in den Siebzigern)* septuagénaire *m*
❷ *s.* **Siebzigjährige(r)**
❸ *fam (Wein)* 1970 *m*
Siebziger[2] <-, -> *f* HIST *fam (Briefmarke)* timbre *m* à soixante-dix pfennigs
Siebziger[3] *Pl* ❶ **die ~** *eines Jahrhunderts* les années *fpl* soixante-dix
❷ *(Lebensalter)* **in den ~n sein** être septuagénaire; *s. a.* **Achtziger**[3]
Siebzigerin <-, -nen> *f* ❶ *(Frau in den Siebzigern)* septuagénaire *f*
❷ *s.* **Siebzigjährige(r)**
Siebzigerjahre *Pl* **die ~** les années *fpl* soixante-dix
siebzigjährig *Adj attr Person* septuagénaire; *Baum* de soixante-dix ans; *s. a.* **achtzigjährig**
Siebzigjährige(r) *f(m) dekl wie Adj* homme *m*/femme *f* de soixante-dix ans; **etw als ~r/~ tun** faire qc à soixante-dix ans
Siebzigpfennigmarke, 70-Pfennig-Marke *f* HIST timbre *m* à soixante-dix pfennigs
siebzigste(r, s) *Adj* soixante-dixième; *s. a.* **achtzigste(r, s)**
siedeln [ˈziːdəln] *itr V* s'établir
sieden [ˈziːdən] <siedete *o* sott, gesiedet *o* gesotten> *itr V* bouillir; **~d heiß sein** être bouillant(e); **etw zum Sieden bringen** faire bouillir qc
▶ **jdm ~d heiß einfallen** *fam* revenir tout d'un coup à qn
siedendheiß[ALT] *s.* **sieden**
Siedepunkt *m* température *f* d'ébullition
Siedewasserreaktor *m* réacteur *m* à eau bouillante; **~ mit direktem/indirektem Kreislauf** réacteur à eau bouillante à cycle direct/indirect
Siedler(in) [ˈziːdlɐ] <-s, -> *m(f)* colon *m*
Siedlung [ˈziːdlʊŋ] <-, -en> *f* ❶ *(Wohnhausgruppe)* lotissement *m*
❷ *(Ansiedlung)* colonie *f*
Siedlungsgebiet *nt* région *f* de colonisation **Siedlungspolitik** *f*

kein *Pl* politique *f* de colonisation
Sieg [ziːk] <-[e]s, -e> *m* victoire *f*; **um den ~ kämpfen** lutter pour la victoire; **den ~ erringen** [*o* **davontragen**] *geh* remporter la victoire; **einer S.** *(Dat)* **zum ~ verhelfen** faire triompher qc; **jdn um den ~ bringen**, **jdn den ~ kosten** coûter la victoire à qn; **der ~ des Guten über das Böse** le triomphe du bien sur le mal
Siegel [ˈziːgəl] <-s, -> *nt* ❶ *(Abdruck)* sceau *m*
❷ *(Stempel)* cachet *m*
▶ **unter dem ~ der Verschwiegenheit** sous le sceau du secret
Siegellack *m* cire *f* à cacheter
siegeln [ˈziːgəln] *tr V* sceller
Siegelring *m* chevalière *f*
siegen [ˈziːgən] *itr V* ❶ MIL être [*o* sortir] vainqueur; **über jdn ~** vaincre qn; **in einer Schlacht ~** remporter une bataille
❷ SPORT **im Weitsprung ~** gagner au saut en longueur; **über jdn ~** l'emporter sur qn
Sieger(in) <-s, -> *m(f)* SPORT, MIL vainqueur *mf*; **als ~ aus etw hervorgehen** sortir vainqueur de qc; **in etw** *(Dat)* **~ bleiben** conserver son titre dans qc; **~ nach Punkten/durch K. o.** vainqueur aux points/par K. O.
Siegerehrung *f* remise *f* des prix [*o* médailles] **Siegermacht** *f* puissance *f* victorieuse **Siegerpodest** *nt* podium *m* **Siegertreppchen** <-s, -> *nt* podium *m* **Siegerurkunde** *f* diplôme *m* [d'honneur]
siegesbewusst[RR], **siegesgewiss**[RR] *s.* **siegessicher Siegesgöttin** *f* [déesse *f* de la] Victoire **Siegeskranz** *m* lauriers *mpl* du vainqueur **siegessicher I.** *Adj Person* sûr(e) de la victoire; *Grinsen, Lächeln* triomphant(e) **II.** *Adv* d'un air triomphant; **~ lächelnd** avec un sourire triomphant **Siegeszug** *m* marche *f* victorieuse
siegreich I. *Adj* SPORT, MIL victorieux(-euse); **~ aus etw hervorgehen** sortir vainqueur de qc
II. *Adv* en vainqueur
sieh, siehe *Imperativ Sing von* **sehen**
sieht [ziːt] *3. Pers Präs von* **sehen**
Siel [ziːl] <-[e]s, -e> *nt o m* NDEUTSCH écluse *f*
siezen [ˈziːtsən] *tr V* vouvoyer; **sich ~** se vouvoyer
Sigel [ˈziːgəl] <-s, -> *nt* sigle *m*
Sightseeing [ˈsaɪtsiːɪŋ] <-s> *nt* visite *f* touristique
Sigle *s.* **Sigel**
Signal [zɪˈgnaːl] <-s, -e> *nt* signal *m*; **mit etw ein ~ geben** donner l'alerte avec qc
▶ **~e setzen** donner le signal
Signalanlage *f* dispositif *f* de signalisation **Signalfarbe** *f* couleur *f* voyante **Signalfeuer** *nt* feu *m* de signalisation **Signalflagge** *f* NAUT pavillon *m*
signalisieren* *tr V* laisser entendre; **[jdm] etw ~** laisser entendre qc [à qn]
Signallampe *f* ❶ *(Taschenlampe)* torche *f* ❷ EISENBAHN lampe *f* de signalisation **Signallicht** *nt* signal *m* lumineux **Signalmast** *m* EISENBAHN sémaphore *m* **Signalton** *m* signal *m* sonore; *eines Anrufbeantworters* bip *m* sonore **Signalwirkung** *f* **~ haben** montrer la voie
Signatur [zɪgnaˈtuːɐ] <-, -en> *f* ❶ *(Buchsignatur)* cote *f*
❷ *(Kartenzeichen)* signe *m*
❸ *geh (Unterschrift)* signature *f*
Signet [zɪˈgneːt, zɪˈgnɛt, zɪnˈjeː] <-s, -s> *nt* logo *m*
signieren* *tr V* signer; *Schriftsteller:* dédicacer; **etw ~** signer qc; *Schriftsteller:* dédicacer qc
Signierung <-, -en> *f* signature *f*; *(durch den Autor)* dédicace *f*
signifikant [zɪgnifiˈkant] *geh* **I.** *Adj* ❶ *(bedeutsam)* important(e), significatif(-ive)
❷ *(charakteristisch)* **~ für jdn/etw sein** être caractéristique de qn/qc
II. *Adv ansteigen, sinken* sensiblement
Silbe [ˈzɪlbə] <-, -n> *f* syllabe *f*
▶ **keine ~ davon ist wahr** il n'y a pas un mot de vrai là-dedans; **etw mit keiner ~ erwähnen** ne pas souffler mot de qc
Silbentrennung *f* division *f* en syllabes [*o* syllabique]
Silber [ˈzɪlbɐ] <-s, -> *nt* ❶ *(Edelmetall)* argent *m*
❷ *(Tafelsilber)* argenterie *f*
❸ *(Silbermedaille)* médaille *f* d'argent; **~ holen** décrocher l'argent *(fam)*
▶ **Reden ist ~, Schweigen ist Gold** *Spr.* la parole est d'argent et le silence est d'or
Silberbarren *m* lingot *m* d'argent **Silberbesteck** *nt* argenterie *f* **Silberblick** *m fam* **einen ~ haben** avoir une coquetterie dans l'œil *(fam)* **Silberdistel** *f* BOT chardon *m* argenté **silberfarben**, **silberfarbig** *Adj* argenté(e) **Silberfischchen** <-s, -> *nt* poisson *m* d'argent **Silberfuchs** *m* renard *m* argenté **Silbergehalt** *m* teneur *f* en argent **Silbergeld** *nt kein Pl* pièces *fpl* en argent **silbergrau** *Adj* gris argenté *inv*
silberhaltig *Adj* argentifère

silberhell I. *Adj Stimme, Ton* argentin(e) II. *Adv* **ihr Lachen tönte ~** son rire sonnait clair comme l'argent **Silberhochzeit** *f* noces *fpl* d'argent **Silbermedaille** [-medalıə] *f* médaille *f* d'argent **Silbermöwe** *f* ZOOL goéland *m* argenté **Silbermünze** *f* pièce *f* d'argent

silbern ['zılbɐn] *Adj* ❶ *(aus Silber)* en argent
❷ *(weiß glänzend)* argenté(e)

Silberpapier *nt* papier *m* d'aluminium **Silberpappel** *f* peuplier *m* blanc **Silberschmied(in)** *m(f)* orfèvre *m* **Silberstreif[en]** *m* ▸ **ein ~ am Horizont** *geh* une lueur d'espoir [à l'horizon]; **es zeichnet sich ein ~ am Horizont ab** on voit poindre une lueur d'espoir *(soutenu)*

silberweiß, silbrig ['zılbrıç] I. *Adj* argenté(e)
II. *Adv* **~ glänzen** briller d'un éclat argenté; **~ schimmern** jeter une lueur argentée

Silhouette [zi'luɛtə] <-, -n> *f* ❶ silhouette *f*; **sich als ~ gegen etw abheben** [*o* **abzeichnen**] se découper sur qc; **sich als ~ gegen den Horizont abheben** se dessiner à l'horizon
❷ *(Form, Umriss) eines Kleidungsstücks* ligne *f*; **ein Kleid mit schlanker ~** une robe qui affine la ligne

Silicium *s.* **Silizium**

Silikat [zili'kaːt] <-[e]s, -e> *nt* CHEM silicate *m*

Silikon [zili'koːn] <-s, -e> *nt* CHEM silicone *f*

Silikose [zili'koːzə] <-, -n> *f* MED silicose *f*

Silizium [zi'liːtsiʊm] <-s> *nt* CHEM silicium *m*; **~ ist ein Halbmetall** le silicium est un non-métal

Silo ['ziːlo] <-s, -s> *m* silo *m*

Silvaner [-'vaː-] <-s, -> *m* sylvaner *m*

Silvester [zɪl'vɛstɐ] <-s, -> *m o nt* Saint-Sylvestre *f*; **morgen ist ~** demain, c'est la Saint-Sylvestre; **an ~** à la Saint-Sylvestre

Land und Leute

On passe la plupart du temps **Silvester** entre amis ou en famille. Après avoir mangé une fondue ou une raclette, on trinque à minuit avec du mousseux et on se souhaite «ein frohes neues Jahr». Puis on allume des fusées et des feux d'artifice et les jeunes font claquer des pétards. Certains organisent ensuite un *Bleigießen*: on jette du plomb fondu dans de l'eau froide et on essaie de lire l'avenir dans les figures ainsi obtenues.

Silvesterfeier [-'vɛstɐ-] *f* réveillon *m* de la Saint-Sylvestre **Silvesternacht** *f* nuit *f* de la Saint-Sylvestre

Simbabwe [zɪm'bapvə] <-s> *nt* le Zimbabwe

Simbabwer(in) [zɪm'bapvɐ] <-s, -> *m(f)* Zimbabwéen(ne) *m(f)*

simbabwisch *Adj* zimbabwéen(ne)

SIM-Karte ['zɪm-] *f Abk von* **Subscriber Identification Module** TELEC carte *f* SIM

Simmerring® ['zɪmɐ-] *m* TECH bague *f* d'étanchéité

simpel ['zɪmpəl] I. *Adj* ❶ *(einfach)* simple; [**ganz**] **~ sein** être [très] simple; **das ist doch ganz ~** c'est simple comme bonjour
❷ *(schlicht)* [tout(e)] simple
II. *Adv* simplement

Simplex ['zɪmplɛks] <-> *nt* INFORM, TELEC simplex *m*

simplifizieren* *tr V geh* simplifier

Sims [zɪms] <-es, -e> *m o nt (Fenstersims)* rebord *m*; *(Kaminsims)* corniche *f*

simsalabim *Interj* abracadabra

simsen ['zɪmzən] *fam* I. *itr V* envoyer un texto
II. *tr V* envoyer SMS

Simulant(in) [zimu'lant] <-en, -en> *m(f)* simulateur(-trice) *m(f)*

Simulation [zimula'tsioːn] <-, -en> *f* simulation *f*

Simulator [zimu'laːtoːɐ] <-s, -toren> *m* simulateur *m* [de vol]

simulieren* *tr, itr V* simuler

simultan [zimʊl'taːn] *geh* I. *Adj* simultané(e)
II. *Adv* simultanément

Simultandolmetschen <-s> *nt* interprétation *f* simultanée **Simultandolmetscher(in)** *m(f)* interprète *mf* simultané(e)

Sinai ['ziːnai] <-[s]> *m* **der ~** le Sinaï

Sinaihalbinsel ['ziːnai-] *f* **die ~** la péninsule *f* du Sinaï

sind [zɪnt] *1. und 3. Pers Pl Präs von* **sein**[1]

sine tempore ['ziːnə 'tɛmpore] *Adv* UNIV ponctuellement; **um neun Uhr ~** à neuf heures pile

Sinfonie [zɪnfo'niː] <-, -n> *f* symphonie *f*

Sinfoniekonzert *nt* concert *m* symphonique **Sinfonieorchester** [-ˈɔrkɛstɐ, -ˌɔrçɛstɐ] *nt* orchestre *m* symphonique

sinfonisch [zɪn'foːnɪʃ] *Adj* MUS symphonique

Singapur ['zɪŋgapuːɐ] <-s> *nt* Singapour *f*

Singdrossel *f* ZOOL grive *f* musicienne

singen ['zɪŋən] <sang, gesungen> I. *itr V* ❶ chanter; **zur Gitarre ~** chanter à la guitare; **das Singen** le chant; **unter fröhlichem Singen** en chantant gaiement
❷ *sl (gestehen)* se mettre à table *(fam)*
II. *tr V* chanter *Lied, Arie*

III. *r V* **sich durstig/heiser ~** avoir soif/être enroué(e) à force de chanter

Single[1] ['sɪŋəl] <-, -s> *f (kleine Schallplatte)* 45 tours *m*

Single[2] ['sɪŋəl] <-s, -s> *m (Person)* célibataire *mf*

Singsang ['zɪŋzaŋ] <-s, -s> *m kein Pl fam* mélopée *f*, chant *m* monotone

Singspiel *nt* vaudeville *m* **Singstimme** *f* ❶ *(Gesangsteil)* [partie *f* de] chant *m* ❷ *(Stimme)* voix *f*

Singular ['zɪŋɡulaːɐ] <-s, -e> *m* GRAM singulier *m*

Singvogel *m* [oiseau *m*] chanteur *m*

sinken ['zɪŋkən] <sank, gesunken> *itr V + sein* ❶ *(versinken)* couler; **sich auf den Grund ~ lassen** se laisser couler
❷ *(an Höhe verlieren) Flugzeug, Ballon:* descendre
❸ *(niedersinken)* tomber; **der Kopf sank ihm auf die Brust** il piqua du nez
❹ *(abnehmen) Kurs, Preis, Druck, Fieber:* baisser; *Ansehen:* être terni(e); *Vertrauen:* être ébranlé(e); **den Mut/die Hoffnung ~ lassen** perdre courage/espoir
❺ *(sich schlechter stehen)* **in jds Achtung** *(Dat)* **~** baisser dans l'estime de qn; **in jds Gunst** *(Dat)* **~** perdre la faveur de qn

Sinn [zɪn] <-[e]s, -e> *m* ❶ *kein Pl (Bedeutung)* sens *m*; **im engeren** [*o* **eigentlichen**] **~e** au sens strict [*o* propre] du terme; **im weiteren ~e** au sens large du terme; **im übertragenen ~** au sens figuré; **in gewissem ~e** en un sens; **der tiefere** [*o* **verborgene**] **~ einer S.** *(Gen)* le sens profond de qc
❷ *kein Pl (Zweck)* sens *m*; **keinen ~ haben** [*o* **ergeben**] n'avoir aucun sens; **es hat keinen ~ länger zu warten** ça n'a aucun sens d'attendre plus longtemps; **das macht ~/keinen ~** *fam* c'est pas mal/c'est n'importe quoi *(fam)*
❸ *kein Pl (Gespür, Verständnis)* sens *m*; **~/keinen ~ für Humor haben** avoir/ne pas avoir le sens de l'humour
❹ *meist Pl (Sinnesorgan)* sens *m*; **die fünf ~e** les cinq sens
❺ *(Denkungsart, Interesse)* **in jds ~** *(Dat)* **sein** aller dans le sens de qn; **in jds ~** *(Dat)* **handeln** agir dans le sens de qn; **mit jdm/etw nichts im ~ haben** ne pas s'intéresser à qn/qc
❻ *(Verstand)* **bist du noch bei ~en?** tu as encore toute ta tête? *(fam)*
▸ **etw ohne ~ und Verstand tun** faire qc en dépit du bon sens; **im wahrsten ~e des Wortes** au sens propre du mot; **der sechste ~** le sixième sens; **den sechsten ~ für etw haben** avoir un sixième sens pour qc; [**et**]**was im ~ haben** avoir qc derrière la tête; **jdm in den ~ kommen** venir à l'esprit [*o* à l'idée] de qn; **da kommt mir gerade etwas in den ~** quelque chose me vient à l'esprit ce moment; **sich** *(Dat)* **etw aus dem ~ schlagen** faire une croix sur qc; **das schlag dir mal aus dem ~!** *fam* tu peux faire une croix dessus! *(fam)*; **das will mir nicht aus dem ~** ça ne me sort pas de la tête; **etw will jdm nicht in den ~** qn n'arrive pas à comprendre qc; **in diesem ~e ...** sur ce, ...; **wie von ~en** comme un fou/une folle

Sinnbild *nt* symbole *m*

sinnbildlich I. *Adj* symbolique
II. *Adv* symboliquement

sinnen ['zɪnən] <sann, gesonnen> *itr V geh* ❶ *(grübeln)* **über etw** *(Akk)* **~** méditer sur qc; *(nachdenken)* réfléchir à qc; **~-d** méditatif(-ive); *(nachdenklich)* songeur(-euse)
❷ *(trachten nach)* **auf Vergeltung** *(Akk)* **~** méditer une [*o* sa] vengeance
▸ **sein/ihr Sinnen und Trachten** son but, sa préoccupation; *s. a.* **gesonnen**

sinnentleert *Adj geh* dénué(e) de sens

sinnentstellend I. *Adj* erroné(e); **~ sein** être erroné(e)
II. *Adv* de façon erronée

Sinnesänderung *f* revirement *m*, changement *m* d'avis **Sinneseindruck** *m* impression *f* sensorielle; **ein optischer ~** une impression optique **Sinnesorgan** *nt* organe *m* sensoriel **Sinnesreiz** *m* BIO stimulus *m* sensoriel **Sinnestäuschung** *f* illusion *f* des sens **Sinneswahrnehmung** *f* perception *f* sensorielle **Sinneswandel** *m* revirement *m*

sinnfällig I. *Adj* clair(e), évident(e)
II. *Adv* clairement

sinngemäß I. *Adj* Übersetzung conforme au sens; *Wiedergabe* en substance
II. *Adv* en substance

sinnieren* *itr V* méditer; **über etw** *(Akk)* **~** méditer sur qc

sinnig *Adj* sensé(e); **sehr ~!** *iron* très intelligent(e)!

sinnlich I. *Adj* ❶ *Reiz, Wahrnehmung* sensoriel(le)
❷ *(genussfreudig) Person* épicurien(ne)
❸ *(erregbar, lustvoll) Lippen, Begierde, Freuden* sensuel(le)
II. *Adv* ❶ **etw ~ wahrnehmen** percevoir qc [au niveau sensoriel]
❷ *(sexuell) begehren, erregen* sexuellement

Sinnlichkeit <-> *f* sensualité *f*

sinnlos I. *Adj* ❶ *(nutzlos) Handlung, Maßnahme* absurde
❷ *(vergeblich) Anstrengung, Bemühung* vain(e)

❸ *(hemmungslos) Raserei, Wut* fou(folle)
II. *Adv* ❶ *(nutzlos)* sans raison
❷ *(vergeblich) sich anstrengen, bemühen* en vain; **wir haben uns nicht ~ angestrengt** nos efforts n'ont pas été vains
❸ *(hemmungslos)* complètement; **~ betrunken sein** être ivre mort(e)

Sinnlosigkeit <-, -en> *f* ❶ *(Nutzlosigkeit)* absurdité *f*
❷ *(Vergeblichkeit)* vanité *f*

sinnreich *Adj* ❶ *(durchdacht)* judicieux(-euse), ingénieux(-euse) ❷ *(sinnig)* sensé(e); **eine ~e Idee** une idée intelligente **sinnverwandt** *Adj* LING synonyme **sinnvoll** I. *Adj* ❶ *(zweckmäßig)* sensé(e) ❷ *(Erfüllung bietend)* intéressant(e) ❸ LING sensé(e) II. *Adv (vernünftig)* de façon sensée **sinnwidrig** *geh* I. *Adj* insensé(e), absurde II. *Adv* absurdement, de façon absurde

Sinologe [zino'loːgə] <-n, -n> *m*, **Sinologin** *f* sinologue *mf*
Sinologie [zinolo'giː] <-> *f* sinologie *f*
Sintflut ['zɪntfluːt] *f* déluge *m*
▶ **nach mir die ~** *fam* après moi le déluge

sintflutartig I. *Adj* diluvien(ne); **~e Regenfälle** des pluies diluviennes; **plötzlich fiel ~er Regen** soudain il se mit à tomber des pluies diluviennes
II. *Adv* **sich ~ ergießen** tomber en déluge

Sinti ['zɪnti] *Pl* Sinté *mpl*, Tziganes *mpl* d'Allemagne
Sinus ['ziːnʊs] <-, -o -se> *m* MATH sinus *m*
Siphon ['ziːfɔ̃, ziˈfɔ̃ː, ziˈfoːn] <-s, -s> *m* siphon *m*
Sippe ['zɪpə] <-, -n> *f a. fig fam (Verwandtschaft)* tribu *f*
Sippenhaft *f* détention *f* des proches [de l'inculpé(e)]
Sippschaft <-, -en> *f pej fam* ❶ *(Familie)* smala *f (fam)*
❷ *(Gesindel, Pack)* racaille *f*

Sirene [ziˈreːnə] <-, -n> *f* sirène *f*
Sirenengeheul *nt* hurlement *m* de sirène
sirren ['zɪrən] *itr V* ❶ **+** *haben Mücken:* bourdonner; **das Sirren** le bourdonnement
❷ *+ sein (schwirren)* bourdonner

Sirup ['ziːrʊp] <-s, -e> *m* ❶ *(Fruchtsirup)* sirop *m*
❷ *(Rübensirup)* mélasse *f*

Sisal ['ziːzal] <-s> *m* sisal *m*
Sisyphusarbeit ['ziːzyfʊs-] *f* travail *m* de Romain
Site [saɪt] <-, -s> *f* INFORM site *m*
Sitte ['zɪtə] <-, -n> *f* ❶ *(Gepflogenheit)* coutume *f*
❷ *meist Pl (Benehmen)* manières *fpl;* **der Verfall der ~n** la perte des manières; **gegen die guten ~n verstoßen** aller à l'encontre des bonnes manières; **einen Verstoß gegen die guten ~n darstellen** JUR aller à l'encontre des bonnes mœurs
❸ *sl (Sittendezernat)* brigade *f* des mœurs
▶ [die] **~n und** <u>Gebräuche</u> les us et coutumes *mpl;* **das sind ja ganz neue ~n!** *fam* voilà autre chose! *(fam);* **was sind denn das für ~n?** *fam* en voilà des façons! *(fam);* [**hier herrschen**] **raue ~n** [ici règnent de] rudes coutumes

Sittendezernat *nt* brigade *f* des mœurs **Sittengeschichte** *f* histoire *f* des mœurs **Sittenlehre** *f* éthique *f*
sittenlos I. *Adj* immoral(e)
II. *Adv* immoralement, de façon immorale
Sittenlosigkeit <-> *f* immoralité *f*
Sittenpolizei *f kein Pl fam* brigade *f* des mœurs **sittenstreng** *Adj* *veraltet* rigoriste, puritain(e) **Sittenstrolch** *m pej* maniaque *m* sexuel **Sittenverfall** *m* décadence *f* des mœurs **sittenwidrig** I. *Adj* immoral(e) II. *Adv* *sich verhalten* de manière immorale

Sittich ['zɪtɪç] <-s, -e> *m* perruche *f*
sittlich *Adj form* moral(e)
Sittlichkeit <-> *f* moralité *f*, morale *f*
Sittlichkeitsdelikt *nt* attentat *m* aux mœurs
sittsam ['zɪtzaːm] I. *Adj* ❶ *(gesittet)* décent(e)
❷ *(tugendhaft)* vertueux(-euse); *(wohlerzogen)* sage
II. *Adv* avec pudeur; *sich verhalten* avec décence

Situation [zitua'tsjoːn] <-, -en> *f* situation *f*
situiert *Adj* **gut/schlecht ~ sein** avoir/ne pas avoir une bonne situation; **gut ~** aisé(e)

Sitz [zɪts] <-es, -e> *m* ❶ *(Sitzgelegenheit)* siège *m;* **ist der ~ noch frei?** la place est libre?; **es war kein einziger ~ mehr frei** il n'y avait plus une place de libre
❷ *(Sitzfläche)* assise *f*
❸ *(Amtssitz)* siège *m*
❹ *(Niederlassung)* siège *m* central
❺ *kein Pl (Passform)* coupe *f;* **einen bequemen ~ haben** *Hose, Rock:* être confortable

Sitzbad *nt* bain *m* de siège **Sitzbadewanne** *f* baignoire *f* sabot **Sitzbank** <-bänke> *f* banquette *f* **Sitzblockade** *f* sit-in *m* **Sitzecke** *f* banc *m* d'angle

sitzen ['zɪtsən] <saß, gesessen> *itr V + haben o* A, SDEUTSCH, CH *sein* ❶ être assis(e); **bleiben Sie ~!** restez assis(e)!; **~ Sie bequem?** êtes-vous bien assis(e)?; **das Sitzen** la position assise; **im Sitzen assis(e); vom vielen Sitzen** à force d'être assis(e)
❷ *(hocken)* **auf einem Ast ~** *Vogel:* être assis(e) sur une branche
❸ *(beschäftigt sein)* **beim Essen ~** être à table; **an den Hausaufgaben ~** être en plein dans ses devoirs
❹ *(sich aufhalten)* **beim Arzt/Friseur ~** être chez le médecin/coiffeur; **im Zug nach Paris ~** être dans le train pour Paris; **auf der Toilette ~** être aux toilettes
❺ *(angehören)* **in der Regierung ~** être dans le gouvernement
❻ *sl (inhaftiert sein)* être en taule *(fam);* **vier Jahre ~ müssen** devoir faire quatre ans de taule *(fam)*
❼ *(seinen Sitz haben)* **in Bonn/in der Innenstadt ~** *Behörde, Firma:* avoir son siège à Bonn/au centre ville
❽ *(angebracht sein)* **zu hoch ~** *Kragen, Knopf:* être [placé(e)] trop haut; **schief ~** *Hut, Krawatte:* être de travers; **locker ~** *Zähne:* être déchaussé(e)
❾ *(stecken)* **in etw** *(Dat)* **~** *Nagel, Splitter:* être enfoncé(e) dans qc
❿ MED **in der Magengegend ~** *Beschwerden, Schmerz:* être [situé(e)] vers l'estomac
⓫ *(passen)* **gut/schlecht ~** *Hose, Mantel:* tomber bien/mal
⓬ *(treffen) Schlag, Bemerkung:* faire mouche *(fam);* **das hat gesessen!** bien envoyé! *(fam)*
▶ **~ bleiben** *(nicht versetzt werden)* redoubler; **auf etw ~ bleiben** *Händler, Geschäft:* ne pas parvenir à écouler qc; **einen ~ haben** *sl* être pompette *(fam);* **jdn ~ lassen** *fam (verlassen)* planter *(fam); (versetzen)* poser un lapin à *(fam); (nicht heiraten)* plaquer *(fam);* **etw nicht auf sich** *(Dat)* **~ lassen** ne pas encaisser qc *(fam);* **das lasse ich nicht auf mir ~!** ça ne se passera pas comme ça! *(fam)*

sitzen|bleiben *s.* sitzen ▶
sitzend I. *Adj attr* sédentaire
II. *Adv* assis(e)
sitzen|lassen *s.* sitzen ⓬

Sitzfläche *f* TECH surface *m* d'appui **Sitzfleisch** *nt* ▶ **kein ~ haben** *fam* avoir la bougeotte **Sitzgelegenheit** *f* siège *m* **Sitzkissen** *nt* ❶ *(Auflage)* coussin *m* ❷ *(Sitz)* pouf *m* **Sitzmöbel** *nt* siège *m* **Sitzordnung** *f* ❶ *(Übersicht)* plan *m* des places assises ❷ *(Sitzanordnung)* répartition *f* des sièges **Sitzplatz** *m* place *f* assise **Sitzreihe** *f* rang *m;* **in der fünften ~** au cinquième rang **Sitzstreik** *m* sit-in *m*

Sitzung <-, -en> *f* ❶ *(Besprechung, Konferenz)* réunion *f;* **in einer ~ sein** être en réunion
❷ *(Parlamentssitzung, Kabinettssitzung)* session *f*
❸ *(Behandlungssitzung, Versammlung)* séance *f;* **spiritistische ~** séance de spiritisme
❹ KUNST séance *f* de pose
▶ **eine lange ~** *fam* une longue séance *(fam)*

Sitzungsbericht *m* rapport *m* [*o* compte-rendu *m*] de séance **Sitzungsperiode** *f* POL session *f* **Sitzungsprotokoll** *nt* procès-verbal *m* de séance **Sitzungssaal** *m* salle *f* de conférences [*o* de réunion]
Sitzverteilung *f* POL répartition *f* des sièges
Sixpack ['sɪkspæk] <-s, -s> *m* pack *m* de six
Sizilianer(in) <-s, -> *m/f* Sicilien(ne) *m(f)*
sizilianisch *Adj* sicilien(ne)
Sizilien [ziˈtsiːliən] <-s> *nt* la Sicile; **auf ~** en Sicile
Skala ['skaːla] <-, Skalen *o* -s> *f* ❶ *(Gradeinteilung)* échelle *f* graduée
❷ *geh (Palette)* gamme *f*

Skalp [skalp] <-s, -e> *m* scalp *m*
Skalpell [skalˈpɛl] <-s, -e> *nt* scalpel *m*
skalpieren* *tr V* scalper
Skandal [skanˈdaːl] <-s, -e> *m* scandale *m;* **einen ~ machen** faire un scandale
skandalös [skandaˈløːs] I. *Adj* scandaleux(-euse)
II. *Adv* de façon scandaleuse
Skandalpresse *f* presse *f* à scandale
skandalträchtig *Adj* qui fait scandale
skandieren* *tr V geh* scander *Gedicht*
Skandinavien [skandiˈnaːvjən] <-s> *nt* la Scandinavie
Skandinavier(in) [skandiˈnaːvjɐ] <-s, -> *m(f)* Scandinave *mf*
skandinavisch [-ˈnaːvɪʃ] *Adj* scandinave
Skarabäus [skaraˈbɛːʊs, *Pl:* skaraˈbɛːən] <-, Skarabäen> *m* ❶ ZOOL scarabée *m*
❷ KUNST scarabée *m* sacré

Skat [skaːt] <-[e]s, -e> *m* skat *m* [jeu de cartes à trois joueurs, très répandu en Allemagne]; **~ spielen** jouer au skat
Skateboard ['skeɪtbɔː(r)d] <-s, -s> *nt* skate[-board] *m*
skaten[1] ['skeːtən] *itr V fam* jouer au skat
skaten[2] ['skeɪtən] *itr V fam* faire du roller *(fam)*
Skater(in)[1] ['skeːtɐ] <-s, -> *m(f) fam* joueur(-euse) *m(f)* de skat
Skater(in)[2] ['skeɪtɐ] <-s, -> *m(f)* ❶ *(auf Inlineskatern)* patineur(-euse) *m(f)* en ligne
❷ *(auf einem Skateboard)* skater(-euse) *m(f)*

Skatspiel nt jeu m de skat (comportant 32 cartes) **Skatspieler(in)** m(f) joueur(-euse) m(f) de skat
Skelett [skeˈlɛt] <-[e]s, -e> nt squelette m
Skepsis [ˈskɛpsɪs] <-> f scepticisme m; **mit ~** avec scepticisme; **voller ~** très sceptique
Skeptiker(in) [ˈskɛptikɐ] <-s, -> m(f) sceptique mf
skeptisch [ˈskɛptɪʃ] I. Adj sceptique; **ich bin ganz schön ~!** fam je suis sceptique comme la fosse! (fam)
II. Adv avec scepticisme
Skeptizismus [skɛptiˈtsɪsmʊs] <-> m scepticisme m
Sketch [skɛtʃ] <-[es], -e[s]>, **Sketsch** <-e[s], -e> m sketch m, saynète f
Ski [ʃiː] <-s, - o -er> m ski m; **~ laufen** [o **fahren**] faire du ski
Skianzug m SPORT combinaison f de ski **Skibindung** [ˈʃiː-] f fixation f [de ski]
Skier [ˈʃiːɐ] Pl von **Ski**
Skifahren [ˈʃiː-] nt ski m; **sie hat sich beim ~ das Bein gebrochen** elle s'est cassé la jambe au ski **Skifahrer(in)** m(f) skieur(-euse) m(f) **Skigebiet** nt domaine m skiable **Skigymnastik** f SPORT exercices mpl d'échauffement (avant de faire du ski) **Skihaserl** <-s, -[n]> nt SDEUTSCH, A iron (junge Skiläuferin) jeune skieuse f; (Anfängerin) débutante f en ski **Skihose** f pantalon m de ski **Skikurs** m cours m de ski **Skilanglauf** m SPORT ski m de fond; **~ betreiben** faire du ski de fond **Skilauf** m kein Pl ski m **Skilaufen** <-s> nt SPORT ski m **Skiläufer(in)** m(f) skieur(-euse) m(f) **Skilehrer(in)** m(f) moniteur(-trice) m(f) de ski **Skilift** m téléski m
Skinhead [ˈskɪnhɛt, ˈskɪnhɛd] <-s, -s> m skin[head] mf
Skipass^RR [ˈʃiː-] m forfait m de ski **Skipiste** f SPORT piste f de ski **Skisport** m ski m **Skispringen** nt saut m à skis **Skispringer(in)** m(f) sauteur(-euse) m(f) à skis **Skistiefel** m chaussure f de ski **Skistock** m SPORT bâton m de ski **Skiträger** m porte-skis m
Skizze [ˈskɪtsə] <-, -n> f ❶ (Zeichnung) esquisse f
❷ meist Pl (Aufzeichnung) notes fpl
Skizzenblock <-blöcke> m bloc m à dessins [o à croquis]
skizzenhaft I. Adj esquissé(e)
II. Adv sous forme d'esquisse
skizzieren* tr V ❶ (zeichnen) esquisser
❷ (umreißen) ébaucher Projekt, Vorgehensweise
Skizzierung <-, selten -en> f (Zeichnung, das Zeichnen) esquisse f
Sklave [ˈsklaːvə] <-n, -n> m, **Sklavin** f ❶ esclave mf; **jdn zum ~ machen** réduire qn à l'esclavage
❷ fig ~ einer S. (Gen) werden/sein devenir/être esclave de qc; sich zum ~ einer S. (Gen) machen se rendre esclave de qc
Sklavenarbeit [-vən-] f ❶ fam (Schufterei) travail m de forçat
❷ HIST travail m des esclaves **Sklavenhandel** [-və-] m commerce m des esclaves; (mit Schwarzen) traite f des noirs **Sklavenhändler(in)** m(f) marchand(e) m(f) d'esclaves **Sklaventreiber(in)** m(f) pej fam négrier(-ière) m(f)
Sklaverei <-, -en> f esclavage m; **jdn in die ~ führen** réduire qn à l'esclavage
sklavisch [-vɪ-] I. Adj servile
II. Adv servilement
Sklerose [skleˈroːzə] <-, -n> f MED sclérose f; **multiple ~** sclérose en plaques
Skoliose [skoliˈoːzə] <-, -n> f MED scoliose f
Skonto [ˈskɔnto] <-s, -s o Skonti> nt o m escompte m; **zwei Prozent ~** deux pour cent d'escompte; **jdm ~ auf etw** (Akk) **geben** [o **gewähren** form] accorder à qn un escompte sur qc (form)
Skorbut [skɔrˈbuːt] <-[e]s> m MED scorbut m
Skorpion [skɔrˈpjoːn] <-s, -e> m ❶ scorpion m
❷ ASTROL Scorpion m; [ein] **~ sein** être Scorpion
Skript [skrɪpt] <-[e]s, -en> nt ❶ UNIV notes fpl [de cours]
❷ (Vorlage) notes fpl
❸ CINE script m
Skrotum [ˈskroːtʊm, Pl: ˈskroːta] <-s, Skrota> nt ANAT Fachspr. scrotum m
Skrupel [ˈskruːpəl] <-s, -> m meist Pl scrupule m; **~ haben** avoir des scrupules; **~ haben etw zu tun** avoir des scrupules à faire qc; **keine ~ haben** [o **kennen**] n'avoir aucun scrupule; **ohne [jeden] ~ haben** sans scrupules
skrupellos Adj, Adv sans scrupules
Skrupellosigkeit <-> f absence f de scrupules
Skulptur [skʊlpˈtuːɐ] <-, -en> f sculpture f
Skunk [skʊŋk] <-s, -s o -e> m mouffette f
skurril [skʊˈriːl] Adj geh Person, Gegenstand, Idee bizarre
S-Kurve [ˈɛskʊrvə] f virage m en S
Skyline [ˈskaɪlaɪn] <-s, -s> f einer Stadt contours mpl
Skype® [skaɪp] <-> nt INFORM, TELEC Skype® m
skypen [ˈskaɪpən] itr V INFORM, TELEC skyper; **mit jdm ~** communiquer avec qn sur Skype®
Slalom [ˈslaːlɔm] <-s, -s> m ❶ SPORT slalom m

❷ fig fam (Schlangenlinien) **~ fahren** faire du slalom
Slang [slɛŋ] <-s> m ❶ (saloppe Sprache) argot m
❷ (Fachjargon) jargon m
Slapstick [ˈslɛpstɪk] <-s, -s> m comique m burlesque
Slawe [ˈslaːvə] <-n, -n> m, **Slawin** f Slave m/f
slawisch Adj slave
Slawist(in) [slaˈvɪst] <-en, -en> m(f) slaviste mf
Slawistik [slaˈvɪstɪk] <-> f langues fpl, littératures et civilisations slaves
Slip [slɪp] <-s, -s> m slip m
Slipeinlage f protège-slip m
Slipper [ˈslɪpɐ] <-s, -> m mocassin m
Slogan [ˈsloːɡən, ˈsloːɡən] <-s, -s> m slogan m
Slowake [sloˈvaːkə] <-n, -n> m, **Slowakin** f Slovaque mf
Slowakei [slovaˈkaɪ] <-> f **die ~** la Slovaquie
slowakisch [sloˈvaːkɪʃ] I. Adj slovaque; **die Slowakische Republik** la République Slovaque
II. Adv **~ miteinander sprechen** discuter en slovaque; s. a. **deutsch**
Slowakisch <-[s]> nt kein Art (Sprache, Schulfach) slovaque m; **auf ~** en slovaque; s. a. **Deutsch**
Slowakische nt dekl wie Adj **das ~** le slovaque; s. a. **Deutsche**
Slowene [sloˈveːnə] <-n, -n> m, **Slowenin** f Slovène mf
Slowenien [sloˈveːniən] <-s> nt la Slovénie
slowenisch [sloˈveːnɪʃ] I. Adj slovène
II. Adv **~ miteinander sprechen** discuter en slovène; s. a. **deutsch**
Slowenisch <-[s]> nt kein Art (Sprache, Schulfach) slovène m; **auf ~** en slovène; s. a. **Deutsch**
Slowenische nt dekl wie Adj **das ~** le slovène; s. a. **Deutsche**
Slum [slam] <-s, -s> m bidonville m
sm NAUT Abk von **Seemeile** mille m marin
Smalltalk^RR <-s, -s> m o nt, **Small Talk** [ˈsmɔːltɔːk] <-s, --s> m o nt brin m de causette; **~ betreiben** parler de la pluie et du beau temps
Smaragd [smaˈrakt] <-[e]s, -e> m émeraude f
smaragdgrün I. Adj [vert] émeraude inv
II. Adv **~ leuchten/schimmern** avoir des reflets/une lueur émeraude
smart [smaːɐt, smart] Adj NAP inv (fam), classe (fam)
Smiley [ˈsmaɪli] <-s, -s> m smiley m
Smog [smɔk] <-[s], -s> m smog m
Smogalarm m alerte f au smog
Smoking [ˈsmoːkɪŋ] <-s, -s> m smoking m
SMS [ɛsʔɛmˈʔɛs] <-, -> f Abk von **Short Message Service** texto m, SMS m
SMS-Nachricht f TELEC message m SMS
SMV <-> f SCHULE Abk von **Schülermitverwaltung**
Snob [snɔp] <-s, -s> m snob mf
Snobismus [snoˈbɪsmʊs] <-> m snobisme m
snobistisch [snoˈbɪstɪʃ] Adj snob
Snowboard [ˈsnoʊbɔːt] <-s, -s> nt snowboard m
so [zoː] I. Adv ❶ mit einem Adjektiv, Adverb si; **ein ~ kleiner Garten** un si petit jardin; **~ groß wie ein Pferd** aussi grand(e) qu'un cheval; **es war ~ heiß/kalt, dass** il faisait tellement chaud/froid que + indic; **er war ~ freundlich und half ihnen** il a eu l'amabilité de les aider; **sei ~ nett und gib mir die Zeitung!** sois gentil(le) de me passer le journal!; **~ groß!** grand(e) comme ça!; **ist es hier immer ~ laut?** il y a toujours autant de bruit ici?
❷ mit einem Verb ~ [sehr] tellement; **ich liebe ihn ~** [sehr] je l'aime tellement; **sie haben ~** [sehr] **gelacht, dass** ils ont tellement ri que + indic
❸ (auf diese Weise) **~ comme ça; ~ könnte es klappen** comme ça, ça pourrait marcher; **~ musst du das machen** c'est comme ça que tu dois faire; **das ist gut ~** c'est bien comme ça
❹ (solch) **~ ein Fahrrad/eine Gelegenheit** un vélo comme celui-là/une occasion comme celle-là; **~ eine blöde Gans!** quelle con[n]asse! (fam); **~ etwas Schönes/Hässliches** quelque chose d'aussi beau/horrible; **~ etwas kann ich mir nicht vorstellen** je n'arrive pas à imaginer une chose pareille; **~** [et]**was Dummes!** que c'est bête!
❺ (solchermaßen) **~ genannt** soi-disant inv; **diese ~ genannten Fachleute** ces soi-disant experts; **es ist ~, wie du sagst** c'est comme tu dis; **~ ist das nun mal** fam c'est comme ça; **~ ist das |also|!** [ah,] c'est comme ça!
❻ (dermaßen) **ich habe ~ was von Durst!** fam j'ai une de ces soifs!; **er ist ~ was von schlecht gelaunt!** fam ce qu'il peut être de mauvais poil! (fam)
❼ (gleichsam) **~, als ob ...** comme si...
❽ (etwa) à peu près; **~ gegen acht Uhr** aux environs de huit heures
❾ (nun) allez; **~ sag doch!** allez, dis-le!
❿ fam (umsonst) gratos (fam); **das habe ich ~ bekommen** je l'ai

eu(e) gratos *(fam)*
▶ |na| ~ [et]was! ça par exemple!; ~ **manche**(r) plus d'un(e);
~ **oder** ~ d'une manière [o façon] ou d'une autre; **und** ~ **weiter** et
cætera, et cetera; **und** ~ **weiter** [**und** ~ **fort**] et ainsi de suite
II. *Konj* ❶ ~ **dass** à tel point que + *indic*
❷ *(wie ... auch)* même si; **ich muss leider gehen,** ~ **leid es mir
auch tut** je suis désolé(e) mais je dois partir
III. *Interj* ❶ *(zusammenfassend)* bon; *(auffordernd)* allez; ~,
Schluss für heute! bon, fini pour aujourd'hui!; ~, **los jetzt!** allez,
on y va!
❷ *(siehst du)* et voilà; ~, **da haben wir den Salat!** et voilà le travail!
❸ *(ätsch)* na
▶ ~, ~! *fam* tiens, tiens! *(fam)*
SO *Abk von* **Südosten** S.-E.
s.o. *Abk von* **siehe oben**
sobald [zo'balt] *Konj* dès que + *indic*
Söckchen <-s, -> *nt Dim von* **Socke** socquette *f*
Socke ['zɔkə] <-, -n> *f* chaussette *f*
▶ **sich auf die** ~**n machen** *fam* filer *(fam)*; **von den** ~**n sein** *fam*
rester baba *(fam)*; **da bist du von den** ~**n, was?** ça t'en bouche un
coin, hein? *(fam)*
Sockel ['zɔkəl] <-s, -> *m* ❶ *eines Denkmals* socle *m*
❷ CONSTR soubassement *m*
❸ ELEC culot *m*
Sockelbetrag *m* montant *m* de base d'une augmentation salariale
Sockeltarif *m* ÖKON tarif *m* de base
Socken ['zɔkən] <-s, -> *m* SDEUTSCH, A, CH chaussette *f*
Soda ['zo:da] <-s> *nt* CHEM soude *f*
sodann [zo'dan] *Adv* puis, ensuite
sodass^{RR} *Konj* à tel point que + *indic*
sodaß^{ALT} *Konj* A *s.* **sodass**
Sodawasser *nt* soda *m,* eau *f* gazeuse [*o* de Seltz]
Sodbrennen ['zo:t-] *nt* brûlures *fpl* d'estomac
Sodomie [zodo'mi:] <-> *f* zoophilie *f*
soeben [zo'ʔe:bən] *Adv (gerade zuvor, gerade eben)* juste; **er ist** ~
gegangen il vient de partir
Sofa ['zo:fa] <-s, -s> *nt* canapé *m*
Sofakissen *nt* coussin *m* de canapé
sofern [zo'fɛrn] *Konj* si, dans la mesure où; ~ **es nicht regnet** à
moins qu'il pleuve
soff [zɔf] *Imp von* **saufen**
Sofia ['zɔfia, 'zo:fia] <-s> *nt* Sofia
sofort [zo'fɔrt] *Adv* tout de suite; **..., aber** [*o* **und zwar**] ~**!** ..., et
que ça saute! *(fam)*
Sofortbildkamera *f* appareil *m* photo à développement instantané **Soforthilfe** *f* aide *f* d'urgence
sofortig *Adj* immédiat(e)
Sofortmaßnahme *f* mesure *f* d'urgence
Softeis^{RR} *nt* crème *f* glacée
Softie ['sɔfti] <-s, -s> *m fam* tendre *m*
Software ['zɔftvɛːɐ, 'sɔftwæːə] <-, *selten* -s> *f* INFORM logiciel *m,*
software *m*
Softwarehersteller ['zɔftvɛːɐ-, 'sɔftwæːə-] *m* producteur *m* de
[programmes] logiciels **Softwarepaket** *nt* INFORM progiciel *m*
sog [zo:k] *Imp von* **saugen**
sog. *Adj Abk von* **so genannt**
Sog <-[e]s, -e> *m eines Strudels* remous *mpl*; *eines Propellers, Triebwerks* aspiration *f*
sogar [zo'ga:ɐ] *Adv* même
sogenannt *s.* **so** I.❻
sogleich [zo'glaiç] *Adv geh* tout de suite
Sohle ['zo:lə] <-, -n> *f* ❶ *(Schuhsohle, Einlegesohle)* semelle *f*
❷ *(Fußsohle)* plante *f* du pied
❸ *(Boden) eines Hafenbeckens, Kanals* fond *m*
▶ **eine kesse** ~ **aufs Parkett legen** *fam* danser super bien *(fam)*;
auf leisen ~**n** *geh* à pas de loup; **sich** *(Dat)* **die** ~**n nach etw
ablaufen** s'user les semelles pour qc; **sich an jds** ~**n** *(Akk)* **heften**
s'accrocher aux basques de qn
sohlen ['zo:lən] *tr V* mettre une semelle à *Schuh;* **die Stiefel neu** ~
ressemeler les bottes
Sohn [zo:n, *Pl:* 'zøːnə] <-[e]s, **Söhne**> *m* ❶ fils *m*
❷ *(Junge, männliches Kind)* garçon *m;* **sich** *(Dat)* **einen** ~ **wünschen** souhaiter [avoir] un garçon; **sie hat zwei Söhne und eine
Tochter** elle a deux garçons et une fille
❸ *fam (Anrede)* **na, mein** ~**?** alors, fiston? *(fam)*
Söhnchen <-s, -> *nt fam Dim von* **Sohn**
Sohnemann <-s> *m* DIAL *fam* fiston *m (fam)*
Soja ['zo:ia] <-, Sojen> *f* soja *m*
Sojabohne *f (Pflanze)* soja *m; (Frucht)* graine *f* de soja
Sojabohnenkeime *Pl* germes *mpl* de soja
Sojamehl *nt* GASTR farine *f* de soja **Sojaöl** *nt* huile *f* de soja
Sojasoße *f* sauce *f* au soja

Sokrates ['zo:kratɛs] <-> *m* HIST Socrate *m*
solang[e] *Konj* tant que + *indic;* ~ **du nichts/nicht etwas veränderst ...** tant que tu ne changeras rien/pas quelque chose
solar [zo'la:ɐ] *Adj* ASTRON, METEO solaire
solarbetrieben *Adj* qui fonctionne à l'énergie solaire **Solarenergie** *f* énergie *f* solaire
Solarium [zo'la:riʊm] <-s, -ien> *nt* solarium *m*
solariumgebräunt *Adj* bronzé(e) aux U.V.
Solarkollektor *m* capteur *m* solaire **Solarkraftwerk** *nt* centrale *f* solaire **Solarplexus** [zo'la:ɐplɛksʊs] <-, -> *m* ANAT
plexus *m* solaire **Solartechnik** <-, -en> *f* technique *f* solaire
Solarzelle *f* photopile *f*
Solbad *nt* ❶ *(Kurort)* station *f* thermale saline
❷ *(medizinisches Bad)* bain *m* d'eau saline
solch [zɔlç] *Adj unv* pareil(le); ~ **ein Schiff/eine Frage** un bateau
pareil/une question pareille; ~ **ein Frechdachs!** quel galopin!
(fam)
solche(r, s) *Adj* **ein** ~**r Orkan** un tel ouragan; **eine** ~ **Hitze** une
telle chaleur; ~ **Dinge** des choses pareilles; ~ **Leute** de telles personnes; **sie hatte** ~**n Hunger, dass** elle avait une telle faim que;
~ **wie der/die da** des [personnes] comme lui/elle; ~, **die ...** des
[personnes] qui ...
▶ **als** ~ (**r, s**) en tant que tel(le); ~ **und** ~ de toutes sortes
solcherart I. *Pron dem, unv* de ce genre, de cette sorte; ~ **Leute**
des personnes de ce genre
II. *Adv* de cette façon [*o* manière]
solcherlei ['zɔlçɐ'lai] *unv, attr geh* de tel(le)s; ~ **Argumente** des
arguments de ce genre
Sold [zɔlt] <-[e]s> *m* solde *f*
Soldat(in) [zɔl'da:t] <-en, -en> *m(f)* soldat(e) *m(f);* ~ **auf Zeit**
[soldat] engagé *m;* ~ **werden/sein** se faire/être soldat
Soldatenfriedhof *m* cimetière *m* militaire
soldatisch [zɔl'da:tɪʃ] **I.** *Adj* militaire
II. *Adv sich verhalten* en soldat; ~ **grüßen** faire le salut militaire
Soldbuch *nt* livret *m* militaire
Söldner(in) ['zœldnɐ] <-s, -> *m(f)* mercenaire *mf*
Sole ['zo:lə] <-, -n> *f* eau *f* salée
Solei ['zo:lʔai] *nt* œuf *m* dur mariné dans de l'eau salée
Soli *Pl von* **Solo**
solid [zo'li:t] *Adj* solide
Solidarbeitrag [zoli'da:ɐ-] *m* impôt *m* de solidarité **Solidargemeinschaft** *f* communauté *f* de solidarité
solidarisch [zoli'da:rɪʃ] **I.** *Adj* solidaire; **sich mit jdm** ~ **erklären**
se déclarer solidaire de qn
II. *Adv* solidairement
solidarisieren* *r V* **sich mit jdm/etw** ~ se solidariser avec qn/qc
Solidarität [zolidari'tɛ:t] <-> *f* solidarité *f;* **aus** ~ par solidarité
Solidaritätsadresse *f* message *m* de solidarité **Solidaritätsbeitrag** *m* impôt *m* [de] solidarité **Solidaritätsstreik** *m* grève *f*
de solidarité **Solidaritätszuschlag** *m* impôt *m* de solidarité versé
par les salariés en vue de financer la réunification des deux Allemagnes
solid[e] [zo'li:də] **I.** *Adj* ❶ *(stabil, fundiert)* solide
❷ *(untadelig) Person, Lebenswandel* sérieux(-euse)
❸ *Firma, Unternehmen, Händler* solvable; ~**e sein** avoir les reins
solides
II. *Adv leben* comme il faut; **sehr** ~**e leben** mener une vie très
sérieuse
Solist(in) [zo'lɪst] <-en, -en> *m(f)* soliste *mf*
Solitär [zoli'tɛ:ɐ] <-s, -e> *m (Edelstein, Spiel)* solitaire *m*
Soll [zɔl] <-[s], -[s]> *nt* ❶ FIN *(Sollseite)* doit *m;* (*Ausgaben)* dépenses *fpl; (Schulden)* passif *m; (bei einem Geldinstitut)* découvert *m;* **mit tausend Euro ins** ~ **geraten/im** ~ **stehen** être à
découvert de mille euros; ~ **und Haben** doit et avoir *(vieilli)*
❷ *(Produktionsziel)* objectif *m* prévisionnel
▶ **sein** ~ **erfüllen** remplir ses obligations
Sollbruchstelle^{RR} *f* point *m* de rupture
sollen¹ ['zɔlən] <**sollte, sollen**> *Hilfsv modal* ❶ *(müssen)* devoir;
er soll zuhören/gehorchen il doit écouter/obéir; **Sie** ~ **sich setzen!** mais asseyez-vous donc!; **du sollst jetzt endlich herkommen, habe ich gesagt!** je t'ai dit de venir immédiatement!; **du
solltest [eigentlich/besser] gehen** tu devrais partir; **sie hätte
sich rechtzeitig melden** ~ elle aurait dû se manifester à temps;
du solltest dich was schämen! *fam* tu devrais avoir honte!
❷ *(brauchen)* **du sollst dir deswegen keine Gedanken machen** tu n'as pas à te faire de souci pour ça
❸ *(können)* **das** [*o* **so etwas**] **soll es geben** ce sont des choses qui
arrivent; **man sollte annehmen, dass** on pourrait supposer que
+ *indic;* **was hätte ich denn sonst tun/machen** ~**?** qu'est-ce
que j'aurais pu faire d'autre?
❹ *(als Ausdruck der Möglichkeit)* **sollte sie anrufen ...** au cas où
elle téléphonerait...; **sollte es regnen ...** s'il pleut...; **sollte ich vor
dir sterben ...** si je venais à mourir avant toi...; **sollte ich mich**

geirrt haben? se pourrait-il [o est-ce possible] que je me sois trompé(e)?; sollte sie es getan haben? elle aurait fait ça?; sollte er die gesuchte Person sein? ce serait lui qu'on recherche?; soll das schon alles gewesen sein? c'est tout?; was soll das heißen? qu'est-ce que ça veut dire?; wer soll das gewesen sein? qui c'est? ⑤ *(als Ausdruck der Vermutung)* er soll abgereist sein on dit [o il paraît] qu'il est parti; wir ~ einen heißen Sommer bekommen il paraît que nous allons avoir un été très chaud
⑥ *(dürfen)* das hättest du nicht tun ~ tu n'aurais pas dû faire ça; das hätte nicht passieren ~ cela n'aurait pas dû arriver; soll ich dir noch etwas Wein nachgießen? tu veux que je te reserve un peu de vin?
⑦ geh *(erzählerisch vorgreifend)* sie sollte einmal seine Nachfolgerin werden elle devait par la suite lui succéder; es sollten Jahrhunderte vergehen, bevor ... il a fallu des siècles avant que... + subj; es sollte Jahrzehnte dauern, bis ... cela dura des années jusqu'à ce que... + subj
▸ es hat nicht sein ~ ça ne devait pas se faire
sollen² <sollte, gesollt> itr V ⓪ *(gehen müssen, kommen müssen)* in die Schule ~ devoir aller à l'école; du solltest besser ins Bett tu ferais mieux d'aller te coucher; Mutti sagt, du sollst sofort nach Hause Maman veut que tu rentres tout de suite à la maison ② *(tun müssen)* du hättest das doch nicht gesollt! tu n'aurais pas dû!; immer soll ich! c'est toujours moi!
❸ *fam (bedeuten)* was soll dieser Brief/diese Frage? que veut dire cette lettre/question?; was soll das? qu'est-ce que ça veut dire?
▸ soll er/sie doch! qu'il/elle le fasse!; was soll's? *fam* et alors? *(fam)*
Söller ['zœlɐ] <-s, -> m ⓪ DIAL *(Dachboden)* grenier m ② CH *(Fußboden)* sol m
Sollstärke^RR f effectif m théorique [o prévu] Sollzahlen^RR Pl FIN chiffres mpl budgétés
Sollzinsen Pl intérêts mpl débiteurs
solo ['zo:lo] Adj unv ⓪ MUS en solo
② fam *(ohne Partner)* ~ sein/kommen être/venir seul(e)
Solo <-s, Soli> nt solo m
Solothurn ['zo:loturn] <-s> nt Soleure
solvent [zɔl'vɛnt] Adj solvable
Solvenz [zɔl'vɛnts] <-, -en> f FIN solvabilité f
Somalia [zo'ma:lia] <-s> nt la Somalie
Somalier(in) [zo'ma:liɐ] <-s, -> m(f) Somalien(ne) m(f)
somalisch Adj somalien(ne)
somit ['zo:mɪt, zo'mɪt] Adv par conséquent
Sommer ['zɔmɐ] <-s, -> m été m; im ~ en été; [im] nächsten ~ l'été prochain; es wird bald ~ l'été arrive
Sommeranfang m début m de l'été Sommerfahrplan m horaires mpl d'été Sommerferien [-fe:riən] Pl vacances fpl d'été; SCHULE grandes vacances fpl; ~ haben être en vacances d'été Sommerfest nt fête f estivale [o d'été] Sommerfrische f veraltet villégiature f; zur ~ sein être en villégiature; in die ~ fahren aller en villégiature Sommergetreide nt AGR céréales fpl de printemps Sommerhalbjahr nt semestre m d'été
sommerlich I. Adj estival(e); Kleid d'été
II. Adv comme en été; ~ warme Temperaturen des températures estivales; sie war ~ leicht gekleidet elle était en tenue d'été
Sommerloch nt sl creux m estival Sommermonat m mois m d'été Sommerolympiade f Jeux mpl olympiques d'été Sommerpause f vacances fpl d'été; JUR vacances fpl judiciaires; POL vacances fpl parlementaires Sommerreifen m pneu m d'été
sommers Adv geh en été, l'été; ~ wie winters été comme hiver Sommersaison [-zɛzɔ̃:, -zɛzɔŋ] f haute saison f Sommerschlussverkauf^RR m soldes mpl d'été Sommersemester nt semestre m d'été Sommersonnenwende f solstice m d'été Sommerspiele Pl die [Olympischen] ~ les Jeux mpl [olympiques] d'été Sommersprosse f meist Pl tache f de rousseur; ~n haben avoir des taches de rousseur; ihr Gesicht ist voller ~ elle a plein de taches de rousseur sur le visage sommersprossig Adj Gesicht, Arme couvert(e) de taches de rousseur; ~ sein avoir des taches de rousseur; stark ~ sein être criblé(e) de taches de rousseur Sommerzeit f ⓪ *(Sommer)* [saison f d']été m ② *(Uhrzeit)* heure f d'été
Sonate [zo'na:tə] <-, -n> f sonate f
Sonde ['zɔndə] <-, -n> f MED, RAUM, METEO sonde f
Sonderanfertigung ['zɔndɐ-] f série f spéciale Sonderangebot n offre f spéciale; im ~ sein être en promotion Sonderausgabe f ⓪ *(Buch, Zeitschrift)* édition f spéciale ② *(Geldausgabe)* dépense f supplémentaire ❸ Pl FISC dépenses fpl exceptionnelles [déductibles du revenu]
sonderbar I. Adj Person curieux(-euse); Verhalten, Vorschlag étrange
II. Adv étrangement
sonderbarerweise Adv curieusement; sie ist ~ nicht gekom-
men mais, chose étrange, elle n'est pas venue
Sonderbeauftragte(r) f(m) dekl wie Adj chargé(e) m(f) de mission Sonderbeilage f *(in einer Zeitung)* supplément m spécial Sonderbotschafter(in) m(f) chargé(e) m(f) d'affaires Sonderdeponie f décharge f pour déchets spéciaux [o toxiques] Sondereinsatz m intervention f spéciale Sonderermäßigung f réduction f spéciale Sonderfahrt f *(Sonderzug)* train m spécial; *(Sonderbus)* bus m spécial Sonderfall m cas m particulier [o d'espèce]; in Sonderfällen dans les cas particuliers Sondergenehmigung f autorisation f spéciale
sondergleichen Adj unv sans pareil(le)
Sonderkommando nt commando m spécial Sonderkommission f commission f spéciale Sonderkonto nt compte m spécial
sonderlich I. Adj attr particulier(-ière)
II. Adv nicht ~ begeistert/interessiert sein ne pas être particulièrement enthousiaste/intéressé(e)
Sonderling ['zɔndɐlɪŋ] <-s, -e> m original m
Sondermarke f timbre m de collection Sondermaschine f vol m spécial Sondermüll m déchets mpl spéciaux [o toxiques]
sondern ['zɔndɐn] Konj mais; nicht er, ~ sie pas lui mais elle; nicht nur Regen, ~ auch Hagel pas seulement de la pluie mais aussi de la grêle
Sondernummer f numéro m spécial Sonderpreis m prix m spécial Sonderrecht nt ⓪ *(Vorrecht)* privilège m; ein ~/~e haben jouir d'un privilège/de privilèges ② *(Sonderbefugnis)* des Staates, der Polizei pouvoir m spécial Sonderregelung f règlement m spécial
sonders ['zɔndɐs] Adv ▸ samt und ~ tous/toutes sans exception Sonderschule f école f spécialisée *(pour enfants déficients ou inadaptés)*

Land und Leute

La **Sonderschule** est un établissement scolaire pour les enfants et jeunes adolescents présentant des troubles sociaux ou un handicap mental ou physique. Elle fait partie de l'ensemble du système éducatif public. Les professeurs qui y enseignent ont suivi une formation pédagogique spéciale.

Sonderschullehrer(in) m(f) instituteur(-trice) m(f) spécialisé(e) Sondersitzung f séance f extraordinaire; in einer ~ en séance extraordinaire Sonderstellung f position f privilégiée [o particulière] Sonderstempel m cachet m spécial Sonderurlaub m congé m exceptionnel Sondervermittler m POL émissaire m [spécial] Sonderwunsch m souhait m particulier Sonderzeichen nt caractère m spécial Sonderzug m train m spécial
sondieren* tr, itr V geh sonder; die Lage ~ tâter le terrain
Sondierung <-, -en> f sondage m
Sonett [zo'nɛt] <-[e]s, -e> nt sonnet m
Song [sɔŋ] <-s, -s> m fam tube m *(fam)*
Songcontest ['sɔŋkɔntɛst] <-, -s> m concours m de chansons; der Eurovision ~ le concours Eurovision de la chanson
Sonnabend [zɔn'ʔa:bənt] m NDEUTSCH samedi m
sonnabends ['zɔn'ʔa:bənts] Adv NDEUTSCH, DIAL le samedi
Sonne ['zɔnə] <-> f ⓪ soleil m; die ~ geht auf/unter le soleil se lève/se couche; in der prallen ~ en plein soleil
② ASTRON *(in wissenschaftlichem Zusammenhang)* Soleil m
sonnen r V ⓪ sich ~ prendre un bain de soleil
② geh *(genießen)* sich in etw *(Dat)* ~ savourer qc *(littér)*
Sonnenallergie f allergie f solaire Sonnenanbeter(in) <-s, -> m(f) amoureux(-euse) m(f) du soleil Sonnenaufgang m lever m du soleil; bei ~ au lever du soleil; vor/nach ~ avant/après le lever du soleil; bei/vor/nach ~ aufstehen se lever avec/avant/après le soleil Sonnenbad nt bain m de soleil sonnenbaden itr V nur Infin und PP prendre un bain [o des bains] de soleil Sonnenbank <-bänke> f banquette f de bronzage sonnenbeschienen [-bəʃi:nən] Adj ensoleillé(e) Sonnenbestrahlung f exposition f au soleil Sonnenblume f tournesol m Sonnenblumenöl nt huile f de tournesol Sonnenbrand m coup m de soleil; einen ~ bekommen/haben attraper/avoir un coup de soleil Sonnenbräune f bronzage m, hâle m Sonnenbrille f lunettes fpl de soleil Sonnencreme f crème f solaire; eine ~ mit hohem/niedrigem Schutzfaktor une crème solaire à indice de protection élevé/à faible indice de protection Sonnendach nt store m Sonnendeck nt pont m supérieur Sonneneinstrahlung f kein Pl insolation f Sonnenenergie f énergie f solaire Sonnenfinsternis f éclipse f du Soleil; [partielle/totale] ~ éclipse m du Soleil [partielle/totale] Sonnenfleck m meist Pl tache f solaire sonnengebräunt Adj bronzé(e) Sonnengeflecht nt ANAT plexus m solaire Sonnengott m dieu m du Soleil sonnenhungrig Adj ~ sein avoir envie de soleil sonnenklar Adj fam évident(e), clair(e) comme de l'eau de source; [jdm] ~ sein être évident(e) [o clair(e)] [pour qn] Sonnenkollektor m capteur m

solaire **Sonnenkönig** *m kein Pl* HIST der ~ le Roi-Soleil **Sonnenlicht** *nt kein Pl* lumière *f* solaire [*o* du soleil] **Sonnenöl** *nt* huile *f* solaire **Sonnenschein** *m* soleil *m;* **bei strahlendem ~** sous un soleil éclatant **Sonnenschirm** *m* parasol *m* **Sonnenschutz** *m* ❶ *(Maßnahme)* protection *f* solaire ❷ *(Konstruktion)* brise-soleil *m* **Sonnenschutzcreme** *f* crème *f* de protection solaire **Sonnenschutzmittel** *nt* protecteur *m* solaire
Sonnensegel *nt* ❶ *(Schutzdach)* auvent *m* ❷ RAUM panneau *m* solaire **Sonnenseite** *f* ❶ côté *m* ensoleillé ❷ *(positive Seite)* bon côté *m* **Sonnenstich** *m* insolation *f;* **einen ~ bekommen/haben** attraper/avoir une insolation ▶ **du hast wohl einen ~!** *fam* tu as un grain! *(fam)* **Sonnenstrahl** *m* rayon *m* de soleil **Sonnensystem** *nt* système *m* solaire **Sonnenuhr** *f* cadran *m* solaire **Sonnenuntergang** *m* coucher *m* du soleil; **bei ~** au coucher du soleil; **vor/nach ~** avant/après le coucher du soleil **Sonnenwende** *f* solstice *m*
sonnig *Adj* ensoleillé(e); **in Südfrankreich ist es zur Zeit ~** en ce moment le soleil brille dans le midi; **hier ist es ~ er als auf der Bank** ici, c'est plus ensoleillé que sur le banc
Sonntag ['zɔnta:k] *m* dimanche *m*
▶ Weißer ~ dimanche *m* des communions; *s. a.* **Dienstag**
Sonntagabend *m* dimanche *m* soir; **am ~** le dimanche soir
sonntäglich *Adj* dominical(e)
Sonntagnachmittag *m* dimanche *m* après-midi; **am ~** le dimanche après-midi
sonntags ['zɔnta:ks] *Adv* le dimanche
Sonntagsarbeit *f* travail *m* dominical **Sonntagsausflug** *m* promenade *f* dominicale [*o* du dimanche] **Sonntagsblatt** *nt* journal *m* du dimanche **Sonntagsdienst** *m* garde *f* du week-end; **~ haben** être de garde le week-end **Sonntagsfahrer(in)** *m(f) pej* conducteur(-trice) *m(f)* du dimanche *(péj)* **Sonntagskind** *nt* chanceux(-euse) *m(f)* **ein ~ sein** être né(e) sous une bonne étoile **Sonntagsruhe** *f* repos *m* dominical
sonn- und feiertags *Adv* les dimanches et jours fériés
Sonnwendfeier *f* fête *f* de la Saint-Jean
sonor [zo'no:ɐ] *Adj* sonore
sonst [zɔnst] *Adv* ❶ *(andernfalls)* sinon
❷ *(gewöhnlich)* d'habitude; **wie ~** comme d'habitude; **früher/später als ~** plus tôt/tard que d'habitude
❸ *(früher)* avant
❹ *(außerdem)* à part ça; **~ nichts** rien d'autre; **~ nichts wollen/wünschen** ne rien vouloir/souhaiter d'autre; **wer hat ~ noch angerufen?** qui d'autre a appelé sinon?; **[darf es] ~ noch etwas [sein]?** et avec ça?; **wer weiß, was er ~ noch alles ausgeplaudert hätte** qui sait tout ce qu'il aurait pu encore raconter
❺ *indef fam* **~ was** n'importe quoi; **~ wer** [*o* **jemand**] n'importe qui; **erzähl das ~ wem** raconte-le à qui tu veux; **er denkt** [*o* **meint**]**, er sei ~ wer** [*o* **jemand**] il se prend pour je ne sais qui; **~ wie** d'une autre façon [*o* manière]; **~ wo** quelque part [ailleurs]; **~ wohin** quelque part ailleurs
❻ *fam (anders)* **wer/was** [**denn**] **~?** qui/quoi d'autre?
▶ [aber] **~ geht's dir gut?** *sl* t'es pas un peu malade? *(fam);* **~ noch was?** *iron fam* et puis quoi encore? *(fam)*
sonstig *Adj attr* autre *antéposé;* **sein ~ es Verhalten ist tadellos** son comportement habituel est irréprochable; **auf der Tagesordnung steht unter „Sonstiges" ...** à l'ordre de jour, il y a sous "divers"...
sonstjemand^ALT *s.* **sonst** ❺
sonstwas^ALT *s.* **sonst** ❺
sonstwer^ALT *s.* **sonst** ❺
sonstwie^ALT *s.* **sonst** ❺
sonstwo^ALT *s.* **sonst** ❺
sonstwohin^ALT *s.* **sonst** ❺
sooft [zo'ɔft] *Konj* tant que + *indic;* **~ du möchtest/willst** [au]tant que tu veux; **sie auch anrief** chaque fois qu'elle téléphonait; **~ ich auch darüber nachdenke** j'ai beau réfléchir
Soor [zo:ɐ] <-[e]s, -e> *m* MED muguet *m*
Sophist(in) [zo'fɪst] <-en, -en> *m(f)* sophiste *mf*
Sophokles ['zo:fɔkles] <-> *m* HIST Sophocle *m*
Sopran [zo'pra:n] <-s, -e> *m* ❶ *(Stimme)* soprano *m*
❷ *s.* **Sopranist(in)**
Sopranist(in) [zopra'nɪst] <-en, -en> *m(f)* soprano *mf*
Sorbet ['zɔrbet, zɔr'be:] <-s, -s> *m o nt* sorbet *m*
Sorbinsäure [zɔr'bi:n-] *f* CHEM acide *m* sorbique
Sorge ['zɔrgə] <-, -n> *f* souci *m;* **~n haben** avoir des soucis; **nur** [*o* **nichts als**] **~n mit jdm/etw haben** n'avoir que des ennuis [*o* des problèmes] avec qn/qc; **er macht sich** *(Dat)* **wegen seines Sohnes/der Zukunft ~n** il se fait du souci à cause de son fils/l'avenir; **das macht mir ~** cela me préoccupe; **es macht ihr ~n, dass sie sich à la préoccupe que** + *subj;* **die ~n um meine Tochter** les soucis que je me fais pour ma fille; **jdm ~n machen** [*o* **bereiten** *geh*] causer du souci à qn; **das versetzt mich in ~** cela me rend inquiet(-iète); **mit ~** avec inquiétude

▶ **das ist meine geringste ~** c'est le cadet de mes soucis; **du hast/ihr habt ~n!, ~ n hast du/habt ihr!** *iron fam* tu parles/vous parlez d'un problème! *(fam);* **lass das/lassen Sie das meine ~ sein!** laisse-moi/laissez-moi faire!; **keine ~!** *fam* ne t'en fais pas/ne vous en faites pas! *(fam)*
sorgeberechtigt *Adj* **~ sein** avoir la garde des enfants
sorgen ['zɔrgən] **I.** *itr V* ❶ *(aufkommen)* **für jdn ~** s'occuper de qn
❷ *(sich kümmern)* **für etw ~** s'occuper de qc; **dafür ~, dass** veiller à ce que + *subj;* **für das Mittagessen ist gesorgt** on s'occupe du déjeuner
❸ *(bewirken)* **für Aufsehen/Wirbel ~** faire du bruit/des remous; **dafür ~, dass** *Interview, Foto:* faire que + *subj*
II. *r V* **sich um jdn ~** se faire du souci pour qn; **sich um etw ~** être inquiet(-iète) quant à qc
sorgenfrei *Adj, Adv* sans souci **Sorgenkind** *nt fam* enfant *mf* à problèmes; **mein ~** l'enfant qui me donne du souci **sorgenvoll I.** *Adj Gesicht, Stirn* soucieux(-euse); *Leben* plein(e) de soucis **II.** *Adv* avec inquiétude
Sorgepflicht *f kein Pl* JUR obligation *f* d'entretien; **~ der Eltern für ihre Kinder** obligation d'entretien des parents envers [*o* à l'égard de] leurs enfants **Sorgerecht** *nt kein Pl* droit *m* de garde des enfants **Sorgerechtsverfahren** *nt* procédure *f* d'attribution de l'autorité parentale
Sorgfalt ['zɔrkfalt] <-> *f* soin *m;* **mit ~** avec soin
sorgfältig [-fɛltɪç] **I.** *Adj Mitarbeiter* consciencieux(-euse); *Vorbereitung, Vorgehen* soigneux(-euse); *Arbeit* soigné(e)
II. *Adv* soigneusement
Sorgfaltspflicht *f* **eines Beamten** obligations *fpl* (vis-à-vis des quémandeurs); **die ~ verletzen** violer l'obligation d'agir avec soin et diligence
sorglos I. *Adj* ❶ *(achtlos)* négligent(e)
❷ *s.* **sorgenfrei**
II. *Adv* handhaben, umgehen avec négligence
Sorglosigkeit <-> *f* insouciance *f*
sorgsam *Adj, Adv geh s.* **sorgfältig**
Sorte ['zɔrtə] <-, -n> *f* ❶ *(Art, Typ)* sorte *f*
❷ *Pl* FIN devises *fpl*
❸ *fam (Menschenschlag)* espèce *f*
sortieren* *tr V* ❶ *(ordnen)* trier; **etw nach Größe/Farbe ~** trier qc par ordre de grandeur/par couleur
❷ *(einordnen)* **etw in den Schrank/das Regal ~** ranger qc dans l'armoire/sur l'étagère
Sortiermaschine *f* trieuse *f*
Sortiment [zɔrti'mɛnt] <-[e]s, -e> *nt* assortiment *m;* **ein umfangreiches ~ an Kosmetika** un large assortiment de cosmétiques
SOS [ɛsʔo:'ʔɛs] <-, -> *nt* S.O.S. *m;* **~ funken** lancer un S.O.S.
sosehr [zo'ze:ɐ] *Konj* **~ ...** [**auch**] bien que... + *subj;* **~ ich mich auch bemühte** j'ai eu beau faire tout ce que je pouvais
soso [zo'zo:] **I.** *Interj* ah, ah!, tiens, tiens!
II. *Adv fam (einigermaßen)* comme ci comme ça *(fam),* tant bien que mal
Soße ['zo:sə] <-, -n> *f* ❶ sauce *f*
❷ *pej fam* soupe *f (fam)*
Soßenlöffel *m* cuillère *f* à sauce
sott [zɔt] *Imp von* **sieden**
Soufflé, Soufflee^RR [zu'fle:] <-s, -s> *nt* GASTR soufflé *m*
Souffleur [zu'flø:ɐ] <-s, -e> *m,* **Souffleuse** *f* souffleur(-euse) *m(f)*
Souffleurkasten [zu'flø:ɐ-] *m* trou *m* du souffleur/de la souffleuse
soufflieren* [zu'fli:rən] *itr V* souffler; **[jdm] ~** souffler [à qn]
Sound [saʊnd] <-s, -s> *m sl* son *m*
Soundkarte ['saʊnd-] *f* INFORM carte *f* son
soundso [zo'ʔʊntso:] *Adv* **~ breit/groß** de la même largeur/taille; **~ oft** tant de fois, je ne sais combien de fois; **~ viel/viele ...** tant et tant de ...
Soundso Herr/Frau ~ Monsieur/Madame Machin
soundsovielte(r, s) *Adj fam* tant; **am ~n August** le tant du mois d'août; **als ~ r/~, an ~ r Stelle** à la place tant
Soundtrack [-trɛk] <-s, -s> *m* bande *f* originale d'un/du film; *(Filmmusik)* musique *f* de film
Soutane [zu'ta:nə] <-, -n> *f* soutane *f*
Souterrain [zutɛ'rɛ̃:, 'zu:tɛrɛ̃] <-s, -s> *nt* sous-sol *m*
Souvenir [zuvə'ni:ɐ] <-s, -s> *nt* souvenir *m*
souverän [zuvə'rɛ:n] **I.** *Adj* ❶ POL souverain(e)
❷ *(überlegen)* supérieur(e); *Beherrschung, Leichtigkeit* souverain(e)
II. *Adv (überlegen)* suprêmement; *beherrschen, meistern* à la perfection
Souverän <-s, -e> *m* ❶ CH électorat *m* inscrit
❷ HIST souverain *m*
Souveränität [zuvərɛni'tɛ:t] <-> *f a.* POL souveraineté *f*
soviel^ALT1 [zo'fi:l] *Adv s.* **viel I.** ❶, ❸
soviel^2 *Konj* [pour] autant que + *subj;* **~ ich weiß** à ce que je sais;

~ mir bekannt ist pour autant que je sache
soweit^ALT1 [zo'vaɪt] Adv s. weit I.②, II.③
soweit² Konj pour autant que + subj; ~ ich das beurteilen kann, ... pour autant que je puisse en juger...
sowenig^ALT1 [zo've:nɪç] Adv s. wenig II.②
sowenig² Konj ~ Geld ich auch habe malgré le peu d'argent que j'ai; ~ mir das auch gefällt même si ça ne me plaît pas beaucoup; ~ er auch davon versteht même s'il n'y comprend pas grand-chose
sowie [zo'vi:] Konj ① (sobald) aussitôt que + indic
② form (wie auch) ainsi que
sowieso [zovi'zo:, 'zo:vizo] Adv en tout cas; das ~! fam ça, en tout cas! (fam)
Sowjet [zɔ'vjɛt, 'zɔvjɛt] <-s, -s> m HIST soviet m; der Oberste ~ le Soviet suprême
Sowjetbürger(in) m(f) HIST citoyen(ne) m(f) soviétique, Soviétique mf
sowjetisch [zɔ'vjɛtɪʃ] Adj soviétique
Sowjetrepublik [zɔ'vjɛt-] f ~en les Républiques fpl soviétiques Sowjetrusse m, -russin f HIST Russe mf soviétique Sowjetunion [zɔ'vjɛt-, 'zɔvjɛt-] f HIST die ~ l'Union f soviétique
sowohl [zo'vo:l] Konj ~ ... als auch ... non seulement..., mais [encore]...
Sozi ['zo:tsi] <-s, -s> m pej fam social-démocrate m
Sozia ['zo:tsia] <-, -s> f (Beifahrerin) passagère f arrière
sozial [zo'tsia:l] I. Adj social(e); eine ~e Ader haben avoir la fibre sociale
II. Adv handeln dans le sens de l'intérêt social; ~ denken [o eingestellt sein] avoir l'esprit social
Sozialabbau m remise f en cause des acquis sociaux Sozialabgaben Pl charges fpl sociales Sozialamt nt bureau m d'aide sociale Sozialarbeit f kein Pl travail m social Sozialarbeiter(in) m(f) assistant(e) m(f) social(e) Sozialausschuss^RR m POL commission f des affaires sociales Sozialberuf m profession f sociale Sozialdemokrat(in) m(f) social(e)-démocrate m(f); die ~en les sociaux-démocrates Sozialdemokratie f social-démocratie f sozialdemokratisch Adj social(e)-démocrate Sozialfall m form cas m social Sozialgericht nt JUR tribunal m du contentieux social Sozialhilfe f kein Pl ≈ R.M.I. m; ~ beziehen ≈ toucher le R.M.I.; von der ~ leben ≈ vivre du R.M.I. Sozialhilfeempfänger(in) m(f) bénéficiaire mf d'aides sociales
sozialisieren* tr V socialiser
Sozialisierung <-, -en> f socialisation f
Sozialismus [zotsja'lɪsmʊs] <-> m socialisme m
Sozialist(in) [zotsja'lɪst] <-en, -en> m(f) socialiste mf
sozialistisch Adj ① socialiste
② s. sozialdemokratisch
Sozialkritik f kein Pl critique f sociale Sozialleistungen Pl prestations fpl sociales sozialliberal Adj POL socio-libéral(e) Sozialpädagoge m, -pädagogin f éducateur(-trice) m(f) social(e) Sozialpädagogik f pédagogie f sociale Sozialpädagogisch Adj socio-pédagogique Sozialpartner m meist Pl POL partenaire mf social Sozialplan m plan m social Sozialpolitik f kein Pl politique f social sozialpolitisch Adj de politique sociale Sozialprestige [-prɛsti:ʒə] nt prestige m social Sozialprodukt nt ÖKON produit m national Sozialrecht nt kein Pl droit m social, législation f relative à la sécurité sociale sozialrechtlich Adj de droit social; ~er Herstellungsanspruch JUR demande de rétablissement d'un droit Sozialreform f réforme f sociale Sozialrente f form ≈ retraite f de la Sécurité sociale Sozialrentner(in) m(f) form ≈ bénéficiaire mf de la retraite versée par la Sécurité sociale Sozialstaat m État m social Sozialversicherung f assurance f sociale; (in Frankreich) Sécurité f sociale Sozialversicherungsausweis m carte f d'assuré(e) social(e) Sozialversicherungsbeitrag ≈ cotisation f à la Sécurité sociale
Sozialverträglichkeit <-> f acceptabilité f sociale Sozialwissenschaften Pl sciences fpl sociales Sozialwohnung f ≈ H.L.M. m o f
soziokulturell [zo:tsiokʊltu'rɛl] Adj socioculturel(le) Soziolinguistik [zo(:)tsiolɪŋgu'ɪstɪk] f sociolinguistique f
Soziologe [zotsio'lo:gə] <-n, -n> m, Soziologin f sociologue mf Soziologie [zotsiolo'gi:] <-> f sociologie f
soziologisch Adj sociologique
sozioökonomisch [zo:tsioʔoko'no:mɪʃ] Adj socioéconomique
Sozius ['zo:tsiʊs] <-, Sozii> m, Sozia f ① (Kompagnon) associé(e) m(f)
② (Beifahrer) passager(-ère) m(f) de derrière; du kannst als ~ mitfahren tu peux monter derrière
③ s. Soziussitz
Soziussitz m siège m arrière
sozusagen [zo:tsu'za:gən] Adv pour ainsi dire
Spachtel ['ʃpaxtəl] <-s, -> m ① (Werkzeug) spatule f

② s. Spachtelmasse
Spachtelmasse f kein Pl mastic m
spachteln I. tr V mastiquer à la spatule; etw ~ mastiquer qc à la spatule
II. itr V ① mastiquer
② DIAL fam (essen) se bâfrer (fam)
Spagat <-[e]s, -e> m o nt ① SPORT grand écart m; [einen] ~ machen faire le grand écart
② (schwierige Aufgabe) exercice m de haute voltige; den ~ zwischen Familie und Beruf schaffen arriver à concilier vie de famille et vie professionnelle
Spaghetti [ʃpa'gɛti] Pl spaghetti mpl
Spaghettiträger m bretelle f spaghetti
spähen ['ʃpɛ:ən] itr V ① (blicken) guetter; aus dem Fenster/durch einen Spalt ~ guetter par la fenêtre/une fente
② (Ausschau halten) nach jdm/etw ~ guetter qn/qc
Späher(in) <-s, -> m(f) éclaireur(-euse) m(f)
Spähtrupp m MIL patrouille f de reconnaissance
Spalier [ʃpa'li:ɐ] <-s, -e> nt ① espalier m
② fig haie f; ~ stehen, ein ~ bilden faire [o former] une haie; ein ~ von Fans une haie de fans
Spalt [ʃpalt] <-[e]s, -e> m ① (Schlitz) fente f
② (Felsspalt, Mauerspalt) fissure f
③ (Spaltbreit) entrebâillement m; die Tür einen ~ öffnen entrouvrir la porte; einen ~ offen stehen être entrouvert(e) [o entrebâillé(e)]
spaltbar Adj fissible
Spaltbreit <-> m espace m; etw einen ~ öffnen entrouvrir qc; einen ~ offen stehen être entrouvert(e) [o entrebâillé(e)]
Spalte ['ʃpaltə] <-, -n> f ① (breiter Riss) fissure f; eines Gletschers crevasse f
② TYP colonne f
③ A (Scheibe) tranche f
spalten ['ʃpaltən] <PP gespalten> I. tr V ①<PP gespalten o gespaltet> fendre Baum, Brett, Holz
② PHYS diviser
③ (trennen) diviser; eine Partei in zwei Lager ~ diviser un parti en deux camps
④ (divergieren) gespalten sein Ansichten, Auffassungen: être partagé(e)s
II. r V ① sich ~ Fingernagel: casser; Haare: fourcher
② (Fraktionen bilden) sich in zwei Lager ~ se diviser en deux camps
spaltenweise Adv en colonnes
Spaltprodukt nt ① PHYS produit m de fission
② CHEM produit m de décomposition
Spaltung <-, -en> f ① PHYS fission f
② (Entzweiung, Lagerbildung) division f
③ PSYCH ~ des Bewusstseins [o der Persönlichkeit] dédoublement m de la personnalité
④ ÖKON, JUR einer Gesellschaft scission f; eines Vertrags division f
Spam [spɛm] <-s, -s> nt INFORM pourriel m, spam m
Spam-Filter, Spamfilter m INFORM filtre m anti-spam [o anti-pourriel] Spam-Mail, Spammail f o nt INFORM courrier m à poubelle
spammen ['spɛmən] itr V INFORM spammer (fam), polluposter
Span [ʃpa:n, Pl: 'ʃpɛ:nə] <-[e]s, Späne> m copeau m
▸ wo gehobelt wird, [da] fallen Späne Spr. on ne fait pas d'omelette sans casser des œufs
Spanferkel nt cochon m de lait
Spange ['ʃpaŋə] <-, -n> f ① (Haarspange) barrette f
② (Zahnspange) appareil m [de correction] dentaire
③ (Armreif) bracelet m
Spangenschuh m chaussure f à bride
Spanien ['ʃpa:niən] <-s> nt l'Espagne f
Spanier ['ʃpa:niɐ] <-s, -> m ① Espagnol m
② fam (spanisches Lokal) restau m espagnol (fam); zum ~ [essen] gehen aller [manger] au restau espagnol (fam)
Spanierin <-, -nen> f Espagnole f
spanisch ['ʃpa:nɪʃ] I. Adj espagnol(e)
II. Adv ~ miteinander sprechen discuter en espagnol; s. a. deutsch
▸ etw kommt jdm ~ vor fam qc ne paraît pas [très] catholique à qn (fam)
Spanisch <-[s]> nt kein Art (Sprache, Schulfach) espagnol m; auf ~ en espagnol; s. a. Deutsch
Spanische nt dekl wie Adj das ~ l'espagnol m; s. a. Deutsche
spanischsprachig Adj hispanophone
spann [ʃpan] Imp von spinnen
Spann <-[e]s, -e> m cou-de-pied m
Spannbeton m kein Pl béton m précontraint Spannbetttuch^RR nt drap-housse m Spannbreite f kein Pl gamme f
Spanne ['ʃpanə] <-, -n> f ① (Gewinnspanne, Handelsspanne) marge f

② *geh (Zeitspanne)* laps *m* de temps
spannen ['ʃpanən] **I.** *tr V* ① *(straffen)* tendre
② *(anspannen)* contracter *Muskel, Schenkel*
③ *(aufspannen)* **etw über etw** *(Akk)* ~ tendre qc au-dessus de qc
④ *(einspannen)* **etw in den Schraubstock** ~ serrer qc dans l'étau; **einen Briefbogen in die Schreibmaschine** ~ mettre une feuille de papier dans la machine à écrire
⑤ *sl (merken)* ~**, dass etwas nicht stimmt** piger que quelque chose ne tourne pas rond + *indic (fam)*
II. *r V* **sich über den Fluss/das Tal** ~ *Brücke:* enjamber le fleuve/la vallée
III. *itr V Kleidungsstück:* serrer trop; *Haut:* tirer; *s. a.* **gespannt**
spannend I. *Adj Film, Roman* captivant(e), passionnant(e)
▶ **es** – **machen** *fam* tourner autour du pot; **mach's nicht so** ~**!** arrête de tourner autour du pot! *(fam)*
II. *Adv* de façon captivante
Spanner <-s, -> *m* ① *(Schuhspanner)* embauchoir *m*
② ZOOL phalène *m o f*
③ *sl (Voyeur)* voyeur *m*
Spannkraft *f kein Pl* vigueur *f; eines Muskels* tonicité *f* **Spannteppich** *m* CH moquette *f*
Spannung <-, -en> *f* ① *kein Pl (fesselnde Art)* suspense *m*
② *kein Pl (gespannte Erwartung)* tension *f* [nerveuse]; **bei den Zuschauern große** ~ **erzeugen** *Film:* captiver totalement les spectateurs; **etw mit** [*o* **voller**] ~ **erwarten** attendre qc avec impatience
③ *meist Pl (Unstimmigkeit)* tension *f*
④ ELEC tension *f;* **unter** ~ **stehen** être sous tension
⑤ *kein Pl (Gespanntsein) einer Bogensehne, Saite* tension *f*
Spannungsbogen *m* intrigue *f* à suspense **Spannungsfeld** *nt* zone *f* de tension **Spannungsgebiet** *nt* zone *f* de tension **Spannungsmesser** <-s, -> *m* voltmètre *m* **Spannungsprüfer** *m* contrôleur *m* de tension **Spannungsregler** *m* ELEC régulateur *m* de tension
Spannweite *f* ① *der Flügel* envergure *f*
② CONSTR *einer Brücke, eines Gewölbes* portée *f*
Spanplatte *f* panneau *m* de particules
Spant [ʃpant] <-[e]s, -en> *nt o m* NAUT, AVIAT couple *m*
Sparbrief *m* bon *m* d'épargne **Sparbuch** *nt* livret *m* [de caisse] d'épargne **Sparbüchse** [-ks-] *f,* **Spardose** *f* tirelire *f*
sparen ['ʃpaːrən] **I.** *tr V* ① *(zurücklegen)* épargner *Betrag;* **Geld** ~ épargner de l'argent
② *(einsparen)* **Energie/Zeit** ~ *Person:* économiser de l'énergie/du temps; *Gerät:* permettre d'économiser de l'énergie/du temps
③ *(vermeiden)* **Ärger/Mühe** ~ épargner du dépit/de la peine
④ *(unterlassen)* **sich** *(Dat)* **eine Bemerkung/einen Ratschlag** ~ garder une remarque/un conseil pour soi; **spar dir die Mühe!** ne te donne pas de la peine pour rien!; **spart euch den Ärger!** évitez les ennuis!
II. *itr V* ① *(Geld zurücklegen)* **auf etw** *(Akk)* ~ épargner pour qc; **für ein Auto** ~ économiser pour acheter une voiture
② *(sparsam sein)* se montrer économe; **an etw** *(Dat)* ~ rogner sur qc; **nicht mit Lob** ~ *fig* ne pas être avare de compliments
Sparer(in) <-s, -> *m(f)* épargnant(e) *m(f)*
Sparflamme *f* petite flamme *f;* **etw auf** ~ **kochen** cuire qc à feu très doux
▶ **auf** ~ **arbeiten/laufen** *fam* bosser/tourner au ralenti *(fam)*
Spargel ['ʃpargəl] <-s, -> *m* asperge *f;* ~ **stechen** ramasser [*o* cueillir] les asperges
Spargelkohl *m kein Pl* brocoli *m*
Sparguthaben *nt* avoir *m* [sur un livret] **Sparheft** CH *s.* **Sparbuch Sparkapital** *nt* FIN capital *m* d'épargne **Sparkasse** *f* caisse *f* d'épargne **Sparkonto** *nt* compte-épargne *m* **Sparkurs** *m* politique *f* de rigueur [*o* d'austérité]
spärlich ['ʃpɛːɐlɪç] **I.** *Adj Ausbeute, Essen, Einkommen* maigre; *Vegetation, Haarwuchs* clairsemé(e)
II. *Adv* peu
Sparmaßnahme *f* mesure *f* d'économie **Sparpackung** *f* paquet *m* économique **Sparpolitik** *f* politique *f* d'austérité **Sparprämie** [-miə] *f* prime *f* d'épargne **Sparprogramm** *nt* programme *m* économique
Sparren ['ʃparən] <-s, -> *m* chevron *m*
▶ **einen** ~ **haben** *fam* avoir une case en moins *(fam)*
Sparring <-s> *nt* entraînement *m*
Sparringspartner(in) *m(f)* SPORT sparring-partner *m*
sparsam I. *Adj Person, Lebensweise* économe; *Auto, Motor, Heizung* économique; **im Verbrauch/in der Anwendung sein** être économique à la consommation/à l'emploi
II. *Adv* **leben** chichement; *wirtschaften* dans un souci d'économie; *einsetzen, verwenden* avec parcimonie; ~ **mit etw umgehen** y aller doucement avec qc
Sparsamkeit <-> *f* [sens *m* de l'] économie *f*
Sparschwein *nt* tirelire *f;* **sein** ~ **schlachten** *fam* casser sa tirelire

(fam)
Spartaner(in) [ʃparˈtaːnɐ, sparˈtaːnɐ] <-s, -> *m(f)* Spartiate *mf*
spartanisch [ʃparˈtaːnɪʃ] **I.** *Adj* spartiate; *Leben* de Spartiate
II. *Adv* de manière spartiate
Sparte ['ʃpartə] <-, -n> *f* ① *(Branche)* branche *f*
② *(Spezialbereich)* spécialité *f*
③ *(Rubrik)* rubrique *f*
Sparvertrag *m* plan *m* [d']épargne **Sparzins** *m meist Pl* intérêts *mpl* [de l'épargne]
spasmisch ['ʃpasmɪʃ, 'spasmɪʃ] *Adj* spasmodique
Spasmus ['ʃpasmʊs, 'spasmʊs] <-, Spasmen *o* Spasmi> *m* MED spasme *m*
Spaß [ʃpaːs, *Pl:* 'ʃpɛːsə] <-es, Späße> *m* ① *kein Pl (Vergnügen)* distraction *f;* divertissement *m; (Freude)* plaisir *m;* ~ **haben** bien s'amuser; **an etw** *(Dat)* ~ **haben** aimer qc; **[das] Singen macht** ~ chanter, c'est bien; **[das] Kochen macht mir** ~ j'aime bien cuisiner; **es macht** ~ **den Kindern beim Spielen zuzuschauen** c'est agréable de regarder les enfants jouer; **sich** *(Dat)* **einen** ~ **daraus machen jdn anzuschwindeln** prendre un malin plaisir à raconter des bobards à qn *(fam);* **es macht mir keinen** ~ **das zu tun** ça ne m'amuse [*o* m'enchante] pas de faire cela; **sie hat ihm den** ~ **verdorben** elle lui a gâché le plaisir; **viel** ~**!** amuse-toi/amusez-vous bien!
② *(Scherz)* plaisanterie *f;* ~ **machen** plaisanter; **ich habe nur** ~ **gemacht** c'était [juste] pour rire; **etw aus** [*o* **zum**] ~ **sagen** dire qc pour rire; **da hört der** ~ **auf** là, il ne s'agit plus de plaisanter; **da hört für mich der** ~ **auf** là, je ne plaisante plus
▶ **das ist ein teurer** ~ c'est une [petite] plaisanterie qui coûte cher *(fam);* ~ **muss sein** *fam* faut bien rire [de temps en temps] *(fam);* **keinen** ~ **verstehen** ne pas comprendre la plaisanterie; ~ **beiseite** blague à part
Späßchen <-s, -> *nt Dim von* **Spaß** petite plaisanterie *f*
spaßen ['ʃpaːsən] *itr V* plaisanter
▶ **mit jdm/etw ist nicht zu** ~ il ne faut pas plaisanter avec qn/qc; **sie lässt nicht mit sich** ~ elle n'aime pas qu'on plaisante avec elle
spaßeshalber ['ʃpaːsəshalbɐ] *Adv fam* comme ça, pour voir
Spaßgesellschaft *f pej* société *f* de loisir
spaßhaft *Adj* drôle
spaßig *Adj Geschichte, Idee* drôle; **eine** ~ **e Geschichte/Idee** une drôle d'histoire/d'idée
Spaßverderber(in) <-s, -> *m(f)* rabat-joie *m* **Spaßvogel** *m* plaisantin *m*
Spastiker(in) ['ʃpastikɐ, 'spastikɐ] <-s, -> *m(f)* infirme *m* moteur cérébral/infirme *f* motrice cérébrale, I.M.C. *mf*
spastisch ['ʃpastɪʃ, 'spastɪʃ] *Adj* spastique; ~ **e Lähmung** dyskinésie *f*
Spat [ʃpaːt, *Pl:* 'ʃpɛːtə] <-[e]s, -e *o* Späte> *m* MINER spath *m*
spät [ʃpɛːt] **I.** *Adj* ① tard; **es ist/wird** ~ il est/se fait tard; **der** ~**este Zug** le dernier train; **zu einem** ~**eren Zeitpunkt** à un moment ultérieur; **am** ~**en Vormittag/Nachmittag** tard dans la matinée/l'après-midi; **im** ~**en Frühjahr/Herbst** à la fin du printemps/de l'automne; **wie** ~ **ist es?** quelle heure est-il?; **ich habe nicht gemerkt, wie** ~ **es schon ist!** je n'ai pas vu l'heure!
② *(die Spätphase betreffend)* tardif(-ive); *Mittelalter, Barock, Jugendstil* finissant(e); **ein** ~**er Picasso** un Picasso peint sur le tard
II. *Adv* [zu] ~ [trop] tard; ~ **dran sein** être en retard; ~ **am Abend/in der Nacht** tard dans la soirée/nuit; **abends** ~ **nach Hause kommen** rentrer tard le soir; **wie** ~ **kann ich dich noch anrufen?** jusqu'à quelle heure puis-je t'appeler?; *s. a.* **später, spätestens**
spätabends [ʃpɛːtˈʔaːbənts] *Adv* tard le soir [*o* dans la soirée]
Spätaussiedler(in) *m(f)* rapatrié(e) de l'Europe de l'Est de descendance allemande **Spätaussiedlerproblematik** *f* problématique *des rapatriés tardifs en Allemagne*
Spätbucher(in) *m(f)* TOURISMUS vacancier(-ière) *m(f)* qui réserve à la dernière minute **Spätdienst** *m* service *m* du soir; ~ **haben** être du [service du] soir
Spatel ['ʃpaːtəl] <-s, -> *m* ① MED spatule *f*
② *s.* **Spachtel**
Spaten ['ʃpaːtən] <-s, -> *m* bêche *f*
Spatenstich *m* coup *m* de bêche
▶ **der erste** ~ le premier coup de pioche
Spätentwickler(in) <-s, -> *m(f)* MED, PSYCH attardé(e) *m(f)*
später ['ʃpɛːtɐ] **I.** *Adj (zukünftig) Generation, Zeiten* futur(e); *s. a.* **spät**
II. *Adv* plus tard; **nicht** ~ **als Freitag/zehn Uhr** au plus tard vendredi/dix heures; **jdn auf** ~ **vertrösten** faire lanterner qn; **an** ~ **denken** penser à plus tard; **bis** ~ **!** à plus tard!
spätestens ['ʃpɛːtəstəns] *Adv* au plus tard
Spätfolgen *Pl einer Krankheit* séquelles *fpl* tardives; *einer Erziehung* suites *fpl* tardives **Spätgeburt** *f* ① *(verspätete Geburt)* accouchement *m* après terme ② *(Kind)* enfant qui est né après terme **Spätgotik** *f* gothique *m* flamboyant **Spätherbst** *m* arrière-saison *f*

Spätlese f *(Weinlese, Wein)* vendange f tardive **Spätschaden** m meist Pl *eines Unfalls* suites fpl à long terme; *einer Krankheit* séquelle f souvent pl **Spätschicht** f équipe f du soir; **~ haben** être [de l'équipe] du soir **Spätsommer** m fin f de l'été **Spätstadium** nt phase f terminale **Spätvorstellung** f CINE dernière séance f **Spätwerk** nt œuvre f tardive

Spatz [ʃpats] <-en o -es, -en> m ① moineau m
② fam *(Kosewort)* [mein] ~! mon chou! *(fam)*
▶ das pfeifen die ~en von den Dächern c'est un secret de Polichinelle; besser ein ~ in der Hand als eine Taube auf dem Dach Spr. un tiens vaut mieux que deux tu l'auras
Spätzchen <-s, -> nt Dim von **Spatz** fam *(Kosewort)* petit chou m *(fam)*; [mein] ~! mon petit chou!
Spatzenhirn nt pej fam cervelle f de moineau [o d'oiseau]
Spätzle ['ʃpɛtslə] Pl GASTR pâtes consistantes, spécialités du pays souabe
Spätzünder m fam ▶ ein ~ sein être dur(e) à la détente *(fam)*; *(in der Entwicklung)* être attardé(e) **Spätzündung** f AUT retard m à l'allumage ▶ ~ haben fam avoir la comprenette un peu dure *(fam)*
spazieren* itr V + sein aller se promener; durch die Straßen ~ se promener dans les rues; ~ fahren aller se promener en voiture/vélo/...; jdn mit dem Auto/Rollstuhl ~ fahren emmener qn se promener en voiture/fauteuil roulant; ein Baby ~ fahren emmener un bébé se promener [en landau]; mit jdm ~ gehen aller se promener avec qn; abends gerne ~ gehen aimer se promener le soir; er ist vor fünf Minuten ~ gegangen! il est parti se promener il y a cinq minutes!
spazieren|fahrenᴬᴸᵀ s. spazieren
spazieren|gehenᴬᴸᵀ s. spazieren
Spazierfahrt f promenade f en voiture/vélo/... **Spaziergang** <-gänge> m promenade f [à pied]; einen ~ machen faire une promenade ▶ kein ~ sein fam ne pas être une mince affaire **Spaziergänger(in)** [-gɛŋɐ] <-s, -> m(f) promeneur(-euse) m(f) **Spazierstock** m canne f **Spazierweg** m chemin m
SPD [ɛspeː'deː] <-> f Abk von **Sozialdemokratische Partei Deutschlands** parti social-démocrate allemand
Specht [ʃpɛçt] <-[e]s, -e> m pic m
Speck [ʃpɛk] <-[e]s, -e> m ① GASTR lard m
② fam *(Fettpolster)* lard m *(fam)*; ~ ansetzen fam se faire du lard *(fam)*
▶ mit ~ fängt man Mäuse Spr. on n'attrape pas les mouches avec du vinaigre; ran an den ~! fam allez, on attaque!
Speckbauch m fam brioche f *(fam)*
speckig Adj ① *(fettglänzend)* crasseux(-euse)
② fam *(feist)* gras(se)
Speckschwarte f couenne f [de lard] **Speckseite** f GASTR flèche f **Speckstein** m kein Pl stéatite f, craie f de Briançon
Spediteur(in) [ʃpediˈtøːɐ] <-s, -e> m(f) transporteur m
Spedition [ʃpediˈtsioːn] <-, -en> f entreprise f de transport
Speditionsgewerbe nt activité f de commission de transport
speditiv [ʃpediˈtiːf] CH form I. Adj rapide
II. Adv avec célérité *(soutenu)*
Speer [ʃpeːɐ] <-[e]s, -e> m javelot m
Speerspitze f pointe f de javelot **Speerwerfen** <-s> nt lancer m de javelot **Speerwerfer(in)** <-s, -> m(f) lanceur(-euse) m(f) de javelot
speiben ['ʃpaɪbən] <PP: gespieben> itr V A fam *(speien)* cracher; *(erbrechen)* vomir
Speiche ['ʃpaɪçə] <-, -n> f ① *eines Rads* rayon m
② ANAT radius m
Speichel ['ʃpaɪçəl] <-s> m salive f
Speicheldrüse f glande f salivaire **Speichelfluss**ᴿᴿ m kein Pl MED salivation f; übermäßiger ~ salivation excessive, ptyalisme m *(spéc)* **Speichellecker(in)** <-s, -> m(f) pej lèche-bottes mf *(fam)* **Speichelleckerei** f kein Pl pej lèche f *(fam)* ▶ ~ treiben faire de la lèche
Speicher ['ʃpaɪçɐ] <-s, -> m ① DIAL *(Dachboden)* grenier m
② INFORM mémoire f; externer/interner ~ mémoire externe/interne
③ *(Lagerhaus)* entrepôt m
④ *(Wasserspeicher)* réservoir m
Speicherchip [-tʃip] m INFORM puce f à mémoire **Speicherdichte** f INFORM densité f de mémoire **Speicherkapazität** f
① INFORM capacité f de mémoire ② *(Lagermöglichkeit)* capacité f de stockage **Speichermedien** Pl INFORM supports mpl de données
speichern ['ʃpaɪçɐn] I. tr V ① INFORM sauvegarder Datei, Daten; etw auf [einer] Diskette ~ sauvegarder qc sur [une] disquette
② *(aufbewahren)* entreposer
II. itr V INFORM sauvegarder
Speicherplatz m kein Pl INFORM capacité f de mémoire **Speicherschreibmaschine** f machine f à écrire à mémoire **Speicherung** <-, -en> f INFORM sauvegarde f
speien ['ʃpaɪən] <spie, gespien> tr V geh ① *(ausstoßen)* cracher Lava/Dampf; **Lava/Dampf ~** cracher de la lave/vapeur
② *(erbrechen)* **Blut ~** vomir du sang
Speis [ʃpaɪs] <-es> m DIAL *(Mörtel)* mortier m
Speise ['ʃpaɪzə] <-, -n> f ① meist Pl geh *(Gericht)* repas m
② *(Nahrung)* nourriture f
Speisebrei m MED chyme m **Speiseeis** nt form glace f **Speisekammer** f cellier m **Speisekarte** f menu m, carte f
speisen ['ʃpaɪzən] I. itr V geh se restaurer *(soutenu)*; französisch ~ manger français
II. tr V ① geh *(essen)* consommer *(soutenu)*
② *(versorgen)* alimenter Stromnetz, Fluss, See
Speisenaufzug m monte-plat m **Speisenfolge** f menu m
Speiseöl nt huile f alimentaire [o de table] **Speisepilz** m champignon m comestible **Speisequark** m ≈ fromage m blanc **Speisereste** Pl ① *(Reste einer Mahlzeit)* restes mpl [de nourriture]
② *(Reste zwischen den Zähnen)* petits morceaux mpl d'aliment
Speiseröhre f œsophage m **Speisesaal** m salle f à manger; *eines Klosters, Internats* réfectoire m **Speisesalz** nt sel m fin [o de table]; jodiertes ~ sel iodé **Speisewagen** m wagon-restaurant m
Speisung <-, -en> f ① TECH *eines Stromnetzes, Flusses, Sees* alimentation f
② BIBL die ~ der Fünftausend le miracle de la multiplication des pains
speiübel ['ʃpaɪˈʔyːbəl] Adj mir wird/ist ~ je commence à avoir/j'ai la nausée; vom Autofahren wird mir ~ la voiture me donne la nausée
Spektakel¹ [ʃpɛkˈtaːkəl] <-s, -> m fam tintouin m *(fam)*
Spektakel² <-s, -> nt *(Schauspiel)* spectacle m
spektakulär [ʃpɛktakuˈlɛːɐ] I. Adj spectaculaire
II. Adv de manière spectaculaire
Spektra ['ʃpɛktra] Pl von **Spektrum**
Spektralanalyse [ʃpɛkˈtraːl-] f PHYS, CHEM analyse f spectrale
Spektralfarbe f couleur f spectrale
Spektroskop [ʃpɛktroˈskoːp, spɛktro-] <-s, -e> nt PHYS spectroscope m
Spektrum ['ʃpɛktrʊm] <-s, Spektren o Spektra> nt ① PHYS spectre m
② geh *(Vielfalt)* variété f
Spekulant(in) [ʃpekuˈlant] <-en, -en> m(f) spéculateur(-trice) m(f)
Spekulation [ʃpekulaˈtsioːn] <-, -en> f spéculation f; ~en über etw (Akk) anstellen geh se livrer à des spéculations sur qc *(soutenu)*
Spekulationsobjekt nt objet m de spéculation
spekulativ [ʃpekulaˈtiːf] Adj a. BÖRSE geh spéculatif(-ive) *(soutenu)*; ~ sein relever de la spéculation
spekulieren* itr V ① fam *(rechnen)* auf etw (Akk) ~ spéculer sur qc
② *(Spekulant sein)* an der Börse/mit etw ~ spéculer à la bourse/sur qc
Spelunke [ʃpeˈlʊŋkə] <-, -n> f pej fam boui-[boui m *(fam)*
spendabel [ʃpɛnˈdaːbəl] Adj fam généreux(-euse); nicht sehr ~ sein être plutôt radin(e) *(fam)*
Spende ['ʃpɛndə] <-, -n> f don m; bitte [um] eine kleine ~! à votre bon cœur!
spenden I. tr V ① donner, faire don de; jdm etw ~ donner [o faire don de] qc à qn; viel Geld für jdn/etw ~ faire don de beaucoup d'argent pour qn/qc
② MED donner, faire don de
③ *(abgeben)* Wärme ~ diffuser de la chaleur
II. itr V für jdn/etw ~ faire un don pour qn/qc
Spendenaffäre f POL affaire f des dons **Spendenaktion** f collecte f de dons **Spendenaufruf** m appel m à la générosité [publique] **Spendenbescheinigung** f reçu m [fiscal] **Spendenkonto** nt compte m où verser les dons **Spendenmarathon** m ≈ téléthon® m **Spendenwaschanlage** f POL officine f de blanchiment des dons
Spender <-s, -> m ① *(Mensch)* donateur m; MED donneur m
② *(Vorrichtung)* distributeur m
Spenderherz nt cœur m d'un/du donneur
Spenderin <-, -nen> f donatrice f; MED donneuse f
Spenderniere f rein m d'un/du donneur **Spenderorgan** nt organe m d'un/du donneur
spendieren* tr V fam payer *(fam)*; [jdm] etw ~ payer qc [à qn]
Spendierhosen Pl ▶ seine ~ anhaben fam être en veine de générosité; heute habe ich meine ~ an aujourd'hui, c'est mon jour de bonté
Spengler(in) ['ʃpɛŋlɐ] <-s, -> m(f) SDEUTSCH, A plombier-zingueur m
Sperber ['ʃpɛrbɐ] <-s, -> m épervier m
Sperenzchen [ʃpeˈrɛntsçən], **Sperenzien** [ʃpeˈrɛntsiən] Pl fam simagrées fpl; ~ machen faire des histoires *(fam)*
Sperling ['ʃpɛrlɪŋ] <-s, -e> m moineau m

Sperma ['ʃpɛrma] <-s, Spermen o -ta> nt sperme m
Spermatozoon [ʃpɛrmato'tso:ɔn, spɛrmato-] <-s, Spermatozoen> nt Fachspr. s. **Spermium**
Spermium ['ʃpɛrmiʊm, 'spɛrmiʊm] <-s, Spermien> nt BIO spermatozoïde m
sperrangelweit Adv fam ~ offen sein [o offen stehen] être grand ouvert(e)
Sperrbezirk m zone f interdite
Sperre ['ʃpɛrə] <-, -n> f ① (Straßensperre) der Polizei barrage m ② (Barrikade) barricade f ③ (Kontrollstelle) [poste m de] contrôle m ④ (Türverriegelung) portillon m; (an einer Waschmaschine) [fermeture f de] sécurité f ⑤ (Embargo) embargo m; **eine ~ verhängen** faire un blocus ⑥ (Spielverbot) suspension f
sperren ['ʃpɛrən] I. tr V ① (schließen) fermer Brücke, Grenze; interdire Gebiet, Gefahrenzone; **eine Straße für den Verkehr ~** fermer une route à la circulation ② (blockieren) bloquer Konto, Kredit; faire opposition à Scheck; verrouiller Daten, Informationen; couper Strom, Telefon ③ (einschließen) **jdn/ein Tier in etw** (Akk) **~** enfermer qn/un animal dans qc ④ SPORT suspendre ⑤ (verbieten) **jdm den Urlaub ~** supprimer les congés à qn II. r V **sich ~** se braquer; **sich gegen etw ~** se refuser à qc
Sperrfeuer nt MIL tir m de barrage **Sperrfrist** f FIN délai m de blocage; (Wartezeit) délai m d'attente **Sperrgebiet** nt zone f interdite **Sperrgut** nt colis m encombrant **Sperrholz** nt kein Pl contreplaqué m
sperrig Adj Gegenstand encombrant(e)
Sperrklausel f JUR clause f restrictive **Sperrkonto** nt compte m bloqué [o gelé] **Sperrminorität** f minorité f de blocage **Sperrmüll** m ① (Müll) vieux objets encombrants dont on veut se débarrasser ② (Sperrmüllabfuhr) collecte de vieux objets encombrants

> **Land und Leute**
> Afin de se débarrasser des vieux meubles qui s'entassent dans les greniers ou dans les caves, on dispose en Allemagne, une ou deux fois par an selon les municipalités, du **Sperrmüll**. Il s'agit d'un ramassage municipal et collectif des objets encombrants dont on ne veut plus et que l'on dépose tout simplement sur le trottoir devant sa maison à une date fixe.

Sperrsitz m (im Theater) fauteuil m d'orchestre; (im Kino) siège situé dans l'une des dernières rangées **Sperrstunde** f ① s. Polizeistunde ② (Ausgehverbot) couvre-feu m
Sperrung <-, -en> f ① (Schließung) fermeture f ② (Blockierung) eines Kontos, Kredits blocage m; **~ eines Schecks** opposition f à un chèque
Sperrvermerk m avis m de blocage; (bei einem Scheck) avis m d'opposition
Spesen ['ʃpe:zən] Pl frais mpl [de gestion]; **etw auf ~ tun** faire qc aux frais de l'entreprise
▸ **außer ~ nichts gewesen** ça n'a rien donné
Spesenabrechnung f note f de frais
Spezi¹ ['ʃpe:tsi] <-s, -s> m SDEUTSCH fam pote m (fam)
Spezi² <-, -s> nt GASTR coca-sodab m
Spezialausführung f modèle m spécial [o exclusif] **Spezialfahrzeug** nt véhicule m spécial **Spezialfall** m cas m spécial **Spezialgebiet** nt spécialité f
spezialisieren* r V **sich ~** se spécialiser; **sich auf etw** (Akk) **~** se spécialiser dans qc
Spezialisierung <-, -en> f spécialisation f
Spezialist(in) [ʃpetsja'lɪst] <-en, -en> m(f) spécialiste mf
Spezialität [ʃpetsjali'tɛ:t] <-, -en> f spécialité f
speziell [ʃpe'tsjɛl] I. Adj spécial(e) II. Adv spécialement
Spezies ['ʃpe:tsiɛs, Pl: 'ʃpe:tsiːs] <-, -> f espèce f
spezifisch [ʃpe'tsi:fɪʃ] I. Adj Begriff, Kenntnisse spécifique; **eine ~ e Besonderheit Israels** une particularité propre à Israël II. Adv spécifiquement
spezifizieren* tr V préciser Kritik, Vorwürfe
Spezifizierung <-, -en> f spécification f
Sphäre ['sfɛ:rə] <-, -n> f sphère f
▸ **in höheren ~n schweben** planer un peu (fam)
sphärisch Adj sphérique
Sphinx [sfɪŋks] <-, -e> f sphinx m
spicken ['ʃpɪkən] I. tr V ① GASTR piquer Braten; **das Fleisch mit Speck ~** [entre]larder la viande ② fam (durchsetzen) **einen Text mit Zitaten ~** truffer un texte de citations II. itr V DIAL fam **bei jdm ~** pomper sur qn (arg)
Spickzettel m DIAL antisèche f (arg)

spie [ʃpi:] Imp von **speien**
Spiegel ['ʃpi:gəl] <-s, -> m ① miroir m, glace f ② (Autorückspiegel) rétroviseur m ③ (Wasserspiegel) surface f de l'eau ④ (Alkoholspiegel) taux m d'alcoolémie
▸ **jdm den ~ vorhalten** mettre qn face à lui-même
Spiegelbild nt reflet m **spiegelbildlich** Adj inversé(e) **spiegelblank** Adj brillant(e) comme un miroir; **~ sein** briller comme un miroir; **einen Topf ~ reiben** [o polieren] astiquer une casserole [jusqu'à ce qu'elle brille] **Spiegelei** nt œuf m au [o sur le] plat [o au miroir] **Spiegelfechterei** <-, -en> f coup m de bluff **spiegelglatt** Adj Parkett, Straße très glissant(e); Wasseroberfläche lisse; **~ sein** Parkett, Straße: être une vraie patinoire
spiegeln I. itr V ① (spiegelblank sein) briller ② (reflektieren) miroiter II. r V **sich in/auf etw** (Dat) **~** se refléter dans qc/à la surface de qc
Spiegelreflexkamera f [appareil m] reflex m **Spiegelschrank** m armoire f à glace **Spiegelschrift** f écriture f en miroir **Spiegelteleskop** nt télescope m à miroir
Spiegelung <-, -en> f ① MED endoscopie f ② (Luftspiegelung) mirage m
spiegelverkehrt I. Adj renversé(e) II. Adv à l'envers
Spiel [ʃpi:l] <-[e]s, -e> nt ① jeu m ② (sportliche Begegnung, Match) match m; **die Olympischen ~ e** les Jeux olympiques ③ KARTEN (Partie) partie f; (Satz Karten) jeu m ④ TENNIS (Spielabschnitt) jeu m ⑤ THEAT (Schauspiel) pièce f; (Darstellungskunst) jeu m, interprétation f ⑥ MUS (Darbietung, Spielweise) jeu m ⑦ TECH eines Kolbens, Lagers, Ventils jeu m
▸ **ein ~ mit dem Feuer** un jeu dangereux; **das war ein abgekartetes ~** c'était un coup monté; **ein falsches ~ mit jdm treiben** jouer un double jeu avec qn; **leichtes ~ mit jdm haben** avoir beau jeu avec qn; **das ~ verloren geben** abandonner la partie; **etw/jdn [mit] ins ~ bringen** faire entrer qc/qn en jeu; **das ~ ist aus** fini de rire; **jdn/etw aus dem ~ lassen** laisser qn/qc en dehors de ça; **bei etw im ~ sein** être en jeu dans qc; **etw aufs ~ setzen** mettre qc en jeu; **auf dem ~ stehen** être [mis(e)] en jeu
Spielanzug m combinaison f **Spielart** f (Variation) variante f; einer Pflanze variété f **Spielautomat** m machine f à sous **Spielball** m TENNIS balle f de jeu ▸ **ein ~ einer S.** (Gen) **sein** geh être le jouet de qc **Spielbank** <-banken> f casino m **Spielbeginn** m début m de match **Spielbrett** nt plateau m; (Mühlebrett) marelle f; (Damebrett) damier m; (Schachbrett) échiquier m
Spielchen <-s, -> nt ① Dim von **Spiel** petite partie f ② fam (Trick) petit jeu m
Spielcomputer [-kɔmpju:tɐ] m console f de jeux **Spieldose** f boîte f à musique
spielen ['ʃpi:lən] I. tr V ① jouer; **Domino/Karten ~** jouer aux dominos/cartes; **sehr gut Schach ~** savoir très bien jouer aux échecs ② MUS **Klavier/Posaune ~** jouer du piano/trombone; **etw für jdn ~** jouer [o interpréter] qc à qn ③ SPORT **Fußball/Tennis ~** jouer au football/tennis; **den Ball zum Libero ~** passer la balle au libéro; **den Ball flach/ins Aus ~** envoyer la balle à ras du sol/dehors ④ (darstellen) jouer Person, Rolle; **den Othello ~** jouer [o interpréter] Otello ⑤ (vortäuschen) **den Chef/Clown ~** jouer au chef/faire le clown; **den Beleidigten/die Beleidigte ~** jouer les vexé(e)s; **gespielt** feint(e)
▸ **was wird hier gespielt?** fam à quoi tu joues/vous jouez? (fam)
II. itr V ① **im Sandkasten ~** Kinder: jouer dans le bac à sable; **im Lotto ~** jouer au loto; **um Geld ~** jouer pour de l'argent ② (darstellerisch tätig sein) [gut/in einem Film] **~** jouer [bien/dans un film] ③ (als Szenario haben) **im Mittelalter/in Frankreich ~** se situer au Moyen Âge/en France ④ SPORT **gegen jdn/eine Mannschaft ~** jouer contre qn/une équipe; **die Franzosen haben 3:0 gegen Brasilien gespielt** les Français ont gagné 3 à 0 contre le Brésil; **wie haben die Mannschaften gespielt?** quel a été le score entre les deux équipes? ⑤ (eingeschaltet sein) Radio: être allumé(e) ⑥ (nicht ernst nehmen) **mit jdm/der Liebe ~** jouer avec qn/l'amour ⑦ (übergehen) **ins Blaue/Grüne ~** tirer sur le bleu/vert III. r V **sich müde ~** se dépenser en jouant; **sich um sein Vermögen ~** jouer sa fortune IV. r V unpers **auf dem Rasen spielt es sich gut/schlecht** c'est bon/mauvais de jouer sur le gazon

spielend *Adv* facilement
Spielende *nt kein Pl* SPORT fin *f* du match
Spieler(in) <-s, -> *m(f)* joueur(-euse) *m(f)*
Spielerei <-, -en> *f* ① *kein Pl (Kinderspiel)* rigolade *f (fam)* ② *meist Pl (Kinkerlitzchen)* gadget *m*
spielerisch I. *Adj* ① *Eleganz, Geste* désinvolte ② SPORT *Können, Leistung* technique
II. *Adv* ① *bewältigen, lösen* avec désinvolture ② SPORT *betrachtet, hervorragend* techniquement
Spielfeld *nt* terrain *m; (Tennisplatz)* court *m* **Spielfilm** *m* film *m* **Spielgefährte** *s.* Spielkamerad **Spielgeld** *nt* argent *m* fictif **Spielhalle** *f* établissement *m* de jeux **Spielhölle** *f pej fam* tripot *m (péj)* **Spielkamerad(in)** *m(f)* camarade *m* de jeu[x] **Spielkarte** *f* carte *f* **Spielkasino** *nt* casino *m* **Spielklasse** *f* SPORT division *f* **Spielleidenschaft** *f* passion *f* du jeu **Spielleiter(in)** *m(f)* ① *(Regisseur)* metteur *m* en scène ② TV animateur(-trice) *m(f)* **Spielmann** <-leute> *m* HIST ménestrel *m* **Spielmarke** *f* jeton *m* **Spielminute** *f* minute *f* [de jeu]
Spielothek [ʃpiˈloːtɛːk] <-, -en> *f s.* Spielhalle
Spielplan *m eines Theaters* programme *m* [des représentations]; *eines Kinos* programme [des films] **Spielplatz** *m* aire *f* [*o* terrain *m*] de jeux **Spielraum** *m* marge *f* de manœuvre **Spielregel** *f meist Pl* règle *f* du jeu **Spielsachen** *Pl* jouets *mpl* **Spielschuld** *f meist Pl* dette *f* de jeu **Spielstand** *m* score *m* **spielstark** *Adj Team* performant(e) **Spielsucht** *f* démon *m* du jeu **Spieltag** *m* SPORT journée *f* de compétition; *(beim Fußball)* journée *f* de championnat **Spieltisch** *m* SPIEL tapis *m* vert **Spieltrieb** *m kein Pl* instinct *m* du jeu **Spieluhr** *f* boîte *f* à musique **Spielverbot** *nt* suspension *f;* ~ **haben** être suspendu(e) **Spielverderber(in)** <-s, -> *m(f)* rabat-joie *mf inv;* **ein** ~ **sein** jouer les rabat-joie **Spielwaren** *Pl* jouets *mpl* **Spielwarengeschäft** *nt* magasin *m* de jouets **Spielwiese** *f* ① *(Spielplatz)* aire *f* de jeux ② *(Tummelplatz)* lieu *m* de prédilection **Spielzeit** *f* ① SPORT temps *m* réglementaire ② *(Theatersaison)* saison *f* ③ *(Spieldauer eines Films)* durée *f* de projection **Spielzeug** *nt* jouet *m* **Spielzeugauto** *nt* voiture *f* miniature
Spieß [ʃpiːs] <-es, -e> *m* ① *(Bratenspieß)* broche *f; (klein)* brochette *f* ② MIL *sl* juteux *m (arg)* ③ *(Stoßwaffe)* pique *f*
▶ **er/sie brüllt** [*o* **schreit**] **wie am** ~ **fam** il/elle gueule comme si on l'écorchait *(fam);* **den** ~ **umdrehen** [*o* **umkehren**] *fam* renvoyer la balle
Spießbürger(in) *s.* Spießer(in) **spießbürgerlich** *s.* spießig **spießen** [ˈʃpiːsən] *tr V* **etw auf die Gabel** ~ piquer qc sur la fourchette
Spießer(in) [ˈʃpiːsɐ] <-s, -> *m(f) fam* petit(e)-bourge *m(f) (fam)*
Spießgeselle *m* ① *pej (Komplize)* acolyte *m (péj)* ② *fam (Kamerad)* pote *m (fam)*
spießig *Adj fam* petit(e)-bourgeois(e); ~ **sein** avoir l'esprit étroit
Spießrute ▶ ~**n laufen** HIST passer par les verges; *fig* passer sous les fourches caudines
Spikes [ʃpaɪks, spaɪks] *Pl (an Sportschuhen)* crampons *mpl; (an Reifen)* clous *mpl*
Spinat [ʃpiˈnaːt] <-[e]s> *m* ① BOT épinard *m* ② GASTR épinards *mpl*
Spind [ʃpɪnt] <-[e]s, -e> *nt* armoire *f* métallique
Spindel [ˈʃpɪndəl] <-, -n> *f eines Spinnrads* fuseau *m*
spindeldürr *Adj fam Person* maigre comme un clou; *Arme, Beine* tout(e) maigre
Spinett [ʃpiˈnɛt] <-s, -e> *nt* épinette *f*
Spinnaker [ˈʃpɪnakɐ] <-s, -> *m* NAUT spinnaker *m*
Spinne [ˈʃpɪnə] <-, -n> *f* araignée *f*
Spinnefeind^RR *Adj* [mit] **jdm** ~ **sein** *fam* ne pas pouvoir encadrer qn *(fam)*
spinnen [ˈʃpɪnən] <spann, gesponnen> I. *tr V* ① filer *Netz/Flachs/Wolle* ~ filer du lin/de la laine ② *(ersinnen)* combiner *Intrige;* inventer *Geschichte*
II. *itr V* ① *(am Spinnrad)* filer [le lin/la laine]
② *fam (verrückt sein)* débloquer *(fam);* **ich glaube, ich spinne!** j'hallucine!
Spinnennetz *nt* toile *f* d'araignée
Spinner(in) [ˈʃpɪnɐ] <-s, -> *m(f)* ① *fam (verrückter Mensch)* cinglé(e) *m(f)* ② *(Facharbeiter)* fileur(-euse) *m(f)*
Spinnerei <-, -en> *f* ① *(Textilbetrieb)* filature *f*
② *kein Pl pej fam (Blödsinn)* connerie *f (fam)*
Spinnrad *nt* rouet *m* **Spinnrocken** *m* quenouille *f* **Spinnwebe** <-, -n> *f* toile *f* d'araignée
Spin-off [ˈspɪnɔf] <-s, -s> *m* retombée *f;* **Teflon**® **ist ein** ~ **der Raumfahrt** le téflon® est un produit issu de la recherche spatiale
Spion [ʃpiˈoːn] <-s, -e> *m* ① *(Kundschafter)* espion *m*
② *fam (Türspion)* judas *m*

Spionage [ʃpioˈnaːʒə] <-> *f* espionnage *m;* ~ **für jdn treiben** faire de l'espionnage pour qn
Spionageabwehr [ʃpioˈnaːʒə-] *f* contre-espionnage *m* **Spionagenetz** *nt,* **Spionagering** *m* réseau *m* d'espionnage **Spionagesatellit** *m* satellite *m* espion
spionieren* *itr V* ① *(als Spion tätig sein)* faire de l'espionnage; **für jdn** ~ faire de l'espionnage pour qn
② *fam (heimlich lauschen)* espionner
Spionin <-, -nen> *f* espionne *f*
Spirale [ʃpiˈraːlə] <-, -n> *f* ① spirale *f*
② MED stérilet *m*
Spiralfeder *f* ressort *m* spiral **spiralförmig** [-fœrmɪç] *Adj* en forme de spirale; ~ **sein** avoir la forme d'une spirale **Spiralnebel** *m* nébuleuse *f* [*o* galaxie *f*] spirale
Spiritismus [ʃpiriˈtɪsmʊs, spiri-] <-> *m* spiritisme *m*
Spiritist(in) [ʃpiriˈtɪst, spiri-] <-en, -en> *m(f)* spirite *mf*
spiritistisch *Adj* de spiritisme
spirituell [ʃpirituˈɛl, spiri-] *Adj* spirituel(le)
Spirituosen *Pl* GASTR *form* spiritueux *mpl*
Spiritus [ˈʃpiːritʊs] <-> *m* alcool [à brûler] *m*
Spirituskocher *m* réchaud *m* à alcool
Spital [ʃpiˈtaːl, *Pl:* ʃpiˈtɛːlə] <-s, Spitäler> *nt* A, CH hôpital *m*
spitz [ʃpɪts] I. *Adj* ① *Nadel, Messer, Bleistift, Feder* pointu(e)
② *(schmal) Winkel* aigu(ë); *Ausschnitt* en pointe; *Nase, Kinn, Ellbogen* pointu(e); **ein** ~ **es Gesicht** un visage en lame de couteau
③ *(hoch, kurz) Schrei, Ton* aigu(ë)
④ *(spitzzüngig) Bemerkung, Seitenhieb* acéré(e)
⑤ *fam (scharf)* **auf jdn/etw** ~ **sein** avoir vachement envie de qn/qc; **auf jdn/etw nicht** ~ **sein** ne pas courir après qn/qc *(fam)*
II. *Adv* ① *feilen, zuhauen* en pointe
② *(v-förmig)* ~ **zulaufen** se terminer en pointe
③ *(spitzzüngig)* d'un ton piquant
Spitz <-es, -e> *m (Hund)* loulou *m*
Spitzbart *m (Bart)* bouc *m* **Spitzbauch** *m* ventre *m* proéminent **spitz|bekommen*** *tr V unreg sl* piger *(fam);* **sie hat das** ~ elle a éventé la mèche **Spitzbogen** *m* [arc *m* en] ogive *f* **Spitzbube** *m fam* galopin *m (fam)* **spitzbübisch** [-byːbɪʃ] I. *Adj* Grinsen, Lächeln malicieux(-euse) II. *Adv* malicieusement
Spitze [ˈʃpɪtsə] <-, -n> *f* ① *(spitzes Ende, Höchstwert, Bemerkung)* pointe *f*
② *(vorderster Teil, erster Platz) eines Zugs, einer Kolonne* tête *f;* **sich an die** ~ **setzen, die** ~ **übernehmen** prendre la tête; **an der** ~ **liegen** [*o* **stehen**] SPORT être en tête; **an der** ~ **eines Unternehmens stehen** être à la tête d'une entreprise
③ *fam (Höchstgeschwindigkeit)* vitesse *f* de pointe
④ *Pl (führende Leute)* sommités *fpl;* **die** ~**n der Gesellschaft** la fine fleur de la société
⑤ *fam (Zigarettenspitze)* fume-cigarette *m*
⑥ TEXTIL dentelle *f*
▶ **das ist nur die** ~ **des Eisbergs** ce n'est que la partie visible de l'iceberg; **einer S.** *(Dat)* **die** ~ **nehmen** geh tempérer qc; [einsame] ~ **sein** *fam Person:* être super-classe *(fam); Buch, Film, Musik:* être super *(fam);* **etw auf die** ~ **treiben, es mit etw auf die** ~ **treiben** pousser qc à l'extrême
Spitzel [ˈʃpɪtsəl] <-s, -> *m* indicateur *m*
spitzeln *itr V* être un indicateur; **für jdn** ~ être un indicateur pour qn
spitzen [ˈʃpɪtsən] I. *tr V* ① tailler *Bleistift;* **den Mund zu einem Kuss** ~ faire la bouche en cul de poule pour embrasser
② *(aufstellen)* **die Ohren** ~ tendre l'oreille
II. *itr V* DIAL **durch das Schlüsselloch** ~ lorgner à travers le trou de la serrure
Spitzenbluse *f* chemisier *m* en dentelle
Spitzenerzeugnis *nt* ÖKON produit *m* de première qualité **Spitzengehalt** *nt* salaire *m* maximum **Spitzengeschwindigkeit** *f* vitesse *f* de pointe **Spitzengespräch** *nt* discussion *f* au sommet **Spitzengruppe** *f* SPORT peloton *m* [*o* groupe *m*] de tête **Spitzenkandidat(in)** *m(f)* tête *f* de liste **Spitzenklasse** *f (höchste Leistungsstufe)* élite *f; (höchste Qualitäts-, Komfortstufe)* haut *m* de gamme; ~ **sein** *fam* être super *(fam)*
Spitzenkleid *nt* robe *f* en dentelle
Spitzenkraft *f* collaborateur(-trice) *m(f)* top niveau **Spitzenleistung** *f* prouesse *f* **spitzenmäßig** *sl* I. *Adj* super *(fam)* II. *Adv* super-bien *(fam)* **Spitzenpolitiker(in)** *m(f)* homme *m*/femme *f* politique de premier rang **Spitzenqualität** *f* qualité *f* extra **Spitzenreiter(in)** *m(f) (Person, Gruppe)* leader *m;* ~ **sein** caracoler en tête ② *(Artikel)* must *m (fam)* **Spitzenreiterin** *(Person, Gruppe)* leader *m* **Spitzensportler(in)** *m(f)* sportif(-ive) *m(f)* de haut niveau **Spitzensteuersatz** *m* taux *m* d'impôt maximum **Spitzentechnologie** *f* technologie *f* de pointe **Spitzenverdiener(in)** *m(f)* gros salaire *m* **Spitzenwein** *m* grand vin *m* **Spitzenzeit** *f* ① *(im Verkehr)* heures *fpl* de pointe ② SPORT

Spitzer <-s, -> *m fam* taille-crayon *m*
spitzfindig I. *Adj (haarspalterisch)* pointilleux(-euse); *Unterscheidung* subtil(e); ~ **sein** *Person:* ergoter
II. *Adv* en ergotant
Spitzfindigkeit <-, -en> *f* ❶ *kein Pl (Art)* art *m* d'ergoter
❷ *(Äußerung)* ergoterie *f*
Spitzhacke *f* pioche *f* **Spitzkehre** *f (Haarnadelkurve)* virage *m* en épingle à cheveux **spitz|kriegen** *s.* spitzbekommen **Spitzmaus** *f* musaraigne *f* **Spitzname** *m* sobriquet *m* **Spitzwegerich** *m* plantain *m* lancéolé **spitzwink[e]lig** I. *Adj Dreieck, Ecke* aigu(ë) II. *Adv* en formant un angle aigu
Spleen [ʃpliːn, spliːn] <-s, -s> *m fam* dada *m (fam)*; **einen ~ haben** avoir un grain *(fam)*
spleenig ['ʃpliːnɪç, 'spliːnɪç] *Adj fam* [un peu] toqué(e) *(fam)*
spleißen ['ʃplaɪsən] <spliss, gesplissen *o* spleißte, gespleißt> *itr V* NAUT épisser *Seile, Kabel*
Splint [ʃplɪnt] <-[e]s, -e> *m* TECH goupille *f*
Splissʳʳ [ʃp-, 'sp-] <-es>, **Spliß**ᴬᴸᵀ <-sses> *m (Haarspliss)* fourches *fpl*; ~ **haben** avoir des fourches
Splitt [ʃplɪt] <-[e]s, *selten* -e> *m* gravillon *m*
splitten ['ʃp-, 'sp-] *tr V* répartir
Splitter ['ʃplɪtɐ] <-s, -> *m* éclat *m; (Glassplitter)* éclat de verre
Splitterbombe *f* bombe *f* à fragmentation
splitterfasernackt *Adj, Adv fam* [complètement] à poil *(fam)*
Splittergruppe *f* groupuscule *m (péj)*
splittern ['ʃplɪtɐn] *itr V* ❶ + *sein (zerspringen) Glas:* voler en éclats
❷ + *haben (Splitter bilden)* se fragmenter
splitternackt *Adj, Adv fam* [complètement] à poil *(fam)*
Splitterpartei *s.* Splittergruppe
Splitting ['ʃplɪtɪŋ, 'splɪtɪŋ] <-s, -s> *nt* ❶ FISC division *f* du revenu des époux pour la détermination de l'impôt
❷ POL panachage *m*
SPÖ [ɛspeːˈʔøː] <-> *f Abk von* **Sozialistische Partei Österreichs** parti social-démocrate autrichien
Spoiler ['ʃpɔɪlɐ, 'sp-] <-s, -> *m* spoiler *m*
sponsern ['ʃpɔnzɐn, 'sp-] *tr V* sponsoriser
Sponsion <-, -en> *f* A cérémonie de remise d'un diplôme universitaire
Sponsor ['ʃpɔnzɐ, 'ʃpɔnzoːɐ, 'sp-] <-s, -soren> *m*, **Sponsorin** *f* sponsor *m*
Sponsoring ['ʃpɔnzorɪŋ, 'spɔnzorɪŋ] <-s> *nt kein Pl* sponsoring *m*
spontan [ʃpɔnˈtaːn] I. *Adj* spontané(e)
II. *Adv* spontanément
Spontaneität [ʃpɔntaneiˈtɛːt] <-> *f* spontanéité *f*
sporadisch [ʃpoˈraːdɪʃ] I. *Adj* sporadique
II. *Adv* sporadiquement
Spore ['ʃpoːrə] <-, -n> *f* spore *f*
Sporn [ʃpɔrn] <-[e]s, Sporen> *m meist Pl* éperon *m;* **einem Pferd die Sporen geben** éperonner un cheval
▶ *(Dat)* **die [ersten] Sporen verdienen** gagner ses [premiers] galons
Sport [ʃpɔrt] <-[e]s, *selten* -e> *m* ❶ sport *m;* ~ **treiben** faire du sport
❷ *fam (Zeitvertreib)* passe-temps *m*
▶ **sich** *(Dat)* **einen ~ daraus machen** etw zu tun *fam* prendre un malin plaisir à faire qc
Sportabzeichen *nt* insigne *m* sportif **Sportangler(in)** *m(f)* pêcheur *m* sportif/pêcheuse *f* sportive **Sportanlage** *f* complexe *m* sportif **Sportanzug** *m* tenue *f* de sport **Sportart** *f* discipline *f* [sportive] **Sportartikel** *m meist Pl* article *m* de sport **Sportarzt** *m*, **-ärztin** *f* médecin *m* du sport **Sportbericht** *m* reportage *m* sportif **Sportfest** *nt* fête *f* sportive **Sportflieger(in)** *m(f)* pilote *mf* de tourisme **Sportflugzeug** *nt* avion *m* de tourisme **Sportgerät** *nt* équipement *m* sportif; *(für das Geräteturnen)* agrès *m* **Sportgeschäft** *nt* magasin *m* de sport **Sporthalle** *f* gymnase *m*; *(für Sportveranstaltungen)* salle *f* de sport **Sporthemd** *nt* polo *m* **Sporthochschule** *f* U.F.R. *f* S.T.A.P.S. *(unité de formation et de recherche en sciences et techniques des activités physiques et sportives)*
sportiv [ʃpɔrˈtiːf] *Adj* ~**e Kleidung** vêtements *mpl* d'un look sportif
Sportkleidung *f* vêtements *mpl* de sport **Sportklub** *s.* **Sportverein Sportlehrer(in)** *m(f)* professeur *mf* d'éducation physique et sportive [*o* de sport]
Sportler(in) ['ʃpɔrtlɐ] <-s, -> *m(f)* sportif(-ive) *m(f)*
Sportlerherz *nt* MED hypertrophie *f* cardiaque *(spéc)*
sportlich ['ʃpɔrtlɪç] I. *Adj Person, Fahrweise, Stil* sportif(-ive); *Kleidung, Auto, Motorrad* de sport *inv*
II. *Adv* ❶ **sich ~ betätigen**, ~ **aktiv sein** faire du sport
❷ *(in sportivem Stil) sich anziehen, kleiden* sport *(fam)*
Sportlichkeit <-> *f* ❶ *einer Person* condition *f*
❷ *(Fairness)* sportivité *f*

Sportmedizin *f* médecine *f* sportive [*o* du sport] **Sportnachrichten** *Pl* informations *fpl* sportives **Sportplatz** *m* terrain *m* de sport **Sportschuh** *m* chaussure *f* de sport
Sportsfreund *m fam* mec *m (fam)*
Sportunfall *m* accident *m* de sport **Sportveranstaltung** *f* manifestation *f* sportive **Sportverband** *m* association *f* sportive **Sportverein** *m* club *m* sportif **Sportwagen** *m* ❶ *(Auto)* voiture *f* de sport ❷ *(Kinderwagen)* poussette *f* **Sportzeitung** *f* journal *m* sportif
Spot [spɔt, ʃpɔt] <-s, -s> *m* spot *m*
Spott [ʃpɔt] <-[e]s> *m* moquerie *f*; **seinen ~ mit jdm treiben** railler qn *(littér)*
Spottbild *nt* caricature *f* **spottbillig** *fam* I. *Adj* super donné(e) *(fam);* ~ **sein** coûter que dalle *(fam)* II. *Adv* pour que dalle *(fam)*
Spöttelei [ʃpœtəˈlaɪ] <-, -en> *f* moquerie *f*
spötteln ['ʃpœtəln] *itr V* se moquer; **über jdn/etw** ~ se moquer de qn/qc
spotten ['ʃpɔtən] *itr V* ❶ *(höhnen)* se moquer; **über jdn/etw** ~ se moquer de qn/qc
❷ *geh (missachten)* **einer Gefahr/Warnung** *(Gen)* ~ se rire d'un danger/d'une mise en garde *(littér)*
Spötter(in) ['ʃpœtɐ] <-s, -> *m(f)* moqueur(-euse) *m(f)*
spöttisch I. *Adj* moqueur(-euse)
II. *Adv entgegnen, sagen* d'un ton moqueur
Spottpreis *m* prix *m* ridicule [*o* dérisoire]; **für einen ~** pour une bouchée de pain
sprach [ʃpraːx] *Imp von* sprechen
Sprachatlas *m* atlas *m* linguistique **Sprachbarriere** [-bariːrə] *f* ❶ *(zwischen Sprachgruppen)* barrière *f* linguistique ❷ *(mangelnde Sprachkompetenz)* compétences *fpl* linguistiques insuffisantes **sprachbegabt** *Adj* doué(e) pour les langues **Sprachbegabung** *f* don *m* pour les langues
Sprache ['ʃpraːxə] <-, -n> *f* ❶ langue *f*; **lebende/tote ~** langue vivante/morte; **die neueren ~n** les langues modernes; **welche ~ spricht sie?** quelle langue parle-t-elle?
❷ *kein Pl (Sprechweise)* [façon *f* de] parler *m*
❸ *kein Pl (Ausdrucksweise)* langage *m*; **die ~ des Volks sprechen** parler le même langage que le peuple
❹ *kein Pl (Sprachfähigkeit)* langage *m*; **die ~ verlieren** perdre sa langue; **rede, oder hast du die ~ verloren?** allez, parle, tu as perdu ta langue?; **die ~ wiederfinden** retrouver l'usage de la parole
▶ [**auf einmal**] **eine andere ~ sprechen** [*o* **reden**] avoir changé de ton; **die gleiche ~ sprechen** être sur la même longueur d'ondes; **etw spricht eine klare ~** ce qui est éloquent(e); **jdm bleibt die ~ weg** qn reste sans voix; **etw zur ~ bringen, die ~ auf etw** *(Akk)* **bringen** mettre qc sur le tapis; **mit der ~ herausrücken** [*o* **herauskommen**] *fam* accoucher *(fam);* **zur ~ kommen** être évoqué(e); **etw verschlägt jdm die ~** qc laisse qn sans voix; **heraus mit der ~!** *fam* allez, accouche/accouchez! *(fam)*
Sprachebene *f* niveau *m* de langue **Sprachentwicklung** *f* processus *m* d'acquisition du langage **Spracherkennung** *f* reconnaissance *f* vocale **Spracherwerb** *m* acquisition *f* d'une langue **Sprachfamilie** *f* famille *f* de langues **Sprachfehler** *m* défaut *m* de prononciation **Sprachförderung** *f* SCHULE promotion *f* linguistique **Sprachforscher(in)** *s.* Sprachwissenschaftler(in) **Sprachforschung** *s.* Sprachwissenschaft **Sprachführer** *m* guide *m* de conversation **Sprachgebrauch** *m* usage *m* **Sprachgefühl** *nt kein Pl* sens *m* de la langue; **ein sicheres ~ haben** avoir un sens de la langue sûr **Sprachgenie** [-ʒeniː] *nt* **ein ~ sein** être exceptionnellement doué(e) pour les langues **Sprachgeschichte** *f* histoire *f* des langues **Sprachgrenze** *f* frontière *f* linguistique **Sprachkenntnisse** *Pl (Kenntnisse einer Sprache/mehrerer Sprachen)* connaissances *f* de la langue/des langues; **gute französische ~ haben** avoir une bonne connaissance du français **Sprachkompetenz** *f kein Pl* LING compétence *f* linguistique **sprachkundig** *Adj* qui connaît [*o* sait] la langue **Sprachkurs** *m* cours *m* de langue **Sprachlabor** *nt* laboratoire *m* de langues **Sprachlehrer(in)** *m(f)* professeur *mf* de langue(s)
sprachlich I. *Adj* linguistique
II. *Adv* ❶ *falsch, richtig* linguistiquement
❷ *(stilistisch)* ~ **ausgezeichnet** d'un style excellent
sprachlos I. *Adj* ~ **sein** être sans voix
II. *Adv* **einer S.** *(Dat)* ~ **zusehen** assister à qc muet(e) de stupéfaction
Sprachlosigkeit <-> *f* stupeur *f*
Sprachraum *m* **im deutschen ~** dans les pays germanophones [*o* de langue allemande] **Sprachregelung** *f* version *f* officielle **Sprachrohr** *nt* porte-voix *m* ▶ **sich zum ~ einer Gruppe/einer S. machen** se faire le porte-parole d'un groupe/de qc **Sprachschule** *f* école *f* de langues **Sprachstörung** *f* trouble *m* du langage **Sprachstudium** *nt* étude *f* des langues;

nach absolviertem ~ ses/mes/... études de langues terminées **Sprachübung** f exercices mpl structuraux **Sprachunterricht** m cours m de langue[s] **Sprachwandel** m kein Pl LING évolution f de la langue **Sprachwissenschaft** f linguistique f; **allgemeine ~** linguistique générale; **vergleichende ~en** langues et littératures comparées **Sprachwissenschaftler(in)** m(f) linguiste mf **sprachwissenschaftlich** Adj de linguistique **Sprachwitz** m kein Pl esprit m

sprang [ʃpraŋ] Imp von **springen**

Spray [ʃpreː, ʃpreɪ, spreɪ] <-s, -s> m o nt aérosol m; (Kosmetikspray) spray m

Spraydose [ˈʃpreː-, ˈspreː-] f bombe f [aérosol]; (Kosmetikspraydose) spray m

sprayen [ˈʃpreɪən, ˈspreɪən] **I.** itr V peindre à la bombe
II. tr V bomber (fam) Graffiti, Parole

Sprayer(in) [ˈʃpreːɐ, ˈspreːɐ] m(f) tagueur(-euse) m(f)

Sprechanlage f interphone m **Sprechblase** f bulle f **Sprechchor** m chœur m; **etw im ~ rufen** crier qc en chœur

sprechen [ˈʃprɛçən] <spricht, sprach, gesprochen> **I.** itr V ➊ (reden) parler; **mit/zu jdm ~** parler à qn; **von etw/über etw** (Akk) **~ parler de qc; auf jdn/etw zu ~ kommen** en venir à parler de qn/qc; **darüber spricht man nicht** on ne parle pas de cela; **~ wir nicht mehr darüber** [o **davon**] n'en parlons plus
➋ (ein Telefongespräch führen) **mit jdm ~** parler à qn [au téléphone]; **hier spricht ...** ici...; **mit wem spreche ich?** qui est à l'appareil?; **sie ist nicht zu ~** il n'est pas possible de la joindre
➌ (erreichen, empfangen) **für jdn zu ~ sein** être prêt(e) à recevoir qn; **für niemanden zu ~ sein** n'être là pour personne; **sie ist nicht zu ~** elle ne peut pas vous recevoir
➍ (tratschen) **über jdn ~** raconter des choses sur qn
➎ (anzuführen sein) **für jdn/etw ~** plaider en faveur de qn/qc; **alle Anzeichen ~ dafür, dass** tout porte à croire que + indic; **gegen jdn ~ Tatsachen:** être défavorable à qn; **alles spricht dagegen, dass** tout s'oppose au fait que + subj
➏ (erkennbar sein) **aus seinen Augen spricht Zorn** la colère se lit dans ses yeux
▸ **er ist schlecht** [o **nicht gut**] **auf jdn/etw zu ~** il ne faut pas lui parler de qn/qc; **sprich** (nämlich) c'est-à-dire; (genauer gesagt) ou plus exactement; (in anderen Worten) autrement dit; **für sich** [**selbst**] **~ Tatsache, Beweis:** être [suffisamment] éloquent(e)
II. tr V ➊ (sagen, aussprechen) dire Wort, Segen; prononcer Satz, Gebet
➋ (beherrschen) **ein paar Brocken Russisch ~** parler quelques bribes de russe; **~ Sie Chinesisch?** parlez-vous [le] chinois?
➌ (verlesen) présenter Nachrichten
➍ (sich unterreden mit) parler à [o avec]
▸ **wir ~ uns noch** [o **wieder**]! on en reparlera!

Sprechen <-s> nt ➊ (die Sprache) parole f
➋ (das Reden) **beim ~** en parlant; **jdn zum ~ bringen** faire parler qn

sprechend Adj ➊ Teddybär, Puppe qui parle
➋ (deutlich) Beispiel éloquent(e)
➌ (ausdrucksvoll) Augen, Blick, Miene expressif(-ive)

Sprecher(in) <-s, -> m(f) ➊ (Wortführer) porte-parole m inv; **sich zum ~ von jdm/etw machen** se faire le porte-parole de qn/qc
➋ (Rundfunksprecher, Fernsehsprecher) présentateur(-trice) m(f)
➌ LING locuteur(-trice) m(f)

Sprecherziehung f diction f **Sprechfunk** m radio[téléphonie] f **Sprechfunkgerät** nt radio f; (tragbar) talkie-walkie m **Sprechmuschel** f micro[phone] m **Sprechstunde** f consultation f; **~ haben** [o **halten**] consulter

Sprechstundenhilfe f veraltet secrétaire mf médical(e)

Sprechübung f exercice m d'élocution [o de diction] **Sprechweise** f élocution f **Sprechzeit** f ➊ (für ein Gespräch) temps m de parloir ➋ TELEC temps m de conversation [o communication] **Sprechzimmer** nt cabinet m

Spreizdübel [ˈʃpraɪts-] m cheville f à expansion

spreizen [ˈʃpraɪtsən] **I.** tr V écarter Finger, Zehen, Beine; déployer Flügel, Gefieder
II. rV ➊ (sich zieren) **sich ~** faire des manières
➋ (sich sträuben) **ihr inneres Gefühl spreizte sich dagegen** son for intérieur se rebellait contre cela

Sprengbombe f bombe f explosive

Sprengel [ˈʃprɛŋəl] <-s, -> m paroisse f

sprengen [ˈʃprɛŋən] **I.** tr V ➊ (mit Sprengstoff zerstören) faire sauter
➋ (bersten lassen) **etw ~ gefrorenes Wasser:** faire éclater qc
➌ (gewaltsam auflösen) disperser Versammlung
➍ (gießen) arroser Rasen, Garten
➎ (sprühen) **Wasser auf etw** (Akk) **~** humecter qc d'eau
II. itr V ➊ + haben (eine Sprengung vornehmen) utiliser des explosifs
➋ + sein geh (reiten) **durch den Wald/übers Feld ~** traverser la forêt/le champ au grand galop

Sprengkommando nt ➊ (zum Entschärfen von Minen, Bomben) équipe f de désamorçage d'explosifs ➋ MIL commando m de destruction **Sprengkopf** m tête f explosive **Sprengkörper** m explosif m **Sprengkraft** f kein Pl force f explosive **Sprengladung** f charge f explosive **Sprengmeister(in)** m(f) artificier(-ière) m(f) **Sprengsatz** m charge f explosive

Sprengstoff m ➊ explosif m
➋ fig dynamite f; **dieser Vorschlag birgt einigen ~** cette proposition, c'est de la dynamite

Sprengstoffanschlag m attentat m à l'explosif; (Anschlag mit Plastiksprengstoff) plasticage m; **einen ~ auf jdn/etw verüben** perpétrer un attentat à l'explosif contre qn/qc **Sprengstoffzünder** m détonateur f

Sprengung <-, -en> f ➊ kein Pl (das Sprengen) destruction f à l'explosif
➋ (Explosion) explosion f; **mehrere ~en waren erforderlich** il a fallu faire exploser plusieurs charges **Sprengwagen** m arroseuse f **Sprengwirkung** f effet m explosif

Sprenkel [ˈʃprɛŋkəl] <-s, -> m moucheture f

Spreu [ʃprɔɪ] <-> f bal[l]e f
▸ **die ~ vom Weizen trennen** séparer le bon grain de l'ivraie

sprich s. **sprechen**

spricht [ʃprɪçt] 3. Pers Präs von **sprechen**

Sprichwort [ˈʃprɪç-] <-[e]s, -wörter> nt proverbe m

sprichwörtlich Adj proverbial(e)

Sprießel [ˈʃpriːsəl] <-s, -n> nt A fam (Sprosse) échelon m

sprießen [ˈʃpriːsən] <spross o sprießte, gesprossen> itr V + sein Pflanze: sortir de terre; Knospe: éclore; Bart, Haare: pousser

Springbock [ˈʃprɪŋ-] m ZOOL springbok m **Springbrunnen** m fontaine f

springen [ˈʃprɪŋən] <sprang, gesprungen> **I.** itr V + sein ➊ (hüpfen, einen Satz machen) sauter
➋ fam (Anordnungen schnell ausführen) filer doux
➌ DIAL (eilen) **zum Bäcker ~** faire un saut chez le boulanger
➍ (zerspringen) Glas, Vase: se fendre; Glasur: se fendiller; **gesprungenes Glas** du verre fêlé
➎ (abgehen, fallen) **ihm ist ein Knopf von der Jacke gesprungen** un bouton de sa veste a sauté; **eine Münze sprang mir aus der Hand** j'ai laissé échapper une pièce
➏ (vorrücken) **auf etw** (Akk) **~ Ampel, Nadel, Zeiger:** passer [d'un seul coup] à qc
II. tr V + haben o sein SPORT **sieben Meter ~** sauter sept mètres; **einen neuen Schanzenrekord ~** établir un nouveau record du tremplin
▸ **etw für jdn ~ lassen** fam payer qc à qn (fam); **er lässt einiges für seine Freunde ~** il se fend pas mal pour ses amis (fam)

Springen <-s, -> nt SPORT saut m

Springer <-s, -> m ➊ SPORT sauteur m
➋ (Arbeiter) travailleur m multifonctionnel
➌ SCHACH cavalier m

Springerin <-, -nen> f ➊ SPORT sauteuse f
➋ (Arbeiterin) travailleuse f multifonctionnelle

Springerstiefel Pl rangers mpl

Springflut f grande marée f **Springform** f moule m au bord amovible **Springkraut** nt BOT balsamine f, impatiens f **Springmaus** f ZOOL gerboise f **Springreiten** nt saut m d'obstacles **Springrollo** nt store m à enroulement automatique **Springseil** nt corde f à sauter

Sprinkler [ˈʃprɪŋklə] <-s, -> m ➊ (Rasensprenger) arroseur m
➋ (Düse einer Sprinkleranlage) [tête f de] sprinkler m

Sprinkleranlage f installation f de sprinkler[s]

Sprint [ʃprɪnt] <-s, -s> m sprint m

sprinten [ˈʃprɪntən] itr V + sein ➊ SPORT sprinter
➋ fam (schnell laufen) **über die Straße ~** traverser la rue au sprint (fam)

Sprinter(in) <-s, -> m(f) sprinte[u]r(-euse) m(f)

Sprit [ʃprɪt] <-[e]s -> m ➊ fam (Benzin) essence f; **zu viel ~ verbrauchen** Auto: sucer trop (fam)
➋ fam (Schnaps) gnôle f (fam)
➌ (Äthylalkohol) alcool m

Spritzbesteck nt eines Drogenabhängigen matériel m de drogué **Spritzbeutel** m poche f à douille

Spritze [ˈʃprɪtsə] <-, -n> f ➊ (Injektionsspritze) seringue f
➋ (Injektion) injection f, piqûre f; **jdm eine ~ geben** faire une piqûre à qn; **jetzt bekommen Sie eine ~** on va vous faire une piqûre
➌ (Motorspritze) pompe f à incendie
▸ **an der ~ hängen** sl être accro (fam)

spritzen I. itr V ➊ + haben o sein Fett, Wasser: gicler; **das Fett ist ihm aufs Hemd gespritzt** la graisse lui a giclé sur la chemise; **einen Hechtsprung machen, ohne dass es spritzt** plonger sans que l'eau gicle

❷ + *haben* MED faire une piqûre/des piqûres
II. *tr V + haben* ❶ *(lackieren)* **ein Auto ~** peindre une voiture au pistolet
❷ *(bewässern)* arroser *Beet, Rasen*
❸ *(beschmutzen)* jdm **Soße aufs Hemd ~** éclabousser de la sauce sur la chemise de qn
❹ *(als Verzierung anbringen)* **Sahne auf die Torte ~** mettre de la chantilly sur le gâteau
❺ *(besprühen)* **die Pflanzen ~** traiter les plantes [par pulvérisation]
❻ MED faire une piqûre à *Patienten;* jdm **Insulin ~** injecter de l'insuline à qn; **sich** *(Dat)* **Insulin/Heroin ~** s'injecter de l'insuline/l'héroïne
Spritzenhaus *nt fam* caserne *f* de pompiers
Spritzer <-s, -> *m* ❶ *(Tropfen)* éclaboussure *f*
❷ *(kleine Menge)* **ein ~ Rum** une larme de rhum *(fam);* **ein ~ Spülmittel** une giclée de produit vaisselle
Spritzguss[RR] *m kein Pl* TECH moulage *m* par injection
spritzig *Adj* ❶ *Wein* pétillant(e)
❷ *(flott) Dialog, Komödie* pétulant(e); *Auto* nerveux(-euse)
Spritzlackierung *f* peinture *f* au pistolet **Spritzpistole** *f* pistolet *m* [à peinture] **Spritztour** [-tu:ɐ] *f fam* virée *f* [en voiture] *(fam)*
spröde [ˈʃprøːdə] *Adj* ❶ *(unelastisch)* cassant(e)
❷ *(rau) Haare, Haut, Lippen* sec(sèche); **die Haut/die Lippen ~ machen** dessécher la peau/gercer les lèvres
❸ *(abweisend) Person, Art, Verhalten* revêche
Sprödigkeit <-> *f* ❶ *eines Materials* fragilité *f; der Haare, Haut* sécheresse *f*
❷ *(spröde Art)* froideur *f*
spross[RR], **sproß**[ALT] *Imp von* **sprießen**
Spross[RR] <-es, -e>, **Sproß**[ALT] <-sses, -sse> *m* ❶ BOT jeune pousse *f*
❷ *geh (Nachkomme)* descendant *m*
Sprosse [ˈʃprɔsə] <-, -n> *f* ❶ *(Leitersprosse)* échelon *m*
❷ *(Fenstersprosse)* croisillon *m*
sprossen [ˈʃprɔsən] *itr V geh* ❶ *(Sprossen treiben)* bourgeonner
❷ + *sein (sprießen) Pflanzen:* sortir de terre; *Bart, Haare:* pousser
Sprossenfenster *nt* fenêtre *f* à croisillons [o meneaux] **Sprossenkohl** *m kein Pl* A *(Rosenkohl)* chou *m* de Bruxelles **Sprossenwand** *f* SPORT espalier *m*
Sprössling[RR], **Sprößling**[ALT] <-s, -e> *m hum* rejeton *m*
Sprotte [ˈʃprɔtə] <-, -n> *f* sprat *m*
Spruch [ʃprʊx, *Pl:* ˈʃprʏçə] <-[e]s, Sprüche> *m* ❶ *(Spruchweisheit)* dicton *m;* (*geschrieben)* inscription *f*
❷ *(Bibelspruch)* verset *m; pej* formule *f* toute faite
❸ *(formelhafte Äußerung)* compliment *m*
❹ *(Urteilsspruch)* arrêt *m;* (*Schiedsspruch)* décision *f;* **einen ~ fällen** rendre un arrêt/une décision
▶ **Sprüche machen** [o **klopfen**] *fam (Belanglosigkeiten sagen)* [ne] sortir que du blablabla *(fam); (angeben)* frimer *(fam)*
Spruchband <-bänder> *nt* banderole *f*
Sprücheklopfer(in) *m(f) pej fam (Schwätzer)* grande gueule *f (fam); (Angeber)* frimeur(-euse) *m(f) (fam)*
Sprüchlein <-s, -> *nt Dim von* **Spruch**
▶ **sein ~ hersagen** [o **aufsagen**] réciter son compliment
spruchreif *Adj fam* ~ **sein** être mûr(e)
Sprudel [ˈʃpruːdəl] <-s, -> *m* eau *f* gazeuse
sprudeln *itr V* ❶ + *haben (aufkochen) Wasser:* bouillonner
❷ *(aufschäumen) Meerwasser:* bouillonner; *Mineralwasser, Sekt:* pétiller
❸ + *sein (heraussprudeln)* **aus dem Boden ~** *Quelle:* jaillir du sol; **aus der Flasche ~** *Wasser:* gicler de la bouteille
❹ *fig (überschäumen)* **vor guter Laune ~** déborder de bonne humeur
Sprudeltablette *f* comprimé *m* effervescent
Sprudler [ˈʃpruːdlə] <-s, -> *m* A *(Quirl)* batteur *m*
Sprühdose [ˈʃpryː-] *s.* **Spraydose**
sprühen [ˈʃpryːən] **I.** *tr V + haben* pulvériser *Flüssigkeit, Lack, Gift;* vaporiser *Parfüm;* **Wasser auf den Rasen/über die Beete ~** arroser le gazon/les plates-bandes
II. *itr V* ❶ + *sein Wasser, Gischt:* jaillir en fines gouttelettes
❷ + *sein (umherfliegen)* **nach allen Seiten ~** *Funken:* jaillir de tous les côtés
❸ + *sein (angeregt sein)* **vor Begeisterung/Lebenslust ~** pétiller d'enthousiasme/de joie de vivre
sprühend *Adj (lebhaft)* pétillant(e)
Sprühflasche *f* [bouteille *f* à] pistolet *m,* pulvérisateur *m* **Sprühregen** *m* bruine *f*
Sprung [ʃprʊŋ, *Pl:* ˈʃprʏŋə] <-[e]s, Sprünge> *m* ❶ *(Satz) einer Person, eines Tieres* saut *m;* **zum ~ ansetzen** prendre son élan [pour sauter]
❷ *(feiner Riss)* craquelure *f*
❸ *fam (kleine Entfernung)* **bis zu mir ist es nur ein ~** ce n'est qu'à deux pas de chez moi
❹ *fam (kurzer Besuch)* **auf einen ~ bei jdm vorbeigehen/vorbeikommen** *fam* passer en coup de vent chez qn
▶ **einen ~ in der Schüssel haben** *sl* être un peu fêlé(e) *(fam);* **keine großen Sprünge machen können** *fam* ne pas pouvoir faire de folie[s] *(fam);* **jdm auf die Sprünge helfen** *fam (weiterbringen)* mettre qn sur la voie; *(drohen)* mettre les points sur les i à qn; **auf dem ~ sein** *fam* être sur le point de se tirer *(fam);* **immer auf dem ~ sein** *fam* n'avoir jamais le temps [de s'arrêter]
sprungbereit *Adj* ❶ prêt(e) à sauter; *Katze* prêt(e) à bondir ❷ *fig* ~ **sein** se tenir prêt(e) **Sprungbrett** *nt* SPORT tremplin *m* **Sprungfeder** *f* ressort *m* en spirale **Sprunggelenk** *nt* articulation *f* du pied **Sprunggrube** *f* fosse *f* de réception
sprunghaft **I.** *Adj* ❶ *Anstieg, Entwicklung* brutal(e)
❷ *(unstet)* versatile
II. *Adv* brutalement
Sprunghaftigkeit <-> *f* versatilité *f*
Sprungschanze *f* tremplin *m* [de saut à skis] **Sprungtuch** <-tücher> *nt* toile *f* [o bâche *f*] de sauvetage **Sprungturm** *m* plongeoir *m*
Spucke [ˈʃpʊkə] <-> *f fam* salive *f; (ausgespuckter Speichel)* crachat *m*
▶ **jdm bleibt die ~ weg** qn en est [o reste] baba *(fam);* **da bleibt dir die ~ weg, was?** *fam* ça te la coupe, hein? *(fam)*
spucken [ˈʃpʊkən] **I.** *itr V* ❶ *(ausspucken)* cracher
❷ DIAL *(sich übergeben)* vomir
❸ *fam (unregelmäßig arbeiten) Motor, Pumpe:* brouter
II. *tr V* cracher
Spucknapf *m* crachoir *m*
Spuk [ʃpuːk] <-[e]s, -e> *m* ❶ *(Geistererscheinung)* apparition *f* de revenants [o de fantômes]
❷ *(schrecklicher Zustand)* cauchemar *m*
spuken [ˈʃpuːkən] *itr V unpers* ❶ **in diesem Haus spukt es** il y a des revenants [o fantômes] dans cette maison
❷ *fig* **in den Köpfen der Menschen ~** *Vorstellung, Idee:* être bien présent(e) [o ancré(e)] dans la tête des gens
Spukgeschichte *f* histoire *f* de revenants [o fantômes] **Spukschloss**[RR] *nt* château *m* hanté
Spülbecken *nt* bac *m* d'évier
Spule [ˈʃpuːlə] <-, -n> *f a.* ELEC bobine *f*
Spüle [ˈʃpyːlə] <-, -n> *f* évier *m*
spulen [ˈʃpuːlən] *tr V* embobiner *Film, Tonband*
spülen [ˈʃpyːlən] **I.** *itr V* ❶ SDEUTSCH *(abwaschen)* laver la vaisselle
❷ *(die Toilettenspülung betätigen)* tirer la chasse [d'eau]
II. *tr V* ❶ *(abspülen)* laver
❷ *(schwemmen)* **etw ans Ufer ~** rejeter qc sur la rive
❸ *(klar spülen)* rincer *Wäsche, Geschirr*
Spülkasten *m* réservoir *m* de chasse d'eau **Spüllappen** *m* lavette *f* **Spülmaschine** *f* lave-vaisselle *m*
spülmaschinenfest *Adj* garanti(e) lave-vaisselle
Spülmittel *nt* produit *m* pour la vaisselle **Spülstein** *m* évier *m* **Spülung** <-, -en> *f* ❶ *(Wasserspülung)* chasse *f* d'eau
❷ *(Haarspülung)* démêlant *m*
❸ MED lavage *m*
Spülwasser *nt* eau *f* de vaisselle
Spulwurm *m* MED ascaride *m*
Spund [ʃpʊnt, *Pl:* ˈʃpʏndə] <-[e]s, Spünde o -e> *m* ❶ *(Stöpsel)* bonde *f*
❷ <-e> *fam (unerfahrener junger Mann)* **junger ~** blanc-bec *m (vieilli)*
Spundloch *nt* bonde *f* **Spundwand** *f* CONSTR rideau *m* de palplanches
Spur [ʃpuːɐ] <-, -en> *f* ❶ *(Abdruck)* trace *f*
❷ *(Fußspur)* trace *f* [de pas], empreinte *f;* ~ **en lesen können** savoir lire les empreintes
❸ *(Loipe)* trace *f*
❹ *fig (Fährte)* trace *f;* **jdm auf eine ~ bringen** mettre qn sur une piste; **einer ~ nachgehen** suivre une piste; **eine bestimmte ~ verfolgen** être sur une certaine piste; **von ihr/ihm fehlt jede ~** il/elle n'a plus donné signe de vie
❺ *fig (Zeichen)* ~ **en hinterlassen** laisser des traces; **in einem Gesicht/bei einem Menschen ~en hinterlassen** marquer un visage/un être humain
❻ *(winzige Menge)* **eine ~ Pfeffer/Knoblauch** une pincée de poivre/pointe d'ail; ~ **en eines Gifts** les traces d'un poison; **eine ~ zu scharf/zu salzig** un brin trop épicé(e)/salé(e); **eine ~ Anstand/Menschlichkeit** un minimum de savoir-vivre/d'humanité
❼ *(Fahrbahn)* voie *f*
❽ *(Tonbandspur)* piste *f*
❾ *(Spurweite)* écartement *m*
❿ *(korrekter Geradeauslauf)* **die ~ halten** avoir une bonne tenue de route; **aus der ~ geraten** déraper

▶ eine heiße ~ une piste sérieuse; **jdm/einer S. auf der ~ bleiben** ne pas lâcher la piste de qn/qc; **jdm/einer S. auf die ~ kommen** dépister qn/qc; **jdm/einer S. auf die ~ sein** être sur la piste de qn/qc; **keine ~ ängstlich sein** *fam* ne pas être peureux(-euse) pour deux sous *(fam)*; **jdm nicht die ~ helfen/trauen** *fam* ne pas du tout aider qn/faire confiance à qn
spürbar I. *Adj* sensible; *(sichtbar)* visible; **~ werden** se faire sentir **II.** *Adv* kälter, wärmer sensiblement; zurückhaltender visiblement
Spurbreite *s.* **Spurweite** **Spurbus** *m* bus *m* (disposant de couloirs spéciaux)
spuren ['ʃpuːrən] *itr V fam (gehorchen)* filer doux *(fam)*; **bei jdm ~** filer doux avec qn
spüren ['ʃpyːrən] *tr V* ❶ *(intuitiv bemerken)* sentir; **~, dass jd lügt** sentir que qn ment; **er spürte ihre Verärgerung** il sentit son mécontentement; **jdn seine Gereiztheit ~ lassen** faire sentir son irritation à qn; **jdn ~ lassen, dass** faire sentir à qn que + *indic*; **etw zu ~ bekommen** faire l'expérience de qc
❷ *(fühlen, wahrnehmen)* sentir; **einen Schmerz im Knie ~** ressentir une douleur dans le genou; **den Wein ~** sentir l'effet du vin; **die Peitsche zu ~ bekommen** faire connaissance avec le fouet
Spurenelement *nt* oligoélément *m* **Spurensicherung** *f* anthropométrie *f* judiciaire; *(Abteilung)* service *m* anthropométrique
Spürhund *m* chien *m* policier
spurlos I. *Adj* total(e), sans laisser de traces
II. *Adv* verschwinden sans laisser de traces; **jd/etw ist ~ verschwunden** qn a disparu sans laisser de traces/qc s'est évaporé(e); **~ an jdm vorübergehen** passer sur qn sans laisser de marques
Spürnase *f* ❶ *(Geruchssinn)* odorat *m*, nez *m*
❷ *(Scharfsinn)* flair *m*; **eine gute ~ haben** avoir du flair
Spurrille *f* rainure *f*
Spürsinn *m kein Pl* flair *m*; **einen ~ für etw haben** flairer qc
Spurt [ʃpʊrt] <-s, -s *o* -e> *m* sprint *m*; **zum ~ ansetzen** lancer le sprint
spurten ['ʃpʊrtən] *itr V + sein* sprinter
Spurwechsel *m* changement *m* de file **Spurweite** *f* écartement *m*
sputen ['ʃpuːtən] *r V DIAL* **sich ~** se dépêcher
Sputnik ['ʃputnik] <-s, -s> *m* spoutnik *m*
Squash [skvɔʃ, skwɔʃ] <-> *nt* squash *m*
SR <-> *m* RADIO *Abk von* **Saarländischer Rundfunk** radio et télévision de la Sarre
Sri Lanka ['sriː 'laŋka] <-s> *nt* le Sri Lanka; **auf ~** à [*o* dans l'île de] Sri Lanka
SS <-> *f NS Abk von* **Schutzstaffel** S.S. *f*
SSV *Abk von* **Sommerschlussverkauf**
s.t. *Adv Abk von* **sine tempore** UNIV **um neun Uhr ~** à neuf heures pile
St. ❶ *Abk von* **Stück** pièce *f*
❷ *Abk von* **Sankt** St/Ste
Staat [ʃtaːt] <-[e]s, -en> *m* ❶ *(Land)* État *m*; **die Vereinigten ~en von Amerika** [*o* **die ~en** *fam*] les États-Unis d'Amérique
❷ *(die staatlichen Institutionen)* État *m*; **beim ~ angestellt sein/arbeiten** *fam* être employé(e) par/travailler pour l'État
❸ *(Insektenstaat)* société *f*
❹ *veraltet fam (festliche Kleidung)* **in vollem ~** en grande tenue
▶ **mit etw keinen ~ machen können** ne pas pouvoir faire impression avec qc; **damit ist kein ~ zu machen** il n'y a pas de quoi parader avec cela; **ein ~ im ~e [sein]** [former] un État dans l'État
Staatenbund <-bünde> *m* confédération *f* [d'États] **Staatengemeinschaft** *f* communauté *f* d'États
staatenlos *Adj* apatride
Staatenlose(r) *f(m) dekl wie Adj* apatride *mf*
staatlich I. *Adj* Unabhängigkeit, Interessen national(e); Förderung, Gelder de l'État; Behörde, Einrichtung public(-ique); Unternehmen national(e), public(-ique)
II. *Adv* anerkannt, geprüft par l'État
Staatsaffäre *f* ▶ **eine ~ aus etw machen** faire une affaire d'État de qc **Staatsakt** *m* cérémonie *f* officielle **Staatsaktion** *f fig fam* affaire *f* d'État *(fig fam)*; **eine ~ daraus machen** en faire toute une affaire **Staatsangehörige(r)** *f(m) dekl wie Adj* ressortissant(e) *m(f)* **Staatsangehörigkeit** <-, -en> *f* nationalité *f* **Staatsanleihe** *f* emprunt *m* d'État **Staatsanwalt, -anwältin** *f* avocat *m* général/avocate *f* générale **Staatsanwaltschaft** *f* ministère *m* public **Staatsapparat** *m* appareil *m* étatique [*o* de l'État] **Staatsaufsicht** *f* contrôle *m* de l'État **Staatsausgaben** *Pl* dépenses *fpl* publiques **Staatsbank** *f* ❶ *(öffentlich-rechtliche Bank)* banque *f* publique ❷ *(Zentralbank)* banque *f* d'État; **die französische ~** la Banque de France **Staatsbeamte(r)** *m dekl wie Adj*, **Staatsbeamtin** *f* fonctionnaire *mf* **Staatsbegräbnis** *nt* obsèques *fpl* nationales **Staatsbesitz** *m* propriété *f* de l'État **Staatsbesuch** *m* visite *f* officielle **Staatsbibliothek** *f* bibliothèque *f* nationale **Staatsbürger(in)** *m(f) form* citoyen(ne) *m(f)* **staatsbürgerlich** *Adj attr form* civique **Staatsbürgerschaft** *f form s.* **Staatsangehörigkeit** **Staatsbürokratie** *f* POL bureaucratie *f* étatique **Staatschef(in)** *m(f) fam* chef *mf* d'État **Staatsdefizit** *nt* déficit *m* de l'État **Staatsdiener(in)** *m(f)* serviteur *m* de l'État, fonctionnaire *mf* **Staatsdienst** *m* fonction *f* publique **Staatseigentum** *nt* propriété *f* de l'État **Staatseinnahmen** *Pl* recettes *fpl* publiques **Staatsempfang** *m* réception *f* officielle **Staatsexamen** *nt* examen *m* d'État *(sanctionnant les études de droit, de médecine et de pharmacie et obligatoire aussi pour la titularisation des enseignants)*

> **Land und Leute**
>
> Certains cursus universitaires, comme la médecine, le droit et les filières préparant à l'enseignement, se terminent, en Allemagne, par un ou deux **Staatsexamen**. Les examinateurs sont des personnes assermentées.

Staatsfeind(in) *m(f)* ennemi *m* public **staatsfeindlich** *Adj* antinational(e) **Staatsfinanzen** *Pl* finances *fpl* de l'État **Staatsform** *f* régime *m* **Staatsgebiet** *nt* territoire *m* national **Staatsgeheimnis** *nt* secret *m* d'État **Staatsgewalt** *f kein Pl* autorité *f* de l'État **Staatsgrenze** *f* frontière *f* [nationale] **Staatshaushalt** *m* budget *m* de l'État **Staatskanzlei** *f* chancellerie *f* du/d'un Land **Staatskarosse** *f fam* voiture *f* officielle **Staatskasse** *f* Trésor *m* [public], caisses *fpl* de l'État **Staatskirche** *f kein Pl* Église *f* d'État **Staatskosten** *Pl* **auf ~** aux frais de l'État **Staatsmacht** *f kein Pl* pouvoir *m* de l'État **Staatsmann** <-männer> *m geh* homme *m* d'État **staatsmännisch** ['ʃtaːtsmɛnɪʃ] *Adj geh* d'homme d'État **Staatsminister(in)** *m(f)* ministre *mf* d'État **Staatsministerium** *nt* ministère *m* d'État **Staatsoberhaupt** *nt* chef *mf* d'État/de l'État **Staatsoper** *f* opéra *m* national **staatspolitisch** *Adj inv* qui concerne la politique de l'État **Staatspolizei** *f* **die Geheime ~** NS la Gestapo **Staatspräsident(in)** *m(f)* président(e) *m(f)* [de la République] **Staatsprüfung** *s.* **Staatsexamen** **Staatsräson** *f* raison *f* d'État **Staatsrat** *m* ❶ *a.* HIST Conseil *m* d'État ❷ *(Titel)* conseiller *m* d'État **Staatsrecht** *nt* droit *m* public **Staatsregierung** *f* gouvernement *m* **Staatssekretär(in)** *m(f)* secrétaire *mf* d'État; parlamentarischer ~ ≈ chef *m* de cabinet *(membre du Parlement)* **Staatssicherheit** *f kein Pl* ❶ *(Sicherheit des Staates)* sécurité *f* de l'État *pas de pl* ❷ HIST *(in der DDR)* sûreté *f* de l'État *pas de pl* **Staatssicherheitsdienst** *m* HIST services *mpl* de Sécurité de l'État de l'ex-R.D.A. **Staatsstreich** *m* coup *m* d'État **staatstragend** *Adj* Partei soutenant le pouvoir; Rede progouvernemental(e) **Staatstrauer** *f* deuil *m* national **Staatsunternehmen** *nt* entreprise *f* d'État **Staatsvermögen** *nt* biens *mpl* publics **Staatsverschuldung** *f* endettement *m* public; **innere ~** dette *f* publique intérieure **Staatsvertrag** *m* traité *m* intergouvernemental *(form)* **Staatswesen** *nt geh* État *m*, entité *f* politique *(form)*
Stab [ʃtaːp, *Pl:* 'ʃtɛːbə] <-[e]s, Stäbe> *m* ❶ *(Holzstab)* baguette *f*
❷ *(Gitterstab)* barreau *m*
❸ *(Stange für den Stabhochsprung)* perche *f*
❹ *(Staffelholz)* témoin *m*
❺ *(Gruppe)* équipe *f*
❻ MIL état-major *m*
▶ **den ~ über jdn brechen** *geh* jeter la pierre à qn
Stäbchen ['ʃtɛːpçən] <-s, -> *nt* baguette *f*
Stabhochspringer(in) *m(f)* sauteur(-euse) *m(f)* à la perche **Stabhochsprung** *m* saut *m* à la perche
stabil [ʃtaˈbiːl] *Adj* ❶ Möbel, Konstruktion solide
❷ *(beständig)* Wetterlage, Währung, Wirtschaft stable
❸ *(opp: labil)* Gesundheit, Konstitution robuste; Beziehung durable; Partnerschaft solide; Verfassung stable
Stabilisator [ʃtabiliˈzaːtoːɐ] <-s, -toren> *m* CHEM stabilisant *m*
stabilisieren* **I.** *tr V* ❶ *geh* consolider Regal, Konstruktion
❷ MED stabiliser Kreislauf, Blutdruck
II. *r V a.* MED **sich ~** se stabiliser
Stabilisierung <-, -en> *f a.* MED stabilisation *f*
Stabilisierungsflosse *f* AVIAT empennage *m* de stabilisation, stabilisateur *m*
Stabilität [ʃtabiliˈtɛːt] <-> *f* stabilité *f*
Stabilitätspakt *m* pacte *m* de stabilité
Stablampe *f* torche *f* électrique **Stabmagnet** *m* aimant *m* en forme de bâtonnet **Stabreim** *m* LITER allitération *f*
Stabsarzt, -ärztin *f* MIL médecin-capitaine *mf* **Stabsfeldwebel** *m* adjudant-chef *f* **Stabsoffizier(in)** *m(f)* officier *m* d'état--major
Stabwechsel *m* SPORT passage *m* du témoin
stach [ʃtaːx] *Imp von* **stechen**
Stachel ['ʃtaxəl] <-s, -n> *m* ❶ *eines Igels, Seeigels* piquant *m*; *eines*

Insekts, Skorpions dard *m; einer Pflanze* épine *f* ❷ *fig* der ~ des Ehrgeizes l'aiguillon *m* de l'ambition; der ~ der Eifersucht les aiguillons de la jalousie
▶ wider den ~ löcken *geh* ruer dans les brancards
Stachelbeere *f* ❶ groseille *f* à maquereau ❷ *(Strauch)* groseillier *m* à maquereau **Stacheldraht** *m* ❶ [fil *m* de fer] barbelé *m* ❷ *(Verhau)* barbelés *mpl*; hinter ~ derrière les/des barbelés
Stacheldrahtzaun *m* clôture *f* en barbelé
Stachelhäuter [-hɔɪtɐ] <-s, -> *m* ZOOL échinoderme *m*
stachelig *Adj Tier* hérissé(e) [de piquants]; *Pflanze* épineux(-euse); *Bart* piquant(e)
Stachelschwein *nt* porc-épic *m*
stachlig *s.* stachelig
stad *Adj* A, SDEUTSCH *fam (still)* calme
Stadel ['ʃtaːdəl] <-s, -> *m* SDEUTSCH, A, CH grange *f*
Stadion ['ʃtaːdiɔn] <-s, Stadien> *nt* stade *m*
Stadium ['ʃtaːdiʊm] <-s, Stadien> *nt* ❶ *einer Entwicklung, Planung* phase *f*
❷ MED stade *m*
Stadt [ʃtat, *Pl:* 'ʃtɛ(ː)tə] <-, Städte> *f* ❶ ville *f*; in die ~ gehen/ fahren aller en ville; mitten in der ~ wohnen vivre en plein centre[-ville]; die ~ Stuttgart la ville de Stuttgart
❷ *(Stadtverwaltung)* municipalité *f*, ville *f*; bei der ~ arbeiten travailler pour la municipalité
▶ in ~ und Land *geh* à la ville comme à la campagne
städt. *Adj Abk von* städtisch
Stadtarchiv *nt* archives *fpl* municipales **stadtauswärts** *Adv* ~ fahren sortir de la ville; ~ kommt es zu Staus il y a des bouchons à la sortie de la ville **Stadtautobahn** *f* autoroute *f* urbaine **Stadtbahn** *f* réseau *m* urbain; *(in Paris)* R.E.R. *m* **stadtbekannt** *Adj* notoire; das ist doch ~! c'est de notoriété publique! **Stadtbezirk** *m* arrondissement *m* **Stadtbibliothek** *s.* Stadtbücherei **Stadtbild** *nt* paysage *m* urbain, physionomie *f* de la ville **Stadtbücherei** *f* bibliothèque *f* municipale **Stadtbummel** *m* promenade *f* en ville
Städtchen ['ʃtɛ(ː)tçən] <-s, -> *nt Dim von* Stadt petite ville *f*
Stadtdirektor(in) *m(f)* directeur(-trice) *m(f)* des services municipaux
Städtebau *m kein Pl* urbanisme *m* **städtebaulich** I. *Adj* d'urbanisme, urbanistique II. *Adv* du point de vue de l'urbanisme
stadteinwärts *Adv* ~ fahren entrer dans la ville; ~ kommt es zu Staus il y a des bouchons à l'entrée de la ville
Städtepartnerschaft *f* jumelage *m*
Städter(in) ['ʃtɛ(ː)tɐ] <-s, -> *m(f)* citadin(e) *m(f)*
Städtetag *m* congrès *m* des maires
Stadtflucht *f kein Pl* exode *m* urbain **Stadtführer** *m* ❶ *(Person)* guide *m* ❷ *(Buch)* guide *m* touristique **Stadtführerin** *f* guide *f* **Stadtführung** *f* visite *f* guidée de la ville **Stadtgas** *nt kein Pl* gaz *m* de ville **Stadtgebiet** *nt* territoire *m* de la commune **Stadtgespräch** ▶ etw ist ~ toute la ville parle de qc **Stadtgrenze** *f* limite *f* de la ville; die ~ln le périmètre de la ville **Stadthalle** *f* salle *f* municipale [*o* polyvalente] **Stadthaus** *nt* ❶ *(Stadtverwaltung)* hôtel *m* de ville, mairie *f* ❷ *(Haus städtischen Charakters)* maison *f* urbaine
städtisch ['ʃtɛ(ː)tɪʃ] *Adj* ❶ municipal(e)
❷ *geh (urban)* citadin(e), urbain(e)
Stadtkämmerer *m*, **-kämmerin** *f* receveur *m* municipal/ receveuse *f* municipale **Stadtkasse** *f* trésorerie *f* municipale **Stadtkern** *m* centre-ville *m* **Stadtmauer** *f* rempart *m* **Stadtmensch** *m* citadin(e) *m(f)* **Stadtmitte** *f* centre-ville *m* **Stadtparlament** *nt* ≈ conseil *m* municipal **Stadtplan** *m* plan *m* de la ville **Stadtplaner(in)** *m(f)* urbaniste *mf* **Stadtplanung** *f* urbanisme *m*, aménagement *m* des villes **Stadtrand** *m* périphérie *f* de la ville **Stadtrat** *m* conseil *m* municipal **Stadtrat** *m*, **-rätin** *f* conseiller *m* municipal/conseillère *f* municipale **Stadtrundfahrt** *f* visite *f* guidée de la ville; eine ~ machen faire une visite guidée de la ville **Stadtstaat** *m* ville-État *f* **Stadtstreicher(in)** <-s, -> *m(f)* clochard(e) *m(f)* **Stadtteil** *m* quartier *m* **Stadttheater** *nt* théâtre *m* municipal **Stadttor** *nt* porte *f* [de la ville] **Stadtväter** *Pl hum* édiles *mpl* **Stadtverkehr** *m* circulation *f* en ville **Stadtverwaltung** *f* administration *f* municipale, services *mpl* administratifs [de la ville] **Stadtviertel** *nt* quartier *m* **Stadtwappen** *nt* armes *fpl* [de la ville] **Stadtwerke** *Pl* services *mpl* techniques [de la ville] **Stadtwohnung** *f* appartement *m* en ville **Stadtzentrum** *nt* centre *m* [de la ville]
Stafette [ʃtaˈfɛta] <-, -n> *f* estafette *f*
Staffage [ʃtaˈfaːʒə] *f* décoration *f*; die Anwesenden waren nur ~ les personnes présentes n'étaient là que pour la figuration
Staffel¹ ['ʃtafəl] <-, -n> *f* ❶ *(Gruppe von Sportlern)* équipe *f*; *(beim Staffellauf)* équipe de relais
❷ MIL escadron *m*
❸ *(Fliegerstaffel)* escadrille *f*
Staffel² <-s, -n> *m* A *(Schwelle)* seuil *m*

Staffelei <-, -en> *f* chevalet *m*
Staffellauf *m* course *f* de relais **Staffelläufer(in)** *m(f)* SPORT coureur(-euse) *m(f)* de relais, relayeur(-euse) *m(f)* **Staffelmiete** *f* augmentation progressive du loyer convenue dans le bail
staffeln ['ʃtafəln] *tr V* échelonner *Preise, Gebühren*; die Gehälter sind nach Dienstalter gestaffelt les salaires sont échelonnés selon l'ancienneté
Staffelung <-, -en> *f* ❶ *kein Pl (das Staffeln)* échelonnement *m*
❷ *(gestaffeltes System) (ansteigend)* progressivité *f*; *(abnehmend)* dégressivité *f*
Stagflation [ʃtakflaˈtsioːn] <-, -en> *f* ÖKON stagflation *f*
Stagnation [ʃtagnaˈtsioːn] <-, -en> *f a.* ÖKON stagnation *f*
stagnieren* *itr V a.* ÖKON stagner
stahl [ʃtaːl] *Imp von* stehlen
Stahl [ʃtaːl, *Pl:* 'ʃtɛːlə] <-[e]s, -e *o* Stähle> *m* acier *m*; ~ wird oft beim Bauen verwendet l'acier est très utilisé dans la construction **Stahlbau** <-bauten> *m* construction *f* métallique **Stahlbeton** *m* béton *m* armé **Stahlblech** *nt* tôle *f* d'acier
stählen ['ʃtɛːlən] *tr V* fortifier *Körper*; raffermir *Muskeln*
stählern ['ʃtɛːlɐn] *Adj* ❶ en acier
❷ *fig geh Muskeln, Nerven* d'acier; *Wille* de fer
Stahlfeder *f* ❶ *(zum Schreiben)* plume *f* en acier ❷ TECH ressort *m* en acier **stahlhart** *Adj* ❶ dur(e) comme l'acier ❷ *fig Händedruck* de fer **Stahlhelm** *m* casque *m* lourd **Stahlindustrie** *f* industrie *f* sidérurgique **Stahlkammer** *f* salle *f* des coffres **Stahlrohr** *nt* tube *m* d'acier **Stahlrohrmöbel** *Pl* meubles *mpl* tubulaires **Stahlseil** *nt* câble *m* d'acier **Stahlstich** *m* KUNST ❶ *(Verfahren)* sidérographie *f* ❷ *(hergestelltes Blatt)* gravure *f* sur acier **Stahlträger** *m* poutrelle *f* d'acier **Stahlwaren** *Pl* articles *mpl* en acier **Stahlwerk** *nt* aciérie *f*
stak [ʃtaːk] *Imp von* stecken
Stake ['ʃtaːkə] <-, -n> *f* NDEUTSCH gaffe *f*, perche *f*
Stakkato [ʃtaˈkaːto, staˈkaːto] <-s, -s *o* Stakkati> *nt* MUS staccato *m*
staksen ['ʃtaːksən] *itr V + sein fam* marcher avec raideur
staksig ['ʃtaːksɪç] *fam* I. *Adj* raide; ein Fohlen mit langen, ~en Beinen un poulain aux longues pattes vacillantes
II. *Adv* ~ gehen marcher avec raideur; *(schwankend gehen)* marcher en titubant; ~ laufen *Fohlen:* marcher en vacillant
Stalagmit [ʃtalaˈgmiːt] <-en *o* -s, -en> *m* stalagmite *f*
Stalaktit [ʃtalakˈtiːt] <-en *o* -s, -en> *m* stalactite *f*
Stalinismus [ʃtaliˈnɪsmʊs] <-> *m* stalinisme *m*
Stalinist(in) [ʃtaliˈnɪst] <-en, -en> *m(f)* stalinien(ne) *m(f)*
stalinistisch [ʃtaliˈnɪstɪʃ] *Adj* stalinien(ne)
Stalinorgel *f fam* orgues *fpl* de Staline
Stalker(in) [stɔːkɐ] <-s, -> *m(f)* PSYCH harceleur(-euse) *m(f)*
Stalking ['stɔːkɪŋ] <-s> *nt* dioxis *f*, stalking *m*
Stall [ʃtal, *Pl:* 'ʃtɛlə] <-[e]s, Ställe> *m* ❶ *(Kuhstall)* étable *f*; *(Pferdestall)* écurie *f*; *(Schweinestall)* porcherie *f*; *(Schafstall)* bergerie *f*; *(Kaninchenstall)* clapier *m*; *(Hühnerstall)* poulailler *m*
❷ *sl (Rennstall)* écurie *f*
❸ *fam (große Menge)* einen ganzen ~ voll Kinder haben avoir une tripotée d'enfants *(fam)*
Stalllaterne^ALT *s.* Stalllaterne
Stallbursche *m* garçon *m* d'écurie **Stallhase** *m hum fam* lapin *m* [domestique] **Stalllaterne**^RR *f* falot *m* **Stallmeister(in)** *m(f)* écuyer *m* **Stallpflicht** *f* AGR confinement *m* obligatoire
Stallung <-, -en> *f meist Pl* bâtiment *m* pour les bêtes
Stamm [ʃtam, *Pl:* 'ʃtɛmə] <-[e]s, Stämme> *m* ❶ *eines Baums* tronc *m*
❷ LING racine *f*; *eines Verbs* radical *m*
❸ *(Volksstamm)* tribu *f*
❹ *(Bestand, Gruppe)* einen festen ~ von Mitarbeitern/Kunden haben avoir du personnel permanent/une clientèle attitrée
❺ BIO embranchement *m*
▶ vom ~ e Nimm sein *hum fam* être du genre: tout pour moi, rien pour les autres *(fam)*
Stammaktie [-aktsiə] *f* FIN action *f* ordinaire **Stammbaum** *m* arbre *m* généalogique **Stammbuch** *nt* livret *m* de famille ▶ jdm etw ins ~ schreiben dire qc à qn une bonne fois pour toutes **Stammdaten** *Pl* INFORM données *fpl* de base
stammeln ['ʃtaməln] *tr, itr V* bredouiller; das Stammeln le bredouillement
stammen ['ʃtamən] *itr V* ❶ aus Spanien/Hamburg ~ être originaire de l'Espagne/de Hambourg; aus sehr einfachen Verhältnissen ~ être d'origine très modeste
❷ *(herrühren)* von jdm ~ *Werk, Unterschrift:* être de qn; *Gegenstand:* provenir de qn; aus dem 16. Jahrhundert ~ dater du 16e siècle
Stammesfürst(in) *m(f)* chef *mf* de clan **Stammeshäuptling** *m* chef *m* de tribu
Stammform *f* GRAM forme *f* de base **Stammgast** *m* habitué(e) *m(f)* **Stammhalter** *m hum* héritier *m* [mâle] **Stammhaus** *nt*

maison *f* mère **Stammhirn** *nt* ANAT tronc *m* cérébral
stämmig [ˈʃtɛmɪç] *Adj* trapu(e)
Stammkapital *nt* capital *m* social **Stammkneipe** *f fam* café *m* habituel **Stammkunde** *m*, **-kundin** *f* client *m* habituel/cliente *f* habituelle **Stammkundschaft** *f* clients *mpl* fidèles; *eines Lokals* habitués *mpl* **Stammlokal** *nt* restaurant *m* habituel **Stammmutter^RR** *f* ancêtre *f*; *Eva ist die ~ der Menschheit* Ève est la mère du genre humain **Stammplatz** *m* place *f* attitrée **Stammsitz** *m einer Familie* berceau *m*; *einer Firma* siège *m* social d'origine **Stammtisch** *m* ❶ *(Tisch)* table *f* des habitués ❷ *(Stammgäste)* tablée *f* d'habitués ❸ *(Treffen)* **wo findet euer ~ statt?** où se retrouve votre cercle d'habitués?; **zum ~ kommen** venir à la réunion des habitués; **[seinen] ~ haben** retrouver sa tablée d'habitués

---

Land und Leute

On trouve dans presque tous les cafés et restaurants une **Stammtisch**. Elle est caractérisée par une petite pancarte et est toujours réservée pour les habitués.

Stammutter^ALT *s.* **Stammmutter**
Stammvater *m* ancêtre *m*; *Adam ist der ~ der Menschheit* Adam est le père du genre humain **Stammvokal** *m* LING voyelle *f* du radical **Stammwähler(in)** *m(f)* électeur(-trice) *m(f)* fidèle **Stammzelle** *f* cellule *f* souche; **embryonale ~n** cellules souches embryonnaires **Stammzellenforschung** *f* recherche *f* sur les cellules souches
Stamperl <-s, -n> *nt* A, SDEUTSCH *(Schnapsglas)* verre *m* d'eau de vie
stampfen [ˈʃtampfən] I. *itr V* ❶ + *haben Person:* trépigner; *Pferd:* piaffer; [mit den Füßen] ~ trépigner; [mit den Hufen] ~ piaffer
❷ + *sein (gehen)* **durch die Wohnung** ~ marcher dans l'appartement en tapant des pieds; **durch den Schnee** ~ marcher à pas lourds dans la neige
❸ + *haben* TECH, NAUT *Maschine:* haleter; *Schiff:* tanguer
II. *tr V* + *haben* ❶ damer *Lehm, Schotter;* tasser *Sauerkraut;* **ein gestampfter Boden** un sol en terre battue
❷ *(zerstampfen)* **die Kartoffeln/das Gemüse zu Brei ~** écraser les pommes de terre/les légumes pour faire de la purée
Stampfer <-s, -> *m* ❶ GASTR pilon *m*
❷ CONSTR dame *f*
stand [ʃtant] *Imp von* **stehen**
Stand [ʃtant, *Pl*: ˈʃtɛndə] <-[e]s, Stände> *m* ❶ *eines Zählers, Thermometers* niveau *m*; *eines Barometers* hauteur *f*
❷ *kein Pl (Zustand)* état *m*; **auf den neuesten ~ bringen** réactualiser *Lexikon;* remettre à jour *Liste;* **sich auf dem neuesten ~ befinden** être à jour; **sich wieder auf dem neuesten ~ befinden** avoir été remis(e) à jour [*o* réactualisé(e)]; **das ist der ~ der Dinge** voilà où on en est; **der letzte ~ der Dinge** les derniers développements de la situation; **wie ist der ~ der Dinge?** où en est-on?
❸ *(Spielstand)* score *m*
❹ *(Niveau) des Wassers* niveau *m*; *einer Aktie* cours *m*
❺ *(das Stehen)* **auf etw** *(Dat)* **einen/keinen sicheren ~ haben** être bien en équilibre/ne pas avoir d'équilibre sur qc
❻ *(Verkaufsstand)* étal *m*; *(Messestand)* stand *m*
❼ *(Standplatz)* emplacement *m*
❽ *(gesellschaftliche Schicht)* catégorie *f*; *(Berufsgruppe) der Ärzte, Apotheker* ordre *m*; **sie hat unter ihrem ~ geheiratet** elle a fait une mésalliance
❾ CH canton *m*
▸ **in den ~ der Ehe treten** *geh* se marier; **der dritte ~** HIST le tiers état; **bei jdm einen schweren** [*o* **keinen leichten**] **~ haben** ne pas avoir la partie belle avec qn; **aus dem ~** *(ohne Anlauf)* sans élan; *(ohne Vorbereitung)* à l'improviste; **außer ~e sein etw zu tun** être hors d'état de faire qc; **sich außer ~e sehen/erklären etw zu tun** se voir/se dire [être] dans l'impossibilité de faire qc; **zu etw im ~e sein** être capable de qc; **im ~e sein etw zu tun** être capable de faire qc; **zu allem im ~e sein** être capable de tout; **zu nichts mehr im ~e sein** n'être plus bon(ne) à rien; **etw zu ~e bringen eine Einigung zu ~e bringen** parvenir à un accord; **ein Buch zu ~e bringen** mener un livre à bien; **es zu ~e bringen, dass jd etw tut** parvenir à ce que qn fasse qc; **nichts [Vernünftiges] zu ~e bringen** n'arriver à rien [de bon]; **zu ~e kommen** *Treffen:* avoir lieu; *Abmachung, Vertrag:* être conclu(e)
Standard [ˈʃtandart, ˈst-] <-s, -s> *m* standard *m*; **zum ~ gehören** faire partie de l'équipement standard
Standardausführung *f* modèle *m* standard **Standardbrief** *m* lettre *f* standard
standardisieren* [ʃtandardiˈziːrən, st-] *tr V* standardiser
Standardisierung [ʃtandardiˈziːrʊŋ, st-] <-, -en> *f* standardisation *f*
Standardmodell [ˈʃtandart-, ˈst-] *nt* modèle *m* de série **Standardsoftware** [-zɔftvɛɐ, -sɔftwæɐ] *f* logiciel *m* standard **Standardtanz** *m* danse *f* de salon **Standardwerk** *nt* ouvrage *m* qui fait autorité
Standarte [ʃtanˈdartə] <-, -n> *f (Hoheitszeichen)* fanion *m*; *(Reiterfahne)* étendard *m*
Standbild *nt* ❶ KUNST statue *f*
❷ AUDIOV arrêt *m* sur image
Stand-by, Standby [stɛntˈbaɪ, ˈstɛntbaɪ] <-[s]> *nt* ELEC mode *m* veille; **auf ~ sein** être en veilleuse
Stand-by-Betrieb, Standby-Betrieb *m* ELEC mode *m* veille; **im ~ sein** en mode veille
Ständchen [ˈʃtɛntçən] <-s, -> *nt* chanson *f* en son/mon/... honneur; **jdm ein ~ bringen** chanter une chanson en l'honneur de qn; *(als Liebeswerben)* chanter une sérénade à qn
Stander [ˈʃtandɐ] <-s, -> *m* fanion *m*
Ständer [ˈʃtɛndɐ] <-s, -> *m* ❶ *(Gestell)* support *m*
❷ *(Kleiderständer)* portemanteau *m*
❸ *(Notenständer)* pupitre *m*
❹ *(Zeitungsständer)* porte-revues *m*
❺ *sl (Erektion)* trique *f (arg)*; **einen ~ bekommen/haben** *sl* se mettre à bander/bander *(fam)*
Ständerat [ˈʃtɛndəraːt] *m* CH ❶ *(Ratsmitglied)* conseiller *m* aux États ❷ *(Gremium)* conseil *m* des États **Ständerätin** *f* CH conseillère *f* aux États
Standesamt *nt* [bureau *m* de l']état *m* civil **standesamtlich** I. *Adj Bescheinigung, Urkunde* d'état civil; *Trauung* civil(e) II. *Adv* civilement **Standesbeamte(r)** *m dekl wie Adj*, **Standesbeamtin** *f* officier *m* d'état civil **standesgemäß** I. *Adj* conforme à ma/sa/... position [sociale] II. *Adv* heiraten dans son/mon/... milieu; **nicht ~ heiraten** faire une mésalliance **Standesregister** *nt* JUR registre *m* de l'état civil
standfest *Adj* stable **Standfestigkeit** *f kein Pl* ❶ *(Stabilität)* stabilité *f* ❷ *s.* **Standhaftigkeit** **Standgeld** *nt* droit *m* d'étalage **Standgericht** *nt* cour *f* martiale; **jdn vor ein ~ stellen** faire passer qn en cour martiale; **er wurde vor ein ~ gestellt** il est passé en cour martiale
standhaft I. *Adj* ferme; **~ bleiben** rester ferme
II. *Adv* fermement, avec fermeté
Standhaftigkeit <-> *f* fermeté *f*
stand|halten *itr V unreg* tenir le coup; **einer S.** *(Dat)* ~ résister à qc
Standheizung *f* chauffage *m* auxiliaire
ständig [ˈʃtɛndɪç] I. *Adj* ❶ *(dauernd)* permanent(e)
❷ *(permanent) Mitarbeiter* permanent(e); *Wohnsitz* fixe
II. *Adv* ❶ *(dauernd)* continuellement
❷ *(permanent)* wohnen en permanence; **sich niederlassen à demeure**
Standleitung *f* TELEC, INFORM ligne *f* directe **Standlicht** *nt kein Pl* feux *mpl* de position **Standmiete** *f* location *f* de stand **Standort** *m* ❶ *einer Pflanze* exposition *f*; *eines Unternehmens* lieu *m* d'implantation ❷ *(Standpunkt, Ansichten)* position *f* ❸ *(Produktionsstätte)* site *m* de production ❹ MIL ville *f* de garnison
Standpauke *f fam* savon *m (fam)*; **jdm eine ~ halten** passer un savon à qn *(fam)* **Standplatz** *m eines Taxis* emplacement *m* **Standpunkt** *m* point *m* de vue; **auf dem ~ stehen** [*o* **den ~ vertreten**], **dass** être d'avis [*o* considérer] que + *indic*; **etw vom politischen ~ aus betrachten** envisager qc du point de vue politique; **sie vertritt in dieser Frage einen anderen ~** elle a un point de vue différent sur cette question **Standrecht** *nt kein Pl* MIL loi *f* martiale **standrechtlich** I. *Adj Erschießung* par décision de la cour martiale II. *Adv* **~ erschossen werden** être fusillé(e) par décision de la cour martiale **Standspur** *f* bande *f* d'arrêt d'urgence **Standuhr** *f* horloge *f*
Stange [ˈʃtaŋə] <-, -n> *f* ❶ *(Stab)* barre *f*
❷ *(Fahnenstange)* hampe *f*
❸ *(Vorhangstange)* tringle *f*
❹ *(Bohnenstange)* rame *f*
▸ **eine [schöne] ~ Geld** *fam* un [sacré] paquet *(fam)*; **bei der ~ bleiben** *fam* tenir bon *(fam)*; **jdm die ~ halten** *fam* soutenir qn; **jdn bei der ~ halten** *fam* maintenir qn dans le coup *(fam)*; **ein Kostüm von der ~** *fam* un tailleur de prêt-à-porter; **etw von der ~ kaufen** *fam* acheter qc en prêt-à-porter
Stängel^RR <-s, -> *m* tige *f*
▸ **ich bin fast vom ~ gefallen!** *fam* j'en suis resté(e) baba! *(fam)*
Stangen[weiß]brot *nt* baguette *f*
stank [ʃtaŋk] *Imp von* **stinken**
Stänkerei [ʃtɛŋkəˈraɪ] <-, -en> *f fam* rouspétances *fpl (fam)*
Stänkerer [ˈʃtɛŋkərə] <-s, -> *m*, **Stänkerin** *f fam* râleur(-euse) *m(f) (fam)*
stänkern [ˈʃtɛŋkən] *itr V fam* râler *(fam)*; **gegen jdn/etw ~** taper sur qn/qc *(fam)*
Stanniol [ʃtaˈnjoːl] <-s, -e> *nt* feuille *f* d'étain

Stanniolpapier *nt* papier *m* d'étain
Stanze[1] ['ʃtantsə] <-, -n> *f (Maschine)* presse *f* à emboutir
Stanze[2] <-, -n> *f* POES stance *f*
stanzen ['ʃtantsən] *tr V* ❶ emboutir *Blech, Form*
❷ *(einstanzen)* etw in etw *(Akk)* ~ poinçonner qc dans qc
Stapel ['ʃtaːpəl] <-s, -> *m* ❶ *(Haufen)* pile *f*
❷ NAUT **vom** ~ **laufen** être lancé(e)
▶ **etw vom** ~ **lassen** NAUT lancer qc; *fig* balancer qc *(fam)*
Stapellauf *m* lancement *m*, mise *f* à l'eau
stapeln ['ʃtaːpəln] I. *tr V* empiler; **die T-Shirts in den Schrank** ~ empiler les t-shirts dans l'armoire
II. *r V* **sich** ~ s'empiler
stapfen ['ʃtapfən] *itr V* + *sein* **über die Wiese** ~ marcher [lourdement] à travers les prés; **durch den Schnee** ~ marcher en s'enfonçant dans la neige
Stapfen <-s, -> *m* trace *f* de pas
Star[1] [ʃtaːɐ] <-[e]s, -e> *m* ORN étourneau *m*
Star[2] [ʃtaːɐ] <-[e]s, *selten* -e> *m* MED **grauer** ~ cataracte *f*; **grüner** ~ glaucome *m*
Star[3] [staːɐ, ʃtaːɐ] <-s, -s> *m* ❶ *(Filmstar, Theaterstar)* star *f*
❷ *fig* **der** ~ **des Abends** la vedette de la soirée
❸ *(Berühmtheit)* célébrité *f*; **ein** ~ **unter den Anwälten** un [grand] ténor du barreau
Starallüren ['ʃtaːɐ-, 'staːɐ-] *Pl pej* allures *fpl* de star *(péj)* **Staranwalt** ['ʃtaːɐ-, 'staːɐ-] *m*, **-anwältin** *f fam* [grand] ténor *m* du barreau **Stararchitekt(in)** *m(f) fam* architecte *mf* en vogue
starb [ʃtarp] *Imp von* **sterben**
stark [ʃtark] <**stärker, stärkste**> I. *Adj* ❶ *Person, Händedruck* fort(e); *Arm, Bein, Muskeln* musclé(e)
❷ *(kräftig, würzig)* fort(e)
❸ *(mächtig) Land, Regierung, Partei* fort(e)
❹ *(dick) Ast, Baum, Stamm* gros(se) *antéposé*; *Balken* épais(se); *Pappe, Karton* fort(e); *Pflanze, Staude* grand(e) *antéposé*; **zehn Zentimeter/einen Meter** ~ **sein** faire dix centimètres/un mètre d'épaisseur
❺ *(robust) Nerven* solide
❻ *euph (korpulent) Dame, Herr* fort(e)
❼ *(heftig, schlimm)* fort(e) *antéposé*
❽ *(laut) Applaus, Rauschen* fort(e)
❾ *(intensiv) Bedenken, Abneigung, Zuneigung* grand(e); *Gefühl, Liebe, Hass* profond(e)
❿ *(leistungsfähig) Motor, Getriebe, Traktor* puissant(e)
⓫ *(wirksam, hochkonzentriert)* fort(e); **eine ~e Wirkung haben** avoir beaucoup d'effet
⓬ *(groß) Schulklasse, Armee* gros(se) *antéposé*; **tausend Seiten/Mann/Mitglieder** ~ **sein** faire mille pages/compter mille personnes/membres
⓭ *fam (hervorragend)* super *(fam)*
II. *Adv* ❶ *(sehr)* très; *übertreiben* beaucoup; *hoffen* bien; *beeindruckt* fortement, beaucoup; ~ **besucht** très fréquenté(e); **das Auto war so** ~ **beschädigt, dass** la voiture était tellement abîmée que + *indic*
❷ *(heftig, schlimm)* ~ **wehen** souffler fort; ~ **bluten** saigner abondamment; ~ **erkältet** très enrhumé(e); ~ **vereitert** très purulent(e); **es regnet** ~ il pleut fort
❸ *(intensiv)* ~ **duften** sentir fort; **etw** ~ **pfeffern/würzen** poivrer/épicer qc beaucoup; ~ **gewürzt** très épicé(e)
❹ *(laut)* applaudieren beaucoup
❺ *(bedeutsam)* ~ **verkleinert/vergrößert** très réduit(e)/agrandi(e)
❻ *fam (hervorragend)* vachement bien *(fam)*; ~ **aussehen** avoir un look d'enfer *(fam)*
Starkbier *nt* bière *f* forte
Stärke ['ʃtɛrkə] <-, -n> *f* ❶ *(Kraft)* force *f*
❷ *(Macht)* force *f*; ~ **demonstrieren** faire une démonstration de force
❸ *(Dicke)* épaisseur *f*
❹ *(Heftigkeit) des Winds, Bebens* force *f*; *der Schmerzen, Wehen* intensité *f*
❺ OPT *einer Brille* puissance *f*
❻ *(zahlenmäßige Größe)* nombre *m*; *einer Armee* effectif *m*
❼ *(Qualität)* force *f*; **das ist seine/ihre** ~ c'est son fort
❽ *(Charakterstärke)* force *f*
❾ *(pflanzliche Substanz)* amidon *m*
stärkehaltig *Adj* féculent(e) **Stärkemehl** *nt* fécule *f*
stärken ['ʃtɛrkən] I. *tr V* ❶ revigorer *Person*; régulariser *Kreislauf*; fortifier *Muskulatur, Arme*; augmenter *Widerstandskraft, Konzentrationsfähigkeit*
❷ *(verbessern)* renforcer
❸ *(steifen)* amidonner *Kleidungsstück, Wäsche*
II. *itr V* **ein ~des Mittel** un fortifiant
III. *r V* **sich** ~ se restaurer
stärker *Adj Komp von* **stark**

stark|machen *r V fam* **sich für jdn/etw** ~ se décarcasser pour qn/qc *(fam)*
Starkstrom *m* courant *m* haute tension **Starkstromleitung** *f* courant *m* à haute tension; *(Überlandleitung)* ligne *f* [à] haute tension
Stärkung <-, -en> *f* ❶ *(das Stärken, Verbessern)* renforcement *m*
❷ *(Mahlzeit)* collation *f*; **jdm etwas zur** ~ **anbieten** servir une petite collation à qn; *(ein alkoholisches Getränk servieren)* servir un remontant à qn
Stärkungsmittel *nt* fortifiant *m*
starr [ʃtar] I. *Adj* ❶ *(nicht biegsam)* rigide
❷ *(reglos) Augen, Blick* fixe; *Grinsen* figé(e)
❸ *(steif, erstarrt)* ~ **vor Schreck** paralysé(e) par la peur; **kalt und** ~ **sein** *Hand:* être ankylosé(e) par le froid; *Finger:* être gourd(e); *Leichnam:* être froid(e) et raide
❹ *(unbeugsam) Haltung, Prinzipien, Position* rigide
II. *Adv* ❶ *ansehen* fixement; *lächeln* d'une manière figée
❷ *(unbeugsam)* ~ **an etw** *(Dat)* **festhalten** tenir obstinément à qc
Starre ['ʃtarə] <-> *f* torpeur *f*; *einer Leiche* rigidité *f*
starren ['ʃtarən] *itr V* ❶ *(starr blicken)* avoir le regard fixe; **an die Decke/Wand** ~ regarder fixement le plafond/mur; **wohin starrst du so interessiert?** que fixes-tu avec autant d'intérêt?
❷ *(bedeckt sein)* **von** [*o* **vor**] **Dreck** ~ être recouvert(e) de saleté
Starrheit <-> *f* rigidité *f*; *(Starrsinn)* obstination *f*
Starrkopf *m pej* tête *f* de mule *(fam)*
starrköpfig *s.* **starrsinnig**
Starrsinn *m* entêtement *m*
starrsinnig I. *Adj* entêté(e); ~ **sein** être têtu(e)
II. *Adv* obstinément
Start [ʃtart] <-s, -s> *m* ❶ *eines Flugzeugs* décollage *m*; *einer Rakete, Raumfähre* lancement *m*
❷ SPORT départ *m*; **am** ~ **sein** être au départ; **er hatte einen guten** ~ il a pris un bon départ
❸ *(Beginn)* démarrage *m*
Startautomatik *f* AUT starter *m* automatique **Startbahn** *f* piste *f* d'envol **startbereit** *Adj Sportler:* prêt(e) au départ; *Flugzeug:* prêt(e) à décoller; *Rakete:* prêt(e) pour le lancement; ~ **sein** *Sportler:* être prêt(e) au départ; *Flugzeug:* être prêt(e) à décoller; *Rakete:* être prêt(e) pour le lancement **Startblock** <-blöcke> *m* ❶ *(beim Schwimmen)* plot *m* de départ ❷ *(beim Laufen)* starting-block *m*, bloc *m* de départ
starten ['ʃtartən] I. *itr V* + *sein* ❶ *Flugzeug:* décoller; *Rakete:* être lancé(e)
❷ SPORT **zum Hundertmeterrennen** ~ prendre le départ du cent mètres; **jd/etw ist gestartet** qn est parti(e)/qc a démarré; **für einen Verein** ~ porter les couleurs d'un club
❸ *(beginnen) Tournee:* démarrer
II. *tr V* + *haben* ❶ *(anlassen)* lancer *Programm*; **den Motor/das Auto** ~ mettre le moteur/la voiture en route; **den Rechner** ~ mettre l'ordinateur en marche
❷ *(abschießen)* lancer *Rakete, Satelliten, Wetterballon*
❸ *(beginnen lassen)* lancer *Aktion, Kampagne, Expedition*; démarrer *Unternehmung, Projekt*; donner le départ de *Rennen, Wettkampf*
❹ INFORM démarrer *Programm*
Starter ['ʃtartɐ] <-s, -> *m* ❶ SPORT starter *m*
❷ *(Anlasser)* démarreur *m*
Starterin <-, -nen> *f* SPORT starter *m*
Starterlaubnis *f* ❶ *(beim Fliegen)* autorisation *f* de décoller
❷ SPORT autorisation *f* de participer **Startflagge** *f* drapeau *m* de départ **Startgeld** *nt* prime *f* **Starthilfe** *f* ❶ aide *f* financière ❷ AUT aide *f* pour démarrer; **jdm** ~ **geben** aider qn à démarrer **Starthilfekabel** *nt* câble *m* de démarrage **Startkapital** *nt* capital *m* initial **startklar** *s.* **startbereit Startkommando** *nt* SPORT signal *m* de départ **Startlinie** *f* ligne *f* de départ **Startloch** *nt* marque *f* ▶ [**schon**] **in den Startlöchern sitzen** *fam* être prêt(e) à l'action **Startmenü** *nt* INFORM menu *m* démarrer **Startnummer** *f* [numéro *m* de] dossard *m* **Startphase** *f* phase *f* de démarrage **Startrampe** *f* rampe *f* de lancement **Startschuss**[RR] *m* signal *m* du départ ▶ **den** ~ **für etw geben** donner le feu vert à qc **Startseite** *f* INFORM page *f* d'accueil **Startverbot** *nt* SPORT suspension *f*; **jdn mit einem** ~ **belegen** infliger une suspension à qn
❷ AVIAT interdiction *f* de décoller; ~ **haben** avoir l'interdiction de décoller **Startzeichen** *nt* signal *m* de départ
Starverteidiger(in) *m(f)* [grand] ténor *m* du barreau
Stasi ['ʃtaːzi] <-> *f Abk von* **Staatssicherheit[sdienst]** abréviation familière pour services de Sécurité de l'ex-R.D.A.
Statement ['steɪtmənt] <-s, -s> *nt* déclaration *f* publique; *eines Pressesprechers* communiqué *m* officiel
Statik ['ʃtaːtɪk] <-, -en> *f* statique *f*
Statiker(in) ['ʃtaːtike] <-s, -> *m(f)* ingénieur *mf* B.T.P. *(spécialisé en statique)*
Station [ʃtaˈtsioːn] <-, -en> *f* ❶ *(Haltestelle)* station *f*

❷ *(Aufenthaltsort) einer Reise* étape *f;* ~ **machen** faire étape [o halte]
❸ MED service *m*
❹ *(Sender)* station *f*
stationär [ʃtatsioˈnɛːɐ] I. *Adj Aufenthalt, Behandlung* à l'hôpital
II. *Adv* jdn ~ **behandeln/aufnehmen** hospitaliser qn
stationieren* *tr V* ❶ mettre en place *Truppen;* **Truppen in einem Land** ~ mettre des troupes en place dans un pays; **in Europa stationiert** [sein], [être] stationné(e) en Europe
❷ *(aufstellen)* déployer *Atomwaffen, Raketen*
Stationierung <-, -en> *f von Truppen, Soldaten* stationnement *m; von Atomwaffen, Raketen* déploiement *m*
Stationsarzt *m*, **-ärztin** *f* [médecin-]chef *mf* du/de service **Stationsschwester** *f* infirmière *f* en chef **Stationsvorsteher(in)** *m(f)* chef *mf* de gare
statisch [ˈʃtaːtɪʃ] I. *Adj* statique
II. *Adv* statiquement
Statist(in) [ʃtaˈtɪst] <-en, -en> *m(f)* figurant(e) *m(f)*
Statistik [ʃtaˈtɪstɪk] <-, -en> *f* statistique *f;* **laut** ~ d'après les statistiques
Statistiker(in) [ʃtaˈtɪstikɐ] <-s, -> *m(f)* statisticien(ne) *m(f)*
statistisch [ʃtaˈtɪstɪʃ] I. *Adj* statistique
II. *Adv* statistiquement; **etw** ~ **erfassen** recenser qc statistiquement
Stativ [ʃtaˈtiːf] <-s, -e> *nt* pied *m*
statt [ʃtat] I. *Präp + Gen* ~ **seines Freundes/eines Briefs** à la place de son ami/d'une lettre; ~ **deiner** à ta place
II. *Konj* **zu warten/anzurufen** au lieu d'attendre/de téléphoner
Statt ▶ **an seiner/unserer** ~ *form* à sa/notre place
stattdessenᴿᴿ *Adv* au lieu de cela
Stätte [ˈʃtɛtə] <-, -n> *f geh* lieu *m;* **eine** ~ **des Erinnerns** un lieu de/du souvenir; **eine** ~ **der Ruhe** un havre de paix *(littér)*
statt|finden *itr V unreg* avoir lieu **statt|geben** *itr V unreg form* **einem Antrag** ~ faire droit à une demande; **einer Beschwerde** *(Dat)* ~ recevoir une plainte
statthaft *Adj* ~/**nicht** ~ **sein** *Frage:* être/ne pas être autorisé(e); *Klage:* être recevable/irrecevable; **es ist nicht** ~ **hier zu fotografieren** il n'est pas autorisé de faire des photos ici
Statthalter *m* HIST gouverneur *m*
stattlich [ˈʃtatlɪç] *Adj* ❶ *Erscheinung, Bursche* imposant(e)
❷ *(beträchtlich)* considérable
Statue [ˈʃtaːtuə, ˈstˈ] <-, -n> *f* statue *f*
Statur [ʃtaˈtuːɐ] <-, -en> *f geh* stature *f;* **von kräftiger/großer** ~ de forte corpulence/haute stature
Status [ˈʃtaːtʊs, ˈstaːtʊs] <-, -> *m geh* statut *m*
Status quo <- -> *m geh* statu quo *m*
Status quo ante <- - -> *m geh* état *m* antérieur [des choses]
Statussymbol *nt* symbole *m* de réussite sociale
Statut [ʃtaˈtuːt] <-[e]s, -en> *nt meist Pl* statut *m*
Stau [ʃtaʊ] <-[e]s, -e *o* -s> *m* bouchon *m;* **zehn Kilometer** ~ **auf der Autobahn** dix kilomètres de bouchon sur l'autoroute
Staub [ʃtaʊp] <-[e]s, -e *o* Stäube> *m* poussière *f;* ~ **saugen** passer l'aspirateur; ~ **wischen** faire les poussières
▶ ~ **aufwirbeln** *fam* provoquer des remous; **sich aus dem** ~ **machen** *fam* prendre la poudre d'escampette; **zu** ~ **werden** *geh* tomber en poussière
Staubbeutel *m* BOT anthère *f* **Staubblatt** *nt* BOT étamine *f*
Staubecken *f* barrage-réservoir *m*
stauben [ˈʃtaʊbən] I. *itr V unpers* **es staubt** ça fait de la poussière
II. *itr V Teppich, Kissen:* être plein(e) de poussière
stäuben [ˈʃtɔɪbən] *tr V* **Puderzucker auf etw** *(Akk)* ~ saupoudrer qc de sucre glace; **Mehl auf das Backblech** ~ fariner légèrement la tôle du four
Staubfaden *m* BOT filet *m* **Staubfänger** [ˈʃtaʊpfɛŋɐ] <-s, -> *m pej* nid *m* à poussière **Staubflocke** *f* mouton *m* **Staubgefäß** *nt* BOT étamine *f*
staubig *Adj* poussiéreux(-euse)
Staubkorn <-körner> *nt* grain *m* de poussière **Staublunge** *f* MED pneumoconiose *f (spéc); (bei Bergarbeitern)* silicose *f* **Staubpartikel** *f meist Pl* particule *f* de poussière **staubsaugen** <PP staubgesaugt> I. *tr V* passer l'aspirateur II. *tr V* passer l'aspirateur dans *Zimmer;* passer l'aspirateur sur *Teppich* **Staubsauger** *m* aspirateur *m* **Staubsaugerbeutel** *m* sac *m* [papier] pour aspirateur **Staubschicht** *f* couche *f* de poussière **staubtrocken** *Adj fam Brot* hyper-sec(sèche) *(fam)* **Staubtuch** <-tücher> *nt* chiffon *m* à poussière **Staubwolke** *f* nuage *m* de poussière **Staubzucker** *m kein Pl* sucre *m* glace
stauchen [ˈʃtaʊxən] *tr V* ❶ TECH refouler
❷ *fam (zurechtweisen)* **jdn** ~ remonter les bretelles à qn *(fam)*
Staudamm *m* barrage *m*
Staude [ˈʃtaʊdə] <-, -n> *f* plante *f* vivace
Staudensellerie *m* céleri *m* en branches
stauen [ˈʃtaʊən] I. *tr V* **das Wasser/den Bach** ~ *Person, Biber:* retenir l'eau/endiguer le ruisseau
II. *r V* ❶ **sich in einem Becken** ~ *Wasser:* s'accumuler dans un bassin; *Bach:* stagner dans un bassin; **sich in den Venen** ~ *Blut:* ne plus circuler dans les veines
❷ *(einen Stau bilden)* **sich vor einer Baustelle** ~ *Autos:* former un bouchon à cause des travaux *(fam);* **der Verkehr staut sich** ça bouchonne *(fam)*
Staugefahr *f* risque *m* d'embouteillage **Staumauer** *f* digue *f* **Staumeldung** *f* point *m* sur la circulation
staunen [ˈʃtaʊnən] *itr V* être étonné(e); **über jdn/etw** ~ être étonné(e) par qn/de qc; **mit offenem Mund** ~ être bouche bée; **über sein Verhalten kann man nur** ~ son comportement a vraiment de quoi étonner; **sie** ~, **dass das so schnell geht** ils s'étonnent que ça aille si vite; **da staunst du, was?** *fam* ça te la coupe, hein? *(fam)*
Staunen <-s> *nt* étonnement *m;* **jdn in** ~ **versetzen** étonner qn
▶ **aus dem** ~ **nicht mehr herauskommen** aller d'étonnement en étonnement
Staupe [ˈʃtaʊpə] <-, -n> *f* MED maladie *f* de Carré
Stauraum *m kein Pl* espace *m* de rangement **Stausee** *m* lac *m* de barrage
Stauung <-, -en> *f* ❶ *(Verkehrsstau)* embouteillage *m*
❷ *kein Pl (das Stauen) von Wasser* accumulation *f; eines Bachs, Flusses* endiguement *m; von Blut* congestion *f*
Std. *Abk von* **Stunde** h
Steak [steːk, ʃteːk] <-s, -s> *nt* steak *m*
Stearin [ʃteaˈriːn, steaˈriːn] <-s, -e> *nt* CHEM stéarine *f*
Stechapfel *m* stramoine *f*, pomme *f* épineuse **Stechbeitel** [-baɪtəl] *m* ciseau *m* à bois
stechen [ˈʃtɛçən] <sticht, stach, gestochen> I. *itr V* ❶ *Insekt, Kaktus, Dornen:* piquer
❷ *(hineinstechen)* **mit einer Nadel/einem Messer in etw** *(Akk)* ~ enfoncer une aiguille/un couteau dans qc
❸ *(brennen) Sonne:* taper; **das grelle Licht sticht mir in die Augen** la lumière violente me fait mal aux yeux
❹ KARTEN **mit etw** ~ couper avec qc
II. *tr V* ❶ *(verletzen)* **jdn** ~ *Insekt, Dornen:* piquer qn; **jdn mit einer Nadel** ~ piquer qn avec une aiguille
❷ *(hineinstechen)* **eine Gabel/Nadel in etw** *(Akk)* ~ piquer une fourchette/aiguille dans qc; **er hat ihm ein Messer in den Bauch gestochen** il lui a enfoncé un couteau dans le ventre
❸ KARTEN **die Zehn mit dem As** ~ prendre le dix avec l'as
❹ *(gravieren)* **etw in etw** *(Akk)* ~ graver qc sur qc
❺ *(ausstechen)* **Spargel** ~ ramasser [*o* cueillir] les asperges; **Torf** ~ extraire de la tourbe
▶ **wie gestochen schreiben** avoir une écriture calligraphiée
III. *r V* **sich an den Dornen** ~ se piquer avec les épines; **sich in den Finger** ~ se piquer le doigt
IV. *itr V unpers* **es sticht mich in der Seite** ça m'élance dans le côté
Stechen <-s, -> *nt* ❶ SPORT [épreuve *f* de] barrage *m*
❷ *(Schmerz)* élancement *m*
stechend *Adj Augen, Blick* perçant(e); *Geruch, Rauch* âcre; *Schmerz* lancinant(e)
Stechginster *m* BOT ajonc *m* **Stechkarte** *f* carte *f* de pointage **Stechmücke** *f* moustique *m* **Stechpalme** *f* houx *m* **Stechschritt** *m* pas *m* de l'oie **Stechuhr** *f* pointeuse *f* **Stechzirkel** *m* compas *m* à pointes sèches
Steckbrief *m* avis *m* de recherche **steckbrieflich** *Adv* suchen par avis de recherche **Steckdose** *f* prise *f* [de courant]
stecken [ˈʃtɛkən] I. <steckte *o* geh stak, gesteckt> *itr V* ❶ *(feststecken)* **in etw** *(Dat)* ~ *Dorn, Nadel, Splitter:* être enfoncé(e) dans qc; **im Schnee/Schlamm** ~ être bloqué(e) dans la neige/embourbé(e)
❷ *(eingesteckt, angebracht sein)* **in etw** *(Dat)* ~ *Karte, Ausweis, Foto:* être [*o* se trouver] dans qc; **im Schloss** ~ être sur la porte; **im Nadelkissen** ~ être planté(e) dans la pelote; **in ihrem Knopfloch steckte eine Blüte** elle avait une fleur à la boutonnière
❸ *fam (sich aufhalten, sich befinden)* **im Haus/Garten** ~ être dans la maison/le jardin; **wo** ~ **die Kinder schon wieder?** où sont encore [fourrés *fam*] les enfants?; **wo hast du denn gesteckt?** où étais-tu passé(e)?; **wo steckt bloß meine Brille?** où est-ce que j'ai bien pu fourrer mes lunettes? *(fam)*
❹ *(verantwortlich sein)* **hinter einer Sache** ~ être pour quelque chose dans une affaire
❺ *(verwickelt sein)* **in Schwierigkeiten** *(Dat)* ~ *Person:* avoir de gros problèmes; *Land:* connaître des difficultés; **dermaßen in Arbeit** ~, **dass** être tellement débordé(e) de travail que + *indic*
II. <steckte, gesteckt> *tr V* ❶ **etw in eine Schublade** ~ mettre qc dans un tiroir; **sich** *(Dat)* **etw ans Revers** ~ épingler qc à son revers; **er steckte ihr den Ring an den Finger** il lui passa la bague au doigt
❷ *fam (tun, bringen)* **jdn ins Bett/ins Gefängnis** ~ mettre qn au lit/fourrer qn en prison *(fam)*

❸ *(befestigen)* épingler *Saum*
❹ *fam (investieren)* **viel Geld/Arbeit in etw** *(Akk)* ~ investir beaucoup d'argent/de travail dans qc
❺ *sl (verraten)* **jdm ein paar Informationen** ~ [re]filer quelques informations à qn *(fam)*; **jdm** ~, **dass** souffler à qn que + *indic*
Stecken <-s, -> *m* DIAL, CH bâton *m*
stecken|bleiben *s.* bleiben I.❻, ❼
stecken|lassen *s.* lassen I.❻, ❼
Steckenpferd *nt* violon *m* d'Ingres, dada *m (fam)*
Stecker <-s, -> *m* fiche *f* [d'alimentation]
Steckling ['ʃtɛklɪŋ] <-s, -e> *m* bouture *f*
Stecknadel *f* épingle *f* ▸ **eine** ~ **im Heuhaufen suchen** chercher une aiguille dans une botte de foin   **Steckrübe** *f* DIAL rutabaga *m*
Steckschlüssel *m* clé *f* à pipe   **Steckschuss**ᴿᴿ *m* balle *f* restée dans le corps
Steg [ʃteːk] <-[e]s, -e> *m* ❶ *(kleine Brücke)* passerelle *f*
❷ *(Bootssteg)* appontement *m*
❸ *(Teil eines Instruments)* chevalet *m*
Steghose *f* fuseau *m*   **Stegreif** ['ʃteːkraɪf] ▸ **aus dem** ~ au pied levé, à l'improviste
Stehaufmännchen ['ʃteːʔaʊfmɛnçən] *nt* ❶ *(Spielzeug)* poussah *m*
❷ *(Mensch)* dur(e) *m(f)* à cuire; **ich bin ein** ~ je ne me laisse pas abattre
Stehbündchen [-bʏntçən] *nt* petit col *m* montant; **Pullover mit** ~ pull-over à col montant
stehen ['ʃteːən] <stand, gestanden> I. *itr V* + *haben o* SDEUTSCH, A, CH *sein* ❶ *Person:* être debout; **vor jdm** ~ être devant qn; **vor der Tür/am Fenster** ~ être devant la porte/à la fenêtre; **den ganzen Tag** ~ **müssen** devoir rester debout toute la journée; **ich stehe lieber/bleibe lieber** ~ je préfère rester debout; **wir müssten drei Stunden lang** ~ nous avons été obligés de rester trois heures debout; **ich kann nicht mehr/länger** ~ je ne peux pas rester debout plus longtemps
❷ *(hingestellt, aufgestellt sein)* Leiter, Fahrrad: être posé(e) debout; **in der Garage** ~ *Auto, Fahrrad:* être dans le garage; **neben dem Fenster** ~ *Tisch, Pflanze:* être près/à côté de la fenêtre; **auf dem Tisch stand eine Vase** il y avait un vase sur la table
❸ *(geschrieben stehen)* **auf der Speisekarte/Tagesordnung** ~ être sur la carte/à l'ordre du jour; **auf einer Liste** ~ être inscrit(e) sur une liste; **das steht bei Goethe/im "Faust"** ça se trouve chez Goethe/dans "Faust"; **in der Bibel steht geschrieben, dass** il est écrit dans la bible que; **in seinem Brief steht ein komischer Satz** il y a une phrase bizarre dans sa lettre
❹ *(stillstehen)* Fließband, Maschine, Uhr: être arrêté(e)
❺ *(parken)* **vor der Einfahrt/hinterm Haus** ~ *Person, Auto:* être garé(e) devant la sortie de garage/derrière la maison
❻ *(beeinflusst sein)* **unter Alkohol/Drogen** ~ être sous l'influence de l'alcool/de la drogue; **unter Schock** ~ être sous le choc
❼ *(konfrontiert sein)* **vor dem Ruin/Bankrott** ~ être au bord de la ruine/faillite
❽ GRAM **im Futur/Passiv** ~ être au futur/passif; **mit dem Dativ** ~ *Verb, Präposition:* demander le datif
❾ *(kleidsam sein)* **jdm** [**gut**] ~ *Hose, Frisur, Farbe:* aller [bien] à qn
❿ JUR **auf dieses Vergehen steht Gefängnis** ce délit est passible de prison
⓫ SPORT, SPIEL **es** [*o* **das Spiel**] **steht unentschieden/2:1** le score est nul/de 2 à 1; **wie steht das Spiel?** où en est le score?
⓬ FIN **die Aktie steht gut/schlecht** le cours de l'action est bon/mauvais; **bei fünfzig Euro** ~ être à cinquante euros; **wie steht das englische Pfund?** quel est le cours de la livre?
⓭ *fam (fest, fertig sein)* Projektplanung: être au point; *Vortrag, Doktorarbeit:* être prêt(e); *Termin:* être fixé(e); *Team, Mannschaft:* être formé(e)
⓮ *(nicht abrücken von)* **zu jdm** ~ soutenir qn; **zu einem Versprechen** ~ tenir une promesse; **zu einer Abmachung** ~ s'en tenir à un accord; **zu einer Behauptung** ~ maintenir une affirmation; **zu seiner Überzeugung** ~ rester fidèle à ses convictions
⓯ *(unterstützen)* **hinter jdm** ~ soutenir qn
⓰ *(gleichbedeutend sein mit)* **für etw** ~ *Abkürzung:* signifier qc; *Symbol, Zahl:* représenter qc; **dieser Name steht für Qualität** ce nom est une garantie de qualité
⓱ *(eingestellt sein)* **positiv/negativ zu etw** ~ être favorable/défavorable à qc; **wie stehst du zu diesem Plan?** que penses-tu de ce plan?
⓲ *(sich anlassen)* **gut/schlecht** ~ *Angelegenheit:* aller bien/mal; *Chancen:* être bon(ne)/mauvais(e)
⓳ *(stecken)* **jd steht hinter etw** *(Dat)* il y a qn derrière qc
⓴ *(anzeigen)* **auf Rot** ~ être au rouge; **auf "veränderlich"** ~ être au variable
㉑ *fam (mögen, gut finden)* **auf jdn/etw** ~ craquer pour qn/être fana de qc *(fam)*; **auf jdn/etw nicht** ~ ne pas courir après qn/qc *(fam)*
㉒ *(unanfechtbar sein)* **über etw** *(Dat)* ~ être au-dessus de qc
㉓ *(sein)* **offen** ~ *Fenster, Tür:* être ouvert(e)
▸ **etw steht und fällt mit jdm** qc repose sur qn; **einen** ~ **haben** *sl* bander *(fam)*
II. *itr V unpers* ❶ *(sein)* **es steht zu befürchten/erwarten, dass** il est à craindre que/on peut s'attendre à ce que + *subj*
❷ *(bestellt sein)* **es steht gut/schlecht um ihn** [*o* **mit ihm**] il va bien/mal; **um unser** [*o* **mit unserem**] **Projekt steht es gut/schlecht** notre projet va bien/mal; **mit ihrer Gesundheit steht es nicht zum Besten** sa santé n'est pas brillante; **wie steht's?** *(wie geht's)* comment ça va?; *(was ist)* alors?
Stehen <-s> *nt* ❶ **etw im** ~ **tun** faire qc debout; **vom ständigen** ~ à rester toujours debout
❷ *(Stillstand)* **zum** ~ **kommen** *Auto, Zug:* s'arrêter
stehen|bleiben *itr V unreg* + *sein fig s.* bleiben I.❷, ❼, ▸
stehend *Adj attr Gewässer, Wasser* stagnant(e), dormant(e)
stehen|lassen *tr V unreg fig s.* I.❼
Steherrennen ['ʃteː-ɐ-] *nt* SPORT [course *f* de] keirin *m*
Stehgeiger(in) *m(f)* violoniste *mf* tsigane   **Stehkneipe** *f* bistro *m (fam)*   **Stehkragen** *m* col *m* droit   **Stehlampe** *f* lampadaire *m*
Stehleiter *f* escabeau *m*
stehlen ['ʃteːlən] <stiehlt, stahl, gestohlen> I. *tr V* voler; [**jdm**] **etw** ~ voler qc [à qn]
▸ **er/sie kann mir gestohlen bleiben!** *fam* qu'il/qu'elle aille se faire voir! *(fam)*
II. *itr V* voler; **es wird viel gestohlen** il y a beaucoup de vols; **jdn beim Stehlen erwischen** prendre qn en train de voler; **du sollst nicht** ~ REL tu ne voleras pas
III. *r V* **sich aus dem Haus/in das Zimmer** ~ s'esquiver de la maison/se glisser dans la pièce
Stehplatz *m* place *f* debout   **Stehpult** *nt* lutrin *m*   **Stehvermögen** *nt kein Pl* ténacité *f*; ~ **haben** être tenace; **kein** ~ **haben** manquer de ténacité
Steiermark ['ʃtaɪɐmark] <-> *f* **die** ~ la Styrie; **in der** ~ en Styrie
steif [ʃtaɪf] I. *Adj* ❶ *(starr)* rigide
❷ *(fest)* **das Eiweiß** ~ **schlagen** battre les œufs en neige; **die Sahne** ~ **schlagen** fouetter la crème
❸ *(unbeweglich)* Arm, Bein, Finger raide; Gelenk ankylosé(e); ~ **werden** Arm, Bein, Finger: se raidir; Gelenk: s'ankyloser; **sich** ~ **machen** se raidir
❹ *(förmlich)* guindé(e)
❺ *(erigiert)* en érection; ~ **werden** entrer en érection
II. *Adv (förmlich)* froidement
▸ **etw** ~ **und fest behaupten** soutenir qc mordicus *(fam)*; ~ **und fest glauben, dass** croire dur comme fer que + *indic*
steif|halten *tr V unreg fig fam* **halt/haltet die Ohren steif!** tiens/tenez le coup! *(fam)*
Steifheit <-> *f* ❶ *(Festigkeit, Starre)* rigidité *f*; *eines Körperteils, Gelenks* raideur *f*
❷ *(im Benehmen)* froideur *f*
Steigbügel *m a.* ANAT étrier *m*   **Steigbügelhalter(in)** *m(f) pej* soutien *m* occulte
Steige ['ʃtaɪɡə] <-, -n> *f* DIAL ❶ *(steile Straße)* raidillon *m*
❷ A *(Obstkiste)* boîte *f* à fruit
❸ *s.* Stiege
Steigeisen *nt (für Schuhe)* crampon *m*
steigen ['ʃtaɪɡən] <stieg, gestiegen> I. *itr V* + *sein* ❶ *(klettern)* monter; **auf einen Baum/eine Leiter** ~ monter sur un arbre/une échelle; **auf einen Berg** ~ escalader une montagne; **auf den Turm** ~ monter en haut de la tour; **von der Leiter** ~ descendre de l'échelle
❷ *(aufsitzen, absitzen)* **aufs Motorrad/Fahrrad/Pferd** ~ monter sur sa moto/à vélo/à cheval; **vom Motorrad/Fahrrad/Pferd** ~ descendre de moto/vélo/cheval
❸ *(einsteigen, aussteigen)* **in den Zug/das Taxi** ~ monter dans le train/taxi; **aus dem Bus/dem Auto** ~ descendre du bus/de la voiture
❹ *(sich in die Luft erheben)* Nebel, Ballon, Drachen: monter; **in den Himmel** ~ *Flugzeug, Vogel:* monter dans le ciel
❺ *fam (sich begeben)* **aus der Wanne/ins Bett** ~ sortir de la baignoire/aller au lit
❻ *(sich erhöhen)* Preis, Gehalt, Miete: augmenter; **um drei Prozent** ~ augmenter de trois pour cent; **auf zehn Euro** ~ passer à dix euros
❼ *(anwachsen)* Ungeduld, Misstrauen, Unruhe: augmenter; Spannung, Ärger: monter
❽ *sl (stattfinden)* **die Party steigt bei ihr** il y a une boum [*o* une fête] chez elle *(fam)*
II. *tr V* + *sein* monter *Treppen, Stufen*
Steiger <-s, -> *m* MIN porion *m*
steigern ['ʃtaɪɡɐn] I. *tr V* ❶ augmenter; faire monter *Spannung, Wert;* améliorer *Leistung, Qualität*
❷ GRAM **ein Adjektiv** ~ mettre un adjectif au comparatif/superlatif

II. *r V* **sich ~ ❶** s'améliorer; *Arbeitstempo, Wert:* s'accroître; *Geschwindigkeit:* augmenter
❷ *(anwachsen, sich intensivieren)* s'accroître; **gesteigert** croissant(e), redoublé(e)
Steigerung <-, -en> *f* ❶ *des Arbeitstempos* accroissement *m; der Geschwindigkeit* augmentation *f; der Leistung, Qualität* amélioration *f*
❷ GRAM comparaison *f;* **die Formen der ~** les degrés *mpl* de comparaison
Steigerungsform *f* GRAM degré *m* de comparaison **Steigerungsrate** *f* taux *m* d'accroissement [*o* d'augmentation]
Steigflug *m* vol *m* ascensionnel
Steigung <-, -en> *f* ❶ *(steile Strecke)* côte *f*, montée *f*
❷ *(Neigung, Anstieg)* pente *f;* **eine ~ von fünf Prozent** une pente de cinq pour cent
Steigungswinkel *m* angle *m* d'inclinaison
steil [ʃtaɪl] **I.** *Adj* ❶ *Abhang, Wand, Klippe, Ufer* escarpé(e), abrupt(e); *Hang, Straße, Treppe* raide
❷ *fig Aufstieg, Karriere* fulgurant(e)
❸ SPORT *Pass, Vorlage* en profondeur
II. *Adv ansteigen* abruptement; *abfallen* à pic; *aufsteigen, sich aufrichten* tout droit
Steilhang *m* escarpement *m*
Steilheit <-> *f* raideur *f*
Steilküste *f* falaise *f* **Steilpass**RR *m* SPORT chandelle *f* **Steilufer** *nt* rive *f* escarpée **Steilwand** *f* à-pic *m*
Stein [ʃtaɪn] <-[e]s, -e> *m* ❶ pierre *f*
❷ *(Kieselstein, kleiner Stein)* caillou *m;* **der Strand besteht nur aus ~ en** c'est une plage où il n'y a que des cailloux [*o* galets]
❸ *(Pflasterstein)* pavé *m*
❹ *(Felsbrocken)* rocher *m*
❺ *kein Pl (steinernes Material)* **ein Haus aus ~** une maison en pierre; **zu ~ werden/erstarren** se pétrifier
❻ MED calcul *m*
▶ **der/ein ~ des Anstoßes** la pierre d'achoppement; **es friert ~ und Bein** *fam* il gèle à pierre fendre; **~ und Bein schwören, etw getan zu haben** *fam* jurer ses grands dieux avoir fait qc; **bei jdm einen ~ im Brett haben** *fam* être dans les petits papiers de qn *(fam);* **ihm/ihr fällt ein ~ vom Herzen** ça lui ôte un grand poids; **jdm fällt kein ~ aus der Krone, wenn er ...** qn ne va pas en mourir s'il... *(fam);* **jdm ~e in den Weg legen** mettre à qn des bâtons dans les roues; **jdm ~e aus dem Weg räumen** déblayer le terrain à qn; **der ~ der Weisen** la pierre philosophale; **den/einen ~ ins Rollen bringen** mettre le/un mécanisme en branle; **keinen ~ auf dem anderen lassen** ne pas laisser pierre sur pierre; **schlafen wie ein ~** *fam* dormir comme une souche
Steinadler *m* aigle *m* royal **steinalt** *Adj* très vieux(vieille) **Steinbock** *m* ❶ bouquetin *m* ❷ ASTROL Capricorne *m;* **[ein] ~ sein** être Capricorne **Steinbohrer** *m* foret *m* à béton **Steinbrech** <-[e]s, -e> *m* BOT saxifrage *f* **Steinbruch** *m* carrière *f* [de pierres] **Steinbutt** *m* turbot *m* **Steindruck** *m* lithographie *f* **Steineiche** *f* chêne *m* vert
steinern ['ʃtaɪnɐn] *Adj* en pierre
Steinerweichen ▶ **zum ~** à fendre l'âme **Steinfraß** *m* maladie *f* de la pierre **Steinfrucht** *f* fruit *m* à noyau **Steinfußboden** *m* sol *m* dallé **Steingut** *nt kein Pl* grès *m* **steinhart** *Adj* dur(e) comme pierre
steinig *Adj (Steine enthaltend)* plein(e) de pierres; *(mit Steinen bedeckt)* pierreux(-euse)
steinigen ['ʃtaɪnɪɡən] *tr V* lapider
Steinkauz *m* ZOOL [chouette *f*] chevêche *f* **Steinkohle** *f kein Pl* houille *f*
Steinkohlenbergbau *m* **der ~** les houillères *fpl* **Steinkohlenbergwerk** *nt* mine *f* de houille **Steinkohlenförderung** *f* extraction *f* de la houille **Steinkohlenrevier** *nt* bassin *m* houiller
Steinmarder *m* ZOOL fouine *f* **Steinmauer** *f* mur *m* de pierres **Steinmetz(in)** *m(f)* tailleur(-euse) *m(f)* de pierres **Steinobst** *nt* fruits *mpl* à noyau **Steinpilz** *m* cèpe *m* **Steinplatte** *f* dalle *f* [en pierre] **steinreich** *Adj fam* richissime **Steinschlag** *m* chute *f* de pierres **Steinwurf** *m* jet *m* de pierre ▶ **einen ~ weit [entfernt]** à un jet de pierre **Steinwüste** *f* désert *m* de pierres **Steinzeit** *f kein Pl* âge *m* de pierre; **die ältere/mittlere ~** le paléolithique/mésolithique, l'âge de la pierre taillée/polie **steinzeitlich** *Adj* ❶ qui date de l'âge de pierre
❷ *(völlig veraltet)* antédiluvien(ne)
Steiß [ʃtaɪs] <-es, -e> *m* ❶ ANAT coccyx *m*
❷ *fam (Hintern)* postérieur *m (fam)*
Steißbein *nt* ANAT coccyx *m* **Steißlage** *f* présentation *f* par le siège; **in ~ sein** se présenter par le siège
Stele ['steːlə, 'ʃteːlə] <-, -n> *f* KUNST stèle *f*
stellar [ʃtɛˈlaːɐ̯, staˈlaːɐ̯] *Adj* stellaire
Stelldichein ['ʃtɛldɪçʔaɪn] <-[s], -[s]> *nt veraltet* rendez-vous *m;* **sich ein ~ geben** se donner rendez-vous

Stelle ['ʃtɛlə] <-, -n> *f* ❶ *(Platz)* endroit *m; (für eine Pflanze)* emplacement *m;* **etw von der ~ bekommen** [*o* **kriegen** *fam*] arriver à déplacer qc
❷ *(üblicher Platz)* **stell die Sachen wieder an ihre ~!** remets les choses à leur place!
❸ *(umrissener Bereich)* endroit *m; (Fleck)* tache *f;* **diese ~ in der Mauer** cet endroit du mur; **eine rote ~ auf der Schulter** une plaque rouge sur l'épaule; **eine rostige/fettige ~** une tache de rouille/de gras
❹ *(Textstelle, Musikstelle)* passage *m*
❺ MATH chiffre *m;* **eine Zahl mit vier ~n** un numéro à quatre chiffres
❻ *(Arbeitsplatz)* emploi *m; (im öffentlichen Dienst)* poste *m;* **eine freie** [*o* **offene**] **~** un emploi vacant; *(im öffentlichen Dienst)* un poste vacant; **die ~ als Putzfrau** la place de femme de ménage; **eine neue ~ antreten** commencer dans un nouveau travail
❼ *(Abteilung, Behörde)* service *m;* **staatliche ~n** services *mpl* publics; **eine Anordnung von höherer ~** un ordre d'en haut; **an höherer/höchster ~** en haut lieu/au plus haut niveau
❽ *(Rang)* **an erster ~ kommen** venir en premier; **an erster ~ stehen** occuper la première place; **an erster ~ in der Hitparade/auf der Tagesordnung** en tête du hit-parade/de l'ordre du jour; **an wievielter ~ auf der Liste?** à quelle place sur la liste?
▶ **seine/deine/... schwache ~** son/ton/... point faible; **eine undichte ~** *fam* une fuite; *(indiskreter Mensch)* une taupe *(fam);* **sich nicht von der ~ rühren** ne pas bouger *o* du il/elle est; **nicht von der ~ sein** être sur place; **an jds ~ treten** *(Akk)* remplacer qn, prendre la place de qn; **an die ~ einer S.** *(Gen)* **treten** remplacer qc; **auf der ~ treten,** nicht von der **~ kommen** piétiner; **nicht von der ~ weichen** faire du sur place; **an anderer ~** *(bei anderer Gelegenheit)* en d'autres circonstances; **an dieser ~** à cette occasion; **an deiner/seiner ~** *(Dat)* ta/sa place; **an ~ seiner Schwester** à la place de sa sœur; **an ~ von Fragen** au lieu de poser ces questions; **auf der ~** sur-le-champ; **zur ~!** MIL présent(e)!
stellen ['ʃtɛlən] **I.** *tr V* ❶ *(hinstellen)* mettre; **das Kind in den Laufstall ~** mettre l'enfant dans le parc; **das Glas in den Schrank/auf den Tisch ~** mettre le verre dans l'armoire/poser le verre sur la table; **den Schrank/die Leiter an die Wand ~** placer l'armoire/dresser l'échelle contre le mur
❷ *(abstellen)* **das Auto vor das Haus/in die Garage ~** [re]mettre la voiture devant la maison/au garage
❸ *(aufrecht hinstellen)* **etw ~** mettre qc debout
❹ *(einstellen)* **den Herd kleiner ~** baisser la cuisinière; **den Fernseher leiser ~** baisser [le son de] la télévision; **den Wecker auf sechs ~** régler le réveil sur six heures
❺ *(äußern, vorbringen)* poser *Frage, Forderung, Bedingung;* présenter *Antrag;* **jdm eine Frage/an jdn Forderungen ~** poser une question/des exigences à qn
❻ *(vorgeben)* donner *Aufgabe, Thema*
❼ *(zur Aufgabe zwingen)* arrêter *Flüchtigen, Täter*
❽ *(konfrontieren)* **jdn vor ein Problem/Rätsel ~** poser un problème/une énigme à qn; **vor eine Schwierigkeit gestellt werden** être confronté(e) à une difficulté
❾ *(arrangieren)* **eine Szene ~** *Regisseur:* [re]prendre la scène; *Polizei:* reconstituer une scène
❿ *(erstellen)* faire *Prognose;* établir, poser *Diagnose;* **welche Prognose ~ Sie?** quels sont vos pronostics?
⓫ FIN fournir *Kaution, Bürgschaft*
⓬ *(zur Verfügung stellen)* fournir *Mitarbeiter, Geräte, Räume;* produire *Zeugen*
⓭ *(situiert sein)* **gut gestellt sein** être dans une situation financière confortable; **[finanziell] besser/schlechter gestellt sein** être plus/moins à l'aise [financièrement]
▶ **auf sich** *(Akk)* **selbst gestellt sein** ne pouvoir compter que sur soi
II. *r V* ❶ *(sich hinstellen)* **sich an etw** *(Akk)* **/hinter etw** *(Akk)* **~** se mettre à qc/derrière qc
❷ *(entgegentreten)* **sich den Journalisten/Kritikern ~** faire face aux journalistes/affronter les critiques; **sich den Fragen ~** répondre aux questions; **sich der Herausforderung** *(Dat)* **~** relever le défi
❸ *(eine Meinung vertreten)* **sich positiv/negativ zu etw ~** réagir positivement/négativement à qc; **wie ~ Sie sich dazu?** qu'en pensez-vous?
❹ *(eine Position ergreifen)* **sich vor jdn ~** prendre le parti de qn; **sich hinter jdn/etw ~** soutenir qn/qc; **sich gegen jdn/etw ~** se prononcer contre qn/qc
❺ *(sich melden)* **sich [jdm] ~** *Täter:* se livrer [à qn]
❻ *(sich ausgeben)* **sich schlafend ~** faire semblant de dormir; **sich dumm ~** faire semblant de ne pas comprendre
❼ *(sich aufdrängen)* **jdm stellt sich** [*o* **es stellt sich jdm**] **die Frage, ob/wer ...** la question se pose à qn [de savoir] si/qui...
+ indic; **es stellt sich die Frage, ob ...** la question se pose de

savoir si... + *indic*.
Stellenabbau *m* suppression *f* d'emplois **Stellenangebot** *nt* offre *f* d'emploi **Stellenanzeige** *f (Gesuch)* demande *f* d'emploi; *(Angebot)* offre *f* d'emploi **Stellenausschreibung** *f* avis *m* de recrutement **Stellengesuch** *nt* recherche *f* d'emploi **Stellenkampf** *m kein Pl* lutte *f* pour l'emploi **Stellenmarkt** *m* marché *m* de l'emploi **Stellenmarktprognose** *f* prévisions *fpl* du marché de l'emploi **Stellenplan** *m* tableau *m* des effectifs **Stellenrückgang** *m* baisse *f* de l'emploi **Stellensuche** *f kein Pl* recherche *f* d'un emploi; **auf ~ sein** être à la recherche d'un emploi **Stellenvermittlung** *f (Einrichtung)* service *m* de placement **Stellenwechsel** [-ks-] *m* changement *m* d'emploi **stellenweise** *Adv* par endroits **Stellenwert** *m (Bedeutung)* importance *f*; **einen hohen ~ besitzen** [*o* **haben**] être d'une grande importance

Stellplatz *m* place *f* de stationnement
Stellschraube *f* vis *f* de réglage, molette *f*
Stellung <-, -en> *f* ❶ *(Körperhaltung)* position *f*; **in liegender/kniender ~** en position couchée/à genoux
❷ *(Position) eines Schalters, Hebels* position *f*; *eines Worts* place *f*
❸ *(Arbeitsplatz)* emploi *m*; **eine ~ als Pförtner** un poste [*o* une fonction] de portier; **ohne ~** [**sein**] [être] sans emploi
❹ *(Rang)* rang *m*; **gesellschaftliche ~** rang social
❺ *(Einstellung)* **~ beziehen** prendre position; **zu etw ~ nehmen** prendre position sur qc
❻ MIL position *f*; **in ~ gehen** se mettre en position; **etw in ~ bringen** mettre qc en batterie
▶ **die ~ halten** MIL maintenir sa position; *fig* garder la boutique
Stellungnahme <-, -n> *f* ❶ *kein Pl (das Außern)* prise *f* de position; **eine ~ abgeben** donner son point de vue [*o* sa position]
❷ *(geäußerte Meinung)* position *f*
stellungslos ▶ s. **arbeitslos**
Stellungswechsel *m* changement *m* d'emploi
stellvertretend I. *Adj* suppléant(e) II. *Adv* **etw ~ für jdn/etw tun** faire qc à la place de qn/qc **Stellvertreter(in)** *m(f)* suppléant(e) *m(f)* **Stellvertretung** *f* suppléance *f*; **jds ~ übernehmen** assurer la suppléance de qn **Stellwerk** *nt* poste *m* d'aiguillage
Stelze ['ʃtɛltsə] <-, -n> *f* échasse *f*; **auf ~n gehen** marcher sur des échasses
stelzen *itr V* + *sein* ❶ *Mensch*: avoir une démarche guindée; *Vogel*: se déplacer sur ses pattes d'échassier
❷ *fig* **sich gestelzt ausdrücken** parler sur un ton guindé
Stelzvogel *m* échassier *m*
Stemmeisen *nt* ciseau *m* à bois
stemmen ['ʃtɛmən] I. *tr V* ❶ *(hochdrücken)* soulever
❷ *(stützen)* **die Arme in die Seiten ~** mettre les poings sur les hanches
❸ *(brechen)* **ein Loch in etw** *(Akk)* **~** creuser un trou dans qc
II. *r V* **sich gegen etw ~** s'appuyer contre qc; *(sich sträuben)* se dresser contre qc
Stempel ['ʃtɛmpəl] <-s, -> *m* ❶ *(Gerät, Abdruck)* tampon *m*
❷ *(Prägung auf Gold, Silber)* poinçon *m*
❸ BOT pistil *m*
▶ **jdm/einer S. seinen ~ aufdrücken** marquer qn/qc de son empreinte
Stempelfarbe *f* encre *f* à tampon **Stempelgeld** *nt kein Pl fam* allocation *f* chômage **Stempelkissen** *nt* tampon *m* encreur **Stempelmarke** *f* A *(Gebührenmarke)* timbre *m* fiscal
stempeln ['ʃtɛmpəln] I. *tr V* ❶ tamponner *Formular, Dokument*; oblitérer *Brief, Briefmarke*; **eine nicht gestempelte Marke** un timbre non oblitéré
❷ *fig* **jdn zum Lügner ~** étiqueter qn comme menteur
II. *itr V* tamponner, donner des coups de tampon *(fam)*
▶ **~ gehen** *veraltet fam* pointer au chômage *(fam)*
Stempeluhr *f* pointeuse *f*
StengelALT *s.* **Stängel**
Steno[1] ['ʃteno] <-> *f fam Abk von* **Stenographie** sténo *f*
Steno[2] <-s, -s> *nt fam Abk von* **Stenogramm** texte *m* en sténo
Stenoblock *s.* **Stenogrammblock**
Stenograf(in) [ʃteno'graːf] <-en, -en> *m(f)* sténographe *mf*
Stenografie [ʃtenogra'fiː] <-, -n> *f* sténographie *f*
stenografisch *Adj* sténographique
Stenogramm [ʃteno'gram] <-s, -e> *nt* sténogramme *m*; **ein ~ aufnehmen** prendre en sténo
Stenogrammblock <-blöcke> *m* bloc *m* sténo
Stenographie [ʃtenogra'fiː] <-> *f* sténographie *f*
stenographieren* *tr, itr V* sténographier
Stenokurs ['ʃte:no-] *m* cours *m* de sténo
Stenotypist(in) [ʃtenoty'pɪst] <-en, -en> *m(f)* sténotypiste *mf*
StepALT <-s, -s>, **Stepp**RR [ʃtɛp, stɛp] <-s, -s> *m* claquettes *fpl*; **~ tanzen** faire des claquettes
Steppdecke *f* couette *f*
Steppe ['ʃtɛpə] <-, -n> *f* steppe *f*

steppen[1] ['ʃtɛpən] *tr, itr V* [sur]piquer *Naht*
steppen[2] ['ʃtɛpən, 'stɛpən] *itr V* faire des claquettes
StepptanzRR *m* claquettes *fpl*
Sterbebett *nt* lit *m* de mort; **auf dem ~ liegen** être à l'article de la mort **Sterbefall** *m* décès *m* **Sterbegeld** *nt kein Pl* capital-décès *m* **Sterbehilfe** *f kein Pl* euthanasie *f*; **jdm ~ leisten** aider qn à mourir
sterben ['ʃtɛrbən] <stirbt, starb, gestorben> *itr V* + *sein* ❶ mourir; **an Krebs/Herzversagen** *(Dat)* **~** mourir d'un cancer/d'une crise cardiaque; **an seinen Verletzungen ~** succomber à ses blessures; **auf dem Scheiterhaufen ~** mourir sur le bûcher
❷ *fam (vergehen)* **ich bin vor Angst fast gestorben** j'ai failli mourir de peur
▶ **gestorben sein** *fam Thema, Sache, Plan*: être à l'eau *(fam)*; **er/sie ist für mich gestorben!** *fam* je ne le/la connais plus! *(fam)*; **daran wirst du** [**schon**] **nicht ~!** *hum fam* tu n'en mourras pas! *(fam)*
Sterben <-s> *nt* agonie *f*; **im ~ liegen** être à l'agonie
▶ **zum ~ langweilig sein** *fam* être à mourir [d'ennui] *(fam)*
sterbenselend *Adj fam* **ihr ist/sie fühlt sich ~** elle se sent horriblement mal *(fam)* **sterbenskrank** ['ʃtɛrbəns'kraŋk] *Adj* moribond(e) **sterbenslangweilig** *Adj fam* à mourir d'ennui **Sterbenswort, Sterbenswörtchen** [-'vœrtçən] *nt kein Pl* ▶ **kein** [*o* **nicht ein**] **~** pas le moindre mot; **kein** [*o* **nicht ein**] **~ verraten** ne pas dire un [traître] mot; **nicht ein ~ kam über meine Lippen!** je n'ai pas soufflé mot!
Sterbesakramente *Pl* derniers sacrements *mpl*; **jdm die ~ spenden** administrer à qn les derniers sacrements **Sterbeurkunde** *f* acte *m* de décès **Sterbeziffer** *f* mortalité *f* **Sterbezimmer** *nt* chambre *f* mortuaire
sterblich *Adj geh* mortel(le)
Sterbliche(r) *f(m) dekl wie Adj geh* mortel(le) *m(f)*
Sterblichkeit <-> *f* mortalité *f*
Sterblichkeitsrate *f* taux *m* de mortalité
stereo ['ʃt-, 'st-] *Adv* en stéréo
Stereo ['ʃte:reo, 'ste:reo] <-> *nt* stéréo *f*; **in ~** en stéréo
Stereoanlage *f* chaîne *f* stéréo **Stereoaufnahme** *f* enregistrement *m* stéréo
StereofonieRR, **Stereophonie** [ʃtereofo'niː, ste:reo-] <-> *f* stéréophonie *f*
Stereoskop [ʃtereo'skoːp, ste:reo-] <-s, -e> *nt* stéréoscope *m*
stereotyp [ʃtereo'tyːp, ste:reo-] I. *Adj* stéréotypé(e)
II. *Adv* d'une façon stéréotypée
steril [ʃte'riːl] *Adj* stérile
Sterilisation [ʃteriliza'tsioːn] <-, -en> *f* stérilisation *f*
sterilisieren* *tr V* stériliser; **sich ~ lassen** se faire stériliser
Sterilisierung <-, -en> *f* a. MED stérilisation *f*
Sterilität [ʃterili'tɛːt] <-> *f* stérilité *f*
Stern [ʃtɛrn] <-[e]s, -e> *m* étoile *f*; **ein Hotel mit fünf ~en** un hôtel cinq étoiles
▶ **unter einem/keinem guten ~ stehen** se présenter sous un bon/mauvais jour; **nach den ~en greifen** *geh* demander la lune; **~e sehen** *fam* [en] voir trente-six chandelles *(fam)*; **das steht noch in den ~en** seul l'avenir le dira
Sternbild *nt* constellation *f*
Sternchen <-s, -> *nt Dim von* **Stern** ❶ petite étoile *f*
❷ TYP astérisque *m*
Sternenbanner *nt* **das ~** la bannière étoilée **sternenbedeckt** *Adj geh* étoilé(e) **Sternenhimmel** *m* voûte *f* céleste **sternenklar** *s.* **sternklar** **Sternenzelt** *nt kein Pl geh* voûte *f* étoilée *(soutenu)*
Sternfahrt *f* rallye *m*
sternförmig *Adj Muster, Anordnung* en [forme d']étoile; *Grundriss* étoilé(e)
Sternfrucht *f* carambole *f*
sternhagelvoll *Adj sl* pinté(e) *(pop)*
Sternhaufen *m* nébuleuse *f*, nuée *f* stellaire **Sternkarte** *f* carte *f* céleste **sternklar** *Adj Himmel, Nacht* étoilé(e) **Sternkunde** *f kein Pl* astronomie *f* **Sternschnuppe** <-, -n> *f* étoile *f* filante **Sternsinger(in)** *m(f)* le jour de l'Épiphanie, enfant vêtu d'un costume de Roi mage qui passe dans les maisons **Sternstunde** *f geh* moment *m* fort **Sternsystem** *nt* système *m* stellaire **Sternwarte** *f* observatoire *m* **Sternzeichen** *nt* signe *m* astrologique
Sternzeit *f kein Pl* ASTRON temps *m* sidéral
Sterz [ʃtɛrts] <-es, -e> *m* A *(Speise)* polenta *f*
stet [ʃte:t] *s.* **stetig**
Stethoskop [ʃteto'skoːp, steto'skoːp] <-s, -e> *nt* stéthoscope *m*
stetig I. *Adj* permanent(e)
II. *Adv* de façon continue
Stetigkeit <-> *f* ❶ *(Beständigkeit)* constance *f*
❷ *(Kontinuität)* continuité *f*
stets [ʃteːts] *Adv* constamment
Steuer[1] ['ʃtɔɪɐ] <-s, -> *nt* ❶ *(Lenkrad)* volant *m*; **am** [*o* **hinter**

Steuer–stier

dem] ~ sitzen être au volant; jdn ans ~ lassen laisser [o donner] le volant à qn
❷ *(Ruder)* gouvernail *m*; am ~ stehen (o sein) être au gouvernail ▸ das ~ [fest] in der Hand haben avoir la situation [bien] en main
Steuer² <-, -n> *f* impôt *m*; ~n zahlen payer des impôts; der ~ *(Dat)* unterliegen être assujetti(e) à l'impôt; Einkommen vor [Abzug der] ~n revenu *m* avant impôt
Steuerabzug *m* prélèvement *m* fiscal **Steueraufkommen** *nt* recettes *fpl* fiscales **Steueraufwendungen** *Pl* dépenses *fpl* d'impôt **Steuerbefreiung** *f* exonération *f* d'impôt [o fiscale] **Steuerberater(in)** *m(f)* conseiller *m* fiscal/conseillère *f* fiscale **Steuerbescheid** *m* avis *m* d'imposition **Steuerbetrügerei** *f* fam tripatouillage *m* fiscal *(fam)*
steuerbord [ˈʃtɔɪɐbɔrt] *Adv* à tribord **Steuerbord** *nt* tribord *m*
Steuereinnahmen *Pl* recettes *fpl* fiscales **Steuererhöhung** *f* augmentation *f* d'impôt **Steuererklärung** *f* déclaration *f* d'impôt[s] **Steuererleichterung** *f* allégement [o allègement] *m* fiscal **Steuerermäßigung** *f* dégrèvement *m* fiscal **Steuerersparnis** *f* économie *f* fiscale [o d'impôt] **Steuererstattung** *f* remboursement *m* d'impôt **Steuerfahndung** *f* contrôle *m* fiscal **steuerfinanziert** *Adj inv* POL financé(e) par les impôts **Steuerflucht** *f* évasion *f* fiscale **Steuerflüchtling** *m* personne *f* qui se rend coupable d'évasion fiscale **steuerfrei** *Adj* non imposable **Steuerfreibetrag** *m* montant *m* non imposable **Steuerfreiheit** *f* POL exemption *f* fiscale **Steuergeheimnis** *nt* secret *m* fiscal **Steuergelder** *Pl* deniers *mpl* publics
Steuergerät *nt* ❶ TECH appareil *m* de contrôle [o commande]
❷ AUDIOV ampli[ficateur] *m*
Steuerhinterziehung *f* fraude *f* fiscale **Steuerkarte** *f* carte *f* fiscale, bordereau *m* fiscal **Steuerklasse** *f* tranche *f* d'imposition **Steuerknüppel** *m* levier *m* de commande
steuerlich I. *Adj* fiscal(e)
II. *Adv* sur le plan fiscal; ~ stark belastet sein être lourdement imposé(e)
steuerlos *Adj* NAUT sans gouvernail
Steuermann <-männer o -leute> *m* ❶ *(Offizier)* second *m*
❷ *(Steuerer eines Ruderboots)* barreur(-euse) *m(f)*
Steuermarke *f* timbre *m* fiscal
steuern [ˈʃtɔɪɐn] I. *tr V* + haben ❶ *(lenken)* conduire *Fahrzeug*; piloter *Schiff, Flugzeug*; ein Schiff in den Hafen ~ manœuvrer un bateau dans le port
❷ *(regulieren)* régler; elektronisch gesteuert à commande électronique
❸ *(beeinflussen)* orienter *Gespräch, Entwicklung*; das Gespräch in die gewünschte Richtung ~ orienter la discussion dans la direction voulue
II. *itr V* ❶ + haben nach rechts ~ *Fahrer*: diriger la voiture à droite; *Steuermann:* diriger le bateau à droite; *Fahrzeug, Schiff:* se diriger à droite
❷ + sein *(eine Richtung verfolgen)* nach Norden ~ *Flugzeug:* faire route vers le nord
Steuernummer *f* numéro *m* d'identification fiscale **Steueroase** *f* paradis *m* fiscal **Steuerparadies** *nt fam* paradis *m* fiscal **Steuerpflicht** *f* obligation *f* fiscale, assujettissement *m* à l'impôt; der ~ *(Dat)* unterliegen être imposable **steuerpflichtig** *Adj* imposable
Steuerpflichtige(r) *f(m) dekl wie Adj* contribuable *mf*
Steuerpolitik *f* politique *f* fiscale **Steuerprogression** *f* barème *m* progressif de l'impôt **Steuerprüfer(in)** *m(f)* contrôleur(-euse) *m(f)* du fisc **Steuerprüfung** *f* contrôle *m* fiscal
Steuerpult *nt* ELEC pupitre *m* de commande **Steuerrad** *nt*
❶ *(Lenkrad)* volant *m* ❷ NAUT barre *f*
Steuerrecht *nt kein Pl* régime *m* fiscal **Steuerreform** *f* réforme *f* fiscale
Steuerruder *nt* gouvernail *m*
Steuersatz *m* taux *m* d'imposition **Steuerschraube** *f* ▸ die ~ anziehen *fam*, an der ~ drehen *fam* donner un tour de vis fiscal *(fam)* **Steuerschuld** *f* dette *f* fiscale **Steuersünder(in)** *m(f) fam* fraudeur(-euse) *m(f)* du fisc **Steuersystem** *nt* système *m* fiscal **Steuertarif** *m* taux *m* de l'impôt
Steuerung <-, -en> *f* ❶ *kein Pl (das Regulieren) der Temperatur, einer Heizung* régulation *f*; *eines Produktionsprozesses* contrôle *m*
❷ *(Steuervorrichtung) eines Flugzeugs* système *m* de pilotage; *eines Schiffs* gouverne *f*
Steuerungstaste *f* touche *f* Contrôle
Steuerveranlagung *f* imposition *f*, établissement *m* de l'assiette de l'impôt **Steuervorauszahlung** *f* FISC acompte *m* provisionnel **Steuervorteil** *m* avantage *m* fiscal
Steuerwerk *nt* INFORM unité *f* de commande
Steuerzahler(in) *m(f)* contribuable *mf*
Steven [ˈʃteːvən] <-s, -> *m* NAUT étrave *f*
Steward [ˈstjuːɐt, ˈʃt-] <-s, -s> *m* steward *m*
Stewardess^RR [ˈstjuːɐdɛs, stjuːɐˈdɛs] <-, -en> *f*, **Stewardeß**^ALT

<-, -ssen> *f* hôtesse *f* de l'air; *(Schiffsstewardess)* hôtesse *f* de bord
StGB [ɛsteːɡeːˈbeː] <-[s]> *nt Abk von* **Strafgesetzbuch** ≈ code *m* pénal
stibitzen* *tr V hum fam* piquer *(fam)*; [jdm] etw ~ piquer qc [à qn]
Stich [ʃtɪç] <-[e]s, -e> *m* ❶ *(Insektenstich)* piqûre *f*
❷ *(Stichverletzung)* coup *m* de couteau
❸ *(Schmerz)* élancement *m*; ~e in der Seite haben avoir des points de côté
❹ *(Nähstich)* point *m*
❺ *(Farbnuance)* ein [leichter] ~ ins Bläuliche/Blaue une pointe de bleu
❻ *(Radierung)* gravure *f*
❼ KARTEN pli *m*
▸ einen ~ haben *fam (verrückt sein)* avoir un grain *(fam)*; *(verdorben sein) Milch, Sahne:* avoir un goût *(fam)*; jdn im ~ lassen *Person:* laisser tomber qn *(fam)*; ihr Gedächtnis ließ sie im ~ sa mémoire était défaillante [o lui faisait défaut]
Stichel [ˈʃtɪçəl] <-s, -> *m* KUNST burin *m*, poinçon *m*
Stichelei <-, -en> *f fam* piques *fpl* *(fam)*
sticheln [ˈʃtɪçəln] *itr V* envoyer des piques *(fam)*
Stichflamme *f* jet *m* de flamme
stichhaltig *Adj*, **stichhältig** *Adj* A *Argumentation, Beweis* concluant(e)
Stichhaltigkeit <-> *f* pertinence *f*; die ~ der Beweismittel la solidité des pièces à conviction
Stichling [ˈʃtɪçlɪŋ] <-s, -e> *m* épinoche *f*
Stichprobe *f* prélèvement *m*
Stichsäge *f* scie *f* sauteuse
sticht [ʃtɪçt] *3. Pers Präs von* **stechen**
Stichtag *m* jour *m* fixé **Stichwaffe** *f* arme *f* blanche **Stichwahl** *f* scrutin *m* de ballottage **Stichwort** *nt* ❶ <-wörter> *(in Nachschlagewerken)* entrée *f*; *(in Registern, Indizes)* mot-clé *m*
❷ <-worte> *(Äußerung)* mot *m* repère; jdm das ~ geben *Schauspieler:* donner la réplique à qn; ~ Geld, ... à propos d'argent, ...
❸ <-worte> *(Gedächtnisstütze)* mot-clé *m*; sich *(Dat)* ~e notieren noter les points essentiels **stichwortartig** *Adv* succinctement; sich *(Dat)* etw ~ aufschreiben prendre quelques notes **Stichwortverzeichnis** *nt* index *m* des mots-clés **Stichwunde** *f* coup *m* de couteau
sticken [ˈʃtɪkən] I. *tr V* broder; ein Monogramm auf etw *(Akk)* ~ broder un monogramme sur qc
II. *itr V* an etw *(Dat)* ~ broder qc
Sticker¹ [ˈʃtɪkɐ, ˈstɪkɐ] <-s, -> *m (Aufkleber)* autocollant *m*
Sticker² [ˈʃtɪkɐ] <-s, -> *m (Person)* brodeur *m*
Stickerei [ʃtɪkəˈraɪ] <-, -en> *f* broderie *f*
Stickerin <-, -nen> *f* brodeuse *f*
Stickgarn *nt* fil *m* à broder
stickig [ˈʃtɪkɪç] *Adj Luft* confiné(e); *Raum* mal aéré(e)
Stickmuster *nt* motif *m* de broderie **Sticknadel** *f* aiguille *f* à broder
Stickoxid *nt* oxyde *m* d'azote
Stickrahmen *m* métier *m* à broder
Stickstoff *m kein Pl* CHEM azote *m* **Stickstoffdünger** *m* engrais *m* azoté
stieben [ˈʃtiːbən] <stob o stiebte, gestoben o gestiebt> *itr V geh* + haben o sein jaillir; aus dem Gebüsch ~ *Vögel:* jaillir des buissons
Stiefbruder [ˈʃtiːf-] *m* demi-frère *m*
Stiefel [ˈʃtiːfəl] <-s, -> *m* botte *f*
Stiefelette <-, -n> *f* bottine *f*
Stiefelknecht *m* tire-botte *m*
stiefeln *itr V* + sein *fam* über den Hof ~ traverser la cour à grandes enjambées
Stiefeltern *Pl* beaux-parents *mpl* **Stiefgeschwister** *Pl* frères et sœurs *mpl* de deux lits **Stiefkind** *nt* enfant *mf* d'un autre lit **Stiefmutter** *f* belle-mère *f* **Stiefmütterchen** *nt* pensée *f*
stiefmütterlich I. *Adj Behandlung* peu soigneux(-euse) II. *Adv* umgehen négligemment, avec négligence; etw ~ behandeln négliger qc **Stiefschwester** *f* demi-sœur *f* **Stiefsohn** *m* beau-fils *m* **Stieftochter** *f* belle-fille *f* **Stiefvater** *m* beau-père *m*
stieg [ʃtiːk] *Imp von* **steigen**
Stiege [ˈʃtiːɡə] <-, -n> *f* escalier *m* [en bois]
Stiegenhaus *nt* SDEUTSCH, A cage *f* d'escalier
Stieglitz [ˈʃtiːɡlɪts] <-es, -e> *m* chardonneret *m*
stiehlt [ʃtiːlt] *3. Pers Präs von* **stehlen**
Stiel [ʃtiːl] <-[e]s, -e> *m* ❶ *(Griff)* manche *m*; *eines Glases* pied *m*
❷ *(Stängel) einer Blume, eines Blatts* tige *f*; *eines Apfels, einer Birne* queue *f*; *eines Pilzes* pied *m*
Stielaugen *Pl* ▸ ~ machen [o kriegen] *fam* ouvrir de grands yeux *(fam)* **Stielkamm** *m* peigne *m* à manche
stier [ʃtiːɐ] I. *Adj Blick* fixe; mit ~em Blick vor sich hin starren regarder fixement droit devant soi

II. *Adv* fixement
Stier <-[e]s, -e> *m* ❶ taureau *m* ❷ ASTROL Taureau *m*; [ein] ~ **sein** être Taureau ▶ **den** ~ **bei den Hörnern packen** [*o* **fassen**] prendre le taureau par les cornes; **brüllen wie ein** ~ pousser des beuglements
stieren ['ʃtiːrən] *itr V* **auf jdn/etw** ~ fixer qn/qc; **vor sich hin** ~ regarder fixement devant soi
Stierkampf *m* corrida *f*   **Stierkampfarena** *f* arène *f*   **Stierkämpfer(in)** *m(f)* torero *m*
Stiernacken *m* cou *m* de taureau   **stiernackig** *Adj* au cou de taureau
stieß [ʃtiːs] *Imp von* **stoßen**
Stift[1] [ʃtɪft] <-[e]s, -e> *m* ❶ *(Schreibgerät)* crayon *m* ❷ *(Stahlstift)* pointe *f*; *(Nagel)* clou *m* ❸ *fam (Lehrling)* apprenti *m*
Stift[2] <-[e]s, -e> *nt* ❶ *(christliche Institution)* fondation *f* ❷ *(Altenheim)* foyer *m* ❸ A *(Kloster)* couvent *m*
stiften ['ʃtɪftən] I. *tr V* ❶ *(spenden)* offrir *Preis*; **jdm etw** ~ faire don de qc à qn ❷ *fam (spendieren)* payer *(fam)* ❸ *(verursachen)* provoquer, susciter *Unfrieden, Verwirrung*; ramener, rétablir *Frieden* II. *itr V* ▶ ~ **gehen** *fam* ficher le camp *(fam)*, se barrer *(fam)*
stiften|gehenᴬᴸᵀ *s.* **stiften II.**
Stifter(in) <-s, -> *m(f) (Spender)* donateur(-trice) *m(f)*
Stiftskirche *f* église *f* | collégiale *f*
Stiftung <-, -en> *f* ❶ *(Organisation)* fondation *f*; **gemeinnützige** ~ fondation d'utilité publique [*o* à but non lucratif] ❷ *(Schenkung)* don *m*
Stiftzahn *m* dent *f* sur pivot
Stil [ʃtiːl] <-[e]s, -e> *m* ❶ style *m*; **Möbel im** ~ **Ludwig XVI.** des meubles [de style] Louis XVI ❷ *(Verhaltensweise)* genre *m* ▶ **im großen** ~ sur une grande échelle; *feiern* en grande pompe; ~ **haben** *Person*: avoir un genre; *Haus, Einrichtung*: avoir du style
Stilblüte *f hum* perle *f*
Stilbruch *m* rupture *f* de style   **Stilebene** *f* niveau *m* de langue   **stilecht** I. *Adj* de style II. *Adv* **das Restaurant war** ~ **eingerichtet** l'aménagement du restaurant était de style
Stilett [ʃti'lɛt] <-s, -e> *nt* stylet *m*
Stilgefühl *nt* sens *m* du style
stilisiert *Adj* stylisé(e)
Stilisierung <-, -en> *f* ❶ *kein Pl (das Stilisieren)* stylisation *f* ❷ *(Darstellung)* représentation *f* stylisée
Stilistik [ʃti'lɪstɪk] <-> *f* stylistique *f*
stilistisch [ʃti'lɪstɪʃ] I. *Adj* stylistique II. *Adv* du point de vue stylistique
Stilkunde *f* ❶ *kein Pl (Stillehre)* stylistique *f* ❷ *(Lehrbuch)* manuel *m* de stylistique
still [ʃtɪl] I. *Adj* ❶ *(ruhig, bedächtig) Mensch* calme; **eine** ~**e Art haben** être calme; **du bist heute so** ~ tu es bien silencieux(-euse) aujourd'hui; **sie wurde immer** ~**er** elle était de plus en plus taciturne; **im Haus ist es so** ~ il règne un tel calme [*o* silence] dans cette maison; **um ihn ist es** ~ **geworden** on ne parle plus de lui; **sei** ~! tais-toi!; **sei endlich** ~! tu vas te taire, oui? ❷ *(bewegungslos) Luft, Wasser, See* calme ❸ *(beschaulich, verschwiegen) Leben, Tag, Straße, Gegend* tranquille; **eine** ~**e Stunde** une heure de tranquillité ❹ *(heimlich, diskret) Hoffnung, Wunsch, Reserve* secret(-ète); *Einvernehmen, Zustimmung* tacite, implicite; *Vorwurf* non formulé(e); *Seufzer* discret(-ète); JUR *Liquidation* sans notification II. *Adv* ❶ *(lautlos)* silencieusement; ~ **vor sich hin weinen** pleurer en silence ❷ *(bewegungslos)* tranquillement; **den Kopf/das Glas** ~ **halten** ne pas bouger la tête/ne pas faire bouger le verre; ~ **sitzen** rester assis(e) tranquillement; **kannst du denn nicht mal einen Augenblick** ~ **sitzen?** tu ne peux pas rester cinq minutes tranquille? ❸ *(heimlich)* secrètement ▶ **im Stillen** secrètement, au fond de soi-même
Still-BH *m* soutien-gorge *m* d'allaitement
Stille ['ʃtɪlə] <-> *f* ❶ *(Lautlosigkeit)* calme *m*; *eines Waldes* tranquillité *f*; **wohltuende/lähmende** ~ un calme bienfaisant/paralysant; **es herrscht** ~ le silence règne ❷ *(Bewegungslosigkeit) der Luft, eines Sees* calme *m* ▶ **in aller** ~ *abreisen, sich vollziehen* sans bruit; *stattfinden, beisetzen* dans la plus stricte intimité
Stilllebenᴬᴸᵀ *s.* **Stillleben**
stilllegenᴬᴸᵀ *s.* **stilllegen**
Stilllegungᴬᴸᵀ *s.* **Stilllegung**
stillen ['ʃtɪlən] I. *tr V* ❶ allaiter *Baby* ❷ *(befriedigen)* étancher *Durst*; calmer *Hunger*; assouvir *Verlangen*

❸ *(zum Stillstand bringen)* apaiser *Schmerzen*; arrêter *Blutung*; sécher *Tränen*
II. *itr V Mutter:* allaiter
Stillhalteabkommen *nt* moratoire *m*
still|halten *itr V unreg* se tenir tranquille
stillliegenᴬᴸᵀ *s.* **stillliegen**
Stilllebenᴿᴿ *nt* nature *f* morte
still|legenᴿᴿ *tr V* fermer; **stillgelegt** abandonné(e)
Stilllegungᴿᴿ <-, -en> *f* fermeture *f*
still|liegenᴿᴿ *itr V unreg + haben Fabrik:* être fermé(e)
stillos ['ʃtiːloːs] I. *Adj Einrichtung, Architektur* dépourvu(e) de style II. *Adv* sans style
Stillosigkeit <-, -en> *f* ❶ *kein Pl (das Unästhetische) eines Möbels, Gebäudes* manque *m* de style ❷ *(Handlung, Äußerung)* manque *m* de savoir-vivre
Stillschweigen *nt* silence *m*; ~ **über etw** *(Akk)* **bewahren** garder le silence sur qc   **stillschweigend** I. *Adj* tacite II. *Adv* en silence; *billigen* tacitement; ~ **über etw** *(Akk)* **hinweggehen** passer qc sous silence   **Stillstand** *m kein Pl* arrêt *m*; **etw zum** ~ **bringen** arrêter qc; **zum** ~ **kommen** s'arrêter   **still|stehen** *itr V unreg* ❶ *Maschine, Motor:* être arrêté(e) ❷ MIL **stillgestanden!** garde à vous!   **stillvergnügt** *Adj* satisfait(e) en son for intérieur *(littér)*
Stilmittel *nt* procédé *m* de style   **Stilmöbel** *nt* meuble *m* de style   **Stilrichtung** *f* courant *m* artistique   **Stilübung** *f* exercice *m* de style   **stilvoll** I. *Adj* de bon goût II. *Adv* avec goût
Stimmabgabe *f* vote *m*   **Stimmband** <-bänder> *nt meist Pl* corde *f* vocale   **stimmberechtigt** *Adj Person* qui a [le] droit de vote; **bei etw** ~ **sein** avoir le droit de vote lors de qc   **Stimmberechtigte(r)** *f(m) dekl wie Adj* votant(e) *m(f)*   **Stimmbruch** *m* mue *f*; **im** ~ **sein** être en train de muer   **Stimmbürger(in)** *m(f)* CH votant(e) *m(f)*
Stimme ['ʃtɪmə] <-, -n> *f* ❶ voix *f*; **mit lauter/bebender** ~ **sprechen** parler à voix haute/d'une voix tremblante; **eine heisere** ~ **haben** être enroué(e) ❷ *fig* **die** ~ **des Herzens/der Vernunft** la voix du cœur/de la raison ❸ *(Wählerstimme, Votum)* voix *f*; **eine/keine** ~ **haben** être/ne pas être habilité(e) à voter; **seine** ~ **abgeben** voter; **jdm/einer Partei seine** ~ **geben** donner sa voix à qn/un parti; **ungültige** ~ suffrage *m* nul; **sich der** ~ *(Gen)* **enthalten** s'abstenir de voter ❹ *(Meinung)* voix *f*; **es wurden** ~**n gegen dieses Projekt laut** des voix se sont élevées contre ce projet ❺ MUS *(Stimmlage, Partie)* voix *f* ▶ **seine** ~ **erheben** *(lauter sprechen)* élever la voix; *(seine Meinung äußern)* prendre la parole
stimmen ['ʃtɪmən] I. *itr V* ❶ *(zutreffen)* être juste, être exact(e); **es stimmt, dass** il est exact que + *indic*; **stimmt!** *fam* c'est juste!, tout à fait d'accord! *(fam)* ❷ *(in Ordnung sein) Rechnung, Kasse:* être bon(ne); **stimmt so!** — **Danke!** *fam* c'est bon! — Merci! ❸ *(votieren)* **für jdn/gegen etw** ~ voter pour qn/contre qc ▶ **stimmt's, oder habe ich Recht?** *fam* avoue/avouez que j'ai raison! *(fam)*; **mit ihm stimmt etwas nicht** il y a quelque chose qui ne va pas chez lui; **da** [*o* **hier**] **stimmt** [**doch**] **was nicht!** *fam* il y a quelque chose qui ne tourne pas rond [*o* qui cloche]! *(fam)*
II. *tr V* ❶ MUS accorder ❷ *(machen)* **jdn traurig/nachdenklich** ~ rendre qn triste/pensif(-ive)
Stimmenanteil *m* pourcentage *m* des voix [*o* suffrages]   **Stimmenauszählung** *f* dépouillement *m* du scrutin   **Stimmengewinn** *m* gain *m* de voix   **Stimmengewirr** *nt* brouhaha *m*   **Stimmengleichheit** *f kein Pl* égalité *f* des voix, parité *f* des suffrages   **Stimmenmehrheit** *f* majorité *f* des suffrages exprimés
Stimmenthaltung *f* ❶ *kein Pl (das Enthalten)* abstention *f*; ~ **üben** s'abstenir ❷ *(neutrales Votum)* vote *m* blanc
Stimmenverlust *m* perte *f* de voix
Stimmgabel *f* diapason *m*
stimmhaft I. *Adj* sonore II. *Adv* de façon sonore; **das s muss** ~ **ausgesprochen werden** il faut que la prononciation du s soit sonore
stimmig *Adj* [**in sich**] ~ **sein** être cohérent(e)
Stimmlage *f* registre *m*
stimmlich I. *Adj* vocal(e) II. *Adv* vocalement
stimmlos I. *Adj* sourd(e) II. *Adv* de façon sourde; **hier muss man das s** ~ **aussprechen** ici, il faut que la prononciation du s soit sourde
Stimmrecht *nt* droit *m* de vote; **Aktie ohne** ~ action *f* sans droit de vote
Stimmritze *f* ANAT glotte *f*
Stimmung <-, -en> *f* ❶ *(Laune, Verfassung)* humeur *f*; **dazu bin**

Stimmungsbarometer – Stolz

ich heute nicht in der ~ je ne suis pas d'humeur à ça aujourd'hui; **in welcher ~ ist er heute?** de quelle humeur est-il aujourd'hui? ❷ *fam (gute Laune)* bonne humeur *f; (gute Atmosphäre)* ambiance *f;* **jdn in ~ bringen** mettre qn de bonne humeur; **in ~ kommen** *Gäste:* se mettre dans l'ambiance *(fam);* **es herrschte eine tolle ~** il y avait une ambiance folle ❸ *(öffentliche Meinung)* opinion *f* [publique]
▸ **gegen jdn/etw ~ machen** tenter de démonter qn/qc

Stimmungsbarometer *nt fam* **das ~ steigt** le moral remonte; **das ~ steht auf null** l'ambiance est à la morosité *(fam)* **Stimmungskanone** *f fam* boute-en-train *m* **Stimmungsmache** *f pej* bourrage *m* de crâne *(fam)* **Stimmungsumschwung** *m* saute *f* d'humeur; *(Meinungsumschwung)* revirement *m* [de l'opinion] **stimmungsvoll** *Adj Gedicht, Gemälde, Schilderung* évocateur(-trice); *Lied* sentimental(e) **Stimmungswandel** *m* changement *m* d'humeur; *(Meinungsumschwung)* revirement *m* [de l'opinion]

Stimmwechsel *s.* Stimmbruch

Stimmzettel *m* bulletin *m* de vote

Stimulans ['ʃtiːmulans, *Pl:* ʃtimuˈlantsiən] <-, Stimulanzien> *nt* ❶ *(Mittel)* stimulant *m*
❷ *fig geh* excitant *m*

Stimulation [ʃtimulaˈtsioːn] <-, -en> *f geh* stimulation *f*

stimulieren* *tr V a.* MED stimuler; **jdn zu höherem Einsatz ~** inciter qn à s'investir davantage

Stimulus ['ʃtiːmulʊs] <-, Stimuli> *m* stimulus *m*

Stinkbombe *f* boule *f* puante

Stinkefinger *m kein Pl fam* doigt *m* d'honneur *(fam);* **jdm den ~ zeigen** faire un doigt d'honneur à qn *(fam)*

stinken ['ʃtɪŋkən] <stank, gestunken> *itr V* ❶ puer; **nach Schweiß ~** puer la sueur
❷ *sl (verdächtig sein) Sache, Angelegenheit:* être louche *(fam);* **das stinkt nach Verrat!** ça sent l'embrouille! *(pop)*
❸ *sl (zuwider sein)* **ihm/ihr stinkt die Arbeit** il/elle en a plein le cul du boulot *(vulg);* **mir stinkt's!** j'en ai plein le cul! *(vulg)*

stinkend *Adj* infect(e)

stinkfaul *Adj sl* flemmard(e) *(fam)* **stinkfein** *Adj sl* hyper-classe *(pop)* **stinkkonservativ** *Adj pej fam* ultraconservateur(-trice) **stinklangweilig** *Adj sl* barbant(e) *(fam),* chiant(e) *(pop)* **Stinkmorchel** *f* BOT phallus *m* [impudique] **stinknormal** *Adj fam Mensch, Angelegenheit* on ne peut plus normal; **ein ~er Tag** une journée on ne peut plus banale **stinksauer** *Adj sl* furax *(pop);* **auf jdn/etw ~ sein** être furax contre qn/qc *(pop)* **Stinktier** *nt* mouffette *f* **Stinkwut** *f sl* rage *f (pop);* **eine ~ auf jdn haben** être en boule contre qn *(fam)*

Stint [ʃtɪnt] <-[e]s, -e> *m* ZOOL éperlan *m*

Stipendiat(in) [ʃtipɛnˈdjaːt] <-en, -en> *m(f)* boursier(-ière) *m(f)*

Stipendium [ʃtiˈpɛndiʊm] <-s, -dien> *nt* bourse *f* [d'études]

stippen ['ʃtɪpən] *tr V* DIAL **etw in etw** *(Akk)* **~** tremper qc dans qc

Stippvisite ['ʃtɪp-] *f fam* visite *f* éclair *(fam);* **bei jdm eine ~ machen** faire un saut chez qn *(fam)*

stirbt [ʃtɪrpt] *3. Pers Präs von* sterben

Stirn [ʃtɪrn] <-, -en> *f* front *m;* **die ~ runzeln** plisser le front
▸ **jdm/einer S. die ~ bieten** *geh* faire front contre qn/qc *(littér);* **jdm steht etw auf der ~ geschrieben** *geh* qc se lit sur le front de qn; **die ~ haben** [*o* **besitzen**] **etw zu tun** avoir le front de faire qc

Stirnband <-bänder> *nt* bandeau *m* **Stirnbein** *nt* [os *m*] frontal *m* **Stirnfalte** *f* ride *f* au front **Stirnglatze** *f* front *m* dégarni **Stirnhöhle** *f* sinus *m* frontal

Stirnhöhlenentzündung *f* sinusite *f*

Stirnrunzeln <-s> *nt* froncement *m* des sourcils **Stirnseite** *f* ❶ *eines Gebäudes* façade *f* ❷ *eines Tisches* bout *m;* **an der ~ des Tisches sitzen** être assis(e) en bout de table

stob [ʃtoːp] *Imp von* stieben

stöbern ['ʃtøːbɐn] *itr V* **in etw** *(Dat)*/**nach etw ~** fouiller dans qc/à la recherche de qc

stochern ['ʃtɔxɐn] *itr V* **im Feuer ~** tisonner le feu; **im Essen ~** picorer dans son assiette; **mit einem Stock im Abfall ~** sonder les déchets avec un bâton; **sich** *(Dat)* **in den Zähnen ~** se curer les dents

Stock¹ [ʃtɔk, *Pl:* 'ʃtœkə] <-[e]s, Stöcke> *m* ❶ bâton *m*
❷ *(Spazierstock)* canne *f*
❸ *(Blumenstock)* plante *f* en pot
❹ *(Skistock)* bâton *m* de ski
❺ *(Bienenstock)* ruche *f*
▸ **über ~ und Stein** par monts et par vaux; **am ~ gehen** *(eine Gehhilfe benützen)* marcher avec une canne; *fam (erschöpft sein)* être crevé(e) *(fam), (finanzielle Probleme haben)* être à la cave *(fam)*

Stock² <-[e]s, *selten* -> *m* étage *m;* **im achten ~ wohnen** habiter au huitième étage

stockbesoffen *Adj fam* rond(e) comme une queue de pelle

Stöckchen <-s, -> *nt Dim von* Stock bout *m* de bois

stockdumm *Adj fam* bête à manger du foin *(fam)* **stockdunkel** *Adj fam* **eine stockdunkle Nacht** une nuit d'encre; **draußen ist es ~** il fait nuit noire dehors *(fam)*

Stöckelabsatz *m* talon *m* haut

stöckeln ['ʃtœkəln] *itr V + sein fam* **über den Flur ~** traverser le couloir perché(e) sur ses talons hauts

Stöckelschuh *m* chaussure *f* à talons hauts; **~e tragen** porter des talons hauts

stocken ['ʃtɔkən] *itr V* ❶ *(innehalten)* s'interrompre; **beim Lesen ~** interrompre la lecture; **mit ~der Stimme** d'une voix saccadée; **ihm stockte vor Schreck der Atem** il en a eu le souffle coupé
❷ *(stillstehen) Abwicklung, Produktion, Gespräch:* être interrompu(e); *Verkehr, Gespräch, Verhandlung:* être bloqué(e); **ins Stocken geraten** [*o* **kommen**] tourner court

Stockente *f* ZOOL colvert *m*

Stockerl ['ʃtɔkɐl] <-s, -n> *nt* A *(Hocker)* tabouret *m*

stockfinster *s.* stockdunkel **Stockfisch** *m* morue *f* séchée **Stockfleck** *m* tache *f* d'humidité **Stockhieb** *m* coup *m* de bâton

Stockholm ['ʃtɔkhɔlm] <-s> *nt* Stockholm

stockkonservativ *Adj fam* ultraconservateur(-trice) *(fam)*

Stockrose *f* BOT rose *f* trémière, passerose *f*

stocksauer **I.** *Adj fam* furax *(pop);* **~ auf jdn sein** être furax contre qn *(pop)* **II.** *Adv fam* furax *(pop)* **stocksteif** *fam* **I.** *Adj Gang, Haltung* guindé(e) *(hum)* **II.** *Adv* raide comme un piquet *(hum)* **stocktaub** *Adj fam* sourdingue *f*

Stockung <-, -en> *f einer Diskussion, Verhandlung* suspension *f; eines Ablaufs, des Verkehrs* paralysie *f*

Stockwerk *nt* étage *m;* **im obersten ~** au dernier étage

Stoff [ʃtɔf] <-[e]s, -e> *m* ❶ *(Textilmaterial)* étoffe *f,* tissu *m;* **etw mit ~ beziehen** recouvrir qc de tissu; **aus was für einem ~ sind die Gardinen?** en quelle étoffe ces rideaux sont-ils?
❷ *(Substanz)* matière *f,* substance *f*
❸ *kein Pl (thematische Grundlage, Thema)* matière *f;* **~ zum Nachdenken geben** donner matière à réflexion
❹ *kein Pl sl (Rauschgift)* came *f (arg)*
❺ *kein Pl sl (Alkohol)* bistouille *f (arg)*

Stoffbahn *f* lé *m* **Stoffballen** *m* rouleau *m* de tissu

Stoffel ['ʃtɔfəl] <-s, -> *m pej fam* rustaud *m (fam)*

Stofffetzen^RR *m* lambeau *m* d'étoffe

stofflich *Adj* ❶ *(das Material betreffend)* **die ~e Qualität der Hosen** la qualité de l'étoffe du pantalon; **~ gute Waren** marchandises de qualité en ce qui concerne la matière
❷ *(das Thema betreffend)* thématique

Stoffrest *m* chute *f* de tissu; **etw aus ~en nähen** coudre qc avec des chutes de tissu **Stofftier** *nt* [animal *m* en] peluche *f*

Stoffwechsel [-ks-] *m* métabolisme *m*

Stoffwechselkrankheit *f* trouble *m* du métabolisme **Stoffwechselprodukt** *nt* métabolite *m*

stöhnen ['ʃtøːnən] *itr V* ❶ gémir
❷ *(klagen)* **über etw** *(Akk)* **~** se plaindre de qc

Stöhnen <-s> *nt* gémissement *m;* **unter ~** en gémissant

stöhnend **I.** *Adj Mensch* qui gémit; *Stimme* gémissant(e); **~e Laute des gémissements** *mpl*
II. *Adv sagen, rufen* d'une voix gémissante [*o* plaintive]; **sich aufrichten** en gémissant

stoisch ['ʃtoːɪʃ, 'stoːɪʃ] *geh* **I.** *Adj* stoïque; **mit ~er Ruhe** avec stoïcisme *m*
II. *Adv* stoïquement, avec stoïcisme

Stola ['ʃtoːla, 'stoːla] <-, Stolen> *f* étole *f*

Stollen ['ʃtɔlən] <-s, -> *m* ❶ MIN galerie *f*
❷ *(Gebäck)* gâteau brioché consommé principalement pendant la période de Noël, parfois fourré de pâte d'amandes
❸ *(Teil eines Sportschuhs)* crampon *m*

Stolperdraht *m* fil *m* de protection [au ras du sol] **Stolperfalle** *f fig* piège *m;* **diese Maßnahme birgt etliche ~n** cette mesure recèle de nombreux pièges

stolpern ['ʃtɔlpɐn] *itr V + sein* ❶ trébucher; **über etw** *(Akk)* **~** trébucher sur qc
❷ *(unbeholfen gehen)* **über die Straße ~** traverser la rue en titubant
❸ *fig* **über einen Skandal ~** faire front à un scandale
❹ *(unvermutet stoßen auf)* **über jdn/etw ~** tomber sur qn/qc; **über ein Wort ~** buter sur un mot

stolz [ʃtɔlts] *Adj* ❶ fier(fière)
❷ *(hocherfreut)* heureux(-euse); **mit ~er Miene** d'un air satisfait; **auf jdn/etw sein** être fier(fière) de qn/qc
❸ *geh (erhebend) Anlass, Moment, Tag* mémorable
❹ *(imposant) Gebäude, Schiff, Ross* majestueux(-euse)
❺ *fam (beträchtlich) Preis, Betrag* significatif

Stolz <-es> *m* fierté *f;* **der ganze ~ der Familie sein** être toute la fierté de la famille; **der ~ dieses Vaters auf seine Kinder ist**

offensichtlich il est évident que la fierté de ce père, ce sont ses enfants
stolzieren* *itr V + sein* se pavaner
stop [ʃtɔp] *Interj (Verkehrsschild, Telegramm)* stop
Stop-and-go-Verkehr ['stɔpʔənd'gɔʊ-] <-s> *m* [circulation *f*] pare-chocs *m* contre pare-chocs
Stopfei *nt* œuf *m* à repriser
stopfen ['ʃtɔpfən] **I.** *tr V* ❶ *(hineinzwängen)* **etw in die Tasche ~** enfoncer qc dans le sac; **sich** *(Dat)* **das Hemd in die Hose ~** rentrer sa chemise dans son pantalon; **sich** *(Dat)* **etw in den Mund ~** se fourrer qc dans la bouche *(fam)*
❷ *(ausbessern)* raccommoder, repriser *Loch, Socken*
❸ *(abdichten, zustopfen)* boucher *Loch, Ritze*
❹ *(füllen)* bourrer *Kissen, Pfeife, Wurst*
II. *itr V* ❶ *(ausbessern)* faire du raccommodage
❷ *(Verstopfung verursachen)* constiper; *(sättigen)* être nourrissant(e)
❸ *fam (schlingen)* se goinfrer *(fam)*
Stopfen <-s, -> *m* DIAL bouchon *m*
Stopfgarn *nt* fil *m* à repriser **Stopfnadel** *f* aiguille *f* à repriser
Stop-Loss-Order ['stɔp'lɔs-] *f* BÖRSE ordre *m* stop loss
stopp [ʃtɔp] *Interj* stop, halte
Stopp <-s, -s> *m* ❶ *(Halt)* arrêt *m*
❷ *(Unterbrechung)* gel *m*
Stoppel ['ʃtɔpəl] <-, -n> *f meist Pl* ❶ *(Getreidestoppel)* chaume *m*
❷ *(Bartstoppel)* poil *m* dru
Stoppelbart *m* barbe *f* de plusieurs jours **Stoppelfeld** *nt* chaumes *mpl*
stoppelig *Adj* mal rasé(e)
Stoppelzieher <-s, -> *m* A *(Korkenzieher)* tire-bouchon *m*
stoppen ['ʃtɔpən] **I.** *tr V* ❶ *(anhalten)* stopper
❷ *(mit der Stoppuhr messen)* chronométrer *Zeit, Spiel*
II. *itr V* **vor etw** *(Dat)* **~** s'arrêter devant qc
Stopper <-s, -> *m* frein *m*
stopplig *s.* **stoppelig**
Stoppschild <-schilder, -> *nt* [panneau *m*] stop *m* **Stoppstraße** *f* route *f*/rue *f* avec arrêt obligatoire **Stopptaste** *f* bouton *m* stop **Stoppuhr** *f* chronomètre *m*
Stöpsel ['ʃtœpsəl] <-s, -> *m* ❶ *(Pfropfen)* bouchon *m*
❷ *hum fam (Knirps)* moutard *m (fam)*
stöpseln ['ʃtœpsəln] *tr V* **den Stecker in die Dose ~** mettre la fiche dans la prise
Stör [ʃtøːɐ] <-[e]s, -e> *m* esturgeon *m*
störanfällig *Adj* sujet(te) à des pannes
Storch [ʃtɔrç, *Pl:* 'ʃtœrçə] <-[e]s, Störche> *m* cigogne *f*
Storchennest *nt* nid *m* de cigogne
Störchin ['ʃtœrçɪn] *f* cigogne *f* femelle
Storchschnabel *m* ❶ ZOOL bec *m* de cigogne
❷ *(Gerät)* pantographe *m*
Store [stɔːɐ, stoːɐ] <-s, -s> *m* voilage *m*
stören ['ʃtøːrən] **I.** *tr V* ❶ *(belästigen)* déranger; **jdn bei etw ~** déranger qn dans qc; **störe ich dich?** [est-ce que] je te dérange?; **lass dich/lassen Sie sich nicht ~!** ne te dérange/ne vous dérangez pas!; **der Lärm stört mich beim Telefonieren** le bruit me gêne pour téléphoner
❷ *(unterbrechen)* troubler *Rede, Veranstaltung*
❸ *(beeinträchtigen)* perturber *Leitung, Empfang; s. a.* **gestört**
II. *itr V* ❶ *(unterbrechen) Person:* déranger; **bitte nicht ~!** ne pas déranger!
❷ *(lästig sein)* **beim Lesen ~** déranger [*o* gêner] dans la lecture; **Musik stört bei der Arbeit** la musique dérange quand on travaille; **er empfindet diesen Lärm als ~d** il trouve que ce fracas est gênant
III. *r V fam* **sich an etw** *(Dat)* **~** se formaliser de qc
Störenfried [-friːt] <-[e]s, -e> *m* trouble-fête *m (fam)*
Störfaktor *m* élément *m* perturbateur **Störfall** *m* incident *m* **Störgeräusch** *nt* friture *f,* parasites *mpl* **Störmanöver** [-vɐ] *nt* manœuvre *f* de déstabilisation **Störmaßnahme** *f* mesure *f* perturbatrice
stornieren* *tr V* annuler *Reise, Auftrag;* rectifier *Buchung, Betrag*
Stornierung <-, -en> *f* annulation *f*
Storno ['ʃtɔrno, 'stɔrno, *Pl:* 'ʃtɔrni, 'stɔrni] <-s, Storni> *m o nt* einer *Reise, eines Auftrags* annulation *f;* einer *Buchung, eines Betrags* rectification *f*
Stornogebühr *f* frais *mpl* d'annulation
störrisch ['ʃtœrɪʃ] *Adj* ❶ *Mensch, Esel* têtu(e)
❷ *(schwer frisierbar)* indiscipliné(e)
Störsender *m* brouilleur *m*
Störung <-, -en> *f* ❶ *(Unterbrechung)* dérangement *m;* einer *Veranstaltung, eines Vortrags* perturbation *f;* **entschuldigen Sie bitte die ~!** veuillez m'excuser pour le dérangement!; **ich verbitte mir jegliche ~!** je ne tolérerai pas qu'on me dérange!
❷ *(Empfangsstörung, Störgeräusch)* perturbation *f*

❸ *(technischer Defekt)* anomalie *f,* incident *m*
❹ MED dérèglement *m,* dysfonctionnement *m*
❺ METEO **atmosphärische ~en** des perturbations *fpl* [atmosphériques]
Störungsstelle *f* [service *m* des] dérangements *mpl*
Story ['stɔri] <-, -s *o* Stories> *f* ❶ *fam (Geschichte)* histoire *f;* **die ~ kaufe ich dir nicht ab!** tu ne me feras pas avaler une histoire pareille! *(fam)*
❷ *(Bericht)* article *m,* papier *m*
❸ *(Inhalt) eines Buchs, Films* histoire *f*
Stoß [ʃtoːs, *Pl:* 'ʃtøːsə] <-es, Stöße> *m* ❶ *(Schubs)* **jdm einen ~ versetzen** donner un coup à qn
❷ *(Schlag, Stich)* coup *m;* **ein ~ mit dem Ellbogen** un coup de coude
❸ *(Aufprall)* choc *m,* heurt *m*
❹ *(Erschütterung)* secousse *f*
❺ *(Bewegung)* **mit kräftigen Stößen rudern** faire force de rames
❻ *(Stapel)* pile *f,* tas *m;* **ein ~ Bücher** [*o* **von Büchern**] une pile de livres
▶ **sich** *(Dat)* **einen ~ geben** faire un effort sur soi-même
Stoßband <-bänder, -> *nt einer Hose* faux ourlet *m,* talonnette *f*
Stoßdämpfer *m* amortisseur *m*
Stößel ['ʃtøːsəl] <-s, -> *m* ❶ *(für Mörser)* pilon *m*
❷ TECH poussoir *m*
stoßen ['ʃtoːsən] <stößt, stieß, gestoßen> **I.** *tr V + haben* ❶ *(schubsen)* pousser; **jdn mit dem Ellbogen ~** pousser qn du coude; **den Ball ins Tor ~** pousser le ballon au but
❷ *(stechen)* **er hat ihm ein Messer in den Arm gestoßen** il lui a flanqué un coup de couteau dans le bras
❸ *(werfen, stemmen)* lancer *Kugel, Stein, Gewicht*
❹ *(aufmerksam machen)* **jdn auf etw** *(Akk)* **~** mettre le nez de qn sur qc
II. *r V + haben* ❶ *(sich verletzen)* **sich ~** se cogner; **sich** *(Dat)* **das Knie am Balken ~** se cogner le genou à la poutre
❷ *(Anstoß nehmen)* **sich an etw** *(Dat)* **~** s'offusquer de qc
III. *itr V* ❶ + *sein (berühren)* **gegen jdn/etw ~** heurter qn/qc; **mit dem Kopf an die Decke ~** toucher le plafond avec la tête
❷ + *sein (einen Stoß geben)* **mit dem Fuß gegen die Tür ~** donner un coup de pied à la porte; **mit den Hörnern nach jdm ~** *Stier:* donner un coup de corne à qn
❸ + *sein (grenzen)* **an etw** *(Akk)* **~** être contigu(ë) à qc
❹ + *sein (finden)* **auf jdn/etw ~** tomber sur qn/qc
❺ + *sein (sich anschließen)* **zu jdm ~** rejoindre qn
❻ + *sein (direkt führen zu)* **auf den Kirchplatz ~** *Straße, Weg:* déboucher sur la place de l'église
❼ + *sein (konfrontiert werden mit)* **auf Ablehnung** *(Akk)* **~** rencontrer [*o* se heurter à] un refus
stoßfest *Adj* résistant(e) aux chocs; **~ sein** résister aux chocs
Stoßgebet *nt* oraison *f* jaculatoire ▶ **ein ~ zum Himmel schicken** adresser au ciel une oraison jaculatoire **Stoßseufzer** *m* profond soupir *m* **Stoßstange** *f* pare-chocs *m;* **~ an ~** pare-chocs contre pare-chocs
stößt [ʃtøːst] *3. Pers Präs von* **stoßen**
Stoßtrupp *m* troupe *f* de choc **Stoßverkehr** *m* heures *fpl* de pointe **Stoßwaffe** *f* arme *f* d'estoc **stoßweise** *Adv* ❶ *(ruckartig)* par à-coups, par saccades ❷ *(in Stapeln)* en tas, en piles **Stoßzahn** *m* défense *f* **Stoßzeit** *f* ❶ *(Hauptverkehrszeit)* heures *fpl* de pointe ❷ *(Hauptgeschäftszeit)* période *f* d'affluence
Stotterei [ʃtɔtəˈraɪ] <-> *f pej* bafouillage *m (fam)*
Stotterer ['ʃtɔtərɐ] <-s, -> *m,* **Stotterin** *f* bègue *mf,* bégayeur(-euse) *m(f)*
stottern ['ʃtɔtərn] **I.** *itr V* ❶ bégayer; **das Stottern** le bégaiement; **ins Stottern geraten** [*o* **kommen**] se mettre à bégayer
❷ *fig Motor:* tousser
II. *tr V* bredouiller, balbutier *Antwort, Entschuldigung*
Stövchen ['ʃtøːfçən] <-s, -> *nt* réchaud *m*
StPO [este:peːˈʔoː] <-> *f Abk von* **Strafprozessordnung** code *m* de procédure pénale
Str. *Abk von* **Straße** r[ue]
stracks [ʃtraks] *Adv* ❶ *(direkt)* tout droit
❷ *(sofort)* sur le champ; **jetzt aber ~ nach Hause!** maintenant, tu files à la maison!
Strafanstalt *f* établissement *m* pénitentiaire **Strafantrag** *m* réquisitoire *m;* **~ gegen jdn stellen** *Bürger:* porter [*o* déposer] plainte contre qn; *Staatsanwalt:* prononcer un réquisitoire contre qn
Strafanzeige *f* plainte *f;* **~ gegen jdn erstatten** porter [*o* déposer] plainte contre qn **Strafarbeit** *f* devoir *m* supplémentaire, punition *f;* **jdm eine ~ aufgeben** donner un devoir supplémentaire [*o* une punition] à qn **Strafaufschub** *m* JUR sursis *m* à l'exécution d'une peine **Strafaussetzung** *f* JUR dispense *f* de l'exécution de la peine; **~ zur Bewährung** sursis avec mise à l'épreuve **Strafbank** *f* SPORT banc *m* de pénalité; *(beim Hockey)* banc *m* des prisons

strafbar *Adj* punissable, répréhensible; **sich ~ machen** être passible d'une sanction

Strafbefehl *m* ordonnance *f* pénale [*o* de sanction judiciaire]

Strafe ['ʃtraːfə] <-, -n> *f* ❶ *(Bestrafung)* punition *f*, sanction *f*; **zur ~ comme punition** [*o* sanction]; **seine gerechte** [*o* **verdiente**] **~ bekommen** recevoir la punition qu'il/elle mérite
❷ JUR *(Haftstrafe)* peine *f*; *(Geldstrafe)* amende *f*, contravention *f*; **unter ~ stehen** être passible d'une sanction; **etw unter ~ stellen** frapper qc d'une peine; **das Ankleben von Plakaten ist bei ~ verboten** il est interdit de coller des affiches sous peine de sanction; **~ zahlen** payer une amende [*o* une contravention]; **seine ~ abbüßen** [*o* **absitzen**] purger sa peine
❸ *fam (unangenehme Folge)* **das ist die ~ für deinen Leichtsinn!** tu ne l'as pas volé! *(fam)*
▸ **eine ~ sein** *fam* être une plaie [*o* une calamité] *(fam)*

strafen ['ʃtraːfən] *tr V* ❶ *(bestrafen)* punir; **jdn für etw ~** punir qn pour qc
❷ *fig geh* **jdn mit Verachtung ~** répondre à qn par le mépris
▸ **mit jdm/etw gestraft sein** *hum* être affligé(e) de qn/qc *(hum)*

strafend I. *Adj* réprobateur(-trice)
II. *Adv* **~ ansehen** d'un air réprobateur

Straferlass[RR] *m* remise *f* de peine

straff [ʃtraf] I. *Adj* ❶ *(gespannt) Seil* tendu(e)
❷ *(fest) Haut, Brust* ferme
❸ *(streng) Disziplin, Organisation* sévère, strict(e)
❹ *(aufrecht) Gestalt, Haltung* fier(fière)
II. *Adv* ❶ *(fest)* étroitement; *spannen* fortement; **zu ~ sitzen** *Kleidung:* être un peu trop serré(e); **~ zurückgekämmte Haare** des cheveux plaqués en arrière
❷ *(streng)* organisieren, reglementieren strictement, rigoureusement

straffällig ['ʃtraːfɛlɪç] *Adj* JUR délinquant(e); **~e Jugendliche** de[s] jeunes délinquants; **~ werden** tomber dans la délinquance; **er ist ~ geworden** il a commis un délit

straffen ['ʃtrafən] I. *tr V* ❶ *(anziehen)* tendre, serrer
❷ *(kürzen)* condenser *Artikel, Text*
❸ *(straff machen)* raffermir *Haut, Gewebe*
❹ *(durchorganisieren)* repenser *Organisation, Betrieb*
II. *r V* **sich ~** *Haut, Gewebe:* se tendre

straffrei *Adj* **~ ausgehen** rester exempt(e) de toute peine; **~ bleiben** demeurer impuni(e) **Straffreiheit** *f* impunité *f* **Strafgefangene(r)** *f(m) dekl wie Adj* prisonnier(-ière) *m(f)*; détenu(e) *m(f)* **Strafgericht** *nt* ❶ *(Gericht)* tribunal *m* correctionnel ❷ *geh (Bestrafung)* châtiment *m* **Strafgesetz** *nt* loi *f* pénale **Strafgesetzbuch** *nt* ≈ code *m* pénal **Strafkammer** *f* tribunal *m* correctionnel **Strafkolonie** *f* colonie *f* pénitentiaire **Straflager** *nt* camp *m* d'internement

sträflich ['ʃtrɛːflɪç] I. *Adj* inadmissible, impardonnable
II. *Adv* **jdn/etw ~ vernachlässigen** délaisser éhontement qn/qc

Sträfling ['ʃtrɛːflɪŋ] <-s, -e> *m* détenu(e) *m(f)*

Sträflingskleidung *f* tenue *f* de prisonnier

straflos *Adj* **~ sein/bleiben** être/rester impuni(e)

Straflosigkeit <-> *f* impunité *f*

Strafmandat *nt* contravention *f* **Strafmaß** *nt* peine *f*; **das höchste ~** la plus lourde peine **strafmildernd** *Adj* favorable; **~e Umstände** des circonstances *fpl* atténuantes **Strafmilderung** *f* adoucissement *m* de la peine **strafmündig** *Adj* JUR pénalement majeur; **nicht ~ sein** ne pas être pénalement responsable **Strafporto** *nt* surtaxe *f* **Strafpredigt** *f fam* sermon *m (péj)*; **jdm eine ~ halten** passer un savon à qn *(fam)* **Strafprozess**[RR] *m* procès *m* pénal

Strafprozessordnung[RR] *f* ≈ code *m* d'instruction pénale [*o* de procédure pénale]

Strafpunkt *m* SPORT point *f* de pénalité **Strafraum** *m* surface *f* de réparation **Strafrecht** *nt* droit *m* pénal **strafrechtlich** I. *Adj* pénal(e); *Sanktion* de droit pénal II. *Adv* **jdn ~ verfolgen** poursuivre qn pour délit; **jdn wegen etw ~ belangen** poursuivre qn en juridiction pénale pour qc **Strafregister** *nt* casier *m* judiciaire **Strafrichter(in)** *m(f)* juge *m* pénal(e) **Strafsache** *f* affaire *f* pénale **Strafstoß** *m* pénalty *m* **Straftat** *f* délit *m*, acte *m* délictueux **Straftäter(in)** *m(f)* délinquant(e) *m(f)* **Strafverbüßung** *f* exécution *f* d'une peine **Strafverfahren** *nt* procédure *f* pénale **Strafverfolgung** *f* poursuite *f* pénale **strafversetzen**[*] *tr V* muter d'office [par mesure disciplinaire]; **jdn ~** muter qn d'office [par mesure disciplinaire] **Strafversetzung** *f* mutation *f* d'office [par mesure disciplinaire] **Strafverteidiger(in)** *m(f)* avocat(e) *m(f)* du pénal **Strafvollzug** *m* régime *m* pénitentiaire

Strafvollzugsanstalt *f form* maison *f* d'arrêt, établissement *m* pénitentiaire

Strafzettel *m fam* P.-V. *m (fam)*, contredanse *f (fam)*

Strahl [ʃtraːl] <-[e]s, -en> *m* ❶ *(Lichtstrahl, Lichtschein)* rayon *m*
❷ *(Flüssigkeitsstrahl)* jet *m*
❸ *Pl* PHYS **radioaktive ~en** radiations *fpl*

Strahlantrieb *m* TECH propulsion *f* par réaction

Strahlemann <-männer> *m fam personne qui a toujours le sourire*

strahlen ['ʃtraːlən] *itr V* ❶ *(leuchten)* briller; **die Lampe strahlt mir genau ins Gesicht** la lumière de cette lampe m'éclaire en plein visage
❷ *(erfreut sein)* **vor Freude** *(Dat)* **~** rayonner de joie; **er strahlte übers ganze Gesicht** son visage était rayonnant
❸ *(glänzen)* **vor Sauberkeit ~** être étincelant(e) de propreté
❹ *(radioaktiv sein)* irradier, émettre des radiations

Strahlenbehandlung *f* radiothérapie *f* **Strahlenbelastung** *f* exposition *f* aux radiations, irradiation *f* **Strahlenbiologie** *f* radiobiologie *f* **Strahlenbrechung** *f* PHYS réfraction *f* **Strahlenbündel** *nt* ❶ OPT faisceau *m* lumineux ❷ MATH faisceau *m* de droites **Strahlenchemie** *f* radiochimie *f*

strahlend I. *Adj* ❶ *Tag, Wetter* radieux(-euse), resplendissant(e); *Gesicht, Lächeln* radieux(-euse), rayonnant(e); *Sieg, Sonnenschein* éclatant(e)
❷ *(radioaktiv)* radioactif(-ive)
II. *Adv* ❶ *(leuchtend)* **~ weiß sein** être d'un blanc éclatant
❷ *(freudig)* **jdn ~ ansehen** regarder qn d'un air radieux

Strahlendosis *f* dose *f* radioactive **strahlenförmig** I. *Adj* rayonné(e), rayonnant(e) II. *Adv* **~ ausbreiten** rayonner **strahlengeschädigt** *Adj* irradié(e) **Strahlenkrankheit** *f* mal *m* des rayons **Strahlenquelle** *f* PHYS source *f* de rayons **Strahlenschutz** *m* protection *f* contre les radiations **strahlensicher** *Adj* antiradiation *inv* **Strahlentherapie** *s.* Strahlenbehandlung **Strahlentierchen** [-tiːɛçən] *nt* BIO radiolaire *m* **Strahlentod** *m* kein *Pl* mort *f* par radiations ionisantes **strahlenverseucht** *Adj* contaminé(e) par les radiations

Strahler ['ʃtraːlɐ] <-s, -> *m (Lampe)* spot *m*

Strahlung <-, -en> *f* rayonnement *m; (radioaktiv)* radiations *fpl* **strahlungsarm** *Adj* antiradiation **Strahlungsenergie** *f kein Pl* PHYS énergie *f* radiante **Strahlungsgürtel** *m* PHYS ceinture *f* de radiations, ceintures *fpl* de Van Allen **Strahlungsintensität** *f kein Pl* PHYS intensité *f* de rayonnement *pas de pl* **Strahlungswärme** *f* chaleur *f* radiante [*o* rayonnante]

Strähnchen ['ʃtrɛːnçən] *Pl* mèches *fpl;* **sich beim Frisör ~ machen lassen** se faire faire des mèches chez le coiffeur

Strähne ['ʃtrɛːnə] <-, -n> *f* mèche *f*

strähnig *Adj Haare* en mèches poisseuses; **~ sein** être poisseux(-euse)

straight [streːt] *Adj sl* rangé(e)

stramm [ʃtram] I. *Adj* ❶ *(straff)* tendu(e); **~ ziehen** tendre *Seil;* serrer *Gürtel*
❷ *(kräftig) Bursche, Baby* solide, robuste
❸ *(drall) Beine, Waden* potelé(e), dodu(e)
❹ *fam (anstrengend) Marsch, Arbeit* dur(e), sévère
❺ *(aufrecht) Haltung* raide, rigide; **~e Haltung annehmen** se mettre au garde-à-vous
❻ *pej fam (überzeugt) Kommunist, Katholik* pur(e) et dur(e)
II. *Adv* ❶ *(fest, eng) binden* solidement, étroitement; **~ sitzen** *Hose:* être trop serré(e); *Fesseln:* être étroitement serré(e)
❷ *fam (unermüdlich)* arbeiten d'arrache-pied; **marschieren d'un bon train**

stramm|stehen *itr V unreg* se tenir au garde-à-vous

stramm|ziehen *s.* stramm I.❶

Strampelanzug *m,* **Strampelhöschen** [-høːsçən] *nt* barboteuse *f*

strampeln ['ʃtrampəln] *itr V* ❶ + *haben* gigoter; **mit den Beinen ~** gigoter les jambes
❷ + *sein fam (Rad fahren)* pédaler

Strampler *m s.* Strampelanzug

Strand [ʃtrant, *Pl:* 'ʃtrɛndə] <-[e]s, Strände> *m* plage *f;* **am ~ sur la plage**

Strandbad *nt* plage *f*

stranden ['ʃtrandən] *itr V* + *sein* ❶ *(auf Grund laufen)* [s']échouer
❷ *geh (scheitern)* échouer

Strandgut *nt* kein *Pl* épaves *fpl* **Strandhafer** *m* BOT oyat *m* **Strandhotel** *nt (am Meer/am See)* hôtel *m* en bordure de mer/de lac **Strandkorb** *m* abri *m* de plage, fauteuil-cabine *m* en osier

Land und Leute

Les **Strandkörbe** sont typiques des plages de la mer du Nord et de la mer Baltique. Ce sont de grands fauteuils solides en osier pour deux personnes. Ils protègent les vacanciers du vent du nord, frais et parfois violent, de la pluie, mais aussi des rayons du soleil.

Strandläufer *m* ORN bécasseau *m* **Strandpromenade** *f* promenade *f*

Strang [ʃtraŋ, *Pl:* 'ʃtrɛŋə] <-[e]s, Stränge> *m* ❶ *(Strick)* corde *f*
❷ *(ineinandergeschlungene Fäden)* écheveau *m;* **ein ~ Wolle** un écheveau de laine

❸ *(Nervenstrang, Muskelstrang)* cordon *m*
▶ **am gleichen** [*o* **selben**] ~ **ziehen** tirer [*o* pousser] dans le même sens *(fam)*; **über die Stränge schlagen** *fam* ne plus se sentir [pisser] *(fam)*; **wenn alle Stränge reißen** en dernier recours
Strangulation [ʃtraŋgulaˈtsioːn] <-, -en> *f* strangulation *f*
strangulieren* I. *tr V* étrangler
II. *r V* **sich** ~ s'étrangler
Strapaze [ʃtraˈpaːtsə] <-, -n> *f* fatigue *f*
strapazfähig *Adj* A s. **strapazierfähig**
strapazieren* I. *tr V* ❶ *(stark beanspruchen)* user *Kleidungsstück*; fatiguer *Schuhe*; malmener *Sitzmöbel, Material*
❷ *fig fam* rabâcher *(fam) Begriff, Vergleich*
❸ *(belasten)* **jdn** ~ pousser qn à bout; **jds Nerven/Geduld** ~ mettre les nerfs de qn à bout/mettre la patience de qn à rude épreuve
II. *r V* **sich** ~ s'éreinter, s'épuiser
strapazierfähig *Adj* résistant(e), solide
strapaziös [ʃtrapaˈtsjøːs] *Adj* fatigant(e), épuisant(e)
Straps [ʃtraps] <-es, -e> *m (Strumpfhalter)* jarretelle *f*
Straßburg [ˈʃtraːsbʊrk] <-s> *nt* Strasbourg
Straße [ˈʃtraːsə] <-, -n> *f* ❶ *(in Ortschaften)* rue *f*; *(Landstraße)* route *f*; **auf der** ~ dans la rue/sur la route; **über die** ~ **gehen** traverser la rue/la route; **in welcher** ~ **wohnst du?** [dans] quelle rue habites-tu?
❷ *(Meerenge)* **die** ~ **von Dover** le Pas de Calais; **die** ~ **von Gibraltar/Messina** le détroit de Gibraltar/Messine
▶ **auf offener** ~ en pleine rue; **auf die** ~ **gehen** *(demonstrieren)* descendre dans la rue; **jdn auf die** ~ **setzen** *fam* mettre [*o* jeter] qn à la rue; **auf der** ~ **sitzen** [*o* **stehen**] *fam* se retrouver à la rue *(fam)*
Straßenanzug *m* costume *m* de ville **Straßenarbeiten** *Pl* travaux *mpl* [de voirie] **Straßenarbeiter(in)** *m(f)* cantonnier(-ière) *m(f)* **Straßenbahn** *f* tram[way] *m*; **mit der** ~ **fahren** prendre le tram[way]
Straßenbahndepot *nt* dépôt *m* de tramways **Straßenbahnfahrer(in)** *m(f)* ❶ *(Beruf)* conducteur(-trice) *m(f)* de tram[way]
❷ *(Fahrgast)* usager(-ère) *m(f)* du tram[way] **Straßenbahnhaltestelle** *f* arrêt *m* de tram[way] **Straßenbahnlinie** [-liːniə] *f* ligne *f* de tram[way] **Straßenbahnschaffner(in)** *m(f)* contrôleur(-euse) *m(f)* de tram[way]; HIST receveur(-euse) *m(f)* de tramway **Straßenbahnschiene** *f* rail *m* de tram[way] **Straßenbahnwagen** *m* voiture *f* de tramway
Straßenbau *m kein Pl* construction *f* de routes **Straßenbauamt** *nt* ≈ service *m* de la voirie **Straßenbauarbeiten** *Pl* chantier *m* de travaux publics **Straßenbelag** *m* revêtement *m* de la chaussée **Straßenbeleuchtung** *f* éclairage *m* public
Straßenbenutzungsabgabe *f* FISC péage *m* **Straßenbenutzungsgebühr** *f* taxe *f* routière
Straßendecke *s.* **Straßenbelag Straßenecke** *f* coin *m* de rue
Straßenfeger(in) <-s, -> *m(f)* ❶ balayeur(-euse) *m(f)* ❷ *fig fam (Film)* film *m* qui attire les foules *(fam)*; *(Sendung)* émission *f* qui fait de l'audimat **Straßenfest** *nt* fête *f* des rues **Straßenführung** *f kein Pl* tracé *m* d'une route **Straßengebühr** *s.* **Straßenbenutzungsgebühr Straßenglätte** *f (Eisglätte)* verglas *m*; **nachts Gefahr von** ~ *(wegen Eis/Schnee)* la nuit, risque de verglas/de chaussée glissante **Straßengraben** *m (fam)* *m*; **im** ~ **landen** aller au fossé **Straßenhändler(in)** *m(f)* marchand *m* ambulant/marchande *f* ambulante **Straßenjunge** *m* gamin *m* des rues **Straßenkampf** *m meist Pl* combat *m* de rue **Straßenkarte** *f* carte *f* routière **Straßenkehrer(in)** <-s, -> *m(f)* DIAL balayeur(-euse) *m(f)* **Straßenkind** *nt* enfant *m* des rues **Straßenkreuzer** <-s, -> *m fam* grosse bagnole *f* [américaine] *(fam)* **Straßenkreuzung** *f (in einer Ortschaft)* carrefour *m*; *(außerhalb einer Ortschaft)* croisement *m* **Straßenlage** *f* tenue *f* de route **Straßenlärm** *m* bruit *m* de la circulation **Straßenlaterne** *f* réverbère *m* **Straßenmusikant(in)** *m(f)* musicien *m* ambulant/musicienne *f* ambulante **Straßenname** *m* nom *m* de rue **Straßennetz** *nt* réseau *m* routier **Straßenrand** *m* bas-côté *m*; **am** ~ sur le bas-côté **Straßenraub** *m* vol *m* sur la voie publique **Straßenreinigung** *f* ❶ *(das Reinigen)* nettoyage *m* des rues
❷ *(Dienststelle)* service *m* de voirie **Straßenrennen** *nt* SPORT course *f* sur route **Straßensammlung** *f* collecte *f* [sur la voie publique] **Straßensänger(in)** *m(f)* chanteur(-euse) *m(f)* de rue **Straßenschild** <-schilder> *nt* plaque *f* de rue **Straßenschlacht** *f* combat *m* de rue **Straßenschlucht** *f* rue *f* encaissée **Straßenschmutz** *m* saleté *f* de la rue **Straßenseite** *f* ❶ *(Seite einer Straße)* côté *m* d'une rue/route; **auf der anderen** ~ de l'autre côté de la rue/route ❷ *(eines Gebäudes)* côté *m* rue **Straßensperre** *f* barrage *m* routier **Straßensperrung** *f* interruption *f* de la circulation **Straßenstrich** *m fam* coin *m* des prostituées *(fam)* **Straßenüberführung** *f* passerelle *f* **Straßenunterführung** *f* passage *m* souterrain **Straßenverhältnisse** *Pl* état *m* des routes **Straßenverkauf** *m* vente *f* à emporter **Straßenverkehr** *m* circulation *f* routière

Straßenverkehrsamt *nt* direction *f* [générale] des routes et de la circulation routière, ≈ préfecture *f* **Straßenverkehrsordnung** *f* code *m* de la route
Straßenwischer(in) <-s, -> *m(f)* CH *s.* **Straßenfeger Straßenzoll** *m* péage *m* **Straßenzug** *m* rue *f* bordée de maisons **Straßenzustand** *m* état *m* des routes **Straßenzustandsbericht** *m (im Radio, Fernsehen)* bulletin *m* de l'état des routes
Stratege [ʃtraˈteːgə, st-] <-n, -n> *m*, **Strategin** *f* stratège *m*; **ein kluger** ~ / **eine kluge** ~ in un fin stratège
Strategie [ʃtrateˈgiː, st-] <-, -en> *f* stratégie *f*
strategisch [ʃtraˈ-, st-] I. *Adj* stratégique
II. *Adv* ❶ MIL sur le plan stratégique
❷ *(planvoll)* handeln, vorgehen savamment; denken de manière méthodique; **ein** ~ **denkender Mensch** un esprit méthodique
Stratosphäre [ʃtratoˈsfɛːrə, strato-] *f kein Pl* METEO stratosphère *f*
sträuben [ˈʃtrɔʏbən] I. *r V* ❶ *(sich widersetzen)* regimber; **sich gegen etw** ~ s'opposer à qc; **sich** ~ **etw zu tun** se refuser à faire qc
❷ *(sich aufrichten) Fell, Gefieder*: se hérisser; **mir** ~ **sich die Haare** mes cheveux se hérissent
II. *tr V* **das Fell/Gefieder** ~ hérisser ses poils/plumes
Strauch [ʃtraʊx, *Pl:* ˈʃtrɔʏçə] <-[e]s, **Sträucher**> *m* arbuste *m*
straucheln [ˈʃtraʊxəln] *itr V* + *sein* ❶ *(stolpern)* trébucher
❷ *(straffällig werden)* tourner mal
❸ *(scheitern)* [**als Sänger**] ~ échouer [comme chanteur]
Strauß[1] [ʃtraʊs, *Pl:* ˈʃtrɔʏsə] <-es, **Sträuße**> *m (Gebinde)* bouquet *m*
Strauß[2] [ʃtraʊs] <-es, -e> *m* ORN autruche *f*
Straußenei *nt* œuf *m* d'autruche **Straußenfeder** *f* plume *f* d'autruche
Strauß[en]wirtschaft *f* SDEUTSCH, A *taverne temporaire installée par le vigneron après les vendanges*
strawanzen *itr V* + *sein* A, SDEUTSCH *fam (streunen)* vagabonder
Streamer [ˈstriːmɐ] <-s, -> *m* INFORM streamer *m*
Strebe [ˈʃtreːbə] <-, -n> *f* contre[-]fiche *f*
Strebebogen *m* ARCHIT arc-boutant *m*
streben [ˈʃtreːbən] *itr V* ❶ + *haben* **nach Zufriedenheit/Ruhm** ~ aspirer à la satisfaction/gloire; **nach Anerkennung** ~ aspirer [*o* chercher] à être reconnu(e); **danach** ~ **etw zu tun** ambitionner de faire qc
❷ + *sein (sich bewegen)* **zum Ausgang** ~ se diriger vers la sortie
Streben <-s> *nt geh* aspiration *f (soutenu)*; ~ **nach etw** aspiration *f* à qc
Strebepfeiler *m* contrefort *m*
Streber(in) <-s, -> *m(f) pej fam (Schüler)* fayot(e) *m(f) (fam)*; *(Berufstätiger)* arriviste *mf*
streberhaft *Adj pej Schüler* fayot(e) *(fam)*; *Berufstätiger* arriviste *(fam)*
strebsam *Adj Schüler* assidu(e); *Mitarbeiter* zélé(e)
Strebsamkeit <-> *f eines Schülers* assiduité *f*; *eines Mitarbeiters* zèle *m*
Strecke [ˈʃtrɛkə] <-, -n> *f* ❶ *(Wegstrecke)* route *f*; **die** ~ **gut kennen** connaître bien le chemin; **auf halber** ~ à mi-chemin
❷ *(Entfernung)* distance *f*; **es ist noch eine ziemliche** ~ **zu gehen** il y a encore un bon bout de chemin à faire; **über weite** ~**n** [**hin**] sur de grandes étendues
❸ *(Eisenbahnstrecke)* ligne *f* [de chemin de fer]; **auf offener** ~ **halten** s'arrêter en rase campagne
❹ *(zurückgelegter Weg)* trajet *m*
❺ *(vorgegebener Weg)* itinéraire *m*
❻ *fig (Passage)* **der Film ist über weite** ~**n ziemlich langweilig** de nombreux passages du film sont assez ennuyeux
▶ **auf der** ~ **bleiben** *fam Person*: rester sur le carreau *(fam)*; *Projekt, Reform*: passer à la trappe *(fam)*; **jdn zur** ~ **bringen** liquider qn; **ein Tier zur** ~ **bringen** tuer un animal
strecken [ˈʃtrɛkən] I. *tr V* ❶ tendre, allonger *Arm, Bein*; **die Arme nach oben/vorne** ~ tendre [*o* allonger] les bras en haut/en avant; **den Oberkörper** ~ se redresser; **den Finger** ~ lever le doigt; **den Kopf aus dem Fenster/in die Höhe** ~ passer la tête par la fenêtre/tendre le cou; **lang gestreckt** *Gebäude* allongé(e); **eine lang gestreckte Ortschaft** une agglomération [toute] en longueur
❷ *fam (ergiebiger machen)* allonger *Suppe, Soße*; couper *Heroin*; faire durer *Vorräte*; **die Suppe mit Wasser** ~ allonger la soupe avec de l'eau
II. *r V* **sich** ~ s'étirer
Streckenabschnitt *m* tronçon *m* **Streckenarbeiter** *m* ouvrier *m* de la voie publique **Streckennetz** *nt* réseau *m* ferré **Streckenstilllegung**[RR] *f* fermeture *f* de ligne **Streckenwärter(in)** *m(f)* garde-voie *m* **streckenweise** *Adv* par endroits; **die Autobahn ist** ~ **nur einspurig befahrbar** certaines portions de l'autoroute n'ont qu'une voie
Streckmuskel *m* [muscle *m*] extenseur *m*
Streckung <-, -en> *f* allongement *m*; *der Glieder* étirement *m*

Streckverband *m* MED bandage *m (exerçant une extension continue)*
Streetworker(in) ['stri:twə:kə] <-s, -> *m(f)* éducateur(-trice) *m(f)* de rue
Streich [ʃtraɪç] <-[e]s, -e> *m* ❶ plaisanterie *f*; **ein böser ~** une plaisanterie de mauvais goût; **jdm einen ~ spielen** *Person:* jouer un tour à qn; *Gedächtnis, Fantasie:* jouer des tours à qn
❷ *geh (Schlag)* coup *m*; **jdm mit etw einen ~ versetzen** assener un coup de qc à qn
▶ **auf einen ~** d'un seul coup
Streicheleinheiten *Pl hum fam (Zärtlichkeit)* câlins *mpl*; *(Lob, Anerkennung)* compliments *mpl*; **zu wenig ~ bekommen** être en mal d'affection
streicheln ['ʃtraɪçəln] *tr V* caresser; **jdm die Hand ~** caresser la main à qn; **das Streicheln** les caresses *fpl*
streichen ['ʃtraɪçən] <strich, gestrichen> I. *tr V + haben* ❶ *(anstreichen)* peindre; **das Wohnzimmer neu ~** repeindre le salon
❷ *(schmieren)* **Butter aufs Brötchen ~** tartiner du beurre sur le petit pain; **sich** *(Dat)* **ein Marmeladebrot ~** se faire une tartine de confiture
❸ *(glätten)* **glatt ~** lisser *Haar*; défroisser *Zettel, Banknote;* **sich** *(Dat)* **die Haare/Kleidung glatt ~** lisser ses cheveux/défroisser ses vêtements
❹ *(ausstreichen)* rayer *Person, Namen, Satz, Zeile;* barrer *Wort;* **jdn aus der Liste/dem Register ~** rayer [*o* radier] qn de la liste/du registre
❺ *(zurückziehen)* supprimer *Unterstützung, Zuschuss;* annuler *Auftrag, Projekt;* **jdm die Gelder ~** supprimer l'allocation à qn
II. *itr V* ❶ *+ haben (gleiten)* **mit der Hand über etw** *(Akk)* **~** passer la main sur qc; **jdm über die Haare ~** passer la main dans les cheveux de qn
❷ *+ sein (streifen)* **ums Haus/durch die Gegend ~** rôder autour de la maison/dans le coin
Streicher(in) <-s, -> *m(f)* MUS joueur(-euse) *m(f)* d'un instrument à cordes; **die ~** les cordes *fpl*
streichfähig *Adj Käse* tendre; *Butter.* mou, facile à étaler **Streichholz** *nt* allumette *f* **Streichholzschachtel** *f* boîte *f* d'allumettes **Streichinstrument** *nt* instrument *m* à cordes; **die ~e** les cordes *fpl* **Streichkäse** *m* fromage *m* à tartiner **Streichmusik** *f* musique *f* pour instruments à cordes **Streichorchester** *nt* orchestre *m* à cordes **Streichquartett** *nt* quatuor *m* à cordes **Streichquintett** *nt* quintette *m* à cordes
Streichung <-, -en> *f* ❶ *kein Pl (das Ausstreichen)* suppression *f*; JUR radiation *f*
❷ *kein Pl (das Zurückziehen) einer Unterstützung, eines Zuschusses* suppression *f*; *eines Projekts, Auftrags* annulation *f*
❸ *(gestrichener Text)* passage *m* supprimé
Streichwurst *f* pâté *m* [à tartiner]
Streifband *nt (für Bankscheine)* bracelet *m* [à billets]; *(für Zeitungen)* bande *f* **Streifbandzeitung** *f* journal *m* sous bande
Streife ['ʃtraɪfə] <-, -n> *f* patrouille *f*; **auf ~ gehen/sein** partir/être en patrouille
streifen ['ʃtraɪfən] I. *tr V + haben* ❶ *(flüchtig berühren)* frôler; **jdn mit dem Blick ~** effleurer qn du regard; **der Schuss hat ihn an der Schulter gestreift** le projectile lui a éraflé l'épaule
❷ *(flüchtig erwähnen)* effleurer
❸ *(überziehen)* **sich/jdm den Ring auf den Finger ~** se mettre l'anneau au doigt/passer l'anneau au doigt de qn; **sich** *(Dat)* **den Pullover über den Kopf ~** enfiler le pull
❹ *(entfernen)* **sich/jdm den Ring vom Finger ~** s'enlever l'anneau du doigt/enlever l'anneau du doigt de qn; **die Asche von der Zigarette ~** faire tomber la cendre de la cigarette
II. *itr V geh + sein* **durch die Stadt/den Wald ~** errer à travers la ville/dans la forêt *(soutenu)*
Streifen <-s, -> *m* ❶ *(schmale Linie)* rayure *f*; *(breite Linie)* bande *f*; *(am Himmel, Horizont)* traînée *f*; **ein ~ Land** une bande de terrain
❷ *(Striemen)* marque *f*
❸ *(Stoffstreifen, Lederstreifen)* bande *f*; **etw in ~ schneiden** découper qc en bandes
❹ *fam (Film)* film *m*
Streifendienst *m (Dienst, Personen)* patrouille *f*; **~ haben** être de patrouille **Streifenmuster** *nt* rayures *fpl*; **mit ~** rayé(e) **Streifenpolizist(in)** *m(f)* agent *m* de police en patrouille **Streifenwagen** *m* voiture *f* de police
streifig ['ʃtraɪfɪç] *Adj Stoff* à rayures; *Fensterscheibe* plein(e) de traînées
Streiflicht *nt* ❶ *der Scheinwerfer* faisceau *m* ❷ *(Erläuterung)* éclaircissement *m;* **~ er auf etw werfen** apporter des éclaircissements sur qc **Streifschuss**[RR] *m* éraflure *f* **Streifzug** *m* ❶ *(Bummel)* balade *f*; **einen ~ durch die Stadt machen** faire une balade à travers la ville ❷ *(Exkurs)* tour *m* d'horizon; **ein historischer ~** un aperçu historique

Streik <-[e]s, -s *o selten* -e> [ʃtraɪk] *m* grève *f*; **mit ~ drohen** menacer de se mettre en grève; **einen ~ beschließen** décider de faire grève; **in den ~ treten** se mettre en grève
Streikbrecher(in) *m(f)* briseur(-euse) *m(f)* de grève
streiken ['ʃtraɪkən] *itr V* ❶ faire grève; **für etw ~** faire grève pour qc; **in der Textilindustrie wird immer noch gestreikt** l'industrie textile est toujours en grève; **die ~den Arbeiter** les ouvriers en grève
❷ *hum fam (sich weigern, nicht funktionieren)* faire grève *(hum fam)*
Streikende(r) *f(m) dekl wie Adj* gréviste *mf*
Streikgeld *nt* indemnité *f* de grève *(versée aux grévistes par leur syndicat)* **Streikposten** *pl* piquet *m* de grève; **~ aufstellen** constituer des piquets de grève **Streikrecht** *nt* droit *m* de grève **Streikwelle** *f* vague *f* de grèves
Streit [ʃtraɪt] <-[e]s, -e> *m* ❶ *(privater Konflikt)* dispute *f*; *(öffentlicher Konflikt)* altercation *f*; *(Konflikt mit Handgreiflichkeiten)* rixe *f*; **mit jdm wegen etw ~ bekommen/haben** avoir une dispute en bisbille avec qn à cause de qc; **mit jdm im ~ liegen** être en conflit avec qn; **~ suchen** vouloir [*o* chercher] se disputer; **einen ~ schlichten** régler un différend; **keinen ~ mit jdm wollen** ne pas vouloir se disputer avec qn; **im ~ auseinandergehen** se quitter sur une dispute
❷ *(Kontroverse)* polémique *f*; *(Meinungsverschiedenheit)* différend *m*
Streitaxt *f* HIST hache *f* de guerre
streitbar *Adj Mensch, Charakter* combatif(-ive); *Volksstamm* guerrier(-ière)
streiten ['ʃtraɪtən] <stritt, gestritten> I. *itr V* ❶ disputer; **mit jdm ~** se disputer avec qn; **streitet nicht miteinander!** ne vous disputez pas!
❷ *(diskutieren)* **mit jdm über etw** *(Akk)* **~** débattre de qc avec qn; **darüber lässt sich ~** ça se discute
II. *r V* ❶ *(zanken)* **sich ~** se disputer; **sich mit jdm wegen einer Nichtigkeit ~** se disputer [*o* se quereller] avec qn à cause d'une futilité; **sich um das Erbe/die Kinder ~** se disputer l'héritage/la garde des enfants; **sie ~ sich um dieselbe Frau** ils se disputent la même femme
❷ *(diskutieren)* **sich [darüber] ~, wer/wie ...** débattre pour savoir qui/comment ...
Streiter(in) ['ʃtraɪtɐ] <-s, -> *m(f) geh* combattant(e) *m(f)*
Streiterei <-, -en> *f fam* chamaillerie *f (fam)*; **lasst die ~!** arrêtez de vous chamailler!
Streitfall *m* cas *m* litigieux; **im ~** en cas de litige **Streitfrage** *f* question *f* litigieuse **Streitgespräch** *nt* débat *m*; *(zwischen zwei Persönlichkeiten)* face-à-face *m* **Streithammel** *m fam* mauvais coucheur *m*/mauvaise coucheuse *f (fam)*
streitig *Adj* ❶ **jdm den Vorrang ~ machen** disputer la vedette à qn; **jdm das Anrecht auf etw ~ machen** contester le droit de qn à qc
❷ *(strittig)* litigieux(-euse); **nicht ~** incontesté(e); **der ~e Gegenstand** l'objet du litige
Streitigkeiten *Pl* querelles *fpl*; **es kam zu ~** une querelle éclata **Streitkräfte** *Pl* forces *fpl* armées, **streitlustig** *s.* **streitbar Streitmacht** *f veraltet* troupes *fpl* **Streitsache** *f* affaire *f* litigieuse **Streitschrift** *f* pamphlet *m* **streitsüchtig** *Adj* querelleur(-euse) **Streitwagen** *m* char *m* **Streitwert** *m* montant *m* du litige
streng [ʃtrɛŋ] I. *Adj* ❶ *(unnachsichtig, drastisch)* sévère; **~ zu jdm sein** être sévère avec qn
❷ *(strikt) Ordnung, Einhaltung, Anweisung* rigoureux(-euse); *Diät, Fasten* draconien(ne); **~e Bettruhe** repos *m* absolu; **unter ~er Bewachung** sous haute surveillance
❸ *(durchdringend) Geruch* pénétrant(e); *Geschmack, Aroma* âpre
❹ *nicht gemäßigt; Winter* rigoureux(-euse); *Kälte* vif(vive); *Frost* fort(e); **bei ~em Frost** en cas de forte gelée
❺ *(konsequent) Vegetarier, Katholik* convaincu(e)
II. *Adv* ❶ *(hart)* **bestrafen, kontrollieren** sévèrement; *durchgreifen* énergiquement; **~ erzogen werden** recevoir une éducation très sévère
❷ *(strikt)* strictement
❸ *(genau, ernst)* **etw ~ nehmen** ne pas transiger sur [*o* avec] qc; **~ genommen** à proprement parler
❹ *(durchdringend)* **~ riechen/schmecken** avoir une odeur pénétrante/un goût prononcé
Strenge ['ʃtrɛŋə] <-> *f* ❶ *(Unnachsichtigkeit) einer Person* sévérité *f*; **mit besonderer ~ auf etw** *(Akk)* **achten** veiller rigoureusement à qc
❷ *(Härte) einer Bestrafung, Erziehung* sévérité *f*
❸ *(Herbheit) eines Gesichts, Stils* austérité *f*
❹ *(Kälte)* rigueur *f*
❺ *(durchdringender Charakter) des Geschmacks* âpreté *f*
strenggenommen *s.* **streng** II.❸
strenggläubig *Adj* très croyant(e)

strengInehmenᴬᴸᵀ s. streng II.❸
Streptokokkus [ʃtrɛptoˈkɔkʊs, strɛpto-] <-, -kokken> m streptocoque m
Stressᴿᴿ [ʃtrɛs, strɛs] <-es, -e>, **Streß**ᴬᴸᵀ <-sses, -sse> m meist Sing stress m; **im ~ sein, unter ~ stehen** être stressé(e)
stressen [ˈʃtrɛsən] tr V fam stresser; **gestresst sein** être stressé(e) (fam)
stressfreiᴿᴿ [ˈʃtrɛs-, ˈst-] Adj sans stress
stressig Adj fam stressant(e) (fam)
Stresssituationᴿᴿ f stress m, situation f stressante
Stretchhose [ˈstrɛtʃ-] f pantalon m stretch
Stretching [ˈstrɛtʃɪŋ] <-s> nt stretching m
Streu [ʃtrɔɪ] <-> f litière f
Streubüchse f, **Streudose** f saupoudreuse f; (für Salz) salière f; (für Zucker) poudreuse f; (für Pfeffer) poivrière f
streuen [ˈʃtrɔɪən] I. tr V ❶ (hinstreuen) répandre Samen, Heu; épandre Dünger; saupoudrer Mehl, Zucker; **Sand auf etw** (Akk) ~ sabler qc; **den Hühnern Körner auf den Boden ~** jeter des graines aux poules
❷ (gegen Glätte schützen) **die Straße ~** (mit Sand/Salz) sabler/saler la rue
❸ (verbreiten) répandre Gerüchte, Informationen; **das Gerücht ~, dass** faire courir le bruit que + indic
II. itr V ❶ (mit Sand/Salz Glätte verhindern) sabler/saler
❷ (Geschosse aufsplittern) Schusswaffe: disperser ses projectiles
Streuer <-s, -> m (Salzstreuer) salière f; (Pfefferstreuer) poivrière f; (Zuckerstreuer) saupoudreuse f
Streufahrzeug nt véhicule m de sablage/de salage **Streugut** nt kein Pl (Streusand) sable m; (Streusalz) sel m
streunen [ˈʃtrɔɪnən] itr V ❶ + sein o selten haben (umherstreifen) Person: vagabonder; Hund, Katze: rôder; **~ de Hunde/Katzen** des chiens/des chats errants
❷ + sein (durchstreifen) **durch die Wälder/die Stadt ~** Person: vagabonder à travers bois/la ville; Hund, Katze: rôder dans les bois/la ville
Streusalz nt sel m [de déneigement] **Streusand** m kein Pl sable m
Streusel [ˈʃtrɔɪzəl] <-s, -> m o nt petit morceau m de pâte (avec du beurre et du sucre)
Streuselkuchen m gâteau m au levain (recouvert de petits morceaux de pâte sucrée)
Streuung <-, -en> f ❶ (Verbreitung) der Medien, Werbung diffusion f
❷ (Verteilung) von Anlagen, eines Risikos dispersion f
❸ (Abweichung) einer Schusswaffe dérivation f
Streuwagen m saleuse f
strich [ʃtrɪç] Imp von **streichen**
Strich <-[e]s, -e> m ❶ (Linie) trait m; (schräg, senkrecht) barre f
❷ (Teilstrich einer Skala) division f; **durch ~ e in Felder unterteilt sein** être subdivisé(e) en graduations
❸ fam (Straßenstrich) quartier m chaud (fam); **auf den ~ gehen** faire le trottoir (fam); **die Mädchen vom ~** les filles qui font le trottoir (fam)
▶ **nach ~ und Faden** fam jusqu'au trognon (fam); **nur [noch] ein ~ in der Landschaft sein** hum fam ne [plus] avoir que la peau et les os (fam hum); **jdm einen ~ durch die Rechnung machen** fam mettre à qn des bâtons dans les roues (fam); **jdm gegen den ~ gehen** fam débecter qn (fam); **keinen ~ machen** [o **tun**] ne rien faire; **einen ~ unter etw** (Akk) **machen** [o **ziehen**] tirer un trait sur qc; **unterm ~** fam au bout du compte (fam)
Strichcode [-koːt] m code m barres
stricheln [ˈʃtrɪçəln] tr V ❶ tracer en pointillé; **etw ~** tracer qc en pointillé; **eine gestrichelte Linie** une ligne en pointillé
❷ (schraffieren) hachurer
Stricher(in) <-s, -> m(f) sl prostitué(e) m(f) (pop)
Strichjunge m fam jeune prostitué m
Strichkode m code-barres m, code m à barres
strichlieren* tr V ᴀ s. **stricheln**
Strichmädchen nt fam jeune prostituée f
Strichmännchen nt fam petit bonhomme très schématisé **Strichpunkt** m point-virgule m **Strichvogel** m oiseau m de passage **strichweise** Adv par endroits **Strichzeichnung** f dessin m au trait
Strick [ʃtrɪk] <-[e]s, -e> m corde f
▶ **jdm aus etw einen ~ drehen** fam coincer qn avec qc (fam); **zum ~ greifen, einen** [o **den**] **~ nehmen** fam se pendre (fam); **wenn alle ~ e reißen** fam dans le pire des cas (fam)
Strickbündchen nt (am Hals, Ärmel) bord m [en] côtes
stricken [ˈʃtrɪkən] tr, itr V tricoter; **das Stricken** le tricot
Strickgarn m fil m à tricoter **Strickjacke** f gilet m, veste f en laine **Strickkleid** nt robe f en tricot **Strickleiter** f échelle f de corde **Strickmaschine** f tricoteuse f **Strickmuster** nt ❶ (gestricktes Muster) point m de tricot ❷ (Vorlage) modèle m de tricot

❸ hum (Machart) structure f **Stricknadel** f aiguille f à tricoter **Strickwaren** Pl tricots mpl **Strickweste** f gilet m de tricot **Strickzeug** nt tricot m
Striegel [ˈʃtriːɡəl] <-s, -> m étrille f
striegeln tr V étriller
Strieme [ˈʃtriːmə] <-, -n> f, **Striemen** [ˈʃtriːmən] <-s, -> m zébrure f, marque f [de coup de fouet/ceinture]
Striezel [ˈʃtriːtsəl] <-s, -> m ᴀ, sᴅᴇᴜᴛsᴄʜ (Hefezopf) ≈ brioche f tressée
strikt [strɪkt, ʃtrɪkt] I. Adj ❶ (streng) Befehl, Befolgung, Gehorsam strict(e)
❷ (rigoros) Ablehnung, Weigerung catégorique
II. Adv ❶ (streng, ausnahmslos) strictement
❷ (rigoros) catégoriquement
String [strɪŋ] <-s, -s> m Abk von **Stringtanga** string m
stringent [strɪŋˈɡɛnt, strɪŋˈɡɛnt] I. Adj (logisch) convaincant(e), cohérent(e)
II. Adv avec logique, nécessairement
Stringtanga <-s, -s> m tanga m
Strip [ʃtrɪp, strɪp] <-s, -s> m sl strip m (arg)
Strippe [ˈʃtrɪpə] <-, -n> f fam fil m (fam); **jdn an die ~ bekommen/an der ~ haben** arriver à avoir/avoir qn au bout du fil (fam)
strippen [ˈʃtrɪpən, ˈstrɪpən] itr V fam faire du strip[-]tease (fam)
Strippenzieher(in) m(f) pej fam personne f qui tire les ficelles
Stripper(in) [ˈʃtrɪpɐ, ˈstrɪpɐ] <-s, -> m(f) fam strip[-]teaseur(-euse) m(f)
Striptease [ˈʃtrɪptiːs, ˈstrɪptiːs] <-> m o nt strip[-]tease m; **einen ~ hinlegen** fam faire un numéro de strip[-]tease (fam)
Stripteasetänzer(in) [ˈʃtrɪptiːs-, ˈstrɪp-] m(f) strip[-]teaseur(-euse) m(f)
stritt [ʃtrɪt] Imp von **streiten**
strittig [ˈʃtrɪtɪç] Adj Frage, Grenze controversé(e); Fall, Problem litigieux(-euse); **~ sein** faire l'objet d'une controverse/d'un litige
Strizzi [ˈʃtrɪtsi] <-s, -s> m ᴀ fam (Strolch) filou m
Stroh [ʃtroː] <-[e]s> nt paille f
▶ **[nur] ~ im Kopf haben** fam être bête à manger du foin (fam); **leeres ~ dreschen** fam parler pour ne rien dire (fam)
Strohballen m botte f de paille **strohblond** Adj Mensch blond(e) comme les blés; Haare couleur paille inv **Strohblume** f immortelle f **Strohdach** nt toit m de chaume **strohdumm** Adj fam abruti(e) (fam); **~ sein** être bête à manger du foin (fam) **Strohfeuer** nt feu m de paille **Strohgeflecht** nt natte f en paille **Strohhalm** m ❶ (Getreidehalm) brin m de paille ❷ (Trinkhalm) paille f ▶ **nach jedem ~ greifen, sich an jeden ~ klammern** se raccrocher à n'importe quelle branche **Strohhut** m chapeau m de paille; **flacher ~** canotier m
strohig [ˈʃtroːɪç] Adj ❶ Haare sec(sèche)
❷ (hart, trocken) sec(sèche) et fade; **einen ~ en Geschmack haben** être dur(e) et sans saveur
Strohkopf m pej fam demeuré(e) m(f) (fam) **Strohlager** nt grange f de paille **Strohmann** <-männer> m homme m de paille (péj) **Strohmatte** f paillasson m **Strohsack** m paillasse f ▶ **heiliger ~!** veraltet fam sacré bon sang! (vieilli fam) **Strohwitwer** m, **-witwe** f hum fam célibataire mf (fam)
Strolch [ʃtrɔlç] <-[e]s, -e> m ❶ fam (Schlingel) garnement m (fam)
❷ pej veraltet (Missetäter) [übler] ~ chenapan m (vieilli)
Strom [ʃtroːm, Pl: ˈʃtroːmə] <-[e]s, Ströme> m ❶ kein Pl courant m; **[elektrischer] ~** courant m [électrique]; **~ führend** Kabel sous tension
❷ (breiter Fluss) fleuve m
❸ fig von Besuchern, Blut flot m; von Schlamm, Lava torrent m; **in Strömen fließen** couler à flots
▶ **es gießt** [o **regnet**] **in Strömen** il pleut à torrents [o à seaux]; **mit dem/gegen den ~ schwimmen** suivre le courant/nager à contre-courant; **unter ~ stehen** Leitung: être sous tension; fam Person: être allumé(e) (fam)
Stromabnehmer m ❶ (Person) consommateur m d'électricité; (in Frankreich) abonné m à EDF
❷ ᴛᴇᴄʜ balai m [conducteur]; einer Tram trolley m
Stromabnehmerin f consommatrice f d'électricité; (in Frankreich) abonnée f à EDF
stromabwärts Adv en aval; **einen Kilometer [weiter] ~ ist eine Schleuse** à un kilomètre en aval se trouve une écluse; **~ fahren/treiben** descendre le fleuve; **~ schwimmen** nager dans le sens du courant
Stromanbieter m fournisseur m d'électricité
stromaufwärts Adv en amont; **einen Kilometer [weiter] ~ ist eine Schleuse** à un kilomètre en amont se trouve une écluse; **~ fahren** remonter le fleuve; **~ schwimmen** nager à contre-courant
Stromausfall m panne f de courant
strömen [ˈʃtrøːmən] itr V + sein ❶ (fließen) **in das Becken ~** se

déverser en grande quantité dans le bassin; **aus etw ~** *Wasser, Gas:* s'échapper en grande quantité [*o* abondamment] de qc
❷ *(gehen, eilen)* **in ein Gebäude/ins Freie ~** affluer dans un bâtiment/vers la sortie; **aus dem Saal ~** affluer hors de la salle; **durch die Altstadt/die Flure ~** affluer dans la vieille ville/les couloirs
Stromer ['ʃtroːmɐ] <-s, -> *m fam* traîne-savate[s] *m (fam);* **na, du kleiner ~, wo kommst du denn her?** alors, petit vagabond, d'où viens-tu donc?
stromführend *s.* **Strom** ❶
Stromkabel *nt* câble *m* électrique **Stromkreis** *m* circuit *m* électrique **Stromleitung** *f* ligne *f* électrique
Stromlinienform [-liːniən-] *f* profil *m* aérodynamique **stromlinienförmig** *Adj* aérodynamique
Strommast *m* pylône *m* électrique **Stromnetz** *nt* réseau *m* électrique **Stromquelle** *f* source *f* de courant [électrique] **Stromrechnung** *f* facture *f* d'électricité **Stromschlag** *m* décharge *f* électrique
Stromschnelle *f meist Pl* rapides *mpl*
Stromstärke *f* intensité *f* du courant **Stromstoß** *m* décharge *f* électrique
Strömung <-, -en> *f* courant *m*
Stromverbrauch *m* consommation *f* d'électricité **Stromversorgung** *f* alimentation *f* en électricité
Stromzähler *m* compteur *m* électrique; **den ~ ablesen** relever le compteur électrique
Strontium ['ʃtrɔntsiʊm, 'strɔntsiʊm] <-s> *nt* CHEM strontium *m;* **~ zählt zu den Leichtmetallen** le strontium fait partie des métaux légers
Strophe ['ʃtroːfə] <-, -n> *f* strophe *f*
strotzen ['ʃtrɔtsən] *itr V* **von** [*o* **vor**] **Energie/Gesundheit ~** déborder d'énergie/de santé; **vor Schmutz ~** être couvert(e) de saleté; **von** [*o* **vor**] **Fehlern ~** *Diktat:* déborder de fautes
strubbelig ['ʃtrʊbəlɪç] *Adj Haar* ébouriffé(e); *Fell* hérissé(e)
Strubbelkopf *m fam* ❶ *(Haare)* cheveux *mpl* ébouriffés *(fam)* ❷ *(Mensch)* tête *f* ébouriffée *(fam)*
strubblig *s.* **strubbelig**
Strudel ['ʃtruːdəl] <-s, -> *m* ❶ *(Wirbel)* tourbillon *m*
❷ GASTR strudel *m*
strudeln ['ʃtruːdəln] *itr V* faire des tourbillons
Struktur [ʃtrʊkˈtuːɐ, strʊkˈtuːɐ] *f* ❶ *(Gliederung)* structure *f*
❷ TEXTIL texture *f*
Strukturalismus <-> *m* LING structuralisme *m*
Strukturformel [ʃt-, st-] *f* formule *f* développée **Strukturhilfe** *f* aide *f* à la restructuration *(subvention fédérale accordée aux régions défavorisées)*
strukturieren* [ʃtrʊ-, st-] *tr V* structurer
Strukturierung <-, -en> *f* ❶ *kein Pl (das Strukturieren)* structuration *f (soutenu)*
❷ *(Struktur)* texture *f*
Strukturkrise [ʃt-, st-] *f* crise *f* structurelle **Strukturreform** *f* ÖKON réforme *f* structurelle **strukturschwach** *Adj* économiquement défavorisé(e) **Strukturschwäche** *f* retard *m* économique **Strukturwandel** *m* changement *m* de structures
Strumpf [ʃtrʊmpf, *Pl:* 'ʃtrʏmpfə] <-[e]s, Strümpfe> *m* ❶ *(Kniestrumpf)* chaussette *f;* **auf** [*o* **in**] **Strümpfen** en chaussettes
❷ *(Damenstrumpf)* bas *m*
Strumpfband <-bänder> *nt* jarretière *f* **Strumpfhalter** <-s, -> *m* jarretelle *f* **Strumpfhaltergürtel** *m* porte-jarretelles *m* **Strumpfhose** *f* collant *m* **Strumpfmaske** *f* bas *m;* **eine ~ tragen** [*o* **aufhaben**] être masqué(e) d'un bas
Strunk [ʃtrʊŋk, *Pl:* 'ʃtrʏŋkə] <-[e]s, Strünke> *m* trognon *m*
struppig ['ʃtrʊpɪç] *Adj Haare* hérissé(e); *Fell* dur(e); **ein ~er Hund** un chien à poil dur
Struwwelpeter ['ʃtrʊvəlpeːtɐ] *m* ❶ **der ~** Pierre l'Ébouriffé *(célèbre personnage enfantin créé au XIXe siècle)*
❷ *fam (verstrubbeltes Kind)* petit diable *m* ébouriffé
Strychnin [ʃtrʏçˈniːn, strʏçˈniːn] <-s> *nt* strychnine *f;* **~ ist giftig** la strychnine est toxique
Stube ['ʃtuːbə] <-, -n> *f* ❶ DIAL pièce *f* commune; **die gute ~** le salon
❷ MIL chambrée *f*
Stubenarrest *m fam* **~ bekommen/haben** être privé(e) de sortie *(fam)* **Stubenfliege** *f* mouche *f* domestique **Stubenhocker(in)** *m(f) pej fam* pantouflard(e) *m(f)* **stubenrein** *Adj* ❶ *Katze, Hund* propre ❷ *hum fam (frei von Obszönitäten)* **Witz für ~e Ohren** blague *f* pour des oreilles chastes; **nicht ~ sein** ne pas être à mettre dans toutes les oreilles
Stuck [ʃtʊk] <-[e]s> *m* stuc *m*
Stück [ʃtʏk] <-[e]s, -e> *nt* ❶ *(Teil) eines Brots, Bratens, Kuchens* morceau *m;* *einer Schnur, eines Drahts* bout *m;* **drei ~ Kuchen** trois morceaux de gâteau; **ein ~ Draht/Papier/Land** un bout de fil de fer/de papier/de terrain; **Emmentaler am ~ kaufen** acheter de l'Emmenthal à la pièce

❷ *(Abschnitt) einer Straße, eines Waldes* bout *m;* *eines Manuskripts, Textes* partie *f;* **jdn ein ~ [Weges] begleiten** faire un bout de chemin avec qn; **mit etw ein gutes ~ weiterkommen** avancer bien dans qc
❸ *(einzelnes Exemplar)* **ein ~ Seife** un pain de savon; **das kostet zehn Euro pro** [*o* **das**] **~** ça coûte dix euros [la] pièce
❹ *(Bruchstück)* **etw in ~e reißen/schlagen** déchirer/casser qc en mille morceaux; **in ~e gehen** se casser en mille morceaux; **aus einem ~** d'une seule pièce, d'un seul tenant; **~ für ~** pièce par pièce
❺ *(wertvoller Gegenstand)* pièce *f*
❻ *(Musikstück)* morceau *m*
❼ *(Theaterstück)* pièce *f*
❽ *pej sl (Mensch)* **du gemeines ~!** espèce *f* de salop(e)! *(vulg);* **so ein mieses ~!** quel salop! *m(f)/* quelle salope! *f (vulg)*
▶ **ein hartes** [*o* **schweres**] **~ Arbeit** *fam* un sacré boulot *(fam);* **er/sie ist mein bestes ~** *hum fam* c'est mon bijou *(fam);* **aus freien ~en** de mon/ton/... propre chef; **große ~e auf jdn halten** *fam* ne jurer que par qn *(fam);* **das ist ein starkes ~!** *fam* c'est le bouquet! *(fam);* **sich für jdn in ~e reißen lassen** *fam* se faire couper en morceaux pour qn *(fam);* **kein ~!** *sl* que dalle! *(fam)*
Stückarbeit *f kein Pl* ❶ *(Akkordarbeit)* travail *m* à la pièce [*o* tâche]
❷ *fam (Flickwerk)* rafistolage *m (fam)*
Stuckateur(in)[RR] [ʃtʊkaˈtøːɐ] <-s, -e> *m(f)* stucateur(-trice) *m(f)*
Stückchen <-s, -> *nt Dim von* **Stück** ❶ *(kleines Teil)* petit morceau *m*
❷ *(kleine Strecke)* **ein ~** un petit peu; **ein ~ von der Straße entfernt** à deux pas de la route
Stuckdecke ['ʃtʊk-] *f* plafond *m* en stuc
stückeln ['ʃtʏkəln] *tr V* fractionner *Wertpapier*
Stückeschreiber(in) *m(f)* dramaturge *mf*
Stückgut *nt* colis *m* de détail **Stücklohn** *m* salaire *m* à la pièce; **im ~ arbeiten** travailler aux pièces **Stücklohnarbeit** *f* travail *m* à la pièce **Stückpreis** *m* prix *m* à l'unité; **etw zum ~ von zehn Euro verkaufen** vendre qc au prix unitaire de dix euros
stückweise *Adv* à la pièce
Stückwerk *nt kein Pl* **[nur] ~ sein** [*o* **bleiben**] rester à l'état d'ébauche **Stückzahl** *f* nombre *m* de pièces; **in großer ~** en grande quantité
stud. *Abk von* **studiosus** titre qu'un étudiant peut placer devant son nom; **~ med. Anna Bauer** ≈ Anna Bauer, étudiante en médecine
Student(in) [ʃtuˈdɛnt] <-en, -en> *m(f)* ❶ étudiant(e) *m(f)*
❷ A *(Schüler)* lycéen(ne) *m(f)*
Studentenausweis *m* carte *f* d'étudiant **Studentenbewegung** *f* mouvement *m* étudiant **Studentenbude** *f* chambre *f* d'étudiant **Studentenfutter** *nt fam* mendiant *m (mélange de noix de cajou, d'amandes et de raisins secs)* **Studentenheim** *nt* UNIV *s.* **Studentenwohnheim** **Studentenkneipe** *f* café *m* fréquenté par les étudiants **Studentenleben** *nt kein Pl* vie *f* d'étudiant **Studentenlokal** *nt* café *m* fréquenté par les étudiants **Studentenschaft** <-, *selten* -en> *f* étudiants *mpl*
Studentenunruhen *Pl* émeute *f* étudiante **Studentenverbindung** *f* corporation *f* d'étudiants traditionalistes **Studentenwerk** *nt* ≈ œuvres *fpl* universitaires **Studentenwohnheim** *nt* foyer *m* d'étudiants **Studentenzimmer** *s.* **Studentenbude**
Studentin *f s.* **Student**
studentisch *Adj attr Selbstverwaltung* des étudiants; *Brauchtum, Tradition* estudiantin(e)
Studie ['ʃtuːdiə] <-, -n> *f* étude *f*
Studien ['ʃtuːdiən] *Pl von* **Studium**
Studienabbrecher(in) <-s, -> *m(f)* personne *f* qui a interrompu ses études **Studienabschluss**[RR] *m* diplôme *m* universitaire **Studienberater(in)** *m(f)* conseiller(-ère) *m(f)* d'études **Studienberatung** *f* orientation *f* scolaire et professionnelle **Studienbuch** *nt* livret *m* d'étudiant *(attestant les cours fréquentés)* **Studiendirektor(in)** *m(f)* ≈ professeur *m* hors classe *(avant-dernier échelon d'un professeur de Gymnasium assurant également des fonctions administratives)* **Studienfach** *nt* matière *f* **Studienfahrt** *f* excursion *f* d'études **Studienfreund(in)** *m(f)* camarade *mf* d'université **Studiengang** *m* filière *f* universitaire **Studienplatz** *m* place *f* à l'université **Studienplatztausch** *m* échange *m* de places entre universités/étudiants *(concernant notamment les disciplines aux effectifs surchargés)* **Studienrat** *m*, **-rätin** *f* ≈ professeur *m* certifié(e) *(premier échelon des professeurs du secondaire)* **Studienreferendar(in)** *m(f)* professeur *mf* stagiaire **Studienreform** *f* réforme *f* universitaire **Studienreise** *f* voyage *f* d'études **Studienzeit** *f* [années *fpl* d']études *fpl* **Studienzweck** *m* **etw zu ~en tun** faire qc à des fins scientifiques
studieren* I. *itr V* faire des études [supérieures]; **in Bonn ~** faire ses études à Bonn; **im fünften Semester ~** être en cinquième semestre d'études

II. *tr V* ❶ **Philosophie/Chemie ~** faire des études de philosophie/de chimie
❷ *(genau betrachten)* **etw mit der Lupe ~** étudier qc à la loupe
Studierende(r) *f(m) dekl wie Adj form* étudiant(e) *m(f) (form)*
studiert [ʃtuˈdiːɐt] *Adj fam* qui a fait des études
Studierzimmer *nt veraltet* cabinet *m* de travail *(vieilli)*
Studio [ˈʃtuːdio] <-s, -s> *nt* ❶ *(Aufnahmestudio, Wohnung)* studio *m*
❷ *(Atelier)* atelier *m*
❸ *s.* **Fitnessstudio**
Studiosus [ʃtuˈdiːozʊs] <-, Studiosi> *m fam* étudiant *m*
Studium [ˈʃtuːdiʊm] <-s, Studien> *nt* ❶ *(meist Pl)* études *fpl* [supérieures]; **das ~ der Chemie** les études de chimie
❷ *(eingehende Beschäftigung)* étude *f;* [**seine**] **Studien machen** [*o* **treiben**] se livrer à des études
❸ *kein Pl (genaues Lesen)* étude *f*
Stufe [ˈʃtuːfə] <-, -n> *f* ❶ *einer Treppe* marche *f*
❷ *(Niveau)* niveau *m;* **auf einer** [*o* **der gleichen**] **~ stehen** être au même niveau
❸ *(Abschnitt) einer Entwicklung, Planung* phase *f*
❹ *(Schaltstufe) eines Geräts, einer Maschine* vitesse *f*
❺ *(Raketenstufe)* étage *m*
▶ **sich mit jdm auf eine** [*o* **die gleiche**] **~ stellen** se placer sur un pied d'égalité avec qn
stufen [ˈʃtuːfən] *tr V* ❶ couper en dégradé *Haare;* **die Haare ~** couper les cheveux en dégradé; **gestufter Haarschnitt** coupe *f* en dégradé
❷ *fig* échelonner *Preise, Gehälter*
Stufenbarren *m* barres *fpl* asymétriques
stufenförmig [-fœrmɪç] **I.** *Adj* échelonné(e)
II. *Adv* en échelons; **~ aufstellen** échelonner
Stufenführerschein *m* permis *m* moto [à niveaux différents]
Stufenheck *nt* coffre *m* arrière; **ein Auto mit ~** une berline
Stufenleiter *f* **die gesellschaftliche ~** l'échelle *f* sociale; **die ~ des Erfolgs erklimmen** franchir toutes les étapes de la réussite
stufenlos I. *Adj Lautstärkeregelung* continu(e)
II. *Adv verstellbar* de manière continue
Stufenplan *m* plan *m* en plusieurs étapes **Stufenrakete** *f* fusée *f* à plusieurs étages **Stufenschalter** *m* commutateur *m* séquentiel
Stufenschnitt *m* dégradé *m* **stufenweise** *Adv* par étapes
stufig I. *Adj Landschaft* en terrasses; *Frisur, Haarschnitt* dégradé(e)
II. *Adv gegliedert* en terrasses; *geschnitten* en dégradé; **jdm das Haar ~ schneiden** faire un dégradé à qn
Stuhl [ʃtuːl, *Pl:* ˈʃtyːlə] <-[e]s, Stühle> *m* ❶ chaise *f;* **nehmen Sie sich bitte einen ~!** prenez une chaise, s'il vous plaît!
❷ *(Behandlungsstuhl)* fauteuil *m*
❸ *(stuhlähnliche Vorrichtung)* **der elektrische ~** la chaise électrique
❹ *REL* **der Heilige ~** le Saint-Siège
❺ *form (Stuhlgang)* selles *fpl (form)*
▶ **jdm den ~ vor die Tür setzen** *fam* mettre qn à la porte *(fam);* **jdn vom ~ hauen** *sl* épater qn *(fam);* **jdn nicht gerade vom ~ hauen** *sl* ne pas casser trois pattes à un canard *(fam);* **zwischen zwei Stühlen sitzen** être assis(e) entre deux chaises
Stuhlbein *nt* pied *m* de chaise **Stuhlgang** *m kein Pl form* transit *m* intestinal *(form);* **~/keinen ~ haben** aller/ne pas aller à la selle **Stuhllehne** *f* dossier *m* de chaise
Stukkateur(in)^ALT *s.* **Stuckateur(in)**
Stulle [ˈʃtʊlə] <-, -n> *f* NDEUTSCH tartine *f*
Stulpe [ˈʃtʊlpə] <-, -n> *f* revers *m*
stülpen [ˈʃtʏlpən] *tr V* ❶ **sich** *(Dat)* **etw auf den Kopf ~** s'enfoncer qc sur la tête; **eine Haube über etw** *(Akk)* **~** recouvrir qc d'une housse
❷ *(wenden)* **etw nach außen ~** retrousser qc
Stulpenstiefel *m* botte *f* à revers
stumm [ʃtʊm] **I.** *Adj* ❶ muet(te); **von Geburt an ~** muet(te) de naissance; **~ vor Erstaunen/Schreck** muet(te) d'étonnement/de peur
❷ *(schweigsam)* **~ werden/sein** se taire/être silencieux(-euse)
❸ *(wortlos) Anklage, Vorwurf, Rolle* muet(te); *Gebet* silencieux(-euse); *Blick* taciturne
❹ *(nicht hörbar) Konsonant, Vokal, Silbe* muet(te)
▶ **jdn ~ machen** *sl* réduire qn au silence *(fam)*
II. *Adv* silencieusement
Stumme(r) *f(m) dekl wie Adj* muet(te) *m(f)*
Stummel [ˈʃtʊməl] <-, -> *m (Kerzenstummel)* lumignon *m; (Bleistiftstummel)* bout *m; (Zigarettenstummel)* mégot *m; (Gliedstummel, Schwanzstummel)* moignon *m*
Stummfilm *m* film *m* muet
Stumpen [ˈʃtʊmpən] <-s, -> *m* cigare *m* à bout coupé
Stümper(in) [ˈʃtʏmpɐ] <-s, -> *m(f) pej* branquignol *m (arg)*
Stümperei <-, -en> *f pej* ❶ *kein Pl (das Stümpern)* bâclage *m (fam)*

❷ *(stümperhafte Leistung)* travail *m* bâclé
stümperhaft I. *Adj pej Arbeit, Ausführung* bâclé(e); *Vorgehen, Leistung* d'incapable
II. *Adv arbeiten, vorgehen* en incapable
stümpern [ˈʃtʏmpɐn] *itr V pej* bâcler le travail *(péj)*
stumpf [ʃtʊmpf] *Adj* ❶ *Klinge, Messer, Schere* émoussé(e); **~ werden** s'émousser
❷ *(nicht spitz) Nadel, Bleistift* usé(e); **~ werden** s'user
❸ *GEOM Winkel* obtus(e); *Kegel* tronqué(e)
❹ *(glanzlos) Farbe, Metall, Haare* terne; *Oberfläche* mat(e); **~ werden** se ternir
Stumpf [ʃtʊmpf, *Pl:* ˈʃtʏmpfə] <-[e]s, Stümpfe> *m* ❶ *(Armstumpf, Beinstumpf)* moignon *m*
❷ *s.* **Stummel**
▶ **mit ~ und Stiel** complètement
Stumpfheit <-> *f* ❶ *eines Gegenstandes* épointement *m; (Rauheit) einer Oberfläche* rugosité *f*
❷ *fig (Teilnahmslosigkeit)* apathie *f*
Stumpfsinn *m kein Pl* ❶ *(geistige Trägheit)* hébétude *f* ❷ *(Stupidität)* stupidité *f* **stumpfsinnig** *Adj* ❶ *(geistig träge)* hébété(e)
❷ *(stupide) Arbeit* abrutissant(e) **stumpfwink[e]lig** *Adj GEOM* obtusangle; **~ sein** former un angle obtus
Stündchen <-s, -> *nt Dim von* **Stunde** petite heure *f*
Stunde [ˈʃtʊndə] <-, -n> *f* ❶ heure *f;* **eine viertel/halbe ~** un quart d'heure/une demi-heure; **anderthalb ~n** une heure et demie; **die vollen ~n schlagen** sonner les heures pleines; **eine knappe ~** une petite heure; **jede ~** toutes les heures; **jede halbe ~** toutes les demi-heures; **alle drei ~n** toutes les trois heures; **in den nächsten ~n** au cours des heures qui suivent; **von ~ zu ~** d'heure en heure; **ich wartete ~ um ~** j'ai attendu des heures et des heures
❷ *(Zeitpunkt)* **zu später** [*o* **vorgerückter**] **~** à une heure avancée [de la nuit]; **zu dieser ~** à l'heure qu'il est; **bis zur ~** à l'heure qu'il est
❸ *(Unterrichtsstunde)* heure *f*
❹ *(Unterricht)* **~n geben/nehmen** donner/suivre des cours
❺ *meist Pl (Moment)* moment *m;* **die angenehmen/schönen ~n** les heures agréables/les bons moments; **die ~ der Wahrheit** l'heure de vérité; **die ~n des Zweifels/der Ungewissheit** les instants de doute/d'incertitude; **in der ~ der Not** dans les moments de détresse; **in einer schwachen ~** dans un moment de faiblesse; **eine ~ einer stillen ~** fait faire qc à tête reposée
▶ **die ~ null** l'instant zéro; **die ~ X** l'heure H; **ein Mitglied der ersten ~** un membre de la première heure; **seine/ihre letzte ~ ist gekommen** [*o* **hat geschlagen**] sa dernière heure a sonné; **seine/ihre [große] ~ ist gekommen** son heure est arrivée; **wissen, was die ~ geschlagen hat** savoir à quoi s'en tenir *(fam)*
stunden [ˈʃtʊndən] *tr V* accorder un délai; **jdm etw ~** accorder à qn un délai pour qc
Stundengeschwindigkeit *f* vitesse *f* [horaire] **Stundenhotel** *nt* hôtel *m* de passe **Stundenkilometer** *Pl* kilomètres-heure *mpl* **stundenlang I.** *Adj Verhandlung, Telefonat, Suche* qui dure/durent des heures; **nach ~em Warten/Umherirren** après avoir attendu/erré des heures **II.** *Adv warten, herumlaufen* [pendant] des heures **Stundenlohn** *m* salaire *m* horaire **Stundenplan** *m* emploi *m* du temps **Stundentakt** *m* service *m* horaire régulier; **im ~** toutes les heures **stundenweise** *Adv arbeiten* quelques heures **Stundenzeiger** *m* aiguille *f* des heures
Stündlein [ˈʃtʏntlaɪn] <-s, -> *nt Dim von* **Stunde** petite heure *f*
▶ **sein/dein/... letztes ~ hat geschlagen** *fam* sa/ta/... dernière heure a sonné
stündlich [ˈʃtʏntlɪç] **I.** *Adj* toutes les heures
II. *Adv* ❶ *(jede Stunde)* toutes les heures
❷ *(jeden Augenblick)* d'une heure à l'autre
Stundung <-, -en> *f* délai *m* de paiement
Stunk [ʃtʊŋk] <-s> *m fam* grabuge *m (fam);* **~ bekommen/machen** avoir/faire des histoires *(fam);* **es wird ~ geben** il va y avoir du grabuge
Stunt [stant] <-s, -s> *m* cascade *f*
Stuntman [ˈstantmən] <-s, -men> *m,* **-woman** *f* cascadeur(-euse) *m(f)*
stupend *Adj geh* stupéfiant(e)
stupfen [ˈʃtʊpfən] *bes.* SDEUTSCH, CH *s.* **stupsen**
stupid[e] [ʃtuː-, st-] *Adj pej geh* ❶ *(dumm)* stupide; **das ist mir zu ~** je trouve ça trop stupide; **so etwas Stupides!** quelle stupidité!
❷ *(monoton)* abrutissant(e)
Stups [ʃtʊps] <-es, -e> *m fam* bourrade *f;* **jdm einen ~ geben** donner une bourrade à qn
stupsen [ˈʃtʊpsən] *tr V fam* bourrer *(fam)*
Stupsnase *f* nez *m* retroussé
stur [ʃtuːɐ] **I.** *Adj* ❶ *(dickköpfig)* entêté(e); **sich ~ stellen** rester figé(e) sur ses positions; **du ~er Kerl!** *fam* espèce de tête de mule! *(fam)*
❷ *(hartnäckig) Haltung* borné(e); *Ablehnung* catégorique

II. *Adv* ❶ *(unbeirrt) weitergehen* sans dévier [d'un pouce]; **~ nach Vorschrift arbeiten** suivre les consignes à la lettre
❷ *(uneinsichtig)* obstinément
Sturheit <-> *f* obstination *f*
Sturm [ʃtʊrm, *Pl:* ˈʃtʏrmə] <-[e]s, Stürme> *m* ❶ *(starker Wind)* tempête *f*
❷ *(Sturmangriff)* **der ~ auf die Bastille** la prise de la Bastille; **etw im ~ nehmen** prendre d'assaut qc
❸ *(Andrang)* **der ~ auf die Geschäfte/Sonderangebote** la ruée dans les magasins/sur les promotions
❹ FBALL attaque *f*; **im ~ spielen** jouer en attaque
▶ **der ~ und Drang** le Sturm und Drang *(mouvement littéraire allemand de la fin du XVIIIe siècle)*; **jdn/etw im ~ erobern** conquérir qn/qc; **gegen etw ~ laufen** mener campagne contre qc; **~ läuten** carillonner
Sturmangriff *m* attaque *f* éclair; **der ~ auf etw** la prise d'assaut de qc
Sturmbö *f* bourrasque *f*, rafale *f*
stürmen [ˈʃtʏrmən] **I.** *itr V unpers + haben* **es stürmt** la tempête fait rage
II. *itr V* ❶ *+ sein (rennen)* **aus dem Haus/zum Eingang ~** se précipiter hors de la maison/vers l'entrée
❷ *+ haben* SPORT attaquer
III. *tr V + haben* **etw ~** prendre d'assaut qc
Stürmer(in) <-s, -> *m(f)* attaquant(e) *m(f)*
Sturmflut *f* raz[-]de[-]marée *m*
stürmisch I. *Adj* ❶ *Tag* de tempête; *Meer, See* déchaîné(e); **~ es Wetter** gros temps; **heute ist es ~** le temps est à la tempête aujourd'hui
❷ *(lebhaft, heftig) Person* fougueux(-euse); *Begrüßung* frénétique; *Entwicklung* tumultueux(-euse); **~ er Beifall** une tempête d'applaudissements; **nicht so ~!** doucement!
❸ *(leidenschaftlich)* passionné(e)
II. *Adv* begrüßen, entgegennehmen, applaudieren frénétiquement
Sturmmöwe *f* ZOOL goéland *m* cendré **Sturmschaden** *m meist Pl* dégâts *mpl* causés par la tempête **Sturmschritt** *m* **im ~ en trombe Sturmtaucher** *m* ZOOL puffin *m* **Sturmtief** *nt* dépression *f* [cyclonale] **Sturm-und-Drang-Zeit** <-> *f* **die ~** le Sturm und Drang ▶ **in meiner/seiner/... ~** au temps fou de ma/sa/... jeunesse **Sturmwarnung** *f* avis *m* de tempête
Sturz [ʃtʊrts, *Pl:* ˈʃtʏrtsə] <-es, Stürze> *m* ❶ *a.* FIN, METEO chute *f*; **der ~ vom Fahrrad/dritten Stock** la chute de vélo/du troisième étage; **einen ~ bauen** *fam* faire une chute
❷ POL *(Machtverlust)* chute *f*; *(Absetzung)* renversement *m*
❸ *(Fenstersturz, Türsturz)* linteau *m*
❹ *(Radsturz)* carrossage *m*
Sturzbach *m* torrent *m*
sturzbesoffen *Adj sl s.* **sturzbetrunken**
sturzbetrunken *Adj fam* archibourré(e) *(pop)*, plein(e) [o soûl(e)] comme une bourrique *(fam)*
stürzen [ˈʃtʏrtsən] **I.** *itr V* ❶ *+ sein (fallen)* tomber; **schwer/unglücklich ~** tomber lourdement/mal tomber; **aus dem Fenster/vom Fahrrad ~** tomber par la fenêtre/de vélo; **ich wäre fast gestürzt** j'ai failli tomber
❷ *(rennen)* **ins Büro ~** entrer dans le bureau en courant; **nach draußen ~** bondir dehors
❸ POL **über etw** *(Akk)* **~** *Diktator, Regierung:* être renversé(e) à la suite de qc
II. *tr V + haben* ❶ *(werfen)* **jdn aus dem Fenster ~** précipiter qn par la fenêtre
❷ POL renverser *Regierung, Diktator*
❸ *(kippen, umdrehen)* renverser *Kiste, Karton, Backform*
III. *r V* ❶ **sich aus dem Fenster/von der Brücke ~** se jeter par la fenêtre/du pont
❷ *(sich werfen)* **sich auf jdn/etw ~** se précipiter sur qn/qc
❸ *fig* **sich in Unkosten/Schulden** *(Akk)* **~** se plonger dans les dépenses/les dettes
Sturzflug *m* vol *m* en piqué; **im ~** en piqué **Sturzhelm** *m* casque *m* [de moto] **Sturzsee** *f* paquet *m* de mer **Sturzwelle** *f* paquet *m* de mer
Stuss^{RR} <-es>, **Stuß**^{ALT} <-sses> *m fam* connerie *f (fam)*; **nichts als ~!** rien que des conneries! *(fam)*
Stute <-, -n> *f* jument *f*
Stütze [ˈʃtʏtsə] <-, -n> *f* ❶ *(Gebäudeteil)* étai *m*
❷ *(Halt)* appui *m*
❸ *(seelischer Beistand)* soutien *m*
❹ *(Baumstütze)* tuteur *m*
❺ *sl (Sozialhilfe)* aide *f* publique *(fam)*
stutzen [ˈʃtʊtsən] **I.** *itr V Person:* rester coi(te)
II. *tr V* ❶ élaguer *Baum;* tailler *Äste, Busch, Hecke;* couper *Schwanz, Flügel*
❷ *fam (schneiden)* tailler *Haare, Bart*
Stutzen <-s, -> *m* ❶ *(Gewehrstutzen)* carabine *f*

❷ *(Rohrstück)* raccord *m*
❸ *(Einfüllstutzen)* embout *m*; *eines Motors* tubulure *f*
❹ A *(Kniestrumpf)* mi-bas *m*
stützen [ˈʃtʏtsən] **I.** *tr V* ❶ *(physischen Halt geben) Person:* soutenir; *Vorrichtung:* [servir à] maintenir; **jdn ~** *Person:* soutenir qn; **etw ~** *Vorrichtung:* [servir à] maintenir qc
❷ *(statischen Halt geben)* supporter, soutenir *Gebäude, Decke*
❸ *(aufstützen)* **den Arm/Ellenbogen auf etw** *(Akk)* **~** appuyer son bras/coude sur qc; **den Kopf auf die Hände ~** se tenir la tête dans les mains
❹ *(gründen)* **die Theorie war auf folgende Annahme gestützt** la théorie s'appuyait sur l'hypothèse qui suit
❺ *(bestärken)* renforcer *Vertrauen, Leistungswillen;* étayer *Alibi, Theorie, Verdacht*
❻ FIN soutenir *Kurs, Preis, Währung*
II. *r V* ❶ *(sich aufstützen)* **sich auf jdn/etw ~** s'appuyer sur qn/qc; **sich mit den Armen/Ellenbogen auf den Tisch ~** poser les bras/les coudes sur la table
❷ *(sich berufen auf, basieren auf)* **sich auf etw** *(Akk)* **~** s'appuyer sur qc
stutzig *Adj* **~ werden** avoir des soupçons; **jdn ~ machen** intriguer qn; **das hat mich ~ gemacht** ça m'a intrigué(e); **sind Sie denn da nicht ~ geworden?** ça ne vous a pas mis la puce à l'oreille?
Stützkurs *m* cours *m* de soutien **Stützmauer** *f* mur *m* de soutènement **Stützpfeiler** *m* pilier *m* de soutien **Stützpunkt** *m* ❶ MIL base *f* militaire ❷ COM concessionnaire *m* **Stützverband** [ˈʃtʏts-] *m* bandage *m* [de soutien]
StVO [ɛste:faʊˈʔo:] *f Abk von* **Straßenverkehrsordnung** code *m* de la route
stylen [ˈstaɪlən] *tr V* concevoir la ligne de *Auto, Jacht, Möbel;* dessiner *Haare;* **modisch/neu gestylt** de style très mode/d'un nouveau style
Styling [ˈstaɪlɪŋ] <-s> *nt von Möbeln, Autos* design *m*; *der Haare* look *m*
Styropor® <-s> *nt* polystyrène *m*
s.u. *Abk von* **siehe unten** *s.* **sehen II.,** ❷
subaltern [zʊpʔalˈtɛrn] *Adj pej geh* ❶ *(untergeordnet) Beamter, Stellung* subalterne
❷ *pej (devot) Mensch, Gesinnung* dévot(e) *(fam)*
Subdominante *f* ❶ *(Ton)* sous-dominante *f*
❷ *(Dreiklang)* accord *m* de sous-dominante
Subjekt [zʊpˈjɛkt] <-[e]s, -e> *nt* ❶ GRAM sujet *m*
❷ *pej (übler Mensch)* individu *m*; **ein übles/völlig verkommenes ~** un sale type/véritable déchet de la société *(péj)*
subjektiv [zʊpjɛkˈti:f] **I.** *Adj* subjectif(-ive)
II. *Adv* beurteilen, darstellen de manière subjective
Subjektivität [zʊpjɛktiviˈtɛ:t] <-> *f* subjectivité *f*
Subkontinent *m* sous-continent *m* **Subkultur** [ˈzʊpkʊltu:ɐ] *f* culture *f* parallèle
subkutan [zʊpkuˈta:n] **I.** *Adj* sous-cutané(e)
II. *Adv* **~ injiziert** [*o* **gespritzt**] **werden** être administré(e) en injection sous-cutanée
Sublimat [zubliˈma:t] <-[e]s, -e> *nt* CHEM sublimé *m*
Sublimation [zublimaˈtsio:n] <-, -en> *f* CHEM, A. PSYCH sublimation *f*
Sublimierung <-, -en> *f* PSYCH, A. CHEM sublimation *f*
subsidiär [zʊpziˈdjɛ:ɐ] *Adj* POL subsidiaire
Subskribent(in) [zʊpskriˈbɛnt] <-en, -en> *m(f)* souscripteur *m*
subskribieren* *tr V* souscrire à
Subskription [zʊpskrɪpˈtsio:n] <-, -en> *f* souscription *f*
Subskriptionspreis *m* prix *m* de souscription
substantiell [zʊpstanˈtsjɛl] *Adj s.* **substanziell**
Substantiv <-s, -e *o selten* -a> [ˈzʊpstantiːf] *nt* substantif *m*
Substanz [zʊpˈstants] <-, -en> *f* ❶ *(Material, Stoff)* substance *f*; **eine entflammbare ~** une matière inflammable
❷ *kein Pl (Grundbestand)* substance *f*; **[jdm] an die ~ gehen** *fam* user [qn] *(fam)*; **von der ~ leben** vivre sur ses réserves
▶ **die graue ~** la matière grise
substanziell^{RR} [zʊpstanˈtsjɛl] *Adj* substantiel(le)
Substrat [zʊpˈstra:t] <-[e]s, -e> *nt* substrat *m*
subtil [zʊpˈti:l] *Adj geh* ❶ *(nuanciert)* subtil(e)
❷ *(kompliziert, komplex)* complexe
Subtilität <-> *f* subtilité *f*
Subtrahend <-en, -en> *m* nombre *m* à soustraire
subtrahieren* *tr, itr V* soustraire; **gut ~ können** savoir bien faire les soustractions
Subtraktion [zʊptrakˈtsio:n] <-, -en> *f* soustraction *f*
Subtraktionszeichen *nt* signe *m* moins
Subtropen [ˈzʊptro:pən] *Pl* GEOG **die ~** la zone subtropicale **subtropisch** [ˈzʊptro:pɪʃ, zʊpˈtro:pɪʃ] *Adj* subtropical(e) **Subunternehmen** *nt* entreprise *f* de sous-traitance
Subvention [zʊpvɛnˈtsio:n] <-, -en> *f* subvention *f*
subventionieren* *tr V* subventionner

Subventionierung <-, -en> f ÖKON subvention f
Subventionsabbau m réduction f des subventions
subversiv [zʊpvɛr'ziːf] geh I. Adj subversif(-ive)
II. Adv sich ~ betätigen se livrer à des activités subversives
Suchaktion f recherches fpl **Suchanfrage** f INFORM équation f de recherche **Suchbegriff** m mot-clé m **Suchdienst** m INFORM service m de recherches
Suche ['zuːxə] <-, -en> f recherches fpl; die ~ nach jdm/dem Schlüssel les recherches fpl pour retrouver qn/la clé; die ~ nach der Wahrheit la recherche de la vérité; auf die ~ gehen, sich auf die ~ machen partir [o se mettre] à la recherche; auf der ~ nach einer Sekretärin/Wohnung sein être à la recherche d'une secrétaire/d'un logement
suchen ['zuːxən] I. tr V ① (zu finden versuchen) chercher; sich (Dat) jdn/etw ~ rechercher qn/qc; Mitarbeiter gesucht recherchons collaborateurs
② (zu erreichen trachten) Hilfe ~ chercher de l'aide; bei jdm Schutz ~ chercher protection auprès de qn
▶ du hast/er hat hier nichts zu ~! fam tu n'as/il n'a rien à foutre ici! (fam); seinesgleichen/ihresgleichen suchen geh ne pas avoir son pareil/sa pareille (soutenu)
II. itr V ① chercher; nach jdm/etw ~ être à la recherche de qn/qc; wonach suchst du? qu'est-ce que tu cherches?
② (tasten nach) mit der Hand nach dem Lichtschalter ~ chercher le bouton de la minuterie à tâtons
Sucher <-s, -> m viseur m
Suchlauf m RADIO, TV recherche f automatique **Suchmannschaft** f équipe f de recherche **Suchmaschine** f INFORM moteur m de recherche **Suchscheinwerfer** m phare m orientable
Sucht [zʊxt, Pl: 'zʏçtə] <-, Süchte o -en> f ① MED dépendance f; (Rauschgiftsucht) toxicomanie f
② (starkes Verlangen) manie f; die ~ nach Süßem/dem Glücksspiel la boulimie de sucreries/la passion du jeu; seine ~ nach Anerkennung son besoin irrésistible d'être reconnu
Suchtbeauftragte(r) f(m) dekl wie Adj délégué(e) m(f) aux problèmes de toxicomanie **Suchtberater(in)** m(f) thérapeute mf spécialisé(e) dans les problèmes de toxicomanie **Suchtgefahr** f kein Pl risque m de dépendance
süchtig ['zʏçtɪç] Adj ① MED dépendant(e); (rauschgiftsüchtig) toxicomane, accro inv (fam); ~ machen rendre dépendant(e)
② (versessen) nach etw werden/sein ne plus pouvoir se passer/être avide de qc
Süchtige(r) f(m) dekl wie Adj toxicomane mf
Suchtrupp s. Suchmannschaft **Suchwort** <-wörter> nt INFORM mot m clé; ein ~ eingeben taper un mot clé
Sud [zuːt] <-[e]s, -e> m ① GASTR eau f de cuisson
② PHARM décoction f
Südafrika nt l'Afrique f du Sud **Südafrikaner(in)** m(f) Sud-Africain(e) m(f) **südafrikanisch** Adj sud-africain(e) **Südamerika** nt l'Amérique f du Sud **Südamerikaner(in)** m(f) Sud-Américain(e) m(f) **südamerikanisch** Adj sud-américain(e)
Sudan [zuˈdaːn] <-s> m le Soudan
Sudanese [zudaˈneːzə] <-n, -n> m, **Sudanesin** f Soudanais(e) m(f)
sudanesisch Adj soudanais(e)
süddeutsch Adj de l'Allemagne [o d'Allemagne] du Sud **Süddeutsche(r)** f(m) dekl wie Adj Allemand(e) m(f) du Sud **Süddeutschland** nt l'Allemagne f du Sud

Land und Leute
Le sud de l'Allemagne, **Süddeutschland**, est vallonné et bordé au sud par les Alpes. C'est une région à majorité catholique dont les deux plus grandes villes sont Munich et Stuttgart.

Sudelei [zuːdəˈlaɪ] <-, -en> f fam ① (Schmiererei) barbouillage m; (beim Schreiben) gribouillage m
② (Schlamperei) bâclage m
sudeln ['zuːdəln] itr V ① pej (unsauber schreiben) gribouiller (péj)
② (schmieren) mit Farbe ~ faire du barbouillage avec de la peinture
Süden ['zyːdən] <-s> m sud m; s. a. Norden
Sudeten [zuˈdeːtən] Pl die ~ les monts des Sudètes
Sudetenland nt kein Pl das ~ le territoire des Sudètes
Südeuropa nt l'Europe f du Sud **Südeuropäer(in)** m(f) Européen(ne) m(f) du Sud **südeuropäisch** Adj de l'Europe du Sud
Südfrankreich nt le sud de la France; in ~ dans le sud de la France **Südfranzose** m, **-französin** f Français(e) m(f) du sud **südfranzösisch** Adj du sud de la France **Südfrüchte** Pl fruits mpl exotiques **Südhalbkugel** f hémisphère m sud **Südhang** m versant m (exposé au) sud **Süditalien** [-liən] nt l'Italie f du Sud **Südkorea** <-s> nt la Corée du Sud **Südkoreaner(in)** m(f) Sud-Coréen(ne) m(f) **südkoreanisch** Adj sud-coréen(ne)

Südküste f côte f méridionale **Südlage** f exposition f au sud; Grundstücke in ~ les terrains exposés au sud **Südländer(in)** [-lɛndɐ] <-s, -> m(f) méditerranéen(ne) m(f) **südländisch** Adj méditerranéen(ne)
südlich ['zyːtlɪç] I. Adj Land, Stadt, Lage, Klima du sud inv; Luftströmung (en provenance) du sud; in ~er Richtung en direction du sud
II. Adv ~ von Paris au sud de Paris
III. Präp + Gen ~ des Polarkreises au sud du cercle polaire
Südlicht nt ① aurore f australe ② hum (Süddeutscher) Allemand(e) m(f) du Sud
Sudoku [zuˈdoːku] <-[s], -[s]> nt sudoku m **Südosten** m (Himmelsrichtung) sud-est m; (Landesteil) Sud-Est m; s. a. Norden
südöstlich I. Adj (situé(e) au) sud-est; Luftströmung (en provenance) du sud-est; in ~er Richtung en direction du sud-est II. Adv ~ von Berlin au sud-est de Berlin III. Präp + Gen ~ des Dorfs au sud-est du village **Südpol** m der ~ le pôle Sud
Südpolargebiet nt das ~ l'Antarctique m **Südpolarmeer** nt das ~ l'océan m Antarctique
Südsee f die ~ les mers fpl du Sud **Südseite** f face f (o côté m) sud **Südstaaten** Pl (in den USA) États mpl du Sud **Südtirol** nt le Tyrol m du Sud **Südwand** f eines Gebäudes face f sud; eines Bergs versant m sud
südwärts ['zyːtvɛrts] Adv vers le sud
Südwein m vin m du pourtour de la Méditerranée **Südwesten** m (Himmelsrichtung) sud-ouest m; (Landesteil) Sud-Ouest m; s. a. Norden
Südwester <-s, -> m suroît m
südwestlich I. Adj (situé(e) au) sud-ouest; Luftströmung (en provenance) du sud-ouest; in ~er Richtung en direction du sud-ouest II. Adv ~ von Straßburg au sud-ouest de Strasbourg III. Präp + Gen ~ des Flusses au sud-ouest du fleuve **Südwind** m vent m du sud
Sueskanal ['zuːɛs-] m der ~ le canal de Suez
Suff [zʊf] <-[e]s> m fam ivrognerie f (fam); im ~ au cours d'une cuite (fam)
süffeln ['zʏfəln] tr V fam siroter (fam)
süffig ['zʏfɪç] Adj agréable en bouche
süffisant [zʏfiˈzant] geh I. Adj suffisant(e) (littér)
II. Adv d'un air suffisant (littér)
Suffix ['zʊfɪks] <-es, -e> nt GRAM suffixe m
Suffragette [zʊfraˈɡɛtə] <-, -n> f ① HIST suffragette f
② (Frauenrechtlerin) féministe f
suggerieren* tr V geh suggérer (soutenu); jdm etw ~ suggérer qc à qn
Suggestion [zʊɡɛsˈtioːn] <-, -en> f geh suggestion f (soutenu)
suggestiv [zʊɡɛsˈtiːf] geh I. Adj suggestif(-ive)
II. Adv d'une manière suggestive
Suggestivfrage f geh question f insinuante (soutenu)
Suhle ['zuːlə] <-, -n> f JAGD bauge f; eines Wildschweins souille f
suhlen ['zuːlən] r V ① sich ~ Schwein: se vautrer; Wildschwein: se souiller; sich in etw (Dat) ~ Schwein: se vautrer dans qc; Wildschwein: se souiller dans qc
② fig geh sich in seinem Unglück ~ se complaire dans sa misère (fam)
Sühne ['zyːnə] <-, -n> f geh expiation f (soutenu)
sühnen ['zyːnən] tr V geh expier (soutenu); etw mit etw ~ expier qc par qc
Suite ['sviːtə, zuˈiːtə] <-, -n> f a. MUS suite f
Suizid [zuiˈtsiːt, Pl: zuiˈtsiːdə] <-[e]s, -e> m form suicide m
suizidgefährdet Adj suicidaire
Sujet [zyˈʒeː] <-s, -s> nt geh sujet m
Sukzession <-, -en> f ① (Erbfolge) succession f
② ÖKOL succession f
sukzessiv [zʊktsɛˈsiːf] Adj progressif(-ive)
Sulfat [zʊlˈfaːt] <-[e]s, -e> nt CHEM sulfate m
Sulfid [zʊlˈfiːt] <-[e]s, -e> nt CHEM sulfure m
Sulfit <-s, -e> nt CHEM sulfite m
Sulfonamid [zʊlfonaˈmiːt] <-[e]s, -e> nt CHEM sulfamide m; ~ wird als Arzneimittel verwendet le sulfamide est employé comme médicament
Sultan(in) ['zʊltaːn] <-s, -e> m(f) sultan(e) m(f)
Sultanat [zʊltaˈnaːt] <-[e]s, -e> nt sultanat m
Sultanine [zʊltaˈniːnə] <-, -n> f raisin m sec (o de Smyrne)
Sulz [zʊlts] <-, -en> f A (Sülze) aspic m
Sülze ['zʏltsə] <-, -n> f ① (Aspik) gelée f
② (Speise in Aspik) aspic m
sülzen ['zʏltsən] itr V fam (reden) pérorer (fam)
summa cum laude ['zʊma kʊm 'laʊdə] Adv avec mention très honorable
Summand [zʊˈmant, Pl: zʊˈmandən] <-en, -en> m terme m d'une somme
summarisch [zʊˈmaːrɪʃ] I. Adj sommaire

II. *Adv* sommairement
summa summarum ['zʊma zʊ'maːrʊm] *Adv* tout compris
Sümmchen ['zʏmçən] <-s, -> *nt Dim von* **Summe ein hübsches** [*o* **nettes**] ~ *hum fam* une coquette somme *(fam)*
Summe ['zʊmə] <-, -n> *f* ❶ MATH total *m*
❷ FIN somme *f*
❸ *(Gesamtheit) der Erfahrungen, des Wissens* somme *f*
summen ['zʊmən] **I.** *itr V* ❶ *Person:* fredonner
❷ *(surren) Biene, Hummel:* bourdonner; *Elektromotor, Ventilator:* ronronner; **das Summen** *eines Insekts* le bourdonnement; *eines Geräts* le ronronnement
II. *tr V* fredonner *Melodie*
Summer <-s, -> *m* trembleur *m*
summieren* **I.** *tr V (addieren)* totaliser
II. *r V* **sich** ~ s'additionner
Sumo ['zuːmo] <-> *nt* sumo *m*
Sumpf [zʊmpf, *Pl*: 'zʏmpfə] <-[e]s, Sümpfe> *m* ❶ *(Morast)* marais *m*
❷ *(schlimme Zustände)* cloaque *m (littér)*
Sumpfboden *m* sol *m* marécageux **Sumpfdotterblume** *f* renoncule *f* **Sumpffieber** *nt* paludisme *m*, malaria *f* **Sumpfgas** *nt* gaz *m* des marais, méthane *m* **Sumpfgebiet** *nt* terrain *m* marécageux
sumpfig *Adj* marécageux(-euse)
Sumpfland *nt kein Pl s.* **Sumpfgebiet Sumpfotter** *m* vison *m* **Sumpfpflanze** *f* plante *f* des marais **Sumpfvogel** *m* oiseau *m* des marais
Sund [zʊnt] <-[e]s, -e> *m* détroit *m*
Sünde ['zʏndə] <-, -n> *f* ❶ REL péché *m;* **eine ~ begehen** commettre un péché
❷ *(Verstoß gegen eine Norm)* honte *f;* **eine ~ wider den guten Geschmack** une faute de goût
❸ *(Fehltritt)* faute *f;* **es ist eine ~ das zu tun** c'est honteux de faire cela; **es ist keine ~ das zu tun** il n'y a pas de mal à faire cela
Sündenbock *m* bouc *m* émissaire; **jdn zum ~ für etw machen** faire de qn son bouc émissaire pour qc **Sündenfall** *m kein Pl* **der ~** la chute [originelle] **Sündenregister** *nt* **sein ~** la liste des péchés commis par lui
Sünder(in) <-s, -> *m(f)* pécheur *m*/pécheresse *f*
sündhaft *Adj* ❶ REL *Leben* de péchés; *Tat* infâme
❷ *fam (sehr hoch) Preis, Summe* exorbitant(e)
sündig *Adj* ❶ REL *Leben* de péchés; *Tat* infâme
❷ *(moralisch verwerflich) Blick, Lippen* vicieux(-euse)
sündigen ['zʏndɪgən] *itr V* ❶ REL pécher
❷ *hum fam (Vorsätze nicht befolgen)* faire une entorse à ses principes *(fam)*
sündteuer *Adj* A *fam* qui coûte la peau des fesses *(fam)*
Sunna [zʊ'na] *f* sunna *f*
Sunnit(in) [zʊ'niːt] <-en, -en> *m(f)* sunnite *mf*
sunnitisch *Adj* sunnite
super ['zuːpɐ] *fam* **I.** *Adj unv* super *(fam);* **ein ~ Film/Kleid** un film/une robe super
II. *Adv tanzen, singen, klingen* super bien *(fam);* **~ riechen/schmecken** sentir/être super bon *(fam);* **sich ~ fahren** *Auto:* se conduire hyper bien *(fam)*
Super <-s> *nt* super *m;* **~ tanken** mettre du super
Super-8-Film [suːpɐ'ʔaxt-] *m* film *m* super-huit
Superauto *nt fam* super[-]voiture *f (fam)* **Superbenzin** *nt kein Pl* super[carburant] *m;* **bleifreies ~** super[carburant] sans plomb **Superding** *nt fam* truc *m* super *(fam)*, super truc *m (fam)* **Super-GAU** [-gaʊ] <-[s]> *m (fam)* mégacatastrophe *f (fam)* **supergeil** *Adj fam* super génial *(fam)* **Supergerät** *nt fam* super appareil *m (fam)* **supergut** *Adj fam* super bon *(fam)*
Superior [zuːˈpeːrioːɐ, *Pl:* zupe'rioːrən] <-s, -oren> *m*, **Superiorin** *f* Supérieur(e) *m(f)*, Père *m* supérieur/Mère supérieure *f*
superklug *Adj iron fam* qui se croit plus malin(-igne) *(fam);* **du hältst dich wohl für ~?** tu te crois plus malin(-igne) que les autres, hein? *(fam)*
Superlativ ['zuːpɐlatiːf] <-[e]s, -e> *m* ❶ GRAM superlatif *m*
❷ *meist Pl geh (das Beste)* summum *m (soutenu);* **ein Fest der ~e** un festival de ce qui se fait de mieux
Supermacht *f* superpuissance *f* **Supermann** <-männer> *m* ❶ *(Comicfigur)* Superman *m* ❷ *iron (bewundernswerter Mann)* superman *m (iron)* **Supermarkt** *m* supermarché *m* **Superqualität** *f fam* super qualité *f (fam)* **Superstar** [-ʃtaːɐ, -st-] *m fam* superstar *f (fam)* **Supertanker** *m* supertanker *m*, pétrolier *m* géant
Suppe ['zʊpə] <-, -n> *f* ❶ soupe *f;* **klare ~** bouillon *m*
❷ *fam (Nebel)* purée *f* de pois *(fam)*
▶ **die ~ auslöffeln** [müssen], **die man sich eingebrockt hat** devoir payer les pots cassés; **jdm die ~ versalzen** *fam* mettre à qn des bâtons dans les roues *(fam)*
Suppeneinlage *f* complément *m* pour la soupe **Suppenex-**

trakt *m* potage *m* concentré **Suppenfleisch** *nt* pot-au-feu *m* **Suppengemüse** *nt* légumes *mpl* potagers **Suppengewürz** *nt* épice *m* pour la soupe **Suppengrün** *nt* herbes *fpl* potagères **Suppenhuhn** *nt* poule *f* à bouillir **Suppenkelle** *f* louche *f* **Suppenlöffel** *m* cuiller *f* à soupe **Suppennudel** *f meist Pl* vermicelle *m* **Suppenschüssel** *f* soupière *f* **Suppentasse** *f* bol *m* à soupe **Suppenteller** *m* assiette *f* creuse **Suppenterrine** *s.* **Suppenschüssel Suppenwürfel** *m* cube *m* de bouillon **Suppenwürze** *f* condiment *m* pour la soupe
suppig ['zʊpɪç] *Adj* ❶ *Soße, Brei* liquide comme de la soupe
❷ *Boden* bourbeux(-euse)
Supplementband ['zʊple'mɛnt-] <-[e]s, -bände> *m* supplément *m*
Supplierstunde <-, -n> *f* SCHULE A *(Vertretungsstunde)* remplacement *m*
Suppositorium [zʊpoziˈtoːriʊm] <-s, -torien> *nt form* suppositoire *m*
Supraleiter *m* TECH supraconducteur *m*
Sure ['zuːrə] <-, -n> *f* s[o]urate *f*
Surfbrett ['səːf-, ˈsøːɐf-] *nt* surf *m; (Windsurfbrett)* planche *f* à voile
surfen ['səːfən, ˈsøːɐfn] *itr V* ❶ surfer; *(windsurfen)* faire de la planche à voile
❷ INFORM surfer
Surfer(in) ['səːfɐ, ˈsøːɐfɐ] <-s, -> *m(f)* surfeur(-euse) *m(f); (Windsurfer)* [véli]planchiste *mf*
Surfing ['səːfɪŋ, ˈsøːɐfɪŋ] <-s> *nt* surf *m; (Windsurfen)* planche *f* à voile
Surinam [zuriˈnam] <-[s]> *nt* le Surinam[e]
Surrealismus [zʊreaˈlɪsmʊs, zyr-] <-> *m* surréalisme *m*
surrealistisch [zʊreaˈlɪstɪʃ, zyr-] *Adj* surréaliste
surren ['zʊrən] *itr V* ❶ + *haben Insekt, Fernsehkamera, Stromleitung:* bourdonner; **das Surren** le bourdonnement
❷ + *haben (brummen) Elektromotor, Ventilator:* ronronner; **das Surren** le ronronnement
❸ + *sein (fliegen)* **durch die Luft ~** *Insekt:* voler en bourdonnant; *Pfeil:* fendre l'air en sifflant
Surrogat [zʊroˈgaːt] <-[e]s, -e> *nt* succédané *m;* **für etw** succédané *m* de qc
Sushi ['zuːʃi] <-s, -s> *nt* sushi *m*
suspekt [zʊsˈpɛkt] *Adj geh* suspect(e); **jdm ~ sein** paraître suspect(e) à qn
suspendieren* *tr V* suspendre; **jdn vom Dienst ~** suspendre qn de service; **jdn vom Unterricht/Militärdienst ~** dispenser qn de cours/service militaire
Suspension [zʊspɛnˈzioːn] <-, -en> *f* suspension *f*
süß [zyːs] **I.** *Adj* ❶ *(zuckrig) Gericht, Getränk* sucré(e); *Wein* doux(douce)
❷ *(lieblich) Duft, Parfüm* suave
❸ *(reizend) Kind* mignon(ne); **ein ~es Gesicht** une jolie frimousse
II. *Adv* ❶ *(zuckerreich) essen, trinken* sucré *inv; zubereiten* avec du sucre
❷ *(lieblich)* **~ duften** exhaler une odeur suave
Süße ['zyːsə] <-> *f* ❶ *(süßer Geschmack)* goût *m* sucré; **eine Speise von besonderer ~** un plat particulièrement sucré
❷ *(Duft)* suavité *f*
❸ *(Süßstoff)* saccharine *f*
Süße(r) *f(m) dekl wie Adj* [**mein**] **~r**/[**meine**] **~** [mon] chéri/[ma] chérie; **ein ganz ~r**/**eine ganz ~ sein** *fam* être vraiment adorable
süßen ['zyːsən] *tr, itr V* sucrer
Süßholz *nt kein Pl* bois *m* de réglisse
▶ **~ raspeln** *fam* faire de la lèche *(fam)*
Süßigkeit <-, -en> *f meist Pl* sucrerie *f*
Süßkartoffel *f* patate *f* douce **Süßkirsche** *f* ❶ *(Frucht)* bigarreau *m* ❷ *(Baum)* bigarreautier *m*
süßlich *Adj* ❶ *Geschmack, Geruch* douceâtre
❷ *(zu liebenswürdig)* doucereux(-euse)
Süßmost *m* moût *m* **süßsauer**[RR] **I.** *Adj* ❶ *Speise* aigre-doux(douce) ❷ *(gequält) Lächeln, Gesicht* mi-figue, mi-raisin
II. *Adv* ❶ *einlegen* dans un mélange aigre-doux ❷ *(gequält)* **~ lächeln** avoir un sourire mi-figue, mi-raisin **Süßspeise** *f* entremets *m* [sucré] **Süßstoff** *m* aspartame *m* **Süßstofftablette** *f* sucrette® *f* **Süßwaren** *Pl* confiserie *f*
Süßwarengeschäft *nt (Laden)* confiserie *f* **Süßwarenindustrie** *f* confiserie *f* **Süßwarenladen** *m* confiserie *f*
Süßwasser *nt* eau *f* douce **Süßwasserfisch** *m* poisson *m* d'eau douce **Süßwein** *m* vin *m* doux
SW *Abk von* **Südwesten** S.-O.
Swasiland ['svaːzilant] <-s> *nt* le Swaziland
Sweatshirt ['svɛtʃøːɐt, ˈsvɛtʃøːɐt] <-s, -s> *nt* sweat-shirt *m*
SWF <-> *m* RADIO, TV *Abk von* **Südwestfunk** radio et télévision du Sud-Ouest de l'Allemagne
Swimmingpool ['svɪmɪŋpuːl, ˈsvɪmɪŋ-] <-s, -s> *m* piscine *f*
Swingerklub ['svɪŋəklʊp] *m* club *m* libertin

switchen ['svɪtʃən] *itr V* TELEC zapper
Symbiose [zʏmbi'o:zə] <-, -n> *f* symbiose *f*; **in ~ leben** vivre en symbiose
Symbol [zʏm'bo:l] <-s, -e> *nt* symbole *m*
Symbolfigur *f* figure *f* de proue
symbolisch I. *Adj* symbolique
II. *Adv* symboliquement
symbolisieren* *tr V* symboliser
Symbolismus <-> *m* symbolisme *m*
Symbolleiste *f* INFORM barre *f* d'outils **symbolträchtig** *Adj* lourd(e) de sens **Symbolwert** *m* valeur *f* symbolique
Symmetrie [zʏme'tri:] <-, -n> *f* symétrie *f*
Symmetrieachse *f* MATH axe *m* de symétrie
symmetrisch [zʏ'me:trɪʃ] I. *Adj* symétrique
II. *Adv* symétriquement
Sympathie [zʏmpa'ti:] <-, -en> *f* sympathie *f*; **jds ~ haben** avoir la faveur de qn
Sympathiebekundung *f* témoignage *m* de sympathie **Sympathiekundgebung** *f* manifestation *f* de solidarité **Sympathieträger(in)** *m(f)* préféré (e) [du public] *m*
Sympathikus [zʏm'pa:tikus] <-, Sympathizi> *m* ANAT sympathique *m*
Sympathisant(in) [zʏmpati'zant] <-en, -en> *m(f)* sympathisant(e) *m(f)*
sympathisch [zʏm'pa:tɪʃ] *Adj* ❶ *Mensch, Gesicht, Stimme* sympathique; **jdm ~ sein** être sympathique à qn
❷ *(angenehm) Gedanke, Vorstellung* réjouissant(e); **die Sache ist mir nicht ~** l'affaire ne m'enchante pas
sympathisieren* *itr V* **mit jdm ~** sympathiser avec qn; **mit etw ~** voir qc d'un bon œil
Symphonie [zʏmfo'ni:] *s.* Sinfonie
Symposium [zʏm'po:ziʊm] <-s, Symposien> *nt* symposium *m*
Symptom [zʏmp'to:m] <-s, -e> *nt* symptôme *m*
symptomatisch [zʏmpto'ma:tɪʃ] *Adj geh* symptomatique *(soutenu)*; **für etw ~ sein** être symptomatique de qc
Synagoge [zyna'go:gə] <-, -n> *f* synagogue *f*
Synapse [zy'napsə, zyn'ʔapsə] <-, -n> *f* ANAT synapse *f*
synchron [zʏn'kro:n] *geh* I. *Adj Prozess, Übersetzung* simultané(e); *Verlauf* parallèle; *Bewegung* synchrone
II. *Adv* **~ zu etw verlaufen** se dérouler parallèlement à qc
Synchronisation [zʏnkroniza'tsio:n] <-, -en> *f* doublage *m*
synchronisieren* *tr V* ❶ doubler *Film*; **deutsch synchronisiert** doublé(e) en allemand
❷ *geh (zeitlich abstimmen)* synchroniser *Abläufe, Prozesse*
Synchronisierung <-, -en> *f s.* Synchronisation
Synchronschwimmen *nt* natation *f* synchronisée
Synchrotron ['zʏnkrotro:n] <-s, -e *o* -s> *nt* PHYS synchrotron *m*
Syndikat [zʏndi'ka:t] <-[e]s, -e> *nt* syndicat *m* du crime
Syndrom [zʏn'dro:m] <-s, -e> *nt* syndrome *m*
Synergie [zynɛr'gi:, zynɛr'gi:] <-, -n> *f* synergie *f*
Synergieeffekt *m* effet *m* de synergie
Synkope ['zʏnkope, zyn'ko:pə] <-, -n> *f* MED, MUS, LING syncope *f*
Synode [zy'no:də] <-, -n> *f* synode *m*
synonym [zyno'ny:m] *Adj* LING synonyme; **~ zu etw sein** être synonyme de qc

Synonym <-s, -e> *nt* synonyme *m*
Synonymwörterbuch *nt* dictionnaire *m* des synonymes
syntaktisch [zʏn'taktɪʃ] LING I. *Adj* syntaxique, syntactique
II. *Adv* syntaxiquement
Syntax ['zʏntaks] <-, -en> *f* LING syntaxe *f*
Synthese [zʏn'te:zə] <-, -n> *f* synthèse *f*
Synthesizer ['sʏntəsaɪzɐ] <-s, -> *m* synthétiseur *m*
Synthetik [zʏn'te:tɪk] <-s> *nt* synthétique *m*
synthetisch [zʏn'te:tɪʃ] I. *Adj* CHEM synthétique; MED synthétique, de synthèse
II. *Adv* CHEM, MED synthétiquement
Syphilis ['zy:filɪs] <-> *f* MED syphilis *f*
Syrer(in) ['zy:rɐ] <-s, -> *m(f)* Syrien(ne) *m(f)*
Syrien ['zy:riən] <-s> *nt* la Syrie
Syrier(in) ['zy:riɐ] <-s, -> *m(f) s.* Syrer(in)
syrisch ['zy:rɪʃ] *Adj* syrien(ne)
System [zʏs'te:m] <-s, -e> *nt* ❶ système *m*; **~ in etw** *(Akk)* **bringen** opérer un classement dans qc
❷ ÖKOL **duales ~** *système de tri et de retraitement des emballages*
Systemanalyse *f* analyse *f* des systèmes **Systemanalytiker(in)** *m(f)* ingénieur *mf* système **Systemanbieter** *m* ÖKON fournisseur *m* système
Systematik [zʏste'ma:tɪk] <-, -en> *f a.* BIO systématique *f*
systematisch [zʏste'ma:tɪʃ] I. *Adj Arbeit, Tätigkeit* méthodique, systématique; *Beeinflussung* systématique
II. *Adv* systématiquement
systematisieren* *tr V* systématiser
systembedingt *Adj* dû(due) [*o* lié(e)] à un système **Systemfehler** *m* INFORM erreur *f* de système **Systemkritiker(in)** *m(f)* détracteur(-trice) *m(f)* du système **systemkritisch** I. *Adj* critique envers le système II. *Adv* **sich äußern, schreiben** en critiquant le système
systemlos I. *Adj* sans méthode, désorganisé(e)
II. *Adv* sans méthode, de façon désorganisée
Systemmenü *nt* INFORM menu *m* système **Systemsteuerung** *f* INFORM panneau *m* de configuration **Systemvoraussetzungen** *Pl* INFORM configuration *f* requise **Systemzwang** *m* contraintes imposées par un système politique, économique ou social
Systole ['zʏstole, zʏs'to:lə, *Pl:* zʏs'to:lən] <-, -n> *f* MED systole *f*
Szenario [stse'na:rio] <-s, -s> *nt,* **Szenarium** [stse'na:riʊm] <-s, Szenarien> *nt* CINE, THEAT scénario *m*
Szene ['stse:nə] <-, -n> *f* ❶ *(Theaterszene, Streit)* scène *f*; **jdm eine ~ machen** faire une scène à qn
❷ *(Bereich, Milieu)* milieux *mpl*; *(aktuelle Kulturszene)* milieux culturels; **in der politischen ~** sur la scène politique; **sich in der ~ auskennen** connaître les endroits branchés
▶ **sich in ~ setzen** se mettre en scène
Szenenwechsel *m* THEAT changement *m* de décors
Szenerie [stsena'ri:] <-, -n> *f* ❶ THEAT décors *mpl*
❷ CINE, LITER décor *m*
❸ *(Landschaft, Umgebung)* décor *m*, cadre *m*
szenisch ['stse:nɪʃ] *Adj* scénique; **die ~e Leitung** THEAT la direction scénique
Szepter ['stsɛptɐ] *s.* Zepter

T t

T, t [te:] <-, -> *nt* T *m/t m*
▶ **T wie Theodor** t comme Thérèse
t *Abk von* **Tonne** t
Tabak ['tabak, 'ta:bak] <-s, -e> *m* tabac *m*
Tabakbau *m kein Pl* AGR culture *f* du tabac **Tabakernte** *f* récolte *f* du tabac **Tabakindustrie** *f* industrie *f* du tabac **Tabakladen** *m* bureau *m* de tabac **Tabakpflanze** *f* plante *f* de tabac **Tabakplantage** *f* plantation *f* de tabac
Tabaksbeutel *m* blague *f* à tabac **Tabaksdose** *f* tabatière *f* **Tabakspfeife** *f* pipe *f* à tabac
Tabaksteuer *f* taxe *f* sur le tabac **Tabaksteuererhöhung** *f* augmentation *f* de la taxe sur le tabac **Tabakwaren** *Pl* tabac *m*
tabellarisch [tabɛ'la:rɪʃ] *Adj, Adv* sous forme de tableau
Tabelle [ta'bɛlə] <-, -n> *f* ❶ *(Liste)* tableau *m*
❷ SPORT classement *m*
Tabellenform *f* **in ~** sous forme de tableau **Tabellenführer(in)** *m(f)* leader *m* du classement; **~ werden/sein** prendre la tête/être en tête du classement **Tabellenkalkulation** *f* INFORM, MATH tableur *m* **Tabellenkalkulationsprogramm** *nt* INFORM tableur *m* **Tabellenplatz** *m* place *f* du classement **Tabellenstand** *m kein Pl* SPORT classement *m*
Tabernakel [tabɛr'na:kəl] <-s, -> *nt o m* tabernacle *m*
Tablar ['tabla:ɐ] <-s, -e> *nt* CH rayon *m*
Tablett [ta'blɛt] <-[e]s, -s *o* -e> *nt* plateau *m*
▶ **jdm etw auf einem silbernen ~ servieren** apporter qc à qn sur un plateau [d'argent]
Tablette [ta'blɛtə] <-, -n> *f* comprimé *m*, cachet *m*
Tablettenmissbrauch[RR] *m* pharmacomanie *f* **Tablettensucht** *f* pharmacodépendance *f* **tablettensüchtig** *Adj* pharmacodépendant(e)
tabu [ta'bu:] *Adj unv* **~ sein** être tabou *inv*
Tabu <-s, -s> *nt geh* tabou *m*
Tabubruch *m* rupture *f* de tabou
tabuisieren* [tabui'zi:rən] *tr V* tabouiser *(rare)*; **tabuisiert werden** être tabou
Tabula rasa[RR] ▶ **~ machen** faire place nette

Tabulator [tabu'la:toːɐ] <-s, -toren> m tabulateur m
Tabulator-Taste f touche f Tabulation
Tacheles ['taxələs] ▸ **mit jdm ~ reden** fam dire ses quatre vérités à qn (fam); **jetzt werden wir zwei mal ~ reden!** maintenant on va s'expliquer tous les deux!
tachinieren itr V A fam (faulenzen) fainéanter
Tacho ['taxo] <-s, -s> m fam Abk von **Tachometer** compteur m
Tachometer m o nt compteur m de vitesse
Tachometerstand m AUT kilométrage m
Tadel ['ta:dəl] <-s, -> m ① (Ermahnung, Vorwurf) réprimande f ② geh (Makel) **ohne ~ sein** être irréprochable
tadellos I. Adj irréprochable; Aussprache, Beherrschung impeccable II. Adv sich benehmen de façon irréprochable; gekleidet impeccablement
tadeln ['ta:dəln] tr V blâmer; **jdn für sein Verhalten** [o **wegen seines Verhaltens**] ~ réprimander qn pour [o à cause de] son comportement; ~**d** réprobateur(-trice), de réprobation
tadelnswert Adj blâmable
Tadschike [ta'dʒi:kə] <-n, -n> m, **Tadschikin** f Tadjik mf
tadschikisch Adj tadjik
Tadschikistan [ta'dʒi:kista(:)n] <-s> nt le Tadjikistan
Taekwondo [tɛkvɔn'doː] <-> nt taekwendo m
Tafel ['ta:fəl] <-, -n> f ① (Wandtafel) tableau m
② (Schiefertafel) ardoise f
③ (Gedenktafel) plaque f
④ (rechteckiges Stück) **eine ~ Schokolade** une tablette de chocolat
⑤ (Bildtafel) planche f
⑥ form (Tisch, Festtafel) table f
Tafelberg m GEOL mesa f
tafelfertig Adj GASTR prêt(e) à servir **Tafelgeschirr** nt service m de table
Tafelklassler(in) <-s, -> m(f) A fam (Schulanfänger) élève mf de CP
tafeln itr V geh banqueter
täfeln ['tɛːfəln] tr V lambrisser
Tafelobst nt fruits mpl de table **Tafelrunde** f geh tablée f **Tafelsilber** nt argenterie f
Täfelung <-, -en> f ① (Verkleidung) lambris m
② kein Pl (das Täfeln) lambrissage m
Tafelwasser nt eau f minérale **Tafelwein** m vin m de table
Taft [taft] <-[e]s, -e> m taffetas m
Taftkleid nt robe f en [o de] taffetas
Tag [taːk] <-[e]s, -e> m ① jour m; **es wird ~** le jour se lève; **es ist ~** il fait jour; **bei ~** [o **e**] **de jour; noch bei ~ ankommen** arriver avant la nuit; [**bei**] **~ und Nacht** jour et nuit, nuit et jour; **eines** [**schönen**] **~es** un [beau] jour; **~ für ~** jour après jour; **von ~ zu ~** de jour en jour; **von einem ~ auf den anderen** du jour au lendemain; **guten ~!** bonjour!; **~!** fam 'jour! (fam)
② (Tagesverlauf) journée f; **am ~** [pendant] la journée; **mehrmals am ~** plusieurs fois dans la journée; **den ganzen ~** [lang] toute la journée; **das war heute wieder ein ~!** fam eh bien, quelle journée!
③ (Datum) jour m; **am ~ seiner Rückkehr** le jour de son retour; **bis zum heutigen ~** jusqu'à aujourd'hui; **bis in unsere ~e hinein** de nos jours [o aujourd'hui] encore; **auf den** [**genau**] **au jour près; heute ist es auf den ~ genau drei Jahre her, dass** ça fait aujourd'hui trois ans jour pour jour que; **der ~ X** le jour J
④ (Gedenktag) **der ~ der Arbeit** la fête du travail; **der ~ der deutschen Einheit** la journée de la réunification
⑤ MIN **über ~** à ciel ouvert; **unter ~** en sous terre
⑥ Pl euph fam (Menstruation) **sie hat ihre ~e** elle a ses règles
⑦ REL **der ~ des Herrn** le jour du Seigneur; **der Jüngste ~** le Jugement dernier
▸ **es ist noch nicht aller ~e Abend** Spr. tout peut encore changer; **man soll den ~ nicht vor dem Abend loben** Spr. il ne faut pas crier victoire trop tôt; **~ der offenen Tür** journée f portes ouvertes; **auf seine/meine/… alten ~e** sur ses/mes/… vieux jours; **jd hat schon bessere ~e gesehen** qn a fait son temps; **ewig und drei ~e** hum fam cent sept ans; **sich** (Dat) **einen faulen** [o **schönen**] **~ machen** se prendre du bon temps; **jdm** [**schnell**] **guten ~ sagen** passer dire [un petit] bonjour à qn; **viel reden, wenn der ~ lang ist** fam raconter tout et n'importe quoi; **morgen ist auch** [**noch**] **ein ~!** demain il fera jour!; **seinen sozialen ~ haben** avoir [o être dans] son jour de bonté; **etw an den ~ bringen** faire [toute] la lumière sur qc; **seine/ihre ~e sind gezählt** ses jours sont comptés; **etw an den ~ kommen** éclater au grand jour; **in den ~ hinein leben** vivre au jour le jour; **etw an den ~ legen** faire preuve de qc; **dieser ~e** ces jours-ci; **jeden ~** chaque jour; (jederzeit) à tout moment
tagaus Adv ▸ **~, tagein** jour après jour
Tagebau <-baue> m ① (Anlage) mine f à ciel ouvert ② kein Pl (Abbauverfahren) **im ~** à ciel ouvert **Tagebuch** nt journal m

[intime]; **ein ~ führen** tenir un journal **Tagedieb(in)** m(f) pej fainéant(e) m(f) **Tagegeld** nt ① (Krankengeld) allocation f journalière de maladie ② (Spesenpauschale) indemnité f journalière [de déplacement]
tagein s. tagaus
tagelang I. Adj qui dure des jours entiers II. Adv [pendant] des journées entières, [durant] des jours entiers **Tagelohn** m salaire m journalier; **im ~** à la journée
Tagelöhner(in) <-s, -> m(f) journalier(-ière) m(f)
tagen ['ta:gən] I. itr V unpers geh **es tagt** le jour point II. itr V (konferieren) siéger; Komitee, Partei: tenir ses assises
Tagesablauf m emploi m du temps **Tagesanbruch** m **bei/nach ~** au lever/après le lever du jour **Tagesausflug** m excursion f d'une journée **Tagesbefehl** m MIL ordre m du jour
Tagescreme [-kreːm] f crème f de jour **Tagesdecke** f couvrelit m **Tageseinnahmen** Pl recette f journalière **Tagesfahrt** f excursion f d'une journée **Tagesgericht** nt plat m du jour
Tagesgeschäft nt affaires fpl courantes; (Aufgaben) tâches fpl quotidiennes **Tagesgeschehen** nt actualité f quotidienne
Tagesgespräch nt sujet m de discussion du jour **Tageskarte** f ① GASTR menu m du jour ② (Eintrittskarte) billet m [o ticket m] valable pour la journée **Tageskasse** f ① THEAT caisse f ouverte en journée ② (Tageseinnahme) recette f de la journée **Tageskurs** m cours m du jour **Tageslicht** nt kein Pl lumière f du jour; **bei ~** à la lumière du jour; **noch bei ~ nach Hause kommen** rentrer avant la [tombée de la] nuit
Tageslichtprojektor m rétroprojecteur m
Tageslohn m salaire m journalier; **im ~ arbeiten** travailler à la journée **Tagesmarsch** m ① (Marsch) marche f d'une journée ② (Strecke) journée f de marche **Tagesmutter** f nourrice f
Tagesnachrichten Pl ① PRESSE, TV (Meldungen) nouvelles fpl du jour ② TV (Sendung) journal m, actualités fpl; **in den ~ kam heute, dass …** aujourd'hui, ils ont parlé de … aux actualités **Tagesordnung** f ordre m du jour; **auf der ~ stehen** être [inscrit(e)] à l'ordre du jour ▸ **an der ~ sein** être monnaie courante; [**wieder**] **zur ~ übergehen** passer au point suivant
Tagesordnungspunkt m point m à l'ordre du jour; **wir kommen zum nächsten ~** nous passons au point suivant de l'ordre du jour
Tagesproduktion f kein Pl production f journalière **Tagesreise** f ① (Reise) voyage m d'une journée ② (Strecke) journée f de voyage **Tagessatz** m ① MED prix m de la journée ② JUR unité f d'amende (calculée au prorata des revenus journaliers) **Tagesschau** f **die ~** le journal de 20 heures

> **Land und Leute**
> Le **Tagesschau** est le journal d'informations nationales qui est diffusé tous les soirs à 20 heures sur la première chaîne de télévision nationale, *ARD*, depuis 1952.

Tagesumsatz m chiffre m d'affaires journalier **Tageswert** m FIN valeur f journalière [o du jour] **Tageszeit** f moment m de la journée ▸ **zu jeder Tages- und Nachtzeit** fam à toute heure du jour et de la nuit **Tageszeitung** f quotidien m

> **Land und Leute**
> Il existe en Allemagne plus de 400 **Tageszeitungen** différents et il s'en vend environ 30 millions d'exemplaires par jour. Les plus connus sont le *Bild-Zeitung*, le *Frankfurter Allgemeine Zeitung*, plus court *FAZ*, et le *Süddeutsche Zeitung*. En Autriche, les plus importants sont *Der Kurier, Der Standard* et *Die Presse* et en Suisse allemande *Der Tagesanzeiger* ainsi que le *Neue Zürcher Zeitung*.

tageweise ['ta:gəvaɪzə] Adv à la journée
Tagewerk nt kein Pl geh labeur m [quotidien] (littér)
Tagfalter m ZOOL papillon m diurne **Taggeld** CH s. **Tagegeld**
taghell I. Adj Beleuchtung comme en plein jour; **es ist ~** il fait grand jour II. Adv comme en plein jour
täglich ['tɛːklɪç] I. Adj quotidien(ne)
II. Adv quotidiennement
tags [taːks] Adv [dans] la journée
▸ **~ darauf/zuvor** le jour d'après/précédent
Tagsatzung f JUR A (Verhandlungstermin vor Gericht) jour m d'audience **Tagschicht** f équipe f de jour; **~ haben** être de jour
tagsüber Adv pendant la journée
tagtäglich I. Adj quotidien(ne) II. Adv tous les jours [sans exception] **Tagtraum** m rêve m éveillé
Tagundnachtgleiche <-n, -n> f équinoxe m
Tagung ['ta:gʊŋ] <-, -en> f ① (Fachtagung) congrès m; einer Partei, Gewerkschaft congrès m, assises fpl
② (Sitzung) session f, séance f
Tagungsort m lieu m du congrès **Tagungsteilnehmer(in)**

m(f) congressiste *mf*
Tagwache *f* MIL A *(das Aufwecken)* réveil *m* [militaire]
Tai-Chi [taɪˈtʃiː] <-[s]> *nt* taï chi *m*
Taifun [taɪˈfuːn] <-s, -e> *m* typhon *m*
Taiga [ˈtaɪga] <-> *f* taïga *f*
Taille [ˈtaljə] <-, -n> *f* taille *f*
Taillenweite *f* tour *m* de taille
tailliert [ta(l)ˈjiːɐt] *Adj* cintré(e)
Taiwan [ˈtaɪvan, taɪˈva(ː)n] <-s> *nt* Taïwan *m*
Taiwaner(in) [taɪˈvaːnɐ] *m(f)* Taïwanais(e) *m(f)*
taiwanisch *Adj* taïwanais(e)
Takelage [takəˈlaːʒə] <-, -n> *f* gréement *m*
takeln [ˈtaːkəln] *tr V* gréer
Takt [takt] <-[e]s, -e> *m* ❶ MUS mesure *f*, temps *m*; **aus dem ~ kommen** perdre le rythme; **jdn aus dem ~ bringen** faire perdre le rythme à qn
❷ *kein Pl (Feingefühl)* tact *m*
▶ **keinen ~ im Leibe haben** *fam* être un vrai mufle; **mit jdm ein paar ~e reden müssen** *fam* devoir mettre deux ou trois choses au point avec qn
Taktgefühl *nt* tact *m*, délicatesse *f*; **~ haben** avoir du tact
taktieren* *itr V* **geschickt ~** procéder habilement, user d'une habile tactique
Taktik [ˈtaktɪk] <-, -en> *f* tactique *f*; **mit etw eine bestimmte ~ verfolgen** suivre une certaine tactique avec qc
Taktiker(in) [ˈtaktikɐ] <-s, -> *m(f)* tacticien(ne) *m(f)*
taktisch I. *Adj* tactique
II. *Adv* **vorgehen** tactiquement; **klug** d'un point de vue tactique; **~ richtig handeln** employer la bonne tactique; **das wäre ~ falsch** ce serait une erreur tactique
taktlos I. *Adj* dénué(e) de tact
II. *Adv* sans [le moindre] tact
Taktlosigkeit <-, -en> *f* ❶ *kein Pl (taktlose Art)* manque *m* de tact
❷ *(Verhalten, Äußerung)* indélicatesse *f*
Taktstock *m* baguette *f* [de chef d'orchestre] **Taktstrich** *m* MUS barre *f* de mesure
taktvoll I. *Adj* plein(e) de tact
II. *Adv* avec tact
Tal [taːl, *Pl:* ˈtɛːlə] <-[e]s, **Täler** *nt* vallée *f*; **zu ~ gehen** dans la vallée
talabwärts *Adv* dans la vallée; **~ fließen** couler dans la vallée
Talar [taˈlaːɐ] <-s, -e> *m* toge *f*
talaufwärts *Adv* **~ gehen/wandern** remonter la vallée
Talent [taˈlɛnt] <-[e]s, -e> *nt (Begabung, begabter Mensch)* talent *m*; **~/kein ~ haben** avoir du/manquer de talent; **musikalisches ~ haben** avoir du talent pour la musique; **ein besonderes ~ für Fremdsprachen haben** avoir un talent particulier pour les langues
talentiert [talɛnˈtiːɐt] I. *Adj Person* qui a du talent, talentueux(-euse); **ein ~er Redner** un brillant rhétoricien; **~ sein** avoir du talent
II. *Adv* avec talent; **etw sehr ~ tun** faire qc avec beaucoup de talent
Taler [ˈtaːlɐ] <-s, -> *m* thaler *m*
Talfahrt *f* ❶ *(Abwärtsfahrt)* descente *f* dans la vallée
❷ *(Niedergang) eines Unternehmens* effondrement *m*; *einer Währung* dégringolade *f (fam)*
Talg [talk] <-[e]s, -e> *m* ❶ PHYSIOL sébum *m*
❷ GASTR suif *m*
Talgdrüse *f* glande *f* sébacée
Talisman [ˈtaːlɪsman] <-s, -e> *m* talisman *m*, grigri *m*
Talje [ˈtaljə] <-, -n> *f* NAUT palan *m*
Talk [talk] <-[e]s> *m* talc *m*
talken [ˈtɔkən] *itr V fam* ≈ causer
Talkessel *m* GEOG cuvette *f*
Talkmaster(in) [ˈtɔːkmaːstɐ] <-s, -> *m(f)* animateur(-trice) *m(f)* de talk-show
Talkpuder *s.* Talkum
Talkshow[RR] [ˈtɔːkʃɔu] <-, -s> *f* talk-show *m*
Talkum [ˈtalkʊm] <-s> *nt* talc *m*
Talmi [ˈtalmi] <-s> *nt* pacotille *f*
Talmigold *nt* simili[-]or *m*
Talmud [ˈtalmuːt] <-[e]s, -e> *m* ❶ *kein Pl (Schriftensammlung)* **der ~** le Talmud
❷ *(Buch)* talmud *m*
Talon <-s, -s> *m* FIN talon *m*
Talschaft <-, -en> *f* CH *(Territorium)* vallée *f*
Talsohle *f* ❶ GEOG fond *m* de vallée ❷ *(Tiefstand)* creux *m* de la vague **Talsperre** *s.* Staudamm **Talstation** *f* station *f* aval
Tamagotchi [tamaˈɡɔtʃi] <-s, -s> *m o nt* tamagotchi *m*
Tamarinde [tamaˈrɪndə] <-, -n> *f* ❶ *(Baum)* tamarinier *m*
❷ *(Frucht)* tamarin *m*
Tamariske [tamaˈrɪskə] <-, -n> *f* tamaris *m*
Tambour [ˈtambuːɐ, tamˈbuːɐ] <-en, -en> *m* CH [joueur *m* de] tambour *m*
Tamburin [ˈtamburiːn] <-s, -e> *nt* tambourin *m*
Tampon [ˈtampɔn, tamˈpoːn, tãˈpɔ̃ː] <-s, -s> *m* tampon *m*
Tamtam [tamˈtam] <-s, -s> *nt* ❶ MUS tam-tam *m*
❷ *kein Pl fam (Aufheben)* tam-tam *m*; **ein großes ~ um jdn/etw veranstalten** faire tout un tam-tam autour de qn/qc
TAN [tan] <-, -s> *f Abk von* **Transaktionsnummer** INFORM, FIN numéro *m* de transaction; **eine ~ eingeben** taper un numéro de transaction
Tand [tant] <-[e]s> *m* brimborions *mpl (vieilli)*
Tändelei [tɛndəˈlaɪ] <-, -en> *f* ❶ *(Spielerei)* badinage *m*
❷ *veraltet (Flirt)* batifolage *m*
tändeln [ˈtɛndəln] *itr V* badiner; **mit jdm ~** badiner avec qn
Tandem [ˈtandɛm] <-s, -s> *nt* tandem *m*; [**mit einem**] **~ fahren** faire du tandem
Tandler(in) [ˈtandlɐ] <-s, -> *m(f)* A *fam* brocanteur(-euse) *m(f)*
Tang [taŋ] <-[e]s, -e> *m* varech *m*
Tanga [ˈtaŋɡa] <-s, -s> *m* slip *m* tanga *f*
Tangens [ˈtaŋɡɛns] <-, -> *m* MATH tangente *f*
Tangente [taŋˈɡɛntə] <-, -n> *f* ❶ MATH tangente *f*
❷ *(Straße)* rocade *f*
tangential [taŋɡɛnˈtsiaːl] *Adj* MATH tangentiel(le)
tangieren* [taŋˈɡiːrən] *tr V geh* ❶ *(streifen)* effleurer
❷ *(betreffen)* toucher; **das tangiert mich nicht** cela ne me concerne pas
Tango [ˈtaŋɡo] <-s, -s> *m* tango *m*
Tank [taŋk] <-s, -s> *m* ❶ *(Benzintank)* réservoir *m*
❷ *(Flüssigkeitsbehälter)* citerne *f*; *(klein)* cuve *f*
❸ MIL *veraltet* tank *m*
Tankdeckel *m* bouchon *m* de réservoir
tanken I. *itr V* ❶ *(Kraftstoff auffüllen)* prendre de l'essence; **beim Tanken** en prenant de l'essence
❷ *sl (Alkohol trinken)* [**ganz schön**] **getankt haben** avoir bien éclusé *(pop)*
II. *tr V* ❶ **zehn Liter/Super bleifrei ~** prendre dix litres [d'essence]/du super sans plomb
❷ *fig fam* **frische Luft/neue Kraft ~** faire le plein d'air frais/d'énergie; **etwas Sonne ~** prendre un peu le soleil
Tanker <-s, -> *m* pétrolier *m*, tanker *m*
Tankfüllung *f* plein *m* **Tankinhalt** *m* contenance *f* du réservoir **Tanklaster** *m*, **Tanklastzug** *m* camion-citerne *m* **Tanksäule** *f* pompe *f* [à essence] **Tankschiff** *nt* bateau-citerne *m* **Tankstelle** *f* station-service *f* **Tankuhr** *f* jauge *f* d'essence **Tankverschluss**[RR] *m* ❶ *(Verschluss eines Tanks)* bouchon *m* de citerne [*o* de cuve] ❷ *s.* Tankdeckel **Tankwagen** *m* camion-citerne *m* **Tankwart(in)** [-vart] *m(f)* pompiste *mf*
Tanne [ˈtanə] <-, -n> *f* sapin *m*
Tannenbaum *m* ❶ *(Weihnachtsbaum)* sapin *m* [de Noël] ❷ *fam (Tanne)* sapin *m* **Tannennadel** *f* aiguille *f* de sapin **Tannenwald** *m* forêt *f* de sapins **Tannenzapfen** *m* cône *m* de sapin
Tannin [taˈniːn] <-s> *nt* ta[n]nin *m*
Tansania [tanˈzaːnia, tanzaˈniːa] <-s> *nt* la Tanzanie
Tantalusqualen [ˈtantalʊs-] *Pl geh* ▶ **~ leiden** souffrir le supplice de Tantale
Tante [ˈtantə] <-, -n> *f* ❶ *(Verwandte)* tante *f*
❷ *pej fam (Frau)* bonne femme *f (fam)*
Tante-Emma-Laden *m fam* petite épicerie *f* [du coin]
Tantieme [tãˈtieːmə] <-, -n> *f meist Pl* ❶ *(Gewinnbeteiligung)* tantième *m*
❷ *(Autorenhonorar)* droits *mpl* d'auteur
Tanz [tants, *Pl:* ˈtɛntsə] <-es, **Tänze**> *m* ❶ danse *f*; **jdn zum ~ auffordern** inviter qn à danser
❷ *(Tanzveranstaltung)* bal *m*
❸ *fam (Auseinandersetzung)* engueulade *f (fam)*; **jdm einen ~ machen** passer une engueulade à qn *(fam)*
▶ **ein ~ auf dem Vulkan** un jeu dangereux; **das ist ein ~ auf dem Vulkan** c'est de la dynamite
Tanzabend *m* soirée *f* dansante **Tanzbein** ▶ **das ~ schwingen** *hum fam* danser [la gigue] **Tanzcafé** *nt* café *m* dansant
Tänzchen <-s, -> *nt Dim von* **Tanz** petite danse *f*; **ein ~ wagen** *hum* dansoter *(fam)*
tänzeln [ˈtɛntsəln] *itr V* ❶ + *haben Boxer:* sautiller; *Pferd:* piaffer
❷ + *sein (gehen)* **in das Zimmer ~** sautiller dans la pièce
tanzen I. *itr V* ❶ + *haben* danser; **~** [*o* **zum Tanzen**] **gehen** aller danser
❷ + *sein (sich tanzend bewegen)* **durch den Saal ~** danser à travers la salle
❸ + *haben (sich heftig bewegen)* **auf etw** *(Dat) Boot:* danser sur qc; *Gläser, Würfel:* trembler sur qc
II. *tr V* + *haben* danser *Walzer, Tango*
Tänzer(in) [ˈtɛntsɐ] <-s, -> *m(f)* ❶ *(tanzender Mensch, Ballettänzer)* danseur(-euse) *m(f)*; **ein guter/schlechter ~ sein** être [un] bon/mauvais danseur

❷ *(Tanzpartner)* cavalier(-ière) *m(f)*
tänzerisch I. *Adj Darbietung* de danse; **sein/ihr ~es Können** ses talents de danseur/danseuse; **eine hervorragende ~e Leistung** une remarquable prestation dansée
II. *Adv* au niveau de la danse
Tanzfläche *f* piste *f* [de danse] **Tanzgruppe** *f (Volkstanzgruppe)* groupe *m* folklorique **Tanzkapelle** *f* orchestre *m* [de danse] **Tanzkurs** *m* cours *m* de danse **Tanzlehrer(in)** *m(f)* professeur *mf* de danse **Tanzlokal** *nt* dancing *m* **Tanzmusik** *f* musique *f* de danse **Tanzorchester** *nt* orchestre *m* de danse **Tanzpartner(in)** *m(f)* cavalier(-ière) *m(f)* **Tanzschule** *f* école *f* de danse **Tanzstunde** *f* ❶ *kein Pl (Tanzkurs)* leçon *f* de danse ❷ *(Unterrichtsstunde)* cours *m* de danse **Tanztee** *m (Veranstaltung)* thé *m* dansant **Tanzturnier** *nt* concours *m* de danse
Taoismus [tao'ɪsmʊs] <-> *m* taoïsme *m*
Tapet [taˈpeːt] ► **etw aufs ~ bringen** *fam* mettre qc sur le tapis; **aufs ~ kommen** *fam* revenir sur le tapis
Tapete [ta'peːtə] <-, -n> *f* papier *m* peint, tapisserie *f*
Tapetenbahn *f* lé *m* **Tapetenkleister** *m* colle *f* à tapisser **Tapetenmuster** *nt* motif *m* de papier peint **Tapetenrolle** *f* rouleau *m* de papier peint **Tapetenwechsel** [-ks-] *m fam* changement *m* d'air; **einen ~ brauchen** avoir besoin de changer d'air
tapezieren* *tr V* tapisser
Tapezierer(in) <-s, -> *m(f)* tapissier(-ière) *m(f)*
tapfer ['tapfɐ] I. *Adj* ❶ *(kämpferisch) Person* brave, courageux(-euse); *Verhalten, Widerstand* courageux(-euse)
❷ *(beherrscht)* courageux(-euse); **~ sein** faire preuve de courage
II. *Adv* ❶ *(kämpferisch)* avec bravoure, vaillamment *(littér)*
❷ *(beherrscht)* courageusement, avec courage
Tapferkeit <-> *f* bravoure *f*
Tapioka [ta'pioːka] <-> *f* tapioca *m*
Tapir ['taːpiːɐ̯] <-s, -e> *m* tapir *m*
tappen ['tapən] *itr V* ❶ + *sein (schwerfällig gehen)* avancer à tâtons; **durch den Raum ~** avancer à tâtons à travers la pièce
❷ + *haben veraltet (tasten)* **nach etw ~** chercher qc en tâtonnant
täppisch ['tɛpɪʃ] *Adj pej* empoté(e) *(fam)*
tapsen ['tapsən] *s.* tappen
tapsig *fam* I. *Adj* pataud(e); **~e Schritte** des pas lourds [*o* maladroits]
II. *Adv* de façon pataude
Tara ['taːra] <-, **Taren**> *f* tare *f*
Tarantel [ta'rantəl] <-, -n> *f* tarentule *f*
► **sie fuhr hoch wie von der ~ gestochen** *fam* elle sursauta comme si une mouche l'avait piquée
Tarif [taˈriːf] <-[e]s, -e> *m* ❶ *(Lohntarif, Gehaltstarif)* accord *m* salarial, barème *m;* **nach/über ~ bezahlt werden** être rémunéré(e) au tarif/au-dessus du tarif des conventions collectives; **laut ~** selon barème
❷ *(Steuertarif)* tarif *m*, barème *m*
Tarifabschluss^RR *m* accord *m* sur les salaires **Tarifautonomie** *f* autonomie *f* des partenaires sociaux **Tarifgruppe** *f* groupe *m* tarifaire; **jdn in eine höhere/niedrigere ~ einstufen** classer qn dans un échelon tarifaire supérieur/inférieur **Tarifkommission** *f* commission *f* tarifaire **Tarifkonflikt** *m* conflit *m* tarifaire
tariflich I. *Adj* conforme à la convention collective, tarifaire
II. *Adv* par convention collective
Tariflohn *m* salaire *m* contractuel **Tarifpartei** *f* partenaire *m* social, partie *f* [prenante] à une convention collective **Tarifpartner(in)** *m(f)* partenaire *mf* social(e) **Tarifpolitik** *f* politique *f* tarifaire **Tarifrecht** *nt kein Pl* législation *f* applicable aux conventions collectives **Tarifrunde** *f* négociations *fpl* salariales **Tarifsystem** *nt* système *m* salarial **Tarifvereinbarung** *f* accord *m* salarial; *(Tarifvertrag)* convention *f* collective **Tarifverhandlungen** *Pl* négociations *fpl* sur la convention collective **Tarifvertrag** *m* convention *f* collective; **einen ~ aushandeln** négocier une convention collective
Tarnanstrich *m* peinture *f* de camouflage **Tarnanzug** *m* tenue *f* de camouflage
tarnen ['tarnən] I. *tr V* camoufler; **illegale Geschäfte als Entwicklungshilfe ~** camoufler des affaires illégales en coopération; **als Waschsalon getarnt sein** *Spielhölle:* avoir pour couverture une laverie
II. *r V* ❶ MIL **sich ~ se** camoufler
❷ *(sich ausgeben)* **sich als etw ~** se camoufler en qc
Tarnfarbe ['tarn-] *f* peinture *f* de camouflage **Tarnfirma** *f* couverture *f* **Tarnkappe** *f* heaume *m* qui rend invisible **Tarnname** *m* nom *m* d'emprunt [*o* de guerre]
Tarnung <-, -en> *f* ❶ *kein Pl (das Tarnen, Tarnvorrichtung)* camouflage *m*
❷ *(falsche Identität)* nom *m* de camouflage
Tarock [ta'rɔk] <-s, -s> *m o nt* DIAL tarot *m* à trois
Täschchen <-s, -> *nt Dim von* Tasche pochette *f*
Tasche ['taʃə] <-, -n> *f* ❶ *(Hosentasche, Jackentasche)* poche *f;* **etw in die ~ stecken** mettre qc dans sa poche
❷ *(Handtasche, Einkaufstasche)* sac *m*
► **in die eigene ~ wirtschaften** *fam* se remplir les poches; **etw in die eigene ~ stecken** *fam* empocher qc; **etw aus der eigenen ~ bezahlen** payer qc de sa poche; **etw [schon] in der ~ haben** *fam* avoir [déjà] qc en poche; **jdm auf der ~ liegen** *fam* vivre aux crochets de qn; **sich** *(Dat)* **in die ~ lügen** se bercer d'illusions, se raconter des histoires; **jdn in die ~ stecken** *fam* mettre qn dans sa poche
Taschenbuch *nt* livre *m* de poche; **als ~ erscheinen** être édité(e) en [livre de] poche **Taschenbuchausgabe** *f* édition *f* de poche **Taschendieb(in)** *m(f)* pickpocket *mf* **Taschenformat** *nt* format *m* de poche **Taschengeld** *nt* argent *m* de poche **Taschenkalender** *m* agenda *m* de poche **Taschenkrebs** *m* tourteau *m* **Taschenlampe** *f* lampe *f* de poche **Taschenmesser** *nt* couteau *m* de poche, canif *m* **Taschenrechner** *m* calculette *f,* calculatrice *f* de poche **Taschenschirm** *m* parapluie *m* télescopique **Taschenspiegel** *m* miroir *m* de poche
Taschenspielertrick *m pej* tour *m* de passe-passe
Taschentuch *nt* mouchoir *m* **Taschenuhr** *f* montre *f* de poche [*o* de gousset] **Taschenwörterbuch** *nt* dictionnaire *m* de poche
Tässchen^RR, **Täßchen**^ALT <-s, -> *nt Dim von* Tasse ❶, ❷ petite tasse *f*
Tasse ['tasə] <-, -n> *f* ❶ tasse *f*
❷ *(Mengenangabe)* **eine ~ Kaffee/Tee** une tasse de café/thé
► **nicht alle ~n im Schrank haben** *fam* avoir une case vide *(fam);* **trübe ~** *fam* bonnet *m* de nuit
Tastatur [tasta'tuːɐ̯] <-, -en> *f* clavier *m*
Tastatursperre *f* verrouillage *m* du clavier; **die ~ einschalten** [*o* **aktivieren**] activer le verrouillage du clavier
Taste ['tastə] <-, -n> *f* touche *f;* **auf die ~n hauen** [*o* **hämmern**] taper sur les touches
► **[mächtig] in die ~n greifen** faire sonner les accords
tasten ['tastən] I. *itr V* chercher à tâtons; **nach etw ~** chercher qc à tâtons; **das Tasten** MED la palpation
II. *r V* **sich zur Tür ~** avancer en tâtonnant vers la porte
III. *tr V* ❶ *(fühlen)* **etw ~** sentir qc en palpant
❷ *(eingeben, eintasten)* taper, composer
Tastendruck *m kein Pl* pression *f* [sur une touche] **Tasteninstrument** *nt* instrument *m* à clavier **Tastensperre** *f* verrouillage *m* des touches; **die ~ einschalten** [*o* **aktivieren**] activer le verrouillage des touches **Tastentelefon** *nt* téléphone *m* à touches
Tastsinn *m kein Pl* toucher *m*
tat [taːt] *Imp von* tun
Tat <-, -en> *f* ❶ *(Handlung)* acte *m;* **eine gute ~** une bonne action; **eine ~ der Nächstenliebe** un acte de charité; **zur ~ schreiten** passer aux actes [*o* à l'action]; **etw in die ~ umsetzen** mettre qc à exécution
❷ *(kämpferische Handlung)* action *f,* fait *m* d'armes
❸ *(Straftat)* délit *m;* **kriminelle ~** acte *m* criminel
► **jdn auf frischer ~ ertappen** prendre qn en flagrant délit [*o* sur le fait]; **in der ~** effectivement
Tatar [ta'taːɐ̯] <-s, -> *nt* [steak *m*] tartare *m*
Tatar(in) <-en, -en> *m(f)* Tartare *mf*
Tatbestand *m* ❶ *(Sachlage)* état *m* de fait; *(Fakten)* faits *mpl* ❷ JUR éléments *mpl* constitutifs **Tateinheit** *f kein Pl* JUR concours *m* [idéal] d'infractions
Tatendrang *m kein Pl geh* besoin *m* d'activité
tatenlos I. *Adj* inactif(-ive), passif(-ive)
II. *Adv* sans rien faire
Täter(in) ['tɛːtɐ] <-s, -> *m(f)* coupable *mf;* **ein unbekannter ~** un malfaiteur non identifié
Täterschaft <-> *f* culpabilité *f;* **jdm der ~ beschuldigen** imputer la responsabilité [du délit] à qn
tätig ['tɛːtɪç] *Adj* ❶ *(berufstätig)* **alle in diesem Unternehmen ~en Sekretärinnen** toutes les secrétaires employées dans cette entreprise; **als Buchhalter/in einer kleinen Firma ~ sein** être employé(e) [*o* travailler] comme comptable/dans une petite entreprise
❷ *(aktiv, rührig) Person* actif(-ive); **im Haushalt/Garten ~ sein** s'occuper du ménage/travailler au jardin; **~e Hilfe leisten** aider activement
❸ JUR *form* **in einer Angelegenheit ~ werden** intervenir dans une affaire
tätigen ['tɛːtɪɡən] *tr V form* effectuer *Einkäufe;* passer, donner *Anruf;* conclure, réaliser *Abschluss, Geschäft, Handel*
Tätigkeit <-, -en> *f* ❶ *(Aktivität)* activité *f;* *(Berufstätigkeit)* activité [professionnelle]; **eine ~ ausüben** exercer une activité [professionnelle]
❷ *kein Pl (das Funktionieren) eines Organs* activité *f*
Tätigkeitsbereich *m* domaine *m* d'activité[s] **Tätigkeitsbericht** *m* rapport *m* d'activité **Tätigkeitsform** *f* GRAM voix *f*

active, actif m **Tätigkeitswort** nt GRAM verbe m
Tatkraft f kein Pl dynamisme m, énergie f
tatkräftig I. Adj dynamique, énergique
II. Adv activement
tätlich ['tɛ:tlɪç] I. Adj Angriff, Beleidigung dégénérant(e) en voie de fait; **gegen jdn ~ werden** se livrer à des voies de fait sur qn
II. Adv avec voie de fait
Tätlichkeiten Pl voies fpl de fait
Tatmotiv nt mobile m [du crime] **Tatort** m lieu m du crime
tätowieren* tr V tatouer; **man hat ihm einen Stern auf den Rücken tätowiert** on lui a tatoué une étoile sur le dos
Tätowierung <-, -en> f tatouage m
Tatsache f fait m; **vollendete ~n schaffen** créer un fait accompli; **jdn vor vollendete ~n stellen** mettre qn devant le fait accompli; **vor vollendeten ~n stehen** se trouver devant le fait accompli; **~ ist, dass wir sparen müssen** le fait est que nous sommes obligés de faire des économies; **~?** fam c'est vrai? (fam); **~!** comme je te/vous le dis! (fam)
Tatsachenbericht m reportage m
tatsächlich ['ta:tsɛçlɪç, ta:t'zɛçlɪç] I. Adj attr Erlebnis, Ereignis, Geschehnis réel(le); Grund, Ursache véritable
II. Adv ❶ (in Wirklichkeit) en réalité
❷ (wirklich) réellement, vraiment; **sie hat ~ gewonnen!** elle a effectivement gagné!; **~?** vraiment?, réellement?
tätscheln ['tɛtʃəln] tr V tapoter [affectueusement], donner une tape affectueuse à
Tattergreis(in) ['tatɐ-] m(f) pej fam vieux gâteux m/vieille gâteuse f
Tatterich ['tatərɪç] m fam **den ~ bekommen/haben** être pris(e) de tremblote/avoir la tremblote (fam)
tatt[e]rig Adj fam qui a la tremblote (fam); **~ werden/sein** être pris(e) de tremblote/avoir la tremblote [o sucrer les fraises] (fam)
Tattoo [tɛ'tu:, ta'tu:] <-s, -s> m o nt tatouage m
Tatumstand m JUR circonstance f de fait; **erschwerender/mildernder ~** circonstance aggravante/atténuante **Tatverdacht** m présomption f de culpabilité; **unter ~ stehen** form être présumé(e) coupable; **er wurde unter ~ verhaftet** il a été arrêté en tant que présumé coupable **tatverdächtig** Adj présumé(e) coupable **Tatverdächtige(r)** f(m) dekl wie Adj coupable mf présumé(e) **Tatwaffe** f arme f du crime
Tatze ['tatsə] <-, -n> f ❶ ZOOL patte f
❷ fam (Hand) patoche f (fam)
Tatzeit f heure f du crime
Tau¹ [tau] <-[e]s> m METEO rosée f
Tau² <-[e]s, -e> nt NAUT cordage m
taub [taup] Adj ❶ (gehörlos) sourd(e); **auf einem Ohr ~ sein** être sourd(e) d'une oreille; **bist du/sind Sie ~?** fam tu es/vous êtes sourd(e)?
❷ (gefühllos) Finger, Arm, Bein insensible
❸ (leer) Ähre vide; Nuss creux(-euse)
▶ **sich ~ stellen** faire la sourde oreille
Täubchen <-s, -> nt ❶ Dim von **Taube** pigeonneau m, petit pigeon m
❷ (Kosewort) **mein ~** ma colombe
Taube ['taubə] <-, -n> f a. POL pigeon m
▶ **die gebratenen ~n fliegen einem nicht ins Maul** Spr. les alouettes ne lui/nous/… tombent pas toutes rôties [dans le bec]
Taube(r) f(m) dekl wie Adj sourd(e) m(f)
taubenblau Adj bleu-gris inv **Taubenei** nt œuf m de pigeon
taubengrau Adj gris bleu inv; **~e Socken** des chaussettes gris bleu **Taubenschlag** m pigeonnier m **bei uns/ihnen geht es zu wie im ~** fam ça circule comme dans un moulin chez nous/eux
Tauber ['taubɐ] <-s, ->, **Täuber** <-s, ->, **Täuberich** <-s, -e> m pigeon m mâle
Taubheit <-> f ❶ (Gehörlosigkeit) surdité f
❷ (Empfindungslosigkeit) von Gliedmaßen insensibilité f
Taubnessel f ortie f rouge [o blanche] **taubstumm** Adj sourd(e)-muet(te) **Taubstumme(r)** f(m) dekl wie Adj sourd-muet m/sourde-muette f **Taubstummensprache** f kein Pl langage m gestuel des sourds-muets
tauchen ['tauxən] I. itr V ❶ + haben o sein plonger; **~ lernen/können** apprendre à faire/savoir faire de la plongée; **nach jdm/etw ~** plonger à la recherche de qn/qc
❷ + sein (untertauchen) U-Boot: plonger, s'immerger
❸ + sein (auftauchen) **aus dem Wasser ~** émerger [de l'eau]; **wieder an die Oberfläche ~** refaire surface
II. tr V + haben ❶ **die Feder/Hand in etw** (Akk) **~** plonger la plume/main dans qc
❷ (untertauchen) **jdn/etw ins Wasser ~** plonger qn/qc dans l'eau, immerger qn/qc
Tauchen <-s> nt plongée f
Taucher(in) <-s, -> m(f) plongeur(-euse) m(f)
Taucheranzug m combinaison f de plongée, scaphandre m **Taucherbrille** f lunettes fpl de plongée **Taucherglocke** f cloche f à plongeur **Taucherhelm** m casque m de plongée **Tauchermaske** f masque m de plongée
Tauchsieder ['-zi:dɐ] <-s, -> m thermoplongeur m **Tauchstation** f ▶ **auf ~ gehen** fam disparaître de la circulation (fam)
Tauchtiefe f profondeur f de plongée
tauen ['tauən] I. itr V unpers + haben dégeler; **es taut** il dégèle
II. itr V + sein Eis, Schnee: fondre; **von den Dächern ~ Eis:** fondre sur les toits
Taufbecken nt fonts mpl baptismaux
Taufe ['taufə] <-, -n> f baptême m; **ein Kind aus der ~ heben** tenir un enfant sur les fonts baptismaux
▶ **etw aus der ~ heben** fam fonder qc
taufen ['taufən] tr V ❶ baptiser; **jdn auf den Namen Marc ~** baptiser qn du nom de Marc; **sich ~ lassen** se faire baptiser
❷ (nennen) **seinen Hund Otto ~** baptiser son chien Otto
Täufer ['tɔyfɐ] <-s, -> m REL **Johannes der ~** saint Jean-Baptiste
Taufkapelle f baptistère m **Taufkleid** nt robe f de baptême
Täufling ['tɔyflɪŋ] <-s, -e> m enfant mf qui reçoit le baptême
Taufname m nom m de baptême **Taufpate** m, **-patin** f parrain m/marraine f **Taufregister** nt registre m des baptêmes
taufrisch ['tau'frɪʃ] Adj geh humide de rosée
▶ **nicht mehr [ganz] ~ sein** ne plus être [vraiment] de première jeunesse
Taufschein m extrait m de baptême **Taufstein** m REL fonts mpl baptismaux
taugen ['taugən] itr V **etwas ~** Person: être bon(ne) à quelque chose; Sache: valoir quelque chose; **nichts ~** Person: n'être bon(ne) à rien; Sache: ne rien valoir; **nicht viel ~** Sache: ne pas valoir grand chose; **als Putzlappen ~** faire l'affaire comme chiffon
Taugenichts ['taugənɪçts] <-[es], -e> m pej propre m à rien
tauglich Adj ❶ Bewerber qui convient, approprié(e); **für etw ~ sein** Gegenstand, Material: convenir pour qc, être approprié(e) à qc
❷ (wehrdiensttauglich) apte [au service militaire], bon(ne) pour le service
Tauglichkeit <-> f ❶ eines Materials caractère m approprié
❷ (Wehrdiensttauglichkeit) aptitude f [au service militaire]
Taumel ['taumǝl] <-s> m ❶ (Schwindelgefühl) vertige m
❷ (Überschwang) ivresse f
▶ **wie im ~** comme pris(e) de vertige
taumelig Adj ❶ Gang, Schritt chancelant(e)
❷ (benommen) **~ werden/sein** être pris(e) d'un/avoir un vertige
taumeln ['taumǝln] itr V + sein chanceler; **vor Müdigkeit ~** tituber de fatigue; **du taumelst ja!** tu titubes!
taumlig s. taumelig
Tausch [tauʃ] <-[e]s, -e> m échange m; **etw in ~ geben** donner qc en échange; **jdm] etw zum ~ anbieten** proposer qc en échange [à qn]; **etw im ~ gegen** [o **für**] **etw erhalten** recevoir qc en échange de qc; **keinen guten/schlechten ~ machen** ne pas gagner/perdre au change
Tauschbörse f INFORM bourse f d'échange en ligne
tauschen ['tauʃən] I. tr V échanger Münzen, Comics, Blicke, Küsse; **etw gegen etw ~** échanger qc contre qc
II. itr V faire un échange; **prinzipiell nicht ~** ne pas faire de troc en principe
▶ **mit niemandem ~ mögen** ne pas vouloir échanger avec personne
täuschen ['tɔyʃən] I. tr V tromper; **sich von jdm/etw nicht ~ lassen** ne pas se laisser tromper par qn/qc; **wenn mich nicht alles täuscht** sauf erreur de ma part, si je ne m'abuse
II. r V **sich ~** (sich irren) se tromper, faire erreur; (sich falsche Vorstellungen machen) se leurrer; **sich in jdm/etw ~** se tromper sur qn/dans qc; **sich in seinen Hoffnungen getäuscht sehen** voir ses espoirs déçus
III. itr V tromper, induire en erreur; **das täuscht** c'est trompeur
täuschend I. Adj trompeur(-euse)
II. Adv **jdm ~ ähnlich sehen** ressembler à s'y méprendre à qn; **sich** (Dat) **~ ähnlich sehen** se ressembler à s'y méprendre (littér)
Tauschgeschäft nt troc m; **mit jdm ~e/ein ~ machen** faire du troc avec qn **Tauschhandel** m ❶ kein Pl (das Handeln) [commerce m de] troc m ❷ s. Tauschgeschäft **Tauschobjekt** nt objet m de troc
Täuschung <-, -en> f ❶ (Betrug) tromperie f; (beim Examen) fraude f; **arglistige ~** acte m dolosif, dol m; **vorsätzliche ~** escroquerie f; **zur ~** pour tromper, fallacieusement
❷ (Wahrnehmungsstörung) **optische ~** illusion f d'optique
❸ (Irrtum) erreur f; **sich einer ~** (Dat) **hingeben** faire erreur, se fourvoyer (littér)
Täuschungsmanöver [-vɐ] nt feinte f **Täuschungsversuch** m tentative f de fraude [o de tricherie]
Tauschwert m kein Pl valeur f d'échange **Tauschwirtschaft** f kein Pl ÖKON économie f de troc

tausend ['taʊzənt] *Num* ❶ mille; einige [*o* ein paar] ~ Euro quelques milliers de euros; **ich wette ~ zu eins, dass sie gewinnen wird!** *fam* je parie cent contre un qu'elle gagnera!
❷ *fam (viele)* mille, [tout] un tas de *(fam)*; ~ **Vorwürfe zu hören bekommen** être accablé(e) d'une kyrielle de reproches *(fam)*
Tausend[1] <-, -en> *f (die Zahl 1000)* mille *m*
Tausend[2] <-s, -e *o* -> *nt* ❶ *kein Pl (Einheit à tausend Stück)* millier *m*; **drei vom ~** trois pour mille
❷ *Pl (große Anzahl)* milliers *mpl*; **~e Zuschauer** [*o* **von Zuschauern**] des milliers de spectateurs
Tausender ['taʊzəndɐ] <-s, -> *m* ❶ HIST *fam (Tausendmarkschein)* billet *m* de mille marks
❷ MATH millier *m*
tausenderlei ['taʊzəndə'laɪ] *Adj unv fam* mille et mille, tout un tas de *(fam)*
tausendfach I. *Adj* mille fois
II. *Adv* mille fois; **anfertigen** en mille exemplaires; *s. a.* **achtfach**
Tausendfüßler [-fy:slɐ] <-s, -> *m* mille-pattes *m*, scolopendre *f*
Tausendjahrfeier *f* millénaire *m*
tausendjährig *Adj attr* ❶ *(tausend Jahre alt)* millénaire
❷ *(tausend Jahre dauernd)* de mille ans; **Bestehen, Existenz** qui remonte à mille ans
tausendmal *Adv* ❶ mille fois
❷ *fam (vielmals)* mille fois, des tas et des tas de fois *(fam)*
Tausendmarkschein *m* HIST billet *m* de mille marks
Tausendsassa <-s, -[s]> *m* touche-à-tout *mf inv*
Tausendschönchen <-s, -> *nt* BOT amarante *f*
tausendste(r, s) *Adj* millième
Tausendste(r) *f(m) dekl wie Adj* millième *mf*; **als ~** en millième position; **sie kam als ~ an die Reihe** elle a été la millième à passer
Tausendstel <-s, -> *nt* millième *m*
tausendundeine(r, s) *Adj* mille et un(e)
tausend[und]eins *Num* mille un
Tautologie [taʊtolo'gi:] <-, -n> *f* tautologie *f*
Tautropfen ['taʊ-] *m* goutte *f* de rosée **Tauwerk** *nt kein Pl* cordages *mpl* **Tauwetter** *nt a. fig* dégel *m*; **bei ~** en cas de dégel
Tauziehen *nt* ❶ SPORT tir *m* à la corde
❷ *fig* bras *m* de fer
Taverne [ta'vɛrnə] <-, -n> *f* taverne *f*
Taxameter [taksa'me:tɐ] <-s, -> *m* taximètre *m*, compteur *m*
Taxator [ta'ksa:tɔʁ] <-s, -toren> *m*, **Taxatorin** *f form* commissaire-priseur(-euse) *m(f)*
Taxcard ['tɛkska:ɐ̯t] <-, -s> *f* CH carte *f* de téléphone
Taxe ['taksə] <-, -n> *f* ❶ *(Kurtaxe)* taxe *f* de séjour
❷ *(Schätzwert)* estimation *f*
❸ DIAL *s.* **Taxi**
Taxi ['taksi] <-s, -s> *nt* taxi *m*; **~ fahren** *(als Taxifahrer arbeiten)* travailler comme chauffeur de taxi; [**sich** *(Dat)*] **ein ~ nehmen** prendre un taxi
taxieren* *tr V* ❶ *(schätzen)* évaluer, estimer **Grundstück, Gemälde; den Wert einer S.** *(Gen)* estimer la valeur de qc, évaluer qc; **die Höhe/Länge auf zwei Meter ~** évaluer [*o* estimer] la hauteur/la longueur à deux mètres
❷ *fam (betrachten, mustern)* jdn [**abschätzig**] **~** jauger qn [d'un air méprisant]
Taxifahrer(in) *m(f)* chauffeur *m* de taxi, taxi *m (fam)* **Taxifahrt** *f* course *f* en taxi **Taxistand** *m* station *f* de taxis **Taxizentrale** *f* compagnie *f* de taxis
Taxkarte *f* CH carte *f* de téléphone **Taxwert** ['taksvɛːɐ̯t] *m* valeur *f* estimée
Tb[c] [te:'be:, te:be:'tse:] <-> *f Abk von* **Tuberkulose** tuberculose *f*
Tb[c]-krank [te:'be:-, te:be:'tse:-] *Adj* tuberculeux(-euse)
Teakholz ['ti:k-] *nt kein Pl* [bois *m* de] teck *m*
Team [ti:m] <-s, -s> *nt* équipe *f*; **im ~** en équipe
Teamarbeit ['ti:m-] *f* travail *m* d'équipe [*o* en équipe]; **in ~** en équipe **teamfähig** *Adj* capable de travailler en équipe **Teamgeist** *m kein Pl* esprit *m* d'équipe **Teamwork** ['ti:mwœːk] *s.* **Teamarbeit**
Technik ['tɛçnɪk] <-, -en> *f* ❶ *kein Pl (Technologie)* technique *f*
❷ *kein Pl (technische Ausstattung)* équipement *m* [technique]; **eines Autos, einer Maschine** technologie *f*
❸ *(Spieltechnik, Maltechnik)* technique *f*; **eine gute ~ haben** avoir une bonne technique
❹ *kein Pl (Abteilung)* services *mpl* techniques
Techniker(in) ['tɛçnikɐ] <-s, -> *m(f)* ❶ technicien(ne) *m(f)*
❷ *fam (versierter Fachmann)* spécialiste *mf*
Technikum ['tɛçnikʊm] <-s, **Technika** *o* **Techniken**> *nt* ≈ école *f* technique
technisch I. *Adj* technique
II. *Adv* sur le plan technique
technisieren* *tr V* moderniser, techniciser
Technisierung <-, -en> *f* mécanisation *f*
Techno ['tɛkno] <-[s]> *nt o m* techno *f*

Technokrat(in) [tɛçno'kra:t] <-en, -en> *m(f)* technocrate *mf*
Technokratie <-> *f* technocratie *f*
Technologe <-n, -n> *m*, **Technologin** *f* technologue *mf*, technologiste *mf*
Technologie <-, -n> *f* technologie *f*
Technologiepark *m* parc *m* technologique, technopole *m* **Technologietransfer** <-s, -s> *m* transfert *m* technologique
technologisch *Adj* technologique
Techtelmechtel [tɛçtəl'mɛçtəl] <-s, -> *nt* flirt *m*
Teddy ['tɛdi] <-s, -s> *m*, **Teddybär** ['tɛdi-] *m* ours *m* en peluche, nounours *m (enfantin)*
Tee [te:] <-s, -s> *m* ❶ thé *m*; [**schwarzer**] **~** thé *m* [noir]; **~ kochen** [*o* **machen**] faire du thé; **jdm/sich einen ~ kochen** [*o* **machen**] faire un thé à qn/se faire un thé
❷ *(Kräutertee)* infusion *f*, tisane *f*
❸ *(Teestrauch)* thé[ier] *m*
▶ **abwarten und ~ trinken** *fam* [il faut] attendre et voir venir

Land und Leute
Les Allemands boivent beaucoup de thé noir, **Schwarztee**, ou de la tisane, **Kräutertee**, que ce soit le matin au petit-déjeuner, dans la journée ou le soir avec le *Abendbrot*. On utilise aussi beaucoup les tisanes comme préparations médicinales contre les rhumes, les grippes, les quintes de toux, les maux de ventre, la nervosité, etc.

Teebeutel *m* sachet *m* de thé; **ein ~ mit Kamillentee** un sachet de camomille **Teeblatt** *nt meist Pl* feuille *f* de thé **Tee-Ei** *nt* boule *f* à thé **Teegebäck** *nt* [petits] gâteaux *mpl* secs **Teeglas** *nt* verre *m* à thé **Teekanne** *f* théière *f* **Teekessel** *m* bouilloire *f* **Teelicht** *nt* bougie *f* à chauffe-plat **Teelöffel** *m* ❶ petite cuillère *f* ❷ *(Menge)* **einen ~ Zucker zufügen** ajouter une cuillerée [*o* cuillère] à café de sucre
Teen [ti:n] <-s, -s> *m*, **Teenager** ['ti:neɪdʒɐ] <-s, -> *m* teenager *mf*
Teenie ['ti:ni] <-s, -s> *m fam* teenager *mf*, ado *m (fam)*
Teer [te:ɐ̯] <-[e]s, -e> *m* goudron *m*
teeren ['te:rən] *tr V* ❶ goudronner **Straße**
❷ HIST **jdn ~ und federn** passer qn au goudron et à la plume
Teerose *f* rose-thé *f*
Teerpappe *f* carton *m* goudronné
Teeservice [-zɛrvi:s] *nt* service *m* à thé **Teesieb** *nt* passoire *f* à thé, passe-thé *m* **Teestrauch** *m* BOT théier *m* **Teestube** *f* salon *m* de thé **Teetasse** *f* tasse *f* à thé **Teewagen** *m* table *f* roulante **Teewurst** *f* pâté à tartiner légèrement fumé
Teflon® <-s> *nt* téflon® *m*
Teich [taɪç] <-[e]s, -e> *m* étang *m*
Teichrose *f* nénuphar *m* [jaune]
Teig [taɪk] <-[e]s, -e> *m* pâte *f*
teigig ['taɪgɪç] *Adj* ❶ **Brot, Kuchen** pâteux(-euse)
❷ *(voller Teig)* **Hände** plein(e) de pâte
❸ *(schwammig)* pâle et bouffi(e)
Teigwaren *Pl* pâtes *fpl* [alimentaires]
Teil[1] [taɪl] <-[e]s, -e> *m o nt* ❶ *(Bruchteil)* partie *f*; **die Aufgabe war zum größten ~ richtig gelöst** le problème était en grande partie correctement résolu; **sie waren zum größten ~ einverstanden** ils étaient d'accord pour la plupart
❷ *(Anteil)* part *f*; **zu gleichen ~en** à parts égales; **ich für meinen/wir für unseren ~** en ce qui me/nous concerne, quant à moi/nous; **seinen ~ zu etw beitragen** apporter sa contribution à qc; **seinen ~ dazu beitragen, dass etw getan wird** contribuer à ce que qc se fasse
❸ *(Teilbereich)* **eines Gebäudes, einer Ortschaft** partie *f*
▶ **ein gut ~** *fam* **gehören, mitverschulden** une bonne part; **beitragen** pour une bonne part; **sich** *(Dat)* **sein ~ denken** ne pas en penser moins; **zum ~** *(teils)* en partie; *(gelegentlich)* occasionnellement
Teil[2] <-[e]s, -e> *nt* ❶ *eines Bausatzes, Geräts* pièce *f*
❷ *sl (Ding)* engin *m (fam)*
Teilabschnitt *m* section *f*; **ein noch im Bau befindlicher ~** un tronçon encore en construction **Teilansicht** *f* vue *f* partielle
teilbar ['-ba:ɐ̯] *Adj* ❶ MATH divisible; **durch zehn ~ sein** être divisible par dix
❷ *(aufteilbar)* **in verschiedene Stücke ~ sein** être divisible en différents morceaux
Teilbarkeit <-> *f* divisibilité *f*
Teilbereich *m* partie *f* **Teilbetrag** *m* versement *m* partiel
Teilchen ['taɪlçən] <-s, -> *nt* ❶ *Dim von* **Teil**[2] ❶ petit morceau *m*, fragment *m*
❷ PHYS particule *f*
❸ DIAL *(Gebäckstück)* pâtisserie *f*
Teilchenbeschleuniger <-s, -> *m* PHYS accélérateur *m* de particules
teilen I. *tr V* ❶ *(aufteilen)* partager; [**sich** *(Dat)*] **etw mit jdm ~** se partager qc avec qn; **die Schwestern haben das Geld unter sich**

(Dat) **geteilt** les sœurs ont partagé l'argent entre elles
❷ MATH **etw durch vier ~** diviser qc par quatre
❸ *(mitfühlen)* **Freude/Trauer mit jdm ~** prendre part à la joie/tristesse de qn; **das Schicksal der Geschwister ~** subir le même sort que ses frères et sœurs
II. *r V* ❶ **sich in Gruppen** *(Akk)* **~** se séparer en groupes
❷ *(sich gabeln)* **sich ~ Weg:** se séparer, se diviser
III. *itr V* partager; **~ lernen** apprendre à partager
Teiler *s.* **Divisor**
Teilerfolg ['taɪl-] *m* succès *m* partiel **Teilergebnis** *nt* résultat *m* partiel **Teilgebiet** *nt* secteur *m*, branche *f* **teil|haben** *itr V unreg* prendre part; **an etw** *(Dat)* **~** prendre part à qc, s'associer à qc
Teilhaber(in) <-s, -> *m(f)* associé(e) *m(f)*; **jdn zum ~ machen** prendre qn pour associé, associer qn; **als ~ eintreten** entrer en qualité d'associé
teilkaskoversichert *Adj* assuré(e) au tiers collision **Teilkaskoversicherung** *f* assurance *f* au tiers collision
Teilmenge *f* MATH sous-ensemble *m* **teilmöbliert** *Adj* partiellement meublé(e)
Teilnahme ['-naːmə] <-, -n> *f* ❶ *(Beteiligung)* participation *f*; **~ an etw** *(Dat)* participation *f* à qc
❷ *geh (Mitgefühl)* sympathie *f*, compassion *f (soutenu)*; **seine ~ aussprechen** présenter ses condoléances
❸ *geh (Interesse)* intérêt *m*
Teilnahmegebühr *f* frais *mpl* de participation
teilnahmslos ['taɪlnaːmsloːs] I. *Adj* indifférent(e)
II. *Adv* avec indifférence; **völlig ~** avec une complète indifférence
Teilnahmslosigkeit [-loːzɪçkaɪt] <-> *f* indifférence *f*
teilnahmsvoll *Adj* compatissant(e)
teil|nehmen *itr V unreg (mitmachen, Anteil nehmen)* participer; **an etw** *(Dat)* **~** participer à qc
Teilnehmer(in) <-s, -> *m(f)* ❶ participant(e) *m(f)*; **an etw** *(Dat)* participant à qc; **die ~ an dieser Veranstaltung** les gens présents à cette manifestation
❷ *(Telefoninhaber)* abonné(e) *m(f)*
teils [taɪls] *Adv* en partie; **~ regnet es, ~ schneit es** tantôt il pleut, tantôt il neige; **~, ~** *fam* oui et non
Teilstrecke *f* section *f*; **in ~ en errichtet werden** être construit(e) par tronçons **Teilstrich** *m* trait *m* de graduation **Teilstück** *nt* *s.* **Teilstrecke**
Teilung <-, -en> *f* ❶ *kein Pl (das Aufteilen)* partage *m*
❷ *(geteilter Zustand)* division *f*
Teilungsartikel *m* LING article *m* partitif
teilweise [-vaɪzə] I. *Adv* partiellement
II. *Adj attr* partiel(le)
Teilzahlung *f* paiement *m* échelonné; **etw auf ~ kaufen** acheter qc à crédit [*o* à tempérament]; **bei ~** en cas de paiements échelonnés
Teilzeitarbeit *f* travail *m* à temps partiel **teilzeitbeschäftigt** *Adj* employé(e) à temps partiel **Teilzeitbeschäftigte(r)** *f(m) dekl wie Adj* employé(e) *m(f)* à temps partiel **Teilzeitbeschäftigung** *f* activité *f* [*o* travail *m*] à temps partiel **Teilzeitkraft** *f meist Pl* main d'œuvre *f* à temps partiel
Tein [teˈiːn] <-s> *nt* théine *f*
Teint [tɛ̃ː] <-s, -s> *m (Gesichtsfarbe)* teint *m*; *(Gesichtshaut)* peau *f*
tektonisch [tɛkˈtoːnɪʃ] *Adj* GEOL tectonique
Telearbeit ['teːla-] *f* télétravail *m*, travail *m* télépendulaire **Telearbeiter(in)** *m(f)* INFORM manutentionnaire *mf* **Telearbeitsplatz** *m* bureau *m* virtuel **Telebrief** *m* télécopie transmise par la poste **Telefax** ['teːlafaks] *nt* fax *m*
Telefaxanlage *f* télécopieur *m* **Telefaxanschluss**[RR] *m* ligne *f* de fax [*o* de télécopie]
telefaxen I. *tr V* envoyer par télécopie; **etw ~** envoyer qc par télécopie
II. *itr V* envoyer une télécopie
Telefaxgerät *nt* fax *m* **Telefaxpapier** *nt* papier *m* pour télécopieur
Telefon ['teːləfoːn, teleˈfoːn] <-s, -e> *nt* téléphone *m*; **~ haben** avoir le téléphone

Land und Leute
Généralement, les germanophones se présentent au **Telefon** en donnant leur nom de famille, comme par exemple : « Maier ! ». Ils utilisent aussi « Hallo ! » ou « Ja bitte ? » mais ils préfèrent quand même savoir dès le début de la conversation téléphonique à qui ils ont affaire. Lorsqu'on est chez quelqu'un, que le téléphone sonne et que la personne chez qui l'on se trouve (par exemple Mme Maier) ne peut pas décrocher, il n'est pas impoli de prendre l'appel pour elle. On se présente alors de la façon suivante : « Bei Maier ! ». Dans les pays germanophones, sachez que les numéros de téléphone se dictent chiffre par chiffre.

Telefonanlage *f* installation *f* téléphonique **Telefonanruf** *m* appel *m* téléphonique **Telefonanschluss**[RR] *m* ligne *f* téléphonique **Telefonapparat** *m* appareil *m* téléphonique, téléphone *m*
Telefonat [telefoˈnaːt] <-[e]s, -e> *nt form* communication *f* téléphonique; **ein ~ führen** téléphoner
Telefonauskunft *f kein Pl* renseignements *mpl* téléphoniques; **rufen Sie die ~ an!** appelez les renseignements! **Telefonbanking** <-s> *nt* banque *f* par téléphone **Telefonbuch** *nt* annuaire *m* [téléphonique] **Telefongebühr** *f meist Pl* taxe *f* téléphonique **Telefongespräch** *nt* conversation *f* téléphonique; **ein ~ führen** téléphoner; **ein ~ nach Tokio** une communication [téléphonique] avec Tokyo; **ihre stundenlangen ~e regen mich auf** ça m'énerve, toutes ces heures qu'elle passe au téléphone **Telefonhäuschen** [-hɔɪsçən] *nt* cabine *f* téléphonique **Telefonhörer** *m* combiné *m* [du téléphone]
Telefonie [telefoˈniː] <> *f* TELEC téléphonie *f*
telefonieren* *itr V* téléphoner; **mit jdm/ins Ausland ~** téléphoner à qn/à l'étranger; **beim Telefonieren brauche ich Ruhe** quand je téléphone, j'ai besoin qu'on me laisse tranquille
telefonisch [teleˈfoːnɪʃ] I. *Adj Anfrage, Auskunft* téléphonique; *Beratung, Belästigung* par téléphone
II. *Adv* par téléphone
Telefonist(in) [telefoˈnɪst] <-en, -en> *m(f)* standardiste *mf*
Telefonkarte *f* carte *f* de téléphone **Telefonkette** *f* chaîne *f* téléphonique **Telefonkonferenz** *f* multiplexe *m* **Telefonleitung** *f* ligne *f* [téléphonique] **Telefonmarketing** *nt* démarchage *m* par téléphone **Telefonnetz** *nt* réseau *m* téléphonique **Telefonnummer** *f* numéro *m* de téléphone; **geheime ~** numéro sur [la] liste rouge **Telefonrechnung** *f* facture *f* de téléphone [*o* téléphonique] **Telefonschnur** *f* fil *m* du téléphone **Telefonseelsorge** *f* ≈ S.O.S Amitié *m* **Telefonsex** *m fam* téléphone *m* rose **Telefonüberwachung** *f* écoute *f* téléphonique **Telefonverbindung** *f* liaison *f* [téléphonique] **Telefonzelle** *f* cabine *f* téléphonique **Telefonzentrale** *f* central *m* téléphonique
telegen [teleˈgeːn] *Adj Person, Gesicht* télégénique
Telegraf [teleˈgraːf] <-en, -en> *m* télégraphe *m*
Telegrafenamt *nt* service *m* des télégraphes **Telegrafenmast** *m* poteau *m* télégraphique
Telegrafie [telegraˈfiː] <> *f* télégraphie *f*
telegrafieren* I. *itr V* envoyer un télégramme; [jdm] **~** envoyer un télégramme [à qn]; **jdm ~, dass/wann/...** télégraphier à qn que/quand/...
II. *tr V* jdm etw ~ télégraphier qc à qn
telegrafisch [teleˈgraːfɪʃ] I. *Adj* télégraphique, par télégramme
II. *Adv* télégraphiquement, par télégramme; **jdm ~ Geld anweisen** envoyer de l'argent à qn par mandat télégraphique
Telegramm [teleˈgram] <-s, -e> *nt* télégramme *m*
Telegrammadresse *f* adresse *f* télégraphique **Telegrammformular** *nt* formulaire *m* de télégramme **Telegrammgebühr** *f* tarif *m* des télégrammes **Telegrammstil** *m kein Pl* style *m* télégraphique; **im ~** en style télégraphique
Telegraph *s.* **Telegraf**
Telekarte *f* télécarte *f* **Telekolleg** ['teːləkɔlɛːk] *nt* télé-enseignement *m* **Telekommunikation** *f* télécommunications *fpl* **Telekopie** *f* télécopie *f* **Telekopierer** *m* télécopieur *m* **Telenovela** ['-novela] <-, -s> *f* TV feuilleton *m* télé **Teleobjektiv** *nt* téléobjectif *m*
Telepathie [telepaˈtiː] <> *f* télépathie *f*
telepathisch I. *Adj* télépathique, par télépathie
II. *Adv* par télépathie
Telephon[ALT] *s.* **Telefon**
Teleprompter® <-s, -> *m* [télé]prompteur *m*
Teleshopping [-ʃɔpɪŋ] <-s> *nt* téléachat *m*
Teleskop [teleˈskoːp] <-s, -e> *nt* télescope *m*
Telespiel *nt* jeu *m* vidéo
Teletext *m* TV télétexte *m*
Telex ['teːlɛks] <-, -e> *nt* télex *m*
telexen ['teːlɛksən] *tr V* télexer
Teller ['tɛlɐ] <-s, -> *m* ❶ assiette *f*; **flacher/tiefer ~** assiette plate/creuse
❷ *(Mengenangabe)* **ein ~ Brei** une assiette [*o* une assiettée] de bouillie
Tellergericht *nt* plat *m* **Tellerrand** *m fam* ▸ **über den ~ hinausschauen** aller chercher plus loin; **über den ~ nicht hinausschauen** ne pas voir plus loin que le bout de son nez **Tellerwäscher(in)** *m(f)* plongeur(-euse) *m(f)*
Tellur [tɛˈluːɐ] <-s> *nt* CHEM tellure *m*
Tempel ['tɛmpəl] <-s, -> *m* temple *m*
Tempeltänzerin *f* danseuse *f* du temple
Temperafarbe *f* couleur *f* à la détrempe
Temperament [tɛmp(ə)raˈmɛnt] <-[e]s, -e> *nt* tempérament *m*; **~ haben** avoir du tempérament
temperamentlos *Adj Person* sans tempérament; *Wesen*

temperamentvoll–Testament

mou(molle); ~ **sein** ne pas avoir de tempérament
temperamentvoll I. *Adj* plein(e) de tempérament, dynamique
 II. *Adv* avec ferveur; **sehr** ~ avec beaucoup de ferveur
Temperatur [tɛmpəra'tu:ɐ] <-, -en> *f* température *f*; [**erhöhte**] ~ **haben** avoir de la température; **bei erhöhter** ~ en cas de température
Temperaturanstieg *m* hausse *f* des températures **Temperaturkurve** *f* courbe *f* de température **Temperaturregler** *m* thermostat *m* **Temperaturrückgang** *m* baisse *f* des températures **Temperaturschwankung** *f meist Pl* variation *f* de température **Temperatursturz** *m* chute *f* des températures
temperieren* *tr V* chambrer *Rotwein;* **ein angenehm temperierter Raum** une pièce bien tempérée
Tempo¹ ['tɛmpo] <-s, -s *o* MUS **Tempi**> *nt* ❶ vitesse *f*; **mit hohem/niedrigem** ~ à grande/petite vitesse; **bei diesem** ~ à cette vitesse; **ein schnelleres** ~ **vorlegen** passer [à] la vitesse supérieure; ~ **!** *fam* et que ça saute! *(fam)*
 ❷ MUS tempo *m;* **das** ~ **angeben** donner le tempo
Tempo®² <-s, -s> *nt fam s.* **Tempotaschentuch**
Tempo-30-Zone [-'draɪsɪç-] *f* zone *f* de limitation à 30 km/h
Tempolimit *nt* limitation *f* de vitesse

Land und Leute

Dans les centres-villes allemands, la vitesse est limitée à 50 km/h, comme en France, mais dans toutes les zones résidentielles et semi-piétonnes, elle est limitée à 30 km/h. C'est ce que l'on appelle la *Dreißiger-Zone*. Sur les autoroutes, la vitesse n'est pas limitée, sauf sur certaines portions à problème où la **Tempolimit** se situe entre 110 et 120 km/h. Afin de contrôler la vitesse, des radars fixes sont installés aux endroits les plus dangereux pour les automobilistes. Mais il y a aussi des radars mobiles dont certaines stations de radio indiquent la position au jour le jour.

---

temporal [tɛmpo'ra:l] *Adj* de temps
Temporalsatz *m* GRAM [proposition *f*] subordonnée *f* de temps
temporär [tɛmpo'rɛ:ɐ] *geh* **I.** *Adj* temporaire
 II. *Adv* temporairement
Temposünder(in) *m(f) conducteur(-trice) en infraction pour excès de vitesse*
Tempotaschentuch *nt fam* kleenex® *m*
Tempus ['tɛmpʊs, *Pl:* 'tɛmpora] <-, Tempora> *nt* temps *m*
Tendenz [tɛn'dɛnts] <-, -en> *f* tendance *f*; **die** ~ **haben alles zu beschönigen** avoir tendance à tout embellir; **seine/ihre** ~ **zu Übertreibungen** sa tendance à exagérer; [**eine**] **steigende/fallende** ~ **haben** être à la hausse/baisse
tendenziell [tɛndɛn'tsjɛl] *Adj* tendanciel(le) *(rare)*; **eine ~ e Verbesserung/Verschlechterung** une tendance à l'amélioration/ l'aggravation
tendenziös [tɛndɛn'tsjø:s] *pej* **I.** *Adj* tendancieux(-euse)
 II. *Adv* tendancieusement
Tender ['tɛndɐ] <-s, -> *m* ❶ EISENBAHN tender *m*
 ❷ NAUT ravitailleur *m*
tendieren* *itr V* ❶ **zu Vorurteilen** ~ avoir tendance à avoir des préjugés; **zum Sozialismus** ~ avoir des tendances socialistes; **zu der Ansicht** ~, **dass** tendre à penser que + *indic;* **dazu** ~ **etw zu tun** être enclin(e) à faire qc
 ❷ *(sich entwickeln)* **nach unten/oben** ~ *Arbeitslosigkeit:* avoir tendance à baisser/augmenter; *Konjunktur:* tendre [*o* avoir tendance] à s'aggraver/s'améliorer; *Preise:* être orienté(e) à la baisse/ hausse
 ❸ BÖRSE **stärker/schwächer** ~ être orienté(e) à la hausse/baisse
Tenne ['tɛnə] <-, -n> *f* aire *f* de battage
Tennis ['tɛnɪs] <-> *nt* tennis *m;* ~ **spielen** jouer au tennis
Tennisball *m* balle *f* de tennis **Tenniscrack** [-krɛk] *m* as *m* du tennis **Tennishalle** *f* [court *m* de] tennis *m* couvert **Tennisplatz** *m* ❶ *(Anlage)* terrain *m* de tennis ❷ *(Spielfeld)* court *m* de tennis **Tennisschläger** *m* raquette *f* de tennis **Tennisschuh** *m* chaussure *f* de tennis **Tennisspiel** *nt* partie *f* de tennis **Tennisspieler(in)** *m(f)* joueur(-euse) *m(f)* de tennis **Tennisturnier** *nt* tournoi *m* de tennis
Tenor¹ ['te:no:ɐ] <-s> *m (Grundstimmung)* fond *m*, teneur *f*
Tenor² [te'no:ɐ, *Pl:* te'nø:rə] <-s, Tenöre> *m* MUS ❶ *(Sänger)* ténor *m*
 ❷ *kein Pl (Singstimme)* [voix *f* de] ténor *m*
Tensid [tɛn'zi:t] <-[e]s, -e> *nt* CHEM [agent *m*] tensioactif *m*
Tentakel [tɛn'ta:kəl] <-s, -> *m o nt* tentacule *m*
Tenue [tə'ny:] <-s, -s> *nt* CH tenue *f*
Teppich ['tɛpɪç] <-s, -e> *m* tapis *m*
 ► **auf dem** ~ **bleiben** *fig* avoir les pieds sur terre; **nun bleib aber mal auf dem** ~**!** reste sur terre! *(fam)*; **etw unter den** ~ **kehren** *fam* faire passer qc à l'as *(fam)*
Teppichboden *m* moquette *f*; **etw mit** ~ **auslegen** poser de la

moquette dans qc, moquetter qc **Teppichfliese** *f* dalle *f* de moquette **Teppichkehrer** <-s, -> *m,* **Teppichkehrmaschine** *f* balai *m* mécanique **Teppichklopfer** <-s, -> *m* tapette *f* [à tapis] **Teppichschaum** *m* shampooing *m* à moquette **Teppichstange** *f* barre *f* à battre les tapis
Termin [tɛr'mi:n] <-s, -e> *m* ❶ *(festgesetzte Uhrzeit)* rendez-vous *m;* **sich** *(Dat)* **einen** ~ **geben lassen** prendre rendez-vous; **einen** ~ **bei jdm/für etw haben** avoir rendez-vous chez qn/pour qc; **nicht zum festgesetzten** ~ **kommen** ne pas venir au rendez-vous
 ❷ *(festgesetztes Datum)* date *f*; **der letzte** ~ la date limite; **an feste** ~ **e gebunden sein** être tributaire de dates fixes; **etw auf einen späteren** ~ **verlegen** reporter qc à une date ultérieure
 ❸ *(Verhandlungstermin)* audience *f*
Terminal¹ ['tə:mɪnəl, 'tø:əminəl] <-s, -s> *nt* INFORM terminal *m*
Terminal² ['tə:mɪnəl, 'tø:əminəl] <-s, -s> *nt o m* AVIAT, NAUT terminal *m*
Terminbörse *f* BÖRSE marché *m* à terme **Termingeld** *nt* BÖRSE argent *m* à terme **termingemäß** *Adj, Adv* dans les délais **termingerecht** *Adj, Adv* dans les délais **Termingeschäft** *nt* BÖRSE opération *f* à terme **Terminkalender** *m* agenda *m*, carnet *m* de rendez-vous; **sie hat einen vollen** ~ elle a un carnet de rendez-vous bien rempli
terminlich I. *Adj* de rendez-vous, de date
 II. *Adv* en ce qui concerne les rendez-vous
Terminologie [tɛrminolo'gi:] <-, -n> *f* terminologie *f*
terminologisch [tɛrmino'lo:gɪʃ] *Adj* terminologique
Terminplan *m* planning *m* **Terminplaner** <-s, -> *m* agenda *m* **Terminplanung** *f* établissement *m* d'un planning **Terminüberschreitung** *m* JUR dépassement *m* d'un/du terme
Terminus ['tɛrminʊs, *Pl:* 'tɛrmini] <-, Termini> *m* terme *m*
Terminus technicus <- -, Termini technici> *m geh* terme *m* technique
Termite [tɛr'mi:tə] <-, -n> *f* termite *m*
Termitenhügel *m* termitière *f* **Termitenstaat** *m* colonie *f* de termites
Terpentin [tɛrpɛn'ti:n, tɛrpən'ti:n] <-s, -e> *nt o* A *m* ❶ térébenthine *f*
 ❷ *s.* **Terpentinöl**
Terpentinöl *nt* essence *f* de térébenthine
Terrain [tɛ'rɛ:] <-s, -s> *nt* terrain *m*
 ► **das** ~ **sondieren** *geh* tâter le terrain
Terrakotta [tɛra'kɔta] <-, -kotten> *f* terre *f* cuite
Terrarium [tɛ'ra:riʊm] <-s, -rien> *nt* terrarium *m*
Terrasse [tɛ'rasə] <-, -n> *f* terrasse *f*
terrassenförmig *Adj* en terrasse[s]
Terrassenhaus *nt* maison *f* en terrasse
Terrazzo [tɛ'ratso, *Pl:* tɛ'ratsi] <-s, Terrazzi> *m* granito® *m*
terrestrisch [tɛ'rɛstrɪʃ] *Adj* terrestre
Terrier ['tɛrie] <-s, -> *m* terrier *m*
Terrine [tɛ'ri:nə] <-, -n> *f* soupière *f*
territorial [tɛritori'a:l] *Adj* territorial(e)
Territorialheer *nt* armée *f* territoriale
Territorium [tɛri'to:riʊm] <-s, -rien> *nt* territoire *m*
Terror ['tɛro:ɐ] <-s> *m* ❶ *(Aktivitäten)* terrorisme *m,* actions *fpl* terroristes
 ❷ *(Furcht, Schrecken)* terreur *f*
 ❸ *(Schreckensregime)* régime *m* de terreur
 ❹ *sl (Ärger)* barouf *m (fam);* ~ **machen** faire du foin *(fam)*
Terrorabwehr *f* lutte *f* contre le terrorisme **Terrorakt** *m* acte *m* terroriste **Terroranschlag** *m* attentat *m* terroriste **Terrorbekämpfung** *f* lutte *f* antiterroriste **Terrorherrschaft** *f kein Pl* régime *m* de terreur
terrorisieren* *tr V* terroriser
Terrorismus [tɛro'rɪsmʊs] <-> *m* terrorisme *m*
Terrorismusbekämpfung *f* lutte *f* antiterroriste
Terrorist(in) [tɛro'rɪst] <-en, -en> *m(f)* terroriste *m(f)*
terroristisch *Adj* terroriste
Terrormethode *f* méthode *f* terroriste **Terrornetzwerk** *nt* réseau *m* terroriste **Terrorverdächtige(r)** *f(m) personne suspectée de terrorisme* **Terrorwarnung** *f* alerte *f* terroriste
Tertiär [tɛr'tsjɛ:ɐ] <-s> *nt* GEOL tertiaire *m*
tertiär [tɛr'tsjɛ:ɐ] *Adj* tertiaire
Terz [tɛrts] <-, -en> *f* MUS, SPORT tierce *f*
Terzett [tɛr'tsɛt] <-[e]s, -e> *nt* trio *m*
Tesafilm® *m* scotch® *m*
Tessin [tɛ'si:n] <-s> *nt* **das** ~ le Tessin; **ins** ~ **reisen** partir pour le Tessin
Test [tɛst] <-[e]s, -s *o* -e> *nt* test *m;* **einen** ~ **machen** *(durchführen)* faire un test; *(teilnehmen)* passer un test
Testament [tɛsta'mɛnt] <-[e]s, -e> *nt* ❶ testament *m;* **sein** ~ **machen** faire son testament; **ein** ~ **aufsetzen/eröffnen/vollstrecken** rédiger/ouvrir/exécuter un testament

② BIBL **das Alte/Neue ~** l'Ancien/le Nouveau Testament
▶ **sein ~ machen können** *fam* pouvoir numéroter ses abattis *(fam)*
testamentarisch [tɛstamɛnˈtaːrɪʃ] I. *Adj* testamentaire
II. *Adv* par testament
Testamentseröffnung *f* ouverture *f* du testament **Testamentsvollstrecker(in)** *m(f)* exécuteur(-trice) *m(f)* testamentaire
Testbild *nt* mire *f* [de réglage]
testen [ˈtɛstən] *tr V* tester; **jdn auf seine Ehrlichkeit ~** tester l'honnêteté de qn
Testfahrer(in) *m(f)* pilote *mf* d'essai **Testfrage** *f* question-test *f*
testieren* *tr V geh* attester [de] *(form)*; **jdm etw ~** attester [de] qc à qn *(form)*; **jdm ~, dass** certifier à qn que + *indic*
Testikel [tɛsˈtiːkəl] <-s, -> *m MED* testicule *m*
Testosteron [tɛstɔsteˈroːn] <-s, -e> *nt* testostérone *f*
Testperson *f* sujet *m* d'expérience **Testpilot(in)** *m(f)* pilote *mf* d'essai **Testreihe** *f* série *f* de tests **Testscreening**^RR [-ˈskriːnɪŋ] <-s, -s> *nt CINE* visionnage *m* **Teststrecke** *f* piste *f* d'essai **Testverfahren** *nt* méthode *f* de test
Tetanus [ˈtɛtanʊs, ˈteːtanʊs] <-, -> *m MED* tétanos *m*
Tetanusschutzimpfung *f* vaccination *f* antitétanique
Tetraeder [tetraˈʔeːdɐ] <-s, -> *nt* tétraèdre *m*
teuer [ˈtɔɪɐ] I. *Adj* ❶ cher(chère); **~ sein** être cher(chère), coûter cher; **jdm zu ~ sein** être trop cher(chère) pour qn; **ein sündhaft teures Geschenk** un cadeau hors de prix
❷ *geh (geschätzt)* cher(chère); **sie ist ihm [lieb und] ~** elle lui est chère; **mein Teurer/meine Teure** *hum* mon cher/ma chère
II. *Adv* cher; *anbieten* à un prix élevé; **immer ~ einkaufen** aller toujours dans des magasins chers; **sich** *(Dat)* **etw ~ bezahlen lassen** [se] faire payer cher qc
▶ **~ erkauft** chèrement payé(e); **etw ~ bezahlen müssen** payer cher qc; **jdn ~ zu stehen kommen** coûter cher à qn
Teuerung [ˈtɔɪərʊŋ] <-, -en> *f* hausse *f* des prix
Teuerungsrate *f* taux *m* d'inflation **Teuerungszulage** *f*, **Teuerungszuschlag** *m* indemnité *f* de vie chère
Teufel [ˈtɔɪfəl] <-s, -> *m* ❶ **kein** *Pl* diable *m*
❷ *(böser Mensch)* démon *m*
▶ **den ~ durch [o mit] Beelzebub austreiben** déshabiller Pierre pour habiller Paul; **der ~ steckt im Detail** ça cause sur des petites choses *(fam)*; **jdn in ~s Küche bringen** *fam* mettre qn dans de beaux draps; **in ~s Küche kommen** *fam* se fourrer dans le pétrin *(fam)*; **hinter etw** *(Dat)* **her sein wie der ~ hinter der armen Seele** *fam* faire des pieds et des mains pour avoir qc *(fam)*; **den ~ an die Wand malen** jouer les oiseaux de mauvais augure; **geh [o scher dich] zum ~!** *fam* fiche le camp! *(fam)*; **der ~ soll dich holen!** *fam* va au diable!; **hier/dort ist der ~ los** *fam* ici/là-bas, c'est la panique *(fam)*; **jdn zum ~ jagen [o schicken]** *fam* envoyer qn au diable *(fam)*; **auf ~ komm raus** *fam (koste es, was es wolle)* coûte que coûte; *(aus Leibeskräften)* de toutes mes/ses/leurs/... forces; **jdn reitet der ~** *fam* qn ne se sent plus *(fam)*; **des ~s sein** *fam* être cinglé(e) *(pop)*; **wenn man vom ~ spricht, kommt er** *Spr.* quand on parle du loup, on en voit la queue *(fam)*; **weiß der ~, ...!** *fam* ..., Dieu seul le sait!; **ich werde den ~ tun!** *fam* et puis quoi encore! *(fam)*; **jdn zum ~ wünschen** *fam* aimer bien envoyer qn au diable *(fam)*; **es müsste mit dem ~ zugehen, wenn ...** ce serait vraiment le diable si... *(fam)*; **pfui ~!** *fam* be[u]rk, c'est dégueulasse! *(fam)*; **wie der ~** *fam* comme un beau diable; **zum ~** *fam*, **~ noch mal!**, **~ aber auch!** *fam* bon sang!
Teufelei [tɔɪfəˈlaɪ] <-, -en> *f* mauvais tour *m*
Teufelsaustreibung *f* exorcisme *m* **Teufelskerl** *m fam* fonceur *m (fam)* **Teufelskreis** *m* cercle *m* vicieux **Teufelszeug** *nt pej fam* truc *m* infernal
teuflisch I. *Adj* diabolique
II. *Adv* ❶ de façon diabolique
❷ *fam (sehr)* rudement *(fam)*
Teutone [tɔɪˈtoːnə] <-n, -n> *m*, **Teutonin** *f HIST a. pej* Teuton(ne) *m(f)*
teutonisch [tɔɪˈtoːnɪʃ] *Adj pej* germanique
Text [tɛkst] <-[e]s, -e> *m* texte *m;* **den vollen ~ einer Rede veröffentlichen** publier un discours in extenso
▶ **jdn aus dem ~ bringen** faire perdre le fil à qn; **aus dem ~ kommen** perdre le fil; **weiter im ~!** *fam* la suite! *(fam)*
Textaufgabe *f* énoncé *m* [du problème] **Textbaustein** *m* bloc *m* de texte **Textbuch** *nt* livret *m* **Textdatei** *f INFORM* fichier-texte *m* **Textdichter(in)** *m(f)* parolier(-ière) *m(f);* *(Librettist)* librettiste *mf*
texten [ˈtɛkstən] I. *tr V* composer *Schlagertext;* écrire *Werbeslogan*
II. *itr V (in der Musikbranche)* être parolier(-ière); *(in der Werbebranche)* rédiger des textes [publicitaires]; **an seinem neuen Album ~** poser pour son prochain album
Texter(in) <-s, -> *m(f)* parolier(-ière) *m(f);* *(Werbetexter)* rédacteur(-trice) *m(f)* publicitaire

Texterfassung *f INFORM* saisie *f* [de texte]
textil [tɛksˈtiːl] *Adj* textile
Textilarbeiter(in) [tɛksˈtiːl-] *m(f)* employé(e) *m(f)* du textile **Textilfabrik** *f* usine *f* textile **Textilfaser** *f* fibre *f* textile
Textilien [tɛksˈtiːliən] *Pl* [matières *fpl*] textiles *mpl*
Textilindustrie *f* industrie *f* textile **Textilwaren** *Pl* textiles *mpl*
Textkritik *f* critique *f* de texte **Textmarker** [ˈ-markɐ] *m* surligneur *m* **Textstelle** *f* passage *m* **Textsystem** *s.* **Textverarbeitungssystem**
Textur <-, -en> *f CHEM, TECH* texture *f*
Textverarbeitung *f* traitement *m* de texte
Textverarbeitungsprogramm *nt* [programme *m* de] traitement *m* de texte **Textverarbeitungssystem** *nt* système *m* de traitement de texte
Textverständnis *nt* compréhension *f* écrite
Tezett [ˈteːtsɛt, teˈtsɛt] *nt* ▶ **bis ins [letzte] ~, bis zum ~** *fam* à fond, jusque dans les moindres détails
TH [teːˈhaː] <-, -s> *f Abk von* **Technische Hochschule** ≈ I.U.T. *m*
Thailand [ˈtaɪlant] *nt* la Thaïlande
Thailänder [ˈtaɪlɛndɐ] <-s, -> *m* ❶ Thaïlandais *m*
❷ *fam (thailändisches Lokal)* **zum ~ [essen] gehen** aller [manger] au restau thaïlandais *(fam)*
Thailänderin <-, -nen> *f* Thaïlandaise *f*
thailändisch [ˈtaɪlɛndɪʃ] I. *Adj* thaïlandais(e)
II. *Adv* **~ miteinander sprechen** discuter en thaïlandais; *s. a.* **deutsch**
Thailändisch <-[s]> *nt kein Art* thaïlandais *m;* **auf ~** en thaïlandais; *s. a.* **Deutsch**
Thailändische *nt dekl wie Adj* **das ~** le thaïlandais; *s. a.* **Deutsche**
Thallium [ˈtaliʊm] <-s> *nt CHEM* thallium *m;* **~ zählt zu den Schwermetallen** le thallium fait partie des métaux lourds
Theater [teˈaːtɐ] <-s, -> *nt* ❶ *(Gebäude, Schauspielkunst)* théâtre *m;* **ins ~ gehen** aller au théâtre; **~ spielen** faire du théâtre; **zum ~ gehen** se lancer dans le théâtre
❷ *fam (Aufheben)* comédie *f,* cinéma *m;* **[ein] ~ um etw machen** faire toute une histoire de qc
❸ *fam (Täuschung)* **~ spielen** faire du cinéma *(fam);* **das ist nur ~** c'est du cinéma *(fam)*
Theaterabonnement *nt* abonnement *m* au théâtre **Theateraufführung** *f* représentation *f* théâtrale **Theaterbesuch** *m* sortie *f* au théâtre **Theaterbesucher(in)** *m(f)* spectateur(-trice) *m(f)* **Theaterferien** *Pl THEAT* relâche *m* **Theaterkarte** *f* billet *m* [de théâtre] **Theaterkasse** *f* caisse *f* [du théâtre] **Theaterkritiker(in)** *m(f)* critique *mf* de théâtre [*o* dramatique] **Theaterprobe** *f* répétition *f* **Theaterstück** *nt* pièce *f* de théâtre
theatralisch [teaˈtraːlɪʃ] I. *Adj* théâtral(e)
II. *Adv* de façon théâtrale
Theismus [teˈɪsmʊs] <-> *m PHILOS* théisme *m*
Theke [ˈteːkə] <-, -n> *f (Wirtshaustheke)* bar *m;* *(Ladentisch)* comptoir *m*
Thema [ˈteːma, *Pl:* ˈteːmən] <-s, Themen *o selten* -ta> *nt* ❶ *(Gesprächsthema)* sujet *m;* **beim ~ bleiben** ne pas sortir du sujet; **das ~ wechseln** changer de sujet; **etw zum ~ machen** mettre qc à l'ordre du jour; **vom ~ abschweifen** s'écarter du sujet; **jdn vom ~ abbringen** écarter qn du sujet; **[das] ~ Nummer eins** le sujet numéro un; *(Sex)* la chose
❷ *(Gegenstand) eines Aufsatzes, Artikels* sujet *m;* **das ~ verfehlen** ne pas traiter le sujet
❸ *MUS* thème *m*
▶ **wir wollen das ~ begraben** mieux vaut parler d'autre chose; **für jdn kein ~ sein** être hors de question pour qn
Thematik [teˈmaːtɪk] <-> *f* domaine *m*
thematisch I. *Adj* thématique
II. *Adv* en ce qui concerne le sujet
thematisieren* *tr V* **etw ~** faire de qc un thème de discussion
Themen [ˈteːmən] *Pl von* **Thema**
Themse [ˈtɛmzə] <-> *f* **die ~** la Tamise
theokratisch *Adj inv POL* théocratique
Theologe [teoˈloːɡə] <-n, -n> *m*, **Theologin** *f* théologien(ne) *m(f)*
Theologie [teoloˈɡiː] <-, -n> *f* théologie *f*
theologisch I. *Adj* théologique
II. *Adv* d'un point de vue [*o* sur le plan] théologique; **~ interessiert sein** s'intéresser à la théologie
Theorem [teoˈreːm] <-s, -e> *nt* théorème *m*
Theoretiker(in) [teoˈreːtikɐ] <-s, -> *m(f)* théoricien(ne) *m(f)*
theoretisch I. *Adj* théorique; *Mathematik* abstrait(e), pur(e)
II. *Adv* théoriquement; **~ richtig sein** être juste en théorie
theoretisieren* *itr V* théoriser; **über etw** *(Akk)* **~** théoriser sur qc
Theorie [teoˈriː] <-, -n> *f* ❶ théorie *f;* **in der ~** en théorie, théoriquement; **das ist reine ~** c'est de la spéculation pure et simple
❷ *fam (theoretischer Fahrunterricht)* code *m* de la route

▶ graue ~ sein être de la théorie pure
Therapeut(in) [tera'pɔɪt] <-en, -en> m(f) thérapeute mf
Therapeutik [tera'pɔɪtɪk] <-> f MED thérapeutique f
therapeutisch I. Adj thérapeutique
  II. Adv sur le plan thérapeutique
Therapie [tera'piː] <-, -n> f thérapie f
Therapieplatz m einen ~ **suchen/finden** chercher/trouver un psychothérapeute
Thermalbad [tɛr'maːl-] nt ❶ (Hallenbad) thermes mpl ❷ (Kurort) station f thermale ❸ MED (Heilbehandlung) bain m thermal **Thermalquelle** f source f thermale
Thermik <-> f METEO courant m thermique
thermisch Adj thermique
Thermodynamik [tɛrmody'naːmɪk] <-> f thermodynamique f
thermoelektrisch Adj thermoélectrique **Thermohose** [ˈtɛrmo-] f pantalon m thermique **Thermometer** [tɛrmoˈmeːtɐ] <-s, -> nt thermomètre m
Thermometerstand m température f indiquée sur le thermomètre
thermonuklear Adj thermonucléaire **Thermopapier** nt papier m photosensible
Thermosflasche® [ˈtɛrmɔs-] f [bouteille f] thermos® f **Thermoskanne®** f verseuse f isotherme
Thermostat [tɛrmoˈstaːt] <-[e]s o -en, -e[n]> m thermostat m
Thesaurus [teˈzaʊrʊs] <-, Thesauren o Thesauri> m thésaurus m
These [ˈteːzə] <-, -n> f geh thèse f, théorie f
Thomas <-> m ❶ Thomas m
  ❷ HIST ~ **von Aquin** Thomas d'Aquin; ~ **Morus** Thomas More
Thon [toːn] <-s> m CH thon m
Thora [ˈtoːraː, ˈtoːra] <-> f Torah f
Thorax [ˈtoːraks] <-[es], -e o Thoraces> m ANAT thorax m
Thorium [ˈtoːriʊm] <-> CHEM thorium m; ~ **zählt zu den Schwermetallen** le thorium fait partie des métaux lourds
Thriller [ˈθrɪlɐ] <-s, -> m thriller m
Thrombose [trɔmˈboːzə] <-, -n> f thrombose f
Thron [troːn] <-[e]s, -e> m ❶ (Herrscherstuhl) trône m
  ❷ (monarchische Herrschaft) monarchie f; **auf den ~ verzichten** renoncer au trône
  ▶ **sein/ihr ~ wackelt** son trône vacille
Thronbesteigung f accession f au trône
thronen [ˈtroːnən] itr V trôner
Thronfolge f kein Pl succession f au trône; **die ~ antreten** prendre la succession au trône **Thronfolger(in)** <-s, -> m(f) prétendant(e) m(f) au trône
Thulium [ˈtuːliʊm] <-s> nt CHEM thulium m
Thunfisch [ˈtuːn-] m thon m
Thurgau [ˈtyːɐɡaʊ] <-s> m **der ~** le canton de Thurgovie
Thüringen [ˈtyːrɪŋən] <-s> nt la Thuringe
Thüringer(in) <-s, -> m(f) Thuringien(ne) m(f)
thüringisch Adj thuringien(ne)
Thymian [ˈtyːmiaːn] <-s, -e> m thym m
Tiara [ˈtiaːra] <-, Tiaren> f tiare f
Tibet [ˈtiːbɛt] <-s> nt le Tibet
tibetanisch [tibeˈtaːnɪʃ], **tibetisch** [tiˈbeːtɪʃ] Adj tibétain(e)
Tick [tɪk] <-[e]s, -s> m fam ❶ (Muskelzuckung) tic m nerveux
  ❷ (Marotte) marotte f; **einen ~ haben** avoir un grain (fam)
  ❸ (Nuance) **einen ~ leiser/zu kühl** un chouïa moins fort/trop froid (fam)
ticken [ˈtɪkən] itr V faire tic-tac; **das Ticken** le tic-tac
  ▶ **nicht richtig ~** sl débloquer (fam)
Ticket [ˈtɪkɛt] <-s, -s> nt ❶ (Fahrkarte, Flugschein) billet m
  ❷ (Eintrittskarte) ticket m, billet m
ticktack Interj tic tac
Ticktack [ˈtɪkˈtak] <-, -s> f Kinderspr fam (Uhr) montre f
Tide [ˈtiːdə] <-, -n> f marée f
Tiebreak^RR, Tie-Break [ˈtaɪbreɪk] <-s, -s> m o nt TENNIS tie-break m
tief [tiːf] **I.** Adj ❶ (in Bezug auf die Vertikale) profond(e); Schlamm, Schnee épais(se); Schacht, Tal encaissé(e); **der Sumpf ist zehn Meter ~** le marécage a une profondeur de dix mètres; **ein hundert Meter ~er Brunnen/See** un puits/lac de cent mètres de profondeur
  ❷ (in Bezug auf die Horizontale) Regal, Schrank, Bühne profond(e)
  ❸ (entlegen) reculé(e); **im ~en Wald** dans les profondeurs de la forêt; **in den ~sten Karpaten** au fin fond des Carpates
  ❹ (niedrig) Temperatur, Wasserstand bas(se)
  ❺ (mit niedriger Frequenz) Ton, Stimme, Klang grave
  ❻ (opp: leicht) Ohnmacht, Schlaf, Versunkenheit profond(e)
  ❼ (weit nach unten reichend) Knicks, Verbeugung profond(e)
  ❽ (intensiv, kräftig) Rot, Blau foncé(e)
  ❾ (tiefgründig) Sinn profond(e)
  ❿ (sehr groß) Einsamkeit, Elend, Not profond(e); Verzweiflung, Hass, Schmerz profond(e)

II. Adv ❶ (weit nach unten) sinken, tauchen, sich verbeugen profondément; bohren, graben, hacken en profondeur; hinablassen en bas; ~ **fallen** tomber de haut; **zehn Zentimeter ~ einsinken** [s']enfoncer de dix centimètres; **zehn Meter ~ tauchen** plonger à dix mètres de profondeur; **300 Meter ~ stürzen** faire une chute de 300 mètres; **den Garten 30 Zentimeter ~ umgraben** labourer le jardin sur 30 centimètres de profondeur
  ❷ (weit unten) hängen, liegen bas; **zu ~ fliegen** voler trop bas [o à trop basse altitude]; ~ **im Schlamm verborgen** enfoui(e) profondément sous la vase; **2000 Meter ~ liegen** Wrack: reposer à 2000 mètres de profondeur
  ❸ (weit nach innen) bohren en profondeur; eindringen, hineinstecken, einführen profondément
  ❹ (weit innen) sitzen, stecken en profondeur
  ❺ (entlegen) ~ **in den Bergen** tout au fond des montagnes
  ❻ (mit niedriger Frequenz) klingen, tönen avec des sonorités graves; singen, sprechen d'une voix grave; **Sie singen einen Ton zu ~** vous chantez un ton trop bas
  ❼ (sehr) bedauern, bedrücken, empfinden profondément; ~ **bewegt sein** être profondément touché
  ❽ (opp: leicht) atmen, schlafen profondément
  ▶ **bei jdm nicht ~ gehen** ne pas toucher qn profondément; **das lässt ~ blicken** fam cela en dit long; ~ **sinken** Person: s'avilir
Tief <-[e]s, -e> nt ❶ METEO dépression f, zone f de basse pression
  ❷ fig phase f dépressive
Tiefbau m kein Pl travaux mpl publics [en sous-sol] **tiefblau** Adj bleu profond [o intense]; **eine ~e Farbe** une couleur d'un bleu intense **Tiefdruck** m kein Pl ❶ METEO basses pressions fpl ❷ TYP impression f en creux, hélio[gravure] f
Tiefdruckgebiet nt zone f de basse pression
Tiefe [ˈtiːfə] <-, -n> f ❶ eines Sees, Regals, einer Bühne profondeur f; **in einer ~ von 2000 Metern liegen** Wrack: reposer à 2000 mètres de profondeur; **jdn mit sich in die ~ reißen** entraîner qn avec soi dans les profondeurs
  ❷ kein Pl (Intensität) intensité f
Tiefebene f plaine f basse; **die Norddeutsche/Oberrheinische ~** la plaine du Nord/du haut Rhin
Tiefenpsychologie f psychologie f des profondeurs **Tiefenschärfe** f profondeur f de champ **Tiefenwirkung** f effet m en profondeur
Tiefflieger m avion m volant à basse altitude **Tiefflug** m vol m à basse altitude; **im ~** à basse altitude **Tiefgang** m kein Pl ❶ eines Schiffs tirant m d'eau ❷ fig [geistigen] ~ **haben** Gespräch, Programm: avoir de la profondeur, se placer à un haut niveau; **eine Unterhaltung mit ~** une discussion approfondie **Tiefgarage** [-gaːraːʒə] f parking m souterrain **tiefgefrieren** tr V unreg congeler **tiefgefroren** Adj, **tiefgekühlt** Adj congelé(e); Gericht surgelé(e) **tiefgreifend** Adj attr profond(e), de grande amplitude
tiefgründig [ˈtiːfɡrʏndɪç] Adj ❶ Betrachtung, Gedanken profond(e); Analyse approfondi(e)
  ❷ AGR Boden profond(e)
Tiefkühlfach nt freezer m **Tiefkühlkost** f [produits mpl] surgelés mpl **Tiefkühlschrank** m congélateur m [armoire] **Tiefkühltruhe** f congélateur m [bahut]
Tieflader <-s, -> m remorque f à seuil surbaissé
Tiefland nt basses terres fpl
tiefliegend s. liegen ❻, ❽
Tiefpunkt m niveau m zéro; **die Stimmung war auf dem ~ angelangt** le moral était tombé à zéro [o au plus bas]; **einen [seelischen] ~ haben** être à un creux de la vague **Tiefschlag** m ❶ BOXEN coup m bas ❷ fam (Schicksalsschlag) coup m du sort
tiefschürfend Adj Betrachtung, Gedanken profond(e); Analyse approfondi(e)
tiefschwarz Adj noir(e) d'ébène **Tiefsee** f grands fonds mpl
Tiefseeforschung f kein Pl étude f des grands fonds sous-marins **Tiefseetaucher(in)** m(f) plongeur(-euse) m(f) d'extrême
Tiefsinn m kein Pl ❶ (Gedankentiefe) profondeur f d'esprit
  ❷ (Schwermut) mélancolie f **tiefsinnig** s. **tiefgründig** ❶ **Tiefstand** m niveau m plancher **Tiefstapelei** <-> f retenue f excessive **tiefstapeln** itr V faire preuve de fausse modestie
Tiefstpreis m prix m cassé **Tiefsttemperatur** f température f minimale **Tiefstwert** m METEO niveau m minimum [o minimal]; FIN valeur f minimale
Tiegel [ˈtiːɡəl] <-s, -> m poêlon m
Tier [tiːɐ] <-[e]s, -e> nt animal m, bête f
  ▶ **wie ein ~/[die] ~e** comme une brute/des brutes; **großes [o hohes] ~** fam gros bonnet m, ponte m (fam)
Tierart f espèce f animale **Tierarzt** m, **-ärztin** f vétérinaire mf **tierärztlich** Adj vétérinaire **Tierbändiger(in)** <-s, -> m(f) dompteur(-euse) m(f)
Tierchen [ˈtiːɐçən] <-s, -> nt Dim von **Tier** petit animal m, bestiole f
  ▶ **jedem ~ sein Pläsierchen** à chacun ses goûts

Tierfreund(in) m(f) ami(e) m(f) des animaux [o des bêtes] **Tiergarten** m jardin m zoologique **Tierhalter(in)** m(f) propriétaire mf d'un animal **Tierhaltung** f entretien m d'animaux **Tierhandlung** f animalerie f **Tierheim** nt refuge m [pour animaux]
tierisch ['tiːrɪʃ] I. Adj ❶ animal(e)
❷ sl (ungeheuer) Durst, Hunger terrible (fam)
❸ pej (abstoßend) Benehmen, Gebrüll bestial(e)
II. Adv sl (ungeheuer) schuften, schwitzen comme une bête (fam); wehtun vachement (fam)
Tierklinik f clinique f vétérinaire **Tierkreis** m kein Pl zodiaque m **Tierkreiszeichen** nt signe m du zodiaque **Tierkunde** f zoologie f ◆ **tierlieb** Adj ami(e) des animaux; ~ sein aimer les animaux **Tierliebe** f amour m des animaux **Tiermedizin** f médecine f vétérinaire **Tiermehl** nt AGR farine f animale **Tierpark** m parc m zoologique **Tierpfleger(in)** m(f) gardien(ne) m(f) d'animaux **Tierquäler(in)** <-s, -> m(f) personne f qui maltraite les animaux **Tierquälerei** f cruauté f envers les animaux **Tierreich** nt kein Pl règne m animal **Tierschutz** m protection f des animaux **Tierschützer(in)** m(f) protecteur(-euse) m(f) des animaux
Tierschutzverein m société f protectrice des animaux **Tierseuche** f MED épizootie f **Tierversuch** m expérience f sur des animaux **Tierwelt** f kein Pl monde m animal **Tierzucht** f kein Pl élevage m
Tiger ['tiːgɐ] <-s, -> m tigre m
Tigerauge nt œil-de-tigre m
Tigerin f tigresse f
tigern ['tiːgɐn] itr V + sein fam durch die Straßen ~ déambuler dans les rues
Tilde ['tɪldə] <-, -n> f tilde m
tilgen ['tɪlgən] tr V geh ❶ FIN rembourser Kredit; purger Hypothek; éteindre, amortir Schuld
❷ (beseitigen) éliminer, faire disparaître Spuren
Tilgung <-, -en> f geh ❶ eines Kredits remboursement m; einer Hypothek purge f; einer Schuld amortissement m; von Verpflichtungen extinction f
❷ (Beseitigung) von Spuren élimination f
Timbre ['tɛ̃ːbrə] <-s, -s> nt geh timbre m
timen ['taɪmən] tr V prévoir le timing de; **schlecht getimt sein** ne pas tomber au bon moment
Timesharing ['taɪmʃɛːrɪŋ] <-s> nt ❶ INFORM temps m partagé
❷ (bei Ferienwohnungen) multipropriété f
Timing ['taɪmɪŋ] <-s> nt timing m
tingeln ['tɪŋəln] itr V + sein fam durch die Kneipen/Diskotheken ~ se produire dans les cafés/discothèques
Tinktur [tɪŋkˈtuːɐ] <-, -en> f teinture f
Tinnef ['tɪnɛf] <-s> m pej fam ❶ (Kram) camelote f (fam)
❷ (Unsinn) conneries fpl (fam); **red keinen ~!** arrête de dire des conneries! (fam)
Tinte ['tɪntə] <-, -n> f encre f
▶ **in der ~ sitzen** fam être dans le pétrin (fam)
Tintenfassᴿᴿ nt encrier m **Tintenfisch** m seiche f **Tintenfleck** m tache f d'encre **Tintengummi** m gomme f à encre **Tintenklecks** m pâté m **Tintenstift** m crayon m à encre
Tintenstrahldrucker m imprimante f à jet d'encre
Tippᴿᴿ <-s, -s> m fam ❶ (Hinweis) tuyau m (fam), renseignement m; **ein heißer ~** un bon tuyau (fam); **jdm einen ~ geben[, wie/was …]** donner un tuyau à qn [sur la manière dont/sur ce que…] (fam)
❷ (Wettschein) pronostic m
Tippelbruder m fam clodo m (fam)
tippeln ['tɪpəln] itr V + sein fam aller à pinces (fam); **nach Hause ~** rentrer à pinces (fam)
tippen ['tɪpən] I. itr V ❶ (anstoßen) **mit der Hand/dem Fuß an [o gegen] die Scheibe ~** effleurer la vitre de la main/du pied
❷ fam (Schreibmaschine schreiben) taper [à la machine]
❸ (Lotto spielen) jouer au loto
❹ fam (vorhersagen) **richtig/falsch ~** taper juste/à côté (fam); **auf jdn/etw ~** parier sur qn/qc; **darauf ~, dass jd gewinnt** parier que qn va gagner
II. tr V fam ❶ (mit der Maschine schreiben) [jdm] etw ~ taper qc [à qn]
❷ (im Lotto wetten) **die 15 ~** jouer le 15
Tipp-Ex® <-> nt Tipp-Ex® m
Tippfehler m faute f de frappe
Tippschein m grille f de loto
Tippse ['tɪpsə] <-, -n> f pej [petite] dactylo f
tipptopp ['tɪpˈtɔp] I. Adj fam impeccable
II. Adv fam **in Ordnung** parfaitement; aufgeräumt, sauber impeccablement; **~ angezogen sein** être tiré sur son trente et un (fam)
Tippzettel m bulletin m de loto
Tirade [tiˈraːdə] <-, -n> f meist Pl pej geh tirade f
Tirana [tiˈraːna] <-s> nt Tirana

Tirol [tiˈroːl] <-s> nt le Tyrol
Tiroler(in) <-s, -> m(f) Tyrolien(ne) m(f)
Tirolerhut m chapeau m tyrolien
Tisch [tɪʃ] <-[e]s, -e> m ❶ table f; **sich an den ~ setzen** se mettre à table; **am ~ Platz nehmen/arbeiten** prendre place/travailler à table; **auf dem ~ stehen/liegen** être sur la table
❷ (Esstisch in Bezug auf die Mahlzeit) **jdn zu ~ bitten** inviter qn à se mettre [o à prendre place] à table; **etw auf den ~ bringen** mettre qc sur la table; **am [o bei geh] ~ sitzen** être installé(e) (form); **zu ~ [gehen/sein]** geh [passer/être] à table; **nach ~** geh après le repas
▶ **am grünen ~, vom grünen ~ aus** beurteilen dans l'abstrait; entscheiden de façon bureaucratique; sich darstellen sur le papier; **mit etw reinen ~ machen** faire table rase de qc; **runder ~** table ronde; **Menschen an einen ~ bringen** réunir des personnes autour d'une même table; **unter den ~ fallen** fam passer à la trappe; **vom ~ sein** être réglé(e); **sich mit jdm an einen ~ setzen** s'asseoir à la même table que qn; **jdn unter den ~ trinken** fam faire rouler qn sous la table (fam); **etw vom ~ wischen** balayer qc d'un revers de main; **jdn über den ~ ziehen** fam arnaquer qn (fam)
Tischbein nt pied m de table **Tischdecke** f nappe f **Tischende** nt bout m de table **tischfertig** Adj prêt(e) à être servi(e) **Tischfußball** m baby-foot m **Tischgebet** nt REL ❶ (vor dem Essen) bénédicité m ❷ (nach dem Essen) grâces fpl **Tischgespräch** nt propos mpl de table **Tischkante** f bord m de table **Tischkarte** f carton m de table **Tischlampe** f lampe f de table
Tischler(in) <-s, -> m(f) menuisier(-ière) m(f)
Tischlerei <-, -en> f menuiserie f
tischlern ['tɪʃlɐn] I. itr V fam faire de la menuiserie
II. tr V fam **etw ~** menuiser [o fabriquer] qc
Tischlerwerkstatt f atelier m de menuiserie
Tischmanieren Pl façon de se tenir à table; **gute/schlechte ~ haben** savoir/ne pas savoir se tenir à table **Tischnachbar(in)** m(f) voisin(e) m(f) de table **Tischplatte** f dessus m de table **Tischrechner** m calculatrice f de bureau **Tischrede** f discours m de banquet **Tischtennis** nt tennis m de table **Tischtennisball** m balle f de ping-pong **Tischtennisplatte** f table f de ping-pong **Tischtennisschläger** m raquette f de ping-pong **Tischtennisspieler(in)** m(f) pongiste mf
Tischtuch <-tücher> nt nappe f **Tischwäsche** f kein Pl linge m de table **Tischwein** m vin m de table
Titan[1] [tiˈtaːn] <-en, -en> m MYTH Titan m
Titan[2] <-s> nt CHEM titane m; **~ ist ein Leichtmetall** le titane fait partie des métaux légers
Titel ['tiːtəl] <-s, -> m ❶ (Auszeichnung, Adelstitel, Bezeichnung) titre m; **jdn mit seinem ~ anreden** appeler qn par son titre; **der Roman wurde unter dem ~ „Der Ekel" veröffentlicht** le roman fut publié sous le titre "La Nausée"
❷ JUR titre m [o acte m] exécutoire

Land und Leute

En Allemagne et surtout en Autriche, quand on a acquis un titre universitaire tel que celui de Doktor ou de Professor, il est très important que ce titre apparaisse lorsqu'on décline son identité. On ne parle pas de Herr Berger, mais de Herr Doktor Berger. **Der akademische Titel** est inscrit sur les boîtes aux lettres des personnes qui en sont titulaires et il est plutôt impoli de l'omettre lorsqu'on s'adresse à elles.

Titelanwärter(in) m(f) a. SPORT prétendant(e) m(f) au titre **Titelbild** nt photo f de couverture **Titelblatt** nt ❶ (Buchseite) page f de titre ❷ s. Titelseite
Titelei [tiːtəˈlaɪ] <-, -en> f TYP pages fpl préliminaires
Titelheld(in) m(f) héros m/héroïne f [dont l'œuvre porte le nom]
Titelkampf m combat m pour le titre
titeln tr V titrer
Titelrolle f rôle-titre m **Titelseite** f couverture f **Titelträger(in)** m(f) SPORT détenteur(-trice) m(f) du titre **Titelverteidiger(in)** m(f) SPORT tenant(e) m(f) du titre
Titte ['tɪtə] <-, -n> f vulg meist Pl nichon m (pop)
titulieren* tr V jdn [mit] Herr Professor ~ appeler qn Monsieur le Professeur; **jdn [als] „Feigling" ~** traiter qn de lâche
tja [tja] Interj ma foi
TNT [teːʔɛnˈteː] <-> nt Abk von Trinitrotoluol T.N.T. m
Toast [toːst] <-[e]s, -e> m ❶ (Brotscheibe) pain m grillé
❷ (Trinkspruch) toast m; **einen ~ auf jdn/etw ausbringen** porter un toast en l'honneur de qn/qc
Toastbrot ['toːst-] nt (Brot zum Toasten) pain m de mie; (getoastetes Brot) pain grillé
toasten ['toːstən] I. tr V faire griller; **etw ~** faire griller qc
II. itr V geh **auf jdn/etw ~** porter un toast en l'honneur de qn/qc
Toaster ['toːstɐ] <-s, -> m grille-pain m

Tobak [ˈtoːbak] ▸ *das ist starker ~!* *veraltet fam* c'est un peu fort de café; *(fam)*
toben [ˈtoːbən] *itr V* ❶ + *haben (wütend sein)* fulminer; **vor Empörung ~** écumer d'indignation
❷ + *haben (begeistert sein)* être déchaîné(e); **vor Begeisterung ~** déborder d'enthousiasme
❸ + *haben (stürmisch sein) Kinder:* se défouler; *Kämpfe, Sturm:* faire rage; *Meer:* se déchaîner
❹ + *sein (laufen)* **durch die Wohnung ~** cavaler dans l'appartement *(fam)*
Tobsucht *f kein Pl* rage *f* **tobsüchtig** *Adj* furieux(-euse) **Tobsuchtsanfall** *m* accès *m* de fureur; **einen ~ bekommen/haben** être pris(e) d'un/avoir un accès de rage
Tochter [ˈtɔxtɐ, *Pl:* ˈtœçtɐ] <-, Töchter> *f* ❶ *(Kind)* fille *f*
❷ *(Firma)* filiale *f*
Töchterchen <-s, -> *nt Dim von* Tochter [petite] fille *f*
Tochterfirma *s.* Tochtergesellschaft **Tochtergeschwulst** *f* MED métastase *f* **Tochtergesellschaft** *f*, **Tochterunternehmen** *nt* filiale *f*
Tod [toːt] <-[e]s, -e> *m* ❶ mort *f*; **der ~ dieser Sportlerin** la mort [o le décès] de cette sportive; **~ durch Entkräftung** mort d'épuisement; **~ durch Fahrlässigkeit/Unfall** mort par faute non-intentionnelle/par accident; **eines natürlichen ~es sterben** mourir de mort naturelle; **[freiwillig] in den ~ gehen** aller à la mort; **für jdn/etw in den ~ gehen** mourir pour qn/qc; **jdm in den ~ folgen** suivre qn dans la mort *(soutenu)*; **etw mit dem ~ [e] bezahlen** payer qc de sa vie; **bis der ~ eintritt** jusqu'à ce que mort s'ensuive; **bis in den ~** jusqu'à la mort; **von ~es wegen** JUR du fait du décès
❷ *(Todesstrafe)* [peine *f* de] mort *f*; **~ durch Erhängen/die Guillotine** mort par pendaison/sous la guillotine
▸ **dem ~ von der Schippe springen, dem ~ ein Schnippchen schlagen** faire la nique à la mort; **der schwarze ~** la peste; **der weiße ~** la neige; **den ~ finden** geh trouver la mort; **sich** *(Dat)* **den ~ holen** attraper la mort *(fam)*; **jd ist des ~es** c'en est fait de qn *(soutenu)*, qn peut faire sa prière *(fam)*; **mit dem ~ ringen** geh mener un combat contre la mort *(soutenu)*; **jdn/etw auf den ~ nicht ausstehen** [*o* **leiden**] **können** *fam* ne vraiment pas pouvoir horreur de qn/qc; **sich zu ~e ärgern/langweilen** en mourir de rage/s'ennuyer à mourir
todernst I. *Adj Person, Stimme* [très] sérieux(-euse); *Miene* d'enterrement
II. *Adv* avec une extrême gravité
Todesangst *f* ❶ *(Angst vor dem Sterben)* angoisse *f* de la mort
❷ *fam (große Angst)* peur *f* bleue; **wegen jdm/etw Todesängste ausstehen** être rongé(e) d'inquiétude à cause de qn/qc **Todesanzeige** *f* avis *m* de décès **Todesfall** *m* décès *m*; **wegen ~ [e]s geschlossen** fermé pour cause de décès **Todesfolge** *f kein Pl* JUR **mit ~** ayant entraîné la mort **Todesgefahr** *f* danger *m* de mort **Todeskampf** *m* agonie *f* **Todeskandidat(in)** *m(f)* condamné(e) *m(f)* à mort **todesmutig** I. *Adj* prêt(e) à affronter la mort
II. *Adv* sans crainte de la mort **Todesopfer** *nt* mort *m* **Todesschuss**ʳʳ *m* coup *m* [de feu] mortel; **gezielter ~** coup *m* de feu mortel volontaire **Todesschütze** *m*, **-schützin** *f* auteur *mf* du coup de feu mortel **Todesschwadron** *f* escadron *f* de la mort **Todesstoß** *m* coup *m* de grâce ▸ **jdm/einer S. den ~ versetzen** donner à qn le coup de grâce/sonner le glas de qc **Todesstrafe** *f* peine *f* de mort; **auf etw** *(Akk)* **steht die ~** qc est puni(e) de mort **Todesstreifen** *m* HIST zone de no man's land à la frontière entre la RFA et la RDA **Todesstunde** *f* heure *f* de la mort; **in seiner ~** à l'heure de sa mort **Todestag** *m* jour *m* de la mort; *(Jahrestag)* jour *m* anniversaire de la mort **Todesursache** *f* cause *f* de la mort [*o* du décès] **Todesurteil** *nt* condamnation *f* à mort; **das ~ fällen** prononcer l'arrêt *m* de mort ▸ **für jdn/etw das ~ bedeuten** signifier l'arrêt de mort de qn/qc **Todesverachtung** *f* ▸ **etw mit ~ tun** *hum* faire qc en réprimant son dégoût [*o* écœurement] **Todeszelle** *f* cellule *f* du condamné à mort
Todfeind(in) *m(f)* ennemi(e) *m(f)* mortel(le); **sie sind sich ~** ils sont ennemis mortels **todgeweiht** *Adj* geh voué(e) à la mort; **~e Patienten** des malades condamnés **todkrank** *Adj* très gravement malade; *(sterbend)* moribond(e)
tödlich [ˈtøːtlɪç] I. *Adj* ❶ mortel(le); **in ~er Gefahr** en danger de mort
❷ *fam (absolut) Ernst* absolu(e); *Langeweile, Hass* mortel(le)
❸ *fam (äußerst unangenehm)* **~ sein** être mortel(le) *(fam)*; **das ist absolut ~** il n'y a rien de plus mortel
II. *Adv* ❶ **~ verunglücken** avoir un accident mortel
❷ *fam (entsetzlich)* **beleidigt, sich langweilen** à mort *(fam)*
todmüde *Adj* mort(e) de fatigue **todschick** *Adj fam* très classe *(fam)* **todsicher** I. *Adj fam Gelegenheit* totalement fiable; *Methode* miracle *(fam)* II. *Adv* à coup sûr **Todsünde** *f* péché *m* mortel **todunglücklich** I. *Adj fam* malheureux(-euse) comme les pierres *(fam)* II. *Adv fam* **~ aussehen** faire une tête d'enterrement *(fam)*
Toga [ˈtoːga] <-, Togen> *f* toge *f*
Togo [ˈtoːgo] <-s> *nt* le Togo
Togoer(in) [ˈtoːgoɐ] <-s, -> *m(f)* Togolais(e) *m(f)*
togoisch [ˈtoːgoɪʃ] *Adj* togolais(e)
Tohuwabohu [toːhuvaˈboːhu] <-[s], -s> *nt* pagaille *f (fam)*
Toilette [toaˈlɛtə] <-, -n> *f* ❶ *(WC)* toilettes *fpl*, W.-C. *mpl*; **öffentliche ~** toilettes publiques *fpl*, W.-C. publics *mpl*
❷ *(Toilettenschüssel)* cuvette *f* des W.-C.
Toilettenartikel [toaˈlɛtn-] *m meist Pl* article *m* de toilette **Toilettenfrau** *f* préposée *f* aux toilettes **Toilettenmann** <-männer> *m* préposé *m* aux toilettes **Toilettenpapier** *nt* papier *m* hygiénique **Toilettenseife** *f* savon *m* de toilette **Toilettenspülung** *f* chasse *f* d'eau **Toilettentisch** *m* toilette *f*
toi, toi, toi *Interj fam (viel Glück und Erfolg)* je te/vous dis les cinq lettres *(fam)*; *(unberufen)* je touche/touchons du bois *(fam)*
Tokio [ˈtoːkio] <-s> *nt* Tokyo
Tokioter [toˈkioːtɐ] *Adj attr* de Tokyo
Töle [ˈtøːlə] <-, -n> *f* DIAL *fam* cabot *m (fam)*
tolerant [toleˈrant] *Adj* tolérant(e); **jdm gegenüber ~ sein** être tolérant(e) à l'égard de [*o* envers] qn
Toleranz [toleˈrants] <-, -en> *f* ❶ *kein Pl* tolérance *f*; **seine ~ mir gegenüber** sa tolérance envers [*o* à l'égard de] moi
❷ TECH [marge *f* de] tolérance *f*
Toleranzbereich *m* zone *f* de tolérance
tolerieren* *tr V* tolérer; **~, dass jd etw tut** tolérer que qn fasse qc
toll [tɔl] I. *Adj* ❶ *fam (großartig) Person* extra *(fam)*; *Idee, Buch, Musik, Fest* super *(fam)*; **nicht besonders ~ sein** n'avoir rien de terrible *(fam)*
❷ *veraltet (verrückt)* fou(folle)
II. *Adv fam (wild, ausgelassen)* de façon débridée; **es geht ~ zu** c'est le déréglement total; **ihr treibt es wirklich zu ~!** vous y allez vraiment trop fort!
Tolle [ˈtɔlə] <-, -n> *f (Haarschopf, Büschel)* toupet *m*, touffe *f*; *(Frisur aus den 60er-Jahren)* banane *f*
tollen [ˈtɔlən] *itr V* ❶ + *haben (toben)* faire le fou(la folle); **im Kinderzimmer ~** faire le fou(la folle) dans la chambre
❷ + *sein (laufen)* **durch das Haus/den Garten ~** courir comme un fou(une folle) dans la maison/le jardin
Tollkirsche *f* belladone *f* **tollkühn** *Adj Person* intrépide, téméraire; *Plan, Unternehmen* très audacieux(-euse) **Tollkühnheit** *f kein Pl* einer Person intrépidité *f*; *eines Plans, Unternehmens* témérité *f*
Tollpatschʳʳ <-es, -e> *m* empoté(e) *m(f) (fam)*
tollpatschigʳʳ I. *Adj Person* maladroit(e), empoté(e) *(fam)*; *Tier* pataud(e)
II. *Adv* maladroitement
Tollwut *f* rage *f*
tollwütig *Adj* ❶ *Tier* enragé(e)
❷ *fam (rasend)* fou furieux/folle furieuse; **ein ~er Irrer** un forcené
Tölpel [ˈtœlpəl] <-s, -> *m* empoté(e) *m(f) (fam)*
tölpelhaft I. *Adj* idiot(e) *(fam)*
II. *Adv* de façon idiote
Tomate [toˈmaːtə] <-, -n> *f* tomate *f*
▸ **~n auf den Augen haben** *fam* avoir de la merde dans les yeux *(pop)*; **du treulose ~!** *fam* espèce de lâcheur(-euse)! *(fam)*
Tomatenketchup, **Tomatenketschup**ʳʳ *m o nt* ketchup *m* **Tomatenmark** *nt* concentré *m* de tomates **Tomatensaft** *m* jus *m* de tomates **Tomatensalat** *m* salade *f* de tomate **Tomatensoße** *f* sauce *f* tomate **Tomatensuppe** *f* soupe *f* à la tomate
Tombola [ˈtɔmbola] <-, -s *o* Tombolen> *f* tombola *f*
Tomograph <-en, -en> *m* tomographe *m*
Tomographie [tomograˈfiː] <-, -n> *f* tomographie *f*
Ton¹ [toːn] <-[e]s, -e> *m* MINER argile *f*
Ton² [toːn, *Pl:* ˈtøːnə] <-[e]s, Töne> *m* ❶ MUS son *m*; **halber/ganzer ~** demi-ton *m*/ton *m*
❷ AUDIOV, PHYS son *m*
❸ *fam (Wort)* **keinen ~ sagen** rester muet(te) [*o* sans voix]; **keinen ~ herausbringen** ne pas arriver à sortir un mot
❹ *(Tonfall)* ton *m* [de la voix]; **in einem freundlichen/barschen ~ sprechen** parler d'un ton agréable/sec; **ich höre das an seinem/ihrem ~** j'entends cela au ton de sa voix; **der ~ gefällt mir nicht** je n'aime pas que l'on me parle sur ce ton; **ich verbitte mir diesen ~** je n'admets pas que l'on me parle sur ce ton
❺ *(Farbton)* ton *m*, teinte *f*; **~ in ~** ton sur ton
▸ **einen furchtbaren ~ am Leib haben** *fam* avoir bouffé du lion *(fam)*; **der ~ macht die Musik** *Spr.* c'est le ton qui fait la chanson; **große Töne spucken** *sl* chercher à en mettre plein la vue *(fam)*, frimer *(fam)*; **der gute ~** la bienséance; **jdn/etw in den höchsten Tönen loben** encenser qn/faire un éloge dithyrambique de qc; **den ~ angeben** donner le ton; **hast du Töne!** *fam* je rêve ou quoi? *(fam)*

Tonabnehmer *m* tête *f* de lecture **tonangebend** *Adj* qui donne le ton, influent(e); **in seiner Clique ist er ~** il donne le ton dans sa clique **Tonarm** *m* bras *m* [de lecture] **Tonart** *f* ❶ MUS ton *m* ❷ *(Tonfall)* ton *m*; **jdm gegenüber eine andere/schärfere ~ anschlagen** adopter [*o* prendre] un autre ton/un ton plus dur à l'égard de qn **Tonaufnahme** *f* enregistrement *m* **Tonband** <-bänder> *nt* bande *f* magnétique; **etw auf ~ aufnehmen** enregistrer qc sur bande magnétique
Tonbandaufnahme *f* enregistrement *m* sur bande magnétique; **eine ~ von etw machen** enregistrer qc sur bande magnétique **Tonbandgerät** *nt* magnétophone *m*
tönen ['tø:nən] **I.** *itr V* ❶ *(klingen) Stimme:* sonner; **dumpf/laut ~** *Stimme:* sonner creux/clair; *Glocke, Fass:* faire entendre un bruit sourd/retentissant; **aus dem Keller tönt laute Musik** de la cave retentit de la musique bruyante
❷ *(großspurig reden)* parler en se vantant; **von seinen Eroberungen ~** se vanter de ses conquêtes
II. *tr V* **die Haare rot ~** teindre les cheveux en roux; **getönt** *Haare* teint(e); *Brillengläser, Fenster* teinté(e)
Toner ['to:nɐ, 'toʊnɐ] <-s, -> *m eines Fotokopierers* encre *f*; *eines Laserdruckers* toner *m*
Tonerde *kein Pl f* ❶ *(Ton)* terre *f* argileuse
❷ CHEM alumine *f*
tönern ['tø:nɐn] *Adj* en terre [cuite]
Tonfall *m* ton *m*, intonation *f*; **jdn am ~ erkennen** reconnaître qn au ton de sa voix **Tonfilm** *m* film *m* parlant **Tonfolge** *f* phrase *f* [musicale], suite *f* de notes
Tongefäß *nt* pot *m* en terre cuite
Tonhöhe *f* hauteur *f* d'un/du son
Tonic <-[s], -s> *nt* tonic *m*
Tonikum ['to:nikʊm, *Pl:* 'to:nika] <-s, Tonika> *nt* tonique *m*, fortifiant *m*
Toningenieur(in) *m(f)* ingénieur *mf* du son **Tonkopf** *m* tête *f* [de lecture] **Tonlage** *f* tessiture *f* **Tonleiter** *f* gamme *f*
tonlos **I.** *Adj* atone
II. *Adv fragen* d'une voix éteinte [*o* blanche]
Tonnage [tɔ'na:ʒə] <-, -n> *f* tonnage *m*
Tonne ['tɔnə] <-, -n> *f* ❶ *(Behälter)* fût *m*
❷ *(Mülltonne)* poubelle *f*; **gelbe ~** poubelle jaune *(pour déchets recyclables/papiers)*
❸ *(Gewicht von 1000 kg)* tonne *f*
❹ *(Bruttoregistertonne)* tonneau *m*
❺ *(Boje)* bouée *f*
❻ *fam (Mensch)* barrique *f (fam)*
Tonnengewölbe *nt* ARCHIT voûte *f* en berceau **tonnenweise** *Adv* par tonnes
Tonspur *f* piste *f* sonore **Tonstörung** *f* panne *f* de son **Tonstreifen** *m* CINE bande-son *f* **Tonstudio** *nt* studio *m* d'enregistrement
Tonsur [tɔn'zu:ɐ] <-, -en> *f* tonsure *f*
Tontaube *f* pigeon *m* d'argile
Tontaubenschießen *nt* tir *m* au pigeon
Tontechniker(in) *m(f)* ingénieur *mf* du son **Tonträger** *m* support *m* sonore
Tönung ['tø:nʊŋ] <-, -en> *f* ❶ *kein Pl (das Tönen) von Haaren* teinture *f*
❷ *(Farbton)* teinte *f*
❸ *(Färbemittel für die Haare)* shampoing *m* colorant
Tonus ['to:nʊs] <-, Toni> *m* MED tonus *m*
Tonwiedergabe *f* reproduction *f* sonore
Tool [tu:l] <-s, -s> *nt* INFORM outil *m*
Toolbox *f* INFORM boîte *f* à outils
Top [tɔp] <-s, -s> *nt* débardeur *m*
topaktuell *Adj Design, Mode* dernier cri *inv*; *Informationen, Magazin* d'actualité
Topas [to'pa:s] <-es, -e> *m* topaze *f*
Topf [tɔpf, *Pl:* 'tœpfə] <-[e]s, Töpfe> *m* ❶ *(Kochtopf)* casserole *f*
❷ *(Menge)* **ein ~ Kartoffelbrei** une casserole de purée
❸ *(Blumentopf, Nachttopf)* pot *m*
❹ *fam (Toilette)* chiottes *fpl (pop)*
▶ **alles in einen ~ werfen** mettre tout dans le même sac [*o* panier]
Topfblume *f* fleur *f* en pot
Töpfchen ['tœpfçən] <-s, -> *nt Dim von* **Topf** ❶ *(Kochtopf)* [petite] casserole *f*
❷ *(Blumentopf)* [petit] pot *m*
❸ *Kinderspr. (Nachttopf)* pot *m*; **aufs ~ gehen** aller sur le pot
Topfen [tɔpfən] <-s, -> *m* A, SDEUTSCH fromage *m* blanc
Töpfer(in) ['tœpfɐ] <-s, -> *m(f)* potier(-ière) *m(f)*
Töpferei [tœpfə'raɪ] <-, -en> *f (Werkstatt)* [atelier *m* de] poterie *f*
töpfern ['tœpfɐn] **I.** *itr V* faire de la poterie
II. *tr V* **etw ~** façonner qc
Töpferscheibe *f* tour *m* de potier
topfit ['tɔp'fɪt] *Adj fam* **~ sein** avoir la pêche [*o* la frite] *(fam)*

Topfkuchen *m* kouglof *m* **Topflappen** *m* manique *f*
Topform ['tɔpfɔrm] *f kein Pl* SPORT *fam* pleine forme *f pas de pl*
Topfpflanze *f* plante *f* en pot
Topinambur [topinam'bu:ɐ] <-s, -s *o* -e> *m* BOT topinambour *m*
Toplage *f* situation *f* incomparable **Topmanager(in)** [-mænɪdʒɐ] *m(f)* top manager *m*
Topografie[RR] *s.* **Topographie**
topografisch[RR] *s.* **topographisch**
Topographie [topogra'fi:] <-, -n> *f* topographie *f*
topographisch [topo'gra:fɪʃ] *Adj* topographique
Topologie [topolo'gi:] <-, -n> *f* INFORM, PHYS topologie *f*
Tor [to:ɐ] <-[e]s, -e> *nt* ❶ *(breite Tür, Stadttor)* porte *f*
❷ *(Treffer)* but *m*; **ein ~ schießen** marquer un but; **ein ~ fällt** un but est marqué
❸ *(Torgehäuse)* buts *mpl*, cages *fpl*
❹ *(Slalomtor)* porte *f*
Tor <-en, -en> *m*, **Törin** *f veraltet geh* fol(le) *m(f) (littér)*
Torbogen *m* arc *m* du portail **Toreinfahrt** *f* porte *f* cochère, entrée *f*
Torero [to'rero] <-s, -s> *m* torero *m*
Toresschluss[RR] *m* ▶ **|kurz| vor ~** à la [toute] dernière minute
Torf [tɔrf] <-[e]s, -e> *m* tourbe *f*; **~ stechen** extraire la tourbe
Torfboden *m* sol *m* tourbeux
torfig *Adj* tourbeux(-euse)
Torflügel *m* battant *m* de la porte [*o* du portail]
Torfmoor *nt* tourbière *f* **Torfmoos** *nt* sphaigne *f* **Torfmull** *m* tourbe *f (vendue dans le commerce)*
torgefährlich *Adj* SPORT **ein ~ Fußballer** un bon buteur
Torheit <-, -en> *f geh* ❶ *kein Pl (Unvernunft)* folie *f*
❷ *(Handlung, Äußerung)* folie *f*, frasque *f*
Torhüter(in) *s.* **Torwart(in)**
töricht ['tø:rɪçt] **I.** *Adj geh Person, Annahme* fou(folle); *Benehmen, Verhalten* insensé(e), aberrant(e); *Frage, Idee* stupide; **es wäre ~ das zu tun** ce serait absurde [*o* de la folie] de faire cela; **er war so ~ diesen Betrügern zu glauben** il était assez fou pour croire ces escrocs
II. *Adv geh sich verhalten* de façon insensée
törichterweise *Adv geh* stupidement
Törin *s.* **Tor**
Torjäger(in) *m(f)* SPORT *sl* buteur(-euse) *m(f)*
torkeln ['tɔrkəln] *itr V* + *sein* tituber; **aus der Bar/nach Hause ~** sortir du bistrot/rentrer en titubant
Torlinie *f* SPORT ligne *f* de but **Tormann** *m* A *(Torwart)* gardien *m* du but
Törn [tœrn] <-s, -s> *m* NAUT tour *m*
Tornado [tɔr'na:do] <-s, -s> *m* tornade *f*
Tornister [tɔr'nɪstɐ] <-s, -> *m* ❶ MIL sac *m* à dos
❷ SCHULE DIAL cartable *m*
torpedieren* *tr V* NAUT *a. fig* torpiller
Torpedo [tɔr'pe:do] <-s, -s> *m* torpille *f*
Torpedoboot *nt* torpilleur *m*
Torpfosten *m* poteau *m* **Torraum** *m* SPORT surface *f* de but **Torschlusspanik**[RR] *f fam* peur *f* de laisser passer un moment décisif **Torschütze** *m*, **-schützin** *f* buteur *m*
Torsion [tɔr'zio:n] <-, -en> *f* MED, PHYS torsion *f*
Torso ['tɔrzo] <-s, -s *o* Torsi> *m* ❶ KUNST torse *m*
❷ *geh (unvollständiges Ganzes)* ébauche *f*
Törtchen <-s, -> *nt Dim von* **Torte** tartelette *f*
Torte ['tɔrtə] <-, -n> *f (Obsttorte)* tarte *f*; *(Cremetorte)* gâteau *m* [fourré de crème au beurre]
Tortenbelag *m* garniture *f* de tarte **Tortenboden** *m* fond *m* de tarte **Tortendiagramm** *nt* graphique *m* à secteurs [circulaires], camembert *m (fam)* **Tortenguss**[RR] *m* gélatine *f* **Tortenheber** <-s, -> *m* pelle *f* à tarte **Tortenplatte** *f* plat *m* à tarte
Tortur [tɔr'tu:ɐ] <-, -en> *f geh* torture *f*, tourments *mpl (littér)*
Torverhältnis *nt* score *m* **Torwart(in)** ['to:ɐvart] *m(f)* gardien(ne) *m(f)* [de but]
Torweg *m* porte *f* cochère
tosen ['to:zən] *itr V* + *haben Brandung, Wasserfall:* mugir; *Sturm:* faire rage
tosend *Adj Jubel* délirant(e); **~ er Beifall** un tonnerre d'applaudissements
tot [to:t] *Adj* ❶ *Person, Tier* mort(e); **~ geboren [werden]** [être] mort-né(e); **~ zusammenbrechen** tomber [raide] mort(e); **halb ~** à moitié mort(e)
❷ *(abgestorben) Ast, Baum, Gewebe, Gewässer* mort(e)
❸ *(stillgelegt) Gleis* désaffecté(e); *Flussarm* mort(e)
❹ *fam (erschöpft)* **[halb] ~ sein** être crevé(e) *(fam)*
❺ *fam (nicht existent)* **für jdn ~ sein** ne plus exister pour qn
▶ **mehr ~ als lebendig** [plus] à moitié mort(e); **ich will ~ umfallen, wenn das wahr ist!** je veux [bien] être pendu(e) si cela est vrai!, la tête de ma mère que je n'ai jamais dit ça!
total [to'ta:l] **I.** *Adj Erschöpfung, Wahnsinn, Chaos* complet(-ète)

II. *Adv fam hilflos, ratlos* totalement; *vergessen, verzweifelt* complètement

Totalausfall *m* ❶ *einer technischen Anlage* panne *f* totale; *des Flugverkehrs* paralysie *f* totale
❷ *fig, pej fam (Versager)* catastrophe *f* ambulante

Totalausverkauf *m* liquidation *f* totale

totalitär [totali'tɛːɐ] I. *Adj* totalitaire
II. *Adv* de façon totalitaire

Totalitarismus [totalita'rɪsmʊs] <-> *m* POL totalitarisme *m*

Totaloperation *f* opération *f* radicale; *(Entfernung der Gebärmutter und der Eierstöcke)* grande opération, totale *f (fam)* **Totalschaden** *m* destruction *f* totale

tot|arbeiten *r V fam* **sich ~** se tuer à force de travailler *(fam)* **tot|ärgern** *r V fam* **sich ~** se mettre en boule *(fam)*; **sich über jdn/etw ~** se mettre en boule contre qn/qc

Tote(r) *f(m) dekl wie Adj* mort(e) *m(f)*; *(Unfallopfer)* tué(e) *m(f)*; **bei dem Unfall gab es drei ~** trois personnes ont péri dans l'accident

Totem ['toːtɛm] <-s, -s> *nt* totem *m*

Totempfahl *m* mât *m* totémique

töten ['tøːtən] *tr V* tuer

Totenbett *s.* **Sterbebett totenblass**ʳʳ, **totenbleich** *Adj* pâle comme la mort **Totenfeier** *f* funérailles *mpl* **Totenglocke** *f* glas *m* **Totengräber** [-grɛːbɐ] <-s, -> *m* ZOOL nécrophore *m* **Totengräber(in)** <-s, -> *m(f)* fossoyeur(-euse) *m(f)* **Totenhemd** *nt* linceul *m* **Totenkopf** *m* ❶ ANAT crâne *m* ❷ *(Symbol)* tête *f* de mort **Totenmaske** *f* masque *m* mortuaire **Totenmesse** *f* messe *f* des morts [*o* de requiem] **Totenschädel** *s.* **Totenkopf** ❶ **Totenschein** *m* certificat *m* de décès **Totensonntag** *m* Fête *f* [*o* Jour *m*] des morts *(dans la liturgie protestante)* **Totenstarre** *s.* **Leichenstarre totenstill** *Adj* **es ist ~** il règne un silence de mort **Totenstille** *f* silence *m* de mort **Totentanz** *m* danse *f* macabre **Totenwache** *f* **die ~ halten** veiller le mort/la morte

tot|fahren *tr V unreg* écraser

totgeboren *s.* **tot** ❶

Totgeburt *f* enfant *m* mort-né; **eine ~ haben** mettre au monde un enfant mort-né **Totgeglaubte(r)** *f(m) dekl wie Adj* résumé(e) mort(e) *m* **Totgesagte(r)** *f(m) dekl wie Adj* prétendu(e) *m(f)* mort(e) **tot|kriegen** *tr V hum* **nicht totzukriegen sein** *fam Person:* être un(e) dur(e) à cuire *(fam)*; *Material:* être increvable *(fam)* **tot|lachen** *r V fam* **sich ~** être mort(e) de rire *(fam)*; **sich über etw** *(Akk)* **~** être mort(e) de rire *fam* en entendant/voyant/... qc; **ich könnte mich ~!** c'est à mourir de rire! *(fam)*; **zum Totlachen sein** être crevant(e) [*o* bidonnant(e)] *(fam)* **tot|laufen** *r V unreg* **sich ~** *Gespräche, Verhandlungen:* s'enliser **tot|machen** *tr V fam* tuer *Person, Tier*

Toto ['toːto] <-s, -s> *nt o m* loto *m* sportif; **[im] ~ spielen** jouer au loto sportif

Totoschein *m* bulletin *m* du loto sportif

tot|prügeln *tr V* frapper à mort; **jdn ~** frapper qn à mort **tot|schießen** *tr V unreg fam* descendre *(fam)* **Totschlag** *m kein Pl* homicide *m* involontaire

Totschlagargument *nt pej fam* argument *m* massue

tot|schlagen *tr V unreg* tabasser à mort; **jdn ~** tabasser qn à mort; **jdn fast ~ manquer** de tuer qn en le tabassant ▶**..., und wenn du mich totschlägst!** *fam* ..., tu peux me taper dessus tant que tu veux! **Totschläger** *m* ❶ meurtrier *m* ❷ *(Waffe)* casse-tête *m* **Totschlägerin** *f* meurtrière *f* **tot|schweigen** *tr V unreg* ne pas parler de *Person;* passer sous silence *Angelegenheit;* **jdn/etw ~** ne pas parler de qn/passer qc sous silence **tot|stellen** *r V* **sich ~** faire le mort **tot|treten** *tr V unreg* écraser du pied *Insekt;* **ein Insekt ~** écraser un insecte du pied; **von der Menge totgetreten werden** être écrasé(e) par la foule

Tötung <-, *selten* -en> *f* ❶ *(Mord)* meurtre *m;* **fahrlässige ~** homicide *m* par imprudence; **~ ungeborenen Lebens** attentat *m* à la vie intra-utérine
❷ *(Vollstreckung der Todesstrafe)* mise *f* à mort
❸ *(Schlachten)* abattage *m*

Touch [tatʃ] <-s, -s> *m fam* [petit] côté *m;* **ein nostalgischer ~ un** [petit] côté nostalgique

Touchscreen ['tatʃskriːn] <-, -s> *f* INFORM écran *m* tactile

Toupet [tu'peː] <-s, -s> *nt (Haarteil)* postiche *m*, moumoute *f (fam)*

toupieren* [tu'piːrən] *tr V* **sich** *(Dat)* **die Haare ~** se crêper les cheveux

Tour [tuːɐ] <-, -en> *f* ❶ *(Reise)* excursion *f*
❷ *(Fahrt, Fahrstrecke, Tournee)* tournée *f;* **auf ~ gehen/sein** *fam* partir/être en tournée
❸ *Pl (Umdrehung)* tour *m;* **den Motor mit vollen ~en fahren** faire tourner le moteur à plein régime
❹ *fam (Vorgehen)* magouille *f (fam)*, **etw auf die sanfte ~ tun** faire qc par la douceur [*o* en utilisant la manière douce]; **mit krum-**

men ~en par des moyens détournés
▶ **auf vollen ~en** à plein régime [*o* rendement]; **jdn auf ~ bringen** *fam (beschwingen)* donner du tonus à qn, requinquer qn *(fam); (erzürnen)* mettre qn en rogne [*o* en boule] *(fam);* **auf ~ en kommen** *Person:* se réveiller *(fam); (wütend werden):* se mettre en boule [*o* en rogne] *(fam); Kraftfahrzeug:* atteindre son régime de croisière *(fam)*

touren ['tuːrən] *itr V* être en tournée

Tourenrad ['tuːrən-] *nt* vélo *m* [de randonnée] **Tourenzahl** *f* régime *m*, nombre *m* de tours [par minute] **Tourenzähler** *m* compte-tours *m*

Tourismus [tu'rɪsmʊs] <-> *m* tourisme *m;* **sanfter ~** ≈ tourisme respectueux de l'environnement, ≈ tourisme soft

Tourismusindustrie [tu'rɪsmʊs-] *f* [industrie *f* du] tourisme *m*

Tourist(in) [tu'rɪst] <-en, -en> *m(f)* touriste *mf*

Touristenklasse [tu'rɪstn-] *f* classe *f* économique [*o* touriste]

Touristik [tu'rɪstɪk] <-> *f* [industrie *f* du] tourisme *m*

touristisch *Adj* touristique

Tournee [tʊr'neː] <-, -n *o* -s> *f* tournée *f;* **auf ~ gehen/sein** partir/être en tournée

Tower ['taʊɐ] <-s, -> *m* ❶ *eines Flughafens* tour *f* de contrôle
❷ INFORM tour *f*

Toxikologe [tɔksiko'loːɡə] <-n, -n> *m*, **Toxikologin** *f* toxicologue *mf*

Toxikologie [tɔksikolo'giː] <-> *f* toxicologie *f*

toxikologisch [tɔksiko'loːɡɪʃ] *Adj Untersuchung, Daten* toxicologique; *Labor* de toxicologie

Toxin [tɔ'ksiːn] <-s, -e> *nt* BIO, MED toxine *f*

toxisch ['tɔksɪʃ] *Adj* toxique

Trab [tra:p] <-[e]s> *m* trot *m;* **leichter ~** trot enlevé; **schneller ~** grand trot; **im ~** au trot
▶ **jdn auf ~ bringen** *fam* secouer qn *(fam);* **jdn in ~ halten** *fam* maintenir qn sous pression; **auf ~ kommen/sein** *fam* être à la bourre *(fam);* **sich in ~ setzen** *fam* se secouer *(fam)*

Trabant [tra'bant] <-en, -en> *m* satellite *m*

Trabantenstadt *f* ville *f* satellite

traben ['traːbən] *itr V* ❶ + *sein Reiter, Pferd:* trotter; **~ de Pferde** des chevaux au trot
❷ + *sein fam (gehen)* **durch die Stadt ~** trotter en ville *(fam)*

Traber <-s, -> *m* trotteur *m*

Trabi <-s, -s> *m* surnom donné à la voiture de la marque "Trabant" fabriquée en R.D.A.

Trabrennbahn *f* piste *f* de trot **Trabrennen** *nt* course *f* de trot [attelé]

Tracht [traxt] <-, -en> *f* ❶ *(Volkstracht)* costume *m* [folklorique]
❷ *(Berufskleidung)* tenue *f*
▶ **eine ~ Prügel** *fam* une raclée *(fam)*

trachten ['traxtən] *itr V geh* **nach etw ~** aspirer [*o* prétendre *littér*] à qc; **danach ~ etw zu tun** aspirer à faire qc

trächtig ['trɛçtɪç] *Adj* plein(e), en gestation; **~ sein** être en gestation

Trackball ['trɛkbɔːl, 'trækbɔːl] <-s, -s> *m* INFORM trackball *m*

Tradition [tradi'tsi̯oːn] <-, -en> *f* tradition *f;* **aus ~** par tradition; **bei jdm ~ haben** être de tradition chez qn; **das hat inzwischen ~** c'est devenu une habitude

Traditionalismus [traditsi̯ona'lɪsmʊs] <-> *m* traditionalisme *m*

traditionell [traditsi̯o'nɛl] I. *Adj* traditionnel(le)
II. *Adv* traditionnellement

traditionsbewusstʳʳ *Adj* traditionaliste, soucieux (-euse) des traditions **traditionsgemäß** *Adv* selon la tradition **traditionsreich** *Adj* riche de tradition

traf [traːf] *Imp von* **treffen**

Trafik [tra'fɪk] <-, -en> *f* A bureau *m* de tabac

Trafikant(in) [trafi'kant] <-en, -en> *m(f)* A buraliste *mf*

Trafo ['trafo] <-[s], -s> *m fam Abk von* **Transformator** transfo *m (fam)*

Tragbahre *f* brancard *m*

tragbar *Adj* ❶ *Fernseher, Computer* portable, portatif(-ive)
❷ *(akzeptabel)* acceptable; **für jdn ~ sein** pouvoir être accepté(e) par qn

Trage ['traːɡə] <-, -n> *f* civière *f*

träge ['trɛːɡə] I. *Adj* ❶ *(körperlich schwerfällig)* mou(molle)
❷ *(geistig schwerfällig)* indolent(e)
❸ PHYS, CHEM, ÖKON inerte
II. *Adv sitzen, liegen, sich bewegen* nonchalamment

Tragegurt *m* bretelle *f* **Tragekorb** *m* hotte *f*, panier *m*

tragen ['traːɡən] <trägt, trug, getragen> I. *tr V* ❶ *(schleppen)* porter; **etw in den Keller/zur Post ~** [trans]porter qc à la cave/la poste
❷ *(mit sich führen)* **etw bei sich ~** porter qc sur soi
❸ *(versehen sein mit, aufweisen, haben)* porter *Mantel, Brille, Schmuck, Bart, Namen;* **das Haar offen ~** laisser ses cheveux libres [sur les épaules], ne pas attacher ses cheveux

④ *(stützen)* **etw ~** *Balken, Wand:* porter qc; *Fundament:* [sup]porter qc
⑤ *(hervorbringen)* rapporter *Zinsen;* donner, produire *Früchte*
⑥ *(geradestehen für, übernehmen)* assumer; subir *Folgen*
⑦ *(erdulden)* supporter *Leid, Schicksal*
⑧ *(finanziell unterhalten)* **eine Schule/einen Verein ~** prendre en charge une école/une association
II. *itr V* ① *Baum:* donner
② *(trächtig sein)* être en gestation
③ *(begehbar sein) Eis:* tenir, être résistant(e); *Moor:* être ferme
④ *(als Kleidung verwenden)* **man trägt wieder lang** on s'habille de nouveau plus long
⑤ *(reichen)* **weit ~** *Stimme, Lärm:* porter loin; *Geschütz:* avoir une grande portée
⑥ *(leiden)* **an etw** *(Dat)* [**schwer**] **zu ~ haben** devoir supporter le poids [*o* les conséquences] de qc
▶ **zum Tragen kommen** *Bestimmung, Maßnahme, Gesetz:* entrer en vigueur
III. *r V* ① **sich leicht ~** [**lassen**] *Koffer, Gegenstand:* être facile à porter
② *(sich anfühlen)* **sich angenehm ~** *Kleid, Mantel, Stoff:* se porter agréablement; **Seide trägt sich angenehmer als Synthetik** la soie est plus agréable à porter que les fibres synthétiques
③ *geh (sich beschäftigen)* **sich mit dem Gedanken ~ auszuwandern** nourrir [*o* caresser] l'idée d'émigrer *(form)*
④ *(existenzfähig sein)* **sich ~** *Schule, Verein:* s'autofinancer
tragend *Adj* ① *Wand, Stütze* de soutènement
② *(zugrunde liegend) Gedanke, Motiv* fondamental(e); **~e Idee** idée-force *f*
③ *(weitreichend) Stimme* qui porte
Träger ['trɛːɡɐ] <-s, -> *m* ① *(Lastenträger)* porteur *m*
② *(Inhaber) eines Ordens, Preises, Titels* détenteur *m; eines Namens* porteur *m*
③ *(Verantwortlicher) einer Einrichtung, Schule, eines Vereins* [autorité *f*] responsable *m*
④ *meist Pl eines Kleidungsstücks* bretelles *fpl*
⑤ *(Stahlträger)* poutrelle *f*
Trägerhose *f* pantalon *m* à bretelles
Trägerin <-, -nen> *f* ① *(Lastenträgerin)* porteuse *f*
② *(Inhaberin) eines Ordens, Preises, Titels* détentrice *f; eines Namens* porteuse *f*
③ *(Verantwortliche) einer Einrichtung, Schule, eines Vereins* [autorité *f*] responsable *f*
Trägerkleid *nt* robe *f* à bretelles
trägerlos *Adj* sans bretelles
Trägerrakete *f* fusée *f* porteuse
Trägerrock *m* jupe *f* à bretelles
Trägerschaft <-, -en> *f* responsabilité *f*
Tragetasche *f* sac *m*
tragfähig *Adj* ① *Baukonstruktion* résistant(e), solide ② *geh (vertretbar) Kompromiss, Vereinbarung* acceptable **Tragfähigkeit** *f einer Baukonstruktion* capacité *f* de charge **Tragfläche** *f* surface *f* portante
Tragflächenboot *nt,* **Tragflügelboot** *nt* hydroptère *m*
Trägheit ['trɛːkhaɪt] <-, *selten* -en> *f* ① *(Charakterzug)* indolence *f*
② *(Schwerfälligkeit)* paresse *f*
③ PHYS inertie *f*
Trägheitsgesetz *nt kein Pl* PHYS loi *f* d'inertie **Trägheitsmoment** *nt* PHYS moment *m* d'inertie
Tragik ['traːɡɪk] <-> *f* tragique *m; die* **~ dieses Geschehens** le [caractère] tragique de cet évènement
Tragikomik *f geh* caractère *m* tragicomique **tragikomisch** [traɡi'koːmɪʃ] *Adj geh* tragicomique **Tragikomödie** [traɡikoˈmøːdiə] *f* tragicomédie *f*
tragisch ['traːɡɪʃ] I. *Adj* ① tragique
② *fam (schlimm)* **nicht** [**weiter**] **~ sein** *fam* ne pas être [si] grave
II. *Adv* ① de façon tragique
② *fam (ernst)* **nimm's nicht so ~!** *fam* ne dramatise pas comme ça! *(fam)*
Traglast *f form* chargement *m*
Traglufthalle *f* chapiteau *m* gonflable
Tragödie [traˈɡøːdiə] <-, -n> *f* tragédie *f*
▶ **eine/keine ~ sein** *fam* être une catastrophe/ne pas être un drame *(fam)*
Tragriemen *m* courroie *f*, sangle *f*
trägt *3. Pers Präs von* **tragen**
Tragweite *f* portée *f*; **von großer/ziemlich großer ~ sein** avoir une portée [*o* importance] considérable/assez considérable **Tragwerk** *nt* plan *m* de sustentation
Trailer ['trɛɪlɐ] <-s, -> *m* ① *(Sattelschlepper)* remorque *f*
② CINE bande-annonce *f*
Trainer ['trɛːnɐ, 'treːnɐ] <-s, -> *m* ① entraîneur *m*
② CH survêtement *m*

Trainerin ['trɛːnərɪn, 'trɛː-] <-, -nen> *f* entraîneuse *f*
trainieren* [trɛˈniːrən, trɛ-] I. *tr V* ① *(vorbereiten)* entraîner *Sportler, Mannschaft*
② *(üben)* s'entraîner à *Sportart, Technik, Übung*
II. *itr V* **mit jdm ~** s'entraîner avec qn
Training ['trɛːnɪŋ, 'treːnɪŋ] <-s, -s> *nt* entraînement *m;* **autogenes ~** autorelaxation *f*
Trainingsanzug ['trɛːnɪŋs-, 'trɛː-] *m* survêtement *m* **Trainingshose** *f* pantalon *m* de survêtement **Trainingsjacke** *f* veste *f* [*o* blouson *m*] de survêtement **Trainingslager** *nt* camp *m* d'entraînement
Trakt [trakt] <-[e]s, -e> *m* aile *f*
Traktandenliste [trakˈtandən-] *f* CH ordre *m* du jour
Traktandum [trakˈtandʊm] <-s, -den> *nt* CH point *m* [*o* sujet *m*] à l'ordre du jour
Traktat <-[e]s, -e> *m o nt geh* opuscule *m*
traktieren* *tr V fam* malmener, maltraiter; **jdn mit Schlägen ~** rouer qn de coups
Traktor ['traktoːɐ̯] <-s, -toren> *m* tracteur *m*
trällern ['trɛlɐn] *tr, itr V* fredonner
Tram¹ [tram] <-s, -s> *nt* CH tram *m*
Tram² [traːm] <-s, -en> *m* A *(Dachbalken)* entrait *m*
Trambahn *f* SDEUTSCH tramway *m*
Trampel ['trampəl] <-s, -> *m o nt fam* lourdaud(e) *m(f) (fam)*, [gros] balourd *m (fam)*
trampeln ['trampəln] I. *itr V* ① **+ haben** *(stampfen)* piétiner; [**mit den Füßen**] **~** piétiner; **vor Wut/Begeisterung ~** trépigner de colère/d'enthousiasme; **das Trampeln** le piétinement; *(als Zeichen der Begeisterung, Wut)* le trépignement
② **+ sein** *pej (stapfen)* **durch die Wohnung ~** faire du bruit en marchant dans l'appartement; **über die Blumenbeete ~** piétiner les plates-bandes
II. *tr V* **+ haben** ① *(niedertrampeln)* **jdn zu Tode ~** piétiner qn à mort
② *(bahnen)* **einen Pfad durch das Beet/den Schnee ~** faire [*o* tracer] un chemin en piétinant le parterre/la neige
③ *(entfernen)* **den Schnee von den Schuhen ~** secouer la neige de ses chaussures
Trampelpfad *m* piste *f* battue **Trampeltier** *nt* ① ZOOL chameau *m* [à deux bosses] ② *pej fam (Mensch)* pataud *m (fam)*, lourdaud *m (fam)*
trampen ['trɛmpən] *itr V* **+ sein** faire du stop [*o* de l'auto-stop]; **nach Rom/durch Deutschland ~** aller à Rome/traverser l'Allemagne en [auto-]stop; **das Trampen** l'auto-stop *m*, le stop *(fam)*
Tramper(in) ['trɛmpɐ] <-s, -> *m(f)* auto-stoppeur(-euse) *m(f)*, stoppeur(-euse) *m(f) (fam)*
Trampolin ['trampoliːn] <-s, -e> *nt* trampoline *m;* **~ springen** faire du trampoline
Tramway ['tramvaɪ] <-, -s> *f* A tramway *m*
Tran [traːn] <-[e]s, -e> *m* ① *(Fischfett)* huile *f* de poisson
② *fam (Benommenheit)* **im ~ sein** être dans les vapes *(fam)*; **etw im ~ tun** faire qc par mégarde
Trance ['trãːs(ə)] <-, -n> *f* hypnose *f*, transe *f*; **in ~ fallen** entrer en transe; **jdn/sich in ~ versetzen** mettre qn/se mettre en transe **Trancezustand** ['trãːs(ə)-] *m* état *m* second
tranchieren* [trãˈʃiːrən] *tr V* découper
Tranchiermesser [trãˈʃiː-] *nt* couteau *m* à découper
Träne ['trɛːnə] <-, -n> *f* larme *f*; **~n lachen** rire aux larmes; **jdn zu ~n rühren** émouvoir qn aux larmes; **den ~n nahe sein** être au bord des larmes; **ihm/ihr kommen die ~n** les larmes lui montent aux yeux; **bittere ~n weinen** pleurer [*o* verser] des larmes amères; **etw unter ~ gestehen** avouer qc en larmes [*o* en pleurs]
▶ **jdm/einer S. keine ~ nachweinen** ne pas verser une larme sur qn/qc
tränen *itr V Augen:* larmoyer; **mir ~ die Augen** mes yeux pleurent
Tränendrüse *f meist Pl* glande *f* lacrymale ▶ **mit etw auf die ~n drücken** faire vibrer la corde sensible avec qc **Tränengas** *nt* gaz *m* lacrymogène; **~ einsetzen** lancer des bombes lacrymogènes **Tränensack** *m* sac *m* lacrymal **tränenüberströmt** *Adj* baigné(e) de larmes
Tranfunzel ['traːnfʊnʦl̩] <-, -n> *f pej* ① *(schwache Lampe)* lumignon *m*
② *(schwerfälliger Mensch)* abruti(e) *m(f) (fam)*
tranig ['traːnɪç] *Adj* ① *Fett, Geschmack* rance
② *fam (träge)* flemmard(e) *(fam)*
trank [traŋk] *Imp von* **trinken**
Trank [traŋk, *Pl:* 'trɛŋkə] <-[e]s, Tränke> *m geh* boisson *f*, breuvage *m*
Tränke ['trɛŋkə] <-, -n> *f* abreuvoir *m*
tränken ['trɛŋkən] *tr V* ① abreuver *Tier*
② *(durchnässen)* **etw mit Alkohol/Öl ~** imbiber [*o* imprégner] qc d'alcool/huile
Tranquilizer ['trɛŋkwɪlaɪzɐ] <-s, -> *m* MED tranquillisant *m*

Transaktion [transʔak'tsio:n] f transaction f
transatlantisch Adj geh ① (überseeisch) Besitzung, Plantage situé(e) au delà de l'océan
② POL Allianz, Bündnis atlantique
transchieren* A s. **tranchieren**
Transchiermesser [trɑ̃'ʃi:r-] nt couteau m à découper
Transfer [trans'fe:ɐ] <-s, -s> m FIN, TOURISMUS transfert m
transferierbar Adj transférable
transferieren* tr V transférer; **Geld auf ein Konto/ins Ausland ~** transférer de l'argent sur un compte/à l'étranger
Transformation [transfɔrma'tsio:n] <-, -en> f transformation f
Transformator [transfɔr'ma:to:ɐ] <-s, -toren> m transformateur m
Transfusion [transfu'zio:n] <-, -en> f transfusion f
transgen Adj transgénique
Transistor [tran'zɪsto:ɐ] <-s, -toren> m, **Transistorradio** nt transistor m
Transit [tran'zi:t, tran'zɪt] <-s, -s> m transit m
transitiv ['tranzɪti:f] I. Adj transitif(-ive)
II. Adv verwenden transitivement
transitorisch Adj a. ÖKON transitoire
Transitraum m salle f de transit **Transitverkehr** m trafic m de transit **Transitvisum** nt visa m de transit
transkribieren* tr V (mit einer anderen Schrift) opérer la translittération de; (mit der phonetischen Umschrift) transcrire phonétiquement
Transkription [transkrɪp'tsio:n] <-, -en> f LING, MUS transcription f
Transmission [transmɪ'sio:n] <-, -en> f TECH, MED transmission f
transparent [transpa'rɛnt] Adj transparent(e)
Transparent <-[e]s, -e> nt banderole f
Transparentpapier nt papier m transparent, papier m calque
Transparenz [transpa'rɛnts] <-> f geh transparence f
Transpiration [transpira'tsio:n] <-> f geh transpiration f
transpirieren* itr V geh transpirer; **das Transpirieren** la transpiration
Transplantat [transplan'ta:t] <-[e]s, -e> nt MED transplant m
Transplantation [transplanta'tsio:n] <-, -en> f MED transplantation f
Transplantationszentrum nt MED centre m de transplantation
transplantieren* tr V MED transplanter, greffer; **[jdm] etw ~** transplanter [o greffer] qc [à qn]
Transport [trans'pɔrt] <-[e]s, -e> m ① kein Pl (das Transportieren) transport m; **auf dem ~** au cours du transport
② (Wagenladung) convoi m; **ein ~ mit Medikamenten** un camion de médicaments
transportabel [transpɔr'ta:bəl] Adj transportable
Transportarbeiter(in) m(f) manutentionnaire mf (employé dans une entreprise de transports) **Transportband** nt tapis m roulant **Transportbehälter** m container m
Transporter <-s, -> m ① (Lastwagen) camionnette f
② AVIAT s. **Transportflugzeug**
Transporteur(in) [transpɔr'tø:ɐ] <-s, -e> m(f) transporteur(-euse) m(f)
transportfähig Adj transportable **Transportfirma** f entreprise f de transports **Transportflugzeug** nt avion m de transport, avion-cargo m
transportieren tr V ① TRANSP transporter
② PHOT faire avancer Film
Transportkosten Pl frais mpl de transport **Transportmittel** nt moyen m de transport **Transportnetz** nt réseau m de transport **Transportschaden** m meist Pl ≈ sinistre m causé lors du transport **Transportunternehmen** nt entreprise f de transport **Transportunternehmer(in)** m(f) entrepreneur(-euse) m(f) de transport
transsexuell [transzɛksu'ɛl] Adj transsexuel(le)
Transsexuelle(r) f(m) dekl wie Adj transsexuel(le) m(f)
Transvestit [transvɛs'ti:t] <-en, -en> m travesti m
transzendent [transtsɛn'dɛnt] Adj transcendant(e)
transzendental [transtsɛndɛn'ta:l] Adj transcendantal(e)
Transzendenz [transtsɛn'dɛnts] <-> f transcendance f
Trapez [tra'pe:ts] <-es, -e> nt a. GEOM trapèze m
Trapezakt m exercice m au trapèze
Trappist [tra'pɪst] <-en, -en> m REL trappiste m
Trara [tra'ra:] <-s, -s> nt fam tintouin m (fam); **viel** [o **ein großes**] **~ machen** en faire tout un plat [o toute une histoire]; **um jdn/etw viel** [o **ein großes**] **~ machen** faire grand cas de qn/qc; **ohne viel ~** sans faire d'histoires [o de barouf] (fam)
Trasse ['trasə] <-, -n> f tracé m
trat [tra:t] Imp von **treten**
Tratsch [tra:tʃ] <-[e]s> m fam ragot m (fam)
tratschen ['tra:tʃən] itr V fam cancaner (fam); **über jdn/etw ~** cancaner au sujet de qn/qc
Tratscherei [tra:tʃə'raɪ] <-, -en> f fam commérages mpl (fam)

Traualtar ['traʊʔalta:ɐ] m ▶ **eine Frau zum ~ führen** geh mener une femme à l'autel, épouser une femme; **mit jdm vor den ~ treten** geh s'unir à qn par les liens du mariage (littér)
Traube ['traʊbə] <-, -n> f ① (einzelne Weinbeere, Weintraube) grain m
② Pl (Weintrauben) **kernlose ~n** du raisin [o des raisins mpl] sans pépins
③ (Blüten-, Fruchtstand) grappe f
④ (Ansammlung) **eine ~ von Menschen/Bienen** une grappe de gens/un essaim d'abeilles
traubenförmig Adj en grappes
Traubenlese f vendanges fpl **Traubensaft** m jus m de raisin **Traubenzucker** m glucose m
trauen ['traʊən] I. itr V jdm ~ faire confiance [o se fier] à qn; **einer S.** (Dat) ~ croire à qc
II. tr V marier Paar; **sich [kirchlich] ~ lassen** se marier [à l'église]
III. r V **sich ~ etw zu tun** oser faire qc; **sich zu jdm/auf die Bühne ~** oser [o se risquer à] aller vers qn/sur la scène
Trauer ['traʊɐ] <-> f ① tristesse f, peine f; **~ tragen** porter le deuil
② (Formel in Todesanzeigen, Beileidsformel) **in tiefer ~** profonds regrets mpl
Traueranzeige f faire-part m de décès **Trauerarbeit** f travail m de deuil **Trauerbinde** f brassard m de deuil **Trauerbrief** m faire-part m de décès **Traueressen** nt CH repas m d'enterrement **Trauerfall** m décès m **Trauerfamilie** [-lɪə] f CH famille f du défunt/de la défunte **Trauerfeier** f cérémonie f funèbre **Trauerflor** [-flo:ɐ] m crêpe m de deuil **Trauergottesdienst** m service m funèbre **Trauerjahr** nt année f de deuil **Trauerkleidung** f vêtements mpl de deuil **Trauerkloß** m fam pisse-froid m (fam) **Trauermarsch** m marche f funèbre **Trauermiene** f tête f d'enterrement; **eine ~ aufsetzen** faire une tête d'enterrement; **mit ~** avec une tête d'enterrement
trauern ['traʊɐn] itr V pleurer; **um sein Herrchen ~** Hund: pleurer son maître; **um jdn ~** porter le deuil de qn
Trauernde m o f personne f en deuil
Trauerrand m ① (an Trauerbriefen) bordure f de deuil, cadre m noir [de deuil] ② Pl fam (schwarze Fingernägel) **Trauerränder haben** Fingernägel: être en deuil (fam) **Trauerspiel** nt ▶ **das [o es] ist ein ~** fam c'est désolant, il y a de quoi s'arracher les cheveux (fam) **Trauerweide** f saule m pleureur **Trauerzirkular** <-[e]s, -e> f CH faire-part m de décès **Trauerzug** m cortège m funèbre
Traufe ['traʊfə] <-, -n> f gouttière f
träufeln ['trɔɪfəln] I. tr V **+ haben** **Jod auf die Wunde ~** mettre de la teinture d'iode sur la plaie; **sie hat ihm Tropfen in die Augen geträufelt** elle lui a instillé [o mis] des gouttes de collyre dans les yeux
II. itr V **+ haben** o sein **aus dem Ventil/auf den Boden ~** Flüssigkeit: goutter de la soupape/sur le sol
Traum [traʊm, Pl: 'trɔɪmə] <-[e]s, Träume> m ① rêve m, songe m (littér); **ein schöner/schlimmer** [o **böser**] **~** un beau rêve/un cauchemar
② (Wunschvorstellung) rêve m
▶ **Träume sind Schäume!** songes, mensonges!; **das wäre mir/ihr nicht im ~ eingefallen** cela ne me/lui viendrait même pas à l'esprit; **der ~ ist aus!** finies les illusions!
Trauma ['traʊma] <-s, Traumen o -ta> nt PSYCH, MED traumatisme m
traumatisch [traʊ'ma:tɪʃ] Adj traumatisant(e)
Traumberuf m **mein/ihr ~** la profession de mes/ses rêves
Traumdeuter(in) m(f) oniromancien(ne) m(f) (spéc) **Traumdeutung** f interprétation f des rêves [o des songes]
Traumen ['traʊmən] Pl von **Trauma**
träumen ['trɔɪmən] I. itr V rêver; **von jdm/etw ~** rêver de qn/qc; **schlecht ~** faire de mauvais rêves
② (in Gedanken woanders sein) rêvasser, avoir l'esprit ailleurs
③ (Wünsche hegen) **von einer Weltreise ~** rêver d'un voyage autour du monde
II. tr V ① etwas Schönes/Merkwürdiges ~ faire de beaux rêves/des rêves bizarres; **was hast du heute Nacht geträumt?** de quoi est-ce que tu as rêvé cette nuit?
② (wünschen, fantasieren) **das hätte ich mir nie ~ lassen** je n'aurais jamais osé rêver cela; **sie hätte sich niemals ~ lassen, dass** elle n'aurait jamais osé imaginer que + subj
Träumer(in) <-s, -> m(f) (Fantast) rêveur(-euse) m(f), utopiste mf
Träumerei <-, -en> f meist Pl rêverie f
Traumergebnis nt résultat m idéal
träumerisch Adj rêveur(-euse)
Traumfabrik f usine f à fabriquer du rêve **Traumfrau** f femme f de rêve
traumhaft Adj fantastique, de rêve
Traummann m homme m de rêve **Traumtänzer(in)** m(f) pej rêveur(-euse) m(f) (péj) **Traumurlaub** m vacances fpl de rêve

Traurigkeit/Enttäuschung/Bestürzung ausdrücken	
Traurigkeit ausdrücken	**exprimer la tristesse**
Es macht/stimmt mich traurig, dass wir uns nicht verstehen.	Ça me rend triste que nous ne nous entendions pas bien.
Es ist so schade, dass er sich so gehen lässt.	C'est tellement dommage qu'il se laisse aller de la sorte.
Diese Ereignisse deprimieren mich.	Ces événements me dépriment.
Enttäuschung ausdrücken	**exprimer la déception**
Ich bin über seine Reaktion (sehr) enttäuscht.	Je suis (très) déçu(e) par sa réaction.
Du hast mich (schwer) enttäuscht.	Tu m'as (terriblement) déçu(e).
Das hätte ich nicht von ihr erwartet.	Je n'aurais pas cru ça de sa part.
Ich hätte mir etwas anderes gewünscht.	J'aurais souhaité autre chose.
Bestürzung ausdrücken	**exprimer la consternation**
Das ist (ja) nicht zu fassen!	Ce n'est pas croyable!
Das ist (ja) ungeheuerlich!	Mais c'est monstrueux!
Das ist ja (wohl) die Höhe!	C'est le bouquet!/C'est le comble!
Das kann doch nicht dein Ernst sein!	Mais tu veux rire!
Ich fass es nicht!	Je n'y crois pas!
Das bestürzt mich.	Je suis bouleversé(e).
Das kann/darf (doch wohl) nicht wahr sein!	Mais ce n'est pas possible!

traurig ['traʊrɪç] I. *Adj* ❶ *(betrübt) Person* affligé(e), triste; *Gesicht, Blick* triste; **über jdn/etw ~ sein** avoir de la peine au sujet de qn/être attristé(e) par qc; **~ sein, weil ...** être triste parce que ... ❷ *(betrüblich) Fall, Kapitel, Tatsache, Umstände* affligeant(e), désolant(e); **[es ist] ~, dass** [il est] triste [*o* regrettable] que + *subj* II. *Adv ansehen, fragen, sagen* tristement, d'un air triste
▶ mit etw sieht es ~ aus qc se présente mal
Traurigkeit <-> *f* tristesse *f*
Trauring *m* alliance *f* **Trauschein** *m* acte *m* [*o* certificat *m*] de mariage
traut [traʊt] *Adj veraltet geh Atmosphäre* intime, familier(-ière); **in ~ er Runde sitzen** passer un bon moment dans le cercle intime de la famille/des bons amis
Trauung ['traʊʊŋ] <-, -en> *f* mariage *m*; **standesamtliche/kirchliche ~** mariage civil/religieux
Trauzeuge *m*, **-zeugin** *f* témoin *m* [de mariage]
Travestie [travɛs'tiː, *Pl:* travɛs'tiːən] <-, -n> *f* ❶ THEAT spectacle *m* de travestis
❷ LITER pastiche *m*
Trawler ['trɔːlɐ] <-s, -> *m* NAUT chalutier *m*
Treck [trɛk] <-s, -s> *m* convoi *m*
Trecker ['trɛkɐ] <-s, -> *m fam* tracteur *m*
Treckingrad *nt s.* Trekkingrad
Treff [trɛf] <-s, -s> *m fam* ❶ *(Treffen)* rencontre *f*
❷ *(Treffpunkt)* rendez-vous *m*, rancard *m (fam)*
treffen ['trɛfən] <trifft, traf, getroffen> I. *tr V* + *haben* ❶ *(sehen, begegnen)* rencontrer; **wann ~ wir uns das nächste Mal?** quand est-ce qu'on se revoit?
❷ *(antreffen, vorfinden)* trouver
❸ *(einen Treffer machen)* atteindre *Person, Gegenstand;* **jdn/etw mit einem Schuss ~** lancer un tir qui atteint qn/qc
❹ *(innerlich berühren)* **jdn ~** *Nachricht, Verlust:* toucher qn, affecter qn; **sich durch etw getroffen fühlen** se sentir atteint(e) par qc; **sie zeigte sich in keiner Weise getroffen** elle ne se montrait absolument pas touchée
❺ *(ausführen)* prendre *Maßnahmen, Anordnung, Entscheidung;* faire *Vorbereitungen;* convenir de *Absprache, Vereinbarung*
❻ *(wählen, finden)* **den richtigen Ton ~** trouver le juste ton; **das Richtige ~** taper dans le mille
▶ sie/er ist gut getroffen *(auf einem Foto)* la photo d'elle/de lui est [bien] réussie; *(auf einem Bild)* le portrait d'elle/de lui est [bien] réussi; **es mit jdm/etw gut/schlecht getroffen haben** être bien/mal tombé(e) avec qn/qc; **getroffen!** *(das ist ein Treffer)* touché!; *(das ist richtig)* exact!, tout à fait!
II. *itr V* + *sein (vorfinden, stoßen auf)* **auf jdn/etw ~** tomber sur qn/qc
❷ + *haben (das Ziel nicht verfehlen) Person:* atteindre son objectif [*o* son but]; *Schlag, Schuss:* toucher [*o* atteindre] sa cible
❸ + *haben (verletzen) Anspielung, Seitenhieb:* porter
III. *r V* + *haben* ❶ **sich ~** *Personen:* se rencontrer; **sich mit jdm ~** rencontrer qn
❷ *(sich fügen)* **das trifft sich [gut]** ça tombe bien; **es trifft sich [gut], dass** ça tombe bien que + *subj*
Treffen <-s, -> *nt* rencontre *f*, entrevue *f*
treffend I. *Adj Bemerkung, Vergleich* pertinent(e)
II. *Adv bemerken* de façon pertinente, judicieusement
Treffer <-s, -> *m* ❶ *(Schuss)* coup *m* réussi; **auf zehn Schuss sieben ~ erzielen** réussir sept coups sur dix; **einen ~ [ab]bekommen** [*o* **erhalten**] être touché(e)
❷ SPORT *(Tor)* but *m*; *(Boxhieb)* coup *m* de poing; *(Fechthieb)* touche *f*
❸ *(Gewinnlos)* billet *m* gagnant
Trefferquote *f* taux *m* de réussite
trefflich *Adj* ❶ *(ausgezeichnet)* excellent(e)
❷ *(vollkommen)* parfait(e)
Treffpunkt *m* [lieu *m* de] rendez-vous *m* **treffsicher** I. *Adj* ❶ *Schütze* émérite, qui a l'œil juste; **~ sein** avoir la main sûre
❷ *(richtig, zutreffend) Urteilsvermögen* à propos, pertinent(e); *Sprache, Ausdrucksweise* précis(e)
II. *Adv beurteilen* pertinemment **Treffsicherheit** *f kein Pl* ❶ *eines Schützen* sûreté *f* du tir ❷ *(Richtigkeit) eines Urteils* pertinence *f*
Treibeis ['traɪp-] *nt* glaces *fpl* flottantes
treiben ['traɪbən] <trieb, getrieben> I. *tr V* + *haben* ❶ **jdn zum Ausgang/ein Pferd in den Stall ~** pousser qn vers la sortie/un cheval vers l'écurie; **jdn zur Eile/zum Aufbruch ~** presser qn de se dépêcher/de partir
❷ *(hertreiben, forttreiben)* **etw an den Strand ~** rejeter qc sur le rivage; **etw aufs Meer ~** *Wind:* emporter qc au loin; *Wellen:* entraîner qc au loin
❸ *fig* **jdn zum Äußersten/in den Wahnsinn ~** pousser qn à l'extrême/à la folie; **jdn dazu ~ etw zu tun** pousser qn à faire qc
❹ *(einschlagen)* **einen Nagel/Keil in etw** *(Akk)* **~** enfoncer [*o* planter] un clou/une cale dans qc
❺ *(antreiben)* mouvoir, mettre en mouvement *Zahnrad, Turbine, Getriebe*
❻ *(betreiben, machen)* **Handel/Ackerbau ~** faire du commerce/de l'agriculture
❼ *(vortreiben)* **einen Schacht in die Erde/durch die Felswand ~** creuser un puits dans la terre/à travers la paroi rocheuse
❽ *(hervorbringen)* donner *Blätter;* **Knospen ~** bourgeonner
❾ *(züchten)* cultiver *Gemüse, Blumen*
▶ **es wild** [*o* **toll**] **~** *fam* exagérer; **es mit jdm ~** *sl* baiser avec qn *(pop)*
II. *itr V* ❶ + *sein* **auf dem Wasser ~** dériver dans l'eau; **in Rich-**

tung *Meer* ~ dériver [*o* être emporté(e)] en direction de la mer
❷ + *haben (Knospen bekommen) Strauch, Baum:* bourgeonner, avoir des pousses
❸ + *haben (aufgehen) Teig:* lever
❹ + *haben (harntreibend wirken) Bier, Tee:* être diurétique
❺ + *haben (unkontrolliert ablaufen)* **etw ~ lassen** laisser qc aller à vau-l'eau
▶ **sich ~ lassen** se laisser porter par les événements
Treiben <-s> *nt* ❶ *pej (Machenschaften)* agissements *mpl*, magouilles *fpl (fam)*
❷ *(reges Durcheinander)* agitation *f*, animation *f*; **es herrschte ein buntes ~** il y avait de l'animation
Treiber <-s, -> *m* ❶ *(Person)* traqueur(-euse) *m(f)*
❷ INFORM pilote *m*
Treiberin <-, -nen> *f* traqueuse *f*
Treibgas *nt* gaz *m* propulseur **Treibgut** *nt kein Pl* épaves *fpl* **Treibhaus** *nt* serre *f* **Treibhauseffekt** *m kein Pl* effet *m* de serre **Treibhausgas** *nt* ÖKOL gaz *m* à effet de serre **Treibholz** *nt kein Pl* bois *m* flottant **Treibjagd** *f* battue *f* **Treibmittel** *nt* ❶ CHEM *(für Schaumstoff, Beton)* agent *m* d'expansion; *(Treibgas)* gaz *m* propulseur ❷ GASTR agent *m* de fermentation **Treibnetz** *nt* filet *m* dérivant **Treibsand** *m* sables *mpl* mouvants **Treibsatz** *m* AVIAT propergol *m* **Treibstoff** *m* carburant *m*
Trekkingrad *nt* vélo tout chemin *m*
Trema ['tre:ma] <-s, -s *o* Tremata> *nt* LING tréma *m*
Tremolo ['tre:molo] <-s, -s *o* Tremoli> *nt* MUS trémolo *m*
Trenchcoat ['trɛntʃkɔʊt, 'trɛntʃko:t] <-[s], -s> *m* trench[-coat] *m*
Trend [trɛnt] <-s, -s> *m* ❶ tendance *f*
❷ *(Modetrend)* **der ~ zu kleineren Autos** la mode des petites cylindrées
▶ **voll im ~ liegen** *fam Person, Firma:* être au goût du jour [*o* dans le vent]; *Produkt:* être complètement à la mode *(fam)*
Trendfarbe *f* couleur *f* tendance **Trendsetter(in)** ['trɛntsɛtɐ] <-s, -> *m(f) personne qui lance une mode* **Trendwende** *f* changement *m* de tendance
trendy ['trɛndi] *Adj fam* in
trennbar *Adj* séparable
Trennblatt *nt* intercalaire *m*
trennen ['trɛnən] I. *tr V* ❶ *(isolieren)* séparer; **etw von etw ~** séparer qc de qc
❷ *(auseinanderbringen)* séparer *Streitende;* **die Kinder von ihren Eltern ~** séparer les enfants de leurs parents; **durch etw [voneinander] getrennt werden** être séparé(s) (l'un(e) de l'autre) par qc
❸ *(unterscheiden)* **zwei Begriffe deutlich [voneinander] ~** séparer nettement deux notions (l'un(e) de l'autre)
❹ *(eine Grenze bilden)* séparer *Räume, Grundstücke*
❺ *(ablösen)* **den Knopf vom Kragen ~** découdre le bouton du col; **das Futter aus dem Mantel ~** découdre la doublure du manteau
❻ *(abschneiden)* **das Fleisch vom Knochen ~** détacher la viande de l'os
❼ *(teilen)* couper *Wort, Satz; s. a.* **getrennt**
II. *r V* **sich ~** se séparer; **sich von jdm/etw ~** se séparer de qn/qc; **sich beim Stand von 2:2 ~** se séparer sur le score de 2 à 2
III. *itr V* **zwischen zwei Begriffen ~** faire la différence entre deux notions
Trennkost *f* alimentation *f* dissociée, régime *m* dissocié [*o* Shelton]; **~ machen** *fam* faire un régime dissocié **Trennlinie** *f* ligne *f* de démarcation **Trennschärfe** *f (eines Empfangsgeräts)* sélectivité *f*
Trennung <-, -en> *f* ❶ *(das Trennen, Getrenntsein)* séparation *f*; **in ~ leben** vivre séparé(e)
❷ *(Unterscheidung) von Begriffen* distinction *f*
❸ *(Silbentrennung)* coupe *f*
Trennungsentschädigung *f* indemnité *f* de séparation **Trennungsjahr** *nt* année *f* de séparation **Trennungsstrich** *m* trait *m* d'union ▶ **einen ~ ziehen** faire la différence
Trennwand *f* cloison *f*
Trense ['trɛnzə] <-, -n> *f* mors *m*
treppab [trɛp'?ap] *Adv* en descendant les escaliers **treppauf** [trɛp'?aʊf] *Adv* **~, treppab gehen** monter et descendre les escaliers
Treppe ['trɛpə] <-, -n> *f* ❶ escalier *m*
❷ *(Stockwerk)* **eine ~ höher wohnen** habiter l'étage au-dessus
Treppenabsatz *m* palier *m* **Treppengeländer** *nt* rampe *f* d'escalier **Treppenhaus** *nt* cage *f* d'escalier **Treppenstufe** *f* marche *f* [d'escalier]
Tresen ['tre:zən] <-s, -> *m (Theke)* bar *m; (Ladentisch)* comptoir *m*
Tresor [tre'zo:ɐ] <-s, -e> *m* ❶ coffre-fort *m*
❷ *s.* **Tresorraum**
Tresorraum *m* salle *f* des coffres
Tresse ['trɛsə] <-, -n> *f meist Pl* galon *m*
Tretboot *nt* pédalo *m;* [**mit dem**] **~ fahren** faire du pédalo **Tretei-mer** *m* poubelle *f* à pédale
treten ['tre:tən] <tritt, trat, getreten> I. *tr V* + *haben* ❶ donner un coup de pied à *Person, Tier*
❷ *(betätigen)* appuyer sur *Bremse, Kupplung*
❸ *fam (antreiben)* **jdn ~** pousser qn aux fesses *(fam)*
II. *itr V* ❶ + *haben* **nach jdm ~** *Person:* donner [*o* envoyer] des coups de pieds à qn; **sie hat ihm ans Schienbein getreten** elle lui a donné [*o* envoyé] un coup/des coups de pied dans le tibia
❷ + *sein (gehen)* **nach vorn ~** s'avancer; **zur Seite ~** s'écarter; **aus der Tür ~** sortir [de la maison/de chez soi]; **ins Haus ~** entrer dans la maison; **auf die Terrasse ~** sortir sur la terrasse
❸ + *sein (den Fuß setzen)* **in/auf etw** *(Akk)* **~** marcher dans/sur qc; **pass auf, wohin du trittst!** fais attention où tu mets les pieds!
❹ + *haben o sein (betätigen)* **auf etw** *(Akk)* **~** appuyer sur qc
❺ + *sein (austreten)* **aus etw ~** sortir de qc; *Gas:* s'échapper de qc; *Flüssigkeit:* s'écouler de qc; *Feuchtigkeit:* suinter [*o* ressortir] de qc; **über die Ufer ~** *Fluss:* sortir de son lit; **Schweiß trat ihr auf die Stirn** la sueur perla sur son front
III. *r V* + *haben* **sich** *(Dat)* **etw in den Fuß ~** s'enfoncer qc dans le pied
Treter <-s, -> *m fam (Schuh)* godasse *f (fam)*
Tretlager *nt* pédalier *m* **Tretmine** *f* mine *f* antipersonnel **Tretmühle** *f fam* train-train *m* **Tretroller** *m* trottinette *f*, patinette *f* [à pédale]
treu [trɔɪ] I. *Adj* fidèle; *Blick* plein(e) de candeur
▶ **sich** *(Dat)* **selbst ~ bleiben** rester fidèle à ses convictions [*o* à soi-même]; **einer S.** *(Dat)* **~ bleiben** rester fidèle à qc; **jdm ~ bleiben/sein** *Person:* rester/être fidèle à qn; *Erfolg, Glück:* ne pas abandonner qn
II. *Adv* **dienen** fidèlement; **jdn ~ ansehen** *Hund:* regarder qn avec affection
Treu *s.* **Treue**
Treubruch *m geh* trahison *f* **treudoof** *Adj pej fam Blick* bêta(sse)
Treue ['trɔɪə] <-> *f* fidélité *f*; **jdm die ~ halten** rester fidèle à qn; [**jdm**] **die ~ brechen** faire des infidélités [à qn]
▶ **auf Treu und Glauben** *überlassen* en toute confiance; **in** [*o* **nach**] **Treu und Glauben handeln** agir en toute bonne foi; **gegen Treu und Glauben verstoßen** aller à l'encontre des bonnes mœurs
Treueid *m* serment *m* de fidélité
Treuepflicht *f kein Pl* JUR devoir *m* de loyauté **Treueprämie** [-miə] *f* prime *f* de fidélité **Treueschwur** *m* serment *m* de fidélité
Treuhand *f*, **Treuhandanstalt** *f* JUR établissement *m* fiduciaire; **die ~** HIST la Treuhand *(établissement fiduciaire officiel chargé de la gestion du patrimoine industriel de l'ancienne R.D.A.)*
Treuhänder(in) [-hɛndɐ] <-s, -> *m(f)* administrateur(-trice) *m(f)* [fiduciaire]
Treuhandgesellschaft *f* société *f* fiduciaire
treuherzig I. *Adj Blick* candide
II. *Adv* avec candeur
Treuherzigkeit <-> *f* candeur *f*, ingénuité *f*
treulos I. *Adj* infidèle
II. *Adv* de façon infidèle; *(illoyal)* de façon déloyale
Treulosigkeit <-> *f* infidélité *f*; *(mangelnde Loyalität)* déloyauté *f*
Triangel ['tri:aŋəl] <-s, -> *m o* ❶ *nt* triangle *m*
Triathlon ['tri:atlɔn] <-s, -s> *nt* triathlon *m*
Tribun [tri'bu:n] <-s *o* -en, -e[n]> *m (Militärtribun/Volkstribun)* tribun *m* [militaire/de la plèbe]
Tribunal [tribu'na:l] <-s, -e> *nt (Forum)* tribunal *m*
Tribüne [tri'by:nə] <-, -n> *f* tribune *f*
Tribut [tri'bu:t] <-[e]s, -e> *m* tribut *m pas de pl*
▶ **einer S.** *(Dat)* **~ zollen** *geh* saluer qc
Trichine [trɪ'çi:nə] <-, -n> *f* ZOOL trichine *f*
Trichter ['trɪçtɐ] <-s, -> *m* ❶ entonnoir *m*
❷ *(Bombentrichter)* cratère *m*
▶ **auf den ~ kommen** *fam* trouver le truc *(fam)*
trichterförmig *Adj* en forme d'entonnoir
Trick [trɪk] <-s, -s> *m* ❶ *(Kniff)* truc *m (fam)*
❷ *(Betrugsmanöver)* combine *f (fam)*; **keine faulen ~s!** *fam* pas d'entourloupe[tte]! *(fam)*
Trickbetrug *m* escroquerie *f*, tour *m* de passe-passe **Trickbetrüger(in)** *m(f)* aigrefin *m* **Trickfilm** *m* dessin *m* animé **trickreich** *fam* I. *Adj* roublard(e); **~ sein** *Person:* avoir plus d'un tour dans son sac *(fam)* II. *Adv* avec roublardise *(fam)*
tricksen ['trɪksən] *fam* I. *itr V* ruser *(fam)*
II. *tr V* **wir werden das schon ~** on trouvera bien une combine *(fam)*
trieb [tri:p] *Imp von* **treiben**
Trieb <-[e]s, -e> *m* ❶ impulsion *f*; **ein natürlicher ~** un instinct [naturel]
❷ *(Sexualtrieb)* pulsions *fpl* [sexuelles]
❸ BOT pousse *f*
Triebfeder *f (Beweggrund)* mobile *m*

triebhaft *Adj* érotomane; **ein ~er Mensch** un(e) obsédé(e)
Triebhaftigkeit <-> *f* érotomanie *f*, obsession *f* sexuelle
Triebhandlung *f* acte *m* impulsif **Triebkraft** *f* TECH, PSYCH force *f* motrice **Triebtäter(in)** *m(f)* maniaque *mf* [sexuel(le)] **Triebverbrechen** *nt* crime *m* sexuel **Triebverbrecher** *m* maniaque *m* sexuel **Triebwagen** *m* autorail *m*, micheline *f* **Triebwerk** *nt* réacteur *m*
Triefauge *nt* œil *m* qui larmoie
triefäugig *Adj* larmoyant(e); **~ sein** avoir les yeux qui larmoient
triefen ['tri:fən] <triefte *o* troff, getrieft *o* selten getroffen> *itr V* ❶ + *haben (tropfnass sein)* dégouliner, être dégoulinant(e); **vom Regen/vor Nässe ~** dégouliner [*o* être dégoulinant(e)] de pluie/d'eau
❷ + *sein (tropfen)* **von** [*o* **vor**] **Fett ~** ruisseler de graisse
❸ + *haben (Schleim, Tränen absondern) Nase:* couler; *Auge:* larmoyer
❹ + *sein (herabtropfen)* **aus/von etw ~** *Regen, Fett:* ruisseler de qc; *Blut:* couler de qc
❺ + *haben geh (strotzen)* **von** [*o* **vor**] **etw ~** regorger de qc
Trier [tri:e] <-s> *nt* Trèves
triezen ['tri:tsən] *tr V fam* asticoter *(fam)*
trifft [trɪft] 3. *Pers Präs von* **treffen**
triftig ['trɪftɪç] I. *Adj* pertinent(e); *Argument* solide
II. *Adv* **etw ~ begründen** fournir une explication valable à qc
Trigonometrie [trigonome'tri:] <-> *f* MATH trigonométrie *f*
trigonometrisch [trigono'metrɪʃ] *Adj* MATH trigonométrique
Trikolore [triko'lo:rə] <-, -n> *f* drapeau *m* tricolore
Trikot¹ [tri'ko:, 'triko] <-s> *m o nt* TEXTIL tricot *m*
Trikot² <-s, -s> *nt* maillot *m*; *einer Turnerin, Tänzerin* justaucorps *m*; **das gelbe ~** le maillot jaune
Trikotwerbung *f* publicité *f* sur les maillots des sportifs
Triller ['trɪlɐ] <-s, -> *m* MUS trille *m*
trillern ['trɪlɐn] *itr V* ❶ *(zwitschern)* faire des trilles; *Lerche:* grisoller
❷ *(singen) Person:* vocaliser
Trillerpfeife *f* sifflet *m* à roulette
Trillion [trɪ'lio:n] <-, -en> *f* trillion *m*
Trilogie [trilo'gi:] <-, -n> *f* trilogie *f*
Trimester [tri'mɛstɐ] <-s, -> *nt* trimestre *m*
Trimm-dich-Pfad *m* parcours *m* de santé
trimmen ['trɪmən] I. *tr V* ❶ *(trainieren)* entraîner *Sportler*
❷ *fam (erziehen)* **jdn auf Pünktlichkeit** (*Akk*) **~** inculquer la ponctualité à qn *(fam)*
❸ *(scheren)* tondre
II. *r V* **sich durch Joggen ~** se maintenir en forme en faisant du footing
trinkbar *Adj* ❶ *Wasser* potable
❷ *fam (akzeptabel) Wein, Sekt* buvable *(fam)*; **kaum ~** pratiquement imbuvable; **hast du etwas Trinkbares im Haus?** tu as quelque chose à boire?
trinken ['trɪŋkən] <trank, getrunken> I. *tr V* boire; **gern Wasser ~** aimer boire de l'eau; **einen Kaffee** [*o* **eine Tasse Kaffee**] **~** prendre un café [*o* une tasse de café]; **etwas zu ~** quelque chose à boire; **was möchtest du ~?** qu'est-ce que tu veux prendre [*o* boire]?
▶ **[ganz gern mal] einen ~** *fam* (aimer bien) boire un coup *(fam)*
II. *itr V* ❶ boire; **möchtest du mal ~?** tu ne veux une gorgée?
❷ *(anstoßen)* **auf jdn ~** boire à la santé de qn, trinquer en l'honneur de qn; **auf etw** *(Akk)* **~** boire à qc
❸ *(Alkoholiker sein)* boire; **das kommt vom vielen Trinken** c'est à force de boire
Trinker(in) <-s, -> *m(f)* ivrogne *mf*
trinkfest *Adj* qui tient bien l'alcool; **~ sein** bien tenir l'alcool
trinkfreudig *Adj hum o pej* porté(e) sur la boisson **Trinkgefäß** *nt* récipient *m* [pour boire] **Trinkgelage** *nt* beuverie *f* **Trinkgeld** *nt* pourboire *m* **Trinkglas** *nt* verre *m* **Trinkhalle** *f eines Heilbads* buvette *f* **Trinkhalm** *m* paille *f* **Trinkkur** *f* cure *f* hydrominérale **Trinkspruch** *m* toast *m* **Trinkwasser** *nt* eau *f* potable
Trinkwasseraufbereitung *f* épuration *f* des eaux [naturelles]
Trinkwasserversorgung *f* approvisionnement *m* er. eau potable
Trio ['tri:o] <-s, -s> *nt* trio *m*
Trip [trɪp] <-s, -s> *m* ❶ *sl (Drogenrausch)* trip *m (fam)*; **auf dem ~ sein** être en plein trip *(fam)*
❷ *fam (Ausflug)* virée *f (fam)*
trippeln ['trɪpəln] *itr V* ❶ + *haben* trottiner
❷ + *sein* **über die Straße/nach draußen ~** traverser la rue/sortir en trottinant
Tripper ['trɪpɐ] <-s, -> *m* MED blennoragie *f*
trist [trɪst] *Adj geh* sinistre
Tritium ['tri:tsiʊm] <-s> *nt* CHEM tritium *m*
tritt [trɪt] 3. *Pers Präs von* **treten**
Tritt <-[e]s, -e> *m* ❶ coup *m* de pied; **jdm/einem Tier einen ~ geben** [*o* **versetzen** *geh*] donner un coup de pied à qn/un animal

❷ *(Laufrhythmus)* **aus dem ~ kommen** perdre le rythme; **jdn aus dem ~ bringen** faire perdre le rythme à qn
❸ *(Stufe) einer Trittleiter* marche *f*
▶ **einen ~ bekommen** [*o* **kriegen** *fam*] se faire jeter *(fam)*; **wieder ~ fassen** rentrer dans les rangs
Trittbrett *nt* marchepied *m*
Trittbrettfahrer(in) *m(f) pej* profiteur(-euse) *m(f) (péj)*; *(nichtorganisierter Arbeitnehmer)* non-syndiqué(e) *m(f)*
Trittleiter *f* escabeau *m*
Triumph [tri'ʊmf] <-[e]s, -e> *m* triomphe *m*; **einen ~ feiern** faire un triomphe; **~ e feiern** remporter triomphe sur triomphe
triumphal [triʊm'fa:l] I. *Adj* triomphal(e)
II. *Adv* triomphalement
Triumphator [triʊm'fa:to:ɐ] <-s, -en> *m a.* HIST *geh* triomphateur *m*
Triumphbogen *m* arc *m* de triomphe **Triumphgeschrei** *nt* cris *mpl* de triomphe
triumphieren* *itr V geh* ❶ triompher
❷ *(siegreich sein)* **über jdn/etw ~** triompher de qn/qc
triumphierend I. *Adj* triomphant(e)
II. *Adv* lächelnd d'un air triomphant
Triumphzug *m* cortège *m* triomphal; **im ~** en triomphe
Triumvirat [triʊmvi'ra:t] <-[e]s, -e> *nt* HIST triumvirat *m*
trivial [tri'via:l] I. *Adj* banal(e)
II. *Adv schreiben* banalement
Trivialisierung *f geh* trivialisation *f*
Trivialität [trivjali'tɛ:t] <-, -en> *f* trivialité *f*
Trivialliteratur *f* littérature *f* de gare
trocken ['trɔkən] I. *Adj* ❶ *(opp: nass)* sec(sèche); **~ werden** sécher; **sich ~ rasieren** se raser à sec; **im Trockenen** au sec
❷ *(ausgetrocknet) Haut, Hals, Haare* sec(sèche); **~ werden** se dessécher; **mein Mund ist ganz ~** j'ai la bouche toute sèche
❸ *(opp: schmackhaft) Brot, Fleisch* sec(sèche); **~ werden** sécher; **nur ~es** [*o* **~ fam**] **Brot essen** ne manger que du pain sec
❹ *(verdorrt) Erde, Ast* sec(sèche); **~ werden** *Erde:* se dessécher
❺ *(regenarm)* sec(sèche)
❻ *(nicht süß) Sherry, Wein* sec(sèche); *Champagner, Sekt, Cidre* brut(e)
❼ *(langweilig) Thema, Zahlen* aride
❽ *(lakonisch) Art, Bemerkung* laconique; **er hat einen eher ~en Humor** il est assez pince-sans-rire
❾ *(kurz, hart) Husten, Knall* sec(sèche)
❿ *fam (abstinent)* **~ sein** être au régime sec *(fam)*
▶ **auf dem Trockenen sitzen** *fam (kein Geld haben)* être à sec *(fam)*; *(nichts zu trinken haben)* ne plus avoir à boire
II. *Adv* ❶ *aufbewahren* dans un endroit sec
❷ *(langweilig)* plat
❸ *(lakonisch)* laconiquement
❹ *(kurz) lachen* sèchement
Trockendock *nt* cale *f* sèche [*o* de radoub] **Trockeneis** *nt* neige *f* carbonique **Trockengebiet** *nt* région *f* aride **Trockengestell** *nt* séchoir *m* **Trockenhaube** *f* casque *m*
Trockenheit <-, *selten* -en> *f* ❶ *einer Region* aridité *f*; *einer Jahreszeit* sécheresse *f*
❷ *(Dürreperiode)* sécheresse *f*
Trockenkurs *m* cours *m* théorique **trocken|legen** *tr V* ❶ changer *Baby* ❷ *(entwässern)* assécher *Moor, Sumpf*
Trockenlegung *f eines Moors* assainissement *m*
Trockenmasse *f* matière *f* sèche **Trockenmilch** *f* lait *m* en poudre **Trockenobst** *nt* fruits *mpl* secs **Trockenplatz** *m* étendoir *m* **Trockenrasierer** *m* rasoir *m* électrique **trocken|reiben** *tr V* essuyer **Trockenreinigung** *f* nettoyage *m* à sec **trocken|schleudern** *tr V* essorer **Trockenshampoo** *nt* shampo[o]ing *m* à sec **Trockenspiritus** *m* métaldéhyde *m* **Trockenwäsche** *f kein Pl* linge *m* sec **Trockenzeit** *f* saison *f* sèche
trocknen ['trɔknən] I. *itr V* + *sein* sécher; **etw ~ lassen** faire sécher qc
II. *tr V* + *haben* ❶ **etw ~** *Föhn, Wind, Sonne:* sécher qc; **sich** *(Dat)* **die Haare ~** se sécher les cheveux; **sich** *(Dat)* **die Tränen ~** sécher ses larmes
❷ *(dörren)* dessécher
Trockner <-s, -> *m* sèche-linge *m*
Troddel ['trɔdəl] <-, -n> *f* COUT houppe *f*
Trödel ['trø:dəl] <-s> *m fam* bric-à-brac *m (fam)*
Trödelei <-> *f fam* **Schluss mit der ~!** arrête/arrêtez de lambiner [*o* de traînasser]! *(fam)*
Trödelmarkt *m* foire *f* à la brocante
trödeln ['trø:dəln] *itr V* + *haben* traîner *(fam)*
Trödler(in) ['trø:dlɐ] <-s, -> *m(f) (Händler)* brocanteur(-euse) *m(f)*
troff [trɔf] *Imp von* **triefen**
trog [tro:k] *Imp von* **trügen**
Trog [tro:k, 'trø:gə] <-[e]s, Tröge> *m* ❶ auge *f*

trojanisch [tro'ja:nɪʃ] *Adj* troyen(ne); **das Trojanische Pferd** le cheval de Troie
Troll [trɔl] <-s, -e> *m* troll *m*
trollen ['trɔlən] *fam* I. *r V* **sich ~** se bouger *(fam)*; **troll dich!** bouge-toi de là! *(fam)*
II. *itr V* **nach Hause ~** se rentrer *(fam)*
Trolley ['trɔli] <-s, -s> *m* valise *f* à roulettes
Trolleybus ['trɔlibus] *m* CH trolleybus *m*
Trommel ['trɔməl] <-, -n> *f* ❶ tambour *m;* **die ~ schlagen** battre le tambour
❷ *(Maschinenteil)* einer Waschmaschine tambour *m;* eines Betonmischers cuve *f* [tournante]
❸ *(Patronentrommel)* barillet *m*
Trommelbremse *f* AUT frein *m* à tambour **Trommelfell** *nt* ANAT tympan *m* **Trommelfeuer** *nt* MIL feu *m* roulant
trommeln I. *itr V* ❶ jouer du tambour
❷ *(klopfen)* **an** [*o* **gegen**] **etw ~** *Person:* tambouriner à [*o* contre] qc; *Regen:* frapper contre qc
II. *tr V* tambouriner *Marsch;* **den Takt ~** battre la cadence [au tambour]
Trommelrevolver [-re'vɔlvɐ] *m* revolver *m* [à barillet] **Trommelstock** *m* baguette *f* de tambour **Trommelwirbel** *m* roulement *m* de tambour
Trommler(in) ['trɔmlɐ] <-s, -> *m(f)* joueur(-euse) *m(f)* de tambour
Trompete [trɔm'pe:tə] <-, -n> *f* trompette *f;* **~ spielen** [*o* **blasen**] jouer de la trompette
trompeten* I. *itr V* ❶ jouer de la trompette
❷ *(brüllen) Elefant:* barrir
II. *tr V* ❶ **etw ~** jouer qc à la trompette
❷ *fam (rufen)* **etw durchs Haus ~** claironner qc dans toute la maison
Trompeter(in) <-s, -> *m(f)* trompettiste *mf*
Tropen ['tro:pən] *Pl* **die ~** les tropiques *mpl,* les régions *fpl* [inter]tropicales; **in den ~** sous les tropiques
Tropenanzug *m* costume *m* colonial **Tropenhelm** *m* casque *m* colonial **Tropenholz** *nt* bois *m* exotique **Tropenkrankheit** *f* maladie *f* tropicale **Tropenpflanze** *f* plante *f* tropicale **Tropentauglichkeit** *f* MED aptitude à supporter le climat tropical **Tropenwald** *m* forêt *f* tropicale
Tropf¹ [trɔpf] <-[e]s, -e> *m* MED goutte-à-goutte *m*
▶ **am ~ hängen** *fam Patient:* être au goutte-à-goutte *(fam); (subventioniert werden)* être constamment à la merci de subventions
Tropf² [trɔpf, *Pl:* 'trœpfə] <-[e]s, Tröpfe> *m* **ein armer ~** un pauvre bougre *(fam)*
tröpfchenweise *Adv* goutte à goutte
tröpfeln ['trœpfəln] I. *tr V + haben Wasserhahn:* goutter; **aus dem Hahn/auf den Boden ~** goutter du robinet/par terre
II. *itr V unpers* **es tröpfelt** il tombe des gouttes
III. *tr V* **eine Tinktur auf/in etw** *(Akk)* **~** verser des gouttes de teinture sur/dans qc
tropfen ['trɔpfən] *itr V.* ❶ *+ haben Wasserhahn, Ventil:* goutter; **meine Nase tropft, mir tropft die Nase** j'ai le nez qui goutte
❷ *+ sein* **vom Dach ~** goutter du toit; **das Blut tropft ihm aus der Nase** il saigne du nez; **ihr tropft der Schweiß von der Stirn** elle sue à grosses gouttes
Tropfen <-s, -> *m* ❶ goutte *f;* **ein ~ Öl** une goutte d'huile; **der Schweiß stand ihm in feinen ~ auf der Stirn** il avait le front légèrement couvert de sueur
❷ *Pl (Regentropfen)* **die ersten ~ fallen** il tombe des gouttes [de pluie]
❸ *Pl* PHARM, MED gouttes *fpl*
❹ *(Wein)* **ein guter** [*o* **edler**] **~** une bonne bouteille *(fam)*
▶ **steter ~ höhlt den Stein** *Spr.* la patience vient à bout de tout; **ein ~ auf den heißen Stein** *fam* une goutte d'eau dans la mer
tropfenweise *Adv* [au] goutte à goutte
Tropfinfusion *f* perfusion *f* **tropfnass**^RR *Adj* trempé(e); **du bist ja ~!** mais tu es trempé(e) comme une soupe! *(fam)* **Tropfstein** *m* concrétion *f* [calcaire]
Tropfsteinhöhle *f* grotte *f* [de stalactites/de stalagmites]
Trophäe [tro'fɛ:ə] <-, -n> *f* trophée *m*
tropisch ['tro:pɪʃ] *Adj* tropical(e)
Troposphäre [tropo'sfɛ:rə] *f* METEO troposphère *f*
Tross^RR <-es, -e>, **Troß**^ALT <-sses, -sse> *m* ❶ *(Zug, Gruppe)* colonne *f*
❷ *(Gefolge)* suite *f*
Trosse ['trɔsə] <-, -n> *f* [h]aussière *f*
Trost [tro:st] <-[e]s> *m* ❶ *(Zuspruch)* réconfort *m;* **jdm ~ spenden** apporter du réconfort à qn
❷ *(Trostpflaster)* consolation *f;* **als ~** à titre de consolation; **das ist ein schwacher ~!** *iron* c'est une maigre consolation!
▶ **nicht ganz** [*o* **recht**] **bei ~ sein** *fam* dérailler *(fam)*

trösten ['trø:stən] I. *tr V* consoler
II. *r V* **sich mit jdm/etw ~** se consoler avec qn/qc
tröstend *Adj* Worte de consolation
Tröster(in) <-s, -> *m(f)* consolateur(-trice) *m(f)*
tröstlich ['trø:stlɪç] *Adj* réconfortant(e)
trostlos *Adj* ❶ *Jugend, Kindheit* malheureux(-euse); *Verhältnisse* misérable
❷ *(schlecht, hässlich) Wetter* démoralisant(e); *Gegend, Aussehen, Fassade* sinistre
Trostlosigkeit <-> *f* ❶ **die ~ dieser Verhältnisse** ces conditions *fpl* misérables; **die ~ dieser Kindheit** cette enfance malheureuse
❷ *(Hässlichkeit)* eines Anblicks caractère *m* sinistre; einer Fassade aspect *m* sinistre
Trostpflaster *nt hum* consolation *f*; **als ~** en guise de consolation
Trostpreis *m* lot *m* de consolation **trostreich** *Adj* réconfortant(e); *Worte* de réconfort
Tröstung <-, -en> *f geh* réconfort *m*
Trott [trɔt] <-s> *m* **der übliche ~** le train-train; **in den alten ~ zurückfallen** retomber dans la routine
Trottel ['trɔtəl] <-s, -> *m fam* gourde *f (fam)*
trottelig *fam* I. *Adj* étourdi(e) *(fam)*
II. *Adv* **sich ~ anstellen** être étourdi(e) *(fam)*
trotten ['trɔtən] *itr V + sein* **irgendwohin ~** aller quelque part d'un pas pesant
Trottinett ['trɔtinɛt] <-s, -e> *nt* CH trottinette *f*
Trottoir [trɔ'toa:ɐ] <-s, -s *o* -e> *nt* SDEUTSCH, CH trottoir *m*
trotz *Präp + Gen* malgré; **~ dieses Vorfalls** malgré cet incident
Trotz <-es> *m* rébellion *f;* **etw aus ~ tun** faire qc par bravade [*o* par défi]; **jdm/einer S. zum ~ etw tun** faire qc en dépit de qn/qc; **das ist nichts als ~!** ce n'est qu'une bravade!
Trotzalter *nt* âge *m* des caprices; **im ~ sein** être en pleine crise d'opposition
trotzdem *Adv* tout de même, quand même
trotzen ['trɔtsən] *itr V* **dem Gewitter/der Gefahr ~** braver l'orage/le danger; **einer Herausforderung** *(Dat)* **~** relever un défi
trotzig I. *Adj* rétif(-ive)
II. *Adv* avec entêtement
Trotzkopf *m fam* tête *f* de mule *(fam)* **Trotzreaktion** *f* réaction *f* de dépit
Troubadour ['tru:badu:ɐ, truba'du:ɐ] <-s, -s *o* -e> *m* troubadour *m*
trübe *Adj* ❶ *(nicht klar) Flüssigkeit* trouble; *Glas* translucide; *Fensterscheibe* terne; *Spiegel* terni(e); **vor Schmutz ganz ~ sein** *Fenster:* être si sale qu'on ne voit plus à travers
❷ *(matt) Licht* faible antéposé, douteux(-euse); **eine ~ Funzel** *fam* un lumignon
❸ *(dunkel) Tag* maussade; *Himmel, Wetter* maussade, couvert(e)
❹ *(deprimierend)*
▶ **im Trüben fischen** *fam* pêcher en eau trouble
Trubel ['tru:bəl] <-s> *m* tumulte *m;* **im ~ der Ereignisse** dans le tourbillon des événements
trüben ['try:bən] I. *tr V* ❶ troubler, rendre trouble *Flüssigkeit*
❷ *(beeinträchtigen)* troubler *Laune, Freude*
II. *r V* **sich ~** ❶ *Flüssigkeit:* se troubler
❷ *geh (beeinträchtigt werden) Blick, Urteilsvermögen:* se troubler; *Einvernehmen, Verhältnis:* s'altérer; **sich durch etw ~** *Verhältnis:* s'altérer en raison de qc
Trübsal ['try:pza:l] <-> *f kein Pl geh (Betrübtheit)* affliction *f (littér)*
▶ **~ blasen** *fam* broyer du noir *(fam)*
trübselig *Adj* ❶ *(deprimiert)* morose ❷ *(trostlos) Anblick, Gegend* sinistre **Trübsinn** *m kein Pl* morosité *f* **trübsinnig** *Adj* sombre; **~ sein** être abattu(e)
Trübung <-, -en> *f* ❶ *der Hornhaut* opacité *f*
❷ *(Verunreinigung)* trouble *m*
❸ *fig des Einvernehmens* dégradation *f*
Truck [trak] <-s, -s> *m* camion *m*
Trucker(in) [trakɐ] <-s, -> *m(f)* camionneur(-euse) *m(f)*
trudeln ['tru:dəln] *itr V + haben o sein Flugzeug:* tomber en vrille; **ins Trudeln geraten** se mettre en vrille
Trüffel ['tryfəl] <-, -n> *f* ❶ *(Pilz)* truffe *f*
❷ *(Praline)* truffe *f* en chocolat
trug [tru:k] *Imp von* tragen
Trug <-[e]s> *m geh* tromperie *f*
Trugbild *nt veraltet geh* mirage *m*
trügen ['try:gən] <trog, getrogen> I. *tr V* tromper
II. *itr V Gefühl, Schein:* être trompeur(-euse)
trügerisch ['try:gərɪʃ] *Adj* illusoire
Trugschluss^RR *m* jugement *m* fallacieux; **einem ~ erliegen** s'abuser, s'illusionner
Truhe ['tru:ə] <-, -n> *f* coffre *m*
Trümmer ['trymɐ] *Pl* ruines *fpl;* eines Flugzeugs débris *mpl;* **in ~n liegen** être en ruines
Trümmerfeld *nt* champ *m* de ruines **Trümmerhaufen** *m* tas *m*

Trumpf [trʊmpf, *Pl:* 'trʏmpfə] <-[e]s, Trümpfe> *m* atout *m*; **Kreuz ist ~!** atout trèfle!
▸ **alle Trümpfe in der Hand haben** avoir tous les atouts en main; **alle Trümpfe aus der Hand geben** jouer tous ses atouts; **den ~ nicht aus der Hand geben** garder son atout en main; **einen ~ ausspielen** jouer un atout
trumpfen ['trʊmpfən] *itr V* jouer atout
Trumpfkarte *f* carte *f* d'atout
Trunk [trʊŋk, *Pl:* 'trʏŋkə] <-[e]s, Trünke> *m geh* ❶ *(Getränk)* boisson *f (fam)*
❷ *(Trunksucht)* **dem ~ verfallen sein** s'être abandonné(e) à la boisson *f (fam)*
trunken ['trʊŋkən] *Adj geh* ❶ ivre *(fam);* **~ sein** être ivre
❷ *fig* **vor** [*o* **von**] **Freude ~ sein** être ivre de joie *(fig fam)*
Trunkenbold [-bɔlt] <-[e]s, -e> *m* buveur *m*
Trunkenheit <-> *f* ivresse *f;* **~ am Steuer** conduite en état d'ébriété *(form)*
Trunksucht *f geh kein Pl* alcoolisme *m*, éthylisme *m (soutenu)*
trunksüchtig *Adj* alcoolique; **~ sein** être alcoolique
Trupp [trʊp] <-s, -s> *m* groupe *m*
Truppe ['trʊpə] <-, -n> *f* ❶ *kein Pl (Militäreinheit)* unité *f*, corps *m*
❷ *Pl (Militärverbände)* troupes *fpl*
❸ *(Künstlertruppe, Artistentruppe)* troupe *f*
▸ **von der schnellen ~ sein** *fam* être du genre rapide *(fam)*
Truppenabzug *m* retrait *m* des troupes **Truppenbewegung** *f meist Pl* mouvement *m* de troupes **Truppengattung** *f* arme *f* **Truppenstärke** *f* effectifs *mpl* d'une/de la troupe **Truppenteil** *m* corps *m*, unité *f* **Truppenübungsplatz** *m* terrain *m* d'exercice
Trust [trast] <-[e]s, -e *o* -s> *m* ÖKON trust *m*
Truthahn ['tru:t-] *m* dindon *m;* **(Truthahnbraten)** dindonneau *m;* **der traditionelle ~ zu Weihnachten** la traditionnelle dinde de Noël **Truthenne** *f* dinde *f*
Tsatsiki [tsa'tsi:ki] <-s, -s> *nt o m* tsatsiki *m*
Tschador [tʃa'do:ɐ] <-s, -s> *m* tchador *m*
tschau [tʃaʊ] *Interj fam* ciao *(fam)*, tchao *(fam)*
Tscheche ['tʃɛçə] <-n, -n> *m*, **Tschechin** *f* Tchèque *mf;* **sie ist Tschechin** elle est tchèque
Tschechien ['tʃɛçiən] <-s> *nt* la République tchèque
tschechisch ['tʃɛçɪʃ] **I.** *Adj* tchèque
II. *Adv* **~ miteinander sprechen** discuter en tchèque; *s. a.* **deutsch**
Tschechisch <-[s]> *nt kein Art (Sprache, Schulfach)* tchèque *m;* **auf ~** en tchèque; *s. a.* **Deutsch**
Tschechische *nt dekl wie Adj* **das ~** le tchèque; *s. a.* **Deutsche**
Tschechoslowake [tʃɛçoslo'va:kə] <-n, -n> *m*, **Tschechoslowakin** *f* HIST Tchécoslovaque *mf* **Tschechoslowakei** [-slova'kaɪ] <-> *f* HIST **die ~** la Tchécoslovaquie **tschechoslowakisch** *Adj* tchécoslovaque
tschilpen ['tʃɪlpən] *itr V* pépier
tschö *Interj fam* tchô
tschüsALT, **tschüss**RR *Interj fam* salut *(fam)*
Tsetsefliege ['tsɛtsə-] *f* mouche *f* tsé-tsé
T-Shirt ['ti:ʃø:ɐt] <-s, -s> *nt* t[ee]-shirt *m*
Tsunami [tsu'na:mi] <-s, -[s]> *m* METEO tsunami *m*
T-Träger ['te:-] *m* poutrelle *f* métallique en té
TU [te:'ʔu:] <-, -s> *f Abk von* **Technische Universität** ≈ I.U.T. *m*
Tuba ['tu:ba] <-, Tuben> *f* tuba *m*
Tube ['tu:bə] <-, -n> *f* tube *m;* **Zahnpasta in der ~** du dentifrice en tube
▸ **auf die ~ drücken** *fam* appuyer sur le champignon *(fam)*
Tuberkelbazillus [tu'bɛrkəl-] [*m*] MED bacille *m* de Koch
tuberkulös [tubɛrku'lø:s] *Adj form* tuberculeux(-euse)
Tuberkulose [tubɛrku'lo:zə] <-, -n> *f* tuberculose *f*
tuberkulosekrank *Adj* tuberculeux(-euse); **~ sein** être atteint(e) de tuberculose
Tubus ['tu:bʊs] <-, Tuben *o* -se> *m* MED tube *m*
Tuch[1] [tu:x, *Pl:* 'ty:çə] <-[e]s, Tücher> *nt* ❶ *(Kopftuch, Halstuch)* foulard *m*
❷ *(Stück Stoff)* morceau *m* d'étoffe; *(zum Verhüllen)* voile *m;* *(zum Abdecken von Möbeln)* drap *m;* **das rote ~ des Toreros** la cape du torero
❸ *(Putztuch)* chiffon *m; (Geschirrtuch)* torchon *m*
▸ **ein rotes ~ für jdn sein** faire voir rouge à qn
Tuch[2] [tu:x] <-[e]s, -e> *nt* tissu *m* [*o* étoffe *f*] [de laine]; **aus feinem ~** d'une belle étoffe
Tuchent ['tʊxnt] <-, -en> *f* A, SDEUTSCH *(Federbett)* édredon *m*
Tuchfühlung ▸ **mit jdm auf ~ gehen** *hum fam* se frotter à qn *(fam);* **mit jdm auf ~ sein** [*o* **sitzen**] *fam* être collé(e) contre [*o* à] qn
tüchtig ['tʏçtɪç] **I.** *Adj* ❶ *(fähig)* capable *antéposé;* **Schüler** bon(ne) *antéposé;* **~ sein** faire du travail sérieux; **~er sein** être meilleur(e)

❷ *fam (groß)* **eine ~e Tracht Prügel** une bonne raclée *(fam)*
▸ **dem Tüchtigen gehört die Welt** *Spr.* l'avenir appartient à ceux qui se lèvent tôt
II. *Adv fam* ❶ *(viel)* **sparen** pas mal *(fam);* **essen** copieusement *(fam);* **~ mit anpacken** donner un bon coup de main *(fam)*
❷ *(stark) regnen, schneien* énormément *(fam);* **es hat ~ gestürmt** il a fait une sacrée tempête *(fam)*
Tüchtigkeit <-> *f* compétence *f*
Tücke ['tʏkə] <-, -n> *f* ❶ *kein Pl (Niedertracht)* perfidie *f*
❷ *kein Pl (Gefährlichkeit) einer Krankheit* malignité *f*, caractère *m* insidieux
❸ *meist Pl (Unwägbarkeit)* embûche *f*
▸ **das ist die ~ des Objekts** c'est la malignité des choses
tuckern ['tʊkɐn] *itr V* ❶ *+ haben Motor, Kahn:* faire un bruit de teuf-teuf
❷ *+ sein (fahren)* **über den See ~** traverser le lac dans [*o* avec] un bruit de teuf-teuf
tückisch ['tʏkɪʃ] *Adj* ❶ *Person* perfide; *Intrige, Plan* infâme; **~ sein** *Person:* être perfide [*o* sournois(e)]
❷ *(gefährlich) Krankheit* insidieux(-euse), *Kurve, Straße* traître(-esse)
Tüftelei [tʏftə'laɪ] <-, -en> *f fam* casse-tête *m;* **das war eine ziemliche ~** c'était un vrai casse-tête [chinois] *(fam)*
tüfteln ['tʏftəln] *itr V fam* bricoler *(fam);* **an etw** *(Dat)* **~** bricoler qc *(fam)*
Tugend ['tu:gənt] <-, -en> *f* vertu *f*
tugendhaft I. *Adj* vertueux(-euse)
II. *Adv* d'une manière vertueuse
Tugendhaftigkeit <-> *f* vertu *f*
Tukan ['tu:kan, tu'ka:n] <-s, -e> *m* ZOOL toucan *m*
Tüll [tʏl] <-s, -e> *m* tulle *m*
Tülle ['tʏlə] <-, -n> *f* ❶ *einer Kanne* bec *m* verseur
❷ *(Ansatzstück)* douille *f*
Tulpe ['tʊlpə] <-, -n> *f* ❶ tulipe *f*
❷ *(Bierglas)* verre *m* tulipe
Tulpenzwiebel *f* oignon *m* de tulipe
tummeln ['tʊməln] *r V* **sich ~** ❶ *(umherspringen)* s'ébattre
❷ SDEUTSCH, A *(sich beeilen)* s'activer
Tummelplatz *m geh* scène *m*
Tümmler ['tʏmlɐ] <-s, -> *m* marsouin *m*
Tumor ['tu:mo:ɐ, tu'mo:ɐ] <-s, Tumoren> *m* MED tumeur *f*
Tümpel ['tʏmpəl] <-s, -> *m* mare *f*
Tumult [tu'mʊlt] <-[e]s, -e> *m* ❶ *kein Pl (Lärm)* tumulte *m*
❷ *meist Pl (Aufruhr)* émeute *f*
tun [tu:n] <tut, tat, getan> **I.** *tr V* ❶ *(machen)* faire; **etwas/nichts ~** faire quelque chose/ne rien faire; **was tust du gerade?** qu'est-ce que tu es en train de faire?; **wieder ~** refaire; **tu das nicht wieder!** ne recommence pas!; **das wirst du nicht ~!** tu n'as pas intérêt à faire ça!; **was sollen wir bloß ~?** qu'est-ce que nous allons bien pouvoir faire?; **alles aus Liebe ~** faire tout par amour; **für Geld alles ~** être prêt(e) à tout pour de l'argent; **etwas für die Gesundheit/gegen die Pickel ~** faire qc pour sa santé/ contre l'acné; **was tut man nicht alles für seine Kinder!** qu'est-ce qu'on ne ferait pas pour ses enfants!; **einen Schritt nach vorn ~** faire un pas en avant; **einen Blick auf/in etw** *(Akk)* **~** jeter un coup d'œil sur/dans qc
❷ *(arbeiten, erledigen)* **viel/wenig ~** faire beaucoup/peu; **nichts ~** ne rien faire
❸ *fam (legen, stecken)* **etw in den Schreibtisch/den Umschlag ~** mettre qc dans le bureau/dans l'enveloppe *(fam)*
❹ *(antun)* **jdm etwas/nichts ~** faire quelque chose/ne rien faire à qn
❺ *fam (mengen, mischen)* **Salz an** [*o* **in**] **das Püree ~** mettre du sel dans la purée *(fam);* **jdm etw in den Wein ~** mettre qc dans le vin de qn *(fam)*
❻ *fam (funktionieren)* **es noch/nicht mehr ~** Computer, Uhr: marcher encore/ne plus marcher
❼ *fam (ausreichen)* **dieser Block tut es [auch]** ce bloc-notes suffira
❽ *euph fam (Geschlechtsverkehr haben)* **wann hast du es zum ersten Mal getan?** c'était quand, ta première fois? *(euph fam)*
▸ **es mit jdm zu ~ bekommen** [*o* **kriegen**] *fam* aller avoir affaire à qn *(fam);* **es mit einem Fachmann zu ~ haben** avoir affaire à un spécialiste; **etwas/nichts mit jdm/etw zu ~ haben** avoir quelque chose/n'avoir rien à voir avec qn/qc; **damit ist es [noch] nicht getan** cela ne suffit pas; **man tut, was man kann** on fait ce qu'on peut; **~ und lassen können, was man will** pouvoir agir à sa guise [*o* comme on l'entend]; **das, was sie ~ und zu lassen hat** ce qu'elle a à faire; **tu, was du lassen kannst!** *fam* fais comme bon te semble!
II. *r V* **es tut sich etwas/nichts** il se passe quelque chose/ne se passe rien
III. *itr V* ❶ **zu ~ haben** avoir à faire; **geschäftlich in Paris zu ~ haben** avoir à faire à Paris; [**genug**] **mit sich selbst zu ~ haben**

avoir suffisamment de problèmes
❷ *fam (sich geben)* **ahnungslos ~** faire celui/celle qui n'est pas au courant *(fam)*; **verlegen ~** faire l'embarrassé(e)
▶ **nur so ~** faire juste semblant; **tu doch nicht so!** *fam* ne fais pas semblant! *(fam)*; **so ~, als ob** faire comme si
IV. *Hilfsv modal* ❶ *(als Hervorhebung)* **rechnen tut die Kleine schon gut** la petite sait déjà bien calculer
❷ DIAL *(als Ausdruck einer Möglichkeit)* **das täte mich schon interessieren** cela m'intéresserait bien
Tun <-s -> *nt* actes *mpl*
▶ **jds ~ und Treiben** les faits *mpl* et gestes de qn
Tünche ['tʏnçə] <-, -n> *f* badigeon *m*
tünchen *tr V* badigeonner
Tundra ['tʊndra] <-, Tundren> *f* toundra *f*
tunen ['tjuːnən] *tr V* trafiquer *(fam) Motor*
Tuner ['tjuːnɐ] <-s, -> *m* tuner *m*
Tunesien [tuˈneːziən] <-s> *nt* la Tunisie
Tunesier(in) [tuˈneːziɐ] <-s, -> *m(f)* Tunisien(ne) *m(f)*
tunesisch *Adj* tunisien(ne)
Tunfisch^RR *s.* **Thunfisch**
Tunichtgut ['tuːnɪç(t)guːt] <-[e]s, -e> *m* vaurien *m*
Tunika ['tuːnika] <-, Tuniken> *f* tunique *f*
Tunke ['tʊŋkə] <-, -n> *f* sauce *f* [froide]
tunken *tr V* tremper
tunlichst ['tuːnlɪçst] *Adv* si possible
Tunnel ['tʊnəl] <-s, - *o* -s> *m* tunnel *m*
Tunte ['tʊntə] <-, -n> *f fam* folle *f (fam)*, tantouse *f (vulg)*
Tüpfelchen ['tʏpfəlçən] <-s, -> *nt (Pünktchen)* [petit] pois *m*
▶ **das ~ auf dem i** la petite touche finale
tüpfeln ['tʏpfəln] *tr V* moucheter
tupfen ['tʊpfən] *tr V* ❶ **[sich (Dat)] etw von der Stirn ~** [s']essuyer qc sur le front; **etw auf eine Wunde ~** tamponner [*o* appliquer] qc sur une plaie
❷ *(mustern)* **rot getupft** à pois rouges
Tupfen <-s, -> *m* pois *m*, touche *f*; **mit blauen ~** à pois bleus
Tupfer <-s, -> *m* MED compresse *f*
Tür [tyːɐ] <-, -en> *f* ❶ porte *f*; **an die ~ gehen** aller [voir] à la porte; **in der ~ stehen** être dans l'embrasure de la porte; **~ an ~ wohnen** habiter porte à porte
❷ *(Autotür, Zugtür)* portière *f*
▶ **zwischen ~ und Angel** *fam* entre deux portes *(fam)*, à la va-vite *(fam)*; **mit der ~ ins Haus fallen** *fam* annoncer tout de but en blanc *(fam)*; **jdm die ~ vor der Nase zuschlagen** *fam* fermer la porte au nez de qn; **einer S. (Dat) ~ und Tor öffnen** *Politik, Maßnahme*: être la porte ouverte [*o* laisser le champ libre] à qc; **offene ~en einrennen** enfoncer une porte ouverte; **hinter verschlossenen ~en** à huis clos; **jdm** [fast] **die ~ einrennen** *fam* harceler qn *(fam)*; **jdn vor die ~ setzen** *fam* ficher qn à la porte *(fam)*; **vor der ~ stehen** *Person*: être à la porte; *(Ferien, Sommer)* être imminent(e)
Türangel *f* gond *m*
Turban ['tʊrbaːn] <-s, -e> *m* turban *m*
Turbine [tʊrˈbiːnə] <-, -n> *f* turbine *f*
Turbinenantrieb *m* propulsion *f* par turbine
Turbo ['tʊrbo] <-s, -s> *m (Turbolader)* turbo *m*; *(Auto)* turbo *f*
Turbolader <-s, -> *m* turbocompresseur *m*
Turbomotor *m* turbomoteur *m*
Turbo-Prop-Flugzeug *nt* avion *m* à turbopropulseur
turbulent [tʊrbuˈlɛnt] **I.** *Adj* agité(e)
II. *Adv* de façon houleuse
Turbulenz [tʊrbuˈlɛnts] <-, -en> *f* ❶ METEO, PHYS turbulence *f*
❷ *meist Pl (schwierige Zeit)* turbulence *f*
Türdrücker *m (Klinke)* poignée *f* [de porte]
Türe *s.* **Tür**
Türflügel *m* battant *m* de porte **Türfüllung** *f* panneau *m* de porte **Türgriff** *m* poignée *f* de porte
Türke ['tʏrkə] <-n, -n> *m* ❶ Turc *m*
❷ *fam (türkisches Restaurant)* restau *m* turque *(fam)*; **zum ~n** [essen] **gehen** aller [manger] au restau turque *(fam)*
Türkei <-> *f* **die ~** la Turquie
türken *tr V pej* truquer *(fam)*
Türkin <-, -nen> *f* Turque *f*
türkis *Adj* turquoise *inv*; **~e Socken** des chaussettes turquoise
Türkis^1 [tʏrˈkiːs] <-es, -e> *m* MINER turquoise *f*
Türkis^2 <-> *nt* turquoise *m*
türkisch ['tʏrkɪʃ] **I.** *Adj* turc(turque)
II. *Adv* **~ miteinander sprechen** discuter en turc; *s. a.* **deutsch**
Türkisch <-[s]> *nt kein Art (Sprache, Schulfach)* turc *m*; **auf ~** en turc; *s. a.* **Deutsch**
Türkische *nt dekl wie Adj* **das ~** le turc; *s. a.* **Deutsche**
türkisfarben *Adj* turquoise
Türklinke *f* poignée *f* de porte **Türklopfer** *m* heurtoir *m* **Türknauf** *m* bouton *m* de porte

Turm [tʊrm, *Pl:* ˈtʏrmə] <-[e]s, Türme> *m* ❶ *a.* SCHACH tour *f*
❷ *(Kirchturm, Glockenturm)* clocher *m*
❸ *(Sprungturm)* [grand] plongeoir *m*
Turmalin [tʊrmaˈliːn] <-s, -e> *m* GEOL tourmaline *f*
Türmchen <-s, -> *nt Dim von* **Turm** tourelle *f*
türmen ['tʏrmən] **I.** *tr V* + *haben* empiler
II. *r V* + *haben* **sich ~** s'entasser
III. *itr V* + *sein fam* se casser *(fam)*; **lass uns ~!** tirons-nous! *(fam)*
Turmfalke *m* [faucon *m*] crécerelle *f* **turmhoch I.** *Adj* gigantesque **II.** *Adv* **jdm ~ überlegen sein** être de loin supérieur à qn **Turmspringen** *nt kein Pl* plongeons *mpl* de haut vol **Turmuhr** *f* horloge *f*
Turnanzug *m* tenue *f* de gymnastique **Turnbeutel** *m* sac *m* de sport
turnen ['tʊrnən] **I.** *itr V* + *haben* ❶ faire de la gymnastique; **an den Ringen ~** faire des anneaux; **am Boden ~** faire de la gymnastique au sol
❷ + *sein (sich flink bewegen)* virevolter
II. *tr V* + *haben* exécuter *Übung, Kür*
Turnen <-s> *nt* gymnastique *f*; *(Sportunterricht)* E.P.S. *f*
Turner(in) <-s, -> *m(f)* gymnaste *mf*
turnerisch I. *Adj* gymnique
II. *Adv* sur le plan gymnique
Turngerät *nt* appareil *m*; **die ~e** les agrès *mpl* **Turnhalle** *f* gymnase *m* **Turnhemd** *nt* maillot *m* [de gymnastique] **Turnhose** *f* short *m* [de gymnastique]
Turnier [tʊrˈniːɐ] <-s, -e> *nt* ❶ *a.* HIST tournoi *m*
❷ *(Springturnier)* concours *m*
Turnierpferd *nt* cheval *m* de concours
Turnlehrer(in) *m(f)* professeur *mf* de gymnastique, prof *mf* de gym *(fam)* **Turnsaal** *m* A *(Turnhalle)* [salle *f* de] gymnase *m* **Turnschuh** *m* chaussure *f* de sport ▶ **fit wie ein ~ sein** *fam* péter du feu [*o* de vie] *(fam)*
Turnschuhgeneration *f kein Pl* ≈ génération *f* relax [*o* cool] *(fam)*
Turnstunde *f* cours *m* de gym[nastique] **Turnübung** *f* exercice *m* [gymnique] **Turnunterricht** *m* cours *m* de gymnastique [*o* de gym *fam*]
Turnus ['tʊrnʊs] <-, -se> *m* roulement *m*; **im ~ von zwei Jahren** par roulement de deux ans
Turnverein *m* club *m* de gymnastique **Turnzeug** *nt fam* affaires *fpl* de sport
Türöffner *m (Türöffnertaste)* touche *f* d'ouverture automatique de la porte **Türpfosten** *m* montant *m* de porte; **nicht zwischen den ~ durchpassen** ne pas passer dans le chambranle [*o* la porte] **Türrahmen** *m* chambranle *m* **Türschild** *nt* plaque *f* **Türschloss**^RR *nt* serrure *f* **Türschnalle** *f* A poignée *f* de porte **Türschwelle** *f* seuil *m* **Türspalt** *m* entrebâillement *m*
Türsteher(in) <-s, -> *m(f)* portier *m*; *(in einer Diskothek)* videur *m* **Türstock** *m* A *(Türrahmen)* encadrement *m* de porte **Türsturz** *m* linteau *m* [de la porte]
turteln ['tʊrtəln] *itr V* roucouler; [miteinander] ~ roucouler
Turteltaube *f* ❶ tourterelle *f*
❷ *Pl fam (Verliebte)* tourtereaux *mpl*
Türvorleger *m* paillasson *m*
Tusch [tʊʃ] <-es, -e> *m* fanfare *f*; **einen ~ spielen** sonner une fanfare
Tusche ['tʊʃə] <-, -n> *f* encre *f* de Chine
tuscheln ['tʊʃəln] *itr V* murmurer; **es wird viel getuschelt** on raconte pas mal de choses
tuschen ['tʊʃən] *tr V* KUNST dessiner à l'encre de Chine; **sich (Dat) die Wimpern ~** se mettre du mascara [sur les cils]
Tuschkasten *m* DIAL boîte *f* de peintures à l'eau **Tuschzeichnung** *f* lavis *m*
Tussi ['tʊsi] <-, -s> *f fam* nana *f (fam)*
tut [tuːt] *3. Pers Präs von* **tun**
Tüte ['tyːtə] <-, -n> *f* sac *m*; *(klein)* sachet *m*; **eine ~ Bonbons** un sachet de bonbons; **eine ~ Pommes frites** un cornet de frites
▶ [**das**] **kommt nicht in die ~!** *fam* pas question! *(fam)*
tuten ['tuːtən] *itr V Dampfer, Sirene*: corner; **es tutet in der Leitung** il y a de la friture sur la ligne
▶ **von Tuten und Blasen keine Ahnung haben** *fam* [n']y connaître que dalle *(fam)*
Tütensuppe *f* soupe *f* en sachet
Tutor ['tuːtoːɐ] <-s, Tutoren> *m*, **Tutorin** *f* ❶ UNIV moniteur(-trice) *m(f)*
❷ SCHULE tuteur(-trice) *m(f)*
TÜV [tʏf] <-, -[s]> *m Abk von* **Technischer Überwachungs-Verein** ❶ *(Institution)* centre *m* de contrôle technique
❷ *(Prüfung)* ≈ contrôle *m* technique [biennal]; **zum ~ müssen** ≈ devoir passer au contrôle technique; **durch den ~ kommen** ≈ passer le contrôle technique

Land und Leute

Pour qu'ils soient autorisés à circuler sur la voie publique, tous les véhicules motorisés doivent d'abord subir un contrôle technique et aller au **TÜV**. Si lors du contrôle aucun défaut n'est à signaler, une vignette attestant du bon fonctionnement du véhicule est collée sur la plaque d'immatriculation arrière. Cette vignette est alors valable deux ans.

TÜV-Plakette f AUT plaquette de contrôle technique
TV-Kochstudio nt studio m pour émissions gastronomiques **TV--Schrott** m fam télé f poubelle **TV-Serie** [teːˈfaʊzəːria] f feuilleton m télévisé
Tweed [tviːt] <-s, -s o -e> m tweed m
Twen [tvɛn] <-[s], -s> m moins mf de trente ans
Twinset ['tvɪnzɛt] <-[s], -s> nt o m twin-set m
Twist[1] [tvɪst] <-es, -e> m TEXTIL coton m retors
Twist[2] <-s, -s> m (Tanz) twist m
Typ [tyːp] <-s, -en> m ① (Menschentyp) individu m; **ein bestimmer ~ von Männern/Frauen** un certain type d'hommes/de femmes; **sie ist nicht der ~ Frau, der schnell aufgibt** ce n'est pas le genre de femme à vite abandonner; **was ist er für ein ~?** quel genre d'individu c'est? (fam)
② (Modell) modèle m; **Computer dieses ~s sind teuer, dieser ~ Computer ist teuer** ce modèle d'ordinateur est cher
③ sl (Kerl, Freund) mec m (fam)
▶ **dein ~ wird verlangt!** fam ramène ta fraise, on te demande! (fam)
Type ['tyːpə] <-, -n> f ① (Drucktype) type m, caractère m
② fam (Mensch) **eine komische ~** un drôle de zèbre [o de zigoto fam]
Typen ['tyːpən] Pl von **Typus**
Typenrad nt marguerite f **Typenradschreibmaschine** f machine f à marguerite
Typhus ['tyːfʊs] <-> m MED typhus m
typisch ['tyːpɪʃ] I. Adj typique; **~ für jdn sein** être typique de la part de qn; **er ist ein ~er Berliner** c'est le Berlinois typique
▶ **das ist [mal wieder] ~!** fam c'est typique! (fam)
II. Adv **~ deutsch** typiquement allemand; **~ Frau/Mann!** typiquement féminin/masculin!; **~ Arthur!** [c'est] signé Arthur!
Typisierung f A (amtliche Zulassung) eines Geräts, Fahrzeugs standardisation f des types
Typografie[RR] [Pl: -ˈfiːən] <-, -n> f typographie f
typografisch[RR] Adj typographique
Typographie [typograˈfiː] s. **Typografie**
typographisch [typoˈgraːfɪʃ] s. **typografisch**
Typologie [typoloˈgiː] <-, -n> f typologie f
Typoskript <-s, -e> nt tapuscrit m
Typus ['tyːpʊs] <-, **Typen**> m type m
Tyrann(in) [tyˈran] <-en, -en> m(f) tyran m
Tyrannei [tyraˈnaɪ] <-, -en> f tyrannie f
tyrannisch [tyˈranɪʃ] I. Adj tyrannique
II. Adv de manière tyrannique
tyrannisieren[*] tr V tyranniser
tyrrhenisch [tʏˈreːnɪʃ] Adj **das Tyrrhenische Meer** la mer Tyrrhénienne

U u

U, u [uː] <-, -> nt U m/u m
▶ **U wie Ulrich** u comme Ursule
u. Abk von **und**
u.a. Abk von **unter anderem/anderen**
U.A.w.g. [uːʔaːveːˈgeː] Abk von **Um Antwort wird gebeten** R.S.V.P.
UB [uːˈbeː] UNIV Abk von **Universitätsbibliothek** BU f
U-Bahn f métro m **U-Bahnhof** m station f de métro **U-Bahn--Linie** f ligne f de métro **U-Bahn-Station** f station f de métro
übel ['yːbəl] I. Adj ① (unangenehm) Geruch, Geschmack mauvais(e); Gefühl pénible
② (schlimm) sale antéposé; Fall fâcheux(-euse)
③ (ungut) Bursche, Kerl sale antéposé; **er ist kein übler Kerl** c'est pas un mauvais bougre (fam)
④ (verkommen) mal famé(e)
⑤ (schlecht) **jdm ist/wird ~** qn a mal au cœur
II. Adv ① (unangenehm) **~ riechen/schmecken** sentir/être mauvais; **das schmeckt gar nicht ~** ce n'est pas mauvais du tout
② (schlecht) **sich fühlen** mal
③ (gemein) **behandeln** mal
Übel <-s, -> nt mal m
▶ **das kleinere ~** le moindre mal; **ein notwendiges ~** un mal nécessaire; **zu allem ~** pour couronner le tout
übelgelaunt s. **gelaunt**
Übelkeit <-, -en> f nausée f
übellaunig Adj grincheux(-euse); **~ sein** être de mauvaise humeur
Übellaunigkeit <-> f mauvaise humeur f
übel|nehmen s. **nehmen** 1 ①
übelriechend s. **riechen** I. ①
Übelstand m ① (Übel, Missstand) mal m ② (Ungerechtigkeit) injustice f **Übeltäter(in)** m(f) malfaiteur(-trice) m(f)
übel|wollen itr V unreg jdm **~** vouloir du mal à qn
üben ['yːbən] I. tr V ① (lernen, trainieren) travailler, s'entraîner à; **s'exercer à** Sprung, Wurf, Sprungtechnik; **das Kopfrechnen/das Einparken ~**, kopfrechnen/einparken **~** s'exercer au calcul mental/à se garer
② (einstudieren) travailler Sonate, Lied
③ (beherrschen lernen) **Klavier/Geige ~** travailler son piano/son violon
④ (schulen) **sein Gedächtnis ~** faire travailler sa mémoire
⑤ (praktizieren) **Gerechtigkeit/Solidarität ~** faire preuve de justice/de solidarité
II. r V ① **sich im Lesen/Schwimmen ~** s'exercer à lire/à nager; **sich im Sprinten/in freier Rede ~** s'exercer [o s'entraîner] au sprint/à improviser un discours

② fig **sich in Geduld ~** s'armer de patience
III. itr V **mit jdm ~** (für die Schule) travailler avec qn; (trainieren) s'entraîner avec qn; s. a. **geübt**
über ['yːbɐ] I. Präp + Dat ① **~ dem Sofa** au-dessus du canapé
② (zusätzlich zu) **~ dem Hemd einen Pulli tragen** porter un pull par-dessus la chemise
③ (besser als) **~ dem Durchschnitt** au-dessus de la moyenne
④ (wegen) **~ der ganzen Aufregung** avec toute cette agitation
II. Präp + Akk ① **ein Poster ~ das Sofa hängen** accrocher un poster au-dessus du canapé
② (auf, auf … entlang) **den Mantel ~ den Stuhl legen** poser le manteau sur la chaise; **~ den Tisch streichen** passer la main sur la table; **sie strich ihm ~ die Wange** elle lui caressa la joue
③ (quer hinüber) **~ die Straße gehen** traverser la rue; **~ die Grenze gehen** franchir la frontière; **~ die Cevennen fliegen** survoler les Cévennes; **~ das Tal führen** Brücke: traverser la vallée; **~ den Zaun schauen** regarder par-dessus la clôture; **der Blick ~ das Tal/die Stadt** la vue sur la vallée/la ville
④ (betreffend) **~ jdn/etw sprechen** parler de qn/discuter de qc; **sich ~ jdn/etw ärgern** se fâcher contre qn/à cause de qc; **ein Buch ~ Schiller/Pflanzen** un livre sur Schiller/les plantes
⑤ (in Höhe von) **ein Scheck/eine Gutschrift ~ hundert Euro** un chèque/un avoir d'une valeur de cent euros
⑥ (durch, mittels) **~ jdn erfahren, dass** apprendre par [l'intermédiaire de] qn que; **~ Satellit** par satellite; **etw ~ den Rundfunk/das Fernsehen bekannt geben** annoncer qc à la radio/télévision
⑦ (via) **~ Dijon nach Lyon fahren** aller à Lyon en passant par Dijon
⑧ (zur Angabe der Dauer) **den ganzen Tag ~** toute la journée; **~ Mittag** entre midi et deux; **den Sommer ~** pendant l'été; **~ Ostern/das Wochenende verreisen** partir pour Pâques/le week-end
▶ **Fragen ~ Fragen** question sur question
III. Adv ① (mehr als) plus de; **Einkommen ~ zehntausend Euro** des revenus de plus de dix mille euros; **bei ~ 40 °C** au-dessus de 40°
② (älter als) de plus de; **trau keinem ~ dreißig!** ne fais pas confiance aux plus de trente ans!; **etwas ~ vierzig sein** avoir un peu plus de quarante ans
▶ **~ und ~ mit Schlamm bespritzt sein** Person: être recouvert(e) de boue des pieds à la tête; Gegenstand: être complètement recouvert(e) de boue
IV. Adj fam ① (übrig) **es ist noch Reis ~** il reste encore du riz (fam)
② (überlegen) **jdm ~ sein** être supérieur à qn (fam); **in diesem**

Bereich ist er uns ~ il est bien plus fort que nous dans ce domaine
überall [y:bɐ'ʔal] *Adv* ❶ partout

❷ *(immer)* ~ **mitreden** avoir toujours quelque chose à dire
überallher *Adv* von ~ de partout **überallhin** *Adv* [un peu] partout
überaltert *Adj* suranné(e)
Überalterung <-> *f* sur-vieillissement *m*
Überangebot *nt* suroffre *f;* **ein ~ an Waren** un excédent de marchandises
überängstlich *Adj* hyperanxieux(-euse)
überanstrengen* I. *r V* **sich ~** se surmener; **sich beim Sport ~** forcer en faisant du sport
II. *tr V* **seine Augen durch etw ~** s'esquinter les yeux avec qc *(fam)*
überanstrengt *Adj* surmené(e)
Überanstrengung *f* surmenage *m*
überantworten* *tr V geh* ❶ *(anvertrauen)* **etw jdm/einer S. ~** confier qc à qn/qc

❷ *(ausliefern)* **jdn jdm/einer S. ~** remettre qn à qn/qc
überarbeiten* I. *tr V* remanier
II. *r V* **sich ~** se surmener
Überarbeitung <-, -en> *f* ❶ *kein Pl (das Bearbeiten)* remaniement *m*

❷ *(Fassung, Version)* édition *f* remaniée

❸ *kein Pl (Überanstrengung)* surmenage *m;* **bis zur völligen ~** *fam* jusqu'à épuisement complet *(fam)*
überaus *Adv geh* extrêmement
überbacken* *tr V unreg* faire gratiner; **etw ~** faire gratiner qc
Überbau <-baue *o* -bauten> *m* ❶ ARCHIT *(Vorsprung)* superstructure *f*

❷ JUR superstructures *fpl*

❸ <-baue> *(im Marxismus)* superstructure *f*
überbeanspruchen* <überzubeanspruchen> *tr V* épuiser *Person;* présumer *Kräfte;* surmener, malmener *Bandscheiben, Gelenke;* malmener *Motor, Reifen;* surcharger *Regalbrett;* **überbeansprucht sein** *Person:* être surmené(e) [*o* débordé(e)]
Überbeanspruchung *f* surmenage *m*
Überbein *nt* MED kyste *m* [*o* ganglion *m*] synovial
über|bekommen* *tr V unreg fam* commencer à en avoir sa dose de *Person, Streitereien;* commencer à être dégoûté(e) de *(fam) Essen*
überbelegen* <überzubelegen> *tr V* entasser les personnes dans *Krankenhaus, Hotel;* **überbelegt sein** être surpeuplé(e); *Kurs:* être [plus que] plein(e)
Überbelegung *f kein Pl* ~ **der Krankenhäuser/Hotels** *(Gen) (Aktion)* entassement *m* des gens dans les hôpitaux/hôtels; *(Resultat)* surpeuplement *m* des hôpitaux/hôtels
überbelichten* <überzubelichten> *tr V* surexposer
Überbelichtung *f* surexposition *f*
Überbeschäftigung *f kein Pl* suremploi *m*
überbetonen* <überzubetonen> *tr V* trop insister [sur] *Aspekt, Faktor*
Überbevölkerung *f kein Pl* surpopulation *f*
überbewerten* <überzubewerten> *tr V* ❶ *(zu gut bewerten)* surnoter *Leistung*

❷ *(zu wichtig nehmen)* surestimer; **ich würde das nicht ~** je n'y attacherais pas trop d'importance
Überbewertung *f kein Pl (Einschätzung)* surévaluation *f,* surestimation *f*
überbezahlen* <überzubezahlen> *f* surpayer
Überbezahlung *f* surpaye *f*
überbietbar *Adj* **ein Stil von kaum ~er Eleganz** un style d'une élégance inégalable; **das ist kaum ~** c'est difficilement égalable; **das ist nicht mehr ~** c'est un comble
überbieten* *unreg* I. *tr V* ❶ SPORT battre; **etw um etw ~** battre [*o* améliorer] qc de qc

❷ *(bei Auktionen)* **jdn/etw um etw ~** surenchérir sur qn/qc de qc
❸ *(übertreffen)* **nicht/kaum zu ~ sein** *Arroganz, Schmeichelei:* être inégalable/difficilement égalable; **an Sarkasmus kaum/ nicht zu ~ sein** être [*o* faire preuve] d'un sarcasme difficilement égalable/sans égal(e)
II. *r V* **sich** [gegenseitig] **an Höflichkeit/Mut ~** rivaliser de politesse/de courage
Überbietung <-, -en> *f* **eines Rekords** amélioration *f*
über|bleiben *itr V unreg + sein fam* **etwas Soße wird ~** il restera un peu de sauce *(fam);* **damit nichts überbleibt** [afin] qu'il n'y ait pas de restes *(fam)*
Überbleibsel ['y:bɐblaɪpsəl] <-s, -> *nt meist Pl* vestige *m; eines Essens* reste *m*
Überblendung *f* ❶ CINE, TV *(Bild)* fondu *m* enchaîné

❷ RADIO, MUS *(Ton)* fondu *m*
Überblick *m* ❶ *(Sicht)* vue *f* d'ensemble; ~ **über etw** *(Akk)* vue *f* d'ensemble de qc

❷ *fig* **ein kurzer ~ über etw** *(Akk)* un bref aperçu de qc

❸ *(Übersicht)* **sich** *(Dat)* **einen ~ über etw** *(Akk)* **verschaffen** se faire une idée d'ensemble de qc; **den ~ verlieren** ne plus savoir [exactement] où on en est; **den ~ über seine Finanzen verlieren** ne plus savoir [exactement] où en sont ses finances; **ihm fehlt der ~** il n'a pas une vue très claire des choses
überblicken* *tr V* ❶ *(überschauen)* **etw ~ können** pouvoir embrasser qc du regard; **von hier aus kann man das Tal gut ~** d'ici on peut embrasser toute la vallée du regard

❷ *(einschätzen)* avoir [*o* se faire] une idée globale de *Aktivitäten, Arbeitsgebiet;* estimer l'ampleur de *Lage;* **die Lage rasch ~** saisir rapidement la situation
überbordend *Adj Temperament* exubérant(e); *Phantasie* débordant(e)
überbreit *Adj Reifen* très large; **ein ~er Schwertransporter** un convoi grande largeur
Überbreite *f* largeur *f* hors norme; **mit ~** excessivement large
überbringen* *tr V geh* remettre; transmettre *Nachricht*
Überbringer(in) <-s, -> *m(f)* porteur(-euse) *m(f);* **der ~ der Nachricht** le messager
überbrückbar *Adj Differenzen, Gegensätze* surmontable
überbrücken* *tr V* ❶ *(bewältigen)* pallier à, surmonter *Situation, Schwierigkeit;* **wie soll ich die zwei Wochen ~?** *(bewältigen)* comment vais-je employer ces deux semaines?; *(finanziell bestreiten)* de quoi vais-je vivre pendant ces deux semaines?

❷ *(ausgleichen)* concilier *Differenzen, Gegensätze*
Überbrückung <-, -en> *f* ❶ *von Schwierigkeiten* résolution *f* [provisoire]; **zur ~ dieses Zeitraums** pour tenir pendant cette période

❷ *(Ausgleich) von Differenzen, Gegensätzen* conciliation *f*
Überbrückungsgeld *nt* allocation *f* temporaire; *(für Existenzgründer)* ≈ aide *f* à la création et à la reprise d'entreprise **Überbrückungskredit** *m* crédit-relais *m*
überbuchen* *tr V* surbooker *Hotel, Flug*
überdachen* *tr V* couvrir; **überdacht** couvert(e)
überdauern* *tr V* survivre à *Winter, Krieg*
über|decken[1] *tr V fam* **jdm etw ~** recouvrir qn de qc
überdecken*[2] *tr V* recouvrir *Wand, Bild, Farbschicht;* masquer *Geruch, Geschmack;* **etw mit etw ~** recouvrir/masquer qc de qc
überdehnen* *tr V* distendre; **sich** *(Dat)* **etw ~** se distendre qc
überdenken* *tr V unreg* reconsidérer; **etw** [noch einmal] **~** reconsidérer qc
überdeutlich I. *Adj* très [*o* parfaitement] explicite; *Absicht* évident(e)
II. *Adv* de la façon la plus claire qui soit
überdies *Adv geh* en outre
überdimensional *Adj* démesuré(e)
Überdosis *f (bei Medikamenten)* surdose *f; (bei Drogen)* overdose *f;* **eine ~ Schlaftabletten/Rauschgift** une surdose de somnifères/une overdose [de drogue]
überdrehen* *tr V* forcer *Schraube, Motor;* **seine Uhr ~** forcer sa montre en la remontant
überdreht *Adj fam* surexcité(e) *(fam)*
Überdruck <-drücke> *m* surpression *f*
Überdruckventil [-vɛ-] *nt* soupape *f* de sûreté [*o* de sécurité]
Überdruss[RR] <-es>, **ÜberdrußALT** *m* ❶ dégoût *m,* nausée *f,* saturation *f;* **etw aus ~ an etw** *(Dat)* **tun** faire qc par dégoût de qc; **bis zum ~** [jusqu']à satiété
überdrüssig ['y:bɐdrʏsɪç] *Adj* **eines Menschen/einer S. ~ sein/werden** en avoir/commencer à en avoir [plus qu']assez d'une personne/de qc
überdüngen* *tr V* **etw ~** abuser d'engrais pour qc; **ein überdüngtes Gelände** un terrain pollué par un abus d'engrais
Überdüngung <-, -en> *f der Äcker* fertilisation *f* excessive; *der Gewässer* eutrophisation *f*
überdurchschnittlich I. *Adj* supérieur(e) à la moyenne
II. *Adv* ~ **gut sein** être meilleur(e) que la moyenne; **~ viel** [Geld] **verdienen** gagner plus [d'argent] que la moyenne
übereck [y:bɐ'ʔɛk] *Adv* en diagonale [dans le/un coin]
Übereifer *m* excès *m* de zèle; **etw im ~ tun** faire qc dans son empressement
übereifrig *Adj* trop zélé(e)
übereignen* *tr V geh* **jdm etw ~** transmettre la propriété de qc à qn
Übereignung <-, -en> *f* transfert *m* de propriété
übereilen* *tr V* précipiter
übereilt I. *Adj* précipité(e)
II. *Adv* précipitamment
übereinander *Adv* ~ **reden** parler l'un sur l'autre
übereinander|legen *tr V* empiler
übereinander|liegen *itr V unreg + haben o* SDEUTSCH, A, CH *sein zwei Dinge:* être posé(e)s l'un(e) sur l'autre; *mehrere Dinge:* être posé(e)s les un(e)s sur les autres; **die Bücher liegen übereinander auf dem Tisch** les livres sont sur la table, l'un sur l'autre; **die Handtücher liegen übereinander im Schrank** les serviettes

sont dans le placard, l'une sur l'autre
übereinander|schlagen *tr V unreg* croiser *Beine*
überein|kommen [y:bɐˈʔaɪn-] *itr V unreg + sein* ~ **etw zu tun** convenir de faire qc, se mettre d'accord pour faire qc; **mit jdm** ~ **se** mettre d'accord avec qn
Übereinkommen *nt* accord *m;* **stillschweigendes** ~ accord tacite; **ein** ~ **treffen** passer un accord; **in etw** *(Dat)* **ein** ~ **erzielen** parvenir à un accord sur qc
Übereinkunft <-, -künfte> *f* accord *m;* **eine** ~ **erzielen** parvenir à un accord
überein|stimmen *itr V* ❶ **mit jdm in einer Frage** ~ être d'accord avec qn sur une question; **mit jdm** |**darin**| ~, **dass** convenir avec qn que + *indic;* **sie stimmen überein** leurs avis concordent
❷ *(sich gleichen)* **mit etw** ~ être conforme à qc
übereinstimmend I. *Adj Aussage, Meldung* concordant(e); *Ansicht, Meinung* unanime
II. *Adv* unanimement; ~ **erklären, dass** déclarer à l'unanimité que + *indic*
Übereinstimmung *f* ❶ consensus *m;* **in etw** *(Dat)* ~ **erzielen** parvenir à un consensus sur qc; **in** ~ **mit jdm/etw** en accord avec qn/en harmonie avec qc
❷ *(Gleichheit)* unanimité *f*
überempfindlich I. *Adj* ❶ *Person* hypersensible
❷ MED ~ **gegen etw sein** être hypersensible à qc
II. *Adv* ❶ *reagieren* comme un écorché vif/une écorchée vive
❷ MED ~ **auf etw** *(Akk)* **reagieren** avoir une réaction allergique à qc
Überempfindlichkeit *f a.* MED hypersensibilité *f*
Überernährung *f* suralimentation *f*
über|essen[1] *r V unreg* **sich** *(Dat)* **etw** ~ se dégoûter de qc
über|essen[2] <überisst, überaß, übergessen> *r V* **sich an etw** *(Dat)* ~ se gaver [*o* se bourrer] de qc
überfahren* *tr V unreg* ❶ écraser *Person, Tier*
❷ *(nicht beachten)* griller *Stoppschild;* brûler, griller *Ampel;* dépasser *Linie*
❸ *fam (übertölpeln)* embobiner *(fam)*
Überfahrt *f* traversée *f*
Überfall *m* attaque *f* [à main armée], agression *f;* **der** ~ **auf jdn/etw** l'agression de qn/l'attaque de qc
überfallen* *tr V unreg* ❶ agresser *Person;* attaquer *Bank*
❷ **geh** *(überkommen)* **jdn** ~ *Heimweh, Müdigkeit:* gagner qn; *Furcht überfiel ihn* il se sentit envahi par la peur *(soutenu)*
❸ *hum fam (besuchen)* **jdn** ~ débarquer chez qn sans crier gare *(fam)*
❹ *(bestürmen)* **jdn mit etw** ~ assaillir qn de qc
überfällig *Adj* ❶ *Zug, Schiff, Lieferung* en retard; *Zahlung, Raten* en souffrance; **seit einer Woche** ~ **sein** *Zahlung, Raten:* être en souffrance depuis huit jours
❷ *(angebracht)* |**längst**| ~ **sein** *Entschuldigung, Brief:* s'imposer depuis longtemps
Überfallkommando, Überfallskommando *nt* A *fam* police *f* secours; **das** ~ **alarmieren** appeler police secours
überfischen* *tr V* dépeupler [par la surpêche]; **etw** ~ dépeupler qc [par la surpêche]
überfliegen* *tr V unreg* ❶ survoler *Gebiet, Meer*
❷ *(ansehen)* survoler, parcourir *Artikel, Buch*
über|fließen* *itr V unreg + sein* ❶ *(überlaufen)* déborder
❷ *fig geh* **vor Mitleid** ~ déborder de pitié
überflügeln* *tr V* surpasser *Person;* **jdn weit** ~ surclasser qn de loin
Überfluss[RR] *m kein Pl* [sur]abondance *f;* **Brot im** ~ **haben** avoir du pain en surabondance; **Bananen sind im** ~ **vorhanden** il y a des bananes en abondance; **im** ~ **schwelgen** nager dans l'abondance
▸ **zu allem** ~ pour couronner le tout
Überflussgesellschaft[RR] *f* société *f* d'abondance
überflüssig *Adj* superflu(e); **es ist** ~, **dass du das machst** il est superflu que tu fasses cela
▸ **ich glaube, du bin hier** ~ je crois que je suis de trop ici
überflüssigerweise *Adv* inutilement
überfluten* *tr V* inonder *Gebiet, Stadt*
Überflutung <-, -en> *f* inondation *f*
überfordern* *tr V* ❶ en demander trop à *Person;* **jdn** ~ en demander trop à qn; **sich** ~ **se surmener; mit etw/in etw** *(Dat)* **überfordert sein** être dépassé(e) par qc
❷ *(überbeanspruchen)* surmener *Herz;* abuser de *Geduld*
Überforderung *f kein Pl (körperlich)* surmenage *m; (geistig)* exigences *fpl* trop grandes; **er hat Angst vor** ~ il a peur qu'on lui en demande trop
überfragen* *tr V* **mit etw überfragt sein** être incapable de répondre à qc; **da bin ich überfragt** là, tu m'en demandes/vous m'en demandez trop
überfremden* *tr V* envahir *Land;* **ein Land** ~ envahir un pays; **die**

Angst, überfremdet zu werden la peur d'être envahi(e) par les étrangers
Überfremdung <-, -en> *f* déculturation *f*
Überfuhr <-, -en> *f* A *(Fähre)* bac *m*
überführen* *tr V* ❶ JUR confondre; **jdn durch etw** ~ confondre qn grâce à qc; **jdn des Drogenhandels** ~ convaincre qn de trafic de drogue
❷ *(transportieren)* transférer *Patienten, Leichnam;* convoyer *Fahrzeug*
Überführung *f* ❶ JUR preuve *f* de la culpabilité; **zur** ~ **des Verdächtigen beitragen** contribuer à prouver la culpabilité du suspect
❷ *(Transport)* eines Patienten, Leichnams transfert *m;* eines Fahrzeugs convoyage *m*
❸ *(Brücke)* passage *m* supérieur
Überfülle *f* profusion *f*
überfüllt *Adj Schulklasse, Kurs* surchargé(e); *Gebäude, Lager* bondé(e)
Überfüllung *f* encombrement *m;* **wegen** ~ **geschlossen** complet
Überfunktion *f* hyperfonctionnement *m;* ~ **der Schilddrüse** hyperthyroïdie *f*
Übergabe *f* ❶ remise *f*
❷ MIL reddition *f*
Übergang <-gänge> *m* ❶ *(Wechsel)* passage *m;* **der** ~ **von der Schule zum Beruf** la transition entre l'école et la profession
❷ *(Überleitung)* transition *f;* **etw ohne** ~ **tun** faire qc sans transition
❸ *(Grenzübergang)* passage *m*
❹ *(Überweg)* passage *m* clouté
❺ *kein Pl (Übergangszeit)* période *f* transitoire
Übergangserscheinung *f* phénomène *m* transitoire **Übergangsfrist** *f* ADMIN, POL période *f* de transition **Übergangsgeld** *nt* ADMIN indemnité *f* transitoire **übergangslos** *Adv* sans transition **Übergangslösung** *f* solution *f* transitoire **Übergangsmantel** *m* manteau *m* demi-saison **Übergangsperiode** *f,* **Übergangsphase** *f* période *f* de transition **Übergangsregelung** *f* réglementation *f* transitoire **Übergangsregierung** *f* gouvernement *m* de transition **Übergangsstadium** *nt* état *m* transitoire **Übergangszeit** *f (Zeit des Übergangs)* période *f* transitoire [*o* de transition]
Übergardine *f* double rideau *m*
übergeben* *unreg* I. *tr V* ❶ *(überreichen)* remettre; **jdm etw** ~ remettre qc à qn
❷ *(ausliefern)* **jdn jdm** ~ remettre qn à qn
❸ MIL **etw an jdn** ~ livrer qc à qn
II. *r V* **sich** ~ vomir
über|gehen[1] *itr V unreg + sein* ❶ *(überwechseln)* **zu etw** ~ passer à qc; **dazu** ~ **etw zu tun** en venir à faire qc
❷ *(übertragen werden)* **in jds Besitz** *(Akk)* ~ devenir propriété de qn
❸ *(sich wandeln)* **in Regen** *(Akk)* ~ tourner à la pluie; **in Gärung/Fäulnis** ~ commencer à fermenter/à pourrir; **in Verwesung** ~ entrer en décomposition
❹ *(verschwimmen)* **ineinander** ~ *Farben:* se fondre
übergehen*[2] *tr V unreg* ❶ oublier *Person;* **jdn bei/in etw** *(Dat)* ~ oublier qn lors de/dans qc
❷ *(nicht beachten)* passer outre *Einwand, Frage*
❸ *(auslassen)* sauter, passer *Abschnitt, Punkt, Text*
übergenau *Adj (sehr genau)* méticuleux(-euse); *(zu genau)* pointilleux(-euse); **bei der Arbeit** ~ **sein** être méticuleux/pointilleux dans son travail
übergenug *Adv* plus qu'assez
übergeordnet *Adj* ❶ *Problem* supérieur(e)
❷ GRAM, LING *Satz* principal(e); *Begriff* générique
❸ *(vorgesetzt)* **die** ~**en Behörden** les supérieurs *mpl* [hiérarchiques]
Übergepäck *nt* excédent *m* de bagages
übergeschnappt [ˈy:bɐgəʃnapt] *Adj fam* maboul(e) *(fam)*
Übergewicht *nt kein Pl* ❶ excès *m* de poids, surcharge *f* pondérale *(form);* ~ **haben** *Person:* faire de la surcharge pondérale *(form); Koffer, Brief:* être trop lourd(e)
❷ *(Vormachtstellung)* prépondérance *f*
übergewichtig *Adj* qui a un excédent de poids; ~ **sein** avoir un excédent de poids
übergießen* *tr V unreg* **etw mit Wasser** ~ arroser qc d'eau; **sich mit etw** ~ s'asperger de qc
überglücklich *Adj Person* extrêmement heureux(-euse), comblé(e) de bonheur; *Miene* radieux(-euse); ~ **sein** être extrêmement heureux(-euse); ~ **sein, dass** être si [*o* tellement] heureux(-euse) que + *subj*
über|greifen *itr V unreg* **auf etw** *(Akk)* ~ gagner qc
Übergriff *m* acte *m* de violence, abus *m;* ~ **e der Polizei** des brutalités *fpl* policières

übergroß *Adj Kleidungsstück* de grande taille; *Teppich, Bett* de grandes dimensions; *Möbelstück* de taille imposante
Übergröße *f* grande taille *f*; **in ~** en grande taille
über|haben *tr V unreg fam* ❶ *(satthaben)* **jdn/etw ~** en avoir marre de qn/qc *(fam)*, en avoir ras le bol de qn/qc *(fam)*
❷ DIAL *(übrig haben)* **ich habe noch zwei Äpfel über** il me reste encore deux pommes
❸ *(übergehängt haben)* **einen Mantel ~** avoir mis un manteau
überhand|nehmen *itr V unreg* ❶ *(sich häufen)* se multiplier
❷ *(stark anwachsen)* prendre des proportions démesurées
Überhang *m* ❶ GEOG surplomb *m*
❷ *(Überangebot)* **~ an Waren** *(Dat)* excédent *m* de marchandises; **~ an Ingenieuren** trop grand nombre *m* d'ingénieurs
über|hängen[1] *itr V unreg + haben* ❶ *(hinausragen) Ast, Zweig:* dépasser
❷ *(vorragen) Felswand, Fassade:* être en surplomb; **nach vorn ~** faire une avancée
über|hängen[2] *tr V* [*sich* (*Dat*)] **die Tasche/das Gewehr ~** mettre son sac/fusil en bandoulière; [*sich* (*Dat*)] **eine Jacke ~** [se] mettre une veste sur les épaules
Überhangmandat *nt* mandat *m* supplémentaire
überhap[p]s *Adv* A, SDEUTSCH *fam (ungefähr)* à peu près
überhasten* *tr V* précipiter
überhastet I. *Adj* précipité(e)
II. *Adv sprechen* précipitamment; *sich entscheiden* dans la précipitation
überhäufen* *tr V* ❶ *(überschütten)* **jdn mit etw ~** accabler qn de qc
❷ *(bedecken)* **etw mit etw ~** couvrir qc de qc
überhaupt [y:bɐˈhaʊpt] *Adv* ❶ *(eigentlich)* **was fällt dir ~ ein?** qu'est-ce qui te prend?; **was soll das ~?** qu'est-ce que ça signifie?; **wissen Sie ~, wie spät es ist?** vous avez vu l'heure?
❷ *(abgesehen davon, zudem)* vraiment, absolument; **und ~ geht dich das gar nichts an!** *fam* et d'abord, ça ne te regarde absolument pas! *(fam)*
❸ *verstärkend (ganz und gar)* **ich habe ~ keine Zeit** je n'ai absolument pas une minute [de libre]; **ohne Einladung kommt hier ~ keiner rein!** sans invitation, il est absolument impossible d'entrer!; **wenn ~, dann komme ich nicht vor 20 Uhr** si jamais je viens, ce ne sera pas avant 20 heures; **~ nicht** [pas] du tout, absolument pas; **~ nichts** [mehr] [plus] rien du tout, absolument [plus] rien; **~** [noch] **nie** [encore] jamais
überheblich [y:bɐˈheːplɪç] *Adj* arrogant(e)
Überheblichkeit <-, *selten* -en> *f* arrogance *f*
überheizen* *tr V* surchauffer
überhitzen* *tr V* ❶ AUT chauffer
❷ *(zu stark erhitzen)* chauffer trop
überhitzt *Adj* **~ sein** *Motor:* chauffer; *fig Konjunktur:* être surchauffé(e); **das ~e Wirtschaftswachstum** la surchauffe de la croissance économique
Überhitzung *f* a. *fig* surchauffe *f*
überhöht *Adj* excessif(-ive)
überholen*[1] **I.** *tr V* ❶ *(vorbeifahren)* doubler, dépasser
❷ *(übertreffen)* devancer *Mitbewerber, Konkurrenz*
❸ *(instand setzen)* réviser *Fahrzeug, Motor, Bremse*
II. *itr V* dépasser, doubler; **vor/nach dem Überholen** avant de dépasser/après avoir dépassé
über|holen[2] *itr V* NAUT rouler; **nach Steuerbord ~** pencher à tribord; **hol über!** virez!
Überholmanöver *nt* dépassement *m* **Überholspur** *f* voie *f* de gauche [o réservée au dépassement]
überholt *Adj Ansichten, Moral* dépassé(e)
Überholverbot *nt* interdiction *f* de dépasser [o doubler]; **es besteht ~** il est interdit de dépasser [o doubler] **Überholvorgang** *m* dépassement *m*
überhören* *tr V* ❶ *(nicht hören)* ne pas entendre
❷ *(nicht hören wollen)* ignorer; **das möchte ich überhört haben!** j'aimerais mieux être sourd(e) que d'entendre ça
Überichᴿᴿ *nt* PSYCH surmoi *m*
überinterpretieren* *tr V* aller trop loin dans l'interprétation; **etw ~** aller trop loin dans l'interprétation de qc
überirdisch *Adj* surnaturel(le)
überkandidelt [ˈyːbɐkandiˌdəlt] *Adj fam* loufoque *(fam)*
Überkapazität *f (zu hohe Produktion)* surcapacité *f*; *(zu hohe Belegschaft)* sureffectif *m*
überkleben* *tr V* recouvrir; **etw mit etw ~** recouvrir qc avec qc
über|kochen* *itr V + sein* déborder
überkommen*[1] *unreg tr V* **jdn ~** *Gefühl:* s'emparer de qn; **plötzlich überkam sie Mitleid** un sentiment de pitié s'empara soudainement d'elle; **mich überkam so eine Ahnung, dass** j'ai eu le pressentiment que + *indic*; **es überkam mich plötzlich** ça a été plus fort que moi
überkommen[2] *Adj geh Brauch* transmis(e) de génération en géné-

ration; **die ~en Traditionen pflegen** cultiver les traditions transmises
überkreuzen* **I.** *tr V* croiser *Arme, Beine*
II. *r V sich ~** se croiser
überkrusten* *tr V* GASTR glacer
überladen*[1] *tr V unreg* surcharger *Auto, Akku*
überladen[2] *Adj* surchargé(e)
überlagern* *tr V* masquer
Überlagerung *f* superposition *f*
Überlandbus *m* autocar *m* [interurbain] **Überlandleitung** *f* ligne *f* à haute tension
überlang *Adj* ❶ COUT de grande longueur
❷ *(von langer Dauer) Film, Theaterstück* très long(longue)
Überlänge *f* ❶ COUT grande longueur *f*; **~ haben** être de grande longueur
❷ CINE, TV **ein Film mit ~** un film très long
❸ TRANSP **eine Ladung mit ~** un chargement de longueur exceptionnelle
überlappen* *tr; r V* [*sich*] **~** [se] chevaucher
überlassen* *tr V unreg* ❶ *(zur Verfügung stellen)* **jdm etw ~** laisser [*o* prêter] qc à qn
❷ *(verkaufen)* **jdm etw** [*preisgünstig*] **~** céder qc à qn [à un bon prix]
❸ *(lassen)* **jdm die Entscheidung/Initiative ~** laisser qn décider/prendre l'initiative; **es jdm ~ etw zu tun** laisser qn décider de faire qc; **es bleibt** [*o* ist] **dir ~ das zu entscheiden** c'est à toi de décider de cela; **das müssen Sie schon mir ~!** laissez-moi plutôt faire!
❹ *(preisgeben)* **sich** *(Dat)* **selbst ~ sein** être livré(e) à soi-même; **jdn sich** *(Dat)* **selbst/seinem Schicksal ~** abandonner qn à soi-même/son destin
Überlassung <-, -en> *f eines Autos, einer Wohnung* mise *f* à disposition
Überlassungsvertrag *m* JUR contrat *m* de mise à disposition
überlasten* *tr V* ❶ surcharger *Träger, Mitarbeiter, Stromnetz*; solliciter trop *Organ, Bandscheiben*; **mit Arbeit überlastet sein** être surchargé(e) de travail
❷ TELEC encombrer *Telefonnetz*
Überlastung <-, -en> *f* ❶ *(überlasteter Zustand) einer Person* exténuation *f*; *eines Organs* sollicitation *f* excessive; **nervliche ~** stress *m*
❷ ELEC, TELEC *des Stromnetzes* surcharge *f*; *des Telefonnetzes* encombrement *m*
Überlauf *m einer Wanne, Talsperre* trop-plein *m*
überlaufen*[1] *tr V* ❶ *(erschauern lassen)* **es überläuft jdn** [heiß und] **kalt** qn en a froid dans le dos [o des sueurs froides]; **ein Schauer überlief sie** elle fut saisie de frissons
❷ SPORT passer *Hürden, Abwehr, Block*
über|laufen[2] *itr V unreg + sein* ❶ *Badewanne, Tasse, Flüssigkeit:* déborder
❷ *(überwechseln) Soldat:* passer à l'ennemi; **zur Konkurrenz ~** passer à la concurrence
überlaufen[3] *Adj Ort, Gegend* bondé(e)
Überläufer(in) *m(f)* transfuge *m*
überleben* **I.** *tr V* ❶ survivre; **einen Unfall ~** survivre à un accident; **wird er die Nacht ~?** passera-t-il la nuit?
❷ *(länger leben als)* **jdn um einige Jahre ~** survivre de quelques années à qn
▶ **du wirst es ~!** *iron fam* tu ne vas pas en mourir! *(fam)*; **das überlebe ich nicht!** *fam (das ist zu komisch)* c'est à mourir [de rire]!; *(das ist so schlimm)* je ne m'en remettrai pas!
II. *itr V* survivre
III. *r V sich ~** se passer; **sich überlebt haben** être dépassé(e)
Überlebende(r) *f(m) dekl wie Adj* survivant(e) *m(f)*
Überlebenschance *f* chance *f* de survie
überlebensgroß *Adj, Adv* plus grand(e) que nature
Überlebensgröße *f* **in ~** plus grand(e) que nature
Überlebenskampf *m* combat *m* [pour survivre] **Überlebenskünstler(in)** *m(f) euph fam* personne qui parvient toujours à se sortir de situations dangereuses ou critiques **Überlebenstraining** *nt* entraînement *m* de survie
überlebt *Adj* qui a fait son temps; *Vorstellungen* dépassé(e)
überlegen*[1] **I.** *itr V* réfléchir; **ohne zu ~** sans réfléchir; **überleg/~ Sie** [doch] **mal!** réfléchis/réfléchissez [donc]!
II. *tr V* [*sich* (*Dat*)] **etw ~** réfléchir à qc; [*sich* (*Dat*)] **~, ob/wann/wie ...** réfléchir si/quand/comment... + *indic*; **es sich** *(Dat)* **noch einmal ~** réexaminer la question; **es sich** *(Dat)* **anders ~** changer d'avis; **das muss ich mir noch ~** il faut que j'y réfléchisse; **das wäre zu ~** cela mérite réflexion; **ich habe mir diese Entscheidung gut überlegt** j'ai bien réfléchi à cette décision; **das hättest du dir vorher ~ müssen** tu aurais dû y réfléchir plus tôt; **wenn man es sich** *(Dat)* **recht überlegt** à la réflexion, tout bien considéré; **hast du dir das auch gut/reiflich überlegt?** est-ce que tu y

as bien/suffisamment réfléchi?
überlegen² *tr V* **jdm etw ~** couvrir qn avec [*o de*] qc
überlegen³ I. *Adj* ❶ *Streitmacht* supérieur(e); *Sieg* écrasant(e); **jdm an Intelligenz ~ sein** être supérieur(e) à qn en intelligence
❷ *(herablassend) Lächeln, Miene* supérieur(e); **~ tun** se donner des airs supérieurs [*o* un air supérieur]
II. *Adv* ❶ *siegen* haut la main
❷ *(herablassend) lächeln, grinsen* d'un air de supériorité
Überlegenheit <-> *f* ❶ *(überlegener Status)* supériorité *f*; **~ gegenüber jdm** supériorité *f* par rapport à qn
❷ *(Herablassung)* condescendance *f*
überlegt I. *Adj* réfléchi(e); **das will gut ~ sein** cela demande réflexion; **wohl ~ geh** mûrement réfléchi(e)
II. *Adv* de façon réfléchie
Überlegung <-, -en> *f* ❶ *kein Pl (das Überlegen)* réflexion *f*; **eine ~ wert sein** mériter réflexion; **ohne ~** sans réfléchir
❷ *Pl (Erwägungen)* réflexions *fpl*; **~en zu etw anstellen** réfléchir à qc; **nach reiflichen** [*o* **eingehenden**] **~en** après mûre réflexion
überleiten *itr V* **zu etw ~** introduire qc
überlesen* *tr V unreg* ❶ *(übersehen)* ne pas voir [à la lecture]; **etw ~** ne pas voir qc [à la lecture]
❷ *(überfliegen)* parcourir
überliefern* *tr V* transmettre; **jdm etw ~** transmettre qc à qn; **überliefert sein** être transmis(e) de génération en génération
überliefert *Adj* ❶ *(althergebracht) Brauch, Brauchtum* transmis(e) de génération en génération, traditionnel(le)
❷ *(tradiert) Manuskript, Zeugnis* transmis(e); **im Original/in einer Übersetzung ~ sein** être transmis(e) dans l'état original/sous forme de traduction; **bruchstückhaft ~ sein** être transmis(e) à l'état de fragment
Überlieferung *f* ❶ *kein Pl (das Überliefern)* einer *Legende, Sage* transmission *f*; **die mündliche ~** la tradition orale
❷ *(das Überlieferte)* document *m* ancien
❸ *(Brauchtum)* tradition *f*; **nach alter ~** d'après une tradition ancienne
überlisten* *tr V* berner *Person*; déjouer *System*
überm ['y:bɐm] = **über dem** *s.* **über**
Übermacht *f kein Pl* supériorité *f*; **in der ~ sein** être supérieur(e) en nombre
übermächtig *Adj* ❶ *(überlegen)* supérieur(e)
❷ *(sehr stark) Gefühl, Hass* intense; *Verlangen, Wunsch* impérieux(-euse)
übermalen* *tr V* **etw ~** recouvrir qc de peinture
übermannen* *tr V* **jdn ~** *Traurigkeit, Schmerz, Jähzorn:* envahir qn
Übermaß *nt kein Pl* **ein ~ an Arbeit** une surcharge de travail; **ein ~ an Verantwortung** une trop grande responsabilité; **ein ~ an** [*o* **von**] **Freude** une trop grande joie; **im ~** à foison
übermäßig I. *Adj* extrême; **das war nicht** [**gerade**] **~** cela n'avait [vraiment] rien d'exceptionnel
II. *Adv* ❶ *sich anstrengen, bemühen* trop; **sie hat sich nicht ~ gefreut** elle ne s'est pas réjouie outre mesure
❷ *(unmäßig) trinken, rauchen* trop, sans modération
Übermensch *m* surhomme *m*
übermenschlich *Adj* surhumain(e); **Übermenschliches leisten** réaliser une performance surhumaine
übermitteln* *tr V* transmettre; [**jdm**] **etw ~** transmettre qc [à qn]
Übermitt[e]lung <-, -en> *f* **ich bitte um telefonische ~ dieser Nachricht** je souhaite que cette nouvelle soit transmise par téléphone
übermorgen *Adv* après-demain; **~ früh/Abend** après-demain matin/soir; **~ Vormittag/Nachmittag** après-demain dans la matinée/dans l'après-midi
übermüdet *Adj* épuisé(e); *Augen* extrêmement fatigué(e); **~ sein** être épuisé(e)
Übermüdung <-, *selten* -en> *f* épuisement *m*; **~ der Augen** fatigue *f* extrême des yeux
Übermut *m* ❶ *(Leichtsinn)* exubérance *f*, pétulance *f*; **aus ~** par malice; **er hat seinen ~ teuer bezahlt** il a payé cher son exubérance
❷ *(Aufgeregtheit)* excitation *f*
▶ **~ tut selten gut** *Spr.* ≈ prudence est mère de sûreté
übermütig I. *Adj* ❶ *(ausgelassen)* exubérant(e), pétulant(e)
❷ *(aufgeregt)* turbulent(e), excité(e)
II. *Adv* **sich ~ aufführen** être turbulent(e)
übern ['y:bɐn] = **über den** *s.* **über**
übernächste(r, s) *Adj attr* **~n Sonntag** dimanche en quinze; **am ~n Tag** le surlendemain; **~s Jahr, im ~n Jahr** dans deux ans; **Sie sind der Übernächste auf meiner Liste** vous êtes le second sur ma liste; **ich bin als Nächster dran, Sie als Übernächster** c'est moi le suivant, vous après [*o* ensuite]
übernachten* *itr V* passer la nuit; **im Hotel/in Basel/bei Freunden ~** passer la nuit à l'hôtel/à Bâle/chez des amis
übernächtig *Adj* A *s.* **übernächtigt**

übernächtigt [y:bɐˈnɛçtɪçt, y:bɐˈnɛçtɪkt] *Adj* épuisé(e) par une nuit blanche; **du siehst ~ aus** on dirait que tu as passé une nuit blanche
Übernachtung [y:bɐˈnaxtʊŋ] <-, -en> *f* ❶ *kein Pl (das Übernachten)* **eine ~ auf freiem Feld ist nicht jedermanns Sache** passer la nuit à la belle étoile n'est pas du goût de tout le monde
❷ TOURISMUS nuitée *f*, nuit *f* d'hôtel; **~ mit Frühstück** nuit[ée] avec petit-déjeuner
Übernachtungsmöglichkeit *f* possibilité *f* d'hébergement [pour la nuit]
Übernahme <-, -n> *f* ❶ *(Inbesitznahme) eines Besitzes, Hauses* prise *f* de possession; *einer Firma* prise *f* de contrôle, reprise *f*; **freundliche/feindliche ~** COM rachat amical/hostile
❷ *(das Übernehmen) der Kosten, Verantwortung* prise *f* en charge
Übernahmeangebot *nt* offre *f* publique d'achat, O.P.A. *f*
übernational *Adj* supranational(e)
übernatürlich *Adj* ❶ *(nicht erklärlich)* surnaturel(le)
❷ *(übergroß)* **ein Gemälde von ~er Größe** un tableau plus grand que nature
übernehmen* *unreg* **I.** *tr V* ❶ *(in Besitz nehmen)* reprendre *Besitz, Haus, Firma*
❷ *(auf sich nehmen)* assumer *Haftung, Schuld, Verantwortung*; se charger *Kosten*; **es ~ etw zu tun** se charger de faire qc
❸ *(übertragen bekommen)* reprendre *Geschäftsführung, Vorsitz*; accepter *Auftrag*; prendre *Verteidigung*
❹ *(verwenden)* reprendre *Satz, Zitat*
❺ *(weiterbeschäftigen)* garder *Angestellten, Mitarbeiter*; **jdn ins Angestelltenverhältnis ~** engager qn définitivement comme employé(e); **ins Beamtenverhältnis übernommen werden** être fonctionnarisé(e)
II. *r V* **sich ~** vouloir trop en faire; **übernimm dich/~ Sie sich nur nicht!** *iron fam* [ne] te fatigue/vous fatiguez pas, surtout! *(fam)*
III. *itr V* prendre le relais
übernervös [-vøːs] *Adj* hypernerveux(-euse)
überparteilich *Adj* au-dessus des partis
Überproduktion *f* surproduction *f*
überprüfbar *Adj* vérifiable; **kaum/leicht/schwer ~ sein** être à peine/facilement/difficilement vérifiable; **nicht ~ sein** être invérifiable
überprüfen* *tr V* ❶ *(durchchecken)* examiner *Bewerber, Kandidaten*; contrôler *Politiker*
❷ *(kontrollieren)* vérifier l'exactitude de *Angabe, Aussage, Zitat*; contrôler *Papiere, Unterlagen*
❸ *(die Funktion nachprüfen)* vérifier *Gerät, Anschlüsse*; réviser *Motor, Wagen*
❹ *(erneut bedenken)* reconsidérer *Entscheidung, Gehalt*; réviser *Haltung, Urteil*
Überprüfung *f* ❶ *kein Pl (das Prüfen) eines Bewerbers, Kandidaten* examen *m*; *eines Politikers* contrôle *m*
❷ *kein Pl (das Kontrollieren) einer Angabe, Aussage* vérification *f*; *von Papieren, Unterlagen* contrôle *m*
❸ *kein Pl (Funktionsprüfung) eines Geräts, einer Anlage* vérification *f*; *eines Motors, Wagens* révision *f*; **den Kundendienst mit der ~ der Hi-Fi-Anlage beauftragen** demander au service après-vente de réviser la chaîne
❹ *kein Pl (das Überdenken) einer Haltung, Entscheidung* révision *f*
überqualifiziert *Adj* surqualifié(e)
überquellen *itr V unreg* + *sein* déborder; **vor Briefen/Zeitungen ~** déborder de lettres/journaux
überqueren* *tr V* ❶ *(passieren)* traverser *Straße, Fluss, Grenze*
❷ *(hinwegführen)* **~ Brücke:** franchir qc; *Straße:* traverser qc
Überquerung <-, -en> *f* traversée *f*
überragen*¹ *tr V* ❶ dépasser *Person*; dominer *Gegenstand*; **jdn um zehn Zentimeter ~** dépasser qn de dix centimètres; **etw um zwei Meter ~** dominer qc de deux mètres
❷ *(übertreffen)* **jdn an Intelligenz ~** surpasser qn en intelligence
überragen² *itr V* être en surplomb; **ein ~der Balken** une poutre en surplomb
überragend *Adj* de premier ordre; *Leistung, Werk* excellent(e)
überraschen* *tr V* ❶ surprendre; **jdn mit etw ~** faire une surprise à qn avec qc; **ich bin von dieser guten Nachricht völlig überrascht worden** je ne m'attendais pas du tout à cette bonne nouvelle; **lassen wir uns ~!** *fam* on verra bien!
❷ *(erstaunen)* surprendre, étonner
❸ *(unvorbereitet treffen)* **jdn ~** *Gewitter, Flut:* surprendre qn; **jdn bei etw ~** surprendre qn en train de faire qc
überraschend I. *Adj* inattendu(e), surprenant(e)
II. *Adv* besuchen, abfahren à l'improviste; *sterben* subitement; **für jdn völlig ~ kommen** prendre qn complètement à l'improviste
überraschenderweise *Adv* de manière inattendue
überrascht I. *Adj* surpris(e), étonné(e); **~ sein, dass** être surpris(e) [*o* étonné(e)] que + *subj*; **ich war ~, wie wenig das gekostet hat** j'ai été surpris(e) [*o* étonné(e)] que cela ait coûté si peu

Überraschung [y:bɐˈraʃʊŋ] <-, -en> f ❶ surprise f; **was für eine ~!** ça [pour une surprise], c'est une surprise!
❷ **kein Pl** (Erstaunen) surprise f, étonnement m; **zu meiner [größten] ~** à ma [grande] surprise
Überraschungsangriff m attaque-surprise f **Überraschungseffekt** m effet m de surprise **Überraschungsmoment** nt moment m de surprise **Überraschungssieg** m victoire f surprise
überreagieren* itr V surréagir
Überreaktion f réaction f excessive
überreden* tr V convaincre; **jdn zum Bleiben ~, jdn [dazu] ~ zu bleiben** convaincre [o persuader] qn de rester; **sich ~ lassen** se laisser convaincre; **sie musste mich nicht erst groß ~** elle n'a pas eu besoin de me convaincre longtemps
Überredung <-, selten -en> f persuasion f
Überredungskunst f art m de la persuasion
überregional Adj interrégional(e)
überreich Adv ❶ belohnen royalement, somptueusement; **jdn ~ beschenken** faire des cadeaux royaux [o somptueux] à qn
❷ (aufwändig) ausstatten, verzieren somptueusement
überreichen* tr V remettre
überreichlich I. Adj Bewirtung, Essen très copieux(-euse)
II. Adv bewirten, speisen très copieusement
Überreichung <-, -en> f eines Briefs, Preises remise f; **mir ist an einer persönlichen ~ des Geschenks sehr gelegen** je tiens beaucoup à ce que le cadeau lui soit remis en mains propres
überreif Adj Frucht, Obst trop mûr(e), blet(te)
überreizen* tr V sur|exciter
überreizt Adj ❶ (überanstrengt) Augen irrité(e); Nerven à vif; **~ sein** être à bout de nerfs
❷ (übererregt) surexcité(e)
Überreizung f surexcitation f
überrennen* tr V unreg ❶ MIL prendre d'assaut
❷ (umstoßen) renverser
überrepräsentiert Adj surreprésenté(e); **in etw** (Dat) **~ sein** être surreprésenté(e) à qc
Überrest m meist Pl (Ruinen) vestiges mpl
▶ **jds sterbliche ~e** euph geh la dépouille [mortelle] de qn (littér)
überrieseln* tr V **ein Schauer überrieselte ihn** un frisson lui parcourut l'échine
Überrollbügel m arceau m de sécurité
überrollen* tr V ❶ (bezwingen) renverser Gegner, Stellung
❷ a. fig (überfahren) écraser
überrumpeln* tr V ❶ fam (übertölpeln) jdn ~ embobiner qn (fam)
❷ (überwältigen) den Gegner ~ prendre l'adversaire par surprise
Überrump[e]lung <-, -en> f (Übertölpelung) etw durch ~ **von jdm erreichen** atteindre qc en embobinant qn
❷ (Überwältigung) **die ~ des Gegners gelang** l'adversaire put être pris par surprise
überrunden* tr V ❶ SPORT doubler Läufer
❷ (übertreffen) surclasser; Schüler: surpasser
übers [ˈyːbɐs] = **über das** s. **über**
übersät Adj **mit/von etw ~ sein** Haut, Körper: être criblé(e) de qc; Platz, Straße, Boden: être jonché(e) de qc
übersättigt Adj [sur]saturé(e)
Übersättigung f [sur]saturation f
Überschall m fréquence supersonique f
Überschallflug m vol m à vitesse supersonique **Überschallflugzeug** nt [avion m] supersonique m **Überschallgeschwindigkeit** f kein Pl vitesse f supersonique; **mit ~ à [la] vitesse supersonique** **Überschallknall** m bang m supersonique
überschatten* tr V jeter une ombre sur
überschätzen* tr, V [sich] [se] surestimer
Überschätzung f surestimation f
überschaubar Adj ❶ (abschätzbar) Größe appréciable; Konditionen chiffrable; Risiko calculable
❷ (nicht zu groß) Firma, Projekt dont on garde une bonne vue d'ensemble; **die Redaktion ist ~** on a une bonne vue d'ensemble de la rédaction
Überschaubarkeit <-> f **angesichts der ~ der Kosten** étant donné que les coûts peuvent être chiffrés; **eine bessere ~ des Projektes anstreben** chercher à obtenir une meilleure vue d'ensemble du projet
überschauen* s. **überblicken**
über|schäumen itr V + sein ❶ (überlaufen) déborder
❷ fig **vor Freude** (Dat) **~** être débordant(e) de joie, déborder de joie; **~d** Lebensfreude, Begeisterung débordant(e)
überschlafen* tr V unreg etw ~ réfléchir à qc à tête reposée, mettre la nuit à profit pour réfléchir à qc
Überschlag m ❶ SPORT roue f; **einen ~ machen** faire la roue
❷ (Berechnung) estimation f, approximation f; **einen ~ aller Kosten machen** faire une estimation [approximative] de tous les coûts

überschlagen*¹ unreg I. tr V ❶ (auslassen) sauter
❷ (berechnen) **die Kosten ~** évaluer [o estimer] les coûts [approximativement]; **~, was/wie viel ...** évaluer [o estimer] [approximativement] ce que/combien ...
II. r V **sich ~** ❶ (eine Drehung ausführen) Akrobat: se chevaucher; sich um wenige Minuten ~ se chevaucher de quelques minutes
Überschneidung <-, -en> f chevauchement m
überschreiben* tr V unreg ❶ (betiteln) intituler; **wie soll der Artikel überschrieben werden?** comment l'article doit-il s'intituler?
❷ INFORM récrire Datei
❸ (übertragen) seinen Besitz jdm [o auf jdn] ~ transférer ses biens à qn, mettre ses biens au nom de qn
überschreien* tr V unreg jdn/etw ~ couvrir les cris de qn/couvrir qc par ses cris
überschreiten* tr V unreg ❶ (überqueren) traverser, franchir Grenze, Linie, Fluss
❷ fig (darüber hinausgehen) dépasser Fähigkeiten, Altersgrenze
❸ (nicht einhalten) outrepasser Befugnisse, Kompetenzen
Überschreiten <-s> nt, **Überschreitung** <-, -en> f eines Termins dépassement m; **~ der/seiner Befugnisse** [o Kompetenzen] dépassement du cadre de ses attributions [o compétences]
Überschrift f [gros] titre m
Überschuh m protection f de chaussure, snow-boot m (vieilli)
Überschuldung [ˈyːbɐˈʃʊldʊŋ] <-, -en> f surendettement m
Überschuss^RR m a. COM excédent m; **ein ~ an Produkten** un excédent de produits; **ein ~ an Arbeitskräften** un sureffectif; **einen ~ erwirtschaften** réaliser un excédent
überschüssig [ˈyːbɐˌʃʏsɪç] Adj ❶ COM excédentaire
❷ (über den Bedarf vorhanden) **die ~e Energie von Jugendlichen** le trop-plein d'énergie des adolescents
überschütten* tr V ❶ (bedecken) etw mit Erde ~ recouvrir qc de terre
❷ fig jdn mit Geschenken ~ couvrir qn de cadeaux; **jdn mit Fragen/Informationen ~** submerger qn de questions/d'informations; **jdn mit Vorwürfen ~** accabler qn de reproches
Überschwang [ˈyːbɐʃvaŋ] <-[e]s> m emballement m; **im ~** dans son/mon/... débordement de joie; **etw im ersten ~ tun** faire qc dans un premier moment d'emballement
überschwänglich^RR I. Adj Begrüßung, Dank exubérant(e), très chaleureux(-euse); Begeisterung débordant(e)
II. Adv très chaleureusement; **sich ~ bedanken** se confondre en remerciements
Überschwänglichkeit^RR <-> f exubérance f, exaltation f
über|schwappen itr V + sein fam déborder
überschwemmen* tr V ❶ (überfluten) Flut, Hochwasser: inonder
❷ (hineinströmen) **ein Land/eine Stadt ~** Touristen: déferler dans [o sur] un pays/une ville
❸ COM **den Markt mit etw ~** inonder le marché de qc
Überschwemmung <-, -en> f inondation f
Überschwemmungsgebiet nt (überschwemmtes Gebiet) zone f inondée; (Entlastungsgebiet bei Überschwemmungen) zone inondable **Überschwemmungskatastrophe** f inondations fpl
überschwenglich^ALT s. **überschwänglich**
Überschwenglichkeit^ALT s. **Überschwänglichkeit**
Übersee ▶ **aus ~** (jenseits der Ozeane) d'outre-mer, transocéanique; (von jenseits des Atlantiks) d'outre-Atlantique; **in ~** outre-mer; (Amerika) outre-Atlantique; **nach ~** outre-mer; (Amerika) outre-Atlantique
Überseedampfer m transatlantique m **Überseehafen** m port m maritime international **Überseehandel** m (jenseits der Ozeane) commerce m transocéanique; (jenseits des Atlantiks) commerce transatlantique
überseeisch [-zeːɪʃ] Adj (jenseits der Ozeane) d'outre-mer; (jenseits des Atlantiks) d'outre-Atlantique
übersehbar Adj ❶ (abschätzbar) évaluable; **noch nicht ~ sein**

Schaden: ne pas encore pouvoir être évalué(e)
❷ *(übersichtlich)* **ein gut/schwer ~es Gelände** un terrain découvert/accidenté; **~ sein** être visible [dans toute son étendue], pouvoir être embrassé(e) du regard
übersehen*¹ *tr V unreg* ❶ *(nicht sehen)* ne pas voir
❷ *(abschätzen)* **etw ~** mesurer [*o* évaluer] l'ampleur de qc; **die Baukosten sind zu ~** on peut chiffrer les frais de construction
❸ *(überblicken)* **etw ~** avoir une vue d'ensemble de qc, embrasser qc du regard
überǀsehen² *tr V unreg fam (überdrüssig werden)* **sich** *(Dat)* **etw ~** ne plus pouvoir voir qc
übersenden* *tr V unreg* **jdm etw ~** envoyer qc à qn
Übersendung *f* envoi *m;* **darf ich Sie um baldige ~ der Unterlagen bitten?** puis-je vous prier de bien vouloir m'envoyer au plus tôt les documents?
übersetzbar *Adj* traduisible; **nicht ~ sein** être intraduisible
übersetzen*¹ I. *tr V (übertragen)* traduire; **etw aus dem Deutschen ins Französische ~** traduire qc de l'allemand vers le français
II. *itr V* faire une traduction; **am Übersetzen sein** être en train de faire une traduction
überǀsetzen² I. *tr V + haben (zum anderen Ufer)* **jdn ~** passer [*o* faire passer] qn sur l'autre rive
II. *itr V + sein* **mit der Fähre ~** passer avec le ferry
Übersetzer(in) *m(f)* traducteur(-trice) *m(f)*
Übersetzung <-, -en> *f* ❶ traduction *f;* *(in die Fremdsprache)* thème *m;* *(in die Muttersprache)* version *f*
❷ TECH *eines Getriebes* transmission *f,* développement *m*
Übersetzungsbüro *nt* bureau *m* de traduction **Übersetzungsfehler** *m* erreur *f* de traduction
Übersicht <-, -en> *f* ❶ *kein Pl (Überblick)* vue *f* d'ensemble; **die ~ über etw** *(Akk)* **haben** avoir une vue d'ensemble de qc; **die ~ verlieren** s'y perdre, ne plus s'y retrouver
❷ *(knappe Darstellung)* aperçu *m* [général]; **eine ~ über etw** *(Akk)* un aperçu [général] de qc; **eine ~ in Tabellenform** un tableau synoptique
übersichtlich I. *Adj* ❶ *(rasch erfassbar)* **Darstellung, Form** clair(e)
❷ *(gut zu überschauen)* **Kreuzung, Platz** dégagé(e); **Gelände** découvert(e); *Garten* qu'on peut embrasser du regard
II. *Adv* darstellen, erläutern clairement
Übersichtlichkeit *f* ❶ *(rasche Erfassbarkeit)* clarté *f*
❷ *(übersichtliche Anlage)* vue *f* dégagée
Übersichtskarte *f* carte *f* générale [*o* à grande échelle]
überǀsiedeln, übersiedeln* *itr V + sein* **nach Berlin/Frankreich ~** aller s'établir à Berlin/en France; **die Firma ist vor einem Jahr nach Stuttgart übergesiedelt** l'entreprise s'est établie à Stuttgart il y a un an
Übersiedelung *s.* **Übersiedlung**
Übersiedler(in) *m(f)* immigré/e [politique] de la RDA en RFA
Übersiedlung <-, -en> *f* déménagement *m;* **eine ~ ins Ausland/nach Hamburg planen** avoir l'intention d'aller s'établir à l'étranger/à Hambourg
übersinnlich *Adj* surnaturel(le), parapsychique
überspannen* *tr V* ❶ *(beziehen)* **Möbel mit etw ~** recouvrir les meubles de qc
❷ *(hinwegführen)* **etw ~ Brücke, Konstruktion:** enjamber qc
❸ *(zu stark spannen)* tendre trop *Saite, Bogen*
❹ *(übertreiben)* **seine Forderungen ~** exagérer dans ses prétentions
überspannt *Adj* ❶ *(zu hoch)* **Forderungen, Vorstellungen** exagéré(e); *Fantasie* débridé(e)
❷ *(exaltiert)* exalté(e)
überspielen* *tr V* ❶ AUDIOV copier; **etw von einer CD auf eine Kassette ~** copier qc d'un CD sur une cassette
❷ *(kaschieren)* **etw mit einem Lachen ~** dissimuler qc derrière un sourire
überspitzt I. *Adj* outrancier(-ière)
II. *Adv* darstellen de manière outrancière; **es handelt sich, ~ formuliert, um ...** il s'agit, si je puis me permettre cette formule outrancière, de ...
überspringen*¹ *tr V unreg* ❶ *(hinwegspringen)* franchir *Höhe, Graben, Zaun;* **ein Hindernis ~** sauter par-dessus un obstacle, franchir un obstacle d'un bond
❷ *(auslassen)* sauter *Lektion, Klasse*
überǀspringen² *itr V unreg + sein* ❶ *(sich übertragen)* **Stimmung, Fröhlichkeit:** être communicatif(-ive); **auf jdn ~** gagner qn
❷ *(übergreifen)* **auf etw** *(Akk)* **~ Flammen, Feuer:** [se propager et] gagner qc
überǀsprudeln *itr V + sein* ❶ *Kochwasser, Suppe:* déborder [en bouillonnant]; *Bier, Sekt:* déborder [en moussant]
❷ *fig* **vor Einfällen ~** bouillonner d'idées
überspülen* *tr V* submerger
überstaatlich *Adj* supranational(e)

überstehen*¹ *tr V unreg* surmonter *Belastung, Krankheit;* **das Schlimmste ist jetzt überstanden** maintenant, le pire est surmonté
überǀstehen² *itr V unreg + haben* dépasser; **auf beiden Seiten einen Meter ~** *Ladung:* dépasser d'un mètre des deux côtés
übersteigen* *tr V unreg* ❶ *(klettern über)* passer par-dessus
❷ *(hinausgehen über)* dépasser *Fähigkeiten, Kenntnisse, Fantasie;* être au-dessus de *Kräfte*
übersteigern* *tr V* exagérer; **die Preise ~** surenchérir
übersteigert *Adj* Eitelkeit, Selbstbewusstsein exacerbé(e); *Forderung, Preis* exagéré(e)
Übersteigerung *f einer Forderung* exagération *f; der Preise* surenchérissement *m; der Eitelkeit, des Selbstbewusstseins* exacerbation *f*
überstellen* *tr V* **einen Häftling jdm** [*o* **an jdn**] **~** livrer un prisonnier à qn
übersteuern* I. *itr V Wagen:* surviver
II. *tr V* surmoduler *Anlage*
überstimmen* *tr V* **jdn ~** mettre qn en minorité; **einen Antrag ~** rejeter une demande [à la majorité]
überstrapazieren* *tr V* ❶ abuser de
❷ *fig* **einen Begriff ~** user une notion jusqu'à la corde
überstreichen* *tr V unreg* recouvrir *Wand;* **die Wände mit etw ~** recouvrir les murs de qc
überǀstreifen *tr V* **sich** *(Dat)* **etw ~** enfiler [*o* passer] qc
überströmen* *tr V* ❶ *Gewässer, Fluss:* déborder; **etw ~** *Gewässer, Fluss:* déborder qc; **von Schweiß/Blut überströmt sein** être couvert(e) de sueur/sang
überǀstülpen *tr V* **sich** *(Dat)* **etw ~** s'enfiler qc sur la tête
Überstunde *f* heure *f* supplémentaire
Überstundenabbau *m* récupération *f* d'heures supplémentaires
Überstundenantrag *m* demande *f* de prise en compte d'heures supplémentaires; **einen ~ stellen** déposer une demande de prise en compte d'heures supplémentaires **Überstundenzuschlag** *m* majoration *f* pour heures supplémentaires
überstürzen* I. *tr V* précipiter; **nur nichts ~** il ne faut rien précipiter
II. *r V* **sich ~** *Ereignisse:* se précipiter; *Nachrichten:* affluer
überstürzt I. *Adj* précipité(e)
II. *Adv* précipitamment
Überstürzung <-> *f einer Abreise* précipitation *f*
übertariflich I. *Adj Bezahlung* hors tarif, hors grilles
II. *Adv* hors barème
überteuert *Adj Preis* exorbitant(e); *Artikel* d'un prix exorbitant
übertölpeln* *tr V* rouler *(fam);* **sich von jdm ~ lassen** se faire rouler par qn *(fam)*
übertönen* *tr V* **jdn ~** *Person, Geräusch:* couvrir la voix de qn; **etw ~** *Person, Geräusch:* couvrir [le bruit de] qc
Übertopf *m* cache-pot *m*
Übertrag [ˈyːbɐtraːk, *Pl:* ˈyːbɐtrɛːɡə] <-[e]s, **Überträge**> *m* report *m*
übertragbar *Adj* ❶ MED contagieux(-euse), transmissible; **auf jdn ~ sein** être transmissible à qn; **durch Geschlechtsverkehr ~ sein** être sexuellement transmissible
❷ *(auf anderes anwendbar)* **auf etw** *(Akk)* **~ sein** *Maßstab, Methode:* être applicable à qc
❸ ADMIN *Ausweis, Berechtigung* transmissible
Übertragbarkeit <-> *f* MED transmissibilité *f*
übertragen*¹ *unreg* I. *tr V* ❶ RADIO, TV diffuser, retransmettre; **etw live ~** diffuser qc en direct
❷ *geh (übersetzen)* traduire; *(transkribieren)* transcrire; **etw in eine andere Sprache/aus einer anderen Sprache ~** traduire qc dans une/d'une autre langue
❸ MED **etw auf jdn ~** transmettre qc à qn
❹ *(übergeben)* **etw auf eine neue Seite/in ein neues Heft ~** reporter qc sur une nouvelle page/dans un nouveau cahier
❺ *(übergeben)* **jdm die Leitung/Verantwortung ~** déléguer le commandement/la responsabilité à qn
❻ JUR **etw auf jdn ~, jdm etw ~** transférer qc à qn
❼ *(anwenden)* appliquer *Maßstab, Methode;* **das lässt sich nicht auf deinen Fall ~** cela ne s'applique pas à ton cas
❽ TECH **das Gewicht auf die Säulen ~** reporter le poids sur les colonnes
II. *r V* ❶ MED **sich ~** être contagieux(-euse); **sich auf jdn ~** se transmettre à qn
❷ *(beeinflussen)* **sich auf jdn ~** *Begeisterung, Nervosität:* gagner qn
übertragen² I. *Adj Bedeutung, Gebrauch* figuré(e), au figuré
II. *Adv* au [sens] figuré
Überträger(in) *m(f)* porteur(-euse) *m(f)*
Übertragung <-, -en> *f* ❶ *kein Pl (das Senden)* diffusion *f*
❷ *(Sendung)* retransmission *f*
❸ *kein Pl (das Übersetzen)* transcription *f*
❹ *(Übersetzung)* traduction *f*
❺ *kein Pl* MED *einer Krankheit* transmission *f*

❻ *kein Pl (die Übergabe) von Befugnissen* délégation *f*
❼ *kein Pl* JUR *von Besitz* transfert *m*
❽ *kein Pl (das Adaptieren) eines Maßstabes, einer Methode* application *f*
❾ *kein Pl* TECH *von Kraft* transmission *f*
Übertragungsfehler *m* faute *f* de transmission **Übertragungsnetz** *nt* TELEC réseau *m* de transmission **Übertragungsrecht** *nt meist Pl* droits *mpl* de diffusion **Übertragungswagen** *m* véhicule *m* de transmission
übertreffen* *unreg* I. *tr V* ❶ *(besser sein)* surpasser *Person;* **jdn an Ausdauer ~** surpasser qn en endurance; **er ist nicht zu ~** il est imbattable
❷ *(hinausgehen über)* etw *an Größe/Höhe* ~ être plus grand(e)/haut(e) que qc; **alle Erwartungen/Befürchtungen ~** dépasser toutes les attentes/appréhensions
II. *r V* **sich selbst ~** se surpasser
übertreiben* *unreg* I. *itr V* exagérer, pousser [un peu loin] *(fam)*
II. *tr V* etw ~ pousser qc à l'extrême; **es mit der Sauberkeit ~** exagérer avec la propreté; **ohne zu ~** sans exagérer; **man kann es auch ~!** il ne faut pas forcer la dose! *(fam)*
Übertreibung <-, -en> *f* exagération *f;* **er tendiert zu ~en** il a tendance à exagérer
über|treten¹ *itr V unreg + sein* ❶ *Gewässer:* déborder
❷ REL **zu einem anderen Glauben ~** se convertir à une autre croyance
❸ SPORT mordre sur la ligne
übertreten*² *tr V unreg* enfreindre *Vorschrift, Gesetz*
Übertretung <-, -en> *f* ❶ *(das Übertreten)* infraction *f;* **~ der Vorschriften** infraction *f* aux directives
❷ *(strafbare Handlung)* infraction *f*, contravention *f*
übertrieben [y:bɐˈtriːbən] I. *Adj* exagéré(e)
II. *Adv* exagérément
Übertritt *m* conversion *f*
übertrumpfen* *tr V* damer le pion à
übertünchen* *tr V* passer une couche de peinture sur
überübermorgen [ˈyːbɐˌyːbɐmɔʁɡən] *Adv fam* dans trois jours
überversichern* *tr, r V* jdn/sich ~ assurer qn/s'assurer plus qu'il n'est besoin
übervölkert *Adj* surpeuplé(e)
Übervölkerung <-, -en> *f* surpopulation *f*
übervoll *Adj Behälter* plein(e) à ras bord[s]; *Bus, Bahn* bondé(e)
übervorsichtig *Adj* exagérément prudent(e)
übervorteilen* *tr V* escroquer *Kunden;* exploiter *Arbeitnehmer;* **von jdm übervorteilt werden** se faire escroquer par qn
überwachen* *tr V* ❶ *(heimlich kontrollieren)* surveiller *Person, Aktivitäten*
❷ *(beaufsichtigen)* superviser *Ablauf, Ausführung;* contrôler *Produktion, Qualität*
Überwachung <-, -en> *f* ❶ *(Beschattung)* surveillance *f*
❷ *(Kontrolle) eines Ablaufs, einer Ausführung* supervision *f; der Produktion, Qualität* contrôle *m*
Überwachungskamera *f* caméra [vidéo] *f* de surveillance
überwältigen* *tr V* ❶ *(bezwingen)* maîtriser, neutraliser
❷ *geh (übermannen)* jdn ~ *Angst, Grauen:* s'emparer de qn; *Schlaf, Müdigkeit:* terrasser qn; **ein Gefühl des Schreckens übermannte ihn** un sentiment d'effroi s'empara de lui
überwältigend *Adj* ❶ *(grandios)* Pracht, Spektakel, Landschaft grandiose; *Gefühl, Schönheit, Eindruck* renversant(e), époustouflant(e); **es hat einen ~en Eindruck auf mich gemacht** j'en ai été bouleversé(e)
❷ *(ungeheuer) Erfolg, Mehrheit, Sieg* écrasant(e)
▸ **nicht gerade ~** pas fameux(-euse) *(fam);* **das ist nicht gerade ~** ça ne casse pas trois pattes à un canard *(fam)*
über|wechseln *itr V + sein* ❶ *(die Seiten wechseln)* **zu etw ~** passer à qc; **ins andere Lager ~** passer dans l'autre camp, passer à l'ennemi; **zu einer anderen Partei ~** changer de parti
❷ AUT **auf eine andere Spur ~** passer sur une autre file
Überweg *m* passerelle *f*
überweisen* *tr V unreg* ❶ FIN virer; **Geld auf ein Konto ~** virer de l'argent sur un compte; **jdm etw auf ein Konto ~** virer qc à qn sur un compte
❷ MED **jdn zu einem Facharzt ~** adresser qn à un spécialiste
Überweisung <-, -en> *f* ❶ *(Geldüberweisung)* virement *m*
❷ MED *eines Patienten* transfert *m*
❸ *s.* **Überweisungsschein**
Überweisungsauftrag *m* ordre *m* de virement **Überweisungsformular** *nt* formulaire *m* de virement **Überweisungsschein** *m* MED *formulaire rempli par un médecin pour adresser un malade à un spécialiste*
Überweite *f* ampleur *f* spéciale; **~ haben** avoir une ampleur spéciale; **in ~** très ample
über|werfen¹ *tr V unreg* jdm etw ~ passer qc à qn, jeter qc sur les épaules de qn; **sich** *(Dat)* **etw ~** se passer qc

überwerfen*² *r V unreg* **sich ~** se brouiller; **sich mit jdm ~** se brouiller avec qn; **habt ihr euch überworfen?** vous vous êtes brouillé(e)s?
überwiegen* *unreg* I. *itr V* ❶ *(hauptsächlich vorkommen)* Anbau, *Pflanze:* prédominer; **in einer Region ~** *Anbau, Pflanze:* prédominer dans une région
❷ *(vorherrschen)* **bei jdm ~** prédominer chez qn; **schließlich überwog sein Mitleid** finalement, sa pitié prit le dessus
II. *tr V* etw ~ *Neugier, Langeweile:* l'emporter sur qc
überwiegend I. *Adj Teil* majeur(e) *antéposé; Mehrheit* large *antéposé;* **der ~e Anteil** le plus grand nombre
II. *Adv feucht, heiter, trocken* plutôt, la plupart du temps; *zutreffen, falsch sein* dans l'ensemble; **diese Anschuldigungen treffen leider ~ zu** la majeure partie de ces accusations sont malheureusement exactes
überwinden* *unreg* I. *tr V* ❶ surmonter *Abneigung, Bedenken, Krise;* se libérer de *Vorurteil;* vaincre *Widerstand;* vaincre, venir à bout de *Problem*
❷ *(besiegen)* vaincre, l'emporter sur *Feind, Gegner*
❸ *(ersteigen)* franchir *Mauer, Drahtverhau*
II. *r V* **sich ~** faire un effort sur soi-même; **sich zu etw ~** se résoudre à qc; **sich dazu ~ etw zu tun** se forcer [*o* se contraindre] à faire qc
Überwindung <-> *f* ❶ *kein Pl (das Überwinden)* **die ~ dieser Sperren wird schwierig werden** il va être difficile de franchir ces barrages; **nach ~ aller Schwierigkeiten** après avoir surmonté toutes les difficultés
❷ *(Selbstüberwindung)* effort *m* sur soi-même; **es kostet jdn ~ etw zu tun** cela coûte à qn de faire qc; **nur unter größter ~ etw zu tun** seulement au prix d'un immense effort sur soi-même
überwintern* *itr V* ❶ *Person:* passer l'hiver; *Vogel:* hiverner; **im Keller ~** *Topfpflanze:* être entreposé(e) à la cave pour l'hiver
❷ *(Winterschlaf halten)* **in einer Höhle ~** *Bär:* hiberner dans une tanière
überwuchern* *tr V* envahir
Überwurf *m* A *(Tagesdecke)* couvre-lit *m*
Überzahl *f kein Pl* **in der ~ sein** être supérieur(e) en nombre; **die ~ der Bewerbungen** la plus grande partie [*o* la majorité] des demandes d'emploi
überzahlen* *tr V* surpayer
überzählig [ˈyːbɐˌtsɛːlɪç] *Adj* en trop
überzeugen* I. *tr V* convaincre, persuader; **jdn von etw ~** convaincre [*o* persuader] qn de qc; **jdn davon ~, dass** convaincre [*o* persuader] qn que + *indic;* **sich ~ lassen** se laisser convaincre [*o* persuader]
II. *itr V Person, Argument:* être convaincant(e); **sie überzeugt als Sängerin** elle est une chanteuse qui a du talent
III. *r V* **sich von etw ~** s'assurer [soi-même] de qc; **sich [selbst] davon ~, dass** s'assurer [soi-même] que + *indic;* **~ Sie sich selbst!** constatez par vous-même!, voyez vous-même!
überzeugend I. *Adj* convaincant(e); **~ sein** être convaincant(e); **als Schauspielerin ~ sein** être une bonne actrice
II. *Adv reden* de façon convaincante; **~ klingen** sembler convaincant(e); **sie argumentierte ~** elle a proposé une argumentation convaincante
überzeugt *Adj* ❶ *Anhänger, Nichtraucher* convaincu(e); **von etw ~ sein** être convaincu(e) [*o* persuadé(e)] de qc; **[davon] ~ sein, dass** être convaincu(e) [*o* persuadé(e)] que + *indic;* **er ist nicht [davon] ~, dass** il n'est pas convaincu [*o* persuadé] que + *subj*
❷ *(selbstbewusst)* **von sich ~ sein** être convaincu(e) de soi-même
Überzeugung <-, -en> *f* conviction *f;* **aus ~** par conviction; **der ~ sein, dass** avoir la conviction que + *indic*, être convaincu(e) [*o* persuadé(e)] que + *indic;* **zu der ~ gelangen** [*o* **kommen**]**, dass** parvenir à la conviction que + *indic;* **meiner ~ nach solltest du die Finger von der Sache lassen** je suis convaincu(e) que tu ne devrais pas t'en mêler
Überzeugungsarbeit *f* effort *m* de persuasion; **~ leisten** se montrer persuasif(-ive) **Überzeugungskraft** *f kein Pl* force *f* de persuasion **Überzeugungstäter(in)** *m(f)* criminel(le) *m(f)* par conviction
überziehen*¹ *unreg* I. *tr V* ❶ *(bedecken) Rost, Schimmel:* recouvrir; **etw ~** *Rost, Schimmel:* recouvrir qc
❷ *fig* **eine Gegend mit Supermärkten ~** inonder une région de grandes surfaces; **ein Land mit Krieg ~** mettre un pays à feu et à sang
❸ *(belasten)* **das Konto um hundert Euro ~** mettre son compte à découvert de cent euros; **mein Konto ist überzogen** mon compte est à découvert
❹ *(überschreiten)* **die Sendezeit um sieben Minuten ~** dépasser le temps d'émission de sept minutes
❺ *(zu weit treiben)* **seine Forderungen ~** pousser ses exigences trop loin; **überzogen** qui va trop loin, exagéré(e)
II. *itr V Person, Sendung:* dépasser son temps d'antenne

über|ziehen² I. *tr V unreg* passer, enfiler *Mantel, Pullover*; **soll ich dir einen Pullover ~?** tu veux que je t'enfile un pull-over?
▶ **jdm eins ~** *fam* flanquer un coup à qn *(fam)*
II. *r V* **sich etw ~** se passer qc
Überziehung *f* FIN découvert *m*
Überziehungskredit *m* avance *f* sur compte courant **Überziehungszinsen** *Pl* agios *mpl*
überzogen *PP von* **überziehen¹**
überzüchtet *Adj Tier* dégénéré(e), taré(e); *Motor, Rennmotor* trop poussé(e)
Überzug *m* ❶ *(Schicht)* couche *f*
❷ *(Hülle)* housse *f*
üblich ['y:plɪç] *Adj Methode, Verfahren, Preis* usuel(le), habituel(le); *Rabatt* habituellement consenti(e); **wie ~** comme d'habitude; **das ist bei uns/in Italien ~** c'est la coutume [*o* l'usage] chez nous/en Italie
Übliche(s) *nt dekl wie Adj* COM **das ~, hundert Gramm Parmaschinken** comme d'habitude [*o* toujours], cent grammes de jambon de Parme
üblicherweise ['y:plɪçə'vaɪzə] *Adv* d'habitude
U-Boot *nt* sous-marin *m*
U-Boot-Besatzung *f* équipage *m* d'un sous-marin
übrig ['y:brɪç] I. *Adj* ❶ *attr (restlich)* **die ~en Teilnehmer/Länder** les autres participants/pays; **die ~en Bücher** les autres livres, les livres restants; **das Übrige** le reste; **alles Übrige** tout ce qui reste
❷ *(übrig bleibend)* **~ sein** rester
▶ **ein Übriges tun** en faire encore davantage; **im Übrigen** du reste
II. *Adv* **~ behalten** garder; **~ bleiben** rester; **was ~ bleibt, essen wir morgen** le reste [*o* ce qui reste], nous le mangerons demain; **wie viel ist ~ geblieben?** combien en reste-t-il?; **[jdm] etw vom Kuchen ~ lassen** laisser qc du gâteau [à qn]; **lass noch ein paar Euro ~!** laisse quelques euros de côté!
▶ **jdm bleibt nichts [anderes] ~, als ...** il ne reste plus [rien d'autre à faire] à qn qu'à..., qn n'a plus [rien d'autre à faire] qu'à...; **ihm wird gar nichts anderes ~ bleiben** il ne pourra pas faire autrement; **was bleibt ihm [anderes] ~ als abzuwarten?** qu'est-ce qu'il peut faire [d'autre] à part attendre?
übrig|behalten* *s.* übrig II.
übrig|bleiben *s.* übrig II.
übrigens ['y:brɪgəns] *Adv* ❶ *(nebenbei bemerkt)* au fait
❷ *(außerdem)* d'ailleurs, de toute façon
übrig|haben *tr V unreg* **für jdn etwas/nichts ~** avoir un faible/n'avoir aucune sympathie pour qn; **für etw etwas/nichts ~** être attiré(e)/ne pas être attiré(e) par qc
übrig|lassen *s.* übrig II.
Übung ['y:bʊŋ] <-, -en> *f* ❶ *kein Pl (das Üben)* exercice *m*, entraînement *m*; **zur ~** comme exercice, pour s'exercer [*o* s'entraîner]; **in ~ bleiben** *(physisch)* entretenir sa forme; *(geistig)* entretenir ses connaissances; **aus der ~ kommen** perdre la main; **aus der ~ sein** avoir perdu la main; **das ist alles nur ~** ce n'est qu'une question d'entraînement; **das macht die ~** c'est l'entraînement; **in diesen artistischen Kunststücken steckt viel ~** il y a beaucoup de travail investi dans ces tours d'adresse
❷ SCHULE, SPORT exercice *m*
❸ UNIV travaux *mpl* dirigés
❹ MIL exercice *m*, manœuvre *f*
❺ *(Probeeinsatz)* **der Feuerwehr, des Zivilschutzes** exercice *m* d'alerte
▶ **~ macht den Meister** *Spr.* c'est en forgeant qu'on devient forgeron
Übungsarbeit *f* exercice *m* d'entraînement **Übungsaufgabe** *f* exercice *m* **Übungsbuch** *nt* livre *m* d'exercices **Übungsgelände** *nt* terrain *m* [*o* champ *m*] de manœuvres
UdSSR [u:de:?ɛs?ɛs'?ɛr] <-> *f Abk von* **Union der Sozialistischen Sowjetrepubliken** HIST l'U.R.S.S. *f*
UEFA-Cup [u'e:fakap] <-s, -s> *m*, **UEFA-Pokal** *m* coupe *f* de l'U.E.F.A.
Ufer ['u:fɐ] <-s, -> *nt (Flussufer, Seeufer)* rive *f*, bord *m*; *(Meeresufer)* littoral *m*, côte *f*; **am ~** sur la rive/le littoral; **am ~ stehen** être au bord de l'eau; **das sichere ~ erreichen** atteindre la rive [*o* côte]; **über die ~ treten** *Fluss*: sortir de son lit
▶ **vom anderen ~ sein** *fam* être pédé *(fam)*
Uferbefestigung *f* ❶ *kein Pl (das Befestigen)* défense *f* de rive, endiguement *m* ❷ *(Bepflanzung)* plantation *f* destinée à retenir la berge **Uferböschung** *f* berge *f* **Uferlandschaft** *f* paysage *m* fluvial [*o* côtier]
uferlos *Adj* interminable, sans fin
▶ **ins Uferlose gehen** *(kein Ende nehmen)* ne pas en finir; *(jeden Rahmen sprengen)* exploser
Uferpromenade *f* promenade *f* **Uferstraße** *f* voie *f* sur berge
uff [ʊf] *Interj fam* ouf!

Ufo, UFO <-[s], -s> *nt Abk von* **unbekanntes Flugobjekt** OVNI *m*
u-förmig[RR], **U-förmig** *Adj* en [forme de] U
Uganda [u'ganda] <-s> *nt* l'Ouganda *m*
Ugander(in) [u'gandɐ] <-s, -> *m(f)* Ougandais(e) *m(f)*
ugandisch *Adj* ougandais(e)
U-Haft *f fam* détention *f* préventive
Uhr [u:ɐ] <-, -en> *f* ❶ *(Standuhr, öffentliche Uhr)* horloge *f*; *(Armbanduhr)* montre *f*; *(Wanduhr)* pendule *f*; *(Kaminuhr)* cartel *m*; **innere ~** horloge interne [*o* physiologique]; **nach meiner ~** d'après ma montre
❷ *(bei Zeitangaben)* **um drei ~** à trois heures; **um zwölf ~ mittags** à midi; **es ist fünf ~ früh** il est cinq heures du matin; **um wie viel ~?** à quelle heure?; **wie viel ~ ist es?** quelle heure est-il?
▶ **jds ~ ist abgelaufen** *euph* l'heure de qn est venue [*o* a sonné]; **rund um die ~** vingt-quatre heures sur vingt-quatre
Uhrarmband *nt* bracelet *m* de montre
Uhrenfabrik *f* horlogerie *f* **Uhrenindustrie** *f* industrie *f* horlogère **Uhrenmodell** *nt* modèle *m* de montre
Uhrglas *nt* verre *m* de montre **Uhrkette** *f* chaîne *f* de montre **Uhrmacher(in)** *m(f)* horloger(-ère) *m(f)*
Uhrwerk *nt* mouvement *m* d'horlogerie **Uhrzeiger** *m* aiguille *f* [d'une horloge/montre/...]; **der kleine/große ~** la petite/grande aiguille
Uhrzeigersinn *m* **im ~** dans le sens des aiguilles d'une montre; **entgegen dem ~** dans le sens inverse des aiguilles d'une montre
Uhrzeit *f* heure *f*
Uhu ['u:hu] <-s, -s> *m* grand duc *m*
Ukas ['u:kas, *Pl:* 'u:kasə] <-ses, -se> *m iron* [o]ukase *m*; **per ~** par [o]ukase
Ukraine [ukra'i:nə, u'kraɪnə] <-> *f* l'Ukraine *f*
Ukrainer(in) [ukra'i:nɐ, u'kraɪnɐ] <-s, -> *m(f)* Ukrainien(ne) *m(f)*
ukrainisch [ukra'i:nɪʃ, u'kraɪnɪʃ] I. *Adj* ukrainien(ne)
II. *Adv* **~ miteinander sprechen** discuter en ukrainien; *s. a.* **deutsch**
Ukrainisch <-[s]> *nt kein Art* ukrainien *m*; **auf ~** en ukrainien; *s. a.* **Deutsch**
Ukrainische [ukra'i:nɪʃə, u'kraɪnɪʃə] *nt dekl wie Adj* **das ~** l'ukrainien *m*; *s. a.* **Deutsche**
UKW [u:ka:'ve:] <-> *Abk von* **Ultrakurzwelle** FM *f*; **auf ~** en FM
UKW-Empfang [u:ka:'ve:-] *m* réception *f* FM **UKW-Sender** *m* radio *f* FM
Ulk [ʊlk] <-[e]s, *selten* -e> *m fam* blague *f (fam)*
ulken ['ʊlkən] *itr V fam* blaguer *(fam)*
ulkig *Adj fam* ❶ *(lustig)* marrant(e) *(fam)*
❷ *(seltsam)* bizarre; **~ sein** être bizarre; **du bist vielleicht ~!** t'as des idées bizarres!
Ulme ['ʊlmə] <-, -n> *f (Baum, Holz)* orme *m*
Ulmenkrankheit *f* graphiose *f*
ultimativ [ʊltima'ti:f] I. *Adj Drohung* sous forme d'ultimatum; **eine ~e Aufforderung/Forderung** un ultimatum
II. *Adv* **etw ~ von jdm verlangen** exiger qc de qn en lançant un ultimatum
Ultimatum [ʊltɪ'ma:tʊm] <-s, -s *o* Ultimaten> *nt* ultimatum *m*; **jdm ein ~ stellen** lancer un ultimatum à qn
Ultimo ['ʊltimo] <-s, -s> *m* dernier jour *m* du mois; **bis/vor ~** jusqu'au/avant le dernier jour du mois
Ultra ['ʊltra] <-s, -s> *m* ultra *m*, extrémiste *m*
Ultrakurzwelle [ʊltra'kʊrtsvɛlə] *f* ❶ *(Welle)* onde *f* métrique [*o* très courte] ❷ *(Empfangsbereich)* modulation *f* de fréquence **ultralinks** *Adj* d'extrême-gauche **ultramarin** [ʊltrama'ri:n] *Adj* ultramarin(e), outremer *inv* **Ultramarin** <-s> *nt* [bleu *m* d']outremer *m* **ultramodern** *Adj* ultramoderne, hyper-moderne **Ultraschall** *m* ❶ PHYS ultrason *m* ❷ MED échographie *f*
Ultraschallbehandlung *f* MED, TECH traitement *m* par ultrasons **Ultraschallbild** *nt*, image *f* échographique **Ultraschalldiagnostik** *f* échographie *f* **Ultraschallgerät** *nt* échographe *m* **Ultraschalluntersuchung** *f* [examen *m* par] échographie *f* **Ultraschallwellen** *Pl* ultrasons *mpl*
ultraviolett [-vi-] *Adj* ultraviolet(te)
um [ʊm] I. *Präp + Akk* ❶ *(örtlich)* **~ die Ecke** au coin de la rue; **~ den Park herum** autour du parc; **~ sich schlagen/treten** se débattre; **mit Bonbons ~ sich werfen** lancer des bonbons dans toutes les directions
❷ *(bei Zeitangaben)* **~ fünf Uhr/Mitternacht** à cinq heures/minuit
❸ *(ungefähr)* environ; **ihr Urlaub fängt ~ den 20. an** son congé commence vers le [*o* aux environs du] 20; **~ die fünfzig Euro kosten** coûter environ [*o* dans les cinquante] euros
❹ *(hinsichtlich, wegen)* **~ deinetwillen** [par égard] pour toi; **~ der Freundschaft willen** par amitié; **er ist ~ ihr Wohlergehen besorgt** il est soucieux de son bien-être; **sich ~ etw streiten** se disputer au sujet [*o* à cause] de qc; **sich ~ jdn/etw kümmern** s'occuper de qc/qc

❺ *(zur Angabe des Ausmaßes)* ~ **zehn Zentimeter größer [sein]** [être] plus long(longue) de dix centimètres; ~ **hundert Gramm schwerer [sein]** [être] plus lourd(e) de cent grammes; ~ **einiges besser/manches schlechter [sein]** [être] un peu mieux/beaucoup plus mal; **das wäre ~ nichts besser** ça ne serait amélioré en rien; **es wäre ~ vieles anders** cela serait très différent
❻ *(für)* **Zentimeter ~ Zentimeter** centimètre par [*o* pour] centimètre; **Minute ~ Minute** minute après minute; **Tag ~ Tag** jour après jour
II. *Konj* **er kam ~ zu siegen** il vint pour [*o* afin de] vaincre
III. *Adv* **~ sein** être passé(e); **die Frist ist am 14./in drei Tagen ~** la date limite est le 14/dans trois jours; **die Pause ist gleich/in zwei Minuten ~** la récréation va être finie/se termine dans deux minutes
um|adressieren* *tr V* changer l'adresse sur *Schreiben, Brief*
um|ändern *tr V* retoucher *Mantel, Kleid*
um|arbeiten *tr V* ❶ *(umgestalten)* remanier *Entwurf, Manuskript* ❷ *s.* **umändern**
umạrmen* *tr V* **jdn ~** serrer [*o* prendre] qn dans ses bras; **lass dich ~, Bruderherz!** [viens] dans mes bras, mon frère adoré!
Umạrmung <-, -en> *f* accolade *f*; *zweier Liebenden* étreinte *f*
Ụmbau <-[e]s, -ten> *m* ❶ *kein Pl (das Umbauen) eines Gebäudes* transformations *fpl*; **sich im ~ befinden** être en travaux; **während des ~s** pendant les travaux [de transformation]
❷ *(Gebäude)* bâtiment *m* qui a subi des transformations
um|bauen¹ I. *tr V* transformer *Gebäude*
II. *itr V* faire des transformations
umbauen*² *tr V* **etw ~** entourer qc de constructions; **einen Park mit Häusern ~** entourer un parc de maisons
um|benennen* *tr V* **jdn** *unreg* rebaptiser; **ein Schwimmbad in einen Freizeitpark ~** rebaptiser une piscine parc de loisirs
Ụmbenennung *f* changement *m* de nom
um|besetzen* *tr V* ❶ CINE, THEAT **eine Rolle ~** changer la distribution d'un rôle
❷ POL remanier *Ministerium*; redistribuer *Ministerposten*
Ụmbesetzung *f* ❶ CINE, THEAT *einer Rolle* redistribution *f*; **eine ~ vornehmen** procéder à une redistribution
❷ POL *eines Postens, einer Stelle* remaniement *m*; **~ en vornehmen** procéder à des remaniements ministériels
um|bestellen* I. *tr V* ❶ *(ändern)* **etw ~** *Kunde, Gast*: modifier qc
❷ *(früher oder später kommen lassen)* **jdn ~** donner rendez-vous à qn à un autre moment
II. *itr V* modifier sa commande
um|betten *tr V* ❶ MED **jdn ~** changer qn de lit
❷ *euph* transférer *Toten, Gebeine*
um|biegen *unreg* I. *tr V + haben* ❶ *(krümmen)* tordre, [re]courber *Draht, Nagel*; **ein umgebogener Draht** un fil de fer tordu [*o* recourbé]
❷ *(verbiegen)* tordre *Arm*
II. *itr V + sein* ❶ *(kehrtmachen)* faire demi-tour
❷ *(abbiegen)* **nach rechts ~** tourner à droite
um|bilden *tr V* POL remanier
Ụmbildung *f* POL remaniement *m* ministériel
um|binden *tr V* mettre; **[sich** *(Dat)***] etw ~** [se] mettre qc; **mit umgebundenem Schal** [avec] une écharpe [nouée] autour du cou
um|blättern *itr V* tourner la page
um|blicken *r V* ❶ *(nach hinten blicken)* **sich ~** regarder derrière soi, se retourner; **sich nach jdm/etw ~** se retourner en direction de qn/qc
❷ *(zur Seite blicken)* **sich nach allen Seiten ~** regarder autour de soi
Ụmbra ['ʊmbra] <-> *f* [terre *f* d']ombre *f*
um|brechen¹ *unreg* I. *tr V + haben* ❶ *(umknicken)* coucher
❷ *(umpflügen)* retourner
II. *itr V + sein* se coucher
umbrẹchen*² *tr V* *unreg* TYP **einen Text ~** mettre un texte en pages
um|bringen *unreg* I. *tr V* ❶ *(töten)* tuer
❷ *fig* **diese Hitze bringt einen noch um!** il fait une chaleur à crever! *(fam)*; **dieser Motor ist nicht umzubringen** *fam* ce moteur est increvable
II. *r V* ❶ *(Selbstmord begehen)* **sich ~** se suicider
❷ *fam (es übertreiben)* **sich [fast] ~ vor Freundlichkeit** se crever [presque] à être aimable *(fam)*
Ụmbruch *m* ❶ *kein Pl (Einteilung in Seiten)* mise *f* en pages
❷ *(umbrochener Satz)* texte *m* mis en pages
❸ *(Wandel)* changement *m* profond, bouleversement *m*; **sich im ~ befinden** *Gesellschaft*: connaître des changements profonds [*o* des bouleversements]
um|buchen I. *tr V* ❶ TOURISMUS modifier une réservation; **eine Reise ~** modifier une réservation [de voyage]
❷ FIN, COM **einen Betrag ~** virer un montant sur un autre compte

II. *itr V* TOURISMUS modifier une réservation
Ụmbuchung *f* ❶ TOURISMUS modification *m* de réservation
❷ FIN, COM virement *m* [de compte à compte]
um|denken *itr V unreg* réviser son opinion; **in der Umweltpolitik ist ein Umdenken erforderlich** une approche différente s'impose en matière de politique environnementale
um|deuten *tr V* **etw [zu etw** *(dat)***] ~** réinterpréter qc [en termes de]
um|dirigieren* *tr V* dévier; **etw in eine andere Stadt ~** dévier qc vers une autre ville
um|disponieren* *itr V* changer ses dispositions
um|drehen I. *tr V + haben* ❶ *(auf die andere Seite drehen)* retourner; **jdn/etw ~** retourner qn/qc
❷ *(herumdrehen)* tourner *Schalter, Schlüssel*
II. *r V + haben* **sich nach jdm/etw ~** se retourner en direction de qn/qc
III. *itr V + haben o sein* faire demi-tour
Ụmdrehung *f eines Motors* tour *m*; *einer Kurbelwelle* rotation *f*
umeinạnder *Adv* **sich ~ kümmern** s'occuper l'un(e) de l'autre; **sich ~ Sorgen machen** se faire du souci l'un(e) pour l'autre
um|fahren¹ *unreg tr V fam* renverser; **er wurde umgefahren** il s'est fait renverser par une voiture
umfạhren*² *tr V unreg* contourner *Hindernis, Schlagloch*; contourner, éviter *Stau, Straßensperre*
Ụmfahrung CH *s.* **Umgehung** ❸
Ụmfall *m* POL *pej fam* retournement *m*
um|fallen *itr V unreg + sein* ❶ *(umkippen) Vase, Flasche, Figur*: se renverser; *Baum*: se coucher
❷ *(zu Boden fallen)* tomber [par terre]; **tot ~** tomber raide mort(e) *(fam)*
❸ *pej fam (die Aussage widerrufen)* se rétracter, revenir sur ses déclarations
Ụmfang <-[e]s, Ụmfänge> *m* ❶ *(Perimeter) einer Kugel, eines Himmelskörpers* circonférence *f*
❷ *(Ausdehnung) eines Gebiets, Parks, Sees* superficie *f*, surface *f*; *eines Verlusts, Schadens* étendue *f*
❸ *(Ausmaß)* volume *m*; **in großem ~** dans une large mesure, largement; **in vollem ~** *rehabilitieren* complètement, totalement; **er hat seine Verbrechen in vollem ~ gestanden** il a avoué tous ses crimes
umfạngen* *tr V unreg geh* étreindre, enlacer; **jdn ~ halten** tenir qn enlacé(e), étreindre qn
umfangreich *Adj Bibliothek, Werk* riche et varié(e); *Berechnungen, Studien, Vorarbeiten* dans des domaines divers [*o* complexe]
umfạssen* *tr V* ❶ *(umschließen)* prendre dans ses bras; **jdn ~** prendre qn dans ses bras; **etw ~** prendre qc dans ses mains [*o* dans ses bras]
❷ *(umgreifen) Ringer*: étreindre
❸ *(enthalten)* comprendre
umfạssend I. *Adj* ❶ *(weitgehend) Vollmachten* étendu(e); *Maßnahmen* de grande envergure
❷ *(alles enthaltend)* complet(-ète); *Bericht, Informationen* complet(-ète), détaillé(e)
II. *Adv* **~ gestehen** faire des aveux complets; **jdn ~ informieren** fournir des informations détaillées à qn; **~ berichten** faire un rapport détaillé
Ụmfeld *nt* milieu *m*
umfliegen* *tr V unreg Pilot, Flugzeug*: contourner; *Insekt*: voler autour de; **etw ~** *Pilot, Flugzeug*: contourner qc; *Insekt*: voler autour de qc
um|formen *tr V* modifier
Ụmformer <-s, -> *m* ELEC convertisseur *m* électrique
Ụmformung *f* transformation *f*; ELEC conversion *f* d'énergie électrique
Ụmfrage *f* sondage *m*; *(auf der Straße)* micro-trottoir *m*; **eine ~ zu etw/über etw** *(Akk)* **machen** faire un sondage sur qc
Ụmfragewert *m meist Pl* POL résultat *m* des sondages
um|frieden* *tr V geh* clôturer *Grundstück*
Umfriedung <-, -en> *f* ❶ *kein Pl (das Einzäunen)* **die ~ des Grundstücks mit ... ist am billigsten** ce qui revient le moins cher, c'est de clôturer le terrain avec ...
❷ *(Zaun)* clôture *f*
um|füllen *tr V* transvaser; **etw aus einem Gefäß in ein anderes ~** transvaser qc d'un récipient dans un autre
um|funktionieren* *tr V* transformer; **etw zu etw ~** transformer qc en qc
Ụmgang *kein Pl m* ❶ *(Kontakt, Beschäftigung)* **mit jdm ~ haben** fréquenter qn; **im ~ mit Kindern/Tieren** avec les enfants/animaux; **durch seinen ~ mit der Kunst** grâce à ses rapports avec l'art
❷ *(Freunde, Bekannte)* fréquentations *fpl*; **er ist kein ~ für dich** *fam* ce n'est pas une fréquentation pour toi
umgänglich ['ʊmgɛŋlɪç] *Adj* conciliant(e)

Umgangsformen Pl manières fpl; **keine ~ haben** ne pas avoir de bonnes manières, être mal élevé(e) **Umgangssprache** f (im täglichen Umgang verwendet) langage m courant; (nachlässige Sprache) language familier **umgangssprachlich** Adj familier(-ière)
umgarnen* tr V embobiner (fam); **sich von jdm/etw ~ lassen** se faire embobiner par qn/qc
umgeben* unreg I. tr V entourer; **etw mit einer Mauer ~** entourer qc d'un mur; **von Menschen ~** [sein] [être] entouré(e) de gens II. r V **sich mit Künstlern/Bildern ~** s'entourer d'artistes/de tableaux
Umgebung <-, -en> f ❶ (Gelände) environs mpl, alentours mpl; **in unserer nächsten ~** [tout] à proximité de [chez] nous ❷ (Menschen) entourage m
Umgegend f fam environs mpl, alentours mpl
um|gehen¹ itr V unreg + sein ❶ (behandeln) **mit jdm/etw ~ können** savoir s'y prendre avec qn/qc; **mit jdm rücksichtslos/einfühlsam ~** traiter qn avec/sans égard; **ich weiß nicht, wie ich mit ihr ~ soll** je ne sais pas comment m'y prendre avec elle ❷ (handhaben) **mit etw vorsichtig ~** manier qc avec précaution ❸ (im Umlauf sein) Gerücht, Grippe: circuler ❹ (spuken) **im Schloss ~** Gespenst: hanter le château
umgehen*² tr V unreg ❶ (vermeiden) esquiver; **etw ist nicht zu ~** qc ne peut pas être évité(e) ❷ (nicht einhalten) contourner Vorschrift, Embargo; éluder Gesetz
umgehend I. Adj immédiat(e), dans les délais les plus brefs II. Adv immédiatement, dans les délais les plus brefs
Umgehung <-, -en> f ❶ (das Vermeiden) **der ~ (Dat) einer schriftlichen Vereinbarung dienen** permettre d'éviter un accord par écrit ❷ (die Nichteinhaltung) **die ~ des Embargos unterbinden** empêcher que l'embargo ne soit contourné ❸ (Umgehungsstraße) contournement m
Umgehungsstraße f contournement m
umgekehrt I. Adj inverse; **in ~er Reihenfolge** dans l'ordre inverse, à l'envers; [es ist] **genau ~ !** [c'est] tout le contraire! II. Adv (andersherum) dans l'autre sens
um|gestalten* tr V modifier, remanier; **etw grundlegend ~** modifier (o remanier] qc dans ses fondements mêmes
Umgestaltung <-, -en> f modification f, remaniement m
um|gewöhnen* r V **sich ~** changer ses habitudes; **sich schwer ~** avoir du mal à s'y faire
um|graben tr V unreg bêcher
um|gruppieren* tr V placer autrement; **die Gäste ~** placer les invités autrement; **die Exponate ~** changer la disposition des pièces d'exposition; **in eine andere Tarifgruppe umgruppiert werden** changer d'échelon salarial
umgucken s. umsehen
Umhang <-[e]s, Umhänge> m cape f
um|hängen tr V ❶ **sich** (Dat) **eine Jacke ~** se mettre une veste sur les épaules; **sich** (Dat) **eine Tasche ~** mettre son sac en bandoulière ❷ (woandershin hängen) **etw ~** changer qc de place, accrocher qc ailleurs
Umhängetasche f sac m à bandoulière
um|hauen tr V unreg fam ❶ abattre Baum ❷ (verblüffen) souffler (fam); **das hat mich umgehauen!** ça m'a coupé le sifflet! (fam); **dieses Mädchen haut einen um!** cette fille, elle dégage! (fam) ❸ (unerträglich sein) **jdn ~** Schwüle, Gestank: couper le souffle à qn
umhegen* tr V geh entourer de soins; **jdn/etw ~** entourer qn/qc de soins; **er wird von ihr umhegt** elle est aux petits soins pour [o avec] lui
umher [ʊmˈheːɐ] Adv **weit ~** tout le pays à la ronde
umher|fahren itr V unreg + sein rouler au hasard [o sans but]; **im Viertel ~** rouler au hasard [o sans but] dans le quartier
umher|gehen itr V unreg + sein faire les cent pas; **im Zimmer ~** faire les cent pas dans la pièce; **im Garten/in der Stadt ~** faire un tour dans le jardin/en ville **umher|irren** itr V + sein errer, tourner en rond **umher|laufen** itr V unreg + sein tourner en rond; **im Garten ~** tourner en rond dans le jardin **umher|wandern** itr V + sein déambuler; **am Strand ~** déambuler sur la plage **umher|ziehen** itr V unreg + sein se déplacer continuellement; **im Land ~** se déplacer continuellement à l'intérieur d'un pays
umhin|können itr V unreg **nicht ~ etw zu tun** ne pouvoir faire autrement que de faire qc
um|hören r V **sich ~** se renseigner; **sich nach jdm/etw ~** se renseigner à propos de qn/qc; **sich in der Stadt ~** se renseigner en ville
umhüllen* tr V envelopper; **jdn/etw mit etw ~** envelopper qn/qc dans qc
um|jubeln* tr V acclamer
umkämpft [ʊmˈkɛmpft] Adj Festung, Stadt assiégé(e); Gebiet de combats; **~ sein** Festung, Stadt: être assiégé(e); Gebiet: être le théâtre de combats; **heiß ~** âprement disputé(e)

Umkehr <-> f retour m; **sich zur ~ entschließen** se décider à faire demi-tour
umkehrbar Adj réversible; **nicht ~** irréversible
um|kehren I. itr V + sein faire demi-tour; **nach Hause ~** retourner [o rentrer] à la maison II. tr V + haben gen renverser Mandatsverteilung
Umkehrung <-, -en> f geh renversement m
um|kippen I. itr V + sein ❶ Person: tomber; Gegenstand: se renverser; **mit dem Stuhl/Fahrrad ~** tomber avec la chaise/en vélo ❷ fam (bewusstlos werden) tourner de l'œil (fam) ❸ fam (die Meinung ändern) retourner sa veste (fam) ❹ ÖKOL Gewässer: s'asphyxier ❺ (umschlagen) Stimmung: changer II. tr V + haben renverser
umklammern* tr V se cramponner à; **jdn/etw ~** [o **umklammert halten**] se cramponner à qn/qc
Umklammerung <-, -en> f étreinte f; **sich aus der ~ eines Menschen lösen** s'arracher à l'étreinte d'une personne
um|klappen tr V rabattre
Umkleidekabine [ˈʊmklaɪdə-] f (im Schwimmbad) cabine f; (im Geschäft) cabine d'essayage
um|kleiden r V geh **sich ~** se changer
Umkleideraum m vestiaire m
um|knicken I. itr V + sein Baum, Mast: plier; Pflanze, Stängel: se casser; [mit dem Fuß] **~** Person, Tier: se tordre la pied II. tr V + haben plier Seite, Blatt, Pappkarton; casser Pflanze, Stängel
um|kommen itr V unreg + sein ❶ mourir; **bei etw/in etw** (Dat) **~** mourir dans qc ❷ (verderben) Lebensmittel: pourrir ❸ fam (entkräftet sein) **vor Hitze/Langeweile ~** crever de chaud/d'ennui (fam); **vor Erschöpfung ~** être crevé(e) (fam)
Umkreis m **im ~ der Stadt** à la périphérie de la ville; **im ~ von zehn Kilometern** dans un rayon de dix kilomètres
umkreisen* tr V tourner autour de
um|krempeln [ˈʊmkrɛmpəln] tr V ❶ [sich (Dat)] **die Ärmel/Hosenbeine ~** retrousser ses manches/son bas de pantalon ❷ fam (durchsuchen) retourner (fam) Haus, Wohnung ❸ fam (grundlegend verändern) tourner la boule à (fam) Person; chambouler (fam) Firma, Leben
Umlage f participation f [financière]
umlagern* tr V se presser autour de
Umland nt kein Pl périphérie f
Umlauf m ❶ (Rundschreiben) circulaire f ❷ (Rotation) **der ~ der Erde um die Sonne** la rotation de la terre autour du soleil ❸ (Zirkulation) **Münzen in ~ bringen** mettre des pièces de monnaie en circulation; **ein Gerücht in ~ bringen** faire circuler une rumeur, faire courir un bruit; **im ~ sein** Münze, Banknote: être en circulation; Gerücht, Parole: circuler
Umlaufbahn f ASTRON orbite f
um|laufen unreg I. itr V + sein Banknote, Gerücht: circuler II. s. umrennen
Umlaut m GRAM voyelle f infléchie
um|legen tr V ❶ **sich einen Schal ~** mettre une écharpe; **jdm einen Schal ~** mettre une écharpe à qn ❷ (kippen) actionner Hebel, Schalter ❸ (fällen) **einen Baum/Mast ~** Person, Gerät: abattre un arbre/poteau; Sturm: coucher un arbre/poteau ❹ fam (zu Boden strecken) allonger; sl (umbringen) zigouiller (pop) ❺ (verteilen) **die Kosten auf die Beteiligten ~** répartir les frais entre les participants ❻ (anders legen) changer de position Kabel, Leitung; **ein Telefonat auf einen anderen Apparat ~** passer la communication sur un autre appareil
um|leiten tr V dévier Verkehr; détourner Fluss, Kanal
Umleitung f déviation f
um|lernen itr V changer son comportement; (einen anderen Beruf erlernen) se reconvertir
umliegend Adj alentour inv; **die ~en Gemeinden** les communes alentour
Umluft f kein Pl (im Backofen) chaleur f tournante; (im Auto, beim Dunstabzug) air m recyclé
Umluftherd m four m à chaleur tournante
Ummantelung <-, -en> f TECH gaine f
ummauern* tr V entourer; **etw ~** entourer qc d'un mur
um|melden tr V **sein Auto ~** immatriculer sa voiture dans un autre département II. r V **sich ~** faire un changement d'adresse
Ummeldung f einer Person déclaration f de changement d'adresse
umnachtet Adj geh **geistig ~ sein** ne plus avoir toute sa raison
Umnachtung f geh **geistige ~** démence f; **im Zustand der ~** dans un état de confusion mentale

um|organisieren* *tr V* réorganiser
um|pflanzen *tr V* transplanter *Baum, Pflanze*
um|pflügen *tr V* retourner [à la charrue]; **den Acker ~** retourner le champ [à la charrue]
um|quartieren* *tr V* faire dormir ailleurs *Person;* **jdn ~** faire dormir qn ailleurs; **jdn in ein anderes Zimmer ~** changer qn de chambre
um|rahmen* *tr V* encadrer *Gesicht, Bild;* **eine Feier musikalisch ~** accompagner une fête d'un fond musical
um|randen* *tr V* **eine Textstelle rot ~** entourer un passage en rouge
Umrandung <-, -en> *f* bordure *f*
um|räumen I. *itr V* changer les meubles de place
II. *tr V* changer de place
um|rechnen *tr V* convertir; **Dollars in Euro ~** convertir des dollars en euros
Umrechnung *f* conversion *f*
Umrechnungskurs *m* cours *m* de conversion, taux *m* de change; **unwiderruflich festgelegte ~e** des taux de change définitivement fixés [*o* fixés de manière irrévocable]
um|reißen *tr V* arracher *Person, Glas*
umreißen* *tr V unreg* esquisser *Situation, Sachverhalt*
um|rennen *tr V unreg* renverser [en courant]; **jdn/etw ~** renverser qn/qc [en courant]
umringen* *tr V* entourer *Person;* faire cercle autour de *Auto, Haus*
Umriss[RR] *m einer Person* silhouette *f; eines Gegenstands* contours *mpl;* **im ~ erkennbar sein** *Person:* être reconnaissable à sa silhouette; *Gegenstand:* être reconnaissable à ses contours
um|rühren *tr, itr V* remuer
um|rüsten I. *itr V* MIL **auf etw** *(Akk)* **~** passer à qc
II. *tr V* ❶ **die Armee auf etw** *(Akk)* **~** équiper l'armée de qc
❷ TECH **ein Fahrzeug auf Katalysator ~** adapter un véhicule à un catalyseur
Umrüstung *f* ❶ MIL rééquipement *m*
❷ TECH adaptation *f*
ums [ʊms] = **um das** *s.* **um**
um|satteln *itr V fam* se reconvertir; **auf einen anderen Beruf/ein anderes Studienfach ~** se reconvertir dans une autre profession/une autre matière
Umsatz *m* chiffre *m* d'affaires; **einen ~ von zehn Millionen Euro machen** faire un chiffre d'affaires de dix millions d'euros; **~ machen** *fam* faire du chiffre *(fam)*
Umsatzbelebung *f* ÖKON redressement *m* du chiffre d'affaires
Umsatzbeteiligung *f* participation *f* au chiffre d'affaires
Umsatzrückgang *m* recul *m* [*o* baisse *f*] du chiffre d'affaires
Umsatzschwankung *f* ÖKON fluctuation *f* du chiffre d'affaires
umsatzstark *Adj* avec un gros chiffre d'affaires **Umsatzsteigerung** *f* augmentation *f* du chiffre d'affaires **Umsatzsteuer** *f* impôt *m* sur le chiffre d'affaires
umsatzsteuerfrei *Adj* exonéré(e) d'impôt sur le chiffre d'affaires
um|säumen* *tr V geh* border *(soutenu) Weg, Fläche*
um|schalten I. *itr V* ❶ *Ampel:* changer; **auf Grün/Rot ~** passer au vert/rouge
❷ *(den Radio-/Fernsehsender wechseln)* changer [de station] le radio/de chaîne); **wir schalten um nach Köln** nous passons l'antenne à Cologne
❸ *fam (sich umstellen)* **auf etw** *(Akk)* **~** s'adapter à qc
II. *tr V* **ein Gerät auf Wechselstrom ~** brancher un appareil sur le courant alternatif
Umschalttaste *f* touche *f* Majuscule
Umschau *f* **~ nach jdm/etw ~ halten** chercher qn/qc
um|schauen *s.* **umsehen**
um|schichten I. *tr V (anders verteilen)* répartir autrement *Kosten;* **die Kosten ~** répartir les dépenses autrement; **Kapital ~** restructurer le passif
II. *tr V* **sich ~** *Bevölkerung:* se restructurer; *Vermögen:* se répartir autrement
Umschichtung <-, -n> *f* ❶ SOZIOL restructuration *f*
❷ ÖKON répartition *f*
umschiffen* *tr V* contourner
Umschlag *m* ❶ *(Briefumschlag)* enveloppe *f*
❷ *(Schutzumschlag) eines Buchs* jaquette *f*
❸ MED compresse *f;* **kalte Umschläge** des compresses froides; **jdm einen ~ machen** appliquer une compresse
❹ *kein Pl (das Umladen) von Waren* transbordement *m*
❺ *(plötzliche Veränderung)* revirement *m; des Wetters, der Stimmung* changement *m*
um|schlagen *unreg* **I.** *tr V + haben* ❶ *(wenden)* rabattre *Kragen, Ärmel*
❷ *(umladen)* transborder *Güter*
II. *itr V + sein Wetter, Stimmung:* changer; *Wind:* tourner
Umschlaghafen *m* port *m* de transbordement **Umschlagplatz** *m* lieu *m* de transbordement

umschließen* *tr V unreg* ❶ *Mauer, Zaun:* entourer; **etw ~** *Mauer, Zaun:* entourer qc
❷ *(umarmen)* **jdn/etw mit beiden Armen ~** étreindre qn/qc de ses deux bras *(soutenu)*
❸ *(beinhalten)* **etw ~** *Angebot, Preis:* comprendre qc
umschlingen* *tr V unreg* ❶ enlacer *(soutenu);* **jdn/etw mit beiden Armen ~** enlacer qn/qc de ses deux bras
❷ *(sich herumschlingen)* **einen Baum ~** *Pflanze:* enlacer un arbre
umschlungen *Adj* eng ~ étroitement enlacé(e)s; **jdn ~ halten** tenir qn enlacé(e); **sich ~ halten** se tenir enlacé(e)s
umschmeicheln* *tr V* ❶ *(schöntun)* flatter
❷ *(berühren)* **jdn ~** *Stoff, Frühlingsluft:* caresser qn
um|schmeißen *tr V unreg fam* ❶ *(umwerfen)* ficher par terre *(fam) Gegenstand;* **etw ~** ficher qc par terre
❷ *(zunichtemachen)* chambouler *(fam)* Plan
um|schnallen *tr V* boucler; **sich** *(Dat)* **ein Schwert ~** accrocher une épée à sa taille
um|schreiben[1] *tr V unreg* ❶ ré[é]crire *Text*
❷ JUR **etw auf jdn ~** mettre qc au nom de qn
umschreiben*[2] *tr V unreg* ❶ décrire *Aufgabe, Tätigkeit*
❷ *(mit anderen Worten ausdrücken)* périphraser
Umschreibung *f* ❶ *(Beschreibung) einer Aufgabe, Tätigkeit* description *f*
❷ *(umschreibender Ausdruck)* circonlocutions *fpl; (umschreibender Satz)* périphrase *f*
Umschrift *f* transcription *f;* **phonetische ~** transcription phonétique
um|schulden *tr V* convertir *Kredit*
Umschuldung <-, -en> *f* conversion *f* de dette; *(Verlängerung der Kreditlaufzeit)* rééchelonnement *m* de la dette
um|schulen *tr V* ❶ *(beruflich)* reconvertir; **jdn zum Buchhalter ~** reconvertir qn en comptable; **sich ~ lassen** se reconvertir
❷ SCHULE **sein Kind ~** changer son enfant d'école
Umschulung *f* ❶ *(beruflich)* reconversion *f;* **~ zum Buchhalter** reconversion en comptable
❷ SCHULE changement *m* d'établissement scolaire
Umschulungskurs *m* cours *m* de recyclage professionnel
umschwärmen* *tr V* ❶ *Vögel, Insekten:* tournoyer autour de; **jdn/etw ~** *Vögel, Insekten:* tournoyer autour de qn/qc
❷ *(verehren)* aduler, courtiser *Idol, Star*
Umschweife *Pl* circonlocutions *fpl;* **ohne ~ zur Sache kommen** ne pas y aller par quatre chemins
um|schwenken *itr V + sein* ❶ *(zur Seite schwenken)* changer de direction
❷ *pej (die Meinung ändern)* retourner sa veste *(péj);* **auf den Kurs des Gegners ~** se mettre à suivre l'objectif de l'adversaire
Umschwung *m* ❶ revirement *m*
❷ SPORT soleil *m*
❸ CH *(Gelände)* terrain *m*
umsegeln* *tr V* ❶ *(ausweichend umfahren)* passer au large de
❷ *(umrunden)* **die Erde ~** faire le tour du monde [à la voile]
um|sehen *r V unreg* ❶ *(sich informieren)* **sich ~** regarder; **ich wollte mich nur mal im Laden ~** je voulais juste jeter un coup d'œil dans le magasin
❷ *(nach hinten blicken)* **sich nach jdm/etw ~** se retourner pour regarder qn/qc
❸ *(suchen)* **sich nach jdm/etw ~** chercher qn/qc du regard
um|sein[ALT] *s.* **um III.**
umseitig [ˈʊmzaɪtɪç] *Adj, Adv* au verso
um|setzen I. *tr V* ❶ faire changer de place à *Person;* **jdn ~** faire changer de place à qn
❷ *(anwenden)* appliquer *Erfahrungen, Wissen;* **etw in die Praxis ~** mettre qc en application
❸ COM écouler *Waren*
II. *r V* **sich ~** changer de place
Umsetzung <-, -en> *f* ❶ *(örtlich)* transposition *f; einer Person* déplacement *m; von Pflanzen* transplantation *f*
❷ *(Anwendung)* application *f*
❸ *(Umwandlung) von Daten* conversion *f*
❹ ÖKON *von Waren* écoulement *m*
Umsicht *f kein Pl* circonspection *f*
umsichtig I. *Adj* circonspect(e)
II. *Adv* avec circonspection
um|siedeln I. *tr V + haben* déplacer; **nach Deutschland umgesiedelt werden** être déplacé(e) vers l'Allemagne
II. *itr V + sein* **nach Köln ~** aller s'installer à Cologne; **von Dresden nach Berlin ~** quitter Dresde pour aller s'installer à Berlin
Umsiedler(in) *m(f)* personne *f* déplacée
Umsiedlung <-, -en> *f* déplacement *m*
umso[RR] *Konj* **~ mehr** d'autant plus; **~ weniger** d'autant moins; **~ besser** tant mieux
umsonst [ʊmˈzɔnst] *Adv* ❶ *(kostenlos)* gratuitement; **das ist ~** c'est gratuit(e); **etw ~ bekommen** recevoir qc gratuitement

❷ *(vergebens)* inutilement; **~ sein** être peine perdue
❸ *(grundlos)* sans raison
umsorgen* *tr V* entourer de soins; **jdn ~** entourer qn de soins
umspạnnen* *tr V* ❶ **etw mit den Armen ~** faire le tour de qc avec les bras
❷ *(einschließen)* s'étendre sur *Wochen, Jahre*
Ụmspannwerk *nt* poste *m* [transformateur]
umspielen* *tr V* ❶ **die Mundwinkel ~** *Lächeln:* se dessiner sur les lèvres; **die Klippen ~** *Wellen:* lécher les falaises
❷ SPORT contourner, dribbler *Gegner*
ụm|springen *itr V unreg + sein* ❶ *Wind:* changer [de direction]; **auf Nordwest ~** tourner au nord-ouest
❷ *(umschalten) Ampel, Anzeige:* changer; **auf Gelb/Rot ~** *Ampel:* passer à l'orange/au rouge
❸ *pej (verfahren)* **mit jdm grob ~** traiter grossièrement qn; **so lasse ich nicht mit mir ~!** je ne vais pas me laisser traiter comme ça!
ụm|spulen *tr V* rembobiner
umspülen* *tr V Flut, Wellen:* baigner; **etw ~** *Flut, Wellen:* baigner qc
Ụmstand <-[e]s, Umstände> *m* ❶ *(Tatsache)* fait *m*; *(Bedingung)* circonstance *f*; **unter diesen Umständen** dans ces conditions; **unter allen Umständen** quoi qu'il arrive; **mildernde Umstände** JUR circonstances atténuantes; **es geht ihr den Umständen entsprechend** qu'elle soit dans son état est satisfaisant; **das ist unter den gegebenen Umständen nicht möglich** les conditions sont telles que cela n'est pas possible
❷ *Pl (Schwierigkeiten)* complications *fpl*; *(Förmlichkeiten)* formalités *fpl*; [jdm] **Umstände machen** causer des problèmes [à qn] *(soutenu)*; **ohne [große] Umstände** sans difficulté; **bitte keine Umstände!** ne te dérange pas/ne vous dérangez pas
▸ **in anderen Umständen sein** attendre un heureux événement; **das wird unter Umständen teuer** ça risque de coûter cher
umständehalber *Adv* en raison des circonstances
umständlich I. *Adj Person, Arbeitsweise, Methode* compliqué(e); **jdm zu ~ sein** être trop compliqué(e) pour qn; **~ sein** *Person:* se compliquer [inutilement] la vie
II. *Adv* de façon compliquée
Ụmständlichkeit <-> *f* complexité *f*
Ụmstandsbestimmung *f* GRAM complément *m* circonstanciel; **~ der Zeit/des Ortes** complément circonstanciel de temps/de lieu **Ụmstandskleid** *nt* robe *f* de grossesse **Ụmstandskleidung** *f* vêtements *mpl* de grossesse **Ụmstandskrämer(in)** *m(f) pej fam* personne *f* qui se complique la vie *(fam)* **Ụmstandswort** <-wörter> *nt* GRAM adverbe *m*
ụmstehend I. *Adj attr* ❶ *(ringsum stehend) Personen* attroupé(e)s tout autour
❷ *(umseitig)* au verso
II. *Adv (umseitig)* au verso
ụm|steigen *itr V unreg + sein* ❶ *(den Zug/Bus wechseln)* changer de train/de bus; **in den Zug nach Frankfurt ~** prendre la correspondance pour Francfort; **in die Linie drei ~** prendre la ligne trois
❷ *(wechseln zu)* **auf ein anderes Produkt/eine andere Methode ~** changer pour un autre produit/une autre méthode
Ụmsteiger(in) <-s, -> *m(f)* voyageur(-euse) *m(f)* qui prend une correspondance
ụm|stellen I. *tr V* ❶ déplacer *Möbelstück, Satz*
❷ *(ändern)* modifier le réglage de *Heizung, Schalter, Uhr;* changer de *Ernährung;* **die Uhren auf die Sommerzeit ~** mettre les pendules à l'heure d'été
II. *itr V* **auf Gas ~** passer au gaz; **auf die Produktion anderer Artikel ~** passer à la production d'autres articles
III. *r V* **sich auf etw** *(Akk)* **~** s'adapter à qc
umstellen* *tr V* encercler
Ụmstellung *f* changement *m;* **die ~ auf ein anderes Verfahren** le passage à un autre procédé
ụm|stimmen *tr V* **jdn ~** faire changer qn d'avis; **sich ~ lassen** se laisser convaincre
ụm|stoßen *tr V unreg* ❶ faire tomber
❷ *(rückgängig, zunichtemachen)* revenir sur *Plan, Entschluss*
umstritten *Adj* controversé(e); [als Politiker;] **~ sein** être controversé(e) [en tant que politicien]; **in der Fachwelt ~ sein** *These, Methode:* être controversé(e) dans le milieu scientifique; **heiß ~** très controversé(e)
umstrukturieren* *tr V* restructurer
Ụmstrukturierung *f* restructuration *f*
ụm|stülpen ['ʊmʃtʏlpən] *tr V* retourner
Ụmsturz *m* coup *m* d'état
ụm|stürzen I. *itr V + sein* se renverser
II. *tr V* **+ haben** ❶ faire tomber *Säule, Mauer*
❷ *fig* renverser *Regime, System*
umstürzlerisch *Adj* révolutionnaire
Ụmsturzversuch *m* tentative *f* de coup d'état

ụm|taufen *tr V* rebaptiser
Ụmtausch *m* ❶ *von Waren* échange *m;* **vom ~ ausgeschlossen sein** ne pas pouvoir être échangé(e)
❷ FIN **~ von Dollar in Euro** change *m* de dollars en euros
ụm|tauschen *tr V* ❶ échanger; **etw gegen etw ~** échanger qc contre qc; **jdm etw ~** *Händler:* reprendre qc à qn
❷ FIN **Geld ~** changer de l'argent; **Dollar in Euro ~** changer des dollars en euros
ụm|topfen *tr V* rempoter *Pflanze*
Ụmtrieb *m* ❶ *Pl pej (Machenschaften)* intrigues *fpl*
❷ CH *(Mühe)* tracas *m*
umtriebig ['ʊmtriːbɪç] *Adj* entreprenant(e)
Ụmtrunk *m* pot *m (fam);* **jdn zu einem ~ einladen** inviter qn à prendre un pot
UMTS [uːʔɛmteːˈʔɛs] <-> *nt Abk von* Universal Mobile Telecommunication System TELEC U.M.T.S. *m*
UMTS-Handy [uːʔɛmteːˈʔɛs-] *nt* TELEC téléphone *m* portable WCDMA **UMTS-Lizenz** [uːʔɛmteːˈʔɛs-] *f* TELEC licence *f* U.M.T.S. **UMTS-Netz** *nt* TELEC réseau *m* U.M.T.S.
ụm|tun *r V unreg fam* ❶ *(sich umsehen)* **sich ~** fureter; **sich in einer Stadt/Gegend ~** fureter dans une ville/région
❷ *(sich bemühen)* **sich nach einer Arbeit ~** chercher un travail
U-Musik ['uː-] *f kein Pl* musique *f* légère
Ụmverpackung *f* [sur]emballage *m*
umverteilen* *tr V* redistribuer
Ụmverteilung *f* redistribution *f; von Haushaltsmitteln* répartition *f*
ụm|wälzen *tr V* ❶ *(umdrehen)* retourner
❷ *fig* **~ de Ereignisse** des événements *mpl* bouleversants [*o* révolutionnaires]
❸ TECH renouveler *Luft, Wasser*
Ụmwälzpumpe *f* pompe *f* de circulation
Ụmwälzung <-, -en> *f* ❶ *(Veränderung)* bouleversement *m*
❷ *kein Pl* TECH *von Luft* renouvellement *m; von Wasser* circulation *f*
ụm|wandeln *tr V* transformer; **etw in etw** *(Akk)* **~** transformer qc en qc
▸ **wie umgewandelt sein** *Person:* être comme transformé(e)
Ụmwandlung *f a.* ÖKON transformation *f;* **die ~ einer Schule in ein Kulturzentrum** la transformation d'une école en centre culturel
ụm|wechseln [-ks-] *tr V* **Euro in englische Pfund ~** changer des euros en livres sterling; [jdm] **einen Geldschein in Münzen ~** faire de la monnaie [à qn]
Ụmweg *m* détour *m;* **auf ~en** par des voies détournées
Ụmwelt *f kein Pl* ❶ ÖKOL environnement *m*
❷ *(Mitmenschen)* entourage *m*
Ụmweltaktivist(in) *m(f)* militant(e) *m(f)* écologiste **Ụmweltapostel** *m iron, pej* apôtre *m* de l'écologie *(iron, péj)* **Ụmweltauto** *nt* voiture *f* propre **Ụmweltbeauftragte(r)** *f(m) dekl wie Adj* chargé(e) *m(f)* de l'environnement **Ụmweltbedingungen** *Pl* conditions *fpl* de l'environnement **Ụmweltbehörde** *f* autorité *f* compétente en matière d'environnement **Ụmweltbelastung** *f* pollution *f* **Ụmweltberater(in)** *m(f)* conseiller(-ère) *m(f)* pour la protection de l'environnement *m* **umweltbewusst**[RR] *Adj, Adv* écologique; **sich ~ verhalten** respecter l'environnement **Ụmweltbewusstsein**[RR] *nt* conscience *f* écologique **Ụmweltbundesamt** *nt kein Pl* office *m* fédéral de l'environnement **Ụmweltdelikt** *nt* délit *m* de pollution **Ụmwelteinfluss**[RR] *m* influence *f* de l'environnement **Ụmweltengel** *m* label *m* écologique *(symbolisé par un ange)* **Ụmwelterziehung** *f* éducation *f* à l'environnement **Ụmweltfaktor** *m* facteur *m* écologique **umweltfeindlich** *Adj* nocif(-ive) pour l'environnement, polluant(e) **Ụmweltforscher(in)** *m(f)* écologiste *mf* **Ụmweltforschung** *kein Pl f* ❶ BIO écologie *f pas de pl* ❷ SOZIOL étude *f* du milieu **umweltfreundlich** *Adj* qui ne nuit pas à l'environnement, écologique **Ụmweltgift** *nt* produit *m* nocif pour l'environnement **Ụmweltkatastrophe** *f* catastrophe *f* écologique **Ụmweltkriminalität** *f* délits *mpl* en matière d'environnement **Ụmweltminister(in)** *m(f)* ministre *mf* de l'environnement **Ụmweltministerium** *nt* ministère *m* de l'Environnement **Ụmweltpapier** *nt* papier *m* recyclé **Ụmweltpolitik** *f* politique *f* pour la protection de l'environnement **Ụmweltrecht** *nt kein Pl* droit *m* de l'environnement **Ụmweltschäden** *Pl* dégâts *mpl* écologiques **umweltschädlich** *Adj* nuisible à l'environnement, polluant(e) **umweltschonend I.** *Adj* écologique **II.** *Adv* écologiquement, de manière écologique **Ụmweltschutz** *m* protection *f* de l'environnement **Ụmweltschützer(in)** *m(f)* écologiste *mf* **Ụmweltschutzmaßnahme** *f* mesure *f* de protection de l'environnement **Ụmweltschutzorganisation** *f* organisation *f* pour la protection de l'environnement **Ụmweltschutzpapier** *nt* papier *m* recyclé
Ụmweltsteuer *f* impôt *m* écologique **Ụmweltsünder(in)** *fam* pollueur(-euse) *m(f)* **Ụmwelttechnik** *f kein Pl* techniques *fpl* antipollution **Ụmweltverschmutzer(in)** <-s, -> *m(f)* pol-

lueur(-euse) *m(f)* **Umweltverschmutzung** *f* pollution *f* [de l'environnement] **umweltverträglich** *Adj* non polluant(e)
Umweltverträglichkeit *f* von Waschmittel: biodégradation *f*
Umweltzeichen *nt s.* Umweltengel **Umweltzerstörung** *f* destruction *f* de l'environnement
um|wenden *unreg* I. *tr V* tourner *Seite, Braten*
  II. *r V* sich nach jdm/etw ~ se retourner sur qn/vers qc
umwerben* *tr V unreg* faire les yeux doux à *Person;* **die Wähler mit Versprechungen ~** séduire les électeurs par des promesses
um|werfen *tr V unreg* ❶ renverser *Glas, Vase;* bouleverser *Plan, Vorhaben*
  ❷ *fam (verblüffen)* jdn ~ *Mitteilung, Nachricht:* renverser qn *(fam)*
  ❸ *(um die Schultern legen)* **sich/jdm einen Schal ~** jeter une écharpe sur ses épaules/les épaules de qn
umwerfend I. *Adj* renversant(e)
  II. *Adv* incroyablement
umwickeln* *tr V* ❶ **etw mit Papier/Draht ~** entourer qc de papier/fil de fer
  ❷ *(verbinden)* **die Hand/den Arm [mit einem Verband] ~** bander la main/le bras
umwölken *r V* sich ~ s'assombrir
umzäunen* *tr V* clôturer
Umzäunung <-, -en> *f* ❶ *(Zaun)* clôture *f*
  ❷ *kein Pl (das Einzäunen)* **die ~ des Grundstücks ist geplant** il est envisagé de clôturer la propriété
um|ziehen *unreg* I. *itr V + sein* déménager; **in eine andere Wohnung ~** déménager dans un autre appartement
  II. *r V + haben* sich ~ se changer
umzingeln* *tr V* encercler
Umzug *m* ❶ déménagement *m*
  ❷ *(Festzug)* défilé *m*
Umzugskosten *Pl* frais *mpl* de déménagement
UN [uː'ʔɛn] <-> *Pl Abk von* **United Nations: die ~** les Nations *fpl* Unies
unabänderlich *Adj Entschluss, Tatsache* irrévocable
unabdingbar *Adj Voraussetzung, Forderung* absolu(e); **etw für ~ halten** tenir qc pour indispensable
unabhängig I. *Adj* ❶ *Person, Land, Staat* indépendant(e); **~ werden** *Land:* accéder à l'indépendance; **von jdm/etw ~ sein** ne pas dépendre de qn/qc
  ❷ *(nicht bedingt durch)* **von etw ~ sein** *Entwicklung, Ereignis:* être indépendant(e) de qc; **~ davon, wann/wie ...** sans tenir compte du fait de savoir quand/comment... + *indic*
  II. *Adv leben, entscheiden* indépendamment
Unabhängigkeit *f kein Pl* indépendance *f*
Unabhängigkeitserklärung *f* déclaration *f* d'indépendance
unabkömmlich *Adj Mitarbeiter* indisponible
unablässig I. *Adj* incessant(e)
  II. *Adv* sans cesse
unabsehbar *Adj Folgen, Auswirkungen* imprévisible; *Kosten* incalculable
unabsichtlich I. *Adj* involontaire
  II. *Adv* involontairement
unabwendbar *Adj* inéluctable
unachtsam I. *Adj* distrait(e); **durch ~es Verhalten** en ne faisant pas attention; **sei nicht so ~!** fais donc un peu attention!
  II. *Adv* **etw ~ tun** faire qc sans faire attention
Unachtsamkeit *f* inattention *f;* **durch deine ~** parce que tu ne fais pas attention
unähnlich *Adj* dissemblable; **jdm nicht ~ sein** avoir un air de ressemblance avec qn
unanfechtbar *Adj Argument, Beweis, Tatsache* incontestable; *Urteil* irrévocable
Unanfechtbarkeit <-> *f* inattaquabilité *f*
unangebracht *Adj* déplacé(e)
unangefochten I. *Adj* incontesté(e)
  II. *Adv* incontestablement
unangemeldet I. *Adj Besucher* qui n'a pas annoncé sa venue; *Patient* qui n'a pas pris rendez-vous
  II. *Adv* **~ kommen** venir à l'improviste; *(ohne Terminabsprache kommen)* sans [prendre] rendez-vous
unangemessen I. *Adj* ❶ *Benehmen, Kleidung* inconvenant(e); *Behandlung* peu convenable
  ❷ *(übertrieben) Preis, Forderung* exagéré(e)
  II. *Adv* ❶ *(unpassend)* de façon inconvenante
  ❷ *(übertrieben) hoch, niedrig, teuer* exagérément
unangenehm I. *Adj Person, Äußeres, Geruch, Geschmack* désagréable; *Mitteilung, Tatsache* contrariant(e); *Situation, Lage* fâcheux(-se); **es ist ihm ~ das tun zu müssen** il trouve [que c'est] pénible de devoir faire ça; **das ist mir ~** ça m'est pénible; **wie ~!** [comme] c'est fâcheux!
  ▶ **~ werden können** pouvoir devenir désagréable
  II. *Adv riechen* mauvais; **~ schmecken** avoir mauvais goût; **jdn ~**

berühren mettre qn mal à l'aise
unangepasstᴿᴿ *Adj* inadapté(e)
unangetastet *Adj* **~ bleiben** rester intact(e); **etw ~ lassen** ne pas toucher à qc
unangreifbar *Adj* inattaquable
unannehmbar *Adj* inacceptable
Unannehmlichkeit *f meist Pl* désagrément *m;* **~en bekommen/haben** s'attirer/connaître des ennuis; **jdm ~en machen** causer des désagréments à qn
unansehnlich *Adj* ❶ *Person* insignifiant(e)
  ❷ *(schäbig) Haus* qui ne paie pas de mine; **~e Kleidung** des vêtements qui ne paient pas de mine; **~ werden/sein** perdre son éclat/ne pas payer de mine
unanständig I. *Adj* indécent(e)
  II. *Adv* de façon indécente
Unanständigkeit <-, -en> *f* ❶ *kein Pl (das Unanständigsein)* indécence *f*
  ❷ *(Äußerung, Handlung)* grossièreté *f*
unantastbar *Adj* intangible
unappetitlich *Adj* ❶ *Essen* peu appétissant(e)
  ❷ *(schmutzig) Kleidung, Toiletten* dégoûtant(e)
Unart ['ʊnʔaːɐt] *f* mauvaise habitude *f*
unartig *Adj Kind* mal élevé(e); **er ist viel ~er als seine Schwester** il est beaucoup plus mal élevé que sa sœur
unartikuliert I. *Adj* inarticulé(e)
  II. *Adv* **~ sprechen** mal articuler
unästhetisch *Adj* inesthétique
unaufdringlich *Adj* discret(-ète)
Unaufdringlichkeit *f kein Pl* discrétion *f*
unauffällig I. *Adj Person, Art, Äußeres* discret(-ète); *Kratzer, Narbe, Stelle* à peine visible
  II. *Adv sich benehmen, sich kleiden* avec discrétion; *verschwinden, folgen* discrètement
unauffindbar *Adj* introuvable
unaufgefordert I. *Adj* intempestif(-ive); **wir bitten um ~e Rückgabe der Unterlagen** veuillez, sans rappel de notre part, nous retourner les documents
  II. *Adv* intempestivement; **jdm etw ~ zurückgeben** redonner qc à qn sans rappel; **bitte nicht ~ eintreten!** attendez qu'on vous dise d'entrer!
unaufhaltsam I. *Adj* inexorable
  II. *Adv* inexorablement
unaufhörlich I. *Adj* continuel(le)
  II. *Adv* continuellement; **es regnet ~** il n'arrête pas de pleuvoir; **es klingelt ~** ça n'arrête pas de sonner
unauflöslich *Adj* ❶ JUR indissoluble
  ❷ CHEM insoluble
unaufmerksam *Adj* ❶ *Schüler, Zuhörer* inattentif(-ive); **~ werden** relâcher son attention
  ❷ *(nicht zuvorkommend) Begleiter, Gastgeber* peu prévenant(e); **das ist ~ von dir** c'est un manque de prévenance de ta part
Unaufmerksamkeit *f kein Pl* ❶ inattention *f*
  ❷ *(unzuvorkommende Art)* manque *m* de prévenance
unaufrichtig *Adj* **jdm gegenüber ~ sein** ne pas être franc(franche) avec qn
Unaufrichtigkeit *f kein Pl* manque *m* de franchise
unaufschiebbar *Adj Reise* impossible à différer; **~ sein** ne pas pouvoir attendre
unausbleiblich *Adj, Adv s.* unausweichlich
unausgefüllt *Adj* ❶ *Formular, Seite* non rempli(e)
  ❷ *fig Person* insuffisamment sollicité(e); *Leben* pas assez rempli(e); **~ sein** *Person:* ne pas savoir quoi faire de son temps
unausgeglichen *Adj Person, Wesen* pas très équilibré(e)
Unausgeglichenheit *f einer Person* manque *m* d'équilibre
unausgegoren *Adj* insuffisamment mûri(e)
unausgeschlafen *Adj* **~ sein** ne pas avoir assez dormi
unausgesprochen *Adj* implicite
unausgewogen *Adj* mal équilibré(e)
unauslöschlich *Adj geh Erlebnis, Erinnerung* indélébile
unausrottbar *Adj* indéracinable
unaussprechbar *Adj Wort, Name* imprononçable
unaussprechlich *Adj* ❶ *Freude* indicible
  ❷ *(sehr groß) Elend, Freude, Qual* indescriptible
unausstehlich *Adj* insupportable
unausweichlich I. *Adj* inéluctable
  II. *Adv* inéluctablement
unbändig ['ʊnbɛndɪç] I. *Adj* ❶ *Kind, Temperament* turbulent(e)
  ❷ *(heftig) Gefühl, Verlangen* irrépressible
  II. *Adv* ❶ *lachen* à gorge déployée; *weinen* à chaudes larmes; **~ herumtoben** s'en donner à cœur joie
  ❷ *(außerordentlich) stolz, neugierig* extrêmement; **sich freuen** énormément
unbarmherzig I. *Adj Person* impitoyable; *Winter* très rude

II. *Adv* impitoyablement
Unbarmherzigkeit *f* cruauté *f*
unbeabsichtigt I. *Adj* involontaire
  II. *Adv* sans faire exprès
unbeachtet I. *Adj* laissé(e) de côté; **etw ~ lassen** laisser qc de côté
  II. *Adv* délaissé(e)
unbeanstandet I. *Adj Fehler* qu'on laisse/a laissé(e) passer; **etw ~ lassen** laisser passer qc
  II. *Adv* sans protester
unbeantwortet *Adj Frage, Brief* resté(e) sans réponse; **etw ~ lassen** laisser qc sans réponse
unbearbeitet *Adj a.* INFORM brut(e)
unbebaut *Adj Grundstück* non bâti(e)
unbedacht I. *Adj* inconsidéré(e); **das war ~ von dir** c'était irréfléchi de ta part
  II. *Adv* sans réfléchir
unbedarft *Adj* candide; **~ wirken** donner une impression de candeur
unbedenklich I. *Adj* **~ sein** *Aktion, Vorhaben:* être sans risques
  II. *Adv* en toute tranquillité
Unbedenklichkeit <-> *f* **die ~ dieses Plans** le fait que ce plan ne présente aucun risque
unbedeutend I. *Adj* ❶ *Persönlichkeit, Ereignis, Bauwerk* insignifiant(e)
  ❷ *(geringfügig) Menge, Änderung* négligeable
  II. *Adv* à peine
unbedingt I. *Adj attr Gehorsam, Treue* absolu(e)
  II. *Adv* absolument; **nicht ~** pas forcément; **~!** absolument!; **du musst ~ kommen!** il faut absolument que tu viennes!
unbeeindruckt I. *Adj Gesicht, Miene* impassible; **~ sein** *Person:* ne pas être impressionné(e); **jdn ~ lassen** laisser qn de marbre
  II. *Adv* impassiblement
unbefahrbar *Adj Straße, Pass* impraticable; *Kanal, Fluss* pas navigable
unbefangen I. *Adj* ❶ *(unvoreingenommen) Betrachter, Leser* non averti(e); *Sachverständiger, Zeuge* impartial(e)
  ❷ *(nicht gehemmt) Kind* spontané(e)
  II. *Adv* ❶ *(unvoreingenommen)* sans préjugés
  ❷ *(nicht gehemmt)* sans complexe
Unbefangenheit *f kein Pl* ❶ *(Unvoreingenommenheit)* indépendance *f* d'esprit; *eines Sachverständigen, Zeugen* impartialité *f*
  ❷ *(unbefangene Art)* spontanéité *f*
unbefleckt *Adj a. fig geh* immaculé(e)
unbefriedigend I. *Adj* insatisfaisant(e)
  II. *Adv* de façon peu satisfaisante
unbefriedigt *Adj* insatisfait(e); **~ sein** ne pas être satisfait(e); **sexuell ~ sein** être frustré(e) sur le plan sexuel
unbefristet I. *Adj Arbeitsverhältnis, Vertrag* à durée indéterminée; *Aufenthaltserlaubnis, Visum* permanent(e)
  II. *Adv* gelten sans limitation de durée
unbefugt I. *Adj* non autorisé(e)
  II. *Adv* sans autorisation
Unbefugte(r) *f(m) dekl wie Adj* personne *f* non-autorisée; **Zutritt für ~ verboten!** accès interdit aux personnes non autorisées!
unbegabt *Adj* peu doué(e); **[handwerklich] ~ sein** ne pas être doué(e) [pour le travail manuel]; **nicht ~ sein** être pas mal doué(e)
unbegreiflich *Adj* incompréhensible; **das ist mir ~!** je ne comprends pas!
unbegreiflicherweise *Adv* inexplicablement
unbegrenzt *Adj* ❶ *Zeit, Dauer* indéterminé(e)
  ❷ *(grenzenlos) Vertrauen, Geduld* sans limites
unbegründet *Adj Angst, Bedenken* infondé(e); *Beschwerde, Klage* sans fondement
unbehaart *Adj* glabre; *Kopf* chauve
Unbehagen ['ʊnbəhaːgən] *nt* gêne *f*; **etw mit ~ tun** faire qc non sans gêne
unbehaglich I. *Adj Atmosphäre* qui met mal à l'aise
  II. *Adv* **sich ~ fühlen** se sentir mal à l'aise
unbehelligt ['ʊnbəhɛlɪçt] **I.** *Adj* **jdn ~ lassen** laisser qn tranquille; **~ bleiben** ne pas être dérangé(e)
  II. *Adv* zuschauen, schlafen sans être dérangé(e); *eintreten* sans être inquiété(e), inaperçu(e)
unbeherrscht I. *Adj Person* qui s'emporte facilement; *Art, Wesen* emporté(e); **~ sein** manquer de maîtrise de soi
  II. *Adv* schreien, reagieren avec emportement; *essen* gloutonnement; **sich ~ verhalten** s'emporter
unbeholfen I. *Adj* gauche
  II. *Adv* sich bewegen gauchement; *sich verhalten* maladroitement
Unbeholfenheit <-> *f einer Person* maladresse *f*; *einer Bewegung* gaucherie *f*
unbeirrbar I. *Adj* ferme
  II. *Adv* fermement
unbeirrt *Adv* glauben fermement; *weitermachen* imperturbablement

unbekannt *Adj* ❶ *(nicht bekannt, nicht berühmt)* inconnu(e); **dieser Herr ist mir ~** je ne connais pas ce monsieur; **diese Details sind ihm ~** ces détails lui sont inconnus; **~ verzogen** parti(e) sans laisser d'adresse; **es ist ihm nicht ~, dass** il n'est pas sans savoir que + *indic*
  ❷ *(fremd)* **ich bin hier ~** je [ne] suis pas du coin *(fam)*
Unbekannte <-n, -n> *f a.* MATH inconnue *f*
Unbekannte(r) *m dekl wie Adj* inconnu *m*
unbekannterweise ['ʊnbakantɐ'vaɪzə] *Adv* **grüße ihn ~ von mir!** donne-lui le bonjour de ma part bien que je ne le connaisse pas
unbekleidet *Adj, Adv* dévêtu(e)
unbekümmert I. *Adj* insouciant(e)
  II. *Adv* avec insouciance
Unbekümmertheit <-> *f* insouciance *f*; **voller ~** plein(e) d'insouciance
unbelastet I. *Adj* ❶ *(frei)* libre; **von Sorgen/Pflichten ~** [l'esprit] libre de tout souci/devoir
  ❷ POL *(schuldlos)* correct(e)
  ❸ FIN *Gebäude, Grundstück* non grevé(e) d'hypothèques
  ❹ ÖKOL naturel(le), non traité(e)
  II. *Adv* leben, herangehen l'esprit libre
unbelebt *Adj* ❶ *Materie* inerte
  ❷ *(einsam)* peu animé(e); **eine völlig ~e Gegend** un endroit totalement désert
unbelehrbar *Adj* incorrigible
Unbelehrbarkeit <-> *f* incapacité *f* de se corriger
unbeleuchtet *Adj* non éclairé(e)
unbelichtet *Adj* PHOT non exposé(e)
unbeliebt *Adj* peu apprécié(e); **bei jdm ~ sein** ne pas être apprécié(e) par qn; **sich bei jdm ~ machen** se faire mal voir de qn
Unbeliebtheit *f* impopularité *f*
unbemannt *Adj* ❶ **~e Raumfahrt** navigation *f* spatiale inhabitée; **~ sein** *Raumschiff, U-Boot:* être sans équipage
  ❷ *hum fam (nicht liiert)* **~ sein** ne pas être maqué(e) *(pop)*
unbemerkt I. *Adj Eindringen* inaperçu(e); **~ bleiben** passer inaperçu(e)
  II. *Adv entkommen, eindringen* sans être aperçu(e)
unbenommen *geh* **es bleibt Ihnen ~ sich zu beschweren** il vous est loisible de vous plaindre *(soutenu)*
unbenutzbar *Adj Dusche, Toilette* inutilisable; *Weg* impraticable
unbenutzt I. *Adj* inutilisé(e); *Bett* non défait(e); *Kleidungsstück* non porté(e)
  II. *Adv zurückgeben* sans l'avoir utilisé(e)
unbeobachtet *Adj Ort, Stelle* non surveillé(e); **in einem ~en Moment** dans un moment d'inattention; **sich ~ fühlen** ne pas se sentir observé(e)
unbequem *Adj* ❶ *Hose, Stuhl* inconfortable
  ❷ *(lästig) Person, Frage* gênant(e)
Unbequemlichkeit *f meist Pl (Schwierigkeit)* désagrément *m*; **mit ~en verbunden sein** avoir des côtés désagréables
unberechenbar *Adj* imprévisible
Unberechenbarkeit *f einer Person* caractère *m* imprévisible; *des Wetters, Schicksals* imprévisibilité *f*
unberechtigt I. *Adj* injustifié(e)
  II. *Adv* de façon injustifiée
unberechtigterweise *Adv* sans autorisation; **etw ~ tun** faire qc sans autorisation
unberücksichtigt *Adj Faktor, Detail* non pris(e) en compte; **~ bleiben** ne pas être pris(e) en compte
unberührt *Adj* ❶ *Natur, Strand* sauvage
  ❷ *(nicht benutzt) Teller* non touché(e); *Bett* non défait(e); **etw ~ lassen** ne pas toucher à qc
  ❸ *(jungfräulich) Mädchen* vierge
  ❹ *(unbeeindruckt)* **von einem Ereignis ~ bleiben** rester impassible devant un événement
unbeschadet I. *Präp + Gen form* **~ aller Mahnungen** en dépit de tous les rappels
  II. *Adv etw ~ überstehen* *Person:* bien se tirer de qc; *Möbel, Porzellan, Gläser:* supporter qc sans dommages
unbeschädigt I. *Adj* intact(e)
  II. *Adv* sans dommage
unbeschäftigt *Adj* oisif(-ive), inoccupé(e)
unbescheiden *Adj Person* qui manque de modestie; *Forderung, Wunsch* exagéré(e); **~ sein** *Person:* exagérer
Unbescheidenheit *f einer Person* démesure *f*
unbescholten ['ʊnbəʃɔltən] *Adj* ❶ *(integer)* intègre
  ❷ JUR sans antécédents judiciaires
unbeschrankt ['ʊnbəʃraŋkt] *Adj Bahnübergang* sans barrières [ni demi-barrières]
unbeschränkt *Adj* illimité(e)
unbeschreiblich I. *Adj* indescriptible
  II. *Adv* schön, schnell, intelligent infiniment; *dumm, frech* extrême-

ment; **sich ~ ärgern** se mettre dans une rage indescriptible
unbeschrieben *Adj Blatt, Seite* blanc(blanche)
unbeschwert I. *Adj* insouciant(e)
 II. *Adv* dans l'insouciance
unbesehen *Adv* **etw ~ glauben** croire qc les yeux fermés; **etw ~ kaufen/akzeptieren** accepter/acheter qc sans examen préalable
unbesetzt *Adj* inoccupé(e)
unbesiegbar *Adj* invincible
unbesiegt *Adj* invaincu(e); **in etw** *(Dat)* **~ sein** être invaincu(e) en qc
unbesonnen I. *Adj* irréfléchi(e)
 II. *Adv* sans réflexion
Unbesonnenheit <-, -en> *f* ❶ *kein Pl (das Unbesonnensein)* irréflexion *f*
 ❷ *(Äußerung, Handlung)* inconséquence *f*
unbesorgt I. *Adj* **~ sein** ne pas se faire de souci; **seien Sie ~!** vous n'avez pas de souci à vous faire!
 II. *Adv* **etw ~ tun können** pouvoir faire qc sans crainte
unbeständig *Adj* instable
Unbeständigkeit *f kein Pl* instabilité *f*
unbestätigt *Adj* non confirmé(e)
unbestechlich *Adj Person* incorruptible; *Urteil* infaillible
Unbestechlichkeit *f einer Person* incorruptibilité *f; eines Urteils* infaillibilité *f*
unbestimmt *Adj* ❶ *Ahnung* vague; *Gefühl* confus(e)
 ❷ *(nicht festgelegt)* **auf ~e Zeit/mit ~er Dauer** à durée indéterminée; **mit ~em Ziel** sans but précis; **[noch] ~ sein** ne pas être [encore] déterminé(e)
 ❸ GRAM indéfini(e)
Unbestimmtheit *f* ❶ *(Undeutlichkeit, Ungenauigkeit)* indétermination *f*
 ❷ *(Ungewissheit, Unsicherheit)* incertitude *f*
unbestreitbar I. *Adj* incontestable; **es ist ~, dass er lügt** il ment, incontestablement
 II. *Adv* incontestablement
unbestritten I. *Adj* incontesté(e); **es ist ~, dass er lügt** il ment, sans conteste
 II. *Adv* sans conteste
unbetamt *Adj* A *fam (ungeschickt)* maladroit(e)
unbeteiligt *Adj* ❶ **an einem Unfall ~ sein** ne pas être impliqué(e) dans un accident; **an einem Mord ~ sein** n'être pour rien dans un meurtre; **nur ein ~er Zuschauer sein** n'être qu'un spectateur passif
 ❷ *(desinteressiert)* peu intéressé(e); **~ sein** ne pas se sentir concerné(e)
Unbeteiligte(r) *f(m) dekl wie Adj* personne *f* qui n'est pas impliquée
unbetont *Adj Silbe, Satzteil* non accentué(e)
unbeträchtlich *Adj* minime; **nicht ~** non négligeable
unbeugsam *Adj* inflexible
unbewacht *Adj Gefangener* laissé(e) sans surveillance; *Gelände, Parkplatz* non surveillé(e); **jdn/etw ~ lassen** laisser qn/qc sans surveillance
unbewaffnet *Adj* sans arme; **~ sein** ne pas être armé(e)
unbewältigt *Adj Konflikt, Problem* non résolu(e); *Vergangenheit* non surmonté(e)
unbeweglich *Adj* ❶ *(starr) Gelenk, Konstruktion* immobile; *Miene* impassible
 ❷ *(geistig starr)* rigide
 ❸ *(festgelegt) Feiertag* fixe
Unbeweglichkeit *f a. fig* immobilité *f*
unbewegt *Adj* ❶ immobile
 ❷ *(starr) Miene* impassible
unbewiesen *Adj* sans preuve[s]; *Hypothese* gratuit(e); **~ sein** rester à prouver; *Hypothese:* rester à démontrer
unbewohnbar *Adj* inhabitable
unbewohnt *Adj Gebäude, Wohnung* inoccupé(e); *Gegend, Planet* inhabité(e)
unbewusst[RR] **I.** *Adj* inconscient(e)
 II. *Adv* inconsciemment
Unbewusste(s)[RR] *nt dekl wie Adj* inconscient *m*
unbezahlbar *Adj* ❶ exorbitant(e)
 ❷ *(wertvoll) Antiquität, Kunstschatz* sans prix
 ❸ *hum fam (sehr wertvoll) Information, Tipp* précieux(-euse); **für jdn ~ sein** ne pas avoir de prix pour qn
unbezahlt *Adj* ❶ *Rechnung* impayé(e)
 ❷ *(unentgeltlich) Überstunde* non payé(e); *Urlaub* sans solde
unbezähmbar *Adj* irrépressible
unbezwingbar, unbezwinglich [ʊnbəˈtsvɪŋlɪç, ˈʊnbətsvɪŋlɪç] *Adj* ❶ *Festung* imprenable
 ❷ *(nicht unterdrückbar) Verlangen* irrésistible; *Abneigung* insurmontable
Unbilden *Pl geh des Wetters* aléas *mpl (soutenu)*

unblutig I. *Adj* ❶ *Aufstand* sans effusion de sang
 ❷ MED *Eingriff* sans incision
 II. *Adv* **~ verlaufen** *Aufstand, Geiselnahme:* se dérouler sans effusion de sang
unbotmäßig I. *Adj geh Kind* frondeur(-euse); *Mitarbeiter* insubordonné(e)
 II. *Adv geh* **sich ~ benehmen** [*o* **verhalten**] faire preuve d'insubordination
unbrauchbar *Adj* inutilisable; **[als Chef] ~ sein** ne pas convenir [comme chef]
unbürokratisch I. *Adj Entscheidung, Hilfe, Handeln* qui ne passe pas par la bureaucratie
 II. *Adv vorgehen, entscheiden* sans passer par la bureaucratie
unchristlich I. *Adj* ❶ non chrétien(ne)
 ❷ *fam (unpassend)* **das ist ja eine ~e Zeit!** c'est vraiment une heure indue!
 II. *Adv* **sich ~ verhalten** ne pas se comporter en chrétien(ne)
und [ʊnt] *Konj* ❶ et; **du ~ ich** toi et moi
 ❷ MATH *fam (plus)* et; **eins ~ eins ist zwei** un et un font deux
 ❸ *(als Ausdruck der Intensivierung)* **schöner ~ schöner werden** devenir de plus en plus beau(belle); **sie redet ~ redet** elle n'arrête pas de parler
 ❹ *(dann)* et; **wage das nur, ~ es setzt was!** essaie un peu, [et] tu vas voir!
 ❺ *(aber)* et; **du schläfst, ~ ich soll arbeiten?** tu dors et moi, je dois travailler?
 ❻ *(selbst wenn)* **~ sei es noch so spät** aussi tard soit-il; **~ wenn du noch so schreist** même si tu cries autant
 ❼ *fam (als Einleitung von kurzen Fragen)* **Geduld, ich komme gleich! — Und wann?** patience, j'arrive! — Mais quand? *(fam)*; **[na] ~?** et alors? *(fam)*
Undank *m geh* ingratitude *f;* **für etw ~ ernten** ne récolter que de l'ingratitude pour qc
 ▶ **~ ist der Welt Lohn** *Spr.* on ne récolte en ce bas monde qu'ingratitude
undankbar *Adj* ingrat(e)
Undankbarkeit *f* ingratitude *f*
undatiert *Adj* non daté(e)
undefinierbar *Adj Gefühl, Geräusch, Masse* indéfinissable; **etwas Undefinierbares** quelque chose d'indéfinissable
undeklinierbar *Adj* indéclinable
undemokratisch I. *Adj* antidémocratique
 II. *Adv entscheiden* de façon antidémocratique
undenkbar *Adj* impensable
Underdog [ˈʌndɐdɔg] <-s, -s> *m* laissé(e)-pour-compte *m(f)*
Understatement [andəˈstertmənt] <-s, -s> *nt* modestie *f*
undeutlich I. *Adj* ❶ *Foto, Umrisse* flou(e); *Schrift* illisible; *Aussprache* indistinct(e)
 ❷ *(ungenau) Begriff, Erinnerung, Vorstellung* vague
 II. *Adv* ❶ *erkennen, unterscheiden* indistinctement; *schreiben* de façon illisible; **~ sprechen** ne pas parler distinctement
 ❷ *(ungenau) formulieren* en termes vagues
undicht *Adj* non étanche; *Rohr, Ventil* qui fuit
Unding *nt* **es ist ein ~ das zu tun** c'est une aberration de faire cela
undiplomatisch I. *Adj* **~ sein** *Person:* ne pas être diplomate; *Verhalten:* dénoter un manque de diplomatie
 II. *Adv* sans [faire preuve de] diplomatie
undiszipliniert I. *Adj* indiscipliné(e)
 II. *Adv* de façon indisciplinée
undogmatisch *Adj* POL, REL non dogmatique
unduldsam *Adj* intransigeant(e); **~ gegen jdn/etw sein** être intransigeant(e) à l'égard de qn/qc
Unduldsamkeit *f* intransigeance *f*
undurchdringlich *Adj a. fig* impénétrable
undurchführbar *Adj* irréalisable
undurchlässig *Adj Folie, Stoff* imperméable; *Becken, Beton* étanche
undurchschaubar *Adj Person, Charakter* difficile à cerner; *Absicht, Plan* mystérieux(-euse)
undurchsichtig *Adj* ❶ *Fenster, Stoff* opaque
 ❷ *(zwielichtig) Person, Geschäfte* louche
uneben *Adj Boden* inégal(e); *Gelände, Straße* accidenté(e)
Unebenheit <-, -en> *f* ❶ *kein Pl (unebene Beschaffenheit)* inégalité *f*
 ❷ *(unebene Stelle)* aspérité *f*
unecht *Adj* ❶ faux(fausse) *antéposé;* **~es Leder** similicuir *m*
 ❷ *(unaufrichtig) Gefühl, Freude* faux(fausse)
unehelich *Adj Kind* naturel(le)
unehrenhaft I. *Adj* ❶ *geh Handlung, Motiv* déshonorant(e)
 ❷ MIL *Entlassung* dégradant(e)
 II. *Adv* ❶ *geh handeln* sans honneur
 ❷ MIL **~ entlassen werden** être dégradé(e) et radié(e)
unehrlich I. *Adj Person, Charakter, Art* pas franc (franche); *Mitarbei-*

ter, Absicht malhonnête
II. Adv sich verhalten malhonnêtement
Unehrlichkeit f manque m de franchise
uneigennützig I. Adj désintéressé(e)
II. Adv helfen avec désintéressement; ~ **denken** avoir des pensées désintéressées
uneingeschränkt Adj, Adv sans réserve
uneinheitlich I. Adj hétérogène; Markt irrégulier(-ière)
II. Adv irrégulièrement; ~ **schließen** Börse: clôturer sur une note irrégulière
uneinholbar Adj inv Vorsprung, Läufer irrattrapable
uneinig Adj en désaccord; [sich (Dat)] **mit jdm ~ sein** être en désaccord avec qn; **sich über etw** (Akk) **~ sein** être en désaccord à propos de qc
Uneinigkeit f désaccord m; **es herrscht ~** il y a désaccord
uneinnehmbar s. unbezwingbar ❶
uneins ['ʊnʔaɪns] s. uneinig
uneinsichtig Adj incompréhensif(-ive)
unempfänglich Adj **für Schmeicheleien ~ sein** être insensible aux flatteries; **für Bestechungsversuche ~ sein** être incorruptible
unempfindlich Adj ❶ (wenig feinfühlig) insensible
❷ (strapazierfähig) Material, Stoff résistant(e)
❸ (widerstandsfähig) Person, Pflanze résistant(e); **gegen Kälte/Hitze ~ sein** résister au froid/à la chaleur
Unempfindlichkeit f kein Pl ❶ insensibilité f
❷ (Strapazierfähigkeit) résistance f
❸ (Widerstandsfähigkeit) ~ **gegen etw** résistance f à qc
unendlich I. Adj (unbegrenzt, überaus groß) infini(e); **das Objektiv auf ~ stellen** régler l'objectif sur l'infini; **das Unendliche** l'infini m
II. Adv fam (unglaublich) vachement (fam); ~ **lange** cent sept ans (fam); ~ **viele Leute** un monde pas possible (fam); ~ **weit weg** vraiment à perpète (fam); ~ **wütend** vachement en rogne (fam); ~ **verliebt sein** être fou amoureux/folle amoureuse (fam)
Unendlichkeit f ❶ kein Pl (das Unendlichsein) infinité f
❷ fam (sehr lange Zeit) éternité f (fam)
unentbehrlich Adj indispensable; **für jdn/etw ~ sein** être indispensable à qn/qc; **sich ~ machen** se rendre indispensable
unentgeltlich I. Adj Benutzung gratuit(e); Überlassung gracieux(-euse); Arbeit, Einsatz bénévole
II. Adv benutzen, entleihen gratuitement; überlassen, verleihen gracieusement; arbeiten bénévolement
unentrinnbar [ʊnʔɛntˈrɪnbaːɐ, ˈʊnʔɛntrɪnbaːɐ] Adj geh inéluctable
unentschieden I. Adj ❶ SPORT nul(le)
❷ (noch nicht entschieden) Angelegenheit, Prozess en suspens
❸ (unentschlossen) indécis(e)
II. Adv SPORT ~ **enden** se solder par un match nul; ~ **spielen** faire match nul
Unentschieden <-s, -> nt [match m] nul m
unentschlossen I. Adj indécis(e)
II. Adv sans parvenir à se décider
Unentschlossenheit f indécision f
unentschuldbar Adj inexcusable
unentschuldigt I. Adj non excusé(e)
II. Adv sans excuse; (in der Schule) sans mot d'excuse
unentwegt I. Adj (beharrlich) Fleiß, Einsatz acharné(e), constant(e)
II. Adv ❶ kämpfen, sich einsetzen avec persévérance
❷ (ununterbrochen) constamment
unentwirrbar Adj inextricable
unerbittlich I. Adj impitoyable
II. Adv impitoyablement
Unerbittlichkeit <-> f einer Person inflexibilité f
unerfahren Adj inexpérimenté(e); **auf einem Gebiet ~ sein** être inexpérimenté(e) [o manquer d'expérience] dans un domaine
Unerfahrenheit f inexpérience f
unerfindlich Adj geh Grund inexplicable; **jdm ~ sein** être une énigme pour qn (soutenu)
unerfreulich I. Adj fâcheux(-euse)
II. Adv ausgehen, enden mal
unerfüllbar Adj Traum, Wunsch irréalisable; Forderung impossible à satisfaire
unerfüllt Adj insatisfait(e)
unergiebig Adj Lagerstätte, Boden maigre; Thema, Diskussion ingrat(e)
unergründlich Adj Blick, Lächeln, Wesen mystérieux(-euse); Motiv, Geheimnis insondable
unerheblich I. Adj négligeable; **nicht ~ sein** ne pas être négligeable; **es ist ~, ob ...** il importe peu que ... + subj
II. Adv faiblement; **sich nicht ~ verändern** changer sensiblement
unerhört I. Adj ❶ pej (empörend) Benehmen, Frechheit inouï(e); [**das ist ja] ~!** [c'est] inouï!
❷ (gewaltig) Anstrengung, Tempo fou(folle); Preis, Summe exorbi-

tant(e)
II. Adv ❶ (empörend) **sich ~ aufführen** se comporter comme un malotru
❷ (außerordentlich) anstrengend, fleißig, heiß incroyablement; ~ **viel zu tun haben** avoir énormément de choses à faire
unerkannt Adv incognito; ~ **bleiben** Person: réussir à garder l'incognito; Krankheit: ne pas être reconnu(e)
unerklärlich Adj inexplicable; **das ist mir ~** je ne me l'explique pas
unerlässlich^RR, **unerläßlich**^ALT Adj indispensable; **für jdn/etw ~ sein** être indispensable à qn/pour qc; **es ist ~, dass wir das tun** il faut absolument que nous fassions cela
unerlaubt I. Adj Handlung non autorisé(e), illicite; Handelspraktiken interdit(e); **~er Waffenbesitz** port m d'arme illégal; **wegen unerlaubten Betretens/Verlassens der Kaserne bestraft werden** être puni(e) pour avoir pénétré dans la caserne/quitté la caserne sans autorisation; **Recht der ~en Handlung** JUR droit m de l'acte illicite
II. Adv **etw ~ tun** faire qc sans autorisation
unerledigt I. Adj en souffrance
II. Adv en souffrance
unermesslich^RR, **unermeßlich**^ALT geh I. Adj Ausdehnung, Dimensionen incommensurable (soutenu); Elend, Verwüstungen énorme; Armut très grand(e); Schätze, Werte inestimable (soutenu)
II. Adv reich immensément; ~ **kostbar/wertvoll** d'une richesse/valeur inestimable (soutenu)
unermüdlich I. Adj Arbeiter infatigable; Fleiß inlassable
II. Adv inlassablement
unerreichbar I. Adj Niveau, Ziel inaccessible
❷ (telefonisch nicht zu erreichen) ~ **sein** Person: ne pas être joignable
unerreicht Adj inégalé(e)
unersättlich Adj insatiable
unerschlossen Adj ❶ (unerforscht) inexploité(e)
❷ (nicht besiedelt) inexploré(e)
unerschöpflich Adj Fantasie, Thema, Energie, Vorräte inépuisable
unerschrocken I. Adj intrépide
II. Adv kämpfen avec bravoure
unerschütterlich I. Adj inébranlable
II. Adv festhalten, glauben de façon inébranlable
unerschwinglich Adj inabordable
unersetzlich Adj Mitarbeiter, Verlust, Wert irremplaçable; Schaden irréparable
unerträglich I. Adj insupportable
II. Adv **es ist ~ heiß** il fait une chaleur insupportable; **es ist ~ laut** il y a un bruit insupportable
unerwähnt Adj ~ **bleiben** ne pas être mentionné(e); **etw ~ lassen** ne pas mentionner qc
unerwartet I. Adj Ereignis, Reaktion, Antwort imprévu(e)
II. Adv besuchen, reagieren inopinément; **sich ereignen** sans qu'on s'y attende
unerwidert Adj Brief sans réponse; Besuch non rendu(e); Liebe non partagé(e)
unerwünscht Adj indésirable; **du bist hier ~** on ne veut pas de toi ici
UNESCO [uˈnɛsko] <-> f Abk von **United Nations Educational, Scientific and Cultural Organization** Unesco f
unfähig Adj incapable; ~ **sein** être un/une incapable; ~ **sein etw zu tun** être incapable de faire qc
Unfähigkeit f kein Pl incapacité f; **seine/ihre ~ Entscheidungen zu treffen** son incapacité à prendre des décisions
unfair [-fɛːɐ] I. Adj déloyal(e); **jdm gegenüber ~ sein** Person, Verhalten: être déloyal(e) envers qn; **das ist ~!** fam ce n'est pas juste! (fam)
II. Adv spielen, sich verhalten déloyalement
Unfall m accident m; **einen ~ haben** avoir un accident; **einen ~ bauen** fam provoquer un accident; **bei einem ~** dans un accident
Unfallarzt m, **-ärztin** f urgentiste mf **Unfallfahrer(in)** m(f) conducteur(-trice) m(f) responsable de l'accident **Unfallflucht** f délit m de fuite **Unfallfolge** f meist Pl séquelle f de l'accident **unfallfrei** I. Adj Fahren, Zeitraum sans accident; **seit Jahren ~ sein** Fahrer: ne pas avoir eu d'accident depuis des années II. Adv ~ **fahren** rouler sans [provoquer d'] accident **Unfallgefahr** f risque m d'accident; **hier besteht erhöhte ~** attention risque d'accident **Unfallgegner(in)** m(f) partie f impliquée dans l'accident; **sein ~** celui avec qui il a eu l'accident **Unfallhaftpflicht** f JUR responsabilité f civile [du fait des] accidents **Unfallkrankenhaus** nt clinique f de traumatologie **Unfallmeldung** f déclaration f d'accident **Unfallopfer** nt accidenté(e) m(f) **Unfallort** m lieu m de l'accident **Unfallstation** f service m des urgences **Unfallstatistik** f statistique f d'accidents de la circulation **Unfallstelle** f endroit m de l'accident **Unfalltod** m mort f accidentelle **Unfallursache** f cause f d'un accident souvent pl

Unfallversicherung f assurance-accidents f **Unfallverursacher(in)** m(f) auteur mf de l'accident **Unfallwagen** m ❶ voiture f accidentée ❷ s. **Rettungswagen Unfallzeuge** m, -**zeugin** f témoin m de l'accident
unfassbar^{RR} Adj ❶ Phänomen, Wunder inconcevable; **das ist für mich ~** je ne comprends pas
❷ (unvorstellbar) Armut, Elend inimaginable
unfehlbar I. Adj Person, Gespür, Geschmack infaillible; **niemand ist ~** nul n'est infaillible
II. Adv immanquablement
Unfehlbarkeit <-> f infaillibilité f
unfein Adj peu délicat(e)
unfertig Adj Person immature; Werk, Arbeit inachevé(e)
unflätig ['ʊnflɛːtɪç] pej geh I. Adj grossier(-ière)
II. Adv grossièrement
unförmig ['ʊnfœrmɪç] Adj informe; Gliedmaßen difforme
Unförmigkeit <-> f difformité f
unfrankiert Adj non affranchi(e)
unfrei Adj ❶ Person, Volk, Leben dépendant(e); **~ sein** ne pas être libre
❷ HIST Leibeigener, Leben non affranchi(e); **~ sein** ne pas être affranchi(e)
❸ (unfrankiert) en port dû
Unfreie(r) f(m) dekl wie Adj HIST serf m/serve f
Unfreiheit f kein Pl (mangelnde Freiheit) contraintes fpl; (Unterdrückung) servitude f
unfreiwillig I. Adj ❶ contre son/mon/... gré
❷ (unbeabsichtigt) Komik, Witz involontaire
II. Adv ❶ contre son/mon/... gré
❷ (unbeabsichtigt) komisch involontairement
unfreundlich I. Adj ❶ Person peu aimable; Gesicht, Miene rébarbatif(-ive); **zu jdm ~ sein** ne pas être aimable avec qn
❷ (nicht angenehm) Jahreszeit, Klima, Wetter désagréable; Tag maussade
II. Adv jdn **~ behandeln** traiter qn sans aménité; **sich jdm gegenüber ~ benehmen** se montrer désagréable avec qn
Unfreundlichkeit f ❶ kein Pl (das Unfreundlichsein) manque m d'amabilité
❷ (Bemerkung, Handlung) amabilité f (iron)
Unfriede m geh kein Pl discorde f (soutenu); **sich in ~n trennen** se quitter sur un désaccord; **in ~n leben** vivre dans la discorde (soutenu)
UN-Friedensplan [uːʔɛn-] m plan m de paix de l'O.N.U.
unfruchtbar Adj stérile
Unfruchtbarkeit f kein Pl stérilité f
Unfug ['ʊnfuːk] <-s> m ❶ bêtises fpl; **~ machen** faire des bêtises
❷ JUR grober **~** délit m grave
Ungar(in) ['ʊŋɡar] <-n, -n> m(f) Hongrois(e) m(f)
ungarisch ['ʊŋɡarɪʃ] I. Adj hongrois(e)
II. Adv **~ miteinander sprechen** discuter en hongrois; s. a. **deutsch**
Ungarisch <-[s]> nt kein Art (Sprache, Schulfach) hongrois m; **auf ~** en hongrois; s. a. **Deutsch**
Ungarische nt dekl wie Adj **das ~** le hongrois; s. a. **Deutsche**
Ungarn ['ʊŋɡarn] <-s> nt la Hongrie
ungastlich I. Adj inhospitalier(-ière)
II. Adv de façon inhospitalière
ungeachtet Präp + Gen geh **~ meiner Warnung/dieser Tatsache** en dépit de mon avertissement/ce fait; **~ dessen, dass** bien que + subj; **dessen ~** en dépit de cela
ungeahnt Adj insoupçonné(e)
ungebärdig ['ʊnɡəbɛːɐdɪç] Adj Kind, Tier rétif(-ive); Verhalten récalcitrant(e)
ungebeten I. Adj Besucher, Gast, Besuch indésirable; Äußerung, Einmischung intempestif(-ive)
II. Adv **~ zu jdm zu Besuch kommen** venir chez qn à l'improviste; **sich ~ einmischen** s'en mêler sans y avoir été invité(e)
ungebildet Adj inculte
ungeboren Adj Kind qui n'est pas encore né(e); **der Schutz des ~en Lebens** la protection de la vie fœtale
ungebräuchlich Adj Bezeichnung, Name, Wort inusité(e); Methode, Verfahren inhabituel(le)
ungebraucht Adj qui n'a jamais servi; Kleidungsstück: qui n'a pas été porté(e)
ungebrochen Adj Mut, Kraft intact(e)
ungebührlich geh I. Adj Betragen, Ton malséant(e) (littér); Forderung exagéré(e)
II. Adv **sich betragen** avec inconvenance (soutenu); **sich aufregen** exagérément
ungebunden Adj ❶ Buch non relié(e)
❷ (ohne Verpflichtungen) indépendant(e); **~ sein** ne pas avoir d'attaches familiales; **zeitlich relativ ~ sein** pouvoir gérer son temps assez librement

ungedeckt Adj ❶ Tisch qui n'est pas mis(e); Dach non couvert(e)
❷ FIN Scheck sans provision
❸ SPORT Spieler qui n'est pas marqué(e)
Ungeduld f impatience f; **voller ~** plein(e) d'impatience
ungeduldig I. Adj impatient(e); **~ werden** s'impatienter
II. Adv impatiemment
ungeeignet Adj Bewerber, Mitarbeiter incompétent(e); Material, Mittel, Maßnahme inadapté(e); **für etw ~ sein** Person: être incompétent(e) en matière de qc; Mittel, Maßnahme: être inadapté(e) à qc
ungefähr ['ʊnɡəfɛːɐ] I. Adv à peu près; **~ dort/so** à peu près là-bas/comme ça; **~ um acht Uhr** aux environs de huit heures; **~ ein Pfund Mehl** à peu près une livre de farine; **das könnte ~ stimmen** c'est à peu près ça
II. Adj Größe, Preis approximatif(-ive)
ungefährdet Adj, Adv sans danger
ungefährlich Adj pas dangereux(-euse); Erkrankung bénin(-igne); **das ist nicht ~** ce n'est pas sans danger
ungefärbt Adj naturel(le)
ungefragt Adv **er/sie hat das ~ getan** il/elle a fait cela sans qu'on le lui ait demandé
ungehalten geh I. Adj Person fâché(e); Miene, Ton acrimonieux(-euse) (littér); **über etw (Akk) ~ werden/sein** se fâcher/être fâché(e) à cause de qc
II. Adv avec acrimonie (soutenu)
ungeheizt ['ʊnɡəhaɪtst] Adj non chauffé(e)
ungehemmt I. Adj Person libéré(e); Enthusiasmus, Freude débridé(e)
II. Adv sans retenue
ungeheuer I. Adj Masse, Vermögen, Verlust, Wert énorme; Schätze immense; Hass, Schmerz, Kraft terrible; Fähigkeiten, Leistung prodigieux(-euse)
II. Adv extrêmement
Ungeheuer <-s, -> nt monstre m
ungeheuerlich Adj monstrueux(-euse); **das ist ja ~!** mais c'est monstrueux!
Ungeheuerlichkeit <-, -en> f monstruosité f
ungehindert I. Adj libre
II. Adv librement
ungehobelt Adj ❶ Brett non raboté(e)
❷ pej (unhöflich) Person mal dégrossi(e); Art, Benehmen fruste
ungehörig I. Adj inconvenant(e)
II. Adv **sich ~ aufführen** se comporter en faisant fi des convenances
Ungehörigkeit <-, -en> f inconvenance f
ungehorsam Adj désobéissant(e); **jdm gegenüber ~ sein** désobéir à qn
Ungehorsam m désobéissance f; **ziviler ~** désobéissance civile
ungekämmt Adj Haare dépeigné(e); **~ sein** Person: ne pas être peigné(e)
ungeklärt I. Adj ❶ Verbrechen, Zusammenhänge non élucidé(e)
❷ (ungereinigt) Abwässer non épuré(e)
II. Adv (ungereinigt) sans épuration
ungekündigt Adj Arbeitsverhältnis non résilié(e); **sich aus ~er Stellung bewerben** poser sa candidature, le contrat précédent n'étant pas résilié
ungekünstelt Adj naturel(le)
ungekürzt I. Adj intégral(e); Film en version intégrale
II. Adv intégralement
ungeladen Adj ❶ Schusswaffe non chargé(e)
❷ (nicht eingeladen) **~er Gast** personne f qui n'a pas été invitée
ungelegen I. Adj Besucher, Besuch gênant(e); Zeitpunkt mal choisi(e)
II. Adv [jdm] **~ kommen** Person: déranger [qn]; Sache: tomber mal [pour qn]
Ungelegenheiten Pl ennuis mpl; **jdm ~ bereiten** causer [o créer] des ennuis à qn
ungelenk I. Adj Bewegung, Schrift maladroit(e)
II. Adv maladroitement
ungelenkig Adj **~ sein** manquer de souplesse
ungelernt Adj non qualifié(e)
ungelogen Adv fam sans mentir (fam); **~!** sans mentir! (fam)
ungelöst Adj Problem, Rätsel non résolu(e); Fall non éclairci(e); Frage sans réponse
Ungemach ['ʊnɡəmaːx] <-s> nt geh désagréments mpl
ungemein I. Adj considérable
II. Adv **sich freuen, sich interessieren** énormément; interessant, schwierig extrêmement
ungemütlich I. Adj ❶ (wenig einladend) peu accueillant(e); **hier ist es ~** on n'est [o ne se sent] pas bien ici
❷ (unbequem) inconfortable
▶ **~ werden können** fam pouvoir se mettre en rogne (fam)
II. Adv eingerichtet sans confort; **hier sitzt man ~** on est mal assis ici

Ungemütlichkeit f inconfort m
ungenannt Adj anonyme
ungenau I. Adj Beschreibung, Formulierung imprécis(e); Anzeige, Messung inexact(e)
II. Adv beschreiben, formulieren avec imprécision; **~ anzeigen/messen** donner des indications/prendre des mesures inexactes
Ungenauigkeit <-, -en> f ❶ kein Pl (das Ungenausein) einer Beschreibung, Formulierung imprécision f; einer Anzeige, Messung inexactitude f
❷ Pl (Fehler) **eine Arbeit voller ~en** un travail plein d'inexactitudes
ungeniert ['ʊnʒeniːɐt] I. Adj désinvolte
II. Adv sich äußern, sich unterhalten en toute liberté; zugreifen sans se gêner
Ungeniertheit ['ʊnʒeniːɐt-] <-> f désinvolture f
ungenießbar Adj ❶ Beeren, Pilz non comestible; Essen immangeable; Getränk imbuvable
❷ hum fam (unausstehlich) Person: invivable (fam)
ungenügend I. Adj ❶ insuffisant(e)
❷ (Schulnote) insuffisant
II. Adv insuffisamment
ungenutzt, ungenützt I. Adj Ressourcen, Raum inutilisé(e); Gelegenheit qu'on a laissé passer
II. Adv **Ressourcen ~ lassen** laisser des ressources inexploitées; **eine Chance ~ [verstreichen] lassen** laisser passer [o ne pas saisir] une chance
ungeordnet Adj non rangé(e)
ungepflegt Adj Person, Äußeres négligé(e); Hände, Haare mal soigné(e); Garten, Park mal entretenu(e)
ungeprüft I. Adj qui n'a pas été vérifié(e); **~ sein** ne pas être vérifié(e)
II. Adv sans vérification; **einen Artikel ~ abdrucken** imprimer un article sans prendre la peine de le vérifier
ungerade Adj impair(e)
ungerecht I. Adj ❶ injuste; **jdm gegenüber ~ sein** être injuste envers qn; **es ist ~ von ihm/ihr das zu tun** c'est injuste de sa part de faire cela
❷ JUR Richter, Urteil injuste, inique
II. Adv de manière injuste
ungerechterweise Adv injustement
ungerechtfertigt Adj injustifié(e)
Ungerechtigkeit <-, -en> f injustice f; **so eine ~!** c'est vraiment injuste!
ungeregelt Adj déréglé(e)
ungereimt I. Adj ❶ (verworren) absurde, inepte; **~es Zeug reden** dire des inepties
❷ (reimlos) non rimé(e)
II. Adv **~ klingen** avoir l'air absurde
Ungereimtheit <-, -en> f ❶ kein Pl (Verworrenheit) incohérence f
❷ meist Pl (Widersprüchlichkeit) incohérence f
ungern Adv ❶ (nicht gerade gern) **etw ~ tun** ne pas faire qc volontiers; **ich bügle recht ~** je n'aime pas [tellement] repasser; **leihst du mir dein Fahrrad? — [Höchst] ~!** tu me prêtes ton vélo? — Je n'aimerais autant pas!
❷ (widerwillig) arbeiten, verreisen à contrecœur; zustimmen à regret; **etw äußerst/höchst ~ tun** répugner à faire qc
ungerührt I. Adj Blick, Miene impassible
II. Adv imperturbablement; zusehen sans émotion
ungesalzen Adj Brot sans sel; Gericht non salé(e); **~ sein** ne pas être salé(e)
ungesättigt Adj CHEM non saturé(e)
ungeschält Adj Kartoffel, Obst non épluché(e); Tomate non pelé(e); Reis non décortiqué(e)
ungeschehen Adj **ich wünschte, ich könnte das ~ machen** j'aimerais ne pas avoir fait cela; **das kann man nicht ~ machen** ce qui est fait est fait
Ungeschick nt kein Pl geh s. Ungeschicklichkeit
Ungeschicklichkeit <-, -en> f maladresse f
ungeschickt I. Adj Person, Bewegung maladroit(e)
II. Adv **sich ~ verhalten** maladroitement; **sich ~ anstellen** fam être empoté(e) (fam)
ungeschlacht ['ʊnɡəʃlaxt] Adj a. fig grossier(-ière)
ungeschlechtlich Adj BIO asexué(e)
ungeschliffen Adj ❶ Edelstein brut(e)
❷ (grob) Benehmen, Manieren grossier(-ière), fruste; **ein ~er Kerl** un rustre
ungeschminkt I. Adj ❶ non maquillé(e); **~ sein** ne pas être maquillé(e)
❷ (ohne Beschönigung) sans fard; Wahrheit tout(e) nu(e)
II. Adv ❶ sans être maquillé(e)
❷ (unverblümt) sans fard; **~ die Wahrheit sagen** dire la vérité toute nue
ungeschoren Adv **~ davonkommen** s'en tirer sans dommage;

jdn ~ lassen laisser qn tranquille
ungeschrieben Adj Recht coutumier(-ière); **~ bleiben** Artikel, Buch: ne pas voir le jour
ungeschützt Adj a. INFORM non protégé(e)
ungesellig Adj peu sociable
ungesetzlich Adj illégal(e)
ungesichert Adj Schusswaffe armé(e)
ungestempelt Adj Briefmarke non oblitéré(e)
ungestillt Adj geh Hunger, Verlangen inassouvi(e); Durst non étanché(e)
ungestört I. Adj tranquille; **für einen ~en Ablauf der Verhandlungen sorgen** veiller à ce que les négociations se déroulent dans le calme; **hier ist kein ~es Arbeiten möglich** on ne peut pas travailler en paix ici
II. Adv arbeiten en paix
ungestraft I. Adj impuni(e)
II. Adv impunément; **~ davonkommen** s'en tirer en toute impunité
ungestüm ['ʊnɡəʃtyːm] geh I. Adj fougueux(-euse), impétueux(-euse) (soutenu)
II. Adv impétueusement (soutenu)
Ungestüm <-[e]s -> nt geh impétuosité (soutenu); **mit [o in] jugendlichem ~** avec l'impétuosité de la jeunesse; **voller ~** plein de fougue
ungesühnt ['ʊnɡəzyːnt] Adj impuni(e)
ungesund I. Adj ❶ (schädlich) Ernährung, Klima malsain(e); Rauchen nuisible à la santé
❷ (kränklich) Aussehen maladif(-ive); Gesichtsfarbe blême
▸ **allzu viel ist ~** Spr. l'excès en tout est un défaut
II. Adv **sich ~ ernähren** avoir une alimentation mal équilibrée; **~ leben** avoir un mode de vie mauvais pour la santé
ungesüßt Adj non sucré(e); **~ sein** ne pas être sucré(e)
ungeteilt Adj ❶ (nicht geteilt) non divisé(e)
❷ (ganz) entier(-ière)
❸ JUR indivis(e)
ungetrübt Adj Freude, Glück sans nuage; Tage, Zeit, Urlaub paisible
Ungetüm ['ʊnɡətyːm] <-[e]s, -e> nt veraltet (riesiges Tier) monstre m
❷ fam (riesiger Gegenstand) mastodonte m
ungeübt Adj Handwerker, Lehrling inexpérimenté(e); Sportler, Musiker qui manque d'entraînement; **in etw** (Dat) **~ sein** manquer d'expérience/d'entraînement dans qc
ungewiss^RR Adj ❶ (offen) Ausgang, Schicksal incertain(e); **es ist noch ~, ob/wie ...** on ne sait toujours pas si/comment...
❷ (unentschieden) **er ist im Ungewissen** il ne sait pas ce qu'il doit faire
❸ (unklar) **jdn über etw** (Akk) **im Ungewissen lassen** laisser qn dans l'incertitude quant à qc; **etw im Ungewissen lassen** laisser planer l'incertitude sur qc
Ungewissheit^RR <-, -en> f incertitude f
ungewöhnlich I. Adj ❶ (unüblich) Stärke, Hitze inhabituel(le)
❷ (seltsam) Bitte, Vorfall insolite; **etwas/nichts Ungewöhnliches** quelque chose/rien d'extraordinaire
❸ (außergewöhnlich) exceptionnel(le)
II. Adv ❶ (unüblich) **sich ~ verhalten** d'une manière inhabituelle
❷ (außergewöhnlich) groß, heiß, stark extrêmement; begabt, leistungsfähig exceptionnellement
ungewohnt Adj inhabituel(le), inaccoutumé(e); **etw ist jdm** [o **für jdn**] **~** qn n'est pas habitué(e) à qc
ungewollt I. Adj involontaire; **das war ~** ce n'était pas intentionnel
II. Adv involontairement; **ich musste ~ grinsen** je n'ai pas pu m'empêcher de ricaner
ungezählt Adj ❶ (unzählig) innombrable
❷ (nicht gezählt) non compté(e)
Ungeziefer ['ʊnɡətsiːfɐ] <-s> nt vermine f
ungezogen I. Adj Kind mal élevé(e); Bemerkung impertinent(e); Benehmen impoli(e); **das ist sehr ~ von dir** c'est très impoli de ta part
II. Adv **sich benehmen** impoliment
Ungezogenheit <-, -en> f ❶ kein Pl (das Ungezogensein) impolitesse f
❷ (Äußerung, Handlung) impertinence f
ungezügelt Adj Hass, Wildheit effréné(e); Temperament excessif(-ive)
ungezwungen I. Adj décontracté(e) (fam)
II. Adv d'une manière décontractée (fam)
Ungezwungenheit f décontraction f
Unglaube m ❶ (Zweifel) incrédulité f
❷ ECCL incroyance f
unglaubhaft I. Adj invraisemblable, peu crédible
II. Adv d'une manière peu crédible
ungläubig I. Adj ❶ Blick, Gesicht incrédule
❷ (gottlos) non-croyant(e); **ein ~er Mensch** un incroyant

II. *Adv* **ansehen, fragen** d'un air incrédule
Ungläubige(r) *f(m) dekl wie Adj* non-croyant(e) *m(f)*; *(bei Moslems)* infidèle *mf*
unglaublich I. *Adj Geschichte, Frechheit* incroyable
II. *Adv* ❶ *(unerhört)* d'une manière incroyable
❷ *fam (überaus)* incroyablement
unglaubwürdig I. *Adj Darstellung, Geschichte* invraisemblable; *Person* peu digne de foi; **er ist ~** il n'est pas crédible [*o* digne de foi]; **sich ~ machen** perdre toute crédibilité
II. *Adv* **sich benehmen sich verhalten** d'une manière peu crédible; **~ wirken/klingen** avoir l'air peu crédible
Unglaubwürdigkeit *f* manque *m* de crédibilité
ungleich I. *Adj* ❶ *(nicht gleichartig) Bezahlung, Belastung* inégal(e); *Gegenstände* disparate; *Socken* dépareillé(e); *Ehepaar* mal assorti(e)
❷ *(nicht gleichwertig) Gegner, Kontrahenten* de force inégale; *Kampf* inégal(e); **mit ~en Waffen kämpfen** lutter à armes inégales
II. *Adv* ❶ *(unterschiedlich) belasten, behandeln* inégalement; **~ bezahlt werden** percevoir des salaires inégaux
❷ *(weitaus)* **~ größer/billiger** largement plus grand/meilleur marché
Ungleichgewicht *nt* déséquilibre *m*
Ungleichheit *f kein Pl* différence *f*; *(in Bezug auf die Gehälter)* inégalité *f*
ungleichmäßig I. *Adj* ❶ *(unregelmäßig) Atemzüge, Puls, Bewegungen* irrégulier(-ière)
❷ *(ungleich) Belastung, Verteilung* inégal(e)
II. *Adv* ❶ *(unregelmäßig) atmen* irrégulièrement
❷ *(ungleich) belasten, verteilen* de manière inégale
Ungleichmäßigkeit <-, -en> *f* ❶ *(Unregelmäßigkeit)* irrégularité *f*
❷ *(Ungleichheit)* inégalité *f*
Unglück <-e> *nt* ❶ *(katastrophales Ereignis)* malheur *m*; *(Flugzeugunglück, Zugunglück)* catastrophe *f*
❷ *kein Pl (Pech)* malchance *f*; **[jdm] ~ bringen** porter malheur [à qn]
❸ *kein Pl (Elend)* malheur *m*; **jdn ins ~ stürzen** précipiter qn dans le malheur
▶ **ein ~ kommt selten allein** *Spr.* un malheur n'arrive jamais seul; **in sein ~ rennen** *fam* courir à sa perte; **das ~ wollte es, dass** le malheur a voulu que + *subj*; **zu allem ~** pour comble de malheur
unglücklich I. *Adj* ❶ *Person, Gesicht* malheureux(-euse)
❷ *(ungünstig)* malheureux(-euse); *Umstand, Formulierung* malencontreux(-euse); *Zeitpunkt* inopportun(e), mal choisi(e)
❸ *(folgenschwer) Sturz* mauvais(e) *antéposé*
▶ **mach dich nicht ~!** tu pourrais le regretter!
II. *Adv* ❶ **~ aussehen/dreinschauen** avoir l'air malheureux; **~ verliebt sein** être malheureux(-euse) en amour
❷ *(ungünstig)* **~ ausgehen** [*o* **enden**] se terminer mal
❸ *(ungeschickt)* **~ fallen** [*o* **stürzen**] faire une mauvaise chute; **seine Worte ~ wählen** mal choisir ses mots
unglücklicherweise *Adv* malheureusement
Unglücksbote *m*, **-botin** *f* oiseau *m* de mauvais augure
unglückselig ['ʊŋlʏkzeːlɪç] *Adj* ❶ *(vom Unglück verfolgt) Expedition* malheureux(-euse)
❷ *(verhängnisvoll) Ereignisse* funeste
Unglücksfall *m* accident *m* **Unglücksrabe** *m fam* malchanceux *m* **Unglücksstelle** *f* lieu *m* de l'accident **Unglückstag** *m* ❶ *(Pechtag)* jour *m* de malchance ❷ *(Tag eines Unglücks)* jour *m* de l'accident **Unglückszahl** *f* chiffre *m* porte-malheur
Ungnade *f* disgrâce *f*; **bei jdm in ~ fallen** tomber en disgrâce auprès de qn
ungnädig I. *Adj* mal disposé(e)
II. *Adv* avec mauvaise humeur; **etw ~ aufnehmen** prendre qc très mal
ungültig *Adj* ❶ *Ausweis, Scheckkarte, Visum* périmé(e); *Fahrkarte, Eintrittskarte* non valable; **~ werden** *Ausweis, Visum:* expirer
❷ *(nichtig) Abstimmung, Stimme, Wahl* nul(le); **etw für ~ erklären** déclarer qc nul(le)
Ungültigkeit *f* nullité *f*
Ungunst *f geh* **die ~ des Augenblicks** l'instant *m* mal choisi; **die ~ des Wetters** le temps inclément
▶ **zu seinen/deinen/... ~en** à son/ton/... détriment
ungünstig I. *Adj Augenblick, Zeitpunkt* mal choisi(e); *Zeit* peu propice; *Wetter* défavorable
II. *Adv* **sich ~ auf etw** *(Akk)* **auswirken** avoir un effet défavorable sur qc
ungustiös *Adj* A *fam (unappetitlich)* dégoûtant(e)
ungut *Adj Erfahrungen, Entwicklung* désagréable, mauvais(e) *antéposé;* **ein ~es Gefühl** un mauvais pressentiment
▶ **nichts für ~!** sans rancune!
unhaltbar *Adj* ❶ *(haltlos) These, Vorwurf* insoutenable
❷ *(unerträglich) Situation, Zustand* inadmissible
❸ SPORT *Ball, Schuss* imparable

unhandlich *Adj* peu pratique, peu commode
Unheil *nt geh* malheur *m*; **~ anrichten** *fam Person:* faire un désastre; **viel ~ anrichten** *fam Vulkan, Orkan:* causer des dégâts importants
unheilbar I. *Adj* incurable
II. *Adv* incurablement
unheilvoll *Adj geh Botschaft, Zeichen* funeste
unheimlich I. *Adj* ❶ *(grauenerregend) Gestalt, Geschichte* macabre; *Haus, Gruft, Moor* lugubre; *Begegnung, Erlebnis* inquiétant(e); **er ist mir ~** je le trouve inquiétant; **mir ist ~ [zumute]** je ne suis pas rassuré(e); **hier/im Keller ist es ~** ici/à la cave, ce n'est pas rassurant
❷ *fam (unglaublich) Glück, Zufall* pas croyable *(fam)*
❸ *fam (sehr groß) Angst, Durst, Hunger* terrible; **es hat uns ~en Spaß gemacht** cela nous a énormément plu
II. *Adv* ❶ *(grauenerregend)* **~ aussehen** être à faire peur; **sich ~ anhören** être peu rassurant(e)
❷ *fam (sehr) vachement (fam)*
unhöflich I. *Adj Person* impoli(e); *Bemerkung, Antwort* impoli(e), désobligeant(e)
II. *Adv* **sich benehmen, verhalten** de manière impolie; *fragen, antworten* de manière désobligeante
Unhöflichkeit *f* impolitesse *f*
Unhold <-[e]s, -e> *m* monstre *m*
unhörbar I. *Adj Ton, Frequenz* inaudible; *Flüstern* imperceptible; **für jdn ~ sein** être imperceptible pour qn
II. *Adv* **seufzen** imperceptiblement
unhygienisch [-giːenɪʃ] *Adj* qui manque d'hygiène; **~ sein** *Dusche, Toilette:* manquer d'hygiène; **es ist ~ etw zu tun** ce n'est pas hygiénique de faire qc
uni ['yni, yˈniː] *Adj unv* uni(e)
Uni[1] ['uni] <-, -s> *f fam Abk von* **Universität** fac *f (fam)*
Uni[2] ['yni, yˈniː] <-s, -s> *nt* uni *m*; **in ~** de couleur unie
UNICEF ['uːnitsɛf] <-> *f Abk von* **United Nations International Children's Emergency Fund** UNICEF *f*
unifarben ['yni-, yˈniː-] *Adj* uni(e), de couleur unie
Uniform [uniˈfɔrm, ˈʊnifɔrm] <-, -en> *f* uniforme *m*; **in ~** en uniforme
uniformiert [unifɔrˈmiːɐt] *Adj* en uniforme
Uniformierte(r) *f(m) dekl wie Adj* homme *m*/femme *f* en uniforme
Unikat [uniˈkaːt] <-[e]s, -e> *nt* pièce *f* unique
Unikum ['uːnikʊm, *Pl:* 'uːnika] <-s, -s *o* Unika> *nt fam* original(e) *m(f)*; **er/sie ist ein ~** c'est un drôle de numéro *(fam)*
uninteressant *Adj* inintéressant(e), sans intérêt
uninteressiert I. *Adj Person, Gesicht* indifférent(e); **~ sein/tun** ne montrer aucun intérêt
II. *Adv* d'un air indifférent
Union [uˈnjoːn] <-, -en> *f* ❶ union *f*; **Europäische ~** Union européenne
❷ POL *fam* **die ~** *groupe parlementaire comprenant la CDU et la CSU*
unisono [uniˈzoːno] *Adv geh* à l'unisson
universal [univɛrˈzaːl] *s.* **universell**
Universalerbe [-vɛ-] *m*, **-erbin** *f* légataire *mf* universel(le) **Universalschlüssel** *m* clé *f* à molette
universell [univɛrˈzɛl] I. *Adj* universel(le)
II. *Adv* **begabt** en tout; **~ verwendbares Gerät** outil *m* multiusages
Universität [univɛrziˈtɛːt] <-, -en> *f* université *f*; **die ~ Rostock** l'université de Rostock; **Technische ~** institut *m* universitaire de technologie; **an der ~ studieren** étudier à l'université; **die ~ besuchen** fréquenter l'université
Universitätsausbildung *f* formation *f* universitaire **Universitätsbibliothek** *f* bibliothèque *f* universitaire **Universitätsbuchhandlung** *f* librairie *f* universitaire **Universitätsgelände** *nt* campus *m* [universitaire] **Universitätsklinik** *f* centre *m* hospitalo-universitaire, C.H.U. *m* **Universitätslaufbahn** *f* carrière *f* universitaire **Universitätsprofessor(in)** *m(f)* professeur *mf* d'université [*o* de faculté] **Universitätsstadt** *f* ville *f* universitaire **Universitätsstudium** *nt* études *fpl* universitaires; **mit/ohne ~** avec/sans formation universitaire
Universum [uniˈvɛrzʊm] <-s> *nt* univers *m*
unkameradschaftlich I. *Adj* **~ er Schüler** un mauvais camarade; **das ist ~ [von dir]** tu es un mauvais camarade
II. *Adv* en mauvais camarade
Unke ['ʊŋkə] <-, -n> *f* ❶ crapaud *m*
❷ *fam (Schwarzseher)* oiseau *m* de malheur
unken ['ʊŋkən] *itr V fam* jouer les Cassandre
unkenntlich ['ʊnkɛntlɪç] *Adj Person, Gesicht* méconnaissable; *Inschrift, Kennzeichen* indéchiffrable; **sich/etw ~ machen** se rendre/rendre qc méconnaissable
Unkenntlichkeit <-> *f* **bis zur ~** au point d'être méconnaissable;

ein Gebäude bis zur ~ verändern transformer un édifice au point de le rendre méconnaissable

Unkenntnis *f kein Pl* ignorance *f*; **in ~ über etw** *(Akk)* **sein** ne pas être au courant de qc; **jdn in ~ über etw** *(Akk)* **lassen** tenir qn dans l'ignorance de qc; **aus ~** par ignorance
▸ **~ schützt vor Strafe nicht** *Spr.* nul n'est censé ignorer la loi

Unkenruf *m fam* prévision *f* alarmiste

unklar I. *Adj* ❶ *(unverständlich)* peu clair(e); *Formulierung, Text* confus(e); *Darstellung* embrouillé(e); **mir ist** [*o* **es ist mir**] **~, warum/wie/...** je ne comprends pas très bien pourquoi/comment/...
❷ *(ungeklärt) Situation* confus(e); *Verhältnisse* ambigu(ë)
❸ *(undeutlich) Bild, Umrisse* flou(e), indistinct(e)
▸ **jdn über etw** *(Akk)* **im Unklaren lassen** laisser qn dans l'incertitude en ce qui concerne qc; **[sich** *(Dat)*] **im Unklaren über etw** *(Akk)* **sein** ignorer qc
II. *Adv sich ausdrücken, formulieren* de manière ambiguë

Unklarheit <-, -en> *f* ❶ *kein Pl (Ungewissheit)* confusion *f*; **über etw** *(Akk)* **herrschen** manquer de clarté
❷ *(ungeklärter Tatbestand)* ambiguïté *f*; **die ~en beseitigen** lever les ambiguïtés

unklug I. *Adj* imprudent(e); **~ sein** *Person:* commettre une imprudence; **es ist ~ von dir das zu tun** c'est imprudent de ta part de faire cela
II. *Adv* de manière imprudente; **~ vorgehen** commettre une imprudence

unkollegial I. *Adj* déloyal(e)
II. *Adv sich verhalten* de manière déloyale, sans respect pour les collègues

unkommunikativ *Adj (verschlossen)* renfermé(e)

unkompliziert I. *Adj Person, Fall, Vorgang, Gerät* simple, qui n'est pas compliqué(e)
II. *Adv* simplement

unkontrollierbar *Adj* incontrôlable

unkontrolliert I. *Adj* ❶ *(ungeprüft)* sans contrôle; **sich ~en Zugang verschaffen** pénétrer sans être contrôlé(e)
❷ *(ungehemmt)* incontrôlé(e)
II. *Adv* sans contrôle

unkonventionell [-vɛ-] I. *Adj* peu conventionnel(le)
II. *Adv* de manière peu conventionnelle

unkonzentriert *Adj* qui n'est pas concentré(e)

Unkosten *Pl* frais *mpl;* **mit/wegen etw ~ haben** avoir des frais avec qc
▸ **sich in ~** *(Akk)* **stürzen** *fam* se mettre en frais *(fam)*

Unkostenbeitrag *m* participation *f* aux frais **Unkostendeckung** *f* ÖKON couverture *f* des frais

Unkraut *nt* mauvaise herbe *f*
▸ **~ vergeht nicht** *Spr.* mauvaise herbe croît toujours

Unkrautvertilgungsmittel *nt* désherbant *m*

unkritisch I. *Adj* qui n'est pas critique
II. *Adv* avec un manque de sens critique

unkultiviert [-vi:-] I. *Adj Person* inculte; *Art, Lebensweise* primitif(-ive)
II. *Adv* de manière primitive

unkündbar *Adj Stellung* inamovible; *Vertrag* non résiliable; **~ sein** *Mitarbeiter:* être inamovible, ne pas pouvoir être licencié(e)

unkundig *Adj geh* **des Lesens/Schreibens unkundig sein** ne pas savoir lire/écrire; **des Englischen ~ sein** ne pas maîtriser l'anglais

unlängst *Adv* dernièrement, récemment

unlauter [ˈʊnlaʊtɐ] *Adj* déloyal(e); **~e Machenschaften** magouilles *fpl (fam)*, tractations *fpl* douteuses; **Gesetz gegen den ~en Wettbewerb** loi *f* contre la concurrence déloyale

unleidlich [ˈʊnlaɪtlɪç] *Adj* insupportable, désagréable

unleserlich I. *Adj* illisible
II. *Adv* illisiblement

unleugbar I. *Adj* incontestable, indéniable
II. *Adv* incontestablement, indéniablement

unliebsam I. *Adj* fâcheux(-euse), déplaisant; **etw ist jdm in ~er Erinnerung** qn garde un souvenir désagréable de qc
II. *Adv* fâcheusement, de manière déplaisante; **~ auffallen** faire mauvaise impression

unliniert *Adj* non ligné(e)

unlogisch I. *Adj* illogique
II. *Adv* d'une manière illogique

unlösbar *Adj* insoluble

Unlust *f kein Pl* ennui *m;* [große] **~ verspüren** n'avoir pas de goût à rien; **etw mit ~ tun** faire qc à contrecœur

unmännlich [ˈʊnmɛnlɪç] *Adj a. pej* efféminé(e)

Unmasse *s.* **Unmenge**

unmaßgeblich *Adj Meinung, Urteil* qui ne sert pas de norme; **~ sein** ne pas être déterminant(e); **nach meiner ~en Meinung** *hum* à mon humble avis

unmäßig I. *Adj Alkoholgenuss* immodéré(e); **~es Rauchen** l'abus de tabac; **~es Essen** l'alimentation excessive
II. *Adv* sans modération; **~ essen/trinken/rauchen** faire des abus de table/d'alcool/de tabac

Unmäßigkeit *f* excès *m;* **seine/ihre ~ im Essen/Trinken** ses excès [*o* abus *mpl*] de table/d'alcool

Unmenge *f* **eine ~ von Fragen** une quantité énorme de questions; **~n von Touristen** une foule de touristes; **etw in ~n verkaufen** vendre qc en quantité industrielle *(fam);* **~n trinken** boire jusqu'à plus soif

Unmensch *m* monstre *m*
▸ **ich bin doch [schließlich] kein ~!** *hum fam* je ne vais pas te/vous manger! *(fam)*

unmenschlich I. *Adj* ❶ inhumain(e)
❷ *fam (ungeheuer) Hitze, Kälte, Schmerzen* épouvantable, atroce *(fam)*
II. *Adv* d'une manière inhumaine

Unmenschlichkeit *f* ❶ *kein Pl (das Unmenschlichsein)* cruauté *f;* *eines Vorgesetzten* inhumanité *f (soutenu); eines Tyrannen* férocité *f*
❷ *(Tat)* atrocité *f,* monstruosité *f*

unmerklich I. *Adj* imperceptible
II. *Adv* imperceptiblement

unmissverständlich^RR I. *Adj Äußerung, Formulierung, Warnung* sans équivoque; *Weigerung* catégorique; **eine klare und ~e Antwort** une réponse claire et nette; **~ sein** *Antwort, Befehl:* ne pas laisser le moindre doute
II. *Adv sagen, sich äußern* sans équivoque, d'une manière claire et nette

unmittelbar I. *Adj* immédiat(e)
II. *Adv* immédiatement; **~ bevorstehen** être imminent(e)

unmöbliert I. *Adj* non meublé(e); **~ sein** ne pas être meublé(e)
II. *Adv* non meublé(e)

unmodern I. *Adj* démodé(e); **~ werden** se démoder
II. *Adv sich ~ kleiden* porter des vêtements démodés

unmöglich I. *Adj* impossible; **es ist ihm/ihr ~ das zu tun** il/elle est dans l'impossibilité de faire cela; **jd/etw macht es jdm ~ zu verreisen** qn/qc empêche qn de partir en voyage; **das ist technisch ~** c'est techniquement impossible; **ich verlange doch nichts Unmögliches!** je ne te/vous demande pourtant pas l'impossible!
▸ **sich bei jdm ~ machen** se déconsidérer [auprès de qn]
II. *Adv* ❶ *(keinesfalls)* **er kann ~ der Täter sein** il est impossible que ce soit lui le coupable; **das kann ~ stimmen!** il est impossible que ce soit vrai!
❷ *pej fam* **~ aussehen** avoir un air pas possible *(fam);* **sich ~ benehmen** avoir un comportement pas possible *(fam)*

Unmöglichkeit *f kein Pl a.* JUR impossibilité *f*

Unmoral *f* immoralité *f*

unmoralisch *Adj* immoral(e)

unmotiviert [-vi:-] I. *Adj Frage* gratuit(e); *Lachen, Heiterkeitsausbruch* immotivé(e); *Wutanfall* irraisonné(e)
II. *Adv* sans motif, sans raison

unmündig *Adj* ❶ *(nicht volljährig)* mineur(e)
❷ *(geistig unselbständig)* irresponsable; **jdn für ~ erklären** déclarer qn irresponsable

unmusikalisch *Adj* qui n'est pas musicien(ne); **~ sein** ne pas être musicien(ne), ne pas avoir l'oreille musicienne

Unmut *m geh* mauvaise humeur *f;* **seinem ~ Luft machen** donner libre cours à sa mauvaise humeur

unnachahmlich *Adj* inimitable

unnachgiebig I. *Adj Person, Haltung* intransigeant(e), inflexible
II. *Adv sich verhalten* de manière intransigeante [*o* inflexible]

Unnachgiebigkeit *f* intransigeance *f,* inflexibilité *f*

unnachsichtig I. *Adj Chef, Kritiker, Richter* impitoyable; *Strenge, Kritik* impitoyable, implacable; **~ mit den Kindern sein** être sévère avec les enfants
II. *Adv* impitoyablement, implacablement

unnahbar *Adj* inaccessible

unnatürlich I. *Adj* ❶ *(nicht natürlich) Lebensweise* peu naturel(le); *Bedingungen* artificiel(le); **es ist ~ das zu tun** ce n'est pas naturel de faire cela
❷ *(gekünstelt) Lachen* contraint(e); *Sprache* artificiel(le)
❸ *(abnorm)* anormal(e)
II. *Adv* ❶ *(gekünstelt) sprechen* d'une manière artificielle; *lachen* de manière contrainte
❷ *(abnorm)* anormalement

Unnatürlichkeit *f der Lebensweise* manque *m* de naturel; *der Bedingungen* caractère *m* artificiel

unnormal *Adj* anormal(e)

unnötig I. *Adj* superflu(e), inutile; **es ist ~ etw zu tun** ce n'est pas la peine de faire qc
II. *Adv* inutilement

unnötigerweise *Adv* inutilement

unnütz I. *Adj Aufwand, Anstrengung* inutile; *Kosten* inutile, superflu(e); **es ist ~ etw zu tun** il est inutile de faire qc
II. *Adv* inutilement

UNO ['u:no] <-> *f kein Pl Abk von* **United Nations Organization** O.N.U. *f*

UNO-Friedenstruppen *Pl* casques *mpl* bleus

unordentlich I. *Adj Person* désordonné(e); *Zimmer, Büro* en désordre
II. *Adv* ❶ *(nachlässig)* arbeiten négligemment; **~ gekleidet sein** être habillé(e) d'une manière négligée
❷ *(unaufgeräumt)* en désordre

Unordentlichkeit *f* manque *m* d'ordre

Unordnung *f kein Pl* désordre *m*; **etw in ~ bringen** mettre qc en désordre; **in ~ geraten** être mis(e) en désordre

unorthodox *Adj geh* pas très orthodoxe

unparteiisch I. *Adj* impartial(e)
II. *Adv* en toute impartialité

Unparteiische(r) *f(m) dekl wie Adj* ❶ personne *f* neutre
❷ SPORT arbitre *mf*

unpassend *Adj* ❶ *(unangebracht)* déplacé(e)
❷ *(ungelegen)* mal venu(e), mal choisi(e); **im ~sten Moment** au plus mauvais moment; **Samstag ist ein ~er Termin** samedi ne convient pas; **das ist jetzt wirklich ~!** ça tombe vraiment mal!

unpassierbar *Adj* impraticable

unpässlichʀʀ, **unpäßlich**ᴬᴸᵀ *Adj geh* **~ sein** être indisposé(e); **sich ~ fühlen** se sentir indisposé(e)

Unpässlichkeitʀʀ <-, -en> *f* indisposition *f*

unpersönlich *Adj Person* froid(e), distant(e); *Art, Gespräch* impersonnel(le)

unpfändbar *Adj* insaisissable; **~ sein** ne pouvoir faire l'objet d'une saisie

unpolitisch *Adj* apolitique

unpopulär *Adj* impopulaire

unpraktisch *Adj* ❶ *Gerät, Methode* pas pratique; **es ist ~ so vorzugehen** ce n'est pas pratique de procéder ainsi
❷ *(ungeschickt) Person* maladroit(e) [de ses mains]; **völlig ~ sein** ne pas être du tout bricoleur(-euse)

unproblematisch I. *Adj* qui ne pose aucun problème
II. *Adv* sans problème

unproduktiv *Adj* improductif(-ive)

unpünktlich I. *Adj* ❶ *Person* qui n'est pas ponctuel(le); **~ sein** ne pas être ponctuel(le); **du bist immer ~!** tu n'es jamais à l'heure!
❷ *(verspätet)* **~ sein** *Bus, Zug*: avoir du retard
II. *Adv* ankommen, abfahren en retard

Unpünktlichkeit *f* manque *m* de ponctualité

unqualifiziert I. *Adj* ❶ *Person* non qualifié(e); **~ sein** ne pas être qualifié(e)
❷ *pej (niveaulos) Bemerkung, Ratschlag* sujet(te) à caution
II. *Adv* d'une manière incompétente

unrasiert *Adj* non rasé(e); **~ sein** ne pas être rasé(e)

Unrast *f kein Pl geh* agitation *f*

Unrat <-[e]s> *m geh* immondices *fpl*
▸ **~ wittern** flairer quelque chose [de louche]; **sie wittert überall gleich ~** elle voit le mal partout

unrationell *Adj* ÖKON inefficace

unrealistisch I. *Adj* irréaliste
II. *Adv* d'une manière irréaliste

unrecht I. *Adj* ❶ *geh (nicht recht) Vorhaben, Weise* injuste; *Gedanke* coupable; **es ist ~ das zu tun** ce n'est pas correct de faire cela
❷ *(unpassend)* **zur ~en Zeit** au mauvais moment; **das ist mir gar nicht so ~!** cela ne tombe pas si mal!
II. *Adv* handeln injustement

Unrecht *nt kein Pl* tort *m*, injustice *f*; **ein ~ begehen** commettre une injustice; **im ~ sein** être en tort; *(vor Gericht)* être dans son tort; **sich ins ~ setzen** se mettre dans son tort; **zu ~** à tort; **jdm ~ geben** donner tort à qn; **~ haben** avoir tort; **jdm unrecht tun** causer du tort à qn

unrechtmäßig I. *Adj* illégal(e), illégitime
II. *Adv* besitzen illégalement, illégitimement; erwerben de manière illégale

Unrechtmäßigkeit *f* illégalité *f*

Unrechtsbewusstseinʀʀ *nt* sens *m* moral

unredlich *Adj geh* malhonnête

unregelmäßig I. *Adj* irrégulier(-ière)
II. *Adv* irrégulièrement; **~ konjugiert werden** avoir une conjugaison irrégulière

Unregelmäßigkeit <-, -en> *f* irrégularité *f*

unreif *Adj* ❶ *Frucht, Getreide* vert(e); [noch] **~ sein** être [encore] vert(e); **Bananen werden ~ geerntet** les bananes sont cueillies vertes
❷ *fig Person* immature

unrein *Adj* ❶ *Wasser* impur(e); *Haut* peu sain(e); *Teint* brouillé(e)
❷ MUS *Ton, Klang* qui n'est pas pur(e)

❸ REL *Person, Tier* impur(e)
▸ **etw ins Unreine schreiben** écrire qc au brouillon

unrentabel I. *Adj* non rentable; **~ sein** ne pas être rentable
II. *Adv* d'une manière non rentable

unrettbar *s.* rettungslos

unrichtig I. *Adj* inexact(e)
II. *Adv* de manière inexacte

Unrichtigkeit *f* ❶ *kein Pl (Ungenauigkeit)* inexactitude *f*
❷ *(Fehler)* erreur *f*; **offenbare ~** JUR erreur manifeste

Unruhe *f* ❶ *(Ruhelosigkeit)* agitation *f*; *(Sorge)* inquiétude *f*; **wegen etw voller ~ sein** être inquiet(-iète) [o anxieux(-euse)] à cause de qc
❷ *(Betriebsamkeit)* fébrilité *f*, excitation *f*
❸ *Pl (Tumulte)* troubles *mpl*, émeutes *fpl*

Unruhestifter(in) *m(f) pej* fauteur(-trice) *m(f)* de troubles

unruhig I. *Adj* ❶ *(ruhelos) Person* agité(e), nerveux(-euse); *Schritte, Bewegungen* nerveux(-euse); *Augen* toujours en mouvement; **~ werden** commencer à s'agiter
❷ *(besorgt)* inquiet(-iète); **~ werden** commencer à s'inquiéter
❸ *(ungleichmäßig) Lauf, Herzschlag* irrégulier(-ière)
❹ *(laut) Straße, Viertel* bruyant(e)
❺ *(gestört) Nacht, Schlaf* agité(e)
II. *Adv* ❶ *(ruhelos)* nerveusement; **~ auf und ab gehen** aller et venir fébrilement; **~ schlafen** avoir un sommeil agité
❷ *(unregelmäßig) laufen, schlagen* irrégulièrement

unrühmlich I. *Adj* peu glorieux(-euse), sans gloire
II. *Adv* sans gloire

unrund *Adj* TECH ovalisé(e)

uns [uns] I. *Pron refl, Dat von* **wir** ❶ nous; **bei/mit ~** chez/avec nous; **das gefällt ~** cela nous plaît; **er sagt es ~** il nous le dit; **sie glaubt ~** elle nous croit; **sie nähert sich ~** elle s'approche de nous; **wem hat er es gegeben? — Uns!** à qui l'a-t-il donné? — À nous!; **es geht ~ gut** nous allons bien; **~ solltest du danken, nicht ihm!** c'est nous que tu devrais remercier, pas lui!
❷ *refl* nous; **wir haben ~ gedacht, dass** nous avons pensé que; **wir können ~ keine teuren Sachen leisten** nous ne pouvons pas nous payer des choses chères
II. *Pron pers, Akk von* **wir** ❶ nous; **er wollte ~ sprechen** il voulait nous parler; **der Brief ist an ~ gerichtet** la lettre nous est adressée
❷ *refl* nous; **wir haben ~ umgedreht** nous nous sommes retournés; **wann sehen wir ~?** quand nous voyons-nous?

unsachgemäß I. *Adj Reparatur, Transport, Behandlung* incorrect(e); *Verpackung* inadapté(e)
II. *Adv* reparieren d'une manière incorrecte; verpacken d'une manière inadaptée

unsachlich *Adj Person* partial(e); *Bemerkung, Einwand* subjectif(-ive); **~ werden** commencer à faire preuve de partialité

Unsachlichkeit <-, -en> *f* ❶ *(mangelnde Objektivität)* einer Person manque *m* d'objectivité; einer Bemerkung subjectivité *f*
❷ *(unsachliche Bemerkung)* assertion *f* gratuite

unsagbar I. *Adj Freude, Trauer* indicible *(littér)*
II. *Adv* de manière indicible *(littér)*

unsäglich *geh* I. *Adj* ❶ *(unsagbar)* indicible *(littér)*
❷ *(sehr schlecht)* impossible
II. *Adv* de manière indicible *(littér)*

unsanft I. *Adj* brutal(e)
II. *Adv* wecken brutalement; durchrütteln sans ménagement

unsauber I. *Adj* ❶ *(schmutzig)* sale
❷ *(unordentlich)* mal fait(e)
❸ *(nicht exakt) Ton, Klang* qui n'est pas tout à fait juste
II. *Adv* mal

unschädlich *Adj* inoffensif(-ive); **~ sein** être sans danger; **etw ~ machen** neutraliser qc
▸ **jdn ~ machen** *euph fam* mettre qn hors d'état de nuire

unscharf I. *Adj* ❶ *(undeutlich) Foto, Umrisse* flou(e), qui n'est pas net(te)
❷ *(ungenau) Formulierung, Einstellung, Justierung* imprécis(e); **~ sein** ne pas être précis(e)
II. *Adv* de manière imprécise

Unschärfe *f* flou *m*

unschätzbar *Adj Mitarbeiter* très précieux(-euse); *Bedeutung, Wert* inestimable

unscheinbar I. *Adj Person, Aussehen* insignifiant(e); *Pflanze, Möbelstück* qui n'a l'air de rien
II. *Adv* ~ aussehen/wirken n'avoir l'air de rien

unschicklich ['ʊnʃɪklɪç] *Adj geh* inconvenant(e)

unschlagbar *Adj* imbattable; **im Tango ~ sein** être imbattable au tango

unschlüssig I. *Adj* indécis(e), irrésolu(e); **sich** *(Dat)* **~ über etw** *(Akk)* **sein** être indécis(e) sur qc; **ich bin mir noch ~, was ich tun soll** j'hésite encore sur ce que je dois faire
II. *Adv* d'un air indécis [o irrésolu]

Unschlüssigkeit f indécision f, irrésolution f
unschön Adj ❶ (hässlich) Farbe, Landschaft laid(e)
❷ (unfreundlich, unerfreulich) déplaisant(e); Wetter maussade
Unschuld f ❶ (Schuldlosigkeit, Naivität) innocence f; **in aller ~ en** toute innocence
❷ (Jungfräulichkeit) virginité f; **die ~ verlieren** perdre sa virginité
▶ **~ vom Lande** fam oie f blanche (vieilli)
unschuldig I. Adj innocent(e); **an etw** (Dat) **~ sein** ne pas être responsable de qc; **~ tun** faire l'innocent(e)
II. Adv ❶ à tort, injustement
❷ (arglos) d'un air innocent
Unschuldige(r) f(m) dekl wie Adj innocent(e) m(f)
Unschuldsbeteuerung f meist Pl protestations fpl d'innocence
Unschuldslamm nt iron innocent(e) m(f); **das ~ spielen** faire l'innocent(e) **Unschuldsmiene** f kein Pl air m innocent [o d'innocence]; **mit ~ en** toute innocence; **eine ~ aufsetzen** prendre un air innocent **Unschuldsvermutung** f JUR présomption f d'innocence
unschwer Adv facilement, aisément
unselbständig Adj ❶ Person dépendant(e) [o tributaire] des autres; **~ sein** être dépendant(e)
❷ (nicht freiberuflich) Arbeit, Tätigkeit salarié(e)
Unselbständigkeit f dépendance f
unselbstständig[RR] s. unselbständig
Unselbstständigkeit[RR] s. Unselbständigkeit
unselig Adj geh funeste
unser¹ ['ʊnzɐ] Pron pers, Gen von **wir** veraltet poet **sie werden ~ gedenken** ils/elles garderont notre souvenir
unser² Pron poss ❶ notre; **~ Bruder/~e Schwester** notre frère/sœur; **~e Eltern** nos parents; **dieses Buch ist ~es** ce livre est à nous; **das ist alles ~es** c'est tout à nous; **ist das dein Ball oder ~er?** est-ce ton ballon ou le nôtre?
❷ substantivisch **der/die/das ~e** le/la nôtre; **das sind die ~e** ce sont les nôtres; **wir haben das Unsere bekommen** nous avons eu notre part; **wir haben das Unsere getan** nous avons fait ce que nous avions à faire
❸ (gewohnt, üblich) **sollen wir jetzt ~en Spaziergang machen?** allons-nous faire maintenant notre promenade habituelle?
unsereiner ['ʊnzɐʔaɪnɐ], **unsereins** ['ʊnzɐʔaɪns] Pron indef fam nous [autres]; **~ ist immer hilfsbereit** (wir) nous, nous sommes toujours serviables (fam); (ich) moi, je suis toujours serviable; **unsereinem kann das egal sein** (uns) nous, on s'en fiche (fam); (mir) moi, je m'en fiche (fam)
unsererseits Adv ❶ (wir wiederum) de notre côté
❷ (was uns betrifft) de notre part; **wir ~ hätten gern ...** en ce qui nous concerne, nous voudrions ...
unseresgleichen Pron unv ❶ (Menschen unseres Schlags) nos semblables; **wir sind unter ~** nous sommes entre gens du même monde
❷ (Menschen wie wir) **wir verkehren nur mit ~** nous ne fréquentons que nos semblables; **das kann sich ~ nicht leisten** nous autres, nous ne pouvons pas nous le permettre
unseretwegen s. unsertwegen
unseretwillen s. unsertwillen
unseriös Adj pas sérieux(-euse); **~ wirken** ne pas avoir l'air [très] sérieux(-euse); **das ist zu ~** c'est trop peu sérieux
unsers s. unser²
unsertwegen Adv ❶ (wegen uns) à cause de nous
❷ (uns zuliebe) pour nous
❸ (von uns aus) en ce qui nous concerne
unsertwillen Adv **um ~** pour nous faire plaisir
unsicher I. Adj ❶ (gefährlich) Gegend, Reaktor peu sûr(e)
❷ (gefährdet) Arbeitsplatz précaire
❸ (nicht selbstsicher) Person qui manque d'assurance; Blick, Miene perplexe; **~ sein** Person: manquer d'assurance; **jdn ~ machen** ébranler qn
❹ (ungewiss) Ausgang, Zukunft incertain(e); **sich** (Dat) **noch| ~ sein, was/wie ...** hésiter [encore] sur ce que/sur la manière dont ...; **es ist noch ~, wann/wer/...** on ignore encore quand/qui/...
❺ (nicht verlässlich) peu sûr(e); **~ sein** Methode, Mittel: ne pas être très fiable
❻ (schwankend) Schritte, Gang mal assuré(e); **~ auf den Beinen sein** Kind: être chancelant(e)
▶ **die Gegend ~ machen** Verbrecher: sévir dans le quartier; **die Stadt/die Kneipen ~ machen** hum faire une virée en ville/au bistrot (fam)
II. Adv ❶ sich bewegen en chancelant; **er fährt noch sehr ~** sa conduite n'est pas encore très sûre
❷ (nicht selbstsicher) fragen d'une voix hésitante; umherblicken l'air hésitant
Unsicherheit f ❶ kein Pl (mangelnde Selbstsicherheit) manque m d'assurance
❷ (Ungewissheit, Unwägbarkeit) incertitude f
❸ kein Pl (Unzuverlässigkeit) manque m de fiabilité
Unsicherheitsfaktor m facteur m d'incertitude
UN-Sicherheitsrat [u:ʔɛn-] m Conseil m de sécurité des Nations unies
unsichtbar Adj invisible
▶ **sich ~ machen** fam se déguiser en courant d'air (fam)
Unsichtbarkeit f invisibilité f
Unsinn m kein Pl ❶ (Unsinnigkeit) einer Maßnahme, eines Systems absurdité f; **es ist ~ zu behaupten/zu glauben, dass** il est absurde de prétendre/de croire que; **das ist doch [blanker] ~!** c'est [vraiment] absurde!
❷ (Unfug) bêtises fpl, inepties fpl; **~ machen** faire des bêtises; **~ reden** fam dire des inepties; **was redest du da für einen ~!** qu'est-ce que c'est que ces bêtises! (fam); **~!** fam non, mais ça va pas! (fam)
▶ **nur ~ im Kopf haben** fam ne penser qu'à faire des bêtises
unsinnig I. Adj insensé(e); Idee saugrenu(e); Gerede inepte
II. Adv fam schnell, teuer incroyablement
Unsitte f mauvaise habitude f
unsittlich I. Adj ❶ (unmoralisch) inconvenant(e), indécent(e)
❷ (unzüchtig) Berührung, Handlungen indécent(e)
II. Adv ❶ sich benehmen de manière inconvenante
❷ (unzüchtig) **~ berührt werden** être victime d'attouchements
unsolide I. Adj dissolu(e)
II. Adv **~ leben** mener une vie dissolue
unsozial antisocial(e)
unsportlich Adj ❶ Person pas sportif(-ive); **~ sein** ne pas être sportif(-ive)
❷ (unfair) Verhalten, Spiel antisportif(-ive); **~ sein** Person: être mauvais(e) joueur(-euse)
unsre s. unser²
unsrerseits s. unsererseits
unsresgleichen s. unseresgleichen
unsretwegen s. unsertwegen
unsretwillen s. unsertwillen
unsrige(r, s) Pron poss geh **der/die/das ~** le/la nôtre; **die Unsrigen** les nôtres; **wir haben das Unsrige getan** nous avons fait ce que nous avions à faire
unstatthaft Adj form **~ sein** être défendu(e)
unsterblich I. Adj ❶ (ewig lebend) immortel(le); **glaubst du an die ~e Seele?** tu crois à l'immortalité de l'âme?
❷ (unvergänglich) Liebe, Musik immortel(le), éternel(le); Kunstwerk impérissable; **jdn ~ machen** immortaliser qn
II. Adv fam **sich ~ verlieben** tomber éperdument amoureux(-euse); **sich ~ blamieren** se rendre totalement ridicule
Unsterblichkeit f immortalité f
unstet Adj geh instable, inconstant(e)
unstillbar Adj geh Sehnsucht, Verlangen insatiable; Wissensdurst inextinguible (littér)
Unstimmigkeit <-, -en> f ❶ (Ungenauigkeit) inexactitude f
❷ meist Pl (Differenzen) dissension f, désaccord m
unstreitig I. Adv incontestable, indéniable
II. Adv **es steht ~ fest, dass** il est indéniable que + indic
Unsummen Pl sommes fpl colossales
unsympathisch Adj Person antipathique; Gedanke, Vorstellung désagréable; **jdm ~ sein** être antipathique à qn
unsystematisch I. Adj non systématique; **~ sein** Vorgehen: manquer de méthode
II. Adv sans méthode
untad[e]lig I. Adj Benehmen, Verhalten irréprochable; Kleidung impeccable
II. Adv sich benehmen, sich verhalten irréprochablement (soutenu); gekleidet impeccablement
Untat f forfait m
untätig I. Adj inactif(-ive)
II. Adv abwarten, zusehen les bras croisés
Untätigkeit f kein Pl inaction f
untauglich Adj ❶ Methode, Mittel, Versuch inapproprié(e), inadéquat(e)
❷ a. MIL Person inapte; **für etw ~ sein** être inapte à qc
Untauglichkeit f kein Pl a. MIL inaptitude f
unteilbar Adj indivisible
unten ['ʊntən] Adv ❶ (opp: oben) en bas; **~ links/rechts** en bas à gauche/droite; **~ im Schrank** en bas de l'armoire; **~ im Koffer** au fond de la valise; **~ auf der Liste** en bas de la liste; **hier/dort ~** ici/là, en bas; **weiter ~** plus bas; **nach ~ zu dünner/dicker werden** devenir plus mince/épais(se) vers le bas
❷ (an der Unterseite) **das Auto ist ~ durchgerostet** le dessous de la voiture est rouillé; **wo ist denn ~?** où est le bas?; „**[hier] ~!**" "en bas!"
❸ (in einem unteren Stockwerk) **~/ganz ~ wohnen** habiter en bas/tout en bas; **~ im Keller** en bas à la cave; **nach ~ gehen** descendre; **den Tisch nach ~ tragen** descendre la table; **von ~ kom-**

unterbrechen	
jemanden unterbrechen	**interrompre quelqu'un**
Entschuldigen Sie bitte, dass ich Sie unterbreche, …	Je suis désolé(e) de vous interrompre, …
Wenn ich Sie einmal kurz unterbrechen dürfte: …	Si je peux me permettre de vous interrompre un instant: …
anzeigen, dass man weitersprechen will	**indiquer que l'on veut continuer de parler**
Moment, ich bin noch nicht fertig.	Un moment, je n'ai pas fini.
Lässt du mich bitte ausreden?/Könntest du mich bitte ausreden lassen?	Laisse-moi finir, s'il te plaît!/Pourrais-tu me laisser finir, s'il te plaît?
Lassen Sie mich bitte ausreden!	Laissez-moi finir, s'il vous plaît!
Lassen Sie mich bitte diesen Punkt noch zu Ende führen.	Laissez-moi terminer ce point, s'il vous plaît.
ums Wort bitten	**demander la parole**
Darf ich dazu etwas sagen?	Puis-je dire quelque chose à ce propos?
Wenn ich dazu noch etwas sagen dürfte: …	Si je peux me permettre de dire quelque chose à ce propos: …

men venir d'en bas
❹ *(in sehr niedriger Höhe)* [**tief**] ~ **im Tal** tout en bas, dans la vallée; **mit der Seilbahn nach ~ fahren** descendre en téléphérique
❺ *fam (auf unterster Ebene)* [**ganz**] ~ **sein/anfangen** être au bas/commencer [tout] en bas de l'échelle; **sich von ganz ~ hocharbeiten** partir de rien pour gravir tous les échelons
❻ *(nachher)* ~ **erwähnt** mentionné(e) ci-dessous; ~ **genannt** [*o* **stehend**] indiqué(e) ci-dessous; **siehe** ~ voir ci-dessous
❼ *fam (im, nach Süden)* ~ **in Baden-Württemberg** dans le sud, dans le Bade-Wurtemberg; **nach ~ fahren** aller dans le sud
▸ **jd ist bei ihm/ihr ~ durch** *fam* il/elle ne veut plus entendre parler de qn

untendrunter *Adv fam* [en] dessous
untenerwähnt *s.* unten ❻
untengenannt *s.* unten ❻
untenherum *Adv fam* **sich ~ warm anziehen** s'habiller chaudement en bas; ~ **füllig/schmal sein** être fort(e)/étroit(e) des hanches
untenstehend *s.* unten ❻
unter ['ʊntɐ] I. *Präp + Dat* ❶ sous; ~ **dem Sofa** sous le canapé; **einen Meter ~ der Decke hängen** *Lampe:* pendre à un mètre au-dessous du plafond; ~ **der Jacke trägt er einen Pullover** sous la veste, il porte un pull-over; **er wohnt ~ ihm** il habite au-dessous de lui
❷ *(schlechter als)* ~ **dem Durchschnitt** en dessous de la moyenne
❸ *(inmitten, zwischen)* parmi; ~ **den Zuschauern sitzen** être assis(e) au milieu des spectateurs; **mitten ~ uns** parmi nous; ~ **Freunden** entre amis; **wir sind ~ uns** nous sommes entre nous; ~ **anderem** entre autres [choses]
❹ *(untergeordnet)* ~ **jdm arbeiten** travailler sous les ordres de qn; **jdn ~ sich haben** avoir qn sous ses ordres; ~ **seiner Leitung** sous sa conduite
❺ *(begleitet von)* ~ **Tränen** en larmes; ~ **Weinen/Fluchen** en pleurant/jurant
❻ *(zugeordnet sein)* **etw steht ~ dem Motto …** qc est placé(e) sous le signe de …; **der Artikel steht ~ der Überschrift …** l'article est intitulé …
II. *Präp + Akk* sous; ~ **den Schrank kriechen** ramper sous l'armoire; **bis ~s Dach** jusque sous le toit; **das Thermometer ~ den Arm stecken** mettre le thermomètre sous le bras
III. *Adv* ❶ *(weniger als)* **Einkommen ~ zehntausend Euro** des revenus de moins de dix mille euros; **bei ~ 25 Grad** en dessous de 25 degrés
❷ *(jünger als)* **etwas ~ dreißig sein** avoir un peu moins de trente ans
Unterabteilung *f* subdivision *f*
Unterarm *m* avant-bras *m*
Unterart *f* BIO sous-espèce *f*
Unterbau <-bauten> *m* ❶ *(Fundament)* soubassement *m*
❷ *(Tragschicht) einer Straße* infrastructure *f*
Unterbegriff *m* hyponyme *m (spéc)*
unterbelegt *Adj Krankenhaus, Hotel* dont la capacité n'est pas utilisée à fond; **zu zwanzig Prozent ~ sein** n'être occupé(e) qu'à quatre-vingt pour cent de sa capacité
unterbelichten* *tr V* sous-exposer
Unterbelichtung *f kein Pl* sous-exposition *f*

unterbesetzt *Adj* ~ **sein** être en sous-effectif
unterbewerten* *tr V* sous-estimer
Unterbewertung *f* sous-estimation *f*
unterbewusst[RR] I. *Adj* subconscient(e); **das Unterbewusste** le subconscient
II. *Adv* de manière subconsciente; ~ **vorhanden sein** être présent(e) dans le subconscient
Unterbewusstsein[RR] *nt* subconscient *m*
unterbezahlt *Adj* sous-payé(e)
Unterbezahlung *f* **durch ~ der Mitarbeiter hat das Unternehmen …** en sous-payant ses employés, l'entreprise a …
unterbieten* *tr V unreg* ❶ *(billiger sein)* vendre moins cher que *Person;* **jdn ~** vendre moins cher que qn; **sie will die Preise dieses Händlers ~** elle veut proposer des prix plus bas que ce commerçant
❷ SPORT battre *Rekord;* améliorer *Zeit*
unterbinden* *tr V unreg* mettre un terme à, faire cesser *Belästigung, Lärm;* couper court à *Diskussion, Einwände*
unterbleiben* *itr V unreg + sein geh Anruf, Beschwerde, Benachrichtigung:* ne pas être fait(e) [*o* effectué(e)]; *Skandal, Bestrafung:* ne pas avoir lieu; **das wäre besser unterblieben** cela n'aurait jamais dû se produire
Unterboden *m* ❶ CONSTR sous-plancher *m*
❷ AUT dessous *m* de caisse
Unterbodenschutz *m* protection *f* [anticorrosion] du dessous de caisse
unterbrechen* *tr V unreg* ❶ couper la parole à *Person;* interrompre *Gespräch, Arbeit, Sitzung, Fahrt*
❷ *(vorübergehend stilllegen)* couper *Leitung, Stromversorgung*
Unterbrechung <-, -en> *f* ❶ *(Pause, das Unterbrechen)* interruption *f;* **ohne ~** sans interruption; **mit ~en** avec des pauses
❷ *(vorübergehende Aufhebung)* interruption *f; der Stromversorgung* coupure *f*
unterbreiten* *tr V geh (vorlegen)* soumettre; [jdm] **einen Vorschlag/ein Angebot ~** soumettre une proposition/offre [à qn]
unter|bringen *tr V unreg* ❶ *(einquartieren)* loger, héberger *Person;* installer *Amt, Verwaltung;* **die Kinder bei Verwandten/in der Kinderkrippe ~** mettre les enfants chez des parents/à la crèche; **gut/schlecht untergebracht sein** *Person:* être bien/mal logé(e); *Unternehmen:* être bien/mal installé(e)
❷ *(Platz finden für)* caser *Möbel, Gerät;* **einen Bericht** [noch] **in den Nachrichten ~** [arriver à] placer un communiqué aux informations
❸ *fam (eine Arbeitsstelle finden für)* **jdn in einer Firma ~** caser qn dans une firme *(fam)*
Unterbringung <-, -en> *f von Personen* hébergement *m*
Unterbruch CH *s.* Unterbrechung
unter|buttern *tr V fam* brimer; **sich von jdm ~ lassen** se laisser marcher sur les pieds par qn
Unterdeck *nt* pont *m* inférieur
unterderhand[ALT] *s.* Hand ▸
unterdessen *Adv geh* pendant ce temps[-là], entre-temps
Unterdruck <-drücke> *m* PHYS dépressurisation *f*
unterdrücken* *tr V* ❶ *(niederhalten)* opprimer *Person, Volk;* réprimer *Unruhen, Widerstand*
❷ *(zurückhalten)* réprimer *Tränen, Gefühle, Gähnen*

Unterdrücker(in) <-s, -> *m(f)* oppresseur *m*
Unterdrückung <-, -en> *f* ❶ *der Bürger, eines Volks* oppression *f; eines Aufstands, von Unruhen* répression *f*
❷ *(Verheimlichung) von Vermögenswerten* dissimulation *f*
unterdurchschnittlich I. *Adj* inférieur(e) à la moyenne
II. *Adv* bezahlt, verdienen au-dessous de la moyenne; **~ intelligent/groß sein** posséder une intelligence/être d'une taille inférieure à la moyenne
untere(r, s) *Adj attr* ❶ *(unten befindlich)* inférieur(e); *Wohnung* d'en bas; **im ~n Stockwerk wohnen** habiter à l'étage d'en bas
❷ *(rangmäßig niedriger)* inférieur(e); **die ~n/untersten Klassen eines Gymnasiums** ≈ le premier cycle des études secondaires
❸ *(nachfolgend) Abschnitt, Kapitel* suivant(e)
❹ GEOG *Bereich, Teil, Flusslauf* inférieur(e); **die ~ Elbe/Mosel** le cours inférieur de l'Elbe/la Moselle
untereinander *Adv* ❶ *(miteinander) aushandeln, besprechen* entre eux/elles/nous/...
❷ *(gegenseitig) sich helfen* mutuellement
❸ *(räumlich) aufhängen* l'un(e) au-dessous de l'autre
unterentwickelt *Adj* ❶ *Organ, Körperteil, Muskulatur* atrophié(e); [körperlich/geistig] **~ sein** être insuffisamment développé(e) [physiquement/mentalement]
❷ ÖKON sous-développé(e)
unterernährt *Adj* sous-alimenté(e)
Unterernährung *f* sous-alimentation *f*
Unterfangen <-s, -> *nt* entreprise *f;* **ein kühnes ~** une entreprise hasardeuse
unter|fassen *tr V fam* ❶ *(stützen)* soutenir *Person*
❷ *(einhaken)* donner le bras à; **untergefasst gehen** marcher bras dessus, bras dessous
Unterführung *f* passage *m* souterrain
Unterfunktion *f* MED insuffisance *f;* **~ der Schilddrüse** hypothyroïdie *f*
Untergang <-gänge> *m* ❶ *eines Schiffs* naufrage *m*
❷ ASTRON *der Sonne, des Mondes* coucher *m*
❸ *(Zerstörung) eines Reiches* chute *f,* effondrement *m; einer Zivilisation, Kultur* disparition *f; der Menschheit* fin *f*
❹ *fig (Verderben) der Alkohol/die Spielsucht war sein ~* l'alcool/la passion du jeu a causé sa perte
Untergangsstimmung *f* état *m* d'abattement profond
untergeben *Adj* subalterne; **jdm ~ sein** être le/la subalterne de qn; **ihm/ihr sind zwölf Mitarbeiter ~** il/elle a douze collaborateurs sous ses ordres
Untergebene(r) *f(m) dekl wie Adj* subalterne *mf*
unter|gehen *itr V unreg + sein* ❶ *(im Wasser versinken) Person, Gegenstand:* couler; *Schiff:* couler, sombrer; **das Wrack eines untergegangenen Schiffs** l'épave *f* d'un bateau qui a fait naufrage
❷ ASTRON *Sonne, Mond:* se coucher
❸ *(zugrunde gehen) Kultur, Reich:* disparaître; **Reste untergegangener Kulturen/Reiche** des vestiges de cultures disparues/royaumes disparus
❹ *(nicht gehört werden) im Lärm ~ Worte, Frage, Bitte:* se perdre dans le bruit
untergeordnet *Adj* ❶ *(zweitrangig)* secondaire
❷ *(subaltern)* subalterne
Untergeschossᴿᴿ *nt* sous-sol *m*
Untergestell *nt* TECH *eines Gerätes, einer Maschine* support *m; (Fahrgestell)* châssis *m*
Untergewicht *nt* poids *m* insuffisant; **~ haben** avoir un poids insuffisant
untergewichtig *Adj* qui a un poids insuffisant; **~ sein** avoir un poids insuffisant
unter|gliedern* *tr V* structurer *Manuskript, Text, Aufsatz;* **einen Text in fünf Abschnitte ~** diviser un texte en cinq parties
unter|graben*¹ *tr V unreg* miner, saper *Ansehen, Autorität;* nuire à *Ruf*
unter|graben² *tr V unreg* enfouir *Dünger, Humus*
Untergrund *m* ❶ GEOL sous-sol *m*
❷ *kein Pl* POL clandestinité *f;* **in den ~ gehen** entrer dans la clandestinité; **im ~** dans la clandestinité
❸ KUNST, CONSTR fond *m*
Untergrundbahn *f form* métropolitain *m (form)* **Untergrundbewegung** *f* mouvement *m* clandestin **Untergrundorganisation** *f* organisation *f* clandestine
unter|haken I. *tr V* prendre le bras de; **untergehakt gehen** marcher bras dessus, bras dessous
II. *r V sich ~* se donner le bras; **sich bei jdm ~** prendre qn par le bras
unterhalb I. *Präp + Gen* **~ des Dorfes/der Schneegrenze** au-dessous du village/de la limite des neiges
II. *Adv (tiefer gelegen)* **~ von der Burg** au-dessous du château fort
Unterhalt <-[e]s> *m kein Pl* ❶ *(Lebensunterhalt)* subsistance *f;* **seinen ~ bestreiten** subvenir à ses besoins; **seinen ~ verdienen** gagner sa vie; **für den ~ der Kinder aufkommen** subvenir aux besoins de ses enfants
❷ *(Unterhaltsgeld)* pension *f* alimentaire; **für jdn ~ zahlen** verser une pension alimentaire à qn
❸ *(Instandhaltung)* entretien *m*
unterhalten*¹ *tr V unreg* ❶ *(versorgen)* subvenir aux besoins de, nourrir *Familie, Verwandten*
❷ *(instand halten)* entretenir *Gebäude, Straße*
❸ *(aufrechterhalten)* entretenir *Beziehungen, Verbindungen;* maintenir *Kontakte*
❹ *(betreiben, halten)* entretenir *Kraftfahrzeug;* diriger, faire tourner *Firma;* tenir *Pension, Geschäft*
unterhalten² *unreg* **I.** *tr V* divertir, distraire *Person, Publikum*
II. *r V* ❶ *(sich vergnügen)* **sich ~** s'amuser
❷ *(sprechen)* **sich mit jdm über jdn/etw ~** s'entretenir avec qn de qn/qc; **sich mit jdm gut ~ können** pouvoir bien discuter avec qn; **sie ~ sich nur auf Japanisch** ils ne parlent entre eux que japonais
unterhaltend *Adj* divertissant(e), distrayant(e)
Unterhalter(in) *m(f)* animateur(-trice) *m(f)*
unterhaltsam *Adj* divertissant(e), distrayant(e)
Unterhaltsanspruch *m* droit *m* à une pension alimentaire **unterhaltsberechtigt** *Adj* **~** à charge; **~ sein** être à charge; **er hat drei ~e Kinder** il a trois enfants à charge **Unterhaltsklage** *f* action *f* en paiement d'une pension alimentaire **Unterhaltskosten** *Pl* ❶ coût *m* d'une pension alimentaire ❷ *(Instandhaltungs-, Betriebskosten)* frais *mpl* d'entretien **Unterhaltspflicht** *f* obligation *f* alimentaire
unterhaltspflichtig *Adj* tenu(e) à l'obligation alimentaire; **jdm gegenüber ~ sein** être tenu(e) de verser une pension alimentaire à qn
Unterhaltspflichtige(r) *f(m) dekl wie Adj* débiteur *m* alimentaire
Unterhaltsverzicht *m* renonciation *f* à la pension alimentaire
Unterhaltszahlung *f* versement *m* d'une pension alimentaire
Unterhaltung <-, -en> *f* ❶ *(Gespräch)* entretien *m,* conversation *f*
❷ *kein Pl (Zeitvertreib)* distraction *f;* **der ~ dienen** servir à passer le temps; **gute** [*o* **angenehme**] **~!** amuse-toi/amusez-vous bien!
❸ *kein Pl (Betreibung) einer Firma, eines Geschäfts* exploitation *f*
❹ *kein Pl (Instandhaltung), eines Gebäudes, Kraftfahrzeugs* entretien *m*
Unterhaltungselektronik *f* électronique *f* grand public **Unterhaltungsindustrie** *f* industrie *f* des loisirs **Unterhaltungsliteratur** *f a. pej* lectures *fpl* faciles *(péj)* **Unterhaltungsmusik** *f a. pej* musique *f* légère **Unterhaltungssendung** *f* émission *f* de variétés
Unterhändler(in) *m(f)* négociateur(-trice) *m(f)*
Unterhandlung *f* POL négociations *fpl,* pourparlers *mpl;* **mit jdm in ~en eintreten** engager des négociations [*o* entrer en pourparlers] avec qn
Unterhaus *nt* POL *(in Großbritannien)* Chambre *f* basse
Unterhemd *nt (Herrenunterhemd)* tricot *m* de corps; *(Damenunterhemd)* chemise *f* américaine
unterhöhlen* *tr V* ❶ *(aushöhlen)* miner, creuser *Ufer, Böschung, Hang*
❷ *s.* **unterminieren**
Unterholz *nt kein Pl* sous-bois *m*
Unterhose *f (Boxershorts)* caleçon *m;* [**kurze**] **~[n]** slip *m;* **lange ~[n]** caleçon long
unterirdisch I. *Adj* souterrain(e)
II. *Adv* sous terre; **~ verlegte Kabel** des câbles *mpl* souterrains; **der Gang verläuft ~** le passage est souterrain
unterjochen* *tr V* mettre sous le joug; **jdn ~** mettre qn sous le joug
Unterjochung <-, -en> *f* assujettissement *m*
unter|jubeln *tr V sl* ❶ *(verkaufen)* **jdm etw ~** refiler qc à qn *(fam)*
❷ *(übertragen)* **jdm einen schwierigen Auftrag ~** refiler à qn une mission difficile
❸ *(anlasten)* **jdm einen Fehler ~** faire porter à qn le chapeau pour une erreur
unterkellern* *tr V* munir d'une cave; **etw ~** munir qc d'une cave; [**teilweise**] **unterkellert sein** être construit(e) [en partie] sur cave
Unterkiefer *m* mâchoire *f* inférieure
Unterkleid *nt* combinaison *f*
unter|kommen *itr V unreg + sein* ❶ *(Unterkunft finden)* trouver à se loger; **bei jdm/in einem Hotel ~** trouver à se loger chez qn/dans un hôtel
❷ *fam (Arbeit finden)* **in einer Firma ~** trouver un boulot dans une entreprise
❸ DIAL *(begegnen)* **so etwas/jemand ist mir noch nicht untergekommen** je n'ai encore jamais vu cela/quelqu'un comme ça
Unterkörper *m* partie *f* inférieure du corps
unter|kriegen *tr V fam* **sich von jdm/etw nicht ~ lassen** ne pas se laisser abattre par qn/qc

unterkühlen* tr V MED mettre en hypothermie Person; jdn ~ mettre qn en hypothermie
unterkühlt Adj ❶ MED en hypothermie
  ❷ (betont kühl) glacial(e); ~ **wirken** avoir l'air glacial
Unterkühlung f hypothermie f
Unterkunft ['ʊntɐkʊnft, Pl: -kynftə] <-, -künfte> f (Nacht-, Ferienquartier) gîte m; (für längere Zeit) logement m; **freie ~ und Verpflegung haben** être logé(e), nourri(e) et blanchi(e)
Unterlage f ❶ support m; (Schreibunterlage) sous-main m; (Bettenunterlage) alèse f, alaise f
  ❷ meist Pl (Beleg, Dokument) document m; **geschäftliche ~n** dossiers mpl d'affaires
Unterlassʳʳ, **Unterlaß**ᴬᴸᵀ ▸ **ohne ~** geh sans discontinuer, sans désemparer (soutenu)
unterlassen* tr V unreg ❶ (nicht ausführen) omettre [de faire]; **es ~ zu tun** négliger de faire qc
  ❷ (bleiben lassen) se dispenser de Bemerkung, Dummheiten; **etw nicht ~ können** ne pas pouvoir se dispenser de qc; **unterlass/~ Sie das!** arrête/arrêtez!
Unterlassung <-, -en> f (Versäumnis) omission f
Unterlassungsklage f JUR action f relative à une obligation de ne pas faire
Unterlauf m cours m inférieur
unterlaufen* unreg I. itr V + sein jdm ~ Fehler, Irrtum: échapper à qn; **mir ist ein Fauxpas ~** j'ai commis un impair
  II. tr V + haben (umgehen) contourner Bestimmungen, Maßnahme
unterlegen¹ tr V ❶ (darunterlegen) mettre dessous; **etw ~ mettre** qc dessous; **jdm etw ~** mettre qc sous qn
  ❷ (abweichend interpretieren) **einer S. (Dat) einen anderen Sinn ~** attribuer à qc une autre signification
unterlegen*² tr V ❶ (nachträglich versehen) **einen Film mit Musik ~** mettre de la musique sur un film; **der Text ist mit Glockenklängen unterlegt** des sons de cloches servent de fond sonore au texte
  ❷ (polstern) **etw mit Filz/Schaumstoff ~** mettre du feutre/de la mousse sous qc
unterlegen³ Adj [jdm] **~ sein** être inférieur(e) [à qn]; [jdm] **zahlenmäßig ~ sein** être inférieur(e) en nombre [à qn]
Unterlegene(r) f(m) dekl wie Adj **der/die ~** celui/celle qui a le dessous
Unterlegenheit <-, selten -en> f infériorité f
Unterlegscheibe f TECH rondelle f
Unterleib m bas-ventre m
Unterleibsoperation f ≈ opération f effectuée sur les organes génitaux internes de la femme **Unterleibsschmerzen** Pl douleurs fpl abdominales; (bei Frauen) douleurs du bas-ventre
unterliegen* itr V unreg + sein ❶ (verlieren) perdre; [jdm] **~ perdre** [face à qn]
  ❷ (unterworfen sein) **Veränderungen (Dat) ~** être soumis(e) à des changements; **starken Schwankungen/der Kontrolle ~ être soumis(e)** à de fortes variations/à un contrôle; **einem Irrtum/einer Täuschung ~** être victime d'une erreur/fraude
Unterlippe f lèvre f inférieure
unterm ['ʊntɐm] = **unter dem** s. **unter**
untermalen* tr V **etw mit Musik ~** agrémenter qc de musique; **das Essen wurde musikalisch untermalt** pendant le repas, il y avait une musique d'ambiance
Untermalung <-, -en> f (Begleitmusik) accompagnement m musical; (Filmmusik) fond m sonore [o musical]
untermauern* tr V étayer; **etw mit Argumenten ~** étayer qc d'arguments
Untermiete f **bei jdm in/zur ~ wohnen** sous-louer une chambre chez qn
Untermieter(in) m(f) sous-locataire mf
unterminieren* tr V miner, saper
unter/mischen tr V ajouter
untern ['ʊntɐn] = **unter den** s. **unter**
unternehmen* tr V unreg ❶ (machen) entreprendre Ausflug; effectuer Versuch; entamer Schritte
  ❷ (Vergnügliches durchführen) **etwas mit jdm ~** entreprendre quelque chose avec qn; **etwas zusammen ~** faire quelque chose ensemble; **im Urlaub haben wir viel unternommen** pendant les vacances, on a fait beaucoup de choses
  ❸ (eingreifen) **etwas/nichts gegen jdn/etw ~** entreprendre quelque chose/ne rien entreprendre contre qn/qc
  ❹ geh (auf sich nehmen) **es ~ etw zu tun** se charger de faire qc
Unternehmen <-s, -> nt ❶ (Firma) entreprise f
  ❷ (Vorhaben) entreprise f, opération f
Unternehmensberater(in) m(f) consultant(e) m(f) [en gestion management] **Unternehmensform** f JUR forme f d'entreprise **Unternehmensführung** f (Tätigkeit) direction f d'entreprise/ de l'entreprise **Unternehmensleitung** f kein Pl s. **Unternehmensführung Unternehmensneugründung** f ≈ nouvelle fondation f d'une entreprise **Unternehmenspolitik** f politique f de l'entreprise
Unternehmer(in) <-s, -> m(f) chef mf d'entreprise, entrepreneur(-euse) m(f)
unternehmerisch I. Adj de chef d'entreprise; **~es Denken/~e Fähigkeiten** le sens/le don des affaires
  II. Adv denken, handeln, entscheiden en chef d'entreprise
Unternehmerpflicht f obligation f de l'entrepreneur
Unternehmerschaft <-, selten -en> f patronat m
Unternehmerverband m association f d'entreprises
Unternehmung <-, -en> f ❶ s. **Unternehmen** ❷
  ❷ CH s. **Unternehmen** ❶
Unternehmungsgeist m kein Pl esprit m d'entreprise; **~ haben** avoir de l'initiative **Unternehmungslust** f kein Pl allant m **unternehmungslustig** Adj entreprenant(e), plein(e) d'allant
Unteroffizier(in) m(f) (Dienstgrad) sous-officier m; (unterster Grad) sergent m; **~ vom Dienst** sous-officier de semaine; **werden/sein** passer/être sous-officier
unter/ordnen I. tr V ❶ (zurückstellen) **seine Bedürfnisse/Interessen einer S. (Dat) ~** subordonner ses besoins/intérêts à qc
  ❷ (unterstellen) **einer S. (Dat) untergeordnet werden** passer après qc; **jdm/einer Institution untergeordnet sein** être soumis(e) à qn/à une institution
  II. r V sich [jdm] ~ se soumettre [à qn]
unterprivilegiert Adj défavorisé(e)
Unterredung <-, -en> f entrevue f
unterrepräsentiert Adj sous-représenté(e); **im Parlament ~ sein** être sous-représenté(e) au parlement
Unterricht ['ʊntɐrɪçt] <-[e]s> m ❶ (Unterrichtsstunde) cours m; (Schultag) cours mpl; (in der Grundschule) classe f; **in den ~ müssen** devoir aller en cours; **zu spät zum ~ kommen** arriver en retard au cours; **im ~ sein** Lehrer: être en [train de faire] cours; [jdm] **~ in etw (Dat) geben** donner des cours de qc [à qn]; **bei jdm ~ haben** avoir cours avec qn
  ❷ (Unterrichtswesen, Tätigkeit) enseignement m
  ❸ (Fahrschulunterricht) **theoretischer ~** code m; **praktischer ~** conduite f
unterrichten* I. tr V ❶ (unterweisen) faire cours à; **jdn in Latein ~** enseigner le latin à qn
  ❷ (lehren) enseigner
  ❸ form (informieren) **jdn über etw (Akk)/von etw ~** instruire qn de qc (soutenu); **unterrichtet sein** être informé(e); **gut unterrichtet** bien informé(e); **wie aus gut unterrichteten Kreisen verlautet** selon les milieux bien informés
  II. itr V **in etw (Dat) ~** enseigner qc; **an einem Gymnasium/einer Hochschule ~** enseigner dans un lycée/une université
  III. r V **sich über etw (Akk) ~** s'informer de [o sur] qc
Unterrichtsfach nt matière f; **das ~ Mathematik** les mathématiques **unterrichtsfrei** Adj **morgen ist ~** demain, il n'y a pas cours **Unterrichtsministerium** nt A ministère m de l'éducation **Unterrichtsstoff** m programme m **Unterrichtsstunde** f heure f de cours
Unterrichtung <-, -en> f form information f; **ich bitte um sofortige ~** je vous prie de m'informer immédiatement
Unterrichtungspflicht f JUR obligation f d'informer
Unterrock m combinaison f; (Halbrock) jupon m
unters ['ʊntɐs] = **unter das** s. **unter**
untersagen* tr V interdire; [jdm] **etw ~** interdire qc [à qn]; **jdm etw zu tun** interdire à qn de faire qc
Untersatz m (für Töpfe, Schüsseln) dessous-de-plat m; (für Flaschen) dessous-de-bouteille m
  ▸ **fahrbarer ~** hum fam bagnole f (fam)
unterschätzen* tr V sous-estimer; **ein nicht zu ~der Gegner/Konkurrent** un adversaire/concurrent avec lequel il faut compter; **eine nicht zu ~de Gefahr** un danger non négligeable
Unterschätzung f sous-estimation f
unterscheidbar Adj distinguable; **diese zwei Fotos sind leicht ~** ces deux photos sont facilement distinguables
unterscheiden* unreg I. tr V ❶ (differenzieren) différencier Bäume, Pflanzen, Tierarten; **etw von etw ~** faire la différence [o la distinction] entre qc et qc
  ❷ (auseinanderhalten) distinguer; **Zwillinge voneinander ~** distinguer des jumeaux l'un de l'autre
  ❸ (einen Unterschied darstellen) **jdn von jdm ~** Intelligenz, Begabung: distinguer qn de qn
  II. itr V **zwischen verschiedenen Dingen ~** faire la différence [o distinction] entre différentes choses
  III. r V **sich in etw (Dat) ~** Personen, Tiere: différer par qc; **sich von jdm/etw durch etw ~ (Dat)** se distinguer de qn/qc par qc
Unterscheidung f distinction f; **~en treffen** faire des distinctions
Unterschenkel m jambe f
Unterschicht f classe f inférieure [de la société]
unterschieben*¹ tr V unreg **jdm etw ~** attribuer qc à qn; **er**

unterschiebt ihr, dass sie das getan hat il l'accuse d'avoir fait cela

unter|schieben² *tr V unreg* jdm ein Kissen/eine Wärmflasche ~ glisser à qn un coussin/une bouillotte

Unterschied ['ʊntəʃiːt] <-[e]s, -e> *m* ❶ différence *f*; im ~ zu euch à la différence de vous; [nur] mit dem ~, dass à ceci près que + *indic*; das macht keinen ~ cela revient au même; es ist ein [großer] ~, ob man etwas geschenkt bekommt oder sich erarbeitet il y a une [énorme] différence entre recevoir quelque chose en cadeau ou le gagner à la sueur de son front
❷ *(Unterscheidung)* distinction *f*; ohne ~ sans distinction; ~e/einen ~ machen zwischen ... und ... faire la différence [*o* la distinction] entre ... et ...
▶ der kleine ~ *hum fam* ≈ la virilité apparente *(fam)*

unterschieden *PP von* unterscheiden

unterschiedlich I. *Adj* différent(e)
II. *Adv* behandeln, einschätzen d'une manière différente; ~ schwer/groß sein avoir un poids différent/une taille différente

unterschiedslos *Adv* indifféremment

unterschlagen* *tr V unreg* ❶ JUR soustraire *Brief, Testament;* Geld ~ détourner de l'argent
❷ *(vorenthalten)* dissimuler *Informationen, Beweise*

Unterschlagung <-, -en> *f von Geldern, Briefen* détournement *m; von Unterlagen* soustraction *f*; ~ von Beweismaterial soustraction de preuves

Unterschlupf ['ʊntəʃlʊpf] <-[e]s, -e> *m* refuge *m*; bei jdm ~ finden trouver refuge [*o* asile] chez qn; jdm ~ gewähren donner asile à qn

unter|schlüpfen *itr V + sein fam* bei jdm ~ se réfugier chez qn

unterschreiben* *unreg* I. *tr V* ❶ signer *Brief, Dokument*
❷ *fam (gutheißen)* cautionner; das kann ich [voll] ~ je peux cautionner cela [sans réserve]
II. *itr V* apposer sa signature; mit vollem Namen ~ signer avec nom et prénom

unterschreiten* *tr V unreg* ❶ être inférieur(e) à
❷ *(unterbieten)* descendre au-dessous de

Unterschrift *f* ❶ signature *f*; seine ~ unter etw *(Akk)* setzen apposer sa signature au bas de qc; etw mit seiner ~ versehen revêtir qc de sa signature *(form)*; jdm etw zur ~ vorlegen présenter qc à la signature de qn
❷ *(Bildunterschrift)* légende *f*

Unterschriftenliste *f*, Unterschriftensammlung *f* pétition *f*

unterschriftsberechtigt *Adj* autorisé(e) à signer Unterschriftsprobe *f* spécimen *m* de signature unterschriftsreif *Adj* JUR prêt(e) à être signé(e)

unterschwellig ['ʊntəʃvɛlɪç] I. *Adj* subliminal(e)
II. *Adv* de manière subliminale

Unterseeboot *nt* sous-marin *m*

unterseeisch *Adj* sous-marin(e)

Unterseite *f eines Geräts, Tellers* dessous *m; einer Decke, Matratze* envers *m*

Untersetzer *s.* Untersatz

untersetzt *Adj* trapu(e), râblé(e)

unterspülen* *tr V* creuser, affouiller

Unterstand *m* abri *m*

unterstandslos *Adj* A *(obdachlos)* sans abri

unterste(r, s) *Adj Superl von* untere(r, s)
▶ das Unterste zuoberst kehren mettre tout sens dessus dessous

unterstehen* *unreg* I. *itr V (untergeben sein)* jdm/einer S. ~ dépendre de qn/qc; ihm ~ zehn Mitarbeiter il a dix collaborateurs sous ses ordres; er untersteht meinem Befehl il est sous mes ordres
II. *r V* sich ~ etw zu tun avoir l'audace de faire qc; untersteh dich [ja nicht]! essaie un peu pour voir!; was ~ Sie sich? pour qui vous prenez-vous?

unterstellen*¹ *tr V* ❶ jdm drei Mitarbeiter/eine Abteilung ~ placer trois employés/un service sous les ordres de qn; einer Behörde unterstellt sein *Person:* être rattaché(e) à une administration; *Dienststelle, Amt:* être placé(e) sous la tutelle d'une administration; ihm/ihr sind vier Mitarbeiter unterstellt il/elle a quatre collaborateurs sous ses ordres
❷ *(vorwerfen)* jdm Nachlässigkeit ~ taxer qn de négligence
❸ *(annehmen)* ~ wir einmal, dass supposons que + *subj*

unter|stellen² I. *tr V* rentrer *Fahrrad, Auto*
II. *r V* sich ~ s'abriter, se mettre à l'abri

Unterstellung *f* ❶ *(falsche Behauptung)* allégation *f* [mensongère]
❷ *kein Pl* ADMIN ~ unter jdn/etw subordination *f* à qn/qc

unterstreichen* *tr V unreg (markieren, betonen)* souligner; etw rot ~ souligner qc en rouge

Unterstreichung <-, -en> *f* ❶ soulignage *m*
❷ *(unterstrichene Stelle)* passage *m* souligné
❸ *kein Pl (das Betonen)* zur ~ des Gesagten afin de souligner ce qui vient d'être dit

Unterströmung *f* lame *f* de fond

Unterstufe *f* premier cycle *m*

unterstützen* *tr V* ❶ *(helfen)* soutenir; jdn bei etw/in etw *(Dat)* ~ soutenir qn dans qc
❷ *(finanziell fördern)* subventionner *Projekt;* jdn ~ soutenir qn financièrement
❸ *(sich einsetzen für)* appuyer

Unterstützung *f* ❶ *kein Pl (Hilfe)* soutien *m*, appui *m*
❷ FIN subside *m*, aide *f* financière

Untersuch CH *s.* Untersuchung

untersuchen* *tr V* ❶ MED examiner *Person, Organ, Verletzung;* analyser *Blut, Urin;* sich von jdm ~ lassen se faire examiner par qn; jdn auf Typhus ~ faire le dépistage du typhus sur qn; das Blut auf Erreger/Zucker ~ faire une analyse de sang bactériologique/pour déterminer le taux de glycémie
❷ *(erforschen)* étudier
❸ *(überprüfen)* examiner, procéder à l'examen de *Angelegenheit, Vorfall*
❹ *(durchsuchen)* jdn/etw auf Waffen/Drogen ~ fouiller qn/qc à la recherche d'armes/de drogues

Untersuchung <-, -en> *f* ❶ MED *eines Patienten, Organs* examen *m; von Blut, Urin* analyse *f*; jdn einer ~ *(Dat)* unterziehen faire subir un examen à qn
❷ *(Studie, Analyse)* étude *f*
❸ *(Überprüfung) einer Angelegenheit, eines Falls* examen *m; (durch die Polizei)* enquête *f*
❹ *(Durchsuchung)* fouille *f*

Untersuchungsausschuss^RR *m* commission *f* d'enquête Untersuchungsergebnis *nt* MED résultat *m* de l'étude; JUR résultat *m* de l'enquête Untersuchungsgefangene(r) *f(m) dekl wie Adj* détenu(e) *m(f)* provisoire Untersuchungsgefängnis *nt* maison *f* d'arrêt *(réservée aux détenus provisoires)* Untersuchungshaft *f* détention *f* provisoire; jdn in ~ nehmen mettre qn en détention provisoire; in ~ sein [*o* sitzen]/bleiben être/rester en détention provisoire Untersuchungsrichter(in) *m(f)* juge *mf* d'instruction Untersuchungszimmer *nt* cabinet *m* de consultation

Untertagebau *m kein Pl* exploitation *f* souterraine

untertags [ʊntɐˈtaːks] A, CH, SDEUTSCH *s.* tagsüber

untertan ['ʊntɐtaːn] *Adj* ▶ sich *(Dat)* jdn/etw ~ machen *geh* assujettir qn/qc *(littér)*

Untertan(in) <-en, -en> *m(f)* sujet(te) *m(f)*

untertänig ['ʊntɐtɛːnɪç] *Adj pej* obséquieux(-euse)

Untertasse *f* soucoupe *f*
▶ fliegende ~ soucoupe *f* volante

unter|tauchen I. *itr V + sein* ❶ *(tauchen)* plonger
❷ *(sich verstecken)* se planquer *(fam);* im Ausland/bei Freunden ~ se réfugier à l'étranger/chez des amis
❸ *(verschwinden)* in der Menge *(Dat)* ~ disparaître [*o* se fondre] dans la foule
II. *tr V + haben* sie wollten ihn ~ ils voulaient lui mettre la tête sous l'eau

Unterteil *nt o m* partie *f* inférieure, bas *m*

unterteilen* *tr V* ❶ *(einteilen)* diviser; etw in Spalten ~ *(Akk)* diviser qc en colonnes; etw noch einmal/weiter ~ [encore] subdiviser qc
❷ *(aufteilen)* partager *Schrank, Raum*

Unterteilung <-, -en> *f* ❶ *kein Pl (das Unterteilen)* division *f*
❷ *(das Unterteiltsein)* subdivision *f*

Untertemperatur *f* hypothermie *f*; ~ haben faire de l'hypothermie

Untertitel *m* sous-titre *m*; mit ~n sous-titré(e)

Unterton <-töne> *m* pointe *f*; mit einem spöttischen/drohenden ~ avec une pointe de moquerie/de menace

untertourig ['ʊntɐtuːrɪç] *Adj, Adv* en sous-régime

untertreiben* *unreg* I. *tr V* minimiser
II. *itr V* rester en deçà de la vérité

Untertreibung <-, -en> *f* litote *f*; zu ~en neigen avoir tendance à tout minimiser

untertunneln* *tr V* percer un tunnel sous; ein untertunnelter Kanal un canal traversé par un tunnel

untervermieten* *tr, itr V* sous-louer

unterversichert *Adj* ~ sein être insuffisamment assuré(e)

Unterversicherung *f* assurance *f* insuffisante

Unterwalden ['ʊntɐvaldən] <-s> *nt* l'Unterwald *m*

unterwandern* *tr V* noyauter

Unterwanderung *f* noyautage *m*

Unterwäsche *f* sous-vêtements *mpl; (Damenunterwäsche)* lingerie *f*

Unterwasseraufnahme *f* prise *f* de vue sous-marine Unterwasserkamera *f* caméra *f* étanche Unterwassermassage *f* massage *m* subaquatique

unterwegs [ʊntɐˈveːks] *Adv* ❶ ~ zu jdm sein être parti(e) chez

qn; ~ **nach Berlin sein** être en route pour Berlin; **für** ~ pour la route
❷ *(auf, während der Reise)* en cours de route
unterweisen* *tr V unreg geh* instruire *(soutenu)*; **jdn in etw** *(Dat)* ~ instruire qn dans qc
Unterweisung *f geh* instruction *f*; **die ~ in Englisch** l'enseignement *m* de l'anglais
Unterwelt *f kein Pl* ❶ *(Kriminellenmilieu)* pègre *f*
❷ MYTH enfers *mpl*
unterwerfen* *unreg* I. *tr V* ❶ *(unterjochen)* soumettre
❷ *(unterziehen)* **jdn einer S.** *(Dat)* ~ soumettre qn à qc
II. *r V* **sich einer S.**(Dat) ~ se soumettre à qc
Unterwerfung <-, -en> *f* asservissement *m*
unterworfen *Adj* **einer S.** *(Dat)* ~ **sein** être soumis(e) à qc
unterwürfig ['ʊntɐvʏrfɪç] *Adj pej Person* obséquieux(-euse); *Verhalten* servile
Unterwürfigkeit <-> *f pej* servilité *f*, obséquiosité *f*
unterzeichnen* *tr V form* signer *(form)*
Unterzeichner(in) *m(f) form* signataire *mf*
Unterzeichnerstaat *m* État *m* signataire
Unterzeichnung *f form* signature *f*
Unterzeug *nt fam* sous-vêtements *mpl*
unterziehen*[1] *unreg* I. *r V* **sich einem harten Training/einer Operation** ~ se soumettre à un entraînement sévère/subir une opération
II. *tr V* **jdn/etw einer S.**(Dat) ~ soumettre qn/qc à qc
unter|ziehen[2] *tr V unreg* mettre dessous *Kleidungsstück*; [**sich** *(Dat)*] **ein T-Shirt ~** mettre un tee-shirt dessous
Untiefe *f* ❶ *(seichte Stelle)* bas-fond *m*; *(unschiffbare Stelle)* haut-fond *m*
❷ *geh (große Tiefe)* abysse *m*
Untier *nt* monstre *m*
untragbar *Adj Zustand, Situation* insupportable; **er ist für die Firma ~** l'entreprise ne peut pas le tolérer
untrennbar *Adj* inséparable; *Wort* insécable
untreu *Adj* ❶ *(nicht treu)* infidèle; **jdm ~ sein** tromper qn
❷ *fig geh* **sich/einer S.** *(Dat)* ~ **werden** être infidèle à soi-même/à qc; **er ist uns ~ geworden** *hum* on ne le voit plus
Untreue *f* ❶ infidélité *f*
❷ JUR abus *m* de confiance; *eines Beamten, Politikers* concussion *f*
untröstlich *Adj* ❶ *(traurig)* inconsolable
❷ *(voller Bedauern)* **ich bin ~, dass ich es vergessen habe** je suis [absolument] désolé(e) de l'avoir oublié
untrüglich *Adj* qui ne trompe pas
Untugend *f* ❶ *(schlechte Angewohnheit)* mauvaise habitude *f*
❷ *(Laster)* gros défaut *m*
untypisch *Adj* inhabituel(le); **~ für jdn sein** ne pas ressembler à qn
unübel *Adj, Adv fam* **nicht ~!** pas mal! *(fam)*
unüberbrückbar *Adj Gegensätze* inconciliable; *Differenzen* insurmontable
unüberhörbar *Adj* ❶ *(laut)* **ein ~es Klingeln** une sonnerie qu'on ne peut pas ne pas entendre; **etw ist ~** on ne peut pas ne pas entendre qc
❷ *(deutlich) Vorwurf, Spott* qu'on ne peut ignorer
unüberlegt I. *Adj Entschluss, Maßnahme* inconsidéré(e); *Handlungsweise* inconsidéré(e), irréfléchi(e)
II. *Adv* **handeln** inconsidérément, sans réfléchir
Unüberlegtheit <-, -en> *f* ❶ *kein Pl (Übereiltheit)* irréflexion *f*
❷ *(Äußerung)* parole *f* inconsidérée; *(Handlung)* démarche *f* inconsidérée, geste *m* inconsidéré
unübersehbar I. *Adj* ❶ *(nicht abzuschätzen) Konsequenzen, Schäden* dont on ne peut estimer la gravité; *Kosten* dont on ne peut estimer le montant
❷ *(deutlich) Unterschied, Mängel* qui saute/sautent aux yeux
II. *Adv* **~ groß** immense
unübersetzbar *Adj* intraduisible
unübersichtlich *Adj* ❶ *Kurve* sans visibilité; *Gelände* sans vue dégagée
❷ *(schlecht lesbar)* confus(e), peu clair(e)
❸ *(nicht einschätzbar)* confus(e)
unübertrefflich I. *Adj* insurpassable; *(unvergleichlich)* inégalable
II. *Adv* **~ gelungen** mieux réussi(e) que tout; **dieses ~ elegante Design** ce design d'une élégance inégalée
unübertroffen *Adj* inégalé(e)
unüberwindlich *Adj* insurmontable
unüblich *Adj* inhabituel(le)
unumgänglich *Adj* inéluctable, inévitable
unumschränkt I. *Adj Herrschaft, Macht* absolu(e); *Vollmacht* illimité(e)
II. *Adv* **~ herrschen** régner en maître absolu
unumstößlich *Adj Entschluss* irrévocable; *Tatsache* irréfutable, incontestable

unumstritten I. *Adj* incontesté(e); **es ist ~, dass** il est incontestable que + *indic*
II. *Adv* incontestablement; **von ~ guter Qualität** d'une qualité incontestable
unumwunden *Adv* sans ambages
ununterbrochen I. *Adj* ❶ *(andauernd)* incessant(e)
❷ *(nicht unterbrochen) Dauer* ininterrompu(e)
II. *Adv* sans arrêt; **~ reden** ne pas arrêter de parler, parler sans discontinuer
unveränderlich *Adj* ❶ *(gleich bleibend) Ausdauer* invariable; *Fleiß* immuable; **~ sein** *Zustand:* être invariable
❷ *(feststehend) Größe, Naturgesetz* invariable, constant(e)
unverändert I. *Adj* ❶ *(gleich bleibend) Einsatz, Fleiß* constant(e); *Befinden, Gesundheit* stable
❷ *(ohne Änderung) Nachdruck, Text* intégral(e); **der Text blieb ~** le texte n'a pas subi de modification
II. *Adv* toujours; **morgen ist es wieder ~ kalt** pas de changement pour demain, il fera froid
unverantwortlich I. *Adj Dummheit, Leichtsinn* inexcusable, impardonnable; *Verhalten* irresponsable
II. *Adv* **handeln, sich verhalten** en personne irresponsable, à la légère
unverarbeitet *Adj* TECH brut(e)
unveräußerlich *Adj* inaliénable, incessible
unverbesserlich *Adj* incorrigible
unverbindlich I. *Adj* ❶ *(nicht bindend) Angebot, Auskunft* sans engagement; COM non contractuel(le); *Richtpreis* indicatif(-ive)
❷ *(nicht entgegenkommend) Person, Art* peu amène
II. *Adv* sans engagement
Unverbindlichkeit <-, -en> *f* ❶ *kein Pl (mangelndes Entgegenkommen)* attitude *f* peu amène
❷ *(Äußerung)* banalité *f*
unverbleit *Adj Benzin* sans plomb
unverblümt I. *Adj* direct(e), sans détour; **~ sein** ne pas mâcher ses mots
II. *Adv* sans détour, sans mâcher ses/mes/... mots
unverbraucht *Adj* ❶ *(frisch) Luft* pur(e), non vicié(e); **deine Kräfte sind noch ~** tu disposes encore de toutes tes forces
❷ *fig Mitarbeiter, Nachwuchs* encore neuf(neuve)
unverdächtig I. *Adj* non suspect(e); **~ sein** ne pas être suspect(e)
II. *Adv* sans éveiller les soupçons
unverdaulich *Adj* non assimilable [par l'organisme]
unverdaut ['ʊnfɐdaʊt, ʊnfɐ'daʊt] I. *Adj* non digéré(e)
II. *Adv* **~ wieder ausgeschieden werden** être éliminé(e) sans avoir été digéré(e)
unverdient I. *Adj* immérité(e)
II. *Adv* **zufallen, zuteilwerden** indûment
unverdientermaßen, unverdienterweise *Adv* sans l'avoir mérité, à tort; *(unverschuldet)* injustement; **ich bin ~ gelobt worden** j'ai reçu des lauriers que je ne méritais pas
unverdorben *Adj* ❶ *Speisen* non gâté(e)
❷ *fig Person, Charakter* non perverti(e)
unverdrossen *Adv* sans se décourager
unverdünnt I. *Adj Alkohol, Sirup* pur(e); *Lösung, Säure* pur(e), non dilué(e)
II. *Adv* **anwenden, trinken** pur(e)
unvereinbar *Adj* incompatible, inconciliable; **mit etw ~ sein** être incompatible [*o* inconciliable] avec qc
unverfälscht *Adj Lebensmittel* non trafiqué(e); *Wein* non trafiqué(e), non frelaté(e)
unverfänglich *Adj* anodin(e), qui ne prête pas à mal
unverfroren *Adj* effronté(e); **~ sein** être effronté(e), avoir de l'audace
Unverfrorenheit <-, -en> *f* ❶ *kein Pl (Dreistigkeit)* effronterie *f*, audace *f*
❷ *(Äußerung)* audace *f* verbale
unvergänglich *Adj* impérissable
unvergessen *Adj* **jdm ~ bleiben** conserver [*o* garder] le souvenir de qn/qc
unvergesslich[RR] *Adj* inoubliable; **etw ist jdm ~** qn ne peut oublier qc; **dieser Urlaub wird mir ~ bleiben** ces vacances, je ne les oublierai pas
unvergleichbar *Adj* qu'on ne peut comparer
unvergleichlich I. *Adj* sans pareil(le), incomparable
II. *Adv gut* extrêmement; **~ schön/wertvoll** d'une beauté/valeur incomparable [*o* sans pareille]
unverhältnismäßig *Adv* excessivement
unverheiratet *Adj* non marié(e)
unverhofft I. *Adj* inespéré(e); *Besuch* inattendu(e), inopiné(e)
II. *Adv* **besuchen** à l'improviste; **~ ist dann eine Besserung eingetreten** une amélioration inespérée [*o* qu'on n'espérait pas] s'est alors produite
▶ **~ kommt oft** il faut s'attendre à tout, tout peut arriver
unverhohlen I. *Adj* non dissimulé(e)

II. *Adv* beobachten, betrachten ouvertement, sans se cacher

unverkäuflich *Adj* qui ne peut être vendu(e); **~ es Muster** échantillon *m* gratuit; **dieses Gemälde ist ein Erbstück, daher ~** ce tableau est un héritage, il n'est donc pas à vendre

unverkennbar *Adj* indéniable

unverletzt *Adj* indemne; **bei etw** *(Dat)* **~ bleiben** sortir indemne de qc

unvermeidbar *Adj*, **unvermeidlich** *Adj* inévitable

unvermindert I. *Adj* non diminué(e), intact(e)
II. *Adv* andauern, weiterregnen constamment; weitertoben sans faiblir, sans désemparer

unvermittelt I. *Adj* soudain(e), subit(e)
II. *Adv* soudainement, subitement

Unvermögen *nt kein Pl* impuissance *f*; **sein ~ sich zu entscheiden** son impuissance de prendre des décisions

unvermögend *Adj* sans ressources, dans le besoin

unvermutet I. *Adj* inattendu(e), inopiné(e)
II. *Adv* inopinément, à l'improviste

Unvernunft *f* manque *m* de bon sens

unvernünftig I. *Adj* déraisonnable; **~ sein** ne pas être raisonnable; **es ist ~ etw zu tun** ce n'est pas raisonnable de faire qc
II. *Adv* **~ handeln** ne pas agir en personne raisonnable

unveröffentlicht *Adj* inédit(e)

unverpackt *Adj* sans conditionnement, non conditionné(e)

unverputzt *Adj* non crépi(e); **~ sein** ne pas être crépi(e)

unverrichtet *Adj* **~ er Dinge zurückkehren/zurückkommen** s'en retourner/revenir bredouille

unverrichteterdinge^ALT *Adv s.* unverrichtet

unverschämt ['ʊnfɛʃɛːmt] I. *Adj* ❶ *(dreist)* impertinent(e), insolent(e); **~ es Benehmen** impertinence *f*, insolence *f*
❷ *(unerhört)* Frechheit, Lüge qui dépasse les bornes, incroyable; Miete, Preis scandaleux(-euse), exorbitant(e); **~ es Glück haben** *fam* avoir un sacré pot *(fam)*
II. *Adv* ❶ grinsen, lügen avec impertinence [*o* insolence]
❷ *fam* (äußerst) hoch, teuer vachement *(fam)*; **~ teure Preise** des prix scandaleux [*o* exorbitants]

Unverschämtheit <-, -en> *f* (unverschämte Art, Bemerkung) impertinence *f*, insolence *f*; **die ~ besitzen etw zu tun** avoir l'impertinence [*o* l'insolence] de faire qc; **so eine ~!** quel culot! *(fam)*

unverschleiert *Adj a. fig* non voilé(e)

unverschlossen ['ʊnfɛɐʃlɔsən, ʊnfɛɐˈʃlɔsən] *Adj* ❶ Brief, Sendung non clos(e)
❷ *(offen)* Fenster, Tür ouvert(e); **~ sein** ne pas être fermé(e)

unverschuldet I. *Adj* **~ er Unfall** accident *m* dans lequel la responsabilité de l'assuré n'est pas engagée
II. *Adv* sans en être responsable

unversehens *s.* unvermutet

unversehrt *Adj* Person indemne; Gegenstand intact(e)

unversöhnlich *Adj* irréconciliable; Widersacher, Gegner irréductible

Unversöhnlichkeit *f* intransigeance *f*

unversorgt *Adj* sans ressources

Unverstand *m geh* inconscience *f*

unverstanden *Adj* incompris(e); **sich ~ fühlen** avoir le sentiment d'être incompris(e)

unverständig ['ʊnfɐʃtɛndɪç] *Adj* Erwachsener ignorant(e); Kind trop petit(e) pour comprendre

unverständlich *Adj* ❶ *(undeutlich)* Sprache, Worte incompréhensible, inintelligible
❷ *(unbegreiflich)* Handlungsweise incompréhensible

Unverständnis *nt* incompréhension *f*

unversteuert *Adj* Freibetrag, Verdienst non imposé(e); Einnahme non taxé(e)

unversucht *Adj* **nichts ~ lassen** tout tenter

unverträglich *Adj* ❶ Person peu sociable, insociable; Meinungen, Charaktere incompatible
❷ *(unbekömmlich)* Essen, Lebensmittel indigeste

Unverträglichkeit *f kein Pl* ❶ SOZIOL insociabilité *f*
❷ MED incompatibilité *f*

unverwandt *geh* I. *Adj* Blick fixe
II. *Adv* anschauen, anstarren fixement

unverwechselbar [-ks-] *Adj* Person unique; Gegenstand très caractéristique; **er ist ~** il est unique [en son genre]; **die zwei Häuser sind ~** on ne peut pas confondre les deux maisons

unverwundbar *Adj* invulnérable

unverwüstlich *Adj* Möbel, Material très résistant(e), à toute épreuve; Bodenbelag inusable; **eine ~ e Gesundheit haben** avoir une santé de fer

unverzagt I. *Adj* opiniâtre; **~ sein** ne pas se laisser abattre
II. *Adv* avec opiniâtreté

unverzeihlich *Adj* impardonnable; **es ist ~, dass Sie nicht angerufen haben** vous ne m'avez pas appelé, c'est impardonnable

unverzichtbar *Adj* indispensable; **für jdn ~ sein** être indispensable à qn

unverzinslich *Adj* FIN sans intérêt

unverzollt *Adj* non déclaré(e)

unverzüglich I. *Adj* immédiat(e)
II. *Adv* abreisen sans attendre; eingreifen, informieren sans tarder

unvollendet *Adj* inachevé(e)

unvollkommen *Adj* Person, Kunstwerk imparfait(e); Arbeit incomplet(-ète)

Unvollkommenheit *f* imperfection *f*

unvollständig I. *Adj* incomplet(-ète)
II. *Adv* de façon incomplète

Unvollständigkeit *f* einer Aufstellung, Liste état *m* incomplet; **aufgrund der ~ Ihrer Angaben** du fait que vos indications sont incomplètes

unvorbereitet I. *Adj* Rede, Unterricht, Vortrag improvisé(e); Gespräch, Prüfung non préparé(e); **~ sein** ne pas être préparé(e)
II. *Adv* ❶ unterrichten sans préparation, sans avoir préparé; **~ in eine Prüfung gehen** se présenter à un examen sans avoir révisé; **~ eine Rede halten** improviser un discours
❷ *(unerwartet)* de façon inattendue

unvoreingenommen *Adj, Adv* sans idée préconçue, sans prévention

Unvoreingenommenheit *f* absence *f* de prévention, impartialité *f*

unvorhergesehen I. *Adj* imprévu(e)
II. *Adv* eintreten, passieren de façon imprévue; besuchen à l'improviste

unvorschriftsmäßig I. *Adj* non réglementaire; **~ sein** ne pas être réglementaire
II. *Adv* parken, handeln non conformément à la réglementation; **etw ist ~ beleuchtet** l'éclairage de qc n'est pas réglementaire [*o* conforme à la réglementation]

unvorsichtig I. *Adj* Person, Fahrweise, Verhalten imprudent(e); Bemerkung inconsidéré(e)
II. *Adv* ❶ imprudemment
❷ *(unbedacht)* inconsidérément

unvorsichtigerweise *Adv* sans faire attention

Unvorsichtigkeit <-, -en> *f* imprudence *f*

unvorstellbar I. *Adj* ❶ *(undenkbar)* inimaginable, inconcevable; **es ist ~, dass** il est inimaginable [*o* inconcevable] que + *subj*
❷ *(unerhört)* Hitze, Grausamkeit inimaginable
II. *Adv* heiß, schwül incroyablement

unvorteilhaft *Adj* ❶ peu flatteur(-euse); **für jdn ~ sein** Kleid, Hose, Frisur: ne pas avantager qn
❷ *(nachteilig)* désavantageux(-euse)

unwägbar ['ʊnˈvɛːkbaːɐ] *Adj* difficile à évaluer, impondérable

Unwägbarkeit <-, -en> *f* impondérabilité *f*

unwahr *Adj* contraire à la vérité, faux(fausse)

Unwahrheit *f* contrevérité *f*; **die ~ sagen** mentir

unwahrscheinlich I. *Adj* ❶ *(kaum denkbar)* Ereignis, Zufall invraisemblable; **es ist ~, dass** il est peu vraisemblable que + *subj*
❷ *fam (unerhört)* incroyable, sacré(e) antéposé *(fam)*
II. *Adv fam* sacrément *(fam)*, vachement *(fam)*

Unwahrscheinlichkeit *f* invraisemblance *f*

Unwandelbarkeit <-> *f a.* JUR immuabilité *f*

unwegsam *Adj* Gebiet, Gelände peu praticable

unweiblich *Adj* peu féminin(e); **~ sein** manquer de féminité

unweigerlich I. *Adj attr* inévitable, inéluctable
II. *Adv* inévitablement, inéluctablement

unweit *Präp + Gen* **~ des Hauses** près [*o* non loin] de la maison

Unwesen *nt (Missstand)* fléau *m*
▸ **sein ~ treiben** sévir

unwesentlich I. *Adj* minime, insignifiant(e)
II. *Adv* à peine

Unwetter *nt* tempête *f*

unwichtig *Adj* insignifiant(e), sans importance

unwiderlegbar I. *Adj* irréfutable
II. *Adv* **etw ~ beweisen** prouver qc incontestablement

unwiderruflich I. *Adj a.* FIN Annahme irrévocable
II. *Adv* irrévocablement

unwidersprochen *Adj* non démenti(e)

unwiderstehlich *Adj* irrésistible

unwiederbringlich *Adj geh* Verlust irréparable

Unwille *m geh (Verärgerung)* mécontentement *m*, irritation *f*; **jds ~ n erregen** mettre qn de mauvaise humeur; **etw voller ~ n tun** faire qc à contrecœur

unwillig I. *Adj* ❶ *(verärgert)* Person, Gesicht maussade, renfrogné(e)
❷ *(widerwillig)* Mitarbeiter peu coopératif(-ive); Kind récalcitrant(e); **~ sein** manifester de la mauvaise volonté
II. *Adv (widerwillig)* à contrecœur

unwillkommen *Adj* importun(e); **bei jdm/auf einer Party ~ sein** ne pas être le bienvenu/la bienvenue chez qn/à une soirée

unwillkürlich I. *Adj* involontaire

II. *Adv* sans le faire exprès; *lachen* sans le vouloir, involontairement
unwirklich *Adj* irréel(le)
unwirksam *Adj* ❶ *(wirkungslos) Maßnahme, Schritt* inefficace
❷ *(nichtig) Kündigung, Vertrag* nul(le)
Unwirksamkeit *f kein Pl* inefficacité *f*
unwirsch ['ʊnvɪrʃ] *Adj* ❶ *(barsch)* brusque; *Person* bourru(e)
❷ *(unzufrieden)* morose
unwirtlich *Adj* inhospitalier(-ière)
unwirtschaftlich *Adj Auto, Fahrweise* peu économique; *Methode, Verfahren* peu rentable
Unwissen *nt* ignorance *f*
unwissend *Adj* ❶ ignorant(e), ignare *(péj)*
❷ *(ahnungslos)* ~ **sein** ne pas être au courant
Unwissenheit <-> *f* ignorance *f*
unwissenschaftlich *Adj* non scientifique
unwissentlich *Adv* en toute innocence
unwohl *Adj* sich ~ **fühlen** *(schlecht)* ne pas se sentir bien; *(unbehaglich)* être mal à l'aise
Unwohlsein *nt* indisposition *f*, malaise *m*
unwohnlich *Adj* inconfortable
Unwucht <-, -en> *f* TECH déséquilibre *m*, balourd *m*
unwürdig *Adj* **einer S.** *(Gen)* ~ **sein** être indigne de qc
Unzahl *f* **eine** ~ **von etw** une multitude de qc
unzählbar [ʊnˈtsɛːlbaːɐ, ˈʊntsɛːlbaːɐ] *Adj* innombrable
unzählig *Adj* ~ **e Anhänger/Freunde** d'innombrables adeptes/amis; ~ **e Male** maintes et maintes fois
Unze ['ʊntsə] <-, -n> *f* once *f*
Unzeit *f* ▶ **zur** ~ *geh (unpassend)* mal à propos; *(sehr spät oder früh)* à une heure indue
unzeitgemäß *Adj (überholt)* démodé(e), suranné(e); *(nicht der Jahreszeit entsprechend)* qui n'est/ne sont pas de saison
unzerbrechlich *Adj* incassable
unzerkaut *Adj* etw ~ **hinunterschlucken** avaler qc tout rond; **die Kapsel muss** ~ **heruntergeschluckt werden** il faut avaler la gélule sans la croquer
unzerstörbar *Adj* indestructible
unzertrennlich *Adj* inséparable
unzivilisiert [-vi-] *pej* I. *Adj Person* non civilisé(e); *Aussehen, Benehmen* d'un/une sauvage
II. *Adv sich benehmen* comme un sauvage
Unzucht *f veraltet* luxure *f*; ~ **mit Abhängigen/Kindern** attentat *m* à la pudeur sur des personnes dépendantes/enfants
unzüchtig *Adj* obscène
unzufrieden *Adj* mécontent(e), insatisfait(e); **mit jdm/etw** ~ **sein** être mécontent(e) de qn/qc
Unzufriedenheit *f* mécontentement *m*, insatisfaction *f*
unzugänglich *Adj* ❶ *Gegend, Ortschaft* inaccessible
❷ *(verschlossen) Person, Charakter* renfermé(e), impénétrable
Unzukömmlichkeit CH *s.* **Unzulänglichkeit**
unzulänglich I. *Adj* insuffisant(e)
II. *Adv* insuffisamment
Unzulänglichkeit <-, -en> *f* insuffisance *f*
unzulässig *Adj Maßnahme, Vorgehen* inadmissible; *Methode* illicite; *Beschluss* irrecevable
unzumutbar *Adj Belastung, Zustand* intolérable
unzurechnungsfähig *Adj* irresponsable; **jdn für** ~ **erklären** déclarer qn irresponsable
Unzurechnungsfähigkeit *f* irresponsabilité *f*
unzureichend *s.* **unzulänglich**
unzusammenhängend *Adj* incohérent(e)
unzustellbar *Adj Brief, Paket* qui ne peut être distribué(e); ~ **e Sendung** rebut *m*; „~ " "destinataire inconnu(e) à l'adresse indiquée"
unzutreffend *Adj* inexact(e); **Unzutreffendes bitte streichen** rayer les mentions inutiles
unzuverlässig *Adj* ❶ *Person* sur qui on ne peut [pas] compter, peu fiable; **er/sie ist** ~ il/elle n'est pas fiable, on ne peut pas se fier à [*o* compter sur] lui/elle
❷ *(unglaubwürdig) Informant, Zeuge* peu crédible
Unzuverlässigkeit *f* ❶ *(mangelnde Verlässlichkeit)* manque *m* de fiabilité
❷ *(Unglaubwürdigkeit)* manque *m* de crédibilité
unzweckmäßig *Adj* ❶ *(nicht geeignet) Ausrüstung, Kleidung* inapproprié(e), inadéquat(e)
❷ *(nicht zweckdienlich) Aktion, Maßnahme* inapproprié(e)
Unzweckmäßigkeit *f* caractère *m* inapproprié
unzweideutig *Adj, Adv* sans ambiguïté
unzweifelhaft *geh* I. *Adj* indubitable
II. *Adv s.* **zweifellos**
Update ['apdet] <-s, -s> *nt* INFORM dernière version *f*
updaten ['apde:tən] <update, updatete, upgedatet> *tr V* INFORM
❶ *(aktualisieren)* actualiser *Programm, Computer*
❷ *fam (aktuell informieren)* briefer *Person*
Upgrade ['apgre:t] <-s, -s> *nt* ❶ INFORM *(Aktualisierung)* mise *f* à niveau
❷ TOURISMUS *(verbesserte Leistung)* surclassement *m*
upgraden ['apgre:dən] <upgrade, upgradete, upgegradet> *tr V* INFORM *(aktualisieren)* mettre à niveau *Programm, Computer*
Upload ['aplo:t] <-s, -s> *m o nt* INFORM téléchargement *m* montant [*o* en amont], téléversement *m*
uploaden ['aplɔʊdən] *tr V* INFORM télécharger, uploader
üppig ['ʏpɪç] *Adj* ❶ *Mahlzeit* copieux(-euse), plantureux(-euse)
❷ *(dicht) Vegetation* luxuriant(e), exubérant(e)
❸ *(schwellend) Busen, Formen* opulent(e); *Lippen* voluptueux(-euse)
Üppigkeit <-> *f geh* luxuriance *f*, exubérance *f*
Ur [uːɐ] <-[e]s, -e> *m* aurochs *m*
Urabstimmung ['uːɐ-] *f* consultation *f* de la base **Uradel** *m* ancienne noblesse *f* **Urahn** *m*, -**ahne** *f* ancêtre *mf*, aïeul(e) *m(f)*
Ural [uˈraːl] <-s> *m* **der** ~ l'Oural *m*
uralt ['uːɐʔalt] *Adj* ❶ *Person, Baum, Gebäude* très vieux(vieille); *Brauch, Tradition* très ancien(ne); **aus** ~ **en Zeiten** de temps immémoriaux
❷ *fam (schon lange bekannt) Problem, Trick, Witz* archiconnu(e) *(fam)*
Uran [uˈraːn] <-s> *nt* CHEM uranium *m*; ~ **ist ein Schwermetall** l'uranium est un métal lourd
Urananreicherung *f* enrichissement *m* de l'uranium
Uranus ['uːranʊs] <-> *m* ASTRON [**der**] ~ [la planète] Uranus
Uranvorkommen *nt* gisement *m* uranifère
uraufführen ['uːɐʔaʊffyːrən] <uraufgeführt> *tr V nur Infin und PP* **das Stück/der Film wird im nächsten Monat uraufgeführt** la première de la pièce/du film aura lieu le mois prochain **Uraufführung** *f* première représentation *f*
urban [ʊrˈbaːn] *Adj geh* urbain(e)
Urban <-s> *m* HIST ~ **VI.** Urbain VI
urbanisieren* [ʊrbaniˈziːrən] *tr V* etw ~ *Gebiet* urbaniser qc
Urbanität [ʊrbaniˈtɛːt] <-> *f geh* urbanité *f*
urbar ['uːrebaːɐ] *Adj* ▶ **etw** ~ **machen** rendre qc propre à la culture, défricher
Urbarmachung <-, -en> *f* défrichement *m*
Urbevölkerung *f* population *f* autochtone
urchig ['ʊrçɪç] CH *s.* **urig**
ureigen ['uːɐʔaɪɡən] *Adj* personnel(le); **das ist in Ihrem** ~ **en Interesse** c'est dans votre propre intérêt **Ureinwohner(in)** *m(f)* aborigène *mf*, autochtone *mf* **Urenkel(in)** *m(f)* arrière-petit-fils *m*/arrière-petite-fille *f*; **ihre/seine** ~ ses arrière-petits-enfants *mpl*
Urfassung *f* première version *f* **urgemütlich** *Adj fam* très sympa *(fam)*, **in dieser Kneipe ist es** ~ dans ce bar, l'ambiance est très sympa *(fam)* **Urgeschichte** *f kein Pl* préhistoire *f pas de pl* **urgeschichtlich** *Adj* préhistorique **Urgestein** *nt* roche *f* primitive
urgieren *tr V* A *(anmahnen)* faire avancer *Angelegenheit;* **eine Auskunft/Antwort** ~ demander d'urgence une information/réponse **Urgroßeltern** *Pl* arrière-grands-parents *mpl* **Urgroßmutter** *f* arrière-grand-mère *f* **Urgroßvater** *m* arrière-grand-père *m*
Urheber(in) <-s, -> *m(f)* ❶ *(Autor)* auteur *mf*; **der geistige** ~ le père spirituel
❷ *(Initiator)* initiateur(-trice) *m(f); eines Streits, einer Intrige* instigateur(-trice) *m(f)*
Urheberrecht *nt* ❶ *eines Autors* droit *m* d'auteur, copyright *m; eines Malers, Bildhauers* propriété *f* artistique ❷ *(Gesetz)* loi *f* sur la propriété littéraire et artistique **urheberrechtlich** I. *Adj* concernant le droit d'auteur [*o* le copyright] II. *Adv* ~ **geschützt sein** être protégé(e) par un copyright]
Urheberschaft <-, -en> *f* JUR *eines Autors* qualité *f* d'auteur, paternité *f* littéraire; *eines Künstlers* paternité *f* artistique
Uri ['uːri] <-s> *nt* l'Uri *m*
urig ['uːrɪç] *Adj fam* ❶ *(sonderbar) Kauz, Kerl* folklo *(fam)*, farfelu(e) *(fam)*
❷ *(urwüchsig) Kneipe, Weinkeller* très couleur locale, très typique
Urin [uˈriːn] <-s, -e> *m* urine *f*
Urinal [uriˈnaːl] <-s, -e> *nt* urinoir *m*
urinieren* *itr V form* uriner
Urinstinkt ['uːɐ-] *m* instinct *m* inné **Urknall** *m* big[-]bang *m* **urkomisch** *Adj fam* tordant(e) *(fam)*
Urkunde ['uːɐekʊndə] <-, -n> *f* ❶ *(Dokument)* document *m*, pièce *f* officielle; **notarielle** ~ acte *m* notarié
❷ *(Ernennungsurkunde)* arrêté *m* de nomination
❸ *(Diplom)* diplôme *m*
Urkundenfälschung *f* faux *m* en écriture
urkundlich I. *Adj* **der** ~ **e Beweis einer S.** *(Gen)* le document qui prouve qc; **dafür gibt es** ~ **e Belege** il y a des documents qui l'attestent
II. *Adv beweisen, bezeugen, belegen* par un document, document[s] à l'appui
URL [uʔɛrˈʔɛl] <-, -s> *f Abk von* **Uniform Resource Locator**

INFORM URL f, adresse f URL
Urlandschaft f paysage m [resté] dans son état originel
Urlaub ['uːɐlaʊp] <-[e]s, -e> m congé m; **bezahlter/unbezahlter** ~ congés payés/non payés; ~ **haben, in** ~ **sein** être en congé; **in** ~ **fahren** partir en congé; ~/**ein paar Tage** ~ **machen** prendre des congés/quelques jours de congé; ~ **in Spanien/auf Korsika machen** passer ses vacances en Espagne/Corse; ~ **vom Alltag/von der Familie machen** changer d'air/s'éloigner un peu de la famille pour souffler
Urlauber(in) <-s, -> m(f) vacancier(-ière) m(f)
Urlaubsanspruch m jours mpl de congé légaux **Urlaubsgeld** nt prime f de vacances **Urlaubsort** m lieu m de vacances **urlaubsreif** Adj fam ~ **sein** avoir besoin de vacances **Urlaubsreise** f voyage m; **vor dem Antritt einer** ~ avant de partir en vacances **Urlaubsschein** m MIL titre m de permission **Urlaubstag** m ❶ *(Ferientag)* jour m de vacances ❷ *eines Arbeitnehmers* jour m de congé **Urlaubswoche** f *(Ferienwoche)* semaine f de vacances **Urlaubszeit** f ❶ *(Ferienzeit)* période f des vacances ❷ *(für Arbeitnehmer)* période m des congés
Urmensch m homme m préhistorique
Urne ['ʊrna] <-, -n> f urne f
Urnenfriedhof m jardin m du souvenir, columbarium m **Urnengang** <-gänge> m élections fpl **Urnengrab** nt niche f de columbarium
Urologe [uro'loːgə] <-n, -n> m, **Urologin** f urologue mf
Urologie [urolo'giː] <-> f urologie f
urologisch Adj urologique
Uroma ['uːɐ-] s. Urgroßmutter **Uropa** s. Urgroßvater
urplötzlich I. Adj attr *Auftreten, Ausbreitung* soudain(e); *Einfall, Tod* subit(e)
II. Adv subitement
Ursache f cause f, raison f; **aus ungeklärter/unbekannter** ~ pour une raison inexpliquée/inconnue; **die** ~ **für etw sein** être la cause de qc; ~ **und Wirkung** la cause et l'effet
▸ **kleine** ~, **große Wirkung** à petite cause grands effets; **keine** ~! [il n'y a] pas de quoi!
ursächlich Adj **für etw** ~ **sein** être la cause de qc; **diese Dinge stehen in** ~**em Zusammenhang** il y a une relation de cause à effet entre ces choses
Urschrift f *eines Dokuments* original m; *einer notariellen Urkunde* minute f **Ursprung** <-s, Ursprünge> m *einer Kultur, Zivilisation* origines fpl; *eines Wortes, einer Redensart* origine f; **seinen** ~ **in etw** *(Dat)* **haben** provenir de qc, tirer ses origines [o son origine] de qc; **vulkanischen/indogermanischen** ~**s sein** être d'origine volcanique/indogermanique
ursprünglich ['uːɐʃprʏŋlɪç] I. Adj ❶ attr *(anfänglich) Plan, Projekt* initial(e); *Einstellung, Haltung* initial(e), premier(-ière); *Absicht, Bestreben* à l'origine
❷ *(im Urzustand befindlich) Landschaft* à l'état sauvage [o naturel]
❸ *(urtümlich) Brauchtum, Tradition* archaïque
II. Adv au début, à l'origine
Ursprünglichkeit <-> f *einer Landschaft* état m originel; *eines Brauchs* origine f [très] ancienne, ancienneté f
Ursprungsflughafen m aéroport m de départ **Ursprungsland** nt pays m d'origine
Urteil ['ʊrtaɪl] <-s, -e> nt ❶ JUR jugement m, arrêt m; **ein** ~ **fällen** rendre un jugement
❷ *(Meinung)* opinion f, jugement m; **ein** ~ **über jdn/etw fällen** porter un jugement sur qn/qc; **sich** *(Dat)* **ein** ~ **über etw** *(Akk)* **bilden** se faire une opinion sur qc; **sich** *(Dat)* **ein** ~ **über etw** *(Akk)* **erlauben** se permettre de porter un jugement sur qc; **nach**

dem ~ **des Experten** de l'avis des experts; **nach meinem** ~ **à mon avis**
urteilen ['ʊrtaɪlən] itr V juger; **über jdn/etw** ~ juger qn/qc; **schnell/voreilig** ~ émettre un jugement rapide/précipité; **nach seinem Aussehen zu** ~, **geht es ihm schlecht** à en juger par son air, il va mal
Urteilsbegründung f attendus mpl du jugement **Urteilsfindung** f formation f d'un jugement **Urteilsspruch** m verdict m, sentence f **Urteilsvermögen** nt [faculté f de] jugement m **Urteilsvollstreckung** f exécution f de jugement
Urtext m [texte m] original m **Urtierchen** ['uːɐtiːɐçən] nt protozoaire m
urtümlich ['uːɐtyːmlɪç] Adj ancestral(e)
Uruguay [uru'gu̯aɪ] <-s> nt l'Uruguay m
Uruguayer(in) [uru'gu̯aːjɐ] <-s, -> m(f) Uruguayen(ne) m(f)
uruguayisch [uru'gu̯aːjɪʃ] Adj uruguayen(ne)
Ururenkel(in) ['uːɐʔuːɐ-] m(f) arrière-arrière-petit-fils m/arrière-arrière-petite-fille f **Ururgroßmutter** f trisaïeule f **Ururgroßvater** m trisaïeul m
urverwandt ['uːɐfɛɐvant] Adj LING de même origine; ~ **mit etw sein** avoir la même origine que qc **Urvieh** nt fam phénomène m *(fam)*, numéro m *(fam)* **Urvogel** m archéoptéryx m **Urwald** ['uːɐvalt, Pl: 'uːɐvɛldɐ] m forêt f vierge **Urwelt** f **die** ~ le monde primitif **urweltlich** Adj primitif(-ive) **urwüchsig** ['uːɐvyːksɪç] Adj ❶ *Landschaft, Vegetation* primitif(-ive), à l'état originel ❷ *(nicht verbildet) Sprache* primitif(-ive) **Urzeit** f **die** ~ l'ère f primaire
▸ **seit** ~**en** fam ça fait des lustres [que + indic] *(hum)*; **vor** ~**en** fam y a des lustres *(hum)* **urzeitlich** s. urweltlich **Urzustand** m état m primitif [o originel]
USA [uːʔɛs'ʔaː] Pl Abk von United States of America: **die** ~ les USA mpl
US-Amerikaner(in) [uːʔɛs-] m(f) Américain(e) m(f) [des États-Unis d'Amérique] **US-amerikanisch** Adj des États-Unis d'Amérique *(form)*, des USA
USB [uːʔɛs'beː, juːʔɛs'biː] <-s, -s> m Abk von Universal Serial Bus INFORM USB m, port m USB
Usbeke [ʊs'beːkə] <-n, -n> m, **Usbekin** f Ouzbek mf
usbekisch [ʊs'beːkɪʃ] Adj ouzbek
Usbekistan [ʊs'beːkistaːn] <-s> nt l'Ouzbékistan m
USB-Stick [juːʔɛs'biːstɪk] <-s, -s> m INFORM clé f USB
User(in) ['juːzɐ] <-s, -> m(f) INFORM utilisateur(-trice) m(f)
usf. Abk von **und so fort** et ainsi de suite
Usurpator [uzʊr'paːtoːɐ] <-s, -toren> m, **Usurpatorin** f geh usurpateur(-trice) m(f)
usurpieren* tr V geh usurper
Usus ['uːzʊs] <-> m fam **es ist hier/bei uns** ~, ... ici/chez nous, on a coutume de...
usw. Abk von **und so weiter** etc.
Utensil [utɛn'ziːl] <-s, -ien> nt meist Pl ustensile m
Uterus ['uːterʊs, Pl: 'uːteri] <-, Uteri> m ANAT, MED utérus m
Utopie [uto'piː] <-, -n> f utopie f
utopisch [u'toːpɪʃ] Adj *Vorstellungen, Wunsch* utopique; *Roman* d'anticipation
Utopist(in) <-en, -en> m(f) utopiste mf
u.U. Abk von **unter Umständen** le cas échéant, si les circonstances s'y prêtent
UV [uː'faʊ] Abk von **ultraviolett**
u.v.a.[m.] Abk von **und vieles andere [mehr]** etc.
UV-Filter [uː'faʊ-] m filtre m anti-UV **UV-Strahlen** Pl rayons mpl UV **UV-Strahlung** f UV m
Ü-Wagen m véhicule m de reportage

V, v

V, v [faʊ] <-, -> nt V m/v m
▸ **V wie Viktor** v comme Victor
V ❶ Abk von **Volumen** v
❷ Abk von **Volt** V
v. Abk von **von** de
Vabanquespiel [va'bãːk-] nt geh quitte m ou double; **das ist ein** ~ c'est [vraiment] jouer [à] quitte ou double
Vaduz [fa'dʊts, va'duːts] <-> nt Vaduz
Vagabund(in) [vaga'bʊnt] <-en, -en> m(f) vagabond(e) m(f)
vage ['vaːgə] I. Adj vague
II. Adv vaguement
Vagina [va'giːna] <-, Vaginen> f ANAT, MED vagin m

vaginal [vagi'naːl] Adj ANAT, MED vaginal(e)
vakant [va'kant] Adj form vacant(e)
Vakanz [va'kants] <-, -en> f form vacance f
Vakuum ['vaːkuʊm, Pl: 'vaːkuən, 'vaːkua] <-s, Vakuen o Vakua> nt a. fig vide m
Vakuumpackung ['vaːkuʊm-] f conditionnement m sous vide **vakuumverpackt** Adj [conditionné(e)] sous vide **Vakuumverpackung** f COM emballage m sous vide
Valentinstag ['vaːlɛntiːns-] m [jour m de] la Saint Valentin
Valenz [va'lɛnts] <-, -en> f CHEM, LING valence f
Valuta [va'luːta] <-, Valuten> f ❶ *(Währung)* devise f
❷ *(Wertstellung)* valeur f

Valutakurs *m* FIN cours *m* des monnaies étrangères
Vamp [vɛmp] <-s, -s> *m* vamp *f*
Vampir [vam'piːɐ] <-s, -e> *m* vampire *m*
Vanadium [va'naːdiʊm] <-s> *nt* CHEM vanadium *m*
Vandale [van'daːlə] <-n, -n> *m*, **Vandalin** *f* ① HIST Vandale *mf*
② *fig* vandale *mf*
Vandalismus [vanda'lɪsmʊs] <-> *m* vandalisme *m*
Vanille [va'nɪl(j)ə] <-, -en> *f* vanille *f*
Vanilleeis [va'nɪl(j)ə-] *nt* glace *f* à la vanille **Vanillepudding** *m* flan *m* à la vanille **Vanillesoße** *f* crème *f* à la vanille **Vanillestange** *f* gousse *f* de vanille **Vanillezucker** *m* sucre *m* vanillé
Vanillin [vanɪ'liːn] *m* vanilline *f*
variabel [vari'aːbəl] *Adj* variable
Variabilität [variabili'tɛːt] <-, -en> *f a.* MED variabilité *f*
Variable [vari'aːblə] <-n, -n> *f* MATH, PHYS variable *f*
Variante [vari'antə] <-, -n> *f* variante *f*
Variation [varia'tsioːn] <-, -en> *f* ① *(Abwandlung)* variante *f*
② MUS variation *f*
Varietät [varie'tɛːt] <-, -en> *f* variété *f*
Varieté, Varietee^RR [varie'teː] <-s, -s> *nt* ① *(Vorführung)* spectacle *m* de variétés, music-hall *m*
② *(Gebäude)* music-hall *m*
variieren* [va-] *itr V* varier
Vasall [va'zal] <-en, -en> *m* vassal *m*
Vase ['vaːzə] <-, -n> *f* vase *m*
Vaseline <-> *f* vaseline *f*
Vater ['faːtɐ, *Pl*: 'fɛːtɐ] <-s, Väter> *m* ① *(Elternteil)* père *m*; ~ werden devenir père; er ist ganz der ~ c'est [tout] le portrait de son père
② *(Urheber)* père *m*, créateur *m*
▶ ~ **Staat** *hum* l'État *m*; der **Heilige** ~ le Saint-Père
Vaterhaus *nt geh* maison *f* familiale [*o* natale] **Vaterland** *nt* patrie *f*
vaterländisch *Adj geh* patriotique
Vaterlandsliebe *f kein Pl* amour *m* de la patrie, patriotisme *m* **Vaterlandsverräter(in)** *m(f)* POL traître(-esse) *f* à la patrie
väterlich ['fɛːtɐlɪç] I. *Adj* paternel(le)
II. *Adv* comme un père
väterlicherseits [-zaɪts] *Adv* du côté paternel, de son/mon/... père
Vaterliebe *f* amour *m* paternel
vaterlos *Adj* orphelin(e) de père; ~ aufwachsen grandir sans la présence d'un père
Vatermord *m* parricide *m* **Vatermörder(in)** *m(f)* parricide *mf*
Vaterschaft <-, -en> *f* paternité *f*
Vaterschaftsklage *f* action *f* en recherche de paternité **Vaterschaftsnachweis** *m* recherche *f* de paternité
Vaterstadt *f geh* ville *f* natale **Vaterstelle** *f* bei [*o* an] jdm ~ vertreten *geh* tenir lieu de père à qn **Vatertag** *m* fête *f* des pères
Vaterunser <-s, -> *nt* das/ein ~ le/un Notre Père
Vati ['faːti] *s.* Papa
Vatikan [vati'kaːn] <-s> *m* der ~ le Vatican
vatikanisch *Adj* du Vatican, vaticane; **das Vatikanische Konzil** le concile du Vatican
Vatikanstadt *f* die ~ la cité du Vatican
V-Ausschnitt ['faʊ-] *m* encolure *f* en V
v. Chr. *Abk von* **vor Christus** av. J.-C.
VEB HIST *(in der DDR) Abk von* **volkseigener Betrieb** entreprise *f* nationalisée
Vegetarier(in) [vege'taːriɐ] <-s, -> *m(f)* végétarien(ne) *m(f)*
vegetarisch [ve-] I. *Adj* végétarien(ne)
II. *Adv* ~ leben/essen être végétarien(ne)
Vegetation [vegeta'tsioːn] <-, -en> *f* végétation *f*
vegetativ [vegeta'tiːf] I. *Adj* ① BIO végétatif(-ive)
② MED das ~e Nervensystem le système neurovégétatif
II. *Adv* ① BIO sich vermehren de façon végétative
② MED ~ bedingt sein être d'ordre neurovégétatif
vegetieren* *itr V* végéter
vehement [vehe'mɛnt] *geh* I. *Adj* véhément(e) *(soutenu)*
II. *Adv* avec véhémence *(soutenu)*
Vehemenz [vehe'mɛnts] <-> *f geh* véhémence *f (soutenu)*
Vehikel [ve'hiːkəl] <-s, -> *nt fam* ① *(Auto)* guimbarde *f (fam)*, tacot *m (fam)*
② *(Fahrrad)* vieux clou *m (fam)*, bécane *f (fam)*
Veilchen ['faɪlçən] <-s, -> *nt* ① violette *f*
② *fam (blaues Auge)* œil *m* au beurre noir *(fam)*, coquard *m (fam)*
veilchenblau *Adj* violet(te)
Veitstanz ['faɪts-] *m kein Pl* MED chorée *f*, danse *f* de Saint-Guy
Vektor ['vɛktoːɐ] <-s, -toren> *m* MATH, PHYS vecteur *m*
Vektorrechnung *f kein Pl* calcul *m* vectoriel
Velo [ve'loː] <-s, -s> *nt* CH vélo *m*
Velours¹ [və'luːɐ, ve'luːɐ] *s.* **Veloursleder**
Velours² [və'luːɐ, ve-] <-, -> *m* TEXTIL velours *m*

Veloursleder [və'luːɐ-, ve-] *nt* daim *m* **Veloursteppichboden** *m* moquette *f* velours
Vene ['veːnə] <-, -n> *f* veine *f*
Venedig [ve'neːdɪç] <-s> *nt* Venise *f*
Venenentzündung ['veː-] *f* phlébite *f*
venerisch [ve'neːrɪʃ] *Adj* vénérien(ne)
Venezianer(in) [venɛ'tsiaːnɐ] <-s, -> *m(f)* Vénitien(ne) *m(f)*
venezianisch [venɛ'tsiaːnɪʃ] *Adj* vénitien(ne)
Venezolaner(in) [venetso'laːnɐ] <-s, -> *m(f)* Vénézuélien(ne) *m(f)*
venezolanisch *Adj* vénézuélien(ne)
Venezuela [venetsu'eːla] <-s> *nt* le Venezuela
Venezueler(in) *s.* Venezolaner(in)
venös [ve'nøːs] *Adj* veineux(-euse)
Ventil [vɛn'tiːl] <-s, -e> *nt* ① *(Absperrhahn)* vanne *f* [d'arrêt]
② *(Schlauchventil)* valve *f*
③ AUT soupape *f*
④ MUS piston *m*
⑤ *fig* exutoire *m (soutenu)*
Ventilation [vɛntila'tsioːn] <-, -en> *f* ventilation *f*
Ventilator [vɛnti'laːtoːɐ] <-s, -toren> *m* ventilateur *m*
Venus ['veːnʊs] <-> *f* ASTRON [die] ~ [la planète] Vénus
verabreden* I. *r V* sich ~ prendre rendez-vous; **mit jdm verabredet sein** avoir un rendez-vous avec qn; **sich mit jdm für den nächsten Tag/vor dem Rathaus** ~ donner [*o* fixer] rendez-vous à qn pour le lendemain/devant la mairie
II. *tr V* **mit jdm einen Ort/Termin/eine Uhrzeit** ~ fixer un endroit/rendez-vous/un horaire avec qn; **der verabredete Treffpunkt/Termin** le lieu de rendez-vous/le rendez-vous convenu; **wie verabredet** comme convenu
Verabredung <-, -en> *f* ① *(zu einem Treffen)* rendez-vous *m*; **eine** ~ **haben** avoir rendez-vous; **eine** ~ **mit jdm haben** avoir un rendez-vous avec qn
② *(Vereinbarung)* accord *m*; **eine** ~ **treffen** se mettre d'accord; **eine** ~ **einhalten** respecter un accord
verabreichen* *tr V form* **jdm ein Medikament** ~ administrer un médicament à qn *(form)*
verabscheuen* *tr V* détester; **es** ~ **etw zu tun** avoir horreur de [*o* détester] faire qc
verabschieden* I. *r V (Abschied nehmen)* **sich** ~ prendre congé *(form)*, dire au revoir; **sich von jdm** ~ prendre congé de qn *(form)*, dire au revoir à qn; **ich muss mich [von Ihnen]** ~ il faut que je vous quitte
II. *tr V* ① prendre congé de *(form) Besucher, Gast*
② *form (feierlich entlassen)* célébrer le départ de *Minister*
③ POL voter *Gesetz*; adopter *Haushalt*
Verabschiedung <-, -en> *f* ① POL **eines Gesetzes** vote *m*; **eines Haushalts** adoption *f*
② *(feierliche Entlassung)* **zur** ~ **des Ministers** pour célébrer le départ du ministre
verachten* *tr V* mépriser; **nicht zu** ~ **d** *iron fam* Köstlichkeit, Geldbetrag qui n'est pas à dédaigner; **etw ist nicht zu** ~ *iron* il ne faut pas cracher sur qc *(fam)*
Verächter(in) <-s, -> *m(f)* **kein** ~ **von etw sein** ne pas dédaigner qc
verächtlich [fɛɐ'ʔɛçtlɪç] I. *Adj* ① *(Verachtung zeigend)* méprisant(e), dédaigneux(-euse)
② *(zu verabscheuen)* méprisable
II. *Adv* avec mépris, dédaigneusement
Verachtung *f* mépris *m*, dédain *m*; **jdn mit** ~ **strafen** *geh* traiter qn par le mépris
veralbern* *tr V fam* se ficher de *(fam)*
verallgemeinern* *tr, itr V* généraliser
Verallgemeinerung <-, -en, -> *f* généralisation *f*
veralten* *itr V + sein* vieillir; *Ansichten, Methoden*: ne plus être au goût du jour; *Wort*: tomber en désuétude; **schnell** ~ *Gerät*: être vite dépassé(e)
veraltet [fɛɐ'ʔaltət] *Adj Ansichten, Methoden* qui n'est plus au goût du jour, suranné(e); *Wort* désuet(-uète); *Gerät* dépassé(e)
Veranda [ve'randa] <-, Veranden> *f* véranda *f*
veränderlich [fɛɐ'ʔɛndɐlɪç] *Adj* ① METEO variable, instable
② *(variierbar)* variable
Veränderlichkeit <-, -en> *f* variabilité *f*; *(im Wesen)* instabilité *f*
verändern* I. *tr V* changer; transformer *Person, Leben, Aussehen*; modifier *Ablauf, Anordnung, System*
II. *r V* ① **sich** ~ *Klima, Wetter, Aussehen*: changer
② *(sein Wesen ändern)* **sich** ~ *Person*: changer; **sich äußerlich** ~ changer physiquement; **sich zu seinem Vorteil/Nachteil** ~ changer/ne pas changer à son avantage, changer en bien/en mal
③ *(Stellung wechseln)* **sich** ~ changer d'emploi
Veränderung *f* ① *(Wandel, andere Gestaltung)* changement *m*; *(Änderung)* modification *f*; **eine** ~ **zum Besseren** un changement en bien

sich verabschieden	
sich verabschieden	**prendre congé**
Auf Wiedersehen!	Au revoir!
Auf ein baldiges Wiedersehen!	À bientôt!
Tschüss! *(fam)*/Ciao! *(fam)*	Salut!
Mach's gut! *(fam)*	Bon courage!
(Also dann,) bis bald! *(fam)*	À bientôt (, alors)!
Bis morgen!/Bis nächste Woche!	À demain!/À la semaine prochaine!
Man sieht sich! *(fam)*	À la prochaine!
Komm gut heim! *(fam)*	Rentre bien!
Pass auf dich auf! *(fam)*	Sois prudent(e)!
Kommen Sie gut nach Hause!	Rentrez bien!
Einen schönen Abend noch!	Bonne soirée!
sich am Telefon verabschieden	**dire au revoir au téléphone**
Auf Wiederhören! *(form)*	Au revoir!
Also dann, bis bald wieder! *(fam)*	À bientôt, alors!
Tschüss! *(fam)*/Ciao! *(fam)*	Salut!

❷ *(Stellungswechsel)* changement *m* d'emploi; **eine ~ planen** envisager de changer d'emploi
verängstigen* *tr V* effrayer, faire peur à; **ein verängstigtes Kind/Tier** un enfant/animal effrayé [*o* apeuré]
verankern* *tr V* ancrer
Verankerung <-, -en> *f* ancrage *m*
veranlagen* *tr V* FISC établir l'assiette de l'impôt de; **jdn mit tausend Euro ~** établir le revenu imposable de qn à mille euros; **sich getrennt/gemeinsam ~ lassen** être imposé(e) séparément/en commun; **Ehegatten werden gemeinsam veranlagt** les époux font une déclaration commune de leurs revenus
veranlagt [fɛɐ̯ˈʔanlaːkt] *Adj* **künstlerisch/musikalisch ~ sein** être doué(e) pour les arts/la musique, avoir des dons artistiques/musicaux; **praktisch ~ sein** avoir le sens pratique; **für etw ~ sein** avoir des dispositions pour qc; **so ist sie nicht ~** *fam* ce n'est pas comme ça qu'elle ferait
Veranlagung <-, -en> *f* ❶ *(Eigenart)* tempérament *m*; **eine ~ zur Korpulenz/Depression haben** avoir tendance à grossir/la dépression
❷ *(Begabung, Talent)* don *m*; **eine künstlerische/musikalische ~ haben** être doué(e) pour les arts/la musique, avoir des dons artistiques/musicaux
veranlassen* *tr V* ❶ *(in die Wege leiten)* faire le nécessaire pour; **~, dass jd etw tut/dass etw getan wird** faire en sorte que qn fasse qc/que qc soit fait
❷ *(dazu bringen)* **jdn zu etw ~** amener [*o* inciter] qn à faire qc; **jdn dazu ~ etw zu tun** amener [*o* inciter] qn à faire qc
Veranlassung <-, -en> *f* ❶ **auf seine/ihre ~ [hin]**, **auf ~ von ihm/ihr** à son instigation [*o* demande]
❷ *(Grund)* raison *f*; **jdm ~ [dazu] geben etw zu tun** donner à qn des raisons de faire qc; **dazu besteht keine ~** il n'y a pas de raison
veranschaulichen* *tr V* illustrer; **[jdm] etw ~** illustrer qc [pour qn]
Veranschaulichung <-, -en> *f* illustration *f*; **zur ~** pour illustrer
veranschlagen* *tr V* estimer, évaluer *Kosten*; **die Kosten mit hundert Euro ~** estimer [*o* évaluer] les frais à cent euros; **fünf Stunden/tausend Euro für etw ~** prévoir cinq heures/mille euros pour qc
veranstalten* *tr V* ❶ *(durchführen)* organiser
❷ *fam (vollführen)* faire *Aufstand, Lärm, Zirkus*
Veranstalter(in) <-s, -> *m(f)* organisateur(-trice) *m(f)*
Veranstaltung <-, -en> *f* ❶ *kein Pl (das Durchführen)* organisation *f*
❷ *(Ereignis)* manifestation *f*
❸ *(feierliches Ereignis)* cérémonie *f*
Veranstaltungskalender *m* calendrier *m* des manifestations
Veranstaltungsort *m* ❶ lieu *m* de la manifestation ❷ *(Versammlungsort)* lieu *m* de réunion
verantworten* I. *tr V* assumer la responsabilité de; **etw vor jdm ~** assumer la responsabilité de qc devant qn, répondre de qc devant qn; **das kann ich nicht ~** je ne peux pas assumer la responsabilité de cela, je ne réponds pas de cela; **ich kann es nicht ~, dass du nicht zur Schule gehst** je ne peux pas prendre sur moi de te laisser manquer l'école
II. *r V* **sich für etw vor jdm ~** se justifier de qc auprès de qn
verantwortlich *Adj* ❶ *Geschäftsführer, Leiter* responsable; **jdm gegenüber ~ sein** être responsable devant qn; **für jdn/etw ~ sein** être responsable de qn/qc, répondre de qn/qc; **~ dafür sein, dass** être responsable du fait que + *subj*
❷ *(schuldig)* responsable; **für etw ~ sein** être responsable de qc; **jdn für etw ~ machen** rendre qn responsable de qc
❸ *(mit Verantwortung verbunden)* Stelle à responsabilité; **die ~e Leitung dieses Projekts** la responsabilité de diriger ce projet
Verantwortliche(r) *f(m) dekl wie Adj* **der/die für das Projekt ~ le/la** responsable du projet
Verantwortlichkeit <-, -en> *f a.* JUR responsabilité *f*
Verantwortung <-, -en> *f* responsabilité *f*; **~ für jdn/etw** responsabilité *f* de qn/qc; **die ~ übernehmen/tragen** assumer/avoir la responsabilité; **jdn für etw zur ~ ziehen** demander des comptes à qn pour qc; **auf eigene ~** à ses risques et périls; **auf deine/Ihre ~!** à tes/vos risques et périls!
verantwortungsbewusst^{RR} I. *Adj* conscient(e) de ses responsabilités II. *Adv* en personne consciente de ses responsabilités **Verantwortungsbewusstsein**^{RR} *nt* sens *m* des responsabilités
verantwortungslos I. *Adj Person* irresponsable, inconscient(e); *Haltung, Handeln* irresponsable
II. *Adv* **~ handeln** être irresponsable [dans ses actes]; **wie kann man sich so ~ verhalten!** quelle inconscience!
Verantwortungslosigkeit <-> *f* irresponsabilité *f*, inconscience *f*
verantwortungsvoll *Adj* ❶ *Aufgabe, Stellung* à responsabilité
❷ *s.* verantwortungsbewusst
veräppeln* *s.* veralbern
verarbeiten* *tr V* ❶ traiter *Rohstoff*; **Eisen zu Stahl/Fleisch zu Wurst ~** transformer du fer en acier/de la viande en saucisse *f*
❷ *(verbrauchen)* utiliser *Zement, Farbe, Lack*
❸ PSYCH assimiler, digérer *(fam) Eindrücke, Erlebnis*; assumer *Scheidung, Todesfall*
verarbeitet *Adj* **gut ~** bien fini(e); **sorgfältig/schlampig ~** de finition soignée/bâclée
Verarbeitung <-, -en> *f* ❶ *(das Verarbeiten)* transformation *f*; **von Fleisch** traitement *m*
❷ *(Fertigungsqualität)* finition *f*
Verarbeitungszeit *f (mentaler Prozess)* temps *m* d'assimilation; *(Produktionsprozess)* durée *f* de traitement
verargen* *tr V geh* **jdm sein Verhalten/seine Entscheidung ~** en vouloir à qn d'avoir un tel comportement/d'avoir pris une telle décision; **sie verargt ihm, dass er sie betrogen hat** elle lui en veut [*o* tient rigueur] de l'avoir trompée
verärgern* *tr V* fâcher, irriter
verärgert I. *Adj* fâché(e), irrité(e); **~ über jdn/etw sein** être irrité(e) contre qn/à cause de qc
II. *Adv* en montrant [*o* manifestant] de l'irritation

verbieten	
verbieten	**interdire**
Du darfst heute nicht fernsehen.	Tu n'as pas le droit de regarder la télévision, aujourd'hui.
Das kommt gar nicht in Frage.	Il n'en est pas question.
Finger weg von meinem Computer! *(fam)*	Ne touche pas à mon ordinateur!
Lass die Finger von meinem Tagebuch! *(fam)*	Ne touche pas à mon journal intime!
Das kann ich nicht zulassen.	Je ne peux pas tolérer/accepter ça.
Ich verbiete Ihnen diesen Ton!	Je vous interdis de me parler sur ce ton!
Bitte unterlassen Sie das. *(form)*	Arrêtez, je vous prie.

Verärgerung <-, -en> *f* irritation *f*
verarmen* *itr V + sein* s'appauvrir; **der verarmte Adel** la noblesse appauvrie
Verarmung <-, -en> *f* appauvrissement *m*
verarschen* *tr V sl* se foutre de la gueule de *(pop)*
verarzten* *tr V fam* soigner *Person, Verletzung*
verästeln* *r V* **sich** ~ *Baum, Strauch:* se ramifier; **sich in etw** *(Akk)* ~ *Fluss:* se diviser en qc; **verästelt sein** être ramifié(e)
Verästelung <-, -en> *f* ramification *f*
Verätzung *f* brûlure *f*
verausgaben* *r V* **sich** ~ *(physisch)* se dépenser [*o* se donner] à fond, aller au bout de ses forces; *(finanziell)* se ruiner
verauslagen* *tr V form* avancer; **etw für jdn** ~ avancer qc à qn
veräußern* *tr V form (verkaufen)* céder; **etw an jdn** ~ céder qc à qn
Veräußerung *f* JUR *form* vente *f,* cession *f (form)*
Verb [vɛrp] <-s, -en> *nt* verbe *m;* **schwaches/starkes** ~ verbe faible/fort
verbal [vɛr'baːl] I. *Adj* verbal(e)
II. *Adv* verbalement
verballhornen* *tr V* déformer, estropier
Verband <-[e]s, Verbände> *m* ❶ MED bandage *m*
❷ *(Bund)* association *f,* groupement *m*
❸ MIL unité *f*
Verbandkasten *m* trousse *f* de secours **Verbandmaterial** *s.* Verbandsmaterial
Verbandskasten *s.* Verbandkasten **Verbandsmaterial** *nt,* **Verband[s]zeug** *nt* pansements *mpl*
verbannen* *tr V* ❶ exiler, bannir
❷ *geh (ausmerzen)* **etw aus etw** ~ bannir qc de qc
Verbannte(r) *f(m) dekl wie Adj* exilé(e) *m(f),* banni(e) *m(f)*
Verbannung <-, -en> *f* exil *m*
verbarrikadieren* I. *tr V* barricader
II. *r V* **sich in etw** *(Dat)* ~ se barricader dans qc
verbauen* *tr V* ❶ *(versperren)* **jdm die Sicht** ~ *Haus, Mauer:* masquer [*o* boucher] la vue à qn
❷ *fig (vereiteln)* **sich** *(Dat)* **die Zukunft** ~ compromettre son avenir
❸ *(verbrauchen)* utiliser *Baumaterial;* **für das Haus wurden ... Euro verbaut** la construction de la maison a coûté... euros
verbaut *Adj* mal conçu(e)
verbeißen* I. *r V unreg* ❶ **sich in etw** *(Akk)* ~ *Hund:* planter ses crocs dans qc et ne plus lâcher prise
❷ *fig (hineinknien)* **sich in ein Problem/Thema** ~ s'acharner sur un problème/sujet
II. *tr V unreg fam* **sich** *(Dat)* **eine Bemerkung** ~ retenir [*o* réprimer] une remarque; **sich** *(Dat)* **das Lachen** ~ se mordre les lèvres pour ne pas rire
Verbene [vɛr'beːnə] <-, -n> *f* BOT verveine *f*
verbergen* *unreg* I. *tr V* ❶ *(verstecken)* cacher; **jdn/etw vor jdm** ~ cacher qn/qc à qn
❷ *(verheimlichen)* [**jdm**] **etw** ~ cacher [*o* dissimuler] qc [à qn]; *s. a.* verborgen
II. *r V* **sich vor jdm** ~ se cacher pour ne pas être vu(e) par qn
verbessern* I. *tr V* ❶ *(besser machen)* améliorer
❷ *(korrigieren)* corriger *Person, Text*
II. *r V* ❶ *(besser werden)* **sich in etw** *(Dat)* ~ s'améliorer dans qc
❷ *(beruflich vorwärtskommen)* **sich** ~ trouver une meilleure situation
❸ *(sich korrigieren)* **sich** ~ se corriger, se reprendre
Verbesserung <-, -en> *f* ❶ amélioration *f*
❷ *(Korrektur)* correction *f*
verbesserungsfähig *Adj* perfectible, améliorable **Verbesserungsvorschlag** *m* proposition *f* d'amélioration
verbeugen* *r V* **sich** ~ s'incliner; **sich vor jdm** ~ s'incliner [*o* faire

une révérence] devant qn; **sich vor etw** *(Dat)* ~ s'incliner devant qc
Verbeugung *f* révérence *f;* **eine ~ vor jdm machen** s'incliner [*o* faire une révérence] devant qn; **eine ~ vor etw** *(Dat)* **machen** s'incliner devant qc
verbeulen* *tr V* cabosser
verbiegen* *unreg* I. *tr V* tordre *Draht, Nagel*
II. *r V* **sich** ~ *Nagel:* se tordre; *Lenkstange, Metallträger:* se tordre, se fausser; *Fahrradfelge:* se voiler
verbiestert [fɛɐ'biːstɐt] *Adj fam (dauernd)* aigri(e); *(gelegentlich)* renfrogné(e)
verbieten <verbot, verboten> I. *tr V* interdire; **jdm etw** ~ interdire [*o* défendre] qc à qn; **jdm ~ etw zu tun** interdire [*o* défendre] à qn de faire qc; **es ist verboten etw zu tun** il est/c'est interdit [*o* défendu] de faire qc; **jdm ist etw verboten** qc est interdit(e) à qn; *s. a.* verboten
II. *r V* **sich von selbst** ~ être exclu(e)
verbilligen* I. *tr V* ❶ réduire [*o* faire une réduction sur] le prix de *Artikel, Herstellung*
❷ *(herabsetzen)* diminuer, baisser *Preis, Kosten*
II. *r V* **etw verbilligt sich** le prix de qc diminue
verbilligt *Adj, Adv* à prix réduit
verbinden* *unreg* I. *tr V* ❶ faire un bandage à *Person;* bander *Wunde, Arm;* **jdm/sich den Arm** ~ bander le bras de qn/se bander le bras
❷ *(zubinden)* **jdm die Augen** ~ bander les yeux de qn
❸ *(zusammenfügen)* raccorder, relier; **zwei Kabel miteinander** ~ raccorder [*o* relier] deux câbles
❹ TELEC **jdn mit jdm** ~ passer qn à qn, mettre qn en communication avec qn *(form);* **einen Moment, ich verbinde Sie!** un moment, je vous passe votre correspondant!; |**Sie sind**| **falsch verbunden!** vous vous êtes trompé(e) de numéro!, vous avez fait un faux numéro!
❺ TRANSP **Ortschaften** [**miteinander**] ~ *Straße, Tunnel, Brücke:* relier des localités [entre elles]; **Berlin mit Bonn** ~ *Straße, Bahnlinie:* relier Berlin à Bonn
❻ *(verknüpfen)* **Erledigungen** [**miteinander**] ~ combiner des choses à faire; **einen Einkauf mit einem Besuch** ~ combiner un achat et une visite
❼ *(assoziieren)* **einen Namen mit etw** ~ associer un nom à qc
❽ *(zusammengehörig machen)* [**miteinander**] **verbunden sein** être uni(e)s; **uns ~ gemeinsame Erinnerungen** nous sommes lié(e)s par des souvenirs communs; **mit ihm verbindet mich eine enge Freundschaft** nous sommes unis par une grande amitié, une grande amitié nous unit
II. *tr V* ❷ *(zusammenhängen)* **mit Kosten verbunden sein** impliquer des frais; **das Börsengeschäft und das damit verbundene Risiko** la spéculation en Bourse et le risque lié à ce genre d'activité
❾ *(Zusammengehörigkeit schaffen) Erlebnisse:* créer des liens
III. *r V* ❶ CHEM **sich mit etw** ~ se combiner à qc
❷ *(sich zusammenschließen)* **sich mit jdm/etw** ~ s'associer à qn/qc
verbindlich I. *Adj* ❶ *(bindend) Auskunft, Erklärung* sûr(e), sérieux(-euse); *Kostenvoranschlag, Zusage* ferme, définitif(-ive); *Vereinbarung* contractuel(le); **keine ~ e Erklärung abgeben können** ne pouvoir s'engager à donner une explication
❷ *(entgegenkommend) Person, Art, Lächeln* aimable
II. *Adv* ❶ *(bindend)* vereinbaren de façon ferme; **eine Arbeit ~ zusagen** s'engager à faire un travail
❷ *(entgegenkommend)* lächeln aimablement
Verbindlichkeit <-, -en> *f* ❶ *kein Pl (bindender Charakter)* fiabilité *f,* sérieux *m;* **die Erklärung ist von absoluter ~** la déclaration engage expressément son auteur
❷ *kein Pl (entgegenkommende Art)* amabilité *f*

❸ *meist Pl (finanzielle Verpflichtung)* obligation *f,* engagement *m; (Geldschuld)* dette *f*
Verbindung *f* ❶ *(Zusammenhang)* rapport *m;* **in ~ mit etw** *(kombiniert mit)* associé(e) à qc; *(im Zusammenhang mit)* en relation avec qc; **zwischen diesen Ereignissen besteht eine ~** il y a un rapport entre ces événements; **jdn mit dem Mörder/dem Mord in ~ bringen** établir un lien entre qn et le meurtrier/meurtre
❷ *(Verknüpfung) von Anlässen, Erledigungen* combinaison *f*
❸ *([persönliche) Beziehung)* relation *f; seine ~ en spielen lassen fam* faire jouer ses relations
❹ *(Kontakt)* **~ mit jdm aufnehmen** prendre contact avec qn; **sich mit jdm in ~ setzen** contacter qn; **~ zu jdm/etw haben** être en relation avec qn/qc; **mit jdm/etw in ~ stehen** être en relation avec qn/qc
❺ TELEC, AVIAT, EISENBAHN **~ nach Australien/Paris** liaison *f* avec l'Australie/Paris
❻ *(Telefongespräch)* communication *f*
❼ CHEM composé *m,* combinaison *f;* **mit etw eine ~ eingehen** se combiner avec qc
❽ UNIV association *f [o* confrérie *f]* d'étudiants; **schlagende ~** association d'étudiants dont les membres pratiquent l'escrime à l'épée
Verbindungsdaten *Pl* TELEC données *fpl* de connexion **Verbindungskabel** *nt* ELEC câble *m* de raccord *[o* jonction] **Verbindungslinie** *f* ❶ *a.* fig ligne *f;* **eine ~ zwischen zwei Punkten ziehen** tracer une ligne entre deux points ❷ MIL ligne *f* de communication **Verbindungsmann** <-leute *o* -männer> *m,* **-frau** *f* agent *m* de liaison, intermédiaire *m* **Verbindungsoffizier** *m* MIL officier *m* de liaison **Verbindungsstraße** *f* voie *f* de raccordement **Verbindungsstück** *nt* raccord *m* **Verbindungstür** *f* porte *f* de communication
verbissen [fɛɐˈbɪsən] **I.** *Adj* ❶ *(hartnäckig) Gegner* acharné(e); *Mitarbeiter* obstiné(e)
❷ *(verkrampft) Gesicht, Miene* crispé(e)
II. *Adv* **durchhalten, weitermachen** avec acharnement
Verbissenheit <-> *f eines Gegners* acharnement *m; eines Mitarbeiters* obstination *f*
verbitten* *tr V unreg* **sich** *(Dat)* **etw ~** ne pas tolérer qc
verbittern* *tr V* aigrir, rendre amer(amère); **jdn ~** aigrir qn, rendre qn amer(amère)
verbittert I. *Adj* aigri(e), amer(amère)
II. *Adv* avec amertume
Verbitterung <-, *selten* -en> *f* amertume *f*
verblassen* *itr V + sein* ❶ *(blass werden) Farbe:* passer
❷ *geh (schwächer werden) Eindruck, Erinnerung:* s'estomper
❸ *geh (in den Hintergrund treten)* **neben etw** *(Dat)* **~** *Ereignis, Vorfall:* paraître bien fade comparé(e) à qc
verbläuen* RR *tr V fam* tabasser *(fam)*
Verbleib [fɛɐˈblaɪp] <-[e]s> *m form* ❶ *(Aufenthaltsort)* **der ~ einer Person/eines Gegenstands** l'endroit *m* où se trouve une personne/un objet
❷ *(das Verbleiben)* **sein/ihr ~ in dem Unternehmen** son maintien dans l'entreprise
verbleiben* *itr V unreg + sein* ❶ *(sich einigen)* **wie wollen wir ~?** sur quel point allons-nous nous mettre d'accord?; **wir sind folgendermaßen verblieben: ...** voici où nous en sommes restés: ...; **ich bin mit ihm so ~, dass** je me suis mis(e) d'accord avec lui pour que + *subj*
❷ *(übrig bleiben)* rester; **ihm ~ hundert Euro von dem Gewinn** il lui reste cent euros du gain; **die ~ de Summe/die ~ den hundert Euro** la somme qui reste/les cent euros qui restent
❸ *form (bleiben)* **der Durchschlag verbleibt beim Anwalt** l'avocat conserve le double
verbleichen* *itr V unreg + sein* se décolorer; *Farbe:* passer; **verblichene Jeans** des jeans délavés
verbleit [fɛɐˈblaɪt] *Adj* contenant du plomb
verblenden* *tr V* ❶ aveugler; **vom Gold/Reichtum verblendet sein** être aveuglé(e) par l'or/la richesse
❷ CONSTR recouvrir, revêtir *Fassade*
Verblendung *f* ❶ aveuglement *m*
❷ CONSTR *einer Fassade* revêtement *m*
verbleuen* ALT *s.* **verbläuen**
verblichen [fɛɐˈblɪçən] **I.** *PP von* **verbleichen**
II. *Adj* ❶ *Farbe* décoloré(e); *Stoff* délavé(e)
❷ *Ruhm* terni(e)
Verblichene(r) *f(m) dekl wie Adj geh* défunt(e) *m(f) (form)*
verblöden* *fam* **I.** *itr V + sein* devenir [complètement] abruti(e)
II. *tr V + haben* abrutir
Verblödung <-> *f fam* abrutissement *m*
verblüffen* *tr V* épater; **jdn mit einer Frage/Antwort ~** épater qn avec une question/réponse; **sich durch etwas Unerwartetes ~ lassen** se laisser décontenancer par quelque chose d'inattendu
verblüfft I. *Adj (bewundernd)* stupéfait(e), épaté(e); *(überrascht)*

stupéfait(e), ahuri(e)
II. *Adv* **~ schauen** *(bewundernd)* être stupéfait(e) *[o* épaté(e)]; *(überrascht)* avoir l'air stupéfait *[o* ahuri]
Verblüffung <-, -en> *f* stupéfaction *f;* **zu seiner [großen] ~** à sa [grande] stupéfaction
verblühen* *itr V + sein* faner
verbluten* *itr V + sein* perdre tout son sang; **innerlich ~** mourir d'[une] hémorragie interne
verbocken* *tr V fam* saboter; **er hat die ganze Sache verbockt!** c'est lui qui a fichu la merde! *(fam)*
verbohren* *r V fam* **sich in etw** *(Akk)* **~** se polariser sur qc *(fam)*
verbohrt [fɛɐˈboːɐt] *Adj pej fam* buté(e), borné(e)
Verbohrtheit <-, -en> *f pej* entêtement *m* excessif
verborgen*[1] [fɛɐˈbɔrɡən] *s.* **verleihen**
verborgen[2] *Adj* ❶ *Gang, Tür* dérobé(e); *Hebel* caché(e); *Falltür* secret(-ète)
❷ *(nicht offen zutage tretend) Gefahr, Talente* caché(e); *Sehnsüchte, Wünsche* secret(-ète); **es ist mir nicht ~ geblieben, dass** je n'ignore pas que + *indic,* je ne suis pas sans savoir que + *indic*
Verborgenheit <-> *f* dissimulation *f*
verbot *Imp von* **verbieten**
Verbot [fɛɐˈboːt] <-[e]s, -e> *nt* interdiction *f*
verboten [fɛɐˈboːtən] **I.** *PP von* **verbieten**
II. *Adj* ❶ interdit(e); **es ist ~ etw zu tun** il est interdit *[o* défendu] de faire qc
❷ *fam (sehr unvorteilhaft) Aussehen, Frisur* pas possible *(fam);* **in etw** *(Dat)* **~ aussehen** avoir une touche pas possible avec qc *(fam)*
Verbotsschild *nt* panneau *m* d'interdiction
verbrach *Imp von* **verbrechen**
verbrämen* *tr V* ❶ *geh (abmildern)* édulcorer *Ablehnung, Bescheid*
❷ COUT **etw mit etw ~** border qc de qc
verbrannt *PP von* **verbrennen**
verbraten* *tr V unreg sl* claquer *(arg) Geld;* gaspiller *Energie*
Verbrauch <-> *m* consommation *f;* **~ von etw** consommation *f* de qc; **einen hohen/niedrigen ~ an etw** *(Dat)* **haben** consommer une grande/faible quantité de qc; **sparsam im ~ sein** être économique
verbrauchen* **I.** *tr V* ❶ *(konsumieren)* consommer *Strom, Benzin, Vorräte*
❷ *(aufwenden)* dépenser *Kräfte, Energien*
❸ *(ausgeben)* dépenser *Taschengeld, Etat*
II. *r V* **sich ~** *(sich abnutzen)* s'user
Verbraucher(in) <-s, -> *m(f)* consommateur(-trice) *m(f)*
Verbraucherberatung *f* information *f* du consommateur **verbraucherfeindlich** *Adj* qui ne prend pas en compte les besoins du consommateur **verbraucherfreundlich** *Adj* à l'écoute des besoins du consommateur **Verbrauchergruppe** *f* ÖKON groupement *m* de consommateurs **Verbrauchermarkt** *m* supermarché *m* discount **Verbraucherpreis** *m* prix *m* à la consommation **Verbraucherrecht** *nt* POL droit *m* des consommateurs **Verbraucherschutz** *m* protection *f* des consommateurs, consumérisme *m* **Verbraucherverhalten** *nt* comportement *m* du consommateur **Verbraucherzentrale** *f* association *f* de consommateurs
Verbrauchsartikel *m* article *m* de consommation courante **Verbrauchsgüter** *Pl* biens *mpl* de consommation **Verbrauchssteuer** *f* taxe *f* à la consommation
verbraucht *Adj Luft* vicié(e); *Mensch* usé(e)
verbrechen <verbricht, verbrach, verbrochen> *tr V* ❶ **ich habe nichts verbrochen** je n'ai rien fait de mal; **was hast du denn wieder verbrochen?** *fam* mais qu'est-ce que t'as encore fabriqué? *(fam)*
❷ *hum fam (verfertigen)* commettre *(fam) Gedicht, Kunstwerk*
Verbrechen <-s, -> *nt* crime *m*
Verbrechensbekämpfung *f* lutte *f* contre le crime
Verbrecher(in) <-s, -> *m(f)* criminel(le) *m(f)*
Verbrecherbande *f* gang *m*
verbrecherisch [fɛɐˈbrɛçərɪʃ] *Adj* criminel(le); **es ist ~ etw zu tun** c'est un crime de faire qc
Verbrecherkartei *f* fichier *m* de la police **Verbrechersyndikat** *nt* syndicat *m* du crime
Verbrechertum <-s> *nt* criminalité *f*
verbreiten* **I.** *tr V* ❶ propager, faire courir *Gerücht;* faire circuler *Lüge, Nachricht;* faire *Propaganda;* **weit verbreitet** *Pflanze* commun(e); *Ansicht, Irrtum, Vorurteil* [très] répandu(e)
❷ MED propager *Erreger, Krankheit*
❸ *(erwecken)* semer, répandre *Entsetzen*
II. *r V* ❶ *a.* MED **sich ~** se propager, se répandre
❷ *pej (sich auslassen)* **sich über jdn/etw** *(Akk)* **~** s'étendre sur qn/qc
verbreitern* *tr, r V* [**sich**] **~** [s']élargir
Verbreiterung <-, -en> *f* élargissement *m*
verbreitet *Adj* répandu(e); **weit ~ sein** être très [*o* largement]

répandu(e)
Verbreitung <-, -en> f ❶ *kein Pl eines Gerüchts, einer Lüge* propagation f
❷ *(Vertrieb)* diffusion f; [**weite**] **~ finden** *Publikation:* être [largement] diffusé(e)
❸ MED, BOT *einer Krankheit, von Pollen* propagation f
Verbreitungsgebiet nt *einer Ware* zone f de distribution; *einer Krankheit* zone f de propagation
verbrennen* *unreg* I. *tr V + haben* ❶ brûler *Holz, Kohle, Papier;* brûler, incinérer *Müll;* **sich** *(Dat)* **die Hand am Backofen ~** se brûler la main en touchant le four
❷ *fam (einäschern)* incinérer *Toten*
❸ HIST *(hinrichten)* brûler
❹ *(verdorren lassen)* etw **~** *Hitze, Sonne:* brûler [o griller] qc
II. r V + haben **sich ~** se brûler
III. itr V + sein brûler
❷ HIST *(hingerichtet werden)* mourir brûlé[e]
Verbrennung <-, -en> f ❶ *kein Pl (das Verbrennen, Einäschern)* incinération f
❷ AUT, TECH combustion f
❸ MED brûlure f; **~ ersten/zweiten/dritten Grades** brûlure du premier/deuxième/troisième degré
Verbrennungsmotor m moteur m à explosion **Verbrennungsofen** m four m crématoire; *(für Müll)* incinérateur m **Verbrennungsrückstände** Pl résidus mpl de combustion
verbricht *3. Pers Präs von* **verbrechen**
verbriefen* *tr V veraltet geh* jdm etw **~** confirmer qc à qn par écrit; **verbriefte Rechte** des droits garantis [par écrit]
verbringen* *tr V unreg* ❶ *(zubringen)* passer; **den Tag/die Zeit/den Urlaub am Meer ~** passer la journée/son temps/ses vacances au bord de la mer; **den Tag mit Lesen ~** passer la journée à lire; **sein Leben in Armut ~** vivre dans la pauvreté
❷ *form (transportieren)* **den Häftling/die Ware ins Ausland ~** transférer le détenu/transporter la marchandise à l'étranger
verbrochen [fɛɐˈbrɔxən] PP von **verbrechen**
verbrüdern* r V sich **~** fraterniser; **sich mit jdm ~** fraterniser avec qn; **sich mit dem Feind ~** pactiser avec l'ennemi
Verbrüderung [fɛɐˈbryːdəruŋ] <-, -en> f fraternisation f
verbrühen* I. r V **sich ~** s'ébouillanter; **sich mit etw ~** s'ébouillanter avec qc
II. *tr V* ébouillanter; **jdm die Hand ~** brûler la main de qn [avec de l'eau bouillante]; **sich** *(Dat)* **den Arm/den Mund ~** se brûler le bras/la main [avec de l'eau bouillante]
Verbrühung <-, -en> f *(Wunde)* brûlure f [causée par de l'eau bouillante]
verbuchen* *tr V* ❶ COM etw **auf ein Konto ~** enregistrer qc [o passer qc en écriture] sur un compte
❷ *fig (verzeichnen)* **einen Erfolg für sich ~** engranger un succès
verbuddeln* *tr V fam* enterrer, enfouir *(soutenu)*
Verbum [ˈvɛrbʊm, Pl: ˈvɛrba] s. **Verb**
verbummeln* *tr V fam* ❶ passer à glander [o glandouiller] *(fam) Nachmittag, Wochenende;* **den Nachmittag/das Wochenende ~** passer l'après-midi/le week-end à glander [o glandouiller]
❷ *(verlieren)* paumer *(fam)*
Verbund [fɛɐˈbʊnt] <-[e]s, -e> m ❶ *(Firmenverbund)* groupement m
❷ *(Verkehrsverbund)* société f [o compagnie f] des transports en commun
verbunden [fɛɐˈbʊndən] Adj *form* **für Ihre Hilfe bin ich Ihnen sehr ~** je vous suis très reconnaissant(e) de m'avoir aidé(e); **ich bin Ihnen sehr ~** je vous suis très obligé(e) *(soutenu)*
verbünden* r V a. POL **sich ~** s'allier; **sich** [**miteinander**] **~** s'allier; **sich mit jdm ~** s'allier à qn; **verbündet sein** *Staaten, Mächte:* être allié(e)
Verbundenheit <-> f *(zwischen Freunden)* liens mpl; **uns eint eine tiefe ~** nous sommes uni(e)s par des liens étroits
Verbündete(r) f(m) dekl wie Adj allié(e) m(f)
Verbundglas nt kein Pl verre m feuilleté **Verbundmaterial** nt conditionnement m [en matériau] composite **Verbundnetz** nt ELEC réseau m d'interconnexion **Verbundwerkstoff** m matériau m composite
verbürgen* I. r V **sich für jdn/etw ~** se porter garant(e) de qn/qc; **sich dafür ~**, **dass** garantir que + *indic*
II. tr V garantir *Rechte, Sicherheit, Ansprüche*
verbürgt Adj *Nachricht, Information* de source sûre; *Tatsache, Ereignis, Zahl* confirmé(e)
verbüßen* *tr V* purger
Verbüßung <-> f JUR **zur ~ seiner Strafe** pour purger sa peine
verchromen* [-kroːmən] *tr V* chromer
Verdacht [fɛɐˈdaxt] <-[e]s> m soupçon m souvent pl; **~ erregen** éveiller les soupçons; **~ schöpfen** commencer à avoir des soupçons; **einen ~ haben** avoir des soupçons; **im ~ stehen etw getan zu haben** être soupçonné(e) d'avoir fait qc; **jdn in** [o **im**] **~ haben etw getan zu haben** soupçonner qn d'avoir fait qc

▶ **auf ~** *fam (auf bloße Vermutung hin)* sur de simples présomptions; *(aufs Geratewohl)* à tout hasard
verdächtig [fɛɐˈdɛçtɪç] I. Adj suspect(e); **sich ~ machen** éveiller les soupçons; **einer S.** *(Gen)* **~ sein** être soupçonné(e) [o suspecté(e)] de qc; **jd/etw kommt jdm ~ vor** qn trouve qn/qc suspect(e), qn/qc paraît suspect(e) à qn
II. Adv **im Haus ist es ~ ruhig** il règne un silence suspect dans la maison
Verdächtige(r) f(m) dekl wie Adj suspect(e) m(f)
verdächtigen* *tr V* soupçonner; **jdn einer S.** *(Gen)* **~** soupçonner [o suspecter] qn de qc; **jdn ~ etw getan zu haben** soupçonner qn d'avoir fait qc
Verdächtigung <-, -en> f soupçon m, suspicion f
Verdachtsfall m cas m suspect **Verdachtsmoment** nt JUR indice m
verdammen* *tr V* ❶ *(verfluchen)* maudire
❷ *(verurteilen)* réprouver, condamner *Verhalten, Handeln;* **jdn zu etw ~** condamner qn à qc; **zu etw verdammt sein** être voué(e) [o condamné(e)] à qc
Verdammnis <-> f **die ewige ~** REL la damnation éternelle
verdammt I. Adj ❶ *fam (widerwärtig)* fichu(e) antéposé *(fam)*, foutu(e) antéposé *(fam)*
❷ *fam (sehr groß)* **einen ~en Durst haben** avoir une de ces soifs; **er hat ~ es Glück gehabt!** il a eu une de ces chances!
❸ *fam (unerhört)* **einen ~ en Blödsinn reden** dire des conneries *(fam);* **~ er Mist!** eh, merde! *(fam);* **~ !** *sl* nom de Dieu! *(fam)*
❹ REL **~ sein** être damné(e)
II. Adv fam *ärgerlich, heiß, teuer, gut* vachement *(fam)*
verdampfen* *itr V + sein* s'évaporer
Verdampfung <-, -en> f CHEM, TECH évaporation f
verdanken* *tr V* ❶ **jdm/einer S. etw ~** devoir qc à qn/qc; **es ist ihm zu ~, dass sich noch lebe** si je suis encore en vie, c'est grâce à lui; **das habe ich der Konkurrenz zu ~** *iron* c'est un cadeau de mes concurrents *(iron)*
❷ CH *form (Dank aussprechen)* **jdm etw ~** remercier qn pour qc
Verdankung <-, -en> f CH *form* remerciements mpl
verdarb [fɛɐˈdarp] Imp von **verderben**
verdattert [fɛɐˈdatɐt] fam I. Adj *Gesicht* ahuri(e); **~ sein** être ahuri(e), être comme deux ronds de flan *(fam)*
II. Adv l'air complètement ahuri
verdauen* *tr, itr V a. fig* digérer
verdaulich Adj digeste; **leicht/schwer ~** facile/difficile à digérer
Verdaulichkeit <-> f digestibilité f
Verdauung <-> f digestion f; **eine gute/schlechte ~ haben** bien/mal digérer
Verdauungsapparat m appareil m digestif **Verdauungsbeschwerden** Pl problèmes mpl [o troubles mpl] digestifs **Verdauungsorgan** nt organe m de l'appareil digestif **Verdauungsspaziergang** m fam promenade f digestive **Verdauungsstörung** f meist Pl trouble m digestif **Verdauungstrakt** m appareil m digestif
Verdeck [fɛɐˈdɛk] <-[e]s, -e> nt capote f
verdecken* *tr V* ❶ *(verstecken)* cacher; **etw mit etw ~** cacher qc avec qc
❷ *(der Sicht entziehen)* [**jdm**] **die Sicht ~** cacher [o masquer] la vue [à qn]
verdeckt Adj ❶ *(geheim) Ermittler, Fahndung* secret(-ète); *Kamera* caché(e)
❷ *(verborgen) Kosten, Finanzierung, Erträge* occulte
verdenken* *tr V unreg geh* **jdm etw ~** tenir rigueur [o en vouloir] à qn de qc; **das kann ich Ihnen nicht ~** je ne peux [pas] vous en vouloir pour cela, je ne peux [pas] vous tenir rigueur de cela; **das kann Ihnen keiner ~** personne ne peut vous en vouloir
Verderb [fɛɐˈdɛrp] <-[e]s> m ❶ *form von Lebensmitteln* altération f
❷ s. **Verderben**
verderben [fɛɐˈdɛrbən] <verdirbt, verdarb, verdorben> I. tr V + haben ❶ corrompre, pervertir *Person, Charakter*
❷ *(beschädigen)* abîmer *Kleidungsstück, Teppich*
❸ *(zunichtemachen)* **jdm das Fest/den Urlaub/die Freude ~** gâcher la fête/ses vacances/son plaisir à qn
❹ *(verscherzen)* **es sich** *(Dat)* **mit jdm ~** perdre les faveurs de qn; **es sich** *(Dat)* **mit niemandem ~ wollen** vouloir ménager la chèvre et le chou
II. itr V + sein *Gemüse, Obst:* s'avarier, se gâter; *Fleisch:* s'avarier, Sahne: tourner
Verderben <-s> nt geh destin m funeste [o tragique]; **jds ~ sein** être la perte de qn; **in sein ~ rennen** courir à sa perte; **jdn ins ~ stürzen** causer la perte de qn
verderblich [fɛɐˈdɛrplɪç] Adj ❶ périssable; **~ sein** *Lebensmittel:* être périssable
❷ *(unheilvoll)* funeste
verdeutlichen* *tr V* clarifier *Sachverhalt, Theorie, Zusammenhang;* **jdm etw ~** expliquer qc à qn; **sich** *(Dat)* **etw ~** réfléchir à qc

Verdeutlichung <-, -en> f ❶ *(Veranschaulichung) eines Sachverhalts, einer Theorie* clarification f; **zur ~** pour clarifier les choses; **zur ~ des Problems** pour clarifier le problème
❷ *(Erklärung)* explication f
verdichten* I. tr V PHYS comprimer
II. r V sich **~** ❶ *Bewölkung:* s'amonceler; *Nebel:* s'épaissir
❷ *(sich verstärken) Eindruck:* s'accentuer
verdicken* r V sich **~** *Haut:* s'épaissir; *Stelle:* enfler
Verdickung <-, -en> f *(in der Haut)* grosseur f
verdienen* I. tr V ❶ *(als Verdienst bekommen)* gagner; **ihr selbst verdientes Geld** l'argent qu'elle a gagné elle-même
❷ *(Gewinn machen)* **an etw** *(Dat)* **viel/wenig/tausend Euro ~** gagner beaucoup/peu/mille euros sur qc
❸ *(finanzieren)* **sich** *(Dat)* **sein Studium/seinen Lebensunterhalt selbst ~** financer ses études soi-même/gagner sa vie
❹ *(beanspruchen dürfen)* mériter *Lob, Tadel, Respekt;* **sie hat sich** *(Dat)* **diese Belohnung/den Urlaub [redlich] verdient** elle a bien mérité cette récompense/ces vacances
▶ **er verdient es nicht anders [o besser]** il n'a que ce qu'il mérite
II. itr V ❶ **gut/schlecht ~** gagner bien/mal sa vie; **gut ~d** qui gagne bien sa vie
❷ *(Gewinn machen)* **an etw** *(Dat)* **~** faire des bénéfices sur qc
Verdiener(in) <-s, -> m(f) personne qui gagne sa vie; **wir sind zu Hause drei ~** nous sommes trois à ramener un salaire à la maison
Verdienst¹ <-[e]s, -e> m revenu m
Verdienst² <-[e]s, -e> nt jds **~ e um etw** les mérites mpl de qn en matière de qc; **sich** *(Dat)* **~ e um etw erwerben** rendre de grands services en faveur de qc; **es ist sein ~, dass** c'est grâce à lui que + indic
Verdienstausfall m perte f de salaire
verdienstvoll Adj ❶ *Tat* méritoire
❷ s. **verdient** ❷
verdient I. Adj ❶ *(berechtigt)* mérité(e)
❷ *(verdienstvoll) Person* émérite
❸ SPORT *Sieg, Führung* mérité(e)
▶ **sich um etw ~ machen** rendre de grands services en faveur de qc
II. Adv SPORT **~ siegen** remporter une victoire [bien] méritée
verdientermaßen, verdienterweise Adv ❶ selon ses/mes/... mérites
❷ SPORT de façon méritée
verdingen* <PP **verdungen** o **verdingt**> r V veraltet **sich bei jdm [als Knecht] ~** louer ses services [de valet] à qn *(vieilli)*
verdirbt [fɛɐ'dɪrpt] 3. Pers Präs von **verderben**
verdonnern* tr V fam ❶ **jdn zu einer Geldstrafe ~** coller une amende à qn *(fam)*
❷ *(anweisen)* **jdn zum Stillschweigen ~** ordonner à qn de la boucler *(fam);* **jdn dazu ~ etw zu tun** coller à qn la corvée de faire qc *(fam)*
verdoppeln* I. tr V ❶ *(erhöhen)* doubler
❷ *(verstärken)* redoubler de *Eifer, Einsatz;* redoubler *Anstrengungen, Bemühungen*
II. r V sich **~** *Preis, Verbrauch:* doubler
Verdopp[e]lung <-, -en> f ❶ *(Erhöhung)* multiplication f par deux
❷ *(Verstärkung)* redoublement m
verdorben [fɛɐ'dɔrbən] I. PP von **verderben**
II. Adj ❶ *Fleisch, Wurst* avarié(e); *Käse, Marmelade, Pilze* moisi(e)
❷ *(moralisch)* dépravé(e)
Verdorbenheit <-> f dépravation f
verdorren* itr V + sein se dessécher; **verdorrt** *Ast, Gras* sec(sèche); *Baum* desséché(e)
verdrängen* tr V ❶ évincer; **jdn aus etw ~** évincer qn de qc; **jdn von seinem Platz ~** prendre la place de qn
❷ PHYS déplacer *Wasser, Luft*
❸ *(ersetzen)* supplanter
❹ PSYCH refouler
Verdrängung [fɛɐ'drɛŋʊŋ] <-, -en> f ❶ *eines Mitarbeiters* éviction f
❷ PHYS déplacement m
❸ *(das Ersetzen)* remplacement m
❹ PSYCH refoulement m
Verdrängungskünstler(in) m(f) iron as m du refoulement *(iron);* **ein ~/eine ~in sein** avoir l'art de refouler *(iron)* **Verdrängungswettbewerb** m ÖKON concurrence f dépréciatrice
verdrecken* fam I. itr V + sein devenir crade *(fam)*
II. tr V + haben dégueulasser *(fam)*
verdreckt Adj fam dégueulasse *(fam)*
verdrehen* tr V ❶ tourner *Hals, Kopf;* **die Augen ~** rouler des yeux; *(vor einer Ohnmacht)* tourner de l'œil
❷ *(verrenken)* **sich** *(Dat)* **den Fuß ~** se tordre le pied
❸ fam *(verfälschen)* déformer *Sachverhalt, Worte*
verdreifachen* tr, r V [sich] **~** tripler
Verdreifachung f triplement m

verdreschen* tr V unreg fam tabasser *(fam)*
verdrießen [fɛɐ'driːsən] <verdross, verdrossen> tr V geh contrarier; **sich nicht ~ lassen** ne pas se laisser décourager
verdrießlich Adj geh *(missmutig)* contrarié(e)
verdross^RR, **verdroß**^ALT Imp von **verdrießen**
verdrossen [fɛɐ'drɔsən] I. PP von **verdrießen**
II. Adj *Person* renfrogné(e); *Gesicht, Miene* maussade
Verdrossenheit <-> f geh acrimonie f *(soutenu)*
verdrücken* fam I. tr V ❶ s'envoyer *(fam);* **etw ~** s'envoyer qc
II. r V sich **~** se tirer *(fam)*
Verdruss^RR <-es, -e>, **Verdruß**^ALT <-sses, -sse> m meist Sing geh dépit m; **jdm ~ bereiten** causer du désagrément à qn; **zu seinem [großen] ~** à son [grand] déplaisir
verduften* itr V + sein fam *Person:* se barrer *(fam)*
verdummen* I. tr V + haben abrutir
II. itr V + sein s'abêtir
Verdummung <-> f abrutissement m
verdunkeln* I. tr V ❶ masquer *Fenster;* **das Zimmer ~** faire l'obscurité dans la pièce
❷ *(verdüstern)* **etw ~** *Wolke:* obscurcir qc
❸ JUR dissimuler *Straftat*
II. r V sich **~** *Himmel:* s'assombrir
Verdunk[e]lung <-> f ❶ *eines Raums* black-out m; *von Fenstern* camouflage m
❷ JUR dissimulation f
Verdunk[e]lungsgefahr f JUR risque m de dissimulation [o de destruction de preuves]
verdünnen* tr V diluer; **etw mit Wasser ~** diluer qc avec de l'eau
Verdünner m diluant m
verdünnisieren* r V hum fam sich **~** s'éclipser *(fam)*
Verdünnung <-, -en> f dilution f
verdunsten* itr V + sein s'évaporer
Verdunstung <-> f évaporation f
verdursten* itr V + sein ❶ mourir de soif
❷ fam *(sehr durstig sein)* [fast] **~** [faillir] crever de soif *(fam)*
verdüstern* geh I. r V sich **~** ❶ *Himmel:* s'obscurcir
❷ *(sich verfinstern) Gesicht, Miene:* s'assombrir
II. tr V **etw ~** *Wolke:* obscurcir qc
verdutzen* tr V déconcerter
verdutzt [fɛɐ'dʊtst] I. Adj déconcerté(e)
II. Adv **jdn ~ ansehen** regarder qn l'air ahuri(e)
verebben* itr V + sein geh *Geräusche, Musik:* s'atténuer
veredeln* tr V ❶ ennoblir *Gewebe, Wolle;* affiner *Metall*
❷ HORT greffer
Veredelung <-, -en> f ❶ *eines Gewebes, von Wolle* ennoblissement m; *eines Metalls* affinage m
❷ HORT greffage m
verehelichen* r V form sich **~** se marier; **sich mit jdm ~** se marier avec qn
Verehelichung <-, -en> f form mariage m
verehren* tr V ❶ a. REL vénérer
❷ geh *(schenken)* **jdm etw ~** faire présent de qc à qn *(littér)*
Verehrer(in) <-s, -> m(f) ❶ *(Bewunderer)* admirateur(-trice) m(f)
❷ REL adorateur(-trice) m(f)
❸ hum *(Flirt)* soupirant m *(hum)*
verehrt Adj ❶ *(in mündlicher Anrede)* cher(chère)
❷ *(im Brief)* **~ e Frau Professor** Madame le Professeur
Verehrung f kein Pl ❶ *(Bewunderung)* admiration f
❷ REL vénération f, culte m
verehrungswürdig Adj geh vénérable *(soutenu)*
vereidigen* tr V ❶ assermenter
❷ *(verpflichten)* **jdn auf etw** *(Akk)* **~** faire prêter serment à qn sur qc
vereidigt Adj assermenté(e)
Vereidigung <-, -en> f prestation f de serment
Verein [fɛɐ'ʔaɪn] <-[e]s, -e> m ❶ association f; *(Sportverein)* club m; *(Veteranenverein)* amicale f; **eingetragener ~** association déclarée *(régie par la loi de 1901)*
❷ pej fam *(Leute)* **ein komischer/langweiliger ~** une clique marrante/enquiquinante *(fam)*
▶ **im ~ mit jdm** en collaboration avec qn
vereinbar Adj compatible
vereinbaren* tr V ❶ *(absprechen)* convenir de; **etw mit jdm ~** convenir de qc avec qn; **~, dass** convenir que + indic; **es wird vereinbart, dass** il est convenu que + subj; **wir hatten Stillschweigen vereinbart** nous avions convenu de garder le silence
❷ *(in Einklang bringen)* **etw mit etw ~** concilier qc avec qc; **mit etw zu ~ sein, sich mit etw ~ lassen** être conciliable avec qc
Vereinbarung <-, -en> f ❶ kein Pl *(das Vereinbaren)* **die ~ eines neuen Termins war schwierig** il était difficile de convenir d'un autre rendez-vous
❷ *(Abmachung)* accord m; **eine ~ treffen** passer un accord; **stillschweigende ~** JUR accord tacite; **laut ~** comme convenu; **nach ~**

de gré à gré; *(bei Sprechstundenzeiten)* sur rendez-vous
vereinbarungsgemäß *Adv* comme convenu
vereinen* *tr V* ❶ *(zusammenführen)* regrouper
❷ *(vereinbaren)* **etw mit etw ~ können** pouvoir concilier qc avec qc; **miteinander zu ~/nicht zu ~ sein** *Ansichten:* être conciliable/inconciliable
vereinfachen* *tr V* simplifier
vereinfacht I. *Adj Darstellung, Skizze* simplifié(e); *Verfahren* expéditif(-ive)
II. *Adv* de façon simplifiée
Vereinfachung <-, -en> *f* simplification *f*
vereinheitlichen* *tr V* uniformiser
Vereinheitlichung <-, -en> *f* uniformisation *f*
vereinigen* I. *tr V* fusionner *Firmen;* réunir *Organisationen, Staaten;* **drei Firmen zu einem Konzern ~** fusionner trois entreprises en un groupe
II. *r V* ❶ **sich zu etw ~** *Personen:* s'associer pour qc; *Firmen, Verbände:* s'associer en qc; *Truppenteile, Armeen:* se regrouper en qc
❷ *(zusammenfließen)* **sich zu etw ~** *Flüsse:* confluer pour former qc
❸ *(bekommen)* **hundert Stimmen auf sich** *(Akk)* ~ cumuler cent voix [électorales]
vereinigt *Adj* associé(e)
Vereinigung <-, -en> *f* ❶ *(Organisation)* association *f;* **kriminelle ~** association de malfaiteurs
❷ *kein Pl (das Vereinigen)* fusion *f*
vereinnahmen* *tr V* ❶ accaparer *Person*
❷ *form (einnehmen)* percevoir *Geld*
vereinsamen* *itr V + sein* s'isoler
vereinsamt *Adj* isolé(e)
Vereinsamung <-> *f (das Vereinsamen)* isolement *m; (Einsamkeit)* solitude *f*
Vereinsfreiheit *f kein Pl* liberté *f* d'association **Vereinslokal** *nt* local *m* d'une association **Vereinsmitglied** *nt* membre *m* d'une association
vereinzelt [fɛɐ̯ʔaɪntsəlt] I. *Adj Rufe* sporadique; *Fälle* isolé(e); *Gewitter, Regenschauer* épars(e)
II. *Adv* METEO **~ Schauer** des averses par endroits
vereisen* I. *itr V + sein Fahrbahn, Straße:* devenir verglacé(e); *Fensterscheibe, Tragfläche:* se givrer; *Türschloss:* geler; **vereist** *Straße* verglacé(e); *Fensterscheibe, Tragfläche* givré(e); *Türschloss* gelé(e)
II. *tr V + haben* MED insensibiliser
Vereisung <-, -en> *f* givrage *m*
vereiteln* *tr V* déjouer
Vereitelung <-> *f* empêchement *m*
vereitern* *itr V + sein Wunde, Wurmfortsatz:* suppurer; *Mandel, Zahnwurzel:* s'infecter; **vereitert** *Wunde, Wurmfortsatz* purulent(e), plein(e) de pus; *Mandel, Zahnwurzel* infecté(e)
Vereiterung <-, -en> *f* purulence *f; einer Mandel* infection *f; einer Zahnwurzel* abcès *m*
Vereitlung *s.* **Vereitelung**
verelenden* *itr V + sein geh* tomber dans la misère
Verelendung <-, -en> *f* appauvrissement *m*, paupérisation *f*
verenden* *itr V + sein Tier:* être en train de crever
verengen* I. *r V* **sich ~** *Gefäße, Pupillen:* se contracter; *Fahrbahn, Straße:* se rétrécir
II. *tr V* rétrécir *Gefäße, Pupillen*
Verengung <-, -en> *f* rétrécissement *m*
vererbbar *Adj* héréditaire
vererben* *tr V* ❶ JUR léguer; **jdm etw ~** léguer qc à qn
❷ BIO transmettre héréditairement; **jdm etw ~, etw auf jdn ~** transmettre héréditairement qc à qn
vererblich *Adj* successible; **~e Gegenstände** biens *mpl* successibles
Vererbung <-, *selten* -en> *f* hérédité *f*, transmission *f* héréditaire; **durch ~** héréditairement
Vererbungslehre <-, *selten* -en> *f* lois *fpl* de l'hérédité
verewigen* I. *r V* ❶ **sich ~** s'immortaliser
❷ *fam (malen, kritzeln)* **sich auf etw** *(Dat)* **~** s'immortaliser sur qc
II. *tr V* perpétuer
verfahren*¹ *unreg* I. *itr V + sein* ❶ procéder; **wir werden anders ~** nous allons procéder différemment
❷ *(umgehen)* **mit jdm vorsichtig/streng ~** agir d'une manière prudente/stricte avec qn
II. *r V* **sich ~** se tromper de route
III. *tr V* consommer *Kraftstoff;* **viel Geld ~** dépenser beaucoup d'argent en essence
verfahren² *Adj Angelegenheit* embrouillé(e); *Situation* sans issue
Verfahren <-s, -> *nt* ❶ procédé *m*
❷ JUR procédure *f;* **abgekürztes/anhängiges ~** procédure sommaire/pendante; **ein ~ gegen jdn einleiten** engager une procédure contre qn; **die Kosten des ~s tragen** supporter les frais de la

procédure
Verfahrensfehler *m* JUR erreur *f* de procédure **Verfahrenstechnik** *f kein Pl* ingénierie *f* des procédés techniques **Verfahrensweise** *f* procédure *f*
Verfall *m kein Pl* ❶ *eines Gebäudes* délabrement *m; der Kräfte* déclin *m; der Gesundheit, des Körpers* dégradation *f*
❷ *geh (Niedergang)* déclin *m*
❸ *(das Ungültigwerden)* expiration *f*
verfallen*¹ *itr V unreg + sein* ❶ *Altstadt, Gebäude:* se délabrer; *Mensch:* décliner
❷ *(sinken, Wert einbüßen) Kurs, Preise, Währung:* s'effondrer
❸ *(ungültig werden) Eintrittskarte, Fahrkarte, Gutschein:* être périmé(e); *Anspruch:* être déchu(e); *Recht:* se prescrire
❹ *(erliegen)* **jdm ~** tomber sous l'emprise de qn; **jds Charme/Zauber** *(Dat)* **~** succomber au charme/à la magie de qn; **dem Alkohol ~** sombrer dans l'alcool
❺ *(sich einfallen lassen)* **auf etw** *(Akk)* **~** en venir à qc; **er verfällt darauf etw zu tun** il lui vient à l'idée de faire qc
❻ *(auswählen)* **auf jdn ~** tomber sur qn
verfallen² *Adj* ❶ délabré(e), en ruines
❷ *(abgelaufen)* périmé(e)
Verfallfrist *f* FIN délai *m* de forclusion
Verfallsdatum *nt* date *f* de péremption **Verfallserscheinung** *f* ❶ *eines Imperiums* signe *m* de décadence ❷ *(gesundheitlich)* symptôme *m* de déchéance
verfälschen* *tr V* ❶ *(falsch darstellen, wiedergeben)* déformer
❷ *(in der Qualität mindern)* frelater *Wein*
Verfälschung *f* ❶ *(Verfremdung, Verformung)* déformation *f*
❷ *(Qualitätsminderung) von Wein* frelatage *m*
verfangen* *unreg* I. *r V* ❶ **sich in etw** *(Dat)* **~** se prendre dans qc
❷ *fig* **sich in Lügen/Widersprüchen ~** s'empêtrer dans des mensonges/des contradictions
II. *itr V* **bei jdm nicht/nicht mehr ~** *Masche, Trick:* ne pas/ne plus marcher avec qn
verfänglich [fɛɐ̯ˈfɛŋlɪç] *Adj* compromettant(e)
verfärben* I. *r V* **sich ~** *Blätter, Laub, Gesicht:* changer de couleur
II. *tr V* déteindre sur *Wäsche*
Verfärbung *f* ❶ *kein Pl* changement *m* de couleur
❷ *(abweichende Färbung)* coloration *f*
verfassen* *tr V* rédiger *Artikel, Brief, Rede;* écrire *Buch*
Verfasser(in) <-s, -> *m(f)* auteur(-trice) *m(f)*
Verfassung *f* ❶ *kein Pl (Befinden)* état *m;* **in einer guten/schlechten ~ sein** se sentir/ne pas se sentir bien; **in was für einer ~ befindet sie sich?** comment se sent-elle?
❷ POL constitution *f*
Verfassungsänderung *f* révision *f* constitutionnelle **Verfassungsbeschwerde** *f* recours *m* constitutionnel **verfassungsfeindlich** *Adj* anticonstitutionnel(le) **Verfassungsgericht** *nt* ≈ Cour *f* constitutionnelle **verfassungskonform** *Adj* conforme à la Constitution
verfassungsmäßig *Adj* constitutionnel(le)
verfassungspolitisch *Adj inv Bedenken* politicoconstitutionnel(le) **Verfassungsschutz** *m fam (Bundesamt für Verfassungsschutz)* ≈ Direction *f* de la sécurité du territoire **verfassungswidrig** *Adj* anticonstitutionnel(le)
verfaulen* *itr V + sein* ❶ *Gemüse, Obst:* se gâter; *Fleisch:* s'avarier; **verfault** *Obst, Gemüse* gâté(e); *Fleisch* avarié(e)
❷ *(verwesen)* pourrir; *Zahn:* se gâter; **verfault** *Holz* pourri(e); *Zahn* gâté(e)
verfechten* *tr V unreg* professer *(soutenu) Lehre, Theorie;* défendre *Meinung, Standpunkt;* préconiser *Kurs*
Verfechter(in) *m(f)* défenseur *mf*
verfehlen* *tr V* ❶ *(danebentreffen)* manquer, rater; **jdn/etw ~** manquer [*o* rater] qn/qc; **etw ist nicht zu ~** on ne peut pas manquer [*o* rater] qc
❷ *(verpassen)* rater *Person, Zug, Bus*
❸ *(nicht erreichen)* rater *Wirkung;* ne pas atteindre *Zweck;* **das Thema ~** s'éloigner du sujet
verfehlt *Adj Politik, Planung* raté(e); **~ sein** être un échec; **es wäre ~, das zu tun** ce serait une erreur de faire cela
Verfehlung <-, -en> *f* faute *f; (im Amt)* manquement *m*
verfeinden* *r V* **sich ~** se brouiller; **sich mit jdm ~** se brouiller avec qn; **verfeindet** *(zerstritten)* brouillé(e); *(feindlich gesonnen)* ennemi(e)
verfeinern* *tr V* ❶ **etw mit Sahne/mit Gewürzen ~** velouter qc avec de la crème/relever qc avec des épices
❷ *(verbessern)* améliorer *Methode, Verfahren*
Verfeinerung <-, -en> *f* amélioration *f*
verfemt *Adj geh* proscrit(e)
verfertigen* *tr V geh* élaborer *Liste, Bericht*
verfestigen* *r V* **sich ~** ❶ *Klebstoff:* durcir; *Farbe, Lack:* sécher
❷ *(stärker werden) Eindruck, Tendenz:* se renforcer
verfetten* *itr V Person:* engraisser; *Organ:* être atteint(e) de dégé-

nérescence graisseuse
Verfettung <-> *f* dégénérescence *f* graisseuse
verfeuern* *tr V* ❶ *(verschießen)* tirer
❷ *(verbrennen)* brûler
verfilmen* *tr V* porter à l'écran; **etw ~** porter qc à l'écran
Verfilmung <-, -en> *f* adaptation *f* cinématographique
verfilzen* *itr V + sein Wollpullover:* [se] feutrer; *Haare:* s'emmêler; **verfilzt** *Wollpullover* feutré(e); *Haare* tout emmêlé(e)
verfilzt *Adj fam* embrouillé(e); **Politik und Wirtschaft sind oft miteinander ~** la politique et l'économie sont souvent de mèche *(fam);* **mit der Mafia ~ sein** être de mèche avec la mafia *(fam)*
verfinstern* *r V* **sich ~** *Himmel:* s'obscurcir; *Gesicht, Miene:* s'assombrir
verflechten* *tr V unreg* ❶ tresser; **etw [miteinander] ~** tresser qc
❷ *fig* **eng verflochten sein** être étroitement lié(e)
Verflechtung <-, -en> *f* ÖKON interdépendance *f*
verfliegen* *unreg* I. *itr V + sein Alkohol, Kohlensäure, Duft:* s'évaporer; *Heimweh, Kummer, Zorn:* s'envoler
II. *r V + haben* **sich ~** perdre le cap
verfließen* *itr V unreg + sein* ❶ *(verschwimmen) Farben:* s'estomper
❷ *geh (vergehen)* s'écouler; *s. a.* **verflossen**
verflixt [fɛɐ̯ˈflɪkst] I. *Adj fam* **dieser ~e Kerl/dieses ~e Gerät!** ce con de type/d'appareil! *(fam)*
II. *Adv fam* foutrement *(fam)*
III. *Interj fam* la vache! *(fam)*
verflochten *PP von* **verflechten**
verflogen *PP von* **verfliegen**
verflossen [fɛɐ̯ˈflɔsən] *Adj* ❶ *geh Tage, Jahre* écoulé(e)
❷ *fam (frühere)* **eine ~e Freundin/ein ~er Freund** une/un ex *(fam)*
Verflossene(r) *f(m) dekl wie Adj fam* **seine ~/ihr ~r** son ex *(fam)*
verfluchen* *tr V* maudire
verflucht *fam* I. *Adj Kerl* sale antéposé; *Computer, Auto* foutu(e) antéposé *(fam)*
II. *Adv* vachement *(fam)*
III. *Interj* nom d'un chien *(fam)*
verflüchtigen* *r V* **sich ~** *Parfüm:* s'évaporer
❷ *hum fam Mensch:* s'éclipser *(fam)*
verflüssigen* *tr V* liquéfier *Gas, Luft*
Verflüssigung <-, -en> *f* liquéfaction *f*
verfolgen* *tr V* ❶ *(nachsetzen)* poursuivre *Person; (observieren)* suivre *Person;* **jdn ~** *(nachsetzen)* poursuivre qn; *(observieren)* suivre qn
❷ *(untersuchen, beobachten)* suivre *Spur, Hinweis, Verlauf, Diskussion*
❸ *(drangsalieren)* persécuter
❹ *(erreichen wollen)* poursuivre *Strategie, Ziel*
❺ JUR poursuivre *Straftat, Vergehen*
Verfolger(in) <-s, -> *m(f)* poursuivant(e) *m(f)*
Verfolgte(r) *f(m) dekl wie Adj* persécuté(e) *m(f)*
Verfolgung <-, -en> *f* ❶ a. JUR poursuite *f;* **die ~ aufnehmen** commencer la poursuite
❷ *(Drangsalierung)* persécution *f*
❸ *kein Pl einer Strategie, eines Ziels* poursuite *f;* einer Absicht réalisation *f*
Verfolgungsjagd *f* [course *f*] poursuite *f* **Verfolgungsrennen** *nt* SPORT course *f* poursuite **Verfolgungswahn** *m* délire *m* [*o* manie *f*] de [la] persécution
verformen* I. *tr V* déformer
II. *r V* **sich ~** se déformer
Verformung *f* déformation *f*
verfrachten* *tr V* ❶ *fam* **jdn ins Bett ~** expédier qn au lit *(fam);* **jdn/etw ins Auto ~** transbahuter qn/qc dans la voiture *(fam)*
❷ COM fréter
verfranzen* *r V fam* **sich ~** se paumer *(fam)*
verfremden* *tr V* distancier *(pour créer l'effet de distanciation)*
Verfremdung <-, -en> *f* distanciation *f*
Verfremdungseffekt *m* LITER effet *m* de distanciation
verfressen* *Adj sl* morfal *(arg)*
Verfressenheit <-> *f sl* goinfrerie *f (fam)*
verfrüht *Adj* prématuré(e); **etw für ~ halten** considérer qc comme prématuré(e)
verfügbar *Adj* disponible
Verfügbarkeit <-> *f* disponibilité *f*
verfugen* *tr V* faire les joints de *Mauer, Wand, Fliesen;* enduire *Risse*
verfügen* I. *tr V* ❶ **über etw** *(Akk)* **~** disposer de qc; **über etw** *(Akk)* **frei ~ können** pouvoir disposer librement [*o* à sa guise] de qc
II. *tr V* ordonner; **~, dass** ordonner que + *subj*
Verfügung <-, -en> *f* ❶ *(Disposition)* disposition *f;* **etw zur ~ haben** avoir qc à sa disposition; **zu jds** [*o* **jdm zur**] **~ stehen** être à

la disposition de qn; **dieses Geld steht dir zur ~** cet argent est à ta disposition; **jdm etw zur ~ stellen** mettre qc à la disposition de qn; **sein Amt zur ~ stellen** renoncer à sa fonction
❷ *(Verordnung)* décret *m*
❸ JUR ordonnance *f;* **einstweilige ~** référé *m;* **eine ~ beantragen** demander une ordonnance; **eine ~ vorläufig aufheben** annuler une ordonnance préalablement
Verfügungsberechtigung *f* JUR capacité *f* à disposer **Verfügungsgewalt** *f form* **die ~ über etw** *(Akk)* le pouvoir de disposer de qc
verführen* *tr V* ❶ *(verleiten)* **jdn zu etw ~** *Person:* entraîner qn à faire qc; **[jdn] zum Kaufen ~** *Werbung:* inciter [qn] à faire des achats
❷ *(erobern)* séduire *Mann, Frau*
Verführer(in) *m(f)* séducteur(-trice) *m(f)*
verführerisch I. *Adj* ❶ *Mensch, Charme* séduisant(e); *Aufmachung, Duft* alléchant(e)
❷ *(interessant, viel versprechend)* alléchant(e)
II. *Adv* **sich räkeln** de façon aguicheuse; **angezogen** de manière séduisante; **~ riechen** avoir une odeur alléchante
Verführung *f* ❶ séduction *f*
❷ JUR **~ Minderjähriger** détournement *m* de mineur
verfünffachen* *tr, r V* quintupler
verfüttern* *tr V* donner à manger; **etw an die Tiere ~** donner qc à manger aux animaux
Vergabe *f* ❶ *einer Arbeit, eines Projekts* octroi *m;* eines Auftrags adjudication *f*
❷ *(Verleihung)* einer Auszeichnung, Förderung octroi *m;* eines Preises, Stipendiums attribution *f*
Vergaberichtlinie *f meist Pl* directive *f* sur la passation de marché public
vergällen* *tr V* ❶ **jdm die Freude** [*o* **den Spaß**] **an etw** *(Dat)* **~** gâcher sa joie/son plaisir à propos de qc à qn
❷ CHEM dénaturer *Alkohol*
vergammeln* *fam* I. *itr V + sein Brot, Essen, Käse:* moisir; *Wurst:* s'avarier; **vergammelt** moisi(e); *Wurst* avarié(e)
II. *tr V + haben* **den Tag/viel Zeit ~** passer la journée/beaucoup de temps à glander *(fam)*
vergangen [fɛɐ̯ˈɡaŋən] *Adj* passé(e)
Vergangenheit <-, *selten* -en> *f a.* GRAM passé *m;* **die jüngste ~** le passé [tout] récent
▶ **eine bewegte ~ haben** avoir un passé tumultueux; **der ~** *(Dat)* **angehören** appartenir au passé
Vergangenheitsbewältigung *f* fait *m* d'assumer son passé; **sich mit der ~ schwertun** avoir du mal à assumer son passé
vergänglich [fɛɐ̯ˈɡɛnlɪç] *Adj* éphémère
Vergänglichkeit <-> *f* caractère *m* éphémère
vergasen* *tr V* ❶ *(töten)* gazer
❷ TECH gazéifier
Vergaser <-s, -> *m* TECH carburateur *m*
vergaß [fɛɐ̯ˈɡaːs] *Imp von* **vergessen**
Vergasung <-, -en> *f* ❶ *(Tötung)* gazage *m*
❷ TECH gazéification *f*
vergeben* *unreg* I. *itr V* pardonner; **jdm ~** pardonner à qn
II. *tr V* ❶ *geh (verzeihen)* **[jdm] etw ~** pardonner qc [à qn]
❷ *(übergeben, zuteilen)* attribuer *Auftrag, Preis, Wohnung;* **eine Arbeit an jdn ~** donner un travail à faire à qn; **Eintrittskarten zu ~ für ...** billets à donner pour ...
▶ **schon ~ sein** *(einen festen Partner haben, bereits einen Termin haben)* être déjà pris(e); **das ist ~ und vergessen** [tout ça,] c'est du passé; **er vergibt sich** *(Dat)* **nichts, wenn er das tut** cela ne lui fera aucun tort s'il le fait
vergebens [fɛɐ̯ˈɡeːbəns] I. *Adj präd* **~ sein** être vain(e)
II. *Adv s.* **vergeblich**
vergeblich I. *Adj* vain(e)
II. *Adv* en vain
Vergeblichkeit <-> *f* inutilité *f*
Vergebung <-, -en> *f* pardon *m;* **jdn um ~ für etw bitten** demander pardon à qn pour qc
vergegenwärtigen* *r V* **sich** *(Dat)* **etw ~** réaliser qc
vergehen* *unreg* I. *itr V + sein* ❶ *Zeit, Tag, Stunden, Sekunden:* passer
❷ *(schwinden) Schmerz, Hunger:* passer, disparaître; **jdm vergeht die Lust** qn [en] perd l'envie; **da vergeht einem ja der Appetit!** ça vous coupe l'appétit!
❸ *(fast umkommen)* **vor Hunger/Angst [fast] ~** [faillir] mourir de faim/de peur
II. *r V + haben* **sich an jdm ~** abuser de qn; **sich gegen Sitte und Moral ~** transgresser les mœurs et la morale; **sich gegen das Gesetz ~** enfreindre la loi
Vergehen <-s, -> *nt* délit *m*
vergelten *tr V unreg* ❶ *(lohnen)* récompenser *Liebe, Fürsorge;* **jdm seine Hilfe ~** revaloir son aide à qn; **er vergilt ihre Hilfe mit Undank** il lui paie son aide d'ingratitude

sich vergewissern	
sich vergewissern	**s'assurer**
Alles in Ordnung?	Tout va bien?
Habe ich das so richtig gemacht?	Est-ce que je l'ai bien fait?
Hat es Ihnen geschmeckt?	Est-ce que c'était bon?
Ist das der Bus nach Frankfurt?	Est-ce que c'est le bus pour Francfort?
(am Telefon) Bin ich hier richtig beim Jugendamt?	(au téléphone) Je suis bien à l'office de protection de la jeunesse?
Ist das der Film, von dem du so geschwärmt hast?	C'est bien le film que tu as tant adoré?
Bist du dir sicher, dass die Hausnummer stimmt?	Es-tu sûr(e) que c'est le bon numéro?
jemanden versichern, beteuern	**assurer, affirmer quelque chose à quelqu'un**
Der Zug hatte wirklich Verspätung gehabt.	Le train avait vraiment eu du retard.
Wirklich! Ich habe nichts davon gewusst.	Vraiment! Je n'en savais rien.
Ob du es nun glaubst oder nicht, sie haben sich tatsächlich getrennt.	Que tu le croies ou non, ils se sont vraiment séparés.
Ich kann Ihnen versichern, dass das Auto noch einige Jahre fahren wird.	Je peux vous assurer que la voiture roulera encore quelques années.
Glaub mir, das Konzert wird ein Riesenerfolg.	Crois-moi, ce concert aura un grand succès.
Du kannst ganz sicher sein, er hat nichts gemerkt.	Tu peux être sûr(e) qu'il n'a rien remarqué.
Ich garantiere Ihnen, dass die Mehrheit dagegen stimmen wird.	Je vous garantis que la majorité votera contre.
Die Einnahmen sind ordnungsgemäß versteuert, dafür lege ich meine Hand ins Feuer.	Les recettes ont été déclarées en bonne et due forme, j'en mets ma main au feu.

❷ (heimzahlen) etw mit etw ~ répondre à qc par qc **Vergeltung** <-, -en> f vengeance f; **für etw ~ üben** se venger de qc **Vergeltungsmaßnahme** f représailles fpl **Vergeltungsschlag** m acte m de représailles
vergessen [fɛɐ̯'gɛsən] <vergisst, vergaß, vergessen> I. tr V oublier
▸ **das werde ich dir/ihr nie** [o **nicht**] **~!** je m'en souviendrai!
II. r V sich ~ perdre son sang-froid
Vergessenheit f **in ~ geraten** tomber dans l'oubli
vergesslich[RR], **vergeßlich**[ALT] Adj étourdi(e); **~ sein** être étourdi; **~ werden** (im Alter) perdre la mémoire
Vergesslichkeit[RR], **Vergeßlichkeit**[ALT] <-> f étourderie f; (im Alter) mémoire f défaillante
vergeuden* tr V gaspiller
Vergeudung <-, -en> f gaspillage m
vergewaltigen* tr V violer Person; faire violence à Erbe, Kultur, Traditionen; **die Sprache ~** mettre la langue à mal
Vergewaltigung <-, -en> f viol m
vergewissern* r V sich ~, dass s'assurer que + indic; **sich der elterlichen Zustimmung** (Gen) ~ s'assurer de l'accord parental
vergießen* tr V unreg ❶ renverser Wasser, Saft
❷ (absondern) verser Tränen
vergiften* I. tr V empoisonner
II. r V ❶ (Selbstmord begehen) **sich mit etw ~** s'empoisonner avec qc
❷ (sich eine Vergiftung zuziehen) **sich durch verdorbenen Fisch ~** s'intoxiquer en mangeant du poisson rance
Vergiftung <-, -en> f ❶ kein Pl empoisonnement m
❷ MED intoxication f
Vergil [vɛr'giːl] <-s> m HIST Virgile m
vergilben* itr V + sein jaunir
Vergissmeinnicht[RR], **Vergißmeinnicht**[ALT] <-[e]s, -[e]> nt myosotis m
vergisst[RR], **vergißt**[ALT] 3. Pers Präs von vergessen
vergittern* tr V pourvoir d'une grille; **etw ~** pourvoir qc d'une grille
Vergitterung <-, -en> f ❶ kein Pl (das Vergittern) pose f d'une grille; **die ~ des Fensters** la pose d'une grille sur la fenêtre
❷ (Gitter) grille f
verglasen* tr V vitrer
Verglasung <-, -en> f (das Verglasen, die Glasfläche) vitrage m
Vergleich <-[e]s, -e> m ❶ comparaison f; **e anstellen** faire des comparaisons; **den ~ mit jdm/etw nicht aushalten** ne pas soutenir la comparaison avec qn/qc; **im ~ zu den anderen/zum Vorjahr** en comparaison des autres/de l'année dernière; **das ist kein guter ~** ce n'est pas une bonne comparaison
❷ JUR arrangement m; **einen ~ schließen** conclure un arrangement
▸ **der ~ hinkt** la comparaison ne tient pas debout; **das ist doch kein ~!** ce n'est pas comparable!
vergleichbar Adj comparable; **mit etw ~ sein** être comparable
vergleichen* unreg I. tr V ❶ (gegeneinander abwägen) comparer; **jdn mit jdm/etw mit etw ~** comparer qn à qn/qc à qc; **verglichen mit den anderen/dem Vorjahr** comparé(e) aux autres/à l'année dernière; **vergleiche S. 20** voir p. 20
❷ (als ähnlich empfinden) **jdn/etw mit einem Roboter ~** comparer qn/qc à un robot
II. r V **sich mit jdm ~** se comparer à qn
vergleichend Adj ❶ Aufzählung, Überprüfung, Werbung comparatif(-ive)
❷ LING, LITER Sprachwissenschaft, Theaterwissenschaft comparé(e)
Vergleichsjahr nt ÖKON année f de référence **Vergleichsmaßstab** m échelle f de comparaison **Vergleichsmiete** f loyer m de référence; **ortsübliche ~** loyer de référence local
vergleichsweise Adv relativement
Vergleichszahl f meist Pl chiffre m comparatif [o de référence]
verglimmen* itr V unreg + sein geh s'éteindre lentement
verglühen* itr V + sein Kohle, Holz, Feuerwerkskörper: se consumer; Meteorit, Raketenstufe: se désintégrer
vergnügen* I. tr V ❶ s'amuser; **sich mit etw ~** s'amuser en faisant qc; **sich mit jdm ~** se divertir avec qn
II. tr V amuser
Vergnügen [fɛɐ̯'gnyːgən] <-s, -> nt plaisir m; **~ an etw** (Dat) **finden** prendre plaisir à qc; **es macht** [o **bereitet geh**] **jdm ~ etw zu tun** cela fait plaisir à qn de faire qc; **viel ~!** amuse-toi/amusez-vous bien!; **mit ~!** avec plaisir!
▸ **ein teures** [o **kein billiges**] **~ sein** fam être un plaisir coûteux (fam); **mit wem habe ich das ~?** form à qui ai-je l'honneur? (form); **es ist/war mir ein ~** tout le plaisir est/était pour moi; **sich ins ~ stürzen** fam faire la bringue (fam); **hinein ins ~!** fam allez, on va s'éclater! (fam)
vergnüglich Adj geh plaisant(e)
vergnügt I. Adj Gesicht, Miene réjoui(e); **über etw** (Akk) **~ sein** être content(e) de qc
II. Adv joyeusement
Vergnügung <-, -en> f divertissement m

Vergnügungsdampfer *m* bateau *m* de plaisance **Vergnügungspark** *m* parc *m* d'attractions **Vergnügungsreise** *f* voyage *m* d'agrément **Vergnügungssteuer** *f* impôt *m* sur les spectacles **vergnügungssüchtig** *Adj* qui ne pense qu'à s'amuser; **~ sein** n'avoir qu'une idée en tête: s'amuser **Vergnügungsviertel** *nt* quartier *m* chaud
vergolden* *tr V* ❶ dorer; **vergoldet** *Schmuckstück* plaqué(e) or; *Bilderrahmen* doré(e)
❷ *fam (gut bezahlen)* **jdm etw ~** acheter qc à prix d'or à qn
vergönnen* *tr V geh* **jdm etw ~** accorder qc à qn; **ihr war ein langes Leben vergönnt** il lui a été donné de vivre vieille *(soutenu)*
vergöttern* *tr V* idolâtrer
vergraben* *unreg* I. *tr V* enterrer *Leiche*; enfouir *Schatz, Knochen*
II. *r V* ❶ *(sich zurückziehen)* **sich ~** se terrer
❷ *(sich beschäftigen mit)* **sich in etw** *(Akk)* **~** se plonger dans qc
vergrämen* *tr V* contrarier
vergrämt [fɛɐ̯ˈɡrɛːmt] *Adj* ravagé(e) par le chagrin
vergrätzen* *tr V fam Person:* prendre à rebrousse-poil *(fam)*; **jdn ~** *Person:* prendre qn à rebrousse-poil
vergraulen* *tr V fam* faire ficher le camp *(fam)*
vergreifen* *r V unreg* ❶ *(stehlen)* **sich an etw** *(Dat)* **~** faire main basse sur qc
❷ *(Gewalt antun)* **sich an jdm ~** s'en prendre à qn
❸ *(sich unpassend ausdrücken)* **sich in der Wortwahl ~** tenir des propos déplacés; **Sie ~ sich im Ton!** vous devriez changer de ton!
vergreisen *itr V + sein Person:* devenir sénile; *Kollegium, Gesellschaft:* vieillir
Vergreisung <-> *f einer Person* sénilité *f*; *eines Kollegiums, einer Gesellschaft* vieillissement *m*
vergriffen [fɛɐ̯ˈɡrɪfən] *Adj Buch, Titel* épuisé(e)
vergrößern I. *tr V* ❶ agrandir; **etw um etw/auf etw** *(Akk)* **~** agrandir qc de qc/à qc
❷ *(Distanz erhöhen)* augmenter *Abstand*
❸ *(verstärken)* **die Belegschaft ~** augmenter l'effectif du personnel; **die Zahl der Mitarbeiter um hundert ~** augmenter l'effectif des collaborateurs de cent personnes
❹ OPT grossir
❺ PHOT agrandir
❻ MED hypertrophier; **vergrößert werden** s'hypertrophier
II. *r V* ❶ MED **sich ~** grossir
❷ *fam (eine größere Wohnung nehmen)* s'agrandir *(fam)*
❸ *fam (Familienzuwachs bekommen)* **unsere Nachbarn ~ sich** la famille de nos voisins s'agrandit
III. *itr V* OPT **stark/neunfach ~** grossir énormément/au neuvième
vergrößert I. *Adj* agrandi(e); *Leber, Herz* hypertrophié(e)
II. *Adv abbilden, darstellen, wiedergeben* agrandi(e)
Vergrößerung <-, -en> *f* ❶ PHOT agrandissement *m*; **eine ~ auf das Doppelte** un agrandissement en deux fois plus grand; **in dreifacher ~** en trois fois plus grand
❷ MED hypertrophie *f*
Vergrößerungsapparat *m* agrandisseur *m* **Vergrößerungsglas** *nt* loupe *f*
Vergünstigung <-, -en> *f* ❶ *(finanzieller Vorteil)* avantage *m*; **~en erhalten** recevoir des avantages
❷ *(Ermäßigung)* réduction *f*
vergüten* *tr V* ❶ *(ersetzen)* **jdm etw ~** rembourser qc à qn
❷ *form (bezahlen)* **[jdm] etw ~** rémunérer qc [à qn]
Vergütung <-, -en> *f* ❶ *(das Ersetzen)* remboursement *m*
❷ *form (das Bezahlen, Honorar)* rémunération *f*
Vergütungsgruppe *f* FIN catégorie *f* de rémunération
verh. *Abk von* **verheiratet** marié(e)
verhackstücken *tr V pej fam (kritisieren)* descendre en flammes; **etw ~** descendre en flammes qc
verhaften* *tr V* arrêter; **Sie sind verhaftet!** [au nom de la loi,] je vous arrête!
Verhaftete(r) *f(m) dekl wie Adj* détenu(e) *m(f)*
Verhaftung <-, -en> *f* arrestation *f*
verhallen* *itr V + sein* se perdre au loin
verhalten*¹ *r V unreg* ❶ **sich ~** se comporter; **sich jdm gegenüber anständig/verdächtig ~** se comporter d'une manière correcte/suspecte à l'égard de qn
❷ *(beschaffen sein)* **die Sache verhält sich folgendermaßen** l'affaire se présente de la manière suivante; **wie verhält es sich eigentlich mit unserer Wette?** on en est où avec notre pari?
❸ CHEM **sich ~** réagir
❹ *(als Relation haben)* **die Länge verhält sich zur Breite wie 2:1** le rapport de la longueur à la largeur [*o* entre la longueur et la largeur] est de 2:1
verhalten² I. *Adj* ❶ *Auftreten* circonspect(e); *Fahrweise, Tempo* modéré(e); *Markt* frileux(-euse)
❷ *(unterdrückt) Ärger, Wut* retenu(e)
II. *Adv auftreten* avec circonspection; *fahren* de façon modérée;

applaudieren avec réserve
Verhalten <-s> *nt* ❶ comportement *m*; *(Haltung)* attitude *f*
❷ CHEM réaction *f*
Verhaltensforschung *f kein Pl* éthologie *f* **verhaltensgestört** *Adj* perturbé(e) **Verhaltenskodex** *m* code *m* de conduite **Verhaltensstörung** *f* MED, PSYCH trouble *m* du comportement **Verhaltensweise** *f* comportement *m*
Verhältnis [fɛɐ̯ˈhɛltnɪs] <-ses, -se> *nt* ❶ *(Vergleich)* **im ~ zu jdm/etw** par rapport à qn/qc; **im ~ zu heute** comparé(e) à notre époque
❷ *(Proportion)* proportion *f*; **im ~ von fünf zu eins** dans le rapport de cinq à un
❸ *(Beziehung)* **sein ~ zu seinen Eltern** ses relations *fpl* [*o* rapports *mpl*] avec ses parents; **ein gutes ~ zu jdm haben** avoir de bonnes relations [*o* de bons rapports] avec qn; **ein getrübtes ~ zu jdm/etw haben** être en mauvais termes avec qn/avoir des problèmes avec qc [*o* être fâché(e) avec qc]
❹ *(Liebesverhältnis)* liaison *f*; **ein ~ mit jdm haben** avoir une liaison avec qn
❺ *Pl (Zustand)* situation *f*
❻ *Pl (Lebensumstand)* conditions *fpl*; **meine/seine ~se** ma/sa situation; **seine finanziellen ~se** sa situation financière; **in bescheidenen ~sen leben** vivre dans de modestes conditions; **in geordneten ~sen leben** avoir une situation stable
▶ **klare ~se schaffen, für klare ~se sorgen** clarifier la situation; **er lebt über seine ~se** il vit au-dessus de ses moyens; **in keinem ~ zu etw stehen** être disproportionné(e) à [*o* avec] qc
verhältnismäßig *Adv* relativement
Verhältniswahl *f* scrutin *m* proportionnel **Verhältniswahlrecht** *nt* proportionnelle *f* **Verhältniswahlsystem** *nt* représentation *f* proportionnelle, [mode *m* de] scrutin *m* proportionnel **Verhältniswort** <-wörter> *nt* LING préposition *f*
verhandeln* I. *itr V* ❶ négocier; **mit jdm über etw** *(Akk)* **~** négocier qc avec qn
❷ JUR **es wird gegen jdn/in etw** *(Dat)* **verhandelt** qn/qc passe en jugement
II. *tr V* JUR juger *Fall, Prozess*
Verhandlung *f* ❶ *meist Pl* négociation *f*; **~en mit jdm aufnehmen** entamer [*o* engager] des négociations avec qn; **in ~en mit jdm stehen** être en pourparlers avec qn; **sich mit jdm auf keine ~en einlassen** refuser de négocier avec qn
❷ JUR audience *f*
Verhandlungsbasis *f* base *f* de négociation **Verhandlungsbeginn** *f (Sitzungsbeginn)* début *m* de l'audience **verhandlungsbereit** *Adj* disposé(e) à négocier **Verhandlungsbereitschaft** *f* disposition *f* à engager des pourparlers [*o* entamer des négociations]; **~ signalisieren** manifester la volonté de négocier **verhandlungsfähig** *Adj* ❶ JUR **~ sein** apte à comparaître en jugement ❷ *(diskussionswürdig)* négociable **Verhandlungsgegenstand** *m* ❶ ÖKON objet *m* des négociations ❷ JUR objet *m* du litige **Verhandlungsgeschick** *nt kein Pl* ÖKON habileté *f* à mener des négociations **Verhandlungspartner(in)** *m(f)* ❶ ÖKON négociateur(-trice) *m(f)* ❷ JUR *(Prozesspartei)* partie *f*; *eines Vertrages* cocontractant(e) *m(f)*, partie *f* contractante **Verhandlungsrunde** *f* table *f* des négociations **Verhandlungsspielraum** *m* marge *f* de négociation **Verhandlungstermin** *m* ❶ JUR date *f* fixée pour l'audience ❷ ÖKON calendrier *m* des négociations **Verhandlungstisch** *m* table *f* des négociations
verhangen [fɛɐ̯ˈhaŋən] *Adj Himmel* couvert(e)
verhängen* *tr V* ❶ masquer; **etw mit etw ~** masquer qc avec qc
❷ *(beschließen, verkünden)* siffler *Freistoß*; instaurer *Ausgangssperre*; **eine Strafe über jdn ~** infliger une peine à qn; **den Ausnahmezustand über eine Gegend ~** instaurer l'état de siège dans une région
Verhängnis <-, -se> *nt* désastre *m*; **das wurde sein ~, das wurde ihm zum ~** cela lui fut fatal
verhängnisvoll *Adj* fatal(e)
verharmlosen* *tr V* minimiser
verhärmt [fɛɐ̯ˈhɛrmt] *Adj* marqué(e) par le chagrin
verharren* *itr V + haben o sein geh* ❶ *(stehen bleiben)* s'arrêter
❷ *(beibehalten)* **in Ablehnung ~** persister dans son refus
verhärten* *r V* **sich ~** ❶ *Fronten, Positionen:* se durcir
❷ MED s'indurer
Verhärtung *f* ❶ *von Fronten, Positionen* durcissement *m*
❷ MED induration *f*
verhaspeln* *r V fam* ❶ *(sich versprechen)* cafouiller *(fam)*
❷ *(sich verfangen)* **sich im Gestrüpp ~** s'emberlificoter dans les fourrés *(fam)*
verhasst^RR, **verhaßt**^ALT *Adj* détesté(e); **etw ist/wird jdm ~** qn a horreur de qc/prend qc en horreur; **sich bei jdm ~ machen** se faire détester de qn
verhätscheln* *tr V* dorloter; **ein Kind ~** dorloter un enfant
Verhau [fɛɐ̯ˈhaʊ̯] <-[e]s, -e> *m* MIL chevaux *mpl* de frise; **ein ~ aus**

Holz un réseau de bois
verhauen* <verhaute, verhauen> **I.** *tr V fam* ❶ tabasser *(fam)*; *(bestrafen)* flanquer une raclée à *(fam)*
❷ *(nicht schaffen)* louper *(fam) Aufsatz, Klassenarbeit*
II. *r V fam* ❶ **sich ~** se castagner *(fam)*
❷ *(sich verkalkulieren)* **sich bei der Planung/um hundert Euro ~** se planter sur le plan/de cent euros *(fam)*
verheddern* *r V fam* ❶ *(sich verfangen)* **sich ~** s'emberlificoter *(fam)*; **sich in etw** *(Dat)* **~** s'emberlificoter dans qc
❷ *(sich verschlingen)* s'enchevêtrer *Garn, Wolle, Fäden*
❸ *(sich versprechen)* s'emberlificoter *(fam)*
verheeren *tr V* dévaster
verheerend I. *Adj* ❶ *Orkan* dévastateur(-trice)
❷ *fam (schlimm)* **~ aussehen** avoir une touche pas possible *(fam)*
II. *Adv toben* affreusement; **sich ~ auswirken** avoir des effets dévastateurs [*o* des conséquences dévastatrices]
Verheerung <-, -en> *f* ravages *mpl*; **~en anrichten** faire des ravages
verhehlen* *tr V geh* **etw nicht ~ [können]** ne pas [pouvoir] dissimuler qc; **jdm nicht ~, dass** ne pas cacher à qn que + *indic*
verheilen* *itr V + sein* cicatriser
verheimlichen* *tr V* cacher; **[jdm] etw ~** cacher qc [à qn]; **jdm ~, dass** cacher à qn que + *indic*
Verheimlichung <-, -en> *f* dissimulation *f*
verheiraten* *r V* **sich ~** se marier; **sich mit jdm ~** se marier avec qn; **sich wieder ~** se remarier
verheiratet *Adj* marié(e); **mit jdm ~ sein** être marié(e) avec qn; **glücklich/unglücklich ~ sein** être heureux(-euse)/ne pas être heureux(-euse) en ménage
verheißen* *tr V unreg geh* promettre; **[jdm] etw ~** promettre qc [à qn]
Verheißung <-, -en> *f geh* promesse *f*
verheißungsvoll *Adj* prometteur(-euse); **wenig ~** peu prometteur(-euse); **~ klingen** avoir l'air prometteur
verheizen* *tr V* ❶ brûler
❷ *sl (opfern)* **jdn ~** envoyer qn se faire bousiller *(fam)*
verhelfen* *itr V unreg* **jdm zu seinem Recht ~** aider qn à obtenir son bon droit; **jdm zum Erfolg ~** contribuer au succès de qn
verherrlichen* *tr V* exalter
Verherrlichung <-, -en> *f* exaltation *f*
verhetzen* *tr V* **jdn ~** exciter qn
verheult [fɛɐˈhɔɪlt] *Adj fam Gesicht, Augen* gonflé(e) par les larmes
verhexen* *tr V* ensorceler
▸ **es ist wie verhext!** *fam* quelle guigne! *(fam)*
verhindern* *tr V* empêcher; **~, dass jd etw tut** empêcher qn de faire qc; **~, dass etw geschieht** empêcher que qc [ne] se produise
verhindert *Adj* ❶ **~ sein** avoir un empêchement; **dienstlich ~ sein** être empêché(e) pour des raisons professionnelles
❷ *fam (begabt)* **ein ~er Dichter/eine ~e Dichterin sein** avoir des talents cachés de poète/poétesse *(fam)*
Verhinderung <-, -en> *f* empêchement *m*
verhohlen *Adj Gähnen* étouffé(e); *Neugier, Schadenfreude* dissimulé(e); **ein ~es Grinsen** un sourire furtif; **eine kaum ~e Neugier** une curiosité à peine dissimulé(e)
verhöhnen* *tr V* se moquer de
Verhöhnung <-, -en> *f* moquerie *f*
verhökern* *tr V fam* bazarder *(fam)*; **etw an jdn ~** bazarder qc à qn
verholfen *PP von* **verhelfen**
Verhör [fɛɐˈhøːɐ] <-[e]s, -e> *nt* interrogatoire *m*; *eines Zeugen* audition *f*
▸ **jdn ins ~ nehmen** faire subir un [véritable] interrogatoire à qn
verhören* I. *tr V* interroger, procéder à l'audition de *Beschuldigten, Täter*
II. *r V* **sich ~** entendre de travers; **sie hat sich verhört** elle a mal entendu
verhüllen* I. *tr V* recouvrir; **etw mit etw ~** recouvrir qc de qc; **das Gesicht mit einem Schleier ~** se voiler le visage
II. *r V* **sich mit etw ~** se couvrir de qc
verhüllt *Adj* ❶ *Haupt* voilé(e); *Schultern* couvert(e)
❷ *(versteckt) Angebot, Drohung* déguisé(e)
verhundertfachen* I. *tr V* **etw ~** centupler qc
II. *r V* **sich ~** centupler
verhungern* *itr V + sein* ❶ mourir de faim; **jdn ~ lassen** laisser qn mourir de faim; **verhungert** affamé(e)
❷ *fam (sehr hungrig sein)* **am Verhungern sein** crever de faim *(fam)*
❸ *fam (sich nicht weiterbewegen)* **unterwegs ~** *Ball:* venir mourir en chemin
verhunzen* *tr V fam* défigurer
verhuscht *Adj fam* timide
verhüten* *tr V* empêcher *Unfall, Schlimmes, Empfängnis;* éviter *Unglück, Schwangerschaft*

Verhüterli <-s, -> *nt fam* capote *f* [anglaise] *(fam)*
verhüten* *tr V* fondre
Verhüttung <-, -en> *f* [extraction *f* par] fusion *f*
Verhütung <-, -en> *f* ❶ prévention *f*
❷ *(Empfängnisverhütung)* contraception *f*
Verhütungsmittel *nt* contraceptif *m*
verhutzelt [fɛɐˈhʊtsəlt] *Adj fam* ratatiné(e)
verifizieren* [ve-] *tr V geh* vérifier
verinnerlichen* *tr V* assimiler
Verinnerlichung <-, -en> *f* assimilation *f*
verirren* *r V* **sich ~** s'égarer
verjagen* *tr V* chasser; faire fuir *Einbrecher*
verjähren* *itr V + sein* se prescrire; **verjährt** prescrit(e)
Verjährung <-, -en> *f von Straftaten* prescription *f*
Verjährungsfrist *f* délai *m* de prescription
verjubeln* *tr V fam* claquer *(fam)*
verjüngen* I. *itr V* rajeunir; *Präparat, Mittel:* avoir un effet rajeunissant
II. *tr V* ❶ **jdn ~** *Kur, Sport:* [faire] rajeunir qn
❷ IND rajeunir *Belegschaft*
III. *r V* **sich ~** ❶ *Person:* rajeunir
❷ *(schmaler werden)* se rétrécir
Verjüngung <-, -en> *f* ❶ rajeunissement *m*
❷ *(Verengung)* rétrécissement *m*
Verjüngungskur *f* cure *f* de rajeunissement
verkabeln* *tr V* câbler; **verkabelt sein** avoir le câble
Verkabelung <-, -en> *f* câblage *m*
verkalken* *itr V + sein* ❶ TECH s'entartrer; **verkalkt** entartré(e)
❷ PHYSIOL *Arterien:* se scléroser; **verkalkt** sclérosé(e)
❸ *fam (vergreisen)* gâtifier *(fam)*; **verkalkt** gaga *(fam)*
verkalkulieren* *r V* ❶ *(sich verrechnen)* **sich ~** faire une erreur de calcul; **sich bei den Honoraren ~** se tromper dans le calcul des honoraires
❷ *(sich verschätzen)* **sich bei etw/in etw** *(Dat)* **~** se tromper dans qc
❸ *fam (sich irren)* **sich ~** se gourer *(fam)*
Verkalkung <-, -en> *f* ❶ TECH entartrage *m*
❷ PHYSIOL *der Gefäße* calcification *f*
❸ *fam (Vergreisung)* ramollissement *m* *(fam)*
verkannt [fɛɐˈkant] *Adj* méconnu(e)
verkappt [fɛɐˈkapt] *Adj attr* déguisé(e)
verkarsten* *itr V + sein* prendre un caractère karstique; **verkarstet** karstique
verkatert [fɛɐˈkaːtɐt] *Adj fam* qui a la gueule de bois *(fam)*; **~ sein** avoir la gueule de bois *(fam)*
Verkauf *m* ❶ vente *f*; **etw zum ~ anbieten** mettre qc en vente
❷ *kein Pl (Abteilung)* service *m* des ventes
verkaufen* I. *tr V* ❶ vendre; **jdm etw [***o* **etw an jdn] für zwanzig Euro ~** vendre qc à qn pour vingt euros; **Kinderwagen zu ~** landau à vendre
❷ *sl (weismachen)* **jdm etw ~** faire gober qc à qn *(fam)*
II. *r V* ❶ **sich gut/schlecht ~** *Ware, Artikel:* se vendre bien/mal
❷ *(sich darstellen)* **sich gut/schlecht ~ können** savoir/ne pas savoir se vendre
Verkäufer(in) *m(f)* ❶ vendeur(-euse) *m(f)*
❷ JUR vendeur *m*/venderesse *f (spéc)*
verkäuflich *Adj* à vendre; **~/nicht ~ sein** être/ne pas être à vendre; **frei ~ sein** *Medikament:* être en vente libre; **gut /leicht ~** facile à écouler [*o* vendre]; **schwer ~** difficile à écouler [*o* vendre]
Verkaufsabteilung *f* service *m* des ventes **Verkaufsangebot** *nt* offre *f* de vente **Verkaufsausstellung** *f* exposition-vente *f* **Verkaufsautomat** *m* distributeur *m* automatique **Verkaufserlös** *m* produit *m* de la vente **Verkaufsfläche** *f* surface *f* de vente **verkaufsfördernd** *Adj* promotionnel(le) **verkaufsoffen** *Adj* **ein ~er Samstag** un samedi où les magasins sont ouverts jusque dans l'après-midi **Verkaufspolitik** *f* politique *f* commerciale **Verkaufspreis** *m* prix *m* de vente **Verkaufsschlager** *m* article *m* à succès; *(Buch)* best-seller *m* **Verkaufsstand** *m* stand *m* **Verkaufsvolumen** *nt* ÖKON volume *m* des ventes **Verkaufszahlen** *Pl* chiffres *mpl* de vente
Verkehr [fɛɐˈkeːɐ] <-[e]s> *m* ❶ *(Straßenverkehr)* circulation *f*
❷ *(Transportverkehr)* trafic *m*
❸ *(Umgang)* relations *fpl*; **er ist kein ~ für dich** ce n'est pas un garçon/un homme pour toi
❹ *geh (Geschlechtsverkehr)* rapports *mpl*; **~ mit jdm haben** avoir des rapports avec qn
❺ *(Umlauf)* **Banknoten in den ~ bringen** mettre des billets en circulation; **Banknoten aus dem ~ ziehen** retirer des billets de la circulation
▸ **jdn aus dem ~ ziehen** *fam* mettre qn à l'ombre *(fam)*
verkehren* I. *itr V* ❶ *+ haben o sein (fahren) Zug:* circuler; **zwischen Köln und Bonn ~** *Zug:* circuler entre Cologne et Bonn; **alle fünf Stunden ~** *Bus, Fähre:* passer toutes les cinq heures

❷ + *haben (Gast sein)* **bei jdm/in etw** *(Dat)* ~ fréquenter qn/qc ❸ + *haben (Umgang pflegen)* **mit jdm** ~ entretenir des relations avec qn ❹ + *haben geh (Geschlechtsverkehr haben)* **mit jdm** ~ avoir des rapports avec qn II. *r V* + *haben* **sich ins Gegenteil** ~ se retourner; **sich in Sarkasmus** *(Akk)* ~ tourner au sarcasme **Verkehrsader** *f* axe *m* routier, artère *f* routière **Verkehrsampel** *f* feux *mpl* de signalisation **Verkehrsamt** *nt* office *m* du tourisme **Verkehrsanbindung** *f* TRANSP desserte *f* **Verkehrsaufkommen** *nt* circulation *f*; **ein hohes/niedriges** ~ une circulation dense/faible **Verkehrsbehinderung** *f* entrave *f* à la circulation **verkehrsberuhigt** *Adj* à circulation réduite et vitesse limitée **Verkehrsbetriebe** *Pl* transports *mpl* en commun **Verkehrschaos** *nt* paralysie *f* du trafic **Verkehrsdelikt** *nt* infraction *f* au Code de la route **Verkehrsdichte** *f kein Pl* densité *f* [*o* intensité *f*] du trafic **Verkehrsdurchsage** *f* flash *m* d'informations routières **Verkehrserziehung** *f kein Pl* enseignement *m* du code de la route **Verkehrsfunk** *m* radioguidage *m* **Verkehrsgefährdung** *f* danger *m* pour la circulation **verkehrsgünstig** I. *Adj* in ~ **er Lage wohnen** habiter un quartier bien desservi II. *Adv* ~ **liegen** être bien desservi(e) **Verkehrshindernis** *nt* entrave *f* à la circulation **Verkehrsinfarkt** *m* paralysie *f* du trafic **Verkehrsinsel** *f* îlot *m* directionnel; [*für Fußgänger*] refuge *m* [pour piétons] **Verkehrsknotenpunkt** *m* plaque *f* tournante **Verkehrskontrolle** *f* contrôle *m* routier **Verkehrslärm** *m* bruits *mpl* de la circulation **Verkehrsleitsystem** *nt* système *m* de délestage de la circulation **Verkehrsmeldung** *f* message *m* sur le trafic routier **Verkehrsminister(in)** *m(f)* ministre *mf* des Transports **Verkehrsministerium** *nt* ministère *m* des Transports **Verkehrsmittel** *nt* moyen *m* de transport; [privates/öffentliches] ~ moyen de transport [privé/en commun] **Verkehrsnetz** *nt* réseau *m* des voies de communication **Verkehrsopfer** *nt* victime *m* de la route **Verkehrspolitik** *f* politique *f* des transports **Verkehrspolizei** *f kein Pl* police *f* routière **Verkehrspolizist(in)** *m(f)* agent *m* de la circulation **Verkehrsregel** *f* règle *f* de conduite **verkehrsreich** *Adj Straße* à grande circulation; *Kreuzung* très passant(e); *Gegend* très fréquenté(e) **Verkehrsrowdy** *m* fou *m* [*o* cinglé *m*] du volant **Verkehrsschild** *nt* TRANSP panneau *m* de signalisation [routière] **Verkehrssicherheit** *f kein Pl* sécurité *f* routière **Verkehrsspitze** *f* heures *fpl* de pointe **Verkehrssprache** *f* LING langue *f* véhiculaire **Verkehrsstau** *m* embouteillage *m*, bouchon *m* **Verkehrssünder(in)** *m(f)* fam chauffard(e) *m(f)* *(fam)* **Verkehrssünderkartei** *s.* **Verkehrszentralregister Verkehrsteilnehmer(in)** *m(f) form* usager(-ère) *m(f)* de la route **Verkehrstote(r)** *f(m) dekl wie Adj* victime *f* de la route **Verkehrstüchtig** *Adj* en bon état de marche; **nicht** ~ en mauvais état de marche **Verkehrsüberwachung** *f* surveillance *f* de la circulation routière **Verkehrsunfall** *m* accident *m* de la route [*o* de la circulation] **Verkehrsunterricht** *m* [formation *f* dispensée par la] prévention *f* routière **Verkehrsverbindung** *f* liaison *f* routière **Verkehrsverbund** *m* société *f* [*o* compagnie *f*] des transports en commun **Verkehrsverein** *s.* **Verkehrsamt Verkehrsverhältnisse** *Pl* conditions *fpl* du trafic **Verkehrsweg** *m* voie *f* de communication **Verkehrswert** *m* COM valeur *f* vénale [*o* commerciale] **Verkehrswesen** *nt kein Pl* transports *mpl* **verkehrswidrig** *Adj Benehmen* en infraction au code de la route; *Parken* en contravention; **sich** ~ **verhalten** enfreindre le code de la route **Verkehrszählung** *f* comptage *m* [des véhicules] **Verkehrszeichen** *s.* **Verkehrsschild Verkehrszentralregister** *nt* fichier national des titulaires d'un permis de conduire dans lequel est enregistrée toute infraction importante

verkehrt [fɛɐ̯'keːɐ̯t] I. *Adj* **der/die/das** ~ **e ...** le mauvais/la mauvaise...; **der** ~ **e Schlüssel** la mauvaise clé; **die** ~ **e Telefonnummer** le mauvais numéro de téléphone; **in die** ~ **e Richtung gehen** aller dans la direction inverse; **das ist das** ~ **e Haus** ce n'est pas la bonne maison; **der/die Verkehrte** la mauvaise personne; **das Verkehrte tun** faire le contraire
▸ **etw ist gar nicht** [so] ~ qc n'est pas si mal [que ça]
II. *Adv* ❶ *erzählen, machen* de travers; **etw wird** ~ **wiedergegeben** qc est faussé(e)
❷ *(falsch herum)* halten, hängen, hinlegen, hinstellen à l'envers; *aufmachen* du mauvais côté; ~ **herum** à l'envers
verkeilt *Adj* encastré(e)
verkennen* *tr V unreg fam* méconnaître; *(unterschätzen)* sous-estimer; ~, **dass** ne pas se rendre compte que + *indic*; **von jdm verkannt werden** être méconnu(e) de qn; **es ist nicht zu** ~, **dass** il est indéniable que + *indic*
Verkennung *f* **in** [völliger] ~ **der Lage** par méconnaissance [totale] de la situation
verketten* I. *tr V (zusammenbinden)* **etw mit etw** ~ attacher qc avec une chaîne à qc
II. *r V* **sich** ~ *Umstände, Unglücke, Zufälle:* s'enchaîner
Verkettung <-, -en> *f von Misserfolgen* enchaînement *m*; **durch eine** ~ **unglücklicher Umstände** à la suite d'incidents en chaîne
verklagen* *tr V* porter plainte contre; **jdn wegen etw** ~ porter plainte contre qn à cause de qc; **jdn auf Schadenersatz** *(Akk)* ~ poursuivre qn en dommages-intérêts
verklappen* *tr V* évacuer; **etw im Meer** ~ évacuer qc en mer
Verklappung <-, -en> *f* évacuation *f* en mer
verklären* I. *r V* **sich** ~ ❶ *Blick, Miene:* s'illuminer; **verklärt** radieux(-euse)
❷ *(zu schön erscheinen) Vergangenheit:* s'enjoliver
II. *tr V* enjoliver *Vergangenheit*
Verklärung <-> *f* transfiguration *f*
verklausuliert I. *Adj* [formulé(e)] dans un jargon incompréhensible
II. *Adv* dans un jargon incompréhensible
verkleben* I. *tr V* + *haben* ❶ *(zukleben)* masquer; **etw mit einem Klebestreifen** ~ masquer qc avec du papier adhésif
❷ *(festkleben)* coller *Teppichboden*
❸ *(zusammenkleben)* **etw mit etw** ~ coller qc à qc
II. *itr V* + *sein Wimpern:* coller; *Eileiter:* être bouché(e)
verkleiden* *tr V* ❶ *(kostümieren)* déguiser; **jdn/sich als Clown** ~ déguiser qn/se déguiser en clown
❷ *(überdecken)* recouvrir *Heizkörper;* revêtir *Wand;* **etw mit etw** ~ recouvrir qc de qc
Verkleidung *f* ❶ *(Kostümierung)* déguisement *m*
❷ *(Überdeckung)* einer Wand, eines Heizkörpers revêtement *m*
verkleinern* I. *tr V* ❶ rapetisser
❷ PHOT réduire le format de *Foto, Vorlage;* réduire *Format*
❸ *(zahlenmäßig verringern)* réduire le personnel de *Betrieb, Firma*
❹ MED contracter
II. *r V* ❶ *(sich verringern)* **sich um etw** ~ rapetisser de qc
❷ *(schrumpfen)* **sich** ~ *Warze, Tumor:* diminuer de volume
Verkleinerung <-, -en> *f* ❶ *kein Pl eines Formats* réduction *f*; *einer Vorlage* réduction *f* de format
❷ *(verkleinerte Vorlage)* format *m* réduit
Verkleinerungsform *f* diminutif *m*
verklemmen* *r V* **sich** ~ se coincer
verklemmt *Adj* coincé(e) *(fam)*
verklickern* *tr V fam* **jdm etw** ~ faire piger qc à qn *(fam)*; **jdm** ~, **wie ...** faire piger à qn comment ... *(fam)*
verklingen* *itr V unreg* + *sein Lied, Ton, Musik:* se taire peu à peu
verkloppen* *tr V* DIAL *fam* ❶ *(verprügeln)* tabasser *(fam)*
❷ *(verkaufen)* [re]fourguer *(fam)*
verknacken* *tr V fam* condamner; **er wurde zu zwei Jahren** [Gefängnis] **verknackt** il en a pris pour deux ans *(fam)*
verknacksen* *r V fam* **sich** *(Dat)* **etw** ~ se fouler qc
verknallen* *r V fam* **sich** ~ **s'amouracher** *(fam)*; **sich in jdn** ~ s'amouracher de qn; **in jdn verknallt sein** être toqué(e) de qn *(fam)*
verknautschen* *tr V fam* chiffonner *Mantel*
verkneifen* *r V unreg fam* **sich** *(Dat)* **eine Bemerkung** ~ se retenir de faire une remarque; **sich** *(Dat)* **den Nachtisch** ~ **müssen** devoir tirer une croix sur le dessert *(fam)*
verkniffen [fɛɐ̯'knɪfən] *pej* I. *Adj Gesicht, Miene* pincé(e)
II. *Adv* grinsen d'un air pincé
verknöchert [fɛɐ̯'knœçɐt] *Adj* fossilisé(e) *(fam)*, sclérosé(e); **er ist alt und** ~ c'est un vieux fossile *(fam)*
verknoten* I. *tr V* nouer *Schnüre, Drähte;* [miteinander] ~ nouer *Schnüre, Drähte*
II. *r V* **sich** ~ s'emmêler [et faire des nœuds]
verknüpfen* *tr V* ❶ *(verknoten)* nouer, attacher; [miteinander] ~ nouer, attacher
❷ *(verbinden)* **eine Reise mit etw** ~ profiter d'un voyage pour faire qc; **etw mit der Bedingung** ~, **dass** associer qc à la condition que + *subj*
❸ INFORM **eine Datei mit einem Programm** ~ associer un fichier à un programme
Verknüpfung <-, -en> *f* ❶ *der Ereignisse* relation *f*, lien *m*; **zur** ~ **von Geschäftlichem und Privatem** pour lier le domaine professionnel et la vie privée
❷ INFORM association *f*
verkochen* *itr V* + *sein* ❶ *(verdampfen)* s'évaporer en bouillant
❷ *(breiig werden)* cuire trop
verkohlen* I. *itr V* + *sein* se carboniser
II. *tr V fam* **jdn** ~ faire marcher qn *(fam)*
verkommen* *itr V unreg* + *sein* ❶ *Person:* tomber bien bas, tourner mal; *Garten:* ne plus être entretenu(e), être à l'abandon; *Gebäude:* se délabrer, tomber en ruine; **im Elend** ~ s'enfoncer dans la misère; **zum Säufer** ~ sombrer dans l'alcool; **zu einem Schlagwort** ~ tomber au rang de cliché, n'être plus qu'un cliché
❷ *(ungenießbar werden) Lebensmittel:* s'abîmer
Verkommenheit <-> *f* déchéance *f*

verkoppeln* tr V etw [mit etw] ~ accrocher qc [à qc]
verkorken* tr V boucher
verkorksen* r V fam sich (Dat) den Magen ~ avoir l'estomac barbouillé (fam); **verkorkst** Magen barbouillé(e), détraqué(e) (fam); Abend, Ehe gâché(e), foutu(e) (fam); Kind mal élevé(e)
verkörpern* tr V incarner
Verkörperung <-, -en> f incarnation f
verkosten* tr V déguster Wein
verköstigen* tr V nourrir
verkrachen* r V fam sich ~ se brouiller (fam); sich mit jdm ~ se brouiller avec qn
verkracht Adj fam raté(e) (fam)
verkraften* tr V Person: faire face à; Stromnetz, Straße: supporter; etw ~ Person: faire face à qc; Stromnetz, Straße: supporter qc
verkrampfen* r V sich ~ se contracter; **meine Hand verkrampft sich** j'ai une crampe dans la main
verkrampft I. Adj contracté(e); Gesicht, Lächeln crispé(e)
II. Adv ~ lächeln avoir un sourire crispé; ~ **dasitzen** être assis(e) tout(e) contracté(e)
Verkrampfung <-, -en> f contraction f
verkriechen* r V unreg ❶ sich ~ Tier: se terrer; **sich in ein Loch** [o **einem Loch**] ~ aller se terrer dans un trou
❷ fam (sich verstecken, zurückziehen) **sich unter der Decke** ~ se fourrer sous les draps (fam); **sich ins Bett** ~ [aller] se pieuter (pop)
verkrümeln* r V fam sich ~ se tirer (pop)
verkrümmen* I. tr V déformer Finger, Gelenke; dévier Wirbelsäule
II. r V sich ~ Wirbelsäule: se déformer
Verkrümmung <-, -en> f déformation f
verkrüppeln* I. tr V + haben estropier Person, Füße
II. itr V + sein Baum, Strauch: se rabougrir
verkrüppelt Adj Arm, Fuß difforme; Baum rabougri(e)
verkrustet Adj ❶ Wunde croûteux(-euse)
❷ fig System, Strukturen sclérosé(e)
verkühlen* r V DIAL fam sich ~ prendre [o attraper] froid
verkümmern* itr V + sein Person, Tier, Pflanze: dépérir; Muskel: s'atrophier; Fähigkeit, Talent: s'étioler
verkünden* tr V ❶ geh (mitteilen) annoncer; [jdm] etw ~ annoncer qc [à qn]; [jdm] ~, dass annoncer [à qn] que + indic
❷ JUR prononcer, rendre
❸ geh (verheißen) Blick, Miene: présager (littér)
Verkünder(in) <-s, -> m(f) geh annonciateur(-trice) m(f) (soutenu)
verkündigen* tr V geh annoncer; [jdm] etw ~ annoncer qc [à qn]
Verkündigung <-, -en> f geh proclamation f
Verkündung <-> f JUR proclamation f
verkuppeln* tr V eine Freundin ~ faire rencontrer quelqu'un à une amie; **sie wollen ihn mit ihr** ~ ils veulent jouer les entremetteurs [entre elle et lui] (fam)
verkürzen* I. tr V ❶ raccourcir Schnur; réduire, diminuer Abstand, Entfernung; etw um einen Meter ~ raccourcir qc d'un mètre; etw **auf zwei Meter** ~ ramener qc à deux mètres
❷ (zeitlich) réduire, diminuer Arbeitszeit, Dauer; écourter Urlaub; **etw um zehn Tage** ~ écourter qc de dix jours; **etw auf eine Woche** ~ ramener qc à une semaine
❸ (kurzweiliger machen) **er wollte mir die Wartezeit** ~ il voulait me faire paraître l'attente moins longue
II. r V sich ~ Abstand: diminuer
Verkürzung f raccourcissement m; der Arbeitszeit, Distanz réduction f, diminution f
Verladebahnhof m gare f de chargement [o d'embarquement]
Verladebrücke f pont m d'embarquement
verladen* tr V unreg ❶ (umladen) charger; etw auf/in etw (Akk) ~ charger [o embarquer] qc sur/dans qc
❷ fam (hinters Licht führen) entuber (fam), baiser (fam); ~ **werden** se faire entuber [o baiser] (fam)
Verladerampe f rampe f de chargement
Verlag [fɛɐ̯'laːk] <-[e]s, -e> m maison f d'édition; **in einem** ~ **erscheinen** paraître chez un éditeur
verlagern* I. tr V ❶ déplacer Gewicht
❷ (verlegen) etw ins Ausland ~ transférer qc à l'étranger
❸ fig **den Schwerpunkt auf etw** (Akk) ~ donner la priorité à qc
II. r V METEO **sich nach Norden** ~ se déplacer vers le nord
Verlagerung f ❶ des Gewichts déplacement m
❷ (Verlegung) transfert m
❸ METEO déplacement m
Verlagsbuchhandel m commerce m de librairie-éditeur **Verlagsbuchhändler(in)** m(f) s. **Verleger(in) Verlagshaus** nt maison f d'édition **Verlagsleiter(in)** m(f) directeur(-trice) m(f) de maison d'édition **Verlagsredakteur(in)** m(f) rédacteur-éditeur m/rédactrice-éditrice f **Verlagswesen** nt kein Pl édition f; **im** ~ **arbeiten** travailler dans l'édition
verlanden* itr V + sein GEOG se combler de dépôts alluvionnaires

verlangen* I. tr V ❶ (fordern, erwarten) réclamer Geld, Summe, Preis; exiger Bestrafung, Bezahlung; demander Fleiß, Pünktlichkeit; **etw von jdm** ~ exiger qc de/demander qc à qn; ~, **dass jd etw tut** exiger que qn fasse qc
❷ (sehen wollen, haben wollen) demander Ausweis, Fahrkarte; réclamer Rechnung
❸ (zu sprechen wünschen) demander
❹ (erfordern) **Mut** ~ exiger [o requérir] du courage
▶ **das ist ein bisschen viel verlangt!** c'est demander beaucoup!
II. itr V geh **nach jdm** ~ réclamer qn; **nach etw** ~ demander qc
III. tr V unpers geh **es verlangt jdn nach jdm/etw** qn aspire à revoir qn/qc (littér)
Verlangen <-s> nt ❶ (Wunsch) désir m
❷ (Forderung) exigence f, revendication f; **die Koffer sind auf** ~ **zu öffnen** il faut ouvrir les valises si on [vous] le demande
verlängern* I. tr V ❶ [r]allonger; **etw um zwei Meter** ~ [r]allonger qc de deux mètres
❷ (andauern lassen) prolonger
II. r V **sich um einen Monat** ~ se prolonger d'un mois
Verlängerung <-, -en> f ❶ kein Pl (das Verlängern) einer Frist prolongation f
❷ SPORT prolongations fpl
❸ s. **Verlängerungskabel**
Verlängerungskabel nt, **Verlängerungsschnur** f rallonge f
verlangsamen* I. tr V ❶ ralentir Gang, Lauf; réduire Fahrt, Tempo; **seine Schritte** ~ ralentir sa marche
❷ (aufhalten) freiner Entwicklung, Verlauf
II. r V sich ~ se ralentir; Fahrt: ralentir
Verlangsamung <-, -en> f ralentissement m
Verlass[RR], **Verlaß**[ALT] ▶ **auf jdn/etw ist** ~ on peut compter sur qn/qc; **auf jdn/etw ist kein** ~ on ne peut pas compter sur qn/qc
verlassen*[1] unreg I. tr V ❶ quitter, abandonner Ehepartner, Familie
❷ (hinaus-, fortgehen) quitter Haus, Stadt, Land; ~ **Sie sofort mein Haus!** sortez d'ici immédiatement!
❸ (verloren gehen) **jdn** ~ Glaube, Hoffnung: abandonner qn, quitter qn
▶ **und da verließen sie ihn!** fam et puis c'était le trou! (fam)
II. r V **sich auf jdn/etw** ~ compter sur qn/qc, se fier à qn/qc; **ich verlasse mich darauf, dass du kommst** je compte sur toi pour venir
▶ **worauf du dich** ~ **kannst!** là-dessus, tu peux me faire confiance!
verlassen[2] Adj Haus, Strand abandonné(e), à l'abandon; Gegend désert(e)
Verlassenheit <-> f eines Menschen délaissement m; einer Gegend abandon m
Verlassenschaft <-, -en> f A (Nachlass) succession f
verlässlich[RR], **verläßlich**[ALT] Adj Freund, Informant sur lequel/laquelle on peut compter; Zeuge digne de foi; ~ **sein** Person: être digne de confiance, être sûr(e)
Verlässlichkeit[RR], **Verläßlichkeit**[ALT] <-> f fiabilité f
Verlaub [fɛɐ̯'laʊp] m ▶ **mit** ~ geh sauf votre respect
Verlauf m ❶ (Linie, Richtung) tracé m; eines Flusses cours m
❷ (Entwicklung) déroulement m; von Gesprächen, Verhandlungen cours m; einer Krankheit évolution f; **einen unerwarteten** ~ **nehmen** prendre une tournure inattendue
verlaufen* unreg I. itr V + sein ❶ (sich erstrecken) **am Seeufer** ~ passer au bord du lac; **parallel zur Autobahn** ~ être parallèle à l'autoroute
❷ (ablaufen) **wie geplant** ~ se dérouler comme prévu
II. r V + haben **sich** ~ (sich verirren) s'égarer
❷ (auseinandergehen) se disperser
verlaust [fɛɐ̯'laʊst] Adj Person pouilleux(-euse), couvert(e) de poux; Haare plein(e) de poux
verlautbaren* I. tr V + haben form rendre public(-ique); **wurde schon etwas verlautbart?** est-ce qu'on a déjà rendu public quelque chose?
II. itr V + sein unpers form **es verlautbarte, dass** il a été annoncé que + indic
Verlautbarung <-, -en> f form ❶ kein Pl (Bekanntgabe) communication f
❷ (Mitteilung) communiqué m
verlauten* itr V + sein **wie verlautet** comme on l'a appris; **wie aus dem Ministerium verlautet** selon des informations émanant du ministère; **kein Wort** ~ **lassen** ne pas laisser filtrer un seul mot
verleben* tr V passer Zeit, Urlaub
verlebt I. Adj Gesicht de quelqu'un qui a vécu
II. Adv ~ **aussehen** avoir l'air d'avoir vécu
verlegen*[1] I. tr V ❶ égarer Brille, Schlüssel
❷ (verschieben) **etw auf einen anderen Tag** ~ reporter qc à un autre jour
❸ (legen) poser
❹ (publizieren) éditer, publier

⑤ *(umquartieren)* transférer *Patienten, Behörde;* transporter *Truppen*
II. *r V* **sich auf den Kunsthandel ~** se mettre au marché de l'art
verlegen² *Adj* gêné(e), embarrassé(e); **~ werden** être gagné(e) par l'embarras
Verlegenheit <-, -en> *f* ❶ *kein Pl (Betretenheit)* gêne *f*, embarras *m;* **jdn in ~ bringen** mettre qn dans l'embarras
❷ *(Unannehmlichkeit)* **jdm aus der ~ helfen** sortir qn de l'embarras; **in finanzieller ~ sein** avoir des ennuis d'argent
Verleger(in) <-s, -> *m(f)* éditeur(-trice) *m(f)*
Verlegung <-> *f* ❶ *(Verschiebung)* report *m;* **jdn um ~ des Termins bitten** demander à qn de reporter le rendez-vous
❷ *(das Legen)* pose *f*
❸ *(Umquartierung) von Patienten, Behörden* transfert *m; von Truppen* transport *m*
verleiden* *tr V* **jdm etw ~** gâcher qc à qn; **mir ist die Freude am Kochen verleidet** je n'ai plus de plaisir à faire la cuisine
Verleih [fɛɐ̯'laɪ] <-[e]s, -e> *m* ❶ *kein Pl (das Verleihen)* location *f*
❷ *(Verleihfirma)* magasin *m* de location
verleihen* *tr V unreg* ❶ prêter; *(gegen Entgelt)* louer; **etw an jdn ~** prêter/louer qc à qn
❷ *(zuerkennen)* décerner *Orden, Preis, Titel*
❸ *(geben, verschaffen)* **jdm Kraft ~** donner de la force à qn; **einer S.** *(Dat)* **ein neues Aussehen ~** donner une nouvelle apparence à qc; **einer S.** *(Dat)* **eine persönliche Note ~** customiser qc
Verleiher(in) <-s, -> *m(f)* loueur(-euse) *m(f)*
Verleihung <-, -en> *f* ❶ *kein Pl (das Verleihen)* location *f*
❷ *(Zuerkennung)* attribution *f*
verleiten* *tr V* inciter; **jdn zum Glücksspiel ~** inciter qn au jeu de hasard; **jdn zu einer riskanten Unternehmung ~** inciter qn à entreprendre quelque chose de risqué
Verleitung *f kein Pl* JUR incitation *f*
verlernen* *tr V* oublier
verlesen* *unreg* I. *tr V* donner lecture de *Namen*
II. *r V* **sich ~** se tromper en lisant
verletzbar *Adj* susceptible
verletzen* I. *tr V* ❶ blesser; **jdn/ein Tier am Kopf ~** blesser qn/un animal à la tête; **leicht verletzt** légèrement blessé(e); **schwer verletzt** gravement [*o* grièvement] blessé(e)
❷ *(kränken)* blesser
❸ *(nicht befolgen)* enfreindre, violer *Gesetz, Vorschrift*
II. *r V* **sich an der Hand ~** se blesser à la main; **sich am Zaun ~** s'érafler contre la clôture
verletzend *Adj* blessant(e)
verletzlich *Adj* susceptible, sensible
Verletzte(r) *f(m) dekl wie Adj* blessé(e) *m(f)*
Verletzung <-, -en> *f* ❶ *(Wunde)* blessure *f*, **innere ~** lésion *f* interne
❷ *kein Pl* JUR *(das Nichtbefolgen)* **~ der Bestimmungen** infraction *f* au règlement, violation *f* du règlement
verliebt *Adj Person, Blick* amoureux(-euse); **in jdn ~ sein** être amoureux(-euse) de qn
Verliebte(r) *f(m) dekl wie Adj* amoureux(-euse) *m(f)*
verlieren [fɛɐ̯'liːrən] <verlor, verloren> I. *tr V* ❶ perdre; **wir dürfen keine Zeit ~!** il ne faut pas perdre de temps!
❷ *(entweichen lassen)* laisser s'échapper *Öl, Wasser;* **Luft ~** *Reifen:* fuir
▶ **du hast/das hat hier nichts verloren!** *fam* tu n'as/ça n'a rien à faire ici! *(fam);* **jd hat nichts mehr/hat nichts zu ~** qn n'a plus rien/n'a rien à perdre
II. *r V* **sich ~** *Begeisterung, Spontaneität:* diminuer; *Nervosität, Angst:* passer
III. *itr V* **an Wert** *(Dat)* **~** perdre en valeur; **an Bedeutung** *(Dat)* **~** être moins important(e)
Verlierer(in) <-s, -> *m(f)* perdant(e) *m(f); (eines Kriegs)* vaincu(e) *m(f)*
Verlies [fɛɐ̯'liːs] <-es, -e> *nt* oubliettes *fpl*
verlischt *3. Pers Präs von* **verlöschen**
verloben* *r V* **sich ~** se fiancer; **sich mit jdm ~** se fiancer avec qn
verlobt *Adj* fiancé(e); **mit jdm ~ sein** être fiancé(e) à qn
Verlobte(r) *f(m) dekl wie Adj* fiancé(e) *m(f)*

Verlobung <-, -en> *f* fiançailles *fpl*
Verlobungsanzeige *f* avis *m* de fiançailles **Verlobungsring** *m* bague *f* de fiançailles
verlocken* *itr V geh* **zum Wandern ~** inviter à la promenade
verlockend *Adj* attrayant(e), séduisant(e); **~ klingen, sich ~ anhören** être attrayant(e), être séduisant(e)
Verlockung <-, -en> *f* attrait *m*
verlogen [fɛɐ̯'loːɡən] *Adj Person* menteur(-euse); *Gesellschaft* hypocrite; *Moral* mensonger(-ère)
Verlogenheit <-> *f einer Person* fausseté *f; der Gesellschaft* hypocrisie *f; einer Moral* caractère *m* mensonger
verlor [fɛɐ̯'loːɐ̯] *Imp von* **verlieren**
verloren [fɛɐ̯'loːrən] I. *PP von* **verlieren**
II. *Adj* perdu(e)
III. *Adv* **~ gehen** *Brief, Unterlagen:* se perdre; **dadurch ist ihm viel Zeit ~ gegangen** cela lui a fait perdre beaucoup de temps
▶ **an ihr ist eine Journalistin ~ gegangen** *fam* elle aurait fait une bonne journaliste
verloren|gehen *s.* **verloren** III.
verlöschen* <verlischt, verlosch, verloschen> *itr V + sein geh* s'éteindre
verlosen* *tr V* tirer au sort
Verlosung *f* tirage *m* au sort
verlöten* *tr V* souder *Loch;* **Drähte miteinander ~** souder des fils
verlottern* *itr V + sein pej Person:* tomber dans la déchéance; *Wohnung, Garten:* ne plus être entretenu(e), être laissé(e) à l'abandon; **etw ~ lassen** laisser qc à l'abandon, ne plus entretenir qc
Verlust [fɛɐ̯'lʊst] <-[e]s, -e> *m* ❶ perte *f;* **hohe ~e machen** essuyer [*o* subir] des pertes importantes; **einen ~ decken** ÖKON couvrir une perte; **mit ~** à perte
❷ *Pl* MIL pertes *fpl;* **~e haben** avoir subi des pertes
Verlustanzeige *f* déclaration *f* de perte **Verlustgeschäft** *nt* opération *f* à perte
verlustieren* *r V hum fam* **sich [mit jdm] ~** s'amuser [avec qn], prendre son pied [avec qn] *(fam)*
verlustig *Adj form* **eines Titels/eines Rechts ~ gehen** perdre un titre/être déchu(e) d'un droit
Verlustmeldung *f* déclaration *f* de perte **Verlustspanne** *f* ÖKON marge *f* de perte **Verlustzone** *f* zone *f* déficitaire; **aus der ~ kommen** revenir dans le positif
vermachen* *tr V* ❶ JUR **jdm etw ~** léguer qc à qn
❷ *fam (schenken)* **jdm etw ~** faire cadeau de qc à qn
Vermächtnis [fɛɐ̯'mɛçtnɪs] <-ses, -se> *nt a. fig* héritage *m,* legs *m*
vermählen* *r V geh* **sich ~** se marier; **sich mit jdm ~** se marier avec qn
Vermählung <-, -en> *f geh* mariage *m,* noces *fpl*
vermarkten* *tr V* commercialiser *Produkt;* **ein Produkt ~** commercialiser un produit, mettre un produit sur le marché; **sich gut ~ lassen** se vendre bien
❷ *(zu Geld machen)* **etw ~** se faire de l'argent avec qc
Vermarktung <-, -en> *f* commercialisation *f*
vermasseln* *tr V sl* ❶ **jdm den Urlaub/das Geschäft ~** foutre en l'air les vacances/l'affaire de qn *(pop)*
❷ *(schlecht machen)* louper *(fam) Prüfung*
vermehren* I. *r V* **sich ~** ❶ *(sich fortpflanzen)* se reproduire
❷ *(zunehmen)* augmenter
II. *tr V* ❶ multiplier *Pflanzen, Stauden*
❷ *(vergrößern)* accroître, augmenter *Besitz*
Vermehrung <-, -en> *f* ❶ *(Fortpflanzung)* reproduction *f*
❷ HORT multiplication *f*
❸ *(das Vergrößern) des Besitzes* accroissement *m*
vermeidbar *Adj* évitable; **nicht ~ sein** être inévitable
vermeiden* *tr V unreg* éviter; **sich nicht/kaum ~ lassen** être inévitable/pratiquement inévitable; **es wird sich nicht ~ lassen, dass du ihm begegnest** tu ne pourras pas faire autrement que [de] le rencontrer
Vermeidung <-, -en> *f* **zur ~ eines Skandals/von Missverständnissen** pour éviter un scandale/des malentendus; **zur ~ weiterer Verluste** pour éviter des pertes supplémentaires
vermeintlich [fɛɐ̯'maɪntlɪç] I. *Adj attr* présumé(e), supposé(e)
II. *Adv* apparemment, soi-disant
vermelden* *tr V* annoncer; **etwas/nichts zu ~ haben** avoir quelque chose/n'avoir rien à signaler
vermengen* *tr V* ❶ *(vermischen)* **das Mehl mit der Hefe ~** mélanger la farine avec [*o* à] [*o* et] la levure
❷ *(verwechseln)* **zwei Begriffe miteinander ~** confondre [*o* faire l'amalgame entre] deux notions
vermenschlichen* *tr V* personnifier *Tier, Gegenstand*
Vermerk <-[e]s, -e> *m* note *f,* annotation *f*
vermerken* *tr V* ❶ *(notieren)* noter; **etw auf etw** *(Dat)*/**in etw** *(Dat)* **~** noter qc sur qc/dans qc
❷ *(zur Kenntnis nehmen)* **etw peinlich ~** relever qc avec embarras

vermessen*¹ *unreg* **I.** *tr V* mesurer *Gelände, Platz*
II. *r V* **sich ~** se tromper en mesurant [*o* dans ses mesures]
vermessen² *Adj geh* présomptueux(-euse) *(soutenu);* **es ist ~, das zu sagen** il est présomptueux de dire cela *(soutenu)*
Vermessenheit <-, -en> *f* prétention *f,* présomption *f (soutenu)*
Vermessung *f* mesurage *m*
Vermessungsingenieur(in) [-ɪnʒeniøːɐ] *m(f)* ingénieur *mf* des travaux publics, géomètre *mf*
vermiesen* *tr V fam* **jdm die Freude am Fußballspielen ~** faire passer à qn l'envie de jouer au foot, dégoûter qn de jouer au foot *(fam);* **sie hat ihm die Party vermiest** elle lui a foutu la fête en l'air *(fam),* elle lui a gâché la fête; **sich** *(Dat)* **den Urlaub nicht ~ lassen** ne pas se faire gâcher les vacances
vermietbar *Adj* **eine schwer ~e Wohnung** un appartement difficile à louer
vermieten* *tr, itr V* louer; **jdm** [*o* **an jdn**] **eine Wohnung ~** louer un appartement à qn; **zu ~** à louer
Vermieter(in) *m(f)* ❶ *(Hauswirt)* propriétaire *mf*
❷ *(Verleiher)* loueur(-euse) *m(f)*
Vermietung <-, -en> *f* location *f*
vermindern* **I.** *tr V* réduire *Geschwindigkeit, Risiko*
II. *r V* **sich ~** *Belastung, Einfluss, Risiko:* diminuer; *Geschwindigkeit:* baisser
Verminderung *f* réduction *f,* diminution *f*
verminen* *tr V* miner
Verminung <-, -en> *f* minage *m*
vermischen* **I.** *tr V* mélanger; **etw mit etw ~** mélanger qc à [*o* avec] qc
II. *r V* ❶ **sich** [**miteinander**] **~** *Stoffe, Zutaten:* se mélanger
❷ *fig* **sich ~** *Völkergruppen:* se mêler
Vermischung *f* ❶ *von Stoffen, Zutaten* mélange *m*
❷ *fig* fusion *f*
❸ *(Verwechslung)* confusion *f*
vermissen* *tr V* ❶ ne plus retrouver *Schlüssel;* **vermisst jemand sein Feuerzeug?** est-ce que quelqu'un a perdu son briquet?
❷ *(jds Abwesenheit bedauern)* **ich vermisse dich** [**so**] tu me manques [tellement]
❸ *(als abwesend feststellen)* **vermisst werden** *Kind:* être porté(e) disparu(e)
❹ *(wünschenswert finden)* **bei jdm den Sinn für Humor ~** déplorer que qn n'ait pas d'humour; **an einem Auto jeden Komfort ~** déplorer le manque total de confort dans une voiture
Vermisste(r)ᴿᴿ, **Vermißte(r)**ᴬᴸᵀ *f(m) dekl wie Adj* disparu(e) *m(f)*
Vermisstenanzeigeᴿᴿ *f* déclaration *f* de disparition; **eine ~ aufgeben** établir une déclaration de disparition
vermittelbar *Adj* **schwer ~ sein** *Arbeitssuchende(r)* être difficile à placer
vermitteln* **I.** *tr V* ❶ fournir *Arbeitsstelle;* [**jdm**] **eine Stelle/eine Wohnung ~** fournir un emploi/un logement [à qn]; **jdm Arbeitskräfte ~** recruter des effectifs pour [le compte de] qn; **jdm einen Partner ~** mettre qn en contact avec un partenaire
❷ *(beibringen)* transmettre *Lehrstoff, Wissen*
❸ TELEC **ein Gespräch ~** établir une communication
❹ *geh (geben)* [**jdm**] **einen Überblick/Eindruck ~** donner un aperçu/une impression [à qn]
II. *itr V* **in etw** *(Dat)* **~** servir d'intermédiaire dans qc
vermittelnd I. *Adj Bemühungen* de médiation, de conciliation
II. *Adv* comme intermédiaire, en médiateur/médiatrice
Vermittler(in) <-s, -> *m(f)* ❶ *(Schlichter)* médiateur(-trice) *m(f),* conciliateur(-trice) *m(f)*
❷ *(Makler)* intermédiaire *mf*
Vermittlung <-, -en> *f* ❶ *kein Pl (das Vermitteln)* **die ~ von Arbeitskräften** le placement de la main-d'œuvre; **für die ~ der Wohnung verlangt er ...** sa commission de courtier s'élève à ...
❷ *kein Pl (Schlichtung)* médiation *f*
❸ TELEC *(Servicestelle)* transmission *f*
❹ *kein Pl* TELEC *(das Schalten)* **die ~ eines Gesprächs** l'établissement *m* d'une communication [téléphonique]
Vermittlungsausschussᴿᴿ *m* commission *f* mixte paritaire
Vermittlungsprovision *f* commission *f* de courtage **Vermittlungsstelle** *f* TELEC standard *m*
vermöbeln* *tr V fam* tabasser *(fam)*
vermocht *PP von* **vermögen**
vermodern* *itr V + sein* se décomposer
vermöge [fɛɐˈmøːɡə] *Präp + Gen geh* en vertu de *(soutenu)*
vermögen *tr V unreg geh* [**es**] **~ etw zu tun** être à même de faire qc *(soutenu);* **viel/wenig ~** *Vertrauen, Glaube:* agir beaucoup/peu
Vermögen [fɛɐˈmøːɡn̩] <-s, -> *nt* ❶ fortune *f,* biens *mpl*
❷ *kein Pl geh* **sein ~** [**etw zu tun**] sa capacité [à faire qc]
vermögend *Adj geh* fortuné(e); **~ sein** avoir des biens
Vermögensabgabe *f* FIN impôt *m* sur la fortune **Vermögensanspruch** *m* FIN, JUR prétention *f* d'ordre patrimoniale **Vermögensberater(in)** *m(f)* conseiller(-ère) *m(f)* en investissement
Vermögensbildung *f* constitution *f* d'un capital **Vermögenssteuer** *f,* **Vermögensteuer** *f* FISC impôt *m* sur la fortune **Vermögensverhältnisse** *Pl* état *m* de la fortune, situation *f* financière **Vermögensverwalter(in)** *m(f)* administrateur(-trice) *m(f)* de biens **vermögenswirksam** *Adj* **~e Leistungen** prestations *fpl* de l'employeur favorisant l'épargne et faisant partie du salaire
vermummen* *r V* **sich ~** dissimuler [*o* masquer] son visage; **total vermummt sein** être encagoulé(e)
Vermummung <-, -en> *f* déguisement *m,* travestissement *m; (bei Demonstrationen)* fait *m* de dissimuler son visage
Vermummungsverbot *nt* interdiction *f* de dissimuler son visage
vermuten* *tr V* supposer; **~** [**, dass**] supposer [que + *indic*]; **Bestechung ~** soupçonner des pots-de-vin; **jdn im Büro ~** *geh* penser que qn est au bureau
vermutlich I. *Adj attr* probable
II. *Adv* probablement
Vermutung <-, -en> *f* supposition *f,* présomption *f;* **die ~ nahelegen, dass** laisser supposer que + *indic;* **eine ~ haben, wer hinter dem Komplott steckt** avoir une idée sur l'auteur probable du complot
vernachlässigen* **I.** *tr V* délaisser *Kind, Partner;* négliger *Pflicht, Kleidung;* **sich vernachlässigt fühlen** *Person:* se sentir délaissé(e)
II. *r V* **sich ~** se négliger, se laisser aller
Vernachlässigung <-, -en> *f* ❶ **zur ~ des Äußeren neigen** avoir tendance à se négliger; **jdm die ~ seiner Pflichten vorwerfen** reprocher à qn de négliger ses obligations
❷ *(Nichtbeachtung) eines Details* omission *f*
vernadern *tr V* A *fam* dénoncer; **jdn an den Feind ~** dénoncer qn à l'ennemi
vernageln* *tr V* clouer *Kiste, Sarg;* **das Fenster mit Brettern ~** condamner la fenêtre en clouant des planches
vernagelt *Adj fam* **völlig ~** complètement abruti(e) *(fam)*
vernähen* *tr V* ❶ *(zunähen)* recoudre *Riss, Loch, Wunde*
❷ *(einnähen)* reprendre *Faden*
❸ *(nähen)* **einen Saum gut/schlecht ~** coudre bien/mal un ourlet
vernarben* *itr V + sein Wunde:* se cicatriser; **ein vernarbtes Gesicht** un visage couturé
vernarren* *r V fam* **sich in jdn/etw ~** s'enticher de qn/qc; **in jdn/etw vernarrt sein** s'être entiché(e) de qn/qc
vernaschen* *tr V* ❶ **das Taschengeld ~** dépenser son argent de poche dans des sucreries
❷ *fam* **jdn ~** se faire qn *(fam)*
vernebeln* *tr V* ❶ *(als Nebel versprühen)* pulvériser
❷ *fig* voiler, masquer *Tatbestand;* dissimuler *Umstand*
vernehmbar *Adj* perceptible, audible
vernehmen* *tr V unreg* ❶ *(verhören)* entendre *Zeugen;* interroger *Beschuldigten;* **jdn zu etw ~** entendre [*o* interroger] qn à propos de qc
❷ *geh (hören)* percevoir
❸ *geh (erfahren)* apprendre; **sie hatte es schon vernommen** elle le savait déjà, elle était déjà au courant
Vernehmen ► **dem ~ nach** à ce qu'on dit, selon les dires
Vernehmlassung CH *s.* **Verlautbarung**
vernehmlich I. *Adj geh* audible; *Stimme* clair(e), intelligible
II. *Adv geh* **er räusperte sich/hüstelte ~** on l'entendit se racler la gorge/toussoter
Vernehmung <-, -en> *f eines Zeugen* audition *f; (Verhör)* interrogatoire *m*
vernehmungsfähig *Adj Zeuge* en état d'être entendu(e); *Angeklagter, Täter* en état d'être interrogé(e), interrogeable
verneigen* *r V geh* **sich ~** s'incliner; **sich vor jdm/etw ~** s'incliner devant qn/qc
Verneigung *f geh* révérence *f*
verneinen* *tr V* ❶ donner une réponse négative à *Frage*
❷ *(leugnen)* nier
verneinend I. *Adj Antwort* négatif(-ive); *Kopfschütteln* en signe de négation
II. *Adv* **~ den Kopf schütteln** faire un signe de tête négatif
Verneinung <-, -en> *f* ❶ **die ~ einer Frage** la réponse négative à une question
❷ *(Leugnung)* négation *f*
❸ GRAM négation *f;* **doppelte ~** double négation
vernetzen* *tr V* ❶ INFORM mettre en réseau; **Rechner** [**miteinander**] **~** mettre des ordinateurs en réseau
❷ *(verbinden)* **Biotope** [**miteinander**] **~** mettre des biotopes en relation, associer des biotopes
Vernetzung <-, -en> *f* ❶ INFORM mise *f* en réseau, interconnexion *f*
❷ *(Verbindung)* imbrication *f*
vernichten* *tr V* ❶ *(beseitigen)* détruire *Akten, Beweise, Foto;* supprimer *Arbeitsplätze*

② *(zerstören)* détruire *Ernte, Gebäude;* anéantir *Stadt*
③ *(ausrotten)* exterminer *Personen, Unkraut*
vernichtend I. *Adj* **①** *Niederlage* écrasant(e)
② *fig* **ein ~er Blick** un regard haineux [*o* mauvais]; **jdm einen ~en Blick zuwerfen** foudroyer qn du regard
II. *Adv* **jdn ~ schlagen** battre qn à plate[s] couture[s]
Vernichtung <-, -en> *f* **①** *(Beseitigung) von Akten, Beweisen* destruction *f; von Arbeitsplätzen* suppression *f*
② *(Zerstörung) einer Ernte, eines Gebäudes* destruction *f; einer Stadt* anéantissement *m*
③ *(Ausrottung)* extermination *f*
Vernichtungslager *nt* camp *m* d'extermination **Vernichtungswaffe** *f* arme *f* de destruction massive
vernickeln* *tr V* nickeler
verniedlichen* *tr V* minimiser [l'importance de]
Vernissage [vɛrnɪˈsaːʒə] <-, -n> *f* vernissage *m*
Vernunft [fɛɐˈnʊnft] <-> *f* raison *f*
▶~ **annehmen** entendre raison; **nimm doch ~ an!** allons, sois raisonnable!; **jdn zur ~ bringen** ramener qn à la raison; **zur ~ kommen** se rendre à la raison
Vernunftehe *f* mariage *m* de raison
vernünftig [fɛɐˈnʏnftɪç] **I.** *Adj* **①** *Person* raisonnable
② *(sinnvoll) Argument, Grund, Idee* raisonnable, sensé(e)
③ *fam (akzeptabel)* potable *(fam);* **etwas Vernünftiges essen** manger quelque chose de potable *(fam)*
II. *Adv* **①** raisonnablement
② *fam (akzeptabel)* convenablement
Vernunftmensch *m* homme *m* de raison
veröden* **I.** *itr V + sein Ortschaft, Gegend:* se dépeupler; **eine verödete Innenstadt** un centre ville déserté
II. *tr V + haben* MED scléroser *Krampfader*
Verödung <-, -en> *f* **①** *einer Ortschaft, Region, Innenstadt* désertion *f*
② MED sclérose *f*
veröffentlichen* *tr V* **①** publier *Artikel, Buch, CD*
② *(bekannt machen)* rendre public(-ique)
Veröffentlichung <-, -en> *f* publication *f*
verordnen* *tr V (verschreiben)* prescrire; **jdm etw ~** prescrire qc à qn
Verordnung <-, -en> *f* **①** *kein Pl (das Verschreiben)* prescription *f*
② *form (Verfügung)* disposition *f;* **städtische ~** arrêté *m* municipal
verpachten* *tr V* affermer *Bauernhof, Wiese;* **ein Lokal ~** donner un établissement à bail; **jdm einen Garten ~, einen Garten an jdn ~** donner à qn un jardin à bail
Verpächter(in) *m(f)* bailleur *m*/bailleresse *f*
Verpachtung <-, -en> *f von Bauernhöfen, Wiesen* affermage *m; eines Lokals* location *f* à bail
verpacken* *tr V* emballer; **etw in einen [o einem] Karton ~** emballer qc dans un carton
Verpacken *nt* emballage *m,* packaging *m*
Verpackung *f* emballage *m*
Verpackungsindustrie *f* industrie *f* de l'emballage **Verpackungsmaterial** *nt* matériau *m* d'emballage **Verpackungsmüll** *m* emballages *mpl* usagés
verpassen* *tr V* **①** manquer, rater *Bus, Anschluss, Gelegenheit;* laisser passer *Chance*
② *fam (geben)* **jdm eine Ohrfeige ~** coller [*o* flanquer] une baffe à qn *(fam)*
verpatzen* *tr V fam* louper *(fam) Auftritt, Klassenarbeit, Rede;* **du hast ihr den Abend/das Geschäft verpatzt!** tu lui as gâché la soirée/as fait rater l'affaire! *(fam)*
verpennen* **I.** *tr V fam* **①** *(verpassen)* louper *(fam) Zug, Bus*
② *(vergessen)* oublier carrément
II. *itr V fam* avoir une panne d'oreiller *(fam)*
verpesten* *tr V* **①** polluer *Luft*
② *fam (mit Rauch füllen)* **verpeste mir nicht die Wohnung!** ne m'empeste pas l'appartement!
verpetzen* *tr V fam* cafter *(fam);* **jdn bei jdm ~** cafter qn auprès de qn
verpfänden* *tr V* hypothéquer *Grundstück, Haus;* **das Auto/den Schmuck ~** donner la voiture/les bijoux en gage
Verpfändung *f eines Grundstücks, Hauses* hypothèque *f; eines Autos, Schmuckstücks* mise *f* en gage
verpfeifen* *tr V unreg fam* balancer *(fam),* donner *(fam);* **jdn bei jdm ~** balancer qn à qn, donner qn à qn
verpflanzen* *tr V* **①** transplanter *Baum, Busch*
② MED greffer, transplanter; **jdm eine Niere ~** greffer [*o* transplanter] un rein à qn
Verpflanzung *f* **①** transplantation *f*
② MED greffe *f,* transplantation *f*
verpflegen* *tr V* nourrir; **jdm/sich ~** nourrir qn/se nourrir
Verpflegung <-, selten -en> *f* **①** *kein Pl (das Verpflegen)* ravitaillement *m*

② *(Kost)* alimentation *f*
verpflichten* **I.** *tr V* **①** *(festlegen)* obliger, contraindre; **jdn ~ etw zu tun** obliger [*o* contraindre] qn à faire qc; **zur Verschwiegenheit verpflichtet sein** être tenu(e) à la discrétion, s'être engagé(e) à être discret(-ète); **sich verpflichtet fühlen etw zu tun** se sentir obligé(e) de faire qc; **gesetzlich verpflichtet sein etw zu tun** être tenu(e) par la loi de faire qc; **das verpflichtet dich zu gar nichts** cela ne t'engage à rien
② *(engagieren)* engager *Künstler, Sportler;* **jdn als Trainer ~** engager qn en tant qu'entraîneur [*o* comme entraîneur]
II. *itr V Erfolg, Versprechen:* constituer un engagement; **nicht zum Kauf ~** être sans obligation d'achat
III. *r V* **①** *(zusagen)* **sich zu etw ~** s'engager à qc
② *(Arbeitsvertrag abschließen)* **sich für fünf Jahre ~** *Künstler, Sportler:* signer pour cinq ans; *Soldat:* s'engager [*o* s'enrôler] pour cinq ans
verpflichtet *Adj* **jdm ~ sein** être l'obligé(e) de qn; **sich jdm ~ fühlen** se sentir l'obligé(e) de qn
Verpflichtung <-, -en> *f* **①** *meist Pl (Pflicht)* engagement *m,* obligation *f;* **finanzielle ~en** engagements financiers; **dienstliche ~en** obligations de service; **die ~ haben etw zu tun** être tenu(e) [*o* avoir l'obligation] de faire qc
② *kein Pl (das Verpflichten) eines Künstlers, Sportlers* engagement *m*
verpfuschen* *tr V a. fig fam* bousiller *(fam)*
verpissen* *r V sl* **sich ~** foutre le camp *(fam);* **verpiss dich!** casse-toi! *(fam),* dégage! *(fam)*
verplanen* *tr V* **①** prévoir *Summe, Geld, Gehalt;* programmer *Zeit, Woche*
② *fam (ausbuchen)* **für die ganze Woche verplant sein** être pris(e) toute la semaine
verplappern* *r V fam* **sich ~** se trahir; **pass auf, dass du dich nicht verplapperst!** fais attention à ne pas en dire trop!
verplempern* *tr V fam* **①** *(verschwenden)* claquer *(fam);* **viel Geld/Zeit für etw ~** claquer beaucoup d'argent/de temps dans qc *(fam)*
② DIAL *(verschütten)* renverser
verplomben* *tr V* plomber
verpönt [fɛɐˈpøːnt] *Adj geh* mal vu(e)
verprassen* *tr V* dilapider; **etw ~** dilapider qc, jeter qc par les fenêtres
verprellen* *tr V* irriter
verprügeln* *tr V* rouer de coups; **jdn ~** rouer qn de coups
verpuffen* *itr V + sein* **①** *(explodieren)* déflagrer
② *fam (wirkungslos sein) Aktion, Maßnahme:* ne rien donner; *Elan:* foutre le camp *(fam); Pointe:* être un pétard mouillé *(fam)*
Verpuffung <-, -en> *f* déflagration *f*
verpulvern* [-fen, -vən] *tr V fam* claquer *(fam)*
verpumpen* *tr V fam* prêter *(fam)*
verpuppen* *r V* ZOOL **sich ~** se transformer en chrysalide
Verputz *m* crépi *m*
verputzen* *tr V* **①** crépir *Fassade, Haus;* enduire *Wand, Decke*
② *fam (aufessen)* avaler
verqualmen* *tr V fam* enfumer *Zimmer;* **sie haben mir das Zimmer verqualmt** ils ont enfumé ma pièce
verqualmt *Adj* enfumé(e)
verquast [fɛɐˈkvaːst] *Adj Idee, Theorie* confus(e)
verquatschen* *r V fam* **sich ~** *(sich verplappern)* trop en dire; *(beim Plaudern die Zeit vergessen)* trop parler
verquer I. *Adj* **①** *Lage, Position* de travers
② *(merkwürdig)* tordu(e)
II. *Adv* **①** sitzen, liegen de travers
② *(merkwürdig)* de manière étrange
▶**jdm geht etw ~** *fam* qn rate son coup *(fam)*
verquicken* *tr V* **zwei Fragen [miteinander] ~** mener deux questions de front
verquirlen* *tr V* battre [au fouet]; **Eier ~** battre des œufs [au fouet]; **die Eier mit der Milch ~** battre les œufs avec le lait [au fouet]
verquollen [fɛɐˈkvɔlən] *Adj* gonflé(e)
verrammeln* *tr V fam* barricader
verramschen* *tr V fam* brader *(fam)*
verrannt *PP von* **verrennen**
Verrat [fɛɐˈraːt] <-[e]s> *m* **①** *(das Verraten) von militärischen Geheimnissen* livraison *f;* **der ~ militärischer Geheimnisse** la livraison de secrets militaires
② *(Tat)* **~ begehen** commettre une trahison
verraten <verrät, verriet, verraten> **I.** *tr V* **①** *(ausplaudern)* trahir *Geheimnis, Versteck;* se rendre coupable de trahison en dévoilant *Absicht, Plan;* **etw an jdn ~** se rendre coupable de trahison en révélant qc à qn; **nichts ~!** motus et bouche cousue!
② *(Verrat üben an, preisgeben)* trahir *Freund, Ideal, Ziel*
③ *iron fam (sagen)* **sie hat mir nicht ~ wollen, wer ...** elle n'a pas voulu me dire qui...
④ *(erkennen lassen)* **seine wahren Absichten nicht ~** ne pas

laisser entrevoir ses intentions; **ihre Stimme hat sie ~** sa voix l'a trahie
▶ **~ und verkauft sein** *fam* être abandonné(e) de tous
II. *r V* **sich ~** se trahir; **sie hat sich durch ihre Frage ~** sa question l'a trahie
Verräter(in) [fɛɛ'rɛːtɐ] <-s, -> *m(f)* traître(-esse) *m(f)*
verräterisch I. *Adj* ❶ *Machenschaften, Umtriebe* de trahison
❷ *(verdächtig) Blick, Handbewegung* qui trahit
II. *Adv* **jdm ~ zuzwinkern** faire un clin d'œil traître à qn
verrauchen* I. *itr V + sein Qualm, Ärger:* se dissiper, s'évanouir
II. *tr V + haben* ❶ *(verbrauchen)* fumer
❷ *(verräuchern)* **ein verrauchtes Lokal** un bistro[t] enfumé
verräuchern* *s.* **verqualmen**
verrechnen* I. *r V* ❶ *(falsch rechnen)* **sich ~** se tromper en comptant; **sich um zehn Euro ~** se tromper de dix euros en comptant
❷ *(sich irren)* **sich ~** faire une erreur [dans ses calculs]; **sich in jdm ~** se tromper sur le compte de qn
II. *tr V* ❶ **die Anzahlung mit dem Gesamtbetrag ~** déduire l'acompte du montant total
❷ *(gutschreiben)* encaisser *Scheck*
Verrechnung *f* ❶ *(Anrechnung)* compensation *f*
❷ *(Gutschrift)* encaissement *m*
Verrechnungsscheck *m* chèque *m* barré **Verrechnungszeitraum** *m* FIN période *f* de calcul
verrecken* *itr V + sein sl* ❶ *Person, Tier:* crever *(pop)*
❷ *(kaputtgehen) Gerät, Motor:* lâcher *(fam)*
▶ **nicht ums Verrecken** pas pour tout l'or du monde, à aucun prix
verregnet *Adj* très pluvieux(-euse)
verreiben* *tr V unreg* appliquer; **etw in/auf etw** *(Dat)* **~** appliquer qc sur qc
verreisen* *itr V + sein* partir en voyage; **privat/geschäftlich ~** partir en voyage privé/d'affaires; **mit dem Zug ~** partir en voyage par le train; **verreist sein** être en voyage
verreißen* *tr V unreg* **jdn/etw ~** descendre qn/qc en flammes
verrenken* *r V* **sich** *(Dat)* **den Hals ~** se tordre [*o* se démettre] le cou; **sich** *(Dat)* **den Fuß/den Arm ~** se faire une entorse au pied/au bras
Verrenkung <-, -en> *f* entorse *f;* **~ en machen [müssen]** [devoir] se contorsionner
verrennen* *r V unreg* **sich in etw** *(Akk)* **~** s'obstiner dans qc
verrichten* *tr V* exécuter, accomplir, faire *Arbeit;* faire *Gebet*
Verrichtung *f* ❶ *kein Pl (Ausführung)* exécution *f,* accomplissement *m*
❷ *(Arbeit)* tâche *f*
verriegeln* *tr V* verrouiller
verriet *Imp von* **verraten**
verringern* I. *tr V* diminuer; **den Abstand um zwei Meter ~** réduire la distance de deux mètres
II. *r V* **sich ~** ❶ *Abstand, Geschwindigkeit, Druck:* diminuer
❷ *(sich verschlechtern)* s'amenuiser
Verringerung <-> *f* diminution *f,* réduction *f*
verrinnen* *itr V unreg + sein* ❶ *geh (vergehen)* s'écouler
❷ *(versickern)* **im Sand ~** s'infiltrer dans le sable
Verriss^{RR} *m* mauvaise critique *f;* **diese Filmkritik ist ein klarer ~** le film est véritablement descendu en flammes
verrohen* I. *itr V + sein Person:* devenir une brute; *Gesellschaft:* devenir un monde de brutes; **verroht sein** *Person:* être abruti(e)
II. *tr V* **jdn ~** *Haft:* abrutir qn
verrosten* *itr V + sein* rouiller
verrotten* *itr V + sein* ❶ *(sich zersetzen)* se décomposer, pourrir
❷ *(verwahrlosen) Gebäude, Fassade:* se délabrer, tomber en ruine
verrucht [fɛɐ'ruːxt] *Adj* ❶ *Schurke, Tat* infâme
❷ *(lasterhaft) Blick, Aussehen* vicieux(-euse), *Lokal, Viertel* de débauche
verrücken* *tr V* pousser *Möbelstück*
verrückt *Adj fam* ❶ fou(folle); **jdn ~ machen** *fam* rendre qn cinglé(e) [*o* marteau] *(fam);* **du bist wohl ~!, bist du ~?** *fam* t'es malade [ou quoi]? *(fam),* ça va pas la tête? *(fam)*
❷ *(ausgefallen) Haus, Auto, Kleidung* dingue *(fam), Idee, Plan, Vorschlag* farfelu(e)
❸ *(versessen)* **nach jdm ~ sein** être fou(folle) [*o* dingue *fam*] de qn; **auf etw** *(Akk)/***nach etw ~ sein** raffoler de qc
▶ **ich werd' ~!** *fam* c'est pas vrai, je rêve! *(fam),* **wie ~** *fam* **rennen, schreien** comme un fou/une folle; **es regnet wie ~** il pleut à seaux [*o* à verse]; **es schneit wie ~** il y a une tempête de neige de tous les diables; **es stürmt wie ~** il fait un vent à décorner les bœufs *(fam)*
Verrückte(r) *f(m) dekl wie Adj fam* fou *m*/folle *f*
Verrücktheit <-, -en> *f* ❶ *kein Pl (Zustand)* folie *f*
❷ *fam (ausgefallene Idee, Überspanntheit)* **jdn wegen/trotz seiner ~en lieben** aimer qn pour/malgré ses folies
Verrücktwerden ▶ **es ist zum ~!** *fam* c'est à devenir cinglé(e) [*o* marteau]! *(fam)*

Verruf *m* **in ~ geraten** [*o* **kommen**] se discréditer, compromettre sa réputation; **jdn in ~ bringen** compromettre [*o* salir] la réputation de qn
verrufen *Adj Lokal, Gegend, Viertel* mal famé(e), malfamé(e), louche
verrühren* *tr V* mélanger; **etw [mit etw] ~** mélanger qc [avec qc]
verrußen* *itr V + sein* s'encrasser
verrutschen* *itr V + sein* glisser
Vers [fɛrs] <-es, -e> *m* ❶ POES vers *m*
❷ *(Strophe)* strophe *f*
❸ *(Bibelvers)* verset *m*
versachlichen* *tr V* **die Diskussion ~** s'en tenir aux faits dans la discussion
versacken* *itr V + sein fam* ❶ *(versinken) Wagen, Räder:* s'enliser; **in etw** *(Dat)* **~** *Wagen, Räder:* s'enliser dans qc
❷ *fig (feiern, trinken)* faire la bringue
versagen* I. *itr V* ❶ échouer; **im Leben/in der Schule ~** échouer dans la vie/à l'école; **aus Angst zu ~** par peur d'échouer [*o* de l'échec]
❷ *(nicht wirken) Erziehung, Politik:* être un échec
❸ *(nicht funktionieren) Alarmanlage:* ne pas fonctionner; **seine Stimme versagte, ihm versagte die Stimme** sa voix lui fit défaut, il [en] perdit la voix; **meine Beine versagten, mir versagten die Beine** je sentis mes jambes se dérober sous moi
II. *tr V geh* **jdm etw ~** refuser qc à qn
III. *r V* **sich** *(Dat)* **etw ~** s'interdire qc
Versagen <-s> *nt* ❶ *(Scheitern)* échec *m*
❷ *(Fehlfunktion)* défaillance *f; eines Herzens* arrêt *m*
❸ *(Fehlverhalten)* **menschliches ~** défaillance *f* humaine
Versager(in) <-s, -> *m(f)* raté(e) *m(f)*
versalzen* I. *tr V unreg* ❶ trop saler *Nudeln, Essen*
❷ *fam (verderben)* **diese Freude werde ich ihm ~!** je vais lui gâcher ce plaisir!
II. *itr V Boden, See:* se saler
versammeln* I. *r V* **sich ~** se rassembler
II. *tr V* rassembler, regrouper
Versammlung *f* ❶ *(Zusammenkunft)* réunion *f*
❷ *(die versammelten Menschen)* assemblée *f*
Versammlungsfreiheit *f kein Pl* liberté *f* de réunion **Versammlungslokal** *nt* lieu *m* de réunion
Versand [fɛɐ'zant] <-[e]s> *m* ❶ *(das Versenden)* envoi *m,* expédition *f;* **etw zum ~ fertig machen** apprêter qc pour l'expédition
❷ *s.* **Versandabteilung**
❸ *s.* **Versandhaus**
Versandabteilung *f* expédition *f;* **in der ~ arbeiten** travailler à l'expédition
versanden* *itr V + sein* ❶ s'ensabler
❷ *fam (aufhören)* finir [*o* s'en aller] en eau de boudin *(fam)*
versandfertig *Adj* prêt(e) à être expédié(e) **Versandhandel** *m* vente *f* par correspondance **Versandhaus** *nt* entreprise *f* de vente par correspondance
Versandhauskatalog *m* catalogue *m* de vente par correspondance
Versandkosten *Pl* COM, ÖKON frais *mpl* d'expédition [*o* d'envoi]; **zuzüglich Porto und ~** port et frais d'expédition en sus
versauen* *tr V sl* ❶ dégueulasser *(pop) Boden, Kleid*
❷ *(verderben)* **jdm den Abend ~** foutre en l'air [*o* bousiller] la soirée de qn *(fam)*
versaufen* *tr V unreg sl* claquer dans la boisson *(fam);* **sein ganzes Gehalt ~** claquer tout son salaire dans la boisson
versäumen* *tr V* ❶ *(verpassen)* manquer, rater *Bus, Termin, Film;* laisser passer *Gelegenheit, Zeitpunkt*
❷ *(unterlassen)* **[es] ~ etw zu tun** omettre de faire qc
Versäumnis <-ses, -se> *nt geh* omission *f*
Versäumnisurteil *nt* JUR jugement *m* par défaut
verschachern* *tr V pej* brader (péj)
verschaffen* I. *tr V* **jdm eine Stellung ~** procurer une place à qn; **jdm einen Vorteil ~** donner un avantage à qn; **das wird dir Respekt ~** ainsi, tu te feras respecter
II. *r V* **sich** *(Dat)* **Geld ~** se procurer de l'argent; **sich** *(Dat)* **einen Vorteil ~** se procurer un avantage; **sich** *(Dat)* **Respekt ~** s'attirer du respect, se faire respecter
verschalen* I. *itr V* faire un coffrage
II. *tr V* coffrer
Verschalung <-, -en> *f* coffrage *m*
verschämt [fɛɐ'ʃɛːmt] **I.** *Adj* gêné(e), intimidé(e)
II. *Adv* avec gêne, timidement
verschandeln* *tr V fam* défigurer *Landschaft, Gesicht*
Verschand[e]lung <-, -en> *f fam* enlaidissement *m*
verschanzen* *r V* ❶ MIL **sich ~** se protéger dans des retranchements
❷ *fig* **sich hinter den Vorschriften ~** se retrancher derrière le règlement
verschärfen* I. *r V* **sich ~** s'aggraver, s'envenimer

II. tr V ❶ renforcer *Bestimmung, Vorschriften;* aggraver, alourdir *Strafe;* intensifier, renforcer *Kontrollen*
❷ *(zuspitzen)* aggraver, envenimer
Verschärfung <-, -en> f ❶ *der Bestimmungen, Kontrollen* renforcement *m*, intensification *f*
❷ *(Zuspitzung)* aggravation *f*
verscharren* tr V enfouir, enterrer
verschätzen* r V ❶ *(sich beim Schätzen irren)* **sich ~** se tromper dans son estimation; **sich um zehn Meter ~** se tromper dans son estimation de dix mètres
❷ *(sich täuschen)* **sich ~** se tromper
verschaukeln* tr V fam jdn ~ rouler qn [dans la farine] *(fam);* **sich nicht ~ lassen** ne pas se faire rouler [dans la farine]
verscheiden* itr V unreg + sein geh trépasser *(littér.)*
verscheißen* V vulg chier dans *(vulg) Windel, Toilette*
▶ **bei jdm verschissen haben** *sl* être grillé(e) auprès de qn *(fam)*
verschenken* tr V ❶ donner, faire cadeau de *Kleider, Geld;* faire don de *Besitz*
❷ *(ungenutzt lassen)* ne pas tirer profit de *Gelegenheit*
verscherbeln* tr V fam brader *(fam)*
verscherzen* tr V sich *(Dat)* jds Freundschaft/Wohlwollen ~ perdre l'amitié/la bienveillance de qn par sa faute
verscheuchen* tr V chasser, faire fuir *Person, Tier*
verscheuern* tr V fam brader *(fam)*
verschicken* tr V ❶ *(versenden)* envoyer
❷ *(zur Erholung schicken)* **jdn ins Gebirge ~** envoyer qn à la montagne
verschiebbar Adj ❶ *Möbel* mobile; *Tür* coulissant(e)
❷ *Treffen, Termin* que l'on peut déplacer [o différer]
Verschiebebahnhof *m* gare *f* de triage
verschieben* unreg I. tr V ❶ *(verrücken)* déplacer; **etw um einen Meter ~** déplacer qc d'un mètre
❷ *(verlegen)* reporter; **etw auf die nächste Woche ~** remettre qc à la semaine prochaine; **etw um eine Woche ~** repousser qc d'une semaine
❸ fam *(illegal verkaufen)* **etw ins Ausland ~** exporter illégalement qc à l'étranger
II. r V ❶ **sich um zwei Stunden ~** être retardé(e) de deux heures; **sich auf die nächste Woche ~** être reporté(e) à la semaine prochaine
❷ *(verrutschen)* **sich ~** glisser
Verschiebung f report *m*
verschieden [fɛɐ̯ˈʃiːdən] I. Adj ❶ *(unterschiedlich)* différent(e); **das ist ~** c'est variable, ça dépend
❷ *(unterschiedlich geartet) Personen, Charaktere* dissemblable
❸ *(abweichend)* divergent(e)
❹ attr *(einige)* ~**e Leute** plusieurs personnes; ~**e Bücher kaufen** acheter divers livres; **sich über Verschiedenes** [o ~**e Dinge**] **unterhalten** discuter de choses diverses
II. Adv ~ **breit/hoch sein** *Tische:* être de largeurs/hauteurs différentes
verschiedenartig Adj de différentes sortes, varié(e)s
Verschiedenartigkeit <-> f ❶ *(Unterschiedlichkeit)* disparité *f*
❷ *(Vielfalt)* diversité *f*
verschiedenerlei Adj unv ~ **Pflanzen/Speisen** différentes sortes de plantes/de plats; ~ **Gründe haben** avoir toutes sortes de [o maintes] raisons *(soutenu);* **über ~ sprechen** discuter de choses diverses
Verschiedenheit <-, -en> f ❶ *(Unterschiedlichkeit)* différence *f*
❷ *(Charakter-, Wesensunterschied)* dissemblance *f*
verschiedentlich Adv à diverses [o maintes] reprises *(soutenu)*
verschießen* unreg I. tr V + haben ❶ *(verbrauchen)* tirer *Kugeln;* **die ganze Munition ~** épuiser toutes ses munitions
❷ *(abschießen)* lancer *Steine;* tirer *Pfeile*
❸ *(danebenschießen)* **den Ball ~** rater le but
❹ fam *(belichten)* **viele Filme ~** bouffer beaucoup de rouleaux de pellicule *(fam)*
II. itr V + sein *Stoff, Vorhang:* ternir; *Farbe:* passer
verschiffen* tr V transporter par voie maritime [o par bateau]; **etw nach Japan ~** transporter qc par voie maritime [o par bateau] au Japon
Verschiffung <-, -en> f transport *m* par voie maritime [o par bateau]
verschimmeln* itr V + sein moisir
verschlafen*¹ unreg I. itr V se réveiller trop tard; **ich habe ~** je n'ai pas entendu le réveil, je ne me suis pas réveillé(e)
II. tr V fam *(vergessen)* oublier carrément
❷ *(verbringen)* **den Nachmittag ~** passer l'après-midi à dormir
verschlafen² Adj ❶ *Person* mal réveillé(e), encore [tout(e)] endormi(e)
❷ *(ruhig) Dorf* peu animé(e); **eine ~e Gegend** un coin tranquille; **das Dorf ist ziemlich ~** le village est assez calme
Verschlag <-[e]s, Verschläge> *m* réduit *m*

verschlagen*¹ tr V unreg ❶ *(schlagen)* battre
❷ *(woandershin führen)* **jdn verschlägt es nach Paris** qn atterrit [o se retrouve] à Paris
❸ *(schlecht schlagen)* rater, manquer *Ball, Aufschlag*
verschlagen² I. Adj sournois(e)
II. Adv sournoisement
Verschlagenheit <-> f sournoiserie *f*
verschlammen* itr V + sein s'envaser
verschlampen* tr V fam paumer *(fam)*
verschlanken* tr V euph dégraisser *(fam) Belegschaft, Unternehmen*
verschlechtern* I. tr V aggraver, détériorer
II. r V **sich ~** ❶ *Lage, Zustand:* s'aggraver, se détériorer; *Wetter:* se dégrader, se détériorer
❷ *(beruflich)* être bien moins loti(e)
Verschlechterung <-, -en> f *einer Lage, eines Zustands* aggravation *f*, détérioration *f;* des Wetters dégradation *f*, détérioration *f*
verschleiern* I. tr V ❶ a. fig *(bedecken)* voiler
❷ *(verheimlichen)* masquer, dissimuler *Missstand, Sachverhalt, Umstände*
II. r V **sich ~** *Moslime, Witwe, Braut:* se voiler; **verschleiert** *Braut, Moslime* voilée
Verschleierung <-, -en> f JUR *eines Missstandes, Skandals* dissimulation *f;* **jdm die ~ seiner Absichten vorwerfen** reprocher à qn de dissimuler ses intentions
verschleimen* itr V + sein s'encombrer
Verschleiß [fɛɐ̯ˈʃlaɪs] <-es, -e> *m* ❶ *(Abnutzung)* usure *f;* **einem starken ~ unterliegen** subir une forte usure
❷ *(Verbrauch)* consommation *f;* **ein hoher ~ an Zahnpasta und Seife** une forte consommation de dentifrice et de savon
verschleißen* [fɛɐ̯ˈʃlaɪsən] <verschliss, verschlissen> I. itr V + sein *Material, Maschine:* s'user
II. tr V + haben user
III. r V + haben **sich ~** *Person:* s'user
Verschleißerscheinung f *einer Person* signe *m* de fatigue; *einer Sache* signe *m* d'usure **verschleißfest** Adj résistant(e) **Verschleißstelle** f A *(Verkaufsstelle)* économat *m* **Verschleißteil** *nt* pièce *f* soumise à une forte usure
verschleppen* tr V ❶ déplacer, déporter *Personen*
❷ JUR faire traîner *Prozess, Verfahren*
❸ MED traîner *Krankheit;* **eine verschleppte Infektion** une infection qui traîne
Verschleppung <-, -en> f ❶ déplacement *m*, déportation *f*
❷ JUR retardement *m*
❸ MED **die ~ einer Grippe** le fait de traîner une grippe
Verschleppungstaktik f ❶ POL obstructionnisme *m*
❷ JUR tactique *f* dilatoire
verschleudern* tr V ❶ *(verkaufen)* liquider
❷ *(verschwenden)* dilapider
verschließbar Adj ❶ *Gefäß* hermétique
❷ *(abschließbar)* qui ferme à clé
verschließen* unreg I. tr V ❶ *(abschließen)* fermer [à clé]
❷ *(zumachen)* boucher *Flasche;* fermer *Glas*
❸ *(wegschließen)* **etw in einer Kommode ~** mettre sous clé qc dans une commode
II. r V **sich einer Überlegung ~** se fermer à une réflexion; **sich einer Erkenntnis/Einsicht ~** refuser de reconnaître un fait/se refuser à voir un fait
verschlimmbessern* tr V hum **einen Text ~** massacrer un texte [à la relecture]
verschlimmern* I. tr V aggraver
II. r V **sich ~** s'aggraver
Verschlimmerung <-, -en> f aggravation *f*
verschlingen*¹ tr V unreg ❶ *(essen)* dévorer
❷ *(lesen)* dévorer
❸ *(kosten)* engloutir *Unsummen, Millionen*
verschlingen² tr V croiser; **sie stand mit verschlungenen Armen da** elle était là, les bras croisés; **ein verschlungener Weg** un chemin sinueux [o tortueux]
verschliss *Imp von* **verschleißen**
verschlissen [fɛɐ̯ˈʃlɪsən] I. PP *von* **verschleißen**
II. Adj usé(e)
verschlossen [fɛɐ̯ˈʃlɔsən] Adj ❶ *(abgeschlossen) Zimmer, Haus* fermé(e) [à clé]
❷ *(geschlossen) Dose* fermé(e); *Flasche* bouché(e)
❸ *(zurückhaltend) Person* renfermé(e)
❹ *(unverständlich)* **jdm ~ bleiben** rester un mystère [o une énigme] pour qn
Verschlossenheit <-> f caractère *m* renfermé
verschlucken* I. tr V ❶ avaler
❷ *(dämpfen)* amortir, étouffer
II. r V **sich an etw** *(Dat)* ~ avaler qc de travers
verschlungen [fɛɐ̯ˈʃlʊŋən] I. PP *von* **verschlingen**

II. *Adj Weg* sinueux(-euse), tortueux(-euse)
Verschluss[RR] *m* ❶ *einer Dose, eines Glases* couvercle *m*; *einer Flasche* bouchon *m*
❷ *(Schließe)* fermoir *m*
▶ etw unter ~ **halten** garder qc sous clé
verschlüsseln* *tr V* coder; **das Programm ~** *Fernsehsender:* diffuser le programme crypté; **das Verschlüsseln** le codage
verschlüsselt I. *Adj Daten* codé(e)
II. *Adv* en message codé; **das Programm ~ senden** *Fernsehsender:* diffuser le programme crypté
Verschlüsselung <-, -en> *f* codage *m*
Verschlüsselungstechnik *f* INFORM technique *f* d'encodage
Verschlusskappe[RR] *f* capuchon *m* **Verschlusslaut**[RR] *m* occlusive *f* **Verschlusssache**[RR] *f* affaire *f* interne
verschmachten* *itr V + sein geh* mourir d'épuisement; **vor Durst/Hunger [fast] ~** [faillir] mourir de soif/faim
verschmähen* *tr V geh* dédaigner *(soutenu)*
verschmelzen* *itr V unreg + sein* **mit etw ~** fondre et se mélanger à [*o* avec] qc
verschmerzen* *tr V* surmonter, encaisser *(fam) Fehlschlag, Absage;* se consoler de *Verlust;* **hundert Euro kann ich ~** cent euros, je ne vais pas en faire un drame [*o* une maladie]
verschmieren* **I.** *tr V* ❶ *(verstreichen)* étaler *Salbe, Creme*
❷ *(beschmieren)* salir
❸ *(verwischen)* tacher *Unterschrift;* **seine Hausaufgaben ~** faire des taches sur ses devoirs; **ihr Lippenstift war ganz verschmiert** elle avait la bouche barbouillée de rouge à lèvres
❹ *(verspachteln)* colmater *Fuge, Riss*
II. *itr V Lippenstift, Tinte:* baver
verschmitzt [fɛɐ̯ˈʃmɪtst] **I.** *Adj* malicieux(-euse)
II. *Adv* ~ **lächeln** arborer un sourire malicieux
verschmutzen* **I.** *tr V + haben* ❶ salir *Kleidung*
❷ *(belasten)* polluer *Luft, Wasser, Umwelt*
II. *itr V + sein* **schnell** [*o* **leicht**] **~** se salir facilement
Verschmutzung <-, -en> *f* pollution *f*
verschnaufen* *itr, r V fam* reprendre son souffle; [**sich**] **~** reprendre son souffle
Verschnaufpause *f* [petite] pause *f* pour souffler
▶ eine ~ **einlegen** souffler un peu
verschneiden* *tr V unreg* ❶ couper *Wein, Rum*
❷ *(falsch schneiden)* mal couper *Stoff, Papier, Haare*
verschneit [fɛɐ̯ˈʃnaɪt] *Adj* enneigé(e)
Verschnitt *m* ❶ *(Alkohol)* mélange *m*
❷ *(Abfall)* restes *mpl*
verschnitten *PP von* **verschneiden**
verschnörkelt *Adj* chargé(e) de fioritures
verschnupft [fɛɐ̯ˈʃnʊpft] *Adj* ❶ enrhumé(e)
❷ *fam (verärgert)* en rogne *(fam)*
verschnüren* *tr V* ficeler
verschoben *PP von* **verschieben**
verschollen [fɛɐ̯ˈʃɔlən] *Adj Person, Flugzeug, Schiff* [porté(e)] disparu(e); *Akte, Manuskript* disparu(e); **in Afrika ~ sein** avoir disparu en Afrique
verschonen* *tr V* ❶ *Person, Naturkatastrophe:* épargner; **jdn/etw ~** *Person, Naturkatastrophe:* épargner qn/qc
❷ *fam (nicht behelligen)* **jdn mit etw ~** épargner qc à qn
verschönern* *tr V* embellir
Verschönerung <-, -en> *f* embellissement *m*
Verschonung *f einer Person, Stadt* ménagement *m;* **jdn um ~ seines Kindes anflehen** prier qn d'épargner son enfant
verschossen I. *PP von* **verschießen**
II. *Adj* ▶ **in jdn ~ sein** en pincer pour qn *(fam)*
verschrammen* **I.** *tr V + haben* rayer
II. *itr V + sein* se rayer
verschränken* *tr V* croiser *Arme, Beine*
verschrauben* *tr V* visser; **etw mit etw ~** visser qc à qc
verschreckt *Adj* effrayé(e)
verschreiben* *unreg* **I.** *tr V* ❶ prescrire; **jdm etw gegen den Husten ~** prescrire qc contre la toux à qn; **sich** *(Dat)* **etw gegen die Schmerzen ~ lassen** se faire prescrire qc contre les douleurs
❷ *(verbrauchen)* user *Bleistift, Mine;* noircir *Notizblock, Papier*
II. *r V* ❶ *(falsch schreiben)* **sich ~** faire une faute [d'orthographe]
❷ *(sich widmen)* **sich einer S.** *(Dat)* **~** se vouer à qc
Verschreibung *f (das Verordnen)* prescription *f*
verschreibungspflichtig *Adj* délivré(e) sur ordonnance
verschrie[e]n *Adj Gegend, Lokal* mal famé(e); **~ sein** *Gegend, Lokal:* avoir [une] mauvaise réputation; **als Choleriker ~ sein** être un coléreux notoire
verschriftlichen* *tr V* LING **etw ~** transcrire qc
verschroben [fɛɐ̯ˈʃroːbən] **I.** *Adj* extravagant(e)
II. *Adv sich kleiden* de manière extravagante
verschrotten* *tr V* mettre à la ferraille; **etw ~** mettre qc à la ferraille; **etw ~ lassen** mettre qc à la casse

Verschrottung <-, -en> *f* TECH *(Ausschlachten)* démontage *m;* *(Pressen)* broyage *m*
verschrumpeln* *itr V + sein fam* se ratatiner *(fam)*
verschüchtert [fɛɐ̯ˈʃʏçtɐt] *Adj, Adv* effarouché(e)
verschulden* **I.** *tr V + haben* être responsable de *Unfall*
II. *itr V + sein* s'endetter; **verschuldet sein** être endetté(e)
III. *r V + haben* **sich bei jdm ~** s'endetter auprès de qn
Verschulden <-s> *nt* responsabilité *f;* **der Unfall ist ohne sein ~ passiert** l'accident s'est produit sans que ce soit sa faute; **das ist durch dein eigenes ~ so gekommen** c'est de ta faute si les choses se sont passées ainsi
Verschuldung <-, -en> *f* endettement *m;* **die öffentliche ~** la dette publique
verschütten* *tr V* ❶ *(vergießen)* renverser
❷ *(begraben)* ensevelir
verschwägert [fɛɐ̯ˈʃvɛːɡɐt] *Adj* parent(e) par alliance; **mit jdm ~ sein** être parent(e) par alliance avec qn; **sie sind [miteinander] ~** ils/elles sont parent(e)s par alliance
verschweigen* *tr V unreg* taire; **etw ~** taire qc; **jdm etw ~** cacher qc à qn; **jdm ~, dass** cacher à qn que + *indic*
Verschweigen <-s> *nt von Tatsachen* dissimulation *f*
verschwenden* *tr V* ❶ gaspiller; **Geld/Zeit/Energie ~** gaspiller de l'argent/du temps/de l'énergie
❷ *fig* **keinen einzigen Gedanken an jdn/etw ~** ne pas accorder la moindre pensée à qn/qc
Verschwender(in) <-s, -> *m(f)* gaspilleur(-euse) *m(f)*
verschwenderisch **I.** *Adj* ❶ *Person, Gruppe* gaspilleur(-euse); **sein ~ er Umgang mit Energie** sa manie de gaspiller de l'énergie
❷ *(üppig) Luxus, Pracht* opulent(e); **in ~ er Fülle** à profusion
II. *Adv leben* dans le gaspillage; **mit Geld/Energie ~ umgehen** jeter l'argent par la fenêtre/gaspiller l'énergie
Verschwendung <-, -en> *f* gaspillage *m*
Verschwendungssucht *f* prodigalité *f* **verschwendungssüchtig** *Adj* follement dépensier(-ière), qui ne pense qu'à gaspiller
verschwiegen [fɛɐ̯ˈʃviːɡən] *Adj* ❶ *(diskret)* discret(-ète)
❷ *(still) Bucht* retiré(e); *Lokal* discret(-ète)
Verschwiegenheit <-> *f* ❶ *(verschwiegene Art)* discrétion *f*
❷ *(das Stillschweigen)* secret *m* professionnel, silence *m*
verschwimmen* *itr V unreg + sein Aquarellfarben:* se fondre; *Konturen, Umrisse:* s'estomper; **jdm verschwimmt alles vor den Augen** tout se brouille devant les yeux de qn
verschwinden* *itr V unreg + sein* ❶ disparaître; **im Wald/in der Dunkelheit ~** disparaître dans la forêt/l'obscurité; **unsere Katze/das ganze Geld ist verschwunden** notre chat/tout l'argent a disparu; **etw in der Schublade ~ lassen** faire disparaître qc dans le tiroir
❷ *(sich davonmachen)* **durch die Tür/in den Keller ~** disparaître par la porte/à la cave; **rasch ~** s'esquiver; **verschwinde!** *fam* fiche le camp! *(fam)*
❸ *(sich auflösen) Geist, Gespenst:* disparaître
▶ **mal ~ müssen** *euph fam* devoir s'en aller deux secondes *(euph fam)*
Verschwinden <-s> *nt einer Person, eines Gegenstands* disparition *f*
verschwindend *Adj, Adv* infime
verschwistert [fɛɐ̯ˈʃvɪstɐt] *Adj* [miteinander] **~ sein** *zwei Personen:* être frère et sœur; *mehrere Personen:* être frères et sœurs
verschwitzen* *tr V* ❶ mouiller de sueur; **etw ~** mouiller qc de sueur; **verschwitzt sein** *Person:* être en nage; *Hemd:* être trempé(e) de sueur
❷ *fam (vergessen)* **einen Termin ~** foirer un rendez-vous *(fam)*
verschwollen [fɛɐ̯ˈʃvɔlən] *Adj* gonflé(e)
verschwommen [fɛɐ̯ˈʃvɔmən] *Adj* flou(e)
Verschwörer [fɛɐ̯ˈʃvøːɐ̯n] *Adj Gemeinschaft* de conspirateurs/conspiratrices
verschwören* *r V unreg* ❶ *(konspirieren)* conspirer; **sich gegen jdn ~** conspirer [*o* comploter] contre qn
❷ *(sich verschreiben)* **sich einer S.** *(Dat)* **~** se vouer [corps et âme] à qc
▶ **alles hat sich gegen mich verschworen!** tout s'est ligué(e) contre moi!
Verschwörer(in) <-s, -> *m(f)* conspirateur(-trice) *m(f)*
Verschwörung <-, -en> *f* conspiration *f*
Verschwörungstheoretiker(in) *m(f)* théoricien(ne) *m(f)* du complot **Verschwörungstheorie** *f* théorie *f* du complot
verschwunden *PP von* **verschwinden**
versechsfachen* [-zɛks-] **I.** *tr V* multiplier par six; **etw ~** multiplier qc par six
II. *r V* **sich ~** sextupler
versehen* *unreg* **I.** *tr V* ❶ *form (ausstatten)* **jdn mit etw ~** munir qn de qc *(form);* **etw mit einem Stempel/einer Unterschrift ~** apposer un tampon/une signature sur qc *(form);* **den Ausweis mit einem Vermerk ~** annoter la pièce d'identité d'une remarque

(form); **mit etw ~ sein** *Person:* être muni(e) de qc; *Dokument, Gegenstand:* être pourvu de qc
❷ *(ausüben)* remplir *Amt, Pflicht;* assurer *Dienst*
II. *r V* **sich mit etw ~** se munir de qc
▸ **ehe man sich's versieht** sans même que l'on s'en rende compte
Versehen <-s, -> *nt* méprise *f;* **aus ~** par mégarde
versehentlich I. *Adj attr* accidentel(le); **ein ~er Anruf** une erreur de numéro
II. *Adv* par erreur
verselbständigen*, **verselbstständigen*** RR *r V* **sich ~**
❶ *Firma, Betrieb, Abteilung:* se rendre indépendant(e)
❷ *(außer Kontrolle geraten) Verhalten, Verhaltensweisen:* se cristalliser en ayant perdu sa raison d'être
versenden* *tr V unreg o reg* expédier
Versendung *f* expédition *f*
versengen* *tr V* roussir; **den Stoff ~** *(mit einem Bügeleisen, einer Glühbirne)* roussir le tissu; *(am Ofen)* brûler le tissu; **sich** *(Dat)* **die Haare an etw** *(Dat)* **~** se brûler les cheveux avec qc
versenkbar *Adj Fernseher, Nähmaschine, Scheinwerfer* escamotable; *Verdeck, Fensterscheibe* coulissant(e)
versenken* I. *tr V* ❶ couler *Schiff*
❷ *(hineintun)* **etw in den Boden/in ein Loch ~** descendre qc sous la terre/dans un trou
❸ *(einklappen)* escamoter *Gerät, Scheinwerfer, Verdeck;* **sich ~ lassen** s'escamoter
II. *r V* **sich in etw** *(Akk)* **~** se plonger dans qc; **sich in sich selbst ~** plonger en soi-même
Versenkung *f* **die ~ eines Schiffs befehlen** ordonner de couler un bateau
▸ **in der ~ verschwinden** *fam* disparaître de la circulation *(fam);* **aus der ~ auftauchen** *fam* refaire surface *(fam)*
versessen [fɛɐ̯'zɛsən] *Adj* **auf Süßigkeiten** *(Akk)* **~ sein** raffoler des sucreries; **auf Geld ~ sein** être vraiment porté(e) sur l'argent; **darauf ~ sein etw zu tun** brûler d'envie de faire qc
Versessenheit <-> *f* **~ auf etw** *(Akk)* engouement *m* pour qc
versetzen* I. *tr V* ❶ ADMIN muter; **jdn ins Ausland ~** muter qn à l'étranger; **sich ~ lassen** se faire muter
❷ *fig* **sich wie ins Mittelalter versetzt fühlen** se sentir transporté(e) dans le Moyen Âge
❸ SCHULE **jdn in die höhere Klasse ~** faire passer qn dans la classe supérieure
❹ SPIEL déplacer *Spielstein, Spielfigur*
❺ *(umsetzen)* transplanter *Baum, Busch*
❻ *(verpfänden)* **etw ~** mettre qc en gage
❼ *fam (verkaufen)* fourguer *(fam)*
❽ *fam (umsonst warten lassen)* **jdn ~** poser un lapin à qn *(fam)*
❾ *(geben)* **jdm einen Stoß/einen Tritt ~** donner un coup/un coup de pied à qn
❿ *(bringen)* **jdn in Unruhe/Angst** *(Akk)* **~** provoquer l'inquiétude/la peur de qn; **etw in Bewegung/Schwingung** *(Akk)* **~** mettre qc en marche/faire vibrer qc
⓫ *(mischen)* **etw mit Wasser ~** mélanger qc avec de l'eau
II. *itr V geh* rétorquer, répliquer; **„Auf keinen Fall!" versetzte sie** "En aucun cas!" rétorqua-t-elle
III. *r V* ❶ *(sich einfühlen)* **sich in die Lage seines Freundes ~** se mettre à la place de son ami
❷ *fig* **sich in die Antike ~ [lassen]** se [laisser] transporter dans l'Antiquité
Versetzung <-, -en> *f* ❶ ADMIN mutation *f;* **~ in den Ruhestand** mise *f* à la retraite
❷ *(Erreichung des Klassenziels)* passage *m;* **seine ~ ist gefährdet** son passage est compromis
Versetzungszeugnis *nt* avis *m* de passage [dans la classe supérieure]
verseuchen* *tr V* ❶ *(vergiften)* contaminer *Lebensmittel, Wild, Blutkonserven;* polluer *Luft, Wasser, Umwelt*
❷ INFORM **etw ~** *Virus:* contaminer qc
Verseuchung <-, -en> *f* contamination *f*
Versfuß *m* POES pied *m*
Versicherer [fɛɐ̯'zɪçərɐ] <-s, -> *m* assurance *f*
versichern* I. *tr V* ❶ *(durch eine Versicherung schützen)* assurer; **jdn/etw gegen etw ~** assurer qn/qc contre qc; **gegen etw versichert sein** être assuré(e) contre qc; **privat versichert sein** avoir une assurance privée
❷ *(beteuern)* **jdm ~, dass** donner l'assurance à qn que + *indic;* **das kann ich dir ~** je peux te l'assurer
❸ *geh (zusichern)* **jdn seiner Freundschaft/Treue** *(Gen)* **~** répondre de son amitié/de sa fidélité à qn *(soutenu)*
II. *r V* ❶ **sich gegen etw ~** s'assurer contre qc
❷ *geh (sich vergewissern)* **sich der Unterstützung** *(Gen)* **eines Freundes ~** s'assurer du soutien d'un ami
Versicherte(r) *f(m) dekl wie Adj* assuré(e) *m(f)*
Versichertenkarte *f* carte *f* d'assuré

Versicherung *f* ❶ *(Sachversicherung, Lebensversicherung)* assurance *f*
❷ *(Beteuerung)* assurance *f;* JUR déclaration *f;* **eidliche/eidesstattliche ~** déclaration sous serment/sur l'honneur; **Ihre [mündlichen] ~en genügen mir nicht** les assurances que vous m'avez données [oralement] ne me suffisent pas
Versicherungsagent(in) *m(f)* agent *m* d'assurances **Versicherungsanspruch** *m* JUR droit *m* à une prestation de l'assurance **Versicherungsbeitrag** *m* cotisation *f* d'assurance **Versicherungsbetrug** *m* escroquerie *f* à l'assurance **Versicherungsfall** *m* sinistre *m* **Versicherungsgesellschaft** *f* compagnie *f* d'assurances **Versicherungskarte** *f* carte *f* d'[immatriculation de l']assuré; **[internationale] ~** AUT carte verte **Versicherungskauffrau** *f* commerciale *f* dans les assurances **Versicherungskaufmann** *m* commercial *m* dans les assurances **Versicherungsmathematik** *f* actuariat *m* **Versicherungsnehmer(in)** <-s, -> *m(f)* assuré(e) *m(f)*
versicherungspflichtig *Adj Angestellter, Mitarbeiter* obligé(e) de s'assurer; *Beschäftigung, Tätigkeit* assujetti(e) à l'assurance
Versicherungspolice *f* police *f* d'assurance **Versicherungsprämie** *f* prime *f* d'assurance **Versicherungsschutz** *m* couverture *f* [o garanties *fpl*] d'assurance **Versicherungssumme** *f* montant *m* de l'assurance **Versicherungsvertreter(in)** *m(f)* représentant(e) *m(f)* dans les assurances
versickern* *itr V* **+ sein** s'infiltrer; **im Boden ~** s'infiltrer dans le sol
versiebenfachen* I. *tr V* multiplier par sept; **etw ~** multiplier qc par sept
II. *r V* **sich ~** septupler
versiegeln* *tr V* ❶ *(verschließen)* cacheter *Brief;* sceller *Tür, Wohnung, Zimmer*
❷ *(beschichten)* vitrifier *Parkett*
versiegen* *itr V* **+ sein** [se] tarir
versiert [vɛr'ziːɐ̯t] *Adj* expert(e); **auf einem Gebiet/in Rechtsfragen** *(Dat)* **~ sein** être expert(e) dans un domaine/le domaine juridique
Versiertheit [vɛr'ziːɐ̯t-] <-> *f* professionnalisme *m*
versifft *Adj sl* cradingue *(pop)*
versilbern* *tr V* ❶ *(mit Silber überziehen)* argenter; **versilbert** argenté(e)
❷ *fam (zu Geld machen)* monnayer *(fam)*
versinken *itr V unreg* **+ sein** ❶ *Schiff:* sombrer; **im Meer ~** *Schiff:* sombrer au fond de la mer; **versunken** *Schiff, Schatz* englouti(e)
❷ *(untergehen)* **hinter dem Horizont ~** *Sonne:* disparaître à l'horizon
❸ *(einsinken)* **im Schnee ~** s'enfoncer dans la neige; **im Schlamm ~** s'embourber; **im Moor versunken** englouti(e) dans le marécage; *s. a.* **versunken**
versinnbildlichen* *tr V* symboliser
Version [vɛr'zioːn] <-, -en> *f* version *f*
versippt [fɛɐ̯'zɪpt] *Adj* parent(e) par alliance; **mit jdm ~ [sein] [être]** parent(e) par alliance avec qn
versklaven* [-vn] *tr V* réduire en esclavage; **jdn ~** réduire qn en esclavage
Versklavung [-vʊŋ] <-, -en> *f* asservissement *m*
Verslehre *f* LITER, LING métrique *f*
verslumen* [fɛɐ̯'slamən] *itr V* **+ sein** devenir un bidonville
Versmaß *nt* POES mètre *m*
versnobt [fɛɐ̯'snɔpt] *Adj* snob
versoffen [fɛɐ̯'zɔfən] *Adj sl* brindezingue *(arg);* **ein ~er Kerl** un pochard *(arg)*
versohlen* *tr V fam* tanner le cuir à *(fam)*
versöhnen* I. *r V* **sich ~** se réconcilier; **sich [miteinander] ~ se** réconcilier; **sich mit jdm ~** se réconcilier avec qn
II. *tr V* ❶ *(aussöhnen)* **jdn mit jdm ~** réconcilier qn avec qn
❷ *(besänftigen)* **jdn ~** *Angebot, Geschenk:* rendre qn [plus] conciliant(e); **jdn mit etw ~** amadouer qn par qc
versöhnlich *Adj Geste, Worte* conciliant(e); *Ausklang, Schluss* de réconciliation; **jdn ~ stimmen** rendre qn conciliant(e)
Versöhnung <-, -en> *f* réconciliation *f;* **zur ~** en guise de réconciliation
versonnen [fɛɐ̯'zɔnən] I. *Adj* songeur(-euse)
II. *Adv* pensivement
versorgen* I. *tr V* ❶ *(betreuen)* s'occuper de *Person, Tier, Haushalt*
❷ *(versehen)* **jdn mit etw ~** fournir qc à qn [o qn en qc]; **mit etw versorgt sein** avoir ce qu'il faut de qc; **regelmäßig versorgt werden** *Truppen:* être régulièrement ravitaillé(e); **ein Organ mit Sauerstoff ~** alimenter un organe en oxygène
❸ *(medizinisch behandeln)* soigner *Patienten, Wunde*
II. *r V* **sich mit Reiseproviant ~** faire des provisions pour le voyage; **sich mit allem Nötigen ~** se munir de tout ce qui est nécessaire; **er kann sich selbst ~** il peut subvenir à ses besoins
Versorger(in) *m(f)* ÖKON soutien *m* de famille

Versorgung <-> f ❶ *(das Versorgen)* **die ~ des Haushalts** les tâches ménagères; **sich um die ~ der Tiere/Pflanzen kümmern** s'occuper des animaux/soigner les plantes
❷ *(das Ausstatten)* l'approvisionnement m
Versorgungsanspruch m droit m à une assistance **versorgungsberechtigt** *Adj* qui a droit à une pension **Versorgungsgüter** *Pl* biens mpl d'approvisionnement **Versorgungsheim** nt A *(Altersheim)* maison f de retraite **Versorgungskonvoi** m convoi m de ravitaillement **Versorgungslücke** f carence f de l'approvisionnement, pénurie f **Versorgungsnetz** nt réseau m d'approvisionnement **Versorgungsschiff** nt *(navire m)* ravitailleur m
verspannen *r V* sich ~ *Hals, Muskel:* se contracter; **verspannte Schulter** épaule contractée
Verspannung f contraction f
verspäten* *r V* **sich ~** *Person:* se mettre en retard; *Zug, Flugzeug:* être en retard; **sich um eine Stunde ~** *Person:* se mettre en retard d'une heure; *Zug, Flugzeug:* être en retard d'une heure
verspätet I. *Adj Flugzeug, Zug* en retard; *Ankunft, Abflug* retardé(e); *Sommer* tardif(-ive)
II. *Adv* en [o avec du] retard
Verspätung <-, -en> f retard m; **~ haben** *Zug, Flugzeug:* avoir du retard; **mit ~** en [o avec du] retard; **mit dreistündiger/siebentägiger/einem Monat ~** avec trois heures/sept jours/un mois de retard
verspeisen* *tr V geh* ingurgiter *(soutenu)*
verspekulieren* **I.** *r V* ❶ BÖRSE **sich ~** faire des spéculations malheureuses
❷ *fam (sich irren)* **sich ~** se foutre dedans *(fam)*
II. *tr V* BÖRSE **etw ~** perdre qc en spéculations malheureuses
versperren* *tr V* ❶ *(blockieren)* couper *Straße;* **jdm den Weg ~** barrer le chemin à qn
❷ *(nehmen)* **jdm die Aussicht ~** boucher la vue à qn
❸ DIAL *(abschließen)* **etw ~** fermer qc à clé
verspielen* ❶ *(beim Glücksspiel)* perdre au jeu; **viel Geld ~** perdre beaucoup d'argent au jeu
❷ *(einbüßen)* gâcher *Chance, Vorteil;* galvauder *Sieg*
▶ **verspielt haben** avoir perdu la partie; **bei jdm verspielt haben** être discrédité(e) auprès de qn
verspielt *Adj* ❶ *Kind, Hund:* joueur(-euse)
❷ *(nicht streng) Dekor, Muster* fantaisie *inv*
versponnen [fɛɐ'ʃpɔnən] *Adj Gelehrter* excentrique; *Gedankenwelt, Ideen* bizarre
verspotten* *tr V* se moquer de
Verspottung <-, -en> f raillerie f
versprechen* *unreg* **I.** *tr V* ❶ *(zusagen)* promettre; **[jdm] etw ~** promettre qc [à qn]; **[jdm] ~ vorsichtig zu fahren** promettre [à qn] de rouler avec prudence; **[jdm] ~, dass** promettre [à qn] que + *indic*
❷ *(erwarten lassen)* promettre; **etw verspricht ein Erfolg zu werden** qc promet de devenir un succès
II. *r V* ❶ *(sich erhoffen)* **sich** *(Dat)* **von einer Reise viel ~** attendre beaucoup d'un voyage
❷ *(sich beim Sprechen vertun)* **sich ~** faire un lapsus; **ich habe mich versprochen** la langue m'a fourché
Versprechen <-s, -> nt promesse f; **jdm das ~ geben etw zu tun** faire la promesse à qn de faire qc; **jdm das ~ abnehmen etw zu tun** faire promettre à qn de faire qc
Versprecher <-s, -> m fam lapsus m; **ein freudscher ~** un lapsus révélateur
Versprechung <-, -en> f meist Pl promesse f; **leere ~en** des promesses en l'air
versprengen* *tr V* ❶ *(auseinandertreiben)* disperser *Truppen, Herde*
❷ *(verspritzen)* **Wasser ~** asperger de l'eau
verspritzen* *tr V* ❶ *(versprengen)* faire gicler *Wasser;* **Wasser ~** faire gicler de l'eau; **etw über jdn/etw ~** asperger qn/qc de qc
❷ *(versprühen)* pulvériser *Farbe, Tinte*
❸ *(ausstoßen)* cracher
❹ *(vollspritzen)* [jdm] **den Mantel/die Scheibe ~** éclabousser le manteau/la vitre [de qn]
versprühen* *tr V* ❶ pulvériser; **Wasser/ein Pflanzenschutzmittel ~** pulvériser de l'eau/un produit phytosanitaire
❷ *fig* **Optimismus ~** regorger d'optimisme; **Geist ~** pétiller d'esprit
verspüren* *tr V geh* ressentir, éprouver
verstaatlichen* *tr V* nationaliser
Verstaatlichung <-, -en> f nationalisation f
Verstädterung [fɛɐ'ʃtɛ(ː)tərʊŋ] <-, -en> f urbanisation f
verstand [fɛɐ'ʃtant] *imperf von* **verstehen**
Verstand <-[e]s> m raison f; **bei klarem/nicht bei klarem ~ sein** avoir/ne pas avoir toute sa raison [o sa tête]; **seinen ~ anstrengen** prendre le temps de réfléchir; **bist du noch bei ~?** as-tu bien toute ta raison? *(fam)*
▶ **jdn um den ~ bringen** rendre qn fou(folle); **etw mit ~ essen/trinken** manger/boire qc en savourant; **über jds ~** *(Akk)* **gehen** dépasser l'entendement de qn; **den ~ verlieren** perdre la raison
verstanden [fɛɐ'ʃtandən] *PP von* **verstehen**
Verstandeskraft f facultés fpl intellectuelles **verstandesmäßig** *Adj* ❶ *(auf Verstand beruhend)* rationnel(le) ❷ *(intellektuell)* intellectuel(le) **Verstandesmensch** *s.* **Vernunftmensch**
verständig [fɛɐ'ʃtɛndɪç] *Adj* raisonnable
verständigen* **I.** *tr V* informer; **jdn von etw/über etw** *(Akk)* **~** informer qn de qc
II. *r V* ❶ *(sich verständlich machen)* **sich durch etw ~** *Fremder, Tourist:* se faire comprendre par qc
❷ *(sich unterhalten)* **sich auf Italienisch ~** communiquer en italien
❸ *(sich einigen)* **sich [miteinander] ~** s'entendre; **sich mit jdm über etw** *(Akk)* **~** s'entendre avec qn sur qc
Verständigkeit <-> f bon sens m
Verständigung <-, selten -en> f ❶ *(Benachrichtigung)* information f; **sich um die ~ des Arztes kümmern** se charger de prévenir le médecin
❷ *(Kommunikation)* communication f; **eine ~ war kaum möglich** il était difficile de se faire comprendre
❸ *(Einigung)* accord m; **mit jdm zu einer ~ kommen** *form* trouver un terrain d'entente avec qn *(form)*
verständigungsbereit *Adj* prêt(e) à s'entendre **Verständigungsbereitschaft** f kein Pl esprit m de conciliation **Verständigungsschwierigkeiten** *Pl* difficultés fpl à se faire comprendre; **~ [haben]** [avoir des] difficultés fpl à se faire comprendre
verständlich [fɛɐ'ʃtɛntlɪç] **I.** *Adj* ❶ *(begreiflich)* compréhensible; **jdm etw ~ machen** faire comprendre qc à qn; **sich ~ machen** se faire comprendre; **leicht ~** facile à comprendre; **schwer ~** *Entscheidung, Verhalten* assez incompréhensible; *Formulierung, Sprache, Stil* peu intelligible
❷ *(hörbar)* intelligible; **nicht ~** inintelligible
II. *Adv* ❶ *(verstehbar)* d'une manière compréhensible
❷ *(hörbar)* de façon intelligible
verständlicherweise *Adv* ce qui est bien compréhensible
Verständlichkeit <-> f ❶ *(Nachvollziehbarkeit)* **trotz der ~ Ihrer Erregung** bien que votre irritation soit [tout à fait] compréhensible
❷ *(Vernehmbarkeit)* intelligibilité f
❸ *(Klarheit)* compréhensibilité f
Verständnis [fɛɐ'ʃtɛntnɪs] <-ses, selten -se> nt compréhension f; **für etw ~ haben** [o **aufbringen**] être plein(e) de compréhension envers qc; **für alles/vieles ~ haben** être capable de tout comprendre/de comprendre beaucoup de choses; **für etw kein ~ haben** [o **aufbringen**] ne pas arriver à comprendre qc
verständnislos **I.** *Adj* d'incompréhension
II. *Adv* avec un air d'incompréhension
Verständnislosigkeit f kein Pl manque m de compréhension
verständnisvoll *Adj* compréhensif(-ive)
verstärken* **I.** *tr V* ❶ consolider *Mauer, Decke*
❷ *(vergrößern)* **die Belegschaft um fünf Personen/auf zwanzig Mitarbeiter ~** renforcer les effectifs de cinq/jusqu'à vingt personnes
❸ *(intensivieren)* renforcer *Eindruck, Einsatz;* intensifier *Anstrengungen, Bemühungen*
❹ PHYS augmenter *Druck, Zufuhr*
❺ AUDIOV amplifier
II. *r V* **sich ~** se renforcer
Verstärker <-s, -> m amplificateur m
Verstärkung f kein Pl ❶ *einer Mauer, Decke* consolidation f
❷ *(das Vergrößern) eines Teams, einer Truppe* renforcement m
❸ *(zur Verstärkung dienende Personen, Personen)* renfort m
❹ *(Intensivierung) der Anstrengungen* intensification f; *des Einsatzes* renforcement m
❺ PHYS *des Drucks* augmentation f
verstauben* *itr V + sein* se [re]couvrir de poussière; **verstaubt** [sein] [être] empoussiéré(e)
verstaubt [fɛɐ'ʃtaʊpt] *Adj Ansichten* poussiéreux(-euse)
verstauchen* *tr V* **sich** *(Dat)* **etw ~** se fouler qc
Verstauchung <-, -en> f foulure f
verstauen* *tr V* mettre; **etw im Auto/in der Wohnung ~** mettre qc dans la voiture/dans l'appartement; **etw in Kisten ~** ranger qc dans des caisses
Versteck [fɛɐ'ʃtɛk] <-[e]s, -e> nt cachette f; *eines Kriminellen* cache f
verstecken* **I.** *tr V* cacher; **etw vor jdm ~** cacher qc à qn; *s. a.* **versteckt**
II. *r V* **sich ~ auf dem Speicher** se cacher au grenier; **sich vor jdm ~** se cacher pour échapper à qn
▶ **sich vor** [o **neben**] **jdm/etw nicht zu ~ brauchen** ne rien avoir à envier à qn/qc

verstehen

Verstehen signalisieren	signaler la compréhension
(Ja, ich) verstehe!	(Oui,) je comprends!
Genau!	Exactement!
Ja, das kann ich nachvollziehen.	Oui, je comprends cela.

Nicht-Verstehen signalisieren	signaler l'incompréhension
Was meinen Sie damit?	Que voulez-vous dire par là?
Wie bitte? Das habe ich eben akustisch nicht verstanden.	Pardon? Je n'ai pas entendu ce que vous disiez à l'instant.
Könnten Sie das bitte wiederholen?	Pourriez-vous répéter, s'il vous plaît?
Versteh ich nicht!/Kapier ich nicht! *(fam)*	Je comprends pas!/Je pige pas! *(fam)*
Das verstehe ich nicht (ganz).	Je ne comprends pas (très bien).
(Entschuldigen Sie bitte, aber) das habe ich eben nicht verstanden.	(Excusez-moi, mais) je n'ai pas compris.
Ich kann Ihnen nicht ganz folgen.	Je ne vous suis pas vraiment.

sich versichern, ob man akustisch verstanden wird	s'assurer qu'on a bien été entendu
(an ein Publikum) Verstehen Sie mich alle?	*(à un public)* Vous m'entendez tous?
(am Telefon) Können Sie mich hören?	*(au téléphone)* Vous m'entendez?
(am Telefon) Verstehen Sie, was ich sage?	*(au téléphone)* Vous comprenez ce que je dis?

Verstęcken ▸ mit jdm ~ **spielen** jouer à cache-cache avec qn
Verstęckspiel *nt* jeu *m* de cache-cache
▸ **lass** dieses ~! arrête de jouer à cache-cache!
verstęckt I. *Adj* ❶ *(verborgen)* caché(e)
❷ *(abgelegen)* très à l'écart
❸ *(unausgesprochen)* voilé(e)
II. *Adv* ~ **liegen** se trouver à l'écart
verstehen <verstand verstanden> I. *tr V* ❶ *(akustisch wahrnehmen)* comprendre; **kaum zu ~ sein** être presque inintelligible
❷ *(begreifen)* comprendre; **jdn richtig/falsch ~** comprendre qn bien/mal [o de travers]; **nicht ~ können, warum/wie ...** ne pas arriver à comprendre pourquoi/comment...; **kaum zu ~ sein** *Vorfall:* être presque incompréhensible; **jdm zu ~ geben, dass** faire comprendre à qn que + *indic;* [**ist das**] **verstanden?** [c'est] compris?
❸ *(mitempfinden, nachvollziehen)* comprendre; **~, dass** comprendre que + *subj*
❹ *(beherrschen, wissen)* comprendre *Fremdsprache;* **es ~ etw zu tun** s'y entendre pour faire qc; **etwas/viel von etw ~** s'y connaître pas mal/bien en qc; **nichts von etw ~** ne rien comprendre à qc
❺ *(interpretieren)* **unter Freundschaft verstehe ich Vertrauen** par amitié, j'entends confiance; **ich weiß nicht, wie ich das ~ soll** je ne sais pas comment interpréter cela; **wie darf [o soll] ich das ~?** comment dois-je comprendre cela?
II. *r V* ❶ *(auskommen)* **sich mit jdm** [**gut**] **~** s'entendre [bien] avec qn; **sie ~ sich** ils/elles s'entendent
❷ *(beherrschen)* **sich auf etw** *(Akk)* **~** être doué(e) pour qc
❸ *(sich einschätzen)* **sich als Künstler ~** se considérer comme artiste
❹ COM **sich netto/mit Mehrwertsteuer ~** *Preis, Angebot:* être net/toutes taxes comprises
▸ **sich von selbst ~** aller de soi; **versteht sich!** *fam* naturellement! *(fam)*
III. *itr V* comprendre; **wenn ich recht verstehe** si je comprends bien; [**hast du**] **verstanden?** [c'est] compris?
versteifen* I. *r V* ❶ *(beharren)* **sich auf etw** *(Akk)* **~** s'obstiner dans qc; **sich darauf ~, dass** s'obstiner à croire que + *indic*
❷ *(steif werden)* **sich ~** *Penis:* se raidir
II. *tr V* renforcer *Mauer, Konstruktion*
Versteifung <-, -en> *f* ❶ *von Gelenken* raidissement *m*
❷ *(Beharren)* durcissement *m*
versteigen* *r V unreg geh* **sich zu etw ~** se laisser aller à qc
versteigern* *tr V* vendre aux enchères; **etw ~ vendre qc aux enchères; etw ~ lassen** faire vendre qc aux enchères
Versteigerung *f* vente *f* aux enchères; **zur ~ kommen** être mis(e) aux enchères
versteinern *itr V + sein* ❶ GEOL se fossiliser; **versteinert** fossilisé(e)
❷ *fig* **er saß mit versteinertem Gesicht da** il était là, le visage pétrifié
Versteinerung <-, -en> *f* fossile *m*
verstęllbar *Adj* réglable; **in der Höhe/der Neigung ~** [**sein**] [être] réglable en hauteur/inclinable
verstęllen* I. *tr V* ❶ régler *Stuhl, Höhe, Neigung*
❷ *(woandershin stellen)* déplacer
❸ *(unzugänglich machen)* [**jdm**] **den Weg ~** *Person:* barrer le chemin [à qn]; *Fahrrad:* encombrer le chemin [à qn]
❹ *(verändern)* contrefaire *Stimme;* modifier *Akzent*
II. *r V* **sich ~** simuler
Verstęllung *f kein Pl (Heuchelei)* simulation *f;* **das ist doch alles nur ~!** tout cela n'est qu'hypocrisie!
verstęrben* *itr V unreg + sein form* décéder *(form);* **an etw** *(Dat)* **~** mourir de qc
versteuern* *tr V* payer des impôts sur *Einkommen;* **das zu ~de Einkommen** le revenu imposable
Versteuerung *f* déclaration *f* aux impôts
verstiegen *PP von* **versteigen**
verstimmen* *tr V (verärgern)* **jdn ~** *Person:* fâcher qn; **es verstimmt ihn, dass/wenn ...** ça le contrarie qn que + *subj*/si...
verstimmt I. *Adj* ❶ *Instrument* désaccordé(e)
❷ *(verärgert)* fâché(e); **über etw** *(Akk)* **~ sein** être mécontent(e) de qc
II. *Adv* **hinausgehen** avec humeur
Verstimmung *f* mauvaise humeur *f*
verstockt [fɛɐˈʃtɔkt] *Adj* buté(e)
Verstocktheit <-> *f* entêtement *m*
verstohlen [fɛɐˈʃtoːlən] I. *Adj* furtif(-ive)
II. *Adv* **sich umblicken, lächeln** furtivement; **winken, zeigen** en cachette
verstopfen* I. *tr V + haben* boucher *Abfluss;* **den Abfluss mit etw ~** boucher le siphon avec qc
II. *itr V + sein* se boucher
verstopft *Adj* ❶ *(blockiert) Rohr, Leitung* bouché(e); *Straße, Innenstadt* encombré(e)
❷ MED *Nase, Nebenhöhle* bouché(e); **er ist ~** *fam* il est constipé
Verstopfung <-, -en> *f* MED constipation *f*
verstorben [fɛɐˈʃtɔrbən] *Adj geh* défunt(e) *(soutenu);* **~ sein** être décédé(e) *(form)*
Verstorbene(r) *f(m) dekl wie Adj* défunt(e) *m(f) (soutenu)*
verstören* *tr V* bouleverser
verstört [fɛɐˈʃtøːɐt] *Adj, Adv* bouleversé(e)
Verstoß *m* infraction *f;* **~ gegen die Verkehrsordnung** infraction au code de la route; **~ gegen die guten Sitten** JUR, COM atteinte *f* aux bonnes mœurs
verstoßen* *unreg* I. *itr V* **gegen ein Gesetz/eine Vorschrift ~** transgresser une loi/un règlement; **gegen die Disziplin ~** manquer à la discipline
II. *tr V* **jdn ~** rejeter qn

verstrahlen *tr V* irradier; **jdn/etw** ~ irradier qn/qc
Verstrebung [fɛɐˈʃtreːbʊŋ] <-, -en> *f* ARCHIT contre[-]fiche *f*
verstreichen* *unreg* **I.** *tr V* + *haben* étaler; **Farbe/Creme auf etw** *(Dat)* ~ étaler de la peinture/de la crème sur qc
II. *itr V* + *sein Frist, Ultimatum:* expirer; *Zeit, Tage:* s'écouler; **etw ~ lassen** laisser passer qc
verstreuen* *tr V* ❶ *(ausstreuen)* répandre *Streusalz;* **Streusalz auf der Straße** ~ répandre du sel sur la route
❷ *(achtlos hinwerfen)* **etw auf dem Boden/im Zimmer** ~ éparpiller qc par terre/dans la pièce
❸ *(verschütten)* **Zucker** ~ renverser du sucre
verstreut [fɛɐˈʃtrɔyt] *Adj Gehöfte, Ortschaften* disséminé(e)
verstricken* **I.** *tr V* ❶ *(verwickeln)* **jdn in etw** *(Akk)* ~ entraîner qn dans qc
❷ *(verbrauchen)* **hundert Gramm Wolle** ~ tricoter cent grammes de laine
II. *r V* **sich in etw** *(Akk)* ~ s'empêtrer dans qc
Verstrickung <-, -en> *f* implication *f;* **seine ~ in diesen Skandal** son implication dans ce scandale
verströmen* *tr V geh* exhaler *(soutenu) Duft, Aroma*
verstümmeln* *tr V* ❶ *(verletzen)* mutiler; **jdn/sich** ~ mutiler qn/se mutiler
❷ *(verfälschen, kürzen)* écorcher *Namen;* tronquer *Text, Botschaft*
Verstümmelung <-, -en> *f (Verletzung)* mutilation *f*
verstummen* *itr V* + *sein* ❶ *Person:* se taire; **alle verstummten** ils se sont tous tus
❷ *(sich legen) Gerede, Vorwürfe:* cesser
Versuch [fɛɐˈzuːx] <-[e]s, -e> *m* ❶ *(Bemühung)* tentative *f;* **einen ~ machen** [o **starten**] faire une tentative; **mit jdm/etw einen ~ machen** faire un essai avec qn/qc; **beim ~, der Katze vom Baum zu helfen** en tentant d'aider le chat à descendre de l'arbre
❷ *(Experiment)* expérience *f;* **~e an Tieren machen** se livrer à des expériences sur des animaux
❸ SPORT essai *m*
▸ **es war einen ~ ankommen lassen** tenter le coup; **das käme auf einen ~ an** ça vaudrait [peut-être] la peine d'essayer
versuchen* **I.** *tr V* ❶ *(einen Versuch unternehmen)* tenter; **er versucht den Rechner zu bedienen** il tente [*o* essaie] de faire fonctionner l'ordinateur; **~ Sie keine Tricks!** n'essayez pas d'user de subterfuges!
❷ *(ausprobieren)* essayer; **es mit jdm ~** faire un essai avec qn; **es mit einem Werkzeug/Schlüssel** ~ essayer avec un outil/une clef; **~, ob** essayer de voir si
❸ *(kosten)* goûter *Kuchen, Wurst*
▸ **versucht sein etw zu tun** être tenté(e) de faire qc
II. *r V* **sich auf einem Gebiet** ~ s'essayer dans un domaine; **sich in der Malerei** ~ s'essayer à faire de la peinture
Versucher(in) <-s, -> *m(f)* REL tentateur(-trice) *m(f)*
Versuchsanlage *f* station *f* d'essais **Versuchsanordnung** *f a.* CHEM, PHYS dispositions *fpl* prises pour une expérience **Versuchsanstalt** *f* laboratoire *m* [d'essai]; **eine landwirtschaftliche ~** une ferme expérimentale **Versuchsballon** [-balɔŋ, -baloːn] *m* ballon *m* [d'essai] ▸ **einen ~ starten** lancer un ballon d'essai **Versuchsgelände** *nt* terrain *m* d'essai **Versuchskaninchen** *nt fam* cobaye *m* **Versuchsobjekt** *nt* sujet *m* d'expérience **Versuchsperson** *f* personne volontaire pour des expériences **Versuchsreihe** *f* série *f* d'expériences **Versuchsstadium** *nt* stade *m* expérimental **Versuchstier** *nt* animal *m* de laboratoire **versuchsweise** [-vaɪzə] *Adv* einführen à titre expérimental; *einstellen, beschäftigen* à l'essai
Versuchszweck *m* **zu ~en** à des fins expérimentales
Versuchung <-, -en> *f* tentation *f;* **jdn in ~ führen** tenter qn; **in ~ geraten** [*o* **kommen**] [**etw zu tun**] être tenté(e) [de faire qc]; **"und führe uns nicht in ~"** "et ne nous soumets pas à la tentation"
versumpfen* *itr V* + *sein* ❶ GEOG se transformer en marais
❷ *fig sl (zu viel trinken)* passer la nuit à se murger la gueule *(arg); (sich gehen lassen)* mener une vie de branquignol *(arg)*
versündigen* *r V geh* ❶ REL **sich** ~ pécher
❷ *(misshandeln)* **sich an jdm/etw** *(Dat)* ~ pécher contre qn/qc
versunken [fɛɐˈzʊŋkən] **I.** *PP von* **versinken**
II. *Adj* ❶ *(untergegangen) Kultur, Reich* disparu(e)
❷ *(vertieft)* **in etw** *(Akk)* ~ **sein** être plongé(e) dans qc
versüßen* *tr V fig* **jdm den Abschied mit einem Geschenk ~** rendre les adieux moins amers à qn avec un cadeau
vertagen* **I.** *tr V* reporter *Sitzung;* **etw auf einen späteren Zeitpunkt ~** ajourner qc à plus tard
II. *r V* **sich ~** *Komitee, Ausschuss:* ajourner sa réunion; *Gericht:* ajourner sa session
Vertagung *f* ajournement *m*
vertäuen* *tr V* NAUT amarrer
vertauschen* *tr V* ❶ *(verwechseln)* prendre pour le sien/la sienne; **etw ~** prendre qc pour le sien/la sienne; **jemand hat meine Jacke vertauscht** quelqu'un a pris ma veste pour la sienne; **wer hat unsere Regenschirme vertauscht?** qui a pris mon parapluie à la place du sien?
❷ *(austauschen)* **den Stuhl mit dem** [*o* **gegen den**] **Sessel** ~ échanger la chaise contre le fauteuil
verteidigen* **I.** *tr V* ❶ *a.* JUR défendre *Person, Land, Grenze;* **jdn gegen jdn/etw** ~ défendre qn contre qn/qc
❷ *(beibehalten)* maintenir *Vorsprung*
II. *r V* **sich gegen jdn/etw** ~ se défendre contre qn/qc
III. *itr V Spieler, Mannschaft:* jouer défenseur
Verteidiger(in) <-s, -> *m(f)* ❶ JUR avocat(e) *m(f)* de la défense
❷ SPORT défenseur *mf*
Verteidigung <-, -en> *f* défense *f;* **etw zu seiner ~ vorbringen** dire qc pour se défendre
Verteidigungsbündnis *nt* alliance *f* défensive **Verteidigungskrieg** *m* guerre *f* défensive **Verteidigungsmaßnahme** *f* mesure *f* de défense **Verteidigungsminister(in)** *m(f)* ministre *mf* de la Défense; *(in Frankreich)* ministre de la Défense nationale **Verteidigungsministerium** *nt* ministère *m* de la Défense; *(in Frankreich)* ministère de la Défense nationale **Verteidigungspolitik** *f* politique *f* de défense **Verteidigungsrede** *f* ❶ JUR plaidoirie *f,* plaidoyer *m* ❷ *(Apologie)* défense *f,* apologie *f*
verteilen* **I.** *tr V* ❶ *(austeilen)* distribuer *Prospekte, Fotokopien;* **Lebensmittel an die Flüchtlinge** ~ distribuer des aliments aux réfugiés
❷ *(platzieren)* **etw im Haus/auf dem Platz** ~ disposer qc dans la maison/sur la place
❸ *(auftragen)* étaler *Butter, Marmelade;* **die Creme** [**gleichmäßig**] **auf der Haut** ~ [bien] étaler la crème sur la peau
❹ *(verstreuen)* répandre *Erde, Sand;* épandre *Dünger, Kompost*
II. *r V* **sich ~** *Personen:* se répartir
❷ *(umgelegt werden)* **sich auf die Teilnehmer** ~ *Kosten:* se répartir entre les participants
Verteiler *m* ❶ AUT distributeur *m*
❷ *(Verteilerschlüssel)* liste *f* des destinataires
Verteilerkasten *m* ELEC boîtier *m* de distribution **Verteilernetz** *nt* ELEC réseau *m* de distribution **Verteilerschlüssel** *m* liste *f* des destinataires
Verteilung *f* ❶ *(Austeilung)* distribution *f*
❷ *(das Ausstreuen)* **von Dünger** épandage *m;* **von Humus, Erde** répartition *m*
Verteilungskampf *m* lutte *f;* **~ auf dem Arbeitsmarkt** lutte pour la répartition du travail [sur le marché de l'emploi]; **~ um etw** *(Akk)* lutte pour la répartition de qc; **einen ~ um etw** *(Akk)* **führen** lutter pour la répartition de qc
verteuern* **I.** *tr V* augmenter [le prix de] *Waren, Produkte;* majorer *Kredite;* **etw auf das Doppelte ~** augmenter le prix de qc du simple au double
II. *r V* **sich ~** augmenter; **das Benzin hat sich auf das Doppelte verteuert** le prix de l'essence a été multiplié par deux
Verteuerung *f* majoration *f*
verteufeln* *tr V* damner
verteufelt **I.** *Adj fam* foutu(e) *antéposé (fam)*
II. *Adv fam* diablement *fam*
Verteufelung <-, -en> *f* damnation *f*
verticken [fɛɐˈtɪkən] *tr V sl* filer *(fam) Pillen*
vertiefen* **I.** *tr V* ❶ approfondir *Graben;* **etw um einen Meter ~** approfondir qc d'un mètre
❷ *(vergrößern, ausbauen)* creuser [encore plus] *Kluft, Spalt;* approfondir *Kenntnisse, Lehrstoff, Wissen*
II. *r V* **sich in etw** *(Akk)* ~ se plonger dans qc; **in etw** *(Akk)* **vertieft sein** être plongé(e) dans qc
Vertiefung <-, -en> *f* ❶ *kein Pl (das Vertiefen)* approfondissement *m*
❷ *(tiefe Stelle)* creux *m*
❸ *(Vergrößerung, Ausbau)* aggravation *f;* **von Kenntnissen** approfondissement *m*
vertikal [vɛrtiˈkaːl] **I.** *Adj* vertical(e)
II. *Adv* à la verticale
Vertikale [vɛrtiˈkaːlə] <-, -n> *f* verticale *f;* **in der ~n** à la verticale
vertilgen* *tr V* ❶ *(ausrotten)* détruire *Unkraut;* exterminer *Ungeziefer*
❷ *fam (aufessen)* liquider *(fam)*
Vertilgung *f* **von Unkraut** destruction *f;* **von Ungeziefer** extermination *f*
Vertilgungsmittel *nt (gegen Ungeziefer)* insecticide *m; (gegen Unkraut)* désherbant *m*
vertippen* *r V fam* **sich** ~ faire une faute de frappe
vertonen* *tr V* mettre en musique; **etw ~** mettre qc en musique
Vertonung <-, -en> *f* ❶ *kein Pl (das Vertonen)* mise *f* en musique
❷ *(vertonte Fassung)* version *f* musicale
vertrackt [fɛɐˈtrakt] *Adj fam* embrouillé(e), coton *(fam);* [**besonders**] **~ sein** être un [vrai] sac de nœuds *(fam)*

Vertrag [fɛɐ̯ˈtraːk, *Pl:* fɛɐ̯ˈtrɛːɡə] <-[e]s, Verträge> *m* ❶ JUR contrat *m;* **Dauer eines ~s** durée *f* d'un contrat; **jdn unter ~ nehmen/haben** prendre/employer qn sous contrat
❷ POL traité *m;* **~ über die Europäische Union** traité sur l'Union européenne; **der Versailler ~** HIST le traité de Versailles
vertragen* *unreg* I. *tr V* ❶ *(verkraften)* supporter *Hitze, Aufregung, Kritik;* **Hitze/Aufregung/Kritik nicht gut ~** ne supporter guère la chaleur/l'excitation/la critique; **kein direktes Sonnenlicht ~** *Pflanze, Stoff:* ne pas résister aux rayons du soleil
❷ *(bekömmlich finden)* **keinen Kaffee/Alkohol ~** ne pas supporter le café/l'alcool
❸ *fam (nötig haben)* **ich könnte ein Bier/etwas Ruhe ~** une bière/un peu de calme ne me ferait pas de mal *(fam);* **die Fenster könnten einen neuen Anstrich ~** les fenêtres pourraient supporter un coup de pinceau *(fam)*
II. *r V* ❶ *(auskommen)* **sich** [miteinander] **~** s'entendre [entre eux/elles]; **sich mit jdm ~** s'entendre avec qn; **vertragt euch wieder!** réconciliez vous!
❷ *(zusammenpassen)* **sich mit etw ~** *Farbe, Krawatte:* aller avec qc
vertraglich I. *Adj* contractuel(le); **sich an die ~en Vereinbarungen halten** respecter les clauses du contrat
II. *Adv* **~ verpflichtet** tenu(e) par contrat; **sich ~ absichern** se garantir par un contrat
verträglich [fɛɐ̯ˈtrɛːklɪç] *Adj* ❶ *(umgänglich)* accommodant(e)
❷ *(bekömmlich) Essen* digeste; *Medikament* bien toléré(e); **gut/schlecht ~ sein** *Essen:* se digérer bien/mal; *Medikament:* être bien/mal toléré(e); **für die Umwelt ~** compatible avec l'environnement
Verträglichkeit <-> *f eines Essens* digestibilité *f*
Vertragsabschlussᴿᴿ *m* signature *f* du contrat **vertragsbrüchig** *Adj* qui rompt un contrat; **~ werden/sein** rompre le contrat/être en rupture de contrat
vertragschließend *Adj* contractant(e); **~e Partei** partie contractante **Vertragsentwurf** *m* projet *m* de contrat **vertragsgemäß** I. *Adj Bedingung* conforme au contrat [*o* aux termes du contrat] II. *Adv* conformément au contrat **Vertragshändler(in)** *m(f)* concessionnaire *mf* **Vertragspartner(in)** *m(f)* cocontractant *m,* partie *f* contractante **Vertragsstaat** *m* État *m* contractant **Vertragswerk** *nt* protocole *m* **Vertragswerkstatt** *f,* **Vertragswerkstätte** *f* atelier *m* agréé, garage *m* agréé **vertragswidrig** I. *Adj* non conforme aux termes du contrat II. *Adv* contrairement au contrat; **sich ~ verhalten** violer les termes du contrat
vertrauen* *itr V* ❶ *(glauben)* **jdm ~** faire confiance à qn
❷ *(sich verlassen auf)* **auf etw** *(Akk)* **~** se fier à qc; **darauf ~, dass** compter sur le fait que + *indic*
Vertrauen <-s> *nt* ❶ confiance *f;* **zu jdm ~ haben** avoir confiance en qn; **jdm ~ schenken** *geh* accorder sa confiance à qn; **~ erweckend** qui inspire confiance; **~ erweckend sein** inspirer confiance; **sein ~ in uns** sa confiance en nous; **sie hat** [*o* **genießt geh**] **unser ~** elle a [*o* jouit de] notre confiance; **sein ~ in jdn setzen** placer sa confiance dans qn; **jdn ins ~ ziehen** mettre qn dans la confidence; **etw voller ~ tun** faire qc plein(e) de confiance; **im ~ darauf, dass** confiant(e) dans le fait que + *indic*
❷ PARL **jdm das ~ aussprechen/entziehen** accorder/retirer sa confiance à qn
▶ **im ~** [**gesagt**] tout à fait confidentiellement
vertrauenerweckend *s.* **Vertrauen** ❶
Vertrauensarzt *m,* **-ärztin** *f* médecin-conseil *mf* **vertrauensbildend** *Adj Maßnahme* de confiance **Vertrauensbruch** *m* abus *m* de confiance **Vertrauensfrage** *f* PARL question *f* de confiance ▶ **die ~ stellen** poser la question de confiance **Vertrauensfrau** *f* ❶ *einer Gewerkschaft* déléguée *f* syndicale ❷ *(Vermittlerin)* médiatrice *f;* *(Interessenvertreterin)* représentante *f* [du personnel] **Vertrauensmann** <-leute *o* -männer> *m* ❶ *einer Krankenkasse, Rentenversicherung* délégué[-conseil] *m* ❷ *(persönlicher Vertrauter)* homme *m* de confiance **Vertrauensperson** *f* personne *f* de confiance **Vertrauenssache** *f (Vertrauensfrage)* question *f* de confiance **vertrauensselig** *Adj* crédule **Vertrauensstellung** *f* poste *m* de confiance **Vertrauensverhältnis** *nt* relation *f* de confiance **vertrauensvoll** I. *Adj* basé(e) sur la confiance II. *Adv* en toute confiance **Vertrauensvotum** *nt* vote *m* de confiance **vertrauenswürdig** *Adj* digne de confiance
vertraulich *Adj* ❶ *(Diskretion erfordernd)* confidentiel(le); **streng ~** strictement confidentiel(le)
❷ *(kameradschaftlich)* familier(-ière)
Vertraulichkeit <-, -en> *f* ❶ *kein Pl (Diskretion) einer Angelegenheit, eines Gesprächs* caractère *m* confidentiel
❷ *Pl (Zudringlichkeit)* familiarités *fpl*
verträumt [fɛɐ̯ˈtrɔɪ̯mt] *Adj* ❶ *(idyllisch)* idyllique
❷ *(realitätsfern)* rêveur(-euse)
vertraut [fɛɐ̯ˈtraʊ̯t] *Adj* ❶ *Gesicht, Gegend, Bild* familier(-ière); *Freund, Umgang, Verhältnis* intime

❷ *(bekannt, bewandert)* **mit etw ~ sein** connaître bien qc; **sich mit etw ~ machen** se familiariser avec qc
Vertraute(r) *f(m) dekl wie Adj* intime *mf*
Vertrautheit <-, -en> *f* ❶ *kein Pl (Bewandtheit)* **seine/ihre ~ mit diesem Problem** sa bonne connaissance de ce problème
❷ *(vertraute Art)* familiarité *f*
vertreiben* *tr V unreg* ❶ expulser *Bewohner, Minderheit;* chasser *Tier*
❷ *(schwinden lassen)* chasser *Müdigkeit, Sorgen, Unmut*
❸ COM commercialiser
Vertreibung <-, -en> *f* expulsion *f*
vertretbar *Adj* ❶ *(berechtigt) Argument, Einstellung, Standpunkt* défendable; *Haltung* justifiable; **~ sein** se défendre
❷ *(akzeptabel) Kosten, Zeitraum* acceptable
vertreten* *tr V unreg* ❶ remplacer *Kollegen;* **sich durch jdn ~ lassen** se faire remplacer par qn
❷ JUR défendre [les intérêts de] *Angeklagten;* représenter *Anklage*
❸ *(repräsentieren)* représenter; **sich durch jdn ~ lassen** se faire représenter par qn
❹ *(verfechten)* soutenir
❺ *(repräsentiert sein)* **bei einer Veranstaltung ~ sein** *Journalisten, Ehrengäste:* être représenté(e) lors d'une manifestation; **in einem Museum ~ sein** *Werke, Bilder:* figurer dans un musée
❻ *(verstauchen)* **sich** *(Dat)* **etw ~** se fouler qc
❼ *fam (bewegen)* **sich** *(Dat)* **die Beine ~** se dégourdir les jambes
Vertreter(in) <-s, -> *m(f)* ❶ *(Stellvertreter)* remplaçant(e) *m(f)*
❷ *(Volksvertreter, Handelsvertreter, Rechtsvertreter)* représentant(e) *m(f)*
Vertretung <-, -en> *f* ❶ *kein Pl (das Vertreten)* suppléance *f;* **die ~ von jdm** [*o* **für jdn**] **übernehmen** prendre la suppléance de qn; **in ~ der Chefin** en qualité de représentant(e) de la chef; **etw in ~ tun** faire qc par procuration
❷ *(Stellvertreter)* remplaçant(e) *m(f);* **während meines Urlaubs ist sie meine ~** elle assure mon intérim pendant mon congé
❸ *(Handelsvertretung)* **die ~ für eine Marke haben** être le représentant/la représentante d'une marque
❹ *(Handelsniederlassung)* agence *f*
❺ JUR, POL représentation *f;* **diplomatische ~** représentation diplomatique
vertretungsweise *Adv* par délégation; **~ unterrichten** donner des cours en remplacement
Vertrieb [fɛɐ̯ˈtriːp] <-[e]s> *m* COM ❶ *(das Vertreiben)* distribution *f*
❷ *(Vertriebsrecht)* **den ~ für etw haben** être le distributeur de qc
❸ *(Vertriebsabteilung)* service *m* commercial
Vertriebene(r) *f(m) dekl wie Adj* expatrié(e) *m(f)*
Vertriebsabteilung *f* service *m* commercial [*o* de distribution] [*o* de vente] **Vertriebsgesellschaft** *f* société *f* de distribution **Vertriebsleiter(in)** *m(f)* directeur *m* des ventes **Vertriebsleitung** *f* direction *f* des ventes **Vertriebsnetz** *nt* réseau *m* de distribution **Vertriebssystem** *nt* système *m* de distribution
vertrimmen* *tr V fam* flanquer une raclée à *(fam);* **jdn ~** flanquer une raclée à qn
vertrocknen* *itr V + sein Pflanze, Ast, Holz:* sécher; *Brot:* rassir; **vertrocknet** sec(sèche)
vertrödeln* *tr V fam* passer à glander *(fam) Zeit;* **viel Zeit ~** passer beaucoup de temps à glander; **den Tag ~** buller toute la journée *(fam)*
vertrösten* *tr V* faire patienter; **jdn auf den nächsten Tag ~** faire patienter qn jusqu'au jour suivant
vertrottelt [fɛɐ̯ˈtrɔtəlt] *Adj* gâteux(-euse)
vertun* *unreg* I. *r V fam* **sich ~** se gourer *(fam);* **sich um zehn Euro/einen Tag ~** se planter de dix euros/d'un jour *(fam)*
▶ **da gibt es kein Vertun!** y a pas de lézard! *(fam)*
II. *tr V (ungenutzt lassen)* laisser passer; **eine vertane Gelegenheit** une occasion ratée
❷ *(vergeuden) Zeit ~* gaspiller son temps
vertuschen* *tr V* dissimuler; **~, dass** dissimuler que + *indic*
Vertuschungsversuch *m* tentative *f* de dissimulation
verübeln* *tr V* **jdm eine Bemerkung ~** en vouloir à qn d'une remarque; **man verübelt ihr, dass sie dagegen gestimmt hat** on lui en veut d'avoir voté contre; **ich kann ihm sein Verhalten nicht ~** je ne peux pas lui en vouloir de son comportement
verüben* *tr V* commettre; **Selbstmord ~** se suicider
verunfallen* *itr V + sein* CH avoir un accident
verunglimpfen* *tr V geh* vilipender *(litter)*
Verunglimpfung <-, -en> *f* diffamation *f*
verunglücken* *itr V + sein* ❶ avoir un accident; **mit dem Auto ~** avoir un accident de voiture; **verunglückt** accidenté(e)
❷ *fam (misslingen)* louper *(fam);* **das Bild ist mir verunglückt** j'ai loupé la photo *(fam)*
Verunglückte(r) *f(m) dekl wie Adj* accidenté(e) *m(f)*
verunmöglichen* *tr V* CH rendre impossible; **etw ~** rendre qc impossible; **es jdm ~ etw zu tun** empêcher qn de faire qc

verunreinigen* *tr V* ❶ *geh (beschmutzen)* souiller *(littér)*
❷ ÖKOL polluer *Luft, Wasser*
Verunreinigung *f* ❶ *geh (das Verschmutzen)* **sich über die ~ des Teppichbodens ärgern** se mettre en colère à cause des taches sur la moquette
❷ ÖKOL *der Luft, des Wassers* pollution *f*
❸ *(Schmutz)* salissure *f*
verunsichern* *tr V Person:* inquiéter; *Situation, Aussage:* ébranler; **jdn ~** *Person:* inquiéter qn; *Situation, Aussage:* ébranler qn
Verunsicherung <-, -en> *f* inquiétude *f*
verunstalten* *tr V* défigurer
Verunstaltung <-, -en> *f* ❶ *kein Pl (das Verunstalten)* défiguration *f*
❷ *(Missgestaltung)* malformation *f*
veruntreuen* *tr V* détourner
Veruntreuung <-, -en> *f* détournement *m*
verursachen* *tr V* provoquer
Verursacher(in) <-s, -> *m(f)* responsable *mf*
Verursacherprinzip <-> *nt* ÖKOL principe *m* pollueur-payeur
verurteilen* *tr V* ❶ JUR condamner; **jdn zu einer Haftstrafe/Geldstrafe ~** condamner qn à une peine d'emprisonnement/une amende
❷ *(verdammen)* condamner
❸ *(bestimmen)* **zum Scheitern verurteilt sein** être voué(e) à l'échec
Verurteilte(r) *f(m) dekl wie Adj* condamné(e) *m(f)*
Verurteilung <-, -en> *f* condamnation *f*
vervielfachen* I. *tr V* multiplier
II. *r V* **sich ~** se multiplier
Vervielfachung <-, -en> *f* fort accroissement *m*
vervielfältigen* *tr V* faire des copies de
Vervielfältigung <-, -en> *f* ❶ *kein Pl (das Vervielfältigen)* reproduction *f*
❷ *(Kopie)* copie *f*
vervierfachen* I. *tr V* quadrupler
II. *r V* **sich ~** quadrupler
vervollkommnen* I. *tr V* perfectionner *Methode;* parfaire *Werk*
II. *r V* **sich in Französisch** *(Dat)***/auf dem Gebiet der EDV ~** se perfectionner en français/dans le domaine informatique
Vervollkommnung <-, -en> *f von Kenntnissen* perfectionnement *m*
vervollständigen* *tr V* compléter
Vervollständigung <-, -en> *f* **~ einer Sammlung** fait *m* de compléter une collection; **zur ~ meiner Sammlung** pour compléter ma collection
verw. *Abk von* **verwitwet** veuf(veuve)
verwachsen* [-'vaksn] *unreg* I. *itr V + sein* ❶ *Narbe, Wunde:* se résorber
❷ *(zusammenwachsen)* [**miteinander**] *~ Organe, Knochen:* se souder [ensemble]
❸ *fig* **zu einer Einheit ~ sein** être unis comme les [deux] doigts de la main
II. *r V + haben fam* **sich ~** *Fehlstellung:* se corriger *(fam)*
verwackeln* *tr V fam* **die Aufnahme ~** bouger en prenant la photo; **verwackelt** flou(e)
verwählen* *r V* **sich ~** faire un faux numéro
verwahren* I. *tr V* garder *Schlüssel, Papiere;* **etw für jdn ~** garder qc à qn; **etw in der Brieftasche/einer Kassette ~** garder qc dans son portefeuille/[en lieu sûr] dans une cassette
II. *r V geh* **sich gegen etw ~** s'indigner contre qc *(soutenu)*
verwahrlosen* *itr V + sein Erwachsener, Jugendlicher:* tomber bien bas; *Kind, Zögling:* se transformer en sauvageon/sauvageonne; *Kleidung:* s'abîmer; *Gebäude, Wohnung:* se délabrer; *Grundstück, Park:* être [laissé(e)] à l'abandon; **den Garten ~ lassen** laisser le jardin à l'abandon
verwahrlost [fɛɐ'vaːɐloːst] *Adj* ❶ *(vernachlässigt, ungepflegt)* négligé(e); **ein ~es Kind** un sauvageon
❷ *(moralisch)* déchu(e)
Verwahrlosung <-> *f einer Person* déchéance *f; eines Gebäudes* délabrement *m; eines Grundstücks, Parks* état *m* d'abandon
Verwahrung <-> *f* ❶ *(das Verwahren)* garde *f;* **jdm etw** [*o* **etw bei jdm**] **in ~ geben** donner qc en dépôt [*o* à garder] à qn; **etw in ~ nehmen** prendre qc en dépôt; **gerichtliche/sichere ~** dépôt *m* judiciaire/assuré
❷ *(Beaufsichtigung) eines Patienten, Angeklagten* placement *m;* **jdn in ~ nehmen** prendre qn sous sa garde
verwaisen* *itr V + sein* ❶ *Kind, Jugendlicher:* devenir [*o* se retrouver] orphelin(e)
❷ *fig Ort, Innenstadt, Hotel:* se vider; **verwaist** déserté(e)
verwalten* *tr V* ❶ ADMIN administrer
❷ AGR, FIN, INFORM gérer
Verwalter(in) <-s, -> *m(f)* FIN administrateur(-trice) *m(f);* AGR régisseur(-euse) *m(f)*
Verwaltung <-, -en> *f* ❶ *kein Pl (das Verwalten)* administration *f*
❷ FIN, INFORM gestion *f*
❸ *(Verwaltungsabteilung)* service *m* administratif; **die städtische ~** les services administratifs municipaux
Verwaltungsabteilung *f* service *m* administratif **Verwaltungsakt** *m* acte *m* administratif **Verwaltungsangestellte(r)** *f(m) dekl wie Adj* employé(e) *m(f)* de l'administration **Verwaltungsapparat** *m* appareil *m* administratif **Verwaltungsaufwand** *m* frais *mpl* de gestion **Verwaltungsbeamte(r)** *m dekl wie Adj,* **Verwaltungsbeamtin** *f* fonctionnaire *mf* [administratif(-ive)] **Verwaltungsbezirk** *m* circonscription *f* administrative **Verwaltungsgericht** *nt* tribunal *m* administratif **Verwaltungskosten** *Pl* frais *mpl* de gestion **Verwaltungsreform** *f* réforme *f* administrative **verwaltungstechnisch** *Adj* administratif(-ive); **aus ~en Gründen** pour des raisons d'ordre administratif **Verwaltungszentrale** *f* centrale *f* administrative
verwandelbar *Adj* transformable
verwandeln* I. *tr V* ❶ *(verzaubern)* transformer, changer; **jdn in ein Tier ~** transformer [*o* changer] qn en un animal
❷ PHYS **etw in Wärme ~** transformer qc en chaleur
❸ *(anders erscheinen lassen)* **das Arbeitszimmer in einen Partyraum ~** transformer le bureau en salle des fêtes
❹ FBALL transformer *Eckball, Strafstoß;* **er verwandelte den Freistoß zum 3:2** il transforma le score en 3 à 2
▶ **wie verwandelt sein** être comme métamorphosé(e)
II. *r V* ❶ *(verzaubert werden)* **sich in ein Pferd ~** se transformer en cheval
❷ *(sich verändern)* **sich in einen reißenden Strom ~** se transformer en un fleuve rapide
Verwandlung *f* ❶ *(Verzauberung)* métamorphose *f*
❷ PHYS, CHEM transformation *f*
verwandt¹ [fɛɐ'vant] *Adj* ❶ **mit jdm ~ sein** être parent(e) avec qn; **diese beiden Männer/Frauen sind miteinander ~** ces deux hommes sont parents [entre eux]/ces deux femmes sont parentes [entre elles]; **sie ist [entfernt] mit ihm/ihr ~** ils sont parents [éloignés]/elles sont parentes [éloignées]
❷ *(artverwandt)* **miteinander ~ sein** *Tiere, Pflanzen:* être de la même famille
❸ *fig Völker, Sprachen, Religionen* apparenté(e); **Italienisch und Spanisch sind miteinander ~** l'italien et l'espagnol sont apparentés [entre eux]
❹ *(ähnlich geartet) Formen, Ideen* analogue
verwandt² *PP von* **verwenden**
verwandte [fɛɐ'vantə] *Imp von* **verwenden**
Verwandte(r) *f(m) dekl wie Adj* parent(e) *m(f)*
Verwandtschaft <-, -en> *f* ❶ *(die Verwandten)* parents *mpl;* **die [nähere] ~** les [proches] parents *mpl;* **meine ~** ma famille
❷ *(gemeinsamer Ursprung)* parenté *f*
verwandtschaftlich I. *Adj* de parenté
II. *Adv* **~ verbunden sein** avoir un lien de parenté
Verwandtschaftsgrad *m* degré *m* de parenté
verwanzen *tr V* ❶ *(von Wanzen befallen werden)* être infesté(e) de punaises
❷ *sl* **einen Raum ~** mettre une pièce sur écoute; **das Telefon ist verwanzt** le téléphone est sur écoute
verwarnen* *tr V* ❶ *(tadeln)* avertir
❷ *(bestrafen)* **jdn gebührenpflichtig ~** mettre une contravention à qn
Verwarnung *f* ❶ *kein Pl (das Verwarnen)* avertissement *m;* **eine mündliche ~** un avertissement verbal
❷ *(Strafmandat)* [**gebührenpflichtige**] *~* contravention *f* [payable sur place]
verwaschen *Adj Farbe* délavé(e)
verwässern* *tr V* ❶ couper *Wein, Saft*
❷ *(abschwächen)* édulcorer *Gesetz, Reform*
verweben* *tr V unreg* tisser
verwechseln* [-'vɛksln] *tr V* confondre; **er hat sie mit ihrer Schwester verwechselt** il l'a confondue avec sa sœur; **jdm zum Verwechseln ähnlich sehen** ressembler à qn à s'y méprendre
Verwechslung [-'vɛks-] <-, -en> *f* confusion *f;* **das muss eine ~ sein** ça doit être une méprise
verwegen [fɛɐ'veːgən] *Adj* audacieux(-euse)
Verwegenheit <-> *f* audace *f*
verwehen* *tr V* éparpiller *Papiere, Laub;* effacer *Fußspuren*
verwehren* *tr V geh* **jdm etw ~** proscrire qc à qn *(soutenu);* **jdm ~ etw zu tun** proscrire à qn de faire qc *(soutenu)*
Verwehung <-, -en> *f* ❶ *kein Pl (das Verwehen)* effacement *m*
❷ *(Schneeverwehung)* congère *f*
verweichlichen* I. *itr V + sein* s'amollir; **verweichlicht** amolli(e)
II. *tr V + haben* **jdn ~** amollir qn
verweichlicht *Adj* amolli(e)
Verweichlichung <-> *f* amollissement *m*

Verweigerer <-s, -> *m des Militärdienstes* objecteur *m* de conscience
verweigern* *tr V* refuser; **jdm etw ~** refuser qc à qn; **den Gehorsam/den Befehl ~** refuser d'obéir/d'obtempérer
Verweigerung *f* refus *m*
verweilen* *itr V geh* ① *(sich aufhalten)* séjourner; **in einer Stadt/bei Freunden ~** séjourner dans une ville/chez des amis; **ich kann nicht länger ~** je ne peux pas rester plus longtemps
② *(sich beschäftigen)* **bei etw ~** s'attarder sur qc
verweint [fɛɐ̯ˈvaɪnt] *Adj Augen* gonflé(e) par les larmes; *Gesicht* gonflé(e) d'avoir pleuré
Verweis [fɛɐ̯ˈvaɪs] <-es, -e> *m* ① *(Tadel)* blâme *m;* **jdm einen ~ erteilen** infliger un blâme à qn
② *(Hinweis)* renvoi *m,* référence *f;* **ein ~ auf den Anhang** un renvoi [*o* une référence] à l'appendice
verweisen* *unreg* **I.** *tr V* ① *(weiterleiten)* renvoyer; **jdn an eine andere Abteilung ~** renvoyer qn à un autre service
② *(hinweisen)* **jdn auf etw** *(Akk)* **~** renvoyer qn à qc
③ SPORT **jdn vom Platz ~** expulser qn du terrain
④ JUR **etw an ein anderes Gericht ~** renvoyer qc devant un autre tribunal
II. *itr V* **auf etw** *(Akk)* **~** renvoyer à qc
verwelken* *itr V + sein Blume:* se faner; **verwelkt** fané(e)
verwendbar *Adj Nahrungsmittel* consommable; *Gegenstand* utilisable
verwenden <verwendete *o* verwandte, verwendet *o* verwandt>
I. *tr V* utiliser; **etw als Putzlappen ~** utiliser qc comme chiffon; **etw im** [*o* **für den**] **Unterricht ~** utiliser qc en classe; **kann man das Brot noch ~?** est-ce que ce pain est encore consommable?
II. *r V* **sich bei jdm für jdn ~** intervenir [*o* intercéder] auprès de qn pour qn
Verwendung <-, -en> *f* utilisation *f,* emploi *m;* **missbräuchliche/unsachgemäße ~** utilisation abusive/incorrecte; **für jdn/etw ~ finden** trouver à employer qn/une utilisation à qc; **für jdn/etw ~ haben** avoir un emploi pour qn/l'usage de qc
verwendungsfähig *s.* **verwendbar Verwendungsmöglichkeit** *f* ① *(Benutzungsmöglichkeit)* occasion *f* d'utilisation ② *(Beschäftigungsmöglichkeit)* possibilité *f* d'embauche [*o* d'emploi]
Verwendungszweck *m* but *m,* destination *f; (auf einem Überweisungsformular)* référence *f*
verwerfen* *unreg* **I.** *tr V* ① *(ablehnen)* rejeter *Vorschlag, Gedanken*
② JUR rejeter
II. *r V* **sich ~** *Rahmen, Holz:* gauchir; *Gesteinsschichten:* subir un plissement
verwerflich *Adj geh* blâmable *(soutenu)*
Verwerflichkeit <-> *f geh* caractère *m* blâmable *(soutenu)*
Verwerfung <-, -en> *f* ① **kein** *Pl a.* JUR rejet *m*
② GEOL plissement *m*
verwertbar *Adj Nahrungsbestandteil, Faserstoffe* assimilable; *Abfälle, Materialien* récupérable; *Beweis, Material, Zeugenaussage* exploitable
Verwertbarkeit <-> *f* caractère *m* recyclable
verwerten* *tr V* assimiler *Nahrungsbestandteil, Faserstoffe;* utiliser *Abfälle;* exploiter *Aussage, Erfahrung*
Verwertung <-, -en> *f von Faserstoffen, Vitaminen* assimilation *f; von Abfällen, Resten* utilisation *f; eines Beweises, einer Anregung* exploitation *f*
verwesen* *itr V + sein* se décomposer; **~d** en décomposition
Verwestlichung [fɛ(r)ˈvɛstlɪçʊŋ] <-> *f* occidentalisation *f*
Verwesung <-> *f* décomposition *f;* **in ~ übergehen** entrer en décomposition
verwetten* *tr V* perdre en pariant
verwickeln* **I.** *tr V* **jdn in ein Gespräch/eine Auseinandersetzung ~** mêler qn à une conversation/une dispute; **jdn in einen Skandal ~** impliquer qn dans un scandale; **in etw** *(Akk)* **verwickelt sein** être impliqué(e) dans qc
II. *r V* **sich in Widersprüche ~** s'emmêler [*o* s'enchevêtrer] dans des contradictions
verwickelt *Adj Angelegenheit* embrouillé(e)
Verwick[e]lung <-, -en> *f* ① *(Verstrickung)* implication *f;* **seine ~ in den Fall** son implication dans l'affaire
② *Pl (Komplikationen)* complications *fpl*
verwiesen *PP von* **verweisen**
verwildern* *itr V + sein* ① *Garten, Park:* tomber en friche; **verwildert** *Garten, Park* en friche
② *(zum Wildtier werden)* redevenir sauvage; **verwildert** redevenu(e) sauvage
③ *(undiszipliniert werden) Person:* se laisser aller; *Kind:* devenir un vrai sauvageon/une vraie sauvageonne; *Umgangsformen:* se dégrader; **die Klasse ist ziemlich verwildert** la classe est devenue assez dissipée
Verwilderung <-> *f* ① *eines Tiers, Gartens* retour *m* à l'état sauvage
② *(Verlust von Disziplin) eines Kindes, einer Klasse* indiscipline *f; der Moral* dégradation *f*

verwinden* *tr V unreg geh;* **etw ~** triompher de qc; **es ~, dass** parvenir à accepter que + *subj (soutenu)*
verwinkelt [fɛɐ̯ˈvɪŋkəlt] *Adj Gebäude, Altstadt* tout(e) en coins et recoins; *Gasse, Flur* tortueux(-euse)
verwirken *tr V geh* ruiner *(soutenu) Gunst, Vertrauen;* perdre *Recht;* **sein Leben verwirkt haben** avoir encouru la peine de mort
verwirklichen* **I.** *tr V* réaliser *Traum, Vorhaben;* concrétiser *Gedanken, Idee*
II. *r V* **sich ~** se réaliser
Verwirklichung <-, -en> *f eines Traums, Vorhabens* réalisation *f; einer Idee* concrétisation *f*
verwirren* *tr V* déconcerter; **jdn mit etw ~** déconcerter qn avec qc
verwirrend *Adj* troublant(e), déconcertant(e)
verwirrt *Adj* ① *Fäden* emmêlé(e)
② *Person* embrouillé(e)
Verwirrung <-, -en> *f* désarroi *m;* **jdn in ~ bringen** désarçonner [*o* déconcerter] qn
verwischen* **I.** *tr V* ① *(verschmieren)* étaler
② *(beseitigen)* effacer *Spur*
II. *r V* **sich ~** *Umrisse, Grenze:* s'estomper
verwittern* *itr V + sein* s'éroder; **verwittert** érodé(e)
Verwitterung *f* érosion *m*
verwitwet [fɛɐ̯ˈvɪtvət] *Adj* veuf(veuve)
verwoben *PP von* **verweben**
verwöhnen* **I.** *tr V* gâter; **von jdm verwöhnt werden** être choyé(e) par qn; **sich von jdm ~ lassen** se laisser choyer par qn; *s. a.* **verwöhnt**
II. *r V* **sich ~** s'accorder une petite gâterie
verwohnt [fɛɐ̯ˈvoːnt] *Adj Wohnung* en piteux état; *Einrichtung* défraîchi(e); *Möbel* usagé(e)
verwöhnt [fɛɐ̯ˈvøːnt] *Adj* exigeant(e); *Kind* gâté(e)
verworfen [fɛɐ̯ˈvɔrfən] *Adj geh Person* dépravé(e); *Blick* voluptueux(-euse) *(soutenu)*
verworren [fɛɐ̯ˈvɔrən] *Adj* embrouillé(e); **immer ~er werden** *Lage:* s'embrouiller toujours plus
verwundbar *Adj* vulnérable
verwunden* [fɛɐ̯ˈvʊndən] *tr V* blesser; **jdn am Kopf/am Knie ~** blesser qn à la tête/au genou; **an der Schulter verwundet werden/sein** être blessé(e) à l'épaule; **leicht verwundet** légèrement blessé(e); **schwer verwundet** gravement [*o* grièvement] blessé(e); *s. a.* **Verwundete(r)**
verwunderlich [fɛɐ̯ˈvʊndɐlɪç] *Adj* surprenant(e); **es ist ~, dass** il est étonnant [*o* surprenant] que + *subj;* **das ist nicht ~** ça n'a rien de surprenant [*o* d'étonnant]; **was ist daran ~?** qu'est-ce que ça a de surprenant [*o* d'étonnant]?
verwundern* **I.** *tr V* étonner; **es verwundert mich, dass** je suis étonné(e) que + *subj*
II. *r V* **sich über etw** *(Akk)* **~** s'étonner de qc
verwundert *Adv* étonné(e)
Verwunderung <-> *f* étonnement *m;* **voller ~** avec stupéfaction; **zu ihrer großen ~** à son grand étonnement
Verwundete(r) *f(m) dekl wie Adj* blessé(e) *m(f)*
Verwundung <-, -en> *f* blessure *f*
verwunschen [fɛɐ̯ˈvʊnʃən] *Adj Prinz* victime d'un sortilège; *Schloss* enchanté(e)
verwünschen* *tr V* ① *(verfluchen)* maudire
② *(verzaubern)* **jdn/etw ~** jeter un sort à qn/ensorceler qc
verwünscht *Adj* maudit(e) antéposé
Verwünschung <-, -en> *f* juron *m;* **~en ausstoßen** se répandre en invectives
verwurzelt *Adj* ① enraciné(e); **gut** [*o* **fest**] **~ sein** *Pflanze:* être bien enraciné(e)
② *(eingebunden)* **fest in der Tradition ~ sein** être solidement enraciné(e) dans la tradition
verwüsten* *tr V* ① *Armee:* ravager; *Sturm:* dévaster; **ein Land ~** *Armee, Truppen:* ravager un pays; *Sturm:* dévaster un pays
② *(demolieren)* **eine Wohnung ~** mettre un logement à sac
Verwüstung <-, -en> *f meist Pl* ravages *mpl;* **~en anrichten** faire des ravages
verzagen* *itr V + sein o selten haben geh* se laisser abattre
verzagt [fɛɐ̯ˈtsaːkt] **I.** *Adj* abattu(e)
II. *Adv* l'air tout penaud
verzählen* *r V* **sich ~** se tromper en comptant
verzahnen* *tr V* emboîter *Teile;* **mehrere Teile** [**miteinander**] **~** emboîter plusieurs pièces [les unes dans les autres]; [**miteinander**] **verzahnt sein** être emboîté(e)s [les un(e)s dans les autres]
verzanken* *r V fam* **sich ~** se brouiller *(fam);* **sich wegen etw ~** se brouiller pour qc
verzapfen* *tr V fam* **Blödsinn** [*o* **Unsinn**] **~** débiter des bêtises *(fam)*
verzärteln* *tr V pej* dorloter
verzaubern* *tr V* ① *(verhexen)* ensorceler; **jdn in einen Riesen/**

Baum ~ changer qn en un géant/arbre; **ein verzauberter Prinz** un prince ensorcelé
② *(bezaubern)* **jdn** ~ *Person:* ensorceler qn; *Anblick, Klänge:* envoûter qn
Verzauberung <-, -en> *f* enchantement *m*, ensorcellement *m*
verzehnfachen* I. *tr V* décupler *Gewinn, Honorar;* **das Angebot an Produkten/die Kosten** ~ multiplier l'offre des produits/les coûts par dix
II. *r V* **sich** ~ décupler
Verzehr [fɛɐ'tseːɐ] <-[e]s> *m form* consommation *f;* **zum baldigen** ~ **bestimmt** [sein] [être] à consommer rapidement; **zum** ~ **nicht geeignet** [sein] [être] impropre à la consommation
verzehren* I. *tr V geh* consommer
II. *r V geh* ① *(sich zermürben)* **sich vor Sorge** *(Dat)* ~ être dévoré(e) d'inquiétude
② *(intensiv verlangen)* **sich nach jdm** ~ se languir de qn
verzeichnen* *tr V* répertorier; **in einer Liste verzeichnet sein** être mentionné(e) [*o* répertorié(e)] sur une liste
▸ **einen Erfolg** ~ **können** [*o* **zu** ~ **haben**] enregistrer un succès
Verzeichnis <-ses, -se> *nt* ① *(Auflistung)* von *Personen, Inventar* liste *f; von Waren, Titeln* inventaire *m*
② INFORM répertoire *m*
verzeigen* *tr V* CH porter plainte contre
verzeihen [fɛɐ'tsaɪən] <verzieh, verziehen> I. *tr V* pardonner; |jdm| **etw** ~ pardonner qc [à qn]; **nicht zu** ~ **sein** être impardonnable
II. *itr V* |jdm| ~ pardonner [à qn]; ~ **Sie!** excusez-moi!; ~ **Sie, ...?** [je vous demande] pardon, ...?
verzeihlich *Adj* pardonnable; **nicht** ~ **sein** être impardonnable
Verzeihung <-> *f* ① *(Vergebung)* pardon *m;* [jdn] **um** ~ **für etw bitten** demander pardon [à qn] pour qc; **ich bitte um** ~! je vous demande pardon!
② *(Entschuldigung)* ~! pardon!; ~, **wie viel Uhr ist es?** excusez-moi/excusez-moi, quelle heure est-il?
verzerren* I. *tr V* ① *(verziehen)* tordre *Mund;* **das Gesicht vor Schmerz/Wut** ~ grimacer de douleur/colère
② *(entstellen)* **jds Gesicht** ~ *Hass, Schmerz:* déformer le visage de qn
③ *(verfälschen)* déformer *Ereignisse, Tatsachen;* fausser *Wettbewerb;* **etw verzerrt wiedergeben/darstellen** donner une version déformée de qc
④ OPT, PHOT déformer
II. *r V* **sich zu einer Grimasse** ~ *Gesicht, Gesichtszüge:* se déformer en grimace; **sich vor Wut/Schmerz** ~ se distordre sous la colère/douleur
Verzerrung *f* ① *des Gesichts, der Gesichtszüge* torsion *f*
② *a.* OPT, PHOT *(Verfälschung)* déformation *f*
verzetteln* *r V* **sich** ~ s'égarer; **sich bei etw** ~ s'égarer en faisant qc
Verzicht [fɛɐ'tsɪçt] <-[e]s, -e> *m* renoncement *m;* ~ **auf etw** *(Akk)* renoncement *m* à qc; **der** ~ **auf Süßigkeiten fällt ihm schwer** il a du mal à renoncer aux sucreries
verzichten* *itr V* renoncer; **auf etw** *(Akk)* ~ renoncer à qc; **auf jdn/etw** ~ **können** pouvoir se passer de qn/qc
Verzichtserklärung *f* déclaration *f* de renonciation
verzieh [fɛɐ'tsiː] *Imp von* **verzeihen**
verziehen*¹ *unreg* I. *tr V + haben* ① tordre *Mund;* **den Mund zu einem Lächeln** ~ sourire en coin; **das Gesicht** ~ faire une grimace; **das Gesicht vor Wut** ~ grimacer de colère
② *(verwöhnen)* élever mal *Kind*
II. *itr V + sein* **sie sind nach Bonn/ins Ausland verzogen** ils ont déménagé à Bonn/sont partis à l'étranger
III. *r V + haben* **sich** ~ ① *Holz, Rahmen, Tür:* travailler; *T-Shirt, Pullover:* se déformer
② *(weiterziehen) Gewitter, Wolken:* disparaître
③ *fam (verschwinden)* se casser *(fam)*
verziehen² *PP von* **verziehen**
verzieren* *tr V* décorer; **einen Tisch mit etw** ~ décorer une table avec qc; **einen Kuchen mit etw** ~ décorer un gâteau de qc
Verzierung <-, -en> *f* décoration *f;* **zur** ~ **einer S.** *(Gen)* **dienen** servir à la décoration de qc
▸ **brich dir keine** ~**en ab!** *fam* fais pas de chichi! *(fam)*
verzinsen* I. *tr V* payer des intérêts sur *Kapital, Spareinlagen;* **niedrig/hoch verzinst werden** rapporter peu/beaucoup d'intérêts
II. *r V* **sich gut/schlecht** ~ rapporter des intérêts élevés/bas; **sich mit drei Prozent** ~ rapporter un intérêt de trois pour cent
verzinslich *Adj Darlehen* à intérêts; ~ **sein** rapporter des intérêts; **mit vier Prozent** ~ **sein** rapporter quatre pour cent d'intérêts
Verzinsung <-, -en> *f* intérêts *mpl*
verzogen [fɛɐ'tsoːɡən] *Adj* mal élevé(e)
verzögern* I. *tr V* retarder; **etw um eine Stunde** ~ retarder qc d'une heure
II. *r V* **sich um eine Stunde** ~ être retardé(e) [*o* différé(e)] d'une heure

Verzögerung <-, -en> *f* retard *m*
Verzögerungstaktik *f* atermoiements *mpl*
verzollen* *tr V* dédouaner; **haben Sie etwas zu** ~? avez-vous quelque chose à déclarer?
verzückt [fɛɐ'tsʏkt] I. *Adj geh* extasié(e) *(soutenu)*
II. *Adv geh* comme en extase *(soutenu)*
Verzückung [fɛɐ'tsʏkʊŋ] <-, -en> *f geh* extase *f;* **über etw** *(Akk)* **in** ~ **geraten** tomber en extase devant qc *(fam)*
Verzug [fɛɐ'tsuːk] <-[e]s> *m* retard *m;* **mit der Rückzahlung in** ~ **geraten** [*o* **kommen**] prendre du retard dans le remboursement; **mit der Arbeit/einer Rate im** ~ **sein** être en retard dans le travail/remboursement; **etw ohne** ~ **tun** faire qc sans délai; **bei** ~ en cas de retard
Verzugszinsen *Pl* FIN intérêts *mpl* moratoires
verzweifeln* *itr V + sein* désespérer; **an einer Aufgabe** ~ désespérer d'une tâche; **dieser Fall ist zum Verzweifeln** ce cas est désespérant; **es ist zum Verzweifeln mit ihm** c'est à désespérer de lui; |nur| **nicht** ~! il ne faut pas désespérer!
verzweifelt I. *Adj Person, Lage, Situation* désespéré(e)
II. *Adv versuchen, kämpfen* désespérément; *entgegnen, fragen* d'un ton désespéré; *blicken* d'un air désespéré
Verzweiflung <-> *f* désespoir *m;* **in** ~ **geraten** sombrer dans le désespoir; **jdn zur** ~ **bringen** [*o* **treiben**] mettre qn au désespoir; **vor** |lauter| ~ de désespoir; **aus** ~ par désespoir
Verzweiflungstat *f* acte *m* de désespoir
verzweigen* *r V* **sich** ~ se ramifier; **verzweigt** [sein] [être] ramifié(e); **weit verzweigt** *Verwandtschaft* qui a beaucoup de ramifications; *Beziehungen, Verbindungen* dans des milieux divers; *Verkehrsnetz* très ramifié(e)
Verzweigung <-, -en> *f* ① *(Astwerk)* ramure *f*
② *(Ausbreitung) eines Netzes, Systems* ramification *f*
③ CH *(Autobahndreieck)* échangeur *m*
verzwickt [fɛɐ'tsvɪkt] *Adj fam* inextricable; **eine** ~**e Angelegenheit** un sac de nœuds *(fam)*
Vesper¹ ['fɛspɐ] <-, -n> *f* REL vêpres *fpl*
Vesper² <-s, -> *nt* DIAL casse-croûte *m*
vespern* ['fɛspɐn] *itr V* DIAL casser la croûte *(fam)*
Vesuv [ve'zuːf] <-s> *m* **der** ~ le Vésuve
Veteran [vete'raːn] <-en, -en> *m* ① MIL vétéran *m*
② *s.* **Oldtimer**
Veterinär(in) [veteri'nɛːɐ] <-s, -e> *m(f) form* vétérinaire *mf*
Veterinärmedizin *f form* médecine *f* vétérinaire
Veto [ve'to] <-s, -s> *nt* veto *m;* **gegen etw sein** ~ **einlegen** opposer son veto à qc
Vetomacht [ve'to-] *f* nation *f* disposant d'un droit de veto
Vetorecht *nt* droit *m* de veto
Vetter ['fɛtɐ] <-s, -n> *m* cousin *m*
Vetternwirtschaft *f kein Pl fam* népotisme *m*, favoritisme *m (fam)*
V-Form ['faʊ-] *f* forme *f* en V; **in** ~ en V **v-förmig**^RR, **V-förmig** *Adj* en [forme de] V **V-Frau** *f fam* indic *m (fam)*
vgl. *Abk von* **vergleiche** cf.
v.H. *Abk von* **vom Hundert**
VHS [faʊhaːʔɛs] <-> *f Abk von* **Volkshochschule**
via ['viːa] *Adv* ① *(über)* ~ **Köln nach London fliegen** aller en avion à Londres via Cologne
② *(per)* ~ **Fernsehen** par télévision; ~ **Anwalt kommunizieren** communiquer par l'intermédiaire d'un avocat
Viadukt [via'dʊkt] <-[e]s, -e> *m o nt* viaduc *m*
Viagra® [vi'aːgra] *nt o f kein Pl* MED viagra® *m*
Vibration [vibra'tsio:n] <-, -en> *f* vibration *f*
Vibrationsalarm *m* TELEC vibreur *m;* **den** ~ **einschalten** activer le vibreur
Vibrator [vi'braːtoːɐ] <-, -toren> *m* vibromasseur *m*
vibrieren* *itr V* vibrer
Video ['viːdeo] <-s, -s> *nt* ① *(Videofilm)* [film *m*] vidéo *f; (Videoclip)* clip *m; (Videokassette)* cassette *f* vidéo; **etw auf** ~ **aufnehmen/haben** enregistrer qc sur/avoir qc en [cassette] vidéo
② *kein Pl (Medium)* vidéo *f*
Videoaufnahme *f* enregistrement *m* vidéo **Videoband** <-bänder> *nt* bande *f* vidéo **Videoclip** <-s, -s> *m* [vidéo]clip *m*, clip *m* vidéo **Videofilm** *m* film *m* vidéo **Videogerät** *s.* **Videorecorder Videokamera** *f* caméscope *m* **Videokassette** *f* cassette *f* vidéo **Videokonferenz** *f* visioconférence *f* **Videorecorder** *m* magnétoscope *m* **Videospiel** *nt* jeu *m* vidéo **Videotext** *m kein Pl* Télétex® *m* **Videothek** [video'teːk] <-, -en> *f* vidéoclub *m* **Videothekar(in)** <-s, -e> *m(f)* loueur -euse *m(f)* de cassettes vidéo **Videoüberwachung** *f* télésurveillance *f*
Viech [fiːç] <-[e]s, -er> *nt fam* bestiau *m (fam); (Insekt)* bestiole *f (fam)*
Vieh [fiː] <-[e]s> *nt* ① *(Rinder)* bétail *m*
② *fam (Tier)* bestiau *m (fam)*

❸ *pej fam (roher Mensch)* brute *f*
Viehbestand *m* cheptel *m* **Viehfutter** *nt* aliments *mpl* pour bétail **Viehhaltung** *f* élevage *m* de bétail; **artgerechte ~** élevage qui respecte le rythme biologique du bétail **Viehhändler(in)** *m(f)* marchand(e) *m(f)* de bestiaux
viehisch ['fiːɪʃ] I. *Adj* ❶ *(sehr stark) Schmerzen, Jucken* atroce
❷ *(bestialisch) Benehmen, Manieren* bestial(e)
II. *Adv* ❶ *(sehr) weh tun, jucken* atrocement
❷ *(bestialisch) sich benehmen, hausen* bestialement
Viehmarkt *m* foire *f* aux bestiaux **Viehstall** *m* étable *f* **Viehtränke** *f* abreuvoir *m* **Viehwaggon, Viehwagon**^{RR} [-vagɔŋ, -vagoːn] *m* wagon *m* à bestiaux **Viehzeug** *nt fam* bêtes *fpl* **Viehzucht** *f* élevage *m* **Viehzüchter(in)** *m(f)* éleveur(-euse) *m(f)*
viel [fiːl] I. <mehr, meiste> *Pron indef* ❶ beaucoup; **~ Salz/Mehl** beaucoup de sel/farine; **~ Zeit/Arbeit** beaucoup de temps/travail; **~ Geld** beaucoup d'argent; **~ Schönes/Neues** beaucoup de belles/nouvelles choses; **~ es Gute** beaucoup de [*o* bien des] bonnes choses; **~ es Unangenehme** beaucoup de [*o* bien des] choses désagréables; **so ~ Arbeit** tellement de travail; **so ~ Salz wie nötig** autant de sel que nécessaire; **halb/doppelt so ~ Zucker [wie ...]** deux fois moins/plus de sucre [que...]; **wir tun so ~ wir können** nous faisons tout ce que nous pouvons; **sie weiß so ~** elle sait tellement de choses; **zu ~** trop; **zu ~ Arbeit/Geld** trop de travail/d'argent; **sie hat sich zu ~ vorgenommen** elle s'est surestimée; **mit ~ Mühe** avec bien du mal; **~ Spaß!** amuse-toi/amusez-vous bien!; **~ erleben/erzählen** vivre/raconter beaucoup de choses; **nicht ~/ zu ~ einkaufen** ne pas acheter grand-chose/trop acheter; **er hält ~/nicht ~ davon** il en pense beaucoup/peu de bien; **~ versprechend** *Künstler, Anfang* prometteur(-euse); *Nachricht* encourageant(e); **~ versprechend klingen, sich ~ versprechend anhören** paraître prometteur(-euse)
❷ *substantivisch* **~ es** beaucoup de choses; **~ es [von dem], was ...** beaucoup de ce qui/que...; **um ~ es besser/jünger sein** être beaucoup mieux/largement plus jeune; **um ~ es anders sein** être tout autre[ment]; **und ~ es andere mehr** et bien d'autres choses encore; *(Gegenstände)* et beaucoup d'autres choses [encore]; **in ~ em** à bien des égards
▶ **was zu ~ ist, ist zu ~** trop, c'est trop; **ihr Brief war so ~ wie eine Einladung** sa lettre équivalait à une invitation
II. *Adj* ❶ **~ e Leute** beaucoup de gens; **unglaublich ~ e Anrufe** un nombre incroyable de coups de fil; **~ e sind dieser Meinung** beaucoup [de gens] sont de cet avis
❷ *(diese große Menge)* **der ~ e Ärger** toutes ces contrariétés; **die ~ e Arbeit** tout ce travail; **das ~ e Essen** tous ces repas; **vom ~ en Biertrinken** à force de boire de la bière
III. <mehr, am meisten> *Adv* ❶ *(häufig) besuchen, sich aufhalten* beaucoup
❷ *(wesentlich)* beaucoup, bien; **~ zu kurz/lang sein** beaucoup [*o* bien] trop court/long; **dieser Computer ist ~ billiger** cet ordinateur est beaucoup moins cher
▶ **~ zu ~** beaucoup trop
vielbefahren *s.* **befahren** ❶
vielbeschäftigt *s.* **beschäftigt** ❶
vielbesucht *s.* **besucht**
vieldeutig ['fiːldɔʏtɪç] I. *Adj* ambigu(ë)
II. *Adv* avec ambiguïté
Vieldeutigkeit <-> *f* ambiguïté *f*
vieldiskutiert *s.* **diskutieren** I.
Vieleck ['fiːlʔɛk] *nt* GEOM polygone *m* **vieleckig** *Adj* GEOM polygonal(e) **Vielehe** *f* polygamie *f*
vielerlei ['fiːleˈlaɪ] *Adj unv* **~ Sorten Käse** toutes sortes de fromage; **~ Fragen** toutes sortes de questions; **sich für ~ interessieren** s'intéresser à toutes sortes de choses
vielerorts ['fiːleˈʔɔrts] *Adv* un peu partout
vielfach ['fiːlfax] I. *Adj* ❶ **die ~ e Menge** une quantité bien plus grande
❷ *(mehrfach) Variationen, Hinsicht* multiple; **ein ~ er Millionär** un multimillionnaire
II. *Adv* ❶ *(häufig)* très souvent
❷ *(mehrfach) falten, variieren* plusieurs fois; *beschädigen* à plusieurs endroits
Vielfache(s) *nt dekl wie Adj* **das ~, ein ~ s** bien plus; **das ~** [*o* **ein ~ s**] **des ursprünglichen Preises bezahlen** payer un prix bien plus élevé; **um ein ~ s teurer/schöner sein** être largement plus cher(chère)/beau(belle)
Vielfahrer(in) *m(f)* personne *f* qui fait beaucoup de route; [ein] **~ sein** faire beaucoup de route
Vielfalt ['fiːlfalt] <-, -en> *f* diversité *f*; **eine ~/große ~ von Blumen** une multiplicité/grande diversité de fleurs
vielfältig ['fiːlfɛltɪç] *Adj* varié(e)
Vielfältigkeit *s.* **Vielfalt**
vielfarbig *Adj Druck, Zeichnung* polychrome; *Kleidungsstück* multicolore **Vielflieger(in)** *m(f)* personne *f* qui prend souvent l'avion; [ein] **~ sein** prendre souvent l'avion
Vielfraß ['fiːlfraːs] <-es, -e> *m* ❶ *fam (Mensch)* morfal(e) *m(f) (fam)*
❷ ZOOL glouton *m*
vielgekauft *s.* **kaufen** I. ❶
vielgeliebt *s.* **geliebt**
vielgereist *s.* **reisen** ❶
vielköpfig *Adj fam* nombreux(-euse)
vielleicht [fiˈlaɪçt] *Adv* ❶ *(eventuell)* peut-être; **~, dass** peut-être que + *indic*
❷ *(ungefähr)* à peu près; **er war ~ fünfzig** il avait à peu près cinquante ans
❸ *fam (etwa)* par hasard; **erwarten Sie ~, dass ...?** vous n'imaginez pas par hasard que ... ? + *indic*
❹ *fam (wirklich)* **das ist ~ ein Idiot!** quelle espèce d'idiot!; **das ist ~ schwierig!** que c'est difficile!
vielmals [-maːls] *Adv geh* de nombreuses fois; **sich ~ bedanken** formuler de nombreux remerciements
vielmehr I. *Adv* ❶ *(im Gegenteil)* au contraire
❷ *(genauer gesagt)* plutôt
II. *Konj* mais
vielsagend *s.* **sagen** I. ❺
vielschichtig *Adj* ❶ *(aus vielen Schichten)* composé(e) de couches multiples
❷ *(komplex)* complexe, hétérogène
Vielschreiber(in) *m(f) pej* auteur *mf* prolifique
vielseitig I. *Adj* ❶ *Person* polyvalent(e); *Künstler, Talent* protéiforme
❷ *(breit gefächert) Angebot, Interessen* varié(e)
❸ *(mehrfach einsetzbar) Gerät, Maschine* à usages [*o* fonctions] multiples; **~ sein** avoir de multiples usages [*o* fonctions]
II. *Adv* ❶ **~ interessiert sein** avoir des intérêts variés; **~ gebildet sein** avoir une culture polyvalente [*o* éclectique]
❷ *(für unterschiedliche Zwecke)* **~ verwendbar sein** servir à de multiples usages
vielsprachig *Adj* polyglotte
vielstimmig *Adj* MUS polyphonique
vielversprechend *s.* **viel** I. ❶
Vielvölkerstaat *m* État *m* plurietnique
Vielweiberei [-varbəˈraɪ] <-> *f* polygamie *f*
Vielzahl *f kein Pl* multitude *f*; **eine ~ von Briefen** une multitude de lettres; **eine ~ bunter Blumen** une multitude de fleurs multicolores
Vielzweckwerkzeug *nt* outil *m* à usages multiples
vier [fiːɐ] *Num* quatre; *s. a.* **acht**¹
▶ **alle ~ e von sich strecken** *fam Person:* se mettre les doigts de pied en éventail *(fam); Tier:* être crevé(e) *(fam);* **auf allen ~ en** *fam* à quatre pattes
Vier <-, -en> *f* ❶ *(Zahl, Spielkarte, Augenzahl)* quatre *m*
❷ *(Schulnote)* ≈ dix *m*
❸ *kein Pl (U-Bahn-Linie, Bus-, Straßenbahnlinie)* quatre *m*
vierachsig *Adj* EISENBAHN à quatre essieux
vierarmig *Adj Leuchter* à quatre branches; **~ sein** avoir quatre branches
Vieraugengespräch *nt* tête-à-tête *m*
vierbändig ['fiːɐbɛndɪç] *Adj* en quatre volumes
Vierbeiner <-s, -> *m hum* **die [lieben] ~** nos compagnons *mpl* à quatre pattes *(hum)*
vierbeinig *Adj Tisch* à quatre pieds; **~ sein** avoir quatre pieds; *Tier* quadrupède
vierblätt[e]rig *Adj Klee* à quatre feuilles; *Blume, Blüte* à quatre pétales
vierdimensional ['-dimɛnzionaːl] *Adj* à quatre dimensions; **~ sein** être en quatre dimensions **Viereck** ['fiːɐʔɛk] *nt* quadrilatère *m* **viereckig** *Adj* rectangulaire
viereinhalb *Num* **~ Kilometer** quatre kilomètres et demi; *s. a.* **achteinhalb**
Vierer ['fiːrɐ] <-s, -> *m* ❶ *fam (Schulnote)* ≈ dix *m*
❷ *fam (Lottogewinn)* quatre bons numéros *mpl*
❸ *(Ruderboot)* quatre *m*
Viererbob *m* bob *m* à quatre
viererlei ['fiːrɐˈlaɪ] *Adj unv* **~ Sorten Käse** quatre sortes de fromage; *s. a.* **achterlei**
Viererreihe *f* **in ~ n** en rang[s] par quatre
vierfach ['fiːɐfax], **4fach** I. *Adj* **das ~ e Gewicht** quatre fois le poids
II. *Adv falten* par quatre; *s. a.* **achtfach**
Vierfache(s) *nt dekl wie Adj* quadruple *m;* **das ~ bezahlen** payer quatre fois plus; *s. a.* **Achtfache(s)**
Vierfarbendruck <-drucke> *m* ❶ *kein Pl (Verfahren)* quadrichromie *f*
❷ *(Abbildung)* tirage *m* en quadrichromie
Vierfüßer <-s, -> *m* tétrapode *m*

vierfüßig *Adj* ❶ *Leuchter, Schale* à quatre pieds; ~ **sein** avoir quatre pieds
❷ POES *Jambus* de quatre pieds; ~ **sein** avoir quatre pieds
Vierganggetriebe *nt* boîte *f* [à] quatre vitesses
viergeschossig *Adj* à quatre étages
vierhändig ['fiːɛhɛndɪç] *Adj, Adv* MUS à quatre mains
vierhundert *Num* quatre cents **vierhundertjährig** *Adj* de quatre cents ans **vierhundertste(r, s)** *Adj* quatre centième
vierhunderttausend *Num* quatre cent mille
Vierjahresplan *m* plan *m* quadriennal
vierjährig [-jɛːrɪç] *Adj Kind, Amtszeit* de quatre ans
Vierjährige(r) *f(m) dekl wie Adj* garçon *m*/fille *f* de quatre ans
Vierkant [-kant] *m o nt* TECH carré *m*
Vierkanteisen *nt* fer *m* à quatre pans
vierkantig *Adj* carré(e), à quatre pans
Vierkantschlüssel *m* clé *f* à quatre pans
vierköpfig *Adj Familie* de quatre [personnes]
Vierling <-s, -e> *m* quadruplé(e) *m(f)*
viermal *Adv* quatre fois; *s. a.* **achtmal**
viermalig *Adj* **nach ~em Anruf/Versuch** après quatre appels/essais; *s. a.* **achtmalig**
Viermaster <-s, -> *m* quatre-mâts *m*
viermotorig *Adj* quadrimoteur
Vierradantrieb *m* quatre roues *fpl* motrices
vierräd[e]rig *Adj* à quatre roues
vierschrötig [-ʃrøːtɪç] *Adj* trapu(e)
vierseitig *Adj* ❶ *Brief* de quatre pages
❷ GEOM à quatre côtés
vierspaltig *Adj* de [o sur] quatre colonnes
vierspurig [-ʃpuːrɪç] *Adj, Adv* à quatre voies
vierstellig *Adj* à quatre chiffres
Viersternehotel *nt* hôtel *m* quatre étoiles
vierstimmig *Adj, Adv* à quatre voix
vierstrahlig *Adj* quadriréacteur
Vierstromzug *m* EISENBAHN quadricourant *m*
viert *Adv* **zu ~ sein** être quatre; *s. a.* **acht²**
Viertagewoche *f* semaine *f* de quatre jours
viertägig *Adj* de quatre jours
Viertaktmotor *m* AUT moteur *m* à quatre temps
viertausend *Num* quatre mille **Viertausender** *m* montagne *f* de quatre mille mètres
vierte(r, s) *Adj* ❶ quatrième
❷ *(bei Datumsangaben)* **der ~ Mai** *écrit:* **der 4. Mai** le quatre mai *geschrieben:* le 4 mai
❸ SCHULE **die ~ Klasse** [*o* **die ~** *fam*] le cours moyen 2 [*o* le CM 2 *fam*]; *s. a.* **achte(r, s)**
Vierte(r) *f(m) dekl wie Adj* ❶ quatrième
❷ *(Datumsangabe)* **der ~/am ~n** *écrit:* **der 4./am 4.** le quatre *geschrieben:* le 4
❸ *(Namenszusatz)* **Heinrich der ~** *écrit:* **Heinrich IV.** Henri quatre *geschrieben:* Henri IV
❹ *(Sinfonie)* **Bruckners ~** la Quatrième Symphonie de Bruckner; *s. a.* **Achte(r)**
vierteilen *tr V* HIST geviertelt werden être écartelé(e)
viertel ['fɪrtəl] *Num* **ein/drei ~ Liter** un quart/trois quarts de litre; **um drei ~ sieben/zehn** DIAL à sept/dix heures moins le quart; *s. a.* **achtel**
Viertel ['fɪrtəl] <-s, -> *nt* ❶ *a.* MATH quart *m*; **ein ~ Wein** un quart de vin
❷ *(15 Minuten)* **es ist ~ vor elf** il est onze heures moins le quart; **um ~ nach fünf** à cinq heures et quart
❸ *(Stadtbezirk)* quartier *m*
▶ **das akademische ~** le quart d'heure académique
Vierteldrehung ['fɪrtəl-] *f* quart *m* de tour **Viertelfinale** *nt* SPORT quart *m* de finale **Vierteljahr** *nt* trimestre *m* **Vierteljahresschrift** *f* revue *f* trimestrielle **Vierteljahrhundert** [fɪrtəlja:ɐ̯ˈhʊndɐt] *nt* quart *m* de siècle
vierteljährig ['fɪrtəljɛːrɪç, fɪrtəlˈjɛːrɪç] *Adj attr* de trois mois
vierteljährlich I. *Adj* trimestriel(le) II. *Adv* trimestriellement; **einmal ~** une fois tous les trois mois **Viertelliter** *m o nt* quart *m* de litre
vierteln ['fɪrtln] *tr V* couper en quatre; **etw ~** couper qc en quatre
Viertelnote ['fɪrtl-] *f* noire *f* **Viertelpause** *f* soupir *m* **Viertelpfund** ['fɪrtəlpfʊnt, fɪrtəlˈpfʊnt] *nt* quart *m* de livre; **ein ~ Butter** 125 g *mpl* de beurre **Viertelstunde** *f* quart *m* d'heure; **in/nach einer ~** dans un/au bout d'un quart d'heure
viertelstündig [-ʃtʏndɪç] *Adj attr* d'un quart d'heure
viertelstündlich I. *Adj attr* tous les quarts d'heure; **in ~em Abstand** à un quart d'heure d'intervalle II. *Adv* tous les quarts d'heure **Viertelton** *m* quart *m* de ton
viertens ['fiːɐ̯təns] *Adv* quatrièmement
viertletzte(r, s) ['fɪrt-] *Adj* **die ~ Seite** la quatrième page avant la fin

Viertürer [-tyːrɐ] <-s, -> *m fam* quatre portes *f (fam)*
viertürig [-tyːrɪç] *Adj* à quatre portes
Vierviertaltakt [-ˈfɪrtəl-] *m* mesure *f* à quatre temps
Vierwaldstätter See [-ʃtɛtɐˈzeː] *m* **der ~** le lac des Quatre-Cantons
vierwertig *Adj* quadrivalent(e)
vierwöchentlich *Adj, Adv* toutes les quatre semaines
vierwöchig *Adj* de quatre semaines
vierzehn ['fɪrtseːn] *Num* quatorze; **~ Tage dauern** durer quinze jours; *s. a.* **acht¹**
vierzehntägig ['fɪrtseːntɛːgɪç] *Adj* de quinze jours
vierzehntäglich I. *Adj* tous les quinze jours; **unsere ~e Konferenz** notre conférence bimensuelle
II. *Adv* tous les quinze jours
vierzehnte(r, s) *Adj* quatorzième; *s. a.* **achte(r, s)**
Vierzeiler <-s, -> *m* quatrain *m*
vierzeilig *Adj Gedicht, Strophe* de quatre vers; *Nachricht* de quatre lignes
vierzig ['fɪrtsɪç] *Num* quarante; *s. a.* **achtzig**
Vierzig <-, -en> *f* ❶ *(Zahl)* quarante *m*
❷ *(Alter)* quarantaine *f*; **auf die ~ zugehen** aller sur ses quarante ans
vierziger, 40er ['fɪrtsɪgɐ] *Adj unv* **die ~ Jahre** les années *fpl* quarante; *s. a.* **achtziger**
Vierziger¹ <-s, -> *m* ❶ *(Mann in den Vierzigern)* quadragénaire *m*
❷ *s.* **Vierzigjährige(r)**
❸ *fam (Wein)* 1940 *m*
Vierziger² <-, -> *f* HIST *fam (Briefmarke)* timbre *m* à quarante pfennigs
Vierziger³ *Pl* ❶ **die ~ eines Jahrhunderts** les années *fpl* quarante
❷ *(Lebensalter)* **in den ~n sein** être quadragénaire; *s. a.* **Achtziger³**
Vierzigerin ['fɪrtsɪgərɪn] <-, -nen> *f* ❶ *(Frau in den Vierzigern)* quadragénaire *f*
❷ *s.* **Vierzigjährige(r)**
Vierzigerjahre ['fɪrtsɪgɐ-] *Pl* **die ~** les années *fpl* quarante
vierzigjährig ['fɪrtsɪç-] *Adj attr Person* quadragénaire; *Baum* de quarante ans; *s. a.* **achtzigjährig**
Vierzigjährige(r) ['vɪrtsɪç-] *f(m) dekl wie Adj* homme *m*/femme *f* de quarante ans; **etw als ~(r) tun** faire qc à quarante ans
vierzigmal *Adv* quarante fois
vierzigste(r, s) ['fɪrtsɪçstə] *Adj* quarantième; *s. a.* **achtzigste(r, s)**
Vierzigstundenwoche [fɪrtsɪç-], **40-Stunden-Woche** *f* semaine *f* de quarante heures
Vierzimmerwohnung *f* quatre-pièces *m*
Vierzylindermotor *m* moteur *m* [à] quatre cylindres
vierzylindrig *Adj* [à] quatre cylindres
Vietcong [viɛtˈkɔŋ, 'viɛtkɔŋ] <-, -[s]> *m* ❶ *kein Pl (Guerillabewegung)* **der ~** le Viêt-cong
❷ *(Mitglied)* Viet *m (péj)*
Vietnam [viɛtˈnam] <-s> *nt* le Viêt-nam
Vietnamese [viɛtnaˈmeːzə] <-n, -n> *m*, **Vietnamesin** *f* Vietnamien(ne) *m(f)*
vietnamesisch [viɛtnaˈmeːzɪʃ] I. *Adj* vietnamien(ne)
II. *Adv* **~ miteinander sprechen** discuter en vietnamien; *s. a.* **deutsch**
Vietnamesisch <-[s]> *nt kein Art* vietnamien *m*; **auf ~** en vietnamien; *s. a.* **Deutsch**
Vietnamesische [viɛtnaˈmeːzɪʃə] *nt dekl wie Adj* **das ~** le vietnamien; *s. a.* **Deutsche**
Viewer ['vjuːɐ] <-s, -> *m* INFORM visionneuse *f*
Vignette [vɪnˈjɛtə] <-, -n> *f* KUNST, TRANSP vignette *f*
Vikar(in) [viˈkaːɐ̯] <-s, -e> *m(f)* vicaire *m*
Villa ['vɪla] <-, Villen> *f* villa *f*
Villenviertel ['vɪlənfɪrtl] *nt* quartier *m* résidentiel
violett [vioˈlɛt] *Adj* violet(te)
Violett <-s, -> *nt* violet *m*
Violine [vioˈliːnə] <-, -n> *f* MUS violon *m*
Violinist(in) [violiˈnɪst] *m(f)* violoniste *mf*
Violinkonzert [vio-] *nt* concert *m* pour violon[s] **Violinschlüssel** *m* clé *f* de sol
Violoncello [violɔnˈtʃɛlo] <-s, -celli> *nt* violoncelle *m*
VIP [viːˈʔaɪ̯piː, vɪp] <-, -s> *m Abk von* **very important person** V.I.P. *mf (fam)*
VIP-Bereich ['vɪp-] *m* espace *m* VIP
Viper ['viːpɐ] <-, -n> *f* vipère *f*
VIP-Loge ['vɪploːʒə] *f* loge *f* V.I.P. **VIP-Lounge** ['vɪplaʊ̯ntʃ] <-, -s> *f eines Hotels, Flughafens* salon *m* V.I.P.
Viren ['viːrən] *Pl von* **Virus**
Virenscanner *m* INFORM logiciel *m* antivirus **Virensuchprogramm** ['viːrən-] *nt* [programme *m*] antivirus *m*
Virologe [viroˈloːgə] <-n, -n> *m*, **Virologin** *f* virologiste *mf*
Virologie [viroloˈgiː] <-> *f* virologie *f*

virologisch *Adj* BIO, MED virologique
virtuell [vɪr'tu̯ɛl] *Adj* virtuel(le)
virtuos [vɪr'tu̯oːs] I. *Adj geh Musiker* virtuose; *Leistung, Spiel* brillant(e)
II. *Adv geh* avec virtuosité
Virtuose [vɪrtu'oːzə] <-n, -n> *m*, **Virtuosin** *f* virtuose *mf*
virulent [viru'lɛnt] *Adj* ❶ MED virulent(e)
❷ *geh (gefährlich)* pernicieux(-euse)
Virus ['viːrʊs] <-, Viren> *nt o m* BIO, MED, INFORM virus *m*
Viruserkrankung ['viːrʊs-] *f* maladie *f* virale **Virusinfektion** *f* infection *f* virale **Viruskrankheit** *f* maladie *f* virale
Visa ['viːza] *Pl von* **Visum**
Visage [vi'zaːʒə] <-, -n> *f pej sl* tronche *f (péj pop)*
Visagist(in) [viza'ʒɪst] <-en, -en> *m(f)* visagiste *mf*
vis-a-visʳʳ, **vis-à-vis** [viza'viː] I. *Adv geh* en face; ~ **von jdm/etw** en face de qn/qc; **jdm ~ sitzen/wohnen** être assis(e)/habiter en face de qn; **der Nachbar von ~** le voisin d'en face
II. *Präp + Dat* ~ **dem Turm** en face de la tour
Visavis <-, -> *nt geh* vis-à-vis *m*
Visen ['viːzən] *Pl von* **Visum**
Visier [vi'ziːɐ] <-s, -e> *nt einer Schusswaffe* viseur *m*; *eines Helms* visière *f*
▶ **jdn/etw im ~ haben** avoir qn/qc dans le collimateur; **jdn/etw ins ~ nehmen** avoir qn à l'œil/envisager qc
Vision [vi'zi̯oːn] <-, -en> *f geh* ❶ *(Erscheinung)* vision *f*
❷ *(Vorstellung)* anticipation *f*
▶ **~ en haben** *(halluzinieren)* avoir des visions; *(Zukunftsentwürfe machen)* savoir anticiper
visionär [vizio'nɛːɐ] *Adj* visionnaire
Visionär(in) <-s, -e> *m(f) geh* visionnaire *mf*
Visite [vi'ziːtə] <-, -n> *f a.* MED visite *f*; **~ machen** *Arzt:* faire ses visites
Visitenkarte *f* carte *f* de visite
viskos *Adj* CHEM visqueux(-euse)
Viskose [vɪs'koːzə] <-> *f* viscose *f*
Viskosität [vɪskozi'tɛːt] <-> *f* CHEM, TECH viscosité *f*
visuell [vizu'ɛl] *Adj geh* visuel(le)
Visum ['viːzʊm] <-s, Visa *o* Visen> *nt* visa *m*
Visumzwang ['viːzʊm-] *m* visa *m* obligatoire
Vita ['viːta] <-, Viten *o* Vitae> *f geh* vie *f*
vital [vi'taːl] *Adj geh* ❶ *Person* pleine(e) de vitalité
❷ *(lebenswichtig) Interessen, Bedeutung* vital(e)
Vitalität <-> *f* vitalité *f*
Vitamin [vita'miːn] <-s, -e> *nt* vitamine *f*
▶ **~ B** *fam* piston *m (fam)*
vitaminarm I. *Adj* pauvre en vitamines II. *Adv* **sich [zu] ~ ernähren** consommer des aliments [trop] pauvres en vitamines **Vitaminbedarf** *m* besoin *m* en vitamines **Vitamingehalt** *m* teneur *f* en vitamines **Vitaminmangel** *m* carence *f* en vitamines **Vitaminmangelkrankheit** *f* avitaminose *f* **vitaminreich** I. *Adj* riche en vitamines II. *Adv* **sich ~ ernähren** consommer des aliments riches en vitamines **Vitamintablette** *f* comprimé *m* de vitamines; **~n nehmen** prendre des vitamines [en comprimés]
Vitrine [vi'triːnə] <-, -n> *f* vitrine *f*
Vivisektion [vivi-] <-, -en> *f* vivisection *f*
Vize ['fiːtsə, 'viː-] <-s, -> *m fam* bras *m* droit
Vizeadmiral(in) ['fiːtsə-, 'viː-] *m(f)* vice-amiral *m* d'escadre **Vizekanzler** *m* vice-chancelier *m* **Vizekönig** *m* vice-roi *m* **Vizepräsident** *m* vice-président *m*
Vlies [fliːs] <-es, -e> *nt* ❶ *(Wolle eines Schafs)* toison *f*
❷ *(Fasermaterial)* rembourrage *m*
V-Mann ['faʊ-] <-[e]s, -leute> *m fam* indic *m (fam)*
Vogel ['foːɡəl, *Pl:* 'føːɡəl] <-s, Vögel> *m* ❶ oiseau *m*
❷ *fam (Mensch)* **ein schräger/linker ~** un drôle de *fam)*
▶ **mit etw den ~ abschießen** *fam* avoir le pompon en faisant qc *(fam)*; **der ~ ist ausgeflogen** *fam* l'oiseau s'est envolé; **friss, ~, oder stirb** *Spr.* marche ou crève; **einen ~ haben** *fam* avoir une araignée au plafond *(fam)*; **jdm einen ~ zeigen** *fam* traiter qn de cinglé(e) *(fam)*
Vogelbauer *nt o m* cage *f*
Vogelbeerbaum *m* BOT sorbier *m*
Vogelbeere *f* ❶ *(Frucht)* sorbe *f*
❷ *(Eberesche)* sorbier *m* [des oiseleurs]
Vögelchen <-s, -> *nt* petit oiseau *m*, oisillon *m*
Vogeldreck *m fam* fiente *f* **Vogelei** ['foːɡəlʔaɪ] *nt* œuf *m* d'oiseau **Vogelfänger(in)** <-s, -> *m(f)* oiseleur(-euse) *m(f)* **vogelfrei** *Adj* HIST hors la loi **Vogelfutter** *nt* graines *fpl* pour les oiseaux **Vogelgrippe** *f* grippe *f* aviaire **Vogelkäfig** *m* cage *f* **Vogelkirsche** *f* BOT merise *f* **Vogelkunde** *f* ornithologie *f* **Vogelmännchen** *nt* oiseau *m* mâle
vögeln ['føːɡəln] *itr V sl* baiser *(fam)*; **mit jdm ~** baiser qn *(fam)*; **das Vögeln** la baise *(pop)*
Vogelnest *nt* nid *m* d'oiseau **Vogelperspektive** *f* perspective *f* à vol d'oiseau; **aus der ~** à vue d'oiseau; PHOT en plongée **Vogelscheiße** *f fam* merde *f* d'oiseau *(fam)* **Vogelscheuche** <-, -n> *f a. fig* épouvantail *m* **Vogelschutz** *m* protection *f* des oiseaux **Vogelspinne** *f* mygale *f*
Vogel-Strauß-Politik *f kein Pl fam* politique *f* de l'autruche
Vogelwarte [-vartə] *f* station *f* ornithologique **Vogelweibchen** *nt* oiseau *m* femelle **Vogelzug** *m* migration *f* des oiseaux
Vogerlsalat *m* A mâche *f*
Vogesen [vo'ɡeːzən] *Pl* **die ~** les Vosges *fpl*
Vöglein <-s, -> *nt liter* oiselet *m (littér)*
Voice-Recorder ['vɔɪs-] <-s, -> *m* enregistreur *m* de vol
VoIP [vɔɪp] *Abk von* **Voice over Internet Protocol** INFORM, TELEC VoIP *f*, voix *f* sur réseau IP
voipen ['vɔɪpən] <voipe, voipte, gevoipt> *itr V* INFORM, TELEC communiquer par voip
Vokabel [vo'kaːbəl] <-, -n> *f* ❶ mot *m* de vocabulaire; **die lateinischen ~n** le vocabulaire latin
❷ *geh (Begriff)* terme[-clé] *m*
Vokabelheft *nt* carnet *m* de vocabulaire
Vokabular [vokabu'laːɐ] <-s, -e> *nt geh (Wortschatz)* vocabulaire *m*
Vokal [vo'kaːl] <-s, -e> *m* voyelle *f*
vokalisch *Adj* vocalique
Vokalmusik *f* MUS musique *f* vocale
Vokativ [vo'kaːtiːf] <-s, -e> *m* LING vocatif *m*
Volant [voˈlãː] <-s, -s> *m o nt* volant *m*
Volk [fɔlk, *Pl:* 'fœlkə] <-[e]s, Völker> *nt* ❶ *(Nation)* peuple *m*
❷ *kein Pl (die Menschen)* **das ~** le peuple
❸ *kein Pl pej (die arme Bevölkerung)* faune *f (péj)*
❹ *kein Pl fam (Menschenmenge)* **viel ~** du populo *(fam)*; **zu viel ~** trop de populo *(fam)*
▶ **das ~ der Dichter und Denker** le peuple des poètes et des penseurs; **dem ~ aufs Maul schauen** parler comme le peuple; **das auserwählte ~** le peuple élu; **das fahrende ~** *veraltet* les gens *mpl* du voyage; **etw unters ~ bringen** divulguer qc; **sich unters ~ mischen** *fam* prendre un bain de foule
Völkchen <-s, -> *nt fam* **ein lustiges ~** des joyeux drilles *mpl*; **sie sind ein ~ für sich** ce sont des gens à part [*o* pas comme les autres] *(fam)*
Völkerball *m kein Pl* ballon *m* prisonnier **Völkerbund** *m* HIST **der ~** la Société des Nations **Völkerkunde** *f kein Pl* ethnologie *f* **Völkermord** *m* génocide *m* **Völkerrecht** *nt kein Pl* droit *m* international public **völkerrechtlich** I. *Adj* Anerkennung en vertu du droit des peuples à disposer d'eux-mêmes; **vom ~ en Standpunkt her** sur le plan du droit international public II. *Adv* en droit international **Völkerrechtsverletzung** *f* violation *f* du droit des gens **Völkerverständigung** *f kein Pl* entente *f* entre les peuples, rapprochement *m* des peuples **Völkerwanderung** *f* ❶ HIST **die ~** les grandes invasions *fpl* ❷ *fam (Menschenmengen)* ruée *f*
völkisch NS *s.* **national**
Volksabstimmung *f* référendum *m* **Volksarmee** *f* armée *f* populaire **Volksbefragung** *f* plébiscite *m* **Volksbegehren** *nt* initiative *f* populaire **Volksbelustigung** *f (Ereignis)* festivités *fpl* populaires ❷ *kein Pl (Belustigtsein)* divertissement *m* populaire; **der ~ dienen** servir à divertir le peuple **Volksdemokratie** *f* république *f* populaire [*o* socialiste] **volkseigen** *Adj* nationalisé(e); **~er Betrieb** entreprise *f* nationalisée [*o* d'État] **Volkseinkommen** *nt* revenu *m* national **Volksempfinden** *nt* ▶ **das gesunde ~** le bon sens populaire **Volksentscheid** *m* vote *m* populaire **Volksetymologie** *f kein Pl* LING étymologie *f* populaire
Volksfest *nt* fête *f* populaire

Land und Leute

La **Volksfest** est une fête traditionnelle qui a lieu en plein air et souvent durant plusieurs jours. Elle propose différentes attractions comme une grande roue, des montagnes russes et des tentes sous lesquelles on peut boire de la bière. L'une des plus célèbres **Volksfeste** est la *Münchner Oktoberfest*, c'est-à-dire la «Fête de la bière» à Munich.

Volksfront *f* POL front *m* populaire **Volksgerichtshof** *m* NS **der ~** le Tribunal du Peuple **Volksgesundheit** *f* santé *f* publique **Volksglaube[n]** *m* croyance *f* populaire **Volksgruppe** *f* groupe *m* ethnique **Volksheld(in)** *m(f)* héros *m* national/héroïne *f* nationale **Volkshochschule** *f* université *f* populaire

---

Land und Leute

La **Volkshochschule** est un centre public de formation continue en Allemagne. Les cours sont ouverts, indépendamment du statut social, à toutes les classes d'âge de la population. Les cours sont reconnus comme cours de formation professionnelle continue.

Volksinitiative CH s. Volksbegehren **Volkskammer** f kein Pl HIST Chambre f du peuple **Volkskrankheit** f maladie f endémique **Volkskunde** f étude f des folklores
Volkskundler(in) <-s, -> m(f) folkloriste mf
volkskundlich Adj relatif(-ive) au folklore
Volkskunst f kein Pl art m populaire **Volkslauf** m course f populaire **Volkslied** nt chanson f populaire **Volksmärchen** nt conte m populaire **Volksmehr** <-s> nt CH majorité f confédérale **Volksmund** m langage m populaire; **im** ~ dans le langage populaire **Volksmusik** f musique f folklorique **volksnah** Adj proche du peuple **Volkspartei** f parti m populaire **Volkspolizei** f kein Pl HIST (DDR) police f populaire **Volksrede** f ~ **n über etw** (Akk) **halten** fam faire de grands laïus [sur qc] (fam); **halte keine ~n!** fam pas [tant] de laïus! (fam) **Volksrepublik** f république f populaire **Volksschicht** f meist Pl couche f de la population **Volksschule** f A (Grundschule) ≈ école f primaire **Volkssport** m sport m populaire **Volksstamm** m peuplade f **Volksstück** nt pièce f populaire **Volkssturm** m NS **der** ~ le Volkssturm (milice populaire levée en 1945 pour défendre l'Allemagne) **Volkstanz** m danse f folklorique **Volkstracht** f costume folklorique m
volkstümlich ['fɔlksty:mlɪç] Adj ❶ Brauch, Tracht traditionnel(le); Fest populaire; Bezeichnung usuel(le)
❷ (populär) Autor, Theaterstück populaire
Volksverdummung f pej fam crétinisation de la masse (péj) **Volksverhetzung** <-, -en> f incitation f à la haine [raciale]; **man hat ihm/ihr den Vorwurf der ~ gemacht** on lui a reproché d'être un fauteur/une fautrice de troubles **Volksvertreter(in)** m(f) représentant(e) m(f) du peuple **Volksvertretung** f représentation f nationale **Volkswirt(in)** m(f) économiste mf **Volkswirtschaft** f ❶ (Nationalökonomie) économie f [nationale] ❷ s. Volkswirtschaftslehre **volkswirtschaftler(in)** <-s, -> m(f) économiste mf **volkswirtschaftlich** I. Adj ❶ (der nationalen Wirtschaft) économique ❷ (wissenschaftlich) d'économie politique II. Adv d'un point de vue économique **Volkswirtschaftslehre** f économie f politique **Volkszählung** f recensement m
voll [fɔl] I. Adj ❶ (gefüllt) plein(e); **halb** ~ à moitié plein(e); ~ **werden** se remplir; ~ **sein** être plein(e); ~ [mit] **Wasser/Sand sein** être plein(e) d'eau/de sable
❷ (bedeckt) ~[er] **Schnee/Flecken sein** être recouvert(e) de neige/de taches
❸ (ganz) Jahr, Monat, Woche entier(-ière); **jede ~e Stunde fahren** Bus: partir aux heures pleines; **er hat eine ~e Stunde warten müssen** il lui a fallu attendre une bonne heure
❹ (vollständig) **die ~e Summe** la totalité de la somme; **den ~en Preis bezahlen** payer comptant; **in ~er Ausrüstung** équipé(e) de pied en cap; **in ~er Uniform erscheinen** apparaître en uniforme
❺ (ungeschmälert) Erfolg, Gewissheit total(e); **das ~e Ausmaß** [o **der ~e Umfang**] **der Katastrophe** l'ampleur de la catastrophe; **die ~e Tragweite erkennen** reconnaître la portée
❻ (prall) Gesicht, Wangen plein(e); Busen opulent(e); Po, Hüften rebondi(e); **er ist ~er geworden** il a pris des rondeurs
❼ (volltönend) Stimme, Bariton, Bass bien timbré(e)
❽ (dicht) Bart fourni(e); **~es Haar haben** avoir des cheveux épais
❾ fam (satt) ~ **sein** être gavé(e) [o repu(e)]
❿ sl (betrunken) ~ **sein** être plein(e) (fam)
▶ **jdn nicht für ~ nehmen** ne pas prendre qn au sérieux; **aus dem Vollen schöpfen** taper dans le tas (fam)
II. Adv ❶ (vollkommen) ausnutzen, befriedigen pleinement; sperren, wiederherstellen totalement
❷ (mit aller Wucht) aufprallen de plein fouet; treffen, zuschlagen très violemment
❸ (rückhaltlos) dahinter stehen, unterstützen totalement
❹ sl (sehr, äußerst) gut, schnell vachement (fam); **jdn ~ anmachen/fertigmachen** allumer/casser qn à fond (fam); ~ **doof sein** être complètement nul(le) (fam)
▶ ~ **und ganz** à cent pour cent
volllabernᴬᴸᵀ s. vollabern
vollladenᴬᴸᵀ s. volladen
vollauf Adv genügen, zufrieden tout à fait, totalement; **mit etw ~ beschäftigt sein** être entièrement occupé(e) avec qc
volllaufenᴬᴸᵀ s. volllaufen
vollautomatisch I. Adj entièrement automatique
II. Adv de façon entièrement automatique
vollautomatisiert Adj entièrement automatisé(e)
Vollbad nt bain m; **ein ~ nehmen** prendre un bon bain
Vollbart m barbe f
vollbeschäftigt Adj employé(e) à temps plein
Vollbeschäftigung f kein Pl plein emploi m
Vollbesitz m **im ~ der geistigen Kräfte** en pleine possession des facultés mentales
Vollblut nt kein Pl ❶ (Pferd) pur-sang m
❷ MED sang m

Vollblüter <-s, -> m pur-sang m
vollblütig Adj pur-sang
Vollblutpferd nt pur-sang m **Vollblutpolitiker(in)** m(f) personne f qui a la politique dans le sang
Vollbremsung f freinage m brusque; **eine ~ machen** bloquer les freins
vollbringen* tr V unreg geh accomplir; **eine gute Tat ~** faire une bonne action
vollbusig Adj qui a de la poitrine; ~ **sein** avoir de la poitrine
Volldampf m NAUT [mit] ~ **voraus!** à toute vapeur!
▶ **mit ~ arbeiten** fam en mettre un coup (fam); ~ **hinter etw** (Akk) **machen** fam mettre le paquet sur qc (fam)
volldröhnen r V sl **sich** ~ ❶ (sich betrinken) se bourrer (pop)
❷ (Drogen nehmen) se défoncer (fam)
Völlegefühl ['fœlə-] nt kein Pl lourdeurs fpl d'estomac
vollenden* tr V geh achever
vollendet [fɔl'ʔɛndət] Adj ❶ (makellos) Kunstwerk, Schönheit, Eleganz parfait(e)
❷ (vorbildlich) Gastgeber accompli(e)
vollends ['fɔlɛnts] Adv complètement
Vollendung <-, -en> f ❶ achèvement m; **mit** [o **nach**] ~ **des 18. Lebensjahres** après avoir atteint sa majorité
❷ kein Pl (Perfektion) perfection f; **Kunst/Schönheit in höchster ~** de l'art/de la beauté dans toute sa perfection
voller ['fɔlɐ] Adj + Gen **eine Schachtel ~ Kekse** une boîte pleine de petits gâteaux; **ein Buch ~ bunter Bilder** un livre plein d'illustrations multicolores
Völlerei [fœlə'raɪ] <-, -en> f pej gloutonnerie f (péj)
Volley ['vɔli] <-s, -s> m volée f
Volleyball ['vɔlibal] m ❶ kein Pl (Spiel) volley[-ball] m
❷ (Ball) ballon m [de volley]
vollfett Adj riche en matières grasses
vollfressen r V unreg pej sl **sich ~** Tier: manger à sa faim; Person: s'empiffrer (fam)
vollfüllen tr V **etw ~** remplir complètement qc
Vollgas nt ~ **geben** accélérer à fond
▶ **etw mit ~ tun** faire qc à pleins gaz
Vollgefühl ▶ **im ~ des Triumphs** totalement conscient(e) [o sûr(e)] du triomphe
vollgießen tr V unreg **etw ~** remplir qc à ras bol
Vollidiot(in) m(f) fam triple idiot(e) m(f) (fam)
völlig ['fœlɪç] I. Adj total(e)
II. Adv betrunken, durcheinander, gelassen totalement; genügen, Recht haben, übereinstimmen parfaitement; **es ist ~ still** le silence est total
Vollinvalidität [-va-] f invalidité f à cent pour cent
volljährig [-jɛːrɪç] Adj majeur(e); ~ **werden** atteindre sa majorité

Land und Leute

En Allemagne, en Suisse comme en France, on atteint sa majorité à 18 ans; c'est l'âge auquel on a le droit de vote et auquel on est responsable devant la loi. C'est aussi l'âge auquel on est autorisé à se marier sans avoir besoin de l'accord de ses parents. Depuis 2001, en Autriche, on est **volljährig**, c'est-à-dire majeur, également à 18 ans.

Volljährigkeit <-> f majorité f
vollkaskoversichert Adj assuré(e) tous risques; ~ [**sein**] [être] assuré(e) tous risques **Vollkaskoversicherung** f assurance f tous risques
vollkleckern I. tr V **etw ~** faire plein de taches sur qc
II. r V **sich ~** se faire des taches partout (fam)
vollklimatisiert Adj [entièrement] climatisé(e)
vollkommen I. Adj ❶ (perfekt) Werk, Harmonie, Stille, Glück parfait(e)
❷ (völlig) Zufriedenheit, Übereinstimmung total(e); Schwachsinn, Katastrophe complet(-ète); **das ist ja der ~e Wahnsinn!** c'est vraiment de la folie pure!
II. Adv zufrieden, ruhig, einverstanden parfaitement; unmöglich, schwachsinnig, erschöpft complètement
Vollkommenheit <-> f perfection f
Vollkornbrot nt pain m complet
vollabern tr V fam **jdn ~** casser les oreilles à qn (fam)
volladen tr V unreg **etw ~** charger qc à plein; **vollgeladen** en pleine charge
volllaufen itr V unreg + sein Behälter, Gefäß: se remplir; **etw ~ lassen** remplir qc
▶ **sich ~ lassen** sl se bourrer la gueule (pop)
vollmachen tr V ❶ (füllen) **etw mit Wasser ~** remplir qc d'eau
❷ fam (aufrunden) arrondir Betrag; **hundert Euro ~** arrondir à cent euros; **die zehn Jahre ~** atteindre les dix ans
❸ fam (beschmutzen) **die Hose[n]/Windel[n] ~** faire plein son pantalon/la couche (fam)

Vollmacht <-, -en> f (Bankvollmacht) procuration f; (Verhandlungsvollmacht) plein[s]-pouvoir[s] mpl; [die] ~ haben [etw zu tun] avoir pleins pouvoirs [pour faire qc]; keine ~ haben ne pas avoir de délégation; jdm eine ~ erteilen donner procuration à qn
Vollmatrose m, **-matrosin** f matelot m
Vollmilch f lait m entier
Vollmilchschokolade f chocolat m au lait
Vollmitglied nt JUR membre m à part entière [o de plein droit]
Vollmond m kein Pl pleine lune f; **bei** ~ à la pleine lune; **es ist** [o **wir haben**] ~ c'est la pleine lune
vollmundig I. Adj ❶ Wein, Bier qui a du corps
❷ (großspurig) Versprechung, Slogan ronflant(e)
II. Adv ❶ ~ **schmecken** Wein: avoir du corps; Bier: être fort(e)
❷ (großspurig) versprechen, tönen pompeusement
Vollnarkose f anesthésie f générale; **in** ~ sous anesthésie générale
voll|packen tr V bourrer Koffer, Auto
Vollpension [-paːzioːn, -pãzioːn, -pɛnzioːn] f pension f complète; **mit** ~ en pension complète
voll|pfropfen tr V bourrer Auto, Koffer
voll|pumpen tr V etw mit Luft/Wasser ~ remplir qc d'air/d'eau
Vollrausch m ébriété f (form); **einen** ~ **haben** être en état d'ébriété avancée (form)
voll|saugen r V sich mit Wasser ~ Tuch, Schwamm: s'imbiber complètement d'eau
voll|schlagen r V unreg + haben fam **sich den Wanst** ~ se goinfrer (fam)
vollschlank Adj rondelet(te)
voll|schmieren I. tr V fam ❶ (mit Farbe, Tinte füllen) griffonner complètement Heft; barbouiller Wände
❷ (beschmutzen) **etw** ~ salir qc
II. r V fam **sich** ~ se salir
voll|schreiben tr V unreg noircir Seite, Blatt; **ein Heft** ~ remplir un cahier jusqu'à la dernière page; **eine Wandtafel** ~ couvrir un tableau noir de craie
vollständig I. Adj complet(-ète); **etw** ~ **machen** compléter qc; **etw** ~ **haben** avoir qc complet(-ète)
II. Adv complètement; besiegen, schlagen à plate couture; **nicht mehr** ~ **vorhanden sein** ne plus être complet(-ète)
Vollständigkeit <-> f einer Sammlung, eines Service[s] intégrité f; einer Adresse, von Angaben caractère m complet; **auf die** ~ **der Unterlagen achten** veiller à ce que les documents soient complets ▶ **der** ~ **halber** pour être complet(-ète)
voll|stopfen I. tr V bourrer Auto, Koffer
II. r V sich ~ se goinfrer (fam)
vollstreckbar [fɔlˈʃtrɛkbaːɐ] Adj JUR exécutoire; ~ **er Titel** acte m [o titre m] en forme exécutoire
voll|strecken* tr V JUR exécuter; **ein Urteil an jdm** ~ exécuter un jugement sur la personne de qn
Vollstrecker(in) <-s, -> m(f) JUR exécuteur(-trice) m(f)
Vollstreckung <-, -en> f JUR ❶ eines Urteils exécution f
❷ (Zwangsvollstreckung) saisie-exécution f
voll|tanken I. itr V faire le plein; [bitte] ~! le plein[, s'il vous plaît]! II. tr V faire le plein de Auto, Kanister; **vollgetankt** avec le plein d'essence
volltönend Adj ❶ Stimme, Bass sonore
❷ (großspurig) Phrasen, Versprechungen ronflant(e)
Volltreffer m ❶ (Treffer) coup m au but [o dans le mille]; ~! en plein dans le mille!
❷ fam (Erfolg) coup m de maître; **das ist/wird ein** ~ ça fait/va faire un tabac (fam)
volltrunken [fɔlˈtrʊŋkən] Adj form complètement ivre; **in** ~ **em Zustand** en état d'ébriété avancée (form)
Vollverlust m ÖKON, FIN perte f totale
Vollversammlung f assemblée f générale
Vollwaise f orphelin(e) m(f) [de père et de mère]; ~ **sein** être orphelin(e) [de père et de mère]
Vollwaschmittel nt lessive f tous textiles
vollwertig Adj ❶ Ernährung, Lebensmittel complet(-ète)
❷ (gleichwertig) Ersatz, Vertreter tout à fait à la hauteur; **kein** ~ **er Ersatz für jdn sein** ne pas remplacer totalement qn
Vollwertkost f nourriture f complète
vollzählig [ˈfɔltsɛːlɪç] I. Adj complet(-ète); ~ **sein** Gruppe, Mannschaft: être au complet; Sammlung, Service: être complet(-ète)
II. Adv ~ **erschienen/versammelt sein** être apparu(e)s/rassemblé(e)s au complet; ~ **anwesend sein** être tous présents/toutes présentes
voll|ziehen* unreg I. tr V geh exécuter Befehl, Urteil; consommer Ehe
II. r V geh **sich** ~ Drama, Schauspiel: se dérouler; Wandel: s'accomplir
Vollzug m kein Pl form ❶ (Ausführung) eines Befehls, Urteils, einer Handlung exécution f; **nationaler** ~ **des Europarechts** application f nationale du droit européen

❷ (Strafvollzug) détention f; **offener** ~ régime m de semi-liberté
Vollzugsanstalt f form maison f d'arrêt, établissement m pénitentiaire
Volontär(in) [vɔlɔnˈtɛːɐ] <-s, -e> m(f) (bei einer Zeitung, einem Sender) [journaliste m] stagiaire mf; (in einem Verlag) [rédacteur m/rédactrice f] stagiaire mf
Volontariat [vɔlɔntariˈaːt] <-[e]s, -e> nt ❶ (Ausbildungszeit) (bei einer Zeitung, einem Sender) stage m de journalisme; (in einem Verlag) stage de rédacteur
❷ (Stelle) stage m
volontieren* itr V travailler comme stagiaire; **bei einem Verlag/einer Zeitung** ~ travailler comme stagiaire dans une maison d'édition/un journal
Volt [vɔlt] <-[e]s, -> nt volt m
voltigieren [vɔltiˈʒiːrən] itr V SPORT faire de la voltige
Volumen [voˈluːmən] <-s, - o Volumina> nt volume m
voluminös [volumiˈnøːs] Adj geh volumineux(-euse)
vom [fɔm] = **von dem** s. **von**
von [fɔn] Präp + Dat ❶ (räumlich) de; ~ **der Leiter steigen/fallen** descendre/tomber de l'échelle; **das Glas vom Tisch nehmen** prendre le verre sur la table; **die Krümel vom Tisch wischen** (mit einem Lappen aufnehmen) ramasser les miettes sur la table; (mit der Hand wegfegen) balayer les miettes de la table; **links/rechts** ~ **ihm** à gauche/droite de lui; ~ **Paris nach Brüssel** de Paris à Bruxelles; ~ **wo kommt dieser Zug?** fam d'où vient ce train?
❷ (zeitlich) **die Zeitung** ~ **gestern** le journal d'hier; ~ **wann ist dieser Brief?** de quand date cette lettre?; **in der Nacht** ~ **Montag auf Dienstag** dans la nuit de lundi à mardi; ~ **heute/morgen an** à partir d'aujourd'hui/de demain; **Kinder** ~ **fünf bis acht Jahren** des enfants de cinq à huit ans
❸ (zur Angabe der Abstammung, Urheberschaft) **ein Brief** ~ **den Eltern** une lettre des parents; **ein Bild** ~ **Frida Kahlo** un tableau de Frida Kahlo; **etw** ~ **jdm erben** hériter qc de qn; **die Augen hat er** ~ **der Mutter** il a les yeux de sa mère; **der Kuchen ist** ~ **mir** c'est moi qui ai fait ce gâteau; **das ist nett** ~ **ihm** c'est gentil de sa part
❹ fam (zur Angabe des Besitzes) **das Auto** ~ **meiner Schwester** la voiture de ma sœur; **ein Foto** ~ **dem Garten** une photo du jardin
❺ (zur Angabe der Eigenschaft) **ein Kind** ~ **vier Jahren** un enfant de quatre ans; **ein Flug** ~ **acht Stunden** un vol de huit heures
❻ (über, wegen) ~ **etw erzählen/träumen** raconter qc/rêver de qc; ~ **etw begeistert sein** être enthousiasmé(e) par qc; ~ **dieser Sache weiß ich nichts** je ne sais rien de cette affaire; ~ **was redet er?** fam de quoi parle-t-il?
❼ (zur Angabe der handelnden Person) par; ~ **allen/der Mehrheit abgelehnt werden** Vorschlag: être refusé(e) de tous/par la majorité
❽ (in Bezug auf) ~ **Beruf ist sie Ärztin** elle est médecin de profession
❾ (als Adelsprädikat) **Otto** ~ **Bismarck** Otto von Bismarck; **der Prinz** ~ **Wales** le Prince de Galles
▶ **etw** ~ **sich aus tun** faire qc de son plein gré; ~ **wegen!** fam des clous! (fam)
voneinander Adv l'un(e) de l'autre; ~ **lernen** zwei Personen: apprendre l'un(e) de l'autre; mehrere Personen: apprendre les un(e)s des autres; ~ **abschreiben** zwei Personen: copier l'un(e) sur l'autre; mehrere Personen: copier les un(e)s sur les autres; **fünf Kilometer** ~ **entfernt sein** zwei Personen: être à cinq kilomètres l'un(e) de l'autre; mehrere Personen: être à cinq kilomètres les un(e)s des autres
vonnöten [fɔnˈnøːtən] Adj ~ **sein** être nécessaire
vonseiten[RR] [fɔnˈzaɪtən] de la part de, du côté de; ~ **der Regierung** du côté du gouvernement
vonstatten|gehen [fɔnˈʃtatən-] itr V unreg + sein se dérouler
vor [foːɐ] I. Präp + Dat ❶ (räumlich) devant; ~ **mir/dem Haus devant moi/la maison**; **die Schafe** ~ **sich** (Dat) **her treiben** mener les moutons devant soi
❷ (zeitlich) ~ **drei Tagen/einer Woche** il y a trois jours/une semaine; **das war schon** ~ **Jahren** ça remonte à loin
❸ (in Bezug auf eine Reihenfolge) ~ **jdm ins Ziel kommen** arriver au but avant qn; ~ **dem Urlaub** avant les vacances
❹ (bedingt durch) ~ **Angst zittern** trembler de peur; ~ **Hunger/Durst umkommen** mourir de faim/soif
II. Präp + Akk ❶ (räumlich) ~ **das Haus gehen** aller devant la maison; ~ **das Publikum treten** se placer devant le public
❷ (gegen) ~ **die Mauer prallen** Auto: s'écraser contre le mur
▶ ~ **sich hin gehen/summen** marcher tranquillement/fredonner tout(e) seul(e)
III. Adv ~ **und zurück** d'avant en arrière
vorab [foːɐˈʔap] Adv au préalable
Vorabend m veille f

▶ **am** ~ **eines Ereignisses** la veille d'un événement
Vorabinformation f information f préalable
Vorahnung f pressentiment m; ~ **en/eine** ~ **haben** avoir des pressentiments/un pressentiment
voran [foˈran] Adv ❶ (vorwärts) en avant
 ❷ (vorn befindlich) en tête
voran|bringen tr V unreg faire avancer **voran|gehen** unreg I. itr V + sein ❶ Person: marcher devant [o en tête]; **jdm** ~ précéder qn; **jdn** ~ **lassen** faire [o laisser] passer qn devant ❷ (Fortschritte machen) Arbeit: avancer II. itr V unpers + sein **es geht voran** ça avance; **mit dem Projekt geht es voran** le projet avance
voran|kommen itr V unreg + sein ❶ (vorwärtskommen) progresser ❷ (Fortschritte machen) **mit etw** ~ avancer dans qc
Vorankündigung f annonce f préliminaire
Voranmeldung [ˈfoːɐʔan-] f ❶ (für einen Kurs, eine Reise) inscription f préalable
 ❷ (für einen Gesprächstermin) **um** ~ **wird gebeten** prière de prendre rendez-vous au préalable; **hatten Sie eine ~?** aviez-vous pris rendez-vous au préalable?
Voranschlag m devis m [estimatif]
Voranzeige f (für Filme) bande-annonce f
Vorarbeit f travail m préliminaire; ~ **zu etw leisten** effectuer des préparatifs pour qc; **sie hat gute ~ geleistet** elle a bien préparé le travail
vor|arbeiten I. itr V ❶ (im Voraus arbeiten) s'avancer [dans son travail]
 ❷ (Vorarbeit leisten) [**jdm**] ~ préparer le travail [à qn]
 II. tr V [einen Tag] ~ récupérer [une journée]
 III. r V **sich durch etw** ~ se frayer un passage dans qc; **sich auf den ersten Platz** ~ se hisser au premier rang à force d'efforts
Vorarbeiter(in) m(f) contremaître(-esse) m(f)
Vorarlberg [ˈfoːɐʔarlbɛrk] <-s> le Vorarlberg
voraus [foˈraʊs] Adv (räumlich) devant; **er ist schon weit** ~ il est déjà loin devant nous
▶ **jdm auf einem Gebiet** ~ **sein** avoir de l'avance sur qn dans un domaine; **im Voraus** abrechnen, bezahlen d'avance; bestimmen, wissen à l'avance
voraus|berechnen* tr V calculer d'avance; **etw** ~ calculer qc d'avance; **sich** ~ **lassen** pouvoir être calculé(e) d'avance **Vorausbestellung** f commande f d'avance **voraus|bestimmen*** tr V déterminer à l'avance; **etw** ~ déterminer qc à l'avance; [**jdm**] **vorausbestimmt sein** Geschick, Schicksal: être prédéterminé(e) [à qn] **vorausblickend** s. **vorausschauend voraus|fahren** itr V unreg + sein partir devant; **zu jdm/an den Strand** ~ partir devant chez qn/à la plage **voraus|gehen** itr V unreg + sein partir devant **vorausgesetzt** [foˈraʊsɡəzɛtst] Adj ~, [**dass**] ... à condition que + subj; ~, **es klappt!** à supposer que ça marche!
voraus|haben tr V unreg **jdm etw** ~ avoir un avantage de qc sur qn; **sie hat ihm viel an Erfahrung voraus** elle a une bien plus grande expérience que lui
Voraussage f prédiction m; **eine** ~ **machen** faire un pronostic
voraus|sagen tr V prédire; [**jdm**] **etw** ~ prédire qc [à qn]; **das lässt sich nicht** ~ on ne peut pas prédire cela **vorausschauend** I. Adj prévoyant(e); ~ **es Denken** sens m de l'anticipation II. Adv en anticipant **voraus|schicken** tr V ❶ (losschicken) envoyer en avant Person; expédier à l'avance Gepäck; **jdn** ~ envoyer qn en avant; **das Gepäck** ~ expédier les bagages à l'avance ❷ (sagen) **eine Warnung** ~ Redner: prévenir les auditeurs; Autor: prévenir le lecteur; ~, **dass** indiquer au préalable que + indic **voraus|sehen** tr V unreg prévoir; ~[, **dass**] prévoir [que + indic]; **nicht vorauszusehen sein** être imprévisible; **das war vorauszusehen!** c'était à prévoir! **voraus|setzen** tr V ❶ **etw als bekannt** ~ partir du principe que qc est connu(e); **etw als selbstverständlich** ~ considérer qc comme une évidence; **vorausgesetzt** [o **wenn man voraussetzt**], **dass** à supposer que + subj ❷ (erfordern) Erfahrung/Geduld ~ supposer de l'expérience/la patience
Voraussetzung <-, -en> f ❶ (Vorbedingung) condition f préalable; **etw unter gewissen** ~ **en tun** faire qc à certaines conditions; **unter der** ~, **dass** à condition que + subj
 ❷ (Erfordernis) condition f requise; **die richtigen** ~ **en für etw haben** remplir les conditions requises pour qc
 ❸ (Prämisse) hypothèse f; **von falschen** ~ **en ausgehen** partir des mauvaises hypothèses
Voraussicht f kein Pl prévoyance f; **aller** ~ **nach** selon toute probabilité
▶ **etw in weiser** ~ **tun** faire qc par sage précaution **voraussichtlich** I. Adj prévu(e) II. Adv selon les prévisions; sich verspäten probablement; **wir werden** ~ **um 18 Uhr ankommen** notre arrivée est prévue à 18 heures; **das Buch wird** ~ **im Mai erscheinen** la parution du livre est prévue pour le mois de mai **Vorauszahlung** f paiement m d'avance
Vorbau <-bauten> m ❶ ARCHIT avancée f, avant-corps m (spéc)
 ❷ fig **sie hat einen ziemlichen** ~ hum fam il y a du monde au balcon (fam)

vor|bauen itr V ❶ (Vorkehrungen treffen) prendre ses dispositions
 ❷ (vorbeugen) **einer S.** (Dat) ~ prévenir qc
 ❸ CONSTR **eine Terrasse** ~ construire une terrasse sur le devant
Vorbedacht [-bədaxt] m **mit** ~ de propos délibéré; **ohne** ~ sans réflexion préalable
Vorbedeutung f présage m, augure m
Vorbedingung f condition f préalable
Vorbehalt [-bəhalt] <-[e]s, -e> m réserve f; **ohne** ~ sans réserve; **unter** ~ sous réserve [o toutes réserves]; **unter dem** ~, **dass** sous réserve que + subj
vor|behalten* tr V unreg **sich** (Dat) ~ **etw zu tun** se réserver la possibilité de faire qc; **dieses Recht/die Entscheidung bleibt** [o **ist**] **ihr** ~ ce droit/la décision lui revient
vorbehaltlich form I. Präp + Gen ~ **einer S.** sous réserve de qc
 II. Adj, Adv sous toutes réserves
vorbehaltlos I. Adj Genehmigung sans restriction; Zustimmung sans réserve
 II. Adv genehmigen sans restriction; zustimmen, lieben sans réserve
Vorbehaltserklärung f déclaration f de réserve
vorbei [foːɐˈbaɪ, fɔrˈbaɪ] Adv ❶ (räumlich) **an jdm/etw** ~ à côté de qn/le long de qc
 ❷ (zeitlich) ~ **sein** être fini(e); **mit der Faulenzerei ist es** ~ c'en est fini de la paresse
▶ ~ **ist** ~ le passé, c'est le passé
vorbei|bringen tr V unreg fam apporter en passant; [**jdm**] **etw** ~ apporter qc [à qn] en passant
vorbei|dürfen itr V unreg fam avoir le droit de passer; **darf ich bitte vorbei?** pourriez-vous vous écarter, s'il vous plaît?
vorbei|fahren unreg I. itr V + sein ❶ (vorüberfahren) passer; **an jdm/etw** ~ passer devant qn/qc; **dicht an jdm** ~ passer tout près de qn; **im Vorbeifahren** en passant [devant]
 ❷ (aufsuchen) **bei jdm/beim Supermarkt** ~ passer chez qn/au supermarché
 II. tr V + haben fam **jdn bei seinen Freunden** ~ déposer qn chez ses copains en passant
vorbei|gehen itr V unreg + sein ❶ (vorübergehen) passer; **an jdm/etw** ~ passer devant qn/qc; **dicht an jdm** ~ passer tout près de qn; **im Vorbeigehen** en passant
 ❷ fam (aufsuchen) **bei jdm/der Apotheke** ~ passer chez qn/à la pharmacie
 ❸ fig (außer Acht lassen) **an etw** (Dat) ~ passer sur qc; **am Kern der Sache** ~ passer le point essentiel de l'affaire
 ❹ (vergehen) Erregung, Gefühl, Wut: passer
 ❺ (danebengehen) **an jdm/etw** ~ Schuss, Wurf: passer à côté de qn/qc
vorbei|kommen itr V unreg + sein ❶ fam (kurz besuchen) passer; **bei jdm** ~ passer chez qn
 ❷ (vorbeigehen können) **an etw** (Dat) ~ arriver à passer le long de qc; **kommst du daran/hier vorbei?** tu peux passer?
 ❸ fig (vermeiden) **an etw** (Dat) **nicht** ~ ne pas pouvoir éviter qc; **nicht daran** ~, **dass** ne rien pouvoir contre le fait que + indic
vorbei|können itr V unreg pouvoir passer; **an jdm** ~ pouvoir passer devant qn
vorbei|lassen tr V unreg laisser passer; **jdn/etw an sich** (Dat) ~ laisser passer qn/qc devant soi
Vorbeimarsch m défilé m
vorbei|marschieren itr V + sein MIL défiler; **an etw** (Dat) ~ défiler devant qc
vorbei|reden itr V **aneinander** ~ avoir un dialogue de sourds
vorbei|schauen itr V passer; **bei jdm** ~ passer chez qn
vorbei|schießen itr V unreg ❶ + haben (danebenschießen) tirer à côté; **an jdm/etw** ~ tirer à côté de qn/qc
 ❷ + sein (eilig vorbeilaufen) **an jdm** ~ passer en coup de vent devant qn **vorbei|schlittern** itr V fam **an etw** (dat) [**knapp/haarscharf**] ~ frôler qc
vorbei|sehen itr V unreg ❶ (besuchen) passer; **bei jdm** ~ passer chez qn
 ❷ (ignorieren) **an jdm** ~ faire semblant de ne pas voir qn
vorbei|ziehen itr V unreg + sein ❶ (vorüberziehen) défiler; **an jdm/etw** ~ défiler devant qn/qc
 ❷ (überholen) Fahrzeug, Läufer: doubler; **an jdm** ~ Fahrzeug, Läufer: doubler qn
vorbelastet Adj ~ sein être désavantagé(e)
Vorbemerkung f ❶ (gesprochen) remarque f préliminaire; ❷ (geschrieben) avant-propos m
vor|bereiten* I. tr V ❶ préparer; **etw für jdn** ~ préparer qc pour qn
 ❷ (einstimmen) **jdn auf etw** (Akk) ~ préparer qn à qc
 II. r V **sich auf etw** (Akk) ~ se préparer pour qc
vorbereitend Adj attr préliminaire
vorbereitet Adj ❶ Mahlzeit, Gericht préparé(e)
 ❷ (eingestellt) **auf etw** (Akk) ~ **sein** être prêt(e) pour qc; **auf das**

Schlimmste ~ sein s'attendre au pire
Vorbereitung <-, -en> f préparation f; **die ~en für die Reise** les préparatifs mpl pour le voyage; **~en für etw treffen** faire les préparatifs pour qc; **in ~ sein** être en préparation
Vorbesitzer(in) m(f) propriétaire mf antérieur(e) [o précédent(e)]
Vorbesprechung f réunion f préparatoire
vor|bestellen* tr V réserver
Vorbestellung f réservation f
vorbestraft Adj ayant des antécédents judiciaires; **wegen etw ~ sein** avoir déjà été condamné(e) pour qc; **nicht ~ sein** ne pas avoir d'antécédents judiciaires; **mehrfach ~ sein** être récidiviste
Vorbestrafte(r) f(m) dekl wie Adj repris(e) m(f) de justice
vor|beten I. itr V faire les répons
II. tr V fam jdm etw ~ débiter qc à qn (péj)
Vorbeter(in) m(f) officiant(e) m(f)
Vorbeugehaft f détention f préventive; **in ~ nehmen** procéder à une arrestation préventive
vor|beugen I. itr V ① MED prévenir le mal
② (unterbinden) einer S. (Dat) ~ prévenir qc
▶ **~ ist besser als heilen** Spr. mieux vaut prévenir que guérir
II. tr V **den Kopf/sich ~** pencher la tête/se pencher en avant
vorbeugend I. Adj préventif(-ive)
II. Adv à titre préventif
Vorbeugung <-, -> f prévention f; **~ gegen Krankheiten** prévention f des maladies; **zur ~** à titre préventif
Vorbild nt modèle m; **ein leuchtendes/schlechtes ~ sein** être un modèle à suivre/à ne pas suivre; **jdm als ~ dienen** servir de modèle à qn; **sich (Dat) jdn zum ~ nehmen** prendre modèle sur qn
Vorbildcharakter m kein Pl caractère m de modèle
vorbildlich I. Adj Ehepartner, Kollege modèle; Verhalten, Ordnung, Ehe exemplaire
II. Adv sich benehmen, verhalten de façon exemplaire
Vorbildung f kein Pl formation f préalable
Vorbote m signe m avant-coureur
vor|bringen tr V unreg présenter Fakten; avancer Argument; formuler Frage; émettre Meinung; **gegen etw Bedenken ~** émettre des réserves à l'encontre de qc
vorchristlich Adj avant Jésus-Christ [o l'ère chrétienne]
Vordach nt auvent m; **gläsernes ~** marquise f
vor|datieren* tr V ① (vorausdatieren) postdater
② (zurückdatieren) antidater
Vordenker(in) m(f) maître m à penser; **sie ist die ~in ihrer Partei** elle est le maître à penser de son parti
Vorderachse ['fɔrdɐ-] f essieu m avant **Vorderansicht** f vue f de face **Vorderbein** nt patte f avant [o de devant] **Vorderdeck** nt pont m avant
vordere(r, s) Adj Zimmer, Reihe de devant; **der ~ Teil/Bereich** la partie avant
Vorderfront f façade f **Vordergrund** m premier plan m; **im ~ sein** premier plan ▶ **sich in den ~ drängen** se mettre en avant; **etw in den ~ rücken** [o **stellen**] mettre qc au premier plan; **im ~ stehen** occuper le devant de la scène
vordergründig ['fɔrdɐɡrʏndɪç] **I.** Adj cousu(e) de fil blanc
II. Adv de prime abord
Vorderlader m arme à feu qui se charge par le canon
vorderlastig Adj Schiff, plus chargé(e) à l'avant
Vorderlauf m patte f avant [o de devant] **Vordermann** <-männer> m **sein/mein ~** son/mon voisin de devant ▶ **jdn auf ~ bringen** fam remettre qn à sa place (fam); **etw auf ~ bringen** fam remettre qc en état **Vorderpfote** f patte f avant [o de devant] **Vorderrad** nt roue f avant
Vorderradantrieb m traction f avant; **mit ~** à traction avant
Vorderreifen m pneu m avant **Vorderschinken** m jambon m dans l'épaule **Vorderseite** f eines Schranks face f avant; eines Gebäudes façade f; eines Blattes recto m; einer Münze avers m **Vordersitz** m siège m avant
vorderste(r, s) Adj Superl von **vordere(r, s)** Bereich, Gebäude, Stelle, Teil le plus avancé/la plus avancée; **die ~n Reihen** les tout premiers rangs; **in der ~n Reihe sitzen** être assis(e) au tout premier rang; **der ~ Platz** la toute première place; **an der ~n Stelle unserer Forderungen** au tout premier rang de nos exigences
Vorderste(r) f(m) dekl wie Adj **der/die ~** le tout premier/la toute première
Vorderteil m o nt eines Gebäudes partie f frontale; eines Pullovers devant m
Vordiplom nt examen intermédiaire entre le premier et le second cycle des études universitaires
vor|drängeln r V fam sich ~ resquiller (fam)
vor|drängen r V sich ~ ① Wartender: passer devant
② fig se mettre en avant
vor|dringen itr V unreg + sein ① Truppen: avancer, gagner du terrain; [bis] **zum Fluss ~** parvenir [jusqu'à] la rivière

② (gelangen) **bis zu jdm ~** arriver jusqu'à qn; **bis zur Seite 200 ~** arriver à la page 200
vordringlich I. Adj [très] urgent(e)
II. Adv besprechen, erledigen en priorité
Vordruck <-drucke> m imprimé m
vorehelich Adj attr Geschlechtsverkehr, Beziehung préconjugal(e); Zusammenleben prénuptial(e)
voreilig I. Adj Ablehnung, Entschluss, Urteil hâtif(-ive), précipité(e)
II. Adv ablehnen, sich entschließen, erfolgen de façon précipitée; folgern, urteilen hâtivement
voreinander [foːɐ̯ʔaɪ̯ˈnandɐ] Adv **~ Angst haben** zwei Personen: avoir peur l'un/l'une de l'autre; zwei Gruppen: avoir peur les uns/les unes des autres; **~ Geheimnisse haben** zwei Personen: avoir des secrets l'un/l'une pour l'autre; zwei Gruppen: avoir des secrets les uns/les unes des autres
voreingenommen Adj Mensch plein(e) d'idées préconçues; Haltung foncièrement hostile; **jdm gegenüber ~ sein** avoir un parti pris contre qn
Voreingenommenheit <-> f parti m pris
Voreinstellung f INFORM paramétrage m par défaut
vor|enthalten* tr V unreg **jdm etw ~** cacher qc à qn
Vorentscheidung f ① (Beschluss) décision f préliminaire
② SPORT **dieses Tor/dieser Satzgewinn ist die ~** ce but/cette manche préfigure la victoire; **die ~ war gefallen** la partie était jouée d'avance
vorerst ['foːɐ̯ʔeːɐ̯st] Adv pour le moment, dans un premier temps
Vorfahr(in) ['foːɐ̯faːɐ̯] <-en, -en> m(f) ancêtre mf
vor|fahren unreg **I.** itr V + sein ① se présenter; **mit einem Kabrio/Taxi ~** arriver en décapotable/taxi; **den Wagen ~ lassen** faire avancer la voiture
② (weiterfahren) **etwas ~** avancer un peu
③ fam (früher fahren) partir devant
II. tr V + haben avancer Wagen
Vorfahrt f priorité f; **~ haben** avoir la priorité; **jdm die ~ nehmen** refuser la priorité à qn
Vorfahrtsschild nt panneau m de priorité **Vorfahrtsstraße** f route f [o voie f] prioritaire **Vorfahrtszeichen** s. **Vorfahrtsschild**
Vorfall m (Geschehnis) incident m
vor|fallen itr V unreg + sein ① (sich ereignen) se passer, arriver
② (nach vorn fallen) **immer wieder ~** Strähne: retomber toujours dans les yeux
Vorfeld ▶ **im ~** au préalable; **im ~ der Verhandlungen** préalablement aux négociations
Vorfilm m court métrage m [qui précède le film]
vor|finanzieren* tr V préfinancer
vor|finden tr V unreg trouver, se trouver devant Chaos, Durcheinander; **jdn völlig aufgelöst ~** trouver qn complètement désemparé(e)
Vorfreude f **seine ~ auf die Party** sa joie à la perspective de la boum; **jdm die ~ auf ein Geschenk anmerken** voir que qn se réjouit [à l'avance] de recevoir un cadeau
vorfristig Adj, Adv avant le délai
Vorfrühling m premiers beaux jours mpl du printemps
vor|fühlen itr V tâter le terrain; **~[, ob ...]** tâter le terrain [pour savoir si...]; **bei jdm ~** sonder qn
vor|führen tr V ① projeter Film; présenter Modell
② JUR amener, faire comparaître Häftling
③ fam (bloßstellen) ridiculiser; **[von jdm] vorgeführt werden** se faire ridiculiser par qn
Vorführgerät nt ① (Projektor) projecteur m ② (zu Demonstrationszwecken) appareil m de démonstration **Vorführraum** m cabine f [o salle f] de projection
Vorführung f eines Films projection f; von Kleidern présentation f
Vorführwagen m voiture f de démonstration
Vorgabe f ① meist Pl (Norm, Ziel, Forderung) prescriptions fpl
② SPORT avantage m
Vorgang <-gänge> m ① (Geschehnis) événement m; **schildern Sie mir den ~!** racontez-moi ce qui s'est passé [o les faits]!
② (Prozess) processus m
③ form (Akte) dossier m
Vorgänger(in) ['foːɐ̯ɡɛŋɐ] <-s, -> m(f) prédécesseur mf
Vorgarten m jardin m de devant
vor|gaukeln [-ɡaʊ̯kəln] tr V **jdm etw ~** faire miroiter qc à qn
vor|geben tr V unreg ① (vorschützen) prétexter
② fam (nach vorn geben) **etw ~** faire passer qc [devant]
③ (festlegen) **jdm eine Frist ~** fixer [à l'avance] un délai à qn
Vorgebirge nt contrefort m gén pl
vorgeblich [-ɡeːplɪç] s. **angeblich**
vorgefasstRR, **vorgefaßt**ALT Adj **eine ~e Meinung** une opinion toute faite
vorgefertigt ['-ɡəfɛrtɪçt] Adj préfabriqué(e)
Vorgefühl s. **Vorahnung**
vor|gehen itr V unreg + sein ① (vorausgehen) partir devant

② *(zu schnell gehen)* [**fünf Minuten**] ~ avancer [de cinq minutes] ③ *(Priorität haben)* passer avant ④ *(vorrücken)* **gegen jdn/etw** ~ *Polizei, Truppen:* avancer sur qn/qc ⑤ *(aktiv werden)* **gerichtlich gegen jdn** ~ intenter une action en justice contre qn; **gegen das organisierte Verbrechen** ~ s'attaquer au crime organisé ⑥ *(sich abspielen)* **was geht hier vor?** que se passe-t-il ici?; **was mag wohl in ihr** ~ **?** que se passe-t-il dans sa tête? ⑦ *(verfahren)* **systematisch** ~ procéder de manière systématique; **wie sollen wir** ~ **?** comment devons-nous procéder? **Vorgehen** *nt* ① *(Einschreiten)* intervention *f*; **sich zum** ~ **gegen das organisierte Verbrechen entschließen** décider de s'attaquer au crime organisé
② *(Verfahrensweise)* manière *f* d'agir
vorgelagert *Adj* **einer S.** *(Dat)* ~ **sein** être situé(e) devant qc
Vorgeschichte *f* ① antécédents *mpl*
② *kein Pl (Prähistorie)* préhistoire *f*
vorgeschichtlich *Adj* préhistorique
Vorgeschmack *m* ▶ **einen [kleinen]** ~ **von etw bekommen** avoir un [petit] avant-goût de qc
vorgeschrieben *Adj a.* JUR prescrit(e), obligatoire; ~ **es Formblatt** formule légale
Vorgesetzte(r) *f(m) dekl wie Adj* supérieur(e) *m(f)* [hiérarchique]; **seine** ~ sa chef *(fam)*
vorgestern *Adv* avant-hier; ~ **Abend** avant-hier soir; ~ **Nacht** dans la nuit d'avant-hier
▶ **von** ~ d'avant-hier; *pej fam (antiquiert)* dépassé *(iron)*
vorgestrig *Adj* ① d'avant-hier; **am** ~**en Abend** avant-hier soir
② *pej fam (antiquiert)* dépassé *(iron)*
vor|greifen *itr V unreg* **jdm** ~ devancer qn; **dem Ergebnis** ~ anticiper sur le résultat
Vorgriff ▶ **im** ~ **auf etw** *(Akk)* en anticipant sur qc
vor|haben *tr V unreg* ~ **zu verreisen** avoir l'intention de partir en voyage; **was habt ihr vor?** qu'avez-vous l'intention de faire?; **ich habe morgen Abend schon etwas vor** j'ai déjà prévu quelque chose pour demain soir; **wir haben Großes mit Ihnen vor** nous avons de grands projets en ce qui vous concerne
Vorhaben <-s, -> *nt* projet *m*
Vorhalle *f* hall *m* d'entrée
vor|halten *unreg* I. *tr V* ① *(vorwerfen)* **jdm etw** ~ reprocher qc à qn
② *(davorhalten)* **halt dir die Hand vor, wenn du hustest!** mets la main devant la bouche quand tu tousses!; **etw mit vorgehaltener Pistole tun** faire qc en agitant un pistolet
II. *itr V* **einige Zeit** ~ *Vorräte:* suffire un certain temps
Vorhaltung *f meist Pl* reproche *m*; **jdm wegen etw** ~ **en machen** faire des remontrances à qn à cause de qc
Vorhand <-> *f* SPORT coup *m* droit; **mit der** ~ en coup droit
vorhanden [foːɐˈhandən] *Adj* ① *(verfügbar)* disponible; **es waren ausreichend Vorräte** ~ il y avait suffisamment de réserves
② *(existierend)* existant(e); **es sind gewisse Bedenken** ~ il y a une certaine réticence
Vorhandensein <-> *nt (Verfügbarkeit)* disponibilité *f*
Vorhang <-s, Vorhänge> *m* rideau *m*
▶ **der Eiserne** ~ HIST le rideau de fer
Vorhängeschloss[RR] *nt* cadenas *m*
Vorhaut *f* prépuce *m*
vorher [foːɐˈheːɐ] *Adv* avant, auparavant; **kurz** ~ peu de temps avant
vorher|bestimmen* *tr V* déterminer à l'avance; **etw** ~ déterminer qc à l'avance; **sein Unglück war ihm vorherbestimmt** il était prédestiné au malheur; **das war vorherbestimmt!** c'était écrit!
vorhergehend *Adj* précédent(e)
vorherig *Adj attr* ① *(zuvor erfolgend)* préalable
② *s.* **vorhergehend**
Vorherrschaft *f* suprématie *f*
vor|herrschen *itr V Meinung, Überzeugung:* prévaloir; *Steppe, Waid:* être prédominant(e)
vorherrschend I. *Adj* dominant(e); **die unter den Experten** ~**e Ansicht ist folgende: ...** comme le pensent la plupart des experts, ...
II. *Adv* **morgen** ~ **Regen** demain prédominance des pluies, demain les pluies l'emporteront
Vorhersage *f* ① METEO prévisions *fpl* [météo]
② *(Voraussage)* prédiction *f*
vorher|sagen *s.* **voraussagen**
vorhersehbar *Adj* prévisible
vorher|sehen *tr V unreg* prévoir
vorhin [foːɐˈhɪn] *Adv* à l'instant, tout à l'heure; **Stefan hat** ~ **angerufen** Stefan vient d'appeler
Vorhinein[RR] *Adv* **im** ~ à l'avance

Vorhof *m* ① ARCHIT avant-cour *f*
② ANAT *des Herzens* oreillette *f*
Vorhölle *f* limbes *mpl*
Vorhut [ˈfoːɐhuːt] <-, -en> *f* MIL avant-garde *f*
vorig *Adj attr* ① *(vergangen) Jahr, Wochenende, Urlaub* dernier(-ière); *Konferenz, Mal* dernier(-ière) *antéposé*; **im** ~**en Jahr** l'an dernier
② *(früher) Eigentümer, Wohnsitz* précédent(e)
Vorjahr *nt (letztes Jahr)* année *f* dernière; *(vorhergehendes Jahr)* année précédente; **im** ~ l'année dernière/précédente
Vorjahresergebnis *nt* résultat *m* de l'exercice précédent **Vorjahresvergleich** *m* ÖKON comparaison *f* avec l'exercice précédent **Vorjahreszeitraum** *m* ÖKON période *f* de l'exercice précédent
vorjährig *Adj* de l'année dernière
vor|jammern *tr V fam* **jdm etwas** ~ venir pleurer dans le giron de qn *(fam)*; **er jammert mir immer vor, wie viel er zu tun hätte** il vient toujours pleurer [o j'ai droit à des jérémiades continuelles *fam*] parce qu'il a beaucoup à faire
Vorkämpfer(in) *m(f)* pionnier(-ière) *m(f)*
vor|kauen *tr V fam* **jdm etw** ~ mâcher qc à qn *(fam)*
Vorkaufsrecht *nt* droit *m* de préemption, option *f* [d'achat]
Vorkehrung [ˈfoːɐkeːrʊŋ] <-, -en> *f* mesure *f* [préventive]; ~**en treffen** prendre des mesures [préventives] [o des dispositions]
Vorkenntnis *f meist Pl* connaissance *f* préalable; **es werden bestimmte** ~**se vorausgesetzt** certaines connaissances sont exigées au départ
vor|knöpfen *r V fam* **sich** *(Dat)* **jdn** ~ faire sa fête à qn *(fam)*
vor|kommen *unreg* I. *itr V* + *sein* ① *(passieren) Fehler, Irrtum:* se produire; *Zwischenfall:* arriver, se produire; **es kommt vor, dass** il arrive que + *subj*; **das soll nicht wieder** ~ **!** ça ne se reproduira plus!; **das kommt [schon mal] vor!** ce sont des choses qui arrivent!; **so etwas ist mir noch nie vorgekommen!** je n'ai jamais vu ça!
② *(anzutreffen sein)* **diese Pflanze/diese Krankheit kommt nur in Asien vor** on ne trouve [o rencontre] cette plante/cette maladie qu'en Asie; **das Wort kommt in dem Text nur einmal vor** on rencontre [o trouve] ce mot seulement une fois dans le texte
③ *(erscheinen)* **das kommt mir komisch vor** cela me semble [o paraît] bizarre; **das kommt mir bekannt vor** j'ai l'impression de connaître; **das kommt dir/Ihnen nur so vor** ce n'est qu'une impression
④ *(nach vorn kommen)* venir devant; **hinter dem Vorhang** ~ sortir de derrière le rideau
▶ **wie kommst du mir eigentlich vor?** *fam* non, mais qu'est-ce que tu crois? *(fam)*
II. *r V* **sich** *(Dat)* **dumm** ~ se sentir bête; **du kommst dir wohl [sehr] schlau vor?** tu te crois [vraiment] malin(-igne)?
Vorkommen <-s, -> *nt* ① *meist Pl* MIN, MINER gisement *m*
② *(das Auftreten) von Erregern, Pflanzen* apparition *f*
Vorkommnis <-ses, -se> *nt* événement *m*; *(unangenehm)* incident *m*; **keine besonderen** ~**se!** rien à signaler!
Vorkriegszeit *f* avant-guerre *m*; **aus der** ~ **stammen** dater d'avant [la] guerre; **in der** ~ avant la guerre
vor|laden *tr V unreg* citer, convoquer
Vorladung *f* ① *kein Pl (das Vorladen)* citation *f*, assignation *f*; **gerichtliche** ~ mandat *m* de comparution; **einer** ~ *(Dat)* **Folge leisten** *form* obtempérer à une assignation
② *(Schreiben)* citation *f*
Vorlage *f* ① *(Zeichenvorlage)* modèle *m*
② *kein Pl (das Vorlegen)* présentation *f*; **gegen** ~ **des Ausweises** sur présentation de la carte d'identité
③ *(Gesetzesvorlage)* projet *m* [de loi]
④ FBALL occasion *f*
Vorland *nt kein Pl der Alpen, einer Bergkette* contrefort *m gén pl*
vor|lassen *tr V unreg* ① *fam (Vortritt lassen)* laisser passer devant; **jdn** ~ laisser passer qn devant
② *fam (nach vorn durchlassen)* laisser passer *Redner, Sanitäter*
③ *(Zutritt gewähren)* laisser passer; **er wurde zum Präsidenten vorgelassen** il a été autorisé à voir le président
Vorlauf *m* ① SPORT *(course f)* éliminatoire *f*; **im** ~ lors des éliminatoires
② AUDIOV **schneller** ~ avance *f* rapide
vor|laufen *itr V unreg* + *sein fam* partir devant; **zum Bahnhof** ~ partir le premier/la première à la gare; **nach Hause** ~ rentrer le premier/la première [à la maison]
Vorläufer(in) *m(f)* précurseur *mf*
vorläufig I. *Adj* provisoire
II. *Adv festnehmen* provisoirement; *reichen, ausreichen* pour l'instant
vorlaut I. *Adj* impertinent(e), insolent(e); ~ **sein** la ramener un peu trop *(fam)*
II. *Adv antworten, dazwischenreden* de manière impertinente

Vorleben *nt kein Pl* passé *m;* **ein ~ haben** avoir déjà vécu
Vorlegegabel *f* GASTR grande fourchette *f*
vor|legen *tr V* ❶ *(einreichen)* produire *Beweis, Unterlagen, Zeugnisse;* **jdm etw ~** présenter qc à qn
❷ *(anbringen)* mettre *Bremsklotz, Kette*
Vorleger <-s, -> *m* ❶ *(Bettvorleger)* descente *f* de lit
❷ *(WC-Vorleger)* tapis *m* [de] W.-C.
vor|lehnen *r V* **sich ~** se pencher en avant
Vorleistung *f* contribution *f* préalable
vor|lesen *unreg* I. *tr V* lire
II. *itr V* lire à haute voix; [**jdm**] **aus einem Buch/der Zeitung ~** lire tout haut un livre/le journal [à qn]
Vorlesung *f* UNIV cours *m* [magistral]; **eine ~ über etw** *(Akk)* **halten** faire un cours [magistral] sur qc
vorlesungsfrei *Adj* exempt(e) de cours **Vorlesungsverzeichnis** *nt* programme *m* des cours
vorletzte(r, s) *Adj* avant-dernier(-ière); **als Vorletzte(r)** en avant-dernière position
Vorliebe *f* prédilection *f,* préférence *f;* **~n/eine ~ für jdn/etw haben** avoir des préférences/une préférence [*o* une prédilection] pour qn/qc; **mit ~** de préférence; **diesen Wein trinke ich mit ~** c'est ce vin que je préfère boire
vorlieb|nehmen *itr V unreg* **mit jdm/etw ~** se contenter de qn/qc
vor|liegen *itr V unreg* ❶ *(eingereicht sein)* **es liegen keine Beweise vor** il n'y a pas de preuves; **es liegt eine Beschwerde gegen Sie vor** une plainte a été déposée contre vous; **bisher liegt nichts gegen Sie vor** pour le moment, il n'y a aucune plainte contre vous; **sobald uns Ihre Bewerbung vorliegt, ...** dès que votre candidature nous sera parvenue, ...
❷ *(publiziert sein) Ausgabe, Band:* être disponible
❸ *(bestehen)* **hier muss ein Irrtum ~** il doit y avoir une erreur; **es liegt ein Versehen vor** il y a méprise
vorliegend *Adj attr* existant(e); *Fall* présent(e); **die mir ~en Unterlagen** les documents dont je dispose; **nach den bisher ~en Erkenntnissen** d'après les premiers éléments de l'enquête
vor|lügen *tr V unreg* **jdm etwas ~** raconter des histoires à qn; **jdm ~, dass** faire croire à qn que + *indic;* **er lässt sich nichts ~** il ne s'en laisse pas conter
vor|machen *tr V* ❶ *(demonstrieren)* montrer; **jdm ~, wie ...** montrer à qn comment ...
❷ *(täuschen)* **jdm etwas ~** jouer la comédie à qn; **jdm nichts ~** ne pas mentir à qn; **sich** *(Dat)* **etwas ~** se faire des idées; **sich** *(Dat)* **nichts ~** ne pas se faire d'illusions; **sich** *(Dat)* **nichts ~ lassen** ne pas s'en laisser conter; **mach dir nichts vor!** ne te fais pas d'illusions!
▶ **jdm noch etwas ~ können** pouvoir en remontrer à qn
Vormacht *f kein Pl a.* POL hégémonie *f,* puissance *f* prépondérante
Vormachtstellung *f kein Pl* suprématie *f;* **eine ~ innehaben** exercer une suprématie
vormalig *Adj attr* ancien(ne) antéposé
vormals ['foːmaːls] *Adv geh* autrefois
Vormarsch *m* avance *f;* **der ~ in feindliches Gebiet** l'avance [*o* la progression] en territoire ennemi
▶ **im** [*o* **auf dem**] **~ sein** *Truppen:* avancer; *Mode:* avoir le vent en poupe
vor|merken *tr V* ❶ *(eintragen)* noter *Termin;* **jdn für einen Kurs ~** inscrire qn dans un cours; **sich für den nächsten Kurs ~ lassen** se faire inscrire dans le cours suivant
❷ *(reservieren)* **sich** *(Dat)* **ein Zimmer ~ lassen** réserver une chambre
Vormieter(in) *m(f)* locataire *mf* précédent(e)
vormittag^{ALT} *s.* **Vormittag**
Vormittag *m* matinée *f;* **am ~** dans la matinée, le matin; **am frühen/späten ~** en début/en fin de matinée; **heute/Samstag ~** ce/samedi matin
vormittags *Adv* le matin
Vormonat *m* mois *m* précédent
Vormund <-[e]s, -e *o* Vormünder> *m eines Minderjährigen* tuteur(-trice) *m(f); eines Entmündigten* curateur(-trice) *m(f)*
▶ **ich brauche keinen ~!** *fam* je suis assez grand(e) pour me débrouiller tout(e) seul(e)! *(fam)*
Vormundschaft <-, -en> *f (für einen Minderjährigen)* tutelle *f; (für einen Entmündigten)* curatelle *f*
Vormundschaftsgericht *nt* JUR tribunal *m* de tutelle
vorn [fɔrn] *Adv* ❶ *(im vorderen Bereich)* devant; **~ im Bus** à l'avant du bus; **~ im Schrank** devant, dans l'armoire; **ich sitze nicht gern ~ im Kino** au cinéma, je n'aime pas être [assis(e)] devant; **nach ~ deuten** indiquer devant; **nach ~ gehen** s'avancer, aller devant
❷ *(auf der Vorderseite)* devant; **etw von ~ betrachten/darstellen** regarder/représenter qc de face; **der Eingang ist nicht ~, sondern seitlich** l'entrée n'est pas devant [*o* en façade], mais sur le côté
❸ *(zu Beginn)* **~ im Buch** au début du livre; **noch einmal von ~ anfangen** recommencer depuis le début
❹ *(an der Vorderfront)* devant, à l'avant; **~ am Wagen** à l'avant de la voiture; **~ am Gerät** sur le devant de l'appareil
▶ **sie hat ihn von ~ bis hinten belogen** *fam* elle lui a menti sur toute la ligne *(fam)*
Vorname *m* prénom *m*
vorne *s.* **vorn**
vornehm ['foːneːm] I. *Adj* ❶ *(elegant) Dame, Herr* distingué(e); *Erscheinung, Kleidung* distingué(e), élégant(e); **~ tun** *pej fam* se donner de grands airs
❷ *(luxuriös) Gegend, Viertel, Villa* chic; *Limousine* élégant(e)
❸ *(adlig) Abkunft, Familie* aristocratique
▶ **sich** *(Dat)* **zu ~ für etw sein** se croire trop bien pour faire qc
II. *Adv* **gekleidet** de manière élégante; *lächeln* de manière distinguée
vor|nehmen *unreg tr V* ❶ *(planen)* **sich** *(Dat)* **etw ~** prévoir qc; **sich** *(Dat)* **~ etw zu tun** prévoir [*o* se proposer] de faire qc
❷ *(sich beschäftigen mit)* **sich** *(Dat)* **ein Manuskript ~** s'attaquer à un manuscrit
❸ *fam (zur Rede stellen)* **sich** *(Dat)* **jdn ~** faire sa fête à qn *(iron fam)*
❹ *(erledigen)* effectuer *Änderung, Messung, Überprüfung*
Vornehmheit <-> *f des Äußeren, der Kleidung* élégance *f,* distinction *f*
vornehmlich *Adv geh* essentiellement
vorneweg ['fɔrnəvɛk] *Adv* ❶ *(zuerst)* d'abord, d'avance
❷ *(an der Spitze)* marschieren en tête
vornherein *Adv* **von ~** d'emblée, dès le départ
vornüber *Adv* vers l'avant
Vorort *m* faubourg *m;* **die ~e** la banlieue
Vorplatz *m eines Schlosses* esplanade *f; einer Kirche* parvis *m*
Vorposten *m* MIL avant-poste *m;* **auf ~ stehen** être aux avant-postes
vor|programmieren* *tr V* ❶ *(unausweichlich machen)* ouvrir la voie à *Konflikt, Missverständnis;* **vorprogrammiert sein** *Erfolg:* être programmé(e); *Karriere:* être tout(e) tracé(e); **die Auseinandersetzung ist dadurch vorprogrammiert** avec cela, on va tout droit à la dispute
❷ *(programmieren)* programmer *Videorecorder*
Vorrang ['foːraŋ] *m* priorité *f;* **~ vor jdm/etw haben** primer [*o* avoir la priorité] sur qn/qc; **einer S.** *(Dat)* **den ~ vor etw** *(Dat)* **einräumen** donner la priorité à qc sur qc
vorrangig I. *Adj* prioritaire
II. *Adv* en priorité, prioritairement
Vorrangstellung *f* primauté *f*
Vorrat ['foːraːt, *Pl:* 'foːrɛːtə] <-[e]s, Vorräte> *m* réserves *fpl,* stock *m; meist Pl (Lebensmittel)* provisions *fpl;* **ein ~ an Lebensmitteln** des provisions *fpl;* **etw auf ~ haben** avoir qc en stock [*o* en réserve]; **etw auf ~ kaufen** faire des provisions de qc; **Vorräte anlegen** faire des stocks [*o* des provisions]; **solange der ~ reicht** jusqu'à épuisement des stocks
vorrätig ['foːrɛːtɪç] *Adj* en stock; **etw ~ haben** avoir qc en stock; **nicht ~ sein** être épuisé
Vorratsbehälter *m* réservoir *m* **Vorratskammer** *f* cellier *m*
Vorratsraum *m* réserve *f*
Vorraum *m* entrée *f,* antichambre *f*
vor|rechnen *tr V* **jdm eine Rechenaufgabe ~** montrer à qn comment résoudre un problème [de mathématiques]; **jdm ~, wie viel er täglich ausgibt** faire le compte à qn de ses dépenses journalières
Vorrecht *nt* privilège *m,* prérogative *f;* **~e genießen** jouir de privilèges
Vorrede *f (einleitende Worte)* avant-propos *m*
Vorredner(in) *m(f)* **sein ~/seine ~in** l'orateur(-trice) *m(f)* qui l'a précédé; **sich seinem ~/seiner ~in anschließen** reprendre les propos de l'orateur(-trice) *m(f)* précédent(e)
Vorreiter(in) *m(f) fam* précurseur *mf;* **der ~ sein, den ~ machen** essuyer les plâtres *(fam)*
Vorreiterrolle *f* rôle *m* (de) précurseur
Vorrichtung <-, -en> *f* dispositif *m*
vor|rücken I. *itr V + sein* ❶ *(nach vorn rücken)* avancer; **mit dem Stuhl ~** avancer sa chaise
❷ MIL progresser; **auf die Hauptstadt ~** marcher sur la capitale
❸ SPORT remonter au classement; **auf den zweiten Platz ~** remonter à la deuxième place
❹ SPIEL avancer; **mit dem Stein fünf Felder ~** avancer son pion de cinq cases
II. *tr V + haben* avancer *Stuhl, Spielstein*
Vorruhestand *m* préretraite *f;* **in den ~ gehen** [*o* **treten**] aller en préretraite
Vorrunde *f* premier tour *m*
vor|sagen I. *tr V* ❶ *(zuflüstern)* souffler; **jdm etw ~** souffler qc à qn
❷ *(vor sich hin sprechen)* **sich** *(Dat)* **einen Text laut ~** se réciter

vorschlagen	
vorschlagen	**proposer**
Wie wär's, wenn wir heute mal ins Kino gehen würden?	Et si nous allions au cinéma, aujourd'hui?
Wie wär's mit einer Tasse Tee?	Une tasse de thé, ça te/vous dirait?
Was hältst du davon, wenn wir mal eine Pause machen würden?	Si nous faisions une petite pause maintenant? Qu'en penses-tu?
Hättest du Lust, spazieren zu gehen?	Est-ce que tu as envie de faire une promenade?
Ich schlage vor, wir vertagen die Sitzung.	Je propose de reporter la réunion.

un texte
II. *itr V* souffler; **nicht ~!** ne soufflez pas!
Vorsaison [-zεzõː, -zεzɔn] *f* avant-saison *f*
Vorsatz <-es, Vorsätze> *m* ❶ *(Absicht)* résolution *f*; **den ~ fassen etw zu tun** prendre la résolution de faire qc
❷ JUR dol *m*
❸ TYP *eines Buchs* garde *f*
vorsätzlich ['foːɛzɛtslɪç] I. *Adj Falschaussage* intentionnel(le), délibéré(e); *Körperverletzung* volontaire
II. *Adv* kränken, belügen intentionnellement
Vorschau <-, -en> *f* ❶ TV présentation *f* des programmes; **die ~ auf etw** *(Akk)* la présentation de qc
❷ CINE bandes-annonces *fpl*
Vorschein *m* ▸ **etw zum ~ bringen** faire apparaître qc; **zum ~ kommen** *Gegenstand:* apparaître; *Hass, Neid:* se manifester; **mein verlorener Geldbeutel kam nie wieder zum ~** le porte-monnaie que j'ai perdu n'a jamais réapparu
vor|schieben *tr V unreg* ❶ *(nach vorn schieben)* avancer
❷ *(vorlegen)* pousser *Riegel*
❸ *(für sich agieren lassen)* jdn – s'abriter derrière qn
❹ *(vorschützen)* prétexter *Unpässlichkeit, Verhinderung;* **invoquer** *Ausrede;* **ein vorgeschobener Grund** une fausse raison
vor|schießen *unreg fam* I. *itr V + sein* bondir en avant; **aus einem Gebüsch/hinter einem Baum ~** surgir de derrière des buissons/derrière un arbre
II. *tr V + haben* **jdm hundert Euro ~** avancer cent euros à qn
Vorschlag *m* proposition *f*; **[jdm] einen ~ machen** faire une proposition [à qn]; **auf euren ~ [hin]** sur votre proposition; **auf ~ der Chefin** sur proposition de la responsable
▸ **ein ~ zur Güte** *hum* une proposition pour couper la poire en deux
vor|schlagen *tr V unreg* ❶ *(anregen)* proposer; **[jdm] etw ~** proposer qc [à qn]; **[jdm] ~ etw zu tun** proposer [à qn] de faire qc
❷ *(empfehlen)* **jdn [als Geschäftsführer] ~** recommander [*o* proposer] qn [comme gérant]
Vorschlaghammer *m* masse *f*
vorschnell *s.* voreilig
vor|schreiben *tr V unreg* ❶ *(niederschreiben)* écrire en modèle; **etw ~** écrire qc en modèle
❷ *(befehlen)* **jdm etw ~** dicter qc à qn; **jdm ~ etw zu tun** prescrire à qn de faire qc
❸ *(anordnen)* prescrire *Frist, Höchstgeschwindigkeit;* **~, dass** *Gesetz:* stipuler que + *indic*
Vorschrift *f* consigne *f*, directive *f*; **etw ist ~** qc fait partie du règlement; **das ist ~** c'est le règlement; **jdm ~en machen** dicter sa conduite à qn; **sich** *(Dat)* **von jdm keine ~en machen lassen** ne pas avoir d'ordre à recevoir de qn; **nach ~** conformément au règlement
vorschriftsmäßig I. *Adj Fahrweise, Parken* réglementaire; *Dosis* prescrit(e); *Verhalten* conforme au règlement; **bei ~er Einnahme des Medikaments** si le médicament est pris conformément à la dose prescrite
II. *Adv* fahren, parken, sich verhalten réglementairement; **ein Medikament ~ einnehmen** prendre un médicament en suivant la posologie
vorschriftswidrig I. *Adj* non réglementaire; **~ sein** être contraire au règlement
II. *Adv* en violation du règlement; *fahren, parken* en infraction au code de la route
Vorschub ▸ **jdm/einer S. ~ leisten** encourager qn/ouvrir la voie à qc
Vorschulalter *nt* âge *m* préscolaire *(avant six ans);* **im ~ sein** être d'âge préscolaire
Vorschule *f* école *f* maternelle
Vorschulerziehung *f* éducation *f* préscolaire
Vorschuss[RR] *m* avance *f*; **ein ~ auf etw** *(Akk)* une avance sur qc; **sich** *(Dat)* **einen ~ geben lassen** se faire donner une avance
Vorschusslorbeeren[RR] *Pl* ▸ **bekommen** recevoir des éloges

mpl anticipés; **~ für etw ernten** se faire encenser avant l'heure pour qc
vor|schützen *tr V* prétexter
vor|schwärmen *itr V* **jdm von jdm/etw ~** parler à qn avec enthousiasme de qn/qc; **jdm ~, wie ...** raconter à qn avec enthousiasme comment ...
vor|schweben *itr V* **jdm schwebt etw vor** qn a qc en tête, qc trotte dans la tête de qn; **ihm schwebt vor sich selbständig zu machen** il a l'intention de se mettre à son compte
vor|schwindeln *s.* vorlügen
vor|sehen *unreg* I. *r V* **sich ~** se tenir sur ses gardes; **sich vor jdm/etw ~** prendre garde à qn/qc; **sich ~, dass** prendre garde que + *subj;* **sieh dich/sehen Sie sich [bloß] vor!** gare à toi/vous!
II. *tr V* prévoir; **jdn für etw ~** envisager de faire appel à qn pour qc; **für etw vorgesehen sein** être destiné(e) à qc; **es ist vorgesehen, dass/etw zu tun** il est prévu que + *subj*/de faire qc
Vorsehung <-> *f* **die ~** la Providence
vor|setzen I. *tr V* ❶ *(anbieten)* **jdm eine Suppe ~** servir une soupe à qn
❷ *fam (zumuten)* **jdm Schund/ein schlechtes Programm ~** présenter de la crotte *fam*/un mauvais programme à qn
❸ *(nach vorn setzen)* **jdn ~** faire asseoir qn devant
II. *r V* **sich ~** aller s'asseoir devant; **sich ein paar Reihen ~** avancer de quelques rangs
Vorsicht <-> *f (vorsichtiges Verhalten)* prudence *f; (in der Handhabung)* précautions *fpl;* **größte ~** walten lassen prendre un maximum de précautions; **zur ~ einen Regenschirm mitnehmen** prendre un parapluie par précaution; **~!** attention!
▸ **~ ist die Mutter der Porzellankiste** *Spr. fam* prudence est mère de sûreté; **~ ist besser als Nachsicht** *Spr.* mieux vaut prévenir que guérir; **etw ist mit ~ zu genießen** *fam* qc ne doit pas être pris(e) pour argent comptant
vorsichtig I. *Adj* prudent(e)
II. *Adv* ❶ *(umsichtig)* vorgehen, fahren prudemment; handhaben, transportieren avec précaution
❷ *(zurückhaltend)* sich äußern, ausdrücken avec prudence; schätzen, veranschlagen raisonnablement
vorsichtshalber [-halbə] *Adv* par [mesure de] précaution
Vorsichtsmaßnahme *f* [mesure *f* de] précaution *f;* **als ~** par [mesure de] précaution; **~n treffen** prendre des précautions **Vorsichtsmaßregel** *s.* Vorsichtsmaßnahme
Vorsilbe *f* préfixe *m*
vor|singen *unreg* I. *tr V* chanter; **[jdm] etw ~** chanter qc [à qn]
II. *itr V* **[jdm] ~** auditionner [devant qn]
vorsintflutlich *Adj fam* antédiluvien(ne) *(fam)*
Vorsitz *m* présidence *f;* **den ~ bei etw haben** présider qc; **unter dem ~ von ...** sous la présidence de ...
vor|sitzen *itr V unreg form* **etw** *(Dat)* **~** présider qc
Vorsitzende(r) *f(m) dekl wie Adj* président(e) *m(f)*
Vorsorge *f* ❶ prévoyance *f;* **~ fürs Alter treffen** préparer sa retraite; **~ für den Krankheitsfall treffen** s'assurer contre la maladie
❷ *(Altersversicherung)* **private ~** assurance *f* vieillesse complémentaire
vor|sorgen *itr V* prendre des précautions; **fürs Alter ~** préparer sa retraite; **für den Notfall ~** se prémunir contre les cas d'urgence
Vorsorgeuntersuchung *f* examen *m* de dépistage
vorsorglich I. *Adj* préventif(-ive)
II. *Adv* à titre préventif
Vorspann ['foːɐ̯ʃpan] <-[e]s, -e> *m* générique *m* [de début]
Vorspeise *f (erster Gang)* hors-d'œuvre *m; (Eingangsgericht)* entrée *f*
vor|spiegeln *tr V* simuler; **jdm Interesse ~** faire semblant d'être intéressé face à qn
Vorspiegelung *f* simulation *f;* **durch ~ von Krankheit** en simulant une maladie
▸ **das ist [eine] ~ falscher Tatsachen** tout ça, ce sont des allégations mensongères

Vorspiel nt ❶ MUS *(Komposition)* prélude m; *(das Vorspielen)* audition f
❷ THEAT prologue m
❸ *(Zärtlichkeiten)* préliminaires mpl [amoureux]
▶ **das ist nur das** ~ ce n'est que le début
vor|spielen I. tr V ❶ MUS jouer; **[jdm] etw** ~ jouer qc [à qn]
❷ *(vorheucheln)* **jdm Unwissenheit** ~ faire croire à qn qu'on ne sait rien; **jdm eine Komödie** ~ jouer la comédie à qn
II. itr V MUS **[jdm]** ~ auditionner [devant qn]
vor|sprechen unreg I. tr V **[jdm] etw** ~ montrer [à qn] comment on prononce qc
II. itr V ❶ *form (offiziell aufsuchen)* **bei jdm/einem Amt** ~ se présenter chez qn/à un service
❷ THEAT, TV **[jdm]** ~ auditionner [devant qn]
vor|springen itr V unreg + sein ❶ *Uhrzeiger:* avancer; **hinter dem Auto/Baum** ~ surgir de derrière la voiture/l'arbre
❷ *(hervorragen)* faire saillie
vorspringend Adj Wangenknochen, Kinn saillant(e)
Vorsprung m ❶ *(Distanz)* avance f; **einen ~ vor jdm haben** avoir de l'avance sur qn
❷ ARCHIT saillie f
vor|spulen I. itr V avancer la cassette
II. tr V avancer *Kassette, Film*
Vorstadt f faubourg m; **in der ~ wohnen** habiter en banlieue
vorstädtisch Adj suburbain(e), de banlieue
Vorstand m ❶ *(Gremium)* comité m directeur, conseil m d'administration
❷ *(Vorstandsmitglied)* membre m du comité directeur [o du conseil d'administration]
Vorstandsmitglied nt membre m du comité directeur [o du conseil d'administration] **Vorstandsvorsitzende(r)** f(m) dekl wie Adj président m du comité directeur [o du conseil d'administration]
vor|stehen itr V unreg + haben o sein ❶ *(hervorstehen)* Wangenknochen, Kinn, Rippen: être saillant(e); Zähne: avancer
❷ veraltet form *(leiten)* **einer Abteilung** *(Dat)* ~ être à la tête d'un service
vorstehend Adj ADMIN susmentionné(e), susdit(e); **das ~ bereits Gesagte** ce qui a été dit précédemment
Vorsteher(in) <-s, -> m(f) directeur(-trice) m(f)
Vorsteherdrüse f ANAT prostate f
vorstellbar Adj conceivable; **kaum ~ sein** être à peine imaginable, dépasser l'entendement; **eine nicht ~e Entfernung** une distance inimaginable
vor|stellen I. r V ❶ *(sich bekannt machen)* **sich** ~ se présenter; **sich [jdm]** ~ se présenter [à qn]
❷ *(vorstellig werden)* **sich in der Augenklinik** ~ se présenter à la clinique ophtalmologique
❸ *(vergegenwärtigen)* **sich** *(Dat)* **etw** ~ [s']imaginer qc; **darunter kann ich mir etwas/nichts** ~ ça me dit quelque chose/ne me dit rien
❹ *(erwarten)* **sich** *(Dat)* **ein Gehalt in Höhe von ...** ~ envisager un salaire de...
▶ **stell dir mal vor!** fam tu te rends compte! *(fam)*
II. tr V ❶ *(bekannt machen)* **[jdm] jdn** ~ présenter qn [à qn]; **wir [beide] sind uns noch nicht vorgestellt worden** nous n'avons pas encore été présenté(e)s [l'un(e) à l'autre]; **darf ich ~?** puis-je faire les présentations?
❷ *(präsentieren)* présenter *Modell, Produkt*
❸ *(vorrücken)* avancer *Uhrzeiger, Uhr*
vorstellig Adj ▶ **bei jdm/einer Behörde ~ werden** form s'adresser à qn/un service
Vorstellung f ❶ kein Pl *(das Bekanntmachen)* **die ~ der neuen Kollegin übernehmen** se charger de présenter la nouvelle collègue
❷ *(gedankliches Bild)* idée f; **welche ~ hast du bei diesem Wort?** qu'est-ce que ce mot évoque pour toi?; **entspricht das deinen ~en?** est-ce que cela correspond à ton attente ?; **sich völlig falsche ~en von etw machen** se faire une fausse idée de qc; **alle ~en übertreffen** dépasser l'entendement
❸ *(Phantasie)* **in meiner ~** dans mon esprit [o ma tête]
❹ *(Theateraufführung)* représentation f
❺ *(Filmvorführung)* séance f
❻ *(Präsentation) eines Produkts, Modells* présentation f
▶ **du machst dir keine ~, wie kalt es dort ist** tu n'imagines [o ne t'imagines] pas comme il fait froid là-bas
Vorstellungsgespräch nt entretien m [d'embauche] **Vorstellungskraft** f kein Pl imagination f; **die ~ übersteigen** dépasser l'imagination [o l'entendement] **Vorstellungsvermögen** s. Vorstellungskraft
Vorsteuer f FISC TVA f déductible
Vorstopper(in) m(f) SPORT défenseur mf
Vorstoß m MIL offensive f
▶ **einen ~ bei jdm machen** intervenir auprès de qn

vor|stoßen unreg I. itr V + sein *Truppen:* avancer; **in die Wildnis** ~ faire une incursion en région sauvage
II. tr V + haben **jdn/etw** ~ pousser qn/qc [en avant]
Vorstrafe f condamnation f antérieure
Vorstrafenregister nt casier m judiciaire
vor|strecken tr V ❶ *(leihen)* avancer; **[jdm] etwas Geld/hundert Euro** ~ avancer un peu d'argent/cent euros [à qn]
❷ *(nach vorn strecken)* tendre *Arm, Hand;* avancer *Kopf, Oberkörper*
Vorstufe f stade m préliminaire
Vortag m **am ~ des Balls** la veille du bal; **die Zeitung vom ~** le journal de la veille
vor|täuschen tr V simuler; **Interesse** ~ faire semblant d'être intéressé(e); **jdm Arglosigkeit** ~ faire le candide [face à qn]
Vortäuschung f simulation f; **durch ~ einer Erkrankung** en feignant d'être malade
▶ **das ist [eine] ~ falscher Tatsachen** tout ça ne sont que des allégations mensongères
Vorteil ['fɔrtaɪl] <-s, -e> m ❶ *(Vorzug)* avantage m; **den ~ haben, dass** présenter l'avantage [o l'intérêt] que + *indic;* **für jdn von ~ sein** être avantageux(-euse) pour qn
❷ *(Nutzen, Gewinn)* intérêt m; **immer auf seinen ~ bedacht sein** toujours voir son intérêt
❸ SPORT ~ **Aufschläger/Rückschläger** avantage service/dehors
▶ **er hat sich zu seinem ~ verändert** *(im Aussehen)* il a changé à son avantage; *(im Wesen)* il a changé en mieux; **jdm gegenüber im ~ sein** être avantagé(e) par rapport à qn
vorteilhaft I. Adj ❶ *(günstig)* Angebot, Geschäft avantageux(-euse)
❷ *(ansprechend)* Kleidung seyant(e); **für jdn wenig ~ sein** n'avantager guère qn
II. Adv ❶ *(günstig)* erwerben, kaufen à des conditions avantageuses
❷ *(ansprechend)* **sich ~ kleiden** s'habiller à son avantage; **in diesem Pulli siehst du nicht sehr ~ aus** ce pull ne t'avantage guère
Vortrag ['foːtraːk, Pl: 'foːtrɛːɡə] <-[e]s, Vorträge> m *(längeres Referat)* conférence f; *(auf einem Kongress)* communication f; **einen ~ über etw** *(Akk)* **halten** tenir une conférence sur qc
▶ **halt keine Vorträge!** fam fais pas de blabla[bla]! *(fam)*
vor|tragen tr V unreg ❶ *(rezitieren)* réciter *Gedicht;* interpréter *Lied, Musikstück*
❷ *(vorbringen)* exposer *Bitte, Wunsch*
Vortragsreihe f cycle m de conférences
vortrefflich [foːeˈtrɛflɪç] geh I. Adj Gericht, Wein exquis(e); Gedanke, Idee excellent(e)
II. Adv à la perfection; ~ **schmecken/munden** être exquis(e)
vor|treten itr V unreg + sein ❶ *(nach vorn treten)* [s']avancer
❷ fam *(vorstehen)* Augen: ressortir; Ader: saillir
Vortritt m kein Pl ❶ **jdm den ~ lassen** *(zuerst gehen lassen)* céder le passage à qn; *(zuerst agieren lassen)* s'effacer devant qn
❷ CH s. **Vorfahrt**
vorüber [voˈryːbɐ] Adv ❶ *(räumlich)* **der Läufer ist schon ~** le coureur est déjà passé; **wir sind an dem Geschäft schon ~** nous avons déjà dépassé le magasin
❷ *(zeitlich)* ~ **sein** Veranstaltung: être terminé(e); Schmerz: avoir cessé
vorüber|gehen itr V unreg + sein ❶ *(vorbeigehen)* **an jdm/etw** ~ passer devant qn/qc; **im Vorübergehen** en passant
❷ *(ein Ende finden)* Kummer, Liebe, Schmerz: [se] passer
vorübergehend I. Adj Erscheinung passager(-ère), temporaire; Abwesenheit momentané(e); Wetterbesserung provisoire
II. Adv abwesend, geschlossen, stocken momentanément; **sich bessern** provisoirement
Vorurteil nt préjugé m; ~ **e gegen jdn haben** avoir des préjugés contre qn; **das ist ein ~** ce sont des préjugés
vorurteilsfrei Adj sans préjugés
vorurteilslos I. Adj exempt(e) de préjugés
II. Adv sans idée préconçue
Vorväter ['foːɛfɛːtɐ] Pl geh aïeux mpl *(littér)*
Vorverkauf m location f
Vorverkaufsstelle f point m de vente [de places de concerts]
vor|verlegen* tr V avancer *Termin, Treffen;* **etw auf [den] Dienstag** ~ avancer qc à mardi; **etw wird zwei Monate vorverlegt** qc est avancé(e) de deux mois
vorvorgestern Adv fam avant avant-hier *(fam)*
vorvorig Adj fam [im] ~ **en Monat** il y a deux mois
vorvorletzte(r, s) Adj avant-avant-dernier(-ière); **der/die Vorvorletzte** l'avant-avant-dernier/l'avant-avant-dernière
vor|wagen r V **sich** ~ ❶ *(hervorkommen)* se risquer [o s'aventurer] dehors; **sich aus der Deckung** ~ se risquer hors de son abri
❷ *(sich exponieren)* oser s'avancer; **sich mit einer Forderung** ~ oser émettre une revendication; **sich mit etw zu weit** ~ aller trop loin avec qc
Vorwahl f ❶ *(vorherige Auswahl)* présélection f
❷ POL [élection f] primaire f

vorwählen–**wach** 1604

③ s. **Vorwahlnummer**
vor|wählen tr V TELEC [die] 02 ~ composer l'indicatif 02
Vorwahlnummer f indicatif m
Vorwand <-[e]s, Vorwände> m prétexte m; **unter einem ~** sous un prétexte; **unter dem ~ etw tun zu müssen** sous prétexte de faire qc
vor|wärmen tr V préchauffer
vor|warnen tr V avertir
Vorwarnung f mise f en garde
▶ **ohne ~** auftreten, losschimpfen sans crier gare; passieren, sich ereignen de façon imprévue
vorwärts ['foːɐ̯vɛrts, 'fɔrvɛrts] Adv ① (nach vorn) en avant; **~!** en avant!; **nur immer weiter ~!** continue/continuez à avancer!; **nicht weiter ~!** n'avance/n'avancez plus!
② (mit der Vorderseite voran) **eine Rolle/einen Salto ~ machen** faire une roulade/un salto avant; **eine steile Treppe ~ heruntersteigen** descendre de face un escalier raide
vorwärts|bringen tr V unreg jdn ~ Erfolg, Neuerung: faire avancer qn
Vorwärtsgang <-gänge> m marche f avant; **im ~** en marche avant
vorwärts|gehen itr V unreg, unpers + sein **es geht vorwärts** ça avance; **mit den Bauarbeiten geht es vorwärts** les travaux avancent
vorwärts|kommen itr V unreg + sein progresser
Vorwäsche f prélavage m
Vorwaschgang m kein Pl prélavage m
vorweg [foːɐ̯'vɛk] Adv ① (zuvor) préalablement
② (an der Spitze) fahren, gehen en tête
Vorwegnahme <-> f form von Gedanken, einer Zahlung anticipation f; einer Entscheidung, eines Ergebnisses préfiguration f
vorweg|nehmen tr V unreg **die Pointe ~** trahir la chute de l'histoire; **den Ausgang des Films ~** Szene: préfigurer la fin du film
vor|weisen tr V unreg ① (nachweisen) **Fähigkeiten/Kenntnisse ~ können** pouvoir faire valoir de capacités/connaissances
② geh (vorzeigen) présenter Ausweispapiere
vor|werfen tr V unreg ① (vorhalten) **jdm etw ~** reprocher qc à qn; **sich** (Dat) **etw** (Dat) **nichts vorzuwerfen haben** n'avoir rien à se reprocher au sujet de qc
② (hinwerfen) **einem Tier etw zum Fraß ~** jeter qc à manger à un animal; **jdn den wilden Tieren [zum Fraß] ~** jeter qn en pâture aux fauves
vorwiegend Adv ① (hauptsächlich) principalement
② METEO le plus souvent
vorwitzig Adj ① (neugierig) hardi(e), dégourdi(e); **diese Kind ist sehr ~** cet enfant n'a pas froid aux yeux
② (vorlaut) effronté(e)
Vorwort <-worte> nt préface f
Vorwurf <-[e]s, Vorwürfe> m reproche m; **jdm wegen etw Vorwürfe/einen ~ machen** faire des reproches/un reproche à qn à cause de qc; **das kann mir niemand zum ~ machen** personne ne peut me le reprocher
vorwurfsvoll I. Adj réprobateur(-trice)
II. Adv d'un air réprobateur
vor|zählen tr V **jdm Geld ~** compter de l'argent devant qn
Vorzeichen nt ① (Omen) présage m; **ein gutes/böses ~ sein** être de bon/mauvais augure
② (Anzeichen) indice m, signe m avant-coureur
③ MUS altération f
▶ **positives/negatives ~** MATH signe m positif/négatif; fig bon/mauvais signe; **mit umgekehrtem ~** MATH de signe inverse; fig en inversant les choses
vor|zeichnen tr V ① (vormalen) dessiner
② (vorherbestimmen) **jdm den Lebensweg ~** déterminer l'avenir de qn; **vorgezeichnet sein** être tout(e) tracé(e)
vorzeigbar Adj fam présentable
Vorzeigefrau f femme f représentative
vor|zeigen tr V présenter
Vorzeigeprodukt nt produit m de présentation **Vorzeigeunternehmen** nt entreprise f modèle
Vorzeit f passé m [très] lointain
▶ **in grauer ~** dans la nuit des temps
vorzeitig I. Adj prématuré(e)
II. Adv beenden prématurément; **~ in den Ruhestand treten** prendre une retraite anticipée
vorzeitlich Adj préhistorique
Vorzensur f kein Pl JUR censure f préalable
vor|ziehen tr V unreg ① (begünstigen) préférer; **jdn [jdm] ~** préférer qn [à qn]
② (den Vorrang geben) **etw einer S.** (Dat) **~** préférer qc à qc; **es ~ etw zu tun** préférer faire qc
③ (früher erfolgen lassen) avancer; **den Ruhestand ~** avancer son départ en retraite; **vorgezogener Ruhestand** retraite f anticipée; **vorgezogene Wahlen** des élections fpl anticipées
Vorzimmer nt (Sekretariat) secrétariat m
Vorzimmerdame f fam hôtesse f d'accueil, secrétaire f
Vorzug <-[e]s, Vorzüge> m ① (Vorteil) avantage m; **etw hat den ~, [dass]** qc a l'avantage de + infin/que + indic
② (gute Eigenschaft) qualité f; **er hat seine Vorzüge** il a ses qualités
③ form (Vorrang) **jdm/einer S. den ~ geben** donner la préférence à qn/qc
vorzüglich [foːɐ̯'tsyːklɪç] I. Adj Qualität, Wein excellent(e); Gericht délicieux(-euse)
II. Adv ① speisen, untergebracht sein merveilleusement
② (hauptsächlich) en premier lieu
Vorzugsaktie [-aktsiə] f ÖKON action f privilégiée [o préférentielle]
Vorzugsbehandlung f traitement m de faveur **Vorzugsmilch** f = lait m cru sélectionné **Vorzugspreis** m prix m de faveur **Vorzugstarif** m tarif m préférentiel
vorzugsweise Adv de préférence
votieren [voː-] itr V geh ① (abstimmen) **für/gegen jdn ~** voter pour/contre qn
② (sich entscheiden) **für jdn/etw ~** opter pour qn/qc
Votivbild [voˈtiːf-] nt ex-voto m
Votum ['voːtʊm] <-s, Voten o Vota> nt geh ① PARL vote m
② (Entscheidung) verdict m
Voyeur(in) [voaˈjøːɐ̯] <-s, -e> m(f) voyeur(-euse) m(f)
vulgär [vʊlˈɡɛːɐ̯] I. Adj pej geh Wort vulgaire, grossier(-ière); Aussehen, Pose vulgaire
II. Adv grossièrement; **~ aussehen** avoir l'air vulgaire
Vulgarität [vʊlɡariˈtɛːt] <-, -en> f pej geh ① kein Pl (vulgäre Art) eines Wortes vulgarité f, grossièreté f; des Aussehens, einer Pose vulgarité f
② meist Pl (Bemerkung) grossièreté f
Vulkan [vʊlˈkaːn] <-[e]s, -e> m volcan m; **erloschener/tätiger ~** volcan éteint/en activité
Vulkanausbruch m éruption f volcanique
vulkanisch [vʊlˈkaːnɪʃ] Adj volcanique
vulkanisieren tr V vulcaniser
Vulkanismus [vʊlkaˈnɪsmʊs] <-> m GEOL volcanisme m
v.u.Z. Abk von **vor unserer Zeitrechnung** av. J.-C.

W w

W, w [veː] <-, -> nt W m/w m
▶ **W wie Wilhelm** w comme William
W Abk von **Westen** O
WAA [veːʔaˈʔaː] <-, -s> f Abk von **Wiederaufarbeitungsanlage**
Waadt [vaː(ː)t] <-> f canton m de Vaud
Waage ['vaːɡə] <-, -n> f ① (Gerät) balance f
② ASTROL **die ~** la Balance; **[eine] ~ sein** être Balance
▶ **sich** (Dat) **die ~ halten** s'équilibrer
waag[e]recht I. Adj horizontal(e)
II. Adv horizontalement
Waag[e]rechte <-n, -n> f horizontale f; **in der ~n sein** être à l'horizontale; **in die ~ bringen** mettre en position horizontale
Waagschale f plateau m de [la] balance
▶ **etw in die ~ werfen** geh mettre qc dans la balance
wabbelig Adj fam Gelee, Pudding gélatineux(-euse); Qualle, Bauch flasque
wabbeln ['vabəln] itr V fam Gelee, Qualle: avoir une consistance gélatineuse; Bauch: ballotter
wabblig s. **wabbelig**
Wabe ['vaːbə] <-, -n> f rayon m [de miel]
wabenförmig Adj [en] nid-d'abeilles
Wabenhonig m miel m en rayons
wach [vax] Adj ① éveillé(e); **halb ~** à moitié réveillé(e); **in halb**

~em Zustand dans un demi-sommeil; ~ werden se réveiller; ~ sein/bleiben être/rester éveillé(e); ~ liegen ne pas dormir; jdn/sich ~ halten maintenir qn/se maintenir éveillé(e); ich war schon halb ~, als ... j'étais déjà à moitié réveillé(e) quand ...
② (aufgeweckt) Person: éveillé(e); Geist, Verstand vif(-ive)
Wachablösung f ① relève f de la garde
② (Führungswechsel) alternance f
Wache ['vaxə] <-, -n> f ① kein Pl (Wachdienst) [service m de] garde f; ~ haben [o schieben fam] être de garde; bei jdm ~ halten monter la garde auprès de qn; ~ stehen monter la garde
② MIL (Wachposten) sentinelle f
③ (Polizeiwache) poste m [de police]
wacheln itr V A fam (gestikulieren) gesticuler
wachen ['vaxən] itr V ① (Wache halten) monter la garde, veiller; bei einem Kranken ~ veiller un malade
② geh (wach sein) être éveillé(e)
③ (beaufsichtigen) über etw (Akk) ~ surveiller qc
wachhabend Adj attr Offizier de quart; Beamter de garde
Wachhabende(r) f(m) dekl wie Adj MIL officier m de garde [o de quart]; ADMIN responsable mf de garde
wach|halten tr V unreg entretenir Hoffnung; die Erinnerung an etw (Akk) ~ entretenir le souvenir de qc; das Interesse der Bürger an etw (Dat) ~ faire de sorte que les citoyens continuent à s'intéresser à qc
Wachhund m chien m de garde
wach|küssen tr V hum, fig jdn ~ ressusciter qn
Wachlokal nt poste m de garde **Wachmacher** m fam excitant m **Wachmann** <-leute o -männer> m ① (Wächter) gardien(ne) m(f) ② A s. Polizist **Wachmannschaft** f [service m de] garde f
Wacholder [va'xɔldɐ] <-s, -> m (Busch) genévrier m
Wacholderbeere f baie f de genièvre **Wacholderschnaps** m genièvre m
Wachposten m sentinelle f
wach|rufen tr V unreg etw in jdm ~ réveiller qc en qn **wach|rütteln** tr V jdn ~ secouer qn pour le réveiller
Wachs [vaks] <-es, -e> nt ① (Bienenwachs) cire f [d'abeille]
② (Bohnerwachs, Möbelwachs) cire f
③ (Skiwachs) fart m
▶ ~ in jds **Händen** sein être totalement malléable entre les mains de qn
Wachsabdruck m empreinte f sur [de la] cire
wachsam [-za:m] I. Adj vigilant(e)
II. Adv attentivement
Wachsamkeit <-> f vigilance f
Wachsbohne f haricot m beurre
wachsen¹ ['vaksən] <wächst, wuchs, gewachsen> itr V + sein
① (größer werden) Kind: grandir; Baum, Pflanze, Wurzeln: pousser; in die Breite ~ pousser en largeur
② MED Geschwulst: grossir
③ (länger werden) Haare, Nägel: pousser; sich (Dat) einen Bart ~ lassen se laisser pousser la barbe
④ (intensiver werden) Begeisterung, Spannung: augmenter
⑤ (sich vermehren) Bevölkerung, Vermögen: augmenter, s'accroître
▶ **gut gewachsen sein** Frau: avoir de belles proportions
wachsen² tr V cirer Holzfußboden; farter Ski
wächsern ['vɛksɐn] Adj cireux(-euse)
Wachsfigur f poupée f [o figure f] de cire
Wachsfigurenkabinett nt cabinet m de cires
Wachskerze f bougie f de [o en] cire **Wachsmalkreide** f, **Wachsmalstift** m crayon m gras, craie f grasse **Wachspapier** nt papier m paraffiné
wächst [vɛkst] 3. Pers Präs von wachsen¹
Wachstation f MED service m de réanimation [o de soins intensifs] sous surveillance permanente **Wachstube** s. Wachlokal
Wachstuch nt ① (Gewebe) toile f cirée
② (Tischdecke) nappe f en toile cirée
Wachstum ['vakstu:m] <-[e]s> nt kein Pl ① (das Wachsen) eines Menschen, einer Pflanze croissance f; einer Geschwulst développement m
② (Wirtschaftswachstum) croissance f; hohes ~ forte croissance
③ (das Anwachsen) der Bevölkerung accroissement m; einer Ortschaft croissance f
Wachstumsbranche [-ks-, -brã:ʃə] f secteur m en [pleine] expansion **wachstumsfördernd** Adj favorable à la croissance **Wachstumshormon** nt hormone f de croissance **Wachstumsmarkt** m ÖKON marché m de croissance **Wachstumsprognose** f ÖKON perspective f de croissance **Wachstumsrate** f taux m de croissance **Wachstumsstörung** f MED trouble m de la croissance
Wachtel ['vaxtəl] <-, -n> f caille f
Wächter(in) ['vɛçtɐ] <-s, -> m(f) ① veraltet (Wachmann) gardien(ne) m(f); einer Anstalt surveillant(e) m(f)
② (Hüter) gardien(ne) m(f)

Wachtmeister(in) m(f) gardien(ne) m(f) de la paix, agent m de police **Wachtposten** m sentinelle f
Wachtraum m rêve m éveillé
Wach[t]turm m mirador m
Wachzustand m im ~ en état de veille
wackelig I. Adj ① Stuhl, Hocker bancal(e); Konstruktion branlant(e)
② fam (nicht solide) Kredit, Finanzplan boiteux(-euse), bancal(e); Finanzlage précaire
II. Adv sitzen de manière branlante; umherlaufen de manière chancelante
Wackelkontakt m faux m contact
wackeln ['vakəln] itr V ① + haben (wackelig sein) Stuhl, Konstruktion: être bancal(e)
② + haben (sich bewegen) vaciller
③ + haben (hin und her bewegen) mit dem Stuhl ~ se balancer sur sa chaise; mit dem Kopf ~ dodeliner de la tête; mit den Ohren ~ remuer des oreilles
④ + sein fam (unsicher gehen) nach Hause ~ aller à la maison d'un pas vacillant [o chancelant]
Wackelpudding m fam dessert à base de gélatine
wacker ['vakɐ] Adj veraltet (tapfer, tüchtig, anständig) brave; du hast dich ~ gehalten! hum fam tu t'es bien défendu!
wacklig s. wackelig
Wade ['va:də] <-, -n> f mollet m
Wadenbein nt péroné m **Wadenkrampf** m crampe f au mollet
Waffe ['vafə] <-, -n> f arme f
▶ jdn mit seinen eigenen ~n schlagen battre qn sur son terrain; zu den ~n greifen prendre les armes; jdn zu den ~n rufen veraltet appeler qn sous les drapeaux
Waffel ['vafəl] <-, -n> f gaufre f; (klein) gaufrette f; (Eistüte) cornet f
▶ einen an der ~ haben fam être toqué(e) (fam)
Waffeleisen nt gaufrier m
Waffenarsenal nt arsenal m **Waffenbesitz** m détention f d'armes **Waffenembargo** nt embargo m sur les armes **waffenfähig** Adj Plutonium utilisable pour fabriquer des armes atomiques **waffenfrei** Adj MIL sans armes **Waffengattung** f arme f; bei welcher ~ warst du? dans quelle arme tu as servi? **Waffengewalt** ▶ mit ~ par la force des armes **Waffenhandel** m commerce m d'armes; (illegal) trafic m d'armes **Waffenhändler(in)** m(f) armurier m; (illegal) trafiquant(e) m(f) d'armes **Waffenlager** nt entrepôt m d'armes **Waffenlieferung** f livraison f d'armes **Waffenruhe** f cessez-le-feu m **Waffenschein** m permis m de port d'armes **Waffenschmied(in)** m(f) armurier m **Waffenschmuggel** m trafic m d'armes **Waffen-SS** [-ɛsʔɛs] f NS die ~ la Waffen SS **Waffenstillstand** m armistice m
Waffenstillstandsverhandlungen Pl POL négociations fpl en vue d'un cessez-le-feu
Wagemut ['va:gəmu:t] m geh hardiesse f (littér) **wagemutig** I. Adj audacieux(-euse) II. Adv de manière audacieuse
wagen ['va:gən] I. tr V ① (riskieren) risquer; den Angriff/den ersten Schritt ~ oser attaquer/faire le premier pas
② (sich getrauen) [es] ~ etw zu tun oser [o se risquer à] faire qc; wage nicht mir zu widersprechen! tu n'as pas intérêt à me contredire!
▶ wer nicht wagt, gewinnt nicht Spr. qui ne risque rien n'a rien
II. r V ① (sich heranmachen) sich an ein Projekt ~ oser entreprendre un projet
② (sich trauen) sich auf die Straße ~ se risquer [o se hasarder] hors de la maison
Wagen <-, - o SDEUTSCH, A Wägen> m ① (Auto) voiture f; mit dem ~ en voiture
② (Fahrzeug mit Deichsel) voiture f
③ (Eisenbahnwagen) wagon m
④ (Kinderwagen) poussette f
⑤ ASTRON der Große ~ la Grande Ourse, le Grand Chariot; der Kleine ~ la Petite Ourse
wägen <wog o wägte, gewogen o gewägt> tr V geh peser
Wagenburg f HIST cercle f de chariots; eine ~ bilden former le cercle **Wagenführer(in)** m(f) conducteur(-trice) m(f) **Wagenheber** <-s, -> m cric m **Wagenladung** f chargement m; eine ~ Sand un chargement [o un camion] de sable **Wagenlenker** m aurige m **Wagenpark** s. Fuhrpark **Wagenpflege** f entretien m [de la voiture] **Wagenrad** nt roue f de/de la voiture **Wagenschlag** m veraltet portière f **Wagenschmiere** f graisse f **Wagentür** f portière f [de voiture] **Wagenwäsche** f lavage m de [la] voiture
Waggon [va'gõ:, va'gɔ:n] <-s, -s> m wagon m
Waggonladung f wagonnée f
waggonweise Adv par wagons
waghalsig ['va:khalzɪç] I. Adj Mensch intrépide; Versuch périlleux(-euse); Unternehmen, Manöver hasardeux(-euse); ein ~er Bursche un casse-cou (fam)
II. Adv fahren de manière risquée

Wagnis ['vaːknɪs] <-ses, -se> nt ❶ *(riskantes Vorhaben)* entreprise f hasardeuse; **ein großes ~** une entreprise très risquée
❷ *(Risiko)* risque m
Wagon^{RR} [va'gõː, va'gɔn, va'goːn] s. **Waggon**
Wahl [vaːl] <-, -en> f ❶ *(Wahlmöglichkeit)* choix m; **die ~ haben etw zu tun** pouvoir choisir de faire qc; **keine andere ~ haben** ne pas avoir d'autre choix; **jdm keine ~ lassen** ne pas laisser le choix à qn
❷ *(Abstimmung)* élection f souvent pl, scrutin m; **zur ~ gehen** aller voter; **die ~en zum Bundestag/Landtag** les [élections] législatives/régionales; **direkte/indirekte ~en** élections au suffrage direct/indirect; **freie ~en** élections libres; **geheime ~en** vote m à bulletins secrets; **drei Kandidaten stehen zur ~** on a le choix entre trois candidats
❸ kein Pl *(das Gewähltwerden)* élection f; **die ~ zum Präsidenten** l'élection à la présidence f; **die ~ in den Vorstand** l'élection au poste de président du comité directeur
❹ kein Pl *(das Auswählen)* choix m; **erste/zweite ~** premier/deuxième choix; **eine/seine ~ treffen** faire un/son choix; **meine ~ ist auf ihn gefallen** mon choix s'est porté sur lui
❺ *(Wahlergebnis)* **die ~ annehmen** accepter le verdict des urnes
▶ **wer die ~ hat, hat die Qual** Spr. choisir est toujours un dilemme
Wahlabend m POL soirée f électorale **Wahlaufruf** m appel m aux urnes **Wahlausgang** m résultat m des élections [o du scrutin] **Wahlausschuss**^{RR} m commission f électorale
wählbar ['vɛːlbaːɐ] Adj PARL éligible; **in ein Amt ~ sein** être éligible à une fonction
Wahlbenachrichtigung f ≈ carte f d'électeur *(qui tient lieu de convocation pour une élection précise)* **wahlberechtigt** Adj qui a le droit de vote; **~ sein** avoir le droit de vote **Wahlbeteiligung** f participation f [électorale] **Wahlbezirk** m circonscription f électorale **Wahlboykott** m POL boycott m électoral **Wahlbündnis** nt alliance f électorale **Wahldebakel** nt POL débâcle f électorale
wählen ['vɛːlən] I. tr V ❶ PARL voter pour *Kandidaten, Partei;* **jdn zum Kanzler/in ein Amt ~** élire qn chancelier/à une fonction
❷ TELEC faire *Telefonnummer, Ziffer*
❸ *(aussuchen)* choisir; **seine Worte ~** choisir ses mots; s. a. **gewählt**
II. itr V ❶ PARL voter; **~ gehen** aller voter; **sozialistisch ~** voter socialiste
❷ *(auswählen)* **unter etw** *(Dat)* **~** choisir parmi qc
❸ *(eingeben)* composer *Nummer*
Wahlenthaltung f abstention f
Wähler(in) <-s, -> m(f) électeur(-trice) m(f)
Wählerauftrag m POL mandat m accordé par les électeurs
Wahlerfolg m succès m électoral **Wahlergebnis** nt résultat m des élections [o du scrutin]
wählerisch Adj difficile; **sie ist, was das Essen betrifft, sehr ~** elle est très difficile sur la nourriture
Wählerpotenzial^{RR} [-pɔtɛntsia:l] nt potentiel m électoral
Wählerschaft <-, -en> f form électorat m
Wählerstimme f voix f
Wahlfach nt option f **Wahlfälschung** f fraude f électorale **Wahlgang** <-gänge> m tour m [de scrutin]; **im ersten ~** au premier tour **Wahlgeheimnis** nt kein Pl secret m du vote **Wahlgeschenk** nt fam cadeau m électoral **Wahlgesetz** nt loi f électorale **Wahlheimat** f patrie f d'adoption, terre f d'élection **Wahlhelfer(in)** m(f) ❶ *(Aufsicht)* assesseur(-euse) m(f); *(bei der Stimmenauszählung)* scrutateur(-trice) m(f) ❷ *(Wahlkampfhelfer)* assistant(e) m(f); **seine ~** son équipe f de campagne **Wahlkabine** f isoloir f **Wahlkampf** m campagne f électorale; **einen fairen ~ führen** mener une campagne fair-play **Wahlkreis** m form circonscription f électorale **Wahllokal** nt bureau m de vote
wahllos I. Adj au hasard; *Beschimpfung, Schimpfwort* gratuit(e)
II. Adv au hasard; **beschimpfen, durcheinandertrinken** sans discernement
Wahlmann m POL grand électeur m **Wahlmöglichkeit** f a. INFORM option f **Wahlniederlage** f défaite f électorale **Wahlperiode** f période f électorale **Wahlpflicht** f obligation f de vote **Wahlpflichtfach** nt option f obligatoire **Wahlplakat** nt affiche f électorale **Wahlprogramm** nt programme m électoral **Wahlpropaganda** f propagande f électorale **Wahlrecht** nt kein Pl ❶ *(Recht)* droit m de vote; **aktives ~** droit de vote; **passives ~** éligibilité f; **allgemeines ~** suffrage m universel ❷ JUR *(Gesetze)* loi f électorale **Wahlrede** f discours m électoral
Wahlscheibe f cadran m d'appel
Wahlschein m bulletin m de vote par correspondance **Wahlschlappe** f défaite f électorale; **eine schwere ~** un bide [aux élections] *(fam)* **Wahlsieg** m victoire f électorale **Wahlspruch** m devise f **Wahlsystem** nt mode m de scrutin **Wahltag** m journée f électorale [o des élections]

Wählton m tonalité f
Wahlurne f urne f **Wahlverhalten** nt comportement m électoral **Wahlversammlung** f réunion f électorale
wahlweise Adv au choix
Wahlwiederholung f TELEC *(das Wiederholen)* rappel m du dernier numéro [composé]; *(Wiederholungstaste)* touche f bis
Wahlzettel m bulletin m de vote
Wahn [vaːn] <-[e]s> m ❶ geh *(irrige Vorstellung)* chimère f *(soutenu)*; **in dem ~ leben, dass** vivre dans l'illusion que + *indic*
❷ MED folie f
wähnen ['vɛːnən] I. tr V geh croire; **jdn glücklich ~** s'imaginer que qn est heureux(-euse); **jdn daheim ~** croire qn à la maison
II. r V geh **sich in Sicherheit ~** se croire en sécurité
Wahnsinn ['vaːnzɪn] m kein Pl ❶ fam *(Unsinn)* folie f, aberration f; **das wäre ~!** ça serait de la folie!
❷ MED aliénation f mentale
▶ **etw ist heller ~** fam qc est complètement dingue *(fam)*; **jdn zum ~ treiben** fam rendre qn cinglé(e) [o dingue] *(fam)*; **~! s**'c'est dingue! *(pop)*
wahnsinnig I. Adj ❶ MED fou(folle), dément(e); **~ werden/sein** devenir/être fou(folle)
❷ attr fam *(gewaltig) Arbeit, Geld, Aufgabe* fou(folle), dingue *(fam); Hitze, Kälte* sacré(e) antéposé *(fam); Sturm* terrible
❸ pej fam *(wahnwitzig) Forderung, Idee* fou(folle), délirant(e)
❹ sl *(herrlich) Mensch, Auto* super *(fam)*
▶ **jdn ~ machen** fam finir par rendre qn cinglé(e) *(fam)*; **ich werde [noch] ~!** fam [il] y a de quoi devenir cinglé(e)! [o dingue] *(fam)*; **wie ~** fam *rennen, sich anstrengen* comme un(e) cinglé(e) *(fam)* [o un(e) dingue]; **schreien** comme un(e) malade
II. Adv fam *(äußerst) heiß, teuer* vachement *(fam)*; **das ist ~ viel** ça fait vachement beaucoup *(fam)*
Wahnsinnige(r) f(m) dekl wie Adj fou m/folle f, dément(e) m(f)
Wahnsinnigwerden ▶ **es ist zum ~!** fam il y a de quoi devenir cinglé(e) [o dingue]! *(fam)*
Wahnsinnstat f acte m démentiel
Wahnvorstellung f ❶ *(Obsession)* obsession f ❷ MED hallucination f **Wahnwitz** m kein Pl folie f **wahnwitzig** Adj fou(folle) [o délirant(e)]
wahr [vaːɐ] Adj ❶ *Geschichte, Begebenheit* vrai(e); *Aussage* véridique; **seine Drohungen ~ machen** mettre ses menaces à exécution; **sein Versprechen ~ machen** tenir sa promesse; **etw für ~ halten** considérer qc comme véridique; **ich halte das für ~** j'estime que c'est la vérité; **da ist etwas Wahres dran** fam [il] y a du vrai là-dedans; **wie ~!** *(oh non!)* Que oui! *(fam)*; **das ist nur zu ~!** ce n'est que trop vrai!; **das darf [o kann] doch nicht ~ sein!** fam mais c'est pas vrai! *(fam)*; **nicht ~?** n'est-ce pas?
❷ attr *(wirklich, tatsächlich) Schuldige, Verantwortliche* vrai(e) antéposé; **er ist der ~ e Verantwortliche** c'est lui le vrai responsable
❸ attr *(echt, wirklich) Freund, Liebe, Treue* véritable antéposé; *Glück* vrai(e) antéposé; *Kultur, Kunst* à l'état pur; **das ~e Glück** le vrai bonheur; **das ist ~e Kunst** c'est vraiment de l'art; **das ist ein ~es Vergnügen/eine ~e Schande** c'est un vrai plaisir/une vraie honte; **sein ~es Können beweisen** montrer tout son savoir-faire
▶ **das ist das einzig Wahre** fam [il n']y a que ça de vrai *(fam)*; **das ist [auch] nicht das Wahre** fam c'est pas vraiment ça *(fam)*; **das ist schon gar nicht mehr ~** fam c'est de la vieille histoire *(fam)*; **so ~ ich lebe [o hier stehe]** fam aussi vrai que je m'appelle...
wahren ['vaːrən] tr V ❶ *(wahrnehmen)* préserver *Interessen, Rechte, Vorteile*
❷ *(aufrechterhalten)* conserver *Autorität, Fassung, Ruf*; garder *Geheimnis*
währen ['vɛːrən] itr V geh durer; **es währte nicht lange, da** ... ça n'a pas duré longtemps, déjà ...
▶ **was lange währt, wird endlich gut** Spr. tout vient à point à qui sait attendre
während ['vɛːrənt] I. Präp + *Gen* pendant; **~ des Urlaubs** pendant les congés
II. Konj ❶ *(wohingegen)* alors que + *indic*
❷ *(in der Zeit als)* pendant que + *indic*
währenddessen [vɛːrənt'dɛsən] Adv pendant ce temps[-là]
wahrhaben tr V unreg vouloir admettre; **etw nicht ~ wollen** ne pas vouloir admettre qc; **[es] nicht ~ wollen, dass** ne pas vouloir admettre que + *indic*
wahrhaft ['vaːɐhaft] s. **wahr** ❸
wahrhaftig I. Adj veraltet geh véritable
II. Adv geh vraiment
Wahrheit <-, -en> f ❶ vérité f; **jdm die ~ sagen** dire la vérité à qn]; **die ganze [o volle] ~** toute la vérité; **das ist nur die halbe ~** ce n'est que la moitié de la vérité; **in ~** en réalité
❷ kein Pl *(Richtigkeit) einer Aussage, Bemerkung* véracité f
▶ **es mit der ~ nicht so genau nehmen** fam avoir une conception élastique de la vérité; **wer einmal lügt, dem glaubt man nicht, und wenn er auch die ~ spricht** Spr. on ne croit pas un

menteur, même lorsqu'il dit la vérité ; **um die ~ zu sagen** à vrai dire
Wahrheitsfindung <-> f établissement m de la vérité ; **sich (Dat) mit der ~ schwertun** avoir du mal à établir la vérité
Wahrheitsgehalt m véracité f **wahrheitsgemäß** Adj, Adv conforme à la vérité **wahrheitsgetreu** I. Adj fidèle II. Adv fidèlement **Wahrheitsliebe** f sincérité f **wahrheitsliebend** Adj sincère
wahrlich Adv geh en vérité
wahrnehmbar Adj perceptible
wahrInehmen tr V unreg ❶ percevoir Geräusch, Geruch, Licht ❷ (nutzen) profiter de Chance, Gelegenheit, Vorteil ❸ (einhalten) **einen Termin ~** se rendre à un rendez-vous ❹ (vertreten) défendre Interessen
Wahrnehmung <-, -en> f ❶ eines Geräuschs perception f ❷ (Einhaltung) **die ~ dieses Termins ist mir nicht möglich** il m'est impossible de me rendre à ce rendez-vous ❸ (Vertretung) von Interessen défense f ; von Angelegenheiten prise f en charge ; **ich bitte Sie um die ~ meiner Angelegenheiten** je vous demande de prendre mes affaires en charge
wahrIsagen I. itr V prédire l'avenir ; **jdm ~** dire la bonne aventure à qn ; **[jdm] aus den Karten ~** tirer les cartes [à qn] ; **sich (Dat) von jdm ~ lassen** se faire dire la bonne aventure par qn
II. tr V **jdm etw ~** prédire qc à qn
Wahrsager(in) <-s, -> m/(f) voyant(e) m(f)
Wahrsagerei <-, -en> f pej kein Pl (das Wahrsagen) prédiction f de l'avenir
❷ (Äußerung) prédictions fpl
währschaft ['vɛːʃaft] Adj CH ❶ (gediegen) Material, Ware de bonne qualité ; Arbeit bien fait(e) ; **das ist nichts Währschaftes** c'est de la camelote (fam)
❷ (tüchtig) Essen consistant(e) ; Geschäftsmann solide
wahrscheinlich [vaːɐ̯ˈʃaɪ̯nlɪç] I. Adj probable ; **es ist ~, dass** il est probable que + subj ; **es ist nicht ~, dass** il est peu probable que + subj
II. Adv probablement
Wahrscheinlichkeit <-, -en> f probabilité f ; **mit hoher ~** très probablement ; **aller ~ nach** selon toute probabilité
Wahrscheinlichkeitsgrad m degré m de probabilité **Wahrscheinlichkeitsrechnung** f MATH calcul m des probabilités
Wahrung ['vaːʀʊŋ] <-> f von Rechten, Vorteilen préservation f ; von Interessen défense f
Währung ['vɛːʀʊŋ] <-, -en> f monnaie f
Währungsabkommen nt accord m monétaire **Währungseinheit** f unité f monétaire **Währungsfonds** [-fɔ̃ː] m fonds m monétaire ; **der Internationale ~** le Fonds monétaire international **Währungsgebiet** nt ÖKON zone f monétaire **Währungsinstitut** nt institut monétaire m ; **das Europäische ~** l'Institut m monétaire européen **Währungskrise** f crise f monétaire **Währungskurs** m cours m du change **Währungspolitik** f politique f monétaire **Währungsreform** f réforme f monétaire **Währungsreserve** f réserve f monétaire **Währungsreserven** Pl FIN réserves fpl de devises **Währungsstabilität** f stabilité f monétaire [o de la monnaie] **Währungssystem** nt système m monétaire ; **das Europäische ~** le Système monétaire européen **Währungsumstellung** f FIN conversion f d'une monnaie **Währungsunion** f union f monétaire ; **die Europäische ~** l'Union monétaire européenne ; **die Teilnahme an der ~** la participation à l'Union monétaire
Wahrzeichen nt emblème m
Waise ['vaɪ̯zə] <-, -n> f orphelin(e) m(f)
Waisenhaus nt orphelinat m **Waisenkind** nt [petit] orphelin m/[petite] orpheline f **Waisenknabe** ▶ **gegen dich/ihn ist er ein ~ [o Waisenkind]** fam c'est un amateur à côté de toi/lui (fam) **Waisenrente** f pension f d'orphelin
Wal [vaːl] <-[e]s, -e> m baleine f
Wald [valt, Pl: ˈvɛldə] <-[e]s, Wälder> m forêt f ; (kleiner) bois m ; **im ~ spazieren gehen** aller se promener dans la forêt [o les bois] ; **der Bayrische/Thüringer ~** la Forêt bavaroise/de Thuringe
▶ **er/sie sieht den ~ vor lauter Bäumen nicht** fam les arbres lui cachent la forêt ; **ich glaub', ich steh' im ~ !** fam j'ai l'impression d'être en plein délire ! (fam) ; **wie man in den ~ hineinruft, so schallt es heraus** Spr. on récolte ce qu'on a semé
Waldameise f fourmi f rouge **Waldarbeiter(in)** m(f) garde m forestier **Waldbestand** m patrimoine m forestier **Waldboden** m sol m forestier **Waldbrand** m incendie m de forêt
Wäldchen ['vɛltçən] <-s, -> nt Dim von Wald bosquet m
Walderdbeere f BOT fraise f sauvage [o des bois] **Waldgrenze** f limite f des forêts **Waldhorn** nt cor m de chasse
waldig Adj boisé(e)
Waldland nt zone f forestière **Waldlauf** m footing m en forêt ; **einen ~ machen** faire un footing en forêt **Waldlehrpfad** m parcours m forestier pédagogique **Waldmeister** m aspérule f [odo-

rante]
Waldorfschule ['valdɔrf-] f école f Rudolf-Steiner (école privée dont la méthode d'enseignement est basée sur la pédagogie anthroposophique)
Waldrand m lisière f du bois [o de la forêt] **waldreich** Adj très boisé(e), riche en bois [o forêts] **Waldschaden** m dégâts mpl forestiers **Waldsterben** nt dépérissement m des forêts
Waldung <-, -en> f geh domaine m forestier (soutenu)
Waldweg m chemin m forestier
Wales [weɪ̯ls] <-> nt le pays de Galles
Walfang m kein Pl pêche f à la baleine **Walfänger** m ❶ (Person) pêcheur m de baleine ❷ (Schiff) baleinier m **Walfisch** m fam baleine f
Walhall[a] [valˈhala] <-s> f Walhalla m
Waliser(in) [vaˈliːzɐ] <-s, -> m(f) Gallois(e) m(f)
walisisch [vaˈliːzɪʃ] Adj gallois(e)
walken [ˈvalkən] tr V ❶ fouler Leder, Stoff
❷ DIAL (durchkneten) pétrir Teig
walken [ˈvɔːkən] <walke, walkte, gewalkt> itr V faire de la marche nordique
Walkie-Talkie[RR] [ˈwɔːkɪˈtɔːkɪ] <-[s], -s> nt talkie-walkie m
Walkman® [ˈwɔːkmæn] <-s, -men> m baladeur m
Walküre [valˈkyːrə] <-, -n> f Walkyrie f
Wall [val, Pl: ˈvɛlə] <-[e]s, Wälle> m talus m
Wallach [ˈvalax] <-s, -e> m hongre m
wallen [ˈvalən] itr V Suppe, Wasser: bouillonner
wallend Adj geh Bart, Haar ondoyant(e) et abondant(e) (soutenu) ; Gewänder ondulant(e) (soutenu), Kleidung ondoyant(e) (soutenu)
Wallfahrer(in) m(f) pèlerin m **Wallfahrt** f pèlerinage m
Wallfahrtskirche f REL église f de pèlerinage **Wallfahrtsort** m [lieu m de] pèlerinage m
Wallis [ˈvalɪs] <-> nt **das ~** le Valais
Walliser(in) [ˈvaliːzɐ] <-s> m(f) Valaisan(ne) m(f)
Wallone [vaˈloːnə] <-n, -n> m, **Wallonin** f Wallon(ne) m(f)
Wallung [ˈvalʊŋ] <-, -en> f (Hitzewallung) bouffée f de chaleur
❷ (Erregung) **in ~ geraten** Person: entrer en transe ; Blut: bouillir ; **jdn in ~ bringen** Person: faire bouillir qn ; Vorfall, Bemerkung: mettre qn en rage
Walmdach [ˈvalm-] nt toit m en croupe
Walnuss[RR] f ❶ (Frucht) noix f
❷ s. Walnussbaum
Walnussbaum[RR] m noyer m **Walnussholz**[RR] nt [bois m de] noyer m
Walpurgisnacht [valˈpʊrɡɪs-] f nuit f de Walpurgis
Walross[RR] nt morse m
▶ **wie ein ~ schnaufen** fam souffler comme un phoque
walten [ˈvaltən] itr V geh ❶ (herrschen) Geist, Zustände: régner ; Kräfte: se manifester
❷ (üben) **Gnade/Nachsicht ~ lassen** faire montre [o preuve] de grâce/d'indulgence
Walzblech nt tôle f
Walze [ˈvaltsə] <-, -n> f ❶ GEOM, TECH cylindre m
❷ (Straßenwalze) rouleau m compresseur
walzen [ˈvaltsən] tr V ❶ damer Piste, Schnee
❷ METAL **[glatt] ~** laminer Stahl, Metall
wälzen [ˈvɛltsən] I. tr V ❶ tourner ; **jdn auf die Seite/etw zur Seite ~** tourner qn sur le côté/[faire] rouler qc sur le côté
❷ (rollen) **etw in Mehl ~** rouler qc dans la farine
❸ fam (durchblättern) compulser (fam) Akten, Buch, Unterlagen
❹ fam (sich beschäftigen mit) ruminer (fam) Gedanken, Probleme
II. r V **sich im Bett hin und her ~** se tourner et retourner dans son lit ; **sich auf dem Boden/im Gras ~** se rouler par terre/dans l'herbe ; **sich im Schlamm ~** Schwein: se vautrer dans la boue
walzenförmig Adj cylindrique
Walzer [ˈvaltsɐ] <-s, -> m valse f ; **Wiener ~** valse viennoise
Wälzer [ˈvɛltsɐ] <-s, -> m fam pavé m (fam)
Walzermusik f air m de valse
Wälzlager nt TECH palier m à rouleaux
Walzstahl m TECH acier m laminé **Walzstraße** f train m de laminoirs **Walzwerk** nt laminoir m
Wampe [ˈvampə] <-, -n> f DIAL fam brioche f (fam)
Wams [vams, Pl: ˈvɛmzə] <-es, Wämser> nt DIAL gilet m [sans manches]
wand [vant] Imp von winden[1]
Wand [vant, Pl: ˈvɛndə] <-, Wände> f ❶ (Mauer) mur m ; **einer Schleuse** bajoyer m ; **~ an ~ wohnen** habiter porte à porte [o sur le même palier]
❷ (dünne Trennwand) cloison f
❸ (Wandschirm) **spanische ~** paravent m
❹ (Wandung) eines Behälters, Schiffs paroi f ; **eines Schranks** fond m
❺ (Felswand) paroi f
▶ **die Wände haben Ohren** les murs ont des oreilles ; **in meinen/seinen/… vier Wänden** dans mon chez-moi/son chez-soi/

...; **weiß wie eine ~ werden** devenir blanc(blanche) comme un linge; **jdn an die ~ drücken** évincer qn; **ich könnte die ~** [*o die Wände*] **hochgehen** *fam* c'est à se taper la tête contre les murs *(fam)*; **gegen eine ~ reden** parler à un mur; **bei ihm redet man gegen eine ~** [avec lui,] autant parler à un mur; **jdn an die ~ spielen** SPORT écraser qn; MUS surclasser qn; THEAT éclipser qn; **jdn an die ~ stellen** *fam* coller qn au mur *(fam)*; **dass die Wände wackeln** *fam* à faire trembler les murs *(fam)*
Wandale [van'da:lə] <-n, -n> *m*, **Wandalin** *f* ❶ HIST Vandale *mf*
❷ *(Zerstörer)* vandale *mf*
▶ **wie die ~n** comme des vandales
Wandalismus [vanda'lɪsmʊs] *s.* Vandalismus
Wandbehang *s.* Wandteppich
Wandel ['vandəl] <-s> *m geh* changement *m*; **einem ~ unterliegen** subir un changement; **eine Gesellschaft im ~** une société en mutation; **im ~ der Zeiten** au fil du temps
wandelbar *Adj geh* changeant(e); **kaum/schwer ~** peu susceptible de changer
Wandelgang <-gänge> *m* promenoir *m* **Wandelhalle** *f eines Theaters* foyer *m*; *eines Kurhauses* hall *m*
wandeln ['vandəln] *geh* **I.** *tr V + haben* modifier
II. *r V + haben* **sich ~** changer
III. *itr V + sein* **auf und ab ~** déambuler
Wanderausstellung *f* exposition *f* itinérante **Wanderbühne** *f* troupe *f* de comédiens ambulants **Wanderdüne** *f* dune *f* mouvante
Wanderer <-s, -> *m*, **Wanderin** *f* randonneur(-euse) *m(f)*
Wanderfalke *m* ORN faucon *m* pèlerin **Wanderheuschrecke** *f* criquet *m* pèlerin **Wanderhütte** *s.* Berghütte **Wanderkarte** *f* guide *m* des sentiers de grande randonnée
wandern ['vandɐn] *itr V + sein* ❶ *(eine Wanderung machen)* faire de la marche [*o* de la randonnée]; **in den Bergen ~** faire de la randonnée en montagne; **von Altena bis zur Ostsee ~** aller d'Altena à la mer Baltique à pied; **drei Stunden/zehn Kilometer ~** faire une marche [*o* randonnée] de trois heures/dix kilomètres; **das Wandern** la marche; **sich zum Wandern treffen** se retrouver pour faire de la marche [*o* de la randonnée]
❷ *(gehen) durch die Stadt/das Museum ~* déambuler dans la ville/le musée
❸ *(sich bewegen) Gletscher, Wanderdüne, Geschoss:* se déplacer; *Wolken:* passer; **~ de Düne** dune *f* mouvante; **ihr Blick wandert durch den Saal** elle promène son regard dans la salle
❹ *fam (geworfen werden)* **in den Papierkorb/ins Feuer ~** passer à la corbeille/au feu *(fam)*
❺ *(in großer Zahl umherziehen) Völker, Lachse:* migrer
Wanderniere *f* MED rein *m* flottant **Wanderpokal** *m* [coupe *f* du] challenge *m* **Wanderprediger** *m* prédicateur(-trice) *m(f)* itinérant(e) **Wanderratte** *f* rat *m* d'égout
Wanderschaft <-, *selten* -en> *f kein Pl eines Gesellen* ≈ tour *m* de France *(effectué par un compagnon)*; **auf ~ gehen** *Geselle:* ≈ partir faire le tour de France *(im umherstreifen)* partir vadrouiller *(fam)*; **auf ~ sein** *Geselle:* ≈ faire le tour de France *fam (umherstreifen)* être en vadrouille *(fam)*
Wanderschuhe *Pl* chaussures *fpl* de marche
Wandersmann <-leute> *m veraltet* randonneur *m*
Wandertag *m* journée *f* d'excursion; **morgen ist ~** demain on fait une excursion; **hat Ihnen der ~ gefallen?** est-ce que l'excursion vous a plu?
Wanderung <-, -en> *f* ❶ *(Fußmarsch)* randonnée *f*
❷ *(Standortwechsel) von Völkern, Lachsen* migration *f*
Wandervogel *m fam* ❶ *(Wanderer)* randonneur(-euse) *m* ❷ *(unsteter Mensch)* courant *m(f)* d'air *(fig)* **Wanderweg** *m* sentier *m* de [grande] randonnée **Wanderzirkus** *m* cirque *m* ambulant
Wandgemälde *nt* peinture *f* murale **Wandkalender** *m* calendrier *m* mural **Wandkarte** *f* carte *f* murale **Wandlampe** *f* applique *f*
Wandlung ['vandlʊŋ] <-, -en> *f* ❶ *geh (Veränderung)* transformation *f*
❷ ECCL transsubstantiation *f*; *(Teil der Messe)* consécration *f*
❸ JUR rédhibition *f (spéc)*
wandlungsfähig *Adj* transformable; *Schauspieler* prompt(e) à changer de personnage; *Betrüger* prompt(e) à changer de visage
Wandrer(in) *s.* Wanderer, Wanderin
Wandschrank *m* placard *m* **Wandspiegel** *m* miroir *m* mural
Wandtafel *f* tableau *f* noir
wandte ['vantə] *Imp von* wenden
Wandteller *m* assiette *f* décorative **Wandteppich** *m* tapis *m* mural; *(gewebt)* tapisserie *f* **Wanduhr** *f* horloge *f* murale
Wandverkleidung *f (auf Innenwänden)* lambris *m*; *(auf Außenwänden)* revêtement *m* mural **Wandzeitung** *f* journal *m* mural
Wange ['vaŋə] <-, -n> *f geh* joue *f*; **~ an ~ tanzen** danser joue contre joue
Wankelmotor ['vaŋkəl-] *m* [moteur *m*] rotatif *m*

Wankelmut ['vaŋkəlmu:t] *m geh* versatilité *f (soutenu)*
wankelmütig *Adj geh* versatile *(soutenu)*; **~ werden** commencer à être indécis(e)
Wankelmütigkeit *s.* Wankelmut
wanken ['vaŋkən] *itr V* ❶ + *haben (schwanken) Person:* chanceler; *Turm, Gebäude:* vaciller; *Knie:* flageoler
❷ + *sein (schwankend gehen)* **nach Hause/ins Bett ~** tituber jusqu'à la maison/jusqu'au lit
▶ **etw ins Wanken bringen** faire vaciller qc; **ins Wanken geraten** se mettre à vaciller
wann [van] *Adv interrog* quand; **~ etwa** [*o ungefähr*] quand à peu près; **seit ~** depuis quand; **von ~ an** à partir de quand; **~** [auch] **immer** n'importe quand; **~ immer Sie wollen** quand vous voulez; **bis ~** jusqu'à quand; **bis ~ muss die Arbeit fertig sein?** pour quand faut-il finir le travail?
Wanne ['vanə] <-, -n> *f* ❶ *(Badewanne)* baignoire *f*; **in die ~ gehen** prendre un bain
❷ *(längliches Gefäß)* bassine *f*
❸ *(Ölwanne)* carter *m*
Wannenbad *nt* bain *m*
Wanst [vanst, *Pl:* 'vɛnstə] <-[e]s, Wänste> *m fam* panse *f*; **sich (Dat) den ~ vollschlagen** s'en mettre plein la panse *(fam)*
Want [vant] <-, -en> *f meist Pl* NAUT hauban *m*
Wanze ['vantsə] <-, -n> *f* ❶ punaise *f*
❷ *fam (Abhörgerät)* micro *m*
WAP [wap, wɛp] <-> *nt Abk von* Wireless Application Protocol INFORM, TELEC Wap *m*
WAP-Handy *nt* TELEC portable *m* WAP
Wappen ['vapən] <-s, -> *nt* armoiries *fpl*; **ein ~ führen** avoir des armoiries; **er führt eine Lilie im ~** le lis figure dans ses armoiries
wappen ['vapən, 'wɛpən] <wappe, wappte, gewappt> *itr V* INFORM, TELEC communiquer via le Wap
Wappenkunde *f kein Pl* blason *m*, [science *f*] héraldique *f* **Wappenschild** <-schilde *o* -schilder> *m o nt* blason *m* **Wappentier** *nt* animal *m* héraldique
wappnen ['vapnən] *r V geh* **sich ~** se mettre sur ses gardes; **sich gegen etw ~** se prémunir contre qc; **gewappnet sein** être paré(e); **gegen solch einen Zwischenfall ist man nie gewappnet** on n'est jamais à l'abri d'un tel incident
war [va:ɐ] *Imp von* sein¹
warb [varp] *Imp von* werben
ward [vart] *Imp von* werden
Ware ['va:rə] <-, -n> *f* ❶ marchandise *f*
❷ *(Lebensmittel)* denrées *fpl*; **leicht verderbliche ~n** des denrées périssables
▶ **heiße ~** *fam* marchandise *f* suspecte
Warenangebot *nt* choix *m* d'articles **Warenannahme** *f* réception *f* de la marchandise **Warenausgabe** *f* délivrance *f* de la marchandise **Warenauslage** *f* étalage *m* de marchandises **Wareneingang** *m* ÖKON ❶ *kein Pl (Abteilung)* arrivage *m* ❷ *(eingehende Waren)* entrée *f* de marchandises **Warenhaus** *s.* Kaufhaus **Warenkorb** *m* panier de la ménagère **Warenlager** *nt* ❶ *(Lagerraum)* entrepôt *m*, dépôt *m* ❷ *(Vorrat)* stock *m* de marchandises **Warenpreis** *m* prix *m* des marchandises **Warenprüfung** *f* contrôle *m* des marchandises **Warensendung** *f* envoi *m* des marchandises **Warensortiment** *nt* assortiment *m* **Warentest** *m* test *m* de qualité **Warenumsatzsteuer** *f* CH taxe *f* à la valeur ajoutée **Warenzeichen** *nt* marque *f* de fabrication; **eingetragenes ~** marque déposée
warf [varf] *Imp von* werfen
Warlord ['wɔːlɔːd] <-s, -s> *m* POL, MIL chef *m* de guerre
warm [varm] <wärmer, wärmste> **I.** *Adj* ❶ chaud(e); **es ist ~ hier** il fait chaud ici; **28 Grad ~es Wasser** de l'eau à 28 degrés; **jdm ist/wird ~** qn a/commence à avoir chaud; **~ werden** *Heizkörper:* chauffer; **etw ~ halten** tenir qc au chaud; [jdm] etw [wieder] **~ machen** faire [ré]chauffer qc [à qn]; **ins Warme kommen/im Warmen sitzen** venir/être au chaud
❷ METEO chaud(e); **~ werden** *Temperatur, Wetter:* se réchauffer
❸ *(wärmend) Kleidung, Decke* chaud(e)
❹ *geh (herzlich) Anteilnahme, Worte, Interesse* chaleureux(-euse)
❺ SPORT **sich ~ laufen/spielen** s'échauffer
❻ TECH **~ laufen** *Motor, Wagen:* chauffer; **etw ~ laufen lassen** faire chauffer qc
▶ **mit jdm ~ werden** *fam* accrocher avec qn *(fam)*
II. *Adv* ❶ *liegen, schlafen* au chaud; *trinken* chaud; *waschen* à l'eau chaude; **~ duschen** prendre une douche chaude
❷ *(gegen Kälte schützend) sich anziehen, zudecken* chaudement
❸ *(nachdrücklich, von ganzem Herzen)* **jdn wärmstens empfehlen** recommander très chaleureusement qn; [jdm] etw wärmstens empfehlen recommander tout particulièrement qc [à qn]
Warmblut *nt* demi-sang *m*
Warmblüter ['-bly:tɐ] <-s, -> *m* animal *m* à sang chaud
warmblütig *Adj* homéotherme *(spéc)*, à sang chaud

Wärme ['vɛrmə] <-> *f* chaleur *f*
Wärmeaustauscher *m* TECH échangeur *m* de chaleur **Wärmebelastung** *f* ÖKOL pollution *f* thermique **wärmebeständig** *Adj* TECH résistant(e) à la chaleur **wärmedämmend** *Adj* isolant(e)
Wärmedämmung *f* isolation *f* [thermique] **wärmeempfindlich** *Adj* sensible à la chaleur **Wärmeenergie** *f* énergie *f* thermique **Wärmehaushalt** *m kein Pl* équilibre *m* thermique **Wärmeisolierung** *f* isolation *f* thermique **Wärmekraftwerk** *nt* centrale *f* thermique **Wärmelehre** *f kein Pl* PHYS thermique *f*, thermodynamique *f* **Wärmeleitfähigkeit** *f kein Pl* TECH conductibilité *f* thermique
wärmen ['vɛrmən] I. *tr V (aufwärmen)* chauffer *Suppe, Milch;* **sich** *(Dat)* **die Hände/Füße ~** se réchauffer les mains/pieds
II. *itr V Decke, Kleidungsstück:* tenir chaud; *Heizofen, Sonne:* chauffer; *Getränk:* réchauffer
III. *r V* **sich ~** se réchauffer; **sich [gegenseitig] ~** se réchauffer [l'un(e) l'autre]
Wärmepumpe *f* pompe *f* à chaleur **Wärmequelle** *f* source *f* de chaleur **Wärmespeicher** *m* récupérateur *m* de chaleur **Wärmestrahlung** *f* rayonnement *m* thermique **Wärmetauscher** <-s, -> *m* échangeur *m* de chaleur **Wärmetechnik** *f kein Pl* technologie *f* thermique **Wärmeverlust** *m* déperdition *f* thermique **Wärmezufuhr** *f kein Pl* TECH adduction *f* de chaleur
Wärmflasche *f* bouillotte *f*
Warmfront *f* METEO front *m* chaud
warm|halten *r V unreg fig* **sich** *(Dat)* **jdn ~** rester bien avec qn *(fam)*
Warmhalteplatte *f* chauffe-plat *m*
warmherzig *Adj* chaleureux(-euse)
warm|laufenᴬᴸᵀ *s.* **warm** I.❻
Warmluft *f* air *m* chaud **Warmmiete** *f* loyer *m* charges comprises **Warmstart** *m* INFORM démarrage *m* à chaud
Warmwasserbereiter <-s, -> *m* chauffe-eau *m* **Warmwasserheizung** *f* TECH chauffage *m* [central] à eau chaude **Warmwasserleitung** *f* conduit *m* d'eau chaude **Warmwasserspeicher** *m* ballon *m* d'eau chaude **Warmwasserversorgung** *f* approvisionnement *m* en eau chaude
Warnanlage *f* TECH système *m* d'alarme **Warnblinkanlage** *f* feux *mpl* de détresse **Warnblinkleuchte** *f* lampe *m* de détresse
Warndreieck *nt* triangle *m* de signalisation
warnen ['varnən] I. *tr V* prévenir; **jdn vor jdm/etw ~** mettre qn en garde contre qn/qc; **jdn** *(davor)* **~ etw zu tun** dissuader qn de faire qc; **ich kann Sie nur ~!** je ne peux que vous mettre en garde!
II. *itr V* vor jdm/etw ~ mettre en garde contre qn/qc
warnend I. *Adj Blick, Zeichen, Anzeichen* d'avertissement; *Zuruf* de mise en garde; *Signal* avertisseur(-euse); **mit ~er Stimme** sur le ton de la mise en garde
II. *Adv* à titre d'avertissement
Warnkreuz *nt* croix *f* de Saint-André *(signal de position à un passage à niveau sans barrière)* **Warnlicht** *nt* signal *m* lumineux **Warnruf** *m* avertissement *m* **Warnschild** <-schilder> *nt* panneau *m* avertisseur; *(Verkehrsschild)* panneau de danger **Warnschuss**ᴿᴿ *m* tir *m* de sommation **Warnsignal** *nt (optisches Zeichen)* signal *m* lumineux; *(akustisches Zeichen)* signal sonore **Warnstreik** *m* grève *f* d'avertissement
Warnung <-, -en> *f* avertissement *m*; **~ vor etw** *(Dat)* mise *f* en garde contre qc; **etw als ~ verstehen** prendre qc à titre d'avertissement; **lass dir das eine ~ sein!** que ça te serve d'avertissement!
Warnzeichen *nt* ❶ *(Warnschild)* signal *m*
❷ *(Anzeichen)* avertissement *m*
Warschau ['varʃaʊ] <-s> *nt* Varsovie
Warte ['vartə] <-, -n> *f* ▶ **von seiner/meiner/... ~ [aus]** de son/mon/... point de vue
Wartefrist *s.* **Wartezeit Wartehalle** *f* hall *m* d'attente **Warteliste** *f* liste *f* d'attente
warten ['vartən] I. *itr V* ❶ attendre; **auf jdn/etw ~** attendre qn/qc; **jd/etw kann ~** qn/qc peut attendre; **auf sich** *(Akk)* **~ lassen** se faire attendre; **nicht [lange] auf sich** *(Akk)* **~ lassen** *Antwort, Reaktion:* ne pas se faire attendre; **das Warten auf etw** *(Akk)* l'attente *f* de qc; **ich kann ~!** j'ai tout mon temps!; **warte mal!** attends voir!; **bitte ~!** veuillez patienter quelques instants!; **worauf wartest du noch?** *fam* t'attends quoi? *(fam)*
❷ *(hinausschieben)* **mit etw ~** remettre qc; **mit dem Essen auf jdn ~** attendre qn pour manger; **mit seiner Frage ~, bis alle da sind** attendre que tout le monde soit là pour poser sa question
▶ **da kannst du lange ~!** tu peux toujours courir!; **na warte!** *fam* attends un peu!
II. *tr V* TECH réviser *Auto;* assurer la maintenance de *Gerät, Heizung;* **etw ~ lassen** faire réviser qc
Wärter(in) ['vɛrtɐ] <-s, -> *m(f) veraltet* gardien(ne) *m(f)*
Warteraum *m* salle *f* d'attente **Wartesaal** *m (in Bahnhöfen)* salle *f* d'attente **Warteschlange** *f* file *f* d'attente **Warteschleife** *f* AVIAT circuit *m* d'attente *(en cas de saturation aérienne, au-dessus d'un aéroport);* **~n drehen** *Pilot:* attendre l'autorisation d'atterrir **▶ in eine ~ kommen** être inscrit(e) sur une liste d'attente **Wartezeit** *f* ❶ *(Zeit des Wartens)* attente *f*; **erhebliche/lange ~en** une attente prolongée/longue attente ❷ *(Karenzzeit)* délai *m* de carence **Wartezimmer** *nt* salle *f* d'attente
Wartung <-, -en> *f eines Autos* entretien *m*; *eines Geräts, einer Heizung* maintenance *f*
Wartungsaufwand *m* entretien *m* **wartungsfrei** *Adj* sans entretien; **~ sein** ne nécessiter aucun entretien
warum [va'rʊm] *Adv interrog* pourquoi; **~ nicht?** *(wieso nicht)* [et] pourquoi pas?; *(meinetwegen)* pourquoi pas?; **das Warum** le pourquoi
▶ **~ nicht gleich so?** *fam* [ah,] quand même! *(fam)*
Warze ['vartsə] <-, -n> *f* ❶ MED verrue *f*
❷ *(Brustwarze)* mamelon *m*
Warzenhof *m* aréole *f*
was [vas] I. *Pron interrog* ❶ que; **~ funktioniert nicht?** qu'est-ce qui ne fonctionne pas?; **~ ist gefährlicher?** qu'est-ce qui est plus dangereux?; **~ bringt dich hierher?** qu'est-ce qui t'amène?; **~ ist [denn] das?** qu'est-ce que c'est [que ça]?; **~ ist [***o* **gibt's]?** qu'il y a?; **~ willst du/sagst du?** qu'est-ce que tu veux/dis?; **sag mir, ~ du willst** dis-moi ce que tu veux; **sie weiß nicht, ~ sie will** elle ne sait pas ce qu'elle veut; **für ein Mensch ist er?** c'est quel type d'homme?; **~ für ein Buch/einen Comic willst du?** tu veux quel livre/quelle bande dessinée?; **~ für ein Glück!** quelle chance!
❷ *fam (wie viel)* **~ kostet das?** qu'est-ce que ça coûte?; **~ schulde ich Ihnen dafür?** qu'est-ce que je vous dois?
❸ *fam (wie bitte)* **~?** quoi?
❹ *fam (warum)* **~ rennst/schreist du so?** qu'est-ce que tu as à courir/gueuler comme ça? *(fam)*
❺ *fam (woran, worauf)* **an ~ denkst du?** à quoi penses-tu?; **auf ~ wartet er?** qu'est-ce qu'il attend?
❻ *fam (nicht wahr)* **schmeckt gut, ~?** c'est bon, hein? *(fam)*
❼ *(wie sehr)* **~ habe ich gearbeitet!** qu'est-ce que j'ai bossé!; **~ ist dieser Mensch dumm!** qu'est-ce qu'il est bête!
II. *Pron rel* **sie bekommt immer [das], ~ sie will** elle obtient toujours ce qu'elle veut; **das Teuerste/Schönste, ~ auf dem / Markt ist** ce qu'il y a de plus cher/plus beau sur le marché; **das einzige/wenige, ~ es gibt** la seule chose/le peu de chose qu'il y ait
III. *Pron indef fam (etwas, irgendetwas)* quelque chose; **das ist ~ Besonderes/Leckeres** c'est quelque chose de particulier/succulent; **hast du ~ von ihm gehört?** est-ce que tu as des nouvelles de lui?; **hat er ~ gemerkt?** est-ce qu'il a remarqué quelque chose?; **kann ich ~ helfen?** je peux donner un coup de main?
Waschanlage *f* ❶ *(Autowaschanlage)* station *f* de lavage ❷ *fig sl (Geldwaschanlage)* officine *f* de blanchiment *(fam)* **Waschanleitung** *f* instructions *fpl* de lavage **Waschautomat** *m* lave-linge *m*
waschbar *Adj* lavable
Waschbär *m* raton *m* laveur **Waschbecken** *nt* lavabo *m* **Waschbrett** *nt* planche *f* à laver
Wäsche ['vɛʃə] <-, -en> *f* ❶ *kein Pl (das Waschen, die Schmutzwäsche)* lessive *f*; **~ waschen, die ~ machen** faire la lessive; **in der ~ sein** être au sale *(fam)*; **etw in die ~ tun** mettre qc au sale *(fam)*; **bei der ~ einlaufen** rétrécir au lavage
❷ *kein Pl (Textilien)* linge *m*; *(Unterwäsche)* sous-vêtements *mpl*; *(für Frauen)* dessous *mpl*; **seidene ~** de la lingerie de soie
❸ *(Wagenwäsche)* lavage *m*
▶ **dumm aus der ~ gucken** *fam* faire une drôle de tête *(fam)*; **man wäscht seine schmutzige ~ nicht vor anderen Leuten** [*o* **in der Öffentlichkeit**] il faut laver son linge sale en famille; **jdm an die ~ wollen** *fam* vouloir sauter sur qn *(fam)*
Wäscheberg *m* montagne *f* de linge *(fam)* **Wäschebeutel** *m* sac *m* à linge sale
waschecht *Adj* ❶ *Kleidungsstück, Farbe* grand teint
❷ *fam (typisch)* pur jus *(fam)*; **ein ~er Berliner** un Berlinois pur jus
Wäschegeschäft *nt* magasin *m* de blanc **Wäscheklammer** *f* pince *f* à linge **Wäschekorb** *m* panier *m* à linge **Wäscheleine** *f* corde *f* à linge **Wäschemangel** *f* machine *f* à repasser
waschen ['vaʃən] <wäscht, wusch, gewaschen> I. *tr, r V* ❶ *(reinigen)* laver; [**sich** *(Dat)*] **die Hände/Haare ~** [se] laver les mains/cheveux; **sich warm/kalt ~** se laver à l'eau chaude/froide
❷ *sl (legalisieren)* blanchir *(fam) Geld*
▶ **..., der/die/das sich gewaschen hat** *fam* ... qui n'est pas piqué(e) des vers [*o* des hannetons] *(fam)*
II. *itr V* faire une lessive
Wäschepuff *m* coffre *m* à linge
Wäscher(in) <-s, -> *m(f)* blanchisseur(-euse) *m(f)*
Wäscherei [vɛʃə'raɪ] <-, -en> *f* blanchisserie *f*
Wäscheschleuder *f* essoreuse *f* **Wäscheschrank** *m* armoire *f* à linge **Wäschespinne** *f* séchoir *m* parapluie

Wäschständer *m* séchoir *m* [à linge] **Wäschestärke** *f* empois *m* **Wäschetrockner** *m* sèche-linge *m*

Waschgang *m* programme *m* de lavage **Waschgelegenheit** *f* cabinet *m* de toilette; *(im Zimmer)* coin *m* toilette **Waschhandschuh** *m* gant *m* de toilette **Waschkessel** *m* lessiveuse *f* **Waschküche** *f* ❶ buanderie *f* ❷ *fam (dichter Nebel)* purée *f* de pois *(fam)* **Waschlappen** *m* ❶ gant *m* de toilette ❷ *fam (Feigling)* lavette *f (fam)* **Waschlauge** *f* lessive *f* **Waschleder** *nt* peau *f* de chamois **Waschmaschine** *f* machine *f* à laver, -lavelinge *m* **waschmaschinenfest** *Adj* lavable en machine **Waschmittel** *nt* lessive *f* **Waschpulver** [-fe, -ve] *nt* lessive *f* en poudre **Waschraum** *m* lavabos *mpl*; **der ~ ist im Erdgeschoss** les lavabos sont au rez-de-chaussée **Waschrumpel** [-rumpl] <-, -n> *f* A planche *f* à laver **Waschsalon** [-zal5:, -zalɔn] *m* laverie *f* [automatique] **Waschschüssel** *f* cuvette *f* **Waschstraße** *f* tunnel *m* de lavage

wäscht [vɛʃt] *3. Pers Präs von* **waschen**

Waschtag *m* jour *m* de lessive; **~ haben** avoir son jour de lessive; **mittwochs habe ich ~** le mercredi est mon jour de lessive **Waschtisch** *m* [dessus *m* de] meuble *m* sous vasque; HIST table *f* de toilette

Waschung <-, -en> *f* ❶ MED toilette *f* ❷ REL ablution *f*

Waschwasser *nt* eau *f* de lavage **Waschweib** *nt fam* commère *f (fam)* **Waschzettel** *m pej (Klappentext)* notice *f* de l'éditeur **Waschzeug** *nt fam* affaires *fpl* de toilette **Waschzwang** *m* hygiène *f* obsessionnelle

Wasser ['vasɐ] <-s, - *o* Wässer> *nt* ❶ *kein Pl (Trinkwasser, Brauchwasser)* eau *f*; **fließend ~** eau courante; **~ heiß machen** faire chauffer de l'eau; **etw unter ~ setzen** inonder qc; **unter ~ stehen** être inondé(e); **stilles ~** eau plate; **schweres ~** eau lourde; **~ treten** faire du pédiluve; **~ abstoßend** [*o* **abweisend**] hydrofuge
❷ *kein Pl (opp: Land, Festland)* eau *f*; **ein Boot zu ~ lassen** mettre un bateau à l'eau; **zu ~ und zu Land** sur terre comme sur mer; **etw zu ~ befördern** acheminer qc par voie d'eau
❸ *Pl geh (Fluten)* **die ~** les eaux *fpl*
❹ <Wässer> *(Tinktur)* **duftendes ~** eau *f* de parfum
❺ *euph (Urin)* **das ~ nicht halten können** ne pas pouvoir se retenir; **~ lassen** uriner; **sein ~ abschlagen** *sl* se soulager *(fam)*
▸ **bis dahin fließt noch viel ~ den Bach** [*o* **Rhein**] **hinunter** *fam* d'ici là, il coulera de l'eau [*o* encore beaucoup d'eau] sous les ponts; **bei ~ und Brot** sur la paille humide des cachots; **jdm steht das ~ bis zum Hals** *fam* qn est dans la panade *(fam)*; **~ auf jds Mühle** *(Akk)* **sein** apporter de l'eau au moulin de qn; **jdm läuft das ~ im Mund**[e] **zusammen** qn en a l'eau à la bouche; **nah am ~ gebaut haben** avoir la larme facile; **reinstes ~** *fam s Kapitalist, Idealist* invétéré(e); **stille ~ sind tief** *Spr.* il faut se méfier de l'eau qui dort; **jdm das ~ abgraben** prendre qn à la gorge; **ins ~ fallen** tomber à l'eau; **ins ~ gehen** *euph* se jeter à l'eau; **mit allen ~n gewaschen sein** *fam* avoir plus d'un tour dans son sac; **sich über ~ halten** garder la tête hors de l'eau; **jdm das ~ reichen können** ne rien avoir à envier à qn; **auch nur mit ~ kochen** *fam* ne pas être plus malin(-igne) que les autres

wasserabstoßend, wasserabweisend *Adj s.* **Wasser** ❶

Wasserader *f* veine *f* d'eau [souterraine] **Wasseranschluss**^{RR} *m* prise *f* d'eau **wasserarm** *Adj* aride **Wasseraufbereitung** *f* traitement *m* de l'eau **Wasserbad** *nt* bain-marie *m* **Wasserball** *m* ❶ *kein Pl (Sportart)* water-polo ❷ *(Ball)* ballon *m* [de water-polo] ❸ *(Spielball)* ballon *m* [de plage] **Wasserbecken** *nt* bassin *m* **Wasserbehälter** *m* réservoir *m* d'eau **Wasserbett** *nt* matelas *m* à eau **Wasserbombe** *f* ❶ MIL grenade *f* sous-marine ❷ *fam (Sprung)* bombe *f* d'eau **Wasserburg** *f* château *m* fort entouré d'eau

Wässerchen ['vɛsɐçɐn] <-s, -> *nt (Duftwasser)* eau *f* de parfum ▸ **er sieht aus, als ob er kein ~ trüben könnte** *fam* on lui donnerait le bon Dieu sans confession

Wasserdampf *m* vapeur *f* d'eau **wasserdicht** *Adj* ❶ *Gehäuse, Uhr* étanche; *Stoff, Anorak* imperméable ❷ *fam Alibi, Klage, Vertrag* en béton *(fam)*; **etw ~ machen** bétonner qc *(fam)* **Wasserdruck** *m* pression *f* hydraulique **wasserdurchlässig** *Adj* perméable **Wassereimer** *m* seau *m* d'eau **Wasserenthärter** <-s, -> *m* adoucisseur *m* **Wassererhitzer** <-s, -> *m* chauffe-eau *m* **Wasserfahrzeug** *nt* bateau *m*; *(klein)* embarcation *f* **Wasserfall** *m* cascade *f* ▸ **wie ein ~ reden** *fam* être un vrai moulin à paroles *(fam)* **Wasserfarbe** *f* peinture *f* à l'eau; **mit ~n** avec de la peinture à l'eau **wasserfest** *Adj* ❶ *Beschichtung, Farbe, Tapete* lavable ❷ *s.* **wasserdicht Wasserfloh** *m* daphnie *f* **Wasserflugzeug** *nt* hydravion *m* **Wasserfrosch** *m* grenouille *f* verte **wassergekühlt** *Adj* à refroidissement par eau **Wasserglas** *nt (Trinkglas)* verre *m* à eau **Wasserglätte** *f* aquaplaning *m* **Wassergraben** *m* ❶ GEOG rigole *f* ❷ SPORT rivière *f* ❸ *(Burggraben)* douve *f* **Wasserhahn** *m* robinet *m* **Wasserhärte** *f* dureté *f* de l'eau **Wasserhaushalt** *m* ❶ MED, BIO réserves *fpl* d'eau ❷ ÖKOL équilibre *m* hydraulique

wässerig ['vɛsərɪç] *s.* **wässrig**

Wasserkessel *m* bouilloire *f* **Wasserklosett** <-s, -s *o* -e> *nt* waters *mpl*, WC *mpl* **Wasserkocher** <-s> *m* bouilloire *f* **Wasserkopf** *m* ❶ MED hydrocéphalie *f* ❷ *fig* **sich zu einem ~ entwickeln** s'hypertrophier **Wasserkraft** *f kein Pl* énergie *f* hydraulique **Wasserkraftwerk** *nt* centrale *f* hydroélectrique **Wasserkreislauf** *m* circulation *f* de l'eau **Wasserkühlung** *f* refroidissement *m* par eau; **mit ~** à refroidissement par eau **Wasserlassen** <-s> *nt kein Pl* miction *f* **Wasserlauf** *m* cours *m* d'eau **Wasserleiche** *f* cadavre *m* [*o* corps *m*] d'un(e) noyé(e) **Wasserleitung** *f* conduite *f* d'eau; **Wasser aus der ~** de l'eau du robinet **Wasserlinie** [-li:niə] *f* ligne *f* de flottaison **Wasserloch** *nt* trou *m* d'eau **wasserlöslich** *Adj Pulver* soluble; *Farbe* hydrosoluble **Wassermangel** *m* pénurie *f* d'eau **Wassermann** <-männer> *m* ❶ ASTROL Verseau *m*; [ein] **~ sein** être Verseau ❷ MYTH génie *m* des eaux **Wassermelone** *f* pastèque *f* **Wassermühle** *f* moulin *m* à eau

wassern ['vasɐn] *itr V +* **haben** *o* **sein** amerrir

wässern ['vɛsɐn] *tr V* ❶ **Linsen/Salzheringe ~** faire tremper des lentilles/harengs saurs [dans l'eau]
❷ *(gießen)* arroser

Wassernixe *s.* **Nixe Wasseroberfläche** *f* surface *f* de l'eau **Wasserpfeife** *f* narguilé *m* **Wasserpflanze** *f* plante *f* aquatique **Wasserpistole** *f* pistolet *m* à eau **Wasserpumpe** *f* pompe *f* hydraulique [*o* à eau] **Wasserrad** *nt* roue *f* hydraulique **Wasserratte** *f* ❶ ZOOL rat *m* d'eau ❷ *fam (begeisterter Schwimmer)* vrai poisson *m* **wasserreich** *Adj* bien arrosé(e) **Wasserreservoir** *nt* ❶ réservoir *m* d'eau ❷ *s.* **Wasservorrat Wasserrohr** *nt* tuyau *m* d'eau **Wasserschaden** *m* dégâts *mpl* des eaux **Wasserscheide** *f* ligne *f* de partage des eaux **wasserscheu** *Adj* qui a peur de l'eau; **~ sein/werden** avoir/se mettre à avoir peur de l'eau **Wasserschildkröte** *f* tortue *f* des marais **Wasserschlange** *f* serpent *m* d'eau **Wasserschlauch** *m* tuyau *m* d'arrosage **Wasserschloss**^{RR} *nt* château *m* entouré d'eau

Wasserschutzgebiet *nt* zone *f* de protection des eaux **Wasserschutzpolizei** *f* police *f* fluviale; *(im Hafen)* police du port; *(auf dem Meer)* police maritime

Wasserski[1] *nt kein Pl (Sportart)* ski *m* nautique
Wasserski[2] *m (Sportgerät)* ski *m* [pour pratiquer le ski nautique]

Wasserspeicher *m* réservoir *m* d'eau **Wasserspeier** <-s, -> *m* ARCHIT gargouille *f* **Wasserspiegel** *m (Wasseroberfläche)* surface *f* de l'eau ❷ *(Wasserstand)* niveau *m* de l'eau **Wasserspiele** *Pl* jeux *mpl* d'eau **Wassersport** *m* sport *m* aquatique **Wassersportler(in)** *m(f)* sportif(-ive) *m(f)* nautique **Wasserspülung** *f* chasse *f* d'eau **Wasserstand** *m* niveau *m* d'eau; **niedriger/hoher ~** basses/hautes eaux *fpl*

Wasserstandsanzeiger *m* échelle *f* des eaux **Wasserstandsmeldung** *f* information *f* sur le niveau des eaux

Wasserstoff *m* hydrogène *m*

Wasserstoffbombe *f* bombe *f* H [*o* à hydrogène] **Wasserstoffperoxid** *nt* peroxyde *m* d'hydrogène *(spéc)*, eau *f* oxygénée **Wasserstrahl** *m* jet *m* d'eau **Wasserstraße** *f* voie *f* navigable **Wassersucht** *f kein Pl* MED hydropisie *f* **Wassertank** *m* réservoir *m* d'eau **Wassertemperatur** *f* température *f* de l'eau **Wassertreten** <-s> *nt* MED pédiluve *m*; **~ ist gesund** il est bon pour la santé de faire du pédiluve **Wassertropfen** *m* goutte *f* d'eau **Wasserturm** *m* château *m* d'eau **Wasseruhr** *f* compteur *m* d'eau

Wasserung <-, -en> *f* amerrissage *m*

Wässerung <-, -en> *f von Pflanzen* arrosage *m*

Wasserverbrauch *m* consommation *f* d'eau **Wasserverdrängung** *f kein Pl* NAUT déplacement *m* **Wasserverschmutzung** *f* pollution *f* des eaux **Wasserversorgung** *f* approvisionnement *m* en eau **Wasservogel** *m* oiseau *m* aquatique **Wasservorrat** *m* réserve *f* d'eau **Wasserwaage** *f* niveau *m* à bulle **Wasserweg** *m* voie *f* d'eau; **auf dem ~** par voie d'eau **Wasserwerfer** *m* canon *m* à eau **Wasserwerk** *nt* centre *m* de distribution des eaux **Wasserwirtschaft** *f kein Pl* gestion *f* des eaux **Wasserzähler** *m* compteur *m* d'eau **Wasserzeichen** *nt* filigrane *m*

wässrig^{RR}, **wäßrig**^{ALT} *Adj* ❶ *Kaffee, Suppe* clairet(te)
❷ CHEM *Aufschwemmung, Lösung* aqueux(-euse)
❸ *(blass) Farbe* glauque; **ein ~es Blau** un bleu d'eau

waten ['va:tən] *itr V +* **sein** patauger; **durch das Wasser/den Bach ~** passer [*o* traverser] l'eau/le ruisseau à gué; **durch den Sumpf/im Schlamm ~** patauger dans le marais/la boue

Waterkant ['va:tɐkant] <-> *f* NDEUTSCH **die ~** la côte de la mer du Nord

watscheln ['vatʃəln] *itr V +* **sein** *Ente, Gans:* se dandiner; **einen ~den Gang haben** *Person:* avoir une démarche dandinante

Watschen <-, -> *f* A, SDEUTSCH *fam* baffe *f (fam)*
Watt¹ [vat] <-s, -> *nt* PHYS watt *m*
Watt² <-[e]s, -en> *nt* GEOG Watt *m*
Watte ['vatə] <-, selten -n> *f* ❶ *(Kosmetikwatte, Verbandwatte)* coton *m*
  ❷ *(Futter-, Polstermaterial)* ouate *f*
  ▶ jdn in ~ **packen** *fam* traiter qn comme s'il était en sucre *(fam)*; **du solltest dein Kind nicht so in ~ packen** tu ne devrais pas élever ton enfant dans du coton
Wattebausch *m* [morceau *m* de] coton *m*
Wattenmeer *nt kein Pl* **das ~ le** [*o* la] Wattenmeer *(eaux qui recouvrent le Watt à marée haute)*
Wattestäbchen [-ʃtɛːpçən] *nt* coton-tige® *m*
wattieren* *tr V* ouatiner *Jacke;* **wattiert** molletonné(e)
Wattierung <-, -en> *f* rembourrage *m*
Wattstunde *f* PHYS, ELEC watt-heure *m*
wau wau *Interj* ouah! ouah!, ouaf! ouaf!
WC [veːˈtseː] <-s, -s> *nt* W.-C. *mpl*
WDR *m* TV, RADIO *Abk von* **Westdeutscher Rundfunk** radio et télévision de l'Allemagne du Sud-Ouest
Web [wɛb] <-s> *nt* INFORM **das ~** le Web
Webadresse *f* INFORM adresse *f* web **Webcam** ['wɛpkɛm] <-, -s> *f*, **Webkamera** ['wɛp-] *f* webcam *f* **Webdesign** *nt* INFORM web design *m*, infographie *f*
weben ['veːbən] <webte *o geh* wob, gewebt *o geh* gewoben> I. *tr V* tisser; **ein Muster in etw** *(Akk)* ~ tisser un motif sur qc
  II. *itr V* ❶ faire du tissage; **an etw** *(Dat)* ~ tisser qc
  ❷ *geh (geheimnisumwittert sein)* **um jdn/etw** ~ *Sage, Legende:* flotter autour de qn/qc
  III. *r V geh* **sich um jdn/etw** ~ *Geschichte, Gerücht:* courir [*o se raconter*] à propos de qn/qc
Weber(in) <-s, -> *m(f)* tisserand(e) *m(f)*
Weberei <-, -en> *f* [usine *f* de] tissage *m*
Weberknecht *m* ZOOL faucheux *m*
Webfehler *m* défaut *m* de tissage
Weblog ['wɛplɔk] <-s, -s> *nt o m* INFORM blog *m*, blogue *m* **Webmaster** ['wɛbmaːstɐ] <-s, -> *m* INFORM Webmestre *m*, gestionnaire *m* Web **Webseite** ['wɛbzaɪtə] *f* INFORM page *f* Web **Website** ['wɛbsaɪt] <-, -s> *f* INFORM site *m* sur Internet; **sich** *(Dat)* **eine ~ einrichten** installer un site sur Internet
Webstuhl *m* métier *m* à tisser
Wechsel ['vɛksəl] <-s, -> *m* ❶ changement *m;* **in monatlichem/stündlichem ~** à raison d'un changement par mois/heure; **in stündlichem ~ erfolgen** *Wachablösung:* avoir lieu toutes les heures; **in buntem ~** se succéder pêle-mêle; **etw im ~ tun** *Personen:* faire qc à tour de rôle; *Gerät, Anlage:* faire qc en alternance
  ❷ *(Geldwechsel)* change *m*
  ❸ SPORT *(Stabwechsel)* passage *m*
  ❹ FIN *(Schuldurkunde)* lettre *f* de change, effet *m*
Wechselbad *nt* bain *m* alterné ▶ **jdn einem ~ der Gefühle aussetzen** infliger une douche écossaise à qn **Wechselbeziehung** *f* corrélation *f;* **die ~ zwischen zwei Sachen** l'interdépendance de deux choses; **die Probleme stehen in ~ zueinander** les problèmes sont étroitement liés entre eux **wechselduschen** *itr V nur Infin* prendre une douche écossaise **Wechselfälle** *Pl* fluctuations *fpl;* **die ~ des Lebens** les vicissitudes de la vie **Wechselgeld** *nt* monnaie *f*
wechselhaft [-ks-] *Adj Klima, Wetter* instable; *Leben, Schicksal* mouvementé(e)
Wechseljahre *Pl* ménopause *f,* retour *m* d'âge; **in die ~ kommen** atteindre l'âge de la ménopause; **in den ~n sein** être à l'âge de la ménopause **Wechselkurs** *m* taux *m* de change; **einen ~ festlegen** mettre en place un taux de change
wechselkursbedingt *Adj* déterminé(e) par les taux de change
Wechselkursmechanismus *m* mécanisme *m* de change
Wechselkurspolitik *f* politique *f* en matière de taux de change
wechseln ['vɛksəln] I. *tr V* + *haben* ❶ *(ersetzen, ändern)* changer de; changer *Bettbezüge, Reifen, Motoröl;* **das Thema ~** changer de sujet
  ❷ *(austauschen)* échanger *Worte, Briefe, Blicke, Ringe*
  ❸ *(umtauschen)* **Geld ~** changer de l'argent; **Euro gegen** [*o* **in**] **Dollar ~** changer des euros en dollars; **jdm zehn Euro ~** *(in Kleingeld umtauschen)* faire de la monnaie de dix euros [à qn]
  II. *itr V* ❶ + *haben* **[jdm] ~** faire le change [o de la monnaie] [à qn]
  ❷ + *haben (eine neue Stelle antreten)* changer d'employeur
  ❸ + *sein (woandershin gehen)* **auf die andere Straßenseite/Spur ~** changer de trottoir/de voie; **nach München/zur Konkurrenz ~** partir à Munich/chez la concurrence
  ❹ + *haben (sich ändern) Wetter:* changer
wechselnd I. *Adj* ❶ *(im Wechsel)* changeant(e); *(schwankend) Stimmung* instable, changeant(e)
  ❷ *(unterschiedlich)* variable
  II. *Adv* **~ bewölkt** nuageux à ensoleillé

Wechselobjektiv *nt* PHOT objectif *m* interchangeable
Wechselrahmen *m* passe-partout *m*
wechselseitig I. *Adj* réciproque
  II. *Adv* mutuellement
Wechselstrom *m* courant *m* alternatif **Wechselstube** *f* bureau *m* de change **wechselvoll** *Adj* mouvementé(e); *Leben* agité(e) **Wechselwähler(in)** *m(f)* électeur *m* indécis/électrice *f* indécise; **die ~** les indécis *mpl*
wechselweise *Adv* en alternance; *(in Bezug auf Menschen)* à tour de rôle
Wechselwirkung *f* interaction *f*
Wechsler ['vɛkslɐ] <-s, -> *m* ❶ *(CD-Wechsler)* changeur *m* de disques compacts
  ❷ *veraltet (Plattenwechsler)* changeur *m* [automatique] de disques
wecken ['vɛkən] I. *tr V* ❶ *(aufwecken)* réveiller; **sich von jdm/etw ~ lassen** se faire réveiller par qn/qc; **das Wecken** le réveil
  ❷ *(hervorrufen)* éveiller *Erinnerung, Wunsch, Neugier;* susciter *Abneigung, Interesse*
Wecken <-s, -> *m* A, SDEUTSCH petit pain *m*
Wecker <-s, -> *m* réveil *m*
  ▶ **jdm auf den ~ gehen** [*o* **fallen**] *fam* taper sur le système [*o* sur les nerfs] à qn *(fam)*
Weckglas® *s.* **Einmachglas** **Weckring®** *m* caoutchouc *m* [pour bocaux]
Wedel ['veːdəl] <-s, -> *m* ❶ *(Blatt) eines Farns* feuille *f* pennée; *einer Palme* palme *f*
  ❷ *(Staubwedel)* plumeau *m*
wedeln ['veːdəln] I. *itr V* ❶ + *haben (hin und her bewegen)* **mit etw ~** remuer qc
  ❷ + *sein* SKI godiller; **über den Hang/ins Tal ~** descendre la pente/dans la vallée en godille
  II. *tr V* + *haben* **die Krümel/den Staub vom Tisch ~** épousseter les miettes/la poussière sur la table
weder ['veːdɐ] *Konj* ni; **~ dumm noch arrogant sein** [n'] être ni bête ni arrogant; **so noch so** ni d'une façon ni de l'autre; **kennst du meinen Onkel und meinen Cousin/Anne und Nathalie? — Weder noch!** tu connais mon oncle et mon cousin/Anne et Nathalie? — Ni l'un/l'une ni l'autre!
weg [vɛk] *Adv* ❶ *(fort)* **~ sein** *(abwesend sein)* ne pas être là; *(weggegangen, -gefahren sein)* être parti(e); *(verloren, verschwunden sein)* avoir disparu; **ich bin gleich ~!** je suis déjà parti(e)!; **du bist noch nicht ~?** tu n'es pas encore parti(e)?; **das ganze Geld ist ~** *(ist verschwunden, gestohlen)* tout l'argent a disparu; *(ist verspielt, ausgegeben)* il n'y a plus d'argent; **bloß** [*o* **nichts wie**] **~** [**hier**]! *fam* tirons-nous! *(fam);* **~ da!** *fam* [allez,] dégage/dégagez! *(fam);* **~ mit dir/euch!** fous/foutez le camp! *(fam);* **~ damit!** du balai!; **~ mit dieser Regierung!** à bas le gouvernement!
  ❷ *fam (hinweggekommen)* **über einen Misserfolg/Verlust ~ sein** avoir digéré un échec/une perte *(fam);* **ich bin jetzt über die Trennung/seinen Tod ~** j'ai réussi à tourner la page sur la séparation/sa mort
  ❸ *fam (begeistert)* **er ist ganz ~ von ihr/von ihrem Parfum** elle/son parfum le fait complètement craquer *(fam)*
  ❹ *fam (direkt nach)* **von der Schule ~ eingezogen werden** être appelé tout de suite après l'école
Weg [veːk] <-[e]s, -e> *m* ❶ chemin *m;* *(Route)* itinéraire *m;* *(Strecke)* trajet *m;* **auf dem ~ zu jdm sein** être en route pour chez qn; **auf dem ~ ins Kino sein** être en route pour le ciné; **sich auf den ~ zu jdm machen** partir chez qn; **das liegt auf dem ~** c'est sur le chemin; **jdm den ~ versperren** barrer la route à qn; **aus dem ~!** dégage/dégagez le passage!; **geh mir aus dem ~!** ôte-toi de mon chemin!
  ❷ *(Methode)* moyen *m;* **es gibt nur diesen ~** il n'y a que ce moyen; **wissen Sie einen ~, wie man ihm helfen könnte?** voyez-vous un moyen de l'aider?
  ❸ *(Art, Weise)* **auf diesem ~e** de cette façon; **auf friedlichem ~e** à l'amiable; **auf schriftlichem ~e** *form* par écrit *(form);* **auf illegalem/unbekanntem ~e** par des moyens illégaux/inconnus
  ▶ **auf dem ~e der Besserung sein** *geh* être en voie de guérison *(soutenu);* **viele ~e führen nach Rom** *Spr.* tous les chemins mènent à Rome; **den ~ des geringsten Widerstandes gehen** choisir la solution de facilité; **auf dem besten ~e sein etw zu tun** être bien parti(e) pour faire qc; **jdm auf halbem ~e entgegenkommen** faire des concessions à qn; **vom rechten ~ abkommen** s'écarter du droit chemin; **jdm/einer S. den ~ bahnen** ouvrir la voie à qn/qc; **jdm gute Ratschläge mit auf den ~ geben** donner des bons conseils à qn pour la route; **seinen ~ gehen** vivre sa vie; **seiner ~e gehen** *geh* aller son petit bonhomme de chemin *(soutenu);* **jdm/einer S. aus dem ~ gehen** *(jdn/etw meiden)* éviter qn/qc; **des ~es kommen** *geh* se présenter *(littér);* **jdm über den ~ laufen** croiser qn; **etw in die ~e leiten** engager qc; **jdn/etw aus dem ~ räumen** écarter qn/qc; **jdm/einer S. im ~ stehen** faire obstacle à qn/qc; **sich** *(Dat)* **selbst im ~ stehen** se

mettre des bâtons dans les roues; **ich stelle mich dir nicht in den** je ne t'en empêche pas; **jdm nicht über den ~ trauen** *fam* se méfier de qn comme de la peste *(fam)*; **hier trennen sich unsere ~ e** c'est ici que nos chemins se séparent; **sich** *(Dat)* **den ~ verbauen** se barrer la route; **woher des ~|e|s?** *geh* d'où viens-tu/ venez-vous?; **wohin des ~|e|s?** *geh* où te conduisent tes/vous conduisent vos pas? *(soutenu)*
weg|bekommen* *tr V unreg fam* réussir à enlever *Fleck, Kratzer*
Wegbereiter(in) ['ve:k-] <-s, -> *m(f)* précurseur *mf*; **~ einer S.** *(Gen) sein* être le précurseur de qc **Wegbiegung** *f* virage *m*
weg|blasen ['vɛk-] *tr V unreg* etw ~ enlever qc en soufflant
▶ **wie weggeblasen sein** avoir disparu comme par enchantement
weg|bleiben *itr V unreg + sein (nicht kommen)* ne pas venir; *(nicht zurückkommen)* ne pas revenir; **die ganze Nacht/bis Mitternacht ~** ne pas rentrer de la nuit/avant minuit; **lange ~** s'absenter longtemps; **bleib nicht zu lange weg!** ne t'absente pas trop longtemps!; **dein/sein Wegbleiben** ton/son absence *f*; *(Verspätung)* ton/son retard *m*
weg|bringen *tr V unreg* ❶ emmener *Person*
❷ *(fortschaffen)* aller jeter *Abfall*; **die Schuhe zur Reparatur ~** donner les chaussures à réparer
weg|denken *tr V unreg* **sich** *(Dat)* etw ~ faire abstraction de qc
▶ **jd/etw ist nicht mehr wegzudenken** on ne peut plus se passer de qn/qc; **sie ist aus unserem Team nicht mehr wegzudenken** notre équipe ne peut plus se passer d'elle
weg|diskutieren* *tr V* éluder *Problem, Differenzen*; **das Problem ist nicht wegzudiskutieren** on ne peut pas éluder le problème; **es lässt sich nicht ~, dass ...** qu'on le veuille ou non, ...
weg|dürfen *tr V unreg fam* pouvoir partir; *(ausgehen dürfen)* avoir le droit de sortir
Wegelagerer ['ve:gəla:gərɐ] <-s, -> *m* voleur *m* de grand chemin
wegen ['ve:gən] **I.** *Präp + Gen (aufgrund von, infolge)* à cause de; **~ des Regens** à cause de la pluie; **~ Umbau|s| geschlossen** fermé(e) pour travaux; **jdn ~ Fahrlässigkeit verurteilen** condamner qn pour négligence
❷ *(bezüglich)* **~ einer S.** à propos de qc; **kann ich dich etwas ~ der Arbeit fragen?** je peux te demander quelque chose à propos du travail?
❸ *(um ... willen)* à cause de; **~ der Kinder zu Hause bleiben** rester à la maison à cause des enfants
II. *Präp + Dat fam* ❶ *(aufgrund von)* **~ dem Staub** à cause de la poussière
❷ *(bezüglich)* **jdn ~ einem Vorschlag anrufen** téléphoner à qn à propos d'une proposition
❸ *(um ... willen)* **~ dem Kind zu Hause bleiben** rester à la maison à cause de l'enfant
Wegerich ['ve:gəriç] <-s, -e> *m* BOT plantain *m*
weg|fahren *unreg* **I.** *itr V + sein* ❶ *(verreisen)* partir [en voyage]
❷ *(abfahren)* partir; **ein Auto ~ hören** entendre une voiture démarrer; **mir ist der Bus vor der Nase weggefahren** le bus a démarré sous mes yeux
II. *tr V + haben* ❶ *(wegbringen)* etw ~ emmener qc [en voiture]
❷ *(woandershin fahren)* déplacer *Fahrzeug*; enlever *Bauschutt, Müll*
Wegfahrsperre *f* AUT système *m* anti-démarrage; **elektronische ~** anti-démarreur *m* électronique
Wegfall *m kein Pl* JUR disparition *f*, suppression *f*
weg|fallen *itr V unreg + sein* devenir caduc(-uque); etw ~ lassen supprimer qc
weg|fliegen *itr V unreg + sein Person*: prendre l'avion; *Flugzeug, Luftballon, Hut*: s'envoler; **wieder ~** *(Person, Flugzeug)* repartir; **ihm ist der Hut weggeflogen** son chapeau s'est envolé
weg|führen I. *tr V (fortbringen)* emmener
II. *tr, itr V* **|jdn| vom Thema ~** éloigner |qn| du sujet
Weggabelung *f* bifurcation *f*
Weggang ['vɛkgaŋ] *m kein Pl form* départ *m*
weg|geben *tr V unreg* ❶ *(fortgeben)* se débarrasser de
❷ *(adoptieren lassen)* abandonner *Kind (consentant à son adoption par un tiers)*
Weggefährte *m*, **-gefährtin** *f a. fig* compagnon *m*/compagne *f* de route
weg|gehen *itr V unreg + sein* ❶ *(fortgehen)* partir; **geh weg!** va-t'en!; **gehen Sie bitte noch nicht weg!** ne partez pas maintenant!
❷ *(fortziehen)* **aus Ulm ~** quitter Ulm
❸ *fam (verschwinden) Fleck, Kratzer*: s'en aller; *Fieber*: tomber; *Schmerzen*: disparaître
❹ *fam (verkauft werden)* partir; **sehr gut ~** *Erdbeeren, Spielzeug*: partir comme des petits pains
❺ *fam (hinweggehen)* **über etw** *(Akk)* **~** ignorer qc
▶ **geh mir weg damit!** *fam* lâche-moi avec ça! *(fam)*
weg|gießen *tr V unreg* jeter
weg|gucken *s.* wegsehen
weg|haben *tr V unreg fam* ❶ avoir réussi à faire partir *Fleck, Dreck*
❷ *(fortwünschen)* **er will ihn ~** il veut le faire dégager *(fam)*; *(will*

ihn beseitigen lassen) il veut le faire descendre *(fam)*
❸ *(bewandert sein)* **auf einem Gebiet viel ~** en connaître un rayon dans un domaine *(fam)*
❹ *(bekommen haben)* **seine Strafe ~** écoper d'une peine
▶ **einen ~** *fam* être pété(e) *(fam)*
weg|jagen *tr V* chasser *Person, Tier*
weg|kommen *itr V unreg + sein fam* ❶ *(weggehen können)* pouvoir partir; **aus dem Büro/von der Sitzung ~** pouvoir quitter le bureau/la réunion; **ich bin nicht früher weggekommen** je n'ai pas pu partir plus tôt; **wir müssen versuchen hier wegzukommen** nous devons essayer de partir d'ici
❷ *(loskommen)* **von jdm/etw ~** se défaire de qn/qc
❸ *(abhandenkommen)* disparaître; **unser gesamtes Geld ist weggekommen** tout notre argent a disparu
❹ *(abschneiden)* **gut/schlecht ~** bien/mal s'en sortir [*o* se débrouiller]; **bei der Kritik gut/schlecht ~** être bien/mal accueilli(e) par la critique; **bei einer Prüfung gut ~** bien s'en sortir lors d'un examen
▶ **mach, dass du wegkommst!** fiche[-moi] le camp! *(fam)*
Wegkreuz *nt* calvaire *m* **Wegkreuzung** *f* croisement *m*
weg|kriegen *s.* wegbekommen
weg|lassen *tr V unreg* ❶ *fam (auslassen)* laisser tomber *(fam)*; *(versehentlich)* omettre
❷ *(fortgehen lassen)* laisser partir
❸ *(verzichten auf)* renoncer à; **den Zucker/Alkohol ~** renoncer au sucre/à l'alcool
weg|laufen *itr V unreg + sein* ❶ *(fortlaufen)* se sauver; **vor jdm ~** fuir devant qn
❷ *fam (verschwinden) Katze*: se sauver; **von zu Hause ~** faire une fugue; **seine Frau ist ihm weggelaufen** sa femme l'a laissé tomber
▶ **das/die Arbeit läuft dir nicht weg** *fam* ça/le travail peut bien attendre
weg|legen *tr V* ❶ *(beiseitelegen)* poser
❷ *(aufbewahren)* etw **|für jdn|** mettre qc de côté [pour qn]
weg|leugnen *tr V fam* nier
weg|loben *tr V* jdn ~ offrir un poste intéressant à qn pour s'en débarrasser
weg|machen I. *tr V fam* enlever; **|jdm| etw ~** enlever qc [à qn]
II. *r V fam* **sich ~** s'éclipser *(fam)*
weg|müssen *itr V unreg fam* **ich muss weg** il faut que je me barre *(fam)*; **der Brief muss heute noch weg** il faut que la lettre parte aujourd'hui; **der Müll muss weg** il faut vider les ordures *(fam)*
weg|nehmen *tr V unreg* ❶ *(entfernen)* enlever; **ein Buch vom Regal ~** enlever un livre de l'étagère
❷ *(fortnehmen)* **|jdm| etw ~** enlever qc [à qn]; *(zur Strafe)* confisquer qc [à qn]
weg|packen *tr V fam* etw ~ caser qc ailleurs *(fam)*
weg|putzen *tr V fam* nettoyer *(fam)*
Wegrand *m* bord *m* du chemin
weg|rasieren* *tr V* raser; **|sich** *(Dat)***| etw ~** [se] raser qc
weg|rationalisieren* *tr V fam* licencier *Personal*; **Arbeitsplätze ~** supprimer des emplois pour cause de restructuration
weg|räumen *tr V* évacuer
weg|reißen *tr V unreg* ❶ *(entreißen)* arracher; **sie riss ihm die Tasche weg** elle lui a arraché le sac [de la main]
❷ *(abreißen)* **die Granate riss ihm den Arm weg** l'obus lui a arraché le bras
weg|rennen *itr V unreg + sein (rennen)* courir à toutes jambes; *(Reißaus nehmen)* décamper; **renn doch nicht weg!** ne te sauve pas!
weg|retuschieren* *tr V* faire disparaître
weg|rücken I. *itr V + sein* s'écarter; **von jdm/etw ~** s'écarter de qn/qc
II. *tr V + haben* pousser *Schrank, Stuhl*
weg|rutschen *itr V + sein* s'écarter
weg|schaffen *tr V* enlever *Gepäck, Kisten*; emporter *Beute, Geld*
weg|schauen *s.* wegsehen
weg|schenken *tr V fam* etw ~ refiler qc *(fam)*
weg|schicken *tr V* ❶ *(abschicken)* envoyer *Brief*
❷ *(beauftragen)* **jdn ~ etw zu tun** envoyer qn faire qc
❸ *(fortschicken)* renvoyer *Person*; **schickt den Kerl weg!** débarrassez-moi de ce type!
weg|schleppen *fam* **I.** *tr V* traîner
II. *r V* **sich ~** se traîner
weg|schließen *tr V unreg* etw ~ mettre qc sous clé
weg|schmeißen *tr V unreg fam* balancer *(fam)*
weg|schnappen *tr V fam* souffler; **jdm etw ~** souffler qc à qn *(fam)*
weg|schütten *s.* weggießen
weg|schwemmen *tr V* emporter
weg|sehen *itr V unreg* ❶ *(nicht hinsehen)* détourner les yeux
❷ *fam (hinwegsehen)* **über etw** *(Akk)* **~** fermer les yeux sur qc

(fam)
weg|setzen I. *tr V* **ich muss euch jetzt voneinander ~** maintenant, je dois vous changer de place
II. *r V* **sich ~** changer de place
weg|sollen *itr V unreg fam Person:* devoir partir [*o* s'en aller]; *Gegenstand:* devoir disparaître
weg|sperren *tr V* enfermer
weg|spülen *tr V* emporter
weg|stecken *tr V fam* ❶ *(einstecken)* ranger; **etw blitzschnell ~** faire disparaître qc en vitesse
❷ *(verkraften)* encaisser *(fam);* **schwer wegzustecken sein** *Rückschlag, Misserfolg:* être dur(e) à encaisser
weg|stellen *tr V* déplacer
Wegstrecke ['veːkˌ-] *f* trajet *m,* parcours *m* **Wegstunde** *f* **eine ~ entfernt** à une heure de marche
weg|tauchen *itr V + sein fam (verschwinden)* disparaître de la circulation *(fam)*
weg|tragen *tr V unreg* emporter
weg|treiben *unreg* **I.** *tr V + haben* ❶ emporter *Boot, Schiff*
❷ *(vertreiben)* **jdn von etw ~** chasser qn de qc
II. *itr V + sein Boot:* dériver
weg|treten *itr V unreg + sein* ❶ MIL rompre les rangs; [jdn] **~ lassen** faire rompre les rangs [à qn]; **weggetreten!** rompez!
❷ *(beiseitetreten)* **von der Unfallstelle ~** s'éloigner du lieu de l'accident
▶ *(geistig)* **weggetreten sein** *fam* être à côté de ses pompes *(fam)*
weg|tun *tr V unreg* ❶ *(weglegen)* enlever
❷ *(wegwerfen)* jeter
wegweisend ['veːkˌvaɪzənt] *Adj* porteur(-euse) d'avenir; **~ sein** ouvrir des perspectives
Wegweiser ['veːkˌ-] <-s, -> *m* ❶ poteau *m* indicateur
❷ *(Handbuch)* guide *m*
weg|werfen *tr V unreg* jeter
wegwerfend *Adj* dédaigneux(-euse)
Wegwerfflasche *f* bouteille *f* non consignée **Wegwerfgesellschaft** *f pej* société *f* de gaspillage **Wegwerfkamera** *f* [appareil photo *m*] jetable *m* **Wegwerfverpackung** *f* emballage *m* jetable **Wegwerfwindel** *f* couche *f* jetable
weg|wollen *itr V unreg fam* ❶ *(weggehen wollen)* vouloir partir [*o* s'en aller]; **von zu Hause/der Party ~** vouloir quitter la maison/la fête
❷ *(verreisen wollen)* vouloir partir [en voyage]
Wegzehrung *f geh* provisions *fpl* de voyage
weg|ziehen *unreg* **I.** *itr V + sein* ❶ *(fortziehen)* déménager; **aus der Stadt ~** quitter la ville
❷ *(den Standort wechseln) Vögel:* migrer
II. *tr V + haben* entraîner *Person;* retirer *Hand;* **die Kinder vom Schaufenster ~** entraîner les enfants loin de la vitrine
weh [veː] *Adj* douloureux(-euse); **zeig mal deinen ~en Finger!** montre voir le doigt qui te fait mal!
▶ **o ~!** aïe, aïe, aïe!
Weh <-[e]s, -e> *nt geh* mal *m,* douleur *f*
wehe ['veːə] *Interj* malheureux(-euse)!; **~ dem, der ...!** malheur à [celui] qui...!; **~ [dir], wenn ...!** gare à toi si...!
Wehe <-, -n> *f* ❶ *(Schneewehe)* congère *f*
❷ *meist Pl (Geburtswehe)* contraction *f;* [stundenlang] **in den ~n liegen** avoir des contractions [pendant des heures]
wehen ['veːən] **I.** *itr V* ❶ *+ haben Brise, Luftzug, Wind:* souffler; **es weht eine schwache Brise** il souffle une légère brise
❷ *+ haben (flattern)* [im Wind] *~ Haare, Fahne:* flotter [au vent]; **mit ~den Fahnen marschieren** marcher bannières au vent
❸ *+ sein (getragen werden)* **ins Zimmer ~** *Papier, Blatt:* voler dans la pièce; *Duft, Klang:* flotter dans la pièce; **der Sand wehte ihm ins Gesicht** le sable balayait son visage
II. *tr V + haben* **etw vom Schreibtisch/auf den Boden ~** faire s'envoler qc du bureau/par terre
Wehklage *f geh* lamentations *fpl* **wehklagen** *itr V geh* se lamenter; **die ~den Frauen** les femmes en pleurs
wehleidig *Adj* douillet(te)
Wehleidigkeit <-> *f kein Pl* douilletterie *f (rare);* **es liegt alles an deiner ~** tout ça parce que tu es douillet(te)
Wehmut <-> *f geh* nostalgie *f;* **voller ~ an jdn denken** penser avec nostalgie à qn
wehmütig *geh* **I.** *Adj Erinnerungen, Gedanken:* empreint(e) de nostalgie *(soutenu); Blick, Seufzer:* nostalgique *(soutenu);* **~ klingen** *Stimme:* être plein(e) de nostalgie
II. *Adv* avec nostalgie
Wehr[1] [veːɐ] <-, -en> *f fam (Feuerwehr)* pompiers *mpl*
Wehr[2] *f* ▶ **sich [gegen jdn/etw] zur ~ setzen** se défendre [contre qn/qc]
Wehr[3] <-[e]s, -e> *nt (Stauanlage)* digue *f*
Wehrbeauftragte(r) *f(m) dekl wie Adj* médiateur(-trice) *m(f)* parlementaire auprès des armées *(qui défend les droits des soldats)*

Wehrdienst *m kein Pl* service *m* militaire; *(in Frankreich)* service militaire [*o* national *form*]; **den/seinen ~ [ab]leisten** faire son service [militaire]; **den ~ verweigern** refuser de faire son service militaire
Wehrdienstverweigerer <-s, -> *m,* **-verweigerin** *f* objecteur *m* de conscience **Wehrdienstverweigerung** *f* objection *f* de conscience
wehren ['veːrən] **I.** *r V* ❶ se défendre; **sich gegen etw ~** *(sich verteidigen)* se défendre contre qc; *(opponieren, sich widersetzen)* s'opposer [à qc]
❷ *(sich sträuben)* **sich dagegen ~ etw zu tun** se refuser à faire qc
II. *itr V geh* **einer S.** *(Dat)* **~** faire obstacle à qc *(soutenu)*
Wehrersatzdienst *m* service *m* civil **Wehrexperte** *m,* **-expertin** *f* expert(e) *m(f)* en matière de défense **wehrfähig** *Adj* en âge de porter les armes
wehrhaft *Adj* ❶ *Person, Tier* qui peut se défendre; *(tapfer)* brave
❷ *(befestigt)* fortifié(e)
Wehrkraftzersetzung *f kein Pl* MIL démoralisation *f* des troupes **wehrlos I.** *Adj* sans défense; **gegen jdn/etw ~ sein** être sans défense contre qn/qc
II. *Adv* sans défense
Wehrlosigkeit <-> *f* impuissance *f*
Wehrmacht *f* HIST **die ~** la Wehrmacht **Wehrmann** <-männer> *m* CH militaire *m* **Wehrpass**[RR] *m* livret *m* [militaire] individuel **Wehrpflicht** *f kein Pl* [allgemeine] ~ service *m* militaire obligatoire; **der ~ unterliegen** être soumis(e) aux obligations militaires

Land und Leute

Il existe en Allemagne, en Autriche et en Suisse un service militaire obligatoire appelé le **Wehrpflicht**. Il oblige les jeunes hommes à aller à l'armée pendant un certain temps. En Allemagne, ce service militaire dure 9 mois, en Autriche 8 mois et en Suisse 280 jours. Les objecteurs de conscience doivent faire un *Zivildienst*. En France, le service militaire qui durait 12 mois, n'existe plus depuis juillet 2001. Il a cédé la place à une armée de métier.

wehrpflichtig *Adj* astreint(e) au service militaire; *Reservist* mobilisable; **~ sein** être mobilisable
Wehrpflichtige(r) *f(m) dekl wie Adj* conscrit(e) *m(f)*
Wehrsold *m* solde *f* **wehrtauglich** *Adj* apte au service militaire **Wehrübung** *f eines Soldaten* exercice *m; eines Reservisten* période *f*
weh|tun[RR] *itr V* [jdm] **~** *Verletzung, Bein, Kopf:* faire mal [à qn]; *Person, Worte, Vorwurf:* faire mal [*o* de la peine] [à qn]; **sich** *(Dat)* **~** se faire mal; **mir tut der Rücken weh** j'ai mal au dos; **du hast ihr damit sehr wehgetan** tu lui as fait très mal [*o* beaucoup de peine] avec ça
Wehweh ['veːveː, veːˈveː] <-s, -s> *nt Kinderspr.* bobo *m (enfantin)*
Wehwehchen [veː(ː)ˈveːçən] <-, -> *nt fam* bobo *m (fam);* **ein ~ haben** avoir bobo *(fam)*
Weib [vaɪp] <-[e]s, -er> *nt fam* bonne femme *f (fam)*
▶ **~ und Kind haben** *hum* avoir femme et enfant
Weibchen ['vaɪpçən] <-s, -> *nt* femelle *f*
Weiberfastnacht *f DIAL* carnaval réservé aux femmes qui a lieu le dernier jeudi qui précède le carême **Weiberheld** *m pej* bourreau *m* des cœurs *(hum)*
weibisch *Adj* efféminé(e)
Weiblein <-s, -> *nt* petite vieille *f*
weiblich *Adj* ❶ *a.* GRAM féminin(e); **eine ~e Person** une personne de sexe féminin
❷ BOT femelle
Weiblichkeit <-> *f* féminité *f*
▶ **die holde ~** *hum* le beau sexe
Weibsbild *nt* SDEUTSCH, A *fam* bonne femme *f (fam)* **Weibsstück** *nt pej sl* garce *f (fam)*
weich [vaɪç] **I.** *Adj* ❶ *Haut, Wolle, Stoff, Pelz* doux(douce); *Boden, Matratze* mou(molle); *Bett, Teppich, Kissen* moelleux(-euse); *Leder, Kontaktlinse* souple; *Holz* tendre
❷ *(nicht hart) Butter, Brot, Frucht* mou(molle); *Fleisch* tendre; *Käse* souple [au toucher]; **ein Ei ~ kochen** faire cuire un œuf à la coque; **Gemüse ~ kochen** faire bien cuire des légumes
❸ *(sanft) Landung, Bremsung* en douceur; *Droge, Technik, Wasser* doux(douce)
❹ *(nachsichtig) Person* doux(douce); **~ werden** se laisser attendrir; **zu ~ mit jdm sein** ne pas être assez sévère avec qn
❺ *(Milde ausstrahlend) Mund* mou(molle); *Gesicht, Gesichtszüge* doux(douce)
❻ FIN *Währung* faible
II. *Adv* **sitzen, liegen** confortablement; **ich liege nicht gerne so ~** je n'aime pas les matelas aussi mous
▶ **sich ~ betten** avoir la belle vie
Weichbild *nt geh* périphérie *f*

Weiche ['vaɪçə] <-, -n> f aiguillage m; **die ~ stellen** changer l'aiguillage
▶ **die ~n [für etw] stellen** poser des jalons [pour qc]
weichen ['vaɪçən] <wich, gewichen> itr V + sein ❶ (schwinden) Spannung, Unruhe, Angst: s'apaiser
❷ (nachgeben) einer S. (Dat) céder à qc
❸ (weggehen) **zur Seite ~** s'écarter; **nicht von der Stelle ~** ne pas bouger
Weichensteller(in) <-s> m(f) EISENBAHN aiguilleur(-euse) m(f)
weichgekocht s. kochen II.❶
Weichheit <-, selten -en> f ❶ einer Decke, eines Pelzes douceur f; eines Betts, Teppichs, Bodens mollesse f; eines Kissens moelleux m; **ein Holz von besonderer ~** un bois particulièrement tendre
❷ (Sanftheit) einer Person douceur f
❸ geh (milde Ausstrahlung) eines Mundes mollesse f; eines Gesichts, der Gesichtszüge douceur f
weichherzig Adj sensible; **~ sein** être sensible
Weichherzigkeit <-, selten -en> f sensibilité f
Weichholz nt bois m tendre **Weichkäse** m fromage m à pâte molle
weich|klopfen tr V fig fam, **weich|kriegen** tr V fig fam jdn ~ fléchir qn (fam); **sich von jdm ~ lassen** se laisser attendrir par qn (fam)
weichlich Adj mou(molle)
Weichling <-s, -e> m pej mollasse mf (péj)
Weichmacher m ❶ (Entkalker für Wasser) adoucissant m
❷ (für Plastik) plastifiant m
Weichsel ['vaɪksəl] <-> f **die ~** la Vistule
Weichspüler <-s, -> m assouplissant m **Weichteile** Pl ❶ (Eingeweide) parties fpl molles ❷ fam (Geschlechtsteile) parties fpl (pop)
Weichtier nt mollusque m **Weichzeichner** m PHOT filtre m flou
Weide ['vaɪdə] <-, -n> f ❶ (Baum) saule m
❷ (Viehweide) pâturage m; **die Kühe auf die ~ treiben** mener les vaches au pâturage [o en pâture]
Weideland nt pâturages mpl
weiden ['vaɪdən] I. itr V Vieh: paître
II. tr V faire paître Vieh
III. r V ❶ (sich erfreuen) **sich an etw** (Dat) ~ se délecter [o se régaler] de qc
❷ pej (schadenfroh genießen) **sich an jds Angst** (Dat) ~ se délecter de la peur de qn (fam)
Weidenkätzchen [-kɛtsçən] nt chaton m de saule **Weidenkorb** m panier m d'osier **Weidenrute** f baguette f d'osier
Weideplatz m pâturage m
weidgerecht ['vaɪt-] I. Adj selon les règles de la chasse
II. Adv dans les règles de la chasse
weidlich Adv geh ausnutzen abondamment; **sich ~ bemühen** se donner un mal considérable
Weidmann ['vaɪtman] <-[e]s, -männer> m JAGD chasseur m
weidmännisch ['vaɪtmɛnɪʃ] Adj de chasseur/des chasseurs; **auf ~e Weise** à la manière des chasseurs
Weidmannsdank [vaɪtmans'daŋk] Interj merci (réponse au souhait de bonne chasse) **Weidmannsheil** Interj bonne chasse
weidwund Adj JAGD blessé(e) à mort
weigern ['vaɪgərn] r V **sich ~** refuser; **sich ~ etw zu tun** refuser de faire qc
Weigerung <-, -en> f refus m
Weihbischof m coadjuteur m
Weihe[1] ['vaɪə] <-, -n> f REL ❶ (das Weihen) consécration f
❷ (Sakrament) eines Priesters ordination f; **die niederen/höheren ~n** les ordres mpl mineurs/majeurs; **die [geistlichen] ~n empfangen** Priester: recevoir l'ordination; Ordensgeistlicher: prendre l'habit; Nonne: prendre le voile
Weihe[2] <-, -n> f ORN busard m
weihen ['vaɪən] tr V ❶ consacrer Altar, Kapelle; **einer Heiligen geweiht sein** Kapelle: être consacré(e) à une sainte
❷ (die Weihe erteilen) **jdn zum Priester ~** ordonner qn prêtre; **jdn zum Bischof ~** sacrer qn évêque
❸ (widmen) **sein Leben der Wissenschaft ~** consacrer sa vie à la science
Weiher ['vaɪɐ] <-s, -> m étang m
weihevoll Adj geh solennel(le)
Weihnacht s. Weihnachten
weihnachten itr V unpers **es weihnachtet** (das Weihnachtsfest naht) Noël approche; (es herrscht weihnachtliche Stimmung) ça sent Noël
Weihnachten ['vaɪnaxtən] <-, -> nt Noël m; **fröhliche** [o **gesegnete geh**] **~!** joyeux Noël!; **zu** [o **an**] **~** à Noël; **was habt ihr ~ vor?** qu'avez vous prévu pour Noël?; **weiße/grüne ~** un Noël blanc/au balcon

Land und Leute
En Allemagne, on fête **Weihnachten** du 24 au 26 décembre. Le jour du reveillon, les gens travaillent jusqu'à midi. La plupart du temps, on installe le sapin de Noël et on le décore l'après-midi. Les deux jours de Noël (le 25 et le 26 décembre) sont fériés.

weihnachtlich I. Adj de Noël
II. Adv geschmückt pour Noël
Weihnachtsabend m réveillon m [de Noël] **Weihnachtsbaum** m arbre m de Noël **Weihnachtseinkäufe** Pl achats mpl de Noël **Weihnachtsfeier** f fête f de Noël **Weihnachtsfeiertag** s. Weihnachtstag **Weihnachtsfest** nt kein Pl jour m de Noël **Weihnachtsgans** f oie rôtie comme repas traditionnel de Noël ▶ **jdn ausnehmen wie eine ~** sl plumer qn [comme un pigeon] (fam) **Weihnachtsgebäck** nt biscuits mpl de Noël **Weihnachtsgeld** nt étrennes fpl **Weihnachtsgeschäft** nt bonnes affaires fpl de Noël **Weihnachtsgeschenk** nt cadeau m de Noël **Weihnachtsgeschichte** f conte m de Noël **Weihnachtsgratifikation** f prime f de fin d'année **Weihnachtskarte** f carte f de Noël **Weihnachtslied** nt chant m de Noël **Weihnachtsmann** <-männer> m père m Noël **Weihnachtsmarkt** m marché m de Noël

Land und Leute
En Allemagne, de fin novembre ou début décembre à Noël, les villes organisent des marchés de Noël, des **Weihnachtsmärkte** autour des mairies. Ce sont de véritables marchés avec des cabanes en bois en guise de stands, joliment décorées et illuminées. On peut y acheter toutes sortes de produits artisanaux : jouets en bois, décorations de Noël, gants, chapeaux, etc. On y respire un mélange d'odeurs de vin sucré, de cannelle, de chocolat, de noisettes et d'épices à partir desquelles sont faits les biscuits de Noël, indispensables sur les marchés comme l'immense sapin érigé en leur centre.

Weihnachtstag m meist Pl fête f de Noël; **der erste ~** le jour de Noël; **der zweite ~** le lendemain de Noël m (26 décembre); **über die ~e** pour les fêtes de Noël **Weihnachtsteller** m assiette [garnie] de Noël composée de friandises **Weihnachtszeit** f **die ~** la période de Noël
Weihrauch m encens m
Weihrauchfass[RR] nt encensoir m
Weihwasser nt eau f bénite
Weihwasserbecken nt bénitier m
weil [vaɪl] Konj ❶ (da) parce que
❷ (da ... nun) comme
Weilchen ['vaɪlçən] <-s> nt **ein ~** un petit moment
Weile ['vaɪlə] <-> f moment m; **vor einer ~** il y a un moment; **nach einer ~** au bout d'un moment; **eine [ganze] ~ dauern** durer un [bon] moment; **eine [ganze] ~ warten** attendre [pendant] un [bon] moment; **das ist schon eine [ganze] ~ her** ça fait déjà un [bon] moment
weilen ['vaɪlən] itr V geh séjourner; **in Paris ~** séjourner à Paris
▶ **er weilt nicht mehr unter uns** euph il nous a quitté(e)s (euph)
Weiler ['vaɪlɐ] <-s, -> m geh hameau m
Weimarer Republik ['vaɪmaːrɐ-] f HIST **die ~** la République de Weimar
Wein [vaɪn] <-[e]s, -e> m ❶ (Getränk) vin m; **offener ~** vin en carafe; **neuer ~** vin nouveau (à faible teneur en alcool ou peu fermenté)
❷ kein Pl (Weinrebe) vigne f; **wilder ~** vigne vierge
❸ kein Pl (Weintrauben) **der ~ wird im Oktober geerntet** les vendanges se font en octobre
▶ **im ~ ist Wahrheit** Spr. in vino veritas; **jdm reinen ~ einschenken** parler franchement à qn
Weinanbau m kein Pl, **Weinbau** m kein Pl viticulture f **Weinbauer(in)** s. Winzer(in) **Weinbeere** f ❶ (einzelne Beere) grain m de raisin; **~n kaufen** acheter du raisin ❷ SDEUTSCH, A, CH s. Rosine **Weinberg** m vignoble m **Weinbergschnecke** f escargot m de Bourgogne **Weinbrand** m cognac m
weinen ['vaɪnən] I. itr V pleurer; **[vor Freude/Schmerz] ~** pleurer [de joie/douleur]; **um jdn/etw ~** pleurer qn/qc; **das Weinen** les pleurs
▶ **es ist zum Weinen!** c'est triste à pleurer!
II. tr V pleurer Freudentränen; **bittere Tränen ~** pleurer d'amertume
weinerlich I. Adj Person pleurnichard(e) (fam); Stimme pleurnicheur(-euse)
II. Adv reden avec des larmes dans la voix
Weinessig m vinaigre m de vin **Weinfass**[RR] nt tonneau m de vin **Weinflasche** f bouteille f à vin **Weingarten** m SDEUTSCH vigne f **Weingegend** f région f viticole **Weingeist** m kein Pl

esprit-de-vin m **Weinglas** nt verre m à vin **Weingummi** nt o m bonbon m gélifié **Weingut** nt domaine m viticole **Weinhändler(in)** m(f) négociant(e) m(f) en vins **Weinhandlung** f commerce m de vins **Weinhauer(in)** <-s, -> m(f) A vigneron(ne) m(f) **Weinjahr** nt ein gutes/schlechtes ~ une bonne/mauvaise année pour le vin **Weinkarte** f carte f des vins **Weinkeller** m ❶ (Keller) cave f à vins ❷ (Lokal) cave f [de dégustation] **Weinkenner(in)** m(f) connaisseur(-euse) m(f) en vins; ~ **sein** être connaisseur(-euse) en vins

Weinkrampf m crise f de larmes

Weinlage f cru m **Weinlaune** f kein Pl hum griserie f; **etw in einer ~ tun** faire qc grisé(e) par le vin **Weinlese** f vendanges fpl **Weinlokal** nt bar m à vin[s] **Weinprobe** f dégustation f [de vins]; **eine ~ machen** faire une dégustation de vin[s] **Weinrebe** f (Pflanze) vigne f; (Rebsorte) cépage m **weinrot** Adj bordeaux inv; ~**e Socken** des chaussettes bordeaux **Weinschaumcreme** f GASTR mousse f au vin **weinselig** Adj Zecher grisé(e); Stimmung de [joyeuse] beuverie (fam) **Weinstein** m tartre m **Weinstock** m cep m **Weinstube** f bar m à vin[s] **Weintraube** f (einzelne Beere) grain m de raisin; (Fruchtstand) grappe f de raisin; **blaue ~n kaufen** acheter du raisin noir

weise ['vaɪzə] I. Adj geh Person, Gedanke, Entscheidung sage; Antwort pertinent(e); Entschluss, Plan judicieux(-euse)
II. Adv avec sagesse

Weise <-, -n> f ❶ (Art) manière f; **auf geheimnisvolle/unerklärliche ~** de façon mystérieuse/inexplicable; **auf meine/deine ~** à ma/ta manière; **auf diese ~** de cette manière [o façon]; **auf andere ~** d'une autre manière; **in der ~, dass** (auf diese Art) de telle manière [o façon] que + indic; (so dass) de manière [o façon] que + subj; **auf jede [erdenkliche] ~** par tous les moyens [possibles et imaginables]; **die ~, wie er sich verhalten hat** la manière [o façon] dont il s'est comporté; **in gewisser ~** d'une certaine manière [o façon]
❷ geh (Melodie) air m

Weise(r) f(m) dekl wie Adj sage m/femme f sage; **die [drei] ~n aus dem Morgenland** les [trois] Rois mpl mages
❸ FIN **die fünf ~n** comité de cinq experts allemands publiant chaque année une étude de conjoncture ainsi qu'une étude prévisionnelle

weisen ['vaɪzən] <wies, gewiesen> I. tr V geh ❶ indiquer Weg, Richtung
❷ (fortschicken) **jdn aus dem Haus ~** chasser qn de la maison; **jdn von der Schule ~** expulser qn de l'école
▶ etw [weit] **von** sich ~ rejeter qc
II. itr V **auf etw** (Akk) ~ Person: désigner qc; **nach Norden ~** Wegweiser, Magnetnadel: indiquer le nord

Weisheit <-, -en> f ❶ kein Pl (Klugheit) sagesse f
❷ meist Pl (Erkenntnis, Rat) conseil m de bon sens; **eine alte ~** une sagesse populaire; **behalte deine ~[en] für dich!** fam on ne t'a pas demandé ton avis!
▶ **mit seiner ~ am Ende sein** ne plus savoir que faire; **er glaubt, er habe die ~ mit Löffeln gegessen [o gefressen** sl] il se croit plus malin que tout le monde (fam); **sie hat die [auch] nicht [gerade] mit Löffeln gegessen [o gefressen** sl] elle n'a pas inventé la poudre (fam); **das ist/das ist nicht der ~ letzter Schluss** c'est/ce n'est pas la meilleure des solutions; **er glaubt, die ~ für sich gepachtet zu haben** fam il se prend pour le plus malin (fam)

Weisheitszahn m dent f de sagesse

weis|machen tr V fam **jdm ~, dass** faire gober à qn que + indic (fam); **das kannst du mir nicht ~!** tu ne peux pas me faire avaler [o gober] ça! (fam); **lass dir von ihm/ihr bloß nichts ~!** ne crois pas à toutes ses salades! (fam)

weiß¹ [vaɪs] 1. und 3. Pers Präs von **wissen**

weiß² [vaɪs] I. Adj ❶ blanc(blanche)
❷ (bleich, grau) ~ **werden** Haare, Haut: blanchir; Gesicht: pâlir
II. Adv streichen, sich kleiden en blanc

Weiß <-[es]-> nt blanc m; ~ **tragen** porter du blanc; **[ganz] in ~** [tout] en blanc

weissagen tr V ~ **[, dass]** prédire [que + indic]; **ihr ist geweissagt worden, dass** on lui a prédit que + indic

Weissagung <-, -en> f prédiction f

Weißbier nt bière f blanche **weißblau** Adj (bayrisch) bavarois(e) **Weißblech** nt fer-blanc m **weißblond** Adj blond(e) très clair **Weißbrot** nt pain m blanc **Weißbuch** nt livre m blanc **Weißdorn** m aubépine f

Weiße <-, -n> f ❶ kein Pl (weiße Farbe) der Haut, von Papier blancheur f; eines Gesichts pâleur f
❷ (Weißbier) **Berliner ~ [mit Schuss]** bière blanche berlinoise [additionnée de sirop de framboise]

Weiße(r) f(m) dekl wie Adj Blanc m/Blanche f

weißeln ['vaɪsəln] tr V DEUTSCHS. **weißen**

weißen ['vaɪsən] tr V blanchir

weißglühend Adj incandescent(e) **Weißglut** f kein Pl incandescence f ▶ **jdn zur ~ bringen [o treiben]** échauffer les oreilles à qn **Weißgold** nt or m blanc **weißhaarig** Adj Greis aux cheveux blancs; ~ **sein** avoir les cheveux blancs **Weißherbst** m variété de vin rosé allemand **Weißkäse** m DIAL ≈ fromage m blanc **Weißkohl** m, **Weißkraut** nt kein Pl SDEUTSCH, A chou m blanc

weißlich Adj blanchâtre

Weißmacher m agent m de blanchiment, produit m blanchissant **weißrussisch** Adj biélorusse **Weißrussland**^RR nt la Biélorussie **Weißtanne** f sapin m blanc [o des Vosges] **Weißwandreifen** m pneu m à flanc blanc **Weißwein** m vin m blanc **Weißwurst** f boudin m blanc, saucisse f blanche

Weisung ['vaɪzʊŋ] <-, -en> f directive f; ~ **haben etw zu tun** avoir ordre de faire qc; **auf ~ des Vorgesetzten handeln** exécuter les ordres de son supérieur

Weisungsbefugnis f pouvoir m de donner des instructions **weisungsgemäß** I. Adj Vorgehen conforme aux directives; **nicht ~ sein** Verhalten: être non conforme aux directives II. Adv conformément aux directives

weit [vaɪt] I. Adj ❶ (nicht eng) Kleidungsstück, Schuhe large; **etw ~er machen** élargir qc; ~**er werden** Gefäße: se dilater
❷ (räumlich ausgedehnt) Marsch, Strecke, Sprung, Reise long(longue) antéposé; Meer, Wüste, Land vaste antéposé; **ist es noch ~ [bis zum Hotel]?** c'est encore loin [jusqu'à l'hôtel]?; **wie ~ ist es noch bis Ulm?** c'est à quelle distance, Ulm?; **der Wurf müsste ~er als 80 Meter sein** le jet [de javelot] devrait être supérieur à 80 mètres
❸ (zeitlich entfernt) **es ist noch ~ [bis zum Sommer]** [l'été,] c'est encore loin
II. Adv ❶ (in räumlicher Hinsicht) gehen, springen loin; ~ **im Landesinneren/ins Landesinnere** loin à l'intérieur des terres/très avant à l'intérieur des terres; **von ~ em/~ her** de loin; **ist das ~ [weg/von hier]?** c'est très loin [d'ici]?; ~ **offen [stehend]** grand(e) ouvert(e); ~ **geöffnet werden** être ouvert(e) en grand; **sich nicht ~ genug öffnen lassen** ne pas s'ouvrir assez; **fünf Meter ~ springen** sauter à cinq mètres; **zehn Kilometer ~ marschieren** parcourir dix kilomètres à pied; **müssen wir noch ~ gehen?** c'est encore loin?; **haben Sie es noch ~ sehr ~?** vous allez encore loin?; **ich habe es noch/nicht ~** j'ai encore un bon bout de chemin à faire/je n'ai pas une longue distance à parcourir; **wie ~ bist du gekommen?** jusqu'où es-tu arrivé(e)?; **er wohnt jetzt zwölf Kilometer ~er weg** il habite maintenant douze kilomètres plus loin
❷ (in zeitlicher Hinsicht) **so ~ sein** être prêt(e); **es ist noch ~ [hin]** il faudra du temps; ~ **nach zehn Uhr/Mitternacht** bien après dix heures/minuit; **bis ~ in den Morgen/Vormittag** jusqu'à une heure avancée du matin/de la matinée; **bis ~ in den März/Sommer** une bonne partie du mois de mars/de l'été; **er schmökert immer bis ~ in die Nacht** il bouquine toujours jusqu'à tard dans la nuit; ~ **zurückliegen** être il y a longtemps; **wie ~ liegt dein Examen jetzt zurück?** il y a combien de temps que tu as passé ton examen?
❸ fig **es ~ bringen [im Leben]** aller loin [dans la vie]; **es ~ gebracht haben** avoir réussi; **zu ~ gehen/es zu ~ treiben** aller trop loin; **das ist [entschieden] zu ~!** c'est trop!; **ich würde so ~ gehen ihn anzuzeigen** j'irais jusqu'à porter plainte contre lui; **das würde zu ~ führen** ça nous mènerait trop loin; **du bringst mich noch so ~, dass ich schreie!** tu vas finir par me faire crier!; **du wirst es noch so ~ bringen, dass** tu vas faire tant et si bien que + indic; **wie ~ bist du [gekommen]?** où en es-tu?; **das ist ~ hergeholt** c'est tiré par les cheveux; **so ~ hergeholt finde ich das gar nicht** je ne trouve pas ça improbable du tout; **hat das Geld so ~ gereicht?** fam il y a eu assez d'argent jusqu'ici?; **damit ist es nicht ~ her** ça ne vaut pas grand-chose
❹ (erheblich) schöner, schlechter bien [plus]; fortgeschritten, gediehen sein bien; übertreffen de beaucoup; hinter sich lassen loin; ~ **besser** bien mieux; **mit etw ist es ~ gediehen** qc a fait du chemin
▶ ~ **und breit** à cent lieues à la ronde; **so ~, so gut** bon, jusque là, tout va; ~ **gefehlt!** geh tant s'en faut! (soutenu); **so ~ kommt es [noch]!** fam et puis quoi encore! (fam); **bei ~ em** bien [plus]; **es wäre bei ~ em besser gewesen abzureisen** il aurait bien mieux valu partir; **das ist bei ~ em [noch] nicht alles!** ce n'est pas tout!

weitab ['vaɪtʔap] Adv loin [de tout]; ~ **vom Dorf** loin du village

weitaus Adv ❶ (viel) schöner, schlechter, teurer bien [plus]; **es wäre ~ besser gewesen, wenn ...** il aurait bien mieux valu que... + subj ❷ (eindeutig) **er ist der ~ beste/schlechteste Schüler** il est de loin le meilleur/plus mauvais élève **Weitblick** m kein Pl clairvoyance f; **das zeugt von ~** c'est une preuve de clairvoyance **weitblickend** Adj Person clairvoyant(e)

Weite¹ ['vaɪtə] <-, -n> f ❶ (Ausdehnung) einer Landschaft, eines Meeres étendue f; **die endlose ~ der Wüste** l'immensité du désert
❷ (Breite, weiter Schnitt) largeur f

③ SPORT *eines Stoßes, Wurfs* distance *f; eines Sprungs* longueur *f*
Weite² *das* ~ **suchen** *geh* prendre la clé des champs
weiten ['vaɪtən] I. *tr V* élargir *Schuhe*
II. *r V sich* ~ *Pupillen, Augen:* se dilater
weiter ['vaɪtɐ] *Adv* ❶ *Komp von* **weit**: ~ **oben** plus haut; ~! on continue!
❷ *(sonst)* ~ **keine Beschwerden?** pas d'autres problèmes [de santé]?; **es war** ~ **keiner da** il n'y avait personne d'autre; **es weiß** ~ **niemand Bescheid** personne n'est au courant; ~ **nichts?** c'est tout?; **das hat** ~ **nichts zu sagen** ça ne veut rien dire; ~ **weiß ich nichts von der Sache** je n'en sais pas plus; **das ist nichts** ~ **als eine Ausrede** ce n'est rien d'autre qu'un prétexte; **und** ~? et après?; **und was** ~? et quoi d'autre?
▶ **wenn es** ~ **nichts ist** si ce n'est que ça; **nicht** ~ **wissen** ne plus savoir quoi faire; **das ist nicht** ~ **schlimm** ce n'est pas bien grave; **und so** ~ [**und so fort**] et cætera; **was fehlt Ihnen denn?** — **Kopfweh, Übelkeit, Mattigkeit und so** ~? qu'est-ce qui ne va pas? — J'ai mal à la tête, j'ai mal au cœur, je suis sans forces, vous voyez le genre
weiter|arbeiten *itr V* continuer son/le travail; *(sich wieder an die Arbeit machen)* se remettre à travailler; **an etw** (*Dat*) ~ continuer à travailler à qc
weiter|befördern* *tr V* transporter; **jdn zum Hotel** ~ acheminer qn à l'hôtel; **im Bus weiterbefördert werden** poursuivre son/le voyage en bus
Weiterbeschäftigung *f kein Pl* **die** ~ **aller Mitarbeiter fordern** revendiquer le maintien de tous les emplois
weiter|bestehen* *itr V unreg Institut:* continuer d'exister; *Verdacht:* être toujours présent(e); *Verpflichtung:* devoir être assumé(e); **diese Verpflichtung besteht für sie weiter** elle doit toujours assumer cette obligation
Weiterbestehen *nt fait m* de continuer d'exister; **das** ~ **des Instituts ist nicht gesichert** il n'est pas assuré que l'institut puisse continuer d'exister
weiter|bilden *r V sich* ~ compléter sa formation; **sich in Informatik** ~ se perfectionner en informatique
Weiterbildung *f* formation *f* continue
weiter|bringen *tr V* faire avancer
weiter|denken *unreg* I. *itr V (noch länger denken)* y penser plus longuement; *(noch weiter nachdenken)* mener une réflexion plus approfondie; **da muss man doch** ~! il faut réfléchir aux suites!
II. *tr V* réfléchir plus longuement sur *Idee, Vorschlag*
weitere(r, s) *Adj* autre *antéposé*; **jdn über alle** ~**n Maßnahmen informieren** informer qn de toute mesure ultérieure; **alles Weitere besprechen wir morgen** on discutera des détails demain
▶ **bis auf** ~**s** momentanément; **ohne** ~**s** *(ohne Schwierigkeiten)* sans problèmes; *(einfach so)* voraussetzen d'emblée; *sagen, behaupten* de but en blanc
weiter|empfehlen* *tr V unreg* recommander
weiter|entwickeln* I. *tr V* perfectionner *Auto, Gerät, Verfahren*; développer *Idee, Plan, Theorie*; **weiterentwickelt** *Verfahren* perfectionné(e); *Theorie* évolué(e)
II. *r V sich* ~ évoluer
Weiterentwicklung *f* ❶ *(Vorgang)* développement *m*
❷ *(Ergebnis)* progression *f;* TECH perfectionnement *m* technique
weiter|erzählen* I. *tr V* répéter *Neuigkeit*
II. *itr V* continuer à raconter
weiter|fahren *unreg* I. *itr V* + *sein* continuer; **nach Kehl** ~ continuer sa route vers Kehl; **Sie können hier nicht** ~! vous ne pouvez pas passer par ici!
II. *tr V* + *haben* déplacer *Auto*
Weiterfahrt *f* poursuite *f* du voyage; **die** ~ **verzögert sich** la poursuite du voyage est retardée
weiter|fliegen *itr V unreg* + *sein* **nach Montreal** ~ poursuivre son voyage en avion [à destination de Montréal]; *(das Flugzeug wechseln)* reprendre l'avion [pour aller à Montréal]
Weiterflug *m kein Pl* correspondance *f;* **der** ~ **verzögert sich** la correspondance est retardée; **bis zum** ~ avant de reprendre l'avion
weiter|führen *tr V* ❶ *(fortsetzen)* poursuivre *Projekt, Vorhaben*
❷ *(weiterbringen)* **jdn** ~ *Alternative, Vorschlag:* faire avancer qn
weiterführend *Adj* **die** ~**en Schulen** ≈ les établissements d'enseignement secondaire
Weitergabe *f von Unterlagen* transmission *f;* **die** ~ **dieser Information ist untersagt** il est interdit de transmettre ces informations
weiter|geben *tr V unreg* faire passer; **etw** [**an jdn**] ~ *(weiterreichen)* faire passer qc [à qn]; *(mitteilen, vermitteln)* transmettre qc [à qn]
weiter|gehen *itr V unreg* + *sein* ❶ *Person:* poursuivre son chemin; **bitte** ~! circulez, s'il vous plaît!; **lass uns** ~! allez, on continue!
❷ *(seinen Fortgang nehmen)* continuer; **wie soll es nun** ~? qu'est-ce qu'on va faire?; **so kann es nicht** ~! ça ne peut plus durer ainsi [*o* continuer comme ça]!; **es geht** [**wieder**] **weiter!**

(mit der Fahrt/der Arbeit) on repart!/on reprend [le travail]!
weiter|helfen *itr V unreg* aider; **jdm** [**in einer Angelegenheit**] ~ aider qn [dans une affaire]; **kann ich Ihnen** ~? puis-je vous être utile?
weiterhin *Adv* ❶ *(immer noch)* encore; ~ **optimistisch sein** continuer d'être optimiste; **der Verdacht besteht** ~ les soupçons persistent
❷ *(auch zukünftig)* dans l'avenir
❸ *(außerdem)* en outre
weiter|kämpfen *itr V* continuer à se battre
weiter|kommen *itr V unreg* + *sein* ❶ *(vorankommen)* avancer; **Sie kommen hier nicht weiter!** vous ne pouvez pas aller plus loin!
❷ *(Fortschritte machen)* **mit etw** ~ avancer dans qc
weiter|können *itr V unreg fam* ❶ *(weitergehen, -fahren)* pouvoir continuer [son chemin]; **Sie können hier nicht weiter!** vous ne pouvez pas passer par ici [*o* aller plus loin!]!
❷ *(weitermachen)* **nicht** ~ n'en pouvoir plus *(fam)*
weiter|laufen *itr V unreg* + *sein* ❶ *Person:* continuer à courir; **lass uns noch einen Kilometer** ~! allez, encore un kilomètre!
❷ *(in Gang bleiben)* *Uhr:* continuer de marcher; *Maschine, Motor:* continuer de tourner
❸ *(anfallen)* *Gehalt:* continuer d'être versé(e); *Kosten, Zinsen:* continuer à courir
weiter|leben *itr V Person:* vivre encore; **in jdm/etw** ~ se survivre dans qn/qc
weiter|leiten *tr V* transmettre *Information, Anfrage, Antrag;* faire suivre *Brief;* **etw an jdn** ~ transmettre qc à qn
weiter|machen *tr V fam* continuer; **wenn er so weitermacht, wird er bald krank** à ce train-là, il tombera bientôt malade
weiter|reden *tr V* continuer de parler; **jdn am Weiterreden hindern** empêcher qn de poursuivre son discours
weiter|reichen *tr V geh* passer; **etw an jdn** ~ faire passer qc à qn
Weiterreise *f kein Pl* poursuite *f* du voyage; **jdn an der** ~ **hindern** empêcher qn de continuer [*o* poursuivre] sa route
weiters ['vaɪtɐs] *Adv* A de plus
weiter|sagen *tr V* répéter; **nicht** ~! motus et bouche cousue!
weiter|verarbeiten* *tr V* transformer qc; **etw zu etw** ~ transformer qc en qc; **die** ~**de Industrie** l'industrie de transformation
Weiterverarbeitung *f* transformation *f*, traitement *m*
weiter|verfolgen* *tr V* poursuivre *Ziel;* donner suite à *Plan;* suivre *Idee, Vorschlag*
Weiterverkauf *m* revente *f*
weiter|verkaufen* I. *tr V* revendre
II. *itr V* vendre au détail
weiter|vermieten* *tr V* sous-louer *Wohnung*
weiter|verwenden* *tr V* réutiliser
weiter|verwerten* *tr V* retraiter
weiter|wissen *itr V unreg* savoir comment faire; **nicht mehr** ~ ne plus savoir quoi faire
weiter|wollen *itr V unreg fam* ❶ *(weitergehen wollen)* vouloir continuer son chemin
❷ *(mehr erreichen wollen)* vouloir toujours plus
weitestgehend I. *Adj Superl von* **weitgehend** *Übereinstimmung* très étendu(e); ~**e Übereinstimmung erzielen** obtenir un large consensus
II. *Adv* à quelques détails près
weitgehend <**weitgehender** *o* A **weitergehend**, **weitestgehend** *o* **weitgehendste**> I. *Adj Übereinstimmung, Unterstützung, Vollmacht* étendu(e); *Zusammenarbeit* très étroit(e)
II. *Adv* à quelques détails près
weitgereist *s.* **reisen** ❶
weither *Adv geh* de loin
weitherzig ['vaɪthɛrtsɪç] *Adj (tolerant)* généreux(-euse)
weithin *Adv* ❶ *geh (ringsumher)* hörbar, sichtbar alentour
❷ *(weitgehend)* **es herrscht** ~ **Einverständnis** l'accord est quasi général
weitläufig I. *Adj* ❶ *(ausgedehnt)* *Gebäude, Anwesen, Park* vaste antéposé
❷ *(entfernt)* *Verwandtschaft* éloigné(e); **ein** ~**er Verwandter** un parent très éloigné
II. *Adv* ~ [**miteinander**] **verwandt sein** être parents éloignés
Weitläufigkeit <-> *f* immensité *f*
weitmaschig *Adj* à grosses mailles
weiträumig I. *Adj* **Umleitung** dans un vaste périmètre; **ein** ~**es Spiel betreiben** couvrir suffisamment le terrain de jeu
II. *Adv absperren, umleiten* dans un vaste périmètre; ~ **spielen** couvrir suffisamment le terrain de jeu
weitreichend *s.* **reichen** I.❷, ❹
weitschweifig I. *Adj* diffus(e); **das ist mir zu** ~ c'est trop diffus pour moi
II. *Adv* de façon diffuse
Weitsicht *s.* **Weitblick**

weitsichtig *Adj* ❶ MED presbyte
❷ *s.* **weitblickend**
Weitsichtigkeit <-> *f* presbytie *f*
Weitspringer(in) *m(f)* sauteur(-euse) *m(f)* en longueur
Weitsprung *m* ❶ *kein Pl (Disziplin)* saut *m* en longueur
❷ *(Sprung)* saut *m*
weitverbreitet *s.* **verbreiten I.**❶
weitverzweigt *s.* **verzweigen**
Weitwinkelobjektiv *nt* grand-angle *m*
Weizen[1] ['vaɪtsən] <-s> *m* blé *m; (verarbeiteter Weizen)* froment *m*
Weizen[2] <-s, -> *nt*, **Weizenbier** *nt* bière *f* blanche
Weizenbrot *nt* pain *m* de froment **Weizenkeim** *m* germe *m* de blé **Weizenkeimöl** *nt* huile *f* de germes de blé **Weizenmehl** *nt* farine *f* de froment [*o* blé]
welch *Pron interrog geh* quel(le); ~ **eine Enttäuschung!** quelle déception!; ~ **große Ehre!** que d'honneur! *(soutenu)*
welche(r, s) **I.** *Pron interrog* ❶ quel(le); ~**n Apfel/**~ **Aprikose möchtest du?** quelle pomme/quel abricot est-ce que tu veux?; ~**s von den beiden Fahrrädern ist deins?** lequel des deux vélos est le tien?; ~**s ist dein Schal?** c'est quelle écharpe, la tienne?; ~**s ist deine Jacke?** c'est quel blouson, le tien?
❷ *geh (was für ein)* ~**r Zufall!** quelle coïncidence!
II. *Pron rel* **derjenige**, ~**r/diejenige**, ~ **das gesagt hat** celui/celle qui a dit cela; **das Programm, mit** ~**m sie arbeitet** le logiciel avec lequel elle travaille
III. *Pron indef* ❶ en; **ich brauche Zucker, haben wir noch** ~**n im Haus?** il me faut du sucre, est-ce qu'on en a encore?; **wenn du Erdbeeren möchtest, dann nimm dir** ~**!** si tu veux [manger] des fraises, prends-en!; **brauchst du Streichhölzer? Hier sind** ~**!** tu as besoin d'allumettes? en voici!
❷ *Pl fam (einige Leute)* **vor dem Haus stehen** ~ devant la maison, il y a du monde; **es gibt** ~, **die ...** il y en a qui ... *(fam)*
welk [vɛlk] *Adj Blume, Salat, Haut* flétri(e); ~ **werden/sein** se flétrir/être flétri(e)
welken ['vɛlkən] *itr V + sein geh* se flétrir
Wellblech ['vɛl-] *nt* tôle *f* ondulée
Wellblechhütte *f* cabane *f* en tôle ondulée
Welle ['vɛlə] <-, -n> *f* ❶ *a. fig* vague *f;* **eine** ~ **von Beschwerden** une vague de réclamations
❷ *(Locke)* ondulation *f*
❸ PHYS, RADIO onde *f*
❹ *(Unebenheit) (im Teppich, Boden, Papier)* pli *m; (im Gelände)* ondulation *f*
❺ *(Tendenz, Mode)* tendance *f;* **die/eine neue** ~ la/une tendance actuelle
❻ TECH arbre *m*
▶ [**die**] **grüne** ~ feux de signalisation parfaitement synchronisés; [**hohe**] ~**n schlagen** faire des vagues *(fam)*
wellen ['vɛlən] *r V sich* ~ onduler
Wellenbad *nt* piscine *f* à vagues **Wellenbereich** *m* gamme *f* d'ondes, bande *f* de fréquences **Wellenbrecher** <-s, -> *m* brise--lame[s] *m*
wellenförmig [-fœrmɪç] **I.** *Adj* ondulé(e)
II. *Adv* **sich** ~ **verziehen** onduler
Wellengang *m kein Pl* houle *f* **Wellenkamm** *m* crête *f* d'une/de la vague **Wellenlänge** *f* longueur *f* d'onde ▶ **die gleiche** ~ **haben** *fam*, **auf der gleichen** ~ **liegen** être sur la même longueur d'onde *(fam)* **Wellenlinie** [-liːniə] *f* ligne *f* ondulée **Wellenreiten** *nt* surf *m* **Wellensittich** *m* perruche *f*
wellig *Adj Haar, Papier, Teppich, Gelände* ondulé(e); ~ **werden** onduler; **von Natur aus** ~ **es Haar haben** avoir des cheveux qui ondulent naturellement
Wellness ['vɛlnɛs] <-> *f* bien-être *m* **Wellnessbereich** *m eines Hotels* espace *m* bien-être **Wellnesswochenende** *nt* week--end *m* bien-être
Wellpappe *f* carton *m* ondulé
Welpe ['vɛlpə] <-n, -n> *m (junger Hund/Wolf/Fuchs)* chiot *m*/louveteau *m*/renardeau *m;* **die Hündin und ihre** ~**n** la chienne et ses chiots
Wels [vɛls] <-es, -e> *m* poisson-chat *m*
welsch [vɛlʃ] *Adj* CH romand(e)
Welschland *nt kein Pl* CH **das** ~ **la Suisse romande Welschschweiz** *f* CH **die** ~ la Suisse romande **Welschschweizer(in)** *m(f)* CH Romand(e) *m(f)* **welschschweizerisch** *Adj* CH romand(e)
Welt [vɛlt] <-, -en> *f* ❶ *kein Pl (die Erde)* monde *m;* **die/unsere** ~ le/notre monde; **auf der** ~ sur la terre; **in aller** ~ dans le monde entier; **die große** [*o* **weite**] ~ le vaste monde; **ein Kind zur** ~ **bringen** mettre un enfant au monde; **zur** [*o* **auf die**] ~ **kommen** venir au monde
❷ *kein Pl fam (die Menschen)* **alle** ~ tout le monde; **vor aller** ~ devant tout le monde

❸ *kein Pl (Weltall)* **die Entstehung der** ~ la naissance de l'univers *m*
❹ *(Planetensystem)* **ferne** ~**en** d'autres univers *mpl*
❺ *(Lebensbereich)* monde *m;* **die** ~ **der Mode** le monde de la mode; **in seiner eigenen** ~ **leben** vivre dans son [propre] monde
❻ *geh (Gesellschaftsschicht)* **die vornehme** ~ le beau monde
❼ *(Leben, Lebensverhältnisse)* **die antike** ~, **die** ~ **der Antike** l'Antiquité *f;* **die heile** ~ le monde parfait
❽ *(politische Sphäre)* **die westliche** ~ l'Occident *m;* **die Alte/Neue** ~ l'Ancien/le Nouveau monde *m;* **die Dritte/Vierte** ~ le tiers-monde/quart-monde
▶ **die** ~ **aus den Angeln heben** changer le monde; **nobel geht die** ~ **zugrunde** *fam* on ne se refuse rien *(fam);* **für ihn bricht eine** ~ **zusammen** pour lui, c'est comme si le monde s'écroulait; **davon** [*o* **deswegen**] **geht die** ~ **nicht unter** *fam* ce n'est pas la fin du monde *(fam);* **nicht die** ~ **kosten** *fam* ne pas coûter les yeux de la tête *(fam);* **etw aus der** ~ **schaffen** mettre fin à qc; **nicht aus der** ~ **sein** *fam Person, Ort:* ne pas être à l'autre bout du monde; **etw in die** ~ **setzen** répandre qc; **sie trennen** ~ **en** un monde les sépare; **warum in aller** ~ **macht er das?** *fam* [mais] par tous les diables, pourquoi fait-il cela? *(fam);* **mit sich und der** ~ **zufrieden sein** être vraiment satisfait(e); **nicht um alles in der** ~, **um nichts in der** ~ pas pour tout l'or du monde
Weltall *nt* univers *m* **weltanschaulich** *Adj* idéologique **Weltanschauung** *f* weltanschauung *f,* conception *f* du monde **Weltatlas** *m* atlas *m* du monde **Weltausstellung** *f* exposition *f* universelle **Weltbank** *f* Banque *f* mondiale **weltbekannt** *Adj* mondialement connu(e) **weltberühmt** *Adj* célèbre dans le monde **weltbeste(r, s)** *Adj attr* **die** ~ **Schwimmerin** la meilleure nageuse du monde **Weltbestleistung** *f* record *m* du monde **Weltbestzeit** *f* SPORT record *m* mondial; **die 100 Meter in** ~ **laufen** tenir le record du monde au 100 mètres **Weltbevölkerung** *f kein Pl* population *f* mondiale **weltbewegend** *Adj Beschluss, Neuerung, Vorgang* d'importance capitale; *Nachricht, Idee* d'intérêt capital; **das ist nicht** ~ *fam* ce n'est pas ça qui va changer la face du monde *(fam)* **Weltbild** *nt* vision *f* du monde **Weltbürger(in)** *m(f)* citoyen(ne) *m(f)* du monde
Weltenbummler(in) [-bʊmlɐ] *m(f)* bourlingueur(-euse) *m(f) (fam)*
Welterfolg *m* succès *m* mondial
Weltergewicht ['vɛltɐ-] *nt kein Pl (Gewichtsklasse)* mi-moyen *m,* catégorie *f* welter
Weltergewichtler(in) <-s, -> *m(f)* mi-moyen(ne) *m(f)*
welterschütternd *Adj Entdeckung, Ereignis* révolutionnaire; *Katastrophe, Tragödie* bouleversant(e) **weltfremd** *Adj Person, Ansicht, Theorie* irréaliste; ~ **sein** *Person:* ne pas avoir le sens des réalités
Weltfriede[n] *m* paix *f* mondiale **Weltgeltung** *f* renommée *f* mondiale **Weltgeschichte** *f kein Pl* histoire *f* universelle ▶ **in der** ~ **herumfahren** *hum fam* rouler sa bosse *(hum fam)* **weltgeschichtlich** *Adj Ereignis* qui fait date **Weltgesundheitsorganisation** *f* Organisation *f* mondiale de la santé **weltgewandt** *Adj Person:* courtois(e); ~ **sein** avoir de l'entregent **weltgrößte(r, s)** *Adj* **die** ~ **Solaranlage** la plus grande station solaire du monde **Welthandel** *m* commerce *m* mondial [*o* international] **Welthandelskonjunktur** *f* conjoncture *f* du commerce mondial **Welthandelsorganisation** *f kein Pl* Organisation *f* mondiale du commerce **Welthandelswährung** *f* monnaie *f* internationale **Weltherrschaft** *f kein Pl* hégémonie *f* mondiale **Weltjugendtag** *m* REL Journées *fpl* mondiales de la Jeunesse, JMJ *fpl* **Weltkarte** *f* mappemonde *f* **Weltklasse** *f kein Pl* classe *f* internationale; ~ **sein** *fam Sportler:* être un/une pro *(fam)* **Weltkonjunktur** *f* conjoncture *f* internationale [*o* mondiale] **Weltkrieg** *m* guerre *f* mondiale; **der Erste/Zweite** ~ la Première/Seconde Guerre mondiale **Weltlage** *f kein Pl* situation *f* mondiale
weltlich *Adj geh* ❶ *(irdisch) Freuden, Genüsse* terrestre
❷ *(nicht geistlich) Bauwerk, Kunst* profane
Weltliteratur *f kein Pl* littérature *f* mondiale **Weltmacht** *f* grande puissance *f* **weltmännisch** ['vɛltmɛnɪʃ] *Adj Auftreten* mondain(e) **Weltmarkt** *m* marché *m* international
weltmarktfähig *Adj* commercialisable sur le marché mondial
Weltmeer *nt* océan *m* **Weltmeister(in)** *m(f)* champion(ne) *m(f)* du monde; ~ **in im Hochsprung** champion du monde du saut en hauteur **Weltmeisterschaft** *f* championnat *m* du monde; **die** ~ **im Eiskunstlaufen** le championnat du monde du patinage artistique **Weltmonopolstellung** *f* situation *f* de monopole mondial **weltoffen** *Adj* ouvert(e) [au monde] **Weltöffentlichkeit** *f kein Pl* opinion *f* mondiale **Weltpolitik** *f* politique *f* mondiale [*o* internationale] **weltpolitisch I.** *Adj Entscheidung* de politique mondiale; *Bedeutung, Konsequenzen* au niveau de la politique mondiale **II.** *Adv* bedeutsam au niveau de la politique mondiale **Weltrang** *m kein Pl* rang *m* [*o* niveau *m*] mondial [*o* international]
Weltraum *m kein Pl* espace *m*
Weltraumstation *f* station *f* spatiale **Weltraumteleskop** *nt*

télescope *m* spatial
Weltreich *nt* empire *m* **Weltreise** *f* tour *m* du monde; **eine ~ machen** faire le tour du monde **Weltrekord** *m* record *m* du monde; **der ~ im Weitsprung** le record du monde du saut en longueur
Weltrekordler(in) [-rekɔrtlɐ] <-s, -> *m(f)* recordman *m*/recordwoman *f* du monde
Weltreligion *f* grande religion *f* **Weltruf** *m kein Pl* réputation *f* internationale; **eine Physikerin von ~** une physicienne de renommée mondiale **Weltschmerz** *m kein Pl* mal *m* du siècle **Weltsicherheitsrat** *m* Conseil *m* de sécurité de l'O.N.U. **Weltsprache** *f* langue *f* internationale **Weltstadt** *f* grande ville *f* de renommée mondiale **weltstädtisch** *Adj* d'une grande ville de renommée mondiale **Weltstar** *m* vedette *f* internationale **Weltumsegelung** *f* NAUT tour *m* du monde en bateau à voile **weltumspannend** *Adj* universel(le), global(e); **~es Computernetz** réseau *m* informatique mondial **Weltuntergang** *m* fin *f* du monde
Weltuntergangsstimmung *f* morosité *f*
Welturaufführung *f* THEAT première *f* mondiale **Weltverbesserer** *m*, **-verbesserin** *f* redresseur(-euse) *m(f)* de torts **Weltwährungsfonds** *m* Fonds *m* monétaire international **weltweit** **I.** *Adj Katastrophe, Rezession* mondial(e) **II.** *Adv zunehmen, tätig sein* dans le monde entier; *bedeutsam sein* pour le monde entier **Weltwirtschaft** *f* économie *f* mondiale [*o* internationale]
Weltwirtschaftsgipfel *m* sommet *m* économique mondial
Weltwirtschaftskrise *f* crise *f* économique mondiale [*o* internationale]
Weltwunder *nt* **die sieben ~** les Sept Merveilles *fpl* du monde
Weltzeituhr *f* horloge *f* universelle
wem [ve:m] **I.** *Pron interrog, Dat von* **wer**: **~ gehört ...?** à qui appartient...?; **~ soll ich glauben?** qui [dois-je] croire?; **~ kann ich helfen?** qui puis-je aider?; **~ kann ich trauen, ihm oder ihr?** en qui puis-je avoir confiance, en lui ou en elle?; **mit ~** avec qui; **von ~** de qui
II. *Pron rel, Dat von* **wer**: **~ der Vorschlag nicht gefällt, der kann gehen** celui à qui la proposition ne plaît pas peut s'en aller **III.** *Pron indef, Dat von* **wer** *fam* **hast du ~ davon erzählt?** tu en as parlé à quelqu'un?
Wemfall *m* datif *m*
wen [ve:n] **I.** *Pron interrog, Akk von* **wer**: **~ hast du gesehen?** qui as-tu vu?; **~ möchten Sie sprechen?** à qui voulez-vous parler?; **~ möchtest du anrufen?** à qui veux-tu téléphoner?; **durch/für ~** par/pour qui
II. *Pron rel, Akk von* **wer**: **~ das nicht interessiert, der kann gehen** celui que cela n'intéresse pas peut s'en aller; **~ das betrifft, der möge sich bitte melden** que celui qui est concerné se manifeste
III. *Pron indef, Akk von* **wer** *fam* **hast du ~ gesehen?** tu as vu quelqu'un?
Wende ['vɛndə] <-, -n> *f* ① *(Veränderung)* tournant *m*; **eine ~ zum Besseren** l'amorce *f* d'une amélioration; **wir stehen an der ~ zu einem neuen Zeitalter** nous sommes au seuil d'une ère nouvelle
② POL revirement *m*; *(Regierungswechsel)* chambardement *m* *(fam)*
③ HIST **die ~** le tournant *(désigne la réunification allemande)*
④ SPORT *(beim Segeln)* virement *m* de bord; *(beim Schwimmen)* changement *m* de face
Wendekreis *m* ① *eines Autos* rayon *m* de braquage
② GEOG **der nördliche ~**, **der ~ des Krebses** le tropique du Cancer; **der südliche ~**, **der ~ des Steinbocks** le tropique du Capricorne
Wendeltreppe *f* escalier *m* en colimaçon
Wendemantel *m* manteau *m* réversible
wenden¹ ['vɛndən] <wendete *o geh* wandte, gewendet *o geh* gewandt> *r V* ① *(sich drehen)* se tourner; **sich zur Tür ~** se tourner vers la porte; **sich zur Seite/nach rechts ~** se tourner sur le côté/à droite
② *(sich richten an)* **sich an jdn ~** *Person, Buch:* s'adresser à qn
③ *(entgegentreten)* **sich gegen jdn ~** se retourner contre qn; **sich gegen etw ~** réfuter qc
④ *(sich entwickeln)* **sich zum Besseren ~** s'arranger; **sich nicht zum Schlechteren ~** ne pas s'aggraver
wenden² <wendete, gewendet> **I.** *tr V* retourner *Blatt, Tischdecke*; **bitte ~!** tournez, s'il vous plaît!
II. *itr V* faire demi-tour
Wendeplatz *m* espace *m* pour faire demi-tour **Wendepunkt** *m* tournant *m*
wendig *Adj Person* souple d'esprit; *Auto* manœuvrable
Wendigkeit <-> *f einer Person* souplesse *f* d'esprit; *eines Autos* manœuvrabilité *f*
Wendung <-, -en> *f* ① *(Veränderung)* retournement *m*; **eine überraschende ~ nehmen** prendre une tournure étonnante
② LING tournure *f*
Wenfall *m* accusatif *m*
wenig ['ve:nɪç] **I.** *Adj, Pron indef* ① *(nicht viel)* peu; **~ Brot/Obst/Zeit** peu de pain/de fruits/de temps; **~ Lust haben etw zu tun** n'avoir guère envie de faire qc; **~** [**Geld**] **verdienen/ausgeben** gagner/dépenser peu [d'argent]; **~ haben/lernen** ne pas avoir/apprendre grand-chose; **das ~e Geld, das er hat** le peu d'argent qu'il a; **zu ~** trop peu; **zu ~ Arbeit/Geld/Zeit** trop peu de travail/d'argent/de temps; **das ist ~/**[**viel**] **zu ~** c'est peu/trop peu; **das ist nicht** [**gerade**] **~!** ce n'est pas qu'un peu!; **das ~e, das er hat** le peu qu'il a; **mit ~ em zufrieden sein** se contenter de peu
② *(nicht viele)* **~**[**e**] **Gläser/Leute** peu de verres/de gens; **mit ~** [**en**] **Worten** en peu de mots; **die ~ en Fehler, die sie gemacht hat** les quelques fautes [*o* le peu de fautes] qu'elle a faites; **es kamen nur ~ e** peu de gens sont venus; **nicht ~ kamen** beaucoup sont venus
③ *(etwas)* **ein ~ Zucker/Zeit** un peu de sucre/de temps
II. *Adv* ① *(kaum, nicht sehr)* **~ erfreulich/hilfreich** guère réjouissant/secourable; **~ besser** guère mieux; **nicht ~ überrascht sein** ne pas être peu surpris(e)
② *(nicht viel)* **so ~ wie möglich** aussi peu de sel que possible; **wir wissen darüber so ~ wie Sie** nous n'en savons pas plus que vous; **ich kann mir das so ~ leisten wie du** je ne peux pas me le permettre plus que toi
③ *(selten)* **~ ausgehen** sortir peu
④ *(etwas)* **ein ~ verärgert** un peu irrité(e)
weniger ['ve:nɪɡɐ] **I.** *Adj, Pron indef, Komp von* **wenig** moins; **~ Brot/Obst/Zeit** moins de pain/de fruits/de temps; **~** [**Geld**] **ausgeben** dépenser moins; **~ Fehler machen** faire moins de fautes; **er verdient ~ als ich/als tausend Euro im Monat** il gagne moins que moi/de mille euros par mois; **mit ~ rechnen** s'attendre à moins; **etwas ~** un peu moins; **~ werden** *Vorräte:* diminuer; *Geld, Vermögen:* s'amenuiser
▶ **~ wäre mehr gewesen** le mieux est l'ennemi du bien
II. *Adv Komp von* **wenig** ① **~ interessant** moins intéressant(e); **für uns zählt ~ die Schnelligkeit als die Qualität** pour nous, la rapidité compte moins que la qualité; **je mehr er erzählte, desto ~ interessierte es mich** plus il racontait et moins ça m'intéressait
② *(seltener)* **sie geht jetzt ~ aus** en ce moment, elle sort moins souvent
III. *Konj* moins; **21 ~ 4 ist 17** 21 moins 4 égale 17
Wenigkeit <-> ▶ **meine ~** *hum fam* mon humble personne *(hum)*
wenigste(r, s) ['ve:nɪçstə, 've:nɪkstə] **I.** *Adj, Pron Superl von* **wenig**: **das ~ Geld** le moins d'argent; **die ~ n Fehler** le moins de fautes; **die ~ n** [**Menschen**] **wissen, dass** rares sont ceux [*o* les gens] qui savent que + *indic*; **das ~, was man tun kann** le moins qu'on puisse faire
II. *Adv Superl von* **wenig**: **das interessiert mich am ~ n** c'est ce qui m'intéresse le moins; **sie hat sich** [**von allen**] **am ~ n gefreut/verändert** c'est elle qui s'est la moins réjouie/qui a le moins changé
wenigstens ['ve:nɪçstəns, 've:nɪkstəns] *Adv* ① *(mindestens)* au moins
② *(zumindest)* du moins; **~ hat er das behauptet** c'est du moins ce qu'il a affirmé
wenn [vɛn] *Konj* ① *(falls)* si; **~ das so ist** si c'est comme ça
② *(sobald)* dès que; **~ man auf den Knopf drückt** quand on appuie sur le bouton; [**immer**] **~ Weihnachten naht** à l'approche de Noël
③ *(obwohl)* **~ sie auch Recht hat** même si elle a raison
④ *(in Wunschsätzen)* **~ ich das geahnt hätte!** si seulement je l'avais su à l'avance!; **~ es morgen bloß nicht regnet!** si seulement il ne pleuvait pas demain!
Wenn <-s, *fam* -> *nt* ▶ **ohne ~ und Aber** sans barguigner
wenngleich *Konj geh* bien que + *subj*
wennschon *Adv fam* [**na**] **~!**, [**und**] **~!** et alors! *(fam)*
▶ **~, dennschon!** tant qu'à faire
wer [ve:ɐ] **I.** *Pron interrog* qui [est-ce qui]; **~ ist da?** qui est là?; **~ kann mir sagen, wie viel Uhr es ist?** qui [est-ce qui] peut me donner l'heure?; **ich kann nicht sagen, ~ von euch gewonnen hat** je ne peux pas dire lequel/laquelle d'entre vous est le gagnant/la gagnante; **~ von den Bewerbern hätte die besten Aussichten?** lequel des postulants ferait l'affaire?; **~ da?** MIL qui va là?
II. *Pron rel* **~ keine Lust hat,** [**der**] **sollte zu Hause bleiben** celui qui n'a pas envie ferait mieux de rester à la maison
III. *Pron indef fam* **wenn ~ anruft** s'il y a quelqu'un qui téléphone; **es muss ~ von diesen Kerlen gewesen sein** il doit s'agir d'un de ces types
▶ **er/sie ist ~** il/elle n'est pas n'importe qui
Werbeabteilung *f* service *m* [*o* département *m*] [de la] publicité
Werbeagentur *f* agence *f* de publicité [*o* de pub *fam*] **Werbeaktion** *f* opération *f* [*o* campagne *f*] publicitaire

Werbebeilage *f* encart *m* publicitaire **Werbeblock** <-blöcke> *m* page *f* de publicité **Werbebroschüre** *f* prospectus *m* **Werbefachmann** <-fachleute> *m*, **-fachfrau** *f* publicitaire *mf* **Werbefernsehen** *nt* publicité *f* à la télévision **Werbefilm** *m* film *m* [*o* spot *m*] publicitaire **Werbefläche** *f* panneau *m* [*o* espace *m*] publicitaire **werbefrei** *Adj inv* MEDIA *Sendung, Homepage* sans publicité **Werbefunk** *m* publicité *f* à la radio **Werbegeschenk** *nt* cadeau *m* publicitaire **Werbekosten** *Pl* frais *mpl* publicitaires **Werbeleiter(in)** *m(f)* chef *m* de publicité **Werbematerial** *nt* matériel *m* publicitaire

werben ['vɛrbən] <wirbt, warb, geworben> I. *tr V* parrainer *Abonnenten, Kunden;* **für die Partei ein neues Mitglied ~** parrainer un nouveau membre [et le faire adhérer au parti]
II. *itr V* ❶ *(Reklame machen)* **für etw ~** faire de la publicité pour qc ❷ *(zu erhalten suchen)* **um Vertrauen/neue Sponsoren ~** chercher à gagner la confiance/de nouveaux sponsors

Werbesendung *f* émission *f* publicitaire **Werbeslogan** *m* slogan *m* publicitaire **Werbespot** [-spɔt, -ʃpɔt] *m* spot *m* publicitaire; **die ~s** la publicité **Werbetext** *m* texte *m* publicitaire **Werbetexter(in)** *m(f)* publicitaire *mf* **Werbeträger(in)** *m(f)* support *m* publicitaire **Werbetrommel** *f* ▶ **die ~ [für jdn/etw] rühren** *fam* faire de la pub [pour qn/qc] *(fam)* **werbewirksam** *Adj* qui fait de l'effet; **ein ~er Slogan** un slogan publicitaire qui fait de l'effet

werblich *Adj inv* ÖKON publicitaire
Werbung <-> *f* ❶ publicité *f;* **für etw ~ machen** faire de la publicité pour qc
❷ *(das Anwerben)* eines *Abonnenten, Kunden, Mitglieds* parrainage *m*

Werbungskosten *Pl* frais *mpl* professionnels
Werdegang <-gänge> *m* ❶ parcours *m;* **beruflicher/künstlerischer ~** parcours *m* professionnel/artistique
❷ *(Lebenslauf)* curriculum *m* vitæ

werden ['veːdən] I. <wird, wurde *o liter* ward, geworden> *itr V* + *sein* ❶ *(seinen Zustand, Status verändern)* devenir; **reich/blind ~** devenir riche/aveugle; **alt/älter ~** devenir vieux(vieille); **krank ~** tomber malade; **schlimmer ~** *Zustand:* empirer; **Lehrer/Rechtsanwältin ~** devenir enseignant/avocate; **Mutter ~** devenir mère; **was möchtest du später einmal ~?** qu'est-ce que tu veux faire plus tard?; **seine Augen ~ immer schlechter** sa vue baisse de plus en plus; **der Kleine ist dick geworden** le petit a grossi; **es wird schon dunkel/hell** il commence déjà à faire sombre/jour; **morgen soll es heiß/kalt ~** demain, il devrait faire chaud/froid; **in den Nächten kann es sehr kalt ~** il peut faire très froid la nuit; **es wird spät** il se fait tard; **gestern ist es sehr spät geworden** la soirée d'hier s'est prolongée tard; **es wird wärmer/schöner ~** il va faire plus chaud/plus beau; **es wird bald Tag** le jour va bientôt se lever; **es wird Abend** la nuit tombe; **es wird bald Frühling** c'est bientôt le printemps; **es wird gleich sieben [Uhr]** il sera bientôt [*o* va être] sept heures; **dein Kaffee wird kalt!** ton café refroidit!
❷ *(seine Befindlichkeit verändern)* **jdm wird besser/wohler** qn se sent mieux; **jdm wird schwindlig** qn a des vertiges; **jdm wird schlecht/kalt** qn se sent mal/commence à avoir froid; **jdm wird ganz heiß** qn est brûlant(e); **da wird einem ja übel!** ça te/vous donne la nausée!
❸ *(sich entwickeln)* **zum Dieb ~** devenir un voleur; **zur Gewohnheit/Gewissheit ~** devenir une habitude/certitude; **zur fixen Idee ~** devenir une idée fixe; **zum Alptraum ~** tourner au cauchemar; **Wirklichkeit ~** devenir réalité; **aus ihr ist eine ausgezeichnete Architektin geworden** elle est devenue une excellente architecte; **aus ihm wird nie ein guter Lehrer** il ne sera jamais un bon enseignant; **aus diesem Jungen wird noch etwas** ce garçon ira loin; **was soll nur aus ihm ~?** que va-t-il devenir?; **aus seiner Liebe ist Hass geworden** son amour s'est transformé en haine; **aus unserem Urlaub ist nichts geworden** nos vacances sont tombées à l'eau; **daraus wird nichts!** il n'en est pas [*o* plus] question!; **was soll nun ~?** que va-t-il advenir?
❹ *(ein Alter erreichen)* **er wird zehn [Jahre alt]** il va avoir dix ans; **sie ist zwölf [Jahre alt] geworden** elle a eu douze ans
▶ **jd wird nicht mehr** *sl* qn [ne] s'en remet pas *(fam);* **ich werd' nicht mehr!** *sl* pince/pincez-moi, je rêve! *(fam);* **es wird schon [wieder] ~!** *fam* ça va [bientôt] aller [mieux]!
II. < *PP* worden> *Hilfsv* ❶ *(zur Bildung des Futurs)* **sie wird ihm bald schreiben** elle va lui écrire bientôt; **er wird ihr sicherlich schreiben** il lui écrira certainement; **ich werde abnehmen** je vais maigrir; **es wird gleich regnen** il va bientôt pleuvoir; **ob er wohl kommen wird?** tu crois qu'il va venir?; **bis Ende Mai werde ich das Manuskript bearbeitet haben** d'ici la fin mai, j'aurai remanié ce manuscrit
❷ *(zur Bildung des Passivs)* **gesehen/fotografiert ~** être vu(e)/photographié(e); **oft verlangt ~** *Artikel, Produkt:* être très demandé(e); **gern gekauft ~** se vendre bien; **das Buch ist veröffentlicht worden** le livre a été publié; **sie ist befördert worden** elle a eu de l'avancement; **ich schlage vor, dass jetzt weitergemacht wird** je propose de continuer; **jetzt wird gearbeitet!** au travail, maintenant!
❸ *(zur Bildung des Konjunktivs)* **ich würde das Angebot annehmen** j'accepterais l'offre; **ich würde dir raten den Mund zu halten** si je puis te donner un conseil, tais-toi; **würdest du mir kurz helfen?** tu pourrais m'aider un instant?
❹ *(als Ausdruck der Mutmaßung)* **das wird Tante Anne sein** ça doit être tante Anne; **der Wagen wird viel gekostet haben** la voiture a dû coûter cher
▶ **wer wird denn gleich weinen/aufgeben!** *fam* pourquoi tout de suite pleurer/abandonner?

Werden <-s> *nt geh* réalisation *f;* **im ~ sein** être en cours de réalisation
werdend *Adj Vater, Mutter* futur(e); **die Mode für ~e Mütter** la mode future maman
Werfall *m* nominatif *m*
werfen ['vɛrfən] <wirft, warf, geworfen> I. *tr V* ❶ lancer *Ball, Stein, Messer;* **den Ball über die Mauer ~** lancer le ballon par-dessus le mur; **etw nach jdm ~** lancer qc dans la direction de qn
❷ *(tun)* jeter; **etw auf einen Haufen/in den Mülleimer ~** jeter qc en tas/à la poubelle; **das Licht an die Decke ~** projeter la lumière au plafond
❸ *(erzielen)* marquer *Tor*
❹ *(ruckartig bewegen)* **die Arme nach oben ~** lever les bras; **den Kopf nach hinten ~** rejeter la tête en arrière; **die Beine nach vorne/hinten ~** lancer les jambes en avant/arrière
❺ *(bilden)* faire *Blasen, Falten, Schatten;* **lange Schatten ~** *Bäume:* faire des grandes ombres
❻ *(gebären)* **Junge ~** faire des petits
II. *itr V* ❶ *Person:* lancer; **18 Meter weit ~** faire un lancer de 18 mètres; **wie weit wirfst du?** à quelle distance [*o* à combien de mètres] lances-tu?; **mit Pfeilen [auf jdn/etw] ~** lancer des flèches [à qn/sur qc]
❷ *(Junge bekommen)* mettre bas
III. *r V* ❶ *(sich stürzen)* **sich auf jdn/auf den Boden ~** se jeter sur qn/par terre
❷ *(sich verziehen)* **sich ~** *Holz:* travailler

Werfer(in) <-s, -> *m(f)* SPORT lanceur(-euse) *m(f)*
Werft [vɛrft] <-, -en> *f* chantier *m* naval
Werftarbeiter(in) *m(f)* ouvrier(-ière) *m(f)* d'un/du chantier naval
Werg [vɛrk] <-[e]s> *nt* étoupe *f*
Werk <-[e]s, -e> *nt* ❶ *(Fabrik)* usine *f;* **ab ~** départ d'usine
❷ *(gesamtes Schaffen) eines Künstlers* œuvre *f*
❸ *(Kunstwerk)* œuvre *f* d'art
❹ *(Buch)* ouvrage *m*
❺ *kein Pl geh (Arbeit, Tat)* ouvrage *m;* **Gottes ~** l'œuvre *f* de Dieu; **gute ~e tun** faire de bonnes œuvres; **das ist Marcs ~** *pej* c'est signé Marc *(péj);* **sich ans ~ machen** se mettre à l'œuvre; **am ~ sein** *pej Personen, Kräfte:* être à l'œuvre
▶ **vorsichtig zu ~e gehen** s'y prendre prudemment

Werkarzt *m*, **-ärztin** *f* médecin *m* du travail
Werkbank <-bänke> *f* établi *m*
Werkel ['vɛrkl] <-s, -n> *nt* A *(Drehorgel)* orgue *m* de Barbarie
werkeln ['vɛrkəln] *itr V fam* bidouiller *(fam)*
Werken ['vɛrkən] *s.* **Werkunterricht**
werkgetreu *Adj* conforme à l'original; **eine ~e Wiedergabe** une reproduction fidèle **Werklehrer(in)** *m(f)* professeur *mf* de technologie **Werkleitung** *s.* **Werksleitung Werkmeister(in)** *m(f)* chef *mf* d'atelier
Werksarzt *m*, **-ärztin** *f* A *s.* **Werkarzt**
Werkschutz *m kein Pl (Arbeitsschutz)* sécurité *f* dans l'entreprise; *(Personal)* service *m* de gardiennage
Werksfeuerwehr *f* pompiers *mpl* de l'usine **Werksgelände** *nt* enceinte *f* de l'usine **Werkskantine** *f* cantine *f* de l'entreprise **Werksleiter(in)** *m(f)* directeur(-trice) *m(f)* de l'usine [*o* de l'entreprise] **Werksleitung** *f* direction *f* de l'entreprise [*o* l'usine] **Werksschließung** *f* fermeture *f* d'usine
Werkstatt [-ʃtat] *f*, **Werkstätte** *f geh (Schreinerwerkstatt)* atelier *m;* *(Autowerkstatt)* garage *m*
Werkstoff *m (Rohmaterial, Leder)* matériau *m;* *(Kunststoff)* matériau manufacturé **Werkstück** *nt* pièce *f* à façonner **Werktag** *m* jour *m* ouvrable **werktags** *Adv* en semaine **werktätig** *Adj* actif(-ive); **die ~e Bevölkerung** la population active **Werkunterricht** *m* cours *m* de technologie **Werkzeug** <-[e]s, -e> *nt* ❶ *(einzelnes Werkzeug)* outil *m;* *(Gesamtheit)* outils *mpl* ❷ *geh (gefügiger Helfer)* instrument *m*
Werkzeugkasten *m* caisse *f* à outils **Werkzeugmacher(in)** *m(f)* outilleur(-euse) *m(f)* **Werkzeugmaschine** *f* machine-outil *f* **Werkzeugtasche** *f* trousse *f* à outils
Wermut ['veːɐmuːt] <-[e]s> *m* ❶ BOT absinthe *f*
❷ *(Wein)* vermout[h] *m*

Wermutstropfen *m geh* ombre *f* au tableau
wert [veːɐt] *Adj* ❶ **viel/nichts ~ sein** valoir beaucoup/ne rien valoir; **tausend Euro ~ sein** valoir mille euros; **wie viel ist dir dieses Bild ~?** combien es-tu prêt(e) à payer pour ce tableau?
❷ *fig* **deine Meinung ist mir viel ~** je tiens beaucoup à ton opinion; **deine Hilfe ist ihm sehr viel ~** ton aide lui est très précieuse; **der Erwähnung** *(Gen)* **~ sein** *geh* mériter d'être mentionné(e); **das ist nicht der Mühe** *(Gen)* **~** ça ne vaut pas la peine [*o* le coup]
❸ *veraltet geh (geschätzt)* **die ~en Damen und Herren** ces très chers mesdames et messieurs; **wie ist Ihr ~er Name?** à qui ai-je l'honneur de parler? *(soutenu)*
Wert <-[e]s, -e> *m* ❶ *(Preis)* valeur *f*; **einen ~ von hundert Euro haben** avoir une valeur de cent euros; **Möbel im ~ von ... Euro** des meubles d'une valeur de... euros; **im ~ steigen, an ~ zunehmen** prendre de la valeur; **im ~ sinken, an ~ verlieren** perdre de sa valeur; **ideeller ~ haben** avoir une valeur idéale; **sächlicher ~** ÖKON valeur neutre
❷ *(Wertvorstellung)* valeur *f*; **die sittlichen/moralischen ~e** les valeurs morales; **meine persönlichen ~e** mes idéaux
❸ *Pl (Untersuchungsergebnis)* résultats *mpl*
❹ *(wertvolle Eigenschaft)* qualité *f*; **die inneren ~e** les qualités morales
❺ *(Bedeutung)* valeur *f*; **einer S.** *(Dat)* **viel/wenig ~ beimessen** *geh* attacher [*o* accorder] beaucoup/peu d'importance à qc; **gesteigerten ~ auf etw** *(Akk)* **legen** tenir particulièrement à qc
❻ *(Wertpapier)* titre *m*
▶ **das hat keinen ~** *fam* c'est pas la peine *(fam)*; **über/unter ~** au-dessus/au-dessous de sa valeur réelle
Wertarbeit *f* travail *m* de qualité **wertbeständig** *Adj* à valeur stable; **~ sein** avoir une valeur stable **Wertbeständigkeit** *f kein Pl* stabilité *f* [de la valeur] **Wertbrief** *m* lettre *f* chargée
werten [ˈveːɐtən] *tr V* ❶ noter, donner une note à *Klassenarbeit, Prüfung, Kür*; **etw mit acht Punkten ~** attribuer huit points à qc; **der Sprung wurde nicht ~** le saut n'a pas été compté
❷ *(bewerten)* considérer *Aussage, Faktor*; juger *Ereignis, Sachverhalt, Umstand*
Werteverlust *nt* SOZIOL perte *f* des valeurs
wertfrei *Adj* impartial(e) **Wertgegenstand** *m* objet *m* de valeur **Wertigkeit** <-, -en> *f* valence *f*
wertlos *Adj Gegenstand, Information, Wissen* sans valeur; **für jdn ~ sein** ne servir à rien à qn
Wertmaßstab *m* critère *m* [d'appréciation]; **hohe Wertmaßstäbe/einen hohen ~ anlegen** avoir des critères élevés/un critère élevé [d'appréciation]; **nach ihren Wertmaßstäben d'après ses critères [d'appréciation] **Wertminderung** *f* FIN diminution *f* de valeur, dépréciation *f* **Wertpaket** *nt* colis *m* avec valeur déclarée **Wertpapier** *nt* FIN titre *m*, valeur *f* **Wertsache** *f meist Pl* objet *m* de valeur **Wertschätzung** *f geh* estime *f* **Wertschrift** CH *s.* Wertpapier **Wertsteigerung** *f* plus-value *f* **Wertstoff** *m* matériau *m* recyclable
Wertstoffhof *m* déchetterie *f*
Wertung <-, -en> *f* ❶ *kein Pl (Bewertung)* einer Klassenarbeit, Kür, Übung notation *f*
❷ *kein Pl (Einschätzung)* von Aussagen, Faktoren, Sachverhalten appréciation *f*
❸ *(Note)* note *f*
Werturteil *nt* jugement *m* de valeur; **ein ~ über etw** *(Akk)* **abgeben** porter un jugement de valeur sur qc; **wertvoll** *Adj* de grande valeur; **~ sein** avoir de la valeur
Werwolf [ˈveːɐ-] *m* loup-garou *m*
Wesen [ˈveːzən] <-s, -> *nt* ❶ *(Geschöpf)* créature *f*; **kleines ~** petite créature; **menschliches ~** être *m* humain; **das höchste ~** l'Être suprême
❷ *kein Pl (Grundzüge) einer Demokratie, Ideologie* essence *f*
wesenhaft *Adj* ❶ *(im Wesen begründet)* déterminant(e)
❷ *(real existent)* réel(le)
Wesensart *f* nature *f* **wesensfremd** *Adj* inapproprié(e); **das Feilschen ist ihm völlig ~** le marchandage lui est totalement étranger **wesensgleich** *Adj* identique **Wesenszug** *m* trait *m* de caractère
wesentlich [ˈveːzəntlɪç] I. *Adj Teil, Bestandteil, Grund, Argument* essentiel(le); *Bedeutung, Gesichtspunkt, Unterschied* fondamental(e); *Mangel* d'une grande importance; *Organ* vital(e); **~e Teile der Produktionsanlage** le cœur de l'unité de production; **sich** *(Dat)* **im Wesentlichen einig sein** être d'accord sur l'essentiel; **das ist im Wesentlichen alles** c'est tout pour l'essentiel; **wir haben nichts Wesentliches geändert** nous n'avons rien changé d'essentiel
II. *Adv* schöner, kleiner, dümmer bien plus; beitragen pour une large part
Wesfall *m* génitif *m*
weshalb [vɛsˈhalp] I. *Adv interrog* pourquoi

II. *Adv rel* **der Grund, ~ ...** la raison pour laquelle...
Wesir [veˈziːɐ] <-s, -e> *m* vizir *m*
Wespe [ˈvɛspə] <-, -n> *f* guêpe *f*
Wespennest *nt* nid *m* de guêpes ▶ **in ein ~ stechen** *fam* [soul]ever un lièvre **Wespenstich** *m* piqûre *f* de guêpe **Wespentaille** [-taljə] *f* taille *f* de guêpe
wessen [ˈvɛsən] I. *Pron interrog, Gen von* wer: **~ Geldbörse ist das?** à qui appartient ce porte-monnaie?; **~ wurde gestern gedacht?** qui est-ce qu'on commémorait hier?; **ich weiß nicht, ~ Idee das gewesen ist** je ne sais pas qui était l'auteur de cette idée
II. *Pron interrog, Gen von* was: **~ klagt man ihn an?** de quoi l'accuse-t-on?; **~ auch immer ich angeklagt werde** quel que soit le fait dont on m'accuse
Wessi [ˈvɛsi] <-s, -s> *m*, <-, -s> *f fam* surnom des habitants de l'ex-Allemagne de l'Ouest
Westafrika <-s> *nt* l'Afrique *f* occidentale **Westberlin** <-s> *nt* HIST Berlin-Ouest *m* **Westbürger(in)** *m(f) (Westdeutscher)* Allemand(e) *m(f)* de l'Ouest **westdeutsch** *Adj Stadt, Dialekt, Mentalität* de l'Allemagne de l'Ouest; HIST *Regierung* ouest-allemand(e) **Westdeutschland** *nt* GEOG l'Allemagne *f* occidentale; HIST l'Allemagne *f* de l'Ouest
Weste <-, -n> *f (Strickweste, Anzugweste)* gilet *m*
▶ **eine saubere** [*o* **weiße**] **~ haben** *fam* avoir les mains propres
Westen <-s> *m* ❶ *(Himmelsrichtung)* ouest *m*
❷ *(westliche Gegend)* Ouest *m*
❸ POL **der ~** l'Occident *m*; *s. a.* Norden
▶ **der Wilde ~** le Far West
Westentasche *f* petite poche *f*; *(Tasche für eine Uhr)* gousset *m*
▶ **etw wie seine ~ kennen** *fam* connaître qc comme sa poche
Western <-[s], -> *m* western *m*
Westeuropa *nt* GEOG l'Europe *f* occidentale; POL l'Europe *f* de l'Ouest **westeuropäisch** *Adj* de l'Europe *f* de l'Ouest
Westfale <-n, -n> *m*, **Westfälin** *f* Westphalien(ne) *m(f)*
Westfalen <-s> *nt* la Westphalie
westfälisch *Adj* de Westphalie
westgermanisch *Adj* germanique occidental(e) **Westgote** *m*, **-gotin** *f* Wisigoth(e) *m(f)* **westindisch** *Adj* HIST des Indes Occidentales
Westjordanland *nt kein Pl* Cisjordanie *f*
Westküste *f* côte *f* ouest
westlich I. *Adj* ❶ *Land, Stadt, Lage* [situé(e)] à l'ouest; *Wind, Luftströmung* [en provenance] de l'ouest; **in ~er Richtung** en direction de l'ouest
❷ POL occidental(e); **die ~e Welt** le monde occidental
II. *Adv* à l'ouest
III. *Präp + Gen* à l'ouest de; **~ der Alpen** à l'ouest des Alpes
Westmächte *Pl* puissances *fpl* occidentales **Westniveau** [-nivoː] *nt* ÖKON niveau de l'Allemagne de l'Ouest *m*; **auf ~** *Löhne, Gehälter, Preise* équivalent(e) [*o* identique] aux tarifs de l'Allemagne de l'Ouest; **unter** [**dem**] **~** *Löhne, Gehälter, Preise* en dessous des tarifs de l'Allemagne de l'Ouest **Westrom** *nt* l'Empire *m* d'Occident **weströmisch** *Adj* HIST **das Weströmische Reich** l'Empire *m* romain d'Occident **Westseite** *f* face *f* [*o* côté] ouest
westwärts *Adv* vers l'ouest
Westwind *m* vent *m* d'ouest
weswegen *s.* weshalb
Wettannahme *f* prise *f* des paris **Wettbetrug** *m* fraude *f* aux paris
Wettbewerb <-[e]s, -e> *m* ❶ *kein Pl (wirtschaftliche Konkurrenz)* concurrence *f*; **mit jdm ~ treten** entrer en concurrence avec qn; **miteinander im ~ stehen** se faire concurrence; **unlauterer ~** concurrence déloyale
❷ *(Veranstaltung)* concours *m*; **sportlicher ~** compétition *f* sportive
Wettbewerber(in) *m(f)* concurrent(e) *m(f)* **wettbewerbsfähig** *Adj* concurrentiel(le), compétitif(-ive) **Wettbewerbsrecht** *nt kein Pl* législation *f* relative à la concurrence **Wettbewerbsvorteil** *m* ÖKON avantage *m* par rapport à la concurrence **wettbewerbswidrig** *Adj Verhalten, Preisabsprachen* anticompétitif(-ive)
Wettbüro *nt* bureau *m* des paris, P.M.U. *m*
Wette <-, -n> *f* pari *m*; **eine ~ abschließen** faire un pari; **um was/wie viel geht es bei dieser ~?** sur quoi porte/à combien se monte le pari?; **ich gehe jede ~ ein, dass er lügt** je parie qu'il ment; **darauf gehe ich jede ~ ein!** *fam* j'en fais le pari!; **was gilt die ~?** *fam (wollen wir wetten?)* on parie? *(fam)*; *(worum wetten wir?)* qu'est-ce que tu paries/vous pariez? *(fam)*; **die ~ gilt!** *fam* pari tenu!
▶ **um die ~ rennen** parier à qui court le plus vite
Wetteifer *m kein Pl* émulation *f*, esprit *m* de compétition **wetteifern** *itr V geh* **miteinander ~** faire à qui mieux mieux; **mit jdm um den ersten Platz ~** rivaliser avec qn pour la première place
wetten I. *itr V* parier; **mit jdm um zehn Euro ~** parier dix euros avec qn; **ich wette mit dir, dass** je parie avec toi que + *indic*;

[wollen wir] ~? *fam* on parie?; ~, dass ...? *fam* on parie que...? + *indic (fam)*
▶ so haben wir nicht gewettet! *fam* ben, faut pas se gêner! *(fam)*
II. *tr V* parier *Summe, Geld*
Wetter <-s, -> *nt* ❶ *kein Pl* temps *m*; es ist schönes/schlechtes ~ il fait beau/mauvais; bei günstigem ~ si le temps le permet; bei jedem ~ par tous les temps; wie ist das ~? quel temps fait-il?
❷ DIAL *(Unwetter)* orage *m*
❸ MIN schlagende ~ grisou *m*
▶ bei jdm gut ~ machen *fam* essayer de radoucir qn
Wetteramt *nt* service *m* météorologique Wetteraussichten *Pl* prévisions *fpl* météo[rologiques] wetterbedingt *Adj* dû(due) au temps Wetterbericht *m* bulletin *m* météo[rologique] Wetterbesserung *f* amélioration *f* [du temps] wetterbeständig *Adj* résistant(e) aux intempéries Wetterdienst *m* service *m* météorologique Wetterfahne *f* girouette *f* wetterfest *Adj* résistant(e) aux intempéries; ~ sein résister aux intempéries Wetterfrosch *m* ❶ *fam (Laubfrosch)* grenouille *f* servant à prédire le temps ❷ *hum (Meteorologe)* monsieur *m* Météo *(hum)*
wetterfühlig *Adj* sensible aux changements de temps
Wetterhahn *m* girouette *f* en forme de coq Wetterkarte *f* carte *f* météo[rologique] Wetterleuchten <-s-> *nt kein Pl* éclair *m* de chaleur
wettern *itr V geh* [gegen jdn/etw] ~ pester [contre qn/qc]
Wettersatellit *m* satellite *m* météorologique Wetterscheide *f* démarcation *f* météorologique Wetterseite *f* face *f* exposée aux intempéries Wetterstation *f* station *f* météorologique Wetterumschlag *m*, Wetterumschwung *m* brusque changement *m* de temps Wetterverhältnisse *Pl* conditions *fpl* météorologiques Wetterverschlechterung *f* détérioration *f* du temps Wettervoraussage *f*, Wettervorhersage *f* prévisions *fpl* météo[rologiques], météo *f (fam)* Wetterwarte *f* station *f* météo[rologique]
wetterwendisch *Adj* lunatique
Wettkampf *m* compétition *f* Wettkämpfer(in) *m(f)* compétiteur(-trice) *m(f)* Wettlauf *m* course *f* à pied ▶ ein ~ mit der [*o* gegen die] Zeit une course contre la montre Wettläufer(in) *m(f)* coureur(-euse) *m(f)* wettlmachen *tr V* rattraper *Rückstand, Zeit;* réparer *Fehler, Versäumnis* Wettrennen *nt* course *f*; ein ~ mit den Skateboards machen faire une course de skate-board Wettrüsten *nt* course *f* aux armements Wettschwimmen *nt* course *f* à la nage Wettstreit *m* concours *m*; mit jdm in ~ treten entrer en rivalité avec qn
wetzen I. *tr V* + *haben* aiguiser *Klinge, Messer;* den Schnabel an etw *(Dat)* ~ s'aiguiser le bec sur qc
II. *itr V* + *sein fam* nach Hause ~ filer à la maison *(fam);* über die Straße ~ traverser la rue comme une flèche *(fam)*
Wetzstein *m* pierre *f* à aiguiser
WEU <-> *f Abk von* Westeuropäische Union U.E.O. *f*
WEZ [ve:ʔe:'tsɛt] <-> *f Abk von* Westeuropäische Zeit heure *f* [du méridien] de Greenwich
WG [ve:'ge:] <-, -s> *f Abk von* Wohngemeinschaft communauté *f* (personnes partageant un appartement); mit jdm in einer ~ leben vivre en communauté avec qn
Whg. *Abk von* Wohnung appt.
Whirlpool ['wøːlpuːl] <-s, -s> *m* jacuzzi® *m*, bain *m* à remous
Whisky ['vɪski] <-s, -s> *m* whisky *m*
wich *Imp von* weichen
Wichse ['vɪksə] <-, -n> *f fam* ❶ *(Schuhcreme)* cirage *m*
❷ *kein Pl (Prügel)* raclée *f (fam)*
wichsen [-ks-] I. *tr V vulg* se branler *(vulg)*
II. *tr V* DIAL frotter *Leder, Stiefel;* etw blank ~ lustrer qc
Wichser <-s, -> *m pej vulg* ❶ *(Onanist)* branleur *m (fam)*
❷ *(Mistkerl)* enfoiré *m (vulg)*
Wicht <-[e]s, -e> *m* freluquet *m (fam);* kleiner ~ mouflet *m (fam);* er ist ein armer ~ il n'est pas gâté
Wichtel <-s, -> *m*, Wichtelmännchen ['vɪçtəlmɛnçən] *nt (Kobold)* lutin *m*, gnome *m*
wichtig *Adj* important(e); es ist ~ sich gesund zu ernähren il est important de se nourrir sainement; etw ~ nehmen prendre qc au sérieux; das ist nichts Wichtiges ce n'est rien d'important; das Wichtigste ist, dass dir nichts passiert ist le plus important, c'est qu'il ne te soit rien arrivé; hat er/sie nichts Wichtigeres zu tun? n'a-t-il/n'a-t-elle rien de mieux à faire?
▶ sich zu ~ nehmen se prendre trop au sérieux; sich *(Dat)* sehr ~ vorkommen *fam* se croire sorti(e) de la cuisse de Jupiter *(fam)*
Wichtigkeit <-> *f* importance *f;* von größter ~ sein être de la plus grande importance; einer S. *(Dat)* größte ~ beimessen attacher la plus grande importance à qc
wichtig|machen *r V fam* sich ~ faire l'important(e)
Wichtigmacher(in) *m(f)* A *s.* Wichtigtuer
Wichtigtuer(in) [-tuːɐ] <-s, -> *m(f) pej* frimeur(-euse) *m(f) (fam)*
Wichtigtuerei <-> *f pej* frime *f (fam)*

wichtigtuerisch ['vɪçtɪçtuːərɪʃ] *Adj pej* ein ~er Kerl un frimeur *(fam)*, un crâneur *(fam)*
wichtigltun *itr V unreg fam* se donner des airs importants
Wicke <-, -n> *f* pois *m* de senteur
Wickel <-s, -> *m* MED compresse *f*
▶ jdn am [*o* beim] ~ nehmen [*o* packen] *fam (jdn am Kragen packen)* attraper qn par le colback *(fam); (jdn zur Rede stellen)* montrer à qn de quel bois il se chauffe
Wickelkommode *f* meuble *m* à langer
wickeln I. *tr V* ❶ *(herumbinden)* s'enrouler; sich *(Dat)* einen Schal um den Hals ~ s'enrouler une écharpe autour du col
❷ *(einwickeln)* etw in Papier *(Akk)* ~ envelopper qc dans du papier
❸ *(aufwickeln)* den Draht auf etw *(Akk)* ~ enrouler le fil de fer autour de qc
❹ *(abwickeln)* das Garn von etw ~ enlever le fil enroulé autour de qc
❺ *(in Windeln wickeln)* langer *Baby*
II. *r V* sich um etw ~ *Pflanze, Schlange, Garn:* s'enrouler autour de qc
Wickelrock *m* jupe *f* portefeuille
Wickeltisch *m* table *f* à langer
Widder <-s, -> *m* ❶ bélier *m*
❷ ASTROL Bélier *m;* [ein] ~ sein être Bélier
wider *Präp* + *Akk gen* contre; ~ jdn/etw kämpfen lutter contre qn/qc; etw ~ alle Vernunft tun faire qc en dépit du bon sens; ~ besseres Wissen schweigen se taire sciemment
widerborstig *Adj* rebelle Widerborstigkeit <-> *f* humeur *f* rebelle widerfahren* *itr V unreg* + *sein geh* jdm ~ arriver à qn Widerhaken *m* barbillon *m* Widerhall *m geh* écho *m* wider|hallen *itr V* résonner, retentir Widerhandlung *f* CH *(gegen eine Anordnung)* infraction *f; (gegen ein Verbot)* transgression *f*
widerlegbar *Adj* réfutable
widerlegen* *tr V* réfuter; sich ~ lassen pouvoir être réfuté(e)
Widerlegung <-, -en> *f* réfutation *f*
widerlich *Adj Person, Aussehen, Geruch* répugnant(e); *Gefühl* horripilant(e)
widernatürlich *Adj* contre nature widerrechtlich I. *Adj* illégal(e) II. *Adv* illégalement; sich *(Dat)* etw ~ aneignen usurper qc Widerrede *f* objection *f;* keine ~! pas de discussion!; ohne ~ sans qu'il y ait d'objection Widerruf *m* a. JUR révocation *f;* bis auf ~ jusqu'à nouvel ordre widerrufen* *unreg* I. *tr V* révoquer *Genehmigung, Nutzung;* revenir sur *Aussage, Geständnis* II. *itr V* se rétracter
widerruflich I. *Adj* révocable
II. *Adv* à titre révocable
Widerrufsrecht *nt kein Pl* JUR droit *m* de révocation
Widersacher(in) <-s, -> *m(f)* adversaire *mf*
Widerschein *m* reflet *m* widersetzen* *r V* résister; sich jdm ~ résister à qn; sich einer S. *(Dat)* ~ s'opposer à qc
widersetzlich *Adj* insubordonné(e), rebelle
Widersetzlichkeit <-, -en> *f* insubordination *f*, caractère *m* rebelle
widersinnig *Adj* absurde
widerspenstig *Adj Schüler, Mitarbeiter, Haare* rebelle; *Kind, Zugtier* rétif(-ive)
Widerspenstigkeit <-> *f eines Schülers, Mitarbeiters* caractère *m* rebelle; *eines Kindes, Zugtiers* caractère *m* rétif
wider|spiegeln *geh* I. *tr V* renvoyer l'image de *(soutenu)* II. *r V* sich in etw *(Dat)* ~ se refléter dans/sur qc widersprechen* *itr V unreg* ❶ jdm ~ contredire qn; einem Vorwurf ~ réfuter un reproche; Sie ~? vous n'êtes pas d'accord? ❷ *(nicht übereinstimmen)* sich *(Dat)* [selbst] ~ se contredire [soi-même]; das widerspricht deinen Behauptungen cela contredit tes affirmations widersprechend *Adj* contradictoire; sich [*o* einander] ~ e Schilderungen des descriptions *fpl* contradictoires Widerspruch *m* ❶ *kein Pl (opp: Zustimmung, Übereinstimmung)* contradiction *f;* der freche ~ eines Schülers la réplique insolente d'un écolier; in [*o* im] ~ zu [*o* mit] etw stehen être en contradiction avec qc ❷ JUR opposition *f;* ~ gegen etw einlegen faire opposition à qc
widersprüchlich I. *Adj Aussagen, Meldungen* contradictoire; *Theorie, Verhalten* plein(e) de contradictions
II. *Adv* contradictoirement; sich ~ äußern faire des déclarations contradictoires; sich ~ verhalten avoir un comportement [*o* une attitude] contradictoire
widerspruchslos I. *Adj* exempt(e) de protestations
II. *Adv* sans protester
Widerstand *m* ❶ résistance *f;* gegen etw ~ leisten opposer [*o* faire] de la résistance à qc; passiver ~ résistance passive; trotz aller Widerstände malgré toutes résistances; ~ gegen die Staatsgewalt résistance à l'autorité de l'État

widersprechen, einwenden	
widersprechen	**contredire**
Das stimmt (doch) gar nicht. *(fam)*	Ce n'est pas vrai du tout.
Ach was!/Unsinn!/Blödsinn!/Quatsch! *(fam)*	Allons donc!/C'est absurde!/C'est des conneries! *(fam)*
Das sehe ich anders.	Je ne vois pas ça comme ça.
Nein, das finde ich nicht.	Non, je ne trouve pas.
Da muss ich Ihnen widersprechen.	Là, je suis obligé(e) de vous contredire.
Das entspricht nicht den Tatsachen.	Cela ne correspond pas à la réalité.
So kann man das nicht sehen.	On ne peut pas voir les choses ainsi.
Davon kann gar nicht die Rede sein.	Il ne peut pas en être question.
einwenden	**objecter**
Ja, aber …	Oui, mais …
Du hast vergessen, dass …	Tu as oublié que …
Das siehst du aber völlig falsch.	Là, tu te trompes complètement.
Sie haben schon Recht, aber bedenken Sie doch auch …	Vous avez raison, mais pensez aussi que/à …
Das ist ja alles schön und gut, aber …	D'accord, mais …
Ich habe dagegen einiges einzuwenden.	J'ai quelques objections à faire à ce sujet.
Das ist aber weit hergeholt.	Vous avez/Tu as été chercher ça loin. *(fam)*

❷ *kein Pl* PHYS résistance *f* [électrique]
❸ ELEC rhéostat *m*
Widerstandsbewegung *f* [mouvement *m* de] résistance *f*; **bewaffnete ~** mouvement de lutte armée **widerstandsfähig** *Adj Person, Körper* robuste; *Konstitution, Konstruktion* solide; *Material* résistant(e); **~ gegen etw sein/werden** être résistant(e)/s'endurcir à qc **Widerstandsfähigkeit** *f* résistance *f*; **jds ~ gegen etw** la résistance de qn à qc **Widerstandskämpfer(in)** *m(f)* résistant(e) *m(f)* **Widerstandskraft** *f* résistance *f*
widerstandslos I. *Adj* sans résistance
II. *Adv* sans [opposer aucune] résistance
widerstehen* *itr V unreg* [**jdm/einer S.**] ~ résister [à qn/qc]
widerstreben* *itr V geh* répugner; **es widerstrebt ihm dorthin zu gehen** ça le répugne d'y aller; **obwohl mir das eigentlich widerstrebt** bien que cela me répugne **Widerstreben** *nt geh* répugnance *f*; **nach anfänglichem ~** après l'aversion des premiers jours **widerstrebend** *s.* **widerwillig Widerstreit** *m* conflit *m*, divergence *f*; **im ~ mit etw** *(Dat)* **stehen** être en conflit avec qc
widerwärtig I. *Adj* répugnant(e)
II. *Adv* de façon répugnante; **~ schmecken/riechen** avoir un goût répugnant/une odeur répugnante
Widerwärtigkeit <-, -en> *f* ❶ *(Unannehmlichkeit)* désagrément *m*
❷ *(Ekelhaftigkeit)* aspect *m* écœurant
Widerwille *m* répugnance *f*, dégoût *m*; **mit ~n** à contrecœur; **gegen etw einen ~n haben** avoir du dégoût pour qc **widerwillig** *Adj, Adv* à contrecœur
widmen *tr V* ❶ dédier; **jdm etw ~** dédier qc à qn
❷ *(verwenden für)* **jede freie Minute dem Sport ~** consacrer tout son temps libre au sport
II. *r V* **sich jdm/einer S. ~** se consacrer à qn/qc
Widmung <-, -en> *f (Zueignung)* dédicace *f*
widrig *Adj geh Verhältnisse, Umstände* défavorable; *Geschick* contraire
Widrigkeit <-, -en> *f* contrariété *f*
wie I. *Adv interrog* ❶ comment; **~ heißt du?** comment t'appelles-tu?; **~ geht es dir?** comment vas-tu?; **ich weiß nicht, ~ es ihm geht** je ne sais pas comment il va; **~ war das Wetter in eurem Urlaub?** quel temps a-t-il fait pendant vos vacances?; **~ ist es, kommst du mit?** *fam* [bon,] alors tu viens?; **~ wär's mit einem Kaffee?** *fam* qu'est-ce que tu dirais/vous diriez d'un café?; **~ bitte?** *(Bitte um Wiederholung)* comment?; *fam (Ausdruck der Entrüstung)* quoi?, comment?
❷ *(auf welche Weise)* comment; **~ hast du das gemacht?** comment est-ce que tu as fait?; **ich weiß nicht, ~ das passieren konnte** je ne sais pas comment cela a pu arriver
❸ *(in welchem Maße)* **~ alt bist du?** quel âge as-tu?; **~ groß bist du?** combien mesures-tu?; **~ viel Uhr ist es?, ~ spät ist es?** quelle heure est-il?; **~ oft gehst du ins Kino?** tu vas au cinéma tous les combien? *(fam)*; **~ oft warst du schon in Amerika?** combien de fois es-tu déjà allé(e) en Amérique?; **~ viele Bücher hast du?** combien de livres as-tu?; **~ schnell darf man auf der Autobahn fahren?** quelle est la vitesse autorisée sur l'autoroute?; **~ viel größer ist das andere Grundstück?** de combien l'autre terrain est-il plus grand?; **~ viel schöner wäre es doch, wenn …** comme ce serait mieux si …
❹ *(welche Menge)* **~ viel** combien; **~ viel Zucker nimmst du?** tu prends combien de sucre?; **~ viel verdient sie?** combien gagne-t-elle?; **du glaubst nicht, ~ viel Autos heute unterwegs waren!** tu ne peux pas t'imaginer le nombre de voitures qui circulaient aujourd'hui!
❺ *fam (nicht wahr)* **das stört dich, ~?** ça te gêne, non?
❻ *(in Ausrufen)* **~ schön!** comme [o que] c'est beau!; **(sehr gut) c'est bien!;** **~ schade!** comme c'est dommage!; **~ kalt es heute ist!** qu'est-ce qu'il fait froid aujourd'hui!; **~ groß du geworden bist!** comme tu as grandi!; **wenn du wüsstest, ~ sehr ich dich liebe!** si tu savais combien [o comme] je t'aime!; **magst du Schokolade? — Und ~!** *fam* tu aimes le chocolat? — Oh oui et comment!
II. *Adv rel* **die Art/der Stil, ~ …** la façon dont …, la manière dont …; **mich stört [die Art], ~ er sich benimmt** la façon dont il se comporte [o sa façon de se comporter] me dérange
III. *Konj* ❶ *(vergleichend)* **weiß ~ Schnee** blanc comme neige; **so groß ~ ein Fass** aussi grand(e) qu'un tonneau; **er ist so alt ~ ich** il a le même âge que moi; **es kam, ~ es kommen musste** il est arrivé ce qui devait arriver
❷ *(beispielsweise)* comme
❸ *(entsprechend dem, was)* **~ ich höre** d'après ce que j'entends dire
❹ *(und)* comme, et; **Junge ~ Alte** [les] jeunes et [les] vieux
❺ *(dass)* **ich spüre, ~ es kälter wird** je sens qu'il fait plus froid; **er sah, ~ der Krug umkippte** il a vu la cruche basculer [o que la cruche basculait]
Wie <-s> *nt* comment *m*
Wiedehopf <-[e]s, -e> *m* huppe *f*
wieder *Adv* ❶ *(erneut)* de nouveau; **es regnet schon ~** il pleut encore, la pluie recommence; **schön, Sie ~ mal zu sehen!** ça fait plaisir de vous revoir!; **du hast mich ja schon ~ belogen!** tu m'as encore menti!; **nie ~** plus jamais
❷ *(allerdings)* en tout cas; **das ist ~ ein ganz neuer Gesichtspunkt** voilà en tout cas un point de vue totalement différent
Wiederaufbau *m kein Pl* reconstruction *f*
wieder|auf|bauen *s.* **aufbauen I.**❷
Wiederaufbaukredit *m* crédit *m* à la reconstruction
wieder|auf|bereiten* *tr V* retraiter *Brennelemente*
Wiederaufbereitung <-, -en> *f* ÖKOL retraitement *m*
Wiederaufbereitungsanlage *f* ÖKOL usine *f* de traitement des déchets radioactifs
Wiederaufforstung *f* reboisement *m*

Wiederaufnahme f (Wiederbeginn) reprise f
wieder|auf|nehmen s. aufnehmen ⑤
Wiederaufrüstung f réarmement m
wieder|bekommen* tr V unreg récupérer
wieder|beleben* I. tr V r[é]animer *Person;* faire revivre *Tradition*
II. r V sich ~ *Konjunktur, Wirtschaft:* connaître une reprise
Wiederbelebung f *einer Person* r[é]animation f; *einer Tradition* renaissance f
Wiederbelebungsversuch m meist Pl tentative f de r[é]animation; **bei jdm ~e anstellen** tenter de r[é]animer qn
wieder|beschaffen* tr V etw ~ retrouver [o racheter] qc
wiederbeschreibbar Adj CD réinscriptible
Wiedereinfuhr f réimportation f
Wiedereinführung f ① *von Bräuchen* rétablissement m
② *von Waren* réintroduction f
Wiedereingliederung f réintégration f
Wiedereinstellung f réemploi m
wieder|entdecken* tr V redécouvrir
Wiederentdeckung f redécouverte f
wieder|erhalten* s. wiederbekommen
wieder|erkennen* tr V unreg reconnaître; **nicht wiederzuerkennen sein** être méconnaissable
wieder|erlangen* tr V geh recouvrer *(littér);* récupérer *Eigentum*
wieder|eröffnen* itr V rouvrir
Wiedereröffnung f réouverture f
wieder|erstehen* itr V unreg + sein geh *Gebäude, Stadt:* renaître de ses cendres *(soutenu)*
wieder|finden unreg I. tr V retrouver
II. r V sich ~ *Schlüssel, Brille:* refaire surface
Wiedergabe f ① *(Reproduktion) von Klängen, Bildern, Texten* reproduction f
② *(Schilderung)* compte m rendu, description f
wieder|geben tr V unreg ① *(zurückgeben, reproduzieren, schildern)* rendre; **jdm ein Buch ~** rendre un livre à qn
② *(zitieren)* **etw wörtlich/sinngemäß ~** citer qc mot pour mot/rendre qc en substance
Wiedergeburt f réincarnation f
wieder|gewinnen* tr V unreg ① ÖKOL **etw aus Abfällen ~** obtenir [o produire] qc en retraitant des déchets
② s. wiedererlangen
Wiedergewinnung <-> f récupération f [après traitement]
wieder|gut|machen tr V etw ~ rafistoler qc *(fam);* réparer *Fehler, Schaden, Unrecht;* **ich werde das demnächst ~** je te rendrai prochainement la pareille
Wiedergutmachung <-, -en> f réparation f
wieder|haben tr V unreg fam récupérer *(fam)*
wieder|her|stellen tr V ① *(erneut schafffen)* rétablir *Kontakt, Ordnung, Frieden*
② *(heilen)* **wiederhergestellt sein** être rétabli(e)
③ *(restaurieren)* **etw ~** remettre qc en état, restaurer qc
Wiederherstellung f ① *(das erneute Schaffen)* eines Kontakts, des Friedens rétablissement m
② *(Restaurierung)* restauration f, rénovation f
wiederholbar Adj renouvelable
wieder|holen*¹ I. tr V ① *(noch einmal sagen, vorbringen)* répéter *Satz, Wort, Frage;* renouveler *Angebot, Forderung*
② *(noch einmal durchführen)* recommencer *Experiment, Test*
③ *(noch einmal ausstrahlen)* repasser, rediffuser *Film, Sendung*
④ *(erneut durchlaufen)* redoubler *Klasse;* suivre à nouveau *Kurs;* repasser *Prüfung*
⑤ *(lernen)* réviser *Lektion, Vokabeln*
II. r V sich ~ se répéter
wieder|holen² tr V rattraper; rapporter *Ball, Gegenstand;* **sich (Dat) etw ~** récupérer qc
wiederholt I. Adj répété(e), renouvelé(e)
II. Adv à plusieurs reprises
Wiederholung <-, -en> f ① *eines Worts, einer Frage* répétition f; *eines Angebots, einer Forderung* renouvellement m
② *(erneute Durchführung) eines Experiments, Tests* recommencement m
③ *(erneutes Ausstrahlen) eines Films, einer Sendung* rediffusion f
④ *(erneutes Durchlaufen) einer Klasse* redoublement m; **eine ~ dieser Prüfung ist nicht möglich** il n'est pas possible de repasser cet examen
⑤ *(das Lernen) einer Lektion, von Vokabeln* révision f
Wiederholungsfall m im ~ form en cas de récidive **Wiederholungstäter(in)** m(f) récidiviste mf
Wiederhören [auf] ~! au revoir!
wieder|käuen I. tr V ① ruminer *Gras*
② *pej (ständig wiederholen)* rabâcher
II. itr V ruminer
Wiederkäuer <-s, -> m ruminant m
Wiederkehr <-> f geh retour m

wieder|kehren itr V + sein geh ① *(zurückkehren)* revenir
② *(sich wiederholen)* se répéter; **ein ständig ~des Thema** un sujet qui revient toujours
wieder|kommen itr V unreg + sein ① *(zurückkommen, erneut kommen)* revenir
② *(sich erneut bieten) Gelegenheit:* se représenter
wieder|kriegen s. wiederbekommen
Wiederschauen [auf] ~! A, SDEUTSCH au revoir!
wieder|sehen unreg I. tr V revoir
II. r V sich ~ se revoir
Wiedersehen <-s, -> nt [nouvelle] rencontre f; **auf ~ sagen** dire au revoir; [auf] ~! au revoir!
Wiedersehensfreude f kein Pl joie f des retrouvailles
Wiedertäufer(in) <-s, -> m(f) anabaptiste mf
wieder|tunᴬᴸᵀ s. tun I.①
wiederum Adv ① *(abermals)* de nouveau, encore [une fois]
② *(dagegen)* en revanche
③ *(seinerseits)* **er ~** lui pour sa part [o de son côté]; **ich ~** moi pour ma part [o de mon côté]; **ich weiß das von Anne und sie ~ von ihrem Chef** je le sais par Anne et elle, de son côté [o pour sa part], par son patron
wieder|vereinigen* r V sich ~ *Stadt, Land:* se réunifier
wiedervereinigt Adj ~ werden *Land, Stadt:* être réunifié(e); **das ~e Deutschland** l'Allemagne réunifiée
Wiedervereinigung f réunification f

> **Land und Leute**
> Après la guerre froide, qui avait vu la séparation de l'Allemagne en deux États (avec la RFA – république fédérale allemande – à l'ouest et la RDA – république démocratique allemande – à l'est) et la construction du mur de Berlin, une politique de détente s'est amorcée. Le 9 novembre 1989 a vu la chute du mur de Berlin et le début de grands changements qui ont abouti, le 3 octobre 1990, à la signature d'un traité d'union et à la **Wiedervereinigung**, c'est-à-dire la réunification. Après la chute de l'État de la RDA, l'ancien territoire de l'Allemagne de l'Est a été intégré à la RFA.

wieder|verheiraten* s. verheiraten
wiederverwendbar Adj ÖKOL réutilisable
wieder|verwenden* tr V ÖKOL réutiliser
Wiederverwendung f ÖKOL réutilisation f
Wiederverwendungsverpackung f ÖKOL emballage m consigné
wieder|verwerten* tr V ÖKOL recycler
Wiederverwertung f ÖKOL recyclage m
Wiederwahl f réélection f
wieder|wählen tr V *(im Amt bestätigen)* réélire
Wiege <-, -n> f a. fig geh *(Geburtsort)* berceau m; **Napoleons ~ stand in Korsika** la Corse fut le berceau de Napoléon *(soutenu)*
▶ **jdm ist etw in die ~ gelegt worden** qn a qc de naissance
Wiegemesser nt hachoir m
wiegen¹ <wog, gewogen> I. tr V peser; **hundert Kilo ~** peser cent kilos
II. r V sich ~ se peser
wiegen² I. tr V ① *(hin und her bewegen)* bercer *Kind;* dodeliner de *Kopf, Oberkörper;* **ein ~der Gang** une démarche chaloupée
② *(fein hacken)* **Petersilie [fein] ~** hacher le persil [menu]
II. r V ① *(sich bewegen)* **sich [zur Musik] ~** se balancer [au rythme de la musique]; **sich in den Hüften ~** balancer les hanches
② *(sich wähnen)* **sich in Sicherheit ~** s'imaginer être en sécurité; **sich in der Hoffnung ~, dass** caresser l'espoir que + subj
Wiegenlied nt berceuse f
wiehern itr V ① *Pferd* hennir
② fam *(lachen)* s'esclaffer [bruyamment]
Wien <-s> nt Vienne f
Wiener Adj attr *Innenstadt, Geschäfte* de Vienne, viennois(e); *Spezialität* viennois(e)
Wiener(in) <-s, -> m(f) Viennois(e) m(f)
wienern tr V fam astiquer *(fam) Kacheln, Möbel;* cirer *Schuhe*
wies [viːs] Imp von weisen
Wiese <-, -n> f prairie f, pré m
▶ **auf der grünen ~** en pleine nature
wiesehr Konj A. s. wie I.⑥
Wiesel <-s, -> nt belette f
▶ **flink wie ein ~ sein** fam être vif(vive) comme un écureuil
Wiesenschaumkraut nt cardamine f [des prés], cressonnette f
wieso I. Adv interrog pourquoi, pour quelle raison
II. Adv rel **der Grund, ~ sie nichts gesagt hat** la raison pour laquelle elle n'a rien dit
wievielᴬᴸᵀ s. wie I.③, ④
wievielmal Adv interrog combien de fois
wievielt Adv **zu ~ wart ihr?** à combien étiez-vous?

wievielte(r, s) *Adj interrog* der/die/das ~ ...? le/la combientième...? *(fam)*; **der ~ Anruf war das heute?** combien de coups de fil avons-nous eu aujourd'hui?; **beim ~ Versuch hat es geklappt?** au bout de combien de tentatives ça a marché?; **der Wievielte ist heute, den Wievielten haben wir heute?** le combien sommes-nous aujourd'hui? *(fam)*
wieweit *s.* **inwieweit**
Wikinger(in) <-s, -> *m(f)* HIST Viking *mf*
wild I. *Adj* ❶ *(ursprünglich, in freier Natur vorkommend) Volk, Tier, Pflanze, Gegend* sauvage
  ❷ *(rauh, hemmungslos) Bursche, Leidenschaft, Kampf* sauvage; *Fahrt* effréné(e)
  ❸ *(illegal) Zelten, Streik, Müllkippe* sauvage
  ❹ *(maßlos) Gerücht, Spekulation* fou(folle) *antéposé*; **unter ~en Flüchen** en jurant sauvagement
  ❺ *fam (verlessen)* **ganz ~ auf etw** *(Akk)* **sein** raffoler de qc
  ❻ *fam (wütend)* furieux(-euse); **jdn ~ machen** foutre qn en pétard *(fam)*; **~ geworden** en furie
  ▶ **wie ~ kommen** un(e) enragé(e); **das ist halb** [*o* **nicht**] **so ~!** *fam* c'est pas un drame! *(fam)*
  II. *Adv* ❶ *(in freier Natur)* à l'état sauvage; **~ lebend** *Tier* qui vit à l'état sauvage; **~ wachsend** *Pflanze* sauvage
  ❷ *(ungeordnet)* **herumliegen** pêle-mêle
  ❸ *(unkontrolliert)* sauvagement; **fluchen** comme un charretier; **~ um sich schauen** regarder autour de soi comme un fou/une folle; **~ um sich schlagen** se débattre comme un(e) forcené(e).
Wild <-[e]s> *nt* gibier *m*
Wildbach *m* torrent *m* **Wildbahn** *f* **in freier ~ en liberté Wildbret** <-s> *nt* gibier *m* **Wilddieb** *s.* **Wilderer**
Wilde(r) *f(m) dekl wie Adj* sauvage *mf*
  ▶ **wie ein ~r/eine ~** *fam* **brüllen, toben, sich gebärden** comme un(e) sauvage; **rasen, fahren** comme un(e) cinglé(e) *(fam)*
Wildente *f* canard *m* sauvage
Wilderei <-, -en> *f* braconnage *m*
Wilderer <-s, -> *m* braconnier *m*
wildern *itr V* ❶ *Person:* braconner; **das Wildern** le braconnage
  ❷ *(streunend jagen) Tier:* chasser
Wildfang *m* **unser Kind ist ein richtiger ~!** notre enfant est un vrai petit diable!
wildfremd *Adj fam* totalement inconnu(e); **Menschen, die mir ~ sind** des gens que je ne connais ni d'Ève ni d'Adam
Wildgans *f* oie *f* sauvage
Wildheit <-, -en> *f* ❶ *(Ungezügeltheit) eines Volks, Stammes* sauvagerie *f*
  ❷ *(wildes Toben) eines Kampfs, Sturms, einer Leidenschaft* violence *f*
  ❸ *(Unberührtheit) einer Landschaft* caractère *m* sauvage
Wildhüter(in) *m(f)* garde-chasse *mf* **Wildkaninchen** *nt* lapin *m* de garenne **Wildkatze** *f* chat *m* sauvage
wildlebend *s.* **wild II.** ❶
Wildleder *nt* daim *m* **wildledern** *Adj* en [*o* de] daim
Wildnis <-, selten -se> *f* contrée *f* sauvage
Wildpark *m* parc *m* [*o* réserve *f*] à gibier **Wildpferd** *nt* cheval *m* sauvage **wildreich** *Adj* giboyeux(-euse) **wildromantisch** *Adj* d'un romantisme sauvage **Wildsau** *f* laie *f* **Wildschaden** *m* dégâts *mpl* causés par le gibier **Wildschwein** *nt* sanglier *m* **Wildtaube** *f* [pigeon *m*] ramier *m*
wildwachsend *s.* **wild II.** ❶
Wildwasser *nt* torrent *m*
Wildwasserrennen *nt* descente *f* en kayak
Wildwechsel [-ks-] *m* ❶ *kein Pl (das Queren von Wild)* passage *m* de gibier, traversée *f* d'animaux
  ❷ *(Pfad des Wildes)* passée *f*
Wildwestfilm *s.* **Western**
Wildwuchs *m kein Pl* croissance *f* sauvage, développement *m* non réglementé
Wilhelm <-s> *m* ❶ Guillaume
  ❷ HIST **~ der Eroberer** Guillaume le Conquérant
will [vɪl] *1. und 3. Pers Präs von* **wollen**
Wille <-ns, -n> *m* ❶ volonté *f*; **den festen ~n haben etw zu tun** être résolu(e) à [*o* avoir la ferme intention de] faire qc; **seinen eigenen ~ n haben** savoir ce qu'on veut; **etw aus freiem ~ n tun** faire qc de sa propre initiative; **seinen ~ n durchsetzen** imposer sa volonté; **gegen den ~ n der Kinder** contre la volonté [*o* le gré] des enfants; **etw wider ~ n tun** faire qc sans le vouloir
  ❷ *(Absicht)* volonté *f*; **der gute ~** la bonne volonté; **das war kein böser ~** ce n'était pas intentionnel
  ▶ **es geht beim besten ~ n nicht** ce n'est pas possible même avec la meilleure volonté du monde; **sein/ihr letzter ~** *geh* ses dernières volontés; **lass ihm doch seinen ~n!** *fam* laisse-le faire comme il veut! *(fam)*; **jdm zu ~n sein** *geh* accéder aux désirs de qn
willen *Präp + Gen* pour l'amour de; **um ihres Kindes ~** pour l'amour de leur/son enfant; **um seiner/deiner ~** pour l'amour de lui/de toi; **um der Freiheit ~** pour la liberté

willenlos *Adj* sans la moindre volonté
willens *Adj geh* **~ sein etw zu tun** être disposé(e) à faire qc
Willensäußerung *f* manifestation *f* de sa/ma/... volonté **Willenserklärung** *f* JUR déclaration *f* de volonté; **ausdrückliche ~** volonté *f* expresse [*o* déclarée] **Willensfreiheit** *f kein Pl* libre arbitre *m* **Willenskraft** *f kein Pl* volonté *f* **willensschwach** *Adj* sans volonté, faible; **~ sein** manquer [*o* ne pas avoir] de volonté **Willensschwäche** *f kein Pl* manque *f* de volonté **willensstark** *Adj* volontaire; **~ sein** avoir de la volonté **Willensstärke** *f kein Pl* volonté *f*
willentlich *geh* I. *Adj* intentionnel(le)
  II. *Adv* intentionnellement, exprès
willfährig ['vɪlfɛːrɪç] *Adj geh* complaisant(e)
willig *Adj* [qui fait preuve] de bonne volonté; *Kind* docile
willkommen *Adj* ❶ *Gast, Besucher* bienvenu(e); *Besuch* qui fait plaisir; [**jdm**] **~ sein** être bienvenu(e) [chez qn]; **jdn ~ heißen** *geh* souhaiter la bienvenue à qn; **seien Sie herzlich ~!** soyez le bienvenu/la bienvenue/les bienvenus!
  ❷ *(erwünscht) Abwechslung* vraiment bienvenu(e); *Anlass, Gelegenheit* rêvé(e), opportun(e); **~ sein** être bienvenu(e), tomber bien
Willkommen <-s, -> *nt* bienvenue *f*; **jdm ein herzliches ~ bereiten** réserver à qn un accueil chaleureux; **jdm ein kühles ~ bereiten** recevoir qn froidement
Willkommenstrunk *m geh* verre *m* de bienvenue
Willkür <-> *f* arbitraire *m*; **der ~** *(Dat)* **eines Tyrannen ausgesetzt sein** être à la merci de la volonté d'un tyran
Willkürherrschaft *f* despotisme *m*, tyrannie *f*
willkürlich I. *Adj* arbitraire
  II. *Adv* arbitrairement
wimmeln *itr V* ❶ *unpers + haben* grouiller; **es wimmelt von Blattläusen** ça grouille [*o* fourmille] de pucerons; **auf dem Platz wimmelte es nur so von Menschen** la place grouillait de monde
  ❷ *+ sein (sich bewegen)* grouiller; **Ameisen ~ um den Baum des** fourmis grouillent autour de l'arbre
  ❸ *fam (voll sein) von Fehlern ~ Text:* fourmiller de fautes
Wimmerl <-s, -n> *nt* A *(Pickel)* bouton *m*
wimmern *itr V* geindre, gémir; *Baby:* vagir
Wimmern <-s> *nt* gémissements *mpl*; *eines Babys* vagissements *mpl*
Wimpel <-s, -> *m* fanion *m*
Wimper <-, -n> *f a.* BIO cil *m*
  ▶ **nicht mit der ~ zucken** ne pas sourciller; **ohne mit der ~ zu zucken** sans sourciller
Wimperntusche *f* mascara *m*
Wimpertierchen *Pl* ZOOL ciliés *mpl*
Wind <-[e]s, -e> *m* vent *m*
  ▶ **jdm den ~ aus den Segeln nehmen** couper l'herbe sous le[s] pied[s] de qn; **bei** [*o* **in**] **~ und Wetter** par tous les temps; **~ von etw bekommen** [*o* **kriegen**] *fam* avoir vent de qc; **viel ~ um etw machen** *fam* faire tout un plat de qc *(fam)*; **etw in den ~ schlagen** faire fi de qc; **jetzt weht ein anderer** [*o* **schärfer**] **~** *fam* maintenant, l'atmosphère a bien changé; **daher weht [also] der ~!** *fam* voilà le fin mot de l'histoire!; **in alle (vier) ~e zerstreut sein** être dispersé(e)s aux quatre vents
Windbeutel *m* chou *m* à la crème
Winde <-, -n> *f* ❶ TECH treuil *m*
  ❷ BOT liseron *m*
Windei ['vɪnt?aɪ] *nt (schalenloses Ei)* œuf *m* sans coquille
  ▶ **sein Plan war ein ~** son projet était voué à l'échec
Windel <-, -n> *f* couche *f*
Windelhöschen [-hǝːsçǝn] *nt* couche-culotte *f*
windelweich *Adj* ▶ **jdn ~ schlagen** *fam* tabasser qn *(fam)*
winden <wand, gewunden> I. *r V* ❶ *(sich krümmen)* se tordre; **sich** [**vor Schmerzen**] **~** se tordre [de douleur]
  ❷ *(sich vorwärtsbewegen)* **sich ~** *Schlange, Wurm:* se faufiler
  ❸ *(in Kurven verlaufen)* **sich ~** serpenter; **sich durchs Tal ~** *Bach:* serpenter à travers la vallée
  ❹ *(sich wickeln)* **sich um etw ~** s'enrouler autour de qc
  ❺ *(nach Ausflüchten suchen)* **sich ~** chercher des faux-fuyants
  II. *tr V* ❶ *(herumschlingen)* **etw um etw ~** enrouler qc autour de qc; **sich** *(Dat)* **ein Tuch um den Kopf ~** s'enrouler un foulard autour de la tête
  ❷ *(entwinden)* **jdm etw aus der Hand ~** arracher qc des mains de qn
  ❸ *(flechten)* **Blumen zu einem Kranz ~** faire une couronne de fleurs tressées
Windenergie *f* énergie *f* éolienne
Windenergieanlage *f* centrale *f* éolienne
Windeseile *f* ▶ **in** [*o* **mit**] **~** à toute vitesse; **sich in** [*o* **mit**] **~ verbreiten** se répandre comme une traînée de poudre
Windfang <-s, Windfänge> *m* tambour *m*
windgeschützt *Adj, Adv* à l'abri du vent **Windgeschwindigkeit** *f* vitesse *f* du vent **Windhauch** *m* souffle *m* de vent

Windhose f METEO tornade f **Windhund** m ❶ lévrier m ❷ pej (unzuverlässiger Mensch) fumiste m (fam); (Schürzenjäger) coureur m de jupons
windig Adj ❶ (mit viel Wind) venteux(-euse); **ein ~er Tag** un jour de vent; **es ist ~** il y a du vent
❷ fam (unseriös) Bursche, Vertreter pas sérieux(-euse); Angelegenheit, Geschäft, Sache foireux(-euse) (fam)
Windjacke f blouson m **Windjammer** <-s, -> m grand voilier m **Windkanal** m tunnel m aérodynamique **Windkraft** f kein Pl énergie f éolienne
Windkraftanlage f, **Windkraftwerk** nt éolienne f
Windlicht nt photophore m
Windmesser m METEO anémomètre m
Windmühle f moulin m à vent
▶ **gegen** [o **mit**] **~n kämpfen** se battre contre des moulins à vent
Windmühlenflügel m aile f de moulin à vent
▶ **gegen ~ ankämpfen** se battre en pure perte
Windpark m parc m d'aérogénérateurs **Windpocken** Pl MED varicelle f **Windrad** nt éolienne f **Windrichtung** f direction f du vent **Windrose** f rose f des vents **Windschatten** m ❶ côté m abrité du vent ❷ fig **im ~ eines Menschen/einer Entwicklung** dans le sillage d'une personne/évolution **windschief** Adj Holzhaus, Hütte tout(e) tordu(e), tout(e) de travers; Dach déjeté(e)
windschnittig Adj aérodynamique **Windschutzscheibe** f pare-brise m **Windseite** f côté m exposé au vent **Windstärke** f force f du vent; **ein Orkan mit ~ 11** un ouragan avec des vents de force 11 **windstill** Adj sans [le moindre souffle de] vent **Windstille** f absence f de vent, calme m plat; **es herrscht** [völlige] **~** il n'y a pas le moindre [souffle de] vent **Windstoß** m bourrasque f, rafale f
windsurfen [ˈvɪntzøːefən] itr V faire de la planche à voile; **Windsurfen** planche f à voile **Windsurfer(in)** [-søːefə] m(f) [véli]planchiste mf **Windsurfing** [-søːefɪŋ] nt planche f à voile
Windung <-, -en> f eines Wasserlaufs méandre m; einer Passstraße, eines Pfads lacet m
Wink <-[e]s, -e> m ❶ (Hinweis) indication f, tuyau m (fam); **jdm einen ~ geben** avertir qn, donner un tuyau à qn (fam)
❷ (Bewegung) signe m
▶ **ein ~ mit dem Zaunpfahl** fam un appel du pied (fam)
Winkel <-s, -> m ❶ GEOM angle m; **rechter/spitzer/stumpfer ~** angle droit/aigu/obtus
❷ (Ecke, abgelegenes Plätzchen) coin m
❸ s. **Winkelmaß**
▶ **toter ~** angle m mort
Winkeladvokat(in) [-vo-] m(f) pej avocaillon m (fam) **Winkeleisen** nt TECH équerre f en fer **Winkelfunktion** f MATH fonction f trigonométrique
winkelig s. **winklig**
Winkelmaß nt équerre f **Winkelmesser** <-s, -> m rapporteur m
Winkelzug m pej combine f
winken <gewinkt o DIAL gewunken> I. itr V ❶ (mit der Hand) [jdm] **~ faire signe [à qn]; **jdm zum Abschied ~** dire à qn au revoir de la main; **einem Taxi ~** faire signe à un taxi
❷ (wedeln) **mit etw ~** faire signe en agitant qc
❸ (in Aussicht stehen) **jdm winkt etw** qc attend qn
II. tr V **sie winkte ihn zu sich** elle lui fit signe de s'approcher d'elle
winklig Adj Altstadt, Gasse tortueux(-euse); Haus plein(e) de recoins
winseln itr V ❶ (jaulen) gémir, geindre; **das Winseln** les gémissements
❷ pej (flehen) **um Gnade ~** demander grâce en pleurnichant
Winter <-s, -> m hiver m; **im** [tiefen] **~** en [plein] hiver; **es wird/ist ~** l'hiver arrive/c'est l'hiver
Winterabend m soir m d'hiver **Winteranfang** m début m de l'hiver **Wintereinbruch** m irruption f de l'hiver **Winterfahrplan** m horaires mpl d'hiver **Winterfell** nt fourrure f [o pelage m] d'hiver **Winterferien** Pl vacances fpl d'hiver **winterfest** Adj Kleidung, Schuhe pour l'hiver, d'hiver; **~ sein** Auto: être équipé(e) pour l'hiver; **sein Auto ~ machen** équiper sa voiture pour l'hiver **Wintergarten** m jardin m d'hiver **Wintergetreide** nt semis mpl d'automne, céréales fpl d'hiver **Winterhalbjahr** nt semestre m [o six mois mpl] d'hiver **winterhart** Adj résistant(e) à l'hiver **Winterkälte** f froid m d'hiver [o hivernal] **Winterlandschaft** f paysage m d'hiver [o hivernal]
winterlich I. Adj d'hiver, hivernal(e)
II. Adv gekleidet pour affronter l'hiver; **es ist ~ kalt** il fait un froid hivernal
Wintermantel m manteau m d'hiver **Winterolympiade** f Jeux mpl olympiques d'hiver **Winterquartier** nt quartier m d'hiver **Winterreifen** m pneu m d'hiver [o neige]
winters Adv en hiver; s. a. **sommers**
Wintersaison [-zɛzˈ-, -zɛzɔŋ] f saison f d'hiver **Winterschlaf** m hibernation f, sommeil m hibernal; **~ halten** hiberner **Winter-**

schlussverkaufʀʀ m soldes mpl d'hiver **Wintersemester** nt semestre m d'hiver **Wintersonnenwende** f solstice m d'hiver **Winterspeck** m fam bourrelets mpl d'hiver (hum) **Winterspiele** Pl **die** [Olympischen] **~** les Jeux mpl [olympiques] d'hiver **Wintersport** m sports mpl d'hiver; (Sportart) sport m d'hiver; **in den ~ fahren** aller aux sports d'hiver **Winterzeit** f hiver m
Winzer(in) <-s, -> m(f) vigneron(ne) m(f), viticulteur(-trice) m(f)
winzig Adj ❶ (sehr klein) Baby, Tier, Gegenstand minuscule, tout(e) petit(e); **~ klein** minuscule
❷ (sehr gering) Menge, Spur, Unterschied infime
Winzigkeit <-, -en> f ❶ kein Pl (geringe Größe) extrême petitesse f, taille f minuscule
❷ fam (unwichtige Sache) babiole f (fam)
❸ (winzige Menge) quantité f infinitésimale
Wipfel <-s, -> m cime f, sommet m
Wippe <-, -n> f bascule f
wippen itr V Person, Pferdeschwanz: se balancer; **auf den Zehen/in den Knien ~** se balancer sur la pointe des pieds/en pliant les genoux; **mit dem Fuß ~** balancer son pied
wir Pron pers nous; **wer ist draußen? — Wir!** qui est là? — C'est nous!; **~ Armen!** pauvres de nous!; **~ nicht** pas nous, nous non
Wirbel <-s, -> m ❶ ANAT vertèbre f
❷ fam (Trubel) remue-ménage m; [**einen**] **großen ~ machen** [o **verursachen**] faire des vagues [o remous]
❸ (Wasserwirbel) remous m; (Luftwirbel) tourbillon m
❹ (Haarwirbel) épi m
❺ (Teil eines Saiteninstruments) cheville f
❻ (Trommelwirbel) roulement m de tambours
wirbellos Adj BIO Tier invertébré(e); **die Wirbellosen** les invertébrés mpl
wirbeln I. itr V ❶ **+ sein** (geweht werden) tourbillonner, tournoyer; **durch die Luft ~** Laub, Bätter: tourbillonner
❷ **+ sein** fig **die Gedanken wirbelten ihm/ihr durch den Kopf** les idées se bousculaient dans sa tête
❸ **+ sein** (aufgewirbelt sein) Strudel, Wasser: faire des tourbillons
❹ **+ haben** fam (geschäftig sein) s'activer
II. tr V **+ haben den Staub durch die Luft ~** Wind: faire tourbillonner la poussière
Wirbelsäule f colonne f vertébrale **Wirbelsturm** m cyclone m **Wirbeltier** nt vertébré m **Wirbelwind** m tourbillon m ▶ **wie ein ~** comme une tornade
wirbt 3. Pers Präs von **werben**
wird 3. Pers Präs von **werden**
wirft 3. Pers Präs von **werfen**
wirken I. itr V ❶ Medikament, Substanz: agir, faire effet; **gut/nicht ~** être efficace/inefficace; **schmerzstillend/anregend ~** être analgésique/avoir un effet stimulant
❷ (eine Wirkung haben) Drohung, Ermahnung: produire de l'effet, faire effet; **ansteckend ~** Heiterkeit: être contagieux(-ieuse); **meine Vorhaltungen haben nicht gewirkt** mes remontrances n'ont eu aucun effet
❸ (erscheinen) **sympathisch/müde ~** avoir l'air sympathique/fatigué(e); **lächerlich ~** être ridicule; **unecht ~** Freundlichkeit: sonner faux
❹ (zur Geltung kommen) **gut ~** rendre bien; **an der anderen Wand würde das Bild besser ~** sur l'autre mur, le tableau rendrait mieux [o ferait meilleur effet]; **etw auf sich** (Akk) **~ lassen** laisser qc agir sur soi
❺ (tätig sein) **Pfarrer Nabuk hat hier zehn Jahre gewirkt** le Père Nabuk a exercé son ministère ici durant dix ans
II. tr V **Wunder ~** faire des miracles
Wirken <-s> nt geh activité f; **die Stätte seines ~s** le lieu où il exerce son activité
wirklich I. Adj ❶ (tatsächlich) Begebenheit, Umstände, Sachverhalt véritable, réel(le); **sein ~er Name** son vrai nom
❷ (echt) Hilfe, Erleichterung, Verbesserung réel(le)
II. Adv ❶ (tatsächlich) réellement; **~?** c'est vrai?; **nicht ~** pas en vrai, pas réellement; **nicht?** vraiment pas?
❷ (aufrichtig, sehr) vraiment; **das tut mir ~ leid** je suis vraiment désolé(e)
Wirklichkeit <-, -en> f réalité f; **~ werden** devenir réalité; **in ~** en réalité
wirklichkeitsfremd Adj irréaliste **wirklichkeitsgetreu** I. Adj fidèle à la réalité; Zeichnung réaliste II. Adv berichten, schildern en restant fidèle à la réalité; **zeichnen** de façon très réaliste **Wirklichkeitssinn** m kein Pl sens m des réalités
wirksam I. Adj ❶ Medikament, Mittel efficace; Inhaltsstoff, Droge actif(-ive)
❷ (seinen Zweck erfüllend) efficace
❸ (rechtskräftig, verbindlich) **~ werden** entrer en vigueur, prendre effet
II. Adv efficacement
Wirksamkeit <-> f efficacité f

nicht wissen	
Nichtwissen ausdrücken	**exprimer son ignorance**
Das weiß ich (auch) nicht./Weiß nicht. *(fam)*	Je ne sais pas (non plus)./Je sais pas. *(fam)*
Keine Ahnung. *(fam)*	Aucune idée.
Hab keinen blassen Schimmer. *(fam)*	Aucune idée.
Ich kenne mich da leider nicht aus.	Je regrette, mais je n'y connais rien.
Da bin ich überfragt.	Là, tu m'en demandes/vous m'en demandez trop.
Darüber weiß ich nicht Bescheid.	Je ne suis pas au courant.
Die genaue Anzahl entzieht sich meiner Kenntnis. *(geh)*	Je n'ai pas connaissance du nombre exact.
Woher soll ich das wissen?	Comment pourrais-je le savoir?

Wirkstoff *m* substance *f* active
Wirkung <-, -en> *f* a. JUR effet *m; einer Droge* effets *mpl;* **eine schnelle/wohltuende ~ [auf jdn/etw] haben** agir rapidement/ avoir un effet bienfaisant [sur qn/qc]; **ohne ~ bleiben, seine ~ verfehlen** rester sans effet; **Ursache und ~** les causes et effets; **mit ~ vom 15. Oktober** avec effet au 15 octobre
Wirkungsbereich *m kein Pl* ❶ *(Tätigkeitsbereich)* champ *m* [*o* sphère *f*] d'activité; **der ~ der Kaltfront** la zone d'influence du front froid ❷ MIL portée *f* effective **Wirkungsdauer** *f kein Pl* durée *f* de l'effet **Wirkungsgrad** *m* degré *m* d'efficacité **wirkungslos** *Adj Medikament, Substanz, Drohung* inefficace; **~ bleiben** rester sans effet, être inefficace
Wirkungslosigkeit *f kein Pl* inefficacité *f*
Wirkungsstätte *f geh* lieu *m* d'action **wirkungsvoll** *Adj Maßnahme, Mittel* efficace; *Rede, Bild* impressionnant(e); *Argument* convaincant(e) **Wirkungsweise** *f* mode *m* d'action
wirr I. *Adj* ❶ *(unentwirrbar) Geflecht* emmêlé(e); *Haar* en désordre ❷ *(verworren) Gedanken, Gefasel* embrouillé(e); *Traum* confus(e); *Blick* hagard(e); **~es Zeug reden** dire n'importe quoi; **mir war ganz ~ im Kopf** tout s'était embrouillé dans ma tête II. *Adv* en désordre; **~ durcheinanderliegen** être pêle-mêle
Wirren *Pl einer Revolution* désordres *mpl*, troubles *mpl; eines Krieges* troubles *mpl*
Wirrkopf *m pej* esprit *m* confus
Wirrwarr <-s> *m (Durcheinander)* fouillis *m; von Manuskripten, Papieren* fatras *m; von Stimmen* mélange *m* confus
Wirsing <-s> *m,* **Wirsingkohl** *m* chou *m* frisé
Wirt(in) <-[e]s, -e> *m(f)* ❶ *(Gastwirt)* patron(ne) *m(f); einer Landgaststätte* aubergiste *mf;* **Herr ~, noch zwei Bier!** patron, deux autres bières! ❷ BIO hôte *m*
Wirtschaft <-, -en> *f* ❶ *(Ökonomie)* économie *f* ❷ *(Wirtschaftszweig)* **die freie** [*o* private] **~** le secteur privé; **in der freien** [*o* privaten] **~ tätig sein** travailler dans le [secteur] privé ❸ *(Gastwirtschaft)* bistro[t] *m; (Landgaststätte)* [petite] auberge *f* ❹ *fam (Zustände)* pagaille *f (fam)*, bazar *m (fam);* **was ist denn das für eine ~ in deiner Küche?** qu'est-ce que c'est que ce bordel dans ta cuisine? *(fam)*
wirtschaften *itr V* ❶ *(Geld, Mittel verwalten)* gérer son budget; **wir müssen sparsamer ~** nous devons serrer notre budget; **eine Firma/ein Land zugrunde ~** ruiner une entreprise/mener un pays à la ruine ❷ *(sich betätigen)* **in der Küche ~** être occupé(e) [*o* s'activer] à la cuisine
Wirtschafterin <-, nen> *f* intendante *f*
Wirtschaftler(in) <-s, -> *m(f)* économiste *mf*
wirtschaftlich I. *Adj* ❶ *(ökonomisch, rentabel)* économique ❷ *(finanziell)* économique; **seine ~en Verhältnisse** sa situation financière ❸ *(sparsam) Hausfrau, Verwalter* économe; *Denken, Handeln* en termes d'économie II. *Adv* ❶ *(ökonomisch)* économiquement; *(finanziell)* financièrement; **~ unselbstständig** dépendant(e) d'un point de vue financier ❷ *(sparsam)* arbeiten de façon rentable; **mit den Vorräten ~ umgehen** économiser les provisions
Wirtschaftlichkeit <-> *f* ❶ *(Sparsamkeit im Verbrauch) eines Autos, Haushaltsgeräts* fonctionnement *m* économique ❷ *(Rentabilität)* rentabilité *f*
Wirtschaftsberater(in) *m(f)* conseiller(-ère) *m(f)* économique
Wirtschaftsbeziehungen *Pl* relations *fpl* commerciales [*o* économiques] **Wirtschaftsentwicklung** *f kein Pl* développement *m* économique **Wirtschaftsfaktor** *m* facteur *m* économique **Wirtschaftsflüchtling** *m* réfugié(e) *m(f)* pour raisons écono-

miques **Wirtschaftsform** *f* système *m* économique **Wirtschaftsgebäude** *nt meist Pl* bâtiments *mpl* [d'exploitation] **Wirtschaftsgeld** *nt kein Pl* argent *m* [pour les dépenses] du ménage **Wirtschaftsgemeinschaft** *f* **Europäische ~** HIST Communauté *f* économique européenne **Wirtschaftsgymnasium** *nt* lycée *m* [avec sections] à dominante économique **Wirtschaftshilfe** *f* aide *f* économique **Wirtschaftskriminalität** *f* délits *mpl* en matière économique, criminalité *f* économique **Wirtschaftskrise** *f* crise *f* économique **Wirtschaftslage** *f* situation *f* économique **Wirtschaftsleben** *nt kein Pl* vie *f* économique **Wirtschaftsmacht** *f* puissance *f* économique **Wirtschaftsminister(in)** *m(f)* ministre *mf* de l'Economie **Wirtschaftsministerium** *nt* ministère *m* de l'Economie **Wirtschaftsordnung** *f* système *m* économique **Wirtschaftsplanung** *f* planification *f* économique **Wirtschaftspolitik** *f* politique *f* économique **wirtschaftspolitisch** I. *Adj Frage, Problem* de politique économique II. *Adv* en matière de politique économique **Wirtschaftsprüfer(in)** *m(f)* expert-comptable *m* **Wirtschaftsprüfung** *f* commissariat *m* aux comptes **Wirtschaftsredakteur(in)** *m(f)* chroniqueur(-euse) *m(f)* économique **Wirtschaftsreform** *f* réforme *f* économique **Wirtschaftssanktionen** *Pl* sanctions *fpl* [*o* représailles *fpl*] économiques **Wirtschaftssystem** *nt* système *m* économique; **kapitalistisches ~** capitalisme *m;* **staatlich gelenktes ~** dirigisme *m* **Wirtschaftsteil** *m (in einer Zeitung)* rubrique *f* économique **Wirtschafts- und Währungsunion** *f* die ~ l'Union *f* économique et monétaire; **der ~** *(Dat)* **beitreten** rejoindre l'Union économique et monétaire
Wirtschaftsunternehmen *nt* entreprise *f* **Wirtschaftswachstum** *nt* croissance *f* économique **Wirtschaftswissenschaft** *f meist Pl* sciences *fpl* économiques **Wirtschaftswissenschaftler(in)** *m(f)* économiste *mf* **Wirtschaftswunder** *nt fam* miracle *m* économique **Wirtschaftszeitung** *f* journal *m* économique **Wirtschaftszweig** *m* branche *f* de l'éconmie
Wirtshaus *nt* auberge *f* **Wirtsleute** *Pl* couple *m* d'hôteliers **Wirtspflanze** *f* BIO [plante *f*] hôte *m* **Wirtstier** *nt* BIO [animal *m*] hôte *m* **Wirtszelle** *f* BIO cellule *f* hôte
Wisch <-[e]s, -e> *m pej fam* papelard *m (fam)*
wischen *tr V* ❶ *(säubern)* passer la [*o* un coup de] serpillière sur *Fußboden, Treppe* ❷ *(entfernen)* **die Krümel vom Tisch ~** enlever les miettes sur la table; **sich** *(Dat)* **den Schweiß von der Stirn ~** essuyer la sueur sur son front
▶ **[von jdm] eine gewischt bekommen** [*o* **kriegen**] *sl* se prendre une baffe [de qn] *(fam);* **einen gewischt bekommen** [*o* **kriegen**] *sl* prendre un coup de jus *(fam)*
Wischer <-s, -> *m (Scheibenwischer)* essuie-glace *m*
Wischerblatt *nt* balai *m* d'essuie-glace
Wischiwaschi <-s> *nt pej fam* blabla[bla] *m*
Wischlappen *m* serpillière *f* **Wischtuch** *nt* chiffon *m,* torchon *m*
Wisent <-s, -e> *m* bison *m*
Wismut ['vɪsmuːt] <-[e]s> *nt* CHEM bismuth *m*
wispern I. *tr V* chuchoter II. *itr V* parler en chuchotant [*o* tout bas]
Wispern <-s> *nt* chuchotement *m*
Wissbegier[de][RR], **Wißbegier[de]**[ALT] *f kein Pl* besoin *m* de savoir; *von Schülern* curiosité *f* intellectuelle
wissbegierig[RR], **wißbegierig**[ALT] *Adj* extrêmement curieux(-euse); *Schüler* qui a soif d'apprendre, qui a envie de s'instruire; **~ sein** faire preuve d'une grande curiosité
wissen <weiß, wusste, gewusst> I. *tr V* ❶ *(als Kenntnisse besitzen)* savoir; connaître *Fakten, Zahlen;* **viel ~** avoir beaucoup de connaissances; **jdn in Sicherheit/in guten Händen ~** *geh* savoir qn en sécurité/en [de] bonnes mains; **er weiß, was er will** il sait ce

qu'il veut; **davon weiß ich nichts** je ne suis absolument pas au courant; **da weiß ich nichts von** *fam* je ne suis pas au courant *(fam)*; **dass du es nur [gleich] weißt** autant que tu le saches [dès maintenant]; **ich wüsste nicht, dass ich das je gesagt hätte** je ne me rappelle pas avoir jamais dit quelque chose de ce genre; **wenn ich das gewusst hätte!** si j'avais su!; **wenn ich das wüsste!** si [seulement] je le savais!; **woher soll ich das ~?** comment je le saurais?; **ich weiß gar nicht, was du willst!** je ne sais [vraiment] pas ce que tu as!; **weißt du was? Wir gehen heute aus!** *fam* tu sais quoi? On sort ce soir! *(fam)*
❷ *(kennen)* connaître *Adresse, Bezeichnung, Weg;* **etw noch ~ savoir** encore qc; **etw nicht mehr ~** ne plus savoir qc
❸ *(können)* **sich** *(Dat)* **zu helfen ~** savoir se débrouiller; **etw zu schätzen ~** savoir apprécier qc; **sich** *(Dat)* **nicht anders zu helfen ~ [als etw zu tun]** ne plus savoir quoi faire d'autre [sinon faire qc]; **sich** *(Dat)* **nicht mehr zu helfen ~** ne plus savoir que faire
❹ *(erfahren)* **jdn etw ~ lassen** faire savoir qc à qn
▶ **was ich nicht weiß, macht mich nicht heiß** *Spr.* moins j'en sais et mieux je me porte *(fam)*; **es – wollen** vouloir prouver qu'on en est capable; **von jdm/etw nichts mehr ~ wollen** *fam* ne plus vouloir entendre parler de qn/qc; **er hat ihr wer weiß was erzählt** il lui a raconté Dieu sait quoi, tu veux que je te dise?; **und was weiß ich noch alles** *fam* j'en passe et des meilleures; **wer weiß wie** *fam* vachement *(fam)*; **wer weiß wo** *fam* Dieu sait où
II. *itr V* ❶ **von** [*o* **um gen**] **etw ~** avoir connaissance [*o* être au courant] de qc; **er tat, als wüsste er von nichts** il a fait comme s'il n'était pas au courant; **ich möchte nicht ~, ...** je préfère [*o* j'aime autant] ne pas savoir...; **soviel** [*o* **soweit**] **ich weiß** autant que je sache; **[ach,] weißt du/~ Sie,** ... tu sais/vous savez,...
❷ *(sich erinnern)* **weißt du/~ Sie noch?** tu te rappelles/vous vous rappelez?, tu te souviens/vous vous souvenez?
▶ **man kann nie ~!** *fam* on sait jamais! *(fam)*; **nicht mehr aus noch ein ~** ne plus savoir quoi faire; **nicht, dass ich wüsste** *fam* pas que je sache
Wissen <-s> *nt* connaissances *fpl*, savoir *m*; **meines/unseres ~s** pour autant que je [le] sache/nous [le] sachions; **ohne ~ der Eltern** à l'insu des parents
▶ **nach bestem ~ und Gewissen** form en son/mon/... âme et conscience; **wider besseres ~** sciemment, délibérément
wissend *geh* I. *Adj Blick, Lächeln* entendu(e)
II. *Adv* lächelnd, nicken d'un air entendu
Wissenschaft <-, -en> *f* ❶ *(Fachgebiet)* science *f*
❷ *kein Pl fam (Gesamtheit der Wissenschaftler)* science *f*, scientifiques *mpl*
▶ **eine ~ für sich sein** être tout un art
Wissenschaftler(in) <-s, -> *m(f)* scientifique *mf*
wissenschaftlich I. *Adj* scientifique
II. *Adv* ~ **tätig sein** faire de la recherche
Wissenschaftlichkeit <-> *f* caractère *m* scientifique
Wissensdrang *m,* **Wissensdurst** *m geh* soif *f* de savoir
Wissensgebiet *nt* discipline *f* **Wissenslücke** *f* lacune *f*
wissenswert *Adj* très intéressant(e), d'un grand intérêt
wissentlich I. *Adj* délibéré(e), intentionnel(le)
II. *Adv* délibérément, en toute connaissance de cause
wittern *tr V* flairer
Witterung <-, -en> *f* ❶ METEO temps *m*
❷ JAGD flair *m;* **die ~ aufnehmen** prendre le vent
❸ *kein Pl (Ahnungsvermögen)* flair *m*
▶ **~ von etw bekommen** avoir vent de qc
witterungsbedingt *Adj* lié(e) aux conditions météorologiques
Witterungsumschlag *m* changement *m* de temps soudain
Witterungsverhältnisse *Pl* conditions *fpl* atmosphériques [*o* météorologiques]
Witwe <-, -n> *f* veuve *f*
▶ **grüne ~** *hum* femme qui ne voit son mari que le week-end
Witwenrente *f* pension *f* de veuve
Witwer <-s, -> *m* veuf *m*
Witz <-es, -e> *m* ❶ *(Geschichte)* histoire *f* drôle; **einen ~ erzählen** raconter une blague
❷ *(Scherz)* plaisanterie *f*, blague *f*
❸ *kein Pl geh (Esprit)* esprit *m;* **er hat ~!** il a beaucoup d'esprit!
❹ *(Besonderheit, Pfiff)* **der ~ an diesem Rechner ist, dass** l'intérêt de cet ordinateur, c'est que + *indic*
▶ **dieser ~ hat einen Bart** une plaisanterie éculée; **mach keine ~e!** *fam* allez, arrête tes conneries! *(fam)*; **das ist doch wohl ein ~!, das soll doch wohl ein ~ sein!** *fam* c'est une blague ou quoi ?; **~ e reißen** *fam* sortir des blagues *(fam)*; **ein ~ sein** *fam Prüfung, Klassenarbeit:* être de la rigolade *(fam)*
Witzblatt *nt* journal *m* satirique
Witzbold <-[e]s, -e> *m* ❶ *(Spötter)* plaisantin *m*
❷ *iron fam (Dummkopf)* **du ~!** t'en as de bonnes, toi! *(fam)*
Witzelei <-, -en> *f* plaisanterie *f*
witzeln ['vɪtsəln] *itr V* plaisanter; **über jdn/etw ~** faire des plaisan-

teries sur qn/qc
Witzfigur *f pej fam* caricature *f*
witzig *Adj* ❶ *(lustig)* amusant(e), drôle; **das ist alles andere als ~** il n'y a vraiment pas de quoi rire
❷ *(geistreich)* spirituel(le), plein(e) d'esprit; **sehr ~!** *iron fam* très marrant! *(fam)*
witzlos *Adj fam (sinnlos)* **~ sein** ne servir à rien *(fam)*
WLAN ['veːlan] <-[s], -s> *nt Abk von* **Wireless Local Area Network** INFORM WLAN *m*, réseau *m* local sans fil
WM [veːˈʔɛm] <-, -s> *f Abk von* **Weltmeisterschaft**
WM-Fieber *nt* FBALL fièvre *f* du mondial [*o* de la coupe du monde]
wo I. *Adv interrog* où; **~ bist du?** où es-tu?; **ich weiß nicht, ~ sie ist** je ne sais pas où elle est
▶ **ach** [*o* **i**] **~!** *fam* penses-tu! *(fam)*
II. *Adv rel* **de Stelle, ~ es passierte** l'endroit où c'est arrivé; **jetzt, ~ wir alle zusammen sind** maintenant que nous sommes tous réunis
III. *Konj* ❶ *(zumal)* d'autant que + *indic*
❷ *(obwohl)* alors que + *indic*
woanders *Adv* ❶ *(räumlich)* ailleurs
❷ *fig* [**mit seinen Gedanken**] **ganz ~ sein** avoir la tête complètement ailleurs
woandershin *Adv* ailleurs
wob *Imp von* **weben**
wobei I. *Adv interrog* comment; **~ hat er sich verletzt?** comment s'est-il blessé?
II. *Adv rel* ❶ *(bei welcher Sache, Angelegenheit)* au cours duquel/de laquelle; **er gab mir die Hand, ~ er mich nicht anschaute** il me donna la main sans me regarder; **morgen kommen Kellers zu Besuch, ~ mir gerade einfällt, dass ...** on a demain la visite des Keller et voilà que je me rappelle que ...
❷ *(während welcher Sache, Angelegenheit)* pendant lequel/laquelle; **abends sieht er fern, ~ er oft einschläft** le soir, il regarde la télévision, mais il s'endort souvent devant le poste
❸ *(aber, jedoch)* mais, cependant
Woche <-, -n> *f* semaine *f*; **diese** [*o* **in dieser**] **~** cette semaine; **nächste** [*o* **in der nächsten**] **~** la semaine prochaine; **jede ~** chaque semaine; **Anfang der ~** au début de la semaine; **pro** [*o* **in der**] **~** par semaine; **während** [*o* **unter**] **der ~** durant [*o* pendant] la semaine
Wochenarbeitszeit *f* durée *f* hebdomadaire du travail
Wochenbett *nt* **im ~ en couches** **Wochenbettfieber** *nt kein Pl* fièvre *f* puerpérale **Wochenblatt** *nt* hebdomadaire *m*
Wochenendausgabe *f* édition *f* de fin de semaine [*o* du week-end] **Wochenendbeilage** *f* supplément *m* de fin de semaine [*o* du week-end] **Wochenendbeziehung** *f* relation *f* de fin de semaine
Wochenende *nt* week-end *m*, fin *f* de semaine; **am ~** le week-end; **ein langes** [*o* **verlängertes**] **~** un week-end prolongé; **übers ~ wegfahren** partir le week-end; **schönes ~!** bon week-end!
Wochendrehe *f* **eine ~ führen** ≈ ne se voir que le week-end **Wochenendhaus** *nt* résidence *f* secondaire *(surtout pour le week-end)*
Wochenkarte *f* carte *f* hebdomadaire **wochenlang** I. *Adj* de plusieurs semaines II. *Adv* pendant plusieurs semaines; **schon ~** depuis plusieurs semaines **Wochenlohn** *m* salaire *m* hebdomadaire **Wochenmarkt** *m* marché *m* **Wochentag** *m* jour *m* de la semaine; **an ~en** en semaine; **wochentags** *Adv* en semaine
wöchentlich I. *Adj* hebdomadaire
II. *Adv* chaque semaine; **zweimal ~** deux fois par semaine
Wochenzeitschrift *f* [revue *f*] hebdomadaire *m* **Wochenzeitung** *f* hebdomadaire *m*
Wöchnerin <-, -nen> *f* accouchée *f*
Wodka <-s, -s> *m* vodka *f*
wodurch I. *Adv interrog* comment; **~ wurde der Krieg ausgelöst?** qu'est-ce qui a déclenché la guerre?; **er weiß nicht, ~ er sich verraten hat** il ne sait pas par quoi il s'est trahi
II. *Adv rel* ce qui explique que + *subj*; **er liest jeden Tag die Zeitung, ~ er gut informiert ist** il lit chaque jour le journal, ce qui explique qu'il soit bien informé; **ich habe eine Anzeige aufgegeben, ~ ich eine Stelle gefunden habe** j'ai mis une petite annonce, ce qui m'a permis de trouver un emploi [*o* grâce à quoi j'ai trouvé un emploi]
wofür I. *Adv interrog* pour quoi; **~ brauchst du das?** pour quoi en as-tu besoin?; **~ hast du dich entschieden?** pour quoi t'es-tu décidé(e)?; **~ hast du dein ganzes Geld ausgegeben?** à quoi as-tu dépensé tout ton argent?; **~ halten Sie mich eigentlich?** pour qui me prenez-vous?; **~ interessieren Sie sich?** à quoi vous intéressez-vous?; **~ kämpfen sie?** pour quoi se battent-ils?; **er weiß nicht, ~ sie die Batterie braucht** il ne sait pas pour quoi elle a besoin de la pile
II. *Adv rel* **das Match, ~ sie trainiert** le match pour lequel elle s'entraîne; **er hat mir geholfen, ~ ich ihm sehr dankbar bin** il

m'a beaucoup aidé, ce pour quoi je lui suis très reconnaissant
wog *Imp von* **wägen, wiegen**[1]
Woge <-, -n> *f* ❶ *geh (große Welle)* vague *f;* **die ~n** les flots *mpl* ❷ *fig* **eine ~ der Empörung** une vague d'indignation; **die ~n der Begeisterung** les débordements *mpl* d'enthousiasme
▶ **wenn sich die ~n geglättet haben** lorsque les esprits se seront calmés, quand les choses se seront tassées *(fam)*
wogegen I. *Adv interrog* contre quoi; **~ hilft dieses Mittel?** contre quoi agit ce médicament?; **er weiß nicht, ~ wir protestieren** il ne sait pas contre quoi nous protestons
II. *Adv rel* contre lequel/laquelle; **er will ausziehen, ~ ich nichts einzuwenden habe** il veut déménager, ce à quoi je n'ai rien à objecter
III. *Konj* alors que, tandis que; *s. a.* **wohingegen**
wogen *itr V geh* ❶ *Meer, See:* rouler des vagues; **das Getreide wogt im Wind** les blés ondoient au vent
❷ *(toben) Kampf, Schlacht:* faire rage
wogend *Adj geh Meer, See, Fluten* agité(e); *Brust* ondoyant(e)
woher I. *Adv interrog* d'où; **~ weißt du das?** d'où le sais-tu?; **ich weiß nicht, ~ sie kommt** je ne sais pas d'où elle vient
▶ **ach ~!** *DIAL fam* penses-tu/pensez-vous! *(fam)*
II. *Adv rel* d'où; **ich gehe dorthin zurück, ~ ich gekommen bin** je retourne à l'endroit d'où je suis venu
wohin I. *Adv interrog* où; **~ gehst du?** où vas-tu?
▶ **ich muss mal ~** *euph fam* il faut que j'aille au petit coin *(fam)*
II. *Adv rel* où; **geh, ~ du willst!** va où tu veux!
wohingegen *Konj geh* alors que, tandis que
wohl *Adv* ❶ *(gesund, wohlauf)* sentir bien; **sich ~ fühlen** se sentir bien; **jdm ist nicht ~** qn ne se sent pas bien
❷ *(gut, behaglich)* **es sich** *(Dat.)* **~ ergehen lassen** prendre un peu de bon temps; **jdm ist nicht ~ bei etw** qc met qn mal à l'aise; **im Jogginganzug fühle ich mich am ~sten** c'est en jogging que je suis le plus à l'aise
❸ *(wahrscheinlich)* vraisemblablement, probablement; **sie ist ~ schon zu Hause** elle est sûrement déjà rentrée; **ob sie mir helfen wird? — Wohl kaum!** est-ce qu'elle va m'aider? — Il y a peu de chances!
❹ *(durchaus, doch, schon)* tout à fait; **das ist ~ wahr!** c'est vrai à fait [*o* très] vrai!; **das kann man ~ sagen!** ça, tu peux/vous pouvez le dire!; **siehst du ~!** tu vois bien!, qu'est-ce que j'avais dit!
❺ *(zwar)* **es regnet ~, aber das macht mir nichts aus** c'est vrai qu'il pleut, mais la pluie ne me gêne pas
❻ *(zirka)* en gros; **es waren ~ hundert Besucher da** il y avait environ cent visiteurs
❼ *(überhaupt)* **ob das ~ genügt?** ça suffira, vraiment?
❽ *(sofort, endlich)* **willst du ~ gehorchen!** alors, tu te décides à obéir!
▶ **~ oder übel** bon gré mal gré; **~ bekomm's!** *geh* à ta/votre santé!; **leb ~/leben Sie ~!** adieu!, au revoir!
Wohl <-[e]s> *nt* ❶ *(Nutzen)* bien *m;* **zum ~e der Menschheit** pour le bien de l'humanité
❷ *(Wohlbefinden)* bien-être *m;* **für das leibliche ~ der Gäste sorgen** *geh* pourvoir au bien-être matériel des invités; **auf das ~ des Gastgebers trinken** boire à la santé de l'hôte; **auf dein/Ihr ~!** à ta/votre santé!; **zum ~!** à ta/votre santé!
wohlauf *Adj geh* **~ sein** se porter bien **Wohlbefinden** <-s> *nt geh* bien-être *m;* **sich nach jds ~ erkundigen** s'enquérir de la santé de qn *(soutenu)* **Wohlbehagen** <-s> *nt geh* délectation *f*
wohlbehalten *Adv* ❶ *(wohlauf)* en bon état; **~ bei jdm eintreffen** bien arriver chez qn ❷ *(unverletzt)* sain(e) et sauf(sauve)
wohlbekannt *s.* **bekannt** ❶
wohldurchdacht *s.* **durchdacht**
Wohlergehen <-s> *nt* bien-être *m*
wohlerzogen <besser erzogen, bestezogen> *Adj geh* bien élevé(e)
Wohlfahrtseinrichtung *f* institution *f.* sociale **Wohlfahrtsmarke** *f* timbre-poste *m* [surtaxé] au profit d'une œuvre **Wohlfahrtsstaat** *m* État-providence *m (fam)*
Wohlfühlhotel *nt* hôtel *m* bien-être **Wohlfühlpulli** *m* pull *m* moelleux **Wohlfühlwochenende** *nt* week-end *m* bien-être
Wohlgefallen *nt geh* satisfaction *f;* **mit** [*o* **voller**] **~** avec [une grande] satisfaction; **zu seinem/ihrem ~** à sa grande satisfaction
▶ **sich in ~ auflösen** *hum (verschwinden)* s'envoler, s'évanouir
wohlgefällig I. *Adj* satisfait(e).
II. *Adv* avec satisfaction
wohlgeformt <besser geformt, bestgeformt> *Adj geh* bien proportionné(e)
Wohlgefühl *nt kein Pl* sentiment *m* de bien-être
wohlgelitten <wohlgelittener, wohlgelittenste> *Adj geh Person* [très] bien vu(e), [très] apprécié(e)
wohlgemeint *s.* **meinen** I. ❻
wohlgemerkt *Adv* il faut le souligner **wohlgenährt** <wohlgenährter, wohlgenährteste> *Adj iron geh* replet(-ète)

wohlgeraten *Adj geh* ❶ *(gut gelungen)* réussi(e) ❷ *(gut erzogen)* bien éduqué(e) **Wohlgeruch** *m geh einer Blüte, Essenz* parfum *m,* senteur *f (soutenu)* **Wohlgeschmack** *m geh* saveur *f*
wohlgesinnt <wohlgesinnter, wohlgesinnteste> *Adj geh* bine intentionné(e); **jdm ~ sein** être bien intentionné(e) à l'égard de qn
wohlhabend <wohlhabender, wohlhabendste> *Adj* fortuné(e), cossu(e); **~ sein** avoir de la fortune, être fortuné(e)
wohlig I. *Adj Wärme* agréable; **ein ~es Gefühl** un sentiment de bien-être
II. *Adv* **sich ausstrecken, sich rekeln** voluptueusement
Wohlklang *m geh* son *m* mélodieux **wohlklingend** <wohlklingender, wohlklingendste> *Adj geh* **Stimme, Instrument** mélodieux(-euse) **wohlmeinend** <wohlmeinender, wohlmeinendste> *Adj* bien intentionné(e) **wohlriechend** <wohlriechender, wohlriechendste> *Adj geh* odorant(e), qui sent bon **wohlschmeckend** <wohlschmeckender, wohlschmeckendste> *Adj geh* savoureux(-euse) **Wohlsein** *nt* **zum** [*o* **auf Ihr**] **~!** à votre santé! **Wohlstand** *m kein Pl* aisance *f*
Wohlstandsgefälle *nt* écart *m* entre les pays riches et les pays pauvres **Wohlstandsgesellschaft** *f* société *f* d'abondance **Wohlstandsmüll** *m pej* rebus *mpl* de la société de consommation *(péj)*
Wohltat *f kein Pl (Erleichterung)* délice *m* **Wohltäter(in)** *m(f)* bienfaiteur(-trice) *m(f)* **wohltätig** *Adj Hilfe, Unterstützung* charitable; **ein ~er Zweck** un but caritatif **Wohltätigkeit** *f veraltet* bienfaisance *f,* charité *f*
Wohltätigkeitsbasar *m* vente *f* de charité **Wohltätigkeitskonzert** *nt* concert *m* de bienfaisance **Wohltätigkeitsveranstaltung** *f* manifestation *f* organisée au profit d'une œuvre
wohltuend [-tu:ənt] <wohltuender, wohltuendste> *Adj* bienfaisant(e); **~ sein** faire du bien
wohltun *itr V unreg geh* **jdm ~ Tee, Wärme, Schlaf:** faire du bien [à qn]; **es tut wohl, spazieren zu gehen** cela fait du bien de se promener
wohlüberlegt *s.* **überlegt** I.
wohlverdient *Adj geh* bien mérité(e)
wohlweislich *Adv* en toute connaissance de cause; **..., was ich ~ nicht tat** ..., ce que je me suis bien gardé(e) de faire
Wohlwollen <-s> *nt* bienveillance *f* **wohlwollend** <wohlwollender, wohlwollendste> I. *Adj* bienveillant(e); **jdm ~ gegenüberstehen** montrer de la bienveillance à qn II. *Adv* avec bienveillance
Wohnanhänger *m* caravane *f* **Wohnanlage** *f* résidence *f* **Wohnblock** <-blocks> *m* pâté *m* de maisons **Wohncontainer** [-kɔnteɪnɐ] *m* préfabriqué *m*
wohnen *itr V* habiter; **ich wohne in Dresden** j'habite [à] Dresde; **das Wohnen** le logement
Wohnfläche *f* surface *f* habitable **Wohngebäude** *nt* immeuble *m* d'habitation **Wohngebiet** *nt* zone *f* résidentielle; **dies ist ein reines ~** c'est une zone uniquement résidentielle **Wohngegend** *f* zone *f* résidentielle **Wohngeld** *nt* aide *f* personnalisée au logement
Wohngeldempfänger(in) *m(f)* bénéficiaire *mf* de l'allocation logement
Wohngemeinschaft *f* communauté *f (personnes partageant un appartement ou une maison);* **in einer ~ wohnen** vivre en communauté

Land und Leute

Habiter une **Wohngemeinschaft** consiste à partager le même logement avec des personnes qui ne sont pas de sa famille ou dont on ne partage pas la vie. Cette cohabitation est très appréciée des étudiants, car elle leur permet de réduire les frais de loyer. Chaque membre de la **WG** – c'est l'abréviation utilisée pour **Wohngemeinschaft** – a sa chambre à coucher mais partage avec ses colocataires une cuisine, une salle de bains, des toilettes et éventuellement un salon et une salle à manger.

Wohngift *nt* produit *m* toxique *(contenu dans les matériaux de construction)*
wohnhaft *Adj form* domicilié(e); **in Berlin ~ sein** être domicilié(e) à Berlin
Wohnhaus *nt* immeuble *m* d'habitation **Wohnheim** *nt (Studentenwohnheim)* foyer *m* pour étudiants, résidence *f* universitaire; *(Arbeiterwohnheim)* foyer de travailleurs **Wohnküche** *f* grande cuisine *f (qui fait salle à manger)* **Wohnkultur** *f* style *m* d'aménagement de l'habitat **Wohnlage** *f* quartier *m*
wohnlich I. *Adj* agréable à habiter
II. *Adv* **einrichten** avec confort
Wohnmobil <-s, -e> *nt* camping-car *m* **Wohnort** *m* domicile *m;* **sie hat den ~ gewechselt** elle a déménagé [ailleurs] **Wohnraum** *m* ❶ *(Raum)* pièce *f* d'habitation ❷ *kein Pl (Wohnungen)* [parc *m* de] logements *mpl* **Wohnsiedlung** *f* lotissement *m* **Wohnsilo** *m o nt pej* cage *f* à lapins *(fam)* **Wohnsitz** *m* domicile *m;* **fester ~** domicile fixe; **erster/zweiter ~** résidence *f* prin-

cipale/secondaire
Wohnung <-, -en> *f* appartement *m*, logement *m*
Wohnungsamt *nt* office *m* du logement **Wohnungsbau** *m kein Pl* construction *f* de logements; **sozialer ~** construction de logements sociaux [*o* de H.L.M.]; **öffentlicher ~** construction de logements publiques **Wohnungseigentümer(in)** *m(f)* propriétaire *mf* **Wohnungseinrichtung** *f* ameublement *m* **Wohnungsinhaber(in)** *m(f)* (*Besitzer*) propriétaire *m* de l'appartement; (*Bewohner*) occupant(e) *m(f)* de l'appartement **Wohnungsmangel** *m kein Pl* pénurie *f* [*o* manque *m*] de logements **Wohnungsmarkt** *m* marché *m* du logement [*o* de l'immobilier] **Wohnungsmiete** *f* loyer *m* **Wohnungsnot** *f kein Pl* crise *f* du logement **Wohnungssuche** *f* recherche *f* d'un logement [à louer]; **auf ~ sein** être à la recherche d'un logement [*o* d'un appartement] **Wohnungstausch** *m* échange *m* de logement [*o* d'appartement] **Wohnungstür** *f* porte *f* de l'appartement **Wohnungswechsel** [-ks-] *m* changement *m* d'appartement
Wohnviertel *nt* quartier *m* résidentiel **Wohnwagen** *m* ❶ (*Campinganhänger*) caravane *f* ❷ (*mobile Wohnung*) roulotte *f* **Wohnzimmer** *nt* salon *m*, [salle *f* de] séjour *m*
Wok <-, -s> *m* wok *m*
wölben *r V* ❶ (*sich biegen*) **sich ~** bomber; *Holzfußboden:* bomber, gondoler; **eine gewölbte Stirn** un front bombé
❷ (*überspannen*) **sich über etw** (*Akk*) **~** *Dach, Zeltdach:* former une voûte au-dessus de qc; *Brücke:* former un arc au-dessus de qc
Wölbung <-, -en> *f* CONSTR voûte *f*
Wolf [vɔlf, *Pl:* 'vœlfə] <-[e]s, Wölfe> *m* ❶ loup *m*
❷ (*Fleischwolf*) hachoir *m*; **etw durch den ~ drehen** passer qc au hachoir
▶ **ein ~ im Schafspelz** un loup déguisé en agneau; **hungrig wie ein ~ sein** avoir une faim de loup; **mit den Wölfen heulen** hurler avec les loups
Wölfin <-, -nen> *f* louve *f*
Wolfram ['vɔlfram] <-s> *nt* CHEM tungstène *m*
Wolfshund *m* ZOOL chien-loup *m*
Wolga ['vɔlga] <-> *f* **die ~** la Volga
Wolke <-, -n> *f* nuage *m*
▶ **aus allen ~n fallen** tomber des nues; **über den ~n schweben** *geh* vivre sur son nuage
Wolkenbank <-bänke> *f* traînée *f* de nuages
Wolkenbruch *m* pluie *f* torrentielle [*o* diluvienne]
wolkenbruchartig *Adj* torrentiel(le), diluvien(ne)
Wolkendecke *f* plafond *m* [nuageux], couche *f* nuageuse
Wolkenkratzer *m* gratte-ciel *m*
wolkenlos *Adj* sans nuages, totalement dégagé(e)
Wolkenschicht *f* METEO couche *f* de nuages **wolkenverhangen** *Adj* très nuageux(-euse), couvert(e)
wolkig *Adj* nuageux(-euse), couvert(e)
Wolldecke *f* couverture *f* en laine
Wolle <-, -n> *f* laine *f*; **aus ~** en [*o* de] laine
▶ **sich mit jdm in der ~ haben** *fam* se crêper le chignon avec qn (*fam*); **sich [wegen etw] in die ~ kriegen** *fam* se voler dans les plumes [à cause de qc] (*fam*)
wollen[1] *Adj attr* TEXTIL de [*o* en] laine
wollen[2] <will, wollte, wollen> I. *Hilfsv modal* ❶ vouloir; **arbeiten/ [sich] ausruhen ~** vouloir travailler/se reposer; **ich will nach Hause gehen** je veux rentrer [à la maison]; **wir wollten gerade gehen/essen** nous nous apprêtions à partir/manger; **diesen Film will ich schon lange sehen** ça fait longtemps que je voulais [*o* j'avais l'intention de] voir ce film; **ich wollte Sie fragen, ob Sie etwas dagegen haben, wenn ...** (*Höflichkeitsfloskel*) je voulais vous demander si cela vous dérange si ...; **willst du lieber eine Kassette oder eine CD haben?** tu préfères avoir une cassette ou un CD?; **das Auto will nicht anspringen** la voiture ne veut pas démarrer
❷ (*in Aufforderungssätzen*) **~ Sie einen Moment Platz nehmen?** auriez-vous l'obligeance de prendre place un instant?; **willst du wohl still sein!** tu vas te taire!, veux-tu te taire!
❸ (*behaupten*) **sie will diesen Brief geschrieben haben** elle prétend avoir écrit cette lettre; **er will davon nichts gewusst haben** il prétend n'en pas avoir été au courant
❹ (*müssen*) **Reiten will gelernt sein** l'équitation, ça s'apprend
❺ (*werden*) **es sieht aus, als wolle es gleich ein Gewitter geben** on dirait qu'il va bientôt faire de l'orage
II. <will, wollte, gewollt> *itr V* ❶ vouloir; **es gibt jetzt kein Eis! — Ich will aber!** il n'y a pas de glace maintenant! — Mais j'en veux!; **wenn du willst** si tu veux
❷ (*gehen, reisen wollen*) **zu jdm ~** vouloir voir qn; **zu wem ~ Sie?** qui voulez-vous voir?; **in die Stadt ~** vouloir aller en ville; **wir ~ dieses Jahr nach Kenia** cette année, nous voulons aller au Kenya
❸ *fam* (*funktionieren*) **das Radio will nicht mehr** la radio n'en peut plus; **das Herz will nicht mehr so richtig** le cœur est très fatigué
❹ (*wünschen*) **[ganz] wie du willst/Sie ~** c'est comme tu veux/ vous voulez; **ich wollte, du würdest dir die Sache noch einmal überlegen** j'aimerais que tu reconsidères la chose une nouvelle fois
▶ **dann — wir mal!** eh bien allons-y!; **ob du willst oder nicht** que tu le veuilles ou non; **wenn man so will** pour ainsi dire
III. *tr V* ❶ (*haben wollen, wünschen*) vouloir; **er will, dass ich zu ihm zurückkomme** il veut que je revienne à ses côtés; **er hat alles bekommen, was er wollte** il a eu tout ce qu'il voulait; **willst du lieber Kaffee oder Tee?** tu préfères du café ou du thé?; **was hat sie von dir gewollt?** qu'est-ce qu'elle te voulait?; **ohne es zu ~** sans le vouloir
❷ (*bezwecken*) **was willst du mit dem Hammer?** que veux-tu faire avec ce marteau?; **was ~ Sie eigentlich mit Ihren ewigen Klagen?** mais qu'est-ce que vous voulez avec vos sempiternelles plaintes ?
❸ *fam* (*brauchen*) **Kinder ~ viel Liebe** les enfants ont besoin de beaucoup d'amour
▶ **[und] keiner [*o* niemand] will es gewesen sein** et bien sûr personne n'est responsable, c'est la faute à personne (*fam*); **da ist nichts zu ~** *fam* y a pas moyen (*fam*); **etwas von jdm ~** *fam* (*böse Absichten haben*) en avoir après qn (*fam*); (*sexuelles Interesse haben*) en pincer pour qn (*fam*); **was will man mehr!** que demande le peuple! (*fam*); **was willst du mehr!** qu'est-ce que tu veux de plus!
Wollfaden *m* fil *m* de laine
wollig *Adj* laineux(-euse)
Wolljacke *f* veste *f* en laine **Wollknäuel** *nt* pelote *f* de laine **Wollsachen** *Pl fam* lainages *mpl* **Wollstoff** *m* lainage *m*
Wollust <-> *f geh* volupté *f* (*littér*)
wollüstig I. *Adj geh Blick* lascif(-ive); *Schauder, Stöhnen* de volupté
II. *Adv geh* voluptueusement; *blicken* lascivement
womit *Adv* ❶ **~ sollen wir anfangen?** par quoi devons-nous commencer?; **~ hattest du gerechnet?** à quoi t'attendais-tu ?; **ich weiß, ~ wir ihn überraschen können** je sais ce qui pourrait lui faire une surprise
❷ (*mit welchem Gegenstand*) **~ hast du die Flasche aufbekommen?** tu as ouvert la bouteille avec quoi?; **~ waren sie bewaffnet?** de quoi étaient-ils armés?; **ich weiß, ~ du die Hecke schneiden kannst** je sais avec quoi tu peux couper la haie
❸ (*wie, mit welchem Mittel*) **~ kann man diesen Fleck entfernen?** comment peut-on enlever cette tache?; **ich frage mich, ~ er sein Geld verdient** je me demande comment il gagne sa vie; **ich weiß nicht, ~ ich das verdient habe!** en quoi ai-je mérité ça?
❹ (*mit dem, mit der*) **das, ~ alle einverstanden sind** ce avec quoi tous sont d'accord
❺ (*woraufhin*) **sie sagte: „Blödsinn!", ~ das Gespräch beendet war** elle dit: "C'est stupide!", ce par quoi elle clôtura la conversation
womöglich *Adv* peut-être [même]; **~ schneit es morgen** il pourrait bien neiger demain
wonach *Adv* ❶ qu'est-ce que/à quoi; **~ suchst du?** qu'est-ce que tu cherches?; **~ riecht es hier?** qu'est-ce que ça sent ici?; **~ soll ich mich richten?** à quoi dois-je me conformer?; **ich weiß, ~ sich sehnt** je sais à quoi il aspire; **hast du gefunden, ~ du gesucht hast?** tu as trouvé ce que tu cherchais?
❷ (*nach dem, nach denen*) **es gibt Gerüchte, ~ er ein Spieler sein soll** il y a un bruit qui court qui dit qu'il serait un joueur
Wonne <-, -n> *f geh* exaltation *f* (*littér*); **etw mit ~ tun** *fam* faire qc à son grand plaisir (*fam*); **es ist eine [wahre] ~ das Baby anzuschauen** *fam* il fait [vraiment] plaisir à voir ce bébé (*fam*)
wonnig *Adj* adorable
woran *Adv* ❶ à quoi; **~ denkst du gerade?** à quoi penses-tu en ce moment?; **~ erinnerst du dich noch?** de quoi te souviens-tu encore?; **ich weiß nicht, ~ es liegt** je ne sais pas à quoi ça tient
❷ (*an welchem Gegenstand*) **~ kann ich mich festhalten?** à quoi est-ce que je peux me tenir?; **ich weiß nicht, ~ er sich verletzt hat** je ne sais pas après quoi il s'est blessé
❸ (*aus welchem Grund, Anlass*) **~ ist er gestorben?** de quoi est-il mort?
❹ (*an dem, an der*) **der Artikel, ~ er gerade arbeitet** l'article sur lequel il travaille en ce moment; **das Einzige, ~ ich mich erinnere** la seule chose dont je me souviens
worauf *Adv* ❶ qu'est-ce que; **~ wartest du?** qu'est-ce que tu attends?; **~ freust du dich so?** qu'est-ce qui te rend si heureux?; **~ will er eigentlich hinaus?** mais où veut-il en venir?; **ich habe nicht verstanden, ~ er sich bezieht** je n'ai pas compris ce à quoi il se réfère; **wirst du dich beim Kellner beschweren? — Worauf du dich verlassen kannst!** tu vas te plaindre au garçon? — Tu peux compter là-dessus!
❷ (*auf was*) **~ kann ich mich setzen?** je peux m'asseoir sur quoi?
❸ (*auf dem/den, auf die, auf das*) **der Stuhl, ~ er saß** la chaise sur

laquelle il était assis; **die Thesen, ~ er sich stützt** les thèses sur lesquelles il s'appuie; **etwas, ~ ich nicht gefasst war** ce à quoi je ne m'attendais pas; **eine kurze Friedenszeit, ~ sofort wieder Krieg folgte** une courte période de paix à laquelle a succédé aussitôt la guerre

woraufhin Adv ❶ en réponse à quoi; **~ hat er das gesagt?** en réponse à quoi a-t-il dit cela?

❷ (worauf) **er schrie sie an, ~ sie das Zimmer verließ** il hurla tant après elle qu'elle en quitta la pièce

woraus Adv ❶ (aus welchem Material) de quoi; **~ besteht diese Legierung?** de quoi est fait cet alliage?; **er fragte sich, ~ die Skulptur gemacht war** il se demandait en quoi était faite la sculpture

❷ (aus welchen Anzeichen) **~ schließen Sie das?** d'où tirez-vous cette conclusion?

❸ (aus dem, aus der) **die Pflanze, ~ dieses Öl gewonnen wird** la plante de laquelle est extraite cette huile; **etwas, ~ ich nicht klug werde** quelque chose qui me laisse perplexe; **er rief nicht an, ~ ich schloss, dass er beleidigt sein müsste** il ne téléphona pas, ce qui me laissa penser qu'il devait être vexé

worden PP von **werden**

worin Adv ❶ où; **~ liegt das Problem?** où est le problème?; **ich verstehe nicht, ~ der Unterschied besteht** je ne comprends pas où est la différence

❷ (in welchem Raum, Versteck) où; **~ hat er sich versteckt?** dans quoi s'est-il caché?

❸ (in dem, in der) **die Kiste, ~ die Waren transportiert wurden** la caisse dans laquelle ont été transportées les marchandises; **etwas, ~ sich die Angebote unterscheiden** ce en quoi les offres diffèrent; **sie meint, der Preis sei zu hoch, ~ ich ihr Recht gebe** elle pense que le prix est trop élevé, ce en quoi je lui donne raison

Workaholic [wəˈkaːhɔlɪk] <-s, -s> m fam stakhano mf (fam), accro mf du travail (fam); **ein ~ sein** être un(e) vrai(e) stakhano (fam)

Workshop [ˈwəːkʃɔp] <-s, -s> m atelier m **Workstation** [-steːʃn] <-, -s> f INFORM station f de travail

World Wide Web [wəːldwaɪdˈwɛb] <-> nt World Wide Web m

Wort <-[e]s, -e> nt <Wörter o selten -e> mot m; **etw ~ für ~ wiederholen** répéter qc mot pour mot; **mit anderen ~en** en d'autres termes; **in ~en: hundert Euro** en toutes lettres: cent euros

❷ (Begriff) **ein großes ~** un [bien] grand mot; **das treffende ~ suchen** chercher le terme approprié; **etw in ~e fassen** [o **kleiden**] rendre qc par des mots; **keine ~e für etw finden** ne pas avoir de mot[s] pour qualifier qc; **mir fehlen die ~e!** j'en reste coi(te)!

❸ (Äußerung) parole f; **ein ~ des Dankes/der Entschuldigung** un mot de remerciement/d'excuse; **mit knappen ~en** en quelques mots [brefs]; **viele ~e machen** faire des discours; **kein ~ verstehen** ne pas comprendre un [seul] mot; **kein ~ herausbringen** ne pas pouvoir sortir un mot; **jdm kein ~ glauben** ne pas croire un mot de ce que dit qn; **kein ~ miteinander reden** ne pas s'adresser la parole; **kein ~ über jdn/etw verlieren** ne pas dire un mot au sujet de qn/qc; **etw mit keinem ~ erwähnen** n'en souffler mot à personne; **seinen ~en Taten folgen lassen** passer de la parole à l'acte; **daran ist kein wahres ~, daran ist kein ~ wahr** il n'y a pas un mot de vrai dans toute cette histoire; **davon hat man mir kein ~ gesagt** on ne m'en a pas soufflé mot; **hättest du doch ein ~ gesagt!** si seulement tu m'en avais touché un mot!

❹ kein Pl (Versprechen, Ehrenwort) parole f; **jdm sein ~ geben** donner sa parole à qn; **jdn beim ~ nehmen** prendre qn au mot; **sein ~ halten/brechen** tenir [sa]/manquer à sa parole

❺ kein Pl (Rede) **ums ~ bitten/sich (Akk) zu ~ melden** demander la parole; **das ~ an jdn richten** adresser la parole à qn; **jdm das ~ erteilen** passer la parole à qn; **das ~ ergreifen/haben** prendre/avoir la parole; **jdm ins ~ fallen** couper la parole à qn; **jdm das ~ entziehen** retirer la parole à qn; **jdn nicht zu ~ kommen lassen** ne pas laisser qn dire un seul mot; **sein eigenes ~ nicht mehr verstehen** ne plus s'entendre parler

❻ (Text) **etw ohne ~e darstellen** exprimer qc sans l'aide de la parole; **etw in ~ und Bild zeigen** Film: montrer qc par l'image et le son; Buch: montrer qc par le texte et l'image

❼ (Ausspruch) **ein ~ Molières/Goethes** un mot de Molière/de Goethe

▶ **jedes ~** [o **alles**] **auf die Goldwaage legen** peser chacune de ses paroles; **nicht jedes ~** [o **alles**] **auf die Goldwaage legen dürfen** ne pas devoir prendre chaque mot au pied de la lettre; **jdm das ~ im Mund [her]umdrehen** déformer les paroles de qn; **du nimmst mir das ~ aus dem Mund[e]** enlever le mot de la bouche à qn; **ein ernstes ~ mit jdm reden** dire deux mots à qn; **geflügeltes ~** mot m célèbre; **[bei jdm] ein gutes ~ für jdn einlegen** intercéder pour [o en faveur de] qn [auprès de qn]; **das letzte ~ ist noch nicht gesprochen** tout n'est pas dit; **jd hat das letzte ~** qn a le dernier mot; **immer das letzte ~ haben [wollen]** [vouloir] toujours avoir le dernier mot; **aufs ~ gehorchen** obéir au doigt et à l'œil; **ein ~ gibt das andere** un mot en entraîne un autre; **jdm aufs ~ glauben** croire qn sur parole; **hast du** [o **hat man**] **da noch ~e!** fam c'est à vous en clouer le bec! (fam); **einer S. (Dat) das ~ reden** prôner une chose; **spar dir deine ~e!** n'essaie pas de discuter!; **[bei jdm] im ~ stehen** avoir [pris] des engagements [envers qn]; **mit einem ~** en un mot

Wortart f catégorie f grammaticale **Wortbildung** f LING formation f des mots **Wortbruch** m geh manquement m à la parole donnée, parjure m (soutenu) **wortbrüchig** Adj geh parjure (soutenu); **~ werden** se parjurer

Wörtchen <-s, -> nt Dim von **Wort** fam mot m

▶ **ein ~ mitzureden haben** fam avoir son mot à dire; **noch ein ~ mit jdm zu reden haben** fam avoir encore deux mots à dire à qn; **wenn das ~ wenn nicht wär'[, wär' mein Vater Millionär]** avec des si, on mettrait Paris en bouteille

Wörterbuch nt dictionnaire m **Wörterkennung** f INFORM écriture f intuitive **Wörterverzeichnis** nt glossaire m **Wortfamilie** f LING famille f de mots **Wortfetzen** Pl bribes fpl de conversation **Wortführer(in)** m(f) porte-parole m; **sich zum ~ einer S. (Gen) machen** se faire le porte-parole de qc **Wortgefecht** nt geh joute f oratoire (soutenu) **wortgetreu** I. Adj Übersetzung littéral(e); Wiedergabe textuel(le) II. Adv übersetzen littéralement; wiedergeben, zitieren textuellement **wortgewandt** I. Adj éloquent(e) II. Adv avec éloquence **wortkarg** Adj Mensch peu loquace; Antwort laconique **Wortlaut** m kein Pl contenu m; eines Vertrages termes mpl; **etw im vollen ~ veröffentlichen** éditer le texte intégral de qc

Wörtlein <-s, -> nt Dim von **Wort** s. **Wörtchen**

wörtlich I. Adj ❶ Übersetzung littéral(e)

❷ GRAM **~e Rede** discours m direct

II. Adv ❶ wiedergeben, zitieren textuellement; übersetzen littéralement

❷ (in der eigentlichen Bedeutung) **etw ~ nehmen** prendre qc au pied de la lettre

wortlos I. Adj Blick, Verstehen muet(te)

II. Adv sans mot dire

Wortmeldung f demande f de la parole; **es gab drei ~en** trois personnes demandèrent la parole; **gibt es keine ~en mehr?** plus personne ne demande la parole? **wortreich** I. Adj volubile II. Adv avec volubilité; **erklären** en long, en large et en travers (fam) **Wortschatz** m kein Pl vocabulaire m; **aktiver/passiver ~** vocabulaire actif/passif **Wortschwall** m pej flot m de paroles; **jdn mit einem ~ überschütten** submerger qn de paroles **Wortspiel** nt jeu m de mots **Wortstamm** m LING radical m, racine f **Wortstellung** f ordre m des mots **Wortwahl** f kein Pl choix m des mots **Wortwechsel** m altercation f **wortwörtlich** I. Adj textuel(le) II. Adv mot pour mot

worüber Adv ❶ de quoi; **~ habt ihr gesprochen?** de quoi avez-vous parlé?; **~ ist er so glücklich?** qu'est-ce qui le rend si heureux?; **ich weiß, ~ ihr lacht** je sais de quoi vous rigolez

❷ (über welchen/welchem Gegenstand) **~ bist du gestolpert?** sur quoi as-tu trébuché?

❸ (über dem, über das) **ein Sofa, ~ ein Bild hängt** un canapé au-dessus duquel est accroché un tableau; **etwas, ~ wir sprechen müssen** quelque chose dont nous devons parler; **das Theater, ~ wir uns neulich unterhalten haben** le théâtre à propos duquel nous avons discuté l'autre jour

worum Adv ❶ sur quoi; **~ streiten sie sich?** sur quoi se disputent-ils?; **ich habe keine Ahnung, ~ es geht** [o **sich handelt**] je n'ai aucune idée de quoi il s'agit

❷ (um den, um das) **der Stein, ~ die Schnur gewickelt war** la pierre autour de laquelle la ficelle était enroulée; **alles, ~ du mich bittest** tout ce que tu me demandes

worunter Adv ❶ **~ leidet er?** de quoi souffre-t-il?; **ich frage mich, ~ ich das einordnen soll** je me demande sous quelle catégorie je dois ranger cela

❷ (unter was) **~ soll ich den Karton schieben?** où dois-je mettre la boîte?

❸ (unter den, unter die) **der Schrank, ~ sie den Karton gestellt hatte** l'armoire sous laquelle elle avait mis la boîte

❹ (unter dem, unter der) **ein Bündel Geldscheine, ~ auch Falschgeld war** une liasse de billets parmi lesquels il y avait des faux billets; **die Krankheit, ~ sie leidet** la maladie dont elle souffre; **ein Begriff, ~ ich mir nichts vorstellen kann** une notion qui n'évoque rien pour moi

wovon Adv ❶ qu'est-ce qui; **~ ist sie aufgewacht?** qu'est-ce qui l'a réveillée?; **~ ist er krank geworden?** qu'est-ce qui l'a rendu malade?; **ich weiß nicht, ~ du sprichst** je ne sais pas de quoi tu parles

② *(von dem, von der)* **ein Problem, ~ ich keine Ahnung hatte** un problème dont je n'avais pas la moindre idée; **eine Reise, ~ sie noch heute schwärmt** un voyage dont elle parle aujourd'hui encore avec enthousiasme

③ *(wodurch)* **er redete viel, ~ er Halsschmerzen bekam** il parla beaucoup ce qui lui donna des maux de gorge

wovor *Adv* ❶ de quoi; **~ hat er Angst?** de quoi a-t-il peur?; **ich frage mich, ~ sie auszuweichen versucht** je me demande ce qu'elle cherche à éviter

② *(vor was)* **~ soll ich den Stuhl stellen?** devant quoi faut-il que je mette la chaise?

③ *(vor dem)* **das Haus, ~ er geparkt hatte** la maison devant laquelle il s'est garé; **das Einzige, ~ sie sich fürchtet** la seule chose qui lui fait peur

wozu *Adv* ❶ *(warum, wofür)* pourquoi; **~ willst du das wissen?** pourquoi est-ce que tu veux le savoir?; **~ brauchst du das Geld?** tu as besoin de l'argent pour quoi faire?; **ich weiß nicht, ~ das gut ist** je ne sais pas à quoi ça sert

② *(zu dem, zu der)* **der Sieg, ~ er ihr gratulierte** la victoire pour laquelle il la félicitait; **die Miete, ~ noch die Heizkosten kommen** le loyer auquel s'ajoutent les frais de chauffage; **ich soll mein Zimmer aufräumen, ~ ich aber keine Lust habe** il faut que je range ma chambre, ce dont je n'ai pourtant aucune envie

Wrack <-s, -s> *nt* ❶ épave *f*

② *fig* loque *f*; **ein körperliches/seelisches ~ sein** être usé(e) physiquement/moralement

wringen <wrang, gewrungen> *tr V* tordre; **das Wasser aus etw ~** essorer qc

WS UNIV *Abk von* **Wintersemester** semestre *m* d'hiver

WTO [ve:te:'ʔo:] <-> *f Abk von* **World Trade Organization** O.M.C. *f*

Wucher <-s> *m pej (zu hoher Preis)* prix *mpl* exorbitants; *(zu hohe Zinsen)* usure *f*; **das ist [doch/ja] ~!** *fam* c'est du vol! *(fam)*; **~ treiben** pratiquer l'usure

wucherisch *Adj Zinsen* usuraire; *Miete, Preis* exorbitant(e)

Wuchermiete *f pej* loyer *m* usuraire [*o* exorbitant]

wuchern *itr V + haben o sein Pflanzen, Unkraut*: proliférer; *Geschwulst, Tumor*: grossir; **~ des Unkraut** de la mauvaise herbe envahissante

Wucherpreis *m pej* prix *m* exorbitant [*o* prohibitif]

Wucherung <-, -en> *f* néoplasme *m*

Wucherzinsen *Pl pej* intérêt *m* [*o* taux *m*] usuraire

wuchs *Imp von* **wachsen**¹

Wuchs <-es> *m* ❶ *(Wachstum)* croissance *f*

② *(Gestalt)* taille *f*; **eine Frau von schlankem ~** une femme mince

Wucht <-> *f eines Aufpralls, Schlags, Stoßes* violence *f*; **mit voller ~** de plein fouet

▶ **eine ~ sein** *fam (toll sein)* être d'enfer *(fam)*

wuchten *tr V* **eine Truhe auf den Speicher ~** traîner un coffre [jusqu'] au grenier

wuchtig *Adj* ❶ *(mit Wucht)* violent(e)

② *(massig) Gegenstand, Möbelstück* imposant(e)

Wühlarbeit *f* menées *fpl* subversives, travail *m* de sape

wühlen I. *itr V* ❶ *(kramen, graben)* fouiller; **in etw** *(Dat)* **~** fouiller dans qc; **in der Tasche nach den Schlüsseln ~** fouiller dans son sac pour trouver les clés; **im Schlamm ~** *Schwein:* fouiller dans la boue

② *pej fam (hetzen)* **gegen jdn/etw ~** grenouiller contre qn/qc *(fam)*

II. *r V (sich bewegen)* **sich durch den Acker ~** *Maulwurf:* creuser une galerie sous le champ; *Wagen:* avancer dans le champ en s'embourbant; **sich in die Erde ~** *Maulwurf:* s'enfouir dans la terre

③ *fam (arbeiten)* **sich durch etw ~** liquider qc *(fam)*

Wühlmaus *f* campagnol *m* **Wühltisch** *m fam* table *f* à farfouille *(fam)*

Wulst [vʊlst, *Pl:* 'vʏlstə] <-es, Wülste> *m* bourrelet *m*

wulstig *Adj Lippen* épais(se); *Nacken* massif(-ive); *Narbe, Rand* boursouflé(e)

wund [vʊnt] *Adj Haut, Lippen, Ferse* écorché(e); **das Baby ist am Po ~** le bébé a les fesses irritées; **sich ~ liegen** attraper des escarres; **sich** *(Dat)* **den Rücken ~ liegen** attraper des escarres au dos; **~ gelegen** *Rücken, Gesäß* couvert(e) d'escarres; **eine ~ gelegene Stelle** une escarre; **sich ~ reiben** se frotter à s'en écorcher; **sich** *(Dat)* **die Fersen ~ laufen** s'écorcher les talons en marchant

Wundbrand *m* MED gangrène *f*

Wunde ['vʊndə] <-, -n> *f* plaie *f*; **tödliche ~** plaie mortelle

▶ **alte ~n wieder aufreißen** *geh* rouvrir une plaie

wunder *s.* **Wunder** ❷

Wunder ['vʊndə] <-s, -> *nt* ❶ miracle *m*; **es ist ein ~, dass** *fam* c'est un miracle que + *subj*; **es ist kein ~, dass** *fam* c'est pas étonnant que + *subj*; **ist es ein ~, dass ...?** *fam* quoi d'étonnant à ce que...? + *subj (fam)*

② *(Besonderes)* **er dachte, sie sei ~ wer** *fam* il pensait qu'elle était Dieu sait qui *(fam)*; **er bildet sich ein, er sei ~ wer** il se croit sorti de la cuisse de Jupiter *(fam)*; **ich glaubte, es sei ~ was geschehen** *fam* je croyais qu'il s'était passé Dieu sait quoi *(fam)*

▶ **sein blaues ~ erleben** *fam* avoir une drôle de surprise *(fam)*; **an ein ~ grenzen** tenir du miracle; **~ wirken** faire des miracles; **wie durch ein ~** comme par miracle

wunderbar I. *Adj* ❶ *(großartig) Person* fantastique; *Abend, Geschenk, Urlaub* merveilleux(-euse); **[das ist ja] ~!** [c'est vraiment] fantastique!

② *(übernatürlich erscheinend)* miraculeux(-euse)

II. *Adv* tellement

wunderbarerweise *Adv* miraculeusement

Wunderbaum *m* ❶ BOT ricin *m* commun ❷ *(Lufterfrischer)* arbre *m* magique® **Wunderglaube** *m kein Pl* croyance *f* aux miracles **Wunderheiler(in)** <-s, -> *m(f)* guérisseur(-euse) *m(f)* **wunderhübsch** *Adj* ravissant(e); **~ aussehen** être ravissant(e) **Wunderkerze** *f* cierge *m* magique **Wunderkind** *nt* enfant *m* prodige **Wunderland** *nt* pays *m* merveilleux [*o* des merveilles]

wunderlich I. *Adj Mensch, Einfall, Vorschlag* bizarre; **ein ~er alter Kauz** un vieil olibrius *(fam)*

II. *Adv* de façon bizarre

Wundermittel *nt* remède *m* miracle

wundern ['vʊndən] **I.** *tr V* étonner; **jdn ~** *Verhalten, Frage*: étonner qn; **es wundert mich** [*o* **mich wundert**], **dass** ça m'étonne que + *subj*; **es würde mich nicht ~, wenn ...** ça ne m'étonnerait pas si [*o* que + *subj*]...; **es sollte mich ~, wenn sie käme** ça m'étonnerait qu'elle vienne

II. *r V* **sich ~ über etw** *(Akk)* **~** s'étonner de qc

▶ **ich muss mich doch sehr ~!** je suis très choqué(e)!; **du wirst dich [noch] ~!** tu vas avoir des surprises!

wunder|nehmen *tr V unreg, unpers* **es nimmt mich wunder, dass** c'est étonnant que + *subj*

wundersam *Adj geh* insolite *(littér)*

wunderschön I. *Adj* superbe **II.** *Adv* superbement **wundervoll I.** *Adj* merveilleux(-euse) **II.** *Adv* merveilleusement **Wunderwaffe** *f fig* remède *m* miracle; **die neue ~ gegen Aids** le nouveau remède miracle contre le sida

Wundfieber *nt* MED fièvre *f* traumatique **wundgelegen** *s.* **wund Wundinfektion** *f* MED infection *f* de la plaie **wundliegen** *s.* **wund Wundsalbe** *f* pommade *f* cicatrisante **Wundstarrkrampf** *m* MED tétanos *m*

Wunsch [vʊnʃ, *Pl:* 'vʏnʃə] <-[e]s, Wünsche> *m* ❶ souhait *m*; **der ~ nach Stille** le souhait d'avoir du silence; **einen ~ haben** avoir un souhait; **jdm einen ~ erfüllen** exaucer un souhait à qn; **das war immer schon mein größter ~** ça a toujours été mon souhait le plus cher; **haben Sie sonst noch einen ~?** vous désirez autre chose?; **auf ~** sur demande; **auf seinen ~ [hin]** à sa demande; **auf vielfachen ~** à la demande générale; **nach ~** à souhait; **war alles nach ~?** tout était-il conforme à tes/vos vœux?

② *(Glückwunsch)* vœux *mpl*, souhaits *mpl*; **jdm die besten/alle guten Wünsche zum Geburtstag aussprechen** souhaiter ses meilleurs/tous ses meilleurs vœux à qn pour son anniversaire

▶ **jdm jeden ~ von den Augen ablesen** aller au-devant des désirs [*o* des souhaits] de qn; **da ist der ~ der Vater des Gedankens** *Spr.* il ne faut pas prendre ses désirs pour des réalités; **nur ein frommer ~ sein** n'être qu'un vœu pieu; **jds letzten ~ erfüllen** exaucer la dernière volonté de qn; **hast du sonst noch Wünsche?** *iron* et avec ça, ce sera tout? *(iron)*

Wunschbild *nt* idéal *m* **Wunschdenken** *nt* illusion *f*; **das ist reines ~ der Geschäftsleute** ce sont des désirs des hommes d'affaires qu'ils prennent pour la réalité

Wünschelrute ['vʏnʃəlru:tə] *f* baguette *f* de sourcier **Wünschelrutengänger(in)** <-s, -> *m(f)* sourcier(-ière) *m(f)*

wünschen [vʏnʃən] **I.** *r V* vouloir; **sich** *(Dat)* **etw ~** vouloir qc; **sich von den Eltern zu Weihnachten ein Buch ~** demander à ses parents un livre pour Noël; **was wünschst du dir?** qu'est-ce que tu veux?; **sich** *(Dat)* **ein Kind ~** vouloir un enfant; **sich** *(Dat)* **jdn zum Freund ~** bien aimer avoir qn comme ami; **alles, was man sich nur ~ kann** tout ce qu'on peut souhaiter; **man könnte sich kein besseres Wetter ~!** on ne pourrait pas espérer avoir meilleur temps!

II. *tr V* ❶ *(als Glückwunsch sagen)* **jdm Glück/Gesundheit ~** souhaiter bonne chance/une bonne santé à qn; **wir ~ dir zum Geburtstag alles Gute** nous t'adressons nos meilleurs vœux pour ton anniversaire

② *(erhoffen)* souhaiter; **~, dass** souhaiter que + *subj*; **er wünschte, er hätte das nie gesagt** il voudrait n'avoir jamais dit cela; **ich wünschte, der Regen würde aufhören** je souhaiterais que la pluie cesse; **ich wünsche ihr, dass alles gut klappt** je lui souhaite que tout se passe bien

③ *(verlangen)* demander *Erklärung, Entschuldigung;* **Sie können**

bleiben, solange Sie ~ vous pouvez rester aussi longtemps que vous le désirez; **ich wünsche, dass sofort Ruhe herrscht!** je demande le silence immédiat!; **was ~ Sie?** que desirez-vous?; **wie gewünscht** comme souhaité
III. *itr V* **Sie ~?** vous désirez?; **[ganz] wie Sie ~** comme vous voulez
▶ **zu ~ übrig lassen** laisser à désirer; **nichts zu ~ übrig lassen** être irréprochable [*o* impeccable]
wünschenswert *Adj* souhaitable; **etw für ~ halten** considérer qc comme souhaitable
Wunschform *f* LING optatif *m* **wunschgemäß I.** *Adj* (*erwünscht*) souhaité(e) **II.** *Adv* selon ses/mes/… désirs **Wunschkind** *nt* enfant *m* désiré **Wunschkonzert** *nt* émission *f* musicale à la carte
wunschlos *Adj* comblé(e); **~ glücklich sein** être parfaitement heureux(-euse)
Wunschsatz *m* LING phrase *f* optative; (*Satzteil*) proposition *f* optative **Wunschtraum** *m* rêve *m*; *pej* chimère *f* **Wunschvorstellung** *f* rêves *mpl* **Wunschzettel** *m* liste *f* de cadeaux ▶ **auf jds ~ stehen** faire partie des choses que qn voudrait acheter
wurde ['vʊrdə] *Imp von* **werden**
Würde ['vʏrdə] <-, -n> *f* ❶ *kein Pl* (*innerer Wert*) dignité *f*; **die ~ des Menschen ist unantastbar** la dignité de l'homme est inviolable
❷ (*würdevolle Haltung*) **etw mit ~ tragen** accepter qc avec dignité
❸ (*Rang*) dignité *f*; **akademische ~n** titres *mpl* universitaires
▶ **das ist unter seiner/ihrer ~** ce serait lui faire injure; **unter aller ~ sein** être au-dessous de tout
würdelos I. *Adj Auftreten, Benehmen* indigne; *Behandlung* dégradant(e)
II. *Adv* de manière indigne
Würdenträger(in) *m(f) geh* dignitaire *m*
würdevoll I. *Adj geh* digne
II. *Adv* avec dignité
würdig I. *Adj* ❶ (*ehrwürdig*) digne
❷ (*angemessen*) *Empfang, Feier, Rahmen* adéquat(e); **ein ~er Nachfolger** un digne successeur
❸ (*wert*) **eines Gelehrten/Großunternehmens ~ sein** être digne d'un savant/d'une grande entreprise; **sich eines Amtes/einer Auszeichnung ~ erweisen** se montrer digne d'une fonction/d'une décoration
II. *Adv* ❶ (*mit Würde*) avec dignité
❷ (*gebührend*) dignement
würdigen ['vʏrdɪɡən] *tr V* ❶ (*anerkennen*) rendre hommage à *Person*
❷ (*schätzen*) **etw ~** apprécier qc à sa juste valeur; **etw zu ~ wissen** savoir apprécier qc à sa juste valeur
❸ *geh* (*für würdig befinden*) **jdn keines Blickes ~** ne pas daigner jeter un seul regard à qn (*soutenu*)
Würdigung <-, -en> *f einer Person, Sache* reconnaissance *f*; **in ~ Ihrer Arbeit** en reconnaissance de votre travail
Wurf [vʊrf, *Pl:* 'vʏrfə] <-[e]s, Würfe> *m* ❶ (*mit einem Ball*) lancer *m*; (*mit einem Stein, Schneeball*) jet *m*
❷ SPORT (*beim Hammerwerfen, Speerwerfen, Diskuswerfen*) lancer *m*
❸ (*beim Würfeln*) coup *m*
❹ (*Jungtiere*) portée *f*
▶ **jdm gelingt mit etw ein großer ~** qn réussit un coup de maître avec qc
Würfel ['vʏrfəl] <-s, -> *m* ❶ dé *m*; **~ spielen** jouer aux dés
❷ GEOM cube *m*
❸ (*kleines Stück*) dé *m*; **etw in ~ schneiden** couper qc en dés
▶ **die ~ sind gefallen** les dés sont jetés
Würfelbecher *m* cornet *m* à dés
würfeln I. *itr V* [**um etw**] **~** jouer [qc] aux dés
II. *tr V* ❶ **eine Fünf ~** faire un cinq
❷ (*in Würfel schneiden*) **den Speck ~** couper le lard en dés
Würfelspiel *nt* jeu *m* de dés **Würfelspieler(in)** *m(f)* joueur(-euse) *m(f)* de dés **Würfelzucker** *m kein Pl* sucre *m* en morceaux
Wurfgeschoss^{RR} *nt* projectile *m* **Wurfpfeil** *m* fléchette *f* **Wurfsendung** *f* courrier *m* publicitaire **Wurfspieß** *m* SPORT javelot *m*
Würgegriff *m* ❶ (*Griff*) étranglement *m*; **jdn im ~ halten** serrer la gorge à qn ❷ *fig* étau *m*; **ein Land im ~ halten** tenir l'étau serré sur un pays **Würgemal** *nt* traces *fpl* d'étranglement
würgen ['vʏrɡən] **I.** *tr V* étrangler; **jdn; Kragen, Krawatte**: étrangler qn
II. *itr V* ❶ (*nicht schlucken können*) **an etw** (*Dat*) **~** s'étrangler avec qc
❷ (*Brechreiz haben*) être pris(e) de nausée[s]
Würger(in) ['vʏrɡɐ] <-s, -> *m(f)* étrangleur(-euse) *m(f)*
Wurm¹ [vʊrm, *Pl:* 'vʏrmə] <-[e]s, Würmer> *m* ver *m*; **Würmer haben** avoir des vers
▶ **jdm die Würmer aus der Nase ziehen** *fam* tirer les vers du nez à qn (*fam*); **da ist** [*o* **sitzt**] **der ~ drin** *fam* c'est un sac de nœuds (*fam*); (*es kriselt in der Ehe*) ça bat de l'aile
Wurm² <-[e]s, Würmer> *nt fam* (*kleines, hilfloses Kind*) bout *m* de chou
Würmchen ['vʏrmçən] <-s> *nt Dim von* **Wurm**¹ vermisseau *m*
wurmen ['vʊrmən] *tr V fam* **jdn ~** enquiquiner qn (*fam*)
Wurmfarn *m* BOT fougère *f* mâle
wurmförmig [-fœrmɪç] *Adj* vermiculaire
Wurmfortsatz *m* ANAT appendice *m*
wurmig, wurmstichig *Adj Obst* véreux(-euse); *Holz* vermoulu(e)
Wurst [vʊrst, *Pl:* 'vʏrstə] <-, Würste> *f* ❶ *kein Pl* (*Wurstwaren*) charcuterie *f*
❷ (*Würstchen*) saucisse *f*; (*geräuchert*) saucisson *m*
▶ **jetzt geht es um die ~** *fam* c'est maintenant que tout se joue (*fam*); **das ist mir/ihm ~** [*o* **Wurscht**] *fam* j'en ai/il en a rien à cirer (*fam*)
Wurstbrot *nt* sandwich *m* au saucisson
Würstchen ['vʏrstçən] <-s, -> *nt* ❶ saucisse *f*; (*Bratwurst*) saucisse grillée; **Frankfurter/Wiener ~** saucisse de Francfort; **heiße** [*o* **warme**] **~** saucisses chaudes
❷ *pej fam* (*jämmerlicher Mensch*) mauviette *m*; **ein armes ~** un pauvre type (*fam*)
Würstchenbude *f*, **Würstchenstand** *m* stand *m* de saucisses grillées
Wurstel <-s, -n> *m* A (*Hanswurst*) polichinelle *m*
wursteln ['vʊrstəln] *itr V fam* bidouiller (*fam*); (*pfuschen*) bousiller (*fam*)
Wurstfinger *Pl fam* doigts *mpl* boudinés **Wursthaut** *f* peau *f* de saucisse [*o* saucisson]
wurstig *Adj fam* je-m'en-foutiste
Wurstigkeit *f kein Pl fam* je-m'en-foutisme
Wurstsalat *m* ≈ cervelas *m* en salade **Wurstwaren** *Pl* charcuterie *f* **Wurstzipfel** *m* bout *m* du saucisson [*o* de la saucisse]
Württemberg ['vʏrtəmbɛrk] <-s> *nt* le Wurtemberg
Würzburg ['vʏrtsbʊrk] <-s> *nt* Wurtzbourg
Würze ['vʏrtsə] <-, -n> *f* ❶ (*Würzmischung*) condiment *m*
❷ (*Aroma*) *eines Gerichts* saveur *f*; *eines Weins* montant *m*
Wurzel ['vʊrtsəl] <-, -n> *f* ❶ (*Teil einer Pflanze, Zahnwurzel, Haarwurzel, Wortwurzel*) racine *f*
❷ MATH **die ~ aus 16 ziehen** extraire la racine [carrée] de 16; **die dritte ~ aus 27** la racine cubique de 27
❸ *geh* (*Ursprung*) **die ~ in einer S.** (*Gen*) l'origine *f* de qc; **die ~ allen Übels** la cause de tous les maux
❹ *meist Pl* NDEUTSCH (*Karotte*) carotte *f*
▶ **etw mit der ~ ausrotten** attaquer qc à la racine; **~n schlagen** *Person*: s'enraciner; *Pflanze*: faire des racines; **wollt ihr hier ~n schlagen?** *fam* vous n'allez tout de même pas prendre racine ici! (*fam*)
Wurzelballen *m* motte *f* **Wurzelbehandlung** *f* traitement *m* de la racine
wurzeln ['vʊrtsəln] *itr V geh* **in etw** (*Dat*) **~** *Krise, Streit*: avoir son origine dans qc; **tief in jdm ~** *Angst, Misstrauen*: être profondément enraciné(e) en qn
Wurzelstock *m* souche *f* **Wurzelwerk** *nt kein Pl* racines *fpl* **Wurzelzeichen** *nt* MATH radical *m*
würzen ['vʏrtsən] *tr V* ❶ épicer; **etw** [**mit etw**] **~** assaisonner [*o* épicer] qc [avec qc]
❷ *fig* **ein mit Anekdoten gewürzter Vortrag** un discours assaisonné d'anecdotes
würzig I. *Adj Duft, Geruch, Geschmack, Essen* épicé(e); *Bier, Wein* corsé(e)
II. *Adv* **~ schmecken** *Wein*: avoir du montant; **ein ~ duftender Tabak** un tabac aromatique
wusch¹ [vu:ʃ] *Imp von* **waschen**
wusch² [vʊʃ] *Interj* A (*Ausruf des Erstaunens*) **~!** oh là là!
Wuschelhaar *nt* cheveux *mpl* bouclés
wuschelig *Adj fam* tout(e) crépu(e) (*fam*)
Wuschelkopf *m fam* ❶ (*Haare*) frisettes *fpl*
❷ (*Mensch*) tête *f* moutonnée
wusste^{RR}, **wußte**^{ALT} *Imp von* **wissen**
Wust¹ [vu:st] <-[e]s> *m fam* tas *m*; **ein ~ von Akten** un tas *m* de dossiers (*fam*)
Wust² [vʊst] *f kein Pl Abk von* **Warenumsatzsteuer** CH T.V.A. *f*
wüst [vy:st] **I.** *Adj* ❶ (*öde*) *Gegend, Landschaft* désert(e)
❷ (*übel*) *Beschimpfung, Fluch* grossier(-ière)
❸ *fam* (*heillos*) *Unordnung* dingue (*fam*); **ein ~es Durcheinander** un foutoir pas possible (*fam*)
II. *Adv* **beschimpfen, fluchen** grossièrement; **zurichten** salement (*fam*)
Wüste ['vy:stə] <-, -n> *f* désert *m*; **die ~ Gobi** le désert de Gobi
▶ **jdn in die ~ schicken** *fam* limoger qn (*fam*); (*entlassen*) virer

qn *(fam)*
Wüstenklima *nt kein Pl* climat *m* désertique   **Wüstensand** *m* sable *m* du désert
Wüstling ['vy:stlɪŋ] <-s, -e> *m pej* débauché *m*
Wut [vu:t] <-> *f* rage *f*; **in ~ geraten** entrer en rage; **jdn in ~ bringen** mettre qn en rage; **eine fürchterliche ~ [auf jdn] haben** *fam* être furax [contre qn] *(fam)*; **voller ~** en proie à la fureur; **vor ~** de rage
▸ **eine ~ im Bauch haben** *fam* avoir la haine *(fam)*; **vor ~ kochen** bouillir de colère
Wutanfall *m* accès *m* de fureur; **einen ~ bekommen** [*o* **kriegen** *fam*] piquer sa crise *[fam]*
wüten ['vy:tən] *itr V* ❶ *(toben)* se déchaîner
❷ *(Zerstörung verursachen)* [**an der Küste**] ~ **Sturm, Waldbrand:** faire des ravages [sur la côte]

wütend I. *Adj* ❶ *(zornig)* furieux(-euse); **auf jdn ~ sein** être furieux(-euse) contre qn; **über etw** *(Akk)* ~ **sein** être furieux(-euse) [à cause] de qc
❷ *(heftig) Hass, Gefecht, Kampf* acharné(e); *Schmerzen, Hunger* atroce
II. *Adv* furieusement
wutentbrannt ['vu:tʔɛnt'brant] I. *Adj* saisi(e) de furie
II. *Adv* comme une furie
Wüterich ['vy:tərɪç] <-s, -e> *m pej veraltet* forcené *m*
Wutgeheul *nt*, **Wutgeschrei** *nt* cris *mpl* de fureur [*o* de rage] **wutschnaubend** *Adj, Adv* écumant(e) de rage   **wutverzerrt** *Adj* grimaçant(e) de colère
WWW [ve:ve:'ve:] *nt Abk von* **World Wide Web** WWW *m*, TAM *f*
Wz *Abk von* **Warenzeichen**

X, x [ɪks] <-, -> *nt* ❶ X *m*/x *m*
❷ *fam (unzählige)* **x Briefe schreiben** écrire trente-six lettres *(fam)*
▸ **jdm ein X für ein U vormachen** *fam* faire gober n'importe quoi à qn *(fam)*; **X wie Xanthippe** x comme Xavier
x-Achse ['ɪksʔaksə] *f* MATH axe *m* des x
Xanthippe [ksan'tɪpə] <-, -n> *f fam* mégère *f*
X-Beine ['ɪks-] *Pl* jambes *fpl* en [forme de] x; **~ haben** avoir les jambes en x
x-beinig[RR], **X-beinig** *Adj* aux jambes en forme de x
x-beliebig I. *Adj fam* n'importe quel(le); **ein ~er Käse/eine ~e Soße** n'importe quel fromage/quelle sauce; **jeder ~e Supermarkt** n'importe quelle grande surface; **jeder/jede x-Beliebige** n'importe qui
II. *Adv fam* de n'importe quelle façon

X-Chromosom ['ɪkskromozo:m] *nt* chromosome *m* X
Xenon ['kse:nɔn] <-s> *nt* CHEM xénon *m*
xenophob [kseno'fo:p] *Adj geh* xénophobe *(soutenu)*
x-fach ['ɪks-] I. *Adj fam* multiple
II. *Adv fam* trente-six fois *(fam)*
x-fache(s) *nt dekl wie Adj fam* cent fois plus; **das ~ bezahlen** payer cent fois plus
x-förmig[RR] ['ɪksfœrmɪç], **X-förmig** *Adj* en [forme de] X
x-mal ['ɪks-] *Adv fam* x fois plus une *(fam)*
x-te(r, s) ['ɪkstə, -tɐ] *Adj fam* ixième; **der ~ Anruf** le ixième appel; **die ~ Bewerbung** la ixième candidature; **das ~ Mal** la ixième fois
x-temal ['ɪkstə-] *Adv fam* ixième; **das ~** la ixième fois; **beim/zum x-tenmal** à/pour la ixième fois
Xylophon [ksylo'fo:n] <-s, -e> *nt* xylophone *m*

Y, y ['ʏpsilɔn] <-, -> *nt* Y *m*/y *m*
y-Achse ['ʏpsilɔnʔaksə] *f* MATH axe *m* des y
Yacht [jaxt] <-, -en> *f* yacht *m*
Yak [jak] <-s, -s> *m* ZOOL ya|c|k *m*
Yang [jaŋ] <-[s]> *nt* PHILOS yang *m*
Yard [ja:ɐt] <-s, -s> *nt* yard *m*
Y-Chromosom ['ʏpsilɔnkromozo:m] *nt* chromosome *m* Y
Yen [jɛn] <-[s], -[s]> *m* yen *m*
Yeti ['ie:ti] <-s, -s> *m* yéti *m*

Yin [jɪn] <-[s]> *nt* PHILOS yin *m*; **~ und Yang** le ying et le yang
Yoga ['jo:ga] <-[s]> *m o nt* yoga *m*
Yoghurt[ALT] *s.* **Joghurt**
Yogi ['jo:gi] <-s, -s> *m* yogi *m*
Yo-Yo [jo'jo:] <-s, -s> *nt* yo-yo *m*
Ypsilon ['ʏpsilɔn] <-[s], -s> *nt* i grec *m*
Yucca ['jʊka] <-, -s> *f* yucca *m*
Yuppie ['jʊpi] <-s, -s> *m*, <-, -s> *f* yuppie *mf*

Zz

Z, z [tsɛt] <-, -> nt Z m/z m
▶ **Z wie Zeppelin** z comme Zoé
zack *Interj fam* aussi sec *(fam)*; ~, ~! et que ça saute! *(fam)*; **bei ihm muss alles ~, ~ gehen** avec lui il faut que ça saute *(fam)*
Zack [tsak] ▶**auf ~ sein** *fam Person:* avoir la pêche *(fam)*
Zacke ['tsakə] <-, -n> *f eines Kamms, einer Briefmarke, Säge* dent *f*; *einer Krone, eines Sterns* pointe *f*
Zacken ['tsakən] DIAL *s.* Zacke
▶ **jdm bricht** [*o* **fällt**] **kein ~ aus der Krone** *fam* qn ne va pas en mourir *(fam)*
zackig ['tsakɪç] I. *Adj* ❶ *(gezackt)* déchiqueté(e)
❷ *fam (schneidig) Bursche* qui pète le feu *(fam)*; *Musik, Marsch* qui chauffe *(fam)*; *Bewegung* crâne
II. *Adv* saluterien crânement
zagen ['tsa:ɡən] *itr V* ❶ *(zaudern)* hésiter
❷ *(verzagt sein)* manquer de cœur
zaghaft I. *Adj* timide
II. *Adv* timidement
Zaghaftigkeit <-> *f* timidité *f*
zäh [tsɛ:] I. *Adj* ❶ *Fleisch* dur(e); *Leder* résistant(e)
❷ *(zähflüssig)* visqueux(-euse)
❸ *(schleppend)* ardu(e)
❹ *(widerstandsfähig) Mensch* résistant(e)
❺ *(hartnäckig)* obstiné(e)
II. *Adv* ❶ *(schleppend)* péniblement
❷ *(hartnäckig)* obstinément
ZäheitALT *s.* Zähheit
zähflüssig *Adj Flüssigkeit, Honig* visqueux(-euse); *Verkehr* dense
Zähflüssigkeit *f* ❶ *kein Pl von Flüssigkeiten* viscosité *f* ❷ *fig des Verkehrs* densité *f*
ZähheitRR ['tsɛ:haɪt] <-> *f von Fleisch* dureté *f*; *von Leder* résistance *f*
Zähigkeit <-> *f* ❶ *(Widerstandsfähigkeit) eines Menschen, von Leder* résistance *f*
❷ *(Hartnäckigkeit)* ténacité *f*
Zahl [tsa:l] <-, -en> *f* ❶ nombre *m*; **die ~ 37** le nombre 37; **gerade/ungerade ~** nombre pair/impair
❷ *(Ziffer)* chiffre *m*
❸ *kein Pl (Anzahl)* nombre *m*; **in großer ~** en grand nombre
▶ **in den roten ~en stecken** être dans le rouge; **wieder in die schwarzen ~en kommen** dégager de nouveau des bénéfices
zahlbar *Adj* payable; **~ bei Lieferung** payable à la livraison
zählbar *Adj* dénombrable
zählebig *Adj Tier, Pflanze* vivace; **~ sein** *Gerücht:* être tenace
zahlen ['tsa:lən] I. *tr V* payer; **für jdn/etw ~** payer pour qn/qc; **lassen Sie nur, ich zahle!** laissez, c'est moi qui paye!; [**ich möchte/wir möchten**] **bitte ~!** l'addition, s'il vous plaît!
II. *tr V* payer *Preis, Betrag;* **Steuern/eine Strafe ~** payer des impôts/une amende; **jdm 200 Euro für eine alte Vase ~** donner 200 euros pour un vase ancien à qn; **jdm nur ein durchschnittliches Gehalt ~** ne payer qu'un salaire moyen à qn
zählen ['tsɛ:lən] I. *itr V* ❶ compter; **bis zehn ~** compter jusqu'à dix
❷ *(zugerechnet werden)* **zu den Konservativen/den Hülsenfrüchten ~** faire partie des conservateurs/des légumineux; **zu den beliebtesten Kollegen/Kneipen ~** faire partie des collègues/des bars les plus appréciés
❸ *(sich verlassen)* **auf jdn/etw ~** compter sur qn/qc
❹ *(wichtig sein, gültig sein)* compter
II. *tr V* ❶ compter *Besucher, Geld, Wählerstimmen*
❷ *geh (umfassen)* **hundert Mitglieder/tausend Einwohner ~** compter cent membres/mille habitants; **dreißig Jahre ~** avoir trente ans
❸ *geh (dazurechnen)* **jdn zu seinen Freunden ~** compter qn au nombre de ses amis *(soutenu)*; **sich zu den Künstlern ~** se compter au nombre des artistes *(soutenu)*
❹ *(wert sein)* valoir
Zahlenangabe *f* donnée *f* chiffrée; **keine ~n machen** ne pas donner de chiffres **Zahlenfolge** *f* série *f* de chiffres **Zahlengedächtnis** *nt* mémoire *f* des chiffres; **kein gutes ~ haben** ne pas avoir la mémoire des chiffres **Zahlenkombination** *f* combinaison *f* [chiffrée]
zahlenmäßig I. *Adj* numérique
II. *Adv* ❶ *(die Anzahl betreffend)* numériquement
❷ *(in Zahlen)* par des chiffres; **~ nicht zu erfassen sein** ne pas être chiffrable
Zahlenmaterial *nt* données *fpl* chiffrées **Zahlenreihe** *f* série *f* de chiffres **Zahlenschloss**RR *nt eines Safes* serrure *f* à combinaison; *eines Fahrradschlosses* cadenas *m* à chiffres

Zahler(in) <-s, -> *m(f)* payeur(-euse) *m(f)*; **ein pünktlicher/säumiger ~** un bon/mauvais payeur
Zähler <-s, -> *m* ❶ *(Messgerät)* compteur *m*
❷ MATH numérateur *m*
Zählerstand *m* consommation *f* compteur
Zahlgrenze *f* AUT, EISENBAHN section *f* **Zahlkarte** *f* mandat *m* de versement
zahllos *Adj* innombrable
Zahlmeister(in) *m(f)* trésorier(-ière) *m(f)* **zahlreich** I. *Adj* nombreux(-euse); **~e Kunden** de nombreux clients; **~e Briefe** de nombreuses lettres; **eine ~e Nachkommenschaft** une grande descendance II. *Adv* en grand nombre **Zahlstelle** *f* caisse *f* **Zahltag** *m* jour *m* de paie
Zahlung <-, -en> *f* ❶ *(das Bezahlen)* paiement *m*; **eine ~ leisten** *form* effectuer un paiement; **bei ~ mit Scheck** en cas de paiement par chèque; **zur ~ des Schmerzensgeldes verurteilt werden** être condamné(e) à payer des dommages et intérêts; **die ~en einstellen** *euph Person:* cesser les paiements; *Firma:* être en cessation de paiement, déposer son bilan; **~ bei Eingang der Ware** COM paiement à réception de la marchandise
❷ *(Betrag)* versement *m*
▶ **etw in ~ geben** donner qc en paiement; **etw in ~ nehmen** reprendre qc comme acompte
Zählung <-, -en> *f (das Zählen)* comptage *m*; *(Volkszählung)* recensement *m*
Zahlungsabkommen *nt* ÖKON accord *m* de paiement **Zahlungsart** *f* COM mode *m* de paiement **Zahlungsaufforderung** *f* rappel *m* de paiement **Zahlungsaufschub** *m* report *m* d'échéance; *(bei Staaten)* moratoire *m* **Zahlungsbedingungen** *Pl* conditions *fpl* de paiement **Zahlungsbeleg** *m* reçu *m* [*o* récépissé *m*] de paiement **Zahlungsbilanz** *f* balance *f* des paiements; *(in Bezug auf den Außenhandel)* balance des comptes **Zahlungserinnerung** *f* rappel *m* de paiement **zahlungsfähig** *Adj* solvable **Zahlungsfähigkeit** *f kein Pl* solvabilité *f* **Zahlungsfrist** *f* délai *m* de paiement **zahlungskräftig** *Adj Kunde, Firma* financièrement solide **Zahlungsmittel** *nt* moyen *m* de paiement; **gesetzliches ~** monnaie *f* légale
Zahlungsmoral *f* principes *mpl* en matière de paiements **Zahlungsrückstand** *m* retard *m* de paiement **Zahlungsschwierigkeiten** *Pl* difficultés *fpl* de paiement **zahlungsunfähig** *Adj* insolvable **Zahlungsunfähigkeit** *f* insolvabilité *f* **Zahlungsverkehr** *m* opérations *fpl* [*o* transactions *fpl*] financières; **im internationalen ~** au niveau des transactions financières internationales **Zahlungsweise** *f* modalités *fpl* de paiement
Zahlwerk *nt* compteur *m*
Zahlwort <-wörter> *nt* numéral *m* **Zahlzeichen** *nt* chiffre *m*
zahm [tsa:m] *Adj* ❶ *(zutraulich)* apprivoisé(e)
❷ *(gefügig)* docile
zähmbar *Adj* apprivoisable; **kaum ~ sein** *Tier:* être à peine apprivoisable
zähmen ['tsɛ:mən] *tr V* ❶ apprivoiser *Tier*
❷ *(zügeln)* refréner *Neugier, Leidenschaft, Ungeduld*
Zahmheit <-> *f a. fig* docilité *f*
Zähmung <-, -en> *f* apprivoisement *m*
Zahn [tsa:n, *Pl:* 'tsɛ:nə] <-[e]s, Zähne> *m* dent *f*; **einen ~ bekommen** [*o* **kriegen** *fam*] faire une dent; **sich** *(Dat)* **die Zähne putzen** se brosser les dents; **ein fauler ~** une dent gâtée; **vorstehende Zähne** des dents en avant; **sich** *(Dat)* **einen ~ ziehen lassen** se faire arracher une dent; **falsche Zähne** des fausses dents; **künstliche Zähne** des dents artificielles; **mit den Zähnen klappern** claquer des dents; **mit den Zähnen knirschen** grincer des dents; **die Zähne fletschen** [*o* **zeigen**] *Tier:* montrer les crocs
▶ **der ~ der Zeit** *fam* l'usure *f* du temps; **bis an die Zähne bewaffnet** *fam* armé(e) jusqu'aux dents; **die dritten Zähne** la prothèse dentaire; **sich** *(Dat)* **an jdm/etw die Zähne ausbeißen** se casser les dents sur qn/qc; **einen ziemlichen ~ draufhaben** *sl* rouler vraiment comme un/une dingue *(fam)*; **jdm auf den ~ fühlen** sonder qn; **jdm die Zähne zeigen** *fam Person:* montrer les dents à qn; **den ~ kannst du dir ziehen lassen!** *fam* tu peux faire une croix dessus! *(fam)*; **einen ~ zulegen** *sl* appuyer un peu sur le champignon *(fam)*; **die Zähne zusammenbeißen** serrer les dents
Zahnarzt, -ärztin *f* [chirurgien *m*] dentiste *mf*
Zahnarzthelfer(in) *m(f)* assistant(e) *m(f)* dentaire
zahnärztlich I. *Adj Arbeit, Behandlung, Praxis* dentaire
II. *Adv* par un dentiste
Zahnarztpraxis *f* cabinet *m* dentaire **Zahnarzttermin** *m* rendez-vous *m* chez le/la dentiste
Zahnausfall *m* chute *f* des dents **Zahnbehandlung** *f* soin *m*

dentaire **Zahnbein** *nt kein Pl* BIO dentine *f* **Zahnbelag** *m* plaque *f* dentaire **Zahnbürste** *f* brosse *f* à dents **Zahncreme** [-kre:m] *f* dentifrice *m*
zähnefletschend I. *Adj attr* montrant les crocs **II.** *Adv* knurren en montrant les crocs **Zähneklappern** <-s> *nt* claquement *m* de dents; **unter** ~ [en] claquant des dents **zähneklappernd I.** *Adj attr* claquant des dents **II.** *Adv* [en] claquant des dents **Zähneknirschen** <-s> *nt* grincement *m* de dents; **unter** ~ en grinçant des dents **zähneknirschend** *Adv* en grinçant des dents
zahnen ['tsa:nən] *itr V* faire ses dents; **das Zahnen** le percement des dents
Zahnersatz *m* dentier *m* **Zahnfäule** *f* carie *f* [dentaire] **Zahnfleisch** *nt* gencive *f* ▸ **auf dem** ~ **gehen** [*o* **kriechen**] *si* être sur les rotules *(fam)*
Zahnfleischbluten <-s> *nt* saignement *m* des gencives **Zahnfleischentzündung** *f* MED gingivite *f*
Zahnfüllung *f form* plombage *m* **Zahnhals** *m* collet *m* **Zahnheilkunde** *f geh* odontologie *f (spéc)* **Zahnklammer** *s.* **Zahnspange** **Zahnklinik** *f* clinique *f* dentaire **Zahnkranz** *m* TECH couronne *f* dentée **Zahnkrone** *f* couronne *f* [dentaire] **Zahnlaut** *m* [consonne *f*] dentale *f*
zahnlos *Adj* édenté(e)
Zahnlücke *f* dent *f* manquante **Zahnmedizin** *f* médecine *f* dentaire **Zahnpasta** ['tsa:npasta] *s.* **Zahncreme** **Zahnpflege** *f* soins *mpl* dentaires **Zahnprothese** *f* prothèse *f* dentaire **Zahnputzglas** *nt* verre *m* à dents **Zahnrad** *nt* roue *f* dentée **Zahnradbahn** *f* chemin *m* de fer à crémaillère **Zahnschmelz** *m* émail *m* **Zahnschmerzen** *Pl* mal *m* de dents; **starke** ~ rage *f* de dents **Zahnseide** *f* fil *m* dentaire **Zahnspange** *f* appareil *m* [dentaire] **Zahnstange** *f* TECH crémaillère *f* **Zahnstein** *m kein Pl* tartre *m* **Zahnstocher** [-ʃtɔxɐ] <-s, -> *m* cure-dent *m* **Zahnstummel** *m*, **Zahnstumpf** *m* chicot *m* **Zahntechniker(in)** *m(f)* prothésiste *mf* dentaire **Zahnwal** *m* ZOOL odontocète *m* **Zahnweh** *s.* **Zahnschmerzen** **Zahnwurzel** *f* racine *f* [d'une/de la dent]
Zaire [za'i:ɐ] <-s> *nt* le Zaïre
Zander ['tsandɐ] <-s, -> *m* sandre *m*
Zange ['tsaŋə] <-, -n> *f* pince *f*
▸ **jdn in der** ~ **haben** *fam* tenir qn à sa merci; **jdn in die** ~ **nehmen** *fam* cuisiner qn *(fam)*
zangenförmig [-fœrmɪç] *Adj* en forme de pince
Zangengeburt *f* accouchement *m* aux forceps
Zank [tsaŋk] <-[e]s> *m* dispute *f*; **bei ihnen gab es immer** ~ **und Streit** ils ne cessaient de se disputer
Zankapfel *m* pomme *f* de discorde
zanken ['tsaŋkən] **I.** *itr V* se disputer; *Kinder:* se chamailler; **mit jdm** ~ attraper qn
II. *r V* **sich** ~ se disputer; *Kinder:* se chamailler; **sich um etw** ~ **sich** disputer [pour] qc
zänkisch ['tsɛŋkɪʃ] *Adj Mann, Frau* acariâtre; **ein** ~ **es Weib** un dragon
zanksüchtig *Adj pej* querelleur(-euse)
Zäpfchen ['tsɛpfçən] <-s, -> *nt* ❶ MED suppositoire *m*
❷ ANAT luette *f*
zapfen ['tsapfən] *tr V* tirer; **jdm/sich ein Bier** ~ se tirer une bière/tirer une bière à qn
Zapfen <-s, -> *m* ❶ *(von Nadelbäumen)* pomme *f* de pin
❷ *(Eiszapfen)* stalactite *f*
❸ *(Stöpsel)* bondon *m*
Zapfenstreich *m* ❶ MIL couvre-feu *m*
❷ *kein Pl fig fam (Nachtruhe)* extinction *f* des feux
Zapfenzieher <-s, -> *m* CH tire-bouchon *m*
Zapfhahn *m* chantepleure *f* **Zapfpistole** *f* pistolet *m* [de distribution] **Zapfsäule** *f* pompe *f* à essence
zappelig *Adj Kind* agité(e); **vor Ungeduld ganz** ~ **sein** être tout(e) frétillant(e) d'impatience; **sei doch nicht so** ~! arrête de gigoter! *(fam)*
zappeln ['tsapəln] *itr V* gigoter; **mit den Armen/Beinen** ~ gigoter des bras/jambes *(fam)*; **an der Angel/im Netz** ~ *Fisch:* frétiller au bout de la ligne/dans le filet
▸ **jdn** ~ **lassen** *fam* laisser qn mijoter *(fam)*
Zappelphilipp ['tsapəlfɪlɪp] <-s, -e *o* -s> *m fam* asticot *m (fam)*; **ein** ~ **sein** avoir la danse de Saint-Guy *(fam)*
Zappelphilippsyndrom *nt* MED syndrome *m* d'hyperactivité
zappen ['tsapən, 'zæpən] *itr V sl* zapper *(arg)*
zappenduster ['tsapən'du:stə] *Adj* ▸ **damit sieht es** ~ **aus** *sl* pour cela, ça a l'être mal barré *(arg)*
Zapping ['tsapɪŋ, 'zæpɪŋ] <-s, -s> *nt sl* zapping *m (arg)*
zapplig *s.* **zappelig**
Zar(in) [tsaːɐ̯] <-en, -en> *m(f)* tsar *m*/tsarine *f*
Zarathustra [tsara'tʊstra] <-s> *m* HIST Zarathoustra *m*
Zarge ['tsargə] <-, -n> *f* TECH encadrement *m*
zart [tsa:ɐ̯t] **I.** *Adj* ❶ *(weich) Haut* doux(douce)

❷ *(fein, leicht) Blatt, Knospe* délicat(e); *Gewebe, Stoff* moelleux(-euse); *Farbton, Rosa* tendre
❸ *(mürbe) Fleisch, Gebäck, Gemüse* tendre
❹ *(empfindlich) Gesundheit* délicat(e)
❺ *(zärtlich) Kuss, Berührung* tendre
II. *Adv (zärtlich)* tendrement
zartbesaitet *Adj attr* délicat(e) **zartbitter** *Adj Schokolade* noir(e) **Zartbitterschokolade** *f* chocolat *m* noir **zartfühlend** *Adj* ❶ *(fein)* délicat(e) ❷ *(taktvoll)* ~ **sein** avoir du tact **Zartgefühl** *nt kein Pl* ❶ *(Feinheit)* délicatesse *f* ❷ *(Taktgefühl)* tact *m*
Zartheit <-> *f* ❶ *der Haut, eines Gewebes, Stoffs* douceur *f*
❷ *(Mürbheit) von Fleisch* tendreté *f*
❸ *(Feinheit, Dünnheit) eines Blatts, einer Knospe* délicatesse *f*
❹ *(Empfindlichkeit) der Gesundheit* fragilité *f*
❺ *(Zärtlichkeit) einer Berührung, eines Kusses* tendresse *f*
zärtlich ['tsɛːɐ̯tlɪç] **I.** *Adj* tendre
II. *Adv* tendrement
Zärtlichkeit <-, -en> *f* ❶ *kein Pl (zärtliche Art)* tendresse *f* ❷ *Pl (Liebkosung)* caresses *fpl*
zartrosa *Adj unv* rose tendre; ~ **Söckchen** socquettes *fpl* rose tendre
Zaster ['tsaste] <-s> *m sl* pèze *m (arg)*
Zäsur [tsɛ'zu:ɐ̯] <-, -en> *f geh* hiatus *m (soutenu)*
Zauber ['tsaʊbɐ] <-s, -> *m* ❶ *kein Pl (das Zaubern)* sortilège *m*
❷ *(Zauberwirkung)* sort *m*
❸ *kein Pl (Faszination)* charme *m*
❹ *pej fam (Zeug)* **der ganze** ~ tout ce bazar *(fam)*
❺ *pej fam (Getue)* chiqué *m (fam)*
▸ **das ist fauler** ~ *fam* c'est de la poudre de perlimpinpin
Zauberei [tsaʊbə'raɪ] <-, -en> *f* ❶ *kein Pl (Magie)* magie *f*; **an** ~ **grenzen** tenir du miracle
❷ *s.* **Zauberkunststück**
Zauberer ['tsaʊbərɐ] <-s, -> *m*, **Zauberin** *f* ❶ *(Hexer)* magicien(ne) *m(f)*
❷ *(Zauberkünstler)* prestidigitateur(-trice) *m(f)*
Zauberflöte *f* flûte *f* enchantée **Zauberformel** ❶ *(Formel)* formule *f* magique ❷ *(Patentmittel)* remède *m* miracle
zauberhaft I. *Adj Person, Abend* merveilleux(-euse); *Foto, Frisur, Kleidungsstück* ravissant(e)
II. *Adv* merveilleusement [bien]
Zauberhand *f* ▸ **wie von** [*o durch*] ~ comme par magie **Zauberkunst** ❶ *kein Pl (Magie)* magie *f* ❷ *(Trick)* tour *m* de magie **Zauberkünstler(in)** *m(f)* prestidigitateur(-trice) *m(f)* **Zauberkunststück** *nt* tour *m* de prestidigitation [*o* de magie]
zaubern ['tsaʊbɐn] **I.** *itr V* ❶ *Fee:* faire de la magie
❷ *(Zauberkunststücke vorführen)* faire des tours de prestidigitation [*o* de magie]
▸ **ich kann doch nicht** ~! *fam* ça ne se fait pas d'un coup de baguette [magique]! *(fam)*
II. *tr V* ❶ *(erscheinen lassen)* **etw aus dem Zylinder** ~ faire sortir qc du chapeau comme par enchantement [*o* d'un coup de baguette [magique]]
❷ *fam (kochen)* mitonner
Zauberspruch *s.* **Zauberformel** ❶ **Zauberstab** *m* baguette *f* magique **Zaubertrank** *m* potion *f* magique **Zaubertrick** *s.* **Zauberkunststück** **Zauberwort** <-worte> *nt (magisches Wort)* parole *f* magique ▸ **wie heißt das** ~? qu'est-ce qu'on dit?
Zauderer <-s, ->, *m*, **Zauderin** *f* indécis(e) *m(f)*
zaudern ['tsaʊdɐn] *itr V* hésiter; ~ **etw zu tun** hésiter à faire qc; **ohne zu** ~ sans hésiter
Zaudern <-s> *nt* indécision *f*; **nach langem** ~ après bien des hésitations
Zaudrer(in) <-s, -> *m(f) s.* **Zauderer**
Zaum [tsaʊm, *Pl:* 'tsɔɪmə] <-[e]s, **Zäume**> *m* bride *f*
▸ **etw in** ~ **halten** mettre un frein à qc; **sich im** ~ **halten** se contenir
zäumen ['tsɔɪmən] *tr V* brider
Zaumzeug <-zeuge> *nt* bride *f*
Zaun [tsaʊn, *Pl:* 'tsɔɪnə] <-[e]s, **Zäune**> *m* clôture *f*
▸ **etw vom** ~ **brechen** provoquer qc pour un oui pour un non
Zaungast *m* badaud *m* **Zaunkönig** *m* roitelet *m* **Zaunpfahl** *m* piquet *m*
zausen ['tsaʊzən] *tr V geh* ébouriffer
Zaziki [tsa'tsi:ki] <-s, -s> *nt o m* tsatsiki *m*
z.B. *Abk von* **zum Beispiel** par ex.
ZDF [tsɛtde:'ʔɛf] <-s> *nt Abk von* **Zweites Deutsches Fernsehen** deuxième chaîne publique de la télévision allemande
Zebra ['tse:bra] <-s, -s> *nt* zèbre *m*
Zebrastreifen *m* passage *m* clouté [*o* pour piétons]
Zebu ['tse:bu] <-s, -s> *nt* ZOOL zébu *m*
Zeche ['tsɛçə] <-, -n> *f* ❶ MIN mine *f* [de charbon]
❷ *(Rechnung)* addition *f*
▸ **die** ~ **bezahlen** [*o* **zahlen**] **müssen** *fam* payer les pots cassés

(fam); **die ~ prellen** partir sans payer
zechen ['tsɛçən] *itr V hum* biberonner *(hum fam)*
Zecher(in) <-s, -> *m(f) hum* poivrot(e) *m(f) (fam)*
Zechgelage *nt* beuverie *f* **Zechkumpan(in)** *m(f)* compagnon *m*/compagne *f* de beuverie **Zechpreller(in)** <-s, -> *m(f)* resquilleur(-euse) *m(f)* **Zechprellerei** <-> *f* resquille *f* **Zechtour** *f* tournée *f* des grands-ducs
Zeck [tsɛk] <-[e]s, -en> *m* A *s.* **Zecke**
Zecke ['tsɛkə] <-, -n> *f* tique *f*
Zeder ['tse:dɐ] <-, -n> *f (Baum, Holz)* cèdre *m*
Zedernholz *nt* bois *m* de cèdre
Zeh [tse:] <-s, -en> *m,* **Zehe** ['tse:ə] <-, -n> *f* ❶ ANAT orteil *m;* **großer/kleiner ~** gros/petit orteil
❷ *(Teil einer Knolle)* gousse *f*
Zehennagel *m* ongle *m* de l'orteil **Zehenspitze** *f* pointe *f* de/du pied; **sich auf die ~n stellen** se hausser sur la pointe des pieds; **auf [den] ~n** sur la pointe des pieds
zehn [tse:n] *Num* dix; *s. a.* **acht**[1]
Zehn <-, -en> *f* dix *m; s. a.* **Acht**[1]
Zehn-, zehn- *s. a.* **Acht-, acht-**
Zehner <-s, -> *m* ❶ HIST *fam (Zehnpfennigstück)* pièce *f* de dix pfennigs
❷ *fam (Zehneuroschein)* billet *m* de dix euros
❸ MATH dizaine *f*
Zehnerkarte *f (Mehrfahrtenkarte)* carnet *m* [*o* carte *f*] de dix voyages; *(Eintrittskarte)* carnet [*o* carte] de dix entrées
zehnerlei *Adj unv* dix sortes; **~ Sorten Brot** dix sortes de pain
Zehnerpackung *f* paquet *m* de dix **Zehnerstelle** *f* MATH dizaine *f*
Zehneuroschein *m* billet *m* de dix euros
zehnfach, 10fach I. *Adj* dix fois; **die ~e Menge nehmen** [*en*] prendre dix fois plus
II. *Adv* kopieren en dix exemplaires; *s. a.* **achtfach**
Zehnfache(s) *nt dekl wie Adj* décuple *m;* **um das ~ steigen** décupler; *s. a.* **Achtfache(s)**
Zehnfingersystem *nt kein Pl* système *m* à dix doigts
zehnjährig *Adj Kind, Amtszeit* de dix ans
Zehnjährige(r) *f(m) dekl wie Adj* garçon *m*/fille *f* de dix ans
Zehnkampf *m* décathlon *m* **Zehnkämpfer** *m* décathlonien *m*
zehnmal *Adv* dix fois; *s. a.* **achtmal**
Zehnmeterbrett *nt* tremplin *m* de dix mètres
zehnt *Adv* **zu ~ sein** être dix; *s.* **acht**[2]
zehntausend *Num* dix mille
▸ **die oberen Zehntausend** le gotha; *(in Frankreich)* les deux cents familles *fpl*
Zehnte *f dekl wie Adj* ❶ dixième *f*
❷ *(Namenszusatz)* **Sophie die ~** écrit: **Sophie X.** Sophie dix geschrieben: Sophie X
❸ *(Sinfonie)* **Mahlers ~** la Dixième Symphonie de Mahler; *s. a.* **Achte(r)**
zehnte(r, s) *Adj* ❶ dixième
❷ *(bei Datumsangaben)* **der ~ März** écrit: **der 10. März** le dix mars *geschrieben:* le 10 mars
❸ SCHULE **die ~ Klasse** [*o* **die ~** *fam*] ≈ la seconde; *s. a.* **achte(r,s)**
Zehnte(r) *m dekl wie Adj* ❶ dixième *m*
❷ *(Datumsangabe)* **der ~/am ~n** écrit: **der 10./am 10.** le dix *geschrieben:* le 10
❸ HIST **der ~** la dîme
❹ *(Namenszusatz)* **Karl der ~** écrit: **Karl X.** Charles dix *geschrieben:* Charles X; *s. a.* **Achte(r)**
zehntel ['tse:ntəl] *Adj* dixième; *s. a.* **achtel**
Zehntel <-s, -> *nt a.* MATH dixième *m*
zehntens ['tse:ntəns] *Adv* dixièmement
zehren ['tse:rən] *itr V* ❶ *(erschöpfen)* miner qn; **an jdm/etw ~** miner qn/qc
❷ *geh (verbrauchen)* **von etw ~** vivre sur qc
Zeichen ['tsaɪçən] <-s, -> *nt* ❶ *(Piktogramm, Geste, Anzeichen, Hinweis)* signe *m;* **jdm ein ~ geben** faire un signe à qn; **das ~ zu etw geben** donner le signal de qc; **ein ~ der Schwäche** un signe de faiblesse; **als** [*o* **zum**] **~ der Dankbarkeit/der Freundschaft** en signe de remerciement/en gage d'amitié
❷ *(Markierung)* marque *f*
❸ *(Schriftzeichen)* signe *m*
❹ MATH, MUS signe *m*
❺ CHEM symbole *m*
❻ INFORM caractère *m*
❼ ASTROL signe *m* [du zodiaque]; **im ~ des Krebses geboren sein** être né(e) sous le signe du Cancer
▸ **die ~ stehen auf Sturm** il y a de l'orage dans l'air; **es geschehen noch ~ und Wunder!** *hum* ça tient du miracle!; **die ~ der Zeit** les signes *mpl* des temps; **es ist ein ~ unserer Zeit, dass** c'est un signe de notre temps que + *subj;* **~ setzen** ouvrir la voie
Zeichenblock <-blöcke *o* -blocks> *m* bloc *m* à dessin **Zeichen-**

brett *nt* planche *f* à dessin **Zeichendreieck** *nt* équerre *f* **Zeichenerklärung** *f* légende *f* **Zeichenfeder** *f* plume *f* à dessin **Zeichenheft** *nt* cahier *m* de dessin **Zeichenkette** *f* INFORM chaîne *f* de caractères **Zeichenlehrer(in)** *m(f)* professeur *mf* de dessin **Zeichenpapier** *nt* papier *m* à dessin **Zeichensaal** *m* salle *f* de dessin **Zeichensatz** *m* jeu *m* de caractères **Zeichensetzung** <-> *f* ponctuation *f* **Zeichensprache** *f* langage *m* des signes **Zeichenstift** *m* crayon *m* à dessin **Zeichenstunde** *f* cours *m* de dessin **Zeichensystem** *nt* système *m* de signes **Zeichentrickfilm** *m* dessin *m* animé **Zeichenunterricht** *m* cours *m* de dessin
zeichnen ['tsaɪçnən] I. *tr V* ❶ dessiner
❷ *(markieren, erkennbar prägen, schwächen)* marquer; **von etw gezeichnet sein** être marqué(e) par qc
❸ *(unterzeichnen)* signer; **gezeichnet: Mey** signé: Mey
II. *itr V* **[mit Tusche] ~** dessiner [à l'encre de Chine]; **an etw** *(Dat)* **~** travailler sur qc
Zeichnen <-s, -> *nt* ❶ *(Tätigkeit)* dessin *m*
❷ *(Schulfach)* [cours *m* de] dessin *m*
Zeichner(in) <-s, -> *m(f)* ❶ *(Beruf)* dessinateur(-trice) *m(f);* **technischer ~/technische ~in** dessinateur industriel/dessinatrice industrielle
❷ FIN *eines Wertpapiers* souscripteur(-trice) *m(f)*
zeichnerisch I. *Adj Darstellung, Wiedergabe* graphique; *Begabung, Können* pour dessiner
II. *Adv darstellen, festhalten* graphiquement
Zeichnung <-, -en> *f* ❶ dessin *m;* **eine ~ von jdm/etw anfertigen** faire un dessin de qn/qc
❷ *(Muster) eines Fells, Gefieders* dessin *m*
❸ FIN *eines Wertpapiers* souscription *f*
zeichnungsberechtigt *Adj* COM habilité(e) à signer
Zeigefinger *m* index *m*
zeigen ['tsaɪgən] I. *tr V* ❶ montrer; **[jdm] etw ~** montrer qc [à qn]; **jdm ~, wie man ein Mikroskop bedient** montrer à qn comment manier un microscope
❷ *(im Kino, Fernsehen bringen)* passer
❸ *(zum Ausdruck bringen)* **Interesse/Verständnis ~** montrer de l'intérêt/de la compréhension; **seine Gefühle nicht ~** ne pas montrer ses sentiments
❹ *(darstellen)* **jdn/etw ~** *Bild, Foto:* montrer qn/qc
❺ *(anzeigen)* **10 °C/ein Uhr ~** indiquer 10° C/une heure
❻ *(erkennen lassen)* **~, dass** *Vorfall, Rede:* [dé]montrer que + *indic*
▸ **dem/der werd' ich's ~!** *fam* je vais lui montrer de quel bois je me chauffe!; **es jdm ~** *fam* montrer à qn ce qu'il/qu'elle sait faire
II. *itr V* ❶ *(deuten)* montrer; **zur Tür ~** montrer la porte; **mit dem Finger auf jdn/etw ~** montrer qn/qc du doigt; **zeig mal!** montre!; **zeig mal, was du kannst!** *fam* montre voir ce que tu sais faire! *(fam)*
❷ *(weisen)* **nach Norden ~** *Nadel, Pfeil:* indiquer le nord; **auf halb sechs [Uhr] ~** indiquer cinq heures et demie
III. *r V* ❶ *(sich sehen lassen) sich ~ Person, Tier:* se montrer; **sich mit jdm/etw ~** se montrer avec qn/qc; **im Westen zeigten sich die ersten Wolken** les premiers nuages commençaient à apparaître à l'ouest
❷ *(sich erweisen)* **sich großzügig/verständnisvoll ~** se montrer généreux(-euse)/compréhensif(-ve)
❸ *(sich herausstellen)* **es zeigt sich, dass** il s'avère que + *indic;* **das wird sich ~** on verra bien avec le temps
Zeiger <-s, -> *m* aiguille *f;* **der große/kleine ~** la grande/petite aiguille
Zeigestock *m* baguette *f*
Zeile ['tsaɪlə] <-, -n> *f* ligne *f;* **neue ~!** à la ligne!
▸ **zwischen den ~n lesen** lire entre les lignes
Zeilenabstand *m*, **Zeilendurchschuss**[RR] *m* TYP interligne *m* **Zeilengießmaschine** *f* TYP linotype *f* **Zeilenhonorar** *nt* pige *f;* **mit einem ~ bezahlt werden** être payé(e) à la pige **Zeilenlänge** *f* longueur *f* de [la] ligne **Zeilensprung** *m* ❶ *(Enjambement)* enjambement *m* ❷ INFORM, TV *(Bildschirm)* saut *m* de ligne
zeilenweise *Adv* par lignes
Zeisig ['tsaɪzɪç] <-s, -e> *m* serin *m*
zeit [tsaɪt] *Präp + Gen* pendant; **~ meines/seines Lebens** *(Gen)* toute ma/sa vie durant
Zeit <-, -en> *f* ❶ temps *m; die ~ vergeht* le temps passe; **im Laufe der ~, mit der ~** avec le temps
❷ *(zur Verfügung stehende Zeit)* temps *m* disponible; **~/keine ~ haben** *Person:* avoir/ne pas avoir le temps; **~ haben sich auszuschlafen** avoir le temps de faire la grasse matinée; **ich habe noch zehn Minuten ~** j'ai encore dix minutes; **das hat noch ~** ça ne presse pas; **das hat noch bis morgen ~** ça peut attendre [jusqu'à] demain; **~ gewinnen** gagner du temps; **sich** *(Dat)* **[mit etw] ~ lassen** prendre son temps [pour faire qc]; **sich** *(Dat)* **für jdn/etw ~ nehmen** consacrer du temps à qn/qc; **seine ~ mit etw vergeuden** perdre son temps avec qc; **jdm wird die ~ lang** qn trouve le

temps long; **wir dürfen keine ~ verlieren!** nous ne pouvons pas perdre du temps!
③ *(Uhrzeit)* heure *f;* **die genaue ~** l'heure exacte; **jdn nach der ~ fragen** demander l'heure [qu'il est] à qn
④ *(Zeitspanne, -raum)* **nur kurze ~ dauern** n'être que de courte durée; **in letzter ~** ces derniers temps; **in nächster ~** prochainement; **seit dieser** [*o* **der**] **~** depuis ce temps-là; **zur gleichen ~** *(gleichzeitig)* en même temps; *(in der Vergangenheit)* à la même époque; **die ganze ~** [**über**] tout le temps; **eine ~ lang** un certain temps; **wo warst du denn die ganze ~?** où étais-tu pendant tout ce temps?; **drei Jahre sind eine lange ~!** trois ans, c'est long!; **eine schwierige ~ durchmachen** traverser une période difficile
⑤ *(Epoche)* époque *f;* **in alter ~** au temps jadis; **aus vergangenen ~en** du [temps] passé; **die gute alte ~** le bon vieux temps; **das waren noch ~en!** c'était le bon temps!; **in ihrer besten ~ war sie unschlagbar** dans ses meilleures années elle était imbattable; **das war vor meiner ~** *(ich war noch sehr klein)* c'était avant mon époque; **die beste Erfindung aller ~en** la meilleure invention de tous les temps
⑥ *(Zeitpunkt)* **es ist/wird ~ zu gehen** il est/serait temps de partir; **zur rechten ~** au bon moment; **zu gegebener ~** en temps opportun; **zu nachtschlafender ~** en pleine nuit; **auf unbestimmte ~** à une date indéterminée; **es ist an der ~ etw zu tun** le moment est venu de faire qc
⑦ *(Normalzeit)* temps *m;* **mitteleuropäische ~** heure *f* de l'Europe centrale
▶ **~ ist Geld** le temps, c'est de l'argent; **kommt ~, kommt Rat** *Spr.* ≈ le temps porte conseil; **die ~ heilt alle Wunden** *Spr.* le temps panse les blessures; **ach du liebe ~!** *fam* c'est pas Dieu possible! *(fam);* **die ~ arbeitet für/gegen jdn** le temps travaille pour/contre qn; **die ~ drängt** le temps presse; **mit der ~ gehen** vivre avec son temps; **~ schinden** essayer de gagner du temps; **jdm die ~ stehlen** *fam* faire perdre son temps à qn; **die ~ totschlagen** *fam* tuer le temps; **sich** *(Dat)* **die ~ vertreiben** passer le temps; **auf ~ beschäftigen, einstellen** à durée déterminée; **für alle ~en** pour toujours; **von ~ zu ~** de temps en temps; **alles zu seiner ~** chaque chose en son temps; **zur ~** actuellement
Zeitabschnitt *m* période *f* **Zeitalter** *nt* époque *f;* **das ~ der Moderne** l'ère moderne **Zeitangabe** *f* ① *(Angabe der Uhrzeit)* horaire *m* ② *(Angabe des Zeitpunktes)* date *f* ③ GRAM complément *m* de temps **Zeitansage** *f* heure *f* [exacte]; **die telefonische ~** l'horloge *f* parlante **Zeitarbeit** *f kein Pl* travail *m* temporaire **Zeitaufwand** *m* temps *m* de travail nécessaire **zeitaufwendig** *Adj* qui nécessite beaucoup de temps; **~ sein** nécessiter beaucoup de temps **Zeitbombe** *f* bombe *f* à retardement **Zeitdauer** *f* durée *f* **Zeitdokument** *nt* document *m* d'époque **Zeitdruck** *m kein Pl* course *f* contre la montre; **unter ~ stehen** mener une course contre la montre **Zeiteinteilung** *f* organisation *f* du temps
Zeitenfolge *f kein Pl* LING concordance *f* des temps; **die ~ einhalten** accorder les temps
Zeiterfassungssystem *nt (am Arbeitsplatz)* système *m* de pointage **Zeitersparnis** *f* économie *f* [*o* gain *m*] de temps **Zeitfrage** *f* ① *kein Pl (Problem ausreichender Zeit)* question *f* de temps; **eine reine ~ sein** être une pure question de temps ② *(epochenabhängige Frage)* problème *m* de l'époque **zeitgebunden** *Adj* ① *(abhängig von der Zeit)* lié(e) au temps ② *(vorübergehend)* provisoire **Zeitgefühl** *nt kein Pl* sens *m* de l'heure **Zeitgeist** *m kein Pl* esprit *m* du temps **zeitgemäß I.** *Adj* moderne **II.** *Adv* au goût du jour **Zeitgenosse** *m,* **-genossin** *f* ① contemporain(e) *m(f)* ② *fam (Typ)* **ein merkwürdiger/unangenehmer ~** drôle de type *(fam)* **zeitgenössisch** *Adj* ① *(heutig)* contemporain(e) ② *(der damaligen Epoche)* de l'époque **Zeitgeschehen** *nt kein Pl* actualité *f* **Zeitgeschichte** *f kein Pl* histoire *f* contemporaine **zeitgeschichtlich** *Adj* de l'histoire contemporaine **Zeitgeschmack** *m kein Pl* goût *m* [de l'époque] **Zeitgewinn** *m* gain *m* de temps **zeitgleich I.** *Adj* simultané(e) **II.** *Adv* simultanément **Zeitgründe** *Pl* question de temps *f;* **aus ~n pour** une question de temps
zeitig *Adv aufstehen, fortgehen* de bonne heure; **jdn ~ benachrichtigen** informer qn à temps; **sich ~ anmelden** s'inscrire assez [*o* suffisamment] tôt
zeitigen ['tsaɪtɪgən] *tr V geh* **erste Erfolge/Konsequenzen ~ Plan, Initiative:** commencer à porter ses fruits *(soutenu)*
Zeitkarte *f* [carte *f* d']abonnement *m;* (für die Pariser Metro) carte *f* orange **Zeitkritik** *f* critique *f* du temps **zeitkritisch I.** *Adj* critique à l'égard de son époque **II.** *Adv* avec un regard critique [sur son époque]
Zeitlang s. Zeit ④
zeitlebens [tsaɪt'le:bəns] *Adv* durant toute sa/ma/... vie
zeitlich I. *Adj Reihenfolge, Ablauf* chronologique; *Planung* du temps; **ein großer ~er Abstand** un long intermède
▶ **das Zeitliche segnen** *euph* rendre l'âme

II. *Adv einrichten, passen* au niveau de l'heure/du jour [*o* de la date]; **begrenzen** dans le temps; **das wird ~ eng!** ça va être juste!
Zeitlimit *nt* délai *m*
zeitlos *Adj* classique
Zeitlupe *f kein Pl* ralenti *m;* **in ~** au ralenti
Zeitlupentempo *nt* ▶ **im ~** au ralenti
Zeitmangel *m kein Pl* manque *m* de temps; **aus ~** faute de temps
Zeitmaschine *f* machine *f* à remonter le temps **zeitnah** *Adj* moderne
Zeitnehmer(in) <-s, -> *m(f)* SPORT chronométreur(-euse) *m(f)*
Zeitnot *f kein Pl* manque *m* extrême de temps; **in ~ sein/geraten** être acculé(e)/bousculé(e) par le temps **Zeitplan** *m* calendrier *m* **Zeitpunkt** *m (Moment, Termin)* date *f;* *(Stunde)* heure *f;* **zu diesem** [*o* **dem**] **~** *(zu dieser Uhrzeit)* à cette heure; *(an diesem Tag)* à cette date-là; **zu einem früheren ~** *(zu einer früheren Stunde)* à une heure antérieure; *(an einem anderen Tag)* à une date antérieure; **jetzt ist nicht der** [**richtige**] **~ um lange zu diskutieren** le moment est mal choisi pour débattre pendant des heures
Zeitraffer [-rafɐ] <-s> *m* accéléré *m;* **im ~** en accéléré
zeitraubend *Adj* qui exige [*o* prend] beaucoup de temps; **~ sein** prendre beaucoup de temps **Zeitraum** *m* période *f;* **im ~ von einer Stunde** en l'espace d'une heure **Zeitrechnung** *f kein Pl* ère *f;* **vor/nach unserer ~** avant/après notre ère **Zeitschaltuhr** *f* minuteur *m* **Zeitschrift** *f* magazine *m* **Zeitsoldat(in)** *m(f)* engagé(e) *m(f)* **Zeitspanne** *f* laps *m* de temps **zeitsparend I.** *Adj* qui fait gagner du temps **II.** *Adv* en gagnant du temps **Zeittafel** *f* tableau *m* chronologique **Zeittakt** *m [beim Telefonieren]* unité *f* [téléphonique]; TRANSP rythme *m* [de passage]; **in einem ~ von zehn Minuten fahren** passer toutes les dix minutes **Zeitumstellung** *f (zwischen Winter- und Sommerzeit)* changement *m* d'heure; *(bei verschiedenen Zeitzonen)* décalage *m* horaire
Zeitung ['tsaɪtʊŋ] <-, -en> *f* journal *m;* **regionale/überregionale ~** journal régional/départemental; **in der ~ stehen** être dans le journal; **bei einer ~ arbeiten** [*o* **sein** *fam*] travailler dans un journal
Zeitungsabonnement *nt* abonnement *m* à un journal **Zeitungsannonce** *f,* **Zeitungsanzeige** *f* petite annonce *f* **Zeitungsartikel** *m* article *m* de journal **Zeitungsausschnitt** *m* coupure *f* de presse **Zeitungsausträger(in)** *m(f)* porteur(-euse) *m(f)* de journaux **Zeitungsbaron** *m fam* magnat *m* de la presse **Zeitungsbeilage** *f (Magazin)* supplément *m* [d'un/du journal]; *(Werbung)* encart *m* publicitaire **Zeitungsente** *f fam* canard *m* *(vieilli) fam* **Zeitungsfritze** *m fam* journaleux *m (fam)* **Zeitungskiosk** *m* kiosque *m* à journaux **Zeitungskorrespondent(in)** *m(f)* correspondant(e)(e) *m(f)* **Zeitungsleser(in)** *m(f)* lecteur(-trice) *m(f)* [de journal/de journaux] **Zeitungsmeldung** *f* annonce *f* de presse **Zeitungsnotiz** *f* entrefilet *m* **Zeitungspapier** *nt* papier *m* journal **Zeitungsstand** *m* kiosque *m* à journaux **Zeitungsständer** *m* porte-revues *m* **Zeitungsverkäufer(in)** *m(f)* vendeur(-euse) *m(f)*
Zeitunterschied *m* décalage *m* horaire; **zwischen Europa und den Kanaren besteht ein ~ von einer Stunde** il y a une heure de décalage horaire entre l'Europe et les Canaries **Zeitvergeudung** *s.* **Zeitverschwendung Zeitverlust** *m kein Pl* perte *f* de temps **Zeitverschiebung** *f* décalage *m* horaire **Zeitverschwendung** *f kein Pl* gaspillage *m* de temps **zeitversetzt** *Adv* différé(e) **Zeitvertrag** *m* contrat *m* à durée déterminée **Zeitvertreib** <-[e]s, -e> *m* passe-temps *m;* **zum ~** pour passer le temps
zeitweilig ['tsaɪtvaɪlɪç] **I.** *Adj* ① *(vorübergehend) Probleme, Schwierigkeiten* temporaire; *Bedenken* momentané(e)
② *(gelegentlich) Regenfälle, Schneefall* passager(-ère)
II. *Adv s.* **zeitweise**
zeitweise ['tsaɪtvaɪzə] *Adv* ① *(gelegentlich)* par intermittence
② *(eine Zeit lang)* par moments
Zeitwert *m* valeur *f* vénale **Zeitwort** <-wörter> *nt* verbe *m* **Zeitzeichen** *nt* top *m* **Zeitzeuge** *m,* **-zeugin** *f* témoin *m* de l'époque **Zeitzone** *f* fuseau *m* horaire **Zeitzünder** *m* détonateur *m* à retardement
zelebrieren* *tr V* ① ECCL célébrer
② *geh (feierlich gestalten)* **etw ~** solenniser qc *(soutenu)*
Zelle ['tsɛlə] <-, -n> *f* ① *a.* BIO cellule *f*
② *(Telefonzelle)* cabine *f*
▶ **die** [**kleinen**] **grauen ~n** *hum* la matière grise *(fam)*
Zellengenosse *m,* **-genossin** *f* compagnon *m/*compagne *f* de cellule
Zellgewebe *nt* BIO tissu *m* cellulaire **Zellgift** *nt* BIO, MED cytolytique *m* **Zellkern** *m* BIO noyau *m* cellulaire
Zellophan [tsɛlo'faːn] *s.* **Cellophan**
Zellstoff *s.* **Zellulose Zellteilung** *f* BIO division *f* cellulaire
zellular, zellulär *Adj* BIO cellulaire
Zellulitis [tsɛlu'liːtɪs] <-, Zellulitiden> *f* MED cellulite *f*
Zelluloid [tsɛlu'lɔɪt] <-s> *nt* celluloïd *m*

Zellulose [tsɛlu'loːzə] <-, -n> f cellulose f
Zellwolle f kein Pl viscose f
Zelt [tsɛlt] <-[e]s, -e> nt tente f; **ein ~ aufstellen** monter une tente; **im ~ übernachten** passer la nuit sous la tente
▸ **seine ~e abbrechen** hum plier bagage
Zeltbahn f toile f de tente **Zeltdach** nt eines Stadions vélum m **zelten** ['tsɛltən] itr V camper; **das Zelten** le camping
Zeltlager nt campement m **Zeltmast** m mât m **Zeltpflock** m piquet m de tente **Zeltplane** f toile f de tente **Zeltplatz** m terrain m de camping **Zeltstange** f mât m de tente [o de toit]
Zement [tse'mɛnt] <-[e]s, -e> m ciment m; **woraus besteht ~?** de quoi se compose le ciment?
Zementfußboden m sol m cimenté
zementieren* tr V cimenter
Zenit [tse'niːt] <-[e]s> m ❶ ASTRON zénith m; **im ~ stehen** être au zénith
❷ geh (Höhepunkt) einer Karriere zénith m (soutenu); **der Macht** apogée m; **im ~ des Ruhms stehen** être au zénith de la célébrité
zensieren* tr V ❶ (benoten) noter
❷ (der Zensur unterwerfen) censurer
Zensor ['tsɛnzoːɐ] <-s, -soren> m, **Zensorin** f censeur mf
Zensur [tsɛn'zuːɐ] <-, -en> f ❶ note f; **jdm eine gute ~ geben** donner une bonne note à qn
❷ kein Pl (Kontrolle) censure f; **der ~ (Dat) unterliegen** être soumis(e) à la censure
zensurieren* CH, A s. zensieren
Zensus ['tsɛnzʊs] <-, -> m recensement m
Zentigramm [tsɛnti'gram, 'tsɛntigram] nt centigramme m **Zentiliter** [tsɛnti'liːtɐ, 'tsɛntiliːtɐ] m o nt centilitre m **Zentimeter** [tsɛnti-, 'tsɛnti-] m o nt centimètre m **Zentimetermaß** nt mètre m
Zentner ['tsɛntnɐ] <-s, -> m ❶ demi-quintal m; **zwei ~** un quintal
❷ A, CH (hundert Kilogramm) quintal m
Zentnerlast f a. fig [lourd] fardeau m **zentnerschwer** Adj ❶ Last lourd(e) comme du plomb; **~ sein** peser une tonne [o des tonnes]
❷ fig Sorge accablant(e)
zentnerweise Adv en masse
zentral [tsɛn'traːl] I. Adj central(e); **von ~er Bedeutung sein** être d'une importance primordiale
II. Adv liegen, wohnen au centre; erfassen, koordinieren de manière centralisée
Zentralabitur nt ≈ baccalauréat m régional; (in Frankreich) baccalauréat national **Zentralafrika** nt l'Afrique f centrale **zentralafrikanisch** Adj centrafricain(e); **die Zentralafrikanische Republik** la République Centrafricaine **Zentralbank** <-banken> f banque f centrale; **die Europäische ~** la Banque centrale européenne; **die unabhängige nationale ~** la Banque centrale nationale indépendante; **Europäisches System der ~en** Système m européen des banques centrales
Zentralbankpräsident(in) m(f) président m de la BCE
Zentrale [tsɛn'traːlə] <-, -n> f ❶ einer Bank, Firma siège m
❷ (Telefonzentrale) eines Unternehmens standard m
Zentraleinheit f INFORM unité f centrale **Zentralgewalt** f POL pouvoir m central **Zentralheizung** f chauffage m central
Zentralisation [tsɛntraliza'tsioːn] s. **Zentralisierung**
zentralisieren* tr V centraliser
Zentralisierung <-, -en> f centralisation f
Zentralismus [tsɛntra'lɪsmʊs] <-> m centralisme m
zentralistisch I. Adj centraliste
II. Adv de façon centraliste
Zentralkomitee nt POL comité m central **Zentralmassiv** nt GEOG **das ~** le Massif central **Zentralnervensystem** nt BIO, MED système m nerveux central **Zentralnotenbank** f FIN banque f centrale **Zentralregierung** f gouvernement m central **Zentralverband** m confédération f **Zentralverriegelung** <-, -en> f verrouillage m central[isé] **Zentralverwaltung** f centre m administratif
Zentren ['tsɛntrən] Pl von **Zentrum**
zentrieren* tr V centrer
Zentrierung <-, -en> f a. TECH centrage m
zentrifugal [tsɛntrifu'gaːl] Adj centrifuge
Zentrifugalkraft f PHYS force f centrifuge **Zentrifugalpumpe** f TECH pompe f centrifuge
Zentrifuge [tsɛntri'fuːgə] <-, -n> f centrifugeuse f
zentripetal [tsɛntripe'taːl] Adj centripète
Zentripetalkraft f PHYS force f centripète
Zentrum ['tsɛntrʊm] <-s, Zentren> nt centre m; **im ~ des Interesses stehen** Person: être le point de mire, Frage, Problem: être au centre des préoccupations
Zeppelin ['tsɛpəliːn] <-s, -e> m dirigeable m
Zepter ['tsɛptɐ] <-s, -> nt sceptre m
▸ **das ~ führen** [o **schwingen**] fam mener la barque (fam)
zerbeißen* tr V unreg ❶ croquer Bonbon, Nuss, Kapsel

❷ (kaputtbeißen) mordiller Bleistift, Schuh
❸ fam (stechen) jdn ~ Floh, Insekt: dévorer qn (fam)
zerbersten* itr V unreg + sein voler en éclats
Zerberus ['tsɛrberʊs] <-> m ❶ MYTH Cerbère m
❷ hum (Mensch) cerbère m
▸ **wie ein ~** comme un cerbère
zerbeult s. **verbeulen**
zerbomben* tr V bombarder; **ein zerbombtes Haus** une maison [qui a été] bombardée
zerbrechen* unreg I. tr V + haben casser
II. itr V + sein ❶ Teller, Vase: se casser; Schiff: se briser
❷ fig Ehe, Freundschaft: se briser; **an etw (Dat) ~** Person: être brisé(e) par qc
zerbrechlich Adj fragile
zerbröckeln* I. tr V + haben émietter Brot, Käse; effriter Erde, Ton
II. itr V + sein Kuchen: s'émietter; Fassade, Putz: s'effriter
zerdeppern* tr V fam fracasser
zerdrücken* tr V ❶ écraser Kartoffeln, Banane
❷ s. **zerknittern**
zerebral [tsere'braːl] Adj MED cérébral(e)
Zeremonie [tseremo'niː, tsere'moːni̯ə] <-, -n> f cérémonie f
zeremoniell [tseremo'ni̯ɛl] I. Adj geh cérémonieux(-euse)
II. Adv geh cérémonieusement
Zeremoniell <-s, -e> nt geh cérémonial m
Zeremonienmeister m maître m de cérémonie
zerfahren Adj distrait(e)
Zerfall m kein Pl ❶ (das Zerfallen) dégradation f
❷ (Niedergang) décadence f
❸ PHYS désintégration f
zerfallen* itr V unreg + sein ❶ Fassade, Gebäude, Zaun: se délabrer, tomber en ruine; **~e Häuser** des maisons en ruine
❷ PHYS se désintégrer
❸ (sich gliedern) **in etw (Akk) ~** se diviser en qc
Zerfallsprodukt nt PHYS produit m de désintégration
zerfetzen* tr V ❶ déchirer Zeitung, Hemd; déchiqueter Fleisch, Stoff
❷ (verletzen, verstümmeln) jdn/etw ~ Explosion, Granate: déchiqueter qn/qc
zerfleddern*, **zerfledern*** tr V fam esquinter (fam) Buch, Schulheft; **eine zerfledderte Zeitung** un journal en piteux état
zerfleischen* I. tr V déchiqueter
II. r V **sich ~** (sich selbst quälen) se torturer; (sich gegenseitig quälen) s'entre-déchirer
zerfließen* itr V unreg + sein ❶ Butter, Salbe: fondre; Make-up: couler
❷ fig **vor Mitleid [fast] ~** se confondre en apitoiements
zerfranst [tsɛɐ'franst] Adj effiloché(e)
zerfressen* tr V unreg ❶ manger; **etw ~** Rost, saurer Regen: manger qc; Lauge, Säure, Krankheit: ronger qc
❷ (fressen) **etw ~** Motten: manger qc
zerfurchen* tr V ❶ creuser des ornières dans Boden, Weg
❷ fig **zerfurcht** Gesicht, Stirn sillonné(e) de rides
zergehen* itr V unreg + sein Butter, Tablette: fondre; **etw ~ lassen** faire fondre qc; **im Mund ~** Praline, Gebäck, Fleisch: fondre dans la bouche
zergliedern* tr V décomposer Satz, Text
zerhacken* tr V couper; **etw ~** couper qc [en morceaux]
zerkauen* tr V ❶ mâcher Fleisch, Bissen; croquer Tablette
❷ (zerbeißen) ronger Fingernägel, Leine
zerkleinern* tr V **etw ~** couper qc en petits morceaux
zerklüftet [tsɛɐ'klʏftət] Adj Berg, Felsen crevassé(e); Küste, Landschaft craquelé(e)
zerknautschen* tr V fam chiffonner Stoff, Kleidungsstück
zerknautscht Adj fam ❶ Mantel chiffonné(e)
❷ fig Gesicht fripé(e)
zerknirscht Adj, Adv bourrelé(e) de remords
Zerknirschtheit <-> f, **Zerknirschung** <-> f contrition f
zerknittern* tr V chiffonner
zerknittert Adj ❶ Hemd chiffonné(e)
❷ fig Gesicht fripé(e)
zerknüllen* tr V chiffonner, froisser Brief, Papier
zerkochen* itr V + sein Fleisch, Gemüse: se défaire à la cuisson; **zerkocht** en bouillie
zerkratzen* tr V ❶ rayer Glasplatte, Oberfläche
❷ (verletzen) jd/eine Katze hat ihm das Gesicht zerkratzt qn/un chat lui a griffé le visage
zerkrümeln* tr V émietter
zerlassen* tr V unreg faire fondre
zerlaufen* s. **zerfließen** ❶
zerlegen* tr V ❶ démonter Motor, Schrank
❷ (tranchieren) découper Gans, Hasen
Zerlegung <-, -en> f ❶ (das Tranchieren) découpage m
zerlesen Adj Buch, Zeitschrift fatigué(e)

zerlumpt *Adj Bettler* déguenillé(e); *Kleidung* en lambeaux
zermahlen* *tr V* moudre; **etw zu Mehl ~** moudre qc pour en faire de la farine
zermalmen* *tr V* écraser
zermürben* *tr V* épuiser; **~d** [sein] [être] usant(e)
zernagen* *tr V* ronger
zerpflücken* *tr V fig* démolir; **jds Argumente ~** démolir les arguments de qn [point par point]
zerplatzen* *tr V + sein* ❶ éclater; *Luftballon, Seifenblase:* éclater, crever
❷ *fig* **vor Wut fast ~** faillir exploser de colère
zerquetschen* *tr V* écraser
▶ **... und ein paar Zerquetschte** *fam* ... et des poussières *(fam)*
Zerrbild ['tsɛrbɪlt] *nt* caricature *f*
zerreden* *tr V* ressasser
zerreiben* *tr V unreg* piler *Gewürze*; **etw zwischen den Fingern ~** réduire qc en poudre entre ses doigts
zerreißen* *unreg* **I.** *tr V + haben* ❶ déchirer *Brief, Foto, Hose*
❷ *(durchreißen)* déchirer *Netz*; casser *Strick*
❸ *(zerfetzen)* **jdn/ein Tier ~** déchiqueter qn/un animal
▶ **ich könnte ihn ~!** *fam* je le boufferais! *(fam)*
II. *itr V + sein Kleidungsstück, Stoff:* se déchirer; *Faden, Seil:* se casser
III. *r V + haben* ▶ **sich für jdn fast ~** *fam* se mettre en quatre pour qn; **ich kann mich doch nicht ~!** *fam* je peux pas être partout! *(fam)*; **ich könnte mich ~!** *fam* je me boufferais! *(fam)*
Zerreißprobe *f* épreuve *f* de vérité
zerren ['tsɛrən] **I.** *tr V* tirer; **jdn ins Zimmer ~** tirer qn dans la pièce; **etw aus dem Schrank ~** tirer qc de l'armoire
II. *itr V* **an etw** *(Dat)* **~** tirer sur qc
III. *r V* MED **sich** *(Dat)* **einen Muskel ~** se froisser un muscle
zerrinnen* *itr V unreg + sein geh Hoffnungen, Pläne, Träume:* partir [o s'en aller] en fumée; *Erbschaft, Vermögen:* fondre comme neige au soleil
zerrissen [tsɛˈrɪsən] *Adj fig* déchiré(e)
Zerrissenheit <-> *f* déchirement *m* [intérieur]
Zerrspiegel *m* miroir *m* déformant
Zerrung ['tsɛrʊŋ] <-, -en> *f* MED élongation *f*
zerrütten* *tr V* altérer *Gesundheit;* démolir *Nerven;* briser *Ehe*
zersägen* *tr V* scier
zerschellen* *itr V + sein Krug, Vase:* se fracasser; **an etw** *(Dat)* **~** *Schiff:* se briser contre qc; **am Boden/an einem Berg ~** *Flugzeug:* s'écraser au sol/contre une montagne
zerschießen* *tr V unreg* cribler qc; **etw ~** *(durchlöchern)* cribler qc de balles; **ein von Granaten zerschossenes Haus** une maison criblée d'impacts d'obus
zerschlagen*¹ *unreg* **I.** *tr V* ❶ casser *Glas, Vase, Stuhl*
❷ *(besiegen)* démanteler *Kartell, Spionagering*
II. *r V* **sich ~** *Hoffnung, Plan:* tomber à l'eau
zerschlagen² *Adj* fourbu(e); [ganz] **~ sein** être [complètement] fourbu(e); **sich** [wie] **~ fühlen** se sentir lessivé(e)
Zerschlagung <-, *selten* -en> *f* démantèlement *m*
zerschlissen [tsɛɐ̯ˈʃlɪsən] *s.* **verschlissen**
zerschmeißen* *tr V unreg fam* péter *(fam) Glas, Fensterscheibe*
zerschmettern* *tr V* fracasser *Schädel;* briser *Knochen, Kiefer*
zerschneiden* **I.** *tr V unreg* découper *Foto, Zeitung;* couper *Faden*; **den Braten/Kuchen ~** couper le rôti/gâteau [en morceaux]; **er wollte ihm die Reifen ~** il a voulu lui crever les pneus
II. *r V* **sich** *(Dat)* **die Hand ~** se couper la main
zerschrammen* *tr V* rayer
II. *r V* **sich** *(Dat)* **etw ~** s'égratigner qc; **er hatte zerschrammte Knie** il avait les genoux écorchés
zersetzen* **I.** *tr V* ❶ *(auflösen)* décomposer
❷ *(untergraben)* saper *Moral, Ansehen*
II. *r V* **sich ~** se décomposer
zersetzend *Adj Artikel, Kritik* subversif(-ive)
Zersetzung <-> *f* ❶ décomposition *f*
❷ *(Untergrabung)* dégradation *f;* **~ der Wehrkraft** démoralisation *f* des troupes
Zersetzungsprozess^{RR} *m* processus *m* de décomposition
zersiedeln* *tr V* ARCHIT, SOZIOL **die Landschaft wird zersiedelt** le paysage est mité *(spéc)*
Zersied[e]lung <-> *f* ARCHIT, SOZIOL mitage *m (spéc)*
zerspalten* *tr V* fendre
zersplittern* **I.** *tr V + haben* faire éclater *Brett, Mast*; **zersplittert werden** voler en éclats
II. *itr V + sein Glas, Glasscheibe, Mast:* voler en éclats; **die Knochen sind zersplittert** les os sont fracturés en plusieurs endroits
Zersplitterung <-, -en> *f (Zersplittern)* fragmentation *f; eines Geländes* morcellement *m*
❷ *fig* éclatement *m*
zersprengen* *tr V* ❶ faire sauter *Felsen*
❷ *(auseinandertreiben)* disperser *Truppen*

zerspringen* *itr V unreg + sein* éclater
zerstampfen* *tr V* écraser
zerstäuben* *tr V* vaporiser *Parfüm*
Zerstäuber <-s, -> *m* brumisateur® *m;* *(Parfümzerstäuber)* vaporisateur *m*
zerstechen* *tr V unreg* ❶ trouer *Leder, Polster;* crever *Reifen*
❷ *(mehrfach stechen)* **jdn/ein Tier ~** *Stechmücke, Wespe:* couvrir qn/un animal de piqûres; **von den Moskitos völlig zerstochen werden** être dévoré(e) par les moustiques
zerstieben* *itr V unreg + sein geh Menschenmenge:* se disperser
zerstörbar *Adj* destructible
zerstören* *tr V* ❶ *(kaputtmachen)* détruire *Ortschaft, Gebäude*
❷ *(zunichtemachen)* détruire *Ehe, Partnerschaft;* ruiner *Gesundheit, Glück*
Zerstörer <-s, -> *m* ❶ destructeur *m*
❷ NAUT destroyer *m*, contre-torpilleur *m*
Zerstörerin <-, -nen> *f* destructrice *f*
zerstörerisch I. *Adj* destructeur(-trice)
II. *Adv handeln* de façon destructrice [o destructive]; **~ wirken** avoir des effets dévastateurs
Zerstörung <-, -en> *f* ❶ **kein Pl** *(das Zerstören)* destruction *f*
❷ *(Verwüstung)* dévastation *f*
Zerstörungstrieb *m* **kein Pl** instinct *m* de destruction **Zerstörungswut** *f* vandalisme *m*
zerstoßen* *tr V unreg* concasser
zerstreiten* *r V unreg* se disputer avec qn; **sich mit jdm** [über etw *(Akk)*] **~** se disputer avec qn [à propos de qc]; *(für längere Zeit)* se brouiller avec qn [à cause de qc]; **ein zerstrittenes Paar** un couple fâché
zerstreuen* **I.** *tr V* ❶ *(auseinandertreiben)* disperser
❷ *(verstreuen)* disséminer *Truppen;* éparpiller *Papiere, Akten*
❸ *(unterhalten)* distraire
II. *r V* **sich ~** ❶ *(sich amüsieren)* se distraire
❷ *(auseinandergehen, auseinandertreiben) Menschenmenge, Wolken:* se disperser
❸ *(sich auflösen) Sorgen:* s'envoler; *Bedenken, Verdacht:* se dissiper
zerstreut [tsɛɐ̯ˈʃtrɔyt] *Adj* ❶ *(unkonzentriert)* distrait(e)
❷ *(verstreut)* éparpillé(e)
Zerstreutheit <-> *f* distraction *f*
Zerstreuung <-, -en> *f* distraction *f;* **etw zur ~ tun** faire qc pour se distraire
zerstritten [tsɛɐ̯ˈʃtrɪtən] *PP von* **zerstreiten**
zerstückeln* *tr V* morceler *Land, Grundbesitz;* dépecer *Leiche, Kadaver*
Zerstückelung <-, -en> *f von Grundbesitz, Land* morcellement *m; einer Leiche* dépeçage *m*
zerteilen* **I.** *tr V* ❶ découper; **etw in gleich große Stücke ~** découper qc en morceaux égaux
❷ *fig* **die Wellen ~** *Boot:* sillonner les vagues
II. *r V* **sich ~** *Nebel:* se dissiper
Zertifikat [tsɛrtifiˈkaːt] <-[e]s, -e> *nt* ❶ certificat *m*
❷ FIN *(Investmentzertifikat)* certificat *m* d'investissement
zertrampeln* *tr V* piétiner
zertreten* *tr V unreg* écraser *Käfer;* piétiner *Blumen, Gras*
zertrümmern* *tr V* ❶ démolir *Gebäude, Fahrzeug;* défoncer *Tür, Fensterscheibe;* **das Mobiliar ~** réduire le mobilier en pièces
❷ *(verletzen)* **er hat ihm den Schädel zertrümmert** il lui a fracassé le crâne
❸ MED détruire *Nierenstein*
Zervelatwurst [tsɛrvəˈlaːt-] *f* cervelas *m*
zerwühlen* *tr V* ❶ *(durchwühlen)* labourer *Boden, Acker*
❷ *(in Unordnung bringen)* défaire *Bett;* froisser *Laken;* **ein zerwühltes Bett** un lit défait
Zerwürfnis [tsɛɐ̯ˈvʏrfnɪs] <-ses, -se> *nt geh* discorde *f (soutenu)*
zerzausen* *tr V* **jdm die Frisur ~** *Person:* décoiffer qn; **der Wind hat ihm die Haare zerzaust** le vent l'a ébouriffé
Zeter ['tseːtɐ] ▶ **~ und Mordio schreien** *fam* crier comme un putois *(fam)*
zetern ['tseːtɐn] *itr V* ❶ *pej Person:* brailler *(fam)*
❷ *(zwitschern) Spatz:* piailler *(fam)*
Zettel ['tsɛtəl] <-s, -> *m* ❶ *(für eine Notiz)* [bout *m* de] papier *m; (mit einer Notiz)* note *f*
❷ *(Einkaufszettel)* liste *f*
Zettelkasten *m* fichier *m*
Zeug [tsɔyk] <-[e]s> *nt fam* ❶ *(mehrere Gegenstände, Sachen)* bazar *m (fam);* **ist das dein ~?** c'est ton fourbi? *(fam)*
❷ *(Substanz, Nahrungsmittel)* truc *m (fam),* machin *m (fam);* **ich mag dieses süße ~ nicht!** je n'aime pas ce truc sucré! *(fam)*
❸ *(Unsinn)* **dummes ~ reden** raconter des conneries *(fam);* **das ist** [doch] **dummes ~!** c'est des conneries! *(fam)*
▶ **jdm** [etwas] **am ~ flicken** *fam* casser du sucre sur le dos de qn; **das ~ zur Chefin/zum Diplomaten haben** *fam* avoir l'étoffe d'un chef/diplomate; **sich ins ~ legen** *fam* en mettre un coup

(fam)
Zeuge ['tsɔɪɡə] <-n, -n> m, **Zeugin** f témoin m; **~ eines Unfalls werden/sein** être témoin d'un accident; **unter** [o **vor**] **~n** devant témoins; **als ~ aussagen** témoigner
▸ **die ~n Jehovas** les Témoins de Jéhovah
zeugen[1] ['tsɔɪɡən] tr V geh engendrer Kind
zeugen[2] itr V ❶ **von Humor/Erfahrung ~** faire preuve d'humour/d'expérience; **von großer Erfahrung ~** témoigner d'une grande expérience
❷ JUR témoigner; **für/gegen jdn ~** témoigner en faveur de/contre qn
Zeugenaussage f témoignage m; **eine/seine ~ machen** faire une/sa déposition **Zeugenbank** <-bänke> f banc m des témoins **Zeugenladung** f JUR convocation f de témoin **Zeugenstand** m barre f; **jdn in den ~ rufen** appeler qn à la barre; **in den ~ treten** s'avancer à la barre des témoins
Zeughaus nt MIL veraltet arsenal m
Zeugin s. Zeuge
Zeugnis ['tsɔɪknɪs] <-ses, -se> nt ❶ *(Schulzeugnis)* bulletin m [scolaire]
❷ *(Arbeitszeugnis)* certificat m de travail
❸ geh *(Beweis)* preuve f; **ein ~ einer S.** *(Gen)* **sein** attester de qc
Zeugs [tsɔɪks] <-> nt pej fam bazar m *(fam)*
Zeugung <-, -en> f geh procréation f *(soutenu)*
Zeugungsakt m acte m de procréation **zeugungsfähig** Adj form apte à procréer *(soutenu)* **Zeugungsfähigkeit** f kein Pl form capacité f à procréer *(soutenu)* **zeugungsunfähig** Adj form inapte à procréer *(soutenu)* **Zeugungsunfähigkeit** f kein Pl form incapacité f de procréer *(soutenu)*
z.H[d] Abk von **zu Händen** à l'attention de
Zichorie [tsɪˈçoːriə] <-, -n> f chicorée f
Zicke ['tsɪkə] <-, -n> f pej fam bique f *(péj fam)*
Zicken Pl fam conneries fpl; **~ machen** *(Unsinn/Schwierigkeiten)* faire des conneries/emmerder *(fam)*; **mach keine ~!** *(Unsinn/Schwierigkeiten)* fais pas le con!/fais pas chier! *(fam)*
zickig Adj fam chiant(e) *(fam)*
Zicklein <-s, -> nt chevreau m
zickzack ['tsɪktsak] Adv en zigzag; **~ fahren** faire des zigzags en conduisant
Zickzack m **im ~** en zigzag
zickzackförmig [-fœrmɪç] Adj, Adv en zigzag
Zickzackkurs m ❶ *eines Fahrzeugs, Schiffs* zigzags mpl; **im ~** en zigzag
❷ *fig einer Person, Partei* volte-face fpl continuelles
Ziege ['tsi:ɡə] <-, -n> f ❶ chèvre f
❷ pej fam *(Schimpfwort)* **diese [blöde] ~!** cette conne! *(fam)*
Ziegel ['tsi:ɡəl] <-s, -> m ❶ *(Ziegelstein)* brique f
❷ *(Dachziegel)* tuile f
Ziegelbau <-bauten> m construction f en briques **Ziegeldach** nt toit m de tuiles
Ziegelei [tsi:ɡəˈlaɪ] <-, -en> f briqueterie f; *(für Dachziegel)* tuilerie f
ziegelrot Adj rouge brique inv; **~e Blüten** des fleurs fpl rouge brique **Ziegelstein** m brique f
Ziegenbart m ❶ barbe f de chèvre ❷ fam *(Spitzbart)* barbichette f *(fam)* **Ziegenbock** m bouc m **Ziegenfell** nt peau f de chèvre **Ziegenhirt[e]** m, **-hirtin** f chevrier(-ière) m(f) **Ziegenkäse** m [fromage m de] chèvre m **Ziegenleder** nt chevreau m **Ziegenmilch** f lait m de chèvre **Ziegenpeter** [-pe:tɐ] <-s, -> m fam oreillons mpl
Ziehbrunnen m puits m
ziehen ['tsi:ən] <zog, gezogen> I. tr V + haben ❶ tirer Pflug, Wagen
❷ *(bewegen)* **nach oben ~** monter Rollläden; **sich** *(Dat)* **die Decke über die Ohren ~** s'enfouir sous les couvertures; **jdn/etw aus dem Auto ~** tirer qn/qc de la voiture; **jdn an sich** *(Akk)* **~** tirer qn vers soi
❸ *(zerren)* **jdn an den Haaren ~** tirer qn par les cheveux
❹ *(opp: drücken)* tirer Tür
❺ *(steuern)* **das Flugzeug nach oben ~** cabrer l'appareil
❻ *(entfernen)* retirer Fäden; arracher Zahn; **den Ring vom/den Dorn aus dem Finger ~** retirer la bague/l'épine du doigt
❼ *(hervorholen)* sortir Revolver, Degen
❽ *(herausnehmen, wählen)* tirer Spielkarte, Los; **Zigaretten ~** prendre des cigarettes au distributeur
❾ *(betätigen)* tirer Notbremse, Wasserspülung
❿ *(verlegen, anlegen)* installer Kabel, Rohr, Zaun; creuser Graben; construire Mauer
⓫ *(durchziehen)* **den Gürtel durch etw ~** faire passer la ceinture dans qc
⓬ *(aufziehen)* **eine Leinwand auf etw** *(Akk)* **~** coller une toile sur qc
⓭ *(züchten)* cultiver Pflanzen
⓮ *(zeichnen)* tirer Linie; tracer Kreis
⓯ *(dehnen)* tirer sur Gummiband; allonger Laute, Wort, Silbe; **etw glatt ~** défroisser qc
⓰ *(anziehen)* **alle Blicke auf sich** *(Akk)* **~** attirer tous les regards sur soi
⓱ *(zur Folge haben)* **Veränderungen nach sich** *(Akk)* **~** entraîner des changements
⓲ *(machen)* faire Grimassen
⓳ fam *(schlagen)* **jdm eins über die Rübe ~** en mettre une à qn *(fam)*
II. itr V ❶ + haben *(zerren)* **an etw** *(Dat)* **~** tirer sur qc
❷ + sein *(umziehen)* **nach Berlin/Italien ~** déménager [o partir] à Berlin/en Italie; **zu jdm ~** emménager chez qn
❸ + sein *(unterwegs sein)* **durch die Stadt/den Wald ~** traverser la ville/la forêt
❹ + sein ZOOL Vögel: migrer; **flussaufwärts ~** Lachse: remonter la rivière
❺ *(sich bewegen)* **nach rechts/links ~** Fahrzeug: tirer à droite/gauche
❻ + haben *(funktionieren)* **gut/schlecht ~** Kamin, Pfeife, Motor: tirer bien/mal
❼ + haben *(beim Rauchen)* **an etw** *(Dat)* **~** tirer sur qc; **willst du mal ~?** tu veux une taffe? *(fam)*
❽ + sein *(dringen)* **durchs Haus ~** Duft, Rauch: se répandre dans la maison
❾ + sein *(einziehen)* **in die Haut/das Holz ~** pénétrer dans la peau/le bois
❿ + haben GASTR Tee: infuser; Knödel: cuire
⓫ + haben fam *(Eindruck machen)* **bei jdm ~** marcher avec qn *(fam)*; **diese Masche zieht bei mir nicht!** ce truc ne prend pas avec moi! *(fam)*
⓬ *(Spielzug machen)* jouer; **mit dem Turm ~** avancer la tour
⓭ *(zur Waffe greifen)* dégainer
III. itr V unpers + haben ❶ **es zieht!** il y a un courant d'air!; **mir zieht es [im Rücken]** j'ai un courant d'air [dans le dos]
❷ *(schmerzen)* **es zieht [mir] in den Beinen** ça [me] tire dans les jambes; **ein ~der Schmerz** une douleur lancinante
IV. tr V unpers + haben **jdn zieht es in die Ferne/nach Hause** qn est attiré(e) par les contrées lointaines/a [vraiment] envie de rentrer
V. r V + haben ❶ **sich ~** Gespräch, Verhandlungen: traîner en longueur
❷ *(sich erstrecken)* **sich durch den Wald/das Tal ~** Straße, Grenze: s'étendre à travers la forêt/la vallée
❸ *(sich hochziehen)* **sich [am Seil] in die Höhe ~** se hisser en haut [à l'aide d'une corde]
❹ *(sich verziehen)* ~ Holz, Rahmen: travailler
Ziehen <-s> nt *(Schmerz)* élancements mpl
Ziehharmonika f accordéon m
Ziehung <-, -en> f tirage m
Ziel [tsi:l] <-[e]s, -e> nt ❶ *(Reiseziel)* destination f; **mit unbekanntem ~ abreisen** partir sans laisser d'adresse
❷ *(opp: Start)* [ligne f d']arrivée f; **als Erster durchs ~ gehen** passer [o franchir] premier la ligne d'arrivée
❸ *(Zielscheibe)* cible f
❹ fig but m, objectif m; **sich** *(Dat)* **ein ~/etw zum ~ setzen** se fixer un objectif [o but]/qc comme objectif
❺ *(Zahlungsziel)* délai m de paiement
❻ *(Produktionsziel)* objectif m
▸ **über das ~ hinausschießen** faire de l'excès de zèle; **zum ~ kommen** [o **gelangen**] arriver à ses fins; **am ~ sein** avoir atteint son but
Zielbahnhof m gare f d'arrivée **Zielband** nt SPORT fil m d'arrivée **zielbewusst**[RR] Adj résolu(e)
zielen itr V ❶ viser qn; **auf jdn/etw ~** Person: viser [qn/qc]
❷ *(gerichtet, bestimmt sein)* **auf jdn/etw ~** Waffe: être pointée) sur qn/qc; Bemerkung, Kritik: viser qn/qc; Werbung: cibler qn/qc; s. a. **gezielt**
Zielfernrohr nt lunette f de visée **Zielfoto** nt photo-finish f **zielführend** Adj inv menant au but **Zielgerade** f dernière ligne f droite **zielgerichtet** I. Adj fait(e) dans un but précis; Frage bien précis(e) II. Adv planen dans un but précis **Zielgruppe** f [groupe m] cible f **Zielhafen** m port m de destination **Zielkamera** f SPORT photo-finish f **Ziellinie** [-li:niə] f ligne f d'arrivée
ziellos Adj, Adv sans but [précis]
zielorientiert Adj ciblé(e) **Zielort** m [lieu m de] destination f **Zielperson** f personne f cible **Zielscheibe** f cible f **Zielsetzung** <-, -en> f but m, objectif m **zielsicher** I. Adj **ein ~er Schütze/eine ~e Schützin** un fin tireur/une fine tireuse II. Adv **~ auf jdn/etw zugehen** se diriger sans hésiter vers qn/qc **Zielsprache** f LING langue f cible
zielstrebig I. Adj déterminé(e)
II. Adv avec détermination

Zielstrebigkeit <-> *f* détermination *f*
Zielvereinbarung *f* détermination *f* d'objectifs; ~ **en treffen** déterminer des objectifs **Zielvorgabe** *f* objectif *m*
ziemen ['tsi:mən] *r V geh* être de mise; **es ziemt sich nicht für jdn etw zu tun** il n'est pas de mise pour qn de faire qc *(soutenu)*; **wie es sich ziemt** comme il est de mise *(soutenu)*
ziemlich ['tsi:mlɪç] **I.** *Adv* assez; ~ **viel essen/kosten** manger pas mal de choses/coûter pas mal; **er musste sich ~ beeilen** il a dû pas mal se dépêcher
II. *Adj fam* **eine ~e Entfernung** une jolie [*o* bonne petite] distance *(fam)*; ~ **en Ärger/eine ~e Wut haben** avoir pas mal d'ennuis/être drôlement en colère *(fam)*; **etw mit ~er Sicherheit vorhersagen können** pouvoir prévoir qc avec une certaine certitude
Zierat^{ALT} <-[e]s, -e> *m s.* **Zierrat**
Zierde ['tsi:ɐdə] <-, -n> *f* ❶ *(Schmuck)* parure *f*; **als** [*o* **zur**] ~ comme [*o* pour] décoration
❷ *fig* **die ~ des Dorfs** [*o* **eine ~ für das Dorf**] **sein** *Schloss:* être le joyau du village
zieren ['tsi:rən] **I.** *tr V* orner
II. *r V* **sich ~** faire des manières; **ohne sich zu ~** sans faire de manières; *s. a.* **geziert**
Zierfisch ['tsi:ɐ-] *m* poisson *m* [exotique] d'aquarium **Ziergarten** *m* jardin *m* d'agrément *(vieilli)* **Zierleiste** *f (an Fahrzeugen)* baguette *f* latérale
zierlich *Adj* menu(e)
Zierlichkeit <-> *f* finesse *f* du corps, sveltesse *f*
Ziernaht *f* surpiqûre *f* **Zierpflanze** *f* plante *f* ornementale **Zierrat**^{RR} ['tsi:ra:t] <-[e]s, -e> *m geh* ornement *m* **Zierstrauch** *m* buisson *m* ornemental
Ziffer ['tsɪfɐ] <-, -n> *f* ❶ chiffre *m*; **römische/arabische ~** chiffre romain/arabe
❷ *(Abschnitt) eines Paragraphen* alinéa *m*
Zifferblatt *nt* cadran *m*
Zifferblock *nt* INFORM pavé *m* numérique
zig [tsɪç] *Adj fam* trente-six *(fam)*
Zigarette [tsiga'rɛtə] <-, -n> *f* cigarette *f*
Zigarettenanzünder *m* allume-cigare *m* **Zigarettenautomat** *m* distributeur *m* de cigarettes **Zigarettenetui** [-ɛtvi:] *nt* porte-cigarettes *m* **Zigarettenlänge** *f* ▶ **auf eine ~** *fam* juste le temps de fumer une clope *(fam)* **Zigarettenpackung** *f s.* **Zigarettenschachtel Zigarettenpapier** *nt* papier *m* à cigarettes **Zigarettenpause** *f fam* pause *f* cigarette **Zigarettenraucher(in)** *m(f)* fumeur(-euse) *m(f)* de cigarettes **Zigarettenschachtel** *f* paquet *m* de cigarettes **Zigarettenspitze** *f* fume-cigarette *m* **Zigarettenstummel** *m* mégot *m*
Zigarillo [tsiga'rɪlo] <-s, -s> *m o nt* cigarillo *m*
Zigarre [tsi'garə] <-, -n> *f* cigare *m*
Zigarrenabschneider *m* coupe-cigare *m* **Zigarrenkiste** *f (mit Zigarren)* boîte *f* de cigares; *(für Zigarren)* boîte à cigares **Zigarrenraucher(in)** *m(f)* fumeur(-euse) *m(f)* de cigares **Zigarrenstummel** *m* mégot *m* [de cigare]
Zigeuner(in) [tsi'gɔɪnɐ] <-s, -> *m(f)* tzigane *mf*; *(in Südfrankreich, Spanien lebend)* gitan(e) *m(f)*
Zigeunerlager *nt* campement *m* de gitans **Zigeunerleben** *nt kein Pl* vie *f* de bohémien **Zigeunermusik** *f* musique *f* tzigane **Zigeunerschnitzel** *nt* escalope *f* sauce piquante **Zigeunersprache** *f* **die ~** le tzigane **Zigeunerwagen** *m* roulotte *f* [de bohémien]
zigfach ['tsɪçfax] **I.** *Adj fam* multiplié(e) par mille; ~ **e Variationen** trente-six variations *(fam)*; ~ **e Höhe/Menge** cent fois la hauteur/la quantité **II.** *Adv fam* cent fois plus **zigmal** ['tsɪçma:l] *Adv fam* x fois *(fam)*, trente-six fois *(fam)* **zigtausend** *Adj fam* milliers de; ~ **Briefe** je sais pas combien de milliers de lettres *(fam)*
Zikade [tsi'ka:də] <-, -n> *f* cigale *f*
Zille ['tsɪlə] <-, -n> *f* A *(Kahn)* barque *f*
Zimbel ['tsɪmbəl] <-, -n> *f* cymbale *f*
Zimmer ['tsɪmɐ] <-s, -> *nt* ❶ pièce *f*; **meine Wohnung hat drei ~, Küche und Bad** j'ai un trois-pièces cuisine [salle de bains], j'ai un F3
❷ *(zum Schlafen)* chambre *f*; ~ **frei** chambres libres
Zimmerantenne *f* antenne *f* intérieure **Zimmerdecke** *f* plafond *m*
Zimmerei [tsɪmə'raɪ] <-, -en> *f* menuiserie *f*
Zimmereinrichtung *f* aménagement *m*
Zimmerer <-s, -> *m s.* **Zimmermann**
Zimmerflucht *f* enfilade *f* de pièces **Zimmerhandwerk** *nt* charpenterie *f* **Zimmerkellner(in)** *m(f)* garçon *m*/serveuse *f* d'étage **Zimmerlautstärke** *f* sourdine; **etw auf ~** *(Akk)* **stellen** mettre qc en sourdine **Zimmerlinde** *f* tilleul *m* d'appartement **Zimmermädchen** *nt* femme *f* de chambre **Zimmermann** <-leute> *m* charpentier *m*
zimmern ['tsɪmɐn] **I.** *tr V* fabriquer
II. *itr V* **an etw** *(Dat)* ~ bricoler qc

Zimmerpflanze *f* plante *f* d'appartement **Zimmerservice** [-sø:ɐvɪs] *m* service *m* d'étage **Zimmersuche** *f* recherche *f* d'une chambre; **auf ~ sein** être à la recherche d'une chambre **Zimmertemperatur** *f* température *f* ambiante **Zimmertheater** *nt* théâtre *m* de chambre **Zimmervermittlung** *f* location *f* de chambres **Zimmerwerkstatt** *f* atelier *m* de charpentier
zimperlich ['tsɪmpɐlɪç] *Adj* douillet(te)
Zimperlichkeit <-> *f* douilletterie *f*
Zimperliese *f pej* mijaurée *f*
Zimt [tsɪmt] <-[e]s, *selten* -e> *m* ❶ cannelle *f*
❷ *fam (Unsinn)* **ach, ~!** n'importe quoi!
Zimtstange *f* bâton *m* de cannelle **Zimtzicke** *f pej* pimbêche *f*
Zink [tsɪŋk] <-[e]s> *nt* zinc *m*; ~ **ist ein helles Metall** le zinc est un métal clair
Zinkblech *nt* [tôle *f* de] zinc *m*
Zinke ['tsɪŋkə] <-, -n> *f* dent *f*
zinken *tr V* biseauter *Karten*
Zinken ['tsɪŋkən] <-s, -> *m* ❶ *(Zeichen)* signe *m*
❷ *fam (Nase)* pif *m*
zinkhaltig *Adj* zincifère; **dieses Metall ist stark ~** ce métal contient beaucoup de zinc
Zinksalbe *f* pommade *f* à l'oxyde de zinc **Zinkweiß** *nt* blanc *m* de zinc
Zinn [tsɪn] <-[e]s> *nt* étain *m*; ~ **ist ein weiches Metall** l'étain est un métal malléable
Zinnbecher *m* gobelet *m* en étain
Zinne ['tsɪnə] <-, -n> *f* créneau *m*
Zinnfigur *f* figurine *f* en étain
Zinnie ['tsɪniə] <-, -n> *f* BOT zinnia *m*
Zinnober [tsɪ'no:bɐ] <-s> *m (Farbe)* vermillon *m*
zinnoberrot *Adj* [rouge] vermillon *inv*; ~ **e Blüten** des fleurs *fpl* [rouge] vermillon
Zinnsoldat *m* soldat *m* de plomb
Zins¹ [tsɪns] <-es, -en> *m* FIN intérêt *m*; **gesetzliche ~en** taux *m* d'intérêt réglementé; ~ **en bringen** [*o* **tragen**] rapporter des intérêts
▶ **jdm etw mit ~ und Zinseszins heimzahlen** [*o* **zurückzahlen**] rendre à qn la monnaie de sa pièce
Zins² <-es, -e> *m* SDEUTSCH, A, CH *(Miete)* loyer *m*
Zinsabschlagsteuer *f* FISC ≈ impôt *m* sur les intérêts des capitaux placés **Zinsbesteuerung** *f* fiscalité *f* des placements à revenu fixe **Zinserhöhung** *f* relèvement *m* du taux d'intérêt **Zinsertrag** *m meist Pl* FIN produit *m* d'intérêts
Zinseszins ['tsɪnzəs-] *m* intérêts *mpl* cumulés [*o* composés]
zinsfrei *Adj Darlehen* sans intérêts **Zinsfuß** *m* FIN taux *m* d'intérêt **zinsgünstig** *Adj, Adv* avec un taux [d'intérêt] avantageux **zinslos** *Adj, Adv* sans intérêts **Zinspolitik** *f kein Pl* politique *f* des taux d'intérêt **Zinsrechnung** *f* FIN calcul *m* des intérêts **Zinssatz** *m* taux *m* d'intérêt **Zinssenkung** *f* abaissement *m* du taux d'intérêt **Zinswucher** *m* FIN usure *f*
Zionismus [tsio'nɪsmʊs] <-> *m* sionisme *m*
Zionist(in) [tsio'nɪst] <-en, -en> *m(f)* sioniste *mf*
zionistisch *Adj* sioniste
ZIP-Datei ['tsɪp-, 'zɪp-] *f* INFORM fichier *m* ZIP
Zipfel ['tsɪpfəl] <-s, -> *m eines Kissens, Tischtuchs* coin *m*; *einer Schürze* pan *m*; *einer Mütze* pointe *f*; *einer Wurst* entame *f*
Zipfelmütze *f* bonnet *m* à pointe
Zipp® <-s, -s> *m* A fermeture *f* éclair®
zippen ['tsɪpən, 'zɪpən] *tr V* INFORM zipper *Dokument, Datei*
Zipperlein <-s, -> *nt fam* ❶ *(Gebrechen)* pépin *m* de santé *(fam)*
❷ *(Gicht)* goutte *f*
Zippverschluss^{RR} A *s.* **Zipp**
Zirbeldrüse ['tsɪrbəl-] *f* ANAT épiphyse *f* **Zirbelkiefer** *f* pin *m* montagnard
zirka ['tsɪrka] *Adv* environ
Zirkapreis *nt* prix *m* approximatif
Zirkel ['tsɪrkəl] <-s, -> *m* ❶ *(Gerät)* compas *m*
❷ *(Personengruppe)* cercle *m*
Zirkelkasten *m* boîte *f* à compas **Zirkelschluss**^{RR} *m* cercle *m* vicieux
Zirkonium [tsɪr'ko:niʊm] <-s> *nt* CHEM zirconium *m*
Zirkulation [tsɪrkula'tsio:n] <-, -en> *f* circulation *f*
zirkulieren* *itr V* circuler
Zirkumflex ['tsɪrkʊmflɛks] <-es, -e> *m* LING accent *m* circonflexe
Zirkus ['tsɪrkʊs] <-, -se> *m* ❶ cirque *m*
❷ *pej fam (großes Aufheben)* cirque *m (fam)*; **jetzt mach keinen ~!** tu vas pas en faire tout un plat [*o* un fromage]! *(fam)*
Zirkusartist(in) *m(f)* artiste *mf* de cirque **Zirkusdirektor(in)** *m(f)* directeur(-trice) *m(f)* de cirque **Zirkuszelt** *nt* chapiteau *m*
zirpen ['tsɪrpən] *itr V. Grille:* chanter; **das Zirpen** le chant
Zirrhose [tsɪ'ro:zə] <-, -n> *f* MED cirrhose *f*
Zirruswolke ['tsɪrʊs-] *f* METEO cirrus *m*
zischeln ['tsɪʃəln] *itr V (flüstern)* chuchoter

zögern

zögern	hésiter
Ich weiß nicht so recht.	Je ne sais pas trop.
Ich kann Ihnen noch nicht sagen, ob ich Ihr Angebot annehmen werde.	Je ne peux pas encore vous dire si j'accepterai votre offre.
Ich muss darüber noch nachdenken.	Je dois y réfléchir encore.
Ich kann Ihnen noch nicht zusagen.	Je ne peux pas encore vous donner de réponse positive.

zischen ['tsɪʃən] **I.** itr V ❶ + haben Schlange, Gans, Gas: siffler; Fett: grésiller
❷ + sein (laut strömen) **aus etw ~** Gas, Dampf: chuinter en sortant de qc; Bier, Wasser: jaillir de qc
❸ + haben (Unmut äußern) siffler
❹ + sein fam (schnell laufen, fliegen) **über den Hof ~** filer à travers la cour (fam); **ins Tor ~** filer dans les buts (fam)
II. tr V ❶ **eine Bemerkung/ein Schimpfwort ~** faire une remarque/lancer une injure entre ses dents
❷ fam (trinken) **ein Bier ~** siffler une bière (fam)
Zischen <-s> nt sifflement m; von Gas, Dampf chuintement m
Zischlaut m PHON chuintante f
ziselieren* tr V ciseler
Ziselierung <-, -en> f ciselure f
Zisterne [tsɪs'tɛrnə] <-, -n> f citerne f
Zitadelle [tsita'dɛlə] <-, -n> f citadelle f
Zitat [tsi'ta:t] <-[e]s, -e> nt citation f
Zitatenlexikon nt dictionnaire m de citations
Zither ['tsɪtɐ] <-, -n> f cithare f
Zitherspieler(in) m(f) joueur(-euse) m(f) de cithare, cithariste mf
zitieren* tr V ❶ citer; **aus etw ~** citer de qc
❷ (kommen lassen) **ich wurde zum Chef zitiert** le chef m'a convoqué(e); **jdn vor Gericht ~** citer qn à comparaître
Zitronat [tsitro'na:t] <-[e]s, -e> nt citron m confit
Zitrone [tsi'tro:nə] <-, -n> f citron m
▸ jdn wie eine **~ auspressen** [o **ausquetschen**] fam (ausfragen) tirer les vers du nez à qn (fam); (finanziell ausnehmen) soutirer de l'argent à qn
Zitronenbaum m citronnier m **Zitronenbonbon** [-bɔŋbɔŋ, -bɔ̃bɔ̃:] nt bonbon m au citron **Zitroneneis** nt glace f au citron **Zitronenfalter** m citron m de Provence **zitronengelb** Adj jaune citron inv; **~e Socken** des chaussettes fpl jaune citron **Zitronenlimonade** f citronnade f **Zitronenmelisse** f citronnelle f **Zitronenpresse** f presse-citron m **Zitronensaft** m jus m de citron **Zitronensäure** f CHEM acide m citrique **Zitronenschale** f écorce f de citron
Zitrusfrucht ['tsi:trʊs-] f agrume m **Zitruspresse** f presse-agrumes m
Zitteraal m ZOOL anguille f électrique
zitterig s. zittrig
zittern ['tsɪtɐn] itr V ❶ (beben, vibrieren) Person, Stimme, Hand, Wände: trembler; **vor Angst/Aufregung ~** trembler de peur/d'excitation; **vor Kälte ~** trembler [o grelotter] de froid
❷ fam (Angst haben) **vor jdm/etw ~** avoir la frousse de qn/qc (fam)
Zittern <-s> nt tremblement m
Zitterpappel f tremble m **Zitterpartie** f partie f de poker **Zitterrochen** m [poisson m] torpille f
zittrig Adj tremblant(e)
Zitze ['tsɪtsə] <-, -n> f einer Kuh, Ziege, Sau mamelle f; einer Katze, Hündin, Maus tétine f
Zivi ['tsi:vi] <-s, -s> m fam Abk von **Zivildienstleistende(r)** objecteur de conscience qui effectue son service civil
zivil [tsi'vi:l] Adj ❶ civil(e); **im ~en Leben** dans le civil
❷ fam (akzeptabel) **~e Preise** des prix potables (fam)
Zivil [tsi'vi:l] <-s> nt tenue f civile; **~ tragen** être en civil; **in ~** en civil
Zivilbehörde f autorité f civile **Zivilberuf** [-'vi:l-] m profession f dans le civil; **im ~** dans le civil **Zivilbevölkerung** f population f civile **Zivilcourage** [-kura:ʒə] f courage m de ses opinions; (politisch) courage civique; **~ haben** avoir le courage de ses opinions [o du courage civique] **Zivildienst** m kein Pl service m civil

Land und Leute
En Allemagne, les objecteurs de conscience – les *Kriegsdienstverweigerer* – doivent effectuer un **Zivildienst** de 9 mois. Depuis 1997, ce service civil existe aussi en Suisse. En Autriche, il dure 12 mois. On l'effectue la plupart du temps dans des services de santé.

Zivildienstleistende(r) f(m) dekl wie Adj objecteur de conscience qui effectue son service civil
Zivilehe f JUR mariage m civil **Zivilfahnder(in)** <-s, -> m(f) enquêteur(-euse) m(f) de police **Zivilgesellschaft** f société f civile **Zivilgesetzbuch** nt CH code m civil
Zivilisation [tsiviliza'tsio:n] <-, -en> f civilisation f
Zivilisationskrankheit f maladie fréquente découlant de la vie dans les pays industrialisés
zivilisatorisch [tsiviliza'to:rɪʃ] Adj civilisateur(-trice)
zivilisieren* [-vi-] tr V civiliser
zivilisiert [tsivili'zi:ɐt] **I.** Adj civilisé(e)
II. Adv **sich ~ benehmen** se comporter en personne civilisée
Zivilist(in) [tsivi'lɪst] <-en, -en> m(f) civil(e) m(f)
Zivilkammer [-'vi:-] f tribunal m civil **Zivilklage** f JUR action f civile **Zivilkleidung** s. Zivil **Zivilleben** nt civil m; **im ~** dans le civil **Zivilperson** s. Zivilist(in) **Zivilprozess**^{RR} m procès m civil **Zivilprozessordnung**^{RR} f code m de procédure civile, disposition f relative à la procédure civile
Zivilrecht nt droit m civil **zivilrechtlich I.** Adj de droit civil
II. Adv civilement; **~ relevant sein** relever du droit civil **Zivilrichter(in)** m(f) juge mf [au tribunal] civil **Zivilsache** f affaire f civile **Zivilschutz** m ❶ (Schutz) sécurité f [o protection f] civile
❷ (Hilfstruppe) service m de sécurité civile
zizerlweis[e] Adv A, SDEUTSCH fam peu à peu; **etw ~ essen** manger qc peu à peu; **mit der Wahrheit ~ herausrücken** ne révéler la vérité que peu à peu
Zloty ['zlɔti, 'slɔti] <-s, -> m zloty m
Znüni ['tsny:ni] <-, -> m CH casse-croûte m
Zobel ['tso:bəl] <-s, -> m ZOOL zibeline f
zockeln ['tsɔkəln] s. zuckeln
zocken ['tsɔkən] itr V fam jouer; (um hohe Beträge spielen) flamber (fam)
Zocker(in) ['tsɔkɐ] <-s, -> m(f) fam joueur(-euse) m(f); (um hohe Beträge spielend) flambeur(-euse) m(f) (arg)
Zofe ['tso:fə] <-, -n> f HIST femme f de chambre
Zoff ['tsɔf] <-s> m fam engueulade f (fam); **~ machen** gueuler (fam); **mit jdm ~ haben** être en bisbille avec qn (fam)
zog [tso:k] Imp von ziehen
zögerlich ['tsø:gɐlɪç] **I.** Adj hésitant(e)
II. Adv de façon hésitante
zögern ['tsø:gɐn] itr V hésiter; **~ etw zu tun** hésiter à faire qc; **mit einer Entscheidung ~** hésiter à prendre une décision; **ohne zu ~ sans hésiter**
Zögern <-s> nt hésitation f; **etw ohne ~ tun** faire qc sans hésiter; **nach langem ~** après longue hésitation
zögernd I. Adj hésitant(e)
II. Adv en hésitant
Zögling ['tsø:klɪŋ] <-s, -e> m veraltet (Schüler) élève m; (Internatsschüler) pensionnaire m
Zölibat [tsøli'ba:t] <-[e]s, -e> nt o m célibat m
Zoll[1] [tsɔl] <-[e]s, -> m pouce m; **drei ~ dick sein** avoir trois pouces d'épaisseur
▸ **jeder ~** [o **für ~**] **ein Kavalier** veraltet geh en parfait gentleman
Zoll[2] [tsɔl, Pl: 'tsœlə] <-[e]s, Zölle> m ❶ (Einfuhrabgabe) droit m [o droits mpl] de douane
❷ kein Pl (Zollverwaltung) **der ~** la Douane
❸ kein Pl fam (Zollkontrolle) **durch den ~ müssen** devoir passer la douane; **durch den ~ kommen** passer la douane
Zollabfertigung f formalités fpl de douane **Zollabgaben** Pl FIN droits mpl de douane **Zollamt** nt service m des douanes **Zollbeamte(r)** m dekl wie Adj, **Zollbeamtin** f douanier(-ière) m(f)
Zollbestimmungen Pl législation f douanière
zollen ['tsɔlən] tr V geh **jdm Dank ~** remercier qn; **jdm/einer S. Beifall ~** applaudir qn/qc; **jdm/einer S. Anerkennung ~** témoigner sa reconnaissance à qn/qc (soutenu)
Zollerklärung f déclaration f en douane **Zollfahnder(in)** m(f) contrôleur(-euse) m(f) des douanes **Zollfahndung** f ❶ (Überprüfung) répression f des fraudes douanières ❷ (Behörde) service m de répression des fraudes douanières **Zollformalitäten** Pl formalités fpl douanières [o de douanes]; **die ~ erledigen** accomplir les for-

malités douanières **zollfrei** *Adj, Adv* en franchise **Zollfreiheit** *f* kein Pl ÖKON franchise *f* douanière **Zollfreizone** *f* kein Pl ÖKON zone *f* franche **Zollgebiet** *nt* zone *f* douanière **Zollgebühren** *Pl* droits *mpl* de douane **Zollgrenzbezirk** *m* zone *f* frontalière **Zollgrenze** *f* frontière *f* douanière **Zollhoheit** *f* kein Pl souveraineté *f* douanière **Zollinhaltserklärung** *f* déclaration *f* en douane **Zollkontrolle** *f* contrôle *m* douanier [*o* de douane]
Zöllner(in) ['tsœlnɐ] <-s, -> *m(f) fam* douanier(-ière) *m(f)*
zollpflichtig *Adj* à déclarer, soumis(e) aux droits de douane
Zollstation *f* poste *m* de douane
Zollstock *m* mètre *m* [pliant]
Zollunion *f* ÖKON union *f* douanière **Zollvergehen** *nt* JUR infraction *f* [*o* délit *m*] de douane
Zombie ['tsɔmbi] <-[s], -s> *m* zombie *m*
Zone [tso:nə] <-, -n> *f* zone *f*
Zonengrenze *f* ❶ *(zwischen Besatzungszonen)* limite *f* de zone ❷ HIST *(zur Ex-DDR)* frontière *f* avec l'Allemagne de l'Est ❸ AUT *(Zahlgrenze)* fin *f* de section
Zoo [tso:] <-s, -s> *m* zoo *m*
Zooioge [tsoo'lo:gə] <-n, -n> *m*, **Zoologin** *f* zoologiste *mf*
Zoologie [tsoolo'gi:] <-> *f* zoologie *f*
zoologisch I. *Adj* zoologique
II. *Adv* du point de vue zoologique
Zoom [zu:m] *s.* **Zoomobjektiv**
zoomen ['zu:mən] *tr, itr V* zoomer
Zoomobjektiv ['zu:m-] *nt* zoom *m*
Zootier *nt* animal *m* de zoo **Zoowärter(in)** *m(f)* gardien(ne) *m(f)* de zoo
Zopf [tsɔpf, *Pl:* 'tsœpfə] <-[e]s, Zöpfe> *m* ❶ *(Haarzopf)* natte *f*; *(klein)* tresse *f*; [**sich** *(Dat)*] **einen ~ flechten** [se] faire une natte/une tresse
❷ *(Hefezopf)* brioche *f* tressée
▶ **das ist ein alter ~** *fam* c'est complètement ringard *(fam)*
Zopfmuster *nt* torsades *fpl*; **ein Pullover mit ~** un pull à torsades
Zopfspange *f* barrette *f*
Zorn [tsɔrn] <-[e]s> *m* colère *f*; *(heftig)* fureur *f*; **in ~ geraten** se mettre en colère; [**einen**] **großen ~ auf jdn haben** être très en colère contre qn; **etw im ~ tun** faire qc dans un accès de colère
Zornesröte *geh* ▶ **das treibt einem die ~ ins Gesicht!** on en devient rouge de colère!
zornig I. *Adj* en colère, furieux(-euse); **~ werden** se mettre en colère; **~ auf jdn sein** être furieux(-euse) [*o* en colère] contre qn
II. *Adv* en colère
Zote ['tso:tə] <-, -n> *f pej* histoire *f* paillarde
▶ **~n reißen** *fam* raconter des histoires cochonnes *(fam)*
zotig ['tso:tɪç] *Adj Geschichte, Lied* paillard(e); *Bemerkung, Äußerung* grivois(e)
Zottel ['tsɔtl] <-, -n> *f meist Pl fam* ❶ *pej (Haare)* tignasse *f (péj fam)*
❷ *(Hundefell)* touffes *fpl* de poils
Zottelhaar *nt fam eines Tiers* poils *mpl* en broussaille
zottelig ['tsɔtəlɪç] *Adj fam Frisur, Haar, Bart* hirsute; *Fell* touffu(e)
zotteln *itr V + sein fam* trottiner *Tier*
zottig ['tsɔtɪç] *s.* **zottelig**
ZPO JUR *Abk von* **Zivilprozessordnung** CPC *m*
z.T. *Abk von* **zum Teil**
Ztr. *Abk von* **Zentner**
zu [tsu:] I. *Präp + Dat* ❶ *(bei Richtungsangaben)* **~ m Arzt/~ r Post gehen** aller chez le médecin/à la poste; **~ jdm hinsehen** regarder en direction de qn; **etw ~ m Fenster hinauswerfen** jeter qc par la fenêtre; **setz dich ~ uns!** assieds-toi avec nous!
❷ *fig* **sich ~ jdm hingezogen fühlen** se sentir attiré(e) par qn; **Vertrauen ~ jdm haben** avoir confiance en qn; **seine Liebe/Freundschaft ~ ihr** son amour/amitié pour elle
❸ *(bei Entfernungs-, Fristangaben)* **von hier bis ~ r Schule** d'ici [jusqu']à l'école; **ich habe bis ~ m 10. März Zeit um das fertig zu machen** j'ai jusqu'au 10 mars pour finir ça; *(muss diese Frist einhalten)* je dois finir ça pour le 10 mars
❹ *veraltet (bei Ortsangaben)* **das Schloss ~ Heidelberg** le château de Heidelberg
❺ *(in Eigennamen)* **die Gräfin ~ Hohenlohe** la Comtesse de Hohenlohe; **„Gasthaus ~ r Sonne"** "Auberge *f* du Soleil"
❻ *(bei Zeitangaben)* **~ Ostern/Weihnachten** à Pâques/Noël
❼ *(anlässlich)* **etw ~ m Frühstück essen** manger qc au [*o* pour le] petit-déjeuner; **jdm ~ m Geburtstag gratulieren** souhaiter l'anniversaire à qn
❽ *(gemeinsam, gleichzeitig mit)* **Milch ~ m Kaffee nehmen** prendre du lait avec [*o* dans] le café; **~ m Wild Rotwein trinken** boire du vin rouge avec le gibier; **gut ~ etw passen** *Bluse:* aller bien avec qc; **~ Jeans Sandalen tragen** porter des sandales avec un jean; **der Korken ~ dieser Flasche** le bouchon de [*o* qui va avec] cette bouteille
❾ *(bezüglich)* **jdn ~ etw befragen** questionner qn au sujet de qc [*o* sur qc]; **Informationen ~ diesem Artikel** des renseignements concernant [*o* traitant de] cet article
❿ *(bei Angaben des Zwecks, Ziels)* **der Knopf ~ m Ausstellen** le bouton pour éteindre; **hast du etwas ~ m Schreiben?** tu as quelque chose pour écrire?; **jdn ~ einem Spaziergang überreden** réussir à convaincre qn de faire une promenade; **~ deiner Beruhigung** pour te rassurer; **~ seiner Entlastung** à sa décharge; **~ meiner Freude** à ma joie; **das ist ja ~ m Lachen!** il y a vraiment de quoi rire!
⓫ *(eine Veränderung ausdrückend)* **jdn ~ m Sprecher wählen** élire qn porte-parole; **~ m Verbrecher werden** devenir malfaiteur; **etw ~ Asche verbrennen/~ Pulver zermahlen** réduire qc en cendres/en poudre
⓬ *(eine Relation ausdrückend)* **im Verhältnis eins ~ zehn** dans la proportion de un pour dix; **eins ~ null gewinnen** gagner un à zéro; **es steht zwei ~ zwei** il y a deux à deux; **das Stück ~ zehn Euro** dix euros la pièce; **~ zweit/~ mehreren spielen** jouer à deux/à plusieurs; **~ r Hälfte fertig sein** *Arbeit:* être à moitié terminé(e)
⓭ *fam (für)* **~ was brauchst du das?** c'est pour quoi ça? *(fam)*; **~ was soll das gut sein?** c'est censé servir à quoi?
II. *Adv* ❶ *(allzu)* trop; **sich ~ sehr aufregen** s'énerver trop; **~ viele Fehler** trop de fautes; [**es ist**] **~ dumm, dass** c'est trop bête, que + *subj;* **ich würde ja ~ gern abreisen** j'aimerais tant partir
❷ *(geschlossen)* **~ sein** *Geschäft, Tür, Deckel:* être fermé(e); **Tür ~!** [ferme/fermez] la porte!
❸ *sl (betrunken)* **~ sein** être raide *(fam)*
❹ *(bei Orts-, Richtungsangaben)* **nach hinten/vorne ~** vers l'arrière/l'avant; **nach Süden ~** vers le sud
III. *Konj* ❶ **jdn bitten ~ helfen** prier qn d'aider; **sie hat vor ~ kommen** elle a l'intention de venir; **ohne ~ zögern** sans hésiter
❷ *(als Ausdruck des Könnens)* **er ist nicht ~ sprechen** il ne peut pas recevoir; **das ist ~ schaffen** c'est faisable; **es ist nicht ~ fassen!** ce n'est pas croyable!
❸ *(als Ausdruck des Müssens)* **ich habe viel ~ tun/erledigen** j'ai beaucoup à faire/régler; **du hast ~ gehorchen** tu dois obéir; **die Tür ist ~ schließen** il faut fermer la porte; **die ~ bezahlenden Rechnungen** les factures [qui sont] à payer
zuallererst *Adv* tout d'abord, avant toute chose
zuallerletzt *Adv* en tout dernier lieu
zu|bauen *tr V* boucher *Lücke;* construire sur *Platz*
Zubehör ['tsu:bəhø:ɐ] <-[e]s, *selten* -e> *nt o m eines Autos, Geräts* accessoires *mpl; eines Raums* équipement *m*
Zubehörteil *nt* accessoire *m*
zu|beißen *itr V unreg* mordre; **fest ~** *Hund:* mordre profondément
zu|bekommen* *tr V unreg fam* arriver à fermer *Koffer, Tür*
Zuber ['tsu:bɐ] <-s, -> *m* DIAL baquet *m*
zu|bereiten* *tr V* préparer
Zubereitung <-, -en> *f* préparation *f*
Zubettgehen <-s> *nt* coucher *m;* **etw vor dem ~ tun** faire qc avant de se coucher
zu|billigen *tr V* accorder; **jdm eine Entschädigung ~** accorder une indemnisation à qn; **jdm mildernde Umstände ~** accorder des circonstances atténuantes à qn
zu|binden *tr V unreg* fermer *Bündel, Sack;* nouer *Schnürsenkel, Schürze;* lacer *Schuh;* **sich** *(Dat)* **die Schuhe ~** lacer ses chaussures
zu|bleiben *itr V unreg + sein fam* rester fermé(e)
zu|blinzeln I. *itr V* faire un clin d'œil; **jdm ~** faire un clin d'œil à qn
II. *r V* **sich** *(Dat)* **~** se faire un clin d'œil
zu|bringen *tr V unreg* ❶ passer; **den Tag am Strand/mit Lesen ~** passer la journée sur la plage/à lire
❷ DIAL *s.* **zubekommen**
Zubringer <-s, -> *m* ❶ *(Straße)* bretelle *f* d'accès
❷ *(Fahrzeug)* navette *f*
Zubringerbus *m* navette *f* **Zubringerdienst** *m* service *m* de correspondance; **der ~ zum Flughafen** la navette jusqu'à l'aéroport **Zubringerstraße** *f* bretelle *f* d'accès
Zubrot *nt kein Pl* revenu *m* d'appoint; **sich** *(Dat)* **ein ~ verdienen** arrondir ses fins de mois
zu|buttern *tr V fam* **viel ~** mettre beaucoup de sa poche *(fam)*
Zucchini [tsʊ'ki:ni] *f* courgette *f*
Zucht [tsʊxt] <-, -en> *f* ❶ *kein Pl (das Züchten) von Tieren* élevage *m; von Pflanzen* culture *f*
❷ *(gezüchtete Tiere)* race *f; (gezüchtete Pflanzen)* variété *f; (gezüchtete Bakterien)* souche *f*
❸ *kein Pl (Disziplin)* discipline *f;* **~ und Ordnung** [l']ordre *m* et [la] discipline
Zuchtbulle *m* taureau *m* reproducteur **Zuchteber** *m* verrat *m*
züchten ['tsʏçtən] *tr V* élever, faire l'élevage de *Tiere;* cultiver *Pflanzen*
Züchter(in) <-s, -> *m(f) von Tieren* éleveur(-euse) *m(f); von Pflanzen* cultivateur(-trice) *m(f)*
Zuchthaus *nt veraltet* ❶ *(Strafanstalt)* établissement *m* péniten-

tiaire
② *kein Pl (Strafe)* réclusion *f* [criminelle]
Zuchthäusler(in) [-hɔɪslɐ] *m(f)* réclusionnaire *mf*
Zuchthausstrafe *f* réclusion *f*
Zuchthengst *m* étalon *m*
züchtig ['tsʏçtɪç] *veraltet* **I.** *Adj* vertueux(-euse) *(vieilli)*
II. *Adv* vertueusement *(vieilli)*
züchtigen ['tsʏçtɪɡən] *tr V geh* châtier *(soutenu);* **jdn mit dem Stock ~** infliger à qn des coups de bâton *(soutenu)*
Züchtigung <-, -en> *f geh* châtiment *m*
Zuchtperle *f* perle *f* de culture **Zuchtstute** *f* jument *f* poulinière
Zuchttier *nt* animal *m* d'élevage
Züchtung <-, -en> *f* ❶ *kein Pl (das Züchten) von Tieren* élevage *m*; *von Pflanzen* culture *f*
② *(gezüchtete Tiere)* race *f*; *(gezüchtete Pflanzen)* variété *f*; *(gezüchtete Bakterien)* souche *f*
Zuchtwahl *f* BIO sélection *f*
zuckeln ['tsʊkəln] *itr V + sein fam* **über die Landstraße ~** rouler tranquillement sur la route de campagne
zucken ['tsʊkən] *itr V* ❶ *+ haben Augenlid:* tressaillir; *Mundwinkel:* frémir; **das leichte Zucken ihrer Lippen** le léger frémissement de ses lèvres
② *+ haben (aufleuchten) Flamme:* jaillir; *Blitz:* fulgurer
③ *+ sein (sich plötzlich bewegen)* **über den Himmel ~** *Blitz:* sillonner le ciel
zücken ['tsʏkən] *tr V* ❶ *geh (ziehen)* sortir *Messer;* dégainer *Degen;* **er stand mit gezücktem Schwert da** il était là, l'épée au clair
② *fam (hervorholen)* sortir
Zucker ['tsʊkɐ] <-s, -> *m* ❶ sucre *m;* **brauner ~** sucre roux
② *fam (Zuckerkrankheit)* diabète *m;* **~ haben** avoir du diabète
▶ **~ sein** *sl* être génial(e) *(fam)*
Zuckerbäcker(in) *m(f)* A, SDEUTSCH *(Konditor)* pâtissier(-ière) *m(f)*
Zuckerbrot ▶ **mit ~ und Peitsche** en maniant la carotte et le bâton **Zuckerdose** *f* sucrier *m* **Zuckerfabrik** *f* sucrerie *f* **Zuckerguss**[RR] *m* glaçage *m* **Zuckerhut** *m* pain *m* de sucre
zuckerig *s.* zuckrig
zuckerkrank *Adj Person* diabétique **Zuckerkranke(r)** *f(m) dekl wie Adj* diabétique *mf* **Zuckerkrankheit** *f* diabète *m*
Zuckerl ['tsʊkɐl] <-s, -[n]> *nt* SDEUTSCH, A bonbon *m*
Zuckerlecken ▶ **das ist kein ~** *fam* c'est pas du gâteau [*o* de la tarte] *(fam)*
zuckern ['tsʊkɐn] *tr V* sucrer
Zuckerraffinerie *f* raffinerie *f* sucrière **Zuckerrohr** *nt* canne *f* à sucre **Zuckerrübe** *f* betterave *f* sucrière [*o* à sucre] **Zuckerschlecken** *s.* Zuckerlecken **Zuckerstange** *f* sucre *m* d'orge **Zuckerstreuer** *m* sucrier *m* **zuckersüß** *Adj* ❶ *(süß)* extrêmement sucré(e) ② *pej (überfreundlich)* mielleux(-euse); **~ zu jdm sein** être tout sucre tout miel avec qn **Zuckerwatte** *f* barbe *f* à papa **Zuckerzange** *f* pince *f* à sucre
zuckrig *Adj* ❶ *(süß)* sucré(e)
② *(mit Zucker bedeckt)* recouvert(e) de sucre
Zuckung <-, -en> *f meist Pl eines Epileptikers* convulsion *f; der Augenlider* tressaillement *m; der Mundwinkel* frémissement *m;* **nervöse ~en** des tics *mpl*
▶ **die letzten ~en** les derniers spasmes *mpl*
Zudecke ['tsuːdɛkə] *f* DIAL couverture *f*
zu|decken *tr V* couvrir; **jdn/sich mit einem Mantel ~** couvrir qn/se couvrir avec un [*o* d'un] manteau; **sich mit einer Zeitung ~** se recouvrir d'un journal; **das Kind wieder ~** recouvrir l'enfant
zudem [tsuˈdeːm] *Adv geh* de surcroît
zu|denken *tr V unreg geh* destiner [*o* réserver]; **man hatte ihm/ihr ein schönes Geschenk zugedacht** on lui avait réservé [*o* destiné] un beau cadeau; **welcher Platz ist mir zugedacht?** quelle est la place qui m'est réservée?
zu|drehen *tr V* ❶ fermer *Wasserhahn*
② *(zuwenden)* **jdm den Kopf/den Rücken ~** tourner la tête vers/le dos à qn; **sich jdm ~** se tourner vers qn
zudringlich ['tsuːdrɪŋlɪç] *Adj* importun(e) *(soutenu),* collant(e) *(fam); (sexuell aufdringlich)* [trop] entreprenant(e)
Zudringlichkeit <-, -en> *f* ❶ *kein Pl (zudringliche Art)* insistance *f* [déplacée]
② *meist Pl (Handlung)* avance *f*
zu|dröhnen *r V sl* **sich ~** *(Alkohol trinken)* se shooter [à l'alcool] *(fam), (Drogen nehmen)* se shooter *(fam);* **sich [mit Musik] ~** se soûler [de musique]; **zugedröhnt sein** *(betrunken sein)* être bourré(e) *(fam), (unter Drogen stehen)* être shooté(e) *(fam)*
zu|drücken **I.** *tr V* ❶ fermer; **etw ~** fermer qc [en appuyant dessus]; **jdm die Kehle ~** serrer la gorge à qn
II. *itr V* **ziemlich fest ~** *(beim Händeschütteln)* serrer assez fort[ement]
zueinander [tsuˈʔaɪˈnandɐ] *Adv* **ihr Verhältnis ~** leurs relations réciproques; **~/nicht ~ passen** aller/ne pas aller ensemble
zu|erkennen* *tr V unreg form* reconnaître *Anspruch;* accorder *Summe, Entschädigung;* décerner *Preis, Platz*
zuerst *Adv* ❶ *(als Erster)* **~ durchs Ziel gehen** franchir le premier/la première la ligne d'arrivée
② *(als Erstes) erledigen, machen* en premier
③ *(anfangs)* d'abord, au départ
▶ **wer ~ kommt, mahlt ~** *Spr.* les premiers arrivés sont les premiers servis
zu|fächeln *tr V* **jdm/sich Luft** [*o* Kühlung] **~** éventer qn/s'éventer
zu|fahren *itr V unreg + sein* ❶ se diriger; **auf jdn/etw ~** se diriger vers qn/qc; **der Wagen fuhr auf mich zu** la voiture venait sur moi
② *fam (losfahren)* **fahr zu!** allez, vas-y! *(fam); (fahr schneller)* vas-y, fonce!
Zufahrt *f* accès *m;* **die ~ zur Garage** l'accès au garage
Zufahrtsstraße *f* voie *f* [*o* route *f*] d'accès
Zufall *m* ❶ hasard *m;* **durch ~** par hasard; **das ist ~!** c'est le hasard!; **es ist kein ~, dass** ce n'est pas par hasard que + *indic;* **es ist bloßer ~, dass** c'est par pur hasard que + *indic;* **es ist ein glücklicher ~, dass** c'est par un heureux hasard que + *indic;* **es dem ~ überlassen, ob/wann/...** s'en remettre au hasard pour ce qui est de savoir si/quand/...; **etw dem ~ verdanken** devoir qc au hasard
② *fam (Überraschung)* **so ein ~!** quel hasard!
▶ **der ~ wollte es, dass** le hasard a voulu que + *subj*
zu|fallen *itr V unreg + sein* ❶ *Tür, Klappe:* se refermer [brusquement]; **ihm ist die Tür zugefallen** la porte s'est refermée sur lui; **mir fallen gleich die Augen zu** j'ai les yeux qui se ferment
② *(zuteilwerden)* **jdm ~** *Erbe, Gewinn:* revenir à qn; *Idee:* venir [facilement] à qn; **ihr fällt alles zu** elle a de la facilité
③ *(zugewiesen werden)* **jdm ~** *Rolle:* revenir à qn; **ihr fiel diese wichtige Aufgabe zu** c'est à elle qu'a incombé cette tâche importante
zufällig **I.** *Adj* fortuit(e)
II. *Adv* par hasard
zufälligerweise *s.* zufällig
Zufälligkeit <-, -en> *f* ❶ *kein Pl (das Zufälligsein)* caractère *m* fortuit
② *(Ereignis)* hasard *m*
Zufallsbekanntschaft *f* ❶ rencontre fortuite *f;* **eine ~ machen** faire une rencontre fortuite ② *(Person)* personne *f* rencontrée par hasard **Zufallstreffer** *m* but *m* marqué par hasard
zu|fassen *itr V* s'agripper; **[kräftig] ~** s'agripper [vigoureusement]
zufleiß *Adv* A *fam (absichtlich)* intentionnellement
zu|fliegen *itr V unreg + sein* ❶ *(fliegen)* voler; **auf jdn/etw ~** *Pilot, Flugzeug, Rakete:* voler en direction de qn/qc; *Vogel, Ball:* se diriger vers qn/qc
② *(geflogen kommen)* **jdm ~** *Vogel:* venir s'installer chez qn
③ *(zufallen) Tür, Fenster:* se refermer [brusquement]
④ *(zuteilwerden)* **ihm fliegen die Ideen [nur so] zu** les idées lui viennent toutes seules; **ihr flog [in der Schule] alles zu** elle avait [à l'école] de grandes facilités
zu|fließen *itr V unreg + sein* ❶ *(münden)* se jeter dans; **dem Meer ~** se jeter dans la mer; **dem See ~** *Frischwasser:* alimenter le lac
② *(zugutekommen)* **einer Organisation/einem karitativen Zweck ~** être destiné(e) [*o* revenir] à une organisation/œuvre caritative
Zuflucht <-, -en> *f* refuge *m;* **im Keller [vor jdm/etw] ~ finden** trouver refuge dans la cave [pour échapper à qn/qc]
▶ **jds letzte ~ sein** être le dernier recours de qn; **zu etw ~ nehmen** recourir [*o* avoir recours] à qc
Zufluchtsort *m* refuge *m*
Zufluss[RR] *m* ❶ *kein Pl (das Zufließen)* afflux *m*
② *(Gewässer)* affluent *m*
zu|flüstern *tr V* **jdm etw ~** chuchoter qc à qn; *(vorsagen)* souffler qc à qn
zufolge [tsuˈfɔlɡə] *Präp + Dat* d'après; **dem Lexikon ~** d'après [*o* selon] le dictionnaire
zufrieden [tsuˈfriːdən] **I.** *Adj* satisfait(e); **mit jdm/etw ~ sein** être satisfait(e) [*o* content(e)] de qn/qc; **jdn ~ stellen** satisfaire qn
II. *Adv* lächeln d'un air satisfait; *nicken, sich setzen* en signe de satisfaction
zufrieden|geben *r V unreg* **sich mit etw ~** se contenter de qc
Zufriedenheit <-> *f* [sentiment *m* de] satisfaction *f;* **zu Ihrer ~** à votre satisfaction
zufrieden|lassen *tr V unreg* **jdn/ein Tier ~** laisser qn/un animal tranquille [*o* en paix]; **jdn mit etw ~** laisser qn tranquille [*o* en paix] avec qc
zufrieden|stellen *s.* zufrieden **I.** ❶
zu|frieren *itr V unreg + sein* geler complètement
zu|fügen *tr V* ❶ faire subir; **jdm etw ~** infliger [*o* faire subir] qc à qn
② *geh (hinzufügen)* **dem Teig Mehl ~** additionner de la farine à la

pâte
Zufuhr ['tsu:fu:ɐ] <-, -en> f ① *(Versorgung)* ~ **von Ersatzteilen/Versorgungsgütern** approvisionnement *m* en pièces de rechange/biens d'approvisionnement
② *(das Zuströmen) von Kraftstoff, Frischluft, Wasser* arrivée *f*
zu|führen I. *tr V* ① *(bringen)* adresser; **einem Verein neue Mitglieder** ~ adresser [*o* envoyer] de nouveaux membres à une association
② *(zufließen lassen)* **einer Firma** *(Dat)* **Kapital** ~ alimenter une entreprise avec des fonds; **etw einem wohltätigen Zweck** ~ verser [*o* affecter] qc à une œuvre de bienfaisance
③ *(übergeben)* **jdn seiner gerechten Strafe** *(Dat)* ~ donner à qn la punition qu'il mérite; **etw seiner Bestimmung** *(Dat)* ~ rendre qc à sa destination; **etw einer neuen Verwendung** *(Dat)* ~ affecter qc à un nouvel usage
II. *itr V* **auf ein Dorf** ~ *Straße, Weg:* conduire [*o* mener] à un village
Zuführung f ① *(Zufuhr)* arrivée *f*
② *(Einrichtung) von Strom* câble *m* d'alimentation; *von Wasser* conduite *f* d'alimentation
Zug¹ [tsu:k] <-s> *nt* GEOG canton *m* de Zoug
Zug² [tsu:k, *Pl:* 'tsy:gǝ] <-[e]s, Züge> *m* ① train *m;* **auf den fahrenden** ~ [auf]springen prendre le train en marche
② *(Lastzug)* semi-remorque *f*
③ *(Inhalieren des Rauchs)* bouffée *f;* **einen** ~ **machen** tirer une bouffée
④ *(Schluck)* gorgée *f; etw in einem* ~ **leeren** vider qc d'un trait
⑤ *kein Pl (Luftzug)* courant *m* d'air
⑥ *kein Pl* PHYS traction *f; eines Schlägers* tension *f*
⑦ *(Spielzug)* coup *m;* **einen** ~ **machen** jouer un coup
⑧ *(lange Kolonne) von Demonstranten* cortège *m*
⑨ MIL section *f*
⑩ *(Gesichtszug)* trait *m*
⑪ *(Charakterzug)* trait *m* de caractère
▶ **in großen** [*o* **groben**] **Zügen** dans les grandes lignes; **in den letzten Zügen liegen** *fam* être en train de casser sa pipe *(fam);* **das ist kein schöner** ~ **von ihm/ihr** ce n'est pas un beau trait de caractère de qc; **etw in vollen Zügen genießen** jouir pleinement de qc; **der** ~ **ist abgefahren** *fam* il aurait fallu s'y prendre avant *(fam);* **sie ist am** ~ c'est à elle de jouer; **bei jdm zum ~e/nicht zum ~e kommen** *fam* avoir une chance/n'avoir aucune chance avec qn; **im ~e der Ermittlungen/Verhandlungen** au fil [*o* au cours] de l'enquête/des négociations; **um** ~ coup sur coup
Zugabe f ① MUS bis *m;* **nach der dritten** ~ à l'issue du troisième rappel; ~, ~! une autre, une autre! *(fam)*
② *(Dreingabe)* cadeau *m* [publicitaire]
③ *kein Pl (das Zufügen)* addition *f;* **unter** ~ **von Sahne** tout en ajoutant de la crème
Zugabteil *nt* compartiment *m*
Zugang <-gänge> *m* ① *(Eingang)* accès *m,* entrée *f*
② *kein Pl (Zutritt)* ~ **zu etw** accès *m* à qc
③ *kein Pl (Zugriff)* ~ **zu allen Daten/Informationen haben** avoir accès à toutes les données/informations
④ *form (neuer Patient, neues Buch)* arrivée *f;* *(neues Mitglied)* adhésion *f*
zugange [tsu:gaŋǝ] *Adj fam* **[im Garten]** ~ **sein** être occupé(e) [au jardin] *(fam)*
zugänglich ['tsu:gɛŋlɪç] *Adj* ① *(erreichbar)* accessible; **leicht** ~ **sein** être facilement accessible [*o* d'accès facile]; **kaum** ~ **sein** *Festung:* être quasiment inaccessible
② *(verfügbar)* **etw ist allen** ~ tout le monde a accès à qc; **etw der Öffentlichkeit** *(Dat)* ~ **machen** rendre public l'accès à qc; **schwer** ~ **e Informationen** des informations auxquelles il est difficile d'avoir accès
③ *(aufgeschlossen) Person* d'un abord facile; **wenig/kaum** ~ **sein** être d'un abord difficile; **für moderne Kunst** [*o* **moderner Kunst gegenüber**] ~ **sein** être sensible à l'art moderne
Zugänglichkeit <-> f ① *(Verfügbarkeit)* accès *m;* **die** ~ **der Daten garantieren** garantir l'accès *m* aux données
② *(Aufgeschlossenheit)* abord *m* facile
Zugbegleiter *m* ① contrôleur *m* ② *(Faltblatt)* guide *m* pour les voyageurs **Zugbegleiterin** <-, -nen> *f* contrôleuse *f* **Zugbrücke** *f* pont-levis *m*
zu|geben *tr V unreg* ① *(eingestehen)* admettre, reconnaître; ~, **dass** admettre [*o* reconnaître] que + *indic;* ~, **gelogen/sich getäuscht zu haben** reconnaître avoir menti/s'être trompé(e)
② *(zugestehen)* **jdm** ~, **dass er teilnimmt** accorder à qn qu'il participe [*o* de participer]
zugedacht *s.* zudenken
zugegebenermaßen *Adv* je le concède [*o* reconnais]
zugegen *Adj geh* être présent(e); **bei etw** ~ **sein** être présent(e) à qc
zu|gehen *unreg* I. *itr V* + *sein* ① *(sich schließen lassen)* fermer;

Klappe: se [re]fermer
② *(sich schließen) [von allein]* ~ se fermer [automatiquement]
③ *(zusteuern, losgehen)* **auf jdn/etw** ~ s'avancer [*o* se diriger] vers qn/qc
④ *(sich nähern)* **auf die vierzig** ~ approcher de la quarantaine
⑤ *(übermittelt werden)* **jdm** ~ *Nachricht, Brief:* parvenir à qn; **jdm etw** ~ **lassen** faire parvenir [*o* transmettre] qc à qn
II. *itr V unpers* + *sein* **hier geht es lustig zu** on s'amuse bien ici; **es ging sehr laut zu** c'était très bruyant
Zugehfrau *f* SDEUTSCH, A femme *f* de ménage
zu|gehören* *itr V geh* faire partie de; **einer Gruppe** *(Dat)* ~ faire partie du groupe
zugehörig *Adj* ① *attr Unterlagen* qui vont avec
② *(nicht ausgeschlossen)* **sich** ~ **fühlen** se sentir bien intégré(e)
Zugehörigkeit <-> *f* appartenance *f*
zugekifft *Adj fam* défoncé(e) *(fam)*
zugeknöpft *Adj fam* **ziemlich** ~ **sein** ne pas être très causant(e) *(fam);* **sehr** ~ **bleiben** se fermer comme une huître
Zügel ['tsy:gǝl] <-s, -> *m* rêne *f*
▶ **die** ~ **[fest] in der Hand halten** tenir [fermement] les rênes; **die** ~ **anziehen** tenir la bride haute; **die** ~ **schleifen lassen** lâcher la bride
zügellos *Adj Person* excessif(-ive); *Genusssucht* effréné(e), débridé(e)
Zügellosigkeit <-, -en> *f* perte *f* de retenue, débauche *f*
zügeln I. *tr V + haben* ① *(im Zaum halten)* tenir la bride haute [*o* courte] à *Pferd*
② *(beherrschen)* refréner *Neugierde*
II. *r V + haben* **sich** ~ se refréner
III. *itr V + sein* CH *[nach Basel]* ~ déménager [à Bâle]
Zugereiste(r) SDEUTSCH *s.* Zugezogene(r)
zu|gesellen* *r V* se joindre; **sich jdm** ~ se joindre à qn
Zugeständnis *nt* concession *f*
zu|gestehen* *tr V unreg* accorder, concéder; **jdm** ~, **dass er Recht hat** concéder [*o* accorder] à qn qu'il a raison
zugetan ['tsu:gǝta:n] *Adj* **jdm** ~ **sein** avoir de l'affection pour qn
Zugewinn *m* gain *m*
Zugewinngemeinschaft *f* JUR communauté *f* réduite aux acquêts
Zugezogene(r) *f(m) dekl wie Adj* nouveau venu *m/*nouvelle venue *f*
Zugfahrkarte *f* billet *m* [de train] **Zugfahrplan** *m* horaire *m* des trains **Zugfeder** *f* TECH ressort *m* de traction **zugfest** *Adj* PHYS, TECH résistant(e) à la traction **Zugführer(in)** *m(f)* ① chef *mf* de train ② MIL chef *mf* de section
zu|gießen *tr V unreg* [r]ajouter; **etwas Wasser** ~ [r]ajouter [*o* [re]mettre] un peu d'eau; **soll ich Ihnen Kaffee/Tee** ~ ? je vous rajoute [*o* remets] un peu de café/de thé?; **soll ich Ihnen** ~ ? je vous en rajoute [*o* remets] un peu?
zugig *Adj* plein(e) de courants d'air; **hier ist es** ~ il y a des courants d'air par ici
zügig ['tsy:gɪç] I. *Adj* rapide
II. *Adv* rapidement
zu|gipsen *tr V* **etw** ~ [re]boucher qc avec du plâtre
Zugkraft *f* ① PHYS force *f* [*o* puissance *f*] de traction
② *kein Pl (Anziehungskraft) eines Slogans* pouvoir *m* de séduction
zugkräftig *Adj Slogan, Werbung* attractif(-ive)
zugleich *Adv* en même temps
Zugluft *f kein Pl* courant *m* d'air **Zugmaschine** *f* tracteur *m* **Zugnummer** *f* ① EISENBAHN numéro *m* du train ② *(Hauptattraktion)* attraction *f* **Zugpersonal** *nt* personnel *m* du train **Zugpferd** *nt* ① *(Pferd)* cheval *m* de trait ② *(Attraktion)* attraction *f* **Zugpflaster** *nt* MED vésicatoire *m*
zu|greifen *itr V unreg* ① *(zupacken)* [s']agripper
② *(sich bedienen)* se servir; **bitte greifen Sie zu!** je vous en prie, servez-vous!
③ *(ein Angebot wahrnehmen)* **sofort** ~ sauter sur l'occasion *(fam)*
④ INFORM **auf etw** *(Akk)* ~ avoir accès à qc
Zugrestaurant *nt* wagon-restaurant *m*
Zugriff *m* ① INFORM accès *m;* ~ **auf etw** *(Akk)* accès à qc
② *(Zugreifen)* **sich dem** ~ **der Finanzbehörden entziehen** échapper au fisc
Zugriffsgeschwindigkeit *f,* **Zugriffszeit** *f* INFORM vitesse *f* d'accès **Zugriffszahl** *f meist Pl* INFORM nombre *m* d'accès
zugrunde [tsu:'grʊndǝ] *Adv* ~ **gehen** *Person:* se perdre; *Kultur, Zivilisation:* disparaître; *Reich:* s'effondrer; **am Alkohol** ~ **gehen** sombrer dans l'alcool; **jdn** ~ **richten** *(gesundheitlich ruinieren)* ruiner la santé à qn; *(sozial, finanziell ruinieren)* causer la perte de qn; **sich [selbst]** ~ **richten** creuser sa [propre] tombe; **seinem Aufsatz eine Hypothese** ~ **legen** fonder sa dissertation sur une hypothèse; **dieser Politik** *(Dat)* **liegt das Prinzip** ~, **dass** cette politique est fondée sur le principe que
Zugrundelegung *f* sur la base de; **unter** ~ **dieser Fakten** sur la

base de [o en se fondant sur] ces faits
Zugschaffner(in) *m(f)* contrôleur(-euse) *m(f)* **Zugtelefon** *nt* téléphone *m* **Zugtier** *nt* bête *f* de trait
zu|gucken *itr V fam s.* zusehen
Zugunglück *nt* accident *m* de chemin de fer
zugunsten *Präp* + *Gen o Dat* en faveur de; ~ **seines Kindes/von Flüchtlingen** en faveur [o au profit] de son enfant/des réfugiés
zugute|kommen *itr V unreg* + *sein* **jdm ~** *Kenntnisse, Erfahrung*: se révéler être un avantage pour qn; **einer Organisation** *(Dat) ~ Spenden*: être [versé(e)] au profit d'une organisation
zugute|halten *tr V unreg* **jdm seine Unerfahrenheit ~** tenir compte de [o prendre en compte] l'inexpérience de qn
Zugverbindung *f* liaison *f* [ferroviaire] **Zugverkehr** *m* trafic *m* ferroviaire **Zugvogel** *m* oiseau *m* migrateur **Zugzwang** *m* au pied du mur; **in ~ geraten** se retrouver au pied du mur; **unter ~ stehen** être au pied du mur; **jdn in ~ bringen** mettre qn au pied du mur
zu|haben *unreg* **I.** *itr V Geschäft, Restaurant*: être fermé(e)
  II. *tr V* avoir fermé *Kleid, Reißverschluss, Koffer*
zu|halten *unreg* **I.** *tr V fam* maintenir qc fermé(e); **die Tür [von innen] ~** maintenir la porte fermée [de l'intérieur]; **sich** *(Dat)* **die Nase/die Ohren ~** se boucher le nez/les oreilles; **sie hielt ihm die Augen zu** elle lui a bouché les yeux
  II. *itr V* **auf jdn/etw ~** *Fahrer, Schiff*: aller [o se diriger] droit sur qn/qc
Zuhälter(in) ['tsu:hɛltɐ] <-s, -> *m(f)* proxénète *mf*
Zuhälterei <-> *f* proxénétisme *m*
zuhanden [tsu'handən] *Adv* A, CH **~ Herrn Braun** à l'attention de M. Braun
zu|hauen *unreg* **I.** *tr V* ❶ *fam* claquer *Tür*
  ❷ *(behauen)* dégrossir *Holz, Stein*
  II. *s.* **zuschlagen**
zuhauf *Adv geh* en grand nombre
zuhause[RR] *Adv* A, CH à la maison
Zuhause [tsu'haʊzə] <-s> *nt* maison *f*; **ich habe/er hat kein ~** je n'ai pas de chez-moi/il n'a pas de chez-soi
zu|heilen *itr V* + *sein Wunde*: se refermer, [se] cicatriser
Zuhilfenahme <-> *f* à l'aide de; **unter ~ eines Hammers** à l'aide d'un marteau; **unter ~ eines Lexikons** en recourant à un dictionnaire
zu|hören *itr V* **[jdm] ~** écouter [qn]
Zuhörer(in) *m(f)* auditeur(-trice) *m(f)*
Zuhörerschaft *f* auditoire *m*
zu|jubeln *itr V* **jdm ~** acclamer qn, ovationner qn
zu|kaufen *tr V a.* BÖRSE **etw ~** [r]acheter qc [en complément]
zu|klappen **I.** *tr V* + *haben* fermer; **den Kofferraum ~** [re]fermer le coffre [en le claquant]
  II. *itr V* + *sein* se [re]fermer [en claquant]
zu|kleben *tr V* cacheter *Umschlag, Brief*
zu|knallen *fam* **I.** *tr V* + *haben* claquer *Tür, Fenster*
  II. *itr V* + *sein* se fermer en claquant
zu|kneifen *tr V unreg* fermer; **die Augen ~** fermer les yeux [très fort]; **den Mund ~** pincer les lèvres
zu|knöpfen *tr V* boutonner; **sich** *(Dat)* **das Hemd ~** boutonner sa chemise; *s. a.* **zugeknöpft**
zu|knoten *tr V* nouer
zu|kommen *itr V unreg* + *sein* ❶ *(näher kommen)* **auf jdn/etw ~** *Person*: venir [o se diriger] vers qn/qc
  ❷ *fig* **alles auf sich** *(Akk)* **~ lassen** laisser faire les choses; **lass einfach alles auf dich ~!** tu n'as qu'à [attendre et] voir venir!
  ❸ *(bevorstehen)* **auf jdn ~** *Aufgabe*: attendre qn; **auf uns kommt Ärger zu** nous allons avoir des ennuis
  ❹ *(gebühren)* **jdm ~** *Aufgabe, Rolle*: revenir à qn; **es kommt dir nicht zu das zu tun** il ne t'appartient pas de faire cela; **diesem Ereignis kommt eine große Bedeutung zu** une grande importance est à accorder à cet événement
  ❺ *geh (zuteilwerden)* **jdm etw ~ lassen** *(schenken, übermitteln)* faire parvenir qc à qn; *(gewähren)* accorder qc à qn
zu|kriegen *s.* **zubekommen**
Zukunft ['tsu:kʊnft] <-> *f* ❶ avenir *m*; **in ~** à l'avenir; **in naher/ferner ~** dans un proche avenir/un avenir lointain; **an die/seine ~ denken** penser à l'avenir/son avenir
  ❷ GRAM futur *m*
  ▶ **skeptisch in die ~ blicken** [o **schauen**] voir venir l'avenir avec inquiétude; **~ haben** avoir de l'avenir; **keine ~ haben** n'avoir aucun avenir; **ein Beruf mit/ohne ~** un métier d'avenir/sans avenir
zukünftig **I.** *Adj* ❶ *Generation* futur(e), à venir
  ❷ *(designiert)* **die ~e Ministerin/Präsidentin** la future ministre/présidente
  II. *Adv* à l'avenir
Zukunftsangst *f* peur *f* de l'avenir **Zukunftsaussichten** *Pl* perspectives *fpl* d'avenir **Zukunftsbranche** *f* secteur *m* d'avenir **Zukunftsforscher(in)** *m(f)* futurologue *mf* **Zukunftsforschung** *f kein Pl* futurologie *f* **Zukunftsmusik** *f* ▶ **das ist [noch] ~** *fam* c'est pas [encore] pour demain *(fam)* **zukunftsorientiert** *Adj* orienté(e) vers l'avenir **Zukunftsperspektive** *f* perspective *f* d'avenir **Zukunftspläne** *Pl* projets *mpl* [d'avenir] **Zukunftsroman** *m* LITER roman *m* d'anticipation **zukunftssicher** *Adj* porteur(-euse) d'avenir **zukunftsträchtig** *Adj Beruf, Verfahren* d'avenir; *Erfindung* plein(e) d'avenir; **~/nicht sehr ~ sein** avoir de l'avenir/ne pas être très prometteur(-euse)
zu|lächeln *itr V* **jdm ~** sourire à qn
Zulage <-, -n> *f* prime *f*, complément *m* [de salaire]
zulande *s.* **Land** ▶
zu|langen *itr V fam* ❶ *(sich bedienen)* **kräftig ~** se servir copieusement
  ❷ *(in Bezug auf Geld)* matraquer le client *(fam)*
  ❸ *(zuschlagen)* cogner *(fam)*
zu|lassen *tr V unreg* ❶ *(dulden)* tolérer; **~, dass** tolérer [o permettre] que + *subj*
  ❷ *(ermöglichen)* **wenn die Situation es zulässt** si la situation le permet
  ❸ *(nahelegen)* autoriser *Deutung, Schluss*
  ❹ *(amtliche Erlaubnis erteilen)* **jdn zum Studium/zur Prüfung ~** autoriser qn à faire des études/à passer un examen; **jdn als Arzt ~** autoriser qn à exercer comme médecin; **zugelassen** *Anwalt, Heilpraktiker* agréé(e); **bei Gericht zugelassen** agréé(e) auprès du tribunal
  ❺ *(amtlich anmelden)* faire immatriculer *Kraftfahrzeug*; **zugelassen** *Kraftfahrzeug* immatriculé(e); *(in Frankreich)* déclaré(e) en préfecture; **in Mainz zugelassen sein** être immatriculé(e) à Mayence
  ❻ *fam (geschlossen lassen)* **etw ~** laisser qc fermé(e); *(nicht aufknöpfen)* garder qc boutonné(e) [o fermé(e)]
zulässig ['tsu:lɛsɪç] *Adj* autorisé(e); *Abweichung* autorisé(e), toléré(e); **es ist ~ etw zu tun** il est autorisé [o permis] de faire qc
Zulässigkeit <-> *f* JUR admissibilité *f*
Zulassung <-, -en> *f* ❶ *Pl (Genehmigung)* autorisation *f*; **~ zum Studium/zur Prüfung** admission *f* à faire des études/à l'examen; **ihre ~ als Anwältin** son autorisation d'exercer comme avocat
  ❷ *kein Pl (Anmeldung)* eines Kraftfahrzeugs immatriculation *f*
  ❸ *fam (Fahrzeugschein)* carte *f* grise
Zulassungsbeschränkung *f* [bei Studiengängen] restriction de l'accès à certaines études **Zulassungsnummer** *f* AUT *fam* numéro *m* d'immatriculation **Zulassungspapiere** *Pl* papiers *mpl* du véhicule **Zulassungsstelle** *f* service *m* des cartes grises [o des immatriculations] **Zulassungsverfahren** *nt* procédure *f* d'agrément [o d'admission]
zulasten[RR] *Präp* + *einer S. (Gen)* à la charge de qc
Zulauf *m* ❶ *(Rohr, Schlauch)* arrivée *f* [d'eau]
  ❷ *(Zufluss)* **einen unterirdischen ~ haben** *See*: être alimenté(e) par des sources souterraines
  ❸ *(Zuspruch)* **~ haben** *Arzt*: avoir une grosse clientèle; *Lokal, Museum*: être très fréquenté(e)
zu|laufen *itr V unreg* + *sein* ❶ *(sich nähern)* courir vers; **auf jdn/etw ~** *Person, Tier*: courir vers [o en direction de] qn/qc; **sie kam auf mich zugelaufen** elle s'approcha de moi en courant
  ❷ *(hineinfließen) Wasser*: arriver; **kaltes Wasser ~ lassen** rajouter de l'eau froide
  ❸ *(enden)* **spitz ~** *Schere*: se terminer en pointe; **[an den Knöcheln] schmal ~** se rétrécir [aux chevilles]
  ❹ *(gelaufen kommen)* **jdm ~** *Hund, Katze*: trouver refuge chez qn; **der Hund ist uns zugelaufen** ce chien nous est arrivé
zu|legen **I.** *tr V fam* ❶ *(dazutun, -legen)* rajouter
  ❷ *(dazuzahlen)* **noch etwas ~** en rajouter un peu
  ❸ *(zunehmen)* **fünf Kilo ~** prendre cinq kilos
  II. *itr V* ❶ *fam (zunehmen)* [ziemlich] **~** prendre du poids
  ❷ *(sich steigern) Branche, Partei*: progresser; *Währung*: remonter
  ❸ *fam (das Tempo steigern)* en mettre un coup *(fam)*
  III. *r V fam* **sich** *(Dat)* **ein Fahrrad/eine neue Frisur ~** se payer un vélo/une nouvelle coiffure; **sich** *(Dat)* **einen Geliebten ~** prendre un amant
zuleide *Adv* **jdm etwas/nichts ~ tun** faire du mal/ne pas faire de mal à qn
zu|leiten *tr V* ❶ faire parvenir qc à qn; **jdm etw ~** transmettre [o faire parvenir] qc à qn
  ❷ *(zuführen)* **dem See frisches Wasser ~** amener de l'eau fraîche au lac
Zuleitung *f* ❶ *kein Pl geh (das Übermitteln)* envoi *m*
  ❷ *(Leitungsrohr für Wasser/Benzin)* tuyau *m* d'amenée/d'alimentation
Zuleitungsrohr *nt s.* **Zuleitung** ❷
zuletzt *Adv* ❶ *(als Letzter)* le dernier/la dernière; **~ ins Ziel kommen** passer la ligne d'arrivée le dernier/la dernière
  ❷ *(zum Schluss)* [ganz] **~** [tout] à la fin; **bis ~** jusqu'au bout, jusqu'à

la fin
❸ *(schließlich)* finalement; **~ kam sie dann doch noch** elle a tout de même fini par arriver
❹ *fam (letztmalig) sehen, treffen* pour la dernière fois
▶ **nicht ~** notamment; **nicht ~, weil wir ein Zeichen setzen wollen** d'autant plus que nous voulons donner l'exemple
zuliebe *Adv* **etw jdm ~ tun** faire qc pour [faire plaisir à] qn; **etw der Wahrheit** *(Dat)* **~ tun** faire qc par amour de la vérité
Zulieferbetrieb *m* entreprise *f* sous-traitante
Zulieferer <-s, -> *m*, **Zulieferin** *f* sous-traitant(e) *m(f)*
Zuliefererindustrie *f*, **Zulieferindustrie** *f* industrie *f* de sous-traitance
zu|liefern *itr V* faire de la sous-traitance
Zulu ['tsu:lu] <-[s], -[s]> *m* Zoulou *mf*
zum [tsʊm] = **zu dem** *s.* **zu**
zu|machen I. *tr V* ❶ *fermer Deckel, Fenster, Klappe;* [re]fermer *Dose, Flasche;* fermer, boutonner *Hemd, Mantel;* lacer *Schuh;* **sich** *(Dat)* **das Hemd/die Schuhe ~** boutonner sa chemise/lacer ses chaussures
❷ *(stilllegen, schließen)* fermer *Firma, Laden*
II. *itr V* ❶ fermer
❷ *fam* [**sich beeilen**] se grouiller *(fam)*
zumal I. *Konj* d'autant plus que + *indic*
II. *Adv* surtout
zu|mauern *tr V* murer *Fenster, Einfahrt*
zumeist *Adv* la plupart du temps
zumindest *Adv* ❶ du moins; *(wenigstens)* au moins
❷ *(jedenfalls)* en tout cas
zumutbar *Adj* tolérable, supportable; **für jdn nicht ~ sein** *Stelle, Bedingung:* être inacceptable pour qn; **ist dieser Lärm für die Mieter ~?** les locataires sont-ils censés tolérer [*o* supporter] ce bruit?; **ist es für Arbeitslose ~ das zu tun?** est-on en droit d'attendre des chômeurs qu'ils fassent cela?
Zumutbarkeit <-, -en> *f* tolérable *m;* **die Grenzen der ~** les limites *fpl* du tolérable
zumute *Adv* **jdm ist zum Lachen/Weinen ~** qn a envie de [*o* le cœur à] rire/pleurer; **mir ist nicht zum Scherzen ~** je ne suis pas d'humeur à plaisanter; **jdm ist seltsam ~** qn se sent bizarre
zu|muten ['tsu:mu:tən] **I.** *tr V* exiger; **jdm viel/wenig ~** exiger beaucoup/peu de qn
II. *r V* **sich** *(Dat)* **eine schwere Arbeit ~** s'imposer un travail difficile; **sich zu viel ~** présumer de ses forces
Zumutung *f* **eine ~ sein** être plus qu'on ne peut en supporter
zunächst *Adv* ❶ *(anfangs)* au début, [tout] d'abord
❷ *(vorläufig)* pour l'instant, pour le moment
zu|nageln *tr V* **etw ~** fermer qc avec des clous
zu|nähen *tr V* [re]coudre
Zunahme ['tsu:na:mə] <-, -n> *f* *der Arbeitslosigkeit, Inflation* hausse *f,* augmentation *f; der Erkrankungen, Umweltverschmutzung* progression *f,* recrudescence *f*
Zuname *m* nom *m* de famille *(form)*
zündeln ['tsʏndəln] *itr V* SDEUTSCH, A jouer avec des allumettes
zünden ['tsʏndən] **I.** *tr V* ❶ *Rakete, Triebwerk:* être mis(e) à feu
❷ *fig Witz, Pointe:* enthousiasmer
II. *tr V* procéder à la mise à feu de *Rakete, Triebwerk*
zündend *Adj Idee* de génie, lumineux(-euse) *(fam), Rede* enflammé(e)
Zunder ['tsʊndɐ] <-s, -> *m* ▶ **wie brennen** s'enflammer comme une allumette
Zünder ['tsʏndɐ] <-s, -> *m* détonateur *m*
Zündfunke ['tsʏntfʊŋkə] *f* étincelle *f* d'allumage **Zündholz** *nt* A, SDEUTSCH allumette *f* **Zündhütchen** ['tsʏnthy:tçən] *nt* amorce *f* **Zündkabel** *nt* câble *m* d'allumage **Zündkerze** *f* bougie *f* **Zündplättchen** ['tsʏntplɛtçən] *nt* amorce *f* **Zündschloss**^RR *nt* contact *m* **Zündschlüssel** *m* clé *f* de contact **Zündschnur** *f* mèche *f* **Zündspule** *f* bobine *f* [d'allumage] **Zündstoff** *m* ▶ **viel ~ enthalten** *Film, Rede:* aborder un sujet explosif
Zündung <-, -en> *f* ❶ *(Zündanlage)* allumage *m*
❷ *kein Pl (das Zünden) einer Rakete* mise *f* à feu; *eines Triebwerks* allumage *m*
Zündungsschlüssel *m* CH clé *f* de contact
Zündverteiler *m* AUT delco *m* **Zündvorrichtung** *f* TECH allumage *m*
zu|nehmen *unreg* **I.** *itr V* ❶ *(dick werden) Person, Tier:* grossir, prendre du poids
❷ *(wachsen) Ärger, Spannung:* grandir; *Schmerzen, Arbeitslosigkeit, Umweltverschmutzung:* augmenter
❸ *(stärker werden)* gagner en intensité; *Wind, Orkan:* gagner en intensité, forcir; **an Heftigkeit ~** *Wind:* redoubler de violence
II. *tr V* [**wieder**] **zehn Kilo ~** [re]prendre dix kilos
zunehmend I. *Adj* croissant(e); **mit ~em Alter** en vieillissant
II. *Adv* **sich bessern, verschlechtern** constamment, sans cesse; **es geht ~ besser** c'est de mieux en mieux

zu|neigen I. *itr V* avoir tendance à; **der Ansicht** *(Dat)* **~, dass** avoir tendance [*o* être enclin(e)] à penser que
II. *r V* **sich dem Ende ~** toucher à sa fin
Zuneigung *f* sympathie *f,* penchant *m (littér);* **die ~ eines Menschen gewinnen** gagner la sympathie d'une personne
Zunft [tsʊnft, *Pl:* 'tsʏnftə] <-, **Zünfte**> *f* corporation *f*
zünftig ['tsʏnftɪç] *Adj veraltet fam* bon vieux/bonne vieille *antéposé (fam); Blasmusik* très couleur locale *(fam); Bekleidung* comme il faut
Zunge ['tsʊŋə] <-, -n> *f* ❶ *a.* GASTR langue *f;* **auf der ~ brennen** *Chili, Schnaps:* arracher la bouche; **auf der ~ zergehen** fondre dans la bouche; [**jdm**] **die ~ herausstrecken** tirer la langue [à qn]; **eine belegte ~ haben** avoir la langue chargée
❷ *(Mundwerk)* **eine scharfe/spitze ~ haben** avoir la langue bien pendue/affilée
❸ *(Geschmack)* **eine feine ~ haben** avoir le palais fin
❹ *geh (Sprache)* **Menschen fremder ~** *(Gen)* des personnes de langue étrangère
▶ **jdm hängt die ~ zum Hals**[**e**] **heraus** *fam* (jd ist außer Atem) qn est complètement essoufflé(e) [*o* à bout de souffle]; *(jd ist durstig)* qn tire la langue; **seine ~ im Zaum halten** *geh* tenir sa langue; **böse ~n** des mauvaises langues; **mit gespaltener ~ sprechen** avoir un double langage; **eine schwere ~ haben** avoir la bouche pâteuse; **sich** *(Dat)* **eher** [*o* **lieber**] **die ~ abbeißen, als die anderen zu verraten** se faire couper [*o* arracher] la langue plutôt que de trahir les autres; **sich** *(Dat)* **die ~ an etw** *(Dat)* **abbrechen** buter en prononçant qc; **mit der ~ anstoßen** avoir un cheveu sur la langue; **das brennt ihr auf der ~** elle brûle d'envie de le dire; **etw hat ihm/ihr die ~ gelöst** qc lui a délié la langue; **seine ~ hüten** [*o* **zügeln**] tenir sa langue; **etw liegt ihm/ihr auf der ~** il/elle a qc sur le bout de la langue
züngeln ['tsʏŋəln] *itr V* ❶ *Reptil:* darder sa langue
❷ *(emporschlagen) Flammen:* jaillir
Zungenbrecher <-s, -> *m (schwer auszusprechender Satz)* phrase *f* difficile à prononcer; *(unaussprechlicher Name)* nom *m* imprononçable [*o* à coucher dehors *fam*]
Zungenkuss^RR *m* baiser *m* langue en bouche; **jdm einen ~ geben** rouler une pelle à qn *(fam)* **Zungenspitze** *f* bout *m* de la langue **Zungenwurst** *f* GASTR pâté *m* de langue de porc
Zünglein ['tsʏŋlaɪn] <-s, -> *nt* ▶ **das ~ an der Waage sein** faire pencher la balance
zunichte|machen *tr V* **etw ~** réduire qc à néant
zu|nicken *itr V* **jdm ~** faire un signe de tête à qn
zunutze *Adv* **sich** *(Dat)* **etw ~ machen** tirer profit de qc
zuoberst [tsu'?o:bɐst] *Adv* tout en haut
zu|ordnen *tr V* classer qn; **jdn einer politischen Richtung** *(Dat)* **~** classer [*o* ranger] qn dans un courant politique; **etw einer Kategorie** *(Dat)* **~** catégoriser qc
Zuordnung *f* ❶ *von Tieren, Pflanzen* classement *m*
❷ *(Einschätzung)* **die politische ~ dieses Parteimitglieds/der Punks** le classement politique de ce membre du parti/des punks
zu|packen *itr V* ❶ *(zugreifen)* serrer; [**fest**] **~** serrer fort[ement]
❷ *(mithelfen)* donner un coup de main; **kräftig** [*o* **tüchtig**] **~** donner un sérieux coup de main
zu|parken *tr V* **etw ~** bloquer qc en stationnant devant
zupass|kommen^RR, **zupaß|kommen**^ALT *itr V unreg + sein geh* arriver à point nommé pour qn
zupfen ['tsʊpfən] *tr V* ❶ *(ziehen)* tirer; **jdn am Ärmel/an den Haaren ~** tirer qn par la manche/les cheveux
❷ *(herausziehen)* **jdm/sich die Augenbrauen ~** épiler les sourcils à qn/s'épiler les sourcils; **Unkraut** [**aus dem Beet**] **~** enlever les mauvaises herbes [de la plate-bande]
Zupfinstrument *nt* instrument *m* à cordes pincées
zu|prosten ['tsu:pro:stən] *itr V* lever son verre; **jdm ~** trinquer [*o* lever son verre] à la santé de qn
zur [tsu:ɐ] = **zu der** *s.* **zu**
zurande^RR *Adv* **mit jdm/etw** *(Dat)* [**nicht**] **~ kommen** *fam* [ne pas] venir à bout de qn/qc
zurate^RR *Adv* **etw/jdn ~ ziehen** consulter qc/qn
zu|raten *itr V unreg* conseiller; **jdm zu einer Bewerbung ~** conseiller [*o* recommander] [fortement] à qn de poser sa candidature; **jdm ~ etw zu tun** conseiller [*o* recommander] [fortement] à qn de faire qc
Zürcher ['tsʏrçɐ] *Adj* de Zurich, zurichois(e)
Zürcher(in) <-s, -> *m(f)* Zurichois(e) *m(f)*
zu|rechnen *tr V* ❶ *(zuweisen)* imputer; **jdm die Schuld ~** attribuer [*o* imputer] la faute à qn
❷ *s.* **zuordnen**
zurechnungsfähig *Adj* responsable de ses actes **Zurechnungsfähigkeit** *f kein Pl* JUR responsabilité *f* pleine et entière
zurecht|finden *r V unreg* **sich ~** avoir ses repères; **sich in Paris ~/nicht ~** avoir/ne pas avoir ses repères à Paris **zurecht|kommen** *itr V unreg + sein* ❶ *(auskommen)* s'entendre; **mit den Kol-**

zurechtweisen	
zurechtweisen	**réprimander**
Ihr Verhalten lässt einiges zu wünschen übrig.	Votre comportement laisse à désirer.
Ich verbitte mir diesen Ton!	Je vous défends de me parler sur ce ton!
Das brauche ich mir von Ihnen nicht gefallen zu lassen!	Je ne tolérerai pas cela de votre part!
Unterstehen Sie sich!	Essayez un peu pour voir!
Was erlauben Sie sich!	Pour qui vous prenez-vous?
Was fällt Ihnen ein!	Qu'est-ce qui vous prend?

legen ~ s'entendre avec les collègues; **mit den Schülern** ~ s'en tirer avec les élèves ❷ *(klarkommen)* **mit der Technik** ~ se débrouiller bien avec la technique *(fam)*; **mit einem Gerät nicht** ~ ne pas s'en sortir avec un appareil **zurecht|legen** *tr V* ❶ préparer *Dokumente, Werkzeuge;* **sich** *(Dat)* **frische Wäsche** ~ préparer du linge propre ❷ *(sich überlegen)* **sich** *(Dat)* **eine Ausrede** ~ préparer une excuse à l'avance **zurecht|machen** *tr V fam* ❶ *(vorbereiten)* faire; [**jdm**] **das Bett** ~ faire le lit [à qn] ❷ *(schminken)* **jdn/sich** ~ se faire une beauté *(fam)*; *(ankleiden)* pomponner qn/se pomponner **zurecht|rücken** *tr V* rajuster *Krawatte, Hut*; remettre en place *Stuhl*; **sich** *(Dat)* **die Brille** ~ rajuster ses lunettes; **sich** *(Dat)* **den Tisch** ~ remettre sa table en place **zurecht|weisen** *tr V unreg* réprimander **Zurechtweisung** *f* réprimande *f*
zu|reden *itr V* exhorter qn; **jdm gut/lange** ~ essayer de raisonner qn; **jdm** ~ **etw zu tun** exhorter qn à faire qc; **auf sein Zureden** [**hin**] sur ses exhortations
zu|reiten *unreg* I. *tr V + haben* débourrer *Pferd*
II. *itr V + sein* **auf jdn/etw** ~ galoper vers [*o* en direction de] qn/qc
Zürich ['tsy:rɪç] <-s> *nt* Zurich
Züricher(in) ['tsy:rɪçɐ] *s.* **Zürcher(in)**
Zürichsee *m* **der** ~ le lac de Zurich
zu|richten *tr V* ❶ **jdn furchtbar** ~ mettre qn dans un état effrayant; **jdn übel** ~ mettre qn dans un état épouvantable
❷ *(beschädigen)* **etw schlimm** ~ mettre qc dans un état pitoyable
zürnen ['tsʏrnən] *itr V geh* se courroucer; **jdm** [*o* **mit jdm**] ~ se courroucer contre qn *(littér)*; **die Götter zürnten Odysseus** les dieux poursuivirent Ulysse de leur courroux *(littér)*
Zurschaustellung *f* exhibition *f*
zurück [tsuˈrʏk] *Adv* ❶ *(zurückgekehrt)* [**von einer Reise**] ~ **sein** être de retour [d'un voyage]
❷ *(in Bezug auf den Rückweg)* **einmal Stuttgart–Nancy und** ~, **bitte!** un aller et retour Stuttgart–Nancy, s'il vous plaît!; ~**!** demi-tour!
❸ *fam (rückständig)* ~ **sein** *Gegend, Vegetation*: avoir du retard
❹ *(rückwärts)* **drei Schritte/Meter** ~**!** trois pas/mètres en arrière!
Zurück <-s> *nt* **es gibt kein** ~ il n'est pas possible de faire machine arrière
zurück|behalten* *tr V unreg* ❶ garder *Narbe, Schaden*
❷ *(einbehalten)* garder *Pfand;* **einen Betrag** ~ garder un montant [en gage]
zurück|bekommen* *tr V unreg* rentrer en possession de, récupérer *(fam)*
zurück|berufen* *tr V unreg* rappeler *Botschafter*
zurück|beugen *tr V* renverser; **den Kopf** ~ renverser [*o* rejeter] la tête en arrière; **den Oberkörper/sich** ~ pencher le buste/se pencher en arrière
zurück|bilden *r V* s'atrophier; **sich** ~ *Drüse*: s'atrophier; *Geschwulst*: se résorber
zurück|bleiben *itr V unreg + sein* ❶ *(bleiben)* rester; [**im Hotel**] ~ rester [à l'hôtel]
❷ *(langsam sein)* rester en arrière
❸ *(folgen)* **von etw** ~ *Narbe, Schaden*: rester de qc
❹ *(geringer ausfallen)* **hinter etw** *(Dat)* ~ *Inflation, Entwicklung*: rester en deçà [*o* en dessous] de qc
zurück|blicken *itr V* ❶ *(sich umsehen)* jeter un regard en arrière, regarder derrière soi
❷ *(betrachten)* **auf etw** *(Akk)* ~ jeter un regard [*o* coup d'œil] rétrospectif sur qc
▶ **auf etw** *(Akk)* ~ **können** pouvoir faire un examen rétrospectif de qc
zurück|bringen *tr V unreg* ramener *Person*; rapporter *Gegenstand*; **jdn** [**ins Haus**] ~ ramener qn [à la maison]
zurück|datieren* *tr V* antidater
zurück|denken *itr V unreg* repenser; **an etw** *(Akk)* ~ repenser à qc
zurück|drängen I. *tr V* ❶ repousser, refouler *Person*

❷ *(unterdrücken)* refouler *Angst*
II. *itr V* **in den Saal** ~ *Personen*: se bousculer pour rentrer dans la salle
zurück|drehen *tr V* ❶ tourner à l'envers; **den Knopf** ~ tourner le bouton à l'envers [*o* en arrière]; **den Regler auf „1"** ~ ramener le régulateur sur „1"
❷ *(einstellen)* baisser *Lautstärke, Heizung*
zurück|dürfen *itr V unreg fam* **zu jdm** ~ pouvoir rentrer/retourner chez qn
zurück|erhalten* *s.* **zurückbekommen**
zurück|erinnern* *r V* se rappeler; **sich an jdn/etw** ~ se rappeler qn/qc, se souvenir de qn/qc
zurück|erobern* *tr V* reconquérir *Region, Fans*
zurück|erstatten* *tr V* rembourser
zurück|erwarten* *tr V* attendre [le retour de]
zurück|fahren *unreg* I. *itr V + sein* ❶ *(zum Ausgangspunkt fahren) Person, Fahrzeug*: repartir
❷ *(zurückweichen)* **vor jdm/etw** ~ reculer brusquement [*o* avoir un mouvement de recul] devant qn/pour éviter qc
II. *tr V + haben* ❶ *(zurückbewegen)* reculer *Fahrzeug;* **den Film** ~ revenir en arrière
❷ *(zurückbringen)* ramener, reconduire *Person*; rapporter *Gegenstand*
❸ *fam (reduzieren)* réduire, freiner
zurück|fallen *itr V unreg + sein* ❶ *(fallen)* **sich** [**in die Kissen**] **lassen** se laisser tomber [*o* s'affaler] [dans les coussins]
❷ *(zurückbleiben) Läufer, Radfahrer*: être distancé(e) [*o* décroché(e)]
❸ *(absteigen)* [**auf den vierten Platz**] ~ *Sportler, Verein*: retomber [au quatrième rang]
❹ *(wieder verfallen in)* **in eine alte Gewohnheit/einen alten Fehler** ~ retomber dans une vieille habitude/une ancienne erreur
❺ *(erneut entfallen auf)* **an jdn** ~ *Besitz, Vermögen*: revenir à qn
❻ *(angelastet werden)* **auf jdn** ~ *Verhalten*: retomber sur qn
zurück|finden *itr V unreg* retrouver; **zum Hotel** ~ retrouver le chemin de l'hôtel; **ich würde niemals allein aus diesem Wald** ~ je ne pourrais jamais sortir seul(e) de cette forêt
zurück|fliegen *unreg* I. *itr V + sein* repartir par avion; [**nach Kanada**] ~ *Person*: repartir [par avion] [au Canada]; *Flugzeug*: repartir [*o* reprendre l'air] [pour le Canada]; **zur Erde** ~ *Astronaut*: revenir sur terre
II. *tr V + haben* **jdn/etw** ~ ramener qn/qc [en avion]
zurück|fließen *itr V unreg + sein* ❶ *(fließen)* revenir à son point de départ; **in den Teich** ~ repartir dans l'étang
❷ FIN **an jdn** ~ *Gelder, Mittel*: être reversé(e) à qn
zurück|fordern *tr V* **einen Kredit von jdm** ~ exiger de qn le remboursement d'un crédit; **ein Buch von jdm** ~ exiger de qn la restitution d'un livre
zurück|fragen *itr V* ❶ *(eine Gegenfrage stellen)* répondre par une question
❷ *(rückfragen)* demander des précisions
zurück|führen I. *tr V* ❶ être dû; **der Unfall ist auf einen technischen Fehler zurückzuführen** l'accident est dû à une erreur technique; **das ist darauf zurückzuführen, dass** cela vient de ce que ➋ *indic*
❷ *(zurückbringen)* **jdn ins Zimmer** ~ reconduire [*o* ramener] qn dans la pièce
II. *itr V* **zur Hauptstraße** ~ *Route, Weg*: revenir à la route principale
zurück|geben *tr V unreg* ❶ *(wiedergeben)* rendre
❷ *(reklamieren)* rendre, rapporter *Waren*
❸ *(erwidern)* rendre, retourner *Kompliment, Beleidigung*
❹ *(erneut verleihen)* **jdm sein Selbstvertrauen** ~ redonner de l'assurance à qn
zurückgeblieben *Adj Kind, Schüler* retardé(e)
zurück|gehen *itr V unreg + sein* ❶ rentrer; **nach Hause** ~ rentrer à la maison; **ins Hotel** ~ retourner à l'hôtel; **ins Ausland** ~ retourner [vivre] à l'étranger; **wir sollten lieber wieder** ~ nous ferions

mieux de rentrer
❷ *(abnehmen, sinken) Hochwasser, Produktion, Umsatz:* diminuer, reculer; *Fieber, Temperatur, Wert:* baisser
❸ *(sich zurückbilden) Bluterguss, Schwellung:* se résorber
zurückgezogen *Adj* retiré(e); **~ leben** vivre retiré(e)
Zurückgezogenheit <-> *f* solitude *f*; **sie leben in [völliger] ~** ils vivent complètement isolés
zurück|greifen *itr V unreg* **auf etw** *(Akk)* **~** avoir recours [*o* recourir] à qc
zurück|haben *tr V unreg fam* récupérer *(fam)*; **etw ~ wollen** vouloir récupérer qc *(fam)*
zurück|halten *unreg* I. *r V* ❶ *(sich beherrschen)* **sich ~** se contenir
❷ *(sich vorsichtig äußern)* **sich mit seiner Kritik ~** rester mesuré(e) dans sa critique; **sich etwas ~** faire preuve d'une certaine réserve
II. *tr V* ❶ *(festhalten)* retenir *Person*
❷ *(nicht mitteilen)* faire de la rétention de, ne pas communiquer *Beweise, Informationen*
zurückhaltend I. *Adj* ❶ *(reserviert)* réservé(e), distant(e); **eine ~e Art haben** faire preuve d'une certaine retenue
❷ *(vorsichtig)* mesuré(e)
II. *Adv (vorsichtig)* avec circonspection
Zurückhaltung *f kein Pl* retenue *f*, réserve *f*; **mit äußerster/großer ~ auf etw** *(Akk)* **reagieren** réagir avec la plus grande/une grande réserve à qc
zurück|holen *tr V* ramener; **jdn ~** ramener qn [ici]; **jdn ~ lassen** faire revenir qn [ici]; **[sich** *(Dat)*] **etw ~** récupérer qc *(fam)*
zurück|kämmen *tr, r V* se peigner en arrière; **[sich** *(Dat)*] **die Haare ~** [se] peigner les cheveux en arrière; **kämm dir mal die Haare zurück!** coiffe-toi voir les cheveux en arrière!
zurück|kehren *itr V + sein geh* revenir; **von einer Reise ~** revenir d'un voyage; **aufs Land ~** retourner [vivre] à la campagne; **zu jdm ~** retourner vivre avec qn
zurück|kommen *itr V unreg + sein* ❶ *(kommen)* revenir; [**aus Köln**] **~** revenir [de Cologne]; **nach Hause ~** retourner à la maison
❷ *(erneut aufgreifen)* **auf etw** *(Akk)* **~** revenir sur qc
zurück|kriegen *tr V fam* récupérer *(fam)*
zurück|lassen *tr V unreg* abandonner; laisser *Adresse, Brief*
zurück|legen *tr V* ❶ *(legen)* reposer; **etw ~ auf den Tisch ~** remettre qc sur la table
❷ *(reservieren)* **jdm etw ~** mettre qc de côté pour qn
❸ *(bewältigen)* parcourir, effectuer *Strecke, Weg*; couvrir *Entfernung*
❹ *(sparen)* **[sich** *(Dat)*] **Geld ~** mettre de l'argent de côté
zurück|lehnen *r V* **sich ~** se pencher en arrière
zurück|liegen *itr V unreg* dater de; **lang/drei Jahre ~** dater de longtemps/trois ans; **so weit ~, dass** remonter à si loin que + *indic*; **wie lange mag dieses Ereignis jetzt ~?** de quand peut bien dater cet événement?
zurück|melden *r V* ❶ MIL se faire porter rentrant(e); **sich [bei jdm] ~** se faire porter rentrant(e) [auprès de qn]
❷ *fam (wieder von sich reden machen)* **sich ~** *Künstler:* faire sa rentrée
Zurücknahme [-naːmə] <-, -n> *f einer Ware* reprise *f*
zurück|nehmen *tr V unreg* ❶ reprendre, faire la reprise de *Ware, Artikel*
❷ *(widerrufen)* revenir sur *Behauptung*; retirer *Vorwurf*
❸ MIL *(zurückziehen)* replier *Truppen*
zurück|pfeifen *tr V unreg* ❶ siffler *Hund*
❷ *fig fam* **jdn ~** rappeler qn à l'ordre; **zurückgepfiffen werden** se faire taper sur les doigts
zurück|prallen *itr V + sein* ❶ rebondir; **von der Wand ~** rebondir contre le mur
❷ *(zurückschrecken)* **vor etw** *(Dat)* **~** reculer devant qc
zurück|reichen I. *itr V* remonter à; **ins Mittelalter ~** remonter au Moyen Âge
II. *s.* **zurückgeben**
zurück|reisen *itr V + sein* rentrer; **[nach Hause] ~** rentrer [à la maison]; **zu den Eltern ~** retourner chez ses parents
zurück|rollen I. *itr V + sein Fahrzeug:* se mettre à reculer; *Ball, Billardkugel:* rouler en arrière; **etw ~ lassen** reculer qc
II. *tr V* **die Regentonne hinter das Haus ~** repousser la citerne derrière la maison en la faisant rouler
zurück|rufen *tr, itr V unreg a.* TELEC rappeler
zurück|schalten *itr V* rétrograder; **[in den zweiten Gang] ~** *Fahrer, Radfahrer:* rétrograder [en deuxième]
zurück|schauen *s.* **zurückblicken**
zurück|scheuen *s.* **zurückschrecken**
zurück|schicken *tr V* ❶ *(schicken)* renvoyer, réexpédier *Brief, Waren, Muster*
❷ *(abweisen)* renvoyer *Kind*
❸ *(nicht einreisen lassen)* refouler
zurück|schieben *tr V unreg* pousser en arrière; **etw ~ pousser en arrière**; **den Schrank an die Wand ~** repousser l'armoire contre le mur
zurück|schlagen *unreg* I. *tr V* ❶ SPORT renvoyer *Ball*
❷ *(umschlagen)* rabattre *Kragen*; rejeter *Bettdecke*
❸ MIL repousser *Truppen, Feind*
II. *itr V* ❶ *(schlagen)* riposter; **er gab ihr eine Ohrfeige, sie schlug zurück** il lui donna une gifle, elle la lui rendit
❷ *(sich zurückbewegen) Pendel:* revenir
❸ *(sich nachteilig auswirken)* **auf jdn/etw ~** *Fehler:* se répercuter sur qn/qc
❹ MIL riposter
zurück|schrauben *tr V fam* réduire *Erwartungen, Bedürfnisse*
zurück|schrecken *itr V unreg + haben o sein* ❶ *(Bedenken haben)* reculer; **vor etw** *(Dat)* **~** reculer devant qc; **vor nichts ~** ne reculer devant rien; *(furchtlos sein)* n'avoir peur de rien
❷ *(zurückweichen)* reculer d'effroi [*o* de frayeur]; **er schreckte entsetzt zurück** effrayé, il fit un bond en arrière
zurück|sehen *s.* **zurückblicken**
zurück|sehnen *r V* **sich zu jdm/nach etw ~** avoir la nostalgie de qn/qc
zurück|senden *s.* **zurückschicken** ❶
zurück|setzen I. *tr V* ❶ *(benachteiligen)* désavantager *Kollegen, Schüler*; **sich zurückgesetzt fühlen** se sentir désavantagé(e)
❷ *(zurückfahren)* reculer *Fahrzeug*
II. *r V* ❶ **sich [eine Reihe] ~** reculer [d'un rang]
❷ *(sich wieder setzen)* **sich an den Tisch ~** se remettre à table
III. *itr V Fahrer, Fahrzeug:* reculer
Zurücksetzung *f* INFORM réinitialisation *f*
zurück|spulen *tr, itr V* rembobiner
zurück|stecken I. *tr V* remettre; **etw in die Hosentasche/das Portmonee ~** remettre qc dans sa poche/son porte-monnaie; **etw in die Handtasche ~** ranger qc dans son sac
II. *itr V* ❶ *(nachgeben)* céder
❷ *(sich bescheiden)* se montrer moins exigeant; **~ müssen** devoir en rabattre *(fam)*
zurück|stehen *itr V unreg* ❶ *(zurückgesetzt sein)* [ein wenig] **~** être [un peu] en retrait
❷ *(verzichten)* [hinter jdm] **~** céder la place [à qn]
❸ *(weniger gelten)* [hinter jdm] **~** être en reste [par rapport à qn]
zurück|stellen *tr V* ❶ *(wegräumen)* remettre; **etw [ins Regal] ~** remettre [*o* reposer] qc [dans l'étagère]
❷ *(zurückschieben)* reculer *Möbelstück*
❸ *(regulieren)* reculer *Zeiger*; retarder *Uhr*
❹ *(hintanstellen)* retarder la scolarisation de *Kind*; reporter, repousser *Plan, Projekt*; faire taire *Bedenken*; **einen Wunsch/eine Anschaffung ~** remettre un souhait/un achat à plus tard
zurück|stoßen *tr V unreg* repousser *Person, Gegenstand*
zurück|stufen *tr V* rétrograder *Mitarbeiter*; appliquer un malus à *Kfz-Versicherten*
zurück|tragen *tr V unreg* ramener; **jdn/etw [ins Haus] ~** ramener qn/remporter qc [à la maison]
zurück|treten *itr V unreg* ❶ *(zurückgehen)* reculer; **von etw ~** reculer [*o* s'écarter] de qc
❷ *(seinen Rücktritt erklären)* [von seinem Amt] **~** démissionner [de son poste]; **als Minister ~** se démettre de ses fonctions de ministre
❸ *(rückgängig machen)* **von einem Kauf ~** annuler un achat; **von einem Vertrag ~** résilier un contrat
zurück|verfolgen* *tr V* remonter *Entwicklung, Spur*; **eine Tradition ~** remonter dans le passé d'une tradition; **diese Tradition lässt sich bis ins letzte Jahrhundert ~** cette tradition remonte jusqu'au siècle dernier
zurück|versetzen* I. *tr V* ❶ renvoyer; **jdn ~** réintégrer qn dans son poste; **jdn nach Frankfurt ~** renvoyer qn à Francfort
II. *r V* **sich in die Kindheit ~** se reporter dans son enfance
zurück|weichen *itr V unreg + sein* reculer; **vor etw** *(Dat)* **~** reculer devant qn; MIL battre en retraite [*o* se replier] devant qc
zurück|weisen *tr V unreg* ❶ *(abweisen)* refouler *Asylbewerber, Staatenlosen*
❷ *(von sich weisen)* repousser *Forderung*; récuser *Unterstellung*
Zurückweisung *f* rejet *m*
zurück|werfen *tr V unreg* ❶ *(werfen)* renvoyer *Ball, Frisbeescheibe*
❷ *(in Rückstand bringen)* **jdn/etw [um Jahre] ~** faire faire à qn/qc un bond en arrière [de quelques années]
zurück|zahlen *tr V* rembourser *Kredit*
zurück|ziehen *unreg* I. *tr V + haben* ❶ *(ziehen)* retirer *Hand*; rouvrir *Vorhang*; **das Kind [vom Bordstein] ~** tirer l'enfant en arrière [pour l'éloigner du bord du trottoir]
❷ *(widerrufen)* retirer *Kandidatur, Vorschlag*; annuler *Angebot*
II. *r V + haben* ❶ **sich [in sein Zimmer] ~** se retirer [dans sa chambre]
❷ MIL **sich [aus der Stadt] ~** se retirer [de la ville]
III. *itr V + sein* revenir; **nach Ulm/ins Ausland ~** retourner s'installer à Ulm/à l'étranger

zurück|zucken *itr V + sein Person:* faire un bond en arrière; **vor etw** *(Dat)* ~ reculer brusquement devant qc
Zuruf *m* appel *m; eines Zuschauers* acclamation *f*
zu|rufen *tr V unreg* jdm einen Gruß ~ crier bonjour à qn; **sie rief ihm zu, dass er stehen bleiben solle** elle lui cria de s'arrêter
zurzeit [tsuˈɐtsaɪt] *Adv* pour le moment
Zusage *f* accord *m*, réponse *f* positive; **die ~ der Stadtverwaltung die Kosten zu übernehmen** l'engagement *m* de la municipalité de prendre les frais en charge; **[jdm] die ~ geben etw zu tun** s'engager [auprès de qn] à faire qc
zu|sagen I. *tr V* accorder; **[jdm] Hilfe ~** promettre de l'aide [à qn]; **[jdm] einen Kredit ~** accorder un crédit [à qn]; **[jdm] sein Kommen ~** confirmer sa venue [à qn]
II. *itr V* ❶ *(bestätigen)* répondre positivement; **sie will noch nicht ~** elle ne veut pas encore s'engager
❷ *(gefallen)* jdm ~ *Angebot, Artikel:* plaire à qn; *Getränk, Essen:* être au goût de qn; **das sagt mir nicht zu** ça ne me dit rien
zusammen [tsuˈzamən] *Adv* ❶ *(gemeinsam)* ensemble; ~ sein être ensemble; **mit jdm ~ sein** *(befreundet sein)* être [o sortir *fam*] avec qn; **etw mit jdm ~ tun** faire qc avec qn
❷ *(zusammengerechnet)* au total
Zusammenarbeit *f kein Pl* collaboration *f*, coopération *f;* **in ~ mit jdm** en collaboration [o coopération] avec qn
zusammen|arbeiten *itr V* travailler ensemble, collaborer; **mit jdm ~** travailler en collaboration avec qn
zusammen|bauen *tr V* monter; **etw wieder ~** remonter qc
zusammen|bekommen* *tr V unreg fam* ❶ arriver à dégoter *(fam) Geld, Betrag;* arriver à réunir *Besucherzahl, Punktzahl*
❷ *(zusammenbauen können)* arriver à monter *Puzzle, Bauteile;* arriver à reconstituer *Geschichte, Ablauf*
zusammen|binden *tr V unreg* nouer; **[sich** *(Dat)*] **die Haare ~** se nouer [o s'attacher] les cheveux; **Blumen zu einem Strauß ~** mettre des fleurs en bouquet
zusammen|bleiben *itr V unreg + sein* rester ensemble; **mit jdm ~** rester avec qn
zusammen|brauen I. *r V fam* concocter *(hum)*
II. *r V* **sich ~** *Unwetter:* se préparer
▶ **da braut sich was zusammen** il y a quelque chose qui se prépare, *fig* il se trame quelque chose
zusammen|brechen *itr V unreg + sein* ❶ *Person:* s'écrouler; *Brücke, Gerüst:* s'effondrer
❷ *(stillstehen) Verkehr:* s'immobiliser; *Kommunikation:* s'interrompre; *Markt:* s'effondrer; *Rechnernetz:* se planter; **die Stromversorgung bricht zusammen** l'alimentation en courant ne peut plus être assurée
zusammen|bringen *tr V unreg* ❶ *fam (zusammenbekommen)* rassembler *Geld, Summe;* **keinen vernünftigen Satz ~** ne pas arriver à sortir une phrase correcte *(fam)*
❷ *(in Kontakt bringen)* **Menschen ~** mettre des personnes en contact; **jdn mit jdm ~** mettre qn en contact avec qn; **das Schicksal hat uns zusammengebracht** le destin nous a réuni(e)s
Zusammenbruch *m* ❶ *der Wirtschaft, eines Systems* effondrement *m; eines Unternehmens* faillite *f*
❷ MED *(Kollaps)* syncope *f; (Nervenzusammenbruch)* dépression *f* nerveuse
❸ *s.* Einsturz
zusammen|drängen I. *tr V* entasser *Personen, Menschenmenge*
II. *r V* **sich** [**auf dem Marktplatz**] ~ s'entasser [sur la place du marché]
zusammen|drücken *tr V* ❶ comprimer
❷ *(aneinanderdrücken)* **die Hände ~** presser les mains l'une contre l'autre
zusammen|fahren *unreg* I. *itr V + sein (erschrecken)* sursauter
II. *tr V + haben fam* écraser *(pop) Person, Tier;* esquinter *(fam) Fahrzeug*
zusammen|fallen *itr V unreg + sein* ❶ *Bauwerk:* s'effondrer
❷ *(sich ereignen)* **mit etw ~** *Ereignis:* coïncider avec qc
❸ *(körperlich verfallen)* dépérir
zusammen|falten *tr V* plier
zusammen|fassen I. *tr V* ❶ résumer; **das lässt sich in drei Sätzen ~** ça se résume en quelques mots
❷ *(vereinigen)* **alle Teilnehmer in** [o zu] **einer Gruppe ~** réunir tous les participants dans un groupe; **Verschiedenes unter einem Oberbegriff ~** regrouper des choses diverses sous un terme générique
II. *itr V* résumer
zusammenfassend I. *Adj* récapitulatif(-ive)
II. *Adv* en résumé
Zusammenfassung *f* résumé *m*
zusammen|fegen *tr V* balayer
zusammen|finden *r V unreg geh* **sich ~** ❶ *(sich treffen)* se retrouver
❷ *(sich zusammenschließen)* se réunir

zusammen|flicken *tr V fam* rafistoler *(fam)*
zusammen|fließen *itr V unreg + sein Flüsse:* confluer; *Informationen, Geldströme:* converger; **bei Koblenz fließen Rhein und Mosel zusammen** Coblence est au confluent de la Moselle et du Rhin
Zusammenfluss[RR] *m* confluent *m*
zusammen|fügen *tr V geh* assembler
zusammen|gehen *itr V unreg + sein* faire alliance; **mit einer Gruppierung ~** *Partei, Gewerkschaft:* faire alliance avec un groupement
zusammen|gehören* *itr V Ehepartner:* être faits l'un pour l'autre; *Freunde, Leute, die zu jdm passen:* s'entendre; *Gleichgesinnte:* s'accorder; *Socken, Teile:* aller ensemble
zusammengehörig I. *Adj Teile* qui vont ensemble
II. *Adv* **sich ~ fühlen** se sentir uni(e)s
Zusammengehörigkeit <-> *f* union *f;* **das Gefühl der ~** le sentiment d'union
Zusammengehörigkeitsgefühl *nt* sentiment *m* d'union
zusammengesetzt *Adj* composé(e)
zusammengewürfelt *Adj Gruppe, Mobiliar* hétéroclite
zusammen|haben *tr V unreg fam* avoir rassemblé
Zusammenhalt *m kein Pl* cohésion *f*
zusammen|halten *unreg* I. *itr V* ❶ *Verbindung, Teile:* tenir ensemble
❷ *(zueinander halten)* être solidaire(s)
II. *tr V* ❶ *sein Geld/seine Ersparnisse ~* être assis(e) sur son argent/ses économies
❷ *(nebeneinanderhalten)* **die Fotos ~** mettre les photos côte à côte
Zusammenhang <-[e]s, -hänge> *m* ❶ *(Verbindung)* rapport *m;* **mit etw im** [o in] **~ stehen** être en rapport avec qc; **jdn/etw mit einem Vorfall in ~ bringen** établir un lien entre qn/qc et un incident; **ein ursächlicher ~** une relation de cause à effet
❷ *(Kontext)* contexte *m;* **in diesem ~** dans ce contexte; **im ~ mit diesen Ereignissen muss man sich fragen, warum ...** eu égard à ces événements, la question se pose pourquoi ...; **etw aus dem ~ reißen** sortir qc de son contexte
zusammen|hängen *itr V unreg* ❶ être en rapport; **mit etw ~** être en rapport [o relation] avec qc
❷ *(aneinander befestigt sein) Teile:* être collé(e)s
zusammenhängend I. *Adj* ❶ **mit etw ~** lié(e) à qc
❷ *(schlüssig) Bericht* cohérent(e)
II. *Adv berichten, darlegen* de façon cohérente
zusammenhang[s]los I. *Adj Äußerungen* incohérent(e)
II. *Adv sich äußern, darstellen* de façon incohérente
zusammen|hauen *tr V unreg fam* ❶ démolir *(pop) Person, Einrichtung*
❷ *(nachlässig, in Eile herstellen)* bâcler *(fam)*
zusammen|heften *tr V* agrafer *Unterlagen;* **die Fotokopien ~** agrafer les photocopies [ensemble]; **Stoffteile ~** *(nähen)* faufiler des morceaux de tissu; *(stecken)* épingler des morceaux de tissu
zusammen|kehren *s.* zusammenfegen
zusammenklappbar *Adj* pliant(e)
zusammen|klappen I. *tr V + haben* [re]fermer *Taschenmesser, Schirm;* [re]plier *Klapptisch, Klappstuhl*
II. *itr V + sein* ❶ se replier
❷ *fam (kollabieren)* tomber dans les pommes *(fam)*
zusammen|kleben I. *tr V + haben* coller; **sich wieder ~ lassen** pouvoir être recollé(e)
II. *tr V + haben o sein* coller; **zusammengeklebt sein** être collé(e) [ensemble]
zusammen|kneifen *tr V unreg* plisser *Augen;* pincer *Mund, Lippen*
zusammen|knoten *tr V* etw [**wieder**] ~ [re]nouer qc
zusammen|kommen *itr V unreg + sein* ❶ *Personen:* se retrouver; **mit jdm ~** rencontrer qn; **wir werden erst wieder im April ~** on ne se reverra qu'en avril
❷ *(sich anhäufen)* s'accumuler
zusammen|krachen *itr V + sein fam* ❶ *(einstürzen)* s'effondrer
❷ *(zusammenstoßen) Fahrzeuge:* se rentrer dedans *(fam)*
zusammen|kratzen *tr V fam* racler; **seine letzten Ersparnisse ~** racler les fonds de tiroirs *(fam)*
zusammen|kriegen *s.* zusammenbekommen
Zusammenkunft [tsuˈzamənkʊnft, *Pl:* -kʏnftə] <-, -künfte> *f* rencontre *f*
zusammen|läppern [-lɛpɐn] *r V fam* **sich ~** s'accumuler [petit à petit]
zusammen|laufen *itr V unreg + sein* ❶ *Linien, Straßen:* se rencontrer; **in einem Punkt ~** converger vers un point
❷ *(zusammenströmen) Neugierige:* s'attrouper
zusammen|leben *itr V* vivre ensemble; **mit jdm ~** vivre avec qn
Zusammenleben *nt kein Pl* ❶ *(Zusammenwohnen)* vie *f* commune; **das ~ mit ihm/ihr ist nicht leicht** vivre avec lui/elle n'est pas facile

❷ *(Koexistenz)* cohabitation *f*
zusammen|legen I. *tr V* ❶ [re]plier *Wäsche, Wolldecke* ❷ *(organisatorisch vereinigen)* regrouper *Behörden, Abteilungen, Klassen, Termine;* mettre ensemble *Patienten, Häftlinge* II. *itr V* se cotiser
Zusammenlegung <-, -en> *f* regroupement *m*
zusammen|nähen *tr V* **Stoffteile** ~ coudre des morceaux de tissu [ensemble]
zusammen|nehmen *unreg* I. *tr V* rassembler *Kraft, Mut;* **seinen ganzen Mut** ~ prendre son courage à deux mains; **nehmt mal euren Verstand zusammen!** reprenez vos esprits!; **alles zusammengenommen** tout compte fait II. *r V* **sich** ~ se maîtriser
zusammen|packen *tr V* ❶ emballer *Kleidung, Sachen* ❷ *(zusammen einpacken)* **alles** ~ emballer tout ensemble ❸ *(aufräumen)* ranger
zusammen|passen *itr V* ❶ *Einzelteile:* s'accorder ❷ *(harmonieren) Personen, Farben, Kleidungsstücke:* aller bien ensemble; **diese Farben passen nicht zusammen** ces couleurs jurent entre elles
zusammen|pferchen *tr V* parquer
Zusammenprall *m* ❶ collision *f,* choc *m;* **der ~ der beiden Züge** la collision entre les deux trains ❷ *fig* choc *m*
zusammen|prallen *itr V* + *sein Fahrzeuge:* entrer en collision; **mit den Köpfen** ~ se cogner la tête
zusammen|pressen *tr V* serrer *Lippen, Faust*
zusammen|raffen *tr V* ❶ *(eilig einpacken)* ramasser; **ein paar Sachen** ~ ramasser à la hâte quelques affaires; **alles** ~ tout rafler ❷ *pej (anhäufen)* amasser *Geld, Vermögen*
zusammen|raufen *r V fam* **sich** ~ trouver un terrain d'entente
zusammen|rechnen *tr V* faire le total de, additionner
zusammen|reimen *r V fam* **sich** *(Dat)* **etw** ~ s'expliquer qc; **was du dir wieder alles zusammenreimst!** qu'est-ce que tu vas pas imaginer! *(fam)*
zusammen|reißen *r V unreg fam* **sich** ~ se ressaisir; **jetzt reiß dich [mal] zusammen!** tâche voir de faire un effort! *(fam)*
zusammen|rollen I. *tr V* [en]rouler II. *r V* **sich** ~ *Person:* se pelotonner; *Igel, Katze:* se mettre en boule; *Schlange:* se lover; **zusammengerollt daliegen** être pelotonné(e)
zusammen|rotten *r V pej* **sich** ~ s'ameuter *(péj)*
zusammen|rücken I. *tr V* + *sein* ❶ *zwei Personen:* se rapprocher [l'un(e) de l'autre]; *mehrere Personen:* se rapprocher [les un(e)s des autres]; **immer dichter** ~ *Verliebte:* se rapprocher de plus en plus [l'un de l'autre] ❷ *fig (enger zusammenhalten)* se rapprocher II. *tr V* + *haben* rapprocher *Gegenstände, Möbel*
zusammen|rufen *tr V unreg* convoquer
zusammen|sacken *itr V* + *sein fam* s'effondrer
zusammen|scharen [-ʃaːrən] *r V* **sich** ~ s'attrouper
zusammen|scheißen *tr V unreg sl* **jdn** ~ engueuler qn comme du poisson pourri *(fam)*
zusammen|schlagen *unreg* I. *tr V* + *haben* ❶ *(verprügeln)* rouer de coups *Person* ❷ *(zertrümmern)* mettre en pièces *Einrichtung, Mobiliar* II. *itr V* + *sein* **über jdm** ~ *Brecher, Woge:* s'abattre sur qn; *Meer:* engloutir qn
zusammen|schließen *r V unreg* **sich** ~ ❶ *Personen:* s'associer; **sich zu einer Band** ~ se mettre ensemble pour former un groupe; **sich gegen jdn** ~ se liguer [*o* faire alliance] contre qn ❷ *(fusionieren)* fusionner; **sich zu einem Konzern** ~ fusionner en un groupe
Zusammenschluss[RR] *m von Gleichgesinnten* regroupement *m; von Firmen* fusion *f*
zusammen|schmelzen *itr V unreg + sein a. fig* fondre
zusammen|schneiden *tr V unreg* monter *Film, Tonband*
zusammen|schrecken *itr V unreg + sein* sursauter
zusammen|schreiben *tr V unreg* ❶ écrire en un seul mot; **etw** ~ écrire qc en un seul mot ❷ *(zusammenstellen)* compiler ❸ *pej fam (Unsinn schreiben)* **was hast du denn da zusammengeschrieben?** qu'est-ce que tu nous as pondu là? *(fam)*
zusammen|schrumpfen *itr V* + *sein* ❶ *Obst, Käse:* se ratatiner ❷ *(verbraucht werden) Ersparnisse, Vermögen:* fondre [comme neige au soleil]
zusammen|sein[ALT] *s.* **zusammen** ❶
Zusammensein *nt* ❶ le temps passé; **das ~ mit jdm** le temps passé avec qn ❷ *(Zusammenkunft)* rencontre *f*
zusammen|setzen I. *tr V* ❶ assembler *Stücke;* **ein Puzzle wird aus vielen Teilen zusammengesetzt** un puzzle est un assemblage de nombreuses pièces ❷ *(zusammenbauen)* [**wieder**] ~ remonter *Gerät, Gewehr*

❸ *(nebeneinandersetzen)* mettre [*o* placer] l'un(e) à côté de l'autre II. *r V* ❶ **sich aus einzelnen Teilen** ~ se composer [*o* être composé(e)] de différentes pièces ❷ *(sich zueinander setzen)* **sich** ~ s'asseoir l'un(e) à côté de l'autre; **sich mit jdm** ~ *(nebeneinander)* s'asseoir à côté de qn; *(gegenüber)* s'asseoir en face de qn ❸ *(sich zur Beratung treffen)* s'asseoir ensemble
Zusammensetzung <-, -en> *f* composition *f*
zusammen|sinken *itr V unreg* + *sein* **sich** ~ s'effondrer; [**in sich** *(Akk)*] ~ s'effondrer; **nach und nach in sich** *(Akk)* ~ s'affaisser petit à petit
Zusammenspiel *nt kein Pl einer Mannschaft* jeu *m* d'équipe; *von Kräften* interaction *f*
zusammen|stauchen *tr V fam* engueuler qn; **jdn** ~ engueuler qn *(fam);* **zusammengestaucht werden** se faire engueuler *(fam)*
zusammen|stecken I. *tr V* épingler II. *itr V fam Kameraden, Freunde:* être fourré(e)s ensemble *(fam)*
zusammen|stehen *tr V unreg* ❶ *Personen, Gegenstände:* se trouver ensemble ❷ *(zusammenhalten)* se serrer les coudes
zusammen|stellen *tr V* rassembler, regrouper *Möbel, Ideen, Daten;* établir *Liste, Programm;* composer *Sammelband*
Zusammenstellung *f* ❶ *(Aufstellung) von Namen, Adressen* liste *f* [par écrit] ❷ *kein Pl (das Zusammenstellen) einer Liste, eines Programms* établissement *m; von Daten, Fakten* rassemblement *m; eines Sammelbandes* rédaction *f*
Zusammenstoß *m* ❶ collision *f* ❷ *fam (Auseinandersetzung)* échauffourée *f*
zusammen|stoßen *itr V unreg* + *sein Fahrzeuge:* entrer en collision; *Personen:* se heurter; **mit jdm** ~ heurter qn
zusammen|strömen *itr V* + *sein Demonstranten, Zuschauer:* affluer
zusammen|stürzen *itr V* + *sein* s'écrouler
zusammen|suchen *tr V* [**sich** *(Dat)*] **etw** ~ rassembler qc
zusammen|tragen *tr V unreg* recueillir
zusammen|treffen *itr V unreg* + *sein* ❶ *Personen:* se rencontrer; **mit jdm** ~ rencontrer qn ❷ *(gleichzeitig eintreten) Faktoren, Umstände:* coïncider; **Umstände, die zufällig** ~ un concours de circonstances
Zusammentreffen *nt* ❶ *(Zusammenkunft)* rencontre *f* ❷ *(gleichzeitiges Eintreten)* coïncidence *f;* **das ~ günstiger/ungünstiger Umstände** un bon/malheureux concours de circonstances
zusammen|treten *itr V unreg* + *sein Gremium, Versammlung:* se réunir
zusammen|trommeln *tr V fam* rameuter *Anhänger, Mitglieder*
zusammen|tun *r V unreg fam* **sich** ~ se mettre ensemble; **sich mit jdm** ~ se mettre avec qn *(pop)*
zusammen|wachsen [-ks-] *itr V unreg* + *sein* ❶ se souder; **wieder** ~ *Knochen:* se ressouder ❷ *fig Ortschaften, Ortsteile:* finir par ne faire qu'un; **Ost- und Westdeutschland wachsen zusammen** l'Allemagne de l'Est et de l'Ouest s'intègrent mutuellement
zusammen|wirken *itr V geh Personen:* œuvrer ensemble *(soutenu); Faktoren, Umstände:* être concomitant(e)s
zusammen|zählen *tr V* additionner
zusammen|ziehen *unreg* I. *tr V* + *haben* ❶ [res]serrer *Schlinge, Netz* ❷ *(konzentrieren)* amasser *Truppen;* concentrer *Polizeiaufgebot* ❸ *(addieren)* additionner *Zahlen, Summen* II. *r V* + *haben* **sich** ~ ❶ *Mund:* se rétracter; *Pupillen:* [se] rétrécir; *Muskel, Gummiband:* se contracter; *Schlinge, Netz:* se resserrer ❷ *(sich ansammeln) Wolken:* s'amasser; *Gewitter:* se préparer III. *itr V* + *sein Personen:* s'installer ensemble; **mit seiner Freundin/seinem Freund** ~ s'installer avec son ami(e)
zusammen|zucken *itr V* + *sein* tressaillir
Zusatz *m* ❶ *(Ergänzung)* ajout *m; eines Gesetzes* additif *m; eines Paragraphen* adjonction *f; eines Vertrages* avenant *m* ❷ *(Zusatzstoff)* additif *m* ❸ *kein Pl (das Hinzufügen)* addition *f;* **ohne ~ von Farb- und Konservierungsstoffen** sans adjonction de colorants ni conservateurs
Zusatzbestimmung *f* clause *f* complémentaire **Zusatzgerät** *nt* périphérique *m* **Zusatzinformation** *f* information *f* complémentaire
zusätzlich ['tsuːzɛtslɪç] I. *Adj Bemerkungen, Kosten, Ausstattung* supplémentaire; *Ausführungen, Hinweis, Versicherung* complémentaire II. *Adv* en plus; **das kostet zehn Euro ~** pour cela, il y a un supplément de dix euros
Zusatzstoff *m* additif *m* **Zusatzteil** *nt* pièce *f* supplémentaire **Zusatzurlaub** *m* congé *m* supplémentaire

Zusatzversicherung f assurance f complémentaire **Zusatzzahl** f numéro m complémentaire
zuschanden [tsuˈʃandən] ▸ etw ~ fahren démolir qc; etw ~ machen réduire qc à néant
zu|schanzen [ˈtsuːʃantsən] tr V fam jdm einen Posten ~ pistonner qn pour un poste (pop)
zu|schauen s. zusehen
Zuschauer(in) <-s, -> m(f) spectateur(-trice) m(f)
Zuschauerraum m salle f **Zuschauertribüne** f tribune f
zu|schicken tr V envoyer; jdm etw ~ envoyer qc à qn; sich (Dat) etw ~ lassen se faire envoyer qc; von jdm etw zugeschickt bekommen recevoir qc de qn
zu|schieben tr V unreg ❶ passer; jdm etw ~ passer qc à qn
❷ (zur Last legen) jdm die Verantwortung ~ faire endosser la responsabilité à qn
❸ (zukommen lassen) jdm einen Auftrag ~ refiler un contrat à qn; jdm einen Posten ~ pistonner qn pour un poste (pop)
❹ (schließen) fermer Schublade, Schiebetür
zu|schießen unreg I. tr V + haben ❶ passer; jdm den Ball ~ passer le ballon à qn
❷ FIN [jdm] Geld ~ verser [à qn] de l'argent en supplément; man hat mir etwas Geld zugeschossen on m'a donné une petite rallonge (fam)
II. itr V + sein fam auf jdn/etw ~ foncer sur qn/qc
Zuschlag m ❶ (zum Lohn) majoration f; (zum Porto) surtaxe f; (zum Fahrpreis) supplément m
❷ (Annahme eines Höchstgebotes) adjudication f; jdm den ~ erteilen adjuger le marché à qn
zu|schlagen unreg I. tr V + haben ❶ claquer Deckel, Fenster, Tür; refermer Buch
❷ (zuerkennen) jdm etw ~ Auktionator: adjuger qc à qn
❸ (zuspielen) jdm den Ball ~ envoyer le ballon à qn
II. itr V ❶ + sein (zufallen) Deckel, Fenster, Tür: claquer
❷ + haben (schlagen) [mit einem Knüppel] ~ donner un coup [de matraque]
❸ + haben (eingreifen) Armee, Polizei: intervenir; Schicksal: frapper; fam Presse, Kritiker: faire donner l'artillerie (fam)
❹ + haben fam (im Angebot nutzen) saisir l'occasion; bei einem Angebot ~ saisir une offre; schlagen Sie zu! topez là! (fam)
❺ + haben fam (viel essen) beim kalten Büfett kräftig ~ vraiment faire honneur au buffet froid
zuschlagfrei Adj Zug, Fahrt sans supplément
zuschlagpflichtig Adj Zug, Fahrt à supplément
Zuschlagstoff m TECH fondant m
zu|schließen tr, itr V unreg fermer; [etw] ~ fermer [qc] à clé
zu|schnappen itr V ❶ + haben Hund, Krokodil: happer
❷ + sein (sich schließen) Deckel, Tür, Falle: se refermer
zu|schneiden tr V unreg couper Stoff; découper Brett; débiter Holz, Marmor
▸ auf jdn zugeschnitten sein Posten, Aufgabe, Rolle: être fait(e) [sur mesure] pour qn; Produkt: cibler qn
zu|schneien itr V + sein se [re]couvrir de neige; zugeschneit sein Person: être bloqué(e) par la neige; Landschaft, Gebäude: être [re]couvert(e) de neige
Zuschnitt m ❶ kein Pl (das Zuschneiden) von Stoff [dé]coupe f; von Brettern découpage m; eine Maschine für den ~ des Stoffs une machine qui coupe le tissu
❷ (Schnittform) eines Kostüms coupe f
❸ (Niveau, Format) envergure f; Leute dieses ~s des gens mpl de cette trempe
zu|schnüren tr V lacer Schuhe, Korsett; ficeler Paket, Bündel
zu|schrauben tr V visser; [wieder] ~ [re]visser
zu|schreiben tr V unreg ❶ (zutrauen) attribuer; jdm besondere Fähigkeiten ~ attribuer des capacités particulières à qn; jdm ein Werk ~ attribuer une œuvre à qn; einer Quelle (Dat) Heilkräfte ~ attribuer des propriétés thérapeutiques à une source
❷ (anlasten) jdm die Schuld an einem Misserfolg ~ rendre qn responsable d'un échec; das schreibe ich ihrer Jugend (Dat) zu je le mets sur le compte de sa jeunesse; das hat er sich (Dat) selbst zuzuschreiben il n'a qu'à s'en prendre à lui-même
Zuschrift f (Leser, Hörerbrief) lettre f; zehn ~en auf eine Annonce bekommen recevoir dix lettres de réponse à une annonce
zuschulden sich (Dat) etwas/nichts ~ kommen lassen avoir quelque chose/n'avoir rien à se reprocher
Zuschussᴿᴿ m aide f financière; (vom Staat) subvention f
Zuschussbetriebᴿᴿ m, **Zuschussgeschäft**ᴿᴿ nt, **Zuschussunternehmen**ᴿᴿ nt entreprise f subventionnée
zu|schustern [ˈtsuːʃuːstɐn] s. zuschanzen
zu|schütten tr V ❶ combler Grube, Loch, Graben
❷ fam (hinzugießen) Wasser ~ rajouter de l'eau
zu|sehen itr V unreg ❶ regarder; jdm beim Arbeiten ~ regarder qn travailler; ~, wie jd den Reifen wechselt regarder comment qn change de roue; bei näherem Zusehen en y regardant de plus près
❷ (tatenlos bleiben) einem Unrecht tatenlos ~ assister à une injustice sans rien faire
❸ (dafür sorgen) ~, dass alles rechtzeitig fertig wird veiller à ce que tout soit terminé à temps
▸ sieh zu, wo du bleibst! fam débrouille-toi [tout(e) seul(e)]!; sieh zu, dass du rauskommst! fam fais en sorte de sortir!
zusehends [ˈtsuːzeːənts] Adv à vue d'œil; ~ schwächer werden diminuer à vue d'œil
zu|seinᴬᴸᵀ s. zu II.❷, ❸
zu|senden s. zuschicken
Zusendung f kein Pl ❶ (das Zusenden) envoi m
❷ (das Zugesandte) livraison f
zu|setzen I. itr V ❶ éprouver qn; jdm ~ Krankheit: éprouver qn; Überanstrengung: mettre qn à rude épreuve
❷ (bedrängen) jdm ~ harceler qn
II. tr V den Lebensmitteln etw ~ [r]ajouter qc aux aliments
▸ nichts zuzusetzen haben n'en plus pouvoir allonger (fam)
zu|sichern tr V assurer; jdm etw ~ assurer qn de qc; jdm ~, dass donner à qn l'assurance que + indic
Zusicherung f ❶ kein Pl (das Zusichern) assurance f
❷ (Zusage) promesse f
zu|sperren tr V SDEUTSCH, A fermer Wasserhahn, Ventil; die Tür/das Schloss ~ fermer la porte/la serrure à clé
Zuspiel nt SPORT passe f
zu|spielen tr V ❶ passer; jdm den Ball ~ passer le ballon à qn; der zugespielte Ball la passe
❷ (zukommen lassen) jdm eine Information/ein Foto ~ faire parvenir une information/une photo à qn
zu|spitzen I. r V sich ~ s'aggraver
II. tr V (spitz machen) tailler qc en pointe
❷ fig aiguiser Frage; eine These zugespitzt formulieren présenter une thèse acérée
❸ (verschlechtern) die Lage [weiter] ~ aggraver la situation [encore plus]
Zuspitzung <-, -en> f (Verschlimmerung) aggravation f
zu|sprechen unreg I. tr V ❶ prodiguer qc à qn; jdm Trost ~ prodiguer des paroles de consolations à qn (soutenu)
❷ JUR jdm einen Anspruch/ein Recht ~ reconnaître un droit à qn; das Kind wurde der Mutter zugesprochen la garde de l'enfant a été confiée à la mère
II. itr V geh dem Wein/dem gutem Essen ~ priser le vin/le bon repas (littér)
Zuspruch m kein Pl geh ❶ (Trost) paroles fpl de réconfort
❷ (Interesse) ~ finden avoir du succès; sich großen/regen ~s erfreuen être très en vogue
❸ (Zustimmung) approbation f; auf ~ treffen recevoir l'approbation
Zustand <-[e]s, -stände> m ❶ état m; der momentane/damalige ~ l'état actuel/de l'époque; Waren in beschädigtem ~ des marchandises endommagées
❷ (Gesundheitszustand) état m; wie ist der ~ von Herrn Müller? dans quel état se trouve Monsieur Müller?; in Ihrem ~ sollten Sie weniger arbeiten dans votre état, vous devriez veiller à travailler moins
❸ Pl pej (Gegebenheit) die Zustände la situation; katastrophale Zustände des conditions fpl de vie catastrophiques
▸ das sind ja Zustände wie im alten Rom! Spr. c'est vraiment la pagaille! (pop); Zustände bekommen [o kriegen] fam piquer sa crise (fam), se mettre dans tous ses états; ich kriege noch Zustände! fam je sens que je vais craquer! (fam)
zustande Adv eine Einigung ~ bringen parvenir à un accord; ein Buch ~ bringen mener un livre à bien; nichts Vernünftiges ~ bringen n'arriver à rien de bon; es ~ bringen, dass jd etw tut parvenir à ce que qn fasse qc; ~ kommen Treffen: avoir lieu; Abmachung, Vertrag: être conclu(e)
Zustandekommen <-s> nt eines Vertrags conclusion f; eines Treffens réalisation f
zuständig Adj compétent(e); für etw ~ sein être responsable de qc; Gericht, Instanz: être compétent(e) pour juger qc
Zuständigkeit <-, -en> f a. JUR compétence f; in die ~ des Justizministeriums fallen être de la compétence du ministère de la Justice; das fällt in Ihre ~ c'est de votre compétence
zustatten|kommen itr V unreg + sein jdm ~ être bien utile à qn
zu|stechen itr V unreg donner un coup; [mit einem Messer] ~ donner un coup [de couteau]
zu|stecken tr V glisser qc; jdm etw ~ glisser qc à qn
zu|stehen itr V unreg ❶ revenir à qn; jdm ~ Anspruch, Erbschaft: revenir [de droit] à qn
❷ (zukommen) eine solche Äußerung steht Ihnen nicht zu il ne vous appartient pas de tenir de tel propos; es steht dir nicht zu ihn zu kritisieren il ne t'appartient pas de le critiquer

Zuständigkeit

nach Zuständigkeit fragen	demander la compétence
Sind Sie die behandelnde Ärztin?	Êtes-vous le médecin traitant?
Sind Sie dafür zuständig?	En êtes-vous responsable?

Zuständigkeit ausdrücken	exprimer la compétence
Ja, bei mir sind Sie richtig.	Oui, cela relève de ma compétence.
Ich bin für die Organisation des Festes verantwortlich/zuständig.	Je suis responsable de l'organisation de la fête.

Nicht-Zuständigkeit ausdrücken	exprimer sa non-compétence
Da sind Sie bei mir an der falschen Adresse. *(fam)*	Vous n'avez pas frappé à la bonne porte.
Dafür bin ich (leider) nicht zuständig.	(Je regrette, mais) cela ne relève pas de ma compétence.
Dazu bin ich (leider) nicht berechtigt/befugt.	(Je regrette, mais) je n'y suis pas autorisé(e)/je n'en ai pas le droit.
Das fällt nicht in unseren Zuständigkeitsbereich. *(form)*	Ce n'est pas de notre ressort.

zu|steigen *itr V unreg + sein Fahrgast:* monter [en cours de voyage]; [**ist hier] noch jemand zugestiegen?** ≈ vos billets, s'il vous plaît!
Zustellbezirk *m* POST secteur *m* de distribution **Zustelldienst** *m* service *m* de livraison
zu|stellen *tr V* ❶ *form (bringen)* distribuer; **etw** ~ *Briefträger:* distribuer qc; **jdm etw** ~ *Gerichtsvollzieher:* notifier [*o* signifier] qc à qn
❷ *(blockieren)* encombrer *Eingang, Tür*
Zusteller(in) <-s, -> *m(f) form* préposé(e) *m(f)*
Zustellgebühr *f* [droit *m* de] factage *m*
Zustellung *f form eines Briefs, Päckchens* distribution *f; einer Klageschrift, eines Urteils* notification *f; (eines Vollstreckungsbescheids)* signification *f*
zu|steuern *itr V + sein* ❶ **auf jdn/etw** ~ *Person:* se diriger vers qn/qc; *Fahrzeug:* faire route sur qn/qc; *Schiff:* mettre le cap sur qn/qc
❷ *fig* **auf eine Katastrophe** ~ aller au-devant d'une catastrophe
zu|stimmen *itr V* ❶ *(gleicher Meinung sein)* **jdm** ~ être du même avis que qn
❷ *(einverstanden sein)* **jdm/einer S.** ~ être d'accord avec qn/qc
zustimmend I. *Adj Kopfnicken* approbateur(-trice), d'approbation; *Äußerung* favorable
II. *Adv nicken* d'un air approbateur; **sich** ~ **äußern** exprimer son approbation
Zustimmung *f* approbation *f*, assentiment *m*; **mit/ohne** ~ **der Eltern** avec/sans l'assentiment des parents; **einer S. (Dat) seine** ~ **geben/verweigern** donner/refuser son assentiment à qc
zu|stoßen *unreg* **I.** *itr V* ❶ + *haben* frapper; **mit einer Waffe** ~ frapper avec une arme; **mit den Hörnern** ~ donner un coup de cornes
❷ + *sein (passieren)* **jdm** ~ *Unglück:* arriver à qn
II. *tr V* + *haben etw* [**mit dem Fuß**] ~ fermer qc [d'un coup de pied]
Zustrom *m kein Pl* a. *fig* afflux *m*
zutage **etw** ~ **fördern** étaler qc au grand jour; ~ **treten** *Wasser:* suinter; *Versäumnis, Betrug:* apparaître au grand jour
Zutat <-, -en> *f meist Pl* ingrédient *m*
zu|teilen *tr V* distribuer *Anteil, Portion;* attribuer *Arbeit, Rolle, Mitarbeiter;* **jdm etw** ~ distribuer/attribuer qc à qn; **die mir zugeteilte Aufgabe** la tâche qui m'est impartie
Zuteilung *f* ❶ *(das Zuteilen) eines Anteils* distribution *f; einer Arbeit* attribution *f; einer Hilfskraft* affectation *f*
❷ *(zugeteilte Portion)* rationnement *m*
zuteilungsreif *Adj* ÖKON arrivé(e) à échéance; **Ihr Vertrag ist im kommenden Jahr** ~ votre contrat arrive à échéance l'année prochaine
zuteil|werden *itr V unreg* + *sein geh* **jdm** ~ *gute Behandlung, Ehre:* être imparti(e) à qn; *schlechte Behandlung:* être infligé(e) à qn; *schweres Schicksal:* échoir à qn; **jdm etw** ~ **lassen** impartir qc à qn *(soutenu)*
zutiefst *Adv* au plus haut point
zu|tragen *unreg geh* **I.** *tr V* rapporter; **jdm etw** ~ rapporter qc à qn
II. *r V* **sich** ~ se passer
Zuträger(in) *m(f) pej* informateur(-trice) *m(f); der Polizei* indicateur(-trice) *m(f)*
zuträglich ['tsu:trɛːklɪç] *Adj geh* sain(e); **jdm/einer S.** ~ **sein** convenir à qn/qc; **der Gesundheit** *(Dat)* **nicht** ~ **sein** être insalubre
zu|trauen *tr V* croire qn capable; **jdm etw** ~ croire qn capable de qc; **das hätte ich ihm nicht zugetraut** je ne l'aurais pas cru capable de cela; **sich** *(Dat)* **zu viel** ~ présumer de soi-même; **sich** *(Dat)* **nichts** ~ n'avoir aucune confiance en soi
▶ **jdm alles** ~ *iron* croire qn capable de tout; **das ist ihm/ihr** [**durchaus**] **zuzutrauen** *iron* il/elle en est [tout à fait] capable
Zutrauen <-s> *nt* confiance *f*; ~ **zu jdm haben** *(jdn für fähig halten)* faire confiance à qn; *(jdn für ehrlich halten)* avoir confiance en qn
zutraulich *Adj Kind* confiant(e); *Hund, Katze* familier(-ière)
zu|treffen *itr V unreg Annahme, Vermutung:* être juste [*o* exact(e)]; *Vorwurf:* être fondé(e); **auf jdn/etw** ~ *Beschreibung, Eigenschaft:* correspondre à qn/s'appliquer à qc; **es trifft zu, dass** il est vrai [*o* exact] que + *indic*
zutreffend I. *Adj Behauptung, Vermutung* exact(e), juste; *Vorwurf* fondé(e); ~ **sein** *Beschreibung, Eigenschaft:* être applicable; **sich als** ~ **erweisen** s'avérer [être] exact(e); **Zutreffendes bitte unterstreichen** souligner la mention exacte
II. *Adv darstellen* avec exactitude; **wie du schon ganz** ~ **sagtest** comme tu le disais très justement
zu|trinken *itr V unreg* saluer qn; **jdm** ~ saluer qn de son verre; **sich** *(Dat)* ~ trinquer ensemble
Zutritt *m kein Pl* accès *m*; **freien** ~ **zu etw haben** avoir libre accès à qc; **sich** *(Dat)* ~ **zu etw verschaffen** forcer l'accès de qc; ~ **verboten!, kein** ~ **!** accès interdit!
Zutun *nt ohne* ~ **der Belegschaft** sans que le personnel y soit/y ait été pour rien; **das geschah ohne mein** ~ je n'y suis pour rien
zuungunsten [tsu'ʔʊngʊnstən] *Adv, Präp + Gen o Dat* ~ **einer S./von etw** au préjudice de qc
zuunterst [tsu'ʔʊntɐst] *Adv* tout [à fait] en dessous; **auf dem Stapel** ~ **liegen** se trouver en dessous de la pile
zuverlässig ['tsuːfɛɐlɛsɪç] *Adj* fiable
Zuverlässigkeit <-> *f* fiabilité *f*
Zuversicht ['tsuːfɛɐzɪçt] <-> *f* confiance *f*; **voller** ~ **sein** être pleinement confiant(e); **etw voller** ~ **tun** faire qc en toute confiance
zuversichtlich *Adj* confiant(e); **ich bin ganz** ~ je suis plutôt confiant(e); ~ **sein, dass** avoir bon espoir que + *subj*
zuviel^{ALT} s. **viel I.❶,** ▶
zuvor *Adv* ❶ *(davor)* auparavant, avant; **in der Woche** ~ la semaine précédente; **am Tag** ~ la veille
❷ *(zunächst)* au préalable
zuvor|kommen *itr V unreg + sein* **jdm** [**mit einem Brief**] ~ devancer qn [en écrivant une lettre]
zuvorkommend I. *Adj* prévenant(e); **das ist sehr** ~ **von Ihnen** c'est très attentionné de votre part
II. *Adv* avec prévenance
Zuvorkommenheit <-> *f* prévenance *f*
Zuwachs ['tsuːvaks] <-es, Zuwächse> *m* ❶ progression *f*; ~ **an Einkommen** progression *f* des revenus; ~ **der Beschäftigtenzahlen** accroissement *m* de la population active; **ein** ~ **um zehn Prozent** une progression/un accroissement de dix pour cent
❷ *hum fam (Kind)* **die Familie bekommt** ~ il va y avoir une naissance dans la famille
▶ **etw auf** ~ **kaufen** acheter qc en prévision
zu|wachsen *itr V unreg + sein* ❶ *Garten, Weg:* se [re]couvrir de

zustimmen	
zustimmen, beipflichten	**être d'accord, approuver**
Ja, das denke ich auch.	Oui, je le pense aussi.
Da bin ich ganz deiner Meinung.	Je suis tout à fait de ton avis.
Dem schließe ich mich an.	Je suis d'accord.
Ich stimme Ihnen voll und ganz zu.	Je suis totalement de votre avis.
Ja, das sehe ich (ganz) genauso.	Oui, je le vois (tout à fait) comme ça.
Ich sehe es nicht anders.	Je ne le vois pas autrement.
Ich gebe Ihnen da vollkommen Recht.	Vous avez absolument raison.
Da kann ich Ihnen nur Recht geben.	Je ne peux que vous donner raison.
(Das) habe ich ja (auch) gesagt.	C'est ce que j'ai dit (aussi).
Finde ich auch. *(fam)*	Je trouve aussi.
Genau!/Stimmt! *(fam)*	Exact!/C'est juste!

végétation; *Tor, Fassade:* être envahi(e) par la végétation; **mit Unkraut ~** se [re]couvrir de mauvaises herbes ❷ *(zuheilen) Wunde:* se refermer ❸ *geh (zuteilwerden)* **jdm ~** *Verantwortung, Aufgabe:* échoir à qn *(soutenu)*
Zuwachsrate *f* taux *m* de croissance
Zuwanderer *m*, **Zuwanderin** *f* immigrant(e) *m(f)*
zu|wandern *itr V + sein* immigrer
Zuwanderung *f* immigration *f*
zuwege *Adv* **mener** qc; *etw* **~ bringen** mener qc à bien; **es ~ bringen, dass jd etw tut** parvenir à obtenir que qn fasse qc; **nichts [Vernünftiges] ~ bringen** n'arriver à plus rien [de bon]
zuweilen *Adv geh* de temps à autre *(soutenu)*
zu|weisen *tr V unreg* assigner *Aufgabe*; attribuer *Arbeitsplatz, Studienplatz*; **jdm etw ~** assigner/attribuer qc à qn
Zuweisung *f* attribution *f*
zu|wenden *unreg* I. *tr V* ❶ tourner; **jdm das Gesicht ~** tourner le visage vers qn; **jdm den Rücken ~** tourner le dos à qn ❷ FIN **jdm Geld ~** verser de l'argent à qn
II. *r V* ❶ **sich jdm ~** se tourner vers qn
❷ *(sich widmen)* **sich jdm/einer S. ~** se consacrer à qn/qc
Zuwendung *f* ❶ *kein Pl (Beachtung)* attention *f*; **zu wenig ~ erhalten** recevoir trop peu d'attention ❷ *(finanzielle Unterstützung) (seitens des Staats, einer Behörde)* allocation *f*; *(seitens einer Privatperson)* aide *f*; *(in Form eines Geschenks)* don *m*
zuwenig^{ALT} *Pron s.* **wenig I.**❶
zu|werfen *tr V unreg* ❶ lancer; **jdm etw ~** lancer qc à qn ❷ *(schließen)* claquer *Tür, Deckel* ❸ *(zuschütten)* combler *Graben, Grube;* **etw wieder ~** reboucher qc
zuwider *Adj* **jdm ~ sein** inspirer de la répugnance à qn; **dieser Mensch ist mir höchst ~** cette personne me répugne au plus haut point
zuwider|handeln *itr V* **einer S.** *(Dat)* **~** contrevenir à qc **Zuwiderhandelnde(r)** *f(m) dekl wie Adj form* contrevenant(e) *m(f)* **Zuwiderhandlung** *f form (gegen eine Anordnung)* infraction *f*; *(gegen ein Verbot)* transgression *f* **zuwider|laufen** *itr V unreg* être contraire à; **jds Interessen** *(Dat)* **~** être contraire aux intérêts de qn
zu|winken *itr V* **jdm ~** faire un signe [de la main] à qn
zu|zahlen I. *tr V* **etw ~** payer qc en supplément; **zehn Euro ~** payer dix euros en sus
II. *itr V* payer un supplément
zuzeln ['tsu:tsln] *itr V* A *fam* ❶ *(saugen)* **an etw** *(Dat)* **~** sucer qc ❷ *(lispeln)* zézayer
zu|ziehen *unreg* I. *tr V + haben* ❶ serrer *Gürtel, Knoten, Schlinge;* tirer *Vorhang, Tür;* fermer *Reißverschluss* ❷ *(hinzuziehen)* **einen Sachverständigen ~** mettre un expert sur l'affaire
II. *r V + haben* ❶ *Knoten, Schlinge:* se serrer ❷ *(auf sich ziehen)* **sich** *(Dat)* **jds Zorn/Neid ~** s'attirer la colère/la jalousie de qn ❸ *(bekommen)* **sich** *(Dat)* **eine Erkältung/schwere Krankheit ~** attraper un rhume/être victime d'une maladie grave; **sich** *(Dat)* **eine Verletzung ~** se faire une blessure
III. *itr V + sein Einwohner:* [venir] s'installer, [venir] s'établir
Zuzug *m* arrivée *f*

zuzüglich ['tsu:tsy:klɪç] *Präp + Gen* en sus; **~ aller Gebühren** [avec] tous les frais en sus; **hundert Euro ~ Mehrwertsteuer/Versandkosten** cent euros la T.V.A./les frais d'envoi en sus
zu|zwinkern *itr V* **jdm ~** faire un clin/des clins d'œil à qn
ZVS [tsɛtfaʊˈʔɛs] <-> *f Abk von* **Zentralstelle für die Vergabe von Studienplätzen** centre de répartition des inscriptions dans les universités allemandes
zwacken ['tsvakən] I. *itr V fam Kleidung:* serrer
II. *tr V fam* pincer
zwang [tsvaŋ] *Imp. von* **zwingen**
Zwang [tsvaŋ, *Pl:* 'tsvɛŋə] <-[e]s, Zwänge> *m* contrainte *f*; **die gesellschaftlichen/wirtschaftlichen Zwänge** les contraintes sociales/économiques; **auf jdn ~ ausüben** faire pression sur qn; **etw ohne ~/unter ~ tun** faire qc sans contrainte/sous la contrainte
▸ **sich** *(Dat)* **keinen ~ antun** ne pas se gêner
zwängen ['tsvɛŋən] I. *tr V* **etw in den Schrank/den Koffer ~** entasser qc dans l'armoire/la valise
II. *r V* **sich in den Bus/durch die Tür ~** se faufiler dans le bus/à travers la porte
zwanghaft I. *Adj Verhalten:* maladif(-ive), maniaque
II. *Adv* **sich ~ verhalten** être maniaque; **~ arbeiten** être un maniaque du travail
zwanglos I. *Adj Beisammensein, Treffen* sans cérémonie; *Gespräch* libre
II. *Adv sich treffen, verlaufen* sans cérémonie; *sich unterhalten* librement
Zwanglosigkeit <-> *f* décontraction *f*
Zwangsabgabe *f* redevance *f* obligatoire **Zwangsabschiebung** *f* expulsion *f* d'office **Zwangsanleihe** *f* emprunt *m* obligatoire **Zwangsarbeit** *f* ❶ travail *m* obligatoire ❷ *(Strafe)* travaux *mpl* forcés; **zu zehn Jahren ~ verurteilt werden** être condamné(e) à dix ans de travaux forcés **Zwangsarbeiter(in)** *m(f)* forçat *m*, condamné(e) *m(f)* au travail forcé **Zwangseinweisung** *f* internement *m* d'office **Zwangsenteignung** *f* JUR expropriation *f* forcée **Zwangsernährung** *f* alimentation *f* forcée **Zwangshandlung** *f* PSYCH acte *m* obsessionnel **Zwangsjacke** *f* camisole *f* [de force]; **jdn in eine ~ stecken** passer la camisole [de force] à qn **Zwangslage** *f* situation *f* [très] embarrassante; **in eine ~ geraten** se retrouver dans une situation très embarrassante
zwangsläufig I. *Adj* inévitable
II. *Adv* inévitablement
Zwangsläufigkeit <-, -en> *f* force *f* des choses
Zwangsmaßnahme *f* mesure *f* coercitive **Zwangsneurose** *f* PSYCH névrose *f* obsessionnelle **Zwangsräumung** *f* [mesure *f* d']expulsion *f* **Zwangssterilisation** *f* stérilisation *f* forcée **Zwangsumtausch** *m fam* change *m* obligatoire **Zwangsversteigerung** *f* vente *f* judiciaire **Zwangsverwaltung** *f* JUR administration-séquestre *f* **Zwangsvollstreckung** *f* exécution *f* forcée **Zwangsvorstellung** *f* obsession *f*
zwangsweise I. *Adj Räumung* forcée; *Einweisung* d'office
II. *Adv einweisen* d'office; **einen Zeugen ~ vorführen lassen** contraindre un témoin à comparaître
zwanzig ['tsvantsɪç] *Num* vingt; *s. a.* **achtzig**
Zwanzig <-, -en> *f* vingt *m*
Zwanzig-, zwanzig- *s. a.* **Achtzig-, achtzig-**
zwanziger, 20er *Adj unv* vingt; **die ~ Jahre** les années *fpl* vingt;

zweifeln	
Zweifel ausdrücken	**exprimer un doute**
Ich bin mir da nicht so sicher.	Je n'en suis pas très sûr(e).
Es fällt mir schwer, das zu glauben.	J'ai du mal à le croire.
Das kaufe ich ihm nicht ganz ab. *(fam)*	Je ne le crois pas vraiment.
So ganz kann ich da nicht dran glauben.	Je ne peux pas vraiment y croire.
Ich weiß nicht so recht.	Je ne sais pas trop.
Ob die Kampagne die gewünschten Ziele erreichen wird, ist (mehr als) zweifelhaft.	Il est (plus que) douteux que la campagne atteigne les objectifs souhaités.
Ich hab da so meine Zweifel, ob er es wirklich ernst gemeint hat.	Je doute qu'il ait été vraiment sérieux.
Ich glaube kaum, dass wir noch diese Woche damit fertig werden.	Je ne pense pas que nous l'aurons fini(e) cette semaine.

s. a. **achtziger**

Zwanziger[1] ['tsvantsɪɡɐ] <-s, -> *m* ❶ *(Mann in den Zwanzigern)* jeune homme *m* d'une vingtaine d'années
❷ *s.* **Zwanzigjährige(r)**
❸ *fam (Zwanzigeuroschein)* billet *m* de vingt euros

Zwanziger[2] *Pl* ❶ **die** ~ *eines Jahrhunderts* années *fpl* vingt
❷ *(Lebensalter)* **in den ~n sein** avoir vingt et quelques années; **Mitte der ~ sein** avoir dans les vingt-cinq ans; *s. a.* **Achtziger**[3]

Zwanzigerin <-, -nen> *f* ❶ *(Frau in den Zwanzigern)* jeune femme *f* d'une vingtaine d'années
❷ *s.* **Zwanzigjährige(r)**

Zwanzigerjahre *Pl* **die ~** les années *fpl* vingt
Zwanzigeuroschein *m* billet *m* de vingt euros
zwanzigjährig *Adj attr* de vingt ans; *s. a.* **achtzigjährig**
Zwanzigjährige(r) *f(m) dekl wie Adj* jeune homme *m*/jeune femme *f* de vingt ans; **etw als ~r/~ tun** faire qc à vingt ans
zwanzigmal *Adv* vingt fois
Zwanzigpfennigmarke, **20-Pfennig-Marke** *f* HIST timbre *m* à vingt pfennigs
zwanzigste(r, s) *Adj* vingtième; *s. a.* **achtzigste(r, s)**
Zwanzigstel *Adj* vingtième; *s. a.* **achtel**
Zwanzigstel <-s, -> *nt a.* MATH vingtième *m*
Zwanziguhrnachrichten *Pl* RADIO, TV journal *m* de vingt heures
zwar [tsvaːɐ] *Adv* ❶ *(einschränkend)* certes; **ich weiß es ~, aber ich sage es nicht** certes je le sais, mais ne le dirai pas
❷ *(präzisierend)* **und ~,** à savoir; **ich bin dagegen, und ~ deswegen:** ... je suis contre, et cela pour cette raison: ...
Zweck ['tsvɛk] <-[e]s, -e> *m* ❶ *(Ziel)* objectif *m*, but *m*; **zu diesem ~ dans ce but,** à cette fin; **für einen guten** [*o* **wohltätigen**] **~ pour une bonne cause**; **einem bestimmten ~ dienen** viser à un [certain] objectif; **welchem ~ soll diese Maßnahme dienen?** à quoi vise cette mesure?
❷ *(Sinn)* raison *f* d'être; **zu welchem ~?** pour quelle raison?; **das hat keinen ~** ça ne sert à rien; **es hat keinen ~ noch länger zu warten** ça ne sert à rien de continuer à attendre; **was soll das für einen ~ haben?** à quoi bon?
❸ *(Verwendungszweck)* fonction *f*, usage *m*; **für berufliche ~e** à usage professionnel; **einen bestimmten ~ haben** avoir une certaine fonction; **seinen ~ erfüllen** remplir sa fonction; **welchem ~ dient dieses Werkzeug?** à quoi sert cet outil?
▶ **der ~ heiligt die Mittel** *Spr.* la fin justifie les moyens
Zweckbau <-bauten> *m* bâtiment *m* fonctionnel **zweckdienlich** *Adj* utile **zweckentfremden*** *tr V* **etw ~** détourner qc de sa fonction; **etw als Blumenvase ~** détourner qc de sa fonction pour l'utiliser en vase **Zweckentfremdung** *f* utilisation *f* détournée **zweckentsprechend** I. *Adj* approprié(e) II. *Adv* nützen de manière appropriée **zweckgebunden** I. *Adj Mittel, Gelder* affecté(e) à un usage précis II. *Adv* ~ **verwendet werden** *Steuergelder, Spendengelder:* être affecté(e) selon les critères établis
zwecklos *Adj Versuch, Unterfangen* inutile; **es ist ~ das zu tun** il ne sert à rien de faire ça
Zwecklosigkeit *f* inutilité *f*
zweckmäßig *Adj* approprié(e); **es ist ~ das so zu machen** il est indiqué de faire cela comme ça
Zweckmäßigkeit <-> *f* utilité *f*
Zweckoptimismus *m* optimisme *m* de circonstance **Zweckpessimismus** *m* pessimisme *m* de circonstance
zwecks [tsvɛks] *Präp + Gen form* en vue de; **~ genauerer Prüfung** en vue d'une révision plus juste
zweckwidrig *Adj* inapproprié(e)
zwei [tsvaɪ] *Num* deux; *s. a.* **acht**[1]

▶ **für ~ arbeiten** travailler pour deux; **für ~ essen** manger comme quatre

Zwei <-, -en> *f* ❶ *(Zahl, Spielkarte, Augenzahl)* deux *m*; **eine ~ würfeln** faire un deux
❷ *(Schulnote)* bonne note située entre quatorze et seize sur vingt; CH mauvaise note située entre trois et six sur vingt
❸ *kein Pl (U-Bahn-Linie, Bus-, Straßenbahnlinie)* deux *m*
zweiachsig *Adj* à deux essieux; **~ sein** avoir deux essieux
Zweibeiner <-s, -> *m hum fam* bipède *m*
Zweibettzimmer *nt* chambre *f* double; *(im Krankenhaus)* chambre à deux lits
zweideutig ['tsvaɪdɔɪtɪç] I. *Adj* ❶ ambigu(ë)
❷ *(anzüglich) Bemerkung, Witz* équivoque
II. *Adv* ❶ de façon ambiguë
❷ *(anzüglich)* de façon équivoque
Zweideutigkeit <-, -en> *f* ❶ *kein Pl (zweideutiger, anzüglicher Charakter)* ambiguïté *f*
❷ *(Äußerung)* propos *m* équivoque
zweidimensional ['tsvaɪdimɛnzionaːl] I. *Adj* bidimensionnel(le)
II. *Adv* en deux dimensions
Zweidrittelmehrheit *f* majorité *f* des deux tiers; **mit ~** à la majorité des deux tiers
zweieiig ['tsvaɪʔaɪɪç] *Adj* bivitellin(e); **~e Zwillinge** faux jumeaux
Zweier ['tsvaɪɐ] <-s, -> *m* ❶ HIST *fam (Zweipfennigstück)* pièce *f* de deux pfennigs
❷ *fam (Schulnote)* bonne note située entre quatorze et seize sur vingt
❸ *(Ruderboot)* deux *m*
Zweierbeziehung *f* relation *f* [à deux] **Zweierbob** *m* bob[sleigh *m*] *m* à deux
zweierlei ['tsvaɪɐ'laɪ] *Adj unv attr* **~ Sorten Wein** deux sortes de vin; *s. a.* **achterlei**
Zweierreihe *f* double rangée *f*; **in ~n** en rang par deux; **~n bilden, sich in ~n aufstellen** se mettre en rang par deux
Zweieurostück *nt* pièce *f* de deux euros
zweifach, 2fach I. *Adj* double; **die ~e Summe** deux fois la somme, le double
II. *Adv* ❶ *falten* deux fois
❷ *(in zwei Exemplaren)* en double, en deux exemplaires
❸ *(paarweise)* par deux; *s. a.* **achtfach**
Zweifache(s) *nt dekl wie Adj* **das ~ kosten** coûter le double; *s. a.* **Achtfache(s)**
Zweifamilienhaus *nt* maison *f* de deux appartements
zweifarbig I. *Adj* bicolore
II. *Adv streichen* de deux couleurs; *drucken* en deux couleurs
Zweifel ['tsvaɪfəl] <-s, -> *m meist Pl* doute *m;* **jdm kommen ~** qn commence à avoir des doutes; **im ~ sein** avoir des doutes, être dans le doute; **es bestehen ~ an etw** *(Dat)* un doute plane sur qc; **es besteht kein ~ [daran], dass er lügt** nul doute qu'il mente; **sie ist ohne ~ eine interessante Bewerberin** pas de doute qu'elle soit une postulante intéressante
▶ **seine ~ haben** avoir des doutes; **außer ~ stehen** ne faire aucun doute; **das steht für mich außer ~** cela ne fait aucun doute; **für mich steht außer ~, dass** il ne fait aucun doute que + *indic*; **etw in ~ ziehen** mettre qc en doute
zweifelhaft *Adj* ❶ *Wert, Entscheidung* douteux(-euse); **es ist ~, ob ...** il est douteux que + *subj*
❷ *pej (dubios) Angebot, Geschäft, Bursche* douteux(-euse) *(péj)*
zweifellos *Adv* incontestablement
zweifeln ['tsvaɪfəln] *itr V* douter; **[daran] ~, ob ...** se demander vraiment si ... + *indic*; **nicht [daran] ~, dass** ne pas douter que

+ *subj*; **an** jdm/etw ~ douter de qn/qc
Zweifelsfall *m* ▶**im** ~ dans le doute **zweifelsfrei I.** *Adj* indubitable **II.** *Adv* indubitablement **zweifelsohne** *s.* zweifellos
Zweifler(in) <-s, -> *m(f)* sceptique *mf;* **ein ewiger** ~ une personne qui doute de tout
Zweifrontenkrieg *m* guerre *f* sur deux fronts
Zweig [tsvaɪk] <-[e]s, -e> *m* ❶ *a.* COM branche *f*
❷ *(Fachrichtung)* option *f*
▶ **auf keinen grünen** ~ **kommen** *fam* ne pas [aller] faire fortune *(fam)*
Zweigbetrieb *m* filiale *f*
Zweigespann *nt fig* tandem *m (fig)* **zweigeteilt** *Adj* coupé(e) en deux
zweigleisig I. *Adj* ❶ *Strecke* à double voie
❷ *fig* ~ **e Verhandlungen** des négociations sur deux fronts
II. *Adv* ❶ *verkehren, fahren* à double voie
❷ *fig* ~ **verhandeln** négocier sur deux fronts; ~ **verfahren** avoir deux fers au feu
Zweigstelle *f* succursale *f; der Post* bureau *m*
zweihändig ['tsvaɪhɛndɪç] *Adj, Adv* à deux mains; ~ **Klavier spielen** jouer du piano à deux mains
zweihundert *Num* deux cents **zweihundertjährig** *Adj Gebäude, Herrschaft* bicentenaire; **nach** ~**er fremder Herrschaft** après deux cents ans de domination étrangère **zweihundertste(r, s)** *Adj* deux centième **zweihunderttausend** *Num* deux cent mille
zweijährig ['tsvaɪjɛːrɪç] *Adj Kind* de deux ans; *Pflanze, Ausstellung* bisannuel(le)
Zweijährige(r) *f(m) dekl wie Adj* garçon *m*/fille *f* de deux ans
Zweikammersystem *nt* POL bicaméralisme *m,* système *m* bicaméral
Zweikampf *m* duel *m;* **jdn zum** ~ **herausfordern** provoquer qn en duel
Zweikanalton *m kein Pl* TV système permettant de capter un programme en version originale
zweimal *Adv* deux fois, à deux reprises; *s. a.* achtmal
▶ **sich** *(Dat)* **etw nicht** ~ **sagen lassen** ne pas se faire dire qc deux fois; **sich** *(Dat)* **etw** ~ **überlegen** réfléchir à deux fois à qc
zweimalig *Adj attr* répété(e); **nach** ~**em Versuch** après deux essais; **nach** ~**em Klingeln** après le deuxième coup de sonnette; *s. a.* achtmalig
Zweimaster <-s, -> *m* deux-mâts *m*
zweimonatig *Adj attr Kind, Frist, Verhandlungen* de deux mois
zweimonatlich I. *Adj* bimestriel(le), tous les deux mois
II. *Adv* tous les deux mois
zweimotorig *Adj* bimoteur
Zweiparteiensystem *nt* bipartisme *m*
Zweipfennigstück *nt* HIST pièce *f* de deux pfennigs
Zweirad *nt form meist Pl* deux-roues *m (form)*
zweiräd[e]rig *Adj* à deux roues
Zweireiher <-s, -> *m (Anzug)* costume *m* croisé; *(Jacke)* veston *m* croisé
zweireihig I. *Adj* à deux rangées; *Anzug* croisé(e)
II. *Adv* en deux rangées
Zweisamkeit <-, -en> *f geh* intimité *f* [à deux]; **die** ~ **eines Paares stören** troubler les moments d'intimité d'un couple; **in trauter** ~ intimement uni(e)s
zweischneidig *Adj* à double tranchant
zweiseitig, 2-seitig^{RR} *Adj* ❶ *Brief* de deux pages
❷ POL, ÖKON *Vertrag* bilatéral(e)
❸ GEOM à deux côtés
zweisilbig *Adj* de deux syllabes
Zweisitzer <-s, -> *m* deux places *f*
zweisitzig *Adj* [à] deux places
zweispaltig *Adj, Adv* sur deux colonnes
zweisprachig I. *Adj* bilingue
II. *Adv* ~ **aufwachsen** avoir une éducation bilingue
Zweisprachigkeit <-> *f* bilinguisme *m*
zweispurig *Adj* à deux voies
zweistellig *Adj* à deux chiffres
zweistimmig *Adj, Adv* à deux voix
zweistöckig [-ʃtœkɪç] **I.** *Adj* de [o à] deux étages; ~ **sein** avoir deux étages
II. *Adv* **bauen** sur deux étages
zweistrahlig *Adj* biréacteur; **ein** ~**es Flugzeug** un biréacteur; ~ **sein** être un biréacteur
Zweistromland *nt kein Pl* **das** ~ la Mésopotamie
zweistufig *Adj* à deux niveaux; *Plan* en deux étapes; *Scheibenwischer* à deux vitesses
zweistündig [-ʃtyndɪç] *Adj attr* de deux heures
zweistündlich *Adj, Adv* toutes les deux heures
zweit [tsvaɪt] *Adv* à deux; **zu** ~ **sein** être [à] deux; *s. a.* acht²
zweitägig [-tɛːɡɪç] *Adj attr* de deux jours

Zweitakter <-s, -> *m* véhicule *m* deux-temps
Zweitaktmotor *m* [moteur *m*] deux-temps *m*
Zweitälteste(r, s) *Adj* ❶ *Einwohner, Mitarbeiter* second(e) [par rang d'âge]
❷ *(zweitgeboren) Kind* cadet(te); **sein Zweitältester/seine Zweitälteste** son [fils] cadet/sa [fille] cadette
zweitausend *Num* deux mille
Zweitausender <-s, -> *m* sommet *m* de [plus de] deux mille mètres
Zweitausfertigung *f* copie *f* **Zweitbesetzung** *f* THEAT remplaçants *mpl* **zweitbeste(r, s)** *Adj* deuxième meilleur(e); **Zweitbester werden/sein** prendre la deuxième place/être deuxième
zweite(r, s) *Adj* ❶ deuxième, second(e)
❷ *(bei Datumsangaben)* **der** ~ **März** *écrit:* **der 2. März** le deux mars *geschrieben:* le 2 mars
❸ SCHULE **die** ~ **Klasse** [o **die** ~ *fam*] le CE1; *s. a.* achte(r, s)
Zweite(r) *f(m) dekl wie Adj* ❶ deuxième
❷ *(Datumsangabe)* **der** ~ /**am** ~**n** *écrit:* **der 2.**/**am 2.** le deux *geschrieben:* le 2
❸ *(Namenszusatz)* **Friedrich der** ~ *écrit:* **Friedrich II.** Frédéric deux *geschrieben:* Frédéric II
❹ *(Sinfonie)* **Mahlers** ~ la Deuxième Symphonie de Mahler
▶ **wie kein** ~**r** comme personne; *s. a.* Achte(r)
Zweiteiler *m fam* deux-pièces *m*
zweiteilig *Adj* en deux parties
zweitens ['tsvaɪtəns] *Adv* deuxièmement
Zweitfrisur *f* perruque *f* **Zweitgerät** *nt* RADIO, TV second appareil *m* **zweitgrößte(r, s)** *Adj Person* deuxième en taille; *Stadt* deuxième **zweithöchste(r, s)** *Adj* ❶ *Berg, Gebäude* deuxième [plus haut(e)] ❷ *(Rang) Beamter, Stellung* deuxième dans la hiérarchie; *Politiker* deuxième par rang d'importance
zweitklassig *Adj pej Künstler* de second ordre; *Film* de série B; *Restaurant* de deuxième catégorie
zweitletzte(r, s) *Adj* avant-dernier(-ière)
Zweitplazierte(r) *f(m) dekl wie Adj* deuxième *mf*
zweitrangig *Adj* ❶ *Problem, Frage* de second ordre
❷ *s.* zweitklassig
Zweitschlüssel *m* double *m* **Zweitschrift** *f form* duplicata *m (form)* **Zweitstimme** *f* POL deuxième voix *f (accordée à une liste nationale lors des élections au Bundestag ou au Landtag)*
Zweitürer <-s, -> *m fam* deux portes *f (fam)*
zweitürig *Adj* [à] deux portes
Zweitwagen *m* deuxième voiture *f* **Zweitwohnung** *f* résidence *f* secondaire
zweiwertig *Adj* bivalent(e)
zweiwöchentlich *Adj, Adv* toutes les deux semaines, tous les quinze jours
zweiwöchig [-vœçɪç] *Adj Dauer, Urlaub* de deux semaines, de quinze jours
Zweizeiler <-s, -> *m* distique *m*
zweizeilig *Adj Gedicht* de deux vers; *Mitteilung* de deux lignes
Zweizimmerwohnung *f* deux-pièces *m,* F 2 *m*
Zweizylindermotor *m* moteur *m* à deux cylindres
Zwerchfell ['tsvɛrçfɛl] *nt* ANAT diaphragme *m*
zwerchfellerschütternd *Adj* désopilant(e)
Zwerg(in) [tsvɛrk] <-[e]s, -e> *m(f) a. fig, pej* nain(e) *m(f)*
zwergenhaft *Adj* de nain
Zwerghuhn *nt* poule *f* naine **Zwergpudel** *m* caniche *m* nain **Zwergschule** *f* école *f* à classe unique **Zwergwuchs** *m* nanisme *m* **zwergwüchsig** [-ks-] *Adj* nain(e)
Zwetsche <-, -n> *f* ❶ *(Frucht)* quetsche *f*
❷ *(Baum)* prunier *m*
Zwetschgenkuchen *m* tarte *f* aux quetsches **Zwetschgenmus** *nt* ≈ pâte *f* de quetsches **Zwetschgenwasser** *nt* eau *f* de vie *f* de quetsche
Zwetschke ['tsvɛtʃkə] <-, -n> *f* A *s.* Zwetsche
Zwickel ['tsvɪkəl] <-s, -> *m* soufflet *m*
zwicken ['tsvɪkən] A, SDEUTSCH **I.** *itr V Hose, Kragen:* serrer
II. *tr V* pincer; **jdn in den Arm** ~ pincer le bras de qn
Zwicker SDEUTSCH, A *s.* Kneifer
Zwickmühle *f* ▶ **in der** ~ **sein** *fam* être coincé(e) *(fam)*
zwider *Adj* A *fam (mürrisch)* grincheux(-euse)
Zwieback ['tsvi:bak] <-[e]s, -e *o* Zwiebäcke> *m* biscotte *f*
Zwiebel ['tsvi:bəl] <-, -n> *f* ❶ oignon *m*
❷ BOT bulbe *m*
zwiebelförmig *Adj Kirchturm, Kuppel* en forme de bulbe
Zwiebelkuchen *m* tarte *f* à l'oignon
zwiebeln *tr V fam* asticoter *(fam)*
Zwiebelring *m* rondelle *f* d'oignon **Zwiebelschale** *f* pelure *f* d'oignon **Zwiebelsuppe** *f* soupe *f* à l'oignon **Zwiebelturm** *m* clocher *m* à bulbe
zwiefach ['tsvi:fax] *Adj, Adv veraltet geh s.* zweifach
Zwiegespräch ['tsvi:-] *nt geh* tête-à-tête *m;* **mehrere** ~**e führen**

avoir plusieurs entretiens en tête-à-tête **Zwielicht** *nt kein Pl* pénombre *f* ▶ **ins ~ geraten** être entraîné(e) dans une affaire douteuse

zwielichtig *Adj pej* louche

Zwiespalt *m kein Pl* tiraillement *m* [intérieur]; **in einem ~ sein** être tiraillé(e)

zwiespältig ['tsviːʃpɛltɪç] *Adj geh Gefühle* partagé(e); *Charakter* ambivalent(e); **~e Gefühle hegen** être écartelé(e) entre divers sentiments

Zwietracht <-> *f geh* discorde *f (soutenu)* ▶ **~ säen** semer la discorde *(soutenu)*

Zwillich ['tsvɪlɪç] <-s, -e> *m* coutil *m*

Zwilling ['tsvɪlɪŋ] <-s, -e> *m* ❶ jumeau *m*/jumelle *f*; **eineiige ~e** des vrais jumeaux/vraies jumelles; **zweieiige ~e** des faux jumeaux/fausses jumelles; **siamesische ~e** des frères *mpl* siamois/sœurs *fpl* siamoises ❷ ASTROL **die ~e** les Gémeaux *mpl*; [ein] **~ sein** être Gémeaux

Zwillingsbruder *m* [frère *m*] jumeau *m* **Zwillingsgeburt** *f* accouchement *m* gémellaire **Zwillingspaar** *nt* jumeaux *mpl*/jumelles *fpl* **Zwillingsreifen** *m* roue *f* jumelée **Zwillingsschwester** *f* [sœur *f*] jumelle *f*

Zwingburg ['tsvɪŋbʊrk] *f* château *m* fort

Zwinge ['tsvɪŋə] <-, -n> *f* serre-joint *m*

zwingen ['tsvɪŋən] <zwang, gezwungen> I. *tr V* ❶ forcer qn; **jdn ~ [etw zu tun]** forcer qn [à faire qc]; **gezwungen sein etw zu tun** être forcé(e) [*o* obligé(e)] de faire qc; **sich gezwungen sehen etw zu tun** se voir contraint(e) de faire qc; **ich lasse mich nicht ~!** vous ne me forcerez/tu ne me forceras pas! ❷ *geh (drängen)* **jdn in ein Auto ~** forcer qn de monter dans une voiture; **seinen Gegner zu Boden ~** faire toucher le sol à son adversaire II. *r V* **sich zu einer Arbeit ~** *(sich überwinden)* se forcer à [faire] un travail; *(sich bemühen)* s'imposer un travail; **ich musste mich dazu ~** j'ai dû me forcer; *s. a.* **gezwungen**

zwingend I. *Adj Notwendigkeit* impératif(-ive); *Logik* impérieux(-euse); **~e Gründe** JUR motifs *mpl* contraignants II. *Adv sich ergeben/erfordern; vorschreiben* impérativement

Zwinger <-s, -> *m* chenil *m*

zwinkern ['tsvɪŋkɐn] *itr V* [**mit den Augen**] **~** cligner des yeux/de l'œil

zwirbeln ['tsvɪrbəln] *tr V* tortiller *Bart, Faden*

Zwirn [tsvɪrn] <-s, -e> *m*, **Zwirnsfaden** *m* fil *m* [retors]

zwischen ['tsvɪʃən] I. *Präp + Dat* entre; **~ den Häusern** entre les maisons II. *Präp + Akk* entre; **etw ~ die Seiten legen** mettre qc entre les feuilles

Zwischenablage *f* INFORM presse-papier[s] *m* **Zwischenakt** *m* THEAT, HIST entracte *m* **Zwischenaufenthalt** *m* escale *f*; *(kurz)* halte *f*; **einen ~ in Rom einlegen** faire une escale/une halte à Rome **Zwischenbemerkung** *f* parenthèse *f* **Zwischenbericht** *m* rapport *m* provisoire **Zwischenbescheid** *m* réponse *f* provisoire; ADMIN avis *m* provisoire **Zwischenbilanz** *f* bilan *m* intermédiaire **Zwischenblutung** *f* MED saignement *m* intermédiaire **Zwischendeck** *nt* entrepont *m* **Zwischendecke** *f* faux plafond *m* **Zwischending** *s.* **Mittelding zwischendrin** *Adv* au milieu **zwischendurch** *Adv* ❶ *(gelegentlich)* de temps en temps; *(inzwischen)* entre-temps ❷ *(außer der Reihe)* **nichts ~ essen** ne manger rien entre les repas ❸ *(örtlich)* au milieu **Zwischenergebnis** *nt* résultat *m* intermédiaire **Zwischenfall** *m* incident *m*; **ohne ~ verlaufen** se dérouler sans incident[s] **Zwischenfinanzierung** *f* ÖKON préfinancement *m* **Zwischenfrage** *f* question *f* [incidente]; **bitte keine ~n während des Vortrags** s'il vous plaît, pas de questions pendant la conférence **Zwischengas** *nt* AUT double débrayage *m* **Zwischengericht** *nt* GASTR entremets *m* **Zwischengeschoss**ᴿᴿ *nt* entresol *m* **Zwischengröße** *f* demi-taille *f* **Zwischenhalt** CH *s.* **Zwischenaufenthalt Zwischenhändler** *m* intermédiaire *m* **Zwischenhirn** *nt* ANAT diencéphale *m* **Zwischenlager** *nt* [lieu *m* de] stockage *m* provisoire; **atomares ~** lieu de stockage provisoire des déchets nucléaires **zwischenlagern** *tr V* stocker qc; **etw ~** stocker qc provisoirement **Zwischenlagerung** *f* stockage *m* provisoire **zwischenlanden** *itr V + sein* faire escale **Zwischenlandung** *f* escale *f*; **eine ~ machen** faire [une] escale **Zwischenlösung** *f* solution *f* provisoire **Zwischenmahlzeit** *f* collation *f* **zwischenmenschlich** *Adj* entre les personnes; **~e Beziehungen** des relations avec les autres **Zwischenprüfung** *f* examen *m* intermédiaire **Zwischenraum** *m* ❶ *(räumlicher Abstand)* intervalle *m*; *(eng)* interstice *m* ❷ *(Zeilenabstand)* interligne *m* ❸ *(zeitlicher Abstand)* intervalle *m*, laps *m* de temps **Zwischenruf** *m* interpellation *f*, apostrophe *f*; **~e machen** pousser des vociférations, manifester à haute voix **Zwischenrunde** *f* SPORT éliminatoires *fpl* **Zwischensaison** *f* DIAL, A mi-saison *f*

Zwischenspiel *nt* intermède *m* **Zwischenspurt** *m* accélération *f*; **einen ~ einlegen** produire une accélération **zwischenstaatlich** *Adj attr* entre États **Zwischenstadium** *nt* stade *m* intermédiaire **Zwischenstation** *f* halte *f*; **~ machen** faire [une] halte **Zwischenstopp** *m* escale *f* **Zwischenstück** *nt einer Leitung, eines Rohrs* raccord *m* **Zwischenstufe** *f* niveau *m* intermédiaire **Zwischensumme** *f* total *m* intermédiaire **Zwischenton** *m* demi-ton *m* **Zwischenwand** *f* cloison *f* **Zwischenwirt** *m* BIO, MED hôte *m* intermédiaire **Zwischenzeit** *f* ❶ intervalle *f*; **in der ~** dans l'intervalle ❷ SPORT temps *m* intermédiaire **zwischenzeitlich** *Adv* dans l'intervalle **Zwischenzeugnis** *nt* ❶ *(Schulzeugnis)* bulletin *m* intermédiaire; *(in Frankreich)* bulletin trimestriel ❷ *(Arbeitszeugnis)* attestation *f* provisoire de travail

Zwist [tsvɪst] <-es, -e> *m*, **Zwistigkeit** <-, en> *f meist Pl geh* dissension *f*

zwitschern ['tsvɪtʃɐn] *itr V Vogel:* gazouiller; **das Zwitschern** le gazouillement ▶ **einen ~** *fam* s'en jeter un [derrière la cravate] *(fam)*

Zwitter ['tsvɪtɐ] <-s, -> *m* hermaphrodite *m*

zwo [tsvoː] *Num fam* deux

zwölf [tsvœlf] *Num* douze; *s. a.* **acht**¹

Zwölfender [-ʔɛndɐ] <-s, -> *m* [cerf *m* de] douze cors *m*

zwölffach, 12fach I. *Adj* douze fois; **die ~e Menge nehmen** prendre douze fois plus II. *Adv falten* douze fois; *s. a.* **achtfach**

Zwölffingerdarm *m* ANAT duodénum *m* **Zwölfkampf** *m* SPORT concours *m* à douze épreuves **Zwölfmal** *Adv* douze fois; *s. a.* **achtmal Zwölfmeilenzone** *f* zone *f* de douze milles **zwölft** *Adv* **zu ~ sein** être douze; *s. a.* **acht**²

zwölfte(r, s) *Adj* ❶ douzième ❷ *(bei Datumsangaben)* **der ~ März** écrit: **der 12. März** le douze mars *geschrieben:* le 12 mars; **die ~ achte(r, s)** ❸ SCHULE **die ~ Klasse** [*o* **die ~** *fam*] la première

Zwölfte(r) *f(m) dekl wie Adj* ❶ douzième *mf* ❷ *(bei Datumsangaben)* **der ~/am ~n** écrit: **der 12./am 12.** le douze *geschrieben:* le 12 ❸ *(als Namenszusatz)* **Ludwig der ~** écrit: **Ludwig XII.** Louis douze *geschrieben:* Louis XII

zwölftel ['tsvœlftəl] *Adj* douzième; *s. a.* **achtel Zwölftel** <-s, -> *nt a.* MATH douzième *m*

zwölftens ['tsvœlftəns] *Adv* douzièmement

Zwölftonmusik *f* musique *f* dodécaphonique

zwote(r, s) *Adj fam s.* **zweite(r, s)**

Zyanid [tsyaˈniːt] <-s, -e> *nt* CHEM cyanure *m*

Zyankali [tsyanˈkaːli] <-s> *nt* CHEM cyanure *m* de potassium; *(Gift)* cyanure

zyklisch ['tsyːklɪʃ] I. *Adj a.* CHEM, ÖKON cyclique II. *Adv verlaufen* cycliquement

Zyklon [tsyˈkloːn] <-s, -e> *m* cyclone *m*

Zyklop [tsyˈkloːp] <-en, -en> *m* MYTH cyclope *m*

Zyklotron ['tsyːklotroːn, tsykloˈtroːn] <-s, -s *o* -e> *nt* PHYS cyclotron *m*

Zyklus ['tsyːklʊs] <-, Zyklen> *m* ❶ *a.* PHYSIOL cycle *m* ❷ *(Folge, Reihe) von Gedichten, Bildern* série *f*

Zylinder [tsiˈlɪndɐ, tsyˈlɪndɐ] <-s, -> *m* ❶ GEOM, TECH, AUT cylindre *m* ❷ *(Hut)* haut-de-forme *m*

zylinderförmig [-fœrmɪç] *s.* **zylindrisch Zylinderkopf** *m* culasse *f* **Zylinderkopfdichtung** *f* joint *m* de culasse **Zylinderschloss**ᴿᴿ *nt* serrure *f* à mortaiser

zylindrisch *Adj* cylindrique

Zyniker(in) ['tsyːnikɐ] <-s, -> *m(f)* cynique *mf*

zynisch ['tsyːnɪʃ] I. *Adj* cynique II. *Adv* avec cynisme, cyniquement

Zynismus [tsyˈnɪsmʊs] <-, -ismen> *m* ❶ *kein Pl* cynisme *m* ❷ *(Bemerkung)* remarque *f* cynique

Zypern ['tsyːpɐn] <-s> *nt* Chypre *f*; **auf ~** à Chypre

Zyprer(in) <-s, -> *m(f)* Chypriote *mf*, Cypriote *mf*

Zypresse [tsyˈprɛsə] <-, -n> *f* cyprès *m*

Zypriot(in) <-en, -en> *m(f)*, **Zypriot(in)** <-en, -en> *m(f) s.* **Zyprer(in)**

zypriotisch *Adj*, **zyprisch** ['tsyːprɪʃ] *Adj* chypriote, cypriote

Zyste ['tsystə] <-, -n> *f* MED, BIO kyste *m*

Zytologie [tsytoloˈgiː] <-> *f* MED cytologie *f*

Zytoplasma [tsytoˈplasma] *nt* BIO cytoplasme *m*

Zytostatikum [tsytoˈstaːtikʊm, *Pl:* -ˈstaːtika] <-s, -statika> *nt* MED [antinéoplasique | *m*] cytostatique *m*

z.Z[t] *Abk von* **zur Zeit**

Anhang
Appendice

Seiten		Pages	
1661	Französische Kurzgrammatik	1661	Précis de grammaire française
1691	Französische Verben	1691	Verbes français
1702	Französische unregelmäßige Verben	1702	Verbes français irréguliers
1712	Deutsche Kurzgrammatik	1712	Précis de grammaire allemande
1730	Deutsche unregelmäßige Verben	1730	Verbes allemands irréguliers
1735	Die französische Silbentrennung	1735	La coupe syllabique en français
1736	Die französische Zeichensetzung	1736	La ponctuation française
1737	Die deutsche Silbentrennung	1737	La coupe syllabique en allemand
1738	Die deutsche Zeichensetzung	1738	La ponctuation allemande
1739	Französische Musterbriefe	1739	Modèles de lettres en français
1741	Deutsche Musterbriefe	1741	Modèles de lettres en allemand
1743	Bewerbungsschreiben, Lebenslauf	1743	Lettres de candidature, curriculum vitæ
1751	Die Zahlwörter	1751	Les nombres
1754	Maße und Gewichte	1754	Poids et mesures
1756	Frankreich – Regionen (und Regierungsstädte)	1756	La France – régions (et préfectures)
1757	Belgien	1757	La Belgique
1757	Quebec	1757	Le Québec
1758	Deutschland – Länder (und Hauptstädte)	1758	L'Allemagne – Länder (et capitales)
1758	Österreich – Bundesländer (und Hauptstädte)	1758	L'Autriche – provinces (et capitales)
1759	Die Schweiz – Kantone (und Hauptorte)	1759	La Suisse – cantons (et chefs-lieux)
1760	Frankreich – Departements und Hauptstädte	1760	La France – départements et chefs-lieux
1761	Überseedepartements	1761	Départements d'outre-mer
1762	Das Buchstabieralphabet	1762	L'alphabet télégraphique

Französische Kurzgrammatik
Précis de grammaire française

1 L'article – Der Artikel

1.1 Der bestimmte Artikel

Die Formen des bestimmten Artikels

		vor Konsonant		vor stummem h		vor Vokal	
männliche Formen	Singular	le	train	l'	hôtel	l'	arbre
	Plural	les	trains	les	hôtels	les	arbres
weibliche Formen	Singular	la	ville	l'	heure	l'	autoroute
	Plural	les	villes	les	heures	les	autoroutes

Die Präpositionen *à* und *de* und der bestimmte Artikel

à + le	=	au		de + le	=	du
à + les	=	aux		de + les	=	des

Der Gebrauch des bestimmten Artikels

Der bestimmte Artikel wird verwendet bei
– der Gesamtheit einer Menge:

J'aime **les** livres.

– Eigennamen:

Les Noblet habitent à Paris.

– Titeln:

Le docteur Lacroix est parti en vacances.

– Körperteilen:

Géraldine a **les** yeux verts.

– festen Wendungen:

J'apprends **le** français.

1.2 Der unbestimmte Artikel

	männlich		weiblich	
Singular	un	livre	une	voiture
Plural	des	livres	des	voitures

1.3 Der Teilungsartikel

Die Formen des Teilungsartikels

Der Teilungsartikel besteht aus der Präposition **de** und dem bestimmten Artikel.

Der Gebrauch des Teilungsartikels

1. Der Teilungsartikel wird verwendet, wenn man eine **unbestimmte Menge**, d.h. unzählbare Dinge, bezeichnen möchte. Er gibt einen Teil eines Ganzen an.
2. Nach **sans** und **de** steht kein Teilungsartikel. Sollte jedoch eine bestimmte Menge gemeint sein, dann steht bei **de** der bestimmte Artikel:

Jean a besoin **de l'**argent **qu'il a gagné**.

3. Nach **avec** wird der Teilungsartikel verwendet:

Jean prend son pain **avec de la** confiture.

4. Außerdem steht der Teilungsartikel bei einigen festen Wendungen:

faire **du** volley/**du** sport	*Volleyball spielen/Sport treiben*
jouer **du** piano	*Klavier spielen*
avoir **de** la chance	*Glück haben*

5. Die Verneinung wird beim Teilungsartikel mit **ne ... pas de** gebildet.

Mengenangaben mit *de*

An Mengenangaben wird das nachfolgende Substantiv nur mit der Präposition **de** angeschlossen:

Il faut acheter	un litre	de	vin,
	un kilo	de	tomates,
	une bouteille	d'	eau minérale,
	beaucoup	de	fruits,
	un peu	de	fromage,
	assez	de	limonade.

2 *Le substantif* – Das Substantiv

2.1 Das Geschlecht der Substantive

2.1.1 Das Geschlecht bei Lebewesen

1. Bei Personen oder Tieren gibt es in der Regel für jedes Geschlecht eine Form.

männlich	→	weiblich			
un ami	→	une amie	–	→	-e
un employé	→	une employée	-é	→	-ée
un acteur	→	une actrice	-teur	→	-trice
			Ausnahme:		
			un chanteur	→	une chanteuse
un vendeur	→	une vendeuse	-eur	→	-euse
			Ausnahme:		
			un pécheur	→	une pécheresse
un boulanger	→	une boulangère	-er	→	-ère
un voisin	→	une voisine	-in	→	-ine
			Ausnahme:		
			un copain	→	une copine
un paysan	→	une paysanne	-an	→	-anne
un espion	→	une espionne	-on	→	-onne
un Italien	→	une Italienne	-ien	→	-ienne
un veuf	→	une veuve	-f	→	-ve
un tigre	→	une tigresse	-e	→	-esse

2. Bei einigen Substantiven kann man das Geschlecht nur am unbestimmten Artikel erkennen, da die männlichen und die weiblichen Formen identisch sind:

un/une élève, **un/une** enfant, **un/une** journaliste, **un/une** secrétaire

3. Aber es gibt auch Bezeichnungen, bei denen die **männliche** und **weibliche** Form aus zwei verschiedenen Substantiven bestehen:

| **un** homme – **une** femme | **un** garçon – **une** fille | **un** frère – **une** sœur |
| **un** coq – **une** poule | | |

2.1.2 Das Geschlecht bei Sachen und Dingen

Das Geschlecht von Wortgruppen

Männlich sind	– Wochentage:	**le** lundi, **le** vendredi;
	– Jahreszeiten:	**le** printemps, l'automne;
	– Himmelsrichtungen:	**le** sud, **le** nord;
	– Sprachen:	**le** portugais, l'italien;
	– Bäume:	**le** chêne, **le** sapin;
	– Metalle:	l'or, **le** platine;
	– chemische Elemente:	**le** mercure, **le** soufre, l'uranium;
	– Transportmittel:	**le** bus, **le** train, l'avion.
Weiblich sind	– Länder:	**la** France, **la** Pologne, *aber:* **le** Portugal, **le** Danemark, **le** Luxembourg;
	– Flüsse:	**la** Saône, **la** Moselle, *aber:* **le** Rhône, **le** Danube;
	– Wissenschaften:	**la** géographie, **la** médecine, *aber:* **le** droit;
	– Autonamen:	**la** BMW, **la** Citroën

2.2 Der Plural der Substantive

Singular	Plural	Ausnahmen		
le train	les trains			
la voiture	les voitures			
le prix	les prix			
le nez	les nez			
le Français	les Français			
le gâteau	les gâteaux			
le jeu	les jeux	le pneu	→	les pneus
le bijou	les bijoux	le cou	→	les cous
le journal	les journaux	le bal	→	les bals
le travail	les travaux	le détail	→	les détails

3 L'adjectif – Das Adjektiv

3.1 Die Stellung des Adjektivs

Das Adjektiv als Attribut

1. Die meisten Adjektive, insbesondere die mehrsilbigen, stehen in der Regel **hinter** dem Substantiv.
2. Kurze und häufig gebrauchte Adjektive stehen **vor** dem Substantiv:

> grand, gros, petit, jeune, vieux, bon, mauvais, beau, joli

3. Bei einigen Adjektiven ändert sich die Bedeutung, je nachdem, ob sie **vor** oder **hinter** dem Substantiv stehen:

> un pauvre homme *(ein **bedauernswerter** Mann)*
> un homme pauvre *(ein **armer** Mann)*

3.2 Das Adjektiv im Singular und im Plural

	männlich	weiblich
Singular	le petit jardin	la petite maison
	le jardin est petit	la maison est petite
Plural	les petits jardins	les petites maisons
	les jardins sont petits	les maisons sont petites

Die weibliche Form des Adjektivs bildet man, indem man an die männliche Form ein **-e** anhängt. Endet die männliche Form bereits auf **-e**, so bleibt die weibliche Form unverändert:

> le livre rouge   la voiture rouge

Der Plural wird durch Anhängen von **-s** an die jeweilige Form des Singulars gebildet.
Es gibt einige wenige Adjektive, die grundsätzlich **nicht verändert** werden:

> **bon marché, marron, orange, super, chic**

3.3 Sonderfälle bei den Femininformen

Regel		männlich		weiblich	Ausnahme		
-er	→	-ère	cher	→	chère			
-et	→	-ète	complet	→	complète	muet	→	muette
-c	→	-que	turc	→	turque	blanc	→	blanche
						sec	→	sèche
						grec	→	grecque
-f	→	-ve	actif	→	active			
-g	→	-gue	long	→	longue			
-eux	→	-euse	heureux	→	heureuse			
-el	→	-elle	naturel	→	naturelle			
-il	→	-ille	gentil	→	gentille			
-en	→	-enne	européen	→	européenne			
-on	→	-onne	bon	→	bonne			
-os	→	-osse	gros	→	grosse			
-teur	⇄	-teuse	menteur	→	menteuse			
		-trice	conservateur	→	conservatrice			
-eur	⇄	-eure	meilleur	→	meilleure			
		-euse	rieur	→	rieuse			

3.4 Sonderfälle bei der Pluralbildung

	männlich			weiblich		
Singular	un homme		brutal	une femme		brutale
Plural	des hommes		brutaux	des femmes		brutales
Singular	un	beau	jour	une	belle	surprise
	un	gros	sac	une	grosse	valise
Plural	de(s)	beaux	jours	de(s)	belles	surprises
	de(s)	gros	sacs	de(s)	grosses	valises

3.5 Die Adjektive *beau, nouveau* und *vieux*

beau, nouveau, vieux vor männlichen Substantiven im Singular, die mit **Konsonant** beginnen.

bel, nouvel, vieil vor männlichen Substantiven im Singular, die mit **Vokal** oder **stummem h** beginnen.

Bei prädikativem Gebrauch stehen im Singular männlicher Substantive nur die Formen **beau, nouveau** und **vieux** zur Verfügung:

L'hôtel est **beau**.
L'ordinateur est **nouveau**.
L'ordinateur est **vieux**.

3.6 Die Steigerung der Adjektive

Der Positiv und der Komparativ

Positiv	Pierre est **grand**. *(Pierre ist groß.)*
Komparativ	Pierre est **plus grand que** moi. *(Pierre ist größer als ich.)*
	Pierre est **moins grand que** moi. *(Pierre ist kleiner als ich.)*
	Pierre est **aussi grand que** moi. *(Pierre ist genauso groß wie ich.)*

Der Superlativ

Quel est	le	fleuve	**le**	**plus**	**long**	d'Europe?
Quelle est	la	ville	**la**	**plus**	**grande**	du monde?
Quels sont	les	trains	**les**	**plus**	**rapides**	de la France?
Quelles sont	les	montagnes	**les**	**plus**	**hautes**	du monde?

Unregelmäßige Steigerungsformen:

bon, bonne *(gut)*	meilleur, e *(besser)*	le/la meilleur, e *(der/die/das beste)*
mauvais, e *(schlecht)*	pire *(schlechter)*	le/la pire *(der/die/das schlechteste)*

4 L'adverbe – Das Adverb

4.1 Die Formen

Die abgeleiteten Adverbien

Adjektiv		Adverb
männlich	weiblich	
fort	forte	fortement
sérieux	sérieuse	sérieusement
terrible	terrible	terriblement
pratique	pratique	pratiquement

Bei Adjektiven, die auf einem **hörbaren Vokal**, aber nicht auf **-e** enden, wird **-ment** an die männliche Form angehängt:

Adjektiv		Adverb
männlich	weiblich	
vrai	vraie	vraiment
absolu	absolue	absolument

Ausnahmen sind:

gai, gaie → gaiement
nouveau, nouvelle → nouvellement
fou, folle → follement

Adjektive, die auf **-ant** oder **-ent** enden, bilden ihr Adverb auf **-amment** und **-emment**.

Adjektiv		Adverb
männlich	weiblich	
élégant	élégante	élégamment
évident	évidente	évidemment

Es gibt außerdem unregelmäßige Adverbformen:

précis – précise – **précisément**
gentil – gentille – **gentiment**
bref – brève – **brièvement**
bon – bonne – **bien**
meilleur – meilleure – **mieux**
mauvais – mauvaise – **mal**

4.2 Die Stellung der Adverbien

Die Adverbien des Ortes und der bestimmten Zeit stehen am **Satzanfang** oder am **Satzende**.

Aujourd'hui il fait beau.   *oder:*   Il fait beau **aujourd'hui.**

Die meisten anderen Adverbien stehen direkt **hinter** dem konjugierten Verb.

Philippe regarde **toujours** la télé.
Hier, il a **beaucoup** travaillé.
Aujourd'hui, il ne fait **pratiquement** rien.

Tôt, tard und **ensemble** stehen in zusammengesetzten Zeiten immer **hinter** dem *Participe passé* und bei Infinitivkonstruktionen **hinter** dem Infinitiv.

Nous sommes arrivés **tôt.**
Nous voulons manger **ensemble.**

Adverbien, die sich auf den ganzen Satz beziehen, stehen in der Regel am Anfang oder am Ende des Satzes. Sie werden durch ein Komma vom restlichen Satz getrennt.

Malheureusement, je n'ai pas trouvé l'hôtel.

4.3 Die Steigerung der Adverbien

Positiv	Elle court	**vite.** *(Sie rennt schnell.)*
Komparativ	Elle court	**plus vite que** son mari. *(Sie rennt schneller als ihr Mann.)*
	Elle court	**moins vite que** son mari. *(Sie rennt langsamer als ihr Mann.)*
	Elle court	**aussi vite que** son mari. *(Sie läuft genauso schnell wir ihr Mann.)*
Superlativ	Elle court	**le plus vite de** tous. *(Sie rennt von allen am schnellsten.)*
	Elle court	**le moins vite de** tous. *(Sie rennt von allen am langsamsten.)*

Unregelmäßige Steigerungsformen

bien *(gut)* – mieux *(besser)* – le mieux *(am besten)*
beaucoup *(viel)* – plus *(mehr)* – le plus *(am meisten)*
peu *(wenig)* – moins *(weniger)* – le moins *(am wenigsten)*

5 *Les pronoms* – Die Pronomen

5.1 Die verbundenen Personalpronomen

Singular	1. Person	**je/j'** (vor Vokal und stummem h)	ich
	2. Person	**tu**	du
	3. Person	**il/elle**	er/sie
Plural	1. Person	**nous**	wir
	2. Person	**vous**	ihr, Sie
	3. Person	**ils** (männlich)/**elles** (weiblich)	sie

Der Gebrauch der verbundenen Personalpronomen *il(s), elle(s)*

männlich	weiblich
Monsieur Pasquali est d'où?	**Madame Pasquali** est d'où?
Il est de Montpellier.	**Elle** est aussi de Montpellier.
Le livre est où?	**La clé** est où?
Il est sur la table.	**Elle** est sur la table.
Les garçons sont d'où?	**Les filles** sont d'où?
Ils sont de Lyon.	**Elles** sont de Paris.
Les livres sont où?	**Les clés** sont où?
Ils sont sur la table.	**Elles** sont sur la table.

Les filles et les garçons sont où ? – **Ils** sont dans le jardin.

Die Höflichkeitsform *vous*

Monsieur Noblet, **vous** êtes fatigué?	*Sind Sie müde, Herr Noblet?*
Voulez-**vous** entrer, Madame?	*Wollen Sie eintreten?*
Mesdames et Messieurs, voulez-**vous** entrer?	*Meine Damen und Herren, wollen Sie eintreten?*

5.2 Die unverbundenen Personalpronomen

Die Formen der unverbundenen Personalpronomen

Singular	1. Person	**moi**	ich
	2. Person	**toi**	du
	3. Person	**lui/elle**	er/sie
Plural	1. Person	**nous**	wir
	2. Person	**vous**	ihr, Sie
	3. Person	**eux** (männlich)/**elles** (weiblich)	sie

Der Gebrauch der unverbundenen Personalpronomen

Die unverbundenen oder betonten Personalpronomen werden verwendet
– nach einer Präposition:

Est-ce que tu sors **avec moi**, ce soir? – Non, je préfère sortir **sans toi**.

- zur Hervorhebung eines Subjekts:

Qu'est-ce que vous faites dans la vie? – **Moi**, je suis pharmacienne.

- allein:

Qui veut apprendre le français? – **Moi**!

- nach *c'est* und *ce sont*:

Qui est-ce qui a pris les photos? – **C'est lui** qui a pris les photos.

- beim bejahten Imperativ

Donnez-**moi** le livre, s'il vous plaît.

5.3 Die direkten Objektpronomen

Die Formen der direkten Objektpronomen

Singular	1. Person	me/m'	(vor Vokal und stummem h)	mich
	2. Person	te/t'	(vor Vokal und stummem h)	dich
	3. Person	le/l'	(vor Vokal und stummem h)	ihn, es
		la/l'	(vor Vokal und stummem h)	sie
Plural	1. Person	nous		uns
	2. Person	vous		euch, Sie
	3. Person	les		sie

Der Gebrauch der direkten Objektpronomen

Die direkten Objektpronomen ersetzen ein **Akkusativobjekt** und stimmen in Zahl und Geschlecht mit ihm überein:

männlich	weiblich
Est-ce que tu as vu **Jean**?	Est-ce que tu as vu **Brigitte**?
Oui, je **l'**ai vu.	Oui, je **l'**ai vue.
Est-ce que tu as vu **les garçons**?	Est-ce que tu as vu **les filles**?
Oui, je **les** ai vus.	Oui, je **les** ai vues.
Est-ce que Eric lit **ce livre**?	Est-ce que vous lisez **cette revue**?
Oui, il **le** lit.	Non, nous ne **la** lisons pas.
Est-ce que vous lisez **ces livres**?	Est-ce que vous lisez **ces revues**?
Oui, nous **les** lisons.	Non, nous ne **les** lisons pas.

Die Stellung der direkten Objektpronomen

1. Die direkten Objektpronomen stehen **vor dem konjugierten Verb**. Wird der Satz verneint, so umschließt die Verneinung das Objektpronomen und das konjugierte Verb. Steht der Satz im *Passé composé* oder im Plusquamperfekt, dann stehen die Objektpronomen vor dem konjugierten Hilfsverb.

La télé t'intéresse?	– Oui, elle **m'**intéresse.
	– Non, elle ne **m'**intéresse pas.
Est-ce que vous avez acheté les journaux?	– Oui, nous **les** avons achetés.
	– Non, nous ne **les** avons pas achetés.

2. Bei Verben, die einen Infinitiv bei sich haben, steht das direkte Objektpronomen **vor dem Infinitiv**.

Est-ce que tu vas écouter la radio?	– Oui, je vais **l'**écouter.
	– Non, je ne vais pas **l'**écouter.
Est-ce que tu peux ranger ta chambre?	– Oui, je peux **la** ranger.
	– Non, je ne peux pas **la** ranger.

3. Bei Imperativen wird das Objektpronomen **an den bejahten Imperativ** mit Hilfe eines Bindestrichs angehängt.

Maman, est-ce que je peux inviter mes amis? – Oui, invite-**les**.

5.4 Die indirekten Objektpronomen

Die Formen der indirekten Objektpronomen

Singular	1. Person	**me/m'**	(vor Vokal und stummem h)	*mir*
	2. Person	**te/t'**	(vor Vokal und stummem h)	*dir*
	3. Person	**lui**		*ihm, ihr*
Plural	1. Person	**nous**		*uns*
	2. Person	**vous**		*euch, Ihnen*
	3. Person	**leur**		*ihnen*

Der Gebrauch der indirekten Objektpronomen

Die indirekten Objektpronomen ersetzen Dativobjekte, die in der Zahl mit dem Dativobjekt übereinstimmen.

männlich	weiblich
Tu donnes ton adresse **à Jean**?	Tu vas répondre **à Sandra**?
Oui, je **lui** donne mon adresse.	Non, je ne vais pas **lui** répondre.
Vous écrivez **à vos amis**?	Vous pouvez téléphoner **à mes amies**?
Oui, nous **leur** écrivons.	Oui, nous pouvons **leur** téléphoner.

Die Stellung der indirekten Objektpronomen

1. Die indirekten Objektpronomen stehen **vor dem konjugierten Verb**. Wird der Satz verneint, so umschließt die Verneinung das Objektpronomen und das konjugierte Verb. Steht der Satz im *Passé composé* oder im Plusquamperfekt, dann steht das Objektpronomen vor dem konjugierten Hilfsverb.

Brigitte, tu téléphones à tes amies?	– Oui, je **leur** téléphone.
	– Non, je ne **leur** téléphone pas.
Est-ce que tu as montré les photos à ton copain?	– Oui, je **lui** ai montré les photos.
	– Non, je ne **lui** ai pas montré les photos.

2. Bei Verben, die einen Infinitiv bei sich haben, steht das indirekte Objektpronomen **vor dem Infinitiv**.

Est-ce que tu vas écrire à ta grand-mère?	– Oui, je vais **lui** écrire.
	– Non, je ne vais pas **lui** écrire.

5.5 Die Reflexivpronomen

Je	**m'**	appelle Annie.
Tu	**t'**	appelles Jean.
Il/Elle	**se**	promène en ville.
Nous	**nous**	lavons les mains.
Vous	**vous**	douchez ce soir.
Ils/Elles	**s'**	habillent.

5.6 Das Adverbialpronomen *en*

Der Gebrauch von *en*

1. *En* ist ein Pronomen, das bestimmte Ergänzungen, meist Mengen, vertritt und in diesem Zusammenhang oft mit *davon* übersetzt wird. Es vertritt
   – *des* + Substantiv:

Est-ce que tu achètes **des fruits**?
Oui, j'**en** achète.

   – den Teilungsartikel + Substantiv:

Est-ce que tu prends **de la limonade**?
Oui, j'**en** prends.

   – Mengenangabe + Substantiv:

Tu veux **une bouteille de coca**?
Oui, j'**en** veux **une**.

   – Zahlwort + Substantiv:

Tu prends **dix pommes**?
Non, j'**en** prends seulement **six**.

– *un/une* + Substantiv:

| Est-ce que tu prends **une pomme**? |
| Oui, j'**en** prends **une**. |

2. *En* vertritt auch andere Ergänzungen mit *de*.
   In diesen Fällen wird *en* oft mit *davon, darüber, von dort* und *dorther* übersetzt.

| Tu es déjà rentré **du Portugal**? Oui, j'**en** suis rentré hier, mais j'**en** rêve encore. |

Folgt jedoch auf die Präposition *de* ein Personensubstantiv, so übernehmen die betonten Personalpronomen seine Vertretung:

| Tu te souviens **d'Annette**? Non, je ne me souviens pas **d'elle**. |

Die Stellung von *en*

1. Das Pronomen *en* steht **vor dem konjugierten Verb**. Wird der Satz verneint, so umschließt die Verneinung *en* und das konjugierte Verb. Steht der Satz im *Passé composé* oder im Plusquamperfekt, dann steht *en* vor dem konjugierten Hilfsverb.

Est-ce que tu prends du beurre?	Oui, j'**en** prends.
Est-ce que Martin a acheté du beurre hier?	Oui, il **en** a acheté.
	Non, il n'**en** a pas acheté.

2. Bei Verben, die einen Infinitiv bei sich haben, steht *en* **vor dem Infinitiv**.

| Il me manque du café. Alors je vais **en** acheter tout de suite. |

3. Bei Imperativen wird *en* **an den bejahten Imperativ** mit Hilfe eines Bindestrichs angehängt.

| Est-ce que je peux prendre du fromage? – Oui, prends-**en**. |

5.7 Das Adverbialpronomen *y*

Der Gebrauch von *y*

Das Pronomen *y* vertritt
– Ortsbestimmungen, die durch Präpositionen wie *à, dans, en, chez, sur* und *sous* eingeleitet werden:

| Est-ce que vous habitez **à Paris**? – Oui, nous **y** habitons. |

– Ergänzungen mit *à* + Sachsubstantiven:

| Est-ce que tu penses **à Noël**? – Oui, j'**y** pense toujours. |

Die Stellung von *y*

1. Das Pronomen *y* steht **vor dem konjugierten Verb**. Wird der Satz verneint, so umschließt die Verneinung *y* und das konjugierte Verb. Steht der Satz im *Passé composé* oder im Plusquamperfekt, dann steht *y* vor dem konjugierten Hilfsverb.

Est-ce que vous allez en France?	– Oui, nous **y** allons.
	– Non, nous n'**y** allons pas.

2. Bei Verben, die einen Infinitiv bei sich haben, steht *y* **vor dem Infinitiv**.

| J'ai oublié mon porte-monnaie à la boulangerie. Alors je vais **y** aller tout de suite. |

3. Bei Imperativen wird *y* **an den bejahten Imperativ** mit Hilfe eines Bindestrichs angehängt. Bei den Verben auf *-er* sowie bei dem unregelmäßigen Verb *aller* wird an den Imperativ Singular jedoch ein *-s* angehängt.

| Vas-**y**. |

5.8 Die Stellung der Pronomen bei mehreren Pronomen im Satz

me					
te	le				
se	la	lui	y	en	+ konjugierte Verbform oder Infinitiv
nous	les	leur			
vous					

Es können bis zu zwei Pronomen vor dem konjugierten Verb oder Infinitiv, wie folgt, stehen:

Maman, est-ce que tu me racontes l'histoire?	Oui, je **te la** raconte tout de suite.
Est-ce que vous lui avez donné le livre?	Non, je ne **le lui** ai pas encore donné.
Est-ce que tu peux nous parler des vacances?	Oui, je vais **vous en** parler tout de suite.
Il y a encore du café?	Oui, il **y en** a encore.

5.9 Die Demonstrativpronomen

Die Formen der Demonstrativpronomen

	vor Konsonant		vor Vokal		vor stummem h	
männlich						
Singular	ce	train	cet	arbre	cet	hôtel
Plural	ces	trains	ces	arbres	ces	hôtels
weiblich						
Singular	cette	ville	cette	information	cette	histoire
Plural	ces	villes	ces	informations	ces	histoires

Der Gebrauch der Demonstrativpronomen

Die Demonstrativpronomen werden benutzt, um auf bestimmte Gegenstände oder Personen hinzuweisen.

Il faut lire **ce** livre.	*Dieses Buch muss man lesen.*

Die Demonstrativpronomen gebraucht man auch in folgenden Wendungen:

ce matin	*heute* Morgen
cet après-midi	*heute* Nachmittag
ce soir	*heute* Abend

5.10 Die Possessivpronomen

Die Formen der Possessivpronomen

	Singular		Plural
	männlich	**weiblich**	**männlich + weiblich**
Ein Besitzer			
1. Person	**mon** frère	**ma** sœur	**mes** frères/amis
	mon ami	**mon** amie	**mes** sœurs/amies
2. Person	**ton** frère	**ta** sœur	**tes** frères/amis
	ton ami	**ton** amie	**tes** sœurs/amies
3. Person	**son** frère	**sa** sœur	**ses** frères/amis
	son ami	**son** amie	**ses** sœurs/amies
Mehrere Besitzer			
1. Person	**notre** frère	**notre** sœur	**nos** frères/sœurs
2. Person	**votre** frère	**votre** sœur	**vos** frères/sœurs
3. Person	**leur** frère	**leur** sœur	**leurs** frères/sœurs

Der Gebrauch der Possessivpronomen

Die Possessivpronomen werden verwendet, um ein Besitz- oder ein Zugehörigkeitsverhältnis zum Ausdruck zu bringen.

Sur la table, il y a **mon** livre.	*Auf dem Tisch befindet sich mein Buch.*
Je vais passer les vacances avec **mes** parents.	*Ich werde die Ferien mit meinen Eltern verbringen.*

5.11 Die Indefinitpronomen

5.11.1 *aucun*

Aucun stimmt im Genus mit seinem Bezugselement überein. Es wird in **verneinten** Sätzen von der Negation *ne* begleitet und mit **kein** übersetzt:

Est-ce qu'il y a un problème?	*Gibt es ein Problem?*
Non, nous n'avons **aucun** problème.	*Nein, wir haben kein Problem.*

5.11.2 certain

certain als Begleiter des Substantivs

		männlich		weiblich	
Singular	Il y a	un certain	problème avec	une certaine	personne.
Plural	Il y a	certains	problèmes avec	certaines	personnes.

Wenn **certain** als Begleiter des Substantivs verwendet wird, so gleicht es sich in Zahl und Geschlecht dem Substantiv an, auf das es sich bezieht. Im Singular steht vor **certain, certaine** der unbestimmte Artikel **un** oder **une**, der im Plural entfällt.

certains als Stellvertreter des Substantivs

Wenn **certains** als Stellvertreter des Substantivs gebraucht wird, ist es unveränderlich. Das Verb wird dann in der 3. Person Plural angeschlossen:

Tous mes amis veulent faire une fête, mais **certains** ne veulent pas m'aider à la préparer.

5.11.3 chaque, chacun

Chaque ist unveränderlicher Begleiter des Substantivs:

On a besoin de **chaque** client et de **chaque** cliente.	Wir brauchen jeden Kunden und jede Kundin.

Chacun und *chacune* ersetzen ein Substantiv. Sie werden nur im Singular gebraucht. **Chacun** steht für männliche Substantive. **Chacune** ersetzt weibliche Substantive:

Il dit bonjour à **chacun** et à **chacune**.	Er sagt jedem und jeder guten Tag.

5.11.4 Das unpersönliche *on*

On wird in der Umgangssprache häufig für **nous** verwendet und wird mit **wir** übersetzt:

Vous êtes où?	**Nous** sommes ici.	Wir sind hier.
	On est ici.	Wir sind hier.

On kann auch für das deutsche **man** stehen:

On dit que …		Man sagt, dass …

5.11.5 plusieurs

Plusieurs in der Bedeutung von **mehrere** ist unveränderlich und steht als
– Begleiter des Substantivs:

On a vendu **plusieurs** jupes et pantalons.

– Stellvertreter des Substantivs:

Plusieurs sont bon marché.

5.11.6 quelqu'un/quelque chose – personne/rien

Quelqu'un est venu. *(Jemand ist gekommen.)*
Personne n'est venu. *(Niemand ist gekommen.)*
Quelque chose me fait plaisir. *(Etwas macht mir Spaß.)*
Rien ne me fait plaisir. *(Nichts macht mir Spaß.)*
J'ai vu **quelqu'un**. *(Ich habe jemanden gesehen.)*
Je **n'**ai vu **personne**. *(Ich habe niemanden gesehen.)*
J'ai trouvé **quelque chose**. *(Ich habe etwas gefunden.)*
Je **n'**ai **rien** trouvé. *(Ich habe nichts gefunden.)*

5.11.7 quelque(s)

Il me faut **quelque** temps pour terminer le livre.
Ich benötige einige Zeit, um das Buch zu beenden.
Je vais acheter **quelques** livres.
Ich werde einige Bücher kaufen.
Plus tard, je vais acheter aussi **quelques** pommes.
Später werde ich auch einige Äpfel kaufen.

5.11.8 tout

Die Formen von *tout* als Begleiter des Substantivs

	männlich		weiblich	
Singular	tout	le monde	toute	la France
Plural	tous	les pays	toutes	les capitales

Der Gebrauch von *tout* als Begleiter des Substantivs

Tout + bestimmter Artikel wird gebraucht, um **der/die/das ganze** oder **alle** zum Ausdruck zu bringen.

Das unveränderliche *tout*

Tout ist in der Bedeutung von **alles** unveränderlich:

| Est-ce que tu as **tout** mangé? | Hast du alles gegessen? |

6 *Le verbe* – Das Verb

6.1 Die Bildung der Verben auf *-er* im Präsens

Die regelmäßigen Verben auf *-er*

parler	je	parl**e**	nous	parl**ons**
	tu	parl**es**	vous	parl**ez**
	il/elle	parl**e**	ils/elles	parl**ent**

Die Verben auf *-er* mit Besonderheiten in der Schreibweise

commencer				manger			
je	commence	nous	commen**ç**ons	je	mange	nous	man**ge**ons
tu	commences	vous	commencez	tu	manges	vous	mangez
il/elle	commence	ils/elles	commencent	il/elle	mange	ils/elles	mangent

Damit die Aussprache des Stammes immer erhalten bleibt, wird bei den Verben:
– auf **-cer** in der 1. Person Plural **-c-** zu **-ç-**.
– auf **-ger** in der 1. Person Plural **-g-** zu **-ge-**.

Die Verben auf *-ayer, -oyer* und *-uyer*

payer	je	pa**i**e/pa**y**e	nous	pa**y**ons
	tu	pa**i**es/pa**y**es	vous	pa**y**ez
	il/elle	pa**i**e/pa**y**e	ils/elles	pa**i**ent/pa**y**ent

nettoyer				essuyer			
je	netto**i**e	nous	netto**y**ons	j'	essu**i**e	nous	essu**y**ons
tu	netto**i**es	vous	netto**y**ez	tu	essu**i**es	vous	essu**y**ez
il/elle	netto**i**e	ils/elles	netto**i**ent	il/elle	essu**i**e	ils/elles	essu**i**ent

Verben auf *-er* mit stamm- und endungsbetonten Formen

Bei Verben mit stammbetonten und endungsbetonten Formen sind immer die 1., 2. und 3. Person Singular sowie die 3. Person Plural stammbetont und die 1. und 2. Person Plural endungsbetont.

acheter				jeter			
j'	ach**è**te	nous	achetons	je	je**tt**e	nous	je t ons
tu	ach**è**tes	vous	achetez	tu	je**tt**es	vous	je t ez
il/elle	ach**è**te	ils/elles	ach**è**tent	il/elle	je**tt**e	ils/elles	je**tt**ent

préférer	je	préf**è**re	nous	préf**é**rons
	tu	préf**è**res	vous	préf**é**rez
	il/elle	préf**è**re	ils/elles	préf**è**rent

6.2 Die Bildung der Verben auf *-ir* im Präsens

ohne Stammerweiterung partir				mit Stammerweiterung finir			
je	pars	nous	part**ons**	je	finis	nous	finis**sons**
tu	pars	vous	part**ez**	tu	finis	vous	finis**sez**
il/elle	part	ils/elles	part**ent**	il/elle	finit	ils/elles	finis**sent**

6.3 Die Bildung der Verben auf -re im Präsens

lire	je	lis	nous	lisons
	tu	lis	vous	lisez
	il/elle	lit	ils/elles	lisent

Die Verben auf -dre im Präsens

attendre	j'	attends	nous	attendons
	tu	attends	vous	attendez
	il/elle	attend	ils/elles	attendent

6.4 Die Bildung der reflexiven Verben

s'habiller			se laver		
je	m'	habille	je	me	lave
tu	t'	habilles	tu	te	laves
il/elle	s'	habille	il/elle	se	lave
nous	nous	habillons	nous	nous	lavons
vous	vous	habillez	vous	vous	lavez
ils/elles	s'	habillent	ils/elles	se	lavent

6.5 Die Bildung des Imperfekts

regarder	je	regardais	nous	regardions
	tu	regardais	vous	regardiez
	il/elle	regardait	ils/elles	regardaient

Das Imperfekt wird gebildet, indem man an den Stamm der 1. Person Plural Präsens die Imperfektendungen **-ais, -ais, -ait, -ions, -iez** und **-aient** anhängt.

Im Imperfekt ist nur *être* unregelmäßig.

Damit die Aussprache des Stammes immer erhalten bleibt, wird bei den Verben:
– auf **-cer** bei *je, tu, il, elle, on, ils* und *elles* **-c-** zu **-ç-**.
– auf **-ger** bei *je, tu, il, elle, on, ils* und *elles* **-g-** zu **-ge-**.

6.6 Die Bildung des *Passé composé*

6.6.1 Die Formen des *Passé composé* mit *avoir* und *être*

parler	j'	ai	parlé	nous	avons	parlé
	tu	as	parlé	vous	avez	parlé
	il/elle	a	parlé	ils/elles	ont	parlé

arriver	je	suis	arrivé(e)	nous	sommes	arrivé(e)s
	tu	es	arrivé(e)	vous	êtes	arrivé(e)s
	il	est	arrivé	ils	sont	arrivés
	elle	est	arrivée	elles	sont	arrivées
	on	est	arrivé(e)(s)			

Bei der Bildung des *Passé composé* mit **avoir** bleibt das Partizip Perfekt in der Regel unverändert.
Wird das *Passé composé* jedoch mit **être** gebildet, so gleicht sich das Partizip Perfekt in Geschlecht und Zahl dem Subjekt des Satzes an. Bezieht sich das Partizip Perfekt auf ein Subjekt, das aus unterschiedlichem Genus besteht, so richtet es sich nach dem Männlichen:

Marc et Marie sont all**és** à la piscine.

6.6.2 Die Bildung des *Passé composé* mit *avoir* oder *être*

Die meisten Verben bilden das *Passé composé* mit **avoir**:

Hier, Pierre **a** préparé le repas. Puis, il **a** mangé.

Einige wenige Verben bilden das *Passé composé* mit **être**: dazu gehören einige Verben der Bewegungsrichtung oder des Verweilens, z. B. *aller, arriver, entrer, partir, rester, rentrer, tomber, venir* und *revenir*:

Hier, je **suis** allé(e) à Paris. Je **suis** arrivé(e) vers dix heures.

Die Verben *naître, devenir, mourir* und *décéder* bilden das *Passé composé* mit *être*:

Il **est** né en 1960.

Französische Kurzgrammatik

Die **reflexiven Verben** bilden das *Passé composé* stets mit *être:*

> Elle s'**est** réveillée. Puis, elle s'**est** levée.

6.6.3 Besonderheiten beim Partizip Perfekt im *Passé composé* mit *avoir*

Geht dem *Passé composé* ein **direktes Objekt** voraus, so wird das Partizip Perfekt in Geschlecht und Zahl dem direkten Objekt angeglichen. Das direkte Objekt kann ein **direktes Objektpronomen**, z. B. *me, te, le, la, nous, vous* oder *les* sein. Es kann aber auch in Form des Relativpronomens *que* vorausgehen:

> Est-ce que vous avez **vu Julie**? Oui, nous l'avons **vue**. C'est **Julie que** nous avons **vue**.
> J'ai acheté **les** livres. Je **les** ai acheté**s**. Ce sont **les** livres que j'ai acheté**s**.

6.7 Die Bildung des Plusquamperfekts

	lire			rester	
j'	avais	lu	j'	étais	resté/restée
tu	avais	lu	tu	étais	resté/restée
il			il	était	resté
elle	avait	lu	elle	était	restée
on			on	était	resté(s)/restée(s)
nous	avions	lu	nous	étions	restés/restées
vous	aviez	lu	vous	étiez	restés/restées
ils			ils	étaient	restés
elles	avaient	lu	elles	étaient	restées

6.8 Die Bildung des *Passé simple*

	parler	attendre	choisir	croire
je/j'	parl**ai**	attend**is**	chois**is**	cr**us**
tu	parl**as**	attend**is**	chois**is**	cr**us**
il/elle/on	parl**a**	attend**it**	chois**it**	cr**ut**
nous	parl**âmes**	attend**îmes**	chois**îmes**	cr**ûmes**
vous	parl**âtes**	attend**îtes**	chois**îtes**	cr**ûtes**
ils/elles	parl**èrent**	attend**irent**	chois**irent**	cr**urent**

6.9 Die Bildung des *Futur composé*

je	vais	aller	nous	allons	rester
tu	vas	chercher	vous	allez	boire
il/elle	va	prendre	ils/elles	vont	faire

6.10 Die Bildung des Futurs I

	regarder		attendre		écrire
je	regarde**rai**	j'	attend**rai**	j'	écri**rai**
tu	regarde**ras**	tu	attend**ras**	tu	écri**ras**
il/elle/on	regarde**ra**	il/elle/on	attend**ra**	il/elle/on	écri**ra**
nous	regarde**rons**	nous	attend**rons**	nous	écri**rons**
vous	regarde**rez**	vous	attend**rez**	vous	écri**rez**
ils/elles	regarde**ront**	ils/elles	attend**ront**	ils/elles	écri**ront**

6.11 Die Bildung des Futurs II

	parler			arriver	
j'	aurai	parlé	je	serai	arrivé/arrivée
tu	auras	parlé	tu	seras	arrivé/arrivée
il			il	sera	arrivé
elle	aura	parlé	elle	sera	arrivée
on			on	sera	arrivé(s)/arrivée(s)
nous	aurons	parlé	nous	serons	arrivés/arrivées
vous	aurez	parlé	vous	serez	arrivés/arrivées
ils			ils	seront	arrivés
elles	auront	parlé	elles	seront	arrivées

6.12 Die Bildung des Konditionals I

regarder		attendre		écrire	
je	regarde**rais**	j'	attend**rais**	j'	écri**rais**
tu	regarde**rais**	tu	attend**rais**	tu	écri**rais**
ils/elle/on	regarde**rait**	ils/elle/on	attend**rait**	ils/elle/on	écri**rait**
nous	regarde**rions**	nous	attend**rions**	nous	écri**rions**
vous	regarde**riez**	vous	attend**riez**	vous	écri**riez**
ils/elles	regarde**raient**	ils/elles	attend**raient**	ils/elles	écri**raient**

6.13 Die Bildung des Konditionals II

parler			arriver		
j'	**aurais**	parlé	je	**serais**	arrivé/arrivée
tu	**aurais**	parlé	tu	**serais**	arrivé/arrivée
il			il	**serait**	arrivé
elle	**aurait**	parlé	elle	**serait**	arrivée
on			on	**serait**	arrivé(e)(s)
nous	**aurions**	parlé	nous	**serions**	arrivés/arrivées
vous	**auriez**	parlé	vous	**seriez**	arrivés/arrivées
ils			ils	**seraient**	arrivés
elles	**auraient**	parlé	elles	**seraient**	arrivées

6.14 Die Bildung des Partizips Perfekt

Das Partizip Perfekt der Verben auf **-er** wird gebildet, indem die Endung des Infinitivs, **-er**, durch **-é** ersetzt wird:

parl**er** – parl**é**

Das Partizip Perfekt der Verben auf **-ir** wird gebildet, indem die Endung des Infinitivs, **-ir**, durch **-i** ersetzt wird:

dorm**ir** – dorm**i**
chois**ir** – chois**i**

Das Partizip Perfekt der Verben auf **-re** wird gebildet, indem die Endung des Infinitivs, **-re**, durch **-u** ersetzt wird:

atten**dre** – attend**u**

6.15 Die Bildung des Partizips Präsens

Infinitiv	1. Person Plural Präsens			Partizip Präsens
parler	nous	**parl**	ons	**parlant**
dormir	nous	**dorm**	ons	**dormant**
choisir	nous	**choisiss**	ons	**choisissant**
attendre	nous	**attend**	ons	**attendant**

Es gibt nur ganz wenige unregelmäßige Formen:

avoir – **ayant**
être – **étant**
savoir – **sachant**

6.16 Die Bildung des Gerundiums

Infinitiv	Gerundium	Infinitiv	Gerundium
être	en étant	attendre	en attendant
avoir	en ayant	dormir	en dormant
regarder	en regardant	finir	en finissant

6.17 Die Bildung des Imperativs

Infinitiv	Du-Form	Wir-Form	Sie-Form/Ihr-Form
parler	parle	parlons	parlez
descendre	descends	descendons	descendez
dormir	dors	dormons	dormez
choisir	choisis	choisissons	choisissez
faire	fais	faisons	faites

Der Imperativ verfügt nur über wenige unregelmäßige Formen:

Infinitiv	Du-Form	Wir-Form	Sie-Form/Ihr-Form
avoir	aie	ayons	ayez
être	sois	soyons	soyez
savoir	sache	sachons	sachez

6.18 Die Bildung des *Subjonctif*

Die *Subjonctif*-Endungen

Il veut que j'	attend**e**.	Il veut que nous	attend**ions**.
Il veut que tu	attend**es**.	Il veut que vous	attend**iez**.
Il veut qu'il/elle/on	attend**e**.	Il veut qu'ils/elles	attend**ent**.

Die Ableitung des *Subjonctif*

Infinitiv		3. Person Plural Präsens			Subjonctif	
parler	ils	**parl**	ent	que je	**parl**	e
mettre	ils	**mett**	ent	que tu	**mett**	es
partir	ils	**part**	ent	qu'il/elle/on	**part**	e
connaître	ils	**connaiss**	ent	que nous	**connaiss**	ions
plaire	ils	**plais**	ent	que vous	**plais**	iez
vivre	ils	**viv**	ent	qu'ils/elles	**viv**	ent

6.19 Die Bildung des *Subjonctif passé*

		travailler			sortir
Il faut	que j'/je	**aie**	travaillé.	**sois**	sorti/sortie.
	que tu	**aies**	travaillé.	**sois**	sorti/sortie.
	qu'il			**soit**	sorti.
	qu'elle	**ait**	travaillé.	**soit**	sortie.
	qu'on			**soit**	sorti(s)/sortie(s).
	que nous	**ayons**	travaillé.	**soyons**	sortis/sorties.
	que vous	**ayez**	travaillé.	**soyez**	sortis/sorties.
	qu'ils/qu'elles	**aient**	travaillé.	**soient**	sortis/sorties.

6.20 Die Bildung des Passivs

Die Passivformen im Präsens

je	suis	interrogé/interrogée	nous	sommes	interrogé(e)s
tu	es	interrogé/interrogée	vous	êtes	interrogé(e)s
il	est	interrogé	ils	sont	interrogés
elle	est	interrogée	elles	sont	interrogées
on	est	interrogé(s)/interrogée(s)			

Das Passiv in anderen Zeiten und Modi

Il	**a été**	interrogé.	*Passé composé*	Il	**sera**	interrogé	Futur I
Il	**était**	interrogé.	Imperfekt	Il	**serait**	interrogé.	Konditional I
Il	**fut**	interrogé.	*Passé simple*	Il faut qu'il	**soit**	interrogé.	*Subjonctif*

Die Nennung des Urhebers im Passiv

Der **Urheber** der Handlung wird einfach mit der Präposition *par* als präpositionale Ergänzung angeschlossen:

Il sera interrogé **par** la police.		*Er wird von der Polizei verhört.*

7 Les types de phrases – Satzarten

7.1 Der Aussagesatz

Adverbiale Bestimmung Zeit/Ort	Subjekt	Prädikat	direktes Objekt	indirektes Objekt	Adverbiale Bestimmung Zeit/Ort
	J'	achète	un livre.		
	Je	donne	un livre	à Jean.	
Hier,	j'	ai donné	un livre	à Jean.	
Hier, à l'école,	j'	ai donné	un livre	à Jean.	
	Il	habite			en France.

7.2 Der Fragesatz

7.2.1 Die Intonationsfrage

Die Intonationsfrage wird im gesprochenen Französisch als Gesamtfrage häufig benutzt. Sie behält die Stellung der Satzglieder des Aussagesatzes bei, wird aber mit steigender Intonation gesprochen:

Luc va au bureau?	Geht Luc ins Büro?

7.2.2 Die Frage mit *est-ce que* als Gesamtfrage

Est-ce que	Aussagesatz		
Est-ce que	tu vas au bureau?	Gehst du ins Büro?	
Est-ce qu'	on va au cinéma ce soir?	Gehen wir heute Abend ins Kino?	

7.2.3 Die Frage mit Fragepronomen

Die Frage mit *est-ce que* + Fragepronomen

Fragewort	est-ce que	Subjekt	Prädikat	Objekte	Adverbiale Bestimmungen
Quand	est-ce que	tu	ranges	ta chambre?	
Où	est-ce que	tu	as trouvé	ton sac?	
Pourquoi	est-ce que	vous	étudiez	le français?	
Qu'	est-ce qu'	il	fait		demain?

Die Frage mit nachgestelltem Fragepronomen

Aussagesatz	Fragepronomen
Tu t'appelles	comment?
Tu pars	quand?
Tu arrives	d'où?

7.2.4 Die Frage mit *qui*

Die Frage nach dem Subjekt

Qui habite à Paris?	Wer wohnt in Paris?
Qui est-ce qui habite à Paris?	Wer wohnt in Paris?

Die Frage nach dem Objekt

A qui est-ce que tu donnes le livre?	Wem gibst du das Buch?

Die Frage – nach dem direkten Objekt lautet:

Qui est-ce que vous cherchez?	

– nach dem indirekten Objekt lautet:

A qui est-ce que tu penses?	

7.2.5 Die Frage mit *que*

Die Frage nach dem Objekt

Que fait Paul?	Was macht Paul?

Mit *que* können Sachen erfragt werden. Wenn nach dem direkten Objekt gefragt werden soll, verwendet man *que* oder *qu'est-ce que*:

Qu'est-ce que tu cherches?	*Was suchst du?*
Que cherches-tu?	*Was suchst du?*

Bei der Frage nach dem indirekten Objekt wird **à quoi** verwendet:

A quoi est-ce qu'il pense?	*Woran denkt er?*

7.2.6 Die Inversionsfrage

Die Inversionsfrage wird im gesprochenen Französisch nicht sehr häufig verwendet. Man trifft sie hauptsächlich in schriftlich fixierten Texten an, z. B. in Briefen usw.

Fragewort	Verb + Subjektpronomen	Ergänzungen
Quand	**pars-tu**	en vacances?
Comment	**vas-tu**	en vacances?
Comment	**va-t-il?**	
Où	**habite-t-elle?**	
	Veux-tu	prendre le train?

Bei der Inversionsfrage steht das **Subjektpronomen hinter dem Verb**. Zwischen Verb und Subjekt wird ein **Bindestrich** eingefügt. In der 3. Person Singular bei *il, elle* oder *on* tritt zwischen Verb und Subjektpronomen ein *-t-*, wenn die Verbform auf *-e* oder *-a* endet. Die **Fragewörter** stehen bei Inversionsfragen **vor dem Verb**.

7.3 Der Relativsatz

7.3.1 Der Relativsatz mit *qui*

Das Relativpronomen *qui* leitet einen Relativsatz ein, bei dem *qui* gleichzeitig **Subjekt** des Relativsatzes ist. *Qui* ist unveränderlich und kann sich im Singular und Plural

- auf Personen beziehen:
- auf Sachen beziehen:

	J'ai **une amie**	**qui**	m'aide toujours.
	J'ai reçu **un livre**	**qui**	me plaît beaucoup.

7.3.2 Der Relativsatz mit *que*

Das Relativpronomen *que* leitet einen Relativsatz ein, bei dem *que* gleichzeitig **direktes Objekt** des Relativsatzes ist. *Que*, das sich vor Vokal und stummem h in *qu'* verwandelt, kann sich im Singular und Plural
- auf Personen beziehen:

J'ai **une amie**	**que**	j'aime beaucoup.

- auf Sachen beziehen:

J'ai reçu **un livre**	**que**	j'aime beaucoup.

7.3.3 Der Relativsatz mit *dont*

Das Relativpronomen *dont* vertritt **Ergänzungen mit *de*** in einem Relativsatz. *Dont* bezieht sich im Singular und Plural
- auf Personen:

C'est Paul	**dont**	Marie est amoureuse.

- auf Sachen:

Il cherche la maison	**dont**	il a besoin.

7.3.4 Der Relativsatz mit *lequel, laquelle, lesquels, lesquelles*

	männlich	weiblich
Singular	lequel	laquelle
Plural	lesquels	lesquelles

Der Gebrauch von *lequel* im Relativsatz

Die Relativpronomen *lequel, laquelle, lesquels* und *lesquelles* vertreten in der Regel in einem Relativsatz **Sachen** oder **Personen**, die nach

- Präpositionen stehen:

C'était un hiver	**pendant lequel**	il neigeait
C'était la raison	**pour laquelle**	il y avait beaucoup d'accidents.

– präpositionalen Ausdrücken stehen:

Il a une maison	**à côté de laquelle**	se trouve la gare.

à + lequel	= **auquel**	de + lequel	= **duquel**
à + laquelle	= **à laquelle**	de + laquelle	= **de laquelle**
à + lesquels	= **auxquels**	de + lesquels	= **desquels**
à + lesquelles	= **auxquelles**	de + lesquelles	= **desquelles**

Die Formen *duquel, de laquelle* usw. finden nur dann Verwendung, wenn ihnen eine **Präposition**, z. B. *près de*, vorausgeht. Einfache **Ergänzungen mit** *de* werden im Relativsatz durch *dont* vertreten.

7.3.5 Der Relativsatz mit *où*

Das Relativpronomen *où* vertritt **Ortsbestimmungen** im Relativsatz:

Montpellier est la ville **où** Jean fait ses études.

7.3.6 Der Relativsatz mit *ce qui, ce que*

Die Relativpronomen *ce qui* und *ce que* haben kein direktes Bezugswort:

Ce qui ist Subjekt:

Je sais bien	**ce qui**	m'intéresse.

Ce que ist Objekt:

Je sais bien	**ce que**	Julien a dit.

7.4 Der Bedingungssatz

7.4.1 Der reale Bedingungssatz

Der Gebrauch des realen Bedingungssatzes

Der reale Bedingungssatz wird verwendet, wenn es sich um eine **Bedingung** handelt, die **tatsächlich** erfüllt werden kann:

Si j'ai le temps, je lirai un livre. *Wenn ich Zeit habe, lese ich ein Buch.*

Die Bildung des realen Bedingungssatzes

Si-Satz im Präsens	Hauptsatz im Futur I/Präsens
Si tu **as** le temps,	nous **ferons** les courses.
S'il **fait** beau,	je **vais** à la piscine.

7.4.2 Der irreale Bedingungssatz

Der Gebrauch des irrealen Bedingungssatzes

Der irreale Bedingungssatz wird verwendet, wenn eine Bedingung der Wirklichkeit nicht entspricht und ihre Erfüllung fraglich oder unmöglich ist:

Si j'étais riche, je ferais le tour du monde.	*Wenn ich reich wäre, würde ich eine Weltreise machen.*

Die Bildung des irrealen Bedingungssatzes

Im *si*-Satz darf **nie** der **Konditional** verwendet werden, sondern nur das **Imperfekt**.

Si-Satz im Imperfekt	Hauptsatz im Konditional
S'il **avait** plus d'argent,	il **achèterait** une maison.
Si je **faisais** le tour du monde,	je **ferais** beaucoup de connaissances.

7.5 Die indirekte Rede

7.5.1 Die Bildung der indirekten Rede/Frage

Die indirekte Rede

Die indirekte Rede wird durch *que* eingeleitet; vor Vokal wird *que* zu *qu'*:

Elle dit	**que**	la jupe est bon marché.
Elle dit	**qu'**	il a raison.

Die indirekte Frage

Die indirekte Frage wird durch
– *si* eingeleitet:

Elle demande	**si**	Luc veut aller au cinéma.

Französische Kurzgrammatik

– **s'** vor i eingeleitet:

Elle demande	s'	il veut aller au cinéma.

– das entsprechende **Fragewort** eingeleitet:

Paul veut savoir	**où**	son copain travaille.
Elle veut savoir	**pourquoi**	Nicole habite à Lyon.
Il me demande	**quand**	j'ai commencé à travailler.

7.5.2 Die Zeitenfolge in der indirekten Rede/Frage

Die Zeitenfolge in der Gegenwart

Steht das redeeinleitende Verb im **Präsens**, so steht das Verb im Nebensatz, d. h. in der indirekten Rede/Frage, in der gleichen Zeit wie in der direkten Rede/Frage.

Direkte Rede:	Marie dit: «Je **vais partir** en vacances.»
Indirekte Rede:	Marie dit qu'elle **va partir** en vacances.

Die Zeitenfolge in der Vergangenheit

Bei der indirekten Rede in der **Vergangenheit** gilt es einige Besonderheiten im Hinblick auf die Verwendung der Zeiten zu beachten.

1. Zeit in der	– direkten Rede:	Präsens		
	Il a dit:	«Elle	**va**	au cinéma.»
	– indirekten Rede:	Imperfekt		
	Il a dit	qu'elle	**allait**	au cinéma.
2. Zeit in der	– direkten Rede:	Perfekt		
	Il avait dit:	«Elle	**est allée**	au cinéma.»
	– indirekten Rede:	Plusquamperfekt		
	Il avait dit	qu'elle	**était allée**	au cinéma.
3. Zeit in der	– direkten Rede:	Imperfekt		
	Il disait:	«Elle	**allait**	au cinéma.»
	– indirekten Rede:	Imperfekt		
	Il disait	qu'elle	**allait**	au cinéma.
4. Zeit in der	– direkten Rede:	Plusquamperfekt		
	Il a dit:	«Elle	**était allée**	au cinéma.»
	– indirekten Rede:	Plusquamperfekt		
	Il a dit	qu'elle	**était allée**	au cinéma.
5. Zeit in der	– direkten Rede:	Futur I		
	Il disait:	«Elle	**ira**	au cinéma.»
	– indirekten Rede:	Konditional I		
	Il disait	qu'elle	**irait**	au cinéma.
6. Zeit in der	– direkten Rede:	Futur II		
	Il a dit:	«Elle	**sera allée**	au cinéma.»
	– indirekten Rede:	Konditional II		
	Il a dit	qu'elle	**serait allée**	au cinéma.
7. Zeit in der	– direkten Rede:	Konditional I		
	Il disait:	«Elle	**irait**	au cinéma.»
	– indirekten Rede:	Konditional I		
	Il disait	qu'elle	**irait**	au cinéma.
8. Zeit in der	– direkten Rede:	Konditional II		
	Il a dit:	«Elle	**serait allée**	au cinéma.»
	– indirekten Rede:	Konditional II		
	Il a dit	qu'elle	**serait allée**	au cinéma.

Diese Zeitenverschiebung gilt nicht nur in der indirekten Rede/Frage, sondern auch in anderen Nebensätzen:

Präsens	Je crois	que tu	**es**	en vacances.
Imperfekt	Je croyais	que tu	**étais**	en vacances.

8 L'emploi des temps et des modes – Der Gebrauch der Zeiten und Modi

8.1 Die wichtigsten Zeiten in der Übersicht

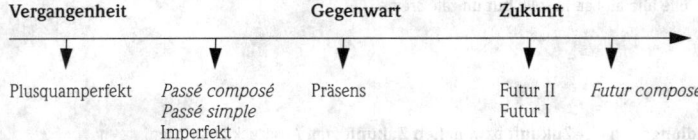

Vergangenheit	Gegenwart	Zukunft
Plusquamperfekt	Präsens	Futur II
Passé composé		Futur I
Passé simple		*Futur composé*
Imperfekt		

8.2 Der Gebrauch des Präsens

Das Präsens wird benutzt, um

– **Vorgänge** oder **Zustände** in der Gegenwart auszudrücken:
  Il **fait** les courses.
  Il **a** beaucoup d'argent.
– **Wiederholungen** und **Gewohnheiten** zu bezeichnen:
  Tous les jours, je **me lève** à 6 heures.
  Il ne **prend** jamais de petit-déjeuner.
– **allgemeingültige Dinge** zu beschreiben:
  Paris **est** la capitale de la France.

8.3 Der Gebrauch des Imperfekts

Das Imperfekt wird benutzt, um

– **Beschreibungen** in der Vergangenheit zu geben:
  Le restaurant **était** bon marché.
  Il **pleuvait** toute la journée.
– **Zustände** in der Vergangenheit zu beschreiben:
  Autrefois, on n'**avait** pas de voitures.
– **gewohnheitsmäßige Handlungen** in der Vergangenheit auszudrücken:
  Quand j'**étais** petite, je **jouais** dans le jardin.

Wenn Sie die **Begleitumstände, Hintergrundinformationen, Kommentare** oder **Erklärungen** eines Geschehens zum Ausdruck bringen möchten, ist das Imperfekt angesagt.

8.4 Der Gebrauch des Passé composé

Das *Passé composé* wird benutzt, um

– **einmalige Handlungen** und **Ereignisse** in der Vergangenheit zu erzählen:
  Hier, je **suis allé** au cinéma.
  Je **suis née** le 10 mars 1962.
– **aufeinander folgende Handlungen**, sogenannte **Handlungsketten**, in der Vergangenheit zu erzählen:
  La semaine dernière, Pierre **est allé** à Strasbourg.
  Il **a fait** des courses. Vers 20 heures, il **est rentré**.

Wenn Sie die **eigentliche Handlung** bzw. die **Ereignisse** ausdrücken möchten, die im **Vordergrund** stehen, so benützen Sie einfach das *Passé composé*.

8.5 Der Gebrauch des Plusquamperfekts

Das Plusquamperfekt wird benutzt, um ein Ereignis oder einen Zustand zu bezeichnen, der **vor einem anderen Geschehen oder Zustand** in der Vergangenheit bereits abgeschlossen war:
Il voulait rendre visite à Christine, mais elle **était** déjà **partie**.
Die folgende Grafik veranschaulicht die Regel:

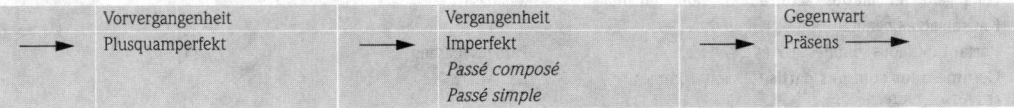

Vorvergangenheit	Vergangenheit	Gegenwart
Plusquamperfekt	Imperfekt	Präsens
	Passé composé	
	Passé simple	

8.6 Der Gebrauch des Passé simple

Das *Passé simple* wird im modernen Französisch der Gegenwart immer seltener benutzt. Es wird fast nur in der geschriebenen Sprache gebraucht. Es kommt hauptsächlich vor
– in literarischen Texten, z. B. Romanen, Märchen, Erzählungen;
– in historischen Texten, z. B. Geschichtsbüchern, Biographien;
– in Zeitungsartikeln.

Das *Passé simple* hat eine ähnliche Funktion wie das *Passé composé*.
Es wird verwendet, um

- **einmalige Handlungen** und **Ereignisse** in der Vergangenheit zu erzählen:
  Napoléon **naquit** en 1769.
  Il **devint** empereur en 1804.
- **aufeinanderfolgende Handlungen**, sogenannte **Handlungsketten**, in der Vergangenheit zu erzählen:
  Elle **alla** au bar. Là, elle **but** un café crème.

8.7 Der Gebrauch des Futur composé

Das *Futur composé* wird verwendet um **Handlungen in der Zukunft** bzw. **nahen Zukunft** zum Ausdruck zu bringen:

– Qu'est-ce que tu **vas faire** maintenant? – *Was wirst du jetzt machen?*
– Je **vais me coucher**. – *Ich werde mich hinlegen.*

8.8 Der Gebrauch des Futurs I

Das Futur steht

- um **künftige Ereignisse** auszudrücken:
  Demain, je **lirai** un livre.
  J'éspère que tu **viendras** demain.
- im **Hauptsatz eines realen Bedingungssatzes**:
  Si tu réussis au bac, tu **feras** des études.

In der Regel wird das Futur in der geschriebenen Sprache verwendet. In der gesprochenen Sprache begegnet man meist dem *Futur composé*.

8.9 Der Gebrauch des Futurs II

Das Futur II wird verwendet, um eine Handlung in der Zukunft auszudrücken, die bereits vor einem anderen zukünftigen Ereignis abgeschlossen ist:

Demain je me reposerai
quand j'**aurai terminé** mon travail.
Morgen werde ich mich ausruhen,
wenn ich meine Arbeit erledigt haben werde.

8.10 Der Gebrauch des Konditionals I

Der Konditional I steht
- bei **Ratschlägen**: A ta place, j'**achèterais** une voiture.
- bei **Wünschen**: Il **aimerait** avoir un chien.
- bei **Bitten**: **Pourriez**-vous m'aider?
- bei **Möglichkeiten**: On **pourrait** faire une excursion.
- bei **Vermutungen**: Gavarnie **serait** à 100 kilomètres d'ici.
- im **Hauptsatz eines irrealen Bedingungssatzes**: Si j'étais riche, je ne **travaillerais** pas.

8.11 Der Gebrauch des Konditionals II

Der Konditional II steht im **Hauptsatz eines irrealen Bedingungssatzes in der Vergangenheit**:
Si j'avais été riche, j'**aurais fait** le tour du monde.
Wenn ich reich gewesen wäre, hätte ich eine Weltreise gemacht.

8.12 Der Gebrauch des Partizips Präsens

Das Partizip Präsens wird hauptsächlich in der Schriftsprache verwendet.
Es wird anstelle eines

- **Relativsatzes mit qui** verwendet:
  Elle regarde un film **racontant** la vie d'un étudiant.   Partizip Präsens
  Elle regarde un film **qui raconte** la vie d'un étudiant.   Relativsatz
- **Kausalsatzes** benutzt:
  Partant tôt, nous sommes arrivés à l'heure.   Partizip Präsens
  Comme nous sommes partis tôt, nous sommes arrivés à l'heure.   Kausalsatz

8.13 Der Gebrauch des Gerundiums

Das Gerundium wird sowohl in der gesprochenen als auch in der geschriebenen Sprache verwendet, um Sätze zu verkürzen. Es kann einem zweiten Hauptsatz oder einem Nebensatz entsprechen. Jedoch kann das Gerundium einen Nebensatz nur dann ersetzen, wenn der Neben- und der Hauptsatz **dasselbe Subjekt** haben.

Das Gerundium kann anstelle eines **Temporalsatzes** die Gleichzeitigkeit zweier Ereignisse/Geschehnisse zum Ausdruck bringen:

Gerundium: **En travaillant**, il pense qu congé.
Temporalsatz: **Pendant qu'il travaille**, il pense au congé.

Das Gerundium kann für einen **Bedingungssatz** stehen:

Gerundium: **En regardant** la télé, il ne pourra pas lire de livre.
Bedingungssatz: **S'il regarde** la télé, il ne pourra pas lire de livre.

Gerundium: **En regardant** la télé, il me pourrait pas lire de livre.
Bedingungssatz: **S'il regardait** la télé, il ne pourrait pas lire de livre.
Das Gerundium kann für einen **Modalsatz** stehen, der die Art und Weise ausdrückt:
Elle a gagné beaucoup de l'argent **en travaillant** comme mannequin.

8.14 Der Gebrauch des Subjonctif

1. Der *Subjonctif* steht nach Verben des **Wünschens, Verlangens, Wollens** und **Verbietens** im Nebensatz, der durch **que** eingeleitet wird, z. B.:

Je **veux que** tu **ailles** à l'école.	Ich will, dass du in die Schule gehst.

Verben, die zu dieser Gruppe gehören, sind u. a.:

aimer mieux que	*lieber mögen*	interdire que	*verbieten*
aimer que	*mögen*	ordonner que	*befehlen*
attendre que	*(er)warten*	permettre que	*erlauben, gestatten*
avoir envie que	*gern wollen, Lust haben*	préférer que	*vorziehen*
demander que	*verlangen*	souhaiter que	*wünschen*
désirer que	*wünschen*	vouloir que	*wollen*
exiger que	*fordern*		

2. Der *Subjonctif* steht nach Verben des **Vorschlagens, Zustimmens, Ablehnens** und **Verhinderns** im Nebensatz, der durch **que** eingeleitet wird, z. B.:

Il **propose qu'**ils **fassent** une excursion.	Er schlägt vor, dass sie einen Ausflug machen.

Verben, die zu dieser Gruppe gehören, sind u. a.:

accepter que	*akzeptieren*	refuser que	*ablehnen*
approuver que	*billigen*	souffrir que	*ertragen*
désapprouver que	*missbilligen*	supporter que	*ertragen*
empêcher que	*verhindern*	tolérer que	*ertragen, dulden*
éviter que	*vermeiden*	vouloir bien que	*einverstanden sein*
proposer que	*vorschlagen*		
recommander que	*empfehlen*		

3. Der *Subjonctif* steht nach Verben und Ausdrücken des **subjektiven Empfindens** und der **wertenden Stellungnahme** im Nebensatz, der durch **que** angeschlossen wird. Der *que*-Satz ist in diesem Fall nur möglich, wenn der einleitende Satz und der *que*-Satz **verschiedene Subjekte** haben:

Je **regrette que** mon chef ne **puisse** pas venir.	Ich bedauere, dass mein Chef nicht kommen kann.

Verben, die zu dieser Gruppe gehören, sind u. a.:

admirer que	*bewundern*	craindre que	*fürchten*
adorer que	*furchtbar gerne mögen*	critiquer que	*kritisieren*
aimer que	*(es) gern haben*	déplorer que	*bedauern, beklagen*
apprécier que	*(es) zu schätzen wissen*	détester que	*verabscheuen*
avoir honte que	*sich schämen*	regretter que	*bedauern*
avoir peur que	*Angst haben*	s'étonner que	*sich wundern, staunen*
(ne pas) comprendre que	*(nicht) verstehen können*	s'indigner que	*sich entrüsten*
		se réjouir que	*sich freuen*

Zu beachten ist, dass nach **espérer que** (hoffen) der **Indikativ** steht, und nach **se plaindre que** (sich beklagen) der *Subjonctif* oder der **Indikativ** stehen kann.

4. Auch nach Ausdrücken mit **être** oder **trouver + Adjektiv**, die das **subjektive Empfinden** oder die **wertende Stellungnahme** zum Ausdruck bringen, steht ebenfalls der *Subjonctiv* im Nebensatz, der durch **que** eingeleitet wird, z. B.:

Il **est important que** vous **fassiez** vos devoirs.	Es ist wichtig, dass ihr eure Hausaufgaben macht.

Ausdrücke, die zu dieser Gruppe gehören, sind u. a.:

être content que	*zufrieden sein*	trouver bizarre que	*komisch finden*
être déçu que	*enttäuscht sein*	trouver bon que	*gut finden*
être désolé que	*untröstlich sein*	trouver curieux que	*seltsam finden*
être étonné que	*verwundert sein*	trouver important que	*wichtig finden*
être heureux que	*glücklich sein*	trouver mauvais que	*schlecht finden*
être satisfait que	*zufrieden sein*		
être surpris que	*überrascht sein*		
être triste que	*traurig sein*		

5. Der *Subjonctif* steht nach **unpersönlichen Verben** und **unpersönlichen Ausdrücken**, z. B.:

Il **est bon que** tu **viennes**.	Es ist gut, dass du kommst.

Dazu gehören u. a.:

il est	bizarre que	*es ist seltsam*	cela	m'amuse que	*es amüsiert mich*
il est	bon que	*es ist gut*	cela	me gêne que	*es stört mich*
il est	important que	*es ist wichtig*	cela	m'inquiète que	*es beunruhigt mich*

Französische Kurzgrammatik

il est	mauvais que	*es ist schlecht*	cela	me plaît que	*es gefällt mir*
il est	nécessaire que	*es ist notwendig*	cela	me surprend que	*es überrascht mich*
il est	normal que	*es ist normal*			
il est	temps que	*es ist Zeit*			
il est	utile que	*es ist nützlich*			
il	convient que	*es ist angebracht*			
il	faut que	*es ist nötig/man muss*			
il	importe que	*es ist wichtig*			
il	suffit que	*es genügt*			
il	vaut mieux que	*es ist besser*			

6. Der *Subjonctif* steht **in der Regel** nach Ausdrücken und Verben des **Meinens** und **Denkens**, die **verneint** sind und an die sich ein Nebensatz anschließt, der mit **que** beginnt.

Je **ne crois pas qu'**ils **sachent** faire de la voile.	*Ich glaube nicht, dass sie segeln können.*

Zu dieser Gruppe gehören u. a.:

ne pas croire que	*nicht glauben*
ne pas espérer que	*nicht hoffen*
ne pas estimer que	*nicht meinen*
ne pas s'imaginer que	*sich nicht vorstellen*
ne pas penser que	*nicht denken*
ne pas se rappeler que	*sich nicht erinnern*
ne pas trouver que	*nicht finden*

7. Der *Subjonctif* steht **in der Regel** nach Ausdrücken und Verben des **Bezweifelns**, an die sich ein Nebensatz mit **que** anschließt:

Personne ne **doute que** le chômage **soit** un grand problème.	*Niemand bezweifelt, dass die Arbeitslosigkeit ein großes Problem ist.*

Zu dieser Gruppe gehören u. a.:

douter que	*bezweifeln*
contester que	*bestreiten*
nier que	*verneinen*

8. Der *Subjonctif* steht nach Ausdrücken und Verben des **Sagens** und **Erklärens**, die verneint sind und an die sich ein Nebensatz mit **que** anschließt.

Il **ne dit pas** qu'elle **sache** nager.	*Er sagt nicht, dass sie schwimmen kann.*

Zu dieser Gruppe gehören u. a.:

affirmer que	*behaupten, versichern*	dire que	*sagen, behaupten*
assurer que	*versichern*	jurer que	*schwören*
avouer que	*gestehen*	prétendre que	*vorgeben*
constater que	*feststellen*	soutenir que	*behaupten*
déclarer que	*erklären*		

Mit **promettre que** (versprechen) steht immer der **Indikativ**.

9. Der *Subjonctif* steht in einem **Relativsatz**, wenn etwas als **wünschenswert** oder **hypothetisch** erachtet wird. Handelt es sich hingegen um eine **Tatsache**, so steht der **Indikativ**:

Il cherche une maison **qui soit** bon marché.	Wunsch
Il a une maison **qui est** bon marché.	Tatsache

10. Der *Subjonctif* steht nach einigen **Konjunktionen**, z.B:

Marc a acheté du pain **sans que** sa mère le **sache**.
Marc aide sa mère **pour qu'**elle **soit** heureuse.

Zu den *Subjonctif* auslösenden Konjunktionen gehören u. a.:

à condition que	*unter der Bedingung, dass*
afin que	*damit*
avant que … (ne)	*bevor*
bien que	*obwohl, obgleich*
de peur que … (ne)	*damit nicht*
de crainte que … (ne)	*damit nicht*
jusqu'à ce que	*solange bis*
malgré que	*obwohl, obgleich*
pour que	*damit*
pourvu que	*vorausgesetzt, dass*
quoique	*obwohl, obgleich*
sans que	*ohne dass*
supposé que	*angenommen, dass*

9 *La négation* – Die Verneinung

9.1 Die Verneinungselemente

Die Verneinung wird aus dem Verneinungselement **ne** und einem weiteren Verneinungswort gebildet. Steht **ne** vor Vokal oder stummem h, so verkürzt es sich zu **n'**. Die Verneinung besteht aus zwei Wörtern.
Folgende Verneinungselemente gibt es im Französischen:

ne ... pas	nicht
ne ... plus	nicht mehr
ne ... jamais	nie
ne ... plus jamais	nie mehr
ne ... rien	nichts
ne ... plus rien	nichts mehr
ne ... personne	niemand
ne ... plus personne	niemand mehr
ne ... pas encore	noch nicht
ne ... toujours pas	immer noch nicht
ne ... pas toujours	nicht immer
ne ... ni ... ni	weder ... noch
ne ... pas ... ni	weder ... noch
ne ... pas ... du tout	überhaupt nicht

In der Umgangssprache wird im Gespräch das Element **ne** auch oft weggelassen. In der Schriftsprache muss **ne** allerdings immer benutzt werden.

9.2 Die Stellung der Verneinungselemente

Im Folgenden wird aufgeführt, wie sich die Verneinungselemente in einem Satz verhalten.
Le pauvre Luc!

Il	**ne**	sait	**pas**	conduire.	
Il	**n'**	habite	**plus**	ici.	
Il	**ne**	va	**jamais**	au théâtre.	
Il	**ne**	mange	**plus jamais**	dans un restaurant.	
Il	**ne**	lit	**rien**.		
Il	**ne**	fait	**plus rien**.		
Il	**ne**	voit	**personne**.		
Il	**ne**	connaît	**plus personne**.		
Il	**ne**	sait	**pas encore**	faire la cuisine.	
Il	**n'**	est	**toujours pas**	heureux.	
Il	**n'**	a	**pas toujours**	envie de se lever.	
Il	**n'**	aime	**ni**	sa femme	**ni** son fils.
Il	**n'**	aime	**pas**	sa femme	**ni** son fils d'ailleurs!
Il	**ne**	veut	**ni**	faire les courses	**ni** manger.
Il	**ne**	veut	**pas**	boire,	**ni** manger d'ailleurs!
Il	**n'**	est	**pas**	content	**du tout**.

1. Die Verneinungselemente umschließen in einfachen Zeiten und im Imperativ das konjugierte Verb:

ne	konjugiertes Verb	pas
n'		plus
		rien
		jamais
		personne etc.

2. Dies gilt auch bei Infinitivkonstruktionen, außer bei der Verneinung mit ne ... personne:

ne	konjugiertes Verb	pas	Infinitiv
n'		plus	
		rien	
		jamais etc.	

Ne ... personne umschließt das konjugierte Verb und den Infinitiv:

ne	konjugiertes Verb	Infinitiv	personne
n'			

3. Steht ein Reflexivpronomen, ein direktes oder indirektes Objektpronomen bzw. en oder y vor dem konjugierten Verb, so umschließt die Verneinung die Gruppe aus Pronomen und Verb:

ne	Pronomen	konjugiertes Verb	pas
n'			plus
			rien
			jamais
			personne etc.

4. In zusammengesetzten Zeiten umschließen die Verneinungselemente das Hilfsverb, außer bei der Verneinung ne ... personne.

ne	avoir/être	pas	Partizip
n'		plus	
		rien	
		jamais etc.	

Ne ... personne umschließt das Hilfsverb und das Partizip:

Französische Kurzgrammatik

ne	avoir/être	Partizip	personne
n'			

Generell steht **ne** immer links von dem konjugierten Verb und **pas, plus, jamais** usw. rechts davon.

9.3 Die Verneinung in Verbindung mit Mengen

Bei Verneinungen in Verbindung mit Mengenangaben drückt die Verneinung die **„Menge Null"** aus. Zwischen der Verneinung und dem folgenden Substantiv steht **de**. Vor Vokal und stummem h wird **de** zu **d'**:

Je	**n'**	ai	**pas**	**d'**	oranges.	*keine*
			plus	**de**	pommes.	*keine ... mehr*
			jamais	**de**	viande.	*nie*

Un, une oder **des** werden in der Verneinung zu **de**:

		un	restaurant	
Est-ce qu'il y a		**une**	école	près d'ici ?
		des	hôtels	
		de	restaurant	
Non, monsieur, il **n'**y a pas		**d'**	école	près d'ici.
		d'	hôtels	

Werden jedoch die Verben **être, aimer** oder **détester** verneint, so steht kein **de**.
Bei **aimer** und **détester** folgt **der bestimmte Artikel**:

Je	**n'**	aime	**pas**	**les**	oranges.
Je	**ne**	déteste	**pas**	**les**	poires.

Bei **être** folgt **der unbestimmte Artikel, des** oder ein **anderer Begleiter:**

Est-ce que c'est un chien?   Non, ce **n'**est **pas un** chien. C'est un chat.

Est-ce que ce sont **des** fraises bon marché?   Non, ce **ne** sont **pas des** fraises bon marché.
                                                    Elles sont chères.

Est-ce que c'est **ton** copain?   Non, ce **n'**est **pas mon** copain.

10 *Les prépositions* – Die Präpositionen

10.1 Die Präpositionen des Ortes

Die Präposition à: in, nach

Die Präposition **à** dient der Angabe von **Zielen** oder **Aufenthaltsorten** in abstrakter, allgemeiner Weise.
Mit dem bestimmten Artikel geht **à** folgende Verbindungen ein:

à + le = au
à + les = aux

Maria habite **à** Lisbonne **au** Portugal. Elle va souvent **à** la plage. Cet été, elle veut aller **aux** Etats-Unis.

Die Präposition *chez*: bei, zu

Die Präposition **chez** dient der Angabe von **Zielen** und **Aufenthaltsorten** bei **Personen** oder belebten Wesen, z. B. bei Firmennamen.

> On va **chez** Paul ?
> Non, j'ai rendez-vous **chez** le dentiste.
> M. Dubois travaille **chez** Renault.

Die Präposition *dans*: in, in ... hinein

Die Präposition **dans** dient der Angabe von **konkreten Ortsangaben,** z. B. in Räumen.

> Elle habite **dans** un quartier de Paris où les enfants ne peuvent pas jouer **dans** la rue.

Die Präposition *de*: von, aus

Die Präposition **de** gibt die **Herkunft,** den **Ursprung** oder den **Ausgangspunkt** an.
Mit dem bestimmten Artikel geht **de** folgende Verbindungen ein:

de + le = du
de + les = des

Vor Vokal und stummem h wird **de** zu **d'**.

> Moi, je suis **de** France mais mon mari est **d'**Allemagne. Maintenant nous venons **de** Suisse.

Die Präposition *en*: in, nach

Die Präposition **en** steht bei **Aufenthaltsorten** und **Zielen** von weiblichen Ländernamen, bei Provinzen und Regionen und in bestimmten Ausdrücken.

> J'habite **en** France. Je vais partir **en** vacances **en** Provence.

Die Präposition *par*: durch

Die Präposition **par** bezeichnet das **Durchqueren** eines Raumes und steht meist in Verbindung mit Verben der Bewegung.

Pour aller en Italie, on passe **par** la Suisse.

Die Präposition *pour:* nach
Die Präposition **pour** bezeichnet den **Zielpunkt** einer Reise, z. B. ein Land oder eine Stadt in Verbindung mit dem Verb *partir* und *s'embarquer*.

Ce matin, ils sont partis **pour** Paris.

Die Präposition *vers:* in Richtung, nach
Die Präposition **vers** bezeichnet das **Ziel einer Bewegung**, z. B. ein Land, eine Stadt, eine Himmelsrichtung oder eine Person.

On va **vers** l'ouest.

Weitere örtliche Präpositionen
Folgende weitere örtliche Präpositionen stehen zur Verfügung:

à côté de	*neben*	Le garage est **à côté de** la maison.
à droite de	*rechts*	**A droite du** garage, il y a la boulangerie.
à gauche de	*links*	**A gauche de** la voiture, il y a un arbre.
au bout de	*am Ende von*	**Au bout de** la rue, il y a l'école de Luc.
au fond de	*hinten*	**Au fond du** garage, il y a le vélo de Luc.
derrière	*hinter*	Le chien est **derrière** la voiture.
devant	*vor*	Luc est **devant** la maison.
en face de	*gegenüber*	La maison est **en face de** l'hôtel.
entre	*zwischen*	Le petit frère de Luc est **entre** la voiture et la maison.
loin de	*weit von*	La maison est **loin de** la piscine.
près de	*nahe bei*	La maison est **près de** la gare.
sous	*unter*	Le ballon est **sous** la voiture.
sur	*auf*	Le chat est **sur** le toit.

10.2 Die Präpositionen der Zeit

Die Präposition *à:* um, an, in
Die Präposition **à** bezeichnet **genaue Zeitpunkte**.

Le train arrive **à** six heures.
Il fait froid **à** Noël.
Elle s'est mariée **à** 30 ans.
Es heißt **au** *printemps* aber **en** *été*, **en** *automne*, **en** *hiver*.

Die Präposition *à partir de:* von ... an, ab
Die Präposition **à partir de** gibt den **Anfangspunkt** einer Handlung in der **Gegenwart** oder in der **Zukunft** an.

A partir d'aujourd'hui il ne travaille plus.
A partir de demain elle fait des études.

Die Präposition *après:* nach
Die Präposition **après** gibt einen **Zeitpunkt** an, der **nach einem anderen** Zeitpunkt oder Zeitraum in der **Vergangenheit** oder **Zukunft** liegt.

Je vais terminer mon travail **après** Noël.

Die Präposition *avant:* vor
Die Präposition **avant** gibt einen **Zeitpunkt** an, der **vor einem anderen** Zeitpunkt oder Zeitraum in der **Vergangenheit** oder **Zukunft** liegt.

Je vais terminer mon travail **avant** Noël.

Die Präposition *dans:* in, nach Ablauf von
Die Präposition **dans** wird verwendet, um einen **zukünftigen Zeitpunkt** auszudrücken.

Paul rentre **dans** dix minutes.

Die Präposition *dès:* seit, von ... an
Die Präposition **dès** bezeichnet den **Anfangszeitpunkt** einer Handlung in der **Vergangenheit**, **Gegenwart** oder **Zukunft**.

Il est chef **dès** l'âge de 30 ans.
Il m'énerve **dès** son arrivée.

Die Präposition *depuis:* seit
Die Präposition **depuis** bezeichnet den **Anfangszeitpunkt** eines Zeitraumes, der in der **Vergangenheit beginnt** und **an die Vergangenheit oder Gegenwart heranreicht**.

Il est chez Renault **depuis** dix ans.

Die Präposition *en:* im (Monat), im Jahre, innerhalb von
Die Präposition **en** steht vor den **Jahreszeiten**, die mit Vokal beginnen, sowie vor **Monatsnamen** und **Jahreszahlen**. Außerdem bezeichnet **en** einen **bestimmten Zeitraum**, innerhalb dessen sich eine **Handlung vollzieht**.

Marie est née **en** 1996.
Il fait froid **en** hiver.
Noël est **en** décembre.
Pierre a fait ses études **en** 5 ans.

Bei **Monatsnamen** kann man statt **en** auch **au mois de** verwenden, z. B.:

Tout le monde part en vacances **au mois d'août/en** août.

Die Präposition *entre ... et:* zwischen ... und
Die Präposition **entre ... et** bezeichnet einen **Zeitraum**, der **zwischen zwei Zeitpunkten** liegt.

Je vais travailler **entre** 8 heures **et** 10 heures.

Die Präposition *il y a:* vor
Die Präposition **il y a** bezeichnet einen **vergangenen Zeitpunkt**.

Pierre a passé son bac **il y a** un an.

Die Präposition *jusque:* bis
Die Präposition **jusque** bezeichnet den **Endpunkt** eines **ununterbrochenen Zeitraumes**, der in der **Zukunft** stattfindet oder in der **Vergangenheit abgeschlossen** wurde.

Nous attendons **jusqu'à** demain.
Nous restons **jusqu'au** 10 mars.

Der Präposition **jusque** folgt gerne die Präposition **à**, woraufhin *jusque* sein *-e* verliert und zu **jusqu'à** wird.

Die Präposition *pendant:* während
Die Präposition **pendant** bezeichnet einen **Zeitraum**, der von einer Handlung ausgefüllt ist.

Il faisait beau **pendant** notre séjour.

Die Präposition *pour:* für (die Dauer von)
Die Präposition **pour** bezeichnet einen **befristeten Zeitraum**, der einem bestimmten Ziel unterworfen ist.

Il va à Paris **pour** deux semaines.

Die Präposition *vers:* gegen, um
Die Präposition **vers** bezeichnet einen **ungefähren Zeitpunkt**.

J'arrive **vers** dix heures.
Il termine son travail **vers** le 18 février.

10.3 Modale Präpositionen

Die Präposition *à:* mit
Die Präposition **à** bringt Folgendes zum Ausdruck:

– Zweck	C'est un verre **à** vin.
– Art und Weise	Il faut écrire **au** crayon.
– Preisangabe	Le kilo est **à** dix francs.
– Fortbewegungsart mit oder ohne Verkehrsmittel	On va **à** pied/**à** vélo au cinéma.
– Entfernung	L'hôtel est **à** dix kilomètres d'ici.

Die Präposition *avec:* mit
Die Präposition **avec** bringt Folgendes zum Ausdruck:

– Mittel/Werkzeug	Il ouvre la porte **avec** la clé.

Die Präposition *de:* mit, aus, vor
Die Präposition **de** bringt Folgendes zum Ausdruck:

– Körperteil	Il fait signe **de** la tête.
– Materialangabe	Regardez ! C'est **du** bois massif.
– Ursache	Ils ont crié **de** peur.
– Mengenangabe	Il faut acheter deux litres **de** lait.

Die Präposition *en:* mit, aus

Die Präposition **en** bringt Folgendes zum Ausdruck:
- Fortbewegung mit einem Transportmittel J'y vais **en** avion.
- Materialangabe J'ai une montre **en** or.

Bei der Fortbewegung mit dem Fahrrad sollte die Präposition **à** verwendet werden:
J'y vais **à** vélo.

Die Präposition *par:* mit, durch, aus, pro

Die Präposition **par** bringt Folgendes zum Ausdruck:
- Mittel Cette lettre est arrivée **par** avion.
- Urheberbezeichnung J'ai appris la nouvelle **par** le journal.
- Beweggrund Il a avoué **par** peur d'aller en prison.
- Verteilung La chambre coûte 100 F **par** personne.

Die Präposition *pour:* für

Die Präposition **pour** bringt Folgendes zum Ausdruck:
- Zweck Il travaille **pour** gagner de l'argent.
- Preisangabe J'ai acheté ce livre **pour** 20 F.

11 *Les conjonctions* – Die Konjunktionen

Mithilfe von Konjunktionen kann man Sätze oder Satzteile miteinander verbinden. Man unterscheidet zwischen beiordnenden und unterordnenden Konjunktionen.

11.1 Beiordnende Konjunktionen

Beiordnende Konjunktionen verbinden gleichrangige Sätze, d. h. Hauptsätze, miteinander, z. B.:

Il pleut **et** Marc reste à la maison.	Es regnet und Marc bleibt zu Hause.
J'avais rendez-vous avec Jean, **mais** il n'est pas venu.	Ich hatte eine Verabredung mit Jean, aber er ist nicht gekommen.

Zu den beiordnenden Konjunktionen zählen u. a.:

car	*denn*	ni … ni	*weder … noch*
donc	*also*	ou	*oder*
et	*und*	ou … ou	*entweder … oder*
mais	*aber*	ou bien	*oder*

11.2 Unterordnende Konjunktionen

Unterordnende Konjunktionen verbinden Haupt- und Nebensätze.

Il n'a pas le temps **parce qu'**il doit travailler	Er hat keine Zeit, weil er arbeiten muss.
Quand j'aurai terminé le bac, je ferai des études.	Wenn ich das Abitur gemacht habe, werde ich studieren.

Zu den unterordnenden Konjunktionen zählen u. a.:

à condition que*	*unter der Bedingung, dass*
afin que*	*damit*
après que	*nachdem*
avant que*	*bevor*
bien que*	*obwohl*
comme	*da*
de peur que*	*damit nicht*
depuis que	*seit, seitdem*
dès que	*sobald*
jusqu'à ce que*	*bis*
lorsque	*als, wenn*
malgré que*	*obwohl, obgleich*
parce que	*weil*
pendant que	*während*
pour que*	*damit*
pourvu que*	*vorausgesetzt, dass*
puisque	*da*
quand	*als, wenn*
quoique*	*obwohl*

sans que*	*ohne dass*
si	*wenn*
si bien que	*so dass*
supposé que*	*angenommen, dass*
tant que	*solange*

Nach den mit * gekennzeichneten Konjunktionen folgt der *Subjonctif*, z. B.:

Marie reste au lit **jusqu'à ce que** sa mère vienne.	*Marie bleibt im Bett, bis ihre Mutter kommt.*
Elle travaille **pour que** sa famille puisse vivre mieux.	*Sie arbeitet, damit ihre Familie besser leben kann.*

Französische Verben – Verbes français

Innerhalb der Konjugationsmuster für die Verb-Endungen -**er**, -**ir** und -**re** gibt es wiederkehrende Besonderheiten, die im Folgenden an 14 Musterverben dargestellt werden. Aus Platzgründen wurden die Verben im Wörterbuchteil mit Ziffern in Spitzklammern versehen; diese Ziffern zeigen den Konjugationstyp des betreffenden Verbs an und verweisen auf diese Musterverben hier.

Verben, die sehr viele Besonderheiten aufweisen, sind im Wörterbuchteil mit *<irr>* gekennzeichnet. Diese Verben sind im Anschluss an die 14 Musterverben in alphabetischer Reihenfolge aufgeführt. Wenn bei den Musterverben nur die erste Person Singular angegeben ist, folgen alle weiteren Personen dem Muster der ersten, wobei nur die entsprechende Endung angehängt werden muss.

Bei den meisten Verben werden zusammengesetzte Zeiten mit *avoir* gebildet, mit Ausnahme des pronominalen Gebrauchs, der immer mit *être* gebildet wird. Bei den Verben, deren zusammengesetzte Zeiten mit *être* bzw. *avoir* und *être* gebildet werden, erfolgt ein entsprechender Hinweis beim Eintrag.

avoir

INDICATIF		CONDITIONNEL	SUBJONCTIF
Présent	**Passé composé**	**Présent**	**Présent**
j'ai	j'ai eu	j'aurais	que j'aie
tu as	tu as eu	tu aurais	que tu aies
il/elle a	il/elle a eu	il/elle aurait	qu'il/elle ait
nous avons	nous avons eu	nous aurions	que nous ayons
vous avez	vous avez eu	vous auriez	que vous ayez
ils/elles ont	ils/elles ont eu	ils/elles auraient	qu'ils/elles aient
Imparfait	**Plus-que-parfait**	**Passé 1ère forme**	**Imparfait**
j'avais	j'avais eu	j'aurais eu	que j'eusse
tu avais	tu avais eu	tu aurais eu	que tu eusses
il/elle avait	il/elle avait eu	il/elle aurait eu	qu'il/elle eût
nous avions	nous avions eu	nous aurions eu	que nous eussions
vous aviez	vous aviez eu	vous auriez eu	que vous eussiez
ils/elles avaient	ils/elles avaient eu	ils/elles auraient eu	qu'ils/elles eussent
Passé simple	**Passé antérieur**	**Passé 2ème forme**	**Passé**
j'eus	j'eus eu	j'eusse eu	que j'aie eu
tu eus	tu eus eu	tu eusses eu	que tu aies eu
il/elle eut	il/elle eut eu	il/elle eût eu	qu'il/elle ait eu
nous eûmes	nous eûmes eu	nous eussions eu	que nous ayons eu
vous eûtes	vous eûtes eu	vous eussiez eu	que vous ayez eu
ils/elles eurent	ils/elles eurent eu	ils/elles eussent eu	qu'ils/elles aient eu
Futur simple	**Futur antérieur**		**Plus-que-parfait**
j'aurai	j'aurai eu		que j'eusse eu
tu auras	tu auras eu		que tu eusses eu
il/elle aura	il/elle aura eu		qu'il/elle eût eu
nous aurons	nous aurons eu		que nous eussions eu
vous aurez	vous aurez eu		que vous eussiez eu
ils/elles auront	ils/elles auront eu		qu'ils/elles eussent eu

PARTICIPE		IMPÉRATIF	
Présent	**Passé**	**Présent**	**Passé**
ayant	eu/ayant eu	aie	aie eu
		ayons	ayons eu
		ayez	ayez eu

être

INDICATIF		CONDITIONNEL	SUBJONCTIF
Présent	**Passé composé**	**Présent**	**Présent**
je suis	j'ai été	je serais	que je sois
tu es	tu as été	tu serais	que tu sois
il/elle est	il/elle a été	il/elle serait	qu'il/elle soit
nous sommes	nous avons été	nous serions	que nous soyons
vous êtes	vous avez été	vous seriez	que vous soyez
ils/elles sont	ils/elles ont été	ils/elles seraient	qu'ils/elles soient

Imparfait	Plus-que-parfait	Passé 1ère forme	Imparfait
j'étais	j'avais été	j'aurais été	que je fusse
tu étais	tu avais été	tu aurais été	que tu fusses
il/elle était	il/elle avait été	il/elle aurait été	qu'il/elle fût
nous étions	nous avions été	nous aurions été	que nous fussions
vous étiez	vous aviez été	vous auriez été	que vous fussiez
ils/elles étaient	ils/elles avaient été	ils/elles auraient été	qu'ils/elles fussent
Passé simple	**Passé antérieur**	**Passé 2ème forme**	**Passé**
je fus	j'eus été	j'eusse été	que j'aie été
tu fus	tu eus été	tu eusses été	que tu aies été
il/elle fut	il/elle eut été	il/elle eût été	qu'il/elle ait été
nous fûmes	nous eûmes été	nous eussions été	que nous ayons été
vous fûtes	vous eûtes été	vous eussiez été	que vous ayez été
ils/elles furent	ils/elles eurent été	ils/elles eussent été	qu'ils/elles aient été
Futur simple	**Futur antérieur**		**Plus-que-parfait**
je serai	j'aurai été		que j'eusse été
tu seras	tu auras été		que tu eusses été
il/elle sera	il/elle aura été		qu'il/elle eût été
nous serons	nous aurons été		que nous eussions été
vous serez	vous aurez été		que vous eussiez été
ils/elles seront	ils/elles auront été		qu'ils/elles eussent été

PARTICIPE		IMPÉRATIF	
Présent	**Passé**	**Présent**	**Passé**
étant	été/ayant été	sois	aie été
		soyons	ayons été
		soyez	ayez été

aller

INDICATIF		CONDITIONNEL	SUBJONCTIF
Présent	**Passé composé**	**Présent**	**Présent**
je vais	je suis allé(e) …	j'irais	que j'aille
tu vas		tu irais	que tu ailles
il/elle va		il/elle irait	qu'il/elle aille
nous allons		nous irions	que nous allions
vous allez		vous iriez	que vous alliez
ils/elles vont		ils/elles iraient	qu'ils/elles aillent
Imparfait	**Plus-que-parfait**	**Passé 1ère forme**	**Imparfait**
j'allais …	j'étais allé(e) …	je serais allé(e) …	que j'allasse
			que tu allasses
			qu'il/elle allât
			que nous allassions
			que vous allassiez
			qu'ils/elles allassent
Passé simple	**Futur simple**		**Passé**
j'allai …	j'irai		que je sois allé(e) …
	tu iras		
	il/elle ira		
	nous irons		
	vous irez		
	ils/elles iront		

PARTICIPE		IMPÉRATIF	
Présent	**Passé**	**Présent**	**Passé**
allant	allé(e)/étant allé(e)	va	sois allé(e)
		allons	soyons allé(e)s
		allez	soyez allé(e)s

faire

INDICATIF		CONDITIONNEL	SUBJONCTIF
Présent	**Passé simple**	**Présent**	**Présent**
je fais	je fis	je ferais	que je fasse
tu fais	tu fis	tu ferais	que tu fasses
il/elle fait	il/elle fit	il/elle ferait	qu'il/elle fasse
nous faisons	nous fîmes	nous ferions	que nous fassions
vous faites	vous fîtes	vous feriez	que vous fassiez
ils/elles font	ils/elles firent	ils/elles feraient	qu'ils/elles fassent
Imparfait	**Passé composé**		**Imparfait**
je faisais	j'ai fait ...		que je fisse
tu faisais			que tu fisses
il/elle faisait			qu'il/elle fît
nous faisions			que nous fissions
vous faisiez			que vous fissiez
ils/elles faisaient			qu'ils/elles fissent
	Futur simple		**Passé**
	je ferai		que j'aie fait ...
	tu feras		
	il/elle fera		
	nous ferons		
	vous ferez		
	ils/elles feront		

PARTICIPE		IMPÉRATIF	
Présent	**Passé**	**Présent**	**Passé**
faisant	fait/ayant fait	fais	aie fait
		faisons	ayons fait
		faites	ayez fait

1 chanter

INDICATIF		CONDITIONNEL	SUBJONCTIF
Présent	**Passé composé**	**Présent**	**Présent**
je chante	j'ai chanté	je chanterais	que je chante
tu chantes	tu as chanté	tu chanterais	que tu chantes
il/elle chante	il/elle a chanté	il/elle chanterait	qu'il/elle chante
nous chantons	nous avons chanté	nous chanterions	que nous chantions
vous chantez	vous avez chanté	vous chanteriez	que vous chantiez
ils/elles chantent	ils/elles ont chanté	ils/elles chanteraient	qu'ils/elles chantent
Imparfait	**Plus-que-parfait**	**Passé 1ère forme**	**Imparfait**
je chantais	j'avais chanté	j'aurais chanté	que je chantasse
tu chantais	tu avais chanté	tu aurais chanté	que tu chantasses
il/elle chantait	il/elle avait chanté	il/elle aurait chanté	qu'il/elle chantât
nous chantions	nous avions chanté	nous aurions chanté	que nous chantassions
vous chantiez	vous aviez chanté	vous auriez chanté	que vous chantassiez
ils/elles chantaient	ils/elles avaient chanté	ils/elles auraient chanté	qu'ils/elles chantassent
Passé simple	**Futur simple**		**Passé**
je chantai	je chanterai		que j'aie chanté
tu chantas	tu chanteras		que tu aies chanté
il/elle chanta	il/elle chantera		qu'il/elle ait chanté
nous chantâmes	nous chanterons		que nous ayons chanté
vous chantâtes	vous chanterez		que vous ayez chanté
il/elles chantèrent	ils/elles chanteront		qu'ils/elles aient chanté

PARTICIPE		IMPÉRATIF	
Présent	**Passé**	**Présent**	**Passé**
chantant	chanté/ayant chanté	chante	aie chanté
		chantons	ayons chanté
		chantez	ayez chanté

1a parier

INDICATIF		CONDITIONNEL	SUBJONCTIF
Présent	**Passé simple**	**Présent**	**Présent**
je parie	je pariai	je parierais …	que je parie
tu paries	tu parias		que tu paries
il/elle parie	il/elle paria		qu'il/elle parie
nous parions	nous pariâmes		que nous pariions
vous pariez	vous pariâtes		que vous pariiez
ils/elles parient	ils/elles parièrent		qu'ils/elles parient
Imparfait	**Passé composé**		**Imparfait**
je pariais	j'ai parié …		que je pariasse …
tu pariais			
il/elle pariait			
nous pariions			
vous pariiez			
ils/elles pariaient			
Futur simple			**Passé**
je parierai …			que j'aie parié …

PARTICIPE		IMPÉRATIF	
Présent	**Passé**	**Présent**	**Passé**
pariant	parié/ayant parié	parie	aie parié
		parions	ayons parié
		pariez	ayez parié

2 commencer

INDICATIF		CONDITIONNEL	SUBJONCTIF
Présent	**Passé simple**	**Présent**	**Présent**
je commence	je commençai	je commencerais …	que je commence
tu commences	tu commenças		que tu commences
il/elle commence	il/elle commença		qu'il/elle commence
nous commençons	nous commençâmes		que nous commencions
vous commencez	vous commençâtes		que vous commenciez
ils/elles commencent	ils/elles commencèrent		qu'ils/elles commencent
Imparfait	**Passé composé**		**Imparfait**
je commençais	j'ai commencé …		que je commençasse
tu commençais			que tu commençasses
il/elle commençait			qu'il/elle commençât
nous commencions			que nous commençassions
vous commenciez			que vous commençassiez
ils/elles commençaient			qu'ils/elles commençassent
	Futur simple		**Passé**
	je commencerai …		que j'aie commencé …

PARTICIPE		IMPÉRATIF	
Présent	**Passé**	**Présent**	**Passé**
commençant	commencé/ayant commencé	commence	aie commencé
		commençons	ayons commencé
		commencez	ayez commencé

2a changer

INDICATIF		CONDITIONNEL	SUBJONCTIF
Présent	**Passé simple**	**Présent**	**Présent**
je change	je changeai	je changerais …	que je change
tu changes	tu changeas		que tu changes
il/elle change	il/elle changea		qu'il/elle change
nous changeons	nous changeâmes		que nous changions
vous changez	vous changeâtes		que vous changiez
ils/elles changent	ils/elles changèrent		qu'ils/elles changent
Imparfait	**Passé composé**		**Imparfait**
je changeais	j'ai changé …		que je changeasse
tu changeais			que tu changeasses
il/elle changeait			qu'il/elle changeât
nous changions			que nous changeassions
vous changiez			que vous changeassiez
ils/elles changeaient			qu'ils/elles changeassent
	Futur simple		**Passé**
	je changerai …		que j'aie changé …

PARTICIPE		IMPÉRATIF	
Présent	**Passé**	**Présent**	**Passé**
changeant	changé/ayant changé	change	aie changé
		changeons	ayons changé
		changez	ayez changé

3 rejeter

INDICATIF		CONDITIONNEL	SUBJONCTIF
Présent	**Passé simple**	**Présent**	**Présent**
je rejette	je rejetai …	je rejetterais …	que je rejette
tu rejettes			que tu rejettes
il/elle rejette			qu'il/elle rejette
nous rejetons			que nous rejetions
vous rejetez			que vous rejetiez
ils/elles rejettent			qu'ils/elles rejettent
Imparfait	**Passé composé**		**Imparfait**
je rejetais …	j'ai rejeté …		que je rejetasse …
	Futur simple		**Passé**
	je rejetterai …		que j'aie rejeté …

PARTICIPE		IMPÉRATIF	
Présent	**Passé**	**Présent**	**Passé**
rejetant	rejeté/ayant rejeté	rejette	aie rejeté
		rejetons	ayons rejeté
		rejetez	ayez rejeté

Französische Verben

4 peler

INDICATIF		CONDITIONNEL	SUBJONCTIF
Présent	**Passé simple**	**Présent**	**Présent**
je pèle tu pèles il/elle pèle nous pelons vous pelez ils/elles pèlent	je pelai …	je pèlerais tu pèlerais il/elle pèlerait nous pèlerions vous pèleriez ils/elles pèleraient	que je pèle que tu pèles qu'il/elle pèle que nous pelions que vous peliez qu'ils/elles pèlent
Imparfait	**Passé composé**		**Imparfait**
je pelais …	j'ai pelé …		que je pelasse …
	Futur simple		**Passé**
	je pèlerai tu pèleras il/elle pèlera nous pèlerons vous pèlerez ils/elles pèleront		que j'aie pelé …

PARTICIPE		IMPÉRATIF	
Présent	**Passé**	**Présent**	**Passé**
pelant	pelé/ayant pelé	pèle pelons pelez	aie pelé ayons pelé ayez pelé

5 préférer

INDICATIF		CONDITIONNEL	SUBJONCTIF
Présent	**Imparfait**	**Présent**	**Présent**
je préfère tu préfères il/elle préfère nous préférons vous préférez ils/elles préfèrent	je préférais …	je préférerais …	que je préfère que tu préfères qu'il/elle préfère que nous préférions que vous préfériez qu'ils/elles préfèrent
	Passé simple		**Imparfait**
	je préférai …		que je préférasse …
	Passé composé		**Passé**
	j'ai préféré …		que j'aie préféré …
	Futur simple		
	je préférerai …		

PARTICIPE		IMPÉRATIF	
Présent	**Passé**	**Présent**	**Passé**
préférant	préféré/ayant préféré	préfère préférons préférez	aie préféré ayons préféré ayez préféré

6 appuyer

INDICATIF		CONDITIONNEL	SUBJONCTIF
Présent	**Imparfait**	**Présent**	**Présent**
j'appuie tu appuies il/elle appuie nous appuyons vous appuyez ils/elles appuient	j'appuyais …	j'appuierais …	que j'appuie que tu appuies qu'il/elle appuie que nous appuyions que vous appuyiez qu'ils/elles appuient
	Passé simple j'appuyai …		**Imparfait** que j'appuyasse …
	Passé composé j'ai appuyé …		**Passé** que j'aie appuyé …
	Futur simple j'appuierai …		

PARTICIPE		IMPÉRATIF	
Présent	**Passé**	**Présent**	**Passé**
appuyant	appuyé/ayant appuyé	appuie appuyons appuyez	aie appuyé ayons appuyé ayez appuyé

7 essayer

INDICATIF		CONDITIONNEL	SUBJONCTIF
Présent	**Imparfait**	**Présent**	**Présent**
j'essaie/essaye tu essaies/essayes il/elle essaie/essaye nous essayons vous essayez ils/elles essaient/essayent	j'essayais …	j'essaierais/essayerais …	que j'essaie/essaye que tu essaies/essayes qu'il/elle essaie/essaye que nous essayions que vous essayiez qu'ils/elles essaient/essayent
	Passé simple j'essayai …		**Imparfait** que j'essayasse …
	Passé composé j'ai essayé …		**Passé** que j'aie essayé …
	Futur simple j'essaierai/essayerai …		

PARTICIPE		IMPÉRATIF	
Présent	**Passé**	**Présent**	**Passé**
essayant	essayé/ayant essayé	essaie/essaye essayons essayez	aie essayé ayons essayé ayez essayé

8 agir

INDICATIF		CONDITIONNEL	SUBJONCTIF
Présent	**Passé simple**	**Présent**	**Présent**
j'agis	j'agis	j'agirais …	que j'agisse
tu agis	tu agis		que tu agisses
il/elle agit	il/elle agit		qu'il/elle agisse
nous agissons	nous agîmes		que nous agissions
vous agissez	vous agîtes		que vous agissiez
ils/elles agissent	ils/elles agirent		qu'ils/elles agissent
Imparfait	**Passé composé**		**Imparfait**
j'agissais	j'ai agi …		que j'agisse
tu agissais			que tu agisses
il/elle agissait			qu'il/elle agît
nous agissions			que nous agissions
vous agissiez			que vous agissiez
ils/elles agissaient			qu'ils/elles agissent
	Futur simple		**Passé**
	j'agirai		que j'aie agi …
	tu agiras		
	il/elle agira		
	nous agirons		
	vous agirez		
	ils/elles agiront		

PARTICIPE		IMPÉRATIF	
Présent	**Passé**	**Présent**	**Passé**
agissant	agi/ayant agi	agis	aie agi
		agissons	ayons agi
		agissez	ayez agi

9 devenir

INDICATIF		CONDITIONNEL	SUBJONCTIF
Présent	**Passé composé**	**Présent**	**Présent**
je deviens	je suis devenu(e) …	je deviendrais …	que je devienne
tu deviens			que tu deviennes
il/elle devient			qu'il/elle devienne
nous devenons			que nous devenions
vous devenez			que vous deveniez
ils/elles deviennent			qu'ils/elles deviennent
Imparfait	**Futur simple**		**Imparfait**
je devenais …	je deviendrai		que je devinsse
	tu deviendras		que tu devinsses
	il/elle deviendra		qu'il/elle devînt
	nous deviendrons		que nous devinssions
	vous deviendrez		que vous devinssiez
	ils/elles deviendront		qu'ils/elles devinssent
Passé simple			**Passé**
je devins			que je sois devenu(e) …
tu devins			
il/elle devint			
nous devînmes			
vous devîntes			
ils/elles devinrent			

PARTICIPE		IMPÉRATIF	
Présent	**Passé**	**Présent**	**Passé**
devenant	devenu(e)/étant devenu(e)	deviens	sois devenu(e)
		devenons	soyons devenu(e)s
		devenez	soyez devenu(e)s

10 sortir

INDICATIF		CONDITIONNEL	SUBJONCTIF
Présent	**Imparfait**	**Présent**	**Présent**
je sors tu sors il/elle sort nous sortons vous sortez ils/elles sortent	je sortais …	je sortirais …	que je sorte que tu sortes qu'il/elle sorte que nous sortions que vous sortiez qu'ils/elles sortent
	Passé simple		**Imparfait**
	je sortis…		que je sortisse …
	Passé composé		**Passé**
	je suis sorti(e) …		que je sois sorti(e) …
	Futur simple		
	je sortirai …		

PARTICIPE		IMPÉRATIF	
Présent	**Passé**	**Présent**	**Passé**
sortant	sorti(e)/étant sorti(e)	sors sortons sortez	sois sorti(e) soyons sorti(e)s soyez sorti(e)s

11 ouvrir

INDICATIF		CONDITIONNEL	SUBJONCTIF
Présent	**Imparfait**	**Présent**	**Présent**
j'ouvre tu ouvres il/elle ouvre nous ouvrons vous ouvrez ils/elles ouvrent	j'ouvrais …	j'ouvrirais …	que j'ouvre que tu ouvres qu'il/elle ouvre que nous ouvrions que vous ouvriez qu'ils/elles ouvrent
	Passé simple		**Imparfait**
	j'ouvris …		que j'ouvrisse …
	Passé composé		**Passé**
	j'ai ouvert …		que j'aie ouvert …
	Futur simple		
	j'ouvrirai …		

PARTICIPE		IMPÉRATIF	
Présent	**Passé**	**Présent**	**Passé**
ouvrant	ouvert/ayant ouvert	ouvre ouvrons ouvrez	aie ouvert ayons ouvert ayez ouvert

12 apercevoir

INDICATIF		CONDITIONNEL	SUBJONCTIF
Présent	**Passé simple**	**Présent**	**Présent**
j'aperçois tu aperçois il/elle aperçoit nous apercevons vous apercevez ils/elles aperçoivent	j'aperçus tu aperçus il/elle aperçut nous aperçûmes vous aperçûtes ils/elles aperçurent	j'apercevrais …	que j'aperçoive que tu aperçoives qu'il/elle aperçoive que nous apercevions que vous aperceviez qu'ils/elles aperçoivent
Imparfait	**Passé composé**		**Imparfait**
j'apercevais …	j'ai aperçu …		que j'aperçusse que tu aperçusses qu'il/elle aperçût que nous aperçussions que vous aperçussiez qu'ils/elles aperçussent
	Futur simple		**Passé**
	j'apercevrai …		que j'aie aperçu …

PARTICIPE		IMPÉRATIF	
Présent	**Passé**	**Présent**	**Passé**
apercevant	aperçu/ayant aperçu	aperçois apercevons apercevez	aie aperçu ayons aperçu ayez aperçu

13 comprendre

INDICATIF		CONDITIONNEL	SUBJONCTIF
Présent	**Passé simple**	**Présent**	**Présent**
je comprends tu comprends il/elle comprend nous comprenons vous comprenez ils/elles comprennent	je compris tu compris il/elle comprit nous comprîmes vous comprîtes ils/elles comprirent	je comprendrais …	que je comprenne que tu comprennes qu'il/elle comprenne que nous comprenions que vous compreniez qu'ils/elles comprennent
Imparfait	**Passé composé**		**Imparfait**
je comprenais tu comprenais il/elle comprenait nous comprenions vous compreniez ils/elles comprenaient	j'ai compris …		que je comprisse que tu comprisses qu'il/elle comprît que nous comprissions que vous comprissiez qu'ils/elles comprissent
	Futur simple		**Passé**
	je comprendrai tu comprendras il/elle comprendra nous comprendrons vous comprendrez ils/elles comprendront		que j'aie compris …

PARTICIPE		IMPÉRATIF	
Présent	**Passé**	**Présent**	**Passé**
comprenant	compris/ayant compris	comprends comprenons comprenez	aie compris ayons compris ayez compris

14 vendre

INDICATIF		CONDITIONNEL	SUBJONCTIF
Présent	**Passé simple**	**Présent**	**Présent**
je vends	je vendis	je vendrais …	que je vende
tu vends	tu vendis		que tu vendes
il/elle vend	il/elle vendit		qu'il/elle vende
nous vendons	nous vendîmes		que nous vendions
vous vendez	vous vendîtes		que vous vendiez
ils/elles vendent	ils/elles vendirent		qu'ils/elles vendent
Imparfait	**Passé composé**		**Imparfait**
je vendais	j'ai vendu …		que je vendisse …
tu vendais	**Futur simple**		**Passé**
il/elle vendait	je vendrai …		que j'aie vendu …
nous vendions			
vous vendiez			
ils/elles vendaient			

PARTICIPE		IMPÉRATIF	
Présent	**Passé**	**Présent**	**Passé**
vendant	vendu/ayant vendu	vends	aie vendu
		vendons	ayons vendu
		vendez	ayez vendu

Französische unregelmäßige Verben
Verbes français irréguliers

abattre *siehe battre*

Infinitif	Présent	Imparfait	Futur	Passé simple	Subjonctif présent	Subjonctif imparfait	Part. présent	Part. passé
absoudre	j'absous	j'absolvais	j'absoudrai	j'absolus	que j'absolve	que j'absolusse	absolvant	absous, oute
	nous absolvons	nous absolvions	nous absoudrons	nous absolûmes	que nous absolvions	que nous absolussions		
	ils absolvent	ils absolvaient	ils absoudront	ils absolurent	qu'ils absolvent	qu'ils absolussent		

abstraire *siehe extraire*
accourir *siehe courir*

accroître	j'accrois	j'accroissais	j'accroîtrai	j'accrus	que j'accroisse	que j'accrusse	accroissant	accru, e
	nous accroissons	nous accroissions	nous accroîtrons	nous accrûmes	que nous accroissions	que nous accrussions		
	ils accroissent	ils accroissaient	ils accroîtront	ils accrurent	qu'ils accroissent	qu'ils accrussent		

accueillir *siehe cueillir*

acquérir	j'acquiers	j'acquérais	j'acquerrai	j'acquis	que j'acquière	que j'acquisse	acquérant	acquis, e
	il acquiert	il acquérait	il acquerra	il acquit	qu'il acquière	qu'il acquît		
	nous acquérons	nous acquérions	nous acquerrons	nous acquîmes	que nous acquérions	que nous acquissions		
	ils acquièrent	ils acquéraient	ils acquerront	ils acquirent	qu'ils acquièrent	qu'ils acquissent		

admettre *siehe mettre*
apparaître *siehe paraître*
assaillir *siehe défaillir*

aller	je vais	j'allais	j'irai	j'allai	que j'aille	que j'allasse	allant	allé, e
	tu vas	tu allais	tu iras		que tu ailles			
	il va	il allait	il ira		qu'il aille			
	nous allons	nous allions	nous irons		que nous allions			
	vous allez	vous alliez	vous irez		que vous alliez			
	ils vont	ils allaient	ils iront		qu'ils aillent			

asseoir	j'assieds	j'asseyais	j'assiérai	j'assis	que j'asseye	que j'assisse	asseyant	assis, e
	il assied	il asseyait	il assiéra	il assit	qu'il asseye	qu'il assît	*o* assoyant	
	nous asseyons	nous asseyions	nous assiérons	nous assîmes	que nous asseyions	que nous assissions		
	ils asseyent	ils asseyaient	ils assiéront	ils assirent	qu'ils asseyent	qu'ils assissent		
	o j'assois	*o* j'assoyais	*o* j'assoirai		*o* que j'assoie			
	il assoit	il assoyait	il assoira		qu'il assoie			
	nous assoyons	nous assoyions	nous assoirons		que nous assoyions			
	ils assoient	ils assoyaient	ils assoiront		qu'ils assoient			

astreindre *siehe peindre*
atteindre *siehe peindre*

Französische unregelmäßige Verben

Infinitif	Présent	Imparfait	Futur	Passé simple	Subjonctif présent	Subjonctif imparfait	Part. présent	Part. passé
avoir	j'ai tu as il a nous avons vous avez ils ont	j'avais tu avais il avait nous avions vous aviez ils avaient	j'aurai tu auras il aura nous aurons vous aurez ils auront	j'eus tu eus il eut nous eûmes vous eûtes ils eurent	que j'aie que tu aies qu'il ait que nous ayons que vous ayez qu'ils aient	que j'eusse que tu eusses qu'il eût que nous eussions que vous eussiez qu'ils eussent	ayant	eu, e
battre	je bats il bat nous battons ils battent	je battais il battait nous battions ils battaient	je battrai il battra nous battrons ils battront	je battis il battit nous battîmes ils battirent	que je batte qu'il batte que nous battions qu'ils battent	que je battisse qu'il battît que nous battissions qu'ils battissent	battant	battu, e
boire	je bois il boit nous buvons ils boivent	je buvais il buvait nous buvions ils buvaient	je boirai il boira nous boirons ils boiront	je bus il but nous bûmes ils burent	que je boive qu'il boive que nous buvions qu'ils boivent	que je busse qu'il bût que nous bussions qu'ils bussent	buvant	bu, e
bouillir	je bous nous bouillons ils bouillent	je bouillais nous bouillions ils bouillaient	je bouillirai nous bouillirons ils bouilliront	je bouillis nous bouillîmes ils bouillirent	que je bouille que nous bouillions qu'ils bouillent	que je bouillisse que nous bouillissions qu'ils bouillissent	bouillant	bouilli, e
braire *siehe* extraire								
bruire	il bruit *nous/vous fehlt* ils bruissent	il bruissait	*fehlt*	*fehlt*	qu'il bruisse	*fehlt*	bruissant	*fehlt*
ceindre *siehe* peindre								
choir	je chois il choit *nous/vous fehlt* ils choient	*fehlt*	je choirai *o* cherrai ils choiront *o* cherront	je chus il chut nous chûmes ils churent	*fehlt*	*nur* qu'il chût	*fehlt*	chu, e
circonscrire *siehe* écrire								
clore	je clos il clôt nous closons ils closent	*fehlt*	je clorai il clora nous clorons ils cloront	*fehlt*	que je close qu'il close que nous closions qu'ils closent	*fehlt*	closant	clos, e
comparaître *siehe* paraître								
complaire *siehe* plaire								
compromettre *siehe* mettre								
conclure	je conclus je conclus	je concluais	je conclurai	je conclus	que je conclue	que je conclusse	concluant	conclu, e
concourir *siehe* courir								
conduire	je conduis je conduis	je conduisais	je conduirai	je conduisis	que je conduise	que je conduisisse	conduisant	conduit, e
conquérir *siehe* acquérir								
connaître *siehe* paraître	construire *siehe* conduire							
contredire *siehe* dire	contrefaire *siehe* faire					contraindre *siehe* craindre		
corrompre *siehe* rompre					convaincre *siehe* vaincre			

Infinitif	Présent	Imparfait	Futur	Passé simple	Subjonctif présent	Subjonctif imparfait	Part. présent	Part. passé
coudre	je couds	je cousais	je coudrai	je cousis	que je couse	que je cousisse	cousant	cousu, e
	il coud	il cousait	il coudra	il cousit	qu'il couse	qu'il cousît		
	nous cousons	nous cousions	nous coudrons	nous cousîmes	que nous cousions	que nous cousissions		
	ils cousent	ils cousaient	ils coudront	ils cousirent	qu'ils cousent	qu'ils cousissent		
courir	je cours	je courais	je courrai	je courus	que je coure	que je courusse	courant	couru, e
	il court	il courait	il courra	il courut	qu'il coure	qu'il courût		
	nous courons	nous courions	nous courrons	nous courûmes	que nous courions	que nous courussions		
	ils courent	ils couraient	ils courront	ils coururent	qu'ils courent	qu'ils courussent		
craindre	je crains	je craignais	je craindrai	je craignis	que je craigne	que je craignisse	craignant	craint, e
	ils craignent	nous craignions	nous craindrons	nous craignîmes	que nous craignions	que nous craignissions		
		ils craignaient	ils craindront	ils craignirent	qu'ils craignent	qu'ils craignissent		
croire	je crois	je croyais	je croirai	je crus	que je croie	que je crusse	croyant	cru, e
	il croit	il croyait	il croira	il crut	qu'il croie	qu'il crût		
	nous croyons	nous croyions	nous croirons	nous crûmes	que nous croyions	que nous crussions		
	ils croient	ils croyaient	ils croiront	ils crurent	qu'ils croient	qu'ils crussent		
croître	je crois	je croissais	je croîtrai	je crûs	que je croisse	que je crûsse	croissant	crû, crue, cru(e)s
	ils croissent	nous croissions	nous croîtrons	nous crûmes	que nous croissions	que nous crûssions		
		ils croissaient	ils croîtront	ils crûrent	qu'ils croissent	qu'ils crûssent		
cueillir	je cueille	je cueillais	je cueillerai	je cueillis	que je cueille	que je cueillisse	cueillant	cueilli, e
	il cueille	il cueillait	il cueillera	il cueillit	qu'il cueille	qu'il cueillît		
	nous cueillons	nous cueillions	nous cueillerons	nous cueillîmes	que nous cueillions	que nous cueillissions		
	ils cueillent	ils cueillaient	ils cueilleront	ils cueillirent	qu'ils cueillent	qu'ils cueillissent		
cuire *siehe* conduire								
		débattre *siehe* battre						
déchoir	je déchois	*fehlt*	je déchoirai	je déchus	que je déchoie	que je déchusse	*fehlt*	déchu, e
	nous déchoyons		nous déchoirons	nous déchûmes	que nous déchoyions	que nous déchussions		
	ils déchoient		ils déchoiront	ils déchurent	qu'ils déchoient	qu'ils déchussent		
découdre *siehe* coudre								
		décrire *siehe* écrire		décroître *siehe* accroître		dédire *siehe* contredire	déduire *siehe* conduire	
défaillir	je défaille	je défaillais	je défaillirai	je défaillis	que je défaille	que je défaillisse	défaillant	défailli
défaire *siehe* faire		démettre *siehe* mettre		dépeindre *siehe* peindre		déplaire *siehe* plaire		
desservir *siehe* servir		déteindre *siehe* peindre		détruire *siehe* conduire		dévêtir *siehe* vêtir		
devoir	je dois	je devais	je devrai	je dus	que je doive	que je dusse	devant	dû, due, du(e)s
	il doit	il devait	il devra	il dut	qu'il doive	qu'il dût		
	nous devons	nous devions	nous devrons	nous dûmes	que nous devions	que nous dussions		
	ils doivent	ils devaient	ils devront	ils durent	qu'ils doivent	qu'ils dussent		
dire	je dis	je disais	je dirai	je dis	que je dise	que je disse	disant	dit, e
	nous disons	nous disions	nous dirons	nous dîmes	que nous disions	que nous dissions		
	vous dites	vous disiez	vous direz	vous dîtes	que vous disiez	que vous dissiez		
	ils disent	ils disaient	ils diront	ils dirent	qu'ils disent	qu'ils dissent		
discourir *siehe* courir		disjoindre *siehe* joindre		disparaître *siehe* paraître		dissoudre *siehe* absoudre	distraire *siehe* extraire	

Französische unregelmäßige Verben

Infinitif	Présent	Imparfait	Futur	Passé simple	Subjonctif présent	Subjonctif imparfait	Part. présent	Part. passé
dormir	je dors nous dormons ils dorment	je dormais nous dormions ils dormaient	je dormirai nous dormirons ils dormiront	je dormis nous dormîmes ils dormirent	que je dorme que nous dormions qu'ils dorment	que je dormisse que nous dormissions qu'ils dormissent	dormant	dormi
ébattre *siehe* battre								
échoir	il échoit ils échoient	il échoyait ils échoyaient	il échoira *o* écherra ils échoiront *o* écherront	il échut ils échurent	qu'il échoit qu'ils échoient	qu'il échût qu'ils échussent	échéant	échu, e
éclore *siehe* clore								
écrire	j'écris il écrit nous écrivons ils écrivent	j'écrivais il écrivait nous écrivions ils écrivaient	j'écrirai il écrira nous écrirons ils écriront	j'écrivis il écrivit nous écrivîmes ils écrivirent	que j'écrive qu'il écrive que nous écrivions qu'ils écrivent	que j'écrivisse qu'il écrivît que nous écrivissions qu'ils écrivissent	écrivant	écrit, e
élire *siehe* lire								
émettre *siehe* mettre								
émouvoir *wie* mouvoir, *Ausnahme:*								ému, e
empreindre *siehe* peindre								
enclore *siehe* clore				encourir *siehe* courir		endormir *siehe* dormir	enduire *siehe* conduire	
enfuir *siehe* fuir				enjoindre *siehe* joindre		enquérir *siehe* acquérir	ensuivre *siehe* suivre	
entremettre *siehe* mettre		entrevoir *siehe* voir						
envoyer	j'envoie nous envoyons ils envoient	j'envoyais nous envoyions ils envoyaient	j'enverrai nous enverrons ils enverront	j'envoyai nous envoyâmes ils envoyèrent	que j'envoie que nous envoyions qu'ils envoient	que j'envoyasse que nous envoyassions qu'ils envoyassent	envoyant	envoyé, e
équivaloir *siehe* valoir		éteindre *siehe* peindre						
être	je suis tu es il est nous sommes vous êtes ils sont	j'étais tu étais il était nous étions vous étiez ils étaient	je serai tu seras il sera nous serons vous serez ils seront	je fus	que je sois que tu sois qu'il soit que nous soyons que vous soyez qu'ils soient	que je fusse	étant	été
étreindre *siehe* peindre								
exclure	j'exclus il exclut nous excluons ils excluent	j'excluais il excluait nous excluions ils excluaient	j'exclurai il exclura nous exclurons ils excluront	j'exclus il exclut nous exclûmes ils exclurent	que j'exclue qu'il exclue que nous excluions qu'ils excluent	que j'exclusse qu'il exclût que nous exclussions qu'ils exclussent	excluant	exclu, e
extraire	j'extrais nous extrayons ils extraient	j'extrayais nous extrayions ils extrayaient	j'extrairai nous extrairons ils extrairont	*fehlt*	que j'extraie que nous extrayions qu'ils extraient	*fehlt*	extrayant	extrait, e

Französische unregelmäßige Verben

Infinitif	Présent	Imparfait	Futur	Passé simple	Subjonctif présent	Subjonctif imparfait	Part. présent	Part. passé
faillir	je faillis	je faillissais	je faillirai	je faillis	que je faillisse	que je faillisse	faillissant	failli
	nous faillissons	nous faillissions	nous faillirons	nous faillîmes	que nous faillissions	que nous faillissions	*o fallant*	
	ils faillissent	ils faillissaient	ils failliront	ils faillirent	qu'ils faillissent	qu'ils faillissent		
		o je faillais	*o je faudrai*		*o que je faille*			
		nous faillions	nous faudrons		que nous faillions			
		ils faillaient			qu'ils faillent			
faire	je fais	je faisais	je ferai	je fis	que je fasse	que je fisse	faisant	fait, e
	tu fais	tu faisais	tu feras		que tu fasses			
	il fait	il faisait	il fera		qu'il fasse			
	nous faisons	nous faisions	nous ferons		que nous fassions			
	vous faites	vous faisiez	vous ferez		que vous fassiez			
	ils font	ils faisaient	ils feront		qu'ils fassent			
falloir	il faut	il fallait	il faudra	il fallut	qu'il faille	qu'il fallût	*fehlt*	fallu
feindre *siehe peindre*								
frire	je fris	*fehlt*	je frirai	*fehlt*	*fehlt*	*fehlt*	*fehlt*	frit, e
	nous/vous/ils *fehlt*		nous frirons					
			ils friront					
fuir	je fuis	je fuyais	je fuirai	je fuis	que je fuie	que je fuisse	fuyant	fui, e
	il fuit	il fuyait	il fuira	il fuit	qu'il fuie	qu'il fuît		
	nous fuyons	nous fuyions	nous fuirons	nous fuîmes	que nous fuyions	que nous fuissions		
	ils fuient	ils fuyaient	ils fuiront	ils fuirent	qu'ils fuient	qu'ils fuissent		
geindre *siehe peindre*								
gésir	je gis	je gisais						
	tu gis	tu gisais						
	il gît	il gisait						
	nous gisons	nous gisions						
	vous gisez	vous gisiez						
	ils gisent	ils gisaient						
haïr	je hais	je haïssais	je haïrai	je haïs	que je haïsse	que je haïsse	haïssant	haï, e
	il hait	il haïssait	il haïra	il haït	qu'il haïsse	qu'il haït		
	nous haïssons	nous haïssions	nous haïrons	nous haïmes	que nous haïssions	que nous haïssions		
	ils haïssent	ils haïssaient	ils haïront	ils haïrent	qu'ils haïssent	qu'ils haïssent		
inclure *siehe conclure*								
induire *siehe conduire*								
inscrire *siehe écrire*								
interdire *siehe contredire*								
interrompre *siehe rompre*								
introduire *siehe conduire*								
instruire *siehe conduire*								
joindre	je joins	je joignais	je joindrai	je joignis	que je joigne	que je joignisse	joignant	joint, e
	il joint	il joignait	il joindra	il joignit	qu'il joigne	qu'il joignît		
	nous joignons	nous joignions	nous joindrons	nous joignîmes	que nous joignions	que nous joignissions		
	ils joignent	ils joignaient	ils joindront	ils joignirent	qu'ils joignent	qu'ils joignissent		

Französische unregelmäßige Verben

Infinitif	Présent	Imparfait	Futur	Passé simple	Subjonctif présent	Subjonctif imparfait	Part. présent	Part. passé
lire	je lis il lit nous lisons ils lisent	je lisais il lisait nous lisions ils lisaient	je lirai il lira nous lirons ils liront	je lus il lut nous fûmes ils lurent	que je lise qu'il lise que nous lisions qu'ils lisent	que je lusse qu'il lût que nous lussions qu'ils lussent	lisant	lu, e
luire *siehe* nuire								
mettre	je mets il met nous mettons ils mettent	je mettais il mettait nous mettions ils mettaient	je mettrai il mettra nous mettrons ils mettront	je mis il mit nous mîmes ils mirent	que je mette qu'il mette que nous mettions qu'ils mettent	que je misse qu'il mît que nous missions qu'ils missent	mettant	mis, e
médire siehe contredire								
méconnaître *siehe* paraître								
moudre	je mouds il moud nous moulons ils moulent	je moulais il moulait nous moulions ils moulaient	je moudrai il moudra nous moudrons ils moudront	je moulus il moulut nous moulûmes ils moulurent	que je moule qu'il moule que nous moulions qu'ils moulent	que je moulusse qu'il moulût que nous moulussions qu'ils moulussent	moulant	moulu, e
mourir	je meurs il meurt nous mourons ils meurent	je mourais il mourait nous mourions ils mouraient	je mourrai il mourra nous mourrons ils mourront	je mourus il mourut nous mourûmes ils moururent	que je meure qu'il meure que nous mourions qu'ils meurent	que je mourusse qu'il mourût que nous mourussions qu'ils mourussent	mourant	mort, e
mouvoir	je meus il meut nous mouvons ils meuvent	je mouvais il mouvait nous mouvions ils mouvaient	je mouvrai il mouvra nous mouvrons ils mouvront	je mus il mut nous mûmes ils murent	que je meuve qu'il meuve que nous mouvions qu'ils meuvent	que je musse qu'il mût que nous mussions qu'ils mussent	mouvant	mû, mue, mu(e)s
naître	je nais il naît nous naissons ils naissent	je naissais il naissait nous naissions ils naissaient	je naîtrai il naîtra nous naîtrons ils naîtront	je naquis il naquit nous naquîmes ils naquirent	que je naisse qu'il naisse que nous naissions qu'ils naissent	que je naquisse qu'il naquît que nous naquissions qu'ils naquissent	naissant	né, e
nuire	je nuis nous nuisons ils nuisent	je nuisais nous nuisions ils nuisaient	je nuirai nous nuirons ils nuiront	je nuisis nous nuisîmes ils nuisirent	que je nuise que nous nuisions qu'ils nuisent	que je nuisisse que nous nuisissions qu'ils nuisissent	nuisant	nui
occire *nur Infinitiv und Participe passé und zusammengesetzte Zeiten*								occis, e
oindre *siehe* joindre								
ouïr	j'ouïs nous ouïssons o j'ois nous oyons ils oient	j'ouïssais nous ouïssaient o j'oyais nous oyions ils oyaient	j'ouïrai nous ouïrons o j'orrai nous orrons ils orront	j'ouïs nous ouïmes ils ouïrent	que j'ouïsse que nous ouïssions qu'ils ouïssent o que j'oie que nous oyions qu'ils oient	que j'ouïsse que nous ouïssions qu'ils ouïssent	oyant	ouï, e
ometre siehe mettre								
paître *siehe* paraître								

Französische unregelmäßige Verben

Infinitif	Présent	Imparfait	Futur	Passé simple	Subjonctif présent	Subjonctif imparfait	Part. présent	Part. passé
paraître	je parais il paraît nous paraissons ils paraissent	je paraissais il paraissait nous paraissions ils paraissaient	je paraîtrai il paraîtra nous paraîtrons ils paraîtront	je parus il parut nous parûmes ils parurent	que je paraisse qu'il paraisse que nous paraissions qu'ils paraissent	que je parusse qu'il parût que nous parussions qu'ils parussent	paraissant	paru, e
parcourir *siehe courir*								
		parfaire *siehe faire*						
peindre	je peins nous peignons ils peignent	je peignais nous peignions ils peignaient	je peindrai nous peindrons ils peindront	je peignis nous peignîmes ils peignirent	que je peigne que nous peignions qu'ils peignent	que je peignisse que nous peignissions qu'ils peignissent	peignant	peint, e
permettre *siehe mettre*								
plaindre	je plains il plaint nous plaignons ils plaignent	je plaignais il plaignait nous plaignions ils plaignaient	je plaindrai il plaindra nous plaindrons ils plaindront	je plaignis il plaignit nous plaignîmes ils plaignirent	que je plaigne qu'il plaigne que nous plaignions qu'ils plaignent	que je plaignisse qu'il plaignît que nous plaignissions qu'ils plaignissent	plaignant	plaint, e
plaire	je plais il plaît	je plaisais il plaisait	je plairai il plaira	je plus il plut	que je plaise qu'il plaise	que je plusse qu'il plût	plaisant	plu
pleuvoir *fig*	il pleut ils pleuvent	il pleuvait ils pleuvaient	il pleuvra ils pleuvront	il plut ils plurent	qu'il pleuve qu'ils pleuvent	qu'il plût qu'ils plussent	pleuvant	plu
poursuivre *siehe suivre*								
pourvoir	je pourvois il pourvoit nous pourvoyons ils pourvoient	je pourvoyais il pourvoyait nous pourvoyions ils pourvoyaient	je pourvoirai il pourvoira nous pourvoirons ils pourvoiront	je pourvus il pourvut nous pourvûmes ils pourvurent	que je pourvoie qu'il pourvoie que nous pourvoyions qu'ils pourvoient	que je pourvusse qu'il pourvût que nous pourvussions qu'ils pourvussent	pourvoyant	pourvu, e
pouvoir	je peux il peut nous pouvons ils peuvent	je pouvais il pouvait nous pouvions ils pouvaient	je pourrai il pourra nous pourrons ils pourront	je pus il put nous pûmes ils purent	que je puisse qu'il puisse que nous puissions qu'ils puissent	que je pusse qu'il pût que nous pussions qu'ils pussent	pouvant	pu
prédire	je prédis il prédit nous prédisons	je prédisais il prédisait nous prédisions	je prédirai il prédira nous prédirons	je prédis il prédit nous prédîmes	que je prédise qu'il prédise que nous prédisions	que je prédisse qu'il prédît que nous prédissions	prédisant	prédit, e
prescrire *siehe écrire*								
prévaloir *wie valoir, Ausnahme:*					que je prévale			
prévoir *wie voir, Ausnahme:*			je prévoirai					
produire *siehe conduire*								
promettre *siehe mettre*								
promouvoir *wie mouvoir, Ausnahme:*								promu, e
proscrire *siehe écrire*								
réapparaître *siehe paraître*								

rabattre *siehe battre* **rasseoir** *siehe asseoir* **réadmettre** *siehe mettre*
recomparaître *siehe paraître* **reconduire** *siehe conduire* **reconnaître** *siehe paraître*

Französische unregelmäßige Verben

Infinitif	Présent	Imparfait	Futur	Passé simple	Subjonctif présent	Subjonctif imparfait	Part. présent	Part. passé
reconquérir *siehe acquérir*								
récrire *siehe écrire*		reconstruire *siehe conduire*		recoudre *siehe coudre*		recourir *siehe courir*		
redire *siehe dire*		recueillir *siehe cueillir*		recuire *siehe conduire*		redéfaire *siehe faire*		
réélire *siehe lire*		redormir *siehe dormir*		réduire *siehe conduire*		réécrire *siehe écrire*		
relire *siehe lire*		réinscrire *siehe écrire*		réintroduire *siehe conduire*		rejoindre *siehe joindre*		
rendormir *siehe dormir*		reluire *siehe nuire*		remettre *siehe mettre*		renaître *siehe naître*		
requérir *siehe acquérir*		reparaître *siehe paraître*		repeindre *siehe peindre*		reproduire *siehe conduire*		
résoudre	je résous il résout nous résolvons ils résolvent	je résolvais il résolvait nous résolvions ils résolvaient	je résoudrai il résoudra nous résoudrons ils résoudront	je résolus il résolut nous résolûmes ils résolurent	que je résolve qu'il résolve que nous résolvions qu'ils résolvent	que je résolusse qu'il résolût que nous résolussions qu'ils résolussent	résolvant	résolu, e
restreindre *siehe peindre*		retraduire *siehe traduire*		retranscrire *siehe écrire*		retransmettre *siehe mettre*		
revaloir *siehe valoir*		revêtir *siehe vêtir*		revivre *siehe vivre*		revoir *siehe voir*		
revouloir *siehe vouloir*								
rire	je ris il rit nous rions ils rient	je riais il riait nous riions ils riaient	je rirai il rira nous rirons ils riront	je ris il rit nous rîmes ils rirent	que je rie qu'il rie que nous riions qu'ils rient	que je risse qu'il rît que nous rissions qu'ils rissent	riant	ri
rompre	je romps il rompt nous rompons ils rompent	je rompais il rompait nous rompions ils rompaient	je romprai il rompra nous romprons ils rompront	je rompis il rompit nous rompîmes ils rompirent	que je rompe qu'il rompe que nous rompions qu'ils rompent	que je rompisse qu'il rompît que nous rompissions qu'ils rompissent	rompant	rompu, e
saillir = *être en saillie*	il saille ils saillent	il saillait ils saillaient	il saillera ils sailleront	il saillit ils saillirent	qu'il saille qu'ils saillent	qu'il saillît qu'ils saillissent	saillant	sailli, e
satisfaire *siehe faire*								
savoir	je sais il sait nous savons ils savent	je savais il savait nous savions ils savaient	je saurai il saura nous saurons ils sauront	je sus il sut nous sûmes ils surent	que je sache qu'il sache que nous sachions qu'ils sachent	que je susse qu'il sût que nous sussions qu'ils sussent	sachant	su, e
secourir *siehe courir*		séduire *siehe conduire*						
seoir	il sied ils siéent	il seyait ils seyaient	il siéra ils siéront	*fehlt*	qu'il siée qu'ils siéent	*fehlt*	seyant	*fehlt*

Französische unregelmäßige Verben

Infinitif	Présent	Imparfait	Futur	Passé simple	Subjonctif présent	Subjonctif imparfait	Part. présent	Part. passé
servir	je sers il sert nous servons ils servent	je servais il servait nous servions ils servaient	je servirai il servira nous servirons ils serviront	je servis il servit nous servîmes ils servirent	que je serve qu'il serve que nous servions qu'ils servent	que je servisse qu'il servît que nous servissions qu'ils servissent	servant	servi, e
sourire *siehe* rire								
soustraire *siehe* extraire								
souscrire *siehe* écrire								
suffire	je suffis nous suffisons ils suffisent	je suffisais nous suffisions ils suffisaient	je suffirai nous suffirons ils suffiront	je suffis nous suffîmes ils suffirent	que je suffise que nous suffisions qu'ils suffisent	que je suffisse que nous suffissions qu'ils suffissent	suffisant	suffi
suivre	je suis il suit nous suivons ils suivent	je suivais il suivait nous suivions ils suivaient	je suivrai il suivra nous suivrons ils suivront	je suivis il suivit nous suivîmes ils suivirent	que je suive qu'il suive que nous suivions qu'ils suivent	que je suivisse qu'il suivît que nous suivissions qu'ils suivissent	suivant	suivi, e
surseoir	je sursois nous sursoyons ils sursoient	je sursoyais nous sursoyions ils sursoyaient	je surseoirai nous surseoirons ils surseoiront	je sursis nous sursîmes ils sursirent	que je sursoie que nous sursoyions qu'ils sursoient	que je sursisse que nous sursissions qu'ils sursissent	sursoyant	sursis, e
survivre *siehe* vivre								
taire	je tais il tait nous taisons ils taisent	je taisais il taisait nous taisions ils taisaient	je tairai il taira nous tairons ils tairont	je tus il tut nous tûmes ils turent	que je taise qu'il taise que nous taisions qu'ils taisent	que je tusse qu'il tût que nous tussions qu'ils tussent	taisant	tu, e
teindre	je teins il teint nous teignons ils teignent	je teignais il teignait nous teignions ils teignaient	je teindrai il teindra nous teindrons ils teindront	je teignis il teignit nous teignîmes ils teignirent	que je teigne qu'il teigne que nous teignions qu'ils teignent	que je teignisse qu'il teignît que nous teignissions qu'ils teignissent	teignant	teint, e
traduire	je traduis il traduit nous traduisons ils traduisent	je traduisais il traduisait nous traduisions ils traduisaient	je traduirai il traduira nous traduirons ils traduiront	je traduisis il traduisit nous traduisîmes ils traduisirent	que je traduise qu'il traduise que nous traduisions qu'ils traduisent	que je traduisisse qu'il traduisît que nous traduisissions qu'ils traduisissent	traduisant	traduit, e
traire	je trais il trait nous trayons ils traient	je trayais il trayait nous trayions ils trayaient	je trairai il traira nous trairons ils trairont	*fehlt*	que je traie qu'il traie que nous trayions qu'ils traient	*fehlt*	trayant	trait, e
transmettre *siehe* mettre								
transparaître *siehe* paraître								
transcrire *siehe* écrire								
tressaillir *siehe* défaillir								
vaincre	je vaincs il vainc nous vainquons ils vainquent	je vainquais il vainquait nous vainquions ils vainquaient	je vaincrai il vaincra nous vaincrons ils vaincront	je vainquis il vainquit nous vainquîmes ils vainquirent	que je vainque qu'il vainque que nous vainquions qu'ils vainquent	que je vainquisse qu'il vainquît que nous vainquissions qu'ils vainquissent	vainquant	vaincu, e

Infinitif	Présent	Imparfait	Futur	Passé simple	Subjonctif présent	Subjonctif imparfait	Part. présent	Part. passé
valoir	je vaux il vaut nous valons ils valent	je valais il valait nous valions ils valaient	je vaudrai il vaudra nous vaudrons ils vaudront	je valus il valut nous valûmes ils valurent	que je vaille qu'il vaille que nous valions qu'ils vaillent	que je valusse qu'il valût que nous valussions qu'ils valussent	valant	valu, e
vêtir	je vêts il vêt nous vêtons ils vêtent	je vêtais il vêtait nous vêtions ils vêtaient	je vêtirai il vêtira nous vêtirons ils vêtiront	je vêtis il vêtit nous vêtîmes ils vêtirent	que je vête qu'il vête que nous vêtions qu'ils vêtent	que je vêtisse qu'il vêtît que nous vêtissions qu'ils vêtissent	vêtant	vêtu, e
vivre	je vis il vit nous vivons ils vivent	je vivais il vivait nous vivions ils vivaient	je vivrai il vivra nous vivrons ils vivront	je vécus il vécut nous vécûmes ils vécurent	que je vive qu'il vive que nous vivions qu'ils vivent	que je vécusse qu'il vécût que nous vécussions qu'ils vécussent	vivant	vécu, e
voir	je vois il voit nous voyons ils voient	je voyais il voyait nous voyions ils voyaient	je verrai il verra nous verrons ils verront	je vis il vit nous vîmes ils virent	que je voie qu'il voie que nous voyions qu'ils voient	que je visse qu'il vît que nous vissions qu'ils vissent	voyant	vu, e
vouloir	je veux il veut nous voulons ils veulent	je voulais il voulait nous voulions ils voulaient	je voudrai il voudra nous voudrons ils voudront	je voulus il voulut nous voulûmes ils voulurent	que je veuille qu'il veuille que nous voulions qu'ils veuillent	que je voulusse qu'il voulût que nous voulussions qu'ils voulussent	voulant	voulu, e

Deutsche Kurzgrammatik
Précis de grammaire allemande

Der Artikel – L'article

Un substantif allemand peut être **masculin**, **féminin** ou **neutre**.
C'est grâce aux articles suivants (*der*, *die* ou *das*) que l'on reconnaît le **genre** du substantif.

	article défini				article indéfini			
	m	f	nt	pl	m	f	nt	pl
nom.	der	die	das	die	ein	eine	ein	il n'existe pas de forme du pluriel en allemand
acc.	den	die	das	die	einen	eine	ein	
gén.	des	der	des	der	eines	einer	eines	
datif	dem	der	dem	den	einem	einer	einem	

Das Substantiv – Le substantif

Il existe en allemand trois types de déclinaison du substantif: la déclinaison faible, la déclinaison forte et la déclinaison mixte (voir aussi la déclinaison des adjectifs).
On reconnaît les substantifs forts à leur terminaison en *-s*, *-sch*, *ß* et *z*. Ils prennent au génitif singulier la terminaison *-es*.

Hals – Halses, Busch – Busches, Fuß – Fußes, Reiz – Reizes, Kuss – Kusses

1. **Déclinaison forte: masculin et neutre**

	pluriel en ~e	pluriel en ~̈e	pluriel en ~er	pluriel en ~̈er
singulier				
nominatif	der Tag	der Traum	das Kind	das Dach
accusatif	den Tag	den Traum	das Kind	das Dach
génitif	des Tag(e)s	des Traum(e)s	des Kind(e)s	des Dach(e)s
datif	dem Tag(e)	dem Traum(e)	dem Kind(e)	dem Dach(e)
pluriel				
nominatif	die Tage	die Träume	die Kinder	die Dächer
accusatif	die Tage	die Träume	die Kinder	die Dächer
génitif	der Tage	der Träume	der Kinder	der Dächer
datif	den Tagen	den Träumen	den Kindern	den Dächern

	pluriel en ~s	pluriel sans terminaison ~̈	pluriel sans terminaison	pluriel sans terminaison
singulier				
nominatif	das Auto	der Vogel	der Tischler	der Lappen
accusatif	das Auto	den Vogel	den Tischler	den Lappen
génitif	des Autos	des Vogels	des Tischlers	des Lappens
datif	dem Auto	dem Vogel	dem Tischler	dem Lappen
pluriel				
nominatif	die Autos	die Vögel	die Tischler	die Lappen
accusatif	die Autos	die Vögel	die Tischler	die Lappen
génitif	der Autos	der Vögel	der Tischler	der Lappen
datif	den Autos	den Vögeln	den Tischlern	den Lappen

2. Déclinaison forte: féminin

	pluriel en ⸚e	pluriel sans terminaison ⸚	pluriel en ~s
singulier			
nominatif	die Wand	die Mutter	die Bar
accusatif	die Wand	die Mutter	die Bar
génitif	der Wand	der Mutter	der Bar
datif	der Wand	der Mutter	der Bar
pluriel			
nominatif	die Wände	die Mütter	die Bars
accusatif	die Wände	die Mütter	die Bars
génitif	der Wände	der Mütter	der Bars
datif	den Wänden	den Müttern	den Bars

3. Déclinaison faible: masculin

	pluriel en ~n	pluriel en ~en	pluriel en ~n
singulier			
nominatif	der Bauer	der Bär	der Hase
accusatif	den Bauern	den Bären	den Hasen
génitif	des Bauern	des Bären	des Hasen
datif	dem Bauern	dem Bären	dem Hasen
pluriel			
nominatif	die Bauern	die Bären	die Hasen
accusatif	die Bauern	die Bären	die Hasen
génitif	der Bauern	der Bären	der Hasen
datif	den Bauern	den Bären	den Hasen

4. Déclinaison faible: féminin

	pluriel en ~en	pluriel en ~n	pluriel en ~n	pluriel en ~nen
singulier				
nominatif	die Uhr	die Feder	die Gabe	die Ärztin
accusatif	die Uhr	die Feder	die Gabe	die Ärztin
génitif	der Uhr	der Feder	der Gabe	der Ärztin
datif	der Uhr	der Feder	der Gabe	der Ärztin
pluriel				
nominatif	die Uhren	die Federn	die Gaben	die Ärztinnen
accusatif	die Uhren	die Federn	die Gaben	die Ärztinnen
génitif	der Uhren	der Federn	der Gaben	der Ärztinnen
datif	den Uhren	den Federn	den Gaben	den Ärztinnen

5. Déclinaison mixte: masculin et féminin

Ils se déclinent au singulier comme des substantifs *forts*, au pluriel comme des substantifs *faibles*.

	pluriel en ~n	pluriel en ~en	pluriel en ~n	pluriel en ~en
singulier				
nominatif	das Auge	das Ohr	der Name	das Herz
accusatif	das Auge	das Ohr	den Namen	das Herz
génitif	des Auges	des Ohr(e)s	des Namens	des Herzens
datif	dem Auge	dem Ohr(e)	dem Namen	dem Herzen
pluriel				
nominatif	die Augen	die Ohren	die Namen	die Herzen
accusatif	die Augen	die Ohren	die Namen	die Herzen
génitif	der Augen	der Ohren	der Namen	der Herzen
datif	den Augen	den Ohren	den Namen	den Herzen

6. Déclinaison des adjectifs substantivés

	masculin	
singulier		
nominatif	der Reisende	ein Reisender
accusatif	den Reisenden	einen Reisenden
génitif	des Reisenden	eines Reisenden
datif	dem Reisenden	einem Reisenden
pluriel		
nominatif	die Reisenden	Reisende
accusatif	die Reisenden	Reisende
génitif	der Reisenden	Reisender
datif	den Reisenden	Reisenden

	féminin	
singulier		
nominatif	die Reisende	eine Reisende
accusatif	die Reisende	eine Reisende
génitif	der Reisenden	einer Reisenden
datif	der Reisenden	einer Reisenden
pluriel		
nominatif	die Reisenden	Reisende
accusatif	die Reisenden	Reisende
génitif	der Reisenden	Reisender
datif	den Reisenden	Reisenden

	neutre	
singulier		
nominatif	das Neugeborene	ein Neugeborenes
accusatif	das Neugeborene	ein Neugeborenes
génitif	des Neugeborenen	eines Neugeborenen
datif	dem Neugeborenen	einem Neugeborenen
pluriel		
nominatif	die Neugeborenen	Neugeborene
accusatif	die Neugeborenen	Neugeborene
génitif	der Neugeborenen	Neugeborener
datif	den Neugeborenen	Neugeborenen

7. Déclinaison des noms propres

Les noms propres forment leur forme génitive selon les règles suivantes:

nom propre avec article	nom propre sans article	nom propre qui se termine en -s, -ß, -x, -z	plusieurs noms propres qui se suivent	nom propre avec apposition
est invariable	prend un -s	prend une apostrophe	le dernier nom prend un -s	est décliné comme un substantif
des Aristoteles des (schönen) Berlin	Marias Auto die Straßen Berlins	Aristoteles' (Schriften) die Straßen Calais'	Johann Sebastian Bachs (Musik)	**nominatif** Karl der Große **accusatif** Karl den Großen **génitif** Karls des Großen **datif** Karl dem Großen

Les noms de famille prennent un -s au pluriel:

die Schneider**s**.

S'ils se terminent par –s, –ß, –x ou –z, ils peuvent avoir un pluriel en –ens:

die Schmitz**ens**.

Les noms propres de rues, d'édifices, d'entreprises, de bateaux, de journaux et d'organisations sont toujours déclinés.

Die Adjektive – Les adjectifs

Lorsqu'un adjectif se situe devant un substantif, il s'accorde en **cas**, en **genre** et en **nombre** avec ce substantif. Ainsi l'adjectif est décliné. Et comme pour le substantif, l'adjectif connaît une déclinaison *forte*, une déclinaison *faible* et une déclinaison *mixte*.

1. La déclinaison forte

– lorsque l'adjectif est relié à un substantif sans article,
– lorsque l'adjectif est précédé d'un mot qui ne donne aucune indication de genre:

mehrere liebe Kinder, manch guter Wein

– après des nombres cardinaux et *ein paar, ein bisschen*:

Sie hörte zwei laute Schritte.
Wir machen eine Reise mit ein paar guten Freunden.
Mit einem bisschen guten Willen schaffst du das.

	m	f	nt
singulier			
nominatif	guter Wein	schöne Frau	liebes Kind
accusatif	guten Wein	schöne Frau	liebes Kind
génitif	guten Wein(e)s	schönen Frau	lieben Kindes
datif	gutem Wein(e)	schönen Frau	liebem Kind(e)
pluriel			
nominatif	gute Weine	schöne Frauen	liebe Kinder
accusatif	gute Weine	schöne Frauen	liebe Kinder
génitif	guter Weine	schöner Frauen	lieber Kinder
datif	guten Weinen	schönen Frauen	lieben Kindern

2. La forme faible

– est employée lorsque l'adjectif est relié au substantif avec l'article défini *der, die, das,*
– avec des pronoms qui donnent une indication de genre du substantif, p.ex. *diese(r), folgende(r), jede(r), welche(r, s)*.

	m	f	nt
singulier			
nominatif	der gute Wein	die schöne Frau	das liebe Kind
accusatif	den guten Wein	die schöne Frau	das liebe Kind
génitif	des guten Wein(e)s	der schönen Frau	des lieben Kindes
datif	dem guten Wein	der schönen Frau	dem lieben Kind
pluriel			
nominatif	die guten Weine	die schönen Frauen	die lieben Kinder
accusatif	die guten Weine	die schönen Frauen	die lieben Kinder
génitif	der guten Weine	der schönen Frauen	der lieben Kinder
datif	den guten Weinen	den schönen Frauen	den lieben Kindern

3. La forme mixte

– est employée lorsque l'adjectif est relié à un substantif avec l'article indéfini *ein, kein* (au singulier pour les substantifs masculins et neutres),
– avec les pronoms possessifs *mein, dein, sein, unser, euer, ihr*.

	m	nt
singulier		
nominatif	ein guter Wein	ein liebes Kind
accusatif	einen guten Wein	ein liebes Kind
génitif	eines guten Wein(e)s	eines lieben Kindes
datif	einem guten Wein(e)	einem lieben Kind

4. Les adjectifs en -abel, -ibel, -el

Déclinés, ces adjectifs perdent le *–e* de la syllabe finale.

	miserabel	penibel	heikel
singulier			
nominatif	ein miserabler Stil	eine penible Frau	ein heikles Problem
accusatif	einen miserablen Stil	eine penible Frau	ein heikles Problem
génitif	eines miserablen Stils	einer peniblen Frau	eines heiklen Problems
datif	einem miserablen Stil	einer peniblen Frau	einem heiklen Problem
pluriel			
nominatif	miserable Stile	penible Frauen	heikle Probleme
accusatif	miserable Stile	penible Frauen	heikle Probleme
génitif	miserabler Stile	penibler Frauen	heikler Probleme
datif	miserablen Stilen	peniblen Frauen	heiklen Problemen

5. Les adjectifs en -er, -en

En règle générale, déclinés, ces adjectifs conservent le *-e* de la syllabe finale, sauf dans le style littéraire:

finster	seine finstren Züge

L'exception concerne aussi les adjectifs d'origine étrangère:

makaber	eine makabre Geschichte
integer	ein integrer Beamter

6. Les adjectifs en -auer, -euer

En règle générale, déclinés, ils perdent le *-e* de la syllabe finale:

teuer	ein teures Geschenk
sauer	saure Gurken

7. Les degrés de l'adjectif

Les qualités peuvent être soumises à des comparaisons. On distingue alors trois formes ou trois degrés de comparaison:

	m	f	nt
positif	schön	schöne	schönes
comparatif	schöner	schönere	schöneres
superlatif	der schönste	die schönste	das schönste

Si l'on veut mettre l'une des formes de la comparaison au génitif, au datif ou à l'accusatif, alors les mêmes règles de déclinaison doivent être appliquées que pour un adjectif positif accompagné d'un substantif:

der Garten mit den schönsten Blumen (datif, pluriel)

Particularités:

1. Les adjectifs et les adverbes prennent un *e* devant la terminaison du superlatif
– lorsqu'ils sont monosyllabiques,
– si l'accent tombe sur la dernière syllabe,
– s'ils se terminent en *–s, –ß, –st, –x, –z* (toujours),
– s'ils se terminent en *–d, –t, –sch* (presque toujours):

spitz	adj.	spitze(r, s)
	adv.	am spitzesten
beliebt	adj.	beliebteste(r, s)
	adv.	am beliebtesten

La même règle est valable pour les adjectifs et les adverbes composés et ceux qui détiennent un préfixe, sans tenir compte de la syllabe sur laquelle l'accent tombe:

unsanft	adj.	unsanfteste(r, s)
	adv.	am unsanftesten

2. Les adjectifs monosyllabiques qui ont au radical un *a, o* ou un *u* prennent au comparatif et au superlatif une inflexion *(Umlaut):*

arm	ärmer	ärmste(r, s)
groß	größer	größte(r, s)
klug	klüger	klügste(r, s)

3. Les groupes des adjectifs suivants ne prennent jamais d'inflexion *(Umlaut)* au superlatif et au comparatif:
– avec une **diphtongue** (p.ex. *au*):

faul	fauler	faulste(r, s)

– avec les **suffixes** *–bar, –haft, –ig, –lich, –sam:*

dankbar	dankbarer	dankbarste(r, s)
schwatzhaft	schwatzhafter	schwatzhafteste(r, s)
schattig	schattiger	schattigste(r, s)
stattlich	stattlicher	stattlichste(r, s)
sorgsam	sorgsamer	sorgsamste(r, s)

– lorsqu'ils sont employés comme des **participes**:

überrascht	überraschter	überraschteste(r, s)

– lorsqu'ils sont **d'origine étrangère:**

banal	banaler	banalste(r, s)
interessant	interessanter	interessanteste(r, s)
grandios	grandioser	grandioseste(r, s)

4. Formes irrégulières du comparatif et du superlatif de certains adjectifs et adverbes:

gut	besser	beste(r, s)
viel	mehr	meiste(r, s)
gern	lieber	am liebsten
bald	eher	am ehesten

Das Adverb – L'adverbe

Lorsque les adjectifs ont un emploi adverbial, ils sont invariables:

Er singt gut.
Sie schreibt schön.
Er läuft schnell.

Les adverbes employés à la forme comparative suivent les mêmes règles que pour l'adjectif:

Er singt besser.
Sie schreibt schöner.
Er läuft schneller.

La plupart des adverbes forment leur superlatif selon la structure suivante: *am ... sten*:

Er singt am besten.
Sie schreibt am schönsten.
Er läuft am schnellsten.

Die Verben – Les verbes

Le présent

Le présent permet d'exprimer en allemand **une action qui est en train de se dérouler au moment de l'énonciation, un fait établi** ou **un déroulement avenir.**

Was machst du? Ich lese.
Die Erde dreht sich um die Sonne.
Morgen habe ich frei.

Deutsche Kurzgrammatik

1. Les verbes réguliers (verbes faibles)

	machen	legen	sagen	sammeln
ich	mache	lege	sage	sammle
du	machst	legst	sagst	sammelst
er / sie / es	macht	legt	sagt	sammelt
wir	machen	legen	sagen	sammeln
ihr	macht	legt	sagt	sammelt
sie	machen	legen	sagen	sammeln

Les verbes dont le radical se termine en *s*, *ss*, *ß* und *z*.

	rasen	passen	küssen	grüßen	reizen
ich	rase	passe	küsse	grüße	reize
du	rast	passt	küsst	grüßt	reizt
er / sie / es	rast	passt	küsst	grüßt	reizt
wir	rasen	passen	küssen	grüßen	reizen
ihr	rast	passt	küsst	grüßt	reizt
sie	rasen	passen	küssen	grüßen	reizen

Les verbes dont le radical se termine en *d* ou *t*, avec une consonne + *m*, ou une consonne + *n*, prennent un -*e* à la deuxième personne du singulier.

	reden	wetten	atmen	trocknen
ich	rede	wette	atme	trockne
du	redest	wettest	atmest	trocknest
er / sie / es	redet	wettet	atmet	trocknet
wir	reden	wetten	atmen	trocknen
ihr	redet	wettet	atmet	trocknet
sie	reden	wetten	atmen	trocknen

Les verbes dont le radical se termine par *e* oder *er* atone perdent le *e* à la première personne du singulier:

angeln	ich angle
zittern	ich zittre

2. En ce qui concerne les verbes irréguliers (verbes forts), ils changent pour la plupart leur voyelle du radical.

	tragen	blasen	laufen	essen
ich	trage	blase	laufe	esse
du	trägst	bläst	läufst	isst
er / sie / es	trägt	bläst	läuft	isst
wir	tragen	blasen	laufen	essen
ihr	tragt	blast	lauft	esst
sie	tragen	blasen	laufen	essen

→ Se reporter dans le dictionnaire aux verbes irréguliers et à la liste page 1730.

Le prétérit

Le prétérit exprime **une action passée**.

Letztes Jahr reisten wir nach Spanien.

1. Les verbes réguliers

	machen	sammeln	küssen	grüßen	reizen
ich	machte	sammelte	küsste	grüßte	reizte
du	machtest	sammeltest	küsstest	grüßtest	reiztest
er sie es	machte	sammelte	küsste	grüßte	reizte
wir	machten	sammelten	küssten	grüßten	reizten
ihr	machtet	sammeltet	küsstet	grüßtet	reiztet
sie	machten	sammelten	küssten	grüßten	reizten

Les verbes dont le radical se termine par *d*, *t*, une consonne + *m* ou une consonne + *n*

	reden	wetten	atmen	trocknen
ich	redete	wettete	atmete	trocknete
du	redetest	wettetest	atmetest	trocknetest
er sie es	redete	wettete	atmete	trocknete
wir	redeten	wetteten	atmeten	trockneten
ihr	redetet	wettetet	atmetet	trocknetet
sie	redeten	wetteten	atmeten	trockneten

2. Les verbes irréguliers

	tragen	blasen	laufen	essen
ich	trug	blies	lief	aß
du	trugst	bliest	liefst	aßt
er sie es	trug	blies	lief	aß
wir	trugen	bliesen	liefen	aßen
ihr	trugt	bliest	lieft	aßt
sie	trugen	bliesen	liefen	aßen

→ Se reporter dans le dictionnaire aux verbes irréguliers et à la liste page 1730.

Le passé composé

Le passé composé exprime **une action totalement révolue** ou **un état**.

| Der Zug ist abgefahren. |
| Heute Nacht hat es geregnet. |

Le passé composé est formé des formes du présent des auxiliaires *haben* ou *sein* et du participe passé du verbe conjugué.

1. Les verbes qui expriment un mouvement ou un changement d'état forment le passé composé avec l'auxiliaire *sein*.

	radeln	fahren	verstummen	sterben
ich	bin geradelt	bin gefahren	bin verstummt	bin gestorben
du	bist geradelt	bist gefahren	bist verstummt	bist gestorben
er sie es	ist geradelt	ist gefahren	ist verstummt	ist gestorben
wir	sind geradelt	sind gefahren	sind verstummt	sind gestorben
ihr	seid geradelt	seid gefahren	seid verstummt	seid gestorben
sie	sind geradelt	sind gefahren	sind verstummt	sind gestorben

Deutsche Kurzgrammatik

2. Les verbes transitifs, réfléchis et impersonnels forment le passé composé avec l'auxiliaire *haben*, alors que la plupart des verbes intransitifs qui expriment un état qui dure, forment le passé composé avec l'auxiliaire *sein*.

	legen	sich freuen	regnen	leben
ich	habe gelegt	habe mich gefreut		habe gelebt
du	hast gelegt	hast dich gefreut		hast gelebt
er sie es	hat gelegt	hat sich gefreut	es hat geregnet	hat gelebt
wir	haben gelegt	haben uns gefreut		haben gelebt
ihr	habt gelegt	habt euch gefreut		habt gelebt
sie	haben gelegt	haben sich gefreut		haben gelebt

Pour les verbes auxiliaires les mêmes règles que pour le passé composé sont valables.

Le plus-que-parfait

Le plus-que-parfait exprime **une action accomplie et antérieure à une autre action passée.**

Als er im Kino ankam, hatte der Film schon begonnen.

Il est formé des formes du prétérit des auxiliaires *haben* ou *sein* et du participe passé du verbe conjugué.
Les règles concernant l'emploi des auxiliaires sont les mêmes que pour le prétérit.

	fahren	sterben	legen	leben
ich	war gefahren	war gestorben	hatte gelegt	hatte gelebt
du	warst gefahren	warst gestorben	hattest gelegt	hattest gelebt
er sie es	war gefahren	war gestorben	hatte gelegt	hatte gelebt
wir	waren gefahren	waren gestorben	hatten gelegt	hatten gelebt
ihr	wart gefahren	wart gestorben	hattet gelegt	hattet gelebt
sie	waren gefahren	waren gestorben	hatten gelegt	hatten gelebt

Les verbes auxiliaires *haben*, *sein* et *werden*

On les appelle verbes auxiliaires, car ils permettent de construire certaines formes de temps des verbes (p.ex. le passé composé, le plus-que-parfait, le futur) ainsi que le passif.

Présent

	sein	haben	werden
ich	bin	habe	werde
du	bist	hast	wirst
er sie es	ist	hat	wird
wir	sind	haben	werden
ihr	seid	habt	werdet
sie	sind	haben	werden

Prétérit et participe

	sein	haben	werden
ich	war	hatte	wurde
du	warst	hattest	wurdest
er sie es	war	hatte	wurde
wir	waren	hatten	wurden
ihr	wart	hattet	wurdet
sie	waren	hatten	wurden
Participe	gewesen	gehabt	geworden

Les verbes modaux

Présent

	können	dürfen	mögen	müssen	sollen	wollen
ich	kann	darf	mag	muss	soll	will
du	kannst	darfst	magst	musst	sollst	willst
er sie es	kann	darf	mag	muss	soll	will
wir	können	dürfen	mögen	müssen	sollen	wollen
ihr	könnt	dürft	mögt	müsst	sollt	wollt
sie	können	dürfen	mögen	müssen	sollen	wollen

Prétérit

	können	dürfen	mögen	müssen	sollen	wollen
ich	konnte	durfte	mochte	musste	sollte	wollte
du	konntest	durftest	mochtest	musstest	solltest	wolltest
er sie es	konnte	durfte	mochte	musste	sollte	wollte
wir	konnten	durften	mochten	mussten	sollten	wollten
ihr	konntet	durftet	mochtet	musstet	solltet	wolltet
sie	konnten	durften	mochten	mussten	sollten	wollten

Passé composé

können	ich habe gekonnt
dürfen	ich habe gedurft
mögen	ich habe gemocht
müssen	ich habe gemusst
sollen	ich habe gesollt
wollen	ich habe gewollt

Le participe passé des verbes modaux (p.ex. *gekonnt*) est remplacé par l'infinitif *(können)* s'il est précédé par un autre verbe à l'infinitif:

Ich habe gehen können.
Ich habe fragen dürfen.

Participe I (participe présent)

On forme le participe I ou participe présent en ajoutant un *-d* à l'infinitif du verbe.

singen**d**, lachen**d**, etc.

Il exprime de manière brève une proposition subordonnée.

Er saß in der Badewanne und sang.	Er saß singen**d** in der Badewanne.
Sie öffnete die Tür und lachte.	Sie öffnete lachen**d** die Tür.

Deutsche Kurzgrammatik

Participe II (participe passé)

Le participe passé des verbes réguliers est formé selon les règles suivantes:

	préfixe	+ radical	+ terminaison
machen	– ge	+ mach	+ t
legen	gelegt		
sagen	gesagt		
vierteln	geviertelt		
rasen	gerast		
hassen	gehasst		
küssen	geküsst		
rußen	gerußt		
reizen	gereizt		
reden	geredet		
wetten	gewettet		
trocknen	getrocknet		

Aux verbes qui se terminent en -*ieren* ainsi qu'aux verbes qui commencent par *be–, em–, ent–, er–, ge–, miss–, ver–,* et *zer–* on ne rajoute pas le préfixe *ge–*. Ils sont marqués d'un * dans la partie allemand-français du dictionnaire. Ils suivent les règles suivantes:

	radical	+ terminaison
manövrieren*	– manövrier	+ t
empören*	empört	
entgiften*	entgiftet	
ersetzen*	ersetzt	
vertrösten*	vertröstet	
zerreden*	zerredet	

Le préfixe *ge–* tombe aussi pour les verbes composés à particule inséparable. Ces verbes sont aussi marqués d'un *.

übersetzen*	übersetzt
unterlegen*	unterlegt
umarmen*	umarmt

Le participe passé des verbes composés à particule séparable (p.ex. *durchmachen*) se forme selon les règles suivantes:

préfixe verbe	+ Préfixe ppII ge-	+ radical du verbe	+ terminaison *t*
durch	+ ge	+ mach	+ t
anbeten	angebetet		
überschnappen	übergeschnappt		
umdeuten	umgedeutet		

Tous les verbes composés à particule séparable sont marqués dans le dictionnaire du signe |. Les formes irrégulières sont données à l'infinitif. Les verbes composés dont les formes correspondantes à celles du verbe de base irrégulier sont signalisés par la mention *irreg*. Les verbes irréguliers les plus importants sont à consulter dans la liste page 1730.

Futur

Avec le futur on exprime **des états de choses qui se rapportent au futur**, p.ex. des déclarations, des intentions, des suppositions ou des promesses.
Il est formé des formes du présent de l'auxiliaire *werden* et de l'infinitif du verbe conjugué.

Morgen wird es schneien.	(indication de date)
Er wird noch im Urlaub sein.	(supposition)
Ich werde dich immer lieben.	(promesse, intention)

	legen	fahren	sein	haben	können
ich	werde legen	werde fahren	werde sein	werde haben	werde können
du	wirst legen	wirst fahren	wirst sein	wirst haben	wirst können
er sie es	wird legen	wird fahren	wird sein	wird haben	wird können
wir	werden legen	werden fahren	werden sein	werden haben	werden können
ihr	werdet legen	werdet fahren	werdet sein	werdet haben	werdet können
sie	werden legen	werden fahren	werden sein	werden haben	werden können

Le *Konjunktiv I* (mode du potentiel)

Le *Konjunktif I* se forme à partir du radical du verbe au présent et auquel on ajoute les terminaisons *–e, –est, –e, –en, –et, –en*. Le *Konjunktiv I* permet de s'exprimer au **discours indirect**.

Kannst du mir helfen?	(discours direct)
Er fragt sie, ob sie ihm helfen könne.	(discours indirect)

Certains verbes irréguliers changent leur inflexion *(Umlaut)* ou leur voyelle à l'indicatif (mode du réel) mais pas au *Konjunktiv I*.

infinitif	présent de l'indicatif	Konjunktiv I
fallen	du fällst	du fallest
geben	du gibst	du gebest

Le *Konjunktiv I* est non seulement employé dans le discours indirect mais aussi dans certaines locutions figées.

Er lebe hoch!
Gott sei Dank!
Man nehme Salz, Mehl und Butter …

	legen	hassen	küssen	reden
ich	lege	hasse	küsse	rede
du	legst	hassest	küssest	redest
er sie es	lege	hasse	küsse	rede
wir	legen	hassen	küssen	reden
ihr	leget	hasset	küsset	redet
sie	legen	hassen	küssen	reden

Le *Konjunktiv I* des auxiliaires *sein*, *haben* et *werden*

	sein	haben	werden
ich	sei	habe	werde
du	seist	habest	werdest
er sie es	sei	habe	werde
wir	seien	haben	werden
ihr	seiet	habet	werdet
sie	seien	haben	werden

Le *Konjunktiv I* des verbes modaux

	können	dürfen	mögen	müssen	sollen	wollen
ich	könne	dürfe	möge	müsse	solle	wolle
du	könnest	dürfest	mögest	müssest	sollest	wollest
er sie es	könne	dürfe	möge	müsse	solle	wolle
wir	können	dürfen	mögen	müssen	sollen	wollen
ihr	könn(e)t	dürf(e)t	mög(e)t	müss(e)t	soll(e)t	woll(e)t
sie	können	dürfen	mögen	müssen	sollen	wollen

Le *Konjunktiv II*

Le *Konjunktiv II* est formé à partir du radical du verbe au prétérit auquel on ajoute les terminaisons *-e, -(e)st, -e, -en, -(e)t, -en*. Pour les verbes réguliers, les formes du *Konjunktiv II* et du prétérit de l'indicatif sont identiques. En ce qui concerne les verbes irréguliers en *i* ou *ie* dans leur forme du prétérit, ils conservent le *i* et *ie* dans les formes du *Konjunktiv II*.

Le *Konjunktiv II* est le mode du **discours irréel**, il est aussi employé dans **les comparaisons** et dans **les formules de politesse**.

Wenn ich Zeit hätte, ginge ich heute mit dir ins Kino.	(irréel)
Die Leiter schwankte so, als fiele sie gleich um.	(comparaison)
Könnten Sie uns bitte eine Auskunft geben?	(politesse)

	gehen/ging	rufen/rief	greifen/griff
ich	ginge	riefe	griffe
du	ging(e)st	rief(e)st	griff(e)st
er sie es	ginge	riefe	griffe
wir	gingen	riefen	griffen
ihr	gin(e)t	rief(e)t	griff(e)t
sie	gingen	riefen	griffen

Les verbes qui ont la voyelle *a*, *o* ou *u* au prétérit de l'indicatif prennent au *Konjunktiv II* une inflexion *(Umlaut)*.

	singen/sang	fliegen/flog	fahren/fuhr	sein/war	haben/hatte	werden/wurde
ich	sänge	flöge	führe	wäre	hätte	würde
du	säng(e)st	flög(e)st	führ(e)st	wär(e)st	hättest	würdest
er sie es	sänge	flöge	führe	wäre	hätte	würde
wir	sängen	flögen	führen	wären	hätten	würden
ihr	säng(e)t	flög(e)t	führ(e)t	wär(e)t	hättet	würdet
sie	sängen	flögen	führen	wären	hätten	würden

Les formes les plus importantes du *Konjunktiv II*

befehlen	- beföhle	**haben**	- hätte	**sehen**	- sähe
beginnen	- begänne	**heben**	- höbe	**sein**	- wäre
bergen	- bärge	**helfen**	- hülfe	**singen**	- sänge
bersten	- bärste	**klingen**	- klänge	**sinken**	- sänke
bewegen	- bewöge	**kommen**	- käme	**sinnen**	- sänne
biegen	- böge	**können**	- könne	**sitzen**	- säße
bieten	- böte	**kriechen**	- kröche	**spinnen**	- spänne
binden	- bände	**laden**	- lüde	**sprechen**	- spräche
bitten	- bäte	**lesen**	- läse	**sprießen**	- sprösse
brechen	- bräche	**liegen**	- läge	**springen**	- spränge
brennen	- brennte	**löschen**	- lösche	**stechen**	- stäche
bringen	- brächte	**lügen**	- löge	**stehen**	- stände/stünde
denken	- dächte	**melken**	- mölke	**stehlen**	- stähle
dreschen	- drösche	**messen**	- mäße	**sterben**	- stürbe
dringen	- dränge	**misslingen**	- misslänge	**stinken**	- stänke
dürfen	- dürfte	**mögen**	- möchte	**tragen**	- trüge
empfehlen	- empföhle	**müssen**	- müsste	**treffen**	- träfe
empfinden	- empfände	**nehmen**	- nähme	**treten**	- träte
essen	- äße	**quellen**	- quölle	**trinken**	- tränke
fahren	- führe	**riechen**	- röche	**trügen**	- tröge
finden	- fände	**ringen**	- ränge	**tun**	- täte
flechten	- flöchte	**rinnen**	- ränne	**verderben**	- verdürbe
fliegen	- flöge	**saufen**	- söffe	**vergessen**	- vergäße
fliehen	- flöhe	**schaffen**	- schüfe	**verlieren**	- verlöre
fließen	- flösse	**schelten**	- schölte	**wachsen**	- wüchse
fressen	- fräße	**scheren**	- schöre	**wiegen**	- wöge
frieren	- fröre	**schieben**	- schöbe	**waschen**	- wüsche
gären	- gäre	**schießen**	- schösse	**werben**	- würbe
gebären	- gebäre	**schinden**	- schünde	**werden**	- würde

geben	- gäbe	schlagen	- schlüge	werfen	- würfe
gelingen	- gelänge	schließen	- schlösse	wiegen	- wörfe
gelten	- gälte	schlingen	- schlänge	winden	- wände
genießen	- genösse	schmelzen	- schmölze	wissen	- wüsste
geschehen	- geschähe	schwellen	- schwölle	ziehen	- zöge
gewinnen	- gewönne	schwimmen	- schwömme	zwingen	- zwänge
gießen	- gösse	schwinden	- schwände		
glimmen	- glömme	schwingen	- schwänge		
graben	- grübe	schwören	- schwüre		

La phrase au conditionnel

Le *Konjunktiv II* de *werden* ajouté à l'*infinitif* du verbe conjugué exprime **un état de chose** subordonné à quelque condition ou éventualité. Il est donc le mode de l'hypothétique.

Wenn ihr uns einladen würdet, würden wir fahren (au lieu de: *führen*).

Certaines formes du *Konjunktiv II* particulièrement inusitées ou vieillies sont remplacées aujourd'hui par l'emploi de la structure suivante: *werden* au *Konjunktiv II* + infinitif du verbe.

Wenn nicht so viele umweltfreundliche Flugzeuge fliegen würden (au lieu de: *flögen*), würde es bald keine saubere Luft mehr geben (au lieu de: *gäbe*).

	legen	fahren
ich	würde legen	würde fahren
du	würdest legen	würdest fahren
er sie es	würde legen	würde fahren
wir	würden legen	würden fahren
ihr	würdet legen	würdet fahren
sie	würden legen	würden fahren

L'impératif

L'impératif sert à exprimer **une sommation, une requête, un avertissement,** etc. ou **une interdiction**. Il ne connaît que deux formes: la deuxième personne du singulier et celle du pluriel.

1. Aux verbes réguliers on ajoute au singulier un *e* et au pluriel un *t* au radical du verbe. La forme du pluriel de l'impératif est identique à la deuxième personne du pluriel de l'indicatif présent.

Dans la forme de politesse avec *Sie* on a un phénomène **d'inversion** (c'est-à-dire que le prédicat est placé avant le sujet). L'ordre normal des mots inversé.

Sie schreiben einen Brief.	(constat/indicatif)
Schreiben Sie einen Brief!	(sommation/impératif)

infinitif	singulier	pluriel	forme de politesse
schreiben	schreibe	schreibt	schreiben Sie
singen	singe	singt	singen Sie
trinken	trinke	trinkt	trinken Sie
atmen	atme	atmet	atmen Sie
reden	rede	redet	reden Sie

Particularités:

Les verbes qui se terminent en *–eln*, *–ern* peuvent perdre le *–e* au singulier.

infinitif	singulier	pluriel	forme de politesse
sammeln	samm(e)le	sammelt	sammeln Sie
fördern	förd(e)re	fördert	fördern Sie
handeln	hand(e)le	handelt	handeln Sie

Si le radical du verbe se termine en *m* ou *n* précédé *d'un m, n, r, l, h,* il peut perdre le *–e* final au singulier.

infinitiv	singulier	pluriel	forme de politesse
kämmen	kämm(e)	kämmt	kämmen Sie
rennen	renn(e)	rennt	rennen Sie
lernen	lern(e)	lernt	lernen Sie
qualmen	qualm(e)	qualmt	qualmen Sie
rühmen	rühm(e)	rühmt	rühmen Sie

Exceptions:

Si on trouve une autre consonne devant le *-m* ou le *-n*, alors la terminaison *–e* doit absolument être conservée.

atme, rechne

2. Les verbes irréguliers qui ne changent pas leur voyelle en *–i* ou *–ie* au présent suivent à l'impératif les mêmes règles que les verbes réguliers.

→ Les formes de l'impératif sont indiquées dans la liste des verbes irréguliers page 1730.

Changement vocalique en *-i* ou *-ie*

infinitif	singulier	pluriel
lesen	lies	lest
werfen	wirf	werft
sterben	stirb	sterbt
essen	iss	esst
sehen	sieh	seht

Les auxiliaires *sein*, *haben* et *werden*

infinitif	singulier	pluriel
sein	sei	seid
haben	habe	habt
werden	werde	werdet

La voix active et la voix passive

La voix active **décrit un déroulement qui est vu du point de vue du sujet agissant**. Au passif **c'est le déroulement même qui est au centre de l'énoncé**, sans que le sujet agissant n'ait besoin d'être nommé.

Die Parlamentarier wählen den Präsidenten.	(voix active)
Der Präsident wird von den Parlamentariern gewählt.	(voix passive)

Le passif est formé de l'auxiliaire *werden* et du participe passé du verbe conjugué.

	lieben	schlagen
présent	ich werde geliebt	ich werde geschlagen
prétérit	ich wurde geliebt	ich wurde geschlagen

Das Pronomen – Le pronom

Les pronoms en allemand sont déclinés comme les articles, les substantifs, les adjectifs et les adverbes.

1. Le pronom personnel

Il désigne la personne qui parle ou dont il est question dans la phrase.

nominatif	accusatif	génitif	datif
ich	mich	meiner	mir
du	dich	deiner	dir
er	ihn	seiner	ihm
sie	sie	ihrer	ihr
es	es	seiner	ihm
wir	uns	unser	uns
ihr	euch	euer	euch
sie	sie	ihrer	ihnen

2. Le pronom réfléchi

Il se rapporte au sujet de la phrase et doit s'accorder en **personne** et en **nombre** avec lui.

Ich wasche mich.
Du wäschst dich.
Er/Sie/Es wäscht sich.
Wir waschen uns.
Ihr wascht euch.
Sie waschen sich.

3. Le pronom possessif

Il indique **une relation d'appartenance** ou **un rapport de possession** et s'accorde en **cas**, en **genre** et en **nombre** avec le substantif auquel il se rapporte.
Il peut se trouver comme un adjectif devant le substantif ou remplacer le substantif.

a) Emploi adjectival

	m	f	nt	pl
1. personne du singulier				
nominatif	mein	meine	mein	meine
accusatif	meinen	meine	mein	meine
génitif	meines	meiner	meines	meiner
datif	meinem	meiner	meinem	meinen
2. personne du singulier (décliné comme *mein*)				
nominatif	dein	deine	dein	deine
3. personne du singulier (m) (décliné comme *mein*)				
nominatif	sein	seine	sein	seine
3. personne du singulier (f) (décliné comme *mein*)				
nominatif	ihr	ihre	ihr	ihre
3. personne du singulier (nt) (décliné comme *mein*)				
nominatif	sein	seine	sein	seine
1. personne du pluriel				
nominatif	unser	uns(e)re	unser	uns(e)re
accusatif	uns(e)ren	uns(e)re	unser	uns(e)re
génitif	uns(e)res	uns(e)rer	uns(e)res	uns(e)rer
datif	uns(e)rem / unserm	uns(e)rer	uns(e)rem / unserm	uns(e)ren / unsern
2. personne du pluriel				
nominatif	euer	eure	euer	eure
accusatif	euren	eure	euer	eure
génitif	eures	eurer	eures	eurer
datif	eurem	eurer	eurem	euren
3. personne du pluriel				
nominatif	ihr	ihre	ihr	ihre
accusatif	ihren	ihre	ihr	ihre
génitif	ihres	ihrer	ihres	ihrer
datif	ihrem	ihrer	ihrem	ihren

b) Employé à la place du substantif

se référant à	m	f	nt	pl
1. p. du sing.	meiner	meine	mein(e)s	meine
2. p. du sing.	deiner	deine	dein(e)s	deine
3. p. du sing. m, nt	seiner	seine	sein(e)s	seine
3. p. du sing. f	ihrer	ihre	ihr(e)s	ihre
1. p. du pl.	uns(e)rer	uns(e)re	uns(e)res	uns(e)re
2. p. du pl.	eurer	eure	eures, euers	eure
3. p. du pl.	ihrer	ihre	ihr(e)s	ihre

4. Le pronom démonstratif

Il reprend ou montre dans la phrase un élément dont il vient d'être question dans l'énoncé.

	m	f	nt	pl
nominatif	dieser	diese	dieses	diese
accusatif	diesen	diese	dieses	diese
génitif	dieses	dieser	dieses	dieser
datif	diesem	dieser	diesem	diesen
nominatif	jener	jene	jenes	jene
accusatif	jenen	jene	jenes	jene
génitif	jenes	jener	jenes	jener
datif	jenem	jener	jenem	jenen
nominatif	derjenige	diejenige	dasjenige	diejenigen
accusatif	denjenigen	diejenige	dasjenige	diejenigen
génitif	desjenigen	derjenigen	desjenigen	derjenigen
datif	demjenigen	derjenigen	demjenigen	denjenigen
nominatif	derselbe	dieselbe	dasselbe	dieselben
accusatif	denselben	dieselben	dasselbe	dieselben
génitif	desselben	derselben	desselben	derselben
datif	demselben	derselben	demselben	denselben

Dieser renvoie à un élément **proche**; *jener* à un élément **éloigné**.
L'article défini *der, die, das* peut être employé aussi comme un pronom démonstratif.

5. Le pronom relatif

Les pronoms relatifs les plus usités sont *der, die, das*; moins courants sont *welcher, welche, welches*. Tous introduisent une proposition subordonnée dans laquelle il est donné un nouvel énoncé qui complète celui de la phrase principale. Le pronom relatif s'accorde en **genre** et en **nombre** avec le mot de la principale auquel il se rapporte.

Er putzt sein neues Auto, das/welches er sich gekauft hat.

	m	f	nt	pl
nominatif	welcher	welche	welches	welche
accusatif	welchen	welche	welches	welche
génitif	dessen	deren	dessen	deren
datif	welchem	welcher	welchem	welchen

Wer et *was* peuvent aussi être employés comme des pronoms relatifs.

Wer das behauptet, lügt.
Mach doch, was du willst!

6. Le pronom interrogatif

Le pronom interrogatif se distingue selon qu'il se rapporte à une **personne** *(Wer?)* ou à une **chose** *(Was?)*. Il ne possède que des formes du singulier.

	personne	chose
nominatif	*Wer* spielt mit?	*Was* ist das?
accusatif	*Wen* liebst du?	*Was* höre ich da?
génitif	*Wessen* Haus ist das?	
datif	*Wem* gehört das Haus?	

Le génitif du pronom interrogatif *wessen* est de plus en plus remplacé par le datif *wem*.

Wem gehört das Haus?

Par l'expression *was für ein(er)* la question porte sur les caractéristiques d'une personne ou d'une chose.

Was für ein Mensch ist Peter eigentlich?
Was für einen Anzug möchten Sie?

Avec les pronoms interrogatifs *welcher, welche* et *welches* la question porte sur une personne ou une chose concrète parmi un ensemble ou groupe.

Welche Schuhe soll ich nehmen?	(Die braunen oder die schwarzen?)
Mit welchem Bus kommst du?	(Mit dem um 16 oder um 17 Uhr?)
Welches Eis schmeckt dir besser?	(Erdbeer- oder Schokoladeneis?)

	m	f	nt	pl
nominatif	welcher	welche	welches	welche
accusatif	welchen	welche	welches	welche
génitif	welches	welcher	welches	welcher
datif	welchem	welcher	welchem	welchen

Die Präpositionen – Les prépositions

Des prépositions qui régissent

– l'**accusatif** :	bis	wider
	durch	für
	gegen	je
	ohne	pro
	um	
– le **datif** :	ab	aus
	außer	bei
	binnen	entgegen
	entsprechend	gegenüber
	gemäß	mit
	nach	nächst
	nahe	nebst
	samt	seit
	von	zu
	zufolge	zuwider
– l'**accusatif** ou le **datif** * :	an	auf
	entlang	hinter
	in	neben
	über	unter
	vor	zwischen

* Lorsqu'elles décrivent un mouvement ou un changement de direction *(Wohin?)* elles régissent l'accusatif; lorsqu'elles donnent une indication de lieu *(Wo?)* elles régissent le datif.

Er hängt die Uhr an die Wand.	*(Wohin?)*
Die Uhr hängt an der Wand.	*(Wo?)*

→ Dans le dictionnaire on trouve pour chaque préposition une indication concernant leur rection.

Certaines prépositions peuvent s'agglutiner à certaines formes grammaticales de l'article pour former un seul mot.

an/in	+ dem	devient	am/im
bei	+ dem		beim
von	+ dem		vom
zu	+ dem/der		zum/zur
an/in	+ das		ans/ins

Deutsche unregelmäßige Verben

Verbes allemands irréguliers

Die unregelmäßigen Formen der mit *auf-, ab-, be-, er-, zer-* usw. präfigierten Verben entsprechen denen ihrer Grundform. Neben dem Infinitiv wird zusätzlich die 2. Person Singular angegeben, wenn diese gegenüber der Grundform einen Umlaut aufweist oder eine Vokalveränderung erfährt. Ebenso wird zum Partizip Perfekt das Hilfsverb aufgeführt, mit welchem es gebildet wird.

La conjugaison des verbes dérivés à partir des préfixes *auf-, ab-, be-, er-, zer-* etc. correspond à celle du verbe de base. En plus de la forme infinitive, la liste suivante donne la 2ᵉ personne du singulier du verbe si celui-ci prend une inflexion *(Umlaut)* ou change de voyelle. La liste indique aussi pour chaque participe passé l'auxiliaire avec lequel il est formé.

1. Infinitiv / 1. Infinitif	2. Imperfekt / 2. Prétérit	3. Partizip Perfekt / 3. Participe passé	4. Imperativ – Sing/Pl / 4. Impératif – sing/pl
backen bäckst, backst	backte	hat gebacken	back[e]/backt
befehlen befiehlst	befahl	hat befohlen	befiehl/befehlt
beginnen	begann	hat begonnen	beginn[e]/beginnt
beißen	biss	hat gebissen	beiß[e]/beißt
bergen birgst	barg	hat geborgen	birg/bergt
bersten birst	barst	ist geborsten	birst/berstet
bewegen	bewog	hat bewogen	beweg[e]/bewegt
biegen	bog	hat/ist gebogen	bieg[e]/biegt
bieten	bot	hat geboten	biet[e]/bietet
binden	band	hat gebunden	bind[e]/bindet
bitten	bat	hat gebeten	bitt[e]/bittet
blasen bläst	blies	hat geblasen	blas[e]/blast
bleiben	blieb	ist geblieben	bleib[e]/bleibt
bleichen	bleichte blich	hat gebleicht hat geblichen	bleich[e]/bleicht
braten brätst	briet	hat gebraten	brat[e]/bratet
brechen brichst	brach	hat/ist gebrochen	brich/brecht
brennen	brannte	hat gebrannt	brenn[e]/brennt
bringen	brachte	hat gebracht	bring/bringt
denken	dachte	hat gedacht	denk[e]/denkt
dreschen drischst	drosch	hat/ist gedroschen	drisch/drescht
dringen	drang	ist gedrungen	dring[e]/dringt
dürfen darfst	durfte	hat gedurft	
empfangen empfängst	empfing	hat empfangen	empfang[e]/empfangt
empfehlen empfiehlst	empfahl	hat empfohlen	empfiehl/empfehlt
empfinden	empfand	hat empfunden	empfind[e]/empfindet
erlöschen erlischst	erlosch	hat erloschen	erlisch/erlöscht
erschrecken erschrickst	erschrak	ist erschrocken	erschrick/erschreckt
essen isst	aß	hat gegessen	iss/esst
fahren fährst	fuhr	hat/ist gefahren	fahr[e]/fahrt
fallen fällst	fiel	ist gefallen	fall[e]/fallt
fangen fängst	fing	hat gefangen	fang[e]/fangt
fechten fichtst	focht	hat gefochten	ficht/fechtet
finden	fand	hat gefunden	find[e]/findet
flechten flichtst	flocht	hat geflochten	flicht/flechtet

Deutsche unregelmäßige Verben

1. Infinitiv / 1. Infinitif	2. Imperfekt / 2. Prétérit	3. Partizip Perfekt / 3. Participe passé	4. Imperativ – Sing/Pl / 4. Impératif – sing/pl
fliegen	flog	hat/ist geflogen	flieg[e]/fliegt
fliehen	floh	ist geflohen	flieh[e]/flieht
fließen	floss	ist geflossen	fließ[e]/fließt
fressen frisst	fraß	hat gefressen	friss/fresst
frieren	fror	hat gefroren	frier[e]/friert
gären	gor gärte	hat/ist gegoren hat/ist gegärt	gär[e]/gärt
gebären gebierst	gebar	ist geboren	gebier[e]/gebärt
geben gibst	gab	hat gegeben	gib/gebt
gedeihen	gedieh	ist gediehen	gedeih[e]/gedeiht
gefallen gefällst	gefiel	hat gefallen	gefall[e]/gefallt
gehen	ging	ist gegangen	geh[e]/geht
gelingen	gelang	ist gelungen	geling[e]/gelingt
gelten giltst	galt	hat gegolten	gilt/geltet
genesen	genas	ist genesen	genese/genest
genießen	genoss	hat genossen	genieß[e]/genießt
geraten gerätst	geriet	ist geraten	gerat[e]/geratet
gerinnen	gerann	ist geronnen	gerinn[e]/gerinnt
geschehen geschieht	geschah	ist geschehen	geschieh/gescheht
gestehen	gestand	hat gestanden	gesteh[e]/gesteht
gewinnen	gewann	hat gewonnen	gewinn[e]/gewinnt
gießen	goss	hat gegossen	gieß[e]/gießt
gleichen	glich	hat geglichen	gleich[e]/gleicht
gleiten	glitt	ist geglitten	gleit[e]/gleitet
glimmen	glomm	hat geglommen	glimm[e]/glimmt
graben gräbst	grub	hat gegraben	grab[e]/grabt
greifen	griff	hat gegriffen	greif[e]/greift
haben hast	hatte	hat gehabt	hab[e]/habt
halten hältst	hielt	hat gehalten	halt[e]/haltet
hängen	hing	hat gehangen	häng[e]/hängt
hauen	haute hieb	hat gehauen	hau[e]/haut
heben	hob	hat gehoben	heb[e]/hebt
heißen	hieß	hat geheißen	heiß[e]/heißt
helfen hilfst	half	hat geholfen	hilf/helft
kennen	kannte	hat gekannt	kenn[e]/kennt
klingen	klang	hat geklungen	kling[e]/klingt
kneifen	kniff	hat gekniffen	kneif[e]/kneift
kommen	kam	ist gekommen	komm[e]/kommt
können kannst	konnte	hat gekonnt	
kriechen	kroch	ist gekrochen	kriech[e]/kriecht
küren	kürte	hat gekürt	kür[e]/kürt
laden lädst	lud	hat geladen	lad[e]/ladet
lassen lässt	ließ	hat gelassen	lass/lasst
laufen läufst	lief	ist gelaufen	lauf[e]/lauft
leiden	litt	hat gelitten	leid[e]/leidet
leihen	lieh	hat geliehen	leih[e]/leiht
lesen liest	las	hat gelesen	lies/lest

Deutsche unregelmäßige Verben

1. Infinitiv / 1. Infinitif	2. Imperfekt / 2. Prétérit	3. Partizip Perfekt / 3. Participe passé	4. Imperativ – Sing/Pl / 4. Impératif – sing/pl
liegen	lag	hat gelegen	lieg[e]/liegt
lügen	log	hat gelogen	lüg[e]/lügt
mahlen	mahlte	hat gemahlen	mahl[e]/mahlt
meiden	mied	hat gemieden	meid[e]/meidet
melken	molk / melkte	hat gemolken / hat gemelkt	melk[e], milk/melkt
messen / misst	maß	hat gemessen	miss/messt
misslingen	misslang	ist misslungen	
mögen / magst	mochte	hat gemocht	
müssen / musst	musste	hat gemusst	
nehmen / nimmst	nahm	hat genommen	nimm/nehmt
nennen	nannte	hat genannt	nenn[e]/nennt
pfeifen	pfiff	hat gepfiffen	pfeif[e]/pfeift
preisen	pries	hat gepriesen	preis[e]/preist
quellen / quillst	quoll	ist gequollen	quill/quellt
raten / rätst	riet	hat geraten	rat[e]/ratet
reiben	rieb	hat gerieben	reib[e]/reibt
reißen	riss	hat/ist gerissen	reiß/reißt
reiten	ritt	hat/ist geritten	reit[e]/reitet
rennen	rannte	ist gerannt	renn[e]/rennt
riechen	roch	hat gerochen	riech[e]/riecht
ringen	rang	hat gerungen	ring[e]/ringt
rinnen	rann	ist geronnen	rinn[e]/rinnt
rufen	rief	hat gerufen	ruf[e]/ruft
salzen	salzte	hat gesalzen / hat gesalzt	salz[e]/salzt
saufen / säufst	soff	hat gesoffen	sauf[e]/sauft
schaffen	schuf	hat geschaffen	schaff[e]/schafft
schallen	schallte / scholl	hat geschallt	schall[e]/schallt
scheiden	schied	hat/ist geschieden	scheid[e]/scheidet
scheinen	schien	hat geschienen	schein[e]/scheint
scheißen	schiss	hat geschissen	scheiß[e]/scheißt
schelten / schiltst	schalt	hat gescholten	schilt/scheltet
scheren	schor	hat geschoren / hat geschert	scher[e]/schert
schieben	schob	hat geschoben	schieb[e]/schiebt
schießen	schoss	hat geschossen	schieß[e]/schießt
schinden	schindete	hat geschunden	schind[e]/schindet
schlafen / schläfst	schlief	hat geschlafen	schlaf[e]/schlaft
schlagen / schlägst	schlug	hat geschlagen	schlag[e]/schlagt
schleichen	schlich	ist geschlichen	schleich[e]/schleicht
schleifen	schliff	hat geschliffen	schleif[e]/schleift
schließen	schloss	hat geschlossen	schließ[e]/schließt
schlingen	schlang	hat geschlungen	schling[e]/schlingt
schmeißen	schmiss	hat geschmissen	schmeiß[e]/schmeißt
schmelzen / schmilzt	schmolz	ist geschmolzen	schmilz/schmelzt
schnauben	schnaubte / schnob	hat geschnaubt / hat geschnoben	schnaub[e]/schnaubt
schneiden	schnitt	hat geschnitten	schneid[e]/schneidet
schreiben	schrieb	hat geschrieben	schreib[e]/schreibt
schreien	schrie	hat geschrie[e]n	schrei[e]/schreit

1. Infinitiv / 1. Infinitif	2. Imperfekt / 2. Prétérit	3. Partizip Perfekt / 3. Participe passé	4. Imperativ – Sing/Pl / 4. Impératif – sing/pl
schreiten	schritt	ist geschritten	schreit[e]/schreitet
schweigen	schwieg	hat geschwiegen	schweig[e]/schweigt
schwellen schwillst	schwoll	ist geschwollen	schwill/schwellt
schwimmen	schwamm	hat/ist geschwommen	schwimm[e]/schwimmt
schwinden	schwand	ist geschwunden	schwind[e]/schwindet
schwingen	schwang	hat geschwungen	schwing[e]/schwingt
schwören	schwor	hat geschworen	schwör[e]/schwört
sehen siehst	sah	hat gesehen	sieh/seht
sein 1. Präs Sing bin 2. Präs Sing bist 3. Präs Sing ist 1. Präs Pl sind 2. Präs Pl seid 3. Präs Pl sind	war	ist gewesen	sei/seid
senden	sendete CH sandte	hat gesendet CH hat gesandt	send[e]/sendet
sieden	siedete sott	hat gesiedet hat gesotten	sied[e]/siedet
singen	sang	hat gesungen	sing[e]/singt
sinken	sank	ist gesunken	sink[e]/sinkt
sinnen	sann	hat gesonnen	sinn[e]/sinnt
sitzen	saß	hat gesessen	sitz[e]/sitzt
sollen	sollte	hat gesollt	
spalten	spaltete	hat gespalten hat gespaltet	spalt[e]/spaltet
speien	spie	hat gespie[e]n	spei[e]/speit
spinnen	spann	hat gesponnen	spinn[e]/spinnt
sprechen sprichst	sprach	hat gesprochen	sprich/sprecht
sprießen	spross sprießte	ist gesprossen ist gesprießt	sprieß[e]/sprießt
springen	sprang	ist gesprungen	spring[e]/springt
stechen stichst	stach	hat gestochen	stich/stecht
stecken	steckte stak	hat gesteckt	steck[e]/steckt
stehen	stand	hat gestanden	steh[e]/steht
stehlen stiehlst	stahl	hat gestohlen	stiehl/stehlt
steigen	stieg	ist gestiegen	steig[e]/steigt
sterben stirbst	starb	ist gestorben	stirb/sterbt
stinken	stank	hat gestunken	stink[e]/stinkt
stoßen stößt	stieß	hat gestoßen	stoß[e]/stoßt
streichen	strich	hat gestrichen	streich[e]/streicht
streiten	stritt	hat gestritten	streit[e]/streitet
tragen trägst	trug	hat getragen	trag[e]/tragt
treffen triffst	traf	hat getroffen	triff/trefft
treiben	trieb	hat getrieben	treib[e]/treibt
treten trittst	trat	hat getreten	tritt/tretet
triefen	triefte troff	hat getrieft hat getroffen	trief[e]/trieft
trinken	trank	hat getrunken	trink[e]/trinkt
trügen	trog	hat getrogen	trüg[e]/trügt
tun 1. Präs Sing tue 2. Präs Sing tust 3. Präs Sing tut	tat	hat getan	tu[e]/tut

1. Infinitiv / 1. Infinitif	2. Imperfekt / 2. Prétérit	3. Partizip Perfekt / 3. Participe passé	4. Imperativ – Sing/Pl / 4. Impératif – sing/pl
überessen überisst	überaß	hat übergegessen	überiss/überisst
verbieten	verbot	hat verboten	verbiet[e]/verbietet
verbrechen verbrichst	verbrach	hat verbrochen	verbrich/verbrecht
verderben verdirbst	verdarb	hat verdorben	verdirb/verderbt
vergessen vergisst	vergaß	hat vergessen	vergiss/vergesst
verlieren	verlor	hat verloren	verlier[e]/verliert
verraten verrätst	verriet	hat verraten	verrat[e]/verratet
verschleißen	verschliss	hat verschlissen	verschleiß[e]/verschleißt
verstehen	verstand	hat verstanden	versteh[e]/versteht
verwenden	verwendete verwandt	hat verwendet hat verwandt	verwend[e]/verwendet
verzeihen	verzieh	hat verziehen	verzeih[e]/verzeiht
wachsen wächst	wuchs	ist gewachsen	wachs[e]/wachst
waschen wäschst	wusch	hat gewaschen	wasch[e]/wascht
weben	wob webte	hat gewoben hat gewebt	web[e]/webt
weichen	wich	ist gewichen	weich[e]/weicht
weisen	wies	hat gewiesen	weis[e]/weist
wenden	wendete wandte	hat gewendet hat gewandt	wend[e]/wendet
werben wirbst	warb	hat geworben	wirb/werbt
werden wirst	wurde ward	ist geworden	werd[e]/werdet
werfen wirfst	warf	hat geworfen	wirf/werft
wiegen	wog	hat gewogen	wieg[e]/wiegt
winden	wand	hat gewunden	wind[e]/windet
wissen weißt	wusste	hat gewusst	wiss[e]/wisset
wollen willst	wollte	hat gewollt	woll[e]/wollt
ziehen	zog	hat/ist gezogen	zieh[e]/zieht
zwingen	zwang	hat gezwungen	zwing[e]/zwingt

Die französische Silbentrennung
La coupe syllabique en français

1. Folgende Regeln müssen beachtet werden:
   - Einzelne Konsonanten zwischen zwei Vokalen treten zur nächsten Silbe, z. B.

     mo-di-fi-ca-tion, ca-mé-ra, pa-ra-pluie.

   - Bei Konsonantengruppen tritt der letzte Konsonant zur folgenden Silbe, z. B.

     abs-ti-nence, subs-tan-tif, cons-cience, com-mis-sion.

   - Nicht getrennt werden:
     - *ch*, *gn*, *ph*, *th*, *ll* (wenn es wie [j] ausgesprochen wird), z. B.

       branche-ment, soi-gner, té-lé-phone, athée, tour-billon (aber: vil-la)

     - Konsonant + *r* oder *l*, z. B.

       en-trer, suf-frage, an-glais, re-cy-clage

     - aufeinanderfolgende Vokale, z. B.

       théâtre, cuir, hé-roïque

     - Apostrophierungen, z. B.

       l'of-fice, au-jour-d'hui, lors-qu'elle.

2. Folgende Trennungen sollten nach Möglichkeit vermieden werden:
   - Eine Abtrennung tonloser Silben ist nicht zu empfehlen, z. B.

     prendre, co-mique, bi-zarre, peuple, rouge

Die französische Zeichensetzung
La ponctuation française

1. Die Satzzeichen werden im Französischen überwiegend so wie im Deutschen verwendet.
   Ausnahmen:
   - Ein Punkt kann innerhalb einer Abkürzung stehen, z. B.

     M. Leroc, C.N.R.S., H.L.M.

   - Kein Punkt wird gesetzt, wenn der letzte Buchstabe eines Wortes die Abkürzung abschließt, z. B.
     Mme Leroc, Mlle Meunier, Dr Dupont, bd (boulevard), n^o (numéro).
   - Bei Ordnungszahlen wird kein Punkt gesetzt, z. B.

     Elisabeth Ire, 2e étage.

   - Das Datum wird mit Schräg- oder Trennstrichen geschrieben, z. B.

     24/04/2003, 17–11–1966

   - Als Anführungszeichen werden doppelte Spitzklammern gesetzt,

     « Je viens demain. »

2. Lediglich bei der Kommasetzung gibt es größere Abweichungen:
   a) Das Komma wird gesetzt
      - bei adverbialen Bestimmungen am Satzanfang:

        Hier soir, je suis allé au cinéma.

      - vor *etc.*:

        café, chocolat, alcool, etc.

   b) Kein Komma steht vor
      - nachgestellten Adverbialsätzen:

        Je pars avant qu'il ne se mette à pleuvoir.

      - Relativsätzen, die für das Satzverständnis notwendig sind:

        C'est le livre que je suis en train de lire.

      - Objektsätzen:

        Tu sais bien qu'elle a raison.

      - indirekten Fragesätzen:

        Je me demande s'ils viendront.

Die deutsche Silbentrennung _
La coupe syllabique en allemand

1. Coupe après la syllabe sonore
   - Une consonne seule à l'intérieur d'un mot est rattachée à la syllabe qui suit,

   Ge-ne-tik, lau-fen, grö-ßer.

   - Pour un groupe de consonnes, la dernière consonne est rattachée à la syllabe qui suit,

   Kom-mis-sion, all-ge-mein, schät-zen, Wes-te.

   - La coupe après une voyelle au début du mot est impossible,

   Abend, Ufer.

   - Les diphtongues sont indivisibles,

   mei-nen, Häu-ser, schau-en, Spoi-ler.

   Exception:
   - Pas de coupe pour les groupes de consonnes qui forment un son (ch, ck, sch; pour les mots étrangers: ph, rh, sh, th),

   na-schen, Ma-cke, Wo-che, Stro-phe, sym-pa-thisch.

2. Coupe entre les différents éléments constituant un mot:
   - La coupe pour un mot composé s'effectue entre les éléments qui le composent (ceci vaut aussi pour les préfixes et les suffixes),

   Spiel-wa-ren, wahr-ne-hmen, Vor-teil, dank-bar.

3. Coupe pour les mots étrangers:
   - La coupe pour un mot étranger peut s'effectuer aussi bien entre les éléments qui le composent qu'après la syllabe sonore,

   | At-mo-sphä-re | Ma-gnet | Sym-ptom |
   | At-mos-phä-re | Mag-net | Symp-tom. |

Die deutsche Zeichensetzung
La ponctuation allemande

1. L'utilisation des signes de ponctuation en allemand est dans l'ensemble la même qu'en français :
   Exceptions :
   - les guillemets :

   „Kommst du morgen?"

   - l'apostrophe en allemand marque
     - une ellipse :

   Wenn's denn sein muss. (au lieu de *es*)

   - ou un génitif avec -s :

   Aristoteles' Schriften

   - ou un suffixe adjectival :

   der Woolf'sche Roman

   - le point après
     - les ordinaux :

   2. Band, 3. Etage

   - le jour et le mois pour une date :

   10.12.2007

   - le point d'exclamation après l'impératif :

   „Mach die Tür zu!"

2. La virgule :
   a) on met une virgule pour séparer
      - la proposition principale de la proposition subordonnée :

   Ich freue mich, wenn die Sonne scheint.

      - différentes propositions subordonnées :

   Sie weiß, dass alles nass wird, wenn es regnet.

      - les éléments d'une énumération :

   Der Korb enthielt Äpfel, Birnen, Pflaumen und Mirabellen.

   b) on met une virgule au début et à la fin
      - d'une proposition relative :

   Die Reisetasche, die er neu gekauft hatte, war voll gepackt.

      - d'une apposition (précision apportée à un nom) ou d'une date :

   Frau Weiß, die Direktorin, hielt eine Rede.
   Wir kommen am Mittwoch, den 14. April, an.

      - d'un groupe adjectival ou participial :

   Er schlief, ganz erschöpft, ein.
   Sie schloss, tief Atem holend, die Augen.

   c) pas de virgule
      - avec les conjonctions (und, oder, bzw., entweder – oder, sowie, weder – noch, sowohl – als auch etc.) :

   Ihr müsst die Rechnung bezahlen oder eure Rechtsanwältin um Rat fragen.

   Exception :
      - avec les conjonctions introduisant une restriction, une correction ou une précision (aber, sondern etc.) :

   Das ist ein verlockendes Angebot, aber riskant.
   Meine Augen sind nicht blau, sondern grün.

Französische Musterbriefe
Modèles de lettres en français

An das Fremdenverkehrsamt: Anforderung von Prospekten
A l'office du tourisme: demande de documentation

M. et Mme Norbert Petit
5, rue du Dr Chaussier
21000 Dijon

Comité Départemental
du Tourisme du Finistère
11, rue Théodore-Le-Hars
29104 Quimper cedex

Dijon, le 2 février 2008

Messieurs,

Je désire passer mes vacances avec ma famille dans la région de Quimper en juillet.

C'est pourquoi je vous serais reconnaissant de bien vouloir m'envoyer une documentation sur les sites touristiques et les hôtels de cette région.

D'avance, je vous remercie de votre réponse.

Je vous prie de croire, Messieurs, à ma considération distinguée.

Norbert Petit

Je désire passer mes vacances…
Ich möchte meinen Urlaub … verbringen
envoyer une documentation
Prospekte zuschicken

Ein Hotelzimmer reservieren
Réserver une chambre d'hôtel

M. et Mme Norbert Petit
5, rue du Dr Chaussier
21000 Dijon

Hôtel Armorique
35, rue des Promenades
29118 Benodet

Dijon, le 1er mars 2008

Monsieur,

Je vous remercie de votre dépliant me donnant tous les détails sur les conditions de séjour dans votre hôtel.

Je vous prie de réserver pour ma femme, moi-même et nos deux filles deux chambres avec douche et W.-C., l'une à deux lits, l'autre à un grand lit, en demi-pension, du 2 au 15 juillet compris.

D'avance, je vous remercie de votre confirmation.

Veuillez recevoir, Monsieur, l'assurance de mes sentiments distingués.

N. Petit

Norbert Petit

votre dépliant me donnant tous les détails
Ihr Faltblatt, das mich über alle Einzelheiten informiert
Je vous prie de réserver…
Ich bitte Sie, … zu reservieren.

Deutsche Musterbriefe
Modèles de lettres en allemand

A l'office du tourisme : demande de documentation
An das Fremdenverkehrsamt: Anforderung von Prospekten

P. Unger
Schneiderstr. 6
28717 Bremen

An das
Fremdenverkehrsamt
Postfach
82211 Herrsching

Bremen, den 12.2.2008

Sehr geehrte Damen und Herren,

wir möchten in diesem Sommer unseren Urlaub am Ammersee verbringen und bitten Sie um Zusendung eines Hotelverzeichnisses und weiterer Informationen.

Für Ihre Bemühungen danken wir Ihnen im Voraus.

Mit freundlichen Grüßen

Peter Unger

Wir bitten um Zusendung von ...
Nous vous prions de nous faire parvenir ...
Für Ihre Bemühungen danken wir Ihnen im Voraus.
Vous en remerciant par avance, ...

Réserver une chambre d'hôtel
Ein Hotelzimmer reservieren

Monika Ottke
Düsseldorfer Tennisclub DTC 05
Rüdigerstr. 56
40472 Düsseldorf
0211/306263

Madame Malo
Hôtel de Paris
24, rue du Général Lupine
44000 Nantes
Frankreich

Düsseldorf, den 25. Juni 2008

Reservierung

Sehr geehrte Frau Malo,

vielen Dank für Ihren freundlichen Brief vom 17. Juni sowie den Prospekt, der uns einen Einblick in Ihr Haus gegeben hat. Alle Clubmitglieder waren begeistert.

Entsprechend Ihrer Preisliste bitten wir Sie um die Reservierung von:

6 Doppelzimmern mit Dusche und WC,
4 Einzelzimmern mit Dusche und WC.

Wir gehen davon aus, dass sich die Preise jeweils auf die Übernachtung mit Frühstück beziehen.

Wir werden voraussichtlich am 2. Oktober gegen 14 Uhr eintreffen.

Beiliegend schicken wir Ihnen die genaue Teilnehmerliste.

Wir freuen uns auf unseren Aufenthalt und danken Ihnen für Ihre Mühe.

Mit freundlichen Grüßen

Monika Ottke

... hat uns einen Einblick in Ihr Haus gegeben.
... *nous a donné un aperçu de votre hôtel.*

Wir werden voraussichtlich am 2. Oktober gegen 14 Uhr eintreffen.
Nous pensons arriver le 2 octobre vers les 14 heures.

Bewerbungsschreiben, Lebenslauf
Lettres de candidature, curriculum vitæ

Bernard Brasier
56, rue Berlioz
33000 Bordeaux
Tél. : 56 03 51 59

Bordeaux, le 10 octobre 2008

Ref. : Votre annonce parue dans «Le Figaro» du 29 septembre

Messieurs,

Votre offre d'emploi citée en référence m'intéresse vivement. En effet, la nature du poste que vous proposez, correspond à celui que je recherche.

J'ai particulièrement retenu dans les termes de votre annonce la perspective de travailler pour une entreprise leader de son marché et la possibilité de mettre en pratique mes connaissances et mes expériences dans ce domaine.

Depuis 5 ans, je dirige le service de Contrôle de gestion d'une entreprise basée à Rome. Entre autres, j'ai mis en place une stratégie informatisée qui s'est révélée très vite
opérationnelle.

Le C. V. ci-joint vous permettra de mieux apprécier mon parcours professionnel.

Je serais heureux de pouvoir vous donner plus de détails dans un prochain entretien et dans cette attente, je vous prie de croire, Messieurs, à l'assurance de mes sentiments distingués.

la perspective de travailler pour une entreprise leader de son marché
die Perspektive, für ein marktführendes Unternehmen zu arbeiten
(de) mettre en pratique mes connaissances et mes expériences
meine Kenntnisse und Erfahrungen in die Praxis umzusetzen

Chantal Leroy
10, rue St. Léonard
17000 La Rochelle

La Rochelle, le 3 novembre 2008

Objet : Lettre de candidature au
       poste de secrétaire-assistante

Madame, Monsieur,

Comme suite à votre annonce parue dans «le Monde» de ce jour, je pose ma candidature au poste de secrétaire-assistante des ventes que vous proposez au sein de votre entreprise.

Je suis actuellement à la recherche d'un emploi à temps complet qui puisse me permettre de développer mes qualités d'organisation et d'utiliser mes connaissances en anglais et en allemand que j'ai pu approfondir au cours de plusieurs séjours ou stages à l'étranger. De par mon emploi actuel, j'ai acquis une bonne maîtrise de l'informatique.

Veuillez trouver ci-joint mon curriculum vitae.

Je me tiens à votre disposition pour un entretien au jour et à l'heure qui vous conviendront.

Je vous prie de croire, Madame, Monsieur, à l'expression de mes sentiments distingués.

Chantal Leroy

---

je pose ma candidature au poste de…
ich bewerbe mich um die Stelle als …

De par mon emploi actuel, j'ai acquis une bonne maîtrise de l'informatique.
Durch meine gegenwärtige Stelle habe ich gute EDV-Kenntnisse erworben.

Caroline Bison
21, rue Thiers
80000 Amiens
Tél.: 22 32 46 13

Amiens, le 10 octobre 2008

Ref.: Votre annonce parue dans «Le Monde» du 29 septembre

Mesdames, Messieurs,

Votre offre d'emploi citée en référence m'intéresse vivement. En effet, la nature du poste que vous proposez correspond à celui que je recherche.

J'ai particulièrement retenu dans les termes de votre annonce la perspective de travailler pour une entreprise leader sur le marché européen.

Depuis quatre ans, je suis secrétaire-assistante à mi-temps et je recherche actuellement un poste à plein temps qui me permettrait de mettre en pratique mes compétences en langues étrangères ainsi que mes expériences acquises au cours des sept dernières années dans le domaine rédactionnel.

Le C.V. ci-joint vous permettra de mieux apprécier mon parcours professionnel.

Je serais heureuse de pouvoir vous donner plus de détails dans un prochain entretien et dans cette attente, je vous prie de croire, Mesdames, Messieurs, à l'assurance de mes sentiments distingués.

pièce jointe: curriculum vitæ

Curriculum vitæ

Caroline Bison
21, rue Thiers
80000 Amiens
Tél.: 22.32.46.13

Née le 3 octobre 1981 à Berlin
Nationalité française
Célibataire

Trilingue (français, allemand, anglais):
Cinq années d'école primaire en RFA.
Six mois de stage chez HASGA en RFA.
Fréquents séjours en Grande-Bretagne.

Formation:
1999	Baccalauréat
2001	École supérieure de commerce
2002	B.T.S. Commerce International
	Cours du soir intensifs d'informatique à la Chambre de Commerce d'Amiens.

Expériences professionnelles:
Depuis janvier 2004	Secrétaire-assistante à mi-temps au service financier du Groupe H 2 E (installations électriques industrielles et tertiaires) à Saint-Quentin.
septembre–décembre 2003	Stagiaire chez PUBLICAT, agence de presse à Strasbourg, au secrétariat de rédaction (maîtrise de la mise en page informatique)
avril–juillet 2003	Stagiaire à la société Sodog (groupe autmobile), Paris: secrétariat à la direction des opérations internationales.
octobre 2002–mars 2003	Stagiaire chez HASGA à Lüdenscheid en RFA: correspondancière (allemand et français)

Divers:
Animatrice du club informatique à la Maison des Jeunes d'Amiens.
sports:	gymnastique, judo
hobby:	peinture d'icônes

**Lettre de candidature spontanée
Inititativbewerbung**

Heiner Ludwig
Gerhardstr. 110
40468 Düsseldorf
0211/457856

Düsseldorf Express
Königsallee 27
40212 Düsseldorf

Düsseldorf, den 2. April 2008

Biete: Engagement und Vielseitigkeit
Suche: interessantes Tätigkeitsfeld

Sehr geehrte Damen und Herren,

Sie sind eine der erfolgreichsten Zeitungen in Düsseldorf, bei der auch ich gerne arbeiten würde. Sicher suchen Sie immer engagierte und kreative Redakteure für Ihre Kultur-Redaktion.

Seit 6 Jahren arbeite ich als freier Journalist für verschiedene Zeitungen im Düsseldorfer Raum und verfüge daher über einen reichhaltigen Erfahrungsschatz. Ich habe mich bei meiner Arbeit nicht auf ein Ressort festgelegt, sondern war stets bemüht, mich mit den unterschiedlichsten Bereichen und Aufgabengebieten bekannt zu machen. So habe ich im Lokalteil über regionale Begebenheiten in und um Düsseldorf sowie in der Kultur-Redaktion über Theaterveranstaltungen oder Kinofilme berichtet. Hier – im Kulturbereich – liegt auch meine Stärke.

Durch die diesem Schreiben beigefügten Arbeitsproben möchte ich Sie mit meinem Schreibstil vertraut machen. Sie sehen hier, dass ich in der Lage bin, über ganz verschiedene Themenbereiche in angemessener Form zu berichten, und ein Gespür dafür entwickelt habe, kulturelle Themen auf interessante und unterhaltsame Weise zu präsentieren.

Ich kann mir gut vorstellen, Ihre Kultur-Redaktion baldmöglichst zu ergänzen.

Sind Sie interessiert? Rufen Sie mich an und laden Sie mich zu einem persönlichen Gespräch ein!

Mit freundlichen Grüßen

Heiner Ludwig

Anlagen
Tabellarischer Lebenslauf
Zeugnisse
5 Arbeitsproben

Ich verfüge daher über einen reichhaltigen Erfahrungsschatz.
J'ai donc (acquis) une très grande expérience.

Lettre de candidature
Bewerbungsschreiben

Petra Müller
Droste-Hülshoff-Str. 56
50968 Köln
Tel.: 0221/683871

Henkel KGaA
Personalabteilung
Henkelstr. 67
40589 Düsseldorf

Köln, den 12. März 2008

Sie suchen eine engagierte und zuverlässige Chefsekretärin!

Sehr geehrte Damen und Herren,

Sie benötigen eine zuverlässige und kompetente Fachkraft für die Geschäftsführung.

So steht es in Ihrer Anzeige (Rheinische Post, 28. Februar 2008). Ich würde gern dazu beitragen, dass sich Ihre Geschäftsführung optimal betreut fühlt. Da ich bereits als Chefsekretärin in einem großen Kölner Unternehmen beschäftigt bin, habe ich die notwendigen Erfahrungen sammeln können.

Nach meiner Ausbildung zur Industriekauffrau arbeitete ich zunächst 6 Jahre als Abteilungssekretärin und anschließend – seit nunmehr 4 Jahren – als Chefsekretärin. Im Rahmen dieser Tätigkeit besuchte ich mehrere Weiterbildungsseminare (u. a. Rhetorik-Seminare, Arbeit am PC, Textverarbeitung), sodass ich in jeder Hinsicht Ihrem beschriebenen Anforderungsprofil entspreche.

Die vielseitige Tätigkeit einer Chefsekretärin spricht mich sehr an. Vor allem die direkte Terminabsprache mit der Geschäftsführung, die Vorbereitung von Entscheidungen, aber auch die Erledigung von allgemeinen Sekretariatsaufgaben machen Ihre Stellenbeschreibung für mich so reizvoll, zumal einige der von Ihnen aufgeführten Tätigkeiten auch heute schon zu meinen täglichen Aufgaben gehören.

Aus privaten Gründen möchte ich mich verändern und wäre deshalb über einen Ortswechsel sehr erfreut. Es stellt für mich auch kein Problem dar, die Stelle am 1. April 2008 anzutreten.

Für ein persönliches Vorstellungsgespräch stehe ich jederzeit zur Verfügung. Bei dieser Gelegenheit würde ich auch gerne mit Ihnen über Ihre und meine Gehaltsvorstellungen sprechen.

Mit freundlichen Grüßen

Petra Müller

Anlagen
Lebenslauf
Lichtbild
Zeugnisse

Ich habe die notwendigen Erfahrungen sammeln können.	J'ai pu acquérir l'expérience requise.
… sodass ich Ihrem beschriebenen Anforderungsprofil entspreche.	…. de sorte que je corresponds au profil exigé pour ce poste.
Aus privaten Gründen möchte ich mich verändern.	Je désire, pour des raisons personnelles, trouver un nouvel emploi.
… die Stelle am 1. April antreten.	… commencer le 1er avril.
Gehaltsvorstellungen	prétentions salariales

Claudia Schröder
Hahnemannstr. 8
70191 Stuttgart

Max-Planck-Institut
für Metallforschung
Institut für Werkstoffwissenschaft
Seestraße 92
70174 Stuttgart   Stuttgart, den 12.02.2008

Bewerbung als Fremdsprachensekretärin

Sehr geehrte Damen und Herren,
Ihre Anzeige in der „Stuttgarter Zeitung" hat mich sehr angesprochen, und ich habe großes Interesse an der von Ihnen ausgeschriebenen Stelle als Fremdsprachensekretärin.
Meine Ausbildung zur Europa-Sekretärin an der Akademie für Bürokommunikation und Welthandelssprachen (ABW) werde ich Ende März d. J. mit dem Diplom abschließen. Nach Beendigung der Ausbildung möchte ich möglichst sofort ins Berufsleben einsteigen, sodass ich die Stelle zum 01.04.2008 antreten könnte.
Ich hatte schon immer ein großes Interesse an Sprachen und an anderen Kulturen und verfüge über sehr gute Englisch- und Französischkenntnisse sowie über gute Griechischkenntnisse und über Grund-kenntnisse in Spanisch.
Der Umgang mit moderner Textverarbeitung am PC und die selbständige Erledigung der im Sekretariat anfallenden Arbeiten sowie organisatorischer Aufgaben bereiten mir großen Spaß; ferner verfüge ich über sehr gute Stenografie- und Maschinenschreibkenntnisse in Deutsch, Englisch und Französisch und habe viel Freude an der schriftlichen und mündlichen Kommunikation in Fremdsprachen sowie am Kontakt mit Menschen.
Während meines zweisemestrigen Anglistik- und Romanistikstudiums an der Universität Heidelberg konnte ich meine Englisch- und Französischkenntnisse weiter vertiefen und durch die Teilnahme an Kursen Spanisch- und Griechischkenntnisse erwerben. Letztendlich habe ich dem Studium dann jedoch eine praxisnahe Ausbildung an der ABW vorgezogen.
Durch meine frühere Ferientätigkeit als Bürokraft habe ich bereits einen Einblick in den Büroalltag gewinnen können. Meine Nebentätigkeit als IGA-Hostess im Sommer 07 hat mir durch den Kontakt mit einem internationalen Publikum ebenfalls viel Spaß bereitet.
Ich würde mich sehr über eine Einladung zu einem Vorstellungsgespräch freuen und verbleibe

mit freundlichen Grüßen

Claudia Schröder

Anlagen
Zeugniskopie
Lebenslauf
Lichtbild

ins Berufsleben einsteigen
entrer dans la vie active
... habe ich einen Einblick in den Büroalltag gewinnen können.
... *j'ai pu me familiariser avec le travail de bureau.*

Lebenslauf

Name:	Julia Schmid
Geburtstag:	10.6.1982
Geburtsort:	Karlsruhe
Staatsangehörigkeit:	deutsch
Eltern:	Rolf Schmid, Verwaltungsangestellter Martha Schmid, geb. Schultze, Verwaltungsangestellte
Familienstand:	verheiratet, ein Kind
Schulbildung:	1988–1992 Rennbuckel-Grundschule in Karlsruhe 1992–1998 Humboldt-Gymnasium in Karlsruhe 1998–2001 Hölderlin-Gymnasium in Stuttgart <u>Abschluss:</u> Abitur
Ausbildung:	2002–2005 Akademie für Bürokommunikation und Welthandelssprachen – ABW in Stuttgart <u>Abschluss:</u> Diplom-Europasekretärin
Tätigkeiten:	September 2001 bis August 2002: Au-pair-Stelle in Paris Seit Mai 2005: Redaktionsassistentin beim EFG Verlag, Stuttgart
Sprachkenntnisse:	Englisch, Französisch, Spanisch, Italienisch

Stuttgart, den 20.10.2007

Die Zahlwörter

Les nombres

die Grundzahlen

les nombres cardinaux

null	0	zéro
einer, eine, eins; ein, eine, ein	1	un, une
zwei	2	deux
drei	3	trois
vier	4	quatre
fünf	5	cinq
sechs	6	six
sieben	7	sept
acht	8	huit
neun	9	neuf
zehn	10	dix
elf	11	onze
zwölf	12	douze
dreizehn	13	treize
vierzehn	14	quatorze
fünfzehn	15	quinze
sechzehn	16	seize
siebzehn	17	dix-sept
achtzehn	18	dix-huit
neunzehn	19	dix-neuf
zwanzig	20	vingt
einundzwanzig	21	vingt et un
zweiundzwanzig	22	vingt-deux
dreiundzwanzig	23	vingt-trois
vierundzwanzig	24	vingt-quatre
fünfundzwanzig	25	vingt-cinq
dreißig	30	trente
einunddreißig	31	trente et un
zweiunddreißig	32	trente-deux
dreiunddreißig	33	trente-trois
vierzig	40	quarante
einundvierzig	41	quarante et un
zweiundvierzig	42	quarante-deux
fünfzig	50	cinquante
einundfünfzig	51	cinquante et un
zweiundfünfzig	52	cinquante-deux
sechzig	60	soixante
einundsechzig	61	soixante et un
zweiundsechzig	62	soixante-deux
siebzig	70	soixante-dix
einundsiebzig	71	soixante et onze
zweiundsiebzig	72	soixante-douze
fünfundsiebzig	75	soixante-quinze
neunundsiebzig	79	soixante-dix-neuf
achtzig	80	quatre-vingt(s)
einundachtzig	81	quatre-vingt-un
zweiundachtzig	82	quatre-vingt-deux
fünfundachtzig	85	quatre-vingt-cinq
neunzig	90	quatre-vingt-dix
einundneunzig	91	quatre-vingt-onze
zweiundneunzig	92	quatre-vingt-douze
neunundneunzig	99	quatre-vingt-dix-neuf
hundert	100	cent
hundert(und)eins	101	cent un
hundert(und)zwei	102	cent deux

hundert(und)zehn	110	cent dix
hundert(und)zwanzig	120	cent vingt
hundert(und)neunundneunzig	199	cent quatre-vingt-dix-neuf
zweihundert	200	deux cents
zweihundert(und)eins	201	deux cent un
zweihundert(und)zweiundzwanzig	222	deux cent vingt-deux
dreihundert	300	trois cents
vierhundert	400	quatre cents
fünfhundert	500	cinq cents
sechshundert	600	six cents
siebenhundert	700	sept cents
achthundert	800	huit cents
neunhundert	900	neuf cents
tausend	1 000	mille
tausend(und) eins	1 001	mille un
tausend(und) zehn	1 010	mille dix
tausend(und) einhundert	1 100	mille cent
zweitausend	2 000	deux mille
zehntausend	10 000	dix mille
hunderttausend	100 000	cent mille
eine Million	1 000 000	un million
zwei Millionen	2 000 000	deux millions
zwei Millionen fünfhunderttausend	2 500 000	deux millions cinq cent mille
eine Milliarde	1 000 000 000	un milliard
eine Billion	1 000 000 000 000	mille milliard

die Ordnungszahlen

les nombres ordinaux

(der, die, das)			
erste	1.	1er, 1re	premier, ère
zweite	2.	2nd, 2nde, 2^e	second, e deuxième
dritte	3.	3^e	troisième
vierte	4.	4^e	quatrième
fünfte	5.	5^e	cinquième
sechste	6.	6^e	sixième
siebte	7.	7^e	septième
achte	8.	8^e	huitième
neunte	9.	9^e	neuvième
zehnte	10.	10^e	dixième
elfte	11.	11^e	onzième
zwölfte	12.	12^e	douzième
dreizehnte	13.	13^e	treizième
vierzehnte	14.	14^e	quatorzième
fünfzehnte	15.	15^e	quinzième
sechzehnte	16.	16^e	seizième
siebzehnte	17.	17^e	dix-septième
achtzehnte	18.	18^e	dix-huitième
neunzehnte	19.	19^e	dix-neuvième
zwanzigste	20.	20^e	vingtième
einundzwanzigste	21.	21^e	vingt et unième
zweiundzwanzigste	22.	22^e	vingt-deuxième
dreiundzwanzigste	23.	23^e	vingt-troisième
dreißigste	30.	30^e	trentième
einunddreißigste	31.	31^e	trente et unième
zweiunddreißigste	32.	32^e	trente-deuxième
vierzigste	40.	40^e	quarantième
fünfzigste	50.	50^e	cinquantième
sechzigste	60.	60^e	soixantième
siebzigste	70.	70^e	soixante-dixième

einundsiebzigste	71.	71^e	soixante et onzième
zweiundsiebzigste	72.	72^e	soixante-douzième
neunundsiebzigste	79.	79^e	soixante-dix-neuvième
achtzigste	80.	80^e	quatre-vingtième
einundachtzigste	81.	81^e	quatre-vingt-unième
zweiundachtzigste	82.	82^e	quatre-vingt-deuxième
neunzigste	90.	90^e	quatre-vingt-dixième
einundneunzigste	91.	91^e	quatre-vingt-onzième
neunundneunzigste	99.	99^e	quatre-vingt-dix-neuvième
hundertste	100.	100^e	centième
hundertunderste	101.	101^e	cent unième
hundertundzehnte	110.	110^e	cent dixième
hundertundfünfundneunzigste	195.	195^e	cent quatre-vingt-quinzième
zweihundertste	200.	200^e	deux(-)centième
dreihundertste	300.	300^e	trois(-)centième
fünfhundertste	500.	500^e	cinq(-)centième
tausendste	1 000.	1 000^e	millième
zweitausendste	2 000.	2 000^e	deux(-)millième
millionste	1 000 000.	1 000 000^e	millionième
zehnmillionste	10 000 000.	10 000 000^e	dix(-)millionième

die Bruchzahlen   les fractions

ein halb	$1/2$	un demi
ein Drittel	$1/3$	un tiers
ein Viertel	$1/4$	un quart
ein Fünftel	$1/5$	un cinquième
ein Zehntel	$1/10$	un dixième
ein Hundertstel	$1/100$	un centième
ein Tausendstel	$1/1000$	un millième
ein Millionstel	$1/1 000 000$	un millionième
zwei Drittel	$2/3$	deux tiers
drei Viertel	$3/4$	trois quarts
zwei Fünftel	$2/5$	deux cinquièmes
drei Zehntel	$3/10$	trois dixièmes
anderthalb, ein(und)einhalb	$1\,1/2$	un et demi
zwei(und)einhalb	$2\,1/2$	deux et demi
fünf drei Achtel	$5\,3/8$	cinq trois huitièmes
eins Komma eins	1,1	un virgule un

Maße und Gewichte — Poids et mesures

Dezimalsystem — système décimal

Mega	1 000 000	M	méga
Hektokilo	100 000	hk	hectokilo
Myria	10 000	ma	myria
Kilo	1 000	k	kilo
Hekto	100	h	hecto
Deka	10	da	déca
Dezi	0,1	d	déci
Zenti	0,01	c	centi
Milli	0,001	m	milli
Dezimilli	0,000 1	dm	décimilli
Zentimilli	0,000 01	cm	centimilli
Mikro	0,000 001	µ	micro

Längenmaße — mesures de longueur

Seemeile	1 852 m	–	mille marin
Kilometer	1 000 m	km	kilomètre
Hektometer	100 m	hm	hectomètre
Dekameter	10 m	dam	décamètre
Meter	1 m	m	mètre
Dezimeter	0,1 m	dm	décimètre
Zentimeter	0,01 m	cm	centimètre
Millimeter	0,001 m	mm	millimètre
Mikron, My	0,000 001 m	µ	micron
Millimikron, -my	0,000 000 001 m	mµ	millimicron
Ångströmeinheit	0,000 000 000 1 m	Å	Angstrœm

Flächenmaße — mesures de surface

Quadratkilometer	1 000 000 m²	km²	kilomètre carré
Quadrathektometer	10 000 m²	hm²	hectomètre carré
Hektar		ha	hectare
Quadratdekameter	100 m²	dam²	décamètre carré
Ar		a	are
Quadratmeter	1 m²	m²	mètre carré
Quadratdezimeter	0,01 m²	dm²	décimètre carré
Quadratzentimeter	0,000 1 m²	cm²	centimètre carré
Quadratmillimeter	0,000 001 m²	mm²	millimètre carré

Kubik- und Hohlmaße — mesures de volume

Kubikkilometer	1 000 000 000 m³	km³	kilomètre cube
Kubikmeter	1 m³	m³	mètre cube
Ster		st	stère
Hektoliter	0,1 m³	hl	hectolitre
Dekaliter	0,01 m³	dal	décalitre
Kubikdezimeter	0,001 m³	dm³	décimètre cube
Liter		l	litre
Deziliter	0,000 1 m³	dl	décilitre
Zentiliter	0,000 01 m³	cl	centilitre
Kubikzentimeter	0,000 001 m³	cm³	centimètre cube
Milliliter	0,000 001 m³	ml	millilitre
Kubikmillimeter	0,000 000 001 m³	mm³	millimètre cube

Gewichte   poids

Tonne	1 000 kg	t	tonne
Doppelzentner	100 kg	q	quintal
Kilogramm	1 000 g	kg	kilogramme
Hektogramm	100 g	hg	hectogramme
Dekagramm	10 g	dag	décagramme
Gramm	1 g	g	gramme
Karat	0,2 g	–	carat
Dezigramm	0,1 g	dg	décigramme
Zentigramm	0,01 g	cg	centigramme
Milligramm	0,001 g	mg	milligramme
Mikrogramm	0,000 001 g	µg, g	microgramme

Frankreich
La France

Regionen (und Regierungsstädte)	régions (et préfectures)
das Elsass (Straßburg)	l'Alsace (Strasbourg)
Aquitanien *nt* (Bordeaux)	l'Aquitaine (Bordeaux)
die Auvergne (Clermont-Ferrand)	l'Auvergne (Clermont-Ferrand)
Burgund *nt* (Dijon)	la Bourgogne (Dijon)
die Bretagne (Rennes)	la Bretagne (Rennes)
das Centre (Orleans)	le Centre (Orléans)
(die Region) Champagne-Ardennen (Châlons en Champagne)	la Champagne-Ardenne (Châlons-en-Champagne)
Korsika *nt* (Ajaccio)	la Corse (Ajaccio)
die Franche-Comté (Besançon)	la Franche-Comté (Besançon)
die Ile de France (Paris)	l'Île-de-France (Paris)
das Languedoc-Roussillon (Montpellier)	le Languedoc-Roussillon (Montpellier)
das Limousin (Limoges)	le Limousin (Limoges)
Lothringen *nt* (Metz)	la Lorraine (Metz)
(die Region) Midi-Pyrénées (Toulouse)	le Midi-Pyrénées (Toulouse)
der Nord-Pas de Calais (Lille)	le Nord-Pas-de-Calais (Lille)
die (westliche) Normandie (Caen)	la Basse-Normandie (Caen)
die (östliche) Normandie (Rouen)	la Haute-Normandie (Rouen)
(die Region) Pays de la Loire (Nantes)	les Pays de la Loire (Nantes)
die Picardie (Amiens)	la Picardie (Amiens)
(die Region) Poitou-Charentes (Poitiers)	le Poitou-Charentes (Poitiers)
(die Region) Provence-Alpes-Côte d'Azur (Marseille)	(la région) Provence-Alpes-Côte d'Azur (Marseille)
(die Region) Rhône-Alpes (Lyon)	(la région) Rhône-Alpes (Lyon)

Belgien
La Belgique

Regionen	régions
Flandern *nt*	la Flandre
Wallonien *nt*	la Wallonie

Provinzen (und Hauptstädte) in Flandern	provinces (et chefs-lieux) en Flandre
(die Provinz) Antwerpen (Antwerpen)	(la province d') Anvers (Anvers)
das flämische Brabant (Brüssel)	le Brabant flamand (Bruxelles)
Westflandern *nt* (Brügge)	la Flandre occidentale (Bruges)
Ostflandern *nt* (Gent)	la Flandre orientale (Gand)
(die Provinz) Limburg (Hasselt)	le Limbourg (Hasselt)

Provinzen (und Hauptstädte) in Wallonien	provinces (et chefs-lieux) en Wallonie
das wallonische Brabant (Brüssel)	le Brabant wallon (Bruxelles)
der Hennegau (Bergen)	le Hainaut (Mons)
(die Provinz) Lüttich (Lüttich)	(la province) de Liège (Liège)
(die Provinz) Luxemburg (Arlon)	(la province de) Luxembourg (Arlon)
(die Provinz) Namur (Namur)	(la province de) Namur (Namur)

Quebec
Le québec

Quebec *nt* (Quebec)	le Québec (Québec)

Deutschland
Allemagne

Länder (und Hauptstädte)	Länder (et capitales)
Baden-Württemberg (Stuttgart)	le Bade-Wurtemberg (Stuttgart)
Bayern (München)	la Bavière (Munich)
Berlin (Berlin)	Berlin (Berlin)
Brandenburg (Potsdam)	le Brandebourg (Potsdam)
Bremen (Bremen)	l'Etat de Brême (Brême)
Hamburg (Hamburg)	l'Etat de Hambourg (Hambourg)
Hessen (Wiesbaden)	la Hesse (Wiesbaden)
Mecklenburg-Vorpommern (Schwerin)	le Mecklembourg-Poméranie-Antérieure (Schwerin)
Niedersachsen (Hannover)	la Basse-Saxe (Hanovre)
Nordrhein-Westfalen (Düsseldorf)	la Rhénanie-du-Nord-Westphalie (Düsseldorf)
Rheinland-Pfalz (Mainz)	la Rhénanie-Palatinat (Mayence)
Saarland (Saarbrücken)	la Sarre (Sarrebruck)
Sachsen (Dresden)	la Saxe (Dresde)
Sachsen-Anhalt (Magdeburg)	la Saxe-Anhalt (Magdebourg)
Schleswig-Holstein (Kiel)	le Schleswig-Holstein (Kiel)
Thüringen (Erfurt)	la Thuringe (Erfurt)

Österreich
L'Autriche

Bundesländer (und Hauptstädte)	provinces (et capitales)
Burgenland (Eisenstadt)	le Burgenland (Eisenstadt)
Kärnten (Klagenfurt)	la Carinthie (Klagenfurt)
Niederösterreich (St. Pölten)	la Basse-Autriche (St. Pölten)
Oberösterreich (Linz)	la Haute-Autriche (Linz)
Salzburg (Salzburg)	la province de Salzbourg (Salzbourg)
Steiermark (Graz)	la Styrie (Graz)
Tirol (Innsbruck)	le Tyrol (Innsbruck)
Vorarlberg (Bregenz)	le Vorarlberg (Bregenz)
Wien (Wien)	Vienne (Vienne)

Die Schweiz
La Suisse

Kantone (und Hauptorte)	cantons (et chefs-lieux)
Aargau (Aarau)	l'Argovie (Aarau)
Appenzell Außerrhoden (Herisau)	le demi-canton d'Appenzell Rhodes-Extérieures (Herisau)
Appenzell Innerrhoden (Appenzell)	le demi-canton d'Appenzell Rhodes-Intérieures (Appenzell)
Basel-Land (Liestal)	le demi-canton de Bâle-Campagne (Liestal)
Basel-Stadt (Basel)	le demi-canton de Bâle-Ville (Bâle)
Bern (Bern)	le canton de Berne (Berne)
Freiburg (Freiburg)	le canton de Fribourg (Fribourg)
Genf (Genf)	le canton de Genève (Genève)
Glarus (Glarus)	le canton de Glaris (Glaris)
Graubünden (Chur)	le canton des Grisons (Coire)
Jura (Delsberg)	le canton du Jura (Delémont)
Luzern (Luzern)	le canton de Lucerne (Lucerne)
Neuenburg (Neuenburg)	le canton de Neuchâtel (Neuchâtel)
Sankt Gallen (Sankt Gallen)	le canton de Saint-Gall (Saint-Gall)
Schaffhausen (Schaffhausen)	le canton de Schaffhouse (Schaffhouse)
Schwyz (Schwyz)	le canton de Schwyz (Schwyz)
Solothurn (Solothurn)	le canton de Soleure (Soleure)
Tessin (Bellinzona)	le Tessin (Bellinzona)
Thurgau (Frauenfeld)	la Thurgovie (Frauenfeld)
Nidwalden (Stans)	le demi-canton de Nidwald Unterwald (Stans)
Obwalden (Sarnen)	le demi-canton d'Obwald Unterwald (Sarnen)
Uri (Altdorf)	le canton d'Uri (Altdorf)
Waadt (Lausanne)	le canton de Vaud (Lausanne)
Wallis (Sitten)	le Valais (Sion)
Zug (Zug)	le canton de Zoug (Zoug)
Zürich (Zürich)	le canton de Zurich (Zurich)

Frankreich: Departements und Hauptstädte
La France: départements et chefs-lieux

01	l'Ain *m*	Bourg-en-Bresse
02	l'Aisne *f*	Laon
03	l'Allier *m*	Moulins
04	les Alpes-de-Haute-Provence *f*	Digne
05	les Hautes-Alpes *f*	Briançon
06	les Alpes-Maritimes *f*	Nice (Nizza)
07	l'Ardèche *f*	Privas
08	les Ardennes *f*	Charleville-Mézières
09	l'Ariège *f*	Foix
10	l'Aube *f*	Troyes
11	l'Aude *f*	Carcassonne
12	l'Aveyron *m*	Rodez
13	les Bouches-du-Rhône *f*	Marseille
14	le Calvados	Caen
15	le Cantal	Aurillac
16	la Charente	Angoulême
17	la Charente-Maritime	La Rochelle
18	le Cher	Bourges
19	la Corrèze	Tulle
20a	la Corse-du-Sud	Ajaccio
20b	la Haute-Corse	Bastia
21	la Côte-d'Or	Dijon
22	les Côtes-d'Armor *f*	Saint-Brieuc
23	la Creuse	Guéret
24	la Dordogne	Périgueux
25	le Doubs	Besançon
26	la Drôme	Montélimar
27	l'Eure *f*	Evreux
28	l'Eure-et-Loir *m*	Chartres
29	le Finistère	Quimper
30	le Gard	Nîmes
31	la Haute-Garonne	Toulouse
32	le Gers	Auch
33	la Gironde	Bordeaux
34	l'Hérault *m*	Montpellier
35	l'Ille-et-Vilaine *f*	Rennes
36	l'Indre *f*	Châteauroux
37	l'Indre-et-Loire *f*	Tours
38	l'Isère *f*	Grenoble
39	le Jura	Lons-le-Saunier
40	les Landes *f*	Mont-de-Marsan
41	le Loir-et-Cher	Blois
42	la Loire	Saint-Etienne
43	la Haute-Loire	Le Puy
44	la Loire-Atlantique	Nantes
45	le Loiret	Orléans
46	le Lot	Cahors
47	le Lot-et-Garonne	Agen
48	la Lozère	Mende
49	le Maine-et-Loire	Angers
50	la Manche	Saint-Lô
51	la Marne	Châlons-sur-Marne
52	la Haute-Marne	Chaumont
53	la Mayenne	Laval
54	la Meurthe-et-Moselle	Nancy
55	la Meuse	Bar-le-Duc
56	le Morbihan	Vannes

57	la Moselle	Metz
58	la Nièvre	Nevers
59	le Nord	Lille
60	l'Oise *f*	Beauvais
61	l'Orne *f*	Alençon
62	le Pas-de-Calais	Arras
63	le Puy-de-Dôme	Clermont-Ferrand
64	les Pyrénées-Atlantiques *f*	Pau
65	les Hautes-Pyrénées	Tarbes
66	les Pyrénées-Orientales	Perpignan
67	le Bas-Rhin	Strasbourg (Straßburg)
68	le Haut-Rhin	Colmar
69	le Rhône	Lyon
70	la Haute-Saône	Vesoul
71	la Saône-et-Loire	Mâcon
72	la Sarthe	Le Mans
73	la Savoie	Chambéry
74	la Haute-Savoie	Annecy
75	la Ville de Paris	Paris
76	la Seine-Maritime	Rouen
77	la Seine-et-Marne	Melun
78	les Yvelines *f*	Versailles
79	les Deux-Sèvres *f*	Niort
80	la Somme	Amiens
81	le Tarn	Albi
82	le Tarn-et-Garonne	Montauban
83	le Var	Toulon
84	le Vaucluse	Avignon
85	la Vendée	La-Roche-sur-Yon
86	la Vienne	Poitiers
87	la Haute-Vienne	Limoges
88	les Vosges *f*	Epinal
89	l'Yonne *f*	Auxerre
90	le Territoire de Belfort	Belfort
91	l'Essonne *f*	Evry
92	les Hauts-de-Seine *m*	Nanterre
93	la Seine-Saint-Denis	Bobigny
94	le Val-de-Marne	Créteil
95	le Val-d'oise	Pontoise

Überseedepartements
Départements d'outre-mer

971	la Guadeloupe	Basse-Terre
972	la Martinique	Fort-de-France
973	la Guyane	Cayenne
974	la Réunion	Saint-Denis
975	Saint-Pierre-et-Miquelon *m*	Saint-Pierre

Das Buchstabieralphabet
L'alphabet télégraphique

Deutsch		
A	wie	Anton
B	wie	Berta
C	wie	Cäsar
D	wie	Dora
E	wie	Emil
F	wie	Friedrich
G	wie	Gustav
H	wie	Heinrich
I	wie	Ida
J	wie	Johannes
K	wie	Kaufmann
L	wie	Ludwig
M	wie	Martha
N	wie	Nordpol
O	wie	Otto
P	wie	Paula
Q	wie	Quelle
R	wie	Richard
S	wie	Siegfried
T	wie	Theodor
U	wie	Ulrich
V	wie	Viktor
W	wie	Wilhelm
X	wie	Xanthippe
Y	wie	Ypsilon
Z	wie	Zeppelin

Français		
a	comme	Anatole
b	comme	Berthe
c	comme	Célestin
d	comme	Désiré
e	comme	Eugène
f	comme	François
g	comme	Gaston
h	comme	Henri
i	comme	Irma
j	comme	Joseph
k	comme	Kléber
l	comme	Louis
m	comme	Marcel
n	comme	Nicolas
o	comme	Oscar
p	comme	Pierre
q	comme	Quintal
r	comme	Raoul
s	comme	Suzanne
t	comme	Thérèse
u	comme	Ursule
v	comme	Victor
w	comme	William
x	comme	Xavier
y	comme	Yvonne
z	comme	Zoé

Notizen

Notizen

Notizen

Notizen

Notizen

Notizen

Différentes orthographes d'un mot

Indication de la prononciation en alphabet phonétique international (API)

Chiffre signalisant des mots identiques avec différents sens (homographes)

Signe indiquant une traduction approximative

Signe indiquant l'ancienne orthographe et le renvoi à la nouvelle

Signe indiquant la nouvelle orthographe

Signalisation de l'accentuation d'une diphtongue (voyelle double) ou d'une voyelle longue

Signalisation de l'accentuation d'une voyelle brève

Différentes possibilités d'accentuation sont signalées l'une après l'autre

Signe remplaçant le mot-clé tel quel

Articulation grammaticale de l'entrée

Signalisation et explication des différents sens de l'entrée

Introduction du bloc phraséologique comportant les locutions, les tournures idiomatiques et les expressions figées; le mot souligné permet une meilleure orientation dans le bloc

Indication de l'auxiliaire nécessaire à la formation des temps composés

Inhalt und Aufbau Französisch–Deutsch
Structure des articles français–allemand

basket [baskɛt] *f* Basketballschuh *m*
▸ **lâche-moi** les ~ s! *fam* lass mich in Ruhe! *(fam)*; **à l'aise** [*o* **bien**] **dans ses** ~ **s** *fam* rundherum zufrieden

— Toutes les entrées sont présentées dans l'ordre alphabétique et imprimées en *couleur*.

arôme, **arome** [aʀom] *m* ❶ *du café* Aroma *nt*, Duft *m*; *d'un vin* Bouquet *nt* ...

— Les différentes orthographes d'un mot sont indiquées.

serre¹ [sɛʀ] *f* AGR Gewächshaus *nt*; *(serre chauffée)* Treibhaus *nt*; ...

— *Les exposants en chiffre arabe* indiquent qu'il s'agit de mots identiques avec des sens différents (homonymes, homographes).

croque¹ [kʀɔk] ▸ **à la** ~ **au sel** nur mit Salz [gewürzt]

— Le tilde remplace l'entrée dans les exemples et tournures idiomatiques.

ABS [abeɛs] *m abr de* **Anti-lock Brake System** ABS *nt*
software [sɔftwɛʀ, sɔftwaʀ] *m* Software *f*

— La transcription phonétique est donnée pour toutes les entrées.

cheval [ʃ(ə)val, o] <-aux> *m* ...
œil [œj, jø] <yeux> *m*
beau, **bel**, **belle** [bo, bɛl] <x> ...
boiser [bwaze] <1> ...
boire [bwaʀ] <*irr*> ...

— Les formes irrégulières au pluriel des substantifs et des adjectifs sont indiquées entre *chevrons*. Un numéro suivant l'infinitif du verbe renvoie à un tableau de conjugaison à utiliser comme modèle qui se trouve en annexe. Les tableaux de conjugaison des verbes irréguliers, marqués *irr*, se trouvent également en annexe.

volontaire [vɔlɔ̃tɛʀ] **I.** *adj* ❶ *(voulu)* gewollt, beabsichtigt; **incendie** ~ Brandstiftung *f*
❷ *(non contraint)* freiwillig; **engagé** ~ Freiwillige(r) *f(m)*
❸ *(décidé)* energisch; *péj enfant*, *adulte* eigensinnig
II. *mf* ❶ Freiwillige(r) *f(m)*
❷ *péj (personne têtue)* Starrkopf *m (péj)*

— *Les chiffres romains* subdivisent une entrée en différentes catégories grammaticales et les verbes en leur emploi transitif, intransitif et pronominal (ou réfléchi).

— *Les chiffres arabes* subdivisent une entrée en ses différents sens.

chien [ʃjɛ̃] ...
▸ **s'entendre** [*o* **vivre**] **comme** ~ **et chat avec qn** mit jdm wie Hund und Katze leben; **garder** [*o* **réserver**] **à qn un** ~ **de sa chienne** es jdm heimzahlen werden; ...

— Le signe ▸ introduit le bloc des expressions figées. Les *mots soulignés* permettent une meilleure orientation.

chien [ʃjɛ̃] ...
◆ ~ **d'appartement** Haushund *m*; ~ **d'arrêt** Vorstehhund *m*, ...

— Le signe ◆ introduit le bloc des expressions constituées de plusieurs mots.

claquage [klakaʒ] *m* ❶ MED Muskel[faser]riss *m* ...

— De nombreuses balises sémantiques permettent de trouver la bonne traduction:
- indication du domaine

compter [kɔ̃te] <1> **I.** *vt* ❶ *(dénombrer)* zählen; *(totaliser)* zusammenzählen; ...

- explication des différents sens de l'entrée

piaffer [pjafe] <1> *vi* ❶ *cheval:* [ungeduldig mit den Vorderhufen] stampfen ...

- sujets typiques des verbes

piéger [pjeʒe] <2a, 5> *vt* ❶ *(attraper)* mit der Falle fangen *animal* ...

- compléments d'objet typiques des verbes

ambiant(e) [ɑ̃bjɑ̃, jɑ̃t] *adj* ❶ *atmosphère* ~ **e** Raumklima *nt*; ...
❷ *fig idées*, *atmosphère* herrschend; *enthousiasme* allgemein

- substantifs typiques des adjectifs

très [tʀɛ] *adv* sehr; *dangereux*, *aimable* höchst, sehr; *nécessaire* dringend; ...
amèrement [amɛʀmɑ̃] *adv* bitter; *critiquer* scharf

- adjectifs et verbes typiques des adverbes

trésorier, -ière [tʀezɔʀje, -jɛʀ] *m*, *f* Kassenführer(in) *m(f)*; *d'une association*, *d'un club* Kassenwart *m*, Kassierer(in) *m(f)*, Vereinskassierer(in) (A, CH, SDEUTSCH); *d'un parti*, *syndicat* Schatzmeister(in) *m(f)*

- compléments du nom typiques des substantifs

peuchère [pøʃɛʀ] *interj* MIDI ❶ du liebe Zeit, ja mei (SDEUTSCH, A) ...

- indications des régionalismes

pèze [pɛz] *m arg* Schotter *m (fam)*, Kohle *f (fam)*
smala [smala] *f hum fam* Sippe *f (hum fam)*; **avec toute sa** ~ mit Kind und Kegel *(fam)*

- indication du niveau de langue et d'un certain type d'expression